Dörner/Luczak/Wildschütz   Handbuch Arbeitsrecht

Däubler/Lelley/Wildschütz · Handbuch Arbeitsrecht

Handbuch Arbeitsrecht

von

Dr. Klemens Dörner
Vorsitzender Richter
am Landesarbeitsgericht
Rheinland-Pfalz, Mainz

Dr. Stefan Luczak
Richter am Arbeitsgericht Kaiserslautern

Martin Wildschütz
Richter am Arbeitsgericht Koblenz

unter Mitarbeit von:

Dr. Ulrich Baeck, Fachanwalt für Arbeitsrecht, Frankfurt/M.
Dr. Axel Hoß, Fachanwalt für Arbeitsrecht, Köln
Dr. Katrin Haußmann, Fachanwältin für Arbeitsrecht, Stuttgart
Gerhard Pfeiffer, Richter am Arbeitsgericht Heilbronn
Ralph Stichler, Fachanwalt für Arbeitsrecht, Kaiserslautern

3., überarbeitete und erweiterte Auflage

Luchterhand

Die Deutsche Bibliothek – CIP-Einheitsaufnahme

Dörner, Klemens Maria :
Handbuch Arbeitsrecht / Klemens Maria Dörner ; Stefan Luczak ; Martin Wildschütz. – 3.,
überarb. und erw. Aufl. – Neuwied ; Kriftel : Luchterhand, 2002
ISBN 3-472-04967-7

Zitiervorschlag: DLW/Dörner, A/Rz. 1 ff.

Alle Rechte vorbehalten
© 2002 by Hermann Luchterhand Verlag GmbH, Neuwied, Kriftel.
Das Werk einschließlich aller seiner Teile ist urheberrechtlich geschützt.
Jede Verwertung außerhalb der engen Grenzen des Urheberrechtsgesetzes ist ohne
Zustimmung des Verlages unzulässig und strafbar. Das gilt insbesondere für
Vervielfältigungen, Übersetzungen, Mikroverfilmungen und die Einspeicherung
und Verarbeitung in elektronischen Systemen.

Schutzumschlag- und Einbandgestaltung: Ute Weber, GraphikDesign, Geretsried.
Satz: Hümmer GmbH, Waldbüttelbrunn
Druck und Binden: Wilhelm & Adam, Heusenstamm
Printed in Germany, August 2002

∞ Gedruckt auf säurefreiem, alterungsbeständigem und chlorfreiem Papier.
www.luchterhand.de

Vorwort zur 3. Auflage

Arbeitsrecht ist sehr schnelllebig geworden; von Gesetzen »mit Verfallsdatum« ist die Rede. Die Dynamik der Veränderungen in den ökonomischen Strukturen führt zusätzlich einerseits zu neuen Fragestellungen und damit verbunden andererseits zu teilweise grundlegenden Neuorientierungen in der arbeitsrechtlichen Rechtsprechung. Hinzu kommt der immer mehr an Bedeutung gewinnende Diskurs zwischen europäischem und nationalem Recht.

Die dritte Auflage bringt das Werk auf den Gesetzesstand Juli 2002. Eingearbeitet wurden insbesondere:
- die Änderungen des BGB hinsichtlich der Schriftform von Aufhebungsvertrag und Kündigung (§ 623 BGB) sowie die Änderungen durch das Signaturgesetz und insbesondere durch das Schuldrechtsmodernisierungsgesetz,
- die Neuregelung des Schwerbehindertenrechts im SGB IX, des MuSchG 2002, des BErzGG und des SeemG (ab 23.2.2002),
- das zum 1.1.2001 in Kraft getretene Gesetz über Teilzeitarbeit und befristete Arbeitsverträge,
- die gesetzlichen Neuregelungen der Durchführungswege der betrieblichen Altersversorgung ab 1.1.2002/1.1.2003 einschließlich der letzten Änderung des BetrAVG vom 21.6.2002,
- die Änderungen des Bundesdatenschutzgesetzes und die Neuregelungen des Infektionsschutzgesetzes,
- die Neuregelungen der Gewerbeordnung für alle Arbeitsverhältnisse (ab 1.1.2003),
- die Neuregelungen des Hochschulrahmengesetzes (ab 23.2.2002),
- die Novelle der ZPO,
- die neue Europäische Gerichtsstands- und Vollstreckungsverordnung (EuGVVO) mit Wirkung vom 1.3.2002.

Das Buch wurde wegen zahlreicher Änderungen praktisch in allen Teilen neu bearbeitet. Neu aufgenommen wurden zudem Musterformulierungen für Aufhebungsverträge mit Erläuterungen. Wesentlich erweitert wurde aus aktuellem Anlass die Darstellung u. a.
- im Bereich des Arbeitnehmerbegriffs (»Scheinselbständigkeit«) einschließlich der arbeits-, sozial- und steuerrechtlichen Konsequenzen,
- des Rechts der betrieblichen Altersversorgung,
- des Betriebsinhaberwechsels (§ 613 a BGB, UmwG),
- des Kündigungsschutzrechts,
- des Betriebsverfassungsrechts sowie
- des Rechts des arbeitsgerichtlichen Verfahrens.

Rechtsprechung und Literatur sind bis zum 31.12.2002 berücksichtigt.
Für Anregungen und Verbesserungsvorschläge an den Verlag sind wir auch weiterhin sehr verbunden.

Mainz/Kaiserlautern/Koblenz im Juli 2002 *Die Verfasser*

Inhaltsverzeichnis

Diese Inhaltsverzeichnis dient nut der ersten Orientierung. Den einzelnen Kapiteln sind ausführliche Detailgliederungen vorangestellt, die sodann das schnelle Auffinden der gewünschten Informationen ermöglichen

Abkürzungsverzeichnis LV

Literaturverzeichnis LXXI

A. Grundbegriffe und Grundstrukturen des Arbeitsrechts

☐ Detailgliederung 1–5

I. Begriff und Abgrenzung des Arbeitsrechts 6
II. Keine Kodifikation des Arbeitsvertragsrechts 7
III. Arbeitsrecht als selbstständiges Rechtsgebiet 8
IV. System des Arbeitsrechts 8
   1. Grundzüge 8
   2. Überblick 9
      a) Individualarbeitsrecht 9
      b) Kollektives Arbeitsrecht 10
      c) Recht der Arbeitsgerichtsbarkeit 11
V. Rechtsnatur des Arbeitsverhältnisses 11
VI. Grundbegriffe des Arbeitsrechts 12
   1. (Unselbstständige) Arbeitnehmer 12
      a) Begriff 12
      b) Beispiele aus der Praxis 22
      c) Abweichende Begründungsansätze 27
      d) Der Arbeitnehmerbegriff im Steuer- und Sozialversicherungsrecht 29
      e) Rechtsmissbräuchliche Berufung auf ein Arbeitsverhältnis; Statusklagen 36
      f) Die aktuelle Diskussion um »Scheinselbstständigkeit« 37
      g) Möglichkeiten der Vertragsgestaltung zur Minimierung von Risiken 38
   2. Arbeiter und Angestellte 40
      a) Begriffe; Abgrenzungskriterien 40
      b) Beispiele 42
      c) »Übernahme in ein Angestelltenverhältnis« 42
      d) Praktische Bedeutung der Unterscheidung zwischen Arbeitern und Angestellten 42
      e) Dienstordnungsangestellte 43
   3. Leitende Angestellte 43
      a) Notwendigkeit einer Abgrenzung 43
      b) Begriffsbestimmung 44

Seite

	c) Sonderfall: Die Grundsätze zur Abgrenzung in der chemischen Industrie	44
4.	Handelsvertreter	44
5.	Arbeitnehmerähnliche Personen	45
	a) Begriffsbestimmung	45
	b) Beispiele	45
	c) Rechtsfolgen der Einordnung	46
6.	Heimarbeiter; Telearbeit	47
7.	Organe juristischer Personen	48
8.	Beschäftigung außerhalb eines Arbeitsverhältnisses	50
9.	Arbeitgeber	54
	a) Grundsätze	54
	b) GmbH im Gründungsstadium	55
	c) Auflösung der GmbH; Parteifähigkeit	57
	d) Alliierte Streitkräfte	58
	e) Gesamthafenbetrieb	58
	f) Besonderheiten in den neuen Bundesländern	59
10.	Betrieb, Unternehmen	60
11.	Konzern	61
	a) Grundlagen	61
	b) Der Sonderfall: Ausfallhaftung im qualifiziert faktischen Konzern	61

VII. Rechtsquellen des Arbeitsrechts 62
    1. Rangfolge und Übersicht 62
        a) Individualarbeitsrecht 63
        b) Kollektives Arbeitsrecht 65
    2. Einzelfragen 65
        a) Grundrechte im Arbeitsrecht 65
        b) Tarifvertrag 81
        c) Betriebsvereinbarung 86
        d) Vertragsfreiheit 87
        e) Allgemeine Arbeitsbedingungen 89
        f) Gleichbehandlungsgrundsatz 91
        g) Betriebliche Übung 111
        h) Direktionsrecht (Weisungsrecht) des Arbeitgebers 120
        i) Gerichtliche Inhalts- und Billigkeitskontrolle von Arbeitsverträgen 128

VIII. Internationales und Europäisches Arbeitsrecht 133
    1. Arbeitsvölkerrecht 133
        a) Universelles Arbeitsvölkerrecht 133
        b) Regionales Völkervertragsrecht 136
    2. Das Arbeitsrecht in der Europäischen Gemeinschaft (EG) 138
        a) Die rechtlichen Grundlagen 138
        b) Die Zuständigkeit der Gemeinschaft zur Rechtssetzung im Arbeitsrecht 138
        c) Rechtliche Instrumente zur Europäisierung des Arbeitsrechts 140

		Seite
	d) Die Durchsetzung des supranationalen Arbeitsrechts	141
	e) Arbeitsrechtliche Regelungen der EG	142
3.	Arbeitskollisionsrecht	153
	a) Individualarbeitsrecht	153
	b) Tarifvertrags- und Arbeitskampfrecht	169
	c) Betriebsverfassungsrecht	170
	d) Verfahrensrecht (Internationale Zuständigkeit)	171

IX. Die arbeitsrechtliche Verwaltung 172
    1. Die arbeitsrechtlichen Behörden 172
        a) Grundlagen 172
        b) Bundesministerium für Arbeit und Sozialordnung 173
        c) Arbeitsministerien der Länder 173
        d) Arbeitnehmerkammern 174
    2. Koalitionen 174
    3. Arbeitsvermittlung 174
        a) Begriff 174
        b) Durchführung der Arbeitsvermittlung durch das Arbeitsamt 175
    4. Arbeitsförderung 176
        a) Leistungen an Arbeitnehmer 176
        b) Leistungen an den Arbeitgeber 176

B. Anbahnung und Begründung des Arbeitsverhältnisses

☐ Detailgliederung 179–182

I. Die Freiheit der Entscheidung über die Begründung von Arbeitsverhältnissen 182
    1. Grundlagen 182
        a) Arbeitnehmer 182
        b) Arbeitgeber 183
    2. Gesetzliche Beschäftigungs- und Abschlussverbote 185
    3. Beschäftigungsverbote zugunsten der betroffenen Arbeitnehmer 186
        a) Jugendarbeitsschutzrecht 186
        b) Mutterschutzrecht 186
        c) Frauenarbeitsschutzrecht 191
        d) Beschäftigungsverbote aus Arbeitszeitrecht 191
    4. Beschäftigungsverbote zum Schutz Dritter bzw. der Allgemeinheit 192
        a) §§ 285, 286 SGB III 192
        b) Verträge über die Leistung verbotener Schwarzarbeit 196
        c) §§ 42, 43 Infektionsschutzgesetz (IfSG) 196
    5. Gesetzliche Begründung von Beschäftigungsverhältnissen 196
        a) § 102 Abs. 5 BetrVG 196
        b) § 78 a BetrVG, § 9 BPersVG 197
        c) § 10 Abs. 1 AÜG 205
        d) § 613 a Abs. 1 BGB 205

Seite

	6. Gesetzliche Abschlussgebote	205
	a) §§ 71, 81 SGB IX	206
	b) Landesgesetze über den Bergmannsversorgungsschein	209
	7. Wiedereinstellungspflicht nach lösender Aussperrung und Kündigung	209
	8. § 611a BGB	210
	a) Grundlagen	210
	b) Einzelfragen; insbesondere Quotenregelungen	211
	c) Darlegungs- und Beweislast	214
	d) Rechtsfolgen	215
	e) Rechtsmissbrauch	217
	9. Tarifliche Einstellungsregelungen	217
	a) Beschäftigungsregelungen	217
	b) Einstellungsgebote; Übernahme von Auszubildenden	218
	c) Wiedereinstellungsklauseln	219
	10. Betriebsverfassungsrechtliche Wiedereinstellungsklauseln	220
	11. Gleichheitssatz (Art. 3 Abs. 1 GG)	220
II.	Pflichten bei der Vertragsanbahnung	220
	1. Stellenausschreibung	220
	2. Begründung eines vorvertraglichen Schuldverhältnisses (culpa in contrahendo)	221
	a) Grundlagen	221
	b) Pflichten aus culpa in contrahendo (jetzt § 311 Abs. 3, 4 BGB n. F.)	222
	c) Umfang des Schadensersatzanspruchs	223
	d) Darlegungs- und Beweislast; Verjährung; Verhältnis zu anderen Ansprüchen	223
	3. Fragerecht des Arbeitgebers; Offenbarungspflichten des Arbeitnehmers	223
	a) Grundlagen	223
	b) Einzelfälle	226
	c) Beschränkung der Informationserhebung bei Dritten	236
	d) Bewerbungsunterlagen; Datenschutz	238
	4. Vorstellungskosten	239
	5. Pflichten des bisherigen Arbeitgebers eines Arbeitsplatzbewerbers	240
III.	Der Abschluss des Arbeitsvertrages	241
	1. Grundlagen	241
	2. Abgrenzungen	241
	3. Anforderungen an den Vertragsschluss; Geschäftsfähigkeit	242
	4. Form des Arbeitsvertrages	243
	a) Grundsatz der Formfreiheit	243
	b) Schriftformerfordernis	243
	c) Aufhebung der Schriftform	244
	d) Arbeitsverträge mit Kommunen	244
	e) Geltendmachung des Formmangels	244

Seite

		f) Vermutung der Vollständigkeit und Richtigkeit des schriftlich abgeschlossenen Arbeitsvertrages	244
		g) Das Nachweisgesetz (NachwG)	245
	5.	Inhaltliche Ausgestaltung des Arbeitsvertrages	249
		a) Notwendige Elemente des Arbeitsvertrages	249
		b) Dauer des Arbeitsvertrages	251
		c) Arbeitsverhältnis zur Probe	252
		d) Aushilfsarbeitsverhältnis	252
		e) Änderung des Vertragsinhalts	253
IV.	Rechtsmängel des Arbeitsvertrages		253
	1.	Verstoß gegen ein gesetzliches Verbot (§ 134 BGB)	253
	2.	Verstoß gegen die guten Sitten (§ 138 BGB)	254
		a) Sittenwidrigkeit (§ 138 Abs. 1 BGB)	254
		b) Wucher (§ 138 Abs. 2 BGB; § 302 a Abs. 1 Nr. 3 StGB)	255
	3.	Anfechtung des Arbeitsvertrages	257
		a) Anfechtungsgründe	257
		b) Erklärung der Anfechtung	259
		c) Anfechtungsfrist	259
		d) Anhörung des Betriebsrats (§ 102 BetrVG) vor Erklärung der Anfechtung?	260
		e) Anwendbarkeit des § 9 MuSchG, § 18 BErzGG, der §§ 85, 91 SGB IX vor Erklärung der Anfechtung?	260
		f) Einschränkung des Anfechtungsrechts durch Treu und Glauben (§ 242 BGB)	260
	4.	Rechtsfolgen von Nichtigkeit und Anfechtung	261
		a) Rechtslage vor Vollzug des Arbeitsverhältnisses	261
		b) Rechtslage nach Arbeitsaufnahme	261
	5.	Beiderseitiger Irrtum	265
	6.	Klagefrist (§§ 4, 13 KSchG) für den betroffenen Arbeitnehmer?	266
	7.	Ermittlung einer Anfechtungserklärung durch Umdeutung (§ 140 BGB)	266
	8.	Schadenersatzansprüche aus culpa in contrahendo	267
V.	Öffentlich-rechtliche Pflichten des Arbeitgebers; Arbeitspapiere		267
	1.	Meldepflichten gegenüber Sozialversicherungsträgern	267
	2.	Arbeitsschutzrecht	268
	3.	Vorlage von Arbeitspapieren durch den Arbeitnehmer	268
	4.	Überlassung von Arbeitspapieren an den Arbeitnehmer	269

C. Der Inhalt des Arbeitsverhältnisses

☐ Detailgliederung 271–308

I.	Pflichten des Arbeitnehmers		308
	1.	Der Inhalt der Arbeitspflicht	308
		a) Grundlagen	308
		b) Pflicht zur persönlichen Arbeitsleistung	309

Seite

2. Veränderung der Leistungsart	309
a) Grundlagen	309
b) Konkretisierung der Arbeitspflicht	310
c) Versetzung des Arbeitnehmers	311
3. Umfang und Intensität der Arbeitspflicht	311
4. Ort der Arbeitsleistung	312
5. Arbeitszeit	312
a) Abgrenzungen	313
b) Wege- und Dienstreisezeiten	316
c) Ruhezeiten und Ruhepausen	318
d) Umfang der Arbeitszeit	319
e) Lage der Arbeitszeit	340
f) Beginn und Ende der Arbeitszeit	341
g) Der Sonderfall: Schullehrer	342
6. Befreiung von der Arbeitspflicht	343
a) Einverständliche Arbeitsbefreiung	343
b) Freistellung durch einseitige Erklärung des Arbeitgebers und des Arbeitnehmers	346
c) Gesetzliche Befreiung von der Arbeitspflicht	347
d) Annahmeverzug des Arbeitgebers	349
e) Zurückbehaltungsrecht des Arbeitnehmers	349
f) Arbeitsverhinderung aus sonstigen Gründen	352
g) Ruhen des Arbeitsverhältnisses	352
7. Durchsetzung des Anspruchs auf Arbeitsleistung	352
a) Klage auf Erfüllung	352
b) Einstweilige Verfügung; Klage auf Unterlassung anderweitiger Erwerbstätigkeit	353
8. Nebenpflichten des Arbeitnehmers	353
a) Grundlagen	353
b) Rechtsgrundlage	354
c) Arten von Nebenpflichten (Überblick)	354
d) Wettbewerbsverbot	354
e) Wahrung des Betriebsfriedens und der betrieblichen Ordnung	362
f) Schutz des Unternehmenseigentums	367
g) Pflicht zur Verschwiegenheit über betriebliche Angelegenheiten	367
h) Unterlassung unternehmensschädlicher Meinungsäußerungen und der Verbreitung wahrer Tatsachen	371
i) Annahme von Schmiergeldern	372
j) Unternehmensschädliche Einwirkung auf Kollegen (insbesondere Abwerbung)	373
k) Außerdienstliche Verhaltenspflichten	373
l) Pflicht zur Unternehmensförderung	374
m) Nebenbeschäftigung	376
n) Auskunftspflichten im bestehenden Arbeitsverhältnis	381
o) Sanktionen der Nebenpflichtverletzung (Überblick)	382

  Seite

         9. Nichtleistung der Arbeit   382
            a) Grundlagen   382
            b) Unmöglichkeit der Leistung und Verzug   383
            c) Rechtsfolgen von Unmöglichkeit und Verzug   383
            d) Pauschalierter Schadensersatz   385
            e) Vertragsstrafe   385
            f) Kündigung vor Dienstantritt   387
        10. Schlechtleistung der Arbeit   389
            a) Grundlagen   389
            b) Anspruchsgrundlage für Schadensersatzansprüche des
               Arbeitgebers   389
            c) Lohnminderung?   389
            d) Rechtsfolgen   390
        11. Haftung des Arbeitnehmers   391
            a) Allgemeine Voraussetzungen   391
            b) Haftungsbeschränkung im Arbeitsverhältnis   392
            c) Darlegungs- und Beweislast   399
            d) Mankohaftung   400
            e) Haftung gegenüber Dritten   403
            f) Haftung gegenüber Betriebsangehörigen   405
        12. Schuldanerkenntnis des Arbeitnehmers   411
II. Pflichten des Arbeitgebers   411
         1. Zahlung und Sicherung des Arbeitsentgelts   411
            a) Grundlagen   411
            b) Entgelthöhe   415
            c) Brutto- und Nettoentgelte   418
            d) Erfüllung   426
            e) Leistungsbezogene Entgelte; Eingruppierung nach dem BAT   428
            f) Ergebnisbezogene Entgelte   442
            g) Gratifikationen, Sonderzuwendungen   447
            h) Sonstige Entgelte   472
            i) Abtretung   480
            j) Lohnpfändung   482
            k) Rückzahlung von Vergütung   497
            l) Das Arbeitsentgelt in der Insolvenz des Arbeitgebers 499
         2. Arbeitsentgelt ohne Arbeitsleistung   513
            a) Annahmeverzug des Arbeitgebers   513
            b) Arbeitsverhinderung aus persönlichen und sonstigen
               Gründen   535
            c) Die Lohnzahlung an Feiertagen   543
            d) Entgeltfortzahlung im Krankheitsfall   551
            e) Urlaubsrecht   600
         3. Pflichten zur Wahrung von Arbeitnehmerinteressen   675
            a) Allgemeine Fürsorgepflicht des Arbeitgebers   675
            b) Beschäftigungsanspruch des Arbeitnehmers   678
            c) Schutzpflichten für Leben und Gesundheit des Arbeit-
               nehmers   682

			Seite
	d)	Schutz der Vermögensgegenstände des Arbeitnehmers	693
	e)	Haftung des Arbeitgebers für Eigenschäden des Arbeitnehmers	696
	f)	Aufwendungsersatz	700
	g)	Sonstige Vermögenssorge	702
	h)	Schutz der Arbeitnehmerpersönlichkeit; Mobbing	702
4.	Personalakten		713
	a)	Begriffsbestimmung	713
	b)	Entscheidung über die Führung von Personalakten	713
	c)	Inhalt der Personalakte	713
	d)	Wahrung der Vertraulichkeit durch den Arbeitgeber	715
	e)	Aufbewahrungspflicht?	716
	f)	Einsichtsrecht des Arbeitnehmers	717
	g)	Recht auf Gegendarstellung	717
	h)	Widerruf; Berichtigungs-, Entfernungsanspruch	717
5.	Datenschutz im Arbeitsverhältnis		720
	a)	Grundlagen	720
	b)	Allgemeine Rechtsgrundsätze des personenbezogenen Datenschutzes	721
	c)	Datenerhebung	723
	d)	Datenverarbeitung und -nutzung	724
	e)	Individualrechte der betroffenen Arbeitnehmer	729
	f)	Schadensersatz- und Unterlassungsansprüche des Betroffenen	731
	g)	Betrieblicher Datenschutzbeauftragter	731
	h)	Staatliche Aufsicht	732
	i)	Übergangsvorschrift	733
6.	Recht am Arbeitsergebnis		733
	a)	Grundlagen	733
	b)	Das Recht der Arbeitnehmererfindungen	735
	c)	Urheberrechtlich geschützte Werke	747
	d)	Geschützte Leistungen ausübender Künstler i. S. d. §§ 73 ff. UrhG	750
	e)	Begrenzung der Rechte der angestellten Urheber und ausübenden Künstler	751
	f)	Geschmacksmusterfähige Werke und typographische Schriftzeichen	751
7.	Recht der betrieblichen Altersversorgung		752
	a)	Grundlagen	752
	b)	Begründung und Ausgestaltung der betrieblichen Altersversorgung	755
	c)	Abwicklung betrieblicher Versorgungsverpflichtungen	788
	d)	Das Gesetz zur Verbesserung der betrieblichen Altersversorgung (BetrAVG)	807
III.	Betriebsinhaberwechsel; Arbeitgeberwechsel		877
	1.	Überblick	877
		a) Gesamtrechtsnachfolge	877

				Seite
		b)	§ 25 HGB	883
		c)	§ 10 AÜG	883
	2.	Rechtsgeschäftlicher Betriebsübergang (§ 613 a BGB)		883
		a)	Grundlagen	883
		b)	Voraussetzungen des Betriebsübergangs	886
		c)	Rechtsfolgen des Betriebsüberganges	900
IV.	Sonderformen von Arbeitsverhältnissen			919
	1.	Arbeit auf Abruf (§ 12 TzBfG)		919
		a)	Begriffsbestimmung	919
		b)	Flexible Arbeitszeitdauer	919
		c)	Keine Beschränkung auf Teilzeitarbeitsverhältnisse?	920
		d)	Verteilung der Arbeitszeit; Nichtausschöpfung des Arbeitsdeputats	920
		e)	Ankündigungsfrist	921
		f)	Mindestdauer der Arbeitseinsätze	921
		g)	Arbeitsentgelt ohne Arbeitsleistung	921
	2.	Arbeitsplatzteilung (§ 13 TzBfG)		922
		a)	Begriffsbestimmung	922
		b)	Lage der Arbeitszeit	922
		c)	Vertretungstätigkeit	922
		d)	Entgelt ohne Arbeitsleistung	923
		e)	Kündigungsverbot	923
	3.	Gruppenarbeitsverhältnis		923
		a)	Begriffsbestimmung	923
		b)	Betriebsgruppen	924
		c)	Eigengruppe	925
	4.	Mittelbares Arbeitsverhältnis		926
		a)	Begriffsbestimmung	926
		b)	Inhaltliche Ausgestaltung	926
	5.	Leiharbeitsverhältnis (nichtgewerbsmäßige Arbeitnehmerüberlassung)		926
		a)	Begriffsbestimmungen	926
		b)	Vermutung für Arbeitsvermittlung; Rechtsfolgen	927
		c)	Widerlegung der Vermutung	927
		d)	Inhalt und Ausgestaltung des Leiharbeitsverhältnisses	927
	6.	Gewerbsmäßige Arbeitnehmerüberlassung		928
		a)	Grundlagen	928
		b)	Begriffsbestimmung	928
		c)	Rechtsbeziehungen zwischen den Beteiligten	929
		d)	Überlassung von Auszubildenden	929
		e)	Entsendung im Rahmen eines Werkvertrages; Abgrenzungsfragen	929
		f)	Entsendung im Rahmen eines Dienstvertrages	931
		g)	Begriff der Gewerbsmäßigkeit	931
		h)	Erlaubnisvorbehalt	931
		i)	Weitere Pflichten des Verleihers	934

Seite

	j) Besonderheiten des Arbeitsverhältnisses zwischen Verleiher und Leiharbeitnehmer	934
	k) Rechtsbeziehungen zwischen Verleiher und Entleiher	935
	l) Rechtsbeziehungen zwischen Entleiher und Leiharbeitnehmer	936
	m) Auswirkungen illegaler Arbeitnehmerüberlassung	936
7.	Geringfügig Beschäftigte i. S. d. § 8 Abs. 1 SGB IV	940
	a) Arbeitsrechtliche Einordnung	940
	b) Sozialversicherungsrechtliche Behandlung	940
	c) Steuerrechtliche Behandlung	942
	d) Meldepflicht	943

V. Berufsausbildungsverhältnis 944
  1. Normative Grundlagen 944
  2. Duales System 944
  3. Der Berufsausbildungsvertrag 944
    a) Rechtsnatur und Begründung 944
    b) Grenzen der vertraglichen Regelungsbefugnis 945
    c) Schriftliche Niederlegung des Ausbildungsvertrages 945
  4. Pflichten des Ausbildenden 946
    a) Ausbildungspflicht (§ 6 Abs. 1 Nr. 1 BBiG) 946
    b) Ausbildungsmittel 946
    c) Nebenpflichten 947
    d) Vergütungspflicht 947
    e) Kosten der Berufsausbildung 949
    f) Rechtsfolgen der Verletzung der Ausbildungspflicht; Darlegungs- und Beweislast 949
  5. Pflichten des Auszubildenden 950
  6. Beendigung des Berufsausbildungsverhältnisses 950
    a) Ablauf der vertraglichen Dauer; Bestehen der Prüfung 950
    b) Tarifliche Regelungen 950
    c) Wiederholungsprüfungen 951
    d) Aufhebungsvertrag 952
    e) Kündigung des Ausbildungsvertrages 952
    f) Schadensersatz bei vorzeitiger Kündigung 952
    g) Übergang in ein Arbeitsverhältnis (§ 17 BBiG) 952
  7. Andere Vertragsverhältnisse (§ 19 BBiG) 953
  8. Fortbildungsvertrag 953
  9. Umschulungsvertrag 954
  10. Ordnung der Berufsbildung; zuständige Behörden 954

VI. Einreden und Einwendungen 955
  1. Verjährung 955
    a) Grundlagen 955
    b) Das neue Verjährungsrecht 955
    c) Das alte Verjährungsrecht 957
    d) Prozessuale Fragen 959
    e) Einwand des Rechtsmissbrauchs 960
  2. Verwirkung 960

Seite

       a) Begriffsbestimmung   960
       b) Einzelfragen   960
       c) Kollektivvertragliche Rechte   962
  3. Ausschluss-, Verfallfristen   963
       a) Grundlagen   963
       b) Beginn der Ausschlussfrist   965
       c) Kenntnis des Arbeitnehmers/Arbeitgebers   968
       d) Geltendmachung des Anspruchs   969
       e) Erfasste Ansprüche; Auslegung   974
       f) Arglistige Berufung auf die Ausschlussfrist   982
       g) Einzelvertraglich vereinbarte Ausschlussfristen   983
       h) Ausschlussfristen in Betriebsvereinbarungen; Verhältnis zu tarifvertraglichen Ausschlussfristen   984
  4. Ausgleichsquittung   984
       a) Grundsätze   984
       b) Einzelfragen   987
       c) Anfechtung der Ausgleichsquittung; Widerruf   989
       d) Darlegungs- und Beweislast   991
       e) Bereicherungsanspruch   991
  5. Ausschlussklauseln im (außergerichtlichen und gerichtlichen) Vergleich   991
       a) Beispiel   991
       b) Auswirkungen der Ausgleichsklausel   992
       c) Rechtsnatur und Auslegung der Ausgleichsklausel   993

D. Die Beendigung des Arbeitsverhältnisses

☐ Detailgliederung   995–1029

I. Übersicht   1030
II. Die Erklärung der Kündigung durch den Arbeitgeber   1031
  1. Die Kündigungserklärung   1031
       a) Inhaltliche und förmliche Voraussetzungen   1031
       b) Zugang der Kündigungserklärung   1042
       c) Vertretung   1048
       d) »Rücknahme der Kündigung«   1053
       e) »Annahme der Kündigung«   1055
  2. Kündigungsfristen   1055
       a) Entstehungsgeschichte des § 622 BGB a. F.   1055
       b) Überblick über die gesetzliche Regelung   1057
       c) Geltungsbereich   1058
       d) Berechnung der Kündigungsfristen   1059
       e) Einzelvertragliche Regelungen   1060
       f) Tarifvertragliche Regelungen (§ 622 Abs. 4 S. 1, Abs. 6 BGB)   1065
       g) Auswirkungen des KündFG auf Altkündigungen und auf Altregelungen   1074

		Seite
	3. Beschränkung des Rechts zur Erklärung einer Kündigung	1076
	a) Tarifnormen, Betriebsvereinbarungen	1076
	b) Gesetzliche Vorschriften	1077
	c) Einzelvertraglicher Kündigungsschutz	1078
III.	Die Rechtswirksamkeit der außerordentlichen Arbeitgeberkündigung	1078
	1. Sonstige Unwirksamkeitsgründe	1079
	a) Beteiligung des Betriebsrats/Personalrats	1079
	b) Mitwirkung des Betriebsrats bei der Kündigung von Mandatsträgern (§§ 103 BetrVG, 15 KSchG)	1095
	c) Der besondere Kündigungsschutz schwangerer Frauen (§ 9 MuSchG)	1113
	d) Besonderer Kündigungsschutz von Arbeitnehmern in der Elternzeit (§ 18 BErzGG)	1119
	e) Besonderer Kündigungsschutz von schwer behinderten Arbeitnehmern (§§ 85, 91 SGB IX)	1121
	f) Kündigungsschutz Wehr- und Zivildienstleistender	1127
	g) Kündigungsschutz für Abgeordnete	1130
	h) Besonderer Kündigungsschutz für Betriebsärzte, Fachärzte für Arbeitssicherheit, Datenschutz-, Immissionsschutzbeauftragte	1133
	i) Kündigungsschutz im Berufsausbildungsverhältnis	1137
	j) § 613a Abs. 4 BGB	1141
	k) Bergmannsversorgungsschein	1148
	2. Klagefrist (§§ 13 Abs. 1, 4, 7 KSchG)	1148
	a) Regelungsbereich des KSchG (§§ 1, 23 KSchG)	1148
	b) Berufsausbildungsverhältnis	1157
	c) Verwirkung des Klagerechts außerhalb des Anwendungsbereichs der §§ 1, 23 KSchG	1157
	3. Ausschlussfrist (§ 626 Abs. 2 BGB)	1158
	a) Grundsätze	1158
	b) Einzelfragen	1162
	4. Materielle Voraussetzungen für eine außerordentliche Kündigung (§ 626 Abs. 1 BGB)	1164
	a) Grundsätze	1164
	b) Prüfungsmaßstab	1168
	c) »An sich« zur außerordentlichen Kündigung geeigneter Kündigungsgrund	1171
	d) Verhältnismäßigkeitsprinzip	1192
	e) Interessenabwägung	1193
	f) Anhörung des Arbeitnehmers	1195
	g) Wiederholungs-, Trotzkündigung	1195
	5. Darlegungs- und Beweislast	1196
	a) Kündigung	1196
	b) § 626 Abs. 2 BGB	1196
	c) § 626 Abs. 1 BGB	1196
	6. Nachschieben von Kündigungsgründen	1197

		Seite
	a) Grundsätze	1197
	b) Verhältnis zu § 102 BetrVG	1198
	c) Verhältnis zu § 103 BetrVG	1200
7.	Die Verdachtskündigung	1200
	a) Allgemeine Voraussetzungen	1200
	b) Begründung der Kündigung	1201
	c) Anhörung des Arbeitnehmers	1202
	d) Beurteilungszeitpunkt	1204
	e) Dringender Tatverdacht	1205
	f) Interessenabwägung	1206
	g) Besonderheiten bei der Zweiwochenfrist (§ 626 Abs. 2 BGB) und die Entwicklung von Strafverfahren	1207
	h) Besonderheiten bei der Anhörung des Betriebsrats	1209
	i) Die Verdachtskündigung als ordentliche Kündigung (§ 622 BGB, § 1 KSchG)	1210
	j) Fehlprognose und Wiedereinstellungsanspruch	1210
	k) Kritik	1212
8.	Druckkündigung	1213
	a) Begriff	1213
	b) Voraussetzungen	1213
	c) Besonderheiten bei der Beteiligung des Betriebsrats	1216
	d) Rechtsfolgen der Druckkündigung	1216
9.	Besonderheiten der außerordentlichen Kündigung im öffentlichen Dienst der neuen Bundesländer	1217
	a) Normative Grundlagen	1217
	b) Zweck der Regelung	1217
	c) Eigenständige Regelung neben § 626 BGB; Anwendbarkeit sonstiger Kündigungsschutzbestimmungen	1218
	d) Tatbestandsvoraussetzungen im Einzelnen	1219
	e) Verfahrensfragen; Darlegungs- und Beweislast	1220
10.	Vergütung und Schadensersatz (§ 628 BGB)	1220
IV.	Umdeutung einer unwirksamen außerordentlichen Kündigung in eine ordentliche Kündigung	1222
1.	Abgrenzung zur hilfsweise/vorsorglich erklärten ordentlichen Kündigung	1222
	a) Gerichtliche Geltendmachung	1222
	b) Umdeutung	1222
2.	Voraussetzungen für die Umdeutung	1223
	a) Umdeutung von Amts wegen	1223
	b) Ermittlung aus dem Sachvortrag des Arbeitgebers	1223
3.	Prozessuale Fragen	1223
	a) Voraussetzungen für die gerichtliche Überprüfung einer durch Umdeutung ermittelten ordentlichen Kündigung	1223
	b) Hinnahme der ordentlichen Kündigung bei allgemeinem Feststellungsantrag	1224
4.	Anhörung des Betriebsrats	1225
	a) Gesonderte Beteiligung des Betriebsrats	1225

Seite

		b) Ausnahme: Zustimmung des Betriebsrats	1225
	5.	Darlegungs- und Beweislast	1225
V.	Wirksamkeit einer ordentlichen Arbeitgeberkündigung (Überblick; sonstige Unwirksamkeitsgründe)		1226
	1.	Überblick	1226
	2.	Sonstige Unwirksamkeitsgründe	1226
		a) Beteiligung des Betriebsrats/Personalrats	1226
		b) §§ 85 ff. SGB IX	1237
	3.	Klagefrist (§§ 4, 7 KSchG)	1239
		a) Regelungsbereich des KSchG (§§ 4, 7 KSchG)	1239
		b) Rechtslage außerhalb der §§ 1, 23 KSchG	1240
	4.	Die Sozialwidrigkeit der ordentlichen Kündigung gem. § 1 KSchG (Überblick)	1248
		a) Voraussetzungen der Anwendbarkeit des KSchG	1248
		b) Darlegungs- und Beweislast	1257
		c) Sozialwidrigkeit der Kündigung	1258
	5.	Besonderheiten der ordentlichen Kündigung im öffentlichen Dienst der neuen Bundesländer	1258
		a) Ausgestaltung und Zweck der Regelungen	1258
		b) Verhältnis zu §§ 1, 9, 10 KSchG, § 79 PersVG-DDR/BPersVG	1259
		c) Persönliche Eignung	1260
		d) Mangelnder Bedarf	1263
	6.	Die Beendigung des Arbeitsverhältnisses im öffentlichen Dienst der neuen Bundesländer ohne Kündigung (»Warteschleife«)	1265
		a) Überführung von Verwaltungseinrichtungen	1265
		b) Ruhen des Arbeitsverhältnisses; Wartegeld	1266
VI.	Die ordentliche personenbedingte Arbeitgeberkündigung		1267
	1.	Begriffsbestimmung; Abgrenzung zur verhaltensbedingten Kündigung	1267
	2.	Übersicht über die Voraussetzungen der krankheitsbedingten Kündigung	1268
		a) Begriffsbestimmungen	1268
		b) Überblick über die Tatbestandsvoraussetzungen	1268
	3.	Negative Gesundheitsprognose	1269
		a) Begriffsbestimmung	1269
		b) Gegenstand der Prognose	1269
		c) Einlassung des Arbeitnehmers	1270
		d) Praktische Bedeutung ärztlicher Bescheinigungen über nur noch eingeschränkte Einsatzfähigkeit	1270
		e) Tarifliche Regelungen	1272
		f) Durch Schwangerschaft verursachte Krankheiten	1272
	4.	Erhebliche Beeinträchtigungen betrieblicher Interessen	1272
		a) Begriffsbestimmung	1272
		b) Darlegung erheblicher Betriebsstörungen	1273
		c) Entgeltfortzahlungskosten	1273
	5.	Interessenabwägung	1275
		a) Notwendigkeit einer Interessenabwägung?	1275

			Seite
	b)	Kriterien der Interessenabwägung	1276
6.	Dauernde Arbeitsunfähigkeit		1279
	a)	Besonderheiten bei dauernder Arbeitsunfähigkeit	1279
	b)	Modifizierung der Darlegungs- und Beweislast	1280
	c)	Arbeitsunfähigkeit auf unabsehbare Zeit	1280
	d)	Besonderheiten bei der Interessenabwägung	1281
	e)	Ruhen des Arbeitsverhältnisses wegen Gewährung einer befristeten Erwerbsunfähigkeitsrente	1281
7.	Maßgeblicher Beurteilungszeitpunkt; Wiedereinstellungsanspruch?		1281
8.	Darlegungs- und Beweislast		1283
	a)	Negative Gesundheitsprognose	1283
	b)	Betriebliche Störungen	1286
	c)	Dauernde Arbeitsunfähigkeit; Arbeitsunfähigkeit auf unabsehbare Zeit	1286
	d)	Verminderte Leistungsfähigkeit	1286
9.	Einzelfragen; weitere Gründe einer personenbedingten Kündigung		1287
	a)	Abmahnung	1287
	b)	Alkohol- und Drogensucht	1287
	c)	Aids	1290
	d)	Inhaftierung des Arbeitnehmers	1291
	e)	Mangelnde Eignung des Arbeitnehmers	1292
	f)	Wirtschaftliche und soziale Absicherung eines nebenberuflich tätigen Arbeitnehmers	1296
	g)	Verfassungspolitische Einstellung; politische Tätigkeit	1297
	h)	Ehe; Ehegatten-Arbeitsverhältnis; Lebensgemeinschaft	1298
	i)	Ehrenämter	1298
	j)	Ableistung des Wehrdienstes von Nicht-EU-Ausländern	1299
	k)	Sicherheitsbedenken	1299
	l)	Äußeres Erscheinungsbild	1299
	m)	Sexualpraktiken	1300

VII.	Die ordentliche verhaltensbedingte Arbeitgeberkündigung		1300
1.	Verhaltensbedingter Kündigungsgrund		1300
	a)	Begriffsbestimmung; Verknüpfung mit § 626 Abs. 1 BGB	1300
	b)	Fallgruppen	1300
	c)	Sonderformen	1301
	d)	Beurteilungsmaßstab	1301
2.	Überblick über die Voraussetzungen einer ordentlichen verhaltensbedingten Arbeitgeberkündigung		1301
3.	(I. d. R.) schuldhaftes Fehlverhalten		1302
	a)	Verschulden	1302
	b)	Objektive Pflichtwidrigkeit	1302
	c)	Schlecht- oder Minderleistungen des Arbeitnehmers	1302
	d)	Arbeitsverweigerung	1304
	e)	Unentschuldigtes Fehlen; Verspätungen	1306
	f)	Nichtüberlassung von Arbeitspapieren	1306

Seite

g)	Beleidigungen	1307
h)	Sonstige Störungen des Betriebsfriedens	1308
i)	Verstoß gegen die Ordnung des Betriebes	1309
j)	Verstoß gegen Pflichten bei Arbeitsunfähigkeit	1310
k)	Wehrdienst von Nicht-EU-Ausländern	1311
l)	Nebenpflichten nach einer Kündigung; Wettbewerbsverbot	1311
m)	Gewerkschaftswerbung während der Arbeitszeit	1312
n)	Außerdienstliches Verhalten des Arbeitnehmers	1312
o)	Falschbeantwortung des Fragebogens wegen einer Zusammenarbeit mit dem ehemaligen MfS	1313
p)	Betriebliche Auswirkungen der Pflichtverletzung	1313

4. Abmahnung 1314
   a) Normative Grundlage der Notwendigkeit einer Abmahnung vor Ausspruch der Kündigung 1314
   b) Begriff und Inhalt 1315
   c) Zugang der Abmahnung 1322
   d) Abmahnungsberechtigte Personen 1323
   e) Fristen 1323
5. Weiteres Fehlverhalten 1327
   a) Vergleichbarkeit von abgemahntem und neuem Fehlverhalten 1327
   b) Verzicht auf eine mögliche Kündigung durch Abmahnung 1328
6. Interessenabwägung 1328
   a) Grundüberlegungen 1328
   b) Kriterien im einzelnen 1328
   c) Beurteilungsspielraum der Instanzgerichte 1329
7. Darlegungs- und Beweislast 1329
   a) Vertragsverletzung; betriebliche Auswirkungen 1329
   b) Abmahnung 1330

VIII. Die ordentliche betriebsbedingte Kündigung 1330
1. Überblick über die Voraussetzungen der ordentlichen betriebsbedingten Arbeitgeberkündigung 1330
2. Dringende betriebliche Gründe 1330
   a) Begriffsbestimmung 1330
   b) Auswirkungen auf die Darlegungslast 1331
   c) Außer-, innerbetriebliche Gründe 1331
   d) Dringlichkeit der betrieblichen Erfordernisse 1332
   e) Öffentlicher Dienst; ausländische diplomatische Vertretungen 1347
   f) Insolvenzverfahren 1348
   g) Betriebs-, Unternehmensbezogenheit des Kündigungsschutzes; Konzernbezug? 1349
3. Sozialauswahl (§ 1 Abs. 3 KSchG) 1350
   a) Grundsätze 1350
   (5) Darlegungs- und Beweislast 1353
   b) Vergleichbarkeit der Arbeitnehmer 1354

Seite

	c) Auswahlkriterien (Rechtslage bis zum 1.10.1996; weitgehend in Kraft wiederum ab dem 1.1.1999)	1362
	d) Entbehrlichkeit der Sozialauswahl; keine Sozialauswahl bei Neueinstellungen	1381
4.	Interessenabwägung	1382
	a) Verständige Würdigung der Interessen beider Vertragsparteien?	1382
	b) Eingeschränkte Interessenabwägung	1382
5.	Maßgeblicher Zeitpunkt für die Überprüfung	1383
	a) Zeitpunkt des Zugangs der Kündigung	1383
	b) Korrektur von Fehlprognosen	1383
6.	Darlegungs- und Beweislast	1387
	a) Betriebsbedingtheit; Dringlichkeit	1387
	b) Sozialauswahl (§ 1 Abs. 3 S. 3 KSchG)	1388
IX.	Kündigung in der Insolvenz	1391
1.	Vergleichsverfahren (bis 31.12.1998)	1391
2.	Konkursverfahren (bis 31.12.1998)	1391
3.	Gesamtvollstreckungsverfahren (bis 31.12.1998)	1391
4.	Insolvenzordnung (ab 1.1.1999)	1392
	a) Kündigungsfrist	1392
	b) Klagefrist	1393
	c) Interessenausgleich mit namentlicher Bezeichnung der zu kündigenden Arbeitnehmer	1393
	d) Vorabverfahren zur Kündigung von Arbeitnehmern	1394
X.	Besonderheiten bei Massenentlassungen	1396
1.	Massenentlassungen und betriebsbedingte Kündigungen	1396
	a) Geltung der allgemeinen Grundsätze	1396
	b) Praktische Probleme bei der Sozialauswahl	1396
	c) Darlegungs- und Beweislast hinsichtlich der Sozialauswahl	1396
2.	Formelle Besonderheiten der Massenentlassungen (§§ 17 bis 22 KSchG)	1397
	a) Anzeigepflicht (§ 17 KSchG)	1397
	b) Beteiligung des Betriebsrats an anzeigepflichtigen Entlassungen	1398
	c) Anzeige an das Arbeitsamt	1399
	d) Entscheidung über Massenentlassungen im Konzern	1400
	e) Rechtsfolgen der Massenentlassungsanzeige	1400
XI.	Die anderweitige Beschäftigungsmöglichkeit	1403
1.	Absolute Gründe der Sozialwidrigkeit	1403
	a) Allgemeine Voraussetzungen	1403
	b) Fehlen eines (ordnungsgemäßen) Widerspruchs des Betriebsrats	1403
2.	Pflicht zur anderweitigen Beschäftigung auch bei verhaltensbedingter Kündigung?	1403
3.	Anderweitige Beschäftigungsmöglichkeit	1404
	a) Vergleichbare Arbeitsplätze; Unternehmensbezug	1404
	b) Zumutbare Umschulungs- oder Fortbildungsmaßnahmen	1405

		Seite
	c) Darlegungs- und Beweislast	1407
XII.	Die ordentliche Arbeitgeberkündigung bei mehreren Kündigungsgründen und sog. Mischtatbeständen	1408
	1. Mischtatbestände	1408
	a) Begriffsbestimmung	1408
	b) Beschränkung der Überprüfung auf die »Störquelle«	1409
	2. Mehrere Kündigungssachverhalte	1409
	a) Begriffsbestimmung	1409
	b) Vollständige Überprüfung aller Kündigungtatbestände	1409
XIII.	Vorrang der Änderungskündigung vor der Beendigungskündigung	1410
	1. Normative Legitimation	1410
	2. Verfahrensfragen	1411
	3. Möglichkeit und Zumutbarkeit der Weiterbeschäftigung	1412
XIV.	Die Änderungskündigung	1412
	1. Begriff und Anwendungsbereich	1412
	a) Zweck der Änderungskündigung	1412
	b) Rechtsnatur; anwendbare Vorschriften	1413
	c) Verknüpfung von Kündigung und Änderungsangebot	1415
	2. Abgrenzung zur Ausübung des Direktionsrechts und zur Versetzung	1416
	a) Keine einseitige Zuweisung eines geringer wertigen Arbeitsplatzes	1416
	b) Weitergehende tarifliche Regelungen	1416
	3. Abgrenzung zur Teilkündigung und zum Widerrufsrecht	1416
	a) Begriff der Teilkündigung; Abgrenzung zur Beendigungskündigung und zur ergänzenden Vertragsauslegung	1416
	b) Grundsätzliches Verbot der Teilkündigung	1417
	c) Begriff des Widerrufsvorbehaltes	1417
	d) Grundsätzliche Zulässigkeit von Widerrufsvorbehalten	1417
	e) Übertragung der für den Widerrufsvorbehalt entwickelten Grundsätze auf die vorbehaltene Teilkündigung	1418
	f) Beispiele	1418
	g) Verfahrensfragen	1419
	h) Umdeutung	1419
	4. Gründe für eine sozial gerechtfertigte Änderungskündigung	1419
	a) Prüfungsmaßstab	1419
	b) Personenbedingte Gründe	1420
	c) Verhaltensbedingte Gründe	1420
	d) Betriebsbedingte Gründe	1421
	5. Ablehnung des Angebots; Annahme unter Vorbehalt	1431
	a) Vorbehaltlose Annahme	1431
	b) Annahme unter Vorbehalt; Erklärungsfrist	1431
	c) Änderungsschutzklage als Annahme unter Vorbehalt?	1432
	d) Normative Bedeutung des Vorbehalts	1432
	e) Rechtsfolgen der Annahme unter Vorbehalt	1432
	f) Ablehnung der Annahme unter Vorbehalt	1433

Seite

6. Rechtsfolgen der Entscheidung des Arbeitnehmers für die Überprüfung der sozialen Rechtfertigung der Änderungskündigung ... 1433
   a) Annahme unter Vorbehalt ... 1433
   b) Ablehnung des Angebots ... 1436
7. § 15 KSchG ... 1437
   a) Ausschluss der ordentlichen Änderungskündigung ... 1437
   b) Ausnahme bei Massenänderungskündigungen ... 1437
8. Außerordentliche Änderungskündigung ... 1437
   a) Anwendungsfälle ... 1437
   b) Voraussetzungen ... 1438
   c) § 2 KSchG analog ... 1438
   d) Änderungsschutzklage ... 1439
   e) Prüfungsmaßstab ... 1439
9. Beteiligung des Betriebsrats ... 1440
   a) Inhalt der Unterrichtungspflicht gem. § 102 BetrVG ... 1440
   b) Einzelfragen ... 1440
10. »Rücknahme« der Änderungskündigung; zwischenzeitliche Vergütung ... 1441

XV. Besonderheiten der Kündigung in Tendenzbetrieben und in kirchlichen Einrichtungen ... 1441
1. Tendenzwidrigkeit als Kündigungsgrund ... 1441
   a) Anwendbarkeit des KSchG auf Tendenzbetriebe ... 1441
   b) Bedeutung des Tendenzbezuges der Tätigkeit; Tendenzgefährdung ... 1441
   c) Außerdienstliches Verhalten ... 1442
   d) Politische Betätigung ... 1443
   e) Verhältnismäßigkeitsprinzip ... 1443
2. Kündigungsrechtliche Besonderheiten bei Kirchenbediensteten ... 1443
   a) Das kirchliche Selbstbestimmungsrecht ... 1443
   b) Vertragliche Vereinbarung besonderer Obliegenheiten ... 1444
   c) Wahrung des Selbstbestimmungsrechts durch die ArbG ... 1444
   d) Beispiele ... 1445

XVI. Die Auflösung des Arbeitsverhältnisses durch das ArbG (§§ 9, 10 KSchG) ... 1447
1. Auflösung bei sozialwidriger Kündigung auf Antrag des Arbeitnehmers ... 1447
   a) Unzumutbarkeit der Fortsetzung des Arbeitsverhältnisses ... 1447
   b) Sozialwidrigkeit der Kündigung ... 1447
   c) Anforderungen an die Unzumutbarkeit ... 1448
   d) Beendigungszeitpunkt ... 1448
   e) Beurteilungszeitpunkt; zu berücksichtigende Tatsachen ... 1449
   f) Auflösungsantrag nach Betriebsübergang ... 1449
2. Auflösung des Arbeitsverhältnisses auf Antrag des Arbeitgebers ... 1449
   a) Keine weitere gedeihliche Zusammenarbeit ... 1449
   b) Sonstige Unwirksamkeitsgründe ... 1450
   c) Prüfungsmaßstab ... 1450

Seite

      d) Darlegungs- und Beweislast — 1451
      e) Leitende Angestellte (§ 14 Abs. 2 S. 2 KSchG) — 1452
  3. Beiderseitige Auflösungsanträge — 1452
      a) Auflösung ohne weitere Überprüfung — 1452
      b) Getrennte Überprüfung beider Anträge — 1452
      c) Prozessuale Probleme — 1453
  4. Auflösung bei unwirksamer außerordentlicher Kündigung — 1453
      a) Grundlagen — 1453
      b) Einzelfragen — 1453
      c) Auflösungszeitpunkt — 1454
  5. Auflösung bei Änderungskündigung — 1454
  6. Auflösung wegen militärischer Interessen — 1454
  7. Begriff, Rechtsnatur und Höhe der Abfindung (§ 10 KSchG) — 1455
      a) Sinn und Zweck der Regelung — 1455
      b) Begriff und Rechtsnatur der Abfindung — 1455
      c) Höhe der Abfindung — 1457
  8. Verfahrensfragen — 1461
  9. Verhältnis zu anderen Ansprüchen und zu anderen Abfindungen — 1462
      a) Entgelt- und Schadensersatzansprüche — 1462
      b) Weitere Abfindungsansprüche — 1462
  10. Steuerrechtliche Fragen — 1462
      a) Begrenzte Steuerfreiheit; Tarifbegünstigung — 1462
      b) Vom Arbeitgeber veranlasste Auflösung des Arbeitsverhältnisses — 1463
      c) Entgangene Verdienstmöglichkeiten — 1463
      d) Ausgleichszahlung bei Änderungskündigung; Versetzung — 1464
      e) Weiterbeschäftigung bei demselben Arbeitgeber — 1464
      f) Abfindung bei Umsetzung im Konzern — 1464
      g) »Brutto«, »Netto« bzw. »Brutto = Netto«Vereinbarungen — 1464
      h) Abfindungen aufgrund kollektivrechtlicher Regelungen — 1465
      i) Steuerermäßigung — 1466
      j) Lohnsteueranrufungsauskunft — 1467
  11. Sozialversicherungsrechtliche Fragen — 1467

XVII. Die Weiterbeschäftigung des gekündigten Arbeitnehmers — 1468
  1. § 102 Abs. 5 BetrVG, § 79 Abs. 2 BPersVG — 1469
      a) Zweck der gesetzlichen Regelung — 1469
      b) Zwingende Regelung — 1469
      c) Verhältnis zu § 615 BGB — 1469
      d) Voraussetzungen des Anspruchs — 1469
      e) Inhalt des Anspruchs — 1473
      f) Verhältnis zum allgemeinen Weiterbeschäftigungsanspruch; prozessuale Fragen — 1474
      g) Entbindung des Arbeitgebers von der Weiterbeschäftigungspflicht (§ 102 Abs. 5 S. 2 BetrVG) — 1475
  2. Allgemeiner Weiterbeschäftigungsanspruch (Weiterbeschäftigung außerhalb des § 102 Abs. 5 BetrVG, § 79 Abs. 2 BPersVG) — 1477
      a) Rechtsauffassung des BAG — 1477

			Seite
		b) Kritik	1481
		c) Auswirkung weiterer Kündigungen; Auflösungsantrag	1481
		d) Inhalt des allgemeinen Weiterbeschäftigungsanspruchs und Rechtslage nach rechtskräftiger Entscheidung über die Wirksamkeit/Unwirksamkeit der Kündigung	1483
XVIII.	Die Kündigung des Arbeitsverhältnisses durch den Arbeitnehmer		1487
	1. Ordentliche Kündigung		1487
	2. Außerordentliche Kündigung		1487
		a) Allgemeine Voraussetzungen	1487
		b) Beispiele	1488
		c) Prozessuale Fragen	1489
	3. Umdeutung		1489
	4. Anfechtung der Eigenkündigung		1490
	5. Rechtsmissbräuchliche Berufung auf eine Kündigung in einem emotionalen Ausnahmezustand		1490
XIX.	Vereinbarung und Beendigung eines befristeten oder auflösend bedingten Arbeitsverhältnisses		1490
	1. Die Befristung des Arbeitsverhältnisses		1490
		a) Die Umgehungsrechtsprechung des BAG (Rechtslage bis zum 31.12.2000)	1490
		b) Die Abkehr von der Umgehungsrechtsprechung; das TzBfG (ab 1.1.2001)	1520
	2. Besondere gesetzliche Bestimmungen		1537
		a) BeschFG (bis 31.12.2000)	1537
		b) Wissenschaftliches Personal und Ärzte	1543
		c) § 21 BErzGG	1551
		d) §§ 9 Nr. 2, 3 Abs. 1 Nr. 3 AÜG	1553
	3. Prozessuale Fragen		1553
	4. Auflösende Bedingung; Altersgrenzen		1554
		a) Begriffsbestimmung	1554
		b) Rechtslage bis zum 31.12.2000	1554
		c) Rechtslage ab dem 1.1.2001: § 21 TzBfG	1558
		d) Altersgrenzen	1559
		e) Besonderer Beendigungsschutz schwerbehinderter Arbeitnehmer	1564
XX.	Aufhebungsvertrag		1565
	1. Grundlagen		1565
		a) Grundsatz der Vertragsfreiheit	1565
		b) Praktische Bedeutung	1565
		c) Vorteile für den Arbeitgeber	1565
		d) Vorteile für den Arbeitnehmer	1566
		e) Abwicklungsvertrag	1566
	2. Abschluss des Aufhebungsvertrages		1567
		a) Schriftform (§ 623 BGB); Zustandekommen	1567
		b) Umdeutung einer unwirksamen (außerordentlichen oder ordentlichen) Kündigung in ein Angebot zum Abschluss eines Aufhebungsvertrages	1571

Seite

	c)	Minderjährige	1571
3.		Inhalt des Aufhebungsvertrages	1572
	a)	Grundlagen/Übersicht	1572
	b)	Ausgewählte Formulierungshilfen mit Erläuterungen	1572
4.		Inhaltskontrolle	1590
5.		Rechtsmängel des Auflösungsvertrages	1591
	a)	Nichtigkeit; Umgehung von Kündigungsschutzbestimmungen bei bedingten Aufhebungsverträgen	1591
	b)	Anfechtbarkeit	1592
	c)	Anfechtung als Widerruf des Vertragsangebotes wegen Vertretungsmängeln	1597
	d)	Anfechtung bei kollusivem Zusammenwirken	1597
	e)	Rücktritts-, Widerrufsrecht?	1597
	f)	Verwirkung der Geltendmachung der Rechte aus einem rechtswirksam angefochtenen Aufhebungsvertrag	1598
	g)	Wegfall der Geschäftsgrundlage (jetzt § 313 BGB n. F.)	1598
	h)	Darlegungs- und Beweislast	1598
6.		Hinweispflichten	1599
	a)	Entscheidung nach Billigkeitsgesichtspunkten	1599
	b)	Beendigung des Arbeitsverhältnisses auf Wunsch des Arbeitnehmers	1599
	c)	Eigenverantwortung des Arbeitnehmers	1599
	d)	Auskünfte des Arbeitgebers	1601
	e)	Rechtsfolgen der schuldhaften Verletzung von Hinweispflichten	1601
	f)	Abdingbarkeit	1602
7.		Der Aufhebungsvertrag und nachfolgende Kündigungen; Erwerbsunfähigkeit	1602
8.		Auswirkung des vorzeitigen Todes des Arbeitnehmers auf eine vereinbarte Abfindung	1602
9.		Rechtsgeschäfte anlässlich von Verhandlungen und des Abschlusses von Aufhebungsverträgen	1603

XXI. Altersteilzeit 1604
1. Einführung 1604
2. Voraussetzungen der Altersteilzeit 1604
   a) Berechtigter Personenkreis 1604
   b) Verkürzung der Arbeitszeit 1605
   c) Aufstockung der Teilzeitvergütung 1607
   d) Einstellung eines Arbeitslosen oder Übernahme eines Auszubildenden 1609
3. Leistungen des Arbeitsamtes 1614
   a) Zeitpunkt der Förderung durch das Arbeitsamt 1615
   b) Erlöschen des Anspruchs auf Zuschüsse 1615
   c) Ruhen des Anspruchs auf Förderungsleistungen bei Nebentätigkeiten 1616
   d) Ruhen des Anspruchs auf Förderleistungen bei Mehrarbeit 1616
4. Steuerliche und sozialrechtliche Behandlung der Altersteilzeit 1616

Inhaltsverzeichnis

Seite

	a)	Steuerliche Behandlung der Aufstockungsbeträge	1616
	b)	Sozialversicherungsrechtliche Behandlung der Aufstockungsbeträge	1617
	c)	Arbeitslosigkeit im Anschluss an die Altersteilzeit	1617
5.	Arbeitsrechtliche Behandlung des Altersteilzeitvertrages		1618
	a)	Laufzeit des Altersteilzeitvertrages	1619
	b)	Verteilung der Arbeitszeit	1619
	c)	Tätigkeitsbeschreibung	1620
	d)	Vergütung	1620
	e)	Aufstockungsbeträge	1620
	f)	Erkrankung während der Altersteilzeit	1622
	g)	Erholungsurlaub	1624
	h)	Nebentätigkeiten	1624
	i)	Mitwirkungspflichten	1624
	j)	Beendigung des Anstellungsverhältnisses	1625
	k)	Schlussbestimmungen	1626
6.	Kurzarbeit während der Altersteilzeit		1626
7.	Insolvenz des Arbeitgebers		1627

E. Sozialrechtliche Rechtsfolgen der Kündigung/Beendigung von Arbeitsverhältnissen

☐ Detailgliederung 1629–1630

I.	Bezug von Arbeitslosengeld		1631
	1. Voraussetzungen		1631
		a) Begriff der Arbeitslosigkeit	1631
		b) Definition von »Beschäftigungssuche«	1633
		c) Erfüllung der Anwartschaftszeit	1634
		d) Arbeitslosmeldung	1634
		e) Antrag auf Arbeitslosengeld	1635
	2. Bezugsdauer		1635
	3. Höhe des Arbeitslosengeldes		1637
	4. Keine Anrechnung der Abfindung auf das Arbeitslosengeld		1637
	5. Übersicht über Ruhens- und Sperrzeiten beim Arbeitslosengeld		1637
	6. Ruhenszeit wegen Urlaubsabgeltung		1637
	7. Ruhenszeit wegen Verkürzung der Kündigungsfrist		1638
		a) Nichteinhaltung der ordentlichen Kündigungsfrist	1638
		b) Abfindung, Entschädigung oder ähnliche Leistung	1639
		c) Dauer des Ruhenszeitraums	1639
		d) Konsequenzen des Ruhenszeitraums nach § 143 a SGB III	1642
	8. Sperrzeit		1642
		a) Sperrzeitrelevante Beendigungstatbestände	1642
		b) Wichtiger Grund i. S. v. § 144 SGB III	1646
		c) Folgen der Sperrzeit	1649
II.	Erstattung des Arbeitslosengeldes nach § 147 a SGB III		1650

		Seite

1. Erstattungspflichtiger Arbeitgeber — 1650
2. Erstattungspflicht bei vorübergehender Arbeitslosigkeit — 1651
3. Von Amts wegen zu ermittelnde Ausnahmen von der Erstattungspflicht — 1652
   a) Ausscheiden vor dem 56. Lebensjahr — 1652
   b) Anspruch auf andere Sozialleistungen — 1652
4. Vom Arbeitgeber darzulegende und nachzuweisende Befreiungstatbestände — 1654
   a) Beschäftigungszeiten — 1654
   b) Privilegierung kleinerer Unternehmen — 1655
   c) Eigenkündigung des Arbeitnehmers — 1657
   d) Sozial gerechtfertigte arbeitgeberseitige Kündigung — 1659
   e) Vorliegen eines wichtigen Grundes für eine außerordentliche Kündigung — 1661
   f) Größerer Personalabbau — 1661
5. Wegfall der Erstattung wegen unzumutbarer Härte — 1667
   a) Gefährdung des Fortbestandes des Unternehmens — 1667
   b) Gefährdung der verbleibenden Arbeitsplätze — 1668
   c) Nachweis der wirtschaftlichen Lage — 1669
6. Weiterbelastung der Erstattung an den Arbeitnehmer – sog. »147 a SGB IIIerVereinbarung« — 1669

III. Erstattung des Arbeitslosengeldes nach § 148 SGB III — 1670
1. Umfang der Erstattung — 1670
2. Vereinbarung eines nachvertraglichen Wettbewerbsverbotes — 1671
3. Anrechnung des Arbeitslosengeldes auf die Karenzentschädigung — 1672

IV. Krankenversicherung nach Beendigung des Arbeitsverhältnisses — 1673
1. Pflichtmitgliedschaft während des Bezuges von Arbeitslosengeld — 1673
   a) Nachwirkender Krankenversicherungsschutz — 1673
   b) Mitgliedschaft in einer Ersatzkasse — 1674
   c) Mitglieder einer privaten Krankenversicherung — 1674
   d) Krankenversicherungsschutz während eines Ruhenszeitraums nach § 143 a SGB III — 1674
2. Arbeitsunfähigkeit während des Bezuges von Arbeitslosengeld — 1674
3. Arbeitsunfähigkeit zu Beginn der Arbeitslosigkeit — 1675
4. Krankenversicherungsschutz nach Ende der Bezugsdauer des Arbeitslosengeldes — 1675
5. Übernahme der Krankenversicherungsbeiträge — 1676

V. Leistungen der gesetzlichen Rentenversicherung — 1676
1. Regelaltersrente — 1676
2. Altersrente für langjährig Versicherte — 1676
3. Altersrente für Schwerbehinderte — 1679
4. Altersrente wegen Arbeitslosigkeit — 1680
5. Altersrente nach Altersteilzeitarbeit — 1682
6. Altersrente für langjährig unter Tage beschäftigte Bergleute — 1682
7. Altersrente für Frauen — 1683
8. Rente wegen Erwerbsminderung — 1686
9. Hinzuverdienst/Teilrente — 1687

Seite

F. Pflichten im Hinblick auf die Beendigung des Arbeitsverhältnisses

☐ Detailgliederung 1689–1691

- I. Das Arbeitszeugnis 1691
  1. Anspruchsgrundlagen 1691
     - a) Normative Regelungen; Zweck 1691
     - b) Dauer des Arbeitsverhältnisses 1691
     - c) Selbstständige 1692
  2. Zeugnisarten; Fälligkeit 1692
     - a) Einfaches Zeugnis 1692
     - b) Qualifiziertes Zeugnis 1692
     - c) Zwischenzeugnis 1692
     - d) Kündigungsschutzprozess; Weiterbeschäftigung 1693
     - e) Faktisches Arbeitsverhältnis 1694
  3. Inhalt des Arbeitszeugnisses 1694
     - a) Grundlagen 1694
     - b) Art und Dauer des Arbeitsverhältnisses 1695
     - c) Leistung und Führung 1695
     - d) Gewerkschaftliche Betätigung; Betriebsratstätigkeit 1698
     - e) Beendigungsgrund und -modalitäten 1698
     - f) Ausstellungsdatum 1699
     - g) »Wunschformel« 1700
     - h) Äußerliche Gestaltung 1700
     - i) Beurteilungsbogen als Arbeitszeugnis 1701
     - j) Darlegungs- und Beweislast 1701
  4. Die Zeugnissprache 1702
  5. Wechsel der Zeugnisart 1703
  6. Holschuld 1704
  7. Widerruf 1704
  8. Ausschlussfristen; Verwirkung 1704
  9. Rechtsfolgen der Verletzung der Zeugnispflicht 1705
     - a) Erfüllungsanspruch; Schadensersatz 1705
     - b) Darlegungs- und Beweislast bei Schadensersatzansprüchen; Inhalt des Anspruchs 1705
     - c) Haftung des Arbeitgebers gegenüber Dritten 1705
  10. Prozessuale Fragen 1706
  11. Zwangsvollstreckung 1707
  12. Sonstige Auskünfte des Arbeitgebers 1707
- II. Aufbewahrungs- und Herausgabepflichten 1707
  1. Herausgabe von Arbeitspapieren; kein Zurückbehaltungsrecht 1707
  2. Darlegungs- und Beweislast 1708
  3. Aufbewahrungspflichten 1708
  4. Sonderregelungen 1708
  5. Herausgabepflicht des Arbeitnehmers 1708
- III. Nachvertragliches Wettbewerbsverbot 1709
  1. Grundlagen 1709

			Seite
		a) Normative Regelungen	1709
		b) Ausdehnende Anwendung der §§ 74 ff. HGB; Abgrenzung zu freien Mitarbeitern	1709
		c) Vereinbarung vor Beendigung des Arbeitsverhältnisses	1710
		d) Arbeitnehmer im Ruhestand	1710
		e) Betriebsgeheimnisse; Abgrenzung	1710
		f) Möglicher Inhalt von Wettbewerbsverboten	1710
	2.	Voraussetzungen	1711
		a) Schriftform	1711
		b) Inhaltliche Voraussetzungen	1711
		c) Bedingtes Wettbewerbsverbot	1715
	3.	Wegfall der Verpflichtungen	1716
		a) Verzicht des Arbeitgebers	1716
		b) Einvernehmliche Aufhebung des Wettbewerbsverbots	1716
		c) Kündigung vor Arbeitsbeginn; vertragswidrige Nichtaufnahme der Tätigkeit	1716
		d) Kündigung des Arbeitsverhältnisses	1717
		e) Aufhebungsvertrag	1717
		f) Betriebsstilllegung; Insolvenz; Gründe in der Person des Arbeitnehmers	1718
	4.	Unwirksamkeit der Wettbewerbsabrede	1718
	5.	Rechtsfolgen bei Verletzung der Pflichten aus der Wettbewerbsabrede	1718
	6.	Verjährung	1719
IV.	Rückzahlung von Ausbildungskosten		1719
	1.	Grundlagen	1719
	2.	Wirksamkeitsvoraussetzungen; Inhaltskontrolle	1719
		a) Prüfungsmaßstab	1719
		b) Maßgeblicher Zeitpunkt für die Beurteilung	1720
		c) Legitimation der Inhaltskontrolle	1720
		d) Höhe der Forderung	1720
		e) Rückzahlungsverpflichtung bei Abbruch der Ausbildung	1720
		f) Betriebsbedingte Kündigung	1721
	3.	Darlegungs- und Beweislast	1721
		a) Überwiegende Wahrscheinlichkeit eines beruflichen Vorteils	1721
		b) Beispiel aus der Praxis	1722
	4.	Unwirksamkeit der vereinbarten Bindungsdauer	1722
	5.	Einzelfälle	1722
	6.	Tarifliche Normen; z. B. Nr. 7 SR 2 a BAT	1724
		a) Grundlagen	1724
		b) Auf Veranlassung des Arbeitgebers	1725
		c) Im Rahmen des Personalbedarfs	1725
		d) Vergütungsrelevanz	1726
		e) Beruflicher Vorteil des Arbeitnehmers	1726
		f) Darlegungs- und Beweislast	1726

Seite

7. Vereinbarung zur Rückzahlung von Ausbildungskosten in Form einer Darlehensverpflichtung; Schuldumschaffung — 1727
8. Der Sonderfall: Transferentschädigung in der Eishockeyliga — 1727

G. Arbeitskampfrecht

☐ Detailgliederung — 1729–1730

I. Grundbegriffe — 1731
II. Die Rechtmäßigkeitsvoraussetzungen des Arbeitskampfes — 1731
  1. Rechtsgrundlagen des Arbeitskampfrechts — 1731
    a) Einfachgesetzliche Grundlagen — 1731
    b) § 74 Abs. 2 BetrVG, § 66 Abs. 2 BPersVG — 1732
    c) Internationales Recht — 1732
    d) Art. 9 Abs. 3 GG — 1733
  2. Der Streik — 1734
    a) Gewerkschaftliche Organisation des Streiks — 1734
    b) Beachtung der tarifvertraglichen Friedenspflicht — 1735
    c) Tariflich regelbares Kampfziel, Erfüllbarkeit der Tarifforderung durch die Gegenseite — 1735
    d) Verhältnismäßigkeitsprinzip — 1737
    e) Erhaltungs- und Notstandsarbeiten — 1739
    f) Persönliche Einschränkungen des Streikrechts — 1739
    g) Sonstige Streikschranken — 1740
    h) Streikexzesse — 1740
    i) Rechtmäßigkeitsvermutung gewerkschaftlicher Streiks — 1741
  3. Die Aussperrung — 1741
    a) Arten der Aussperrung — 1741
    b) Rechtliche Zulässigkeit der Aussperrung — 1742
  4. Der Boykottaufruf — 1746
  5. Massenänderungskündigungen, kollektive Ausübung von Zurückbehaltungsrechten — 1747
III. Die Rechtsfolgen des rechtmäßigen Arbeitskampfes — 1748
  1. Streik — 1748
    a) Suspendierung der Hauptleistungspflichten — 1748
    b) Suspendierung und anderweitige Arbeitsbefreiung — 1749
    c) Ausschluss von Kündigungen und Abmahnungen — 1750
    d) Grundsätzlicher Ausschluss von Schadensersatz- und Unterlassungsansprüchen — 1751
    e) Suspendierung und Fristen — 1752
    f) Vergütungsansprüche nicht streikbeteiligter Arbeitnehmer – Arbeitskampfrisiko und suspendierende Betriebs(teil)stilllegung — 1753
    g) Arbeitsverweigerungsrecht bei Zuweisung von Streikbrecherarbeiten — 1754
    h) Beteiligungsrechte des Betriebsrats — 1755

Inhaltsverzeichnis

Seite

i) Zahlung von Prämien an nicht streikbeteiligte Arbeitnehmer	1757
j) Arbeitskampf und schuldrechtliche Leistungspflichten	1758

2. Die suspendierende Aussperrung — 1758
   a) Suspendierung der Hauptleistungspflichten — 1758
   b) Aussperrung und sonstige Arbeitsbefreiung — 1758
   c) Abkehrrecht der Ausgesperrten — 1759
   d) Suspendierung und Fristen — 1759
   e) Mittelbare Folgen der Aussperrung – Arbeitskampfrisiko — 1759
   f) Beteiligungsrechte des Betriebsrats — 1759
   g) Leistungsstörungen infolge Aussperrung — 1759
3. Lösende Aussperrung — 1760
   a) Beendigung des Arbeitsverhältnisses — 1760
   b) Wiedereinstellunganspruch — 1760

IV. Die Rechtsfolgen des rechtswidrigen Arbeitskampfes — 1760
   1. Streik — 1760
      a) Keine Suspendierung – Verletzung der Arbeitspflicht — 1760
      b) Abmahnung — 1761
      c) Kündigung — 1761
      d) Schadensersatzansprüche — 1762
      e) Unterlassungsansprüche — 1765
      f) Einwirkungspflichten — 1766
      g) Fristen und Anwartschaften — 1766
      h) Mittelbare Streikfolgen — 1766
      i) Beteiligungsrechte des Betriebsrats — 1766
      j) Folgen für einen bestehenden Tarifvertrag — 1767
   2. Aussperrung — 1767
      a) Keine Suspendierung – Fortbestehen der Vergütungspflicht — 1767
      b) Kündigung — 1767
      c) Schadensersatzansprüche — 1767
      d) Unterlassungsansprüche — 1768
      e) Fristen, Anwartschaften; Folgen für einen bestehenden Tarifvertrag — 1769

H. Tarifvertragsrecht

☐ Detailgliederung — 1771–1774

I. Grundlagen des Tarifvertragsrechts — 1774
   1. Bedeutung und Funktion des Tarifvertrages — 1774
   2. Rechtsgrundlagen — 1774
      a) Tarifvertragsrecht und Grundgesetz — 1774
      b) Tarifvertragsgesetz und Durchführungsverordnung — 1775
      c) Tarifvertragsrecht in den neuen Bundesländern — 1775
   3. Begriffsbestimmung und Rechtsnatur des Tarifvertrages — 1776
      a) Definition — 1776
      b) Normativer Teil — 1776

Seite

	c) Schuldrechtlicher Teil	1776
II.	Voraussetzungen für den Abschluss von Tarifverträgen	1776
	1. Tariffähigkeit	1776
	a) Allgemeines	1776
	b) Der Begriff der Koalition	1777
	c) Tariffähigkeit von Gewerkschaften und Vereinigungen von Arbeitgebern	1777
	d) Tariffähigkeit des einzelnen Arbeitgebers	1779
	e) Tariffähigkeit der Zusammenschlüsse von Gewerkschaften und Arbeitgebervereinigungen	1779
	f) Weitere tariffähige Vereinigungen auf Arbeitgeberseite	1780
	2. Beginn und Ende der Tariffähigkeit	1780
	a) Beginn der Tariffähigkeit	1780
	b) Ende der Tariffähigkeit	1780
	3. Tarifzuständigkeit	1781
	a) Begriff und Bedeutung	1781
	b) Bestimmung der Tarifzuständigkeit	1781
	4. Tarifverträge tarifunzuständiger oder tarifunfähiger Parteien	1782
	5. Gerichtliche Entscheidung über die Tariffähigkeit und die Tarifzuständigkeit einer Vereinigung	1783
III.	Abschluss, Beendigung und Form von Tarifverträgen	1784
	1. Abschluss von Tarifverträgen	1784
	2. Beendigung von Tarifverträgen	1785
	a) Befristung	1785
	b) Auflösende Bedingung	1785
	c) Aufhebungsvertrag	1785
	d) Ordentliche Kündigung	1785
	e) Außerordentliche Kündigung	1785
	f) Wegfall der Geschäftsgrundlage	1786
	3. Form von Tarifverträgen	1786
	a) Allgemeines	1786
	b) Schriftform und Verweisung auf gesetzliche oder tarifliche Bestimmungen	1787
IV.	Inhalt, Auslegung und rechtliche Grenzen von Tarifverträgen	1787
	1. Der Inhalt von Tarifverträgen	1787
	a) Allgemeines	1787
	b) Normativer Teil	1787
	c) Schuldrechtlicher Teil	1792
	2. Auslegung von Tarifverträgen	1794
	a) Der schuldrechtliche Teil	1794
	b) Normativer Teil	1794
	c) Rechtsfolgen lückenhafter tariflicher Regelungen	1795
	d) Prozessuale Fragen	1795
	3. Grenzen der Regelungsbefugnis der Tarifvertragsparteien	1795
	a) Tarifvertrag und überstaatliches Recht	1795
	b) Tarifvertrag und Grundgesetz	1796

			Seite
	c)	Tarifverträge und Gesetzesrecht/Gesetzesvertretendes Richterrecht	1797
	d)	Tarifvertrag und Betriebsvereinbarungen	1798
	e)	Tarifvertrag und Vertragsrecht	1798
4.		Einzelne tarifvertragliche Klauseln	1798
	a)	Besetzungsregelungen	1798
	b)	Differenzierungs-, Spannensicherungsklauseln	1799
	c)	Absicherung übertariflicher Lohnbestandteile durch Tarifverträge	1799
V.		Geltungsgrund eines Tarifvertrages	1802
1.		Tarifgebundenheit	1802
	a)	Allgemeines	1802
	b)	Beginn und Ende der Tarifgebundenheit bei Inhalts-, Abschluss- und Beendigungsnormen	1803
	c)	Betriebsnormen und betriebsverfassungsrechtliche Normen	1806
	d)	Gemeinsame Einrichtungen	1806
2.		Allgemeinverbindlichkeit	1806
	a)	Allgemeines	1806
	b)	Voraussetzungen	1807
	c)	Verfahrensfragen	1807
	d)	Rechtsfolgen	1808
3.		Bezugnahme auf Tarifverträge	1809
	a)	Bezugnahme auf Tarifverträge in Tarifverträgen	1809
	b)	Bezugnahme in Betriebsvereinbarungen auf Tarifverträge	1810
	c)	Individualvertragliche Bezugnahme auf Tarifverträge	1810
	d)	Tarifvertragsrecht und Gleichbehandlung	1811
	e)	Bezugnahme auf Tarifverträge durch betriebliche Übung	1812
VI.		Der Geltungsbereich des normativen Teils eines Tarifvertrages	1812
1.		Allgemeines	1812
2.		Der zeitliche Geltungsbereich	1812
	a)	In-Kraft-Treten des Tarifvertrages	1813
	b)	Beendigung des Tarifvertrages	1814
3.		Räumlicher Geltungsbereich	1814
4.		Betrieblich-fachlicher Geltungsbereich	1815
5.		Persönlicher Geltungsbereich	1815
6.		Tarifkonkurrenz und Tarifpluralität	1816
	a)	Begriffe	1816
	b)	Der Grundsatz der Tarifeinheit	1817
	c)	Der Grundsatz der Spezialität	1818
VII.		Wirkungsweise des normativen Teils eines Tarifvertrages	1819
1.		Allgemeines	1819
2.		Unmittelbare Wirkung	1819
3.		Zwingende Wirkung	1820
4.		Günstigkeitsprinzip	1820
	a)	Grundlagen	1820
	b)	Günstigkeitsvergleich	1821
5.		Nachwirkung	1822

				Seite
		a)	Zweck der Nachwirkung	1822
		b)	Ablauf des Tarifvertrages	1822
		c)	Weitergeltung der Rechtsnormen	1823
		d)	Andere Abmachung	1823
		e)	Ausschluss der Nachwirkung	1824
VIII.	Der Verlust tariflicher Rechte			1824
	2. Verwirkung			1825
	3. Verjährung			1825
	4. Ausschlussfristen			1826
		a)	Allgemeines	1826
		b)	Auslegung einer Ausschlussfrist	1826
		c)	Gegenstand der Ausschlussfristen	1827
		d)	Beginn der Ausschlussfrist	1828
		e)	Geltendmachung	1829
		f)	Einrede der Arglist und tarifliche Ausschlussfrist	1829
IX.	Bekanntgabe des Tarifvertrages			1830
	1. Grundsätzliches			1830
	2. Übersendungs- und Mitteilungspflichten			1830
	3. Tarifregister			1830
	4. Auslegung der Tarifverträge im Betrieb, Nachweisgesetz			1831

I. Betriebsverfassungsrecht

☐ Detailgliederung   1833–1857

I.	Der Anwendungsbereich des BetrVG			1857
	1. Räumlicher Geltungsbereich			1857
	2. Persönlicher Geltungsbereich, § 5 BetrVG			1857
		a)	Einführung	1857
		b)	Auslandsentsendung	1858
		c)	Vorübergehende Beschäftigung eines Arbeitnehmers aus einem ausländischen Betrieb im Inland	1858
		d)	Zur Berufsausbildung Beschäftigte	1859
		e)	Heimarbeiter	1860
		f)	Nicht-Arbeitnehmer, § 5 Abs. 2 BetrVG	1860
		g)	Leitende Angestellte, § 5 Abs. 3, Abs. 4 BetrVG	1863
	3. Gegenständlicher Geltungsbereich			1873
		a)	Einführung	1873
		b)	Betrieb und Unternehmen	1873
		c)	Betriebsteil, Zuordnung von Kleinst- und Nebenbetrieben, § 4 BetrVG	1874
		d)	Gemeinschaftsbetrieb mehrerer Unternehmen	1879
		e)	Möglichkeit abweichender Regelungen, § 3 BetrVG	1881
		f)	Gerichtliche Entscheidung über Zuordnungsfragen, § 18 Abs. 2 BetrVG; Folgen fehlerhafter Zuordnung	1885

Seite

	g) Sonstige Voraussetzungen der Betriebsratsfähigkeit von Betrieben	1888
	h) Wegfall der Voraussetzungen	1898
	i) Tatsächliche Wahl eines Betriebsrates	1899
	j) Gesetzlicher Ausschluss bestimmter Betriebe; Einschränkungen des Anwendungsbereichs	1899
II.	Der Betriebsrat	1912
	1. Die Wahl des Betriebsrats	1912
	a) Zeitpunkt der Wahl	1912
	b) Aktives und passives Wahlrecht	1914
	c) Wahlverfahren; reguläres oder vereinfachtes Wahlverfahren	1914
	d) Das reguläre Wahlverfahren	1914
	e) Wahlgrundsätze	1929
	f) Das vereinfachte Wahlverfahren	1933
	g) Wahlschutz und Wahlkosten	1935
	h) Mängel der Betriebsratswahl (§ 19 BetrVG)	1940
	2. Die Amtszeit des Betriebsrats	1949
	a) Dauer der Amtszeit	1949
	b) Beginn der Amtszeit	1949
	c) Ende der Amtszeit	1950
	d) Weiterführung der Geschäfte des Betriebsrats, § 22 BetrVG	1955
	e) Erlöschen der Mitgliedschaft im Betriebsrat, § 24 BetrVG	1956
	f) Ersatzmitglieder	1958
	3. Organisation und Geschäftsführung des Betriebsrats	1961
	a) Vorsitzender und Stellvertreter; Vertretung des Betriebsrats nach außen (§ 26 BetrVG)	1961
	b) Der Betriebsausschuss und weitere Ausschüsse, §§ 27, 28 BetrVG	1963
	c) Die Übertragung von Aufgaben auf Arbeitsgruppen, § 28 a BetrVG	1967
	d) Betriebsratssitzungen, §§ 30 ff. BetrVG	1969
	e) Geschäftsordnung, § 36 BetrVG	1979
	f) Sprechstunden und sonstige Inanspruchnahme des Betriebsrates, § 39 BetrVG	1980
	4. Die Rechtsstellung der Betriebsratsmitglieder	1981
	a) Das Betriebsratsamt als Ehrenamt, § 37 Abs. 1 BetrVG	1982
	b) Arbeitsbefreiung, § 37 Abs. 2 BetrVG	1983
	c) Freistellungen, § 38 BetrVG	1992
	d) Wirtschaftliche und berufliche Sicherung der Betriebsratsmitglieder	1997
	e) Teilnahme an Schulungs- und Bildungsveranstaltungen, § 37 Abs. 6, 7 BetrVG	2001
	f) Allgemeines Behinderungs-, Benachteiligungs- und Begünstigungsverbot, § 78 BetrVG	2009
	g) Kündigungsschutz, Übernahme Auszubildender	2012
	h) Versetzungsschutz, § 103 Abs. 3 BetrVG	2012
	i) Geheimhaltungspflicht, § 79 BetrVG	2016

Inhaltsverzeichnis

Seite

5. Kosten und Sachaufwand des Betriebsrates, § 40 BetrVG	2019
a) Kosten	2019
b) Sachaufwand und Büropersonal	2026
c) Umlageverbot; Sonstige vermögensrechtliche Stellung des Betriebsrates, Haftung des Betriebsrates	2030
III. Sonstige Einrichtungen der Betriebsverfassung	2032
1. Betriebsversammlung, §§ 42 ff. BetrVG	2032
a) Aufgaben, Begriff und Rechtsnatur	2032
b) Ordentliche Betriebsversammlungen	2032
c) Außerordentliche Betriebsversammlungen	2032
d) Durchführung	2033
e) Themen der Betriebsversammlung	2037
f) Fortzahlung des Arbeitsentgelts, Fahrtkostenerstattung	2040
g) Streitigkeiten	2043
2. Gesamtbetriebsrat, §§ 47 ff. BetrVG	2043
a) Errichtung	2043
b) Größe und Zusammensetzung	2045
c) Stimmengewichtung	2045
d) Organisation und Geschäftsführung des Gesamtbetriebsrats	2046
e) Rechtsstellung der Mitglieder	2047
f) Amtszeit und Beendigung der Mitgliedschaft	2047
g) Zuständigkeit des Gesamtbetriebsrates	2048
3. Betriebsräteversammlung, § 53 BetrVG	2051
4. Konzernbetriebsrat, §§ 54 ff. BetrVG	2052
a) Konzernbegriff	2052
b) Errichtung	2054
c) Amtszeit	2055
d) Geschäftsführung	2055
e) Zuständigkeit	2055
f) Konzernbetriebsvereinbarungen	2055
5. Jugend- und Auszubildendenvertretung (JAV), §§ 60 ff. BetrVG	2056
a) Funktion und Stellung	2056
b) Errichtung, Wahl, Amtszeit	2056
c) Aufgaben und Rechte	2058
d) Organisation und Geschäftsführung	2061
e) Rechtsstellung der Mitglieder	2061
f) Jugend- und Auszubildendenversammlung	2062
g) Gesamt-Jugend- und Auszubildendenvertretung, §§ 72 f. BetrVG	2062
h) Konzern-Jugend- und Auszubildendenvertretung, §§ 73 a, b BetrVG	2063
6. Wirtschaftsausschuss (WA), §§ 106 ff. BetrVG	2063
a) Funktion	2063
b) Bildung und Zusammensetzung	2063
c) Sitzungen des WA	2066
d) Aufgaben des WA, Beratung und Unterrichtung des Betriebsrates	2067

Seite

	e) Die wirtschaftlichen Angelegenheiten	2068
	f) Die Unterrichtungspflicht des Unternehmers	2070
	g) Insbesondere: Der Jahresabschluss	2072
	h) Die Durchsetzung des Informations- und Einsichtsanspruchs	2073
	7. Der Sprecherausschuss der leitenden Angestellten, SprAuG	2074
	a) Allgemeines	2074
	b) Geltungsbereich	2074
	c) Zusammenarbeit mit Arbeitgeber und Betriebsrat	2075
	d) Wahl, Errichtung und Amtszeit	2075
	e) Rechte und Pflichten, Rechtsstellung der Sprecherausschussmitglieder; Kosten des Sprecherausschusses	2076
	f) Geschäftsführung des Sprecherausschusses	2076
	g) Sonstige Einrichtungen	2077
	h) Allgemeine Aufgaben	2078
	i) Richtlinien und Vereinbarungen	2079
	j) Unterstützung einzelner leitender Angestellter	2081
	k) Arbeitsbedingungen und Beurteilungsgrundsätze	2082
	l) Personelle Einzelmaßnahmen	2082
	m) Wirtschaftliche Angelegenheiten	2083
	n) Streitigkeiten und Sanktionen	2084
IV.	Die Rechtsstellung der Koalitionen im Betrieb	2084
	1. Zusammenwirkung der Koalitionen mit Arbeitgeber und Betriebsrat	2084
	2. Zugangsrecht der Gewerkschaften zum Betrieb, § 2 Abs. 2 BetrVG	2085
	3. Originäre Aufgaben der Koalitionen, § 2 Abs. 3 BetrVG	2087
V.	Rechte des einzelnen Arbeitnehmers nach dem BetrVG, §§ 81–86 BetrVG	2088
	1. Zweck und Rechtsnatur	2088
	2. Prozessuale Durchsetzung	2089
	3. Schadensersatzanspruch, Zurückbehaltungsrecht	2089
	4. Unterrichtungs- und Erörterungspflicht, § 81 BetrVG	2089
	a) Zweck der Vorschrift, Verhältnis zu anderen Regelungen	2089
	b) Unterrichtung des Arbeitnehmers über seine Funktion	2090
	c) Belehrung über Unfall- und Gesundheitsgefahren	2090
	d) Unterrichtung über Veränderungen im Arbeitsbereich	2090
	e) Unterrichtung und Erörterung bei der Planung und Einführung neuer Techniken	2091
	5. Anhörungs- und Erörterungsrecht des Arbeitnehmers, § 82 BetrVG	2091
	a) Zweck der Vorschrift	2091
	b) Anhörungs- und Erörterungsrecht	2092
	c) Erläuterung des Arbeitsentgelts	2092
	d) Erörterung der Leistungsbeurteilung und Möglichkeiten beruflicher Entwicklung	2092
	e) Hinzuziehung eines Betriebsratsmitglieds	2092

		Seite
	6. Einsicht in Personalakten, § 83 BetrVG	2093
	a) Zweck der Vorschrift	2093
	b) Begriff der Personalakte	2093
	c) Einsicht durch Arbeitnehmer	2093
	d) Hinzuziehung eines Betriebsratsmitglieds	2094
	e) Erklärungen des Arbeitnehmers zur Personalakte	2094
	7. Beschwerderecht, §§ 84, 85 BetrVG	2094
	a) Allgemeines	2094
	b) Beschwerdegegenstand und Beschwerdeverfahren	2094
	c) Benachteiligungsverbot	2095
	d) Beschwerde beim Betriebsrat, § 85 BetrVG	2096
	8. Vorschlagsrecht der Arbeitnehmer, § 86 a BetrVG	2097
	a) Zweck der Vorschrift	2097
	b) Ausgestaltung des Vorschlagsrechts	2098
VI.	Grundsätze für die Zusammenarbeit zwischen Arbeitgeber und Betriebsrat und die Durchführung der Mitwirkung	2098
	1. Das Gebot vertrauensvoller Zusammenarbeit, § 2 Abs. 1 BetrVG	2098
	a) Inhalt	2098
	b) Anwendungsbeispiele	2099
	2. Allgemeine Grundsätze für die Zusammenarbeit zwischen Arbeitgeber und Betriebsrat, § 74 BetrVG	2099
	a) Monatliche Besprechung und Verhandlungspflicht, § 74 Abs. 1 BetrVG	2100
	b) Arbeitskampfverbot, § 74 Abs. 2 S. 1 BetrVG	2100
	c) Allgemeine betriebsverfassungsrechtliche Friedenspflicht, § 74 Abs. 2 S. 2 BetrVG	2102
	d) Verbot parteipolitischer Betätigung im Betrieb, § 74 Abs. 2 S. 3 BetrVG	2103
	e) Gewerkschaftliche Betätigung von Funktionsträgern, § 74 Abs. 3 BetrVG	2105
	3. Grundsätze für die Behandlung von Betriebsangehörigen, § 75 BetrVG	2106
	a) Überwachungspflicht	2106
	b) Schutz und Förderung der freien Entfaltung der Persönlichkeit	2108
	c) Förderung der Selbstständigkeit und Eigeninitiative der Arbeitnehmer und Arbeitsgruppen	2110
	4. Die Einigungsstelle, §§ 76, 76 a BetrVG	2111
	a) Die Zuständigkeit der Einigungsstelle	2111
	b) Errichtung der Einigungsstelle	2112
	c) Die Rechtsstellung der Mitglieder	2115
	d) Das Verfahren vor der Einigungsstelle	2115
	5. Die betriebliche Einigung	2127
	a) Allgemeines	2127
	b) Durchführung betrieblicher Einigungen, § 77 Abs. 1 BetrVG; Durchsetzung vereinbarungskonformen Verhaltens; Verbot des Eingriffs in die Betriebsleitung	2127

			Seite
		c) Die Regelungsabrede (Betriebsabsprache)	2128
		d) Die Betriebsvereinbarung	2129
VII.	Überblick über die Beteiligungsrechte des Betriebsrats		2148
	1. Mitbestimmungsrechte		2148
		a) Positives Konsensprinzip	2149
		b) Initiativrecht	2149
		c) Negatives Konsensprinzip	2149
		d) Korrigierendes Mitbestimmungsrecht	2150
	2. Mitwirkungsrechte (Beratungs-, Anhörungs-, Informationsrechte)		2150
VIII.	Allgemeine Aufgaben des Betriebsrats; Pflichten des Arbeitgebers		2150
	1. Die allgemeinen Aufgaben des Betriebsrates nach § 80 Abs. 1 BetrVG		2150
		a) Überwachungsaufgaben	2150
		b) Antragsrecht	2153
		c) Förderung der Durchsetzung der Gleichstellung von Frauen und Männern	2153
		d) Förderung der Vereinbarkeit von Familie und Erwerbstätigkeit	2153
		e) Aufgreifen von Anregungen	2153
		f) Wahl der JAV, Zusammenarbeit mit JAV	2153
		g) Eingliederung schutzbedürftiger Personen	2154
		h) Beschäftigungsförderung und -sicherung	2154
		i) Förderung des Arbeitsschutzes und des betrieblichen Umweltschutzes	2154
	2. Die Informationspflicht des Arbeitgebers, § 80 Abs. 2 BetrVG		2154
		a) Allgemeines	2154
		b) Aufgabenbezug des Informationsanspruchs	2155
		c) Rechtzeitige und umfassende Unterrichtung	2156
		d) Zur Verfügungstellung von Unterlagen	2156
	3. Einblicksrecht in Lohn- und Gehaltslisten, § 80 Abs. 2 S. 2 BetrVG		2157
		a) Einsichtsberechtigte	2158
		b) Inhalt und Umfang des Einsichtsrechts	2158
	4. Sachkundige Arbeitnehmer als Auskunftspersonen, § 80 Abs. 2 S. 3 BetrVG		2158
	5. Hinzuziehung von Sachverständigen, § 80 Abs. 3 BetrVG		2159
IX.	Mitbestimmung in sozialen Angelegenheiten, § 87 BetrVG		2161
	1. Allgemeine Fragen		2161
		a) Überblick, Zweck, Annex-Regelungen	2161
		b) Allgemeine Voraussetzungen der notwendigen Mitbestimmung	2162
		c) Grenzen der notwendigen Mitbestimmung	2163
		d) Ausübung der Mitbestimmung	2166
		e) Eil- und Notfälle, probeweise Maßnahmen	2167
		f) Individualrechtliche Folgen fehlender Mitbestimmung; Theorie der Wirksamkeitsvoraussetzung	2168

	Seite
2. Fragen der Ordnung des Betriebes und des Verhaltens der Arbeitnehmer im Betrieb, § 87 Abs. 1 Nr. 1 BetrVG	2169
a) Zweck	2169
b) Voraussetzungen des Mitbestimmungsrechts	2169
c) Einzelfälle	2170
3. Beginn und Ende der täglichen Arbeitszeit einschließlich der Pausen sowie Verteilung der Arbeitszeit auf die einzelnen Wochentage, § 87 Abs. 1 Nr. 2 BetrVG	2174
a) Zweck, Inhalt des Mitbestimmungsrechts	2174
b) Anwendungsfälle	2175
4. Vorübergehende Verkürzung/Verlängerung der Arbeitszeit, § 87 Abs. 1 Nr. 3 BetrVG	2177
a) Inhalt des Mitbestimmungsrechts	2177
b) Kein Ausschluss des Initiativrechts	2178
c) Rückkehr zur Normalarbeitszeit	2178
d) Überstunden	2178
e) Kurzarbeit	2179
f) Mitbestimmung und Arbeitsvertrag	2179
5. Auszahlung der Arbeitsentgelte, § 87 Abs. 1 Nr. 4 BetrVG	2179
6. Urlaub, § 87 Abs. 1 Nr. 5 BetrVG	2180
a) Zweck; Begriff des Urlaubs	2180
b) Allgemeine Urlaubsgrundsätze	2181
c) Urlaubsplan	2181
d) Festsetzung der Lage des Urlaubs für einzelne Arbeitnehmer	2182
7. Technische Überwachungseinrichtungen, § 87 Abs. 1 Nr. 6 BetrVG	2182
a) Zweck, Verhältnis zum BDSG	2182
b) Voraussetzungen des Mitbestimmungsrechts	2183
c) Umfang des Mitbestimmungsrechts	2186
d) Initiativrecht	2187
e) Folgen unterbliebener Mitbestimmung	2187
8. Verhütung von Arbeitsunfällen und Berufskrankheiten, Gesundheitsschutz im Rahmen der gesetzlichen Vorschriften oder Unfallverhütungsvorschriften, § 87 Abs. 1 Nr. 7 BetrVG	2187
a) Zweck, Allgemeines	2187
b) Voraussetzungen des Mitbestimmungsrechts	2188
c) Inhalt des Mitbestimmungsrechts	2189
9. Sozialeinrichtungen, § 87 Abs. 1 Nr. 8 BetrVG	2190
a) Begriff der Sozialeinrichtung	2190
b) Inhalt des Mitbestimmungsrechts	2190
c) Folgen unterbliebener Mitbestimmung	2192
10. Zuweisung, Kündigung und allgemeine Festlegung der Nutzungsbedingungen von Werkmietwohnungen, § 87 Abs. 1 Nr. 9 BetrVG	2192
a) Zweck	2192
b) Werkmietwohnungen	2193
c) Inhalt des Mitbestimmungsrechts	2193

Seite

	11. Betriebliche Lohngestaltung, § 87 Abs. 1 Nr. 10 BetrVG	2196
	a) Zweck der Regelung	2196
	b) Gegenstand und Grenzen des Mitbestimmungsrechts	2196
	12. Leistungsbezogene Entgelte, § 87 Abs. 1 Nr. 11 BetrVG	2205
	a) Zweck der Regelung, Begriff des leistungsbezogenen Entgelts	2205
	b) Inhalt des Mitbestimmungsrechts	2206
	13. Betriebliches Vorschlagswesen, § 87 Abs. 1 Nr. 12 BetrVG	2206
	a) Zweck des Mitbestimmungsrechts	2206
	b) Begriff, Abgrenzung zu Arbeitnehmererfindungen	2207
	c) Gegenstand der Mitbestimmung	2208
	d) Form der Mitbestimmung; Mitbestimmung und Arbeitsverhältnis	2209
	14. Grundsätze über die Durchführung von Gruppenarbeit, § 87 Abs. 1 Nr. 13 BetrVG	2209
	a) Zweck des Mitbestimmungsrechts	2209
	b) Begriff der Gruppenarbeit	2209
	c) Inhalt des Mitbestimmungsrechts	2210
	d) Sonstige Mitbestimmungsrechte bei Gruppenarbeit	2210
	e) Übertragung von Betriebsratsaufgaben auf Arbeitsgruppen	2211
	15. Streitigkeiten zwischen Arbeitgeber und Betriebsrat im Rahmen des § 87 Abs. 1 BetrVG	2211
	a) Einigungsstelle	2211
	b) Arbeitsgericht	2211
	16. Freiwillige Betriebsvereinbarungen, § 88 BetrVG	2212
X.	Mitwirkung beim Arbeitsschutz und beim betrieblichen Umweltschutz, § 89 BetrVG	2212
	1. Zweck der Regelung	2212
	2. Durchführung der Vorschriften über Arbeitsschutz, Unfallverhütung und betrieblichen Umweltschutz	2213
	a) Arbeitsschutz, Unfallverhütung	2213
	b) Betrieblicher Umweltschutz	2214
	3. Zusammenarbeit mit Behörden bei der Bekämpfung von Unfall- und Gesundheitsgefahren	2214
	4. Hinzuziehung des Betriebsrats	2214
	5. Mitteilung von Auflagen, Anordnungen; Unfallanzeigen	2215
	6. Beteiligung des Betriebsrats bei der Organisation des Arbeitsschutzes	2215
	a) ASiG	2215
	b) Sonstige Beteiligungsrechte	2216
XI.	Mitbestimmung bei der Gestaltung von Arbeitsplätzen, Arbeitsablauf und Arbeitsumgebung, §§ 90, 91 BetrVG	2217
	1. Allgemeines	2217
	2. Beteiligungspflichtige Maßnahmen	2217
	3. Unterrichtung und Beratung	2218
	4. Mitbestimmung des Betriebsrates	2219
	a) Korrigierendes Mitbestimmungsrecht	2219
	b) Voraussetzungen des Mitbestimmungsrechts	2219

			Seite
		c) Korrekturmaßnahmen	2220
	5.	Streitigkeiten	2221
XII.	Mitbestimmung in personellen Angelegenheiten		2221
	1.	Allgemeine personelle Angelegenheiten	2221
		a) Personalplanung, § 92 BetrVG	2221
		b) Vorschläge zur Beschäftigungsförderung und -sicherung, § 92 a BetrVG	2225
		c) Personalfragebogen, Beurteilungsgrundsätze, § 94 BetrVG	2225
		d) Auswahlrichtlinien, § 95 BetrVG	2229
		d) Stellenausschreibung, § 93 BetrVG	2233
		f) Berufsbildung, §§ 96–98 BetrVG	2235
	2.	Personelle Einzelmaßnahmen	2244
		a) Einstellung, Versetzung, Eingruppierung, Umgruppierung, §§ 99–101 BetrVG	2244
		b) Die Beteiligung des Betriebsrates bei Kündigungen, § 102 BetrVG	2274
		c) Kündigung und Versetzung auf Verlangen des Betriebsrates, § 104 BetrVG	2274
		d) Mitteilungspflichten bei leitenden Angestellten, § 105 BetrVG	2274
XIII.	Mitbestimmung in wirtschaftlichen Angelegenheiten, Betriebsänderungen, §§ 111 ff. BetrVG		2275
	1.	Allgemeines	2275
	2.	Voraussetzungen des Beteiligungsrechtes	2275
		a) Unternehmensgröße	2275
		b) Bestehen eines Betriebsrates zum Zeitpunkt des Betriebsänderungsentschlusses	2277
		c) Betriebsänderungen	2278
		d) Die einzelnen Betriebsänderungen	2279
	3.	Unterrichtung des Betriebsrats, Beratung der Betriebsänderung	2284
		a) Pflichten des Arbeitgebers	2284
		b) Pflichtverletzungen des Unternehmers, Streitigkeiten	2285
	4.	Der Interessenausgleich	2286
		a) Das Verfahren zur Herbeiführung eines Interessenausgleichs	2286
		b) Form und Inhalt	2290
		c) Rechtsnatur und Bindungswirkung	2290
		d) Interessenausgleich und Einzelbeteiligungsrechte des Betriebsrates; Auswirkungen des Interessenausgleichs auf Kündigungsschutzprozesse	2291
		e) Wirksamkeit der Betriebsänderung	2291
		f) Unterlassungsansprüche des Betriebsrats – Kündigungsverbot während der Verhandlungen?	2292
	5.	Der Nachteilsausgleich, § 113 BetrVG	2293
		a) Der Versuch eines Interessenausgleichs	2293
		b) Abweichung vom Interessenausgleich	2294
		c) Ansprüche auf Nachteilsausgleich	2295
	6.	Der Sozialplan	2296

			Seite

		a) Begriff, Zweck, Voraussetzungen	2296
		b) Betriebsänderungen ohne Sozialplanpflicht	2298
		c) Verfahren für die Aufstellung des Sozialplans	2299
		d) Inhalt und Regelungsgrenzen	2299
		e) Form, Rechtsnatur und Wirkungen	2308
		f) Streitigkeiten	2309
	7.	Besonderheiten im Insolvenz-, Konkurs- und Vergleichsverfahren	2310
	8.	Zuschüsse zu Sozialplänen nach §§ 254 ff. SGB III	2315
		a) Voraussetzungen	2315
		b) Beratungspflicht des Landesarbeitsamtes; Vorabentscheidungsverfahren; Antrag	2318
		c) Ermessensentscheidung des Landesarbeitsamtes	2318
XIV.	Sanktionen des BetrVG		2318
	1.	Unmittelbare Erfüllungs- und Unterlassungsansprüche	2318
	2.	§ 23 Abs. 3 BetrVG	2319
		a) Zweck	2319
		b) Voraussetzungen	2320
		c) Einzelfälle	2321
		d) Verfahren	2322
	3.	Allgemeiner betriebsverfassungsrechtlicher Unterlassungs- bzw. Beseitigungsanspruch, insbesondere im Bereich erzwingbarer Mitbestimmung	2325
	4.	Spezielle Sanktionen und Verfahren	2327
	5.	Initiativrecht, Einigungsstelle	2327
	6.	Theorie der Wirksamkeitsvoraussetzung	2328
	7.	§ 23 Abs. 1 BetrVG	2328
		a) Zweck und Anwendungsbereich	2328
		b) Ausschluss eines Mitglieds aus dem Betriebsrat	2328
		c) Auflösung des Betriebsrats	2331
	8.	Straf- und Bußgeldvorschriften	2333
XV.	Abweichende Ausgestaltung betriebsverfassungsrechtlicher Regelungen durch Kollektivvertrag – Erweiterung von Mitwirkungs- und Mitbestimmungsrechten		2333
	1.	Organisationsnormen	2333
	2.	Uneinschränkbarkeit von Beteiligungsrechten	2333
	3.	Erweiterung von Beteiligungsrechten	2334
		a) Durch Betriebsvereinbarungen	2334
		b) Durch Tarifvertrag	2334
XVI.	Europäischer Betriebsrat (EBR)		2334
	1.	Gesetzliche Grundlagen, Grundzüge der Regelung	2334
	2.	Geltungsbereich des EBRG	2335
		a) Räumlicher Geltungsbereich	2335
		b) Sachlicher Geltungsbereich	2336
		c) Weiter bestehende Vereinbarungen	2337
	3.	Das besondere Verhandlungsgremium (BVG)	2338
		a) Die Bildung des besonderen Verhandlungsgremiums	2338

Inhaltsverzeichnis

Seite

	b)	Zusammensetzung des BVG	2339
	c)	Bestellung der Mitglieder	2339
	d)	Geschäftsführung des BVG	2340
	e)	Amtszeit des BVG	2341
	f)	Rechtsstellung der Mitglieder des BVG	2341
	g)	Kosten und Sachaufwand	2342
4.	Freiwillige Vereinbarungen über eine grenzüberschreitende Unterrichtung der Arbeitnehmer oder ihrer Vertreter		2343
	a)	Mögliche Ergebnisse des Verhandlungsprozesses im Überblick	2343
	b)	Gemeinsame Mindestanforderungen einer Vereinbarung	2344
	c)	Keine Vereinbarung von Mitbestimmungsrechten	2344
	d)	Rechtsnatur und Auslegung einer Vereinbarung	2345
	e)	Fortgeltung beendeter Vereinbarungen	2345
	f)	Vereinbartes Mitwirkungsverfahren	2345
	g)	Europäischer Betriebsrat kraft Vereinbarung	2346
	h)	Rechtliche Stellung der Mitglieder; Grundsätze der Zusammenarbeit	2347
5.	Der Europäische Betriebsrat kraft Gesetz		2347
	a)	Rechtsnatur, Stellung im System der Betriebsverfassung	2347
	b)	Errichtung	2347
	c)	Amtszeit	2349
	d)	Dauer der Mitgliedschaft des einzelnen EBR-Mitglieds	2350
	e)	Rechtsstellung der Mitglieder	2350
	f)	Geschäftsführung	2351
	g)	Zuständigkeit des EBR kraft Gesetzes nur in grenzüberschreitenden Angelegenheiten	2353
	h)	Mitwirkungsrechte des EBR kraft Gesetzes	2354
6.	Sanktionen		2359
	a)	Unmittelbare Erfüllungsansprüche	2359
	b)	Rechtsfolgen der Nichtbeachtung der Mitwirkungsrechte	2359
	c)	Straf- und Bußgeldvorschriften	2359
7.	Streitigkeiten		2360

K. Gerichtsorganisation und Zuständigkeit

☐ Detailgliederung 2361–2363

I.	Gerichtsorganisation		2363
	1. Arbeitsgerichtsbarkeit als Sonderzivilgerichtsbarkeit		2363
	2. Aufbau der Arbeitsgerichtsbarkeit		2364
	a)	Instanzenzug	2364
	b)	Ressortierung der Arbeitsgerichtsbarkeit	2365
	c)	Einrichtung der Gerichte	2365
	d)	Verwaltung und Dienstaufsicht der Gerichte	2367

Seite

        e) Zusammensetzung der Kammern des ArbG und des LAG, sowie der Senate beim BAG 2368
- 3. Gerichtspersonen 2369
  - a) Berufsrichter 2369
  - b) Ehrenamtliche Richter 2372
  - c) Rechtspfleger 2382
  - d) Urkundsbeamte der Geschäftsstelle 2383
  - e) Ausschluss und Ablehnung von Gerichtspersonen 2384
- 4. Geschäftsverteilung 2386
  - a) Sinn und Zweck 2386
  - b) Aufstellung des Geschäftsverteilungsplanes 2386
  - c) Inhalt des Geschäftsverteilungsplanes 2387
  - d) Änderung des Geschäftsverteilungsplanes 2389
  - e) Mitwirkung des Ausschusses der ehrenamtlichen Richter 2389
  - f) Rechtsbehelfe gegen den Geschäftsverteilungsplan 2389
  - g) Die Geschäftsverteilung in den einzelnen Spruchkörpern 2390

II. Zuständigkeit 2390
- 1. Internationale Zuständigkeit 2390
  - a) Begriff 2390
  - b) Bestimmung der internationalen Zuständigkeit deutscher ArbG 2390
  - c) Entscheidungen über die internationale Zuständigkeit 2392
- 2. Rechtswegzuständigkeit 2392
  - a) Verhältnis der Arbeitsgerichtsbarkeit zu anderen Gerichtsbarkeiten 2392
  - b) Entscheidung über die Zulässigkeit des Rechtswegs 2393
- 3. Sachliche Zuständigkeit 2396
  - a) Zuständigkeit im Urteilsverfahren 2396
  - b) Sachliche Zuständigkeit im Beschlussverfahren 2407
  - dd) Angelegenheiten aus den §§ 94, 95, 139 SGB IX, § 2 a Abs. 1 Nr. 3 a ArbGG 2408
  - ee) Angelegenheiten aus dem Gesetz über Europäische Betriebsräte, § 2 Abs. 1 Nr. 3 b ArbGG 2408
  - c) Sachliche Zuständigkeit in sonstigen Fällen, § 3 ArbGG 2409
  - d) Entscheidung über die sachliche Zuständigkeit 2410
- 4. Örtliche Zuständigkeit 2410
  - a) Urteilsverfahren 2410
  - b) Beschlussverfahren 2413
  - c) Entscheidungen über die örtliche Zuständigkeit 2414
- 5. Ausschluss der Arbeitsgerichtsbarkeit 2414
- 6. Bestimmung des zuständigen Gerichts 2415
- 7. Funktionelle Zuständigkeit 2415

Seite

L. Urteils- und Beschlussverfahren

☐ Detailgliederung 2417–2426

I. Urteilsverfahren 2426
   1. Rechtsnatur 2426
   2. Die Parteien 2426
      a) Parteifähigkeit 2426
      b) Die Prozessfähigkeit 2437
      c) Die Prozessführungsbefugnis 2438
   3. Die Vertreter 2440
      a) Rechtsanwälte 2440
      b) Verbandsvertreter oder sonstige Dritte 2465
   4. Verfahrensgrundsätze 2467
      a) Dispositionsgrundsatz 2467
      b) Verhandlungsgrundsatz 2468
      c) Grundsatz der Mündlichkeit 2468
      d) Grundsatz der Unmittelbarkeit 2469
      e) Grundsatz der Öffentlichkeit der Verhandlung 2469
      f) Der Beschleunigungsgrundsatz 2470
   5. Gegenüber dem ordentlichen Zivilprozess ausgenommene Verfahrensarten 2472
   6. Einleitung des Urteilsverfahrens 2473
      a) Allgemeines 2473
      b) Mahnverfahren 2473
      c) Klagearten 2473
      d) Klageerhebung 2481
   7. Vorbereitung des Gütetermins 2483
      a) Aufforderung an den Beklagten, sich auf die Klage einzulassen 2483
      b) Anordnung des persönlichen Erscheinens einer Partei 2484
   8. Die Güteverhandlung 2488
      a) Sinn und Zweck 2488
      b) Entbehrlichkeit der Güteverhandlung 2488
      c) Ablauf der Güteverhandlung 2489
      d) Ergebnisse der Güteverhandlung 2491
      e) Sitzungsprotokoll 2495
      f) Anwaltsgebühren 2495
   9. Vorbereitung der streitigen Verhandlung vor der Kammer durch den Vorsitzenden 2496
      a) Bestimmung des Kammertermins 2496
      b) Erlassen eines Beweisbeschlusses nach § 55 Abs. 4 ArbGG 2496
      c) Maßnahmen nach §§ 56, 61a ArbGG 2497
      d) Aussetzen des Verfahrens 2502
      e) Prozessverbindung und Prozesstrennung 2505
      f) Akteneinsicht 2505
      g) Information der ehrenamtlichen Richter 2506

Inhaltsverzeichnis

Seite

10. Der Kammertermin — 2506
    a) Ablauf — 2506
    b) Zurückweisung von verspätetem Parteivorbringen — 2508
    c) Besonderheiten des Beweisverfahrens im Arbeitsgerichtsprozess — 2509
    d) Schließung und Wiedereröffnung der mündlichen Verhandlung — 2516
    e) Ergebnisse des Kammertermins — 2517
11. Das Urteil — 2519
    a) Urteilsarten — 2519
    b) Inhalt des Urteils — 2520
    c) Mitteilungspflicht in Tarifsachen — 2531
    d) Zustellung des Urteils — 2531
    e) Urteilsberichtigung, Urteilsergänzung — 2532
    f) Zwangsvollstreckung aus arbeitsgerichtlichen Urteilen — 2534
12. Das Vollstreckungsverfahren — 2537
    a) Vollstreckung durch den Gerichtsvollzieher — 2537
    b) Vollstreckung durch das Amtsgericht — 2537
    c) Vollstreckung durch das ArbG — 2538
    d) Rechtsbehelfe — 2540
13. Kosten und Gebühren des erstinstanzlichen Verfahrens — 2540
    a) Gerichtskosten und -gebühren — 2540
    b) Außergerichtliche Kosten — 2542
14. Das Berufungsverfahren — 2545
    a) Rechtsgrundlagen — 2545
    b) Zulässigkeit der Berufung — 2545
    c) Vorbereitung der mündlichen Verhandlung — 2554
    d) Anschlussberufung, Berufungsrücknahme und Berufungsverzicht — 2555
    e) Die mündliche Verhandlung — 2556
    f) Beschränkung der Zurückweisung des Verfahrens an die erste Instanz — 2559
    g) Das zweitinstanzliche Urteil — 2561
    h) Kosten des Berufungsverfahrens — 2566
15. Das Revisionsverfahren — 2567
    a) Allgemeines — 2567
    b) Revisible Entscheidungen der Tatsacheninstanz — 2568
    c) Statthaftigkeit der Revision — 2568
    d) Die Einlegung und Begründung der Revision — 2580
    e) Der weitere Verfahrensablauf und die Entscheidung des BAG — 2584
    f) Formale Aspekte des Revisionsurteils — 2594
    g) Die Revisionsbeschwerde — 2594
16. Die Wiederaufnahme des Verfahrens — 2596
17. Das Beschwerdeverfahren — 2597

II. Beschlussverfahren — 2597
1. Grundsätzliches — 2597
    a) Verhältnis zum Urteilsverfahren — 2597

Seite

		b) Anwendungsbereich außerhalb des § 2a ArbGG	2598
		c) Verhältnis zu Einigungs- und Schlichtungsstellen	2598
		d) Rechtsgrundlagen	2599
	2.	Beteiligte im Beschlussverfahren	2599
		a) Grundsätzliches	2599
		b) Antragsteller/Antragsgegner	2599
		c) Mehrzahl von Antragstellern	2600
		d) Prozessstandschaft	2600
	3.	Das erstinstanzliche Beschlussverfahren	2600
		a) Einleitung durch Antragstellung	2600
		b) Antragsrücknahme	2604
		c) Antragsänderung	2605
		d) Das örtlich zuständige Gericht	2605
		e) Das Verfahren vor dem ArbG	2606
		f) Beendigungsmöglichkeiten des erstinstanzlichen Beschlussverfahrens	2611
	4.	Das Beschlussverfahren in zweiter Instanz	2617
		a) Eröffnung der zweiten Instanz	2617
		b) Entscheidung über die Zulässigkeit der Beschwerde	2620
		c) Der weitere Verfahrensablauf	2620
		d) Beendigungsmöglichkeiten	2621
	5.	Das Rechtsbeschwerdeverfahren	2622
		a) Statthaftigkeit	2622
		b) Vertretung der Beteiligten	2624
		c) Einlegung und Begründung der Rechtsbeschwerde	2624
		d) Entscheidung über die Zulässigkeit der Rechtsbeschwerde	2626
		e) Der weitere Verfahrensablauf	2626
		f) Beendigung des Verfahrens	2627
	6.	Beschlussverfahren in besonderen Fällen	2628
		a) Entscheidung über die Tariffähigkeit und Tarifzuständigkeit einer Vereinigung	2628
		b) Entscheidung über die Besetzung der Einigungsstelle	2630

M. Besondere Verfahrensarten

☐ Detailgliederung   2635–2637

I.	Ausschluss/Abwandlung des Arbeitsgerichtsverfahrens	2637
	1. Vorbemerkung	2637
	2. Das Schiedsverfahren	2638
	a) Vereinbarkeit	2638
	b) Rechtswirkung des Bestehens einer Schiedsvereinbarung	2638
	c) Errichtung und Besetzung des Schiedsgerichts	2639
	d) Verfahren vor dem Schiedsgericht	2639
	e) Beendigung des Schiedsgerichtsverfahrens	2640
	f) Zwangsvollstreckung	2640

			Seite
		g) Gerichtliche Kontrolle des Schiedsspruchs	2640
	3.	Ausschüsse in Berufsausbildungsangelegenheiten	2641
		a) Errichtung/Zuständigkeit	2641
		b) Verfahren	2641
		c) Ergebnisse der Schlichtungsbemühungen	2642
		d) Kosten	2642
		e) Rechtswirkung und Auswirkung des Vorschaltverfahrens auf das Arbeitsgerichtsverfahren	2642
II.	Arrest und einstweilige Verfügung		2643
	1.	Allgemeines	2643
		a) Prozesstaktische Überlegungen	2643
		b) Prüfungsmaßstab	2643
		c) Glaubhaftmachungsmittel/Beweismittelpräsenz	2643
		d) Streitgegenstand	2644
		e) Keine Vorwegnahme der Hauptsache/Leistungsverfügung	2644
		f) Arrest-/Verfügungsgrund	2644
	2.	Verfahren	2645
		a) Antrag	2645
		b) Mündliche Verhandlung	2645
		c) Einlassungs-/Ladungsfrist	2645
		d) Kein Präklusionsrecht	2646
		e) Keine Unterbrechung von Verjährung oder Ausschlussfristen	2646
		f) Zustellung im Parteibetrieb binnen eines Monats	2646
		g) Kosten	2647
	3.	Besonderheiten des arbeitsgerichtlichen einstweiligen Rechtsschutzes	2647
		a) Einstweiliger Rechtsschutz im Urteilsverfahren	2647
		b) Einstweiliger Rechtsschutz im Beschlussverfahren	2647
	4.	Einzelfälle	2648
		a) Einstweilige Verfügung des Arbeitnehmers gegen den Arbeitgeber	2648
		b) Einstweilige Verfügung des Arbeitgebers gegen den Arbeitnehmer	2658
		c) Einstweilige Verfügung im kollektiven Arbeitsrecht	2664
III.	Verfahren vor dem EuGH		2670
	1.	Allgemeines	2670
	2.	EuGH	2670
		a) Allgemeines	2670
		b) Vorabentscheidungsverfahren	2671
		c) Vertragsverletzungsverfahren	2677
	3.	Beschwerde bei der Kommission	2678
	4.	Petition an Europäisches Parlament	2678
	5.	Bürgerbeauftragter des Europäischen Parlamentes	2678

Seite

N. **Anhang**

I. Adress-, Telefon- und Zuständigkeitsverzeichnis der Gerichte für
Arbeitssachen in der Bundesrepublik Deutschland ... 2681
II. Vergleichstabelle zum Vertragstext EUV/EGV ... 2705
III. Verzeichnis der für allgemeinverbindlich erklärten Tarifverträge ... 2717

Stichwortverzeichnis ... 2737

Abkürzungsverzeichnis

A

a. A.	anderer Ansicht
a. a. O.	am angegebenen Ort
a. D.	außer Dienst
a. E.	am Ende
a. F.	alte Fassung
a. o.	außerordentlich
Abg.	Abgeordneter
abgedr.	abgedruckt
ABGB	Allgemeines Bürgerliches Gesetzbuch
AbgG	Abgeordnetengesetz
abl.	ablehnend
ABl.	Amtsblatt
ABlEG	Amtsblatt der Europäischen Gemeinschaften
ABM	Arbeitsbeschaffungsmaßnahme
Abs.	Absatz
Abschn.	Abschnitt
abw.	abweichend
AcP	Zeitschrift »Archiv für civilistische Praxis«
ADA	Americans with Disabilities Act
ADGB	Allgemeiner Deutscher Gewerkschaftsbund
AFG	Arbeitsförderungsgesetz
AfP	Zeitschrift »Archiv für Presserecht«
AG	Amtsgericht
AGB	Allgemeine Geschäftsbedingungen
AGB-DDR	Arbeitsgesetzbuch der Deutschen Demokratischen Republik
AGBG	Allgemeines Bürgerliches Gesetzbuch für Österreich
AiB	Zeitschrift »Arbeitsrecht im Betrieb«
AktG	Aktiengesetz
ALB	Allgemeine Lieferbedingungen
ANBA	Amtliche Nachrichten der Bundesanstalt für Arbeit
AngKSchG	Gesetz über die Fristen für die Kündigung von Angestellten
AngTV	Angestelltentarifvertrag
Anh.	Anhang
Anl.	Anlage
AnwBl.	Anwaltsblatt
AO	Abgabenordnung; Anordnung
AOG	Gesetz zur Ordnung der nationalen Arbeit
AP	Arbeitsrechtliche Praxis, Nachschlagewerk des BAG
ArbG	Arbeitsgericht
ArbGB	Arbeitsgesetzbuch
ArbGG	Arbeitsgerichtsgesetz

Abkürzungsverzeichnis

ArbKrankhG	Gesetz zur Verbesserung der wirtschaftlichen Sicherung im Krankheitsfalle
ArbNErfG	Gesetz über Arbeitnehmererfindungen
ArbPlSchG	Arbeitsplatzschutzgesetz
ArbR	Arbeitsrecht
ArbRGgw.	Arbeitsrecht der Gegenwart
ArbStättV	Arbeitsstättenverordnung
ArbZG	Arbeitszeitgesetz
ArEV	Arbeitsentgeltverordnung
ARS	Arbeitsrechtssammlung – Entscheidungen des Reichsarbeitsgerichts, der Landesgerichte und Arbeitsgerichte
ARST	Arbeitsrecht in Stichworten (Arbeitsrechtliche Entscheidungssammlung)
Art.	Artikel
AR-Blattei	Arbeitsrecht-Blattei
ArbRB	Arbeits-Rechts-Berater (Zeitschrift)
ASiG	Gesetz über die Betriebsärzte, Sicherheitsingenieure und andere Fachkräfte für Arbeitssicherheit (Arbeitssicherheitsgesetz)
AtG	Altersteilzeitgesetz
AuA	Zeitschrift »Arbeit und Arbeitsrecht«
Aufl.	Auflage
AuR	Zeitschrift »Arbeit und Recht«
ausf.	ausführlich
AVG	Angestelltenversicherungsgesetz
AVR	Archiv des Völkerrechts
AWbG NW	Arbeitnehmerweiterbildungsgesetz Nordrhein-Westfalen
AZO	Arbeitszeitordnung
AZR	Arbeitsrechtssenat

B

BA	Bundesanstalt für Arbeit
BABl.	»Bundesarbeitsblatt«
BaföG	Bundesausbildungsförderungsgesetz
BAG	Bundesarbeitsgericht
BAG(E)	Amtliche Sammlung der Entscheidungen des Bundesarbeitsgerichts
BAnz.	Bundesanzeiger
BAT	Bundesangestelltentarifvertrag
BAV	Bundesaufsichtsamt für das Versicherungswesen
Bay.StMAS	Bayerisches Staatsministerium für Arbeit und Sozialordnung
BayBG	Bayerisches Beamtengesetz
BayVBl.	Bayerische Verwaltungsblätter
BayVerfGH	Bayerischer Verfassungsgerichtshof

Abkürzungsverzeichnis

BayVGH	Bayerischer Verwaltungsgerichtshof
BB	Zeitschrift »Der Betriebs-Berater«
BBesG	Bundesbesoldungsgesetz
BBG	Bundesbeamtengesetz
BBiG	Berufsbildungsgesetz
BBO	Bundesbesoldungsordnung
BDA	Bundesvereinigung Deutscher Arbeitgeberverbände
BDSG	Bundesdatenschutzgesetz
BeamtVG	Beamtenversorgungsgesetz
BegrRegE	Begründung zum Regierungsentwurf
Bek.	Bekanntmachung
BenshSlg.	Bensheimer Sammlung
BerHG	Beratungshilfegesetz
BerlRiG	Berliner Richtergesetz
BErzGG	Bundeserziehungsgeldgesetz
bes.	besonders
BeschFG	Beschäftigungsförderungsgesetz
BetrAVG	Gesetz zur Verbesserung der betrieblichen Altersversorgung
BetrR	Zeitschrift »Der Betriebsrat«
BetrVG	Betriebsverfassungsgesetz
BetrV-ReformG	Betriebsverfassungsreformgesetz
BfA	Bundesversicherungsanstalt für Angestellte
BFH	Bundesfinanzhof
BFHE	Amtliche Sammlung der Entscheidungen des Bundesfinanzhofs
BGB	Bürgerliches Gesetzbuch
BGBl.	Bundesgesetzblatt
BGH	Bundesgerichtshof
BGHZ	Amtliche Sammlung der Entscheidungen des Bundesgerichtshofs in Zivilsachen
BildungsurlaubsG NRW	Bildungsurlaubsgesetz Nordrhein-Westfalen
BImSchG	Bundesimmissionsschutzgesetz
BKGG	Bundeskindergeldgesetz
BKK	Betriebliche Konfliktkommission
Bl.	Blatt
BlStSozArbR	Zeitschrift »Blätter für Steuerrecht, Sozialversicherung und Arbeitsrecht«
BMA	Bundesminister für Arbeit und Sozialordnung
BMJ	Bundesminister für Justiz
BMT-G	Bundesmanteltarifvertrag für Arbeiter der Gemeinden
BMWi	Bundesminister für Wirtschaft
BPatG	Bundespatentgericht
BPersVG	Bundespersonalvertretungsgesetz
BRAGO	Bundesrechtsanwaltsgebührenordnung
BRAK	Bundesrechtsanwaltskammer
BRAO	Bundesrechtsanwaltsordnung
BRD	Bundesrepublik Deutschland
BRechtsausschuss	Bundesrechtsausschuss

Abkürzungsverzeichnis

BremBG	Bremer Beamtengesetz
BremRiG	Bremer Richtergesetz
BRG	Betriebsrätegesetz
BRRG	Beamtenrechtsrahmengesetz
BRTV	Bundesrahmentarifvertrag
BR-Drucks.	Drucksache des Deutschen Bundesrates
BSeuchG	Bundesseuchengesetz
BSG	Bundessozialgericht
BSGE	Amtliche Sammlung der Enscheidungen des Bundessozialgerichts
BSHG	Bundessozialhilfegesetz
BStBl.	Bundessteuerblatt
BT	Bundestag
BT-Drucks.	Drucksache des Deutschen Bundestages
BUrlG	Bundesurlaubsgesetz
BVerfG	Bundesverfassungsgericht
BVerfGE	Amtliche Sammlung der Entscheidungen des Bundesverfassungsgerichts
BVersG	Bundesversorgungsgesetz
BVerwG	Bundesverwaltungsgericht
BVerwGE	Amtliche Sammlung der Entscheidungen des Bundesverwaltungsgerichts
BVG	Besonderes Verhandlungsgremium
BVSG-NW	Bergmannsversorgungsscheingesetz Nordrhein-Westfalen
bzgl.	bezüglich
BZRG	Bundeszentralregister(gesetz)
bzw.	beziehungsweise

C

ca.	circa
CR	Zeitschrift »Computer und Recht«

D

d. h.	das heißt
DAF	Deutsche Arbeitsfront
DAG	Deutsche Angestelltengewerkschaft
DArbR	Deutsches Arbeitsrecht
DAV	Deutscher Anwaltsverein
DB	Zeitschrift »Der Betrieb«
DDR	Deutsche Demokratische Republik
ders.	derselbe
DFB	Deutscher Fußballbund
DGB	Deutscher Gewerkschaftsbund
dies.	dieselbe(n)

Abkürzungsverzeichnis

DiskE-InsO	Diskussionsentwurf des BMJ, Entwurf einer Insolvenzordnung und anderer Reformvorschriften mit Begründung und Anhang
DJ	Zeitschrift »Deutsche Justiz«
DJT	Deutscher Juristentag
DKK	Däubler, Wolfgang; Kittner, Michael; Klebe, Thomas, Betriebsverfassungsgesetz mit Wahlordnung, Kommentar, 8. Aufl.
DKP	Deutsche Kommunistische Partei
DM	Deutsche Mark
DÖV	Zeitschrift »Die Öffentliche Verwaltung«
DPA	Deutsche Presse-Agentur
DR	Zeitschrift »Deutsches Recht«
DRiG	Deutsches Richtergesetz
DRiZ	Zeitschrift »Deutsche Richterzeitung«
DSG	Datenschutzgesetz
DV	Datenverarbeitung
DVBl.	Zeitschrift »Deutsches Verwaltungsblatt«
DVO	Durchführungsverordnung

E

E-EGInsO	Entwurf eines Einführungsgesetzes zur Insolvenzordnung
E-InsO	Entwurf einer Insolvenzordnung
E-RPflG	Entwurf zum Rechtspflegergesetz
E-UmwG	Referentenentwurf eines Gesetzes zur Bereinigung des Umwandlungsrechts
e. V.	eingetragener Verein
ebd.	ebenda
EBR	Europäischer Betriebsrat
EBRG	Gesetz über Europäische Betriebsräte
EDV	Elektronische Datenverarbeitung
EFZG	Entgeltfortzahlungsgesetz
EG	Europäische Gemeinschaft
EGBGB	Einführungsgesetz zum Bürgerlichen Gesetzbuch
EGH	Ehrengerichtshof
EGHGB	Einführungsgesetz zum Handelsgesetzbuch
EGZPO	Einführungsgesetz zur Zivilprozessordnung
EheG	Ehegesetz
EhfG	Entwicklungshelfergesetz
EhRiWO	Ordnung zur Wahl und Berufung ehrenamtlicher Richter
EinigungsübungsG	Einigungsübungsgesetz
EinigungsV	Einigungsvertrag
Einl.	Einleitung
EMRK	Europäische Menschenrechtskonvention
EPÜ	Europäisches Patentübereinkommen

LIX

Abkürzungsverzeichnis

ErnG	Ernennungsgesetz
ESC	Europäische Sozialcharta
EStG	Einkommensteuergesetz
EStR	Einkommensteuer-Richtlinien
EU	Europäische Union
EuG	Europäisches Gericht
EuGH	Europäischer Gerichtshof
EuGRZ	»Europäische Grundrechte-Zeitschrift«
EuGVVO	Verordnung über die gerichtliche Zuständigkeit und die Anerkennung und Vollstreckung von Entscheidungen in Zivil- und Handelssachen
EUR	Europäische Union der Rechtspfleger
EuroEG	Euro-Einführungsgesetz
EuZW	»Europäische Zeitschrift für Wirtschaftsrecht«
evtl.	eventuell
EWG	Europäische Wirtschaftsgemeinschaft
EWGV	Vertrag zur Gründung der Europäischen Wirtschaftsgemeinschaft
EWiR	Entscheidungen zum Wirtschaftsrecht
EzA	Entscheidungssammlung zum Arbeitsrecht
EzAÜG	Entscheidungssammlung zum Recht der Arbeitnehmerüberlassung und zum sonstigen drittbezogenen Personaleinsatz
EzB	Entscheidungssammlung zum Berufsbildungsrecht

F

f.	folgend(e)
FA	Fachanwalt Arbeitsrecht; Finanzamt
ff.	fortfolgende
FGB	Familiengesetzbuch (der ehemaligen DDR)
FGG	Gesetz über die Angelegenheiten der Freiwilligen Gerichtsbarkeit
FGO	Finanzgerichtsordnung
FHGöD	Fachhochschulgesetz öffentlicher Dienst
FKHE	Fitting/Kaiser u. a., BetrVG (siehe Literaturverzeichnis)
FlaggenG	Flaggengesetz
FlG	Flößereigesetz
FlRG	Flaggenrechtsgesetz
Fn.	Fußnote
FR	»Frankfurter Rundschau«
FrVg	Freisinnige Vereinigung
FS	Festschrift

G

GATT	Allgemeines Zoll- und Handelsabkommen
GBl.	Gesetzblatt
GDBA	Genossenschaft Deutscher Bühnenangehöriger
GebrMG	Gebrauchsmustergesetz
GefStoffV	Gefahrstoffverordnung
gem.	gemäß
GemS	Gemeinsamer Senat
GenG	Gesetz betreffend die Erwerbs- und Wirtschaftsgenossenschaften
GesO	Gesamtvollstreckungsordnung
GewGG	Gewerbegerichtsgesetz
GewO	Gewerbeordnung
GG	Grundgesetz
ggf.	gegebenenfalls
GK	Gemeinschaftskommentar
GK-BetrVG/Autor	Fabricius/Kraft u. a., BetrVG, (siehe Literaturverzeichnis)
GK-BUrlG	Stahlhacke/Bachmann/Bleistein/Berscheid, Gemeinschaftskommentar zum Bundesurlaubsgesetz, 5. Aufl.
GKG	Gerichtskostengesetz
GmbH	Gesellschaft mit beschränkter Haftung
GMP	Germelmann/Matthes/Prütting/Müller-Glöge, Arbeitsgerichtsgesetz, 4. Aufl.
GO	Geschäftsordnung
GOrgG	Gerichtsorganisationsgesetz
Grunds.	Grundsatz
GRUR	Zeitschrift »Gewerblicher Rechtsschutz und Urheberrecht«
GS	Großer Senat; Gesetzessammlung
GSG	Gesundheitsstrukturgesetz
GVG	Gerichtsverfassungsgesetz
GWB	Gesetz gegen Wettbewerbsbeschränkungen (Kartellgesetz)

H

h. M.	herrschende Meinung
HAG	Heimarbeitsgesetz
Halbs.	Halbsatz
Hamb.RiG	Hamburger Richtergesetz
Hamb.Verf.	Hamburger Verfassung
HambBG	Hamburger Beamtengesetz
HDR	Handbuch der gesetzlichen Rentenversicherung
HeidelbKritZ	»Heidelberger Kritische Zeitung«
Hess.Verf.	Hessische Verfassung

Abkürzungsverzeichnis

HGB	Handelsgesetzbuch
Hinw.	Hinweis
HIV-Virus	human immunodeficiency virus
HRG	Hochschulrahmengesetz
HRiG	Hessisches Richtergesetz
HSG	Hess/Schlochauer u. a., BetrVG, (siehe Literaturverzeichnis)
HwB-AR	Bürger/Oehmann u. a. Handwörterbuch des Arbeitsrechts (siehe Literaturverzeichnis)
HwO, Handwo	Handwerksordnung

I

i. d.	in der
i. d. F.	in der Fassung
i. S.	im Sinne
i. V. m.	in Verbindung mit
IAO	Internationale Arbeitsorganisation
IG	Industriegewerkschaft
ILO	International Labour Organization
insbes.	insbesondere
InsO	Insolvenzordnung
InsR	Insolvenzrecht
IPrax	Zeitschrift »Praxis des Internationalen Privat- und Verfahrensrechts«

J

JArbSchG	Jugendarbeitsschutzgesetz
Jg.	Jahrgang
JMBl.	Justizministerialblatt
JURIS	Juristisches Informationssystem
JuS	Zeitschrift »Juristische Schulung«
JZ	Zeitschrift »Juristenzeitung«

K

Kap.	Kapitel
KapErhG	Kapitalerhöhungsgesetz
KAPOVAZ	Kapazitätsorientierte variable Arbeitszeit
KatastrophenschutzG	Katastrophenschutzgesetz
KDF	Kraft durch Freude
KG	Kammergericht; Kommanditgesellschaft
KJ	Zeitschrift »Kritische Justiz«
KKG	Kaufmannsgerichtsgesetz
KO	Konkursordnung

Komm.	Kommentar
KR	Becker/Etzel u. a. Gemeinschaftskommentar zum Kündigungsschutzgesetz (siehe Literaturverzeichnis)
KRG	Kontrollratsgesetz
krit.	kritisch
KSchG	Kündigungsschutzgesetz
KTS	»Zeitschrift für Insolvenzrecht«
KündFG	Kündigungsfristengesetz
kw-Vermerk	künftig wegfallender Vermerk

L

LAA	Landesarbeitsamt
LAG	Landesarbeitsgericht
LAGE	Entscheidungen der Landesarbeitsgerichte
LBG	Landesbeamtengesetz
LDSG	Landesdatenschutzgesetz
LFZG	Lohnfortzahlungsgesetz
LG	Landgericht
Lit.	Literatur
lit.	littera; Buchstabe
LitUrhG	Gesetz betreffend das Urheberrecht an Werken der Literatur und der Tonkunst
LohnFG	Lohnfortzahlungsgesetz
LPersVG	Landespersonalvertretungsgesetz
LRiG	Landesrichtergesetz
LS	Leitsatz
LSG	Landessozialgericht
LStDV	Lohnsteuer-Durchführungsverordnung
LTV	Lohntarifvertrag
LV	Landesverfassung
LVO	Landesverordnung

M

m. E.	meines Erachtens
m. H.	mit Hinweisen
m. N.	mit Nachweisen
m. w. E.	mit weiteren Einzelheiten
m. w. H.	mit weiteren Hinweisen
m. w. N.	mit weiteren Nachweisen
m. z. N.	mit zahlreichen Nachweisen
MAGS	Ministerium für Arbeit, Gesundheit und Soziales
MDR	Zeitschrift »Monatsschrift für Deutsches Recht«
MfS	Ministerium für Staatssicherheit der ehemaligen DDR (Stasi)
MinBl.	Ministerialblatt

MinBlFin.	Ministerialblatt des Bundesministers der Finanzen
Mio.	Million
MitbestG	Gesetz über die Mitbestimmung der Arbeitnehmer
mitget.	mitgeteilt
Mitt.	Mitteilungen
Montan-MitbestG	Montan-Mitbestimmungsgesetz
MRK	Menschenrechtskonvention
MTB	Manteltarifvertrag für Arbeiter des Bundes
MTL	Manteltarifvertrag für Arbeiter der Länder
MTV	Manteltarifvertrag
MünchArbR/Bearbeiter	Richardi/Wlotzke (Hrsg.), Münchener Handbuch zum Arbeitsrecht (siehe Literaturverzeichnis)
MuSchG	Mutterschutzgesetz

N

n. F.	neue Fassung
n. v.	nicht veröffentlicht
Nachw.	Nachweise
Nds. BG	Niedersächsisches Beamtengesetz
Nds. RiG	Niedersächsisches Richtergesetz
NJ	Zeitschrift »Neue Justiz«
NJW	»Neue Juristische Wochenschrift«
NJW-RR	»Neue Juristische Wochenschrift – Rechtsprechungsreport«
NL	National Liberale
Nr.	Nummer
Nrn.	Nummern
NRW	Nordrhein-Westfalen
NSV	Nationalsozialistische Volkswohlfahrt
NVwZ	»Neue Zeitschrift für Verwaltungsrecht«
NZA	»Neue Zeitschrift für Arbeits- und Sozialrecht«

O

o. ä.	oder ähnliche(s)
o. g.	oben genannten
OHG	Offene Handelsgesellschaft
OVG	Oberverwaltungsgericht

P

ParlKSch	Kündigungsschutz für Parlamentarier
PatG	Patentgesetz
PC	Personalcomputer
PersbfG	Personalbeförderungsgesetz

PersR	Zeitschrift »Der Personalrat«
PersVG	Personalvertretungsgesetz
PersVG-DDR	Personalvertretungsgesetz-DDR
pFV	positive Forderungsverletzung
PKH	Prozesskostenhilfe
PKHG	Prozesskostenhilfegesetz
ppa.	per procura; in Vollmacht; als Prokurist
PrAllgBergG	Preußisches Allgemeines Berggesetz
Prof.	Professor
PSV	Pensionssicherungsverein

R

R.	Rückseite
RabelsZ	»Zeitschrift für ausländisches und internationales Privatrecht«
RAFachBezG	Gesetz über die Bezeichnung der Fachanwälte
RAG	Reichsarbeitsgericht
RAG(E)	Amtliche Sammlung der Entscheidungen des Reichsarbeitsgerichts
rd.	rund
RdA	Zeitschrift »Recht der Arbeit«
RdErl.	Runderlass
RdNr. , Rdnr.	Randnummer
RDV	Recht der Datenverarbeitung
RefE	Referentenentwurf
Reg	Regierung
RegE	Regierungsentwurf
RG	Reichsgericht
RGBl.	Reichsgesetzblatt
RGZ	Entscheidungen des Reichsgerichts in Zivilsachen
Rh.-Pf.	Rheinland-Pfalz
RiA	Zeitschrift »Recht im Amt«
RIW	Zeitschrift »Recht der internationalen Wirtschaft«
RiWahlG	Richterwahlgesetz
RL	Richtlinien
RM	Reichsmark
Rn.	Randnummer
RPflAnpG	Rechtspflege-Anpassungsgesetz
RpflBl.	Rechtspflegerblatt
Rpfleger	Zeitschrift »Der Deutsche Rechtspfleger«
RPflG	Rechtspflegergesetz
RRG	Rentenreformgesetz
Rs.	Rückseite
Rspr.	Rechtsprechung
RT	Reichstag
RTV	Rahmentarifvertrag
RT-Drucks.	Reichstags-Drucksache

Abkürzungsverzeichnis

RVO	Reichsversicherungsordnung
Rz.	Randziffer(n)
RzK	Rechtsprechung zum Kündigungsrecht (Entscheidungssammlung)

S

S.	Seite; Satz
s.	siehe
s. o.	siehe oben
s. u.	siehe unten
SAE	Zeitschrift »Sammlung arbeitsrechtlicher Entscheidungen«
SchiedsG	Schiedsstellengesetz
SchwBeschG	Schwerbeschädigtengesetz
SchwbG	Schwerbehindertengesetz
SED	Sozialistische Einheitspartei Deutschlands
SeemG	Seemannsgesetz
SEK	Sondereinsatzkommando
SF	Zeitschrift »Sozialer Fortschritt«
SG	Sozialgericht
SGB	Sozialgesetzbuch
SGb	Zeitschrift »Die Sozialgerichtsbarkeit«
SGG	Sozialgerichtsgesetz
SGV NW.	Sammelgesetz- und Verordnungsblatt Nordrhein-Westfalen
Slg.	Sammlung
SMBl. NW.	Sammelministerialblatt Nordrhein-Westfalen
sog.	sogenannte
SozplG	Gesetz über den Sozialplan im Konkurs- und Vergleichsverfahren
SozR	Sozialrecht – Entscheidungssammlung, bearbeitet von den Richtern des BSG
SozSich	Zeitschrift »Soziale Sicherheit«
Sp.	Spalte
SpTrUG	Gesetz über die Spaltung der von der Treuhandanstalt verwalteten Unternehmen
st. Rspr.	ständige Rechtsprechung
StBerRT	Stenographische Berichte der Sitzungen des Reichstags
StGB	Strafgesetzbuch
StPO	Strafprozessordnung
str.	streitig

T

Terminals	Bildschirme
TOA	Tarifordnung für Angestellte

TSG	Transsexuellengesetz
TV	Tarifvertrag
TV Ang	Tarifvertrag für Angestellte
TV Arb	Tarifvertrag für Arbeiter
TV-VO	Tarifvertragsverordnung
TVAL	Tarifvertrag für die bei Dienststellen, Unternehmen und sonstigen Einrichtungen der alliierten Behörden und der alliierten Streitkräfte im Gebiet der Bundesrepublik Deutschland beschäftigten Arbeitnehmer
TVG	Tarifvertragsgesetz

U

u. ä.	und ähnliche(s)
u. a.	unter anderem
u. U.	unter Umständen
u. U. i. V.	unter Umständen in Verbindung
u. v.	unveröffentlicht
UdG	Urkundsbeamter der Geschäftsstelle
UmwG	Umwandlungsgesetz
UrhG	Urheberrechtsgesetz
UWG	Gesetz gegen den unlauteren Wettbewerb

V

v. H.	vom Hundert
VBL	Versorgungsanstalt des Bundes und der Länder
Vbl.	Verwaltungsblatt
Verf.	Verfasser
VerfG	Verfassungsgericht
VerfGH	Verfassungsgerichtshof
VerfO	Verfassungsordnung
VergGr.	Vergütungsgruppe
VermBG	Gesetz zur Förderung der Vermögensbildung für Arbeitnehmer
VersR	Versicherungsrecht
VG	Verwaltungsgericht
VGH	Verwaltungsgerichtshof
vgl.	vergleiche
VglO	Vergleichsordnung
VO	Verordnung
VOB	Verdingungsordnung für Bauleistungen
Vors.	Vorsitzender
VSSR	Zeitschrift »Vierteljahresschrift für Sozialrecht«
VV	Verwaltungsvorschrift
VVag	Versicherungsverein auf Gegenseitigkeit

Abkürzungsverzeichnis

VwGO	Verwaltungsgerichtsordnung
VwGOÄndG	Änderungsgesetz zur Verwaltungsgerichtsordnung

W

w. N.	weitere Nachweise
WährG	Währungsgesetz
WHW	Winterhilfswerk
Wibera	Wirtschaftsberatung AG
WM	Zeitschrift »Wertpapier-Mitteilungen«
WpflG	Wehrpflichtgesetz
WRV	Weimarer Reichsverfassung
WSI-Mitt.	»Mitteilungen des Wirtschafts- und Sozialwissenschaftlichen Instituts des DGB«
WZG	Warenzeichengesetz

Z

Z	Zeitschrift; Zeitung; Ziffer
z. A.	zur Anstellung
z. B.	zum Beispiel
z. T.	zum Teil
z. Zt.	zur Zeit
ZA-NTS	Zusatzabkommen z. d. Abk. zwischen d. Parteien d. Nordatlantikvertrages ü. d. Rechtsstellung ihrer Truppen hinsichtlich d. i. d. Bundesrepublik Deutschland stationierten ausländischen Truppen
ZDG	Zivildienstgesetz
ZfA	»Zeitschrift für Arbeitsrecht«
ZfRSoz.	»Zeitschrift für Rechtssoziologie«
ZfSH/SGB	»Zeitschrift für Sozialhilfe/Sozialgesetzbuch«
ZGB	Zivilgesetzbuch (Schweiz)
ZGR	»Zeitschrift für Unternehmens- und Gesellschaftsrecht«
ZHR	»Zeitschrift für das gesamte Handelsrecht«
ZIAS	»Zeitschrift für internationales Arbeits- und Sozialrecht«
Ziff.	Ziffer
ZIP	»Zeitschrift für Wirtschaftsrecht und Insolvenzpraxis«
zit.	zitiert
ZivilschutzG	Zivilschutzgesetz
ZNR	»Zeitschrift für Neuere Rechtsgeschichte«
ZPO	Zivilprozessordnung
ZRHO	Rechtshilfeordnung für Zivilsachen
ZRP	»Zeitschrift für Rechtspolitik«

ZSEG	Gesetz über die Entschädigung von Zeugen und Sachverständigen
ZTR	»Zeitschrift für Tarifrecht«
zutr.	zutreffend
ZZP	»Zeitschrift für Zivilprozess«

Literaturverzeichnis

Ascheid Urteils- und Beschlußverfahren im Arbeitsrecht, 2. Aufl., Neuwied 1998
ders. Kündigungsschutzrecht, 2. Aufl., Berlin 2000
Ascheid/Bader/Dörner/Leineman/Stahlhacke/Wenzel Gemeinschaftskommentar zum Arbeitsgerichtsgesetz (GK-ArbGG), Neuwied 1998
Ascheid/Preis/Schmidt (Hrsg.) Großkommentar zum Kündigungsrecht, München 2000, mit Nachtrag zum neuen Befristungsrecht 2001 (zitiert APS/Bearbeiter)
Baeck/Deutsch Arbeitszeitgesetz, München 1999
Bauer Arbeitsrechtliche Aufhebungsverträge, 6. Aufl., München 1999
Bauer/Baeck/Schuster Scheinselbständigkeit, Stuttgart 2000
Becker/Danne/Lang/Lipke/Mikosch/Steinwedel Gemeinschaftskommentar zum Teilzeitarbeitsrecht (GK-TzA), Neuwied 1987
Becker/Etzel/Bader/Fischermeier/Friedrich/Lipke/Pfeiffer/Rost/Spilger/Vogt/Weigand/Wolff Gemeinschaftskommentar zum Kündigungsschutzgesetz und zu sonstigen kündigungsschutzrechtlichen Vorschriften (KR), 6. Aufl., Neuwied 2002
Berkowsky Die personen- und verhaltensbedingte Kündigung, 3. Aufl., München 1997
Brox/Rüthers/Schlüter/Jülicher Arbeitskampfrecht, 2. Aufl., 1982
Bürger/Oehmann/Matthes/Göhle-Sander, Kreizberg Handwörterbuch des Arbeitsrechts (HwB-AR), Heidelberg, Loseblatt, 1996
Busemann Die Haftung des Arbeitnehmers gegenüber dem Arbeitgeber und Dritten, Berlin 1999
Busemann/Schäfer Kündigung und Kündigungsschutz im Arbeitsverhältnis, 4. Aufl., Berlin 2002
Däubler (Hrsg.) Arbeitskampfrecht, 2. Aufl., Baden-Baden 1982
Däubler/Kittner/Klebe Betriebsverfassungsgesetz (DKK), Kommentar, 8. Aufl., Frankfurt a. M. 2002
Dersch/Neumann Bundesurlaubsgesetz (BUrlG), 8. Aufl., München 1997
Die Arbeitsgerichtsbarkeit: Festschrift zum 100-jährigen Bestehen des Deutschen Arbeitsgerichtsverbandes (FS Arbeitsgerichtsbarkeit), Neuwied 1994
Ensthaler (Hrsg.) Gemeinschaftskommentar zum Handelsgesetzbuch (GK-HGB), 6. Aufl., Neuwied 1999
Fabricius/Kraft/Wiese/Kreutz/Oetker/Raab/Weber Gemeinschaftskommentar zum Betriebsverfassungsgesetz (GK-BetrVG), 7. Aufl., Neuwied 2002
Fitting/Kaiser/Heither/Engels/Schmidt Betriebsverfassungsgesetz (FKHE BetrVG), 21. Aufl., München 2002
Gagel SGB III Arbeitsförderung, München 2001
Germelmann/Matthes/Prütting/Müller-Glöge Arbeitsgerichtsgesetz, 4. Aufl., München 2002
Gerold/Schmidt/von Eicken/Madert Bundesrechtsanwaltsgebührenordnung, 14. Aufl., München 1999
Gift/Baur Das Urteilsverfahren im Arbeitsgerichtsprozeß, München 1993
Griebeling Betriebliche Altersversorgung, Neuwied 1996
Grunsky Arbeitsgerichtsgesetz, 7. Aufl., München 1995
Hess Insolvenzarbeitsrecht, 2. Aufl., Heidelberg 2000
Hess/Schlochauer/Glaubitz Kommentar zum Betriebsverfassungsgesetz (HSG), 5. Aufl., Neuwied 1997

Literaturverzeichnis

Höfer Gesetz zur Verbesserung der betrieblichen Altersversorgung (BetrAVG), Bd. 1 Arbeitsrecht, München 2000, Stand 6. EL August 2001
Hueck/Nipperdey Grundriß des Arbeitsrechts, 5. Aufl., München 1970
Kempen/Zachert Tarifvertragsgesetz, Kommentar für die Praxis, 3. Aufl., Frankfurt/M. 1997
Kemper/Kisters-Kölkes Arbeitsrechtliche Grundzüge der betrieblichen Altersversorgung, Neuwied 2001
Kissel Gerichtsverfassungsgesetz, 3. Aufl., München 2001
Kittner/Däubler/Zwanziger Kündigungsschutzrecht, 5. Aufl., Köln 2001
Leinemann (Hrsg.) Handbuch zum Arbeitsrecht (HzA), Neuwied 1995 ff.
Leinemann (Hrsg.) Kasseler Handbuch zum Arbeitsrecht (Kasseler Handbuch/Bearbeiter) Band 1, 2, 2. Aufl., Neuwied 2000
Lepke Kündigung bei Krankheit, 10. Aufl., Berlin 2000
Löwisch Kündigungsschutzgesetz (KSchG), 8. Aufl., 2000
Löwisch/Rieble Tarifvertragsgesetz, München 1992
Obermüller/Hess InsO, 3. Aufl., Heidelberg 1999
Ostheimer/Hohmann Die ehrenamtlichen Richterinnen und Richter beim Arbeits- und Sozialgericht, 10. Aufl., Freiburg 2000
Preis Prinzipien des Kündigungsrechts bei Arbeitsverhältnissen, München 1987
ders. Grundfragen der Vertragsgestaltung im Arbeitsrecht, Neuwied 1993
Rebmann/Säcker Münchener Kommentar zum Bürgerlichen Gesetzbuch (MünchKomm/Bearbeiter), 3. Aufl., München 1992 ff.
Richardi Betriebsverfassungsgesetz, 8. Aufl., München 2002
Richardi/Wlotzke (Hrsg.) Münchener Handbuch zum Arbeitsrecht (MünchArbR/Bearbeiter) Band 1–3, 2. Aufl., München 2000 mit Ergänzungsband Individualarbeitsrecht, 2001
Sahmer/Busemann Arbeitsplatzschutzgesetz, 3. Aufl., Berlin 1971 ff., Stand 14. EL August 2000
Schäfer Der einstweilige Rechtsschutz im Arbeitsrecht, Berlin 1996
ders. Die Abwicklung des beendeten Arbeitsverhältnisses, 2. Aufl., Berlin 1999
Schaub Arbeitsrechts-Handbuch (ArbRHb), 9. Aufl., München 2000
ders. Arbeitsgerichtsverfahren, 7. Aufl., München 2000
Scherr/Krol-Dickob Arbeitszeitrecht im öffentlichen Dienst von A–Z, Neuwied 1996
Schimmel/Buhlmann Frankfurter Handbuch zum neuen Schuldrecht, Neuwied 2002
Schmidt/Koberski/Tiemann/Wascher Heimarbeitsgesetz (HAG), 4. Aufl., München 1998
Schmidt-Ränsch Deutsches Richtergesetz (DRiG), 5. Aufl., München 1995
Stahlhacke/Bachmann/Bleistein/Berscheid Gemeinschaftskommentar zum Bundesurlaubsgesetz (GK-BUrlG), 5. Aufl., Neuwied 1992
Stahlhacke/Preis/Vossen Kündigung und Kündigungsschutz im Arbeitsverhältnis, 7. Aufl., München 1999
Staudinger Kommentar zum Bürgerlichen Gesetzbuch (Staudinger/Bearbeiter), 12. Aufl., Berlin 1978 ff.
Stein-Jonas Zivilprozeßordnung (ZPO), 21. Aufl., Tübingen 1993
von Hoyningen-Huene/Linck Kündigungsschutzgesetz (KSchG), 13. Aufl., München 2002
Weber/Ehrich/Hoß Handbuch der arbeitsrechtlichen Aufhebungsverträge, 2. Aufl., Köln 1998/1999

Wiedemann Tarifvertragsgesetz, 6. Aufl., München 1999
Wimmer (Hrsg.) Frankfurter Kommentar zur Insolvenzordnung, 3. Aufl., Neuwied 2002
Zöller Zivilprozeßordnung, 23. Aufl., Köln 2002

Literaturverzeichnis

Wieske-Jens: Jahresabgabesteuer, 6. Aufl., München 1999.
Wenzel (Hrsg.): Frankfurter Kommentar zur Insolvenzordnung, 2. Aufl., Neuwied 2002.
Zoll – Zollprozeßordnung, 26. Aufl., Köln 2007.

A. Grundbegriffe und Grundstrukturen des Arbeitsrechts

Inhaltsübersicht Rz.

I. Begriff und Abgrenzung des Arbeitsrechts 1– 7
II. Keine Kodifikation des Arbeitsvertragsrechts 8– 14
III. Arbeitsrecht als selbstständiges Rechtsgebiet 15– 17
IV. System des Arbeitsrechts 18– 33
   1. Grundzüge 18– 20
   2. Überblick 21– 33
      a) Individualarbeitsrecht 21– 28
         aa) Arbeitsvertragsrecht 22
         bb) Arbeitnehmerschutzrecht 23– 28
      b) Kollektives Arbeitsrecht 29– 32
         aa) Überbetriebliches kollektives Arbeitsrecht 30
         bb) Kollektives Arbeitsrecht auf Betriebs- und Unternehmensebene 31
         cc) Regelungsbereich des kollektiven Arbeitsrechts 32
      c) Recht der Arbeitsgerichtsbarkeit 33
V. Rechtsnatur des Arbeitsverhältnisses 34– 37
VI. Grundbegriffe des Arbeitsrechts 38–297
   1. (Unselbstständige) Arbeitnehmer 38–176
      a) Begriff 40– 75
         aa) Materielle Kriterien 45– 54
            (1) Kriterien im Einzelnen 46– 53
            (2) Haupt- oder nebenberufliche Tätigkeit 47– 51
            (3) Teilzeitbeschäftigung 52
            (4) Wirtschaftliche Abhängigkeit 53
            (5) Besonderheiten bei Rundfunkanstalten? 54
         bb) Formelle Kriterien 55
         cc) Maßgeblichkeit der praktischen Durchführung 56– 58
         dd) Rechtsformwahl; Rechtsformwechsel 59– 63
         ee) Entscheidung nach Einzelfallabwägung 64– 66
         ff) Rechtsfolgen der Divergenz von gewählter Rechtsform und praktischer Vertragsdurchführung 67– 75
            (1) Arbeitsrecht 67– 70
            (2) Sozialversicherung 71– 74
            (3) Steuerrecht 75
      b) Beispiele aus der Praxis 76–119
      c) Abweichende Begründungsansätze 120–127
      d) Der Arbeitnehmerbegriff im Steuer- und Sozialversicherungsrecht 128–159
         aa) Steuerrecht 128–132
         bb) Sozialversicherungsrecht 133–159
            aaa) Rechtslage bis zum 31.12.1998 133–137
            bbb) Die Zwischenphase: Rechtslage seit dem 1.1.1999 138–143
            ccc) Die geltende Fassung 144
               (1) Die Neufassung des § 7 Abs. 1 SGB IV 145–146
               (2) Einschränkung des Anwendungsbereichs der Vermutungsregelung 147–149

A. Grundbegriffe und Grundstrukturen des Arbeitsrechts

(3)	Der neue Kriterienkatalog für die Vermutung gem. § 7 Abs. 4 SGB IV	150–152
(4)	Rückwirkung der Regelung	153
(5)	Handelsvertreter	154
(6)	Anfrageverfahren zur Statusklärung	155
(7)	Schutz vor unzumutbaren Beitragsnachzahlungen (§§ 7 b, c SBG IV)	156

ddd) Arbeitnehmerähnliche Selbstständige (§ 2 S. 1 Nr. 9 SGB VI) 157–159
   (1) Geänderte Kriterien 157
   (2) Befreiungsmöglichkeiten (§ 6 SBG VI) 158–159
e) Rechtsmissbräuchliche Berufung auf ein Arbeitsverhältnis; Statusklagen 160–162
f) Die aktuelle Diskussion um »Scheinselbstständigkeit« 163–166
g) Möglichkeiten der Vertragsgestaltung zur Minimierung von Risiken 167–176
  aa) Vertragsgestaltung 168–173
  bb) Kongruenz zur praktischen Durchführung 174
  cc) Auskunft der Sozialversicherungsträger 175–176
2. Arbeiter und Angestellte 177–195
 a) Begriffe; Abgrenzungskriterien 177–184
  aa) Gesetzliche Regelungsansätze 178–179
  bb) Allgemeine materielle Abgrenzungskriterien 180–184
 b) Beispiele 185–186
 c) »Übernahme in ein Angestelltenverhältnis« 187–188
 d) Praktische Bedeutung der Unterscheidung zwischen Arbeitern und Angestellten 189–193
 e) Dienstordnungsangestellte 194–195
3. Leitende Angestellte 196–203
 a) Notwendigkeit einer Abgrenzung 197–200
 b) Begriffsbestimmung 201–202
 c) Sonderfall: Die Grundsätze zur Abgrenzung in der chemischen Industrie 203
4. Handelsvertreter 204–206
5. Arbeitnehmerähnliche Personen 207–213
 a) Begriffsbestimmung 207–208
 b) Beispiele 209
 c) Rechtsfolgen der Einordnung 210–213
6. Heimarbeiter; Telearbeit 214–220
7. Organe juristischer Personen 221–231
8. Beschäftigung außerhalb eines Arbeitsverhältnisses 232–248
9. Arbeitgeber 249–266
 a) Grundsätze 249–254
 b) GmbH im Gründungsstadium 255–264
 c) Auflösung der GmbH: Parteifähigkeit 265–266
 d) Alliierte Streitkräfte 267–273
  aa) Grundlagen 267–271
  bb) Prozessuale Besonderheiten 272–273
 e) Gesamthafenbetrieb 274–279
  aa) Begriffsbestimmung; Funktion 274–276
  bb) Hafenarbeitnehmer 277–279
 f) Besonderheiten in den neuen Bundesländern 280
10. Betrieb, Unternehmen 281–288
11. Konzern 289–297

A. Grundbegriffe und Grundstrukturen des Arbeitsrechts

	a) Grundlagen	289–292
	b) Der Sonderfall: Ausfallhaftung im qualifiziert faktischen Konzern	293–297
VII.	**Rechtsquellen des Arbeitsrechts**	298–715
1.	Rangfolge und Übersicht	298–312
	a) Individualarbeitsrecht	305–311
	aa) Grundgesetz (GG)	305
	bb) Gesetze	306–307
	cc) Kollektivvereinbarungen	308
	dd) Arbeitsvertrag	309–311
	b) Kollektives Arbeitsrecht	312
2.	Einzelfragen	313–715
	a) Grundrechte im Arbeitsrecht	313–403
	aa) Die Begründung des Arbeitsverhältnisses	313
	bb) Grundrechte im Arbeitsverhältnis	314–323
	cc) Kollektives Arbeitsrecht	324–327
	dd) Arbeitsvertragsparteien	328
	ee) Beispiele aus der Rechtsprechung	329–403
	aaa) Individualarbeitsrecht	329–352
	(1) Allgemeines Persönlichkeitsrecht (Art. 1 Abs. 1 i. V. m. Art. 2 Abs. 1 GG)	329–332
	(2) Menschenwürde (Art. 1 Abs. 1 GG)	333
	(3) Gleichheitsgrundsatz (Art. 3 GG)	334–337
	(4) Gewissensfreiheit	338–341
	(5) Meinungsfreiheit; politische Betätigung; Pressefreiheit	342–346
	(6) Spannungsverhältnis zwischen Grundrechten und kirchlichem Selbstbestimmungsrecht	347–349
	(7) Schutz von Ehe und Familie (Art. 6 GG)	350–351
	(8) Berufsfreiheit	352
	bbb) Kollektives Arbeitsrecht	353–403
	(1) Art. 1 Abs. 1, Art. 2 Abs. 1 GG	353–354
	(2) Art. 3 Abs. 1, 2 GG, Art. 119 Abs. 2 EGV (jetzt Art. 141 EGV)	355–394
	(3) Art. 6 GG	395–399
	(4) Art. 9 Abs. 3 GG	400–402
	(5) Art. 12, Art. 14 GG	403
	b) Tarifvertrag	404–422
	aa) Begriff und Funktion	404–407
	bb) Anwendbarkeit von Tarifverträgen und Tarifnormen im Arbeitsverhältnis	408–417
	(1) Beiderseitige Tarifgebundenheit	408
	(2) Tarifbindung des Arbeitgebers bei Betriebsnormen	409
	(3) Allgemeinverbindlicherklärung	410–411
	(4) Einzelvertragliche Vereinbarung	412–416
	(5) Betriebliche Übung	417
	cc) Inhaltskontrolle	418–421
	dd) Berücksichtigung tariflicher Normen durch das Gericht	422
	c) Betriebsvereinbarung	423–431
	aa) Begriff	423–425
	bb) Inhalt und Umfang der Regelungsbefugnis der Betriebspartner	426–427
	cc) Inhaltskontrolle	428–431
	d) Vertragsfreiheit	432–441
	e) Allgemeine Arbeitsbedingungen	442–457
	aa) Begriff und normative Einordnung	442–448

A. Grundbegriffe und Grundstrukturen des Arbeitsrechts

bb) Inhaltskontrolle	449–456
(1) Rechtslage für am 1.1.2002 bestehende Arbeitsverträge bis zum 31.12.2002 (Art. 229 § 5 EGBGB)	449–455
(2) Rechtslage für nach dem 1.1.2002 abgeschlossene Arbeitsverträge	456
cc) Umdeutung einer nichtigen Betriebsvereinbarung in einzelvertragliche Einheitsregelung?	457
f) Gleichbehandlungsgrundsatz	458–583
aa) Begriff und Inhalt	458–478
bb) Dogmatische Begründung des Gleichbehandlungsgrundsatzes	479
cc) Beispiele	480–571
(1) Lohngleichheit	480–550
(2) Betriebliche Altersversorgung	551–565
(3) Sonstige Arbeitsbedingungen	566–571
dd) Rechtsfolgen einer Verletzung des Gleichbehandlungsgrundsatzes	572–581
ee) Darlegungs- und Beweislast	582–583
g) Betriebliche Übung	584–639
aa) Begriff und Entstehung einer betrieblichen Übung	584–597
bb) Dogmatische Begründung und Inhalt	598–604
cc) Betriebliche Übung und Tarifvertrag	605–610
dd) Betriebliche Übung im öffentlichen Dienst	611–621
ee) Beendigung einer betrieblichen Übung	622–628
ff) Beispiele	629–639
h) Direktionsrecht (Weisungsrecht) des Arbeitgebers	640–689
aa) Begriff und Inhalt	640–649
bb) Grenzen des Weisungsrechts	650–662
cc) Konkretisierung der geschuldeten Arbeitsleistung	663–669
dd) Einzelfragen und weitere Beispiele	670–689
i) Gerichtliche Inhalts- und Billigkeitskontrolle von Arbeitsverträgen	690–715
aa) Grundlagen	690–692
bb) Inhaltliche Kriterien	693–695
cc) Besonderheiten bei standardisierten Arbeitsverträgen	696–712
aaa) Rechtslage für vor dem 1.1.2002 abgeschlossene Arbeitsverträge bis zum 31.12.2002 (Art. 229 § 5 EGBGB)	696–702
bbb) Rechtslage für nach dem 1.1.2002 abgeschlossene Arbeitsverträge	703–712
(1) Einbeziehung in den Arbeitsvertrag	704
(2) Maßstäbe für die Inhaltskontrolle	705–710
(3) Anwendung von Verbrauchervorschriften	711–712
dd) Kirchliche Arbeitsvertragsrichtlinien	713–715
VIII. Internationales und Europäisches Arbeitsrecht	716–948
1. Arbeitsvölkerrecht	717–747
a) Universelles Arbeitsvölkerrecht	720–733
aa) Vereinte Nationen	720–725
bb) Internationale Arbeitsorganisation (IAO)	726–733
b) Regionales Völkervertragsrecht	734–747
aa) KSZE	734
bb) Europarat	735–741
cc) Sonstige multilaterale Verträge	742–745
dd) Bilaterale Abkommen der BRD	746–747
2. Das Arbeitsrecht in der Europäischen Gemeinschaft (EG)	748–827
a) Die rechtlichen Grundlagen	751

A. Grundbegriffe und Grundstrukturen des Arbeitsrechts

b) Die Zuständigkeit der Gemeinschaft zur Rechtssetzung im Arbeitsrecht	752–760
c) Rechtliche Instrumente zur Europäisierung des Arbeitsrechts	761–768
d) Die Durchsetzung des supranationalen Arbeitsrechts	769–770
e) Arbeitsrechtliche Regelungen der EG	771–827
aa) Freizügigkeit der Arbeitnehmer und ihrer Familienangehörigen	771–790
bb) Harmonisierung des Arbeitsrechts	791–825
cc) Vereinheitlichung des Arbeitsrechts	826
dd) Arbeitsrecht und Europäischer Binnenmarkt	827
3. Arbeitskollisionsrecht	828–948
a) Individualarbeitsrecht	828–924
aa) Das Arbeitsvertragsstatut	828–891
aaa) Die Rechtswahl	832–841
bbb) Die objektive Anknüpfung des Arbeitsvertrages	842–850
ccc) Beispiele	851–861
ddd) Der Wechsel des Arbeitsvertragsstatuts	862–864
eee) Das Arbeitnehmer-Entsendegesetz (AEntG)	865–891
(1) Sachlicher Anwendungsbereich	870–872
(2) RechtsVO ohne Einvernehmen der Sozialpartner	873–881
(3) Ausnahmen für geringfügige Arbeiten	882
(4) Durchgriffshaftung	883
(5) Erweiterung der Meldepflicht und des Bußgeldrahmens	884
(6) Katalog zwingender Mindestarbeitsbedingungen	885–886
(7) Gerichtliche Durchsetzung	887–888
(8) Entfristung	889
(9) Kritik	890
(10) Vereinbarkeit mit EG-Recht	891
bb) Sonderanknüpfung in Teilfragen	892–897
cc) Arbeitsvertragsstatut und zwingendes Recht	898–903
dd) Ordre public (Art. 6 EGBGB)	904–910
ee) Einzelfragen des Arbeitsverhältnisses	911–924
b) Tarifvertrags- und Arbeitskampfrecht	925–933
aa) Tarifvertragsrecht	925–931
bb) Arbeitskampfrecht	932–933
c) Betriebsverfassungsrecht	934–940
d) Verfahrensrecht (Internationale Zuständigkeit)	941–948
IX. Die arbeitsrechtliche Verwaltung	**949–982**
1. Die arbeitsrechtlichen Behörden	949–958
a) Grundlagen	949–950
b) Bundesministerium für Arbeit und Sozialordnung	951–956
c) Arbeitsministerien der Länder	957
d) Arbeitnehmerkammern	958
2. Koalitionen	959–962
3. Arbeitsvermittlung	963–972
a) Begriff	963–967
b) Durchführung der Arbeitsvermittlung durch das Arbeitsamt	968–972
4. Arbeitsförderung	973–982
a) Leistungen an Arbeitnehmer	974–977
b) Leistungen an den Arbeitgeber	978–982

A. Grundbegriffe und Grundstrukturen des Arbeitsrechts

I. Begriff und Abgrenzung des Arbeitsrechts

1 Arbeitsrecht ist das für die Rechtsbeziehungen zwischen Arbeitgeber und Arbeitnehmer geltende Recht.

2 Sein **Grundtatbestand ist die abhängige Arbeit**, d. h. die Erbringung einer Dienstleistung gegen Entgelt in einem Unterordnungsverhältnis zum Dienstherrn. Die damit verbundenen Regelungsprobleme begründen zwar eine Sonderstellung innerhalb der Rechtsordnung und machen das Arbeitsrecht zu einem selbstständigen Rechtsgebiet (s. u. A/Rz. 15 ff.), das das Recht der Arbeit insoweit erfasst, als es Arbeitnehmer betrifft. Gleichwohl beherrscht das Wertesystem der Rechtsordnung im Übrigen auch die Rechtsbeziehungen zwischen Arbeitgeber und Arbeitnehmer. Die Entstehung und Entwicklung des Arbeitsrechts basiert auf der Kollision einer dem Grundsatz der **Privatautonomie** verpflichteten rechtsgeschäftlichen Ordnung des Arbeitslebens mit der **tatsächlichen Ungleichgewichtigkeit** der Arbeitsvertragsparteien. Die soziale Schutzbedürftigkeit des Arbeitnehmers erforderte deshalb Prinzipien und Regeln, um einen gerechten Interessenausgleich zu erreichen.

3 Das Arbeitsverhältnis ist ein Rechtsverhältnis der Privatautonomie; sein Gegenstand ist die Leistung von Arbeit auf der Grundlage eines Vertrages zwischen Arbeitgeber und Arbeitnehmer.

4 Die Sonderstellung des Arbeitsrechts ergibt sich zum einen aus dem Inhalt des Leistungsversprechens: Derjenige, der aufgrund eines rechtsgeschäftlichen Leistungsversprechens seine Arbeitskraft einem anderen zur Verfügung stellt, tritt zu ihm in ein Unterordnungsverhältnis. Die **fremdbestimmte Organisation der Arbeitsleistung** rechtfertigt materiell eine Abweichung von den Risikogrundsätzen, die sonst in einem schuldrechtlichen Austauschverhältnis gelten [z. B. Arbeitsentgeltrisiko bei aufgrund des Fixschuldcharakters eintretender Arbeitsunmöglichkeit wegen Betriebsstörungen (s. u. C/Rz. 1291 ff.), § 615 BGB (s. u. C/Rz. 1200 ff.); eingeschränkte Beherrschbarkeit des Haftungsrisikos (s. u. C/Rz. 486 ff.); Fürsorgepflicht für Person und Eigentum des Arbeitnehmers, z. B. gem. § 618 Abs. 1 BGB, § 62 Abs. 1 HGB, § 120 a GewO; bzw. seit dem 8.8.1996 gem. §§ 1 ff. des Gesetzes zur Umsetzung der EG-Rahmenrichtlinie Arbeitsschutz und weiterer Arbeitsschutz-Richtlinien BGBl. I, S. 1246 ff.].

5 Zum anderen ist die **Dauerbeziehung** in der Beschäftigung des Arbeitnehmers für Zwecke des Arbeitgebers Ursache für die begrenzte Beteiligung des Arbeitgebers an der Existenzsicherung des Arbeitnehmers durch die Pflicht zur Entgeltfortzahlung (§ 616 BGB, §§ 1 ff. EFZG; s. u. C/Rz. 1313, 1366, 1423) und zur Gewährung von Erholungsurlaub (BUrlG; s. u. C/Rz. 1703 ff.). Sie ist ferner Grundlage des Gesundheitsschutzes sowie des allgemeinen und besonderen Kündigungsschutzes, durch den für den Arbeitnehmer ein Bestands- und Inhaltsschutz seines Arbeitsverhältnisses verwirklicht wird (s. u. D/Rz. 1 ff.).

6 Durch die **Koalitionsfreiheit** (Art. 9 Abs. 3 GG) wird den Tarifvertragsparteien die im öffentlichen Interesse liegende Aufgabe zugewiesen, im Wege sozialer Selbstverwaltung insbesondere Löhne und sonstige materielle Arbeitsbedingungen in einem von staatlicher Rechtsetzung frei gelassenen Raum in eigener Verantwortung und ohne staatliche Einflussnahme durch unabdingbare Gesamtvereinbarungen sinn-

A. Grundbegriffe und Grundstrukturen des Arbeitsrechts

voll zu ordnen (*BVerfG* 24.5.1977 EzA § 5 TVG Nr. 5). Die Tarifautonomie (s. u. H/Rz. 4 ff.) ergänzt die individuelle Vertragsfreiheit und sichert die Privatautonomie für das Arbeitsverhältnis.

Das **Betriebsverfassungs- und Mitbestimmungsrecht** berücksichtigt, dass die Funktionsfähigkeit eines Betriebs und Unternehmens die Einheit der Planung, Organisation und Leitung voraussetzt. Daraus ergibt sich eine Abhängigkeit für die Beschäftigten, die durch eine kollektive, gleichberechtigte Beteiligung der Arbeitnehmer an der Gestaltung der Arbeitsbedingungen (Betriebsverfassungsrecht) sowie an der Auswahl und Kontrolle der Unternehmensleitung (Mitbestimmungsrecht) begrenzt werden kann (MünchArbR/*Richardi* § 1 Rz. 1–14, § 6 Rz. 1–35 m. w. N.; s. u. I/Rz. 1 ff.). 7

II. Keine Kodifikation des Arbeitsvertragsrechts

Das BGB enthält keine Kodifikation des Arbeitsvertragsrechts, so dass im Arbeitsrecht die leitenden Grundsätze nicht im Gesetzesrecht formuliert sind. 8

Die zuvor bereits bestehenden Sonderregelungen (z. B. für Handlungsgehilfen, jetzt §§ 59 ff. HGB sowie für gewerbliche Arbeiter und Angestellte, §§ 105 ff. GewO bis 31.12.2002; danach gelten §§ 105 ff. GewO n. F. für alle Arbeitnehmer) blieben daneben bestehen. 9

Das BGB sollte nur allgemeine Bestimmungen, die sich für Dienstverhältnisse verschiedenster Art eigneten, aufnehmen. Dienstverhältnisse, die mit Rücksicht auf ihre soziale Bedeutung oder andere Besonderheiten einer Sonderregelung bedürfen, sollten dagegen in Spezialgesetzen geregelt werden. 10

Verbunden war dies allerdings mit der auch später trotz eines dahingehenden Versprechens in Art. 157 Abs. 2 WRV nicht erfüllten Forderung einer bald nachfolgenden einheitlichen gesetzlichen Regelung. Durch Art. 30 Abs. 1 hat der Einigungsvertrag nunmehr zwar im Zuge der Herstellung der Rechtseinheit nach dem Beitritt der DDR zur BRD mit Wirkung vom 3.10.1990 (Art. 23 S. 2 GG) dem gesamtdeutschen Gesetzgeber die Aufgabe zugewiesen, u. a. das **Arbeitsvertragsrecht möglichst bald einheitlich zu kodifizieren**. Anhaltspunkte dafür, dass der Gesetzgeber diesem Auftrag in absehbarer Zeit nachkommen wird, bestehen jedoch nicht (zu den gleichwohl erarbeiteten Gesetzentwürfen der Länder Sachsen, Brandenburg und Nordrhein-Westfalen sowie zu den Reformbemühungen im Übrigen vgl. *Griese* NZA 1996, 803 ff.). 11

Zwar berücksichtigen die §§ 611 ff. BGB nicht die tatsächliche Abhängigkeit des arbeitenden Menschen; **der Vertrag reicht deshalb nicht als Instrumentarium aus, um die Arbeitnehmer gleichberechtigt an der Gestaltung der Arbeitsbedingungen zu beteiligen.** Die rudimentäre Regelung des Arbeitsrechts im BGB führt jedoch nicht dazu, dass das Arbeitsrecht als ein von der Anwendung des BGB völlig losgelöstes Rechtsgebiet verstanden werden kann. 12

Insbesondere wird auch durch den Dienstvertrag **kein persönliches Herrschaftsverhältnis** begründet, das zur Folge hätte, dass sich der Arbeitnehmer in die Gewalt des Arbeitgebers begibt. Eine Reduzierung des Dienstvertrages auf ein fremdbestimmtes rechtliches Gewaltverhältnis findet gerade nicht statt. 13

A. Grundbegriffe und Grundstrukturen des Arbeitsrechts

14 Vielmehr ist es Aufgabe des Arbeitsrechts, ausgehend vom Grundrecht der Berufsfreiheit (Art. 12 GG) und der Vertragsfreiheit als zivilrechtlicher Ausgestaltung dieses Grundrechts auf der Grundlage der Normen z. B. des BGB eine sozialverträgliche rechtsgeschäftliche Ordnung des Arbeitslebens herzustellen (MünchArbR/*Richardi* § 1 Rz. 15–30 m. w. N., § 6 Rz. 1 ff., § 8 Rz. 25 ff.).

III. Arbeitsrecht als selbstständiges Rechtsgebiet

15 Obwohl das Dienstvertragsrecht des BGB die Basis des Arbeitsvertragsrechts bildet, bezeichnet Art. 74 GG das bürgerliche Recht (Nr. 1) und das Arbeitsrecht (Nr. 12) als **verschiedene Regelungsmaterien** der konkurrierenden Gesetzgebung. Das Arbeitsrecht hat sich als Ganzes – einschließlich seiner Privatrechtsnormen – zu einem selbstständigen Rechtsgebiet entwickelt, das für die verfassungsrechtliche Festlegung der Gesetzgebungskompetenz neben dem bürgerlichen Recht steht (*BVerfG* 22.4.1958 E 7, 348).

16 Das Arbeitsrecht ist zwar Teil der Zivilrechtsordnung. Es kann ihr aber nicht im Ganzen zugeordnet werden, denn neben dem Arbeitsvertragsrecht steht das öffentlich-rechtliche Arbeitsschutzrecht. Zur Erhaltung einer rechtsgeschäftlichen Ordnung des Arbeitslebens ist zudem das kollektive Arbeitsrecht entstanden, dessen Prinzipien (z. B. der Vorrang der tariflichen Normen vor individuell ausgehandelten Regelungen, die Anerkennung des Arbeitskampfes, das Repräsentationsmandat des Betriebsrats [s. u. A/Rz. 19] und dessen Normmitsetzungsbefugnis ohne Rücksicht auf den Willen der betroffenen Arbeitnehmer) teilweise im Gegensatz zu Grunddogmen der traditionellen Zivilrechtsordnung stehen.

17 Andererseits stellt auch das kollektive Arbeitsrecht den Vertrag in den Mittelpunkt. Denn die Rechtsbeziehungen zwischen den Tarifvertragsparteien, den Betriebspartnern und letztlich zwischen Arbeitgeber und Arbeitnehmer werden auch insoweit nicht hoheitlich, sondern durch ein Regelungssystem vertraglicher Verhandlung und Einigung festgelegt, das zum Abschluss von Tarifverträgen und Betriebsvereinbarungen bzw. Regelungsabreden, also Verträgen, führt (MünchArbR/*Richardi* § 1 Rz. 31–33; zur Entstehung und geschichtlichen Entwicklung des Arbeitsrechts ebda. §§ 2–5 m. w. N.).

IV. System des Arbeitsrechts

1. Grundzüge

18 Kernstück des Arbeitsrechts ist der **Arbeitsvertrag** als Begründungstatbestand des Arbeitsverhältnisses und Rechtsgrund für die Erbringung von Leistungen aus dem Arbeitsverhältnis. Daneben hat der Staat **öffentlich-rechtliche**, durch Straf- oder Bußgelddrohung gesicherte Pflichten **des Arbeitgebers** (und z. T. auch des Arbeitnehmers) gegenüber dem Staat zum Schutz des Arbeitnehmers geschaffen (Arbeitnehmerschutzrecht).

A. Grundbegriffe und Grundstrukturen des Arbeitsrechts

Hinzu kommt die durch das Prinzip der **Koalitionsfreiheit** ermöglichte Selbsthilfe 19
der Beteiligten, die sich zu Koalitionen (Gewerkschaften, Arbeitgeberverbänden) zusammengeschlossen haben und Kollektivverträge (Tarifverträge) zur Regelung der Arbeits- und Wirtschaftsbedingungen abschließen. Im Rahmen des **Betriebsverfassungsrechts** schließlich vertritt der Betriebsrat die Interessen der Belegschaft als deren Repräsentant.

Dabei handelt es sich nicht um ein starres, sondern um ein bewegliches System. 20
Denn die Teilgebiete des Arbeitsrechts stehen nicht isoliert voneinander, sondern die für sie maßgeblichen Grundwertungen kommen auch in den anderen Teilgebieten zur Geltung. Regelungen des öffentlich-rechtlichen Arbeitnehmerschutzrechts, in Tarifverträgen, Betriebsvereinbarungen (§§ 3, 4, 5 TVG, § 77 BetrVG) begrenzen nicht nur die Vertragsfreiheit, sondern gelten zugleich in den privatrechtlichen Beziehungen zwischen Arbeitgeber und Arbeitnehmer. Auch die Beteiligungsrechte des Betriebsrats im Übrigen beeinflussen und bestimmen die Rechtsstellung des Arbeitnehmers im Arbeitsverhältnis (vgl. z. B. §§ 102 Abs. 1 S. 3, Abs. 5, 113 Abs. 3 BetrVG, § 1 Abs. 2 S. 2 KSchG; MünchArbR/*Richardi* § 7 Rz. 1–14).

2. Überblick

a) Individualarbeitsrecht
Individualarbeitsrecht ist das Recht, das für die Rechtsbeziehungen zwischen dem 21
Arbeitgeber und dem einzelnen Arbeitnehmer gilt.

aa) Arbeitsvertragsrecht

Das Arbeitsvertragsrecht regelt die privatrechtlichen Beziehungen zwischen dem 22
Arbeitgeber und dem einzelnen Arbeitnehmer von der Begründung des Arbeitsverhältnisses, den Pflichten von Arbeitgeber und Arbeitnehmer, über die Rechte am Arbeitsergebnis bis hin zur Beendigung des Arbeitsverhältnisses sowie dem Recht der betrieblichen Altersversorgung.

bb) Arbeitnehmerschutzrecht
Durch das Arbeitnehmerschutzrecht soll der Arbeitnehmer **gegen mögliche Gefah-** 23
ren für Leben und Gesundheit sowie Vermögensrechte bei und durch die Arbeit
und gegen mögliche Beeinträchtigungen dieser Rechtsgüter geschützt werden.
Das privatrechtliche Arbeitsschutzrecht beschränkt zum Schutz des Arbeitnehmers 24
die Gestaltungs- und Beendigungsfreiheit der Einzelarbeitsverträge und gibt dem Arbeitnehmer durch Gesetz, Tarifvertrag oder Betriebsvereinbarung unabdingbare Ansprüche gegen den Arbeitgeber (MünchArbR/*Wlotzke* § 206 Rz. 2 ff.).

Durch das öffentlich-rechtliche Arbeitnehmerschutzrecht i. e. S. werden dagegen 25
öffentlich-rechtliche Pflichten gegenüber dem Staat oder dem jeweiligen gesetzlichen Unfallversicherungsträger normiert, um Rechtsnormen zum Schutz des Arbeitnehmers durchzusetzen.

A. Grundbegriffe und Grundstrukturen des Arbeitsrechts

26 Dazu gehören der Betriebs- oder Gefahrenschutz (Gesundheitsschutz), der Arbeitszeitschutz, der Frauenarbeits- und Mutterschutz, der Jugendarbeitsschutz, der Schwerbehindertenschutz sowie z. T. auch der Heimarbeiterschutz.

27 Arbeitsvertragsrecht und Arbeitnehmerschutzrecht bilden keine sich ausschließenden Gegensätze. Denn Pflichten, die nach dem Arbeitsschutzrecht dem Arbeitgeber obliegen, gelten zugleich auch als Pflichten des Arbeitgebers gegenüber dem Arbeitnehmer, soweit sie Gegenstand einer arbeitsvertraglichen Vereinbarung sein können (MünchArbR/*Richardi* § 7 Rz. 15–25; s. u. C/Rz. 2194 ff.).

28 Ziele und Aufgaben des Arbeitsschutzrechts (vgl. MünchArbR/*Wlotzke* § 206 Rz. 9) sind insbesondere:
- die **Verhütung von Arbeitsunfällen** und von Berufskrankheiten,
- die **Verhütung von sonstigen arbeitsbedingten Gesundheitsbeeinträchtigungen**,
- die **Erhaltung der Arbeitskraft** bzw. Vermeidung frühzeitiger Verschleißerscheinungen, sowie
- die Einrichtung und Unterhaltung **gesundheitlich zuträglicher Arbeitsstätten**.

b) Kollektives Arbeitsrecht

29 Kollektives Arbeitsrecht bezieht sich auf die Regelungen, die sich mit der Existenz, Organisation und Funktion der arbeitsvertraglichen Kollektive befassen.

aa) Überbetriebliches kollektives Arbeitsrecht

30 Das kollektive Arbeitsrecht des überbetrieblichen Bereichs umfasst das Recht der Koalitionen, das Tarifvertragsrecht sowie das Arbeitskampf- und Schlichtungsrecht. Diese Rechtsinstitute sind aus dem allgemeinen, privatrechtlich geordneten Organisations- und Verfahrenssystem hervorgegangen und auch heute noch weitgehend nicht durch Gesetzesrecht gestaltet (s. u. H/Rz. 1 ff.).

bb) Kollektives Arbeitsrecht auf Betriebs- und Unternehmensebene

31 Das kollektive Arbeitsrecht auf der Ebene des Betriebs und Unternehmens (Betriebsverfassungs-, Personalvertretungsrecht; s. u. I/Rz. 1 ff.) beruht dagegen auf Eingriffen des Gesetzgebers in die gesellschaftliche und wirtschaftliche Ordnung. Die unternehmensbezogene Mitbestimmung, die, soweit es um die Arbeitnehmerbeteiligung geht, zum kollektiven Arbeitsrecht gehört, ist rechtsformspezifisch ausgestaltet, weil nur Kapitalgesellschaften und Genossenschaften, nicht aber Einzelunternehmen und Personengesellschaften erfasst werden. Sie ist nicht kodifikatorisch geregelt und beschränkt sich auf Eingriffe in das Gesellschaftsrecht.

cc) Regelungsbereich des kollektiven Arbeitsrechts

32 Das kollektive Arbeitsrecht legt vor allem fest, ob und unter welchen Voraussetzungen die Koalitionen und die Betriebspartner Regelungen für den Inhalt eines Arbeitsverhältnisses treffen können. Die durch sie geschaffenen Regelungen (insbesondere Tarifverträge und Betriebsvereinbarungen) sind aber ebenso Teil des Individualarbeitsrechts wie die durch Gesetz oder Einzelarbeitsvertrag geschaffenen Bestimmungen (MünchArbR/*Richardi* § 7 Rz. 26–33).

A. Grundbegriffe und Grundstrukturen des Arbeitsrechts

c) Recht der Arbeitsgerichtsbarkeit
Für die Durchführung arbeitsrechtlicher Streitigkeiten bestehen besondere Gerichte 33
(Arbeitsgerichte, Landesarbeitsgerichte, Bundesarbeitsgericht); für das Verfahren
gelten nach Maßgabe des ArbGG besondere Vorschriften (Urteils-, Beschlussverfahren; s. u. L/Rz. 1 ff.).

V. Rechtsnatur des Arbeitsverhältnisses

Grundlage des Arbeitsverhältnisses ist der Austausch einer zeitbestimmten 34
Dienstleistung mit im voraus nicht abgegrenzten Einzelleistungen – daher handelt es sich um ein Dauerschuldverhältnis – gegen Entgelt (MünchArbR/*Richardi*
§ 8 Rz. 1–17).

Das Arbeitsverhältnis beruht auf dem Arbeitsvertrag, den der Arbeitgeber mit dem 35
einzelnen Arbeitnehmer abschließt. Dieser ist als **gegenseitiger Vertrag i. S. d.
§§ 320 ff. BGB** (*BAG* [GS] 17.12.1959 AP Nr. 21 zu § 616 BGB) zwischen Arbeitgeber
und Arbeitnehmer **Verpflichtungstatbestand und Rechtsgrund sowohl für die Erbringung der Arbeitsleistung als auch für die Zahlung des Arbeitsentgelts**. Von
ihm hängt ab, ob überhaupt ein Arbeitsverhältnis vorliegt; er ist daher der Begründungstatbestand des Arbeitsverhältnisses, auch wenn der Inhalt des Arbeitsvertrages
durch andere Gestaltungsfaktoren, insbesondere durch Gesetz, Tarifvertrag oder Betriebsvereinbarung mitgeregelt wird.
Der Arbeitnehmer hat seine Dienste in Person zu erbringen (vgl. § 613 S. 1 BGB); 36
deshalb wurde das Arbeitsverhältnis wegen der durch den Arbeitsvertrag begründeten persönlichen Abhängigkeit bis in die sechziger Jahre überwiegend als **personenrechtliches Gemeinschaftsverhältnis** verstanden (*BAG* 10.11.1955 EzA § 611 BGB
Beschäftigungspflicht Nr. 1), der Arbeitsvertrag als ein gemeinschaftsbegründender
Vertrag, der seine Parallele im Gesellschaftsrecht findet. Weitergehend wurde angenommen, Begründungstatbestand des Arbeitsverhältnisses sei nicht der Arbeitsvertrag, sondern die **tatsächliche Einstellung des Arbeitnehmers**, die Eingliederung
in den Betrieb als tatsächlicher Akt. Andererseits wurde das personenrechtliche Gemeinschaftsverhältnis als Grundlage der Fürsorgepflicht des Arbeitgebers für die Person des Arbeitnehmers und der persönlichen Treueverpflichtung des Arbeitnehmers gegenüber dem Arbeitgeber verstanden (*Nikisch* Arbeitsrecht Bd. I 2. Aufl.
1955, S. 40 ff.). Später wurde dies dahingehend eingeschränkt, dass zwar das Arbeitsverhältnis i. d. R. durch Arbeitsvertrag begründet, dieser allerdings erst mit der Eingliederung in den Betrieb in den Erfüllungszustand eintritt (*Nikisch* Bd. I 3.Aufl.
1961, S. 158 ff.).
Diese Auffassung ist abzulehnen, weil die Abgrenzung zu den schuldrechtlichen Ele- 37
menten des Arbeitsverhältnisses unklar ist und die mit der Zuordnung zum Personenrecht verbundene Verdrängung des Vertragsrechts dem geltenden Recht widerspricht. Zur Begründung von neben dem Austausch von Arbeit und Lohn bestehenden Treue- und Fürsorgepflichten bedarf es der Annahme eines personenrechtlichen
Gemeinschaftsverhältnisses zudem nicht. Denn diese lassen sich seitens des Arbeitgebers auch als Korrelat der Einordnung des einzelnen Arbeitnehmers in ein hierarchisch gelenktes System der Arbeitsteilung und seitens des Arbeitnehmers als die
nach allgemeinen Grundsätzen geschuldete Vertragstreue als Ergänzung des rechtsge-

A. Grundbegriffe und Grundstrukturen des Arbeitsrechts

schäftlichen Leistungsversprechens (§ 242 BGB), also jeweils auf der rechtsgeschäftlichen Gestaltung zwischen Arbeitgeber und Arbeitnehmer beruhend, begründen (MünchArbR/*Richardi* § 8 Rz. 8 ff., auch zu weiteren Begründungsansätzen i. d. Lit.; zur Entwicklung des personalen Gehalts des Arbeitsverhältnisses vgl. *Wiese* ZfA 1996, 439 ff.).

VI. Grundbegriffe des Arbeitsrechts

1. (Unselbstständige) Arbeitnehmer

38 Der Arbeitnehmerbegriff wird in zahlreichen arbeitsrechtlichen Normen verwandt, jedoch wie der des Arbeiters und Angestellten gesetzlich nicht definiert. Zur Begriffsbestimmung kann jedoch **§ 84 Abs. 1 S. 2 HGB** herangezogen werden, der eine Legaldefinition dazu enthält, wer selbstständig ist. Diese Norm gilt unmittelbar nur für die Abgrenzung des selbstständigen Handelsvertreters vom abhängig beschäftigten kaufmännischen Angestellten. Darüber hinaus enthält sie aber eine **allgemeine gesetzgeberische Wertung,** die bei der Abgrenzung des Dienstvertrages vom Arbeitsvertrag zu beachten ist (*BAG* 21.2.1990 EzA § 611 BGB Arbeitnehmerbegriff Nr. 32). Zu beachten ist auch **§ 121 GewO** (bis 31.12.2002; die Vorschrift ist zum 1.1.2003 aufgehoben und durch § 106 GewO n. F. ersetzt worden), wonach Gesellen und Gehilfen verpflichtet sind, den Anordnungen der Arbeitgeber in Beziehung auf die ihnen übertragenen Arbeiten und auf die häuslichen Einrichtungen Folge zu leisten; zu häuslichen Arbeiten sind sie nicht verbunden. § 29 Abs. 1 SeemG enthält eine vergleichbare Regelung für Besatzungsmitglieder (vgl. *Reinecke* ZIP 1998, 582).

39 Die praktische Bedeutung des Arbeitnehmerbegriffs besteht darin, den Geltungsbereich des Arbeitsrechts, insbesondere den Anwendungsbereich zahlreicher arbeitsrechtlicher Gesetze, zu bestimmen.

a) Begriff

40 Arbeitnehmer ist, wer aufgrund eines privatrechtlichen Vertrages (oder eines diesem gleichgestellten Rechtsverhältnisses) über entgeltliche Dienste für einen anderen in persönlicher Abhängigkeit tätig ist (z. B. *BAG* 15.3.1978 EzA § 611 BGB Arbeitnehmerbegriff Nr. 16, 17; 15.12.1999, 20.9.2000 EzA § 611 BGB Arbeitnehmerbegriff Nr. 78, 80, 84; vgl. ausf. *Griebeling* NZA 1998, 1137 ff.; *ders.* RdA 1998, 208 ff.; *Reinecke* NZA 1999, 729 ff. u. ZTR 2000, 535 ff.; *Bauer/Baeck/ Schuster* Scheinselbstständigkeit Rz. 5 ff.; *Buchner* NZA 1998, 1145 ff.; *Hanau/ Strick* DB 1998 Beil. Nr. 14, S. 1 ff.; *Boemke* ZfA 1998, 285 ff.; *Rieble* ZfA 1998, 327 ff.; *Hochrathner* NZA-RR 2001, 561 ff.; *Hoffmann* FA 2001, 69 ff.; *Maschmann* NZA 2001 Sonderbeilage zu Heft 24, S. 21 ff.).

41 Für die Bestimmung der Arbeitnehmereigenschaft werden zahlreiche Einzelmerkmale verwendet, die zur Feststellung der **persönlichen Abhängigkeit** herangezogen werden, in der das wesentliche Merkmal des Arbeitsverhältnisses gesehen wird (*BAG* 13.1.1983, 27.3.1991, EzA § 611 BGB Arbeitnehmerbegriff Nr. 26, 27, 38).

A. Grundbegriffe und Grundstrukturen des Arbeitsrechts

Dagegen gibt es für die Abgrenzung z. B. von Arbeitnehmern und »freien Mitarbeitern« kein Einzelmerkmal, das aus der Vielzahl möglicher Merkmale unverzichtbar vorliegen muss (*BAG* 23.4.1980 EzA § 611 BGB Arbeitnehmerbegriff Nr. 21; vgl. dazu *Reinecke* ZIP 1998, 581 ff.; *Hopt* DB 1998, 863 ff.). 42

Die Abgrenzung insbesondere zwischen dem Arbeitnehmer einerseits und dem Selbstständigen andererseits ist aus mehreren Gründen **problematisch**. Zum einen **fehlt eine abschließende gesetzliche Regelung**. Zum anderen sind die zugrundeliegenden Sachverhalte äußerst **unterschiedlich und vielfältig** (vgl. *Reinecke* ZIP 1998, 581). Zudem hat sich das Arbeitsleben stark verändert. 43

Das typische Arbeitsverhältnis, das von einem Arbeitnehmer ausgeht, der morgens nach dem Fabriktor die Stechuhr bedient und anschließend den ganzen Tag an einer bestimmten ihm zugewiesenen Maschine steht und nach Zeit bezahlt wird, gibt es in vielen Bereichen immer weniger. Der **technische Fortschritt** eröffnet für die Unternehmen und die Mitarbeiter immer größere Freiräume. So können z. B. bestimmte Arbeiten zwischenzeitlich zu Hause oder gar an einem x-beliebigen Ort erbracht werden. Die Arbeitszeiten werden immer freier und die Einteilung der Arbeitszeit wird immer stärker in den Verantwortungsbereich der Mitarbeiter verlagert. Parallel dazu geht der Trend weg von der rein zeitbezogenen bis zur **stärker ergebnisorientierten Vergütung**. Demgegenüber sehen sich die selbstständig Tätigen mit Entwicklungen konfrontiert, die zu vielfältigen Einschränkungen ihrer Freiheiten führen. So führt z. B. die immer stärker ausgeprägte Spezialisierung zu einem immer engeren und beschränkteren Tätigkeitsfeld (vgl. *Griebeling* RdA 1998, 208). Die Abhängigkeit von anderen, z. B. bei der Erstellung eines Gesamtgewerkes, nimmt damit zu. **Neue Produktionsmethoden** oder Qualitätsanforderungen führen in vielen Bereichen zu sehr strikten Vorgaben und weitreichenden Beschränkungen (*Bauer/Baeck/Schuster* Scheinselbstständigkeit, Rz. 3). 44

aa) Materielle Kriterien
Maßgeblich ist in materieller Hinsicht darauf abzustellen, inwieweit durch **Fremdbestimmung der Arbeit** in fachlicher, zeitlicher, örtlicher und organisatorischer Hinsicht eine **persönliche Abhängigkeit** des Dienstleistenden gegeben ist. 45

(1) Kriterien im Einzelnen
In Betracht kommen insbesondere folgende Kriterien (vgl. ausf. *Bauer/Baeck/Schuster* Scheinselbstständigkeit, Rz. 9 ff.): 46
– **Fachliche Weisungsgebundenheit** (Fremdbestimmung der Arbeit), die zu einer persönlichen Abhängigkeit führt. Sie muss allerdings nicht stets gegeben sein, sodass auch z. B. ein Chefarzt Arbeitnehmer sein kann (*BAG* 27.7.1961, 24.10.1963, AP Nr. 24, 26 zu § 611 BGB Ärzte, Gehaltsansprüche; abl. dazu deshalb *Reiserer* BB 1998, 1259).
– **Örtliche und zeitliche Weisungsgebundenheit** (vgl. *BAG* 30.9.1998, 19.11.1997 EzA § 611 BGB Arbeitnehmerbegriff Nr. 74, 63; *LAG Düsseldorf* 4.9.1996 BB 1997, 891), d. h. Weisungsrecht des Auftraggebers hinsichtlich Ort und Zeit der Arbeitsleistung und Pflicht zum regelmäßigen Erscheinen am Arbeitsort;
– **Eingliederung in den Betrieb** (*BAG* 6.5.1998 EzA § 611 BGB Arbeitnehmerbegriff Nr. 66);

A. Grundbegriffe und Grundstrukturen des Arbeitsrechts

- **Angewiesensein auf fremdbestimmte Organisation**, d. h. Einbindung in eine fremdbestimmte Arbeitsorganisation und Benutzung der betrieblichen Einrichtungen (Arbeitsgeräte), Unterordnung bzw. Überordnung bezüglich anderer im Dienste des Auftraggebers stehender Personen, Pflicht zur Übernahme von Vertretungen. Das ist z. B. bei Mitarbeitern von Rundfunk und Fernsehen anzunehmen, wenn sie in ihrer Arbeit auf den Apparat der Anstalt und das Mitarbeiterteam angewiesen sind (*BAG* 15.3.1978, EzA § 611 BGB Arbeitnehmerbegriff Nr. 17). Problematisch ist die Anwendung dieses Merkmals aber dann, wenn keine arbeitsteilige Organisation geschaffen wird. Deshalb geht das *BAG* (30.11.1994 EzA § 611 BGB Arbeitnehmerbegriff Nr. 55, 19.1.2000 NZA 2000, 1102; vgl. dazu *Rüthers* RdA 2000, 364 ff.; vgl. auch *Dörr* ZTR 1994, 355 ff.) nunmehr davon aus, dass programmgestaltende Rundfunk- und Fernsehmitarbeiter nicht allein deshalb Arbeitnehmer sind, weil sie vom Apparat und Team des Senders abhängig sind.
- **Leistungserbringung nur in eigener Person** (*BGH* 21.10.1998 EzA § 5 ArbGG 1979 Nr. 30; *BAG* 19.11.1997 EzA § 611 BGB Arbeitnehmerbegriff Nr. 63); die **tatsächliche Beschäftigung Dritter** spricht regelmäßig gegen das Vorliegen der Arbeitnehmereigenschaft. Dies gilt grds. auch für die – nur vertraglich vereinbarte – Berechtigung, Dritte einzuschalten. Verzichtet dann der Vertragspartner auf den Einsatz Dritter, ist dies gerade **Ausdruck seiner unternehmerischen Entscheidung** und bestätigt seine Selbstständigkeit. Dies gilt nur dann nicht, wenn der Vertragspartner aufgrund sonstiger vertraglicher Absprachen und/oder tatsächlicher Umstände nicht in der Lage ist, Dritte tatsächlich einzuschalten (*Bauer/Baeck/Schuster* Scheinselbstständigkeit, Rz. 20). Andererseits spricht nach Auffassung des *LAG Hamm* (20.10.1999 NZA-RR 2000, 318; vgl. dazu *Kleefisch* BB 2000, 775 f.) die Befugnis, Mitarbeiter im eigenen Namen einzustellen und zu vergüten, **nicht zwingend** gegen die Arbeitnehmereigenschaft, wenn trotzdem persönliche Abhängigkeit und ein geringer Entscheidungsspielraum bestehen.
- **Verpflichtung, angebotene Aufträge anzunehmen**, bzw. Freiheit bei der Annahme von Aufträgen (*BAG* 16.6.1998 EzA § 611 BGB Arbeitnehmerbegriff Nr. 65);
- Ausübung weiterer Tätigkeiten (*BAG* 30.9.1998 EzA § 611 BGB Arbeitnehmerbegriff Nr. 74);
- **Aufnahme in einen Dienstplan**, der ohne vorherige Absprache mit dem Mitarbeiter erstellt wird (*BAG* 16.3.1994, 16.2.1994 EzA § 611 BGB Arbeitnehmerbegriff Nr. 53, 52). Ist eine Rundfunkanstalt allerdings aufgrund eines **Bestandsschutztarifvertrages** für freie Mitarbeiter gehalten, einen Mindestbeschäftigungsanspruch des freien Mitarbeiters zu erfüllen, kommt allein der Aufnahme des Mitarbeiters in Dienstpläne nicht die Bedeutung eines die Annahme der Arbeitnehmerstellung auslösenden Umstandes zu. Die Aufnahme in Dienstpläne einer Rundfunkanstalt ist zwar ein starkes Indiz für das Vorliegen der Arbeitnehmereigenschaft, ist aber auch nur als solches bei der Gesamtbetrachtung zu berücksichtigen (*BAG* 20.9.2000 EzA § 611 BGB Arbeitnehmerbegriff Nr. 84).
- **Übernahme des Unternehmerrisikos** (z. B. durch Vorhandensein eigenen Betriebskapitals, einer eigenen Betriebsstätte, eines Kundenstammes, eigener Mitarbeiter, unternehmerischer Entscheidungsbefugnisse, der Marktorientierung, Gewinnerzielung und Haftung; *BAG* 13.8. 1980 AP Nr. 37 zu § 611 BGB Abhängigkeit; krit. dazu *Romme* ZfA 1997, 251 ff.);

A. Grundbegriffe und Grundstrukturen des Arbeitsrechts

- **Art der Vergütung** (*BAG* 16.7.1997, 30.10.1991 EzA § 611 BGB Arbeitnehmerbegriff Nr. 61, 44);
- **einheitliche Behandlung von Arbeitnehmern, die mit gleichartigen Aufgaben betraut sind;**
- **Berichterstattungspflichten (Verhaltens- und Ordnungsregeln; Überwachung;** *BAG* 19.11.1997 EzA § 611 BGB Arbeitnehmerbegriff Nr. 74);
- **soziale Schutzbedürftigkeit;**
- **Fremdnützigkeit der Arbeitsleistung,** d. h. Arbeitnehmer z. B. von Rundfunk und Fernsehen können ihre Arbeitskraft nicht wie ein Unternehmer nach selbstgesetzten Zielen unter eigener Verantwortung und mit eigenem Risiko am Markt verwerten. Sie sind vielmehr darauf angewiesen, ihre Arbeitsleistung fremdnützig dem Arbeitgeber zur Verwertung in der Rundfunkanstalt nach dem Programmplan zu überlassen (*BAG* 15.3.1978, 23.4.1980 EzA § 611 BGB Arbeitnehmerbegriff Nr. 16, 17, 21).

(2) Haupt-, oder nebenberufliche Tätigkeit

Grds. unerheblich ist, ob die Arbeit haupt- oder nebenberuflich ausgeübt wird (*BAG* 30.10.1991 EzA § 611 BGB Arbeitnehmerbegriff Nr. 44). 47

Allerdings wird es bei einer **nebenberuflichen Tätigkeit oft an der persönlichen Abhängigkeit fehlen**, sodass ein Dienstvertragsverhältnis als freier Mitarbeiter gegeben ist (*BAG* 25.8.1982 EzA § 611 BGB Arbeitnehmerbegriff Nr. 25 für nebenberufliche Lehrkräfte an weiterführenden Schulen und Dozenten an Volkshochschulen; anders dagegen für Lehrer, die im Rahmen von Lehraufträgen an allgemeinbildenden Schulen beschäftigt werden (*BAG* 30.4.1975, 14.1.1982 AP Nr. 12 zu § 611 BGB Lehrer/Dozenten, AP Nr. 64, 65 zu § 620 BGB Befristeter Arbeitsvertrag; s. u. A/Rz. 49, 67, 69).

Inzwischen geht das *BAG* (13.11.1991, 24.6.1992 EzA § 611 BGB Arbeitnehmerbegriff Nr. 45, 46) etwas stärker differenzierend davon aus, dass **Lehrkräfte an allgemeinbildenden Schulen in aller Regel Arbeitnehmer** sind, auch wenn es sich um eine nebenberufliche Tätigkeit handelt. Auch Lehrer in staatlich anerkannten Ergänzungsschulen sind bei typisierender Betrachtung in aller Regel Arbeitnehmer (*LAG Niedersachsen* 18.5.2001 – 10 Sa 1092/00). 48

Dagegen können **Volkshochschuldozenten,** die außerhalb schulischer Lehrgänge unterrichten, sowie **Musikschullehrer** auch als freie Mitarbeiter beschäftigt werden. Sie sind aber dann Arbeitnehmer, wenn die Parteien dies vereinbart haben oder im Einzelfall festzustellende Umstände hinzutreten, aus denen sich ergibt, dass der für das Bestehen eines Arbeitsverhältnisses erforderliche Grad der **persönlichen Abhängigkeit** gegeben ist. 49

Solche Umstände können etwa das vom Schulträger beanspruchte Recht, die zeitliche Lage der Unterrichtsstunden einseitig zu bestimmen oder das Rechtsverhältnis umfassend durch (einseitig erlassene) »Dienstanweisung« zu regeln, sein.

Lehrkräfte, die an Volkshochschulen Kurse zur Erlangung des Haupt- und Realschulabschlusses leiten, sind jedenfalls dann Arbeitnehmer, wenn sie in den **Schulbetrieb eingegliedert werden und nicht nur stundenweise Unterricht erteilen** (*BAG* 26.7.1995 EzA § 611 BGB Arbeitnehmerbegriff Nr. 56; Gleiches hat das *LAG Baden-Württemberg* [4.7.1996 BB 1997, 683 m. Anm. *Kühn*; zur Rechtsstellung von Lehrbeauftragten insgesamt *Reinecke* ZTR 1996, 337 ff.] auch für einen Lehrbeauftragten an einer vom Land Baden-Württemberg getragenen Berufsakademie angenommen; ähnlich *LAG Düsseldorf* 13.11.1996 BB 1997, 791 für Dozenten an Weiterbildungsin- 50

A. Grundbegriffe und Grundstrukturen des Arbeitsrechts

stituten; s. u. A/Rz. 67, 69; zum arbeitsrechtlichen Status von (Honorar-)Lehrkräften *Reinecke* ZTR 2000, 525 ff.; *Rohlfing* NZA 1999, 1027 ff.). Auch eine auf Honorarbasis angestellte Lehrkraft, **die Fach- oder Förderunterricht in Schulabschlusslehrgängen** für den Hauptschulabschluss (u. a. Deutsch und Deutsch für Ausländer) unterrichtet, ist regelmäßig als Arbeitnehmerin anzusehen (*LAG Köln* 3.8.2000 ZTR 2001, 86 Ls. = ARST 2001, 41 Ls.).

51 **Andererseits** können nebenberuflich tätige Rundfunkreporter auch dann freie Mitarbeiter sein, wenn sie **viele Jahre fortlaufend eingesetzt** werden (*BAG* 22.4.1998 EzA § 611 BGB Arbeitnehmerbegriff Nr. 69).

(3) Teilzeitbeschäftigung

52 Teilzeitbeschäftigung liegt vor, wenn ein befristetes oder unbefristetes Arbeitsverhältnis sich von anderen Arbeitsverhältnissen dadurch unterscheidet, dass die vereinbarte regelmäßige Arbeitszeit wesentlich kürzer ist als die regelmäßige betriebliche, branchenübliche oder allgemein übliche Arbeitszeit.

Auch insoweit ist davon auszugehen, dass die Dauer der regelmäßigen Arbeitszeit kein Kriterium für die Entscheidung über die Einordnung als Arbeitnehmer ist. **Maßgeblich ist vielmehr die Art der Tätigkeit** (MünchArbR/*Schüren* § 161 Rz. 18 ff.).

(4) Wirtschaftliche Abhängigkeit

53 **Wirtschaftliche Abhängigkeit ist weder erforderlich noch ausreichend.** Sie hat für die Abgrenzung insbesondere zwischen Arbeitnehmer und Selbstständigem **keine Bedeutung.** Erst wenn feststeht, dass mangels persönlicher Abhängigkeit kein Arbeitsverhältnis vorliegt, ist die wirtschaftliche Abhängigkeit für die Beantwortung der Frage von Interesse, ob es sich bei dem Selbstständigen u. U. um einen arbeitnehmerähnlichen Selbstständigen handelt (*BAG* 11.4.1997 EzA § 5 ArbGG 1979 Nr. 20; *Buchner* NZA 1998, 1144; *Hromadka* NZA 1997, 569; *Bauer/Baeck/Schuster* Scheinselbstständigkeit, Rz. 27 f.).

(5) Besonderheiten bei Rundfunkanstalten?

54 Bei **programmgestaltenden Mitarbeitern** ist die Rundfunkfreiheit nicht stets schon bei der statusrechtlichen Zuordnung (Arbeitnehmerbegriff) des Mitarbeiters zu berücksichtigen. Dies kommt vielmehr nur insoweit in Betracht, als bereits mit der Einordnung des Beschäftigungsverhältnisses als Arbeitsverhältnis der **Schutz aus Art. 5 Abs. 1 S. 2 GG versperrt** wird (*BVerfG* 22.8.2000 NZA 2000, 1097).

bb) Formelle Kriterien

55 Für die Beurteilung der persönlichen Abhängigkeit des Dienstleistenden kommen auch formelle Kriterien in Betracht (vgl. *Reiserer* BB 1998, 1260; *Hopt* DB 1998, 865 f.), z. B.
– die **Modalitäten der Entgeltzahlung** (Festvergütung), insbesondere das (über einen längeren Zeitraum) erfolgte Ausweisen von Mehrwertsteuer durch den Beschäftigten;
– das Abführen von **Lohnsteuer** und Sozialversicherungsbeiträgen;
– die **Weiterbezahlung des Entgelts** bei Krankheit und Urlaub;
– die Bezeichnung durch die Vertragsparteien;
– die **Führung von Personalakten**;
– die **Anmeldung eines Gewerbes**.

A. Grundbegriffe und Grundstrukturen des Arbeitsrechts

Zu beachten ist aber, dass derartigen formellen Kriterien nur eine **Hilfsfunktion** zukommt; vorrangig und entscheidend hat die Abgrenzung nach den materiellen Kriterien zu erfolgen (*BAG* 16.7.1997 EzA § 611 BGB Arbeitnehmerbegriff Nr. 61; *Bauer/Baeck/Schuster* Scheinselbstständigkeit Rz. 13).

cc) Maßgeblichkeit der praktischen Durchführung
Unerheblich ist die Bezeichnung als »Arbeiter« oder »Angestellter«. Entscheidend für die Abgrenzung ist die praktische Durchführung des Rechtsverhältnisses (*BAG* 8.6.1967 AP § 611 BGB Abhängigkeit Nr. 6). 56

Der Status eines Beschäftigten richtet sich danach, wie die Vertragsbeziehung nach ihrem Geschäftsinhalt objektiv einzuordnen ist. Wird der Vertrag abweichend von der ausdrücklichen Vereinbarung vollzogen, so ist i. d. R. die tatsächliche Durchführung maßgebend (*BAG* 3.4.1990 EzA § 2 HAG Nr. 1; *BAG* 20.7.1994 EzA § 611 BGB Arbeitnehmerbegriff Nr. 54; **a. A.** offenbar *LAG Köln* 21.11.1997 NZA-RR 1998, 394; 18.12.2000 ARST 2001, 112 Ls.). Dies bedeutet allerdings nicht, dass der Wille der Vertragsschließenden unbeachtlich ist. **Unbeachtlich ist lediglich**, aufgrund fehlender Dispositionsmöglichkeiten über die Rechtsfolgen, **eine sog. Falschbezeichnung**. Eine solche liegt nur dann vor, wenn die Vertragsbezeichnung dem Vertragsinhalt oder der tatsächlichen Handhabung widerspricht, d. h. z. B. der Handhabung ein anderer Wille entnommen werden muss als er in der Vertragsbezeichnung seinen Niederschlag gefunden hat (*Bauer/Baeck/Schuster* Scheinselbstständigkeit, Rz. 23; s. u. A/Rz. 59 f.). 57

Es genügt auch eine Teilzeitbeschäftigung. Allerdings ist bei Teilzeitarbeit die Grenze zur selbstständigen Tätigkeit fließend (s. o. A/Rz. 47 ff.). Durch Tarifvertrag kann nicht geregelt werden, wer zu den Arbeitnehmern gehört (*BAG* 15.3.1978 EzA § 611 BGB Arbeitnehmerbegriff Nr. 17). 58

dd) Rechtsformwahl; Rechtsformwechsel

Kommt nach den objektiven Gegebenheiten sowohl ein Arbeitsverhältnis als auch ein Rechtsverhältnis als freier Mitarbeiter (freier Dienstvertrag) oder die Beschäftigung im Rahmen eines Werkvertrages in Betracht, so entscheidet der im Geschäftsinhalt zum Ausdruck gekommene Wille der Vertragsparteien darüber, ob ein Arbeitsverhältnis oder ein Dienstvertragsverhältnis als freier Mitarbeiter besteht. Nicht entscheidend ist die gewünschte Rechtsfolge oder eine Bezeichnung des Vertrages, die dem Geschäftsinhalt tatsächlich nicht entspricht (*BAG* 13.1.1983 EzA § 611 BGB Arbeitnehmerbegriff Nr. 26; zur Bedeutung von Statusvereinbarungen vgl. *Stoffels* NZA 2000, 690 ff.). Maßgeblich ist, ob das, was die Parteien **vertraglich vereinbart** haben, auch **tatsächlich** durchgeführt wurde. Bestehen zwischen Vertrag und Durchführung keine **Differenzen**, ist der aus dem Vertrag ermittelte Wille der Parteien maßgeblich. Bestehen Differenzen, ist der Wille primär anhand der **tatsächlichen Vertragsdurchführung** zu ermitteln. Ist dies **nicht möglich**, ist wieder auf den **Willen** abzustellen, der der **Vertragsurkunde** zu entnehmen ist. Dieser Grundsatz gilt allerdings nicht uneingeschränkt. So ist es z. B. nicht möglich, in den Vertrag weitgehende Pflichten und Kontrollrechte aufzunehmen und später zu argumentieren, diese seien tatsächlich nicht ausgeübt worden. Denn Kontrollrechte sind Rechte, die auch dann bestehen, 59

A. Grundbegriffe und Grundstrukturen des Arbeitsrechts

wenn sie tatsächlich längere Zeit nicht ausgeübt werden; dies genügt (vgl. *BAG* 12.9.1996 EzA § 611 BGB Arbeitnehmerbegriff Nr. 58; *Bauer/Baeck/Schuster* Scheinselbstständigkeit, Rz. 24 ff.).

60 Allerdings kann die Wahl der Vertragsform als freier Mitarbeiter einen **Missbrauch der Vertragsfreiheit** darstellen, wenn sie nicht durch einen sachlichen Grund gerechtfertigt ist, sondern nur der Umgehung des Sozialschutzes dient. Der Dienstberechtigte muss sich dann so behandeln lassen, als habe er einen Arbeitsvertrag abgeschlossen (*BAG* 14.2.1974 EzA § 611 BGB Nr. 16; abl. hinsichtlich der Begründung MünchArbR/*Richardi* § 24 Rz. 55 ff.).

61 Hat sich ein Dienstvertragsverhältnis als freier Mitarbeiter durch eine Änderung der Umstände, unter denen die Dienstleistung zu erbringen ist, in ein Arbeitsverhältnis umgewandelt, so kann sich der Dienstberechtigte nicht darauf berufen, dass er arbeitsrechtliche Beziehungen zum Dienstleistenden nicht gewollt habe (*BAG* 3.10.1975 EzA § 611 BGB Arbeitnehmerbegriff Nr. 1).

62 Etwas anderes gilt dann, wenn dem Unternehmer das Verhalten des unmittelbar Handelnden nicht, auch nicht nach den Grundsätzen der **Duldungs- und Anscheinsvollmacht** zugerechnet werden kann. Entscheidend ist, ob der Vertretene die (abweichende) Vertragsdurchführung hätte erkennen und verhindern können, und ob der Beschäftigte nach Treu und Glauben annehmen konnte, der Vertretene wisse davon und billige dies (*BAG* 20.7.1994 EzA § 611 BGB Arbeitnehmerbegriff Nr. 54).

63 Ein Arbeitnehmer wird umgekehrt nicht allein dadurch zum freien Mitarbeiter, dass der Arbeitgeber sein **Weisungsrecht längere Zeit nicht ausübt.**
Soll ein Arbeitsverhältnis in ein freies Mitarbeiterverhältnis **umgewandelt** werden, so muss das **unzweideutig vereinbart** werden; eine bloß andere Bezeichnung des Rechtsverhältnisses reicht nicht aus. Die Bedingungen, unter denen die Dienste erbracht werden, müssen so gestaltet werden, dass **eine Eingliederung in die fremde Arbeitsorganisation nicht mehr stattfindet** (*BAG* 12.9.1996 EzA § 611 BGB Arbeitnehmerbegriff Nr. 58).

ee) Entscheidung nach Einzelfallabwägung

64 Bei der notwendigen Entscheidung anhand der zahlreichen in Betracht kommenden Einzelmerkmale im konkreten Einzelfall ist zu beachten, dass es **kein Einzelmerkmal** gibt, das aus der Vielzahl möglicher Merkmale vorliegen muss (*BAG* 23.4.1980 EzA § 611 BGB Arbeitnehmerbegriff Nr. 21). Abstrakte, für alle Arbeitsverhältnisse geltende Kriterien lassen sich nicht aufstellen. Auch gibt es **keine einheitlichen**, festen **Merkmale, die in allen Fällen die gleiche Bedeutung haben**; Weisungen oder Absprachen, die in dem einen Fall noch unschädlich sind, können im nächsten die Arbeitnehmereigenschaft begründen (*Bauer/Baeck/Schuster* Scheinselbstständigkeit, Rz. 15)

65 **Entscheidend ist vielmehr die Eigenart der jeweiligen Tätigkeit** (*BAG* 15.3.1978 EzA § 611 BGB Arbeitnehmerbegriff Nr. 17). Die meisten Tätigkeiten können sowohl im Rahmen eines Arbeitsverhältnisses als auch im Rahmen eines freien Dienstverhältnisses ausgeübt werden. Umgekehrt gibt es Tätigkeiten, die regelmäßig nur im Rahmen eines Arbeitsverhältnisses ausgeübt werden können. Das Bestehen eines Arbeitsverhältnisses kann also auch aus Art oder Organisation der Tätigkeit folgen. Bei **Tätigkeiten, die sowohl im Rahmen eines Arbeitsverhält-**

nisses als auch im Rahmen eines freien Dienstverhältnisses erbracht werden können, gilt der **Grundsatz, dass bei untergeordneten, einfachen Arbeiten eher eine Eingliederung** in die fremde Arbeitsorganisation anzunehmen ist als bei gehobenen Tätigkeiten. Das entspricht auch der **Verkehrsanschauung**. Bei einfachen Tätigkeiten, insbesondere manchen mechanischen Handarbeiten, bestehen von vornherein nur geringe Gestaltungsmöglichkeiten. Daher können schon wenige organisatorische Weisungen den Beschäftigten in der Ausübung der Arbeit so festlegen, dass von einer im Wesentlichen freien Gestaltung der Tätigkeit nicht mehr die Rede sein kann. In derartigen Fällen kann die Arbeitnehmereigenschaft auch nicht dadurch ausgeschlossen werden, dass der Dienstgeber die wenigen erforderlichen Weisungen bereits in den Vertrag aufnimmt (*BAG* 16.7.1997 EzA § 611 BGB Arbeitnehmerbegriff Nr. 61).

Bei der Abgrenzung abhängiger Beschäftigung von freier Mitarbeit sind somit die das jeweilige Rechtsverhältnis prägenden charakteristischen Merkmale gegeneinander abzuwägen, wie sie sich aus dem **Inhalt des** Beschäftigungsvertrages (vgl. instruktiv *LAG Niedersachsen* 28.1.2000 NZA-RR 2000, 315) **sowie insbesondere der praktischen Durchführung und Gestaltung der Vertragsbeziehungen** ergeben (*BAG* 9.5.1984 EzA § 611 BGB Arbeitnehmerbegriff Nr. 30). **66**

Die Vielzahl und Vielschichtigkeit der Abgrenzungskriterien zeigt deutlich, dass im Einzelfall ein **erheblicher Spielraum** für das zur Entscheidung berufene Gericht besteht. Es kann zum einen bereits durch die Auswahl der Einzelkriterien bzw. das Weglassen einzelner Gesichtspunkte eine Wertung vornehmen. Daneben besteht der eigentliche Spielraum in der notwendigen Gewichtung des einzelnen Merkmals (*Reiserer* BB 1998, 1260; *Hopt* DB 1998, 866).

ff) Rechtsfolgen der Divergenz von gewählter Rechtsform und praktischer Vertragsdurchführung

(1) Arbeitsrecht
Die tariflichen Honorarsätze für freie Mitarbeiter, z. B. an öffentlich-rechtlichen Rundfunkanstalten, liegen regelmäßig erheblich höher als die entsprechenden Tarifgehälter für Angestellte. Aus der bloßen Zahlung der Honorare für freie Mitarbeit ist aber nicht zu schließen, dass diese Honorarvergütung auch für den Fall vereinbart wird, dass der Mitarbeiter eine rechtskräftige gerichtliche Feststellung erreicht, der zufolge er nicht freier Mitarbeiter, sondern Arbeitnehmer ist (*Reinecke* RdA 2001, 357 ff.). **67**

Steht dem Mitarbeiter einer öffentlich-rechtlichen Rundfunkanstalt mangels einer besonderen Vereinbarung die **übliche Vergütung (§ 612 BGB)** zu, hängt deren Höhe vielmehr davon ab, ob die Tätigkeit in freier Mitarbeit oder im Arbeitsverhältnis geleistet wird (*BAG* 21.1.1998 EzA § 612 BGB Nr. 21; ebenso *LAG Köln* 10.10.1996 LAGE § 611 BGB Nr. 7; *Reinecke* RdA 2001, 357 ff.; a. A. *LAG Berlin* 8.6.1993 NZA 1994, 512; vgl. dazu *Hochrathner* NZA 1999, 1016 ff. u. NZA 2000, 1083 ff.; *von Steinau-Steinrück* SAE 1999, 318 ff.; *Goretzki/Hohmeister* BB 1999, 635 ff.). Handelt es sich um ein Arbeitsverhältnis, können dem Arbeitnehmer für die Vergangenheit Ansprüche auf **Arbeitsentgelt, Verzugslohn, Entgeltfortzahlung** usw. zustehen, **berechnet auf der Basis der für Arbeitnehmer üblichen** **68**

A. Grundbegriffe und Grundstrukturen des Arbeitsrechts

Vergütung (*Reinecke* RdA 2001, 357 ff.; *Bauer/Baeck/Schuster* Scheinselbstständigkeit, Rz. 301 ff.).
Zu beachten ist, dass Vergütungsansprüche eines freien Mitarbeiters, der gerichtlich seine Anerkennung als Arbeitnehmer durchgesetzt hat, auch im Falle der Anwendbarkeit eines Tarifvertrages einer **tariflichen Verfallfrist** unterliegen. Das gilt auch für die Ansprüche, die für Zeiträume entstanden sind, in denen sein Status noch streitig war. Die Berufung des Arbeitgebers auf diese Frist wird auch nicht treuwidrig dadurch, dass er dem Mitarbeiter den Arbeitnehmerstatus abgesprochen hat (*LAG Köln* 13.8.1999 NZA-RR 2000, 201 Ls.).
Tarifliche Ausschlussfristen für derartige Ansprüche beginnen – für beide Arbeitsvertragsparteien – dann aber erst mit dem **Zeitpunkt**, in dem das **Bestehen eines Arbeitsverhältnisses feststeht** (*BAG* 14.3.2001 EzA § 4 TVG Ausschlussfristen Nr. 143; a. A. *Reinecke* RdA 2001, 364).
Dem **Arbeitgeber** können Ansprüche auf **Rückzahlung** der Differenz zwischen gezahlten Honoraren und der für Arbeitnehmer üblichen Vergütung zustehen (§§ 812 ff. BGB; vgl. *Bauer/Baeck/Schuster* Scheinselbstständigkeit, Rz. 308).
Derartige Rückzahlungsansprüche können aber **wegen Kenntnis** des Arbeitgebers vom Bestehen eines Arbeitsverhältnisses **ausgeschlossen sein**. Das gilt auch dann, wenn diese Kenntnis nur in der Rechtsabteilung, nicht aber in der Leistungsabteilung vorhanden ist. Die Kenntnis vom Bestehen eines Arbeitsverhältnisses kann insbesondere dann vorhanden sein, wenn bereits vergleichbare »freie Mitarbeiter« oder Subunternehmer, möglicherweise sogar desselben Unternehmens, die Arbeitnehmereigenschaft erfolgreich geltend gemacht haben. I. d. R. gibt zudem der Arbeitgeber den Vertragstext und damit auch die von ihm für richtig gehaltene oder auch nur gewünschte Rechtsform vor. In diesen Fällen ist es ihm deshalb gem. § 242 BGB verwehrt, Rückzahlungsansprüche auch für Zeiträume geltend zu machen, hinsichtlich derer sich der Arbeitnehmer nicht auf das Bestehen eines Arbeitsverhältnisses berufen hat (*Reinecke* RdA 2001, 357 ff.).
Beruft sich ein Arbeitnehmer, der neben seinem Vollzeitarbeitsverhältnis für seinen Arbeitgeber Nebentätigkeiten auf Honorarbasis als sog. freier Mitarbeiter verrichtet, auf ein Arbeitsverhältnis auch hinsichtlich der Nebentätigkeit, kann er Lohn in Höhe des Honorars auch nicht mit der Begründung verlangen, der Honorarsatz für freie Mitarbeit in Nebentätigkeit liege unter dem für »normale« freie Mitarbeiter seines Arbeitgebers, wenn im Betrieb eine Vergütungsordnung für Arbeitsverhältnisse besteht (*LAG Köln* 6.5.1999 ZTR 1999, 566).

69 Fraglich ist, wie die Entscheidung des *BAG* vom 21.1.1998 (a. a. O.) abzugrenzen ist zum Urteil vom 9.7.1986 (EzA § 242 BGB Geschäftsgrundlage Nr. 1). Denn danach richtet sich die Anpassung des Vertrages im Falle eines beiderseitigen Irrtums, d. h. wenn beide Parteien irrtümlich davon ausgegangen sind, dass ihr Rechtsverhältnis tatsächlich als freies Mitarbeiterverhältnis zu verstehen war, nach den Grundsätzen über den Wegfall der **(subjektiven) Geschäftsgrundlage** (jetzt § 313 BGB n. F.; vgl. B/Rz. 455 ff.), d. h. eine **Anpassung des Vertrages** wird i. d. R. nur für noch nicht beendete Vertragsverhältnisse und **für die Zukunft** in Betracht kommen (ebenso *ArbG Düsseldorf* 17.10.2000 NZA-RR 2001, 183: Keine Anpassung eines Franchising-Partnerschaftsvertrages für einen in der Vergangenheit liegenden Zeitraum).

70 **Im Übrigen kann sich der vermeintlich freie Dienstnehmer in vollem Umfang auf Arbeitsrechtsschutzbestimmungen berufen.** Er genießt Kündigungsschutz, eine

A. Grundbegriffe und Grundstrukturen des Arbeitsrechts

u. U. bereits ausgesprochene Kündigung kann wegen unterlassener Anhörung des Betriebsrats gem. § 102 BetrVG unwirksam sei. Der Arbeitnehmer hat Anspruch auf Entgeltfortzahlung im Krankheitsfall, bezahlten Urlaub usw. (vgl. *Reiserer* BB 1998, 1262).

(2) Sozialversicherung

Der Arbeitgeber kann **rückwirkend ab Beginn des Beschäftigungsverhältnisses** in Anspruch genommen werden für die Nachleistung von Sozialversicherungsbeiträgen, denn er ist gem. § 28 e Abs. 1 SGB IV Schuldner der Sozialversicherungsbeiträge. Dabei umfasst die Nachleistungspflicht sowohl Arbeitgeber- als auch Arbeitnehmeranteile. Ein **Regress** beim Arbeitnehmer **scheidet grds. aus** (vgl. § 28 g SGB IV; *LAG Rheinland-Pfalz* 26.8.1999 ZTR 2000, 184 Ls.; s. u. C/Rz. 673, 415; vgl. dazu *Hochrathner* NZA 1999, 1016 ff. u. NZA 2000, 1083 ff.; *Goretzki/Hohmeister* BB 1999, 635 ff.; *Bauer/Baeck/Schuster* Scheinselbstständigkeit, Rz. 309 ff.). 71

Der Nachentrichtungsanspruch verjährt nach § 25 Abs. 1 SGB IV grds. in vier Jahren, bei Vorsatz in 30 Jahren nach Ablauf des Kalenderjahres, in dem er fällig geworden ist. Da der Arbeitgeber generell verpflichtet ist, sich bei Zweifelsfällen betreffend der Sozialversicherungspflicht bei der Einzugsstelle zu erkundigen, sieht sich der Unternehmer nicht selten der Problematik ausgesetzt, dass **bedingter Vorsatz** und damit die Verlängerung der Verjährungsfrist auf 30 Jahre angenommen wird (vgl. *Reiserer* BB 1998, 1262). In diesem Zusammenhang erscheint es – abgesehen von der Frage, ob eine derartige Regelung überhaupt mit § 32 SGB I vereinbar ist – bedenklich (**a. A.** *ArbG Köln* 21.6.1996 NZA-RR 1996, 324; *Bauer/Diller* BB 1992, 2287; *Bauer/Baeck/Schuster* Scheinselbstständigkeit, Rz. 320), in einem Aufhebungsvertrag mit einem Scheinselbstständigen, wie von *Diller/Schuster* (FA 1998, 142) vorgeschlagen, folgende Klausel aufzunehmen.»... zahlt ... als Entschädigung für entgangene bzw. entgehende Einnahmen eine Abfindung in Höhe von Euro 10.000,00, fällig sofort. Sollte die Y-GmbH aufgrund des beendeten Vertragsverhältnisses rechtskräftig zur Zahlung von Sozialversicherungsbeiträgen an Sozialversicherungsträger herangezogen werden, hat Herr/Frau X in entsprechendem Umfang die Abfindung unverzüglich ... zurückzuzahlen.« 72

Schließlich muss der Arbeitgeber auf den nachentrichteten Arbeitnehmeranteil auch noch die **Lohnsteuer** entrichten. 73

Denn die Bezahlung der Arbeitnehmeranteile stellt einen geldwerten Vorteil dar, den der Arbeitgeber zugunsten des Arbeitnehmers leistet, der lohnsteuerpflichtig ist (*BFH* 21.2.1992 DB 1992, 2603). 74

(3) Steuerrecht

Zur Besteuerung des Arbeitseinkommens s. u. C/Rz. 637 ff. Der Arbeitgeber haftet für die einzubehaltende Lohnsteuer neben dem Arbeitnehmer als **Gesamtschuldner**; ihm steht im Falle der Inanspruchnahme allerdings ein **Erstattungsanspruch** gegen den Arbeitnehmer zu. Nicht selten ist dessen Durchsetzung allerdings mit erheblichen praktischen Problemen verbunden, insbesondere wenn der Arbeitnehmer seiner Zahlungsverpflichtung nicht nachkommt (vgl. *Bauer/Baeck/Schuster* Schein- 75

A. Grundbegriffe und Grundstrukturen des Arbeitsrechts

selbstständigkeit, Rz. 321 ff.; *Reiserer* BB 1998, 1263; *Goretzki/Hohmeister* BB 1999, 635 ff.).

b) Beispiele aus der Praxis

76 – Ein in der Behindertenfürsorge tätiger **Psychologe**, der innerhalb eines mit dem Träger der Sozialhilfe vereinbarten zeitlichen Rahmens von 18 Betreuungsstunden pro Woche Zeit und Ort seiner Tätigkeit frei bestimmen kann, ist kein Arbeitnehmer *(BAG 9.9.1981 AP Nr. 38 zu § 611 BGB Abhängigkeit)*.

77 – Wer in einer Jugendfreizeitstätte während deren Öffnungszeiten in zeitlich festgelegtem Umfang Veranstaltungen für **Jugendliche betreut**, ist nicht Arbeitnehmer, wenn er über Art und zeitliche Lage seiner Tätigkeit entsprechend den Wünschen der Betreuten und seinen eigenen Neigungen mitbestimmen kann *(BAG 9.5.1984 EzA § 611 BGB Arbeitnehmerbegriff Nr. 30)*.

78 – **Lizenzfußballer** des DFB sind als Arbeitnehmer einzustufen. Denn vertraglich wird eine persönliche Abhängigkeit des Spielers zu dem Verein begründet. Er ist verpflichtet, seine ganze Kraft und sportliche Leistungsfähigkeit uneingeschränkt für den Verein einzusetzen. Dabei muss er alles unternehmen, um seine Leistungsfähigkeit zu erhalten und nach Möglichkeit zu steigern (MünchArbR/*Gitter* § 202 Rz. 16 f.). Zudem wird der Lizenzspieler in § 10 des Lizenzspielerstatuts des DFB als Arbeitnehmer besonderer Art des lizensierten Vereins bezeichnet.

79 – Bei **Vertragsamateuren** (§ 15 Spielordnung DFB) besteht eine vereinsrechtliche Mitgliedschaft neben einer vertraglichen Vereinbarung über die Erbringung einer sportlichen Leistung für den Verein gegen Geldzahlung; es handelt sich folglich um eine Mischform zwischen reinem Amateur- und Berufssportler (MünchArbR/*Gitter* § 202 Rz. 25). Sie sind dann Arbeitnehmer, wenn sie aufgrund der jeweiligen Vertragsgestaltung und -abwicklung ihre Leistung für den Verein in einer für das Arbeitsverhältnis typischen Abhängigkeit erbringen, die über die bereits durch die Vereinsmitgliedschaft begründete Weisungsabhängigkeit hinausgeht.

80 – Allein die Schaffung einer Vergütungsregelung begründet aber noch nicht die Arbeitnehmereigenschaft und nimmt noch nicht ohne Hinzutreten weiterer Umstände dem ausgeübten Sport den Charakter der Freizeitbeschäftigung (vgl. *AG Neunkirchen 28.10.1999 NZA-RR 2000, 299)*.

81 – Macht ein Fußballverein bei der praktischen Handhabung keinen Unterschied zwischen Amateuren und Vertragsamateuren, so kann dies Grund für eine einheitliche Statusbeurteilung sein mit der Folge, dass allen Spielern die Arbeitnehmereigenschaft fehlt *(BAG 10.5.1990 EzA § 611 BGB Arbeitnehmerbegriff Nr. 36)*.

82 – Die für das Arbeitsverhältnis notwendige Abhängigkeit fehlt dann, wenn ein mit den Vorarbeiten für die **Herausgabe einer Buchreihe** beauftragter Mitarbeiter eines Verlages den wesentlichen Teil seiner Aufgaben in selbst bestimmter Arbeitszeit und an selbst gewähltem Arbeitsort verrichtet. Daran ändert sich auch dann nichts, wenn er aufgrund gelegentlich notwendiger Zusammenarbeit auf die Arbeitszeit der Verlagsangestellten Rücksicht nehmen muss *(BAG 27.3.1991 EzA § 611 BGB Arbeitnehmerbegriff Nr. 38)*.

83 – Die **Lehrkraft in einer Bildungseinrichtung** steht dann nicht in einem Arbeitsverhältnis, wenn der Inhalt der Dienstleistung und die Arbeitszeiten im Einzelnen vertraglich geregelt und damit dem Weisungsrecht des Arbeitgebers entzogen werden. Die Bindung an einen Rahmenlehrplan ist unerheblich. Nur methodisch-didaktische Anweisungen des Arbeitgebers zur Gestaltung des Unterrichts können zu

A. Grundbegriffe und Grundstrukturen des Arbeitsrechts

einer persönlichen Abhängigkeit führen (*BAG* 30.10.1991 EzA § 611 BGB Arbeitnehmerbegriff Nr. 44).
- Auf ein Arbeitsverhältnis deutet es hin, wenn der Arbeitgeber außerhalb der Unterrichtszeit einer **Volkshochschul-Dozentin** über ihre Arbeitskraft verfügen kann. Die Bedeutung dieser Indizes hängt vor allem auch vom zeitlichen Umfang der zusätzlichen Aufgaben ab. Je mehr die Volkshochschule den Inhalt der Arbeitsleistung bestimmen und der Dozentin weitere Aufgaben übertragen kann, desto mehr spricht für ein Arbeitsverhältnis (*BAG* 13.11.1991 EzA § 611 BGB Arbeitnehmerbegriff Nr. 45). 84
- Der notwendige Grad der persönlichen Abhängigkeit kann sich auch daraus ergeben, dass der Schulträger das Recht beansprucht, die **zeitliche Lage von Unterrichtsstunden einseitig zu bestimmen** oder das Rechtsverhältnis umfassend durch (einseitig erlassene) »Dienstanweisung« zu regeln (*BAG* 24.6.1992 EzA § 611 BGB Arbeitnehmerbegriff Nr. 46). 85
- **Lehrer an Abendgymnasien** sind regelmäßig Arbeitnehmer des Schulträgers (*BAG* 12.9.1996 EzA § 611 BGB Arbeitnehmerbegriff Nr. 60). 86
- **Dozenten in der beruflichen Bildung** sind Arbeitnehmer, wenn der Schulträger einseitig den Unterrichtsgegenstand sowie Ort und Zeit der Tätigkeit vorgibt (*BAG* 19.11.1997 EzA § 611 BGB Arbeitnehmerbegriff Nr. 62). 87
- Ein **Rundfunkgebührenermittler** des Hessischen Rundfunks ist kein Arbeitnehmer, sondern selbstständig Beliehener (*HessVGH* 17.3.1998 ZTR 1998, 422 Ls.); Rundfunkgebührenbeauftragte können jedoch je **nach Ausgestaltung der vertraglichen Beziehungen** freie Mitarbeiter, aber auch Arbeitnehmer (*BAG* 26.5.1999 EzA § 611 BGB Arbeitnehmerbegriff Nr. 75), u. U. auch arbeitnehmerähnliche Personen sein (*BAG* 30.8.2000 EzA § 2 ArbGG Nr. 51). Ein Rundfunkgebührenermittler, der im Auftrag einer Rundfunkanstalt Schwarzhörer aufspürt, ist andererseits jedenfalls dann kein Arbeitnehmer, sondern Gewerbetreibender, wenn die Höhe seiner Einnahmen weitgehend von seinem eigenen Arbeitseinsatz abhängt und er auch im Übrigen – insbesondere bei Ausfallzeiten – ein **Unternehmerrisiko** in Gestalt des Entgeltrisikos trägt; dies gilt unabhängig davon, dass er nur für einen einzigen Vertragspartner tätig ist (*BFH* 2.12.1998 NZA-RR 1999, 376). 88
- **Co-Piloten von Verkehrsflugzeugen** sind in aller Regel Arbeitnehmer. Werden Piloten von Verkehrsflugzeugen in Dienstplänen aufgeführt, die ohne vorherige Absprache mit ihnen erstellt werden, so ist dies ein starkes Indiz für ihre Arbeitnehmereigenschaft (*BAG* 16.3.1994 EzA § 611 BGB Arbeitnehmerbegriff Nr. 53). 89
- Gleiches gilt für **Rundfunk- und Fernsehmitarbeiter** (*BAG* 16.2.1994 EzA § 611 BGB Arbeitnehmerbegriff Nr. 52; vgl. dazu ausf. *Bezani* NZA 1997, 856 ff.; *Wrede* NZA 1999, 1019 ff.). 90
- **Rundfunksprecher und Übersetzer**, die aufgrund von Dienstplänen eingesetzt werden, sind i. d. R. auch dann Arbeitnehmer, wenn ihnen zugestanden wird, einzelne Einsätze abzulehnen (*BAG* 30.11.1994 EzA § 611 BGB Arbeitnehmerbegriff Nr. 55). 91
- Ein **Hörfunk-Korrespondent**, dem die regelmäßige Berichterstattung über politische, wirtschaftliche und kulturelle Themen der Landespolitik aus einem abgegrenzten Bezirk übertragen ist und von dem die Rundfunkanstalt ständige Dienstbereitschaft erwartet, ist Arbeitnehmer (*BAG* 7.5.1980 EzA § 611 BGB Arbeitnehmerbegriff Nr. 22). 92
- Ein als freier Mitarbeiter im Rahmen von Radiosendungen beschäftigter **Reporter** ist kein Arbeitnehmer, auch wenn er im Laufe der mehrjährigen Vertragsbeziehun- 93

A. Grundbegriffe und Grundstrukturen des Arbeitsrechts

gen regelmäßig am Wochenende eingesetzt wird, sofern der jeweilige Einsatz mit ihm abgesprochen ist (*LAG Köln* 30.1.1997 NZA-RR 1997, 283).

94 – Nebenberuflich tätige **Rundfunkreporter** können auch dann freie Mitarbeiter sein, wenn sie viele Jahre fortlaufend eingesetzt werden (*BAG* 22.4.1998 NZA 1998, 1275; vgl. auch *BVerwG* 22.4.1998 DB 1998, 2276).

95 – Regelmäßig eingesetzte **Sprecher und Übersetzer** von Nachrichten- und Kommentartexten im fremdsprachlichen Dienst von Rundfunkanstalten können auch dann Arbeitnehmer sein, wenn ihre wöchentliche Arbeitszeit nur vier Stunden beträgt (*BAG* 11.3.1998 EzA § 611 BGB Arbeitnehmerbegriff Nr. 64).

96 – Pauschal bezahlte **Bildberichterstatter**, die einer Zeitungsredaktion monatlich eine bestimmte Zahl von Bildern liefern, sind keine Arbeitnehmer, wenn sie in der Übernahme der Fototermine frei sind (*BAG* 29.1.1992 EzA § 5 BetrVG 1972 Nr. 52). Sie können aber dann Arbeitnehmer sein, wenn sie – u. a. durch Dienstpläne – derart in den Arbeitsablauf eingebunden sind, dass sie faktisch die Übernahme von Fototerminen nicht ablehnen können (*BAG* 16.6.1998 EzA § 611 BGB Arbeitnehmerbegriff Nr. 65).

97 – Die Tätigkeit eines **Redakteurs im engeren Sinne** ist typischerweise Arbeitnehmertätigkeit. Die regelmäßige Heranziehung eines Mitarbeiters zu Wochenenddiensten und der Umstand, dass die Absage solcher Einsätze zu nachteiligen Konsequenzen für den Mitarbeiter geführt hat, sind starke Indizien für das Bestehen eines Arbeitsverhältnisses (*LAG Köln* 13.8.1998 NZA-RR 1999, 119).

98 – **Orchestermusiker**, die ständig zu Orchesterdiensten herangezogen werden, sind Arbeitnehmer (*BAG* 7.5.1980 AP Nr. 36 zu § 611 BGB Abhängigkeit).

99 – Bei **programmgestaltenden Mitarbeitern** ist ein Arbeitsverhältnis zu bejahen, wenn der Sender innerhalb eines bestimmten zeitlichen Rahmens über die Arbeitsleistung verfügen kann. Das ist z. B. dann der Fall, wenn ständige Dienstbereitschaft erwartet wird oder wenn der Mitarbeiter in nicht unerheblichem Umfang auch ohne entsprechende Vereinbarung herangezogen wird, ihm also die Arbeiten letztlich »zugewiesen« werden (*BAG* 7.5.1980, 9.6.1993, 20.7.1994, EzA § 611 BGB Arbeitnehmerbegriff Nr. 22, 51, 54). Ein programmgestaltender Rundfunkmitarbeiter ist aber nicht bereits deshalb Arbeitnehmer, weil er zur Herstellung seines Beitrags auf **technische Einrichtungen und Personal** der Rundfunkanstalt angewiesen ist und aus diesem Grunde in Dispositions- und Raumbelegungspläne aufgenommen wird (*BAG* 19.1.2000 NZA 2000, 1102).

100 – **Kameraassistenten** sind in aller Regel Arbeitnehmer (*BAG* 22.4.1998 EzA § 611 BGB Arbeitnehmerbegriff Nr. 71).

101 – **Bühnenkünstler** werden auch im Rahmen eines Tourneetheaters i. d. R. als Arbeitnehmer tätig (LAG Berlin 29.12.1989 AP Nr. 50 zu § 611 BGB Abhängigkeit).

102 – Hauptamtliche (aktiv tätige) außerordentliche **Mitglieder von Scientology** sind Arbeitnehmer (i. S. v. § 5 Abs. 1 S. 1 ArbGG; *BAG* 22.3.1995 EzA Art. 140 GG Nr. 26).

103 – Leitende Krankenhausärzte (**Chefärzte**) sind, wenn sie auch in der Ausübung ihres ärztlichen Berufs eigenverantwortlich sind, Arbeitnehmer, wenn sie im Übrigen bei ihrer Tätigkeit im Wesentlichen vom Krankenhausträger persönlich abhängig sind (*BAG* 27.7.1961 AP Nr. 24 zu § 611 BGB Ärzte, Gehaltsansprüche). Gleiches gilt auch für nachgeordnete Ärzte (Oberärzte, Assistenzärzte; MünchArbR/*Richardi* § 204 Rz. 3).

104 – **Tankwarte** sind regelmäßig Arbeitnehmer; die Arbeitszeit kann auch in einem Dauerarbeitsverhältnis in der Weise festgelegt werden, dass sich die Arbeitnehmer

A. Grundbegriffe und Grundstrukturen des Arbeitsrechts

in vom Arbeitgeber ausgelegte Listen eintragen. (*BAG* 12.6.1996 EzA § 2 BeschFG 1985 Nr. 49).
- **Mitglieder von Produktionsgenossenschaften** des Handwerks in den neuen Bundesländern sind weder nach dem alten Recht (vor dem Einigungsvertrag) Arbeitnehmer gewesen, noch sind sie es nach dem derzeit geltenden Recht (*BAG* 13.6.1996 EzA § 611 BGB Arbeitnehmerstatus – DDR Nr. 3). 105
- Ein **Subunternehmer eines Paketdienstsystems**, der mit 18 selbst ausgewählten Arbeitnehmern und eigenen Fahrzeugen in einem ihm überlassenen Bezirk den Zustellungsdienst organisiert und durchführt, ist nicht Arbeitnehmer (*LAG Köln* 5.3.1997 BB 1997, 1212 Ls.; zu Formulararbeitsverträgen mit Verkaufsfahrern vgl. *Schiek* BB 1997, 310 ff.). 106
- I. d. R. übt der **Frachtführer** i. S. d. § 425 HGB ein selbstständiges Gewerbe aus. Das gilt auch dann, wenn er als Einzelperson ohne weitere Mitarbeiter nur für einen Spediteur tätig ist und beim Transport ein mit den Farben und dem Firmenzeichen des Spediteurs ausgestattetes eigenes Fahrzeug einsetzt. Maßgeblich ist, dass er **allein entscheidet**, ob, wann und in welchem Umfang er tätig werden will und für ausgeführte Frachtaufträge das volle vom Auftraggeber zu leistende Entgelt erhält (*BAG* 27.6.2001 EzA § 611 BGB Arbeitnehmerbegriff Nr. 85). Wird allerdings die Tätigkeit des Transporteurs stärker eingeschränkt, als es auf Grund gesetzlicher Regelungen oder wegen versicherungsrechtlicher Obliegenheiten geboten ist, so kann das Rechtsverhältnis als ein Arbeitsverhältnis anzusehen sein (*BAG* 19.11.1997 EzA § 611 BGB Arbeitnehmerbegriff Nr. 63; abl. dazu *Misera* SAE 1998, 169 ff.; vgl. auch *BGH* 21.10.1998 EzA § 5 ArbGG 1979 Nr. 30: die Möglichkeit des Einsatzes von dritten Personen als Fahrer spricht gegen die Arbeitnehmereigenschaft). Ein Frachtführer, der nur für einen Auftraggeber fährt, ist nicht Arbeitnehmer, wenn **weder Dauer noch Beginn und Ende der täglichen Arbeitszeit vorgeschrieben** sind und er die – nicht nur theoretische – Möglichkeit hat, auch Transporte für eigene Kunden auf eigene Rechnung durchzuführen. Ob er diese Möglichkeit tatsächlich nutzt, ist nicht entscheidend (*BAG* 30.9.1998 EzA § 611 BGB Arbeitnehmerbegriff Nr. 74; zust. *Hromadka* SAE 1999, 166 f.; vgl. auch *Raab* RdA 1999, 339 ff.). Diese Möglichkeit spricht aber dann nicht gegen das Vorliegen eines Arbeitsverhältnisses, wenn der Einsatz Dritter zwar tatsächlich, aber nur für Zeiten erfolgt, in denen der Frachtführer wegen einer Erkrankung oder wegen Urlaubs nicht selbst fahren konnte oder wollte (*LAG Niedersachsen* 26.1.1999 NZA 2000, 320 Ls.). 107
- **Zeitungszusteller** sind i. d. R. Arbeitnehmer (*BAG* 29.1.1992 AP Nr. 1 zu § 7 BetrVG 1972). Denn das Austragen von Zeitungen ist eine einfache Tätigkeit, die von vornherein nur geringe Gestaltungsmöglichkeiten zulässt. Die Weisungsgebundenheit ergibt sich i. d. R. daraus, dass dem Zusteller ein bestimmter Bezirk mit Kundenliste zugewiesen und ein zeitlicher Rahmen vorgegeben ist. Kann ein Zusteller demgegenüber das übernommene Arbeitsvolumen in der vorgegebenen Zeit nicht bewältigen, sodass er weitere Mitarbeiter einsetzen muss, so spricht das gegen die Annahme eines Arbeitsverhältnisses (*BAG* 16.7.1997 EzA § 611 BGB Arbeitnehmerbegriff Nr. 41). Das *ArbG Oldenburg* (7.6.1996 NZA-RR 1997, 162) hat angenommen, dass die tatsächliche Inanspruchnahme einer Zustellerin einer Sonntagszeitung zu gering ist, als dass sich hieraus eine persönliche Abhängigkeit ergeben könnte. Wegen des geringen Umfangs der Tätigkeit und des geringen finanziellen Ertrags ist danach auch eine wirtschaftliche Abhängigkeit zu verneinen, sodass sie weder Arbeitnehmerin noch eine arbeitnehmerähnliche Person ist. Glei- 108

A. Grundbegriffe und Grundstrukturen des Arbeitsrechts

ches gilt für eine **Schülerin**, die nach einer Vertragsbestandteil gewordenen Verteileranweisung eine vorgegeben Stückzahl von 1000 Werbebroschüren in einer fest bestimmten Zeit zwischen Samstags 14.00 Uhr und Sonntags 24.00 Uhr zu verteilen hat, sich dabei auch von Familienangehörigen oder Dritten vertreten lassen kann.

109 – Ein **Sargträger**, der sich sechs Jahre lang jeden Morgen auf dem Hauptfriedhof einfindet, um dort die Terminsliste für den Folgetag in Empfang zu nehmen und anschließend die ihm zugeteilte Kolonne mit einem firmeneigenen Fahrzeug in firmeneigener Kleidung zur Verrichtung der Dienste zu den Beerdigungen auf den Vorortfriedhöfen zu fahren, ist unter diesen Voraussetzungen auch dann Arbeitnehmer, wenn er auf Betreiben der Arbeitgeberin ein entsprechendes Gewerbe angemeldet hat (*LAG Düsseldorf* 9.9.1997 BB 1997, 2592).

110 – Die Arbeitnehmereigenschaft einer in einem Saunaclub tätigen **Prostituierten** hat das *Hessische LAG* (12.8.1997 NZA 1998, 221) verneint.

111 – **Familienhelferinnen** nach § 31 SGB VIII (Hilfe zur Erziehung z. B. in Form sozialpädagogischer Familienhilfe) sind regelmäßig Arbeitnehmer (*BAG* 6.5.1998 EzA § 611 BGB Arbeitnehmerbegriff Nr. 66; *LAG Köln* 22.9.2000 ZTR 2001, 86 Ls.).

112 – **Rechtsanwälte**, die in den Versorgungsämtern der Landkreise der neuen Bundesländer an Aufgaben nach dem Vermögensgesetz mitwirken, können freie Mitarbeiter sein (*BAG* 3.6.1998 NZA 1998, 1165).

113 – Beschäftigte, die Kunden ihres Dienstherren in der Bedienung von Geräten gemäß den terminlichen Wünschen und in den Räumen dieser **Kunden nach inhaltlichen Vorgaben des Dienstherrn zu unterweisen** haben, sind regelmäßig Arbeitnehmer (*BAG* 6.5.1998 EzA § 611 BGB Arbeitnehmerbegriff Nr. 73).

114 – Eine **Vertragsärztin**, die in einer Justizvollzugsanstalt zu bestimmten Zeiten auf der Basis einer Rahmenvereinbarung zwischen dem Land und der Landeszahnärztekammer Zahnbehandlungen vornimmt, ist nicht Arbeitnehmerin des Landes. Denn die in diesem Zusammenhang ausgesprochenen Anweisungen bezüglich des Ortes und der Art und Weise der Behandlung stellen keine arbeitsrechtlichen Weisungen dar, sondern beruhen auf der besonderen Situation in einer JVA (*ArbG Ludwigshafen* 7.4.1998 NZA 1999, 154 Ls.).

115 – Ob ein **Versicherungsvertreter** (Einfirmenvertreter) Arbeitnehmer oder Selbstständiger ist, bestimmt sich nach § 84 Abs. 1 S. 2 HGB. Maßgeblich sind die **Umstände des Einzelfalls**. Vertragliche Pflichten des Versicherungsvertreters, die nicht die geschuldete Tätigkeit, sondern sein sonstiges Verhalten betreffen, sind zur Abgrenzung regelmäßig nicht geeignet (*BAG* 15.12.1999 EzA § 611 BGB Arbeitnehmerbegriff Nr. 80; *LAG Köln* 7.7.1998 ARST 1999, 17; vgl. dazu *Wasser* ArbuR 2001, 168 ff.; *Bolle* NJW 2001, 422 ff.; *Hoffmann* FA 2001, 69 ff.; vgl. auch *LG Hildesheim* 23.3.1999 NZA-RR 2000, 217). Gleiches gilt für vertragliche Pflichten, die lediglich **Konkretisierungen der Vorgaben** aus § 86 HGB oder aufsichts- und wettbewerbsrechtlichen Vorschriften sind (*BAG* 15.12.1999 EzA § 611 BGB Arbeitnehmerbegriff Nr. 82; vgl. dazu *Wasser* ArbuR 2001, 168 ff.). Auch aus dem tatsächlichen Fehlen einer vom Versicherungsvertreter geschaffenen Innen- und Außenorganisation seiner Generalvertretung kann nicht auf seine Arbeitnehmereigenschaft geschlossen werden. Denn aus § 84 Abs. 4 HGB folgt, dass §§ 84 ff. HGB auch dann Anwendung finden, wenn das Unternehmen des Handelsvertreters nach Art oder Umfang einen in kaufmännischer Weise eingerichteten Geschäftsbetrieb nicht erfordert (*BAG* 15.12.1999 EzA § 611 BGB Arbeitnehmerbegriff Nr. 78; vgl. dazu *Wasser* ArbuR 2001, 168 ff.).

A. Grundbegriffe und Grundstrukturen des Arbeitsrechts

- Ein im Anstellungsvertrag vereinbartes **Wettbewerbsverbot** stellt kein Indiz für 116
  oder gegen die Selbstständigkeit eines Bausparkassenvertreters dar (*BAG*
  15.12.1999 EzA § 611 BGB Arbeitnehmerbegriff Nr. 79).
- Ein **Tankstellenpächter**, der alleiniger Gesellschafter und Geschäftsführer einer 117
  von ihm gegründeten GmbH ist, kann weder Arbeitnehmer noch arbeitnehmerähnliche Person sein, wenn er keinerlei Weisungen unterworfen ist (*ArbG Mönchengladbach* 19.1.2000 NZA-RR 2000, 412).
- Ob ein **Gesellschafter einer BGB-Gesellschaft**, der verpflichtet ist, persönliche 118
  Dienste zu erbringen (§ 706 Abs. 3 BGB), als Arbeitnehmer der Gesellschaft anzusehen ist, hängt von der Ausgestaltung der vertraglichen Abreden, insbesondere davon ab, ob der Gesellschafter persönlich abhängig ist (*OLG Köln* 5.10.2000 – 12 U 62/00 –).
- Werden in eine von deutschen Gesellschaftern gegründete, einen **baugewerb-** 119
  lichen Betrieb enthaltende Gesellschaft bürgerlichen Rechts im Zeitraum von knapp drei Jahren 54 polnische Bauhandwerker, die für die Gesellschaft bauliche Arbeitsleistungen erbringen, jeweils für maximal drei Monate »als Gesellschafter« aufgenommen, so kann es sich tatsächlich um die Begründung von Arbeitsverhältnissen zwischen der Gesellschaft und den polnischen Bauhandwerkern handeln. In diesem Fall sind die deutschen Gesellschafter zur Zahlung von Beiträgen an die Sozialkassen des Baugewerbes verpflichtet (*Hessisches LAG* 20.3.2000 – 16 Sa 519/99 –).

c) Abweichende Begründungsansätze

In Literatur (vgl. MünchArbR/*Richardi* § 24 Rz. 26, 34 m. w. N.) und Rechtspre- 120
chung (*LAG Köln* 30.6.1995 LAGE § 611 BGB Nr. 29) wird der Begriff der persönlichen Abhängigkeit z. T. als zu unbestimmt angesehen, um als maßgebliches Kriterium für die Abgrenzung der Arbeitnehmereigenschaft Verwendung zu finden. Danach bedeutet der Rückgriff auf den Grad der persönlichen Abhängigkeit letztlich nur eine Wiederholung der zu lösenden Fragestellung und damit den Verzicht auf eine allgemeine Erfassung. Auch wird auf die Herstellung eines Sinnzusammenhangs zwischen den Merkmalen des Arbeitnehmerbegriffs und der Rechtsfolge, der Anwendung des Arbeitsrechts verzichtet.

Stattdessen werden als charakteristische (z. T. als ergänzend heranzuziehend verstan- 121
dene) Kriterien für die Abgrenzung zwischen Arbeitnehmern und Selbstständigen u. a. vorgeschlagen:
- **Die freiwillige Übernahme des Unternehmerrisikos, Auftreten am Markt und Ausgewogenheit im Hinblick auf unternehmerische Chancen und Risiken** (*Wank* Arbeitnehmer und Selbstständige, 1988, S. 391 ff. u. NZA 1999, 225 ff.; zust. *LAG Köln* 30.6.1995 LAGE § 611 BGB Arbeitnehmerbegriff Nr. 19; *LAG Niedersachsen* 7.9.1990 LAGE § 611 BGB Arbeitnehmerbegriff Nr. 24; abl. *LAG Düsseldorf* 4.9.1996 BB 1997, 891; *Reinecke* ZIP 1998, 585 ff.; *Hromadka* NZA 1997, 569; *Griebeling* RdA 1998, 208; *Bauer/Baeck/Schuster* Scheinselbstständigkeit, Rz. 36; krit. *Romme* ZfA 1997, 251 ff.). Der Arbeitnehmer ist danach nicht durch Weisungsabhängigkeit gekennzeichnet, sondern in erster Linie durch die auf Dauer angelegte Arbeit nur für einen Auftraggeber in eigener Person ohne Mitarbeiter, im Wesentlichen ohne eigenes Kapital und im Wesentlichen ohne eigene Organisation

A. Grundbegriffe und Grundstrukturen des Arbeitsrechts

122 – Das **wirtschaftlich selbstständige Auftreten** als Subjekt am Wirtschaftsmarkt, gleichgültig, ob es freiwillig oder gezwungenermaßen erfolgt, und ohne dass es darauf ankommt, ob er nur die Risiken oder auch die Chancen hat. Anzustreben ist danach ein Mittelweg in Form einer differenzierter Lösung durch Aktivierung des Begriffs des Arbeitnehmerähnlichen. Abweichend von der bisherigen Diskussion um den Begriff des Arbeitnehmers soll es erforderlich sein, neue Kriterien zu entwickeln, die zu einem abgestuften Arbeitsrecht führen und damit der sozialen Wirklichkeit besser gerecht werden sollen, als ein Alles oder Nichts (*Hromadka* NZA 1997, 569 ff.; vgl. auch *ders.* DB 1998, 195 ff.; *Hümmerich* NJW 1998, 2625 ff.).

123 – **Ausgewogenheit zwischen unternehmerischen Chancen und Risiken** (*LG München* I 15.5.1997 NZA 1997, 943; ähnlich *ArbG Nürnberg* 31.7.1996 NZA 1997, 37; bestätigt durch *LAG Nürnberg* 25.2.1998 LAGE § 611 BGB Arbeitnehmerbegriff Nr. 34; aus formellen Gründen [Entscheidung ohne Gründe, § 551 Nr. 7 ZPO] aufgehoben und an eine andere Kammer des LAG zurückverwiesen, durch *BAG* 16.6.1998 BB 1998, 1954; vgl. dazu *Reiserer* BB 1998, 1955). Das *OLG Düsseldorf* (5.12.1997 NZA-RR 1998, 145) hat z. B. für einen Handelsvertretervertrag Folgendes ausgeführt: Haben die Parteien einen »Handelsvertretervertrag« abgeschlossen, so kann sich gleichwohl ergeben, dass der hierdurch zur Dienstleistung Verpflichtete nicht als selbstständiger Handelsvertreter, sondern als unselbstständiger Angestellter tätig geworden ist. Auch wenn die einzelnen Regelungen im Vertrag für sich genommen in einem Handelsvertretervertrag zulässig und mit der Rechtsstellung eines Handelsvertreters vereinbar sein mögen, kann das nicht mehr gelten, wenn zu viele Einschränkungen der handelsvertretertypischen Selbstständigkeit zusammenkommen und dem Vertragspartner gleichsam sämtliche Vorteile genommen sind, die mit der Stellung eines selbstständigen Handelsvertreters verbunden sind und ihm letztlich nur die Nachteile verbleiben, nämlich die Übernahme des wirtschaftlichen Risikos.

124 – Das *ArbG Passau* (13.3.1998 BB 1998, 1266) hat bei einem Fleischzerleger auf die **Übernahme eines unternehmerischen Teilrisikos**, die **arbeitsmäßige Unabhängigkeit** sowie darauf abgestellt, dass sich der Dienstnehmer in freier und unbeeinflusster Weise für das selbstständige Rechtsverhältnis entschieden hat und er nach seinen Angaben nicht bereit war, dieselbe Arbeit zu den Bedingungen eines Arbeitsverhältnisses mit der branchen- oder tarifüblichen Vergütung zu verrichten.

125 – Rundfunk- und Fernsehmitarbeiter sind nach Auffassung von *Bezani* (NZA 1997, 856 ff.; vgl. auch *Wrede* NZA 1999, 1019 ff.) dann keine Arbeitnehmer, wenn sie tatsächlich die **Möglichkeit** haben, **Einsätze abzulehnen**. Denn dieses Recht verschafft ihnen die für ein freies Dienstverhältnis konstitutive Freiheit, selbstbestimmt über ihre Arbeitskraft zu entscheiden. Selbst der Umstand, dass ein Mitarbeiter von dieser Befugnis über längere Zeit keinen Gebrauch gemacht hat, soll daran nichts ändern.

126 *Richardi* (MünchArbR § 24 Rz. 36–81) schließlich geht davon aus, dass **der Arbeitnehmerbegriff von Gesetz zu Gesetz verschieden** sein kann. Es ist danach jeweils zu begründen, ob und inwieweit die tatbestandlichen Voraussetzungen gegeben sind, an die das Arbeitsrecht seine Rechtsfolgen knüpft.

127 Maßgeblich ist nach seiner Auffassung ausschließlich, ob der Normzweck der arbeitsrechtlichen Gesetze auch das fragliche Vertragsverhältnis vom Inhalt seines Leistungsversprechens her erfasst. Notwendig für die Anwendung arbeitsrechtlicher Vorschriften ist deshalb eine zeitbestimmte Arbeitsleistung mit im voraus nicht abgegrenzten Einzelleistungen, aus der sich grds. eine Unterordnung unter den Empfän-

ger der Dienstleistung ergibt, sowie dass der Empfänger der Dienstleistung das Arbeitsentgeltrisiko trägt, weil im Gegensatz zum Werkvertrag vertraglich kein Erfolg zugesagt wird.

d) Der Arbeitnehmerbegriff im Steuer- und Sozialversicherungsrecht

aa) Steuerrecht

§ 2 Abs. 1 EStG kann entnommen werden, dass das Einkommensteuerrecht zwischen **selbstständiger Tätigkeit und nichtselbstständiger Tätigkeit** differenziert. Nach § 18 Abs. 1 EStG sind Einkünfte aus selbstständiger Tätigkeit insbesondere Einkünfte aus freiberuflichen und sonstigen selbstständigen Tätigkeiten. Was der Gesetzgeber als freiberufliche Tätigkeit ansieht, wird anhand von Beispielsfällen näher beschrieben. Nach § 19 Abs. 1 EStG gehören zu den Einkünften aus nichtselbstständiger Tätigkeit insbesondere Gehälter, Löhne, Gratifikationen, Tantiemen oder andere Bezüge und Vorteile, die für eine Beschäftigung im öffentlichen oder privaten Dienst gewährt werden. Neben diesen Umschreibungen enthält das **EStG keine gesetzlichen Definitionen**. **Eine Definition der Arbeitnehmereigenschaft enthält allerdings § 1 LStDV.** Danach sind Arbeitnehmer Personen, die im öffentlich oder privaten Dienst angestellt oder beschäftigt sind oder waren und die aus diesem Dienstverhältnis oder einem früheren Dienstverhältnis Arbeitslohn beziehen. Ein **Dienstverhältnis** in diesem Sinn liegt vor, wenn der Angestellte (Beschäftigte) dem Arbeitgeber **seine Arbeitskraft schuldet**. Dies ist der Fall, wenn die tätige Person in der Betätigung ihres geschäftlichen Willens unter der Leitung des Arbeitgebers steht oder im geschäftlichen Organismus des Arbeitgebers dessen Weisungen zu folgen verpflichtet ist. Kein Arbeitnehmer ist, wer Lieferungen oder sonstige Leistungen innerhalb der von ihm selbstständig ausgeübten gewerblichen oder beruflichen Tätigkeit im Inland gegen Entgelt ausführt, soweit es sich um die Entgelte für diese Leistungen und sonstige Leistungen handelt (vgl. *Bauer/Baeck/Schuster* Scheinselbstständigkeit, Rz. 49 f.).

128

Maßgebliches Kriterium für das Vorliegen eines Arbeitsverhältnisses ist deshalb auch nach der Rechtsprechung des *BFH* (18.1.1991 AP Nr. 56 zu § 611 BGB Abhängigkeit) im Hinblick auf das Lohnsteuerrecht, dass der **Angestellte (Beschäftigte) dem Arbeitgeber seine Arbeitskraft schuldet**. Das ist dann der Fall, wenn die Tätigkeit in **persönlicher Weisungsgebundenheit** und/oder unter **Eingliederung** in den betrieblichen Organismus erbracht wird. Insgesamt wird eine Würdigung nach dem **Gesamtbild der Verhältnisse** vorgenommen, indem die für bzw. gegen eine Nichtselbstständigkeit sprechenden Umstände gegeneinander abgewogen und die einzelnen Merkmale nach ihrer Bedeutung gewichtet werden. Zwar wird betont, dass die steuerrechtliche Beurteilung von der im Zivil- und Arbeitsrecht abweichen kann (*BFH* 24.7.1992 AP Nr. 63 zu § 611 BGB Abhängigkeit; 2.12.1998 BFHE 188, 201). Gleichwohl wird aber auch auf die Eigenart der jeweiligen Tätigkeit abgestellt. Die Art der Arbeit und die Anforderungen an die Weisungsbefugnis des Auftraggebers stehen danach in einem Wechselverhältnis. Bei einfachen Arbeiten legen schon organisatorische Dinge betreffende Weisungen den Auftragnehmer in der Ausübung der Arbeit fest und gliedern ihn in den Organismus des Betriebes ein (*BFH* 24.7.1992, 2.12.1998 a. a. O.; vgl. *Bauer/Baeck/Schuster* Scheinselbstständigkeit, Rz. 53).

129

A. Grundbegriffe und Grundstrukturen des Arbeitsrechts

130 Als ein eher für die Selbstständigkeit der eingesetzten Kräfte (und damit für das Vorliegen eines Werkvertrages und gegen das Vorliegen eines Arbeitsverhältnisses) sprechender Umstand kann zu berücksichtigen sein, dass die Mitarbeiter bei der Verrichtung ihrer Aufgaben möglicherweise aufeinander abgestimmte, eigenständige (in sich geschlossene, nur sie umfassende) Teile bildeten. Zu beachten ist ferner, ob und ggf. in welcher Weise die Mitarbeiter gegenüber dem Auftraggeber für eine etwaige Nicht- oder Schlechterfüllung ihrer Tätigkeit einzustehen hätten.

131 Sind die Rechtsbeziehungen zwischen dem Arbeitgeber/Auftragnehmer und seinen industriellen Auftraggebern hinsichtlich der Tätigkeit der betroffenen Personen weder als Werk-, noch als Dienstverträge zu qualifizieren, so kommt entweder **Arbeitnehmerüberlassung** (mit der Folge der Haftung des Auftragnehmers für die anfallende Lohnsteuer), oder die **Überlassung von selbstständigen** (unternehmerisch tätigen) **Mitarbeitern** in Betracht. Anhaltspunkte für das Vorliegen eines Arbeitnehmerüberlassungsvertrages sind (*BFH* a. a. O.):
- **Eingliederung** der eingesetzten Kräfte in die Betriebsorganisation des Auftraggebers ähnlich wie dessen Stammarbeitskräfte;
- Berechtigung des Auftraggebers, bestimmte Qualifikationen der eingesetzten Kräfte zu verlangen und bestimmte Mitarbeiter zurückzuweisen;
- **Weisungsgebundenheit** der eingesetzten Kräfte gegenüber dem Auftraggeber;
- Vergütung der Leistungen nach Zeiteinheiten;
- besondere Vergütung für geleistete Überstunden;
- Haftung des Auftragnehmers gegenüber dem Auftraggeber für ein etwaiges Verschulden bei der Auswahl der eingesetzten Kräfte;
- Pflicht des Auftraggebers, die vereinbarte Vergütung unabhängig von dem Ergebnis der von den eingesetzten Kräften erbrachten Leistungen zu zahlen.

132 Wenn ein Ehepartner im Unternehmen des anderen Ehepartners mitarbeitet, darf die steuerliche Anerkennung dieses Arbeitsverhältnisses nicht daran scheitern, dass das Gehalt auf ein gemeinsames Konto der Ehegatten (sog. Oder-Konto) überwiesen wird. Die entgegenstehende Auslegung von §§ 4 Abs. 4, 12 EStG verstößt gegen Art. 3 Abs. 1 GG (*BVerfG* 7.11.1995 EzA § 611 BGB Ehegattenarbeitsverhältnis Nr. 3).

bb) Sozialversicherungsrecht

aaa) Rechtslage bis zum 31.12.1998; in Kraft wiederum weitgehend ab 1.1.1999

133 Im Sozialversicherungsrecht ist der zentrale Begriff der des **Beschäftigten**. Nach § 2 Abs. 2 Nr. 1 SGB IV sind in allen Zweigen der Sozialversicherung nach Maßgabe der besonderen Vorschriften für die einzelnen Versicherungszweige die Personen, die gegen Arbeitsentgelt oder zu ihrer Berufsausbildung beschäftigt sind, versichert. Nach § 7 Abs. 1 SGB IV ist Beschäftigung die nichtselbstständige Arbeit, insbesondere in einem Arbeitsverhältnis; diese Regelung ist trotz ihrer inhaltlichen Unbestimmtheit nicht verfassungswidrig (*BVerfG* 20.5.1996 AP Nr. 82 zu § 611 BGB Abhängigkeit). Sie wurde zwischenzeitlich ergänzt: Anhaltspunkte für eine Beschäftigung sind eine Tätigkeit nach Weisung und eine Eingliederung in die Arbeitsorganisation des Weisungsgebers (vgl. *Bauer/Baeck/Schuster* Scheinselbstständigkeit, Rz. 37 ff.).

134 Maßgeblich wird auch insoweit auf die **persönliche Abhängigkeit** abgestellt. Persönliche Abhängigkeit erfordert Eingliederung in den Betrieb und Unterordnung unter das Weisungsrecht des Arbeitgebers in Bezug auf Zeit, Dauer, Ort und Art der Arbeitsausführung. Zwar kann das Weisungsrecht erheblich eingeschränkt

A. Grundbegriffe und Grundstrukturen des Arbeitsrechts

sein, wie dies insbesondere bei Diensten höherer Art der Fall ist, entfallen darf es jedoch nicht. Es muss eine fremdbestimmte Dienstleistung verbleiben, die Dienstleistung also zumindest in einer von anderer Seite vorgegebenen Ordnung des Betriebes aufgehen. Ist ein **Weisungsrecht** nicht vorhanden, kann der Betreffende seine Tätigkeit also wesentlich freier gestalten, insbesondere über die eigene Arbeitskraft, über Arbeitsort und Arbeitszeit frei verfügen; fügt er sich dagegen nur in die von ihm selbst gegebene Ordnung des Betriebes ein, liegt keine abhängige, sondern selbstständige Tätigkeit vor, die zusätzlich durch ein Unternehmerrisiko gekennzeichnet zu sein pflegt (*BSG* 21.4.1993, 23.6.1994 EzA § 611 BGB Ehegattenarbeitsverhältnis Nr. 2, AP Nr. 4 zu § 611 BGB Ehegatten-Arbeitsverhältnis). Die Entscheidung über die persönliche Abhängigkeit wird anhand eines **Kataloges verschiedener Merkmale/Indizien** getroffen; sie werden im Rahmen einer Gesamtbewertung abschließend gewichtet und gegeneinander abgewogen (*BSG* 21.4.1993 a. a. O.); unerheblich ist wirtschaftliche Abhängigkeit (*BSG* 11.8.1966 AP Nr. 5, 11 zu § 611 BGB Abhängigkeit). Entscheidend ist auch nicht die von den Vertragsparteien gewählte Bezeichnung, sondern der **tatsächliche Wille der Parteien**, für den letztendlich die tatsächliche Gestaltung des Vertragsverhältnisses maßgeblich ist (*BSG* 31.10.1972 AP Nr. 5 zu § 539 RVO). Differieren Vertragsinhalt und tatsächliche Durchführung, ist die **Vertragsdurchführung** ausschlaggebend. Nur wenn die tatsächliche Ausgestaltung der Tätigkeit in etwa gleichermaßen für eine Selbstständigkeit und für eine Abhängigkeit sprechen, ist der Wille maßgeblich, der in den vertraglichen Vereinbarungen zum Ausdruck kommt (*BSG* 24.10.1978 AP Nr. 30 zu § 611 BGB Abhängigkeit; vgl. *Bauer/Baeck/Schuster* Scheinselbstständigkeit, Rz. 45 ff.)

Nach diesen Grundsätzen beurteilt sich auch, ob die Tätigkeit im Unternehmen eines **Ehegatten oder nichtehelichen Lebenspartners** ein abhängiges Beschäftigungsverhältnis darstellt oder nicht. Der Annahme eines Beschäftigungsverhältnisses steht dabei grds. nicht entgegen, dass die Abhängigkeit unter Ehegatten – wie im Übrigen auch unter nichtehelichen Lebenspartnern – im Allgemeinen weniger stark ausgeprägt und deshalb das Weisungsrecht möglicherweise mit gewissen Einschränkungen ausgeübt wird. 135

Im Rahmen der insoweit erforderlichen Gesamtwürdigung ist die Nichtauszahlung des vereinbarten Arbeitsentgelts ein gewichtiges Indiz gegen die Annahme eines beitragspflichtigen Beschäftigungsverhältnisses unter Ehegatten (*BSG* a. a. O.). 136

Erforderlich ist ferner, dass der Beschäftigte ein **Entgelt** erhält, das einen angemessenen Gegenwert für die geleistete Arbeit darstellt, mithin über einen freien Unterhalt, ein Taschengeld oder eine Anerkennung für Gefälligkeiten hinausgeht. Weitere Abgrenzungskriterien sind, ob ein schriftlicher Arbeitsvertrag abgeschlossen worden ist, ob das gezahlte Entgelt der **Lohnsteuerpflicht** unterliegt, als Betriebsausgabe verbucht und dem Angehörigen zur freien Verfügung ausgezahlt wird, und schließlich, ob der Angehörige eine fremde Arbeitskraft ersetzt. Sind diese Voraussetzungen erfüllt, so ist es nicht erforderlich, dass der Beschäftigte wirtschaftlich auf das Entgelt angewiesen ist. 137

A. Grundbegriffe und Grundstrukturen des Arbeitsrechts

bbb) **Die Zwischenphase: Rechtslage seit dem 1.1.1999: Die gesetzliche Definition des Beschäftigtenbegriffs für das Sozialversicherungsrecht (inzwischen weitgehend rückwirkend wieder aufgehoben)**

138 War der Beschäftigtenbegriff gem. § 7 Abs. 1 SGB IV im Sozialversicherungsrecht – ebenso wie im Steuerrecht – bis zum 31.12.1998 nach den unter Rz. 133 ff. dargestellten Grundsätzen weitgehend entsprechend den Auslegungskriterien für die arbeitsrechtliche Abgrenzung zu bestimmen, so hat sich dies durch die ab 1.1.1999 durch das sog. **KorrekturG** eingefügte gesetzliche **Neuregelung des § 7 Abs. 4 SGB IV** sowie die **Neuregelung des § 2 Nr. 9 SGB VI** zunächst geändert (vgl. dazu *Buchner* DB 1999, 146 ff.; *Richardi* DB 1999, 957 ff.; *Leuchten/Zimmer* DB 1999, 381 ff.; *Kollmer* NJW 1999, 608 ff.; *Bengelsdorf* NJW 1999, 1817 ff.; *Postler* NJW 1999, 925 f.; *Berndt* NJW 2000, 464 ff.; *Brand* DB 1999, 1162; *Krebs* DB 1999, 1602; s. aber unten A/Rz. 144).

139 Denn gem. § 7 Abs. 4 SGB IV wird bei Personen, die erwerbsmäßig tätig sind und
– im Zusammenhang mit ihrer Tätigkeit mit Ausnahme von Familienangehörigen keinen versicherungspflichtigen Arbeitnehmer beschäftigen,
– regelmäßig und im Wesentlichen nur für einen Arbeitgeber tätig sind,
– für Beschäftigte typische Arbeitsleistungen erbringen, insbesondere Weisungen des Auftraggebers unterliegen und in die Arbeitsorganisation des Auftraggebers eingegliedert sind, oder
– nicht aufgrund unternehmerischer Tätigkeit am Markt auftreten,
– widerlegbar – vermutet, dass sie gegen Arbeitsentgelt beschäftigt sind, wenn zumindest zwei der genannten Merkmale vorliegen.

Diese Regelung gilt nicht für Handelsvertreter, die im Wesentlichen frei ihre Tätigkeit gestalten und ihre Arbeitszeit bestimmen können (vgl. § 84 Abs. 1 S. 2 HGB). § 7 Abs. 4 S. 3 enthält schließlich eine Legaldefinition des Begriffs der Familienangehörigen i. S. d. § 7 Abs. 4 S. 1 Nr. 1 SGB IV.

140 Gem. § 7 Abs. 4 S. 4 SGB IV gelten Auftraggeber als Arbeitgeber, wenn diese Voraussetzungen erfüllt sind, mit der Maßgabe, dass sie folglich auch verpflichtet sind, die geschuldeten Sozialversicherungsbeiträge an die Sozialversicherungsträger abzuführen.

141 Gem. § 2 Nr. 9 SGB VI sind zudem Personen, die im Zusammenhang mit ihrer selbstständigen Tätigkeit mit Ausnahme von Familienangehörigen (§ 7 Abs. 4 S. 3 SGB IV) **keinen versicherungspflichtigen Arbeitnehmer** beschäftigen, sowie **regelmäßig und im Wesentlichen nur für einen Arbeitgeber** tätig sind (arbeitnehmerähnliche Selbstständige) **rentenversicherungspflichtig.** Erfasst sind damit insbesondere auch die sog. **Einfirmenhandelsvertreter.** Sie können gem. § 231 Abs. 5 SGB VI allerdings auch dann, wenn sie am 31.12.1998 aufgrund der gesetzlichen Neuregelung versicherungspflichtig werden, auf Antrag für ihre Tätigkeit als arbeitnehmerähnlicher Selbstständiger von der Versicherungspflicht **u. U. befreit werden.**

142 Voraussetzung dafür ist, dass sie vor dem 2.1.1949 geboren sind oder vor dem 10.12.1998 mit einem öffentlichen oder privaten Versicherungsunternehmen einen Lebens- oder Rentenversicherungsvertrag abgeschlossen haben, der so ausgestaltet ist oder bis zum 30.6.1999 so ausgestaltet wird, dass

A. Grundbegriffe und Grundstrukturen des Arbeitsrechts

- Leistungen für den Fall der Invalidität und des Erlebens des 60. oder eines höheren Lebensjahres sowie im Todesfall Leistungen an Hinterbliebene erbracht werden und
- für die Versicherung mindestens ebenso viel Beiträge aufzuwenden sind, wie Beiträge zur Rentenversicherung zu zahlen wären.

Dies gilt entsprechend für eine Zusage auf eine betriebliche Altersversorgung, durch die die leistungsbezogenen und aufwandsbezogenen Voraussetzungen des § 231 Abs. 5 S. 1 Nr. 2 SGB VI erfüllt werden. Die Befreiung ist bis zum 30.6.1999 zu beantragen. Über die Befreiung mit Wirkung vom 1.1.1999 entscheidet der Träger der Rentenversicherung.

Der Gesetzgeber hat damit für das Sozialversicherungsrecht einen von den arbeitsrechtlich maßgeblichen Überprüfungskriterien insofern abweichenden legislatorischen Definitionsansatz gewählt, als für die Vermutungsregelung das Vorliegen von lediglich zwei der vier vorgegebenen Kriterien ausreicht, die ihrerseits **bereits lediglich einen Teil der arbeitsrechtlich maßgeblichen** (s. o. A/Rz. 45 ff.) **Kriterien** darstellen. Insbesondere durch die im Rahmen des Gesetzgebungsverfahrens erfolgte Ergänzung von § 7 Abs. 4 Nr. 3 SGB IV (in den Gesetzgebungsentwürfen war der Hinweis auf Weisungen des Auftraggebers und die Eingliederung in die Arbeitsorganisation des Auftraggebers nicht gegeben) ist aber wohl klargestellt, dass der Gesetzgeber **keinen eigenständigen sozialversicherungs- bzw. rentenversicherungsrechtlichen Arbeitnehmerbegriff** hat definieren wollen, sondern lediglich den Sozialversicherungsträgern bei den maßgeblichen Überprüfungen eine leichtere Handhabe hat geben wollen, um das Vorliegen von Arbeitsverhältnissen feststellen zu können. Daraus folgt, dass die **Widerlegung der Vermutung mit allen maßgeblichen Kriterien möglich** sein muss, wobei freilich unklar bleibt, welches Gewicht den in § 7 Abs. 4 SGB IV genannten Kriterien im Verhältnis zu den sonstigen arbeitsrechtlichen Kriterien zukommt, bzw. wie viele sonstige Kriterien vorliegen müssen, um die Vermutung zu widerlegen. Unverständlich ist der Ausschluss der Geltung der Neuregelung für Handelsvertreter. 143

ccc) Die geltende Fassung
Die gesetzliche Neuregelung des § 7 Abs. 4 SGB IV und des § 2 S. 1 Nr. 9 SGB VI zum 1.1.1999 (ausf. oben A/Rz. 138 ff.) hat zu einer **heftigen Diskussion** geführt (vgl. *Bauer/Diller/Lorenzen* NZA 1999, 169 ff.; *Hanau* ZIP 1999, 253; *Buchner* DB 1999, 633; *Reinecke* NZA 1999, 729; *Hohmeister* NZA 1999, 337; *Leuchten/Zimmer* DB 1999, 381; *Löwisch* BB 1999,102; *Dörner/Baeck* NZA 1999, 1136) und den Gesetzgeber schließlich veranlasst, auf der Grundlage von Empfehlungen der sog. **Dieterich-Kommission** (unter dem Vorsitz des Präsidenten des BAG a. D. Prof. *Dieterich*; die Vorschläge der Kommission sind abgedruckt in NZA 1999,1145; abl. dazu *Dörner/Baeck* NZA 1999, 36 ff.; vgl. auch *Krebs* DB 1999, 1602 ff.), die allerdings nicht vollständig umgesetzt worden sind (vgl. dazu *Bauer/Diller/Schuster* NZA 1999, 1297 ff.), **§ 7 Abs. 1 und 4 SGB IV** – weitgehend rückwirkend zum 1.1.1999 – durch das Gesetz zur Förderung der Selbstständigkeit vom 20.12.1999 (BGBl. 2000 I S. 2 ff.) **neu zu fassen** und die **§§ 7 a–c SGB IV neu einzufügen**. Die Definition des arbeitnehmerähnlichen Selbstständigen – der Begriff wird in der Neufassung nicht mehr verwendet – in **§ 2 S. 1 Nr. 9 und § 2 S. 2 SGB VI zu präzisieren** und die Befreiungsmöglichkeiten letzterer in **§§ 231 Abs. 5 SGB VI, 6 Abs. 1 a SGB VI völlig neu zu re-** 144

A. Grundbegriffe und Grundstrukturen des Arbeitsrechts

geln (vgl. dazu *Gaul/Wisskirchen* DB 1999, 2466; *Buchner* DB 1999, 2514 ff.; *Wank* RdA 1999, 297 ff.; *Oberthür/Lohr* NZA 2001, 126 ff.).

(1) Die Neufassung des § 7 Abs. 1 SGB IV

145 Gem. § 7 Abs. 1 S. 2 SGB IV sollen Anhaltspunkte für eine sozialversicherungsrechtliche Beschäftigung
– eine Tätigkeit nach Weisungen und
– eine Eingliederung in die Arbeitsorganisation sein.

146 Dabei soll es sich nicht um abschließende Bewertungskriterien handeln, sondern **klargestellt** werden, dass es für die Abgrenzung zwischen einer versicherungspflichtigen Beschäftigung und einer selbstständigen Tätigkeit nach wie vor auf die persönliche Abhängigkeit ankommt (BT-Drucks. 14/1855, S. 9, 10), die sich nach den unter A/Rz. 45 ff., 125 ff. dargestellten Kriterien bestimmt.

(2) Einschränkung des Anwendungsbereichs der Vermutungsregelung

147 Der Anwendungsbereich der Vermutungsregelung als Kern der Regelung zur Bekämpfung der Scheinselbstständigkeit hat sich **grundlegend geändert**.

148 Nach der Neuregelung des § 7 Abs. 4 SGB IV kommt die Umkehr der Beweislast und damit das Eingreifen der Vermutungsregelung anhand des Kriterienkataloges nur noch dann zum Tragen, wenn der potentielle Scheinselbstständige seinen gesetzlichen Mitwirkungspflichten nach § 206 SGB V oder nach § 196 Abs. 1 SGB VI nicht nachgekommen ist, d. h. den Sozialversicherungsträgern.

149 Auskünfte nicht, falsch, oder unvollständig erteilt hat. Der Amtsermittlungsgrundsatz gem. § 20 SGB X soll unangetastet bleiben. Damit wird der Anwendungsbereich der Regelung drastisch eingeschränkt; sie wird nur in wenigen Ausnahmefällen überhaupt zur Anwendung kommen (vgl. *Bauer/Diller/Schuster* NZA 1999, 1298; *Dörner/Baeck* NZA 1999, 1138; *Bauer/Baeck/Schuster* Scheinselbstständigkeit, Rz. 109 ff.).

(3) Der neue Kriterienkatalog für die Vermutung gem. § 7 Abs. 4 SGB IV

150 Alle bisherigen vier Kriterien (vgl. dazu A/Rz. 138 ff.) wurden **inhaltlich geändert**; ein **fünftes Kriterium** wurde **hinzugefügt** mit der Maßgabe, dass die Vermutungsregelung nunmehr dann eingreift, wenn mindestens drei der fünf **Kriterien** erfüllt sind (vgl. *Bauer/Baeck/Schuster* Scheinselbstständigkeit, Rz. 80 ff.).

151 Maßgeblich ist nunmehr, ob
– die Person im Zusammenhang mit ihrer Tätigkeit regelmäßig keinen versicherungspflichtigen Arbeitnehmer beschäftigt, dessen Arbeitsentgelt aus diesem Beschäftigungsverhältnis regelmäßig im Monat 325 Euro übersteigt;
– sie auf Dauer und im Wesentlichen nur für einen Auftraggeber tätig ist;
– ihr Auftraggeber oder ein vergleichbarer Auftraggeber entsprechende Tätigkeiten regelmäßig durch von ihm beschäftigte Arbeitnehmer verrichten lässt;
– ihre Tätigkeit typische Merkmale unternehmerischen Handelns nicht erkennen lässt;

A. Grundbegriffe und Grundstrukturen des Arbeitsrechts

– ihre Tätigkeit dem äußeren Erscheinungsbild nach der Tätigkeit entspricht, die sie für denselben Auftraggeber zuvor aufgrund eines Beschäftigungsverhältnisses ausgeübt hatte.

Diese Kriterien sind **inhaltlich in besonderem Maße unbestimmt** (vgl. ausf. *Bauer/ Diller/Schuster* NZA 1999, 1298 ff.; *Dörner/Baeck* NZA 1999, 1138 ff.). So wird z. B. das Merkmal »auf Dauer und im Wesentlichen nur für einen Auftraggeber« von den Spitzenverbänden der Sozialversicherungsträger (seit dem Rundschreiben vom 19.1.1999 NZA 1999, 365; ebenso zuletzt das Rundschreiben vom 20.12.1999 NZA 2000, 190 ff.) i. S. von 5/6 der Einkünfte interpretiert, ohne dass erkennbar wäre, woraus sich dieses Ergebnis rechtfertigen soll. Der Wortlaut der gesetzlichen Regelung lässt mit gleicher Berechtigung die Interpretation i. S. v. 3/4, 4/5 oder 7/8 zu. Gleiches gilt für die Annahme der Spitzenverbände, dass Konzernunternehmen i. S. d. § 18 AktG »einen Auftraggeber« darstellen, obwohl es sich um selbstständige juristische Personen handelt, während andererseits selbst die sog. Ein-Mann-GmbH gar nicht erst unter den Anwendungsbereich der Norm fallen soll. Zudem eignen sich die Kriterien nicht zur Problemlösung, weil weitgehend an Umstände angeknüpft wird, die in keinem erkennbaren Zusammenhang zur Abgrenzung zwischen Arbeitnehmer und Selbstständigem (s. dazu A/Rz. 45 ff.) stehen. Größeren Schaden vermag die gesetzliche Neuregelung allerdings wohl nicht anzurichten, weil sich ihr Anwendungsbereich nur auf eine marginale Anzahl von Fällen beschränkt (vgl. aber *Wank* ArbuR 2001, 291 ff. u. 327 ff.).

(4) Rückwirkung der Regelung
Mit **Ausnahme** von § 7 Abs. 4 S. 1 Nr. 1 SGB IV ist das Gesetz rückwirkend zum 153 1.1.1999 in Kraft getreten, während § 7 Abs. 4 S. 1 Nr. 1 SGB IV bis zum 31.3.2000 in der alten Fassung geblieben ist. Damit sollte Auftragnehmern die Möglichkeit eingeräumt werden, ihre mit versicherungspflichtigen Beschäftigten geschlossenen Verträge noch bis zum 31.3.2000 an die neue 630 DM Grenze anzupassen. Konsequenz davon war aber die Aufrechterhaltung der verfassungswidrigen Herausnahme der Familienangehörigen für die Zeit vom 1.1.1999 bis zum 31.3.2000 (vgl. *Bauer/Diller/ Schuster* NZA 1999, 1299).

(5) Handelsvertreter
§ 7 Abs. 4 SGB IV gilt auch nach der Neufassung – ohne dass dafür ein nachvollziehbarer Grund erkennbar wäre (zutr. *Bauer/Diller/Schuster* NZA 1999, 1300; *Bauer/ Baeck/Schuster* Scheinselbstständigkeit, Rz. 99 ff.) – nicht für Handelsvertreter.

(6) Anfrageverfahren zur Statusklärung
§ 7 a SGB IV sieht nunmehr erstmals ein »Anfrageverfahren« zur Statusklärung vor, 155 das den Beteiligten Rechtssicherheit darüber verschaffen soll, ob sie selbstständig tätig oder abhängig beschäftigt sind (vgl. dazu *Bauer/Diller/Schuster* NZA 1999, 1300 f.; *Bauer/Baeck/Schuster* Scheinselbstständigkeit, Rz. 241 ff.).

(7) Schutz vor unzumutbaren Beitragsnachzahlungen (§§ 7 b, c SGB IV)
Durch §§ 7 b, c SGB IV soll eine gewisse Erleichterung bei Beitragsrückständen ge- 156 schaffen werden (vgl. dazu *Bauer/Diller/Schuster* NZA 1999, 1301 f.; *Bauer/Baeck/ Schuster* Scheinselbstständigkeit, Rz. 270 ff.).

152

153

154

155

156

A. Grundbegriffe und Grundstrukturen des Arbeitsrechts

ddd) Arbeitnehmerähnliche Selbstständige (§ 2 S. 1 Nr. 9 SGB VI)

(1) Geänderte Kriterien

157 Die beiden Kriterien zur Bestimmung des arbeitnehmerähnlichen Selbstständigen in der Altfassung wurden entsprechend der Änderungen im Kriterienkatalog des § 7 Abs. 4 SGB IV angepasst. Durch eine Neufassung von § 2 S. 2 SGB VI wird zudem klargestellt, dass Auszubildende nicht als Arbeitnehmer i. S. d. § 2 S. 1 Nr. 9 SGB VI anzusehen sind. Eine Ergänzung des § 134 SGB VI sieht vor, dass für Selbstständige nach § 2 S. 1 Nr. 9 SGB VI ausschließlich die Bundesversicherungsanstalt für Angestellte, nicht also die Landesversicherungsanstalten zuständig sind (vgl. *Bauer/Baeck/ Schuster* Scheinselbstständigkeit, Rz. 196 ff.). Den Begriff des arbeitnehmerähnlichen Selbstständigen verwendet die Neufassung nicht mehr; da er sich aber in der rchtswissenschaftlichen Literatur verfestigt hat, wird er hier gleichwohl weiterhin verwendet (ebenso *Bauer/Baeck/Schuster* Scheinselbstständigkeit, S. 107 Fn. 261).

(2) Befreiungsmöglichkeiten (§ 6 SGB VI)

158 Insgesamt neu geregelt hat der Gesetzgeber die Befreiungsmöglichkeiten (zur alten Fassung vgl. A/Rz. 141). Nach der Altfassung gab es grds. keine Befreiungsmöglichkeit. Es galt nur die Sonderregel des § 231 Abs. 5 SGB VI für eine Übergangszeit bis zum 30.6.1999.

159 Die Neufassung des § 231 Abs. 5 SGB VI sieht nunmehr eine geänderte Befreiungsmöglichkeit für Altfälle vor; die Befreiung muss bis zum 30.6.2000 beantragt werden. Daneben wird durch § 6 Abs. 1 a SGB VI eine generelle Befreiungsmöglichkeit eingeführt, die nicht davon abhängig ist, dass die selbstständige Tätigkeit bereits am 1.1.1999 ausgeübt wurde (vgl. ausf. dazu *Bauer/Diller/Schuster* NZA 1999, 1302 ff.).

e) Rechtsmissbräuchliche Berufung auf ein Arbeitsverhältnis; Statusklagen

160 Wer zunächst ein Urteil erstreitet, durch das rechtskräftig festgestellt wird, dass er nicht freier Mitarbeiter, sondern Arbeitnehmer ist, dann aber auf eigenen Wunsch mit dem Arbeitgeber einen Vertrag abschließt, durch den das Arbeitsverhältnis aufgehoben wird, um wieder als freier Mitarbeiter tätig zu werden, handelt rechtsmissbräuchlich, wenn er **später erneut die Feststellung verlangt**, ungeachtet des Aufhebungsvertrages habe ein **Arbeitsverhältnis** bestanden (*BAG* 11.12.1996 EzA § 242 BGB Rechtsmissbrauch Nr. 1). Nimmt eine **Lehrkraft** die jahrelange Vertragspraxis eines freien Mitarbeiterverhältnisses in den Fällen, in denen die rechtliche Einordnung der Rechtsbeziehung der Parteien zweifelhaft ist, unbeanstandet hin und **profitiert sie von dieser Vertragspraxis**, weil sie in erheblichem Umfang Nebentätigkeiten ausübt, so verhält sie sich **rechtsmissbräuchlich**, wenn sie **rückwirkend** die Feststellung der Arbeitnehmereigenschaft begehrt. Diese Feststellung kann nur ab dem Zeitpunkt erfolgen, in dem die bisherige Rechtsbeziehung dem Grunde oder dem Inhalt nach von einer oder von beiden Parteien in Frage gestellt wird (*LAG Niedersachsen* 9.2.2001 – 10 Sa 1155/00 –, 18.5.2001 ZTR 2001, 371 Ls). Rechtsmissbräuchlich handelt auch der Dienstnehmer, der sich nachträglich darauf beruft, Arbeitnehmer gewesen zu sein, obwohl er als freier Mitarbeiter tätig sein wollte und sich jahrelang **allen Versuchen** des Dienstgebers **widersetzt** hat, zu ihm

A. Grundbegriffe und Grundstrukturen des Arbeitsrechts

in ein Arbeitsverhältnis zu treten (*BAG* 11.12.1996 EzA § 242 BGB Rechtsmissbrauch Nr. 2).

Gleiches gilt i. d. R., wenn ein Rundfunkmitarbeiter eine **Statusklage zurücknimmt** 161 und er sich später zur Begründung der Voraussetzungen tariflicher Unkündbarkeit darauf beruft, er sei durchgehend Arbeitnehmer gewesen (BAG 12.8.1999 EzA § 242 BGB Rechtsmissbrauch Nr. 4). Zudem kann das Recht, den Arbeitnehmerstatus geltend zu machen, **verwirkt** werden. Das ist nach Auffassung des *LAG Köln* (6.8.1999 ZTR 2000, 134) dann der Fall, wenn seit der Beendigung des als freie Mitarbeiterschaft behandelten Dauerschuldverhältnisses bis zur Erhebung der Statusklage über acht Monate vergangen sind.

Das **Feststellungsinteresse** für eine Klage, mit der das Bestehen eines Arbeitsverhält- 162 nisses in einem bereits abgeschlossenen Zeitraum festgestellt werden soll, lässt sich nicht mit der Erklärung eines Sozialversicherungsträgers begründen, er werde das Ergebnis der arbeitsgerichtlichen Entscheidung bei der Prüfung der sozialrechtlichen Versicherungspflicht übernehmen (*BAG* 21.6.2000 EzA § 256 ZPO Nr. 53).

f) Die aktuelle Diskussion um »Scheinselbstständigkeit«
Die Diskussion um die Abgrenzung von Arbeitsverhältnissen und sonstigen Rechts- 163 verhältnissen wird derzeit vom Begriff der sog. »**Scheinselbstständigkeit**« beherrscht (vgl. z. B. *Schliemann* RdA 1997, 322 ff.; *Wank* DB 1992, 90; *Hromadka* NZA 1997, 569 ff.; *Kreuder* ArbuR 1996, 386 ff.; auch in den USA wird eine ähnliche Diskussion geführt hinsichtlich der Abgrenzung zwischen Werk- und Arbeitsvertrag, vgl. *Hirte/Otte* NZA 1997, 1331; die Problematik ausländischer Scheinselbstständiger im internationalen Privatrecht erörtern *Mankowski* BB 1997, 465 ff. u. *Jacobs* NZA 1999, 23 ff.; vgl. auch *van Pejpe* RdA 1998, 200 ff. [betr. die Niederlande]).

Der Begriff ist ebenso schillernd wie unklar. Denn ein Vertragsverhältnis ist ent- 164 weder Arbeitsverhältnis oder kein Arbeitsverhältnis. Eine **rechtliche Grauzone besteht nicht**, denn allein die Schwierigkeit der Zuordnung und Abgrenzung schafft keine solche (KHzA/*Worzalla* 1.1 Rz. 59 ff., 384 ff.; vgl. auch *Rieble* ZfA 1998, 327 ff.).

So bedarf es z. B. für die Einordnung der Entscheidung des *ArbG Nürnberg* (31.7.1996 165 NZA 1997, 37), die einen Versicherungsvermittler im Außendienst betrifft, dieses Begriffes nicht, auch wenn der Veröffentlichung der Obersatz »Abgrenzung zwischen Arbeitnehmereigenschaft und Selbstständigkeit – Scheinselbstständigkeit« vorangestellt ist:
Danach ist Arbeitnehmer, wer in eigener Person ohne Mitarbeiter und im Wesentlichen ohne eigenes Kapital und ohne eigene Organisation tätig wird. Selbstständig ist dagegen, wer mit eigenem Kapitaleinsatz einen eigenen Apparat ggf. auch unter Einsatz von eigenen Mitarbeitern aufbaut und bei dem dem Risiko der nur erfolgsbezogenen Vergütung auch eine entsprechende unternehmerische Chance gegenübersteht. Allein das Risiko der erfolgsbezogenen Vergütung – ohne unternehmerische Chance – macht den Arbeitnehmer nicht zum Selbstständigen.
Denn dabei wird bei der Bejahung der Arbeitnehmereigenschaft ausgehend von den allgemeinen Kriterien lediglich der neue Gesichtspunkt der **Nutzung einer unternehmerischen Chance** (ebenso *LG München I* 15.5.1997 NZA 1997, 943; s. o. A/Rz. 121) in den Vordergrund gerückt; **ein Bezug zu einem spezifischen Phänomen der »Scheinselbstständigkeit« besteht ersichtlich nicht.**

A. Grundbegriffe und Grundstrukturen des Arbeitsrechts

166 Nach einer Studie des Instituts für Arbeitsmarkt- und Berufsforschung (Dezember 1993; z. T. abgedruckt in NZA 1997, 590 ff.) sind »2,9% der Erwerbstätigen hinsichtlich ihrer Haupterwerbstätigkeit der ›Grauzone‹ von selbstständiger und abhängiger Erwerbstätigkeit zuzuordnen; 0,6% sind als eindeutig abhängig Beschäftigte anzusehen, obgleich ihnen die Arbeitnehmerschaft in der Praxis nicht zugestanden wird«. Auch diese Formulierungen zeigen, dass es nicht um ein neu entdecktes Phänomen, sondern um die **Bestimmung des Arbeitnehmerbegriffs** geht.

g) Möglichkeiten der Vertragsgestaltung zur Minimierung von Risiken

167 Angesichts der Vielgestaltigkeit der Kriterien zur Bestimmung des Arbeitnehmerbegriffs einerseits und der Maßgeblichkeit der u. U. von der Vertragsgestaltung abweichenden, dann aber entscheidenden Vertragsdurchführung andererseits stellt sich die Frage, inwieweit typische »Fehler« in der Praxis vermieden werden können. Denn es gibt zahlreiche Tätigkeiten, die **sowohl im Rahmen eines Arbeitsverhältnisses als auch im Rahmen eines freien Dienstverhältnisses** erbracht werden können, ohne dass es sich dabei notwendig um den Missbrauch der Vertragsfreiheit handeln muss.

aa) Vertragsgestaltung

168 Für die Vertragsgestaltung haben *Reiserer* (BB 1998, 1263 f.) und *Hopt* (DB 1998, 866 ff.; vgl. auch die Formulierungsvorschläge von *Niezer/Hopfeniz* NZA 1999, 19 ff.; *Maschmann* NZA 2001 Sonderbeilage zu Heft 24, S. 21 ff.; ausf. zu gesellschaftsrechtlichen Lösungen *Bauer/Baeck/Schuster* NZA 2000, 863 ff.; *Bauer/Baeck/Schuster* Scheinselbstständigkeit, Rz. 340 ff.; *von Hoyningen-Huene* NJW 2000, 3233 ff.; *Reiserer/Biesinger* BB 1999, 1006 ff.) die maßgeblichen Gesichtspunkte – aus Unternehmersicht – zutreffend wie folgt zusammengefasst:
Zu prüfen ist zunächst, ob die zu vergebende Aufgabe überhaupt als freie Tätigkeit gewollt ist. **Kann sie sach- und unternehmensgerecht ausgeführt werden, ohne dass der Auftraggeber ein konkretes Weisungs- und Interventionsrecht hat?** Oder besteht aus Sicht des Auftraggebers eher die Notwendigkeit, auf die Tätigkeit des Auftragnehmers konkret Einfluss nehmen zu können, mit der Folge, dass ein freies Mitarbeiterverhältnis i. d. R. ausscheidet. Auch der konkret geäußerte Wunsch des Auftragnehmers, im Rahmen eines freien Mitarbeiterverhältnisses tätig werden zu wollen, kann daran nichts ändern.

169 Eignet sich die Aufgabe grds. zur freien selbstständigen Tätigkeit, sollten bei der Vertragsgestaltung – praktisch spiegelbildlich zu den Kriterien zur Bestimmung des Arbeitnehmerbegriffs (s. o. A/Rz. 45 ff.) – vor allem folgende Punkte **beachtet werden:**

170 – Es darf keine örtliche und zeitliche **Weisungsgebundenheit** festgelegt werden.
– Der Auftragnehmer darf zur Erfüllung seiner Aufgaben nicht auf die **Organisation** und insbesondere auf die **Zusammenarbeit** mit Mitarbeitern der festen Belegschaft angewiesen sein, auch nicht als Vorgesetzter.
– Der Auftragnehmer sollte die Freiheit haben, **Einzelaufträge abzulehnen**.
– Es darf keine Pflicht für den Auftragnehmer normiert sein, Urlaub anzumelden; unschädlich ist allerdings die Verpflichtung des Auftragnehmers, Fehlzeiten anzuzeigen.

A. Grundbegriffe und Grundstrukturen des Arbeitsrechts

- Die Art der **Vergütung** sollte unternehmerbezogen und möglichst ergebnisbezogen sein.
- Vorsicht gilt bei der Vereinbarung von **Kontrollmechanismen** und **Berichtspflichten**.
- Dem Auftragnehmer sollte das Recht zustehen, seinerseits **Hilfspersonen** einzusetzen.
- **Einweisungen, Schulungen** oder **Fortbildungen** sollten möglichst nicht verbindlich vorgeschrieben oder, noch besser, gegen Vergütung angeboten werden, ohne dass allerdings die Nichtannahme des Angebots zur Vertragsauflösung führen darf Eine nachhaltige Überprüfung dieser Kriterien war zwischenzeitlich insbesondere auch im Hinblick auf die erste gesetzliche Neuregelung der § 7 Abs. 4 SGB IV, §§ 2 Nr. 9, 231 Abs. 5 SGB VI geboten.

Sollte eine mögliche Sozialversicherungspflicht vermieden werden, musste insbesondere überprüft werden, inwieweit eine Mitarbeit nur von solchen Personen in Betracht zu ziehen ist, 171
- die andere versicherungspflichtige Arbeitnehmer beschäftigen,
- die nicht regelmäßig und im Wesentlichen nur für einen Auftraggeber tätig sind, desweiteren auch
- nicht Weisungen des Arbeitgebers unterliegen und in die Arbeitsorganisation des Auftraggebers eingegliedert sind bzw.
- nicht aufgrund unternehmerischer Tätigkeit am Markt auftreten.

Da bereits beim Vorliegen von zweien dieser Kriterien eine Vermutung für das Vorliegen einer sozialversicherungspflichtigen Tätigkeit in einem Beschäftigungsverhältnis bestand, war eine in hohem Maße **sorgfältige Überprüfung dieser Kriterien** erforderlich. 172

Gleiches galt zur Vermeidung einer Rentenversicherungspflicht (§ 2 Nr. 9 SGB VI) für die Mitarbeit von solchen Personen,

- die mit Ausnahme von Familienangehörigen keinen versicherungspflichtigen Arbeitnehmer beschäftigen sowie
- regelmäßig und im Wesentlichen nur für einen Auftraggeber tätig sind (arbeitnehmerähnliche Selbstständige).

Für die Vertragsgestaltung ist nunmehr demgegenüber nach wie vor **in erster Linie** auf die unter A/Rz. 45 ff., 138 ff. genannten Kriterien abzustellen. Denn durch die Neuregelung des § 7 Abs. 1, 4 SGB IV ist klargestellt, dass für die Abgrenzung in erster Linie die von der Rechtsprechung der obersten Bundesgerichte entwickelten Kriterien auch für die Bestimmung des Beschäftigungsverhältnisses maßgeblich sind. Zudem gilt § 7 Abs. 4 SGB IV überhaupt nur noch in **ganz seltenen Fällen**. Da andererseits aber nie generell ausgeschlossen werden kann, ob ein Vertragspartner nicht irgendwann einmal nach Vertragsabschluss ein Interesse daran haben kann, in einem sozialversicherungspflichtigen Beschäftigungsverhältnis zu stehen – was er mit einer Auskunftsverweigerung forcieren und damit die Anwendbarkeit der Vermutungsregelung herbeiführen könnte – sollte, falls möglich, wie in A/Rz. 170 beschrieben verfahren werden, wenn die Sozialversicherungspflicht unbedingt vermieden werden soll. Dabei sind die dort genannten Kriterien 173

A. Grundbegriffe und Grundstrukturen des Arbeitsrechts

durch die fünf Kriterien der Neufassung zu ersetzen. Gleiches gilt, wenn die Rentenversicherungspflicht vermieden werden soll, für die in A/Rz. 171 beschriebene Vorgehensweise, insbesondere dann, wenn keine Befreiungsmöglichkeit nach der gesetzlichen Neuregelung in Betracht kommt.

bb) Kongruenz zur praktischen Durchführung

174 Darüber hinaus ist für die Dauer der Vertragsdurchführung strikt darauf zu achten, dass die praktische Durchführung auch der vertraglichen Regelung entspricht, ggf. durch Einrichtung einer sog. **controlling-Funktion**, die die notwendige Kongruenz sicherstellt und auch dokumentiert (vgl. *Hopt* DB 1998, 868 f.).

cc) Auskunft der Sozialversicherungsträger

175 Gem. **§ 15 SGB I** sind die Sozialversicherungsträger verpflichtet, auf Anfrage unter Vorlage des Vertrages eine verbindliche Auskunft über die Versicherungspflicht zu erteilen, an die sie zu einem späteren Zeitpunkt auch gebunden sind. Da die Krankenkasse die Einzugsstelle für die Versicherungsbeiträge aller Versicherungszweige ist, ist sie zuständig (§ 28 h Abs. 2 SGB IV). Nicht an eine derartige Auskunft gebunden ist allerdings die **Bundesanstalt für Arbeit** (*BSG* 6.2.1992 BB 1992, 2437).

176 Um die Nachforderung von Beiträgen zur Arbeitslosenversicherung zu vermeiden, sollte die Anfrage deshalb bei **allen Versicherungsträgern**, insbesondere auch beim zuständigen Arbeitsamt sowie u. U. bei der zuständigen Berufsgenossenschaft veranlasst werden, Bei Meinungsverschiedenheiten zwischen den Sozialversicherungsträgern soll die Krankenkasse als Einzugsstelle auf eine Einigung hinwirken (vgl. *Reiserer* BB 1998, 1264).

2. Arbeiter und Angestellte

a) Begriffe; Abgrenzungskriterien

177 Alle Arbeitnehmer sind entweder Arbeiter oder Angestellte. Angestellte haben auf Grund typischer Vertragsgestaltungen und zwingenden Gesetzesrechts eine Sonderstellung genossen, die zur Gruppenabgrenzung von den Arbeitern geführt hat. Deshalb ist ein Arbeitnehmer, der nicht Angestellter ist, Arbeiter.

aa) Gesetzliche Regelungsansätze

178 **§ 133 Abs. 2 SGB VI** enthält (wie zuvor §§ 2, 3 AVG) eine beispielhafte Aufzählung von 8 Berufsgruppen, die »insbesondere zu den Angestellten gehören«: Angestellte in leitender Stellung, technische Büroangestellte, soweit nicht ausschließlich mit Botengängen, Reinigung und ähnlichen Arbeiten beschäftigt, Handlungsgehilfen und andere Angestellte für kaufmännische Dienste, Bühnenmitglieder und Musiker, Angestellte in Berufen der Erziehung, des Unterrichts, der Fürsorge usw., Schiffsführer und andere Mitglieder der Schiffsbesatzung sowie Bordpersonal der Zivilluftfahrt. Die in § 133 Abs. 2 SGB VI enthaltene, mit den aufgehobenen §§ 2, 3 AVG wortgleiche Regelung wird, weil im Gegensatz zu §§ 2, 3 AVG ausdrücklich nicht aufgehoben, weiterhin ergänzt durch die Bestimmung der Berufsgruppen der Angestellten durch Rechtsverordnung vom 8.3.1924 (RGBl. I S. 274), durch die der Reichsarbeitsminis-

ter gem. § 3 Abs. 3 AVG die der Angestelltenversicherung unterfallenden Berufsgruppen näher bezeichnet hat.
Diese Aufzählungen haben aber über das SGB VI hinaus nur dann für die Unterscheidung zwischen Arbeitern und Angestellten bindende Wirkung, wenn auf sie in anderen Gesetzen, z. B. dem inzwischen gleichfalls aufgehobenen § 616 Abs. 2 BGB oder in Tarifverträgen bindend verwiesen wird. 179

bb) Allgemeine materielle Abgrenzungskriterien

Im Übrigen ist für die Abgrenzung zwischen Arbeitern und Angestellten die vom Arbeitnehmer ausgeübte Tätigkeit entscheidend (materielle Unterscheidung). Unerheblich sind demgegenüber die Vorstellungen der Parteien, die im Arbeitsvertrag gewählte Bezeichnung, die Versicherung bei der DAK oder der AOK bzw. der BfA oder der jeweiligen LVA (vgl. *BAG* 29.11.1958 § 59 HGB Nr. 12).Nach der Rechtsprechung des *BAG* (U. v. 3.4.1986, 2 AZR 269/85, n. v.) bestimmt sich die Zuordnung eines Arbeitnehmers zu der Gruppe der Angestellten oder der Arbeiter in erster Linie danach, wie seine Tätigkeit nach der Verkehrsanschauung, d. h. nach der Auffassung der im konkreten Fall beteiligten Berufskreise, bewertet wird. Ein entscheidendes Anzeichen für eine bestehende Verkehrsanschauung ist die Bewertung der Tätigkeit in einschlägigen Tarifverträgen als Arbeiter- oder Angestelltentätigkeit (vgl. ausf. *Hromadka* ZfA 1994, 251 ff.). 180

Das gilt jedenfalls dann, wenn mehrere einschlägige Regelungen für einen bestimmten Wirtschaftsbereich in einem bestimmten Wirtschaftsgebiet im Ergebnis ihrer Regelungen eine widerspruchslose Einheit bilden. Dabei ist es unerheblich, ob die Tarifvertragspartner den wesentlichen Teil der in dem betreffenden Wirtschaftsbereich und Wirtschaftsgebiet tätigen Arbeitnehmer und Arbeitgeber bei sich organisiert haben oder nicht. 181

Für die Verkaufstätigkeit z. B. hat das BAG in der zitierten Entscheidung aus den Gehalts- und Lohntarifverträgen des Einzelhandels in Niedersachsen entnommen, dass »Verkaufspersonal« mit einschlägiger Berufsbildung von den Tarifvertragsparteien ohne Rücksicht auf den Schwierigkeitsgrad der konkret ausgeübten Tätigkeit und der verkauften Warenart als Angestellte anzusehen ist, mit Ausnahme derjenigen Arbeitnehmer, die nur mit dem Verkauf von Esswaren und Getränken zum sofortigen Verzehr betraut sind. 182

Besteht in den in Betracht kommenden Kreisen dagegen keine feste Auffassung, so ist nach den allgemeinen Regeln grds. Angestellter, wer kaufmännische oder büromäßige Arbeit leistet oder überwiegend leitende, beaufsichtigende oder eine dem vergleichbare Tätigkeit ausübt (*Schaub* Arbeitsrechtshandbuch § 13 II m. w. N.). 183

Versagen diese Maßstäbe, so bleibt für die Annahme einer Angestelltentätigkeit entscheidend, ob nach dem Gesamtbild der verrichteten Tätigkeit die geistige Leistung im Vordergrund steht, wobei es allein auf die Art der Beschäftigung und die an die geistigen Fähigkeiten des Arbeitnehmers zu stellenden Anforderungen ankommt. 184

A. Grundbegriffe und Grundstrukturen des Arbeitsrechts

b) Beispiele

185 Angestellte sind z. B. Krankenschwestern, Kassierer in Selbstbedienungsläden, Telefonisten, Mannequins, Texterfasserinnen, Schulhausmeister mit überwiegend überwachender und beaufsichtigender Tätigkeit, Chemielaboranten mit selbstständiger Analyseerstellung, Küchenchefs eines größeren Küchenbetriebes, Arzthelferinnen.

186 Arbeiter sind dagegen Fahrer im Getränkeheimdienst mit nur geringfügiger Werbetätigkeit, Hilfskräfte in der Annahmestelle einer chemischen Reinigung, Strom-, Gas- und Wasserableser, Werkschutzangehörige, Werksfeuerwehrmänner, Portiers (vgl. ausf. MünchArbR/*Richardi* § 25 Rz. 22, 23 m. w. N. aus der Rechtsprechung).

c) »Übernahme in ein Angestelltenverhältnis«

187 Die Arbeitsvertragsparteien haben es nicht in der Hand, über die Inhalte der Begriffe Arbeiter, Angestellter zu disponieren. Ein Arbeitnehmer, der nach seiner Tätigkeit als Arbeiter einzuordnen ist, wird deshalb durch die »Übernahme in ein Angestelltenverhältnis« bei gleichbleibender Beschäftigung nicht zum Angestellten im Rechtssinne (vgl. BAG 1.9.1982 AP Nr. 1 zu § 23 BAT I Hausmeister VergGr. VIII).

188 Diese arbeitsvertragliche oder kollektivrechtliche Vereinbarung räumt einem Arbeiter aber im Bereich des Arbeitsvertragsrechts, nicht dagegen im Betriebsverfassungsrecht sowie im Recht der Sozialversicherung, wirksam die Rechtsstellung eines Angestellten ein, soweit sie für ihn günstiger ist, z. B. bei längeren tariflichen Kündigungsfristen für Angestellte)

d) Praktische Bedeutung der Unterscheidung zwischen Arbeitern und Angestellten

189 Der Angestellte erhält ein monatlich ausgezahltes Gehalt, der Arbeiter dagegen einen Stundenlohn. Zunehmend wird allerdings durch Tarifverträge, z. B. den Bundesentgelttarifvertrag für die chemische Industrie (abgedruckt in NZA 1987, 768) die grundsätzliche Trennung zwischen Arbeitern und Angestellten insoweit aufgehoben.

190 Soweit im Einzelfall eine unterschiedliche rechtliche Ausgestaltung für Arbeiter und Angestellte vorliegt, ist stets zu prüfen, ob die jeweilige Ungleichbehandlung (regelmäßig zuungunsten der Arbeiter) verfassungsrechtlich im Hinblick auf Art. 3 Abs. 1 GG überhaupt zulässig ist. Normative Unterschiede insbesondere im Rahmen des Lohnfortzahlungsrechts (§ 1 Abs. 3 Nr. 1, 2, § 7 LFZG im Unterschied zu § 63 HGB, § 133 c GewO, § 616 Abs. 2 BGB) sowie bei den Kündigungsfristen (§ 622 Abs. 2 BGB) hat der Gesetzgeber inzwischen durch das EFZG sowie § 622 BGB n. F. beseitigt und nunmehr Regelungen getroffen, die einheitlich in allen Bundesländern gelten.

191 Denn nachdem die Ungleichbehandlung der Arbeiter insoweit als verfassungswidrig angesehen worden war (*BVerfG* 30.5.1990 EzA § 622 BGB Nr. 27 [§ 622 Abs. 2 BGB a. F.]; *BAG* 5.8.1987 EzA § 1 LFZG Nr. 87 [§ 1 Abs. 3 Nr. 2 LFZG]; *ArbG Bremen* 10.7.1990 NZA 1991, 232 [§ 1 Abs. 3 Nr. 1 LFZG]) konnten diese Normen in den neuen Bundesländern durch den Einigungsvertrag nicht zur Anwendung kommen; es bedurfte vielmehr einer verfassungsrechtlich unbedenklichen gesetzlichen Neuregelung.

A. Grundbegriffe und Grundstrukturen des Arbeitsrechts

Nach wie vor bestehen allerdings in zahlreichen Tarifverträgen unterschiedliche Kündigungsfristen für Arbeiter und Angestellte, auf die sich die Entscheidung des *BVerfG* (30.5.1990 EzA § 622 BGB Nr. 27) nicht erstreckt. Insoweit ist folglich in jedem Einzelfall zu überprüfen, ob die Unterscheidung mit Art. 3 Abs. 1 GG vereinbar ist (s. u. D/Rz. 176 ff.). 192

Beispiele aus der Praxis:
- Unvereinbar mit Art. 3 Abs. 1 GG war das **Nachtarbeitsverbot** für Arbeiterinnen 193 (§ 19 AZO; *BVerfG* 28.1.1992 EzA Art. 3 GG Nr. 29).
- §§ 74 ff. HGB gelten zwar unmittelbar nur für Handlungsgehilfen, sind aber analog auch für Arbeiter und technische Angestellte anwendbar (*BAG* 16.5.1969 AP Nr. 23 zu § 133 f GewO).
- Die Tarifvertragsparteien schließen **Tarifverträge** meist (noch) mit nach Arbeitern und Angestellten getrenntem Geltungsbereich ab.
- Betriebsverfassungsrechtlich werden bei der Wahl des und der Vertretung im Betriebsrat nach wie vor Arbeiter und Angestellte als **getrennte Gruppen** behandelt (§§ 10, 12, 14 Abs. 2, 26 ff. BetrVG).
- Die Rentenversicherung wird von **verschiedenen Rentenversicherungsträgern** durchgeführt (vgl. §§ 125 ff. SGB VI).

e) Dienstordnungsangestellte

Dienstordnungsangestellte waren/sind Angestellte bei den Trägern der gesetzlichen 194 Sozialversicherung, die kraft gesetzlicher Ermächtigung Dienstordnungen erlassen dürfen, durch die die Arbeitsverhältnisse der Dienstordnungs-Angestellten gestaltet werden.

Sie stehen in einem **privatrechtlichen Arbeitsverhältnis zu dem jeweiligen Sozial-** 195 **versicherungsträger**, sodass für Streitigkeiten der Rechtsweg zu den Arbeitsgerichten gegeben ist. Durch Unterstellung des Arbeitsverhältnisses unter die Dienstordnung, bei der es sich um aufgrund der gesetzlichen Ermächtigung in der RVO erlassenes, autonomes Satzungsrecht handelt, wird die **Rechtsstellung** der DO-Angestellten **weitgehend derjenigen der Beamten angepasst** (MünchArbR/*Freitag* § 190 Rz. 27 f.). Seit dem 1.1.1993 dürfen die Krankenkassen keine neuen Dienstordnungsverträge mehr schließen (§ 358 RVO). Bei den Berufsgenossenschaften ist diese Möglichkeit dagegen erhalten geblieben (§ 144 SGB VII). Allerdings sind im Recht der DO-Angestellten die außerordentliche **Kündigung aus wichtigem Grund** und die disziplinarische **fristlose Dienstentlassung** zwei voneinander zu trennende Rechtsinstitute, die nicht in einem Subsidiaritätsverhältnis stehen (*BAG* 25.2.1998 NZA 1998, 1182).

3. Leitende Angestellte

Für den Begriff des leitenden Angestellten gibt es keine allgemeingültige Definition. 196

a) Notwendigkeit einer Abgrenzung

Die Abgrenzung in den Gesetzen ist verschieden. Teilweise wird der Begriff nicht einmal genannt, um den Personenkreis festzulegen (§ 22 Abs. 2 Nr. 2 ArbGG); teilweise 197

A. Grundbegriffe und Grundstrukturen des Arbeitsrechts

wird er ergänzend (§ 14 Abs. 2 KSchG) oder als Oberbegriff herangezogen, um den Personenkreis zu bestimmen (§ 16 Abs. 4 Nr. 4 SGG).

198 Leitende Angestellte sind zwar Arbeitnehmer, für sie ist allerdings z. B. die Anwendbarkeit des BetrVG (§ 5 Abs. 3 BetrVG; diese Norm hat für die Abgrenzung der leitenden Angestellten erhebliche praktische Bedeutung) und des ArbZG (§ 18 Abs. 1 Nr. 1 ArbZG) ausgeschlossen. Dahinter steht die Überlegung, dass leitende Angestellte wegen ihrer Stellung im Unternehmen sozial weniger schutzwürdig sind als die sonstigen Arbeitnehmer.

199 Weil aber bereits unter dem Gesichtspunkt der Gleichbehandlung der Sozialschutz nicht generell versagt bleiben kann, nur weil jemand als Führungskraft tätig ist, gilt z. B. das KSchG auch für leitende Angestellte.

200 Allerdings gilt gem. § 14 Abs. 2 KSchG bei der Kündigung eines leitenden Angestellten § 3 KSchG nicht; ein Auflösungsantrag des Arbeitgebers muss zudem entgegen § 9 Abs. 1 S. 2 KSchG nicht begründet werden (vgl. KR-*Rost* § 14 KSchG Rz. 5, 25).

b) Begriffsbestimmung

201 Für die Abgrenzung der leitenden Angestellten von der betriebsverfassungsrechtlich verfassten Belegschaft kommt es maßgeblich auf die Bedeutung der dem Angestellten obliegenden unternehmerischen Aufgaben und auf seine Gestaltungsfreiheit für deren Wahrnehmung an (vgl. § 5 Abs. 3 BetrVG).

202 Zwischen dem Begriff des leitenden Angestellten in § 14 Abs. 2 KSchG und § 5 Abs. 3 BetrVG besteht wegen der unterschiedlichen Normzwecke und des eindeutigen Wortlauts der Vorschriften keine Identität; andererseits können aber für § 14 Abs. 2 KSchG die zu § 5 Abs. 3 Nr. 3, Abs. 4 BetrVG entwickelten Grundsätze mit der Maßgabe herangezogen werden, dass der leitende Angestellte in der unternehmerischen Hierarchie vergleichbar hoch wie ein Betriebsleiter angesiedelt ist (*LAG Berlin* 18.8.1986 DB 1987, 179; KDZ/*Kittner* § 14 Rz. 16 ff.; KR-*Rost* § 14 KSchG Rz. 26 ff.).

c) Sonderfall: Die Grundsätze zur Abgrenzung in der chemischen Industrie

203 In der chemischen Industrie haben der Bundesarbeitgeberverband Chemie, die IG Chemie, der Verband der angestellten Akademiker und leitenden Angestellten in der chemischen Industrie sowie die DAG gemeinsame »Grundsätze zur Abgrenzung der leitenden Angestellten in der chemischen Industrie« festgeschrieben (NZA 1989, 499). Ziel ist es, durch die in der gesetzlichen Neuregelung von § 5 Abs. 3, 4 BetrVG enthaltenen Auslegungsregeln mögliche Meinungsverschiedenheiten zu vermeiden. Derartige Rahmenregelungen können aber nicht vorgreiflich strittige Statusfälle regeln, weil §§ 18 a, 5 Abs. 3, 4 BetrVG zwingende Vorschriften sind (GK-BetrVG/*Kreutz* § 18 a Rz. 10).

4. Handelsvertreter

204 Handelsvertreter sind gem. § 84 Abs. 1 HGB grds. keine Arbeitnehmer, sondern Selbstständige. Arbeitnehmer sind sie aber dann (§ 84 Abs. 2 HGB), wenn sie un-

selbstständig sind, d. h. wenn sie nicht im Wesentlichen ihre Tätigkeit frei gestalten und ihre Arbeitszeit bestimmen können (vgl. *Eckert* NZA 1990, 384).

Mit der Folge, dass die Arbeitsgerichte sachlich zuständig sind, gelten selbstständige **205** Handelsvertreter (§ 5 Abs. 3 ArbGG i. V. m. § 92 a HGB) dann als Arbeitnehmer i. S. d. ArbGG, wenn ihnen entweder untersagt ist, für weitere Unternehmen tätig zu sein, oder sie dies wegen Art und Umfang ihrer Tätigkeit nicht können und wenn sie in den letzten sechs Monaten des Vertragsverhältnisses vom Unternehmen durchschnittlich nicht mehr als 1000 Euro monatlich erhalten haben. Daraus folgt aber keineswegs die Anwendbarkeit arbeitsrechtlicher Rechtsnormen **206** auf das Rechtsverhältnis, es sei denn, dass dies ausdrücklich vorgesehen ist. So stellt z. B. § 2 BUrlG nicht auf Selbstständigkeit/Unselbstständigkeit i. S. d. § 84 HGB, sondern allein auf die wirtschaftliche Abhängigkeit ab, die auch bei diesem Personenkreis gegeben sein kann (GK-BUrlG/*Bleistein* § 2 Rz. 59).

5. Arbeitnehmerähnliche Personen

a) Begriffsbestimmung

Von den Arbeitnehmern zu unterscheiden sind Personen, die für fremde Rechnung **207** arbeiten, dabei aber nicht im Dienst eines anderen tätig sind. Insoweit kann allerdings eine **wirtschaftliche Abhängigkeit** bestehen, die dazu führt, dass dieser Personenkreis sozial der Stellung der Arbeitnehmer angenähert ist. So gelten insbesondere gem. § 5 Abs. 1 S. 2 ArbGG als Arbeitnehmer i. S. d. ArbGG auch solche Personen, die wegen ihrer wirtschaftlichen Unselbstständigkeit als arbeitnehmerähnliche Personen anzusehen sind.

Die arbeitnehmerähnliche Person ist zwar wirtschaftlich, nicht aber persönlich **208** abhängig. Die wirtschaftliche Abhängigkeit muss sich allein aus dem Verhältnis zum Dienstberechtigten ergeben. Nicht ausreichend ist es, dass jemand wirtschaftlich auf die Verwertung seiner Arbeitskraft angewiesen ist. Ohne die Aufträge des Dienstberechtigten muss die wirtschaftliche Existenzgrundlage entfallen (vgl. § 12 a TVG). Zusätzlich muss der wirtschaftlich Abhängige eine soziale Stellung haben, die der eines Arbeitnehmers vergleichbar ist. Soziale Schutzbedürftigkeit besteht, wenn das Maß an Abhängigkeit nach der Verkehrsanschauung einen solchen Grad erreicht, wie er im Allgemeinen nur in einem Arbeitsverhältnis vorkommt und die geleisteten Dienste nach ihrer sozialen Typik mit denen eines Arbeitnehmers vergleichbar sind (vgl. ausf. *Hromadka* NZA 1997, 1249 ff.). Dies setzt i. d. R. Tätigkeiten im Rahmen eines Dienst- oder Werkvertrages voraus (*LAG Nürnberg* 7.11.2001 – 6 Ta 152/01 –).

b) Beispiele

– Das ist z. B. nicht der Fall, wenn ein Dienstnehmer über den Umfang und Ablauf **209** seines Arbeitseinsatzes selbst entscheidet, im Verlaufe eines Jahres 280000 DM verdienen kann und über anderweitige Einnahmen (Beamtenpension, Berufsunfähigkeitsrente) verfügt, die seine Existenz sichern (*BAG* 2.10.1990 EzA § 12 a TVG Nr. 1).

A. Grundbegriffe und Grundstrukturen des Arbeitsrechts

- Als arbeitnehmerähnliche Personen kommen in Betracht Handels- und Versicherungsvertreter mit Geschäftsbetrieben von geringem Umfang, Journalisten, Schriftsteller, Künstler, sachverständige Mitarbeiter von Verlagen und Zeitschriften, Übersetzer, Dolmetscher, u. U. auch Architekten und Rechtsanwälte (vgl. MünchArbR/*Rüthers* § 201 Rz. 15 ff.).
- Ein Geschäftsführer einer Betriebskrankenkasse kann im Verhältnis zum Arbeitgeber, mit dem er einen Dienstvertrag geschlossen hat, arbeitnehmerähnliche Person sein (*BAG* 25.7.1996 EzA § 5 ArbGG 1979 Nr. 15).
- Auch ein Dozent für ein gewerbliches Weiterbildungsinstitut kann arbeitnehmerähnliche Person sein (*BAG* 11.4.1997 EzA § 5 ArbGG 1979 Nr. 20).
- Dagegen ist ein Rechtsanwalt, der aufgrund eines § 705 BGB entsprechenden Gesellschaftsvertrages Partner einer Anwaltssozietät ist, keine arbeitnehmerähnliche Person, auch wenn er von der Sozietät wirtschaftlich abhängig ist (*BAG* 15.4.1993 EzA § 5 ArbGG Nr. 8).
- Ein **Kursleiter eines juristischen Repetitoriums** ist dann arbeitnehmerähnliche Person, wenn er den überwiegenden Teil seiner Einkünfte aus dieser Tätigkeit bezieht. Das gilt auch, wenn er gleichzeitig als selbstständiger Rechtsanwalt tätig ist (*LAG Berlin* 18.5.1998 NZA 1998, 943).
- Durch einen **Postagenturvertrag** für private Agenturpartner im Nebenberuf wird ein Kioskbetreiber i. d. R. nicht zur arbeitnehmerähnlichen Person (*OLG Karlsruhe* 22.7.1998 NZA 1998, 463).

c) Rechtsfolgen der Einordnung

210 Die Rechtsfolge des § 5 Abs. 1 S. 2 ArbGG besteht darin, dass die Arbeitsgerichte für diese Personen ausschließlich zuständig sind (*Grunsky* § 5 Rz. 16). Materiellarbeitsrechtliche Normen sind dagegen grds. nur dann und insoweit anwendbar, als dies gesetzlich ausdrücklich vorgesehen ist (vgl. z. B. §§ 2 BUrlG [zur Frage, ob arbeitnehmerähnlichen Personen ein Selbstbeurlaubungsrecht zusteht, vgl. *Hase/Lembke* BB 1997, 1095 ff.], 12 a TVG, 1 Abs. 2 BeschäftigtenschutzG; s. o. A/Rz. 207 ff.).

211 Im Übrigen bestimmen sich die Rechtsverhältnisse arbeitnehmerähnlicher Personen grds. nach den für den jeweils zugrunde liegenden Vertragstypus geltenden Vorschriften, also den Bestimmungen über den Dienstvertrag (**§§ 611 ff. BGB**), den Werkvertrag (**§§ 631 ff. BGB**) oder den Werklieferungsvertrag (**§ 651 BGB**). Insoweit sind die Arbeitsgerichte sachlich zuständig für Rechtsstreitigkeiten aus Dienst- oder Werkverträgen mit arbeitnehmerähnlichen Personen (*BAG* 17.10.1990 EzA § 5 ArbGG Nr. 7).

212 Allenfalls im Einzelfall kann die analoge Anwendung arbeitsrechtlicher Vorschriften aufgrund der vergleichbaren sozialen Lage der arbeitnehmerähnlichen Person gefordert und gerechtfertigt sein, wenn eine planwidrige Regelungslücke festgestellt wird (MünchArbR/*Wank* § 124 Rz. 27).

213 **Nicht anwendbar sind insbesondere das KSchG** sowie die Kündigungsschutzbestimmungen der einzelnen Sondergesetze für besonders schutzbedürftige Personen (§ 9 MuSchG, §§ 85 ff. SGB IX, § 2 ArbPlSchG), § 613 a BGB, §§ 102, 103 BetrVG.

A. Grundbegriffe und Grundstrukturen des Arbeitsrechts

6. Heimarbeiter; Telearbeit

Heimarbeiter sind Personen, die in selbstgewählter Arbeitsstätte, d. h. in eigener 214
Wohnung oder einer anderen selbstgewählten Betriebsstätte, allein oder mit ihren
Familienangehörigen im Auftrag von Gewerbemeistern oder Zwischenmeistern
gewerblich (d. h., dass die Tätigkeit auf Dauer angelegt ist und das Entgelt zum
Lebensunterhalt beitragen soll [*BAG* 12.7.1988 AP Nr. 10 zu § 2 HAG]) arbeiten,
jedoch die Verwertung der Arbeitsergebnisse dem mittelbar oder unmittelbar Gewerbetreibenden überlassen (*Schmidt/Koberski/Tiemann/Wascher*, HAG, 4. Auflage § 2 Rz. 5).

In Heimarbeit Beschäftigte stehen rechtlich zwischen selbstständigen Unternehmern 215
und unselbstständigen Arbeitnehmern. **Sie sind zwar von ihren Auftraggebern
wirtschaftlich abhängig, aber im Unterschied zum Arbeitnehmer persönlich
selbstständig** und hinsichtlich der Art und Weise der Erledigung der Arbeit und
in der Einteilung der Arbeitszeit frei (MünchArbR/*Heenen* § 238 Rz. 8, 55).
Sie sind keine Arbeitnehmer, sondern werden aufgrund eines Dauerrechtsverhältnisses beschäftigt (§ 29 HAG). Gem. § 5 Abs. 1 S. 2 ArbGG gelten die in Heimarbeit Beschäftigten und die ihnen Gleichgestellten (vgl. § 1 HAG) wegen ihrer Schutzbedürftigkeit aber gleichwohl als Arbeitnehmer i. S. d. ArbGG.
Durch heimarbeiterähnliche Personen kann z. B. – ebenso wie je nach Vertragsgestal- 216
tung durch Arbeitnehmer (vgl. *Beuthien* ZTR 1996, 204 ff. sowie den Tarifvertrag zur
Begleitung der Erprobung alternierender Teleheimarbeit bei der Deutschen Telekom
AG, abgedruckt in ZTR 1996, 208 ff. und im Anschluss daran den TV Telearbeit vom
Oktober 1998 in NZA 1998, 1214 ff.; vgl. dazu *Hohmeister/Küper* NZA 1998, 1206 ff.;
Körner NZA 1999, 1190 ff.) oder Selbstständige – auch **Telearbeit** ausgeführt werden,
wenn sie in eigener Wohnung allein eine sich in regelmäßigen Arbeitsvorgängen wiederholende Arbeit im Auftrag eines anderen gegen Entgelt verrichten, ohne dass dieser Auftraggeber Gewerbetreibender ist (vgl. HzA/*Fenski* Gruppe 17 Rz. 263 ff.; *Albrecht* NZA 1996, 1240 ff.; *Peter* DB 1998, 573 ff.; *Schaub* BB 1998, 2106 ff.; zu aktuellen Problemen der Telearbeit *Wank* NZA 1999, 225 ff.; *Boemke* BB 2000, 147 ff.;
Boemke/Ankersen BB 2000, 1570 ff.; zur Vertragsgestaltung *Kramer* DB 2000, 1329 ff.)
Daraus folgt aber nur, dass bei Streitigkeiten aus dem Heimarbeitsverhältnis der 217
Rechtsweg zu den Arbeitsgerichten eröffnet ist, **nicht aber die Anwendbarkeit materiellen Arbeitsrechts**.
Arbeitsrechtliche Normen sind vielmehr nur dann anwendbar, wenn dies in der jewei- 218
ligen Vorschrift **konkret angeordnet** ist. Im Übrigen bestimmen sich die Rechte und
Pflichten nach Maßgabe der vertraglichen Vereinbarungen in den Grenzen des HAG.
So gilt z. B. für die Beendigung des Arbeitsverhältnisses nicht das KSchG, sondern die 219
Sonderregelung der §§ 29, 29 a HAG. Nicht anwendbar ist auch § 613 a BGB (*BAG*
24.3.1998 EzA § 613 a BGB Nr. 168). Schwerbehinderte Menschen sind gem. § 127
SGB IX hinsichtlich der Beendigung des Arbeitsverhältnisses besonders geschützt;
anwendbar sind im Übrigen § 9 MuSchG, §§ 18, 20 BErzGG (MünchArbR/*Heenen*
§ 238 Rz. 88 ff.).
Der Heimarbeitsvertrag wird z. T. (*Schmidt/Koberski/Tiemann/Wascher*, HAG, 220
4. Auflage § 19 Anh. Rz. 11) als Vertrag sui generis angesehen. Überwiegend wird
demgegenüber (MünchArbR/*Heenen* § 238 Rz. 90 m. w. N.) angenommen, dass
Heimarbeit in Form von **Dienst-, Werk-, Werklieferungs- oder Kaufverträgen** er-

A. Grundbegriffe und Grundstrukturen des Arbeitsrechts

bracht wird. Steht der Erfolg im Vordergrund, liegt nach allgemeinen Grundsätzen ein Werkvertrag vor. Typischerweise wird der einzelne Dienst- oder Werkvertrag im Rahmen des Dauerrechtsverhältnisses erbracht, auf das das Arbeitsrecht teilweise analog anzuwenden ist, wenn eine planwidrige Regelungslücke festgestellt wird (s. o. A/Rz. 214 ff.).

7. Organe juristischer Personen

221 Wer bei einer juristischen Person Mitglied des Organs ist, das zur gesetzlichen Vertretung berufen ist, repräsentiert diese unmittelbar als Arbeitgeber. Deshalb gelten gem. § 5 Abs. 1 S. 3 ArbGG die in Betrieben einer juristischen Person kraft Gesetzes, Satzung oder Gesellschaftsvertrag allein oder als Mitglieder des Vertretungsorgans zur Vertretung der juristischen Person oder der Personengesamtheit berufen sind, nicht als Arbeitnehmer.

222 Dazu gehören die Vorstandsmitglieder von Aktiengesellschaften, Genossenschaften, Versicherungsvereinen auf Gegenseitigkeit (§ 78 AktG, § 24 Abs. 1 GenG, § 34 Abs. 1 S. 2 VVaG) sowie der Geschäftsführer der GmbH (§ 35 Abs. 1 GmbHG); nichts anderes gilt auch für den Geschäftsführer der Vor-GmbH (*BAG* 13.5.1996 EzA § 5 ArbGG 1979 Nr. 14) sowie für den Geschäftsführer einer Kreishandwerkerschaft, wenn er diese kraft Satzung in den laufenden Geschäften vertritt; das gilt selbst dann, wenn die Parteien ausdrücklich einen Arbeitsvertrag abgeschlossen haben (*BAG* 11.4.1997 EzA § 5 ArbGG 1979 Nr. 23). Nicht erfasst ist dagegen der Geschäftsführer einer Betriebskrankenkasse, der einen Dienstvertrag mit dem Arbeitgeber abgeschlossen hat, für dessen Betrieb die Kasse errichtet worden ist (*BAG* 25.7.1996 EzA § 5 ArbGG 1979 Nr. 15); gleiches gilt für die nach § 53 Abs. 2 Nr. 1 KWG bestellten, zur Vertretung eines ausländischen Kreditinstitutes befugten Personen (*BAG* 15.10.1997 EzA § 5 ArbGG 1979 Nr. 26). Besondere Vertreter eines Vereins nach § 30 BGB gelten gem. § 5 Abs. 1 S. 3 ArbGG nur dann nicht als Arbeitnehmer i. S. d. ArbGG, wenn ihre Vertretungsmacht auf der Satzung beruht. Das ist nur der Fall, wenn die Satzung die Bestellung ausdrücklich zulässt (*BAG* 5.5.1997 EzA § 5 ArbGG 1979 Nr. 21).
Ein Dienstnehmer, der zum Geschäftsführer einer GmbH bestellt werden soll, wird im Übrigen nicht dadurch zum Arbeitnehmer, dass die Bestellung zum Geschäftsführer unterbleibt (*BAG* 25.6.1997 EzA § 2 ArbGG 1979 Nr. 37). Auch wandelt sich das als freies Dienstverhältnis begründete Anstellungsverhältnis des **Vorstandsmitglieds einer Sparkasse** nicht ohne weiteres mit dem Verlust der Organstellung in Folge einer Sparkassenfusion in ein Arbeitsverhältnis um. Bleibt ein derartiges Anstellungsverhältnis als freies Dienstverhältnis bei Weiterbeschäftigung des ehemaligen Organmitglieds als stellvertretendes Vorstandsmitglied bestehen, so sind im Falle einer fristlosen Kündigung weder §§ 4, 13 KSchG, noch §§ 67, 68 BPersVG anwendbar (*BGH* 10.1.2000 NZA 2000, 376; vgl. auch *OLG Frankfurt a. M.* 11.5.1999 NZA-RR 2000, 385).

223 § 5 Abs. 1 S. 3 ArbGG hat allerdings lediglich zur Folge, dass die dieser Norm unterfallenden Personen bei Streitigkeiten zwischen ihnen und der Gesellschaft, dem Verein usw. nicht der Zuständigkeit der Arbeitsgerichte, sondern der der or-

A. Grundbegriffe und Grundstrukturen des Arbeitsrechts

dentlichen Gerichte unterfallen. Ob für ihre Rechtsbeziehungen gleichwohl Arbeitsrecht gilt, ist damit keineswegs entschieden.

Dennoch ist das Anstellungsverhältnis des **GmbH-Geschäftsführers** zur GmbH **224** i. d. R. nicht Arbeits-, sondern **freies Dienstverhältnis** *(BAG* 21.2.1994, EzA § 2 ArbGG 1979 Nr. 28; *OLG Jena* 14.3.2001 NZA-RR 2001, 468; vgl. aber auch *BAG* 6.5.1999 EzA § 5 ArbGG 1979 Nr. 33, wo die Beantwortung dieser Frage keiner Entscheidung bedurfte; a. A. *ArbG Jena* 16.11.1998 NZA-RR 1999, 438 für den Geschäftsführer einer Komplementär-GmbH, der bei der GmbH & Co KG beschäftigt ist; zum Anstellungsvertrag des Geschäftsführers vgl. *Nägele* BB 2001, 305 ff.). Denn mit der Organstellung ist die Arbeitnehmereigenschaft von vornherein unvereinbar (*Jaeger* NZA 1998, 961 ff.). Neben §§ 611 ff. BGB kommt aber ausnahmsweise eine analoge Anwendung einzelner arbeitsrechtlicher Vorschriften in Betracht, wenn dies im Einzelfall durch eine besondere soziale Schutzbedürftigkeit des GmbH-Geschäftsführers gefordert werden kann (*BGH* 11.7.1953, 9.5.1987 BGHZ 10, 191, NJW 1987, 2074; *Boemke* ZfA 1998, 209 ff. m. w. N.; **a. A.** *Schaub* Arbeitsrechtshandbuch, § 14 I 2 a: Arbeitnehmer, wenn er gegenüber der Gesellschaft unselbstständig tätig wird, also wie ein sonstiger Arbeitnehmer weisungsabhängig ist). Andererseits kann das Anstellungsverhältnis einer (stellvertretenden) GmbH-Geschäftsführerin im Einzelfall auch ein Arbeitsverhältnis sein. Ob dies der Fall ist, hängt nicht vom Umfang der Vertretungsbefugnis im Innenverhältnis ab, sondern richtet sich nach den allgemeinen Kriterien zur Abgrenzung vom freien Dienstverhältnis *(BAG* 26.5.1999 EzA § 611 BGB Arbeitnehmerbegriff Nr. 76; *OLG Jena* 14.3.2001 NZA-RR 2001, 468; **a. A.** BGHZ 10, 191; BGHZ 49, 31; BGHZ 91, 1 [217]; vgl. auch *BSG* 14.12.1999 EzA § 7 SGB IV Nr. 1 zur Frage, ob ein sozialversicherungsrechtliches Beschäftigungsverhältnis vorliegt).

Allerdings ist zu beachten, dass sich der Organvertreter daneben auch noch in **225** einem Arbeitsverhältnis befinden kann. So können zwei Rechtsverhältnisse zu verschiedenen Gesellschaften bestehen (vgl. *Jaeger* NZA 1998, 961 ff.).

Wenn z. B. ein Arbeitnehmer einer KG später Geschäftsführer der persönlich haften- **226** den GmbH wird, so erlischt durch diese Bestellung zum Geschäftsführer nicht das Arbeitsverhältnis zur KG.

Auch zu einer juristischen Person können zwei Rechtsverhältnisse bestehen, von de- **227** nen eines ein Arbeitsverhältnis ist. Voraussetzung dafür ist eine **klar unterscheidbare und trennbare Doppelstellung** als Arbeitnehmer und Organvertreter (*BAG* 17.1.1985, 27.10.1960 AP Nr. 2 zu § 5 ArbGG 1979, AP Nr. 14 zu § 5 ArbGG 1953; vgl. zum ruhenden Arbeitsverhältnis im Aktienrecht *Kauffmann-Lauven* NZA 2000, 799 ff.). Wird ein Angestellter einer GmbH zum Geschäftsführer berufen, ohne dass sich an den Vertragsbedingungen im Übrigen etwas ändert, so ist im Zweifel anzunehmen, dass das bisherige Arbeitsverhältnis nicht beendet, sondern nur **suspendiert** wird. Wird der Angestellte sodann als Geschäftsführer abberufen, so wird das Arbeitsverhältnis dadurch wieder auf seinen ursprünglichen Inhalt zurückgeführt (*BAG* 9.5.1985 EzA § 5 ArbGG Nr. 3; vgl. *LAG Berlin* 3.7.1998 NZA 1998, 1003; wendet sich der Angestellte gegen eine Kündigung mit der Begründung, sein ehemaliges Arbeitsverhältnis sei wieder aufgelebt, so ist dafür der **Rechtsweg zum ArbG** eröffnet *BAG* 18.12.1996 EzA § 2 ArbGG 1979 Nr. 35). Soll der Arbeitnehmer allerdings

A. Grundbegriffe und Grundstrukturen des Arbeitsrechts

zwecks späterer Anstellung als GmbH-Geschäftsführer zunächst in einem Anstellungsverhältnis **erprobt** werden, so ist im Zweifel anzunehmen, dass mit Abschluss des Geschäftsführervertrages das ursprüngliche Arbeitsverhältnis beendet sein soll (*BAG* 7.10.1993 EzA § 5 ArbGG Nr. 9). Im Zweifel ist im Übrigen nicht anzunehmen, dass ein früheres Arbeitsverhältnis wieder auflebt, wenn der ehemalige Arbeitnehmer mit dem Arbeitgeber einen **neuen Vertrag** geschlossen hat, durch den sein Dienstverhältnis als Vertretungsorgan neu geregelt wird (*BAG* 18.12.1996 a. a. O.). Auch dann, wenn ein in **leitender Position** beschäftigter Arbeitnehmer zum Geschäftsführer einer neu gegründeten GmbH bestellt wird, die wesentliche Teilaufgaben des Betriebes seines bisherigen Arbeitgebers übernimmt (Ausgliederung einer Bauträger-GmbH aus einem Architekturbüro), wird im Zweifel mit Abschluss des Geschäftsführervertrages das bisherige Arbeitsverhältnis aufgehoben (*BAG* 8.6.2000 EzA § 5 ArbGG 1979 Nr. 35 unter teilweiser Korrektur von *BAG* 9.5.1985 EzA § 5 ArbGG Nr. 3; vgl. dazu *Adam* SAE 2001, 109 ff.; *Niebler/Schmiedl* NZA-RR 2001, 281 ff.).

228 Wenn die Organstellung eines GmbH-Geschäftsführers im Fall der **Verschmelzung** mit einer anderen GmbH erlischt und der Anstellungsvertrag gem. § 25 Abs. 2 S. 1 KapErhG auf die übernehmende GmbH übergeht, sind für den Rechtsstreit wegen der Kündigung des Anstellungsvertrages die Arbeitsgerichte (nur) dann zuständig, wenn neben dem Anstellungsverhältnis ein gleichzeitig übergegangenes Arbeitsverhältnis ruhend fortbestand (*BAG* 21.2.1994 EzA § 2 ArbGG Nr. 28; vgl. auch *BAG* 12.3.1987 EzA § 5 ArbGG Nr. 4 zur gegebenen sachlichen Zuständigkeit des ArbG bei gleichzeitiger Kündigung von ruhendem Arbeitsverhältnis und Abberufung als Geschäftsführer).

229 Wird ein Arbeitnehmer zum Geschäftsführer einer **konzernabhängigen Gesellschaft** bestellt, so liegt allein darin noch keine (stillschweigende) Aufhebung des Arbeitsverhältnisses mit der Obergesellschaft (*BAG* 20.10.1995 EzA § 2 ArbGG 1979 Nr. 13).

230 Dagegen sind die Mitarbeiter eines Zimmererunternehmens dann keine Arbeitnehmer, wenn sie alle **Gesellschafter einer GmbH** und auch alle zu deren Geschäftsführern bestellt sind (*BAG* 10.4.1991 EzA § 611 BGB Arbeitnehmerbegriff Nr. 39). Der Gesellschafter einer GmbH, dem **mehr als 50% der Stimmen** zustehen, ist auch dann kein Arbeitnehmer der GmbH, wenn er nicht deren Geschäftsführer ist. Dabei ist es unerheblich, ob er seine Leitungsmacht tatsächlich ausübt (*BAG* 6.5.1998 EzA § 611 BGB Arbeitnehmerbegriff Nr. 68).
Wer als **Gesamtprokurist für eine KG** (GmbH & Co. KG) tätig ist, ist regelmäßig deren Arbeitnehmer. Er wird nicht allein dadurch freier Dienstnehmer, dass er zum Mitgeschäftsführer der Komplementär-GmbH bestellt wird (*BAG* 13.7.1995 EzA § 5 ArbGG Nr. 10).

231 Wird dagegen der Arbeitnehmer eines Vereins zum **Vorstandsmitglied** berufen und im Hinblick darauf ein Dienstvertrag mit höheren Bezügen abgeschlossen, so wird im Zweifel das bisherige Arbeitsverhältnis aufgehoben (*BAG* 28.9.1995 EzA § 5 ArbGG 1979 Nr. 12).

8. Beschäftigung außerhalb eines Arbeitsverhältnisses

232 Beamte sind gem. § 5 Abs. 2 ArbGG keine Arbeitnehmer. Wird ein Beamter von seinem öffentlichen Dienstherrn allerdings unter Fortzahlung des Gehalts »zur **Dienstleistung« bei einer privaten Einrichtung** beurlaubt, kann – je nach den Umständen des Einzelfalls – neben dem Beamtenverhältnis ein Arbeitsverhältnis mit der privaten

A. Grundbegriffe und Grundstrukturen des Arbeitsrechts

Einrichtung zustande kommen. Denn dem Beamten ist dann kein amtsgemäßer Aufgabenbereich mehr übertragen. Die Begründung eines Arbeitsverhältnisses ist von den Beteiligten i. d. R. erst dann gewollt, wenn die Tätigkeit des beurlaubten Beamten beim privaten Arbeitgeber nicht mehr seiner beamtenrechtlichen Stellung entspricht und er zusätzlich zu seinen Beamtenbezügen eine Tätigkeitsvergütung enthält (BAG 27.6.2001 – 5 AZR 424/99 –).

Auch **Richter, Soldaten, Zivildienstleistende und Entwicklungshelfer** sind gem. § 5 Abs. 2 ArbGG keine Arbeitnehmer. Für Strafgefangene gilt das selbst dann, wenn sie außerhalb der Anstalt in einem privaten Betrieb beschäftigt werden (BAG 3.10.1978 EzA § 5 BetrVG Nr. 33). Bei **Sozialhilfeberechtigten** (§ 19 BSHG) ist entscheidend, ob lediglich eine angemessene Entschädigung für Mehraufwendungen oder aber das übliche Arbeitsentgelt (dann handelt es sich um ein Arbeitsverhältnis) gewährt wird (vgl. § 19 Abs. 3 BSHG). Demgegenüber begründet der **Eingliederungsvertrag** gem. §§ 229 ff. SGB III kein Arbeitsverhältnis. Dies folgt bereits aus dem **Wortlaut des Gesetzes**. Denn der Gesetzgeber wollte das mit dem Eingliederungsvertrag zustande gekommene Beschäftigungsverhältnis i. S. v. § 7 SGB IV grds. nicht als Arbeitsverhältnis verstanden und behandelt wissen. § 229 SGB III spricht nicht etwa von Arbeitnehmern, sondern von »Arbeitslosen«, die »aufgrund eines Eingliederungsvertrages mit dem Ziel beschäftigt werden, sie nach erfolgreichem Abschluss der Eingliederung in ein Arbeitsverhältnis zu übernehmen«. Damit wird deutlich, dass die Beschäftigung vor der Übernahme nicht schon im Rahmen eines Arbeitsverhältnisses erfolgt. Ein deutlicher Hinweis auf den entsprechenden Willen des Gesetzgebers ist ferner die ansonsten überflüssige Anordnung der beschränkten Anwendung arbeitsrechtlicher Vorschriften und Grundsätze (§ 231 Abs. 2 S. 1 SGB III) sowie die Rechtswegzuweisung zu den Arbeitsgerichten, derer es nicht bedurft hätte, wenn der Eingliederungsvertrag ohnehin ein Arbeitsverhältnis i. S. v. § 2 Abs. 1 Nr. 3 a ArbGG begründen würde. Auch bildet bei der Eingliederung nicht die entgeltliche, weisungsgebundene Tätigkeit den Schwerpunkt (BAG 17.5.2001 EzA § 1 KSchG Nr. 54).

Personen, die in **Arbeitsbeschaffungsmaßnahmen** beschäftigt werden (§§ 260 ff. SGB III), sind Arbeitnehmer. Für Personen, die Dienst im Rahmen des **freiwilligen sozialen Jahres** leisten, gelten arbeitsrechtliche Bestimmungen (nur) insoweit, als dies durch das Gesetz zur Förderung des freiwilligen sozialen Jahres (vom 17.8.1964 BGBl. I S. 640) angeordnet worden ist. Das ist insbesondere für den Bereich der Mitbestimmung des Betriebsrats nicht der Fall.

Mitarbeit von **Ehegatten und Kindern** gem. § 1619 BGB begründet an sich kein Arbeitsverhältnis, schließt aber die gesonderte Begründung eines Arbeitsverhältnisses nicht aus. So kann z. B. die Mitarbeit eines Familienmitglieds in einer KG, an der nur die Eltern und der Ehemann als Gesellschafter beteiligt sind, Gegenstand eines Arbeitsvertrages sein. Aus dessen Anlass können auch Leistungen der betrieblichen Altersversorgung zugesagt werden. Um Missbrauch zu verhindern, verlangt das BAG (20.7.1993 AP Nr. 4 zu § 1 BetrAVG Unverfallbarkeit) allerdings den schriftlichen Abschluss und den tatsächlichen Vollzug eines Vertrages, der die üblichen Bestandteile eines Arbeitsverhältnisses regelt, sowie die Auszahlung des Entgelts an den Arbeitnehmer (vgl. zur Abgrenzung der Arbeitnehmer- oder Unternehmereigenschaft bei Tätigkeit im Betrieb des Ehegatten BSG 21.4.1993 EzA § 611 BGB Ehegattenarbeitsverhältnis Nr. 2). Die Darlegungs- und Beweislast für das Vorliegen eines Ehegatten-Arbeitsverhältnisses z. B. i. S. v. § 1 Abs. 1 KSchG trifft den Arbeitnehmer; sie trifft dagegen den Arbeitgeber, wenn er behauptet, es handle sich um ein Schein-

A. Grundbegriffe und Grundstrukturen des Arbeitsrechts

geschäft i. S. d. § 117 Abs. 1 BGB (*BAG* 9.2.1995 EzA § 1 KSchG Personenbedingte Kündigung Nr. 12).

236 **Gesellschafter**, die auf Grund ihrer sich aus dem Gesellschaftsvertrag ergebenden Verpflichtung tätig werden, sind regelmäßig keine Arbeitnehmer; die Begründung eines Arbeitsverhältnisses ist aber möglich. So kann z. B. ein Kommanditist zugleich Arbeitnehmer der KG sein. Dagegen ist der Gesellschafter einer GmbH, dem **mehr als 50% der Stimmen** zustehen, auch dann kein Arbeitnehmer – unabhängig davon, ob er seine Leitungsmacht tatsächlich ausübt – wenn er nicht Geschäftsführer ist (*BAG* 6.5.1998 NZA 1998, 939).

237 Keine Arbeitnehmer sind **freiberuflich Tätige** (z. B. Ärzte, Rechtsanwälte) und freie Mitarbeiter insbesondere von Presse- und Verlagsunternehmen.

238 Wird eine Person im Bereich der **Krankenpflege** (z. B. eine Rote-Kreuz-Schwester) aufgrund eines Gestellungsvertrages zwischen dem DRK und dem Krankenhausträger mit der Verpflichtung, Pflegepersonal zur Verfügung zu stellen, tätig, so wird ein Arbeitsverhältnis zum Krankenhausträger dann begründet, wenn der Gestellungsvertrag nur wie ein Tarifvertrag die Rahmenbedingungen für die Beschäftigung festlegt. Geht die Verpflichtung dagegen dahin, die erforderlichen Personen zur Verfügung zu stellen, ohne dass mit dem Betriebsinhaber ein Arbeitsvertrag geschlossen wird, so ist die gestellte Person kein Arbeitnehmer. Die mitgliedschaftliche Bindung an die Schwesternschaft schließt dann ein Arbeitsverhältnis zum Gestellungsträger aus (vgl. MünchArbR/*Richardi* § 24 Rz. 84 ff., 111). **Rote-Kreuz-Schwestern** sind auch weder Arbeitnehmer der Schwesternschaft noch arbeitnehmerähnliche Personen i. S. v. § 5 Abs. 1 ArbGG (*BAG* 6.7.1995 EzA § 5 ArbGG 1979 Nr. 11).

239 Fraglich ist, ob ein sog. **subordinativer Franchisenehmer**, der zur Absatzförderung nach den Richtlinien und Anweisungen des Franchisegebers verpflichtet ist, die wirtschaftlichen Folgen seiner selbstbestimmten Tätigkeit jedoch selbst trägt, Arbeitnehmer sein kann.

240 Nach Auffassung des *LAG Düsseldorf* (20.10.1987 NJW 1988, 725) hängt es vom Grad der Weisungsunterworfenheit ab, ob der Franchisenehmer Arbeitnehmer ist (ebenso *Wank* Arbeitnehmer und Selbstständige, S. 281 ff.; zu den mit Franchising verbundenen Rechtsfragen vgl. *Elsner* NZA 1996, 519 ff.). Das *LSG Berlin* (27.10.1993 NZA 1995, 139) hat angenommen, dass »Unterfrachtführer«, die vertraglich in ihrer Berufsausübung so stark eingeschränkt sind, dass sie weitgehend dem Berufsbild eines abhängig beschäftigten Kraftfahrers entsprechen, sozialversicherungspflichtige Beschäftigte i. S. d. § 7 SGB IV sind.

241 Demgegenüber ist der Franchisenehmer nach Auffassung von *Richardi* (MünchArbR § 24 Rz. 118; ähnlich *Horn/Henssler* ZIP 1998, 589 ff.) selbstständiger Unternehmer, weil es für die Annahme eines Arbeitsverhältnisses nicht genügt, dass jemand sich verpflichtet, seinen Betrieb ganz oder in bestimmten Bereichen nach den Richtlinien und Anweisungen eines anderen einzurichten und zu führen. Erforderlich ist die beim Franchisenehmer nicht gegebene Erbringung von Diensten als Vertragsgegenstand. Auch nach dieser Auffassung kommt allerdings eine partielle Anwendung arbeitsrechtlicher Vorschriften in Betracht. Voraussetzung dafür ist, dass deren Normzweck eine Einbeziehung sachlich rechtfertigt, weil der Franchisenehmer insoweit einem Arbeitnehmer gleichzustellen ist.

242 Das *LAG Rheinland-Pfalz* (12.7.1996 LAGE § 611 BGB Arbeitnehmerbegriff Nr. 32) hat insoweit folgende **Grundsätze** aufgestellt:
– Der Franchisenehmer bleibt auch dann selbstständiger freier Mitarbeiter, wenn der Vertrags ins Detail gehende Vorgaben bezüglich der Einsatztage und der Vor-

gehensweise beim Einsatz und welche Kriterien zu beachten sind, um die gewünschte Geschäftsentwicklung zu erreichen, enthält. Denn es werden keine verbindlichen zeitlichen Vorgaben gemacht und bei deren Nichteinhaltung drohen auch keine sofortigen Sanktionen. Diese vertragliche Vorgabe dient dazu, unerfahrene Franchisenehmer vor Fehlschlägen zu schützen und den beiderseitigen Erfolg zu ermöglichen.

– Ausschlaggebend für die Bejahung der Selbstständigkeit ist der Umstand, dass der Franchisenehmer selbst Arbeitnehmer einstellen darf und dies zur ordnungsgemäßen Erfüllung der übernommenen Tätigkeit tatsächlich auch tun muss. Nicht entscheidend ist eine vereinbarte Einflussnahme des Franchisegebers auf das Auswahlverfahren sowie die Verpflichtung des Franchisenehmers, diese ordnungsgemäß schulen zu lassen. **243**

– Auch eine wirtschaftliche Abhängigkeit liegt nicht vor, sodass der Franchisenehmer nicht als arbeitnehmerähnliche Person anzusehen ist. Denn auch bei geringem Gewinn bewegen sich Franchisenehmer in einem System der gleichberechtigten Partner, weil eine wirtschaftliche Unselbstständigkeit nicht gegeben ist. Der Franchisenehmer handelt nach außen hin und nach der Verkehrsauffassung als wirtschaftlich Selbstständiger. **244**

Das *BAG* (16.7.1997 EzA § 5 ArbGG 1979 Nr. 24; ebenso *BGH* 4.11.1998 EzA § 5 ArbGG 1979 Nr. 29; *OLG Düsseldorf* 30.1.1998 16U 182/96; 18.3.1998 6W 2/97; vgl. dazu *Haager* NJW 1999, 2081 ff.; *Hänlein* DB 2000, 374 ff.; krit. *Horn/Henssler* ZIP 1998, 589 ff.; abl. *Beckmann/Zweckner* NJW 1999, 1614 ff.) hat sich dieser Argumentation **nicht angeschlossen**; dass ein Franchisenehmer den für ein solches Rechtsverhältnis typischen Bindungen unterliegt, schließt die Annahme eines Arbeitsverhältnisses nicht aus. Ob eine Partei Arbeitnehmer oder arbeitnehmerähnliche Person ist, richtet sich folglich **ausschließlich danach**, ob sie **persönlich abhängig oder zwar rechtlich selbstständig, aber wirtschaftlich abhängig und einem Arbeitnehmer vergleichbar schutzbedürftig** ist. Im konkret entschiedenen Einzelfall hat das *BAG* (16.7.1997 EzA § 5 ArbGG 1979 Nr. 24) angenommen, dass der Franchisenehmer jedenfalls wegen seiner wirtschaftlichen Abhängigkeit als **arbeitnehmerähnliche Person** anzusehen ist und damit die Zuständigkeit der Arbeitsgerichtsbarkeit bejaht; über die Frage der Arbeitnehmereigenschaft zu entscheiden, bestand kein Anlass. Für die wirtschaftliche Abhängigkeit spricht der Umstand, dass der Franchisenehmer neben dem Verdienst aus der Tätigkeit für den Franchisegeber über **keine anderweitigen Einkünfte** verfügt und der Vertrag darauf angelegt ist, die **Arbeitskraft voll in Anspruch** zu nehmen (ebenso *ArbG Düsseldorf* 17.10.2000 NZA-RR 2001, 183). Dies gilt auch dann, wenn der Franchisenehmer sämtliche Geschäfte **im eigenen Namen** und **für eigene Rechnung** abschließt. Der Franchisenehmer hat dann die Stellung eines angestellten Verkaufsfahrers (*BGH* 4.11.1998 EzA § 5 ArbGG 1979 Nr. 29.; vgl. dazu *Wank* RdA 1999, 271 ff.). **245**

Das *OLG Düsseldorf* (30.1.1998 ZIP 1998, 624; ebenso *Bumiller* NJW 1998, 2955; aufgehoben durch *BGH* 4.11.1998 EzA § 5 ArbGG 1979 Nr. 29) hat demgegenüber angenommen, dass die wirtschaftliche Abhängigkeit eines Franchisenehmers keinen arbeitnehmerähnlichen Status begründen kann, sodass die Zivilgerichte für Klagen aus dem Franchisevertrag jedenfalls mit der **Fa. Eismann**, der auch die Grundlage für die **246**

A. Grundbegriffe und Grundstrukturen des Arbeitsrechts

Entscheidung des *BAG* (16.7.1997 EzA § 5 ArbGG 1979 Nr. 24 sowie des *LAG Rheinland-Pfalz* 12.7.1996 a. a. O.) war, zuständig sind.

247 Eine als **Marktleiterin** tätige Franchisenehmerin war keine Arbeitnehmerin, wenn ihr vertraglich gestattet war
 – einzelne Rechte und Pflichten aus dem Vertrag durch geeignete Dritte auszuüben,
 – ihr weder Dauer noch Beginn und Ende der täglichen Arbeitszeit vorgegeben waren,
 – sie den Markt in eigener Verantwortung leitete,
 – sie in der Gestaltung ihrer Arbeitstätigkeit und ihrer Arbeitszeit für den Betrieb im Wesentlichen frei war,
 – sie selbst Urlaub nehmen und in der Zeit ihrer sonstigen Abwesenheit andere Personen mit der Marktleitung betrauen konnte,
 – ihr die Entscheidung überlassen war, wen und wie viele Personen sie als Mitarbeiter im Markt einsetzte, wobei sie Anstellungsverträge mit dem Personal im eigenen Namen schloss; geschuldet war jeweils nur der Einsatz qualifizierten Personals.
 Damit stand ihr ein eigener **Gestaltungsspielraum** zu, der mit dem Status einer Arbeitnehmerin nicht zu vereinbaren war (*BGH* 27.1.2000 EzA § 2 ArbGG 1979 Nr. 50 = NZA 2000, 390). Der *BGH* (a. a. O.) hat auch die Eigenschaft als **arbeitnehmerähnliche Person** im konkreten Einzelfall **verneint**, weil sie **nicht** wie ein Arbeitnehmer **sozial schutzbedürftig** war. Denn sie hatte dafür Sorge zu tragen, dass im Markt genügend qualifiziertes Personal vorhanden war, sie schloss die Anstellungsvereinbarungen im eigenen Namen ab und war Arbeitgeber der im Markt Beschäftigten. Das sprach entscheidend für selbstständiges Unternehmertum, schloss also eine arbeitnehmerähnliche Stellung aus.

248 Auch der Abschluss eines **Kommissionsvertrages** schließt nicht aus, dass es sich bei dem »Kommissionär« um einen Arbeitnehmer oder eine arbeitnehmerähnliche Person handelt (*BAG* 8.9.1997 EzA § 5 ArbGG 1979 Nr. 25).

9. Arbeitgeber

a) Grundsätze

249 Arbeitsvertragspartner des Arbeitnehmers ist der Arbeitgeber, das ist derjenige, der die Dienstleistungen vom Arbeitnehmer kraft des Arbeitsvertrages verlangen kann und andererseits der Schuldner des Vergütungsanspruchs ist (*BAG* 9.9.1982 EzA § 611 BGB Arbeitgeberbegriff Nr. 1).

250 Verfassungsrechtliche Grundlagen für die Arbeitgeberstellung sind Art. 12 Abs. 1, 14 GG (s. u. A/Rz. 403).
 Arbeitgeber kann eine natürliche oder juristische Person oder eine Gesamthandsgemeinschaft, insbesondere eine BGB-Gesellschaft, oHG oder KG sein. Bei Streitigkeiten aus dem Arbeitsverhältnis ist der Arbeitgeber zu verklagen. **Insbesondere bei fristgebundenen Klagen (z. B. der Kündigungsschutzklage, §§ 4, 7 KSchG) muss der Arbeitnehmer innerhalb der gesetzlichen Frist (gem. § 4 KSchG von**

A. Grundbegriffe und Grundstrukturen des Arbeitsrechts

drei Wochen) die richtige Partei verklagen, weil nur dann die Klagefrist eingehalten ist. Wer Arbeitgeber ist, ist aber nicht selten fraglich (vgl. ausf. KR-*Friedrich* § 4 KSchG Rz. 85 ff. m. w. N.), insbesondere dann, wenn für den Arbeitnehmer nicht eindeutig erkennbar ist, ob es sich z. B. um eine **Einzelhandelsfirma**, oder um eine **GmbH** handelt, oder wenn mehrere Unternehmen mit ähnlichen Firmenbezeichnungen, gleichen Inhabern/Gesellschaftern/Geschäftsführern und Firmensitz, aber rechtlich unterschiedlicher Organisationsform tätig sind (zur Arbeitgeberstellung einer BGB-Gesellschaft vgl. BAG 6.7.1989 EzA § 611 BGB Arbeitgeberbegriff Nr. 3).

Das *LAG Hamm* (4.11.1996 NZA-RR 1997, 209) hat demgegenüber angenommen, 251 dass bei der Auslegung der Parteibezeichnung unter Berücksichtigung der Zwecke des arbeitsgerichtlichen Verfahrens **kein strenger Maßstab** anzulegen sein soll. Bei unrichtiger äußerer Parteibezeichnung ist danach grds. derjenige als Partei anzusprechen, der durch die Parteibezeichnung erkennbar betroffen sein soll. Dies soll auch bei der irrtümlichen Verwendung oder Unterlassung von Zusätzen, die auf eine Gesellschaftsform hinweisen, gelten.

Bei der **BGB-Gesellschaft** ist zu beachten, dass sie nicht unter einem Gesamtnamen 252 Verbindlichkeiten eingehen kann. Zu verklagen sind deshalb alle Gesellschafter als Gesamtschuldner (§ 427 BGB); die nur gegen einen Gesellschafter gerichtete Kündigungsschutzklage ist unzulässig (*LAG Berlin* 15.8.1997 NZA-RR 1998, 279). Daraus wird abgeleitet, dass Arbeitgeber die Gesellschafter sind (*BAG* 16.10.1974 EzA § 705 BGB Nr. 1; a. A. MünchArbR/*Richardi* § 43 Rz. 5, wonach es sich um eine kollektive Einheit handelt, die am rechtlichen Verkehr teilnimmt). Für die zuletzt zitierte Auffassung spricht, dass der *BGH* (19.1.2001 EzA § 50 ZPO Nr. 4) inzwischen davon ausgeht, dass die (Außen-)Gesellschaft bürgerlichen Rechts Rechtsfähigkeit besitzt, soweit sie durch Teilnahme am Rechtsverkehr eigene Rechte und Pflichten begründet. In diesem Rahmen ist sie zugleich im Zivilprozess aktiv und passiv parteifähig.

OHG und **KG** dagegen können unter ihrer Firma Verbindlichkeiten eingehen (§§ 124 253 Abs. 1, 161 Abs. 2 HGB).

In der Insolvenz des Arbeitgebers werden dessen Rechte und Pflichten vom **Insol-** 254 **venzverwalter** wahrgenommen (§§ 56 ff. InsO).

b) GmbH im Gründungsstadium

Für den Vertragsschluss eines Arbeitnehmers mit einer noch nicht im Handelsregis- 255 ter eingetragenen GmbH (vgl. § 11 GmbHG) können nach der Rechtsprechung (*BAG* 7.6.1973 AP Nr. 2 zu § 11 GmbHG; abl. MünchArbR/*Richardi* § 43 Rz. 6 ff.; danach ist die Gründungsgesellschaft keine Personenvereinigung eigener Art, sondern die werdende GmbH) vor allem folgende Gestaltungen gewählt werden:

– Der Vertrag wird im Namen der Gründungsgesellschaft, die als im Wesentlichen nach GmbH-Recht zu behandelndes Rechtsgebilde verstanden wird (*BAG* 8.11.1962 AP Nr. 1 zu § 11 GmbHG), abgeschlossen;
– der Vertrag wird erst für die künftig nach der Eintragung im Handelsregister als juristische Person entstehende GmbH abgeschlossen;
– der Vertrag wird namens der Gründungsgesellschaft und zugleich im Namen der künftigen GmbH abgeschlossen mit der Folge, dass die GmbH mit ihrer Entstehung an die Stelle der Gründungsgesellschaft tritt.

Sofern sich aus den Umständen bei den Vertragsverhandlungen nichts anderes er- 256 gibt, ist der Abschluss eines Arbeitsvertrages mit der Gründungsgesellschaft dann anzunehmen, wenn diese bereits werbend im Geschäftsverkehr tätig geworden ist,

A. Grundbegriffe und Grundstrukturen des Arbeitsrechts

der Arbeitnehmer seine Beschäftigung schon vor Eintragung der GmbH aufnehmen soll und ihm nicht bekannt ist, dass die Eintragung noch nicht erfolgt ist (*LAG Köln* 17.3.2000 NZA-RR 2001, 129).

257 Praktische Bedeutung hat die Wahl einer dieser möglichen Gestaltungen zum einen für die Beantwortung der Frage, wer als Arbeitgeber des Arbeitnehmers anzusehen ist, zum anderen für die Haftung für das geschuldete Arbeitsentgelt und schließlich dafür, wen der Arbeitnehmer im Streitfall vor dem Arbeitsgericht verklagen muss.

258 Das *BAG* (23.8.1995 EzA § 13 GmbHG Nr. 1; ausf. dazu *Ensthaler* BB 1997, 257 ff.) hat dem Gemeinsamen Senat der obersten Gerichtshöfe des Bundes die Frage zur Entscheidung vorgelegt, ob die **Gesellschafter einer Vor-GmbH für nicht rechtsgeschäftlich begründete Verpflichtungen** (z. B. Beiträge zur ZVK des Baugewerbes) **der Vor-GmbH nur beschränkt haften.**

259 Das *BAG* (a. a. O.) ist der Auffassung, dass insoweit nur eine auf die Einlage beschränkte Haftung in Betracht kommt. § 11 Abs. 1 GmbH greift mangels Eintragung in das Handelsregister zwar an sich nicht ein; die Vor-GmbH untersteht aber einem Sonderrecht, das den gesetzlichen und vertraglichen Gründungsvorschriften und dem Recht der eingetragenen GmbH entspricht, soweit nicht die Eintragung im Handelsregister unverzichtbar ist. Diese Vor-GmbH kann Trägerin von Rechten und Pflichten sein, Rechte erwerben und Verbindlichkeiten eingehen.

260 Die Haftung der Gesellschafter der Vor-GmbH für Verbindlichkeiten dieser Gesellschaft ist nach Auffassung des *BAG* (a. a. O.) aber sowohl bei rechtsgeschäftlichen als auch z. B. bei durch einen allgemeinverbindlichen Tarifvertrag begründeten Verbindlichkeiten auf ihre Einlage (ggf. auf eine Differenzhaftung nach § 9 GmbHG oder eine Ausfallhaftung gem. § 24 GmbHG) beschränkt; sachliche Gründe, die eine unterschiedliche Behandlung der Rechtsfrage danach zulassen, ob die Verbindlichkeit durch Rechtsgeschäft einer-, oder durch Gesetz oder allgemeinverbindlichen Tarifvertrag andererseits begründet worden ist, sind nicht ersichtlich.

261 Demgegenüber hat das *BSG* (28.2.1986 ZIP 1986, 645) entschieden, dass die Gesellschafter einer Vor-GmbH für die von der Vor-GmbH geschuldeten Beiträge zum Träger der gesetzlichen Unfallversicherung **persönlich und unbeschränkt haften.** Denn die Beschränkung der Haftung betreffe nur den rechtsgeschäftlichen Verkehr, wenn im Namen der zukünftigen Gesellschaft gehandelt werde, dem Geschäftspartner damit die eintretende Haftungsbeschränkung bekannt oder zumindest erkennbar sei und er sich bei Abschluss des Rechtsgeschäfts darauf einrichten könne. Noch während des Verfahrens vor dem Gemeinsamen Senat hat der *BGH* (4.3.1996 NJW 1996, 1210) seinerseits dem Gemeinsamen Senat die Frage zur Entscheidung vorgelegt, ob die Gesellschafter einer Vor-GmbH für Verbindlichkeiten dieser Gesellschaft unbeschränkt und grds. nur im Verhältnis zur Vorgesellschaft haften. Der *BGH* (4.3.1996 a. a. O.) bejaht dies, sodass es sich um eine Innenhaftung gegenüber der Vorgesellschaft selbst handelt, nicht aber um eine unmittelbare Haftung gegenüber den Gesellschaftsgläubigern. Diese müssen sich vielmehr an die Vor-GmbH halten und können ggf. deren Ausgleichsansprüche gegen die Gesellschafter pfänden und sich zur Einziehung überweisen lassen.

262 Ausnahmsweise – im Hinblick auf die **praktischen Schwierigkeiten** eines Zugriffs nur auf die Vor-GmbH – kann aber dann, wenn die Vor-GmbH vermögenslos ist oder weitere Gläubiger nicht vorhanden sind, ebenso wie bei der Ein-Mann-Vor-GmbH (vgl. *LAG Köln* 9.4.1999 – 11 Sa 430/98 –: auch wenn sie erst durch Über-

A. Grundbegriffe und Grundstrukturen des Arbeitsrechts

nahme von Anteilen anderer Gesellschafter entstanden ist) dem Gläubiger der unmittelbare Zugriff gestattet werden (**a. A.** *LAG Köln* 21.3.1997 BB 1997, 1415 Ls. u. *LSG Stuttgart* 25.7.1997 BB 1997, 1852 Ls.: volle Außenhaftung; vgl. auch *LAG Hessen* 25.11.1997 NZA-RR 1998, 338).
Dadurch hat sich das Vorlageverfahren nach einem Beschluss des *BAG* vom 10.7.1996 **263** (NJW 1996, 3165) erledigt, weil sich das *BAG* ebenso wie das *BSG* (B. v. 31.5.1996 – 2 S (U) 3/96 –) der Rechtsprechung des *BGH* (4.3.1996 a. a. O.) angeschlossen haben.

> Im Anschluss daran geht das *BAG* (22.1.1997 EzA § 11 GmbHG Nr. 2; ebenso **264** *BAG* 27.5.1997 EzA § 11 GmbHG Nr. 3; vgl. dazu *Ensthaler* BB 1997, 1209 ff.) inzwischen davon aus, dass die Gesellschafter einer Vor-GmbH für deren Verbindlichkeiten u. a. dann unmittelbar haften, wenn die Vor-GmbH **vermögenslos** ist. Das gilt auch für Beitragsschulden gegenüber der ZVK des Baugewerbes (*BAG* 15.12.1999 EzA § 11 GmbHG Nr. 5). Die Haftung ist allerdings **entsprechend dem Anteil am Gesellschaftsvermögen begrenzt**. Eine weitergehende Haftung wird insoweit auch nicht durch § 11 Abs. 2 GmbHG begründet (*BAG* 4.4.2001 NZA 2001, 1247).
> Werden die Geschäfte nach Aufgabe der Eintragungsabsicht jedoch fortgeführt, haften die Gesellschafter ebenfalls unmittelbar. Ihre Haftung ist auch nicht verhältnismäßig (pro rata) entsprechend ihrer Beteiligung am Gesellschaftsvermögen beschränkt (*BAG* 27.5.1997 a. a. O.; *BSG* 8.12.1999 NZA-RR 2000, 373; vgl. auch *LAG Hessen* 22.12.1997 NZA-RR 1998, 339).
> Das **Fehlen eines ordnungsgemäßen Sitzes**, das zur Zurückweisung des Eintragungsantrags geführt hat, steht einer Vermögenslosigkeit der Vor-GmbH nicht gleich. Denn dadurch wird die gerichtliche Geltendmachung von Ansprüchen gegen die inzwischen im Abwicklungsstadium befindliche Vor-GmbH nicht vereitelt, weil sie nunmehr von den Gründungsgesellschaftern als Liquidatoren gem. § 730 Abs. 2 BGB vertreten wird (*LAG Berlin* 30.6.2000 NZA-RR 2000, 545). Der ausnahmsweise zugelassene Haftungsdurchgriff scheidet auch dann aus, wenn die an **Barmitteln vorhandene Einlage** den gegen die Gesellschafter gerichteten Verlustdeckungsanspruch übersteigt (*LAG Thüringen* 14.11.2000 NZA-RR 2001, 121).

c) Auflösung der GmbH; Parteifähigkeit

> Die Eintragung der Auflösung einer GmbH nach § 1 Abs. 1 LöschG im Handels- **265** register führt nicht zum Verlust der Rechts- und Parteifähigkeit der GmbH. Vielmehr muss zusätzlich Vermögenslosigkeit vorliegen, z. B. wegen Beendigung der Liquidation.

Wird während eines anhängigen Zahlungsrechtsstreits gegen eine GmbH ihre Lö- **266** schung im Handelsregister eingetragen, so führt dies dann nicht zum Verlust der Rechts- und Parteifähigkeit der Gesellschaft, wenn sich aus den Behauptungen des Klägers ergibt, dass die Gesellschaft noch vermögenswerte Ansprüche gegen Dritte haben kann (*Hessisches LAG* 28.6.1993 NZA 1994, 384 Ls.).

A. Grundbegriffe und Grundstrukturen des Arbeitsrechts

d) Alliierte Streitkräfte

aa) Grundlagen

267 Für die zivilen Beschäftigten einer Truppe oder eines zivilen Gefolges der Truppe bei den Stationierungsstreitkräften (wozu auch Frankreich gehört); einschließlich bestimmter amerikanischer und französischer Verkaufsorganisationen (EES, AAFES, Economat) ist zu beachten, dass letztere Arbeitgeber mit allen entsprechenden Rechten und Pflichten sind.

268 Sie stellen die zivilen Arbeitnehmer ein, versetzen sie, kündigen ihnen, haben ihnen gegenüber ein Weisungsrecht, bestimmen Beginn und Ende der Arbeitszeit und stellen ihnen Zeugnisse aus. Lediglich die Lohnzahlung erfolgt durch deutsche Behörden anstelle der Stationierungsstreitkräfte.

269 Normative Grundlagen für die alten Bundesländer (ohne West-Berlin) sind das NATO-Truppenstatut, das ZA-NTS, das Unterzeichnungsprotokoll zum ZA-NTS (zur Rechtslage in West-Berlin und in den neuen Bundesländern vgl. MünchArbR/*Marschall* § 173 Rz. 10 f.).

270 In den alten Bundesländern gilt für die Begründung, den Inhalt und die Beendigung des Arbeitsverhältnisses im Übrigen der TVAL II, der zwischen den Gewerkschaften und der BRD vereinbart worden ist; in West-Berlin gelten inhaltlich entsprechende tarifliche Regelungen.

271 Nicht von diesen Normen erfasst sind die Mitglieder des sog. zivilen Gefolges. Nach dem NATO-Truppenstatut ist ziviles Gefolge das die Truppe eines NATO-Mitgliedsstaates begleitende Zivilpersonal. Es darf sich aber weder um Staatenlose handeln, noch um Staatsangehörige eines Staates, der nicht Partei des Nordatlantikvertrages ist. Auch Staatsangehörige des Staates, in dem die Truppe stationiert ist, oder Personen, die dort ihren gewöhnlichen Aufenthalt haben, können nicht Angehörige des zivilen Gefolges sein (MünchArbR/*Marschall* § 173 Rz. 25).

bb) Prozessuale Besonderheiten

272 Gem. Art. 56 Abs. 8 ZA-NTS sind Klagen gegen den Arbeitgeber insoweit gegen die BRD, diese endvertreten durch die regional zuständige Aufsichts- und Dienstleistungsdirektion Verteidigungslastenverwaltung zu richten. Mit einer Klage gegen die Stationierungsstreitkräfte oder eine ihrer Dienststellen wird die Drei-Wochen-Frist des § 4 KSchG nicht eingehalten.

273 Die Klage muss vielmehr innerhalb der Frist gegen den gesetzlichen Prozessstandschafter BRD erhoben werden. Die Umstellung der Klage auf den gesetzlichen Prozessstandschafter ist keine Berichtigung der Parteibezeichnung, die dazu führen würde, dass die Drei-Wochen-Frist gewahrt bleibt (*LAG Rheinland-Pfalz* 27.4.1990 NZA 1991, 613; MünchArbR/*Marschall* § 166 Rz. 46; a. A. *LAG Köln* B. v. 29.8.1986, 6 Ta 200/86, zitiert nach *Schlee* AnwBl. 1985, 551).

e) Gesamthafenbetrieb

aa) Begriffsbestimmung; Funktion

274 Das Gesetz über die Schaffung eines besonderen Arbeitgebers für Hafenarbeiter (Gesamthafenbetrieb; G. v. 3.8.1950 BGBl. S. 352; vgl. dazu ausf. *Martens* NZA 2000, 449 ff.) ermöglicht es, durch schriftliche Vereinbarung zwischen zuständigen Arbeit-

geberverbänden und Gewerkschaften oder zwischen einzelnen Arbeitgebern und Gewerkschaften von den Betrieben eines Hafens, in dem Hafenarbeiten (d. s. alle Hafenumschlagsarbeiten, also das Be- und Entladen von Schiffen) geleistet werden, zur Schaffung stetiger Arbeitsverhältnisse für Hafenarbeiter einen besonderen Arbeitgeber, den sog. Gesamthafenbetrieb zu bilden.

Von dieser Möglichkeit ist in Bremen, Hamburg und Lübeck Gebrauch gemacht worden. Der Gesamthafenbetrieb regelt durch Verwaltungsordnung seine Rechtsform (in Bremen wurde z. B. ein e. V., in Hamburg eine GmbH gegründet), seine Aufgaben, seine Organe und seine Geschäftsführung, insbesondere auch die Grundsätze für die Erhebung, Verwaltung und Verwendung von Beiträgen und Umlagen. Er setzt auch den Begriff der Hafenarbeit bindend fest. 275

Weil er insoweit auch öffentlich-rechtliche Aufgaben erfüllt, bedarf die Verwaltungsordnung der Genehmigung durch die oberste Arbeitsbehörde des Landes. 276

Eine erwerbswirtschaftliche Tätigkeit des Gesamthafenbetriebes ist durch das Gesetz ausdrücklich ausgeschlossen.

bb) Hafenarbeitnehmer

Bei den Hafenarbeitnehmern sind drei Gruppen zu unterscheiden. Eine Gruppe steht allein in arbeitsrechtlichen Beziehungen zum **Hafeneinzelbetrieb**. Für sie gelten die allgemeinen arbeitsrechtlichen Bestimmungen. Gleichgültig ist es, ob der Hafeneinzelbetrieb Mitglied des Gesamthafenbetriebes ist. 277

Die zweite Gruppe ist beim **Gesamthafenbetrieb** eingestellt. Ihre Mitglieder haben einen Arbeitsvertrag mit dem Gesamthafenbetrieb. Sie werden von ihm zur Arbeitsleistung dem Einzelhafenbetrieb zugewiesen. Nach dessen Weisungen verrichten sie ihre Arbeit. 278

Die dritte Gruppe sind die sog. **Aushilfsarbeiter**, die vom Gesamthafenbetrieb dem Hafeneinzelbetrieb nur für jeweils eine Schicht zugewiesen werden und die zur Belegschaft des Hafeneinzelbetriebes gehören (MünchArbR/*Marschall* § 172 Rz. 56). 279

Ein Gesamthafenbetrieb kann von einer Reederei nicht verlangen, dass Ladungsbefestigungsarbeiten auf ihren Schiffen nur von Arbeitern ausgeführt werden, die im Besitz einer Hafenarbeitskarte sind (*BAG* 6.12.1995 EzA § 1004 BGB Nr. 5 gegen *BAG* 26.2.1992 AP Nr. 6 zu § 1 GesamthafenbetriebsG).

f) Besonderheiten in den neuen Bundesländern

Besondere Probleme hinsichtlich der Beantwortung der Frage nach der Arbeitgeberstellung haben sich in den neuen Bundesländern insbesondere durch die **Auflösung und Neubildung öffentlich-rechtlicher Körperschaften** ergeben. So sind z. B. die durch das Gesetz über die Selbstverwaltung der Gemeinden und Landkreise in der DDR (Kommunalverfassung) vom 17. Mai 1990 gebildeten Landkreise weder mit den früheren Räten der Kreise identisch, noch deren Rechtsnachfolger. In die Arbeitsrechtsverhältnisse des an den Schulhorten beschäftigten pädagogischen Personals trat anstelle des Rates des Kreises als Betrieb i. S. v. § 38 AGB-DDR 1977 die gem. § 94 Kommunalverfassung in Verbindung mit § 3 SchulamtsVO gebildete untere staatliche Verwaltungsbehörde ein. Die Pädagogen waren weiterhin als staatliches Personal an kommunalen Einrichtungen tätig. Mit dem Wirksamwerden des Beitritts am 3. Oktober 1990 gingen die Arbeitsverhältnisse der Horterzieher gem. § 22 des Ländereinführungsgesetzes sowie Art. 13 Abs. 2 EV auf die neu gebildeten Länder bzw. das Land Berlin über. Das Erste Schulreformgesetz des Landes Mecklenburg-Vorpommern vom 26. April 1991 schließlich hat keinen Übergang der Arbeits- 280

A. Grundbegriffe und Grundstrukturen des Arbeitsrechts

verhältnisse von Horterziehern geregelt (*BAG* 22.2.1996 EzA Art. 13 EinigungsV Nr. 17).

10. Betrieb, Unternehmen

281 An den Rechtsbegriff des Betriebes knüpfen insbesondere § 1 Abs. 1 KSchG, § 1 BetrVG an. Das KSchG enthält ebenso wenig wie das BetrVG eine eigenständige Definition des Betriebsbegriffs.

282 Nach allgemein anerkannter Auffassung ist unter dem Begriff des Betriebes die organisatorische Einheit zu verstehen, innerhalb derer ein Arbeitgeber allein oder mit seinen Arbeitnehmern mit Hilfe von technischen und immateriellen Mitteln einen oder mehrere arbeitstechnische Zwecke fortgesetzt verfolgt, die sich nicht in der Befriedigung von Eigenbedarf erschöpfen (KR- *Etzel* § 1 KSchG Rz. 132 ff.).

283 Erforderlich ist ein einheitlicher Leitungsapparat (*BAG* 17.2.1983 AP Nr. 4 zu § 4 BetrVG 1972). Kein Betrieb ist der Haushalt.

284 Unternehmen insbesondere i. S. v. KSchG und BetrVG ist mangels gesetzlicher Definition die organisatorische Einheit, innerhalb derer ein Unternehmer allein oder in Gemeinschaft mit seinen Mitarbeitern mit Hilfe von sachlichen und immateriellen Mitteln bestimmte, hinter dem arbeitstechnischen Zweck des Betriebes liegende wirtschaftliche oder ideelle Ziele verfolgt (KR- *Etzel* § 1 KSchG Rz. 141 ff.).

285 Das Unternehmen ist also die Organisations- und Wirkungseinheit, durch die eine unternehmerische Zweckbestimmung verwirklicht wird (MünchArbR/*Richardi* § 31 Rz. 20).
Der Unternehmensbegriff entspricht, soweit das HGB Anwendung findet, dem Begriff des Handelsgewerbes und dem des Handelsgeschäfts (§§ 1–3, 22–27 HGB).

286 Zwei oder mehrere Unternehmen können auch gemeinsam eine arbeitstechnische Organisation bilden (Gemeinschaftsbetrieb; vgl. jetzt § 1 Abs. 2 BetrVG n. F.; dazu unten I/Rz. 104). Voraussetzung dafür ist aber, dass die beteiligten Unternehmen sich zu einer gemeinsamen Führung des Betriebes rechtlich verbunden haben, sodass eine einheitliche Leitung für die Erfüllung der arbeitstechnischen Aufgaben besteht (*BAG* 14.9.1988 EzA § 1 BetrVG Nr. 7).

287 Der Annahme einer konkludenten Leitungsvereinbarung zur Führung eines gemeinschaftlichen Betriebes mehrerer Unternehmen steht die formale Ausübung von Arbeitgeberbefugnissen durch den jeweiligen Vertragsarbeitgeber nicht entgegen. Ob eine einheitliche Leitung hinsichtlich wesentlicher Arbeitgeberfunktionen vorliegt, beurteilt sich nach der **innerbetrieblichen Entscheidungsfindung** und deren **Umsetzung** (*BAG* 24.1.1996 EzA § 1 BetrVG 1972 Nr. 10). Eine räumliche Trennung der Betriebsstätten schließt zwar das Vorliegen eines gemeinsamen Betriebes nicht aus. Es müssen dann aber an die Darlegung der übrigen für einen Gemeinschaftsbetrieb sprechenden Umstände erhöhte Anforderungen gestellt werden (*LAG Köln* 22.11.1996 NZA-RR 1997, 429; s. auch unten D/Rz. 1024 ff. u. I/Rz. 100 ff.).

288 Im **öffentlichen Dienst** ist die dem Betrieb entsprechende Organisationseinheit die Dienststelle. Soweit arbeitsrechtliche Normen die Zugehörigkeit zu einem Unterneh-

men als maßgeblich ansehen, ist nach dem Gesetzeszweck i. d. R. die Bindung zu einem bestimmten Arbeitgeber ausschlaggebend (vgl. aber für den Kündigungsschutz § 1 Abs. 2 S. 2 Nr. 2 b) KSchG).

11. Konzern

a) Grundlagen

Konzern ist die rechtliche Zusammenfassung rechtlich selbstständiger Unternehmen unter einheitlicher Leitung (§ 18 AktG). Möglich ist die Bildung eines Unterordnungs- oder eines Gleichordnungskonzerns.	289

Das Arbeitsrecht kennt keinen besonderen Konzernbegriff. Gehört der Arbeitnehmer zu einem konzernverbundenen Unternehmen, so ist Arbeitgeber nicht etwa der Konzern. Denn er ist eine Unternehmensverbindung, nicht selbst Rechtssubjekt. Bindungen des Arbeitgebers an andere Unternehmen haben deshalb unmittelbar keine Auswirkungen auf das Arbeitsverhältnis. Die Konzernleitungsmacht gibt der Konzernobergesellschaft insbesondere kein arbeitsrechtliches Weisungsrecht gegenüber den Arbeitnehmern der konzernabhängigen Unternehmen. 290

Da das Arbeitsrecht den Arbeitgeber aber nicht nur als Vertragspartner des Arbeitnehmers, sondern auch als Inhaber der betrieblichen Organisationsgewalt erfasst, wird die Konzerneinheit in der Betriebsverfassung durch die Möglichkeit der Bildung eines Konzernbetriebsrats (§ 54 BetrVG) für einen Unterordnungskonzern (§ 18 Abs. 1 AktG) sowie im Recht der unternehmensbezogenen Mitbestimmung (§ 5 MitbestG) berücksichtigt. Individualrechtliche Normen berücksichtigen den Konzern als Organisationseinheit dagegen nicht. 291

Soweit es um den Konzern als Organisationseinheit des Arbeitsrechts geht, steht im Mittelpunkt der Tatbestand, dass die Konzernleitungsmacht auf der Grundlage eines Abhängigkeitsverhältnisses ausgeübt wird, d. h. dass der Außeneinfluss auf den Arbeitgeber durch dessen Abhängigkeit von dem herrschenden Unternehmen strukturell verfestigt ist (vgl. MünchArbR/*Richardi* § 32 Rz. 21–52). 292

b) Der Sonderfall: Ausfallhaftung im qualifiziert faktischen Konzern

Eine natürliche Person kann Unternehmer im konzernrechtlichen Sinne sein, auch wenn sie ihre unternehmerischen Aktivitäten nur als Mehrheitsgesellschafter in anderen Gesellschaften ausübt. 293

Der eine GmbH beherrschende Unternehmensgesellschafter kann von den Arbeitnehmern der GmbH nach den Grundsätzen der Haftung im qualifiziert faktischen Konzern (weil er mit der GmbH i. S. d. §§ 17, 18 AktG einen Konzern bildet) **auf Zahlung rückständigen Arbeitsentgelts und auf Ausgleich von Sozialplanansprüchen in Anspruch genommen werden**. Voraussetzung ist, dass der Gesellschafter die **Konzernleitungsmacht ohne Rücksicht auf die abhängige Gesellschaft ausgeübt hat und die zugefügten Nachteile sich nicht kompensieren ließen** (*BAG* 8.3.1994 EzA § 303 AktG Nr. 5). 294

A. Grundbegriffe und Grundstrukturen des Arbeitsrechts

295 Auch der **alleinige Kommanditist und alleinige Gesellschafter der Komplementär-GmbH** einer KG ist Unternehmer im konzernrechtlichen Sinne, wenn er sich auch anderweitig unternehmerisch betätigt.

296 Der eine KG beherrschende Unternehmensgesellschafter kann von den Arbeitnehmern der KG nach den Grundsätzen der Ausfallhaftung im faktischen Konzern auf **Auskunft und Rechnungslegung** in Anspruch genommen werden, wenn diese Ansprüche die Durchsetzung von Zahlungsansprüchen im Rahmen einer Stufenklage vorbereiten (*BAG* 1.8.1995 EzA § 303 AktG Nr. 6; vgl. krit. dazu *Bitter/Bitter* BB 1996, 2153 ff.; *Schwab* SAE 1998, 25 ff.).

297 Die Regeln über die konzernrechtliche Durchgriffshaftung gelten auch im Falle einer **Unternehmensaufspaltung** in einem GmbH & Co.KG-Konzern, wenn die Betriebsgesellschaft von der Besitzgesellschaft **umfassend gesteuert** wird, die Betriebsgesellschaft nicht für ihre Liquidität vorsorgen kann und die Besitzgesellschaft nicht darzulegen vermag, dass sich eine unabhängige Gesellschaft auf eine derartige Verhaltensweise hätte einlassen können (*BAG* 8.9.1998 EzA § 303 AktG Nr. 8; vgl. dazu *Windbichler* RdA 2000, 238 ff.).
Bei einer Aufspaltung in eine Vertriebs- und eine Produktions-KG, die dieselbe Verwaltungs-GmbH als Komplementärin haben, kann neben der Verwaltungs-GmbH auch die Vertriebsgesellschaft wegen Verbindlichkeiten der Produktionsgesellschaft im Wege der Durchgriffshaftung in Anspruch genommen werden. Dies setzt voraus, dass sich die Verwaltungs-GmbH bei ihrer beherrschenden, auf die Interessen der Produktionsgesellschaft **unzureichend Rücksicht** nehmenden Leitung der Vertriebsgesellschaft bedient und bei ihr ihre unternehmerischen und ihre Vermögensinteressen konzentriert hat (*BAG* 8.9.1998 EzA § 303 AktG Nr. 8).

VII. Rechtsquellen des Arbeitsrechts

1. Rangfolge und Übersicht

298 Die Vielzahl der Rechtsquellen und Gestaltungsfaktoren ist eine Besonderheit des Arbeitsrechts. Es ist derzeit zum einen in eine unübersehbare Zahl von Einzelgesetzen zersplittert. Zum anderen sind wesentliche Teilbereiche nicht gesetzlich geregelt (z. B. die Haftung des Arbeitnehmers, das Arbeitskampfrecht), sodass Rechtsprechung und Literatur eine besondere Bedeutung bei der Rechtsfindung und Rechtsfortbildung zukommt.

299 Für den Vertragsinhalt eines Arbeitsverhältnisses können Gesetze, Tarifverträge, Betriebsvereinbarungen, der Einzelarbeitsvertrag und Weisungen des Arbeitgebers Regelungen enthalten. Besteht jeweils eine entsprechende Regelungsbefugnis, kann eine Konkurrenz zwischen verschiedenen Regelungen auftreten. Nach der Rechtswirkung der Regelung richtet sich dann, welcher Gestaltungsfaktor den Vorrang hat.

300 Daraus ergibt sich eine Rangordnung der Rechtsquellen, für die neben dem Vorrang des Gesetzes vor allem wesentlich ist, dass der Tarifvertrag der Betriebsverein-

A. Grundbegriffe und Grundstrukturen des Arbeitsrechts

barung vorgeht (§ 77 Abs. 3 BetrVG) und dass Tarifvertrag und Betriebsvereinbarung wegen der unmittelbaren und zwingenden Geltung ihrer Normen (§ 4 Abs. 1 TVG, § 77 Abs. 4 BetrVG) Vorrang vor dem Arbeitsvertrag haben. Schwächster Gestaltungsfaktor ist die einseitige Weisung des Arbeitgebers, weil das Direktionsrecht nur in den Grenzen des Einzelarbeitsvertrages besteht.

Wegen der Funktionsschwäche der individuellen Vertragsfreiheit für einen Interessenausgleich sind anders als bei einem sonstigen rechtsgeschäftlich begründeten Schuldverhältnis die in einem Gesetz getroffenen Regelungen meist zwingend. Aus dem Normzweck ergibt sich aber, dass eine abweichende Gestaltung zugunsten des Arbeitnehmers im allgemeinen zulässig ist (**Günstigkeitsprinzip**; vgl. z. B. *LAG Hamm* 6.2.2001 NZA-RR 2001, 540 für das Verhältnis Arbeitsvertrag/Betriebsvereinbarung). Im Verhältnis des Tarifvertrags zur Betriebsvereinbarung ist das Günstigkeitsprinzip allerdings durch § 77 Abs. 3 BetrVG verdrängt. 301

Außerdem sind zahlreiche Arbeitsgesetze tarifdispositiv (z. B. § 13 Abs. 1, 2 BUrlG, § 622 Abs. 4 BGB, § 4 Abs. 4 EFZG, § 12 ArbZG, § 48 Abs. 2 ArbGG, § 17 Abs. 3 BetrAVG), weil das Tarifvertragssystem vom Verhandlungsgleichgewicht der Koalitionen ausgeht; dabei kann allerdings auch zuungunsten des Arbeitnehmers vom Gesetz abgewichen werden. 302

Vereinfacht lässt sich eine Normenhierarchie mit folgender Reihenfolge bilden: 303
- EG-Recht;
- GG;
- Bundes- oder Landesgesetze;
- Tarifverträge;
- Betriebsvereinbarungen;
- Arbeitsvertrag;
- Direktionsrecht.

Eine Rechtsnorm ist grds. dann unwirksam, wenn sie gegen höherrangiges Recht verstößt, es sei denn, die höherrangige Norm lässt dies ausdrücklich zu. 304

a) Individualarbeitsrecht

aa) Grundgesetz (GG)
Von arbeitsrechtlicher Bedeutung sind insbesondere (vgl. MünchArbR/*Richardi* § 10 Rz. 39–62): 305
- Art. 1 Abs. 1 (Menschenwürde),
- Art. 2 Abs. 1 (allgemeines Persönlichkeitsrecht, daraus folgend z. B. Privatautonomie, Recht auf informationelle Selbstbestimmung),
- 1 Abs. 1 i. V. m. 2 Abs. 1 (Beschäftigungs- und Weiterbeschäftigungsanspruch),
- Art. 3 Abs. 1 (Gleichheitssatz),
- Art. 3 Abs. 2 (Gleichberechtigung von Mann und Frau),
- Art. 3 Abs. 2, 3 (Lohngleichheit von Mann und Frau),
- Art. 4 Abs. 1 (Glaubens- und Gewissensfreiheit),
- Art. 5 Abs. 1 (Meinungsfreiheit),
- Art. 6 (Schutz von Ehe und Familie),

A. Grundbegriffe und Grundstrukturen des Arbeitsrechts

- Art. 9 Abs. 3 (Koalitionsfreiheit),
- Art. 12 Abs. 1 (Berufsfreiheit),
- Art. 14 Abs. 1 (Eigentumsgarantie),
- Art. 20 Abs. 1, 28 Abs. 1 (Sozialstaatsprinzip als Auslegungsgrundsatz),
- Art. 73 Nr. 8 (ausschließliche Gesetzgebungsbefugnis des Bundes für die Rechtsverhältnisse auch der Arbeiter und Angestellten des Bundes und der bundesunmittelbaren Körperschaften),
- Art. 74 Nr. 12 (konkurrierende Gesetzgebung des Bundes für das Arbeitsrecht),
- Art. 75 Nr. 1 (Rahmengesetzgebungsbefugnis des Bundes auch für die Arbeiter und Angestellten von Ländern und Kommunen),
- Art. 95 (*BAG* als oberster Gerichtshof in Arbeitssachen),
- 140 i. V. m. Art. 137 Abs. 3 WRV (Kirchenautonomie).

bb) Gesetze
– Privatrechtliche Gesetze

306 Insoweit ist zu unterscheiden zwischen Regelungen für bestimmte Berufsgruppen (§§ 105 ff. GewO a. F. bis 31.12.2002 für gewerbliche Arbeitnehmer [Gesellen, Gehilfen, technische Angestellte; §§ 105 ff. GewO n. F. gelten ab 1.1.2003 für alle Arbeitnehmer], §§ 59 ff. HGB für kaufmännische Angestellte (Handlungsgehilfen), §§ 1 ff. BBiG (für Auszubildende), §§ 105 b Abs. 1, 154 a GewO (für im Bergbau beschäftigte Arbeitnehmer bis 31.12.2002; aufgehoben zum 1.1.2003), für Schiffsbesatzungen (SeemG für die Seeschifffahrt, BinSchG, FlößereiG für die Binnenschifffahrt und das Flößereiwesen sowie das Abkommen über die Arbeitsbedingungen der Rheinschiffer für die Rheinschifffahrt, Hausangestellte (§ 23 KSchG) und Regelungen für alle Arbeitnehmer (Gesetz über Mindestarbeitsbedingungen, EFZG, KSchG, §§ 611 ff. BGB).Die §§ 611 ff. BGB stehen einer Zulässigkeit von Landesgesetzen nicht entgegen, weil diese Normen auch für das Arbeitsvertragsrecht keine Kodifikation enthalten (s. o. A/Rz. 8 ff.). Es handelt sich deshalb nur um die bundesgesetzliche Normierung von Teilbereichen. Deshalb sind die Länder z. B. befugt, arbeitsrechtliche Regelungen zur Arbeitnehmerweiterbildung zu treffen (*BVerfG* 15.12.1987 EzA § 7 AWbG NW Nr. 1).

– Öffentlich-rechtliche Arbeitsschutzgesetze

307 (z. B. ArbZG, MuSchG, BErzGG, JArbSchG, HAG, SGB IX, ASiG).

cc) Kollektivvereinbarungen

308 – Tarifvertrag,
– Betriebsvereinbarung.

dd) Arbeitsvertrag

309 Rechtsgrund für die Erbringung der Arbeitsleistung und die Gewährung der Vergütung ist der individuelle Vertrag zwischen Arbeitgeber und Arbeitnehmer.

310 Die Entscheidung, ob überhaupt und gegebenenfalls mit wem ein Arbeitsvertrag abgeschlossen wird (Abschluss-, Auswahlfreiheit), ist grds. der freien Entscheidung der Beteiligten überlassen (Vertragsfreiheit), die durch Art. 12 Abs. 1 GG verfassungsrechtlich geschützt ist. Beschränkungen sowohl der Abschluss- als auch der Auswahlfreiheit ergeben sich aber insbesondere aus betriebsverfassungsrechtlichen Normen,

A. Grundbegriffe und Grundstrukturen des Arbeitsrechts

vor allem aus den Mitbestimmungsrechten des Betriebsrats (vgl. §§ 78 a, 99, 100 BetrVG, §§ 75 Abs. 1, 77 Abs. 2, 99, 107 BPersVG für Personalräte); auch durch Tarifverträge können Abschlussge- und -verbote vereinbart werden.

> Der Arbeitsvertrag wird ergänzt durch
> – Allgemeine Arbeitsbedingungen,
> – betriebliche Übung,
> – Gleichbehandlung,
> – Direktionsrecht.

311

b) Kollektives Arbeitsrecht
– Tarifvertragsrecht (TVG),
– Betriebsverfassungs- und Personalvertretungsrecht (BetrVG, BPersVG, LPersVG),
– Recht der Unternehmensmitbestimmung (MitbestG),
– Arbeitskampfrecht (Art. 9 Abs. 3 GG; im übrigen Richterrecht).

312

2. Einzelfragen

a) Grundrechte im Arbeitsrecht

aa) Die Begründung des Arbeitsverhältnisses
Gem. Art. 12 Abs. 1 GG steht dem Arbeitnehmer die uneingeschränkte **Vertragsabschlussfreiheit** insoweit zu, als er entscheiden kann, ob und mit wem er ein Arbeitsverhältnis begründen will.
Art. 12 Abs. 1 GG enthält auch für den Arbeitgeber eine Garantie individualarbeitsvertraglicher Vertragsfreiheit. Geschützt wird die **Privatautonomie in der Begründung, der inhaltlichen Ausgestaltung und der Beendigung des Arbeitsverhältnisses**. Einschränkungen erfährt diese Garantie aufgrund des **Sozialstaatsprinzips**. Daraus folgt die Pflicht des Staates, für eine gerechte Sozialordnung zu sorgen. Dem Gesetzgeber wird insoweit allerdings ein weiter Gestaltungsspielraum eingeräumt. Seine Grenzen ergeben sich unter dem Gesichtspunkt der Verhältnismäßigkeit durch Abwägung der sozialpolitischen Schutzanliegen mit den die Arbeitgeber treffenden Belastungen (*BVerfG* 23.1.1990 EzA § 128 AFG Nr. 1). Zum sozialen Schutzauftrag gehört der Arbeitnehmerschutz und der Schutz der Arbeitnehmer vor vertraglichen Vereinbarungen und Zugeständnissen, durch die sie in ihren elementaren gesundheitlichen, persönlichkeitsrechtlichen oder auch wirtschaftlichen Interessen verletzt werden (MünchArbR/*Buchner* § 39 Rz. 17 f.).

313

bb) Grundrechte im Arbeitsverhältnis

> Grundrechte sind in erster Linie Abwehrrechte des einzelnen gegen den Staat; sie binden Gesetzgebung, vollziehende Gewalt und die Rechtsprechung und sind unmittelbar geltendes Recht (Art. 1 Abs. 3 GG), um die von ihnen gesetzte Wertordnung zu verwirklichen.

314

Dadurch gewährleisten sie eine staatsunabhängige Freiheitssphäre zur Entfaltung der Persönlichkeit nach dem Prinzip individueller Selbstbestimmung. Deshalb verkör-

315

A. Grundbegriffe und Grundstrukturen des Arbeitsrechts

pert sich in ihnen eine objektive Wertordnung, die als verfassungsrechtliche Grundentscheidung für alle Bereiche des Rechts gilt (BVerfG 15.1.1958 E 7, 198).

316 Das *BAG* hat daher für gewisse wichtige Grundrechte zunächst angenommen, dass privatrechtliche Abmachungen sich nicht in Widerspruch zu dem setzen dürfen, was man das Ordnungsgefüge einer konkreten Staats- und Rechtsordnung nennen kann. Deshalb ist es zur Anerkennung einer unmittelbaren privatrechtlichen Wirkung (sog. **unmittelbare Drittwirkung** von Grundrechten) der Grundrechtsbestimmungen gekommen, **die für den Verkehr der Rechtsgenossen untereinander in einer freiheitlichen und sozialen Gemeinschaft unentbehrlich sind** (15.1.1955, 18.10.1961 AP Art. 3 GG Nr. 4, 69 [Lohngleichheitsgrundsatz, Art. 3], 10.11.1955 AP § 611 BGB Beschäftigungspflicht Nr. 2 [Beschäftigungsanspruch, Art. 1, 2 GG]).

317 Weil die Grundrechte sich aber auf das Über- und Unterordnungsverhältnis zwischen Bürger und Staat beziehen, im privatrechtlichen Verkehr sich demgegenüber Grundrechtsträger grds. gleichberechtigt gegenüberstehen, geht das *BVerfG* (15.1.1958, 23.4.1986, 7.2.1990 E 7, 198, E 73, 269, E 81, 254) dagegen davon aus, dass mit **Ausnahme des Art. 9 Abs. 3 GG** (Koalitionsfreiheit), für den sich die unmittelbare Drittwirkung bereits aus dem eindeutigen Wortlaut der Norm ergibt, **eine unmittelbare Drittwirkung nicht in Betracht kommt.**

318 Das GG hat aber in seinem Grundrechtsabschnitt eine objektive Wertordnung geschaffen, ein Wertesystem, das seinen Mittelpunkt in der innerhalb der sozialen Gemeinschaft sich frei entfaltenden Persönlichkeit und in der Würde des einzelnen findet. Diese verfassungsrechtliche Grundentscheidung muss für alle Bereiche der Rechtsordnung gelten und beeinflusst folglich auch das Privatrecht mittelbar. Einbruchstellen für die mittelbare Drittwirkung der Grundrechte im Zivilrecht sind die wertausfüllungsfähigen und -bedürftigen Begriffe und Generalklauseln des Privatrechts (z. B. § 242 BGB).

319 Erforderlich ist in jedem Einzelfall der Versuch einer Harmonisierung der beiderseits betroffenen, verfassungsrechtlich grds. gleichwertigen schutzwerten Rechtsgüter, also eine Abwägung des unternehmerischen Arbeitgeberinteresses mit dem kollidierenden Interesse des Arbeitnehmers nach Maßgabe des Verhältnismäßigkeitsprinzips (Geeignetheit, Erforderlichkeit, Verhältnismäßigkeit i. e. S.).

320 Dem folgend hat das *BAG* (GS 27.2.1985 EzA § 53 BAT Beschäftigung Nr. 9) nunmehr die Rechtsgrundlage des Beschäftigungsanspruchs des Arbeitnehmers in §§ 611, 613 i. V. m. § 242 BGB gesehen mit der Maßgabe, dass die Generalklausel des § 242 BGB dabei ausgefüllt wird durch die Wertentscheidung der Art. 1 und 2 GG.

321 Aus dem Charakter der Grundrechte als objektive Grundsatznormen ergeben sich darüber hinaus auch Schutzpflichten des Staates für die in ihnen gewährleisteten Rechtsgüter, z. B. die Vertragsfreiheit zur Gewährung individueller Selbstbestimmung. Der Grundrechtsträger hat ein Recht auf solche Maßnahmen, die zum Schutz eines grundrechtlich gesicherten Freiheitsrechts – auch gegenüber Grundrechtsbeeinträchtigungen durch Privatrechtssubjekte – unerlässlich sind (*BVerfG* 29.5.1973 E 35, 116).

322 Diese Pflicht ist dann verletzt, wenn eine Gesetzesbestimmung den gebotenen Schutz nicht ausreichend realisiert oder eine konkurrierende Grundrechtsposition unverhältnismäßig einschränkt. Auch die Untätigkeit des Gesetzgebers, z. B.

dem sozialen und wirtschaftlichen Ungleichgewicht entgegenzuwirken, kann zu einer verfassungswidrigen Schutzlücke führen.
Bei der Entscheidung darüber, wann eine Ungleichgewichtslage so schwer wiegt, dass eine Begrenzung oder Ergänzung der Vertragsfreiheit zum Zwecke des Grundrechtsschutzes geboten ist, hat der Gesetzgeber allerdings einen **weiten Beurteilungs- und Gestaltungsspielraum** (*BVerfG* 7.2.1990 EzA § 90 a HGB Nr. 1). 323

cc) **Kollektives Arbeitsrecht**

Die Tarifvertragsparteien sind wie der staatliche Gesetzgeber an alle Grundrechte gebunden. Denn die Tarifnormen setzen kraft staatlicher Delegation bzw. kraft durch die Verfassung eingeräumter Normsetzungsbefugnis insbesondere in ihren Regelungen der Arbeitsbedingungen objektives Recht für die Arbeitsverhältnisse (§ 4 Abs. 1 TVG). Folglich ergibt sich die unmittelbare Bindung der Tarifvertragsparteien an die Grundrechte aus Art. 1 Abs. 3 GG (*BAG* 15.1.1955, 2.3.1955, 6.4.1955, 4.2.1988 AP Nr. 4, 6, 7 zu Art. 3 GG, EzA § 4 Tarifverträge: Rundfunk Nr. 16; 13.5.1997, 4.4.2000 EzA § 1 BetrAVG Gleichbehandlung Nr. 12, 19; ausdrücklich offen gelassen aber von *BAG* 5.10.1999 NZA 2000, 1302; vgl. dazu *Löwisch* RdA 2000, 312 ff.; vgl. auch *Söllner* NZA 1996, 901 ff.; *a. A. Singer* ZfA 1995, 611 ff.; krit. *Dieterich* RdA 2001, 112 ff.). Jedenfalls bei der Vereinbarung des **persönlichen Geltungsbereichs** unterliegen die Tarifvertragsparteien aber keiner unmittelbaren Bindung an Art. 3 Abs. 1 GG. Sie sind vielmehr wegen ihres insoweit vorrangigen Grundrechts der Koalitionsfreiheit (Art. 9 Abs. 3 GG) bis zur Grenze der Willkür frei, in eigener Selbstbestimmung den persönlichen Geltungsbereich ihrer Tarifregelungen festzulegen. Die Grenze der Willkür in diesem Sinne ist dann überschritten, wenn die Differenzierung im persönlichen Geltungsbereich unter **keinem Gesichtspunkt**, auch koalitionspolitischer Art, **plausibel erklärbar ist** (*BAG* 30.8.2000 EzA Art. 9 GG Nr. 74; abl. dazu *Löwisch* SAE 2001, 295 ff.). 324

Betriebsvereinbarungen schließlich erhalten zwar nicht dadurch, dass ihnen der Gesetzgeber normative Wirkung zuerkannt hat (§§ 112 Abs. 1 S. 3, 77 Abs. 4 BetrVG) den Charakter von Akten der öffentlichen Gewalt. Eine Grundrechtsbindung besteht jedoch i. S. einer Ausstrahlungs- bzw. mittelbaren Drittwirkung (s. o. A/Rz. 313). auf die Generalklauseln und sonstigen auslegungsfähigen und -bedürftigen Begriffe, die i. S. d. Rechtsgehalts der durch den Grundrechtsabschnitt des GG aufgerichteten objektiven Wertordnung ausgelegt werden müssen. 325

Die Ausstrahlungswirkung der Grundrechte entfaltet sich – so das BVerfG – z. B. im Rahmen der Auslegung eines **Sozialplans** bei der Auslegung und Anwendung der §§ 133, 157 BGB, in denen die Grundsätze für die Interpretation bürgerlich-rechtlicher Willenserklärungen normiert sind und die – wenn auch mit gewissen Modifizierungen – von den Arbeitsgerichten auch für die Interpretation von Sozialplänen herangezogen werden. Aus dem grundrechtlichen Bereich sind insbesondere Art. 9 Abs. 3 und Art. 2 Abs. 1 GG (Koalitionsfreiheit, Privatautonomie, Vertragsfreiheit) in Betracht zu ziehen (*BVerfG* 23.4.1986 AP Nr. 28 zu Art. 2 GG; für eine Übertragbarkeit dieser Grundsätze auch auf Tarifverträge MünchArbR/*Hanau* § 62 Rz. 38 m. Fn. 62; nach der st. Rspr. des *BAG* [11.6.1975, 4.3.1982, 9.2.1984 EzA § 77 BetrVG 326

A. Grundbegriffe und Grundstrukturen des Arbeitsrechts

Nr. 1, 10, 13] sind demgegenüber Betriebsvereinbarungen unter Ausschluss der §§ 133, 157 BGB wie Gesetze auszulegen).

327 Hinsichtlich der Regelungsbefugnis der Betriebspartner verweist § **75 Abs. 2 BetrVG** im Übrigen auf die Freiheitsrechte des GG, insbesondere Art. 1 Abs. 1, 2 Abs. 1 GG, die mittelbar auf das Arbeitsverhältnis einwirken. In einer Betriebsvereinbarung darf deshalb z. B. durch die Festlegung einer Altersgrenze für das Ausscheiden aus dem Betrieb den im Betrieb beschäftigten Arbeitnehmern nicht die Möglichkeit einer freien Entfaltung ihrer Persönlichkeit genommen oder mehr als sachlich geboten eingeschränkt werden (BAG [GS] 7.11.1989 EzA § 77 BetrVG Nr. 34).
Eine entsprechende Drittwirkung gilt auch für den Spruch der **Einigungsstelle** gem. § 76 Abs. 3 BetrVG (BAG 27.5.1986 EzA § 87 BetrVG Kontrolleinrichtung Nr. 16).

dd) Arbeitsvertragsparteien

328 Die aus den Grundrechten abgeleiteten Schutzgebote, die Inhalt und Umfang der tarifvertraglichen Regelungsbefugnis begrenzen, sind auch vom Arbeitgeber zu beachten, wenn er Arbeitsverträge mit Arbeitnehmern abschließt (MünchArbR/*Richardi* § 10 Rz. 38).

ee) Beispiele aus der Rechtsprechung

aaa) Individualarbeitsrecht

(1) Allgemeines Persönlichkeitsrecht (Art. 1 Abs. 1 i. V. m. Art. 2 Abs. 1 GG)

329 – Eine Verletzung des allgemeinen Persönlichkeitsrechts (§ 823 Abs. 1 BGB, Art. 2 Abs. 1 i. V. m. Art. 1 Abs. 1 GG) kann nicht nur vorliegen, wenn der Arbeitnehmer systematisch und ständig unbemerkt und unbemerkbar **überwacht** wird, sondern wegen des dadurch entstehenden Überwachungsdrucks (s. u. C/Rz. 2310 ff.) auch dann, wenn der Arbeitgeber sich vorbehält, den Arbeitnehmer jederzeit ohne konkreten Verdacht am Arbeitsplatz durch versteckte Videokameras zu beobachten (BAG 7.10.1987 EzA § 611 BGB Persönlichkeitsrecht Nr. 6). Unbedenklich ist dagegen die gelegentliche Überwachung des Verhaltens am Arbeitsplatz z. B. durch Vorgesetzte.

330 – Die **heimliche Aufzeichnung** des nicht öffentlich gesprochenen Wortes verletzt i. d. R. das allgemeine Persönlichkeitsrecht des Betroffenen und ist deshalb prozessual nicht verwertbar (LAG Berlin 15.2.1988 DB 1988, 1024; s. u. C/Rz. 2373 ff.).

331 – Hinsichtlich des **Abhörens eines telefonischen Dienstgesprächs** durch den Arbeitgeber ist davon auszugehen, dass der grundrechtliche Schutz des gesprochenen Wortes (Art. 2 Abs. 1 i. V. m. Art. 1 Abs. 1 GG) nicht durch die bloße Kenntnis von der Mithörmöglichkeit beseitigt wird (s. u. C/Rz. 2313 ff.). Die Benutzung eines Diensttelefons allein rechtfertigt daher nicht den Schluss, damit sei dem Sprechenden eine Erweiterung des Adressatenkreises gerade um den Arbeitgeber oder dessen Stellvertreter gleichgültig. In der gerichtlichen Verwertung von Kenntnissen und Beweismitteln, die unter Verstoß gegen das Persönlichkeitsrecht erlangt sind, liegt i. d. R. ein Eingriff in das Grundrecht aus Art. 2 Abs. 1 i. V. m. Art. 1 Abs. 1 GG (BVerfG 19.12.1991 EzA § 611 BGB Persönlichkeitsrecht Nr. 10; s. u. C/Rz. 2313, 2373).

332 – Bei der Ermittlung, Speicherung und Verwertung von Informationen über den Arbeitnehmer darf der Arbeitgeber nicht tiefer in die Privatsphäre des Arbeitnehmers

A. Grundbegriffe und Grundstrukturen des Arbeitsrechts

eindringen, als dies der Zweck des Arbeitsverhältnisses erfordert; das BDSG gilt zudem auch für Arbeitsverhältnisse (vgl. *Heither* BB 1989, 1049; s. u. C/Rz. 2397).

(2) Menschenwürde (Art. 1 Abs. 1 GG)
Zweifelhaft ist z. B. im Hinblick auf Art. 1 Abs. 1 GG, ob **genetische Analysen** in Reihenuntersuchungen grds. oder nur für arbeitsmedizinische Vorsorge unter bestimmten strengen Voraussetzungen zulässig sind und auch nach künftigem Recht sein sollen (für die zweite Alternative *Wiese* RdA 1988, 217, RdA 1986, 120; *Deutsch* NZA 1987, 657; vgl. auch *Wiese* Genetische Analysen und Rechtsordnung 1994, S. 36 ff.). 333

(3) Gleichheitsgrundsatz (Art. 3 GG)
Das **Nachtarbeitsverbot** gem. § 19 AZO benachteiligte Arbeiterinnen im Vergleich zu Arbeitern und weiblichen Angestellten. Es verstieß daher gegen Art. 3 Abs. 1, 3 GG. Eine Ungleichbehandlung, die an das Geschlecht anknüpft, ist mit Art. 3 GG nur vereinbar, soweit sie zur Lösung von Problemen, die ihrer Natur nach entweder bei Männern oder Frauen auftreten können, zwingend erforderlich ist (*BVerfG* 25.7.1991 § 19 AZO Nr. 5). 334

§§ 2, 3 des Hamburgischen Ruhegeldgesetzes ist mit Art. 3 Abs. 1 GG unvereinbar, soweit **nichtvollbeschäftigte**, aber **rentenversicherungspflichtige Arbeitnehmer** kein Ruhegeld erhalten (*BVerfG* 27.11.1997 EzA § 1 BetrAVG Gleichberechtigung Nr. 11); wirksam ist es dagegen insoweit, als es für die Arbeitnehmer, deren Beschäftigungsverhältnis zur Stadt Hamburg vor dem 1.7.1983 begonnen hat und bis zum Ende des Versorgungsfalles fortbesteht, eine **nettolohnbezogene Gesamtversorgungsobergrenze** von 91,75% eingeführt hat und für neu eintretende Arbeitnehmer ab dem 1.4.1995 eine nicht vergleichbare, andersartige Altersversorgung vorsieht (*BAG* 12.3.1996 NZA-RR 1997, 99). 335

Die Gleichbehandlung unterschiedlich hoher Versorgungszusagen desselben **öffentlichen Arbeitgebers** durch § 18 BetrAVG bei vorzeitiger Beendigung des Arbeitsverhältnisses ist mit Art. 3 Abs. 1 GG unvereinbar; Gleiches gilt für die Ungleichbehandlung von betrieblichen Altersrenten in der Privatwirtschaft und im öffentlichen Dienst durch das BetrAVG (*BVerfG* 17.5.1998 NZA 1999, 194). 336

Werden bei der Berechnung der Versorgungsrente einer Teilzeitkraft in demselben Umfang Steuern und Sozialabgaben zugrunde gelegt wie bei einer Vollzeitkraft, verstößt diese Art der Berechnung gegen Art. 3 Abs. 1 GG. Diese Schlechterstellung lässt sich auch nicht mit Praktikabilitätserwägungen rechtfertigen (*BVerfG* 25.8.1999 NZA 1999, 1152). 337

(4) Gewissensfreiheit
– Im Hinblick auf Art. 4 Abs. 1 GG kann eine Gewissensnot den Arbeitnehmer berechtigen, die Arbeit zu verweigern, z. B. wenn er an der Weiterentwicklung einer Substanz mitarbeiten soll, die im Falle eines **Nuklearkrieges** an Soldaten verabreicht werden könnte, um bei einer nuklearen Verstrahlung dem Erbrechen entgegenzuwirken. Der Arbeitgeber hat im Rahmen billigen Ermessens nach § 315 Abs. 1 BGB den Inhalt der geschuldeten Arbeitsleistung so zu konkretisieren, dass ein ihm offenbarter Gewissenskonflikt des Arbeitnehmers berücksichtigt wird. Maßgebend ist der subjektive Gewissensbegriff, sodass der Arbeitnehmer darlegen muss, dass ihm wegen seiner aus einer spezifischen Sachlage folgenden Gewissensnot nicht zuzumuten ist, die an sich vertraglich geschuldeten Leistung zu erbringen. Lässt sich aus den festgestellten Tatsachen im konkreten Fall ein Ge- 338

A. Grundbegriffe und Grundstrukturen des Arbeitsrechts

wissenskonflikt ableiten, unterliegt die Relevanz und Gewichtigkeit der Gewissensbildung keiner gerichtlichen Kontrolle.

339 – Die Gewissensentscheidung des Arbeitnehmers schränkt die unternehmerische Freiheit, den Inhalt der Produktion zu bestimmen, nicht ein. Der Arbeitnehmer ist vielmehr gem. § 297 BGB außerstande, die geschuldete Leistung zu erbringen.

340 – Verbietet eine nach § 315 Abs. 1 BGB im Rahmen des billigen Ermessens erhebliche Gewissensentscheidung dem Arbeitgeber, dem Arbeitnehmer eine an sich von diesem geschuldete Arbeit zuzuweisen, kann allerdings ein in der Person des Arbeitnehmers liegender Grund gegeben sein, das **Arbeitsverhältnis zu kündigen**, wenn eine andere Beschäftigungsmöglichkeit für den Arbeitnehmer nicht besteht (*BAG* 24.5.1989 EzA § 315 BGB Nr. 36; vgl. dazu *Kohte* NZA 1989, 161; *Rüfner* RdA 1992, 1).

341 – Die Freiheit der Gewissensverwirklichung (Art. 4 Abs. 1 GG) verbietet es dem Arbeitgeber, den Arbeitnehmer in einen **vermeidbaren Gewissenskonflikt** zu stürzen, z. B. für eine Zeitschrift tätig zu werden, die den freiheitlich-demokratischen Rechtsstaat angreift oder das Gewalt- und Unrechtsregime des Nationalsozialismus verherrlicht oder verharmlost (*BAG* 20.12.1984, 24.5.1989 EzA Art. 4 GG Nr. 1, 2).

(5) Meinungsfreiheit; politische Betätigung; Pressefreiheit

342 – Umstritten sind die Auswirkungen von Art. 5 Abs. 1, 9 Abs. 3 GG auf das Arbeitsverhältnis beim **Tragen politischer Plakaten** im Betrieb, **Arbeitsniederlegungen aus politischen Gründen** oder sonstigen politischen Aktivitäten des Arbeitnehmers innerhalb oder außerhalb der Arbeitszeit (vgl. *LAG Rheinland-Pfalz* 28.8.1986, 5 Sa 240/86 n. v. u. *ArbG Mainz* 22.1.1986 – 2 Ca 1176/85 – n. v. [Friedenstaube auf dem Aktenkoffer und dem PKW eines Zivilangestellten bei der Bundeswehr]; von *Hoyningen-Huene/Hofmann* BB 1984, 1050 [politische Plakate im Betrieb]; *Kissel* NZA 1988, 145).

343 – Ein Arbeitnehmer darf jedenfalls nicht durch das Tragen einer auffälligen Plakette (»**Stoppt Strauß**«), die bewusst den politischen Gegner provoziert, den Betrieb als Forum des Wahlkampfs nutzen (*BAG* 9.12.1982 EzA § 626 BGB Nr. 86; s. u. D/Rz. 723, 1233, 1286).

344 – Angestellte Lehrer im öffentlichen Dienst dürfen während ihres Schuldienstes keine **Anti-Atomkraft-Plaketten** tragen (*BAG* 2.3.1982 EzA Art. 5 GG Nr. 10).

345 – **Werkszeitungen** genießen Pressefreiheit (*BVerfG* 8.10.1996 EzA Art. 5 GG Nr. 23).

346 – Eine **kritische Berichterstattung** über den Kosovo-Krieg (»angebliches Massaker von Racak, Nato-Angriffskrieg«) ist vom Grundrecht auf freie Meinungsäußerung eines Rundfunkredakteurs geschützt. Die Feststellung, die Nato befinde sich (1999) mit Restjugoslawien in einem (Angriffs-)Krieg, ist objektiv zutreffend gewesen (*LAG Baden-Württemberg* 2 .8. 2000 ArbuR 2001, 192).

(6) Spannungsverhältnis zwischen Grundrechten und kirchlichem Selbstbestimmungsrecht

347 – Bei einer Beschäftigung im **kirchlichen Dienst** braucht ein Arbeitgeber es nicht hinzunehmen, dass ein Arbeitnehmer öffentlich fundamentale Grundsätze der kirchlichen Lehre in Frage stellt (*BVerfG* 4.6.1985 EzA § 611 BGB Kirchliche Arbeitnehmer Nr. 24; s. u. D/Rz. 1846 ff.).

A. Grundbegriffe und Grundstrukturen des Arbeitsrechts

- **Fragen nach der Religionszugehörigkeit** sind bei Bewerbungen um einen Arbeitsplatz nur zulässig, wenn es sich um einen religiös bestimmten Tendenzbetrieb oder eine kirchliche Einrichtung handelt (MünchArbR/*Richardi* § 10 Rz. 47). 348
- Im Rahmen von Arbeitsverhältnissen mit einem Träger des kirchlichen Selbstbestimmungsrechts (Art. 140 GG i. V. m. Art. 137 Abs. 3 WRV), z. B. der Deutschen Caritas, ist zugunsten des Arbeitnehmers auch der grundrechtliche Schutz von Ehe und Familie (Art. 6 Abs. 5 GG) zu beachten. Deshalb ist selbst bei einem Verstoß gegen die katholische Glaubens- und Sittenlehre (z. B. bei erneuter standesamtlicher Eheschließung einer Altenpflegerin nach Scheidung der ersten Ehe) die Wirksamkeit einer ordentlichen personenbedingten Kündigung von einer **umfassenden Interessenabwägung** abhängig. Im Einzelfall kann Art. 6 Abs. 5 GG gegenüber dem kirchlichen Selbstbestimmungsrecht im Rahmen der Interessenabwägung den Vorrang haben (*LAG Rheinland-Pfalz* NZA 1992, 648). 349

(7) Schutz von Ehe und Familie (Art. 6 GG)
- Art. 6 GG verbietet es, verheiratete Arbeitnehmerinnen von einer **Ruhegeldregelung** auszuschließen, wenn sie mit einem ebenfalls ruhegeldanwartschaftsberechtigten Arbeitnehmer verheiratet sind (*BAG* 10.1.1989 EzA § 1 BetrAVG Gleichberechtigung Nr. 3). 350
- Zulässig im Rahmen der **Hinterbliebenenversorgung** sind sog. **Spätehenklauseln**, wonach der Anspruch bei Eingehung der Ehe nach einem bestimmten Höchstalter oder nach Eintritt des Versorgungsfalles entfällt. Gleiches gilt für **Altersdifferenzklauseln**, wonach der Arbeitnehmer z. B. nicht 25 Jahre älter als seine Ehefrau sein darf (*ArbG Duisburg* 16.2.2000 NZA-RR 2001, 48: 15 Jahre; a. A., weil die Witwen dann noch der gleichen Generation angehören *Hessisches LAG* 12.3.1997, DB 1997, 2182), sowie für Getrenntlebensklauseln, die Leistungen ausschließen, wenn die Eheleute zum Zeitpunkt des Todes des Versorgungsempfängers getrennt leben. Allerdings sind Ausnahmeregelungen für Härtefälle vorzusehen. Zulässig sind auch **Scheidungsklauseln**, die die Existenz der Ehe im Todesfall voraussetzen, sodass Versorgungsansprüche entfallen, wenn die Ehe vor Einführung des Versorgungsausgleichs geschieden worden ist, sowie **Wiederverheiratungsklauseln**, die den Anspruch auf betriebliche Witwenrente für den Fall der Wiederverheiratung entfallen lassen (*BAG* 9.11.1978, 6.9.1979 EzA § 242 BGB Ruhegehalt Nr. 76, 81; *BGH* 29.1.1981 AP Nr. 4 zu 242 BGB Ruhegehalt-Lebensversicherung). 351

(8) Berufsfreiheit (Art. 12 Abs. 1 GG)
Art. 12 Abs. 1 GG schützt Arbeitnehmer vor einem **Verfall von betrieblichen Versorgungsanwartschaften**, soweit dadurch die freie Wahl eines anderen Arbeitsplatzes in unverhältnismäßiger Weise eingeschränkt wird (*BVerfG* 15.7.1998 NZA 1999, 194). 352

bbb) Kollektives Arbeitsrecht

(1) Art. 1 Abs. 1, Art. 2 Abs. 1 GG
- Eine Tarifnorm, die für einen Krankenhausarzt **Bereitschaftsdienst** im Anschluss an einen Tagesdienst anordnet, an den sich danach erneut ein Tagesdienst anschließt, ohne dass mindestens sechs Stunden Ruhezeit zur Verfügung stehen, verstößt gegen Art. 1 Abs. 1 GG (*BAG* 24.2.1982 AP Nr. 7 zu § 17 BAT). 353

A. Grundbegriffe und Grundstrukturen des Arbeitsrechts

354 – Gegen Art. 2 Abs. 1 GG verstoßen Tarifnormen, die beim Abschluss des Arbeitsvertrages jegliche Stellvertretung ausschließen (*BAG* 7.11.1958 AP Nr. 1 zu § 611 BGB Film) oder
– wenn sie ein **generelles Nebentätigkeitsverbot** ohne Erfordernis eines besonderen Grundes dafür vorsehen (*BAG* 13.6.1958 AP Nr. 6 zu Art. 12 GG).

(2) Art. 3 Abs. 1, 2 GG, Art. 119 Abs. 2 EGV (jetzt Art. 141 Abs. 2 EGV)

355 – Die Tarifvertragsparteien sind unmittelbar an den Gleichheitssatz gebunden (*BAG* 13.5.1997, 4.4.2000 EzA § 1 BetrAVG Gleichbehandlung Nr. 12, 19; ausdrücklich offen gelassen aber von *BAG* 5.10.1999 NZA 2000, 1302). Diese Bindung an Art. 3 Abs. 1 GG entfällt nicht dadurch, dass die Rechtsverhältnisse vergleichbarer Arbeitnehmergruppen in **unterschiedlichen Tarifverträgen** geregelt werden. Die unterschiedliche Behandlung der Fleischbeschautierärzte im Vergleich zu Tierärzten in Bezug auf Zusagen der betrieblichen Altersversorgung bedarf daher eines sachlichen Grundes. Die Vereinbarung einer Stückvergütung rechtfertigt die unterschiedliche Behandlung, wenn die Tierärzte ihr Entgelt für die geleistete Arbeitsstunde in nicht unerheblichem Umfang selbst bestimmen können, Fleischbeschautierärzte wegen des festen Stundenlohns diese Möglichkeit dagegen nicht haben. Die Möglichkeit, bedeutend höhere Verdienste je Arbeitsstunde erzielen zu können, ist ein Ausgleich für die fehlende **Versorgungszusage**. Beide Regelungen gehören zum Regelungsbereich des Arbeitsentgelts; sie sind deshalb in einen Gesamtvergleich einzubeziehen (*BAG* 17.10.1995 EzA Art. 3 GG Nr. 49). Auch der **Ausschluss von Angestellten** im Geltungsbereich des Tarifvertrages über die Regelung der Rechtsverhältnisse der amtlichen Tierärzte und Fleischkontrolleure außerhalb öffentlicher Schlachthöfe aus der Zusatzversorgung im öffentlichen Dienst ist nicht gleichheitswidrig. Etwas anderes gilt nur dann, wenn Angestellte im Geltungsbereich dieses Tarifvertrages auf Dauer ausschließlich oder im wesentlichen Tätigkeiten gegen Stundenvergütung verrichten (*BAG* 4.4.2000 EzA § 1 BetrAVG Gleichbehandlung Nr. 19).

356 – Die Tarifvertragsparteien des **Baugewerbes** verstoßen mit den tariflichen Regelungen, mit denen **Arbeitern** kein anteiliges 13. Monatseinkommen gewährt wird, wenn sie ihr Arbeitsverhältnis vor dem 30.11. des laufenden Kalenderjahres selbst kündigen, während **Angestellten** ein solcher tariflicher Anspruch bei einer fristgerechten Eigenkündigung zusteht, nicht gegen Art. 3 Abs. 1 GG. Denn es liegt im Gestaltungsspielraum der Tarifvertragsparteien, mit dieser unterschiedlichen Regelung dem Interesse der Arbeitgeber, Eigenkündigungen von Arbeitern vor dem Stichtag entgegenzuwirken, mehr Bedeutung beizumessen als bei Angestellten. An diese sachlich begründete Einschätzungsprärogative sind die Arbeitsgerichte gebunden (*BAG* 18.10.2000 EzA § 611 BGB Gratifikation, Prämie Nr. 161).

357 – Unwirksam ist eine Tarifnorm, in der die **Anrechnung übertariflicher Lohnteile** allein für altersgesicherte Arbeitnehmer, wenn auch nur mit Zustimmung des Betriebsrats, vorgesehen ist (*BAG* 6.2.1985 EzA § 4 TVG Metallindustrie Nr. 20).

358 – Eine Tarifnorm kann vorsehen, dass Angestellte im gekündigten Arbeitsverhältnis, die Kurzarbeit fahren müssen, bis zur Beendigung des Arbeitsverhältnisses Anspruch auf einen **Zuschuss zum Kurzarbeitergeld** haben, wenn das Arbeitsverhältnis vor Einführung der Kurzarbeit vom Arbeitgeber oder vom Arbeitnehmer aus welchen Gründen auch immer gekündigt wurde. Sie verstößt aber gegen Art. 3 Abs. 1 GG, wenn sie den Arbeitnehmern keinen Anspruch einräumt, die bereits vor der Einführung von Kurzarbeit einen Aufhebungsvertrag geschlossen haben;

A. Grundbegriffe und Grundstrukturen des Arbeitsrechts

auch diesen steht der Zuschuss zu (*BAG* 7.11.1995 EzA § 4 TVG Metallindustrie Nr. 105).
- Eine Tarifnorm verstößt gegen Art. 3 Abs. 1 GG, soweit sie einem Mitarbeiter der Ev. Landeskirche aus der früheren Region Ost, dem auf Dauer ein Arbeitsplatz in einem anderen Dienstgebäude seiner Dienststelle zugewiesen wird, das im Gebiet der früheren Region West liegt, nur Anspruch auf eine **Zulage** zugesteht, durch die die **Differenz zwischen der Ostvergütung und der höheren Westvergütung** nicht ausgeglichen wird. Die verfassungskonforme Auslegung der Tarifnorm führt dazu, dass der Mitarbeiter Anspruch auf die Vergütung hat, die für die entsprechenden Mitarbeiter der früheren Region West vereinbart ist (*BAG* 29.2.1996 NZA-RR 1997, 439). 359
- Vor dem Hintergrund der beabsichtigten weiteren Angleichung der Tarifbedingungen in **West und Ost** stellen die weiterhin vorhandenen **unterschiedlichen wirtschaftlichen Verhältnisse** zwischen den neuen und den alten Bundesländern und zwischen dem West- und Ostteil Berlins jedenfalls derzeit noch einen zulässigen Differenzierungsgrund für die Anwendung des BAT-O in Berlin dar (*BVerfG* 9.8.2000 NZA 2000, 1113). 360
- § 5 Abs. 5 des Manteltarifvertrages für die gewerblichen Arbeitnehmer und Angestellten der Metallindustrie in den Ländern Hamburg, Schleswig-Holstein sowie in den Landkreisen Harburg und Stade vom 18. Mai 1990, wonach Angestellte, nicht aber gewerbliche Arbeitnehmer, einen Anspruch auf **Zuschuss zum Kurzarbeitergeld** haben, ist wegen Verstoßes gegen den Gleichheitssatz des Art. 3 Abs. 1 GG nichtig. Weder Angestellte noch Arbeiter haben folglich einen tarifvertraglichen Anspruch auf den Zuschuss zum Kurzarbeitergeld. 361
Die gewerblichen Arbeitnehmer haben für **zurückliegende Zeiträume**, in denen der Arbeitgeber den Zuschuss an die Angestellten gezahlt hat, jedenfalls dann einen Anspruch auf entsprechende Leistungen, wenn dem Arbeitgeber bei der Auszahlung oder zu einem Zeitpunkt, in dem er das Geleistete noch zurückfordern konnte, bewusst war, dass die Zuschussregelung möglicherweise insgesamt unwirksam ist, er gleichwohl nicht sicherstellte, dass seine Rückforderungsansprüche gegen die Angestellten nicht verfallen, und dann die Rückforderungsansprüche wegen Ablaufs der tariflichen Ausschlussfristen erloschen sind (*BAG* 28.5.1996 EzA Art. 3 GG Nr. 55).
- § 3 d BAT verstößt nicht gegen Art. 3 Abs. 1 GG, soweit er **ABM-Kräfte** von den Vergütungsregelungen des BAT ausnimmt (*BAG* 18.6.1997 EzA Art. 3 GG Nr. 66; krit. hinsichtlich der Begründung *Natzel* SAE 1998, 37 ff.; a. A. *LAG Hamm* 11.3.1996 LAGE § 242 BGB Gleichbehandlung Nr. 18). 362
- Wirksam ist dagegen die unterschiedliche Bestimmung der **Arbeitszeit** von Lehrern und Erziehern an Sonderschulen (*BAG* 18.9.1986 EzA § SR II 3 BAT Nr. 1). 363
- Fraglich ist, inwieweit die **Verdoppelung der Bewährungszeit** einer halbtags im Schreibdienst tätigen Angestellten von 12 auf 24 Jahre für einen tariflich vorgesehenen Bewährungsaufstieg mit Art. 3 Abs. 1, 2 GG sowie Art. 119 Abs. 2 EGV (jetzt Art. 141 Abs. 2 EGV) vereinbar ist. Das *BAG* (2.12.1992 EzA Art. 119 EWG-Vertrag Nr. 7; ähnlich *EuGH* 13.5.1986 AP Nr. 10 zu Art. 119 EWG-Vertrag und *BAG* 14.10.1986 Art. 119 EWG-Vertrag Nr. 11 [jeweils zur Wartezeit als Voraussetzung einer Versorgungsregelung]; **a. A.** zuvor *BAG* 1.6.1983, 14.9.1988 EzBAT § 23 a BAT Bewährungsaufstieg Nr. 15, 18) geht inzwischen davon aus, dass eine während der Bewährungszeit erhöhte persönliche Qualifikation nicht generell das Erfordernis verlängerter Bewährungszeiten für Teilzeitbeschäftigte rechtfertigt. 364

A. Grundbegriffe und Grundstrukturen des Arbeitsrechts

365 – Die geringere Berücksichtigung von **Vordienstzeiten** als Beamter, Soldat oder Arbeiter im Fall einer unterbrochenen Beschäftigung im öffentlichen Dienst bei der Bestimmung einer für die Grundvergütung nach dem BAT maßgeblichen Lebensaltersstufe ist mit Art. 3 Abs. 1 GG vereinbar (*BVerfG* 28.11.1997 NZA 1998, 318).

366 – Eine Tarifnorm, die für den Ausschluss einer ordentlichen Kündigung (sog. tarifvertragliche Unkündbarkeit) bei Teilzeitbeschäftigten **die Zurücklegung einer längeren Dienstzeit** fordert als bei Vollzeitbeschäftigten, verstößt gegen Art. 3 Abs. 1 GG (*BAG* 13.3.1997 EzA Art. 3 GG Nr. 64). Gleiches gilt für § 53 Abs. 3 BAT, wonach die tarifliche Unkündbarkeit **Teilzeitbeschäftigten** nur gewährt wird, wenn deren Arbeitszeit mindestens die Hälfte der regelmäßigen Arbeitszeit eines Vollbeschäftigten beträgt (*BAG* 18.9.1997 EzA § 2 BeschFG 1985 Nr. 55).

367 – Die Dienstzeit teilzeitbeschäftigter Arbeitnehmer, die aufgrund ihres Geschlechts mittelbar diskriminiert worden sind, ist ab dem 8.4.1976 (Urteil des *EuGH* in der Rechtssache Defrenne, NJW 1976, 2068) für die Berechnung der ihnen zustehenden Zusatzleistungen zu berücksichtigen. Art. 119 EWGV (jetzt Art. 141 EGV) verbietet es, bei einem Anspruch auf Beitritt zu einem **beruflichen Altersversorgungssystem** eine nationale Vorschrift anzuwenden, nach der der Anspruch im Falle des Obsiegens nur für einen Zeitraum von zwei Jahren vor Klageerhebung zuerkannt werden kann (*EuGH* 11.12.1997 NZA 1998, 361).

368 – Gewährt ein Tarifvertrag unter bestimmten Voraussetzungen männlichen Arbeitnehmern unter Einräumung von Rechtsansprüchen **Zulagen**, so verstößt eine tarifliche Regelung, die weibliche Arbeitnehmer, bei denen die gleichen Voraussetzungen erfüllt sind, von dem Bezug dieser Zulagen ausschließt, gegen Art. 3 GG (*BAG* 2.6.1961 AP Nr. 68 zu Art. 3 GG).

369 – Art. 3 Abs. 2 GG verbietet ebenso wie **Art. 119 Abs. 1 EGV** (jetzt Art. 141 Abs. 2 EGV) **offene, unmittelbare Diskriminierungen** (vgl. dazu *Thüsing* NZA 2000, 570); z. B. durch **Lohnabschlagsklauseln**, durch die Frauen bei gleicher Tätigkeit nur einen bestimmten Prozentsatz des Männerlohns erhalten (*BAG* 15.1.1955 AP Nr. 4 zu Art. 3 GG), oder durch eine **Versorgungsregelung**, die ein Ausscheiden weiblicher Arbeitnehmer aus der Ruhegeldeinrichtung vorsieht, sobald der Ehemann bei demselben Arbeitgeber eine Anwartschaft auf Ruhegeld erworben hat (*BAG* 28.3.1958 AP Nr. 28 zu Art. 3 GG; vgl. auch *BAG* 10.1.1989 NZA 1989, 683). Gegen Art. 3 Abs. 2 GG verstoßen auch Regelungen, die zwischen Männern und Frauen in ihren Anspruchsvoraussetzungen unterscheiden, etwa hinsichtlich des Eintrittsalters, anrechnungsfähiger Dienstzeiten, unterschiedlicher Wartezeiten (*BAG* 31.8.1978 EzA Art. 3 GG Nr. 6; vgl. MünchArbR/*Förster/Rühmann* § 105 Rz. 79). Entsprechendes gilt für **Hinterbliebenenversorgungen**, die nur eine Witwen-, nicht jedoch eine Witwerrente vorsehen. Damit erhalten Frauen ungünstigere Versorgungszusagen als Männer, da ihnen im Gegensatz zu den Männern eine Hinterbliebenenversorgung vorenthalten wird (*BAG* 5.9.1989 EzA § 1 BetrAVG Gleichberechtigung Nr. 5).

370 – Fraglich ist, ob das auch bei unterschiedlichen festen **Altersgrenzen** für Männer und Frauen gilt. Bestimmt eine Versorgungsregelung, dass Arbeitnehmerinnen mit Vollendung des 60. Lebensjahres die Betriebsrente in Anspruch nehmen können, aber nicht müssen, so verstößt dies jedenfalls nicht gegen Art. 3 Abs. 2 GG zuungunsten der Frauen. Fraglich ist aber, ob es dagegen zuungunsten der Männer verstößt (der *EuGH* 17.5.1990 EzA Art. 119 EWG-Vertrag Nr. 4 geht wohl von einem Verstoß gegen Art. 119 EGV (jetzt Art. 141 Abs. 2 EGV) aus; offen gelassen von *BAG* 20.11.1987 EzA § 620 BGB Altersgrenze Nr. 1).

Inzwischen geht das *BAG* (7.11.1995 EzA Art. 119 EWG-Vertrag Nr. 32) davon aus, dass eine tarifliche Regelung, die Frauen, die mit Vollendung des 60.Lebensjahres aus dem Arbeitsverhältnis ausscheiden, um gesetzliche Rente in Anspruch zu nehmen, einen Anspruch auf **Übergangsgeld** gibt, Männern aber erst dann, wenn sie mit Vollendung des 65.Lebensjahres ausscheiden, jedenfalls insoweit gegen Art. 119 EGV (jetzt Art. 141 EGV), Art. 3 Abs. 2, 3 GG verstößt, wie sie Männer vom Bezug des Übergangsgeldes ausschließt, die mit Vollendung des 63. Lebensjahres die gesetzliche Rente in Anspruch nehmen wollen und deshalb aus dem Arbeitsverhältnis ausscheide.   371

– Verboten sind auch **mittelbare Diskriminierungen** (vgl. *Schlachter* NZA 1995, 393 ff.; *Thüsing* NZA 2000, 570 ff.), wenn von bestimmten Regelungen zwar Männer und Frauen erfasst, aber wesentlich mehr Personen einer Geschlechtsgruppe tatsächlich betroffen sind und keine objektive Rechtfertigung (die der Arbeitgeber darlegen und beweisen muss) für die Differenzierung besteht, z. B. durch die Herausnahme der – ganz überwiegend weiblichen – Teilzeitbeschäftigten (für die dies auch aus § 2 Abs. 1 BeschFG, jetzt § 4 TzBfG folgt) aus der betrieblichen Altersversorgung (*BAG* 6.4.1982, 29.8.1989 EzA § 1 BetrAVG Nr. 16, EzA § 2 BeschFG Nr. 3; vgl. zur Ungleichbehandlung bei der Zahlung von Zulagen in einem Österreich betreffenden Fall *EuGH* 26.6.2001 NZA 2001, 883).   372

– Eine mittelbare **Entgeltdiskriminierung von Sozialarbeitern** durch die Vergütungsordnung zum BAT kann nicht aus dem Vergleich der für ihre Eingruppierung geltenden speziellen Eingruppierungsmerkmale mit denjenigen für technische Angestellte abgeleitet werden. Vergleichend zu betrachten sind vielmehr auch alle übrigen Tätigkeitsmerkmale für Angestellte anderer Berufe mit Fachhochschulabschluss und entsprechender Tätigkeit. Rügt der Kläger den Verstoß gegen das Lohngleichheitsgebot ohne substantiierte Begründung, so kann sich die gerichtliche Prüfung darauf beschränken, ob für die Berechtigung des gerügten Verstoßes greifbare Anhaltspunkte bestehen. Das ist hinsichtlich der Sozialarbeiter nicht der Fall (*BAG* 10.12.1997 EzA Art. 119 EWG-Vertrag Nr. 52; vgl. dazu *Thüsing* SAE 1999, 28 ff.; krit. *Feldhoff* ZTR 1999, 207 ff.).   373

– Die **Beschränkung des Nachzahlungsanspruchs** für durch den Erziehungsurlaub (jetzt die Elternzeit) entgangene Gratifikationen auf Frauen durch § 13 MTV Versicherungsgewerbe stellt eine unzulässige Diskriminierung von Männern dar (Art. 3 Abs. 1, 2 GG). Es ist auch nicht erforderlich, dass Männer den Erziehungsurlaub (jetzt die Elternzeit) unmittelbar im Anschluss an die Schutzfrist der Mutter antreten (*LAG Hessen* 26.11.1999 NZA-RR 2000, 120).   374

– Verstößt eine **Versorgungsordnung** gegen Art. 3 Abs. 2 GG, so ist nur die diskriminierende Sonderbestimmung – z. B. der Ausschluss der Teilzeitbeschäftigten – nichtig. Die in der Vergangenheit erdienten Versorgungsansprüche und Anwartschaften müssen nach der alten Versorgungsordnung berechnet werden (*BAG* 14.3.1989 EzA Art. 3 GG Nr. 28; s. auch oben A/Rz. 337).   375

– Soweit durch eine Tarifnorm (§ 39 TVAngBundespost) **Teilzeitbeschäftigte**, deren regelmäßige wöchentliche Arbeitszeit durchschnittlich weniger als die Hälfte der regelmäßigen wöchentlichen Arbeitszeit eines Vollzeitbeschäftigten beträgt, von **Beihilfeleistungen** ausgeschlossen waren, verstieß dies gegen § 2 Abs. 1 BeschFG 1985 (jetzt § 4 TzBfG). Ihnen steht Beihilfe nach dem Zweck der tariflich in Bezug genommenen Beihilfevorschriften nicht nur anteilig im Verhältnis der vereinbarten Arbeitszeit zur regelmäßigen Arbeitszeit vollbeschäftigter Angestellter zu, sondern in gleicher Höhe wie diesen. Ob das auch geringfügig Beschäftigte i. S. v. § 8   376

A. Grundbegriffe und Grundstrukturen des Arbeitsrechts

SGB IV gilt, hat das *BAG* (25.9.1997 NZA 1998, 151) offen gelassen. Die gleichlautende Vorschrift des § 40 BAT wurde mit Wirkung vom 1.9.1994 geändert. Danach erhält der nichtvollbeschäftigte Angestellte von der errechneten Beihilfe den Teil, der dem Verhältnis entspricht, in dem die regelmäßige wöchentliche Arbeitszeit eines entsprechenden vollbeschäftigten Angestellten zu der arbeitsvertraglich vereinbarten durchschnittlichen regelmäßigen wöchentlichen Arbeitszeit steht. Diese Regeung verstößt nicht gegen höherrangiges Recht. Denn durch die **Neufassung** hat sich der **Leistungszweck geändert**. Die Beihilfe dient nicht mehr der Deckung des vollen Bedarfs des Anspruchsberechtigten, sondern stellt nur noch einen anlassbezogenen Zuschuss zur laufenden Vergütung dar. Es ist daher sachlich gerechtfertigt, diesen Vergütungszuschuss bei Teilzeitbeschäftigten im gleichen Umfang zu kürzen wie die Vergütung selbst (*BAG* 19.2.1998 EzA § 2 BeschFG Nr. 56; gleiches gilt für § 40 Unterabs. 2 MTA in der seit 1.9.1994 geltenden Fassung: *BAG* 19.2.1998 EzA § 2 BeschFG 1985 Nr. 57; *BAG* 25.2.1999 ZTR 1999, 522).

377 – **Teilzeitbeschäftigte Frauen**, deren tägliche Arbeitszeit spätestens um 12.00 Uhr endet, haben weder gem. Art. 119 EWGV (jetzt Art. 141 EGV), der RL 75/117, 76/207, § 612 Abs. 3 BGB, Art. 3 Abs. 2, 3 GG noch gem. § 2 Abs. 1 BeschFG (jetzt § 4 TzBfG) einen Anspruch auf bezahlte Freistellung an Tagen, an denen der Arbeitgeber ab 12.00 Uhr Arbeitsbefreiung unter Fortzahlung der Bezüge gewährt (*BAG* 26.5.1993 EzA § 2 BeschFG 1985 Nr. 33).

378 – Eine mittelbare Diskriminierung von Frauen bei der **Vergütung von Reisezeiten bei Dienstreisen** liegt nicht vor, wenn der Anteil der Frauen bei den benachteiligten Teilzeitkräften zwar bei rund 97 %, bei den begünstigten Vollzeitkräften aber bei rund 45 % liegt. Die faktische Vergütung von Reisezeiten bei Dienstreisen zur Fortbildung bei Vollzeitkräften, aber nicht bei Teilzeitkräften, dient einem legitimen Zweck der Sozialpolitik und ist zur Erreichung dieses Zwecks geeignet und erforderlich (*LAG Hessen* 24.2.1998 NZA-RR 1999, 233).

379 – Nicht gegen Art. 3 Abs. 2 GG verstößt eine **Versorgungsordnung**, die ausschließlich für Mitarbeiter in gehobenen Positionen gilt, auch dann, wenn sie dadurch mehr Männer begünstigt als Frauen (*BAG* 11.11.1986 EzA § 1 BetrAVG Gleichberechtigung Nr. 2).

380 – Nach Auffassung von *Hanau/Preis* (ZfA 1988, 198 m. w. N.) stellt das Kriterium der **Betriebszugehörigkeit** keine mittelbare Diskriminierung der Frauen dar, obwohl bei diesen das Arbeitsverhältnis aufgrund der geschlechtsspezifischen Rolle viel häufiger als bei Männern vor Ablauf der Unverfallbarkeitsfrist endet.

381 – Die **traditionelle Arbeitsbewertung** stellt stark auf die Entfaltung der Muskelkraft ab; das ist nach der Rechtsprechung des *EuGH* (1.7.1986 DB 1986, 1877) zwar europarechtlich nicht verboten. Jedoch sind als Kompensation bei einem System beruflicher Einstufung in der Gesamtheit Kriterien zu berücksichtigen, hinsichtlich deren die Arbeitnehmer beider Geschlechter besonders geeignet sein können. Deshalb müssen Arbeitgeber bei der Eingruppierung von Frauen auch neue arbeitswissenschaftliche Erkenntnisse wie Belastungen durch Monotonie, Konzentration und Nervenanspannung berücksichtigen, es darf also nicht nur auf die Muskelbeanspruchung abgestellt werden (vgl. *EuGH* 17.10.1989 NZA 1990, 772).

382 – Daraufhin hat das *BAG* (27.4.1988 EzA § 4 TVG Metallindustrie Nr. 33; *Thüsing* NZA 2000, 570 ff) angenommen, dass der Begriff der **körperlich leichten Arbeit** nach der Verkehrsanschauung zu bestimmen ist. Während hierfür früher allein das Ausmaß der Muskelbeanspruchung maßgeblich war, werden nach neueren Erkenntnissen alle Umstände berücksichtigt, die auf den Menschen belastend einwir-

A. Grundbegriffe und Grundstrukturen des Arbeitsrechts

ken und zu körperlichen Reaktionen führen. Dazu gehört auch die Arbeitspulsfrequenz. Bewegt sich deshalb die körperliche Belastung aufgrund der Arbeitspulsfrequenz im Grenzbereich zur Überschreitung der Dauerbelastungsgrenze, kann die Tätigkeit als nicht körperlich leicht oder mit geringen körperlichen Belastungen verbunden angesehen werden.
- Folglich ist nach Auffassung des *BAG* (29.7.1992 EzA § 4 TVG Einzelhandel Nr. 19) eine **Lohnstaffelung allein nach der muskulären Belastung** nur dann zulässig, wenn das Gesamtsystem auch qualifizierende Merkmale enthält, die mehr Personen weiblichen Geschlechts zugeordnet werden. 383
- Wenn aussagekräftige Statistiken einen merklichen Unterschied im Entgelt zweier gleichwertiger Tätigkeiten erkennen lassen, von denen die eine fast ausschließlich von Frauen und die andere hauptsächlich von Männern ausgeübt wird, hat der **Arbeitgeber kraft Art. 119 EGV (jetzt Art. 141 EGV) den Nachweis zu erbringen, dass dieser Unterschied durch Faktoren sachlich gerechtfertigt ist, die nichts mit einer Diskriminierung des Geschlechts zu tun haben.** Als sachlicher Grund genügt es nicht, dass die Entgelte für diese beiden Tätigkeiten in Tarifverhandlungen festgelegt wurden, die zwar von denselben Parteien, aber unabhängig voneinander geführt wurden, und die, je für sich betrachtet, keine diskriminierende Wirkung haben. 384
- Es ist Sache des nationalen Gerichts, nötigenfalls unter Anwendung des Grundsatzes der Verhältnismäßigkeit festzustellen, ob und inwieweit der Mangel an Bewerbern für eine Tätigkeit und die Notwendigkeit, ihnen durch ein höheres Gehalt einen Anreiz zu bieten, einen sachlich gerechtfertigten wirtschaftlichen Grund für den Unterschied im Entgelt hinsichtlich der fraglichen Tätigkeiten darstellen (*EuGH* 27.10.1993 EzA Art. 119 EWG-Vertrag Nr. 20). 385
- Insoweit ist zur Überprüfung einer unzulässigen mittelbaren Diskriminierung die **Bildung von Arbeitnehmergruppen** erforderlich, die bei unterschiedlicher Vergütung eine gleiche oder gleichwertige Arbeitsleitung erbringen. Anschließend ist der Anteil von Männern und Frauen in den Vergleichsgruppen zu ermitteln. Der Tatbestand der mittelbaren Diskriminierung ist (nur) dann erfüllt, **wenn das Verhältnis von Männern und Frauen bei einer Gegenüberstellung der Vergleichsgruppen wesentlich voneinander abweich**t. Da nach der Rechtsprechung des EuGH im Beamtenverhältnis stehende Lehrkräfte auch Arbeitnehmer i. S. d. Art. 119 Abs. 1 EGV (jetzt Art. 141 EGV) sind, ist fraglich, ob bei der Berechnung des Anteils von Männern und Frauen in den Vergleichsgruppen angestellte und beamtete Lehrkräfte zusammenzuzählen sind (offen gelassen von *BAG* 23.2.1994 EzA Art. 119 EWG-Vertrag Nr. 18). 386
- Diese Grundsätze hat der *EuGH* (31.5.1995 EzA Art. 119 EWG-Vertrag Nr. 28; vgl. auch *EuGH* 30.3.2000 für die für Arbeit im Drei-Schichten-Betrieb gewährte Verkürzung der Arbeitszeit gegenüber der normalen Arbeitszeit) inzwischen für das **Entgelt von Männern und Frauen in Stücklohnsystemen** wie folgt präzisiert: Art. 119 EGV (jetzt Art. 141 EGV) und die Richtlinie 75/117/EWG des Rates vom 10.2.1975 zur Angleichung der Rechtsvorschriften der Mitgliedstaaten über die Anwendung des Grundsatzes des gleichen Entgelts für Männer und Frauen sind auf Stücklohnsysteme anwendbar, bei denen das Entgelt ganz oder in wesentlichem Umfang vom Arbeitsergebnis des einzelnen Arbeitnehmers abhängt. Der in Art. 119 EGV (jetzt Art. 141 EGV) und Artikel 1 der Richtlinie 75/117 niedergelegte Grundsatz des gleichen Entgelts ist so auszulegen, dass bei einem Stücklohnsystem allein die Feststellung, dass das durchschnittliche Entgelt einer Gruppe 387

A. Grundbegriffe und Grundstrukturen des Arbeitsrechts

von Arbeitnehmern, die überwiegend aus Frauen besteht, die eine bestimmte Art von Arbeit verrichten, wesentlich niedriger ist als das durchschnittliche Entgelt einer Gruppe von Arbeitnehmern, die überwiegend aus Männern besteht, die eine andersartige, als gleichwertig angesehene Arbeit verrichten, nicht den Schluss auf das Vorliegen einer Diskriminierung beim Entgelt zulässt. Wenn sich jedoch bei einem Stücklohnsystem, in dem die individuellen Vergütungen aus einem variablen Anteil, der sich aus dem individuellen Arbeitsergebnis jedes Arbeitnehmers ergibt und einem festen Anteil, der für die einzelnen Gruppen der betroffenen Arbeitnehmer unterschiedlich ist, bestehen, nicht feststellen lässt, welche Faktoren bei der Festsetzung der Stücklohnsätze oder der Maßeinheiten für die Berechnung des variablen Entgeltanteils von Bedeutung gewesen sind, kann von dem Arbeitgeber der Nachweis verlangt werden, dass die festgestellten Unterschiede nicht auf einer Diskriminierung aufgrund des Geschlechts beruhen.

388 – Für den zwischen den Durchschnittsentgelten von zwei Gruppen von nach Stückzahl entlohnten Arbeitnehmern vorzunehmenden Vergleich muss sich das nationale Gericht vergewissern, dass die beiden Gruppen jeweils sämtliche Arbeitnehmer umfassen, die unter Berücksichtigung einer Gesamtheit von Faktoren, wie Art der Arbeit, Ausbildungsanforderungen und Arbeitsbedingungen, als in einer vergleichbaren Situation befindlich angesehen werden können und dass die Gruppen eine relativ hohe Zahl von Arbeitnehmern umfassen und damit ausgeschlossen wird, dass die festgestellten Unterschiede rein zufällige oder konjunkturelle Erscheinungen widerspiegeln oder auf Unterschiede in den individuellen Arbeitsergebnissen der betroffenen Arbeitnehmer zurückgehen.

389 – Das nationale Gericht hat bei der Prüfung der Frage, ob der Grundsatz des gleichen Entgelts beachtet ist, festzustellen, ob die beiden Arten von Arbeiten unter Berücksichtigung von Umständen wie
- erstens des Umstands, dass die von einer der Gruppen der betroffenen Arbeitnehmer verrichtete Arbeit eine maschinengesteuerte Arbeit ist, die insbesondere Anforderungen an die Körperkraft stellt, während die von der anderen Gruppe verrichtete Arbeit eine Handarbeit ist, die insbesondere Geschicklichkeit erfordert, und
- zweitens des Umstands, dass Unterschiede zwischen der Arbeit der beiden Gruppen hinsichtlich der bezahlten Pausen und der Freiheit der individuellen Arbeitsorganisation sowie der mit der Arbeit verbundenen Belästigungen bestehen, gleichwertig sind oder ob diese Umstände als objektive Faktoren anzusehen sind, die nichts mit einer Diskriminierung aufgrund des Geschlechts zu tun haben und mögliche Unterschiede beim Entgelt rechtfertigen können.

390 Der Grundsatz der Gleichheit des Entgelts für männliche und weibliche Arbeitnehmer gilt auch, wenn die Entgeltbestandteile in Kollektivverhandlungen oder in Verhandlungen auf lokaler Ebene festgesetzt werden. Das nationale Gericht kann diesen Umstand jedoch bei der Beurteilung der Frage berücksichtigen, ob Unterschiede beim durchschnittlichen Entgelt von zwei Gruppen von Arbeitnehmern auf objektive Faktoren zurückgehen, die nichts mit einer Diskriminierung aufgrund des Geschlechts zu tun haben (s. o. A/Rz. 384).
- Art. 119 EGV (jetzt Art. 141 EGV) ist so auszulegen, dass der tarifvertragliche Ausschluss unselbständig Erwerbstätiger, die eine Beschäftigung von **regelmäßig weniger als 15 Stunden** in der Woche ausüben, bei der das Arbeitsentgelt regelmäßig einen bestimmten Bruchteil der monatlichen Bezugsgröße nicht übersteigt und die deshalb sozialversicherungsfrei ist, von einer in diesem Tarifvertrag vorgesehe-

nen Jahressonderzuwendung, die zwar unabhängig vom Geschlecht der Arbeitnehmer erfolgt, jedoch im Ergebnis prozentual erheblich mehr Frauen als Männer trifft, eine **mittelbare Diskriminierung** aufgrund des Geschlechts darstellt (*EuGH* 9.9.1999 EzA Art. 119 EWG-Vertrag Nr. 56; vgl. dazu *Lelley* NZA 2000, 405 ff.).
- Art. 119 EGV (jetzt Art. 141 EGV) steht einer Regelung nicht entgegen, nach der Arbeitnehmern, die wegen **fehlender Kinderbetreuungseinrichtungen** vorzeitig aus ihrem Arbeitsverhältnis ausscheiden, um ihre Kinder zu betreuen, eine **geringere Abfindung** zusteht, als sie Arbeitnehmern, die wegen eines wichtigen Grundes im Zusammenhang mit den Arbeitsbedingungen im Unternehmen oder mit dem Verhalten des Arbeitgebers aus dem Arbeitsverhältnis ausscheiden, für die gleiche Dauer ihrer Beschäftigung erhalten (*EuGH* 14.9.1999 – Rs C-249/97 –).
- Art. 119 EGV (jetzt Art. 141 EGV) steht der Zahlung einer **pauschalen Beihilfe** allein an Arbeitnehmerinnen, die **Mutterschaftsurlaub** antreten, nicht entgegen, sofern diese Beihilfe dazu bestimmt ist, die beruflichen Nachteile auszugleichen, die den Arbeitnehmerinnen mit ihrer Abwesenheit vom Arbeitsplatz entstehen (*EuGH* 16.9.1999 – Rs C-218/98 –).
- Ein Verstoß gegen Art. 3 Abs. 2 GG liegt vor, wenn eine **Haushaltszulage** für eine Arbeitnehmerin an eine besondere Antrags- und Nachweispflicht geknüpft wird, die für männliche Arbeitnehmer nicht besteht (*BAG* 20.4.1977 EzA Art. 3 GG Nr. 4) sowie dann, 391
- wenn bei einer betrieblichen Altersversorgung die Versorgungsordnung bei Frauen ein **Eintrittsalter** unter 50 Jahren verlangt, während Männer noch bis zu 55 Jahren aufgenommen werden (*BAG* 31.8.1978 EzA Art. 3 GG Nr. 6).
- Nichtig ist eine Regelung, wonach nur männlichen verheirateten Arbeitnehmern eine Zulage (**Ehefrauenzulage**) gezahlt wird (*BAG* 13.11.1985 EzA Art. 3 GG Nr. 18). 392
- Zwar richtet sich § 2 Abs. 1 BeschFG (jetzt § 4 TzBfG) nur an den einzelnen Arbeitgeber, nicht aber an die Parteien eines Tarifvertrages. Die tarifliche Regelung einer **Besitzstandszulage** verstößt aber gegen Art. 3 Abs. 1 GG, wenn sie bei jeder Arbeitszeitverkürzung, nicht jedoch bei einer zwischenzeitlichen Arbeitszeitverlängerung entsprechend angepasst wird und damit umfangmäßig hinter dem Arbeitszeitvolumen zurück bleibt (*LAG Berlin* 27.8.1999 – 6 Sa 564/99 –). 393
- Tarifverträge **verschiedener Tarifvertragsparteien** unterliegen nicht der Beurteilung anhand von Art. 3 Abs. 1 GG (*BAG* 8 .9. 1999 NZA 2000, 661). 394

(3) Art. 6 GG
- Gem. Art. 6 Abs. 1 GG ist eine tarifvertragliche **Zölibatsklausel** unwirksam, nach der eine Arbeitnehmerin sich verpflichten muss, für den Fall der Eheschließung spätestens mit Ablauf des Monats, in dem die Ehe geschlossen wurde, auszuscheiden (*BAG* 10.5.1957 AP Nr. 1 zu Art. 6 GG Ehe und Familie), ebenso 395
- eine Klausel, die das Arbeitsverhältnis bei **Schwangerschaft** der Arbeitnehmerin enden lässt (*BAG* 1.12.1961 AP Nr. 3 zu Art. 6 GG Ehe und Familie). 396
- Gewährt ein Tarifvertrag verwitweten, geschiedenen oder ledigen weiblichen Arbeitnehmern Rechtsansprüche auf **Zulagen**, so ist ein Tarifvertrag, der verheiratete weibliche Arbeitnehmer von dem Bezug solcher Zulagen bei sonst gleichen Voraussetzungen ausschließt, mit Art. 6 GG unvereinbar (*BAG* 2.6.1961 AP Nr. 3 zu Art. 3 GG). 397

A. Grundbegriffe und Grundstrukturen des Arbeitsrechts

398 – Zulässig ist dagegen die Beschränkung der Gewährung **bezahlter Freistellung** aus Anlass der Niederkunft der Lebensgefährtin auf Verheiratete (*BAG* 25.2.1987 EzA § 616 BGB Nr. 37). Dies verstößt nicht gegen Art. 3 Abs. 1 und Art. 6 GG (*BAG* 18.1.2001 EzA Art. 3 GG Nr. 92 = NZA 2002, 47).

399 – Der **Ortszuschlag**, den § 29 BAT für verheiratete Angestellte regelt, steht ledigen Angestellten, die in gleichgeschlechtlicher Partnerschaft leben, nicht zu (*BAG* 15.5.1997 NZA 1998, 207; die dagegen eingelegte Verfassungsbeschwerde wurde vom *BVerfG* durch Beschluss vom 21.5.1999 EzA Art. 3 GG Nr. 72 a nicht zur Entscheidung angenommen).

(4) Art. 9 Abs. 3 GG

400 – Wegen Art. 9 Abs. 3 GG ist Art. 3 Abs. 1 GG nicht bei der Festlegung des **persönlichen Geltungsbereichs eines Tarifvertrages** zu berücksichtigen. Deshalb bestehen z. B. gegen den Ausschluss der Lektoren aus dem Geltungsbereich des BAT keine rechtlichen Bedenken (*BAG* 24.4.1985 EzA Art. 9 GG Nr. 39).

401 – Teilweise wurden Tarifverträge abgeschlossen, die auf dem Hintergrund des Vorruhestandsgesetzes (Zahlung eines Zuschusses der BfA an Arbeitgeber, die an einen einvernehmlich ausgeschiedenen, über 58 Jahre alten Arbeitnehmer ein Vorruhestandsgeld zahlen) eine Quote vorsahen (2 bzw. 5% der Gesamtbelegschaft), auf die die Verpflichtung der Arbeitgeber zum Abschluss derartiger Regelungen beschränkt war. Bei der danach erforderlichen **Quotierung** wird, obwohl es sich nicht um Betriebsnormen i. S. d. § 3 Abs. 2 TVG handelt, dem Arbeitgeber zugebilligt, auch nicht tarifgebundene, also nicht gewerkschaftlich organisierte Arbeitnehmer für den Vorruhestand unter Anrechnung auf die Quote auszuwählen. Andernfalls würde ein mit der negativen Koalitionsfreiheit (Art. 9 Abs. 1, 2 GG) nicht vereinbarer und sozial-inadäquater Druck auf die vorruhestandswilligen Außenseiter zum Gewerkschaftsbeitritt ausgeübt (*BAG* 21.1.1987 EzA Art. 9 GG Nr. 42; abl. *Lukas/Thon* NZA 1986, 772).

402 – **Differenzierungsklauseln**, durch die den tarifgebundenen Arbeitgebern verboten werden soll, bestimmte tariflich festgelegte Leistungen und Vergünstigungen auch den nicht bzw. anders organisierten Arbeitnehmern auf einzelvertraglicher Grundlage zu gewähren, verletzen die negative Koalitionsfreiheit (Art. 9 Abs. 1, 2 GG) für nicht tarifgebundene Außenseiter. Denn auf sie wird ein sozial inadäquater Druck ausgeübt, weil sie bestimmte Leistungen nur durch Gewerkschaftsbeitritt erlangen können. Das Gleiche gilt für Spannensicherungsklauseln, denen zufolge der Arbeitgeber bei jeder zusätzlichen Leistung an nicht Organisierte auch die Position der organisierten Arbeitnehmer verbessern muss, sodass der Abstand der Lohnhöhe zugunsten tarifgebundener Arbeitnehmer erhalten bleibt (*BAG* [GS] 24.11.1967 AP Nr. 13 zu Art. 9 GG; *BAG* 21.1.1987 EzA Art. 9 GG Nr. 42; abl. *Hanau* JuS 1969, 213).

(5) Art. 12, Art. 14 GG

403 Art. 12 i. V. m. Art. 14 GG sind maßgeblich für die Arbeitgeberposition. Die koalitionsrechtliche Betätigungsfreiheit im Betrieb gestattet keine Inanspruchnahme fremden Eigentums. Der Arbeitgeber kann daher die Entfernung von Gewerkschaftsemblemen auf den von ihm zur Verfügung gestellten Schutzhelmen verlangen (*BAG* 23.2.1979 EzA Art. 9 GG Nr. 30).

A. Grundbegriffe und Grundstrukturen des Arbeitsrechts

b) Tarifvertrag

aa) Begriff und Funktion

Ein Tarifvertrag ist ein schriftlicher Vertrag zwischen einem Arbeitgeber oder Arbeitgeberverband und einer Gewerkschaft zur Regelung von Rechten und Pflichten der Vertragsschließenden (schuldrechtlicher Teil), zur Regelung von Inhalt, Abschluss und Beendigung von Arbeitsverhältnissen (normativer Teil) sowie von betrieblichen und betriebsverfassungsrechtlichen Fragen. 404

Gem. § 4 Abs. 1 TVG gelten die Rechtsnormen des Tarifvertrags, die den Inhalt, den Abschluss oder die Beendigung von Arbeitsverhältnissen ordnen, unmittelbar und zwingend zwischen den beiderseits Tarifgebundenen. Tarifverträge sind deshalb nicht entsprechend §§ 133, 157 BGB, sondern **wie Gesetze auszulegen** (*BAG* 12.9.1984 EzA § 1 TVG Auslegung Nr. 14; s. aber oben A/Rz. 324). 405

Gem. § 4 Abs. 3 TVG sind abweichende Abmachungen nur zulässig, soweit sie durch Tarifvertrag gestattet sind oder eine Änderung der Regelungen zugunsten des Arbeitnehmers enthalten (**Günstigkeitsprinzip**). 406

Der Tarifvertrag hat insbesondere 407
- eine Schutzfunktion: Schutz des einzelnen Arbeitnehmers vor der einseitigen Festlegung der Vertragsbedingungen durch den Arbeitgeber aufgrund seiner wirtschaftlichen Überlegenheit;
- eine Verteilungsfunktion: Beteiligung der Arbeitnehmer am Sozialprodukt sowie bedürfnisgerechte Einkommensverteilung zwischen den Arbeitnehmern durch Differenzierung in Lohn- und Gehaltsgruppen;
- eine Ordnungsfunktion: Kalkulierbarkeit der Personalkosten sowie
- eine Friedensfunktion: Verhinderung von Arbeitskämpfen.

bb) Anwendbarkeit von Tarifverträgen und Tarifnormen im Arbeitsverhältnis

(1) Beiderseitige Tarifgebundenheit
Ohne weiteres auf das einzelne Arbeitsverhältnis sind die Rechtsnormen eines Tarifvertrages bei beiderseitiger Organisationszugehörigkeit anwendbar, d. h. wenn der Arbeitnehmer einerseits und der Arbeitgeber andererseits jeweils Mitglieder der vertragsschließenden Organisation(en) sind und dem räumlichen, fachlichen, persönlichen und zeitlichen Geltungsbereich des Tarifvertrages unterfallen (§ 3 Abs. 1 TVG). Wer einen Anspruch auf eine infolge beiderseitiger Tarifgebundenheit zwingend anzuwendende Inhaltsnorm eines Tarifvertrages stützt, muss **darlegen und beweisen, dass im Anspruchszeitraum Tarifgebundenheit bestanden hat.** Die bloße Erklärung, einer Tarifvertragspartei (Gewerkschaft oder Arbeitgeberverband) anzugehören, besagt für sich allein nicht, seit wann Tarifgebundenheit vorliegen soll (*BAG* 18.8.1999 ZTR 2000, 219). 408

(2) Tarifbindung des Arbeitgebers bei Betriebsnormen
Rechtsnormen des Tarifvertrags über betriebliche und betriebsverfassungsrechtliche Fragen gelten für alle Betriebe, deren Arbeitgeber tarifgebunden sind (§ 3 Abs. 2 TVG). 409

(3) Allgemeinverbindlicherklärung

410 Für alle Arbeitsverhältnisse im räumlichen, fachlichen und persönlichen Geltungsbereich eines Tarifvertrages, unabhängig von der Organisationszugehörigkeit, ist ein Tarifvertrag dann anwendbar, wenn er gem. **§ 5 Abs. 1, 2 TVG** vom Bundesminister für Arbeit oder der obersten Arbeitsbehörde eines Landes für allgemeinverbindlich erklärt wird. Zweck der Allgemeinverbindlicherklärung ist es, den Nachteilen entgegenzuwirken, die sich aus der Beschränkung der Normwirkung auf tarifgebundene Arbeitnehmer und Arbeitgeber ergeben können (z. B. Lohnschieberei, Schmutzkonkurrenz). Voraussetzung ist u. a., dass die Allgemeinverbindlicherklärung im öffentlichen Interesse geboten erscheint (§ 5 Abs. 1 Nr. 2 TVG), wofür allerdings eine allgemeingültige Definition nicht feststellbar ist.

411 Besonders zu beachten ist, dass sich **die Allgemeinverbindlicherklärung nur auf den konkreten Tarifvertrag bezieht**, sodass allein daraus, dass z. B. der MTV Hotel- und Gaststättengewerbe Rheinland-Pfalz für allgemeinverbindlich erklärt worden ist, keineswegs folgt, dass auch der entsprechende Lohn- und Gehaltstarifvertrag allgemeinverbindlich ist (vgl. *BAG* 2.3.1988 EzA § 1 TVG Form Nr. 1).

(4) Einzelvertragliche Vereinbarung

412 Die Anwendbarkeit eines Tarifvertrages kann auch zwischen nicht tarifgebundenen Arbeitsvertragsparteien einzelvertraglich vereinbart werden; nach dem **Grundsatz der Vertragsfreiheit steht es den Parteien frei, auch die Anwendbarkeit von Tarifverträgen zu vereinbaren, deren persönlichen, räumlichen, fachlichen und betrieblichen Geltungsbereich sie nicht unterfallen** (zu den Rechtsfragen, die durch die Anwendung eines branchenfremden Tarifvertrages auftreten können vgl. von *Hoyningen-Huene* NZA 1996, 617 ff.).

413 Die vertragliche Einbeziehung kann statisch, d. h. nur einen z. Zt. geltenden Tarifvertrag bezogen oder dynamisch, d. h. auch zukünftige Tarifverträge einbeziehend sein (vgl. ausf. *Gaul* NZA 1998, 9 ff.; *Annuß* BB 1999, 2558 ff.; *Kania* NZA Beil. zu Heft 3/2000, S. 45 ff.; *Seitz/Werner* NZA 2000, 1257 ff.; *Schaub* ZTR 2000, 259 ff.).

Beispiele:

414 – Eine Bezugnahmeklausel im Arbeitsvertrag, mit der die Anwendbarkeit oder »Geltung« eines bestimmten, dort benannten Tarifvertrags oder Tarifwerks vereinbart worden ist, kann über ihren Wortlaut hinaus nur dann als Bezugnahme auf den jeweils für den Betrieb fachlich/betrieblich geltenden Tarifvertrag (sog. **große dynamische Verweisungsklausel**) ausgelegt werden, wenn sich dies aus besonderen Umständen ergibt; der bloße Umstand, dass es sich um eine **Gleichstellungsabrede** handelt, **genügt dafür nicht** (*BAG* 30.8.2000 EzA § 3 TVG Bezugnahme auf Tarifvertrag Nr. 12; vgl. dazu *Gussen* FA 2001, 201 ff.; *Stein* SAE 2001, 300 ff.). Eine arbeitsvertragliche Verweisungsklausel, die **einen konkret benannten Tarifvertrag in der jeweils geltenden Fassung** in Bezug nimmt, muss bei **Verbandswechsel** des Arbeitgebers i. d. R. dahin korrigierend ausgelegt werden, dass die Verweisung auf den jeweils für den Betrieb geltenden Tarifvertrag erfolgt. Das gilt jedenfalls dann, wenn die Tarifverträge von derselben Gewerkschaft abgeschlossen wurden (*BAG* 4.9.1996 EzA § 3 TVG Bezugnahme auf Tarifvertrag Nr. 7; 4.8.1999 RdA 2000, 178 m. Anm. *Annuß*; *LAG Hamburg* 15.11.2000 NZA 2001, 562: Tariflohnerhöhung auch nach Verbandsaustritt; *Bauer/Haussmann* DB 1999, 1114 ff.; vgl. dazu *Gussen* FA 2001, 201 ff.). Wird dagegen ein **branchenfremdes Tarifwerk** im Arbeitsvertrag in Bezug genommen, ist eine korrigierende Auslegung dahin, dass eine Verweisung auf das Tarifwerk erfolgt, dem der Arbeitgeber jeweils unter-

liegt, nicht möglich. Eine sog. große dynamische Verweisungsklausel liegt nicht vor. Der Arbeitgeber kann sich mit einer sog. **Tarifwechselklausel** vorbehalten, ein anderes Tarifwerk anzuwenden (*BAG* 25.10.2000 EzA § 3 TVG Bezugnahme auf Tarifvertrag Nr. 15; *LAG Düsseldorf* 21.5.1999 LAGE § 3 TVG Bezugnahme auf Tarifvertrag Nr. 7, *LAG Düsseldorf* 23.2.2000 ZTR 2000 267).

– Eine arbeitsvertragliche Klausel, die auf die für den Betrieb maßgeblichen Tarifverträge Bezug nimmt, kann gem. §§ 133, 157 BGB regelmäßig nicht dahin ausgelegt werden, dass mit dem bloßen **Austritt des Arbeitgebers** aus dem Arbeitgeberverband – im Gegensatz zu einem Branchen- oder Verbandswechsel des Arbeitgebers – die bisherigen tariflichen Ansprüche in Fortfall geraten (*LAG Hamm* 5.6.1998 LAGE § 611 BGB Gratifikation Nr. 46; vgl. auch *LAG Berlin* 21.12.1998 NZA-RR 1999, 424). Auch unter Berücksichtigung der mit einer Bezugnahmeklausel verfolgten Zwecke kommen weder eine z. B. ergänzende Auslegung der Bezugnahmeklausel noch die Anwendung der Grundsätze über den Wegfall der Geschäftsgrundlage (jetzt § 313 BGB n. F.) in Betracht, um zu erreichen, dass im Falle der Aufgabe der bisherigen Verbandsmitgliedschaft durch den Arbeitgeber nur noch die bis zum Verbandsaustritt über die Bezugnahme geltenden Tarifverträge solange nachwirkend weitergelten, bis sie durch andere tarifvertragliche Regelungen ersetzt werden. Will der Arbeitgeber dies erreichen, so muss in der Bezugnahmeklausel durch **entsprechende Formulierungen klargestellt sein**, dass diese – in Abhängigkeit von einer weiter bestehenden Verbandsmitgliedschaft des Arbeitgebers – eine **beschränkte Wirkung** haben, nicht dauerhaft und vorbehaltlos wirken soll oder der Arbeitgeber sich des ausdrücklichen Einverständnisses des Arbeitnehmers mit einer derart beschränkten Wirkung der Bezugnahmeklausel versichern muss (*Hessisches LAG* 23.3.1999 ZTR 1999, 511 Ls. = ARST 2000, 34).

– Wird in einem Arbeitsvertrag auf die **Tarifverträge eines bestimmten Wirtschaftszweiges** verwiesen (z. B. die Eisen schaffende Industrie) und in der Folgezeit von der Wahrung des Besitzstandes gesprochen, so kann ein späteres, unwidersprochen gebliebenes Schreiben des Arbeitgebers nicht die Bezugnahmeklausel auf alle Tarifverträge ändern, wenn in dem späteren Schreiben nur das Gehaltsabkommen angesprochen ist. Unterfällt das Arbeitsverhältnis zusätzlich dem fachlichen Geltungsbereich des Tarifvertrages für den Groß- und Außenhandel, an den die Parteien kraft Allgemeinverbindlichkeit gebunden sind, so wird der vertraglich in Bezug genommene Tarifvertrag nicht verdrängt, wenn die Verweisung konstitutiv und nicht nur deklaratorisch erfolgt ist (*BAG* 28.5.1997 EzA § 3 TVG Bezugnahme auf Tarifvertrag Nr. 8).

– Sind im Arbeitsvertrag die bei der Arbeitgeberin für **eine Gruppe von Arbeitnehmern jeweils gültigen Tarifverträge** in Bezug genommen, so gelten für die Zeit einer von einer konzernbezogenen Versetzungsklausel gedeckten »Abstellung« zu einer anderen Konzerngesellschaft auch die – schlechteren – Bedingungen eines von der Arbeitgeberin und der Konzerngesellschaft mit einer Gewerkschaft über den Einsatz von Angehörigen dieser Arbeitnehmergruppe bei der Konzerngesellschaft abgeschlossenen Tarifvertrages (*BAG* 18.6.1997 EzA § 3 TVG Bezugnahme auf Tarifvertrag Nr. 9).

– Nehmen die Parteien eines schriftlichen Arbeitsvertrages darin hinsichtlich einzelner Punkte (u. a. Vereinbarung von tariflichem Lohn) auf eine insgesamt auf den Tarifvertrag verweisende **Arbeitsordnung** Bezug, so wird damit weder die Arbeitsordnung insgesamt noch der Tarifvertrag und insbesondere die darin geregelte

A. Grundbegriffe und Grundstrukturen des Arbeitsrechts

Kündigungsfrist in der Probezeit zum Inhalt des Vertrages (*LAG Köln* 19.8.1999 ZTR 2000, 274).
- Vereinbaren die Arbeitsvertragsparteien im Arbeitsvertrag allein die **Zahlung eines »Tariflohnes von 8, 75 DM** (im Jahre 1979), ohne sonst auf den einschlägigen Lohntarifvertrag zu verweisen, dann haben sie allein damit noch nicht vereinbart, dass der »jeweilige Tariflohn« zu zahlen ist. Vereinbaren sie demgegenüber, dass die Wochenarbeitszeit »zurzeit 40 Stunden« beträgt und vereinbaren sie, dass ergänzend der jeweilige einschlägige Manteltarifvertrag (in dem die regelmäßige Wochenarbeitszeit geregelt ist) Anwendung findet, dann kann die vertragliche Vereinbarung auch so ausgelegt werden, dass die jeweilig tariflich geregelte Wochenarbeitszeit gelten soll (*LAG Rheinland-Pfalz* 19.10.1999 BB 2000, 1095).
- Im **öffentlichen Dienst** hat die Verweisung auf den Geltungsbereich eines Tarifvertrages grds. nur den Sinn, dass der Arbeitsvertrag das beinhalten soll, was nach allgemeinen Grundsätzen des Tarifrechts auch für tarifgebundene Angestellte gilt. Mangels gegenteiliger Anhaltspunkte ist deshalb in solchen Fällen davon auszugehen, dass der Arbeitnehmer gegenüber den vergleichbaren tarifgebundenen Angestellten nicht ungleich behandelt werden soll (*BAG* 29.6.2000 ZTR 2001, 509).

415 Allerdings sind **Abweichungen von tarifdispositiven Vorschriften** (z. B. § 622 Abs. 4 S. 2 BGB, § 13 Abs. 1 BUrlG) **dann nicht möglich**; sie setzen vielmehr voraus, dass das Arbeitsverhältnis dem Geltungsbereich des vereinbarten Tarifvertrages unterfällt, es aber an der beiderseitigen Tarifbindung oder der Allgemeinverbindlicherklärung fehlt (MünchArbR/*Richardi* § 12 Rz. 17 f.).

416 Allein die Vereinbarung der Anwendung eines MTV, der eine Regelung enthält, wonach sich die Entlohnung nach dem MTV und dem Lohn- und Gehaltstarifvertrag richtet, bewirkt nicht, dass auch die Anwendbarkeit dieses Lohn- und Gehaltstarifvertrages vereinbart worden ist. Dies wäre nur der Fall bei einer konstitutiven Einbeziehung in den MTV, die aber deutlicher zum Ausdruck kommen muss (*BAG* 2.3.1988 EzA § 1 TVG Form Nr. 1).

Möglich ist nach dem Grundsatz der Vertragsfreiheit (§§ 241, 305 BGB) auch eine **teilweise Bezugnahme auf einen Tarifvertrag**; in einem derartigen Fall ist durch Auslegung zu ermitteln, wie weit die Bezugnahme reichen soll.

Bietet der Arbeitgeber z. B. den Abschluss eines Formulararbeitsvertrages mit der Klausel »Der Jahresurlaub richtet sich nach den Bestimmungen des (einschlägigen) Tarifvertrages« an, muss der Arbeitnehmer das regelmäßig als Verweisung auf den gesamten tariflichen **Regelungskomplex** »Urlaub« verstehen. Ist in den in Bezug genommenen urlaubsrechtlichen Bestimmungen des Tarifvertrages ein erhöhtes Urlaubsentgelt geregelt, wird mit dem Abschluss des Vertrages der Arbeitgeber auch zur Anwendung dieser tariflichen Regelung verpflichtet (*BAG* 17.11.1998 EzA § 3 TVG Bezugnahme auf Tarifvertrag Nr. 11).

(5) Betriebliche Übung

417 Schließlich kann ein Tarifvertrag aufgrund einer betrieblichen Übung zum Bestandteil des Arbeitsverhältnisses werden (s. u. A/Rz. 584 ff.).

cc) Inhaltskontrolle

418 Nach der Rechtsprechung des *BAG* (4.9.1985 EzA § 611 BGB Gratifikation, Prämie Nr. 76; 20.2.2001 EzA § 1 BetrAVG Ablösung Nr. 27; vgl. ausf. dazu *Schliemann* ZTR 2000, 198 ff.) unterliegen Tarifverträge nur in beschränktem Maße

A. Grundbegriffe und Grundstrukturen des Arbeitsrechts

einer gerichtlichen Inhaltskontrolle, da sie von gleichberechtigten Partnern des Arbeitslebens ausgehandelt werden und eine Institutsgarantie gem. Art. 9 Abs. 3 GG genießen.

Wegen der Gleichgewichtigkeit der Tarifvertragsparteien ist zunächst davon auszugehen, dass bei einer Gesamtbetrachtung der tariflichen Regelungen die Interessen der Arbeitnehmer angemessen berücksichtigt werden. Es besteht eine **materielle Richtigkeitsgewähr** für die tariflichen Regelungen: Sie haben die Vermutung für sich, dass sie den Interessen beider Seiten gerecht werden und keiner Seite ein unzumutbares Übergewicht vermitteln. Die Tarifvertragsparteien haben insoweit im Unterschied zu den Arbeitsvertragsparteien eine weitgehende Gestaltungsfreiheit. 419

Sache der Arbeitsgerichte ist es deshalb nicht, zu prüfen, ob jeweils die gerechteste und zweckmäßigste Regelung gefunden wurde. 420

Die Tarifverträge sind vielmehr allein daraufhin zu untersuchen, ob sie **gegen die Verfassung** (*BAG* 13.5.1997, 4.4.2000 EzA § 1 BetrAVG Gleichbehandlung Nr. 12, 19; ausdrücklich offen gelassen dagegen hinsichtlich der Bindung an Art. 3 Abs. 1 GG von *BAG* 5.10.1999 NZA 2000, 1302; für die Bestimmung des persönlichen Geltungsbereichs eines Tarifvertrages ausdrücklich verneint von *BAG* 30.8.2000 EzA Art. 9 GG Nr. 74; vgl. dazu ausf. *Söllner* NZA 1996, 901 ff.; s. o. A/Rz. 355 ff.), **zwingendes Gesetzesrecht** oder die **guten Sitten verstoßen** (vgl. jetzt auch § 310 Abs. 4 S. 1 BGB n. F.). 421

dd) Berücksichtigung tariflicher Normen durch das Gericht; Einholung von Auskünften

Ergibt sich aus dem Sachvortrag der Parteien, dass tarifliche Normen für die Entscheidung erheblich sein könnten, so haben die Arbeitsgerichte den Inhalt dieser Rechtsnormen nach den Grundsätzen des **§ 293 ZPO** zu ermitteln. Zum Inhalt eines Tarifvertrages gehört auch der Zeitpunkt seines Wirksamwerdens. Eine subjektive Beweislast besteht im Rahmen des § 293 ZPO nicht (*BAG* 9.8.1995 EzA § 293 ZPO Nr. 1). 422

Ist das **tatsächliche Tarifgeschehen streitig**, oder das Vorliegen einvernehmlicher tariflicher Übungen, kommt die Einholung von **Auskünften** bei den Tarifvertragsparteien in Betracht. Die Einholung einer richterlichen Auskunft darf allerdings nicht auf die Beantwortung der prozessentscheidenden Rechtsfrage gerichtet sein. Denn das ist mit dem staatlichen Rechtsprechungsmonopol des Art. 92 GG unvereinbar und zugleich im Hinblick auf Art. 101 Abs. 1 S. 2 GG und § 551 Nr. 1 ZPO bedenklich (*BAG* 16.10.1985 AP Nr. 108 zu §§ 22, 23 BAT 1975). Die Einholung einer Auskunft über das tatsächliche Tarifgeschehen oder einvernehmliche tarifliche Übungen (§§ 273 Abs. 2 Nr. 2, 293 ZPO) unterliegt dem pflichtgemäßen, revisionsgerichtlich nur beschränkt überprüfbaren **Ermessen der Tatsachengerichte**. Eine solche Auskunft muss von allen beteiligten Tarifvertragsparteien, auch dem Arbeitgeber, der selbst Partei des Tarifvertrags war, gleichermaßen eingeholt werden (*BAG* 18.8.1999 ZTR 2000, 219).

A. Grundbegriffe und Grundstrukturen des Arbeitsrechts

c) **Betriebsvereinbarung**

aa) **Begriff**

423 Die Betriebsvereinbarung ist ein schriftlicher Vertrag zwischen Arbeitgeber und Betriebsrat über Angelegenheiten, die zum Aufgabenbereich des Betriebsrats gehören (vgl. §§ 77, 87 ff. BetrVG).

424 Auch Betriebsvereinbarungen gelten gem. § 77 Abs. 4 BetrVG unmittelbar und zwingend; sie sind wie Tarifverträge Normenverträge, weil mit ihnen objektives Recht gesetzt wird. Im Verhältnis zum Einzelarbeitsvertrag gilt trotz fehlender ausdrücklicher gesetzlicher Regelung das Günstigkeitsprinzip (*BAG* [GS] 16.9.1986, 7.11.1989 EzA § 77 BetrVG Nr. 17, 34).

425 Gem. § 112 Abs. 1 S. 3 BetrVG hat ein Sozialplan, das ist die Einigung zwischen Arbeitgeber und Betriebsrat über den Ausgleich oder die Milderung der wirtschaftlichen Nachteile, die den Arbeitnehmern infolge der geplanten Betriebsänderung (vgl. § 111 BetrVG) entstehen, die Wirkung einer Betriebsvereinbarung; § 77 Abs. 3 BetrVG ist insoweit nicht anzuwenden.

bb) **Inhalt und Umfang der Regelungsbefugnis der Betriebspartner**

426 Eine Betriebsvereinbarung kann überall dort abgeschlossen werden, wo das Gesetz die Einigung zwischen Arbeitgeber und Betriebsrat verlangt, vor allem also über Angelegenheiten, die dem Mitbestimmungsrecht des Betriebsrats unterliegen.

427 Darüber hinaus haben die Betriebspartner die Regelungsbefugnis, mit der Einschränkung des § 77 Abs. 3 BetrVG – keine Regelung von Arbeitsentgelten und sonstigen Arbeitsbedingungen durch Betriebsvereinbarung (wohl aber durch Regelungsabrede) bei Vorhandensein oder Üblichkeit einer tarifvertraglichen Regelung – den gesamten Inhalt des Arbeitsverhältnisses normativ zu regeln (*BAG* 18.8.1987 EzA § 77 BetrVG Nr. 18; abl. MünchArbR/*Richardi* § 12 Rz. 23 ff.).

cc) **Inhaltskontrolle**

428 Nach der Rechtsprechung des *BAG* (30.1.1970, 11.3.1976, 13.10.1976, 13.9.1974 EzA § 242 BGB Ruhegeld Nr. 8, 51, 58, EzA § 611 BGB Gratifikation, Prämie Nr. 43) unterliegen Betriebsvereinbarungen der gerichtlichen Billigkeitskontrolle; dies gilt auch für Sozialpläne (vgl. § 112 Abs. 1 S. 3 BetrVG).

429 Dies folgt aus der Tatsache, dass sich der Betriebsrat und der Betriebsinhaber nicht wie die Tarifvertragsparteien als völlig gleichberechtigt gegenüberstehen.
Zwar ergibt sich aus § 75 BetrVG, dass Arbeitgeber und Betriebsrat gemeinsam über die Wahrung von Recht und Billigkeit zu wachen haben. Das schließt ein, dass die Betriebspartner bei ihren Vereinbarungen diese Grundsätze zu beachten haben. Es ist daher im Grundsatz davon auszugehen, dass der Betriebsrat die Interessen der von ihm vertretenen Arbeitnehmer ausreichend wahrt, doch kann nicht außer Betracht bleiben, dass er in vielfältiger Weise in betriebliche Interessen eingebunden ist und

nicht die Stellung hat, wie sie die Tarifvertragsparteien innehaben (*BAG* 11.3.1976 EzA § 242 BGB Ruhegeld Nr. 51).

> Die gerichtliche Billigkeitskontrolle erstreckt sich auf den Inhalt der getroffenen Regelung selbst; sie bezieht sich z. B. bei einem Sozialplan darauf, ob die von den Betriebspartnern vereinbarte Regelung in sich der Billigkeit entspricht (§ 75 BetrVG) oder ob einzelne Arbeitnehmer oder Gruppen von ihnen in unbilliger Weise benachteiligt werden (vgl. *BAG* 27.10.1987 EzA § 112 BetrVG Nr. 41; vgl. jetzt aber § 310 Abs. 4 S. 1 BGB n. F.). 430

Demgegenüber weist *Konzen* (Anm. zu *BAG* AP Nr. 21 zu § 112 BetrVG 1972) darauf hin, dass das *BAG* tatsächlich keine Billigkeits-, sondern in den bekannt gewordenen Entscheidungen **lediglich eine Rechtmäßigkeitskontrolle** durchgeführt hat, und dass sich weder aus §§ 315 ff. BGB noch aus § 75 Abs. 1 S. 1 BetrVG eine Rechtsgrundlage für eine allgemeine Billigkeitskontrolle ergibt. Zu erfolgen habe daher nur eine Überprüfung nach Verstößen gegen höherrangiges Recht, wozu jedenfalls die Verfassung und einfaches Recht – insbesondere das BetrVG – gehören. 431

d) Vertragsfreiheit

> Neben den sich aus den og. Rechtsquellen (vgl. z. B. §§ 78 a, 99, 100 BetrVG) ergebenden Einschränkungen ist für den öffentlichen Arbeitgeber Art. 33 Abs. 2 GG bei der grds. freien Auswahl des Vertragspartners zu beachten. 432

Danach hat jeder Deutsche nach seiner Eignung, Befähigung und fachlichen Leistung gleichen Zugang zu jedem öffentlichen Amt. Die Regelung gilt nicht bei privatrechtlich organisierten Rechtspersonen; bei diesen gibt es grds. keine öffentlichen Ämter i. S. d. Art. 33 Abs. 2 GG (*LAG Köln* 23.4.2001 NZA-RR 2001, 612). Art. 33 Abs. 2 GG gilt auch für **Arbeiter und Angestellte** des öffentlichen Dienstes (MünchArbR/*Buchner* § 40 Rz. 114–140), ebenso für die **Zulassung zum Besuch von Aus- und Fortbildungsstätten**, wenn diese kraft gesetzlicher oder tariflicher Vorschriften Voraussetzung für ein Weiterkommen im öffentlichen Dienst ist (*BAG* 2.12.1970 AP Nr. 1 zu Art. 33 Abs. 2 GG) sowie für die **Zulassung zum Vorbereitungsdienst**, wenn dieser Voraussetzung für den Eintritt in den Staatsdienst wie auch für die Zulassung zu freien Berufen ist (*BVerfG* 22.5.1975 EzA Art. 33 GG Nr. 4). 433

> Nach der Rechtsprechung des *BAG* (31.3.1976, 1.10.1986 EzA Art. 33 GG Nr. 5, 14) begründet Art. 33 Abs. 2 GG für jeden Bewerber das Recht, bei seiner Bewerbung um ein öffentliches Amt – wozu auch eine Angestelltentätigkeit im öffentlichen Dienst gehört – allein nach den in dieser Vorschrift genannten Voraussetzungen beurteilt zu werden. 434

Wenn sich nach den Verhältnissen im Einzelfall jede andere Entscheidung als die Einstellung des Bewerbers als rechtswidrig oder ermessensfehlerhaft darstellt und eine besetzungsfähige, haushaltsrechtlich abgesicherte Planstelle vorhanden ist, begründet Art. 33 Abs. 2 GG darüber hinaus einen **Einstellungsanspruch** (vgl. *BAG* 9.11.1994 NZA 1995, 781; 5.3.1996 EzA Art. 33 GG Nr. 16; **a. A.** *BVerwG* 21.6.1955, 26.10.1967 E 2, 151, DVBl 1968, 642; BGHZ 23, 36). 435

A. Grundbegriffe und Grundstrukturen des Arbeitsrechts

436 Materielle Kriterien für die Entscheidung sind die **Eignung** (fachliche Voraussetzungen und formelle Qualifikationen, z. B. Staatsprüfungen), **Befähigung** und **fachliche Leistung**. Hinzu kommen muss die Bereitschaft, der für das konkret erstrebte Amt erforderlichen **Treuepflicht** zu genügen (*BAG* 1.10.1986 a. a. O.), d. h. jederzeit für die freiheitlich-demokratische Grundordnung einzutreten.

437 Weil es bei ihnen nur um einen Teil der Ausbildung geht, genügt für Lehramtsanwärter im **Vorbereitungsdienst** eine neutrale Haltung, d. h. es darf nicht zu erwarten sein, dass sie im Unterricht die Grundwerte der Verfassung in Zweifel ziehen (*BAG* 5.8.1982 EzA Art. 33 GG Nr. 12).

438 Die Behörde hat die **Darlegungs- und Beweislast** für die Zweifel an der Verfassungstreue. Der Bewerber hat Tatsachen vorzutragen und zu beweisen, die geeignet sind, die Zweifel an der Verfassungstreue zu zerstreuen. Bei der sodann erforderlichen Gesamtabwägung steht der Behörde ein nur beschränkt überprüfbarer Beurteilungsspielraum zu. Gerichtlich nachprüfbar ist, ob sie alle wesentlichen Umstände des Einzelfalles berücksichtigt und sachgerecht gewichtet hat, ob allgemeingültige Bewertungsmaßstäbe beachtet und sachfremde Erwägungen ausgeschlossen waren sowie ob die Entscheidung in einem fehlerfreien Verfahren getroffen wurde (*BAG* 29.7.1982, 16.12.1982 AP Nr. 17, 19 zu Art. 33 GG).

439 Begehrt der Arbeitnehmer die Übertragung einer höherwertigen Tätigkeit (**Beförderung**) gem. Art. 33 Abs. 2 GG, so kommt eine **einstweilige Verfügung** wegen des erforderlichen Verfügungsanspruchs nur ganz ausnahmsweise in Betracht. Nicht möglich ist zudem eine – im Beamtenrecht übliche – einstweilige Verfügung, mit der dem Arbeitgeber einstweilen die Besetzung der Stelle untersagt werden soll. Denn anders als im Beamtenrecht kann im Arbeitsrecht die nunmehrige Stelleninhaberin durch Ausübung des Direktionsrechts oder Änderungskündigung auf einen anderen gleichwertigen Arbeitsplatz versetzt werden (*LAG Berlin* 12.7.1993, 526; a. A. *LAG Hamm* 13.5.1993 NZA 1994, 528 Ls.; *LAG Thüringen* 13.1.1997 NZA-RR 1997, 234; zur Konkurrentenklage im Arbeitsrecht vgl. *Günther* ZTR 1993, 399 ff.; *Seitz* RdA 1996, 40 ff.; *Zimmerling* ZTR 2000, 489 ff.).

440 Das *BAG* (2.12.1997, 22.6.1999 EzA Art. 33 GG Nr. 17, 21; vgl. dazu *Battis* RdA 2000, 359 ff. s. auch unten B/Rz. 151 ff. zu Auswirkungen von GleichstellungsG) hat inzwischen folgende **Grundsätze für die arbeitsrechtliche Konkurrentenklage** aufgestellt:

441 – Macht ein Bewerber um eine für Angestellte ausgeschriebene Stelle des öffentlichen Dienstes geltend, er sei unter Verletzung der Kriterien des Art. 33 Abs. 2 GG abgewiesen worden, kann er **arbeitsgerichtlichen Rechtsschutz** in Anspruch nehmen, um durch eine **Unterlassungsklage** zu verhindern, dass nach Abschluss des Bewerbungsverfahrens ein nach Eignung, Befähigung und fachlicher Leistung weniger qualifizierter Mitbewerber befördert werden soll (sog. **arbeitsrechtliche Konkurrentenklage**).
 – Eine den Unterlassungsanspruch rechtfertigende drohende Rechtsverletzung liegt allerdings erst dann vor, wenn das für Beförderungsangelegenheiten zuständige Organ **endgültig die Auswahlentscheidung getroffen** hat. Solange noch ein personalvertretungsrechtliches Mitbestimmungsverfahren betrieben wird, kann nicht von einer abschließenden Willensbildung im Auswahlverfahren ausgegangen werden.
 – Abweichend von der beamtenrechtlichen Konkurrentenklage bedarf es im arbeitsgerichtlichen Urteilsverfahren nicht der Aufhebung des ablehnenden Bescheides. **Prozessziel** der arbeitsrechtlichen Konkurrentenklage ist nicht die Neubeschei-

dung i. S. v. § 113 Abs. 5 VwGO, sondern die **Unterlassung der Beförderung und die Wiederholung der Auswahlentscheidung** unter Beachtung der Kriterien des Art. 33 Abs. 2 GG.
- Die **Erledigung** der arbeitsrechtlichen Konkurrentenklage tritt ein, wenn die erstrebte Wiederholung der Auswahlentscheidung gegenstandslos wird, weil das Bewerbungsverfahren durch die **endgültige Besetzung** der Stelle abgeschlossen ist.

e) **Allgemeine Arbeitsbedingungen**

aa) **Begriff und normative Einordnung**

Im Hinblick auf die Vielzahl bestehender Arbeitsverhältnisse ist es typisch für die Arbeitswelt, dass die Arbeitsbedingungen nicht individuell ausgehandelt, sondern dass sie vom Arbeitgeber einseitig durch Herstellung einer kollektiven Ordnung aufgestellt werden. Dadurch wird eine generelle Regelung für alle Arbeitnehmer oder bestimmte Arbeitnehmergruppen des Betriebes für jedes einzelne Arbeitsverhältnis im beiderseitigen Einvernehmen zwischen Arbeitgeber und Arbeitnehmer verbindlich. 442

Im Bereich der betrieblichen Altersversorgung stellt der Arbeitgeber i. d. R. Ruhegeld-, Versorgungsordnungen, Ruhegeldrichtlinien (z. B. durch Aushang am Schwarzen Brett) oder ähnliche Ruhegehaltspläne auf. 443

Möglich ist dies zum einen durch eine **Gesamtzusage**, durch die der Arbeitgeber einseitig bekannt gibt, dass er jedem Arbeitnehmer, sofern er die von ihm abstrakt festgelegten Voraussetzungen erfüllt, bestimmte Leistungen gewährt (*BAG* 5.12.1995 EzA § 1 BetrAVG Ablösung Nr. 11). Wird die Annahme des Angebots des Arbeitgebers durch den Arbeitnehmer nicht ausdrücklich erklärt, so gilt § 151 BGB; derartige Versorgungsrichtlinien werden Bestandteil des Arbeitsvertrages. Eine derartige Gesamtzusage wird wirksam mit der Folge, dass sie nicht mehr einseitig vom Arbeitgeber **widerrufen** werden kann, wenn dieser zwar den Beschluss zum Widerruf rechtzeitig fasst, aber keine organisatorischen Maßnahmen trifft, um die Veröffentlichung des ursprünglichen Beschlusses rechtzeitig zu unterbinden (*LAG Berlin* 9.3.2001 NZA-RR 2001, 491). 444

Zum anderen kommt eine **arbeitsvertragliche Einheitsregelung** in Betracht, bei der Arbeitgeber und Arbeitnehmer den Vertragsinhalt nicht individuell aushandeln, sondern ihn aufgrund übereinstimmender Willenserklärungen von Arbeitgeber und Arbeitnehmer durch Verweisung auf vom Arbeitgeber für eine Vielzahl von Verträgen vorformulierte Arbeitsbedingungen festlegen (*BAG* [GS] 16.9.1986 EzA § 77 BetrVG Nr. 17). 445

Die betriebseinheitliche Geltung wird nach Auffassung von *Richardi* (MünchArbR § 12 Rz. 35 ff.) auf der Ebene des Individualarbeitsrechts – entweder durch individuelle Vertragsabrede mit dem einzelnen Arbeitnehmer oder im Wege der Vertrauenshaftung – **für jedes einzelne Arbeitsverhältnis herbeigeführt**. Nachteilige Änderungen gegen den Willen des Arbeitnehmers sind folglich nur durch (Massen-)Änderungskündigung(en) möglich. 446

Demgegenüber werden Allgemeine Arbeitsbedingungen auch als Arbeitsbedingungen verstanden, die für die gesamte Belegschaft oder Gruppen von Arbeitnehmern in der Belegschaft einen generellen Leistungsplan aufstellen, der die den einzelnen Arbeitnehmern zukommenden Leistungen zueinander in Bezug setzt und dadurch eine 447

A. Grundbegriffe und Grundstrukturen des Arbeitsrechts

einheitliche Ordnung begründet (*Hilger/Stumpf* FS Gerhard Müller 1982, S. 209). Demzufolge sind derartige Einheitsregelungen dem **Kollektivrecht** zuzuordnen, sodass eine Ablösung durch Firmentarifvertrag oder Betriebsvereinbarung möglich ist und das Günstigkeitsprinzip keine Anwendung findet. Denn die Allgemeinen Arbeitsbedingungen erfüllen danach die **gleiche Funktion wie eine Betriebsvereinbarung**, ohne deren Form einzuhalten (*Reuter* RdA 1991, 197 f.).

448 Das *BAG* (GS 16.9.1986 EzA § 77 BetrVG Nr. 17) geht einerseits davon aus, dass z. B. die Kennzeichnung als Gesamtzusage nichts über die Rechtsnatur der durch sie begründeten Ansprüche besagt, sodass in den Einheitsregelungen keine selbstständige kollektiv-rechtliche Gestaltungsmöglichkeit auf der betrieblichen Ebene neben der Betriebsvereinbarung gesehen werden kann.
Andererseits können aber vertraglich begründete Ansprüche der Arbeitnehmer auf Sozialleistungen, die auf eine vom Arbeitgeber gesetzte Einheitsregelung oder Gesamtzusage zurückgehen, nicht etwa nur durch (Massen-) Änderungskündigung (§ 2 KSchG), sondern auch durch eine nachfolgende Betriebsvereinbarung in den Grenzen von Recht und Billigkeit beschränkt werden, wenn die Neuregelung insgesamt bei kollektiver Betrachtung nicht ungünstiger ist (kollektiver Günstigkeitsvergleich). Die nachfolgende Betriebsvereinbarung kann sogar insgesamt ungünstiger sein, soweit der Arbeitgeber wegen eines vorbehaltenen Widerrufs oder Wegfalls der Geschäftsgrundlage (jetzt § 313 BGB n. F.) die Kürzung oder Streichung der Sozialleistungen verlangen kann (s. u. C/Rz. 2806 ff.).

bb) Inhaltskontrolle

(1) Rechtslage für am 1.1.2002 bestehende Arbeitsverträge bis zum 31.12.2002 (Art. 229 § 5 EGBGB)

449 Aufgrund der einseitigen Vorgabe der Allgemeinen Arbeitsbedingungen durch den Arbeitgeber besteht jedenfalls eine ähnliche Situation wie bei den Allgemeinen Geschäftsbedingungen. Zwar ist das AGBG gem. § 23 Abs. 1 AGBG bei Arbeitsverträgen grds. nicht anwendbar (vgl. *BAG* 13.12.2000 EzA § 611 BGB Inhaltskontrolle Nr. 8). Andererseits besteht trotz des Schutzes durch zwingende gesetzliche Vorschriften und kollektive Vereinbarungen auch im Arbeitsrecht das Bedürfnis für eine richterliche Kontrolle einseitig vom Arbeitgeber festgesetzter Arbeitsbedingungen.

450 Das *BAG* (31.10.1969, 21. u. 22.12.1970, 4.7.1972 EzA § 242 BGB Nr. 28, AP Nr. 3, 4 zu § 315 BGB, AP Nr. 2 zu § 65 HGB) hat deshalb im Wege der Rechtsfortbildung Grundsätze über eine richterliche Billigkeitskontrolle unter besonderer Berücksichtigung von §§ 242, 315 BGB bei gestörter Vertragsparität herausgebildet.

451 Danach darf der Arbeitgeber bei der einseitigen Festlegung von Arbeitsbedingungen nicht nur allein seine Interessen verfolgen, sondern muss auch dem Interesse des Arbeitnehmers angemessen Rechnung tragen. **Seine Leistungsbestimmung muss deshalb billig und gerecht sein.**

452 **Überraschende Klauseln** in Formulararbeitsverträgen und in allgemeinen Arbeitsbedingungen, die nach den Umständen so ungewöhnlich sind, dass der Vertragspartner **nicht mit ihnen zu rechnen brauchte**, werden nicht Vertragsbestandteil. Ob dies aus § 3 AGBG analog folgt, oder aus § 242 BGB i. V. m. einem allgemeinen Rechtsge-

danken (dafür das *Hessische LAG* 12.3.1997 NZA-RR 1998, 5), der in § 3 AGBG seinen Ausdruck gefunden hat, hat das *BAG* (29.11.1995 EzA § 611 BGB Inhaltskontrolle Nr. 4; abl. *Schwarz* BB 1996, 1434; vgl. ausf. *Pauly* NZA 1997, 1030 ff.; gegen jede Analogie in diesem Zusammenhang *Przytulla* NZA 1998, 521 ff.) offen gelassen. So wird z. B. eine **vertragliche Ausschlussfrist** nicht Vertragsinhalt, wenn sie der Verwender ohne besonderen Hinweis und ohne drucktechnische Hervorhebung unter falscher oder missverständlicher Überschrift (»Lohnberechnung und Zahlung«) einordnet; im entschiedenen Einzelfall fand sich diese Regelung in einer »Betriebsordnung«, auf die im Formular-Arbeitsvertrag unter »Verschiedenes« Bezug genommen worden war (*BAG* a. a. O.). Auch ist es treuwidrig, wenn ein Arbeitgeber sich auf eine Klausel eines von ihm formulierten Vertrages beruft, die vorherigen Erläuterungen des Vertrages widerspricht (*Hessisches LAG* 12.3.1997 NZA-RR 1998, 5). 453

Der *BGH* (23.6.1999 NZA 1999, 1164) geht davon aus, dass es sich bei der Satzung der Versorgungsanstalt des Bundes und der Länder (**VBL**) um **allgemeine Versicherungsbedingungen** handelt, denen gegenüber sich der Arbeitnehmer als aus der Satzung unmittelbar Berechtigter auf eine unangemessene Benachteiligung i. S. d. § 9 AGBG berufen kann. 454

Der den Arbeitsvertrag vorformulierende **Arbeitgeber** kann sich nach Auffassung des *LAG Hamm* (9.9.1999 NZA-RR 2000, 230) **nicht zu seinen Gunsten** auf eine Inhaltskontrolle des Arbeitsvertrages berufen. Dies folgt danach aus dem Rechtsgedanken des § 9 Abs. 1 AGBG, wonach allein die Benachteiligung des Vertragspartners zur Unwirksamkeit einer Allgemeinen Geschäftsbedingung führt. Das Verbot, sich zu eigenen Gunsten auf die Rechtsunwirksamkeit einer vom Arbeitgeber vorgegebenen Vertragsklausel zu berufen, folgt als widersprüchliches Verhalten auch aus § 242 BGB. 455

(2) Rechtslage für nach dem 1.1.2002 abgeschlossene Arbeitsverträge
Für nach dem 1.1.2002 abgeschlossene Arbeitsverträge gilt gem. § 310 Abs. 4 S. 2 BGB n. F. nunmehr **auch das Recht der Allgemeinen Geschäftsbedingungen** (§§ 305 ff. BGB n. F.), wobei die im Arbeitsrecht geltenden Besonderheiten angemessen zu berücksichtigen sind. Einer Anwendung auch auf Allgemeine Arbeitsbedingungen steht damit nichts mehr im Wege (vgl. zu den Konsequenzen dazu unten A/Rz. 703 ff.). 456

cc) Umdeutung einer nichtigen Betriebsvereinbarung in eine vertraglichen Einheitsregelung?
Eine (gem. § 77 Abs. 3 BetrVG) unwirksame Betriebsvereinbarung kann grds. in eine vertragliche Einheitsregelung umgedeutet werden (§ 140 BGB). Das kommt aber nur dann in Betracht, wenn und soweit **besondere Umstände** die Annahme rechtfertigen, der Arbeitgeber habe sich unabhängig von den Regelungen der Betriebsvereinbarung **auf jeden Fall verpflichten wollen**, die in der Betriebsvereinbarung vorgesehenen Leistungen zu erbringen (*BAG* 5.3.1997 EzA § 140 BGB Nr. 23). 457

f) Gleichbehandlungsgrundsatz

aa) Begriff und Inhalt

Der von Art. 3 Abs. 1, 2, 3 GG, die nicht unmittelbar anwendbar sind (s. o. A/Rz. 313) zu unterscheidende Gleichbehandlungsgrundsatz ist Bestandteil des Privatrechts und enthält ein betriebs-, nicht aber konzernbezogenes (*BAG* 458

A. Grundbegriffe und Grundstrukturen des Arbeitsrechts

20.8.1986 DB 1987, 694) Benachteiligungsverbot auf dem Gebiet der freiwilligen Sozialleistungen des Arbeitgebers (z. B. Gratifikationen, Sonderzuwendungen).

459 Allerdings wird er inhaltlich vom Gleichberechtigungsgrundsatz des Art. 3 Abs. 2 GG und vom Benachteiligungsverbot des Art. 3 Abs. 3 GG geprägt (*BAG* 9.9.1981 EzA § 242 BGB Gleichbehandlung Nr. 26).

460 Er greift ein, wenn der Arbeitgeber **Leistungen gewährt** oder auch Lohnerhöhungen vornimmt, ohne zu ihnen verpflichtet zu sein (*BAG* 9.11.1972, 10.4.1973, 4.2.1976, 11.9.1985 EzA § 242 BGB Gleichbehandlung Nr. 1, 3, 10, 43).

461 Voraussetzung für die Anwendbarkeit bei freiwilligen Gehaltserhöhungen ist, dass der **Arbeitgeber dabei nach abstrakten Regeln verfährt**. Dagegen **verpflichtet** der Gleichbehandlungsgrundsatz **den Arbeitgeber nicht**, abstrakte Regelungen für Gehaltserhöhungen **aufzustellen**. Er kann individuelle Gesichtspunkte, z. B. die Gehaltsdifferenzen zu anderen vergleichbaren Mitarbeitern berücksichtigen (*BAG* 15.11.1994 EzA § 242 BGB Gleichbehandlung Nr. 61).

462 Der Gleichbehandlungsgrundsatz ist darüber hinaus immer anwendbar, wenn ein Arbeitgeber seine betriebliche Regelungs- und Ordnungsaufgabe eigenständig wahrnimmt. Dies kann dadurch geschehen, dass er mit einem Teil seiner Arbeitnehmer die Anwendbarkeit eines Tarifvertrages und damit die Geltung der sich daraus ergebenden Rechte und Pflichten vereinbart, ohne selbst tarifgebunden zu sein (*BAG* 25.4.1995 EzA § 1 BetrAVG Gleichbehandlung Nr. 8).

463 Ob der Gleichbehandlungsgrundsatz auch **unternehmensbezogen** gilt, hat das *BAG* (30.11.1982 EzA § 242 BGB Gleichbehandlung Nr. 33; dafür MünchArbR/*Richardi* § 14 Rz. 9) bislang offen gelassen. Jedenfalls kann er ebenso wie § 2 Abs. 1 BeschFG (jetzt § 4 TzBfG) dann eine **überbetriebliche Geltung** beanspruchen, wenn der Arbeitgeber eine Regel aufstellt und anwendet, die ihrerseits überbetrieblich ist. Das bedeutet: In diesen Fällen können sich Arbeitnehmer auch dann auf den Gleichbehandlungsgrundsatz berufen, wenn es begünstigte Arbeitnehmer mit vergleichbarer Tätigkeit überhaupt nicht oder aber in demselben Betrieb nicht gibt (*BAG* 17.12.1992, 12.1.1994 EzA § 242 BGB Gleichbehandlung Nr. 55, EzA § 242 BGB Betriebliche Übung Nr. 30). Inzwischen geht das *BAG* (17.11.1998 EzA § 242 BGB Gleichbehandlung Nr. 79; vgl. dazu *Herrmann* SAE 2000, 133 ff.; *Wiedemann* RdA 2000, 97 ff.) davon aus, dass die Begründung und Ausprägung des arbeitsrechtlichen Gleichbehandlungsgrundsatzes durch den allgemeinen Gleichheitssatz (Art. 3 Abs. 1 GG) dafür spricht, seinen Anwendungsbereich nicht auf den Betrieb zu beschränken, sondern **betriebsübergreifend auf das ganze Unternehmen** zu erstrecken.

464 Andererseits können in einem von **zwei verschiedenen Unternehmen gemeinsam geführten Betrieb** die Arbeitnehmer dieses Betriebes keine Gleichbehandlung mit den z. B. von einem dieser Unternehmen in einem anderen Betrieb beschäftigten Arbeitnehmer verlangen (*BAG* 19.11.1992 EzA § 242 BGB Gleichbehandlung Nr. 54).

465 In der Rechtsprechung wird als Voraussetzung für die Anwendbarkeit des Gleichbehandlungsgrundsatz nur gefordert, dass auf Seiten der begünstigten Arbeitnehmer ein kollektiver Tatbestand vorliegen muss, d. h. auf dieser Seite von Mitarbeitern kann man Gruppen bilden, für die eine begünstigende Regelung seitens des Arbeitgebers besteht; es reicht dann aus, dass auch nur ein einziger Arbeitnehmer

A. Grundbegriffe und Grundstrukturen des Arbeitsrechts

auf der anderen Seite benachteiligt ist (*BAG* 11.9.1985 EzA § 242 BGB Gleichbehandlung Nr. 43).

Demgegenüber soll nach *Schaub* (NZA 1984, 74) dann nicht mehr von einer Gruppenbildung gesprochen werden können, wenn es darum geht, die Arbeitsbedingungen der Mehrzahl der Arbeitnehmer mit denen einiger weniger zu vergleichen, weil insoweit für die Minderheit regelmäßig überhaupt keine Gruppe besteht. **466**

Inhaltlich gebietet der Gleichbehandlungsgrundsatz dem Arbeitgeber, bei freiwilligen Leistungen deren Voraussetzungen so abzugrenzen, dass nicht sachwidrig oder willkürlich ein Teil der Arbeitnehmer von den Vergünstigungen ausgeschlossen bleibt. **467**

Der Gleichbehandlungsgrundsatz ist somit dann verletzt, wenn der Arbeitgeber Leistungen nach einem erkennbaren und generalisierenden Prinzip festlegt, diese von ihm selbst aufgestellte Regelung auf einen Arbeitnehmer nicht zur Anwendung bringt und ihn dadurch willkürlich benachteiligt, sowie dann, wenn die Regelung selbst Auswahlkriterien trifft, die eine willkürliche Differenzierung zur Folge haben (*BAG* 27.1.1999 ZTR 1999, 379 Ls.). **468**
Eine Differenzierung darf nicht gegen die Gleichheitsgebote der Art. 3 Abs. 2, 3 GG sowie gegen § 75 Abs. 1 BetrVG verstoßen; das sind absolute Differenzierungsverbote, bei denen Ausnahmen nicht möglich sind.
Dagegen ist der Arbeitgeber nicht gehindert, einzelnen Arbeitnehmern neben einer Abfindung aus einem Sozialplan eine weitere Abfindung zu zahlen, wenn sich ein vernünftiger, aus der **Natur der Sache sich ergebender oder sachlich einleuchtender Grund** für eine Differenzierung finden lässt, z. B. die Vermeidung von Kündigungsschutzprozessen durch Zahlung einer zusätzlichen Abfindung für den Abschluss von Aufhebungsverträgen. **469**
Die **Begünstigung einzelner Arbeitnehmer** ist zulässig (vgl. *LAG Schleswig-Holstein* 4.9.1986 DB 1987, 442; s. u. A/Rz. 472).
Der Gleichbehandlungsgrundsatz findet auch Anwendung bei der **Ausübung des Direktionsrechts** (z. B. bei der Anordnung von Torkontrollen, bei der Zuweisung von Nachtarbeit), in dem er das Gestaltungsrecht des Arbeitgebers zur Bestimmung der Arbeitspflicht begrenzt. **470**
Abgesehen von einem Verstoß gegen § 611 a BGB begründet er **kein selbstständiges Kündigungsverbot**, d. h. die Unwirksamkeit einer Kündigung kann nicht unmittelbar aus einer Verletzung des Gleichbehandlungsgrundsatzes hergeleitet werden (*BAG* 22.2.1979 EzA § 103 BetrVG 1972 Nr. 23). Zu beachten ist er aber im Rahmen der Überprüfung der Kündigungsvoraussetzungen, z. B. bei der Beurteilung des Fehlverhaltens eines Arbeitnehmers (§ 1 KSchG). Besteht dagegen kein Kündigungsschutz (§§ 1, 23 Abs. 1 KSchG), kommt die Unwirksamkeit einer Kündigung allenfalls nach § 138 BGB ausnahmsweise dann in Betracht, wenn sich die Ungleichbehandlung als Diskriminierung darstellt, die gegen die guten Sitten verstößt (MünchArbR/ *Richardi* § 14 Rz. 19 m. w. N.). **471**

Zu beachten ist, dass der Grundsatz der Vertragsfreiheit den Vorrang vor dem Gleichbehandlungsgrundsatz hat. Ein Arbeitnehmer kann sich mit einer bestimmten ihn benachteiligenden ungleichen Behandlung einverstanden erklären, **472**

A. Grundbegriffe und Grundstrukturen des Arbeitsrechts

> so z. B. ein neu eingestellter Arbeitnehmer mit dem Ausschluss von bislang an alle Arbeitnehmer gewährten Sonderleistungen des Arbeitgebers (*BAG* 30.5.1984, 27.5.1987 EzA § 242 BGB Gleichbehandlung Nr. 37, EzA § 74 BAT Inkrafttreten und Laufzeit des Tarifvertrages Nr. 3).

473 Das bedeutet, dass der Arbeitgeber bei der Festsetzung der Entgelte einen besonders weiten Ermessensspielraum hat. Er ist berechtigt, die Entgelte soweit zu differenzieren, wie es zur Gewinnung und Erhaltung benötigter Arbeitnehmer erforderlich ist (*BAG* 11.5.1988 EzA § 242 BGB Gleichbehandlung Nr. 49).

474 **Grenzen ergeben sich aus den zwingenden Differenzierungsverboten** (z. B. § 611a i. V. m. §§ 134, 612 Abs. 3 BGB, § 2 BeschFG 1985 (jetzt § 4 TzBfG), Art. 119 EGV, jetzt Art. 141 EGV) **sowie** der Ausstrahlungswirkung (mittelbaren Drittwirkung) von **Art. 3 GG**.
Der Vorrang vor dem Gleichbehandlungsgrundsatz greift im Bereich der Vergütung zudem nur dann ein, wenn es sich um **individuell vereinbarte Löhne und Gehälter** handelt (*BAG* 19.8.1992 EzA § 242 BGB Gleichbehandlung Nr. 52; *BAG* 27.1.1999 ZTR 1999, 379 Ls.).

475 § 2 Abs. 1 BeschFG (jetzt § 4 TzBfG) erweitert und konkretisiert den Gleichbehandlungsgrundsatz; diese Regelung ist sowohl auf vertragliche Vereinbarungen als auch auf die Ausübung des Direktionsrechts anwendbar. Der Arbeitgeber darf einen teilzeitbeschäftigten Arbeitnehmer nicht wegen der Teilzeitarbeit gegenüber vollbeschäftigten Arbeitnehmern desselben Betriebes (vgl. MünchArbR/ *Schüren* § 161 Rz. 64) unterschiedlich behandeln, es sei denn, dass sachliche Gründe eine unterschiedliche Behandlung rechtfertigen (*BAG* 28.7.1992 EzA § 1 BetrAVG Gleichbehandlung Nr. 2).

476 Die Regelung war gem. § 6 Abs. 1 BeschFG **tarifdispositiv**. Das *BAG* (29.8.1989 EzA § 2 BeschFG 1985 Nr. 3) ging aber davon aus, dass aufgrund eines **Redaktionsversehens** des Gesetzgebers gleichwohl den Tarifvertragsparteien keine Befugnis zur Disposition über das Gleichbehandlungsgebot zusteht. § 22 TzBfG sieht nunmehr ausdrücklich keine Möglichkeit einer Abweichung von § 4 Abs. 1 TzBfG vor.

477 Ein sachlicher Grund für eine Ungleichbehandlung zwischen Teilzeit- und Vollzeitbeschäftigten liegt nur dann vor, wenn sie einem wirklichen Bedürfnis des Unternehmens dient, für die Erreichung der unternehmerischen Ziele geeignet und nach den Grundsätzen der Verhältnismäßigkeit erforderlich ist (*BAG* 14.3.1989 EzA § 1 BetrAVG Gleichberechtigung Nr. 4). Das *LAG Köln* (3.9.1997 – 2 (4) Sa 348/97 –) hat angenommen, dass § 2 Abs. 1 BeschFG (jetzt § 4 Abs. 1 TzBfG) dann **nicht anwendbar** ist, wenn der Arbeitgeber nur **einen einzigen Arbeitnehmer** mit der von einem Teilzeitbeschäftigten anteilig in Anspruch genommenen **besseren Vergütung** beschäftigt. Selbst wenn sich der Arbeitgeber bei der Bezahlung dieses einzigen Angestellten, ohne dazu rechtlich verpflichtet zu sein, an ein allgemeines Vergütungssystem, z. B. an einen Tarifvertrag, anlehnt und die Vergütung damit nach einem generalisierenden Prinzip bemisst, kann danach daraus keine Verpflichtung hergeleitet werden, einem Teilzeitbeschäftigten eine entsprechende Vergütung anteilig zu gewähren.

478 Zu beachten ist, dass der Gleichbehandlungsgrundsatz den Träger eines Ordnungs- und Regelungsbereiches nur in dessen eigenem **Zuständigkeitsbereich** bindet. Er

A. Grundbegriffe und Grundstrukturen des Arbeitsrechts

enthält daher kein Gebot zur einheitlichen Behandlung von Arbeitnehmergruppen in unterschiedlichen Organisations- und Regelungsbereichen. Deshalb verstößt z. B. die unterschiedliche Eingruppierung von Lehrkräften an Fachhochschulen nach einem Eingruppierungserlass (zuständig ist das jeweilige Bundesland) und von wissenschaftlichen Mitarbeitern in Forschung und Lehre nach der Vergütungsordnung zum BAT (zuständig sind die Tarifvertragsparteien) nicht gegen den arbeitsrechtlichen Gleichbehandlungsgrundsatz (*BAG* 3.12.1997 NZA 1998, 438).

bb) Dogmatische Begründung des Gleichbehandlungsgrundsatzes

Die dogmatische Begründung des Gleichbehandlungsgrundsatzes ist umstritten: z. T. **479** wird er aus der **Treue- und Fürsorgepflicht** des Arbeitgebers hergeleitet, die gewissen Gesetzmäßigkeiten und Bräuchen normative Kraft zuerkennt, bzw. als ein **allgemeiner Rechtsgedanke** verstanden, der seine gesetzliche Ausgestaltung z. B. in § 75 BetrVG, § 67 BPersVG gefunden hat (vgl. *Neuß* DB 1984 Beil. Nr. 5, S. 5 m. w. N.).

cc) Beispiele

(1) Lohngleichheit

– Es verstößt nicht gegen den Gleichbehandlungsgrundsatz, wenn einer Gruppe von **480** Arbeitnehmern ein **höheres Arbeitsentgelt** gezahlt wird als anderen Arbeitnehmern, die die gleichen tariflichen Eingruppierungsmerkmale erfüllen, weil andernfalls die Arbeitsplätze der begünstigten Gruppe nicht besetzt werden können (*BAG* 23.8.1995 EzA § 242 BGB Gleichbehandlung Nr. 69; abl. dazu *Boecken* SAE 1997, 231 ff.). Der sachliche rechtfertigende Grund für eine solche Differenzierung der Gruppen liegt in einem solchen Fall nicht in den mehr oder weniger objektivierbaren Unterschieden der in den verschiedenen Gruppen geforderten Arbeitsleistungen, sondern – ähnlich wie bei einzelvertraglich vereinbarten unterschiedlich hohen Arbeitsentgelten – in der **Durchsetzungsfähigkeit** der Arbeitnehmer. Wenn ein Arbeitgeber es vorzieht, nicht nur im Einzelfall, sondern wegen der allgemeinen Schwierigkeit, geeignete Arbeitnehmer zu finden oder zu halten, der ganzen Gruppe ein höheres Arbeitsentgelt zu zahlen, so stellt dies keinen Verstoß gegen den arbeitsrechtlichen Gleichbehandlungsgrundsatz dar. Der arbeitsrechtliche Gleichbehandlungsgrundsatz gebietet allerdings, die Bildung der Gruppe nach **sachlichen** und zutreffenden **Kriterien** vorzunehmen. Dazu genügt nicht, dass nur einzelne Arbeitnehmer Druck auf die Arbeitgeberseite ausgeübt haben. Erforderlich ist, dass der Arbeitgeber aus erkennbarem Verhalten einer Arbeitnehmergruppe schließen durfte und geschlossen hat, er könne den **vorhandenen Schwierigkeiten** durch eine generelle Entgeltverbesserung für die dieser Gruppe angehörenden Arbeitnehmer **begegnen** (*BAG* 23.8.1995 EzA § 242 BGB Gleichbehandlung Nr. 69).

– Gleiches gilt dann, wenn der tarifgebundene Arbeitgeber tarifliche Leistungen nur **481** den Mitgliedern der tarifabschließenden Gewerkschaft, nicht aber den sog. **Außenseitern** zahlt (*BAG* 20.7.1960 AP Nr. 7 zu § 4 TVG; a. A. *Wiedemann* RdA 1969, 333; für einen Anspruch jedenfalls von mitstreikenden und mitausgesperrten Außenseitern *Thüsing* ZTR 1997, 435 ff.).

– Es verstößt auch nicht gegen den Gleichbehandlungsgrundsatz, wenn der Arbeit- **482** geber auf sachgerecht gebildete Gruppen von Arbeitnehmern **unterschiedliche Vergütungsgrundsätze** anwendet (*BAG* 20.11.1996 EzA § 612 BGB Nr. 19).

A. Grundbegriffe und Grundstrukturen des Arbeitsrechts

483 – Wenn der öffentliche Arbeitgeber bei der Dauereinstellung von Lehrkräften solche Bewerber **bevorzugt**, die bereits als Aushilfskräfte **befristete Vertretungsdienste geleistet** haben, so kann er von dieser Bevorzugung nur unterhälftig tätig gewordene Aushilfskräfte ausschließen; den unterhälftig Beschäftigten erwächst aufgrund Art. 3 Abs. 1 GG, § 2 Abs. 1 BeschFG (jetzt § 4 Abs. 1 TzBfG) kein Anspruch darauf, wie die übrigen Aushilfskräfte ebenfalls gegenüber sonstigen Bewerbern bevorzugt zu werden (*LAG Köln* 31.7.1998 ARST 1999, 17).

484 – Nimmt der Arbeitgeber bei außertariflichen Leistungen die Mitarbeiter eines Tarifgebiets von Zulagen aus, die er den Mitarbeitern eines anderen Tarifgebiets gewährt, kann ein sachlicher Grund für diese Ungleichbehandlung allerdigs nicht allein aus dem Vorliegen unterschiedlicher Tarifgebiete hergeleitet werden. Maßgeblich ist vielmehr der **Zweck der Zulagengewährung** (*BAG* 23.4.1997 EzA § 242 BGB Gleichbehandlung Nr. 72).

485 – Ein als **Teilzeitkraft** im öffentlichen Dienst des Landes Schleswig-Holstein beschäftigter Arbeitnehmer kann die **Sicherheitszulage** des § 3 TV Sicherheitszulage nur zeitanteilig und nicht in voller Höhe beanspruchen, denn die Sicherheitszulage ist Arbeitsentgelt und wird weder in ihrer Gesamtheit noch überwiegend als Ausgleich von Belastungen einer Schreibkraft in einem Sicherheitsbereich des Landes gewährt (*LAG Schleswig-Holstein* 15.10.1998 ZTR 1999, 131).

486 – Besteht ein **Mangel an Pflegekräften** und zahlt ein Arbeitgeber deshalb in Anlehnung an die tarifliche Regelung über eine Pflegezulage eine **übertarifliche Zulage** in entsprechender Höhe, um Pflegekräfte zu gewinnen oder dem Betrieb zu erhalten (Arbeitsmarktzulage), so ist er nicht nach dem Gleichbehandlungsgrundsatz verpflichtet, neu einzustellenden Pflegekräften diese Zulage zu gewähren, wenn nach seiner sachlich begründeten Prognose ein Mangel an Pflegekräften nicht mehr besteht (*BAG* 21.3.2001 EzA § 242 BGB Gleichbehandlung Nr. 84).

487 – Gewährt eine Gemeinde den im Amt zur Regelung offener Vermögensfragen beschäftigten Angestellten einen Zuschuss in Höhe des Unterschiedsbetrages zwischen der Vergütung nach BAT-O und BAT, den ihr das Land durch Gewährung eines sog. **Personalkostenzuschusses** erstattet, ist sie nicht verpflichtet, den Zuschuss auch vergleichbaren Angestellten zu bezahlen, die in Aufgabenbereichen der von fachaufsichtlichen Weisungen freien kommunalen Selbstverwaltung beschäftigt sind (*BAG* 6.8.1998 NZA 1999, 501).

488 – Wird durch eine **Gesetzesänderung** nur in tarifvertraglich nicht abgesicherte Arbeitnehmerrechte eingegriffen (z. B. Absenkung der Lohnfortzahlung), so entsteht kein anspruchsbegründender Gleichheitsverstoß, wenn der Arbeitgeber die Verschlechterung an diejenigen seiner Arbeitnehmer weitergibt, die keinem persönlichen Geltungsbereich eines Tarifvertrages unterfallen, während er eine andere Arbeitnehmergruppe, die durch einen Tarifvertrag geschützt ist, nach wie vor unverändert behandelt. Auch der Tarifvertrag wird in einem solchen Fall nicht gleichheitswidrig. Behält der Arbeitgeber diese Rechtslage bei, obwohl er den Geltungsbereich des Tarifvertrages verlässt, kann schließlich in dem Willen zur Besitzstandswahrung ein sachlicher Differenzierungsgrund liegen (*LAG Köln* 16.4.1999 NZA-RR 1999, 531).

489 – Es verstößt nicht gegen den Gleichbehandlungsgrundsatz, wenn der Arbeitgeber allen Angestellten unabhängig von einer Tarifbindung die tarifliche Vergütung gewährt, während **ABM-Angestellte** nur 90% dieses Entgelts erhalten (*BAG* 18.6.1997 EzA Art. 3 GG Nr. 66; *LAG Saarland* 13.11.1996 ZTR 1997, 279; **a. A.** *LAG Hamm* 11.3.1996 LAGE § 242 BGB Gleichbehandlung Nr. 18).

A. Grundbegriffe und Grundstrukturen des Arbeitsrechts

- § 9 Abs. 1 TV Arb Bundespost ist wegen Verstoßes gegen § 2 Abs. 1 BeschFG (jetzt **490** § 4 Abs. 1 TzBfG) nichtig, soweit darin bei der **Postdienstzeit** Zeiten einer Beschäftigung mit weniger als der Hälfte der jeweils geltenden regelmäßigen Arbeitszeit eines vollbeschäftigten Arbeiters nicht berücksichtigt werden. Aufgrund des Gleichbehandlungsgrundsatzes haben die betroffenen Arbeitnehmer folglich einen Anspruch auf die Leistung, die der Arbeitgeber den Vollzeitbeschäftigten gewährt (*BAG* 16.9.1993 NZA 1994, 900).
- Soweit durch § 2 Abs. 1 a des 66. ÄnderungsTV zum BAT Zeiten vor dem 1.4.1991, **491** die als nichtvollbeschäftigter Angestellter zurückgelegt worden sind, von der **Berücksichtigung als Beschäftigungszeit** ausgeschlossen werden, liegt ein Verstoß gegen § 2 Abs. 1 BeschFG (jetzt § 4 Abs. 1 TzBfG) vor. Die Zeiten sind deshalb nach § 19 Abs. 1 BAT auf die Beschäftigungszeit anzurechnen (*BAG* 15.5.1997 § 2 BeschFG 1985 Nr. 53).
- Ohne sachlichen Grund dürfen Arbeitnehmer nicht von einer **Lohnerhöhung** ausgeschlossen **492** werden, die der Arbeitgeber im Rahmen einer allgemeinen Lohnbewegung der großen Mehrzahl der Arbeitnehmer gewährt (*BAG* 25.4.1959 AP Nr. 15 zu § 242 BGB Gleichbehandlung).
- Der Arbeitgeber verletzt deshalb den Gleichbehandlungsgrundsatz, wenn er von **493** einer allgemeinen Erhöhung der Effektivlöhne (aus Anlass einer Tariflohnerhöhung) die Arbeitnehmer ausschließt, die **zuvor arbeitsunfähig krank waren** (*BAG* 9.6.1982 EzA § 242 BGB Gleichbehandlung Nr. 30). Auch **ausgeschiedene oder ausscheidende Arbeitnehmer** dürfen von einer rückwirkenden Lohnerhöhung in Form einer Lohnwelle für die Zeit nicht ausgeschlossen werden, in der sie ihre Gegenleistung erbracht haben. Anders ist die Rechtslage dann, wenn die **Tarifvertragsparteien** ausscheidende Arbeitnehmer von einer rückwirkenden Lohnerhöhung ausnehmen. Eine solche Regelung verstößt nicht gegen Art. 3 GG und führt auch für eine Erhöhung des übertariflichen Lohnes zu unterschiedlichen Voraussetzungen (*BAG* 10.3.1982 EzA § 242 BGB Gleichbehandlung Nr. 47).
- Werden zu einem bestimmten Zeitpunkt die Gehälter der tariflichen und außertariflichen **494** Angestellten allgemein erhöht, so darf ein **außertariflicher Angestellter** nicht insoweit von Gehaltserhöhungen ausgenommen werden, als in den individuell unterschiedlichen Anhebungen für diesen Personenkreis wegen der Steigerung des Lohn- und Preisniveaus auch ein »Grundbetrag« enthalten ist (*BAG* 9.11.1972 AP Nr. 29 zu § 242 BGB Gleichbehandlung).
- Erhöht der Arbeitgeber während mehrerer Jahre im ungefähren Jahresrhythmus **495** die Gehälter der ganz überwiegenden Mehrzahl seiner Arbeitnehmer, wenn auch in individuell unterschiedlicher Höhe und zu unterschiedlichen Zeitpunkten, so spricht eine tatsächliche Vermutung dafür, dass in diesen Erhöhungen auch ein **Grundbetrag zum Zwecke des Kaufkraftausgleichs** enthalten ist. Davon darf ein Arbeitnehmer nur aus Gründen ausgeschlossen werden, die mit dieser Zwecksetzung vereinbar sind. In welchem Umfang in solchen individuellen Gehaltserhöhungen auch eine Komponente zum Ausgleich oder zur Minderung des seit der jeweils letzten Gehaltsfestlegung eingetretenen Kaufkraftverlustes enthalten ist, kann mangels näherer Aufschlüsselung durch den Arbeitgeber im Wege der Schätzung nach § 287 Abs. 2 ZPO ermittelt werden (*BAG* 11.9.1985 EzA § 242 BGB Gleichbehandlung Nr. 43).
- In einem Unternehmen mit mehreren Betrieben ist der Arbeitgeber frei, den Belegschaften **496** betriebsratsloser Betriebe die Zahlung von **Umsatzprämien** zuzusagen.

A. Grundbegriffe und Grundstrukturen des Arbeitsrechts

In Betrieben mit Betriebsrat bedarf er dazu jeweils der Zustimmung des Betriebsrats.

Eine (**überbetriebliche**) **Gleichbehandlung** von Arbeitnehmern in Betrieben mit Betriebsrat, in denen bisher noch keine Einigung über die Einführung von Umsatzprämien erfolgt ist, mit Arbeitnehmern in betriebsratslosen Betrieben, in denen der Arbeitgeber die Zahlung von Umsatzprämien zugesagt hat, ist arbeitsrechtlich nicht geboten (*BAG* 25.4.1995 EzA § 242 BGB Gleichbehandlung Nr. 65).

497 – Der Gleichbehandlungsgrundsatz ist verletzt, wenn der Arbeitgeber den **Prämienlohn** für dieselbe Arbeit an Arbeitnehmer nur deshalb nicht zahlt, weil sie nach einem bestimmten Stichtag lediglich **befristet** für ein Jahr **eingestellt** worden sind (*LAG Hamm* 27.2.1997 LAGE § 242 BGB Gleichbehandlung Nr. 21).

498 – Stuft der Arbeitgeber im öffentlichen Dienst alle Arbeitnehmer auf einem bestimmten Dienstposten generell höher, wenn sie sich bewährt haben, dann kann sich daraus für den einzelnen Arbeitnehmer ein Anspruch auf höhere Bezahlung ergeben, wenn er aus sachfremden oder sachwidrigen Gründen von der **Höhergruppierung** ausgenommen wurde (*BAG* 10.4.1973 EzA § 242 BGB Gleichbehandlung Nr. 3).

499 – Es verstößt nicht gegen den Gleichbehandlungsgrundsatz, wenn ein Arbeitgeber des öffentlichen Dienstes **Erschwerniszulagen** von der formalen Zugehörigkeit zu bestimmten Dienststellen abhängig macht, bei denen besondere Erschwernisse typischerweise auftreten. Müssen Arbeitnehmer anderer Dienststellen nur zeitweise in denselben Räumen arbeiten und deshalb vergleichbare Erschwernisse hinnehmen, so erwerben sie allein dadurch noch keinen Anspruch auf die gleiche Erschwerniszulage (*BAG* 30.11.1982 EzA § 242 BGB Gleichbehandlung Nr. 33).

500 – Nicht mit dem Gleichbehandlungsgrundsatz vereinbar ist es, wenn ein Arbeitgeber diejenigen Arbeitnehmer, die während der Arbeitszeit gegen seinen Willen an einer **gewerkschaftlichen Protestveranstaltung** teilgenommen haben, von einer allgemein gewährten **übertariflichen Zulage** zum Lohn ausschließt. Denn die Zulage wird zur Gegenleistung für erbrachte Arbeit, womit es sachlich nicht in Einklang zu bringen ist, sie nicht von der Arbeitsleistung, sondern vom Wohlverhalten des Arbeitnehmers abhängig zu machen (*LAG Rheinland-Pfalz* 10.4.1987 NZA 1987, 599).

501 – Dagegen besteht ein sachlicher Grund für die Zahlung einer **Prämie** nur an die Arbeitnehmer, die nicht an einem **Streik** teilgenommen haben, wenn alle Begünstigten während des Streiks Belastungen ausgesetzt waren, die erheblich über das normale Maß der mit jeder Streikarbeit verbundenen Erschwernisse hinausgehen (*BAG* 28.7.1992 EzA Art. 9 GG Arbeitskampf Nr. 106; zust. *Schwarze* NZA 1993, 967).

502 – Wird eine **Arbeitsmarktzulage** gewährt, weil sonst bestimmte Arbeitsplätze nicht besetzt werden können, so liegt keine unzulässige Differenzierung zwischen Männern und Frauen vor (s. o. A/Rz. 472). Wird eine solche Zulage dagegen gezahlt, weil Männer nicht bereit sind, zum gleichen Lohn wie die am gleichen Arbeitsplatz unter gleichen Bedingungen tätigen Frauen zu arbeiten, so erfolgt mit einer solchen Zulage eine unzulässige Diskriminierung von Frauen (*BAG* 25.8.1982 EzA § 242 BGB Gleichbehandlung Nr. 31).

503 – Eine **Differenzierung zwischen Arbeitern und Angestellten** ist nur dann möglich, wenn dafür wegen des Inhalts der Regelung sachliche Gründe bestehen. Dies ist im Allgemeinen nicht für **Weihnachtsgratifikationen** anzunehmen. Deren Zweck rechtfertigt es i. d. R. nicht, für Arbeiter und Angestellte einen unter-

A. Grundbegriffe und Grundstrukturen des Arbeitsrechts

schiedlichen Bemessungsmaßstab festzulegen. Ein Verstoß gegen den Gleichbehandlungsgrundsatz entfällt nicht deshalb, weil die ohne sachlichen Grund begünstigte Gruppe kleiner ist als die benachteiligte, ebenso wenig wegen unterschiedlich hoher Ausfallzeiten wegen Krankheit oder wegen eines unterschiedlich hohen Fluktuationsgrades.

Ein sachlicher Grund für eine Differenzierung kann aber darin liegen, Arbeitnehmer 504 durch eine **höhere Gratifikation an den Betrieb zu binden**, weil ihr Weggang zu besonderen Belastungen führt oder darin, höhere übertarifliche Leistungen auszugleichen, die ohne besondere Zweckbindung an andere Gruppen von Arbeitnehmern gewährt wurden. Eine an einen solchen Zweck anknüpfende Gruppenbildung ist nicht deshalb sachwidrig, weil von ihr auch Arbeitnehmer erfasst werden, bei denen der Grund für die beabsichtigte Bindung nicht bestehen kann. Das gilt jedenfalls so lange, wie der verfolgte Zweck typischerweise sich bei der begünstigten Gruppe verwirklichen kann, während er bei der benachteiligten Gruppe fehlt (*BAG* 25.1.1984, 30.3.1994 EzA § 242 BGB Gleichbehandlung Nr. 38, 39, 40, 59).

Inzwischen geht das *BAG* (19.4.1995 EzA § 611 BGB Gratifikation, Prämie Nr. 121) 505 davon aus, dass es nicht gegen den Gleichbehandlungsgrundsatz verstößt, wenn ein Arbeitgeber **an die gewerblichen Arbeitnehmer aufgrund einer Betriebsvereinbarung, die eine Kürzung des 13. Monatslohnes um 1/60 pro krankheitsbedingten Fehltag vorsieht**, wegen erheblich höherer krankheitsbedingter Fehlzeiten (15% im Verhältnis zu 2%) nur einen gekürzten 13. Monatslohn zahlt, während die Angestellten auf einzelvertraglicher Grundlage ein ungekürztes 13. Monatsgehalt erhalten und der Einzelvertrag eine vergleichbare Kürzungsmöglichkeit nicht vorsieht.

– Gleiches gilt, wenn eine tarifliche Regelung zwischen Arbeitern und Angestellten 506 differenziert, indem sie nur für die Arbeiter eine Kürzung des 13.Monatseinkommens bei Fehltagen vorsieht und eine Betriebsvereinbarung diese Unterscheidung aufnimmt (*BAG* 6.12.1995 EzA § 242 BGB Gleichbehandlung Nr. 68).

– Das *BVerfG* (2.9.1997 EzA § 611 BGB Gratifikation, Prämie Nr. 124; abl. *Schulte* 507 DB 1998, 204 f.; s. auch A/Rz. 355 ff.) hat demgegenüber die Entscheidung des *BAG* vom 19.4.1995 (a. a. O.) aufgehoben und die Sache zur **erneuten Entscheidung** an das zuständige LAG verwiesen. **Denn solange nicht ausgeschlossen werden kann, dass ein hoher Krankenstand der gewerblichen Arbeitnehmer auf gesundheitsschädlichen Arbeitsbedingungen beruht, für die der Arbeitgeber allein verantwortlich ist, ist es im Hinblick auf Art. 3 Abs. 1 GG nicht gerechtfertigt, dass dieser ihnen wegen der aus diesen Risiken erwachsenden Schadensfolgen finanzielle Nachteile auferlegt.**

– Es verstößt nicht gegen den Gleichbehandlungsgrundsatz, wenn der Arbeitgeber 508 den im Zeitungsvertrieb beschäftigten Innendienstangestellten ein **Weihnachtsgeld** zahlt, den Zeitungszustellern jedoch nicht. Diese Differenzierung ist sachlich gerechtfertigt, weil die Zeitungszusteller anders als die Innendienstangestellten die Möglichkeit haben, zur Weihnachtszeit von den Abonnenten ein nicht unerhebliches Trinkgeld zu erhalten. Darauf, ob das gezahlte Weihnachtsgeld in seiner Höhe dem durchschnittlichen Trinkgeldbezug in etwa entspricht, kommt es nicht an (*BAG* 19.4.1995 EzA § 242 BGB Gleichbehandlung Nr. 63).

– Die Unterscheidung zwischen **gewerkschaftlich organisierten und nicht organi-** 509 **sierten Arbeitnehmern** ist dann ein sachfremde Schlechterstellung, wenn es sich um Leistungen handelt, die nicht auf einem Tarifvertrag beruhen, nicht aber dann, wenn es sich um Leistungen aus einem Tarifvertrag handelt (*BAG* 20.7.1960 AP

A. Grundbegriffe und Grundstrukturen des Arbeitsrechts

Nr. 7 zu § 4 TVG). Unzulässig ist es zudem, tarifliche Leistungen nur einzelnen nicht tarifgebundenen Arbeitnehmern ohne sachlichen Grund zu verweigern (MünchArbR/*Hanau* § 62 Rz. 49).

510 – Der Ausschluss eines Arbeitnehmers vom Bezug einer Gratifikation, der im Laufe des Bezugszeitraums aus dem Arbeitsverhältnis ausscheidet, ist nicht sachfremd oder willkürlich. Das gilt auch bei Ausscheiden des Arbeitnehmers aufgrund **betriebsbedingter Arbeitgeberkündigung** (*BAG* 25.4.1991 EzA § 611 BGB Gratifikation, Prämie Nr. 84).

511 – Wird der Ausbildungsvertrag eines behinderten Auszubildenden in einer Einrichtung der Berufsförderung im Rahmen einer **Rehabilitationsmaßnahme nach § 56 AFG** (jetzt §§ 235, 236 SGB III) mit entsprechenden Leistungen des Arbeitsamtes an den Auszubildenden durchgeführt, so hat der Auszubildende aufgrund des Gleichbehandlungsgrundsatzes keinen Anspruch gegen den Ausbildenden auf Zahlung von **Urlaubs- und Weihnachtsgeld,** das der Ausbildende aufgrund besonderer tariflicher Regelungen an Auszubildende außerhalb einer Rehabilitationsmaßnahme gewährt (*BAG* 6.9.1989 AP Nr. 1 zu § 56 AFG).

512 – Der **urlaubsmäßige Mehrbedarf an Geld** gilt für alle Arbeitnehmer des Betriebs. Unterschiedliche Tätigkeiten teilzeitbeschäftigter Zeitungszusteller und vollzeitbeschäftigter Angestellter rechtfertigen gemäß dem Zweck des Urlaubsgeldes keine unterschiedliche Behandlung, so dass der Ausschluss der Zusteller vom Urlaubsgeld gegen den arbeitsrechtlichen Gleichbehandlungsgrundsatz verstößt (*LAG Baden-Württemberg* 10.11.1998 NZA-RR 1999, 296).

513 – Der **Vorrang des Grundsatzes der Vertragsfreiheit** im Bereich der Vergütung vor dem Gleichbehandlungsgrundsatz setzt voraus, dass es sich um individuell vereinbarte Löhne und Gehälter handelt. Das ist aber dann nicht der Fall, wenn eine in der Rechtsform eines eingetragenen Vereins betriebene **städtische Musikschule** mit 150 Musikschullehrern eine (niedrigere) Vergütung nach Wochenstunden und mit weiteren 26 Musikschullehrern eine (höhere) Vergütung nach BAT vereinbart (*BAG* 19.8.1992 EzA § 2 BeschFG 1985 Nr. 22).

514 – **Ärzte im Praktikum** haben keinen Anspruch, wie Assistenzärzte vergütet zu werden (*BAG* 24.3.1993 EzA § 242 BGB Gleichbehandlung Nr. 56).

515 – Fraglich ist, ob es der Gleichbehandlungsgrundsatz verbietet, **Teilzeitbeschäftigte** eine zu ihren Ungunsten nach anderen Grundsätzen wie bei den Vollzeitkräften bemessene Vergütung zu bezahlen.

516 – Haben teilzeitbeschäftigte Dozenten an einer Hochschule dieselben umfassenden Verpflichtungen wie vollzeitbeschäftigte Lehrkräfte, so steht ihnen aus dem Gebot der Gleichbehandlung anteilig eine **nach den gleichen Grundsätzen wie bei den Vollzeitkräften bemessene Vergütung** zu (*BAG* 27.7.1988 EzA § 242 BGB Gleichbehandlung Nr. 47; 25.4.2001 EzA § 2 BeschFG 1985 Nr. 62).

517 – Wird mit einer in Teilzeitarbeit beschäftigten Musikschullehrerin nur eine Stundenvergütung vereinbart, so ist die Vergütungsabrede unwirksam, wenn die Stundenvergütung niedriger ist als die anteilsmäßige Vergütung für Vollzeitbeschäftigte. Denn es stellt nach dem Tarifvertrag für Musikschullehrer keinen sachlichen Grund dar, teilzeitbeschäftigte Musikschullehrer geringer zu vergüten, wenn sie nur eine künstlerische, aber keine pädagogische Ausbildung haben. Insoweit differenziert der Tarifvertrag nicht (*BAG* 16.6.1993 EzA § 2 BeschFG 1985 Nr. 31).

518 – Ist andererseits mit einer teilzeitbeschäftigten Lehrerin eine **bestimmte Zahl von Unterrichtsstunden** und die anteilige Vergütung einer Vollzeitkraft vereinbart, so führt die **Anhebung der Pflichtstundenzahl** für Vollzeitkräfte zu einer entspre-

A. Grundbegriffe und Grundstrukturen des Arbeitsrechts

chenden Minderung des Gehaltsanspruchs der Teilzeitbeschäftigten (*BAG* 17.5.2000 NZA 2001, 799).
- Die **Pflegezulage** nach der Anlage 1 b zum BAT steht teilzeitbeschäftigten Pflegepersonen nach § 34 Abs. 2 BAT nur entsprechend ihrer vereinbarten durchschnittlichen Arbeitszeit zu. Diese Regelung verstößt nicht gegen § 2 Abs. 1 BeschFG (jetzt § 4 Abs. 1 TzBfG), da mit der Pflegezulage die arbeitszeitabhängigen besonderen Anforderungen an die Arbeit abgegolten werden sollen (*BAG* 10.2.1999 – 10 AZR 711/97 –). 519
- Der Ausschluss einer mit drei Vierteln der regelmäßigen wöchentlichen Arbeitszeit eines Vollzeitbeschäftigten tätigen Arbeitnehmerin vom Bezug eines jährlich im Voraus gezahlten pauschalen **Essensgeldzuschusses** verstößt gegen § 2 Abs. 1 BeschFG (jetzt § 4 Abs. 1 TzBfG), wenn die Anspruchsvoraussetzungen so gestaltet sind, dass alle Beschäftigten einen Zuschuss erhalten, von denen zu erwarten ist, dass sie typischerweise ein Mittagessen während ihrer Arbeitszeit einnehmen, und dies auf die Teilzeitbeschäftigte ebenfalls zutrifft (*BAG* 26.9.2001 EzA § 2 BeschFG 1985 Nr. 65). 520
- Im Rahmen des § 2 Abs. 1 BeschFG (jetzt § 4 Abs. 1 TzBfG) hat das *BAG* (11.3.1992, 22.8.1990 EzA § 2 BeschFG 1985 Nr. 17, 4) zunächst einen sachlichen Grund für eine unterschiedliche Behandlung anerkannt, wenn ein im Hauptberuf anderweitig Tätiger als teilzeitbeschäftigte Lehrkraft **nebenberuflich Unterricht** erteilt, wenn er als hauptberuflich Tätiger über eine dauerhafte Existenzgrundlage verfügt. Inzwischen (1.11.1995 EzA § 2 BeschFG 1985 Nr. 43; gleiches gilt für einen selbstständig hauptberuflich Tätigen, *BAG* 9.10.1996 EzA § 2 BeschFG Nr. 50; vgl. dazu *Beduhn* ArbuR 1996, 485 ff.; *Fastrich/Erling* SAE 1997, 223 ff.) hat es diese Auffassung aufgegeben, weil es an einem am Zweck der Leistung orientierten sachlichen Grund für die Ungleichbehandlung fehlt. Die Arbeitsleistung verändert ihren Wert nicht durch die soziale Lage des Arbeitnehmers, der Arbeitgeber schuldet dem Arbeitnehmer keinen »Soziallohn«. 521
- Eine tarifvertragliche Bestimmung, die für einzelne Arbeitsstunden in einer bestimmten zeitlichen Lage **Spätarbeits- und Nachtarbeitszuschläge** vorsieht, kann Teilzeitkräfte von diesem Anspruch nicht ausnehmen; eine entgegenstehende Vorschrift ist wegen Verstoßes gegen § 2 Abs. 1 BeschFG (jetzt § 4 Abs. 1 TzBfG) nichtig. Die durch die tarifliche Regelung benachteiligten Teilzeitkräfte haben Anspruch auf die Zuschläge, die vollzeitbeschäftigte Arbeitnehmer für Spät- und Nachtarbeit erhalten (*BAG* 15.12.1998 EzA § 2 BeschFG 1985 Nr. 59; vgl. dazu *Schüren* RdA 2000, 48 ff.). 522
- Teilzeitbeschäftigte angestellte Lehrer haben für die **Unterrichtsstunden**, die sie **über die vertraglich vereinbarte Stundenzahl hinaus erbringen**, Anspruch auf anteilige Vergütung (§ 612 Abs. 2 BGB i. V. m. § 34 Abs. 1 BAT). Soweit die Sonderregelungen für Angestellte als Lehrkräfte (SR 21 l) § 34 Abs. 1 BAT für unanwendbar erklären und auf die für beamtete Lehrer geltenden Vorschriften verweisen, die für Zusatzstunden nur eine erheblich geringere Vergütung vorsehen, ist die Bestimmung wegen Verstoßes gegen § 2 Abs. 1 BeschFG (jetzt § 4 Abs. 1 TzBfG) unwirksam (*BAG* 21.4.1999 EzA § 2 BeschFG 1985 Nr. 60). 523
- Ebenso wenig wird eine Ungleichbehandlung dadurch gerechtfertigt, dass der Arbeitnehmer aufgrund seiner früheren hauptberuflichen Betätigung **Altersruhegeld** oder Versorgungsleistungen aus einer selbstständigen Tätigkeit bezieht (*BAG* 1.11.1995, 9.10.1996 EzA § 2 BeschFG 1985 Nr. 44, 50). 524

A. Grundbegriffe und Grundstrukturen des Arbeitsrechts

525 – Es besteht kein sachlicher Grund dafür, **geringfügig Beschäftigte** i. S. v. § 8 SGB IV von Sozialleistungen des Arbeitgebers wie Weihnachtsgeld oder Jubiläumsgeld, die in einer Betriebsvereinbarung geregelt sind, völlig auszunehmen (*Hessisches LAG* 14.3.1995 LAGE § 611 BGB Gratifikation Nr. 24).

526 – Gewährt ein Arbeitgeber den Arbeitern **Urlaubs- und Weihnachtsgeld**, um deren erhöhten saisonalen Bedarf abzudecken, ist es nicht zu rechtfertigen, wenn er eine Gruppe von Arbeitern – gering qualifizierte Obstsortiererinnen – von diesen Sonderzahlungen völlig ausschließt (*BAG* 27.10.1998 EzA § 242 BGB Gleichbehandlung Nr. 80; vgl. dazu *Krebs* SAE 1999, 289 ff.).

527 – Eine tarifliche Regelung (z. B. §§ 3, 4 MTV Chemische Industrie), die einen **Mehrarbeits- oder Überstundenzuschlag** nur für Arbeitsstunden vorsieht, die über die tarifliche oder betrieblich festgelegte regelmäßige Arbeitszeit hinausgeht, ist wirksam, auch wenn sie dazu führt, dass Vollzeitkräfte regelmäßig für Mehrarbeit Zuschläge erhalten, während das für Teilzeitkräfte nicht in vergleichbarer Weise der Fall ist (*BAG* 20.6.1995 EzA Art. 119 EWG-Vertrag Nr. 32; 25.7.1996 EzA § 611 BGB Mehrarbeit Nr. 6).

528 – Dient eine Verkürzung der wöchentlichen Arbeitszeit dem Ausgleich besonderer Belastungen, so können auch Teilzeitbeschäftigte einen Anspruch auf **anteilige Arbeitszeitverkürzung haben**. Das ist aber dann nicht der Fall, wenn der Arbeitgeber nachweist, dass die besonderen Belastungen, deren Ausgleich die Arbeitszeitverkürzung dient, bei den Teilzeitbeschäftigten nicht, auch nicht anteilig, gegeben ist (*BAG* 29.1.1992 EzA § 2 BeschFG 1985 Nr. 19).

529 – Eine tarifliche Regelung, die eine **Kürzung des Weihnachtsgeldes** um 500 Euro **einheitlich für Voll- und Teilzeitbeschäftigte** vorsieht, führt zu einer Benachteiligung der Teilzeitbeschäftigten i. S. d. § 2 Abs. 1 BeschFG (jetzt § 4 Abs. 1 TzBfG), weil der auf diese Weise errechnete Betrag unter der Summe liegt, die dem Anteil der Teilzeitarbeit im Verhältnis zur Vollzeitarbeit entspricht. Der Verstoß gegen das Benachteiligungsverbot führt zur Unwirksamkeit dieser tariflichen Berechnungsweise und damit zur Wiederherstellung der tariflichen Grundregelung, wonach Teilzeitbeschäftigte einen Anspruch auf ein Weihnachtsgeld haben, das sich nach dem Verhältnis ihrer vertraglichen Arbeitszeit zur tariflichen Arbeitszeit eines entsprechenden Vollzeitbeschäftigten bemisst (*BAG* 24.5.2000 EzA § 611 BGB Gratifikation/Prämie Nr. 159).

530 – Erlaubt der Arbeitgeber Angestellten, deren tariflicher Anspruch nach § 17 Abs. 2 BAT ausgeschlossen ist, unter der Voraussetzung, dass sie an der gleitenden Arbeitszeit teilnehmen, die **Verrechnung von Überstunden als Arbeitszeit**, muss er aus Gründen der Gleichbehandlung vergleichbaren Angestellten mit fester Arbeitszeit für geleistete Überstunden bezahlte Arbeitsbefreiung gewähren, wenn er keine sachlichen Gründe für die unterschiedliche Behandlung geltend machen kann (*BAG* 15.10.1992 EzA § 17 BAT Nr. 6).

531 – Zahlt ein Arbeitgeber nach der **Schließung seines Betriebes** freiwillig an die Mehrzahl seiner ehemaligen Arbeitnehmer **Abfindungen**, so sind die Leistungen nach dem vom Arbeitgeber bestimmten Verteilungsschlüssel am Gleichbehandlungsgrundsatz zu messen. Sind die rechtlichen und wirtschaftlichen Folgen der Betriebsschließung für verschiedene Arbeitnehmergruppen gleich oder vergleichbar, so darf der Arbeitgeber nicht willkürlich der einen Gruppe eine Abfindung zahlen, während er die andere Gruppe von der Abfindungszahlung ausnimmt. Ist der für die Zahlung der Abfindungen zur Verfügung stehende Gesamtbetrag allerdings gering und sind die Chancen der ausgeschiedenen Arbeitnehmer auf dem Arbeits-

A. Grundbegriffe und Grundstrukturen des Arbeitsrechts

markt ungünstig zu beurteilen, so kann es je nach den Umständen gerechtfertigt sein, die Arbeitnehmer ganz von einer Abfindungszahlung auszunehmen, die das Arbeitsverhältnis vorzeitig durch Aufhebungsvertrag gelöst haben, nachdem sie eine neue Beschäftigung gefunden haben (*BAG* 25.11.1993 EzA § 242 BGB Gleichbehandlung Nr. 58).

– Will der Arbeitgeber auch die älteren Arbeitnehmer, die sich mit den Leistungen aus dem bestehenden Sozialplan nicht begnügen wollen, zu einem einvernehmlichen Ausscheiden aus dem Arbeitsverhältnis bewegen, so verstößt er nicht gegen den Gleichbehandlungsgrundsatz, wenn er **zusätzliche Leistungen** nur den Arbeitnehmern verspricht, die sich nicht schon zuvor mit einem Ausscheiden auf der Basis des bestehenden Sozialplans einverstanden erklärt haben (*BAG* 18.9.2001 EzA § 1 BetrAVG Gleichbehandlung Nr. 22). 532

– Ist der Arbeitgeber aufgrund eines wirksamen Sozialplans verpflichtet, an eine Gruppe von Arbeitnehmern eine **Sozialplanabfindung** zu zahlen (s. dazu unten I/Rz. 1870 ff.), können andere Arbeitnehmer, für die der Sozialplan aufgrund einer zulässigen Differenzierung keine Abfindung vorsieht, einen entsprechenden Abfindungsanspruch nicht auf den arbeitsrechtlichen Gleichbehandlungsgrundsatz stützen (*BAG* 17.4.1996 EzA § 112 BetrVG 1972 Nr. 84). Anwendbar ist er demgegenüber, wenn der Arbeitgeber aufgrund eines Sozialplans dazu verpflichtet ist, an eine Gruppe von Arbeitnehmer, die durch **Aufhebungsverträge** ausscheiden, eine Sozialplanabfindung zu zahlen und die Betriebspartner anschließend einen weiteren Sozialplan mit dem gleichen persönlichen Geltungsbereich und dem Ziel eines weiteren Personalabbaus mit einer höheren Sozialplanabfindung vereinbaren. **Die Differenzierung bei der Höhe der Abfindung** kann aber aufgrund der Situation der Arbeitnehmer zum Zeitpunkt des Angebots des Aufhebungsvertrages sachlich begründet sein (*BAG* 11.2.1998 EzA § 112 BetrVG 1972 Nr. 97; vgl. dazu *Meyer* SAE 1999, 192 ff.). 533

– Es verstößt nicht gegen den Gleichbehandlungsgrundsatz bzw. Art. 3 GG, wenn bei der Zahlung einer Abfindung Zeiten eines **Erziehungsurlaubs** (jetzt einer Elternzeit) **anspruchsmindernd** berücksichtigt werden (*LAG Berlin* 18.1.1999 NZA-RR 1999, 179). 534

– Zahlt der Arbeitgeber wegen der **Verlegung seines Betriebs Abfindungen** auf vertraglicher Grundlage an ausscheidende Arbeitnehmer, so verstößt er nicht gegen den Gleichbehandlungsgrundsatz, wenn er Arbeitnehmer von Zahlungen ausschließt, die bereits geraume Zeit vor dem Umzugstermin aufgrund von Eigenkündigungen ausscheiden (*BAG* 8.3.1995 EzA § 242 BGB Gleichbehandlung Nr. 62). 535

– Es verstößt nicht gegen den Gleichbehandlungsgrundsatz, wenn ein Arbeitgeber, der aus Anlass einer Umstrukturierungsmaßnahme als **Motivationsanreiz** eine freiwillige Leistung gewährt, dabei diejenigen Mitarbeiter ausnimmt, die bereits eine höhere Vergütung als vergleichbare Arbeitnehmer der übrigen Belegschaft beziehen und in einem Betriebsteil arbeiten, der wegen Unwirtschaftlichkeit stillgelegt werden soll. Der entsprechende Differenzierungsgrund ist auch nicht allein deshalb als unsachlich zu werten, weil zu Beginn der Leistungsgewährung das Mitbestimmungsverfahren über die Teilbetriebsstilllegung (§§ 111, 112 BetrVG) noch nicht abgeschlossen war (*BAG* 10.3.1998, EzA § 242 BGB Betriebliche Übung Nr. 40; vgl. dazu *Gamillscheg* SAE 1999, 236 ff.). 536

– Vereinbart der Insolvenzverwalter mit Arbeitnehmern, denen bereits vor Eröffnung des Insolvenzverfahrens gekündigt worden war, dass sie gegen **Zahlung einer Abfindung** ihre Einwendungen gegen die Wirksamkeit der Kündigung fallen las- 537

A. Grundbegriffe und Grundstrukturen des Arbeitsrechts

sen und sich mit der Beendigung des Arbeitsverhältnisses einverstanden erklären, um so den Übergang des Restbetriebs an einen Erwerber sicherzustellen, so verstößt es nicht gegen den arbeitsrechtlichen Gleichbehandlungsgrundsatz, wenn dabei **diejenigen Arbeitnehmer ausgenommen** werden, die sich bereits **in Kenntnis des Antrags auf Eröffnung des Insolvenzverfahrens** mit der Beendigung des Arbeitsverhältnisses ausdrücklich **einverstanden** erklärt hatten (*BAG* 27.10.1998 EzA § 112 BetrVG 1972 Nr. 100).

538 – Es verstößt gegen den Gleichbehandlungsgrundsatz, wenn **wissenschaftlichen Mitarbeitern** an den Hochschulen mit abgeschlossener Hochschulausbildung eine jährliche **Sonderzuwendung** gewährt wird, den wissenschaftlichen Mitarbeitern ohne abgeschlossene Hochschulausbildung (den studentischen Hilfskräften) dagegen nicht (*BAG* 6.10.1993, 20.12.1995, EzA § 242 BGB Gleichbehandlung Nr. 57, 10 AZR 12/95).

539 – Der **Ausschluss der Studierenden**, die nach § 6 Abs. 1 Nr. 3 SGB V versicherungsfrei sind, aus dem Geltungsbereich des BAT (§ 3 Buchst. n) ist im Verhältnis zu anderen von der Tarifregelung erfassten teilzeitbeschäftigten Angestellten mit gleichem Arbeitsumfang gleichheitswidrig und daher unwirksam (*BAG* 28.3.1996 EzA § 2 BeschFG 1985 Nr. 47). Der Arbeitgeber darf teilzeitbeschäftigte Arbeitnehmer auch nicht deshalb schlechter bezahlen, weil sie als Studenten **sozialversicherungsfrei** sind (*BAG* 12.6.1996 EzA § 2 BeschFG 1985 Nr. 49).

540 – Arbeitnehmer, die mit einem **befristeten Arbeitsvertrag** beschäftigt sind, der vor dem für die **Jahressonderzahlung** maßgeblichen Stichtag endet, haben auch dann keinen Anspruch auf eine anteilige Sonderzahlung, wenn eine solche für Arbeitnehmer, die aufgrund einer betriebsbedingten Kündigung vor dem Stichtag ausscheiden, vorgesehen ist (*BAG* 6.10.1993 EzA § 611 BGB Gratifikation, Prämie Nr. 106).

541 – Gewährt ein Arbeitgeber **Beihilfen** in bestimmten Fällen, so darf er Angestellte, deren Arbeitszeit weniger als die Hälfte der regelmäßigen Arbeitszeit eines vollbeschäftigten Angestellten beträgt, nicht wegen der verminderten Arbeitszeit vom Bezug dieser Leistung ausnehmen. Ein sachlicher Grund für die Ungleichbehandlung i. S. d. § 2 Abs. 1 BeschFG (jetzt § 4 Abs. 1 TzBfG) ergibt sich nicht daraus, dass der Arbeitgeber **unterhälftig beschäftigten** Beamten, deren Dienstherr er ist, nach Beamtenrecht zu einer vergleichbaren Leistung nicht verpflichtet ist (*BAG* 17.6.1993 EzA § 2 BeschFG 1985 Nr. 34).

542 – Gewährt ein Arbeitgeber des öffentlichen Dienstes Angestellten, die nach einer Tätigkeit im Geltungsbereich des BAT auf einen **Arbeitsplatz im Beitrittsgebiet** zurückkehren, weiterhin Leistungen nach diesem Tarifvertrag und nicht nach dem auf diese Arbeitsverhältnisse anzuwendenden BAT-O (vgl. dazu 6.10.1994, 23.2.1995, AP Nr. 2 zu § 1 BAT-O, EzA § 4 TVG Geltungsbereich Nr. 8), so muss er andere Angestellte auf vergleichbaren Arbeitsplätzen gleichbehandeln. Allein darin, dass diese Angestellten nicht im Geltungsbereich des BAT beschäftigt waren, liegt kein sachlicher Grund für die Unterscheidung.

Hat der Arbeitgeber die Leistungen nach dem BAT weitergewährt, weil er sich dazu tariflich oder gesetzlich **für verpflichtet hielt**, so kann er diese Praxis jedoch **jederzeit beenden**. In diesem Fall
a) kann für die Zukunft keiner der vergleichbaren Angestellten die Anwendung des BAT verlangen,
b) ist, wenn der Arbeitgeber die zu Unrecht gewährten Leistungen nicht zurückfordert, für die Vergangenheit die Lohngleichheit dadurch zu verwirklichen,

dass auch vergleichbare Angestellte, die nicht im Geltungsbereich des BAT tätig waren, die Leistungen nach diesem Tarifvertrag erhalten (*BAG* 26.10.1995 EzA § 242 BGB Gleichbehandlung Nr. 70; ebenso *LAG Berlin* 8.8.1997 ZTR 1998, 27; vgl. auch *LAG Berlin* 10.4.1997 ZTR 1998, 28 Ls.; *ArbG Berlin* 21.8.1997 ZTR 1998, 29 Ls.).

– Hat der Arbeitgeber aufgrund einer vermeintlichen Verpflichtung Leistungen nach dem BAT, statt dem BAT-O gewährt, so ist er nicht gehalten, andere Arbeitnehmer, die er nach Rückkehr nur nach BAT-O vergütet hat, gleich zu behandeln, wenn er seinen **Irrtum** nach Kenntniserlangung **korrigiert** hat, indem er die übertariflichen Leistungen an jene Arbeitnehmer eingestellt und die überzahlten Beträge zurückgefordert hat. Ein Anspruch auf Gleichbehandlung im Irrtum besteht nicht (*BAG* 26.11.1998 NZA 1999, 1108). 543

– Hat ein Arbeitgeber des öffentlichen Dienstes **Arbeitnehmern aus dem Beitrittsgebiet**, die auf Dauer im ehemaligen Westberlin eingesetzt waren, einzelvertraglich die Anwendung des TV Arb (West) zugesagt, nicht jedoch Arbeitnehmern, deren »Westeinsatz« in diesem Zeitpunkt bereits beendet war, so lag darin keine sachwidrige Ungleichbehandlung dieser Arbeitnehmer. Anders wäre zu entscheiden, wenn die Beklagte nach Klarstellung der tariflichen Rechtslage durch die Entscheidung des *BAG* vom 26.10.1995 (EzA § 242 BGB Gleichbehandlung Nr. 70) weiterhin einzelvertragliche Zusagen erteilt hätte, nach denen auch bei Rückkehr in das Beitrittsgebiet der TV Arb (West) fortgilt (*BAG* 25.6.1998 NZA 1999, 271). 544

– Auch kann ein Arbeitnehmer, der aus dem **Westteil Berlins** stammt und trotz einer gegenteiligen Stellenausschreibung für eine Tätigkeit im Ostteil der Stadt unter Bezugnahme auf den BAT-O eingestellt worden ist, nicht aufgrund des Gleichbehandlungsgrundsatzes die Anwendung des BAT verlangen (*LAG Berlin* 2.5.1997 NZA-RR 1998, 189). 545

– Die Annahme des Arbeitgebers, er sei auf Mitarbeiter angewiesen, die ihre berufliche Qualifikation in einem rechtsstaatlichen und marktwirtschaftlichen System erlangt haben, konnte es aber jedenfalls im Jahre **1996 nicht mehr sachlich rechtfertigen**, Arbeitnehmen, die am **2.10.1990 ihren Wohnsitz in der DDR** hatten, **generell ein niedrigeres Gehalt zu zahlen** als Arbeitnehmern, die zu diesem Zeitpunkt in den alten Bundesländern ansässig waren (*BAG* 15.5.2001 EzA § 242 BGB Gleichbehandlung Nr. 85). 546

– Wird für dieselbe Arbeit im Osten Deutschlands weniger gezahlt, als im Westen, ohne dass ein Verstoß gegen den Gleichbehandlungsgrundsatz vorliegt, weil dies nicht auf einem allgemeinen Prinzip, einer Gruppenbildung beruht, und sind auch die Voraussetzungen des § 612 Abs. 3 BGB nicht erfüllt, hat ein Arbeitnehmer im Ostteil keinen Anspruch auf höhere Vergütung. Denn der Grundsatz »**Gleicher Lohn für gleiche Arbeit**« ist in der deutschen Rechtsordnung **keine allgemeingültige Anspruchsgrundlage**, sondern bedarf der Umsetzung in Anspruchsgrundlagen wie z. B. § 612 Abs. 3 BGB (*BAG* 21.6.2000 EzA § 242 BGB Gleichbehandlung Nr. 83; krit. dazu hinsichtlich der Begründung *Körner* SAE 2001, 167 f.; vgl. auch *BAG* 23.5.2001 EzA § 138 BGB Nr. 39). 547

– § 39 BAT verstößt insoweit gegen § 2 Abs. 1 BeschFG (jetzt § 4 Abs. 1 TzBfG), als Nichtvollbeschäftigte danach nur einen **anteiligen Anspruch auf Zahlung einer Jubiläumszuwendung** haben. Denn die Benachteiligung ist nicht durch sachliche Gründe gerechtfertigt; insbesondere ihr Sinn und Zweck (einmalige Leistung des Arbeitgebers im Hinblick auf die erbrachte Betriebstreue; Ausdruck der Anerkennung für eine langjährige Zugehörigkeit zum öffentlichen Dienst unabhängig von 548 der Höhe des früheren oder jetzigen Verdienstes) rechtfertigt keine Ungleichbehandlung. Zudem ist Voraussetzung für ihre Gewährung alleine das Zurücklegen einer bestimmten Dienstzeit, ohne dass es darauf ankommt, in welchem Umfang der Angestellte während dieser Dienstzeit für den öffentlichen Arbeitgeber Arbeitsleistungen erbracht hat (*BAG* 22.5.1996 EzA § 2 BeschFG 1985 Nr. 45).

549 – Wird in allgemeinen Arbeitsbedingungen unter dem ausdrücklichen Vorbehalt der Freiwilligkeit der Leistung eine Weihnachtsgratifikation für Arbeitnehmer in Aussicht gestellt, deren »Arbeitsverhältnis **während des ganzen Jahres bestanden hat** und im Auszahlungszeitpunkt **nicht gekündigt** ist«, so hindert diese normierte Anspruchsvoraussetzung den Arbeitgeber nicht, künftig **den Personenkreis auch anders zu bestimmen** und etwa Arbeitnehmer, deren Arbeitsverhältnis ruht, von der Leistung auszunehmen (*BAG* 6.12.1995 EzA § 611 BGB Gratifikation, Prämie Nr. 134).

550 – Der öffentliche Arbeitgeber ist aufgrund des arbeitsrechtlichen Gleichbehandlungsgrundsatzes gehindert, durch eine sachfremde Gruppenbildung Arbeitnehmer von der Ausgabe eines **Job-Tickets** auszuschließen. Sind die in den Außenstellen einer Dienststelle beschäftigten Arbeitnehmer aber nur zu einem geringen Teil bereit, sich an den Kosten eines Job-Tickets zu beteiligen, ist es nicht sachfremd, dieses nur an Beschäftigte der Hauptstelle auszugeben, wenn sich dort eine bedeutend größere Anzahl beteiligt als in den Außenstellen (*BAG* 11.8.1998 EzA § 242 BGB Gleichbehandlung Nr. 78).

(2) Betriebliche Altersversorgung

551 – Der Arbeitgeber darf die Gewährung einer betrieblichen Altersversorgung (s. u. C/Rz. 2742 ff.) auf einen **abgrenzbaren Personenkreis beschränken**, z. B. auf Arbeitnehmer in gehobenen Positionen, die er wegen ihrer Bedeutung für das Unternehmen in besonderem Maße entlohnen und an das Unternehmen binden will (*BAG* 12.6.1990 EzA § 1 BetrAVG Nr. 57). Die Unterscheidung zwischen Mitarbeitern mit leitenden Aufgaben, die eine Zusage erhalten und sonstigen Mitarbeitern, die keine Zusage erhalten, ist sachlich berechtigt. Der Arbeitgeber darf auch Mitarbeiter im Außendienst durch Zusagen auf Leistungen aus der betrieblichen Altersversorgung enger an das Unternehmen binden; für diese Bevorzugung gibt es gute Gründe (*BAG* 17.2.1998 EzA § 1 BetrAVG Gleichbehandlung Nr. 14; vgl. dazu *Franzen* SAE 1999, 34 ff.).

552 – Der Ausschluss einer Gruppe von Arbeitnehmern von Leistungen der betrieblichen Altersversorgung ist aber nur dann mit dem Gleichbehandlungsgrundsatz vereinbar, wenn er nach dem **Zweck der Leistung gerechtfertigt** ist. Der Arbeitgeber darf insoweit **Außendienstmitarbeiter** von Leistungen der betrieblichen Altersversorgung, deren Zweck regelmäßig in der Mitwirkung an der Versorgung der Arbeitnehmer im Alter sowie in der Förderung und Belohnung der Betriebstreue besteht, nicht deshalb ausschließen, weil diese ein höheres Entgelt (Fixum und Provision) als Mitarbeiter im Innendienst erhalten (*BAG* 20.7.1993 EzA § 1 BetrAVG Gleichbehandlung Nr. 4; abl. *Lieb* ZfA 1996, 319 ff.).

553 – Durch Urteil vom 9.12.1997 (EzA § 1 BetrAVG Gleichbehandlung Nr. 16) hat das *BAG* im Hinblick auf Außendienstmitarbeiter **stärker differenzierend** folgende **Grundsätze** aufgestellt:
– Die **Unterschiede in der Art der Arbeitsleistung und der besonderen Vergütungsstruktur** können es nicht sachlich rechtfertigen, Außendienstmitarbeiter

A. Grundbegriffe und Grundstrukturen des Arbeitsrechts

aus einer ausschließlich arbeitgeberfinanzierten betrieblichen Altersversorgung auszuschließen, die sämtlichen Innendienstmitarbeitern zugute kommt.
– Ein Arbeitgeber kann andererseits ohne Verstoß gegen den arbeitsrechtlichen Gleichbehandlungsgrundsatz Arbeitnehmer von der betrieblichen Altersversorgung ausschließen, die ein **erheblich höheres Einkommen** als die in das Versorgungswerk einbezogene Gruppe haben. Er kann aus sozialen Gründen nur solchen Arbeitnehmern einen Zusatzversorgungsanspruch einräumen, die nicht in vergleichbarer Weise wie die von der Versorgung ausgenommenen zur **Eigenvorsorge** in der Lage sind.
– Ein **Gesamtvergleich** der den verschiedenen Arbeitnehmergruppen in unterschiedlicher Form zufließenden Arbeitsentgelte kann allenfalls dann einen Ausschluss von Versorgungsleistungen rechtfertigen, wenn den betrieblichen Entgeltfestlegungen entnommen werden kann, dass in dem **laufenden Entgelt** der aus dem ausschließlich arbeitgeberfinanzierten betrieblichen Versorgungswerk ausgenommenen Arbeitnehmergruppe **Bestandteile** enthalten sind, die einen **gleichwertigen Ausgleich** für die Benachteiligung im Bereich des Versorgungslohns bezwecken.
– Die **Verschlechterung der Gewährung von Leistungen** der betrieblichen Altersversorgung für neu eintretende Arbeitnehmer, neue Versorgungsfälle oder von Versorgungsfällen ab einem bestimmten Zeitpunkt ist grds. ohne weiteres möglich (*BAG* 13.10.1960 AP Nr. 30 zu § 242 BGB Gleichbehandlung). 554
– Wird dagegen eine bisher im Wesentlichen gleich behandelte **Arbeitnehmergruppe nachträglich aufgespalten** und werden nur bei einem Teil die Leistungen ab einem bestimmten Stichtag verbessert, so bedarf es dafür eines sachlichen Grundes (*BAG* 11.9.1980 EzA § 242 BGB Ruhegeld Nr. 94). 555
– Zulässig ist es, sofern nicht zwischen Männern und Frauen differenziert wird, die Leistung von der Bedingung abhängig zu machen, dass der Arbeitnehmer bei Beginn des Arbeitsverhältnisses ein bestimmtes **Höchsteintrittsalter** (z. B. 50 Jahre) nicht überschritten hat (*BAG* 14.1.1986 EzA § 1 BetrAVG Nr. 40). 556
– Möglich ist auch eine Differenzierung zwischen **aktiven Arbeitnehmern und Ruheständlern**, da nur die aktive Belegschaft die für die betriebliche Altersversorgung erforderlichen Mittel erwirtschaften kann (*BAG* 11.9.1980 EzA § 242 BGB Ruhegeld Nr. 94). 557
– Sind beide Ehepartner bei demselben Arbeitgeber beschäftigt, so darf nicht ein Ehepartner deshalb von der betrieblichen Altersversorgung ausgeschlossen werden, weil er nach dem anderen Ehepartner eine **Hinterbliebenenversorgung** erwirbt (*BAG* 10.1.1989 EzA § 1 BetrAVG Gleichberechtigung Nr. 3; vgl. auch Rz. 350 f., 369). 558
– Sagt der Arbeitgeber seinen Arbeitnehmern eine Witwenversorgung zu, so muss er auch eine gleich hohe **Witwerversorgung** zusagen. (*BAG* 5.9.1989 EzA § 1 BetrAVG Gleichberechtigung Nr. 5; vgl. auch *LAG Düsseldorf* 11.6.1997 LAGE Art. 119 EWG-Vertrag Nr. 16: Verstoß gegen Art. 119 EWGV, jetzt Art. 141 EGV, bei unterschiedlichen Voraussetzungen für die Gewährung einer Witwen-, Witwerrente; s. o. A/Rz. 369). 559
– Inwieweit betriebliche Versorgungsregelungen zwischen **Arbeitern und Angestellten** differenzieren dürfen, ist fraglich. Jedenfalls kann eine unterschiedlich gewollte Betriebsbindung oder die besondere Bedürftigkeit von Arbeitnehmern ein sachlich begründetes Differenzierungskriterium sein (*BAG* 12.6.1990 EzA § 1 BetrAVG Nr. 57). 560

A. Grundbegriffe und Grundstrukturen des Arbeitsrechts

561 – Es verstößt nicht gegen den Grundsatz der Gleichbehandlung, wenn eine Sozialeinrichtung der Post nur ehemaligen Postbeamten, um diese als Arbeitnehmer zu gewinnen, zusätzlich zum Arbeitsentgelt die **Prämien für eine Direktversicherung** zahlt, anderen Arbeitnehmern aber nicht (*BAG* 20.11.1996 EzA § 242 BGB Gleichbehandlung Nr. 71).

562 – § 3 Buchst. n BAT nebst Protokollerklärung ist wegen Verstoßes gegen § 2 Abs. 1 BeschFG (jetzt § 4 Abs. 1 TzBfG) insoweit nichtig, als **nebenberuflich nicht geringfügig beschäftigte Angestellte** von der Anwendung des BAT und damit von der Zusatzversorgung nach dem Versorgungs-TV ausgeschlossen werden (*BAG* EzA 9.10.1996 EzA § 2 BeschFG Nr. 50).

563 – Eine tarifliche Regelung, die eine **jährliche Zuwendung** von 100 % der Urlaubsvergütung vorsieht, die dem Arbeitnehmer zugestanden hätte, wenn er während des ganzen Monats September Erholungsurlaub gehabt hätte, verstößt nicht gegen § 2 Abs. 1 BeschFG (jetzt § 4 Abs. 1 TzBfG). Denn die maßgebliche Berechnungsvorschrift für die Höhe der Zuwendung sieht keine unterschiedliche Behandlung von Voll- und Teilzeitarbeitnehmern vor, sondern stellt – abstrakt – für alle Arbeitnehmer auf die fiktive Urlaubsvergütung für den Monat September des laufenden Kalenderjahres ab (*BAG* 18.8.1999 NZA 2000, 148).

564 – Der Gleichbehandlungsgrundsatz verbietet es nicht, **Lehrkräfte** mit der Befähigung für das Lehramt an Sonderschulen und Lehrkräfte ohne diese Befähigung **verschiedenen Vergütungsgruppen** zuzuordnen. Der Gleichbehandlungsgrundsatz enthält danach kein Gebot zur Gleichbehandlung von Arbeitnehmern in verschiedenen Ordnungs- oder Regelungsbereichen; ein Eingruppierungserlass eines Bundeslandes für angestellte Lehrkräfte und der BAT betreffen verschiedene Ordnungsbereiche (*BAG* 30.9.1998 EzA § 242 BGB Betriebliche Übung Nr. 42).

565 – Zu weiteren Beispielen s. u. C/Rz. 2742 ff.

(3) Sonstige Arbeitsbedingungen

566 Wird eine hälftig **teilzeitbeschäftigte Pflegekraft** zur gleichen Zahl von Wochenenddiensten herangezogen wie eine vollzeitbeschäftigte Pflegekraft, so wird sie gegenüber dieser nicht wegen der Teilzeit i. S. d. § 2 Abs. 1 BeschFG (jetzt § 4 Abs. 1 TzBfG) ungleich behandelt.

567 Ob dann, wenn die wöchentliche Arbeitskraft der Teilzeitkraft nicht im gleichen Verhältnis wie bei den Vollzeitkräften auf den Wochenenddienst und den Dienst an den übrigen Wochentagen verteilt ist, ein Verstoß gegen § 2 Abs. 1 BeschFG (jetzt § 4 Abs. 1 TzBfG) vorliegt, hat das *BAG* (1.12.1994 EzA § 2 BeschFG 1985 Nr. 39) offen gelassen.

568 Es verstößt gegen § 2 Abs. 1 BeschFG (jetzt § 4 Abs. 1 TzBfG), eine altersabhängige Unterrichtsermäßigung nur vollzeitbeschäftigten Lehrern zu gewähren (*BAG* 30.9.1998 EzA § 2 BeschFG 1985 Nr. 58).

569 Zur regelmäßigen **Arbeitszeit von Musikern** in einem großen Kulturorchester zählen auch die Dienste, die sie infolge mutterschutzbedingten Ausfalles von Musikerinnen zu leisten haben, wenn die Arbeitszeit durch die Zahl der zu leistenden Dienste bestimmt wird und sich nach Maßgabe einer einschlägigen Tarifnorm (z. B. § 15 des TV für Musiker in Kulturorchestern) diese nach der Größe und den Aufgaben des Kulturorchesters richtet. Angestellte Orchestermusiker können die Leistung solcher Dienste selbst dann, wenn der Arbeitgeber zwar für Dienstausfälle infolge Wehr- und Ersatzdienst, nicht aber für solche aus Anlass des gesetzlichen Mutterschutzes Aushilfen einsetzt, nicht verweigern. Sie sind dadurch insbesondere nicht selbst in ihren

Rechten verletzt, weil sie »zur Diskriminierung der Frauen beitrügen, die ihr Mutterschutzrecht in Anspruch nähmen«. Insoweit liegt weder ein Verstoß gegen den Gleichbehandlungsgrundsatz, § 611 a BGB, § 1004 BGB analog, noch die Richtlinie 76/207 EWG vor (*BAG* 10.1.1996 NZA 1996, 825).

Es verstößt gegen den arbeitsrechtlichen Gleichbehandlungsgrundsatz, wenn ein Monteur **nur mit der tariflichen Arbeitszeit** von 35 Stunden **eingesetzt wird**, während alle anderen Monteure 45 Stunden arbeiten. Der Umstand, dass die anderen Monteure u. a. auf die Zahlung von Mehrarbeitszuschlägen verzichtet haben, ist kein sachlicher Grund, der die Ungleichbehandlung rechtfertigt (*LAG Niedersachsen* 14.11.2000 – 7 Sa 55/00 –). 570

Gewährt der Arbeitgeber über eine Unterstützungseinrichtung (Stiftung) seinen Mitarbeitern nach bestimmten Richtlinien **Beihilfen** zu Aufwendungen für Arzneimittel, kann der einzelne Arbeitnehmer Beihilfe nach Maßgabe der Richtlinien auch dann verlangen, wenn die Unterstützungseinrichtung in ihren Richtlinien einen Rechtsanspruch auf Beihilfe ausgeschlossen hat (Beihilfe an gesetzlich Krankenversicherte für die durch das Kostendämpfungsgesetz eingeführten Zuzahlungen bei Arzneimitteln; *LAG Köln* 17.2.2000 FA 2000, 358 Ls.). 571

dd) Rechtsfolgen einer Verletzung des Gleichbehandlungsgrundsatzes

Der Arbeitnehmer kann die Beseitigung der Rechtsbeeinträchtigung verlangen. Für abgelaufene Zeiträume kann er die Gleichstellung mit der begünstigten Arbeitnehmergruppe verlangen; er hat einen Anspruch auf Schadensersatz gem. § 249 S. 1 BGB (Naturalrestitution), also auf Nachgewährung der Leistung (*BAG* 15.5.2001 EzA § 242 BGB Gleichbehandlung Nr. 85). Für die Zukunft hat er ebenfalls einen Anspruch auf Gleichstellung, wobei es dem Arbeitgeber überlassen bleibt, wie er diese herbeiführt. 572

Ein teilzeitbeschäftigter Arbeitnehmer kann unter Ausschluss der Anwendung tariflicher Ausschlussfristen gem. § 612 Abs. 2 BGB anteilig die übliche Vergütung beanspruchen, die im öffentlichen Dienst die regelmäßig vereinbarte tarifliche Vergütung ist (*BAG* 24.10.1989 EzA § 2 BeschFG 1985 Nr. 9; demgegenüber ist nach Auffassung von *Schüren* [MünchArbR § 161 Rz. 88] § 2 Abs. 1 BeschFG (jetzt § 4 Abs. 1 TzBfG) die zutreffende Anspruchsgrundlage). Eine Studentin, die neben ihrem Studium als Teilzeitkraft beschäftigt wird, hat deshalb z. B. gem. § 612 Abs. 2 BGB i. V. m. § 2 Abs. 1 BeschFG 1985 (jetzt § 4 Abs. 1 TzBfG) Anspruch auf die gleiche Stundenvergütung wie Vollzeitkräfte (Erfüllungsanspruch; *BAG* 25.4.2001 EzA § 2 BeschFG 1984 Nr. 62). Wird ein teilzeitbeschäftigter Arbeitnehmer unter Verstoß gegen den arbeitsrechtlichen Gleichbehandlungsgrundsatz oder unter Verstoß gegen § 2 Abs. 1 BeschFG (jetzt § 4 Abs. 1 TzBfG) gegenüber vollzeitbeschäftigten Arbeitnehmern unterschiedlich vergütet, so richtet sich sein **Urlaubsentgelt** (§ 11 Abs. 1 BUrlG) nach dem anteiligen üblichen Arbeitsverdienst eines vollzeitbeschäftigten Arbeitnehmers (*BAG* 15.11.1990 EzA § 612 BGB Nr. 14; abl. MünchArbR/*Hanau* § 62 Rz. 90, wonach nicht die jeweils übliche [§ 612 Abs. 2 BGB], sondern die gleiche Vergütung zu zahlen ist, sodass auch tarifliche Ausschlussfristen anwendbar sind). Das gilt selbst dann, wenn es vollzeitbeschäftigte Arbeitnehmer mit vergleichbarer Tätigkeit nicht gibt (*BAG* 12.1.1994 EzA § 242 BGB Betriebliche Übung Nr. 30). 573

Gleiches gilt, wenn den vollzeitbeschäftigten Arbeitnehmern eine **übertarifliche Vergütung** gewährt wird, es sei denn, dass sachliche Gründe für die Ungleichbehandlung 574

A. Grundbegriffe und Grundstrukturen des Arbeitsrechts

vorliegen. Das kann bei der beabsichtigten **Wahrung sozialer Besitzstände** der Fall sein (*BAG* 26.5.1993 EzA § 2 BeschFG 1985 Nr. 28).

575 Bei der Berechnung der Vergütung einer Teilzeitkraft ist auch zu berücksichtigen, ob einer vergleichbaren vollbeschäftigten Lehrkraft ein Anspruch auf **altersbedingte Pflichtstundenermäßigung** zusteht. Ist dies der Fall, so steht auch der teilzeitbeschäftigten Lehrkraft eine entsprechende Ermäßigung anteilig zu. Ist wegen der zwischenzeitlichen Beendigung des Arbeitsverhältnisses ein Ausgleich für die nicht gewährte anteilige Ermäßigung in der Vergangenheit nicht mehr möglich, so ist dem Arbeitnehmer gem. § 612 Abs. 2 BGB ein Ausgleich in Geld zu gewähren (*BAG* 3.3.1993 EzA § 2 BeschFG 1985 Nr. 27).

576 Der Gleichbehandlungsgrundsatz kann auch zur **Begründung von Ruhegeldansprüchen** führen. Der Arbeitgeber muss dem benachteiligten Arbeitnehmer das Ruhegeld zahlen, das er einem vergleichbaren Arbeitnehmer schuldet (*BAG* 20.7.1993 EzA § 1 BetrAVG Gleichbehandlung Nr. 4).

577 Hat der Arbeitgeber über mehrere Jahre vorbehaltlos eine **Gratifikation** an Arbeiter und Angestellte unter Verstoß gegen den Gleichbehandlungsgrundsatz in unterschiedlicher Höhe gezahlt, so kann der Arbeiter eine Gratifikation in der an die Angestellten gezahlten Höhe auch erstmals für ein Jahr verlangen, in dem der Arbeitgeber keine Angestellten (mehr) beschäftigt (*BAG* 19.11.1992 EzA § 242 BGB Gleichbehandlung Nr. 54; ebenso für eine außertarifliche Zulage für Arbeiter und Angestellte in unterschiedlicher Höhe in verschiedenen Dienststellen im Geschäftsbereich eines Ministeriums, wenn in einer Dienststelle keine Angestellten beschäftigt werden *BAG* 17.12.1992 EzA § 242 BGB Gleichbehandlung Nr. 55).

578 Zu berücksichtigen ist, dass § 2 Abs. 1 BeschFG 1985 (jetzt § 4 Abs. 1 TzBfG) ein **Schutzgesetz i. S. v. § 823 Abs. 2 BGB** ist. Ein Verstoß des Arbeitgebers gegen diese Vorschrift führt deshalb i. d. R. auch zu einem deliktischen Anspruch der Teilzeitkraft (**Schadensersatzanspruch**). Er ist gerichtet auf die Differenz zur Stundenvergütung einer Vollzeitkraft (*BAG* 25.4.2001 EzA § 2 BeschFG 1985 Nr. 62).

579 Ist eine Mehrzahl von Arbeitnehmern anspruchsberechtigt, so kann sich daraus für den Arbeitgeber eine erhebliche finanzielle Belastung ergeben.

580 War die Situation für den Arbeitgeber vermeidbar, so ist er ohne Einschränkung zur Nachleistung verpflichtet. Das ist z. B. dann der Fall, wenn der Arbeitgeber seinen Arbeitnehmern zwar eine Witwen- nicht aber eine Witwerversorgung zusagt. Eine Frist zur Einführung der Witwerversorgung steht dem Arbeitgeber nicht zu. Den Frauen kann – auch nicht übergangsweise – ein Teil des Lohnes einbehalten werden, der den Männern unter im Übrigen gleichen Voraussetzungen gezahlt wird (*BAG* 5.9.1989 EzA Art. 3 GG Nr. 26).

581 War die Situation dagegen unvermeidbar, weil z. B. ein Vertrauenstatbestand gegeben war hinsichtlich der Zulässigkeit der Differenzierung zwischen Arbeitern und Angestellten, so ist der Arbeitgeber, wenn der Dotierungsrahmen für Sozialleistungen durch freiwillige Sonderleistungen auf anderen Gebieten erschöpft ist, verpflichtet, die Rechtsstellung der benachteiligten Arbeitnehmer an die der begünstigten Arbeitnehmer stufenweise anzugleichen. Dem Arbeitgeber wird also ein gewisser Übergangszeitraum eingeräumt (*BAG* 25.1.1984, 27.7.1988 EzA § 242 BGB Gleichbehandlung Nr. 38, 39, 40, 47).

A. Grundbegriffe und Grundstrukturen des Arbeitsrechts

ee) Darlegungs- und Beweislast

Da der Gleichbehandlungsgrundsatz eine Ausnahme von der Vertragsfreiheit darstellt, ist das Vorliegen der Voraussetzungen für seine Verletzung vom Arbeitnehmer darzulegen und zu beweisen (MünchArbR/*Hanau* § 62 Rz. 89). Jedenfalls dann, wenn der Arbeitgeber generell bestreitet, andere Arbeitnehmer besser als den Kläger behandelt zu haben, gehört es zu einer hinreichend substantiierten Darlegung einer Verletzung des Gleichbehandlungsgrundsatzes, dass der Kläger **zumindest einen Fall von Besserstellung konkret bezeichnet** (*LAG Köln* 22.1.1999 NZA-RR 2000, 379). 582

Allerdings kann eine **Vermutung** dafür sprechen, dass in regelmäßigen Gehaltserhöhungen ein Grundbetrag zum Zwecke des Kaufkraftausgleichs enthalten ist, dessen Höhe im Wege der Schätzung (§ 287 Abs. 2 ZPO) ermittelt werden kann (*BAG* 11.9.1985 EzA § 242 BGB Gleichbehandlung Nr. 43; s. o. A/Rz. 495). 583
Der **Arbeitgeber** muss darlegen, **wie er den begünstigten Personenkreis abgegrenzt** (*BAG* 12.11.1991 EzA § 1 BetrAVG Gleichbehandlung Nr. 1).

g) Betriebliche Übung

aa) Begriff und Entstehung einer betrieblichen Übung

Unter einer betrieblichen Übung wird die regelmäßige Wiederholung bestimmter Verhaltensweisen des Arbeitgebers verstanden, aus denen die Arbeitnehmer schließen können, ihnen solle eine Leistung oder eine Vergünstigung auf Dauer gewährt werden (vgl. *LAG Baden-Württemberg* 5.9.2001 – 2 Sa 2/01 –). 584

Durch die tatsächliche Handhabung stellt der Arbeitgeber eine Regel auf, nach der er eine Leistung entweder allen Arbeitnehmern des Betriebs oder verschiedenen Arbeitnehmergruppen gewährt. 585
Ansprüche aus betrieblicher Übung können nur entstehen, wenn für die Leistung noch keine andere Anspruchsgrundlage besteht (*BAG* 27.6.1985 EzA § 77 BetrVG 1972 Nr. 16). Deshalb muss der Arbeitnehmer zur Begründung eines derartigen Anspruchs auch darlegen, dass der Arbeitgeber **zu der gewährten Leistung oder Vergünstigung nicht verpflichtet war** (*BAG* 19.6.2001 EzA § 77 BetrVG 1972 Nr. 67).

Aufgrund einer Willenserklärung, für die ein Verpflichtungswille des Arbeitgebers nicht erforderlich ist und die von den Arbeitnehmern stillschweigend angenommen wird (§ 151 BGB), erwachsen vertragliche Ansprüche auf die üblich gewordenen Vergünstigungen (*LAG Baden-Württemberg* 5.9.2001 – 2 Sa 2/01 –). 586

Ob der Arbeitgeber sich binden wollte, beurteilt sich danach, ob der Arbeitnehmer aus dem Erklärungsverhalten des Arbeitgebers bzw. einer bestimmten betrieblichen Praxis auf einen solchen Willen schließen durfte (§§ 133, 157 BGB); entscheidend ist also der **Empfängerhorizont** aus Sicht der Arbeitnehmer, nicht aber die subjektive jeweilige Vorstellung des Arbeitgebers, soweit sie in seinem Verhalten nicht zum Ausdruck kommt (*BAG* 5.2.1971, 3.8.1982, 5.2.1986, 4.9.1985 EzA § 242 BGB Betriebliche Übung Nr. 2, 7, 18, 16; 21.1.1997 EzA § 242 BGB Betriebliche Übung Nr. 36). Eine **irrtümliche Zahlung des Arbeitgebers** verhindert deshalb nur dann die Entste- 587

A. Grundbegriffe und Grundstrukturen des Arbeitsrechts

hung einer Betriebsübung, wenn der Arbeitnehmer oder die Arbeitnehmerin aus den Umständen den Irrtum erkennen kann (*BAG* 26.5.1993 EzA § 242 BGB Betriebliche Übung Nr. 29; *LAG Baden-Württemberg* 5.9.2001 – 2 Sa 2/01 –).

588 Das ist grds. bei **jedem Verhalten** des Arbeitgebers denkbar, jedoch bei **Fragen der Organisation** des Betriebes – wie etwa Schichtplänen – **im Zweifel nicht** anzunehmen, weil sie üblicherweise auf kollektiver Ebene geregelt werden. Die Festlegung eines bestimmten Schichtsystems durch betriebliche Übung kann deshalb nur **ausnahmsweise** dann in Betracht kommen, **wenn erkennbar dem Interesse der betroffenen Arbeitnehmer an einer bestimmten Form des Schichtbetriebs entsprochen werden sollte** (*BAG* 21.1.1997 a. a. O.; vgl. auch *LAG Köln* 19.12.1996 ZTR 1997, 377 Ls.).

589 **Ein neu eingestellter Arbeitnehmer darf im Allgemeinen damit rechnen, die unter bestimmten Voraussetzungen gewährten Leistungen zu erhalten, sobald er die Voraussetzungen erfüllt** (*BAG* 10.8.1988 EzA § 242 BGB Betriebliche Übung Nr. 25).

590 Ob aus einem wiederholten tatsächlichen Verhalten des Arbeitgebers eine betriebliche Übung mit Anspruch des Arbeitnehmers auf zukünftige Gewährung entsteht oder ob aus dem Verhalten nur eine Vergünstigung für das jeweilige Jahr abzuleiten ist, hat der Tatsachenrichter unter Berücksichtigung aller Umstände zu ermitteln (*BAG* 12.1.1994 EzA § 242 BGB Betriebliche Übung Nr. 30).

591 Erhöht der Arbeitgeber z. B. die Gehälter seiner außertariflichen Angestellten während mehrerer Jahre in Anlehnung an die Tarifentwicklung des Vorjahres, so entstehen daraus nicht kraft betrieblicher Übung Ansprüche auf entsprechende **Gehaltserhöhungen** auch in den Folgejahren. Der Arbeitgeber wird dadurch nicht verpflichtet, zukünftig über die Frage der Gehaltserhöhung nach billigem Ermessen i. S. d. § 315 BGB zu entscheiden. Mangels einer entsprechenden Vereinbarung ist im Bereich außertariflicher Gehälter davon auszugehen, dass Gehaltserhöhungen jeweils im Wege freier Vereinbarung erfolgen sollen. Die notwendige Berücksichtigung einer Vielzahl wirtschaftlicher Faktoren kann zwar über einen längeren Zeitraum zu gleichartigen Ergebnissen führen, lässt aber nicht den Schluss zu, der Arbeitgeber habe sich der Möglichkeit begeben wollen, frei veränderten Umständen Rechnung zu tragen (*BAG* 4.9.1985 EzA § 242 BGB Betriebliche Übung Nr. 16).

592 Im Übrigen besteht eine rechtliche Bindung bei freiwilligen Leistungen dann nicht, wenn bei jeder neuen Zahlung der Vorbehalt gemacht wird, dass die Leistung freiwillig erfolgt (*BAG* 26.6.1975 EzA § 611 BGB Gratifikation, Prämie Nr. 47) bzw. auf sie kein Rechtsanspruch besteht (*BAG* 28.2.1996 EzA § 611 BGB Gratifikation, Prämie Nr. 139). Letzteres ist z. B. dann der Fall, wenn für den Arbeitnehmer erkennbar die Zuwendung nach Gutdünken des Arbeitgebers dreimalig in unterschiedlicher Höhe gezahlt wird. Der Arbeitnehmer muss dann davon ausgehen, dass der Arbeitgeber die Zuwendung nur für das jeweilige Jahr gewähren will (s. auch unten C/Rz. 853). Gleiches gilt, wenn die Zusage einer Leistung für den Arbeitnehmer erkennbar auf das jeweilige Kalenderjahr bezogen ist (*BAG* 16.4.1997 EzA § 242 BGB Betriebliche Übung Nr. 39).

593 Enthält eine Gratifikationszusage einen **Freiwilligkeitsvorbehalt** des Inhalts, dass Ansprüche für die Zukunft auch aus wiederholten Zahlungen nicht hergeleitet werden können, dann **schließt** dieser Vorbehalt nicht nur **Ansprüche** für die Zukunft,

A. Grundbegriffe und Grundstrukturen des Arbeitsrechts

sondern **auch für den laufenden Bezugszeitraum aus**. Der Arbeitgeber ist aufgrund eines solchen Vorbehaltes jederzeit frei, erneut zu bestimmen, ob und unter welchen Voraussetzungen er eine Gratifikation gewähren will (*BAG* 5.6.1996 EzA § 611 BGB Gratifikation, Prämie Nr. 141 gegen *BAG* 26.6.1975 EzA § 611 BGB Gratifikation, Prämie Nr. 47).

Wird in **allgemeinen Arbeitsbedingungen** unter dem ausdrücklichen Vorbehalt der Freiwilligkeit der Leistung eine Weihnachtsgratifikation für Arbeitnehmer in Aussicht gestellt, deren »Arbeitsverhältnis während des ganzen Jahres bestanden hat und im Auszahlungszeitpunkt nicht gekündigt ist«, so hindert diese normierte Anspruchsvoraussetzung den Arbeitgeber nicht, **künftig den Personenkreis auch anders zu bestimmen** und etwa Arbeitnehmer, deren Arbeitsverhältnis ruht, von der Leistung auszunehmen (*BAG* 6.12.1995 EzA § 611 BGB Gratifikation, Prämie Nr. 134).

Ein gesetzliches, tarifvertragliches (z. B. § 4 Abs. 2 BAT) oder gewillkürtes konstitutives **Schriftformerfordernis** für Vertragsänderungen, -ergänzungen oder Nebenabreden verhindert grds. auch das Entstehen einer betrieblichen Übung (vgl. *ArbG Mannheim* 10.9.1998 NZA-RR 1999, 236). Ein gewillkürtes Schriftformerfordernis kann durch eine betriebliche Übung zwar formlos abbedungen werden. Ein dahingehender objektiver Erklärungswert der Betriebsübung ist jedoch nicht anzunehmen, wenn es gerade der Sinn des Schriftformerfordernisses ist, das Entstehen abweichender Betriebsübungen zu verhindern. Das ist dann der Fall, wenn der einschlägige Tarifvertrag ein konstitutives Schriftformerfordernis vorsieht und das einzelvertraglich vereinbarte Schriftformerfordernis auch den Sinn hat, eine unterschiedliche Rechtsstellung der tarifgebundenen und der nicht tarifgebundenen Arbeitnehmer zu verhindern (*BAG* 27.3.1987 EzA § 125 BGB Nr. 9; s. aber unten A/Rz. 433). 594

Die Berufung auf das Fehlen der Schriftform kann aber gegen **Treu und Glauben** verstoßen, z. B. dann, wenn 16 Jahre lang aufgrund eines ministeriellen Erlasses und in der Form eines geordneten Verwaltungsverfahrens die Leistung gewährt und darauf in früheren Grundsatzprozessen entscheidend abgestellt wurde (*BAG* 7.9.1982 EzA § 4 BAT Nr. 6). 595

> Ein Widerrufsvorbehalt schließt zwar nicht das Entstehen einer Rechtsbindung des Arbeitgebers aus, räumt ihm aber das Recht ein, sich von ihr durch Widerruf, der nach billigem Ermessen erfolgen muss, zu lösen (MünchArbR/*Richardi* § 13 Rz. 25). 596

Nicht möglich ist das Entstehen einer betrieblichen Übung **zum Nachteil des Arbeitnehmers**, soweit der Arbeitgeber kein einseitiges Bestimmungsrecht (Direktionsrecht) hat. Ein solches kann ihm nicht durch eine Betriebsübung zuwachsen (s. aber u. C/Rz. 857). 597

bb) Dogmatische Begründung und Inhalt

Die rechtliche Bedeutung der betrieblichen Übung besteht in der Möglichkeit, ihren Inhalt zur Grundlage einer ausdrücklichen oder stillschweigenden Vereinbarung zu machen oder sie als Konkretisierung der Treue- und Fürsorgepflicht zur Vertragsauslegung und -ergänzung heranzuziehen (*BAG* 13.10.1960 AP Nr. 30 zu § 242 BGB Gleichbehandlung). 598

A. Grundbegriffe und Grundstrukturen des Arbeitsrechts

599 Überwiegend wird die betriebliche Übung als ein schuldrechtlicher Verpflichtungstatbestand verstanden.

600 Zweifelhaft ist aber, ob die betriebliche Übung ein **einzelvertragliches Gestaltungsmittel** darstellt oder ihre Rechtswirkung aus der **Vertrauenshaftung** als einem gesetzlichen Haftungstatbestand erfährt, bei dem das Vertrauen des Arbeitnehmers auf die Fortsetzung der bisherigen Übung Zurechnungsgrund ist (für letzteres Hromadka NZA 1984, 242 u. SAE 1986, 283 sowie MünchArbR/*Richardi* § 13 Rz. 14 ff.); **das *BAG* verwendet je nach Fallgestaltung unterschiedliche Begründungen** (12.7.1957, 13.10.1960 AP Nr. 5, 30 zu § 242 BGB Gleichbehandlung [Rechtsgeschäftslehre], 8.11.1957, 5.7.1968 AP Nr. 2, 6 zu § 242 BGB Betriebliche Übung [Vertrauenshaftung]; krit. zu den wechselnden Begründungen sowie zu weiteren Begründungsversuchen in der Lit. [z. B. betriebliches Gewohnheitsrecht, schlüssig erklärte Gesamtzusage des Arbeitgebers] MünchArbR/*Richardi* § 13 Rz. 5–11).

601 Gegenstand einer betrieblichen Übung kann grds. alles sein, was auch Inhalt des Arbeitsvertrages sein kann. Entsprechend ihres kollektiven Charakters kommen vor allem Regelungsgegenstände in Betracht, die für alle oder bestimmte Gruppen von Arbeitnehmern Bedeutung haben.

602 Insoweit ist die betriebliche Übung bei der Vertragsauslegung und der Ausfüllung von Lücken des Arbeitsvertrages zu berücksichtigen (**ergänzende Vertragsauslegung**). Durch betriebliche Übung kann z. B. eine Versorgungsanwartschaft ebenso begründet werden wie eine Verpflichtung des Arbeitgebers zur Rentenanpassung (*BAG* 29.10.1985, 3.12.1985 EzA § 1 BetrAVG Nr. 38, EzA § 16 BetrAVG Nr. 18).

603 Durch eine mindestens dreimalige vorbehaltlose Gewährung einer Weihnachtszuwendung wird, wenn sich nicht aus den konkreten Umständen des Einzelfalles etwas anderes ergibt, eine Verpflichtung des Arbeitgebers auch für die Zukunft begründet, von der er sich nicht durch einseitigen, freien Widerruf wieder lossagen kann (*BAG* 23.4.1963 AP Nr. 3 zu § 611 BGB Gratifikation; s. aber oben A/Rz. 592 und insbesondere C/Rz. 853, 857).

604 **Zwischen der Betriebsübung und dem Gleichbehandlungsgrundsatz bestehen Zusammenhänge**. Ist das Verhalten des Arbeitgebers so zu verstehen, dass er nach Eintritt der für den Erhalt der Leistungen notwendigen Voraussetzungen allen Arbeitnehmern die besonderen Sachzuwendungen macht, so resultiert der Anspruch aus der betrieblichen Übung. Hat sich der Arbeitgeber dagegen die Entscheidung über die Gewährung von Leistungen jeweils vorbehalten, so kann der Anspruch aus dem Gleichbehandlungsgrundsatz folgen.

cc) Betriebliche Übung und Tarifvertrag

605 Konnte und musste der Arbeitnehmer davon ausgehen, dass sich der Arbeitgeber bei der Gewährung eines Zuschlags **tarifgerecht verhalten** wollte, so besteht kein Anspruch auf die weitere Gewährung des Zuschlags aus dem Gesichtspunkt einer betrieblichen Übung, wenn der Arbeitgeber die Zahlung einstellt, weil sie nach dem Tarifvertrag nicht geschuldet ist (*BAG* 25.7.2001 EzA § 611 BGB Schichtarbeit Nr. 2).

A. Grundbegriffe und Grundstrukturen des Arbeitsrechts

Zweifelhaft ist in der Praxis oft, ob ein **sog. Außenseiter**, d. h. ein nicht tarifgebundener Arbeitnehmer etwaige, **ihm ungünstige tarifliche Normen gegen sich gelten lassen muss**, wenn der Betrieb auf alle Arbeitnehmer betriebsüblich die Tarifverträge der Branche anwendet, ohne sie mit nicht Tarifgebundenen bei eigener Tarifbindung einzelvertraglich ausdrücklich zu vereinbaren. Zwar nehmen diese Außenseiter die ihnen günstigen Abweichungen von den gesetzlichen Regelungen z. B. beim Urlaub, dem Urlaubsgeld, der Lohnhöhe usw. in Kauf, nicht aber die z. B. gegenüber dem Gesetz erfolgte Abkürzung der Kündigungsfristen oder vor allem die Anwendbarkeit der gegenüber den gesetzlichen Verjährungsfristen wesentlich verkürzten tariflichen Ausschlussfristen, von deren Existenz der Arbeitnehmer oft auch keine Kenntnis hat. 606

Von einer stillschweigenden Verweisung auf Tarifvertragsrecht ist dann auszugehen, wenn der Arbeitgeber gleichbleibend für einen längeren Zeitraum die Tarifverträge auf sämtliche Arbeitsverhältnisse anwendet. Der Arbeitnehmer nimmt diese Regelung dann stillschweigend an, wenn er Tariflohn, Urlaub, zusätzliches Urlaubsgeld usw. entgegennimmt. Er muss dann auch die benachteiligenden Regelungen der abgekürzten Kündigungsfristen, tariflichen Verfallfristen usw. hinnehmen (*BAG* 8.12.1960 AP Nr. 1 zu § 611 BGB Wegezeit). 607

Andererseits hat das *LAG Köln* (15.8.1997 LAGE § 1 KSchG Betriebsbedingte Kündigung Nr. 44) angenommen, dass dann, wenn die **Kündigungsfristen** für den Arbeitnehmer **ungünstiger als das Gesetz** (§ 622 Abs. 4 BGB) sind, an die Vereinbarung dieses Tarifvertrages kraft betrieblicher Übung **besonders strenge Anforderungen** zu stellen sind. Diese kann insoweit nur angenommen werden, wenn die Übung den Beteiligten nicht nur bekannt ist, sondern beide Vertragsparteien mit der Anwendung des gesamten Tarifvertrages einschließlich der Abweichung vom Gesetz einverstanden sind. 608

Demgegenüber ist nach Auffassung des *BAG* (19.1.1999 EzA § 3 TVG Bezugnahme auf Tarifvertrag Nr. 10; vgl. dazu *Kania* RdA 2000. 176 ff.) dann, wenn der Arbeitgeber tarifgebunden ist, die Gewährung tariflicher Leistungen **im Zweifel** so zu verstehen, dass **alle einschlägigen Tarifbestimmungen** gelten sollen, also gerade **auch tarifliche Ausschlussfristen**. Die vertragliche Bezugnahme auf tarifliche Regelungen ist nicht an eine Form gebunden. Sie kann sich deshalb eben auch aus einer betrieblichen Übung oder einem konkludenten Verhalten der Arbeitsvertragsparteien ergeben. 609

Gewährt der Arbeitgeber tarifliche Leistungen **unabhängig von der Gewerkschaftszugehörigkeit** an sämtliche Arbeitnehmer kraft betrieblicher Übung, so haben die nicht organisierten Arbeitnehmer nach Ablauf des gekündigten Tarifvertrages jedenfalls im **Nachwirkungszeitraum** des § 4 Abs. 5 TVG Anspruch auf Weitergewährung kraft betrieblicher Übung (*LAG Düsseldorf* 6.11.1997 NZA-RR 1999, 150). 610

dd) Betriebliche Übung im öffentlichen Dienst
In Arbeitsverhältnissen des öffentlichen Dienstes – auch bei Eigengesellschaften einer Gemeinde (*BAG* 23.6.1988 EzA § 242 BGB Betriebliche Übung Nr. 24) – gelten diese Grundsätze **nur eingeschränkt**. Denn die an Weisungen vorgesetzter Dienststellen, Verwaltungsrichtlinien, Verordnungen, gesetzliche Regelungen und insbesondere durch die Festlegungen des Haushalts gebundenen öffentlichen Arbeitgeber sind 611

A. Grundbegriffe und Grundstrukturen des Arbeitsrechts

viel stärker als private Arbeitgeber gehalten, die Mindestbedingungen des Tarifrechts bei der Gestaltung von Arbeitsbedingungen zu beachten.

612 Im Zweifel gilt deshalb nach der Rechtsprechung Normvollzug: Ein Arbeitnehmer des öffentlichen Dienstes kann selbst bei langjährigen Leistungen nicht ohne zusätzliche konkrete Anhaltspunkte annehmen, ein gezahltes übertarifliches Entgelt oder die Gewährung sonstiger Vergünstigungen (z. B. ein höherer als der tariflich geschuldete Zuschlag) seien Vertragsbestandteil geworden und würden auf Dauer weitergewährt (*BAG* 3.8.1982, 10.4.1985, 24.3.1993 EzA § 4 BAT Nr. 5, EzA § 242 BGB Betriebliche Übung Nr. 15, 27; *LAG Baden-Württemberg* 5.9.2001 EzA § 242 BGB Betriebliche Übung Nr. 29). Ein – auch langjähriger – Irrtum über die Anwendung des Tarifrechts begründet keinen Vertrauensschutz dahin, das übertarifliche Entgelt sei Vertragsbestandteil geworden.

613 Der Arbeitnehmer muss damit rechnen, dass eine fehlerhafte Rechtsanwendung korrigiert wird (*BAG* 29.11.1983, 6.3.1984 EzA § 242 BGB Betriebliche Übung Nr. 12, 13; abl. *Singer* ZfA 1993, 487 ff.).

614 Etwas anderes gilt aber dann, wenn es um die Vergütung als Gegenleistung für die vom Arbeitnehmer erwartete Leistung selbst, also nicht um Zulagen oder sonstige freiwillige Leistungen geht (*BAG* 5.2.1986 EzA § 242 BGB Betriebliche Übung Nr. 18).

615 **Auch der Wechsel einer Einrichtung** des öffentlichen Dienstes **in eine privatrechtliche Rechtsform** führt nach Auffassung des *LAG Schleswig-Holstein* (3.4.2001 NZA-RR 2001, 488) für sich genommen nicht dazu, dass die Grundsätze der betrieblichen Übung wie in der Privatwirtschaft Anwendung finden.

Beispiele:

616 Ist eine über Jahre hinweg erfolgte Anpassung einer vertraglich vereinbarten Vergütung an die jeweilige Erhöhung der Beamtenbesoldung in einem durch Gesetz oder Tarifvertrag nicht geregelten Entgeltbereich (**wissenschaftliche Hilfskräfte**) daraufhin zu würdigen, ob eine betriebliche Übung entstanden ist, so ist dabei für die Erwägungen kein Raum, die bei freiwilligen oder übertariflichen Leistungen im Bereich des öffentlichen Dienstes gegen das Vorliegen einer betrieblichen Übung sprechen (*BAG* 5.2.1986 EzA § 242 BGB Betriebliche Übung Nr. 18).

617 Bei **Arbeitnehmern des Diakonischen Werkes** ist nicht ohne weiteres davon auszugehen, dass sie nur auf eine Behandlung nach den Arbeitsvertragrichtlinien (AVR) vertrauen dürfen. Deshalb kann z. B. ein Anspruch auf Heimzulage aufgrund betrieblicher Übung erwachsen, wenn der Arbeitgeber trotz fehlender Voraussetzungen über einen längeren Zeitraum die Zahlung erbringt, Vertragsgestaltung und -handhabung keine strenge Bindung an die AVR erwarten lassen und die Zahlungen bei notwendigen Gehaltsanpassungen bestätigt wurden (*BAG* 26.5.1993 EzA § 242 BGB Betriebliche Übung Nr. 29). Allein aus der fehlerhaften Zahlung (z. B. einer Heimzulage über einen längeren Zeitraum) kann aber nicht ohne weiteres auf eine betriebliche Übung geschlossen werden (*BAG* 26.5.1993 EzA § 242 BGB Betriebliche Übung Nr. 28).

618 Eine langjährige Übung, wonach ein Teil der Arbeitszeit **außerhalb des Dienstgebäudes** abgeleistet werden darf, hindert den Arbeitgeber des öffentlichen Dienstes nicht

A. Grundbegriffe und Grundstrukturen des Arbeitsrechts

daran, den Arbeitnehmer anzuweisen, in Zukunft die gesamte Arbeitszeit im Dienstgebäude abzuleisten (*BAG* 11.10.1995 EzA § 242 BGB Betriebliche Übung Nr. 33).
Auch bei **langjährig irrtümlich gezahlten Versorgungsleistungen** kann ein Arbeitnehmer des öffentlichen Dienstes ohne zusätzliche konkrete Anhaltspunkte nicht davon ausgehen, die Vergünstigungen seien Vertragsbestandteil und würden auf Dauer weitergewährt (*LAG Hamm* 16.4.1996 DB 1996, 2087). 619

Hat der Vorstand einer Anstalt des öffentlichen Rechts aber in einem **internen Beschluss** festgelegt, dass jeder Arbeitnehmer von einer bestimmten Eingruppierung an nach vierjähriger Bewährung in der Verbandstätigkeit nach beamtenrechtlichen Grundsätzen versorgt wird, und setzt er diesen Beschluss **mehr als acht Jahre lang auch tatsächlich** um, entsteht dadurch eine betriebliche Übung. Sie kann Ansprüche auf betriebliche Altersversorgung begründen. In einem solchen Fall stehen einer Anspruchsbegründung weder die einschränkenden Rechtsgrundsätze über die Anwendbarkeit dieses Rechtsinstituts im öffentlichen Dienst noch der Schriftformzwang des § 4 Abs. 2 BAT entgegen (*BAG* 16.7.1996 EzA § 1 BetrAVG Betriebliche Übung Nr. 1). 620

Das **Ausweisen von Parkflächen** mit Verkehrsschildern »nur für Mitarbeiter« und der Appell, diese Flächen anstatt Parkverbotszonen zu nutzen, begründet im Öffentlichen Dienst keinen Anspruch der Mitarbeiter aus betrieblicher Übung auf unentgeltliche Nutzung von Parkmöglichkeiten (*LAG Schleswig-Holstein* 3.4.2001 – 1 Sa 646 b/00 –) 621

ee) Beendigung einer betrieblichen Übung

Die Betriebsübung kann für später in den Betrieb eintretende Arbeitnehmer jederzeit durch einseitigen, nach außen in Erscheinung tretenden Entschluss des Arbeitgebers beendet werden. Erforderlich ist dafür eine eindeutige Erklärung entsprechenden Inhalts. Nicht ausreichend ist es, dass der Arbeitgeber einmalig die durch betriebliche Übung begründeten Ansprüche nicht erfüllt (*BAG* 10.8.1988 EzA § 242 BGB Betriebliche Übung Nr. 25). Damit können allerdings im Rahmen der Arbeitsverträge bereits zuvor entstandene Ansprüche oder Anwartschaften nicht beseitigt werden (krit. dazu *Hromadka* NZA 1984, 241). Dafür ist eine Einigung mit dem Arbeitnehmer bzw. eine Kündigung oder Änderungskündigung des Einzelarbeitsverhältnisses notwendig. 622

Teilt der Arbeitgeber den (bereits durch betriebliche Übung anspruchsberechtigten) Arbeitnehmern durch Aushang mit, er könne aufgrund der **wirtschaftlichen Lage** des Betriebes in diesem Jahr kein Weihnachtsgeld zahlen, so liegt darin **kein Angebot** an die Arbeitnehmer, die bestehende betriebliche Übung zu ändern. In der – zunächst – widerspruchslosen Weiterarbeit der Arbeitnehmer kann daher auch keine Annahme eines Änderungsangebotes gesehen werden (*BAG* 14.8.1996 EzA § 611 BGB Gratifikation, Prämie Nr. 144; vgl. dazu *Feudner* BB 1997, 1049 ff.). 623

Dagegen wird die Möglichkeit einer kollektiven Kündigung gegenüber dem Betriebsrat oder eine Teilkündigung des Arbeitsverhältnisses abgelehnt. Der Arbeitgeber kann sich allerdings (s. o. A/Rz. 313) von vornherein ein Widerrufsrecht vorbehalten, dessen Ausübung billigem Ermessen gem. § 315 BGB unterliegt (*BAG* 13.5.1987 EzA § 315 BGB Nr. 34; s. u. D/Rz. 1737 ff.). 624

Soweit der **Vertrauensschutz** die Rechtsbindung rechtfertigt, ist zweifelhaft, ob und inwieweit trotz einer nachfolgenden abweichenden Gestaltung in einem Tarifvertrag 625

A. Grundbegriffe und Grundstrukturen des Arbeitsrechts

oder einer Betriebsvereinbarung die bisherige Handhabung durch den Arbeitgeber maßgeblich bleibt.

626 Es ist zu unterscheiden, ob ein Arbeitnehmer darauf vertrauen kann, dass der Arbeitgeber seine Übung unter allen Umständen fortsetzen wird, oder ob es nur darum geht, dass das Vertrauen auf eine freiwillige Fortsetzung der Übung durch den Arbeitgeber geschützt wird. Jedenfalls muss stets ein sachlicher Grund bestehen, der eine Verschlechterung zu Lasten des Arbeitnehmers durch Tarifvertrag oder Betriebsvereinbarung rechtfertigt.

627 Der länger als **drei Jahre lang wiederholte Hinweis** eines Arbeitgebers, er sei **nicht tarifgebunden** und gebe tarifliche Verhandlungsergebnisse freiwillig weiter, beseitigt das Vertrauen der Arbeitnehmer darin, der Arbeitgeber müsse auch eine tarifliche Lohnfortzahlung von 100% weitergeben (*LAG Köln* 21.4.1998 LAGE § 242 BGB Betriebliche Übung Nr. 22).

628 Sozialleistungen, die der Arbeitgeber nach einer **kollektiv bestimmten Regel** erbringt, bilden untereinander ein Bezugssystem. Werden sie den Arbeitnehmern nicht individuell, sondern als Mitglied des Betriebes oder einer Arbeitnehmergruppe angeboten und ist für ihn die kollektive Ausgestaltung der Leistung erkennbar (vgl. *BAG* [GS] 16.9.1986 EzA § 77 BetrVG Nr. 17), so ist auch dann, wenn die Leistungen auf einer Kollektivübung beruhen, die Ablösung einer Betriebsübung durch eine **umstrukturierende Betriebsvereinbarung** zulässig (MünchArbR/*Richardi* § 13 Rz. 34 ff.; s. u. C/Rz. 2806 ff.).

Wird dagegen im **öffentlichen Dienst** eine Zulage ohne Bestehen eines einzelvertraglichen Anspruchs rechtsgrundlos in der irrigen Annahme des Bestehens einer tariflichen Verpflichtung gezahlt, so kann der Arbeitgeber sich von der Weitergewährung einseitig ohne Änderungskündigung und ohne Einschaltung des Personalrats lossagen (*BAG* 7.5.1986 AP Nr. 12 zu § 4 BAT).

ff) Beispiele

629 – Wird eine bei Beginn des Arbeitsvertrages bestehende betriebliche Regelung über **Zeit und Ort des Beginns und Endes der täglichen Arbeitszeit**, die nicht Inhalt des Arbeitsvertrages wird, über längere Zeit beibehalten, weil der Arbeitgeber von seinem bestehenden Direktionsrecht keinen Gebrauch macht, entsteht allein dadurch keine betriebliche Übung (*BAG* 7.12.2000 EzA § 611 BGB Direktionsrecht Nr. 22).

630 – Erhöht der Arbeitgeber die Gehälter seiner außertariflichen Angestellten während mehrerer Jahre jeweils zum 1.Januar in Anlehnung an die Tarifentwicklung des Vorjahres, so entstehen daraus weder kraft einzelvertraglicher Zusage noch kraft betrieblicher Übung Ansprüche auf entsprechende **Gehaltserhöhungen** auch in den Folgejahren. Der Arbeitgeber wird dadurch auch nicht verpflichtet, zukünftig über die Frage der Gehaltserhöhung nach billigem Ermessen (§ 315 BGB) zu entscheiden (*BAG* 4.9.1985 EzA § 242 BGB Betriebliche Übung Nr. 16).

631 – Zahlt ein Arbeitgeber **jahrelang einen übertariflichen Lohn in unterschiedlicher Höhe**, dann spricht dies gegen das Entstehen einer betrieblichen Übung auf Zahlung des jeweiligen Tariflohnes. Dies gilt erst recht, wenn der Arbeitgeber die jeweiligen Lohnerhöhungen dem Arbeitnehmer mit gesondertem Schreiben mitteilt und jährlich unterschiedliche Angaben über die jeweiligen Lohnerhöhungen macht (*LAG Rheinland-Pfalz* 19.10.1999 BB 2000, 1095 Ls.).

A. Grundbegriffe und Grundstrukturen des Arbeitsrechts

- Sind mehrere Unternehmen Mitglieder eines eingetragenen Vereins und sagt dieser in einer Betriebsvereinbarung zu, die Gehälter seiner Angestellten i. d. R. jährlich daraufhin zu überprüfen, ob eine **allgemeine Gehaltsanpassung** unter Berücksichtigung der allgemeinen Einkommensentwicklung und der wirtschaftlichen Lage seiner Mitgliedsunternehmen vorzunehmen ist, steht diese Regelung dem Entstehen einer betrieblichen Übung auf Gehaltserhöhung entgegen, auch wenn diese jahrelang orientiert an der Gehaltsentwicklung eines bestimmten Mitgliedsunternehmens vorgenommen wurde (*BAG* 16.9.1998 EzA § 242 BGB Betriebliche Übung Nr. 41; *LAG Düsseldorf* 9.7.1997 LAGE § 242 BGB Betriebliche Übung Nr. 21). 632
- Eine betriebliche Übung kann z. B. dann entstehen, wenn ein Arbeitgeber jahrelang allen Arbeitnehmern eines Betriebes anstelle der tariflich vorgeschriebenen Schichtzulage einen höheren **Wechselschichtzuschlag** zahlt, für den die tariflichen Voraussetzungen fehlen (*BAG* 3.8.1982 EzA § 242 BGB Betriebliche Übung Nr. 7) bzw. 633
- jahrelang allen ausländischen Arbeitnehmern, die ihren Familienwohnsitz im Ausland beibehalten, **Trennungsentschädigung** gewährt (*BAG* 7.9.1982 EzA § 242 BGB Betriebliche Übung Nr. 8).
- Überprüft ein Arbeitgeber die laufenden **Ruhegeldzahlungen** in regelmäßigen Abständen, um sie an die Lohn- und Preisentwicklung anzupassen, obwohl seine Versorgungszusage das nicht vorsieht, so kann dadurch eine betriebliche Übung entstehen (*BAG* 3.2.1987 EzA § 16 BetrAVG Nr. 19). 634
- Bezieht ein Arbeitgeber des öffentlichen Dienstes in die Leistungsgewährung gegenüber bei ihm beschäftigten Beamten aufgrund von Ermessensrichtlinien seine Arbeitnehmer ein, so sollen diese den Beamten gleichgestellt werden. Der Arbeitnehmer darf deshalb grds. nur darauf vertrauen, dass auf ihn die Richtlinien in ihrer jeweiligen Fassung und mit einem der beamtenrechtlichen **Ermessensausübung** entsprechenden Inhalt angewandt werden (*BAG* 10.4.1985 EzA § 242 BGB Betriebliche Übung Nr. 15; vgl. auch *BAG* 14.8.1986 EzA § 242 BGB Betriebliche Übung Nr. 19). 635
- Sofern Schulräume mit Zustimmung des Schulträgers durch außerschulische Veranstaltungen über die tarifliche Arbeitszeit hinaus belegt werden, haben **Schulhausmeister** aufgrund betrieblicher Übung Anspruch darauf, während dieser Zeiten Bereitschaftsdienst gegen Zahlung der tariflichen Vergütung zu leisten. Sie haben jedoch keinen Anspruch darauf, dass der Schulträger eine bestimmte Anzahl von Überstunden anordnet (*BAG* 13.11.1986 EzA § 242 BGB Betriebliche Übung Nr. 20). 636
- Wird den Arbeitnehmern und Beamten einer staatlichen Dienststelle jahrelang an ihren **Geburtstagen** ab 12 Uhr **Arbeitsbefreiung** gewährt und gibt es dafür keine förmliche Rechtsgrundlage, so kann der öffentliche Arbeitgeber die Übung wieder einstellen, wenn auch den Beamten keine Freistellung mehr gewährt wird (*BAG* 14.9.1994 EzA § 242 BGB Betriebliche Übung Nr. 32). 637
- Ein rechtlich geschütztes Vertrauen der Arbeitnehmer in eine dauerhafte Verpflichtung des Arbeitgebers, künftig stets an **Heiligabend**, Silvester und Rosenmontag **Arbeitsbefreiung** zu gewähren, kann nicht entstehen, wenn die Maßnahme von Jahr zu Jahr neu unter dem Vorbehalt angekündigt wird, dass diese Regelung nur für das laufende Jahr gilt (*BAG* 6.9.1994 EzA § 242 BGB Betriebliche Übung Nr. 31). 638

A. Grundbegriffe und Grundstrukturen des Arbeitsrechts

639 – Entrichtet ein Arbeitgeber regelmäßig an Arbeitnehmerinnen eine **Geburtshilfe** nach einem bestimmten erkennbaren und generalisierenden Prinzip, so entsteht kraft betrieblicher Übung ein vertraglicher Individualanspruch einzelner Arbeitnehmerinnen, die der Arbeitgeber nicht ohne besonderen sachlichen Grund von dieser Leistung ausnehmen kann (*LAG Berlin* 27.10.1999 NZA-RR 2000, 124).

h) Direktionsrecht (Weisungsrecht) des Arbeitgebers

aa) Begriff und Inhalt

640 Mit dem Direktionsrecht, das nur in § 121 GewO (bis 31.12.2002, ab 1.1.2003 in § 106 GewO n. F.), § 29 Abs. 1 S. 2 SeemG ausdrücklich gesetzlich normiert ist und im Übrigen seine Grundlage im Wesen des Arbeitsverhältnisses hat (*BAG* 20.12.1984 EzA Art. 4 GG Nr. 1), kann der Arbeitgeber primär die jeweils konkret zu leistende Arbeit und die Art und Weise ihrer Erbringung festlegen. Soweit nicht Mitbestimmungsrechte des Betriebsrats eingreifen oder vertragliche Vereinbarungen, insbesondere durch den Arbeitsvertrag entgegenstehen, unterliegt auch die arbeitsbegleitende Ordnung im Betrieb grds. dem einseitigen Bestimmungsrecht des Arbeitgebers (vgl. *BAG* 6.4.1989 AP § 2 BAT SR2 r Nr. 2). Denn die Arbeitsleistung wird vom Arbeitnehmer im Rahmen eines fremdbestimmt organisierten Arbeitsprozesses erbracht. Der Arbeitgeber hat eine arbeitsrechtliche Leitungsmacht, die sich auf die Ausführung der Arbeit selbst, auf ein den Arbeitsvollzug begleitendes Verhalten oder ein sonstiges organisationsbedürftiges Verhalten bezieht (MünchArbR/*Blomeyer* § 48 Rz. 24).

641 Einseitige Erklärungen legen die jeweils konkret für den Arbeitnehmer geltenden Arbeitsbedingungen (für den öffentlichen Dienst vgl. auch § 15 Abs. 2 BAT) fest. Dazu gehört auch die Anordnung von Nebenarbeiten (z. B. Pflege der Arbeitsmittel), die in unmittelbarem Zusammenhang mit der vertraglich geschuldeten Tätigkeit stehen, sowie Notarbeiten, wenn unvorhergesehene äußere Einflüsse (z. B. Naturkatastrophen, nicht aber betriebliche Engpässe, z. B. wegen der Urlaubszeit) dazu zwingen, vorübergehend fachfremde Arbeiten zu verrichten. Im Rahmen der arbeitsvertraglich festgelegten oder betriebsüblichen Arbeitszeit kann der Arbeitgeber grds. einseitig – vorbehaltlich etwaiger Mitbestimmungsrechte des Betriebsrats – die wöchentliche Arbeitszeit auf die einzelnen Wochentage verteilen und den Beginn und das Ende der täglichen Arbeitszeit (vgl. *LAG Berlin* 1.3.1999 ZTR 1999, 325 Ls. = ARST 1999, 213 Ls.) sowie die Pausen festlegen, also z. B. auch den Wechsel von Nacht- zu Tagarbeit anordnen (*LAG Berlin* 29.4.1991 DB 1991, 2193 Ls.; *LAG Düsseldorf* 23.10.1991 BB 1992, 997 Ls.).

642 Das Weisungsrecht findet seine Grenzen in gesetzlichen und kollektivvertraglichen Regelungen (z. B. §§ 134, 138 BGB, MuSchG, ArbZG, JArbSchG), auch dispositiven, soweit sie nicht im Einzelfall durch Vereinbarung abbedungen sind; ab dem 1.1.2003 folgt dies ausdrücklich für alle Arbeitnehmer aus § 106 GewO n. F. **Das Weisungsrecht kann insbesondere nicht einseitig die im Arbeitsvertrag festgelegten Bedingungen verändern.** Denn alle anderen Bestimmungsgründe gehen dem Weisungsrecht vor, also insbesondere die vertragliche Vereinbarung, durch die die Ausführung der Arbeit festgelegt wird. Das Weisungsrecht ist insoweit das rangschwächste Gestaltungsmittel; s. o. A/Rz. 298 ff.

A. Grundbegriffe und Grundstrukturen des Arbeitsrechts

Je genauer deshalb die Tätigkeit des Arbeitnehmers sowie die Modalitäten der Beschäftigung, also der Einsatzort, Umfang und die Lage der Arbeitszeit im Arbeitsvertrag umschrieben sind, umso weniger Spielraum hat der Arbeitgeber z. B. bei der Zuweisung verschiedenartiger Tätigkeiten (vgl. *LAG Köln* 26.10.1984 NZA 1985, 258; *LAG Berlin* 25.4.1988 DB 1988, 1228; *LAG Rheinland-Pfalz* 13.10.1987 NZA 1988, 471; *Löwisch* NZA 1988, 641; *Berger-Delhey* DB 1990, 2266; *Hunold* NZA-RR 2001, 337 ff.). **Weist der Arbeitgeber** andererseits den Arbeitnehmer bei Abschluss des Arbeitsvertrages auf eine für den Arbeitsbereich des Arbeitnehmers geltende **betriebliche Regelung über Zeit und Ort des Beginns und Endes der täglichen Arbeitszeit** hin, wird die zu diesem Zeitpunkt bestehende betriebliche Regelung nicht Inhalt des Arbeitsvertrages; das Direktionsrecht des Arbeitgebers wird dadurch nicht eingeschränkt (*BAG* 7.12.2000 EzA § 611 BGB Direktionsrecht Nr. 22, 23).   **643**

Bei bestimmten Berufsgruppen hat der Arbeitnehmer aufgrund des Arbeitsvertrages einen gewissen **Ausführungsspielraum** (z. B. Künstler, Ärzte, Lehrer, Wissenschaftler), in den durch das Direktionsrecht nicht eingegriffen werden darf (MünchArbR/ *Blomeyer* § 48 Rz. 6 m. w. N.).   **644**

Im öffentlichen Dienst erstreckt sich das Direktionsrecht des Arbeitgebers auf alle Tätigkeiten, deren Merkmale in der Vergütungsgruppe aufgeführt sind, in die der Angestellte eingestuft ist, es beschränkt sich also insbesondere nicht auf eine bestimmte Fallgruppe einer Vergütungsgruppe.   **645**

Der Arbeitgeber kann dem Arbeitnehmer jede Tätigkeit zuweisen, die den Merkmalen seiner Vergütungsgruppe entspricht, sofern nicht ausnahmsweise Billigkeitsgesichtspunkte entgegenstehen (*BAG* 29.10.1997 ZTR 1998, 187). Dabei wird von der Überlegung ausgegangen, dass der Arbeitnehmer nach den im öffentlichen Dienst üblichen Musterverträgen für einen **allgemein umschriebenen Aufgabenbereich eingestellt wird**, in dem lediglich die Vergütungsgruppe festgelegt ist (*BAG* 23.6.1993 EzA § 611 BGB Direktionsrecht Nr. 13; *BAG* 28.10.1999 ZTR 2000, 473; vgl. dazu *Hunold* NZA-RR 2001, 339 ff.). Durch diese Zuweisung kann dem Arbeitnehmer auch z. B. eine bisher innegehabte **Vorgesetztenfunktion entzogen** werden, wenn Führungsverantwortung nicht zu den Tätigkeitsmerkmalen seiner Vergütungsgruppe gehört (*LAG Köln* 5.2.1999 ZTR 1999, 378). Das rechtfertigt jedoch nicht die Übertragung einer Tätigkeit, die geringer wertige Qualifikationsmerkmale erfüllt und nur im Wege des Bewährungsaufstieges (s. u. C/Rz. 747) die Eingruppierung in die ursprünglich maßgebende Vergütungsgruppe ermöglicht (*BAG* 30.8.1995 AP Nr. 44 zu § 611 BGB Direktionsrecht).   **646**

Entscheidend ist sowohl im privatwirtschaftlichen Bereich als auch im öffentlichen Dienst, ob und inwieweit der Arbeitgeber aufgrund des Arbeitsvertrages überhaupt berechtigt ist, eine entsprechende Anordnung zu treffen (*BAG* 14.12.1961, 27.3.1980 AP § 611 BGB Direktionsrecht Nr. 17, EzA § 611 BGB Direktionsrecht Nr. 2).   **647**

Soweit der Arbeitgeber berechtigt ist, die jeweils konkret zu leistende Arbeit und die Art und Weise ihrer Erbringung festzulegen, **hat der Arbeitnehmer den Weisungen**   **648**

A. Grundbegriffe und Grundstrukturen des Arbeitsrechts

Folge zu leisten (vgl. z. B. §§ 121 GewO bis 31.12.2002, ab 1.1.2003 § 106 GewO n. F.; 29 Abs. 1 S. 2 SeemG). Verstößt der Arbeitnehmer dagegen, so liegt darin die **Nicht- oder Schlechterfüllung** der Arbeitspflicht, die nach einschlägiger Abmahnung die ordentliche Kündigung, oder, falls es sich um eine beharrliche Arbeitsverweigerung handelt, auch die außerordentliche Kündigung des Arbeitsverhältnisses rechtfertigen kann (*BAG* 21.11.1985, 17.3.1988 EzA § 1 KSchG Nr. 42, EzA § 622 BGB Nr. 116).

649 Etwas anderes gilt bei **gesetzwidrigen Weisungen**, z. B. dann, wenn der Arbeitgeber bestehende Mitbestimmungsrechte des Betriebsrats (insbesondere gem. § 87 BetrVG) nicht beachtet hat. Denn dann hat der Arbeitnehmer ein Leistungsverweigerungsrecht, weil die Weisung ihm gegenüber unwirksam ist (*BAG* 14.1.1986 EzA § 87 BetrVG Betriebliche Ordnung Nr. 11).

bb) Grenzen des Weisungsrechts

650 Das Direktionsrecht darf nur in den Grenzen des § 315 Abs. 3 S. 2 BGB, also nach billigem Ermessen ausgeübt werden; ab dem 1.1.2003 folgt dies unmittelbar aus § 106 GewO n. F. Eine Leistungsbestimmung entspricht dann billigem Ermessen, wenn sie die wesentlichen Umstände des Falles abgewogen und die beiderseitigen Interessen angemessen berücksichtigt hat (*BAG* 27.3.1980, 25.10.1989, 23.6.1993 EzA § 611 BGB Direktionsrecht Nr. 2, 9, 13; vgl. dazu *Hunold* NZA-RR 2001, 339 ff.). Der Arbeitnehmer kann insoweit verlangen, dass der Arbeitgeber einen **wesentlichen Umstand**, der für die Ermessensentscheidung von Bedeutung ist, **nicht fortgesetzt außer Acht lässt** oder grds. falsch beurteilt (*LAG Köln* 26.5.1997 NZA-RR 1997, 466; im konkret entschiedenen Einzelfall wurde ein Anspruch der Klägerin, in Abschnitten von je 7 Nachwachen als Pflegerin eingesetzt zu werden, allerdings verneint; bestätigt durch *BAG* 11.2.1998 EzA § 315 BGB Nr. 48). Zu den insoweit zu berücksichtigenden wesentlichen Umständen gehören insbesondere die **familiären Bindungen und Verpflichtungen** des Arbeitnehmers (*ArbG Bonn* 21.9.2000 NZA-RR 2001, 132).

Beispiele:

651 – § 315 BGB ist z. B. dann gewahrt, wenn der Arbeitnehmer, dessen Arbeitsvertrag eine Umsetzung zulässt und der zu einem **Konkurrenzunternehmen** wechseln will, auf einem neu geschaffenen Arbeitsplatz beschäftigt werden soll mit der Zielsetzung, Geschäftskontakte im alten Arbeitsbereich zu unterbinden und seine weitere Tätigkeit zu kontrollieren (*LAG Niedersachsen* 12.10.1998 LAGE § 315 BGB Nr. 5).

652 – Auch eine dringende **Empfehlung** eines Arztes **zum Arbeitsplatzwechsel** aus gesundheitlichen Gründen berechtigt den Arbeitgeber regelmäßig, dem Arbeitnehmer einen anderen Arbeitsbereich zuzuweisen, wenn die neue Tätigkeit von den arbeitsvertraglichen Vereinbarungen gedeckt ist (*BAG* 17.2.1998 NZA 1999, 33).

653 – Gleiches gilt für den **Ausschluss** eines Referenten in der Bundeszentrale für politische Bildung **von** der Leitung einer **Dienstreise** nach Israel, der sich – wenn auch außerdienstlich – öffentlich und wiederholt kritisch zu der Politik der derzeitigen israelischen Regierung gegenüber den Palästinensern geäußert hat und im Gastland als Vertreter dieser Position bekannt ist; in diesem Fall liegt auch kein unzulässiger Eingriff in die Meinungsäußerungsfreiheit (Art. 5 Abs. 1 GG) vor (*LAG Köln* 8.5.1998 NZA-RR 1999, 13).

A. Grundbegriffe und Grundstrukturen des Arbeitsrechts

– Ein öffentlicher Arbeitgeber hält sich im Rahmen billigen Ermessens, wenn er 654 einem **Abteilungsleiter** Aufgaben derselben Vergütungsgruppe ohne Leitungsfunktionen, die der Arbeitnehmer zuvor innehatte, zuweist, wenn durch erhebliche und anhaltende **Störungen des Arbeitsklimas** berechtigte Zweifel an seiner Führungsqualität aufkommen und andere Versuche der Schadensbehebung gescheitert sind; auf Schuldzuweisungen kommt es dabei nicht an (*LAG Köln* 5.2.1999 ZTR 1999, 378).

– Demgegenüber entspricht es nicht billigem Ermessen bei der Bestimmung der zeit- 655 lichen Lage der Arbeitszeit, einer aus dem Erziehungsurlaub (jetzt der Elternzeit) **zurückkehrenden Mutter** mitzuteilen, dass sie ab sofort früher mit der Arbeit anfangen muss, wenn sie wegen der Änderung der Arbeitszeit ihr Kind nicht in den Kindergarten bringen kann (*LAG Nürnberg* 8.3.1999 NZA 2000, 263). Gleiches gilt, wenn der Arbeitgeber den Arbeitnehmer anweist, seine Arbeitsleistung ausschließlich in einem zentralen Schreibbüro zu erledigen, wenn ihm die Leistung der Arbeit ausschließlich an diesem Ort gar nicht möglich ist (*ArbG Duisburg* 29.6.2000 NZA-RR 2001, 304).

– Bei der Ausführung eines arbeitsvertraglich vereinbarten Rechts zur **einseitigen** 656 **Anordnung von Überstunden** hat der Arbeitgeber nach Auffassung des *ArbG Frankfurt a. M.* (26.11.1998 NZA-RR 1999, 357) dem Rechtsgedanken von § 4 Abs. 2 BeschFG (jetzt § 12 Abs. 2 TzBfG) nach eine angemessene Ankündigungsfrist zu wahren, um es dem Arbeitnehmer auf zumutbare Weise zu ermöglichen, sich auf eine vorher zeitlich nicht festgelegte Inanspruchnahme seiner Arbeitskraft einzustellen. Die Zuweisung von Überstunden für den laufenden Arbeitstag kann danach nur bei deutlich überwiegenden betrieblichen Interessen billigem Ermessen entsprechen.

Das allgemeine Weisungsrecht hat eine **Konkretisierungsfunktion** hinsichtlich der 657 im Arbeitsvertrag enthaltenen Rahmen-Arbeitsbedingungen. Der Umfang der beiderseitigen Hauptleistungspflichten gehört dagegen zum Kernbereich des Arbeitsverhältnisses mit der Folge, dass die Arbeitsbedingungen insoweit nur durch Gesetz, Kollektiv- oder Einzelarbeitsvertrag (vgl. *LAG Berlin* 29.4.1991 DB 1991, 2193 Ls.), nicht aber durch einseitige Weisungen des Arbeitgebers gestaltbar sind (*BAG* 12.12.1984 AP Nr. 2 zu § 2 KSchG 1969). Deshalb kann der Arbeitgeber nicht aufgrund des Direktionsrechts das Beschäftigungsvolumen und damit das Vergütungsvolumen einseitig im Rahmen der Einführung von Kurzarbeit beschränken. Vielmehr bedarf es entweder einer **Änderungskündigung** oder aber einer **individuellen oder kollektiven (Betriebsvereinbarung, Tarifvertrag) Vereinbarung**, um Kurzarbeit mit Lohnminderung einzuführen (*LAG Berlin* 29.10.1998 – 10 Sa 95/98 –). Andererseits kann das Direktionsrecht (z. B. auf dem Gebiet der Arbeitszeit) **durch Tarifnormen bzw. aufgrund gesetzlicher Regelungen erweitert** werden (*BAG* 12.2.1986, 17.3.1988 AP Nr. 7, 11 zu § 15 BAT; abl. MünchArbR/*Blomeyer* § 48 Rz. 105; *BAG* 23.5.2001 – 5 AZR 545/99 –; s. u. A/Rz. 677).

Beispiel:
Das Deutsche Rote Kreuz darf nach dem Tarifvertrag über die Arbeitsbedingungen 658 seiner Arbeitnehmer (DRK-TV) die **regelmäßige tägliche und wöchentliche Arbeitszeit durch einseitige Erklärung verlängern**.
Die Arbeitszeitverlängerung nach § 14 Abs. 2 Unterabs. 3 DRK-TV setzt voraus, dass die Arbeitnehmer zum einen nur Anwesenheit an der Arbeitsstelle, zum anderen Arbeitsleistungen schulden, die sich aus dem jeweils auftretenden Bedarf ergeben. Sie

A. Grundbegriffe und Grundstrukturen des Arbeitsrechts

dürfen auch Nebenarbeiten verrichten, die zur Erfüllung ihrer bedarfsorientierten Aufgaben erforderlich sind.

§ 14 Abs. 2 Unterabs. 3 DRK-TV ist auch dann anwendbar, wenn die Anwesenheitszeiten als Arbeitsbereitschaft anzusehen sind und dem Arbeitnehmer nicht lediglich eine dem Bereitschaftsdienst entsprechende Leistung abverlangt wird.
Für eine Arbeitszeitverlängerung nach § 14 Abs. 2 Unterabs. 3 DRK-TV ist aber erforderlich, dass der größere Teil der Arbeitszeit auf die Anwesenheitszeiten und der geringere Teil auf bedarfsorientierte Vollarbeit einschließlich der Nebenarbeiten entfällt (*BAG* 30.1.1996 EzA § 4 TVG Rotes Kreuz Nr. 2).

659 Andererseits kann der Arbeitgeber bei der Ausübung des Direktionsrechts auch durch Erklärungen gegenüber dem Arbeitnehmer **selbst binden**, insbesondere die Ausübung auf bestimmte Fälle beschränken.

660 Die Heraufsetzung der Pflichtstundenzahl für an Gesamtschulen tätige Lehrkräfte von 23,5 auf 24,5 Unterrichtsstunden wöchentlich durch Verordnung des Ministeriums für Schule und Weiterbildung des Landes Nordrhein-Westfalen vom 22.5.1997 ist rechtswirksam (*BAG* 23.5.2001 – 5 AZR 783/98 –).

661 Überträgt der Arbeitgeber dem Arbeitnehmer z. B. vorläufig eine höherwertige Aufgabe und macht er die Übertragung auf Dauer nur davon abhängig, dass sich der Arbeitnehmer fachlich bewährt, so darf er dem Arbeitnehmer die höherwertige Aufgabe nicht aus anderen Gründen wieder entziehen (*BAG* 17.12.1997 NZA 1998, 555).

662 Soweit **Krankenhausärzte** Arbeitnehmer sind, ist zu beachten, dass mit der Freiheit des ärztlichen Berufs gewährleistet ist, dass der Arzt bei seinen ärztlichen Entscheidungen keinen Weisungen unterliegt (*BVerfG* 23.7.1963 AP Nr. 30 zu Art. 12 GG). Der Chefarzt bleibt deshalb im Rahmen seiner medizinisch-fachlichen Aufgaben völlig weisungsfrei. Hinsichtlich der nachgeordneten Ärzte (Oberärzte, Assistenzärzte) gilt nichts anderes. Dem Chefarzt steht andererseits gegenüber den nachgeordneten Ärzten die Führungskompetenz zu. Dieses Weisungsrecht beschränkt sich aber darauf, ihnen bestimmte Tätigkeitsbereiche und Einzelaufgaben zur selbstständigen Erledigung zu übertragen. Eine entsprechende Aufteilung in Führungs- und Handlungsverantwortung besteht auch im Verhältnis von Oberarzt und Assistenzarzt (MünchArbR/*Richardi* § 204 Rz. 25 f.).

cc) Konkretisierung der geschuldeten Arbeitsleistung

663 Eine Beschäftigung auf einer bestimmten Arbeitsstelle kann eine Konkretsierung der geschuldeten Arbeitsleistung darstellen, die dann das Direktionsrecht des Arbeitgebers nachträglich und stillschweigend auf eben diese Tätigkeit einschränkt (vgl. KR-*Rost* § 2 KSchG Rz. 40 ff.).

664 Neben der langjährigen Ausübung einer bestimmten Tätigkeit müssen aber noch andere Umstände hinzutreten, weil die Einschränkung des Direktionsrechts eine Vertragsänderung darstellt und deshalb auch entsprechende rechtsgeschäftliche Willenselemente, die auf eben diese Änderung gerichtet sein sollen, erkennbar sein müssen (*LAG Rheinland-Pfalz* 5.7.1996 NZA 1997, 1113; *Weber/Ehrich* BB 1996, 2246 ff.; *Hunold* NZA-RR 2001, 337 ff.).

Beispiele:
665 – Allein aus der Tatsache, dass der Arbeitnehmer über einen längeren Zeitraum (acht bzw. über zehn Jahre) **überwiegend oder ausschließlich nachts beschäftigt** worden ist, ergibt sich noch nicht eine das Direktionsrecht einschränkende Konkreti-

A. Grundbegriffe und Grundstrukturen des Arbeitsrechts

sierung des Arbeitsvertrages (*LAG Berlin* 29.4.1991 DB 1991, 2193 Ls.; *LAG Düsseldorf* 23.10.1991 BB 1992, 997 Ls.).
- Auch allein der **13-jährige Einsatz als Kundenberater** reicht zur Konkretisierung 666 der geschuldeten Arbeitsleistung nicht aus, wenn der Arbeitsvertrag die Tätigkeit mit:»als Angestellter« formuliert und auf den BAT im Übrigen als anwendbar verweist. Der damit geltende Tarifautomatismus lässt es zu, den Angestellten auch mit anderen Aufgaben zu betrauen, die den Fallgruppen der innegehaltenen Vergütungsgruppe entsprechen. Auch der Umstand, dass der Kundenberater Zusatzleistungen (Versicherungs-Bausparverträge) als Dienstaufgabe verkaufen darf und soll, wodurch ihm eine erhebliche Mehreinnahme durch Provisionen ermöglicht wird, führt nicht dazu, dass dem Arbeitnehmer diese Erwerbschance auf Dauer belassen werden muss. Die Eröffnung dieser Zusatzeinnahmequelle führt nicht dazu, nur weil sie am besten in der Funktion des Kundenberaters genutzt werden kann, dass der Arbeitnehmer schon allein deswegen als Kundenberater beschäftigt werden muss, zumal diese Zusatztätigkeit nicht untrennbar mit der Tätigkeit als Kundenberater verbunden ist und auch von dieser Tätigkeit losgelöst verrichtet werden kann (*LAG Rheinland-Pfalz* 5.7.1996 a. a. O.).
- Wird eine bei Beginn des Arbeitsvertrages bestehende betriebliche Regelung über 667 Zeit und Ort des Beginns und Endes der täglichen Arbeitszeit, die nicht Inhalt des Arbeitsvertrages wird, **über längere Zeit beibehalten,** weil der Arbeitgeber von seinem bestehenden **Direktionsrecht keinen Gebrauch** macht, tritt allein dadurch **keine Konkretisierung** der Arbeitspflicht ein (*BAG* 7.12.2000 EzA § 611 BGB Direktionsrecht Nr. 22).
- Eine Konkretisierung des Arbeitsverhältnisses auf ein **bestimmtes Mindestmaß** 668 **an Überstunden** kommt regelmäßig **nicht** in Betracht (*LAG Köln* 21.1.1999 NZA-RR 1999, 517).
- Dass Ausschreibung, Bewerbung und schriftliche Mitteilung vom Erfolg der Bewerbung 669 im öffentlichen Dienst sich auf einen **konkreten Arbeitsplatz** bezogen, macht diesen noch nicht zum Inhalt der vertraglichen Vereinbarungen, wenn er nicht in den gem. § 4 Abs. 1 BAT beurkundeten Vertrag aufgenommen wird. Auch dass der Arbeitnehmer anschließend langjährig auf dem ausgeschriebenen Arbeitsplatz verbleibt, führt noch **nicht** zu einer **Konkretisierung** des Arbeitsvertrages auf diesen Arbeitsplatz (*LAG Köln* 5.2.1999 ZTR 1999, 378).

dd) Einzelfragen und weitere Beispiele
Problematisch kann im Einzelfall die Abgrenzung einer nach dem Einzelarbeitsver- 670 trag noch zulässigen Zuweisung einer anderen Tätigkeit (Umsetzung) von einer unzulässigen Zuweisung anderer Aufgaben sein, die einer u. U. durch Änderungskündigung (§ 2 KSchG) durchzusetzenden Änderung der Arbeitsbedingungen bedarf.
- Der Arbeitgeber darf dem Arbeitnehmer (bei verfassungskonformer Auslegung 671 des § 315 BGB) z. B. keine Arbeit zuweisen, die den Arbeitnehmer in einen vermeidbaren **Gewissenskonflikt** bringt. Inhalt und Grenzen des Leistungsbestimmungsrechts des Arbeitgebers zur Konkretisierung der vertragsgemäßen Arbeitsleistung ergeben sich aus einer Abwägung der beiderseitigen Interessen des Arbeitgebers und des Arbeitnehmers.
Dabei ist zu berücksichtigen, ob der Arbeitnehmer bei der Eingehung des Arbeitsverhältnisses mit einem Gewissenskonflikt hat rechnen müssen, der Arbeitgeber aus betrieblichen Erfordernissen auf dieser Arbeitsleistung bestehen muss und

A. Grundbegriffe und Grundstrukturen des Arbeitsrechts

ob mit zahlreichen weiteren Gewissenskonflikten in der Zukunft zu rechnen ist (*BAG* 20.12.1984 EzA Art. 4 GG Nr. 1; s. o. A/Rz. 338 ff.).

672 – Einem Angestellten, der durch schriftlichen Arbeitsvertrag für die Tätigkeit als **Abteilungsleiter** für detailliert bezeichnete Sachgebiete eingestellt worden ist, kann nicht ohne Änderungskündigung diese Funktion gegen seinen Willen entzogen und ihm die Betreuung nur eines dieser Sachgebiete als Sachgebietsleiter im Rahmen einer von einem anderen Abteilungsleiter geführten Abteilung zugewiesen werden (vgl. auch *BAG* 23.6.1993 EzA § 611 BGB Direktionsrecht Nr. 13; *LAG Hamm* 9.1.1997 NZA-RR 1997, 337 Ls.).

673 – Eine **Versetzung auf einen geringer wertigen Arbeitsplatz** ist selbst dann unzulässig, wenn die bisherige Vergütung weitergezahlt wird. Nur ausnahmsweise ist der Arbeitnehmer verpflichtet, im Rahmen einer Notlage (§ 242 BGB) Arbeiten außerhalb des vertraglich festgelegten Tätigkeitsbereichs vorübergehend zu verrichten (*BAG* 8.10.1962, 14.7.1965 AP Nr. 18, 19 zu § 611 BGB Direktionsrecht; vgl. auch *LAG Hamm* 9.1.1997 a. a. O.).

674 – Der Arbeitgeber kann dem Arbeitnehmer wegen **Schlechtleistung** den Aufgabenbereich der Kundenberatung durch einseitige Weisung entziehen, wenn er dabei im Bereich des Arbeitsvertrages bleibt (*BAG* 27.3.1980 EzA § 611 BGB Direktionsrecht Nr. 2).

675 – Bestehen **zwischen Arbeitnehmern Spannungen**, so kann der Arbeitgeber dem durch Umsetzung nach Maßgabe seines Direktionsrechts begegnen. Er ist insbesondere nicht gehalten, anstelle der Umsetzung als »milderes Mittel« eine Abmahnung auszusprechen (*BAG* 24.4.1996 EzA § 611 BGB Direktionsrecht Nr. 18). Denn die Erteilung einer Abmahnung belastet in aller Regel den Arbeitnehmer wegen ihrer Dokumentations-, Ankündigungs- und Warnfunktion (s. u. D/Rz. 1317 ff.) mehr als eine Umsetzung.

676 – Eine arbeitsvertragliche Vereinbarung, die bei arbeitszeitabhängiger Vergütung den Arbeitgeber berechtigen soll, die zunächst festgelegte **Arbeitszeit** später **einseitig** bei Bedarf **zu reduzieren**, stellt eine objektive Umgehung von zwingenden Vorschriften des Kündigungs- und Kündigungsschutzrechts (§ 2 i. V. m. § 1 Abs. 2, 3 KSchG, § 622 BGB) dar und ist daher gem. § 134 BGB nichtig (*BAG* 7.11.1984, 12.12.1984 BB 1985, 731, EzA § 315 BGB Nr. 29).

677 – Zulässig sind aber **tarifvertragliche Regelungen**, wonach einseitig ohne Änderungskündigung bei Erfüllung der tariflichen Voraussetzungen (der Dienst muss die Übertragung einer anderen Tätigkeit erfordern und diese muss dem Arbeitnehmer nach Befähigung, Ausbildung und körperlicher Eignung zumutbar sein) dem Arbeitnehmer eine **andere, nach einer niedrigeren Vergütungsgruppe zu bezahlende Tätigkeit zugewiesen werden kann** (*BAG* 22.5.1985 AP Nr. 6, 7 zu § 1 TVG Tarifverträge: Bundesbahn; a. A. *LAG Düsseldorf* 17.3.1995 LAGE § 2 KSchG Nr. 2: Unzulässige Umgehung von § 2 KSchG i. V. m. § 1 Abs. 2, 3 KSchG; vgl. *Plüm* DB 1992, 735; abl. auch MünchArbR/*Hanau* § 62 Rz. 105; s. u. C/Rz. 10 ff.; D/Rz. 1735 f.).

678 – Die tariflich vorgesehene Ausübung des Direktionsrechts zur Umsetzung einer tariflichen Arbeitszeitverkürzung verstößt jedoch dann gegen den Grundsatz billigen Ermessens, wenn der Arbeitgeber allein seine Interessen durchzusetzen versucht (*BAG* 19.5.1992 NZA 1992, 978).

679 – Aufgrund des Direktionsrechts kann der Arbeitgeber einseitig eine vertraglich nur rahmenmäßig umschriebene Pflicht des Arbeitnehmers zur Ableistung von **Bereitschaftsdiensten** zeitlich näher bestimmen (*BAG* 25.10.1989 EzA § 611 BGB Direk-

A. Grundbegriffe und Grundstrukturen des Arbeitsrechts

tionsrecht Nr. 9). Ferner kann er den Arbeitszeitrahmen für die regelmäßige Arbeit ändern, sofern nicht tarifvertragliche oder vertragliche Regelungen dem entgegenstehen und auch keine Mitbestimmungsrechte eingreifen (*BAG* 19.6.1985 EzA § 315 BGB Nr. 32).
- Nach § 15 Abs. 6 a BAT ist der öffentliche Arbeitgeber zwar gegenüber seinen Angestellten berechtigt, die Erledigung von Bereitschaftsdiensten **dienstplanmäßig anordnen** zu können, aber gegenüber seinen Angestellten **nicht verpflichtet**, die weitere Erbringung der bisherigen Bereitschaftsdienste dienstplanmäßig anordnen zu müssen. Daher kann er von der weiteren Erbringung der bisherigen Bereitschaftsdienste kraft des Direktionsrechts einseitig und ohne Einhaltung einer sozialen Auslauffrist absehen, falls den Angestellten kein einzelvertraglicher Anspruch auf weitere Bereitschaftsdienste zusteht und falls dieses Handeln des öffentlichen Arbeitgebers billigem Ermessen gem. § 315 Abs. 3 BGB entspricht (*LAG Hamm* 29.6.2000 ZTR 2000, 464 Ls.). 680
- Ein **Sozialarbeiter**, dem als Angestellter des Jugendamtes einer Gemeinde die Aufgaben eines Pflegers oder Vormundes übertragen worden sind, ist Weisungen seines Arbeitgebers insoweit unterworfen, wie sie nicht den Belangen des vertretenen Pfleglings oder Mündels zuwiderlaufen (*BAG* 10.4.1991 EzA § 611 BGB Direktionsrecht Nr. 5). 681
- Ein Arbeitgeber des öffentlichen Dienstes kann kraft Direktionsrechts berechtigt sein, anzuordnen, dass ein Verwaltungsangestellter auf Dienstreisen einen **Dienstwagen** selbst führt und Kollegen mitnimmt (*BAG* 29.8.1991 EzA § 611 BGB Direktionsrecht Nr. 6). 682
- Dagegen ist der Arbeitnehmer des öffentlichen Dienstes aufgrund des Arbeitsverhältnisses nicht verpflichtet, seinem Arbeitgeber, der als Wahlbehörde für die Durchführung politischer Wahlen zuständig ist, auf dem Dienstweg die Gründe mitzuteilen, die der Übernahme eines **Wahlehrenamtes** entgegenstehen könnten (*BAG* 23.1.1992 EzA § 611 BGB Direktionsrecht Nr. 10). 683
- Die Berechtigung des Arbeitgebers zur **Versetzung** in einen anderen Betrieb an einem anderen Beschäftigungsort bedarf nach Auffassung des *Hessischen LAG* (8.5.1995 LAGE § 103 BetrVG 1972 Nr. 10) einer ausdrücklichen und individualrechtlichen Vereinbarung. 684
- Führt ein tarifgebundener Arbeitgeber durch **einzelvertragliche Abreden** mit nahezu sämtlichen Arbeitnehmern einer Abteilung ein **vom Tarifvertrag abweichendes Arbeitszeitmodell** ein (Sonnabend als Regelarbeitszeit), so ist die Versetzung des einzigen Arbeitnehmers, der – selbst tarifgebunden – diese Abrede nicht akzeptiert und an seiner tariflich vorgesehenen Arbeitszeit (Montag bis Freitag) festhalten möchte, mit der ihn der Arbeitgeber in einem anderen Betrieb des Unternehmens einsetzen möchte, nicht nach billigem Ermessen i. S. v. § 315 BGB gerechtfertigt. Denn ein tarifgebundener Arbeitnehmer darf seinen – auch konkreten – Arbeitsplatz nicht deswegen verlieren, weil er eine in seiner Person **tarifwidrige Abrede** mit dem Arbeitgeber verweigert (*LAG Berlin* 20.5.1996 LAGE § 611 BGB Direktionsrecht Nr. 26; zur Änderungskündigung insoweit s. u. D/Rz. 1767 ff.). 685
- Die für Chefarztverträge typischen **Entwicklungs- und Anpassungsklauseln** sind wirksam. Die Ausübung des Weisungsrechts aufgrund einer Entwicklungsklausel darf jedoch nicht zu einer **grundlegenden Störung des Gleichgewichts** zwischen Leistung und Gegenleistung und damit zu einer Umgehung zwingenden Kündigungsschutzes führen. Eine aufgrund einer Entwicklungsklausel vorgenommene Beschränkung des Aufgabenbereichs eines Chefarztes führt nicht schon deshalb 686

A. Grundbegriffe und Grundstrukturen des Arbeitsrechts

zu einer Umgehung des Kündigungsschutzrechts, weil dadurch seine Einnahmen (zuvor ca. 390.000 Euro) für die Tätigkeit im dienstlichen Aufgabenbereich auf etwa 75% und die Gesamteinnahmen aus dienstlicher und genehmigter Nebentätigkeit auf 60 bis 65% seiner bisherigen Einnahmen sinken (*BAG* 28.5.1997 EzA § 611 BGB Krankenhausarzt Nr. 7).

687 – Die in Arbeitsverträgen über die **Weiterverwendung von Lehrern** aus dem Ostteil Berlins enthaltene Angabe einer bestimmten Schule schließt das Recht des Landes, den Lehrer an einer anderen Schule einzusetzen, nicht aus. Denn wegen der im anwendbaren BAT (-O) vorgesehenen Umsetzungs- und Versetzungsbefugnis des Arbeitgebers handelt es sich bei der Nennung der Einrichtung lediglich um eine historisch begründete Vertragsgestaltung, bei der nur die Einsatzstelle im Zeitpunkt des Vertragsabschlusses wiedergegeben wurde (*BAG* 29.10.1997 NZA 1998, 329).

688 – Es widerspricht billigem Ermessen i. S. v. § 315 Abs. 3 BGB, wenn der Arbeitgeber den Entzug der Aufgaben einer vorläufig bestellten stellvertretenden Schulleiterin auf **mehr als zwei Jahre zurückliegende** Vorfälle stützt, die er seinerzeit abgemahnt hat (*BAG* 16.9.1998 NZA 1999, 384).

689 – Der Arbeitgeber kann kraft seines Direktionsrechts die Anzahl der in Folge zu leistenden **Nachtschichten** festlegen, soweit durch Arbeitsvertrag, Betriebsvereinbarung oder Tarifvertrag keine Regelung getroffen ist. Es gibt keine gesicherten arbeitsmedizinischen Erkenntnisse darüber, ob eine kürzere oder längere Schichtfolge die Gesundheit des Arbeitnehmers stärker beeinträchtigt (*BAG* 11.2.1998 EzA § 315 BGB Nr. 48).

i) **Gerichtliche Inhalts- und Billigkeitskontrolle von Arbeitsverträgen**

aa) **Grundlagen**

690 Weil der einzelne Arbeitnehmer nur sehr begrenzt Einfluss auf die Vertragsgestaltung hat, hat die Rechtsprechung des *BAG* (vgl. z. B. 12.10.1960 [GS], 10.5.1962, 3.12.1970, 26.8.1978 AP Nr. 16 zu § 620 BGB Befristeter Arbeitsvertrag, AP Nr. 22 zu § 611 BGB Gratifikation, AP Nr. 60, 68 zu § 626 BGB) in zahlreichen Fällen die Rechtswirksamkeit arbeitsvertraglicher Klauseln (z. B. Rückzahlungsklauseln bei der Gewährung einer Gratifikation, der Befristung von Arbeitsverträgen, dem generellen Verbot von Nebentätigkeiten) zugunsten der Arbeitnehmer durch eine Inhaltskontrolle eingeschränkt und mit unterschiedlichen Begründungen den vertraglichen Gestaltungsmöglichkeiten der Arbeitgeber Grenzen gesetzt (vgl. dazu ausf. *Reinecke* NZA, Beilage zu Heft 3/2000, 23 ff.).

691 Die Vertragsgestaltung bedarf danach, ohne dass es auf die Verwendung eines formularmäßigen oder vorformulierten Vertragstextes oder auf die mehrfache Verwendung der gleichen Bedingungen ankommt (krit. dazu MünchArbR/*Richardi* § 14 Rz. 37–73) dann der gerichtlichen Überprüfung, wenn **kein Gleichgewicht der Vertragspartner besteht, das einen angemessenen Vertragsinhalt gewährleistet**, weil entweder die Vertragsparität gestört ist oder eine Vertragspartei aus anderen Gründen allein den Inhalt des Vertragsverhältnisses gestalten kann. Das ist der Fall bei der sog. **vertraglichen Einheitsregelung** oder **Gesamtzusage** (s. o. A/Rz. 442), die allein vom Arbeitgeber festgelegt wird, ferner bei der Bestimmung der vertraglichen Leistung durch den Arbeitgeber (**§ 315 BGB**) und schließlich bei der Verteilung **freiwilliger**

A. Grundbegriffe und Grundstrukturen des Arbeitsrechts

Leistungen unter Ausschluss eines Rechtsanspruchs (*BAG* 21. u. 22.12.1970 AP Nr. 1, 2 zu § 305 BGB Billigkeitskontrolle).

Handelt es sich im ersten Fall um eine **Vertragsinhaltskontrolle**, geht es im zweiten Fall um die Anwendung des § 315 BGB (**Billigkeitskontrolle**), während der dritte Fall die Geltung des **Gleichbehandlungsgrundsatzes** betrifft. 692

bb) Inhaltliche Kriterien

Eine einheitliche Begründung bzw. Entwicklung von inhaltlichen Kriterien lässt sich der Rechtsprechung nicht entnehmen. 693

So wird das Verbot unzumutbarer Rückzahlungsklauseln bei der Gewährung einer Gratifikation (s. u. C/Rz. 865 ff.) auf einen Verstoß gegen die **Fürsorgepflicht** des Arbeitgebers und den Aspekt der **objektiven Gesetzesumgehung** gestützt. Die Befristung von Arbeitsverträgen wird vom Vorliegen eines **sachlichen Grundes** abhängig gemacht (s. u. D/Rz. 2187 ff.). Die Begrenzung einer jede Nebentätigkeit verbietenden Vertragsklausel wird schließlich im Hinblick auf **Art. 12 GG** mit der Notwendigkeit einer verfassungskonformen Interpretation begründet. 694

Demgegenüber werden in der Literatur (MünchArbR/*Richardi* § 14 Rz. 43 ff.) einheitliche inhaltliche Kriterien vorgeschlagen: Maßstab für eine Inhaltskontrolle ist zum einen § 138 Abs. 1, 2 BGB, also insbesondere die Frage der Nichtigkeit des Vertrages wegen eines auffälligen, objektiven bzw. (besonders) groben Missverhältnisses zwischen Leistung und Gegenleistung. 695

Denn mit einer Derartigen vertraglichen Regelung wird ein tatsächlich vorhandenes Übergewicht in einer der Verkehrssitte widersprechenden Weise ausgenutzt.

cc) Besonderheiten bei standardisierten Arbeitsverträgen

aaa) Rechtslage für vor dem 1.1.2002 abgeschlossene Arbeitsverträge bis zum 31.12.2002 (Art. 229 § 5 EGBGB)

Daneben sollen besondere Grundsätze für Einheitsarbeitsbedingungen gelten, weil es sich um die gleiche Problematik wie bei der Aufstellung von Allgemeinen Geschäftsbedingungen handelt. 696

Zwar ist gem. **§ 23 Abs. 1 AGBG** das AGB-Gesetz bei Verträgen auf dem Gebiet des Arbeitsrechts ausgeschlossen, weil der Arbeitnehmer nach der Auffassung des Gesetzgebers vor unangemessenen Vertragsbedingungen durch ein dichtes Netz von zwingenden Vorschriften und durch das besondere System der kollektivvertraglich vereinbarten Arbeitsbedingungen geschützt ist (BT-Drs. 7/3919 S. 41; s. o. A/Rz. 449 ff.). Diese Begründung trifft freilich nur zu, soweit Tarifverträge bestehen und Tarifgeltung besitzen; für die vom Arbeitgeber einseitig aufgestellten Einheitsarbeitsbedingungen besteht dagegen eine Regelungslücke im Gesetzesrecht. 697

Deshalb sind, weil es sich um allgemeine Rechtsgrundsätze handelt, **§§ 3–6 AGBG** (Verbot überraschender Klauseln, Vorrang der Individualabrede, Unklarheitenregel) entsprechend anzuwenden. 698

A. Grundbegriffe und Grundstrukturen des Arbeitsrechts

Beispiel:

699 Verwendet der Arbeitgeber für den Arbeitsvertrag ein standardisiertes Formular, dessen Text die Frage der **Verfallfristen alternativ regelt**, nämlich zum einen durch Verweisung auf die tariflichen Fristen und zum anderen durch eigene Festlegung, verbunden mit der Empfehlung »Nichtzutreffendes streichen«, so wird der Arbeitsvertrag **unklar**, wenn der Arbeitgeber die empfohlene Streichung unterlässt. Das führt aufgrund der Unklarheitenregelung dazu, dass die jeweils dem Arbeitnehmer günstigere Frist gilt (*LAG Köln* 2.2.2001 – 11 Sa 1262/00 –).

700 Auch § 9 AGBG ist analog anwendbar, da es sich lediglich um eine Normierung des zivilrechtlichen Grundprinzips handelt, dass eine unangemessene Benachteiligung des Vertragspartners entgegen den Geboten von Treu und Glauben nicht mehr vom Prinzip der Vertragsfreiheit gedeckt ist. **Eine derartige unangemessene Benachteiligung liegt vor (§ 9 Abs. 2 Nr. 1 AGBG), wenn eine Bestimmung mit wesentlichen Grundgedanken der gesetzlichen Regelung, von der abgewichen wird** (vgl. z. B. § 615 BGB, § 11 Abs. 4 S. 2 AÜG, §§ 1 ff. KSchG), **nicht zu vereinbaren ist** (vgl. ausf. MünchArbR/*Richardi* § 14 Rz. 62–72; *Fastrich* RdA 1997, 75 ff.; vgl. *BAG* 26.5.1993 EzA § 9 AGB-Gesetz Nr. 1: Anwendbarkeit des § 9 AGBG ob das Verbot überraschender Klauseln in Formulararbeitsverträgen und in allgemeinen Arbeitsbedingungen [s. o. A/Rz. 449 ff.] aus § 3 AGBG analog oder aus § 242 BGB i. V. m. einem allgemeinen Rechtsgedanken, der in § 3 AGBG seinen Ausdruck gefunden hat, hat das *BAG* [29.11.1995 EzA § 611 BGB Inhaltskontrolle Nr. 4; abl. *Schwarz* BB 1996, 1434 offen gelassen]).

701 Jedenfalls kann die **Angabe der Höhe einzelner tariflich geregelter Ansprüche** des Arbeitnehmers in einem Formulararbeitsvertrag bei einer in diesem vereinbarten gleichzeitigen umfassenden Bezugnahme auf die »jeweils gültigen Tarifverträge« als **bloße Information** des Arbeitnehmers über die Höhe ihn besonders interessierender Ansprüche auszulegen sein (*BAG* 1.8.2001 – 4 AZR 7/01 –).

702 Der den Arbeitsvertrag vorformulierende Arbeitgeber kann sich nach Auffassung des *LAG Hamm* (8.9.1999 – 16 Sa 1751/98 –) **nicht zu seinen eigenen Gunsten** auf eine Inhaltskontrolle des Arbeitsvertrags berufen. Dies ergibt sich danach aus dem Rechtsgedanken des § 9 Abs. 1 AGBG, wonach allein die Benachteiligung des Vertragspartners des Verwenders zur Unwirksamkeit einer Allgemeinen Geschäftsbedingung führt. Das Verbot, sich zu eigenen Gunsten auf die Rechtsunwirksamkeit einer vom Arbeitgeber vorgegebenen Vertragsklausel zu berufen, folgt als widersprüchliches Verhalten zudem aus § 242 BGB.

bbb) Rechtslage für nach dem 1.1.2002 abgeschlossene Arbeitsverträge

703 Für nach dem 1.1.2002 abgeschlossene Formulararbeitsverträge ist nunmehr gem. **§ 310 Abs. 4 S. 2 BGB n. F.** das Recht der Allgemeinen Geschäftsbedingungen anwendbar (§§ 305 ff. BGB n. F.). Voraussetzung für die Anwendung dieser Vorschriften ist, dass der Inhalt des Arbeitsvertrages **vom Arbeitgeber »gestellt« ist** (§ 305 Abs. 1 S. 1 BGB n. F.; *Däubler* NZA 2001, 1336; *Bauer/Kock* DB 2002, 42 ff.).

(1) Einbeziehung in den Arbeitsvertrag

704 Gem. § 305 c Abs. 1 BGB n. F. werden **überraschende Klauseln** nicht Vertragsbestandteil. Gem. § 305 c Abs. 2 BGB n. F. ist bei Mehrdeutigkeit derjenigen Auslegung der Vorzug zu geben, die zu Lasten des Verwenders, also des Arbeitgebers geht.

A. Grundbegriffe und Grundstrukturen des Arbeitsrechts

(2) Maßstäbe für die Inhaltskontrolle
Gem. § 307 Abs. 3 S. 1 BGB n. F., unterliegen AGB nur insoweit der Inhaltskontrolle, 705
als sie **von Rechtsvorschriften abweichen oder diese ergänzen**. Die synallagmatische Gegenleistung unterliegt daher i. d. R. keiner Angemessenheitsprüfung, da Preise nicht durch Gesetz festgelegt werden. Allerdings können andere Bestimmungen deshalb unwirksam sein, weil sie nicht klar und verständlich sind, also gegen das Transparenzgebot verstoßen.

Gem. § 310 Abs. 4 S. 3 BGB n. F. sind nunmehr vorformulierte Arbeitsverträge 706
auch an Tarifverträgen und Betriebsvereinbarungen zu messen. Da jedenfalls in Tarifverträgen die **Höhe des Entgelts** fixiert ist, unterliegen Abweichungen nach unten zukünftig der gerichtlichen Kontrolle. Die Ausgangsgröße können insoweit vor allem **Branchentarifverträge**, u. U. auch repräsentative Firmentarife, sofern vorhanden, bilden, von der nicht unangemessen abgewichen werden darf; nach Auffassung von *Däubler* (NZA 2001, 1335) soll dies bei einer Unterschreitung des Tariflohns um mehr als 20 % der Fall sein.

Gem. § 308 Nr. 4 BGB n. F. ist die Vereinbarung des Rechts des Arbeitgebers, die ver- 707
sprochene Leistung zu ändern oder von ihr abzuweichen, nur dann statthaft, wenn sie unter Berücksichtigung der Interessen des Verwenders für den anderen Vertragsteil zumutbar ist. Davon sind erfasst der **Widerruf von Zulagen und freiwilligen betrieblichen Leistungen**, sowie eine vom (erweiterten) Direktionsrecht des Arbeitgebers gedeckte Versetzung auf einen anderen Arbeitsplatz, wo nur geringere Verdienstmöglichkeiten bestehen. Nach Auffassung von *Däubler* (NZA 2001, 1336) kann folglich in Zukunft der (vorbehaltene) Widerruf einer Zusatzleistung nicht mehr aus jedem sachlichen Grund gerechtfertigt sein. Die zu fordernde »**Triftigkeit**« des Grundes muss sich vielmehr danach bestimmen, inwieweit auch Arbeitnehmerinteressen, z. B. an der Erhaltung des Arbeitsplatzes, gewahrt sind. Zudem kann es danach keine Rolle spielen, ob nur die Gegenleistung des Arbeitgebers reduziert oder ob eine geringer vergütete Arbeit zugewiesen wird. Soweit der Änderungsvorbehalt nicht mehr greift, kommt als Gestaltungsmittel für den Arbeitgeber nur die Änderungskündigung in Betracht.

Aus § 309 Nr. 6 BGB n. F. folgt die teilweise Unzulässigkeit von **Vertragsstrafen** in 708
Formulararbeitsverträgen (s. dazu C/Rz. 457).

Gem. § 309 Nr. 12 BGB n. F. darf der Arbeitgeber für »Anzeigen oder Erklärungen« 709
keine strengere Form als die Schriftform vorschreiben oder ihn an besondere Zugangserfordernisse binden. Die Vorschrift erfasst auch **geschäftsähnliche Handlungen**, wie Mahnungen oder Fristsetzungen. Verboten ist es demnach, die Kündigung durch den Arbeitnehmer nur **per Einschreiben** zuzulassen. Auch eine Bestimmung, wonach die Form eines Fax oder einer elektronischen Übermittlung gewählt werden müsste, wäre unzulässig. Mehr als Schriftform wird nach Auffassung von *Däubler* (NZA 2001, 1336) auch verlangt, wenn eine **zweistufige Ausschlussklausel** nach Ablehnung durch den Arbeitgeber Klage innerhalb einer bestimmten Frist verlangt und andernfalls den Anspruch untergehen lässt.

Die Dauer von Ausschlussfristen kann nur anhand der Generalklausel des § 307 710
Abs. 2 BGB n. F. überprüft werden. Nach Auffassung von *Däubler* (NZA 2001, 1336 f.) führt **das neue Verjährungsrecht** (Verlängerung von zwei auf drei Jahre bei Arbeitnehmeransprüchen; Beginn mit Kenntnis bzw. grob fahrlässiger Unkenntnis) dazu, dass die **Divergenz zwischen arbeitsvertraglichen Ausschlussfristen und gesetz-**

A. Grundbegriffe und Grundstrukturen des Arbeitsrechts

lichem Verjährungsrecht noch ausgeprägter als bisher wird. Das muss danach dazu führen, dass eine **einmonatige Ausschlussfrist** ohne Rücksicht auf die subjektive Komponente **nicht zulässig** sein kann.
Offen ist in diesem Zusammenhang, wie die im Arbeitsrecht geltenden Besonderheiten angemessen berücksichtigt werden sollen.

(3) Anwendung von Verbraucherschutzvorschriften

711 Neben den arbeitsrechtlichen Beziehungen können zwischen den Vertragsparteien auch **andere Rechtsgeschäfte** abgeschlossen werden, z. B. Darlehensverträge, Kaufverträge usw. Bedient sich der Arbeitgeber bei Vertragsabschluss in diesem Zusammenhang **Allgemeiner Geschäftsbedingungen**, so handelt der Arbeitnehmer als Käufer, Mieter oder Darlehensnehmer; in diesen Fällen findet das **Verbraucherschutzrecht** (§ 310 Abs. 3, §§ 305 ff., § 312 BGB n. F.) Anwendung, auch wenn das Rechtsgeschäft mit Rücksicht auf das Arbeitsverhältnis abgeschlossen wurde. Dagegen finden die Regeln über den Verbrauchsgüterkauf und das Verbraucherdarlehen keine Anwendung, wenn der Arbeitnehmer ein Produkt kauft, dessen Preis **unter dem Marktüblichen** liegt oder ein Darlehen zu Zinsen abschließt, die unter den marktüblichen Sätzen liegen (*Bauer/Kock* DB 2002, 42 ff.).

712 Handelt der Arbeitnehmer in seiner Rolle als Arbeitnehmer, so ist er **kein Verbraucher**, sodass diese Sonderregelungen nicht gelten. Der Arbeitnehmer besitzt insbesondere nach dem neuen Recht bei Arbeits- oder Aufhebungsverträgen kein Widerrufsrecht. Darüber hinaus ist der Arbeitsvertrag auch tatbestandlich kein Haustürgeschäft (*Bauer/Kock* DB 2002, 42 ff.).

dd) Kirchliche Arbeitsvertragsrichtlinien

713 Kirchliche Arbeitsvertragsrichtlinien – z. B. die AVR Caritas – entfalten für das einzelne Arbeitsverhältnis **keine normative Wirkung**, sondern sind nur kraft arbeitsvertraglicher Vereinbarung anzuwenden. Für die Inhaltskontrolle im Hinblick auf Art. 12 Abs. 1 GG sind aber die **für Tarifverträge anzuwendenden Maßstäbe** heranzuziehen, zumindest soweit in die AVR die entsprechenden Tarifvertragsregelungen des öffentlichen Dienstes für gleichgelagerte Sachverhalte ganz oder mit im Wesentlichen gleichen Inhalt »übernommen« werden, die dann kraft arbeitsvertraglicher Vereinbarung für das einzelne Arbeitsverhältnis gelten.

714 Denn die **materielle Richtigkeitsgewähr** tarifvertraglicher Regelungen beruht nicht primär auf der Möglichkeit des Arbeitskampfes, der den Beteiligten am Zustandekommen der AVR durch den sog. »dritten Weg« verwehrt ist, sondern darauf, dass die Beteiligten als **gleichermaßen durchsetzungsfähig** angesehen werden; dies ist innerhalb der paritätisch besetzten Arbeitsrechtlichen Kommissionen bei den Kirchen gleichermaßen gegeben. Zudem respektiert der Gesetzgeber die AVR der Kirchen immer häufiger im selben Umfang wie Tarifverträge, soweit er tarifdispositives Recht setzt, indem er insoweit eine Abänderbarkeit der gesetzlichen Regelung im selben Maß zulässt wie durch Tarifverträge (§ 21a ArbSchG, § 7 Abs. 4 ArbZG). Diese Gleichstellung wird in der Begründung zu § 7 Abs. 4 ArbZG ausdrücklich als »klarstellend« bezeichnet (BT-Drs. 11/360, S. 19) und damit **vom Gesetzgeber als gegeben vorausgesetzt** (*BAG* 6.11.1996 EzA Art. 12 GG Nr. 31).

A. Grundbegriffe und Grundstrukturen des Arbeitsrechts

Fraglich ist, ob aufgrund dieser Begründung für nach dem 1.1.2002 abgeschlossene 715
Arbeitsverträge und für vorher abgeschlossene Verträge mit Wirkung vom 1.1.2003
trotz der nunmehr gem. § 310 Abs. 4 S. 2 BGB n. F. vorgesehenen Anwendbarkeit
des Rechts der Allgemeinen Geschäftsbedingungen auf Arbeitsverträge, soweit standardisierte Einheitsregelungen Anwendung finden, davon auszugehen ist, dass dieses
wegen § 310 Abs. 4 S. 1 BGB n. F. (Ausschluss für Tarifverträge) nicht anwendbar ist.
Dagegen spricht, dass es sich bei den kirchlichen Richtlinien **trotz partieller Respektierung** durch den Gesetzgeber jedenfalls **nicht um Tarifverträge i. S. d. TVG handelt**, die aber erkennbar vom Wortlaut des § 310 Abs. 4 S. 1 BGB n. F. vorausgesetzt
werden (vgl. *Däubler* NZA 2001, 1334). Damit gelten auch insoweit die oben dargestellten Grundsätze.

VIII. Internationales und Europäisches Arbeitsrecht

Internationales Arbeitsrecht umfasst das Arbeitsvölkerrecht als sowohl formal 716
und sachlich international vereinheitlichtes Recht wie auch das Arbeitskollisionsrecht, das sich als Teil des nationalen Rechts mit der Regelung internationaler, also
grenzüberschreitender Sachverhalte beschäftigt.

1. Arbeitsvölkerrecht

Praktisch bedeutsame Regelungen des Arbeitsvölkerrechts sind meist in multila- 717
teralen Übereinkommen enthalten (sog. Völkervertragsrecht). Es richtet sich an
die vertragsschließenden Staaten, die es erst im Wege der Ratifikation für sich völkerrechtlich für verbindlich erklären.

Die Transformation in das innerstaatliche Recht erfolgt durch das sog. Vertragsgesetz 718
(Art. 59 Abs. 2 S. 1 GG). Dadurch wird der völkerrechtliche Vertrag für die Staatsorgane im Range eines einfachen Gesetzes für anwendbar erklärt.

Von der Auslegung des jeweiligen Vertrages (Formulierung, Inhalt) hängt es ab, ob 719
dieser einzelnen Personen unmittelbar Rechte einräumen will (self-executing-treaty), oder ob es dazu weiterer Rechtsakte bedarf, es sich also um ausfüllungsbedürftige Normen handelt (executory treaty).

a) **Universelles Arbeitsvölkerrecht**

aa) **Vereinte Nationen**

Die Vereinten Nationen verfügen über kein umfassendes Arbeitsrecht, weil inso- 720
weit die IAO als Sonderorganisation der Vereinten Nationen primär zuständig ist.
Fragen des Arbeitsrechts sind daher nur vereinzelt und mehr programmatisch geregelt (vgl. MünchArbR/*Birk* § 17 Rz. 7–28 m. w. N.):

A. Grundbegriffe und Grundstrukturen des Arbeitsrechts

721 – In der **Allgemeinen Erklärung der Menschenrechte** vom 10.12.1948 (u. a. Recht auf Arbeit, angemessenen Lohn, Urlaub, Koalitionsfreiheit). Sie ist völkerrechtlich nicht verbindlich und folglich nur politisch durchsetzbar.

722 – Im **internationalen Pakt über bürgerliche und politische Rechte** vom 19.12.1966 (Koalitionsfreiheit, allerdings unter Ausschluss des Streikrechts). Dieser wird überwacht durch einen Ausschuss für Menschenrechte. Ein Staat kann auch geltend machen (sog. Staatenbeschwerde), dass ein anderer Staat seinen Verpflichtungen insoweit nicht nachkommt.

723 – Im **internationalen Pakt über wirtschaftliche, soziale und kulturelle Rechte** vom 16.12.1966 (u. a. Recht auf Arbeit, gerechte Arbeitsbedingungen, Koalitionsfreiheit, Streikrecht). Er ist zwar seit 1976 völkerrechtlich verbindlich. Als Vertragsstaat ist die BRD aber lediglich verpflichtet, für die Umsetzung und Verwirklichung seiner Normen zu sorgen, insbesondere durch Gesetzgebung und Rechtsprechung. Dem Einzelnen werden dadurch aber keine durchsetzbaren Ansprüche eingeräumt.

724 – Im **Übereinkommen zur Beseitigung jeder Form der Diskriminierung der Frau** vom 18.12.1979 (BGBl. 1985 II S. 647; u. a. Recht auf dieselben Arbeitsmöglichkeiten wie Männer, beruflichen Aufstieg, keine Diskriminierung wegen Ehe, Mutterschaft, Familienstand bei Entlassungen (bei sog. Doppelverdienern, die bei einer Sozialauswahl [§ 1 Abs. 2, 3 KSchG] nicht als schutzwürdig angesehen wurden). Begründet werden nur Verpflichtungen der Vertragsstaaten, nicht dagegen Individualansprüche von Arbeitnehmerinnen. Allerdings sind die Arbeitsgerichte verpflichtet, ihre Rechtsprechung dem Übereinkommen anzupassen.

725 – Im **Übereinkommen über die Rechte des Kindes** vom 20.11.1989 (BR-Drs. 769/90; Mindestalter für die Zulassung zur Arbeit, angemessene Arbeitszeit und -bedingungen, Sanktionen bei Verstößen). Diesen Forderungen genügt das JArbSchG (BR-Drs. 769/90, S. 49 f.).

bb) Internationale Arbeitsorganisation (IAO)

726 Die 1918 gegründete Sonderorganisation der Vereinten Nationen ist für die Entwicklung, Ausgestaltung und Durchsetzung des internationalen Arbeitsrechts von großer Bedeutung. Ziel ist es, menschenwürdige Arbeitsbedingungen zu schaffen.

727 **Einzelziele** sind die Regelung der Arbeitszeit, die Gewährleistung angemessenen Lohns, der Schutz von Kindern und Frauen, Lohngleichheit usw. Realisiert werden sollen diese Ziele durch Übereinkommen und Empfehlungen (Normsetzung) sowie insbesondere auch durch technische Zusammenarbeit (Entwicklungshilfe).

728 Die IAO verfügt über drei **Organe**:
– Die **internationale Arbeitskonferenz** (Vollversammlung der Delegierten aller Mitgliedsstaaten in Genf) zur Beratung und Verabschiedung von Übereinkommen und Empfehlungen;
– den **Verwaltungsrat** (28 Regierungsvertreter sowie jeweils 14 Arbeitgeber- und Arbeitnehmervertreter), der die Arbeit der IAO plant, leitet und die Tagesordnung der Konferenzen festsetzt sowie
– das **Internationale Arbeitsamt** als ständiges Sekretariat der IAO und Ausführungsorgan des Verwaltungsrates, das von einem Generaldirektor geleitet wird.

A. Grundbegriffe und Grundstrukturen des Arbeitsrechts

Übereinkommen und Empfehlungen werden mit 2/3 Mehrheit von der Konferenz beschlossen. Übereinkommen werden für die Mitgliedsstaaten durch Ratifizierung verbindlich und gem. Art. 59 Abs. 2 GG in das Bundesrecht transformiert. Empfehlungen fehlt dagegen jeglicher verbindliche Charakter. 729

Zu beachten sind insbesondere 730
– das IAO-Übereinkommen Nr. 97 über **Wanderarbeitnehmer** vom 1.7.1949 (BGBl. 1959 II S. 87), das die Gleichbehandlungspflicht gem. Art. 48 EWGV (jetzt Art. 39 EGV; s. u. A/Rz. 771 ff.) auf alle Ausländer ausdehnt. Es hat allerdings nur völkerrechtliche, dagegen keine innerstaatliche Bedeutung (MünchArbR/*Hanau* § 62 Rz. 23).
– das IAO-Übereinkommen Nr. 132 über den **bezahlten Jahresurlaub** (s. u. C/Rz. 1723 ff.; vgl. MünchArbR/*Leinemann* § 88 Rz. 22).
– das IAO-Übereinkommen Nr. 182 zur **Beseitigung der schlimmsten Formen der Kinderarbeit** (vgl. dazu *Düwell* NZA 2000, 308 ff.); die dortigen Vorgaben sind in der BRD zwar durch das JArbSchG erfüllt; nach Auffassung von *Düwell* (NZA 2000, 308 ff.) besteht aber ein Überwachungsdefizit insoweit, als es vor der Aufnahme von Kinderarbeit weder einer behördlichen Genehmigung noch einer Anzeige bedarf.

Gesetzt werden jeweils nur Mindeststandards; günstigeres nationales Recht wird nicht verdrängt. Unklar ist allerdings das Verhältnis zu anderen, günstigeren internationalen Rechtsinstrumenten. Wesentlich ist, dass die Übereinkommen der IAO nicht generell self-executing sind. Verbände können sich allerdings bei der IAO über die mangelnde Durchführung des Übereinkommens beschweren (eine Übersicht über die von der BRD ratifizierten und nicht ratifizierten Übereinkommen in MünchArbR/*Birk* § 17 Rz. 65–68). 731

Daneben wird die Durchführung der geschaffenen Rechtsnormen durch ein Berichtssystem überwacht, d. h. die Mitgliedsstaaten haben in einem regelmäßigen Turnus über die zur Durchführung der ratifizierten Übereinkommen getroffenen Maßnahmen zu berichten. Die **Berichtspflicht** erstreckt sich auch auf die nicht ratifizierten Übereinkommen und Empfehlungen. Die Berichte werden zunächst durch den Sachverständigenausschuss und sodann durch den Konferenzausschuss überprüft. Von letzterem getroffene Feststellungen sind aber rechtlich nicht verbindlich und lösen auch keine rechtlichen Sanktionen aus. 732

Schließlich können Regierungen oder der Verwaltungsrat von Amts wegen oder aufgrund der Klage eines Konferenzdelegierten gegen ein anderes Mitglied Klage erheben mit der Begründung, dass es die Durchführung eines vom Kläger und Beklagten ratifizierten Übereinkommens nicht in befriedigender Weise sicherstellt. Durch einen daraufhin eingesetzten Untersuchungsausschuss werden Empfehlungen ausgesprochen. Der Mitgliedstaat kann diese annehmen oder wünschen, dass der Fall dem Internationalen Gerichtshof unterbreitet wird; er kann aber auch beides ablehnen (vgl. MünchArbR/*Birk* § 17 Rz. 59–69). 733

A. Grundbegriffe und Grundstrukturen des Arbeitsrechts

b) Regionales Völkervertragsrecht

aa) KSZE

734 Eine umfangreiche Vereinbarung der KSZE vom 29.6.1990 enthält auch Aussagen zu arbeitsrechtlichen Fragen (u. a. Koalitionsfreiheit, Streikrecht); sie besitzt jedoch keine völkerrechtliche Verbindlichkeit.

bb) Europarat

735 – **Europäische Konvention zum Schutz der Menschenrechte und Grundfreiheiten** (EMRK) vom 4.11.1950 (Vertragsfreiheit, Diskriminierungsverbot).
Auf Antrag eines Mitgliedsstaates oder auf Beschwerde eines einzelnen Bürgers, einer nichtstaatlichen Organisation oder Personenvereinigung entscheidet die Europäische Kommission für Menschenrechte, ob die EMRK verletzt wurde oder nicht. Bejaht sie dies, so legt sie den Fall i. d. R. dem Europäischen Gerichtshof für Menschenrechte zur Entscheidung vor.
Kein Verstoß gegen die EMRK liegt z. B. darin, dass bei der Einstellung in den öffentlichen Dienst in der BRD die Vertragstreue des Bewerbers überprüft wird (MünchArbR/*Birk* § 17 Rz. 72 ff.).

736 – **Europäische Sozialcharta** vom 18.10.1961 (BGBl. 1964 II S. 1261).
Durch sie soll eine große Zahl von sozialen Grundrechten garantiert werden. Art. 4 garantiert z. B. ein Recht auf ein gerechtes Arbeitsentgelt, welches ausreicht, um den Arbeitnehmern und ihren Familien einen angemessenen Lebensstandard zu sichern. Art. 9 enthält ein Recht auf Berufsberatung, Art. 10 regelt das Recht auf berufliche Bildung (vgl. MünchArbR/*Natzel* § 177 Rz. 33 ff.).
Die ESC ist durch ein von der BRD noch nicht ratifiziertes Zusatzprotokoll vom 5.5.1988 sachlich wesentlich ergänzt worden. ESC und Zusatzprotokoll enthalten neben einem Zielkatalog, der keine unmittelbare rechtliche Wirkung hat, auch Verpflichtungen für die Mitgliedsstaaten, soweit sie nicht entsprechende Vorbehalte erklärt haben (z. B. Recht auf gerechte Arbeitsbedingungen, Kinderschutz, Chancengleichheit, Vereinigungsrecht).

737 Deren Einhaltung wird auf der Grundlage eines Berichtsystem von Ausschüssen, insbesondere von einem unabhängigen Sachverständigenausschuss überprüft. Dieser sieht in seiner Spruchpraxis nur die individuelle oder branchenweise Vergütung als angemessen i. S. v. Art. 4 ESC an, die über 68% des jeweiligen Durchschnittslohns liegt (MünchArbR/*Hanau* § 63 Rz. 3). Seine Erkenntnisse sind jedoch rechtlich nicht verbindlich.

738 Auch nach der Ratifizierung kommt den insoweit maßgeblichen Normen keine unmittelbare Wirkung für den Einzelnen zu. Sie sind nicht self-executing, weil die ESC nur rechtliche Verpflichtungen internationalen Charakters enthält (vgl. MünchArbR/*Buchner* § 39 Rz. 33).

739 – **Europäisches Niederlassungsabkommen** (BGBl. 1959 II S. 997; Freizügigkeit für Arbeitnehmer der Vertragsstaaten, Wahlrecht zu berufsständischen Organisationen).

740 – **Übereinkommen zum Schutz der Menschen bei der automatischen Verarbeitung personenbezogener Daten** vom 28.1.1981 (BGBl. 1985 II S. 539; der Inhalt der Regelung geht über das Arbeitsrecht hinaus).
Das Abkommen ist nicht self-executing; da das deutsche Datenschutzrecht insbe-

sondere durch das BDSG recht umfassend ist, hat es in der BRD keine nennenswerte praktische Bedeutung. Allerdings sind seine Grundsätze bei der Auslegung des nationalen Datenschutzrechts durch die Gerichte zu beachten (MünchArbR/ *Blomeyer* § 99 Rz. 8).
– **Empfehlung des Europarates zum Schutz der Arbeitnehmerdaten** vom 18.1.1989 (RDV 1990, 41 ff.). 741

cc) **Sonstige multilaterale Verträge**
– Das **Europäische Übereinkommen über die Arbeit des im internationalen Stra-** 742 **ßenverkehr beschäftigten Fahrpersonals** vom 1.7.1970 (BGBl. 1974 II S. 1475). 19 Staaten aus Ost und West wollen damit bestimmte Arbeitsbedingungen im internationalen Straßenverkehr nach den Grundsätzen der IAO regeln. Das Übereinkommen enthält eine internationale arbeitsrechtliche Kollisionsnorm: Hinsichtlich der Ruhe- und Lenkzeiten sowie der Zusammensetzung des Fahrpersonals gelten die Normen des Staates, in dem der Arbeitnehmer i. d. R. seine berufliche Tätigkeit ausübt. Es enthält zudem auch Mindestvorschriften hinsichtlich der Tagesruhezeit, der täglichen Lenkzeit usw., die in jedem Falle eingehalten werden müssen.
– Das **Abkommen über die Arbeitsbedingungen der Rheinschiffer** vom 21.5.1954 743 (BGBl. 1957 II S. 217).
Von fünf vertragsschließenden Staaten unterzeichnet, regelt es die wichtigsten Arbeitsbedingungen der Rheinschiffer (z. B. Nachtruhe, Arbeitszeit, Urlaub, Zulagen), lässt aber auch in breitem Umfang der Tarifautonomie Raum.
Überprüft wird die Einhaltung des Abkommens durch ein Berichtssystem.
– Die **Vereinbarung über die Hafenstaatskontrolle** vom 26.1.1982 (BGBl. 1982 II 744 S. 585).
Sie erlaubt den 14 Vertragsstaaten auch arbeitsrechtlich relevante Vorschriften, vor allem aber die Kontrolle der Einhaltung anderweitig festgelegter Normen (z. B. Unfallverhütung, Beschäftigungsverbote für Kinder unter 14 Jahren) in Form einer internationalen Arbeitsaufsicht im Bereich der Seeschifffahrt.
– **NATO-Truppenstatut und das Zusatzabkommen** (BGBl. 1961 II S. 1183, 1190, 745 1218).
Durch sie wird u. a. auch die arbeitsrechtliche Stellung der bei den NATO-Streitkräften in der BRD angestellten zivilen Bediensteten geregelt. Anwendbar sind grds. die für die zivilen Beschäftigten der Bundeswehr maßgebenden Vorschriften, soweit nicht das Zusatzabkommen etwas anderes bestimmt. Art. 56 ZA-NTS enthält eine Reihe von materiellen Abweichungen vom normalen deutschen Arbeitsrecht; s. o. A/Rz. 267 ff.

dd) **Bilaterale Abkommen der BRD**
Zweiseitige völkerrechtliche Abkommen spielen im Arbeitsrecht keine nennenswerte 746 Rolle. Sie regeln meist nur technische Randfragen, nicht aber Arbeitsbedingungen im engeren Sinne (MünchArbR/*Birk* § 17 Rz. 98–100).
Mit Frankreich wurde allerdings 1977 ein Abkommen über die **Gleichwertigkeit von** 747 **Prüfungszeugnissen** in der beruflichen Bildung (BGBl. II S. 755; ähnliche Regelungen wurden auch mit Österreich vereinbart [vgl. MünchArbR/*Natzel* § 177 Rz. 57]) sowie 1980 ein Abkommen über den **Austausch von Jugendlichen und Erwachsenen in beruflicher Erstausbildung oder Fortbildung** vereinbart (BGBl. II S. 1409).

A. Grundbegriffe und Grundstrukturen des Arbeitsrechts

2. Das Arbeitsrecht in der Europäischen Gemeinschaft (EG)

748 Das Arbeitsrecht der EG ist nur ein Teil des europäischen Arbeitsrechts, zu dem auch die arbeitsrechtlich relevanten Regelungen des Europarates (s. o. A/Rz. 735 ff.) gehören. Es umfasst den auf Europa bezogenen Teil des Arbeitsvölkerrechts (die einschlägigen Übereinkommen des Europarates) wie auch das supranationale Arbeitsrecht der EG, dessen Rechtsinstrumente die der Gesetzgebung sind. Insoweit deckt sich das Arbeitsrecht der EG mit dem Begriff des supranationalen Arbeitsrechts.

749 Das Arbeitsrecht wird nur in Art. 118 Abs. 1 EWGV (jetzt Art. 137 EGV) hinsichtlich der Problematik der Freizügigkeit erwähnt; im Übrigen lässt sich durch die EG Arbeitsrecht im Wesentlichen nur als Teil der Sozialpolitik (Art. 117–128 EWGV; jetzt Art. 136–151 EGV) regeln, die ihrerseits nur bruchstückhaft normiert ist.

750 Arbeitsrecht spielt nur im Hinblick auf die wirtschaftlichen, insbesondere wettbewerbsverzerrenden Auswirkungen der Sozialpolitik eine gewisse Rolle. Insgesamt **fehlt in der Rechtssetzung der EG eine erkennbare Grundkonzeption**; der EWGV (jetzt EGV) enthält keine ausreichende rechtliche Legitimation für entsprechende umfassende rechtssetzende Aktivitäten. Lediglich Art. 118 a EWGV (jetzt Art. 138 EGV) gestattet der EG mit qualifizierter Mehrheit die Rechtssetzung zum Schutz der Sicherheit und Gesundheit der Arbeitnehmer (MünchArbR/*Birk* § 18 Rz. 9–19).

a) Die rechtlichen Grundlagen

751 Der EWGV (jetzt EGV) sieht drei verschiedene Möglichkeiten für die Schaffung eines supranationalen Arbeitsrechts und damit für dessen Europäisierung vor:
– Die **Koordinierung**, durch die Rechtsordnungen der Mitgliedsstaaten erst durch den Erlass einheitlicher Kollisionsnormen aufeinander abgestimmt werden;
– die **Harmonisierung**, die durch Rechtsangleichung (Richtlinien) Unterschiede in bestimmten Rechtsgebieten innerhalb der nationalen Rechtsordnungen beseitigen soll. Möglich ist eine Harmonisierung aber auch z. B. durch völkerrechtliche Verträge zwischen den Mitgliedsstaaten.
– Die **Vereinheitlichung**, d. h., dass eine bestimmte Rechtsmaterie durch die EG in vollem Umfang an sich gezogen und deshalb das bisher einschlägige nationale Recht der Mitgliedsstaaten verdrängt wird.

b) Die Zuständigkeit der Gemeinschaft zur Rechtssetzung im Arbeitsrecht

752 Es gilt das Prinzip der begrenzten Einzelermächtigung. Eine Zuständigkeit besteht nur dann, wenn der EWGV (jetzt EGV) dies ausdrücklich oder implizit vorsieht. Möglich ist aber auch eine Zuständigkeit kraft Sachzusammenhangs.

753 Abgesehen von den Annexzuständigkeiten und Art. 235 EWGV (allgemeine Ergänzungszuständigkeit) sind die Kompetenzen sozial- oder wirtschaftspolitischer Natur und werden folglich von verschiedenen Funktionen geprägt.

754 – **Art. 117, 118 EWGV** (jetzt Art. 136, 137 EGV; Verpflichtung der Mitgliedsstaaten zur Verbesserung und Angleichung der Lebensbedingungen der Arbeitnehmer; Zuständigkeit der Kommission zur Förderung und Koordination der Zusammen-

A. Grundbegriffe und Grundstrukturen des Arbeitsrechts

arbeit der Mitgliedsstaaten in der Sozialpolitik).
Beide Normen begründen keine Zuständigkeit der Gemeinschaft zu arbeitsrechtlicher Rechtssetzung (MünchArbR/*Birk* § 18 Rz. 28 f.).
- **Art. 118 a EWGV** (jetzt Art. 138 EGV; Zuständigkeit für den Erlass von Richtlinien zur Verbesserung der Arbeitsumwelt, um die Sicherheit und Gesundheit der Arbeitnehmer zu schützen [Arbeitsschutz]; sozialpolitische Gesetzgebungsmaßnahmen sind – ebenso wie solche gem. Art. 100 a EWGV – im Gegensatz zu sonstigen Gesetzgebungsmaßnahmen mit qualifizierter Mehrheit möglich [vgl. MünchArbR/*Blomeyer* § 96 Rz. 5]). Art. 118 a (jetzt Art. 138) ist **eine Sonderregelung zu Art. 100, 100 a** (jetzt Art. 94, 95 EGV) **und weit auszulegen.** Die Ermächtigung, »Mindestvorschriften« zu erlassen, beschränkt das Tätigwerden nicht auf den kleinsten gemeinsamen Nenner, d. h. auf das niedrigste in einem Mitgliedsstaat erreichte Schutzniveau. Dieser Begriff bedeutet nur, dass die Mitgliedsstaaten **weitergehende Regelungen** treffen können. 755

Im Rahmen der Zuständigkeitsregelung der EG muss die Entscheidung über die Rechtsgrundlage eines Rechtsaktes auf objektiven, gerichtlich **nachprüfbaren Umständen** beruhen. Zu diesen Umständen gehören insbesondere das Ziel und der Inhalt des Rechtsaktes.
Art. 118 a Abs. 2 Unterabs. 2 EWGV (jetzt Art. 138 EGV), wonach Richtlinien gem. Art. 118 a Abs. 1 (jetzt Art. 138 EGV) keine verwaltungsmäßigen, finanziellen oder rechtlichen Auflagen vorschreiben sollen, die der Gründung und Entwicklung von Klein- und Mittelbetrieben entgegenstehen, hindert den Rat nicht, bindende Maßnahmen für solche Betriebe zu erlassen.
Im Rahmen des Art. 118 a EWGV (jetzt Art. 138 EGV), in dem der Gemeinschaftsgesetzgeber sozialpolitische Entscheidungen zu treffen und komplexe Abwägungen zu tätigen hat, kann die erlassene Vorschrift gerichtlich nur daraufhin **überprüft** werden, ob ein **offensichtlicher Irrtum** oder ein **Ermessensmissbrauch** vorliegt, oder ob das erlassende Organ die Grenzen seines Ermessens offenkundig überschritten hat (*EuGH* 12.11.1996 NZA 1997, 23):
- **Art. 48, 49 EWGV** (jetzt Art. 39, 40 EGV; Zuständigkeit zur Rechtssetzung zur Herstellung der Freizügigkeit); 756
- **Art. 100, 100 a EWGV** (jetzt Art. 94, 95 EGV; allgemeine Kompetenznormen) zur Rechtsangleichung (auch für das Arbeitsrecht), wenn die Einrichtung oder das Funktionieren des Gemeinsamen Marktes (Art. 100; jetzt Art. 94 EGV) oder des Binnenmarktes (Art. 100 a; jetzt Art. 95 EGV) durch nationale arbeits- oder sozialversicherungsrechtliche Vorschriften ver- oder behindert wird. Das ist dann der Fall, wenn die nationalen arbeitsrechtlichen Normen (z. B. auch in Tarifverträgen oder Unfallverhütungsvorschriften) sich unmittelbar insoweit auswirken, als sie den Wettbewerb als Handelshemmnisse verzerren oder verhindern. 757

Im Rahmen der binnenmarktbezogenen Rechtsangleichung dürfen allerdings keine Bestimmungen über die Freizügigkeit und über die Rechte und Interessen der Arbeitnehmer, ausgenommen Maßnahmen des Gesundheits- und Sicherheitsschutzes, getroffen werden (Art. 100 a Abs. 2 EWGV; jetzt Art. 95 Abs. 2 EGV).
- Zulässig sind strengere nationale Vorschriften z. B. im Bereich des Arbeitsschutzes, wenn der Mitgliedsstaat ihre Anwendung für erforderlich hält und dies durch wichtige Erfordernisse gerechtfertigt ist. 758
- **Zuständigkeit kraft Sachzusammenhangs** im Rahmen wirtschaftlicher Materien (Gesellschaftsrecht, Verkehrswesen, Landwirtschaft, Art. 54, 75, 43 EWGV; jetzt 759

A. Grundbegriffe und Grundstrukturen des Arbeitsrechts

Art. 44, 71, 37 EGV), soweit ohne diese Annexkompetenz die Hauptkompetenz nicht vernünftig oder zweckmäßig ausgeübt werden kann.

760 – **Art. 235 EWGV** (jetzt Art. 308 EGV; allgemeine Ergänzungszuständigkeit zum Erlass geeigneter Vorschriften zur Verwirklichung eines vertraglichen Ziels, für die der EWGV nicht die erforderlichen Befugnisse vorsieht). Diese Regelung kommt als Rechtsgrundlage eines Rechtsaktes nur in Betracht, wenn keine andere Bestimmung des EGV den Gemeinschaftsorganen die zum Erlass dieses Rechtsaktes erforderliche Befugnis verleiht (*EuGH* 12.11.1996 NZA 1997, 23). Darauf wurde z. B. die allgemeine Gleichbehandlungsrichtlinie vom 9.12.1976 (RL 76/207) gestützt.

c) Rechtliche Instrumente zur Europäisierung des Arbeitsrechts

761 – **Verordnung** (VO, Art. 189 Abs. 2 EWGV; jetzt Art. 249 Abs. 2 EGV).

> Sie hat allgemeine Geltung und wirkt unmittelbar und verbindlich in jedem Mitgliedsstaat, ohne dass es einer Umsetzung in nationales Recht bedarf. Sie verdrängt entgegenstehendes nationales Recht (vgl. z. B. *EuGH* 12.5.1998 C 85/96 zur Gewährung von Erziehungsgeld an Angehörige anderer EG-Mitgliedstaaten nach Maßgabe der VO [EWG] Nr. 1408/71 und der VO [EWG] Nr. 1612/68; danach ist es den Mitgliedsstaaten verwehrt, die Gewährung von Erziehungsgeld an Angehörige anderer Mitgliedsstaaten, denen der Aufenthalt in seinem Gebiet erlaubt ist, von der Vorlage einer von der inländischen Verwaltung ausgestellten förmlichen Aufenthaltserlaubnis abhängig zu machen, während Inländer lediglich einen Wohnsitz oder ihren gewöhnlichen Aufenthalt in diesem Mitgliedstaat haben müssen).

762 – **Richtlinie** (RL; Art. 189 Abs. 3 EWGV; jetzt Art. 249 Abs. 3 EGV)

> Sie besitzt gegenüber den Mitgliedsstaaten Rechtsverbindlichkeit hinsichtlich der verfolgten Ziele (zum Verfahren der Rechtssetzung sowie zur Beteiligung des Europäischen Parlaments vgl. ausf. MünchArbR/*Birk* § 18 Rz. 42–46), überlässt jedoch diesen die Wahl der Form und der Mittel, wie sie in das nationale Recht umgesetzt werden muss.

763 Der Umsetzungsakt muss verbindliche **normative Wirkung** besitzen (z. B. Gesetz, Verordnung, Richterrecht, Unfallverhütungsvorschriften, wenn auf sie in einem Gesetz verwiesen wird; ein Tarifvertrag kommt nur dann in Betracht, wenn er für das gesamte Bundesgebiet gilt und allgemeinverbindlich ist); die Umsetzungsregelung darf in ihrem Rang der nationalen Vorgängerregelung nicht nachgeordnet sein.

Die Richtlinie hat i. d. R. keine unmittelbare Rechtswirkung gegenüber anderen Rechtssubjekten als den Mitgliedsstaaten. Einer förmlichen Umsetzung bedarf es dann nicht, wenn das von der Richtlinie angestrebte Harmonisierungsniveau bereits in dem betreffenden Mitgliedsstaat erreicht ist. Fraglich ist die Rechtslage, wenn das **nationale Recht ein höheres oder strengeres Regelungsniveau**, z. B. eine für die Arbeitnehmer günstigere Regelung **enthält**, ohne dass die Richtlinie Abweichungsklauseln vorsieht. Sollen nur Mindeststandards gesetzt werden, sind Abweichungen zulässig. Ergibt sich dies aber insbesondere nicht aus der Ermächtigungsgrundlage der Richtlinie, so liegt das Harmonisierungsniveau fest, darf also weder über- noch unterschritten werden.

A. Grundbegriffe und Grundstrukturen des Arbeitsrechts

Eine unmittelbare Wirkung (**Direktwirkung**) der Richtlinie kommt in Betracht, wenn sie **inhaltlich hinreichend bestimmt** ist und wenn es um dem öffentlichen Bereich zurechenbare Rechtssubjekte geht. Das ist z. B. der Fall bei einem öffentlichen Arbeitgeber oder im Verhältnis Staat-Bürger (vertikale Direktwirkung). Im Verhältnis zwischen privaten Arbeitgebern und Arbeitnehmern (horizontale Direktwirkung) sind Richtlinien dagegen nicht unmittelbar anwendbar (*EuGH* 26.2.1986 NJW 1986, 2181). 764

Die Auslegung einer Richtlinie richtet sich nach den Grundsätzen zur Auslegung sekundären Gemeinschaftsrechts, die stärker auf den subjektiven Willen des Normgebers abstellen als im primären Gemeinschaftsrecht. Folglich spielen die Materialien, der Richtlinie vorangestellte Erwägungsgründe und die amtlichen Erläuterungen eine wichtige Rolle zum richtigen Verständnis des Richtlinientextes. 765

Ist als Ergebnis festzustellen, dass das nationale Recht das Regelungsziel der Richtlinie nicht oder nicht ausreichend verwirklicht hat, kann die dadurch gegebene Lücke durch den nationalen Gesetzgeber selbst oder im Wege der Auslegung durch die nationalen Gerichte geschlossen werden (sog. **richtlinienkonforme Auslegung** durch teleologische Extension oder Reduktion). Letzteres scheidet aus, wenn der nationale Richter aufgefordert wird, eindeutiges, aber entgegenstehendes nationales Recht nicht zu beachten (*Birk* NZA 1984, 149). 766

Aus Art. 189 Abs. 2 EWGV (jetzt Art. 249 Abs. 2 EGV) folgt für die Mitgliedsstaaten eine Verpflichtung zur **Unterlassung richtlinienwidriger Gesetze**. Andererseits lässt sich aus dem EGV keine echte divergierende Sperrwirkung ableiten, die automatisch zur Nichtigkeit jedes richtlinienwidrigen Gesetzgebungsaktes führt. 767

– **Völkerrechtliche Verträge** (vgl. Art. 220 EWGV; jetzt Art. 293 EGV); 768
– **Empfehlungen, Stellungnahmen** als rechtlich unverbindliche Handlungsform, z. B. die Empfehlung des Rates der Europäischen Kommission vom 22.7.1975, wonach der Grundsatz des bezahlten vierwöchigen Jahresurlaubs in der EG bis spätestens zum 31.12.1978 angewandt werden soll. Das ist in der BRD durch den Einigungsvertrag vom 31.8.1990 für die neuen Bundesländer sowie durch die Änderung des § 3 Abs. 1 BUrlG mit Wirkung ab dem 1.1.1995 auch für die alten Bundesländer umgesetzt worden.

d) Die Durchsetzung des supranationalen Arbeitsrechts

Zuständig für die Durchsetzung des supranationalen Arbeitsrechts ist der EuGH auf Initiative entweder der Kommission (Vertragsverletzungsverfahren, Art. 169 EWGV; jetzt Art. 226 EGV) oder eines nationalen Gerichts (Vorabentscheidungsverfahren, Art. 177 Abs. 2, 3 EWGV; jetzt Art. 234 Abs. 2, 3 EGV); eigene Initiative kann der EuGH dagegen nicht entfalten. 769

Er ist nicht zuständig für die Auslegung nationalen Rechts, auch nicht des angeglichenen Rechts; dies bleibt den nationalen Gerichten vorbehalten. 770
Im Übrigen sind die nationalen Gerichte für die Anwendung und Durchsetzung des Gemeinschaftsrechts arbeitsrechtlichen Charakters zuständig. Trotz des an sich gegebenen nationalen Instanzenzuges kann bereits das ArbG ein Vorabentscheidungsverfahren einleiten, wenn die Auslegung des Gemeinschaftsrechts entscheidungserheb-

A. Grundbegriffe und Grundstrukturen des Arbeitsrechts

lich ist und begründete Zweifel des vorlegenden Gerichts an der in Aussicht gestellten Auslegung bestehen. Geht es nach deutschem Recht um die Auslegung eines Grundrechts, so besteht daneben die Möglichkeit, nicht aber die Pflicht der Vorlage an das BVerfG gem. Art. 100 GG (MünchArbR/*Birk* § 18 Rz. 74–84).

e) Arbeitsrechtliche Regelungen der EG

aa) Freizügigkeit der Arbeitnehmer und ihrer Familienangehörigen
771 (**Art. 48, 49 EWGV**; jetzt Art. 39, 40 EGV, VO [EWG] 1612/68 [FreizügigkeitsVO], 1251/70 [VerbleibeVO], RL 64/221, 68/360, 90/365; umgesetzt durch das AufenthaltsG/EWG vom 22.7.1969 i. d. F. vom 11.9.1981 [BGBl. 1981 I S. 949]).

772 Ein gemeinsamer Arbeitsmarkt setzt Freizügigkeit der Arbeitnehmer voraus. Das bedeutet vor allem freien Zugang (Ein- und Ausreise, Aufenthalt, u. U. auch nach Beendigung der Beschäftigung) zu den Arbeitsplätzen (Recht auf Bewerbung, gleiche Berücksichtigung beim Zugang zu offenen Stellen, ohne dass es einer Arbeitserlaubnis [§ 285 SGB III] bedarf) in den einzelnen Mitgliedsstaaten (mit Ausnahme der Beschäftigung in der öffentlichen Verwaltung, soweit es um die Ausübung hoheitlicher Befugnisse und die Wahrung allgemeiner Belange geht, unabhängig von der rechtlichen Qualifikation des Beschäftigungsverhältnisses).

773 Freier Zugang ist auch dann zu gewähren, falls aufgrund eines Gesetzes ein besonderer Ausbildungsabschluss (z. B. Diplom; vgl. dazu *EuGH* 8.7.1999 NZA 1999, 861, Diplom zum Nachweis von Sprachkenntnissen *EuGH* 6.6.2000 EzA Art. 39 EG-Vertrag 1999 Nr. 1; vgl. dazu *Weber* RdA 2001, 183 ff.) erforderlich ist, soweit eine im Ausland erreichte vergleichbare formale und persönliche Qualifikation nachgewiesen werden kann.
Ferner besteht eine Verpflichtung zur Gleichbehandlung mit den Arbeitnehmern des Aufnahmestaates sowie Bewegungsfreiheit innerhalb der Gemeinschaft zuzüglich der gleichen Teilhabe an sozialen und steuerlichen Vergünstigungen.
An diesen Rechten (z. B. am Anspruch auf Erteilung der Aufenthaltserlaubnis) nehmen abgeleitet auch der Ehegatte sowie die Kinder unter 21 Jahren, denen der Arbeitnehmer Unterhalt gewährt, teil.
Einschränkungen können sich aus Gründen der öffentlichen Ordnung, Sicherheit und Gesundheit ergeben, z. B. bei sozial unerwünschten Tätigkeiten wie Drogenhandel, nicht dagegen bei allgemeinen Straftaten, wenn die Strafe zur Bewährung ausgesetzt worden ist.

774 Die Pflicht zur Gleichbehandlung erfasst alle Aspekte des Arbeitsverhältnisses von seiner Begründung und Ausgestaltung bis zu seiner Beendigung; bei Arbeitslosigkeit gilt sie hinsichtlich der beruflichen Wiedereingliederung und Wiedereinstellung.

775 Sie trifft den Staat (Gesetzgebung, Rechtsprechung), aber auch den Arbeitgeber, die Tarifvertragsparteien, den Betriebsrat und die Gewerkschaften (Gleichbehandlung hinsichtlich der Aufnahmebedingungen und der innergewerkschaftlichen Betätigung; vgl. ausf. insbesondere auch zur verwaltungstechnischen Umsetzung der Regelungen im einzelnen MünchArbR/*Birk* § 19 Rz. 1 ff.; MünchArbR/*Buchner* § 38 Rz. 37–44, § 40 Rz. 197–206; vgl. auch *Weth/Kerwer* RdA 1998, 233 ff.; zum Verstoß

A. Grundbegriffe und Grundstrukturen des Arbeitsrechts

eines belgischen Gesetzes für Bewachungsunternehmen gegen Art. 48, 52, 59 EGV vgl. *EuGH* 9.3.2000 NZA-RR 2000, 431).

> Ein individualrechtlicher Anspruch auf Gleichbehandlung wird durch diese Normen dem Arbeitnehmer gegenüber dem Arbeitgeber nicht eingeräumt; auch eine § 611 a BGB vergleichbare Norm als Grundlage eines Schadensersatzanspruches fehlt (MünchArbR/*Buchner* § 40 Rz. 219 ff.; nach *Hanau*, FS Kahn-Freund, S. 475, kann demgegenüber Art. 7 Abs. 4 der VO 1612/88 als Schutzgesetz i. S. des § 823 Abs. 2 BGB gewertet werden, sodass ein Schadensersatzanspruch bei Verstößen gegen die Pflicht zur Gleichbehandlung gegeben sein kann).

776

Demgegenüber geht der *EuGH* (15.12.1995 EzA § 611 BGB Berufssport Nr. 8; vgl. dazu *Blanpain* ArbuR 1996, 161 ff.; *Hilpert* RdA 1997, 98 ff; ausf. zur Transferpraxis im Profifußball *Kelber* NZA 2001, 11 ff.) **von einer unmittelbaren Wirkung des Art. 48 EWGV** (jetzt Art. 39 EGV) **aus**. Diese Regelung steht der Anwendung von durch Sportverbände aufgestellten Regeln entgegen, nach denen ein Berufsfußballspieler, der Staatsangehöriger eines Mitgliedsstaates ist, bei Ablauf des Vertrages, der ihn an den Verein bindet, nur dann von einem Verein eines anderen Mitgliedsstaates beschäftigt werden kann, wenn dieser dem bisherigen Verein eine **Transfer-, Ausbildungs- oder Förderungsentschädigung** gezahlt hat.

777

Art. 48 EWGV (jetzt Art. 39 EGV) steht auch der Anwendung von durch Sportverbände aufgestellten Regeln entgegen, nach denen die Vereine bei den Spielen der von diesen Verbänden veranstalteten Wettkämpfe nur eine begrenzte Anzahl von Berufsspielern, die Staatsangehörige anderer Mitgliedsstaaten sind, aufstellen können.

778

Die unmittelbare Wirkung des Art. 48 EWGV (jetzt Art. 39 EGV) **beschränkt sich auf die Zeit ab dem 5.12.1995**; sie kann nicht zur Stützung von Ansprüchen im Zusammenhang mit einer Transfer-, Ausbildungs- oder Förderungsentscheidung herangezogen werden, die zu diesem Zeitpunkt bereits gezahlt worden ist oder die zur Erfüllung einer vor diesem Zeitpunkt entstandenen Verpflichtung noch geschuldet wird; dies gilt nicht für Rechtsuchende, die vor diesem Zeitpunkt nach dem anwendbaren nationalen Recht Klage erhoben oder einen gleichwertigen Rechtsbehelf eingelegt haben (*EuGH* 15.12.1995 EzA § 611 BGB Berufssport Nr. 8).

779

Art. 48 EWGV (jetzt Art. 39 EGV) steht auch der Anwendung einer von **Sportverbänden** in einem Mitgliedsstaat getroffenen Regelung, wonach ein Basketballverein für Spiele um die nationale Meisterschaft keine Spieler aus einem anderen Mitgliedsstaat aufstellen darf, die nach einem bestimmten Datum **transferiert** worden sind, entgegen, wenn für Transfers von Spielern aus bestimmten Drittländern insoweit ein späteres Datum gilt, es sei denn, dass objektive Gründe, die nur den Sport als solchen betreffen oder Unterschieden zwischen der Lage von Spielern aus einem Verband der europäischen Zone und der von Spielern aus einem Verband außerhalb dieser Zone Rechnung tragen, eine solche unterschiedliche Behandlung rechtfertigen (*EuGH* 13.4.2000 NZA 2000, 645).

780

Nach Auffassung des *LAG Köln* (13.8.1996 NZA 1997, 317; vgl. auch *Kelber* NZA 2001, 11 ff.) erfasst die Rechtsprechung des EuGH insoweit **nicht den innerdeutschen Transfer** und auch nicht mit Einschränkungen in Zeiten fortwirkender Verträge; durch die Ausübung einer zulässigerweise vereinbarten **Option**, mit der beide Vertragspartner sich das Recht eingeräumt haben, ihren Vertrag durch einseitige Erklärung zu verlängern, wird Art. 48 EWGV (jetzt Art. 39 EGV) auch dann nicht in unzulässiger Weise umgangen, wenn der dadurch zur Vertragsfortsetzung verpflich-

781

A. Grundbegriffe und Grundstrukturen des Arbeitsrechts

tete Fußballspieler ansonsten die Möglichkeit hätte, für den Fußballverein eines anderen Mitgliedsstaates zu spielen. Das gilt auch dann, wenn die Parteien außerdem eine unzulässige Transferregelung vereinbart haben, die in diesem Fall aber gar nicht zur Anwendung kommt (*LAG Köln* 13.8.1996 NZA 1997, 317).

782 Nach Auffassung des *ArbG Dortmund* (10.3.1998 6 Ga 15/98; zust. *Kindler* NZA 2000, 745 ff.) **verstößt § 11 DFB-Musterarbeitsvertrag für Bundesligaspieler**, der eine Optionsklausel zur einseitigen Verlängerung des Arbeitsverhältnisses um ein Jahr vorsieht, dagegen sowohl gegen Art. 48 EWGV, als auch gegen Art. 12 GG. Weil ihr alleiniger Zweck darin besteht, für den Fall der Unwirksamkeit des früheren Systems der Transferentschädigungen dieses mittelbar aufrechtzuerhalten, ist sie nach § 138 Abs. 1 BGB nichtig (a. A. *LAG Hamm* 10.6.1998 – 14 Sa 883/98 –). Nach *BGH* 27.9.1999 EzA § 611 BGB Berufssport Nr. 11 (ebenso *OLG Oldenburg* 25.9.1998 NZA-RR 1999, 9) ist die **Verpflichtung eines Amateurspielers zur Zahlung einer Ausbildungs- und Förderungsentschädigung** bei der Verpflichtung eines Amateurspielers als sog. Vertragsamateur durch einen Verein der Regionalliga wegen Verstoßes gegen § 138 Abs. 1 BGB i. V. m. Art. 12 Abs. 1 GG nichtig. Gleiches gilt für Transferbestimmungen der Spielordnung des Deutschen Eishockeybundes über die »Aus- und Weiterbildungsentschädigung« bei der Verpflichtung eines Amateurspielers durch einen Verein der Bundesliga (*BGH* 27.9.1999 – II ZR 377/98 –).

783 Das **Verbot der Diskriminierung aufgrund der Staatsangehörigkeit** gem. Art. 48 Abs. 2 EWGV (jetzt Art. 39 Abs. 2 EGV) und Art. 7 Abs. 1, 4 VO/EWG/1612/68 ist auf **einen Staatsangehörigen eines Mitgliedsstaates, der ständig in einem Drittland lebt** und aufgrund eines dort geschlossenen und dauernd dort erfüllten Arbeitsvertrages von einem anderen Mitgliedsstaat bei dessen **Botschaft** in diesem Drittland **beschäftigt wird**, hinsichtlich aller Aspekte des Arbeitsverhältnisses anwendbar, die das Recht des den Betroffenen beschäftigenden Mitgliedsstaates regelt (*EuGH* 30.4.1996 NZA 1996, 971; *BAG* 8.8.1996 EzA Art. 48 EWG-Vertrag Nr. 5; vgl. dazu *Fuchs* SAE 1997, 305 f.; s. auch oben A/Rz. 761).

784 Art. 7 Abs. 1, 2 VO/EWG/1612/68 ist dahin auszulegen, dass ein Arbeitnehmer, der Staatsangehöriger eines Mitgliedsstaates ist und im Hoheitsgebiet eines anderen Mitgliedsstaates beschäftigt ist, keinen Anspruch auf Weiterentrichtung der Beiträge (Arbeitgeber- und Arbeitnehmeranteil) zur zusätzlichen Alters- und Hinterbliebenenversorgung für Arbeitnehmer im öffentlichen Dienst in der Höhe hat, in der sie zu entrichten wären, wenn das Arbeitsverhältnis aus Anlass der **Einberufung** des Arbeitnehmers **zum Wehrdienst** nicht ruhen würde, wenn den im öffentlichen Dienst beschäftigten Staatsangehörigen dieses Staates ein solcher Anspruch bei Ableistung des Wehrdienstes dieses Staates zusteht (*EuGH* 14.3.1996 NZA 1996, 523).

785 Art. 48 EWGV (jetzt Art. 39 EGV) und Art. 7 VO EWG Nr. 1612/68 stehen einer Bestimmung des BAT entgegen, die einen **Zeitaufstieg** nach achtjähriger Tätigkeit in einer bestimmten **Vergütungsgruppe dieses Tarifvertrages vorsieht** (vgl. dazu C/Rz. 747 ff.) **und Beschäftigungszeiten außer Betracht lässt**, die zuvor in einem **vergleichbaren Betätigungsfeld** im öffentlichen Dienst eines anderen Mitgliedsstaats zurückgelegt worden sind. Das nationale Gericht hat aufgrund der Nichtigkeit dieser Norm auf die Mitglieder der durch die Diskriminierung benachteiligten Gruppe die gleiche Regelung anzuwenden wie auf die übrigen Arbeitnehmer, ohne die Beseitigung dieser Bestimmung durch Tarifverhandlungen oder ein anderes Verfahren verlangen oder abwarten zu müssen (*EuGH* 15.1.1998 NZA 1998, 205). Diese Entscheidung betrifft aber nur den Zeit-, nicht den Bewährungsaufstieg (*BAG* 25.3.1998 NZA 1998, 1072).

A. Grundbegriffe und Grundstrukturen des Arbeitsrechts

Belgien hat dadurch gegen seine Verpflichtungen zur Gewährung von Freizügigkeit verstoßen, dass es die belgische **Staatsangehörigkeit zur Voraussetzung des Zugangs auch zu anderen als denjenigen Stellen** gemacht hat, die innerhalb der mit der Wasser-, Gas- und Elektrizitätsversorgung beauftragten Personen des öffentlichen Rechts eine unmittelbare oder mittelbare Teilnahme an der **Ausübung hoheitlicher Befugnisse** oder an der Wahrnehmung solcher Aufgaben mit sich bringen, die auf die Wahrung der allgemeinen Belange des Staates oder anderer öffentlich-rechtlicher Körperschaften gerichtet sind (*EuGH* 2.7.1996 EzA Art. 48 EWG-Vertrag Nr. 4). 786

Eine Person, die Staatsangehöriger eines Drittlandes und Ehegatte eines Arbeitnehmers mit der Staatsangehörigkeit eines Mitgliedsstaats ist, kann sich nicht auf das Recht aus Art. 11 VO/EWG/1612/68 berufen, z. B. um die Gültigkeit eines **befristeten Arbeitsvertrages als Lektor** gem. § 57 b Abs. 3 HRG in Frage zu stellen, wenn der betreffende Arbeitnehmer niemals das Recht auf Freizügigkeit innerhalb der Gemeinschaft ausgeübt hat (*EuGH* 5.6.1997 NZA 1997, 1105). 787

Die **italienische Republik** hat dadurch gegen ihre Verpflichtungen aus Art. 48 EWGV (jetzt Art. 39 EGV) verstoßen, dass sie nicht für die Anerkennung der von den ehemaligen **Fremdsprachenlektoren**, die jetzt als muttersprachliche sprachwissenschaftliche Mitarbeiter und Experten tätig sind, erworbenen Rechte gesorgt hat, obwohl allen inländischen Arbeitnehmern eine solche Anerkennung zuteil wird (*EuGH* 26.6.2001 NZA 2001, 1193). 788

Art. 48 EWGV (jetzt Art. 39 EGV) verbietet den zuständigen Behörden eines Mitgliedsstaates, eine Rechtsvorschrift anzuwenden, die 789
– die Höhe der einem unverheirateten Arbeitnehmer zu gewährenden Altersrente festsetzt,
– eine **Kürzung dieser Rente** unter Berücksichtigung einer dem Ehegatten des Arbeitnehmers nach der Regelung eines anderen Mitgliedsstaates gewährten Rente vorsieht, aber die Anwendung einer **abweichenden Antikumulierungsklausel** vorsieht, wenn die anderweitig bezogene Rente einen bestimmten Betrag nicht überschreitet,
– die **Rente eines Wanderarbeitnehmers** unter Berücksichtigung der dem Ehegatten des Arbeitnehmers nach der Regelung eines anderen Mitgliedsstaates gewährten Rente zu kürzen, obwohl die Gewährung der letztgenannten Rente zu keiner Erhöhung der Gesamteinkünfte des Haushalts führt (*EuGH* 26.9.2000 EzA Art. 39 EG-Vertrag Nr. 1).

Die zuständige Einrichtung eines Mitgliedsstaates hat nach den Art. 8 a, 48 und 51 EGV **Kindererziehungszeiten**, die eine zurzeit der Geburt des Kindes als Grenzgänger in diesem Mitgliedsstaat beschäftigte und in einem anderen Mitgliedsstaat wohnhafte Person in letzterem zurückgelegt hat, für die Gewährung der Altersrente wie im Inland zurückgelegte Zeiten anzurechnen (*EuGH* 23.11.2000 Rs C-135/99). 790

bb) Harmonisierung des Arbeitsrechts
– **RL 99/70 (Befristung des Arbeitsvertrages)** vom 28.6.1999, umgesetzt durch das TzBfG (s. u. D/Rz. 2187). 791
– **RL 75/129 (Massenentlassungen)** vom 17.2.1975, umgesetzt durch die Änderung der §§ 17, 18 KSchG vom 27.4.1978 (BGBl. I S. 550), wodurch insbesondere systemwidrig ein eigenständiges Beteiligungsrecht des Betriebsrats bei Massenentlassungen in das KSchG eingefügt worden ist (§ 17 Abs. 2 KSchG; s. u. 792

A. Grundbegriffe und Grundstrukturen des Arbeitsrechts

D/Rz. 1662 ff.). Sie liegt derzeit i. d. F. der RL 98/59 vor (vgl. MünchArbR/Birk § 19 Rz. 270 ff.).

793 – **RL 77/187 (Betriebsinhaberwechsel)** vom 14.2.1977, umgesetzt am 13.8.1980 (BGBl. I S. 1308) durch Änderung und Ergänzung des § 613a BGB; s. u. C/Rz. 3254 ff., D/Rz. 550 ff., ergänzt und neugefasst durch die RL 98/50 (vgl. dazu MünchArbR/*Birk* § 19 Rz. 213 ff.; s. u. C/Rz 3254).

Zur Anwendung der Richtlinie auf die **Übertragung einer Konzession für Telekommunikationsdienste** in Italien vgl. *EuGH* 14.9.2000 EzA § 613a BGB Nr. 191; zur Übertragung von Werbe- und Informationstätigkeiten *EuGH* 26.9.2000 EzA § 613a BGB Nr. 192; zur Übertragung von Tätigkeiten des **öffentlichen Verkehrs** *EuGH* 25.1.2001 NZA 2001, 249.

794 – **RL 80/987 (Schutz von Ansprüchen des Arbeitnehmers bei Zahlungsunfähigkeit des Arbeitgebers)** vom 20.10.1980.

Geregelt wird die Sicherung von Arbeitnehmeransprüchen bei Zahlungsunfähigkeit des Arbeitgebers außerhalb des Insolvenzverfahrens. Das Arbeitsentgelt soll dann für mindestens drei Monate durch besondere Garantieeinrichtungen in vollem Umfang sichergestellt werden. Eine besondere Umsetzung in deutsches Recht ist nicht erfolgt, da §§ 183 ff. SGB III, §§ 7 ff. BetrAVG diesen Anforderungen genügen (vgl. *EuGH* 9.11.1995 NZA 1996, 247; s. u. C/Rz. 1177 ff.).

795 Ist der Arbeitgeber in einem anderen Mitgliedsstaat niedergelassen, in dem der Arbeitnehmer wohnt und seine Arbeitstätigkeit ausgeübt hat, so ist die nach Art. 3 RL zuständige Garantieeinrichtung die Einrichtung des Staates, in dem gem. Art. 2 RL entweder die **Eröffnung des Verfahrens** zur gemeinschaftlichen Gläubigerbefriedigung beschlossen, oder die **Stilllegung des Unternehmens** oder des Betriebes des Arbeitgebers festgestellt worden ist (*EuGH* 17.9.1997 NZA 1997, 1155). Art. 4, 11 der RL stehen der Anwendung von Vorschriften, durch die eine Höchstgrenze für die Garantie der Erfüllung unbefriedigter Ansprüche der Arbeitnehmer festgesetzt wird, auch dann nicht entgegen, wenn der Mitgliedsstaat der Kommission nicht mitgeteilt hat, nach welchen Methoden er die Höchstgrenze festgesetzt hat (*EuGH* 16.7.1998 NZA 1998, 1047; vgl. auch *EuGH* 14.7.1998 NZA 1998, 1109).

Haben Arbeitnehmer, deren Arbeitgeber zahlungsunfähig geworden ist, ihre Tätigkeit in einem Mitgliedsstaat in einer **Zweigniederlassung** einer Gesellschaft ausgeübt, die nach dem **Recht eines anderen Mitgliedsstaats** gegründet wurde, in dem sie ihren Sitz hat und in dem das Insolvenzverfahren über sie eröffnet wurde, so ist die nach Art. 3 RL 80/987 EWG für die Befriedigung der Ansprüche dieser Arbeitnehmer zuständige Garantieeinrichtung die Einrichtung des Staates, in dem die Arbeitnehmer ihre Tätigkeit ausgeübt haben (*EuGH* 16.12.1999 NZA 2000, 995).

Die Richtlinie gestattet es (Schweden) nicht, diejenigen Arbeitnehmer aus dem Kreis der Anspruchsberechtigten der RL auszunehmen, denen die dort vorgesehene Lohngarantie zugute kommen soll, deren Angehörige Inhaber von mindestens **20 % der Anteile des Unternehmens** sind, bei dem die betreffenden Arbeitnehmer angestellt sind, die aber selbst keine Anteile an diesem Unternehmen besitzen (*EuGH* 18.10.2001 NZA 2002, 31).

796 Hinsichtlich der **verspäteten Umsetzung** dieser Richtlinie in Italien hat der *EuGH* (10.7.1997 NZA 1997, 985 u. 988; vgl. auch *EuGH* 10.7.1997 NZA 1997, 1041) folgende **Grundsätze** aufgestellt:

797 Die rückwirkende und vollständige Anwendung der in der Richtlinie vorgesehenen Maßnahmen erlaubt dann die Behebung der Nachteile, die sich aus der ver-

A. Grundbegriffe und Grundstrukturen des Arbeitsrechts

späteten Umsetzung ergeben, wenn die Richtlinie ordnungsgemäß umgesetzt worden ist. Es ist dann jedoch Sache des nationalen Gerichts, darauf zu achten, dass der den Betroffenen entstandene Schaden angemessen wiedergutgemacht wird. Eine rückwirkende, ordnungsgemäße und vollständige Anwendung der Maßnahmen genügt hierfür, sofern die Begünstigten nicht das Vorliegen zusätzlicher Einbußen dartun, die ihnen dadurch entstanden sind, dass sie nicht rechtzeitig in den Genuss der durch die RL garantierten finanziellen Vergünstigungen gelangen konnten; für diese wären sie ebenfalls zu entschädigen.

– RL 75/117 (**Lohngleichheitsrichtlinie**) vom 10.2.1975. 798

Danach muss das Lohnsystem hinsichtlich der beschäftigten Männer und Frauen so ausgestaltet sein, dass es, wenn die Art der in Frage stehenden Tätigkeit es zulässt, als gleichwertig anerkannte Arbeitsplätze auch solche umfasst, bei denen auch Kriterien berücksichtigt werden, hinsichtlich derer weibliche Arbeitnehmer besonders geeignet sein können. Verboten ist nicht nur die unmittelbare, sondern gleichermaßen auch die mittelbare Diskriminierung (s. o. A/Rz. 355 ff.; s. u. C/Rz. 623 ff.).

Diese Richtlinie konkretisiert das sich aus Art. 119 Abs. 1 EGV (jetzt Art. 141 EGV) ergebende Gebot der für Mann und Frau gleichen Entlohnung (*EuGH* 13.5.1986 AP Nr. 10 zu Art. 119 EWG-Vertrag).
Hinsichtlich der Diskriminierung von **schwangeren Arbeitnehmerinnen** hat der 799 *EuGH* (19.11.1998 EzA Art. 119 EWG-Vertrag Nr. 54 = NZA 1999, 757) folgende Grundsätze aufgestellt:
– Die Richtlinie steht nationalen Vorschriften entgegen, nach denen eine schwangere Frau, die vor Beginn ihres Mutterschaftsurlaubs aufgrund eines mit der Schwangerschaft zusammenhängenden krankhaften Zustands arbeitsunfähig wird und darüber eine ärztliche Bescheinigung vorlegt, **keinen Anspruch auf Fortzahlung ihres vollen Gehalts** durch ihren Arbeitgeber hat, sondern lediglich auf die Zahlung von **Tagegeld** durch eine örtliche Behörde, während Arbeitnehmer bei ärztlich bescheinigter Arbeitsunfähigkeit wegen Krankheit grds. Anspruch auf Fortzahlung ihres vollen Gehalts durch den Arbeitgeber haben.
– Sie steht – ebenso wie die RL 76/207 – nationalen Rechtsvorschriften entgegen, nach denen ein Arbeitgeber eine **schwangere Frau von der Arbeit freistellen kann, ohne ihr das volle Gehalt zu zahlen**, wenn er meint, sie nicht beschäftigen zu können, obwohl sie nicht arbeitsunfähig ist.
– Sie steht andererseits nationalen Vorschriften nicht entgegen, nach denen eine schwangere Frau **keinen Anspruch auf Gehaltsfortzahlung** durch den Arbeitgeber hat, wenn sie der Arbeit vor Beginn ihres Mutterschaftsurlaubs wegen gewöhnlicher Schwangerschaftsbeschwerden fernbleibt, ohne im Übrigen arbeitsunfähig zu sein, oder wegen einer ärztlichen Empfehlung, das ungeborene Kind zu schonen, die nicht mit einem krankhaften Zustand im eigentlichen Sinne oder mit besonderen Risiken für das ungeborene Kind begründet worden ist, während Arbeitnehmer, die wegen Krankheit arbeitsunfähig sind, grds. einen solchen Anspruch besitzen.

Die Weigerung eines Arbeitgebers, eine **Fahrtvergünstigung** für eine Person des gleichen Geschlechts, mit der der Arbeitnehmer eine feste Beziehung unterhält, zu ge- 800

A. Grundbegriffe und Grundstrukturen des Arbeitsrechts

währen, während eine solche Vergünstigung für den Ehepartner des Arbeitnehmers oder die Person des anderen Geschlechts, mit der der Arbeitnehmer eine feste nichteheliche Beziehung unterhält, gewährt wird, ist nach Maßgabe dieser Vorschriften keine verbotene Diskriminierung (*EuGH* 17.2.1998 EzA Art. 119 EWG-Vertrag Nr. 51).

801 – **RL 76/207 (Gleichbehandlungsrichtlinie)** vom 9.2.1976, erneut umgesetzt durch die Änderung von § 611a Abs. 2–5, § 611b BGB am 24.6.1994 (BGBl. I S. 1406) mit Wirkung zum 1.9.1994 und nochmals durch Gesetz vom 29.6.1998 (BGBl. I S. 1694) nachdem die vorherigen Regelungen durch § 611a, § 611b a. F., § 612a BGB, § 61b ArbGG vom *EuGH* (s. u. B/Rz. 145 ff.) als nicht ausreichend erachtet worden waren.

802 Art. 3 RL steht nationalen Rechtsvorschriften entgegen, nach denen sich die Gesamtdauer der als Voraussetzung für die **Steuerberaterprüfung** geforderten Sachbearbeitertätigkeit bei **Teilzeitbeschäftigten** mit Ermäßigung bis auf die Hälfte der regelmäßigen Arbeitszeit entsprechend verlängert, wenn diese Vorschriften erheblich mehr Frauen als Männer betreffen und nicht durch objektive Faktoren gerechtfertigt sind, die nichts mit einer Diskriminierung aufgrund des Geschlechts zu tun haben (*EuGH* 2.10.1997 NZA 1997, 1221).

Gleiches gilt – weil Art. 119 EWGV (jetzt Art. 141 EGV) dahin auszulegen ist, dass er auch auf öffentlich-rechtliche Dienstverhältnisse anwendbar ist – für eine nationale Regelung (in der bayerischen Laufbahnverordnung), die vorschreibt, dass bei **der Berechnung von Dienstzeiten** von Beamten die Zeiten einer Beschäftigung mit einer Arbeitszeit von mindestens der Hälfte bis zu zwei Dritteln der regelmäßigen Arbeitszeit nur zu zwei Dritteln gezählt werden (*EuGH* 2.10.1997 NZA 1997, 1277).

804 Auch Entscheidungen der Mitgliedsstaaten, die den Zugang zur Beschäftigung, die Berufsbildung und die Arbeitsbedingungen in den Streitkräften betreffen und zur Gewährleistung der Kampfkraft erlassen worden sind, sind nicht allgemein vom Anwendungsbereich des Gemeinschaftsrechts ausgenommen. Der Ausschluss von Frauen vom Dienst in speziellen Kampfeinheiten wie den Royal Marines kann aufgrund der Art und der Bedingungen der Ausübung der betreffenden Tätigkeiten nach Art. 2 Abs. 2 der RL gerechtfertigt sein (*EuGH* 26.10.1999 NZA 2000, 25). Andererseits steht die RL Vorschriften entgegen, die, wie die des deutschen Rechts, Frauen allgemein vom Dienst mit der Waffe ausschließen und ihnen nur den Zugang zum Sanitäts- und Militärmusikdienst erlauben (*EuGH* 11.1.2000 EzA Art. 119 EWG-Vertrag Nr. 59; vgl. dazu *Köster/Keil* NJW 2001, 273 ff.; *Heselhaus/Schmidt-de Caluwe* NJW 2001, 488 ff.).

805 Art. 2 Abs. 1, 3 der RL verbietet es, eine Schwangere deshalb nicht auf eine unbefristete Stelle einzustellen, weil sie für die Dauer der Schwangerschaft wegen eines aus ihrem Zustand folgenden gesetzlichen Beschäftigungsverbots auf dieser Stelle von Anfang an nicht beschäftigt werden darf (*EuGH* 3.2.2000 EzA § 611a BGB Nr. 15; vgl. dazu *Stürmer* NZA 2001, 527; *Nicolai* SAE 2001, 79 ff.).

806 Nationale Vorschriften, die den Zeitpunkt der **Aufnahme in einen juristischen Vorbereitungsdienst**, der eine notwendige Voraussetzung für den Zugang zu einer Beschäftigung im Beamtenverhältnis ist, regeln, unterliegen der RL 76/207. Die im Ausgangsverfahren zu beurteilenden Regelungen des Landes Hessen bewirken zwar keine unmittelbare, wohl aber eine mittelbare Diskriminierung aufgrund des Geschlechts. Die RL steht dem aber nicht entgegen, soweit sie durch sachliche Gründe gerechtfertigt sind und allein zum Ausgleich einer Verzögerung beitragen sollen, die sich aus der Erfüllung einer Wehr- oder Ersatzdienstpflicht ergibt (*EuGH* 7.12.2000 C 79/99).

A. Grundbegriffe und Grundstrukturen des Arbeitsrechts

Die RL ist inzwischen durch eine RL zur Änderung der RL 76/207 aktualisiert worden (Pressemitteilung des BMA vom 14.6.2002).
- **RL 96/34 (Elternurlaub)** vom 3.6.1996, die grds. durch das BErzGG ordnungsgemäß in deutsches Recht umgesetzt worden ist (vgl. aber MünchArbR/*Birk* § 19 Rz. 304). 807
- **RL 86/378 (Gleichbehandlung bei den betrieblichen Systemen der sozialen Sicherheit)** vom 24.7.1986. 808

> Sie gilt weit über Einrichtungen der betrieblichen Altersversorgung in der BRD hinaus und erfasst auch Selbstständige.

Die Pflicht zur Gleichbehandlung kann von den Mitgliedsstaaten allerdings solange aufgeschoben werden, als sie in den gesetzlichen Systemen, z. B. in der Rentenversicherung, noch nicht realisiert worden ist.
Problematisch ist deshalb das Verhältnis zu Art. 119 Abs. 1 EGV (jetzt Art. 141 EGV) der die Gleichbehandlung auch im Rahmen der Gewährung von Leistungen der betrieblichen Altersversorgung erfasst (*EuGH* 13.5.1986 AP Nr. 10 zu Art. 119 EWG-Vertrag). Der *EuGH* (14.12.1993 EzA Art. 119 EWG-Vertrag Nr. 16) ist davon ausgegangen, dass es gegen Art. 119 EGV (jetzt Art. 141 EGV) verstößt, wenn ein Arbeitnehmer im Rahmen eines ergänzenden betrieblichen Versorgungssystems aufgrund der Festsetzung eines je nach Geschlecht unterschiedlichen Rentenalters erst in einem höheren Alter als eine Arbeitnehmerin in der gleichen Lage Anspruch auf eine Betriebsrente hat. Insoweit steht die Richtlinie 86/378 der unmittelbaren und sofortigen Geltendmachung von Art. 119 EGV (jetzt Art. 141 EGV) vor den staatlichen Gerichten nicht entgegen. Allerdings kann die **unmittelbare Wirkung von Art. 119 EGV** (jetzt Art. 141 EGV) zur Stützung der Forderung nach Gleichbehandlung auf dem Gebiet der betrieblichen Renten nur für Leistungen geltend gemacht werden, die für Beschäftigungszeiten nach dem 17.5.1990 (das ist der Tag der Verkündung des Urteils in der Rechtssache C-262/88 [*Barber*]; *EuGH* 15.5.1990 AP Art. 119 EWG-Vertrag Nr. 20) geschuldet werden (vgl. zu diesem Zeitpunkt auch *EuGH* 6.10.1993 EzA Art. 119 EWG-Vertrag Nr. 11; s. u. C/Rz. 2720 ff.).
- **RL 98/49 (Wahrung ergänzender Rentenansprüche von Arbeitnehmern und Selbstständigen)** vom 29.6.1998, die Menschen betrifft, die innerhalb der EG zu- und abwandern. Sie wurde bislang nicht in das deutsche Recht umgesetzt. Dies wird aber nötig, da allgemeine Regeln bisher nicht existieren, die die dort garantierte Freizügigkeit garantieren (MünchArbR/*Birk* § 19 Rz. 172). 809
- **RL 2000/43 (Verbot der Diskriminierung durch den Arbeitgeber wegen der Rasse oder der ethnischen Herkunft)** vom 29.6.2000 810
Zum Umsetzungsbedarf insoweit vgl. *Thüsing* NZA 2001, 1061 ff. u. ZfA 2001, 397 ff.; vgl. auch *Nickel* NJW 2001, 2668 ff.
- **RL 2000/78 (Verbot der Diskriminierung wegen der Religion oder der Weltanschauung, einer Behinderung, des Alters oder der sexuellen Ausrichtung)** vom 27.11.2000. 811
Diese Richtlinie soll in Umsetzung des Art. 13 EGV einen allgemeinen Rahmen für die Verwirklichung der Gleichbehandlung in Beschäftigung und Beruf festlegen und geht damit über die bisherigen Verbote der Ausländer- und Geschlechtsdiskriminierung weit hinaus. Damit werden u. a. die Besonderheiten der Arbeitsverhältnisse in den **Kirchen und ihren sozial-karitativen Einrichtungen** angesprochen. In Art. 4 Abs. 2 der Richtlinie findet sich erstmals eine europäische Regelung zu

A. Grundbegriffe und Grundstrukturen des Arbeitsrechts

den **Loyalitätsobliegenheiten kirchlicher Mitarbeiter** (vgl. dazu *Bauer* NJW 2001, 2672 ff.; *Reichold* NZA 2001, 1054 ff.; *Thüsing* ZfA 2001, 397 ff.).

812 – **RL 89/392 (Maschinenschutzrichtlinie)** vom 14.6.1989.
Sie legt allgemeingültige, wesentliche Sicherheits- und Gesundheitsanforderungen fest, um dadurch auch die Sicherheit am Arbeitsplatz zu steigern.

813 – **RL 80/1107 (Gefährdung durch chemische, physikalische und biologische Arbeitsstoffe bei der Arbeit)** vom 27.10.1980.
Sie gibt Mindeststandards vor, Schutzmaßnahmen, z. B. durch die Festlegung von Grenzwerten. Bislang wurde sie konkretisiert durch vier Einzelrichtlinien gegen die Gefährdung der Arbeitnehmer durch Blei, Asbest, Lärm sowie bestimmte Arbeitsstoffe und -verfahren. Sie wurde umgesetzt durch die GefahrstoffVO vom 26.8.1986.

814 – **RL 89/391 (Verbesserung der Sicherheit und des Gesundheitsschutzes)** vom 12.6.1989.

Sie enthält allgemeine Grundsätze für die Verhütung berufsbedingter Gefahren, für die Sicherheit und den Umweltschutz (vgl. dazu *EuGH* 3.10.2000 EzA § 7 ArbZG Nr. 1 zu Bereitschaftsdienst, Nacht- und Schichtarbeit); sie wird ergänzt durch Einzelrichtlinien, die u. a. Mindestvorschriften für die Sicherheit und Gesundheit enthalten in Arbeitsstätten (RL 89/654 vom 30.11.1989), bei der Benutzung von Arbeitsmitteln (RL 89/655 vom 30.11.1989), persönlichen Schutzausrüstungen (RL 89/656 vom 30.11.1989), bei der manuellen Handhabung von Lasten (RL 90/290 vom 29.9.1990), bei der Arbeit an Bildschirmgeräten (RL 90/270 vom 29.9.1990; zu deren Auslegung u. a. hinsichtlich augenärztlicher Untersuchungen in einem Italien betreffenden Fall *EuGH* 12.12.1996 NZA 1997, 307; s. auch *EuGH* 6.7.2000 EzA EG-Vertrag 1999 Richtlinie 90/270 Nr. 1), hinsichtlich des Schutzes gegen die Gefährdung durch karzinogene und biologische Arbeitsstoffe (RL 394; zur Auslegung dieser RL vgl. *EuGH* 17.12.1998 NZA 1999, 811; u. 679/90 vom 28.6. und 26.11.1990), sowie zur Verbesserung der Sicherheit und des Gesundheitsschutzes von schwangeren Arbeitnehmerinnen, Wöchnerinnen und stillenden Arbeitnehmerinnen am Arbeitsplatz (RL 92/85 vom 19.10.1992).

815 Eine Umsetzung dieser Richtlinien in der BRD ist bislang lediglich für die RL 89/391 durch das Gesetz zur Umsetzung der EG-Rahmenrichtlinie Arbeitsschutz und weiterer Arbeitsschutzrichtlinien mit Wirkung vom 7.8.1996 (ArbSchG; BGBl. I S. 1246 ff.; vgl. dazu unten C/Rz. 2196 ff.), die VO über Sicherheit und Gesundheitsschutz bei der Benutzung persönlicher Schutzausrüstungen bei der Arbeit vom 4.12.1996 (BGBl. I S. 1841), die LastenhandhabungsVO vom 4.12.1996 (BGBl. I S. 1841), die BildschirmarbeitsVO vom 4.12.1996 (BGBl. I S. 1841), die ArbeitsmittelbenutzungsVO vom 11.3.1997 (BGBl. I S. 450) sowie die MutterschutzrichtlinienVO vom 15.4.1997 (BGBl. I S. 782; vgl. dazu *Sowka* NZA 1997, 927) erfolgt (vgl. dazu *Kollmer* NZA 1997, 138 ff.).

816 Hinsichtlich Art. 10 der RL 92/85 (der Kündigungsverbot insbesondere schwangerer Frauen vorsieht) geht der *EuGH* (4.10.2001 EzA § 611 a BGB Nr. 17) davon aus, dass die Regelung dann eine **unmittelbare Wirkung** entfaltet und dahin auszulegen ist, dass er, wenn ein Mitgliedstaat innerhalb der in dieser Richtlinie vorgeschriebenen Frist keine Umsetzungsmaßnahmen getroffen hat, **dem Einzelnen Rechte verleiht, die dieser vor einem nationalen Gericht** gegenüber den öffentlichen Stellen dieses

Staates geltend machen kann. Sie verpflichtet die Mitgliedsstaaten aber **nicht** vorzusehen, **dass die Gründe für eine Kündigung dieser Arbeitnehmerinnen im Einzelnen aufgeführt werden müssen.** Zwar gilt das grundsätzliche Kündigungsverbot sowohl für unbefristete als auch für befristete Arbeitsverträge, jedoch kann die **Nichterneuerung eines befristeten Vertrages** zum Zeitpunkt seiner regulären Beendigung **nicht als eine verbotene Kündigung angesehen werden.** Soweit jedoch die Nichterneuerung eines befristeten Arbeitsvertrages ihren **Grund in der Schwangerschaft** der Arbeitnehmerin hat, stellt sie eine **unmittelbare Diskriminierung** aufgrund des Geschlechts dar, die gegen Art. 2, 3 RL 76/207 verstößt (vgl. auch D/Rz. 1018).

Das *BAG* (2.4.1996 EzA § 87 BetrVG 1972 Bildschirmarbeit Nr. 1; vgl. dazu *Löwisch/ Neumann* SAE 1997, 85 ff.) hat bereits vor der Umsetzung der RL 90/270 in innerdeutsches Recht ein Mitbestimmungsrecht des Betriebsrats **nach § 87 Abs. 1 Nr. 7 BetrVG** i. V. m. (dem inzwischen aufgehobenen) § 120 a GewO und Art. 7 RL 90/270 zur Herbeiführung betrieblicher Regelungen über die Unterbrechung von Bildschirmarbeit durch andere Tätigkeiten oder Pausen angenommen. Es hat sich der Rechtsprechung des *EuGH* (NJW 1986, 2178; NJW 1994, 2473) angeschlossen, wonach die Verpflichtung zur richtlinienkonformen Auslegung des innerstaatlichen Rechts unabhängig davon besteht, ob der nationale Gesetzgeber zur Umsetzung der Richtlinie bereits tätig geworden ist oder nicht.

– **RL 91/533 (Pflicht des Arbeitgebers zur Unterrichtung des Arbeitnehmers über** 817
 die für seinen Arbeitsvertrag oder sein Arbeitsverhältnis geltenden Bedingungen) vom 14.10.1991.
 Diese Richtlinie wurde durch das NachweisG vom 20.7.1995 (s. u. B/Rz. 297 ff., H/Rz. 347 ff.) umgesetzt (vgl. aber krit. dazu MünchArbR/*Birk* § 19 Rz. 165).

– **RL 91/250 (Rechtsschutz von Computerprogrammen)** vom 14.5.1991. 818
 Gem. Art. 2 Abs. 3 ist der Arbeitgeber dann, wenn der Arbeitnehmer ein Computer-Programm in Wahrnehmung seiner Aufgaben oder nach den Anweisungen des Arbeitgebers geschaffen hat, ausschließlich zur Ausnutzung aller wirtschaftlichen Rechte aus dem so geschaffenen Programm berechtigt, sofern keine andere vertragliche Vereinbarung getroffen wird.
 Die bisher nicht erfolgte Umsetzung erfordert wohl eine Änderung der derzeitigen Rechtslage, wonach der Arbeitnehmer die Nutzungsrechte originär erwirbt, die er dem Arbeitgeber übertragen muss. Durch die Übertragung aller wirtschaftlichen Rechte entfallen zudem derzeit bestehende Sondervergütungsansprüche des Arbeitnehmers für Sondernutzungen (s. u. C/Rz. 2477 ff.; *Sack* BB 1991, 2165 f.).

– **RL 93/104 (Richtlinie über bestimmte Aspekte der Arbeitszeitgestaltung)** vom 819
 23.11.1993.
 Diese Richtlinie ist grds. durch das ArbZG, das am 1.7.1994 in Kraft getreten ist, umgesetzt worden (HwB-AR Nr. 290 »Arbeitszeit«/*Wessel* Rz. 1 ff. m. w. N.); dies gilt aber nicht für den Ausgleichszeitraum des § 3 ArbZG (s. u. C/Rz. 57). Der *EuGH* (12.11.1996 NZA 1997, 23) hat Art. 5 Abs. 2 der RL, wonach der Sonntag bei der wöchentlichen Ruhefrist berücksichtigt wird, auf Antrag von Großbritannien für unwirksam erklärt. Zu Fragen der durchschnittlichen Arbeitszeit, der Einbeziehung von Bereitschaftsdienst, Nacht- und Schichtarbeit vgl. *EuGH* 3.10.2000 EzA § 7 ArbZG Nr. 1.

– **RL 2000/ 34 (Änderungsrichtlinie zur Arbeitszeit des fliegenden Personals von** 820
 Luftfahrtgesellschaften) vom 27.11.2000
 Zum Umsetzungsbedarf vgl. *Fischer* NZA 2001, 1064 ff.

A. Grundbegriffe und Grundstrukturen des Arbeitsrechts

821 – **RL 95/46 vom 24.10.1995** (Schutz natürlicher Personen bei der Verarbeitung personenbezogener Daten; freier Datenverkehr).
Vgl. dazu ausf. *Krimphove*, NZA 1996, 1120 ff., der auch einen Überblick über den Datenschutz im europäischen Arbeitsrecht gibt.

822 – **RL 97/81 EG vom 15.12.1997 (Teilzeitarbeit)**.
Diese Richtlinie enthält als substantielle Regelung lediglich die Vereinbarung des Verbots der Diskriminierung von Teilzeitarbeitnehmern ohne sachlichen Grund. Der sachliche Geltungsbereich dieses Diskriminierungsverbots erfasst aber die Bereiche des Arbeitsentgelts ebenso wenig wie den der sozialen Sicherheit; zum anderen gilt das Verbot aufgrund der Rechtsprechung des EuGH (s. o. A/Rz. 355 ff.) zur mittelbaren Diskriminierung faktisch bereits vor Inkrafttreten der Richtlinie (krit. deshalb *Schmidt* NZA 1998, 576 ff.). Zur Umsetzung durch das TzBfG s. C/Rz. 152.

823 – **RL 99/50 EG vom 10.7.1999 (Befristung von Arbeitsverhältnissen)**.
Diese Richtlinie enthält Regelungen hinsichtlich der Voraussetzungen für die Vereinbarung befristeter Arbeitsverhältnisse. Zur Umsetzung durch das TzBfG vgl. D/Rz. 2187 ff.

824 – **RL 96/71 (Entsenderichtlinie)** vom 16.12.1996, bisher nicht ausreichend, sondern nur teilweise durch das AEntG (s. u. A/Rz. 865 ff.) für den Bausektor umgesetzt (MünchArbR/*Birk* § 19 Rz. 141).

825 – **RL 94/33 (Jugendarbeitsschutz)** vom 22.6.1994, die durch das JArbSchG umgesetzt ist (vgl. MünchArbR/*Birk* § 19 Rz. 376 ff.).

cc) Vereinheitlichung des Arbeitsrechts

826 Auf Gemeinschaftsebene vereinheitlicht wurden
– **Sozialvorschriften im Straßenverkehr** durch Verordnungen (s. o. A./Rz. 742) m. w. N.; vgl. ausf. MünchArbR/*Birk* § 19 Rz. 196 ff.);
– **Internationales Privat- und Prozessrecht** (Kollisionsrecht; dazu unten A/Rz. 828 ff.);
– die **Bestimmung des Vertragsstatuts** durch das Europäische Vertragsrechtsübereinkommen vom 9.6.1980 (s. u. A/Rz. 828 ff.) sowie das
– **Europäische Gerichtsstands- und Vollstreckungsübereinkommen** vom 29.7.1968, geändert 1989 durch das Beitrittsabkommen mit Spanien und Portugal (s. u. A/Rz. 941 ff.) jeweils durch völkerrechtlichen Vertrag/Verträge.

dd) Arbeitsrecht und Europäischer Binnenmarkt

827 Die am 9.12.1989 vom Europäischen Rat verabschiedete **Gemeinschaftscharta** der sozialen Grundrechte der Arbeitnehmer enthält Ausführungen zu zahlreichen arbeits- und sozialrechtlichen Fragen. Sie stellt aber lediglich eine sozialpolitische Grundsatzentscheidung dar, die den Arbeitnehmern keine einklagbaren subjektiven Rechte einräumt (MünchArbR/*Birk* 1. Aufl., § 18 Rz. 179–182).

A. Grundbegriffe und Grundstrukturen des Arbeitsrechts

3. Arbeitskollisionsrecht

a) Individualarbeitsrecht

aa) Das Arbeitsvertragsstatut

Die Festlegung des auf das Arbeitsverhältnis anwendbaren materiellen Rechts kann entsprechend der Rechtswahl der Parteien gem. Art. 27 EGBGB (subjektive Anknüpfung) oder durch objektive Anknüpfung gem. Art. 30 Abs. 2 EGBGB erfolgen (vgl. dazu *Schlachter* NZA 2000, 58 ff.). 828

Art. 27 ff. EGBGB sind am 1.9.1986 in Kraft getreten und erfassen nur nach diesem Zeitpunkt abgeschlossene Arbeitsverträge; für den Zeitraum davor bleibt das zuvor geltende Kollisionsrecht maßgebend (Art. 220 Abs. 1 EGBGB). 829

Das *BAG* (24.8.1989 EzA Art. 30 EGBGB Nr. 1) hat zunächst offen gelassen, ob vor dem 1.6.1989 begründete, aber noch nicht beendete Arbeitsverhältnisse abgeschlossene Vorgänge i. S. d. Übergangsregelung des Art. 220 Abs. 1 EGBGB sind, sodass für diese Arbeitsverhältnisse bis zu ihrer Beendigung noch das alte Kollisionsrecht anzuwenden wäre. Inzwischen hat es diese Frage aber verneint, sodass auch diese Arbeitsverhältnisse vom Stichtag 1.9.1986 an dem neuen Internationalen Privatrecht unterliegen (*BAG* 29.10.1992 EzA Art. 30 EGBGB Nr. 2). 830

Das Arbeitsvertragsstatut gilt auch für Arbeitnehmererfindungen, obwohl es sich insoweit um ein Rechtsgebiet zwischen Arbeitsrecht und Immaterialgüterrecht handelt (MünchArbR/*Sack* § 101 Rz. 97 ff. m. w. N.; s. aber unten A/Rz. 921), ferner für das Recht der betrieblichen Altersversorgung; s. u. A/Rz. 922 ff. 831

aaa) Die Rechtswahl

Die Wahl des anzuwendenden materiellen nationalen Arbeitsrechts kann ausdrücklich erfolgen, indem die Erklärungen der Parteien wörtlich das gewählte Recht (im Vertrag selbst oder durch Verweisung auf einen anderen Vertrag, Tarifvertrag, Betriebsvereinbarung oder Allgemeine Arbeitsbedingungen) bezeichnen. Daneben kommt eine stillschweigende Rechtswahl in Betracht, wenn der Wille der Parteien, das anwendbare Recht zu wählen, gegeben ist. 832

Indizien dafür können sich aus dem Vertrag selbst, seinen Begleitumständen sowie dem späteren Prozessverhalten der Vertragsparteien ergeben (z. B. Gerichtsstandsklausel, Bezugnahme auf Rechtsnormen einer bestimmten Rechtsordnung [z. B. eines konkreten Tarifvertrages], Vereinbarung eines Erfüllungsortes durch Beschränkung der Arbeitspflicht auf einen Betrieb oder einer Vertragswährung). 833

Für die Wahl deutschen Rechts genügt es, auch wenn ein Auslandseinsatz des deutschen Arbeitnehmers vorgesehen ist, wenn im Einstellungsschreiben die gesetzlichen Kündigungsfristen, die beim deutschen Arbeitgeber geltenden Tarifverträge und die »Betriebliche Ordnung« des Arbeitgebers für anwendbar erklärt werden (*BAG* 26.7.1995 AP Nr. 7 zu § 157 BGB). 834

Eine Rechtswahl ist gem. Art. 27 Abs. 3 EGBGB auch dann zulässig, wenn der Arbeitsvertrag keinerlei Auslandsbeziehung aufweist. Auch muss die gewählte Rechtsordnung in keinem sachlichen Zusammenhang zum Arbeitsvertrag stehen. 835

836 Art. 27 Abs. 1 S. 3 EGBGB ermöglicht es, eine Rechtswahl nur für einen abtrennbaren Teil des Arbeitsvertrages zu treffen. In Betracht kommen z. B. die Zusage einer betrieblichen Altersversorgung oder ein nachvertragliches Wettbewerbsverbot.

837 Bis zum Zeitpunkt der letzten mündlichen Verhandlung in der Tatsacheninstanz kann schließlich die Rechtswahl nachträglich getroffen oder geändert werden (z. B. konkludent durch die unwidersprochene Berufung auf Vorschriften einer bestimmten Rechtsordnung im Prozess).

838 Die damit gegebene weitgehende Freiheit der Rechtswahl wird durch Art. 30 Abs. 1 EGBGB eingeschränkt. Danach darf die Rechtswahl beim Arbeitsvertrag nicht dazu führen, dass dem Arbeitnehmer der Schutz entzogen wird, der ihm durch zwingende Bestimmungen des Rechts gewährt wird, das nach Art. 30 Abs. 2 EGBGB ohne Rechtswahl anzuwenden wäre.

839 Zwingend sind neben § 613 a BGB (*Kreitner* Anm. zu *BAG* AP Nr. 81 zu § 613 a BGB; vgl. ausf. zur möglichen grenzüberschreitenden Anwendung des § 613 a BGB *Feudner* NZA 1999, 1184 ff.) Arbeitnehmerschutzbestimmungen (z. B. § 22 ArbnErfG, vgl. MünchArbR/*Sack* § 101 Rz. 110; § 17 Abs. 3 BetrAVG, vgl. MünchArbR/*Förster/Rühmann* § 113 Rz. 25), aber, wie sich aus Art. 27 Abs. 3 EGBGB ergibt, nicht generell Normen, über die die Vertragsparteien nicht disponieren können.

840 **Fraglich ist, wie ermittelt werden soll, ob das objektive Vertragsstatut gem. Art. 30 Abs. 2 EGBGB günstiger wäre als das vereinbarte.** In Betracht kommt ein **Einzelvergleich** der betreffenden Einzelfrage, ein pauschaler **Gesamtvergleich** der gesamten Vereinbarung, jeweils durch das Gericht; die **Wahl kann aber auch dem Arbeitnehmer** überlassen werden (für letzteres MünchArbR/*Birk* § 19 Rz. 3–27, 75–78).

841 Im Bereich der **betrieblichen Altersversorgung** gelten die deutschen Bestimmungen wegen ihres zwingenden Charakters auch dann, wenn ein ausländisches Versorgungsstatut gewählt worden ist, soweit die Gesamtumstände ergeben, dass das Arbeitsverhältnis eine engere Verbindung zur BRD aufweist oder sich der gewöhnliche Arbeitsort hier befindet (MünchArbR/*Förster/Rühmann* § 113 Rz. 25).

bbb) Die objektive Anknüpfung des Arbeitsvertrages

842 Fehlt eine Rechtswahl zwischen den Parteien, so knüpft Art. 30 Abs. 2 EGBGB objektiv zunächst an den Arbeitsort an (vgl. ausf. *Reiserer* NZA 1994, 676 ff.).

843 Setzt ein amerikanisches Luftfahrtunternehmen Flugpersonal **von einem in der BRD gelegenen Ort aus regelmäßig nur auf Flugstrecken innerhalb der BRD ein, so ist deutsches Recht grds. anwendbar** (*BAG* 29.10.1992 EzA Art. 30 EGBGB Nr. 2; letztlich hat das BAG aber engere Verbindungen zum amerikanischen Recht gem. Art. 30 Abs. 2 2. Hs. EGBGB angenommen).

844 Ein **Auslandsaufenthalt** steht dem nicht entgegen, solange der grenzüberschreitende Arbeitseinsatz die Ausnahme, nicht aber die Regel bildet, weil sich dann das Zentrum individualarbeitsrechtlicher Anbindung noch nicht verschoben hat. Maßgeblich ist insoweit eine Bewertung der vertraglichen Vereinbarung (z. B. die Zeit- oder Zweckbefristung des Auslandseinsatzes) oder der einseitigen Gestaltung durch den Arbeitgeber. Eine generelle Begrenzung der vorübergehenden Entsendung auf einen be-

A. Grundbegriffe und Grundstrukturen des Arbeitsrechts

stimmten zeitlichen Rahmen ist nicht erforderlich (vgl. auch *BGH* 28.11.1980 AP Internationales Privatrecht-Arbeitsrecht Nr. 20 zum Handelsvertreterverhältnis).

An die einstellende Niederlassung (Betriebsteil, Betriebsstätte) wird demgegenüber dann angeknüpft, wenn der Arbeitnehmer seine Arbeit gewöhnlich nicht in einem bestimmten Staat verrichtet, sodass die Arbeitsleistung keinen territorialen Schwerpunkt in einem bestimmten Staat aufweist. 845

Nicht erforderlich ist es, dass der Arbeitnehmer am Ort der Niederlassung auch tatsächlich arbeitet. Durch diese objektive Anknüpfung soll vermieden werden, dass die dauernden Veränderungen der Umstände der Erbringung der Arbeitsleistung sich rechtlich in einem sich stets verändernden Arbeitsvertragsstatut auswirken, sodass das anwendbare Recht berechenbar ist. 846

Arbeitsort oder einstellende Niederlassung sind aber nur dann verbindlich (Art. 30 Abs. 2 Nr. 2 2.Hs. EGBGB), wenn feststeht, dass keine engeren Verbindungen zu einem anderen Staat bestehen. 847

Als **objektive Anknüpfungskriterien** kommen nach der Rechtsprechung des *BAG* (24.8.1989, 29.10.1992, EzA Art. 30 EGBGB Nr. 1, 2; ebenso *LAG Berlin* 20.7.1998 NZA-RR 1998, 555; vgl. auch *BAG* 20.11.1997 EzA Art. 30 EGBGB Nr. 4 zu Ortskräften von diplomatischen Vertretungen ausländischer Staaten in Deutschland; *Falder* NZA 2000, 867 ff. zu Geschäftsführern bei Auslandsgesellschaften) in Betracht: 848
– die (gemeinsame) **Staatsangehörigkeit** der Vertragsparteien,
– der **Sitz des Arbeitgebers**,
– die **Vertragssprache**,
– die **Währung, in der die Vergütung bezahlt wird**,
– der **Ort des Vertragsabschlusses**;
– die **frühere lange Inlandstätigkeit** und der inländische Wohnsitz des Arbeitnehmers (*BAG* 10.4.1975 AP Nr. 12 zu Internationales Privatrecht-Arbeitsrecht),
– die Zugehörigkeit zu einem **inländischen Ausbildungsprogramm** des Arbeitgebers, die Aufrechterhaltung sozialer Vorteile im Bereich der betrieblichen Sozialleistungen oder der Sozialversicherung sowie
– die **gleiche Behandlung** innerhalb bestimmter Arbeitnehmergruppen.

Da bislang weder durch Art. 30 EGBGB noch durch die Rechtsprechung des *EuGH* konkretisiert worden ist, was unter Arbeitsvertrag und Arbeitsverhältnis in diesem Sinne zu verstehen ist, ist diese Norm zumindest analog für Rechtsverhältnisse anzuwenden, in denen die Schutzbedürftigkeit derjenigen des Arbeitnehmers gleichsteht (z. B. bei Berufsausbildung und Heimarbeit; vgl. MünchArbR/*Birk* § 20 Rz. 60). 849

Ist aufgrund einer deutschen Kollisionsnorm ausländisches Recht anzuwenden und lassen sich über dessen Inhalt keine sicheren Feststellungen treffen, so sind nach der Rechtsprechung des *BGH* (23.12.1981 AP Nr. 21 zu Internationales Privatrecht-Arbeitsrecht) die Sachnormen des deutschen Rechts anzuwenden. Wäre die Anwendung inländischen Rechts aber äußerst unbefriedigend (was im Arbeitsrecht wohl kaum der Fall sein wird), kann auch die Anwendung des dem an sich berufenen Recht nächstverwandten oder des wahrscheinlich geltenden Rechts gerechtfertigt sein. 850

A. Grundbegriffe und Grundstrukturen des Arbeitsrechts

ccc) Beispiele

851 – Das Arbeitsverhältnis einer englischen Staatsangehörigen mit Wohnsitz in England, die aufgrund eines in englischer Sprache in England abgeschlossenen Vertrages auf einem die Bundesflagge führenden, in Hamburg registrierten und zwischen den Niederlanden und England eingesetzten **Fährschiff** von einer englischen Gesellschaft beschäftigt und in englischer Währung nach einem englischen Tarifvertrag bezahlt wird, weist engere Beziehungen zu England i. S. d. Art. 30 Abs. 2 Nr. 2 2. Hs. EGBGB auf (*BAG* 24.8.1989 EzA Art. 30 EGBGB Nr. 1; vgl. aber auch *LAG Baden-Württemberg* 17.7.1980 AP Nr. 19 zu Internationales Privatrecht-Arbeitsrecht).

852 – Die Arbeitsverhältnisse der **Seeleute** aus dem Nicht-EG-Ausland auf im internationalen Schiffsregister eingetragenen Schiffen unter deutscher Flagge richten sich mangels Rechtswahl nach dem Recht des Staates, zu dem sich aus der Gesamtheit der Umstände die engere Verbindung ergibt. Daraus kann sich z. B. die Anwendbarkeit des Rechts der Republik Indien auf in Bombay abgeschlossene Heuerverträge mit indischen Seeleuten ergeben (*BAG* 3.5.1995 EzA Art. 30 EGBGB Nr. 3; abl. *Magnus* SAE 1997, 35 ff.).

853 – Setzt ein Luftfahrtunternehmen **Flugpersonal** von einem in einem Staat gelegenen Ort aus regelmäßig nur auf Flugstrecken innerhalb dieses Staates ein, so unterliegen dessen Arbeitsverträge ohne Rechtswahl nach der Regelanknüpfung des Art. 30 Abs. 2 Nr. 1 EGBGB n. F. dem Recht dieses Staates (*BAG* 29.10.1992 EzA Art. 30 EGBGB Nr. 2).

854 – Das *Hessische LAG* (16.11.1999 NZA-RR 2000, 401) hat angenommen, dass auf das Arbeitsverhältnis einer **Flugbegleiterin deutscher Nationalität** mit Wohnsitz in Deutschland, die bei einer US-amerikanischen Fluggesellschaft mit Sitz in Chicago beschäftigt ist, nunmehr an deren Base in Frankfurt stationiert ist und von dort aus für Interkontinentalflüge in die USA eingesetzt wird, in Anknüpfung an den Ort der Einstellungsniederlassung (Zentrale in Chicago) US-amerikanisches Recht, jedenfalls kein deutsches Recht Anwendung findet.

855 – Auf das Arbeitsverhältnis eines britischen Staatsangehörigen, der für ein amerikanisches Unternehmen vorwiegend in Großbritannien arbeitet, ist mutmaßlich englisches Recht anzuwenden (*BAG* 26.2.1985 AP Nr. 23 zu Internationales Privatrecht-Arbeitsrecht).

856 – Macht eine für ein Unternehmen in der BRD ausschließlich in Frankreich beschäftigte **Handelsvertreterin** im Konkurs (jetzt Insolvenz) dieses Unternehmens für noch offene Provisionsforderungen Konkursvorrechte nach § 61 Abs. 1 Nr. 1 KO geltend, so ist für das Konkursvorrecht die Arbeitnehmereigenschaft nach deutschem Recht zu bestimmen (*BAG* 24.3.1992 EzA § 61 KO Nr. 14).

857 – Auf einen **Handelsvertreter,** der nach seinem Arbeitsvertrag die Benelux-Staaten betreuen muss, selbst aber in den Niederlanden wohnt, ist Art. 30 Abs. 2 Nr. 1 EGBGB (Erfüllungsort) nicht anwendbar. Art. 30 Abs. 2 Nr. 2 EGBGB (Niederlassung) ist dann einschlägig, wenn die Tätigkeit von einem Standort aus in einem anderen Staat nicht ungewöhnlich ist. Die weitgehende Freiheit in der Arbeitsweise und bei der Setzung regionaler Schwerpunkte, die ein Arbeitnehmer genießt, führt nicht dazu, dass sich das jeweils anzuwendende Arbeitsstatut nach dem aktuellen Stand der tatsächlichen Reisetätigkeit richtet (*LAG Bremen* 17.4.1996 NZA-RR 1997, 107).

858 – Der Arbeitsort ist grds. für den Arbeitsvertrag und die Zusage einer betrieblichen Altersversorgung identisch. Bei fehlender Rechtswahl gilt daher für die **Versor-**

A. Grundbegriffe und Grundstrukturen des Arbeitsrechts

gungszusage das Recht des Arbeitsortes. Soweit ein Arbeitsverhältnis mit einem deutschen Unternehmen nach deutschem Recht existiert, ist auf die Versorgungszusage das BetrAVG anzuwenden, und zwar selbst dann, wenn es durch eine Ruhensvereinbarung auf ein Rumpfarbeitsverhältnis reduziert ist (MünchArbR/*Förster/Rühmann* § 113 Rz. 26).

– Die kollisionsrechtliche Bestimmung des anzuwendenden Rechts erfolgt einheitlich für alle Arten der individualrechtlichen Zusageerteilung und für alle Durchführungswege. Allerdings folgt aus der Anwendbarkeit deutschen Betriebsrentenrechts zwischen Arbeitgeber und Arbeitnehmer nicht automatisch die Anwendung deutschen Versicherungsvertragsrechts, denn diese Rechtsbeziehungen unterliegen eigenen kollisionsrechtlichen Regelungen. 859

Einer stärkeren Einschränkung hinsichtlich der Rechtswahl unterliegt die **Insolvenzsicherung**, da deren privatrechtliche Vereinbarung rechtlich unzulässig ist (vgl. *BAG* 22.9.1987 EzA § 1 BetrAVG Ablösung Nr. 1). 860

Ein von der Anknüpfung an den Arbeitsort bzw. die Niederlassung abweichender Umstand allein reicht für sich genommen nicht aus, um die Anknüpfung nach Art. 30 Abs. 2 Nr. 1, 2 EGBGB umzustoßen (*BAG* 24.8.1989 EzA Art. 30 EGBGB Nr. 1). 861

ddd) Der Wechsel des Arbeitsvertragsstatuts

Das Statut ist wandelbar, wenn die Vertragsparteien nach dem Vertragsabschluss ein anderes bestimmtes Recht auf ihn für anwendbar erklären (Art. 30 Abs. 1, 27 Abs. 2 S. 1 EGBGB). 862

Ändern sich die für die Rechtswahl gem. Art. 30 Abs. 2 EGBGB maßgeblichen Anknüpfungskriterien nach Vertragsschluss (z.B. durch die Verlegung des gewöhnlichen Arbeitsortes von Frankreich nach Italien), so kann dies zur Anwendbarkeit italienischen Rechts führen. Denn eine Beschränkung der Bestimmung des Vertragsstatuts allein auf den **Zeitpunkt des Vertragsabschlusses** lässt sich dem Gesetz nicht entnehmen. 863
Im Rahmen des Art. 30 Abs. 2 Nr. 2 EGBGB ist dagegen eine Veränderung nur gem. Art. 27 Abs. 2 S. 1 EGBGB möglich.

Sind die engeren Verbindungen zu einem anderen Staat maßgeblich, kommt ein Wechsel nicht in Betracht, weil das Vertragsstatut dann erst zum Zeitpunkt der letzten mündlichen Verhandlung festgelegt wird, sodass etwaiges zuvor anwendbares Recht als Vertragsstatut keine Rolle spielt (vgl. ausf. auch zu Einzelfragen des grenzüberschreitenden Personaleinsatzes in internationalen Konzernen MünchArbR/*Birk* § 20 Rz. 54–59). 864

eee) Das Arbeitnehmer-Entsendegesetz (AEntG)

Ausländische Arbeitnehmer, die von einem ausländischen Arbeitgeber vorübergehend nach Deutschland entsandt werden, unterliegen gem. Art. 30 Abs. 2 Nr. 1 EGBGB nicht dem Schutz des deutschen Arbeitsrechts, s. o. A/Rz. 828 ff. **Ausländische Unternehmen sind folglich nicht verpflichtet, ihnen die in Deutschland geltenden Arbeits- und Beschäftigungsbedingungen** (z. B. hinsichtlich der Lohnhöhe, des Urlaubs usw.) **zu gewähren.** Fehlende Sozialabgaben und niedrige Lohnzusatzkosten im Ausland bedeuten insbesondere im Baubereich einen Kostenvorteil bezogen auf ein Gesamtprojekt von ca. 20–25%; bei Hafenschleppern beträgt die Diffe- 865

A. Grundbegriffe und Grundstrukturen des Arbeitsrechts

renz zu holländischen Anbietern sogar 30–40% (vgl. *Webers* NJW 1996, 574). Um eine drastische **Verschlechterung der Situation vor allem der Klein- und Mittelbetriebe der deutschen Bauwirtschaft zu verhindern**, soll durch das AEntG, das am 1.3.1996 in Kraft getreten ist und bis zum 31.8.1999 gilt (vgl. ausf. *Selmayr* ZfA 1996, 615 ff.; *Deinert* RdA 1996, 339 ff.), eine **Annäherung der derzeit unterschiedlichen Wettbewerbsvoraussetzungen dadurch berbei geführt werden**, dass **ausländische Arbeitgeber verpflichtet werden, ihren in Deutschland beschäftigten Arbeitnehmern die hier geltenden, wettbewerbsrelevanten Arbeitsbedingungen zu gewähren** (BT-Drs. 13/2414, S. 7; zur EG-Entsenderichtlinie vom 24.9.1996 und zum daraus resultierenden gesetzgeberischen Handlungsbedarf vgl. *Hickl* NZA 1997, 515 ff.; MünchArbR/*Birk* § 19 Rz. 121 ff.; zur Problematik der Entsendung aus der Sicht der EU-Kommission vgl. *Cornelissen* RdA 1996, 329 ff.; das *ArbG Wiesbaden* 27.2.1998 NZA-RR 1998, 218 hat wegen Bedenken gegen die Vereinbarkeit mit dem EGV den EuGH zur Vorabentscheidung angerufen; s. *EuGH* 25.10.2001 NZA 2001, 1377; s. u. A/Rz. 891).

866 § 1 AEntG sieht deshalb für bestimmte, in allgemeinverbindlichen Tarifverträgen insbesondere des Baugewerbes (zur Anwendbarkeit auf Unternehmen der Metallindustrie vgl. *Hammacher* BB 1996, 1554) geregelte Arbeitsbedingungen eine gesetzlich angeordnete Ausweitung des Adressatenkreises der tarifvertraglichen Rechtsnormen auf Arbeitgeber mit Sitz im Ausland und seine im Inland beschäftigten Arbeitnehmer vor. Arbeitsbedingungen sind im weitesten Sinne als die Rechte und Pflichten aus einem Arbeitsverhältnis zu verstehen, die bestimmend sind für dessen rechtliche Gestaltung. Dazu gehören u. a. das Arbeitsentgelt, Urlaub und Sachbezüge (zur verwaltungstechnischen Umsetzung durch Anmeldepflichten, Kontrollmöglichkeiten und Bußgeldvorschriften vgl. *Webers* NJW 1996, 576 ff.; *Marschall* NZA 1998, 633 ff. [zugleich zu den verwaltungstechnischen Änderungen dieses Gesetzes mit Wirkung vom 1.1.1998]). Da das Ziel des AEntG darin besteht, die Anwendbarkeit von in Deutschland zwingenden Arbeitsbedingungen auf die grenzüberschreitende Entsendung von Arbeitnehmern im Bereich der Bauwirtschaft zu erreichen, war es grds. nicht auf Arbeitsverträge, die im Inland ansässige Arbeitgeber – auch wenn sie Ausländer sind – mit im Inland tätigen Arbeitnehmern abgeschlossen haben, anzuwenden (*OLG Düsseldorf* 3.7.1998 NZA 1998, 1286; zust. *Böhm* NZA 1999, 128; abl. dazu *Hanau* NZA 1998, 1249 ff.; eine Vorlage des OLG Naumburg gem. § 121 Abs. 2 GVG, das die gegenteilige Rechtsauffassung vertreten wollte, hat der *BGH* 21.3.2000 NZA 2000, 558 für unzulässig erachtet, da sich die Gesetzeslage inzwischen im streitentscheidenden Punkt geändert hat, so dass eine Vorlage nicht mehr in Betracht kommt und das OLG gegenteilig entscheiden kann; s. zur aktuellen Rechtslage unten A/Rz. 870).

867 **Gerade im Baubereich entfaltete das Gesetz zunächst keine Rechtswirkung.** Denn die bundesdeutschen Tarifvertragsparteien des Baugewerbes hatten zwar einen Lohntarifvertrag vereinbart, der einen Mindestlohn enthielt. Das gem. § 5 Abs. 1 TVG erforderliche und nur zur Behebung eines sozialen Notstandes entbehrliche Einvernehmen zwischen BMA und dem paritätisch besetzten Ausschuss ließ sich jedoch zunächst nicht erzielen (vgl. 1. Aufl. S. 100). Nachdem die Tarifvertragsparteien sodann aber einen etwas niedrigeren Mindestlohn (17,– in den alten, 15,64 DM in den neuen Bundesländern) vereinbart haben und die EU am 24.9.1996 eine Entsenderrichtlinie verabschiedet hat, aufgrund derer für ausländische EU-Arbeitnehmer in einem anderen Mitgliedsstaat jeweils der Mindestlohn und die Arbeitsschutz- und Urlaubsbestimmungen des Gastlandes gelten, die innerhalb von drei Jahren umgesetzt werden muss, hat der Ausschuss der Allgemeinverbindlicherklärung zuge-

A. Grundbegriffe und Grundstrukturen des Arbeitsrechts

stimmt. **Der BMA hat diesen Tarifvertrag sodann für die Zeit vom 1.1.1997 bis zum 31.8.1997 für allgemeinverbindlich erklärt.** Inzwischen gilt für den Mindestlohn ein **neuer Tarifvertrag**, der ebenfalls für allgemeinverbindlich erklärt worden ist (vgl. *Marschall* NZA 1998, 634). Nach Auffassung von *Koenigs* (DB 1997, 225 ff.; so auch *Selmayr* ZfA 1996, 615 ff.) ist dies weder mit Art. 59 noch mit Art. 48 EWGV (jetzt Art. 39 EGV) vereinbar; zulässig wäre danach nur befristet auf angemessene Zeit die Allgemeinverbindlicherklärung mit einem Mindestlohn von 15,43 in den alten und 14,12 DM in den neuen Bundesländern als Mittelwert der untersten Lohngruppen der Metall- und Stahlindustrie.

Am 1.9.2000 ist demgegenüber die zweite Verordnung über zwingende Arbeitsbedingungen (BGBl. I S. 1290) mit Gültigkeit bis zum 31.8.2002 in Kraft getreten. Sie ersetzt die am 31.8.2000 ausgelaufene erste Mindestlohn-Verordnung. Die Mindestlöhne für Bauarbeiter betrugen vom 1.9.2000 bis zum 31.8.2001 in Westdeutschland 18,87 DM und in Ostdeutschland 16,60 DM pro Stunde; vom 1.9.2001 an sind sie in einer zweiten Stufe auf 19,17 DM bzw. 16,87 DM gestiegen. 868

Mit Wirkung vom 1.1.1999 hat der Gesetzgeber durch das sog. KorrekturG das AEntG **in zahlreichen Einzelpunkten geändert** (vgl. dazu *Meyer* NZA 1999, 126 ff.; *Büdenbender* RdA 2000, 193 ff.; *Bieback* RdA 2000, 207 ff.; *Däubler* NJW 1999, 601 ff.; *Schiefer* DB 1999, 48 ff.; *Blanke* ArbuR 1999, 417 ff.). 869

(1) Sachlicher Anwendungsbereich

§ 1 Abs. 1 AEntG stellt zunächst klar, dass ein Tarifvertrag des Baugewerbes **sowohl ein solcher des Bauhaupt- als auch des Baunebengewerbes sein kann.** Die bislang in § 1 Abs. 1 Nr. 1 AEntG enthaltene Beschränkung auf die unterste Lohngruppe eines Tarifvertrages entfällt. Damit soll den Tarifvertragsparteien ein größerer Gestaltungsspielraum eingeräumt werden, da sie **künftig mehr als nur eine Lohngruppe** für einen unter § 1 Abs. 1 S. 1 Nr. 1 AEntG fallenden Tarifvertrag vorsehen können. Die Streichung des Halbsatzes »soweit ... nicht deutsches Recht für das Arbeitsverhältnis maßgeblich ist« in § 1 Abs. 1 S. 1 sowie die Ergänzungen in § 1 Abs. 1 S. 3 AEntG n. F. bezwecken Folgendes: Nach der vorherigen Rechtslage, auf die der bisherige § 1 Abs. 1 S. 4 AEntG Bezug nahm, waren die Arbeitsbedingungen, die durch das AEntG auf ausländische Arbeitgeber, die auf ihre in Deutschland eingesetzten Arbeitnehmer erstreckt wurden, auch von inländischen Arbeitgebern einzuhalten. Dies ergab sich entweder aufgrund Tarifbindung nach § 3 TVG oder aus der vom AEntG vorausgesetzten Allgemeinverbindlicherklärung eines Tarifvertrages. Der bisherige Wortlaut, insbesondere der nunmehr gestrichene Halbsatz, war allerdings durch die zitierte Entscheidung des *OLG Düsseldorf* (3.7.1998, s. o. A/Rz. 866) anders interpretiert worden. Danach war die Möglichkeit der Verhängung eines Bußgeldes gegen einen Inländer wegen Nichtgewährung des Mindestlohns verneint worden. 870

> Dieses Auslegungsergebnis, bei dem derselbe Tatbestand (Nichteinhaltung zwingender Arbeitsbedingungen nach dem AEntG) nur gegenüber einem Ausländer, nicht aber gegenüber einem inländischen Arbeitnehmer mit einem Bußgeld geahndet werden könnte, ist nach Auffassung des Gesetzgebers eine gemeinschaftsrechtlich unzulässige Ausländerdiskriminierung. 871

Durch die Streichung des Halbsatzes »soweit ... nicht ohnehin deutsches Recht für das Arbeitsverhältnis maßgeblich ist« soll zugleich auch der Weg für eine **Einbezie-** 872

A. Grundbegriffe und Grundstrukturen des Arbeitsrechts

hung der **Werkvertragsarbeitgeber aus Mittel- und Osteuropa in die Urlaubskassenregelung** des Baugewerbes eröffnet werden.

(2) RechtsVO ohne Einvernehmen der Sozialpartner

873 Gem. § 1 Abs. 3 a AEntG n. F. kann das Bundesministerium für Arbeit und Sozialordnung dann, wenn ein Antrag auf Allgemeinverbindlicherklärung eines Tarifvertrages nach § 1 Abs. 1 S. 1 oder § 1 Abs. 3 S. 1 AEntG gestellt worden ist, unter den dort genannten Voraussetzungen durch Rechtsverordnung ohne Zustimmung des Bundesrates und **ohne das bislang erforderliche Einvernehmen der Sozialpartner** im Rahmen des Verfahrens zur Allgemeinverbindlicherklärung von Tarifverträgen bestimmen, dass die Rechtsnormen dieses Tarifvertrages auf alle unter den Geltungsbereich dieses Tarifvertrages fallenden und nicht tarifgebundenen Arbeitgeber und Arbeitnehmer Anwendung finden . Vor Erlass der Rechtsverordnung erhalten die in den Geltungsbereich der Rechtsverordnung fallenden Arbeitgeber und Arbeitnehmer sowie die Parteien des Tarifvertrages Gelegenheit zur schriftlichen Stellungnahme.

874 Die Rechtsverordnung findet auch auf ein Arbeitsverhältnis zwischen einem Arbeitgeber mit Sitz im Ausland und seinem im Geltungsbereich der Rechtsverordnung beschäftigten Arbeitnehmer zwingend Anwendung. Unter den Geltungsbereich eines Tarifvertrages nach § 1 Abs. 1 oder § 1 Abs. 3 AEntG fallende Arbeitgeber mit Sitz im Inland sind verpflichtet, ihren Arbeitnehmern mindestens die in der Rechtsverordnung vorgeschriebenen Arbeitsbedingungen zu gewähren sowie einer gemeinsamen Einrichtung der Tarifvertragsparteien die ihr nach § 1 Abs. 1 S. 1 AEntG zustehenden Beiträge zu leisten (vgl. ausf. zur Einbeziehung ausländischer Arbeitnehmer in das Urlaubskassenverfahren des Baugewerbes *Wank/Börgmann* NZA 2001, 177 ff.; zur Unzulässigkeit einer Verfassungsbeschwerde einer Firma mit Sitz in Luxemburg *BVerfG* 22.12.2000 NZA 2001, 491). Dies gilt unabhängig davon, ob die entsprechende Verpflichtung kraft Tarifbindung nach § 3 TVG oder aufgrund Rechtsverordnung besteht.

875 § 1 Abs. 3 a S. 4 1. Hs. AEntG gilt auch für Arbeitgeber mit Sitz im Inland und ihre im Geltungsbereich der Rechtsverordnung beschäftigten Arbeitnehmer.

876 Auf dieser Grundlage ist die **Geltungserstreckung** der Rechtsnormen des Tarifvertrages zur Regelung eines Mindestlohns im Baugewerbe durch § 1 der Verordnung über zwingende Mindestarbeitsbedingungen im Baugewerbe vom 25.8.1999 (BGBl. I S. 1894) erfolgt; diese Regelung verstößt nicht gegen Art. 9 Abs. 3 GG. Denn durch diese Regelungen werden Außenseiter – ähnlich wie bei der Allgemeinverbindlicherklärung von Tarifverträgen – weder in ihrem Grundrecht auf positive noch auf negative Koalitionsfreiheit verletzt (*BVerfG* 18.7.2000 EzA Art. 9 GG Nr. 69; *Büdenbender* RdA 2000, 193 ff.; *Bieback* RdA 2000, 207 ff.; **a. A.** *von Dannwitz* RdA 1999, 322 ff.; *Scholz* SAE 1000, 266 ff.; vgl. auch ausf. *Kreiling* NZA 2001, 1118 ff.). Auch die **Einbeziehung von in einem anderen Mitgliedsstaat ansässigen Unternehmen**, die eine Dienstleistung in der BRD erbringen, in das Urlaubskassenverfahren des Baugewerbes ist grds. zulässig, auch im Hinblick auf das EG-Recht (Art. 59, 60 EWGV; jetzt Art. 49, 50 EGV). Insoweit hat der *EuGH* (25.10.2001 NZA 2001, 1377) allerdings folgende **Grundsätze** aufgestellt:

877 – Erforderlich ist zum einen, dass die Arbeitnehmer nach den Rechtsvorschriften des Niederlassungsmitgliedsstaats ihres Arbeitgebers **keinen im Wesentlichen ver-**

A. Grundbegriffe und Grundstrukturen des Arbeitsrechts

gleichbaren Schutz genießen, so dass die Anwendung der nationalen Regelung des ersten Mitgliedsstaats ihnen einen tatsächlichen Vorteil verschafft, der deutlich zu ihrem sozialen Schutz beiträgt und zum anderen dass die Anwendung dieser Regelung des ersten Mitgliedsstaats im Hinblick auf das verfolgte, im Allgemeininteresse liegende Ziel verhältnismäßig ist.

- Art. 59, 60 EWGV (jetzt Art. 49, 50 EGV) stehen einer **Ausdehnung der Urlaubslänge** über die in der RL 93/104 RG (v. 23.11.1993) vorgesehene hinaus auf die von in anderen Mitgliedsstaaten ansässigen Dienstleistenden in diesen Mitgliedsstaat entsandten Arbeitnehmer für die Dauer ihrer Entsendung durch eine Regelung eines Mitgliedsstaates nicht entgegen. 878

- Sofern dies durch **objektive Unterschiede** zwischen Unternehmen, die in der BRD ansässig sind und solchen, die in anderen Mitgliedsstaaten ansässig sind, gerechtfertigt ist, gilt gleiches für eine nationale Regelung, die den Erstgenannten einen Anspruch auf Erstattung von Aufwendungen für Urlaubsentgelt und Urlaubsgeld gegen die Urlaubskasse zubilligt, für die Zweitgenannten aber einen solchen Anspruch nicht vorsieht, sondern stattdessen einen direkten Anspruch der entsandten Arbeitnehmer gegen diese Kasse begründet. 879

- Es ist Sache des vorlegenden Gerichts, unter Berücksichtigung des Grundsatzes der Verhältnismäßigkeit zu ermitteln, **welche Arten von Auskünften die deutschen Behörden** von den außerhalb Deutschlands ansässigen Dienstleistenden zulässigerweise verlangen können. Zu diesem Zweck hat das vorlegende Gericht (*ArbG Wiesbaden* 10.2.1998, 16.2.1998, 17.2.1998, 27.2.1998 NZA-RR 1998, 217) zu beurteilen, ob objektive Unterschiede zwischen der Situation von in Deutschland ansässigen Unternehmen und derjenigen von außerhalb Deutschlands ansässigen Unternehmen die von Letzteren verlangten zusätzlichen Auskünfte sachlich erforderlich machen. 880

- Art. 59, 60 EWGV (jetzt Art. 49, 50 EGV) stehen andererseits der Anwendung der Urlaubsregelung eines Mitgliedsstaats auf alle Unternehmen, die in anderen Mitgliedsstaaten ansässig sind und im Gebiet des ersten Mitgliedsstaats Dienstleistungen im Baugewerbe erbringen, entgegen, **wenn nicht alle in dem ersten Mitgliedsstaat ansässigen Unternehmen, die nur einen Teil ihrer Tätigkeit** in diesem Gewerbe ausüben, **dieser Regelung** in Bezug auf ihre in diesem Gewerbe beschäftigten Arbeitnehmer **unterliegen**. 881

(3) Ausnahmen für geringfügige Arbeiten
Gem. § 1 Abs. 5 AEntG n. F. können ausländische Arbeitnehmer im Falle lediglich geringfügiger Arbeiten durch Ausnahmegenehmigungen der Bundesanstalt für Arbeit von der Einhaltung zwingender Arbeitsbedingungen befreit werden. Dieser Ausnahmetatbestand wird auf den praktisch relevanten Fall der Einbeziehung ausländischer Arbeitgeber in das **Urlaubskassenverfahren der Bauwirtschaft** konzentriert. 882

(4) Durchgriffshaftung
Die neue Regelung des § 1 a AEntG regelt die Durchgriffshaftung der Unternehmer, die Bauleistungen in Auftrag geben, für die Entgeltansprüche der Arbeitnehmer und die Beiträge zu den gemeinsamen Einrichtungen der Tarifvertragsparteien i. S. d. AEntG, indem sie **wie ein selbstschuldnerischer Bürge** für diese Forderungen gegen den Arbeitgeber in Anspruch genommen werden können. Die Durchgriffshaftung ist **auf Unternehmer beschränkt**. Damit sollen alle Bauaufträge erfasst werden, die Un- 883

A. Grundbegriffe und Grundstrukturen des Arbeitsrechts

ternehmer im Rahmen ihrer Geschäftstätigkeit in Auftrag geben. Für Privatleute, die Bauleistungen in Auftrag geben, ist eine Durchgriffshaftung nicht vorgesehen.

(5) Erweiterung der Meldepflicht und des Bußgeldrahmens

884 Durch § 3 AEntG n. F. werden die Meldepflichten des Arbeitgebers bzw. Verleihers ergänzt. § 5 Abs. 1 Nr. 1 AEntG n. F. stellt klar, dass auch inländische Arbeitgeber nach dem AEntG zur Zahlung der Mindestlöhne verpflichtet sind und diese Verpflichtung bußgeldbewehrt ist. Die Möglichkeit zur Verhängung eines Bußgeldes wird auch auf den Fall erstreckt, dass der Arbeitgeber die zur Prüfung erforderlichen Unterlagen entgegen einem behördlichen Verlangen nicht auf der Baustelle bereithält. Der Bußgeldrahmen gem. § 5 Abs. 3 AEntG n. F. wird von 500.000,00 DM auf **500.000,00 Euro** bzw. 30.000,00 DM **auf 25.000,00 Euro** erhöht. Der Gesetzgeber geht dabei davon aus, dass auch die zum 1.1.1998 bereits erfolgte Anhebung des Bußgeldrahmens für die Nichtgewährung zwingender Arbeitsbedingungen in der Praxis noch nicht ausgereicht hat, um bei dem verpflichteten Personenkreis die Bereitschaft zur Einhaltung dieser Gesetzesvorschriften in ausreichendem Maße zu wecken. Die damit verbundenen Meldepflichten für Arbeitgeber, die ihren Sitz nicht in Deutschland haben, verstoßen nach Auffassung des *OLG Düsseldorf* (26.3.2000 NZA-RR 2001, 461) nicht gegen den EG-Vertrag.

(6) Katalog zwingender Mindestarbeitsbedingungen

885 Die Neuregelung des § 7 AEntG schließlich sieht vor, dass ein »**harter Kern**« **von Arbeitsbedingungen** im Einsatzstaat **auch für den entsandten Arbeitnehmer** zur Anwendung kommen muss:

- Höchstarbeitszeiten,
- Mindestruhezeiten,
- der bezahlte Mindestjahresurlaub,
- die Mindestentgeltsätze einschließlich Überstundensätze,
- die Bedingungen für die Überlassung von Arbeitskräften, insbesondere durch Leiharbeitsunternehmen,
- die Sicherheit, den Gesundheitsschutz und die Hygiene am Arbeitsplatz,
- die Schutzmaßnahmen im Zusammenhang mit den Arbeits- und Beschäftigungsbedingungen von Schwangeren und Wöchnerinnen, Kindern und Jugendlichen sowie
- die Gleichbehandlung von Männern und Frauen sowie
- andere Nichtdiskriminierungsbestimmungen.

886 Diese Mindeststandards sollen, soweit sie in Rechts- und Verwaltungsvorschriften geregelt sind, nicht nur im Baubereich, sondern **in allen Wirtschaftsbereichen** gelten. Von einem gesonderten Umsetzungsbedarf in deutsches Recht i. S. einer konstitutiv wirkenden gesetzlichen Anordnung ist der Gesetzgeber nicht ausgegangen, da die zwingende Anwendung dieser Mindeststandards bereits den Grundsätzen des internationalen Privatrechts entsprechen soll. So gelten insbesondere die Vorschriften des staatlichen Arbeitsschutzrechts als »Eingriffsnormen« i. S. d. Art. 34 EGBGB, die ohne Rücksicht auf das auf den Vertrag anzuwendende Recht den Sachverhalt zwingend regeln. § 7 Abs. 1 AEntG dient deshalb der (**deklaratorischen**) **Klarstellung** auch mit Rücksicht auf die betreffenden ausländischen Arbeitgeber.

A. Grundbegriffe und Grundstrukturen des Arbeitsrechts

(7) Gerichtliche Durchsetzung
Gem. § 8 AEntG n. F. kann zur Durchsetzung der in Art. 3 der EU-Entsenderichtlinie gewährleisteten Arbeits- und Beschäftigungsbedingungen Klage in dem Mitgliedsstaat erhoben werden, in dessen Hoheitsgebiet der Arbeitnehmer entsandt ist oder war. 887

War nach § 6 AEntG a. F. bislang die Klage auf Einhaltung der Mindestarbeitsbedingungen nach dem AEntG in seiner bis zum 31.12.1998 geltenden Fassung (Mindestlohn und Urlaub) beschränkt, so kann ab dem 1.1.1999 der entsandte Arbeitnehmer auf Einhaltung aller nach der Richtlinie einschlägigen Beschäftigungsbedingungen und damit auch der gesetzlich geregelten ausdehnen. 888

(8) Entfristung
Nach § 8 AEntG a. F. sollte das AEntG am 1.9.1999 außer Kraft treten. Die Mitgliedsstaaten haben jedoch die Pflicht, spätestens bis zum 16.12.1999 die zur Umsetzung der EU-Entsenderichtlinie erforderlichen Rechts- und Verwaltungsvorschriften zu erlassen. Die Entfristung des AEntG soll der Umsetzung dieser gemeinschaftsrechtlichen Verpflichtungen dienen. 889

(9) Kritik
Die Änderungen des AEntG haben bereits im Rahmen des Gesetzgebungsverfahrens teilweise heftige Kritik erfahren. Soweit zukünftig nicht mehr nur eine unterste Lohngruppe, also ein »echter Mindestlohn« auf EU-Ausländer zu übertragen ist, soll dies zukünftig für mehrere Lohngruppen möglich werden. Die BDA (Rundschreiben vom 20.11.1998) befürchtet, dass damit zwangsläufig höhere Mindestlöhne als heute üblich zu erwarten sind. Wenn zudem die Mindestentgeltsätze einschließlich Überstundensätze auf ausländische Arbeitnehmer auszuweiten sind, dann wird die Gefahr gesehen, dass komplette Tarifgitter einschließlich der Arbeitszeit als Basisberechnung der Überstundenvergütung auf Außenseiter und EU-Ausländer ausgedehnt werden. Die vorgesehenen gesetzlichen Änderungen hätten danach zwangsläufig eine Präjudizierung anderer Tarifbereiche zur Folge, durch die das Tarifgefüge insgesamt empfindlich gestört würde. Wenn schließlich der Bundesarbeitsminister durch Rechtsverordnung eine Übertragung von Rechtsnormen eines Tarifvertrages auf alle unter den Geltungsbereich dieses Tarifvertrages fallenden Arbeitgeber und Arbeitnehmer und auch auf Arbeitsverhältnisse von EU-Ausländern, die in der Bundesrepublik Deutschland tätig sind, vornehmen kann, ohne das notwendige Einvernehmen mit den Sozialpartnern herzustellen, dann sei dies der Einstieg in staatlichen Lohndirigismus und eine Entmündigung der Tarifvertragsparteien. Dies sei mit der Tarifautonomie nicht vereinbar und begegne verfassungspolitischen sowie verfassungsrechtlichen Bedenken. Eingegriffen werde in die negative Koalitionsfreiheit insoweit, als Nichttarifgebundene durch Rechtsverordnung einem Tarifvertrag unterworfen werden, ohne dass hierfür ein öffentliches Interesse gefordert werde. Die Erstreckung tangiere aber auch die positive Koalitionsfreiheit, da den Tarifvertragsparteien Trittbrettfahrer aufgezwungen werden könnten. Grds. müsse ein staatlicher Eingriff im Hinblick auf die Festsetzung des Lohns und andere materielle Arbeitsbedingungen durch schwerwiegende Gründe gerechtfertigt sein. Auch bestünden Zweifel daran, ob die verfassungsrechtlich gebotene Bestimmtheit der Ermächtigung gegeben sei (vgl. ausf. *Strohmaier* RdA 1998, 339 ff.). 890

A. Grundbegriffe und Grundstrukturen des Arbeitsrechts

(10) Vereinbarkeit mit EG-Recht

891 Die BRD hat dadurch gegen ihre Verpflichtungen aus Art. 53, 59 EWGV (jetzt Art. 43, 49 EGV) verstoßen, dass sie gesetzlich festgelegt hat, **dass in anderen Mitgliedsstaaten niedergelassene Bauunternehmen**
- im Rahmen einer **Arbeitsgemeinschaft auf dem deutschen Markt** nur dann grenzüberschreitende Dienstleistungen erbringen können, wenn sie über einen **Sitz oder zumindest eine Niederlassung in Deutschland** verfügen, die eigenes Personal beschäftigen und für dieses Personal einen Firmentarifvertrag abschließen;
- **anderen Baubetrieben** nur dann grenzüberschreitend Arbeitnehmer überlassen können, wenn sie über einen **Sitz oder zumindest über eine Niederlassung in Deutschland verfügen**, die eigenes Personal beschäftigen und als Mitglied eines deutschen Arbeitgeberverbandes von einem Rahmen- und Sozialkassentarifvertrag erfasst werden;
- in Deutschland **keine Zweigniederlassung gründen können**, die als Baubetrieb gilt, wenn deren Personal ausschließlich mit Verwaltungs- und Vertriebsaufgaben, Planungs-, Überwachungs- und/oder Lohnarbeiten betraut ist, sondern diese Niederlassung im deutschen Arbeitsgebiet dazu Arbeitnehmer beschäftigen muss, **die zu über 50% der betrieblichen Gesamtarbeitszeit bauliche Leistungen erbringen** (*EuGH* 25.10.2001 EzA § 1 AÜG Nr. 11 = NZA 2001, 1299).

bb) Sonderanknüpfung in Teilfragen

892 Die Geschäftsfähigkeit des Arbeitnehmers und des Arbeitgebers wird nach dem Recht des Staates bestimmt, dem er angehört (natürliche Personen) bzw. in dem die juristische Person oder die nichtrechtsfähige Personenverbindung ihren tatsächlichen Sitz hat (Art. 5, 7, 12 EGBGB).

893 Inwieweit für ein Rechtsgeschäft eine Form einzuhalten ist, bestimmt sich nach dem Vertragsstatut oder nach dem Recht des Staates, in dem dieses vorgenommen wird (Art. 11 Abs. 1 EGBGB).

894 Art. 11 EGBGB erschwert die Realisierung der im materiellen bundesdeutschen Arbeitsrecht (insbesondere in Tarifverträgen) vorhandenen konstitutiven Formerfordernisse zum Schutz des Arbeitnehmers (z. B. bei der Kündigung des Arbeitsverhältnisses, der Aufrechnung, der Ausgleichsquittung) insoweit, als der Arbeitgeber durch die Beeinflussung des Vornahmeortes des Rechtsgeschäfts die Anwendbarkeit der ihn belastenden Vorschriften vermeiden kann.

895 Gem. Art. 32 Abs. 2 EGBGB ist bei der Art und Weise der Erfüllung eines schuldrechtlichen Vertrages das Recht des Staates, in dem die Erfüllung erfolgt, zu berücksichtigen.

896 Dadurch wird das Vertragsstatut überlagert, werden eigenständige Pflichten für die Vertragsparteien geschaffen. Von Bedeutung kann das dann sein, wenn der Einsatz des Arbeitnehmers nicht von der Rechtsordnung beherrscht wird, die am tatsächlichen Arbeitsort gilt.

897 Allerdings ist zu berücksichtigen, dass sich im Arbeitsrecht die Art und Weise der Erfüllung vom Inhalt der arbeitsvertraglichen Hauptleistungspflicht kaum überzeu-

A. Grundbegriffe und Grundstrukturen des Arbeitsrechts

gend abtrennen lässt, sodass Art. 32 Abs. 2 EGBGB keine nennenswerte praktische Bedeutung zukommt (MünchArbR/*Birk* § 20 Rz. 61–69).

cc) Arbeitsvertragsstatut und zwingendes Recht

Die an einem tatsächlichen ausländischen Arbeitsort geltenden Vorschriften über die Arbeitszeit und die Sicherheit und die Gesundheit der Arbeitnehmer sind, obwohl insoweit eine ausdrückliche Regelung fehlt, stets anzuwenden. **898**

Zum Arbeitsschutzrecht gehören die Vorschriften über den technischen und medizinischen Arbeitsschutz und das öffentlich-rechtliche Arbeitszeitrecht, nicht dagegen die Vorschriften des Arbeitnehmerschutzes im engeren Sinne, die sich auf die vertragliche Position des Arbeitnehmers beziehen. **899**

Deutsches Recht ist nach Art. 34 EGBGB auch dann anwendbar, wenn es ohne Rücksicht auf das für den Vertrag anzuwendende Recht den Sachverhalt zwingend regelt. Zu beachten ist, dass nicht alle nach deutschem Recht zwingenden Rechtsnormen auch nach Art. 34 EGBGB unabdingbar sind. Entscheidend ist vielmehr, ob das inländische Gesetz ausdrücklich (z. B. § 98 Abs. 2 GWB) oder nach seinem Sinn und Zweck ohne Rücksicht auf das nach der deutschen Kollisionsnorm anwendbare Recht gelten will (sog. international zwingende Bestimmung). Nicht entscheidend ist dagegen, ob es sich um eine privat- oder öffentlich-rechtliche Norm handelt. **900**

Diesen Voraussetzungen **genügen** §§ 1–14 KSchG, § 613 a BGB, § 63 Abs. 2 SeemG, §§ 1 ff. **ArbnErfG** (vgl. MünchArbR/*Sack* § 101 Rz. 110), § 3 Abs. 1 EFZG (*Hessisches LAG* 16.11.1999 – 4 Sa 463/99 –) **nicht**, weil sie primär dem Ausgleich zwischen Bestandsschutzinteressen der Arbeitnehmer und der Vertragsfreiheit der Arbeitgeber dienen, nicht aber, was erforderlich wäre, auch den Interessen des Gemeinwohls. **901**
Über das Individualinteresse hinausgehende Interessen werden erst mit den Regelungen über die Massenentlassung (**§§ 17 ff.** KSchG) sowie den Kündigungsschutz der Betriebsverfassungsorgane geschützt, in deren Rahmen auch staatliche Stellen (Arbeitsbehörden), Betriebsverfassungsorgane und Gerichte (**§ 15 KSchG, § 103 BetrVG**) eingeschaltet werden. In verstärktem Umfang gilt dies für den Schwerbehinderten- und Mutterschutz, dessen Durchsetzung durch öffentlich-rechtliche Erlaubnisvorbehalte gesichert ist (*BAG* 24.8.1989, 29.10.1992 EzA Art. 30 EGBGB Nr. 1, 2; abl. *Birk* RdA 1989, 207, wonach dieser Rahmen weiter zu ziehen und insbesondere auch §§ 1–14 KSchG einzubeziehen sind; verneinend für § 14 Abs. 1 MuSchG, bejahend für §§ 15, 18 BErzGG *Hessisches LAG* 16.11.1999 – 4 Sa 463/99 –). Erfasst sind auch allgemeinverbindliche tarifvertragliche Regelungen i. S. d. AEntG (*Webers* NJW 1996, 574 ff.; s. o. A/Rz. 865 ff.). **902**
Darüber hinaus kommt die Anwendung des Art. 34 EGBGB für **§ 2 BeschFG** (jetzt § 4 Abs. 1 TzBfG), der auf den inländischen Arbeitsmarkt zielt, in Betracht, nicht dagegen im Rahmen der inhaltlichen Gestaltung des Arbeitsverhältnisses durch das EFZG (MünchArbR/*Birk* § 20 Rz. 82–92). **903**

A. Grundbegriffe und Grundstrukturen des Arbeitsrechts

dd) Ordre public (Art. 6 EGBGB)

904 Neben Art. 30 Abs. 1, 34 EGBGB kann ausnahmsweise eine vertraglich vereinbarte ausländische Regelung auch dann ausgeschlossen sein (Art. 6 EGBGB), wenn sie mit wesentlichen Grundsätzen des deutschen Rechts offensichtlich unvereinbar ist. Dadurch sollen **grundrechtlich geschützte Positionen sowie die wesentlichen arbeitsrechtlichen Grundwertungen verteidigt** und Eingriffe insoweit abgewehrt **werden**, als nicht bereits Art. 30 Abs. 1, 34 EGBGB eingreifen.

905 Die Voraussetzungen des Art. 6 EGBGB sind dann erfüllt, wenn die Anwendung des ausländischen Rechts im Einzelfall zu einem Ergebnis führt, das zu der in der entsprechenden deutschen Regelung liegenden Gerechtigkeitsvorstellung in so starkem Widerspruch steht, dass die Anwendung des ausländischen Rechts schlechthin untragbar wäre.

906 Das ist jedenfalls wegen der eingeschränkten Anwendbarkeit des **KSchG** (§ 1 Abs. 1 KSchG) sowie der Wertung des BeschFG 1985 (jetzt § 4 Abs. 1 TzBfG), das praktisch in vielen Fällen zu einem Ausschluss des Kündigungsschutzes auf 18 bzw. 24 Monate führt, beim Ausschluss des Kündigungsschutzes zu Beginn der Beschäftigung **nicht der Fall**. Ob etwas anderes dann gilt, wenn jeglicher Kündigungsschutz dauerhaft fehlt, hat das *BAG* (24.5.1989 AP Nr. 30 zu Internationales Privatrecht-Arbeitsrecht) offen gelassen.

907 Soweit das an sich anwendbare amerikanische Recht keinen Ausgleichsanspruch i. S. d. **§ 89 b HGB** kennt, verstößt das nicht gegen den ordre public (*LG Frankfurt* 18.9.1980 AP Nr. 18 zu Internationales Privatrecht-Arbeitsrecht).

908 Es verstößt auch nicht gegen den ordre public, wenn nach englischem Recht die Zahlung einer **Provision** vom Bestand des Arbeitsverhältnisses abhängig ist, sodass danach keine Provision für Geschäfte verlangt werden kann, an denen der Arbeitnehmer zwar mitgewirkt hat, die aber erst nach der Beendigung des Arbeitsverhältnisses abgewickelt werden (*BAG* 26.2.1985 AP Nr. 23 zu Internationales Privatrecht-Arbeitsrecht).

909 **§ 613 a BGB** gehört nicht zu den wesentlichen Grundsätzen des deutschen Rechts, die ohne Rücksicht auf das auf den Vertrag anzuwendende Recht den Sachverhalt zwingend regeln (*BAG* 29.10.1992 EzA Art. 30 EGBGB Nr. 2), ebenso wenig **§§ 1 ff. ArbnErfG** (vgl. MünchArbR/*Sack* § 101 Rz. 110).

910 Soweit Art. 6 EGBGB eingreift, ist das ausgeschaltete fremde Recht i. d. R. durch inländisches Recht zu ersetzen, es sei denn, dass bereits die Nichtanwendung des ausländischen Rechts ausreicht, um den erforderlichen Arbeitnehmerschutz zu gewährleisten.

ee) Einzelfragen des Arbeitsverhältnisses

911 Im Rahmen der Anbahnung, Begründung, der inhaltlichen Ausgestaltung und der Beendigung des Arbeitsverhältnisses kommen kollisionsrechtlich bei zahlreichen Einzelfragen neben dem Vertragsstatut auch andere Anknüpfungspunkte in Betracht.

A. Grundbegriffe und Grundstrukturen des Arbeitsrechts

- Das Vertragsstatut erfasst die **Begründung des Arbeitsverhältnisses** (Zustande- 912
kommen und Wirksamkeit des Arbeitsvertrages, Art. 31 Abs. 1 EGBGB, vgl.
aber auch Art. 7, 11 EGBGB, s. o. A/Rz. 828 ff.), das faktische Arbeitsverhältnis
(vgl. Art. 32 Abs. 1 Nr. 5 EGBGB), die Rechtfertigung der **Befristung** von Arbeitsverträgen, **Inhalt und Umfang der Arbeitnehmerpflichten, Haftung des Arbeitnehmers** (Art. 32 Abs. 1 Nr. 3 EGBGB), **Pflichten des Arbeitgebers** (Lohnzahlung, Urlaub, Arbeitszeit, Recht am Arbeitsergebnis, wenn das Urheberrechtsstatut [Recht des Schutzlandes] und das Vertragsstatut verschiedenen Rechtsordnungen unterfallen); die **Folgen der Beendigung des Arbeitsverhältnisses** (z. B. Herausgabe von Arbeitspapieren, Freistellung zur Stellensuche, Zeugnis) sowie seine Nachwirkungen.
- Der Betriebssitz des Arbeitgebers ist maßgeblich, d. h. trotz der Vereinbarung aus- 913
ländischen Rechts gilt bei Tätigkeit in der BRD inländisches Recht, bei der Beurteilung der Zulässigkeit von **Fragerecht und Fragebogen bei Bewerbern**, der Verpflichtung zur Zahlung von **Bewerbungs- und Vorstellungskosten**, Fragen der Arbeitserlaubnis (§ 285 SGB III), Einstellungspflichten und Beschäftigungsverboten, der Rechtfertigung der Befristung von Arbeitsverhältnissen in inländischen Betrieben nach **§ 1 BeschFG** (jetzt § 14 TzBfG), Arbeit auf Abruf (§ 4 BeschFG; jetzt § 12 TzBfG) in inländischen Betrieben, der Lohnzahlung bei Betriebsstörungen (z. B. wegen Stromausfall), Arbeitgeberwechsel bei Betriebsübergang gem. **§ 613 a BGB** oder durch Vertrag.
- Der Einstellungsort ist maßgeblich für Fragen der Diskriminierung eines Bewer- 914
bers insbesondere wegen des Geschlechts (z. B. gem. **§ 611 a BGB**).
- Der Einsatzort ist maßgeblich für die rechtlichen Anforderungen an Arbeitneh- 915
merüberlassung (**§ 10 AÜG**). Ein ausländisches Zeitarbeitsunternehmen bedarf folglich einer Genehmigung nach dem AÜG, wenn es Arbeitskräfte für einen Einsatz in der BRD verleiht. Der Einsatzort ist auch maßgeblich für die Bezahlung von Freistellungen (EFZG), öffentlich-rechtliche Ge- und Verbote hinsichtlich der Arbeitszeit einschließlich privat-rechtlicher Folgewirkungen (z. B. höhere Vergütung für Nachtarbeit, *BAG* 12.12.1990 EzA § 15 AZO Nr. 14).
- Der **Anwendungsbereich von Schutzgesetzen** ist maßgeblich für das MuSchG 916
(z. B. auch den Zuschuss zum Mutterschaftsgeld, § 14 MuSchG), den Zusatzurlaub nach JArbSchG, SGB IX, JArbSchG und SGB IX auch im Übrigen; bezahlte Freistellung (Stellensuche, § 616 BGB; Betriebsratstätigkeit); Bildungs- oder Erziehungsurlaub (jetzt Elternzeit); Datenschutz (BDSG, Grundrecht auf informationelle Selbstbestimmung); besondere Kündigungsverbote (§ 15 KSchG, § 103 BetrVG, § 9 MuSchG), KSchG, BBiG.
- Der **gewöhnliche Aufenthaltsort** des Arbeitnehmers ist maßgeblich für Vorschrif- 917
ten zur Sicherung des Arbeitseinkommens (§§ 850 a ff. ZPO; Aufrechnungs- und Abtretungsverbote).
- Das **Statut der Kranken- oder Unfallversicherung** kann maßgeblich sein für Ent- 918
geltfortzahlung (EFZG) und die Beurteilung von Arbeitsunfällen (§§ 636 ff. RVO).
- Das **Erbstatut** ist maßgeblich beim Tod des Arbeitgebers. 919
- **Das Gesellschaftsrechtsstatut** kommt in Betracht bei der Fusion und Neubildung 920 von Gesellschaften.
- Im Recht der Arbeitnehmererfindungen kommt im Hinblick auf **§ 14 ArbnErfG** 921 das Territorialitätsprinzip, das im Patentrecht gilt, grds. nicht in Betracht (vgl. aber MünchArbR/*Sack* § 101 Rz. 100 ff.).

Dörner

A. Grundbegriffe und Grundstrukturen des Arbeitsrechts

922 – Im Recht der **betrieblichen Altersversorgung** kann bei Beendigung eines Arbeitsverhältnisses in der BRD und der Neubegründung eines Arbeitsverhältnisses im Ausland die **Unverfallbarkeit** nicht durch eine im Ausland zurückgelegte Dienstzeit eintreten. Etwas anderes gilt, wenn das Arbeitsverhältnis mit einer ausländischen Tochtergesellschaft einer deutschen Konzernmutter im Konzerninteresse begründet und die inländische Konzernobergesellschaft die Versorgungsanwartschaft aufrechterhalten hat (*BAG* 25.10.1988 EzA § 7 BetrAVG Nr. 26).

Erwirbt ein Arbeitnehmer durch die Auslandstätigkeit Ansprüche auf Leistungen der betrieblichen Altersversorgung bei dem ausländischen Unternehmen, so kann die Versorgungsordnung vorsehen, dass diese Leistungen angerechnet werden. Voraussetzung ist aber, dass der Arbeitnehmer über das ausländische Renteneinkommen aufgrund der devisenrechtlichen Bestimmungen des Auslandsstaates auch verfügen kann (MünchArbR/*Förster/Rühmann* § 113 Rz. 29). Eine **ausländische Sozialversicherungsrente** kann i. d. R. dann angerechnet werden, wenn die Versorgungsordnung dies vorsieht (*BAG* 24.4.1990 EzA § 5 BetrAVG Nr. 23), nicht aber dann, wenn dies nur in den allgemeinen Versicherungsbedingungen einer als Privatversicherung durchgeführten Zusatzversorgung enthalten ist (*BGH* 9.4.1986 DB 1986, 1983).

Der Anpassungsbedarf gem. § 16 BetrAVG wird i. d. R. anhand der deutschen Kaufkraftentwicklung zu ermitteln sein.

923 Durch Wahl des deutschen Betriebsrentenrechts kann ein ausländischer Betriebsrentenanspruch nicht insolvenzgesichert werden. Ist der Arbeitnehmer bei einem ausländischen Unternehmen beschäftigt, so kommt **Insolvenzschutz** nur in Betracht, wenn der Sicherungsfall im Geltungsbereich des BetrAVG eintritt. Möglich ist dies z. B. dann, wenn über das inländische Vermögen der Niederlassung eines ausländischen Unternehmens gem. § 238 KO ein Konkurs(jetzt Insolvenz-)verfahren eröffnet wird (*BAG* 12.2.1991 EzA § 9 BetrAVG Nr. 4), oder dann, wenn von einer Konkurseröffnung im Ausland auch das Inlandsvermögen des Unternehmens, bei dem der Arbeitnehmer beschäftigt war, erfasst wird (vgl. *BGH* 11.7.1985, NJW 1985, 2897).

924 Ist ein Arbeitnehmer bei einer ausländischen Gesellschaft beschäftigt, wurde jedoch die Versorgungszusage von einem inländischen Unternehmen erteilt, so besteht zumindest dann Insolvenzschutz, wenn der Arbeitnehmer das Arbeitsverhältnis mit dem ausländischen Unternehmen im Konzerninteresse auf Veranlassung der Konzernobergesellschaft mit einer Konzerntochtergesellschaft abgeschlossen hat (*BAG* 6.8.1985, 25.10.1988 EzA § 7 BetrAVG Nr. 16, 26; s. o. A/Rz. 922 ff.). Das *BAG* (6.8.1985, 25.10.1988 EzA § 7 BetrAVG Nr. 16, 26) hat bislang offen gelassen, ob noch eine arbeitsrechtliche Restbeziehung mit dem inländischen Unternehmen bestanden haben muss. Dagegen gewährt der Pensionssicherungsverein keinen Insolvenzschutz bei einer Versetzung eines Arbeitnehmers ins Ausland unter Auflösung der vertraglichen Bindung zum inländischen Arbeitgeber, und zwar auch dann nicht, wenn es sich um Konzerngesellschaften handelt. Eine Wiedereinstellungsklausel unter Aufrechterhaltung der Versorgungszusage erachtet der PSV als nicht ausreichend. Dagegen gewährt er Insolvenzschutz bei einer befristeten Entsendung eines Arbeitnehmers ins Ausland unter Abschluss eines separaten Arbeitsvertrages mit dem ausländischen Unternehmer zumindest dann, wenn ein Ruhen des Arbeitsverhältnisses mit dem inländischen Arbeitgeber vereinbart worden ist (MünchArbR/*Förster/Rühmann* § 113 Rz. 32).

A. Grundbegriffe und Grundstrukturen des Arbeitsrechts

b) Tarifvertrags- und Arbeitskampfrecht

aa) Tarifvertragsrecht

> Der Schutz der Koalitionsfreiheit gem. Art. 9 Abs. 3 GG beschränkt sich nicht auf deutsche Staatsangehörige, sondern erfasst allgemein das Gebiet der BRD.

925

Deshalb kann z. b. eine ausländische Gewerkschaft für den Abschluss eines Tarifvertrages mit einer deutschen Koalition Art. 9 Abs. 3 GG für sich in Anspruch nehmen, wenn dieser Tarifvertrag seinen Schwerpunkt im Inland haben wird. Entsprechendes gilt für inländische Koalitionen, wenn sich der betreffende Sachverhalt nur vorübergehend im Ausland realisiert oder wenn eine andere Verfassungs- oder Rechtsordnung auf eine Regelung verzichtet.

926

Ohne dass eine normative Regelung besteht, ist das TVG anwendbar, wenn der konkrete oder in Aussicht genommene Tarifvertrag seinen Regelungsschwerpunkt im Inland hat. Das ist dann der Fall, wenn die vom Tarifvertrag erfassten Arbeitsverhältnisse im Allgemeinen im Inland schwerpunktmäßig ihren Tätigkeitsbereich haben.

927

> Sind die Arbeitnehmer hauptsächlich im Ausland tätig, so ist das TVG nur dann anwendbar, wenn die vertragsschließenden Parteien den Auslandseinsatz von Deutschland aus initiieren und lenken, es sich also nicht allein um im Ausland aktive Gewerkschaften und Arbeitgeberverbände handelt (Tarifvertragsstatut).

928

Deutsche Tarifvertragsparteien können auch für ausschließlich im Ausland zu erfüllende Arbeitsverträge Tarifverträge abschließen, die nur hinter zwingendes ausländisches Recht zurücktreten (*BAG* 11.9.1991 EzA § 1 TVG Durchführungspflicht Nr. 1).

929

Eine Wahl des Tarifvertragsstatuts kommt nur bei ausdrücklicher gesetzlicher Zulassung in Frage (vgl. z. B. § 21 Abs. 4 S. 2 FlaggenG), denn die Tarifvertragsparteien sind in eine bestimmte Arbeits- und Wirtschaftsverfassung eingebettet, aus der auszubrechen ihnen nicht ohne weiteres erlaubt werden kann.

930

Die Tariffähigkeit richtet sich nach dem für den Tarifvertrag maßgeblichen Recht; der zulässige Inhalt eines Tarifvertrages bestimmt sich nach dem Tarifvertragsstatut, ebenso die Tarifbindung und die Tarifwirkungen (MünchArbR/*Birk* § 21 Rz. 1–17 m. w. N.).

931

bb) Arbeitskampfrecht

> Das Arbeitskampfrecht (einschließlich einzelner Maßnahmen wie Streik, Aussperrung) wird nach der am Ort des Interessengegensatzes geltenden Rechtsordnung beurteilt.

932

Die Rechtmäßigkeit eines im Inland durchgeführten Sympathiestreiks zugunsten im Ausland streikender Arbeitnehmer beurteilt sich nach inländischem Recht; sie ist aber abhängig von der Rechtmäßigkeit des ausländischen Hauptstreiks, über die dessen Arbeitskampfstatut entscheidet.

933

Hinsichtlich der Wirkungen des Arbeitskampfes auf die Einzelarbeitsverhältnisse wird an das Arbeitskampfstatut angeknüpft (MünchArbR/*Birk* § 21 Rz. 18–21 m. w. N.).

A. Grundbegriffe und Grundstrukturen des Arbeitsrechts

c) Betriebsverfassungsrecht

934 Die Anwendung des BetrVG setzt voraus, dass der Betrieb im Inland liegt. Dies gilt ohne Rücksicht auf die Staatsangehörigkeit des Inhabers, also auch für Betriebe von Unternehmen, die ihren Sitz im Ausland haben. Es ist unerheblich, ob das ausländische Unternehmen im Inland eine Zweigniederlassung oder nur eine Betriebsstätte unterhält (*BAG* 1.10.1974, 31.10.1975 EzA § 106 BetrVG 1972 Nr. 1, 2).

935 Im Ausland befindliche Betriebe deutscher Inhaber unterfallen dem BetrVG aufgrund des **Territorialitätsprinzips** auch dann nicht, wenn für die Arbeitsverhältnisse der dort tätigen Arbeitnehmer die Geltung deutschen Rechts vereinbart worden ist. Das gilt selbst dann, wenn sich der ausländische Betrieb des deutschen Unternehmens nach dem BetrVG als selbstständiger Betriebsteil oder als Nebenbetrieb darstellen würde (*BAG* 25.4.1978 EzA § 8 BetrVG Nr. 6).

936 Für die Arbeitnehmer eines im Inland gelegenen Betriebes gilt das BetrVG auch dann, wenn sie im Ausland tätig sind, sofern sie im Ausland außerhalb einer dort bestehenden festen betrieblichen Organisation beschäftigt werden.

937 Denn dann stellt sich ihre Auslandstätigkeit als sog. **Ausstrahlung des inländischen Betriebes** dar. Das ist z. B. i. d. R. bei Monteuren der Fall. Gleiches gilt z. B. trotz Eingliederung in eine feste betriebliche Organisation bei einer von Anfang an zeitlich begrenzten, vorübergehenden Entsendung ins Ausland, nicht dagegen bei zeitlich nicht begrenzter Entsendung (*BAG* 25.4.1978, 21.10.1980 EzA § 8 BetrVG Nr. 6, EzA § 102 BetrVG Nr. 43).

938 Der Betriebsrat eines in der BRD gelegenen Betriebes hat auch bei der Kündigung eines nicht nur vorübergehend im Ausland eingesetzten Arbeitnehmers (z. B. Reiseleiter) dann ein Beteiligungsrecht (gem. § 102 BetrVG), **wenn der im Ausland tätige Arbeitnehmer nach wie vor dem Inlandsbetrieb zuzurechnen ist**. Ob das der Fall ist, hängt von den **Umständen des Einzelfalles** ab und insbesondere von der Dauer des Auslandseinsatzes, der Eingliederung in den Auslandsbetrieb, dem Bestehen und den Voraussetzungen eines Rückrufrechts zu einem Inlandseinsatz sowie dem sonstigen Inhalt der Weisungsbefugnisse des Arbeitgebers (*BAG* 7.12.1989 EzA § 102 BetrVG Nr. 74).

939 Ein Gesamtbetriebsrat (§ 47 Abs. 1 BetrVG) ist auch dann zu bilden, wenn im Inland mehrere Betriebe eines ausländischen Unternehmens bestehen, sofern in diesen mindestens zwei Betriebsräte bestehen. Existiert dagegen im Inland nur ein Betrieb, in dem ein Betriebsrat errichtet wurde, so wird kein Gesamtbetriebsrat gebildet.

940 Seine Mitbestimmungsbefugnisse kann der Betriebsrat auch für betriebsangehörige Arbeitnehmer ausüben, die sich im Ausland befinden. Deshalb sind Betriebsvereinbarungen gem. § 87 BetrVG mit grenzüberschreitenden, selbst reinen Auslandssachverhalten möglich. Bei personellen Angelegenheiten ist die Mitwirkung des Betriebsrats nicht davon abhängig, ob die fragliche Maßnahme oder der Arbeitsvertrag insgesamt deutschem Recht unterliegt (*BAG* 9.11.1977 EzA § 102 BetrVG Nr. 31). Ein Sozial-

A. Grundbegriffe und Grundstrukturen des Arbeitsrechts

plan schließlich kann auch im Ausland tätige, zu einem inländischen Betrieb gehörige Arbeitnehmer erfassen.

d) Verfahrensrecht (Internationale Zuständigkeit)

Die internationale Zuständigkeit, d. h. die Beantwortung der Frage, ob ein deutsches oder ein ausländisches Gericht zur Entscheidung des Rechtsstreits berufen ist, läuft für die Arbeitsgerichte sowohl im Urteils- als auch im Beschlussverfahren grds. parallel mit der örtlichen Zuständigkeit (§ 46 Abs. 2 ArbGG, §§ 12 ff., 38 ff. ZPO, § 82 ArbGG).Soweit das Gesetz für einen Rechtsstreit einen nationalen Gerichtsstand vorsieht, gibt es damit zu erkennen, dass es von einer Zuständigkeit der deutschen Gerichte ausgeht (vgl. *BAG* 26.2.1985 AP Nr. 23 zu Internationales Privatrecht-Arbeitsrecht). 941

Die deutschen Gerichte sind deshalb z. B. international zuständig, wenn die ausländische Beklagte im Inland ein Kontaktbüro unterhält und Vermögen besitzt (*BAG* 26.2.1985 AP Nr. 23 zu Internationales Privatrecht-Arbeitsrecht). 942

Die internationale Zuständigkeit kann im arbeitsgerichtlichen Verfahren ebenso wie im Zivilprozess auch durch Vereinbarung gem. § 38 ZPO entstehen. Voraussetzung für deren Wirksamkeit ist eine Einzelfallprüfung dahin, ob die vorgesehene Abweichung von der gesetzlichen Zuständigkeit mit dem besonderen Schutzzweck des Arbeitsrechts vereinbar ist (*BAG* 20.7.1970, 29.6.1978, 5.9.1972 AP Nr. 4, 8 zu § 38 ZPO Internationale Zuständigkeit, AP Nr. 159 zu § 242 BGB Ruhegehalt). 943

Für die sechs Gründerstaaten der EWG sowie inzwischen auch für Dänemark und Großbritannien bestimmte sich die internationale Zuständigkeit nach dem **EG-Übereinkommen** von 1978 (BGBl. 1983 II S. 802), das auch für arbeitsrechtliche Streitigkeiten galt (vgl. *Germelmann/Matthes/Prütting* Einl. Rz. 224, 231 ff. m. w. N.; *Junker* RdA 1998, 42 ff.). Nach **Art. 5 Nr. 1** dieses Übereinkommens kann eine Person, die ihren Wohnsitz in dem Hoheitsgebiet eines Vertragsstaates hat, dann, wenn ein Vertrag oder Ansprüche aus einem Vertrag den Gegenstand des Verfahrens bilden, in einem anderen Vertragsstaat vor dem Gericht des Ortes verklagt werden, an dem die Verpflichtung erfüllt worden ist oder zu erfüllen gewesen wäre. Diese Vorschrift ist dahin auszulegen, dass bei Arbeitsverträgen diejenige Verpflichtung als maßgeblich anzusehen ist, die für solche Verträge charakteristisch ist, insbesondere diejenige zur Ausführung der vereinbarten Tätigkeit. Gem. Art. 17 EuGVÜ ist auch die Vereinbarung der Zuständigkeit grds. zulässig. 944

Durch die **Neufassung des EuGVÜ 1989** (aus Anlass des Beitritts Spaniens und Portugals) war in Art. 5 Nr. 1 vorgesehen, dass eine Person, die ihren Wohnsitz im Hoheitsgebiet eines Vertragsstaates hat, in einem anderen Vertragsstaat vor dem Gericht des Ortes verklagt werden kann, an dem der Arbeitnehmer gewöhnlich seine Arbeit verrichtet. Wenn er seine Arbeit jedoch gewöhnlich nicht in ein- und demselben Staat verrichtet, so kann der Arbeitgeber auch vor dem Gericht des Ortes verklagt werden, in dem sich die Niederlassung befindet oder befand, die den Arbeitnehmer eingestellt hat. 945

In einer die Niederlande und Großbritannien betreffenden Entscheidung hat der *EuGH* (9.1.1997 NZA 1997, 225) Art. 5 Nr. 1 in dieser Fassung wie folgt ausgelegt: 946

A. Grundbegriffe und Grundstrukturen des Arbeitsrechts

Bei einem Arbeitsvertrag, zu dessen Erfüllung der Arbeitnehmer seine Tätigkeit in mehr als einem Vertragsstaat verrichtet, ist der Ort, an dem er gewöhnlich seine Arbeit verrichtet, der Ort i. S. dieser Norm, den er zum tatsächlichen Mittelpunkt seiner Berufstätigkeit gemacht hat. Für die konkrete Bestimmung dieses Ortes ist der Umstand zu berücksichtigen, dass der Arbeitnehmer den größten Teil seiner Arbeitszeit in einem Vertragsstaat zubringt, in dem er ein Büro hat, von dem aus er seine Tätigkeit für seinen Arbeitgeber organisiert und wohin er nach jeder im Zusammenhang mit seiner Arbeit stehenden Auslandsreise zurückkehrt.

947 Nach Art. 17 EuGVÜ 1989 sind **Gerichtsstandsvereinbarungen** bei Einzelarbeitsverträgen nur noch dann rechtlich wirksam, wenn sie nach der Entstehung der Streitigkeit getroffen wurden oder wenn der Arbeitnehmer sie geltend macht, um ein anderes Gericht als das am Wohnsitz des Beklagten oder das nach Art. 5 Nr. 1 EuGVÜ bezeichnete anzurufen (MünchArbR/*Birk* § 23 Rz. 5, 8 m. w. N.).
Mit Wirkung vom 1.3.2002 ist die Europäische Gerichtsstands- und Vollstreckungsverordnung (EuGVVO) in Kraft getreten und hat das EuGVÜ für 14 von 15 EU-Staaten – nicht angeschlossen hat sich Dänemark, für das im Verhältnis zu den übrigen EU-Staaten das EuGVÜ weitergilt – im Verhältnis zueinander ersetzt. Sie ist unmittelbar geltendes Recht (sekundäres Gemeinschaftsrecht). Die Regelungen des EuGVÜ sind im Wesentlichen unverändert in die EuGVVO übernommen worden (vgl. *Maurer* FA 2002, 130 ff.).

948 Zu beachten ist, dass aus der internationalen Zuständigkeit eines deutschen Arbeitsgerichts keineswegs auch die Anwendbarkeit materiellen deutschen Arbeitsrechts folgt. Auf ein Arbeitsverhältnis mit Auslandsberührung findet vielmehr das Recht Anwendung, dessen Geltung die Parteien ausdrücklich oder stillschweigend vereinbart haben oder das sich auf Grund objektiver Anknüpfungspunkte ergibt (Art. 27, 30 EGBGB; s. o. A/Rz. 828 ff.).

IX. Die arbeitsrechtliche Verwaltung

1. Die arbeitsrechtlichen Behörden

a) Grundlagen

949 Der Vollzug insbesondere des öffentlich-rechtlichen Arbeitsschutzrechts obliegt den arbeitsrechtlichen Behörden.

950 Dabei handelt es sich z. T. um selbstständige juristische Personen des öffentlichen Rechts, denen in unterschiedlichem Umfang Selbstverwaltungskompetenzen eingeräumt sind:
– **Bundesanstalt für Arbeit** (vgl. §§ 267 ff. SGB III) in Nürnberg mit eigenem Verwaltungsunterbau, gegliedert in Hauptstelle (unmittelbar nachgeordnet sind das Zentralamt für Arbeit [Nürnberg]), die Zentralstelle für Arbeitsvermittlung (Frankfurt), Verwaltungsschulen sowie der Fachbereich der Arbeitsverwaltung (Fachhochschule des Bundes, Mannheim), Landesarbeitsämter und Arbeitsämter. Organe der Bundesanstalt sind, drittelparitätisch besetzt (Arbeitnehmer, Arbeitgeber, öffentliche Körperschaften), die Verwaltung, der Vorstand sowie die Verwal-

A. Grundbegriffe und Grundstrukturen des Arbeitsrechts

tungsausschüsse der Landes- und Arbeitsämter (§§ 374 ff. SGB III). Die laufenden Geschäfte führt der Präsident der Bundesanstalt für Arbeit (§ 394 SGB III). Aufgaben der Bundesanstalt sind gem. § 3 SGB III insbesondere die Arbeitsvermittlung, Berufsberatung, Arbeitsmarkt- und Berufsforschung, die Gewährung von Leistungen zur Erhaltung und Schaffung von Arbeitsplätzen (Kurzarbeiter-, Winter-, Winterausfallgeld), sonstige Leistungen (Arbeitslosen-, Insolvenzausfallgeld) sowie die Förderung der beruflichen Bildung und die Gewährung von berufsfördernden Leistungen zur Rehabilitation. Im Auftrag des Bundes gewährt die Bundesanstalt schließlich Arbeitslosenhilfe.
- **Sozialversicherungsträger**, deren Zuständigkeitsbereich über das Gebiet eines Landes hinausgeht (Art. 87 Abs. 2 GG).
- Gem. Art. 87 Abs. 2 GG sind das Bundesinstitut für Berufsbildung, die Künstlersozialkasse sowie als Dachkörperschaften die Bundesverbände der Orts-, Betriebs- und Innungskrankenkassen sowie die kassen- und kassenzahnärztliche Bundesvereinigung errichtet worden.

b) Bundesministerium für Arbeit und Sozialordnung

Zu den Aufgaben des Bundesministeriums für Arbeit und Sozialordnung gehören die Regelung der Arbeitsmarktpolitik sowie aller Grundfragen des individuellen und kollektiven, öffentlichen und privaten Arbeitsrechts. 951

Es bereitet arbeitsrechtliche Gesetze vor, erlässt untergesetzliche Rechtsnormen, ist zuständig für die Allgemeinverbindlicherklärung von Tarifverträgen (§ 5 TVG) und führt ein Register aller bestehenden Tarifverträge (§ 6 TVG). 952

Zur Erfüllung seiner Aufgaben bedient sich das Ministerium zahlreicher Beiräte, Ausschüsse (z. B. des Tarifausschusses) und sonstiger Gremien, die i. d. R. mit Verbandsvertretern, Sachverständigen und Wissenschaftlern besetzt sind. 953

Unmittelbar nachgeordnete Behörden, die der Fachaufsicht des Ministeriums unterliegen, sind die Bundesausführungsbehörde für Unfallversicherung (Wilhelmshafen), die Bundesanstalten für Arbeitsschutz (Dortmund) und Arbeitsmedizin (Berlin) sowie das Bundesversicherungsamt (Berlin). 954

Der Rechtsaufsicht unterliegen die öffentlich-rechtlichen Dachkörperschaften landesunmittelbarer Sozialversicherungsträger (Bundesverbände der Betriebs-, Innungs- und Ortskrankenkassen in Bonn, Essen und Bergisch-Gladbach), die Bundesvereinigungen der Kassen- und Kassenzahnärzte (Bonn) und die Bundesanstalt für Arbeit. 955

Daneben ist das Ministerium allgemeine Dienstaufsichtsbehörde für das BAG (Erfurt) und das BSG (Kassel). 956

c) Arbeitsministerien der Länder

Die Arbeitsministerien der Länder sind die obersten staatlichen Arbeitsverwaltungsbehörden auf der Ebene der Länder (Art. 84 Abs. 1 GG). Nachgeordnet sind ihnen i. d. R. die Gewerbeaufsichtsämter (Arbeitsschutz, Sicherheitstechnik). Zuständig sind die Arbeitsministerien der Länder für die Aufsicht über die Sozialversicherungsträger (§ 90 Abs. 2 SGB IV) und auch für die Allgemeinverbindlicherklärung von Tarifverträgen (§ 5 TVG). Daneben bestehen Heimarbeitsausschüsse (§§ 4, 5 HAG) nebst Entgeltprüfungsstellen, Schieds- und Schlichtungsausschüsse sowie Integrationsämter und -fachdienste zur Umsetzung des Schwerbehindertenschutzes (§§ 80, 88, 101, 109 ff. SGB IX). 957

A. Grundbegriffe und Grundstrukturen des Arbeitsrechts

d) Arbeitnehmerkammern

958 In Bremen und im Saarland bestehen Arbeitnehmerkammern als selbstständige Körperschaften des öffentlichen Rechts, denen im Wege der Zwangsmitgliedschaft alle Arbeitnehmer angehören. Aufgaben sind insbesondere die Wahrung und Förderung der Interessen der Arbeitnehmer in wirtschaftlicher, sozialer und kultureller Hinsicht im Einklang mit dem Gemeinwohl.

Verfassungsrechtlich ist die Zwangsmitgliedschaft nicht zu beanstanden (*BAG* 18.12.1974 AP Nr. 23 zu Art. 9 GG).

2. Koalitionen

959 Der besonderen Stellung und Funktion der Koalitionen (Art. 9 Abs. 3 GG) wird dadurch Rechnung getragen, dass ihnen eine Vielzahl von Funktionen und Mitwirkungsrechten (insbesondere Anhörungs-, Antrags- und Vorschlagsrechte) im staatlichen Aufgabenbereich (z. B. bei Gesetzesvorhaben, Durchführungsverordnungen, Verwaltungsrichtlinien, der Allgemeinverbindlicherklärung von Tarifverträgen) eingeräumt werden.

960 Dadurch sollen die Verwirklichung des sozialen Rechtsstaats und der Gedanke der sozialen Selbstverwaltung gefördert werden. Beratung und Zusammenarbeit zwischen den Verbänden und den staatlichen Einrichtungen sind auf allen Ebenen, die sich mit arbeits- und sozialpolitischen Fragen beschäftigen, institutionalisiert.

961 Im Bereich der Gerichtsorganisation steht den Verbänden ein Vorschlagsrecht für die Berufung der ehrenamtlichen Richter, ein Beratungsrecht vor der Ernennung der Vorsitzenden an den Arbeitsgerichten sowie ein Anhörungsrecht bei der Bestellung des Präsidenten und der Vorsitzenden bei den Landesarbeitsgerichten (§§ 18, 36 ArbGG) sowie bei Organisationsakten, z. B. bei der Benennung der Zahl der Kammern eines Arbeitsgerichts (§§ 17, 35 ArbGG) zu.

962 Schließlich sind den Verbänden im Bereich der Behördenorganisation und der Erfüllung von Verwaltungsaufgaben – auch in Internationalen Organisationen der Europäischen Gemeinschaft und der Internationalen Arbeitsorganisation (IAO) – Mitwirkungsmöglichkeiten durch Vorschlags- und Entsenderechte für zahlreiche Ausschüsse, Beiräte und andere Einrichtungen (vgl. die Übersicht bei MünchArbR/ *Richardi* § 16 Rz. 16–32) eröffnet.

3. Arbeitsvermittlung

a) Begriff

963 Arbeitsvermittlung ist eine Tätigkeit, die darauf gerichtet ist, Arbeitsuchende mit Arbeitgebern zur Begründung von Arbeitsverhältnissen oder mit Auftraggebern oder Zwischenmeistern zur Begründung von Heimarbeitsverhältnissen i. S. d. HAG zusammenzuführen (vgl. § 35 SGB III).

A. Grundbegriffe und Grundstrukturen des Arbeitsrechts

Keine Arbeitsvermittlung in diesem Sinne ist es, wenn öffentlich-rechtliche Träger der sozialen Sicherung (z. B. Sozialhilfeträger, Dienststellen der Bundeswehr, Träger der Jugendhilfe) im Einzelfall arbeitsvermittelnd tätig werden (§ 291 Abs. 2 SGB III). 964

Bestand zuvor gem. § 4 AFG a. F. im Übrigen hinsichtlich der Arbeitsvermittlung ein Monopol der BfA, so ist sie im Gegensatz dazu seit dem 1.9.1994 auch durch Dritte zulässig. Voraussetzung ist allerdings eine Erlaubnis der BfA, deren Voraussetzungen im Einzelnen §§ 291 ff. SGB III regeln (vgl. *Marschner* DB 1994, 1774 ff.). 965

Das *LSG Rheinland-Pfalz* (11.12.1995 NZA-RR 1997, 153) ist insoweit davon ausgegangen, dass ein Mitglied der **Scientology Church** nicht als unzuverlässig i. S. dieser Vorschriften anzusehen ist, da diese weder eine kriminelle Vereinigung (§ 129 StGB), noch ein verbotener Verein (§ 3 VereinsG) ist. Es besteht danach auch kein hinreichender prognostischer Verdacht, dass ein Mitglied dieser Organisation aufgrund dieser Mitgliedschaft seine Stellung als Arbeitsvermittler missbrauchen wird oder schon missbraucht hat. 966

Das *BSG* (14.12.2000 NZA-RR 2001, 650) hat diese Entscheidung **aufgehoben** und die Sache zur erneuten Verhandlung und Entscheidung an das LSG **zurückverwiesen**. Es hat zwar die rechtlichen Überlegungen des LSG grds. geteilt, aber angenommen, dass das LSG nicht hinreichend der Frage nachgegangen ist, ob der Antragsteller erwarten lässt, **im Konfliktfall dem für die Berufsausübung als Arbeitsvermittlerin maßgebenden Recht den Vorrang vor anderen Verhaltensmaßstäben einzuräumen.** 967

b) Durchführung der Arbeitsvermittlung durch das Arbeitsamt

Auf Antrag von Arbeitnehmer oder Arbeitgeber unterbreitet das Arbeitsamt einen Vermittlungsvorschlag, der grds. unverbindlich ist, dessen Ablehnung aber u. U. für den Arbeitslosen gem. § 144 Abs. 1 Nr. 2 SGB III eine Sperrzeit zur Folge hat (§ 35 SGB III). 968

Darüber hinaus sind Arbeitnehmer und Arbeitgeber auf Verlangen über die Lage auf dem Arbeitsmarkt, die Entwicklung in den Berufen, die Notwendigkeit und die Möglichkeiten der beruflichen Bildung und deren Förderung sowie die Förderung der Arbeitsaufnahme zu unterrichten und in Fragen der Wahl oder Besetzung von Arbeitsplätzen zu beraten (§§ 29 ff. SGB III). 969

Durch die Vermittlungstätigkeit der BfA selbst werden keine Arbeitsverträge geschlossen. Deshalb bietet ein Arbeitgeber, der beim Arbeitsamt für einen bestimmten Tag eine Aushilfskraft anfordert, damit regelmäßig noch keinen Arbeitsvertrag bindend an und bevollmächtigt das Arbeitsamt auch nicht zum Abschluss eines Arbeitsvertrages (*BAG* 27.6.1957 AP Nr. 1 zu § 611 BGB Vertragsschluss). 970

Arbeitsvermittlung und -beratung erfolgen grds. unentgeltlich (§ 43 SGB III; zu den Ausnahmen vgl. § 43 Abs. 2 SGB III). 971

Nach der Zugehörigkeit zu einer politischen, gewerkschaftlichen oder ähnlichen Vereinigung darf nur ausnahmsweise gefragt werden (vgl. § 42 SGB III). 972

Gem. § 292 SGB III erfolgt die Anwerbung und Vermittlung von Arbeitskräften im Ausland für eine Beschäftigung im Inland und im Inland für eine Beschäftigung im Ausland durch die BfA. Dritte bedürfen hierzu, soweit ihnen keine Erlaubnis nach

A. Grundbegriffe und Grundstrukturen des Arbeitsrechts

§ 23 AFG erteilt ist, einer vorherigen Zustimmung der BfA. Dies gilt wegen der EG-FreizügigkeitsVO vom 15.10.1968 (s. o. A/Rz. 739) nicht für Arbeitgeber und Arbeitnehmer aus EG-Mitgliedsstaaten (vgl. § 292 Abs. 2 SGB III).

4. Arbeitsförderung

973 Arbeitsförderung ist die Förderung der beruflichen Bildung sowie der Arbeitsaufnahme im weitesten Sinne (vgl. zuletzt das Job-AQTIV-Gesetz zum 1.1.2002).

a) Leistungen an Arbeitnehmer

974 Neben Regelungen in Einzelgesetzen (BAföG, Gesetz über die Förderung wissenschaftlichen Nachwuchses an den Hochschulen) sieht das SGB III für Arbeitnehmer vor:
 – Maßnahmen zur Förderung der Berufsausbildung sowie der beruflichen Weiterbildung (§§ 59 ff. SGB III) z. B. durch die Gewährung von Zuschüssen und Darlehen. Ziel ist die Stärkung der individuellen beruflichen Mobilität der Arbeitnehmer. Zudem sollen die Wachstums- und Strukturwandelprozesse der Unternehmen durch ein Angebot gut ausgebildeter Arbeitskräfte gefördert werden.

975 – **Institutionelle Förderung** der beruflichen Bildung (§§ 240 ff. SGB III), z. B. durch Darlehen und Zuschüsse für die Einrichtung, Ausstattung und Unterhaltung von Lehrwerkstätten, Arbeitnehmer- und Jugendwohnheimen, Werkstätten für Behinderte, u. U. auch durch die Erstattung der Kosten für Deutsch-Sprachlehrgänge.

976 – Maßnahmen zur **Arbeitsförderung i. e. Sinne** (§§ 48 ff. SGB III), d. h. Verbesserung der Eingliederungsaussichten, Förderung der Arbeitsaufnahme, der Aufnahme einer selbstständigen Tätigkeit (z. B. durch Zuschüsse zu den Bewerbungskosten, Reise- und Umzugskosten sowie die Gewährung von Trennungsbeihilfe, Familienheimfahrten, Arbeitsausrüstungen und Überbrückungsbeihilfen in besonderen Härtefällen sowie durch Überbrückungsgeld), Förderung von Aus- und Übersiedlern (durch Eingliederungsgeld) sowie berufsfördernde Leistungen zur Rehabilitation Behinderter (gewährt werden insoweit Hilfen, die erforderlich sind, um die Erwerbsfähigkeit der körperlich, geistig oder seelisch Behinderten entsprechend ihrer Leistungsfähigkeit zu erhalten, zu bessern, wieder herzustellen).

977 – Leistungen der **Arbeitslosenversicherung** zur Erhaltung und Schaffung von Arbeitsplätzen (Kurzarbeitergeld, Leistungen zur Förderung der ganzjährigen Beschäftigung in der Bauwirtschaft [§§ 169 ff. SGB III]; bis zum 31.12.1995 produktive Winterbauförderung und Schlechtwettergeld; an ihre Stelle sind Wintergeld und Winterausfallgeld getreten [§§ 209 ff. SGB III], zusätzlich haben die Tarifvertragsparteien des Baugewerbes ein Überbrückungsgeld vereinbart).

b) Leistungen an den Arbeitgeber

978 Durch die Leistungen der Arbeitsförderung soll vor allem **der Ausgleich am Arbeitsmarkt** unterstützt werden, indem Zeiten der Arbeitslosigkeit sowie des Bezugs von Arbeitslosengeld, Teilarbeitslosengeld und Arbeitslosenhilfe vermieden oder verkürzt werden. Die Leistungen sind so einzusetzen, dass sie der beschäftigungspolitischen Sozial-, Wirtschafts- und Finanzpolitik der Bundesregierung

entsprechen sowie der **besonderen Verantwortung** der Arbeitgeber für Beschäftigungsmöglichkeiten und der Arbeitnehmer für ihre eigenen beruflichen Möglichkeiten Rechnung tragen und die Erhaltung und Schaffung von wettbewerbsfähigen Arbeitsplätzen nicht gefährden (§ 1 SGB III; zur besonderen Verantwortung von Arbeitgebern und Arbeitnehmern vgl. § 2 SGB III).

Im Rahmen der Arbeitsvermittlung kommen die Zahlung von **Eingliederungszuschüssen** zur Eingliederung von Arbeitslosen und von Arbeitslosigkeit unmittelbar bedrohten Arbeitssuchenden für die Einarbeitung, bei erschwerter Vermittlung sowie für ältere Arbeitnehmer (§§ 217 ff. SGB III), Einstellungszuschüsse bei Neugründungen (§§ 225 SGB III), sowie die Förderung des Abschlusses und der Durchführung sog. Eingliederungsverträge (§§ 229 ff. SGB III) in Betracht. 979

Im Rahmen der **beruflichen Bildung** können Einarbeitungszuschüsse, im Rahmen der beruflichen Rehabilitation Ausbildungszuschüsse, Zuschüsse für Arbeitshilfen im Betrieb, in Werkstätten für Behinderte sowie im Rahmen der produktiven Winterbauförderung Investitions- und Mehrkostenzuschüsse gewährt werden (§§ 235 ff. SGB III). 980

Möglich sind auch Zuschüsse und Darlehen im Rahmen von Arbeitsbeschaffungsmaßnahmen, durch die Arbeiten im öffentlichen Interesse ausgeführt werden, die ohne Förderung nicht oder nicht im vorgesehenen Umfang oder in der vorgesehen Zeit durchgeführt worden wären. Bezuschusst werden kann insoweit die Beschäftigung älterer Arbeitnehmer sowie der Aufbau und die Veränderung von Betrieben, die die Beschäftigung älterer Arbeitnehmer zum Ziel haben. 981

Möglich sind schließlich Maßnahmen der Arbeitsbeschaffung zur Schaffung von Arbeitsgelegenheiten für Arbeitslose (§§ 260 ff. SGB III), insbesondere durch die Gewährung von Zuschüssen. 982

B. Anbahnung und Begründung des Arbeitsverhältnisses

Inhaltsübersicht Rz.

I. Die Freiheit der Entscheidung über die Begründung von Arbeitsverhältnissen 1–189
  1. Grundlagen 1– 14
    a) Arbeitnehmer 1– 4
    b) Arbeitgeber 5
      aa) Grundsatz der Privatautonomie 5
      bb) Normative Einschränkungen 6– 14
  2. Gesetzliche Beschäftigungs- und Abschlussverbote 15– 18
  3. Beschäftigungsverbote zugunsten der betroffenen Arbeitnehmer 19– 48
    a) Jugendarbeitsschutzrecht 19– 22
    b) Mutterschutzrecht 23– 43
    c) Frauenarbeitsschutzrecht 44– 45
    d) Beschäftigungsverbote aus Arbeitszeitrecht 46– 48
  4. Beschäftigungsverbote zum Schutz Dritter bzw. der Allgemeinheit 49– 68
    a) §§ 285, 286 SGB III 49– 64
      aa) Notwendigkeit einer Arbeitserlaubnis; Arbeitsberechtigung 49– 61
      bb) Rechtsfolge bei Verstößen gegen §§ 284, 285 SGB III 62– 63
      cc) Befristetes Arbeitsverhältnis 64
    b) Verträge über die Leistung verbotener Schwarzarbeit 65– 67
    c) §§ 42, 43 Infektionsschutzgesetz (IfSG) 68
  5. Gesetzliche Begründung von Beschäftigungsverhältnissen 69–121
    a) § 102 Abs. 5 BetrVG 70– 71
    b) § 78 a BetrVG, § 9 BPersVG 72–119
      aa) Zweck der Regelung 72– 74
      bb) Geschützter Personenkreis 75– 80
      cc) Mitteilungspflicht des Arbeitgebers (§ 78 a Abs. 1 BetrVG) 81– 84
      dd) Begründung eines Arbeitsverhältnisses (§ 78 a Abs. 2 BetrVG) 85– 95
        (1) Form und Frist 85– 88
        (2) Rechtswirkungen 89– 94
        (3) Verfahrensfragen 95
      ee) Unzumutbarkeit der Weiterbeschäftigung (§ 78 a Abs. 4 BetrVG) 96–117
        (1) Prüfungsmaßstab 96– 98
        (2) Personen-, verhaltens-, betriebsbedingte Gründe 99–110
        (3) Verfahrensfragen 111–117
      ff) Übernahme zu anderen Arbeitsbedingungen 118–119
    c) § 10 Abs. 1 AÜG 120
    d) § 613 a Abs. 1 BGB 121
  6. Gesetzliche Abschlussgebote 122–141
    a) §§ 74, 81 SGB IX 123–138
      aa) Beschäftigungsquote 123–125
      bb) Prüfung von Einstellungsmöglichkeiten 126–127
      cc) Benachteiligungsverbot wegen der Behinderung 128
      dd) Behinderungsgerechte Beschäftigung 129–132
      ee) Betriebliche Voraussetzungen für die Beschäftigung schwerbehinderter Menschen 133–134

B. Anbahnung und Begründung des Arbeitsverhältnisses

	ff) Prävention	135
	gg) Wiedereinstellung schwerbehinderter Menschen nach Arbeitskampfmaßnahmen	136–138
	b) Landesgesetze über den Bergmannsversorgungsschein	139–141
7.	Wiedereinstellungspflicht nach lösender Aussperrung und Kündigung	142–144
8.	§ 611 a BGB	145–175
	a) Grundlagen	145–150
	b) Einzelfragen; insbesondere Quotenregelungen	151–162
	c) Darlegungs- und Beweislast	163–169
	d) Rechtsfolgen	170–174
	e) Rechtsmissbrauch	175
9.	Tarifliche Einstellungsregelungen	176–187
	a) Beschäftigungsregelungen	176–177
	b) Einstellungsgebote; Übernahme von Auszubildenden	178–181
	c) Wiedereinstellungsklauseln	182–187
10.	Betriebsverfassungsrechtliche Wiedereinstellungsklauseln	188
11.	Gleichheitssatz (Art. 3 Abs. 1 GG)	189

II. Pflichten bei der Vertragsanbahnung   190–317

1.	Stellenausschreibung	190–194
2.	Begründung eines vorvertraglichen Schuldverhältnisses (culpa in contrahendo; jetzt § 311 Abs. 3, 4 BGB n. F.)	195–208
	a) Grundlagen	195–196
	b) Pflichten aus culpa in contrahendo (jetzt § 311 Abs. 3, 4 BGB n. F.)	197–205
	c) Umfang des Schadensersatzanspruchs	206–207
	d) Darlegungs- und Beweislast; Verjährung; Verhältnis zu anderen Ansprüchen	208
3.	Fragerecht des Arbeitgebers; Offenbarungspflichten des Arbeitnehmers	209–308
	a) Grundlagen	209–227
	aa) Auskunftspflicht	209–210
	bb) Wahrheitswidrige Antwort auf unzulässige Fragen	211–213
	cc) Normative Grundlage des Fragerechts und der Auskunftspflicht	214–215
	dd) Umfang des Fragerechts	216–224
	ee) Offenbarungspflichten	225–227
	b) Einzelfälle	228–283
	aa) Vermögensverhältnisse	228–231
	bb) Gesundheitszustand und Körperbehinderung; Geschlecht des Arbeitnehmers	232–245
	(1) Körperliche Eignung	232–233
	(2) Gesundheitszustand, Körperbehinderung	234–239
	(3) Beantragte Rehabilitationsmaßnahme	240
	(4) Aids	241–242
	(5) Transsexualität	243–245
	cc) Schwerbehinderteneigenschaft	246–254
	(1) Fragerecht	247–252
	(2) Offenbarungspflicht	253–254
	dd) Schwangerschaft	255–262
	(1) Schwangerschaft als Anfechtungsgrund	255–256
	(2) Fragerecht	257–261
	(3) Offenbarungspflicht	262
	ee) Vorstrafen; strafrechtliches Ermittlungsverfahren	263–268
	(1) Fragerecht	263–266
	(2) Offenbarungspflicht	267–268
	ff) Persönliche Lebensverhältnisse	269–272

gg)	Persönliche Eigenschaften	273–274
hh)	Tätigkeit bei Tendenzunternehmen	275–276
ii)	Sicherheitsbedenken	277
jj)	Zugehörigkeit zur Scientology-Organisation	278
kk)	Mitarbeit für das MfS	279–280
ll)	Frage nach früheren Beschäftigungen im Unternehmen (bei befristeten oder auflösend bedingten Arbeitsverhältnissen)	281–282
mm)	Drogenkonsum	283

c) Beschränkung der Informationserhebung bei Dritten — 284–302
    aa) Einschränkung der Informationserhebung durch Zuständigkeitsnormen — 286–288
    bb) Ärztliche und psychologische Untersuchungen — 289–292
    cc) Informationen durch den früheren oder derzeitigen Arbeitgeber — 293–302
d) Datenschutz — 303–308
4. Vorstellungskosten — 309–311
5. Pflichten des bisherigen Arbeitgebers eines Arbeitsplatzbewerbers — 312–317

III. Der Abschluss des Arbeitsvertrages — 318–386
  1. Grundlagen — 318–322
  2. Abgrenzungen — 323–327
  3. Anforderungen an der Vertragsschluss; Geschäftsfähigkeit — 328–335
  4. Form des Arbeitsvertrages — 336–359
    a) Grundsatz der Formfreiheit — 336
    b) Schriftformerfordernis — 337–341
    c) Aufhebung der Schriftform — 342
    d) Arbeitsverträge mit Kommunen — 343
    e) Geltendmachung des Formmangels — 344
    f) Vermutung der Vollständigkeit und Richtigkeit des schriftlich abgeschlossenen Arbeitsvertrages — 345–346
    g) Das Nachweisgesetz (NachwG) — 347–359
  5. Inhaltliche Ausgestaltung des Arbeitsvertrages — 360–386
    a) Notwendige Elemente des Arbeitsvertrages — 360–371
      aa) Vereinbarung der Arbeitsleistung — 360–361
      bb) Fehlen einer Vergütungsabrede — 362–367
      cc) Übliche Vergütung (§ 612 Abs. 2 BGB) — 368–370
      dd) Umzugskosten — 371
    b) Dauer des Arbeitsvertrages — 372–379
      aa) Grundlagen — 372–374
      bb) Daueranstellung — 375–377
      cc) Bedingung — 378
      dd) Altersgrenzen — 379
    c) Arbeitsverhältnis zur Probe — 380–383
    d) Aushilfsarbeitsverhältnis — 384–385
    e) Änderung des Vertragsinhalts — 386

IV. Rechtsmängel des Arbeitsvertrages — 387–465
  1. Verstoß gegen ein gesetzliches Verbot (§ 134 BGB) — 388–391
  2. Verstoß gegen die guten Sitten (§ 138 BGB) — 392–402
    a) Sittenwidrigkeit (§ 138 Abs. 1 BGB) — 392–396
    b) Wucher (§ 138 Abs. 2 BGB; § 302 a Abs. 1 Nr. 3 StGB) — 397–402
  3. Anfechtung des Arbeitsvertrages — 403–426
    a) Anfechtungsgründe — 403–413
      aa) Irrtum — 403–410
        aaa) § 119 Abs. 1 BGB — 403–404
        bbb) § 119 Abs. 2 BGB — 405–409

B. Anbahnung und Begründung des Arbeitsverhältnisses

	(1) Grundlagen	405–407
	(2) Irrtum über die Leistungsfähigkeit des Arbeitnehmers	408–409
	ccc) Prüfungsmaßstab	410
bb)	Arglistige Täuschung oder Drohung	411–413
b) Erklärung der Anfechtung		414–416
c) Anfechtungsfrist		417–421
aa)	Irrtumsanfechtung	417–419
bb)	§ 123 BGB	420–421
d) Anhörung des Betriebsrats (§ 102 BetrVG) vor Erklärung der Anfechtung?		422–423
e) Anwendbarkeit des § 9 MuSchG, § 18 BErzGG, der §§ 85, 91 SGB IX vor Erklärung der Anfechtung?		424
f) Einschränkung des Anfechtungsrechts durch Treu und Glauben (§ 242 BGB)		425–426
4. Rechtsfolgen von Nichtigkeit und Anfechtung		427–454
a) Rechtslage vor Vollzug des Arbeitsverhältnisses		431
b) Rechtslage nach Arbeitsaufnahme		432–454
aa)	Verhältnis von Anfechtung und Kündigung	432–434
bb)	Faktisches Arbeitsverhältnis	435–454
	(1) Keine Rückwirkung der Anfechtung	436–439
	(2) Fehlende Arbeitsleistung nach ursprünglicher Aktualisierung	440–444
	(3) Inhalt des faktischen Arbeitsverhältnisses	445
cc)	Fehlende Geschäftsfähigkeit des Arbeitnehmers	446–448
dd)	Fehlende Geschäftsfähigkeit des Arbeitgebers	449
ee)	Verstoß gegen die guten Sitten oder ein Strafgesetz	450–452
ff)	Nichtigkeit einzelner Abreden des Vertrages	453–454
5. Beiderseitiger Irrtum		455–457
6. Klagefrist (§§ 4, 13 KSchG) für den betroffenen Arbeitnehmer?		458–460
7. Ermittlung einer Anfechtungserklärung durch Umdeutung (§ 140 BGB)		461–463
8. Schadenersatzansprüche aus culpa in contrahendo (jetzt § 311 Abs. 3, 4 BGB n. F.)		464–465
V. Öffentlich-rechtliche Pflichten des Arbeitgebers; Arbeitspapiere		**466–479**
1. Meldepflichten gegenüber Sozialversicherungsträgern		467–472
2. Arbeitsschutzrecht		473
3. Vorlage von Arbeitspapieren durch den Arbeitnehmer		474–478
4. Überlassung von Arbeitspapieren an den Arbeitnehmer		479

I. Die Freiheit der Entscheidung über die Begründung von Arbeitsverhältnissen

1. Grundlagen

a) Arbeitnehmer

1 Der Arbeitnehmer kann frei entscheiden, ob und mit wem er ein Arbeitsverhältnis begründen will (*BAG* 2.10.1974 EzA § 613 a BGB Nr. 1).

2 Allerdings bestehen faktische Zwänge, so zum Beispiel gem. § 144 Abs. 1 Nr. 2 SGB III, wonach der Anspruch auf Arbeitslosengeld für eine Sperrzeit von **zwölf** Wochen ruht, wenn ein Arbeitsloser eine vom Arbeitsamt angebotene Arbeit nicht annimmt. Auch normative Zwänge bestehen nach geltendem Recht: So kann im Verteidigungs-

B. Anbahnung und Begründung des Arbeitsverhältnisses

fall ein Arbeitsverhältnis durch Verwaltungsakt begründet bzw. ein Arbeitnehmer aus einem bestehenden Arbeitsverhältnis abberufen werden (Art. 12a Abs. 3–6 GG, §§ 10 ff. Arbeitssicherstellungsgesetz BGBl. 1968 I S. 787). Eine Sperrwirkung kann schließlich vom Mitbestimmungsrecht des Betriebsrats (§ 99 BetrVG) bei der Einstellung ausgehen; der Arbeitnehmer hat keine Möglichkeit, gegen die Zustimmungsverweigerung des Betriebsrates vorzugehen.

Aus Art. 12 Abs. 1 GG folgt kein Anspruch auf Abschluss eines Arbeitsvertrages mit einem bestimmten Arbeitgeber; ein »Recht auf Arbeit« besteht insoweit nicht. 3

Der Staat ist lediglich verpflichtet, die erforderlichen wirtschaftlichen und finanzpolitischen Maßnahmen zu treffen, damit Vollbeschäftigung erreicht und Arbeitslosigkeit vermieden werden kann, sodass für jeden Arbeitswilligen die Chance wächst, in ein Beschäftigungsverhältnis zu gelangen. 4

b) Arbeitgeber

aa) Grundsatz der Privatautonomie

Auch der Arbeitgeber kann frei darüber entscheiden, ob und mit wem er ein Arbeitsverhältnis eingehen möchte. 5

bb) Normative Einschränkungen

Es ist zwar grds. ausgeschlossen, den Arbeitgeber durch gesetzliche Vorschriften zur vertraglichen Begründung von Arbeitsverhältnissen zu verpflichten (zur Ausnahme nach dem Gesetz über den Bergmannsversorgungsschein Saarland s. u. B/Rz. 139 ff.). 6

Zu Lasten des Arbeitgebers sind jedoch Beschränkungen der Berufsausübungsfreiheit (Art. 12 Abs. 1 GG) statthaft, 7
– wenn sie durch hinreichende Gründe des Gemeinwohls gerechtfertigt werden,
– die gewählten Mittel zur Erreichung des verfolgten Zwecks geeignet und erforderlich sind, und
– wenn auch bei einer Gesamtabwägung zwischen der Schwere des Eingriffs und dem Gewicht der ihn rechtfertigenden Gründe die Grenze der Zumutbarkeit gewahrt wird (*BVerfG* 23.1.1990 EzA § 128 AFG Nr. 1).

In Betracht kommt deshalb z. B. eine Beschränkung des Auswahlermessens, wie sie bei schwerbehinderten Menschen durch die Vorgabe einer bestimmten **Quote** besteht, bei deren Nichterfüllung eine Ausgleichszahlung an den Staat zu erfolgen hat. Einschränkungen erfährt das Grundrecht des Arbeitgebers aus Art. 12 Abs. 1 GG zudem durch **§ 78a BetrVG, § 9 BPersVG** (s. u. B/Rz. 72 ff.), wonach ein Arbeitsverhältnis mit einem Auszubildenden nach Abschluss der Ausbildung auch gegen den Willen des Arbeitgebers begründet wird. Diese Normen erfüllen bei Auszubildenden die Funktion, die **§ 15 KSchG, § 103 BetrVG** (s. u. D/Rz. 326 ff.) bei bestehenden Arbeitsverhältnissen zukommt. Da der Arbeitgeber sich gegen die Übernahme der Amtsträger nur bei Unzumutbarkeit der Weiterbeschäftigung wenden kann, werden diesen freie Arbeitsplätze i. d. R. vorrangig zugewiesen. 8

B. Anbahnung und Begründung des Arbeitsverhältnisses

9 Weitere Einschränkungen der Berufsausübungsfreiheit des Arbeitgebers ergeben sich durch
- § 102 Abs. 5 BetrVG und den allgemeinen Weiterbeschäftigungsanspruch außerhalb des Geltungsbereichs dieser Norm, wonach das Arbeitsverhältnis selbst bei wirksamer Arbeitgeberkündigung bis zur rechtskräftigen Entscheidung über die Kündigung über die Kündigungsfrist hinaus fortgesetzt wird (s. u. D/Rz. 1961 ff.);
- § 10 AüG (Begründung eines Arbeitsverhältnisses mit dem Entleiher, wenn dem Verleiher die nach dem AüG erforderliche Erlaubnis zur Arbeitnehmerüberlassung fehlt (s. u. C/Rz. 3518 ff.);
- § 613 a Abs. 4 BGB (Einschränkung der Kündigungsmöglichkeit im Zusammenhang mit der Betriebsübernahme (s. u. D/Rz. 550 ff.)
- Art. 33 Abs. 2 GG
- § 611 a BGB (Verbot der Benachteiligung von Stellenbewerberinnen wegen ihres Geschlechts; Verstöße führen freilich nicht zu einem Einstellungsanspruch der Bewerberin s. u. B/Rz. 170 ff.)
- Art. 9 Abs. 3 GG (der Arbeitgeber darf die Einstellung eines grds. als geeignet bewerteten Bewerbers nicht von dessen koalitionsmäßigen Status abhängig machen. Deshalb ist es z. B. **verboten, eine Einstellung von der Kündigung der Gewerkschaftszugehörigkeit abhängig zu machen** (*BAG* 2.6.1987 EzA Art. 9 GG Nr. 43; zur Beweislast und zum Inhalt eines etwaigen Schadenersatzanspruches vgl. MünchArbR/*Buchner* § 40 Rz. 217 ff.);
- Art. 3 Abs. 3 GG (i. V. m. §§ 138, 826 BGB); Verstöße begründen aber keinen Einstellungsanspruch des Bewerbers;
- § 95 BetrVG (Auswahlrichtlinien über die personelle Auswahl bei Einstellung).

10 Darüber hinaus können **Tarifverträge Abschlussgebote** (z. B. Wiedereinstellungsklauseln; s. u. B/Rz. 176 ff.) und **Abschlussverbote** (Verbot von Arbeitsverträgen mit bestimmten Arbeitnehmergruppen z. B. aus Gründen des Gesundheitsschutzes) als Abschlussnormen i. S. d. § 1 Abs. 1 TVG enthalten. So kann zum Beispiel vorgesehen werden, dass Facharbeiten grds. nur durch einschlägige Fachkräfte zu erledigen sind und die Besetzung der Arbeitsplätze entsprechend vorzunehmen ist (*BAG* 26.4.1990 EzA § 4 TVG Druckindustrie Nr. 20; *BAG* 22.1.1991 EzA § 4 TVG Druckindustrie Nr. 22).

11 Im Übrigen besteht aber keine umfassende Bindung des privaten Arbeitgebers, den Einstellungsbewerbern die zur Verfügung stehenden Arbeitsplätze unter Beachtung des Gleichbehandlungsgrundsatzes etwa nach Eignung, Befähigung und fachlicher Leistung oder ähnlichen sachlich rechtfertigenden Kriterien zuzuteilen (vgl. *LAG Hessen* 26.3.2001 NZA-RR 2001, 464).

12 Aus den einzelnen, den Arbeitnehmer begünstigenden betriebsverfassungsrechtlichen Normen (vgl. z. B. §§ 75, 80, 99 BetrVG) kann nicht auf eine entsprechende individualarbeitsrechtliche Position des Arbeitnehmers geschlossen werden (vgl. MünchArbR/*Buchner* § 39 Rz. 96–118, insbesondere auch zu gegenteiligen Begründungsversuchen i. d. Lit.).

13 Eine Bindung des Arbeitgebers bei der Einstellung kann sich ausnahmsweise aus dem Gesichtspunkt der Sozialauswahl ergeben.

B. Anbahnung und Begründung des Arbeitsverhältnisses

§ 1 Abs. 3 KSchG gilt zwar nicht entsprechend für Fälle, in denen der Arbeitgeber im Anschluss an eine betriebsbedingte Kündigung wegen Arbeitsmangels und damit wegen verringerten Personalbedarfs nur einen Teil der bisherigen Belegschaft später neu einstellt (*BAG* 15.3.1984 EzA § 611 BGB Einstellungsanspruch Nr. 2). Etwas anderes kann sich aber u. U. dann ergeben, wenn der Arbeitgeber **alle anderen vergleichbaren Arbeitnehmer wieder eingestellt hat** (*BAG* 10.11.1977 EzA § 611 BGB Einstellungsanspruch Nr. 1; zum möglichen Wiedereinstellungsanspruch bei der Verdachtskündigung sowie der betriebsbedingten Kündigung s. u. D/Rz. 846, 1603 ff.). 14

2. Gesetzliche Beschäftigungs- und Abschlussverbote

Die gesetzlichen Beschäftigungs- und Abschlussverbote bestehen überwiegend zum Schutz der Arbeitnehmer, denen die Übernahme bestimmter Tätigkeiten verboten wird, z. B. beim Verbot der Kinderarbeit (§ 5 Abs. 1 JArbSchG). 15

Der Schutz Dritter kommt dann in Betracht, wenn ihnen aus der Beschäftigung bestimmter Arbeitnehmer auf bestimmten Arbeitsplätzen Gefahren erwachsen würden (z. B. 42 IfSG: Schutz vor ansteckenden Krankheiten). 16

Insoweit sind Eingriffe in die Vertragsfreiheit (Art. 12 Abs. 1 GG) z. B. beim Jugendarbeitsschutz im Interesse der höherwertigen Güter von Leben, Körper und Gesundheit der jugendlichen Menschen unvermeidbar. Aus dem Wesensgehalt des Arbeitsschutzrechts folgt aber auch, dass die vom Gesetzgeber bestimmten Eingriffe in die Vertragsfreiheit nur soweit gehen sollen und dürfen, wie die Einschränkungen aus dem jeweils verfolgten Schutzbedürfnis heraus zwingend abgeleitet werden können (*BAG* 12.10.1962 AP Nr. 1 zu § 10 JArbSchG). 17

Systematisch kann differenziert werden zwischen 18
– **Abschlussnormen**, also Vorschriften, die den Abschluss des Arbeitsvertrages verbieten;
– **Beschäftigungsverboten**, die nicht den Vertragsabschluss, sondern nur den tatsächlichen Einsatz des Arbeitnehmers auf einem bestimmten Arbeitsplatz verbieten;
– **Verbotsgesetzen** i. S. d. § 134 BGB, die zur Nichtigkeit eines Arbeitsvertrages führen, der auf die Leistung einer unzulässigen Beschäftigung gerichtet ist. Nach Sinn und Zweck der Norm ist von der Nichtigkeitsfolge aber dann, wenn ohne sie dem Sinn und Zweck der Norm besser Genüge getan wird, abzusehen. Das ist bei Arbeitsschutznormen (z. B. JArbSchG, ArbZG, MuSchG) häufig der Fall;
– arbeitsvertraglichen **Unterlassungspflichten**, die sich an einen im Arbeitsverhältnis stehenden Arbeitnehmer richten (Wettbewerbsverbot § 60 HGB, Verstöße führen nicht zur Nichtigkeit eines Zweitarbeitsverhältnisses, vgl. § 61 HGB; Verbot der Erwerbstätigkeit im Urlaub [§ 8 BUrlG]; auch diese Vorschrift ist kein gesetzliches Verbot i. S. d. § 134 BGB [*BAG* 25.2.1988 EzA § 8 BUrlG Nr. 2]).

B. Anbahnung und Begründung des Arbeitsverhältnisses

3. Beschäftigungsverbote zugunsten der betroffenen Arbeitnehmer
a) Jugendarbeitsschutzrecht

19 Verboten ist die Beschäftigung von Kindern bis zu 15 Jahren (§ 5 JArbSchG i. V. m. § 134 BGB).

20 Allerdings sind Ausnahmen für den Erziehungsbereich und spezielle berufliche Bereiche, in denen von einer familienhaften Arbeitsleistung ausgegangen werden kann (z. B. in der Landwirtschaft), vorgesehen (zu den Änderungen des JArbSchG ab dem 1.3.1997 vgl. *Sowka* NZA 1997, 298; zur Kinderarbeitsschutz-VO, die am 1.7.1998 in Kraft getreten ist [BGBl. I S. 1508], vgl. *Kollmer* NZA 1998, 1268 ff.; *Anzinger* BB 1998, 1843 ff.; *Dembkowsky* NJW 1998, 3540 ff.).

21 Im Übrigen unterliegt die Beschäftigung Jugendlicher zeitlichen (§§ 8 ff. JArbSchG) und inhaltlichen (§§ 22 ff. JArbSchG, z. B. durch das grundsätzliche Verbot des Einsatzes Jugendlicher bei gefährlichen Arbeiten) Beschränkungen (vgl. ausf. *Zmarzlik* AR-Blattei SD 930 »Jugendarbeitsschutz« Rz. 59 ff.; *Dörner* HwB-AR 1010 »Jugendarbeitsschutz« Rz. 12 ff. m. w. N.).

22 Schließlich enthalten § 25 JArbSchG, §§ 20 ff. BBiG, § 21 ff. HwO spezielle Beschäftigungsverbote, die Jugendliche vor bestimmten unqualifizierten Arbeitgebern und Vorgesetzten schützen sollen. Bei Verstößen gegen § 25 JArbSchG ist der Arbeitsvertrag gem. § 134 BGB nichtig, wenn dem Arbeitgeber selbst wegen rechtskräftiger strafrechtlicher Verurteilung die persönliche Qualifikation fehlt. Fehlt dagegen nur dem von ihm beauftragten Mitarbeiter die persönliche Qualifikation, kann der Jugendliche zwar die Arbeitsleistung verweigern und den Arbeitgeber damit in Annahmeverzug bringen, die Wirksamkeit des Arbeitsvertrages wird dadurch aber nicht berührt (MünchArbR/*Buchner* § 40 Rz. 30 ff.).

b) Mutterschutzrecht

23 Die Beschäftigungsverbote des MuSchG sind überwiegend als generelle Beschäftigungsverbote gefasst. Sie verbieten – unabhängig vom individuellen Gesundheitszustand der Frau – die Beschäftigung während der Mutterschutzfristen vor und nach der Entbindung; über das Beschäftigungsverbot während der Schutzfrist vor der Entbindung kann die Arbeitnehmerin allerdings disponieren (§ 3 Abs. 2 MuSchG; zur Flexibilisierung der Schutzfunktion nach § 6 Abs. 1 MuSchG bei Frühgeburten 2002, vgl. *Joussen* NZA 2002, 702 ff.).
Verboten sind ferner die Beschäftigung mit schweren und gesundheitsgefährdenden Arbeiten, der Akkord- und Fließarbeit, sowie Mehr-, Nacht-, Sonntags- und Feiertagsarbeit (§§ 3, 4, 6, 8 MuSchG). Allerdings können die Aufsichtsbehörden in begründeten Fällen Ausnahmen zulassen (§§ 4 Abs. 3 S. 2, 8 Abs. 6 MuSchG). Diese Verbote gelten z. T. auch für stillende Mütter.
Daneben bestehen noch individuelle, den jeweiligen Gesundheitszustand der Mutter berücksichtigende Beschäftigungsverbote (§§ 3 Abs. 1, 6 Abs. 2 MuSchG). Gem. § 3 Abs. 1 MuSchG darf die werdende Mutter nicht beschäftigt werden, soweit nach ärztlichem Zeugnis, dass das Beschäftigungsverbot genau bezeichnet und auch die Gründe dafür angibt, Leben oder Gesundheit der Mutter oder des Kindes bei Fortdauer der Beschäftigung gefährdet ist.

B. Anbahnung und Begründung des Arbeitsverhältnisses

Bei Zweifeln an der Richtigkeit des Zeugnisses kann der Arbeitgeber eine **Nachunter-** 24
suchung verlangen; einen vom Arbeitgeber vorgeschlagenen Facharzt oder Amtsarzt
kann die Arbeitnehmerin nur aus triftigem Grund ablehnen (MünchArbR/*Heenen*
§ 226 Rz. 19).
Der Arzt kann auch ein **partielles Beschäftigungsverbot** für bestimmte Arbeiten 25
oder während bestimmter Zeiten aussprechen.
Nicht erfasst ist jedoch ein nur den An- und Abfahrtsweg zur Arbeitsstätte betreffendes ärztliches Verbot, denn das Wegerisiko gehört zur Risikosphäre des Arbeitnehmers (*BAG* 7.8.1970 EzA § 11 MuSchG Nr. 3).

Nimmt der Arbeitgeber oder die zuständige Stelle die gebotene **fachkundige** 26
Überprüfung der Unbedenklichkeit des Arbeitsplatzes einer schwangeren Arbeitnehmerin **nicht** vor und bestehen aus ärztlicher Sicht ernstzunehmende Anhaltspunkte dafür, dass vom Arbeitsplatz Gefahren für Leben oder Gesundheit von
Mutter und Kind ausgehen können, so darf der Arzt bis zu einer Klärung ausnahmsweise ein **vorläufiges Beschäftigungsverbot** aussprechen (*BAG* 11.11.1998
EzA § 3 MuSchG Nr. 5; vgl. dazu *Wank* SAE 2000, 31 ff.; *Buchner* RdA 2000,
308 ff.).
Auch dann, wenn der Arbeitgeber die **Rechte einer Schwangeren** missachtet und
sie zu gerichtlichen Auseinandersetzungen zwingt, kann ein Beschäftigungsverbot gem. § 3 Abs. 1 MuSchG nach Auffassung des *LAG Schleswig-Holstein*
(7.12.1999 NZA-RR 2000, 118) gerechtfertigt sein.

Gem. § 6 Abs. 2 MuSchG darf eine Arbeitnehmerin, die in den ersten sechs Monaten 27
nach der Entbindung nach ärztlichem Zeugnis nicht voll leistungsfähig ist, nicht zu
einer ihre Leistungsfähigkeit übersteigenden Arbeit herangezogen werden.

Die Wirksamkeit des Arbeitsvertrages berühren diese Beschäftigungsverbote 28
nicht; sie modifizieren lediglich die Arbeitspflicht der Arbeitnehmerin (MünchArbR/*Heenen* § 226 Rz. 9).

Fraglich ist aber, ob dann, wenn das **Arbeitsverhältnis erst nach dem Eintritt der** 29
Schwangerschaft begründet wird und die arbeitsvertragliche Vereinbarung auf
die Verrichtung verbotener Tätigkeiten gerichtet ist, die Nichtigkeit des Arbeitsvertrages bzw. jedenfalls die Teilnichtigkeit eintritt.
Das *BAG* (27.11.1956 AP Nr. 2 zu § 4 MuSchG; 6.10.1962 AP Nr. 24 zu § 9 MuSchG) 30
ist zunächst davon ausgegangen, dass für den Fall des anfänglichen Eingreifens mutterschutzrechtlicher absoluter Beschäftigungsverbote der von einer ohne ihr Wissen
bereits schwangeren Arbeitnehmerin abgeschlossene Arbeitsvertrag, wonach sie nur
mit Arbeiten beschäftigt werden kann, die nach § 4 MuSchG verboten sind, gem.
§ 134 BGB **nichtig ist**. I. d. R. kommt die Nichtigkeit eines Vertrages zwar nur in Betracht, wenn sich das Verbot gegen beide Vertragspartner richtet. Gleichwohl führt
das nur an den Arbeitgeber gerichtete Verbot, die schwangere Arbeitnehmerin mit
bestimmten Aufgaben zu beschäftigen, aber zur Nichtigkeit, da das Gesetz den mit
dem Rechtsgeschäft bezweckten Erfolg schlechthin verhindern will.
Zuletzt hat das *BAG* (8.9.1988 EzA § 8 MuSchG Nr. 1) unter Hinweis auf in einer 31
nicht veröffentlichten Entscheidung des 7. Senats (5.12.1980 – 7 AZR 925/78 –) geäußerte Bedenken diese Frage jedoch **offen gelassen**.

Dörner

B. Anbahnung und Begründung des Arbeitsverhältnisses

32 Der Arbeitsvertrag mit einer schwangeren Arbeitnehmerin, durch den diese sich ausschließlich zur Nachtarbeit i. S. d. § 8 MuSchG verpflichtet, ist aber jedenfalls nicht gem. § 134 BGB nichtig, wenn bei Vertragsschluss noch mit der Erteilung einer Ausnahmegenehmigung nach § 8 Abs. 6 MuSchG zu rechnen ist (*BAG* 8.9.1988 EzA § 8 MuSchG Nr. 1).

33 Nach Auffassung von *Buchner* (MünchArbR § 40 Rz. 37) kommt dagegen die Nichtigkeit des Vertrages nicht in Betracht, wenn das Arbeitsverhältnis für unbestimmte Zeit begründet wurde und sich das mutterschutzrechtliche Beschäftigungsverbot nur als **vorübergehendes Hindernis** darstellt.

34 Freistellungen infolge der Beschäftigungsverbote sollen im Ergebnis nicht zu Verdienstausfall führen. Während der Schutzfristen vor und nach der Entbindung (§§ 3 Abs. 2, 6 Abs. 1 MuSchG) besteht Anspruch auf **Mutterschaftsgeld** nach §§ 13, 200 RVO. Den Differenzbetrag zum bisherigen durchschnittlichen Nettoarbeitsentgelt hat der Arbeitgeber und bei aufgelösten Arbeitsverhältnissen der Bund nach § 14 MuSchG als Zuschuss zu zahlen. § 14 Abs. 1 S. 1 MuSchG ist verfassungsgemäß (*BAG* 1.11.1995 EzA § 14 MuSchG Nr. 12).
Der Anspruch auf Zuschuss zum Mutterschaftsgeld entfällt nicht deshalb, weil die Frau während der Schutzfristen **arbeitsunfähig** krank war (*BAG* 12.3.1997 EzA § 14 MuSchG Nr. 14).

35 Bei der **Berechnung** dieses Zuschusses zum Mutterschaftsgeld sind in den Schutzfristen wirksam werdende allgemeine **Entgelterhöhungen** von ihrem jeweiligen Wirksamkeitszeitpunkt an zu berücksichtigen. Zu den allgemeinen Erhöhungen zählen Erhöhungen des Tarifentgeltes ebenso wie solche, die durch die Geburt des Kindes verursacht sind, wie z. B. eine höhere Stufe des Ortszuschlages.

36 Soweit die Regelung in § 14 Abs. 1 Satz 2 MuSchG, wonach für die Berechnung des Zuschusses nur auf die Zeit vor Beginn der Schutzfristen abzustellen ist, dem entgegensteht, ist sie wegen Unvereinbarkeit mit dem Grundsatz gleichen Entgeltes für Männer und Frauen (Art. 119 EG-Vertrag, jetzt Art. 141 EGV, Richtlinie 75/117/EWG) nicht anzuwenden (*BAG* 31.7.1996 EzA § 14 MuSchG Nr. 13 im Anschluss an *EuGH* 13.2.1996 EzA EWG-Vertrag Art. 119 Nr. 37).
§ 14 Abs. 1 MuSchG wurde aufgrund dieser Entscheidung des *BAG* (31.7.1996 EzA § 14 MuSchG Nr. 13) mit Wirkung ab dem 1.1.1997 dahingehend **geändert**, dass bei der Berechnung des Arbeitgeberzuschusses auch die in den Mutterschutzfristen wirksam werdenden allgemeinen **Entgelterhöhungen ab dem Zeitpunkt ihrer jeweiligen Wirksamkeit zu berücksichtigen sind** (vgl. *Sowka* NZA 1997, 297).

37 Wenn und soweit die Arbeitnehmerin vor oder nach der Niederkunft wegen eines Beschäftigungsverbotes freizustellen ist, hat der Arbeitgeber ihr gem. § 11 MuSchG den Durchschnittsverdienst der letzten 13 Wochen weiterzuzahlen. **Dauerhafte Verdienstkürzungen** sind bei der Berechnung des Mutterschutzlohnes nach § 11 Abs. 2 MuSchG zu berücksichtigen; dies gilt auch dann, wenn sie erst **nach Ablauf des Berechnungszeitraums** des § 11 Abs. 1 MuSchG eintreten (*BAG* 20.9.2000 EzA § 11 MuSchG Nr. 21). Dies ergibt sich nunmehr ausdrücklich aus § 11 Abs. 2 S. 3 MuSchG, der durch das neue MuSchG 2002 eingeführt worden ist.

38 Allerdings kann eine schwangere Frau trotz des gesetzlichen Beschäftigungsverbots verpflichtet sein, vorübergehend eine **andere ihr zumutbare Tätigkeit** auszuüben. Die Zuweisung einer anderen Tätigkeit kommt erst für die Zeit **nach dem Beginn** des gesetzlichen Beschäftigungsverbots in Betracht (*BAG* 21.4.1999 EzA § 11 MuSchG Nr. 18); sie muss **billiges Ermessen** wahren (§ 315 BGB). Deshalb

ist die **Ersatztätigkeit so zu konkretisieren**, dass beurteilt werden kann, ob billiges Ermessen gewahrt ist (*BAG* 15.11.2000 EzA § 11 MuSchG n. F. Nr. 20) und die Schwangere nicht über Gebühr belastet wird. Maßgebend sind die Umstände des Einzelfalls. Für eine Flugbegleiterin (Beschäftigungsverbot gem. § 4 Abs. 2 Nr. 7 MuSchG) kommt jedenfalls bis zum Beginn des 6. Schwangerschaftsmonats auch eine auswärtige Beschäftigung in Betracht (*BAG* 22.4.1998 EzA § 11 MuSchG Nr. 17). Nach Beginn des sechsten Schwangerschaftsmonats entspricht jedoch die Zuweisung i. d. R. nicht billigem Ermessen, wenn der Arbeitsort nur nach **mehrstündiger Bahn- oder Flugreise** erreicht werden kann (*BAG* 21.4.1999 EzA § 11 MuSchG Nr. 18).

Die Zuweisung einer anderen zumutbaren Tätigkeit ist **noch nicht** erfolgt, wenn der Arbeitnehmerin zwar ihr Dienstvorgesetzter eine bestimmte Tätigkeit anbietet, jedoch gleichzeitig auf die **Letztentscheidung der Personalabteilung** hinweist. Übt die Personalabteilung in der Folgezeit ihr Direktionsrecht gem. § 315 Abs. 1 BGB dann aber nicht aus, hat die schwangere Frau einen Anspruch auf den Mutterschutzlohn gem. § 11 Abs. 1 MuSchG (*LAG Düsseldorf* 22.1.1999 ARST 1999, 273).

Mutterschutzlohn nach § 11 Abs. 1 S. 1 MuSchG wird im Übrigen nur geschuldet, **39** wenn allein das ärztliche **Beschäftigungsverbot** für die Nichtleistung der Arbeit **ursächlich** ist. Ist die werdende Mutter arbeitsunfähig krank, so löst ein für denselben Zeitraum angeordnetes Beschäftigungsverbot gem. § 3 Abs. 1 MuSchG keinen Anspruch gem. § 11 Abs. 1 MuSchG aus (*BAG* 22.3.1995 EzA § 11 MuSchG Nr. 14; vgl. *Weygand* BB 1994, 1852 ff.; abl. *Lembke* NZA 1998, 349 ff.). Stellt der Arzt Beschwerden fest, die auf der Schwangerschaft beruhen, so hat er zu prüfen und aus ärztlicher Sicht zu entscheiden, ob die schwangere Frau wegen eingetretener Komplikationen arbeitsunfähig krank ist oder ob, ohne dass eine Krankheit vorliegt, zum Schutz des Lebens oder der Gesundheit von Mutter und Kind ein Beschäftigungsverbot geboten ist (§ 3 Abs. 1 MuSchG; vgl. ausf. *Schliemann/König* NZA 1998, 1030 ff.). Dabei steht dem Arzt ein Beurteilungsspielraum zu. Ein Beschäftigungsverbot nach § 3 Abs. 1 MuSchG darf nur dann ausgesprochen werden, wenn die Fortdauer der **Beschäftigung Leben oder Gesundheit von Mutter oder Kind gefährden** würde. Es reicht aber aus, wenn die Fortdauer der Beschäftigung allein aufgrund der individuellen Verhältnisse der Frau die Gesundheit von Mutter oder Kind gefährden würde (*BAG* 12.3.1997 NZA 1997, 882). Die Voraussetzungen für ein Beschäftigungsverbot können auch dann vorliegen, wenn **psychisch bedingter Stress** Leben oder Gesundheit von Mutter oder Kind gefährdet. Voraussetzung ist allerdings, dass der gefährdende Stress gerade durch die Fortdauer der Beschäftigung verursacht oder verstärkt wird (*BAG* 21.3.2001 EzA § 3 MuSchG Nr. 7).

Das Beschäftigungsverbot wird i. d. R. schriftlich erklärt, kann aber, da eine be- **40** stimmte **Form nicht vorgesehen** ist, auch mündlich gegenüber der Schwangeren ausgesprochen werden (*BAG* 1.10.1997 EzA § 3 MuSchG Nr. 4). Ist eine Arbeitnehmerin allerdings infolge einer fehlenden öffentlich-rechtlichen Genehmigung außerstande, die von ihr arbeitsvertraglich geschuldete Arbeitsleistung zu erbringen, so ist **nicht das Aussetzen mit der Arbeit** während des Beschäftigungsverbots nach § 3 Abs. 2 MuSchG ursächlich für die Verdiensteinbuße, sondern bereits das **Fehlen der öffentlich-rechtlichen Genehmigung**. Ein Zuschussanspruch nach §§ 3 Abs. 2, 6 MuSchG, § 200 RVO entfällt (*LAG Rheinland-Pfalz* 6.1.1999 NZA-RR 1999, 622).

B. Anbahnung und Begründung des Arbeitsverhältnisses

41 Der auf Mutterschutzlohn in Anspruch genommene Arbeitgeber kann geltend machen, dass die Voraussetzungen eines mutterschutzrechtlichen Beschäftigungsverbots nicht vorlagen, sondern eine zur Arbeitsunfähigkeit führende Krankheit bestand.
Allein aufgrund der Mitteilung einzelner Befunde kann im gerichtlichen Verfahren regelmäßig nicht beurteilt werden, ob eine krankheitsbedingte Arbeitsunfähigkeit vorliegt oder das Aussetzen mit der Arbeit aus Gründen des Schwangerschaftsschutzes angeordnet worden ist (*BAG* 5.7.1995 EzA § 11 MuSchG Nr. 15; abl. *Coester* SAE 1997, 27 ff.; *Lembke* NZA 1998, 349 ff.).
Legt eine schwangere Arbeitnehmerin dem Arbeitgeber eine ärztliche Bescheinigung vor, in der ohne Begründung unter bloßem Hinweis auf § 3 Abs. 1 MuSchG ein Beschäftigungsverbot ausgesprochen wird, so kann der Arbeitgeber nicht ohne weiteres die Lohnzahlung einstellen. Vielmehr ist es seine Sache, die Frau **zur Vorlage eines um die Begründung ergänzten Attests** aufzufordern. Erst wenn sie dem nicht nachkommt, ist die Einstellung der Lohnzahlung auf der Grundlage eines **Zurückbehaltungsrechts** berechtigt. Unterlässt der Arbeitgeber eine solche Aufforderung, so kann die Berechtigung des Beschäftigungsverbotes im Zahlungsprozess nicht überprüft werden (*LAG Köln* 26.2.1996 LAGE § 11 MuSchG Nr. 2).

42 Für die Durchführung eines **gerichtlichen Verfahrens** hat das *BAG* (31.7.1996, 12.3.1997 NZA 1997, 29 u. 882; 1.10.1997, 21.3.2001 EzA § 3 MuSchG Nr. 4, 7; vgl. dazu *Schulin* SAE 1997, 334 f.; krit. *LAG Bremen* 28.8.1996 DB 1997, 1337) die maßgeblichen **Grundsätze** wie folgt zusammengefasst:

- Einem mutterschutzrechtlichen ärztlichen Beschäftigungsverbot (gem. § 3 MuSchG) kommt ein hoher Beweiswert zu.
- Gleichwohl kann es widerlegt werden, z. B. durch eine anderweitige ärztliche Untersuchung. Der Arbeitgeber kann auch tatsächliche Umstände darlegen (vgl. dazu *LAG Düsseldorf* 1.4.1999 NZA-RR 1999, 349), die den Schluss zulassen, dass das Beschäftigungsverbot auf nicht zutreffenden Angaben der Schwangeren, auch hinsichtlich ihrer Beschwerden, beruht.
- Der Arzt der Schwangeren hat zwar die Fragen des Arbeitgebers nach dem Umfang des Beschäftigungsverbots, nicht aber die Fragen nach den Gründen für dessen Ausspruch zu beantworten,
- Angaben über den Gesundheitszustand und über den Verlauf der Schwangerschaft gehören nicht in das nach § 3 Abs. 1 MuSchG auszustellende ärztliche Zeugnis hinein. Durch einfaches Bestreiten kann der Arbeitgeber nicht erreichen, dass die Schwangere oder ihr Arzt Angaben dazu macht und sie ihren Arzt von der Schweigepflicht entbindet. Vielmehr muss der **Arbeitgeber Umstände darlegen und beweisen**, die zu **ernsthaften Zweifeln** am Vorliegen der Voraussetzungen des § 3 Abs. 1 MuSchG Anlass geben. Gelingt ihm dies, ist die schwangere **Arbeitnehmerin** verpflichtet, ihrerseits substantiiert darzulegen und zu beweisen, dass bei einer **Fortdauer** der Beschäftigung tatsächlich **Leben oder Gesundheit** von Mutter und Kind **gefährdet gewesen wäre** (*BAG* 21.3.2001 EzA § 3 MuSchG Nr. 4, 7; *LAG Düsseldorf* 1.4.1999 NZA-RR 1999, 348).
- Die Schwangere, der ein auf unrichtigen Angaben beruhendes ärztliches Beschäftigungsverbot erteilt worden ist, trägt das Lohnrisiko.
- Der Arbeitgeber trägt das Risiko, das Gericht von der Unrichtigkeit des ärztlichen Beschäftigungsverbots überzeugen zu müssen; die Beweislast dafür,

B. Anbahnung und Begründung des Arbeitsverhältnisses

> dass die Voraussetzungen für ein Beschäftigungsverbot in Wahrheit nicht vorgelegen haben, liegt bei ihm.
> – Wird ein Beschäftigungsverbot zunächst nur mündlich gegenüber der Schwangeren ausgesprochen und erst später rückwirkend schriftlich bestätigt, so kann das Beschäftigungsverbot zwar gleichwohl von Anfang an die Pflicht zur Zahlung von Mutterschutzlohn begründen. Die Schwangere trägt dann aber die Beweislast dafür, dass die Voraussetzungen des § 3 Abs. 1 MuSchG erfüllt sind.

Gem. § 13 Abs. 3 MuSchG haben aufgrund des MuSchG 2002 nunmehr auch Frauen einen Anspruch auf Mutterschaftsgeld, die in einem verbeamteten Status eine Vorbereitungszeit nach Beginn der Mutterschutzfrist abgeschlossen haben und anschließend unmittelbar oder nach wenigen Wochen als Arbeitnehmerin eingestellt werden. Gem. § 10 LohnFG nehmen **Kleinbetriebe** mit i. d. R. nicht mehr als 20 Beschäftigten am sog. **Umlageverfahren** »U 2« teil, wonach diese Arbeitgeber bis zu 80% bestimmter Mutterschutzkosten von der gesetzlichen Krankenkasse erstattet erhalten. Die Satzungen der Krankenkassen können allerdings auch einen Erstattungssatz von unter 80% zulassen. Um die Kleinbetriebe weiter von den Mutterschutzkosten nach §§ 11, 14 MuSchG zu entlasten, hat der Gesetzgeber mit Wirkung ab dem 1.1.1997 (vgl. *Sowka* NZA 1997, 297) den Erstattungsanspruch auf 100% erhöht. Die Krankenkassen haben zukünftig nicht mehr die Möglichkeit einer Reduzierung. Die durchschnittlichen Umlagebeträge für die Kleinbetriebe betragen zwischen 0,05 bis 0,1% der Bruttolohnsumme (BGBl. 1997 I S. 311).

c) Frauenarbeitsschutzrecht

> Gem. § 64 a BergG dürfen Frauen grds. im Bergbau nicht unter Tage beschäftigt werden.

43

44

Ein generelles Nachtarbeitsverbot für gewerbliche Arbeitnehmerinnen, wie es § 19 AZO vorsah, besteht nach dem ArbZG nicht mehr. Weil nur Frauen, nicht aber Männer davon betroffen waren, verstieß § 19 AZO zum einen gegen Art. 5 der RL 76/207 EWG (so ausdrücklich der *EuGH* 13.3.1997 NZA 1997, 481 für das französische Recht) und zum anderen gegen Art. 3 Abs. 1, 3 GG (*BVerfG* 28.1.1992 EzA § 19 AZO Nr. 5).

45

d) Beschäftigungsverbote aus Arbeitszeitrecht

> Eine Beschränkung der zulässigen Arbeitszeit an Werktagen (§§ 3 ff. ArbZG) sowie ein grundsätzliches Verbot der Beschäftigung von Arbeitnehmern an Sonn- und Feiertagen, für das aber zahlreiche Ausnahmen vorgesehen sind (vgl. §§ 10 ff. ArbZG) enthält das ArbZG. Ziel der Regelungen ist der Schutz des Arbeitnehmers vor der aus arbeitsmäßiger Überanstrengung drohenden Gesundheitsgefährdung.

46

Es handelt sich um eine gesetzliche Beschränkung der Berufsausübung i. S. d. Art. 12 Abs. 1 GG, die von vernünftigen Erwägungen des Gemeinwohls getragen wird (*BVerfG* 13.5.1967 AP Nr. 8 zu § 25 AZO).
Verpflichtet sich ein Arbeitnehmer durch ein **zweites Arbeitsverhältnis** zu einer Arbeitsleistung, die zusammen mit der aus dem bestehenden Hauptarbeitsverhältnis

47

die **48-Stunden-Woche (§ 3 ArbZG) bei weitem überschreitet**, so ist dieser Vertrag gem. **§ 134 BGB nichtig** (*BAG* 19.6.1959 AP Nr. 1 zu § 611 BGB Doppelarbeitsverhältnis). Nach Auffassung des *LAG Nürnberg* (19.9.1995 NZA 1996, 882) ist dies z. B. bei einer Überschreitung von **10 Stunden wöchentlich** der Fall. Der Arbeitgeber kann sich danach auch dann auf die Nichtigkeit berufen, wenn ihm bei Eingehung des zweiten Arbeitsverhältnisses das Bestehen des ersten Arbeitsverhältnisses bekannt war, oder zumindest hätte bekannt sein können.

Kommt es dagegen nur zu einer **geringfügigen Überschreitung** der gesetzlichen Wochenarbeitszeit, ist die Nichtigkeitsfolge zu weitgehend. Vielmehr ist dann die Grenze des ArbZG bei der Durchführung des Arbeitsverhältnisses zu beachten. Nach Ausschöpfung der höchstzulässigen Arbeitszeit besteht jeweils hinsichtlich der **weiteren Arbeitsleistung** ein **Beschäftigungsverbot** (*BAG* 14.12.1967 AP Nr. 2 zu § 1 AZO; vgl. *Hunold* NZA 1995, 558 ff.).

48 Im Falle der Nichtigkeit des zweiten Arbeitsverhältnisses kann dieses nach Auffassung des *LAG Nürnberg* (19.9.1995 NZA 1996, 882) nur dann mit einer gesetzlich zulässigen Arbeitszeit aufrechterhalten werden, wenn dies dem mutmaßlichen Willen beider Parteien entspricht (§ 139 BGB). Das ist z. B. dann nicht der Fall, wenn der Arbeitgeber für eine Spätschicht von 18 bis 22 Uhr eine Arbeitnehmerin sucht, diese nach Maßgabe des ArbZG aber nur noch 2 Stunden täglich arbeiten dürfte.

4. Beschäftigungsverbote zum Schutz Dritter bzw. der Allgemeinheit

a) §§ 285, 286 SGB III

aa) Notwendigkeit einer Arbeitserlaubnis; Arbeitsberechtigung

49 Gem. § 284 SGB III dürfen Ausländer, die nicht EG-Ausländer sind (s. o. A/Rz. 771 ff. m. w. N.), oder keine unbefristete Aufenthaltserlaubnis, oder keine Aufenthaltsberechtigung besitzen, oder für die nicht in zwischenstaatlichen Vereinbarungen, auf Grund eines Gesetzes oder einer Rechtsverordnung bestimmt ist, dass sie keine Arbeitserlaubnis benötigen, vom Arbeitgeber nur beschäftigt werden, wenn sie eine Arbeitserlaubnis (§ 285 SGB III; vgl. *Marschner* BB 1995, 774 ff.; *Kossens* NZA 1998, 409 ff.; *Marschner* BB 1998, 370 ff.) oder eine Arbeitsberechtigung (§ 286 SGB III) besitzen. Unter Beschäftigung i. S. d. § 284 Abs. 1 S. 1 SGB III sind ausschließlich Tätigkeiten im Rahmen von Arbeitsverhältnissen zu verstehen; **nicht** erfasst sind **Gefälligkeitsverhältnisse** (*OLG Hamm* 23.11.2000 NZA-RR 2001, 430).

Dadurch soll der Zugang von Ausländern zum deutschen Arbeitsmarkt kontrolliert und ferner verhindert werden, dass deutsche Arbeitnehmer gleicher Qualifikation vom Arbeitsmarkt verdrängt werden.

50 Die Arbeitserlaubnis kann erteilt werden, wenn
– sich durch die Beschäftigung nachteilige Auswirkungen auf den Arbeitsmarkt, insbesondere hinsichtlich der Beschäftigungsstruktur, der Regionen und der Wirtschaftszweige, nicht ergeben,
– für die Beschäftigung deutsche Arbeitnehmer sowie Ausländer, die diesen hin-

B. Anbahnung und Begründung des Arbeitsverhältnisses

> sichtlich der Arbeitsaufnahme rechtlich gleichgestellt sind, nicht zur Verfügung stehen, und
> - der Ausländer nicht zu ungünstigeren Arbeitsbedingungen als vergleichbare deutsche Arbeitnehmer beschäftigt wird (§ 285 Abs. 1 S. 1 SGB III).

Sie darf Ausländern, die ihren Wohnsitz oder gewöhnlichen Aufenthaltsort im Ausland haben und in der BRD eine Beschäftigung ausüben wollen, nur erteilt werden, wenn dies durch eine Rechtsverordnung vorgesehen ist. Bei erstmaliger Beschäftigung kann die Erlaubnis davon abhängig gemacht werden, dass sich der Ausländer unmittelbar vor Antragstellung bis zu fünf Jahre erlaubt oder geduldet im Bundesgebiet aufgehalten hat oder vor einem bestimmten Zeitpunkt eingereist ist. Schließlich kann die Erlaubnis befristet und auf bestimmte Betriebe, Berufsgruppen usw. beschränkt werden (§ 285 Abs. 3–5 SGB III).
Einzelheiten regelt die ArbeitsgenehmigungsVO i. d. F. v. 17.9.1998 (BGBl. I S. 2899, **51** zuletzt geändert durch die 2. VO zur Änderung der ArbeitsgenehmigungsVO vom 24.7.2001 BGBl. I S. 1876).

> Ausgenommen von der Erlaubnispflicht sind einige Arten von Beschäftigungen (Tätigkeit als leitender Angestellter, Journalist, Künstler, Berufssportler; vgl. § 285 Abs. 2 SGB III i. V. m. § 9 ArbeitsgenehmigungsVO).

Seit 1973 (Anwerbestoppbeschluss der Bundesregierung) werden Arbeitserlaubnisse **52** für dauerhafte abhängige Beschäftigungsverhältnisse grds. nicht mehr erteilt. Die seit dem 1.1.1991 geltende AnwerbestoppausnahmeVO (i. d. F. v. 17.9.1998 BGBl. I S. 2893, zuletzt geändert durch das Gesetz zur Beendigung der Diskriminierung gleichgeschlechtlicher Gemeinschaften/Lebenspartnerschaften vom 16.2.2001 BGBl. I S. 266) sieht **zahlreiche Ausnahmen** für die Bereiche der Aus- und Weiterbildung, Werkverträge, zeitlich begrenzte Erwerbstätigkeit, Grenzgängerbeschäftigungen, unselbstständige Erwerbstätigkeit aufgrund zwischenstaatlicher Vereinbarungen, für besondere Einzelfälle, bestimmte Länder, und schließlich für deutsche Volkszugehörige vor (zur Problematik des Einsatzes ausländischer Arbeitnehmer beim Abbau von Altanlagen insbesondere in den neuen Bundesländern vgl. *Edenfeld* DB 1996, 2226 ff.). Mit Wirkung ab dem 24.9.1998 ist die Möglichkeit zur Beschäftigung von **Saisonarbeitnehmern** auf drei Monate (bzw. auf sieben Monate) je Betrieb begrenzt worden. Die Tätigkeit muss zudem mit einer wöchentlichen Mindestarbeitszeit von 30 Stunden bei durchschnittlich sechs Stunden arbeitstäglich ausgeübt werden (vgl. dazu sowie zu den erlassenen Übergangsregelungen *Marschner* NZA 1997, 472 ff., BB 1998, 370 ff.; *Kossens* NZA 1998, 409 ff.; insgesamt zur Beschäftigung ausländischer Arbeitnehmer *Pietzker* DB 1997, 1514 ff.; *Freckmann* BB 2000, 1402 ff.).
Seit dem 15.12.2000 (§ 3 Abs. 1 Nr. 1 der Verordnung über die Arbeitsgenehmigung **53** für ausländische Arbeitnehmer) ist die Erteilung einer Arbeitserlaubnis für Asylbewerber, dies sind Personen, die nach dem AuslG eine Aufenthaltsgestattung oder eine sog. Duldung besitzen, davon abhängig, dass sich der Antragsteller unmittelbar vor der Beantragung der Arbeitserlaubnis für ein Jahr (für Ehegatten oder Kinder eines Ausländers vier Jahre) erlaubt oder geduldet in der BRD aufgehalten hat. Danach kann die Erlaubnis nach Lage und Entwicklung des Arbeitsmarktes erteilt werden. Eine Ermessensausübung kommt dann, aber auch nur dann in Betracht, wenn

B. Anbahnung und Begründung des Arbeitsverhältnisses

dem Arbeitsamt im Hinblick auf den konkreten Arbeitsplatz keine bevorrechtigten deutschen Arbeitssuchenden oder gleichgestellte Ausländer (z. B. EU-Ausländer) zur Verfügung stehen (vgl. dazu *Marschner* DB 2001, 385 f.).

54 Um dem akuten **Mangel an Fachkräften im Bereich der Informations- und Kommunikationstechnologie** entgegen zu wirken, hat der Bundesminister für Arbeit zudem zwei Rechtsverordnungen erlassen. Mit Wirkung vom 1.8.2000 sollen sie sowohl in arbeitserlaubnisrechtlicher (IT-ArGV BGBl. I 2000 S. 1146) als auch in aufenthaltsrechtlicher Hinsicht (IT-AV BGBl. I S. 1176) die Beantragung dieser Erlaubnisse (»**Greencard**«) erleichtern und beschleunigen. Bei der Greencard handelt es sich um eine besondere Form der Arbeitserlaubnis i. S. v. § 285 SGB III. Der persönliche Anwendungsbereich erfasst hoch qualifizierte Fachkräfte der Informations- und Kommunikationstechnologie mit gewöhnlichem Aufenthalt im Ausland sowie ausländische Absolventen deutscher Hochschulen und Fachhochschulen.

55 Gem. § 286 SGB III wird eine i. d. R. unbefristete und – im Gegensatz zur Arbeitserlaubnis – nicht mit betrieblichen, beruflichen und regionalen Beschränkungen versehene **Arbeitsberechtigung** erteilt, wenn der Ausländer eine Aufenthaltserlaubnis oder -befugnis besitzt und fünf Jahre rechtmäßig eine versicherungspflichtige Beschäftigung im Bundesgebiet ausgeübt hat oder sich seit sechs Jahren ununterbrochen im Bundesgebiet aufhält und nicht zu ungünstigeren Arbeitsbedingungen als vergleichbare deutsche Arbeitnehmer beschäftigt wird.

56 Aufgrund des Assoziierungsabkommens zwischen der EWG und der **Türkei** (12.9.1963 BGBl. 1964 II S. 509 ff., ergänzt durch das Zusatzprotokoll vom 23.11.1970 BGBl. 1970 II S. 385 ff. und den Beschluss Nr. 1/80 des Assoziationsrates EWG-Türkei vom 19.9.1980; zu den Auswirkungen auf einen befristeten Arbeitsvertrag mit einer türkischen Lektorin vgl. *BAG* 22.3.2000 NZA 2000, 831; s. u. D/Rz. 2279) soll schrittweise untereinander die Freizügigkeit der Arbeitnehmer hergestellt werden. Noch besteht jedoch grds. kein Aufenthaltsrecht zum Zwecke einer unselbstständigen Erwerbstätigkeit.

57 Nach Art. 6 des Beschlusses Nr. 1/80 hat ein türkischer Arbeitnehmer, der dem regulären Arbeitsmarkt eines Mitgliedsstaates angehört, nach einem Jahr ordnungsgemäßer Beschäftigung **Anspruch auf Erneuerung seiner Arbeitserlaubnis**, wenn er über einen Arbeitsplatz verfügt (zum weiteren Inhalt der Regelung vgl. *Gutmann* ArbuR 1997, 391 ff.). Der *EuGH* (29.5.1997 ArbuR 1997. 413) legt diese Regelung dahin aus, dass sie dem Arbeitnehmer **einen unmittelbaren Anspruch** einräumt (vgl. zur gegenteiligen Rspr. der Verwaltungsgerichte Gutmann, a. a. O., die die Verlängerung der Aufenthaltserlaubnis eines türkischen Arbeitnehmers im Aufnahmemitgliedstaat davon abhängig macht, dass dieser ein Jahr lang ununterbrochen eine ordnungsgemäße Beschäftigung bei ein und demselben Arbeitgeber ausgeübt hat).

58 Mit zahlreichen weiteren Staaten (z. B. Österreich, der Schweiz, Ungarn, Polen) bestehen zwischenstaatliche bzw. internationale Vereinbarungen, die für die Angehörigen dieser Staaten zum Teil Erleichterungen beim Zugang zum deutschen Arbeitsmarkt bedeuten (vgl. MünchArbR/*Buchner* § 38 Rz. 14–44; zur Bedeutung eines derartigen Kooperationsabkommens der EU mit Marokko vgl. *EuGH* 2.3.1999 NZA 1999, 533).

59 Ferner bestehen Regierungsabkommen (z. B. mit der Türkei; vgl. *Pietzcker* a. a. O.) über die zeitlich beschränkte **vorübergehende Entsendung** einer festgelegten Zahl von Arbeitnehmern in die BRD zur Ausführung von **Werkverträgen**; die EG-Kommission hält dies für europarechtswidrig, weil durch sie nur in Deutschland ansässige Unternehmen begünstigt werden mit der Folge, dass die Bundesregierung die von ihr

B. Anbahnung und Begründung des Arbeitsverhältnisses

eingegangenen Verpflichtungen nicht mehr erfüllen will (vgl. *Gutmann* DB 1997, 1977 ff.).

Unbeschadet dessen ist eine Arbeitserlaubnis dann zu erteilen, wenn sich in der Praxis nachweislich ergibt, dass der Arbeitgeber trotz entgegenstehender allgemeiner Arbeitsmarktsituation auch bei Ausschöpfung aller Möglichkeiten keinen auch nur entfernt geeigneten deutschen oder bevorrechtigten Arbeitnehmer für einen bestimmten Arbeitsplatz findet (*BSG* 22.7.1982 AP Nr. 8 zu § 19 AFG). 60

Ein ausländischer Arbeitnehmer ist grds. selbst verpflichtet, sich um die Erteilung und rechtzeitige Verlängerung der erforderlichen Arbeitserlaubnis zu bemühen. Eine generelle **Hinweispflicht** des Arbeitgebers besteht insoweit **nicht** (*BAG* 26.6.1996 EzA § 1 LFZG Nr. 127). 61

bb) Rechtsfolge bei Verstößen gegen §§ 284, 285, 286 SGB III

Steht ein ausländischer Arbeitnehmer längere Zeit hindurch in einem unbefristeten Arbeitsverhältnis, für das keine Arbeitserlaubnis erteilt ist, so ist dieses Arbeitsverhältnis nicht ohne weiteres nach § 134 BGB nichtig; nur seine Realisierung ist verboten. Etwas anderes gilt aber dann, wenn der Arbeitsvertrag nach der Absicht der beiden Vertragsparteien trotz Kenntnis der Genehmigungspflicht ohne Erlaubnis durchgeführt werden soll (MünchArbR/*Buchner* § 40 Rz. 59; vgl. auch *Freckmann* BB 2000, 1402 ff.). 62

§§ 284 ff. SGB III unterwerfen unmittelbar nur die Beschäftigung, nicht aber den Abschluss des Arbeitsvertrages der Genehmigungspflicht (*BAG* 19.1.1977 EzA § 19 AFG Nr. 3). Diese Grundsätze gelten auch für den Ablauf einer zunächst erteilten Arbeitserlaubnis. Der ausländische Arbeitnehmer muss sich rechtzeitig um eine (neue) Arbeitserlaubnis bemühen. Für den Umfang seiner dahingehenden Bemühungen kann berücksichtigt werden, inwieweit sein Arbeitgeber ihn dabei früher unterstützt hat. Bemüht sich der ausländische Arbeitnehmer nicht in dem nach den Umständen gebotenen Umfang um eine neue Arbeitserlaubnis oder bestehen aus sonstigen Gründen Zweifel daran, ob er seine Beschäftigung fortsetzen will, so kann u. U. eine **Kündigung** des Arbeitgebers gerechtfertigt sein. Der Arbeitgeber muss das Arbeitsverhältnis kündigen, wenn das Arbeitsamt eine neue Arbeitserlaubnis versagt s. u. D/Rz. 1219 ff.; zur **Erkundigungspflicht des Arbeitgebers** im Hinblick auf den Ordnungswidrigkeitstatbestand des § 404 Abs. 2 Nr. 2 SGB III *BayObLG* 27.2.1998 NZA-RR 1998, 423). Eine **Nichtigkeit** des Arbeitsverhältnisses tritt aber auch in diesem Fall nicht ein (*BAG* 19.1.1977, 16.12.1976 EzA § 19 AFG Nr. 3, 1). 63

cc) Befristetes Arbeitsverhältnis
Die Befristung der Aufenthaltserlaubnis des Arbeitnehmers kann einen sachlichen Grund für die Befristung des Arbeitsverhältnisses allenfalls dann darstellen, wenn im **Zeitpunkt des Vertragsschlusses** eine **hinreichend zuverlässige Prognose** erstellt werden kann, dass eine **Verlängerung** der Aufenthaltserlaubnis **nicht erfolgen wird** (*BAG* 12.1.2000 EzA § 620 BGB Nr. 169). 64

B. Anbahnung und Begründung des Arbeitsverhältnisses

b) Verträge über die Leistung verbotener Schwarzarbeit

65 §§ 1, 2 SchwArbG enthalten Ordnungswidrigkeits-Tatbestände, aus denen das Verbot der tatbestandsmäßig ausgewiesenen Handlungen folgt. Ordnungswidrig handelt insbesondere, wer wirtschaftliche Vorteile in erheblichem Umfang durch die Ausführung von Dienst- oder Werkleistungen erzielt, obwohl er der Mitwirkungspflicht gegenüber dem Arbeitsamt gem. § 60 Abs. 1 Nr. 2 SGB I (Mitteilung des erzielten Arbeitseinkommens) nicht nachgekommen ist.

Fraglich ist, ob die Verletzung dieser Pflicht zur Nichtigkeit des Vertrages führt.

66 In der Literatur (vgl. MünchArbR/*Buchner* § 40 Rz. 60–69 m. w. N.) wird das teilweise verneint, denn zur Erfüllung des Schutzzwecks des SchwArbG (Schutz des Steuer- und Sozialversicherungssystems) ist dies nicht erforderlich. Das gilt auch für die vom SchwArbG nicht erfassten Fälle, in denen unselbstständige Dienstleistungen erbracht, sozialversicherungs- und steuerrechtlich begründete Melde- und Abführungspflichten aber nicht erfüllt werden.

67 Demgegenüber geht der *BGH* (23.9.1982 AP Nr. 2 zu § 1 SchwArbG) davon aus, dass **Verträge, die gegen das Gesetz zur Bekämpfung von Schwarzarbeit verstoßen, nichtig sind** (§ 134 BGB). In einem solchen Falle kann der vorleistende Schwarzarbeiter u. U. gem. §§ 812, 818 Abs. 2 BGB Wertersatz verlangen. Der Anwendung des § 817 S. 2 BGB kann § 242 BGB entgegenstehen (*BGH* 31.5.1990 EzA § 134 BGB Nr. 13).

c) §§ 42, 43 Infektionsschutzgesetz (IfSG)

68 §§ 42, 43 IfSG enthalten Beschäftigungsverbote im Interesse des Gesundheitsschutzes Dritter (der Kunden und Verbraucher) für Personen mit bestimmten ansteckenden Krankheiten in bestimmten Bereichen der Lebensmittelherstellung und des Lebensmittelvertriebes. Erfasst sind auch Personen, die bei erstmaliger Beschäftigung im Lebensmittelbereich kein höchstens drei Monate altes Zeugnis des Gesundheitsamtes vorlegen, wonach ein Hinderungsgrund für die Beschäftigung i. S. d. § 42 IfSG nicht besteht.

Verstöße gegen diese Normen führen nicht zur Nichtigkeit des Arbeitsvertrages (*BAG* 25.6.1970, 2.3.1971 AP Nr. 1, 2 zu § 18 BSeuchG).

5. Gesetzliche Begründung von Beschäftigungsverhältnissen

69 §§ 78 a, 102 Abs. 5 BetrVG, § 9 BPersVG sehen eine **gesetzlich erzwungene Fortführung von Arbeitsverhältnissen** über die reguläre arbeitsrechtliche Beendigung hinaus vor. Es handelt sich also um die Beschränkung der Lösungsmöglichkeit aus einem bestehenden Rechtsverhältnis.

a) § 102 Abs. 5 BetrVG

70 Durch diese Norm wird die Rechtswirksamkeit der Kündigung bis zum rechtskräftigen Abschluss des Kündigungsschutzverfahrens suspendiert (vgl. *Staudinger/Richardi* § 611 BGB Rz. 70).

B. Anbahnung und Begründung des Arbeitsverhältnisses

Dies hat zur Folge, dass nach Ausspruch der Kündigung und nach Ablauf der Kündigungsfrist auch gegen den Willen des Arbeitgebers ein Beschäftigungsverhältnis weiterhin fortbesteht, **unabhängig davon, ob die Kündigung das Arbeitsverhältnis wirksam beendet hat oder nicht** (s. u. D/Rz. 1962 ff.).
Entsprechendes gilt für den von der Rechtsprechung des *BAG* ([GS] 27.2.1985 EzA § 611 BGB Beschäftigungspflicht Nr. 9) aus dem bestehenden Arbeitsverhältnis abgeleiteten **Weiterbeschäftigungsanspruch** nach Feststellung der Unwirksamkeit der Kündigung durch erstinstanzliche Entscheidung (s. u. D/Rz. 2000 ff.). 71

b) § 78 a BetrVG, § 9 BPersVG

aa) Zweck der Regelung

§ 78 a BetrVG, § 9 BPersVG sollen den Mitgliedern der in diesen Vorschriften bezeichneten Betriebsverfassungsorgane die Amtsausübung ohne Furcht vor Nachteilen für ihre zukünftige berufliche Entwicklung ermöglichen.
Zudem soll die Kontinuität und Unabhängigkeit der Arbeit in der Jugend- und Auszubildendenvertretung sowie im Betriebsrat sichergestellt werden (*BAG* 5.4.1984 EzA § 78 a BetrVG Nr. 14; vgl. APS/*Künzl* § 78 a BetrVG Rz. 4 ff.). 72

Den geschützten Auszubildenden wird ein **Gestaltungsrecht** eingeräumt, mit dem sie die Begründung eines Arbeitsverhältnisses auf unbestimmte Zeit herbeiführen können. Das ist erforderlich, weil der Arbeitgeber ansonsten nicht verpflichtet ist, überhaupt Auszubildende als Arbeitnehmer zu übernehmen. Es bestünde daher die Gefahr, dass gerade derjenige, der sein Amt ernst genommen hat und auch harten Auseinandersetzungen mit dem Arbeitgeber nicht ausgewichen ist, u. U. nicht als Arbeitnehmer im Betrieb verbleiben könnte (GK-BetrVG/*Kreutz* § 78 a BetrVG Rz. 6 ff.). 73

Deshalb eröffnet § 78 a BetrVG einen **Anspruch des Auszubildenden, im Anschluss an das Ausbildungsverhältnis nahtlos in einem Arbeitsverhältnis weiterbeschäftigt zu werden**, falls nicht aufgrund einer gerichtlichen Entscheidung festgestellt wird, dass bestimmte gesetzlich normierte Gründe einer Weiterbeschäftigung des Auszubildenden entgegenstehen.
§ 78 a BetrVG gilt jedoch nicht bei der Beendigung des Ausbildungsverhältnisses durch Kündigung gem. § 15 Abs. 1, 2 Nr. 1 BBiG. 74

bb) Geschützter Personenkreis

Erfasst sind Auszubildende i. S. d. §§ 3, 4, 25 ff. BBiG, die aufgrund eines Ausbildungsvertrages in einem Ausbildungsberuf i. S. d. BBiG ausgebildet werden. 75

Erfasst sind auch **Umschüler** im Rahmen eines isolierten besonderen Umschulungsverhältnisses für einen anerkannten Ausbildungsberuf (*BAG* 23.6.1983 EzA § 78 a BetrVG Nr. 11), grds. nicht dagegen **Volontäre** (*LAG Köln* 23.2.2000 ARST 2000, 282) und **Praktikanten**, wenn sie nur vorübergehend in einem Betriebspraktikum beschäftigt werden, sowie Beteiligte an Berufsfortbildungsverhältnissen (GK-BetrVG/*Kreutz* § 78 a BetrVG Rz. 14 ff; a. A. KR-*Weigand* § 78 a BetrVG Rz. 10).
Volontäre können sich aber dann auf § 78 a BetrVG berufen, wenn sie einen durch Tarifvertrag festgelegten geordneten Ausbildungsgang durchlaufen, der einem an-

B. Anbahnung und Begründung des Arbeitsverhältnisses

erkannten Ausbildungsberuf entspricht und mindestens zwei Jahre lang dauert (*BAG* 23.6.1983 EzA § 78 a BetrVG Nr. 11; vgl. APS/*Künzl* § 78 a BetrVG Rz. 11 ff.).

76 § 78 a BetrVG ist grds. auch in **Tendenzbetrieben** (z. B. gem. § 118 Abs. 1 Nr. 2 BetrVG) anwendbar. Gründe des Tendenzschutzes können aber die Weiterbeschäftigung des Arbeitnehmers ausschließen (*BAG* 23.6.1983 EzA § 78 a BetrVG Nr. 11).

> Der gesetzliche Schutz beginnt mit der öffentlichen Auszählung der Stimmen und der Feststellung des Wahlergebnisses durch den Wahlvorstand. Nicht geschützt sind die Mitglieder des Wahlvorstandes und die Wahlbewerber.

77 § 78 a Abs. 2 BetrVG gilt auch für endgültig **nachgerückte**, nicht aber für nicht nachgerückte **Ersatzmitglieder**. Ist das Ersatzmitglied vertretungsweise **zeitweilig nachgerückt**, so ist entscheidend, dass das Weiterbeschäftigungsverlangen während des Vertretungsfalles gestellt wird, selbst wenn es während der Vertretungszeit noch überhaupt nicht tätig geworden ist (*BAG* 22.9.1983 EzA § 78 a BetrVG 1972 Nr. 12).

78 Der nachwirkende Schutz gem. § 78 a Abs. 3 BetrVG gilt auch bei **vorzeitigem Ausscheiden** aus dem Amt, weil auf die Beendigung der persönlichen Mitgliedschaft abgestellt wird, sofern nicht die Voraussetzungen gem. §§ 24 Abs. 1 Nr. 5, 6 BetrVG gegeben sind (*BAG* 21.8.1979, 15.1.1980 EzA § 78 a BetrVG 1972 Nr. 6, 9).

79 Gleiches gilt, wenn ein Ersatzmitglied als Stellvertreter für ein verhindertes Mitglied nur vorübergehend dessen Funktion wahrgenommen hat, sofern der vorübergehende Vertretungsfall vor Ablauf eines Jahres vor der Beendigung des Ausbildungsverhältnisses geschehen und der Auszubildende innerhalb von drei Monaten vor der Beendigung seines Ausbildungsverhältnisses seine Weiterbeschäftigung schriftlich verlangt hat, es sei denn, dass im Vertretungsfall **praktisch keine konkreten Vertretungsaufgaben** angefallen sind (*BAG* 13.3.1986 EzA § 78 a BetrVG 1972 Nr. 16, 17; a. A. *BVerwG* 25.6.1986 NZA 1986, 839; vgl. APS/*Künzl* § 78 a BetrVG Rz. 31 ff.).

80 Das Weiterbeschäftigungsverlangen eines **Ersatzmitgliedes des Personalrates** ist in entsprechender Anwendung von § 9 Abs. 2, 3 BPersVG gerechtfertigt, wenn zeitlich getrennte Vertretungstätigkeiten in einer so großen Zahl von Einzelfällen ausgeübt worden sind, dass sie in ihrer Gesamtheit einer über einen längeren, in sich geschlossenen Zeitraum bestehenden Ersatzmitgliedschaft im Personalrat gleichkommen und sich eine missbräuchliche Begünstigung ausschließen lässt (*BVerwG* 28.2.1990 AP Nr. 8 zu § 9 BPersVG).

cc) Mitteilungspflicht des Arbeitgebers (§ 78 a Abs. 1 BetrVG)

81 Die Ordnungsvorschrift des § 78 a Abs. 1 BetrVG hat nur eine Hinweisfunktion.

82 Die schriftliche Mitteilung (§ 126 BGB) soll den Auszubildenden veranlassen, zu **überlegen, ob er den Antrag auf Weiterbeschäftigung stellen oder sich nach einem anderen Arbeitsplatz umsehen will** (vgl. APS/*Künzl* § 78 a BetrVG Rz. 43 ff.).

83 Maßgeblicher Zeitpunkt für die Beendigung des Ausbildungsverhältnisses ist dessen **tatsächliche Beendigung**, d. h. wenn das Prüfungsverfahren abgeschlossen ist, das Prüfungsergebnis mitgeteilt und die Prüfung bestanden wurde (*BAG* 31.10.1985, 13.11.1987 EzA § 78 a BetrVG 1972 Nr. 15, 19).

84 Die Verletzung der Mitteilungspflicht kann zu Schadensersatzansprüchen des Auszubildenden aus positiver Forderungsverletzung führen, wenn etwa der Auszubildende infolge der verspäteten Mitteilung ein anderes Arbeitsverhältnis ausgeschlagen hat

B. Anbahnung und Begründung des Arbeitsverhältnisses

(*BAG* 31.10.1985 EzA § 78 a BetrVG 1972 Nr. 15; vgl. APS/*Künzl* § 78 a BetrVG Rz. 51 ff.).

dd) Begründung eines Arbeitsverhältnisses (§ 78 a Abs. 2 BetrVG)

(1) Form und Frist des Weiterbeschäftigungsverlangens

Das Weiterbeschäftigungsverlangen des Auszubildenden muss schriftlich (§§ 125, 126 BGB) innerhalb der zwingenden Frist von drei Monaten vor Beendigung des Ausbildungsverhältnisses (§ 14 Abs. 1, 2 BBiG) dem Arbeitgeber zugehen (vgl. APS/*Künzl* § 78 a BetrVG Rz. 55 ff.). 85

Für die Berechnung der 3-Monats-Frist ist auf den Zeitpunkt der Bekanntgabe des Prüfungsergebnisses abzustellen (*BAG* 31.10.1985 EzA § 78 a BetrVG 1972 Nr. 15).

Eine vor Beginn dieser Frist abgegebene Erklärung ist unwirksam und muss innerhalb der letzten drei Monate schriftlich wiederholt werden (*BAG* 15.1.1980, 31.10.1985 EzA § 78 a BetrVG 1972 Nr. 8, 15). Das gilt auch dann, wenn der Arbeitgeber seiner Hinweispflicht nicht nachgekommen ist; allerdings kann § 242 BGB ausnahmsweise bei Vorliegen besonderer Umstände gebieten, dass das Weiterbeschäftigungsverlangen als fristgemäß gestellt gilt (*BVerwG* 9.10.1996 NZA-RR 1997, 239).

Fraglich ist, ob bei minderjährigen Auszubildenden die §§ 106 ff. BGB Anwendung finden, d. h. dass eine Genehmigung des gesetzlichen Vertreters zur Abgabe der Erklärung erforderlich ist. 86

Dafür spricht nach Auffassung von *Kreutz* (GK-BetrVG § 78 a BetrVG Rz. 47; ebenso APS/*Künzl* § 78 a BetrVG Rz. 64 f.), dass das Weiterbeschäftigungsverlangen mit dem Eintritt der gesetzlichen Fiktion ein Rechtsgeschäft begründet, durch das der Minderjährige wegen der aus dem Arbeitsverhältnis resultierenden Pflichten **nicht lediglich einen rechtlichen Vorteil erlangt** (§ 107 Abs. 1 BGB). Verlangt der Minderjährige deshalb Weiterbeschäftigung ohne die Einwilligung seines gesetzlichen Vertreters, so ist er so zu stellen, als hätte er einen schwebend unwirksamen Arbeitsvertrag abgeschlossen. Demgemäß kann der gesetzliche Vertreter das Weiterbeschäftigungsverlangen nach Maßgabe des § 108 BGB genehmigen. 87

Demgegenüber vertritt *Weigand* (KR § 78 a BetrVG Rz. 29) die Auffassung, dass zumindest die Einwilligung des gesetzlichen Vertreters zur Eingehung eines Berufsausbildungsverhältnisses gem. § 113 BGB auch das Weiterbeschäftigungsverlangen nach § 78 a BetrVG deckt. 88

(2) Rechtswirkungen

Die Rechtswirkung des § 78 a Abs. 2 BetrVG besteht in der Begründung eines Vollzeitarbeitsverhältnisses auf unbestimmte Zeit im Anschluss an das Ausbildungsverhältnis (*BAG* 13.11.1987, 24.7.1991 EzA § 78 a BetrVG 1972 Nr. 19, 21; vgl. APS/*Künzl* § 78 a BetrVG Rz. 77 ff.). 89

B. Anbahnung und Begründung des Arbeitsverhältnisses

90 Sie wird dogmatisch
   – als **Fiktion eines Arbeitsvertrages**, ausgelöst durch die Ausübung eines Gestaltungsrechts durch den Auszubildenden (KR-*Weigand* § 78 a BetrVG Rz. 30), bzw.
   – als **Kontrahierungszwang** (*Galperin/Löwisch* § 78 a Rz. 1) verstanden.

91 Sie tritt grds. selbst dann ein, wenn der Auszubildende die Prüfung noch nicht abgelegt oder nicht bestanden hat (*LAG Baden-Württemberg* 13.10.1977 AP Nr. 4 zu § 78 a BetrVG 1972 s. aber unten B/Rz. 102 ff.).
Für den Inhalt des auf unbestimmte Zeit begründeten Arbeitsverhältnisses gilt § 37 Abs. 4, 5 BetrVG entsprechend. Dadurch soll sichergestellt werden, dass die Auszubildenden nach Übernahme in das Arbeitsverhältnis die gleiche finanzielle und berufliche Entwicklung nehmen wie vergleichbare Arbeitnehmer.

92 Nach Auffassung des *LAG Frankfurt* (6.1.1987 NZA 1987, 532) kann der gesetzlichen Regelung u. U. im Einzelfall auch das Zustandekommen eines **Teilzeitarbeitsverhältnisses** genügen; das *BAG* (24.7.1991 EzA § 78 a BetrVG 1972 Nr. 21) ist dem allerdings **nicht gefolgt**.

93 Vielmehr kommt nach § 78 a Abs. 2 BetrVG **stets** ein Vollzeitarbeitsverhältnis zustande (ebenso KR-*Weigand* § 78 a BetrVG Rz. 30 a; *Künzl* BB 1986, 2404; APS/*Künzl* § 78 a BetrVG Rz. 78), selbst dann, wenn der Arbeitgeber nur Teilzeit- oder nur vorübergehend freie Arbeitsplätze im Betrieb hat. Soweit ihm die Beschäftigung ganz oder teilweise nicht zumutbar ist, muss er einen Antrag nach § 78 a Abs. 4 BetrVG stellen. Denn **§ 78 a Abs. 2 BetrVG schließt eine privatautonome Entscheidung des Arbeitgebers über Inhalt und zeitlichen Umfang des Arbeitsverhältnisses aus**; das nach § 78 a Abs. 2 BetrVG zustande kommende Arbeitsverhältnis ist von einer Handlung oder Erklärung des Arbeitgebers unabhängig. Eine solche wäre aber zur Begründung eines Teilzeitarbeitsverhältnisses geboten. Der Arbeitgeber kann allein frei entscheiden, ob er die gesetzliche Fiktion hinnehmen oder einen Antrag nach § 78 a Abs. 4 BetrVG stellen will (vgl. APS/*Künzl* § 78 a BetrVG Rz. 78). Nur im Zusammenhang mit einem Verfahren nach § 78 a Abs. 4 BetrVG können ggfs. auch Einwendungen gegen den zeitlichen Umfang des Arbeitsverhältnisses vorgebracht werden (*Künzl* BB 1986, 2406 ff.).

94 Unterzeichnet ein Auszubildender vor Ablauf der Ausbildungszeit **vorbehaltlos** einen **befristeten Arbeitsvertrag**, verzichtet er damit jedoch konkludent auf eine zuvor geltend gemachte Weiterbeschäftigung im Rahmen eines unbefristeten Arbeitsverhältnisses nach § 78 a Abs. 2 BetrVG. Ein solcher Verzicht ist rechtlich möglich (*LAG Köln* 23.2.2000 ARST 2000, 282).

(3) Verfahrensfragen

95 Streitigkeiten über das Bestehen eines Arbeitsverhältnisses sowie seinen Inhalt sind im Urteilsverfahren auszutragen (§§ 2, 46 ff. ArbGG).

Das gilt selbst dann, wenn der Arbeitgeber das Arbeitsgericht anruft und die negative Feststellung begehrt, dass die Voraussetzungen gem. § 78 a Abs. 2, 3 BetrVG nicht erfüllt sind (*BAG* 13.11.1987, 29.11.1989 EzA § 78 a BetrVG 1972 Nr. 19, 20; vgl. APS/*Künzl* § 78 a BetrVG Rz. 146 ff.).

B. Anbahnung und Begründung des Arbeitsverhältnisses

ee) **Unzumutbarkeit der Weiterbeschäftigung (§ 78 a Abs. 4 BetrVG)**

(1) Prüfungsmaßstab

§ 78 a Abs. 4 BetrVG ist vom Wortlaut her § 626 Abs. 1 BGB nachgebildet (zur vergleichbaren Regelung des § 9 BPersVG vgl. *BAG* 14.5.1987 EzA § 78 a BetrVG 1972 Nr. 18; vgl. auch *Matthes* NZA 1989, 916). Daraus wird **zum Teil** (*LAG Düsseldorf* 12.6.1975 DB 1975, 1995) eine **strikte Anlehnung** an § 626 Abs. 1 BGB gefolgert, sodass die in Rechtsprechung und Schrifttum entwickelten Grundsätze, die zur Definition des wichtigen Grundes in § 626 BGB dienen, anzuwenden sind. 96

Demgegenüber wurde überwiegend (*BAG* 15.12.1983 EzA § 78 a BetrVG 1972 Nr. 13; GK-BetrVG/*Kreutz* § 78 a BetrVG Rz. 67) davon ausgegangen, dass nur eine an § 626 Abs. 1 BGB orientierte Auslegung gerechtfertigt ist. Deshalb sind grds., aber nicht uneingeschränkt die zu dieser Norm sowie zu § 15 KSchG entwickelten allgemeinen Kriterien anzuwenden. Von praktischer Bedeutung ist dies insbesondere für die Frage, inwieweit betriebsbedingte Gründe für die Beurteilung der Unzumutbarkeit relevant sind; bei einer strikten Anlehnung an § 626 Abs. 1 BGB wäre das regelmäßig zu verneinen. 97

Inzwischen geht das *BAG* (6.11.1996 EzA § 78 a BetrVG 1972 Nr. 24; 28.6.2000 ZTR 2001, 139; vgl. dazu *Kukat* BB 1997, 1794 ff.; APS/*Künzl* § 78 a BetrVG Rz. 93 ff.) demgegenüber davon aus, dass der Inhalt der Begriffe der Unzumutbarkeit in beiden Vorschriften **nach ihren unterschiedlichen Funktionen jeweils gesondert zu bestimmen ist**, sodass auch eine an § 626 Abs. 1 BGB nur orientierte Auslegung nicht in Betracht kommt: Der Tatbestand des § 626 Abs. 1 BGB ist erst dann gegeben, wenn dem Arbeitgeber die Fortsetzung des Arbeitsverhältnisses bis zum Ablauf der Kündigungsfrist oder bis zur vereinbarten Beendigung nicht zugemutet werden kann. Bei § 78 a Abs. 4 BetrVG ist demgegenüber zu entscheiden, ob dem Arbeitgeber die Beschäftigung des Arbeitnehmers in einem unbefristeten Arbeitsverhältnis zumutbar ist. 98

Nicht anwendbar ist auch die Ausschlussfrist gem. §§ 626 Abs. 2 BGB, 15 Abs. 4 BBiG (*BAG* 15.12.1983 EzA § 78 a BetrVG 1972 Nr. 13).

(2) Personen-, verhaltens-, betriebsbedingte Gründe

In der Person (z. B. Trunksucht [*BAG* 14.5.1987 NZA 1987, 819]) oder im Verhalten des Auszubildenden liegende Umstände begründen die Unzumutbarkeit jedenfalls unter den Voraussetzungen des Vorliegens eines wichtigen Grundes i. S. d. § 626 Abs. 1 BGB. 99

Diese Gründe sind zwar weithin noch vor der Beendigung des Ausbildungsverhältnisses entstanden, sodass an sich dessen außerordentliche Kündigung in Betracht zu ziehen gewesen wäre (vgl. § 15 Abs. 2, 4 BBiG). Bei der Prüfung des wichtigen Grundes ist aber im Rahmen des § 15 Abs. 2 BBiG außer dem **Ausbildungszweck** auch die **Dauer der bereits zurückgelegten Ausbildungszeit im Verhältnis zur Gesamtdauer der Ausbildung** besonders zu berücksichtigen (s. u. D/Rz. 529 ff.). Im Rahmen des § 78 a Abs. 2 BetrVG geht es dagegen um die davon zu unterscheidende Frage der **Begründung eines Arbeitsverhältnisses auf Dauer** (*BAG* 15.12.1983 EzA § 78 a BetrVG 1972 Nr. 13; vgl. APS/*Künzl* § 78 a BetrVG Rz. 122 ff.). 100

B. Anbahnung und Begründung des Arbeitsverhältnisses

101 Fraglich ist, inwieweit die Unzumutbarkeit der Weiterbeschäftigung bereits dann gegeben ist, wenn der § 78 a BetrVG unterfallende Auszubildende schlechtere Prüfungsnoten hat als andere Bewerber (dafür *Richardi* § 78 a Rz. 33; dagegen GK-BetrVG/*Kreutz* § 78 a BetrVG Rz. 70; vgl. APS/*Künzl* § 78 a BetrVG Rz. 124 ff.).

102 Sie ist jedenfalls dann gegeben, wenn der Amtsinhaber die Abschlussprüfung nicht bestanden hat und deshalb für den fraglichen Arbeitsplatz **nicht qualifiziert ist** (*LAG Baden-Württemberg* 13.10.1977 AP Nr. 4 zu § 78 a BetrVG 1972).

103 Das unternehmerische Ziel, die – wenigen – freien Stellen nur den Auszubildenden anzubieten, die ihre Ausbildung in verkürzter Zeit und **mit besonders guter Bewertung** absolviert haben, kann andererseits nicht generell zu dem Schluss führen, die Weiterbeschäftigung des Mitglieds der Jugend- und Auszubildendenvertretung, das diese Bedingungen nicht erfüllt, sei dem Arbeitgeber nicht zuzumuten (*LAG Berlin* 18.7.1995 LAGE § 78 a BetrVG 1972 Nr. 8). Eine Weiterbeschäftigung gem. § 9 Abs. 4 BPersVG ist für den öffentlichen Arbeitgeber aber trotz Vorhandenseins eines ausbildungsadäquaten Arbeitsplatzes dann nicht zumutbar, wenn andere Bewerber um diesen Arbeitsplatz objektiv wesentlich fähiger und geeigneter sind, als der Jugend- und Auszubildendenvertreter. Das ist der Fall, wenn dieser in der maßgeblichen Abschlussprüfung deutlich mehr als eine Notenstufe schlechter abgeschnitten hat als der schwächste sonstige Bewerber, den der Arbeitgeber sonst in ein Dauerarbeitsverhältnis übernehmen würde (*BVerwG* 9.9.1999 NZA 2000, 443; vgl. auch *OVG Nordrhein-Westfalen* 26.8.1998 ZTR 1999, 143). Die Differenz muss mindestens das 1,33 fache dieser Notenstufe betragen (*BVerwG* 17.5.2000 ZTR 2000, 572). Demgegenüber reicht es für die Annahme der Unzumutbarkeit nicht aus, dass nur Planstellen frei sind, für die zwar auch Absolventen hinreichend qualifiziert sind, die jedoch als »Beförderungsstelle« verwendet werden sollen und speziell zu diesem Zweck zur alsbaldigen Besetzung intern ausgeschrieben sind (*BVerwG* 17.5.2000 NZA-RR 2000, 559).

104 **Betriebliche Gründe** rechtfertigen nach einer zum Teil (*LAG Hamm* 6.10.1978 EzA § 78 a BetrVG 1972 Nr. 4) vertretenen Auffassung nur dann die Unzumutbarkeit der Weiterbeschäftigung, wenn auch eine Kündigung gegenüber einem Betriebsratsmitglied möglich wäre (§§ 15 Abs. 4, 5 KSchG, § 626 Abs. 1 BGB; s. u. D/Rz. 351 ff.).

105 Weil der Arbeitgeber durch § 78 a BetrVG nicht verpflichtet werden soll, neue Arbeitsplätze zu schaffen, nach Auffassung des *LAG Köln* (4.9.1996 NZA-RR 1997, 435) selbst dann nicht, wenn in dem Ausbildungsbetrieb regelmäßig Überstunden anfallen, wird demgegenüber überwiegend (*BAG* 16.1.1979, 15.1.1980 EzA § 78 a BetrVG 1972 Nr. 5, 7) angenommen, dass betriebliche Gründe z. Zt. der Beendigung des Ausbildungsverhältnisses dann i. S. d. § 78 a BetrVG genügen, wenn sie nach Abwägung aller Umstände des Einzelfalles von solchem Gewicht sind, dass es dem Arbeitgeber schlechterdings nicht zugemutet werden kann, den Auszubildenden zu übernehmen.

106 Dabei sind allerdings strengere Anforderungen als an eine ordentliche Kündigung gem. § 1 Abs. 1 S. 2 KSchG zu stellen. Sie sind dann erfüllt, wenn zur Zeit der Beendigung des Berufsausbildungsverhältnisses **keine freien, auf Dauer angelegten Arbeitsplätze vorhanden sind** (*BAG* 29.11.1989, 24.7.1991 EzA § 78 a BetrVG 1972 Nr. 20, 21; vgl. APS/*Künzl* § 78 a BetrVG Rz. 99 ff.). Für die Feststellung, ob ein freier

Arbeitsplatz vorhanden ist oder nicht, sind regelmäßig die **Vorgaben des Arbeitgebers** maßgebend, welche Arbeiten im Betrieb mit welcher Anzahl von Arbeitnehmern verrichtet werden sollen (*BAG* 6.11.1996 EzA § 78 a BetrVG 1972 Nr. 24). Abzustellen ist insoweit nach Auffassung des *LAG Niedersachsen* (26.4.1996 LAGE § 78 a BetrVG 1972 Nr. 9; **a. A.** *LAG Köln* 4.9.1996 NZA-RR 1997, 435) darauf, ob im **Unternehmen** ein freier Arbeitsplatz vorhanden ist; eine Beschränkung auf den Betrieb, in dem der Auszubildende Mitglied der Jugend- und Auszubildendenvertretung war, widerspricht danach der Wertung des Gesetzgebers im Verhältnis zu den §§ 1 Abs. 2 Nr. 1 b, 15 Abs. 4 KSchG. Die Entlassung anderer Arbeitnehmer, um die Weiterbeschäftigung nach § 78 a BetrVG zu ermöglichen, kommt nicht in Betracht (*BAG* 16.1.1979 EzA § 78 a BetrVG 1972 Nr. 5).

Der Arbeitgeber ist allerdings verpflichtet, besondere Anstrengungen zu unternehmen, um den Auszubildenden weiterbeschäftigen zu können. Dazu gehören alle organisatorischen Maßnahmen, die ohne erhebliche kostenmäßige Auswirkungen oder Benachteiligung anderer Arbeitnehmer durchgeführt werden können (MünchArbR/*Berkowsky* § 159 Rz. 57). **107**

Demgegenüber genügt nach Auffassung des *BVerwG* (13.3.1989 EzBAT § 22 MTV Auszubildende Nr. 6) ein **allgemeiner Einstellungsstop**, der von dem die Funktion des Arbeitgebers wahrnehmenden Verwaltungsorgan beschlossen wurde, nicht für die Annahme der Unzumutbarkeit der Weiterbeschäftigung eines (früheren) Mitglieds der Jugend- oder Personalvertretung gem. § 9 Abs. 4 S. 1 BPersVG. Etwas anderes gilt aber dann, wenn ein **Arbeitsplatz** aufgrund einer von der Generaldirektion der Deutschen Telekom nach unternehmerischen Gesichtspunkten vorgenommenen Überprüfung der Arbeitsmethoden und des Arbeitsbedarfs **weggefallen** ist (*BVerwG* 9.10.1996 NZA-RR 1998, 190). **108**

Ist jedenfalls im Zeitpunkt der Beendigung des Ausbildungsverhältnisses ein freier Arbeitsplatz vorhanden, hat bei der Prüfung der Unzumutbarkeit der Weiterbeschäftigung ein **künftiger Wegfall von Arbeitsplätzen** unberücksichtigt zu bleiben (*BAG* 16.8.1995 EzA § 78 a BetrVG 1972 Nr. 23). Die Weiterbeschäftigung kann dem Arbeitgeber auch dann zuzumuten sein, wenn er einen innerhalb von drei Monaten vor der vertraglich vereinbarten Beendigung des Ausbildungsverhältnisses frei werdenden Arbeitsplatz besetzt und **die sofortige Neubesetzung** nicht durch dringende betriebliche Erfordernisse geboten ist (*BAG* 12.11.1997 EzA § 78 a BetrVG 1972 Nr. 25; krit. dazu *Coester* SAE 1999, 3 ff.). Andererseits ist ein freier Arbeitsplatz bei der Beendigung des Berufsausbildungsverhältnisses dann nicht vorhanden, wenn fünf Monate zuvor freie Arbeitsplätze mit Arbeitnehmern besetzt wurden, die ihre **Ausbildung vorzeitig beendet** haben. Der Arbeitgeber ist zu dieser Zeit regelmäßig nicht verpflichtet, zu bedenken, dass fünf Monate später nach § 78 a BetrVG geschützte Amtsträger ihre Ausbildung beenden werden und Übernahmeverlangen stellen könnten. Deshalb besteht regelmäßig auch keine Pflicht des Arbeitgebers, zu diesem Zeitpunkt zu prüfen, ob Arbeitsplätze für die geschützten Auszubildenden frei zu halten sind. Das gilt insbesondere dann, wenn die Entscheidung zur Nichtübernahme von Auszubildenden in ein Arbeitsverhältnis, die ihre Ausbildung künftig beenden werden, erst mehrere Wochen nach der Besetzung der seinerzeit freien Arbeitsplätze getroffen wird (*BAG* 12.12.1997 EzA § 78 a BetrVG 1972 Nr. 26; vgl. dazu *Natzel* SAE 1999, 8 ff.). **109**

B. Anbahnung und Begründung des Arbeitsverhältnisses

110 Wenn der Arbeitgeber (des öffentlichen Dienstes) andererseits kurze Zeit nach der Beendigung des Ausbildungsverhältnisses eines früheren Mitglieds der Jugend- und Auszubildendenvertretung **Leerstellenzuweisungen** vornimmt und kein Grund erkennbar ist, warum diese Entscheidung nicht schon früher hätte getroffen werden können, erscheint es trotz des organisatorischen und stellenplanwirtschaftlichen Ermessens des Arbeitgebers hinsichtlich der Vornahme von Leerstellenzuweisungen zweifelhaft, ob tatsächlich keine Möglichkeit zur unbefristeten Weiterbeschäftigung bestand (*OVG Nordrhein-Westfalen* 26.8.1998 ZTR 1999, 144).

(3) Verfahrensfragen

111 Der Arbeitgeber muss die Unzumutbarkeit innerhalb der prozessualen Antragstellungsfrist (§§ 187 ff. BGB) von zwei Wochen nach Beendigung des Ausbildungsverhältnisses im Beschlussverfahren geltend machen (*BAG* 13.11.1987, 29.11.1989 EzA § 78a BetrVG 1972 Nr. 19, 20; vgl. APS/*Künzl* § 78a BetrVG Rz. 153).

112 Ist im Zeitpunkt der Beendigung des Ausbildungsverhältnisses über einen Feststellungsantrag des Arbeitgebers gem. § 78a Abs. 4 S. 1 Nr. 1 BetrVG noch nicht rechtskräftig entschieden, so wird bei Vorliegen der Voraussetzungen des § 78a Abs. 2, 3 BetrVG im Anschluss an das Berufsausbildungsverhältnis ein Arbeitsverhältnis begründet. Der **Feststellungsantrag wandelt sich dann in einen Auflösungsantrag** gem. § 78a Abs. 4 S. 1 Nr. 2 BetrVG **um**, ohne dass es einer förmlichen Antragsänderung bedarf (*BAG* 29.11.1989 EzA § 78a BetrVG 1972 Nr. 20; ebenso für § 9 BPersVG *BVerwG* 31.5.1990 AP Nr. 7 zu § 9 BPersVG).

113 Spricht das Gericht die Auflösung des Arbeitsverhältnisses gem. § 78a Abs. 4 S. 1 Nr. 2 BetrVG aus, so **endet das Arbeitsverhältnis mit Rechtskraft des Beschlusses** (*BAG* 15.1.1980 EzA § 78a BetrVG 1972 Nr. 7; ebenso für § 9 BPersVG *BVerwG* 31.5.1990 AP Nr. 7 zu § 9 BPersVG). Der Arbeitgeber, der den Auszubildenden nach Beendigung der Ausbildung tatsächlich nicht bis zu diesem Zeitpunkt beschäftigt hat, gerät deshalb auch dann in **Annahmeverzug**, wenn das gem. § 78a BetrVG zunächst begründete **Arbeitsverhältnis** durch Beschluss des Gerichts wegen dringender betrieblicher Gründe **aufgelöst wird**. Das aufgrund eines ggf. anzuwendenden Tarifvertrages erforderliche schriftliche Geltendmachen von Lohnansprüchen zur Vermeidung der Anwendung einer Ausschlussfrist kann dann bereits im Weiterbeschäftigungsverlangen gesehen werden (*LAG Nürnberg* 25.2.2000 NZA-RR 2001, 197).

114 Das Beschlussverfahren gem. § 78a Abs. 4 BetrVG (gem. § 9 Abs. 4 BPersVG ist das Verwaltungsgericht zuständig) dient allein der Klärung der Frage, ob dem Arbeitgeber die Weiterbeschäftigung in einem unbefristeten Arbeitsverhältnis nicht zugemutet werden kann und deshalb durch rechtsgestaltendes Eingreifen des Gerichts Abhilfe zu schaffen ist.

115 Die Entscheidung ist nicht von der vorherigen Feststellung abhängig, dass die Voraussetzungen des § 78a Abs. 2, 3 BetrVG für die Begründung eines Arbeitsverhältnisses gegeben sind (*BAG* 29.11.1989 EzA § 78a BetrVG 1972 Nr. 20; **a.A.** ausdrücklich *BVerwG* 9.10.1996 NZA-RR 1997, 239). Allerdings **erwägt das BAG** (11.1.1995 EzA § 78a BetrVG 1972 Nr. 22) inzwischen, **im Beschlussverfahren nach § 78a Abs. 4**

B. Anbahnung und Begründung des Arbeitsverhältnisses

BetrVG auch über einen Feststellungsantrag des Arbeitgebers zu entscheiden, ein Arbeitsverhältnis sei wegen Fehlens der Voraussetzungen des § 78 a Abs. 2, 3 BetrVG nicht begründet worden.

Offen gelassen hat das *BAG* (16.8.1995 EzA § 78 a BetrVG 1972 Nr. 23) auch die Frage, ob im Beschlussverfahren nach § 78 a Abs. 4 BetrVG über ein Feststellungsbegehren des Arbeitgebers entschieden werden kann, wonach ein kraft Gesetzes begründetes Arbeitsverhältnis mit einem Jugend- und Auszubildendenvertreter vor Rechtskraft einer gerichtlichen Auflösungsentscheidung aus anderen Gründen beendet worden ist. 116

Maßgeblicher Zeitpunkt für die Beurteilung der Unzumutbarkeit der Weiterbeschäftigung ist der der letzten mündlichen Verhandlung in der Tatsacheninstanz (MünchArbR/*Berkowsky* § 159 Rz. 63). 117

ff) Übernahme zu anderen Arbeitsbedingungen

Ist ein Auszubildender (hilfsweise) bereit, zu anderen als den sich aus § 78 a BetrVG ergebenden Arbeitsbedingungen in ein Arbeitsverhältnis übernommen zu werden, so muss er dies dem Arbeitgeber **unverzüglich** nach dessen Erklärung nach § 78 a Abs. 1 BetrVG, **spätestens** mit seinem Übernahmeverlangen nach § 78 a Abs. 2 BetrVG **mitteilen**. Eine Einverständniserklärung im gerichtlichen Verfahren genügt nicht. 118

Hat der Auszubildende eine derartige Erklärung rechtzeitig abgegeben, muss der Arbeitgeber **prüfen**, ob die anderweitige Beschäftigung **möglich und zumutbar** ist.

Unterlässt er die Prüfung oder verneint er zu Unrecht die Möglichkeit oder Zumutbarkeit, so kann das nach § 78 a Abs. 2 BetrVG entstandene Arbeitsverhältnis nicht nach § 78 a Abs. 4 BetrVG aufgelöst werden (*BAG* 6.11.1996 EzA § 78 a BetrVG 1972 Nr. 24). 119

c) § 10 Abs. 1 AÜG
s. u. C/Rz. 3518 ff. 120

d) § 613 a Abs. 1 BGB
s. u. C/Rz. 3254 ff. 121

6. Gesetzliche Abschlussgebote

Eine gesetzliche Verpflichtung des Arbeitgebers zum Abschluss von Arbeitsverträgen sehen das Schwerbehindertenrecht sowie das Sonderrecht zum Bergmannsversorgungsschein vor, allerdings durchweg ohne entsprechende individualrechtliche Position der dadurch begünstigten Einstellungsbewerber i. S. eines Anspruchs auf Einstellung. 122

B. Anbahnung und Begründung des Arbeitsverhältnisses

a) §§ 71, 81 SGB IX

aa) Beschäftigungsquote

123 §§ 71, 81 Abs. 1 SGB IX begründen eine öffentlich-rechtliche Verpflichtung des Arbeitgebers, der über mindestens 20 Arbeitsplätze i. S. d. § 73 SGB IX verfügt, eine bestimmte Quote (5% bzw. ab 1.1.2003 u. U. 6%; vgl. dazu § 71 Abs. 2 SGB IX) der Arbeitsplätze mit schwerbehinderten Menschen zu besetzen.

124 Der Arbeitgeber muss alles ihm Zumutbare tun, um die Arbeitsplätze gemäß der gesetzlichen Quote zu besetzen, sich dabei erforderlichenfalls auch von sich an das Arbeitsamt wenden und um eine Vermittlung geeigneter schwerbehinderter Mensch nachsuchen. Handelt er dem vorsätzlich oder fahrlässig zuwider, so begeht er eine **Ordnungswidrigkeit.** Unabhängig vom Verschulden muss er zusätzlich für jeden unbesetzten Pflichtplatz (zur Frage der Nichtberücksichtigung eines schwerbehinderten Geschäftsführers einer GmbH, der zugleich deren Gesellschafter mit einem Anteil von 50% ist, vgl. BVerwG 25.7.1997 NZA 1997, 1166) eine **Ausgleichsabgabe** von 105,00 Euro bis 260,00 Euro pro Monat zahlen (§ 77 SGB IX), mit der seit dem 1.8.1996 gem. § 55 SchwbG (jetzt § 140 SGB IX) Aufträge an Werkstätten für Behinderte verrechnet werden können (vgl. *Cramer/Schell* NZA 1997, 638 ff.). Sie soll zum einen die Kostenvorteile abschöpfen, die ein Arbeitgeber hat, der schwerbehinderte Menschen nicht oder nicht im pflichtgemäßen Umfang beschäftigt, und so einen Ausgleich zu den Arbeitgebern herstellen, die die vorgeschriebene Zahl schwerbehinderter Menschen beschäftigen und denen dadurch (z. B. durch Entgeltfortzahlung während des Zusatzurlaubs oder behinderungsbedingter Arbeitsausfälle oder besondere Aufwendungen für besonderes Personal oder Ausstattung des Arbeits- oder Ausbildungsplatzes mit technischen Arbeitshilfen) finanzielle Belastungen entstehen (sog. Ausgleichsfunktion). Sie soll zum anderen die Erfüllung der Beschäftigungspflicht sichern; sie soll die beschäftigungspflichtigen Arbeitgeber dazu anhalten, ihrer gesetzlichen Pflicht nachzukommen (sog. Antriebsfunktion; MünchArbR/*Cramer* § 236 Rz. 16).
Diese Regelungen sind mit Art. 12 Abs. 1 GG vereinbar (*BVerfG* 26.5.1981 AP Nr. 1 zu § 4 SchwbG) und gelten auch für kirchliche Arbeitgeber (MünchArbR/*Richardi* § 193 Rz. 15).

125 Der öffentlich-rechtlichen Bindung des Arbeitgebers **entspricht jedoch keine Einstellungspflicht gegenüber dem einzelnen schwerbehinderten Menschen**, auch dann nicht, wenn der Arbeitgeber die Pflichtquote noch nicht erfüllt hat. Allerdings kann der Betriebsrat gem. § 99 Abs. 2 Nr. 1 BetrVG die Zustimmung zu einer geplanten Einstellung verweigern, wenn der Arbeitgeber gegen die Prüfungspflicht des § 81 Abs. 1 SGB IX verstoßen hat (*BAG* 14.11.1989 EzA § 99 BetrVG 1972 Nr. 84).

bb) Prüfung von Einstellungsmöglichkeiten

126 Arbeitgeber sind in jedem Falle, in dem ein freier Arbeitsplatz (§ 73 SGB IX) besetzt werden soll, **verpflichtet, vorher zu prüfen, ob schwerbehinderte Menschen eingestellt oder beschäftigt werden können** (§ 81 Abs. 1 S. 1 SGB IX).
I. d. R. ist die Schwerbehindertenvertretung an dieser Prüfung zu beteiligen. Sie ist rechtzeitig vor der Besetzung des freien Arbeitsplatzes umfassend zu unterrichten und vor einer Entscheidung zu hören. Eine getroffene Entscheidung ist ihr unverzüg-

B. Anbahnung und Begründung des Arbeitsverhältnisses

lich mitzuteilen. Außerdem ist i. d. R. der Betriebs- bzw. Personalrat zu hören (§ 81 Abs. 1 S. 1 i. V. m. § 93 SGB IX).
Ein schwerbehindertes **geschäftsführendes Vorstandsmitglied** eines eingetragenen Vereins wird jedenfalls dann nicht auf einem Arbeitsplatz i. S. d. § 73 Abs. 1 SGB IX beschäftigt, wenn es maßgeblichen Einfluss auf die Entscheidungen des Vereins hat (*BVerwG* 8.3.1999 NZA 1999, 826).

127

cc) Benachteiligungsverbot wegen der Behinderung

§ 81 Abs. 2 SGB IX sieht (seit dem 1.7.2001) zu Gunsten von schwerbehinderten Menschen ein Benachteiligungsverbot vor. Es soll ein **diskriminierungsfreies Verfahren** insbesondere bei der **Besetzung von Arbeitsplätzen** i. S. v. § 73 Abs. 1 SGB IX gewährleisten. Die Regelung ist § 611a BGB (s. u. B/Rz. 145 ff.) nachgebildet. § 81 Abs. 2 Nr. 1 bis 5 SGB IX entsprechen § 611a Abs. 1 bis 5 BGB (vgl. dazu *Hansen* NZA 2001, 985 ff.). Sie findet aber nicht nur auf Arbeitnehmer und Auszubildende, sondern auf alle Beschäftigten i. S. v. § 73 Abs. 1 SGB IX Anwendung. Das Benachteiligungsverbot gilt nicht erst, wenn das Arbeits- oder sonstige Beschäftigungsverhältnis begründet ist, sondern schon vor der Begründung – ab Eingang eines Vermittlungsvorschlags des Arbeitsamtes oder einer Bewerbung eines schwerbehinderten Menschen i. S. v. § 81 Abs. 1 S. 3, 4 SGB IX – im Rahmen des bestehenden Beschäftigungsverhältnisses bis zu seiner Beendigung (MünchArbR/*Cramer* Ergänzungsband, § 236 Rz. 41).
Arbeitgebern ist es danach **verboten**, schwerbehinderte Beschäftigte **wegen ihrer Behinderung zu benachteiligen**. Sie haben die Pflicht, schwerbehinderte Menschen im Vergleich zu Nichtbehinderten gleich zu behandeln.

128

dd) Behinderungsgerechte Beschäftigung

Gem. § 81 Abs. 4 SGB IX hat der eingestellte schwerbehinderte Arbeitnehmer einen unmittelbaren zivilrechtlichen Anspruch gegen den Arbeitgeber darauf, so beschäftigt zu werden, dass er seine Fähigkeiten und Kenntnisse möglichst voll verwerten und weiter entwickeln kann (*BAG* 19.9.1979 AP Nr. 2 zu § 14 SchwbG).
Ist der infolge eines Betriebsunfalls schwerbehinderte Arbeitnehmer nicht mehr in der Lage, seine bisherige vertraglich geschuldete Tätigkeit auszuüben und steht dem Arbeitgeber ein freier Arbeitsplatz zur Verfügung, auf dem eine den Fähigkeiten und Kenntnissen des Arbeitnehmers entsprechende Beschäftigung möglich ist, so ist dem Arbeitnehmer der Abschluss eines Arbeitsvertrages zu den betriebsüblichen Bedingungen anzubieten, der die dem schwerbehinderten Menschen mögliche Arbeitsaufgabe zum Inhalt hat (*BAG* 28.4.1998 EzA § 14 SchwbG 1986 Nr. 5). Der Arbeitgeber ist aber nicht verpflichtet, für den schwerbehinderten Arbeitnehmer einen zusätzlichen Arbeitsplatz einzurichten. Das gilt auch dann, wenn der Arbeitgeber eine Teilbetriebsstilllegung durchführt, auf deshalb mögliche Kündigungen verzichtet und die von der Stilllegung betroffenen Arbeitnehmer über seinen eigentlichen Personalbedarf hinaus beschäftigt (*BAG* 28.4.1998 a. a. O.).

129

Baut der schwerbehinderte Mensch im Laufe des Beschäftigungsverhältnisses – durch berufliche Erfahrungen oder besondere Fortbildungsmaßnahmen – seine Fähigkeiten und Kenntnisse aus, ist er im Rahmen der betrieblichen Möglichkeiten

130

B. Anbahnung und Begründung des Arbeitsverhältnisses

entsprechend höherwertig zu beschäftigen und infolgedessen höherzugruppieren. Er darf dann nicht unterwertig (weiter-)beschäftigt werden (MünchArbR/*Cramer* § 236 Rz. 31).

131 **Steht der schwerbehinderte Mensch mit einem nicht schwerbehinderten Menschen in Konkurrenz um einen Arbeitsplatz, so ist er bei annähernd gleicher Eignung, Leistung und Befähigung zu bevorzugen** (*BAG* 19.9.1979 EzA § 11 SchwbG Nr. 3).

132 Kann der schwerbehinderte Mensch dagegen aus gesundheitlichen Gründen seine arbeitsvertraglich geschuldete Leistung nicht mehr erbringen, so lässt sich aus § 81 SGB IX **kein Anspruch auf Fortzahlung der Vergütung herleiten.** Allerdings kann eine **Verletzung der Pflicht des Arbeitgebers, den schwerbehinderten Menschen nach Maßgabe des § 81 Abs. 4 SGB IX zu fördern, zu Schadensersatzansprüchen** aus pFV (jetzt §§ 280 ff., 241 Abs. 2 BGB n. F.) sowie aus § 823 Abs. 2 BGB i. V. m. § 81 Abs. 4 SGB IX als Schutzgesetz **führen** (*BAG* 10.7.1991 EzA § 615 BGB Nr. 69).

ee) Betriebliche Voraussetzungen für die Beschäftigung schwerbehinderter Menschen

133 Beschäftigungspflichtige Arbeitgeber haben in ihren Betrieben die Voraussetzungen für die Beschäftigung des vorgeschriebenen Mindestanteils (5 %, ab 1.1.2003 u. U. 6 %; vgl. § 71 Abs. 1, 2 SGB IX) schwerbehinderter Menschen zu schaffen (§ 81 Abs. 3 SGB IX). **Dazu gehört die Einrichtung und Unterhaltung der Arbeitsstätten** einschließlich der Betriebsanlagen, Maschinen und Geräte, die Organisation des Arbeitsablaufs, die Einrichtung von Teilzeitarbeitsplätzen, die Ausstattung von Arbeits- und Ausbildungsplätzen mit technischen Arbeitshilfen. Eine Verpflichtung des Arbeitgebers besteht nicht, soweit ihre Erfüllung für den Arbeitgeber nicht zumutbar ist, insbesondere weil sie mit unverhältnismäßigen Aufwendungen verbunden wäre.

134 Diese Pflicht ist **öffentlich-rechtlicher Natur.** Sie ist aber **zugleich** Pflicht des einzelnen Arbeitgebers gegenüber dem einzelnen schwerbehinderten Menschen im Rahmen des jeweiligen individualrechtlichen Beschäftigungsverhältnisses als konkrete Ausprägung der Treue- und Fürsorgepflicht. Der einzelne schwerbehinderte Mensch hat auf die Erfüllung der Pflicht **einen einklagbaren Rechtsanspruch** (MünchArbR/ *Cramer* § 236 Rz. 33).

ff) Prävention

135 Die Arbeitgeber sind gem. § 84 Abs. 1 SGB IX verpflichtet, präventiv **schon beim Eintreten von personen-, verhaltens- oder betriebsbedingten Schwierigkeiten** bei der Beschäftigung von schwerbehinderten Menschen, die zur Gefährdung des Beschäftigungsverhältnisses führen können, **aktiv zu werden.** Durch möglichst frühzeitiges Einschreiten der Schwerbehindertenvertretung, des Betriebs- oder Personalrats oder der sonstigen Beschäftigtenvertretung sowie des Integrationsamts, durch Nutzung aller ihm zur Verfügung stehenden Möglichkeiten, Leistungen und Hilfen sollen danach in vielen Fällen solche Schwierigkeiten beseitigt werden mit der Folge, dass das **Beschäftigungsverhältnis möglichst dauerhaft fortgesetzt** werden kann. Die Arbeitgeber sind seit dem 1.7.2001 darüber hinaus verpflichtet, mit Zustimmung des/ der Betroffenen die **Schwerbehindertenvertretung einzuschalten,** wenn ein schwerbehinderter Mensch länger als drei Monate ununterbrochen arbeitsunfähig ist oder das Beschäftigungsverhältnis aus gesundheitlichen Gründen gefährdet ist (§ 84 Abs. 2 S. 1 SGB IX). Daneben kann die gemeinsame Servicestelle (§ 23 SGB IX) und das Integrationsamt eingeschaltet werden (§ 84 Abs. 2 S. 2 SGB IX).

B. Anbahnung und Begründung des Arbeitsverhältnisses

gg) Wiedereinstellung schwerbehinderter Menschen nach Arbeitskampfmaßnahmen

Gem. § 91 Abs. 6 SGB IX sind schwerbehinderte Menschen, die lediglich aus Anlass eines Streiks oder einer Aussperrung fristlos gekündigt worden sind, nach Beendigung des Streiks oder der Aussperrung wieder einzustellen. **136**

Da rechtmäßige Arbeitskampfmaßnahmen nicht zur Beendigung des Arbeitsverhältnisses mit schwerbehinderten Menschen führen (die das Arbeitsverhältnis beendende lösende Aussperrung ist gegenüber schwerbehinderten Menschen nicht möglich, *BAG* 21.4.1971 AP Nr. 43 zu Art. 9 Abs. 3 GG Arbeitskampf), kommt die Vorschrift nur bei rechtswidrigen Streiks in Betracht. Auch dann kann ein Wiedereinstellungsanspruch des schwerbehinderten Menschen bestehen. **137**

Ein derartiger Anspruch ist aber ausgeschlossen, wenn der Arbeitnehmer den Streik initiiert hat oder bei seiner Organisation und Durchführung tätig gewesen ist, bzw. dann, wenn die Kündigung wegen rechtswidriger Ausschreitungen während des Arbeitskampfes erfolgt (*Staudinger/Richardi* § 611 BGB Rz. 65; a. A. MünchArbR/*Buchner* § 40 Rz. 99). **138**

b) Landesgesetze über den Bergmannsversorgungsschein

Nach inhaltlich recht unterschiedlichen landesgesetzlichen Regelungen in Nordrhein-Westfalen (30.12.1983 GVBl. S. 635, Beschäftigungspflicht von 1% der Arbeitsplätze ab 100 Arbeitsplätzen), Niedersachsen (6.1.1949 GVBl. Sb. I, S. 741) sowie im Saarland (11.7.1962 i. d. F. v. 16.10.1981, Amtsblatt 1962, S. 606, S. 705, 1981, S. 820, Beschäftigungspflicht von 3% der Arbeitsplätze ab 50 Arbeitsplätzen) werden Bergleute, die im Untertagebetrieb nicht mehr oder nur mehr vermindert einsatzfähig sind, durch Festlegung von Beschäftigungspflichten zu Lasten der privaten und öffentlichen Arbeitgeber begünstigt. **139**

Gem. § 75 Abs. 4 SGB IX werden die Inhaber von Bergmannsversorgungsscheinen, auch wenn sie nicht schwerbehinderte Menschen i. S. d. § 68 SGB IX sind, auf die Pflichtquote angerechnet.

In Nordrhein-Westfalen und Niedersachsen besteht kein individualrechtlicher Einstellungsanspruch des Bergmannsversorgungsscheininhabers. Der Arbeitgeber hat ferner das Auswahlrecht unter den Bewerbern. Im Saarland hat dagegen die Behörde das Recht, die Arbeitsplätze zu bestimmen, die mit Bergmannsversorgungsscheininhabern besetzt werden müssen. **140**

Soweit die Arbeitsplätze anderweitig besetzt sind, müssen sie durch innerbetriebliche Umsetzungsmaßnahmen baldmöglichst freigemacht werden. Schließlich hat die Behörde im Saarland sogar das Recht, die einzustellenden Personen und den Inhalt des Arbeitsvertrages zu bestimmen (krit. MünchArbR/*Buchner* § 40 Rz. 101 ff.). **141**

7. Wiedereinstellungspflicht nach lösender Aussperrung und Kündigung

Nach dem Ende einer lösenden Aussperrung ist der Arbeitgeber grds. verpflichtet, sich in Verhandlungen über die Wiedereinstellung einzulassen (*BAG* 15.6.1964 **142**

B. Anbahnung und Begründung des Arbeitsverhältnisses

AP Nr. 36 zu Art. 9 GG Arbeitskampf, 21.4.1971 AP Nr. 43 zu Art. 9 GG Arbeitskampf; s. aber unten B/Rz. 182 ff.).

Aus dem Gebot der Verhältnismäßigkeit folgt, dass ungeachtet der lösenden Wirkung der bestehende Bestandsschutz des Arbeitsverhältnisses beachtet werden muss. Deshalb müssen ausgesperrte Arbeitnehmer grds. wieder eingestellt werden, soweit die Arbeitsplätze noch vorhanden sind.

143 Die Wiedereinstellungsentscheidung ist nach billigem Ermessen (§ 315 BGB) zu treffen, was arbeitsgerichtlich überprüfbar ist. Verboten sind Diskriminierungen. Berücksichtigt werden können die Art des Arbeitskampfes, die Erkennbarkeit der Rechtswidrigkeit eines Streiks für den Arbeitnehmer und das Ausmaß der Beteiligung sowie die anderweitige Besetzung des Arbeitsplatzes oder der endgültige Wegfall des Arbeitsplatzes während des Arbeitskampfes. Sind von mehreren gleichartigen Arbeitsplätzen nur Einzelne weggefallen, ist auch die Frage der sachgerechten Auswahl unter Berücksichtigung der Kriterien des § 1 Abs. 3 KSchG zu prüfen (*BAG* 21.4.1971 AP Nr. 43 zu Art. 9 GG Arbeitskampf).

144 Bei der Beendigung des Arbeitsverhältnisses außerhalb von Arbeitskämpfen insbesondere durch Kündigung kommt eine Wiedereinstellungspflicht des Arbeitgebers bei der Verdachtskündigung in Betracht, wenn sich der Verdacht nachträglich als unbegründet erweist (*BAG* 13.7.1956 AP Nr. 2 zu § 611 BGB Fürsorgepflicht; s. u. D/Rz. 846 ff.) sowie bei der Druckkündigung, wenn der Druck zu einem späteren Zeitpunkt nachlässt (vgl. MünchArbR/*Buchner* § 40 Rz. 112). Zur Wiedereinstellungspflicht bei betriebsbedingter Kündigung s. o. B/Rz. 14.

8. § 611 a BGB

a) Grundlagen

145 Gem. § 611 a Abs. 1 S. 1 BGB darf der Arbeitgeber einen Arbeitnehmer/in bei der Begründung des Arbeitsverhältnisses (oder Ausbildungsverhältnisses) nicht wegen seines/ihres Geschlechts benachteiligen.

146 §§ 611 a, 611 b, 612 Abs. 3, 612 a BGB wurden durch das arbeitsrechtliche EG-AnpassungsG v. 13.8.1980 (BGBl. I S. 1308) eingeführt, um das deutsche Arbeitsrecht an die RL 76/207/EWG und 75/117/EWG anzupassen.

147 **Verboten sind alle Vereinbarungen und Maßnahmen benachteiligenden Inhalts, die zu einer unmittelbaren oder mittelbaren Diskriminierung von Frauen oder Männern** (vgl. dazu *LAG Hamm* 22.11.1996 NZA-RR 1997, 203) **führen.**

148 Eine **unmittelbare Diskriminierung** liegt dann vor, wenn eine Frau, die unter den gleichen Bedingungen gleiches leistet wie ein Mann, benachteiligt oder bevorzugt wird. Das ist z. B. der Fall, wenn der Arbeitgeber zwar eine geschlechtsneutrale Formulierung wählt, die sich aber nur auf einen Mann oder eine Frau beziehen kann.

149 Eine **mittelbare Diskriminierung** liegt vor, wenn die Vereinbarung oder Maßnahme zwar geschlechtsneutral ausgestaltet ist, von ihr aber Männer und Frauen ungleich betroffen sind und die nachteilige Wirkung auf Begründung und Ausgestaltung des Arbeitsverhältnisses für die Angehörigen des einen Geschlechts nicht anders

B. Anbahnung und Begründung des Arbeitsverhältnisses

als mit dem Geschlecht oder der traditionellen Rollenverteilung unter den Geschlechtern erklärt werden kann (s. o. A/Rz. 372 ff.).

Beispiele:
Zu beachten ist, dass nicht allein die formale Position des bereits durch die bloße Einreichung eines Bewerbungsschreibens begründeten Status als »Bewerber« ausreicht, um die Anwendung des § 611 a BGB zu rechtfertigen. Voraussetzung ist vielmehr die **materiell zu bestimmende Eignung als Bewerber**. Deshalb kann im Stellenbesetzungsverfahren nur benachteiligt werden, wer sich **subjektiv ernsthaft** beworben hat und **objektiv** für die zu besetzende Stelle **in Betracht** kommt (*BAG* 12.11.1998 EzA § 611 a BGB Nr. 14; vgl. dazu *Walker* SAE 2000, 64 ff.). 150

Müssen an einem Arbeitsplatz **schwere körperliche Arbeiten** geleistet werden – u. a. gelegentliches Tragen von 50 kg-Säcken – so liegt in der **körperlichen Leistungsfähigkeit** des Bewerbers ein Einstellungskriterium, nicht aber per se in der Zugehörigkeit zu einem bestimmten Geschlecht (*LAG Köln* 8.11.2000 NZA-RR 2001, 232).

Wenn ein Arbeitgeber in einer Zeitungsanzeige Altenpfleger/innen oder Krankenschwestern sucht, so liegt bei einem Krankenpfleger, der sich beworben hatte und im Auswahlverfahren gleichwohl nicht berücksichtigt worden war, keine geschlechtsspezifische unterschiedliche Behandlung vor. Denn zum einen zeigt der Hinweis auf die **mögliche Einstellung eines Altenpflegers**, dass der Arbeitgeber eine derartige unterschiedliche Behandlung nicht vornehmen wollte. Zum anderen spricht die Tatsache dagegen, dass der Arbeitgeber **tatsächlich einen Altenpfleger** eingestellt hat (*LAG Berlin* 16.5.2001 – 13 Sa 393/01 –).

b) Einzelfragen; insbesondere Quotenregelungen

Zulässig ist eine unterschiedliche Behandlung gem. § 611 a Abs. 1 S. 2 BGB, wenn ein bestimmtes Geschlecht **unverzichtbare Voraussetzung** für die vom Arbeitnehmer auszuübende Tätigkeit ist. Das ist der Fall, wenn die zugesagte Art der Tätigkeit nach der Verkehrssitte nicht von einem Angehörigen des anderen Geschlechts erbracht werden kann (Tänzer, Tänzerin, Mannequin, Schauspieler; vgl. *BAG* 14.3.1989 EzA § 611 a BGB Nr. 4). Allein ein **sachlicher Grund rechtfertigt keine geschlechtsbezogene Differenzierung** (*BAG* 12.11.1998 EzA § 611 a BGB Nr. 14; vgl. dazu *Walker* SAE 2000, 64 ff.). 151

Das *LAG Berlin* (14.1.1998 NZA 1998, 312) hat eine unterschiedliche Behandlung von Stellenbewerbern, aber auch eine geschlechtsspezifische Ausschreibung einer Stelle durch eine politische Partei für eine Frauenreferentin gem. § 611 a Abs. 1 BGB für zulässig gehalten, weil Männern regelmäßig die Fähigkeit zur Zusammenarbeit mit Frauen aus feministischen Zusammenhängen fehlen soll, weil es Fraueninitiativen und -gruppierungen gibt, die eine **Zusammenarbeit mit einem Mann ablehnen**. Verbindungen zu solchen Gruppen aufzubauen, erfordert danach zwangsläufig, die Stelle mit einer Frau zu besetzen. Das *BAG* (12.11.1998 EzA § 611 a BGB Nr. 14) hat dies demgegenüber für eine **Gleichstellungsbeauftragte ausdrücklich verneint**. 152

Nicht verboten ist eine Differenzierung, die sich zu Lasten von Frauen und Männern auswirkt, sofern sie nicht wegen des Geschlechts, sondern aus anderen Gründen erfolgt. Liegt z. B. ein Beschäftigungsverbot aufgrund von Arbeitnehmerschutzbestimmungen vor, so geht das *BAG* (14.3.1989 EzA § 611 a BGB Nr. 4) davon aus, dass ein sachlicher Unterscheidungsgrund i. S. d. § 611 a Abs. 1 S. 2 BGB vorliegt. 153

B. Anbahnung und Begründung des Arbeitsverhältnisses

154 Fraglich ist, inwieweit Frauen z. B. durch Auswahlrichtlinien (§ 95 BetrVG) generell oder jedenfalls bei gleicher Qualifikation so lange bevorzugt werden dürfen, bis sie im Unternehmen gleich repräsentiert sind (vgl. *Pfarr* NZA 1995, 809).

155 Das *BAG* (22.6.1993 EzA Art. 3 GG Nr. 40) ist davon ausgegangen, dass eine den öffentlichen Dienst betreffende gesetzliche Quotenregelung mit nationalem Recht vereinbar ist, nach der Frauen gegenüber Männern bei gleicher Qualifikation bevorzugt bei der Übertragung einer höherwertigen Tätigkeit zu berücksichtigen sind.

156 Es hat deshalb den EuGH gem. Art. 177 Abs. 3 EWGV (jetzt 234 EGV) angerufen, um die Vereinbarkeit dieser Auffassung mit Art. 2 Abs. 1, 4 der Richtlinie 76/207/EWG feststellen zu lassen, insbesondere, ob dadurch auch gesetzliche Regelungen gedeckt sind,
– nach denen bei der Übertragung einer Tätigkeit in einer höheren Vergütungsgruppe Frauen bei gleicher Qualifikation wie ihre männlichen Mitbewerber vorrangig zu berücksichtigen sind, wenn Frauen unterrepräsentiert sind. Eine Unterrepräsentation liegt danach vor, wenn in den einzelnen Vergütungsgruppen der jeweiligen Personalgruppe einer Dienststelle nicht mindestens zur Hälfte Frauen vertreten sind und dies auch für die nach dem Geschäftsverteilungsplan vorgesehenen Funktionsebenen gilt, oder, falls das nicht der Fall sein sollte,
– ob gesetzliche Regelungen unanwendbar sind, nach denen bei der Übertragung einer Tätigkeit in einer höheren Vergütungsgruppe Frauen bei gleicher Qualifikation wie ihre männlichen Mitbewerber vorrangig zu berücksichtigen sind, wenn Frauen nach dem zuvor skizzierten Maßstab unterrepräsentiert sind.

157 Der *EuGH* (17.10.1995 EzA Art. 3 GG Nr. 47; vgl. dazu *Kahnert* ZTR 1996, 8 ff.; *Blomeyer/Häußler* SAE 1997, 11 ff.; *Berger-Delhey* ZTR 1996, 258 ff.; *Schmidt* NJW 1996, 1724 ff.; zu durch die Entscheidung ausgelösten Vorschlägen der EU-Kommission zur Änderung der Richtlinie vgl. *Hasselbach* NZA 1996, 1308 ff.) ist daraufhin davon ausgegangen, dass **Art. 2 Abs. 1, 4 der RL 76/207/EWG einer nationalen Regelung entgegensteht, nach der bei gleicher Qualifikation von Bewerbern unterschiedlichen Geschlechts um eine Beförderung in Bereichen, in denen die Frauen unterrepräsentiert sind, den weiblichen Bewerbern automatisch der Vorrang eingeräumt wird**, wobei eine Unterrepräsentation dann vorliegen soll, wenn in den einzelnen Vergütungsgruppen der jeweiligen Personalgruppe nicht mindestens zur Hälfte Frauen vertreten sind, und dies auch für die nach dem Geschäftsverteilungsplan vorgesehenen Funktionsebenen gelten soll. Gleiches gilt für eine Regelung, nach der ein Bewerber eines unterrepräsentierten Geschlechts um eine **Stelle im Staatsdienst**, der eine hinreichende Qualifikation für diese Stelle besitzt, vor einem Bewerber des anderen Geschlechts, der sonst ausgewählt worden wäre, auszuwählen ist, sofern dies erforderlich ist, damit **ein Bewerber des unterrepräsentierten Geschlechts** ausgewählt wird, und sofern der **Unterschied zwischen den Qualifikationen** der Bewerber **nicht so groß** ist, dass sich daraus ein Verstoß gegen das Erfordernis der Sachgerechtigkeit bei der Einstellung ergeben würde. Daran ändert sich nichts, wenn die Regelung nur für die Besetzung einer von vornherein festgelegten begrenzten Stellenzahl oder von Stellen gilt, die im Rahmen eines von einer konkreten Hochschule besonders beschlossenen Programms über die Zulassung positiver Diskriminierung geschaffen worden sind (*EuGH* 6.7.2000 EzA EG-Vertrag 1999 Richtlinie 76/207 Nr. 2).

B. Anbahnung und Begründung des Arbeitsverhältnisses

Im Anschluss daran hat das *BAG* (5.3.1996 EzA Art. 3 GG Nr. 52; ausf. dazu *Blomeyer/Häußler* SAE 1997, 11 ff.) die streitgegenständliche Quotenregelung des § 4 Abs. 2 des Bremer Landesgleichstellungsgesetzes für mit dem Recht der EG unvereinbar erklärt, sodass sie bei Auswahlentscheidungen **nicht angewandt werden darf**. Das *LAG Berlin* (8.8.1996 NZA-RR 1997, 115; zum LandesgleichstellungsG Saarland krit. *Knapp* ZTR 1997, 529 ff.; zu den Gleichstellungsgesetzen des Bundes und der Länder *Eckertz/Höfer* ArbuR 1997, 470 ff.) hält demgegenüber die ähnliche Regelung in § 8 Abs. 2 LandesgleichstellungG Berlin, die allerdings eine **Entscheidung »unter Wahrung der Einzelfallgerechtigkeit«** fordert, für sowohl mit dem Europa-Recht als auch mit dem GG für vereinbar (ebenso jetzt *BAG* 2.12.1997 EzA Art. 3 GG Nr. 78). Diese Regelung begründet aber **keinen** über Art. 33 Abs. 2 GG hinausgehenden **Anspruch** der nicht berücksichtigten Bewerberin auf Übertragung des Beförderungsamtes, wenn die Besetzungsentscheidung nicht nur zwischen ihr und dem vom Arbeitgeber ausgewählten Bewerber getroffen worden ist, sondern **auch andere Bewerber/Bewerberinnen als besser qualifiziert beurteilt worden sind**. In diesen Fällen kommt nur ein Anspruch auf Neubescheidung in Betracht. Dieser Anspruch wird gegenstandslos, wenn die Stelle zwischenzeitlich besetzt ist (*BAG* 2.12.1997 EzA Art. 3 GG Nr. 78; zur arbeitsrechtlichen Konkurrentenklage vgl. A/Rz. 441).

158

Nicht zu beanstanden ist auch eine Quotenregelung hinsichtlich der bevorzugten Beförderung von Frauen, wenn sie eine **Öffnungsklausel** für Fälle enthält, in denen in der **Person eines männlichen Mitbewerbers Gründe** vorliegen, die **überwiegen** (vgl. dazu ausf. *EuGH* 28.3.2000 EzA Art. 3 GG Nr. 81, insbes. auch zu Vorgaben eines Frauenförderplans). Gleiches gilt für eine auf einer **nationalen Verwaltungspraxis** beruhenden Regelung, nach der ein Bewerber des unterrepräsentierten Geschlechts einem Bewerber des anderen Geschlechts vorgezogen werden kann, wenn die **Verdienste der Bewerber als gleichwertig** oder fast gleichwertig anzusehen sind, sofern die Bewerbungen Gegenstand einer **objektiven Beurteilung** sind, bei der die besondere **persönliche Lage aller Bewerber** berücksichtigt wird (*EuGH* 6.7.2000 EzA EG-Vertrag 1999 Richtlinie 76/207 Nr. 2).

159

Voraussetzung ist allerdings, dass diese Regelung männlichen Mitbewerbern, die die gleiche Qualifikation wie die weiblichen Bewerber besitzen, in jedem Einzelfall garantiert, dass die Bewerbungen Gegenstand einer objektiven Beurteilung sind, bei der alle die Person des Bewerbers betreffenden Kriterien berücksichtigt werden und der den weiblichen Bewerbern eingeräumte Vorzug entfällt, wenn eines oder mehrere dieser Kriterien zugunsten des männlichen Bewerbers überwiegen und solche Kriterien gegenüber den weiblichen Bewerbern keine diskriminierende Wirkung haben (*EuGH* 11.11.1997 EzA Art. 3 GG Nr. 69; zust. *Pape* ArbuR 1998, 14 ff., die zugleich die Auswirkungen auf die Landesgleichstellungsgesetze erörtert; ausf. auch *Sachs* RdA 1998, 129 ff.; *Compensis* BB 1998, 2470 ff.; vgl. auch *OVG Münster* 27.3.1998 NZA-RR 1998, 575).

160

Fraglich ist in diesem Zusammenhang auch, inwieweit z. B. eine Gemeindeordnung (wie etwa § 5 GONW 1994) den Gemeinden zwingend vorgeben darf, dass sie zu kommunalen **Gleichstellungsbeauftragten** ausschließlich nur Frauen bestellen dürfen. Das *LAG Hamm* (10.4.1997 NZA-RR 1997, 315) hält diese Regelung für sowohl europarechtlich als auch mit nationalem Recht vereinbar, weil sachlich gerechtfertigt. Daher kann ein Mann in NRW, dessen Bewerbung wegen seines Geschlechts abgelehnt worden ist, keine Entschädigung gem. § 611 a BGB verlangen. Das *BAG*

161

B. Anbahnung und Begründung des Arbeitsverhältnisses

(12.11.1998 EzA § 611 a BGB Nr. 14; vgl. dazu *Walker* SAE 2000, 64 ff.) hat diese Regelung demgegenüber dahin ausgelegt, dass sie **keineswegs das weibliche Geschlecht als unverzichtbare Voraussetzung** der Bestellung zum Gleichstellungsbeauftragten verlangt.

162 Demgegenüber ist bei einem **reinen Frauenverband** das Geschlecht unverzichtbare Voraussetzung für die Tätigkeit der Geschäftsführerin. In einem derartigen Fall stellt folglich eine geschlechtsspezifische Stellenausschreibung keine Diskriminierung dar (*ArbG München* 14.2.2001 NZA-RR 2001, 365).

c) Darlegungs- und Beweislast

163 Macht der Arbeitnehmer Tatsachen glaubhaft (i. S. d. Vortrages von Hilfstatsachen unter ordnungsgemäßem Beweisantritt, nicht i. S. d. Vorlage einer eidesstattlichen Versicherung [§ 294 ZPO]), die eine Benachteiligung wegen des Geschlechts vermuten lassen, so obliegt dem Arbeitgeber gem. § 611 a Abs. 1 S. 3 BGB die Beweislast dafür, dass nicht auf das Geschlecht bezogene, sachliche Gründe eine unterschiedliche Behandlung rechtfertigen.

164 Das *BVerfG* (16.11.1993 EzA § 611 a BGB Nr. 9) geht davon aus, dass § 611 a BGB im Lichte des Art. 3 Abs. 2 GG so auszulegen und anzuwenden ist, dass Arbeitsuchende bei der Begründung eines Arbeitsverhältnisses wirksam vor Benachteiligungen wegen des Geschlechts geschützt werden.

165 Deshalb muss § 611 a Abs. 1 S. 3 BGB so ausgelegt werden, dass **der Arbeitgeber eine glaubhaft gemachte Diskriminierung tatsächlich entkräften muss**. Ein nachträglich vorgebrachter Grund für die Bevorzugung eines Bewerbers des anderen Geschlechts kann daher nur dann als »sachlich« i. S. dieser Norm angesehen werden, wenn besondere Umstände erkennen lassen, dass der Arbeitgeber diesen Grund **nicht vorgeschoben** hat. Ein solcher Umstand könnte etwa darin liegen, dass sich während des Einstellungsverfahrens die Aufgabenstellung und damit die Anforderungen an die Qualifikation des Einzustellenden geändert haben. Denkbar ist auch, dass sich ein Arbeitnehmer bewirbt, der für die ihm zugedachte Aufgabe geradezu prädestiniert ist, mit dessen Bewerbung aber zur Zeit der Ausschreibung vernünftigerweise nicht gerechnet werden konnte. Erst wenn der Arbeitgeber solche Umstände darlegt und ggf. beweist, kann er widerlegen, dass das Geschlecht des abgewiesenen Bewerbers seine Entscheidung negativ beeinflusst hat.

166 Eine besonders kritische Würdigung nachträglich vorgebrachter Gesichtspunkte kommt dann in Betracht, wenn diese typischerweise von Personen, die demselben Geschlecht angehören wie der abgelehnte Bewerber, überhaupt nicht oder nur in ganz geringem Umfang erfüllt werden. Das trifft bei dem Merkmal »längere Berufserfahrung« immer dann zu, wenn es um einen Berufszweig geht, der bisher ganz überwiegend von Personen des anderen Geschlechts ausgeübt worden ist, z. B. dem des Schlossers (*BVerfG* 16.11.1993 EzA § 611 a BGB Nr. 9; vgl. auch *LAG Köln* 8.11.2000 – 3 Sa 974/00 –).

Beispiel:

167 Ein am Ende der Ausbildung befindlicher **Rechtsreferendar** ist nicht ohne weiteres für die Stelle eines **Rechtsanwaltsfachangestellten** objektiv geeignet, so dass die Einstellung einer ausgebildeten Rechtsanwaltsfachangestellten keine geschlechtsspezifische Diskriminierung gegenüber einem Referendar darstellt. Etwas anderes kann

B. Anbahnung und Begründung des Arbeitsverhältnisses

nur dann gelten, wenn der Referendar bereits mit der Bewerbung Fähigkeiten belegt, wie sie durch die Ausbildung zum Rechtsanwaltsfachangestellten gem. der einschlägigen VO erworben werden (*LAG Köln* 25.2.2000 ARST 2000, 259 Ls.).
Steht eine Benachteiligung wegen des Geschlechts in Bezug auf die Stellenvergabe nach einer Ausschreibung fest, so ist die vom Gericht dem beklagten Arbeitgeber auferlegte **Beweislast** für die sonstigen Voraussetzungen des § 611 a BGB von Verfassungs wegen nicht zu beanstanden (*BVerfG* 23.8.2000 NZA 2000, 1184). 168
Die Frage der Beweislast ist inzwischen für den Bereich der EU – mit Ausnahme von Großbritannien – durch die RL 97/80/EG des Rates vom 15.12.1997 über die Beweislast bei Diskriminierung aufgrund des Geschlechts ausdrücklich abweichend geregelt (es genügt die Glaubhaftmachung von Tatsachen, die das Vorliegen einer unmittelbaren oder mittelbaren Diskriminierung vermuten lassen); nach ihrem Art. 7 S. 1 war sie zum 1.1.2001 umzusetzen (vgl. *Zwanziger* DB 1998, 1333). § 611 a Abs. 1 S. 3 BGB entspricht dieser Richtlinie (APS/*Linck* § 611 a BGB Rz. 83; KR/*Pfeiffer* § 611 a BGB Rz. 136; *Schlachter* RdA 1998, 321 ff.; *Bergwitz* DB 1999, 94 ff.; a. A. *Röthel* NJW 1999, 611 ff.; KDZ/*Zwanziger* § 611 a BGB Rz. 42). 169

d) Rechtsfolgen
Der übergangene Bewerber hat zwar keinen Einstellungsanspruch (§ 611 a Abs. 3 BGB). 170

> Der Gesetzgeber hat aber mit Wirkung vom 1.9.1994 (BGBl. I S. 1406) durch § 611 a Abs. 2 BGB n. F. einen Anspruch auf angemessene Entschädigung in Höhe von bis zu drei Monatsverdiensten vorgesehen (vgl. *Worzalla* DB 1994, 2446 ff.; zur früheren Rechtslage vgl. *EuGH* 10.4.1984 EzA § 611 a BGB Nr. 1; *BAG* 14.3.1989 NZA 1990, 21, 24). Weitergehende Ansprüche gem. §§ 823 Abs. 1, 823 Abs. 2 BGB i. V. m. § 611 a BGB bestehen dagegen nicht (vgl. MünchArbR/ *Buchner* § 40 Rz. 94).

Im Rahmen des § 611 a BGB a. F. war fraglich, wer die Entschädigung gem. § 611 a Abs. BGB verlangen kann, wenn der Arbeitgeber unter Verstoß gegen das Benachteiligungsverbot z. B. mehrere Bewerberinnen bei der Besetzung eines Arbeitsplatzes nicht berücksichtigt hatte und diesen mit einem Mann besetzt hat, wenn aber auch bei nicht diskriminierender Verhaltensweise nur eine der Bewerberinnen hätte zum Zuge kommen können. 171
Der Gesetzgeber hatte durch die neu eingeführte Regelung in **§ 61 b Abs. 2 ArbGG** im Interesse der Entlastung der Wirtschaft eine **Summenbegrenzung** auf sechs (bei mehreren Benachteiligungsklagen wegen eines zu besetzenden Arbeitsplatzes) bzw. zwölf Monatsverdiensten (bei mehreren zu besetzenden Arbeitsplätzen) eingeführt. Dies war als **europarechtlich nicht unbedenklich** angesehen worden (GK-ArbGG/*Dörner* § 61 b Rn. 23). Denn während des Gesetzgebungsverfahrens hatte der *EuGH* (2.8.1993 EuroAS 9/1993, 6) entschieden, dass Art. 6 RL 76/207/EWG so auszulegen ist, dass der Ersatz des einer Person durch eine diskriminierende Entlassung entstandenen Schadens durch eine im Voraus festgelegte Obergrenze nicht zulässig ist. Auch wenn die deutschen Normen keine DM-Obergrenze enthielten (a. A. *Worzalla* DB 1994, 2446) und die Entscheidung eine diskriminierende Entlassung betraf, sprach viel dafür, dass eine derart strukturierte Obergrenze den Anforderungen, die der EuGH an Art. 6 der RL stellt, nicht genügen dürfte. 172

B. Anbahnung und Begründung des Arbeitsverhältnisses

173 Tatsächlich hat der *EuGH* (22.4.1997 EzA § 611 a BGB Nr. 12; vgl. dazu *Abele* NZA 1997, 641 ff.; *Volmer* BB 1997, 1582; *Junker* NZA 1999, 1 ff.; *Annuß* NZA 1999, 738 ff.; *Bergwitz* DB 1999, 94; krit. *Ehmann/Emmert* SAE 1997, 253 ff. u. *Worzalla* NJW 1997, 1809 ff.) aufgrund eines Vorlagebeschlusses des *ArbG Hamburg* (22.5.1995 EzA § 611 a BGB Nr. 10) insoweit folgende **Grundsätze** aufgestellt:

- Entscheidet sich ein Mitgliedstaat dafür, den Verstoß gegen das Diskriminierungsverbot im Rahmen einer zivilrechtlichen Haftungsregelung mit einer Sanktion zu belegen, so stehen die Richtlinie 76/207/Artikel 2 Absatz 1 und 3 Absatz 1 einer innerstaatlichen gesetzlichen Regelung entgegen, die für einen Anspruch auf Schadensersatz wegen Diskriminierung aufgrund des Geschlechts bei der Einstellung die Voraussetzung des **Verschuldens** aufstellt.
- Die Richtlinie 76/207 steht einer innerstaatlichen gesetzlichen Regelung nicht entgegen, die für den Schadensersatz, den ein Bewerber verlangen kann, eine **Höchstgrenze** von drei Monatsgehältern vorgibt, wenn der Arbeitgeber beweisen kann, dass der Bewerber die zu besetzende Position wegen der besseren Qualifikation des eingestellten Bewerbers auch bei diskriminierungsfreier Auswahl nicht erhalten hätte. Die Richtlinie steht jedoch einer innerstaatlichen gesetzlichen Regelung entgegen, die für den Schadensersatz, den ein Bewerber verlangen kann, der bei der Einstellung aufgrund des Geschlechts diskriminiert worden ist, im Gegensatz zu sonstigen innerstaatlichen zivil- und arbeitsrechtlichen Regelungen eine Höchstgrenze von drei Monatsgehältern vorgibt, falls dieser Bewerber bei diskriminierungsfreier Auswahl die zu besetzende Position erhalten hätte.
- Die Richtlinie 76/207 steht einer innerstaatlichen gesetzlichen Regelung entgegen, die für den von mehreren Bewerbern geltend gemachten Schadensersatz, den Bewerber verlangen können, die bei der Einstellung aufgrund des Geschlechts diskriminiert worden sind, im Gegensatz zu sonstigen innerstaatlichen zivil- und arbeitsrechtlichen Regelungen eine **Höchstgrenze** von kumulativ sechs Monatsgehältern vorgibt.

174 Als Reaktion darauf hat das Bundesarbeitsministerium einen Referentenentwurf zur Änderung des arbeitsrechtlichen Gleichbehandlungsgrundsatzes vorgelegt (vgl. dazu *Schiek* BB 1998, 586 f.; *Kocher* ArbuR 1998, 221 ff.); § 611 a BGB, § 61 b ArbGG sind daraufhin durch am 2.7.1998 verkündetes Gesetz (BGBl. I S. 1694) mit Wirkung vom 3.7.1998 wiederum – sowohl für die Diskriminierung bei der Einstellung als auch bei der Beförderung – geändert worden (vgl. dazu *Düwell* FA 1998, 242 f.; *Zwanziger* DB 1998, 1330 ff.; *Treber* NZA 1998, 856 ff.; *Hohmeister* BB 1998, 1790 ff.; *Freis* NJW 1998, 2779 ff.; *Annuß* NZA 1999, 738 ff.; krit. *Schlachter* RdA 1998, 321 ff.; *Röthel* NJW 1999, 611 ff.; *Wendeling-Schröder* DB 1999, 1012 ff.).

- Gem. § 611 a Abs. 2 BGB n. F. ist der Anspruch auf Schadensersatz nunmehr verschuldensunabhängig und abschreckend ausgestaltet worden. Alle wegen ihres Geschlechts im Einstellungsverfahren benachteiligten Bewerber können eine angemessene Entschädigung in Geld verlangen. Eine gesetzliche Höchstbegrenzung ist nicht vorgesehen
- Nur soweit Bewerber auch bei benachteiligungsfreier Auswahl nicht eingestellt worden wären, wird die angemessene Entschädigung nach § 611 a Abs. 3 S. 1 BGB n. F. auf höchstens drei Monatsverdienste begrenzt. Als Monatsverdienst

B. Anbahnung und Begründung des Arbeitsverhältnisses

gilt nach Abs. 3 S. 2, was dem jeweiligen Bewerber bei regelmäßiger Arbeitszeit im Einstellungsmonat zugestanden hätte.
- § 611 a Abs. 4 S. 3 BGB n. F. sieht für die schriftliche Geltendmachung des Schadensersatzanspruchs gegenüber dem diskriminierenden Arbeitgeber eine gesetzliche Ausschlussfrist von sechs Monaten vor. Diese Frist gilt aber nur subsidiär. Sie tritt nach S. 2 hinter eine von den Vertragsparteien für das angestrebte Arbeitsverhältnis vorgesehene Ausschlussfrist zurück, soweit dem Bewerber mindestens zwei Monate Zeit für die Geltendmachung verbleiben. Für die Fristberechnung ist nach S. 1 auf den Zugang der Ablehnung beim Bewerber abzustellen.
- Das bisher in § 61 b Abs. 2, 5 ArbGG geregelte Summenbegrenzungsverfahren ist ersatzlos gestrichen worden.
- Unverändert geblieben sind § 611 a Abs. 4 BGB und § 61 b Abs. 1 ArbGG. Der Anspruch entfällt, wenn er nicht innerhalb der gesetzlichen Ausschlussfrist von zwei Monaten nach Zugang der Ablehnung schriftlich geltend gemacht worden ist. Zusätzlich muss gem. § 61 b ArbGG innerhalb von drei Monaten, nachdem der Anspruch geltend gemacht worden ist, Klage auf Entschädigung erhoben werden (krit. dazu *Zwanziger* DB 1998, 1332).
- Nach § 61 b Abs. 2 S. 1 ArbGG n. F. ist auf Antrag des Arbeitgebers das zuerst angerufene Arbeitsgericht als ausschließlicher Gerichtsstand auch für die übrigen Klagen der wegen geschlechtsbedingter Diskriminierung benachteiligten abgelehnten Bewerber zuständig; insoweit ist Abs. 3 a. F. redaktionell verändert übernommen worden.

e) Rechtsmissbrauch

Im Einzelfall kann die Geltendmachung eines Entschädigungsanspruches rechtsmissbräuchlich sein. Das ist z. B. dann der Fall, wenn der Bewerber an der Begründung des Arbeitsverhältnisses **überhaupt kein Interesse** hat, sondern es ihm allein auf die Zahlung einer Abfindung ankommt. Der Arbeitgeber ist allerdings insoweit für das Vorliegen konkreter Tatsachen, die den Einwand des Rechtsmissbrauchs belegen, darlegungs- und beweispflichtig (*LAG Hamm* 22.11.1996 NZA- RR 1997, 203; vgl. auch *BAG* 12.11.1998 EzA § 611 a BGB Nr. 14; *LAG Rheinland-Pfalz* BB 1996, 2523; *Ehrich* BB 1996, 1008). 175

9. Tarifliche Einstellungsregelungen

a) Beschäftigungsregelungen

In Betracht kommen z. B. tarifliche Beschäftigungsregelungen (Einstellungsverbote als Betriebsnormen i. S. d. § 1 Abs. BetrVG), die nicht dem Schutz des einzustellenden Arbeitnehmers, sondern dem Interesse der vorhandenen Belegschaft oder einzelner Belegschaftsteile dienen. 176

So kann z. B. (vgl. *BAG* 26.4.1990 EzA § 4 TVG Nachwirkung Nr. 12) im Interesse der Fachkräfte (Schutz vor Entlassungen und Arbeitslosigkeit) in der tariflichen Regelung vorgesehen sein, das bestimmte Arbeitsplätze nur mit Fachkräften besetzt werden dürfen, solange solche in ausreichender Zahl zur Verfügung stehen. 177

B. Anbahnung und Begründung des Arbeitsverhältnisses

Verstöße dagegen führen zwar nicht zur Unwirksamkeit abgeschlossener Arbeitsverträge; der Betriebsrat kann aber gem. § 99 Abs. 2 Nr. 1 BetrVG die Zustimmung zur Einstellung verweigern (MünchArbR/*Buchner* § 40 Rz. 225).

b) Einstellungsgebote; Übernahme von Auszubildenden

178 Einstellungsgebote kommen als betriebliche Normen z. B. in Betracht, um bestimmte Arbeitsplätze bevorzugt mit bestimmten Arbeitnehmergruppen (z. B. schwerbehinderten Menschen) zu besetzen, ohne dem Einstellungsbewerber einen individualrechtlichen Anspruch einzuräumen.

179 Weitergehend sieht z. B. Nr. 3 der Tarifvereinbarung zur Beschäftigungssicherung in der rheinland-pfälzischen Metall- und Elektroindustrie vom 11.3.1994 vor, dass Auszubildende »im Grundsatz nach **erfolgreich bestandener Abschlussprüfung** für **mindestens sechs Monate** in ein Arbeitsverhältnis übernommen (werden), soweit dem nicht personenbedingte Gründe entgegenstehen.«
Der Begriff der »personenbedingten Gründe« ist dabei nicht i. S. v. § 1 Abs. 2 S. 1 KSchG zu verstehen, sondern hat sich an den **Zwecken des Tarifvertrages** zu orientieren (*BAG* 17.6.1998 NZA 1998, 1178).

180 Diese Regelung sieht nicht die (automatische) Begründung eines Arbeitsverhältnisses ohne entsprechenden Vertrag vor. Der Arbeitgeber ist vielmehr lediglich verpflichtet, dem Auszubildenden nach erfolgreich bestandener Abschlussprüfung die Übernahme in ein Arbeitsverhältnis **anzubieten**, sofern kein tariflicher Ausnahmetatbestand gegeben ist (*BAG* 14.5.1997 AP Nr. 2 zu § 611 BGB Übernahme ins Arbeitsverhältnis). Die Nichterfüllung der Pflicht des Arbeitgebers kann ihn zum **Schadensersatz** verpflichten (§§ 280, 249, 251 BGB; *BAG* 14.10.1997 DB 1998, 1469).

181 Die nahezu wortgleiche Regelung für die Metallindustrie Nordwürttemberg/Nordbaden vom 10.3.1994 verpflichtet den Arbeitgeber im Übrigen lediglich dazu, die Übernahme in ein sich **unmittelbar** an die Berufsausbildung **anschließendes** Arbeitsverhältnis für die Dauer von 6 Monaten anzubieten. Die Übernahme in ein erst später beginnendes Arbeitsverhältnis kann auch nicht im Wege des Schadensersatzes (Naturalrestitution) verlangt werden (*BAG* 14.10.1997 EzA § 611 BGB Einstellungsanspruch Nr. 11 gegen *LAG Niedersachsen* 24.8.1995 LAGE § 611 BGB Einstellungsanspruch Nr. 3).
Es kann auch vorgesehen sein, dass der Arbeitgeber mit **Zustimmung des Betriebsrats** von dieser Verpflichtung befreit wird, wenn das Angebot eines Arbeitsverhältnisses wegen »akuter Beschäftigungsprobleme im Betrieb« nicht möglich ist, oder der Betrieb über seinen Bedarf hinaus Ausbildungsverträge abgeschlossen hat (so z. B. § 3 TV Beschäftigungssicherung der Metall verarbeitenden Industrie Nordrhein-Westfalens vom 15.3.1994). Verweigert der Betriebsrat in einem solchen Fall die Zustimmung, so muss der Arbeitgeber die dafür maßgebenden Gründe mit dem Betriebsrat erörtern und **versuchen, eine Einigung zu erzielen**. Der darlegungs- und beweispflichtige Arbeitgeber hat dann über seinen Bedarf hinaus Ausbildungsverträge abgeschlossen, wenn eine im Zeitpunkt der Begründung des Berufsausbildungsverhältnisses erstellte Prognose des Arbeitgebers ergeben hat, im Zeitpunkt des erfolgreichen Abschlusses der Berufsausbildung werde im Ausbildungsbetrieb **kein Bedarf** für eine Übernahme des Auszubildenden bestehen (*BAG* 12.11.1997 NZA 1998, 1013; vgl. dazu *Krichel* SAE 1999, 285 ff.).

B. Anbahnung und Begründung des Arbeitsverhältnisses

c) Wiedereinstellungsklauseln
Wiedereinstellungsklauseln nach das Arbeitsverhältnis beendender lösender Aussperrung haben keine nennenswerte praktische Bedeutung mehr, seit dem das *BAG* (GS 21.4.1971 AP Nr. 43 zu Art. 9 GG Arbeitskampf) davon ausgeht, dass die Aussperrung i. d. R. nur noch suspendierend wirkt. 182

Wiedereinstellungsklauseln können aber auch mit normativer Wirkung Arbeitnehmern mit einer bestimmten Betriebszugehörigkeit, die im Anschluss an den Erziehungsurlaub (jetzt die Elternzeit) zur Betreuung eines Kindes aus dem Betrieb ausscheiden, einen Anspruch auf Wiedereinstellung im selben Betrieb auf einem vergleichbaren Arbeitsplatz einräumen. 183

Voraussetzung ist, dass ein geeigneter Arbeitsplatz zum Zeitpunkt der Wiedereinstellung vorhanden ist oder auf absehbare Zeit zur Verfügung steht.
Gem. § 59 Abs. 5 BAT soll der Angestellte, dessen Arbeitsverhältnis aufgrund der Zuerkennung einer Rente wegen verminderter Erwerbsfähigkeit automatisch beendet worden ist (vgl. § 59 Abs. 1 ff. BAT) dann, wenn er bei Beendigung des Arbeitsverhältnisses nach § 59 Abs. 1, 2 BAT bereits ordentlich unkündbar war, auf seinen Antrag hin bei seiner früheren Dienststelle wieder eingestellt werden, wenn dort ein für ihn geeigneter Arbeitsplatz frei ist. 184

Beantragt ein früherer Angestellter des öffentlichen Dienstes seine Wiedereinstellung nach § 59 Abs. 5 BAT, kann er sich zum Nachweis einer wiederhergestellten Berufsfähigkeit auf eine hierzu ergangene Feststellung des Rentenversicherungsträgers berufen. § 59 Abs. 5 BAT gestattet es dem Arbeitgeber allerdings, im Einzelfall von einer Wiedereinstellung abzusehen, wenn hierfür **gewichtige Gründe** sprechen (z. B. die personelle Ausstattung der Finanzverwaltung mit ausgebildeten Nachwuchskräften) und die soziale Situation des früheren Arbeitnehmers eine Wiedereinstellung nicht verlangt. Letzteres ist z. B. dann der Fall, wenn der Arbeitnehmer zur Sicherung eines angemessenen Lebensunterhalts nicht auf die Erzielung von Erwerbseinkommen angewiesen ist, weil er durch seine Altersrente und die vom Arbeitgeber finanzierte Zusatzversorgung ca. 2342,54 € (= 4581,61 DM) netto und damit etwa 90% seiner früheren Nettobezüge erreicht (*BAG* 24.1.1996 EzA § 59 BAT Nr. 4). 185

Der als **Sollvorschrift** ausgestattete § 62 Abs. 5 MTL II in der bis 31.12.1984 geltenden Fassung ist aus Gründen eines **wirksamen arbeitsrechtlichen Bestandsschutzes** dahin auszulegen, dass dem wegen Gewährung einer Zeitrente ausgeschiedenen Arbeitnehmer im Falle der Wiederherstellung seiner Berufsfähigkeit **ein unbedingter Anspruch auf Wiedereinstellung** auf einem für ihn geeigneten Arbeitsplatz **zusteht**. Dem Arbeitgeber kann die Berufung auf das Fehlen eines freien Arbeitsplatzes aus dem in § 162 Abs. 1, 2 BGB normierten allgemeinen Rechtsgedanken verwehrt sein, wenn er diesen Zustand selbst treuwidrig herbeigeführt hat. Dies kann der Fall sein, wenn er einen freien geeigneten Arbeitsplatz **in Kenntnis des Wiedereinstellungsverlangens anderweitig besetzt** hat. In diesem Fall kommt außerdem ein auf Wiedereinstellung gerichteter **Schadensersatzanspruch** in Betracht (*BAG* 23.2.2000 EzA § 4 TVG Wiedereinstellungsanspruch Nr. 1). 186

Sieht ein Tarifvertrag die Möglichkeit vor, dass Arbeitnehmer, die den gesetzlichen **Erziehungsurlaub** (jetzt die Elternzeit) in Anspruch nehmen, bis zu sechs Monaten 187

B. Anbahnung und Begründung des Arbeitsverhältnisses

nach Beendigung des Erziehungsurlaubs (jetzt der Elternzeit) in den Betrieb zurückkehren können, und bestimmt der Tarifvertrag zugleich, dass die beabsichtigte Rückkehr mindestens sechs Monate **vorher schriftlich mitzuteilen** ist, führt die verspätete Mitteilung nicht dazu, dass das Arbeitsverhältnis mit Ablauf Ruhenszeitraums endet (*LAG Hamm* 18.3.1998 NZA-RR 1998, 548).

10. Betriebsverfassungsrechtliche Wiedereinstellungsklauseln

188 Auch in einer Betriebsvereinbarung kann eine Wiedereinstellungsklausel vorgesehen sein.
So stellt z. B. die in einem **Sozialplan** enthaltene, an keine weiteren tatbestandlichen Voraussetzungen gebundene Regelung »Alle betroffenen Mitarbeiter erhalten die Zusage der **bevorzugten Wiedereinstellung**« eine Inhaltsnorm dar, die zugunsten der entlassenen Arbeitnehmer einen unverzichtbaren Rechtsanspruch begründet, bei der künftigen Besetzung von Arbeitsplätzen vor externen Bewerbern berücksichtigt zu werden. Die erteilte Zusage ist nach Auffassung des *LAG Hamm* (28.11.1996 NZA-RR 1997, 175) jedoch auf solche Arbeitsplätze zu beschränken, die mit der früheren Beschäftigung vergleichbar sind, sodass Arbeitsplätze einer geringeren tariflichen Wertigkeit unberücksichtigt bleiben.

11. Gleichheitssatz (Art. 3 Abs. 1 GG)

189 Wenn der öffentliche Arbeitgeber bei der Dauereinstellung von Lehrkräften solche Bewerber bevorzugt, die bereits als Aushilfskräfte befristete Vertretungsdienste geleistet haben, so kann er von dieser Bevorzugung nur **unterhälftig tätig gewordene Aushilfskräfte** ausschließen, ohne gegen Diskriminierungsverbote zu verstoßen. Ein Anspruch der unterhälftig Beschäftigten aufgrund des Gleichheitssatzes (Art. 3 Abs. 1 GG), wie die übrigen Aushilfskräfte bevorzugt zu werden, besteht nicht (*LAG Köln* 31.7.1998 ZTR 1998, 562 Ls.).

II. Pflichten bei der Vertragsanbahnung

1. Stellenausschreibung

190 Gem. § 611b BGB n. F. darf der Arbeitgeber einen Arbeitsplatz weder öffentlich (z. B. in Zeitungen) noch innerhalb des Betriebes nur für Männer oder nur für Frauen ausschreiben, es sei denn, dass ein Fall des § 611a Abs. 1 S. 2 BGB vorliegt (s. o. B/Rz. 145 ff.).

Durch dieses Gebot der geschlechtsneutralen Stellenausschreibung sollen **geschlechtsbezogene Differenzierungen**, wenn sie nicht rechtlich geboten sind oder wenn die Zugehörigkeit zu einem bestimmten Geschlecht für die vorgesehene Tätigkeit keine notwendige Voraussetzung darstellt, **bereits im Vorfeld der Begründung von Arbeitsverhältnissen ausgeschlossen werden.**

B. Anbahnung und Begründung des Arbeitsverhältnisses

Bei Verstößen dagegen besteht zwar kein Schadensersatzanspruch gem. § 823 Abs. 2 i. V. m. § 611 b BGB. Gleichwohl können sich aus dem Verstoß gegen § 611 b BGB **Rückschlüsse auf die Einhaltung des Benachteiligungsgebots nach § 611 a BGB** bei der Begründung des Arbeitsverhältnisses ergeben. Insoweit kann die Vermutung einer Benachteiligung des Geschlechts begründet werden (BT-Drs. 8/4529 S. 9 zu § 611 b BGB a. F.; *Worzalla* DB 1994, 2449 unter Hinweis auf *BVerfG* 16.1.1993 DB 1994, 1292, wonach § 611 a Abs. 1 BGB auch die Benachteiligung wegen des Geschlechts bei Verfahrenshandlungen verbietet, die der Begründung eines Arbeitsverhältnisses vorausgehen; dennoch krit. *Mauer* BB 1994, 1286).   191

Fraglich ist, ob es dem Arbeitgeber im Hinblick auf Art. 48 EWGV (jetzt Art. 39 EGV) verboten ist, Stellenanzeigen mit **nationalitätsspezifischen Einschränkungen** aufzugeben. Dafür spricht, dass EG-Angehörige in jedem Mitgliedsstaat der EG den gleichen Zugang zu Arbeitsplätzen haben wie Angehörige dieses Staates. Dagegen spricht, dass es an einer § 611 a BGB entsprechenden Norm fehlt.   192

Stellenausschreibungen dürfen aber jedenfalls nicht gegen die Diskriminierungsverbote des **Art. 3 Abs. 3 GG** verstoßen; Besonderheiten gelten bei Tendenzunternehmen, weil insoweit der Arbeitgeber bei der Verwirklichung seiner Zielsetzung im besonderen Maße auf die Tätigkeit seiner Arbeitnehmer angewiesen ist.   193

> Ein Verstoß gegen Art. 3 Abs. 3 GG begründet die Vermutung, dass die Ablehnung des Bewerbers, der zum diskriminierten Personenkreis gehört, aus diesem Grund erfolgt ist. Ein Einstellungsanspruch des Bewerbers besteht jedoch nicht (MünchArbR/*Richardi* § 37 Rz. 7).

Ein Arbeitgeber, der in einer **Publikation** über offene Stellen und über die aus Anlass eines Arbeitsplatzwechsels gewährten finanziellen Leistungen unterrichtet, weist damit regelmäßig nur auf Voraussetzungen hin, unter denen die Zahlung eines Nachteilsausgleichs in Betracht kommt. Der Arbeitnehmer kann die Leistung daher regelmäßig nur beanspruchen, wenn er sie ausdrücklich mit dem Arbeitgeber **vereinbart** hat oder sie in einer **kollektiven Regelung** (Tarifvertrag/Betriebsvereinbarung) enthalten ist (*BAG* 25.1.2000 EzA § 133 BGB Nr. 22).   194

2. Begründung eines vorvertraglichen Schuldverhältnisses (culpa in contrahendo)

a) Grundlagen

> Bereits vor Vertragsschluss entsteht durch die Vertragsanbahnung, also die Aufnahme der Vertragsverhandlungen, eine Sonderverbindung zwischen dem Bewerber und dem Arbeitgeber (culpa in contrahendo; jetzt § 311 Abs. 3, 4 BGB n. F.).   195

Es handelt sich um ein vorvertragliches Schuldverhältnis, das durch das Fehlen einer rechtsgeschäftlich übernommenen Leistungspflicht gekennzeichnet ist. **Ziel ist es, die vorhandenen Rechtsgüter des Vertragspartners über das Deliktsrecht hinaus zu schützen.**

Begründet wurde das Rechtsinstitut der culpa in contrahendo überwiegend damit, dass die Haftung aufgrund der Inanspruchnahme und Gewährung von Vertrauen   196

B. Anbahnung und Begründung des Arbeitsverhältnisses

gerechtfertigt ist, weil die Enttäuschung dieses Vertrauens durch eine entsprechende Einstandspflicht kompensiert werden muss (*BGH* 22.2.1973 BGHZ 60, 223; 19.12.1977 NJW 1978, 1374); inzwischen ist es positivgesetzlich durch § 311 Abs. 3, 4 BGB n. F. normiert.

b) Pflichten aus culpa in contrahendo (jetzt § 311 Abs. 3, 4 BGB n. F.)

197 Bei Vertragsanbahnung darf jeder Verhandlungspartner (bei der Verwendung von Verhandlungsgehilfen gilt § 278 BGB analog, *BAG* 15.5.1974 EzA § 276 BGB Verschulden bei Vertragsschluss Nr. 29) nach der Auffassung des redlichen Verkehrs die Offenbarung und Aufdeckung solcher Tatsachen erwarten, von denen die Gegenseite annehmen muss, dass sie für seine Entschließung von Bedeutung sind, von denen er sich selbst aber auf andere Weise keine Kenntnis verschaffen kann. Insoweit bestehen neben Schutzpflichten für schon vorhandene Rechtsgüter Aufklärungs- und Mitteilungspflichten (vgl. MünchArbR/*Richardi* § 45 Rz. 16 ff.).

198 Daraus folgt z. B. für den Arbeitnehmer die Pflicht, zulässigerweise gestellte Fragen (siehe dazu unten B/Rz. 209 ff.) wahrheitsgemäß zu beantworten. Die Wahrheitspflicht ist insoweit Teil der Treuepflicht, die schon für die Zeit der auf Abschluss eines Arbeitsvertrages gerichteten Verhandlungen besteht (*BAG* 7.2.1964 AP Nr. 6 zu § 276 BGB Verschulden bei Vertragsschluss).

199 Entsteht dem Arbeitgeber durch die wahrheitswidrige Beantwortung einer derartigen Frage ein Schaden, so ist der Bewerber aus culpa in contrahendo (jetzt § 311 Abs. 3, 4 BGB n. F.) zum Schadensersatz verpflichtet (*BAG* 7.2.1964 AP Nr. 6 zu § 276 BGB Verschulden bei Vertragsschluss).

200 Ein Schadensersatzanspruch kann auch nach Abschluss des Arbeitsvertrages entstehen, wenn das Arbeitsverhältnis aus Gründen vorzeitig endet oder seinen Sinn verliert, die der Arbeitgeber dem Arbeitnehmer vor Abschluss des Vertrages unter Verletzung der Aufklärungspflicht schuldhaft verschwiegen hat (*BAG* 2.12.1976 EzA § 276 BGB Nr. 35).

201 Der Arbeitgeber ist gem. § 81 Abs. 1 S. 1 BetrVG – einer weiteren gesetzlichen Ausformung der cic – verpflichtet, den Arbeitnehmer vor Abschluss des Arbeitsvertrages über die **Art der Tätigkeit** und seine Stellung im Betrieb und, wo dies für das Arbeitsverhältnis von Bedeutung ist, über seine Aufgaben und Verantwortung **zu unterrichten**.

202 Macht ein Arbeitgeber in **Stellenanzeigen unzutreffende Angaben** über die Höhe eines zu erzielenden Mindestjahreseinkommens und weist er in einem Vorstellungsgespräch den Arbeitnehmer nicht darauf hin, dass das angegebene, nur durch Provisionen erreichbare Mindesteinkommen lediglich von wenigen Mitarbeitern tatsächlich erreicht wird, so verstößt er gegen die ihm gegenüber Stellenbewerbern obliegende Aufklärungspflicht. Diese wird nicht dadurch eingehalten, dass der Arbeitgeber während des Vorstellungsgesprächs dem zukünftigen Arbeitnehmer Unterlagen mit Berechnungsbeispielen, das Vergütungssystem und den Arbeitsvertragstext vorlegt, wenn sich aus diesen Unterlagen das in der Stellenanzeige genannte Mindesteinkommen nicht nachvollziehen lässt. Es genügt auch nicht der Hinweis, dass das Mindesteinkommen nur mit einem außerordentlichen Arbeits- und Zeiteinsatz erreicht werden könnte. Das Mindesteinkommen muss mit der geschuldeten durch-

schnittlichen Leistung des Arbeitnehmers erreicht werden können (*LAG Hessen* 13.1.1993 NZA 1994, 884).

Der Abbruch von Vertragsverhandlungen begründet i. d. R. keine Schadensersatzpflichten, auch wenn bekannt ist, dass der Verhandlungspartner in der Erwartung des Vertragsschlusses erhebliche Aufwendungen gemacht hat (*BGH* 18.10.1974 NJW 1975, 43 ff.). 203

Etwas anderes gilt aber dann, wenn der andere Teil berechtigterweise auf das Zustandekommen des Vertrages vertraut und deshalb bereits wirtschaftliche Nachteile auf sich genommen hat, insbesondere ein bestehendes Arbeitsverhältnis mit einem anderen Arbeitgeber gekündigt hat (*BAG* 15.5.1974 EzA § 276 BGB Verschulden bei Vertragsschluss Nr. 29). 204

Scheitert ein Vertragsschluss mit einer **öffentlich-rechtlichen Körperschaft** nur an den für sie bestehenden Vertretungsvorschriften, so haftet die Körperschaft für ein Verschulden ihrer Vertreter bei den Verhandlungen auch dann, wenn sie keine Abschlussvollmacht haben (*BAG* 15.5.1974 a. a. O.). 205

c) Umfang des Schadensersatzanspruchs

Verlangt werden kann nur der Ersatz des Vertrauensschadens (negatives Interesse). Insbesondere bei einem Schadensersatzanspruch wegen Abbruchs der Vertragsverhandlungen kann der Arbeitnehmer also nicht verlangen, so gestellt zu werden, als wäre der Arbeitsvertrag zustande gekommen (*BAG* 7.6.1963 AP Nr. 4 zu § 276 BGB Verschulden bei Vertragsschluss). 206

Besteht der Schaden dagegen darin, dass der Arbeitnehmer den Arbeitsvertrag aufgrund einer Verletzung der Mitteilungspflicht des Arbeitgebers über das erzielbare Mindesteinkommen abgeschlossen hat, so ist der Arbeitnehmer dann, wenn er am Vertrag festhält, so zu behandeln, **als wenn es ihm gelungen wäre, bei Kenntnis des wahren Sachverhalts den Vertrag zu für ihn günstigeren Bedingungen abzuschließen** (*LAG Hessen* 13.1.1993 NZA 1994, 884). 207

d) Darlegungs- und Beweislast; Verjährung; Verhältnis zu anderen Ansprüchen

Die Darlegungs- und Beweislast für das Vorliegen der Anspruchsvoraussetzungen hat der **Arbeitnehmer**. Für die Verjährung gilt § 196 BGB (*BGH* 28.10.1971 NJW 1972, 95); bzw. jetzt §§ 195, 199 BGB n. F. Neben Ansprüchen aus culpa in contrahendo (jetzt § 311 Abs. 3, 4 BGB n. F.) können auch Ansprüche gem. §§ 823 ff. BGB bestehen. 208

3. Fragerecht des Arbeitgebers; Offenbarungspflichten des Arbeitnehmers

a) Grundlagen

aa) Auskunftspflicht

Nach der Rechtsprechung des *BAG* (7.6.1984 EzA § 123 BGB Nr. 24) ist der Arbeitnehmer grds. verpflichtet, auf zulässigerweise gestellte Fragen des Arbeitgebers wahrheitsgemäß zu antworten. 209

B. Anbahnung und Begründung des Arbeitsverhältnisses

210 Die Beantwortung unzulässiger Fragen kann der Arbeitnehmer zwar ablehnen. Dies wird bei realistischer Einschätzung der Situation des Arbeitnehmers im Vorstellungsgespräch allerdings wohl nur ausnahmsweise einmal gleichwohl seine Einstellung zur Folge haben.
Eine Rechtsentwicklung dahin, dass der Bewerber Abwehr- oder Schadensersatzansprüche gegen bzw. wegen unzulässiger Fragen hat, ist nicht ersichtlich.

bb) Wahrheitswidrige Antwort auf unzulässige Fragen

211 Wesentlich ist deshalb, dass nach h. M. (*BAG* 7.6.1984 EzA § 123 BGB Nr. 24; **a. A.** *Meilicke* BB 1986, 1288) eine wahrheitswidrige Antwort auf eine unzulässige Frage für den Arbeitnehmer keinerlei negative rechtliche Konsequenzen hat.

212 Die unrichtige Antwort wird dem Arbeitnehmer nicht als arglistige Täuschung angelastet. Dem Arbeitgeber, der sich selbst rechtswidrig verhält, wird es verwehrt, zu Lasten des Arbeitnehmers **nachteilige Konsequenzen** aus der Unrichtigkeit der Antwort zu ziehen.

213 Nur die (vorsätzlich, nicht nur fahrlässig) bewusst falsche Antwort auf eine zulässige Frage kann den Arbeitgeber u. U. zur Anfechtung des Arbeitsvertrages gem. §§ 123, 142 BGB berechtigen, wenn diese Tatsachen für die Einstellung des Bewerbers kausal gewesen sind.

cc) Normative Grundlage des Fragerechts und der Auskunftspflicht

214 Das Fragerecht des Arbeitgebers und die entsprechende Pflicht des Arbeitnehmers zur wahrheitsgemäßen Beantwortung folgt aus **§ 242 BGB**, der auch das vorvertragliche Anbahnungsverhältnis zwischen den Parteien beherrscht. Dabei bestehen insoweit gegensätzliche Interessen, als der künftige Arbeitgeber zur Verwirklichung seiner Freiheit zum Vertragsabschluss daran interessiert ist, von dem Bewerber alle für das konkret beabsichtigte Arbeitsverhältnis erforderlichen Tatsachen zu erfahren, um den Arbeitsplatz mit einem geeigneten Bewerber besetzten zu können.

215 Der Bewerber ist dagegen daran interessiert, möglichst wenig insbesondere aus seinem privaten Bereich offenbaren zu müssen, auch um nicht Gefahr zu laufen, den Arbeitsplatz nicht zu erhalten (*BAG* 1.8.1985 EzA § 123 BGB Nr. 26; vgl. *Ehrich* DB 2000, 421 ff.).

dd) Umfang des Fragerechts

216 Dem Arbeitgeber steht ein Fragerecht zu, wenn er im Zusammenhang mit dem zu begründenden Arbeitsverhältnis ein berechtigtes, billigenswertes und schutzwürdiges Interesse an der Beantwortung seiner Fragen hat. Das Interesse muss objektiv so stark sein, dass dahinter das Interesse des Arbeitnehmers am Schutz seines Persönlichkeitsrechts und an der Unverletzlichkeit der Intimsphäre zurücktreten muss (*BAG* 7.6.1984 EzA § 123 BGB Nr. 24).

217 Soweit sie für den in Aussicht genommen Arbeitsplatz von Bedeutung sind, dürfen deshalb Fragen nach beruflichen und fachlichen Fähigkeiten, Kenntnissen

B. Anbahnung und Begründung des Arbeitsverhältnisses

und Erfahrungen (Berufsausbildung, bisherige berufliche Tätigkeiten, bisherige Beschäftigungsverhältnisse, vgl. *BAG* 12.2.1970 AP Nr. 17 zu § 123 BGB) grds. uneingeschränkt gestellt werden.

Das gilt für die Frage nach den **früheren Arbeitgebern** und die **Dauer der jeweiligen Beschäftigungsverhältnisse**, auch dann, wenn der Arbeitnehmer die Teilnahme an einer Entziehungstherapie verheimlichen und so seine Wiedereingliederung in das Arbeitsleben erreichen will (*LAG Köln* 13.11.1995 LAGE § 123 BGB Nr. 18). 218
Das Gleiche gilt für die Frage nach dem bisherigen **beruflichen Werdegang** (*LAG Hamm* 8.2.1995 LAGE § 123 BGB Nr. 21), der Schulausbildung, Studium, Sprachkenntnissen sowie nach Zeugnissen, bestandenen Prüfungen und der Vereinbarung rechtswirksamer **Wettbewerbsverbote** mit einem früheren Arbeitgeber (*BAG* 22.10.1986 EzA § 23 BDSG Nr. 4; *Staudinger/Richardi* § 611 Rz. 91 ff.). Zulässig ist auch die Frage nach der Ausübung einer **Konkurrenztätigkeit** zum Zeitpunkt der geplanten Einstellung und der Absicht, diese weiterhin auszuführen (vgl. § 60 HGB). 219

Daher steht es dem Arbeitgeber auch zu, bei mehreren Bewerbern den Qualifikationsunterschieden nachzugehen (hinsichtlich der fachlichen Qualifikation, der körperlichen und gesundheitlichen Verfassung, sowie der persönlichen Eigenschaften als Voraussetzungen für die zu erbringende Arbeitsleistung), um den am besten geeigneten Bewerber herauszufinden. 220

Der Arbeitgeber hat bei der **Festlegung der Qualifikationsanforderungen und ihrer Gewichtung**, soweit sie nicht willkürlich erfolgen, weitgehend freie Hand (MünchArbR/*Buchner* § 41 Rz. 39, 44).
Im Übrigen lässt der Schutz des allgemeinen Persönlichkeitsrechts des Arbeitnehmers (Art. 2 Abs. 1 i. V. m. Art. 1 Abs. 1 GG; daraus wird auch das **Grundrecht auf informationelle Selbstbestimmung** abgeleitet als die Freiheit, selbst zu bestimmen, wem welche Daten über sich selbst bekannt werden) nur solche Fragen des Arbeitgebers zu, an deren Beantwortung er zur Beurteilung der Eignung und Befähigung des Arbeitnehmers ein **objektiv gerechtfertigtes Interesse** hat. Im Zusammenhang mit den Einstellungsverhandlungen müssen vom Bewerber nur die Daten zur Verfügung gestellt werden, die für eine **sachgerechte Einstellungsentscheidung geeignet und erforderlich** sind (Zweckbindung der Datenerhebung; vgl. *BAG* 22.10.1986 EzA § 23 BDSG Nr. 4; *Staudinger/Richardi* § 611 Rz. 90). 221
Zulässig sind Fragen, die eine gewisse **Mobilität des Arbeitnehmers**, z. B. die Versetzungsbereitschaft (nicht aber die dafür u. U. maßgeblichen privaten Lebensverhältnisse) betreffen, oder die Bereitschaft, **Schichtdienst zu leisten**, wenn die vorgesehene Beschäftigung entsprechende Anforderungen stellt. Dies gilt allerdings nur dann, wenn die Versetzungsbereitschaft, Bereitschaft zum Schichtdienst zum Vertragsbestandteil werden soll. Nicht zu beanstanden ist auch der z. B. im Freistaat Sachsen verwendete **Personalfragebogen** zur Überprüfung des aus der DDR übernommenen pädagogischen Personals; soweit er unzulässige Fragen – z. B. über Vorgänge, die bereits vor 1970 abgeschlossen waren und die deshalb als Indiz für eine mangelnde Eignung regelmäßig nicht mehr taugen – enthält, dürfen unzutreffende Antworten nicht zu arbeitsrechtlichen Konsequenzen führen. Im Übrigen kann dem Schutz des Persönlichkeitsrechts durch Würdigung der jeweiligen Fragen und 222

B. Anbahnung und Begründung des Arbeitsverhältnisses

Antworten hinreichend Rechnung getragen werden (*BVerfG* 8.1.1998 NZA 1998, 418).

223 Unzulässig ist dagegen die Frage nach der **Nichtrauchereigenschaft** des Arbeitnehmers. Im Übrigen können persönliche Umstände, die zwar für die Beurteilung der Eignung des Arbeitnehmers von Bedeutung sind, aber lange zurückliegen, aufgrund der zwischenzeitlichen Entwicklung ihre Bedeutung und Aussagekraft verlieren (MünchArbR/*Buchner* § 41 Rz. 34, 97–104).

224 Letztlich geht es um die **Aufteilung der Risiken der künftigen Entwicklung** des Arbeitsverhältnisses, die daran zu orientieren ist, wie diese Risiken nach der Vorgabe der Rechtsordnung im Verhältnis zwischen Arbeitgeber und Arbeitnehmer verteilt sind (*Hofmann* ZfA 1975, 20 ff.).

ee) Offenbarungspflichten

225 Auch ohne entsprechende Frage muss der Arbeitnehmer u. U. auf Umstände und in seiner Person gegebene Eigenschaften (z. B. eine Körperbehinderung, eine Schwangerschaft, den Antritt einer Strafhaft, das Vorliegen eines Einberufungsbescheides zu Wehr- oder Zivildienst) hinweisen.

226 Das ist dann der Fall, wenn er erkennen muss, dass er wegen dieser Umstände und Eigenschaften die vorgesehene Arbeit nicht nur zeitweilig, sondern auf längerer Dauer nicht zu leisten vermag oder die sich daraus ergebende Minderung der Leistungen und Fähigkeiten für den in Betracht kommenden Arbeitsplatz von ausschlaggebender Bedeutung ist (*BAG* 25.3.1976 EzA § 123 BGB Nr. 16; 1.8.1985 EzA § 123 BGB Nr. 26; 8.9.1988 EzA § 8 MuSchG Nr. 1).

227 **Eine allgemeine Pflicht des Bewerbers, Mängel der Qualifikation für die von ihm geschuldete Arbeitsleistung von sich aus zu offenbaren, besteht dagegen nicht.** Es ist Sache des Arbeitgebers, der Belastung durch ihm nicht zuzumutende Risiken durch entsprechende Informationserhebung vorzubeugen (MünchArbR/*Buchner* § 41 Rz. 159). Etwas anderes kommt dann in Betracht, wenn der Bewerber die elementarsten Anforderungen des vorgesehenen Arbeitsplatzes nicht erfüllen kann, sodass er die vertragliche Leistung nicht zu erbringen in der Lage ist (*Hofmann* ZfA 1975, 47 ff.).

b) Einzelfälle

aa) Vermögensverhältnisse

228 Die Frage nach den Vermögensverhältnissen – Lohn- und Gehaltspfändungen, Schulden usw. – wird nur dann als zulässig angesehen werden können, wenn der Arbeitgeber wegen der vorgesehenen Tätigkeit ein berechtigtes Interesse an geordneten Vermögensverhältnissen des Arbeitnehmers geltend machen kann.

229 Das ist dann der Fall, wenn es sich bei dem zukünftigen Arbeitsplatz um eine **besondere Vertrauensstellung** handelt, bei der der Arbeitnehmer z. B. mit Vermögenswerten oder Geld umgehen muss (*Zeller* BB 1987, 1523 m. w. N.; vgl. auch *BAG* 4.11.1981 EzA § 1 KSchG Verhaltensbedingte Kündigung Nr. 9 zur Zulässigkeit einer personenbedingten Kündigung bei einem in einer Vertrauensstellung beschäftigten Arbeitnehmer, weil Lohnpfändungen darauf hindeuten, dass dieser seit längerer Zeit in unge-

B. Anbahnung und Begründung des Arbeitsverhältnisses

ordneten wirtschaftlichen Verhältnissen lebt; *BAG* 18.4.1968 AP Nr. 32 zu § 63 HGB: Zulässigkeit der Frage nach der Ablegung eines Offenbarungseides).

Zulässig wird die Frage wohl auch dann sein, wenn wegen der besonderen betrieblichen Umstände, z. B. in einem **Kleinbetrieb** ohne besondere kaufmännische Organisation, die sachgerechte Bearbeitung zahlreicher Lohnpfändungen nicht durchführbar wäre (*Staudinger/Richardi* § 611 Rz. 95). 230

Nicht zulässig ist die Frage nach der Höhe des **vorherigen Lohnes oder Gehalts**, wenn die bisherige Vergütung für die angestrebte Stelle keine Aussagekraft hat, also der bisherige und der angestrebte Posten nicht zumindest vergleichbare Kenntnisse und Fähigkeiten erfordern und der Bewerber sie auch nicht von sich aus als Mindestvergütung gefordert hat. Denn dann würde durch deren Angabe die Verhandlungsposition des Bewerbers ohne sachlichen Grund in unbilliger Weise geschwächt (*BAG* 19.5.1983 EzA § 123 BGB Nr. 23). 231

bb) Gesundheitszustand und Körperbehinderung; Geschlecht des Arbeitnehmers

(1) Körperliche Eignung

Fragen zur Ermittlung der körperlichen Eignung für die konkret zu übernehmende Arbeitsaufgaben können grds. ohne Einschränkung gestellt werden. 232

Krankheiten oder Leiden des Arbeitnehmers kommen als verkehrswesentliche Eigenschaften gem. § 119 Abs. 2 BGB dann in Betracht, wenn sie von einer gewissen Dauer sind und der Arbeitnehmer deshalb die vertraglich übernommenen Arbeiten nicht ohne wesentliche Einschränkungen durchführen kann, z. B. dann, wenn er durch Anfallleiden (Epilepsie) in seiner für den bestimmten Arbeitsplatz notwendigen durchschnittlichen Leistungsfähigkeit ständig erheblich beeinträchtigt ist (*BAG* 28.3.1974 EzA § 119 BGB Nr. 5). 233

(2) Gesundheitszustand, Körperbehinderung

Hinsichtlich des Gesundheitszustandes sowie einer Körperbehinderung als eines dauernden körperlichen Schadens, der zu einer Beeinträchtigung der Bewegungsmöglichkeiten und insbesondere der Erwerbsfähigkeit führt, besteht ein Fragerecht des Arbeitgebers nur insoweit, als er ein berechtigtes Interesse an der Beantwortung seiner Fragen für das Arbeitsverhältnis hat (*BAG* 7.6.1984 EzA § 123 BGB Nr. 24). 234

Der Umfang des Fragerechts beschränkt sich deshalb auf die Fälle einer schwerwiegenden Beeinträchtigung der Arbeitsfähigkeit des Betroffenen, die für die Belastbarkeit des Arbeitnehmers, konkret bezogen auf die auszuübende Tätigkeit oder das Arbeitsverhältnis überhaupt, von Bedeutung ist. 235

Die unrichtige Beantwortung der Frage des Arbeitgebers nach einer Körperbehinderung durch einen Stellenbewerber kann deshalb nur dann eine Anfechtung des Arbeitsvertrages wegen arglistiger Täuschung rechtfertigen, wenn die verschwiegene Körperbehinderung **erfahrungsgemäß die Eignung** des Arbeitnehmers für die vorgesehene Tätigkeit **beeinträchtigt** (*BAG* 7.6.1984 EzA § 123 BGB Nr. 24). 236

B. Anbahnung und Begründung des Arbeitsverhältnisses

237 Fraglich ist, inwieweit sich der Arbeitgeber durch Ausübung des Fragerechts hinsichtlich des allgemeinen Gesundheitszustandes (z. B. bestehender Krankheiten) gegen das Risiko späteren Arbeitsausfalls (mit entsprechenden Zahlungspflichten nach dem EFZG) schützen kann.

238 Hinsichtlich bestehender Krankheiten beschränkt sich das Fragerecht des Arbeitgebers auf folgende Punkte:
– Liegt eine Krankheit bzw. eine Beeinträchtigung des Gesundheitszustandes vor, durch die die **Eignung** für die vorgesehene Tätigkeit auf Dauer oder in periodischen Abständen **eingeschränkt** wird?
– Liegen **ansteckende Krankheiten** vor, die zwar nicht die Leistungsfähigkeit beeinträchtigen, jedoch die zukünftigen Kollegen oder Kunden gefährden?
– Ist zum Zeitpunkt des Dienstantritts bzw. in absehbarer Zeit **mit** einer **Arbeitsunfähigkeit** zu rechnen, z. B. aufgrund einer geplanten Operation, einer bereits bewilligten Kur oder auch durch eine z. Zt. bestehende akute Erkrankung?
(vgl. *BAG* 7.6.1984 EzA § 123 BGB Nr. 24).

239 Der Arbeitnehmer darf diese Fragen nicht schon deshalb falsch beantworten, weil er annimmt oder hofft, dass er bis zum vorgesehenen Dienstantritt wieder arbeitsfähig sein wird (*BAG* 7.2.1964 AP § 276 BGB Verschulden bei Vertragsschluss Nr. 6).
So können sich z. B. ein Meniskusschaden, der zu leichten Kniebeschwerden führt sowie Migränebeschwerden auf die Eignung als Maschinenarbeiter auswirken (*BAG* 7.6.1984 EzA § 123 BGB Nr. 24).

(3) Beantragte Rehabilitationsmaßnahme
240 Nach Auffassung des *ArbG Limburg* (9.4.1997 BB 1997, 2006) ist eine Mitteilungspflicht des Arbeitnehmers und ein Fragerecht des Arbeitgebers bei einer bloß beantragten Rehabilitationsmaßnahme jedenfalls bei einem für ein Jahr abgeschlossenen befristeten Arbeitsverhältnis zu **verneinen**. Denn der Leistungsträger entscheidet über die Bewilligung der Maßnahme nach seinem Ermessen, sodass der Arbeitnehmer im konkreten Einzelfall nicht damit rechnen konnte, dass im Zeitpunkt des geplanten Dienstantritts oder danach in absehbarer Zeit eine Arbeitsunfähigkeit bzw. eine Arbeitsverhinderung wegen der Rehabilitationsmaßnahme eintreten würde.

(4) Aids
241 Hinsichtlich einer bestehenden Aidsinfektion wird in der Literatur teilweise (*Zeller* BB 1987, 1523; *Klak* BB 1987, 1382) die Auffassung vertreten, dass ein entsprechendes Fragerecht des Arbeitgebers besteht, weil die Erkrankung in ihrem Verlauf so schwer ist, dass der Patient sofort oder kurze Zeit nach Ausbruch der Krankheit nur eingeschränkt oder überhaupt nicht mehr in der Lage ist, der bisherigen beruflichen Tätigkeit nachzugehen.

242 Demgegenüber wird überwiegend (vgl. *Löwisch* DB 1987, 936; *Richardi* NZA 1988, 73; MünchArbR/*Buchner* § 41 Rz. 68 ff.) davon ausgegangen, dass bei nicht besonders infektionsgefährdeten Tätigkeiten kein Fragerecht des Arbeitgebers nach einer bestehenden Aidsinfektion besteht.

Stets zulässig ist aber auch nach dieser Auffassung die Frage nach einer **akuten Aidserkrankung**.

B. Anbahnung und Begründung des Arbeitsverhältnisses

(5) Transsexualität

Gibt eine transsexuelle Person, deren Geschlechtsumwandlung nach §§ 8, 10 Transsexuellengesetz noch nicht erfolgt ist, bei Einstellungsverhandlungen ihr wahres Geschlecht ungefragt nicht an, so liegt darin im Hinblick auf den Schutzzweck des Transsexuellengesetzes (TSG) keine rechtswidrige arglistige Täuschung (§ 123 Abs. 1 BGB). 243

Eine Offenbarungspflicht besteht insoweit nicht, weil § 5 TSG – wonach die transsexuelle Person bei der Vornamensänderung vor einer grundlosen Aufdeckung der von ihr vorher geführten Vornamen geschützt werden soll – zu entnehmen ist, dass die transsexuelle Person bei Bewerbungen zumindest ungefragt und ohne nähere Kenntnis, dass eine vollständige weibliche Identität Voraussetzung für die Einstellung ist, ihre »vergangene« Identität nicht offen legen muss. 244

Allerdings kommt eine Anfechtung gem. § 119 Abs. 2 BGB in Betracht, wenn das Geschlecht als verkehrswesentliche Eigenschaft i. S. dieser Vorschrift zu verstehen ist. Das ist jedenfalls hinsichtlich der vollen weiblichen Identität für den Vertrag als Arzthelferin nach Auffassung des *BAG* (21.2.1991 EzA § 123 BGB Nr. 35) der Fall. 245

cc) Schwerbehinderteneigenschaft
Die Schwerbehinderteneigenschaft ist ein Anfechtungsgrund nach § 119 Abs. 2 BGB, wenn der Arbeitnehmer wegen der Behinderung die vorgesehene Arbeit nicht zu leisten vermag (MünchArbR/*Richardi* § 46 Rz. 35). 246

(1) Fragerecht

Nach ganz überwiegend vertretener Auffassung (*BAG* 25.3.1976 EzA § 123 BGB Nr. 16; 7.6.1984 EzA § 123 BGB Nr. 24; 1.8.1985 EzA § 123 BGB Nr. 26; 3.12.1998 EzA § 123 BGB Nr. 51; *Zeller* BB 1987, 1523; *Natzel* SAE 1999, 220 ff.; a. A. *Großmann* NZA 1989, 702, weil damit die Gefahr besteht, dass ein Bewerber wegen seiner Schwerbehinderteneigenschaft nicht eingestellt wird; krit. auch *Pahlen* RdA 2001, 143 ff.) darf der Bewerber uneingeschränkt nach seiner Schwerbehinderteneigenschaft oder nach einer Gleichstellung und nach dem prozentualen Grad der Behinderung (§§ 68 ff. SGB IX) gefragt werden, weil das gesamte künftige Arbeitsverhältnis durch die Schwerbehinderteneigenschaft erheblich beeinflusst wird. 247

So besteht für den Arbeitgeber mit einer Mindestanzahl von 16 Beschäftigten die öffentlich-rechtliche Pflicht, **6% der Arbeitsplätze mit schwerbehinderten Menschen zu besetzen**, die durch Einstellung von schwerbehinderten Menschen zur Vermeidung der Zahlung einer Ausgleichsabgabe erfüllt werden kann (vgl. *OVG Lüneburg* NZA 1989, 722; s. o. B/Rz. 123 ff.). 248

Für den schwerbehinderten Menschen besteht zudem ein **besonderer Kündigungsschutz** (§§ 85 ff. SGB IX) wenn das Arbeitsverhältnis länger als 6 Monate bestanden hat. Der Arbeitgeber hat häufig eine längere Kündigungsfrist einzuhalten (mindestens 4 Wochen, § 86 SGB IX). Schließlich steht dem schwerbehinderten Menschen **Zusatzurlaub** in Höhe von 5 Arbeitstagen zu (§ 125 SGB IX). 249

Im Hinblick auf die in der Literatur (vgl. *Großmann* NZA 1989, 702; ErfK/*Dieterich* Art. 3 Rz. 82; ErfK/*Preis* § 611 BGB Rz. 378; *Düwell* ZTR 2000, 408) geäußerte Kritik hat das *BAG* (11.11.1993 EzA § 123 BGB Nr. 40) daran zunächst nur insoweit festge- 250

B. Anbahnung und Begründung des Arbeitsverhältnisses

halten, als die Schwerbehinderung für die auszuübende Tätigkeit von Bedeutung ist; inzwischen (*BAG* 5.10.1995 EzA § 123 BGB Nr. 41) hält es die Frage wieder für **uneingeschränkt zulässig**.

251 Ob daran nach Inkrafttreten des SGB IX am 1.7.2001 festgehalten werden kann, ist **fraglich**. Denn das *BAG* (5.10.1995 EzA § 123 BGB Nr. 41) hat seine Auffassung u. a. damit begründet, die Aufnahme des Verbots der Benachteiligung Behinderter in das Grundgesetz (Art. 3 Abs. 3 S. 2 GG) rechtfertige keine andere Bewertung. Ein Vergleich mit der Zulässigkeit der Frage nach der Schwangerschaft, die als diskriminierend angesehen wird, sei unstatthaft. Denn während der Gesetzgeber in § 611 a BGB ein ausdrückliches geschlechtsspezifisches Diskriminierungsverbot bei der Begründung von Arbeitsverhältnissen normiert habe, fehle es im Falle der Behinderten. Da ein **derartiges Benachteiligungsverbot** – § 611 a BGB nachgebildet – **nunmehr** aber **ausdrücklich in § 81 SGB IX vorgesehen** ist, kann diese Argumentation nach Auffassung von *Düwell* (BB 2001, 1529 f.) nicht mehr aufrechterhalten werden.

252 Jedenfalls berechtigt die Falschbeantwortung der Frage nach einer Schwerbehinderung des Arbeitnehmers dann nicht zur Anfechtung des Arbeitsvertrages, wenn die Schwerbehinderung für den Arbeitgeber **offensichtlich** war und deshalb bei ihm ein Irrtum nicht entstanden ist (*BAG* 18.10.2000 EzA § 123 BGB Nr. 56; *LAG Nürnberg* 10.6.1999 ARST 1999, 283 Ls.).

(2) Offenbarungspflicht

253 Dagegen muss der schwerbehinderte Mensch nicht von sich aus auf die Schwerbehinderteneigenschaft oder die Gleichstellung hinweisen, es sei denn, dass er erkennen kann und muss, dass er wegen der Behinderung die vorgesehene Arbeit nicht zu leisten vermag oder eine deswegen beschränkte Leistungsfähigkeit für den vorgesehenen Arbeitsplatz von ausschlaggebender Bedeutung ist (*BAG* 1.8.1985 EzA § 123 BGB Nr. 26).

254 Ein schwerbehinderter Mensch, der bei Abschluss des Arbeitsvertrages noch für die Dauer von vier Monaten eine befristete Rente wegen Erwerbsunfähigkeit bezieht, ist deshalb nicht verpflichtet, von sich aus hierauf beim Einstellungsgespräch hinzuweisen, wenn er die ihm übertragenen Arbeitsleistungen ohne weiteres erbringen kann. Ein Anfechtungsrecht des Arbeitgebers gem. § 123 Abs. 1 BGB besteht unter diesen Voraussetzungen nicht (*LAG Düsseldorf* 6.3.1991 NZA 1991, 674 Ls.).

dd) Schwangerschaft

(1) Schwangerschaft als Anfechtungsgrund

255 Eine Anfechtung gem. § 119 Abs. 2 BGB wegen Schwangerschaft kommt nicht in Betracht, weil die ihrer Natur nach vorübergehende Schwangerschaft im Hinblick auf den Arbeitsvertrag nicht allgemein als verkehrswesentliche Eigenschaft i. S. d. § 119 Abs. 2 BGB angesehen werden kann (*BAG* 8.6.1955 AP Nr. 2 zu § 9 MuSchG; 8.9.1988 EzA § 8 MuSchG Nr. 1).

B. Anbahnung und Begründung des Arbeitsverhältnisses

Etwas anderes gilt dann, wenn es sich um einen zulässigerweise befristeten Arbeitsvertrag handelt und die Arbeitnehmerin infolge der Beschäftigungsverbote und Beschäftigungsbeschränkungen des MuSchG für einen erheblichen Teil der Vertragsdauer ausfällt (*BAG* 8.9.1988 EzA § 8 MuSchG Nr. 1) bzw. wenn die vertraglich von der Frau übernommene Arbeit infolge der Schwangerschaft **nicht ausgeführt werden kann** (z. B. Tänzerin, Mannequin). 256

(2) Fragerecht

> Die Frage nach einer bestehenden Schwangerschaft wird inzwischen ganz überwiegend als Verstoß gegen den Gleichbehandlungsgrundsatz nach Abs. 2 und 3 der Richtlinie 76/207 EWG sowie § 611 a BGB und damit als unzulässig angesehen (*EuGH* 8.11.1990 EzA § 611 a BGB Nr. 7; *LAG Düsseldorf* 1.4.1992 NZA 1992, 695; **a. A.** MünchArbR/*Buchner* § 41 Rz. 91 ff.). 257

Das *BAG* (22.9.1961 AP Nr. 15 zu § 123 BGB; vgl. auch *LAG Düsseldorf* 16.8.1986 AP Nr. 3 zu § 611 BGB Gastarbeiter) hat die Frage, sofern in angemessener Form gestellt, zunächst ohne Rücksicht auf den konkreten Arbeitsplatz für zulässig gehalten. Denn die Arbeitsvertragsparteien sind während der Einstellungsverhandlungen in ihren Entschlüssen frei. 258

Sodann ging das *BAG* (20.2.1986 EzA § 123 BGB Nr. 27; abl. *Hunold* NZA 1987, 4; *Walker* DB 1987, 273) davon aus, dass die Frage jedenfalls dann zulässig ist, wenn sich nur Frauen um den Arbeitsplatz bewerben. Ein Verstoß gegen § 611 a BGB liege in dieser Situation deshalb nicht vor, weil nach dieser Vorschrift Gegenstand des Vergleichs bei der Frage nach der Benachteiligung immer ein Arbeitnehmer des anderen Geschlechts in gleicher Situation sei. Ohne das es im entschiedenen Einzelfall darauf angekommen wäre, hat das *BAG* (EzA 20.2.1986 § 123 BGB Nr. 27) aber weiter ausgeführt, dass es dazu neigt, diese Frage dann als einen Verstoß gegen § 611 a BGB zu bewerten, wenn **nicht nur weibliche Bewerber in Betracht kommen**. Denn nur Frauen können schwanger werden und der Arbeitgeber wolle mit der Frage nach der Schwangerschaft gerade ausschließen, dass er einen Arbeitsvertrag mit einer Schwangeren abschließt. 259

Inzwischen geht das *BAG* (15.10.1992 EzA § 123 BGB Nr. 37) im Anschluss an den *EuGH* (30.11.1990 NZA 1991, 171) davon aus, dass die Frage nach der Schwangerschaft **generell unzulässig** ist. In Befolgung einer **gemeinschaftskonformen Auslegung** hat es die zuvor vertretene »gespaltene« Lösung zugunsten einer generalisierenden Verhinderung der Diskriminierung schwangerer Frauen aufgegeben (abl. *Ehrich* DB 1993, 431). 260

> Ausnahmsweise ist die Frage nach der Schwangerschaft danach aber bei einer Arzthelferin dann sachlich gerechtfertigt, wenn sie objektiv dem gesundheitlichen Schutz der Bewerberin und des ungeborenen Kindes dient (*BAG* 1.7.1993 EzA § 123 BGB Nr. 39). **Demgegenüber** ist nach der Rechtsprechung des *EuGH* (3.2.2000 NZA 2000, 255; vgl. auch *EuGH* 4.10.2001 EzA § 611 a BGB Nr. 17; vgl. dazu *Stürmer* NZA 2001, 526 ff.; *Nicolai* SAE 2001, 79 ff.; *Kasper* FA 2000, 243 ff.) davon auszugehen, dass ein Arbeitgeber die Einstellung einer Frau, die die erforderliche Qualifikation für eine ausgeschriebene unbefristete Stelle besitzt, **nicht allein deshalb ablehnen** kann, **weil sie schwanger ist und die im Rahmen der Stelle anfallenden Tätigkeiten aus diesem Grunde nicht von Anfang** 261

B. Anbahnung und Begründung des Arbeitsverhältnisses

an ausüben kann. Schutzgebote bzw. Beschäftigungsverbote für werdende Mütter dienen nämlich dem Schutz der Frau bei Schwangerschaft und Mutterschaft. Sie dürfen nicht zu Nachteilen beim Zugang zu einer Beschäftigung führen, weil dies die Wirksamkeit der Richtlinie 76/207 einschränken kann.

Unzulässig ist ohnehin die Frage nach der letzten Periode (*LAG Düsseldorf* 30.9.1971 LAGE § 123 BGB Nr. 1).

(3) Offenbarungspflicht

262 Von sich aus muss eine Frau nicht auf eine bestehende Schwangerschaft hinweisen, es sei denn, dass sie die arbeitsvertraglich geschuldete Arbeitsleistung nicht erbringen kann.

Das kann z. B. bei einer Einstellung als Tänzerin, Mannequin, aber auch als Nachtschwester der Fall sein, weil die Schwangerschaft insoweit in Verbindung mit einer notwendigen, aber noch nicht erteilten Ausnahmegenehmigung offensichtliche und erhebliche Folgen für die Abwicklung des Arbeitsverhältnisses hat (*BAG* 8.6.1955 AP Nr. 2 zu § 9 MuSchG; 6.10.1962 AP Nr. 24 zu § 9 MuSchG; 22.9.1961 AP Nr. 15 zu § 123 BGB; 8.9.1988 EzA § 8 MuSchG Nr. 1; vgl. auch *LAG Düsseldorf* 15.6.1973 EzA § 132 BGB Nr. 11; **a. A.** *LAG Hamm* 1.3.1999 –19 Sa 2596/98 – selbst dann, wenn der vertragsgemäßen Beschäftigung der Arbeitnehmerin bereits von Beginn des Arbeitsverhältnisses an ein schwangerschaftsbedingtes Beschäftigungsverbot entgegensteht; ebenso *ArbG Leipzig* 31.8.2000 NZA-RR 2000, 628; vgl. auch *Paul* DB 2000, 974 ff.).

ee) Vorstrafen; strafrechtliche Ermittlungsverfahren

(1) Fragerecht

263 Die Frage nach Vorstrafen (nach Straftaten auf vermögensrechtlichem, politischem, verkehrsrechtlichem Gebiet) ist nur dann zulässig, wenn die zu besetzende Arbeitsstelle oder die zu leistende Arbeit dies erfordert (*BAG* 5.12.1957 AP Nr. 2 zu § 123 BGB; *BAG* 20.5.1999 EzA § 123 BGB Nr. 52).

Der Bewerber kann sich als unbestraft bezeichnen, wenn die Strafe nach dem Bundeszentralregistergesetz (BZRG) **nicht in das Führungszeugnis** oder nur in ein Führungszeugnis nach § 30 Abs. 3, 4 BZRG aufzunehmen oder gem. §§ 51, 53 BZRG im Register zu tilgen ist (MünchArbR/*Buchner* § 41 Rz. 143 ff.).

264 Fraglich ist allerdings, ob auf entsprechende Fragen bei Bewerbern für besonderes Vertrauen erfordernde Positionen nicht gleichwohl eine Mitteilungspflicht besteht. Dafür spricht, dass je mehr es um Positionen mit Entscheidungsbefugnissen geht, desto größeres Gewicht die Vertrauenswürdigkeit als persönliches Qualifikationsmerkmal erlangt (*Schaub* Arbeitsrechthandbuch § 26 III 3; **a. A.** *Staudinger/Richardi* § 611 Rz. 106).

265 Zweifelhaft ist, ob der Arbeitgeber ein Führungszeugnis nach dem BZRG anfordern darf (verneinend *Wohlgemuth* DB 1985 Beilage Nr. 21, S. 1 ff).
Fraglich ist, ob ein Fragerecht des Arbeitgebers wegen **anhängiger Ermittlungsverfahren** besteht. Bei der Prüfung der Eignung des Bewerbers für die geschuldete Tätig-

B. Anbahnung und Begründung des Arbeitsverhältnisses

keit – z. B. bei der Einstellung in den Polizeivollzugsdienst – kann es jedenfalls je nach den Umständen zulässig sein, danach zu fragen (*BAG* 20.5.1999 EzA § 123 BGB Nr. 52; *LAG Brandenburg* 27.1.1998 ZTR 1998, 521; a. A. *ArbG Münster* 20.11.1992 NZA 1993, 461).
Nach Auffassung von *Buchner* (MünchArbR § 41 Rz. 104–146) ist allerdings für den 266
Bereich der Führungskräfte insgesamt sowie bei schwersten Delikten auch für andere Arbeitnehmer eine abweichende Bewertung erforderlich.

(2) Offenbarungspflicht

> Ein Arbeitnehmer, der sich um eine Dauerstellung bewirbt, muss von sich aus 267
> und ungefragt eine rechtskräftig verhängte und demnächst zu verbüßende mehrmonatige Freiheitsstrafe offenbaren.

Das gilt selbst dann, wenn der Bewerber eine Strafverbüßung im offenen Vollzug beantragt und die Chance hat, diese bewilligt zu erhalten (*LAG Frankfurt* 7.8.1986 NZA 1987, 352). Das *BAG* (18.9.1987 EzA § 123 BGB Nr. 28) hat die Anfechtung des Arbeitsvertrages durch den Arbeitgeber gleichwohl letztlich als unwirksam erachtet, weil der Freigängerstatus später noch bewilligt worden war und so der Arbeitnehmer seiner Arbeitspflicht nachkommen konnte. Der Anfechtungsgrund hatte folglich zum Zeitpunkt der Anfechtungserklärung bereits seine Bedeutung verloren (nur für ein Fragerecht des Arbeitgeber *Staudinger/Richardi* § 611 Rz. 107; beides abl. *Moritz* NZA 1987, 335).
Bei der Prüfung der Eignung des Bewerbers für die geschuldete Tätigkeit – z. B. bei 268
der Einstellung in den Polizeivollzugsdienst – kann es auch je nach den Umständen zulässig sein, diesen zu verpflichten, während eines längeren Bewerbungsverfahrens anhängig werdende einschlägige Ermittlungsverfahren nachträglich mitzuteilen (*BAG* 20.5.1999 EzA § 123 BGB Nr. 52).

ff) Persönliche Lebensverhältnisse

> Fragen nach familiären Verhältnissen (Ehegatten, Kindern) sind zulässig, wenn 269
> der Arbeitgeber ein betriebsbezogenes Interesse (z. B. hinsichtlich des Wohnortes) an einer Auskunft hat; eine Ausforschung des Intimbereichs ist dagegen unzulässig.

Vorbehaltlich der Verfassungsgarantie der Kirchenautonomie (Art. 140 GG; s. u. 270
B/Rz. 276) und insgesamt bei der Bewerbung um eine Beschäftigung in einem **Tendenzbetrieb** sind daher Fragen nach dem Bestehen einer nichtehelichen Lebensgemeinschaft, einer bevorstehenden Heirat oder danach, ob der Arbeitnehmer geschieden ist, nach der Religionszugehörigkeit, einer Parteimitgliedschaft oder politischen Anschauungen und Aktivitäten nicht zulässig.
Die Frage nach der **Gewerkschaftszugehörigkeit** verstößt vor der Einstellung gegen 271
Art. 9 Abs. 3 GG; nach der Einstellung ist sie dagegen zulässig, wenn und soweit die Anwendung von Tarifverträgen davon abhängt, dass der Arbeitnehmer einer tarifschließenden Gewerkschaft angehört (§§ 3, 4 TVG; *Staudinger/Richardi* § 611 Rz. 96 ff.).
Unzulässig ist auch die Frage danach, ob der Bewerber **Wehrdienst** oder **Zivildienst** 272
geleistet hat oder leisten möchte (Art. 4 Abs. 3 GG) oder danach, ob er derzeit Neben-

B. Anbahnung und Begründung des Arbeitsverhältnisses

tätigkeiten durchführt oder dieses plant (Art. 12 Abs. 1 GG; vgl. MünchArbR/*Buchner* § 41 Rz. 12 ff., 115 ff.).

gg) Persönliche Eigenschaften

273 Da Eigenschaften wie Pünktlichkeit, Korrektheit bei der Erfüllung arbeitsvertraglicher Verpflichtungen einschließlich der Beachtung des geschuldeten arbeitsvertraglichen Begleitverhaltens für das Arbeitsverhältnis und seine reibungslose Abwicklung von Bedeutung sind, stehen dem Arbeitgeber entsprechende Informationen über das Verhalten des Arbeitnehmers im früheren Arbeitsverhältnis zu.

274 Daher kann z. B. Auskunft über die Gründe einer verhaltens- oder personenbedingten Kündigung im früheren Arbeitsverhältnis verlangt werden (auch wenn sie für die soziale Rechtfertigung einer Kündigung noch nicht ausreichend waren) und deshalb auch schon über die Vorfrage, ob sich der Arbeitnehmer zum Zeitpunkt der Bewerbung noch in einem **ungekündigten Arbeitsverhältnis** befindet (MünchArbR/*Buchner* § 41 Rz. 112 ff.).

hh) Tätigkeit bei Tendenzunternehmen

275 Tendenzträger im Tendenzunternehmen übernehmen die arbeitsvertragliche Aufgabe, die Politik des Tendenzunternehmens intern mit zu entwickeln, zu begründen und nach außen zu vertreten. Sie müssen diese auch i. d. R. von ihrer weltanschaulichen, politischen und gewerkschaftlichen Überzeugung her mittragen. Deshalb steht dem Arbeitgeber insoweit ein Recht zur Erhebung der für die Beurteilung maßgeblichen Tatsachen zu.

276 Kirchliche Einrichtungen können z. B. den Abschluss eines Arbeitsvertrages davon abhängig machen, dass der Bewerber um den Arbeitsplatz der Kirche angehört. Schon daraus folgt, dass der kirchliche Arbeitgeber die Frage nach der **Religionszugehörigkeit** stellen darf. Da aber ein kirchlicher Arbeitgeber jeden Arbeitnehmer zu einer Leistung und Loyalität verpflichten kann, die der Stellung der Einrichtung in der Kirche und der übertragenen Funktion gerecht werden, sind auch weitergehende Fragen zulässig. Sie sind sogar geboten, weil ein Arbeitgeber bei der Vertragsanbahnung klarstellen muss, welche Anforderungen an eine Person gestellt werden, die im Dienst der Kirche steht. Es gehört zu seinen Obliegenheiten bei Vertragsschluss, dem Bewerber mitzuteilen, dass die Gestaltung des kirchlichen Arbeitsverhältnisses von der Dienstgemeinschaft aller ausgeht, in der jeder Mitarbeiter das kirchliche Selbstverständnis der Einrichtung anerkennt und seiner Leistungserbringung und dem Verhalten außerhalb des Dienstes zugrunde legt (MünchArbR/*Richardi* § 193 Rz. 16).

ii) Sicherheitsbedenken

277 Weil Sicherheitsbedenken allein noch keinen ohne weiteres eine ordentliche Kündigung sozial rechtfertigenden Grund darstellen (*BAG* 26.10.1978 EzA § 1 KSchG Nr. 38) geht *Buchner* (MünchArbR § 41 Rz. 128–146) davon aus, dass dem Arbeitgeber die Tatsachenerhebung und das dazu erforderliche Fragerecht (hinsichtlich persönlicher, familiärer Daten, Vorstrafen, der Zuverlässigkeit des Bewerbers) wegen tatsächlich **begründeter Sicherheitsbedenken** vor der Einstellungsentscheidung – keineswegs beschränkt auf den Verteidigungs- und Rüstungsbereich – **nicht verwehrt werden kann**.

B. Anbahnung und Begründung des Arbeitsverhältnisses

jj) Zugehörigkeit zur Scientology-Organisation
Bei der Entscheidung über die Besetzung einer **Vertrauensstellung**, das sind insbesondere Führungspositionen sowie alle sonstigen Arbeitsplätze, die Zugang zu unternehmensinternen Daten gewähren, ist die Frage nach der Mitgliedschaft des Kandidaten zur Scientology-Organisation zulässig (*Bauer/Baeck/Merten* BB 1997, 2534; für den öffentlichen Dienst vgl. *Berger-Delhey* ZTR 1999, 116). 278

kk) Mitarbeit für das MfS
Die wahrheitswidrige Beantwortung der Frage nach einer Mitarbeit für das Ministerium für Staatssicherheit der ehemaligen DDR kann bei einer Einstellung in den öffentlichen Dienst u. U. die Anfechtung des Arbeitsvertrages wegen einer arglistigen Täuschung gem. §§ 123, 142 BGB rechtfertigen. Die Anfechtung ist jedoch ausgeschlossen (§ 242 BGB), wenn die Rechtslage des Getäuschten im Zeitpunkt der Anfechtung nicht mehr beeinträchtigt ist (*BAG* 28.5.1998 EzA § 123 BGB Nr. 49; s. u. B/Rz. 425 f.). Fragen nach **vor 1970 abgeschlossenen Tätigkeiten** für das MfS sind aber nur dann statthaft, wenn diese Tätigkeiten **besonders schwer wiegen**. Eine arglistige Täuschung kann auch darin liegen, dass der Arbeitnehmer, der mit einer berechtigten Frage des öffentlichen Arbeitgebers nach einer Tätigkeit für das MfS rechnet, unaufgefordert bei seiner Bewerbung versichert (z. B. »an Eides statt«), er sei nicht für das MfS tätig gewesen (*BAG* 6.7.2000 EzA § 123 BGB Nr. 55). Die **fehlende Zustimmung des Personalrats** zu einem Personalfragebogen gibt dem Arbeitnehmer im Übrigen nicht das Recht, eine in dem Fragebogen individualrechtlich zulässigerweise gestellte Frage nach einer früheren MfS-Tätigkeit wahrheitswidrig zu beantworten (*BAG* 2.12.1999 NZA 2001, 107; vgl. dazu *Gitter* SAE 2000, 346 ff.). 279
Im Gegensatz zu der Frage nach einer Mitarbeit für das MfS ist die Frage nach erfolglosen Anwerbungsversuchen seitens des MfS **nicht zulässig**, da sie in keinerlei Zusammenhang mit der Pflichtenbindung im Arbeitsverhältnis steht. Die lediglich **kurzzeitige Untervermietung einer Wohnung** ist im Übrigen keine »Arbeit« für das MfS (*BAG* 1.7.1999 NZA-RR 1999, 635). 280

ll) Frage nach früheren Beschäftigungen im Unternehmen (bei befristeten oder auflösend bedingten Arbeitsverhältnissen)
Gem. § 14 Abs. 2 TzBfG (s. u. D/Rz. 2206 ff.) ist seit dem 1.1.2001 der Abschluss eines sachgrundlos befristeten Arbeitsvertrages mit einem Arbeitnehmer dann unzulässig, wenn mit demselben Arbeitgeber bereits ein befristetes oder unbefristetes Arbeitsverhältnis bestanden hatte. Daraus wird abgeleitet, dass der **Arbeitgeber befugt** sein soll, vor Abschluss eines befristeten Vertrages den Bewerber **ausdrücklich nach früheren Beschäftigungen im Unternehmen zu fragen** bzw. eine entsprechende Frage ausdrücklich in einen Einstellungsfragebogen aufzunehmen (*Bauer* BB 2001, 2476; *Kliemt* NZA 2001, 300). 281
Ob bei einer wahrheitswidrigen Beantwortung der Frage allerdings eine Anfechtung gem. § 123 BGB oder gem. § 119 BGB in Betracht kommt, ist **zweifelhaft**, verfügt der Arbeitgeber doch über dieselben Erkenntnismöglichkeiten hinsichtlich des hier maßgeblichen Vorgangs wie der Arbeitnehmer. Auch der Vorschlag, in einer Präambel des befristeten Vertrages die Zusicherung einer fehlenden Vorbeschäftigung aufzunehmen mit der Maßgabe, dass dann, wenn sich der Arbeitnehmer später und zutreffend auf eine Vorbeschäftigung beruft, die Geschäftsgrundlage wegfalle und das Arbeitsverhältnis mit sofortiger Wirkung ende (so *Straub* NZA 2001, 923; *Bauer* BB 2001, 2477), überzeugt nicht, weil ein Kenntnisvorsprung des Arbeitnehmers nicht besteht 282

B. Anbahnung und Begründung des Arbeitsverhältnisses

und im Hinblick auf Namensänderungen, Änderungen in der Betriebs-, Unternehmens- und Konzernstruktur das Fehlerrisiko eher auf Seiten des Arbeitgebers liegt.

mm) Drogenkonsum

283 Anlässlich einer Einstellungsuntersuchung darf der Arbeitgeber ein **Drogenscreening** verlangen, wenn eine Alkohol- oder Drogenabhängigkeit des Bewerbers seine **Eignung für den Arbeitsplatz entfallen** ließe. Das ist insbesondere der Fall bei **gefährdeten oder gefährdenden Tätigkeiten** (z. B. Gerüstbauer, Pilot, Waffenträger usw.). Die **Rechtsschutzmöglichkeiten eines Bewerbers**, der wegen Verweigerung eines unzulässigen Drogentests abgelehnt wird, sind **gering**. Er kann allenfalls Schadensersatz- oder Schmerzensgeldansprüche geltend machen, deren Voraussetzungen schwer nachweisbar sind (vgl. *Diller/Powietzka* NZA 2001, 1227 ff.).

c) Beschränkung der Informationserhebung bei Dritten

284 Zwar sind bei der Informationserhebung des Arbeitgebers bei Dritten (z. B. weil ein Fragerecht gegenüber dem Arbeitnehmer nicht besteht oder weil dieser nicht die notwendigen, z. B. medizinischen Einzelheiten, kennt) im Verhältnis Arbeitgeber/Arbeitnehmer die gleichen normativen Schutzbestimmungen (s. o. B/Rz. 209 ff.) zu beachten.

285 Andererseits kann der Arbeitgeber an der Informationserhebung bei Dritten **noch weniger gehindert werden**, als an der Wahrnehmung der Informationsmöglichkeiten gegenüber dem Einstellungsbewerber selbst. Allenfalls die Herausgabe persönlicher Daten, nicht jedoch die Nachfrage nach solchen Daten kann das Persönlichkeitsrecht des Bewerbers verletzen (*BAG* 18.12.1984 EzA § 611 BGB Persönlichkeitsrecht Nr. 2).

aa) Einschränkung der Informationserhebung durch Zuständigkeitsnormen

286 **Dritte unterliegen nicht den Grenzen des Fragerechts.** Es kann jedoch eine nur beschränkte Zuständigkeit (insbesondere bei Behörden, z. B. bei Auskünften aus dem Bundeszentralregister [BZRG] oder der Verfassungsschutzbehörden bei Arbeitnehmern in sicherheitsempfindlichen Bereichen ist diese einschließlich ihrer Grenzen ausdrücklich normiert) zur Informationsgewährung sowie das rechtliche Erfordernis gegeben sein, personenbezogene Daten **nur mit Einwilligung** des Betroffenen weiterzugeben.

287 Schlechthin unzulässig ist die Einholung einer ärztlichen Auskunft über den Gesundheitszustand des Arbeitnehmers ohne dessen Einwilligung. Unzulässig ist auch die Anforderung eines Aidstests oder einer Genomanalyse, soweit dadurch ein umfassendes Gesundheitsprofil i. S. v. Erkenntnissen über die Disposition für Krankheiten erstellt werden kann, da der Arbeitgeber des nicht verlangen kann.

288 Allerdings wird die Zulässigkeit einer Genomanalyse nach Maßgabe noch zu schaffender gesetzlicher Bestimmungen in Betracht gezogen, wenn aufgrund des Gefahrenpotentials des Arbeitsplatzes die Erhebung der Krankheitsdisposition des Einstellungsbewerbers in dessen Interesse geboten erscheint, um **mögliche Gesundheitsgefährdungen auszuschließen** (MünchArbR/*Buchner* § 41 Rz. 214 ff.).

B. Anbahnung und Begründung des Arbeitsverhältnisses

bb) Ärztliche und psychologische Untersuchungen
Der Arbeitgeber kann und muss zum Teil nach Maßgabe gesetzlicher Vorschriften 289
(z. B. § 43 IfSG) verlangen, dass sich der Arbeitnehmer einer ärztlichen Einstellungs-
oder auch sonstigen Eignungsuntersuchung (auf Kosten des Arbeitgebers) unterzieht.

Mit ausdrücklich oder stillschweigend erteilter Einwilligung des Bewerbers sind 290
psychologische Test durch eine hierfür zuständige Stelle zulässig, wenn es um
die Feststellung der Eignung eines Arbeitnehmers geht und dieser durch sein Verhalten Anlass zu Zweifeln an seiner Eignung gegeben hat (*BAG* 13.2.1964 AP Nr. 1
zu Art. 1 GG).

Entsprechendes gilt für mit Einwilligung des Bewerbers eingeholte **graphologische** 291
Gutachten, die das *BAG* (16.9.1982 EzA § 123 BGB Nr. 22) trotz des damit verbundenen Ausleuchtens der Persönlichkeit für zulässig erachtet.
In der Einreichung eines **handgeschriebenen Lebenslaufs** liegt zugleich auch die 292
Einwilligung zur Einholung eines graphologischen Gutachtens, wenn der Stellenbewerber in einem Begleitschreiben auf die Vorzüge der angewandten Graphologie hinweist (*BAG* 16.9.1982 EzA § 123 BGB Nr. 22).

cc) Informationen durch den früheren oder derzeitigen Arbeitgeber

Inwieweit der frühere oder derzeitige Arbeitgeber Informationen über den Bewer- 293
ber geben darf oder geben muss, richtet sich nach der zwischen Bewerber und Arbeitgeber (noch) bestehenden Rechtsbeziehung. Eine Verpflichtung zur Auskunftserteilung (z. B. über Qualifikation und Leistungsverhalten) besteht zwar
nicht dem potentiellen neuen Arbeitgeber gegenüber, aber zu dessen Gunsten
im Wege einer nachwirkenden Fürsorgepflicht im Verhältnis zum Einstellungsbewerber aus dem noch bestehenden oder früheren Arbeitsverhältnis (*BAG*
25.10.1957 AP Nr. 1 zu § 630 BGB).

Für diese Auskunftserteilung gelten **dieselben Schranken wie für die Zeugnisertei-** 294
lung. Der Arbeitnehmer kann verlangen, dass eine falsche Auskunft richtig gestellt
wird und er hat, wenn weitere Beeinträchtigungen zu besorgen sind, einen Anspruch
auf Unterlassung von Auskünften (MünchArbR/*Wank* § 128 Rz. 60).
Demgegenüber lässt sich nach Auffassung des *LAG Hamburg* (BB 1985, 804; abl. dazu 295
Schulz NZA 1990, 717) eine Auskunft freier gestalten als ein Zeugnis. Deshalb soll der
Arbeitgeber angesichts des vertraulichen Charakters einer Auskunft bei der Auskunftserteilung Umstände mitteilen dürfen, die in das Zeugnis nicht aufgenommen
zu werden pflegen. Die Auskunft darf danach grds. auch ungünstige Bemerkungen
über Leistung und Führung des Arbeitnehmers sowie über den Grund seines Ausscheidens enthalten. Jedenfalls ist ein wahrheitsgemäßer Hinweis eines ehemaligen
Arbeitgebers an einen potentiellen künftigen Arbeitgeber auf **Arbeitsunfähigkeits-**
zeiten eines Arbeitnehmers wegen epileptischer Anfälle dann nicht rechtswidrig,
wenn die erteilte Auskunft für den potentiellen Arbeitgeber von **berechtigtem Inte-**
resse ist, z. B. wegen der beabsichtigten Beschäftigung auf Baustellen und damit auch
u. U. auf Gerüsten (*LAG Köln* 27.6.1997 NZA-RR 1998, 533).

B. Anbahnung und Begründung des Arbeitsverhältnisses

296 Haben sich die Parteien durch gerichtlichen Vergleich auf einen **bestimmten Zeugnisinhalt geeinigt**, dann ist der Arbeitgeber bei Auskunftserteilung aber jedenfalls an den Vergleichsinhalt gebunden (*LAG Hamburg* BB 1985, 804).

297 Verstößt der Arbeitgeber gegen die ihm obliegenden Pflichten, so hat der Arbeitnehmer Anspruch auf **Schadensersatz** aus dem Arbeitsverhältnis wegen Verletzung der Fürsorgepflicht, auch wenn dieses bereits beendet ist, oder aus §§ 824, 826 BGB.

298 Für die Behauptung, wegen der Pflichtverletzung einen neuen Arbeitsplatz nicht gefunden zu haben, ist der Arbeitnehmer darlegungs- und beweispflichtig. Es gibt keinen Erfahrungssatz, auf den man die tatsächliche Vermutung stützen kann, dass eine Bewerbung nur deshalb erfolglos blieb, weil ein früherer Arbeitgeber über den Bewerber eine negative Auskunft erteilt hat (*LAG Frankfurt* 20.12.1979 BB 1980, 1160 (Ls.); *LAG Berlin* 8.5.1989 NZA 1989, 965).

299 Unabhängig von diesem Anspruch des Arbeitnehmers ist der Arbeitgeber auch gegen den Willen des Arbeitnehmers berechtigt, Informationen über Leistung und Verhalten des Arbeitnehmers während des Arbeitsverhältnisses an Personen zu erteilen, die ein **berechtigtes Interesse an der Erlangung der Auskunft haben**, selbst wenn sie dem Arbeitnehmer schaden (*BAG* 25.10.1957 AP Nr. 1 zu § 630 BGB). Dies gilt aber nicht für persönliche Daten, insbesondere die zwischen den Parteien vereinbarten Arbeitsbedingungen (*BAG* 18.12.1984 EzA § 611 BGB Persönlichkeitsrecht Nr. 2).

300 Verstößt der Arbeitgeber dagegen, z. B. indem er dem anderen Arbeitgeber den Arbeitsvertrag und einen Personalkreditvertrag zeigt, so liegt in der Preisgabe personenbezogener Daten eine **Verletzung des Persönlichkeitsrechts**. Von der Schwere des Eingriffs hängt es ab, ob der Betroffene Schmerzensgeld für seinen immateriellen Schaden verlangen kann. Das ist dann nicht der Fall, wenn die Rechtsverletzung dem Arbeitnehmer keinerlei Nachteile verursacht hat und aus der Sicht des Arbeitgebers seinen Interessen dienen sollte (*BAG* 18.12.1984 EzA § 611 BGB Persönlichkeitsrecht Nr. 2).

Die Auskünfte des Arbeitgebers müssen **richtig i. S. einer wahrheitsgemäßen Zeugniserteilung** sein (*BAG* 25.10.1957 AP Nr. 1 zu § 630 BGB).

301 Gegenüber Dritten kann ausnahmsweise eine vertragsähnliche Haftung in Betracht kommen.

302 Die versprochene Leistung kann zum Inhalt haben, dass der die Auskunft Erteilende deren Richtigkeit garantiert. Dies ist der Fall, wenn das Vertrauen des Auskunftsempfängers auf die Richtigkeit der Auskunft so weit geht, dass seine Dispositionen davon beeinflusst werden (BGHZ 74, 281). Insoweit liegt ein stillschweigender Abschluss eines Auskunftsvertrages zwischen dem früheren und dem möglichen neuen Arbeitgeber vor, denn die erbetene Auskunft hat für den möglichen neuen Arbeitgeber i. d. R. besondere wirtschaftliche Bedeutung (*BGH* 20.1.1954 BGHZ 12, 105; 7.6.1956 BB 1956, 770). Auf jeden Fall **darf der neue Arbeitgeber auf die Richtigkeit** des Zeugnisses wie auch **der Auskunft vertrauen** (MünchArbR/*Wank* § 128 Rz. 61).

d) Bewerbungsunterlagen; Datenschutz

303 Der Arbeitgeber ist verpflichtet, **Bewerbungsunterlagen sorgfältig aufzubewahren** und sie unverzüglich wieder **auszuhändigen**, sobald feststeht, dass ein Arbeits-

B. Anbahnung und Begründung des Arbeitsverhältnisses

vertrag nicht zustande kommt. Im Falle eines Vertragsabschlusses hat er sie zurückzugeben, soweit sie für ihn nicht mehr von wesentlicher Bedeutung sind (MünchArbR/*Richardi* § 45 Rz. 40).

Die vom Arbeitgeber bei der Einstellung erhobenen Daten stehen nicht zu seiner freien Disposition. Grenzen der Datenspeicherung und -nutzung ergeben sich aus allgemeinen persönlichkeitsrechtlichen Grundsätzen sowie dem BDSG (s. u. C/Rz. 2397 ff.). 304

Sensible personenbezogene Daten (z. B. ärztliche Zeugnisse) dürfen den Personalakten nicht offen beigelegt, sondern müssen gesondert verschlossen aufbewahrt werden (*BAG* 15.7.1987 EzA § 611 BGB Persönlichkeitsrecht Nr. 5). 305

Dritten, die nicht mit Personalentscheidungen betraut sind, dürfen die Bewerbungsunterlagen nur mit Zustimmung des Betroffenen zugänglich gemacht werden; der Arbeitgeber ist verpflichtet, sie sorgfältig aufzubewahren.

Eine Ausnahme vom Weiterleitungsverbot gilt für die Personen und Stellen im Betrieb, die für den Arbeitgeber die Einstellungsentscheidung vorbereiten oder von Gesetzes wegen an ihr beteiligt sind; das gilt insbesondere für den Betriebsrat (§ 99 BetrVG; MünchArbR/*Richardi* § 45 Rz. 41). 306

Ein **erfolglos gebliebener Bewerber** hat analog § 1004 BGB einen **Anspruch auf Vernichtung des Personalfragebogens** (*BAG* 6.6.1984 EzA Art. 2 GG Nr. 4), da die dauerhafte Aufbewahrung dieser persönlichen Daten einen Eingriff in das Persönlichkeitsrecht des Bewerbers darstellt. 307

Etwas anderes gilt, wenn der Arbeitgeber ein berechtigtes Interesse an der Aufbewahrung hat, z. B. dann, wenn die Bewerbung des Arbeitnehmers im Einverständnis der Parteien in absehbarer Zeit wiederholt werden soll. Ein schutzwürdiges Interesse an der Aufbewahrung kann auch dann bestehen, wenn der Arbeitgeber mit Rechtsstreitigkeiten über die negative Entscheidung des betroffenen Bewerbers oder eines konkurrierenden Dritten rechnen muss. Demgegenüber genügt noch nicht die bloße Absicht, den Fragebogen bei einer nochmaligen Bewerbung zu einem Datenvergleich heranzuziehen, oder den Bewerber später zu einer nochmaligen Bewerbung anzuhalten. 308

4. Vorstellungskosten

Gem. § 670 BGB hat der erfolglose Stellenbewerber i. d. R. einen Anspruch auf Erstattung der für die Vorstellung angefallenen Kosten (*BAG* 14.2.1977 EzA § 196 BGB Nr. 8). 309

Die Anreise muss aber **mit Wissen und Wollen des möglichen Vertragspartners** erfolgen; nicht erforderlich ist, dass der Arbeitgeber den Bewerber ausdrücklich zur Vorstellung aufgefordert hat. Die Anregung zur Vorstellung kann auch vom Bewerber ausgegangen sein (*LAG Nürnberg* 25.7.1995 LAGE § 670 BGB Nr. 12)

Der Arbeitgeber muss dann alle Aufwendungen ersetzen, die der Bewerber **für erforderlich halten** durfte. Dazu gehören Fahrtkosten oder Mehrkosten für Verpflegung und Übernachtung, es sei denn, dass die Parteien eine abweichende Vereinbarung betroffen haben. Der Ersatz ungewöhnlich hoher Kosten (z. B. einer Flugreise aus dem 310

B. Anbahnung und Begründung des Arbeitsverhältnisses

Ausland) kann nur bei ungewöhnlich qualifizierten Bewerbern erwartet werden (MünchArbR/*Blomeyer* § 96 Rz. 68).

311 Ansprüche des Arbeitnehmers auf Ersatz von Vorstellungskosten unterliegen der kurzen **Verjährung** des § 196 Abs. 1 Nr. 8 u. 9 BGB bzw. jetzt §§ 195, 199 BGB n. F.; dies gilt auch, wenn der Bewerber nicht eingestellt wird (*BAG* 14.2.1977 EzA § 196 BGB Nr. 8).

5. Pflichten des bisherigen Arbeitgebers eines Arbeitsplatzbewerbers

312 Gem. § 629 BGB muss der Arbeitgeber nach der Kündigung eines dauernden Arbeitsverhältnisses (oder dessen bevorstehender Beendigung durch Aufhebungsvertrag, Fristablauf oder Zweckerreichung; dem Arbeitnehmer auf Verlangen **angemessene Zeit** zum Aufsuchen eines anderen Arbeitsverhältnisses gewähren. Der Arbeitnehmer soll vor Beendigung des Arbeitsverhältnisses bei der Suche nach einer Anschlussbeschäftigung unterstützt werden, um ihm die wirtschaftliche Grundlage seiner Lebensführung zu erhalten.

313 Häufigkeit und Dauer der Freistellung hängen von den **Umständen des jeweiligen Einzelfalles** ab. Angemessen ist die dem Zweck einer erfolgreichen Bewerbung entsprechende Zeit. Dem Arbeitnehmer steht ein **Ermessensspielraum** zu, zu entscheiden, welche Schritte er zur Stellungssuche unternimmt, insbesondere auf welche Stellenangebote er sich bewerben will. Hinsichtlich der Dauer der Freistellung sind auch die **betrieblichen Interessen** des Arbeitgebers zu berücksichtigen (§ 315 Abs. 1 BGB).

314 Erforderlich ist die vorherige Geltendmachung des Anspruchs. **Fraglich** ist, ob ein **Recht zur Selbstbeurlaubung** besteht. Z. T. (*Hoppe* BB 1970, 8 ff.) wird dies im Hinblick auf §§ 320, 273 BGB bejaht; z. T. (*Dütz* DB 1976, 1480) als dogmatisch nicht begründbar verneint und auf den Klageweg, u. U. auf eine einstweilige Verfügung verweisen.

315 § 629 BGB ist **zwingendes Recht**, darf also weder einzel- noch kollektivvertraglich ausgeschlossen werden. Gleichwohl sind die Tarifvertragsparteien befugt, den Begriff der angemessenen Zeit zu **konkretisieren** (*Staudinger/Neumann* § 626 BGB Rz. 14). § 12 Nr. 3 BRTV Bau hat z. B. diesen Zeitraum für Arbeiter im Baugewerbe auf bis zu zwei Stunden festgelegt.

316 Gem. **§ 616 S. 1 BGB** – § 629 BGB enthält lediglich einen Befreiungs-, nicht einen Entgeltzahlungsanspruch – ist dafür das Entgelt fortzuzahlen, wenn die Verhinderung an der Arbeitsleistung sich auf eine **verhältnismäßig nicht erhebliche Zeit** beschränkt. Die Voraussetzungen beider Normen sind nicht inhaltsgleich, sodass z. B. bei einer weiten Reise zwar ein Anspruch auf Arbeitsbefreiung, nicht aber auf Entgeltfortzahlung gegeben sein kann (*BAG* 13.11.1969 AP Nr. 41 zu § 616 BGB).

317 Bei Beendigung des dauernden Arbeitsverhältnisses kann der Arbeitnehmer ein schriftliches **Zeugnis** über die Art und Dauer der Beschäftigung, sowie auf Verlangen auch über die Führung und die Leistungen fordern (§ 630 BGB, § 73 HGB, § 113 GewO [bis 31.12.2002, § 109 GewO n. F. ab 1.1.2003]; vgl. auch § 48 BBiG). Zur Auskunftspflicht gegenüber anderen Arbeitgebern s. o. B/Rz. 293 ff.

B. Anbahnung und Begründung des Arbeitsverhältnisses

III. Der Abschluss des Arbeitsvertrages

1. Grundlagen

Der Arbeitsvertrag ist Verpflichtungstatbestand und Rechtsgrund für die Erbringung der Arbeitsleistung und des Arbeitsentgelts. | 318

Nach inzwischen ganz überwiegend vertretener Auffassung (s. o. A/Rz. 34 ff.) entsteht das Arbeitsverhältnis durch Arbeitsvertrag. Es wird allerdings erst mit dem Arbeitsantritt aktualisiert (sog. Vertragstheorie).

Überholt ist demgegenüber die sog. Eingliederungstheorie, wonach Begründungstatbestand des Arbeitsverhältnisses der tatsächliche Akt der Einstellung des Arbeitnehmers in den Betrieb sein soll. | 319

Für das Zustandekommen des Arbeitsvertrages gelten §§ 145 ff. BGB. Ausreichend ist es, wenn sich die Parteien über die entgeltliche Verwendung des Arbeitnehmers geeinigt haben. | 320

Bestreitet eine Partei das Zustandekommen eines Arbeitsvertrages, so muss im Einzelnen nach Inhalt, Ort, Zeitpunkt und beteiligten Personen dargelegt werden, wer welche tatsächlichen Erklärungen abgegeben hat (vgl. *LAG Rheinland-Pfalz* 13.5.1996 – 9 (11) Sa 1379/95 – n. v.).
Die nähere inhaltliche Konkretisierung der Leistungspflicht des Arbeitnehmers kann durch das Direktionsrecht des Arbeitgebers sowie gem. § 612 BGB hinsichtlich der Vergütung vorgenommen werden. | 321
Für die Vertretung beim Abschluss des Arbeitsvertrages gelten §§ 164 ff., 181 BGB. Nicht anwendbar ist § 181 BGB auf den Abschluss eines Berufsausbildungsverhältnisses zwischen Eltern und ihrem Kind (§ 3 Abs. 3 BBiG). | 322

2. Abgrenzungen

Zulässig ist nach der Rechtsauffassung des *LAG Hamm* (24.5.1989 DB 1989, 1974) auch die Vereinbarung eines sog. »**Einfühlungsverhältnisses**« ohne Vergütungsanspruch einerseits und ohne Arbeitspflicht des potentiellen Arbeitnehmers andererseits. | 323

Kein – weiterer, modifizierter – Arbeitsvertrag kommt zwischen Arbeitnehmer und Arbeitgeber dann zustande, wenn ein Arbeitnehmer gem. **§ 74 SGB V** zur Wiedereingliederung beschäftigt wird (vgl. zu Begründung, Inhalt und Beendigung dieses Rechtsverhältnisses *Gitter* ZfA 1995, 123 ff.). Insoweit handelt es sich vielmehr um ein **Rechtsverhältnis eigener Art** i. S. v. § 305 BGB, weil es nicht auf eine Arbeitsleistung im üblichen Sinne gerichtet ist, sondern als Maßnahme der Rehabilitation es dem Arbeitnehmer ermöglichen soll, die Arbeitsfähigkeit wiederherzustellen. Dadurch wird die bestehende Arbeitsunfähigkeit nicht berührt. Ohne ausdrückliche Zusage steht dem Arbeitnehmer weder aus dem Wiedereingliederungsvertrag noch aus dem Gesetz ein Vergütungsanspruch zu (*BAG* 29.1.1992 EzA § 74 SGB V Nr. 1). | 324

Abzugrenzen ist der Arbeitsvertrag vom **Vorvertrag**, durch den eine oder beide Parteien sich verpflichten, einen anderen Vertrag (den Hauptvertrag) abzuschließen. | 325

B. Anbahnung und Begründung des Arbeitsverhältnisses

Notwendig ist, dass sich die Parteien des Vorvertrages noch einmal einigen müssen. Ein wirksamer Vorvertrag, der einen oder beide Vertragspartner zum Abschluss eines Hauptvertrages verpflichtet, setzt voraus, dass der **Inhalt des Hauptvertrages hinreichend bestimmt** oder bestimmbar ist. Insbesondere sind die **Hauptpflichten** des abzuschließenden Vertrages im Vorvertrag **festzulegen**. Die Vereinbarung eines Fußballvereins mit einem Lizenzspieler, wonach der Spieler nach Beendigung seiner aktiven Laufbahn eine Tätigkeit im Bereich Management des Vereins aufnehmen wird, wobei über Art, Umfang und Gehalt zum Zeitpunkt des Vertragsschlusses noch verhandelt werden soll, genügt diesen Anforderungen nicht (*LAG Sachsen* 24.8.1999 NZA-RR 2000, 410).

326 Demgegenüber liegt ein **Optionsvertrag** vor, wenn eine der Parteien das Recht erhält, durch einseitige Erklärung – also ohne dass sich die Parteien noch einmal einigen müssen – ein Arbeitsverhältnis zu begründen.

327 Der Erklärungswert eines Rufs zur **Übernahme einer Professur** an einer Fachhochschule beschränkt sich auf die Erkundung der grundsätzlichen Bereitschaft eines Bewerbers. Der Ruf enthält kein Angebot auf Abschluss eines konkreten Arbeitsvertrages, das mit der Annahme des Rufs angenommen wird. Ein Arbeitsverhältnis zwischen dem Träger der Fachhochschule und dem berufenen Bewerber wird erst nach einer entsprechenden Einigung in den sich anschließenden Berufungsverhandlungen begründet (*BAG* 9.7.1997 EzA § 145 BGB Nr. 1).

3. Anforderungen an der Vertragsschluss; Geschäftsfähigkeit

328 Parteien des Arbeitsvertrages sind der **Arbeitgeber** (s. o. A/Rz. 249 ff.) und der **Arbeitnehmer** (s. o. A/Rz. 38 ff.), eine natürliche Person (vgl. § 613 S. 1 BGB).

329 Die Wirksamkeit des Arbeitsvertrages setzt die Geschäftsfähigkeit der Vertragsparteien voraus. Für geschäftsunfähigen Personen muss der gesetzliche Vertreter handeln, bei beschränkt Geschäftsfähigen bedarf es seiner Einwilligung oder Genehmigung (§§ 105, 107, 108 BGB).

330 Nach Auffassung von *Richardi* (MünchArbR § 43 Rz. 46) ist zusätzlich die Genehmigung des **Vormundschaftsgerichts** (§§ 1643 Abs. 1, 1822 Nr. 5 BGB) erforderlich, wenn das Arbeitsverhältnis mit dem Minderjährigen als Arbeitgeber länger als ein Jahr nach dem Eintritt der Volljährigkeit fortdauern sollte.

331 Gem. § 112 BGB kann einem Minderjährigen der **selbstständige Betrieb eines Geschäfts** gestattet werden. Nach Auffassung von *Richardi* (§ 41 Rz. 47) bedarf der Minderjährige für den Abschluss von Arbeitsverhältnissen nicht auch der Zustimmung des Vormundschaftsgerichts (§ 1822 BGB).
Erforderlich ist diese aber jedenfalls für den Minderjährigen als Arbeitnehmer, sowie dann, wenn ein Vertrag für den Minderjährigen für länger als ein Jahr fest abgeschlossen werden soll und gesetzlicher Vertreter ein Vormund ist (§ 1822 Nr. 6, 7 BGB).

332 § 113 BGB sieht eine Teilgeschäftsfähigkeit beschränkt geschäftsfähiger Minderjähriger oder betreuter Volljähriger (§ 1903 Abs. 1 BGB) durch Ermächtigung des Vertreters für die Eingehung oder Aufhebung eines Dienst- oder Arbeitsverhältnisses oder die Erfüllung der sich daraus ergebenden Verpflichtungen vor.

B. Anbahnung und Begründung des Arbeitsverhältnisses

Sie erfasst **alle verkehrsüblichen Vereinbarungen und Rechtsgeschäfte**, auch z. B. 333
das Recht zum Beitritt in eine Gewerkschaft. **Tarifvertraglich vorgesehene Gestaltungsmöglichkeiten** sind jedenfalls i. d. R. als verkehrsüblich anzusehen. Für eine einschränkende Auslegung des § 113 Abs. 1 S. 1 BGB besteht dann kein Anlass, wenn die gesetzlichen Vertreter wissen oder wissen müssen, dass der Tarifvertrag den Arbeitnehmern ein Wahlrecht einräumt. Jedenfalls unter dieser Voraussetzung erstreckt sich die Ermächtigung nach § 113 Abs. 1 S. 1 BGB auch auf die **Wahl des Durchführungsweges für eine Zusatzversorgung** (BAG 8.6.1999 EzA § 113 BGB Nr. 2). Ausgenommen sind Verträge, zu denen der Vertreter der Zustimmung des Vormundschaftsgerichts bedürfte (§ 113 Abs. 1 S. 2 BGB). Auf **Berufsausbildungsverhältnisse** ist § 113 BGB nicht anwendbar, ebenso wenig für Volontäre und Praktikanten gem. § 19 BBiG (MünchArbR/*Richardi* § 43 Rz. 12 ff.).

Die Beschäftigung von Kindern und Jugendlichen unter 15 Jahren ist grds. verboten; 334
§§ 5, 7 JArbSchG enthalten aber zahlreiche Ausnahmen, z. B. für Berufsausbildungsverhältnisse (§ 7 Abs. 2 Nr. 1 JArbSchG).

Volljährige Betreute (§§ 1896 ff. BGB) **bleiben geschäftsfähig**. Das Vormundschafts- 335
gericht kann aber für den Aufgabenbereich des Betreuers insgesamt oder für einen Teil davon einen Einwilligungsvorbehalt anordnen (§§ 1903, 108 ff. BGB). Dann bedarf es wie bei beschränkt Geschäftsfähigen der Einwilligung und der Genehmigung des Betreuers.

4. Form des Arbeitsvertrages

a) Grundsatz der Formfreiheit

Für den Abschluss des Arbeitsvertrages (§§ 145 ff., 151 BGB) besteht grds. Form- 336
freiheit, er kann auch mündlich sowie durch stillschweigendes Verhalten begründet werden. Ausreichend ist eine Einigung über die Erbringung einer Dienstleistung. Wenn sie nach den Umständen nur gegen eine Vergütung zu erwarten ist, gilt eine Vergütung als stillschweigend vereinbart (§ 612 Abs. 1 BGB).

b) Schriftformerfordernis

Der Vertragsabschluss kann aufgrund **gesetzlicher** (§ 4 BBiG für Berufsausbildungs- 337
verhältnisse) oder **tariflicher Vorschriften** (z. B. Ziffer 3 MTV holz- und kunststoffverarbeitende Industrie Rheinland-Pfalz), nicht aber aufgrund einer Betriebsvereinbarung der Schriftform (§§ 125, 127 BGB) bedürfen. §§ 14 Abs. 4, 21 TzBfG (vgl. dazu D/Rz. 2220, 2329) enthalten ein gesetzliches konstitutives Schriftformerfordernis nicht für den Arbeitsvertrag als solchen, sondern für die Befristungs- bzw. Bedingungsabrede.

Dabei ist hinsichtlich der Rechtsfolgen der Nichteinhaltung der Schriftform zwi- 338
schen konstitutiver (§ 125 S. 1 BGB i. V. m. Art. 2 EGBGB) und deklaratorischer Schriftform zu unterscheiden.

Im Allgemeinen wird für den Vertragsschluss nur die **deklaratorische Schriftform** 339
wegen der **Beweismittelfunktion** (vgl. § 4 BBiG, § 2 BRTV Bau [MünchArbR/*Winterfeld* § 184 Rz. 31], nicht dagegen bei §§ 354 Abs. 1, 692 RVO) gewollt sein, da an-

B. Anbahnung und Begründung des Arbeitsverhältnisses

dernfalls die rechtswirksame Begründung von Arbeitsverhältnissen erheblich behindert würde. Das setzt voraus, dass sich im Wege der **Auslegung** ergibt, dass die Schriftform nicht die Wirksamkeit des Arbeitsvertrages berühren sollte.

340 Das *LAG Berlin* (17.4.1978 EzA § 397 BGB Nr. 3) hat allerdings in der Formulierung eines Tarifvertrages, dass alle Arbeitsverhältnisse »spätestens drei Tage nach der Arbeitsaufnahme schriftlich vereinbart werden müssen«, eine **konstitutive Schriftformklausel** gesehen.

341 Konstitutive Schriftformklauseln kommen auch für **Nebenabreden** (vgl. z. B. § 4 Abs. 2 BAT) in Betracht. Die Verbindlichkeit einer bestimmten Zusage soll von der Beachtung der Schriftform abhängig sein, während die Rechtswirksamkeit des Vertragsabschlusses selbst von ihr nicht berührt wird. Eine Nebenabrede liegt vor, wenn sie eine Nebenleistung betrifft, die weder die Arbeitsleistung des Arbeitnehmers noch die Gegenleistung des Arbeitgebers unmittelbar berührt (z. B. Vereinbarungen über Fahrtkosten, Verpflegungszuschüsse, Trennungsentschädigung [*BAG* 18.5.1977 EzA § 4 BAT Nr. 1; MünchArbR/*Freitag* § 188 Rz. 2]).

Die Nichteinhaltung der Schriftform der §§ 14 Abs. 2, 21 TzBfG führt zum Zustandekommen eines unbefristeten/unbedingten Arbeitsvertrages (vgl. §§ 16, 21 TzBfG).

c) Aufhebung der Schriftform

342 Soweit in einem schriftlich abgeschlossenen Arbeitsvertrag vereinbart worden ist, dass Vertragsänderungen der Schriftform bedürfen, kann die Schriftform von den Parteien dennoch jederzeit ausdrücklich oder konkludent **formfrei aufgehoben** werden (vgl. *BAG* 27.3.1987 EzA § 242 BGB Betriebliche Übung Nr. 22). Das ist jedenfalls dann der Fall, wenn die Parteien »**die Maßgeblichkeit der mündlichen Vereinbarung übereinstimmend gewollt haben**« (*BAG* 10.1.1989 EzA § 74 HGB Nr. 51; *BGH* 2.7.1975 NJW 1975, 1653).

d) Arbeitsverträge mit Kommunen

343 Arbeitsverträge mit Gemeinden und Landkreisen bedürfen nach den Gemeindeordnungen und Landkreisordnungen der Schriftform. Wegen der aus Art. 55 EGBGB folgenden fehlenden Gesetzgebungszuständigkeit der Länder für Bürgerliches Recht handelt es sich nicht um Formvorschriften i. S. d. §§ 125 ff. BGB, sondern nur um **Regelungen des Vertretungsrechts** (*BAG* 26.3.1986 EzA § 626 n. F. Nr. 99).

e) Geltendmachung des Formmangels

344 Den Formmangel kann grds. jede Vertragspartei geltend machen. Jedoch kann die Berufung auf ihn gegen Treu und Glauben verstoßen, z. B. dann, wenn das Arbeitsverhältnis bereits trotz des Formmangels für eine verhältnismäßig erhebliche Zeit durchgeführt wurde (*BAG* 9.12.1981 EzA § 242 BGB Betriebliche Übung Nr. 6).

f) Vermutung der Vollständigkeit und Richtigkeit des schriftlich abgeschlossenen Arbeitsvertrages

345 Ein schriftlich abgeschlossener Arbeitsvertrag hat die Vermutung der Richtigkeit und Vollständigkeit für sich (vgl. § 416 ZPO).

B. Anbahnung und Begründung des Arbeitsverhältnisses

Wer mündliche Vereinbarungen gegen den Inhalt der Urkunde behauptet, muss beweisen, dass die Urkunde unrichtig oder unvollständig ist und auch das mündlich Besprochene Gültigkeit haben soll (*BGH* NJW 1980, 1680; vgl. *Zöller/Geimer* § 416 Rz. 4). 346

g) Das Nachweisgesetz (NachwG)

Durch das am 21.7.1995 in Kraft getretene NachwG wurde die RL 91/533/EWG (Nachweisrichtlinie) – verspätet, weil dies gem. Art. 9 RL bis zum 30.6.1993 hätte erfolgen müssen – in deutsches Recht umgesetzt. 347

Wesentlicher Inhalt ist die deklaratorische **Verpflichtung des Arbeitgebers** zum Zwecke der Beweissicherung (vgl. *Preis* NZA 1997, 10 f.; *Müller-Glöge* RdA 2001, Sonderbeilage Heft 5, S. 46 ff.; *Krabbenhöft* DB 2000, 1562 ff.), **den Arbeitnehmer** (zu den Ausnahmen vom Anwendungsbereich bei bestimmten Teilzeit- und hauswirtschaftlichen Beschäftigungen vgl. § 1 Nr. 1, 2 NachwG), der nicht nur zur vorübergehenden Aushilfe von höchstens einem Monat eingestellt worden ist (vgl. dazu *Stückemann* BB 1999, 2670 ff.), **innerhalb einer bestimmten Frist schriftlich über die wesentlichen Punkte des Arbeitsvertrages oder des Arbeitsverhältnisses in Kenntnis zu setzen.** Der Nachweis kann nicht in elektronischer Form gem. §§ 126 Abs. 3, 126 a BGB n. F. i. V. m. dem SignaturG erteilt werden. 348

Zu den mitzuteilenden Umständen gehören gem. § 2 Abs. 1 Nr. 1–9 NachwG insbesondere Arbeitsort, -entgelt, -zeit, Kündigungsfristen, die Vereinbarung einer Befristung sowie eines Hinweises auf sonstige anzuwendende Regelungen (Tarifverträge, Betriebsvereinbarungen, wobei allerdings eine detaillierte Einzelauflistung nicht erforderlich ist; vgl. BT-Drs. 13/668, S. 10; zu den insoweit auftretenden aktuellen Einzelfragen vgl. *Preis* NZA 1997, 13 ff.; *Zwanziger* DB 1996, 2027 ff.; *Schwarze* ZfA 1997, 43 ff.; *LAG Düsseldorf* 17.5.2001 ZTR 2001, 521 Ls.; *LAG Schleswig-Holstein* 8.2.2000 NZA-RR 2000, 196: **Tarifliche Verfallfristen** eines allgemeinverbindlichen Tarifvertrages als ausdrücklich aufzunehmende wesentliche Vertragsbedingung; a. A. *LAG Niedersachsen* 7.12.2000 LAGE § 8 TVG Nr. 1; *LAG Bremen* 9.11.2000 NZA-RR 2001, 98; *LAG Köln* 6.12.2000 NZA-RR 2001, 261 = ZTR 2001, 233 Ls.; *Bepler* ZTR 2001, 241 ff.). 349

Art. 2 Abs. 2 i der zugrunde liegenden RL 91/533/EWG ist dahin auszulegen, dass er die **Leistung von Überstunden** nicht erfasst. Aus Art. 2 Abs. 1 folgt jedoch die Verpflichtung des Arbeitgebers, den Arbeitnehmer von einer – einen wesentlichen Punkt des Arbeitsvertrages oder des Arbeitsverhältnisses darstellenden – Vereinbarung in Kenntnis zu setzen, wonach der Arbeitnehmer aufgrund der bloßen Anordnung des Arbeitgebers zur Leistung von Überstunden verpflichtet ist. Ggf. kann sie entsprechend Art. 2 Abs. 3 der RL in Form eines Hinweises auf die einschlägigen Rechts- und Verwaltungsvorschriften bzw. Satzungs- oder Tarifvertragsbestimmungen erfolgen (*EuGH* 8.2.2001 EzA § 611 BGB Mehrarbeit Nr. 8; vgl. dazu den Vorlagebeschluss des *ArbG Bremen* vom 25.8.1999 NZA-RR 1999, 623; *Buschmann* ArbuR 2001, 109 f.). 350

Durch die Verpflichtung zur schriftlichen Fixierung der wesentlichen Arbeitsvertragsbedingungen **spätestens einen Monat nach Beginn des Arbeitsverhältnisses** (§ 2 Abs. 1 NachwG) soll eine **größere Rechtssicherheit** geschaffen werden. Einen Vorteil haben insbesondere die Arbeitnehmer, die keinen schriftlichen Arbeitsvertrag haben (BT-Drs. 13/668, S. 8). Das NachwG soll auch einen Beitrag zur **Bekämpfung der illegalen Beschäftigung** leisten. Denn wenn der Arbeitnehmer nicht im Besitz eines Nachweises über die wesentlichen Arbeitsbedingungen ist, soll dies im Einzelfall als Indiz für eine illegale Beschäftigung gewertet werden können (BT-Drs. 13/668, 351

B. Anbahnung und Begründung des Arbeitsverhältnisses

S. 8). Gem. § 3 NachwG ist auch die Änderung wesentlicher Vertragsbedingungen schriftlich mitzuteilen. § 2 Abs. 2 NachwG sieht zusätzliche Angaben bei der Entsendung des Arbeitnehmers ins Ausland vor. Zur für den Nachweis zu verwendenden Sprache vgl. *Riesenhuber* NZA 1999, 798 ff.

352 In **bestehenden Arbeitsverhältnissen** ist den Arbeitnehmern gem. § 4 NachwG auf ihr Verlangen innerhalb von zwei Monaten eine Niederschrift gem. § 2 NachwG auszuhändigen.
Erstellt der Arbeitgeber den Nachweis, der eine selbstständige Nebenpflicht des Arbeitgebers darstellt, nicht, so kann der Arbeitnehmer diesen vor dem ArbG **einklagen**. Die schuldhafte Verletzung der Nachweispflicht kann **Ansprüche aus positiver Forderungsverletzung (pFV**; jetzt §§ 280 ff., 241 Abs. 2 BGB n. F.) begründen, was allerdings auch einen konkret bezifferbaren Schaden voraussetzt. Das kommt insbesondere dann in Betracht, wenn ein Anspruch wegen der Anwendbarkeit einer Ausschlussfrist in einem Tarifvertrag oder einer Betriebsvereinbarung verfällt, die der Arbeitnehmer aber nicht kennen konnte, weil ein Nachweis, der auf die anwendbaren Bestimmungen hinwies, nicht erteilt wurde (*ArbG Frankfurt* 25.8.1999 NZA-RR 1999, 648; *Preis* NZA 1997, 11 f.). Daneben kommen Ansprüche aus § 823 Abs. 2 BGB i. V. m. dem NachweisG als Schutzgesetz in Betracht (*ArbG Frankfurt* 25.8.1999 – 2 Ca 477/99 –); ersatzfähig sind danach aber nur solche Schäden, die in den sachlichen Schutzbereich der verletzten Norm fallen. Andererseits **gebietet es keine Bestimmung** der RL 91/533, einen **wesentlichen Punkt des Arbeitsvertrages** oder des Arbeitsverhältnisses, der nicht oder nicht hinreichend genau in einem dem Arbeitnehmer ausgehändigten Schriftstück aufgeführt ist, **als unwirksam zu betrachten** (*EuGH* 8.2.2001 EzA § 611 BGB Mehrarbeit Nr. 8). Zudem kann sich ein Arbeitnehmer nicht auf Folgen einer Pflichtverletzung des Arbeitgebers aus dem NachweisG berufen, wenn sein Arbeitsvertrag **vor dem Inkrafttreten des Gesetzes geschlossen** worden ist und er kein Verlangen i. S. d. Altfallregelung des § 4 NachweisG gestellt hat (*BAG* 16.5.2001 EzA § 3 TVG Nr. 23).
Sind die Arbeitsbedingungen streitig, so wird allein aus der Tatsache, dass der Nachweis nicht erstellt wurde, jedoch **keine Umkehr der Beweislast** zugunsten des Arbeitnehmers folgen (*Grünberger* NJW 1995, 2810; *Preis* NZA 1997, 12; *Franke* DB 2000, 274 ff.; a. A. *Wank* RdA 1996, 24; *Däubler* NZA 1992, 578, die dies aus dem Fehlen einer ausdrücklichen Sanktionsregelung im NachweisG i. V. m. dem Gebot richtlinienkonformer Auslegung und der Rechtsprechung des *EuGH* [NJW 1984, 2021] begründen).

353 **Vermittelnd** lassen sich die beweisrechtlichen Folgen mit *Preis* (NZA 1997, 17; vgl. auch *Zwanziger* DB 1996, 2029 f.; *ArbG Frankfurt* 25.8.1999 NZA-RR 1999, 648) gleichwohl wie folgt zusammenfassen:
– Die zwingende Nachweispflicht führt dazu, dass früher erteilte/nicht erteilte Bestätigungen oder Nachweise über Arbeitsbedingungen durch das NachweisG eine andere Qualität erlangt und prozessuale Konsequenzen haben. Deshalb muss die gesamte arbeitsrechtliche Vertragsgestaltung auf eine **solide Basis** gestellt werden, da andernfalls der Prozessverlust droht.
– Nur einer von beiden Seiten **unterzeichneten Vertragsurkunde** kommt die Vermutung der Vollständigkeit und Richtigkeit zugute. Folglich muss der Vertragspartner, der von dem Vertragstext abweichende Abreden behauptet, den Gegenbeweis abweichender mündlicher Abrede führen.
– Diese beweisrechtliche Stellung hat die einseitig vom Arbeitgeber gefertigte

B. Anbahnung und Begründung des Arbeitsverhältnisses

Nachweis nicht. Er ist eine **Privaturkunde** i. S. d. § 416 ZPO, die der freien Beweiswürdigung in materieller Hinsicht unterliegt.
- Hat der Arbeitgeber einen Nachweis erteilt, muss er, wenn er sich nicht an dessen Inhalt festhalten lassen will, als Aussteller der Urkunde beweisen, dass sie unrichtig oder unvollständig erstellt ist bzw. das mündlich besprochene Gültigkeit haben soll; ihm obliegt insoweit die **Beweislast** (vgl. aber auch *Bergwitz* BB 2001, 2319 ff.: nur Beweis des ersten Anscheins für den Arbeitnehmer; insgesamt a. A. *Müller-Glöge* RdA 2001, Sonderbeilage zu Heft 5, S. 46 ff.)
- Zu seinen Gunsten kann sich der Arbeitgeber dagegen nicht auf den von ihm selbst ausgestellten Nachweis mit beweisrechtlicher Privilegierung berufen. Insbesondere greift **kein Anscheinsbeweis** zu seinen Gunsten ein, dass er den Vertragsinhalt vollständig und richtig wiedergegeben hat. Deshalb ist es sinnvoller, einen Arbeitsvertrag mit beidseitiger Unterschrift auszufertigen.
- Hat der Arbeitgeber den Nachweis nicht oder nicht vollständig erteilt, so ist bei Nichterteilung des Nachweises über wesentliche Vertragsbestimmungen der Fall einer **Beweisvereitelung** durch den Arbeitgeber gegeben; europarechtlich ist dies nicht zu beanstanden (*EuGH* 8.2.2001 EzA § 611 BGB Mehrarbeit Nr. 8). Dieser Umstand ist vom Tatrichter im Rahmen des § 286 ZPO zu berücksichtigen. Dies bedeutet für den Arbeitnehmer eine erhebliche Erleichterung der Beweisführungslast, die je nach Fallgestaltung einer Beweislastumkehr nahe kommen kann; nach Auffassung des *LAG Hamm* (14.8.1998 NZA-RR 1999, 210; zust. *Franke* DB 2000, 274 ff.) genügt dafür allerdings die **bloß fahrlässige Unterlassung** der Ausstellung des Nachweises **nicht**. Vielmehr müssen weitere Indizien für die Richtigkeit der vom Arbeitnehmer behaupteten Arbeitsbedingungen sprechen.

Soweit **Unklarheiten über die Person des Arbeitgebers** bestehen, hat das *LAG Köln* 9.1.1998 LAGE § 2 NachwG Nr. 4) Folgendes angenommen: 354
- Die Unklarheit darüber, welche von mehreren, in Betriebsgemeinschaft und teilweise in Personalunion geführten Gesellschaften mit gleichen oder sich ergänzenden Unternehmenszwecken Vertragspartner und damit Arbeitgeber des unstreitig eingestellten Arbeitnehmers werden sollte, ist überwiegend vom Arbeitgeber verschuldet, wenn der monatelang für die Unternehmensgruppe tätig gewordene Arbeitnehmer weder einen schriftlichen Arbeitsvertrag noch die Niederschrift des § 2 NachwG erhalten hat. Der dadurch **verschuldeten Beweisnot** ist durch erleichterte Anforderungen an seine Darlegungs- und Beweislast zur Frage der Passivlegitimation Rechnung zu tragen. Diesen genügt u. U. schon der Hinweis auf den Verfasser der ersten Lohnabrechnung. Die **Indizwirkung** dieses Umstandes wird nicht allein dadurch gemindert, dass spätere Monate von anderen Gesellschaften abgerechnet worden sind.
- Die Erleichterungen gelten auch für andere Vertragsbedingungen, die dem NachwG zuwider nicht niedergelegt worden sind. So kann z. B. der Hinweis auf den Inhalt eines letztlich nicht zustande gekommenen Vertragsentwurfs genügen.

Für eine **Lohnzahlungsklage** hat das *LAG Köln* (31.7.1998 LAGE § 2 NachwG Nr. 6) 355 angenommen, dass dann, wenn der Arbeitgeber seiner Verpflichtung aus dem NachwG nicht nachkommt, dies unter dem Gesichtspunkt der Beweisvereitelung wenn schon nicht eine Beweislastumkehr, so doch jedenfalls eine **erhebliche Erleichterung der Beweisführungslast** zur Folge hat. Dieser ist genügt, wenn der Arbeitneh-

B. Anbahnung und Begründung des Arbeitsverhältnisses

mer eine vom Arbeitgeber zur Vorlage bei Kreditgebern ausgestellte Lohnbescheinigung vorlegt.

356 Das *LAG Hamm* (9.7.1996 NZA 1997, 30) hat dem EuGH gem. Art. 177 EWGV (jetzt Art. 234 EGV) eine Reihe von Fragen in diesem Zusammenhang zur Entscheidung vorgelegt, die u. a. eine Verbesserung der Beweislast zugunsten des Arbeitnehmers, die Anwendbarkeit nicht erst seit der Umsetzung, oder aber bereits nach – zunächst fruchtlosem – Ablauf der gesetzten Umsetzungsfrist sowie die Auswirkungen auf eine vorgenommene Eingruppierung betreffen. Daraufhin hat der *EuGH* (4.12.1997 NZA 1998, 137; vgl. dazu *Hohmeister* BB 1998, 587 f.; *Bergwitz* RdA 1999, 188 ff.; *Hock* ZTR 1999, 49 ff.) folgende **Grundsätze** aufgestellt:

357
– Für die Mitteilung nach Maßgabe der NachweisRL spricht eine ebenso starke **Vermutung der Richtigkeit**, wie sie im innerstaatlichen Recht einem solchen vom Arbeitgeber ausgestellten und dem Arbeitnehmer übermittelten Dokument zukommen würde. Der **Beweis des Gegenteils** ist jedoch zulässig und kann vom Arbeitgeber geführt werden, indem er nachweist, dass die in dieser Mitteilung enthaltenen Informationen als solche falsch sind oder dass sie durch die Tatsachen widerlegt sind.
– Der Einzelne kann sich vor den nationalen Gerichten gegenüber dem Staat oder gegenüber einer Organisation, die dem Staat oder dessen Aufsicht untersteht oder mit besonderen Rechten ausgestattet ist, die über diejenigen hinausgehen, die sich aus den für die Beziehungen zwischen Privatrechtspersonen geltenden Vorschriften ergeben, **unmittelbar auf die RL berufen**, wenn der Staat sie innerhalb der vorgeschriebenen Frist nicht oder nicht ordnungsgemäß in nationales Recht umgesetzt hat. Es stellt keine ordnungsgemäße Umsetzung von Art. 2 Abs. 2 c in der RL dar, wenn ein Mitgliedsstaat es dem Arbeitgeber erlaubt, die Unterrichtung des Arbeitnehmers stets auf die **bloße Bezeichnung seiner Tätigkeit** zu beschränken.
– Art. 9 Abs. 2 der RL ist so auszulegen, dass die Mitgliedsstaaten den Arbeitgeber von der Verpflichtung, den Arbeitnehmer schriftlich über die wesentlichen Punkte des Arbeitsvertrages, -verhältnisses in Kenntnis zu setzen, befreien können, auch wenn der Arbeitnehmer diese Unterrichtung beantragt, sofern diese Punkte bereits in einer vor Inkrafttreten der Maßnahmen zur Umsetzung der RL ausgestellten Niederschrift oder in einem Arbeitsvertrag erwähnt sind.

358 Da nach Auffassung des EuGH die bloße Bezeichnung der Tätigkeit nicht ausreicht, hat der Bundesgesetzgeber mit Wirkung vom 3.7.1998 § 2 Abs. 1 S. 2 Nr. 5 NachwG (BGBl. I S. 1695) dahin geändert, dass anstelle der Wörter »die Bezeichnung oder allgemeine« die Wörter »**eine kurze Charakterisierung** oder« treten (vgl. dazu *Treber* NZA 1998, 862 f.). Seit dem 1.4.1999 muss der Arbeitgeber geringfügig Beschäftigte auch auf ihre Möglichkeit zum **Verzicht auf die Versicherungsfreiheit hinzuweisen** (§ 2 Abs. 1 S. 3 NachwG); sie können eine Versicherungspflicht in der gesetzlichen Rentenversicherung freiwillig begründen. **Rechtsfolgen** aus der Verletzung dieser Hinweispflicht regelt das Gesetz **nicht** (vgl. dazu *Leuchten/Zimmer* NZA 1999, 969 ff.; *Stückemann* FA 2000, 343).

359 Von den Vorschriften des NachwG kann nicht zuungunsten des Arbeitnehmers abgewichen werden (§ 5 NachwG); auch Tarifdispositivität ist nicht gegeben (*Preis* NZA 1997, 11).
Vergleichbare Regelungen enthalten § 11 AÜG, § 4 BBiG sowie § 24 SeemG.

B. Anbahnung und Begründung des Arbeitsverhältnisses

5. Inhaltliche Ausgestaltung des Arbeitsvertrages

a) Notwendige Elemente des Arbeitsvertrages

aa) Vereinbarung der Arbeitsleistung

Die notwendige Vereinbarung über die Erbringung der Arbeitsleistung liegt vor, wenn der Arbeitgeber eine Arbeitszusage durch den Arbeitnehmer angenommen hat oder sie auf seinen Antrag hin erfolgt. Die Zusage kann auch in der Vornahme der Arbeit selbst liegen. 360

Aus § 612 Abs. 1 BGB folgt, dass eine Vereinbarung über die Vergütung nicht notwendige Voraussetzung für das Zustandekommen eines Arbeitsvertrages ist. **Denn im Allgemeinen ist Arbeit nur gegen eine Vergütung zu erwarten.** Etwas anderes kann sich durch Auslegung ergeben, insbesondere bei Gefälligkeitsleistungen, wenn sich die Beteiligten nicht der Rechtsordnung unterstellen wollen oder diese zwar gelten soll, die Gefälligkeit sich aber gerade auf die Unentgeltlichkeit bezieht (MünchArbR/*Richardi* § 44 Rz. 6). 361

bb) Fehlen einer Vergütungsabrede

§ 612 Abs. 1 BGB ersetzt eine fehlende Vergütungsabrede. Ein Irrtum des Arbeitgebers über die Vergütung berechtigt ihn – im Gegensatz zum Arbeitnehmer – nicht zur Anfechtung (§ 119 BGB). 362

§ 612 Abs. 1 BGB ist auch dann anwendbar, wenn jemand in Erwartung einer (rechtsunwirksam) zugesagten oder unverbindlich in Aussicht gestellten Gegenleistung Dienste erbringt (z. B. ein Neffe arbeitet auf dem Hof des Onkels in der Erwartung, den Hof als Erbe zu übernehmen), und diese dann aber nicht erhält (sog. fehlgeschlagene Vergütungserwartung). 363

Insoweit hat § 612 Abs. 1 BGB eine Auffangfunktion, um als bereicherungsrechtliches Element bei der Erbringung von Dienstleistungen, die nur gegen Vergütung zu erwarten sind, demjenigen, der sie ohne vertragliche Vergütungsabrede leistet, zu einem vertraglichen Vergütungsanspruch zu verhelfen (*BAG* 15.3.1960 AP Nr. 13 zu § 612 BGB; 24.9.1960 AP Nr. 15 zu § 612 BGB; 24.6.1965 AP Nr. 23 zu § 612 BGB; 30.9.1978 AP Nr. 27 zu § 612 BGB).

Dienstleistungen, die ein Partner einer **nichtehelichen Lebensgemeinschaft** für den anderen erbringt, rechtfertigen allerdings keinen Anspruch auf Nachzahlung von nach der Trennung geltend gemachtem Lohn, wenn die Mitarbeit in einem **kleinen Familienbetrieb** erfolgt und sich ein übereinstimmender Wille für einen späteren Vergütungsausgleich nicht feststellen lässt. Eine einseitige Vergütungserwartung genügt nicht (*LAG Köln* 17.6.1999 – 10 Sa 69/99 –). Gleiches gilt, wenn eine Arbeitnehmerin im **Betrieb ihres Verlobten** in der **Erwartung künftiger Eheschließung** arbeitet, wenn die geplante Eheschließung scheitert. Denn das Eheversprechen für sich genommen kann nicht als Zusage einer künftigen Vergütung gewertet werden (*LAG Rheinland-Pfalz* 18.11.1998 NZA 2000, 1060 Ls.). 364

Entsprechend anwendbar ist § 612 Abs. 1 BGB dann, wenn über den Rahmen des Arbeitsvertrages hinaus höherwertige Dienste geleistet werden, für die eine Vergü- 365

B. Anbahnung und Begründung des Arbeitsverhältnisses

> tungsregelung fehlt und sich aus den Umständen ergibt, dass die höherwertige Dienstleistung nur gegen entsprechende Vergütung zu erwarten ist (vgl. dazu *Roth/Olbrisch* DB 1999, 2111 ff.).

Das ist z. B. dann nicht der Fall, wenn ein Arbeitnehmer zeitweilig eine höherwertige Tätigkeit als Urlaubs- oder Krankheitsvertreter verrichtet oder sie zur Probe erbringen soll (*BAG* 16.2.1978 EzA § 612 BGB Nr. 8).

366 Auch der Leitende Arzt einer Fachabteilung kann vom Krankenhausträger neben der vereinbarten Vergütung nach § 612 Abs. 1 BGB nicht ohne weiteres eine zusätzliche Vergütung beanspruchen, wenn er in erheblichem Umfang Rufbereitschaft deshalb leisten muss, weil er Oberarzt ist (*BAG* 17.3.1982 AP Nr. 33 zu § 612 BGB).

367 Wird dagegen ein Redaktionsvolontär nicht ausgebildet, sondern tatsächlich als Redakteur eingesetzt, hat er analog § 612 BGB Anspruch auf eine Vergütung, die der eines Redakteurs entspricht (*LAG Thüringen* 6.6.1996 NZA 1997, 943 Ls.).

cc) Übliche Vergütung (§ 612 Abs. 2 BGB)

368 Bestehen insoweit keine besonderen im konkreten Einzelfall anwendbaren Vorschriften (Tarifvertrag, Betriebsvereinbarung), so findet § 612 Abs. 2 BGB Anwendung. Danach ist die übliche Vergütung geschuldet.

> Üblich ist diejenige Vergütung, die im Betrieb für eine vergleichbare Tätigkeit oder, sofern eine solche nicht gegeben ist, im gleichen Gewerbe, am selben Ort gewährt wird.
> Besteht für den betroffenen räumlichen und fachlichen Bereich ein Tarifvertrag, so ist regelmäßig die tarifliche Vergütung auch die übliche Vergütung.

369 Etwas anderes kann dann gelten, wenn entweder für die betreffende Tätigkeit üblicherweise übertarifliche Vergütungen gezahlt werden, oder wenn nur wenige Arbeitsvertragsparteien tarifgebunden sind und üblicherweise eine geringere als die tarifliche Vergütung gezahlt wird (vgl. *Schaub* Arbeitsrechtshandbuch, § 67 VI 3).

370 Wird – wie im öffentlichen Dienst – allgemein nach Tarif vergütet, ist die jeweilige Höhe der tariflichen Vergütung als die übliche Vergütung i. S. d. § 612 Abs. 2 BGB anzusehen. **Zu der so gefundenen vertraglichen Vergütung gehören jedoch nicht tarifliche Ausschlussklauseln.** Gelten diese nicht kraft Tarifgebundenheit der Vertragspartner, müssen sie ausdrücklich vereinbart werden (*BAG* 26.9.1990 EzA § 4 TVG Ausschlussfristen Nr. 89).

dd) Umzugskosten

371 Ein Vertrag, der die **jederzeit widerrufliche Versetzung** eines Arbeitnehmers in das entfernte Ausland (z. B. Hongkong) und die Erstattung der Umzugskosten vorsieht, enthält im Zweifel gem. §§ 133, 157 BGB auch die Zusage, die **Kosten des Rückumzugs** zu erstatten. Das gilt auch dann, wenn für die Erstattung die Feststellung einer dienstlichen Notwendigkeit vorausgesetzt wird, diese Feststellung aber nicht getroffen wird, weil der Arbeitnehmer das Arbeitsverhältnis mit Rücksicht auf die bevorstehende Schließung der ausländischen Niederlassung zum Schließungstermin gekündigt hat (*BAG* 26.7.1995 EzA § 133 BGB Nr. 19).

B. Anbahnung und Begründung des Arbeitsverhältnisses

b) **Dauer des Arbeitsvertrages**

aa) **Grundlagen**

Der Arbeitsvertrag wird auf unbestimmte Zeit abgeschlossen, soweit die Arbeitsvertragsparteien nichts anderes vereinbaren. 372

Die **Befristung** des Arbeitsvertrages mit der Folge, dass das Arbeitsverhältnis mit Fristablauf endet, ohne dass es einer Kündigung bedarf, ist nur dann zulässig, wenn sie durch Gesetz ausdrücklich zugelassen wird oder wenn für die Befristung und ihre Dauer ein sachlicher Grund besteht (s. u. D/Rz. 2056, 2187 ff.). 373

Das Arbeitsverhältnis kann für die **Lebenszeit** des Arbeitnehmers (vgl. § 624 BGB), des Arbeitgebers oder einer dritten Person (z. B. bei der Anstellung zur Pflege eines Kranken) vereinbart werden. Der Bedeutungsgehalt derartiger Abreden ist unterschiedlich und im Einzelfall im Wege der **Auslegung** zu ermitteln (z. B. Beschränkung des Rechts zur ordentlichen Kündigung des Arbeitgebers, Verhinderung des Eintritts des Erben in das Arbeitsverhältnis, Zweckbefristung; vgl. MünchArbR/*Richardi* § 44 Rz. 18 ff.; s. u. D/Rz. 2178). 374

bb) **Daueranstellung**

Eine Daueranstellung ist gegeben, wenn ein Arbeitnehmer unkündbar ist, d. h. das Recht des Arbeitgebers zur ordentlichen Kündigung (vor allem aufgrund tarifvertraglicher Normen) ausgeschlossen oder beschränkt ist (vgl. § 53 Abs. 3 BAT). 375

Die Zusage einer Lebens- oder Dauerstellung bedeutet noch keine Anstellung auf Lebenszeit. Ihr Inhalt ist vielmehr durch **Auslegung** unter Berücksichtigung der Gesamtumstände des konkreten Falles zu ermitteln (z. B. Anwendbarkeit des KSchG bereits ab dem ersten Arbeitstag, Ausschluss der ordentlichen Kündigung, Zulässigkeit der Kündigung erst nach einem längeren Zeitraum oder Einhaltung einer längeren als der gesetzlichen Kündigungsfrist). 376

Im Zweifel entspricht es nicht dem Willen der Vertragsparteien, dass eine ordentliche Kündigung des Arbeitgebers völlig ausgeschlossen und nur eine Entlassung aus wichtigem Grund möglich sein soll (*BAG* 20.10.1950 AP Nr. 1 zu § 52 RegelungsG; 18.1.1967 AP Nr. 81 zu § 1 KSchG; 7.11.1968 AP Nr. 3 zu § 66 HGB; 8.6.1972 AP Nr. 1 zu § 1 KSchG 1969). 377

cc) **Bedingung**

Der gesamte Arbeitsvertrag kann auch unter einer Bedingung (§ 158 Abs. 1, 2 BGB) abgeschlossen werden; s. u. D/Rz. 2306 ff. Bei der **aufschiebenden Bedingung** tritt die von ihr abhängig gemachte Wirkung (Begründung des Arbeitsverhältnisses) erst mit dem (hinsichtlich des Zeitpunkts ungewissen) Eintritt der Bedingung ein. Bei der **auflösenden Bedingung** (vgl. § 21 TzBfG) gilt die rechtsgeschäftliche Regelung zunächst einmal. Ihre Wirkung endet erst mit dem Eintritt der Bedingung. Soweit dadurch die Beendigung des Arbeitsverhältnisses von einer Bedingung abhängig gemacht wird, ist zu beachten, dass der Bestandsschutz des Arbeitsverhältnisses nicht 378

B. Anbahnung und Begründung des Arbeitsverhältnisses

durch eine objektiv funktionswidrige Vertragsabsprache vereitelt werden darf (*BAG* 19.12.1974 EzA § 305 BGB Nr. 6; s. aber jetzt u. D/Rz. 2324).

dd) Altersgrenzen

379 In Einzelverträgen, Tarifverträgen, Betriebsvereinbarungen ist schließlich häufig eine Altersgrenze für die Beendigung des Arbeitsverhältnisses vorgesehen, bei deren Erreichen das Arbeitsverhältnis endet, ohne dass es einer Kündigung durch den Arbeitgeber bedarf; s. u. D/Rz. 2330 ff.

c) Arbeitsverhältnis zur Probe

380 Eine Einstellung zur Probe soll dem Arbeitgeber die Möglichkeit geben, sich ein Urteil darüber zu bilden, ob der Arbeitnehmer sich für die ihm zugedachte Stellung eignet.

381 Ohne besondere Vereinbarung ist die Probezeit als Beginn eines Arbeitsverhältnisses auf unbestimmte Zeit anzusehen, in dem die gesetzlich zulässige kürzestmögliche Kündigungsfrist stillschweigend als vereinbart gilt (*BAG* 29.7.1958 AP Nr. 3 zu § 620 BGB Probearbeitsverhältnis; 22.7.1971 AP Nr. 11 zu § 620 BGB Probearbeitsverhältnis; s. aber u. D/Rz. 152).

382 Wird das Arbeitsverhältnis auf die Dauer der Probezeit befristet (vgl. § 14 Abs. 1 Nr. 6 TzBfG; s. u. D/Rz. 2200), so ist während seiner Dauer die **ordentliche Kündigung des Arbeitgebers** (nicht des Arbeitnehmers) **ausgeschlossen, sofern die Parteien nicht etwas anderes vereinbart haben** (*BAG* 15.3.1978 EzA § 620 BGB Nr. 34). Mit Ablauf der Befristung endet das Arbeitsverhältnis grds. selbst dann, wenn der Arbeitnehmer sich während der Probezeit bewährt hat (*BAG* 8.3.1962 AP Nr. 22 zu § 620 BGB Befristeter Arbeitsvertrag; vgl. dazu *Wilhelm* NZA 2001, 818 ff.).
Eine Befristung für eine Probezeit von **mehr als sechs Monaten** ist wegen des nach diesem Zeitraum einsetzenden Kündigungsschutzes nur zulässig, wenn Eignung und Leistung wegen der Besonderheit des Arbeitsplatzes, auf dem der Arbeitnehmer erprobt werden soll, nicht innerhalb von sechs Monaten beurteilt werden können (*BAG* 15.3.1978 EzA § 620 BGB Nr. 34; vgl. zur möglichen Anwendbarkeit des KSchG in derartigen Fällen *Wilhelm* NZA 2001, 818 ff.).

383 Wird in einem Arbeitsvertrag **eine feste Probezeit** vereinbart, kommt im Übrigen **nur dann** ein **befristetes Arbeitsverhältnis** für die Dauer der Probezeit zustande, wenn dies **eindeutig vereinbart** wird (*LAG Schleswig-Holstein* 29.5.2001 ARST 2001, 243, s. aber unten D/Rz. 2200).

d) Aushilfsarbeitsverhältnis

384 Die Besonderheit eines i. d. R. zeit- oder zweckbefristet abgeschlossenen Aushilfsarbeitsverhältnisses besteht darin, dass ein vorübergehender Bedarf an Arbeitskräften gedeckt werden soll, der nicht durch den normalen Betriebsablauf, sondern durch den Ausfall von Stammpersonal (z. B. Krankheit) oder durch einen zeitlich begrenzten zusätzlichen Arbeitsanfall (Schlussverkauf, Weihnachtsgeschäft) begründet ist (*BAG* 30.9.1981 EzA § 620 BGB Nr. 53; *BAG* 22.5.1986 EzA § 622 BGB Nr. 24; vgl. § 14 Abs. 1 Nr. 1 TzBfG; s. u. D/Rz. 2195).

Möglich ist auch 385
- die Vereinbarung einer Befristung als **Höchstdauer** des Arbeitsverhältnisses mit der Möglichkeit, den Arbeitsvertrag vor Zeitablauf zu kündigen; § 622 Abs. 5 Nr. 1 BGB ist insoweit anwendbar (*BAG* 22.5.1986 EzA § 622 BGB Nr. 24);
- der Abschluss **mehrerer Zeitverträge** hintereinander, jedoch nur dann, wenn die Prognose im Zeitpunkt des Vertragsabschlusses ergibt, dass kein über den vorgesehenen Endtermin der Befristung hinausgehender ständiger Dauerarbeitsbedarf besteht (*BAG* 30.9.1981 EzA § 620 BGB Nr. 53) sowie
- die Vereinbarung eines Aushilfsarbeitsverhältnisses auf **unbestimmte Zeit**, das durch ordentliche Kündigung endet (vgl. § 622 Abs. 5 Nr. 1 BGB). Voraussetzung dafür ist aber, dass der Arbeitgeber bei der Anstellung mit einem nur vorübergehenden Bedürfnis gerechnet hat (MünchArbR/*Richardi* § 45 Rz. 67).

e) Änderung des Vertragsinhalts

Die Arbeitsvertragsparteien können den Inhalt des Arbeitsvertrages **jederzeit form-** 386
los ändern. Dies kann ausdrücklich oder stillschweigend geschehen. Dabei kann die **widerspruchslose Fortsetzung der Tätigkeit** durch den Arbeitnehmer nach einem Änderungsangebot des Arbeitgebers dann als Annahme der Vertragsänderung angesehen werden, wenn diese sich **unmittelbar im Arbeitsverhältnis auswirkt** (*BAG* 22.12.1970 AP Nr. 2 zu § 305 BGB; *BAG* 13.5.1987 EzA § 315 BGB Nr. 34). Es ist **ausreichend**, dass dies **teilweise der Fall ist**, wenn ein **einheitliches Vertragsangebot ein Bündel von Vertragsänderungen** (z. B. Anwendung aller einschlägigen Tarifverträge auf das Arbeitsverhältnis) **zum Inhalt hat** (*BAG* 1.8.2001 EzA § 315 BGB Nr. 50).

IV. Rechtsmängel des Arbeitsvertrages

Für Arbeitsverträge gelten die gleichen Nichtigkeitsgründe wie bei anderen Rechtsge- 387
schäften (§§ 104 ff., 177, 134, 138, 306, 125, 142 Abs. 1 i. V. m. §§ 119, 123 BGB).

1. Verstoß gegen ein gesetzliches Verbot (§ 134 BGB)

> Nicht jede zwingende Norm ist ein Verbotsgesetz i. S. d. § 134 BGB. Es hängt von 388
> Inhalt und Zweck des Verbotsgesetzes ab, ob bei einem Verstoß die rechtsgeschäftliche Regelung selbst als unerlaubt anzusehen und ob für diesen Fall die Abwehr des Gesetzesverstoßes durch die Nichtigkeitsfolge erforderlich ist.

Zwar sind auch Tarifnormen und Betriebsvereinbarungen gem. Art. 2 EGBGB (ma- 389
teriell-rechtliche) Rechtsnormen i. S. d. bürgerlichen Rechts. Dennoch kommen sie nicht als Verbotsgesetze i. S. d. § 134 BGB in Betracht. Zur Absicherung von Tarifnormen gegen abweichende Rechtsgeschäfte genügt § 4 Abs. 3 TVG. Die Einwirkung von Betriebsvereinbarungen auf das Arbeitsverhältnis regelt § 77 Abs. 4 BetrVG.
Verbotsgesetze sind aber Art. 3 Abs. 3 GG, § 611 a BGB, § 266 StGB (vgl. *BAG* 390
25.4.1963 AP Nr. 2 zu § 611 BGB Faktisches Arbeitsverhältnis für die Beschäftigung mit der Veruntreuung von Mandantengeldern) sowie die Beschäftigungsverbote und

B. Anbahnung und Begründung des Arbeitsverhältnisses

-beschränkungen des öffentlichen Arbeitsschutzes sowie i. d. R. die Beschäftigungsverbote zum Schutz Dritter oder der Allgemeinheit (s. o. B/Rz. 49 ff.).

391 Rechtsfolge der Verletzung eines Verbotsgesetzes ist i. d. R. die Nichtigkeit der Vereinbarung, es sei denn, dass sich aus Inhalt und Zweck des Verbots etwas anderes ergibt (vgl. z. B. zu §§ 284 ff. SGB III oben B/Rz. 49 ff.).

2. Verstoß gegen die guten Sitten (§ 138 BGB)

a) Sittenwidrigkeit (§ 138 Abs. 1 BGB)

392 Die Sittenwidrigkeit (d. h. der Verstoß gegen das Anstandsgefühl aller billig und gerecht Denkenden) eines Arbeitsvertrages gem. § 138 Abs. 1 BGB kann sich aus seinem Inhalt, dem Gegenstand der versprochenen Dienste, z. B. die Zusage geschlechtlicher Hingabe (*BGH* 31.3.1970 NJW 1970, 1273), der Vorführung des Geschlechtsverkehrs auf der Bühne (*BAG* 1.4.1976 EzA § 138 BGB Nr. 16; für Striptease-Tänzerinnen offengelassen von *BAG* 7.6.1962 AP Nr. 18 zu § 611 BGB Faktisches Arbeitsverhältnis) ergeben.

393 Sittenwidrigkeit liegt auch vor (vgl. dazu *Spindler* ArbuR 1999, 296 ff.), wenn
– der Arbeitnehmer in seiner wirtschaftlichen Freiheit, insbesondere in seinem Fortkommen, **unbillig oder unangemessen beschränkt** wird (soweit keine konkretisierende Gesetzesregelung besteht, z. B. § 624 BGB, §§ 74 ff. HGB);
– die Vergütungsregelung den Arbeitnehmer mit dem **Betriebs- oder Wirtschaftsrisiko** belastet. Deshalb kann der Arbeitnehmer nicht zu einem Ausgleich der während seiner Tätigkeit auftretenden Unternehmensverluste verpflichtet werden;
– ein Arbeitgeber seine Arbeitnehmer verpflichtet, ihre **Weiterbeschäftigung selbst zu finanzieren** (*BAG* 10.10.1990 EzA § 138 BGB Nr. 25);
– der Arbeitnehmer bereits vor Abschluss des Arbeitsvertrages, der vorsieht, dass sich die Bezahlung nach den Vorschriften des BAT bestimmt, in einer Vereinbarung im Voraus auf **künftig fällig werdende Gehaltsansprüche** »verzichtet«, wenn dadurch das Geschäftsrisiko auf den Arbeitnehmer abgewälzt werden soll (*LAG Berlin* 17.2.1997 NZA-RR 1997, 371);
– ein Außendienstmitarbeiter aufgrund einer Vereinbarung nur Provision, nicht aber festes Gehalt oder Reisespesen erhalten soll und er bei schwierigen Verhältnissen nur eine **geringe Provision** erhält, die in auffälligem Missverhältnis zur Leistung steht (MünchArbR/*Richardi* § 46 Rz. 18);
– ein **besonders grobes Missverhältnis zwischen Leistung und Gegenleistung** besteht.

394 Das ist z. B. dann der Fall, wenn bei einer **Mankohaftung** dem erhöhten Risiko des Arbeitnehmers kein angemessener wirtschaftlicher Ausgleich gegenübersteht (*BAG* 27.2.1970 AP § 611 BGB Haftung des Arbeitnehmers Nr. 54). Gleiches gilt für die Vereinbarung unangemessen hoher **Vertragsstrafen** (*RG* 27.4.1917 RGZ 90, 181). Auch eine **Verlustbeteiligung** des Arbeitnehmers ist jedenfalls dann sittenwidrig, wenn dafür kein angemessener Ausgleich erfolgt (*BAG* 10.10.1990 EzA § 138 BGB Nr. 24).

Sittenwidrigkeit liegt ferner in folgenden Fällen vor: 395
- Eine **Vergütungspflicht** soll für eine 14-tägige Probezeit nur für den Fall des Abschlusses eines **endgültigen Arbeitsvertrages** entstehen (*LAG Köln* 18.3.1998 LAGE § 138 BGB Nr. 10).
- Besteht für einen **Rechtsanwalt** eine Wochenarbeitszeit von 35 Stunden und erhält dieser hierfür nur eine Vergütung von **1.300,00 DM brutto monatlich**, so ist die Entgeltvereinbarung gem. § 138 Abs. 1 BGB nichtig (*LAG Frankfurt* 28.10.1999 NZA-RR 2000, 521); üblich i. S. d. § 612 Abs. 2 BGB ist im ersten Berufsjahr eine Bruttovergütung von 2.800 DM.
- Auch die Anstellung eines **Rechtsanwalts** zu einem monatlichen Bruttoeinkommen von **610 DM** bzw. 1300 DM ist zumindest dann sittenwidrig gem. § 138 Abs. 1 BGB, wenn das Arbeitsverhältnis vier Jahre dauert. Die Nichtigkeit des zugrunde liegenden Arbeitsvertrages führt zu einem Anspruch des angestellten Rechtsanwalts auf die übliche Vergütung gem. § 612 Abs. 2 BGB (*ArbG Hersfeld* 4.11.1998 NZA-RR 1999, 629).
- Ein **Stundenlohn von 9,98 DM brutto**, das sind **weniger als 42 % des Tariflohns**, war für einen gelernten Heizungsmonteur in Berlin im Zeitraum 1996/97 sittenwidrig (*LAG Berlin* 20.2.1998 ArbuR 1998, 468).

Demgegenüber soll **keine Sittenwidrigkeit** gegeben sein 396
- bei einer Vereinbarung mit einem Arbeitnehmer, der auf einem von der Bundesanstalt für Arbeit **subventionierten Arbeitsplatz** beschäftigt wird, wonach dieser ca. 16 % seiner Nettovergütung an den Arbeitgeber zwecks Weiterbeschäftigung von Mitarbeitern auf nicht geförderten Arbeitsplätzen abgibt und der Arbeitnehmer auch nur in einem zeitlich reduzierten Umfang beschäftigt wird (so *LAG Berlin* 7.1.2000 – 6 Sa 1859/99 –). Selbst ein etwaiger Subventionsbetrug gegenüber der Bundesanstalt für Arbeit soll danach die Wirksamkeit der getroffenen Vereinbarung nicht berühren (*LAG Berlin* a. a. O.).
- bei einer **Zusage eines Handgeldes** im Zusammenhang mit einem Vereinswechsel eines Berufsfußballspielers (*LAG Hamm* 5.4.2000 NZA-RR 2000, 411).

b) Wucher (§ 138 Abs. 2 BGB; § 302 a Abs. 1 Nr. 3 StGB)
Die Voraussetzungen des § 138 Abs. 2 BGB (auffälliges **objektives Missverhältnis** 397 zwischen Leistung und Gegenleistung zuzüglich des subjektiven Tatbestandes der **Ausbeutung**) können u. U. dann gegeben sein, wenn der Arbeitnehmer bei Vertragsabschluss arbeitslos ist und keinen Anspruch auf die Gewährung von Arbeitslosengeld oder -hilfe hat, sodass er letztlich zum Vertragsabschluss gezwungen ist.

> Entscheidend für die Beurteilung eines auffälligen Missverhältnisses zwischen 398
> Leistung und Gegenleistung ist die Arbeitsleistung als solche, ihre Dauer und
> der Schwierigkeitsgrad, die körperliche und geistige Beanspruchung; maßgebend
> sind die Arbeitsbedingungen schlechthin (Hitze, Kälte, Lärm; vgl. *BAG* 11.1.1973
> AP Nr. 30 zu § 138 BGB).

Ein Verstoß gegen § 138 Abs. 2 BGB liegt z. B. dann vor (vgl. dazu *Spindler* ArbuR 399 1999, 296 ff.), wenn
- der Arbeitnehmer verpflichtet ist, gegen eine unverhältnismäßig niedrige Vergütung zu arbeiten,
- er gegen eine durchschnittliche Vergütung zahlreiche Nebenverpflichtungen übernehmen muss,

B. Anbahnung und Begründung des Arbeitsverhältnisses

- trotz angemessener Arbeitsleistung der Arbeitnehmer nicht in der Lage ist, für sich und seine Familie den notwendigen Unterhalt zu verdienen,
- die Vergütung weit unter dem Tariflohn liegt (s. dazu näher unten B/Rz. 400) oder
- dem Arbeitnehmer ohne ausreichende Vergütung das wirtschaftliche Risiko der Arbeit überbürdet wird.

400 Der *BGH* (22.4.1997 EzA § 302 a StGB Nr. 1; krit. dazu *Nägele* BB 1997, 2162; zust. *Reinecke* ArbuR 1997, 453 ff.; vgl. auch *Müller/Hauck* FA 2001, 198 ff.) geht davon aus, dass die Beschäftigung eines Arbeitnehmers zu **unangemessen niedrigem Lohn** auch Wucher i. S. d. § 302 a Abs. 1 Nr. 3 StGB (jetzt § 291 StGB) sein kann. Er hat dies bejaht im Falle eines Arbeitgebers, der bei einem Tariflohn von 19 DM seinen Arbeitnehmern, die Maurerarbeiten verrichteten, 21 DM bezahlte, zwei tschechischen Grenzgängern dagegen, die die gleiche Arbeit verrichteten, nur 12 DM. Im Anschluss daran hat das *LAG Berlin* (20.2.1998 LAGE § 302 StGB Nr. 1) angenommen, dass ein Lohn von etwa **1/3 unter Tarif** bereits als strafbarer Lohnwucher angesehen werden kann. Denn auch wenn der Tariflohn danach mangels Allgemeinverbindlichkeit des Entgelttarifvertrages nicht für die Parteien verbindlich ist, gibt er doch eine Orientierungsgröße für den Marktwert der Arbeitsleistung des Arbeitnehmers. Gleiches gilt für eine Lohnvereinbarung von **11,50 DM Stundenlohn brutto für eine Lager- und Produktionshelferin** ohne berufliche Qualifikation (*ArbG Bremen* 30.8.2000 NZA-RR 2001, 27), sowie bei der Vereinbarung eines Stundenlohns, der bei **weniger als 2/3 des Tariflohns** liegt, wenn der tatsächlich gezahlte Lohn erheblich unter diesem Betrag liegt (*AG Halle-Saalkreis* 31.5.2001 ArbuR 2001, 516). Andererseits ist es revisionsrechtlich **nicht zu beanstanden**, wenn das Berufungsgericht bei der Vereinbarung **von 70% des üblichen Gehalts** ein auffälliges Missverhältnis zwischen Leistung und Gegenleistung i. S. v. § 138 BGB **verneint hat** (*BAG* 23.5.2001 EzA § 138 BGB Nr. 39; vgl. dazu *Peter* ArbuR 2001, 510 ff.).

401 In jedem Fall bedarf es einer sorgfältigen Abwägung der Interessenlage im Einzelfall. Unter besonderen Umständen können Arbeitsleistungen auch unentgeltlich oder gegen geringe Vergütung erbracht werden, etwa bei Mitarbeit von Familienangehörigen (vgl. *Schaub* Arbeitsrechtshandbuch § 35 I 3 m. w. N.).

402 In den Fällen des Lohnwuchers wird häufig nur die Vergütungsvereinbarung nichtig sein. Das führt nicht gem. § 139 BGB zur Nichtigkeit des ganzen Vertrages, wenn dadurch der Arbeitnehmerschutz in sein Gegenteil verkehrt wird. Bei Tarifbindung wird die nichtige Lohnvereinbarung durch den Tariflohn ersetzt; in den übrigen Fällen ist die angemessene Vergütung gem. § 612 Abs. 2 BGB (s. o. B/Rz. 368 ff.) zu ermitteln.

B. Anbahnung und Begründung des Arbeitsverhältnisses

3. Anfechtung des Arbeitsvertrages

a) Anfechtungsgründe

aa) Irrtum

aaa) § 119 Abs. 1 BGB

Anfechten kann ein Rechtsgeschäft gem. § 119 Abs. 1 BGB, wer sich bei Abgabe einer Willenserklärung in einem Irrtum befunden hat. Allerdings berechtigt nicht jeder Irrtum nach der gesetzlichen Regelung des § 119 Abs. 1 BGB zur Anfechtung. Vielmehr muss es sich um einen Erklärungsirrtum (der Erklärende wollte eine Erklärung dieses Inhalts überhaupt nicht abgeben) oder um einen Inhaltsirrtum (der Erklärende hat sich irrige Vorstellungen über die inhaltliche Tragweite oder die rechtliche Bedeutung seiner Erklärung gemacht) handeln (vgl. dazu *Strick* NZA 2000, 695 ff.). 403

Die Unkenntnis des Arbeitnehmers davon, dass bei Abschluss eines **zweiten befristeten Arbeitsvertrages** im unmittelbaren Anschluss an den ersten befristeten Arbeitsvertrag nur der **letzte Arbeitsvertrag** für die Rechtsbeziehungen zwischen den Arbeitsvertragsparteien maßgeblich ist, berechtigt ihn nicht, den von ihm abgeschlossenen befristeten Anschlussarbeitsvertrag nach § 119 Abs. 1 BGB wegen Irrtums über den Inhalt seiner Erklärung anzufechten (*BAG* 30.10.1987 EzA § 119 BGB Nr. 13). Dies gilt selbst dann, wenn die Befristung des ersten Vertrages rechtsunwirksam war, sodass der Arbeitnehmer die unbefristete Fortsetzung dieses Vertrages hätte verlangen können (*BAG* 30.10.1987 EzA § 119 BGB Nr. 13). 404

bbb) § 119 Abs. 2 BGB

(1) Grundlagen
Gem. § 119 Abs. 2 BGB ist auch die Anfechtung möglich wegen eines Irrtums über verkehrswesentliche Eigenschaften der Person oder Sache. 405

Dabei sind Eigenschaften die tatsächlichen oder rechtlichen Verhältnisse einer Person oder Sache, die in ihrer Beziehung zu anderen Personen oder Sachen wurzeln und wegen ihrer Beschaffenheit und vorausgesetzten Dauer nach den Anschauungen des Verkehrs einen Einfluss auf die Wertschätzung der Sache ausüben. Eigenschaften sind demnach für die Individualisierung einer Person bzw. für den Wert oder die Verwendbarkeit einer Sache bedeutsam. Folglich ist jeder wertbildende Faktor Eigenschaft i. S. d. § 119 Abs. 2 BGB.

Der Arbeitgeber ist nach § 119 Abs. 2 BGB z. B. zur Anfechtung berechtigt, wenn der Arbeitnehmer wegen **gesundheitlicher Mängel** nicht nur kurzfristig gehindert ist, die übernommene Arbeit auszuführen (*BAG* 26.7.1989 EzA § 1 LohnFG Nr. 110; vgl. dazu *Strick* NZA 2000, 695 ff.). 406

Dagegen kommt bei Abschluss eines Arbeitsvertrages mit einer **schwangeren Arbeitnehmerin**, durch den sich diese ausschließlich zu Nachtarbeit (§ 8 MuSchG) verpflichtet, eine Anfechtung nach § 119 Abs. 2 BGB nicht in Betracht, wenn bei Ver- 407

B. Anbahnung und Begründung des Arbeitsverhältnisses

tragsschluss noch mit der Erteilung einer Ausnahmegenehmigung nach § 8 Abs. 6 MuSchG zu rechnen war (*BAG* 8.9.1988 EzA § 8 MuSchG Nr. 1).

(2) Irrtum über die Leistungsfähigkeit des Arbeitnehmers

408 Im Rahmen der Anfechtung von Arbeitsverträgen genügt nicht jeder Irrtum über den Grad der Leistungsfähigkeit des Arbeitnehmers. Es kann auch nicht schon dann gem. § 119 Abs. 2 BGB angefochten werden, wenn sich der Arbeitgeber bei der Einstellung unrichtige Vorstellungen über die Leistungsfähigkeit des Arbeitnehmers gemacht hat und dieser seinen Erwartungen nicht entspricht.

Denn Anfechtungsgrund ist nicht die Fehlbeurteilung, sondern das Nichtwissen von Eigenschaften als Voraussetzung für die Beurteilung, ob der Arbeitnehmer für diese Arbeitsleistung geeignet ist (*Staudinger/Richardi* § 611 BGB Rz. 40).

409 In Betracht kommen insbesondere **Mängel fachlicher Vorbildung** als notwendige Voraussetzung für die Erbringung der Arbeitsleistung sowie **Krankheit** und andere Umstände, wenn durch sie die notwendige Fähigkeit des Arbeitnehmers fehlt oder erheblich beeinträchtigt ist, die vertraglich übernommene Arbeitsleistung auszuführen (*BAG* 28.3.1974 EzA § 119 BGB Nr. 5).

ccc) Prüfungsmaßstab

410 Anfechtbar wegen Irrtums ist der Arbeitsvertrag nur, wenn der Erklärende bei verständiger Würdigung des Falles bei Kenntnis der Sachlage die Erklärung nicht abgegeben hätte.

Folglich führt nur eine solche Vorstellung zur Anfechtung, die (subjektiv) von **entscheidendem Einfluss auf die Abgabe der Willenserklärung** gewesen ist. Die Interessen des von der irrtümlichen Erklärung Betroffenen fordern allerdings zusätzlich, dass nicht nur der subjektive, eventuell launenhafte oder unsinnige Standpunkt des Irrenden als Maßstab herangezogen wird. Deshalb ist die Kausalität zwar vom Standpunkt des Irrenden zu würdigen, dieser ist aber als verständiger Mensch zu denken. Nicht zur Anfechtung berechtigt der sog. **Motivirrtum**, das ist eine unrichtige Vorstellung, die die Entstehung des Geschäftswillens beeinflusst, in ihm aber keinen Ausdruck gefunden hat (*Staudinger/Dilcher* § 119 BGB Rz. 68 ff.).

bb) Arglistige Täuschung oder Drohung

411 Gem. § 123 BGB hat ein Anfechtungsrecht, wer durch arglistige Täuschung (Hervorrufen oder Aufrechterhalten eines Irrtums durch Vorspiegelung falscher oder Unterdrückung wahrer Tatsachen) oder widerrechtlich durch Drohung (Inaussichtstellung eines künftigen, empfindlichen Übels durch den Gegner) zur Abgabe einer Willenserklärung bestimmt worden ist (vgl. dazu *Strick* NZA 2000, 695 ff.).

412 Die Täuschung muss die Abgabe der Erklärung zumindest **ursächlich mit veranlasst** haben. Deshalb berechtigt die **Falschbeantwortung** der Frage nach einer **Schwerbehinderung** des Arbeitnehmers dann nicht zur Anfechtung des Arbeitsvertrages, **wenn die Schwerbehinderung für den Arbeitgeber offensichtlich war und folglich bei ihm ein Irrtum nicht entstanden ist** (*BAG* 18.10.2000 EzA § 123 BGB Nr. 56). Erforderlich ist ferner, dass sich der Täuschende bewusst war, den anderen wenigstens möglicherweise zu schädigen. Das Verschweigen wesentlicher Tatsachen begründet eine

arglistige Täuschung nur dann, wenn eine Rechtspflicht zur Aufklärung oder zur Offenbarung bestand, d. h. wenn unter den Vertragspartnern ein so enges Vertrauensverhältnis bestand, dass die Mitteilung der verschwiegenen Tatsache nach der Verkehrsauffassung redlicherweise erwartet werden durfte (*BGH* NJW 1970, 655).

Im Rahmen der Anfechtung eines Arbeitsvertrages kommt § 123 Abs. 1 BGB in Betracht, wenn der Arbeitnehmer
- eine zulässige Frage des Arbeitgebers vor Abschluss des Arbeitsvertrages bewusst wahrheitswidrig beantwortet hat (vgl. *BAG* 20.5.1999 EzA § 123 BGB Nr. 52) sowie dann, wenn er
- verpflichtet gewesen wäre, auf die fehlende Fähigkeit zur Erbringung der vertraglich geschuldeten Arbeitsleistung von sich aus hinzuweisen oder hinsichtlich anderer Eigenschaften und Umstände eine Offenbarungspflicht bestand, der der Arbeitnehmer jedoch nicht nachgekommen ist (s. o. B/Rz. 209 ff., 225 ff.).

413

b) Erklärung der Anfechtung

Die Anfechtung als Ausübung eines unselbstständigen **Gestaltungsrechts** erfolgt durch formlose Erklärung desjenigen, der die fehlerhafte Willenserklärung abgegeben hat gegenüber dem Anfechtungsgegner (§ 143 BGB). Das Anfechtungsrecht ist unwiderruflich und bedingungsfeindlich.

414

Zulässig ist jedoch eine vorsorgliche Anfechtung (**Eventualanfechtung**) für den Fall, dass die erwartete Nichtigkeit eines Rechtsgeschäfts nicht bejaht werden sollte (*BGH* 8.3.1961 DB 1961, 1021).

415

Als rechtsgestaltende Erklärung muss die Anfechtungserklärung unzweideutig zum Ausdruck bringen, dass das Rechtsgeschäft – im Gegensatz zur Kündigung – von Anfang an, d. h. rückwirkend, beseitigt werden soll (*BGH* 22.2.1991 DB 1991, 1375; s. aber unten B/Rz. 432 ff.).

416

c) Anfechtungsfrist

aa) Irrtumsanfechtung

Die Irrtumsanfechtung muss gem. § 121 BGB unverzüglich, d. h. **ohne schuldhaftes Zögern** nach Kenntnis des Anfechtungsgrundes erfolgen. Insoweit ist dem Anfechtungsberechtigten ein billig zu benennender Zeitraum zugestanden für die Überlegung der wegen § 122 BGB wichtigen Frage, ob er anfechten oder es trotz des beachtlichen Irrtums bei der abgegebenen Erklärung bewenden lassen will. Dabei kann die Beratung mit einem Rechtskundigen geboten sein (*Staudinger/Dilcher* § 121 Rz. 3 ff.).

417

Nach der Rechtsprechung des *BAG* (14.12.1979 EzA § 119 Nr. 11) ist eine Anfechtungserklärung gem. § 119 BGB allerdings nur dann unverzüglich i. S. d. § 121 BGB, wenn sie innerhalb der Zwei-Wochenfrist des § 626 Abs. 2 BGB erfolgt ist. Denn auch eine außerordentliche Kündigung aus wichtigem Grund muss innerhalb von zwei Wochen seit Erlangung der Kenntnis des Kündigungsgrundes erfolgen (abl. *Herschel* AuR 1980, 255; *Staudinger/Richardi* § 611 Rz. 164, weil die Anfechtung und die außerordentliche Kündigung wesensverschiedene Rechtsgestaltungen sind).

418

B. Anbahnung und Begründung des Arbeitsverhältnisses

419 Wird eine Anfechtung wegen Irrtums mit einer bestimmten Begründung erklärt, so können andere Anfechtungsgründe nicht nachgeschoben werden, wenn eine selbstständige Anfechtung mit diesen Gründen gem. § 121 BGB verspätet wäre (*BAG* 14.12.1979 EzA § 119 BGB Nr. 11; *BAG* 21.1.1981 EzA § 119 BGB Nr. 12).

bb) § 123 BGB

420 Die Anfechtung gem. § 123 BGB muss binnen Jahresfrist nach Entdeckung der Täuschung oder nach Aufhören der durch die Drohung hervorgerufenen Zwangslage erfolgen (§ 124 BGB).

Eine Anfechtung ist ausgeschlossen, wenn seit der Abgabe der Willenserklärung 30 Jahre vergangen sind (§§ 121 Abs. 2, 124 Abs. 3 BGB).

421 Im Rahmen der §§ 123, 124 BGB wird § 626 BGB keine Bedeutung beigemessen, weil wegen der zeitlich fest fixierten starren Ausschlussfrist für eine kürzere Konkretisierung dieser Anfechtungsfrist kein Raum ist (*BAG* 19.5.1983 EzA § 123 BGB Nr. 23; **a. A.** [analoge Anwendung des § 626 Abs. 2 BGB] dagegen KR-*Wolf* 3. Aufl., Grunds. Rz. 176).

d) Anhörung des Betriebsrats (§ 102 BetrVG) vor Erklärung der Anfechtung?

422 Ganz überwiegend wird davon ausgegangen, dass § 102 Abs. 1 BetrVG nicht, auch nicht analog, anwendbar ist (*Staudinger/Richardi* § 611 Rz. 167; KR-*Etzel* § 102 BetrVG Rz. 42; *Picker* ZfA 1981, 43 f.; **a. A.** KR-*Wolf* 3. Aufl., Grunds. Rz. 177; *Hönn* ZfA 1987, 89 f.).

423 Denn Anfechtung und Kündigung haben wesensverschiedene Funktionen und sind hinsichtlich ihrer Voraussetzungen und Wirkungen voneinander zu unterscheiden. Das zeigt sich insbesondere darin, dass ein Anfechtungsgrund i. S. d. §§ 119, 123 BGB grds. ohne weiteres die sofortige Auflösung des Arbeitsverhältnisses rechtfertigt, weil es für eine weitere Bindung an einer wirksamen Willenserklärung fehlt. Deshalb bedarf es weder eines besonderen zukunftsbezogenen Kündigungsgrundes i. S. d. § 626 Abs. 1 BGB (vgl. *BAG* 5.12.1957 AP Nr. 2 zu § 123 BGB) noch einer Anhörung des Betriebsrats gem. § 102 Abs. 1 BetrVG.

e) Anwendbarkeit des § 9 MuSchG, § 18 BErzGG, der §§ 85, 91 SGB IX vor Erklärung der Anfechtung?

424 § 9 MuSchG, § 18 BErzGG sind nicht, auch **nicht analog, anwendbar**. Diese Vorschriften sollen nur den Bestand des Arbeitsverhältnisses, nicht aber den Erwerb des Arbeitsplatzes unter Beeinträchtigung der Willensfreiheit des Arbeitgebers schützen. Nichts anderes gilt für den besonderen Kündigungsschutz des SGB IX (*Wolf/Gangel* AuR 1982, 279).

f) Einschränkung des Anfechtungsrechts durch Treu und Glauben (§ 242 BGB)

425 Die Anfechtung eines Arbeitsverhältnisses wegen Irrtums nach § 119 BGB oder arglistiger Täuschung oder Drohung nach § 123 BGB kann gegen Treu und Glauben verstoßen und deshalb unbeachtlich sein (*BAG* 12.2.1970 AP Nr. 17 zu § 123 BGB; 19.5.1983 EzA § 123 BGB Nr. 23; 18.9.1987 EzA § 123 BGB Nr. 28).

B. Anbahnung und Begründung des Arbeitsverhältnisses

Ein derartiger Treueverstoß liegt dann vor, wenn nach den Umständen des Einzelfalls nach langjähriger Tätigkeit des Arbeitnehmers für den Arbeitgeber der Anfechtungsgrund für die weitere Durchführung des Arbeitsverhältnisses **keine Bedeutung mehr hat** (*BAG* 11.11.1993 EzA § 123 BGB Nr. 40; *BAG* 28.5.1998 EzA § 123 BGB Nr. 49). Das ist z. B. dann der Fall, wenn ein Gruppenleiter in einer Behindertenwerkstatt bei der Einstellung eine **rechtskräftige Verurteilung wegen eines Sittlichkeitsdelikts** an einem von ihm betreuten Jugendlichen verschwiegen hat, wenn 426

– das Arbeitsverhältnis **nahezu 10 Jahre gedauert hat**,
– die **Strafe im Bundeszentralregister gelöscht** wurde und
– der Arbeitnehmer während der gesamten Dauer des Arbeitsverhältnisses nicht einschlägig in Erscheinung getreten ist (*LAG Köln* 3.5.2000 ZTR 2001, 43).

4. Rechtsfolgen von Nichtigkeit und Anfechtung

Das nichtige Rechtsgeschäft hat – unabhängig vom Parteiwillen – keine Geltung. Die wirksam erklärte Anfechtung führt grds. dazu, dass das angefochtene Rechtsgeschäft als von Anfang an nichtig angesehen wird (§ 142 Abs. 1 BGB; s. aber unten B/Rz. 432 ff.). 427

Im Falle der Irrtumsanfechtung muss der Anfechtende gem. § 122 BGB den Schaden ersetzen, der dadurch entstanden ist, dass ein anderer auf die Gültigkeit des Rechtsgeschäfts vertraut hat (Vertrauensschaden, negatives Interesse; vgl. *BGH* 14.3.1969 AP Nr. 1 zu § 122 BGB). 428

Dagegen ist der arglistig Täuschende oder Drohende im Falle des § 123 BGB ohne diese Beschränkung auf das negative Interesse zum Schadensersatz gem. §§ 823, 826, 249 BGB verpflichtet. 429

Im Übrigen ist für den Fall, dass ein Arbeitsvertrag wirksam angefochten ist (§§ 119, 123, 142 BGB), hinsichtlich der eintretenden Rechtsfolgen zu entscheiden zwischen den Fällen, in denen das Arbeitsverhältnis bereits in Vollzug gesetzt war und denen, in denen nur der Arbeitsvertrag abgeschlossen worden ist. 430

a) Rechtslage vor Vollzug des Arbeitsverhältnisses

Vor Vollzug des Arbeitsverhältnisses gelten die allgemeinen Regelungen des BGB, d. h. der abgeschlossene Arbeitsvertrag ist rückwirkend als von Anfang an nichtig anzusehen (§ 142 Abs. 1 BGB; vgl. *Staudinger/Richardi* § 611 Rz. 182 ff.). 431

b) Rechtslage nach Arbeitsaufnahme

aa) Verhältnis von Anfechtung und Kündigung

Teilweise (*LAG Baden-Württemberg* 10.10.1956 DB 1956, 1236; *Frey* AuR 1953, 167) wird die Auffassung vertreten, dass §§ 119 ff. BGB nach Aufnahme der Arbeit durch den Arbeitnehmer nicht mehr anwendbar sind. An ihre Stelle sollen die Regelungen über die außerordentliche Kündigung treten. 432

Dagegen spricht, dass Anfechtung und Kündigung verschiedene Funktionen haben und in ihren Voraussetzungen und Rechtsfolgen zu unterscheiden sind. Die Anfechtung dient dazu, dass man sich von den Folgen einer Willenserklärung befreien kann, die auf einem für die Anerkennung der Vertragsfreiheit wesentlichen Willensmangel 433

B. Anbahnung und Begründung des Arbeitsverhältnisses

beruht. Die Kündigung soll dagegen ein Arbeitsverhältnis, das fehlerfrei zustande gekommen ist, **für die Zukunft beseitigen**, weil sich entweder nachträglich die Voraussetzungen geändert haben oder eine Fortsetzung des Arbeitsverhältnisses nunmehr nicht mehr gewollt ist (*BAG* 5.12.1957 AP Nr. 2 zu § 123 BGB). Auch soweit die Anfechtung das Arbeitsverhältnis nur für die Zukunft auflöst (s. u. B/Rz. 436), ist lediglich ein Unterschied zur Kündigung aufgehoben (*Picker* ZfA 1981, 1 ff.).

434 Wirkt folglich ein Anfechtungsgrund so stark nach, dass er dem Anfechtungsberechtigten die Fortsetzung des Arbeitsverhältnisses unzumutbar macht, so kann ein und derselbe Grund sowohl zur Anfechtung als **auch zur außerordentlichen Kündigung** berechtigen (*BAG* 22.9.1961 EzA § 123 BGB Nr. 4; *BAG* 14.12.1979 EzA § 119 BGB Nr. 11).
In einem solchen Fall steht es dem Anfechtungs- und Kündigungsberechtigten frei, welche rechtliche Gestaltungsmöglichkeit er ausüben will. Wenn er allerdings eine Anfechtung erklärt hat, so muss er sich an seinem verlautbarten Willen festhalten lassen und kann sich nicht darauf berufen, die Wirksamkeit seiner rechtsgestaltenden Erklärung sei unter dem Gesichtspunkt einer außerordentlichen Kündigung zu überprüfen (*BAG* 29.8.1974 – 2 AZR 417/73 –, n. v.; zit. nach KR-*Fischermeier* § 626 BGB Rz. 44 ff.).

bb) Faktisches Arbeitsverhältnis

435 Demgegenüber entsteht nach ganz überwiegend vertretener Auffassung (*BAG* 16.9.1982 EzA § 123 BGB Nr. 22; *BAG* 29.8.1984 EzA § 123 BGB Nr. 25; *Staudinger/Richardi* § 611 Rz. 146 ff.; vgl. auch *Strick* NZA 2000, 695 ff.) durch die tatsächliche Arbeitsaufnahme ein sog. faktisches Arbeitsverhältnis, das grds. nicht mehr rückwirkend beseitigt werden kann.

(1) Keine Rückwirkung der Anfechtung

436 Ist der Arbeitsvertrag nichtig (§§ 125, 134, 138 BGB), so kann sich jede Vertragspartei – entgegen § 142 Abs. 1 BGB **nur mit ex-nunc Wirkung** für die Zukunft – durch einseitige Erklärung – für die weder Beschränkungen nach dem MuSchG, dem BErzGG noch dem SGB IX gelten – von dem faktischen Arbeitsverhältnis lösen (*BAG* 5.12.1957 AP Nr. 2 zu § 123 BGB; *BAG* 18.4.1968 AP Nr. 32 zu § 63 HGB; für die Anwendbarkeit des § 142 Abs. 1 BGB bei einer Anfechtung wegen Drohung allerdings MünchArbR/*Richardi* § 46 Rz. 67).

437 Im Hinblick auf die offensichtlichen Schwierigkeiten bei der Rückabwicklung hat sich die Auffassung durchgesetzt, dass ein bereits in Vollzug gesetzter Arbeitsvertrag nicht mehr mit rückwirkender Kraft angefochten werden kann.

438 In Funktion gesetzt ist ein Arbeitsvertrag bereits dann, wenn der Arbeitnehmer am Tage des Dienstantritts **im Betrieb erschienen ist**, seinen Arbeitsplatz zugewiesen sowie Informationsmaterial für seine zukünftige Tätigkeit erhalten hat.

439 Anstelle der rückwirkenden Nichtigkeit wird der Anfechtung nur die kündigungsähnliche Wirkung der Auflösung des Arbeitsverhältnisses für die Zukunft zugeschrieben. Insoweit handelt es sich um eine richterliche Rechtsfortbildung (vgl. *Staudinger/Richardi* § 611 Rz. 180).

B. Anbahnung und Begründung des Arbeitsverhältnisses

(2) Fehlende Arbeitsleistung nach ursprünglicher Aktualisierung

Etwas anderes galt allerdings dann, wenn das Arbeitsverhältnis zwar zunächst aktualisiert, sodann aber – warum auch immer – wieder außer Funktion gesetzt worden ist und der Arbeitnehmer von da ab keine Arbeitsleistung mehr erbracht hat. In diesen Fällen wirkt jedenfalls die Anfechtung gem. § 123 BGB auf den Zeitpunkt der Außerfunktionssetzung zurück (*BAG* 16.9.1982 EzA § 123 BGB Nr. 22; *BAG* 29.8.1984 EzA § 123 BGB Nr. 25; s. aber jetzt unten B/Rz. 444). **440**

Wenn keine Rückabwicklungsschwierigkeiten auftreten, ist es nicht gerechtfertigt, abweichend von § 142 Abs. 1 BGB der Anfechtungserklärung nur Wirkung für die Zukunft beizumessen. Ob eine solche Rückwirkung auch bei der Irrtumsanfechtung eintritt, hat das BAG (*BAG* 16.9.1982 EzA § 123 BGB Nr. 22; *BAG* 29.8.1984 EzA § 123 BGB Nr. 25) bislang ausdrücklich offen gelassen. **441**

Eine Außerfunktionssetzung in diesem Sinne liegt nach zunächst vertretener Auffassung allerdings **nicht bei einer vom Willen der beiden Vertragsparteien unabhängigen Erkrankung des Arbeitnehmers** (§§ 3 ff. EFZG) vor (*BAG* 16.9.1982 EzA § 123 BGB Nr. 22; *BAG* 20.2.1986 EzA § 123 BGB Nr. 27 in Abgrenzung zu *BAG* 18.4.1968 AP Nr. 32 zu § 63 HGB). **442**

Demgegenüber wird in der Literatur (*Brox* Anm. zu *BAG* 16.9.1982 EzA § 123 BGB Nr. 22; *Hueck/von Hoyningen-Huene* § 1 Rz. 102) die Auffassung vertreten, dass die Interessenlage der Beteiligten in beiden Fällen der Anfechtung übereinstimmt: Der Arbeitnehmer ist beim Annahmeverzug des Arbeitgebers genauso schutzbedürftig wie bei einer krankheitsbedingten Arbeitsunfähigkeit. Für den Arbeitgeber ist danach schwer einzusehen, dass er Lohn für die vor der Anfechtung liegenden krankheitsbedingten Ausfallzeiten zahlen muss, obwohl er aufgrund von außerhalb seines Einflussbereiches liegenden Umständen keine Arbeitsleistung erhalten hat, während die Entgeltfortzahlungspflicht entfallen soll, wenn er selbst die Annahme der ihm angebotenen Arbeitsleistung zu Unrecht verweigert hat. **443**

Das *BAG* (3.12.1998 EzA § 123 BGB Nr. 51; vgl. dazu *Natzel* SAE 1999, 220 ff.) hat sich dem inzwischen unter Aufgabe seiner bisherigen Rechtssprechung (s. o. B/Rz. 440) angeschlossen. **Schon der Begriff »Außerfunktionssetzung« ist normativ nicht begründet, unscharf**; auch wird das Regel-Ausnahme-Verhältnis nicht genügend berücksichtigt. Stellt man als Hauptgrund für die bisherige Rechtsprechung für eine ex-nunc-Wirkung der Anfechtung im Arbeitsverhältnis auf die Schwierigkeit, wenn nicht Unmöglichkeit ab, die beiderseits erbrachten Leistungen nach Bereicherungsgrundsätzen **rückabzuwickeln**, dann liegt dieser Grund dann gerade nicht vor, wenn der Arbeitnehmer infolge krankheitsbedingter Arbeitsunfähigkeit **nicht gearbeitet** hat, weil dann **keine Arbeitsleistung** erbracht worden ist, **die nicht zurückgewährt werden kann**. Auch der Gesichtspunkt des Arbeitnehmerschutzes trägt nicht. Denn der Arbeitnehmer ist in diesen Fällen **nicht schutzwürdig: Wer seinen Vertragspartner getäuscht hat, kann sich nicht auf den Bestand des Vertrages verlassen.** Es ist in diesen Fällen vor allem nicht einzusehen, dass der Arbeitgeber, der nur durch eine arglistige Täuschung des Arbeitnehmers zu dessen Einstellung bewogen worden ist, den Arbeitnehmer **nunmehr fürs Nichtstun bezahlen müsste** (*BAG* 3.12.1998 EzA § 123 BGB Nr. 51). **444**

B. Anbahnung und Begründung des Arbeitsverhältnisses

(3) Inhalt des faktischen Arbeitsverhältnisses

445 Aufgrund des faktischen Arbeitsverhältnisses ergeben sich quasi-vertragliche Ansprüche, d. h. es ist für die Vergangenheit wie ein fehlerfrei zustande gekommenes Arbeitsverhältnis zu behandeln (*BAG* 5.12.1957 AP Nr. 2 zu § 123 BGB).

cc) Fehlende Geschäftsfähigkeit des Arbeitnehmers

446 Ist das Arbeitsverhältnis wegen fehlender Geschäftsfähigkeit des Arbeitnehmers (z. B. bei Nichtvorliegen der Voraussetzungen des § 113 BGB) nichtig, kann sich der Arbeitgeber wegen des Schutzzwecks der §§ 104 ff. BGB für die Vergangenheit nicht auf die Nichtigkeit berufen. Der Arbeitnehmer hat **quasi-vertragliche Ansprüche**, d. h. es ist ihm für die Zeit der Beschäftigung das Arbeitsentgelt zu zahlen, das nach dem nichtigen Vertrag zu zahlen gewesen wäre.

447 Den Arbeitnehmer treffen – auch für die Vergangenheit – **keine Pflichten aus dem Arbeitsvertrag**, weil er sich wegen des Mangels der Geschäftsfähigkeit nicht wirksam verpflichten konnte.

448 Dem Arbeitgeber hingegen stehen keine vertraglichen Leistungs- und Schadenersatzansprüche zu; Ansprüche des Arbeitgebers kommen nur gem. §§ 823 ff. BGB in Betracht (vgl. *Schaub* Arbeitsrechtshandbuch, § 35 III 4.).

dd) Fehlende Geschäftsfähigkeit des Arbeitgebers

449 Ist der Arbeitgeber nicht oder nur beschränkt geschäftsfähig, kommen Ansprüche des Arbeitnehmers **nur gem. §§ 812 ff., 823 ff. BGB** in Betracht. In diesen Fällen hat der Schutz des nicht voll Geschäftsfähigen Vorrang vor den Grundsätzen des faktischen Arbeitsverhältnisses (*Schaub* Arbeitsrechtshandbuch, § 35 III 4).

ee) Verstoß gegen die guten Sitten oder ein Strafgesetz

450 Nicht anwendbar sind die Grundsätze über das faktische Arbeitsverhältnis dann, wenn dem Arbeitsvertrag so schwere Rechtsmängel anhaften, dass die Anerkennung quasi-vertraglicher Ansprüche der geltenden Rechtsordnung widersprechen würde.

Das ist vor allem dann der Fall, wenn der Vertragsinhalt gegen die guten Sitten oder ein Strafgesetz verstößt. Hat eine Partei im Übrigen die Nichtigkeit des Arbeitsvertrages gekannt, kann sie sich nicht auf quasi-vertragliche Ansprüche berufen.

451 Allerdings ist die Nichtigkeit des gesamten Vertrages nur dann anzunehmen, wenn entweder die zugesagte Tätigkeit insgesamt sittenwidrig ist oder es sich um die sittenwidrige Bindung einer Vertragspartei handelt (s. o. B/Rz. 392 ff.).

452 Bei arglistiger Täuschung oder Drohung kann der Erhebung quasi-vertraglicher Ansprüche durch die **Einrede der Arglist** begegnet werden; anwendbar sind dann §§ 812 ff. BGB bzw. die Vorschriften des gesetzlichen Rücktrittsrechts.

ff) Nichtigkeit einzelner Abreden des Vertrages

453 Richtet sich ein gesetzliches Verbot nur gegen eine bestimmte Vertragsabrede, ist diese unverbindlich. Ihre Nichtigkeit berührt entgegen § 139 BGB nicht die Wirksamkeit des übrigen Vertrages, wenn das Verbotsgesetz den Schutz des Arbeitnehmers bezweckt (s. o. B/Rz. 392 ff.).

B. Anbahnung und Begründung des Arbeitsverhältnisses

Die durch die Nichtigkeit entstandenen Lücken sind durch Tarifnormen, Betriebsvereinbarungen, gesetzliche Bestimmungen oder die Verkehrssitte auszufüllen. Hat der Arbeitnehmer z. B. verbotene Mehrarbeit geleistet, so hat er gleichwohl Anspruch auf Vergütung als Mehrarbeit. Denn die Schutzvorschrift würde sich sonst zuungunsten des geschützten Arbeitnehmers auswirken (*BAG* 4.10.1963 AP Nr. 3 zu § 10 JArbSchG).
Die Nichtigkeit gilt rückwirkend von Anfang an; allerdings kann sich nur der Arbeitnehmer, nicht auch der Arbeitgeber darauf berufen.

454

5. Beiderseitiger Irrtum

Zweifelhaft ist die Rechtslage, wenn sich die Parteien in einem beiderseitigen Rechtsirrtum befunden haben und ein tatsächlich und rechtlich als Arbeitsverhältnis zu qualifizierendes Rechtsverhältnis übereinstimmend **als freies Mitarbeiterverhältnis angesehen und bislang abgewickelt haben**.

455

> Nach Auffassung des *BAG* (9.7.1986 EzA § 242 BGB Geschäftsgrundlage Nr. 1) richtet sich dann die Anpassung des Vertrages nach den Grundsätzen über den Wegfall der (subjektiven) Geschäftsgrundlage (jetzt § 313 BGB n. F.), d. h. eine Anpassung des Vertrages wird i. d. R. nur noch für noch nicht beendete Vertragsverhältnisse und für die Zukunft in Betracht kommen.

456

Neben den Grundsätzen über den Wegfall der Geschäftsgrundlage (jetzt § 313 BGB n. F.) ist § 812 Abs. 1 S. 2 BGB nicht anwendbar. Zu beachten ist dabei allerdings zum einen, dass das *BAG* (9.7.1986 EzA § 242 BGB Geschäftsgrundlage Nr. 1) davon ausgegangen ist, dass ein Wegfall der Geschäftsgrundlage in derartigen Fällen **i. d. R. nicht gegeben** ist, weil neben dem beiderseitigen Irrtum Voraussetzung für eine Abänderung des Vertrages wäre, dass das Festhalten an ihm für den Schuldner zu einem unzumutbaren Opfer wird. Denn eine Störung der Geschäftsgrundlage ist rechtlich nur von Bedeutung, wenn das Festhalten am Vertrag ein Verstoß gegen Treu und Glauben wäre, wenn also dem Schuldner die Erfüllung des Vertrages auf der bisherigen Grundlage nicht mehr so zugemutet werden könnte.
Das *BAG* (9.7.1986 EzA § 242 BGB Geschäftsgrundlage Nr. 1) hatte zudem nur zu entscheiden, ob der Arbeitgeber vom Arbeitnehmer die **Rückzahlung** von vermeintlich – im Hinblick auf die Nichtarbeitnehmereigenschaft – **zu viel gezahltem Entgelt** verlangen kann. Nicht ausgeschlossen ist aber auch danach, dass der Arbeitgeber für vergangene Zeiten dem Arbeitnehmer Nachzahlungen zu leisten hat, z. B. für Entgeltfortzahlung im Krankheitsfall, Urlaubsabgeltung usw. (a. A. wohl KHzA/*Worzalla* 1.1 Rz. 369). Voraussetzung ist, dass die Ansprüche noch nicht verjährt sind, oder durch auf das Arbeitsverhältnis anzuwendende tarifliche Ausschlussfristen nicht verfallen sind. Andererseits hat das *BAG* (21.1.1998 EzA § 612 BGB Nr. 21; ebenso *LAG Köln* 10.10.1996 LAGE § 611 BGB Nr. 7; **a. A.** *LAG Berlin* 8.6.1993 NZA 1994, 512) für den Fall, dass einem Mitarbeiter einer öffentlich-rechtlichen Rundfunkanstalt mangels einer besonderen Vereinbarung die übliche Vergütung (§ 612 BGB) zusteht, deren Höhe davon abhängig gemacht, ob die Tätigkeit in freier Mitarbeit oder im Arbeitsverhältnis geleistet wird. Es hat im konkret entschiedenen Einzelfall dem klagenden Arbeitnehmer lediglich das im Verhältnis zu den tariflichen Honorarsätzen für freie Mitarbeiter **niedrige Tarifgehalt für Angestellte** zugebilligt. Zwischen einer Ab-

457

B. Anbahnung und Begründung des Arbeitsverhältnisses

wicklung und einer Vertragsanpassung für die Zukunft wird in dieser Entscheidung allerdings nicht unterschieden.

6. Klagefrist (§§ 4, 13 KSchG) für den betroffenen Arbeitnehmer?

458 Wegen des grundsätzlichen Unterschiedes zwischen Anfechtung und Kündigung braucht der Arbeitnehmer, wenn er gegen die vom Arbeitgeber erklärte Anfechtung des Arbeitsverhältnisses gerichtlich vorgehen will, nach einer z. T. in der Literatur (*Staudinger/Richardi* § 611 Rz. 168; *Picker* ZfA 1981, 107 ff.; a. A. *Hönn* ZfA 1987, 90 f.; das *BAG* [14.12.1979 EzA § 119 BGB Nr. 11] hat diese Frage bislang ausdrücklich offen gelassen) vertretenen Auffassung nicht gem. §§ 13, 4 KSchG binnen drei Wochen nach Zugang der Anfechtungserklärung Klage beim Arbeitsgericht zu erheben.

Denn diese Vorschriften dienen einerseits nicht dem Bestandsschutzinteresse des Arbeitnehmers und sind andererseits auf die Besonderheiten der Kündigungsgründe in § 1 KSchG, § 626 BGB mit ihren umfassenden Interessenabwägungen ausgerichtet, die bei der Anfechtung grds. nicht stattfinden.

459 Der Arbeitnehmer kann deshalb dann, wenn der Arbeitgeber die Anfechtung des Arbeitsverhältnisses erklärt hat, ohne Fristeinhaltung in den Grenzen der allgemeinen **Verwirkung** (§ 242 BGB) durch **Feststellungsklage** (§ 256 ZPO) geltend machen, dass ein Anfechtungsgrund nicht besteht. **Der Arbeitgeber hat dann die Darlegungs- und Beweislast.**

460 Zu beachten ist, dass ein Anfechtungsgrund u. U. auch als Kündigungsgrund, dann meist als wichtiger Grund für eine außerordentliche Kündigung, in Betracht kommen kann. Das ist der Fall, wenn der Anfechtungsgrund im Zeitpunkt der Anfechtungserklärung so stark nachwirkt, dass deswegen die Fortsetzung des Arbeitsverhältnisses unzumutbar ist (*BAG* 28.3.1974 EzA § 119 BGB Nr. 5; *BAG* 14.12.1979 EzA § 119 BGB Nr. 11; s. o. B/Rz. 434).

Spricht der Arbeitgeber vorsorglich **sowohl eine Anfechtung als auch eine Kündigung** aus, so muss das Fehlen des (identischen) Anfechtungs- und Kündigungsgrundes wegen des inneren Zusammenhangs nach § 626 BGB oder § 1 Abs. 1 KSchG im Kündigungsschutzprozess geltend gemacht werden. Die Anfechtung kann in diesem Fall auch ohne Anhörung des Betriebsrats wirksam werden (*Hueck/von Hoyningen-Huene* § 1 Rz. 105; s. o. B/Rz. 422 f.).

7. Ermittlung einer Anfechtungserklärung durch Umdeutung (§ 140 BGB)

461 Gem. § 140 BGB kommt eine Umdeutung eines Rechtsgeschäfts nur dann in Betracht, wenn das Rechtsgeschäft, das an die Stelle des unwirksamen treten soll, nicht weitergehende Folgen herbeiführt, als sie die unwirksame Erklärung gehabt hätte. Eine Umdeutung ist nur zulässig, wenn das **neue Rechtsgeschäft gleiche oder weniger weitreichende Folgen nach sich zieht.**

B. Anbahnung und Begründung des Arbeitsverhältnisses

Deshalb kann eine ordentliche Kündigung nicht in eine Anfechtungserklärung gem. **462**
§§ 119, 123 BGB umgedeutet werden, weil diese zur sofortigen Auflösung des Arbeitsverhältnisses führen würde und auch durch die Nichtanwendbarkeit der §§ 9,
10 KSchG weitergehende Folgen für den Arbeitnehmer hat (*BAG* 3.11.1982 EzA
§ 15 KSchG Nr. 28).

Zulässig ist dagegen die Umdeutung einer außerordentlichen Kündigung in eine **463**
Anfechtungserklärung, soweit nicht ohnehin von vornherein eine Auslegung in
eine Anfechtungserklärung in Betracht kommt. Das ist dann der Fall, wenn aus
den Gesamtumständen ersichtlich ist, dass die Auflösung des Arbeitsverhältnisses
aus Gründen des Irrtums oder der Täuschung gewollt ist (*Schaub* Arbeitsrechtshandbuch, § 123 XI 5).

8. Schadenersatzansprüche aus culpa in contrahendo

Arglistige Täuschungen im Rahmen der Vertragsverhandlungen bedeuten stets **464**
auch ein Verschulden bei Vertragsschluss, sodass Ansprüche aus culpa in contrahendo (jetzt § 311 Abs. 3, 4 BGB n. F.) geltend gemacht werden können. Verlangt
werden kann der Ersatz des Vertrauensschadens (z. B. die Inseratskosten für die
notwendige anderweitige Besetzung der Stelle).

Fraglich ist, ob die vom Arbeitgeber bis zur Anfechtung zu erbringende **Lohnzah-** **465**
lung einen ersatzfähigen Schaden darstellt. Das kann z. B. dann der Fall sein, wenn
der Arbeitnehmer die Aufgabe wegen eines Qualifikationsmangels nicht sachgerecht
lösen kann, dagegen dann nicht, wenn der Arbeitnehmer zwar in ungeordneten Vermögensverhältnissen lebt, diese allerdings nicht auf die Brauchbarkeit der Arbeitsleistung durchschlagen (*BAG* 18.4.1968 AP Nr. 32 zu § 63 HGB).

V. Öffentlich-rechtliche Pflichten des Arbeitgebers; Arbeitspapiere

Die Begründung des Arbeitsverhältnisses löst für den Arbeitgeber zahlreiche Melde- **466**
pflichten gegenüber öffentlichen Stellen aus.

1. Meldepflichten gegenüber Sozialversicherungsträgern

Die Einstellung löst (ebenso wie die Beendigung des Arbeitsverhältnisses, vgl. KR- **467**
Wolff SozR Rz. 12 a m. w. N.) die Meldepflicht gem. § 28 a SGB IV gegenüber der
zuständigen Krankenkasse (zum Wahlrecht des Arbeitnehmers insoweit *Figge* DB
1995, 2314 ff.; *Marburger* BB 1995, 874) aus (zu den zuständigen Behörden vgl.
§§ 4 SGB V, 28 i Abs. 1 S. 1 SGB IV), von der die Krankenversicherung des Arbeitnehmers durchgeführt wird und an die der Gesamtversicherungsbeitrag abzuführen ist (zu Inhalt, Form und Frist der Meldung vgl. § 28 a Abs. 3, § 28 c SGB IV
i. V. m. der Datenerfassungs- und Übermittlungsverordnung – DEÜV vom
10.2.1998 (BGBl. I S. 343) zuletzt geändert durch Verordnung vom 13.8.2001
(BGBl. I S. 2165); zu Besonderheiten bei der Arbeitnehmerüberlassung und bei
Hausgewerbetreibenden vgl. § 28 a Abs. 4, 6, § 28 m Abs. 2, 3 SGB IV).

B. Anbahnung und Begründung des Arbeitsverhältnisses

468 Hinzu kommen weitere Meldepflichten gegenüber der zuständigen Krankenkasse, die der Bekämpfung illegaler Beschäftigung, des Leistungsmissbrauchs und der missbräuchlichen Ausnutzung der für die Sozialversicherung bestehenden Geringfügigkeitsgrenze dienen (zu den Sanktionen bei Verstößen vgl. §§ 111 Abs. 1 Nr. 2, 108 SGB IV):

469 – Die **Kontrollmeldung** (§ 102 SGB IV), wenn der Arbeitnehmer nicht (§ 99 SGB IV) bei Beginn der Beschäftigung seinen Sozialversicherungsausweis vorlegt und dies auch nicht innerhalb von drei Tagen nachholt (s. auch unten C/Rz. 1629). Zweck ist es, der Krankenkasse zu ermöglichen, weitere Auskünfte bei dem Arbeitnehmer darüber einzuholen, ob Sozialleistungen bezogen werden und der Sozialversicherungsausweis deshalb gem. § 100 SGB IV hinterlegt worden ist.

470 – **Sofortmeldung** für Arbeitnehmer, die zur Mitführung ihres Sozialversicherungsausweises verpflichtet sind (§§ 99 Abs. 2, 101 SGB IV), d. h. spätestens vom Tag der Beschäftigung an. Betroffen sind davon insbesondere Arbeitnehmer im Bau-, Schausteller- und Gebäudereinigergewerbe, Beschäftigte von Unternehmen, die sich am Auf- und Abbau von Messen beteiligen sowie inzwischen auch Arbeitnehmer in der Forstwirtschaft.

471 – **Meldung für geringfügig Beschäftigte** (§ 104 SGB IV; den Begriff des geringfügig Beschäftigten definiert § 8 SGB IV; dazu sind die sog. Geringfügigkeitsrichtlinien ergangen, vgl. MünchArbR/*Buchner* § 47 Rz. 18 ff.) innerhalb der ersten Woche nach Beginn der Beschäftigung. Damit soll Praktiken entgegengewirkt werden, Mehrfachbeschäftigungen trotz Überschreitens der Grenze zur Versicherungspflicht nicht anzugeben oder sie unter verschiedenen Namen laufen zu lassen.

472 Ergänzungen für den Bereich der Krankenversicherungen enthalten §§ 198, 200 SGB V (Meldepflicht für sonstige versicherungspflichtige Personen sowie zum Wehr- oder Zivildienst einberufene Beschäftigte); im Übrigen stehen die Meldungen gegenüber der Krankenkasse auch den anderen Sozialversicherungsträgern zur Verfügung (vgl. § 198 SGB V, § 190 SGB VI).

2. Arbeitsschutzrecht

473 Meldepflichten im Arbeitsschutzrecht sehen vor
– § 5 Abs. 1 S. 3 MuSchG (Mitteilung der Einstellung einer schwangeren Arbeitnehmerin gegenüber der Aufsichtsbehörde);
– § 15 HAG (Mitteilung von Namen und Arbeitsstätte des in Heimarbeit Beschäftigten gegenüber Gewerbeaufsichtsamt und Polizeibehörde),
– § 15 g StVZO (u. U. Meldepflicht bei der Einstellung eines Taxi-, Mietwagen- oder Krankenwagenführers gegenüber der örtlich zuständigen Verwaltungsbehörde).

3. Vorlage von Arbeitspapieren durch den Arbeitnehmer

474 Der Arbeitnehmer hat zu Beginn des Arbeitsverhältnisses die Lohnsteuerkarte (zur Berechnung, Einbehaltung und Abführung der vom Arbeitnehmer zu tragenden Lohnsteuer durch den Arbeitgeber, vgl. §§ 38 ff. EStG), das Sozialversicherungsnachweisheft (§ 28 o SGB IV) auszuhändigen und den Sozialversicherungsausweis vorzulegen (§§ 95 Abs. 4, 97, 99 SGB IV; zu den Ausnahmen vgl.

B. Anbahnung und Begründung des Arbeitsverhältnisses

§ 109 SGB IV) bzw. mitzuführen und bestimmten Kontrollbehörden auf Verlangen vorzulegen (z. B. im Bau- und Gebäudereinigergewerbe, vgl. § 107 SGB IV).

Bei Bezug von Leistungen aus der Arbeitslosenversicherung oder von Sozialhilfe soll der Leistungsträger die Hinterlegung des **Sozialversicherungsausweises** verlangen (§ 100 SGB IV; zum Leistungsverweigerungsrecht des Arbeitgebers, wenn der Arbeitnehmer den Ausweis nicht hinterlegt (vgl. § 100 Abs. 2 S. 2 SGB IV).

Daneben kommen als weitere vorzulegende Unterlagen in Betracht das **Gesundheitszeugnis** (§ 43 IfSG), die **Arbeitserlaubnis** ausländischer Arbeitnehmer (§ 285 SGB III) und die **Gesundheitsbescheinigung** von Jugendlichen (§ 32 JArbSchG). 475

Fraglich ist, ob der Arbeitgeber die Vorlage einer Bescheinigung nach **§ 6 Abs. 2 BUrlG** zum Ausschluss von Doppelansprüchen verlangen kann. 476

Besondere Vorschriften gelten für die Arbeitnehmer im **Schiffsverkehr** (Vorlage eines Seefahrtsbuches bzw. eines Schifferdienstbuches bei Anmusterung, §§ 11, 16 SeemG, §§ 1, 4 SchifferdienstbücherG). 477

Als arbeitsrechtliche Folge der Nichtvorlage der erforderlichen Arbeitspapiere kommt insbesondere die Abmahnung sowie die (außerordentliche oder ordentliche) Kündigung des Arbeitsverhältnisses in Betracht. 478

Welche Sanktion im Einzelfall gerechtfertigt ist, hängt vom jeweiligen Arbeitspapier und seiner Bedeutung für die Durchführung des Arbeitsverhältnisses ab und ferner davon, inwieweit arbeitsvertragliche Interessen des Arbeitgebers betroffen sind (vgl. zum Gesundheitszeugnis BAG 25.6.1970 AP Nr. 1 zu § 18 BSeuchG; 2.3.1971 AP Nr. 2 zu § 18 BSeuchG).

4. Überlassung von Arbeitspapieren an den Arbeitnehmer

Ausnahmsweise ist auch der Arbeitgeber verpflichtet, dem Arbeitnehmer Arbeitspapiere bei Beginn der Beschäftigung auszuhändigen: 479
- Niederschrift des Berufsausbildungsvertrages (**§ 4 Abs. 3 BBiG**);
- dem Leiharbeitnehmer ist eine Urkunde auszuhändigen, die den wesentlichen Inhalt des Arbeitsverhältnisses wiedergibt und vom Verleiher unterzeichnet ist (**§ 11 Abs. 1 S. 3 AÜG**);
- Entgeltbücher (**§ 9 HAG**) an Heimarbeiter.

C. Der Inhalt des Arbeitsverhältnisses

Inhaltsübersicht

I. Pflichten des Arbeitnehmers 1–598
  1. Der Inhalt der Arbeitspflicht 1– 8
     a) Grundlagen 1– 3
     b) Pflicht zur persönlichen Arbeitsleistung 4– 8
  2. Veränderung der Leistungsart 9– 18
     a) Grundlagen 9– 13
     b) Konkretisierung der Arbeitspflicht 14– 15
     c) Versetzung des Arbeitnehmers 16– 18
  3. Umfang und Intensität der Arbeitspflicht 19– 24
  4. Ort der Arbeitsleistung 25– 29
  5. Arbeitszeit 30–174
     a) Abgrenzungen 32– 45
     b) Wege- und Dienstreisezeiten 46– 50
     c) Ruhezeiten und Ruhepausen 51– 54
     d) Umfang der Arbeitszeit 55–164
        aa) Grundlagen 55– 60
        bb) Überschreitung der Dauer der Arbeitszeit 61– 79
        cc) Der Anspruch auf Teilzeitbeschäftigung (TzBfG) 80–162
           (1) Grundlagen 80
           (2) Teilzeitarbeitsverhältnisse; Begriffsbestimmung 81– 83
           (3) Ausschreibungspflicht (§ 7 TzBfG) 84– 91
              aaa) Eignung als Teilzeitarbeitsplatz 85
              bbb) Sanktionen 86
              ccc) Anspruch eines Teilzeitarbeitnehmers auf Vollzeitbeschäftigung? 87– 91
                 aaaa) Informationspflicht des Arbeitgebers 87
                 bbbb) Sanktionen 88– 89
                 cccc) Bevorzugte Berücksichtigung 90
                 dddd) Bewerbung mehrerer Teilzeitbeschäftigter 91
           (4) Der Anspruch auf Wechsel in Teilzeit 92–155
              aaa) Anspruchsvoraussetzungen 93–121
                 aaaa) Überblick 93–121
                 bbbb) Anspruchsberechtigter Arbeitnehmer 94
                 cccc) Ankündigungsfrist 95–101
                 dddd) Weiterer Verfahrensgang 102–105
                 eeee) Zahl der Arbeitnehmer 106
                 ffff) Entgegenstehende betriebliche Belange 107–109
                 gggg) Verhältnis zur Unternehmerentscheidung 110–112
                 hhhh) Maßgeblicher Beurteilungszeitpunkt 113–116
                 iiii) Präklusion der Ablehnungsgründe? 117
                 jjjj) Tarifliche Regelungen 118
                 kkkk) Reaktionsmöglichkeiten von Arbeitgeber und Arbeitnehmer 119–121
              bbb) Einseitige Änderungsmöglichkeit des Arbeitgebers 122–126
              ccc) Reaktionsmöglichkeiten des Arbeitnehmers 127–128
              ddd) Darlegungs- und Beweislast 129–135
              eee) Prozessuale Fragen 136–146
                 aaaa) Streitgegenstand; Klageantrag 136–138

C. Der Inhalt des Arbeitsverhältnisses

			bbbb)	Einstweilige Verfügung	139–143
			cccc)	Streitwert	144–146
		fff)	Verhältnis zu anderen Ansprüchen auf Arbeitszeitverkürzung		147
		ggg)	Die Gegenleistung des Arbeitgebers (Arbeitsentgelt) bei Reduzierung der Arbeitszeit		148–155
			aaaa)	Grundlagen	148–151
			bbbb)	Einzelfragen	152–155
		(5)	Benachteiligungsverbote; Kündigungsverbot (§§ 4, 5, 11 TzBfG)		156–162
			aaa)	§ 4 TzBfG	156–158
			bbb)	§ 5 TzBfG	159
			ccc)	§ 11 TzBfG	160–162
		dd)	Unterschreitung der Arbeitszeit		163
		ee)	Begrenzung der Arbeitszeit		164
	e)	Lage der Arbeitszeit			165–167
	f)	Beginn und Ende der Arbeitszeit			168–172
	g)	Der Sonderfall: Schullehrer			173–174
6.	Befreiung von der Arbeitspflicht				175–231
	a)	Einverständliche Arbeitsbefreiung			175–190
		aa)	Anspruch des Arbeitnehmers auf Freistellungsvereinbarung		178–181
		bb)	Wirkung der Arbeitsbefreiung		182–185
		cc)	Dauer und Beendigung der Freistellung		186–188
		dd)	Anrechnung anderweitigen Verdienstes?		189–190
	b)	Freistellung durch einseitige Erklärung des Arbeitgebers und des Arbeitnehmers			191–195
	c)	Gesetzliche Befreiung von der Arbeitspflicht			196–208
		aa)	Unmöglichkeit der Arbeitsleistung		196–203
		(1)	Neues Schuldrecht		196–199
			aaa)	Grundlagen	196
			bbb)	Die gesetzliche Neuregelung	197–199
		(2)	Das alte Schuldrecht		200–203
		bb)	Unzumutbarkeit der Arbeitsleistung		204–208
		(1)	Grundlagen		204–206
		(2)	Beispiele		207–208
	d)	Annahmeverzug des Arbeitgebers			209–210
	e)	Zurückbehaltungsrecht des Arbeitnehmers			211–228
		aa)	Grundlagen		211–214
		bb)	Beispiele		215–228
	f)	Arbeitsverhinderung aus sonstigen Gründen			229–230
	g)	Ruhen des Arbeitsverhältnisses			231
7.	Durchsetzung des Anspruchs auf Arbeitsleistung				232–239
	a)	Klage auf Erfüllung			232–234
	b)	Einstweilige Verfügung; Klage auf Unterlassung anderweitiger Erwerbstätigkeit			235–239
8.	Nebenpflichten des Arbeitnehmers				240–434
	a)	Grundlagen			240–241
	b)	Rechtsgrundlage			242–244
	c)	Arten von Nebenpflichten (Überblick)			245–247
	d)	Wettbewerbsverbot			248–298
		aa)	Grundlagen; persönlicher Geltungsbereich		248–250
		bb)	Zeitlicher Geltungsbereich		251–258
		cc)	Gegenstand des Wettbewerbsverbots		259–277

C. Der Inhalt des Arbeitsverhältnisses

			(1)	Betrieb eines Handelsgewerbes; Vorbereitungshandlungen	259–264
			(2)	Wettbewerbshandlungen gegen den Arbeitgeber; Vorbereitungshandlungen	265–270
			(3)	Einwilligung des Arbeitgebers	271–274
			(4)	Beendigung des Arbeitsverhältnisses; nachvertragliches Wettbewerbsverbot	275–276
			(5)	Wettbewerbsverbot mit einem freien Mitarbeiter	277
		dd)	Rechtsfolgen des Wettbewerbsverstoßes	278–297
			(1)	Grundlagen	278–279
			(2)	Schadensersatzanspruch	280–283
			aaa)	Vertragsverletzung i. V. m. § 60 Abs. 1 HGB	280–282
			bbb)	§ 826 BGB, § 1 UWG	283
			(3)	Eintrittsrecht	284–287
			(4)	Verjährung	288–292
			(5)	Weitere Rechtsfolgen der Verletzung des Wettbewerbsverbotes	293–295
			(6)	Rechtsfolgen bei anderen Arbeitnehmern	296–297
		ee)	Gerichtliche Geltendmachung	298
	e)	Wahrung des Betriebsfriedens und der betrieblichen Ordnung			299–323
		aa)	Grundlagen	299–304
		bb)	Einzelfragen	305–323
			(1)	Politische Betätigung im Betrieb	305–309
			(2)	Duldung persönlicher Kontrollen und ärztlicher Untersuchungen	310–312
			(3)	Alkoholgenuss im Betrieb	313–315
			(4)	Rauchen im Betrieb	316–321
			(5)	Persönliche Lärmentwickung	322–323
	f)	Schutz des Unternehmenseigentums			324–327
	g)	Pflicht zur Verschwiegenheit über betriebliche Angelegenheiten			328–351
		aa)	Grundlagen	329–331
		bb)	Einzelfälle	332–340
			(1)	Ruf- und Kreditschädigende Äußerungen	332–333
			(2)	Erstattung von Anzeigen; Anschwärzen des Arbeitgebers	334–340
		cc)	Zeitlicher Geltungsbereich	341–345
			(1)	Grundlagen	341
			(2)	Nachvertragliche Verschwiegenheitspflicht	342–345
		dd)	Rechtsfolgen der Schweigepflichtverletzungen	346–348
		ee)	Verschwiegenheitspflichten aufgrund besonderer Stellung	349–351
	h)	Unterlassung unternehmensschädlicher Meinungsäußerungen und der Verbreitung wahrer Tatsachen			352–359
		aa)	Grundlagen	352–355
		bb)	Kritische Äußerungen über den Arbeitgeber und Betriebsangehörige	356–358
		cc)	Unterlassung der Verbreitung wahrer Tatsachen	359
	i)	Annahme von Schmiergeldern			360–369
		aa)	Grundlagen	360–363
		bb)	Rechtsfolgen	364–369
	j)	Unternehmensschädliche Einwirkung auf Kollegen (insbesondere Abwerbung)			370–372
	k)	Außerdienstliche Verhaltenspflichten			373–378
	l)	Pflicht zur Unternehmensförderung			379–394
		aa)	Anzeige drohender Gefahren/Schäden	379–383

C. Der Inhalt des Arbeitsverhältnisses

		bb)	Verhinderung von Störungen und Beseitigung von Schäden	384–386
		cc)	Anzeige persönlicher Arbeitsverhinderung	387
		dd)	Verhältnis zu Arbeitskollegen	388
		ee)	Förderung des Unternehmenszwecks	389–394
	m)	Nebenbeschäftigung		395–428
		aa)	Grundlagen	395–396
		bb)	Grenzen der Nebentätigkeit	397–404
		cc)	Vereinbarte Nebentätigkeitsverbote	405–413
		dd)	Sanktionen für Verbotsverstöße	414–426
		ee)	Zeitliche Kollisionen von Mehrfach-Arbeitsverhältnissen	427–428
	n)	Auskunftspflichten im bestehenden Arbeitsverhältnis		429–432
	o)	Sanktionen der Nebenpflichtverletzung (Übersicht)		433–434
9.	Nichtleistung der Arbeit			435–474
	a)	Grundlagen		435–436
	b)	Unmöglichkeit der Leistung und Verzug		437–439
	c)	Rechtsfolgen von Unmöglichkeit und Verzug		440–451
		aa)	Nachleistungsanspruch	440
		bb)	Mehrarbeit	441–442
		cc)	Weitere Kosten	443
		dd)	Zurückbehaltungsrecht	444
		ee)	Kürzung von freiwilligen Sozialleistungen	445–446
		ff)	Lohnminderung bei Abbruch der Ausbildung	447
		gg)	Weitere Rechtsfolgen	448
		hh)	Durch die Beendigung des Arbeitsverhältnisses entstandene Schäden	449–451
	d)	Pauschalierter Schadensersatz		452
	e)	Vertragsstrafe		453–463
		aa)	Grundlagen	453–457
		bb)	Vertragsbruch	458–459
		cc)	Festsetzung und Höhe der Vertragsstrafe	460–463
	f)	Kündigung vor Dienstantritt		464–474
		aa)	Kündigungserklärung	465–466
		bb)	Lauf der Kündigungsfrist	467–472
		cc)	Schadensersatzanspruch des Arbeitgebers	473–474
10.	Schlechtleistung der Arbeit			475–485
	a)	Grundlagen		475
	b)	Anspruchsgrundlage für Schadensersatzansprüche des Arbeitgebers		476–477
	c)	Lohnminderung?		478
	d)	Rechtsfolgen		479–485
		aa)	Unverschuldete Schlechtleistung	479–481
		bb)	Verschuldete Schlechtleistung	482–485
11.	Haftung des Arbeitnehmers			486–596
	a)	Allgemeine Voraussetzungen		487–499
		aa)	Tatbestandsmerkmale der Haftungsansprüche	487–492
		bb)	Grundsätze der Schadensberechnung	493–495
		cc)	Ersatzfähige Schäden	496–497
		dd)	Aufrechnung mit Schadensersatzansprüchen	498–499
	b)	Haftungsbeschränkung im Arbeitsverhältnis		500–535
		aa)	Grundlagen	500
		bb)	Entwicklung der Rechtsprechung des BAG	501–525
		(1)	Das Kriterium der gefahrgeneigten Arbeit	501–503
		(2)	Differenzierung der Haftung nach drei Verschuldensgraden	504
		(3)	Ausschluss der Haftung auch bei mittlerer Fahrlässigkeit	505

C. Der Inhalt des Arbeitsverhältnisses

		(4)	Rückkehr zur Differenzierung nach drei Verschuldensgraden; Berücksichtigung von Versicherungsmöglichkeiten	506– 510
		(5)	Haftungsbeschränkung bei grober Fahrlässigkeit	511– 519
		(6)	Aufgabe des Kriteriums der Gefahrgeneigtheit	520– 525
	cc)	Abwägungskriterien		526– 528
	dd)	Haftpflichtversicherung des Arbeitnehmers		529
	ee)	Mitverschulden des Arbeitgebers (§ 254 BGB)		530– 533
	ff)	Detektivkosten		534– 535
c)	Darlegungs- und Beweislast			536– 538
d)	Mankohaftung			539– 557
	aa)	Mankoabrede		540– 542
	bb)	Rechtliche Grenzen		543– 545
	cc)	Darlegungs- und Beweislast		546– 547
	dd)	Mankohaftung ohne vertragliche Vereinbarung		548– 557
		(1)	Grundlagen	548
		(2)	Besonderheiten bei wirtschaftlicher Dispositionsbefugnis des Arbeitnehmers	549– 552
		(3)	Beispiel: Der Kundendienstmonteur	553– 554
		(4)	Grds. keine Haftungsbeschränkung	555– 557
e)	Haftung gegenüber Dritten			558– 567
	aa)	Haftung nach den allgemeinen Vorschriften		558– 559
	bb)	Freistellungsanspruch gegen den Arbeitgeber		560– 562
	cc)	Dogmatische Grundlage		563
	dd)	Umfang des Freistellungsanspruchs; Pfändbarkeit		564– 566
	ee)	Insolvenz des Arbeitgebers		567
f)	Haftung gegenüber Betriebsangehörigen			568– 596
	aa)	Grundlagen; §§ 104, 105 SGB VII		568– 571
	bb)	Zweck der Sonderregelungen		572
	cc)	Arbeitsunfall		573– 577
	dd)	Eintritt des Versicherungsfalles auf einem versicherten Weg		578– 584
	ee)	Persönliche Voraussetzungen		585– 590
		(1)	Allgemeine Voraussetzungen	585– 588
		(2)	Betriebliche Tätigkeit; gemeinsame Betriebsstätte	589– 590
	ff)	Der Haftungsausschluss		591– 596
12. Schuldanerkenntnis des Arbeitnehmers				597– 598
II. Pflichten des Arbeitgebers				599–3219
1. Zahlung und Sicherung des Arbeitsentgelts				599–1199
a)	Grundlagen			599– 621
	aa)	Der Begriff des Arbeitsentgelts; der EURO		599– 604
	bb)	Bemessungsgrößen		605– 607
	cc)	Tarifliche Normen; übertarifliche Entgelte		608– 609
	dd)	Betriebsvereinbarungen		610
	ee)	Einzelvertragliche Entgeltregelungen		611
	ff)	Freiwillige Leistungen; Widerrufsvorbehalt		612– 617
	gg)	Widerrufsvorbehalt nach freiem Ermessen		618
	hh)	Beispiele für den Widerruf von Entgeltbestandteilen		619– 621
b)	Entgelthöhe			622– 636
	aa)	Grundlagen		622
	bb)	Grundsatz der Lohngleichheit von Männern und Frauen		623– 630
	cc)	Zinsen		631– 636
		(1)	Berechnungsfaktoren	631
		(2)	Formulierung des Klageantrags	632– 634

C. Der Inhalt des Arbeitsverhältnisses

			(3)	Urteilstenor	635–636
	c)	Brutto- und Nettoentgelte			637–683
		aa)	Die Besteuerung des Arbeitseinkommens		637–658
			(1)	Grundlagen	637–640
			(2)	Abrechnungs-, Zahlungs- und Mitteilungspflichten des Arbeitgebers gegenüber dem Arbeitnehmer	641–653
				aaa) Grundlagen	641–643
				bbb) Lohnabrechnung als Schuldanerkenntnis?	644–653
			(3)	Fehlerhafte Berechnung und Zahlung der Lohnsteuer; fehlerhafte Lohnsteuerbescheinigung; Progressionsschaden nach unwirksamer Kündigung	654–658
		bb)	Brutto-, Nettolohnvereinbarung		659–672
			(1)	Grundlagen	659–660
			(2)	Im Zweifel Bruttolohnvereinbarung	661–664
			(3)	Änderung der gesetzlichen Abzüge bei Nettolohnvereinbarungen	665–668
			(4)	Verpflichtung des Arbeitnehmers, individuelle Möglichkeiten zu Senkung der Lohnsteuerbelastung zu Gunsten des Arbeitgebers in Anspruch zu nehmen?	669–672
		cc)	Sozialversicherungsbeiträge		673–680
		dd)	Kindergeld		681–682
		ee)	Der Sonderfall: Mitarbeiter in Spielbanken		683
	d)	Erfüllung			684–700
		aa)	Grundlagen		684–686
		bb)	Entgeltberechnung bei außerordentlicher Kündigung		687
		cc)	Gehaltsvorschüsse; Abschlagszahlungen		688–689
		dd)	Truckverbot; Lohnverwendungsabreden (bis 31.12.2002)		690–695
		ee)	Sachbezüge als Teil des Arbeitsentgelts (§ 107 Abs. 2 GewO n. F. ab 1.1.2003)		696
		ff)	Aufrechnung gegen eine Lohnforderung		697–700
	e)	Leistungsbezogene Entgelte; Eingruppierung nach dem BAT			701–788
		aa)	Grundlagen		701–759
			(1)	Ziel und Formen der Leistungsentlohnung	701–702
			(2)	Rechtsgrundlage der Leistungsentlohnung	703
			(3)	Anknüpfungspunkte für die Leistungsentlohnung	704–705
			(4)	Der Leistungsgrad des einzelnen Arbeitnehmers	706–707
			(5)	Arbeitsbewertung	708
			(6)	Analytische Arbeitsbewertung	709–711
			(7)	Summarische Arbeitsbewertung	712–714
			(8)	Die Tarifpraxis	715–719
			(9)	Die Vergütung der Angestellten im öffentlichen Dienst; Eingruppierung nach dem BAT	720–759
				aaa) Grundlagen	720–721
				bbb) Prüfungsmaßstab für die Eingruppierung	722–723
				ccc) Tarifautomatik	724–725
				ddd) Arbeitsvorgänge	726–735
				aaaa) Begriffsbestimmung	726–727
				bbbb) Darlegungslast; Auswirkungen des Nachweisgesetzes	728–732
				cccc) Bildung von Arbeitsvorgängen; Zusammenhangstätigkeiten	733–735
				eee) Subsumtion	736–739
				fff) Tariflücken	740–742
				ggg) Spezialitätsprinzip	743
				hhh) Erstmalige Eingruppierung	744–746

C. Der Inhalt des Arbeitsverhältnisses

		iii)	Bewährungsaufstieg	747–752
		jjj)	Fallgruppenbewährungsaufstieg	753
		kkk)	Korrektur einer irrtümlichen Eingruppierung	754
		lll)	Gleichbehandlungsgrundsatz	755–757
		mmm)	Rechtskraft	758–759
	bb)	Akkordlohn		760–772
		(1)	Grundlagen	760
		(2)	Bezugsgröße für die Arbeitsmenge	761–762
		(3)	Gegenüberstellung von Arbeitsmenge und Entgeltsbezugsgrößen	763–764
		(4)	Grundlagen der Bemessung der Vorgabezeiten	765
		(5)	Systeme der Vorgabezeitenermittlung	766–768
		(6)	Akkordrichtsatz/Mindestverdienst	769–770
		(7)	Verbot der Akkordarbeit für bestimmte Arbeitnehmergruppen	771–772
	cc)	Prämienlohn		773–779
		(1)	Grundlagen	773–774
		(2)	Ziel des Prämienlohns	775–778
		aaa)	Die Prämienlohnkurve	776
		bbb)	Kombinierter Prämienlohn	777
		ccc)	Verbot von Prämienlohn für bestimmte Berufsgruppen	778
		(3)	Formen der Prämienvergütung	779
	dd)	Leistungslohn aufgrund einer individuellen Leistungsbeurteilung		780–782
	ee)	Zulagen, Zuschläge		783–788
		(1)	Begriffe; Zweck von Zulagen und Zuschlägen	783–787
		(2)	Formen von Zulagen, Zuschlägen	788
f)	Ergebnisbezogene Entgelte			789–821
	aa)	Provision		789–811
		(1)	Grundlagen	789–791
		(2)	Rechtsgrundlage und Berechnung der Provision bei Handlungsgehilfen	792–795
		(3)	Rechtsgrundlage bei anderen Arbeitnehmern	796–797
		(4)	Entstehung eines Provisionsanspruchs	798–800
		(5)	Provisionsanspruch nach Beendigung des Arbeitsverhältnisses	801–803
		(6)	Abweichende Vereinbarungen	804
		(7)	Weitere Modalitäten des Provisionsanspruchs	805–806
		(8)	Verjährung; Ausschlussfristen	807
		(9)	Darlegungs- und Beweislast	808–810
		(10)	Der Sonderfall: Wegfall einer Topfabrede	811
	bb)	Umsatz- und Gewinnbeteiligung		812–821
		(1)	Begriffe; Abgrenzung	812–815
		(2)	Rechtsgrundlage	816
		(3)	Keine Einschränkung der Unternehmensführung	817
		(4)	Auskunftsanspruch	818–819
		(5)	Verjährung	820
		(6)	Ausscheiden aus dem Betrieb	821
g)	Gratifikationen, Sonderzuwendungen			822–949
	aa)	Grundlagen		822–823
	bb)	Zweck derartiger Leistungen		824
	cc)	Die praktischen Probleme		825
	dd)	Auslegung der Zusage		826–851
		(1)	Grundfragen	826–827

C. Der Inhalt des Arbeitsverhältnisses

		(2)	Die Zweckbestimmung anhand der Leistungsvoraussetzungen	828–832
		(3)	Stichtagsregelungen; Auszahlungstermin	833–846
		(4)	Quotelung bei Ausscheiden vor dem Stichtag?	847–848
		(5)	Zweifel bei der Auslegung	849–850
		(6)	Nachträgliche Differenzierung beim Leistungsverhalten?	851
	ee)	Rechtsgrundlagen		852–864
		(1)	Ausdrückliche kollektiv- und einzelvertragliche Regelungen	852
		(2)	Betriebliche Übung	853–856
		(3)	Beseitigung der betrieblichen Übung	857–860
		(4)	Gleichbehandlungsgrundsatz	861–862
		(5)	Freiwilligkeits- und Widerrufsvorbehalt	863
		(6)	Umdeutung einer rechtswidrigen Betriebsvereinbarung	864
	ff)	Rückzahlungsvorbehalte		865–886
		(1)	Begriff und allgemeine Voraussetzungen	865–870
		(2)	Normative Grenzen von Rückzahlungsklauseln	871
		(3)	Die Kriterien bei einzelvertraglich vereinbarten Rückzahlungsklauseln	872–877
		(4)	Fristberechnung	878–879
		(5)	Besonderheiten bei Tarifnormen	880–881
		(6)	Regelungen in Betriebsvereinbarungen	882
		(7)	Die Rechtsfolgen unwirksamer Rückzahlungsfristen	883–885
		(8)	Abwicklung der Rückzahlung	886
	gg)	Berücksichtigung von Fehlzeiten und Nichtarbeit durch Kurzarbeit mit »Null-Stunden«		887–931
		(1)	Grundlagen	887
		(2)	Ausdrückliche Regelung für krankheitsbedingte Fehlzeiten	888–894
		(3)	Rechtslage bei fehlender ausdrücklicher Regelung	895–903
		(4)	Mutterschutzfristen	904–909
		(5)	Elternzeit	910–926
		aaa)	Grundlagen	910–917
		bbb)	Kürzung von Weihnachtsgeld	918–922
		ccc)	Kürzung einer Tantieme	923–924
		ddd)	Kürzung eines 13. Monatsgehalts	925–926
		(6)	Kurzarbeit mit »Null-Stunden«; Arbeitskampf	927–929
		(7)	Differenzierung zwischen verschiedenen Abwesenheitsursachen	930–931
	hh)	Berücksichtigung und Anrechnung anderweitiger Sozialleistungen		932–938
	ii)	Berechnungsmethode; Anspruchskürzung		939–940
	jj)	Anwesenheitsprämie		941–949
		(1)	Zweck und Inhalt von Anwesenheitsprämien	941
		(2)	Die Beurteilung der Rechtmäßigkeit von Anwesenheitsprämien durch das BAG (Rechtslage bis zum 30.9.1996)	942–948
		aaa)	Grundlagen	942–946
		bbb)	Zulässige Regelungen (bis 30.9.1996)	947–948
		(3)	§ 4 a EFZG (Rechtslage ab 1.10.1996)	949
h)	Sonstige Entgelte			950–998
	aa)	Sachzuwendungen		950–969
		(1)	Sachbezüge als Arbeitsentgelt	950–951

		(2)	Personalrabatte	952– 956
		(3)	Privatnutzung eines Dienstwagens	957– 968
		(4)	Steuerlast	969
	bb)		Vermögensbeteiligung	970– 973
	cc)		Arbeitgeberdarlehen	974– 995
		(1)	Grundlagen	974– 976
		(2)	Abgrenzung zum Vorschuss	977– 982
		(3)	Kündigung des Darlehens	983– 984
		(4)	Auswirkungen der Beendigung des Arbeitsverhältnisses	985– 994
		aaa)	Grundsätze	985– 986
		bbb)	Keine vorzeitige Rückzahlung	987– 988
		ccc)	Kündigung zum Ende der Elternzeit	989
		ddd)	Rückzahlungsklauseln	990– 991
		eee)	Verstoß gegen § 9 Abs. 2 Nr. 1 AGBG (jetzt § 307 Abs. 2 Nr. 1 BGB n. F.)	992– 993
		fff)	Höhere Verzinsung	994
		(5)	Betriebsübergang	995
	dd)		Arbeitnehmerdarlehen	996– 997
	ee)		Miles & More-Bonus-Programme	998
i)			Abtretung	999–1013
	aa)		Grundlagen	999
	bb)		Ausschluss der Abtretbarkeit bei Unpfändbarkeit	1000–1003
	cc)		Abfindung	1004
	dd)		Vereinbarung eines Abtretungsverbots	1005–1009
	ee)		Vorausabtretung in Allgemeinen Geschäftsbedingungen	1010–1013
j)			Lohnpfändung	1014–1125
	aa)		Grundlagen	1014–1016
	bb)		Ablauf der Lohnpfändung	1017–1053
		(1)	Allgemeine Voraussetzungen der Zwangsvollstreckung	1017
		(2)	Antragsvoraussetzungen	1018–1025
		aaa)	Bezeichnung der Beteiligten	1018–1019
		bbb)	Bezeichnung der zu befriedigenden Forderung	1020
		ccc)	Bezeichnung der zu pfändenden Forderung	1021–1025
		(3)	Änderung der Bezüge oder der Rechtsstellung des Arbeitnehmers	1026–1035
		aaa)	Bestehen mehrerer Arbeitsverhältnisse	1027
		bbb)	Betriebsübergang	1028
		ccc)	Änderung der Bezüge oder der Rechtsstellung	1029–1030
		ddd)	Beendigung des Arbeitsverhältnisses; Unterbrechungen	1031–1035
		(4)	Zukünftige Forderungen	1036–1037
		(5)	Schlüssige Behauptung der Forderung	1038
		(6)	Vollstreckungshindernisse	1039–1041
		(7)	Pfändungsbeschluss	1042
		(8)	Pfändungspfandrecht	1043–1044
		(9)	Überweisungsbeschluss	1045
		(10)	Zustellung des Pfändungs- und Überweisungsbeschlusses	1046–1047
		(11)	Verhältnis zu Vorausabtretungen	1048–1050
		(12)	Vorpfändung	1051–1053
	cc)		Die Rechtsstellung des Arbeitgebers nach der Pfändung	1054–1084
		(1)	Auskunftspflichten gem. § 840 ZPO (Drittschuldnererklärung)	1054–1066
		aaa)	Inhalt der Auskunftspflichten	1054–1059
		bbb)	Klage auf Erfüllung der Auskunftspflicht?	1060–1061

C. Der Inhalt des Arbeitsverhältnisses

		ccc)	Schadensersatzansprüche	1062–1065
		ddd)	Kosten der Auskunft	1066
		(2)	Zahlungspflicht des Drittschuldners; Hinterlegung	1067–1072
		(3)	Einwendungen und Einreden des Drittschuldners	1073–1082
		aaa)	Verfahrensmängel	1073–1074
		bbb)	Einreden und Einwendungen gegen die gepfändete Forderung; Überweisung an einen anderen Gläubiger zur Einziehung	1075–1077
		ccc)	Aufrechnung	1078–1080
		ddd)	Einwendungen gegen die zu vollstreckende Forderung	1081–1082
		(4)	Ersatz der Lohnpfändungskosten	1083–1084
	dd)		Die Rechtsstellung des Gläubigers nach der Pfändung	1085–1087
	ee)		Die Rechtsstellung des Arbeitnehmers nach der Lohnpfändung	1088–1094
		(1)	Grundlagen	1088
		(2)	Auskunftspflicht	1089
		(3)	Einstellung oder Einschränkung der Zwangsvollstreckung	1090–1091
	ff)		Besonderheiten der Pfändung von Lohnansprüchen ziviler Arbeitnehmer gegen die alliierten Stationierungsstreitkräfte	1092–1094
	gg)		Lohnpfändungsschutz	1095–1125
		(1)	Sinn und Zweck der §§ 850 ff. ZPO	1095
		(2)	Grundstruktur der gesetzlichen Regelung	1096–1102
		(3)	Arbeitseinkommen i. S. d. §§ 850 ff. ZPO	1103–1123
		aaa)	Grundlagen	1103
		bbb)	Einzelfälle	1104–1123
		(4)	Pfändungsschutz von Sozialleistungsansprüchen	1124–1125
k)			Rückzahlung von Vergütung	1126–1134
	aa)		Anwendbarkeit der §§ 812 ff. BGB	1126–1128
	bb)		Darlegungs- und Beweislast für den Wegfall der Bereicherung	1129–1131
	cc)		Besonderheiten im öffentlichen Dienst	1132–1133
	dd)		Erstattung von Sozialversicherungsbeiträgen und Lohnsteuer	1134
l)			Das Arbeitsentgelt in der Insolvenz des Arbeitgebers	1135–1199
	aa)		Schutz des Arbeitsentgelts durch die InsO	1135–1145
		(1)	Ansprüche für die Zeit vor Eröffnung des Insolvenzverfahrens	1135–1137
		(2)	Ansprüche für die Zeit nach Eröffnung des Insolvenzverfahrens	1138–1142
		aaa)	Höhe des Arbeitsentgelts; Inhalt des Arbeitsverhältnisses	1138–1140
		bbb)	Insolvenzrechtliche Einordnung der Arbeitsentgeltansprüche	1141–1142
		(3)	Betriebsübergang in der Insolvenz	1143–1145
	bb)		Geschützter Personenkreis	1146–1151
		(1)	Arbeitnehmer	1146
		(2)	Arbeitnehmerüberlassung	1147–1149
		(3)	Organmitglieder	1150–1151
	cc)		Arbeitsentgelt i. S. d. § 55 InsO; § 183 SGB III	1152–1176
		(1)	Begriffsbestimmung	1152–1158
		(2)	Abfindungen	1159–1160
		(3)	Ansprüche aus einem Sozialplan	1161–1162
		(4)	Gratifikationen	1163–1165
		(5)	Schadensersatzansprüche	1166–1168
		(6)	Urlaubsentgeltansprüche; Urlaubsgeld	1169–1174
		(7)	Nebenforderungen	1175

C. Der Inhalt des Arbeitsverhältnisses

	(8)	Sozialversicherungsbeiträge; Steuern	1176
dd)		Insolvenzgeld	1177–1195
	(1)	Sinn und Zweck der gesetzlichen Regelung	1177–1184
	(2)	Verfahren; Forderungsübergang; Höhe und Modalitäten des Anspruchs	1185–1195
ee)		Vorfinanzierung durch Dritte	1196–1199

2. Arbeitsentgelt ohne Arbeitsleistung — 1200–2153
   a) Annahmeverzug des Arbeitgebers — 1200–1312
      aa) Grundlagen — 1200–1207
         (1) Fixschuldcharakter der Arbeitsleistung — 1200–1201
         (2) Unmöglichkeit der Arbeitsleistung; Abgrenzung — 1202–1203
         (3) Abdingbarkeit des § 615 S. 1 BGB; Ausnahmen — 1204–1205
         (4) Suspendierung — 1206
         (5) Verzicht auf bereits entstandene Ansprüche — 1207
      bb) Voraussetzungen des Annahmeverzuges — 1208–1245
         (1) Rechtswirksamer Arbeitsvertrag — 1208–1210
         (2) Angebot des Arbeitnehmers — 1211–1220
            aaa) Allgemeine Voraussetzungen — 1211–1213
            bbb) Die Kündigungsschutzklage als wirksames Angebot — 1214
            ccc) Unzumutbarkeit eines Angebots in Ausnahmefällen — 1215
            ddd) Entbehrlichkeit eines wörtlichen Angebots insgesamt nach Ausspruch einer Kündigung — 1216–1220
         (3) Leistungsvermögen des Arbeitnehmers — 1221–1236
            aaa) Entzug der Fahrerlaubnis — 1223
            bbb) Krankheit des Arbeitnehmers; Kündigung — 1224–1228
            ccc) Schwerbehinderung — 1229–1230
            ddd) Beispiele — 1231–1236
         (4) Ernsthafter Leistungswille — 1237–1238
         (5) Leistungsverweigerungsrecht des Arbeitnehmers — 1239
         (6) Unzumutbarkeit der Annahme der Arbeitsleistung — 1240–1242
         (7) Treuwidrigkeit der Geltendmachung des Anspruchs; Mutterschutz — 1243–1244
         (8) Annahmeverzug bei fehlendem Weiterbeschäftigungsanspruch — 1245
      cc) Beendigung des Annahmeverzuges — 1246–1260
         (1) Die Problemstellung in der Praxis — 1246
         (2) Typische Fallkonstellationen — 1247–1255
            aaa) Angebot eines faktischen Arbeitsverhältnisses — 1247
            bbb) Weiterbeschäftigung zu den bisherigen Arbeitsbedingungen unter Aufrechterhaltung der Kündigung — 1248
            ccc) Befristetes oder bedingtes Arbeitsverhältnis — 1249
            ddd) Notwendigkeit des Abstandnehmens von der Kündigung — 1250–1251
            eee) Aber: Böswilliges Unterlassen anderweitigen Erwerbs? — 1252–1253
            fff) Kündigungsgrund? — 1254
            ggg) Der Sonderfall: Die unterlassene Mitteilung der vorzeitigen Beendigung einer Schwangerschaft — 1255
         (3) Aufforderung zur Fortsetzung der Beschäftigung — 1256
         (4) Rechtslage bei der Änderungskündigung — 1257
         (5) § 102 Abs. 5 S. 2 BetrVG — 1258
         (6) Beendigung des Arbeitsverhältnisses — 1259
         (7) Begründung eines neuen Arbeitsverhältnisses — 1260
      dd) Die Rechtswirkungen des Annahmeverzuges — 1261–1269
         (1) Lohnausfallprinzip — 1261–1263

C. Der Inhalt des Arbeitsverhältnisses

		(2)	Begriff des Arbeitsentgelts	1264
		(3)	Aufwendungsersatz	1265
		(4)	Fälligkeit; Verjährung; Ausschlussfristen	1266–1267
		(5)	Annahmeverzug und Betriebsübergang	1268
		(6)	Forderungsübergang auf Sozialversicherungsträger (§§ 203 f. SGB III und § 115 SGB X)	1269
	ee)	Anrechnung auf den entgangenen Verdienst		1270–1287
		(1)	Sinn und Zweck der Anrechnung	1270
		(2)	Verhältnis zu § 11 KSchG	1271
		(3)	Abdingbarkeit	1272
		(4)	Anzurechnender Verdienst	1273–1274
		(5)	Durchführung der Anrechnung und Rückabwicklung	1275–1276
		(6)	Darlegungs- und Beweislast; Auskunftsanspruch; eidesstattliche Versicherung	1277–1280
		(7)	Leistungsverweigerungsrecht des Arbeitgebers	1281
		(8)	Öffentlich-rechtliche Leistungen	1282
		(9)	Böswillig unterlassener Erwerb	1283–1285
		aaa)	Begriffsbestimmung	1283
		bbb)	Beispiele für fehlende Böswilligkeit	1284–1285
		(10)	Einvernehmliche Freistellung	1286
		(11)	Einseitige Freistellung durch den Arbeitgeber	1287
	ff)	Darlegungs- und Beweislast		1288–1290
	gg)	Betriebsrisiko		1291–1309
		(1)	Die praktische Ausgangslage	1291–1292
		(2)	Problemlösung	1293–1303
		aaa)	Gründe im betrieblichen Bereich	1294–1297
		bbb)	Existenzgefährdung	1298–1299
		ccc)	Leistungsfähigkeit und -bereitschaft des Arbeitnehmers	1300–1301
		ddd)	Abweichende Begründungsansätze	1302–1303
		(3)	Längerfristige Betriebsstörungen	1304–1305
		(4)	Arbeitskampfrisiko	1306
		(5)	Abdingbarkeit	1307–1308
		(6)	Keine generelle vertragliche Abwälzung des Lohnrisikos	1309
	hh)	Wirtschaftsrisiko		1310–1312
		(1)	Begriff	1310–1311
		(2)	Besonderes Kündigungsrecht	1312
b)	Arbeitsverhinderung aus persönlichen und sonstigen Gründen			1313–1365
	aa)	Arbeitsverhinderung aus persönlichen Gründen		1313–1349
		(1)	Grundlagen	1313–1314
		(2)	Sonderregelungen	1315
		(3)	Abdingbarkeit; Bedeutung tarifvertraglicher Regelungen	1316–1321
		(4)	Tatbestandsvoraussetzungen	1322–1347
		aaa)	Arbeitsverhältnis	1322–1323
		bbb)	Alleinige Ursache der Arbeitsverhinderung in der Person des Arbeitnehmers	1324–1330
		ccc)	Notwendiger Bezug zur Arbeitszeit	1331–1333
		ddd)	Beispiele	1334–1335
		eee)	Verschulden der Arbeitsverhinderung	1336
		fff)	Verhältnismäßig nicht erhebliche Zeit	1337–1342
		ggg)	Mehrzahl von Verhinderungsfällen	1343–1344
		hhh)	Informations- und Nachweispflicht	1345–1346
		iii)	Berechnung des Anspruchs	1347
		(5)	Darlegungs- und Beweislast	1348–1349

C. Der Inhalt des Arbeitsverhältnisses

	bb)	Freizeit zur Stellensuche (§ 629 BGB)		1350
	cc)	Ausübung staatsbürgerlicher Rechte und Pflichten		1351–1358
		(1)	Wahlvorbereitung	1351–1354
		(2)	Sonstige staatsbürgerliche Rechte und Pflichten	1355
		(3)	Ehrenamtlicher Richter	1356–1358
	dd)	Wahrnehmung mitbestimmungsrechtlicher Aufgaben und Rechte		1359
	ee)	Gesetzliche Beurlaubung bei Wehr- und Zivildienst		1360–1365
		(1)	Deutsche Arbeitnehmer	1360–1363
		(2)	Ausländische Arbeitnehmer	1364–1365
c)	Die Lohnzahlung an Feiertagen			1366–1422
	aa)	Normative Grundlagen		1366–1369
	bb)	Räumlicher Anwendungsbereich der §§ 1, 2 EFZG		1370–1372
	cc)	Anspruchsvoraussetzungen der Feiertagsvergütung		1373–1402
		(1)	Arbeitnehmer; Arbeitsverhältnis	1374–1375
		(2)	Arbeitsausfall wegen des Feiertages	1376–1386
		aaa)	Grundlagen	1376–1381
		bbb)	Beispiele	1382–1386
		(3)	Besonderheiten bei Schichtarbeit; Zuschläge für Feiertagsarbeit	1387–1392
		(4)	Feiertag, Krankheit und Kurzarbeit	1393–1395
		(5)	Feiertag und Arbeitskampf	1396–1401
		(6)	Heimarbeit	1402
	dd)	Umfang und Berechnung der Feiertagsvergütung		1403–1412
		(1)	Lohnausfallprinzip	1403
		(2)	Einzelfragen	1404–1412
	ee)	Unabdingbarkeit des Anspruchs		1413–1417
	ff)	Der Ausschluss der Feiertagsvergütung		1418–1421
	gg)	Darlegungs- und Beweislast		1422
d)	Entgeltfortzahlung im Krankheitsfall			1423–1702
	aa)	Grundlagen		1423–1425
	bb)	Anspruchsvoraussetzungen		1426–1496
		(1)	Arbeitsverhältnis	1426–1427
		(2)	Krankheit	1428–1435
		aaa)	Begriffsbestimmung	1429–1431
		bbb)	Unerheblichkeit der Ursache; Arbeitsunfall bei Nebenbeschäftigung	1432
		ccc)	Organentnahme	1433
		ddd)	Sterilisation; Schwangerschaftsabbruch; künstliche Befruchtung	1434–1435
		(3)	Arbeitsunfähigkeit	1436–1446
		aaa)	Begriffsbestimmung	1436–1438
		bbb)	Mittelbare Auswirkungen der Krankheit; ambulante Behandlungen	1439–1442
		ccc)	Wegeunfähigkeit	1443
		ddd)	Teilarbeitsunfähigkeit	1444–1446
		(4)	Kausalität	1447–1466
		aaa)	Begriffsbestimmung	1447–1449
		bbb)	Arbeitsunwilligkeit	1450–1451
		ccc)	Schwangerschaft	1452–1453
		ddd)	Suspendierung	1454–1457
		eee)	Arbeitszeitverlegungen	1458–1459
		fff)	Erholungsurlaub; Sonderurlaub	1460–1464
		ggg)	Elternzeit	1465

C. Der Inhalt des Arbeitsverhältnisses

	hhh)	Fehlende Arbeitserlaubnis	1466
	(5)	Kein Verschulden des Arbeitnehmers	1467–1496
	aaa)	Begriffsbestimmung	1468–1470
	bbb)	Darlegungs- und Beweislast	1471
	ccc)	Fallgruppen	1472–1495
	aaaa)	Allgemeine Erkrankungen; Anforderungen an die Lebensführung	1472–1473
	bbbb)	Aids	1474–1475
	cccc)	Suchterkrankungen	1476–1479
	dddd)	Alkohol im Straßenverkehr	1480
	eeee)	Rückfallerkrankungen	1481
	ffff)	Verkehrsunfälle	1482–1485
	gggg)	Unfälle im betrieblichen und privaten Bereich	1486–1489
	hhhh)	Suizidhandlungen	1490
	iiii)	Sportunfälle	1491–1494
	jjjj)	Schlägereien	1495
	ddd)	Besonderheiten bei Seeleuten?	1496
cc)		Höhe des Entgeltfortzahlungsanspruchs	1497–1535
	(1)	Entgeltausfallprinzip	1497–1500
	(2)	Änderungen des § 4 EFZG durch das arbeitsrechtliche Beschäftigungsförderungsgesetz (1.10.1996–31.12.1998)	1501–1513
	(3)	Die weitgehende Rückkehr zum alten Recht durch das »KorrekturG« zum 1.1.1999	1514–1516
	(4)	Maßgebliche Arbeitszeit	1517–1518
	(5)	Überstunden	1519–1521
	(6)	Unsichere Prognose	1522–1524
	(7)	Anteiliger Entgeltanspruch	1525–1526
	(8)	Leistungsentgelt	1527
	(9)	Weitere Einzelfälle	1528–1529
	(10)	Abweichende tarifliche Regelungen	1530–1535
dd)		Beginn und Dauer des Entgeltfortzahlungsanspruchs	1536–1546
	(1)	Grundlagen	1536–1538
	(2)	Dauer	1539–1541
	(3)	Fristberechnung	1542–1546
	aaa)	Fristbeginn	1543–1545
	bbb)	Fristende	1546
ee)		Entgeltfortzahlung über das Ende des Arbeitsverhältnisses hinaus	1547–1566
	(1)	Grundlagen	1547–1548
	(2)	Aufhebungsvertrag	1549–1551
	(3)	Anfechtung; Nichtigkeit	1552
	(4)	Anlasskündigung	1553–1565
	aaa)	Begriffsbestimmung	1554
	bbb)	Praktische Probleme	1555
	ccc)	Darlegungs- und Beweislast	1556–1565
	aaaa)	Kenntnis des Arbeitgebers	1557
	bbbb)	Anscheinsbeweis bei Kündigung ohne Kenntnis	1558–1562
	cccc)	Beginn der Nachweisfrist	1563
	dddd)	Kündigung zum/nach Ende der Arbeitsunfähigkeit	1564–1565
	(5)	Beendigung des Entgeltfortzahlungsanspruchs	1566
ff)		Mehrfacherkrankungen	1567–1589
	(1)	Grundlagen	1567–1568
	(2)	Begriffsbestimmung; Fortsetzungserkrankungen	1569–1573
	(3)	Getrennte Verhinderungsfälle	1574–1575

C. Der Inhalt des Arbeitsverhältnisses

		(4)	Einheit des Verhinderungsfalles	1576–1578
		(5)	Dauer der Entgeltfortzahlung bei Fortsetzungserkrankungen; Fristberechnungen	1579–1583
		aaa)	Sechs-Wochen-Frist	1579
		bbb)	Zwölf-Monats-Frist	1580–1581
		ccc)	Beispiel	1582
		ddd)	Sechs-Monats-Zeitraum	1583
		(6)	Darlegungs- und Beweislast; Hinweispflicht	1584–1587
		(7)	Verhältnis zu Sozialversicherungsträgern	1588–1589
	gg)		Anzeige- und Nachweispflichten	1590–1633
		(1)	Anzeigepflicht	1590–1601
		aaa)	Grundlagen	1590–1592
		bbb)	Adressat, Form	1593–1594
		ccc)	Unverzügliche Mitteilung	1595–1598
		ddd)	Inhalt der Mitteilung	1599–1601
		(2)	Vorlage einer Arbeitsunfähigkeitsbescheinigung (Nachweispflicht)	1602–1624
		aaa)	Grundlagen	1602–1603
		bbb)	Inhalt, Form, Zustandekommen	1604–1613
		ccc)	Vorlage innerhalb der Frist des § 5 Abs. 1 S. 2 EFZG	1614–1616
		ddd)	Vorlage auf Verlangen des Arbeitgebers	1617–1623
		eee)	Entbehrlichkeit der Vorlage	1624
		(3)	Leistungsverweigerungsrechte	1625–1632
		(4)	Rechtsfolgen der Verletzung der Anzeige- und Nachweispflicht	1633
	hh)		Darlegungs- und Beweislast hinsichtlich der Arbeitsunfähigkeit; Zweifel am Inhalt der Arbeitsunfähigkeitsbescheinigung	1634–1661
		(1)	Zweifel an der Richtigkeit der Arbeitsunfähigkeitsbescheinigung	1636–1638
		(2)	Praktische Möglichkeiten des Arbeitgebers	1639–1642
		(3)	Beweiswert ärztlicher Bescheinigungen	1643–1646
		(4)	Erkrankung im Ausland; ausländische Arbeitsunfähigkeitsbescheinigungen	1647–1657
		(5)	Nachweis der Arbeitsunfähigkeit bei Kurzerkrankungen und an den ersten Tagen der Arbeitsunfähigkeit	1658–1659
		(6)	Verweigerung der Untersuchung durch den medizinischen Dienst	1660
		(7)	Rückforderung geleisteter Entgeltfortzahlung durch den Arbeitgeber	1661
	ii)		Rechtsmissbräuchliche Geltendmachung (§ 242 BGB); Schadensersatz	1662–1666
	jj)		Verzicht auf Entgeltfortzahlung	1667–1670
		(1)	Grundsatz der Unabdingbarkeit	1667
		(2)	Ausgleichsquittung	1668–1670
	kk)		Maßnahmen der medizinischen Vorsorge und Rehabilitation	1671–1678
		(1)	Grundlagen	1671–1675
		(2)	Zusammentreffen von Krankheit und Kur (Maßnahme der medizinischen Vorsorge und Rehabilitation)	1676
		(3)	Mitteilungs- und Nachweispflichten	1677–1678
	ll)		Forderungsübergang auf den Arbeitgeber bei Dritthaftung	1679–1684
		(1)	Grundlagen	1679–1680
		(2)	Voraussetzungen des Forderungsübergangs	1681
		(3)	Arbeitsentgelt	1682
		(4)	Modalitäten des Anspruchs	1683–1684

C. Der Inhalt des Arbeitsverhältnisses

	mm)	Forderungsübergang auf Sozialleistungsträger		1685–1697
		(1)	Grundlagen	1685–1686
		(2)	Einzelfragen	1687–1690
		(3)	Rechtsstellung des Sozialleistungsträgers bei Kündigungen	1691–1694
		(4)	Einwendungen gegen die Forderung	1695
		(5)	Kenntnis des Arbeitgebers	1696–1697
	nn)	Entgeltfortzahlungsversicherung		1698–1702
		(1)	Grundlagen	1698
		(2)	Verfahren	1699–1702
e)	Urlaubsrecht			1703–2153
	aa)	Normative Regelungen		1703–1704
	bb)	Rechtsnatur des Urlaubsanspruchs		1705–1730
		(1)	Gesetzlich bedingter Freistellungsanspruch des Arbeitnehmers	1706–1707
		(2)	Nebenpflicht des Arbeitgebers	1708
		(3)	Erholungsbedürfnis als Anspruchsvoraussetzung?	1709
		(4)	Tatsächliche Arbeitsleistung als Anspruchsvoraussetzung?	1710–1713
		(5)	Befristung des Urlaubsanspruchs	1714–1715
		(6)	Erlöschen nach Fristablauf	1716–1719
		(7)	Übertragung des Urlaubsanspruchs	1720–1722
		(8)	Das IAO-Übereinkommen Nr. 132 über den bezahlten Jahresurlaub	1723–1727
		aaa)	Grundlagen und Inhalt	1723–1724
		bbb)	Verhältnis zur Befristung des Urlaubsanspruchs nach dem BUrlG	1725
		ccc)	Kritik in Rechtsprechung und Literatur	1726–1727
		(9)	Teilzeitbeschäftigung	1728–1730
	cc)	Auswirkungen tariflicher Regelungen		1731–1742
		(1)	Erweiterung der Übertragungsmöglichkeit nach erfolgloser vorheriger Geltendmachung	1731–1732
		(2)	Übertragung über den 31.3. des Folgejahres hinaus	1733–1737
		(3)	Anforderungen an den Inhalt einer von der Befristung des Urlaubsanspruchs abweichenden Regelung	1738–1742
	dd)	Mutterschutzfristen, Erziehungsurlaub (jetzt: Elternzeit)		1743
	ee)	Erkrankung des Arbeitnehmers		1744
	ff)	Ersatzurlaubsanspruch		1745–1754
		(1)	Rechtslage bei unberechtigter Urlaubsverweigerung und nach Fristablauf	1745–1747
		(2)	Mahnung	1748–1749
		(3)	Abweichende Begründungsansätze	1750–1752
		(4)	Entschädigungsanspruch bei Beendigung des Arbeitsverhältnisses	1753
		(5)	Klage des Arbeitnehmers; tarifliche Ausschlussfrist	1754
	gg)	Umfang des Urlaubsanspruchs		1755–1807
		(1)	Grundlagen (§ 3 BUrlG)	1755–1786
		aaa)	Höhe des gesetzlichen Urlaubs	1755–1756
		bbb)	Umrechnung auf die 5-Tage-Woche	1757–1761
		ccc)	Berechnung bei flexibler Arbeitszeitverteilung	1762–1766
		ddd)	Besonderheiten bei Teilzeitarbeitsverhältnissen?	1767–1773
		eee)	Anrechnung von Zeiten der Nichtbeschäftigung als Urlaub	1774–1775

C. Der Inhalt des Arbeitsverhältnisses

	fff)	Eindeutigkeit der Urlaubsbewilligung; Rechtslage bei Kündigungen	1776–1780
	ggg)	Verhältnis zu anderweitigen Ansprüchen auf Arbeitsbefreiung	1781–1786
	(2)	Wartezeit	1787–1792
	aaa)	Grundlagen	1787–1790
	bbb)	Unterbrechungen des Arbeitsverhältnisses	1791–1792
	(3)	Teilurlaub (§ 5 BUrlG)	1793–1796
	(4)	Rückzahlung überzahlten Urlaubsentgelts	1797–1799
	(5)	Ausschluss von Doppelansprüchen (§ 6 BUrlG)	1800–1807
	aaa)	Sinn und Zweck	1800–1802
	bbb)	Voraussetzungen	1803–1804
	ccc)	Konkurrenz von Abgeltungs- und Freizeitanspruch	1805–1807
hh)		Urlaubsabgeltung	1808–1839
	(1)	Grundlagen; Rechtsnatur	1808–1816
	(2)	Krankheit des Arbeitnehmers; Beschäftigungsverbot	1817–1831
	aaa)	Grundlagen	1817–1823
	bbb)	Abweichende tarifliche Regelungen	1824–1829
	ccc)	Urlaub und Wiedereingliederung (§ 74 SGB V)	1830
	ddd)	Beschäftigungsverbot	1831
	(3)	Kritik in der Literatur	1832–1833
	(4)	Darlegungs- und Beweislast	1834–1837
	(5)	Rechtsmissbrauch	1838–1839
ii)		Erkrankung während des Urlaubs; Erwerbsunfähigkeit; Maßnahmen der medizinischen Vorsorge oder Rehabilitation	1840–1853
	(1)	Krankheit	1840–1846
	(2)	Erwerbsunfähigkeit	1847–1848
	(3)	Maßnahmen der medizinischen Vorsorge oder Rehabilitation	1849–1853
	aaa)	§ 10 BUrlG a. F. (bis 30.9.1996), n. F. (ab 1.1.1999)	1849
	bbb)	§ 10 BUrlG n. F. (1.10.1996 bis 31.12.1998), a. F. ab 1.1.1999	1850
	ccc)	Rückkehr zum alten Recht durch das sog.»KorrekturG«	1851–1852
	ddd)	Abweichende tarifliche Regelungen	1853
jj)		Urlaubsgeld	1854–1858
kk)		Die zeitliche Festlegung des Urlaubs	1859–1883
	(1)	Recht und Pflicht des Arbeitgebers; Urlaubsverlangen des Arbeitnehmers	1859–1867
	(2)	Kritik in der Literatur	1868
	(3)	Bestimmung des Urlaubszeitpunkts	1869–1870
	(4)	Bindung an die Urlaubsfestlegung	1871–1874
	(5)	Mitteilung der Urlaubsanschrift?	1875
	(6)	Zusammenhängende Urlaubsgewährung	1876–1877
	(7)	Selbstbeurlaubungsrecht des Arbeitnehmers?	1878–1883
ll)		Verfallfristen	1884–1892
	(1)	Grundlagen	1884–1888
	(2)	Einzelfälle	1889–1892
mm)		Unabdingbarkeit (§ 13 BUrlG)	1893–1909
	(1)	Verfügungsverbot	1893–1895
	(2)	Tarifdispositivität	1896–1903
	aaa)	Grundlagen	1896
	bbb)	Einzelfragen	1897–1902
	ccc)	Eindeutigkeit und Klarheit abweichender Regelungen	1903

C. Der Inhalt des Arbeitsverhältnisses

		(3)	Einzelvertragliche oder in Betriebsvereinbarungen vorgesehene Abweichungen	1904–1905
		(4)	Besonderheiten bei sog. Treueurlaub	1906–1907
		(5)	Vergleich	1908–1909
	nn)		Zweckbindung des Urlaubs	1910–1913
		(1)	Verbot von Erwerbstätigkeit im Urlaub	1910
		(2)	Rückzahlung des Arbeitsentgelts?	1911–1912
		(3)	Tarifliche Regelungen	1913
	oo)		Rechtsschutz	1914–1929
		(1)	Leistungs-, Gestaltungsklage?	1914–1916
		(2)	Leistungs-, Feststellungsklage nach Fristablauf?	1917–1920
		(3)	Einstweilige Verfügung	1921–1929
	pp)		Der Urlaubsentgelt- und -abgeltungsanspruch; Pfändbarkeit	1930–1969
		(1)	Das Urlaubsentgelt (§ 11 BUrlG)	1930–1959
		aaa)	Lebensstandardprinzip	1930
		bbb)	Referenzprinzip	1931–1932
		ccc)	Berechnung des Urlaubsentgelts	1933–1952
		aaaa)	Grundlagen	1933–1938
		bbbb)	Arbeitnehmerähnliche Personen	1939
		cccc)	Aufwandsentschädigungen; Sachbezüge; Ausgleichszahlungen	1940–1942
		dddd)	Verdiensterhöhungen, -kürzungen	1943–1945
		eeee)	Besonderheiten bei flexibilisierter Arbeitszeit	1946–1949
		ffff)	Teilzeitbeschäftigte	1950
		gggg)	Lizenzfussballspieler	1951–1952
		ddd)	Auszahlung des Urlaubsentgelts	1953–1954
		eee)	Abweichende vertragliche Regelungen	1955–1959
		(2)	Pfändbarkeit, Abtretbarkeit	1960–1969
		aaa)	Höchstpersönlichkeit von Urlaubs- und Urlaubsabgeltungsanspruch?	1960–1963
		bbb)	Tod des Arbeitnehmers	1964–1969
	qq)		Urlaub für jugendliche Arbeitnehmer und Auszubildende	1970–1972
	rr)		Zusatzurlaub für schwer behinderte Menschen	1973–1991
		(1)	Grundlagen	1973–1975
		(2)	Schwerbehinderteneigenschaft	1976
		(3)	Berechnung des Zusatzurlaubs	1977–1980
		(4)	Entzug des Schwerbehindertenschutzes	1981–1983
		(5)	Erlöschen des Anspruchs	1984–1986
		(6)	Urlaubsentgelt; Urlaubsgeld	1987–1990
		(7)	Urlaubsabgeltung	1991
	ss)		Urlaub im Bereich der Heimarbeit	1992–1997
		(1)	Ansammlungsprinzip	1992–1993
		(2)	Berechnung des Urlaubsentgelts	1994–1996
		(3)	Schwer behinderte Menschen; Jugendliche	1997
	tt)		Urlaub nach dem SeemG	1998–2005
		(1)	Grundlagen	1998–1999
		(2)	Befristung des Urlaubsanspruchs	2000–2001
		(3)	Berechnung des Urlaubsentgelts	2002
		(4)	Verlängerung des Heuerverhältnisses; Urlaubsabgeltung	2003–2004
		(5)	Abweichende tarifliche Bestimmungen	2005
	uu)		Urlaub im Baugewerbe und im Maler- und Lackierhandwerk	2006–2018
		(1)	Sachgrund abweichender Regelungen in bestimmten Wirtschaftszweigen	2006–2007

C. Der Inhalt des Arbeitsverhältnisses

		(2)	Inhalt und Berechnung von Urlaubsanspruch, -entgelt und –abgeltung	2008–2012
		(3)	Aufklärungspflicht	2013
		(4)	Verfahren	2014–2018
	vv)		Sonderregelungen bei Bundesbahn und Bundespost	2019
	ww)		Urlaub und Grundwehrdienst, Wehrübungen, Zivildienst	2020–2026
		(1)	Kürzungsmöglichkeit des Arbeitgebers	2020–2023
		(2)	Gewährung vor Dienstantritt; Übertragung	2024–2025
		(3)	Wehr- und Eignungsübungen	2026
	xx)		Urlaub und Bundeserziehungsgeldgesetz	2027–2060
		(1)	Grundlagen	2027–2028
		(2)	Rechtslage für Kinder, die vor dem 1.1.2001 geboren worden sind	2029–2050
		aaa)	Geltendmachung des Anspruchs; Voraussetzungen	2029–2033
		bbb)	Kürzung des Urlaubsanspruchs; Übertragung	2034–2037
		ccc)	Urlaubsabgeltung; Urlaubsgeld	2038–2044
		ddd)	Teilzeitarbeit in der Elternzeit	2045–2049
		eee)	Elternzeit und Sonderurlaub	2050
		(3)	Änderungen für Kinder, die am 1.1.2001 oder später geboren worden sind	2051–2060
		aaa)	Grundlagen	2051–2054
		bbb)	Anspruch auf Teilzeitarbeit beim eigenen Arbeitgeber	2055–2060
		aaaa)	Anspruchsvoraussetzungen	2055
		bbbb)	Entgegenstehende dringende betriebliche Gründe	2056
		cccc)	Unternehmerische Entscheidung	2057
		dddd)	Verbindung von Elternzeit und Teilzeitarbeit	2058–2059
		eeee)	Prozessuale Fragen	2060
	yy)		Bildungsurlaub	2061–2153
		(1)	Rechtsgrundlagen; Gesetzgebungskompetenz	2061–2065
		(2)	Zweck des Bildungsurlaubs	2066
		(3)	Persönlicher Geltungsbereich	2067
		(4)	Umfang des Bildungsurlaubs; Modalitäten des Anspruchs	2068–2071
		(5)	Geltendmachung des Anspruchs; Freistellung des Arbeitnehmers	2072–2086
		aaa)	Bezugszeitraum; Verbot der Selbstbeurlaubung	2072–2074
		bbb)	Freistellung; Rechtsfolgen	2075–2078
		ccc)	Ablehnung der Freistellung	2079–2084
		ddd)	Verspätete Inanspruchnahme	2085
		eee)	Darlegungs- und Beweislast	2086
		(6)	Beendigung des Arbeitsverhältnisses	2087–2089
		(7)	Nachweispflichten	2090–2091
		(8)	Verbot von Erwerbstätigkeit	2092–2093
		(9)	Keine Doppelansprüche	2094
		(10)	Verhältnis zu anderen Freistellungsansprüchen; Arbeitsunfähigkeit	2095
		(11)	Anerkannte Bildungsveranstaltungen von anerkannten Trägern der Weiterbildung	2096–2104
		(12)	Berufliche und politische Weiterbildung	2105–2136
		aaa)	Normative Regelungen	2105
		bbb)	Auslegung des Begriffs der beruflichen Weiterbildung; Abgrenzung zur Allgemeinbildung und nützlichem Hobbywissen	2106–2117
		ccc)	Auslegung des Begriffs »Politische Bildung«	2118–2133

Dörner

C. Der Inhalt des Arbeitsverhältnisses

	ddd)	Verweigerung der Lohnfortzahlung für einzelne Tage?; Umfang des Lernprozesses	2134–2136
	(13)	Verfassungsmäßigkeit der Landesgesetze	2137
	(14)	Durchsetzung des Anspruchs	2138–2153
	aaa)	Einstweilige Verfügung	2138–2141
	bbb)	Klageverfahren; Ersatzurlaub	2142–2143
	ccc)	Vorläufige Übereinkunft der Parteien	2144–2146
	ddd)	Darlegungs- und Beweislast	2147–2150
	eee)	Überprüfungsbefugnis der Arbeitsgerichte	2151–2153
3.	Pflichten zur Wahrung von Arbeitnehmerinteressen		2154–2359
	a) Allgemeine Fürsorgepflicht des Arbeitgebers		2154–2167
	aa)	Begriffsbestimmung	2154–2155
	bb)	Dogmatische Grundlage	2156
	cc)	Gegenstand der Schutzpflichten	2157–2158
	dd)	Abgrenzung zu den Hauptleistungspflichten des Arbeitgebers	2159–2160
	ee)	Grenzen der Schutzpflichten	2161–2162
	ff)	Abdingbarkeit/Unabdingbarkeit	2163
	gg)	Sanktionen der Verletzung von Nebenpflichten	2164–2167
	(1)	Verstöße gegen Nebenleistungpflichten	2165
	(2)	Verstöße gegen Schutzpflichten	2166–2167
	b) Beschäftigungsanspruch des Arbeitnehmers		2168–2193
	aa)	Begriffsbestimmung; Anspruchsgrundlage	2168–2171
	bb)	Inhalt des Anspruchs; Interessenabwägung	2172–2179
	cc)	Durchsetzung des Anspruchs	2180–2182
	dd)	Rechtsfolgen der Nichtbeschäftigung	2183–2190
	(1)	Beschäftigung als Hauptpflicht	2183–2184
	(2)	Beschäftigung als Nebenpflicht	2185
	(3)	Wegfall des Arbeitsplatzes	2186
	(4)	Inhalt des Schadensersatzanspruchs	2187–2189
	(5)	Kündigung durch den Arbeitnehmer	2190
	ee)	Ausschlussfristen	2191–2193
	c) Schutzpflichten für Leben und Gesundheit des Arbeitnehmers		2194–2255
	aa)	Zweck der Arbeitnehmerschutzvorschriften	2194–2195
	bb)	Normative Grundlagen	2196–2206
	(1)	Privatrechtsnormen	2196–2201
	(2)	Öffentlich-rechtliche Regelungen	2202–2203
	(3)	Autonomes Verbandsrecht	2204–2205
	(4)	Europäisches Recht	2206
	cc)	Doppelwirkung des öffentlich-rechtlichen Arbeitsschutzes; Grenzen	2207–2212
	dd)	Unabdingbarkeit; Kosten	2213–2221
	ee)	Anforderungen an Arbeitsstätten	2222–2224
	ff)	Nichtraucherschutz	2225–2231
	gg)	Arbeitsanweisungen und Belehrungen	2232–2233
	hh)	Unterbringung und Verpflegung	2234–2236
	ii)	Vorsorgeuntersuchungen	2237–2240
	jj)	Gestaltung des Arbeitsplatzes werdender und stillender Mütter	2241–2242
	kk)	Sanktionen der Verletzung von Arbeitnehmerschutznormen	2243–2255
	(1)	Erfüllungs- und Unterlassungsanspruch	2243
	(2)	Zurückbehaltungsrecht	2244–2246
	(3)	Schadensersatzansprüche	2247–2253
	aaa)	Normative Grundlagen	2247
	bbb)	Darlegungs- und Beweislast	2248–2250

C. Der Inhalt des Arbeitsverhältnisses

		ccc)	Umfang der Haftung; Verhältnis zur gesetzlichen Unfallversicherung	2251–2253
		(4)	Kündigung	2254
		(5)	Anzeigerecht	2255
d)	Schutz der Vermögensgegenstände des Arbeitnehmers			2256–2276
	aa)	Problemstellung		2256
	bb)	Schutzpflicht des Arbeitgebers		2257–2270
		(1)	Umfang der Schutzpflicht	2259–2260
		(2)	Verhältnismäßigkeitsprinzip; Inhalt der Schutzpflicht	2261–2263
		(3)	Nicht erfasste Gegenstände	2264
		(4)	Sicherungsmaßnahmen	2265–2269
		(5)	Durchsetzbarkeit	2270
	cc)	Schadensersatzansprüche des Arbeitnehmers		2271–2273
	dd)	Haftungsausschluss		2274–2276
e)	Haftung des Arbeitgebers für Eigenschäden des Arbeitnehmers			2277–2295
	aa)	Problemstellung		2277
	bb)	Keine verschuldensunabhängige Haftung des Arbeitgebers		2278–2279
	cc)	§ 670 BGB analog		2280–2285
		(1)	Grundlagen	2280
		(2)	Ausschluss oder Minderung des Anspruchs bei schuldhaftem Verhalten des Arbeitnehmers	2281–2282
		(3)	Weitere Beispiele	2283–2285
	dd)	Verkehrsunfälle mit dienstlich genutztem Privat-Pkw oder sonstigem Privatfahrzeug; Diebstahl des Firmen-Pkw		2286–2294
		(1)	Tätigkeit als Wahlvorstand; Betriebsrat	2292–2293
		(2)	Haftungsausschluss	2294
	ee)	Ärztliche Untersuchungen		2295
f)	Aufwendungsersatz			2296–2303
	aa)	Begriffsbestimmung		2296
	bb)	Ersatzfähige Aufwendungen		2297–2300
	cc)	Kosten der persönlichen Lebensführung		2301
	dd)	Geldstrafen; Bußgelder		2302–2303
g)	Sonstige Vermögenssorge			2304–2305
h)	Schutz der Arbeitnehmerpersönlichkeit; Mobbing			2306–2359
	aa)	Begriffsbestimmung		2306–2308
	bb)	Grenzen des Persönlichkeitsschutzes		2309
	cc)	Einzelfälle		2310–2333
		(1)	Überwachungsmaßnahmen	2310–2312
		(2)	Abhören von Telefongesprächen; Mithören von Gesprächen über eine Bürosprechanlage	2313–2317
		(3)	Erfassung von Telefondaten	2318–2319
		(4)	Videoüberwachung	2320
		(5)	»Zuverlässigkeitstests«	2321
		(6)	Persönlichkeitsanalyse	2322
		(7)	Mobbing	2323–2333
		aaa)	Begriffsbestimmung	2323–2324
		bbb)	Inhalt des Schutzrechts; Zurückbehaltungsrecht	2325
		ccc)	Schadensersatz	2326
		ddd)	Schmerzensgeld	2327–2329
		eee)	Anspruch auf Beschädigtenversorgung nach dem Gesetz über die Entschädigung für Opfer von Gewalttaten (OEG)	2330
		fff)	Kündigungsgrund	2331–2333
	dd)	Wahrung der Ehre des Arbeitnehmers		2334–2336

C. Der Inhalt des Arbeitsverhältnisses

		ee)	Schutz vor sexueller Belästigung am Arbeitsplatz	2337–2341
		ff)	Freie Gestaltung des Äußeren	2342–2343
		gg)	Außerdienstliches Verhalten	2344
		hh)	Schutz der Freiheitssphäre des Arbeitnehmers	2345–2346
		ii)	Sanktion von Pflichtverletzungen	2347–2359
			(1) Unterlassungsanspruch	2347
			(2) Beseitigungsanspruch	2348
			(3) Schadensersatzanspruch; Schmerzensgeld	2349
			(4) Zurückbehaltungsrecht	2350
			(5) Beschwerderecht	2351
			(6) Kündigungsrecht des Arbeitnehmers	2352
			(7) Beweisverwertungsverbot	2353–2359
4.	Personalakten			2360–2396
	a) Begriffsbestimmung			2360
	b) Entscheidung über die Führung von Personalakten			2361
	c) Inhalt der Personalakte			2362–2368
		aa) Zulässige Informationen über den Arbeitnehmer		2362
		bb) Unzulässige Informationen über den Arbeitnehmer		2363–2365
		cc) Entscheidung über die Aufnahme von Informationen in die Personalakte		2366
		dd) Anhörungspflicht des Arbeitnehmers?		2367
		ee) Vollständigkeit der Personalakten?		2368
	d) Wahrung der Vertraulichkeit durch den Arbeitgeber			2369–2375
		aa) Normative Grundlagen		2369
		bb) Umgang mit Personalakten		2370
		cc) Verhältnis zum Betriebsrat		2371–2372
		dd) Verhältnis zu Dritten; Rechts- und Amtshilfe von Behörden		2373–2375
	e) Aufbewahrungspflicht?			2376–2377
	f) Einsichtsrecht des Arbeitnehmers			2378–2379
	g) Recht auf Gegendarstellung			2380–2381
	h) Widerruf, Berichtigungs-, Entfernungsanspruch			2382–2396
		aa) Widerruf; Berichtigungsanspruch		2382
		bb) Entfernungsanspruch		2383–2393
			(1) Anspruchsgrundlagen	2384
			(2) Unrichtige Tatsachenbehauptungen	2385
			(3) Verstoß gegen formelle Vorschriften	2386
			(4) Wegfall des schutzwürdigen Interesses des Arbeitgebers	2387–2389
			(5) Beendigung des Arbeitsverhältnisses	2390
			(6) Verwirkung	2391
			(7) Erfüllung des Tilgungsanspruchs	2392–2393
		cc) Rechtsschutzmöglichkeiten des Arbeitnehmers		2394–2396
5.	Datenschutz im Arbeitsverhältnis			2397–2466
	a) Grundlagen			2397–2402
		aa) Mündliche Inhalte von »elektronischen Personalakten«		2397
		bb) Aufgabe des Datenschutzes im Arbeitsrecht		2398
		cc) Recht auf »informationelle Selbstbestimmung«		2399–2400
		dd) Normative Grundlagen		2401–2402
	b) Allgemeine Rechtsgrundsätze des personenbezogenen Datenschutzes			2403–2414
		aa) Anwendungsbereich des BDSG		2403
		bb) Personenbezogene Daten		2404–2405
		cc) Automatisierte Verarbeitung; nicht automatisierte Datei		2406–2410
		dd) Ausschluss für persönliche und familiäre Tätigkeiten		2411
		ee) Schutzumfang des BDSG; gesetzliche Erlaubnistatbestände		2412
		ff) Subsidiarität des BDSG		2413–2414

C. Der Inhalt des Arbeitsverhältnisses

	c)	Datenerhebung		2415–2419
		aa)	Begriffsbestimmung	2415
		bb)	Mittelbare Beschränkung	2416–2419
	d)	Datenverarbeitung und -nutzung		2420–2441
		aa)	Begriffsbestimmungen	2420
		bb)	Zulässigkeit von Datenverarbeitung und -nutzung	2421–2429
			(1) Der Zweckbestimmung des Vertragsverhältnisses dienen	2421
			(2) Erweiterung des Verarbeitungsrahmens durch Einwilligung	2422
			(3) Wahrung berechtigter Interessen	2423
			(4) Allgemein zugängliche Quellen; wissenschaftliche Forschung	2424
			(5) Sonderregelungen für sensitive Daten	2425–2426
			(6) Videoüberwachung	2427
			(7) Automatisierte Einzelentscheidungen	2428
			(8) Verwendung von Chipkarten	2429
		cc)	Datenspeicherung	2430–2433
		dd)	Datenveränderung	2434–2435
		ee)	Datenübermittlung	2436
		ff)	Nutzung von Daten	2437
		gg)	Zulässigkeit von Übermittlung und Nutzung	2438–2440
		hh)	Übermittlung in das Ausland	2441
	e)	Individualrechte der betroffenen Arbeitnehmer		2442–2454
		aa)	Benachrichtigungsanspruch	2443–2444
		bb)	Auskunftsanspruch	2445–2446
		cc)	Berichtigungsanspruch	2447–2448
		dd)	Löschungsanspruch	2449–2451
		ee)	Sperrungsanspruch	2452
		ff)	Verhältnis zum Gegendarstellungsanspruch	2453
		gg)	Widerspruchsrecht	2454
	f)	Schadensersatz- und Unterlassungsansprüche des Betroffenen		2455–2456
	g)	Betrieblicher Datenschutzbeauftragter		2457–2462
		aa)	Zweck	2457–2458
		bb)	Bestellung	2459
		cc)	Rechtsstellung	2460–2461
		dd)	Befugnisse	2462
	h)	Staatliche Aufsicht		2463–2465
		aa)	Aufsichtsbehörde	2463–2464
		bb)	Meldepflicht und Vorabkontrolle	2465
	i)	Übergangsvorschrift		2466
6.	Recht am Arbeitsergebnis			2467–2593
	a)	Grundlagen		2467–2476
		aa)	Sacheigentum des Arbeitgebers	2467
		bb)	Zugangs-, Benutzungsrecht des Arbeitnehmers	2468
		cc)	Herstellen außerhalb der arbeitsvertraglich geschuldeten Tätigkeit	2469
		dd)	Recht an immateriellen Arbeitsleistungen des Arbeitnehmers	2470–2476
			(1) Begriffsbestimmungen	2470–2471
			(2) Schöpferprinzip	2472
			(3) Recht des Arbeitgebers auf derivativen Erwerb	2473
			(4) Vergütungspflicht des Arbeitgebers	2474–2476
	b)	Recht der Arbeitnehmererfindungen		2477–2557
		aa)	ArbnErfG	2477–2478

bb)		Patent- und gebrauchsmusterfähige Diensterfindungen	2479–2540
	(1)	Begriffsbestimmung	2479
	(2)	Erfindung während des Arbeitsverhältnisses; Beweislast	2480–2481
	(3)	Notwendiger Bezug zur Arbeitstätigkeit bzw. zum Betrieb	2482–2484
	(4)	Patent- und Gebrauchsmusterfähigkeit	2485
	(5)	Meldepflicht	2486
	(6)	Inanspruchnahme durch den Arbeitgeber; Rechtsfolgen	2487–2497
	aaa)	Begriffsbestimmung	2487
	bbb)	Verpflichtung zur Anmeldung	2488–2492
	aaaa)	Grundlagen	2488–2489
	bbbb)	Rechtsfolge der Verletzung der Anmeldepflicht	2490
	cccc)	Verzicht auf Anmeldung	2491
	dddd)	Anmeldung im Ausland	2492
	ccc)	Nichtangriffspflicht des Arbeitnehmers	2493–2494
	ddd)	Aufgabe der Schutzrechte	2495–2497
	(7)	Beschränkte Inanspruchnahme	2498–2503
	aaa)	Begriffsbestimmung	2498
	bbb)	Verlangen nach unbeschränkter Inanspruchnahme oder Freigabe	2499–2500
	ccc)	Inhalt des Benutzungsrechts	2501
	ddd)	Erteilung von Lizenzen; Veräußerungsbefugnis	2502
	eee)	Eigene Benutzung der Erfindung	2503
	(8)	Bedenkzeit des Arbeitgebers; Verfügungsverbot	2504
	(9)	Vergütungsanspruch des Arbeitnehmers	2505–2530
	aaa)	Grundlagen	2505–2506
	bbb)	Berechnung der Vergütung	2507–2521
	aaaa)	Berechnungkriterien bei uneingeschränkter Inanspruchnahme	2507–2510
	bbbb)	Unwirksamkeit der Festsetzung; Anpassung bei Änderung wesentlicher Umstände	2511–2513
	cccc)	Einseitige Festsetzung durch den Arbeitgeber	2514–2520
	dddd)	Berechnung bei beschränkter Inanspruchnahme	2521
	ccc)	Nachträgliche Feststellung der fehlenden Schutzfähigkeit	2522–2530
	aaaa)	Vor der Erteilung des Schutzrechts	2523–2525
	bbbb)	Nach rechtskräftiger Zurückweisung einer Patentanmeldung	2526–2528
	cccc)	Nach der Schutzrechterteilung	2529
	dddd)	Nichtigkeit des Patents; Löschung des Gebrauchsmusters	2530
	(10)	Auslandsverwertung inländischer Diensterfindungen	2531–2540
	aaa)	Grundlagen	2531–2534
	bbb)	Anwendbare Vorschriften	2535
	ccc)	Befugnisse des Arbeitgebers nach unbeschränkter Inanspruchnahme	2536
	ddd)	Beschränkte Inanspruchnahme	2537
	eee)	Berücksichtigung als Inlandsverwertung; zusätzliche Vergütung?	2538–2540
cc)		Freie Erfindungen	2541–2543
	(1)	Originär freie Erfindungen	2541
	(2)	Frei gewordene Erfindungen	2542
	(3)	Erfindungen von Hochschullehrern und wissenschaftlichen Assistenten	2543

C. Der Inhalt des Arbeitsverhältnisses

		dd)	Vorschläge zur Rationalisierung und für technische Verbesserungen	2544–2556
			(1) Rechtsstellung des Arbeitgebers	2544
			(2) Begriffsbestimmung; Mitteilungspflicht	2545–2546
			(3) Vergütungsanspruch	2547–2553
			aaa) Vorzugsstellung des Arbeitgebers	2548–2550
			bbb) Tatsächliche Verwertung des Verbesserungsvorschlages	2551–2552
			ccc) Feststellung und Festsetzung der Vergütung	2553
			(4) Ausschluss des Vergütungsanspruchs; Sonderleistung des Arbeitnehmers	2554–2556
		ee)	Sonderregelungen für den öffentlichen Dienst	2557
	c)	Urheberrechtlich geschützte Werke		2558–2578
		aa)	Arbeitsvertraglich geschuldete Werke	2558–2576
			(1) Normative Grundlagen	2558
			(2) Arbeitsvertragliche Verpflichtung zur Erstellung eines Werks	2559
			(3) Urheberrecht; Sacheigentum	2560–2561
			(4) Übertragungspflicht	2562–2571
			aaa) Normative Grundlagen	2562
			bbb) Vorausverfügungen	2563
			ccc) Wirkung der Übertragung	2564–2565
			ddd) Urheber-Persönlichkeitsrechte	2566–2571
			aaaa) Veröffentlichungsrecht	2567
			bbbb) Urheber-Anerkennung, – Benennung	2568
			cccc) Änderungs-, Entstellungsverbot	2569
			dddd) Rückrufsrecht	2570
			eeee) Zugangsrecht	2571
			(5) Vergütungsanspruch	2572–2576
			aaa) Grundlagen	2572–2574
			bbb) Arbeitsrechtliche Gründe für eine zusätzliche Vergütung	2575–2576
		bb)	Arbeitsvertraglich nicht geschuldete Werke	2577–2578
	d)	Geschützte Leistungen ausübender Künstler i. S. d. §§ 73 ff. UrhG		2579–2586
		aa)	Grundlagen	2579–2581
		bb)	Nutzung nicht geschuldeter Leistungen	2582
		cc)	Vergütungsansprüche	2583
		dd)	Verbot der Entstellung des Werks	2584
		ee)	Anspruch auf Namensnennung	2585
		ff)	Fertigung einer Kopie	2586
	e)	Begrenzung der Rechte der angestellten Urheber und ausübenden Künstler		2587
	f)	Geschmacksmusterfähige Werke und typographische Schriftzeichen		2588–2593
		aa)	Grundlagen	2588
		bb)	Rechtserwerb	2589
		cc)	Geschmacksmuster – Persönlichkeitsrechte	2590
		dd)	Rechtsstellung des Arbeitgebers	2591
		ee)	Keine zusätzliche Vergütung	2592
		ff)	Freie Geschmacksmuster	2593
7.	Recht der betrieblichen Altersversorgung			2594–3219
	a)	Grundlagen		2594–2606
		aa)	Begriffsbestimmungen	2594
		bb)	Freiwillige, betrieblich veranlasste Sozialleistungen	2595–2596
		cc)	Zweck betrieblicher Altersversorgung; Versorgung, Entgeltcharakter	2597–2598
		dd)	Ausgestaltungsformen betrieblicher Altersversorgung	2599–2602

C. Der Inhalt des Arbeitsverhältnisses

	ee)	Abgrenzungsfragen		2603–2606
b)		Begründung und Ausgestaltung der betrieblichen Altersversorgung		2607–2765
	aa)	Die Begründung betrieblicher Versorgungsansprüche		2607–2631
		(1)	Der Verpflichtungstatbestand	2607–2609
		aaa)	Grundlagen	2607–2608
		bbb)	Ab 1.1.2001: Der Entgeltumwandlungsanspruch	2609
		(2)	Form	2610
		(3)	Einzelfragen	2611–2615
		(4)	Betriebliche Übung	2616–2619
		aaa)	Grundlagen	2616–2618
		bbb)	Darlegungs- und Beweislast	2619
		(5)	Weitere Anspruchgrundlagen	2620–2623
		(6)	Besonderheiten im öffentlichen Dienst; Aufklärungspflichten	2624–2631
		aaa)	Grundlagen	2624–2625
		bbb)	Aushändigung der Satzung	2626
		ccc)	Belehrungs- und Aufklärungspflichten	2627–2631
	bb)	Die Durchführungs-, Gestaltungsformen der betrieblichen Altersversorgung		2632–2682
		(1)	Unmittelbare Versorgungszusage	2632–2639
		aaa)	Grundlagen	2632–2633
		bbb)	Berechnung	2634–2638
		ccc)	Vertragliche Bezugnahme auf »die geltenden Bestimmungen«	2639
		(2)	Direktversicherung	2640–2650
		aaa)	Begriffsbestimmung	2640
		bbb)	Abgrenzungsfragen	2641–2643
		ccc)	Überblick über die Rechtsbeziehungen im Dreiecksverhältnis	2644–2650
		aaaa)	Versicherungsverhältnis zwischen Arbeitgeber und Versicherer	2645
		bbbb)	Bezugsrechtsverhältnis zwischen Arbeitnehmer und Versicherer	2646–2649
		cccc)	Versorgungsverhältnis zwischen Arbeitgeber und Arbeitnehmer	2650
		(3)	Pensionskasse	2651–2658
		aaa)	Begriffsbestimmung; Organisation	2651–2652
		bbb)	Rechtsbeziehungen im Dreiecksverhältnis zwischen Arbeitgeber, Arbeitnehmer und Pensionskasse	2653–2657
		ccc)	Verpflichtungen des Arbeitgebers	2658
		(4)	Unterstützungskasse	2659–2669
		aaa)	Begriffsbestimmung; Ausschluss eines Rechtsanspruchs	2659–2661
		bbb)	Trägerunternehmen	2662–2663
		ccc)	Pflichten des Arbeitgebers	2664–2665
		ddd)	Rechtsverhältnis zwischen Arbeitgeber und Unterstützungskasse	2666
		eee)	Rechtsverhältnis zwischen Arbeitnehmer und Unterstützungskasse	2667–2669
		(5)	Erweiterung der Durchführungs-, Gestaltungsformen durch das Rentenreformgesetz 1999	2670–2671
		(6)	Änderungen im Zuge des Altersvermögensgesetzes vom 26.6.2001	2672–2682
		aaa)	Die Entgeltumwandlung	2672–2676
		aaaa)	Die Höhe des umzuwandelnden Entgeltbetrags	2673

C. Der Inhalt des Arbeitsverhältnisses

		bbbb)	Anwartschaft auf Versorgungsleistungen	2674–2675
		cccc)	Durchführung der Umwandlungsvereinbarung	2676
	bbb)		Der Entgeltumwandlungsanspruch (§ 1 a BetrAVG)	2677–2682
		aaaa)	Wahl des Durchführungsweges	2678
		bbbb)	Mindestbetrag	2679
		cccc)	Verhältnis zur staatlich geförderten Eigenvorsorge	2680
		dddd)	Verhältnis zu tariflichen Regelungen	2681
	(7)		Änderungen durch das Hüttenknappschaftliche Zusatzversicherungs-Neuregelungs-Gesetz vom 21.6.2002	2682
cc)			Die Ausgestaltung der betrieblichen Altersversorgung	2683–2765
	(1)		Leistungsarten	2683–2705
		aaa)	Der Normalfall	2683
		bbb)	Invaliditätsrente	2684–2689
		aaaa)	Grundlagen	2684
		bbbb)	Beispiele	2685–2689
		ccc)	Hinterbliebenenversorgung	2690–2705
		aaaa)	Grundlagen	2690
		bbbb)	Beispiele	2691–2704
		cccc)	Gerichtliche Geltendmachung	2705
	(2)		Versorgungsmodelle	2706–2715
		aaa)	Gesamtversorgungssysteme	2707–2708
		bbb)	Bezügeabhängige Versorgungsmodelle	2709
		ccc)	Festbetragssysteme	2710–2712
		ddd)	Karrieredurchschnittspläne	2713
		eee)	Beitragsabhängige Versorgungssysteme	2714
		fff)	Ergebnisorientierte Versorgungssysteme	2715
	(3)		Rechtliche Schranken	2716–2765
		aaa)	Art. 119 EWG-Vertrag (jetzt Art. 141 EGV)	2717–2741
		aaaa)	Das Bilka-Urteil vom 13.5.1986; Umsetzung durch das BAG	2718–2719
		bbbb)	Das Barber-Urteil vom 17.5.1990	2720–2721
		cccc)	Die zeitliche Beschränkung der unmittelbaren Anwendung des Art. 119 EWG-Vertrag (jetzt Art. 141 EGV) im nationalen Recht; Rechtsfolgen	2722–2741
		bbb)	Gleichbehandlungsgrundsatz; § 4 Abs. 1 TzBfG; Art. 3 Abs. 1 GG	2742–2765
		aaaa)	Verstoß gegen den Gleichbehandlungsgrundsatz	2742–2755
		bbbb)	Rechtsfolgen	2756–2763
		cccc)	Umsetzung des Verschaffungsanspruchs	2764
		dddd)	Prozessuale Fragen	2765
c)			Abwicklung betrieblicher Versorgungspflichten	2766–2857
aa)			Abänderung und Einschränkung von betrieblichen Versorgungszusagen	2766–2835
	(1)		Schließung des Versorgungswerks	2766
	(2)		Kündigung von Versorgungszusagen	2767
	(3)		Kündigung von Betriebsvereinbarungen	2768–2772
	(4)		Widerruf der Versorgungszusage	2773–2805
		aaa)	Steuerunschädliche Widerrufsvorbehalte	2775
		bbb)	Arbeitsrechtliche Gründe zum Widerruf	2776–2805
		aaaa)	Vereinbarter Widerruf; Wegfall der Geschäftsgrundlage (vgl. jetzt: § 313 BGB n. F.)	2776
		bbbb)	Wirtschaftliche Notlage	2777–2779
		cccc)	Verhältnismäßigkeitsprinzip	2780–2781
		dddd)	Besonderheiten bei konzernangehörigen Unternehmen	2782–2783

Dörner

C. Der Inhalt des Arbeitsverhältnisses

	eeee)	Wegfall der Geschäftsgrundlage wegen Änderungen des Rentenniveaus; Gesetzesänderungen; Überversorgung?	2784–2790
	ffff)	Treuepflichtverletzung des Arbeitnehmers	2791–2804
	gggg)	Einzelvertraglich vereinbarte weitergehende Widerrufsrechte	2805
	(5)	Einzel- und kollektivvertragliche Änderungen von Versorgungszusagen	2806–2827
	aaa)	Das Verhältnis von vertraglicher Einheitsregelung zur Betriebsvereinbarung	2807–2815
	aaaa)	Grundlagen	2807–2813
	bbbb)	Wegfall der Geschäftsgrundlage	2814–2815
	bbb)	Ablösung einer Betriebsvereinbarung durch eine neue Betriebsvereinbarung	2816–2822
	aaaa)	Grundlagen	2816–2820
	bbbb)	Rechtslage im Verhältnis des Arbeitgebers zu Ruheständlern	2821–2822
	ccc)	Ablösung einer vertraglichen Einheitsregelung durch einen Tarifvertrag	2823
	ddd)	Ablösung eines Tarifvertrages durch einen neuen Tarifvertrag	2824–2827
	(6)	Besitzstandsschutz	2828–2834
	aaa)	Grundlagen	2828
	bbb)	Berechnung des bereits erdienten Teilwertes	2829
	ccc)	Anwartschaftsdynamik	2830–2832
	ddd)	Eingriffe in dienstzeitabhängige Steigerungsbeträge	2833
	eee)	Besonderheiten bei Unterstützungskassen	2834
bb)		Wechsel des Versorgungsschuldners	2835
cc)		Die (persönliche) Haftung von Unternehmern für betriebliche Versorgungsverpflichtungen	2836–2851
	(1)	Normative Grundlagen	2836
	(2)	Haftung des persönlich haftenden Gesellschafters (§ 128 HGB)	2837–2849
	aaa)	Grundlagen	2837
	bbb)	Verjährung bei Ausscheiden aus der Gesellschaft	2838–2839
	ccc)	Entwicklung der Rechtsprechung	2840–2843
	ddd)	Das Nachhaftungsbegrenzungsgesetz	2844–2847
	eee)	Weitergeltung alten Rechts	2848–2849
	(3)	Haftung im Konzern	2850–2851
dd)		Verfügungen des Arbeitnehmers über Versorgungsansprüche	2852–2855
	(1)	Grundlagen	2852–2853
	(2)	Verzicht auf eine unverfallbare Anwartschaft während eines laufenden Arbeitsverhältnisses?	2854
	(3)	Abtretung, Verpfändung	2855
ee)		Aufrechnung des Arbeitgebers	2856–2857
d)		Das Gesetz zur Verbesserung der betrieblichen Altersversorgung (BetrAVG)	2858–3219
aa)		Unverfallbarkeit der Versorgungsanwartschaft	2858–2951
	(1)	Unverfallbarkeit dem Grunde nach (§ 1 b BetrAVG)	2858–2909
	aaa)	Begriffsbestimmung	2858–2866
	aaaa)	Zusagen vor dem 1.1.2001	2859–2861
	bbbb)	Zusagen nach dem 31.12.2000	2862–2865
	bbb)	Zwingendes Recht	2866
	ccc)	Beginn des Laufs der Unverfallbarkeitsfrist bei unmittelbarer Versorgungszusage	2867–2873

C. Der Inhalt des Arbeitsverhältnisses

	aaaa)	Abhängigkeit von Bedingungen; Inaussichtstellen einer Versorgungszusage	2871
	bbbb)	Beispiel: Prokura	2872
	ddd)	Berechnung der Zusagedauer	2873–2876
	eee)	Zusage im Geltungsbereich des BetrAVG	2877–2878
	fff)	Bestehen der Versorgungszusage bei Fristablauf	2879
	ggg)	Auswirkung von Änderungen des Inhalts der Zusage	2880–2881
	hhh)	Zusagedauer und Betriebszugehörigkeit	2882
	iii)	Tätigkeit in anderen Betrieben des Unternehmens/Konzerns	2883–2885
	jjj)	Gesetzliche Anrechnung von Vordienstzeiten	2886–2889
	kkk)	Vertragliche Anrechnung von Vordienstzeiten	2890–2891
	lll)	Insolvenzschutz bei gesetzlicher oder vertraglicher Anrechnung von Vordienstzeiten	2892
	mmm)	Ausscheiden vor Eintritt des Versorgungsfalles	2893–2894
	nnn)	Verhältnis zu Wartezeiten	2895–2900
	ooo)	Besonderheiten der Direktversicherung	2901–2903
	aaaa)	Pflichten des Arbeitgebers bei Unverfallbarkeit; Beendigung des Arbeitsverhältnisses	2904–2905
	bbbb)	Teilwiderruf des Bezugsrechts?	2906
	cccc)	Haftung des Arbeitgebers	2907
	ppp)	Pensionskasse	2908
	qqq)	Unterstützungskasse	2909
	(2)	Höhe der unverfallbaren Versorgungsanwartschaft	2910–2949
	aaa)	Ratierliches Berechnungsverfahren	2910
	bbb)	Tarifdispositivität; Günstigkeitsprinzip	2911
	ccc)	Vom Arbeitgeber finanzierter Teil des Versorgungsanspruchs	2912
	ddd)	Berechnung des Wertes der unverfallbaren Anwartschaft bei einer unmittelbaren Versorgungszusage	2913–2933
	aaaa)	Grundlagen	2913–2917
	bbbb)	Effektive Betriebszugehörigkeit; Anrechnung von Vordienstzeiten	2918
	cccc)	Mögliche Betriebszugehörigkeit	2919
	dddd)	Ermittlung des Vollanspruchs	2920–2925
	eeee)	Anrechnung von Renten	2926–2931
	ffff)	Berechnung bei Invalidität und Tod des ausgeschiedenen Arbeitnehmers	2932–2933
	eee)	Berechnung der Höhe bei einer Direktversicherung	2934–2945
	aaaa)	Ergänzungsanspruch	2934–2935
	bbbb)	Versicherungsrechtliche Lösung	2936
	cccc)	Mitteilungspflichten bei der versicherungsrechtlichen Lösung; soziale Auflagen	2937–2941
	dddd)	Verfügungsbeschränkungen des Arbeitnehmers	2942–2945
	fff)	Berechnung der Höhe bei einer Pensionskasse	2946–2948
	aaaa)	Grundlagen	2946
	bbbb)	Besonderheiten bei der versicherungsrechtlichen Lösung	2947–2948
	ggg)	Berechnung der Höhe bei Unterstützungskassen	2949
	(3)	Auskunftspflichten	2950–2951
bb)		Abfindungsverbot; Erweiterung der Abfindungsmöglichkeiten ab dem 1.1.1999	2952–2962
	(1)	Grundlagen	2952–2954
	(2)	Unverfallbare Anwartschaft	2955

Dörner   **299**

C. Der Inhalt des Arbeitsverhältnisses

		(3)	Zulässige Abfindungsvereinbarungen nach altem und neuem Recht	2956–2959
		(4)	Höhe der Abfindung	2960
		(5)	Gerichtlicher Vergleich	2961
		(6)	Rechtsfolgen des Verstoßes gegen § 3 BetrAVG	2962
	cc)	Übertragung unverfallbarer Anwartschaften		2963–2974
		(1)	Zweck des § 4 BetrAVG	2963–2964
		(2)	Übernahme durch andere Versorgungsträger	2965–2969
		(3)	Übertragung auf eine Unterstützungskasse	2970
		(4)	Übertragung auf Verlangen des Arbeitnehmers	2971
		(5)	Der Übertragungsvorgang; Ausnahmen vom Zustimmungserfordernis des Begünstigten	2972
		(6)	Rechtsfolgen der Übertragung	2973
		(7)	Rechtsfolgen von Verstößen gegen § 4 BetrAVG	2974
	dd)	Anrechnungsverbot		2975–3007
		(1)	Zweck der gesetzlichen Regelung	2975–2978
		(2)	Erfasste Leistungen der betrieblichen Altersversorgung	2979–2982
		(3)	Einzelfragen	2983–2897
		aaa)	Tarifliche Regelungen	2983–2985
		bbb)	Anrechnung von Einkünften	2986
		ccc)	Karenzentschädigungen	2987
		ddd)	Renten	2988–2995
		aaaa)	Grundlagen	2988
		bbbb)	Beispiele	2989–2993
		cccc)	Beamtenähnliche Grundversorgung	2994–2995
		eee)	Kinderzuschuss; Kindergeld	2996–2997
		(4)	Anrechnung bei geringerer Beteiligung des Arbeitgebers	2998
		(5)	Sonstige Anrechnungsverbote	2999–3007
		aaa)	Unfall-, Verletztenrenten	3000–3006
		aaaa)	Grundlagen	3000–3001
		bbbb)	Partielle Anrechnung	3002–3004
		cccc)	Unerheblichkeit des Unfallzeitpunktes	3005
		dddd)	Hinterbliebenenversorgung	3006
		bbb)	Spezialgesetzliche Anrechnungsverbote	3007
	ee)	Auszehrungsverbot		3008–3013
		(1)	Begriffsbestimmung	3008
		(2)	Erfasste Leistungen	3009–3010
		(3)	Andere Versorgungsbezüge	3011
		(4)	Leistungserhöhungen	3012
		(5)	Rechtsfolgen bei Verstößen gegen § 5 BetrAVG	3013
	ff)	Flexible Altersgrenze		3014–3044
		(1)	Möglichkeiten der vorzeitigen Altersrente aus der gesetzlichen Rentenversicherung	3014–3017
		aaa)	Normative Regelungen	3014
		bbb)	Zweck und Voraussetzungen der gesetzlichen Regelung	3015
		ccc)	Erfüllung der Leistungsvoraussetzungen der betrieblichen Altersversorgung	3016–3017
		(2)	Höhe der vorgezogenen betrieblichen Altersleistung	3018–3044
		aaa)	Grundlagen	3018–3020
		bbb)	Lebensversicherungen; Pensionskassen	3021–3022
		ccc)	Direktzusagen; Unterstützungskassen	3023–3032
		aaaa)	Ermessensspielraum des Arbeitgebers	3023
		bbbb)	Berechnungsmethoden	3024–3025
		cccc)	Versicherungsmathematische Abschläge	3026–3032

C. Der Inhalt des Arbeitsverhältnisses

		ddd)	Ausscheiden mit unverfallbarer Anwartschaft	3033–3035
		eee)	Besonderheiten bei Direktversicherungen; Verschaffungsanspruch	3036–3037
		fff)	Gesamtversorgungszusagen; Höchstbegrenzungsklauseln	3038–3040
		ggg)	Rechtslage bei fehlender Regelung	3041–3042
		hhh)	Pensionssicherungsverein	3043
		iii)	Erwerbstätigkeit des Arbeitnehmers	3044
	gg)		Anpassung von Versorgungsleistungen	3045–3097
		(1)	Zweck der gesetzlichen Regelung	3045
		(2)	Anpassungsgegenstand	3046–3047
		(3)	Berechtigte und Verpflichtete	3048–3053
		aaa)	Grundlagen	3048–3050
		bbb)	Öffentlicher Dienst	3051
		ccc)	Anpassung in den neuen Bundesländern	3052
		(4)	Prüfungszeitpunkt und -zeitraum	3053–3055
		(5)	Ermittlung des Anpassungsbedarfs	3056–3064
		aaa)	Grundlagen	3056
		bbb)	Freiwillige oder vertraglich vereinbarte Anpassungsleistungen	3057–3059
		ccc)	Veränderungen in der gesetzlichen Rentenversicherung	3060
		ddd)	Obergrenzen	3061–3064
		(6)	Die wirtschaftliche Lage des Arbeitgebers	3065–3082
		aaa)	Keine übermäßige Belastung des Arbeitgebers	3065–3070
		bbb)	Einzelfragen	3072–3076
		ccc)	Die wirtschaftliche Lage im Konzern	3077–3081
		ddd)	Belange des Versorgungsempfängers	3082
		(7)	Die Anpassungsentscheidung des Arbeitgebers	3083–3089
		aaa)	Zweistufigkeit der Überprüfung	3083
		bbb)	Ausgleich des Anpassungsbedarfs?	3084–3088
		aaaa)	Grundlagen	3084–3085
		bbbb)	Anpassungsmaßstab	3086–3088
		ccc)	Streitbeendender Charakter der Entscheidung; Einzelfragen	3089
		(8)	Gerichtliche Durchsetzung; Darlegungs- und Beweislast	3090–3093
		(9)	Maßgeblicher Zeitpunkt	3094
		(10)	Einschränkungen und Ausnahmen von der Anpassungspflicht	3095–3097
		aaa)	Rentenreformgesetz 1999	3095
		bbb)	Altersvermögensgesetz vom 26.6.2001	3096–3097
	hh)		Insolvenzsicherung	3098–3203
		(1)	Zweck und Ausgestaltung der gesetzlichen Insolvenzsicherung	3098–3102
		(2)	Die Sicherungsfälle	3103–3124
		aaa)	Grundlagen	3103
		bbb)	Vollständige Beendigung der Betriebstätigkeit	3104–3107
		aaaa)	Grundlagen	3104–3106
		bbbb)	Verfahrensfragen	3107
		ccc)	Wirtschaftliche Notlage des Arbeitgebers (bis 31.12.1998)	3108–3120
		aaaa)	Begriffsbestimmung	3108–3109
		bbbb)	Sanierungsfähigkeit; Konzernbezug; Verbot von Sonderopfern	3110–3114

C. Der Inhalt des Arbeitsverhältnisses

		cccc)	Verhältnismäßigkeit	3115
		dddd)	Rechtskräftiges Urteil; Zustimmung des PSV	3116–3119
		eeee)	Aufhebung der Regelung	3120
		ddd)	Besonderheiten bei der Umstrukturierung von Firmen	3121–3122
		eee)	Besonderheiten für Alt- und Übergangsfälle bei Unterstützungskassen	3123–3124
		(3)	Voraussetzungen des Insolvenzsicherungsanspruchs	3125–3145
		aaa)	Gesicherte Anspruchsberechtigte	3125–3128
		bbb)	Gesicherte Versorgungsleistungen	3129–3135
		ccc)	Gesicherte Versorgungsanwartschaften	3136–3145
		aaaa)	Grundlagen	3136–3140
		bbbb)	Besonderheiten bei Unterstützungskassen	3141
		cccc)	Besonderheiten bei Direktversicherungen	3142–3145
		(4)	Der Insolvenzsicherungsanspruch gegen den PSV	3146–3176
		aaa)	Akzessorietät; Fälligkeit	3146–3154
		aaaa)	Betriebsrentner	3148–3150
		bbbb)	Inhaber einer Versorgungsanwartschaft	3151–3154
		bbb)	Haftung für Rückstände	3155
		ccc)	Anspruchsumfang bei Versorgungsleistungen	3156–3161
		aaaa)	Grundlagen	3156–3158
		bbbb)	Nichtarbeitnehmer	3159
		cccc)	Keine Änderung der Versorgungszusage	3160
		dddd)	Versorgungsleistungen des Arbeitgebers	3161
		ddd)	Anspruchsumfang bei Versorgungsanwartschaften	3162–3164
		eee)	Rechtsmissbräuchliche Inanspruchnahme	3165–3176
		aaaa)	Begriffsbestimmung; Voraussetzungen	3165–3169
		bbbb)	Darlegungs- und Beweislast; Missbrauchsvermutungen	3170–3175
		cccc)	Katastrophenfälle	3176
		(5)	Durchführung der Insolvenzsicherung	3177–3196
		aaa)	Mitteilungs- und Auskunftspflichten; Verfahren	3177
		bbb)	Anmeldepflicht	3178
		ccc)	Abwicklung über Lebensversicherungen	3179
		ddd)	Abfindung von Anwartschaften	3180–3182
		eee)	Gesetzlicher Forderungsübergang	3183–3189
		aaaa)	Grundlagen	3183–3188
		bbbb)	Einstellung der Leistungen	3189
		fff)	Schutz des Versorgungsberechtigten	3190
		ggg)	Gesetzlicher Vermögensübergang bei Unterstützungskassen	3191–3196
		(6)	Träger der Insolvenzsicherung	3197
		(7)	Finanzierung der Insolvenzsicherung	3198–3203
	ii)		Persönlicher Geltungsbereich des BetrAVG	3204–3219
		(1)	Grundlagen	3204–3205
		(2)	Abgrenzungsfragen	3206–3215
		aaa)	Persönlich haftende Gesellschafter	3206–3212
		bbb)	Kommanditisten	3213
		ccc)	GmbH-Geschäftsführer	3214–3215
		(3)	Unabdingbarkeit; Tarifdispositivität	3216
		(4)	Zeitlicher Geltungsbereich	3217–3219

III. Betriebsinhaberwechsel; Arbeitgeberwechsel 3220–3422
1. Überblick 3220–3253
   a) Gesamtrechtsnachfolge 3220–3249
      aa) Grundlagen 3220

C. Der Inhalt des Arbeitsverhältnisses

	bb)	Umwandlung von Unternehmen		3221–3249
		(1) Umwandlungsformen		3221–3227
		aaa) Verschmelzung von Rechtsträgern		3222
		bbb) Aufspaltung		3223
		ccc) Abspaltung		3224–3225
		ddd) Ausgliederung		3226
		eee) Vermögensübertragung, Formwechsel		3227
		(2) Rechtsfolgen für die Arbeitnehmer		3228–3240
		aaa) Übergang des Arbeitsverhältnisses und Widerspruchsrecht		3228–3234
		bbb) Inhalt der übergehenden Arbeitsverhältnisse		3235–3236
		ccc) Kündigungsschutz		3237–3240
		(3) Folgen für Arbeitnehmervertretungen		3241–3242
		aaa) Betriebsrat		3241
		bbb) Gesamt- und Konzernbetriebsrat		3242
		(4) Beteiligungsrechte der Arbeitnehmervertretungen		3243–3247
		aaa) §§ 111 ff. BetrVG: Interessenausgleich und Sozialplan		3243
		bbb) § 106 BetrVG: Unterrichtung des Wirtschaftsausschusses		3244
		ccc) Zuleitung des Verschmelzungs-/Spaltungsvertrages		3245–3247
		aaaa) Inhalt des Vertrages		3245–3246
		bbbb) Zuleitung des Vertrages		3247
		(5) Gläubigerschutz		3248–3249
b)	§ 25 HGB			3250–3251
c)	§ 10 AÜG			3252–3253
2.	Rechtsgeschäftlicher Betriebsübergang (§ 613 a BGB)			3254–3422
	a)	Grundlagen		3254–3263
		aa) Gemeinschaftsrecht der EU		3254–3256
		bb) Zweck der Regelung		3257
		cc) Zwingendes Recht		3258–3263
	b)	Voraussetzungen des Betriebsübergangs		3264–3327
		aa) Betrieb		3264–3278
		(1) Frühere BAG-Rechtsprechung		3264–3266
		(2) EuGH-Rechtsprechung		3267–3274
		(3) Neue BAG-Rechtsprechung		3275–3278
		bb) Betriebsteil		3279–3280
		cc) Übergang		3281–3309
		(1) Wahrung der Identität		3282–3297
		aaa) Grundsatz		3282–3283
		bbb) Die Kriterien im Einzelnen		3284–3292
		ccc) Unveränderte Organisation		3293–3297
		(2) Fortführung der wirtschaftlichen Einheit		3298–3301
		(3) Funktionsnachfolge		3302
		(4) Betriebsstilllegung		3303–3307
		(5) Betriebsverlegung		3308
		(6) Zusammenfassung		3309
		dd) Betriebsinhaberwechsel		3310–3312
		ee) Übergang durch Rechtsgeschäft		3313–3324
		(1) Rechtsgeschäft		3313–3321
		(2) Abgrenzungsfragen		3322–3324
		ff) Zeitpunkt des Übergangs		3325–3327
	c)	Rechtsfolgen des Betriebsübergangs		3328–3422
		aa) Übergang der Arbeitsverhältnisse		3328–3335
		bb) Das Widerspruchsrecht der Arbeitnehmer		3336–3362

C. Der Inhalt des Arbeitsverhältnisses

		(1)	Richterrechtliches Widerspruchsrecht	3336–3338
		(2)	Widerspruchsrecht nach § 613a Abs. 6 BGB	3339–3344
		(3)	Unterrichtungspflicht nach § 613a Abs. 5 BGB	3345–3357
		aaa)	Wortlaut	3345
		bbb)	Sinn und Zweck der Regelung	3346
		ccc)	Rechtsnatur	3347
		ddd)	Schuldner der Unterrichtung	3348
		eee)	Adressat der Unterrichtung	3349
		fff)	Form der Unterrichtung	3350
		ggg)	Zeitpunkt der Unterrichtung	3351
		hhh)	Inhalt der Unterrichtung	3352–3357
		aaaa)	Zeitpunkt oder geplanter Zeitpunkt der Unterrichtung	3352
		bbbb)	Grund des Übergangs	3353
		cccc)	Rechtliche, wirtschaftliche und soziale Folgen für die Arbeitnehmer	3354–3356
		dddd)	In-Aussicht genommene Maßnahmen	3357
		(4)	Rechtsfolgen des Widerspruchs	3358–3362
	cc)		Individualrechtliche Folgen auf Seiten des Arbeitnehmers	3363–3373
	dd)		Rechtsfolgen auf Seiten des Erwerbers	3374–3376
	ee)		Rechtsfolgen auf Seiten der Veräußerers	3377–3379
	ff)		Fortgeltung von Kollektivnormen nach § 613a Abs. 1 S. 2 bis 4 BGB	3380–3390
		(1)	Prinzip der Transformation § 613a Abs. 1 S. 2 BGB	3380–3381
		(2)	Ausschluss der Transformation	3382
		(3)	Inhalt der Transformation	3383–3385
		(4)	Jahresfrist	3386–3390
		aaa)	Geltungsbereich der Jahresfrist	3386
		bbb)	Änderungssperre innerhalb des Jahres	3387–3389
		ccc)	Möglichkeiten nach Ablauf der Jahresfrist	3390
	gg)		Besonderheiten bei Betriebsvereinbarungen	3391–3393
	hh)		Besonderheiten bei Tarifverträgen	3394–3409
		(1)	Grundsatz	3394–3395
		(2)	Tarifwechsel	3396–3400
		(3)	Einzelvertragliche Bezugnahme auf einen Tarifvertrag	3401–3409
		aaa)	Grundsatz	3401–3402
		bbb)	Verschiedene Bezugnahmeklauseln	3403
		ccc)	Erwerber ist an den gleichen Verbandstarifvertrag gebunden	3404
		ddd)	Erwerber ist nicht tarifgebunden	3405
		eee)	Erwerber ist an einen anderen Tarifvertrag gebunden	3406–3409
	ii)		Altersversorgung	3410–3418
		(1)	Ausgeschiedene Arbeitnehmer	3411
		(2)	Individualvertragliche Ansprüche aktiver Arbeitnehmer	3412
		(3)	Kollektivrechtliche Ansprüche aktiver Arbeitnehmer	3413–3417
		(4)	Mittelbare Versorgungszusagen	3418
	jj)		Besonderheiten in der Insolvenz des Arbeitgebers	3419–3422
IV.	**Sonderformen von Arbeitsverhältnissen**			**3423–3555**
1.	Arbeit auf Abruf (§ 12 TzBfG)			3423–3434
	a)		Begriffsbestimmung	3423
	b)		Flexible Arbeitszeitdauer	3424–3425
	c)		Keine Beschränkung auf Teilzeitarbeitsverhältnisse?	3426

C. Der Inhalt des Arbeitsverhältnisses

d)	Verteilung der Arbeitszeit; Nichtausschöpfung des Arbeitsdeputats	3427–3428
e)	Ankündigungsfrist	3429
f)	Mindestdauer der Arbeitseinsätze	3430–3431
g)	Arbeitsentgelt ohne Arbeitsleistung	3432–3434

2. Arbeitsplatzteilung (§ 13 TzBfG) — 3435–3443
   - a) Begriffsbestimmung — 3435
   - b) Lage der Arbeitszeit — 3436
   - c) Vertretungstätigkeit — 3437–3440
   - d) Entgelt ohne Arbeitsleistung — 3441
   - e) Kündigungsverbot — 3442–3443
3. Gruppenarbeitsverhältnis — 3444–3454
   - a) Begriffsbestimmung — 3444
   - b) Betriebsgruppen — 3445–3448
     - aa) Rechtsgrundlage — 3445
     - bb) Rechtsstellung der einzelnen Arbeitnehmer — 3446
     - cc) Haftung; Darlegungs- und Beweislast — 3447
     - dd) Auflösung, Veränderung der Betriebsgruppe — 3448
   - c) Eigengruppe — 3449–3454
     - aa) Begriffsbestimmung; Beispiele — 3449–3450
     - bb) Entgeltansprüche; Haftung — 3451
     - cc) Kündigung und Kündigungsschutz — 3452–3453
     - dd) Auflösung der Eigengruppe; Mitgliederwechsel — 3454
4. Mittelbares Arbeitsverhältnis — 3455–3459
   - a) Begriffsbestimmung — 3455–3456
   - b) Inhaltliche Ausgestaltung — 3457–3459
5. Leiharbeitsverhältnis (nichtgewerbsmäßige Arbeitnehmerüberlassung) — 3460–3466
   - a) Begriffsbestimmungen — 3460
   - b) Vermutung für Arbeitsvermittlung; Rechtsfolgen — 3461–3462
   - c) Widerlegung der Vermutung — 3463–3465
   - d) Inhalt und Ausgestaltung des Leiharbeitsverhältnisses — 3466
6. Gewerbsmäßige Arbeitnehmerüberlassung — 3467–3533
   - a) Grundlagen — 3467–3469
   - b) Begriffsbestimmung — 3470–3472
   - c) Rechtsbeziehungen zwischen den Beteiligten — 3473
   - d) Überlassung von Auszubildenden — 3474
   - e) Entsendung im Rahmen eines Werkvertrages; Abgrenzungsfragen — 3475–3484
   - f) Entsendung im Rahmen eines Dienstvertrages — 3485–3486
   - g) Begriff der Gewerbsmäßigkeit — 3487
   - h) Erlaubnisvorbehalt — 3488–3498
     - aa) Grundlagen — 3488
     - bb) Territorialitätsprinzip — 3489
     - cc) Abordnung an Arbeitsgemeinschaften — 3490–3491
     - dd) Arbeitnehmerüberlassung zur Vermeidung von Kurzarbeit — 3492–3493
     - ee) Gemischte Verträge — 3494–3495
     - ff) Sonderregelungen — 3496
     - gg) Das Erlaubnisverfahren; materielle Voraussetzungen — 3497–3498
   - i) Weitere Pflichten des Verleihers — 3499–3502
   - j) Besonderheiten des Arbeitsverhältnisses zwischen Verleiher und Leiharbeitnehmer — 3503–3507
     - aa) Aushändigung einer Urkunde; Inhalt — 3503–3504
     - bb) Kündigungsverbot — 3505
     - cc) Leistungsverweigerungsrecht — 3506
     - dd) Sonstige Pflichten des Verleihers — 3507
   - k) Rechtsbeziehungen zwischen Verleiher und Entleiher — 3508–3510

Dörner

C. Der Inhalt des Arbeitsverhältnisses

	l)	Rechtsbeziehungen zwischen Entleiher und Leiharbeitnehmer	3511–3514
	m)	Auswirkungen illegaler Arbeitnehmerüberlassung	3515–3533
	aa)	Grundlagen	3515–3517
	bb)	Gesetzlich fingiertes Arbeitsverhältnis zwischen Entleiher und Leiharbeitnehmer	3518–3532
	(1)	Eintritt der Fiktion	3518–3524
	(2)	Inhalt des fingierten Arbeitsverhältnisses	3525–3529
	(3)	Beendigung des fingierten Arbeitsverhältnisses	3530
	(4)	Darlegungs- und Beweislast; Verwirkung	3531–3532
	cc)	Auswirkungen auf den Vertrag zwischen Verleiher und Entleiher	3533
7.		Geringfügig Beschäftigte i. S. d. § 8 Abs. 1 SGB IV	3534–3555
	a)	Arbeitsrechtliche Einordnung	3534
	b)	Sozialversicherungsrechtliche Behandlung	3535–3548
	aa)	Grundsätze	3536–3543
	bb)	Kurzfristig Beschäftigte	3544
	cc)	Geringfügig, aber ständig Beschäftigte	3545–3548
	c)	Steuerrechtliche Behandlung	3549–3554
	d)	Meldepflicht	3555

V. Berufsausbildungsverhältnis 3556–3616
1. Normative Grundlagen 3556–3559
2. Duales System 3560
3. Der Berufsausbildungsvertrag 3561–3569
   a) Rechtsnatur und Begründung 3561–3563
   b) Grenzen der vertraglichen Regelungsbefugnis 3564–3566
   c) Schriftliche Niederlegung des Ausbildungsvertrages 3567–3569
4. Pflichten des Ausbildenden 3570–3588
   a) Ausbildungspflicht (§ 6 Abs. 1 Nr. 1 BBiG) 3570–3571
   b) Ausbildungsmittel 3572–3574
   c) Nebenpflichten 3575–3576
   d) Vergütungspflicht 3577–3583
   e) Kosten der Berufsausbildung 3584
   f) Rechtsfolgen der Verletzung der Ausbildungspflicht; Darlegungs- und Beweislast 3585–3588
5. Pflichten des Auszubildenden 3589–3591
6. Beendigung des Berufsausbildungsverhältnisses 3592–3606
   a) Ablauf der vertraglichen Dauer; Bestehen der Prüfung 3592–3593
   b) Tarifliche Regelungen 3594–3595
   c) Wiederholungsprüfungen 3596–3597
   d) Aufhebungsvertrag 3598
   e) Kündigung des Ausbildungsvertrages 3599
   f) Schadensersatz bei vorzeitiger Kündigung 3600–3605
   g) Übergang in ein Arbeitsverhältnis (§ 17 BBiG) 3606
7. Andere Vertragsverhältnisse (§ 19 BBiG) 3607–3609
8. Fortbildungsvertrag 3610
9. Umschulungsvertrag 3611–3612
10. Ordnung der Berufsbildung; zuständige Behörden 3613–3616

VI. Einreden und Einwendungen 3617–3816
1. Verjährung 3617–3639
   a) Grundlagen 3617
   b) Das neue Verjährungsrecht 3618–3623
      aa) Die regelmäßige Verjährungsfrist 3618–3619
      bb) Hemmung und Neubeginn 3620–3621

C. Der Inhalt des Arbeitsverhältnisses

		cc) Betriebliche Altersversorgung	3622
		dd) Übergangsvorschriften	3623
	c)	Das alte Verjährungsrecht	3624–3637
		aa) Erfasste Ansprüche	3624–3633
		bb) Unterbrechung der Verjährung; Kündigungsschutzklage	3634–3636
	d)	Prozessuale Fragen	3637–3638
	e)	Einwand des Rechtsmissbrauchs	3639
2.	Verwirkung		3640–3651
	a)	Begriffsbestimmung	3640
	b)	Einzelfragen	3641–3650
	c)	Kollektivvertragliche Rechte	3651
3.	Ausschluss-, Verfallfristen		3652–3766
	a)	Grundlagen	3652–3669
		aa) Begriffsbestimmungen	3652
		bb) Zweck der Ausschlussfristen	3653
		cc) Inhaltliche Grenzen	3654
		dd) Ein-, zweistufige Ausschlussfristen; je nach Anspruch unterschiedliche Ausschlussfristen	3655–3662
		ee) Einseitige tarifliche Ausschlussfristen	3663
		ff) Unterschiedliche Ausschlussfristen für Arbeiter und Angestellte	3664
		gg) Berücksichtigung von Amts wegen	3665–3669
	b)	Beginn der Ausschlussfrist	3670–3683
		aa) Grundlagen	3670–3676
		bb) Schadensersatzansprüche	3677–3680
		cc) Rückwirkung von Ausschlussfristen	3681–3682
		dd) Zahlung »unter Vorbehalt«	3683
	c)	Kenntnis des Arbeitnehmers/Arbeitgebers	3684–3690
		aa) Tarifliche Normen; § 8 TVG	3684–3689
		bb) Informationspflicht des Arbeitgebers?	3690
	d)	Geltendmachung des Anspruchs	3691–3712
		aa) Inhaltliche Anforderungen	3691–3697
		bb) Schriftliche Geltendmachung	3698–3699
		cc) Erhebung der Kündigungsschutzklage	3700–3712
		(1) Einstufige Ausschlussfristen	3700–3703
		(2) Hemmung der Ausschlussfrist durch Erhebung der Kündigungsschutzklage	3704
		(3) Zweistufige Ausschlussfristen	3705–3712
	e)	Erfasste Ansprüche; Auslegung	3713–3759
		aa) Grundlagen	3713–3716
		bb) Abgerechneter Lohn; Insolvenz des Arbeitgebers; Rückzahlungsansprüche; Annahmeverzug	3717–3720
		cc) Entfernung von Abmahnungen	3721–3727
		dd) Vorruhestandsleistungen; Betriebliche Altersversorgung	3728–3733
		ee) Beschäftigungsanspruch	3734
		ff) Abfindungsansprüche	3735–3738
		gg) Schadensersatzansprüche	3739–3743
		hh) Miet-, Kauf-, Darlehensverträge	3744–3745
		ii) Feiertagsentgelt	3746
		jj) Urlaub	3747–3752
		kk) Zeugnisanspruch	3753
		ll) Ansprüche des Arbeitgebers	3754–3757
		mm) Aufrechnung	3758–3759
	f)	Arglistige Berufung auf die Ausschlussfrist	3760–3762
	g)	Einzelvertraglich vereinbarte Ausschlussfristen	3763–3765

C. Der Inhalt des Arbeitsverhältnisses

	h)	Ausschlussfristen in Betriebsvereinbarungen; Verhältnis zu tarifvertraglichen Ausschlussfristen		3766
4.	Ausgleichsquittung			3767–3806
	a)	Grundsätze		3767–3783
		aa)	Typischer Inhalt von Ausgleichsquittungen	3767–3768
		bb)	Zweck der Ausgleichsquittung	3769–3770
		cc)	Normative Bedeutung	3771–3783
			(1) Möglicher rechtsgeschäftlicher Inhalt	3771–3772
			(2) Auslegung im Einzelfall	3773–3777
			(3) Ausgleichsquittungen von Minderjährigen	3778
			(4) Tarifliche Ansprüche	3779–3780
			(5) Rechtsfolgen einer Ausgleichsquittung	3781–3783
	b)	Einzelfragen		3784–3796
		aa)	Kündigungsschutzklage	3784–3788
		bb)	Urlaub	3789
		cc)	Entgeltfortzahlungsansprüche	3790–3791
		dd)	Lohnansprüche bei Betriebsübergang	3792
		ee)	Vergütung für Arbeitnehmererfindungen	3793
		ff)	Betriebliche Altersversorgung	3794
		gg)	Karenzentschädigung	3795–3796
	c)	Anfechtung der Ausgleichsquittung; Widerruf		3797–3804
		aa)	§ 119 Abs. 1 BGB	3799
		bb)	§ 123 Abs. 1 BGB	3800
		cc)	Ausländische Arbeitnehmer; Sprachrisiko	3801–3804
	d)	Darlegungs- und Beweislast		3805
	e)	Bereicherungsanspruch		3806
5.	Ausschlussklauseln im (außergerichtlichen und gerichtlichen) Vergleich			3807–3816
	a)	Beispiel		3808–3809
	b)	Auswirkungen der Ausgleichsklausel		3810–3815
	c)	Rechtsnatur und Auslegung der Ausgleichsklausel		3816

I. Pflichten des Arbeitnehmers

1. Der Inhalt der Arbeitspflicht

a) Grundlagen

1 Die Arbeitspflicht des Arbeitnehmers ist auf der Grundlage und in den Grenzen des Arbeitsvertrages seine Hauptleistungspflicht. Sie steht im synallagmatischen (Gegenseitigkeits-)Verhältnis zur Lohnzahlungspflicht des Arbeitgebers. Beide Pflichten bilden die tragenden Elemente des Arbeitsverhältnisses.

2 Die geschuldete Leistung des Arbeitnehmers besteht in Arbeit, nicht nur in Arbeitsbereitschaft; die vorgesehene Dienstleistung ist auch **tatsächlich zu erbringen** (*BAG* 21.12.1954 AP Nr. 2 zu § 611 BGB Lohnanspruch).

3 Der Inhalt der Arbeitsleistung ist im Arbeitsvertrag i. d. R. nur rahmenmäßig festgelegt. Die Ausfüllung des Rahmens erfolgt entsprechend den Anforderungen des Arbeitsplatzes nach Maßgabe der Verkehrssitte (§§ 157, 242 BGB). Dabei sind häufig die Branche, die Berufsbezeichnung, die tarifliche Eingruppierung nach Lohn- und Gehaltsgruppen und den dazugehörigen Tätigkeitsmerkmalen, der Betrieb

C. Der Inhalt des Arbeitsverhältnisses

und der Ort von Bedeutung. Die weitere inhaltliche Konkretisierung erfolgt im Rahmen des Direktionsrechts durch Weisungen des Arbeitgebers (s. o. A/Rz. 650 ff.).

b) Pflicht zur persönlichen Arbeitsleistung

Gem. § 613 S. 1 BGB ist der Arbeitnehmer im Zweifel verpflichtet, die Arbeitspflicht persönlich zu erfüllen; er darf sich nicht durch einen anderen vertreten lassen. 4

I. d. R. schließen schon die äußeren Umstände die Berechtigung des Arbeitnehmers zur Substituierung seiner Person durch Gehilfen oder Ersatzleute aus. Andererseits ist er aber bei Ausfall seiner Arbeitskraft (z. B. bei Urlaub oder Krankheit) nicht zur Bestellung einer Ersatzkraft verpflichtet. 5

Verstößt der Arbeitnehmer gegen seine Verpflichtung zur persönlichen Arbeitsleistung, z. B. durch die unzulässige Heranziehung von Ersatzleuten, haftet er gem. § 325 Abs. 1 BGB (subjektive Unmöglichkeit), erhält kein Entgelt und kann u. U. gekündigt werden. Der Dritte hat keine Ansprüche gegen den Arbeitgeber. Allerdings ist der Arbeitgeber u. U. ungerechtfertigt bereichert (»aufgedrängte Bereicherung« i. S. d. § 812 Abs. 1 S. 1 1. Alternative BGB). Der Dritte haftet dagegen für verursachte Schäden (§ 823 Abs. 1 BGB); auch der Arbeitnehmer haftet insoweit gem. § 278 BGB. 6

Zulässig sind Vereinbarungen, die den Arbeitnehmer berechtigen, sich Dritter zur Erfüllung seiner Arbeitspflicht zu bedienen. Der Arbeitnehmer muss dann auf den Dritten so einwirken, dass dieser die Arbeitsleistung ordnungsgemäß erbringt. 7

Inwieweit der Arbeitnehmer für das Fehlverhalten des Dritten einstehen (d. h. seiner Arbeitspflicht selbst nachkommen oder Schadensersatz leisten) muss, hängt von der jeweiligen Vereinbarung ab, ebenso, ob der Arbeitnehmer den Vertrag mit dem Dritten im Namen des Arbeitgebers oder im eigenen Namen (dann liegt ein mittelbares Arbeitsverhältnis vor) abgeschlossen hat (vgl. MünchArbR/*Blomeyer* § 48 Rz. 1 ff.). 8

2. Veränderung der Leistungsart

a) Grundlagen

Grds. kann die Art der Tätigkeit während des laufenden Vertragsverhältnisses jederzeit einvernehmlich geändert werden (§§ 241, 305 BGB). 9
Gegen den Willen des Arbeitnehmers kommt eine Änderung nur durch Änderungskündigung in Betracht (§ 2 KSchG), die sozial gerechtfertigt sein muss.
Eine einseitige Änderungsbefugnis des Arbeitgebers kann sich aber aus einem Tarifvertrag ergeben, der z. B. zur Zuweisung einer niedriger entlohnten Tätigkeit berechtigt (*BAG* 22.5.1985 EzA § 1 TVG Tarifverträge: Bundesbahn Nr. 6, 7).

§ 16 Abs. 1 LTV DB bestimmt insoweit: »Der Arbeiter hat, soweit es der Dienst erfordert, jede ihm übertragene Arbeit – auch an einem anderen Dienstort und bei einer anderen Dienststelle – zu leisten, die ihm nach seiner Befähigung, Ausbildung und körperlichen Eignung zugemutet werden kann, ohne dass der Arbeitsvertrag förm- 10

C. Der Inhalt des Arbeitsverhältnisses

lich geändert wird. Dabei kann ihm sowohl eine höher als auch eine niedriger gelöhnte Beschäftigung übertragen werden.«

11 Nach Auffassung des *BAG* (22.5.1985 EzA § 1 TVG Tarifverträge: Bundesbahn Nr. 6, 7) **verstößt diese Regelung nicht gegen § 2 KSchG**. Denn der Tarifwortlaut stellt klar, dass durch von § 16 LTV gedeckte Umsetzungsmaßnahmen des Arbeitgebers die arbeitsvertragliche Rechtsposition des betreffenden Arbeiters nicht betroffen wird. **Vielmehr sind die dort vorgesehenen Rechtsfolgen lediglich die Auswirkung von Maßnahmen, die der Arbeitgeber aufgrund eines tariflich erweiterten Direktionsrechts bzw. einer ihm durch Tarifvertrag eingeräumten Rechtsposition von Fall zu Fall trifft.** Wenn der Arbeitgeber im Rahmen der tariflichen Grenzen von diesen Möglichkeiten Gebrauch macht und dem Arbeitnehmer eine andere Tätigkeit zuweist, bedarf es dazu, wie der Tarifvertrag selbst bestimmt, gerade nicht der Form der Kündigung, also auch keiner Änderungskündigung nach § 2 KSchG.

12 Auch eine Überprüfung der Maßnahme nach § 315 BGB kommt nicht in Betracht (*BAG* 22.5.1985 EzA § 1 TVG Tarifverträge: Bundesbahn Nr. 6, 7). Denn die Tarifnorm sieht **eindeutige und justitiable Kriterien** vor, neben denen für § 315 BGB kein Raum ist. Eine andere Beurteilung würde zu der grundsätzlichen Befugnis der Arbeitsgerichte führen, Tarifverträge auf ihre Vereinbarkeit mit § 242 BGB zu überprüfen zu dürfen, die ihnen – wie bei Gesetzen – jedoch nicht zukommt.

13 Zulässig ist auch eine arbeitsvertraglich vereinbarte einseitige Änderungsbefugnis des Arbeitgebers, wenn sie nicht zu einer Umgehung des Kündigungsschutzes führt.

Das ist dann der Fall, wenn wesentliche Elemente des Arbeitsvertrages – z. B. der **Umfang der Arbeitszeit** bei arbeitszeitabhängiger Vergütung – einer einseitigen Änderung unterworfen werden, durch die das Gleichgewicht Leistung und Gegenleistung grundlegend gestört würde. In diesen Fällen erfolgt eine **Ermessenskontrolle** gem. § 315 Abs. 3 BGB (*BAG* 7.9.1972 AP Nr. 2 zu § 767 ZPO; 12.12.1984 EzA § 315 BGB Nr. 29; s. u. D/Rz. 1733 ff.).

b) Konkretisierung der Arbeitspflicht

14 Die im ursprünglichen Arbeitsvertrag vorbehaltene Weisungsbefugnis des Arbeitgebers kann durch langjährige Ausübung einer bestimmten (höher- oder zwar gleichwertigen, aber andersartigen) Tätigkeit eingeschränkt sein, wenn eine Konkretisierung der Arbeitspflicht eingetreten ist. Die dauernde Ausübung höherwertiger Tätigkeit kann zu einer »konkludenten Beförderung« führen, wenn weitere Umstände hinzutreten, die auf eine entsprechende Vertragsänderung schließen lassen (*BAG* 11.6.1958 AP Nr. 2 zu § 611 BGB Direktionsrecht).

15 Bewegt sich die neue Tätigkeit im Rahmen gleichwertiger Tätigkeitsfelder, tritt die Konkretisierung (**konkludente Vertragsänderung**, *BAG* 12.8.1959 AP Nr. 1 zu § 305 BGB) dann ein, wenn beim Arbeitnehmer der objektiv gerechtfertigte Eindruck entsteht, er werde gegen seinen Willen nicht mehr in andere (gleichwertige) Arbeitsfelder des Unternehmens versetzt werden (z. B. nach einer arbeitsplatzbezogenen Fortbildung, die zu einer Spezialisierung des Arbeitnehmers führt). **Allein die langjährige Beschäftigung** an einem bestimmten Arbeitsplatz kann allerdings im

Zweifel die einseitige Umsetzungsbefugnis des Arbeitgebers **noch nicht** einschränken (*BAG* 27.4.1988 AP Nr. 4 zu § 10 TVArb Bundespost).

c) Versetzung des Arbeitnehmers
Im Rahmen der besonderen Regelung des **§ 12 BAT** ist eine Versetzung gegen den Willen des Angestellten gerechtfertigt, wenn das Interesse des Angestellten an der Weiterbeschäftigung am bisherigen Dienstort hinter dem Interesse der Allgemeinheit an der ordnungsgemäßen Durchführung der Aufgaben des öffentlichen Dienstes und damit einer Versetzung zurücktreten muss. Soll die Versetzung wegen Leistungsmängeln erfolgen, so kann eine Abmahnung als milderes Mittel geboten sein (*BAG* 30.10.1985 EzA § 611 BGB Fürsorgepflicht Nr. 40). 16

Aus dem Gedanken der Fürsorgepflicht (§ 242 BGB) kann der Arbeitgeber u. U. zur Versetzung des Arbeitnehmers verpflichtet sein, z. B. dann, wenn dessen Gesundheitszustand die Fortführung der bisherigen Tätigkeit nicht mehr erlaubt und der Wechsel auf einen gleichwertigen Arbeitsplatz dem Arbeitgeber zumutbar ist (*BAG* 25.3.1959 AP § 611 BGB Fürsorgepflicht Nr. 25). 17

Es besteht allerdings keine Verpflichtung des Arbeitgebers zur Versetzung auf einen höher dotierten Arbeitsplatz (**Beförderung**), um eine Kündigung abzuwenden (*LAG Köln* 31.5.1989 DB 1989, 2234). 18

3. Umfang und Intensität der Arbeitspflicht

Der Arbeitnehmer schuldet den Einsatz seiner eigenen Arbeitskraft und deshalb weder eine konkret bestimmte Leistungsqualität oder -quantität noch ein konkret bestimmtes Arbeitstempo. Umfang und Intensität der Arbeitsleistung unterliegen, da es um die Hauptleistungspflicht des Arbeitnehmers geht, nicht dem Weisungsrecht des Arbeitgebers, sondern werden grds. vertraglich festgelegt. 19

Die Arbeitsqualität hängt mangels entsprechender Vorgaben vom persönlichen Leistungsvermögen des Arbeitnehmers ab. Er hat in der Arbeitszeit **unter angemessener Anpassung seiner Kräfte und Fähigkeiten ständig zu arbeiten**, d. h. die vertraglich übernommene Arbeitsaufgabe **sorgfältig und konzentriert** zu erfüllen, ohne Körper und Gesundheit zu schädigen (vgl. *LAG Hamm* 23.8.2000 NZA-RR 2001, 138). Der Leistungsumfang kann insoweit durchaus alters- oder krankheitsbedingt innerhalb einer bestimmten Bandbreite schwanken (*BAG* 14.1.1986 EzA § 87 BetrVG 1972 Betriebliche Ordnung Nr. 11). 20

Allerdings kann die Verpflichtung zu einer **bestimmten konkreten Leistungsqualität** vertraglich oder tarifvertraglich (z. B. durch Lohnkürzungen bei Nichterreichen bestimmter Qualitätsanforderungen; vgl. *BAG* 15.3.1960 AP Nr. 13 zu § 611 BGB Akkordlohn) geregelt sein oder sich aus der Branchen- bzw. Betriebsüblichkeit (vgl. § 276 Abs. 1 S. 2 BGB) sowie der Höhe der Bezahlung ergeben. 21

Beim Arbeitstempo muss der Produktionsprozess die **individuelle Leistungsfähigkeit** des Arbeitnehmers berücksichtigen, also so organisiert sein, dass der Arbeitnehmer keine psychischen oder physischen Schäden erleidet. 22

C. Der Inhalt des Arbeitsverhältnisses

23 Demgegenüber wird auch die Auffassung vertreten (MünchArb/*Berkowsky* § 132 Rz. 97 f.), dass der Arbeitnehmer eine durch den Arbeitsvertrag und evtl. in Bezug genommene Arbeitsplatz- oder Leistungsbeschreibungen definierte Arbeitsleistung »mittlerer Art und Güte« schuldet (§ 243 Abs. 1 BGB).

24 Leistungsmängel können kündigungsrechtlich erst dann bedeutsam werden, wenn sie sich signifikant vom Leistungsniveau der zwar unter dem Durchschnitt liegenden, aber noch hinreichend leistungsfähigen vergleichbaren Mitarbeiter abheben (s. u. D/Rz. 1261 ff.).

4. Ort der Arbeitsleistung

25 Weil der Arbeitnehmer keinen Leistungserfolg, sondern nur eine Leistungshandlung schuldet, ist der vereinbarte oder sich aus den Umständen nach dem Vertragszweck ergebende Leistungsort (§ 269 Abs. 1 BGB) zugleich Erfüllungsort für die Arbeitsleistung. Vereinbart wird i. d. R. ein bestimmter Betrieb, meist der Betriebssitz des Arbeitgebers (§ 29 ZPO).

26 Die Befugnis des Arbeitgebers, den **Wechsel des Leistungsortes** einseitig anzuordnen, kann sich aus dem Arbeitsvertrag ergeben. Ein dadurch eingeräumtes Weisungsrecht besteht nicht, wenn mit dem Wechsel des Leistungsortes zugleich auch ein Wechsel der Leistungsart oder eine Entgeltminderung verbunden ist (MünchArbR/*Blomeyer* § 48 Rz. 80).

27 Bei Tätigkeiten mit wechselndem Einsatzort (z. B. Montagearbeiter) steht dem Arbeitgeber ein vertraglich vereinbartes oder sich aus den Umständen ergebendes Weisungsrecht zu, dessen Grenzen sich aus dem Vertrag selbst bzw. (z. B. bei angestellten Künstlern) einem dem Arbeitnehmer überlassenen Ausführungsspielraum sowie aus § 315 BGB ergibt.

28 Im Rahmen des **§ 315 BGB** sind die Beeinträchtigungen der privaten Lebensführung des Arbeitnehmers (Wohnsitz), der zeitliche und finanzielle Mehraufwand sowie sachliche Gesichtspunkte auf betrieblicher Seite zu berücksichtigen.

29 Wird ein **Betrieb insgesamt verlegt**, muss der Arbeitnehmer, weil die Arbeitsleistungspflicht i. d. R. vertraglich an einen bestimmten Betrieb und nicht an einen geographischen Ort gebunden ist, diesem folgen, soweit das nicht unzumutbar ist. Bei der notwendigen Abwägung stehen die **Verkehrsverbindungen** im Vordergrund, insbesondere, ob der Arbeitnehmer den vom Arbeitsvertrag vorausgesetzten persönlichen Lebensbereich verlassen muss, weil er nach Beendigung der Arbeit nicht mehr in seine Wohnung zurückkehren kann (MünchArbR/*Blomeyer* § 48 Rz. 87).

5. Arbeitszeit

30 Die Arbeitszeit bezeichnet die Dauer (z. B. auch Höchst- oder Mindestdauer) der täglichen, monatlichen oder jährlichen Arbeitsleistung vom Beginn bis zum Ende

der Arbeitszeit ohne die Ruhepausen (§ 2 Abs. 1 ArbZG), also den Umfang der vom Arbeitnehmer geschuldeten Leistungen.

Zu Rechtsfragen des ArbZG vgl. *Erasmy* NZA 1994, 1105 ff., NZA 1995, 97 ff.; *Zmarzlik* DB 1994, 1082 ff.; *Scherr/Krol-Dickob* Arbeitszeitrecht im öffentlichen Dienst von A–Z, Nr. 10 ff.; zu den Auswirkungen des ArbZG auf die Arbeitszeitregelungen in Kliniken vgl. *Kempter* NZA 1996, 1190 ff.).

Unterschieden werden können 31
- die arbeitsvertragliche Arbeitszeit, als die Zeit, in der der Arbeitnehmer zur Arbeitsleistung verpflichtet ist;
- die vergütungsrechtliche Arbeitszeit als die Zeit, die der Arbeitnehmer bezahlt erhält;
- die arbeitsschutzrechtliche Arbeitszeit als die Zeit, die nach arbeitsschutzrechtlichen Vorgaben gearbeitet bzw. nicht gearbeitet werden darf;
- die mitbestimmungspflichtige Arbeitszeit als die Zeit, die der Mitbestimmung des Betriebs- bzw. Personalrats unterfällt (*Scherr/Krol-Dickob* Einf. Nr. 1).

a) Abgrenzungen

Zur Arbeitszeit rechnen nach Maßgabe vertraglicher oder tarifvertraglicher Bestimmungen i. d. R. auch Zeiten minderer Arbeitsintensität (*Scherr/Krol-Dickob* Einf. Nr. 1 ff. m. w. N.; *Baeck/Deutsch* ArbZG, § 2 Rz. 27 ff.). 32

Dazu gehören 33
- **Arbeitsbereitschaft** als wache Achtsamkeit im Zustand der Entspannung (an der Arbeitsstätte oder auch in der eigenen Wohnung). Der Arbeitnehmer muss jederzeit damit rechnen, eine bestimmte Tätigkeit erbringen zu müssen (vgl. §§ 18 Abs. 1 MTL II, 18 Abs. 1 MTB II; *BAG* 30.1.1985 AP Nr. 2 zu § 35 BAT; 10.1.1991 NZA 1991, 516; 5.5.1988 EzA § 12 AZO Nr. 3; 19.1.1988 NZA 1988, 881; *Baeck/Deutsch* ArbZG, § 2 Rz. 33 ff.). Sie unterscheidet sich von der Vollarbeit dadurch, dass vom Arbeitnehmer eine geringere Stufe sowohl der geistigen als auch der körperlichen Leistungsbereitschaft erwartet wird (sog. Beanspruchungstheorie; *BAG* 28.1.1981 EzA § 7 AZO Nr. 1; 19.1.1988 NZA 1988, 881).

Der Umfang der Beanspruchung ist im Einzelfall anhand einer **umfassenden Gesamtwürdigung** festzustellen. Dabei sind u. a. folgende Gesichtspunkte maßgeblich (vgl. *Baeck/Deutsch* ArbZG, § 2 Rz. 36): **Häufigkeit der Anordnung der Arbeitsbereitschaft**, Häufigkeit von **Nacht- und Wochenendbereitschaft**, Grad der **geforderten Aufmerksamkeit**, Häufigkeit der Inanspruchnahme durch **Vollarbeit**, **Regelmäßigkeit** bzw. Unregelmäßigkeit der Unterbrechungen, **Verantwortlichkeit** im Hinblick auf die Schwere der Folgen bei Säumnis rechtzeitigen Eingreifens, **Grad der Bequemlichkeit** bzw. Unbequemlichkeit während der Bereitschaftszeit, Belastung durch **Störfaktoren** wie Lärm, Geräusche und Erschütterungen. Anhand dieser Kriterien, deren Aufzählung nicht abschließend ist, ist im Rahmen einer wertenden Gesamtbetrachtung der Grad der Beanspruchung des Arbeitnehmers zu ermitteln. 34

Für Arbeitsbereitschaft ist grds. das vereinbarte Arbeitsentgelt in voller Höhe zu zahlen, es sei denn, dass einzel- oder tarifvertraglich Abschläge oder Pauschalzahlungen vereinbart worden sind, was zulässig ist (*BAG* 28.11.1973 AP Nr. 2 zu § 19 MTB II; *Baeck/Deutsch* ArbZG, § 2 Rz. 40). 35

C. Der Inhalt des Arbeitsverhältnisses

36 Tarifliche Normen sehen z. T. (vgl. z. B. § 15 Abs. 2 BAT) vor, dass Arbeitszeit und Arbeitsbereitschaft dadurch kombiniert werden können, dass die regelmäßige Arbeitszeit durch den Arbeitgeber nach Maßgabe des § 315 BGB einseitig verlängert werden kann bis zu 10 (11) Stunden täglich, wenn in sie regelmäßig eine Arbeitsbereitschaft von durchschnittlich mindestens 2 (3) Stunden fällt. Eine Verlängerung auf bis zu 12 Stunden täglich ist zulässig, wenn der Angestellte lediglich an der Arbeitsstelle anwesend sein muss, um im Bedarfsfall vorkommende Arbeiten zu verrichten. Bei einer derartigen Verlängerung steht dem Angestellten keine zusätzliche Vergütung zu; die verlängerte Arbeitszeit ist durch die tarifliche Vergütung gem. § 26 BAT abgegolten (*BAG* 26.3.1998 EzA § 15 BAT Nr. 5).

37 – **Bereitschaftsdienst**, der den Arbeitnehmer im Gegensatz dazu verpflichtet, sich an einer vom Arbeitgeber festgelegten Stelle aufzuhalten und jederzeit bereit zu sein, seine volle Arbeitstätigkeit unverzüglich aufnehmen zu können, also tätig zu werden, ohne dass es einer wachen Achtsamkeit bedarf (*BAG* 27.2.1985 AP Nr. 12 zu § 17 BAT; 25.10.1989EzA § 1 KSchG Verhaltensbedingte Kündigung Nr. 30; vgl. *Jobs/Zimmer* ZTR 1995, 483 ff.). Bereitschaftsdienst ist damit eine ihrem Wesen nach von der vereinbarten Dienstleistung verschiedene Leistung des Arbeitnehmers. Sie ist nichts weiter als eine im Rahmen und für Zwecke des Arbeitsverhältnisses erfolgende Aufenthaltsbeschränkung, die mit der Verpflichtung verbunden ist, bei Bedarf sofort tätig zu werden (vgl. *EuGH* 3.10.2000 EzA § 7 ArbZG Nr. 1; vgl. dazu *Tietje* NZA 2001, 241 ff.; *Ohnesorg* ArbuR 2000, 467 ff.; *Ebener/Schmalz* DB 2001, 813 ff.; *Litschen* NZA 2001, 1355 ff.; *Karthaus* ArbuR 2001, 485 ff.; klarstellend für das bundesdeutsche Arbeitsrecht *BAG* 24.10.2001 EzA § 11 BUrlG Nr. 48; für die Einordnung als Arbeitszeit i. S. d. ArbZG *ArbG Kiel* 8.11.2001 DB 2001, 2655). **Unerheblich** ist, ob sich der Arbeitnehmer **innerhalb oder außerhalb des Betriebes aufzuhalten** hat. Entscheidend ist nur, dass er sich an einer **vom Arbeitgeber bestimmten Stelle** aufhalten muss (*Baeck/Deutsch* ArbZG, § 2 Rz. 41). Vergütungsrechtlich ist der Bereitschaftsdienst als eine andere, zusätzliche Leistung des Arbeitnehmers zu vergüten; mangels einer ausdrücklichen arbeitsvertraglichen oder tarifvertraglichen Regelung nach § 612 BGB (MünchArbR/*Anzinger* § 218 Rz. 29 unter Hinweis auf *BAG* 8.7.1959 AP Nr. 5 zu § 7 AZO). Pauschalabgeltungen sind zulässig (MünchArbR/*Anzinger* § 218 Rz. 29). Statt einer Vergütung kann auch ein Freizeitausgleich vorgesehen werden (*Baeck/Deutsch* ArbZG, § 2 Rz. 43).

38 Während die Entscheidung des *EuGH* (3.10.2000 EzA § 7 ArbZG Nr. 1) so verstanden werden könnte, als wären **Zeiten des Bereitschaftsdienstes und der Rufbereitschaft** (s. u. C/Rz. 40) **uneingeschränkt auch vergütungsrechtlich als Arbeitszeit** in vollem Umfang **zu qualifizieren**, hat das **BAG** (*BAG* 24.10.2001 EzA § 11 BUrlG Nr. 48; **a. A.** wohl *Hergenröder* RdA 2001, 346 ff.) **klargestellt**, dass derartige Zeiten jedenfalls **keine Überstunden i. S. v. § 11 BUrlG** sind.

39 Im Regelfall ist in den Arbeitsverträgen die Verpflichtung des Arbeitnehmers zur Übernahme von Bereitschaftsdiensten nur **rahmenmäßig** bestimmt. In diesem Fall ist der Arbeitgeber aufgrund seines **Direktionsrechts** berechtigt, diese nur rahmenmäßig vorgeschriebene Verpflichtung einseitig zu konkretisieren; dabei muss er die Grundsätze **billigen Ermessens** (§ 315 BGB) beachten (*Baeck/Deutsch* ArbZG, § 2 Rz. 44).

C. Der Inhalt des Arbeitsverhältnisses

- **Rufbereitschaft**, die den Arbeitnehmer verpflichtet, sich an einem selbst gewähl- 40
ten, dem Arbeitgeber bekannt zu gebenden Ort auf Abruf bereitzuhalten, um im
Bedarfsfall die Arbeit aufnehmen zu können oder sich sonst mit Hilfe technischer
Vorkehrungen außerhalb der Arbeitszeit verfügbar zu halten.

Überlässt der Arbeitgeber dem Arbeitnehmer ein **Funktelefon**, muss der Arbeit- 41
geber nicht wissen, wo sich der Arbeitnehmer gerade aufhält. Es genügt, dass der
Arbeitnehmer über das Telefon **jederzeit erreichbar** ist. Auch bei der Verwendung
eines Funksignalempfängers muss der Arbeitgeber nicht wissen, wo sich der Arbeitnehmer gerade aufhält. Der Arbeitnehmer ist während der Rufbereitschaft
grds. bei der Wahl seines Aufenthaltsortes frei. Allerdings darf die **räumliche Distanz** zwischen dem Arbeitsort und dem jeweiligen Aufenthaltsort **nur so groß**
sein, dass er die **Arbeit rechtzeitig aufnehmen** kann. Dies ist nur dann der Fall,
wenn zwischen dem Abruf und der Arbeitsaufnahme eine Zeitspanne liegt, die
den Einsatz nicht gefährdet und im Bedarfsfall die rechtzeitige Arbeitsaufnahme
gewährleistet (*BAG* 19.12.1991 EzA § 611 BGB Arbeitsbereitschaft Nr. 1; *Baeck/
Deutsch* ArbZG, § 2 Rz. 47). Der Arbeitnehmer darf sich nicht in einer Entfernung vom Arbeitsort aufhalten, die dem Zweck der Rufbereitschaft zuwiderläuft
(*BAG* 28.4.1971 AP Nr. 2 zu § 611 BGB Arbeitsbereitschaft; *Baeck/Deutsch*
ArbZG, § 2 Rz. 47).

Die Rufbereitschaft beginnt in dem Zeitpunkt, von dem an der Arbeitnehmer ver- 42
pflichtet ist, auf Abruf Arbeit aufzunehmen, und endet in dem Zeitpunkt, in dem
diese Verpflichtung endet (*BAG* 28.7.1994 EzA § 15 BAT Rufbereitschaft Nr. 4; vgl.
Jobs/Zimmer ZTR 1995, 483 ff.). Gleiches gilt dann, wenn der Arbeitnehmer verpflichtet ist, auf Anordnung seines Arbeitgebers außerhalb der regelmäßigen Arbeitszeit ein auf Empfang geschaltetes Funktelefon mitzuführen, um auf telefonischen Abruf Arbeit zu leisten, die darin besteht, **dass er über dieses Funktelefon Anordnungen trifft oder weiterleitet** (*BAG* 29.6.2000 EzA § 611 BGB Rufbereitschaft Nr. 1 zu
§ 15 Abs. 6 b BAT; vgl. dazu *Pieper* ZTR 2001, 292 ff.; a. A. *LAG Schleswig-Holstein*
15.10.1998 ARST 1999, 25 zumindest dann, wenn sich der Arbeitnehmer an jedem
beliebigen Ort aufhalten kann, ihn keine Pflicht trifft, diesen Ort zu benennen, er
die Dienststelle während der Erreichbarkeitszeit nicht aufsuchen muss und er im
Falle der Nichterreichbarkeit die Pflicht zur Erreichbarkeit auf andere Mitarbeiter
übertragen kann).
Da sie nicht mit der zugesagten Arbeitsleistung identisch ist, besteht bei der Rufbereitschaft grds. kein Anspruch auf Bezahlung als Arbeitsleistung. Eine eingeschränkte
Vergütungspflicht ergibt sich aber häufig aus Tarifverträgen (z. B. 50% gem. § 18
Abs. 1 MTL II; *Baeck/Deutsch* ArbZG, § 2 Rz. 49; zur Rechtslage bei Wochenfeiertagen vgl. *LAG Düsseldorf* 30.5.2001 ZTR 2001, 509). Ohne entsprechende Vereinbarung folgt ein Anspruch auf angemessene Vergütung aus § 612 BGB (MünchArbR/
Anzinger § 218 Rz. 32). Fällt während der Rufbereitschaft Arbeitsleistung an, so ist
sie zu vergüten. Fahrtkosten, die insoweit entstehen, werden dagegen regelmäßig
mangels anderweitiger Vereinbarung nicht erstattet (vgl. *BAG* 16.12.1989 EzA § SR
2 c BAT Nr. 1).

Bestimmt der Arbeitgeber, dass die Arbeit im unmittelbaren Anschluss an die Been- 43
digung der regelmäßigen Arbeitszeit fortzusetzen ist, so liegt darin auch dann die **Anordnung von Überstunden**, wenn der Angestellte im Anschluss an die regelmäßige
Arbeitszeit dienstplanmäßig zur Rufbereitschaft eingeteilt ist. Die Anordnung des Ar-

beitgebers enthält dann eine Änderung des Dienstplans, nicht aber einen Abruf zur Aufnahme der Arbeit (*BAG* 26.11.1992 NZA 1993, 659).

44 Mit der Befugnis zur Verlängerung der Arbeitszeit bei Arbeitsbereitschaft über zehn Stunden werktäglich in § 7 Abs. 1 Nr. 1 a ArbZG wird die Arbeitsbereitschaft im ArbZG wie bereits in der AZO als Arbeitszeit behandelt. Aus dem Fehlen einer solchen Befugnis beim Bereitschaftsdienst und der Rufbereitschaft folgt, dass diese keine Arbeitszeit i. S. d. ArbZG sind (*Baeck/Deutsch* ArbZG, § 2 Rz. 41 ff.; 50). Wären sie dies, hätte auch bei ihnen eine Möglichkeit zur Verlängerung der Arbeitszeit vorgesehen werden müssen. Einem Bereitschaftsdienst oder einer Rufbereitschaft über zehn Stunden täglich hinaus steht damit die Ruhensvorschrift des § 5 ArbZG nicht entgegen. Für Bereitschaftsdienst und Rufbereitschaft sind zeitliche Grenzen auch in anderen Vorschriften des ArbZG nicht ausdrücklich vorgeschrieben (*Zmarzlik/Anzinger* ArbZG, 1995, § 2 Rz. 14).

45 Aus der Möglichkeit zur abweichenden Regelung der Dauer und Lage der Ruhezeit bei Arbeitsbereitschaft, Bereitschaftsdienst und Rufbereitschaft in § 7 Abs. 2 Nr. 1 ArbZG folgt nach z. T. vertretener Auffassung, dass **keiner dieser Dienste Ruhezeit i. S. d. § 5 ArbZG ist**. Aus der Ermächtigung zur abweichenden Regelung der Dauer der Ruhezeit folgt, dass Bereitschaftsdienst und Rufbereitschaft nur in die Ruhezeit des § 5 ArbZG gelegt werden können, wenn dies nach § 7 Abs. 2 Nr. 1 ArbZG durch Tarifvertrag oder Betriebsvereinbarung zugelassen ist. Aus der Befugnis zur abweichenden Regelung der Lage der Ruhezeit folgt, dass Bereitschaftsdienst und Rufbereitschaft unmittelbar im Anschluss an die tägliche Arbeitszeit nur bei einer entsprechenden Zulassung nach § 7 Abs. 2 Nr. 1 ArbZG gelegt werden kann, es sei denn, dass es sich um den Ausnahmefall des § 5 Abs. 3 ArbZG (z. B. in Krankenhäusern) handelt (*Zmarzlik/Anzinger* a. a. O.). Demgegenüber ist darauf hinzuweisen, dass das ArbZG nur zwischen **Arbeits- und Ruhezeiten** differenziert. **Zwischenformen kennt es insoweit nicht**. Nach dem Ende der Arbeitszeit beginnt folglich die Ruhenszeit und umgekehrt. Auch aus materiellen Gründen ist keine abweichende Regelung geboten. Denn während des Bereitschaftsdienstes oder der Rufbereitschaft ist die Beanspruchung des Arbeitnehmers derart gering, dass sie einer Einordnung als Ruhezeit nicht entgegensteht. Gerade aus diesem Grund werden Zeiten des Bereitschaftsdienstes oder der Rufbereitschaft auch nicht als Arbeitszeit angesehen (vgl. ausf. *Baeck/Deutsch* ArbZG, § 5 Rz. 8 f.).

b) Wege- und Dienstreisezeiten

46 Die Zeit für An- und Abfahrt des Arbeitnehmers zum Betrieb des Arbeitgebers ist keine Arbeitsleistung und daher weder zu vergüten (*BAG* 8.12.1960 AP Nr. 1 zu § 611 BGB Wegezeit), noch arbeitsschutzrechtlich zu berücksichtigen (MünchArbR/*Anzinger* § 218 Rz. 34). Dagegen sind Fahrten bei einem außerhalb des Betriebes des Arbeitgebers liegenden Arbeitsplatz unter Abzug der gewöhnlich für die Fahrt zum Betrieb benötigten Zeit, wenn der Arbeitnehmer den Arbeitsplatz unmittelbar von seiner Wohnung aus aufsucht, regelmäßig als Arbeitszeit zu vergüten, soweit keine gegenteilige tarif- oder einzelvertragliche Regelung besteht (*BAG* 15.3.1989 EzA § 4 TVG Bauindustrie Nr. 49). Abweichende einzel- oder kollektivvertragliche Vereinbarungen sind zulässig.

C. Der Inhalt des Arbeitsverhältnisses

Dienstreisezeiten (Fahrten außerhalb der Gemeindegrenzen des Wohn- bzw. Be- 47
triebsortes) **und dienstliche Wegezeiten** (Fahrten innerhalb der Gemeindegrenzen;
zu den Begriffen vgl. MünchArbR/*Anzinger* § 218 Rz. 35 ff.) **sind** (auch arbeitsschutzrechtlich) **Arbeitszeit**, weil sie der Arbeitnehmer im betrieblichen Interesse
und zur Erfüllung seiner Arbeitspflicht aufwendet (*BAG* 22.2.1978 EzA § 17 BAT
Nr. 2 ; krit. zu den Begriffsbildungen *Baeck/Deutsch* ArbZG, § 2 Rz. 63 ff.).
Liegt die Fahrt dagegen **außerhalb der üblichen Arbeitszeit** (z. B. auch während der 48
Nachtzeit oder bei Sonn- und Feiertagsaufenthalten) und bedeutet sie nicht unmittelbar die Erfüllung der Hauptleistungspflicht (wie z. B. beim LKW-Fahrer) oder ist
sie nicht Voraussetzung für die Erfüllung der Hauptleistungspflicht (wie z. B. beim
Bauarbeiter), so entsteht ein Vergütungsanspruch – vorbehaltlich einer abweichenden insbesondere tariflichen Regelung (z. B. § 17 Abs. 2 BAT) – nach einer z. T. in
der Literatur vertretenen Auffassung nur insofern, als die Zeit tatsächlich mit Arbeit
ausgefüllt wird (Steuerung eines Kfz, Aktenstudium; vgl. MünchArbR/*Blomeyer* § 48
Rz. 98 m. w. N.; *Loritz* NZA 1997, 1192 ff.). Etwas anderes gilt danach nur bei einer
entsprechenden **Vereinbarung**; ohne Vereinbarung kommt eine Bezahlung der Reisetätigkeit dann nicht in Betracht (MünchArbR/*Anzinger* § 218 Rz. 39; vgl. auch *Hunold* NZA 1993, 10 ff.). Demgegenüber ist nach Auffassung von *Loritz* (NZA 1997,
1193 ff.; vgl. auch *Loritz/Koch* BB 1987, 1106 ff.) bei Fehlen einer Vereinbarung
§ 612 Abs. 1 BGB anzuwenden, auch wenn der Arbeitnehmer seine Hauptleistung
nicht schon in Gestalt des Reisens erbringt, aber im Verlauf des Tages an wechselnden
Einsatzstellen tätig werden muss, wie etwa ein Monteur. Soweit über die vereinbarte
Arbeitszeit hinaus Kunden zu besuchen sind, liegt Mehrarbeit vor und es besteht objektiv eine **Vergütungserwartung**.

> Das *BAG* (3.9.1997 EzA § 612 BGB Nr. 20; vgl. dazu *Sandmann* SAE 1998, 152 ff.; 49
> *Baeck/Deutsch* ArbZG, § 2 Rz. 81) hat dazu folgende **Grundsätze** aufgestellt:
> – Reisezeiten, die ein Arbeitnehmer über die regelmäßige Arbeitszeit hinaus im
>   Interesse des Arbeitgebers aufwendet, sind als Arbeitszeit zu vergüten, wenn
>   das vereinbart oder eine Vergütung »den Umständen nach« zu erwarten ist
>   (§ 612 Abs. 1 BGB).
> – Ist eine Regelung nicht getroffen, sind die Umstände des Einzelfalles maßge-
>   bend. Einen Rechtssatz, dass solche Reisezeiten stets oder regelmäßig zu vergü-
>   ten seien, gibt es nicht.
> – Bei der Prüfung der Umstände steht dem Tatsachengericht ein Beurteilungs-
>   spielraum zu. Es kommt auch eine Vergütung eines Teils der Reisezeiten (z. B.
>   über 2 Stunden pro Reisetag hinausgehend) in Betracht.

Arbeitsschutzrechtlich bedeutet eine derartige Dienstreisezeit keine Arbeitszeit.
Tarifliche Regelungen (z. B. § 7 BRTV Bau für Arbeiter im Baugewerbe) sehen bei 50
ständig wechselnden Arbeitsstätten, wie z. B. im Baugewerbe üblich, vor, dass der Arbeitgeber jedenfalls die Zusatzkosten teilweise mit übernehmen soll, die durch den
Einsatz auf vom Betrieb entfernt gelegenen Baustellen entstehen. In Betracht kommt
– je nach Entfernung und Abwesenheitsdauer – eine **Fahrtkostenabgeltung** (Km-
Geld) sowie ein **Verpflegungszuschuss**. Für die Tätigkeit auf Baustellen ohne tägliche Heimfahrt wird eine **Auslösung** gezahlt, wenn der Arbeiter wegen des dortigen
Einsatzes außerhalb seiner Erstwohnung übernachtet (s. auch unten Rz. 1880) und
so Aufwendungen für getrennte Haushaltsführung hat (vgl. *BAG* 26.5.1998 NZA
1998, 1123 [1125]; 11.11.1997 DB 1998, 2070 [2071]). Damit sollen auch die Aufwen-

dungen des Arbeitnehmers für auswärtige Übernachtungen abgegolten werden (*BAG* 14.2.1996 EzA § 4 TVG Bauindustrie Nr. 81).

Zu beachten sind aber jeweils die **konkreten tariflichen Voraussetzungen**, von deren Erfüllung die Begründetheit des Anspruchs abhängig ist. So setzt z. B. ein Anspruch auf Auslösung nach § 8 Nr. 2 des Rahmentarifvertrages für die gewerblichen Arbeitnehmer im Steinmetz-, Stein- und Holzbildhauerhandwerk vom 4. April 1989 nicht nur voraus, dass dem Arbeitnehmer während des Einsatzes auf der auswärtigen Baustelle die tägliche Rückkehr vom Arbeitsplatz zum Wohnort nicht zumutbar ist. Erforderlich ist darüber hinaus, dass der Arbeitnehmer wegen des Einsatzes auf der auswärtigen Baustelle eine Unterkunft außerhalb seiner Erstwohnung nimmt und dadurch einen besonderen Mehraufwand hat (*BAG* 27.02.1996 EzA § 4 TVG Auslösung Nr. 1).

Zusätzlich kommt u. U. ein Anspruch auf **Reisegeld** und **Reisezeitvergütung** in Betracht (§ 7 Nr. 4.1 ff. BRTV Bau).

c) Ruhezeiten und Ruhepausen

51 Ruhezeit ist ein ununterbrochener Zeitraum von mindestens 11 Stunden zwischen dem Ende der täglichen Arbeitszeit und deren Wiederbeginn (§ 5 Abs. 1 ArbZG). Abweichende Regelungen (z. B. die zeitweise Verkürzung auf 10 Stunden, die allerdings innerhalb eines bestimmten Zeitraums durch eine entsprechende Verlängerung auf 12 Stunden ausgeglichen werden muss) sind z. B. für Krankenhäuser und Gaststätten möglich (§ 5 Abs. 2, 3 ArbZG).

Ruhepausen sind im Voraus festgelegte, zumindest aber vorhersehbare Unterbrechungen der Arbeitszeit von bestimmter Dauer, die der Erholung dienen (zur Mindestdauer je nach der Arbeitszeit vgl. § 4 ArbZG; vgl. *BAG* 23.6.1988 EzA § 242 BGB Betriebliche Übung Nr. 24; 23.9.1992 EzA § 12 AZO Nr. 6; **a. A.** hinsichtlich des Merkmals »im Voraus« *Baeck/Deutsch* ArbZG, § 4 Rz. 9). Die Vorhersehbarkeit ist auch dann gewährleistet, wenn zu **Beginn der täglichen Arbeitszeit** für die Gewährung der Ruhepause **ein bestimmter zeitlicher Rahmen feststeht**, innerhalb dessen der Arbeitnehmer – ggf. in Absprache mit anderen Arbeitnehmern – seine Ruhepause nehmen kann (*BAG* 28.9.1972 EzA § 12 AZO Nr. 1; 27.2.1992 EzA § 12 AZO Nr. 5; vgl. *Baeck/Deutsch* ArbZG, § 4 Rz. 23). Der Arbeitnehmer ist von jeglicher Arbeitsleistung, selbst in Form des Bereithaltens zur Arbeit (offen gelassen von *LAG Baden-Württemberg* 14.10.1998 ZTR 1999, 365; **a. A.** *Baeck/Deutsch* ArbZG, § 4 Rz. 10 für Bereitschaftsdienst und Rufbereitschaft), freigestellt. Er kann frei darüber entscheiden, wie er diese Freizeit verbringen will (*Baeck/Deutsch* ArbZG, § 4 Rz. 8) Die Pausen müssen folglich **grds. nach der Uhrzeit** festgelegt werden, sofern die genaue Festlegung nicht zulässigerweise der **Absprache zwischen den beteiligten Arbeitnehmern** überlassen ist (*LAG Baden-Württemberg* 14.10.1998 ZTR 1999, 365). Die freie Verfügbarkeit des Arbeitnehmers ist **keine begriffsnotwendige** und deshalb **zwingende Voraussetzung** für das Vorliegen einer Ruhepause (*BAG* 21.8.1990 EzA § 87 BetrVG 1972 Betriebliche Ordnung Nr. 16).

52 Zu den Pausen gehören nicht die **Splitterzeiten**, die keine ins Gewicht fallende Entspannung ermöglichen (*BAG* 12.2.1986 DB 1987, 995 f.), **Kurzpausen** (Verschnaufpausen), die der Arbeitnehmer in teil- oder vollmechanisierten Betrieben nach freiem Ermessen nehmen kann sowie **Betriebspausen** (Stillstands- und Wartezeiten,

die Arbeitsunterbrechungen aus technischen Gründen darstellen, während derer der Arbeitnehmer aber zur Arbeitsleistung verpflichtet bleibt (*BAG* 23.11.1960 AP Nr. 6 zu § 12 AZO; *Baeck/Deutsch* ArbZG, § 4 Rz. 13).

Der Arbeitgeber hat seine Pflicht, eine Ruhepause zu gewähren, erfüllt, wenn er eine Pausenregelung schafft, die es den Arbeitnehmern ermöglicht, die Ruhepause zu nehmen. Eine Pausenregelung genügt dann nicht den gesetzlichen Anforderungen, wenn den Arbeitnehmern gestattet wird, Pausen zu nehmen, dies ihnen aber aus tatsächlichen oder rechtlichen Gründen **unmöglich ist** (*BAG* 23.9.1992 EzA § 12 AZO Nr. 6).

Ruhepausen sind grds. **nicht Arbeitszeit** (vgl. § 2 Abs. 1 S. 1 ArbZG), sodass, sofern es sich um Ruhepausen i. S. d. § 4 ArbZG handelt (30 bzw. 45 Minuten in Zeitabschnitten von mindestens 15 Minuten) vorbehaltlich abweichender Vereinbarungen i. d. R. kein Vergütungsanspruch besteht.

Erhalten die Arbeitnehmer im Einvernehmen mit dem Arbeitgeber entgegen § 4 ArbZG keine Pause, werden aber statt einer Bezahlung diese Zeiten (30 Minuten) als »**Mehrarbeit**« gesammelt und durch die Gewährung von freien Tagen abgegolten, so kann zwar eine **betriebliche Übung** dieses Inhalts entstehen; sie ist aber vor allem wegen Verstoßes gegen § 4 ArbZG **rechtswidrig** und kommt als günstigere Regelung i. S. d. Günstigkeitsprinzips nicht in Betracht (*LAG Rheinland-Pfalz* 4.10.1999 NZA-RR 2001, 89).

d) Umfang der Arbeitszeit

aa) Grundlagen

Die Arbeitszeitdauer wird, soweit nicht ohnehin Tarifbindung (§§ 3, 5 TVG) besteht, i. d. R. einzelvertraglich, häufig durch Verweisung auf einen Tarifvertrag und ggf. auf eine Betriebsvereinbarung vereinbart. Sie unterliegt – vorbehaltlich abweichender tarifvertraglicher Regelung – nicht dem allgemeinen Weisungsrecht des Arbeitgebers, da sie den Umfang der Hauptleistungspflicht des Arbeitnehmers betrifft (s. o. A/Rz. 650 ff.).

Die einzel- und kollektivvertragliche Regelungsbefugnis wird durch das ArbZG als öffentlich-rechtlicher Arbeitsschutznorm begrenzt. **Mit dem ArbZG wird der gesetzlich zulässige und grds. nicht abdingbare Arbeitszeitrahmen abgesteckt, innerhalb dessen die privatrechtlich vereinbarte Arbeitsleistung dem zeitlichen Umfang nach erbracht werden darf.**

Danach darf die werktägliche Arbeitszeit der Arbeitnehmer acht Stunden nicht überschreiten (§ 3 ArbZG). Sie kann ohne besonderen Anlass auf zehn Stunden werktäglich verlängert werden, wenn sie in einem bestimmten Zeitraum (6 Kalendermonate oder 24 Wochen) ausgeglichen wird. (Diese Vorschrift ist mit der EG-Arbeitszeitrichtlinie 93/104 vom 23.11.1993 [s. o. A/Rz. 819 ff.], die bis zum 23.11.1996 in das deutsche Recht umzusetzen gewesen wäre, unvereinbar. Danach gilt eine Frist von maximal vier Monaten bzw. 16 Wochen; vgl. *Ende* ArbuR 1997, 137 ff., wonach die RL im öffentlichen Dienst trotz fehlender Umsetzung unmittelbar anzuwenden ist, während dies im Übrigen nicht möglich ist). Das Unternehmen kann einen kürzeren Zeitraum wählen, einen längeren jedoch nur aufgrund eines Tarifvertrages oder einer Betriebsvereinbarung. Gem. **§ 7 ArbZG** haben die Tarifvertragsparteien ebenso

C. Der Inhalt des Arbeitsverhältnisses

wie die Betriebspartner die Befugnis, von den Arbeitszeitgrundnormen abzuweichen; eine entsprechende Befugnis der Arbeitsvertragsparteien besteht nicht.

58 Sonn- und Feiertagsarbeit ist zwar grds. verboten (§ 9 Abs. 1 ArbZG); §§ 9 Abs. 2, 10 ArbZG sehen aber zahlreiche Ausnahmen vor (*Kuhr* DB 1994, 2186 hält § 10 ArbZG für verfassungswidrig, weil die Sonntagsruhe nicht hinreichend geschützt sei und daher ein Verstoß gegen Art. 140 GG i. V. m. Art. 139 WRV vorliege: krit. auch *Richardi/ Annuß* NZA 1999, 953 ff.; vgl. auch *Rose* DB 2000, 1662 ff.). Arbeitnehmer, die arbeitsvertraglich an **Sonn- und Feiertagen beschäftigt** werden dürfen, sind allerdings befugt, gegen eine auf Antrag des Unternehmens ergangene **behördliche Feststellung zu klagen**, dass eine Beschäftigung von Arbeitnehmern an Sonn- und Feiertagen zulässig ist (*BVerwG* 19.9.2000 EzA § 10 ArbZG Nr. 1; vgl. dazu *Ulber* ArbuR 2000, 470 ff.).

Fraglich ist, ob bei beiderseitiger Tarifbindung einzelvertraglich eine längere als die tariflich als Höchstgrenze vorgesehene Arbeitszeit unterhalb der Höchstgrenze des ArbZG vereinbart werden kann.

59 **Zum Teil** (*Zöllner* DB 1989, 2121; *Leinemann* DB 1990, 734) wird dies im Hinblick auf das **Günstigkeitsprinzip** (§ 4 Abs. 3 TVG) **bejaht, zum Teil** im Hinblick auf ein vermeintlich gegebenes öffentliches Interesse (**Gesundheitsschutz**, *Däubler* DB 1989, 2535; *Zachert* DB 1990, 987) bzw. die fehlende Vergleichbarkeit von einem Mehr an Freizeit oder Arbeitsentgelt (*LAG Baden-Württemberg* 22.3.1989 DB 1989, 2028; *ArbG Stuttgart* 7.9.1995 EzA § 4 TVG Günstigkeitsprinzip Nr. 8) **verneint**.

60 Weil das **öffentliche Schutzinteresse durch das ArbZG aber abschließend konkretisiert ist**, wird schließlich darauf hingewiesen, dass sich das Problem des Günstigkeitsvergleichs nicht stellt, wenn man die Freiheit des Arbeitnehmers, über den Umfang seiner Hauptleistungspflicht autonom zu entscheiden, betont und der individuellen Vereinbarung den Vorrang vor der Kollektivvereinbarung einräumt. Da der Tarifvertrag den Arbeitnehmer bei einer Teilzeitvereinbarung nicht zu einer zeitlich umfänglicheren Arbeitsleistung verpflichten kann, ist er auch nicht in der Lage, dessen Arbeitszeit gegenüber einem ausdrücklich vereinbarten Leistungsumfang zu schmälern. Aufgrund der Tarifnorm sind danach lediglich die tarifschließenden Parteien verpflichtet, auf ihre Arbeitgeber einzuwirken, die individuellen und kollektiven Arbeitszeiten einzuhalten (*Richardi* ZfA 1990, 232 f.; DB 1990, 1616 f.; *Walker* ZfA 1996, 353 ff.).

bb) Überschreitung der Dauer der Arbeitszeit

61 Überarbeit (»Überstunden«) ist die über die durch Vertrag, Tarifvertrag oder Betriebsvereinbarung für das einzelne Arbeitsverhältnis festgelegte regelmäßige Arbeitszeit. Mehrarbeit, die über die gesetzliche Höchstarbeitszeit (§ 3 ArbZG) hinausgehende Arbeitszeit.

62 Bei der Ermittlung der Mehrarbeitsgrenze ist der gesetzliche Arbeitszeitrahmen des **§ 3 ArbZG** maßgebend. Dieser erlaubt dem Arbeitgeber eine Arbeitszeit von 8 Stunden an allen Werktagen der Woche, insgesamt also 48 Stunden in der Woche. Dort, wo die tarif- oder arbeitsvertraglich vereinbarte regelmäßige Wochenarbeitszeit unter 48 Stunden liegt und diese Arbeitszeit auf **5 Werktage in der Woche verteilt** ist, kann die Differenz zwischen dieser regelmäßigen Wochenarbeitszeit und der gesetzlich zulässigen Arbeitszeit in der Woche von 6 × 8 Stunden = 48 Stunden noch auf die

C. Der Inhalt des Arbeitsverhältnisses

5 Arbeitstage der Woche verteilt werden, bevor die Grenze für Mehrarbeit erreicht wird (*BAG* 28.7.1981 EzA § 6 AZO Nr. 1).
Sieht eine Arbeitszeitregelung in einer Betriebsvereinbarung eine wöchentliche Arbeitszeit von 38,5 Stunden **im Jahresdurchschnitt** vor, so liegt Überarbeit erst dann vor, wenn die auf das Jahr bezogene Arbeitszeit überschritten wird (*BAG* 11.11.1997 NZA 1998, 1011). Sind Überstunden demgegenüber aufgrund einer tarifvertraglichen Regelung Arbeitsstunden, die der Arbeiter auf Anordnung des Arbeitgebers **über die dienstplanmäßige oder betriebsübliche tägliche Arbeitszeit hinaus leistet** (so z. B. § 67 Nr. 39 BMT-G II), so kommt es nicht einmal auf die Überschreitung der **durchschnittlichen regelmäßigen wöchentlichen Arbeitszeit** (§ 14 Abs. 1 BMT-G II) **an** (*BAG* 6.8.1998 – 6 AZR 177/97 –; vgl. auch *BAG* 16.2.2000 EzA § 4 TVG Metallindustrie Nr. 117 zum MTV Metallindustrie NRW). 63

Eine Verpflichtung zur Leistung von Überarbeit muss grds. einzelvertraglich vereinbart sein. Sie kann sich aber auch im Wege der Vertragsauslegung für besondere Fälle z. B. aus der vom Arbeitnehmer übernommenen Arbeitsaufgabe (z. B. bei leitenden Angestellten) ergeben bzw. besteht darüber hinaus in besonderen Notfällen. 64

Demgegenüber indiziert bereits der Abschluss eines **Teilzeitvertrages**, dass der Arbeitnehmer dem Arbeitgeber nur im Rahmen der vereinbarten Arbeitszeit zur Verfügung stehen will. Denn Teilzeitbeschäftigte wählen typischerweise eine Verkürzung ihrer Arbeitszeit, um in der so gewonnenen Freizeit anderweitige zeitlich bindende Verpflichtungen erfüllen zu können. Etwas anderes gilt aber dann, wenn die Teilzeitarbeit eingeführt wurde, weil entweder der Arbeitsbedarf des Arbeitgebers abgesunken ist (dauerhafte Kurzarbeit) oder wenn es sich um Teilzeitarbeit neben dem Bezug einer Teilrente handelt. Denn in diesen Fällen fehlt es am typischen Interesse der Teilzeitbeschäftigten an der Begrenzung der Arbeitsleistung auf das vereinbarte Deputat (MünchArbR/*Schüren* § 162 Rz. 43). 65

Ist **arbeitsvertraglich** das Recht zur einseitigen Anordnung von Überstunden vereinbart, so ist der Arbeitgeber nach Auffassung des *ArbG Frankfurt a. M.* (26.11.1998 ARST 1999, 284) dem Rechtsgedanken des § 4 Abs. 2 BeschFG (jetzt § 12 Abs. 2 TzBfG) nach verpflichtet, eine **angemessene Ankündigungsfrist** zu wahren, um es dem Arbeitnehmer auf zumutbare Weise zu ermöglichen, sich auf eine vorher nicht zeitlich festgelegte Inanspruchnahme seiner Arbeitskraft einzustellen. Die Zuweisung von Überstunden für den laufenden Arbeitstag kann danach nur bei deutlich überwiegenden betrieblichen Interessen billigem Ermessen entsprechen. 66

Ein allgemeiner Rechtsanspruch auf gesonderte Überstundenvergütung besteht grds. nicht, ist aber dann gegeben, wenn die Überarbeit über die persönliche regelmäßige Arbeitszeit des Arbeitnehmers hinausgeht. Für derartige Überarbeit kann grds. eine zusätzliche Vergütung nach dem Maßstab verlangt werden, nach dem auch sonst der Lohn berechnet wird (vgl. *Schaub* Arbeitsrechtshandbuch, § 69 III; vgl. aber *LAG Köln* 1.8.1997 NZA-RR 1998, 393: Die Geltendmachung kann u. U. treuwidrig sein). 67

Der Arbeitnehmer, der im Prozess von seinem Arbeitgeber die Bezahlung von Überstunden fordert, muss, zumal wenn zwischen der Geltendmachung und der behaupteten Leistung ein längerer Zeitraum liegt, beim Bestreiten der Überstunden im Einzelnen darlegen, an welchen Tagen und zu welchen Tageszeiten er 68 über die übliche Arbeitszeit hinaus tätig geworden ist. Er muss ferner eindeutig vortragen, ob die Überstunden vom Arbeitgeber angeordnet oder zur Erledigung der ihm obliegenden Arbeit notwendig oder vom Arbeitgeber gebilligt oder geduldet worden sind (*BAG* 15.6.1961 AP Nr. 7 zu § 253 ZPO; 25.11.1993 EzA § 253 ZPO Nr. 14; *LAG Köln* 25.6.1999 ZTR 2000, 128; 16.12.2000 ZTR 2001, 329 Ls. = ARST 2001, 141). Dazu hat z. B. ein LKW-Fahrer die einzelnen Fahrten mit ihren Fahrtzielen, die Fahrtzeiten und Standzeitpausen u. Ä. für jeden Tag, für den er Überstunden fordert, so aufzuschlüsseln, dass der Arbeitgeber darauf substantiiert erwidern kann (*LAG Schleswig-Holstein* 18.9.1997 ARST 1998, 65).

69 Tarifverträge enthalten i. d. R. darüber hinaus eine besondere Vergütungsregelung, wonach zusätzlich neben der Grundvergütung für jede geleistete Überstunde ein besonderer **Überstundenzuschlag** zu zahlen ist (vgl. z. B. § 4 MTV für die gewerblichen Arbeitnehmer und Angestellten der chemischen Industrie Rheinland-Pfalz, §§ 4, 5 MTV Nährmittel- und Feinkostindustrie Hessen und Rheinland-Pfalz; § 35 BAT). Möglich ist auch ein Mehrarbeitszuschlag für eine betrieblich angeordnete Sonderschicht an einem dem Arbeitnehmer zustehenden freien Tag (vgl. z. B. § 3 Abs. 2 MTV Arbeiter Bewachungsgewerbe Baden-Württemberg). Dieser Anspruch setzt nicht voraus, dass der Arbeitnehmer über die im Tarifvertrag festgelegte Arbeitszeit hinaus tatsächlich gearbeitet hat.

Beispiel:
70 Liegt die im Schichtplan festgelegte tatsächliche Arbeitszeit deshalb unterhalb der tariflichen regelmäßigen Arbeitszeit, weil der Arbeitnehmer im Berechnungszeitraum Urlaub hatte, sind Sonderschichten, die der Arbeitnehmer an den ihm nach dem Schichtplan zustehenden freien Tagen geleistet hat, nach § 3 Abs. 2 MTV zuschlagspflichtig (*BAG* 18.2.1997 NZA 1997, 1000).
71 Art. 119 EWGV (jetzt Art. 141 EGV) und Art. 1 der Richtlinie 75/117/EWG vom 10.2.1975 zur Angleichung der Rechtsvorschriften der Mitgliedstaaten über die Anwendung des Grundsatzes des gleichen Entgelts für Männer und Frauen verbieten es nicht, dass ein Tarifvertrag die Zahlung von **Überstundenzuschlägen** (auch für Teilzeitbeschäftigte) **nur bei Überschreiten der tarifvertraglich für Vollzeitbeschäftigte festgelegten Regelarbeitszeit vorsieht** (*EuGH* 15.12.1994 EzA Art. 119 EWG-Vertrag Nr. 24; *BAG* 20.6.1995 EzA Art. 119 EWG-Vertrag Nr. 32; 25.7.1996 EzA § 611 BGB Mehrarbeit Nr. 6; s. o. A/Rz. 527).
72 Im Zuge der Arbeitszeitverkürzung haben zudem zahlreiche Tarifverträge, z. B. der MTV für die holz- und kunststoffverarbeitende Industrie in Rheinland-Pfalz eine Regelung eingeführt, wonach maximal 18 Überstunden abgegolten werden dürfen. Darüber hinausgehende Überstunden müssen durch **bezahlte Freizeit** ausgeglichen werden (Ziffer 24 Abs. 6 MTV).
73 Wird in einem Tarifvertrag bestimmt, dass Mehrarbeit grds. in Freizeit abzugelten ist, so kann der Arbeitgeber bei **Freistellung** des Arbeitnehmers von der Arbeitsleistung seine etwaigen Überstundenentgeltansprüche **voll anrechnen** (*ArbG Frankfurt* 6.7.1999 NZA-RR 2000, 253).

74 Durch Tarifvertrag kann auch beiden Arbeitsvertragsparteien eine Ersetzungsbefugnis eingeräumt sein. Danach kann der Arbeitnehmer anstelle der an sich geschuldeten Mehrarbeitsvergütung Freizeitausgleich verlangen und der Arbeitge-

ber an Erfüllungs statt Freizeitausgleich gewähren. Insoweit muss der Vertragspartner, der von seiner Ersetzungsbefugnis Gebrauch machen will, dies unmissverständlich erklären. Die Erklärung muss zwar nicht ausdrücklich abgegeben werden, sich aber aus den für den Erklärungsempfänger erkennbaren Umständen zweifelsfrei ergeben. Allein die Mitteilung des Arbeitgebers, keine Einsatzmöglichkeiten für den Arbeitnehmer zu haben, genügt nicht (*BAG* 17.1.1995 EzA § 4 TVG Metallindustrie Nr. 99; vgl. auch *BAG* 11.11.1997 NZA 1998, 1011).

Der Arbeitgeber legt den Zeitpunkt des Freizeitausgleichs fest. Diese einseitige Leistungsbestimmung hat nach billigem Ermessen zu erfolgen (**§ 315 BGB**). Daraus ergibt sich u. a., dass der Arbeitgeber eine angemessene **Ankündigungsfrist** wahren muss. Die Arbeitsfreistellung muss dem Arbeitnehmer so rechtzeitig mitgeteilt werden, dass er sich noch ausreichend auf die zusätzliche Freizeit einstellen kann. Dieses Erfordernis ist nicht erfüllt, wenn der Arbeitnehmer erst zwischen 15.00 und 17.00 Uhr davon in Kenntnis gesetzt wird, ob er am folgenden Tag zur Arbeitsleistung verpflichtet ist oder Freizeitausgleich erhält (*BAG* 17.1.1995 EzA § 4 TVG Metallindustrie Nr. 99; vgl. auch *BAG* 11.11.1997 NZA 1998, 1011). 75

Auch zwischen einem Arbeitgeber und einem Arbeitnehmer in Leitungsposition, dem keine festen Arbeitszeiten vorgegeben sind, kann vereinbart werden, dass der Arbeitnehmer durch entsprechende Gestaltung seines Arbeitsablaufs Überstunden abfeiert. Eine derartige Vereinbarung ist nur dann zu beanstanden, wenn ihr besondere Rechtsmängel anhaften. Es besteht aber kein allgemeiner Rechtsschutz dahin, dass Überstunden stets zu vergüten sind, wenn die Möglichkeit des Abfeierns besteht (*BAG* 4.5.1994 EzA § 611 BGB Mehrarbeit Nr. 5). 76

Haben die Parteien vereinbart, dass **Überstunden durch Freistellung abgegolten** werden sollen, kann der Arbeitnehmer auch nach Beendigung des Arbeitsverhältnisses nach Auffassung des *LAG Köln* (2.10.1996 NZA 1997, 1166 Ls.) nicht ohne weiteres Bezahlung verlangen. 77

Ein gesetzlicher Anspruch auf Zahlung eines Überstundenzuschlags besteht nicht. Im Gegensatz zu der aufgehobenen Regelung des § 15 AZO sieht das ArbZG keinen Mehrarbeitszuschlag mehr vor. Die finanzielle Regelung bleibt den Tarifvertragsparteien überlassen (für den Ausgleich von Nacht-, Sonn- und Feiertagsarbeit besteht allerdings gem. §§ 6 Abs. 5, 11 Abs. 2 ArbZG eine Zuschlagspflicht; der Arbeitgeber hat – mangels anderweitiger Regelung – allerdings ein Wahlrecht zwischen angemessenem Freizeitausgleich und Lohnzuschlag; vgl. dazu *Deckers* NZA 1999, 968 f.). 78

Nach Auffassung des *Sächsischen LAG* (21.4.1999 – 2 Sa 1077/98 –) kann ein **Ersatzruhetag für Feiertagsbeschäftigung** nach § 11 Abs. 3 S. 2 ArbZG auch durch einen **Werktag**, z. B. Samstag, gewährt werden, der für einen nicht in der Sechs-Tage-Woche beschäftigten Arbeitnehmer ohnehin arbeitsfrei ist. 79

cc) Der Anspruch auf Teilzeitbeschäftigung (TzBfG)

(1) Grundlagen

Das TzBfG, das am 1.1.2001 in Kraft getreten ist, sieht erstmals einen **einklagbaren Anspruch** des Arbeitnehmers auf Teilzeitbeschäftigung vor. Die Neuregelung des Teil- 80

C. Der Inhalt des Arbeitsverhältnisses

zeitarbeitsrechts stellt die Verwirklichung europarechtlicher Vorgaben dar. Bezweckt wird zudem eine **Ausweitung der Teilzeitarbeit** durch mehr Flexibilität und größere Zeitsouveränität (vgl. *Viethen* NZA 2001, Sonderbeilage zu Heft 24, S. 3; KDZ/*Zwanziger* § 1 TzBfG Rz. 1).

Das TzBfG gilt für **alle Arbeitnehmer** in Arbeitsverhältnissen unabhängig davon, ob es um eine Tätigkeit im öffentlichen Dienst oder in der Privatwirtschaft geht. Es findet auch Anwendung auf leitende Angestellte und bereits in Teilzeit beschäftigte Arbeitnehmer, nicht dagegen für Beamte.

(2) Teilzeitarbeitsverhältnisse; Begriffsbestimmung

81 Teilzeitbeschäftigung liegt dann vor, wenn ein Arbeitnehmer eine **kürzere regelmäßige Wochenarbeitszeit** hat, als die im Betrieb vergleichbaren vollzeitbeschäftigten Arbeitnehmer (§ 2 Abs. 1 S. 3 TzBfG). Besteht in dem Betrieb keine Vereinbarung hinsichtlich der regelmäßigen Wochenarbeitszeit, so ist die regelmäßige Wochenarbeitszeit maßgeblich, die sich im **Jahresdurchschnitt pro Woche** errechnet. Gibt es keine vergleichbaren Arbeitnehmer, die Vollzeit arbeiten, ist auf vergleichbare Arbeitnehmer in einem **anwendbaren Tarifvertrag** abzustellen. Liegt auch kein Tarifvertrag vor, ist auf die übliche Arbeitszeit Vollzeitbeschäftigter in dem betreffenden **Wirtschaftszweig** abzustellen.

I.d. R. ist also Vergleichsmaßstab die jeweils im Betrieb maßgebliche regelmäßige Arbeitszeit. Nicht entscheidend ist die tarifvertraglich vorgesehene Regelarbeitszeit. Die Lage der Arbeitszeit ist dagegen unerheblich (vgl. *Lindemann/Simon* BB 2001, 146; *Rolfs* RdA 2001, 130).

Beispiel:

82 Im Betrieb des Arbeitgebers arbeiten die Arbeitnehmer regelmäßig an fünf Tagen in der Woche acht Stunden von 8 Uhr bis 17 Uhr bei einer Stunde Mittagspause. Der Arbeitnehmer trifft mit dem Arbeitgeber eine Vereinbarung, wonach er freitags nur bis 12 Uhr arbeiten muss. Er ist damit Teilzeitbeschäftigter.

83 **Geringfügig Beschäftigte** i. S. d. § 8 Abs. 1 Nr. 1 SGB IV sind aufgrund der Legaldefinition des § 2 Abs. 2 TzBfG im Übrigen **stets Teilzeitbeschäftigte**.

(3) Ausschreibungspflicht (§ 7 TzBfG)

84 Gem. § 7 Abs. 1 TzBfG sind Arbeitsplätze, die neu besetzt werden sollen, grds. auch als Teilzeitarbeitsplätze auszuschreiben, sofern sie sich dafür **eignen**.

aaa) Eignung als Teilzeitarbeitsplatz

85 Fraglich ist, wie die Eignung als Teilzeitarbeitsplatz inhaltlich zu bestimmen ist. Nach dem Regierungsentwurf zum TzBfG (NZA 2000, 1045 ff.) sollte noch in all den Fällen eine Ausschreibungspflicht bestehen, in denen keine »dringenden betrieblichen Belange einer solchen entgegenstehen«. Aufgrund der Änderung des Gesetzeswortlauts sind an den Begriff »geeignet« damit **geringere Anforderungen** zu stellen.

Teilweise wird die Auffassung vertreten, dass es der **Entscheidungs- und Organisationsfreiheit des Arbeitgebers** obliegt, zu entscheiden, ob eine Eignung für die Ausschreibung als Teilzeitarbeitsplatz gegeben ist oder nicht. Dies soll sich aus § 7 Abs. 3 TzBfG (Information der Arbeitnehmervertretung über Teilzeitarbeit im Betrieb) ergeben. Die Frage der »Eignung« ist daher **subjektiv aus der Sicht des Arbeitgebers** zu bestimmen (*Kliemt* NZA 2001, 63 ff.; ähnlich *Lindemann/Simon* BB 2001, 147).

Demgegenüber kann der Begriff der Eignung aber auch aus der Sicht eines **objektiven Dritten** zu beurteilen sein, ggf. unter **Beachtung nicht überprüfbarer unternehmerischer Entscheidungen**, d. h. eines vorgegebenen unternehmerischen Organisationsmodells und -konzepts (*Hanau* NZA 2001, 1168 ff.) mit der Maßgabe, dass dann, wenn die Eignung verneint werden soll, **erheblicher Begründungsbedarf** besteht (*Hinrichs* AiB 2001, 68; MünchArbR/*Schüren* Ergänzungsband § 162 Rz. 41; a. A. *Kliemt* NZA 2001, 68).

bbb) Sanktionen

§ 7 Abs. 1 TzBfG selbst sieht keine Sanktionen für den Fall der Verletzung der Ausschreibungspflicht vor (*Dassau* ZTR 2001, 65; krit. deshalb *Richardi/Annuß* BB 2000, 2202). In Betracht kommen aber kollektivrechtliche Auswirkungen:

- Zum einen kann ein **Widerspruchsrecht** des Betriebsrats gem. **§ 99 Abs. 2 Nr. 5 BetrVG** gegeben sein, falls der Betriebsrat eine Ausschreibung gem. § 93 BetrVG verlangt hat und dabei den Anforderungen des § 7 Abs. 1 TzBfG nicht Genüge getan wurde. Ein Widerspruchsrecht kann nämlich auch bei einer nicht ordnungsgemäßen Ausschreibung, die gegen gesetzliche Vorschriften, z. B. § 611 b BGB verstößt, bestehen (*LAG Hessen* 13.7.1999 NZA-RR 1999, 641; KDZ/*Zwanziger* § 7 TzBfG Rz. 7; **a. A.** *Beckschulze* DB 2000, 2605; GK-BetrVG/*Kraft* § 99 Rz. 130 m. w. N.):
- Soweit Bewerber im Betrieb beschäftigt sind, die sich für eine Teilzeittätigkeit interessieren, kann in der Besetzung einer Stelle mit einem Vollzeitbewerber eine Benachteiligung liegen, die den **Widerspruchsgrund** des **§ 99 Abs. 2 Nr. 4 BetrVG** auslöst (KDZ/*Zwanziger* § 7 TzBfG Rz. 6).
- Auch **§ 99 Abs. 2 Nr. 1 BetrVG** kann u. U. ein Widerspruchsrecht des Betriebsrats begründen. Denn nach der Rechtsprechung des *BAG* (25.3.2000 DB 2000, 723) besteht das Zustimmungsverweigerungsrecht nicht nur dann, wenn die tatsächliche Beschäftigung des einzustellenden Arbeitnehmers gegen eine gesetzliche Vorschrift verstößt, sondern auch dann, wenn die personelle Maßnahme unter Verstoß gegen eine vom Gesetzgeber vorgesehene **Verhaltensweise im Auswahlverfahren** erfolgt ist. Das gilt insbesondere bei der Einstellung unter Verstoß gegen ein gesetzliches Diskriminierungsverbot (z. B. § 611 a BGB, Art. 9 Abs. 3 GG; *BAG* 25.3.2000 DB 2000, 723), oder auch für die Einstellung eines gesunden Arbeitnehmers ohne die gem. §§ 71, 81 SGB IX erforderliche Prüfung der Einstellung von Schwerbehinderten (*BAG* 14.11.1989 EzA § 99 BetrVG 1972 Nr. 84; 10.11.1992 EzA § 99 BetrVG 1972 Nr. 108).

Dem kann man entgegenhalten, dass der Arbeitgeber im Gegensatz zum SGB IX die Wertungsfrage, ob er den ausgeschriebenen Arbeitsplatz für Teilzeitarbeit geeignet hält, selbst entscheiden muss. Denn die Eignung als Teilzeitstelle kann nicht durch den Betriebsrat bestimmt werden. Schreibt der Arbeitgeber die Stelle **nur als Vollzeitstelle** aus, gibt er damit zugleich **zu erkennen**, dass dies seiner Ansicht nach nicht der Fall ist. Der Betriebsrat darf daher seine Zustimmung zu einer Einstellung nicht verweigern (*Beckschulze* DB 2000, 2605).
- Selbst wenn ein Zustimmungsverweigerungsrecht letztlich abzulehnen sein sollte, wird ein entsprechend begründeter Widerspruch des Betriebsrats jedenfalls **nicht offensichtlich unbegründet** sein, so dass der Arbeitgeber gehalten ist, das **Zustimmungsersetzungsverfahren** gem. § 99 Abs. 4 BetrVG vor der

C. Der Inhalt des Arbeitsverhältnisses

> beabsichtigten Einstellung durchzuführen, einschließlich des sich daraus ergebenden Zeitverlusts und der verursachten Kosten (gegen das Eingreifen von Sanktionen demgegenüber *Schlosser* BB 2001, 411 f.; *Ehler* BB 2001, 1146 ff.).

ccc) Anspruch eines Teilzeitarbeitnehmers auf Vollzeitbeschäftigung?

aaaa) Informationspflicht des Arbeitgebers

87 Ein teilzeitbeschäftigter Arbeitnehmer hat gegenüber seinem Arbeitgeber einen Anspruch auf Unterrichtung bezüglich anderer freier oder frei werdender vergleichbarer Arbeitsplätze, die sich von der Dauer oder der Lage der Arbeitszeit her von seinem unterscheiden, wenn er gegenüber seinem Arbeitgeber den entsprechenden **Wunsch** geäußert hat (§ 7 Abs. 2 TzBfG).
Sowohl die Anzeige seitens des Arbeitnehmers ist **formlos** möglich, als auch die Information durch den Arbeitgeber. Der Informationspflicht kann z. B. durch einen **Aushang** am schwarzen Brett genügt werden.

bbbb) Sanktionen

88 Die Folgen eines Verstoßes des Arbeitgebers gegen seine Verpflichtung sind gesetzlich nicht geregelt. Grds. kommt zwar ein Anspruch aus **pFV** (jetzt §§ 280 ff., 241 Abs. 2 BGB n. F.) in Betracht (vgl. KDZ/*Zwanziger* § 7 TzBfG Rz. 10). Allerdings wird es dem Arbeitnehmer i. d. R. schwer fallen, einen Schaden zu beweisen, der darin bestehen könnte, dass er bei ordnungsgemäßer Information tatsächlich die begehrte Arbeitsstelle erhalten hätte. Denn auch bei ordnungsgemäßer Information wäre der Arbeitgeber bei der Stellenbesetzung grds. frei gewesen.

89 Sieht man die gesetzliche Regelung als **Schutzgesetz** zu Gunsten des Arbeitnehmers an, könnte ein Schadensersatzanspruch gem. § 823 Abs. 2 BGB gegeben sein. **Dagegen** spricht allerdings, dass die inhaltsgleiche Vorschrift des § 3 BeschFG überwiegend **nicht als Schutzgesetz** i. S. d. § 823 Abs. 2 BGB angesehen worden ist (vgl. ErfK/*Preis* § 3 BeschFG Rz. 12). Für diese Auffassung spricht, dass sich aus dem Informationsanspruch selbst noch **kein Anspruch auf Zuweisung eines bestimmten Arbeitsplatzes** mit bestimmter Arbeitszeit ergibt, sodass bei einem Verstoß gegen diese Verpflichtung auch kein Schadensersatzanspruch gegeben sein kann.

cccc) Bevorzugte Berücksichtigung

90 Darüber hinaus ist der Teilzeitarbeitnehmer, der seinen Wunsch nach Verlängerung seiner Arbeitszeit angezeigt hat, bei gleicher Eignung bei der Besetzung eines freien Vollzeitarbeitsplatzes nunmehr bevorzugt zu berücksichtigen (§ 9 TzBfG). Dieser Anspruch entfällt nur, wenn »**dringende betriebliche Gründe**« dem entgegenstehen. Das zeigt, dass ein genereller Anspruch darauf, zukünftig in Vollzeit beschäftigt zu werden, für einen Teilzeitbeschäftigten nicht besteht. Der Arbeitgeber ist insbesondere auch **nicht verpflichtet**, einen entsprechenden Arbeitsplatz **zu schaffen**.

dddd) Bewerbung mehrerer Teilzeitbeschäftigter

91 Fraglich ist, was gilt, wenn sich mehrere Teilzeitbeschäftigte auf einen Vollzeitarbeitsplatz bewerben. In Betracht zu ziehen wäre, ob eine **Sozialauswahl** durchzuführen ist. Dagegen spricht aber entscheidend, dass dieses ausdrücklich im Regierungsentwurf zum TzBfG vorgesehen war, dann jedoch im Gesetzeswortlaut keinen Niederschlag gefunden hat. Daraus kann nur gefolgert werden, dass der Arbeitgeber auch andere,

eigene Interessen berücksichtigen kann und lediglich eine sachgerechte Entscheidung nach **billigem Ermessen** (§ 315 BGB) zu treffen hat (*Lindemann/Simon* BB 2001, 140). Eine Auswahlentscheidung kann man deshalb allenfalls dann für ermessenswidrig halten, wenn auch unter Berücksichtigung fachlicher Gesichtspunkte die Vernachlässigung sozialer Gesichtspunkte nicht zu vertreten ist (vgl. *Preis/Gotthardt* DB 2001, 150). Dabei wird es vorrangig auf **Unterhaltspflichten** ankommen. Im Übrigen dürften **Schwerbehinderte** grds. vorrangig zu berücksichtigen sein (KDZ/ *Zwanziger* § 9 TzBfG Rz. 8).

(4) Der Anspruch auf Wechsel in Teilzeit
Seit dem 1.1.2001 können Arbeitnehmer unter bestimmten Voraussetzungen vom Arbeitgeber verlangen, dass ihre Arbeitszeit verkürzt wird (8 TzBfG; vgl. dazu *Viethen* NZA 2001, Sonderbeilage zu Heft 24, S. 4 ff.; MünchArbR/*Schüren* Ergänzungsband § 162 Rz. 51 ff.). 92

aaa) Anspruchsvoraussetzungen

aaaa) Überblick
Die gesetzlichen Voraussetzungen für den Anspruch auf Verringerung der Arbeitszeit sind: 93

- der Arbeitnehmer muss länger als sechs Monate beschäftigt sein (§ 8 Abs. 1 TzBfG);
- er muss eine Ankündigungsfrist von drei Monaten einhalten (§ 8 Abs. 2 TzBfG);
- der Arbeitgeber muss mehr als 15 Arbeitnehmer beschäftigen, wobei Auszubildende nicht zu berücksichtigen sind (§ 8 Abs. 7 TzBfG);
- es dürfen keine betrieblichen Gründe der Verringerung der Arbeitszeit entgegenstehen (§ 8 Abs. 4 TzBfG);
- die Zeitgrenze nach § 8 Abs. 6 TzBfG (erneute Verringerung frühestens nach Ablauf von zwei Jahren) muss eingehalten werden.

bbbb) Anspruchsberechtigte Arbeitnehmer
Zum anspruchsberechtigten Personenkreis gehören alle Arbeitnehmer, die länger als sechs Monate beschäftigt sind (*Viethen* NZA 2001 Sonderbeilage zu Heft 24, S. 4). Darunter fallen also auch leitende Angestellte, Arbeitnehmer, die bereits in Teilzeit arbeiten oder geringfügig i. S. d. SGB IV beschäftigt sind. **Unerheblich** ist auch, ob die Arbeitnehmer in **befristeten** oder **unbefristeten Arbeitsverhältnissen** arbeiten. 94

cccc) Ankündigungsfrist
Der Arbeitnehmer muss seinen Wunsch auf Teilzeitarbeit **drei Monate** vor dem beabsichtigten Zeitpunkt der Verringerung der Arbeitszeit geltend machen. Eine **Form ist dafür nicht vorgesehen**; die mündliche Geltendmachung des Anspruchs genügt folglich (*Viethen* NZA 2001 Sonderbeilage zu Heft 24, S. 4; krit. dazu *Hopfner* DB 2001, 2144). Zweck der Frist ist es, dem Arbeitgeber die Gelegenheit zu geben, die Anspruchsvoraussetzungen zu überprüfen und ggf. organisatorische Vorkehrungen zu treffen. 95
Fraglich ist, was gilt, wenn der Arbeitnehmer die Drei-Monats-Frist **nicht einhält**. Teilweise wird die Auffassung vertreten, dass ein nicht fristgerecht gestellter Antrag 96

C. Der Inhalt des Arbeitsverhältnisses

unbeachtlich ist, keine Rechtsfolgen hat und insbesondere nicht die Fiktionswirkung des § 8 Abs. 5 S. 2, 3 TzBfG hervorrufen kann, wenn der Arbeitgeber ihm nicht entgegentritt. Zur Begründung wird darauf verwiesen, dass es sich bei der Drei-Monats-Frist um eine materielle Wirksamkeitsvoraussetzung handelt und der Gesetzgeber in der Gesetzesbegründung zu der ähnlichen Vorschrift des § 15 Abs. 7 BErzGG ausdrücklich ausgeführt hat, dass bei Fristversäumung ein neuer Antrag zu stellen ist (*Preis/Gotthardt* DB 2001, 145 ff.; *Straub* NZA 2001, 919 ff.; *Geyer* FA 2001, 162 ff.).

97 Andererseits ist es nicht ausgeschlossen, eine **Parallele zur Kündigungserklärung** unter Nichteinhaltung der maßgeblichen Kündigungsfrist zu ziehen. Der Antrag wäre demnach bei Nichtwahrung der Ankündigungsfrist umzudeuten in einen Antrag zu einem späteren, fristgerechten Zeitpunkt (*Hanau* NZA 2001, 1168 ff.). In diesem Fall könnte die Fiktionswirkung nach § 8 Abs. 5 S. 2, 3 TzBfG zum Tragen kommen, wenn der Arbeitgeber dem Begehren des Arbeitnehmers nicht entgegen tritt.

98 Fraglich ist auch, ob zunächst eine **Wartefrist** von sechs Monaten vor Antragstellung abgewartet werden muss, oder ob dies bereits nach dreimonatigem Bestand des Arbeitsverhältnisses möglich ist. Folge ist, dass bei der ersten Alternative ein Anspruch auf Teilzeitbeschäftigung frühestens nach neun Monaten erwachsen kann, während dies bei der zweiten Alternative bereits nach sechs Monaten der Fall wäre.

99 Bei neu eingestellten, in unbefristeten Arbeitsverhältnissen beschäftigten Arbeitnehmern wird sich diese Problematik nicht stellen, weil in den ersten sechs Monaten kein Kündigungsschutz besteht. Problematisch kann dies bei befristet eingestellten Arbeitnehmern werden, wenn kein Kündigungsrecht vor Ablauf der Befristung vereinbart worden ist.

100 Überwiegend wird die Auffassung vertreten, dass die **Geltendmachung erst nach sechs Monaten erfolgen kann**; dies soll sich aus der Begründung im Gesetzentwurf ergeben (*Preis/Gotthardt* DB 2001, 149; *Rolfs* RdA 2001, 134; *Hromadka* NJW 2001, 403; *Hartwig* FA 2001, 34; *Geyer* FA 2001, 162).

101 Auch in diesem Zusammenhang stellt sich die Frage, ob ein zu früh gestellter Antrag unbeachtlich ist oder ob das Teilzeitbegehren dann als auf den nächst zulässigen Termin gerichtet umzudeuten ist (s. o. C/Rz. 97).

dddd) Weiterer Verfahrensgang

102 Bei der Geltendmachung seines Teilzeitbegehrens muss der Arbeitnehmer den Umfang der begehrten Arbeitszeitverkürzung angeben, der in seinem Belieben steht. Zusätzlich soll er die gewünschte Verteilung der verbleibenden Arbeitszeit angeben (§ 8 Abs. 2 TzBfG). Letzteres ist nicht Voraussetzung für die Wirksamkeit des Teilzeitbegehrens (vgl. *Viethen* NZA 2001 Sonderbeilage zu Heft 24, S. 5). Bei Nichtmitteilung der gewünschten Lage der Arbeitszeit ist nach § 8 Abs. 3 S. 2 TzBfG zu verfahren bzw. letztlich hat sie der Arbeitgeber nach billigem Ermessen (§ 315 BGB) im Rahmen seines Direktionsrechts festzusetzen.

103 Nach der Geltendmachung des Anspruchs muss der Arbeitgeber mit dem Arbeitnehmer ein **Gespräch mit dem Ziel einer »Vereinbarung« führen**. Fraglich ist, was unter den Begriffen »Vereinbarung« i. S. d. § 8 Abs. 3 S. 1 TzBfG bzw. »Einvernehmen« i. S. d. § 8 Abs. 3 S. 2 TzBfG zu verstehen ist.

104 Hinsichtlich des »Ob« der Arbeitszeitreduzierung bedarf es einer **Vertragsänderung**, sodass unter dem Begriff »Vereinbarung« eine vertragliche Absprache zu

C. Der Inhalt des Arbeitsverhältnisses

verstehen ist. Bezüglich des »**Wie**«, d. h. der Verteilung der verbleibenden Arbeitszeit auf die einzelnen Wochentage erscheint dies zweifelhaft. Nach § 8 Abs. 3 S. 2 TzBfG legt der Arbeitgeber die Lage der Arbeitszeit fest, wenn auch nach Möglichkeit im »Einvernehmen« mit dem Arbeitnehmer. Unter Festlegen ist wohl ein **gesetzlich herausgehobenes Direktionsrecht** des Arbeitgebers zu verstehen. Dafür spricht auch § 8 Abs. 5 S. 4 TzBfG, der dem Arbeitgeber ein einseitiges Festlegungsrecht zubilligt (*Kliemt* NZA 2001, 66).

Diese Unterscheidung ist praktisch von Bedeutung für die Formulierung eines zulässigen **Klageantrags** und des zutreffenden **Urteilstenors**, der bei gerichtlicher Festsetzung der Lage der Arbeitszeit das Direktionsrecht des Arbeitgebers, insbesondere hinsichtlich der Möglichkeit der späteren Änderung der Lage der Arbeitszeit bei veränderten betrieblichen Gegebenheiten, nicht einschränken darf (s. u. C/Rz. 136).

Daneben können sich die Arbeitsvertragsparteien auch über die Lage der Arbeitszeit vertraglich einigen und diese festlegen. Eine zukünftige Veränderung der Lage der Arbeitszeit ist dann dem Direktionsrecht des Arbeitgebers entzogen. Allerdings besteht auf eine solche vertragliche Festlegung der Arbeitszeit kein gesetzlicher Anspruch des Arbeitnehmers. § 8 Abs. 5 S. 4 TzBfG kommt bei einer einvernehmlichen Festlegung nicht mehr zur Anwendung, da diese Regelung dem Arbeitgeber nur ein einseitiges Änderungsrecht in den Fällen des § 8 Abs. 5 S. 3 und des § 8 Abs. 3 S. 2 TzBfG zubilligt, d. h. dann, wenn die Lage der Arbeitszeit aufgrund der Fiktionswirkung oder aufgrund des Direktionsrechts des Arbeitgebers festgelegt wurde (s. u. C/Rz. 122). 105

eeee) Zahl der Arbeitnehmer
Der Anspruch auf Arbeitszeitverkürzung besteht gem. § 8 Abs. 7 TzBfG nur dann, wenn der Arbeitgeber **i. d. R. mehr als 15 Arbeitnehmer beschäftigt**. Anders als im Rahmen des § 23 KSchG besteht keine Regelung, wonach Teilzeitbeschäftigte nur quotal entsprechend ihrem Arbeitszeitvolumen zu zählen sind. Es gilt daher das **pro Kopf** Prinzip; Auszubildende werden nicht mit berücksichtigt (vgl. *Viethen* NZA 2001 Sonderbeilage zu Heft 24, S. 4). 106

Abzustellen ist dabei nach dem Wortlaut der gesetzlichen Regelung nicht auf den Betrieb, sondern auf das **Unternehmen**. Auch insoweit unterscheidet sich § 8 TzBfG von § 23 KSchG (vgl. auch §§ 99, 111 BetrVG n. F.).

Fraglich ist, zu welchem **Zeitpunkt** i. d. R. 15 Arbeitnehmer beschäftigt werden müssen. In Betracht kommt der Zeitpunkt der Geltendmachung des Arbeitszeitverringerungsbegehrens, der Zeitpunkt der Entscheidung des Arbeitgebers darüber, der Zeitpunkt, ab dem die Arbeitszeit reduziert werden soll, sowie der Zeitpunkt der letzten mündlichen Verhandlung in der Tatsacheninstanz (s. u. C/Rz. 113).

ffff) Entgegenstehende betriebliche Belange
Sowohl die Verringerung der Arbeitszeit, als auch die Verteilung der verbleibenden Arbeitszeit können vom Arbeitgeber abgelehnt werden, wenn entgegenstehende betriebliche Belange bestehen (§ 8 Abs. 4 TzBfG; vgl. demgegenüber § 9 TzBfG und § 15 Abs. 7 BErzGG: »dringende betriebliche Belange«). 107

Derartige betriebliche Belange liegen z. B. dann vor, wenn die **Organisation**, der **Betriebsablauf** oder die **Sicherheit im Betrieb wesentlich beeinträchtigt** werden oder **unverhältnismäßige Kosten** erwachsen würden. Als weitere Gründe kommen in Be- 108 tracht, dass eine Ersatzarbeitskraft für die frei werdenden Stunden auf dem Arbeitsmarkt nicht zu finden ist (zu den dem Arbeitgeber insoweit zuzumutenden Anstrengungen vgl. *Beckschulze* DB 2000, 2599) oder auch, dass das Betriebsklima erheblich gestört wird, weil andere Arbeitnehmer nunmehr Überstunden leisten müssen.

109 Dabei genügen an sich **rationale, nachvollziehbare Gründe**, die zur Ablehnung des Begehrens des Arbeitnehmers geführt haben. Andererseits stellen die im Gesetz enthaltenen **Beispiele** »wesentlich beeinträchtigt« und »unverhältnismäßige Kosten« **vom Wortlaut her an sich höhere Anforderungen** (krit. deshalb *Richardi/Annuß* BB 2000, 2202; *Rieble/Gutzelt* NZA 2002, 7 f.; *Beckschulze* DB 2000, 2598; *Schulte* DB 2001, 2715). Das *ArbG Bonn* (20.6.2001 NZA 2001, 973) hat infolge dessen Gründe von einem gewissen Gewicht verlangt, da ansonsten von einer »wesentlichen« Beeinträchtigung betrieblicher Belange nicht ausgegangen werden könne. Allein ein **erhöhter Verwaltungsaufwand** stellt danach z. B. keinen »betrieblichen« Grund dar, der eine Versagung des Reduzierungswunsches rechtfertigen könnte (ebenso *ArbG Stuttgart* NZA 2001, 968; *Lindemann/Simon* BB 2001, 146 ff.). Der Arbeitszeitreduzierung entgegenstehende »betriebliche Gründe« können z. B. im Falle einer Kindergarten-Ergänzungskraft auch aus **pädagogischen Gesichtspunkten** herrühren. Berufsspezifische Anforderungen auch an die Dauer der Präsenz am Arbeitsplatz und/oder die Zahl derjenigen Personen, auf welche dieselbe Tätigkeit aufteilbar ist, können rationale und nachvollziehbare Gründe sein, die bei der Beurteilung der ablehnenden Entscheidung zu beachten sind. Dem Verteilungswunsch zur Lage der reduzierten Arbeitszeit ist zudem jedenfalls dann zu entsprechen, wenn der Arbeitgeber ihm weder außergerichtlich noch im Prozess, und zwar auch nicht hilfsweise, entgegengetreten ist (*ArbG Bonn* 20.6.2001 NZA 2001, 973).

gggg) Verhältnis zur Unternehmerentscheidung

110 Fraglich ist in diesem Zusammenhang, in welchem Verhältnis die gesetzliche Neuregelung zur freien Unternehmerentscheidung steht, auf bestimmten Arbeitsplätzen nur Teilzeit- oder Vollzeitkräfte zu beschäftigen. Das *BAG* (12.8.1999 EzA § 1 KSchG Soziale Auswahl Nr. 41) hat für den Bereich des **Kündigungsschutzrechts** hinsichtlich der Vergleichbarkeit von Voll- und Teilzeitbeschäftigten im Rahmen der Einbeziehung in die Sozialauswahl die Auffassung entwickelt, dass für die Beantwortung dieser Frage maßgeblich auf das Vorliegen entsprechender Organisationsentscheidungen des Arbeitgebers abzustellen ist. Vertritt man die Auffassung, dass die Freiheit der Unternehmerentscheidung durch § 8 TzBfG in zulässiger Weise nach Art. 12 Abs. 1 S. 2 GG eingeschränkt worden ist, führt dies zu einem **Spannungsverhältnis** zur Rechtsprechung des BAG (12.8.1999 EzA § 1 KSchG Soziale Auswahl Nr. 41). Lässt man andererseits alleine eine »Unternehmerentscheidung« in diesem Sinne ausreichen, um ein Teilzeitbegehren ablehnen zu können, wäre der gesetzlich ausdrücklich normierte Anspruch in der Praxis letztlich wertlos (vgl. *Preis/Gotthardt* DB 2001, 1458).

111 Deshalb liegt es nahe, in Anlehnung an die Rechtsprechung des *BAG* (12.8.1999 EzA § 1 KSchG Soziale Auswahl Nr. 41) zur Sozialauswahl die Unternehmerentscheidung **zwar grds. als betrieblichen Belang anzuerkennen** und auch ausreichen zu lassen, jedoch **gleichzeitig** eine **substanziierte Darlegung des dahinterstehenden unternehmenspolitischen und wirtschaftlichen Konzepts** zu verlangen (*Kliemt* NZA 2001, 296 ff.; *Straub* NZA 2001, 923 f.; *Hartwig* FA 2001, 36; *ArbG Kaiserslautern*

13.6.2001 – 3 Ca 593/01 –; ähnlich *Rolfs* RdA 2001, 133; enger KDZ/*Zwanziger* § 8 TzBfG Rz. 27).
Als entscheidungserheblichen Umstand kann man auch heranziehen, ob der der 112 freien Unternehmerentscheidung zuwider laufende Teilzeitwunsch zu einer »wesentlichen Beeinträchtigung« i. S. d. § 8 Abs. 4 S. 2 TzBfG hinsichtlich der vorgegebenen Organisationsstruktur führt oder nicht. Dies wird i. d. R. zum einen vom konkreten Arbeitsplatz abhängen und zum anderen von den Gründen, die der Unternehmerentscheidung zu Grunde liegen.

hhhh) Maßgeblicher Beurteilungszeitpunkt
Fraglich ist, auf welchen Beurteilungszeitpunkt für das Vorliegen der betrieblichen 113 Belange abzustellen ist.
In Betracht kommt insofern der **Termin der Antragstellung** durch den Arbeitnehmer (*LAG Baden-Württemberg* 20.7.2000 – 3 Sa 60/99 – zu § 15 b BAT; zit. nach *Diller* NZA 2001, 590), der Zeitpunkt der **Bescheidung des Antrags** durch den Arbeitgeber oder der Zeitpunkt der **letzten mündlichen Verhandlung** in der Tatsacheninstanz (also vor dem Landesarbeitsgericht) bei gerichtlicher Geltendmachung des Teilzeitanspruchs.
Die Beantwortung dieser Frage ist vor allem deshalb in der Praxis relevant, weil sich 114 in der **Zwischenzeit erhebliche Änderungen** ergeben haben können. Das kann z. B. dann der Fall sein, wenn in einem Tarifvertrag gem. § 8 Abs. 5 TzBfG neue Gründe genannt werden, die als betriebliche Gründe entweder nunmehr ausreichen oder nicht mehr ausreichen, bzw. wenn zuvor bestehende betriebliche Gründe, z. B. die Unmöglichkeit der Verpflichtung einer Ersatzarbeitskraft, während des Prozesses entfallen, weil sich etwa ein Arbeitnehmer bereit findet, das frei werdende Stundendeputat zu übernehmen bzw. ein entsprechendes (Teilzeit-)Arbeitsverhältnis einzugehen.
Teilweise (*Diller* NZA 2001, 590; *Grobys/Bram* NZA 2001, 1175 ff.; *Beckschulze* DB 115 2000, 2606) wird die Auffassung vertreten, dass der entscheidungserhebliche Zeitpunkt der der letzten mündlichen Verhandlung in der Tatsacheninstanz ist. Denn ein Anspruch muss grds. zu dem **Zeitpunkt** bestehen, in dem ein **Gericht verbindlich darüber zu entscheiden hat**. Deshalb ist es grds. unerheblich, ob die Tatbestandsvoraussetzungen für einen Anspruch bereits bei Klageeinreichung oder zu einem früheren Zeitpunkt bestanden haben oder nicht oder zwischenzeitlich wieder weggefallen sind. Anhaltspunkte dafür, dass der Gesetzgeber für § 8 TzBfG eine abweichende Regelung hat treffen wollen, lassen sich der Neuregelung nach dieser Auffassung nicht entnehmen. Eine Parallele zur Kündigung kann deshalb nicht gezogen werden, weil es sich bei der Ausübung des Kündigungsrechts um ein Gestaltungsrecht handelt. Insofern ist es gerechtfertigt, bei einer Kündigung und deren Überprüfung auf den Zeitpunkt der Ausübung des Gestaltungsrechts abzustellen. Demgegenüber ist der Anspruch nach § 8 TzBfG darauf gerichtet, den Arbeitsvertragspartner dazu zu bringen, einer Vertragsänderung zuzustimmen.
Andererseits lässt sich durchaus auch die Auffassung vertreten, dass dem Gesetz beim 116 Anspruch auf Teilzeitarbeit doch etwas anderes zu entnehmen ist. Denn nach § 8 Abs. 6 TzBfG kann der Arbeitnehmer eine erneute Verringerung der Arbeitszeit frühestens nach Ablauf von zwei Jahren verlangen, nachdem der Arbeitgeber einer Verringerung zugestimmt oder aber sie berechtigt abgelehnt hat. Es überzeugt nicht, dass sich diese Frist verkürzen lassen können soll, nur weil der Arbeitnehmer seinen – unterstellt – zunächst ungerechtfertigten Antrag gerichtlich geltend gemacht hat, der Arbeitgeber also zunächst gerechtfertigt den Antrag abgelehnt und sich während

des Prozesses bezüglich der Beurteilung der betrieblichen Belange eine Änderung ergeben hat. Von daher kann man nach dem Wortlaut der Regelung auch der Auffassung sein, dass der maßgebliche Zeitpunkt der der Entscheidung des Arbeitgebers sein muss (*Lindemann/Simon* BB 2001, 140 ff.; *Hanau* NZA 2001, 1168 ff.).

iiii) Präklusion der Ablehnungsgründe?
117 Der Arbeitgeber muss nach dem Wortlaut der gesetzlichen Regelung die Ablehnung des Teilzeitbegehrens nicht begründen (vgl. demgegenüber § 17 Abs. 7 S. 2 BErzGG). Da folglich eine gesetzliche Begründungspflicht nicht besteht, kann bei einer Nichtmitteilung der Ablehnungsgründe auch **keine Präklusion** eintreten. Gleiches muss dann gelten, wenn der Arbeitgeber gleichwohl seine Ablehnungsgründe mitteilt (vgl. *Diller* NZA 2001, 590 ff.).

jjjj) Tarifliche Regelungen
118 Gem. § 8 Abs. 4 S. 3 TzBfG können die Tarifvertragsparteien bestimmen, was als »betrieblicher Grund« für eine Ablehnung eines Wunsches auf Arbeitszeitverkürzung angesehen werden kann. Auch wenn der Arbeitgeber nicht einem Tarifvertrag unterfällt, kann er einen solchen einzelvertraglich hinsichtlich der Ablehnungsgründe in Bezug nehmen, wenn sein Betrieb in dessen fachlichen Geltungsbereich fällt. Zu den Ablehnungsgründen, die tarifvertraglich vereinbart werden können, gehören insbesondere sog. Überforderungsklauseln.

kkkk) Reaktionsmöglichkeiten von Arbeitgeber und Arbeitnehmer
119 Der Arbeitgeber muss, wenn er mit dem Antrag des Arbeitnehmers auf Verkürzung der Arbeitszeit und deren Verteilung entsprechend dessen Vorstellungen nicht einverstanden ist, dies **spätestens einen Monat vor der beabsichtigten Änderung** des Arbeitsvertrages schriftlich mitteilen. Versäumt er diese Frist, tritt die Verringerung und die Verteilung der Arbeitszeit so in Kraft, wie sie vom Arbeitnehmer beantragt wurde (§ 8 Abs. 5 S. 2, 3 TzBfG). Einer besonderen Begründung bedarf die Ablehnung zunächst nicht (anders demgegenüber § 15 Abs. 7 S. 2 BErzGG).

120 Der Arbeitnehmer kann sich sodann entscheiden, ob er es bei der bisherigen Regelung hinsichtlich der Arbeitszeit belässt oder ob er versucht, **sein Begehren gerichtlich** durchzusetzen. Ein Rechtsstreit über zumindest zwei regelmäßig eröffnete und u. U. sogar drei Instanzen wird allerdings i. d. R. zu einer ganz erheblichen zeitlichen Verzögerung der Durchsetzung eines ggf. bestehenden Anspruchs auf Arbeitszeitreduzierung führen.

121 Dennoch ist ein **Recht auf Selbstvollzug** durch den Arbeitnehmer **abzulehnen**; wie im Falle einer Selbstbeurlaubung würde eine Zuwiderhandlung des Arbeitnehmers u. U. einen an sich zur außerordentlichen Kündigung gem. § 626 Abs. 1 BGB geeigneten Umstand darstellen (*Diller* NZA 2001, 590; *Beckschulze* DB 2000, 2598; *Rolfs* RdA 2001, 135; *Kliemt* NZA 2001, 67; *Bauer* NZA 2000, 1041).

bbb) Einseitige Änderungsmöglichkeit des Arbeitgebers
122 Gem. § 8 Abs. 5 S. 4 TzBfG kann die Verteilung der verbleibenden Zeit einseitig vom Arbeitgeber wieder geändert werden, wenn **betriebliche Interessen** bestehen, die das Interesse des Arbeitnehmers an der Beibehaltung der zeitlichen Verteilung **erheblich überwiegen**. Der Arbeitgeber muss dabei eine Ankündigungsfrist von **einem Monat**

wahren. Die Einhaltung einer Schriftform ist nicht vorgesehen, aber zu Beweiszwecken in jedem Fall sinnvoll.
Teilweise wird in der Literatur (*Kliemt* NZA 2001, 66; *Preis/Gotthardt* DB 2000, 2065 ff.; *Straub* NZA 2001, 919 ff.) die Auffassung vertreten, der Gesetzgeber habe in § 8 Abs. 5 S. 4 TzBfG dem Arbeitgeber ein einseitiges gesetzliches Änderungsrecht hinsichtlich einzelner arbeitsvertraglicher Bestimmungen eingeräumt, ein Teilkündigungsrecht, die erstmalige Anerkennung eines bislang nahezu einhellig abgelehnten Rechtsinstituts (s. u. D/Rz. 1737). **123**

Dies überzeugt nicht. Denn eindeutig besteht das einseitige Änderungsrecht des Arbeitgebers hinsichtlich der Lage der Arbeitszeit nur in den Fallgruppen des § 8 Abs. 5 S. 3 TzBfG und des § 8 Abs. 3 S. 2 TzBfG. In beiden Fällen ist die Lage der Arbeitszeit nicht vertraglicher Bestandteil des Arbeitsvertrages, sondern Ausfluss des **Direktionsrechts** des Arbeitgebers. In der ersten Alternative wurde dieses fiktiv i. S. d. Arbeitnehmers wegen Untätigkeit des Arbeitgebers gesetzlich ersetzt, in der zweiten Alternative vom Arbeitgeber, wenn auch im Einvernehmen mit dem Arbeitnehmer, ausgeübt (vgl. *Grobys/Bram* NZA 2001, 1175 ff.). **124**

Ein einseitiges Änderungsrecht besteht nach § 8 Abs. 5 S. 4 TzBfG dagegen nicht, wenn sich die Arbeitsvertragsparteien über die Lage der reduzierten Arbeitszeit **vertraglich geeinigt** haben und deren Festlegung damit dem Direktionsrecht des Arbeitgebers entzogen haben. **125**

Fraglich ist schließlich, ob das Änderungsrecht auch im Falle einer gerichtlichen Festlegung der Lage der Arbeitszeit aufgrund Geltendmachung des Anspruchs nach § 8 Abs. 4 S. 1 TzBfG noch besteht. Nach dem Wortlaut des § 8 Abs. 5 S. 4 TzBfG ist dies nicht der Fall. Daher wird die Auffassung vertreten (*Preis/Gotthardt* DB 2000, 2065 ff.), dass § 8 Abs. 5 S. 4 TzBfG entsprechend anzuwenden ist. Dafür spricht, dass die gerichtliche Entscheidung nur die fehlende einvernehmliche Festlegung nach § 8 Abs. 3 S. 2 TzBfG ersetzt. **126**

ccc) Reaktionsmöglichkeiten des Arbeitnehmers

Ist der Arbeitnehmer mit der einseitigen Verteilung der Arbeitszeit durch den Arbeitgeber gem. § 8 Abs. 5 S. 4 TzBfG nicht einverstanden, kann er deren Berechtigung lediglich gerichtlich überprüfen lassen. Gesetzlich nicht geregelt ist, ob in der **Zwischenzeit** die vorherige oder die vom Arbeitgeber geänderte Verteilung der Arbeitszeit gilt. Insofern liegt es nahe, dieselben Grundsätze anzuwenden, die bei der Missachtung einer Weisung des Arbeitgebers im Rahmen seines Direktionsrechts gelten (s. o. A/Rz. 640 ff.). Denn § 8 Abs. 5 S. 4 TzBfG stellt eine gesetzliche Heraushebung des Direktionsrechts des Arbeitgebers dar (s. o. C/Rz. 124; **a. A.** *Kliemt* NZA 2001, 66, der eine Parallele zur Änderungskündigung sieht). **127**

War die Neuverteilung der Arbeitszeit folglich **gerechtfertigt**, war es auch die Festlegung durch den Arbeitgeber. Kann oder will der Arbeitnehmer ihr nicht nachkommen, verhält er sich **vertragswidrig**. Der Arbeitgeber kann ihn daher **abmahnen** und ihm im Wiederholungsfall aus verhaltensbedingten Gründen **kündigen**. War die Festlegung dagegen nicht gerechtfertigt, weil die betrieblichen Interessen an einer Neuverteilung der Arbeitszeit das Interesse des Arbeitnehmers nicht überwogen, musste der Arbeitnehmer der Festlegung des Arbeitgebers **nicht nachkommen**. Arbeitsrechtliche Maßnahmen des Arbeitgebers wie Abmahnung oder Kündigung sind dann **unwirksam**. **128**

Im Zweifel wird der Arbeitnehmer zunächst der Neuverteilung der Arbeitszeit nachkommen, um den Bestand des Arbeitsverhältnisses nicht zu gefährden.

ddd) Darlegungs- und Beweislast

129 Ausgangspunkt ist der Grundsatz, dass **jede Partei die bejahenden Tatsachen** darlegen und beweisen muss, **aus denen sie einen Anspruch ableitet** oder mit denen sie dem geltend gemachten Anspruch entgegentritt.

130 Klagt der Arbeitnehmer auf Zustimmung zur Reduzierung oder Festlegung einer gewünschten Verteilung der Arbeitszeit, hat er die allgemeinen Anspruchsvoraussetzungen darzulegen und zu beweisen:
– Bestand des Arbeitsverhältnisses von mehr als sechs Monaten;
– Beschäftigtenzahl von mehr als 15;
– Geltendmachung des Verlangens auf Arbeitszeitverringerung drei Monate vor deren Beginn.

131 Bei der Beschäftigtenzahl kann der Arbeitnehmer sich zunächst darauf beschränken, eine Zahl von mehr als 15 Arbeitnehmern zu behaupten. Ein Bestreiten durch den Arbeitgeber muss nach § 138 Abs. 2 ZPO substanziiert unter Benennung der beschäftigten Arbeitnehmer erfolgen. Der Arbeitnehmer hat dann sein Vorbringen zu der Mindestbeschäftigtenzahl zu konkretisieren und seinerseits die Arbeitnehmer, die über die vom Arbeitgeber benannten hinaus beschäftigt werden, **zu benennen**. Die Beweislast für die Mindestbeschäftigtenzahl trägt der **Arbeitnehmer** (*Grobys/Bram* NZA 2001, 1180).

132 Die Darlegungs- und Beweislast für entgegenstehende **betriebliche Gründe** trägt der **Arbeitgeber**; dies folgt bereits aus dem Gesetzeswortlaut. Der Arbeitgeber hat die Gründe nach § 8 Abs. 4 S. 2 TzBfG substanziiert darzulegen und die gesetzlichen Beispiele mit Tatsachenvortrag auszufüllen. Die wesentliche Beeinträchtigung der Organisation, des Arbeitsablaufs oder der Sicherheit im Betrieb, mit der Arbeitszeitreduzierung verbundene unverhältnismäßige Kosten oder die Unteilbarkeit des Arbeitsplatzes dürfen **nicht nur pauschal und schlagwortartig** dargelegt werden (*ArbG Stuttgart* 5.7.2001 NZA 2001, 968). So ist z. B. der Einwand, keine geeignete zusätzliche Arbeitskraft zu finden, nur dann beachtlich, wenn der Arbeitgeber vorträgt und im Bestreitensfalle nachweist, dass eine dem Berufsbild des Arbeitnehmers, der seine Arbeitszeit reduziert, entsprechende zusätzliche Arbeitskraft auf dem für ihn maßgeblichen **Arbeitsmarkt nicht zur Verfügung steht** (*ArbG Mönchengladbach* 30.5.2001 EzA § 8 TzBfG Nr. 1 = NZA 2001, 970).

133 Behauptet der Arbeitgeber, die Besetzung des frei werdenden Teils der Stelle durch einen anderen Mitarbeiter des Betriebes sei nicht möglich, hat er darzulegen, **hinsichtlich welcher Arbeitnehmer er dies geprüft hat** und welche rechtlichen oder tatsächlichen Hindernisse **dem entgegenstehen**. Macht er unverhältnismäßige **Kosten** geltend, z. B. wegen der notwendigen Einrichtung eines weiteren Arbeitsplatzes (vgl. *Beckschulze* DB 2000, 2601), sind diese möglichst **betragsmäßig darzulegen** (*ArbG Mönchengladbach* 30.5.2001 a. a. O.; *Grobys/Bram* NZA 2001, 1180).

134 Auch Tatsachen, die ein betriebliches Interesse für eine Änderung der Verteilung der Arbeitszeit i. S. v. § 8 Abs. 5 S. 4 TzBfG begründen sollen, hat der Arbeitgeber darzulegen und zu beweisen. Für den Arbeitnehmer kann ein Bestreiten dieser Gründe mit Nichtwissen gem. § 138 Abs. 4 ZPO dann ausreichen, wenn ihm der Einblick in die betrieblichen Abläufe fehlt und er deshalb zu einem konkreten Bestreiten nicht in der Lage ist (*Grobys/Bram* NZA 2001, 1180).

Die Gründe für eine spätere Änderung der Verteilung der Arbeitszeit hat der Arbeit- 135
geber zu beweisen, soweit sie aus seinem und der Arbeitnehmer, soweit sie aus seinem
Bereich kommen (KDZ/*Zwanziger* § 8 TzBfG Rz. 59).

eee) Prozessuale Fragen

aaaa) Streitgegenstand; Klageantrag
Der Antrag des Arbeitnehmers ist auf die **Zustimmung zu einer Verringerung der** 136
vertraglich geschuldeten Arbeitszeit gerichtet, d. h. auf die Änderung des Arbeitsvertrages **und** die gerichtliche **Ersetzung der vom Arbeitgeber festzulegenden Lage der Arbeitszeit** im Rahmen seines Direktionsrechts. Es handelt sich um **zwei verschiedene Streitgegenstände**, die der Arbeitnehmer kumulativ im Wege der Klagehäufung geltend machen kann (§ 260 ZPO). Dabei handelt es sich beim Antrag auf die Festlegung der Lage der Arbeitszeit um einen uneigentlichen Hilfsantrag, über den nur entschieden werden soll, wenn dem Hauptantrag auf Reduzierung der Arbeitszeitmenge stattgegeben wird.
Der Hilfsantrag und der Urteilstenor müssen dabei § 8 Abs. 5 S. 4 TzBfG Rechnung tragen, dürfen also das Direktionsrecht des Arbeitgebers nicht unzulässig einschränken.

Beispiel:
1. Der Beklagte wird verurteilt, dem Antrag des Klägers auf Reduzierung seiner wö- 137
chentlichen Arbeitszeit auf 20 Stunden die Woche/80 Stunden im Monat/1000 Stunden im Jahr ... zuzustimmen;
2. hilfsweise für den Fall des Obsiegens mit dem Antrag zu 1 wird die Beklagte verurteilt, die Arbeitszeit des Klägers, solange sich die betrieblichen Interessen nicht ändern, wie folgt festzulegen: Montag bis Freitag von 8 bis 12 Uhr/für die ersten zehn Arbeitstage jedes Kalendermonats von 8 bis 17 Uhr/ im Monat Januar (...)

Da es sich in beiden Fällen um die Ersetzung von Willenserklärungen des Arbeitge- 138
bers handelt, erfolgt die Zwangsvollstreckung gem. **§ 894 ZPO** (*Rolfs* RdA 2001, 136; *Diller* NZA 2001, 592; *Straub* NZA 2001, 925). Erst mit **Rechtskraft des Urteils** wird die veränderte Arbeitszeit im Rahmen des Arbeitsvertrages wirksam (*ArbG Mönchengladbach* 30.5.2001 EzA § 8 TzBfG Nr. 1). Eine **vorläufige Vollstreckbarkeit** ist **nicht** gegeben, auch nicht über § 62 ArbGG (vgl. *Zöller/Stöber* ZPO, § 894 Rz. 3 ff.; *Lindemann/Simon* BB 2001, 147).

bbbb) Einstweilige Verfügung
Im Hinblick auf die Dauer eines ohne weiteres durch zwei, u. U. durch drei Instanzen 139
zu führenden Prozesses besteht damit zumindest zeitweilig die Möglichkeit der Vereitelung des Anspruchs auf Teilzeitarbeit durch den Arbeitgeber. Für den Arbeitnehmer kommt in der Zwischenzeit nur das Institut der einstweiligen Verfügung (§§ 935, 940 ZPO) in Betracht. Dieses ist im hier maßgeblichen Zusammenhang – wie stets – **einschränkend** auszulegen, zumal sie hier zu einer einstweiligen und zeitwesen **Vorabbefriedigung** des Arbeitnehmers führen würde, nicht unähnlich wie bei einer einstweiligen Verfügung bezüglich einer Urlaubserteilung.

Teilweise (*Rolfs* RdA 2001, 136) wird die Auffassung vertreten, im Anwendungsbe- 140
reich des § 894 ZPO komme generell eine einstweilige Verfügung **nicht** in Betracht.
Teilweise wird aus § 894 ZPO lediglich die Rechtsfolge abgeleitet, dass auch eine einst-

weilige Verfügung, bei der eine Willenserklärung ersetzt wird, erst **mit der Rechtskraft** des Beschlusses/Urteils **vollstreckbar** ist (*Corts* NZA 1998, 357 ff. zur Urlaubsgewährung).

141 Demgegenüber ist nach einer weiteren Auffassung § 894 ZPO im hier maßgeblichen Zusammenhang **gar nicht anwendbar**, weil dies dem Wesen des einstweiligen Verfügungsverfahrens widersprechen würde. Die Vollstreckungswirkung tritt danach bereits mit der **Zustellung** der Verfügungsentscheidung ein (ErfK/*Dörner* § 7 BUrlG Rz. 55; KassArbR/*Schütz* 2.4 Rz. 667).

142 Wie bei der einstweiligen Verfügung hinsichtlich der Urlaubserteilung (vgl. *Corts* NZA 1998, 357 ff.; *Grobys/Bram* NZA 2001, 1182) lässt sich dieses Problem durch **entsprechende Tenorierung bei zutreffender Antragstellung**, auf die gem. § 139 ZPO hinzuwirken ist, **umgehen**.

Beispiel:
143 1. Der Verfügungsbeklagte wird verurteilt, dem Antrag des Verfügungsklägers auf Reduzierung seiner wöchentlichen Arbeitszeit mit 20 Stunden die Woche/80 Stunden im Monat/1000 Stunden im Jahr ... bis zum Erlass einer rechtskräftigen Entscheidung in der Hauptsache zuzustimmen;
2. hilfsweise für den Fall des Obsiegens mit dem Antrag zu 1 wird der Verfügungsbeklagte verurteilt, die Arbeitszeit, solange sich die betrieblichen Interessen nicht ändern, bis zum Erlass einer rechtskräftigen Entscheidung in der Hauptsache wie folgt festzulegen: Montag bis Freitag von 8 bis 12 Uhr/für die ersten zehn Arbeitstage jedes Kalendermonats von 8 bis 17 Uhr/im Monat Januar ...
3. Dem Verfügungskläger wird gestattet, bis zum Erlass einer rechtskräftigen Entscheidung in der Hauptsache zu den unter Ziffer 1 und 2 genannten geänderten Arbeitszeiten zu arbeiten.

cccc) Streitwert
144 Der Streitwert eines Hauptsacheverfahrens nach § 8 TzBfG kann sich nach **§ 12 Abs. 7 S. 2 ArbGG** richten, beträgt also dann das 36-fache der Differenzvergütung zwischen der Vollzeittätigkeit und der Teilzeittätigkeit (*Straub* NZA 2001, 925 f.; *Kliemt* NZA 2001, 68; ähnlich *Ennemann* NZA 2001, 1190).

145 Dagegen wird eingewandt, entscheidend müsse das wirtschaftliche Interesse des Klägers sein. Da dieses auf eine Reduzierung der Arbeitszeit und damit der Vergütung gerichtet sei, könne § 12 Abs. 7 ArbGG, der nur für den umgekehrten Fall Regelungen enthält, nicht herangezogen werden. Vielmehr müsse man sich an § 12 Abs. 2 GKG, § 8 BRAGO (Streitwert in nichtvermögensrechtlichen Angelegenheiten) orientieren (*Hanau* NZA 2001, 1168). Der Wert der Freizeit und damit die wirtschaftliche Interesse lässt sich aber durchaus am Unterschiedsbetrag zwischen bisheriger und zukünftiger Vergütung ablesen. Deshalb erscheint es vertretbar, § 12 Abs. 7 ArbGG mit der Maßgabe anzuwenden, dass – wie bei der Änderungskündigung des Arbeitgebers – eine Begrenzung auf einen Höchstbetrag von drei Bruttomonatsgehältern des Arbeitnehmers erfolgt. Denn insoweit liegt eine **ähnliche Interessenlage** vor wie bei der Änderungskündigung: In beiden Fällen möchte ein Vertragspartner den Inhalt des Arbeitsvertrages ändern (*LAG Berlin* 4.9.2001–17 Ta 612/01 –; *ArbG Bonn* 20.6.2001 NZA 2001, 973).

146 Im Rahmen eines einstweiligen Verfügungsverfahrens ist die Begrenzung auf den Zeitpunkt der Rechtskraft der Hauptsache einerseits, das Eintreten einer teilweisen Befriedigungswirkung andererseits zu berücksichtigen. Bei einer zu erwartenden Ver-

fahrensdauer in der Hauptsache von sechs Monaten wäre die **sechsfache**, bei einer zu erwartenden Verfahrensdauer bis zur Rechtskraft von zwölf Monaten der **zwölffache Differenzbetrag** angemessen.

fff) Verhältnis zu anderen Ansprüchen auf Arbeitszeitverkürzung
Der Anspruch aus § 8 TzBfG **verdrängt andere Anspruchsgrundlagen**, die ebenfalls auf Arbeitszeitverkürzung gerichtet sind (§§ 15 Abs. 5 ff. BErzGG, 81 Abs. 5 SGB IX) **nicht**. Die Ansprüche bestehen **nebeneinander**; vgl. § 23 TzBfG (*Viethen* NZA 2001 Sonderbeilage zu Heft 24, S. 6). Deshalb ist z. B. ein Arbeitnehmer, dessen Antrag nach § 8 TzBfG berechtigt abgelehnt wurde und der nunmehr seine Arbeitszeit zur Kinderbetreuung reduzieren will, nicht durch die Sperrfrist nach § 8 Abs. 6 TzBfG daran gehindert, sein Teilzeitbegehren auf eine dieser Anspruchsgrundlagen zu stützen. Tarifliche Ansprüche (z. B. im öffentlichen Dienst gem. § 15 BAT) werden durch die gesetzliche Regelung ebenfalls nicht verdrängt (vgl. MünchArbR/*Schüren* Ergänzungsband § 162 Rz. 92 f.).

147

ggg) Die Gegenleistung des Arbeitgebers (Arbeitsentgelt) bei Reduzierung der Arbeitszeit

aaaa) Grundlagen
Aus dem TzBfG selbst ergibt sich keine Regelung der Frage, ob und ggf. wie die Gegenleistung des Arbeitgebers (das Arbeitsentgelt des Arbeitnehmers) im Falle der Arbeitszeitverkürzung zu reduzieren ist. § 4 TzBfG enthält insoweit keine Aussagen, sondern nur Schutzbestimmungen zu Gunsten des Arbeitnehmers. Diese sind nicht entsprechend dahingehend auszulegen, dass auch dem Arbeitgeber ein Recht auf Reduzierung seiner von ihm zu erbringenden Gegenleistung zusteht. Denn die gesetzliche Veränderung des Inhalts von Arbeitsverträgen ist die Ausnahme, die ausdrücklich im Gesetz geregelt sein muss; dies ist z. B. durch § 613 a BGB geschehen.

148

Als Ansatzpunkt kommt die Überlegung in Betracht, dass im Antrag des Arbeitnehmers, seine Arbeitszeit zu reduzieren, **konkludent ein Angebot an den Arbeitgeber** liegen kann, die Gegenleistung, **das Arbeitsentgelt, entsprechend zu vermindern**. Das ist dann problematisch, wenn der Arbeitnehmer dies ausdrücklich ablehnt und bei seiner Antragstellung im Rechtsstreit eine entsprechende Verringerung der Gegenleistung des Arbeitgebers in Abrede stellt. Reagiert der Arbeitgeber darauf nicht, würde dies zu einer Reduzierung der Arbeitszeit bei vollem Lohnausgleich führen (§ 8 Abs. 5 S. 2 TzBfG).

149

> Andererseits ist zu überlegen, ob eine Auslegung des ursprünglichen Arbeitsvertrages zu dem wohl **vom Gesetzgeber als selbstverständlich unterstellten Ergebnis** der Reduzierung der Gegenleistung führt. Nach in der Literatur vertretener Auffassung (*Kelber/Zeißig* NZA 2001, 577 ff.) ist die Reduzierung des Entgeltanspruchs des Arbeitnehmers bereits im ursprünglichen Arbeitsvertrag angelegt. Denn die Arbeitsvertragsparteien vereinbaren im ursprünglichen Arbeitsvertrag i. d. R. keine fixe Gegenleistung, sondern ein Verhältnis zwischen Leistung und Gegenleistung. Die gesamte Gegenleistung wird nur bei Erbringen der gesamten Leistung des Arbeitnehmers versprochen. Leistet der Arbeitnehmer nicht mehr vollständig, so muss der Arbeitgeber die Gegenleistung folglich ebenfalls nicht vollständig erbringen.

150

C. Der Inhalt des Arbeitsverhältnisses

151 Teilweise wird auch die Auffassung vertreten, dass eine verdeckte Regelungslücke im bisherigen Vertrag besteht, die durch ergänzende Vertragsauslegung gem. §§ 133, 157 BGB zu schließen ist (*Grobys* DB 2001, 758).

bbbb) Einzelfragen

152 Ist ein Stundendeputat für das Arbeitsentgelt nicht ausdrücklich festgesetzt worden, kann entweder der **Durchschnitt** der erbrachten Arbeitsleistung des letzten Jahres herangezogen und dieser ins Verhältnis zur reduzierten Arbeitszeit gesetzt werden mit der Folge einer entsprechenden Verringerung der Vergütung. Hilfsweise könnte auf den Durchschnitt **vergleichbarer Arbeitnehmer** abgestellt oder die gesetzliche Höchstarbeitszeit von 48 Stunden/Woche als Vergleichsmaßstab herangezogen werden.

153 Bei vertraglichen Regelungen Vollzeitbeschäftigter, wonach eine gewisse Anzahl von **Überstunden mit dem Gehalt abgegolten sind**, kann, wenn die Anzahl der Überstunden bei der Vollzeitarbeit festgelegt war, eine Verpflichtung des Teilzeitarbeitnehmers zur Erbringung von entsprechend reduzierten Überstunden angenommen werden. Andererseits sind **Teilzeitarbeitnehmer i. d. R. nicht verpflichtet, Überstunden zu leisten**, weil sie durch die Vereinbarung von Teilzeitarbeit gerade zum Ausdruck gebracht haben, nicht für die volle Arbeitszeit dem Arbeitgeber zur Verfügung stehen zu wollen (s. o. C/Rz. 65). Wegen weiterer Arbeitsverhältnisse oder familiärer Verpflichtungen ist dies dem Arbeitnehmer häufig auch praktisch gar nicht möglich. Alternativ kann im Rahmen einer derartigen Fallkonstellation bei der Reduzierung der Arbeitszeit auf ein bestimmtes festes Stundendeputat eine anspruchsmindernde Berücksichtigung der bisherigen Überstunden bei der Bemessung des künftigen Teilzeitentgelts erfolgen.

154 Das Recht zur **Privatnutzung eines Dienstfahrzeugs** ist Arbeitsentgelt (s. u. C/Rz. 957). Von daher ist § 4 Abs. 1 S. 2 TzBfG (s. dazu unten Rz.C/Rz. 156) anwendbar.
In Betracht kommt eine **Anpassung** der Dienstwagenvereinbarung gem. §§ 133, 157 BGB, wenn die ursprüngliche Vereinbarung als **lückenhaft** angesehen wird. Die Lücke ist durch den hypothetischen Parteiwillen aufzufüllen, z. B. durch eine weitergehende Beteiligung des Arbeitnehmers an den Kosten des Dienstwagens oder durch eine teilweise Entziehung der Nutzungsmöglichkeit. Falls in der Dienstwagenvereinbarung zu Gunsten des Arbeitgebers ein **Widerrufsrecht** vereinbart worden ist, begründet allein die Vereinbarung zukünftiger Teilzeitarbeit kein Recht des Arbeitgebers, deshalb den Widerruf auszuüben. Dies würde gegen §§ 4, 5 TzBfG verstoßen.
Bei künftigen Dienstwagenvereinbarungen sollten auf jeden Fall Regelungen für eine mögliche Arbeitszeitreduzierung getroffen werden. Allerdings wird auch insoweit ein erweitertes einseitiges Widerrufsrecht des Arbeitgebers im Hinblick auf §§ 4, 5 TzBfG nicht unproblematisch sein. Vorzuziehen ist in jedem Fall die **Vereinbarung einer Beteiligung des Arbeitnehmers an den Kosten** (vgl. *Kelber/Zeißig* NZA 2001, 577 ff.).

155 **Provisionsvereinbarungen**, die an ein bestimmtes Ziel geknüpft sind, sind i. d. R. nicht betroffen, da ein bestimmter Erfolg geschuldet wird. Ein Bezug zur Arbeitszeit besteht nicht, sodass § 4 TzBfG nicht anwendbar ist.

C. Der Inhalt des Arbeitsverhältnisses

Demgegenüber hat die Reduzierung der Arbeitszeit bei der Vereinbarung der Zahlung von **Tantiemen** einen Einfluss auf den Anspruch. I. d. R. ist eine Tantieme am Gewinn, dem Ertrag oder dem Umsatz des Unternehmens, einer Abteilung oder des Betriebes ausgerichtet, bezogen auf die gesamte zur Verfügung gestellte Arbeitskraft des Arbeitnehmers. Deshalb kommt eine anteilige Reduzierung in Betracht. Gleiches gilt für **Zielvereinbarungen**. Im Einzelfall ist zu ermitteln, ob sie von der Arbeitszeit des Arbeitnehmers abhängig ist oder nicht (vgl. *Kelber/Zeißig* NZA 2001, 581 f.).

(5) Benachteiligungsverbote; Kündigungsverbot (§§ 4, 5, 11 TzBfG)

aaa) § 4 TzBfG
§ 4 Abs. 1 S. 1 TzBfG enthält ein dem bisherigen § 2 Abs. 1 BeschFG entsprechendes **156** **Diskriminierungsverbot** (vgl. *Preis/Gotthardt* DB 2000, 2066). Der Ausschluss der geringfügig Beschäftigten i. S. d. § 8 SGB IV aus dem Geltungsbereich der AVR und ihrer Anlagen verstößt beispielsweise gegen diese Regelung (*LAG Baden-Württemberg* 7.11.2001 – 2 Sa 36/01 –).
§ 4 Abs. 1 S. 2 TzBfG enthält darüber hinaus eine Regelung für die zu zahlende Vergütung; das **pro-rata-temporis-Prinzip** ist **eingeführt** worden. Danach soll dem **157** Teilzeitbeschäftigten ein Anspruch auf Arbeitsentgelt oder auch auf andere teilbare Leistungen mindestens in dem Umfang zustehen, der dem Anteil seiner Arbeitszeit an der Arbeitszeit eines vergleichbaren vollzeitbeschäftigten Arbeitnehmers entspricht (vgl. *Richardi/Annuß* BB 2000, 2201; *Hartwig* FA 2001, 35). Eine Ungleichbehandlung aus sachlichen Gründen ist damit in diesem Bereich nicht mehr zulässig. Sie bleibt aber zulässig z. B. hinsichtlich der teilweisen Verrichtung der Arbeit unter gesundheitsschädlichen Bedingungen (*Rolfs* RdA 2001, 131).

Fraglich ist, welches Arbeitsentgelt Vollzeitbeschäftigter vergleichbar ist. Denn die **158** Arbeitsentgelte auch der vollzeitbeschäftigten Arbeitnehmer, die **gleiche Tätigkeiten** verrichten, können z. B. aufgrund **individualvertraglicher Vereinbarungen** etwa auch in Folge unterschiedlichen Verhandlungsgeschicks der Arbeitnehmer durchaus **unterschiedlich** sein. Einen allgemeinen Grundsatz, wonach immer gleicher Lohn für gleiche Arbeit zu zahlen ist, gibt es nach der Rechtsprechung des *BAG* (21.6.2000 EzA § 242 BGB Gleichbehandlung Nr. 83) nicht.
Verrichten z. B. drei Arbeitnehmer dieselben Tätigkeiten für 2.500, 3.000 bzw. 2.300 Euro, so ist fraglich, wie das Entgelt festzusetzen ist, wenn der erste dieser Arbeitnehmer seine Arbeitszeit halbieren möchte.
Möglich wäre die Bestimmung in dem Verhältnis, wie sie der konkret betroffene Arbeitnehmer erhalten hätte, wenn er Vollzeit arbeiten würde (also ausgehend von 2.500 Euro 1.250 Euro). Möglich wäre es aber auch, als Vergleichsentgelt das heranzuziehen, das der am niedrigsten vergütete vergleichbare Vollzeitarbeitnehmer erhält (ausgehend von 2.300 Euro 1.150 Euro), bzw. die Bildung eines Durchschnitts aus dem Entgelt aller vergleichbarer vollzeitbeschäftigter Arbeitnehmer (2.600 Euro = 1.300 Euro).

bbb) § 5 TzBfG
Die in § 5 TzBfG enthaltene Regelung verbietet es, den Arbeitnehmer wegen der In- **159** anspruchnahme von Rechten aus dem TzBfG z. B. bei einem beruflichen Aufstieg zu

benachteiligen. Wegen § 612 a BGB ist die Regelung an sich **überflüssig** (*Lindemann/Simon* BB 2001, 147; *Rolfs* RdA 2001, 131).

ccc) § 11 TzBfG

160 Gem. § 11 TzBfG ist eine Kündigung unwirksam, die deshalb erklärt wird, weil sich ein Arbeitnehmer weigert, von einem Vollzeit- in ein Teilzeitarbeitsverhältnis oder umgekehrt zu wechseln. Die Weigerung muss nicht nur äußerer Anlass, sondern tragender Grund für die Kündigung sein (*Preis/Gotthardt* DB 2000, 2069).

161 § 11 TzBfG stellt einen sonstigen Unwirksamkeitsgrund i. S. d. **§ 13 Abs. 3 KSchG** dar, muss also nicht innerhalb der 3-Wochen-Frist gem. § 4 KSchG geltend gemacht werden.

162 Unberührt von § 11 KSchG bleibt das Recht des Arbeitgebers, das Arbeitsverhältnis **aus anderen Gründen** zu kündigen. Das gilt sowohl für die Beendigungs- als auch für die Änderungskündigung z. B. aus anderen dringenden betrieblichen Gründen, die eine Reduzierung der Arbeitszeit erfordern (vgl. *Rolfs* RdA 2001, 132) . Fraglich ist allerdings, ob aufgrund der Wertungen in § 8 TzBfG auch weiterhin allein eine **unternehmerische Organisationsentscheidung**, künftig nur noch Teilzeit- oder nur noch Vollzeitkräfte zu beschäftigen, als Kündigungsgrund anzuerkennen ist (s. o. C/Rz. 110 ff.; dafür *Schiefer* DB 2000, 2121). Erforderlich ist jedenfalls das Vorliegen eines **plausiblen wirtschaftlichen oder unternehmenspolitischen Konzepts i. S. einer Missbrauchskontrolle**, da § 11 TzBfG andernfalls leer laufen würde (*Preis/Gotthardt* DB 2000, 2069; *Dassau* ZTR 2001, 67).

dd) **Unterschreitung der Arbeitszeit**

163 Die Unterschreitung der Arbeitszeit **muss wegen der** grds. bestehenden **Beschäftigungspflicht des Arbeitgebers vereinbart sein,** kann sich aber auch aus zwingenden Gründen ergeben, z. B. bei der Umstellung des Schichtbetriebes von Winter- auf Sommerzeit. Die Arbeitszeit der betroffenen Nachtschicht verringert sich dann automatisch um eine Stunde, ohne dass der Arbeitgeber in Annahmeverzug gerät. Er muss diese Stunde auch nicht nachholen lassen, wenn der Arbeitnehmer trotz der ausgefallenen Stunden die vereinbarte Zahl an Arbeitsstunden und damit die geschuldete Arbeitsleistung erreicht (*BAG* 11.9.1985 EzA § 615 BGB Nr. 49). Der typische Fall einer Unterschreitung der vereinbarten individuellen Arbeitszeit ist die **Kurzarbeit** (s. u. C/Rz. 178 ff.).

ee) **Begrenzung der Arbeitszeit**

164 Neben tariflichen Normen bestehende gesetzliche Begrenzungen der Arbeitszeit folgen aus dem ArbZG, § 8 MuSchG, §§ 8 ff. JArbSchG, §§ 3 ff. LadSchlG, § 3 SeemG, §§ 169 ff. SGB III (Kurzarbeit) sowie dem Gesetz über die Arbeitszeit in Bäckereien und Konditoreien (vgl. MünchArbR/*Anzinger* § 224 Rz. 1 ff.). Verboten ist nach Maßgabe des ArbZG die Überschreitung der täglichen oder wöchentlichen Höchstarbeitszeit; zulässig ist u. U. eine andere Verteilung der Arbeitszeit (vgl. §§ 3, 7 ArbZG).

e) **Lage der Arbeitszeit**

165 Mit der Festlegung des Zeitpunktes, zu dem die Arbeitszeit am Tage beginnt und endet und zu dem sie durch Pausen zu unterbrechen ist, wird die Leistungspflicht,

die durch die Dauer der Arbeitszeit nur umfangmäßig bestimmt ist, endgültig konkretisiert. Die Lage der Arbeitszeit wird aus praktischen Gründen selten durch den Arbeitsvertrag festgelegt; fehlt eine ausdrückliche Regelung, ist i. d. R. im Wege der Vertragsauslegung davon auszugehen, dass dem Arbeitgeber ein Leistungsbestimmungsrecht in den Grenzen des § 315 BGB sowie des ArbZG (Weisungsrecht) eingeräumt ist.

Beispiel:
Es entspricht nicht billigem Ermessen, einer aus dem Erziehungsurlaub (jetzt der Elternzeit) zurückkehrenden Mutter mitzuteilen, dass sie ab sofort früher mit der Arbeit anfangen muss, wenn sie wegen der Änderung der Arbeitszeit ihr Kind nicht in den Kindergarten bringen kann (*LAG Nürnberg* 8.3.1999 NZA 2000, 263).

Häufig wird die Lage der Arbeitszeit durch Betriebsvereinbarung geregelt (§ 87 Abs. 1 Nr. 2 BetrVG).

Die möglichen Gestaltungsformen der Lage der Arbeitszeit reichen von einem einseitigen Gestaltungsrecht des Arbeitnehmers (z. B. bei Telearbeit) bis zu einer minutiösen Festlegung durch den Arbeitgeber. Möglich ist z. B. auch die »**gleitende Arbeitszeit**« (vgl. ausf. *Meixner* ZTR 1993, 6 ff.; vgl. ausf. zu den Möglichkeiten von mehr Zeitsouveränität *Reichold* NZA 1998, 393 ff.), die den Arbeitnehmer berechtigt, innerhalb einer vorbestimmten Zeitdauer pro Tag (z. B. von 7–18 Uhr) über die Lage der Arbeitszeit selbst zu bestimmen (einfache Gleitarbeitszeit). Er muss die täglich geschuldete Arbeitszeit, z. B. von acht Stunden dann an jedem Tag in dem Gleitzeitrahmen erbringen. 166

Der Arbeitnehmer kann aber auch ermächtigt werden, die tägliche Arbeitsdauer – in den Grenzen des § 3 ArbZG – in einem festgelegten Rahmen zu verändern (z. B. an bestimmten Tagen länger oder kürzer als 8 Stunden im Gleitzeitrahmen arbeiten) und binnen eines »Ausgleichszeitraums« einen Zeitausgleich vorzunehmen, d. h. »vor-« oder »nachzuarbeiten« (qualifizierte Gleitzeitarbeit). Vorgegeben wird eine Kernarbeitszeit, in der die Anwesenheit des Arbeitnehmers zwingend erforderlich ist und die Gleitzeit, d. h. die Zeitspanne, innerhalb derer der Arbeitnehmer arbeiten darf. Die Abwicklung erfolgt über ein sog. Zeitkonto, auf dem neben der jeweils tatsächlich geleisteten Arbeit die für einen bestimmten Zeitraum geschuldete Arbeitszeit vermerkt wird (vgl. ausf. zu Gleitzeitsystemen *Schüren* ArbuR 1996, 381 ff.). 167

f) Beginn und Ende der Arbeitszeit

Fehlt eine (einzel- oder kollektivvertragliche) Vereinbarung, so beginnt die Arbeitszeit in dem Zeitpunkt, **in dem der Arbeitnehmer entweder die Arbeit aufnimmt oder dem Arbeitgeber die geschuldete Arbeitsleistung vertragsgemäß anbietet, der Arbeitgeber also in der Lage ist, die Arbeitskraft des Arbeitnehmers zur Leistung der Dienste einzusetzen**. Maßgeblich ist der Arbeitsvertrag und im Zweifel die Art der geschuldeten Arbeitsleistung; regelmäßig beginnt die Arbeitszeit mit der Aufnahme der Tätigkeit am Arbeitsplatz (vgl. *Baeck/Deutsch* ArbZG, § 2 Rz. 9 ff.). 168

Waschen und Umkleiden sind i. d. R., sofern nichts anderes vereinbart ist, keine zu vergütenden Hauptleistungspflichten des Arbeitnehmers, für die der Arbeitgeber nach § 611 BGB eine Vergütung zu gewähren hätte. Werden diese Tätigkeiten vom Arbeitnehmer verlangt, kann es sich zwar um Dienstleistungen nach § 612 Abs. 1 169

BGB handeln, diese sind regelmäßig aber nicht nur gegen eine Vergütung zu erwarten (*BAG* 11.10.2000 EzA § 611 BGB Nr. 30; **a. A.** *Adam* ArbuR 2001, 481 ff.). Maßgeblich sind aber andererseits letztlich die **Verhältnisse im Einzelfall**. Zu bejahen ist dies z. B. ausnahmsweise bei einem Model auf einer Modenschau. Gehört das Umkleiden nicht zum Inhalt der geschuldeten Arbeitsleistung, z. B. bei der Tätigkeit eines Kochs, so sind in erster Linie die organisatorischen Gegebenheiten des jeweiligen Betriebes und die konkreten Anforderungen an den Arbeitnehmer maßgebend, wie sie sich aus den betrieblichen Regelungen und Handhabungen tatsächlich ergeben (vgl. auch *Busch* BB 1995, 1690). Im konkret entschiedenen Einzelfall hat das *BAG* (22.3.1995 EzA § 611 BGB Arbeitszeit Nr. 1) dies für einen Koch verneint.

170 Je nach den Umständen kann der Beginn der Arbeitszeit aber auch vorverlegt sein (z. B. auf das Betätigen der Stechuhr vgl. *BAG* 29.4.1982 EzA § 2 AZO Nr. 1), oder auf das Erreichen der Arbeitsstelle (im öffentlichen Dienst), sodass die Arbeitszeit nach dem Erreichen bzw. Verlassen des Betriebsgebäudes oder gar -geländes beginnt oder endet (vgl. § 15 Abs. 7 BAT, § 15 Abs. 7 MTB II sowie *BAG* 18.1.1990 EzA § 15 BAT Nr. 1).

171 Aufgrund einer Änderung der Protokollnotiz zu § 15 Abs. 7 BAT ist seit dem 1.4.1991 davon auszugehen, dass der Begriff der Arbeitsstelle z. B. den Verwaltungs-, Betriebsbereich in dem Gebäude/Gebäudeteil, in dem der Angestellte arbeitet, umfasst. Arbeitsstelle für **Angestellte im öffentlichen Dienst** ist damit z. B. ein Dezernat, eine Abteilung oder eine Station im Krankenhaus (MünchArbR/*Freitag* § 188 Rz. 55 m. w. N.).

172 Bei **Krankenschwestern** stellt die Umkleidezeit z. B. Arbeitszeit i. S. d. BAT (nicht dagegen i. S. d. ArbZG) dar, wenn der Arbeitgeber die Arbeit dadurch, dass die Krankenschwestern die Dienstkleidung, die ihnen vom Arbeitgeber unentgeltlich zur Verfügung gestellt und gereinigt wurde und sie diese in einem eigens dafür eingerichteten Umkleideraum zu wechseln, während des Dienstes zu tragen haben und nicht mit nach Hause nehmen dürfen, so organisiert hat, dass das Umkleiden als arbeitsvertragliche Verpflichtung anzusehen ist, die nicht irgendwann und irgendwo, sondern unmittelbar an Ort und Stelle zu erfüllen ist (*BAG* 28.7.1994 EzA § 15 BAT Nr. 4).
Der Zeitpunkt der **Beendigung der Arbeitszeit** richtet sich nach den gleichen Kriterien.

g) Der Sonderfall: Schullehrer

173 Bei Lehrern an allgemein bildenden Schulen beschreibt die vereinbarte Unterrichtsstundenzahl den zeitlichen Umfang der geschuldeten Arbeitsleistung nur zum Teil. Außerhalb der Unterrichtserteilung geschuldete, jedoch zum Unterrichtsbild des Lehrers gehörende Arbeitsleistungen entziehen sich einer exakten zeitlichen Bemessung. Eine feste Relation zur Zahl der Unterrichtsstunden ist insoweit nicht möglich. Die zeitliche Inanspruchnahme des Lehrers für solche Arbeitsleistungen darf aber nicht unverhältnismäßig sein. **Die Anordnung zusätzlich zum Unterricht zu erbringender Dienste hat billigem Ermessen zu genügen** (*BAG* 20.11.1996 EzA § 2 BeschFG 1985 Nr. 51).
Diese Maßstäbe gelten auch, wenn zu prüfen ist, ob durch Inanspruchnahme eines teilzeitbeschäftigten Lehrers für Tätigkeiten außerhalb der Unterrichtserteilung eine Ungleichbehandlung i. S. d. § 2 Abs. 1 BeschFG (jetzt § 4 Abs. 1 S. 1 TzBfG) vorliegt (*BAG* 20.11.1996 EzA § 2 BeschFG 1985 Nr. 51).

C. Der Inhalt des Arbeitsverhältnisses

Beispiel:
Es liegt keine Ungleichbehandlung i. S. d. § 2 Abs. 1 BeschFG vor (jetzt § 4 Abs. 1 S. 1 **174**
TzBfG), wenn ein mit 20 von 26 Wochenstunden Unterricht teilzeitbeschäftigter Lehrer einmal im Jahr eine einwöchige Klassenfahrt durchführt; insoweit besteht auch kein Anspruch auf die Vergütung einer gleich eingruppierten Vollzeitarbeitnehmerin (*BAG* 20.11.1996 EzA § 2 BeschFG 1985 Nr. 51).

6. Befreiung von der Arbeitspflicht

a) Einverständliche Arbeitsbefreiung

Im Rahmen der Vertragsfreiheit ist die vorübergehende oder dauernde Befreiung von **175**
der Arbeitspflicht sowie die Regelung ihrer Auswirkungen auf die übrigen Rechte und Pflichten aus dem Arbeitsvertrag (§§ 241, 305 BGB) möglich. Eine Arbeitsbefreiung kommt auch auf der Grundlage eines Tarifvertrages in Betracht, wenn der Arbeitgeber insbesondere zur Einführung von **Kurzarbeit** ermächtigt wird (vgl. *BAG* 5.3.1974 EzA § 87 BetrVG 1972 Kurzarbeit Nr. 3). Kurzarbeit wird im Übrigen häufig durch Betriebsvereinbarung eingeführt (vgl. *BAG* 4.3.1986 EzA § 87 BetrVG 1972 Arbeitszeit Nr. 17). Eine Ermächtigung des Betriebsrats an den Arbeitgeber, den Kurzarbeitsumfang und den betroffenen Personenkreis eigenhändig zu bestimmen, beinhaltet demgegenüber einen rechtswidrigen Verzicht auf das Mitbestimmungsrecht, sodass eine derartige Betriebsvereinbarung unwirksam ist (*ArbG Marburg* 17.12.1999 NZA-RR 2001, 144). Der Arbeitgeber ist deshalb in einem derartigen Fall verpflichtet, die konkrete Durchführung der Kurzarbeit mit jedem Arbeitnehmer gesondert zu regeln (*ArbG Marburg* 17.12.1999 NZA-RR 2001, 144). Dagegen kann der Arbeitgeber insbesondere in betriebsratslosen Betrieben die Kurzarbeit auch **nicht einseitig aufgrund seines Direktionsrechts einführen**; die Meldung der Kurzarbeit gem. §§ 63 ff. AFG (jetzt § 173 SGB III) beim Arbeitsamt ist dafür keine Ermächtigungsgrundlage. Der Arbeitgeber ist dann vielmehr gehalten, mit allen Arbeitnehmern eine Vereinbarung hierüber herbeizuführen bzw. eine außer- oder ordentliche Änderungskündigung auszusprechen. Verweigert ein betroffener Arbeitnehmer die angebotene Kurzarbeitsregelung, so führt dies dazu, dass sein Vergütungsanspruch aus Annahmeverzug bestehen bleibt. Der Anspruch wird auch nicht in der Höhe des bei seiner Zustimmung zur Durchführung der Kurzarbeit zu beanspruchenden Kurzarbeitergeldes gemindert; § 615 S. 2 BGB ist weder unmittelbar noch analog anwendbar (*LAG Rheinland-Pfalz* 7.10.1996 ZTR 1997, 141 Ls.).

Abgesehen von der Sonderregelung des § 19 Abs. 1 KSchG (Einführung von Kurz- **176**
arbeit aufgrund Ermächtigung durch die Arbeitsbehörde) kommt eine Befreiung von der Arbeitspflicht nicht einseitig mittels Weisungsrecht unter entsprechender Lohnminderung durch den Arbeitgeber in Betracht.

Allerdings kann das **Stillschweigen** des Arbeitnehmers auf die rechtswidrige einsei- **177**
tige Weisung des Arbeitgebers zur Durchführung der Kurzarbeit ein **Einverständnis** des Arbeitnehmers beinhalten. Dies gilt jedenfalls dann, wenn der Arbeitnehmer in den Monaten zuvor bereits mehrfach sein Einverständnis mit der Kurzarbeit durch Stillschweigen kundgetan hatte. Sollte der Arbeitnehmer nunmehr mit der erneuten Kurzarbeit nicht einverstanden sein, muss er so widersprechen, dass für den ver-

Dörner

C. Der Inhalt des Arbeitsverhältnisses

ständigen Arbeitgeber die Weigerung erkennbar wird (*ArbG Marburg* 17.12.1999 NJW-RR 2001, 144).

aa) Anspruch des Arbeitnehmers auf Freistellungsvereinbarung

178 Ein gesetzlicher Anspruch folgt z. B. aus § 629 BGB (s. o. B/Rz. 312; s. auch u. C/Rz. 1350 ff.); Tarifnormen sehen (vgl. z. B. § 15 Abs. 1 BAT) für Angestellte die Möglichkeit vor, aus wichtigem Grund **Sonderurlaub** zu erhalten, wenn es die dienstlichen oder betrieblichen Verhältnisse gestatten. In Betracht kommt dies z. B. zur Erfüllung öffentlich-rechtlicher, familiärer oder sonstiger anerkennenswerter persönlicher Pflichten (z. B. der Betreuung von Kleinkindern; vgl. *BAG* 12.1.1989 EzA § 50 BAT Nr. 1; vgl. auch *LAG Bremen* 15.8.2000 ZTR 2001, 83 zur Freistellung gem. § 50 Abs. 2 BAT für die Teilnahme an einer berufsfördernden Leistung).

179 Auch ohne ausdrückliche Regelung im Arbeitsvertrag kann sich ein Befreiungsanspruch aus der Fürsorgepflicht des Arbeitgebers (§ 242 BGB) ergeben, soweit nicht ohnehin bereits § 616 S. 1 BGB (s. u. C/Rz. 1313 ff.) eingreift. Ein entsprechender Anspruch besteht dann, wenn durch das Festhalten an der Arbeitsverpflichtung eine wesentliche Persönlichkeitsbeeinträchtigung droht, der Anlass unvorhersehbar war, der Arbeitnehmer nur mittels der Arbeitsbefreiung in der Lage ist, die Beeinträchtigung abzuwenden und schließlich dem Arbeitgeber der Ausfall der Arbeitsleistung auch zumutbar ist (z. B. mehrwöchige Ausbildung an einem Heim-Dialyse-Gerät, die ein Arbeitnehmer für die Pflege seines erkrankten Ehepartners benötigt; vgl. *BAG* 20.7.1977 EzA § 616 BGB Nr. 11; 7.9.1983 EzA § 626 BGB n. F. Nr. 87).

180 Den Arbeitnehmer trifft allerdings nach § 242 BGB eine **Hinweis- und ggf. Nachweispflicht** als arbeitsvertragliche Nebenpflicht, um den Arbeitgeber rechtzeitig von der bestehenden Pflichtenkollision zu unterrichten bzw. diese auch nachzuweisen. Dem Arbeitgeber obliegt es, dem Arbeitnehmer rechtzeitig etwa entgegenstehende betriebliche Belange mitzuteilen (*BAG* 7.9.1983 EzA § 626 BGB n. F. Nr. 87).

181 Der Anspruch kann sich schließlich auch aus dem **Gleichbehandlungsgrundsatz** oder einer **betrieblichen Übung** ergeben. Eine betriebliche Übung besteht insoweit allerdings dann nicht, wenn die Arbeitsbefreiung bislang als eine Annehmlichkeit gedacht war (z. B. Arbeitsbefreiung an den Dienstagen nach Ostern und Pfingsten sowie an Heiligabend, Silvester, Rosenmontag); in diesen Fällen ist das Vertrauen auf die Fortsetzung dieses Verfahrens nicht hinreichend geschützt (s. o. A/Rz. 637 f.).

bb) Wirkung der Arbeitsbefreiung

182 Die Arbeitsleistungspflicht des Arbeitnehmers wird infolge der Freistellungsvereinbarung gekürzt (Kurzarbeit) bzw. vorübergehend oder endgültig aufgehoben. Grds. hat der Arbeitnehmer keinen Anspruch auf **Fortzahlung des Arbeitsentgelts**; die Freistellungsvereinbarung bedarf im Zweifel der **Auslegung** (§§ 133, 157 BGB).

183 Wird z. B. für die Zeit der Freistellung das »**Ruhen des Arbeitsverhältnisses**« vereinbart, so bedeutet dies im Regelfall die Suspendierung der gegenseitigen Hauptleistungspflichten also auch der Lohnzahlungspflicht (*BAG* 10.5.1989 EzA § 16 BErzGG Nr. 2; 7.12.1989 EzA § 4 TVG Metallindustrie Nr. 66). Allerdings darf aus der faktischen Einstellung der wechselseitigen Hauptpflichten nicht ohne weiteres auf eine (konkludente) Ruhensvereinbarung geschlossen werden.

C. Der Inhalt des Arbeitsverhältnisses

Grds. ist davon auszugehen, dass der Arbeitnehmer bei fehlender ausdrücklicher Regelung nicht auf den sich aus dem weiterbestehenden Arbeitsvertrag ergebenden Vergütungsanspruch verzichten will (vgl. MünchArbR/*Blomeyer* § 49 Rz. 23). **184**

Anstelle des Arbeitsentgelts kann der Arbeitnehmer unter bestimmten Voraussetzungen Bezüge von anderer Seite erhalten, insbesondere Kurzarbeitergeld (§§ 169 ff. SGB III). Die **vertraglichen Nebenpflichten** (Wettbewerbsverbote, Unterlassungs-, Verschwiegenheits-, Auskunfts-, Rechnungslegungs- und Herausgabepflichten des Arbeitnehmers sowie die Pflicht des Arbeitgebers zum Schutz der Persönlichkeit des Arbeitnehmers und seines Eigentums; s. u. C/Rz. 240 ff., 2154 ff.) **bestehen** angepasst an die jeweiligen tatsächlichen Umstände **fort** (vgl. BAG 10.5.1989 EzA § 16 BErzGG Nr. 2). **185**

cc) Dauer und Beendigung der Freistellung
Die Dauer der Freistellung (zeit-, zweckbefristet oder unbefristet) richtet sich grds. nach der Freistellungsvereinbarung. **186**

Eine Klausel, in der sich der Arbeitgeber vorbehält, wegen der unsicheren Auftragslage allein zu bestimmen, wann der Arbeitnehmer aus einem unbezahlten Urlaub zurückkehren soll, ist nichtig. Eine solche Vereinbarung ist jedoch in die zulässige Vereinbarung eines unbezahlten Urlaubs für eine bestimmte Zeit umzudeuten, deren Ende sich aus den berechtigten Interessen beider Parteien an dieser Beurlaubung ergibt (*BAG* 13.8.1980 EzA § 9 BUrlG Nr. 11). **187**

War die Freistellung infolge Arbeitsmangels veranlasst (z. B. Werksbeurlaubung oder Kurzarbeit), so endet sie automatisch mit Entfallen des Freistellungsgrundes. Die wechselseitigen Hauptleistungspflichten (Arbeits-, Entgeltzahlungspflicht) leben wieder auf (MünchArbR/*Blomeyer* § 49 Rz. 28). **188**

dd) Anrechnung anderweitigen Verdienstes?
Unterschiedlich wird in der Praxis die Frage beantwortet, ob sich der einvernehmlich freigestellte Arbeitnehmer während der Freistellung erzielte anderweitige Verdienste anrechnen lassen muss. **189**
Das *LAG Schleswig-Holstein* (20.2.1997 NZA-RR 1997, 286) ist davon ausgegangen, dass für die Zeit einer frei vereinbarten Freistellung ähnlich dem Sonderurlaub grds. kein Vergütungsanspruch des Arbeitnehmers besteht. Wenn einem Arbeitnehmer gekündigt und er zugleich unter Fortzahlung der vereinbarten Vergütung bis zum Ablauf der Kündigungsfrist unter Verzicht auf jede Arbeitsleistung beurlaubt wird, muss er sich danach i. d. R. den innerhalb dieses Zeitraums erzielten anderweitigen Verdienst anrechnen lassen. Die Abbedingung des § 615 S. 2 BGB muss **ausdrücklich vereinbart** werden.
Demgegenüber ist das *LAG Hamm* (11.10.1996 NZA-RR 1997, 287 im Anschluss an BAG 30.9.1982 – 6 AZR 802/79 – n. v.) bei der gleichen Fallkonstellation davon ausgegangen, dass der Arbeitnehmer mangels einer Regelung der Frage der Anrechenbarkeit vorbehaltlich des Wettbewerbsverbots gem. § 60 HGB eine anderweitige Tätigkeit **ohne Anrechnungsverpflichtung** aufnehmen kann. Mangels einer gegenteiligen Vereinbarung kommt danach eine Anrechnungsverpflichtung auch weder im **190**

C. Der Inhalt des Arbeitsverhältnisses

Wege ergänzender Vertragsauslegung noch durch analoge Anwendung des § 615 S. 2 BGB in Betracht.

b) Freistellung durch einseitige Erklärung des Arbeitgebers und des Arbeitnehmers

191 Wegen der synallagmatischen Verknüpfung der Arbeitsleistungspflicht des Arbeitnehmers mit der Lohnzahlungspflicht des Arbeitgebers kommt eine einseitige Freistellung durch den Arbeitgeber **nur in Ausnahmefällen** (z. B. bei der Urlaubserteilung, der Einführung von Kurzarbeit durch Ermächtigung des Landesarbeitsamtes [§ 19 KSchG], der vorübergehenden Suspendierung im Arbeitskampf) in Betracht. **Erforderlich ist, dass überwiegende und schutzwürdige Interessen des Arbeitgebers den grundrechtlich geschützten Beschäftigungsanspruch des Arbeitnehmers** (s. u. C/Rz. 2168 ff.) **ausnahmsweise verdrängen** (*BAG* GS 27.2.1985 EzA § 611 BGB Beschäftigungspflicht Nr. 9).

192 Entscheidend ist, dass der (betriebs-, personen- oder verhaltensbedingte) Suspendierungsgrund als solcher die Freistellung von der Arbeit rechtfertigt, bzw. dass dem Arbeitgeber die Weiterbeschäftigung des Arbeitnehmers unzumutbar ist. In Betracht kommt insbesondere der Verdacht einer gegen den Betrieb gerichteten Straftat (z. B. Verrat von Betriebsgeheimnissen, vgl. *BAG* 4.6.1964 AP Nr. 13 zu § 626 BGB Verdacht strafbarer Handlungen). Betriebliche bzw. wirtschaftliche Gründe scheiden dagegen i. d. R. aus, weil der Arbeitgeber das Betriebs- und Wirtschaftsrisiko trägt. Die Suspendierung ist insoweit nach Auffassung des *LAG Köln* (20.3.2001 – 6 Ta 46/01 –) regelmäßig nur aus wichtigem Grund als vorläufig milderes Mittel zur Vermeidung einer sofortigen außerordentlichen Kündigung zulässig.

193 Eine analoge Anwendung des **§ 102 BetrVG** für die Suspendierung als Vorstufe einer Kündigung kommt nicht in Betracht (MünchArbR/*Blomeyer* § 49 Rz. 36; **a. A.** KR-*Wolf* 3. Aufl., Grunds. Rz. 248).

194 Bei zulässiger Suspendierung des Arbeitsverhältnisses bleibt der Lohnanspruch aus § 611 BGB grds. bestehen. Das gilt auch dann, wenn die Suspendierungsgründe der Sphäre des Arbeitnehmers entstammen (*BAG* 4.6.1964 AP Nr. 13 zu § 626 BGB Verdacht strafbarer Handlungen; a. A. MünchArbR/*Blomeyer* § 49 Rz. 37). Bei unberechtigter Suspendierung gerät der Arbeitgeber stets in Annahmeverzug (§ 615 BGB, vgl. *BAG* 19.4.1990 EzA § 615 BGB Nr. 66).

195 Der Arbeitnehmer kann das Arbeitsverhältnis auch im Hinblick auf die Suspendierung aus wichtigem Grund kündigen und ggf. Schadensersatz gem. § 628 BGB verlangen (*BAG* 15.6.1972 AP Nr. 7 zu § 628 BGB). Ein individualrechtliches Gestaltungsrecht des Arbeitnehmers auf einseitige Suspendierung seiner Arbeitspflicht kommt lediglich im Arbeitskampfrecht (Streik) in Betracht.

C. Der Inhalt des Arbeitsverhältnisses

c) Gesetzliche Befreiung von der Arbeitspflicht

aa) Unmöglichkeit der Arbeitsleistung

(1) Neues Schuldrecht

aaa) Grundlagen
Das Leistungsstörungsrecht ist durch das Gesetz zur Modernisierung des Schuld- 196
rechts grundlegend neu geregelt worden. Arbeitsverträge, die **nach dem 31.12.2001**
geschlossen werden, unterliegen dem neuen Recht. Dies folgt ohne weiteres aus dem
In-Kraft-Treten des Gesetzes zum 1.1.2002. Gem. Art. 229 § 5 S. 1 EGBGB gilt aber
für Schuldverhältnisse, die **vor dem 1.1.2002** entstanden sind, weiter das **bisherige
Recht**. Um eine Anpassung zu ermöglichen, sieht Art. 229 § 5 S. 2 EGBGB vor,
dass für sie das neue Recht erst **ab dem 1.1.2003** gilt; dies gilt auch für Arbeitsverhältnisse (vgl. *Däubler* NZA 2001, 1330 ff.).

bbb) Die gesetzliche Neuregelung
Gem. § 311a Abs. 1 BGB (anfängliche objektive und subjektive Unmöglichkeit) steht 197
es der Wirksamkeit eines Vertrages nicht entgegen, dass der Schuldner gem. § 275
Abs. 1–3 BGB n. F. **nicht zu leisten braucht** und das Leistungshindernis **schon bei
Vertragsschluss** vorliegt.

> Gem. § 275 Abs. 1 BGB n. F. ist der Anspruch auf Leistung dann ausgeschlossen, 198
> soweit diese für den Schuldner oder für jedermann **unmöglich** ist. Gem. § 311a
> Abs. 2 BGB n. F. kann der Gläubiger nach seiner **Wahl Schadensersatz** statt der
> Leistung (§ 283 BGB n. F.) oder **Ersatz seiner Aufwendungen** in dem in § 284
> BGB vorgesehenen Umfang verlangen. Dies gilt nicht, wenn der Schuldner das
> Leistungshindernis bei Vertragsschluss nicht kannte und seine Unkenntnis auch
> nicht zu vertreten hat. Aus § 311a Abs. 2 BGB n. F. folgt u. a. die Haftung des
> Schuldners auf das Erfüllungsinteresse.
> Bei **nachträglicher Unmöglichkeit** kommt ein Schadensersatzanspruch gem.
> § 280 Abs. 1 BGB n. F. dann in Betracht, wenn der Schuldner eine Pflicht aus
> dem Schuldverhältnis verletzt. Dies gilt aber dann nicht, wenn der Schuldner
> die Pflichtverletzung **nicht zu vertreten** hat.

Hat der Arbeitgeber die Unmöglichkeit zu vertreten, bleibt der Vergütungsanspruch 199
des Arbeitnehmers erhalten. Ist die Unmöglichkeit von keiner Vertragsseite zu vertreten, entfällt auch der Lohnzahlungsanspruch des Arbeitnehmers (§ 326 Abs. 1
BGB n. F.), soweit nicht die **Sonderregeln** der **§§ 615, 616 BGB** eingreifen (s. u.
C/Rz. 1200 ff.).

(2) Das alte Schuldrecht
Bei **anfänglicher objektiver Unmöglichkeit** (z. B. bei zweck-, sinn- und gegen- 200
standslosen Leistungen) ist der Arbeitsvertrag von Anfang an nichtig (§ 306 BGB).
Es besteht weder ein Erfüllungsanspruch des Arbeitgebers auf Erbringung der Arbeitsleistung noch ein Vergütungsanspruch des Arbeitnehmers. Gem. § 307 BGB
kommt allerdings ein Schadensersatzanspruch des Arbeitgebers in Betracht, der
auf das negative Interesse (Vertrauensschaden) gerichtet ist.

C. Der Inhalt des Arbeitsverhältnisses

201 Ist dagegen die Leistung zwar objektiv möglich, dem betroffenen Arbeitnehmer aber von Anfang an **subjektiv unmöglich**, weil er von vornherein nicht in der Lage ist, die vertraglich geschuldete Arbeitsleistung zu erbringen, z. B. weil er einem anderen Arbeitgeber seine Dienste ebenfalls fest zugesagt hat, so ist seine Arbeitsverpflichtung wirksam. Das hat zur Folge, dass der Arbeitnehmer einen durch die Nichtleistung eintretenden Schaden des Arbeitgebers zu ersetzen hat. Ihn trifft eine Erfüllungshaftung (*BAG* 27.2.1974 EzA § 306 BGB Nr. 2).

202 Bei **nachträglicher Unmöglichkeit** der Arbeitsleistung wird der Arbeitnehmer von seiner Verpflichtung frei (§§ 275, 276 BGB). Hat er die Unmöglichkeit zu vertreten, z. b. weil er die Arbeitsleistung bewusst verweigert, so ist er dem Arbeitgeber schadensersatzpflichtig.
Für das Schicksal des Vergütungsanspruchs des Arbeitnehmers gelten §§ 323 ff. BGB.

203 Hat der Arbeitgeber die Unmöglichkeit zu vertreten bzw. ist die Unmöglichkeit von keiner Vertragsseite zu vertreten, galten bereits nach altem Recht die oben dargestellten Grundsätze.

bb) Unzumutbarkeit der Arbeitsleistung

(1) Grundlagen

204 Die Unzumutbarkeit der Arbeitsleistung kann sich bereits nach altem Recht daraus ergeben, dass sich der Arbeitnehmer bei Erfüllung seiner Arbeitspflicht in einem – vom Arbeitgeber vermeidbaren – Gewissenskonflikt befindet, der zu einer Pflichtenkollision führt. In Betracht kommen grundrechtsrelevante Eingriffe in die Menschenwürde oder in Persönlichkeitsrechte des Arbeitnehmers, aber auch ein Fehlverhalten von Arbeitskollegen und Vorgesetzten (s. o. A/Rz. 338 ff.).

205 Das *BAG* (20.5.1988 EzA § 1 KSchG Personenbedingte Kündigung Nr. 3) hat das Leistungsverweigerungsrecht des Arbeitnehmers aus einer **Analogie zu § 616 BGB, § 72 HGB, §§ 228, 904 BGB** abgeleitet. Inzwischen **sieht § 275 Abs. 3 BGB n. F. ausdrücklich ein Leistungsverweigerungsrecht vor**, wenn der Schuldner die Leistung persönlich zu erbringen hat, was beim Arbeitnehmer regelmäßig gem. § 613 BGB der Fall ist und sie ihm unter Abwägung des seiner Leistung entgegenstehenden Hindernisses mit dem Leistungsinteresse des Gläubigers nicht zugemutet werden kann.

206 Die Lohnzahlungspflicht des Arbeitgebers besteht weiter, wenn dieser die Pflichtenkollision, z. B. infolge entsprechender Arbeitsanweisungen, zu vertreten hat. Im Übrigen entfällt sie gem. § 326 Abs. 1 BGB n. F. (*Staudinger/Richardi* § 611 Rz. 353).

(2) Beispiele

207 Ein Leistungsverweigerungsrecht kommt (nach altem Recht) beispielsweise in Betracht, wenn
– ein Arbeitnehmer Arbeitsleistungen zu erbringen hat, die er **mit seinem Gewissen nicht vereinbaren kann**. Deshalb kann z. B. ein Drucker die Mitarbeit einer Herstellung von **kriegsverherrlichenden Werbebriefen** für Bücher über das Dritte Reich und den Zweiten Weltkrieg aus Gewissensgründen verweigern, wenn der Druckauftrag auf einen anderen Arbeitnehmer übertragen werden kann (*BAG* 20.12.1984 EzA § 1 KSchG Verhaltensbedingte Kündigung Nr. 16).

– Ein in der Arzneimittelforschung tätiger Arzt darf in Anwendung dieser Grund- 208
sätze aus Gewissensgründen die Mitarbeit an der Erforschung eines Medikaments
ablehnen, das objektiv geeignet ist, die bei atomarer Verstrahlung auftretenden
Symptome der Strahlenkrankheit zeitweise zu unterdrücken und daher nach seiner Meinung die **Führbarkeit eines Atomkrieges** positiv beeinflussen kann
(*BAG* 24.5.1989 EzA § 611 BGB Direktionsrecht Nr. 3).

d) Annahmeverzug des Arbeitgebers
Nimmt der Arbeitgeber die ordnungsgemäß angebotene Leistung nicht an (§§ 293 ff. 209
BGB), indem er den Arbeitnehmer nicht beschäftigt, so kommt der Arbeitgeber nicht
nur in Annahmeverzug (s. u. C/Rz. 1200 ff.), sondern **der Arbeitnehmer wird auch
von seiner Arbeitsleistungspflicht befreit.**
Diese Befreiung endet mit der Beendigung des Annahmeverzuges, d. h. sobald sich 210
der Arbeitgeber wieder zur Entgegennahme der Arbeitsleistung bereit erklärt bzw.
wenn er die ausgesetzten Mitwirkungshandlungen wieder aufnimmt oder zumutbare
Arbeitsanweisungen erteilt.

e) Zurückbehaltungsrecht des Arbeitnehmers

aa) Grundlagen

> §§ 273, 320 BGB sind auch für den Arbeitsvertrag anwendbar. In der arbeitsrecht- 211
> lichen Praxis wird wegen der Ähnlichkeiten zwischen beiden Vorschriften häufig
> nicht deutlich unterschieden (vgl. *BAG* 21.5.1992 EzA § 1 KSchG Verhaltensbedingte Kündigung Nr. 43; *Kraft* Anm. zu *BAG* 18.12.1986 EzA § 615 BGB Nr. 53).

Es ist im Übrigen allgemein anerkannt, dass Arbeitnehmer ein ihnen jeweils indivi- 212
duell zustehendes allgemeines oder besonderes Zurückbehaltungsrecht wegen eines
Rechtsanspruchs auch **gemeinschaftlich ausüben können**, ohne dass es sich um
einen betriebsbezogenen Streik handelt (*BAG* 20.12.1963 AP Nr. 32 zu Art. 9 GG Arbeitskampf).

> Nimmt der Arbeitnehmer zu Unrecht die Voraussetzungen eines Zurückbehal- 213
> tungsrechts an und verweigert er deshalb seine Arbeitsleistung, so kann dies einen
> Grund zur außerordentlichen und/oder ordentlichen Kündigung des Arbeitgebers wegen Arbeitsverweigerung darstellen. Denn grds. hat der Arbeitnehmer
> das Irrtumsrisiko zu tragen (s. u. D/Rz. 1272 zur Kündigung).

Bei der stets erforderlichen **Interessenabwägung** ist jedoch der Rechtsirrtum des Ar- 214
beitnehmers zu beachten. Das hat zur Folge, dass zumindest dann, wenn er sich vor
Ausübung des Zurückbehaltungsrechts nach Kräften um die Klärung der Rechtmäßigkeit der Arbeitsverweigerung bemüht hat, eine außerordentliche und/oder ordentliche Kündigung ausscheiden wird (MünchArbR/*Blomeyer* § 49 Rz. 50 ff.). Daneben drohen dem Arbeitnehmer bei unberechtigter Arbeitsverweigerung **Schadensersatzansprüche** des Arbeitgebers gem. § 325 Abs. 1 BGB. Bei der Beurteilung des
erforderlichen Verschuldens ist der Irrtum aber in gleicher Weise zu beachten (vgl.
Söllner ZfA 1972, 25 f.).

bb) Beispiele

215 Für die betriebliche Praxis sind für die Anwendung der §§ 273, 320 BGB (vgl. ausf. *Dörner* HwB 1990 »Zurückbehaltungsrecht« Rz. 22 ff. m. w. N.) vor allem folgende Fallgestaltungen von besonderer Bedeutung:

216 – Ein Zurückbehaltungsrecht des Arbeitnehmers hinsichtlich der Arbeitsleistung kann dann bestehen, wenn der Arbeitgeber dem Arbeitnehmer **längere Zeit keine zumutbare Arbeit zuweist** und auch für die Zukunft keine konkreten, dem Arbeitsvertrag entsprechenden Arbeitsanweisungen erteilt (*LAG Berlin* 12.3.1999 ARST 1999, 213).

217 – Trotz Weigerung des Arbeitnehmers, rechtmäßigen Festlegungen der Arbeitszeit durch den Arbeitgeber Folge zu leisten, kann die Ausübung des Zurückbehaltungsrechts an der eigenen Arbeitsleistung in Betracht kommen, wenn der Arbeitgeber diese Weigerung zum Anlass für nicht gerechtfertigte Sanktionen nimmt. Das Zurückbehaltungsrecht wird aber durch den Grundsatz der **Verhältnismäßigkeit** beschränkt. Seine Inanspruchnahme ist deshalb nur dann erforderlich, wenn der **Versuch des Arbeitnehmers zur Beilegung** der Auseinandersetzung durch Korrektur des eigenen Verhaltens **ergebnislos** geblieben ist (*LAG Niedersachsen* 3.5.2000 FA 2001, 283 Ls.).

218 – Will der Arbeitgeber eine **Versetzung** (§§ 99, 95 Abs. 3 BetrVG) durchführen, so steht dem betroffenen Arbeitnehmer wegen Nichtbeteiligung des Betriebsrats jedenfalls so lange ein Zurückbehaltungsrecht zu, bis die Maßnahme als vorläufige Maßnahme gem. § 100 BetrVG durchgeführt wird und die Voraussetzungen dieser Norm vorliegen (*BAG* 30.9.1993 EzA § 99 BetrVG 1972 Nr. 118).

219 – **Hilfspolizisten**, die die Verfolgung von Falschparkern für rechtswidrig halten, weil die konkrete Beschilderung objektiv unklar ist, steht kein Leistungsverweigerungsrecht zu. Ihre Weigerung und Kompetenzanmaßung stellt folglich eine Arbeitsverweigerung dar (*ArbG Marburg* 10.7.1998 NZA-RR 1999, 411).

220 – Der Arbeitnehmer kann, sobald er einen **fälligen Lohnanspruch** erworben hat, bei Nichtzahlung des Lohns gem. § 273 Abs. 1 BGB die Fortsetzung der Arbeit verweigern. Gem. § 242 BGB besteht das Zurückbehaltungsrecht aber dann nicht, wenn der Lohnrückstand verhältnismäßig geringfügig ist (*BAG* 9.5.1996 EzA § 626 BGB n. F. Nr. 161; das ist bei 1,5 Monatsverdiensten bei einer Vollzeitkraft nicht der Fall, *ArbG Hannover* 11.12.1996 EzA § 273 BGB Nr. 6), wenn nur eine **kurzfristige Verzögerung** der Lohnzahlung zu erwarten ist, wenn dem Arbeitgeber ein **unverhältnismäßig hoher Schaden** entstehen würde oder wenn der Lohnanspruch **auf andere Weise gesichert** ist (§ 273 Abs. 3 BGB), z. B. durch Grundpfandrechte. Grds. genügt nur eine schon bestehende Sicherung des Arbeitnehmers, um die Verweigerung der Arbeitsleistung treuwidrig erscheinen zu lassen. Dagegen reicht es nicht aus, dass die Entstehung eines (Sicherungs-)Rechts noch von dem Eintritt weiterer Umstände abhängt. Deshalb kann der Arbeitgeber den Arbeitnehmer vor Eröffnung des Insolvenzverfahrens nicht auf zu erwartende Ansprüche auf Insolvenzgeld verweisen (*BAG* 25.10.1984 EzA § 273 BGB Nr. 3). Der Arbeitnehmer kann sich zur Rechtfertigung seines Fernbleibens auf ein Zurückbehaltungsrecht wegen bestehender Vergütungsrückstände aber nur dann berufen, wenn er das Zurückbehaltungsrecht auch gegenüber dem Arbeitgeber **tatsächlich geltend gemacht** hat, damit dieser von der ihm gem. § 273 Abs. 3 BGB eingeräumten **Abwendungsbefugnis** Gebrauch machen kann (*LAG Köln* 16.3.2001 NZA-RR 2001, 533).

C. Der Inhalt des Arbeitsverhältnisses

- Einem Mitarbeiter in **leitender Funktion**, der die Arbeitsvergütung rund **20 Jahre lang pünktlich und vollständig** erhalten hat, steht kein Zurückbehaltungsrecht an der Arbeitsleistung zu, wenn der Arbeitgeber **einmalig 40 % einer Monatsvergütung einbehält**, weil er meint, diesen Betrag nicht zu schulden. In einem solchen Fall ist dem Mitarbeiter nach Treu und Glauben zuzumuten, weiterzuarbeiten und eine gerichtliche Klärung über den streitigen Lohnanspruch herbeizuführen (*LAG Köln* 19.5.1999 ARST 2000, 68). 221
- Die gegenseitigen bereicherungsrechtlichen Ansprüche der Parteien aus einer vom Arbeitnehmer gegen den Willen des Arbeitgebers **erzwungenen Weiterbeschäftigung** (nach Maßgabe des sog. allgemeinen Weiterbeschäftigungsanspruchs), die sich nach der rechtskräftigen Feststellung der Wirksamkeit einer Kündigung gem. §§ 812 ff. BGB ergeben, sind auf Zahlung von Geld gerichtet. Sie können daher durch ein Zurückbehaltungsrecht gem. § 273 BGB mit Ansprüchen des Arbeitgebers in Verbindung gebracht werden, wenn z. B. der Arbeitnehmer dem Arbeitgeber zum Schadensersatz verpflichtet ist aus Nachteilen, die der Arbeitgeber durch die Kündigung vermeiden wollte (*Pallasch* Anm. zu *BAG* 12.2.1992 EzA § 611 BGB Beschäftigungspflicht Nr. 52; *ders.* BB 1993, 2231). 222
- Ausnahmsweise kann auch ein Zurückbehaltungsrecht des Arbeitnehmers in Gestalt einer zulässigen Arbeitsniederlegung **zur Durchsetzung betriebsverfassungsrechtlicher Arbeitgeberpflichten** bestehen, wenn von der Erfüllung oder Nichterfüllung der betriebsverfassungsrechtlichen Pflichten auch die Einzelarbeitsverhältnisse der potentiellen Inhaber des Zurückbehaltungsrechts unmittelbar betroffen sind (z. B. gem. §§ 81–84, 37, 38 BetrVG; vgl. *Söllner* ZfA 1973, 19 f.), 223
- oder jedenfalls wenn **schwerwiegende Verstöße gegen die Betriebsverfassung** individuelle Abwehransprüche und damit auch Zurückbehaltungsrechte auslösen (vgl. *BAG* 14.2.1978 EzA Art. 9 GG Arbeitskampf Nr. 22).
- Ein Zurückbehaltungsrecht des Arbeitgebers kann sich aus §§ 273 Abs. 1, 618 Abs. 1 BGB ergeben, wenn der Arbeitgeber die **Arbeitsschutzvorschriften nicht beachtet** (z. B. die Feuerschutzklappen im Gebäude unter Verstoß gegen öffentlich-rechtliche Vorschriften verändert) und wenn dadurch eine Gefahr für Leben und Gesundheit des Arbeitnehmers i. S. d. § 618 Abs. 1 BGB entstanden ist (*BAG* 2.2.1994 EzA § 618 BGB Nr. 10 hinsichtlich eines asbestbelasteten Arbeitsplatzes; krit. dazu *Molkentin/Müller* NZA 1995, 873; *Borchert* NZA 1995, 877), nicht aber dann, wenn der Arbeitsplatz nur im Rahmen des auch außerhalb des Betriebsgeländes Üblichen mit Schadstoffen (PCP, Lindan, Dioxinen, Furanen) belastet ist (*BAG* 8.5.1996 NZA 1997, 821; s. auch unten C/Rz. 2350 f. und *Molkentin* NZA 1997, 849 ff.). 224
- Eine Arbeitnehmerin kann sich gegenüber der bestehenden Arbeitspflicht nur dann auf eine **Pflichtenkollision wegen der Personensorge** für ihr Kind und damit ein Leistungsverweigerungsrecht (§§ 273, 320 BGB) berufen, wenn unabhängig von der notwendigen Abwägung der zu berücksichtigenden schutzwürdigen Interessen beider Parteien eine unverschuldete Zwangslage vorliegt (*BAG* 21.5.1992 EzA § 1 KSchG Verhaltensbedingte Kündigung Nr. 43). 225
- Ein Zurückbehaltungsrecht des früheren Arbeitgebers kann sich daraus ergeben, dass und solange der Arbeitnehmer der Verpflichtung aus § 74 c Abs. 2 HGB nicht nachkommt (*BAG* 2.6.1987 EzA § 74 c HGB Nr. 25). 226

Das für **§ 320 BGB** erforderliche **Gegenseitigkeitsverhältnis** ist gegeben zwischen 227
- der **Karenzentschädigung** des Arbeitgebers nach § 74 HGB und der **Wettbewerbsenthaltung** des Arbeitnehmers;

- dem Anspruch des Arbeitnehmers auf **Fortzahlung des Lohns** (§ 615 BGB) oder auf Zahlung der Karenzentschädigung (§ 74 HGB) und dem Anspruch des Arbeitgebers auf **Auskunft** über den anderweitigen erzielten Erwerb;
- der **Fürsorgepflicht** des Arbeitgebers und dem Anspruch des Arbeitnehmers auf **Zahlung des Lohns** (*BAG* 20.12.1963 AP Nr. 32 zu Art. 9 GG Arbeitskampf).

228 **Kein Gegenseitigkeitsverhältnis** besteht zwischen der Auflösung des Arbeitsverhältnisses einerseits und der Zahlung einer Abfindung bei Ausscheiden des Arbeitnehmers andererseits (*BAG* 16.10.1969 AP Nr. 20 zu § 794 ZPO).

f) Arbeitsverhinderung aus sonstigen Gründen

229 Ist der Arbeitnehmer aus tatsächlichen Gründen persönlich an der Arbeitsleistung gehindert, so gewähren zahlreiche arbeitsrechtliche Normen unter bestimmten Voraussetzungen einen Entgeltfortzahlungsanspruch.

230 Die Arbeitspflicht ist in diesen Fällen durch Gesetz ebenso suspendiert wie die Beschäftigungspflicht des Arbeitgebers (vgl. § 616 S. 1 BGB, §§ 2 ff. EFZG, § 37 Abs. 2 BetrVG, §§ 3 Abs. 2, 6 Abs. 1 i. V. m. § 11 MuSchG).

g) Ruhen des Arbeitsverhältnisses

231 Bei der Ausübung staatsbürgerlicher Rechte und Pflichten (vgl. z. B. Art. 48 Abs. 1 GG), bei der Ableistung des Grundwehr- bzw. Zivildienstes, bei Inanspruchnahme des Erziehungsurlaubs (jetzt der Elternzeit; §§ 15, 16 BErzGG) sowie bei Schwangerschaft und nach der Niederkunft, soweit die Krankenkasse zur Zahlung von Mutterschaftsgeld verpflichtet ist (vgl. § 13 MuSchG), ruht das Arbeitsverhältnis und damit auch die Arbeitspflicht des Arbeitnehmers.

7. Durchsetzung des Anspruchs auf Arbeitsleistung

a) Klage auf Erfüllung

232 Kommt der Arbeitnehmer seiner Verpflichtung zur Arbeitsleistung nicht nach und liegt ein Befreiungsgrund nicht vor, kann ihn der Arbeitgeber auf Erfüllung verklagen (*BAG* 2.12.1965 AP Nr. 27 zu § 620 BGB Befristeter Arbeitsvertrag). Das Rechtsschutzbedürfnis für die Leistungsklage ist, obwohl die Verurteilung zur Ableistung gem. § 888 Abs. 2 ZPO nicht vollstreckbar ist, gegeben, weil die Klage jedenfalls zu einer Klärung der Rechtslage führt.

233 Die Zwangsvollstreckung ist allerdings dann gem. § 888 Abs. 2 ZPO nicht ausgeschlossen, wenn der Arbeitgeber entgegen § 613 Abs. 1 BGB nicht zur persönlichen Leistung verpflichtet ist, sondern seine Arbeitskraft substituieren kann. In derartigen Fällen ist § 887 Abs. 1 ZPO anwendbar.

234 Mit der Klage auf Erfüllung der Arbeitsverpflichtung kann der Arbeitgeber den Antrag verbinden, den Arbeitnehmer für den Fall, dass er die Arbeitstätigkeit aufgrund der rechtskräftigen Verurteilung nicht binnen einer bestimmten Frist aufnimmt, zur Zahlung einer vom Arbeitsgericht nach freiem Ermessen festzusetzenden Entschädigung zu verurteilen (§ 61 Abs. 2 S. 1 ArbGG).

C. Der Inhalt des Arbeitsverhältnisses

b) **Einstweilige Verfügung; Klage auf Unterlassung anderweitiger Erwerbstätigkeit**

Im Hinblick auf die i. d. R. fehlende Vollstreckbarkeit ist fraglich, inwieweit eine einstweilige Verfügung zulässig ist, mittels derer der Arbeitnehmer zur Erfüllung seiner Leistungspflicht angehalten werden soll (vgl. *Schäfer* Der einstweilige Rechtsschutz im Arbeitsrecht Rz. 89 ff.). 235

Hat der vertragsbrüchige Arbeitnehmer eine anderweitige Erwerbstätigkeit aufgenommen, so ist eine Klage auf Unterlassung dieser Erwerbstätigkeit unzulässig, weil es sich bei der Unterlassung einer anderweitigen Erwerbstätigkeit zwar um eine Nebenpflicht aus dem Arbeitsvertrag, nicht aber um eine selbstständig einklagbare Hauptpflicht handelt (*Staudinger/Richardi* § 611 Rz. 308; *Schäfer* a. a. O. Rz. 89). 236

Etwas anderes gilt, wenn für den Arbeitnehmer eine **selbstständige Pflicht auf Unterlassung anderweitiger Wettbewerbstätigkeit**, z. B. aufgrund eines vertraglichen Wettbewerbsverbots, besteht, und der Arbeitgeber ein berechtigtes Interesse am Unterbleiben der Arbeitsleistung gerade im Konkurrenzunternehmen hat (*BAG* 17.10.1969 AP Nr. 7 zu § 611 BGB Treuepflicht). Entscheidend ist, dass der Arbeitnehmer im Konkurrenzbetrieb seine Kenntnisse und Fähigkeiten in einem Bereich anwendet, in dem auch sein bisheriger Arbeitgeber tätig ist, sodass dessen Interessen unmittelbar gefährdet sind. 237

Eine Unterlassungsklage gegen einen Dritten, der den vertragsbrüchigen Arbeitnehmer abwirbt und beschäftigt, kommt nur dann in Betracht, wenn eine solche Unterlassungspflicht entweder vertraglich vereinbart ist oder wenn die Voraussetzungen sittenwidrigen Verhaltens (§ 826 BGB) oder unlauteren Wettbewerbs (§ 1 UWG) erfüllt sind. Erforderlich ist, dass der abgeworbene Arbeitnehmer seine Kenntnisse und Erfahrungen zum Vorteil des konkurrierenden Dritten verwertet. 238

Der Anspruch richtet sich gem. § 249 BGB auf **Anordnung eines Beschäftigungsverbots** mit einem bestimmten sachlichen und zeitlichen Umfang, es sei denn, dass der neue Arbeitsvertrag infolge Sittenwidrigkeit nichtig ist und dem Arbeitnehmer deshalb ein entsprechender Beschäftigungsanspruch fehlt (vgl. *BGH* 19.2.1971 AP Nr. 3 zu § 611 BGB Abwerbung). 239

8. Nebenpflichten des Arbeitnehmers

a) **Grundlagen**

Unter dem Oberbegriff »Nebenpflichten« werden die über die Hauptpflicht des Arbeitnehmers, also die Pflicht zur Arbeitsleistung, hinausgehenden arbeitsvertraglichen Pflichten zusammen gefasst.
Sie sind darauf gerichtet, die Arbeitgeberinteressen so zu wahren, wie dies unter Berücksichtigung der Stellung des Arbeitnehmers im Betrieb, seiner eigenen Interessen und der Interessen der anderen Arbeitnehmer des Betriebes nach Treu und Glauben billigerweise verlangt werden kann. 240

C. Der Inhalt des Arbeitsverhältnisses

241 Der ältere Begriff »**Treuepflicht**«, der eine selbstständig neben der Arbeitspflicht stehende und von dieser unabhängige Verhaltenspflicht bezeichnete, hat heute nur noch **historischen Wert**.

b) Rechtsgrundlage
242 Die Rechtsgrundlage der Nebenpflichten wird teils gesehen
 – in der personenrechtlichen Gemeinschaftsbindung des Arbeitsverhältnisses;
 – im Sozialstaatsprinzip;
 – in einem sozialen Schutzprinzip, aus dem sich besondere Rücksichts- bzw. Schutzpflichten des Arbeitgebers – und letztlich auch des Arbeitnehmers – ergeben sollen.

243 Schließlich wird aus §§ 157, 242 BGB abgeleitet, dass im Arbeitsverhältnis abweichend von allen übrigen Schuldverhältnissen die Persönlichkeit mindestens einer Vertragspartei in einer ganz besonderen Weise in das Schuldverhältnis einbezogen ist.

244 Denn mit der Verpflichtung des Arbeitnehmers, seine Arbeitskraft dem Arbeitgeber zur Verfügung zu stellen, ist i. d. R. auch der Einsatz der eigenen Persönlichkeit verbunden (§ 613 BGB). **Diese Eigenart** des Arbeitsverhältnisses **schlägt sich in den Nebenpflichten der Vertragspartner nieder**, die sich auf die Hauptpflichten beziehen und untereinander nicht in einem Gegenseitigkeitsverhältnis stehen (vgl. MünchArbR/*Blomeyer* § 51 Rz. 12 ff.).

c) Arten von Nebenpflichten (Überblick)
245 Unterschieden werden können einerseits mit der Arbeitspflicht verknüpfte Verhaltensanforderungen (**unselbstständige Nebenleistungspflichten**). Sie verpflichten den Arbeitnehmer, alles zu unternehmen, damit der vertraglich vereinbarte Leistungszweck auch erreicht wird und alles zu unterlassen, was ihn vereiteln würde. **Ihre Verletzung bedeutet zugleich eine Verletzung der Arbeitsleistungspflicht.**

246 Ferner bestehen darüber hinausgehende **selbstständige Schutzpflichten**. Deren Verletzung kann zwar u. U. Schadensersatzansprüche des Arbeitgebers (jetzt §§ 280 ff., 241 Abs. 2 BGB n. F.) begründen, sie bedeuten aber nicht zugleich auch eine Verletzung der Arbeitspflicht.

247 Andererseits kann zwischen **Handlungs- und Unterlassungspflichten** unterschieden werden. Praktisch bedeutsame Unterlassungspflichten sind insbesondere das Verbot aktiver Konkurrenztätigkeit während des bestehenden Arbeitsverhältnisses, die Verpflichtung zur Wahrung der betrieblichen Ordnung, zum Schutz des Unternehmereigentums, zur Verschwiegenheit über betriebliche Tatsachen sowie weitergehend zur Unterlassung von unternehmensschädlichen Meinungsäußerungen (MünchArbR/*Blomeyer* § 51Rz. 18 ff.).

d) Wettbewerbsverbot

aa) Grundlagen; persönlicher Geltungsbereich
248 Gem. **§ 60 Abs. 1 HGB** ist einem kaufmännischen Angestellten des Betriebes eines Handelsgewerbes (§§ 1 ff. HGB) im Handelszweig des Arbeitgebers ohne dessen Einwilligung Wettbewerb verboten, soweit der Angestellte und der Arbeitgeber als Wettbewerber auftreten. § 60 HGB beschränkt die Verpflichtung, die als Nebenpflicht aus

C. Der Inhalt des Arbeitsverhältnisses

dem Arbeitsverhältnis zu qualifizieren ist, zum einen auf kaufmännische Angestellte und zum anderen auf die Dauer des Arbeitsverhältnisses.

> Weil § 60 HGB aber eine Ausprägung der allgemeinen, auf Treu und Glauben gestützten Rücksichtspflicht des Arbeitnehmers (Treuepflicht) darstellt, gelten die in § 60 Abs. 1 HGB enthaltenen Wettbewerbsverbote schlechthin für alle Arbeitnehmer einschließlich der Auszubildenden (BBiG) und der Mitarbeiter in freien Berufen analog (*BAG* 16.6.1976 EzA § 611 BGB Treuepflicht Nr. 1).

249

Es ist deshalb allen Arbeitnehmern verboten, den unternehmerischen Interessen des Arbeitgebers durch Betreiben eines Gewerbes zuwiderzuhandeln. Ob der Arbeitnehmer in dem von ihm betriebenen Gewerbe dem Arbeitgeber tatsächlich Konkurrenz macht, ist unerheblich; es genügt, dass das andere Gewerbe als solches mit den unternehmerischen Interessen des Arbeitgebers kollidiert (*BAG* 17.10.1969 AP Nr. 7 zu § 611 BGB Treuepflicht). Unzulässig ist auch der Abschluss einzelner Geschäfte im Bereich der gewerblichen Tätigkeit des Arbeitgebers, wenn dadurch seinen unternehmerischen Interessen zuwidergehandelt wird, d. h. dass sie gefährdet sind. Es genügt, dass der Arbeitnehmer im Marktbereich des Arbeitgebers Dritten Leistungen erbringt oder auch nur anbietet. Es kommt nicht darauf an, ob der Arbeitgeber diese Leistungen auch erbringt oder anbietet (*Hess. LAG* 28.4.1998 LAGE § 1 KSchG Verhaltensbedingte Kündigung Nr. 65). Ob der Einzelarbeitsvertrag eine entsprechende ausdrückliche Regelung enthält, ist unerheblich (*BAG* 26.1.1995 EzA § 626 BGB n. F. Nr. 155).

250

bb) Zeitlicher Geltungsbereich

> Der zeitliche Geltungsbereich wird grds. durch die Dauer, d. h. den rechtlichen Bestand des Arbeitsverhältnisses, nicht dagegen den tatsächlichen Bestand beschränkt (*BGH* 16.11.1954 AP Nr. 1 zu § 60 HGB).

251

Das Wettbewerbsverbot bleibt durch eine unberechtigte Arbeitsverweigerung oder fristlose Kündigung des Arbeitnehmers unberührt, es sei denn, dass der Arbeitgeber in dieses Verhalten des Arbeitnehmers jeweils einwilligt. Gleiches gilt, wenn der Arbeitnehmer von seiner Arbeitspflicht (z. B. bis zum Ablauf der Kündigungsfrist) suspendiert worden ist (*BAG* 30.5.1978 EzA § 60 HGB Nr. 11).

252

Mit seiner Zustimmung zur vorzeitigen Beendigung des Arbeitsverhältnisses unter erheblicher Aufstockung seiner Versorgungsbezüge wird ein Arbeitnehmer nicht zugleich verpflichtet, sich jeder Konkurrenztätigkeit zu enthalten. Besteht nach Beendigung des Arbeitsverhältnisses kein Wettbewerbsverbot, ist der Arbeitnehmer in der Verwertung seiner beruflichen Kenntnisse und seines redlich erworbenen Erfahrungswissens grds. frei. Solange der ehemalige Arbeitnehmer seine aus dem Arbeitsverhältnis nachwirkende Verschwiegenheitspflicht nicht verletzt, ist er nicht gehindert, sein Erfahrungswissen auch für eine Beschäftigung im Dienst eines Wettbewerbers zu nutzen (*BAG* 15.6.1993 EzA § 74 HGB Nr. 55).

253

> Die Bindung an das für die Dauer des rechtlichen Bestandes des Arbeitsverhältnisses bestehende Wettbewerbsverbot besteht auch dann noch, wenn der Arbeitgeber eine außerordentliche Kündigung ausspricht, deren Wirksamkeit der Arbeitnehmer bestreitet.

254

C. Der Inhalt des Arbeitsverhältnisses

> Wettbewerbshandlungen, die der Arbeitnehmer im Anschluss an eine unwirksam außerordentliche Kündigung begeht, können einen wichtigen Grund für eine (weitere) außerordentliche Kündigung bilden, wenn dem Arbeitnehmer unter Berücksichtigung der besonderen Umstände des konkreten Falles ein Verschulden anzulasten ist (*BAG* 25.4.1991 EzA § 626 BGB n. F. Nr. 140; s. u. D/Rz. 1299 ff.).

255 Danach kann die Beendigung oder die Suspendierung des Wettbewerbsverbotes bis zur Zeit der gerichtlichen Klärung der Wirksamkeit der streitigen Kündigung **nicht allein** mit der Erwägung begründet werden, **der Arbeitgeber habe mit seiner Kündigung bereits als erster die Treue aufgekündigt** und deswegen brauche sich auch der Arbeitnehmer zunächst nicht mehr an bestehende vertragliche Bindungen zu halten.

256 Demgegenüber geht das *LAG Köln* (4.7.1995 LAGE § 60 HGB Nr. 4) davon aus, dass der Arbeitgeber nach Ausspruch einer vom Arbeitnehmer angefochtenen fristlosen Kündigung Unterlassung von Wettbewerbshandlungen bis zum rechtskräftigen Abschluss des Kündigungsschutzprozesses nur fordern kann, **wenn er ihm hierfür gleichzeitig eine monatliche Entschädigung mindestens in Höhe einer Karenzentschädigung nach §§ 74 ff. HGB anbietet**. Demgegenüber geht *Schäfer* (Der einstweilige Rechtsschutz im Arbeitsrecht Rz. 109) davon aus, dass der Arbeitgeber, der den Fortbestand des Arbeitsverhältnisses bestreitet, nicht berechtigt ist, seinen Arbeitnehmer an ein Wettbewerbsverbot zu binden, dessen Rechtsgrundlage sich nur aus dem Fortbestand des Arbeitsverhältnisses ergeben kann.

257 Hat der Arbeitgeber dem Arbeitnehmer dagegen berechtigt fristlos gekündigt und akzeptiert der Arbeitnehmer die Kündigung, so entfällt das Wettbewerbsverbot mit der Beendigung des Arbeitsverhältnisses (*BAG* 9.5.1975 EzA § 628 Nr. 10).

258 Dem Arbeitgeber steht dann ein Auflösungsschadensersatzanspruch gem. § 628 Abs. 2 BGB auch dafür zu, dass er durch die vorzeitige Vertragsbeendigung den Konkurrenzschutz des § 60 HGB verliert (*BAG* 9.5.1975 EzA § 628 BGB Nr. 10; **a. A.** MünchArbR/*Blomeyer* § 52 Rz. 10).

cc) Gegenstand des Wettbewerbsverbots

(1) Betrieb eines Handelsgewerbes; Vorbereitungshandlungen

259 Verboten ist es, ein Handelsgewerbe zu betreiben (§ 60 Abs. 1 1. Alt. HGB). Im Hinblick auf Art. 12 Abs. 1 GG muss der Wortlaut des § 60 HGB verfassungskonform dahin ausgelegt werden, dass nur der Betrieb eines Handelsgewerbes **im Handelszweig des Arbeitgebers** verboten ist, weil nur insoweit für den Arbeitgeber eine abstrakte Wettbewerbsgefahr besteht (*BAG* 3.5.1983 EzA § 60 HGB Nr. 12).

260 Erforderlich ist das Betreiben eines Unternehmens im eigenen Namen, ohne Rücksicht darauf, ob das für eigene oder fremde Rechnung geschieht; auch eine persönliche Tätigkeit ist nicht erforderlich. Unzulässig ist daher der Eintritt in eine OHG oder KG als persönlich haftender Gesellschafter. Bei einer Beteiligung als Kommanditist kommt es darauf an, ob dem Handlungsgehilfen Geschäfts- und/oder Vertretungsmacht eingeräumt wird. Unzulässig ist ferner die

C. Der Inhalt des Arbeitsverhältnisses

Tätigkeit als gesetzliches Organ einer Handels-Kapitalgesellschaft, da das Organ kraft Gesetzes für die Gesellschaft tätig wird (*BAG* 15.2.1962 AP Nr. 1 zu § 61 HGB).

Kein Handelsgewerbe betreibt der Handlungsgehilfe dagegen, wenn er sich an einer **stillen Gesellschaft** beteiligt oder einer Handelsgesellschaft ein **Darlehen** gibt, soweit er nicht in der Gesellschaft für diese maßgeblich tätig wird (MünchArbR/*Blomeyer* § 52 Rz. 18; s. aber unten C/Rz. 271 ff.). 261

Vorbereitungshandlungen für ein eigenes Handelsgewerbe werden vom gesetzlichen Wettbewerbsverbot nur dann erfasst, wenn sie die aktuellen Geschäftsinteressen des Arbeitgebers gefährden (*BAG* 17.9.1972, 16.1.1975 AP Nr. 7, 8 zu § 60 HGB, 30.5.1978 EzA § 60 HGB Nr. 11). 262

Zulässig ist deshalb die **Anmietung von Räumen**, Einrichtung und Ausstattung der Betriebsstätte, der Abschluss von Gesellschaftsverträgen, die **Anwerbung von Mitarbeitern** (ausgenommen beim eigenen Arbeitgeber), Einholung von Informationen bei Lieferanten, Erfüllung von Formvoraussetzungen, insbesondere **Eintragung in das Handelsregister**, der Erwerb von Waren und Geräten. Unzulässig ist dagegen das **Eindringen in den Kunden-, Lieferanten- und Arbeitnehmerkreis des Arbeitgebers**, auch der Erwerb eines Warenzeichens im Gewerbezweig des Arbeitgebers (vgl. *BAG* 12.5.1972 AP Nr. 6 zu § 60 HGB). 263

Der Abschluss eines **Franchise-Vertrags** in seiner verkehrstypischen Ausgestaltung zwischen dem Angestellten und einem Konkurrenten seines Arbeitgebers stellt sich **grundsätzlich** als **erlaubte Vorbereitungshandlung** dar. Durch einen solchen Vertrag räumt der Franchise-Geber dem Franchise-Nehmer gegen Entgelt (Franchise-Gebühr) das Recht ein, bestimmte Waren und/oder Dienstleistungen unter Verwendung von Name, Marke, Ausstattung usw. sowie der gewerblichen und technischen Erfahrungen des Franchise-Gebers sowie unter Beachtung des von diesem entwickelten Organisations- und Werbesystems zu vertreiben; dabei kann der Franchise-Geber dem Franchise-Nehmer Beistand, Rat und Schulung in technischer und verkaufstechnischer Hinsicht gewähren sowie eine Kontrolle über die Geschäftstätigkeit des Franchise-Nehmers ausüben. Solange der Angestellte auf Grund eines solchen Vertrags für den Konkurrenten (Franchise-Geber) noch nicht tätig wird, verletzt er nicht das gesetzliche Wettbewerbsverbot. Die Zahlung der Franchise-Gebühr durch den Angestellten an den Franchise-Geber vor Beendigung des bisherigen Arbeitsverhältnisses kann nur unter besonderen Umständen als Unterstützung eines Konkurrenten seines Arbeitgebers durch Kapital im Sinne einer Aufbauhilfe angesehen werden (*BAG* 30.5.1978 EzA § 60 HGB Nr. 11). 264

(2) Wettbewerbshandlungen gegen den Arbeitgeber; Vorbereitungshandlungen
Gem. § 60 Abs. 1 2. Alt. HGB sind dem Handlungsgehilfen Wettbewerbshandlungen verboten, die gegen den Arbeitgeber gerichtet sind; die Norm soll dessen Geschäftsinteressen bereits vor einer bloßen Gefährdung durch den Handlungsgehilfen schützen. 265

Unzulässig sind Geschäfte im Handelszweig des Arbeitgebers, das sind solche, die entweder regelmäßig oder doch üblicherweise entsprechend der Art und dem Ge- 266

Dörner

genstand des Unternehmens von diesem tatsächlich betrieben werden. Das Verbot gilt ohne Rücksicht auf ein besonderes Interesse des Arbeitgebers am konkreten Geschäft.

267 Geschäfte machen ist jede, wenn auch nur spekulative, **auf Gewinnerzielung gerichtete Teilnahme am geschäftlichen Verkehr**, die nicht zur Befriedigung eigener privater Bedürfnisse des Handlungsgehilfen erfolgt (*BAG* 15.2.1962 AP Nr. 1 zu § 61 HGB). Unzulässig ist jede Wettbewerbstätigkeit, auch wenn konkret keine Vertragsabschlüsse erfolgen, z. B. Kundenwerbung für ein anderes Unternehmen und sogar vorbereitende Gespräche (»**Vorführen**«) **bei Kunden** für eine spätere eigenständige Geschäftstätigkeit (*BAG* 24.4.1970 AP Nr. 5 zu § 60 HGB), ferner die Vermittlung oder der Abschluss von Handelsgeschäften für Dritte, soweit dies dem Handlungsgehilfen vertragsmäßig obliegt. Auch die **kapitalmäßige Beteiligung** zumindest an einer konkurrierenden GmbH oder stillen Gesellschaft ist unzulässig (*BAG* 15.2.1962 AP Nr. 1 zu § 61 HGB); selbst die **Kreditvergabe** an ein fremdes Unternehmen kann je nach den Umständen des Einzelfalles als verbotener Wettbewerb gelten (vgl. MünchArbR/*Blomeyer* § 52 Rz. 22; s. aber oben C/Rz. 261).

268 **Zulässig sind dagegen Maßnahmen ohne Zielrichtung auf den Wettbewerb**, d. h. ohne spekulative Absicht, z. B. die Befriedigung eigener privater Bedürfnisse und die Anlage eigener Vermögenswerte in Unternehmen, die im Handelszweig des Arbeitgebers tätig sind, soweit damit kein Einfluss auf diese Unternehmen verbunden ist. Ausgenommen sind auch Geschäfte mit dem Arbeitgeber, die der Handlungsgehilfe als Anbieter oder Abnehmer schließt (*BAG* 3.5.1983 EzA § 60 HGB Nr. 12) sowie die (Neben-)Beschäftigung bei einem konkurrierenden Arbeitgeber, soweit der Handlungsgehilfe in dieser Position keine Wettbewerbshandlungen vorzunehmen hat (*BAG* 15.2.1962 AP Nr. 1 zu § 61 HGB).

269 Auch Vorbereitungshandlungen sind zulässig, soweit sie nicht Wettbewerbscharakter haben, z. B. Kontakte mit einem Wettbewerber zwecks Einstellung als Geschäftsführer.

270 Unzulässig ist dagegen die sog. »**Aufbauhilfe**«, d. h. die beratende Unterstützung eines vertragsbrüchigen Kollegen bei einer konkurrierenden Tätigkeit für den in Aussicht genommenen neuen Arbeitgeber, einschließlich der versuchten Abwerbung eines Kollegen oder eines Geschäftspartners des Arbeitgebers, auch wenn diese erfolglos sein sollte (*BAG* 16.1.1975 AP Nr. 8 zu § 60 HGB; 30.1.1963 AP Nr. 3 zu § 60 HGB).

(3) Einwilligung des Arbeitgebers

271 § 60 HGB ist dispositiv, sodass die Parteien ausdrücklich oder stillschweigend die Geltung dieser Norm ausschließen können. Eine stillschweigende Einwilligung kann z. B. dadurch erteilt werden, dass der Arbeitgeber Kenntnis von der Konkurrenztätigkeit hat und diese durch Nichteinschreiten duldet.

272 Aus einer bloßen Ermahnung des Arbeitgebers nach Kenntnisnahme von einer unzulässigen Wettbewerbsbetätigung des Handlungsgehilfen, nicht für die Konkurrenz

tätig zu werden, kann aber nicht auf eine Einwilligung geschlossen werden (*BAG* 12.5.1972 AP Nr. 6 zu § 60 HGB).
Die Einwilligung wird – beschränkt auf den Betrieb eines Handelsgewerbes – gesetzlich unwiderleglich **vermutet**, wenn dem Arbeitgeber schon bei der Einstellung des Handlungsgehilfen **positiv bekannt** war, dass dieser ein Handelsgewerbe betreibt oder die Aufgabe des Betriebs nicht ausdrücklich vereinbart (§ 60 Abs. 2 HGB). 273

Nach Auffassung des *LAG Berlin* (23.6.1991 NZA 1991, 674) kann ein für das frühere Bundesgebiet einschließlich West-Berlin vereinbartes Wettbewerbsverbot im Wege ergänzender Vertragsauslegung nunmehr auf das gesamte Gebiet der BRD erstreckt werden. 274

(4) Beendigung des Arbeitsverhältnisses; nachvertragliches Wettbewerbsverbot

Nach Beendigung des Arbeitsverhältnisses unterliegt der Arbeitnehmer grds. keiner Wettbewerbsbeschränkung. Auch eine **nachvertragliche Verschwiegenheits**- sowie eine nachvertragliche **Treuepflicht** des Arbeitnehmers begründen für den Arbeitgeber i. d. R. gegen den ausgeschiedenen Arbeitnehmer **keine Ansprüche auf Unterlassung von Wettbewerbshandlungen** (*BAG* 15.6.1993 EzA § 74 HGB Nr. 55; 19.5.1998 EzA § 74 HGB Nr. 61; vgl. dazu *Wertheimer* BB 1999, 1600 ff.). Die Wettbewerbstätigkeit des Arbeitnehmers kann aber für diese Zeit durch eine vertragliche Vereinbarung eingeschränkt werden. 275

Dabei tragen §§ 74–75 f HGB durch die Verpflichtung des Arbeitgebers zur Zahlung einer Entschädigung dafür Sorge, dass es zu einem billigen Ausgleich zwischen dem Interesse des Arbeitgebers an der ungestörten Entwicklung des Unternehmens (Art. 12, 14 GG) und dem des Arbeitnehmers an der freien Entfaltung seiner Arbeitskraft (Art. 12 GG) kommt; s. u. F/Rz. 82 ff. 276
§§ 74 ff. HGB sind auch auf Arbeitnehmer, die nicht kaufmännische Angestellte sind, entsprechend anwendbar (*BAG* 13.9.1969 EzA § 74 HGB Nr. 10).

(5) Wettbewerbsverbot mit einem freien Mitarbeiter
§§ 74 ff. HGB gelten (insbesondere §§ 74 b Abs. 2, 75 a HGB) auch für freie Mitarbeiter, jedenfalls dann, wenn sie wirtschaftlich abhängig sind, es sich also um arbeitnehmerähnliche Personen handelt (*BAG* 21.1.1997 EzA § 74 HGB Nr. 59; *LAG Köln* 2.6.1999 NZA-RR 2000, 19 und 2000, 65). 277
Wird mit einem freien Mitarbeiter vereinbart, er dürfe nicht für ein Unternehmen tätig sein, das mit dem Vertragspartner in Wettbewerb stehe, ist es ihm nicht verwehrt, für ein anderes Unternehmen tätig zu werden, dessen Produktions- oder Dienstleistungsangebot sich nicht mit dem des Vertragspartners überschneidet (*BAG* 21.1.1997 EzA § 74 HGB Nr. 59).

dd) Rechtsfolgen des Wettbewerbsverstoßes

(1) Grundlagen

Zwar führt ein Verstoß gegen § 60 Abs. 1 HGB nicht zur Nichtigkeit verbotswidrig abgeschlossener Rechtsgeschäfte gem. § 134 BGB. Gem. § 61 Abs. 1 HGB kann der Arbeitgeber aber entweder Schadensersatz oder Selbsteintritt verlangen. Zur Vorbereitung seiner Wahl kann er zudem gem. § 242 BGB Auskunft und 278

C. Der Inhalt des Arbeitsverhältnisses

Rechnungslegung verlangen, wenn er in entschuldbarer Weise über den bestehenden Umfang seines Rechts im Ungewissen ist, während der Verpflichtete unschwer Auskunft erteilen kann.

279 Voraussetzung ist, dass eine **hinreichende Wahrscheinlichkeit** für eine Verletzung des Konkurrenzverbotes besteht und der Arbeitgeber das darlegt (*BAG* 12.5.1972 AP Nr. 6 zu § 60 HGB). Der Handlungsgehilfe hat dann alle Angaben zu machen, die für die Beurteilung des Vorliegens der Voraussetzungen für eine etwaige Schadensersatzforderung bzw. ein Eintrittsrecht erheblich sein können (z. B. darüber, mit welchen Firmen mit welchem Inhalt und zu welchen Preisen er in geschäftliche Beziehungen getreten ist).

(2) Schadensersatzanspruch

aaa) Vertragsverletzung i. V. m. § 60 Abs. 1 HGB

280 Der Schadensersatzanspruch des Arbeitgebers folgt aus der Vertragsverletzung des Handlungsgehilfen i. V. m. § 60 Abs. 1 HGB.

281 Der Anspruch bestimmt sich nach Maßgabe der §§ 276, 282 analog, 252 BGB. Zu ersetzen ist der adäquat-kausal dem Arbeitgeber entstandene Schaden, insbesondere der entgangene Gewinn, wenn er das Geschäft selbst gemacht hätte.

282 Dazu gehören z. B. auch die **Gehaltsaufwendungen** für diejenigen Arbeitnehmer, die der Arbeitgeber zur Aufdeckung und Verhinderung weiterer Wettbewerbsverstöße sowie zur vorübergehenden Vertretung des fristlos entlassenen Handlungsgehilfen eingesetzt hat (*BAG* 24.4.1970 AP Nr. 5 zu § 60 HGB). Der Arbeitgeber muss sich jedoch im Wege der **Vorteilsausgleichung** anrechnen lassen, was er infolge der fristlosen Kündigung an Gehalt einspart.

bbb) § 826 BGB, § 1 UWG

283 Schadensersatzansprüche des Arbeitgebers gegen den Handlungsgehilfen und gegen beteiligte Dritte können sich auch aus § 826 BGB, § 1 UWG ergeben, sofern eine zusätzliche sittenwidrige Schädigung des Arbeitgebers beabsichtigt war.

(3) Eintrittsrecht

284 Durch das Eintrittsrecht des § 61 Abs. 1 2. Hs. HGB kann der Arbeitgeber stattdessen verlangen, dass der Handlungsgehilfe die verbotswidrig für eigene Rechnung gemachten Geschäfte als für Rechnung des Arbeitgebers eingegangen gelten lässt und die aus den Geschäften für fremde Rechnung bezogene Vergütung herausgibt oder seinen Anspruch auf die Vergütung abtritt.

285 Damit soll der wirtschaftliche Erfolg des Rechtsgeschäfts auf den Arbeitgeber übergeführt werden, sodass die Stellung und Interessen Dritter nicht berührt werden. Der Arbeitgeber muss hinsichtlich des unerlaubten Betreibens eines Handelsgewerbes sein Eintrittsrecht **einheitlich ausüben**, also bezogen auf das Handelsgewerbe insgesamt und kann sich nicht auf einzelne Rechtsgeschäfte beschränken (*BAG* 15.2.1962 AP Nr. 1 zu § 61 HGB). Handelt es sich um ein unerlaubtes Konkurrenz-

geschäft und ist dieses bereits abgewickelt, so gelten §§ 667, 671 Abs. 1 BGB (Herausgabeanspruch auf den erzielten Gewinn, Kündigungsrecht) analog.
Besteht das verbotswidrige Geschäft in einer Beteiligung an einer konkurrierenden Gesellschaft, entfällt das Eintrittsrecht, weil damit in **Rechte Dritter** eingegriffen würde (*BAG* 15.2.1962 AP Nr. 1 zu § 61 HGB). 286

Bei Ausübung des Eintrittsrechts kann der Handlungsgehilfe entsprechend § 670 BGB Ersatz der Aufwendungen verlangen, die er für das Geschäft gemacht hat oder künftig noch machen muss. Eine Vergütung für seine eigene Tätigkeit kann er dagegen nicht verlangen, es sei denn, dass im Arbeitsvertrag ein Anspruch auf Provision wegen Vermittlung eines Geschäfts vorgesehen ist (MünchArbR/*Blomeyer* § 52 Rz. 37). 287

(4) Verjährung

Die Verjährungsfristen des § 61 Abs. 2 HGB (drei Monate ab Kenntnis des Arbeitgebers, jedoch maximal fünf Jahre ab dem Geschäftsabschluss) erfassen alle Ansprüche des Arbeitgebers aus dem Wettbewerbsverstoß ohne Rücksicht auf die Rechtsgrundlage einschließlich etwaiger Unterlassungsansprüche, sowie konkurrierender Schadensersatzansprüche aus einer unerlaubten Handlung nach § 823 BGB oder wegen einer vorsätzlichen sittenwidrigen Schädigung nach § 826 BGB (*BAG* 11.4.2000 EzA § 61 HGB Nr. 3). 288

Ausgenommen sind aber Ansprüche, die nicht aus dem Wettbewerbsverbot resultieren, z. B. auf eine nicht abgeführte Provision aus einem Geschäft, das zufällig zugleich gegen das Wettbewerbsverbot verstößt oder Ersatzansprüche aus einer pflichtwidrigen Verfügung des Handlungsgehilfen über das Betriebsvermögen des Arbeitgebers (*BAG* 22.8.1966 AP Nr. 3 zu § 687 BGB; 11.8.1987 EzA § 611 BGB Arbeitnehmerhaftung Nr. 43). 289

Die Verjährungsfrist wird durch Klageerhebung gehemmt (§ 204 Abs. 1 Nr. 1 BGB n. F.), auch durch Erhebung einer Stufenklage, gerichtet zunächst auf Auskunft, sodann auf den Anspruch aus § 61 Abs. 1 HGB. Die Unterbrechung endet dann aber spätestens, wenn der Handlungsgehilfe die Auskunft erteilt und die Richtigkeit und Vollständigkeit ihres Inhalts eidesstattlich versichert hat. Mängel der Auskunft sind insoweit unerheblich (*BAG* 28.1.1986 EzA § 61 HGB Nr. 2). 290

§ 61 Abs. 2 HGB gilt auch für das unerlaubte Betreiben eines Handelsgewerbes i. S. v. § 60 Abs. 1 1. Alt. HGB (*BAG* 16.1.1975 EzA § 60 HGB Nr. 8); fraglich ist allerdings, ob sich die Verjährung auf alle im Rahmen des unzulässig betriebenen Handelsgewerbes getätigten Geschäfte bezieht, oder ob sie nur jeweils für das einzelne Geschäft eintritt. 291

Nach Auffassung von *Blomeyer* (MüchArbR § 50 Rz. 41; **a. A.** GK-HGB/*Etzel* § 61 Rz. 14) ergibt sich aus dem Wortlaut des § 61 Abs. 2 HGB sowie der Tatsache, dass ein Schaden erst aufgrund der einzelnen Geschäftsabschlüsse entstehen und beziffert werden kann, sowie, dass auch das Eintrittsrecht nur auf einzelne Geschäftsabschlüsse zielt, dass die **Verjährung nur jeweils für das einzelne Geschäft eintritt**. 292

C. Der Inhalt des Arbeitsverhältnisses

(5) Weitere Rechtsfolgen der Verletzung des Wettbewerbsverbotes

293 Sind weitere Verletzungen des Wettbewerbsverbotes zu befürchten, kann der Arbeitgeber **Unterlassungsansprüche** geltend machen. U. U. kommt auch die (außerordentliche oder ordentliche) **Kündigung** des Arbeitsverhältnisses in Betracht.

Beispiel:
294 Überreicht eine in einer Klinik beschäftigte Krankenschwester, die nebenberuflich ohne Kenntnis des Arbeitgebers eine Heilpraktikerpraxis betreibt, anlässlich eines dienstlichen Kontakts einem Patienten eine Visitenkarte mit der Anschrift ihrer Praxis und empfiehlt sie diesem im Rahmen einer sich anschließenden Behandlung in ihrer Praxis, die ihm in der kardiologischen Abteilung der Klinik ihres Arbeitgebers verordneten Medikamente abzusetzen und einen Operationstermin zu verschieben, so liegt ein wichtiger Grund i. S. d. § 626 Abs. 1 BGB vor. Es kommt nicht darauf an, ob sich der Gesundheitszustand des Patienten hierdurch verschlechtert hat (*LAG Köln* 11.9.1996 ZTR 1997, 90).

295 Demgegenüber ist eine **Gehaltskürzung** des bereits verdienten Gehalts **unzulässig**, weil insoweit ein vertraglicher Anspruch besteht, der durch den Wettbewerbsverstoß nicht ausgeschlossen oder reduziert wird (*BGH* 19.10.1987 BB 1988, 88).

(6) Rechtsfolgen bei anderen Arbeitnehmern
296 **§ 61 Abs. 1 HGB** kann im Gegensatz zu § 60 HGB **nicht für alle Arbeitnehmer**, die nicht Handlungsgehilfen sind, analog angewendet werden (*BAG* 21.10.1970 AP Nr. 13 zu § 242 BGB Auskunftspflicht). Allerdings besteht ein Herausgabeanspruch des Arbeitgebers gem. § 687 Abs. 1 i. V. m. §§ 681 S. 2, 667 BGB.

297 **Auch § 61 Abs. 2 HGB ist nicht analog anwendbar.** Das *BAG* (16.1.1975 EzA § 60 HGB Nr. 8) ist davon ausgegangen, dass der Gerechtigkeitsgehalt der Vorschrift nicht überzeugt.

ee) Gerichtliche Geltendmachung
298 Neben einer Klage des Arbeitgebers auf Unterlassung weiteren Wettbewerbs sowie auf Schadensersatz kommt auch eine einstweilige Verfügung auf Unterlassung von Wettbewerb in Betracht, wenn durch die verbots- bzw. vertragswidrige Tätigkeit dem (bisherigen) Arbeitgeber wesentliche Nachteile zu entstehen drohen, **denen er im Hauptsacheverfahren nicht wirksam begegnen kann** (*Schäfer* Der einstweilige Rechtsschutz im Arbeitsrecht Rz. 115). Das hat das *ArbG Düsseldorf* (21.1.2000 NZA-RR 2001, 248) z. B. in einem Fall bejaht, in dem ein Arbeitnehmer zunächst ordentlich gekündigt hatte mit der Ankündigung, **nach Ablauf der Kündigungsfrist zu einem Konkurrenzunternehmen zu wechseln** und kurze Zeit später eine wegen Fehlens eines wichtigen Grundes unwirksame fristlose Kündigung erklärt hatte. Denn dann ist ohne weiteres zu vermuten, dass der Arbeitnehmer beabsichtigt, schon vor Ablauf der ordentlichen Kündigungsfrist bei dem Konkurrenzunternehmen seine Tätigkeit aufzunehmen.

e) Wahrung des Betriebsfriedens und der betrieblichen Ordnung

aa) Grundlagen
299 Die Verpflichtung des Arbeitnehmers, sich innerhalb des Betriebs ordnungsgemäß zu verhalten, folgt zum einen unmittelbar aus der Arbeitspflicht, soweit es

C. Der Inhalt des Arbeitsverhältnisses

um die Erfüllung der versprochenen Dienste geht. Hinsichtlich der Ordnung und des Verhaltens im Betrieb folgt sie aus der dem Arbeitsverhältnis immanenten Rücksichts- bzw. Schutzpflicht (Nebenpflicht) gem. § 242 BGB.

Die mit der Erfüllung der Arbeitspflicht zusammenhängenden Verhaltensanforderungen kann der Arbeitgeber durch Arbeitsanweisungen auf der Grundlage seines Direktionsrechts (s. o. A/Rz. 640 ff.) konkretisieren. **Die Anforderungen an das Verhalten des Arbeitnehmers sind desto höher, je enger das Vertrauensverhältnis zwischen den Vertragspartnern ist.** 300

Jeder Arbeitnehmer ist vertraglich verpflichtet, seinen Arbeitsvertrag ordnungsgemäß zu erfüllen. Dazu gehört auch die Verpflichtung, durch sein Verhalten den Arbeitsablauf und den Betriebsfrieden nicht zu stören. 301

Fraglich ist in diesem Zusammenhang vor allem, ob bereits eine **bloße Gefährdung des Betriebsfriedens** als Verletzung der vertraglichen Arbeitspflicht – mit der Konsequenz möglicher arbeitsrechtlicher Sanktionen – zu qualifizieren ist (s. auch unten D/Rz. 687, 1268 ff.). 302

Bei den Beschäftigten in der Privatwirtschaft genügt es jedenfalls nicht, wenn der Arbeitgeber nur auf eine mögliche abstrakte Gefährdung des Betriebsfriedens verweisen kann (*BAG* 9.12.1982 EzA § 626 BGB n. F. Nr. 86). 303
Die daran anschließende Frage, ob dann eine sog. »konkrete Gefährdung« des Betriebsfriedens aufgrund einer tatsächlichen Vermutung oder einer Besorgnis ausreicht, eine bestimmte Aktion sei erfahrungsgemäß geeignet, Störungen im Bereich der betrieblichen Verbundenheit auszulösen, hat das *BAG* (17.3.1988 EzA § 626 BGB n. F. Nr. 116) verneint.

Danach ist die Unterscheidung zwischen einer abstrakten und einer konkreten Gefährdung zu unklar und theoretisch und **praktisch nicht durchführbar**. Denn es ist zweifelhaft, auf wessen Erfahrung es ankommen soll und welche Rechtsfolgen dann eintreten, wenn die Störung entgegen der Erfahrung ausbleibt. Wenn schon die Möglichkeit oder Wahrscheinlichkeit einer Störung des Betriebsfriedens oder der Betriebsordnung als konkrete Beeinträchtigung des Arbeitsverhältnisses anzusehen wäre, dann würden Unwägbarkeiten und voreilige Annahmen zu Streitpunkten gemacht und subjektive Elemente eines Sachverhalts zu entscheidungserheblichen Kriterien erhoben. Ebenso wie bei Störungen in anderen Bereichen bedarf es deswegen auch hinsichtlich des Betriebsfriedens und der Betriebsordnung einer konkreten Beeinträchtigung des Betriebsablaufs in den Beziehungen der Betriebsangehörigen (s. u. D/Rz. 687, 1268). 304

bb) Einzelfragen

(1) Politische Betätigung im Betrieb

Wegen der vertraglichen Verpflichtung zur Wahrung des Betriebsfriedens hat der Arbeitnehmer im Betrieb eine provozierende parteipolitische Betätigung zu unterlassen, durch die sich andere Belegschaftsangehörige belästigt fühlen, durch 305

C. Der Inhalt des Arbeitsverhältnisses

die der Betriebsfrieden oder der Betriebsablauf in sonstiger Weise konkret gestört oder die Erfüllung der Arbeitspflicht beeinträchtigt wird (*BAG* 9.12.1982 EzA § 626 BGB n. F. Nr. 86).

306 Eine tatsächliche Störung des Betriebsfriedens tritt z. B. dann ein, wenn ein Arbeitnehmer andere Mitarbeiter durch ständige Angriffe auf ihre politische Überzeugung, auf die Gewerkschaften oder ihre religiöse Einstellung reizt und dadurch **erhebliche Unruhe in der Belegschaft hervorruft** (*Hueck* Anm. zu *BAG* AP Nr. 58 zu § 626 BGB).

307 Weder die bloße Mitgliedschaft in einer Partei noch die einfache parteipolitische Betätigung des Arbeitnehmers kann jedoch eine Vermutung für eine konkrete Störung begründen (MünchArbR/*Blomeyer* § 53 Rz. 67; **a. A.** *BAG* 4.5.1955 AP Nr. 1 zu § 44 BetrVG für parteipolitische Betätigung).

308 Sie kann allerdings dann kündigungsrechtlich relevant werden, wenn das Arbeitsverhältnis im Leistungsbereich oder der geordnete **Betriebsablauf konkret beeinträchtigt wird** (*BAG* 6.6.1984 EzA § 1 KSchG Verhaltensbedingte Kündigung Nr. 12). Dies ist etwa dann der Fall, wenn die politische Betätigung dazu führt, dass die übrigen Arbeitnehmer sich – berechtigt oder unberechtigt – weigern, mit dem betreffenden Arbeitnehmer weiter zusammenzuarbeiten und hierdurch erhebliche Störungen im betrieblichen Bereich entstehen, die auch durch andere Maßnahmen, etwa durch Umsetzung, nicht verhindert werden können.

309 Die politische Betätigung darf auch die **Geschäftsbeziehungen des Arbeitgebers** nicht stören, insbesondere Kunden und Lieferanten nicht provozieren oder ihnen gegenüber den falschen Eindruck erwecken, der Arbeitgeber identifiziert sich mit der Meinung (zum Tragen von Plaketten, Aufklebern usw. s. o. A/Rz. 342 ff.; s. u. D/Rz. 1286 ff.). In derartigen Fällen kommt u. U. eine Druckkündigung in Betracht (s. u. D/Rz. 855 ff.).

(2) Duldung persönlicher Kontrollen und ärztlicher Untersuchungen

310 Dauerkontrollen, Leibesvisitationen, Telefonkontrollen, ärztliche Untersuchungen usw. kollidieren mit dem Grundrecht des Arbeitnehmers auf Unverletzlichkeit seiner Person und seiner Freiheit (Art. 2 Abs. 2 GG), sodass sie grds. nur mit seiner Einwilligung zulässig sind.

Diese Einwilligung kann entweder im Einzelfall erteilt werden oder sich daraus ergeben, dass der Arbeitnehmer sich durch Arbeitsvertrag im Voraus der Kontrolle unterwirft. Im letzteren Fall müssen **Umfang und Ausmaß** der Kontrollen festgelegt sein; die konkrete Durchführung muss **billigem Ermessen** entsprechen, d. h. erforderlich und verhältnismäßig sein.

311 Zur Duldung einer ärztlichen Untersuchung oder eines psychologischen Tests während des Arbeitsverhältnisses ist der Arbeitnehmer allenfalls in Ausnahmefällen verpflichtet, z. B. dann, wenn die rechtlich geschützten Interessen des Arbeitgebers oder Dritter Vorrang haben (z. B. bei Seuchengefahr, bei ansteckenden gefährlichen Krankheiten oder bei begründetem Verdacht auf unkontrolliertes Handeln; vgl. MünchArbR/*Blomeyer* § 53 Rz. 18 ff.).

Ein **begründeter Anlass** für eine psychologische Untersuchung besteht z. B. dann nicht, wenn ein Omnibusfahrer durch verkehrswidriges Verhalten Anlass zu Zweifeln an seiner Eignung gegeben hatte; in diesem Fall ist seine Zustimmung erforderlich (*BAG* 13.2.1964 AP Nr. 1 zu Art. 1 GG).
Vereinzelt ergibt sich eine Duldungspflicht aus dem Gesetz (vgl. z. B. § 33 JArbSchG); sie kann auch durch Einzelvertrag oder Kollektivvertrag, insbesondere Tarifvertrag (vgl. z. B. § 7 Abs. 2 BAT) begründet werden. 312

(3) Alkoholgenuss im Betrieb

Jeder Arbeitnehmer unterliegt einem relativen Alkoholverbot insofern, als der Alkoholgenuss die Erfüllung der Arbeitspflicht nicht hindern, nicht zu Fehl- oder Minderleistungen führen und auch das Zusammenwirken der Arbeitnehmer im Betrieb nicht stören darf. 313
Ein absolutes Alkoholverbot kann sich aus der Arbeitspflicht und der auf § 242 BGB gestützten Rücksichtspflicht ergeben, wenn die vertragliche Arbeitsleistung keinerlei Alkoholgenuss erlaubt, wie z. B. bei Kraftfahrern in Gebieten mit absolutem Alkoholverbot für den Kraftfahrzeugverkehr (vgl. *Künzl* BB 1993, 1581 ff.).

Absolute Alkoholverbote können durch Vereinbarung (Einzelvertrag, Betriebsvereinbarung, Tarifvertrag) festgesetzt werden (vgl. zum Mitbestimmungsrecht des Betriebsrats *BAG* 23.9.1986 EzA § 87 BetrVG 1972 Betriebliche Ordnung Nr. 12). Das Persönlichkeitsrecht des Arbeitnehmers (Art. 2 Abs. 1 GG) setzt einer Vereinbarung durch Einzelvertrag keine Grenzen, weil der Arbeitnehmer in ein solches Verbot, das den Kernbereich der Menschenwürde nicht berührt, einwilligen kann. Fraglich ist aber, inwieweit eine Einheitsregelung oder **Betriebsvereinbarung** wegen des Erfordernisses des Persönlichkeitsschutzes und der notwendigen Beachtung des Verhältnismäßigkeitsprinzips die erforderliche **Einwilligung des Arbeitnehmers** zu Alkoholkontrollen (z. B. durch Blutentnahme) für den Fall des Verdachts des Verstoßes gegen die Betriebsvereinbarung ersetzen kann. Die **Abwägung der Arbeitgeber- und Arbeitnehmerinteressen im Hinblick auf Sicherheitsbelange und Leistungsminderungen führt jedoch i. d. R. zur Zulässigkeit eines absoluten Alkoholverbots** (KassArbR/*Künzl* 2.1 Rz. 913; MünchArbR/*Blomeyer* § 53 Rz. 6). Die Betriebsvereinbarung kann allerdings wegen des Vorrangs des Persönlichkeitsschutzes (Art. 2 Abs. 1 GG) und des Grundrechts auf körperliche Integrität (Art. 2 Abs. 2 GG) die erforderliche Einwilligung des Arbeitnehmers zu **Alkoholkontrollen** (Blutentnahme, Alco-Test) für den Zeitpunkt des Verdachts **grds. nicht ersetzen** und eine **Einwilligungsverpflichtung** auch **nicht generell statuieren** (MünchArbR/*Blomeyer* § 53 Rz. 6). Das *BAG* (12.8.1999 EzA § 1 KSchG Verhaltensbedingte Kündigung Nr. 55) hält den Arbeitnehmer auch regelmäßig **nicht für verpflichtet**, im laufenden Arbeitsverhältnis **routinemäßigen Blutuntersuchungen** zur Klärung, ob er alkohol- oder drogenabhängig ist, zuzustimmen. 314
Andererseits ist eine Einwilligung des Arbeitnehmers dann entbehrlich, wenn im Einzelfall ein alkoholsensibler Arbeitsplatz häufiger Kontrollen im Interesse der Allgemeinheit bedarf (*Fleck* BB 1987, 2031; *Willemsen/Brune* DB 1988, 2306). 315

(4) Rauchen im Betrieb

316 Rauchen am Arbeitsplatz und im Betrieb ist eine Persönlichkeitsäußerung, die dem Arbeitnehmer stets dann gestattet ist, wenn dadurch die Interessen des Arbeitgebers und Dritter (insbesondere der Kollegen) nicht berührt werden. Deshalb bedürfen Rauchverbote einer besonderen Rechtsgrundlage (vgl. dazu *Schillo/Behling* DB 1997, 2022 ff.).

317 Gesetzliche Regelungen sind selten; sie betreffen i. d. R. die mit dem Rauchen verbundenen Brand- und Explosionsgefahren. Ferner verpflichten öffentlich-rechtliche Schutzbestimmungen den Arbeitgeber, für bestimmte rauchfreie Zonen im Betrieb zu sorgen (vgl. §§ 5, 32 ArbStättVO; s. u. C/Rz. 2225 ff.).

318 Aufgrund des **Direktionsrechts** kann der Arbeitgeber ein einseitiges Rauchverbot erlassen, wenn es in engem Zusammenhang mit der Arbeitsleistung des Arbeitnehmers steht, z. B. bei Brand- und Explosionsgefahr oder bei der Gefahr der Verunreinigung des Arbeitsprodukts. Gem. **§ 242 BGB** hat der Arbeitnehmer schließlich im Interesse des Arbeitgebers jegliche Belästigung von Geschäftspartnern, vor allem von Kunden, Lieferanten und anderen Arbeitnehmern durch Rauchen zu unterlassen (vgl. *Heilmann* BB 1994, 715; *Binz/Sorg* BB 1994, 1709 ff.).

319 Soweit das Rauchverbot auf einer Weisung des Arbeitgebers beruht, ist es nur im Rahmen des Verhältnismäßigkeitsgrundsatzes (vgl. § 315 Abs. 1 BGB) zulässig, d. h. es muss in seiner konkreten Ausgestaltung erforderlich sein, um das Eigentum bzw. die Geschäftsbeziehungen oder das übrige Personal des Arbeitgebers zu schützen.

320 Es muss ferner **verhältnismäßig** sein, d. h. die Interessen der Raucher und das Interesse des Arbeitgebers, in das auch die Interessen der Kunden, Lieferanten und des Personals einfließen, müssen gegeneinander abgewogen werden (*LAG Frankfurt* DB 1990, 1193). Deshalb wird ein absolutes Rauchverbot i. d. R. unzulässig sein (MünchArbR/*Blomeyer* § 53 Rz. 15).

321 Gleichwohl haben Flugbegleiter keinen Anspruch auf Gestattung des Rauchens während der Flugdienstzeiten, nachdem ausschließlich Nichtraucherflüge eingeführt worden sind, verbunden mit einem Rauchverbot für das Kabinenpersonal (*Hessisches LAG* 11.8.2000 ARST 2001, 41 Ls.).

(5) Persönliche Lärmentwicklung

322 Stört z. B. der Gebrauch eines Radios, Fernsehers oder Kassettengeräts den Arbeitsablauf, handelt der Arbeitnehmer vertragswidrig. Arbeitet er trotz der von ihm verursachten Geräusche ordnungsgemäß, stört er aber den ordnungsgemäßen Arbeitsablauf anderer Arbeitnehmer, verstößt er gegen seine Rücksichtspflicht gegenüber dem Arbeitgeber (§ 242 BGB).

323 Diese **Unterlassungspflicht kann** durch den Arbeitgeber einseitig durch generelle Weisung oder durch Betriebsvereinbarung z. B. durch Radiohör- oder Musikabhörverbote konkretisiert werden, wobei das Verhältnismäßigkeitsprinzip zu beachten ist (vgl. MünchArbR/*Blomeyer* § 53 Rz. 16 ff.).

C. Der Inhalt des Arbeitsverhältnisses

f) Schutz des Unternehmenseigentums
Hinsichtlich der ihm überlassenen beweglichen Sachen (z. B. Arbeitsstoffe, Geräte, Fahrzeuge) ist der Arbeitnehmer Besitzdiener i. S. d. § 855 BGB. Er hat folglich gegenüber dem Arbeitgeber kein originäres Besitzrecht i. S. d. §§ 986, 1004 BGB. Andererseits kann er sich aber gegen den Entzug des Besitzes seitens Dritter durch verbotene Eigenmacht mit Gewalt erwehren (Selbsthilferecht, §§ 859, 860 BGB). Dies gilt auch für das Verhältnis der Arbeitnehmer untereinander, soweit nicht ein Gerät mehreren Arbeitnehmern zum abwechselnden Gebrauch zugewiesen ist. 324

Mit der Beendigung des Arbeitsverhältnisses endet für den Arbeitnehmer auch die tatsächliche Sachherrschaft; er hat alle ihm überlassenen Gegenstände herauszugeben. 325

Der Arbeitsvertrag verschafft dem Arbeitnehmer **grds. keine Befugnis zur Benutzung des Arbeitgebereigentums zu privaten Zwecken**, es sei denn, dass ihm dies durch Vereinbarung ausdrücklich, konkludent oder durch betriebliche Übung gestattet ist. 326

Im Übrigen ist der Arbeitnehmer verpflichtet, den Weisungen des Eigentümers oder Besitzers zu folgen und Gefahren von den ihm anvertrauten oder ihm zugänglichen Gütern abzuwenden. Ebenso hat er ihm bekannte **drohende Schäden oder Gefahren rechtzeitig anzuzeigen** und u. U. diese selbst zu reparieren (vgl. MünchArbR/*Blomeyer* § 53 Rz. 29 ff.). 327

g) Pflicht zur Verschwiegenheit über betriebliche Angelegenheiten

aa) Grundlagen
Ein Betriebs- oder Geschäftsgeheimnis (vgl. § 17 Abs. 1 UWG) liegt vor, **wenn Tatsachen im Zusammenhang mit einem Geschäftsbetrieb nur einem eng begrenzten Personenkreis bekannt und nicht offenkundig sind und nach dem Willen des Arbeitgebers aufgrund eines berechtigten wirtschaftlichen Interesses geheim gehalten werden** (vgl. BAG 16.3.1982 EzA § 242 BGB Nachvertragliche Treuepflicht Nr. 1; *Kuntz* DB 1993, 2482 ff.). 328

Die dem Arbeitsvertrag immanente Rücksichtspflicht kennt anders als § 17 UWG keine Beschränkung auf Betriebs- und Geschäftsgeheimnisse, erfasst also alle Vorgänge und Tatsachen, die dem Arbeitnehmer im Zusammenhang mit seiner Stellung im Betrieb bekannt geworden sind und deren Geheimhaltung im Interesse des Arbeitgebers liegt, wie z. B. persönliche Umstände und Verhaltensweisen des Arbeitgebers (auch Gesetzesverstöße) oder Kenntnisse über Kollegen (vgl. *Kuntz* DB 1993, 2482 ff.). 329
Verboten ist nicht nur der Verrat, sondern auch jegliche Verwertung der Geheimnisse, ferner die unbefugte Beschaffung geheimer Informationen (z. B. Einsicht in geheime EDV-Akten mittels eines nicht offiziell mitgeteilten Kennworts; vgl. MünchArbR/*Blomeyer* § 53 Rz. 44 ff.).

Die allgemeine Verschwiegenheitspflicht kann einzelvertraglich innerhalb der Grenzen der §§ 134, 138 BGB sowie des Verhältnismäßigkeitsprinzips **erweitert werden**. Unverhältnismäßig sind Klauseln, die durch ein anzuerkennendes berechtigtes Interesse des Arbeitgebers nicht gedeckt sind (vgl. *Preis/Reinfeld* AuR 1989, 364). 330

331 Soweit die Äußerung eine Meinung zum Gegenstand hat, kann sich der Arbeitnehmer auf **Art. 5 Abs. 1 GG** berufen; dieses Grundrecht gilt allerdings nur innerhalb der Schranken des Art. 5 Abs. 2 GG, sodass die (gesetzliche und die vertragliche) Verschwiegenheitspflicht des Arbeitnehmers meist vorgeht (*BAG* 28.9.1972 AP Nr. 2 zu § 134 BGB). Andererseits ist der Arbeitnehmer aber gem. Art. 5 Abs. 1 GG nicht gehindert, die ihm bekannten Betriebsinterna zu offenbaren, um damit gewichtige **innerbetriebliche Missstände aufzudecken, die die Öffentlichkeit betreffen und die er durch Vorstelligwerden beim Arbeitgeber nicht verhindern oder beseitigen kann** (*BGH* 20.1.1981 AP Nr. 4 zu § 611 BGB Schweigepflicht). Im Übrigen sind nach dem **Verhältnismäßigkeitsprinzip** unverhältnismäßige Beeinträchtigungen des Arbeitnehmerinteresses an der freien Meinungsäußerung untersagt (*Staudinger/Richardi* § 611 Rz. 407).

bb) Einzelfälle

(1) Ruf- und kreditschädigende Äußerungen

332 Ruf- und kreditschädigende Mitteilungen über das Unternehmen oder den Arbeitgeber an Dritte sind, auch wenn sie erweislich wahr sind, nur dann erforderlich, wenn sich der Arbeitnehmer zunächst innerhalb des Betriebes um Abhilfe bemüht hat.

333 Zunächst ist das **mildeste Mittel** zu wählen, also z. B. Anzeige bei der zuständigen Behörde zu erstatten, statt sich etwa an Tageszeitungen zu wenden (MünchArbR/*Blomeyer* § 53 Rz. 50).

(2) Erstattung von Anzeigen; Anschwärzen des Arbeitgebers

334 Nach den gleichen Grundsätzen ist die Erstattung von Strafanzeigen oder anderer Anzeigen bei Behörden über bestehende oder behauptete Missstände zu beurteilen, von denen für den Arbeitnehmer, seine Kollegen oder die Öffentlichkeit Gefahren drohen (z. B. bei Verstößen gegen Arbeitsschutzgesetze, Vorschriften des Steuerrechts [Steuerhinterziehungen], unlautere Wettbewerbstätigkeit des Arbeitgebers).

335 Sie sind folglich dann zulässig, **wenn sie durch betriebsinternes Vorgehen nicht beseitigt werden können bzw. wenn innerbetriebliche Abhilfemöglichkeiten erfolglos ausgeschöpft worden sind** (*BAG* 5.2.1959 AP Nr. 2 zu § 70 HGB).

336 Von innerbetrieblichen Bemühungen kann abgesehen werden, wenn der Arbeitnehmer den Eindruck hat, dass die Gesetzwidrigkeit dem Arbeitgeber bekannt ist und von ihm sogar gebilligt wird, ferner, wenn eine Beseitigung des Fehlers dem Arbeitgeber objektiv unmöglich ist oder aber von ihm nicht erwartet werden kann, wenn es sich um Straftaten gegen den Arbeitnehmer selbst handelt und schließlich auch dann, wenn der innerbetriebliche Abhilfeversuch nach Ablauf einer angemessenen Zeit keine Wirkung gezeigt hat.

337 Unverhältnismäßig ist die Anzeige dann, wenn das Ausmaß der Gesetzwidrigkeit sehr gering und der dem Arbeitgeber **entstehende Schaden** insbesondere durch die Rufschädigung **besonders hoch** ist.

338 Das *BAG* (5.2.1959 AP Nr. 2 zu § 70 HGB) hat (noch unter der Geltung des 1969 aufgehobenen § 70 HGB) angenommen, dass nicht nur eine ordentliche, sondern sogar

eine außerordentliche **Kündigung** des Arbeitsverhältnisses durch den Arbeitgeber in Betracht kommt, wenn ein Kraftfahrer seinen Arbeitgeber, einen Speditionsunternehmer, wegen **erheblicher und zahlreicher Verstöße** gegen Bestimmungen des Güterfernverkehrsrechts anzeigt, obwohl er **selbst Gefahr lief, sich strafbar zu machen,** oder in den (falschen) Verdacht zu geraten, der allein Verantwortliche zu sein (abl. MünchArbR/*Berkowsky* § 137 Rz. 153 ff.). Demgegenüber hat das *LAG Köln* (23.2.1996 LAGE § 626 BGB Nr. 94) angenommen, dass ein eine außerordentliche Kündigung rechtfertigendes Anschwärzen des Arbeitgebers durch den Arbeitnehmer dann nicht vorliegt, wenn ein Kraftfahrer den ihm zugeteilten LKW **der Polizei zur Überprüfung der Verkehrstüchtigkeit vorstellt, wenn er sachlich begründeten Anlass zu Zweifeln hat.** Davon ist auszugehen, wenn die Polizei bei dieser Gelegenheit tatsächlich die fehlende Verkehrstüchtigkeit des Fahrzeugs (Reifenmängel) feststellt und deswegen sogar die Weiterfahrt verbietet. Voraussetzung ist, dass der Arbeitnehmer zuvor vergeblich versucht hat, den Arbeitgeber zur Herstellung der Verkehrstüchtigkeit zu veranlassen.

Gibt ein Arbeitnehmer Informationen an seine **Gewerkschaft** über Arbeitsabläufe im Betrieb weiter, die zu einem Verfahren nach dem OWiG führen können, so kann der Arbeitgeber das Arbeitsverhältnis mit ordentlicher Frist kündigen, wenn durch die Gewerkschaft eine Anzeige an das Gewerbeaufsichtsamt erfolgt. Dies gilt selbst dann, wenn die Arbeitsabläufe mit den geltenden Arbeitsschutzvorschriften nicht in Einklang stehen, andererseits dem Arbeitnehmer zugemutet werden kann, an Stelle einer Anzeige **zunächst andere Maßnahmen zu ergreifen** (*LAG Baden-Württemberg* 20.10.1976 EzA § 1 KSchG Verhaltensbedingte Kündigung Nr. 8). 339

Mitteilungen gegenüber der Öffentlichkeit, insbesondere der **Presse** sind im Hinblick auf ihre tatsächliche Wirkung nur zulässig im Rahmen des **Verhältnismäßigkeitsprinzips**. 340

cc) **Zeitlicher Geltungsbereich**

(1) **Grundlagen**
Die Verschwiegenheitspflicht (§ 17 UWG und arbeitsvertragliche Nebenpflicht, konkretisiert z. B. durch § 9 BAT) bindet den Arbeitnehmer während der gesamten rechtlichen Dauer des Arbeitsverhältnisses. Im vorvertraglichen Stadium (Vertragsanbahnung) gilt sie nur dann, wenn ein besonderes Vertrauensverhältnis begründet wurde; sie endet mit der rechtlichen **Beendigung des Arbeitsverhältnisses,** soweit nicht § 17 Abs. 2 UWG eingreift. 341

(2) **Nachvertragliche Verschwiegenheitspflicht**

> Eine nachvertragliche Verschwiegenheitspflicht (vgl. *BAG* 16.3.1982 EzA § 242 BGB Nachvertragliche Treuepflicht Nr. 1; *Preis/Reinfeld* AuR 1989, 366; *Kuntz* DB 1993, 2482 ff.) besteht nur dann, wenn das Interesse des Arbeitgebers an der Geheimhaltung besonders groß ist und es sich um Tatsachen handelt, die dem Arbeitnehmer auch nach längerer Zeit noch einwandfrei als geschütztes Geheimnis erkennbar sind. Die Abwägung richtet sich nach dem Verhältnismäßigkeitsgrundsatz. Selbst wenn eine Verschwiegenheitspflicht nach diesen Grundsätzen besteht, begründet sie für den Arbeitgeber regelmäßig **keine Ansprüche** gegen den Arbeitnehmer **auf Unterlassung von Wettbewerbshandlungen** (*BAG* 19.5.1998 EzA § 74 HGB Nr. 61; vgl. dazu *Wertheimer* BB 1999, 1600 ff.). 342

C. Der Inhalt des Arbeitsverhältnisses

343 Eine Nachwirkung kann sich aus § 17 Abs. 2 UWG, u. U. aus dem **Verbot sittenwidrigen Verhaltens** (§ 1 UWG, § 826 BGB) ergeben. Ein leitender Angestellter handelt z. B. sittenwidrig, wenn er nach kurzer Zeit den Betrieb verlässt, um unmittelbar darauf das für die wettbewerbliche Stellung des Arbeitgebers entscheidende Betriebsgeheimnis zu nutzen, wenn ihm dieses nur kraft seiner Vertrauensstellung zugänglich geworden ist, er zu dessen Erlangung nichts beigetragen hat und auf seine Verwertung nach seinem beruflichen Werdegang billigerweise nicht angewiesen ist (*BGH* 21.12.1962 DB 1963, 381).

344 Eine nachwirkende Schweigepflicht kann im **Tarifvertrag** (vgl. § 9 Abs. 4 BAT) oder durch **Arbeitsvertrag** geregelt sein, ggf. auch durch Vertragsstrafenregelungen ergänzt werden. Allerdings kann die Schweigepflicht den Arbeitnehmer **nicht daran hindern**, eigene Rechte, wahrzunehmen und **Ansprüche einzuklagen** (*BAG* 13.2.1969 AP Nr. 3 zu § 611 BGB Schweigepflicht).

345 Bei der Vereinbarung nachvertraglicher Schweigepflichten ist zu beachten, dass §§ 74 ff. HGB dann anzuwenden sind, wenn das berufliche Fortkommen des ausgeschiedenen Arbeitnehmers im konkreten Fall mit der Preisgabe oder Verwertung des Geheimnisses verknüpft ist, sodass eine entsprechende Vereinbarung die Wirkung eines nachvertraglichen Wettbewerbsverbots haben und entsprechend § 74 Abs. 2 HGB nichtig sein kann (§ 75 d HGB; vgl. *BAG* 16.3.1982 EzA § 242 BGB Nachvertragliche Treuepflicht Nr. 1; 15.12.1987 EzA § 611 BGB Betriebsgeheimnis Nr. 1).

dd) Rechtsfolgen der Schweigepflichtverletzungen

346 **Schadensersatzansprüche** des Arbeitgebers folgen aus § 823 Abs. 1, 2 BGB i. V. m. § 17 UWG, §§ 19, 17 UWG, § 826 BGB, § 1 UWG, pFV (jetzt §§ 280 ff., 241 Abs. 2 BGB n. F.) bzw. cic (jetzt § 311 Abs. 3, 4 BGB n. F.).
Bei der Berechnung des Schadens können z. B. Lizenzgebühren verlangt werden, die bei einer Lizenzvergabe erzielt worden wären (*BAG* 24.6.1986 EzA § 252 BGB Nr. 4). Erforderlich ist ein Verschulden des Arbeitnehmers (§ 276 BGB).

347 Zur Vorbereitung einer Schadensersatzklage kann der Arbeitgeber vom Arbeitnehmer **Auskunft** verlangen, wenn auf diese Weise eine Aufklärung des erhobenen Ersatzanspruchs erreicht und nicht nur dessen Durchsetzung erleichtert werden soll.

348 Die Verschwiegenheitspflicht kann, insbesondere bei drohender Verletzung, auch durch **Unterlassungsklage** durchgesetzt werden. Je nach Schwere des Verstoßes kann auch eine außerordentliche Kündigung des Arbeitnehmers gerechtfertigt sein (*BAG* 4.4.1974 AP Nr. 1 zu § 626 BGB Arbeitnehmer im Aufsichtsrat).
Schließlich besteht **Strafbarkeit** gem. § 17 UWG.

ee) Verschwiegenheitspflichten aufgrund besonderer Stellung

349 Arbeitnehmer, die aufgrund einer besonderen Amtsstellung betriebliche Interna erfahren, unterliegen i. d. R. auch einer besonderen gesetzlichen Verschwiegenheitspflicht. Dies gilt vor allem für die Mitglieder des Betriebsrats (**§ 79 Abs. 1 BetrVG**) sowie für alle Arbeitnehmer, die ein sonstiges Amt im Rahmen der Betriebsverfassung oder im Bereich des Personalvertretungsrechts ausüben. Einer besonderen Schweigepflicht unterliegen ferner die Arbeitnehmervertreter im Aufsichtsrat sowie die Mitglieder der Schwerbehindertenvertretung (§ 96 Abs. 7 SGB IX).

C. Der Inhalt des Arbeitsverhältnisses

Entsprechendes gilt für Arbeitnehmer im öffentlichen Dienst, vor allem dann, wenn sie gegenüber der Öffentlichkeit in herausragender Stellung tätig sind. Auch sie haben im Rahmen des Verhältnismäßigkeitsprinzips zunächst den innerdienstlichen Beschwerdeweg zu beschreiten, bevor sie das nächststärkere Mittel anwenden. 350

Hält sich jedoch z. B. eine **Dienstaufsichtsbeschwerde** eines Arbeitnehmers gegen den Vorgesetzten im Rahmen des verfassungsrechtlichen Petitionsrechts (Art. 17 GG), kann dadurch die Rücksichtspflicht nicht verletzt sein (*BAG* 18.6.1970 AP Nr. 82 zu § 1 KSchG). 351

h) Unterlassung unternehmensschädlicher Meinungsäußerungen und der Verbreitung wahrer Tatsachen

aa) Grundlagen

Die Rücksichtspflicht verbietet dem Arbeitnehmer nicht Meinungsäußerungen über Unternehmen, Betrieb und Arbeitgeber. Er ist aber angehalten, Äußerungen zu unterlassen, die den Interessen des Arbeitgebers schädlich sind oder sein können. 352

Diese Pflicht kann durch Einzel- oder Kollektivarbeitsvertrag erweitert werden; sie wird flankiert durch spezielle gesetzliche Regelungen (**§ 823 Abs. 1 BGB** [Eingriff in den eingerichteten und ausgeübten Gewerbebetrieb], **§ 824 BGB** bei Kreditgefährdung, **§ 74 Abs. 2 S. 2, 3 BetrVG, § 67 BPersVG**; vgl. dazu MünchArbR/*Blomeyer* § 53 Rz. 63). 353

Unter Berücksichtigung der wechselseitigen verfassungsrechtlichen Schutzpositionen sind unternehmensschädliche Meinungsäußerungen insoweit zu unterlassen, als die Rücksichtnahme auf die unternehmerischen Interessen erforderlich und gegenüber dem Recht auf freie Meinungsäußerung auch nicht unverhältnismäßig ist. Entscheidend sind die Umstände des Einzelfalls. 354

§ 8 Abs. 1 BAT enthält eine Konkretisierung dieser Pflicht für die Angestellten des öffentlichen Dienstes, die sich so zu verhalten haben, wie es von Angehörigen des öffentlichen Dienstes erwartet wird (s. u. C/Rz. 373 ff.). 355

bb) Kritische Äußerungen über den Arbeitgeber und Betriebsangehörige

Kritische Äußerungen über den Arbeitgeber, das Unternehmen oder das Personal (z. B. in Flugblättern) verletzen die Rücksichtspflicht des Arbeitnehmers nicht, solange keine konkrete Störung des Arbeitsablaufs und des Zusammenlebens im Betrieb (Betriebsfrieden), des Vertrauensverhältnisses zum Arbeitgeber oder der geschäftlichen Beziehungen des Arbeitgebers eintritt (MünchArbR/*Blomeyer* § 53 Rz. 72). Das *BAG* (26.5.1977 EzA § 611 BGB Beschäftigungspflicht Nr. 2) lässt es genügen, dass es **erfahrungsgemäß zu einer Störung des Betriebsfriedens kommt**. 356

Die Rücksichtspflicht verdient den Vorrang vor der Meinungsäußerungsfreiheit, wenn es sich um Äußerungen handelt, die darauf abzielen, den Berufsstand des 357

> Arbeitgebers im Allgemeinen oder den Arbeitgeber selbst zu diskriminieren und in der allgemeinen Meinung herabzusetzen (*BAG* 28.9.1972 AP Nr. 2 zu § 134 BGB).

358 Höhere Anforderungen an den Arbeitnehmer werden in **Tendenzunternehmen** (vgl. § 118 Abs. 1 BetrVG), für **Arbeitnehmer des öffentlichen Dienstes** (vgl. § 8 Abs. 1 BAT), für Arbeitsverhältnisse der **Kirchen und kirchlichen Einrichtungen** und **Organe der Betriebsverfassung** und ihre Mitglieder (§ 74 Abs. 2 S. 3 BetrVG, § 67 Abs. 1 BPersVG) gestellt.

cc) **Unterlassung der Verbreitung wahrer Tatsachen**

359 Die Wiederholung von wahren Tatsachenbehauptungen, die geeignet sind, den Betroffenen herabzusetzen, kann untersagt werden, wenn kein schutzwürdiges Interesse an der öffentlichen Weiterverbreitung besteht. Das ist insbesondere dann anzunehmen, wenn die Verbreitung ausschließlich aus **Gründen der Vergeltung** für vermeintlich früher zugefügtes Unrecht geschieht (*BAG* 26.8.1997 EzA § 1004 BGB Nr. 6).

i) **Annahme von Schmiergeldern**

aa) **Grundlagen**

360 Der Arbeitnehmer darf keine Schmiergelder, das sind geldwerte Geschenke oder andere Vorteile, durch die seine Tätigkeit seitens Dritter beeinflusst oder eine solche Tätigkeit nachträglich belohnt werden soll, annehmen.

361 **Es genügt, dass das Schmiergeld in der Erwartung gegeben wird, der Arbeitnehmer werde die Interessen des Schmiergeldgebers berücksichtigen.** Ob und inwieweit etwas anderes für gebräuchliche Gelegenheitsgeschenke gilt, kann im Einzelfall zweifelhaft sein (z. B. Weihnachtsgeschenke, Trinkgelder). Die im Geschäftsverkehr üblichen **kleinen Aufmerksamkeiten** gelten nach der von Branche zu Branche unterschiedlichen Verkaufsauffassung als ungeeignet, den Arbeitnehmer zu beeinflussen.

362 Das Annahmeverbot folgt aus der allgemeinen Loyalitätspflicht des Arbeitnehmers. Wer als Arbeitnehmer Schmiergelder annimmt, verpflichtet sich damit gegenüber anderen, wenn auch nur moralisch, und untergräbt damit seine Loyalität gegenüber dem Arbeitgeber. Der Dritte gewinnt in irgendeiner Form Einfluss auf den Geschäftsbereich des Arbeitgebers, ohne dass sich damit unbedingt konkrete Absichten verbinden (MünchArbR/*Blomeyer* § 53 Rz. 79 ff.).

363 Normative Regelungen enthalten **§ 12 Abs. 1 UWG, § 10 Abs. 1 BAT** (Ausnahmen nur mit Zustimmung des Arbeitgebers); die Schmiergeldannahme kann im Übrigen sittenwidrig gem. §§ 138, 826 BGB sein.

bb) **Rechtsfolgen**

364 Eine **Strafbarkeit** gem. § 12 Abs. 2 UWG ist nur dann gegeben, wenn das Schmiergeld im Hinblick auf eine unlautere Bevorzugung beim Bezug von Waren oder gewerblichen Leistungen im Wettbewerb erfolgt; eine Schädigung des Arbeitgebers ist nicht erforderlich.

365 Die Schmiergeldabrede ist **sittenwidrig** (§ 138 BGB); im Übrigen gilt i. d. R. § 817 S. 2 BGB für einen Bereicherungsanspruch des Schmiergeldgebers. Der infolge der Zahlung zustande gekommene Vertrag ist dann sittenwidrig, wenn die Schmiergeld-

zahlung als solche den Inhalt des Vertrages in sittenwidriger Weise beeinflusst hat; im Übrigen ist das Geschäft seitens des Arbeitgebers i. d. R. gem. § 123 Abs. 1 BGB anfechtbar.

Der Arbeitgeber hat gegen den Arbeitnehmer einen **Unterlassungsanspruch**, gerichtet auf die Unterlassung jeder weiteren Illoyalität (§§ 1004, 823 Abs. 2 BGB, § 12 Abs. 2 UWG). 366

Entstandene Schäden hat der Arbeitnehmer aus pFV (jetzt §§ 280 ff., 241 Abs. 2 BGB n. F.) sowie gem. §§ 823 Abs. 1, 826, 823 Abs. 2 BGB i. V. m. §§ 263, 266 StGB zu ersetzen. 367

> Eine tatsächliche Vermutung spricht dafür, dass das Schmiergeld regelmäßig zum erwünschten Erfolg führt. Ferner spricht im Hinblick auf die Höhe des Schadens eine Vermutung dafür, dass dem Arbeitgeber wertmäßig zumindest der dem Arbeitnehmer gewährte Vorteil als Gegenleistung angeboten worden wäre, wenn das Schmiergeld nicht bezahlt worden wäre (vgl. MünchArbR/*Blomeyer* § 53 Rz. 79 ff. m. w. N.). 368

Hinsichtlich des Schmiergeldes steht dem Arbeitgeber gem. §§ 667, 681, 687 Abs. 2 BGB ein **Herausgabeanspruch** gegen den Arbeitnehmer zu, allerdings nur dann, wenn dieser befugt war, selbstständig für den Arbeitgeber Verträge abzuschließen und Preise und sonstige Vertragsbedingungen auszuhandeln (*BAG* 15.4.1970 AP Nr. 4 zu § 687 BGB; 26.2.1971 AP Nr. 5 zu § 687 BGB). 369

j) Unternehmensschädliche Einwirkung auf Kollegen (insbesondere Abwerbung)

Der Arbeitnehmer darf grds. nicht auf seine Kollegen einwirken, damit diese den ordnungsgemäßen Arbeitsablauf im Betrieb stören oder mindern. Dies gilt insbesondere für die **Abwerbung** von Kollegen. 370

> **Unzulässig ist** (auch nach ordnungsgemäßer Vertragsbeendigung) jede ernsthafte und beharrliche Einwirkung auf Kollegen mit dem Ziel, sie zu einem Arbeitgeberwechsel zu veranlassen. 371

> **Zulässig sind allerdings** Gespräche über einen geplanten eigenen Arbeitsplatzwechsel, über bessere Arbeitsbedingungen bei einem anderen Arbeitgeber oder die gelegentliche Frage eines leitenden Angestellten an einen unterstellten Arbeitnehmer, ob er mit ihm gehen würde, falls er sich selbstständig machen würde. 372

k) Außerdienstliche Verhaltenspflichten

> Ausnahmsweise kann der Arbeitnehmer aufgrund der Arbeitspflicht gehalten sein, ein bestimmtes außerdienstliches Verhalten zu unterlassen (z. B. als Chauffeur den Alkoholgenuss vor Arbeitsantritt). Ferner gebietet die Rücksichtspflicht dem Arbeitnehmer, grds. unternehmensschädliche Äußerungen über unternehmensinterne Fakten und eigene Meinungen über das Unternehmen zu unterlassen. 373

Gem. **§ 8 Abs. 1 S. 1 BAT** muss sich der Angestellte des öffentlichen Dienstes innerhalb und außerhalb des Dienstes so verhalten, dass das Ansehen des Arbeitgebers 374

C. Der Inhalt des Arbeitsverhältnisses

nicht beeinträchtigt wird. Die Anforderungen dafür richten sich nach der jeweiligen Funktion des Angestellten. Das schließt die Verpflichtung zur **Mäßigung** bei politischer Betätigung unbeschadet des Grundrechts zur freien Meinungsäußerung gem. Art. 5 Abs. 1 GG ein (*BAG* 23.2.1959 AP Nr. 1 zu Art. 5 Abs. 1 GG Meinungsfreiheit).

375 Die politische Treuepflicht gem. § 8 Abs. 1 S. 2 BAT gebietet es dem Angestellten im öffentlichen Dienst zudem, sich durch sein gesamtes Verhalten **zur freiheitlich-demokratischen Grundordnung zu bekennen**; dies gilt sowohl für das inner-, als auch für das außerdienstliche Verhalten.

376 Davon abgesehen besteht grds. **keine Verpflichtung, den Lebenswandel dem Unternehmen entsprechend einzurichten.** Ausnahmen bestehen insoweit in Tendenzunternehmen und Kirchen bzw. kirchlichen Einrichtungen. Erfasst sind auch z. B. Einrichtungen der Caritas, der Diakonie, kirchlich getragene Krankenhäuser, Schulen, Kindergärten, soweit sie durch die rechtmäßige kirchliche Autorität anerkannt sind.

377 Welche kirchlichen Grundverpflichtungen als Gegenstand des Arbeitsverhältnisses bedeutsam sein können, wie eine Abstufung zum Auftrag der Kirche vorzunehmen ist, richtet sich nach den **von der verfassten Kirche anerkannten Maßstäben** (*BVerfG* 4.6.1985 EzA § 611 BGB Kirchliche Arbeitnehmer Nr. 24).

378 Die Kirche hat die Befugnis, den ihr angehörenden Arbeitnehmern die Beachtung jedenfalls der tragenden Grundsätze der kirchlichen Glaubens- und Sittenlehre aufzuerlegen und zu verlangen, dass sie nicht gegen die fundamentalen Verpflichtungen verstoßen, die sich aus der Zugehörigkeit zur Kirche ergeben und die jedem Kirchenglied obliegen (*BVerfG* 4.6.1985 EzA § 611 BGB Kirchliche Arbeitnehmer Nr. 24; s. u. C/Rz. 389 ff.; D/Rz. 1837 ff.).

l) Pflicht zur Unternehmensförderung

aa) Anzeige drohender Gefahren/Schäden

379 Der Arbeitnehmer ist i. d. R. verpflichtet, bemerkbare oder voraussehbare drohende Schäden oder Gefahren im eigenen Arbeitsbereich, die etwa während der Arbeitsleistung auftreten (z. B. Ausbleiben von Materialanlieferungen, Fehler an Stoffen, Geräten, Maschinen, Werkzeugen, Gebäuden) dem Arbeitgeber anzuzeigen.

380 **Die Verpflichtung ist desto intensiver, je größer die Vertrauensstellung des Arbeitnehmers für den Arbeitgeber ist.** Die Anzeige darf dann unterbleiben, wenn die Störung dem Arbeitgeber bereits bekannt ist oder mit großer Wahrscheinlichkeit bekannt sein müsste, ferner dann, wenn sie dem Arbeitnehmer unzumutbar ist (z. B. fehlende Kommunikationsmöglichkeit eines Außendienstmitarbeiters).

381 Diese Grundsätze gelten je nach den Umständen des Einzelfalles auch für Störungen und Schäden, die nicht dem eigenen Arbeitsbereich des Arbeitnehmers zuzurechnen sind, sowie für solche, die durch Kollegen drohen.

382 Ist der Arbeitnehmer vertraglich nicht zur Aufsicht verpflichtet (z. B. bei gleichgestellten Arbeitnehmern), ist eine Anzeigepflicht nur bei **Gefahr schwerer Schäden**

gegeben, sodass der Arbeitnehmer von einer Anzeige absehen kann, wenn diese lediglich den Kollegen schädigt, vom Betrieb aber keinen Schaden abwendet, weil z. B. Wiederholungsgefahr nicht zu befürchten ist. Maßgeblich ist eine Abwägung der widerstreitenden Interessen nach dem **Verhältnismäßigkeitsgrundsatz** (so *BGH* 23.2.1989 BB 1989, 650 für die Verpflichtung eines freien Mitarbeiters, dem Dienstberechtigten Verstöße Dritter gegen ein vertragliches Wettbewerbsverbot anzuzeigen).

Die Anzeige kann auch gegenüber einem zuständigen außenstehenden Dritten (z. B. Feuerwehr, Behörde) erstattet werden, wenn Abhilfe innerhalb des Betriebes nicht möglich erscheint oder wenn der Schaden dem Arbeitnehmer oder einem Dritten droht, ohne dass der Arbeitgeber durch entsprechende Maßnahmen in angemessener Zeit Abhilfe schafft. 383

bb) Verhinderung von Störungen und Beseitigung von Schäden
Darüber hinaus kann der Arbeitnehmer auch verpflichtet sein, im Rahmen des Möglichen und Zumutbaren drohende Störungen oder Schäden zu verhindern bzw. eingetretene Schäden zu beheben. 384

In Not- und Katastrophenfällen ist der Arbeitnehmer aufgrund vertraglicher Nebenpflicht zur Abwendung von Schaden vom Betrieb verpflichtet. Dazu gehört es auch, andere Tätigkeiten als vereinbart oder Mehrarbeit zu leisten (*BAG* 3.12.1980 EzA § 615 BGB Nr. 39). 385

Grenzen für derartige Einsätze ergeben sich aus gesetzlichen (vgl. § 14 ArbZG) und tarifvertraglichen Bestimmungen sowie aus den Grundsätzen der Verhältnismäßigkeit. 386

cc) Anzeige persönlicher Arbeitsverhinderung
Der Arbeitnehmer muss die Zeiten voraussehbarer persönlicher Arbeitsverhinderung (insbesondere gem. § 616 S. 1 BGB) rechtzeitig mitteilen. 387

dd) Verhältnis zu Arbeitskollegen
Eine vertragliche »Fürsorgepflicht« des Arbeitnehmers gegenüber seinen Kollegen besteht dagegen nicht, sodass lediglich **§ 823 Abs. 1 BGB** gilt. Anderseits sind drohende Gefahren und Schäden für Kollegen häufig zugleich auch eine Gefahr für einen reibungslosen Betriebsablauf, sodass der Arbeitnehmer **mittelbar** dazu angehalten ist, sie nicht nur dem Arbeitgeber, sondern auch den betroffenen Arbeitnehmern anzuzeigen bzw. tätig zu werden (MünchArbR/*Blomeyer* § 54 Rz. 11). 388

ee) Förderung des Unternehmenszwecks
Mit der Ausnahme der Beschäftigung bei einem Tendenzunternehmen besteht **grds. keine Pflicht** des Arbeitnehmers, die Unternehmensziele über die Erfüllung der Arbeitspflicht und die allgemeinen Schutz- und Rücksichtspflichten hinaus durch aktive Tätigkeit zu fördern. 389

Kennzeichnendes Merkmal für die Arbeitsverträge von **Pressejournalisten** ist die auch tarifvertraglich im Pressewesen zwingend vorgesehene Klausel über die Bindung des Redakteurs an bestimmte, vom Verleger festgelegte Richtlinien über die 390

C. Der Inhalt des Arbeitsverhältnisses

grundsätzliche Haltung oder die Zielsetzung der jeweiligen Zeitung oder Zeitschrift zu beachten. Der Arbeitnehmer hat deshalb – nicht nur während der Arbeitszeit, sondern auch außerdienstlich – alles zu unterlassen, was den Eintritt des angestrebten Unternehmenserfolges vereitelt.

391 Der Umfang der jeweiligen **Tendenzobliegenheiten** richtet sich nach den arbeitsvertraglichen Hauptpflichten des Redakteurs, die sich aus der Eigenart des Presseorgans (»Tendenz«) und der im Arbeitsvertrag festgelegten Arbeitsaufgabe und Stellung in der Redaktion ergeben.

392 Es gilt der Grundsatz der **abgestuften Loyalitätsobliegenheiten** je nachdem, in welchem Maße der einzelne Redakteur durch seine vertraglichen Aufgaben an der Tendenzverwirklichung beteiligt ist (MünchArbR/*Rüthers* § 201 Rz. 67, unter Hinweis auf *BVerfG* 4.6.1985 EzA § 611 BGB Kirchliche Arbeitnehmer Nr. 24).

393 Außerdienstliche Loyalitätsobliegenheiten kommen insbesondere für Redakteure im Bereich der sog. **Richtungspresse**, also bei Zeitungen und Zeitschriften in Betracht, die entschieden für bestimmte Weltanschauungen, Wirtschaftsinteressen, Religionsgemeinschaften, Parteien, Verbände usw. eintreten. Wer hier ein tendenzbezogenes journalistisches Arbeitsverhältnis eingeht, verpflichtet sich damit, diese Tendenz nicht nur in seiner redaktionellen Arbeit zu verwirklichen, sondern auch – im Interesse der Glaubwürdigkeit seiner Arbeit und seines Blattes –, **auf ein dazu in Widerspruch stehendes Verhalten zu verzichten**. Er darf also auch in anderen Medien oder sonst öffentlich die Tendenz seines Blattes nicht angreifen oder unglaubwürdig machen.

394 Insoweit handelt es sich zwar nicht um eine Pflicht, der ein einklagbarer Rechtsanspruch des Arbeitgebers auf Erfüllung entspricht, wohl aber um eine Loyalitätsobliegenheit, deren Nichtbeachtung vertragliche Sanktionen (**Abmahnung, Kündigung**) auslösen kann (MünchArbR/*Rüthers* § 201 Rz. 59 ff.).

m) Nebenbeschäftigung

aa) Grundlagen

395 Unter Nebentätigkeit ist jede Tätigkeit zu verstehen, die außerhalb des in Rede stehenden Arbeitsverhältnisses beim gleichen Arbeitgeber, bei einem anderen Arbeitgeber oder auf andere Weise (z. B. selbstständig) ausgeübt wird.

Entscheidendes Kriterium ist die **anderweitige Verwertung der Arbeitskraft**, auch z. B. durch Ehrenämter, Gefälligkeiten.

396 Dem Arbeitnehmer steht die Verwendung seiner Arbeitskraft außerhalb der Arbeitszeit **grds. frei** (Art. 2 Abs. 1, 12 Abs. 1 GG; vgl. BAG 14.8.1969 AP Nr. 45 zu § 1 ArbKrankhG).

bb) Grenzen der Nebentätigkeit

397 Der Arbeitnehmer hat aber andererseits jede Beschäftigung zu **unterlassen, die mit der Arbeitspflicht kollidiert**. Das kann dann der Fall sein, wenn sie gleichzeitig ausgeübt wird, und bei nicht gleichzeitiger Ausübung, wenn die vertraglich vereinbarte Arbeitsleistung darunter leidet, u. U. auch dann, wenn nur die konkrete Gefahr einer Beeinträchtigung der Arbeitsleistung besteht.

C. Der Inhalt des Arbeitsverhältnisses

Denn der Arbeitnehmer hat alles zu unterlassen, was seine Fähigkeit zur Erbringung der Arbeitsleistung herabsetzt oder stören kann. In Betracht kommt eine Überbeanspruchung der Kräfte des Arbeitnehmers, ferner eine Ausübung einer Konkurrenztätigkeit bzw. eine Nebenbeschäftigung während krankheitsbedingter Arbeitsunfähigkeit. 398

Der kranke Arbeitnehmer muss sich so verhalten, dass er möglichst bald wieder gesund wird; er hat alles zu unterlassen, was seine Genesung verzögern könnte (*BAG* 11.11.1965 AP Nr. 40 zu § 1 ArbkrankHG). Allerdings besteht **keine generelle Pflicht, während der Krankheit jede Nebentätigkeit zu unterlassen**; entscheidend sind die Umstände des konkreten Einzelfalles (vgl. *Wertheimer/Krug* BB 2000, 1462 ff.). 399

Zwar benötigt der Arbeitnehmer für eine Nebenbeschäftigung grds. keine Genehmigung (s. aber unten C/Rz. 405 ff.); gleichwohl muss er eine bevorstehende Nebenbeschäftigung anzeigen (§ 242 BGB; *BAG* 18.11.1988 EzA § 611 BGB Teilzeitarbeit Nr. 3), wenn die Interessen des Arbeitgebers bedroht sind, d. h. wenn die Aufnahme der weiteren Tätigkeit tatsächliche und/oder rechtliche Rückwirkungen auf den Arbeitgeber hat. 400

Das ist z. B. nicht der Fall bei einer nicht-gewerblichen Nebentätigkeit (z. B. einem Ehrenamt), die ohne sozialversicherungs-, steuer- oder arbeitszeitrechtliche Konsequenzen ausgeübt werden kann. 401

Wird die Nebenbeschäftigung in einem Arbeitsverhältnis (§§ 1, 2 ArbZG) ausgeübt, sind §§ 3, 5 ArbZG zu beachten. Bei der Ermittlung der zulässigen Höchstarbeitszeit sind die Beschäftigungszeiten aller Arbeitsverhältnisse zusammenzurechnen (vgl. *Hunold* NZA 1995, 558 ff.). 402

Sind auf die Nebenbeschäftigung andersartige Arbeitszeitvorschriften anzuwenden (Hauptbeschäftigung in der Industrie, Nebentätigkeit in Haushalt, Landwirtschaft), richtet sich die Beurteilung der Arbeitszeit nach den Arbeitszeitvorschriften, die für die überwiegend ausgeführte Beschäftigung gelten. 403

Zu den Rechtsfolgen, die dann eintreten, wenn die Höchstarbeitszeit überschritten wird (Beschäftigungsverbot, Wirksamkeit der abgeschlossenen Verträge; s. o. B/Rz. 49 f.; s. u. C/Rz. 405 ff.). 404
Für Kinder oder Jugendliche gilt § 4 Abs. 5 JArbSchG.

cc) Vereinbarte Nebentätigkeitsverbote
Nach dem Grundsatz der Vertragsfreiheit (§§ 305, 241 BGB) können Nebentätigkeitsverbote grds. auch frei vereinbart werden. Im Hinblick auf Art. 2 Abs. 1, 12 Abs. 1 GG ist jedoch ein **generelles Verbot** jedweder Nebentätigkeit **unzulässig**. 405

Zulässig ist ein derartiges Verbot nur dann, wenn die Nebentätigkeit die vertraglich geschuldete Leistung beeinträchtigen würde und wenn für den Fall, dass sie mit den Anforderungen des Arbeitsplatzes vereinbar ist, dem Arbeitnehmer ein Anspruch auf Erteilung der Genehmigung gewährt wird (Genehmigungsvorbehalt; *BAG* 3.12.1970 AP Nr. 60 zu § 626 BGB). Bei einem Genehmigungsvorbehalt ist die Genehmigung nach billigem Ermessen (§ 315 BGB) zu erteilen. 406

C. Der Inhalt des Arbeitsverhältnisses

Beispiele:
407 Ein mit den Aufgaben eines Rechtsschutzsekretärs beauftragter Angestellter der DGB-Rechtsschutz-GmbH hat keinen Anspruch auf Zustimmung zur Ausübung einer Nebentätigkeit, sofern eine **gegenständliche und eine zeitliche Überschneidung beider Tätigkeiten** zu besorgen ist (*BAG* 21.9.1999 EzA § 611 BGB Nebentätigkeit Nr. 3; vgl. dazu *Berrisch* FA 2000, 306).
Andererseits ist das in einem Tarifvertrag für vollzeitig beschäftigte Busfahrer vereinbarte Verbot von Nebentätigkeiten, die mit dem Lenken von Kraftfahrzeugen – also ein **inhaltlich-gegenständlich beschränktes Verbot** – verbunden sind, mit Art. 12 Abs. 1 GG vereinbar (*BAG* 20.6.2001 EzA § 611 BGB Nebentätigkeit Nr. 4).

408 Tarifliche Regelungen bestehen für den Bereich des **öffentlichen Dienstes** (Zustimmungs-, Genehmigungspflicht gem. §§ 11 BAT, 11 MTG, 13 MTB II, 13 MTL II).

409 Gem. § 11 BAT kann einem Angestellten die Nebentätigkeitsgenehmigung nicht deshalb verweigert werden, weil eine »gewerbliche Tätigkeit durch Mitarbeiter des öffentlichen Dienstes in der Öffentlichkeit unter Berücksichtigung des sicheren Arbeitsplatzes und des garantierten Einkommens **auf Unverständnis stößt**« (*LAG Düsseldorf* 14.2.1995 AP Nr. 1 zu § 611 BGB Nebentätigkeit), ebenso wenig aus **allgemeinen arbeitsmarktpolitischen Gesichtspunkten** (*LAG Hamm* 28.9.1995 NZA 1996, 723).

410 Die einem Angestellten des öffentlichen Dienstes (z. B. einem Dezernentenfahrer) erteilte Genehmigung einer Nebentätigkeit von wöchentlich 7 Stunden 42 Minuten kann vom Arbeitgeber **widerrufen werden** bzw. der Angestellte hat keinen Anspruch auf erneute Erteilung, wenn er aufgrund der Tätigkeit für ein Busunternehmen durch Wochenendfahrten nach Spanien und zurück allein durch die Lenkzeiten den Zeitrahmen der genehmigten Tätigkeit regelmäßig, mehrfach und deutlich überschreitet. Denn allein die nachhaltige Überschreitung rechtfertigt die Besorgnis der Beeinträchtigung dienstlicher Interessen durch die Nebentätigkeit. Darauf, ob der Angestellte bei seinen Fahrten ausreichende Ruhepausen einlegen konnte, sei es im fahrenden Bus oder vor Ort, kommt es nicht an (*LAG Rheinland-Pfalz* 30.1.1997 NZA-RR 1997, 324 Ls.).

411 **Teilzeitbeschäftigte Angestellte** bedürfen nach § 11 BAT in Verbindung mit § 68 Abs. 1 Nr. 3 LBG NW auch dann einer Genehmigung für eine Nebentätigkeit, wenn die zeitliche Beanspruchung durch die Teilzeittätigkeit zusammen mit der zeitlichen Beanspruchung durch die Nebentätigkeit die regelmäßige tarifliche wöchentliche Arbeitszeit eines vollzeitbeschäftigten Angestellten nicht überschreitet.
Wird eine solche Nebentätigkeit ohne Genehmigung ausgeübt, kann die Erteilung einer **Abmahnung** wegen dieses Verhaltens berechtigt sein (*BAG* 30.5.1996 EzA § 611 BGB Abmahnung Nr. 34).
Auch unabhängig von einer tarifvertraglichen Genehmigungs- oder Zustimmungspflicht muss eine Nebentätigkeit dem Arbeitgeber angezeigt werden, soweit dadurch dessen Interessen bedroht sind. Dies ist der Fall, wenn die Nebentätigkeit mit der vertraglich geschuldeten Arbeitsleistung nicht vereinbar ist und die Ausübung der Nebentätigkeit somit eine Verletzung der Arbeitspflicht darstellt.
Verweigert ein Arbeitnehmer trotz Aufforderung des Arbeitgebers über Jahre hinweg **Angaben über einen Teil seiner erheblichen Nebentätigkeiten** völlig und gibt er über einen anderen Teil zum Umfang seiner arbeitsmäßigen Beanspruchung keine Auskunft, sind die berechtigten Interessen des Arbeitgebers an der ordnungs-

gemäßen Vertragserfüllung bedroht. Der Anspruch des Arbeitgebers gem. § 242 BGB, ihm die Nebentätigkeiten zweier genau bezeichneter Dreimonatszeiträume nachträglich anzuzeigen, damit er sein weiteres Vorgehen (z. B. Ausübung eines bisher nicht geltend gemachten tariflichen Zustimmungserfordernisses) prüfen kann, ist in diesem Fall begründet (*BAG* 18.1.1996 EzA § 242 BGB Auskunftspflicht Nr. 5).
Ein als **Hörfunk-Sprecher** tätiger Angestellter, auf dessen Arbeitsverhältnis der MTV für den NDR anwendbar ist, hat Anspruch auf Erteilung der Zustimmung zu einer Nebentätigkeit bei einem anderen Anbieter von Rundfunk- und Fernsehsendungen, wenn **nicht zu besorgen** ist, dass durch die Nebentätigkeit die **Interessen des NDR beeinträchtigt werden**. Diese Besorgnis besteht dann, wenn der Angestellte bei einem anderen im publizistischen und finanziellen Wettbewerb mit dem NDR stehenden Anbieter von Fernsehprogrammen Nachrichtentexte aus dem »Off« sprechen soll (*BAG* 24.6.1999 EzA § 611 BGB Nebentätigkeit Nr. 2; vgl. dazu *Berrisch* FA 2000, 307).

412

Angestellte sind im Übrigen nach § 11 Satz 1 BAT i. V. m. den beamtenrechtlichen Vorschriften der Landesnebentätigkeitsverordnungen z. B. für Baden-Württemberg verpflichtet, Vergütungen für Nebentätigkeiten, die sie für andere Arbeitgeber im öffentlichen Dienst ausüben, abzuliefern, soweit bestimmte Beträge überschritten werden. Diese tarifliche Regelung verstößt weder gegen Art. 12 Abs. 1 GG noch gegen Art. 3 Abs. 1 GG (*BAG* 25.7.1996 EzA § 11 BAT Nr. 2).

413

dd) Sanktionen für Verbotsverstöße
Ansprüche aus pFV (jetzt §§ 280 ff., 241 Abs. 2 BGB n. F.) kommen in Betracht, wenn es wegen der Nebenbeschäftigung zu einer Beeinträchtigung des Hauptarbeitsverhältnisses (**Schlecht- oder Nichtleistung**) kommt.

414

Fraglich ist, was dann gilt, wenn der Arbeitnehmer bei geringfügiger Beschäftigung eine Nebenbeschäftigung verschwiegen hat und der Arbeitgeber die dadurch z. B. gem. § 8 Abs. 2 SGB IV anfallenden Arbeitgeber- und Arbeitnehmeranteile zur Sozialversicherung nachentrichten muss.

415

Nach der Rechtsprechung des *BAG* (18.11.1988 EzA § 611 BGB Teilzeitarbeit Nr. 3; 27.4.1995 EzA § 28 g SGB IV Nr. 1) gelten **folgende Grundsätze**:
– Nimmt ein Arbeitnehmer, der geringfügig beschäftigt und daher in der gesetzlichen Kranken- und Rentenversicherung versicherungsfrei ist, eine weitere geringfügige Beschäftigung auf, ist er **verpflichtet, dies seinem Arbeitgeber mitzuteilen**.

416

Denn im Außenverhältnis ist dieser – unabhängig davon, ob er Kenntnis von der Mehrfachbeschäftigung hat oder nicht – gegenüber den Sozialversicherungsträgern gem. § 28 e SGB IV der alleinige Zahlungs- und Haftungsschuldner (für das eigene Beschäftigungsverhältnis mit dem Arbeitnehmer). Folglich hat er auch entsprechende Beiträge in vollem Umfang nachzuentrichten, sofern die vierjährige Verjährungsfrist des § 25 SGB IV noch nicht abgelaufen ist. Lediglich im Innenverhältnis haben Arbeitgeber und Arbeitnehmer die Beiträge je zur Hälfte zu tragen (§§ 249 Abs. 1, 2 SGB V, § 168 Abs. 1 Nr. 1 SGB VI, §§ 340 ff. SGB III).

417

C. Der Inhalt des Arbeitsverhältnisses

418 – Eine **Mitteilungspflicht** besteht allerdings nicht als vertragliche Nebenpflicht stets ohne weiteres, sondern **nur dann, wenn dies zwischen den Parteien ausdrücklich vereinbart worden ist**. Im Urteil vom 18.11.1988 (EzA § 611 BGB Teilzeitarbeit Nr. 3) war eine entsprechende Verpflichtung eindeutig und unmissverständlich im Arbeitsvertrag vorgesehen. Im Urteil vom 27.4.1995 (EzA § 28 g SGB IV Nr. 1) hat das BAG dagegen eine **Mitteilungspflicht** mit folgender Begründung **verneint**: »Der Arbeitsvertrag der Parteien vom 2.1.1990 enthält eine solche vertragliche Meldepflicht nicht.

419 Auf der Rückseite des von der Beklagten unterschriebenen formularmäßigen Arbeitsvertrages heißt es zwar, der Arbeitnehmer verpflichte sich, um die Versicherungsfreiheit zu erhalten, alle Änderungen in den persönlichen Verhältnissen sofort zu melden. Die Änderungen beziehen sich aber auf die auf der Vorderseite gemachten Angaben. Da dort gar nicht nach weiteren Beschäftigungen gefragt wurde, konnten sich insoweit gar keine mitteilungspflichtigen Änderungen ergeben. Die Beklagte konnte darauf vertrauen, dass sie nicht vertraglich verpflichtet war, etwas als Änderung anzugeben, wonach sie überhaupt nicht gefragt worden war.

420 Im Übrigen greift hier zugunsten der Beklagten auch die Unklarheitenregel ein. Enthält ein auf Veranlassung und im Interesse des Arbeitgebers geschlossener Formularvertrag unklare Regelungen, so gehen diese zu Lasten des Arbeitgebers, der bei der Formulierung für die nötige Klarheit hätte sorgen müssen (vgl. *BAG* 18.9.1991 EzA § 339 BGB Nr. 14).«

421 – Verletzt der Arbeitnehmer die Anzeigepflicht, ist er dem Arbeitgeber zum **Schadensersatz** verpflichtet. Zu dem zu ersetzenden Schaden gehören **jedoch nicht die Arbeitgeberanteile der Beiträge** zur gesetzlichen Kranken- und Rentenversicherung, die der Arbeitgeber nachentrichten muss. Denn bei diesen handelt es sich nicht um einen kausalen Schaden aus der Auskunftspflichtverletzung; der Arbeitgeber hätte sie auch bei ordnungsgemäßer Anzeige der Mehrfachbeschäftigung durch den Arbeitnehmer entrichten müssen. Auch **eine deliktsrechtliche Ersatzpflicht (§§ 823, 826 BGB) gegenüber dem Arbeitgeber** tritt **jedenfalls dann nicht ein**, wenn der Arbeitnehmer bei seiner **Einstellung nicht nach dem Bestehen weiterer geringfügiger Beschäftigungsverhältnisse gefragt worden ist** (*BAG* 27.4.1995 EzA § 28 g SGB IV Nr. 1).

422 – Eine **Vereinbarung** der Arbeitsvertragsparteien, nach der der Arbeitnehmer bei Verletzung der Anzeigepflicht dem Arbeitgeber Schadensersatz **pauschal in Höhe der nachentrichteten Arbeitgeberanteile schuldet, ist nichtig**. Das Gleiche gilt für eine Vereinbarung der Arbeitsvertragsparteien, nach der der Arbeitnehmer eine weitere geringfügige Beschäftigung nicht aufnehmen darf.

423 – Was gilt, wenn der Arbeitnehmer auf ausdrückliches Befragen des Arbeitgebers die weitere Beschäftigung **bewusst verschwiegen hat**, hat das *BAG* (27.4.1995 EzA § 28 g SGB IV Nr. 1) offen gelassen. Das *LAG Rheinland-Pfalz* (14.10.1992 – 2 Sa 315/92 –, n. v.) sowie das *Hessische LAG* (12.10.1992 – 10 Sa 360/92 –) haben für diesen Fall einen Schadensersatzanspruch bejaht. Das *BSG* (10.9.1987 NZA 1988, 629) hat unter den Voraussetzungen des § 826 BGB einen derartigen Anspruch erwogen.

424 – Hinsichtlich der **Arbeitnehmeranteile** hat das *BAG* (27.4.1995 EzA § 28 g SGB IV Nr. 1) zunächst die Rückforderung auf das Lohnabzugsverfahren gem. §§ 394 f., 1397 RVO beschränkt, sodass der Arbeitgeber die Arbeitnehmeranteile nach Beendigung des Arbeitsverhältnisses nicht mehr geltend machen konnte. Aufgrund des ab 1.1.1989 geltenden § 28 g SGB IV gilt diese Sperre nicht mehr, wenn der Arbeit-

nehmer **vorsätzlich oder grob fahrlässig gehandelt hat**. Der Arbeitgeber kann deshalb – bei vorsätzlicher oder grob fahrlässiger Verletzung der Offenbarungspflicht – die vorgelegten Arbeitnehmeranteile auch auf andere Weise als durch Verrechnung mit den drei nächsten Lohn- oder Gehaltszahlungen zurückfordern, z. B. durch **gerichtliche Klage**. Anspruchsgrundlagen sind **pFV** (jetzt §§ 280 ff., 241 Abs. 2 BGB n. F.) sowie **§§ 28 g, 28 o SGB IV**.

– Eine **Unterlassungsklage** gegen den Arbeitnehmer ist grds. unzulässig. 425
– Allerdings kommt die Erklärung einer Kündigung des Arbeitsverhältnisses in Betracht. Zu beachten ist aber, dass **allein der Verlust der Versicherungsfreiheit keinen Kündigungsgrund darstellt** (*BAG* 18.11.1988 EzA § 611 BGB Teilzeitarbeit Nr. 3). 426

ee) Zeitliche Kollisionen von Mehrfach-Arbeitsverhältnissen
Kollidiert die Arbeitszeit von zwei Arbeitsverhältnissen (vertragswidriges Doppelarbeitsverhältnis), sind die kollidierenden Verträge **grds. rechtswirksam** (s. o. B/Rz. 46 f.). Für die betroffenen Arbeitgeber kommt eine Unterlassungsklage nicht in Betracht; kommt der Arbeitnehmer seiner Arbeitsverpflichtung im vertraglich geschuldeten Umfang ganz oder teilweise nicht nach, haftet er allerdings auf **Schadensersatz** wegen verschuldeter Unmöglichkeit. 427

Handelt es sich bei der Nebenbeschäftigung um ein gewerbliches Arbeitsverhältnis, ordnet § 125 GewO eine Mithaftung des Nebenbeschäftigungs-Arbeitgebers für den tatsächlich entstandenen Schaden dann an, wenn der Arbeitgeber den Arbeitnehmer verleitet hat, vor rechtmäßiger Beendigung des Arbeitsverhältnisses diese Arbeit zu verlassen oder nicht anzutreten. Diese Regelung ist allerdings mit Wirkung vom 1.1.2003 inzwischen aufgehoben worden. 428

n) Auskunftspflichten im bestehenden Arbeitsverhältnis

Der Arbeitnehmer ist auch nach seiner Einstellung verpflichtet, Fragen des Arbeitgebers zu seiner Vor- und Ausbildung zu beantworten, wenn davon auszugehen ist, dass die bei der Einstellung abgegebenen Erklärungen und danach erfolgte Ergänzungen nicht mehr vollständig vorhanden sind. Gleiches gilt dann, wenn der Anspruchsberechtigte in entschuldbarer Weise über Bestehen und Umfang seines Rechts im Ungewissen ist, während der Verpflichtete unschwer Auskunft erteilen kann (*BAG* 18.1.1996 EzA § 242 BGB Auskunftspflicht Nr. 5). 429

Der Arbeitnehmer ist allerdings nicht verpflichtet, außergerichtliche Erklärungen zu möglichen Kündigungsgründen abzugeben, soweit nicht besondere rechtliche Grundlagen hierfür bestehen. 430

Der **öffentliche Arbeitgeber** darf nach dem GG z. B. nur solche **Lehrer** einsetzen, die zu den Werten der freiheitlichen demokratischen Grundordnung i. S. d. GG stehen. Zur Sicherstellung dieser Aufgabe sind solche Fragen gegenüber dem Lehrer zulässig, die **Zweifel an dessen Eignung** im Zusammenhang mit seiner früheren Tätigkeit **betreffen**. Hierzu gehören Fragen nach der Tätigkeit für das frühere Ministerium für Staatssicherheit (MfS) und nach Funktionen in politischen Parteien und Massenorganisationen der ehemaligen DDR (*BAG* 7.9.1995 EzA § 242 BGB Auskunftspflicht Nr. 4). 431

C. Der Inhalt des Arbeitsverhältnisses

432 Demgegenüber ist ein Arbeitnehmer ohne konkrete Anhaltspunkte mangels entsprechender Anspruchsgrundlage nicht verpflichtet, einen **Fragebogen** über seine Beziehungen zur Scientology Organisation auszufüllen (*ArbG München* 24.10.2000 NZA-RR 2001, 296).

o) Sanktionen der Nebenpflichtverletzung (Überblick)

433 Erfüllt der Arbeitnehmer eine **Nebenleistungspflicht** (die gem. §§ 157, 242 BGB mit der Hauptleistungspflicht, der Arbeitspflicht, verbunden ist; s. o. C/Rz. 240 ff.) nicht oder fehlerhaft, wirkt das auf die Hauptleistungspflicht zurück, sodass die **Sanktionen für Hauptleistungspflichten** eingreifen (Anspruch auf Erfüllung der Arbeitsverpflichtung; Rechtsfolgen der Unmöglichkeit, s. u. C/Rz. 435 ff.; Rechtsfolgen der Schlechtleistung, s. u. C/Rz. 475 ff.).

434 Bei **Nebenpflichten**, die sich aus dem Schutzrechtsverhältnis zwischen Arbeitgeber und Arbeitnehmer ergeben, kommen in Betracht:
- **Klage auf Erfüllung** der Schutzpflicht, wenn sie auf ein Tätigwerden des Arbeitnehmers (z. B. bei Teilnahme an einem Noteinsatz außerhalb des eigenen Arbeitsbereichs) gerichtet ist; es gelten die gleichen Grundsätze wie für die Arbeitsleistungspflicht;
- **Unterlassungsklagen** bei einer Schutzpflicht, die dem Arbeitnehmer ein bestimmtes Handeln untersagt (z. B. bei der Verletzung von Wettbewerbsverboten oder Verschwiegenheitspflichten), wenn insbesondere Wiederholungsgefahr besteht;
- Ansprüche auf **Schadensersatz** wegen Nichterfüllung sowie aus pFV (jetzt §§ 280 ff., 241 Abs. 2 BGB n. F.);
- Geltendmachung einer vertraglich vereinbarten **Vertragsstrafe**;
- Verhängung einer **Betriebsbuße** nach Maßgabe der Regelung in einem Tarifvertrag oder in einer Betriebsvereinbarung (z. B. Verwarnung, Verweis, Geldbuße);
- Erteilung einer **Abmahnung**;
- Erklärung einer **Kündigung** (vgl. MünchArbR/*Blomeyer* § 56 Rz. 1 ff.; MünchArbR/*Berkowsky* § 137 Rz. 111 ff.).

9. Nichtleistung der Arbeit

a) Grundlagen

435 Der Arbeitsvertrag ist ein gegenseitiger Vertrag gem. §§ 320 ff. BGB, sodass die Vorschriften über die Leistungsstörungen anwendbar sind (*BAG* 8.10.1959 AP Nr. 14 zu § 56 BetrVG). Dies gilt auch nach dem Schuldrechtsmodernisierungsgesetz (vgl. Frankfurter Handbuch/*Ziemann* F/Rz. 165 ff.)

436 Zu beachten ist, dass die Arbeitspflicht als absolute **Fixschuld** verstanden wird (*Staudinger/Richardi* § 611 Rz. 450), **sodass die geschuldete und nicht erbrachte Leistung bereits mit dem exakt vorbestimmten Arbeitsbeginn oder mit der vorzeitigen Beendigung der Arbeitsleistung als nicht nachholbar endgültig unmöglich wird**. Für einen Schuldnerverzug bleibt kein Raum. **Ist der Arbeitgeber allerdings nicht unbedingt an einem präzisen Arbeitsbeginn interessiert** (z. B. bei einer Teilzeitstelle, die nur mit einem Arbeitnehmer besetzt ist), oder ist es dem Arbeitnehmer, falls nichts anderes vereinbart ist, auch möglich, die während eines geringfügigen Zeitraums ausgefallene Arbeitsleistung noch nachzuholen, ist davon auszugehen,

C. Der Inhalt des Arbeitsverhältnisses

dass ein **Erfüllungszeitraum** besteht, der sich nach der Natur, dem Inhalt und dem Zweck des Vertrages bestimmt. Solange er andauert, d. h. **solange die Arbeitsleistung nachholbar ist, bleibt der Arbeitnehmer im Leistungsverzug** (*BAG* 17.3.1988 EzA § 626 BGB n. F. Nr. 116). Erst mit der Beendigung des Erfüllungszeitraums wird dem Arbeitnehmer die Erfüllung der Arbeitspflicht unmöglich. Erfüllungswirkung gem. § 362 BGB hat nur die zur vereinbarten Arbeitszeit erbrachte Arbeitsleistung (MünchArbR/*Blomeyer* § 57 Rz. 4 ff.).

b) Unmöglichkeit der Leistung und Verzug

Hinsichtlich des Arbeitnehmers ist die bewusste Zurückhaltung der Arbeit und deren eigenmächtige Unterbrechung Nichterfüllung, sodass bei Verschulden § 325 BGB a. F.; jetzt § 280 BGB n. F. (zur Unmöglichkeit s. o. C/Rz. 196 ff.) anwendbar ist. Der Arbeitnehmer handelt z. B. dann fahrlässig, wenn er vorwerfbar irrtümlich Tatsachen annimmt, die einen Freistellungsanspruch begründen oder vorwerfbar annimmt, zur Arbeitsverweigerung berechtigt zu sein. Die Fahrlässigkeit ist nur dann ausgeschlossen, wenn er die Rechtslage etwa aufgrund der Rechtsprechung sorgfältig geprüft und erkundet hat (*BAG* 12.4.1973 AP Nr. 24 zu § 611 BGB Direktionsrecht). 437

Hat der Arbeitnehmer (z. B. infolge von Krankheit) die Unmöglichkeit nicht verschuldet, sehen z. B. § 616 BGB, §§ 2 ff. EFZG Ausnahmen für den gem. § 323 BGB a. F. (jetzt § 326 Abs. 1 BGB n. F.) dann an sich gegebenen Wegfall des Entgeltanspruchs vor; insoweit bestehen **zahlreiche vom Grundsatz »ohne Arbeit kein Lohn« abweichende Tarif- oder Betriebsnormen** (vgl. *BAG* 11.9.1985 EzA § 616 BGB Nr. 30). 438

Zufallsbedingte Unmöglichkeit, z. B. wenn der Arbeitnehmer infolge von Verkehrsstörungen nicht am Arbeitsplatz erscheinen kann (Ausfall öffentlicher Verkehrsmittel, Naturkatastrophen wie Hochwasser usw.), führt gem. §§ 275, 323 BGB a F., jetzt § 326 Abs. 1 BGB n. F. zum Wegfall des Lohnanspruchs. Das gilt selbst dann, wenn der Arbeitgeber aus Entgegenkommen Fahrmöglichkeiten zur Verfügung stellt, der Werksbus aber wegen Eisglätte z. B. nicht verkehren kann (*BAG* 8.12.1982 EzA § 616 BGB Nr. 23). 439

c) Rechtsfolgen von Unmöglichkeit und Verzug

aa) Nachleistungsanspruch
Der Arbeitgeber hat einen Nachleistungsanspruch gem. § 611 BGB bei Leistungsverzug des Arbeitnehmers, also insbesondere **im Rahmen des Erfüllungszeitraums** (s. o. C/Rz. 436). Nach Ablauf des Erfüllungszeitraums tritt Unmöglichkeit ein, sodass eine Nachleistung nicht mehr möglich ist. Generell besteht keine Nachleistungspflicht bei endgültiger Leistungsunmöglichkeit, insbesondere bei Vertragsbruch. 440

bb) Mehrarbeit
Ordnet der Arbeitgeber **Mehrarbeit des betroffenen Arbeitnehmers zur Nachholung der versäumten Arbeitszeit an**, braucht er den tariflichen **Mehrarbeitszuschlag nicht zu zahlen** (*BAG* 25.7.1957 AP Nr. 1 zu § 4 AZO). Denn dann muss 441

sich der Arbeitnehmer grds. Arbeitszeit, die er an anderen Arbeitstagen z. B. über die geschuldeten acht Stunden hinaus leistet, jedenfalls in einem gewissen Umfang auf die nicht geleisteten Arbeitsstunden anrechnen lassen. Andernfalls würde er durch die Gewährung eines Mehrarbeitszuschlages für die von ihm verschuldete Arbeitsversäumnis sogar noch belohnt. Eine solche Anrechnung ist zulässig, weil es der Arbeitnehmer andernfalls in der Hand hätte, mit Hilfe verschuldeter Arbeitsversäumnis zu Überstundenzuschlägen zu kommen. Das wäre aber mit den Grundsätzen von **Treu und Glauben** nicht vereinbar (*BAG* 25.7.1957 AP Nr. 1 zu § 4 AZO).

442 Im Rahmen der §§ 325 Abs. 1 S. 2, 249, 251 BGB a. F. (jetzt §§ 280 ff., 249, 251 BGB n. F.) hat der Arbeitnehmer die Kosten der angefallenen Mehrarbeit anderer Arbeitnehmer (Differenz zwischen der Vergütung des Arbeitnehmers und dem Entgelt der für ihn eingestellten Ersatzkraft, Mehrvergütung für Überstunden anderer Arbeitnehmer, anteilige Vergütung für die Mitarbeiter, die die ausgefallene Arbeitsleistung fiktiv übernehmen mussten, ohne dass es darauf ankommt, ob die Arbeit tatsächlich übernommen wurde oder ob sie liegen geblieben ist [»normativer Schaden«; vgl. *BAG* 24.4.1970 AP Nr. 5 zu § 60 HGB]) sowie den hypothetischen Schaden, der ohne den Ausgleich entstanden wäre, wenn der Arbeitgeber den Arbeitsausfall in eigener Person ausgeglichen hat (*BAG* 24.8.1967 AP Nr. 7 zu § 249 BGB), zu ersetzen.

cc) Weitere Kosten

443 Hinzukommen können **Stillstandskosten** für eine gemietete Maschine, **Konventionalstrafen**, die für Auftragsverspätung fällig werden, u. U. Rechtsanwaltskosten (*BGH* 30.4.1986 AP Nr. 28 zu § 249 BGB). Zu ersetzen ist auch der **entgangene Gewinn** (§ 252 BGB); insoweit kann der Arbeitgeber Beweiserleichterungen gem. § 287 ZPO in Anspruch nehmen (vgl. *BAG* 27.1.1972 AP Nr. 2 zu § 252 BGB).

dd) Zurückbehaltungsrecht

444 Ein Zurückbehaltungsrecht des Arbeitgebers an den **Arbeitspapieren** (Zeugnis, Urlaubsbescheinigung, Arbeitsbescheinigung [§ 312 SGB III], Sozialversicherungsnachweis und Lohnsteuerkarte) **besteht nicht** (*BAG* 20.12.1958 AP Nr. 2 zu § 611 BGB Urlaubskarte).

ee) Kürzung von freiwilligen Sozialleistungen

445 Inwieweit freiwillige Sozialleistungen (z. B. Gratifikationen, Anwesenheitsprämien) bei einer vom Arbeitnehmer zu vertretenden Leistungsunmöglichkeit gekürzt werden können, hängt, sofern keine entsprechende ausdrückliche Regelung vorhanden ist, davon ab, ob die Sozialleistung an die Arbeitsleistung oder an andere Merkmale, wie z. B. an die geleistete Betriebstreue anknüpft.

446 Ist sie Vergütung für Arbeitsleistung, so besteht kein Anspruch; s. u. C/Rz. 824 ff. Wird dagegen an die Betriebstreue angeknüpft, ist entscheidend, ob die Unmöglichkeit vorübergehend oder endgültig ist. Die vorübergehende Leistungsunmöglichkeit hat grds. keinen Einfluss auf die geschuldete Leistung »Betriebstreue«, sodass eine Kürzung nicht in Betracht kommt (*BAG* 29.8.1979 EzA § 611 BGB Gratifikation, Prämie 63).

C. Der Inhalt des Arbeitsverhältnisses

ff) Lohnminderung bei Abbruch der Ausbildung
Nach Auffassung des *LAG Düsseldorf* (26.6.1984 DB 1985, 180) kann der Ausbildende 447
vom Auszubildenden bei vorzeitigem Abbruch der Ausbildung keinen Schadensersatz mit der Begründung verlangen, die bis dahin erbrachte Arbeitsleistung entspreche nicht der gezahlten Ausbildungsvergütung. Der Ersatz anderer Schäden – z. B. Inseratskosten – wird dadurch aber nicht ausgeschlossen.

gg) Weitere Rechtsfolgen

Die Arbeitsversäumnis kann nicht nachträglich auf den Urlaub angerechnet werden (GK-BUrlG/*Bleistein* § 3 Rz. 42; s. u. C/Rz. 1859 ff.). 448

Der Arbeitgeber kann den Arbeitnehmer bei Nichterfüllung der Arbeitsverpflichtung nach Ablauf von 4 Wochen bei der gesetzlichen Krankenkasse abmelden (§ 192 Abs. 1 Nr. 1 SGB V).

hh) Durch die Beendigung des Arbeitsverhältnisses entstandene Schäden
Wird wegen der Leistungsunmöglichkeit das Arbeitsverhältnis vom Arbeitgeber gekündigt, so kann er gem. § 628 Abs. 2 BGB den sog. **Auflösungsschaden** (s. u. 449
D/Rz. 894 ff.) ersetzt verlangen, wenn er dem Arbeitnehmer wegen vertragswidrigen Verhaltens fristlos gekündigt hat (vgl. auch § 89 Abs. 2 HGB, 16 Abs. 1 BBiG). Zu ersetzen ist der Schaden, der dem Arbeitgeber aufgrund der vorzeitigen Vertragsbeendigung entstanden ist.
Kosten für die **Anwerbung einer Ersatzkraft** sind davon nur dann erfasst, wenn sie 450
durch die überstürzte Vertragsbeendigung entstanden sind und bei vertragsgemäßer Einhaltung der Kündigungsfrist nicht entstanden wären (*BAG* 23.3.1984 EzA § 249 BGB Nr. 16). Gem. § 628 Abs. 1 S. 2 BGB kommt ein Wegfall des zuvor verdienten Arbeitsentgelts des Arbeitnehmers in Betracht, wenn die bisherige Arbeitsleistung infolge der Kündigung für den Arbeitgeber kein Interesse mehr hat.
Zum Antrag des Arbeitgebers auf Verurteilung des Arbeitnehmers zur Zahlung einer 451
Entschädigung gem. § 61 Abs. 2 S. 1 ArbGG s. o. C/Rz. 232 f.

d) Pauschalierter Schadensersatz
In der Literatur wird z. T. die Auffassung vertreten (vgl. *Kraft* NZA 1989, 777), dass 452
vertragliche Pauschalierungsabreden, wie sie im Zusammenhang mit Kaufverträgen für grds. wirksam gehalten werden, auch im Arbeitsrecht vorbehaltlich einer **gerichtlichen Billigkeitskontrolle** (s. jetzt § 310 Abs. 4 S. 2 i. V. m. §§ 305 ff. BGB n. F.) zulässig sind. Allerdings muss dann der Arbeitgeber bei entsprechendem Vorbringen des Arbeitnehmers im Prozess nachweisen, dass der vereinbarte Pauschalbetrag schadenstypisch ist.

e) Vertragsstrafe

aa) Grundlagen
Nach der Rechtsprechung des *BAG* (vgl. 23.5.1984 AP Nr. 9 zu § 339 BGB) können 453
die Parteien rechtswirksam (auch formlos) eine **Vertragsstrafe** (§§ 339 ff. BGB) **für den Fall des Vertragsbruchs oder einer fristlosen Entlassung wegen schuldhaften Verhaltens des Arbeitnehmers vereinbaren.** § 888 Abs. 2 ZPO i. V. m. § 61 Abs. 2 ArbGG stehen dem nicht entgegen, weil sie gerade das Interesse des Arbeitgebers

C. Der Inhalt des Arbeitsverhältnisses

an der zusätzlichen Sicherung seines Erfüllungsanspruchs als schutzwürdig anerkennen.

454 Der Vorteil der Vereinbarung einer Vertragsstrafe besteht für den Arbeitgeber darin, dass er damit den bei Vertragsbruch und sonstigen schweren Pflichtverstößen des Arbeitnehmers nur schwer führbaren Schadensnachweis nicht erbringen muss (vgl. *Kraft* NZA 1989, 777). Daneben kann ein weitergehender Nichterfüllungsschaden geltend gemacht werden (§ 340 Abs. 2 BGB).

455 Die Vertragsstrafenregelung in einem Arbeitsvertrag dient in erster Linie der **Sicherung der vertraglichen Arbeitsleistung des Arbeitnehmers** im Ganzen. Eine Vereinbarung, nach der eine Vertragsstrafe nicht ohne weiteres verwirkt ist, sondern eine entsprechende Sachverhaltsfeststellung durch eine der Parteien voraussetzt, kommt einer Betriebsbußenregelungen zwar nahe, ist aber auch im Rahmen einer Vertragsstrafenabrede möglich (*BAG* 5.2.1986 EzA § 339 BGB Nr. 2). Wirksam ist auch die Vereinbarung einer Vertragsstrafe, die die Einhaltung tariflicher Kündigungsfristen sichern soll (*ArbG Frankfurt a. M.* 20.4.1999 NZA-RR 2000, 82).

456 Wegen der fehlenden Übertragbarkeit von § 11 Nr. 6 AGBG (wonach Vertragsstrafenklauseln in allgemeinen Geschäftsbedingungen unwirksam sind) auf den Arbeitsvertrag (vgl. § 23 Abs. 1 AGBG) ist es unbedenklich, wenn die Vertragsstrafenabrede in einem formularmäßigen Arbeitsvertrag getroffen wird (*LAG Berlin* 19.5.1980 AP Nr. 8 zu § 339 BGB m. abl. Anm. *Brox*; ebenso *LAG Sachsen* 25.11.1997 LAGE § 339 BGB Nr. 12; a. A. *Stein* BB 1985, 1403; s. aber oben A/Rz. 449 ff., 690 ff.).

457 Diese Auffassung kann aber jedenfalls **nur für vor dem 31.12.2001 begründete Arbeitsverhältnisse** und auch bei diesen nur **bis zum 31.12.2002 aufrechterhalten werden** (Art. 229 § 5 EGBGB). Denn für nach dem 1.1.2002 abgeschlossene formularmäßige Arbeitsverträge gilt gem. § 310 Abs. 4 S. 2 BGB n. F. auch § 309 Nr. 6 BGB n. F. (= § 11 Nr. 6 AGBG a. F.). **Für den Fall des Vertragsbruchs kann daher in einem formularmäßigen Arbeitsvertrag keine Vertragsstrafe** mehr **vereinbart werden** (*Däubler* NZA 2001, 1336).

bb) **Vertragsbruch**

458 Die Vereinbarung einer Vertragsstrafe für den Fall des Vertragsbruchs erfasst im Allgemeinen nur den Fall, dass ein Arbeitnehmer schuldhaft die Arbeit nicht aufnimmt oder das Arbeitsverhältnis vor Ablauf der vereinbarten Vertragszeit oder vor Ablauf der Kündigungsfrist ohne wichtigen Grund beendet.

Beispiel:
Die außerordentliche Kündigung des Arbeitnehmers verbunden mit sofortiger Arbeitsniederlegung wegen von ihm erwarteter verspäteter Gehaltszahlung ist unwirksam, wenn sie vor Fälligkeit der Vergütung erfolgt und keine Anhaltspunkte dafür vorliegen, dass der Arbeitgeber zahlungsunfähig ist (*LAG Hamm* 14.2.2001 NZA-RR 2001, 524).

Soll die Vertragsstrafe auch den Fall der **vom Arbeitnehmer schuldhaft veranlassten** 459
vorzeitigen Beendigung des Arbeitsverhältnisses durch Kündigung des Arbeitgebers erfassen, muss dies ausdrücklich vereinbart werden (*BAG* 23.5.1984 AP Nr. 9 zu § 339 BGB; 18.9.1991 EzA § 339 BGB Nr. 7).

cc) Festsetzung und Höhe der Vertragsstrafe
Die Festsetzung der Höhe der Vertragsstrafe kann entweder vertraglich vorbestimmt 460
sein oder in das Ermessen des Arbeitgebers, nicht aber des Gerichts gestellt werden (*BAG* 25.9.1980 EzA § 339 BGB Nr. 1).

Sollte im Hinblick auf den angerichteten Schaden die Vertragsstrafe im Einzelfall 461
unverhältnismäßig hoch sein, kann der Arbeitnehmer gem. § 343 BGB ihre Herabsetzung auf einen angemessenen Betrag erreichen. Entscheidend sind insoweit die Umstände des Einzelfalles.

Bei der Beurteilung der Angemessenheit der Vertragsstrafe nach § 343 Abs. 1 BGB ist 462
nach Auffassung des *Sächsischen LAG* (25.11.1997 LAGE § 339 BGB Nr. 12) jedes berechtigte Interesse des Gläubigers, nicht bloß das Vermögensinteresse, in Betracht zu ziehen. Maßgeblich ist danach neben dem Grad des Verschuldens auch die wirtschaftliche Lage des Schuldners. Ein möglicherweise entstandener Schaden kann berücksichtigt werden. Zur Feststellung der Angemessenheit einer im Falle des Vertragsbruchs verwirkten Vertragsstrafe ist auch die maßgebliche Kündigungsfrist von Bedeutung.

Eine Vertragsstrafe in Höhe eines Monatseinkommens ist bei einer in Aussicht ge- 463
nommenen Anstellung als Abteilungsleiter im Allgemeinen nicht unverhältnismäßig hoch (*LAG Berlin* 19.5.1980 AP Nr. 8 zu § 339 BGB). Gleiches gilt für den Fall einer **unwirksamen außerordentlichen Kündigung des Arbeitnehmers**, für die es an einem wichtigen Grund fehlt bzw. insgesamt für den Vertragsbruch des Arbeitnehmers (*LAG Hamm* 14.2.2001 NZA-RR 2001, 524).

f) Kündigung vor Dienstantritt

Fraglich ist, ob sich der Arbeitnehmer nach Abschluss des Arbeitsvertrages der da- 464
durch begründeten Arbeitspflicht und einer aus der Nichterfüllung resultierenden Schadensersatzpflicht rechtmäßig dadurch entziehen kann, dass er wirksam eine Kündigung des abgeschlossenen Arbeitsvertrages noch vor Aktualisierung des Arbeitsverhältnisses, d. h. vor Dienstantritt erklärt und diese das Arbeitsverhältnis noch vor Arbeitsbeginn beendet.

aa) Kündigungserklärung

Nach der Rechtsprechung des *BAG* (22.8.1964 NJW 1965, 171; 2.11.1978 EzA 465
§ 620 BGB Nr. 38) kann die Kündigung eines Arbeitsvertrages, dessen Verwirklichung erst für einen späteren Zeitpunkt vorgesehen ist, schon vor dem Dienstantritt erklärt werden, sofern die Arbeitsvertragsparteien keine abweichende Vereinbarung getroffen haben.

466 Der vertragliche Ausschluss des Rechts, eine Kündigung vor Dienstantritt zu erklären, setzt voraus, dass die Parteien dieses **ausdrücklich ausgeschlossen haben** oder dass ein dahingehender beiderseitiger Wille aus den Umständen **eindeutig erkennbar** ist. Nach Auffassung des *LAG Hamm* (15.3.1989 BB 1989, 1343) ist eine vertragliche Vereinbarung, die einseitig die arbeitnehmerseitige Kündigung vor Dienstantritt ausschließt, unwirksam, weil sie gegen § 622 Abs. 6 BGB verstößt.

bb) Lauf der Kündigungsfrist

467 Problematisch ist, zu welchem Zeitpunkt eine vor Dienstantritt ausgesprochene Kündigung die Kündigungsfrist in Lauf setzt.
Das *BAG* (9.5.1985 EzA § 620 BGB Nr. 75) vertritt die Auffassung, dass dann, wenn es an einer Parteivereinbarung fehlt, eine Vertragslücke vorliegt, die nach den Grundsätzen der ergänzenden Vertragsauslegung (§§ 133, 157 BGB) zu schließen ist. Folglich ist darauf abzustellen, welche Regelung die Parteien getroffen hätten, wenn sie sich dieses Umstandes bewusst gewesen wären.
Dieser mutmaßliche Parteiwille ist aufgrund der Interessenlage und grds. unter Berücksichtigung der besonderen Umstände des konkreten Einzelfalles zu ermitteln.

468 Die **Länge der Kündigungsfrist** oder die **Art der vorgesehenen Beschäftigung** können Anhaltspunkte dafür sein, ob ein Interesse an einer zumindest vorübergehenden Realisierung des Arbeitsvertrages gegeben und deshalb anzunehmen ist, dass die Parteien auch durch eine vorzeitige Kündigung die Kündigungsfrist nicht vor Arbeitsbeginn hätten in Lauf setzen wollen, wenn sie diese Frage geregelt hätten.

469 Ein solches Interesse fehlt i. d. R., wenn die Parteien die **kürzeste zulässige Kündigungsfrist** vereinbart haben und insbesondere dann, wenn das Arbeitsverhältnis zunächst nur der Erprobung dienen soll, also eine **Probezeit** vereinbart wird.

470 In der Literatur (vgl. *Caesar* NZA 1989, 251) wird demgegenüber z. T. die Auffassung vertreten, dass die vom BAG hervorgehobenen typischen Interessenlagen, die bei der ergänzenden Vertragsauslegung zu berücksichtigen sind, **nur Indizien** darstellen, die im Einzelfall auf ihre Stichhaltigkeit zu überprüfen sind. Im Zweifel soll danach der Satz gelten, dass die Kündigungsfrist auch bei einer Kündigung vor der vereinbarten Arbeitsaufnahme mit dem Zugang der Kündigungserklärung in Lauf gesetzt wird.

471 Das *Hessische LAG* (25.11.1996 DB 1997, 1572 gegen 18.6.1980 DB 1981, 532) geht davon aus, dass die Vereinbarung einer Vertragsstrafe für den Fall der Nichtaufnahme der vereinbarten Tätigkeit für sich alleine nicht die Annahme rechtfertigt, es entspreche dem mutmaßlichen Parteiwillen, die durch eine vor Arbeitsantritt ausgesprochene Kündigung in Lauf gesetzte Kündigungsfrist beginne erst mit dem für die Arbeitsaufnahme vertraglich vorgesehenen Zeitpunkt, wenn alle Umstände im Übrigen gegen einen derartigen Parteiwillen sprechen.

472 Auch die Kündigung eines Berufsausbildungsvertrages gem. **§ 15 Abs. 1 BBiG** vor Beginn des Berufsausbildungsverhältnisses ist nicht ausgeschlossen (*BAG* 17.9.1987 EzA § 15 BBiG Nr. 6; a. A. *LAG Berlin* 4.11.1986 NZA 1987, 421).

cc) Schadensersatzanspruch des Arbeitgebers

Sagt sich der Arbeitnehmer noch vor Dienstantritt von dem Arbeitsvertrag los oder kündigt er davor, kommt es aber zumindest zu einer vorübergehenden Aktualisierung des Arbeitsverhältnisses und tritt er gleichwohl die Arbeit auch nur vorübergehend nicht an, so kann der Arbeitgeber aus **pFV** (jetzt §§ 280 ff., 241 Abs. 2 BGB n. F.) Schadensersatz verlangen. 473

Das Schwergewicht der Vertragsverletzung liegt nicht erst im Nichtarbeiten (Unmöglichkeit) oder Zuspätarbeiten (Verzug), sondern in der in der Kündigung liegenden **Gefährdung des Vertragszwecks** (*BAG* 14.11.1975 EzA § 249 BGB Nr. 6). 474

10. Schlechtleistung der Arbeit

a) Grundlagen

Eine Schlechtleistung liegt vor, wenn der Arbeitnehmer zwar seine vertraglich übernommene Leistung erbringt, diese aber mangelhaft ist. In Betracht kommen: 475
– Quantitätsmängel infolge mangelnder Arbeitsintensität bzw. Minderleistung (z. B. Bummelei),
– Qualitätsmängel infolge nicht gehöriger Anspannung aller geistigen und körperlichen Kräfte,
– die Beschädigung der dem Arbeitnehmer überlassenen materiellen und immateriellen Güter des Arbeitgebers und Dritter (z. B. Geräte) sowie
– die Erbringung einer anderen Arbeitsleistung als durch Vertrag oder Arbeitgeberweisung vorgesehen.

b) Anspruchsgrundlage für Schadensersatzansprüche des Arbeitgebers

Nach der Rechtsprechung (*BAG* 27.10.1970 AP Nr. 44 zu § 4 TVG Ausschlussfristen) wird eine Haftung des Arbeitnehmers für Schlechtleistung generell aus dem Institut der pFV abgeleitet; es ist inzwischen durch §§ 280, 282, 241 Abs. 2 BGB n. F ausdrücklich gesetzlich normiert. 476

Deshalb hat der Arbeitnehmer Schadensersatz zu leisten, wenn er seine arbeitsvertraglichen Pflichten – zu denen gem. § 241 Abs. 2 BGB n. F. auch die Rücksicht auf die Rechte, Rechtsgüter und Interessen des Arbeitgebers gehören – **schuldhaft verletzt**, dadurch dem Arbeitgeber ein **Schaden** entstanden ist und zwischen der Vertragsverletzung und dem Schadenseintritt ein **Kausalzusammenhang** besteht. 477

c) Lohnminderung?

Eine Lohnminderung kommt dennoch nicht in Betracht, weil das Gesetz, anders als etwa beim Kaufvertrag (§§ 459 ff. BGB), eine Entgeltminderung bei mangelhaften Arbeitsleistungen nicht kennt (*BAG* 6.6.1972 AP Nr. 71 zu § 611 BGB Haftung des Arbeitnehmers). 478

d) Rechtsfolgen

aa) Unverschuldete Schlechtleistung

479 Da bei unverschuldeter Schlechtleistung eine Lohnminderung nicht in Betracht kommt (s. o. C/Rz. 478; *BAG* 17.7.1970 AP Nr. 3 zu § 11 MuSchG), muss der Arbeitgeber dann, wenn er den Arbeitnehmer zur Nachbesserung auffordert, die dafür eingesetzte Arbeitszeit ebenfalls, also letztlich nochmals vergüten.

480 Abweichungen sind insbesondere bei Akkord- oder Prämienentlohnung möglich, wenn einzel- oder kollektivvertraglich vorgesehen ist, dass das Arbeitsentgelt nur bei einer Leistung beansprucht werden kann, die bestimmten Mindestanforderungen entspricht.

481 Derartige Regelungen unterliegen einer Verhältnismäßigkeitskontrolle, die die Übertragung des Zufallsrisikos auf den Arbeitnehmer regelmäßig als unangemessen ausschließen wird. Keinesfalls darf dem Arbeitnehmer der Nachweis mangelnden Verschuldens abgeschnitten werden. Beweist er seine Schuldlosigkeit, ist eine Lohnminderung unzulässig. Denn der Arbeitnehmer schuldet keinen Erfolg, sondern nur die Zurverfügungstellung seiner Dienste.

bb) Verschuldete Schlechtleistung

482 Die gleichen Grundsätze gelten nach der Rechtsprechung des BAG (s. o. C/Rz. 478) **auch bei einer vom Arbeitnehmer verschuldeten (§ 276 BGB) Schlechtleistung**.

483 Demgegenüber wird in der Literatur (vgl. MünchArbR/*Blomeyer* § 58 Rz. 14 ff.) eine Lohnminderung bejaht, da der Arbeitnehmer nach dem Arbeitsvertrag stets vollständige bzw. ordentliche Dienste schuldet, sodass eine verschuldete Schlechtleistung auch eine verschuldete Teil-Nichterfüllung ist. Vertreten wird auch die Auffassung, dass der Arbeitgeber zwar den Lohn nicht mindern, wohl aber die der Schlechtleistung entsprechende Lohnzahlung vom Arbeitnehmer in Form von Schadensersatz zurückverlangen könne (vgl. *Beuthien* ZfA 1972, 73 ff.).

484 Demgegenüber kommen nach der Rechtsprechung (s. o. C/Rz. 478) lediglich Schadensersatzansprüche des Arbeitgebers (pFV; jetzt §§ 280 ff., 241 Abs. 2 BGB n. F.) in Betracht, was neben einer vertragswidrigen schuldhaften Schlechtleistung des Arbeitnehmers auch den Eintritt eines Schadens (z. B. Gewährleistungsansprüche gegenüber einem Kunden, Beschädigung von Geräten oder Materialien) voraussetzt. Die mangelhaft eingesetzte Arbeitskraft des Arbeitnehmers als solche stellt dagegen keine Vermögenseinbuße, also auch keinen Schaden des Arbeitgebers, dar (*BAG* 6.6.1972 AP Nr. 71 zu § 611 BGB Haftung des Arbeitnehmers).

485 Hinsichtlich der **weiteren Rechtsfolgen** der Schlechtleistung gelten die zu den Rechtsfolgen der Nichtleistung der Arbeit entwickelten Grundsätze (insbesondere zur Kürzung und zum Widerruf von Sozialleistungen sowie zur Kündigung des Arbeitsverhältnisses) entsprechend (s. o. C/Rz. 437 ff.).

11. Haftung des Arbeitnehmers

Der dem Arbeitgeber durch den Arbeitnehmer zugefügte Schaden, der entweder durch die oder gelegentlich der Arbeitsleistung bzw. infolge Ausfalls der Arbeitsleistung durch eine vertragswidrige Verletzung entstanden ist, ist von diesem nach den Grundsätzen der pFV (jetzt §§ 280 ff., 241 Abs. 2 BGB n. F.), nach Maßgabe einschlägiger Spezialbestimmungen (z. B. § 61 HGB) sowie gem. §§ 823 Abs. 1, Abs. 2 i. V. m. einem Schutzgesetz (z. B. § 303 StGB), 826 BGB zu ersetzen. **486**

a) Allgemeine Voraussetzungen

aa) Tatbestandsmerkmale der Haftungsansprüche

Das Verhalten des Arbeitnehmers muss vertragliche bzw. gesetzliche Rechte des Arbeitgebers verletzt haben und für die Rechtsgutsverletzung kausal geworden sein (sog. **haftungsbegründende Kausalität**). **487**

Erforderlich ist dafür ein **Verschulden** des Arbeitnehmers (§ 276 BGB). Vorsatz und Fahrlässigkeit müssen sich nur auf die Rechtsgutsverletzung, nicht auf den Schaden erstrecken. Der für die **Fahrlässigkeit** maßgebliche **Sorgfaltsmaßstab** richtet sich nach der vertraglich vereinbarten Stellung des Arbeitnehmers und nach seiner **Tätigkeits- und ggf. auch Altersgruppe**. Innerhalb der einzelnen Gruppen (z. B. Facharbeiter, Kraftfahrer) gilt ein **objektiv-abstrakter Maßstab**. Mit Rücksicht auf die höchstpersönliche Natur der Arbeitsleistungspflicht (§ 613 BGB) ist im Arbeitsverhältnis allerdings auf die **subjektiven Fähigkeiten** des Arbeitnehmers abzustellen (vgl. ausf. *Busemann* Die Haftung des Arbeitnehmers gegenüber dem Arbeitgeber und Dritten Rz. 27 ff.). **488**

> Grobe Fahrlässigkeit liegt vor, wenn die im Verkehr erforderliche Sorgfalt in besonders schwerem Maße verletzt worden ist, d. h. wenn das nicht beachtet wurde, was im gegebenen Fall jedem hätte einleuchten müssen und wenn selbst einfachste, ganz nahe liegende Überlegungen nicht angestellt wurden (*BAG* 28.5.1960 AP Nr. 19 zu § 611 BGB Haftung des Arbeitnehmers). Maßgeblich sind die persönlichen Umstände des Schädigers (vgl. *BAG* 18.1.1972 AP Nr. 69 zu § 611 BGB Haftung des Arbeitnehmers). **489**

So sind etwa bei Unfällen im Straßenverkehr das Alter des Arbeitnehmers, die Dauer des Führerscheinbesitzes und die Fahrpraxis von Bedeutung.

Beispiel:
Wer als Berufskraftfahrer wegen **Nichtbeachtung einer auf »Rot« geschalteten Lichtzeichenanlage** einen Verkehrsunfall verursacht, handelt in aller Regel grob fahrlässig (*BAG* 12.11.1998 EzA § 611 BGB Arbeitnehmerhaftung Nr. 65; vgl. dazu *Schüren* SAE 2000, 212 ff.). **490**

Schließlich muss dem Arbeitgeber ein Schaden entstanden sein (§§ 249 ff. BGB). **491**
Letztlich muss die Verletzung des Rechtsguts kausal für den daraus entstandenen Schaden geworden sein (sog. **haftungsausfüllende Kausalität**). Allerdings werden dem Verursacher nur diejenigen Schadensfolgen zugerechnet, deren Eintritt im Augenblick dieses Ereignisses vom Standpunkt eines erfahrenen Beobachters aus nicht völlig unwahrscheinlich erscheinen konnte (vgl. MünchArbR/*Blomeyer* § 59 Rz. 5). **492**

bb) Grundsätze der Schadensberechnung

493 Bei der Schadensberechnung müssen schadensmindernde Faktoren berücksichtigt werden.

494 Im Wege der **Vorteilsausgleichung** müssen alle Vorteile des Geschädigten auf den Schaden angerechnet werden (z. B. ersparte Aufwendungen in Form von Lohnkosten, Verpflegungskosten, Versicherungsbeiträgen, Steuern), die adäquat-kausal durch das schadensstiftende Ereignis verursacht wurden, deren Anrechnung dem Geschädigten auch zumutbar ist, die dem Zweck des Schadensersatzes entsprechen und den Schädiger nicht unbillig entlasten.

495 Zu beachten ist schließlich auch der **Einwand des rechtmäßigen Alternativverhaltens**. Ein Schadensersatzanspruch besteht demnach dann nicht, wenn der Schaden auch dann eingetreten wäre, wenn sich der Schädiger rechtmäßig verhalten hätte (vgl. MünchArbR/*Blomeyer* § 59 Rz. 6).

cc) Ersatzfähige Schäden

496 Ersatzfähige Schäden sind unmittelbare Schäden an Materialien, Geräten, Maschinen, Gebäuden sowie sonstige Vermögenseinbußen des Arbeitgebers, etwa der Verlust von Kunden.

497 Ggf. ist die Schadenshöhe gem. § 287 ZPO zu schätzen. Der Arbeitnehmer haftet auch für **mittelbare Schäden**, etwa für die infolge Schlüsselverlusts entstehenden Folgekosten beim Austausch der gesamten Schließanlage, für vom Arbeitgeber aufgewendete **Detektivkosten** in angemessener Höhe, wenn ein konkreter Tatverdacht für Vermögensschädigungen durch den Arbeitnehmer vorliegt, den **Verlust von Schadensfreiheitsrabatten** (vgl. BAG 23.6.1981 EzA § 611 BGB Arbeitnehmerhaftung Nr. 36), u. U. auch für **Rechtsanwaltskosten** und bis zu deren Höhe auch für die Kosten eines **Inkasso-Institutes** (vgl. ausf. *Busemann* Die Haftung des Arbeitnehmers gegenüber dem Arbeitgeber und Dritten Rz. 17 ff., 25 ff.).

dd) Aufrechnung mit Schadensersatzansprüchen

498 Mit entsprechenden Schadenersatzansprüchen kann der Arbeitgeber z. B. gegen den Lohnanspruch des Arbeitnehmers grds. **nur bis zum pfändungsfreien Betrag aufrechnen** (§ 394 BGB, § 850 ff. ZPO).

499 Etwas anderes gilt aber dann, wenn dem Arbeitgeber ein Schadensersatzanspruch aus einer **vorsätzlichen unerlaubten Handlung** oder wegen vorsätzlicher Vertragsverletzung des Arbeitnehmers zusteht und der Arbeitnehmer bereits ausgeschieden ist (Arglisteinwand; vgl. BAG 28.8.1964 AP Nr. 9 zu § 394 BGB).

b) Haftungsbeschränkung im Arbeitsverhältnis

aa) Grundlagen

500 Der Arbeitnehmer haftet grds. in vollem Umfang für alle von ihm verursachten und zu vertretenden Schädigungen des Arbeitgebers nach den Grundsätzen der pFV (jetzt §§ 280 ff., 241 Abs. 2 BGB n. F.) bzw. gem. §§ 823 ff. BGB. Dies erscheint unbillig, weil wegen der Dauerhaftigkeit der Arbeitsleistung sich gelegentliche Fehler nicht vermeiden lassen und der Arbeitnehmer fremdbestimmte Arbeit innerhalb der Arbeitsorganisation des Arbeitgebers leistet. Zudem schuldet er vertraglich keinen Leistungserfolg, sondern lediglich eine Leistungshandlung; das dafür bezogene Arbeitsentgelt vergütet das Handeln, nicht aber die Übernahme eines Risikos (vgl. ausf. *Busemann* Die Haftung des Arbeitnehmers gegenüber dem Arbeitgeber und Dritten Rz. 30 ff.).

bb) Entwicklung der Rechtsprechung des BAG

(1) Das Kriterium der gefahrgeneigten Arbeit

Das *BAG* (GS 25.9.1957 AP Nr. 4 zu §§ 898, 899 RVO; 20.3.1973 AP Nr. 72 zu § 611 BGB Haftung des Arbeitnehmers; 21.1.1974 AP Nr. 74 zu § 611 BGB Haftung des Arbeitnehmers) ist daher zunächst davon ausgegangen, dass für die sog. gefahr- oder schadensgeneigte Arbeit eine Haftungsbeschränkung erforderlich ist. Sie griff dann ein, wenn es die konkrete Tätigkeit mit hoher Wahrscheinlichkeit mit sich brachte, dass auch einem sorgfältigen Arbeitnehmer gelegentlich Fehler unterliefen, mit denen wegen der menschlichen Unzulänglichkeit erfahrungsgemäß zu rechnen ist. 501

Entscheidend war weder die Schadenshöhe noch die allgemeine Beschaffenheit der Arbeit, sondern die **situationsgebundene Gefahrenlage** bei der im Einzelfall konkret ausgeübten Tätigkeit. Deshalb war z. B. die Tätigkeit des Berufskraftfahrers nicht gefahrgeneigt bei einer Fahrt bei schönem Wetter auf verkehrsarmer, übersichtlicher Straße mit trockener Fahrbahn (vgl. *BAG* 13.5.1970 AP Nr. 56 zu § 611 BGB Haftung des Arbeitnehmers). 502

Diese Haftungsbeschränkung erfasste nicht nur die vertraglichen, sondern auch die gesetzlichen Ansprüche – insbesondere § 823 Abs. 1, 2 BGB. 503

(2) Differenzierung der Haftung nach drei Verschuldensgraden

Das *BAG* (13.5.1970 AP Nr. 56 zu § 611 BGB Haftung des Arbeitnehmers) ist dann, wenn diese Voraussetzungen erfüllt waren, im Hinblick auf das im Rahmen des § 254 Abs. 1 BGB zu Lasten des Arbeitgebers zu berücksichtigende Betriebsrisiko zunächst davon ausgegangen, dass der Arbeitnehmer bei sog. »leichtester Fahrlässigkeit« überhaupt nicht haftet. Bei mittlerer Fahrlässigkeit sollte eine Schadensaufteilung zwischen den Vertragspartnern unter Berücksichtigung aller Umstände des Einzelfalles eintreten; bei Vorsatz und grober Fahrlässigkeit sollte der Arbeitnehmer uneingeschränkt haften (vgl. ausf. *von Hoyningen-Huene* BB 1989, 1889). 504

(3) Ausschluss der Haftung auch bei mittlerer Fahrlässigkeit

Seit 1983 hat das *BAG* (23.3.1983 EzA § 611 BGB Gefahrgeneigte Arbeit Nr. 14) sodann die Auffassung vertreten, dass das Betriebsrisiko des Arbeitgebers bei einer nichtschweren Schuld des Arbeitnehmers (d. h. bei leichtester, normaler, mittlerer Fahrlässigkeit) bei gefahrgeneigter Arbeit dessen Verschuldenshaftung gem. § 254 BGB überhaupt ausschließe. Denn wegen der mit der technischen Entwicklung verbundenen Vergrößerung der Haftungsrisiken könne die fallbezogene Risikozurechnung der vorherigen Auffassung des BAG (s. o. C/Rz. 504) keine sachgerechte Ausgestaltung der Haftung des Arbeitnehmers mehr darstellen, sodass ein weder vorsätzlich noch grob fahrlässig verursachter Schaden vom Arbeitgeber allein zu tragen sei. 505

C. Der Inhalt des Arbeitsverhältnisses

(4) Rückkehr zur Differenzierung nach drei Verschuldensgraden; Berücksichtigung von Versicherungsmöglichkeiten

506 Seit 1987 geht das *BAG* (24.11.1987 AP Nr. 16, 17 zu § 611 BGB Gefahrgeneigte Arbeit) dagegen davon aus, dass ein Schaden, den ein Arbeitnehmer bei gefahrgeneigter Arbeit nicht grob fahrlässig verursacht hat, bei Fehlen einer individual- oder kollektivrechtlichen Vereinbarung über weitergehende Haftungserleichterungen grds. zwischen Arbeitgeber und Arbeitnehmer quotenmäßig zu verteilen ist.
Dabei sind die Gesamtumstände von Schadensanlass und Schadensfolgen nach Billigkeits- und Zumutbarkeitsgrundsätzen gegeneinander abzuwägen. Solange dem Arbeitnehmer eine »**normale Fahrlässigkeit**« vorzuwerfen ist, müssen sich der Arbeitgeber und der Arbeitnehmer den Schaden teilen. In welcher Höhe der Arbeitnehmer den Schaden zu zahlen hat, hängt vom **Einzelfall** ab (*LAG Rheinland-Pfalz* 19.6.2001 – 5 Sa 391/01 –; vgl. ausf. *Busemann* Die Haftung des Arbeitnehmers gegenüber dem Arbeitgeber und Dritten Rz. 34 ff.).).

507 Zu Lasten des Arbeitgebers (vgl. § 254 BGB) kann ins Gewicht fallen, dass der Schaden in einer den Rückgriff des Versicherers ausschließenden Weise **hätte versichert werden können**. Zwar ist der Arbeitgeber gegenüber dem Arbeitnehmer nicht verpflichtet, z. B. für ein betriebseigenes Kfz eine Kaskoversicherung abzuschließen, wenn sich dies nicht aus dem Arbeitsvertrag oder den das Arbeitsverhältnis gestaltenden Bestimmungen ergibt. Im Rahmen der Gesamtabwägung kann eine nicht abgeschlossene Kaskoversicherung aber dazu führen, dass der Arbeitnehmer **nur in Höhe einer Selbstbeteiligung haftet**, die bei Abschluss einer Kaskoversicherung zu vereinbaren gewesen wäre (vgl. *LAG Bremen* 26.7.1999 NZA-RR 2000, 126; vgl. ausf. *Busemann* Die Haftung des Arbeitnehmers gegenüber dem Arbeitgeber und Dritten Rz. 31).

Beispiel:
508 So kann im Hinblick auf den Zeitwert des Unfallfahrzeugs eine Kaskoversicherung mit der höchstmöglichen Selbstbeteiligung von 1 000 Euro u. U. vom Arbeitgeber verlangt werden, sodass das verbleibende Risiko von 1 000 Euro dem Arbeitnehmer im Hinblick auf den Verdienst eines Kraftfahrers zumutbar ist. Ebenso kann u. U. vom Arbeitgeber verlangt werden, für ein erst zwei Jahre altes Fahrzeug im Wert von 4 000 Euro eine Kaskoversicherung mit einer Selbstbeteiligung in Höhe von 325 Euro abzuschließen.

509 Das *BAG* (24.11.1987 AP Nr. 16, 17 zu § 611 BGB Gefahrgeneigte Arbeit) hat diese nunmehr vertretene Auffassung damit begründet, dass sich **dem geltenden Recht** (§§ 276, 254 BGB) eine **generelle Haftungsbeschränkung** der zuvor angenommenen Art (s. o. C/Rz. 505) **nicht entnehmen lässt** und zudem die Voraussetzungen für eine richterliche Rechtsfortbildung mangels entsprechender gemeinsamer Rechtsüberzeugung insoweit nicht gegeben sind (vgl. *Ahrens* DB 1996, 334 ff.; *Lipperheide* BB 1993, 720 ff.).

510 Der Arbeitgeber, der mit einer Versicherungsgesellschaft, bei der seine LKW nach § 1 PflVG pflichtversichert sind, vereinbart, dass er von **jedem** von der Versicherung **regulierten Schaden 2.000 DM selbst trägt**, kann diesen Betrag **nicht** in die Schadensberechnung eines quotal vom Arbeitnehmer zu tragenden Schadens aus einem von

C. Der Inhalt des Arbeitsverhältnisses

diesem mit mittlerer Fahrlässigkeit verursachten Verkehrsunfall **einfließen lassen** (*LAG Bremen* 26.7.1999 NZA-RR 2000, 126).

(5) Haftungsbeschränkung bei grober Fahrlässigkeit

Selbst bei grober Fahrlässigkeit kann nach der Auffassung des *BAG* (12.10.1989 EzA § 611 BGB Gefahrgeneigte Arbeit Nr. 23) dann, wenn es sich um gefahrgeneigte Arbeit handelt, eine Haftungserleichterung zugunsten des Arbeitnehmers eingreifen. 511

Denn auch dann kann gegenüber dem Verschulden des Arbeitnehmers das vom Arbeitgeber zu tragende Betriebsrisiko ins Gewicht fallen und zu einer möglicherweise nicht unerheblichen Herabsetzung der Schadensersatzpflicht führen. Die Entscheidung darüber ist nach **Abwägung aller Umstände des Einzelfalles** zu treffen. 512

Dabei kann entscheidend sein, ob der Verdienst des Arbeitnehmers in einem deutlichen Missverhältnis zum Schadensrisiko der jeweiligen Tätigkeit steht. Dies kommt z. B. in Betracht, wenn Arbeitnehmer teure Fahrzeuge des Arbeitgebers zu führen oder wertvolle Maschinen zu bedienen haben. 513

Beispiele:
– Übernimmt ein Arbeitnehmer in der Frühschicht (5 Uhr) das Steuer eines schweren Spezialfahrzeugs, obwohl er in der vorangegangenen Nacht erhebliche Mengen Alkohol zu sich genommen und nur wenig oder schlecht geschlafen hat, und nickt er infolge des Restalkohols und der Übermüdung schon in der ersten halben Arbeitsstunde ein, beruht ein dadurch verursachter Unfall auf grober Fahrlässigkeit. Von dem am Fahrzeug des Arbeitgebers entstandenen Schaden von 150 000 DM hat er angesichts eines Monatsverdienstes von 2 400 DM netto und einer unfallfreien Betriebszugehörigkeit von drei Jahren lediglich 20 000 DM zzgl. 9% Verzugszinsen zu zahlen (*LAG München* 21.9.1995 LAGE § 611 BGB Arbeitnehmerhaftung Nr. 20; ebenso *BAG* 23.1.1997 NZA 1998, 140 bei einem mit 1,41 Promille verursachten Unfall). 514
– Hat ein Arbeitnehmer infolge Alkoholeinflusses (2,15 Promille) einen Verkehrsunfall verursacht, liegt grobe Fahrlässigkeit vor. Eine Schadenshöhe von ca. 37.000 DM allein rechtfertigt aber nach Auffassung des *LAG Rheinland-Pfalz* (2.11.1995 BB 1996, 1941) aber nicht die Annahme, dass durch die Begleichung eine Existenzgefährdung eintritt und deswegen eine Haftungsbeschränkung geboten ist. 515
– Hat ein auf 580 DM-Basis beschäftigter Aushilfsarbeiten bei einem erstmaligen Einsatz als Aushilfsfahrer wegen Nichtbeachtung der zulässigen Durchfahrtshöhe an einer Stahlträger-Gitterbrücke einen Schaden in Höhe von 11.788,60 DM verursacht, zu dessen Zahlung er rechtskräftig verurteilt worden ist, so hat er, wenn er neben dem Arbeitseinkommen noch eine Rente wegen Erwerbsunfähigkeit wegen eines Verkehrsunfalls in Höhe von 1276,70 DM bezog, gegen den Arbeitgeber einen Anspruch auf Freistellung gegenüber dem geschädigten Dritten in Höhe von 9.951,90 DM sowie der gesamten Verfahrenskosten (*LAG Nürnberg* 20.3.1996 NZA-RR 1997, 3). 516
– Andererseits kann eine Haftungserleichterung bei grober Fahrlässigkeit dann ausscheiden, wenn der Arbeitnehmer mit besonders grober (gröbster) Fahrlässigkeit handelte. Das hat das *BAG* (25.9.1997 EzA § 611 BGB Arbeitnehmerhaftung 517

C. Der Inhalt des Arbeitsverhältnisses

Nr. 63) z. B. angenommen, als eine Assistenzärztin anlässlich einer Magenoperation einer Patientin mit der Blutgruppe Null zwei Blutkonserven verabreichte, ohne zu bemerken, dass es sich um die von einer vorangegangenen Operation stammenden Blutkonserven der Blutgruppe A handelte und die Patientin daraufhin verstarb.

518 – Verursacht ein Auslieferungsfahrer mit dem LKW seines Arbeitgebers einen Verkehrsunfall, weil er **während der Fahrt ein Telefongespräch** mit seinem Handy geführt, dabei in Unterlagen geblättert hat, die auf dem Beifahrersitz lagen und deshalb den Wechsel der Ampelanlage von »Grün« auf »Rot« übersehen hat, so handelt er grob fahrlässig. Bei einem Bruttomonatseinkommen von 5.400 DM und einem Schaden in Höhe von 6.705,50 DM nach Abzug einer Selbstbeteiligung besteht keine Veranlassung, die Haftung wegen eines deutlichen Missverhältnisses zwischen Verdienst des Arbeitnehmers und verwirklichtem Schadensrisiko der Tätigkeit zu mindern (*BAG* 12.11.1998 EzA § 611 BGB Arbeitnehmerhaftung Nr. 65; vgl. auch *LAG Köln* 15.9.1998 NZA 1999, 991 Ls.).

519 – Auf einen im Rahmen der **Privatnutzung des Firmen-Pkw** verursachten Unfall sind die Haftungserleichterungen mangels betrieblicher Tätigkeit **nicht anwendbar** (*LAG Köln* 15.9.1998 NZA 1999, 991 Ls.).

(6) Aufgabe des Kriteriums der Gefahrgeneigtheit

520 Der Große Senat des *BAG* (12.6.1992 EzA § 611 BGB Arbeitnehmerhaftung Nr. 58) ist schließlich davon ausgegangen, dass an der Gefahrgeneigtheit der Arbeit als Voraussetzung einer Beschränkung der Arbeitnehmerhaftung nicht festgehalten werden sollte.

521 Denn bei der Haftung des Arbeitnehmers für dem Arbeitgeber zugefügte Schäden innerhalb betrieblicher Tätigkeit müssen die **Besonderheiten des Arbeitsverhältnisses** und die Wertungen des Grundgesetzes berücksichtigt werden.

522 Das Arbeitsverhältnis ist geprägt einerseits u. a. durch die unternehmerische und betriebsorganisatorische Gestaltungs- und Entscheidungsfreiheit des Arbeitgebers, durch das Weisungsrecht gegenüber dem Arbeitnehmer und durch soziale Schutzpflichten, andererseits durch die Einbindung des Arbeitnehmers in das gesamte betriebliche Geschehen, durch seine Weisungsabhängigkeit und seine soziale Schutzbedürftigkeit.

523 Diesen Besonderheiten ist unter dem Aspekt der Art. 1, 2, 12, 14 GG durch eine alle Umstände berücksichtigende verfassungskonforme Auslegung der §§ 276, 254 BGB Rechnung zu tragen. Der Gesetzgeber hat dies durch § 276 Abs. 1 BGB n. F. ausdrücklich anerkannt, indem dort nunmehr vorgesehen ist, dass der Schuldner Vorsatz und Fahrlässigkeit zu vertreten hat, wenn eine strengere oder mildere Haftung weder bestimmt, noch aus dem sonstigen Inhalt des Schuldverhältnisses zu entnehmen ist.

524 Bei der Haftung für Schäden, die der Arbeitnehmer dem Arbeitgeber in Ausführung betrieblicher Verrichtungen zugefügt hat, ist deshalb ein **innerbetrieblicher Schadensausgleich** durchzuführen, und zwar **ohne Rücksicht darauf, ob im Einzelfall gefahrgeneigte Arbeit vorliegt oder nicht**.

525 Nachdem sich der *BGH* (21.9.1993 AP Nr. 102 zu § 611 BGB Haftung des Arbeitnehmers) der Rechtsauffassung des Großen Senats des BAG im Ergebnis angeschlossen hat, hat dieser (27.9.1994 EzA § 611 BGB Arbeitnehmerhaftung Nr. 59)

die Anwendung der Grundsätze über die Beschränkung der Arbeitnehmerhaftung auf Arbeiten ausgedehnt, die durch den Betrieb veranlasst sind und aufgrund eines Arbeitsverhältnisses geleistet werden, auch wenn diese Arbeiten nicht gefahrgeneigt sind.

cc) Abwägungskriterien
Bei der Bestimmung der Haftungsquote bei mittlerer Fahrlässigkeit sind nach der Rechtsprechung des *BAG* (24.11.1987 EzA § 611 BGB Gefahrgeneigte Arbeit Nr. 16; vgl. auch *BAG* GS 25.9.1957 AP Nr. 4 zu §§ 888, 899 RVO) zahlreiche Umstände maßgeblich: 526

Zu berücksichtigen sind der Grad des dem Arbeitnehmer zur Last fallenden Verschuldens, die Gefahrgeneigtheit der Arbeit, die Höhe des Schadens, ein vom Arbeitgeber einkalkuliertes oder durch Versicherung deckbares Risiko (vgl. dazu *Hübsch* BB 1998, 690 ff.), die Stellung des Arbeitnehmers im Betrieb und die Höhe des Arbeitsentgelts, in dem möglicherweise eine Risikoprämie enthalten ist. Auch können unter Umständen die persönlichen Lebensverhältnisse des Arbeitnehmers wie die Dauer seiner Betriebszugehörigkeit, sein Lebensalter, seine Familienverhältnisse und sein bisheriges Verhalten zu berücksichtigen sein. Dieser Katalog ist für weitere Kriterien offen, denn die Umstände, denen je nach Lage des Einzelfalles ein unterschiedliches Gewicht beizumessen ist, können im Hinblick auf die Vielzahl möglicher Schadensursachen nicht abschließend bezeichnet werden (vgl. ausf. *Peifer* ZfA 1996, 70 ff.; *Busemann* Die Haftung des Arbeitnehmers gegenüber dem Arbeitgeber und Dritten Rz. 39 ff.).). 527

Bei **hohen Schadenssummen** kann die Haftung unbillig sein (vgl. dazu *Annuß* NZA 1998, 1089 ff.); das **Arbeitsentgelt kann Aufschluss darüber geben, ob das Schadensrisiko angemessen vergütet wird**. In entsprechender Anwendung des § 254 BGB kann eine nicht abgeschlossene Kaskoversicherung dazu führen, dass der Arbeitnehmer nur in Höhe einer Selbstbeteiligung haftet, die bei Abschluss einer Kaskoversicherung zu vereinbaren gewesen wäre (s. o. C/Rz. 506). 528

dd) Haftpflichtversicherung des Arbeitnehmers
Die Haftungsbeschränkung entfällt, soweit der Arbeitnehmer aufgrund einer gesetzlichen Vorschrift haftpflichtversichert ist, und zwar ohne Rücksicht darauf, ob der Arbeitgeber oder er selbst die Prämie zahlt. Der Ausschluss der Haftungserleichterung ist allerdings auf den von der Versicherung gedeckten Teil des Schadens begrenzt (*BAG* 30.10.1963 AP Nr. 30 zu § 611 BGB Haftung des Arbeitnehmers). 529
Diese Grundsätze gelten aber nicht, wenn der Arbeitnehmer **freiwillig gegen die Folgen grober Fahrlässigkeit bei seiner Berufshaftpflichtversicherung versichert** war, sodass dann auch bei grober Fahrlässigkeit eine Haftungsmilderung in Betracht kommt (*BAG* 25.9.1997 EzA § 611 BGB Arbeitnehmerhaftung Nr. 63).

ee) Mitverschulden des Arbeitgebers (§ 254 BGB)

§ 254 BGB beschränkt die Haftung des Arbeitnehmers bei sog. Organisationsfehlern (*BAG* 18.6.1970 AP Nr. 57 zu § 611 BGB Haftung des Arbeitnehmers). Der Arbeitgeber muss durch geeignete Maßnahmen nach Möglichkeit bereits die Ent- 530

C. Der Inhalt des Arbeitsverhältnisses

stehung eines Schadens verhindern oder zumindest in Grenzen halten (vgl. ausf. *Busemann* Die Haftung des Arbeitnehmers gegenüber dem Arbeitgeber und Dritten Rz. 45).

531 Belastend wirkt eine **fehlende Aufklärung und Einweisung** des Arbeitnehmers, insbesondere von Anfängern sowie die **unterlassene Kontrolle** des Arbeitnehmers, die **Überlassung von schadhaften Geräten und Material** sowie schließlich ein Verhalten des Arbeitgebers, das zu einer Überforderung oder Übermüdung des Arbeitnehmers geführt hat (*BAG* 18.1.1972 AP Nr. 69 zu § 611 BGB Haftung des Arbeitnehmers).
Beispiele:

532 So haftet eine Flugbegleiterin, die entgegen einschlägiger Dienstvorschriften bei einem Flug keinen Reisepass mit sich führt und damit eine von der Einreisebehörde gegen das Luftfahrtunternehmen verhängte Einreisestrafe von 3 000 US-Dollar verursacht, zwar ihrem Arbeitgeber wegen schuldhafter Verletzung des Arbeitsvertrages auf Schadensersatz. Neben der Milderung der Haftung, die eintritt, weil es sich um eine betriebliche Tätigkeit gehandelt hat, ist bei der Haftungsquote darüber hinaus ein Mitverschulden des Arbeitgebers zu berücksichtigen, das dann gegeben ist, wenn das Luftfahrtunternehmen keinerlei Kontrolle zur Überprüfung der Einreisedokumente der Flugbegleiterin vorgenommen hat (*BAG* 16.2.1995 EzA § 611 BGB Arbeitnehmerhaftung Nr. 60).
Ein Arbeitgeber kann von seinen Arbeitnehmern nur dann Schadensersatz wegen des Verlusts eines Generalschlüssels verlangen, wenn er **sie zuvor darauf hingewiesen** hat, dass er im Falle eines Verlustes des Schlüssels beabsichtigt, Schlösser auszutauschen und welche Kosten dies annähernd verursacht (*Hessisches LAG* 15.1.1998 LAGE § 249 BGB Nr. 12).

533 Für das Verhalten Dritter hat der Arbeitgeber gem. §§ 254, 278, 831 BGB einzustehen.

Bei vorsätzlicher Schadensverursachung durch den Geschädigten oder einen seiner satzungsmäßig berufenen Vertreter entfällt die Ersatzpflicht des nur fahrlässig handelnden Schädigers völlig (*BAG* 7.5.1998 NZA 1998, 1051).

ff) Detektivkosten

534 Der Arbeitnehmer hat dem Arbeitgeber die durch das Tätigwerden eines Detektivs entstandenen Kosten zu erstatten, wenn der Arbeitgeber anlässlich eines konkreten Tatverdachts gegen den Arbeitnehmer einem Detektiv die Überwachung des Arbeitnehmers überträgt und der Arbeitnehmer einer vorsätzlich vertragswidrigen Handlung überführt wird (*BAG* 17.9.1998 EzA § 249 BGB Nr. 23; 3.12.1985 BB 1987, 689; *ArbG Berlin* 21.11.2000 NZA-RR 2001, 527; *Lepke* DB 1985, 1231; *Frölich* NZA 1996, 464; *Lingemann/Göpfert* DB 1997, 374; *Busemann* Die Haftung des Arbeitnehmers gegenüber dem Arbeitgeber und Dritten Rz. 39). Das ist z. B. dann der Fall, wenn der Arbeitnehmer sich während der ärztlich attestierten Arbeitsunfähigkeit **genesungswidrig** verhält. Die aus dieser Vertragspflichtsverletzung resultierende Schadensersatzpflicht erstreckt sich auf alle **Aufwendungen des Geschädigten**, soweit sie nach den Umständen des Falles als notwendig anzusehen sind. Der Arbeitgeber kann in einem derartigen Fall auch nicht

C. Der Inhalt des Arbeitsverhältnisses

darauf verwiesen werden, er habe die Beobachtung des Arbeitnehmers mit eigenen Arbeitnehmern vornehmen lassen können und müssen. Er darf sich vielmehr der Personen bedienen, die – als Detektive – in Ermittlungstätigkeiten erfahren sind (*LAG Rheinland-Pfalz* 15.6.1999 NZA 2000, 260).

Hinsichtlich der **Schadenshöhe** ist zu beachten, dass sich die Grenze der Ersatzpflicht nach den Maßnahmen richtet, die ein **vernünftig denkender Mensch** nach den Umständen des Falles zur Beseitigung der Störung bzw. zur Schadensverhütung als erforderlich ergriffen haben würde (*BAG* 3.12.1985 BB 1987, 689; *Busemann* Die Haftung des Arbeitnehmers gegenüber dem Arbeitgeber und Dritten Rz. 59).

Nach Auffassung des *LAG Berlin* (– 17 Ta 6117/01 –; a. A. *LAG Hessen* 23.10.1998 NZA 1999, 1350 Ls.) steht die rechtskräftige Abweisung eines materiell-rechtlichen Anspruchs auf Ersatz von Detektivkosten der Berücksichtigung dieser Kosten in einem **gerichtlichen Kostenfestsetzungsverfahren** nicht entgegen. Denn zu den nach §§ 91 ff. ZPO zu erstattenden Prozesskosten gehören grds. Detektivkosten dann, wenn sie zur Vorbereitung eines konkreten Prozesses gedient haben (so bereits *LAG Hamm* 28.8.1991 LAGE § 1 KSchG Verhaltensbedingte Kündigung Nr. 34; 7.11.1995 DB 1996, 278). **535**

c) Darlegungs- und Beweislast

Die Beweislast für die Pflicht- bzw. Rechtsgutsverletzung, die haftungsbegründende und haftungsausfüllende Kausalität sowie den Schaden trägt der Arbeitgeber; steht der objektive Tatbestand fest, trägt der Arbeitnehmer die Beweislast für mangelndes Verschulden an sich gemäß 282 BGB a,.F. bzw. in analoger Anwendung des § 282 BGB a. F. **536**

Das *BAG* (17.9.1998 EzA § 611 BGB Arbeitnehmerhaftung Nr. 64; vgl. dazu *Mache* ArbuR 1999, 117; *Boemke* SAE 2000, 8 ff.; *Deinert* RdA 2000, 22 ff.) ist aber zuletzt davon ausgegangen, dass das Verschulden des Arbeitnehmers und insbesondere die den Grad des Verschuldens ausmachenden Tatsachen vom Arbeitgeber darzulegen und ggf. zu beweisen sind. § 282 BGB a. F. findet keine entsprechende Anwendung. Sofern kein Verstoß gegen Anordnungen durch Verkehrszeichen vor Ort gegeben ist, kann deshalb z. B. bei einem auf unangepasster Fahrweise beruhenden Verkehrsunfall **grds. jeder Verschuldensgrad** gegeben sein (*LAG Köln* 22.1.1999 NZA-RR 1999, 408). Aufgrund einer gestuften Darlegungslast ist der Arbeitnehmer i. d. R. gehalten, zu den schadensverursachenden Umständen vorzutragen, wenn er über die konkreten Umstände informiert ist. **537**

Der Gesetzgeber hat der Rechtsprechung des *BAG* (17.9.1998 EzA § 611 BGB Arbeitnehmerhaftung Nr. 64) inzwischen Rechnung getragen und sie durch § 619 a BGB ausdrücklich normiert. Die Regelung ist entsprechend anzuwenden, soweit sich das Verschulden des Arbeitnehmers auf den durch die Pflichtverletzung herbeigeführten Schaden beziehen muss (*Oetker* BB 2002, 42 ff.). **538**

C. Der Inhalt des Arbeitsverhältnisses

d) Mankohaftung

539 Im Rahmen der Mankohaftung besteht der Schaden des Arbeitgebers in **Fehlbeträgen** in einer vom Arbeitnehmer geführten Kasse, der **Nichtauslieferung von Gegenständen**, die dem Arbeitnehmer zum Transport übergeben worden sind, Fehlbeständen an den dem Arbeitnehmer anvertrauten Warenbeständen (z. B. Lager) oder ihm zur Ausführung der Arbeit überlassenen Gegenständen (vgl. ausf. *Busemann* Die Haftung des Arbeitnehmers gegenüber dem Arbeitgeber und Dritten Rz. 48 ff.).

aa) Mankoabrede

540 Gem. § 241 BGB können die Parteien in den Grenzen der §§ 138, 242 BGB, § 4 Abs. 3 TVG eine sog. Mankoabrede treffen. Ihr Inhalt ist daraufhin auszulegen, ob der Arbeitnehmer nur für verschuldetes Manko eintreten – was bei fehlender Zahlung eines besonderen Mankogeldes zu vermuten ist – oder ob er ohne Rücksicht auf ein Verschulden haften soll.

541 Für eine verschuldensunabhängige Mankohaftung ist grds. eine ausdrückliche Abrede erforderlich; sie kann sich auch aus den Umständen des Einzelfalles ergeben, z. B. dann, wenn ein zusätzliches Mankoentgelt zum Gehalt bezahlt wird, das dem Durchschnitt der nach regelmäßigem Verlauf der Dinge zu erwartenden Fehlbestände entspricht.

542 Voraussetzung für die Zulässigkeit einer Mankoabrede ist, dass sie eine sinnvolle, den Eigenarten des Betriebes und der Beschäftigung angepasste Beweislastverteilung enthält, oder eine vom Verschulden des Arbeitnehmers unabhängige Haftung für in seinem Arbeits- und Kontrollbereich aufgetretene Fehlbeträge darstellt, für die ein angemessener, gleichwertiger wirtschaftlicher Ausgleich gewährt wird (*BAG* 9.4.1957 AP Nr. 4 zu § 611 BGB Haftung des Arbeitnehmers; 17.9.1998 EzA § 611 BGB Arbeitnehmerhaftung Nr. 64; vgl. dazu *Lausnicker/Schwirtzek* BB 1999, 259; *Mache* ArbuR 1999, 118; *Boemke* NZA 2000, 8 ff; *Deinert* RdA 2000, 22 ff.). Die Begründung einer Erfolgshaftung ohne besondere Mankovergütung oder über die Höhe des vereinbarten Mankogeldes hinaus ist unzulässig. **Die Abrede wird regelmäßig dahin auszulegen sein, der Arbeitnehmer solle auch bei größeren Schäden jedenfalls nur bis zur Höhe des Mankogeldes haften** (*BAG* 2.12.1999 NZA 2000, 715; vgl. dazu *Deinert* ArbuR 2001, 25 ff.).

bb) Rechtliche Grenzen

543 Eine derartige Vereinbarung ist gem. **§ 138 Abs. 2 BGB** sittenwidrig, wenn zwischen dem Mankorisiko des Arbeitnehmers und dem Mankoentgelt ein auffälliges Missverhältnis besteht. Dem Risiko angemessen ist das Mankoentgelt, bei unverschuldeter Mankohaftung, nur dann, wenn seine Höhe dem Durchschnitt der erfahrungsgemäß zu erwartenden Fehlbeträge entspricht (*BAG* 27.2.1970 AP Nr. 54 zu § 611 BGB Haftung des Arbeitnehmers; s. o. B/Rz. 392 ff.).

544 Nicht statthaft ist eine Mankoabrede, wenn der Arbeitnehmer nicht die Möglichkeit hat, Mankoschäden wirksam zu bekämpfen, vor allem, wenn auch andere Personen Zugang zu den Beständen haben (*BAG* 22.11.1973 EzA § 626 BGB n. F. Nr. 33). Fehlbeträge, deren Entstehung außerhalb des Einflussbereichs des Filialpersonals liegt, müssen ausgenommen sein (*BAG* 13.2.1974 EzA § 611 BGB Arbeitnehmerhaftung Nr. 21).

Nach Auffassung des *ArbG Nürnberg* (11.6.1997 ARST 1998, 10) haftet deshalb eine 545
Kassiererin eines Großmarktes gem. §§ 133, 157, 254 BGB trotz einer Mankovereinbarung, nach der sie gegen Zahlung eines Mankogeldes von 30 DM monatlich etwaige Mankobeträge, die bei den täglichen Abrechnungen entstehen, aus eigenen Mitteln in voller Höhe auszugleichen hat, nicht verschuldensunabhängig für Kassenfehlbeträge, die durch **vorsätzlich begangene Straftaten Dritter** entstanden sind. Dies soll jedenfalls dann gelten, wenn der Schaden ungewöhnlich hoch (5.000 DM) ist.

cc) Darlegungs- und Beweislast
Der **Arbeitgeber** hat die Mankoabrede (einschließlich ihrer Gültigkeit, d. h. vor al- 546
lem, dass das Risiko finanziell angemessen vergütet wird), den Schaden (das Manko und seine Höhe) und die haftungsbegründende Kausalität (d. h. die Tatsache, dass das Manko durch eine pflichtwidrige Handlung des Arbeitnehmers entstanden ist; insoweit genügt allerdings der Beweis, dass der Arbeitnehmer alleinigen Zugang zum Bestand hatte; *BAG* 11.11.1969 AP Nr. 49 zu § 611 BGB Haftung des Arbeitnehmers) darzulegen und zu beweisen.

Grds. zulässig waren vertragliche Vereinbarungen, nach denen sich das Verkaufs- 547
personal beim Eintritt von Fehlbeständen gem. § 282 BGB a. F. zu entlasten hat (*BAG* 13.2.1974 EzA § 611 BGB Arbeitnehmerhaftung Nr. 21). Ob das im Hinblick auf die gesetzliche Neuregelung des **§ 619 a BGB** (s. o. C/Rz. 538) auch **weiterhin gilt**, ist **zweifelhaft**. Versteht man diese Beweislastregelung als nicht dispositiv, sondern zwingend, wofür die systematische Einordnung nach dem die Unabdingbarkeit von Arbeitgeberpflichten regelnden § 619 BGB spricht (so *Däubler* NZA 2001, 1333), kommen derartige Vereinbarungen in ab dem 1.1.2002 abgeschlossenen Arbeitsverträgen **nicht mehr in Betracht** und verlieren in bestehenden Verträgen ab dem 1.1.2003 ihre Wirksamkeit (Art. 229 § 5 EGBGB).

dd) Mankohaftung ohne vertragliche Vereinbarung

(1) Grundlagen
Fehlt eine besondere Mankoabrede, so gelten die allgemeinen Vorschriften (pFV, jetzt 548
§§ 280 ff., 241 Abs. 2 BGB n. F.; §§ 823 ff. BGB); gem. §§ 254, 278, 831 BGB kann der Anspruch gemindert oder ausgeschlossen sein, z. B. bei Organisationsmängeln oder fehlender Überwachung.

(2) Besonderheiten bei wirtschaftlicher Dispositionsbefugnis des Arbeitnehmers
Fraglich ist, ob und inwieweit eine Mankohaftung des Arbeitnehmers in besonderen 549
Ausnahmefällen auch ohne vertragliche Mankoabrede in Betracht kommt.
Insoweit ist nach der Rechtsprechung des *BAG* (9.4.1957 AP Nr. 4 zu § 611 BGB Haftung des Arbeitnehmers; 13.3.1964 AP Nr. 32 zu § 611 BGB Haftung des Arbeitnehmers; 29.1.1985 EzA § 611 BGB Arbeitnehmerhaftung Nr. 41) von folgenden **Grundsätzen** auszugehen:

C. Der Inhalt des Arbeitsverhältnisses

550 Der Arbeitnehmer, der eine besondere Vertrauensstellung bekleidet, die der Stellung eines Geschäftsführers angenähert ist, ist dem Arbeitgeber in erhöhtem Maße rechenschaftspflichtig. Auch wenn ihm nicht alle Funktionen des Geschäftsführers anvertraut sind, so ist er doch auch bei der Abrechnung mit dem Geschäftsherrn für die Geschäftsausgaben beweispflichtig. Auf ihn finden die Vorschriften des BGB hinsichtlich der Auskunfts- und Herausgabepflichten des Beauftragten oder des Geschäftsführers ohne Auftrag Anwendung (§§ 675, 681, 666, 667, 280 BGB). Der Arbeitnehmer trägt insoweit also die Beweislast dafür, welche Beträge er im Interesse des Betriebes aufgewendet hat.

551 Dies gilt auch dann, wenn dem Arbeitnehmer ein Kassen- oder Warenbestand so übertragen wurde, dass er **allein Zugang** zu ihm hatte und **selbstständig darüber disponieren** konnte, sodass der Arbeitnehmer diesbezüglich darlegen und beweisen muss, dass ihn an der Entstehung des Mankos kein Verschulden trifft.
Voraussetzung ist allerdings, dass der Arbeitgeber eine Tatsachenlage geschaffen hat, nach der er **nicht Besitzer der Sache** war. (*BAG* 22.5.1997 EzA § 611 BGB Arbeitnehmerhaftung Nr. 62; vgl. dazu *Deinert* RdA 2000, 22 ff.; abl. *Preis/Kellermann* SAE 1998, 133 ff., wonach in derartigen Fällen eine Haftung allein aus pVV (jetzt §§ 280 ff., 241 Abs. 2 BGB n. F.) in Betracht kommt).

552 Denn der Arbeitnehmer ist regelmäßig nicht Besitzer der ihm zur Erfüllung seiner Arbeitsleistung überlassenen Sachen, sondern Besitzdiener i. S. v. § 855 BGB. Zum Schadensersatz wegen Unmöglichkeit der Herausgabe der ihm zur Arbeitsleistung überlassenen Sachen gem. § 280 BGB ist der Arbeitnehmer nur dann verpflichtet, wenn er **unmittelbaren Besitz** an der Sache hatte. Das setzt zumindest den **alleinigen Zugang** zu der Sache und deren **selbstständige Verwaltung** voraus. Dazu wird gehören, dass der Arbeitnehmer wirtschaftliche Überlegungen anzustellen und die Entscheidungen über die Verwendung der Sache zu treffen hat (*BAG* 17.9.1998 EzA § 611 BGB Arbeitnehmerhaftung Nr. 64; vgl. dazu *Lausnicker/Schwirtzek* BB 1999, 259 ff.; *Mache* ArbuR 1999, 118; *Boemke* SAE 2000, 8 ff.; *Deinert* RdA 2000, 22 ff.; vgl. auch *BAG* 22.5.1997 AP Nr. 1 zu § 611 BGB Mankohaftung).

(3) **Beispiel: Der Kundendienstmonteur**

553 Eine entsprechende wirtschaftliche Dispositionsbefugnis hat das *BAG* (29.1.1985 EzA § 611 BGB Arbeitnehmerhaftung Nr. 41) verneint bei einem Kundendienstmonteur, der Werkzeuge und Geräte in einem Firmenfahrzeug mitzuführen hatte, denn die Werkzeuge hatte er für seine handwerkliche Tätigkeit als Fernsehmonteur zu benutzen.

554 Mitgeführte Geräte hatte er den Kunden zu überbringen. Insoweit war er Bote, nicht aber wirtschaftlich selbstständig Handelnder. Darin unterschied er sich von einem Verkaufsfahrer, dem zu Beginn der Fahrt eine bestimmte Warenmenge übergeben wird, die er umsetzen und über deren Verbleib er nach seiner Rückkehr Rechnung legen soll. Wirtschaftlich selbstständig handelte der Arbeitnehmer insoweit nur, als er für die bei den Kunden durchgeführten Arbeiten Reparaturzeiten festzusetzen, Arbeitspreise zu berechnen und Gelder einzuziehen hatte. Um diesen Bereich der Tätigkeit des Arbeitnehmers ging es jedoch im konkreten Einzelfall nicht, weil Streitgegen-

stand die Haftung des Arbeitnehmers für aus dem Firmenfahrzeug entwendete Gegenstände war.

(4) Grds. keine Haftungsbeschränkung

Eine Übertragung der zur Haftungsbeschränkung im Arbeitsverhältnis entwickelten Grundsätze (s. o. C/Rz. 500 ff.) kommt nicht in Betracht, weil die vom Arbeitnehmer übernommene spezielle Aufgabe zu gesteigerter Sorgfalt für die anvertrauten Güter verpflichtet und die Haftungsbeschränkung Arbeitgeberinteressen gefährden würde (**a. A.** *Pauly* BB 1996, 2038 ff., da keine qualitativen Unterschiede zwischen manko- und schadensgeneigter Tätigkeit erkennbar seien). 555

Etwas anderes gilt allerdings für **Bankkassierer**, wenn sie sehr umfangreiche Kassengeschäfte mit zahllosen kleinen Einzelbeträgen tätigen (*BAG* 13.5.1970 AP Nr. 56 zu § 611 BGB Haftung des Arbeitnehmers; 13.2.1974 EzA § 611 Arbeitnehmerhaftung Nr. 21; abl. MünchArbR/*Blomeyer* § 59 Rz. 85). 556

Die Grundsätze über die Beschränkung der Arbeitnehmerhaftung gelten zudem auch dann, wenn der Arbeitnehmer wegen einer im Zusammenhang mit der Verwahrung und Verwaltung eines ihm überlassenen Waren- oder Kassenbestandes begangenen pVV (jetzt §§ 280 ff., 241 Abs. 2 BGB n. F.) in Anspruch genommen wird. Dabei kann sich die Pflichtverletzung des Arbeitnehmers bereits daraus ergeben, dass durch das Verhalten des Arbeitnehmers dem Arbeitgeber ein Schaden entstanden ist. Für den Grad Verschuldens ist entscheidend, ob der Arbeitnehmer bezogen auf den Schadenserfolg vorsätzlich oder fahrlässig gehandelt hat (*BAG* 17.9.1998 EzA § 611 BGB Arbeitnehmerhaftung Nr. 64; vgl. dazu *Mache* ArbuR 1999, 118; *Deinert* RdA 2000, 22 ff.). 557

e) Haftung gegenüber Dritten

aa) Haftung nach den allgemeinen Vorschriften

Ein Arbeitnehmer, der bei seiner Arbeitsleistung einem betriebsfremden Dritten einen Schaden zufügt, haftet diesem nach den allgemeinen Vorschriften (§§ 823 ff. BGB; vgl. ausf. *Busemann* Die Haftung des Arbeitnehmers gegenüber dem Arbeitgeber und Dritten Rz. 63 ff.). Eine Haftungsbeschränkung entsprechend der für das Verhältnis Arbeitgeber/Arbeitnehmer im Arbeitsverhältnis entwickelten Grundsätze besteht nicht (*BGH* 19.9.1989 EzA § 611 BGB Gefahrgeneigte Arbeit Nr. 24). 558

Der Arbeitnehmer eines Frachtführers kann sich jedoch gegenüber dem Eigentümer des beim Transport beschädigten Gutes auf haftungsbeschränkende Geschäftsbedingungen berufen, die sein Arbeitgeber mit dem beauftragten Spediteur vereinbart hat (*BGH* 21.12.1993 EzA § 611 BGB Gefahrgeneigte Arbeit Nr. 27). 559

C. Der Inhalt des Arbeitsverhältnisses

bb) Freistellungsanspruch gegen den Arbeitgeber

560 Ist der Arbeitnehmer aufgrund dieser Grundsätze einem betriebsfremden Dritten zum Schadenersatz verpflichtet, so hat er allerdings dann, wenn es sich um eine betrieblich veranlasste Tätigkeit gehandelt hat, einen Anspruch auf Freistellung gegen seinen Arbeitgeber, soweit diesen nach den Grundsätzen des innerbetrieblichen Schadensausgleichs (s. o. C/Rz. 500 ff.) die Haftung trifft (vgl. *BAG* 24.8.1983 EzA § 249 BGB Nr. 15).

561 Der Arbeitnehmer kann von seinem Arbeitgeber **in dem Umfang** Freistellung verlangen, **in dem eine Ersatzpflicht gegenüber dem Arbeitgeber nicht bestünde**, wenn dieser den Schaden bei der Verrichtung betrieblich veranlasster Arbeit durch den Arbeitnehmer erlitten hätte.
Beispiel:
562 Wenn der Arbeitgeber einen Arbeitnehmer, von dem er weiß, dass dieser keine Fahrerlaubnis besitzt, als Kraftfahrzeugführer im öffentlichen Verkehr einsetzt, kann der Arbeitnehmer nach einem Verkehrsunfall verlangen, von den Rückgriffsansprüchen der leistungsfreien Haftpflichtversicherung freigestellt zu werden. Dies gilt selbst dann, wenn er den Unfall grob fahrlässig herbeigeführt hat (*BAG* 23.6.1988 EzA § 611 BGB Arbeitnehmerhaftung Nr. 49).

cc) Dogmatische Grundlage

563 Das *BAG* (23.6.1988 EzA § 611 BGB Arbeitnehmerhaftung Nr. 49) leitet diesen Anspruch aus der **Fürsorgepflicht** des Arbeitgebers ab; nach Auffassung von *Blomeyer* (MünchArbR § 60 Rz. 4) folgt er aus der **analogen Anwendung des § 670 BGB** i. V. m. § 257 BGB.

dd) Umfang des Freistellungsanspruchs; Pfändbarkeit

564 Der Freistellungsanspruch umfasst alle Ansprüche des Geschädigten, die mit Erfolg gegen den Schädiger geltend gemacht werden können (z. B. Schmerzensgeldansprüche, Prozesskosten; *BAG* 21.6.1963 AP Nr. 29 zu § 611 BGB Haftung des Arbeitnehmers).

Beispiele:
565 Wird der Redakteur einer Zeitschrift z. B. persönlich – etwa auf Unterlassung oder Widerruf einer falschen, von ihm veranlassten oder weitergegebenen Tatsachenbehauptung einer Zeitung – in Anspruch genommen, ohne dass ihn ein Verschulden trifft, so hat ihn der Arbeitgeber von allen ihm daraus entstehenden Kosten und Belastungen freizustellen. Es handelt sich um das typische Risiko des Presseverlegers, das nicht über die Arbeitsverträge auf die angestellten Redakteure abgewälzt werden darf (MünchArbR/*Rüthers* § 201 Rz. 95).
Bei strafrechtlichen Verurteilungen kann der Redakteur bei Vorliegen von leichter oder mittlerer Fahrlässigkeit sowohl die (vollständige oder teilweise) Bezahlung von Geldstrafen als auch die Erstattung von Prozesskosten und Schmerzensgeldern bei Persönlichkeitsverletzungen verlangen, zu denen er verurteilt worden ist (*BGH* 7.11.1990 NJW 1991, 991; s. u. C/Rz. 2302 f.).

566 Der Freistellungsanspruch ist als solcher **abtretbar** und damit auch für Dritte **pfändbar** (*BAG* 11.2.1969 AP Nr. 45 zu § 611 BGB Haftung des Arbeitnehmers).

C. Der Inhalt des Arbeitsverhältnisses

ee) Insolvenz des Arbeitgebers
Kann der Arbeitgeber infolge einer Insolvenz den Freistellungsanspruch des Arbeitnehmers nicht befriedigen, ist dieser dem Schadenersatzanspruch des Dritten – z. B. wegen der Beschädigung eines vom Arbeitgeber geleasten Betriebsmittels – **in voller Höhe** ausgesetzt (*BGH* 19.9.1989 EzA § 611 BGB Gefahrgeneigte Arbeit Nr. 24). Deshalb ist zu überlegen, ob dem Arbeitnehmer ein Zurückbehaltungsrecht an seiner Arbeitsleistung einzuräumen ist, wenn er mit teuren Geräten Dritter auf Anweisung seines Arbeitgebers arbeiten muss, solange dieser keine entsprechende Versicherung abgeschlossen hat.

567

f) Haftung gegenüber Betriebsangehörigen

aa) Grundlagen; §§ 104, 105 SGB VII
Es gelten die für die Haftung gegenüber Dritten entwickelten Grundsätze (s. o. C/Rz. 558 ff.; vgl. ausf. *Busemann* Die Haftung des Arbeitnehmers gegenüber dem Arbeitgeber und Dritten Rz. 70 ff.).

568

Zu beachten ist aber die gesetzliche Regelung der §§ 104, 105 SGB VII. Danach besteht grds. keine Haftung für Personenschäden von Arbeitskollegen, die auf einen von einem Arbeitnehmer bei betrieblicher Tätigkeit verursachten Arbeitsunfall zurückzuführen sind. Dabei kommt es nicht darauf an, ob es sich um eine Schadenszufügung im Rahmen einer schadensgeneigten Arbeit handelt oder nicht.
Der Haftungsausschluss setzt voraus, dass
– ein Personenschaden eingetreten ist, dass
– dieser durch einen Versicherungsfall (insbesondere Arbeitsunfall) verursacht wurde,
– ein Kausalzusammenhang zwischen Handlung und Schaden vorliegt,
– der Schädiger eine betrieblich tätige Person ist,
– der Geschädigte Versicherter desselben Betriebes bzw. dessen Angehöriger oder Hinterbliebener ist und
– die Haftungsfreistellung nicht ausgeschlossen ist, weil der Unfall auf einem der nach § 8 Abs. 2 Nr. 1–4 SGB VII versicherten Wege eintritt oder der Versicherungsfall vom Arbeitnehmer vorsätzlich herbeigeführt worden ist (vgl. MünchArbR/*Blomeyer* § 61 Rz. 3).

569

Zu beachten ist, dass ein **Leiharbeitnehmer** i. S. v. § 104 Abs. 1 SGB VII nur für den Entleiher tätig ist und in keiner sonstigen die Versicherung begründenden Beziehung zu einem beauftragenden Drittunternehmen steht (*OLG Hamm* 14.4.2000 NZA-RR 2000, 648).

570

Vorsätzliche Herbeiführung des Versicherungsschadens i. S. d. §§ 104 ff. SGB VII bedeutet, dass sich der **Vorsatz** (auch dolus eventualis) **auf den Körperschaden** beziehen muss. Es genügt nicht, dass der Schädiger gegen Unfallverhütungsvorschriften vorsätzlich verstößt, nicht aber den Personenschaden als solchen zumindest billigend in Kauf nimmt (*LAG Köln* 11.8.2000 ARST 2001, 69 Ls.).

571

C. Der Inhalt des Arbeitsverhältnisses

bb) Zweck der Sonderregelungen

572 Sinn und Zweck dieser Regelungen ist es, Haftungsstreitigkeiten unter den Betriebsangehörigen, die ihrerseits eine betriebliche Gefahrengemeinschaft bilden, im Interesse des Betriebsfriedens zu vermeiden, und andererseits den Arbeitgeber, der durch seine Unfallversicherungsbeiträge (§§ 150 ff. SGB VII) den eigenen Haftpflichtversicherungsschutz finanziert, von Freistellungs- und Erstattungsansprüchen der nach den Regeln des innerbetrieblichen Schadensausgleichs nur eingeschränkt oder gar nicht haftenden Arbeitnehmer zu entlasten (vgl. *BAG* 25.9.1957 AP Nr. 4 zu §§ 898, 899 RVO).

cc) Arbeitsunfall

573 Arbeitsunfall ist ein von außen her auf den Menschen einwirkendes, körperlich schädigendes, plötzliches (zeitlich begrenztes) Ereignis, das in einem inneren ursächlichen Zusammenhang mit einer nach den § 8 SGB VII versicherten Tätigkeit steht (vgl. dazu *Rolfs* NJW 1996, 3177 ff.; *ders.* referiert Rspr. zu diesen Regelungen in DB 2001, 2294 ff.).

574 Erfasst sind auch vorbereitende Tätigkeiten, Abwicklungsarbeiten, Kontrolltätigkeiten, Unfälle bei betrieblichen Gemeinschaftsveranstaltungen (z. B. Betriebsausflügen) sowie Sitzungen und Veranstaltungen z. B. des Betriebsrats. Ausgenommen sind eigenwirtschaftliche, privat-persönliche Handlungen (z. B. Privatfahrten in betrieblichen Fahrzeugen).

575 Das *LAG Düsseldorf* (27.5.1998 LAGE § 847 BGB Nr. 4) hat angenommen, dass der Tritt ins Gesäß der unterstellten Mitarbeiterin auch dann nicht zur »betrieblichen Tätigkeit« einer Vorgesetzten gehört, wenn er mit »der Absicht der Leistungsförderung oder Disziplinierung« geschieht. § 105 Abs. 1 SGB VII schließt daher einen Schadensersatzanspruch, insbesondere auf Schmerzensgeld, nicht aus. Im konkret entschiedenen Einzelfall hat das *LAG Düsseldorf* (27.5.1998 LAGE § 847 BGB Nr. 4) für eine durch den Tritt verursachte Steißbeinfraktur, verbunden mit sechswöchiger Krankschreibung und fünftägiger stationärer Nachbehandlung ein Schmerzensgeld in Höhe von 3.000 DM für angemessen gehalten. Gleiches gilt für eine grob fahrlässig zugefügte Messerstichverletzung durch einen Arbeitskollegen; das *LAG Baden-Württemberg* (6.7.1999 NZA-RR 2000, 17) hat dafür ein Schmerzensgeld von 7.000 DM für angemessen erachtet.

576 Ist die Mitnahme eines Arbeitskollegen zu einer Betriebsversammlung nicht durch die Organisation des Betriebes bedingt, weil sie im Verhältnis der Beteiligten zueinander deren Privatsache war, so greift, wenn der Arbeitskollege bei der Fahrt verletzt wird, der Haftungsausschluss nicht ein (*BGH* 11.5.1993 AP Nr. 23 zu § 637 RVO).

577 Hinsichtlich der Frage, ob ein Arbeitsunfall vorliegt, ist das Arbeitsgericht an die endgültige Entscheidung gebunden, die darüber in einem Feststellungsverfahren vor dem Sozialversicherungsträger oder in einem sozialgerichtlichen Verfahren ergeht (§ 108 Abs. 1 SGB VII).

C. Der Inhalt des Arbeitsverhältnisses

dd) Eintritt des Versicherungsfalles auf einem versicherten Weg

Seit dem 1.1.1997 ist gem. § 104 SGB VII entscheidend, ob der Versicherungsfall auf einem gem. § 8 Abs. 1 Nr. 2–4 SGB VII versicherten Weg eingetreten ist. Entscheidend ist damit, ob die »Schadensfahrt« aus der Sicht des Geschädigten und des Schädigers im Zusammenhang mit einem wegebezogenen Unfall steht. Ob damit eine nennenswerte sachliche Änderung im Verhältnis zum alten Recht der §§ 636, 637 RVO vorliegt, ist zweifelhaft. Nach der amtlichen Begründung zu § 104 SGB VII (BT-Drs. 13/2204, 100) sollen nach dem neuen Recht nicht mehr Betriebswege vom Haftungsausschluss ausgenommen sein, die unter der alten Rechtslage als »Teilnahme am allgemeinen Verkehr« gewertet wurden. Nach Auffassung von *Marschner* (BB 1996, 2091; vgl. auch *Rolfs* NJW 1996, 3177 ff.) dürfte es zu einer unterschiedlichen Beurteilung eines Sachverhalts insoweit nach altem und neuem Recht kaum kommen (vgl. *Marburger* BB 2000, 1781 ff.; *Zacharias* BB 2000, 2411 ff.). Systematisch ist damit der Wegeunfall jedenfalls zu einem **eigenständigen Versicherungsfall** geworden; er wird nicht wie nach dem früheren Recht fiktiv dem Arbeitsunfall zugeordnet. Der Haftungsausschluss entfällt, damit die Gleichartigkeit der Haftung und der Sorgfaltsanforderungen für alle Teilnehmer am allgemeinen Verkehr nicht durchbrochen wird. Darüber hinaus wäre es gegenüber den anderen Verkehrsteilnehmern auch unbillig, den schädigenden Arbeitnehmer von der Haftung frei zu stellen (MünchArbR/*Blomeyer* § 61 Rz. 25). 578

§ 8 Abs. 2 Nr. 1 SGB VII beschränkt den Versicherungsschutz grds. auf den **unmittelbar mit der versicherten Tätigkeit zusammenhängenden Weg**. Damit wird aber nicht eng allein auf einen Hin- und Rückweg abgestellt. Räumliche Abweichungen vom unmittelbaren Weg sind zum einen unter den in § 8 Abs. 2 Nr. 2–4 SGB VII vorgesehenen Fällen doch vom Versicherungsschutz umfasst. 579

Dazu gehören **Abweichungen** 580
- zum Verbringen der Kinder des Versicherten in fremde Obhut;
- im Zusammenhang mit der Bildung von Fahrgemeinschaften,
- zur Familienheimfahrt, wenn der Versicherte aufgrund der Entfernung eine eigene Unterkunft am Ort der Tätigkeit hat, die nicht Familienwohnung ist.

Der Haftungsausschluss bleibt zum anderen bestehen, soweit der Weg **zugleich betrieblich veranlasst** ist. Das ist dann der Fall, wenn der Versicherte im betrieblichen Interesse innerhalb oder außerhalb der Betriebsstätte unterwegs ist. Ist für die Beförderung ein betrieblicher Anlass vorhanden und steht diese mit dem Betrieb **in engem Zusammenhang**, dann tritt die Eigenschaft des Beförderten als Verkehrsteilnehmer in den Hintergrund. Ob das eine oder das andere vorliegt, ist nach der besonderen Lage des Einzelfalles zu beurteilen. Der Haftungsausschluss greift ferner ein, sobald sich der Unfall auf einem **eindeutig abgrenzbaren Betriebsgelände** ereignet. Fehlt es daran oder bewegt sich der Arbeitnehmer räumlich außerhalb des Betriebes, handelt es sich immer dann um eine nach § 8 Abs. 1 SGB VII versicherte Tätigkeit, wenn die dabei zurückgelegten Wege betrieblich veranlasst sind. Das ist nicht der Fall, wenn der betriebliche Zusammenhang mit der Fahrt **ein nur loser** und der **private Charakter** der Fahrt nach Anlass und Grund überwiegt. Bei Fahrten, die sowohl aus betrieblichen als auch aus rein persönlichen Gründen vorgenommen werden, ist darauf ab- 581

C. Der Inhalt des Arbeitsverhältnisses

zustellen **welche Zwecke überwiegen**. Bei Dienst- und Geschäftsreisen ist die Tätigkeit nach § 8 Abs. 1 SGB VII versichert, wenn sie in einem **inneren Zusammenhang** mit dem betrieblichen Zweck der Reise steht; insoweit können auch Tätigkeiten, die ansonsten allein dem privaten Bereich zuzuordnen sind, einen betrieblichen Bezug haben. Die Tätigkeit als Betriebsrat stellt sich auch außerhalb der Betriebsstätte als betriebliche Tätigkeit dar; entsprechende Wegeunfälle sind daher gem. § 8 Abs. 1 SGB VII versichert und vom Haftungsausschluss erfasst (MünchArbR/*Blomeyer* § 61 Rz. 27).

582 Jedenfalls stellt das **Verlassen des Arbeitsplatzes** einschließlich des Weges auf dem Werksgelände bis zum Werkstor regelmäßig noch eine betriebliche Tätigkeit i. S. v. § 105 Abs. 1 SGB VII dar. Der Weg vor dem Ort der Tätigkeit (§ 8 Abs. 2 SGB VII) beginnt mit dem **Durchschreiten oder Durchfahren des Werkstores** (*BAG* 14.12.2000 EzA § 105 SGB VII Nr. 1 = ZTR 2001, 331). Denn unter dem »Ort der Tätigkeit« ist das Betriebsgelände zu verstehen, nicht etwa nur der Raum, in dem sich der konkrete Arbeitsplatz des Mitarbeiters befindet (*LAG Köln* 13.10.1999 FA 2000, 358).

583 Anders als bei den Wegen zur Besorgung von Nahrungsmitteln oder zur Einnahme einer Mahlzeit kann bei Wegen zur Besorgung von **alkoholischen Getränken** oder sonstiger Genussmittel nicht grds. davon ausgegangen werden, dass deren Verzehr der Erhaltung oder Wiederherstellung der Arbeitskraft dient und damit versichert ist. Hierfür müssen besondere Umstände vorliegen (*BSG* 27.6.2000 – B 2 U 22/99 R –).

584 Wird ein als **Streikposten** eingesetzter Arbeitnehmer von einem arbeitswilligen Kollegen fahrlässig angefahren, handelt es sich auch nicht um einen Arbeitsunfall, der zum Haftungsprivileg nach § 105 SGB VII führt (*LAG Hamm* 17.2.1999 NZA-RR 1999, 656).

ee) **Persönliche Voraussetzungen**

(1) **Allgemeine Voraussetzungen**

585 Der Geschädigte muss im Unfallbetrieb tätig sein; der Schädiger muss in demselben Betrieb tätiger Betriebsangehöriger des Unfallbetriebes sein (§ 105 SGB VII). Ausreichend ist es, wenn Geschädigter und Schädiger Arbeitnehmer verschiedener Betriebe, aber beide in demselben Betrieb tätig sind und der betriebsfremde Arbeitnehmer in den Betrieb, in dem er (vorübergehend) arbeitet, eingegliedert ist. Für den Haftungsgrund ist es bedeutungslos, ob der Schädiger in dem Betrieb des Geschädigten oder dieser in dem Betrieb des Schädigers eingestellt ist.

586 Ein Arbeitnehmer ist in diesem Sinne in einen anderen Betrieb eingegliedert, wenn er **persönlich abhängig**, d. h. wenn der fremde Arbeitgeber ihm gegenüber weisungsberechtigt und zur Fürsorge verpflichtet ist. Diese Voraussetzungen können insbesondere bei der Verwendung von **Leiharbeitnehmern** erfüllt sein (vgl. *BAG* 15.2.1974 EzA § 637 RVO Nr. 4).

587 § 105 SGB VII gilt auch gegenüber Personen die wie ein Versicherter tätig werden, auch bei nur vorübergehender Tätigkeit (§ 2 Abs. 2 SGB VII). Der Geschädigte eines Arbeitsunfalls ist wie ein Arbeitnehmer des Unternehmers in dessen Betrieb eingeglie-

C. Der Inhalt des Arbeitsverhältnisses

dert, wenn er **eine ernstlich, dem Unternehmen dienende Tätigkeit** vornimmt, die dem mutmaßlichen Willen des Unternehmers entspricht und regelmäßig von eigenen Mitarbeitern verrichtet wird. Der Geschädigte ist dann sozialversicherungsrechtlich zu diesem Zeitpunkt Versicherter im Betrieb des Unternehmers (*AG Bremen* 8.10.1998 NZA-RR 1999, 320).

Ist die geschädigte Person gleichzeitig sowohl für einen Dritten als auch für den Unfallbetrieb tätig gewesen, ist entscheidend, welcher Aspekt seiner Tätigkeit das Gepräge gibt (*BAG* 28.2.1991 EzA § 636 RVO Nr. 12). 588

(2) Betriebliche Tätigkeit; gemeinsame Betriebsstätte
Gem. § 105 Abs. 1 S. 1 SGB VII sind von der zivilrechtlichen Haftung auch nicht betriebsangehörige Arbeitnehmer freigestellt, die durch eine betriebliche Tätigkeit einen Arbeitsunfall herbeiführen (vgl. *Marschner* BB 1996, 2091; *Rolfs* NJW 1996, 3177 ff.; *Marburger* BB 2000, 1781 ff.; *Zacharias* BB 2000, 2411 ff.; *OLG Hamm* 15.6.1998 NZA-RR 1998, 456). Verrichten Versicherte mehrerer Unternehmen vorübergehend betriebliche Tätigkeiten auf einer **gemeinsamen Betriebsstätte**, gelten §§ 104, 105 SGB VII gem. § 106 Abs. 3 letzte Alt. SGB VII für die Ersatzpflicht der für die beteiligten Unternehmen Tätigen untereinander. 589

Der Begriff der »gemeinsamen Betriebsstätte« i. S. d. gesetzlichen Neuregelung erfasst über die bisherige gesetzliche Regelung der Arbeitsgemeinschaft hinaus betriebliche Aktivitäten von Versicherten mehrerer Unternehmen, die **bewusst und gewollt bei einzelnen Maßnahmen ineinander greifen**, miteinander verknüpft sind, sich ergänzen oder unterstützen, wobei es ausreicht, dass die gegenseitige **Verständigung stillschweigend durch bloßes Tun** erfolgt (*BGH* 17.10.2000 NZA 2001, 103).
Diese Voraussetzungen sind dann nicht gegeben, wenn es im Zuge betrieblicher Tätigkeiten im Rahmen einer Zugreinigung bei der Bahn zu einem Schaden gekommen ist, bei dem sich der Geschädigte mit seinen Arbeitskollegen auf dem Rückweg befand, während die schädigenden Beklagten mit einer Rangierabteilung unterwegs waren. Da sich diese beiden Tätigkeiten beziehungslos nebeneinander vollzogen, **rein zufällig** aufeinander trafen, greift die Haftungsfreistellung nicht ein (*BGH* 17.10.2000 NZA 2001, 103).
Die Haftungsprivilegierung bei vorübergehender betrieblicher Tätigkeit auf einer gemeinsamen Betriebsstätte gilt zudem auch nicht zu Gunsten eines **nicht selbst dort tätigen Unternehmers** (*BGH* 3.7.2001 NZA 2001, 1143).
§ 106 Abs. 3 letzte Alt. SGB VII greift aber dann ein, wenn ein Zusammenwirken auf einer Baustelle zu einem **gemeinsamen Zweck**, nämlich der **Errichtung eines Bauwerks** unter Leitung und Organisation eines Architekten erfolgt (*LG Memmingen* 16.1.2001 NZA-RR 2001, 266). 590

ff) Der Haftungsausschluss

Der Haftungsausschluss betrifft alle Schadenersatzansprüche wegen Verletzung des Körpers und der Person des Geschädigten. Erfasst werden alle Kosten zur Wiederherstellung der Gesundheit (z. B. Operationen, Kuren, Aufwendungen der Angehörigen für Besuche im Krankenhaus; *BAG* 6.11.1974 EzA § 636 RVO Nr. 8). 591

C. Der Inhalt des Arbeitsverhältnisses

Ausgeschlossen sind auch Schmerzensgeldansprüche gem. §§ 823 Abs. 1, 847 BGB, denn nach überwiegend vertretener Auffassung ist das Schmerzensgeld als Personenschaden anzusehen, in dieser Vorschrift nicht erwähnt, also nicht versichert und damit auch dem Haftungsprivileg des Arbeitgebers nicht unterstellt (*BAG* 6.11.1974 EzA § 636 RVO Nr. 8).

592 Dieser Ausschluss verstößt auch bei schweren Körperschäden nicht gegen Art. 3 Abs. 1 GG, da der Nachteil angesichts eines Gesamtvergleichs zwischen dem allgemeinen Deliktsrecht und dem Unfallversicherungsrecht durch andere Vorteile kompensiert wird; die Rente aus der Unfallversicherung bei leichten und mittelschweren Unfällen wiegt ein Schmerzensgeld auf (*BVerfG* 7.11.1992 AP Nr. 6 zu § 636 RVO).

593 **Nichts anderes gilt bei Schwerstverletzungen** (*BVerfG* 8.2.1995 EzA § 636 RVO Nr. 13), denn wenn eine Verletztenrente und eine Rente aus der gesetzlichen Rentenversicherung zusammentreffen, so wird weiterhin der einen bestimmten Grenzbetrag übersteigende Betrag der Rente aus der Rentenversicherung nicht ausgezahlt (§ 93 Abs. 1 SGB VI). Damit soll erreicht werden, dass der Verletzte ein Einkommen erhält, das in etwa seinem früheren Nettoverdienst entspricht, es aber im Regelfall nicht übersteigt. Anrechnungsfrei bleibt jedoch bei der Verletztenrente der Betrag, der als Grundrente nach dem Bundesversorgungsgesetz (BVG) geleistet würde (§ 93 Abs. 2 Nr. 2 a SGB VI). Die Höhe dieses Betrags reicht derzeit je nach dem Grad der Erwerbsminderung von 225 DM bis 1 178 DM für Erwerbsunfähige (BVG i. d. F. vom 13.9.2001 BGBl. I S. 2376). Um diese Summe übersteigt die Gesamtrente den letzten Nettoverdienst. Infolge der Koppelung der Höhe des Freibetrags an den Grad der Minderung der Erwerbsfähigkeit erhalten Schwerverletzte also eine höhere Gesamtrente als Leichtverletzte mit demselben früheren Bruttoverdienst. Der Gesetzgeber wollte durch diese Neuregelung verhindern, dass der Teil der Verletztenrente, von dem angenommen wird, dass er keine Lohnersatzfunktion hat, sich rentenmindernd auswirkt. Damit sollte insgesamt eine Verbesserung für Schwerverletzte gegenüber dem bis dahin geltenden Recht erreicht werden (Entwurf eines Gesetzes zur Reform der gesetzlichen Rentenversicherung – Rentenreformgesetz 1992, BT-Drs. 11/4124, S. 174). Da der Freibetrag regelmäßig der Änderung der Lebensverhältnisse angepasst wird, wird nicht nur bei leichter Verletzten, sondern auch bei Schwerstverletzten zumindest ein Teil des immateriellen Schadens und nicht nur der Verdienstausfall durch die Gesamtrente ausgeglichen. Insofern treffen die für die Verfassungsmäßigkeit des Schmerzensgeldausschlusses angeführten Gründe sinngemäß auch für Schwerstverletzte zu.

594 Unberührt vom Haftungsausschluss bleiben jedoch Ersatzansprüche wegen eines Sachschadens. Insoweit gelten die allgemeinen Vorschriften sowie die oben (C/Rz. 500 ff.) entwickelten Grundsätze.

595 Gleichwohl hat das *LAG Düsseldorf* (25.9.1996 NZA-RR 1997, 241) angenommen, dass dann, wenn ein Arbeitnehmer einem anderen Arbeitnehmer seinen Privat-Pkw für Auslieferungsfahrten u. a. dann überlässt, wenn der hierfür vorgesehene Firmen-Pkw nicht einsatzbereit ist, sich im Wege einer ergänzenden Auslegung des damit konkludent abgeschlossenen Leihvertrages (§ 598 BGB) ergeben kann, dass er für den am Pkw seines Kollegen entstandenen Sachschaden nur nach den Grundsätzen der Haftungsbeschränkung des Arbeitnehmers bei betrieblicher Tätigkeit haftet.

C. Der Inhalt des Arbeitsverhältnisses

Auch der Haftungsausschluss nach § **104 SGB VII** (ab 1.1.1997) umfasst Ansprüche auf Schmerzensgeld nach § 847 BGB. §§ 104, 105 SGB VII lassen es allerdings im Gegensatz zu § 636 RVO ausreichen, dass der Versicherungsfall vorsätzlich herbeigeführt worden ist (s. o. C/Rz. 584 a). Das Wissen und Wollen des Schädigers muss sich dabei auf die **Handlung und deren Erfolg, nicht hingegen auf den konkreten Schadensumfang** erstrecken. Geht der Handelnde bereits bei seiner den Schaden auslösenden Handlung davon aus, es werde aufgrund getroffener – im Nachhinein festgestellt untauglicher – Vorkehrungen nichts passieren, so liegt bereits insoweit lediglich grobe Fahrlässigkeit vor, sodass der Haftungsausschluss nach § 104 SGB VII eingreift (*LAG Köln* 30.10.2000 ZTR 2001, 332 Ls.). 596

12. Schuldanerkenntnis des Arbeitnehmers

Auch im Arbeitsverhältnis finden §§ 780, 781 BGB Anwendung. Nicht selten kommt es insbesondere im Zusammenhang mit Aufhebungsverträgen zu derartigen Erklärungen (s. dazu unten D/Rz. 2517). Aber auch im bestehenden Arbeitsverhältnis können Schuldanerkenntnisse vereinbart werden. Fraglich ist dann vor allem, ob eine nachträgliche Beseitigung der maßgeblichen Willenserklärung in Betracht kommt (§§ 119, 123 BGB). 597

Das *BAG* (23.10.1998 EzA § 781 BGB Nr. 5) geht für den Fall der Drohung eines Arbeitgebers mit einer Strafanzeige wegen schädigender Handlungen des Arbeitnehmers davon aus, dass er i. d. R. nicht widerrechtlich handelt, wenn 598
– die Drohung dazu dient, den Arbeitnehmer zur Wiedergutmachung des Schadens zu veranlassen und
– er den geforderten Schadensersatz aufgrund der Angaben des Arbeitnehmers für berechtigt halten durfte.

II. Pflichten des Arbeitgebers

1. Zahlung und Sicherung des Arbeitsentgelts

a) Grundlagen

aa) Der Begriff des Arbeitsentgelts; der EURO

Das Arbeitsentgelt ist die Gegenleistung für die Arbeitsleistung des Arbeitnehmers. Inhalt der Vergütung können Leistungen aller Art sein: Geldleistungen, Verzicht auf oder Stundung von Ansprüchen, Zinsvorteile und Rabatte, Sachleistungen, Dienstleistungen sowie die Zuwendung von Rechten, nicht dagegen Ansprüche auf Aufwendungsersatz oder auf Abfindung für den Verlust des Arbeitsplatzes. 599

Erfasst sind auch Losgewinne bei einer vom Arbeitgeber im Rahmen des betrieblichen Vorschlagswesens durchgeführten Verlosung, an der alle Arbeitnehmer teilnehmen, die einen Verbesserungsvorschlag eingereicht haben, selbst dann, wenn es sich um Sachpreise handelt (*BFH* 25.11.1993 AP Nr. 3 zu § 20 ArbNErfG). 600

C. Der Inhalt des Arbeitsverhältnisses

601 Bislang hat sich das Arbeitsentgelt für Arbeitsverhältnisse, die in der BRD abgewickelt werden, regelmäßig in DM bemessen. Mit dem 1.1.1999 ist aber der EURO eingeführt worden, der mittelfristig die nationalen Währungen der beteiligten Staaten ersetzt. Nach Art. 3 des 3. EuroEG, dem DM-BeendigungsG, haben die von der Deutschen Bundesbank ausgegebenen, auf DM lautenden Banknoten und die auf DM oder Deutsche Pfennige lautenden Bundesmünzen mit dem 31.12.2001 ihre Eigenschaft als gesetzliches Zahlungsmittel verloren. Bis zum 28.2.2002 haben aber Kreditinstitute und Einzelhandel noch DM-Bargeld angenommen und ausgegeben. Im Übrigen steht die Bundesbank ab dem 1.1.2002 zum Tausch von DM in Euro zur Verfügung (vgl. *Dittrich* NJW 2000, 487).

602 Die Einführung des Euro lässt bestehende Rechte und Pflichten unberührt (Art. 3 EuroV 1). Es gilt **Rechts- und Vertragskontinuität**. Arbeitsrechtliche Vereinbarungen, die auf DM lauten, behalten also unverändert Gültigkeit. Neue Vereinbarungen konnten bis einschließlich 31.12.2001 in Euro oder DM getroffen werden; es bestand also **zunächst noch Verwendungsfreiheit** (Art. 8 Abs. 2 EuroV 2). Allerdings sind Zahlungspflichten regelmäßig in der gewählten Währungseinheit zu erfüllen (Art. 8 Abs. 1 EuroV 2). Davon macht Art. 8 Abs. 3 EuroV 2 eine Ausnahme. Im nationalen Zahlungsverkehr hat der Schuldner ungeachtet der im Vertrag bezeichneten Währung ein **Wahlrecht**, ob er seine Schuld in Euro oder in nationaler Einheit bezahlt. Der Betrag wird dem Konto des Gläubigers in der Währungseinheit seines Kontos gutgeschrieben. Die **Aufrechnung** wird durch Art. 8 Abs. 6 EuroV 2 gewährleistet. **Euro und nationale Währung gelten als gleichwertig** i. S. v. § 387 BGB. Arbeitsrechtlich kommt diese Regelung z. B. bei der Aufrechnung von Arbeitgeberdarlehen oder von Schadensersatzansprüchen zur Anwendung (vgl. *Küttner/Reinecke* Personalbuch 2001, »Euro« Rz. 3).

603 Der **unwiderruflich festgelegte Umrechnungskurs** (Art. 109 EGV) der DM in Euro **beträgt 1,95583**. Dieser Wert bestimmt damit jede Umstellung von DM auf Euro und umgekehrt, unabhängig von ihrem Zeitpunkt. Schwierigkeiten können sich ergeben, wenn arbeitsrechtliche **Rundungsregeln** bestehen, z. B. Aufrundung auf den jeweils vollen DM-Betrag. Dabei wird eine arbeitsvertragliche Vereinbarung einer ergänzenden Vertragsauslegung in dem Sinne zugänglich sein, dass sie entsprechend der Bewertung des Euro im Verhältnis zur DM von etwa 1 : 2 eine Aufrundung auf die nächsten 50 Cent/nächsten Euro zulassen wird. Dem entspricht die Handhabung des Gesetzgebers, nach der u. a. z. B. Mindeststammkapital i. S. v. § 5 Abs. 1 GmbHG nicht mehr 50.0000 DM, sondern 25.000 Euro sind (*Küttner/Reinecke* a. a. O., Rz. 5).

604 **Bestehende DM-Entgeltvereinbarungen bleiben also wirksam; sie brauchen weder gekündigt noch einvernehmlich geändert zu werden.** Die Währungsumstellung ist auch kein Grund, inhaltlich in Arbeitsverträge einzugreifen. § 115 Abs. 1 GewO, der ausdrücklich die Berechnung und Zahlung des Entgelts in DM bestimmte, ist durch Art. 2 2. EuroEG erweitert worden; der Gewerbetreibende kann die Löhne auch in Euro berechnen. Dort ist auch bestimmt, dass u. a. Tabellenwerte für Sachbezüge in Euro mit zwei Dezimalstellen umzurechnen sind. Ab dem 1.1.2003 folgt aus § 107 Abs. 1 GewO n. F., dass das Arbeitsentgelt in Euro zu berechnen und auszuzahlen ist.

C. Der Inhalt des Arbeitsverhältnisses

bb) Bemessungsgrößen

Das Arbeitsentgelt kann an die **Quantität** der geschuldeten und geleisteten Arbeit 605 (Arbeitsstunden, Monatsgehalt, Akkordlöhne und Mengenleistungsprämien), die **Qualität** (Akkord- und Prämienlohn, wenn die Arbeitsleistung nur dann bezahlt wird, wenn eine bestimmte Qualität erreicht wird), die Erfüllung **weiterer Pflichten** und die Aufrechterhaltung des Arbeitsverhältnisses (**Betriebstreue**) anknüpfen.

> Es ist i. d. R. bezogen auf die Leistungen des jeweiligen Arbeitnehmers, u. U. aber 606 auch auf die Leistung einer Arbeitnehmergruppe oder des ganzen Betriebes (vgl. MünchArbR/*Hanau* § 62 Rz. 6 ff.).

Soweit Lohngruppen oder Lohnzuschläge eine bestimmte Tätigkeitsdauer vorausset- 607 zen, ist es eine Frage der Auslegung im Einzelfall, inwieweit eine tatsächliche Tätigkeit erforderlich ist. Das *BAG* (9.2.1983 AP Nr. 46 zu § 71 TVG Tarifverträge: Bau) hat insoweit auf den Bestand des Arbeitsverhältnisses abgestellt, weil sonst z. B. unklar wäre, ob kurzfristige Unterbrechungen unschädlich oder ob nur verschuldete Fehlzeiten zu berücksichtigen sind. Allerdings kann die Berufung auf eine solche Regelung rechtsmissbräuchlich sein, wenn die Tätigkeit binnen eines Jahres verhältnismäßig geringfügig war.

cc) Tarifliche Normen; übertarifliche Entgelte

Die wichtigste Rechtsgrundlage für Arbeitsentgelte sind neben dem Arbeitsver- 608 trag Tarifverträge (s. o. A/Rz. 404 ff.). Die tariflichen Arbeitsentgelte sind i. d. R. nach Tarifgruppen gestaffelt, welche die jeweiligen Anforderungen an den Arbeitenden beschreiben. Fällt die Tätigkeit eines Arbeitnehmers in mehrere Tarifgruppen, kann der Tarifvertrag regeln, welche maßgeblich ist. I. d. R. wird auf die zeitlich überwiegende Arbeitstätigkeit abgestellt (s. u. C/Rz. 701).

> Häufig werden übertarifliche Entgelte gezahlt. Auf Tariflohnerhöhungen können 609 sie grds. angerechnet werden. Etwas anderes gilt für Zulagen für bestimmte Personen, Leistungen und Zwecke (z. B. Arbeitserschwernisse wie Kälte, Schmutz usw.), soweit bei diesen nicht ausdrücklich etwas anderes bestimmt ist.

dd) Betriebsvereinbarungen

> Wegen der Sperrwirkung der §§ 77 Abs. 3, 87 Abs. 1 BetrVG kommen Betriebsver- 610 einbarungen als Rechtsgrundlage für die Höhe des Arbeitsentgelts i. d. R. nicht in Betracht. Allerdings sieht § 87 Abs. 1 Nr. 10, 11 BetrVG die Gestaltungsmöglichkeit der Festsetzung von Grundsätzen der betrieblichen Lohngestaltung sowie der Festsetzung von Akkord- und Prämiensätzen vor. Auch können außer- und übertarifliche Entgelte Gegenstand von Betriebsvereinbarungen sein.

ee) Einzelvertragliche Entgeltregelungen

Im Rahmen arbeitsvertraglicher Entgeltregelungen spielen das Weisungsrecht sowie 611 das einseitige Leistungsbestimmungsrecht des Arbeitgebers eine geringe Rolle. Praktische Bedeutung kommt insoweit aber der **betrieblichen Übung** sowie dem **Gleichbehandlungsgrundsatz** zu (s. o. A/Rz. 584 ff., 458 ff.).

C. Der Inhalt des Arbeitsverhältnisses

ff) Freiwillige Leistungen; Widerrufsvorbehalt

612 Möglich ist auch die Gewährung freiwilliger Leistungen ohne Rechtsanspruch für die Zukunft (*BAG* 27.10.1978 EzA § 611 BGB Qualifikation, Prämie Nr. 61).

613 Soweit eine arbeitsvertragliche Entgeltregelung ohne Frist und Vorbehalt getroffen worden ist oder weil die Grundlagen des Arbeitsverhältnisses berührend, als getroffen gilt, ist eine Änderung nur entweder einvernehmlich oder durch Änderungskündigung gem. § 2 KSchG möglich. Wird dagegen der Vorbehalt der Freiwilligkeit (s. aber unten C/Rz. 833 f.) sowie des jederzeitigen Widerrufs erklärt, so kann der Arbeitgeber die Leistung mit Wirkung für die Zukunft widerrufen. Nach Auffassung des *LAG Hamm* (5.6.1998 NZA-RR 1999, 315) stellen allerdings Klauseln, wonach die Zahlung einer Gratifikation oder einer Jahressonderzahlung unter Vorbehalt erfolgt, keinen wirksamen Freiwilligkeits- oder Widerrufsvorbehalt dar, da sie gegen das Bestimmtheitsgebot verstoßen, das schon deshalb anwendbar ist, weil Widerrufs- und Freiwilligkeitsvorbehalt unterschiedliche Inhalte und Rechtsfolgen haben (*LAG Hamm* 5.6.1998 NZA-RR 1999, 315).
Der Vorbehalt der Freiwilligkeit und vergleichbare Regelungen von Entgelten sind nicht zulässig, wenn sie Änderungen ermöglichen, die den vom KSchG geschützten Bestand des Arbeitsverhältnisses in Frage stellen (s. u. D/Rz. 1735 ff.).

614 Insbesondere bei Leistungen, auf die kein Rechtsanspruch besteht und die unter dem Vorbehalt des jederzeitigen Widerrufs stehen, ist anerkannt, dass der Widerrufsvorbehalt nicht zur Umgehung des unverzichtbaren Kündigungsschutzes führen darf. Der Kernbestand des Arbeitsverhältnisses darf nicht angetastet werden; der Widerruf ist auf für das Arbeitsverhältnis nicht wesentliche Zusatzbestimmungen zu beschränken (vgl. *Kania* DB 1998, 2418 ff.).

615 Enthält ein Schreiben des Arbeitgebers, das an die Belegschaft gerichtet und am schwarzen Brett ausgehängt ist, eine übertarifliche Zulage, die unter einen Widerrufsvorbehalt gestellt ist, so wird diese Zusage in ihrer Gesamtheit als günstige Betriebsübung Inhalt des Vertrages der eintretenden Mitarbeiter. Das Angebot des Arbeitgebers ist als ganzes zu sehen, sodass nicht nur die tatsächliche Besserstellung durch die übertarifliche Leistung durch den Arbeitnehmer schlüssig angenommen werden kann, sondern auch die Widerrufbarkeit Inhalt des Vertrages wird, weil die Mehrleistung, auch wenn sie widerruflich geleistet werden soll, eine insgesamt günstigere Regelung darstellt, die durch Entgegennahme seitens der Arbeitnehmer Vertragsinhalt in eben dieser Form wird (*LAG Rheinland-Pfalz* 4.7.1996 NZA-RR 1997, 468).

616 Der Vorbehalt der Teilkündigung ist als Widerrufsvorbehalt aufzufassen (*BAG* 7.10.1982 EzA § 315 BGB Nr. 28; s. u. D/Rz. 1735 ff.). **Die Widerrufsentscheidung ist grds. gem. § 315 BGB nach billigem Ermessen zu treffen** (s. aber unten C/Rz. 612); der Arbeitgeber ist verpflichtet, die wesentlichen Umstände des Falles abzuwägen und die beiderseitigen Interessen zu berücksichtigen (*BAG* 13.5.1987 EzA § 315 BGB Nr. 34).

Beispiel:

617 Erfolgt eine Höhergruppierung eines Arbeitnehmers aufgrund einer Änderung der tariflichen Gehaltsstruktur, so entspricht es billigem Ermessen, wenn der Arbeitgeber

eine bisher im Hinblick auf die Tätigkeit des Angestellten gewährte widerrufliche Sonderzulage auf die Gehaltsdifferenz zwischen der alten und der neuen Tarifgruppe anrechnet (*BAG* 7.9.1994 EzA § 315 BGB Nr. 44).

gg) Widerrufsvorbehalt nach freiem Ermessen

Die Vereinbarung eines Widerrufsvorbehalts nach freiem, nicht an die einschränkenden Voraussetzungen des § 315 BGB gebundenen Ermessen ist jedenfalls dann unzulässig, wenn und soweit sie sich auf Bestandteile des laufenden Verdienstes bezieht. Der Arbeitnehmer kann nicht zugleich auf den Schutz kündigungsrechtlicher Vorschriften und den Schutz durch gerichtliche Ermessenskontrolle nach § 315 Abs. 3 BGB verzichten (*BAG* 13.5.1987 EzA § 315 BGB Nr. 34; vgl. auch *Kania* DB 1998, 2418 ff.). 618

Jahresleistungen des Arbeitgebers können dagegen unter den Vorbehalt des Widerrufs nach freiem Ermessen gestellt werden, weil es sich insoweit nicht um eine laufende Vergütung handelt (krit. MünchArbR/*Hanau* § 62 Rz. 110).

hh) Beispiele für den Widerruf von Entgeltbestandteilen

– Es ist fraglich, ob eine **Leistungszulage wegen unverschuldeter Krankheit** widerrufen werden kann. Ist die Krankheit des Arbeitnehmers altersbedingt und er zudem 31 Jahre dem Betrieb angehörig, ohne dass sich die Qualität seiner Arbeit verschlechtert hat, so verstößt die Kürzung der Zulage gegen billiges Ermessen (*BAG* 7.1.1971 AP Nr. 12 zu § 315 BGB). Sieht ein Tarifvertrag Leistungszulagen für dauernd über dem Durchschnitt liegende Leistungen vor, so ist längere Krankheit kein Widerrufsgrund (*BAG* 1.3.1990 DB 1990, 2127). 619

– Für die Kürzung einer **Leistungszulage** ist es nicht ausreichend, dass der Arbeitnehmer zwei Jahre vor dem Beurteilungszeitpunkt verspätet zur Arbeit erschien. Der Arbeitgeber muss die Schlechtleistung des Arbeitnehmers substantiieren, um ein Urteil über billiges Ermessen zu ermöglichen (*BAG* 13.5.1987 EzA § 315 BGB Nr. 34). 620

– Bei der **Verkleinerung des Bezirks eines Außendienstmitarbeiters** im Rahmen einer grundlegenden Neuordnung der Bezirke ist billiges Ermessen gewahrt, wenn dies nicht zu einer nachweislichen Verdienstminderung führt (*BAG* 7.10.1982 EzA § 315 BGB Nr. 28). 621

b) Entgelthöhe

aa) Grundlagen

Das Gesetz über die Festsetzung von Mindestarbeitsbedingungen vom 11.1.1952 ermöglicht die zwingende Regelung von Entgelten zur Befriedigung der notwendigen sozialen und wirtschaftlichen Bedürfnisse der Arbeitnehmer durch Rechtsverordnung. Der Bundesminister für Arbeit hat von der ihm erteilten Regelungsermächtigung aber keinen Gebrauch gemacht. 622

Folglich richtet sich die Höhe des Entgelts in erster Linie nach dem Arbeitsvertrag (in den Grenzen des § 138 BGB) sowie nach Maßgabe tariflicher Bestimmungen (s. o. C/Rz. 605).

bb) Grundsatz der Lohngleichheit von Männern und Frauen

623 Zu beachten ist der Grundsatz der Lohngleichheit für Männer und Frauen, der sich aus Art. 3 Abs. 2 GG, Art. 119 EWGV (jetzt Art. 141 EGV) und Art. 1 RL 75/117/EWG ergibt und durch § 612 Abs. 3 BGB innerstaatlich umgesetzt worden ist. **Danach darf für die gleiche oder gleichwertige Arbeit nicht wegen des Geschlechts des Arbeitnehmers eine geringere Vergütung vereinbart werden als mit einem Arbeitnehmer des anderen Geschlechts** (s. o. A/Rz. 355 u. 798; zu den Rechtsfolgen der Unvereinbarkeit arbeitsrechtlicher Regelungen mit Art. 119 EWGV [jetzt Art. 141 EGV] vgl. *Nicolai* ZfA 1996, 481 ff.).

624 Um die »**gleiche Arbeit**« handelt es sich, wenn Arbeitnehmer identische oder gleichartige Tätigkeiten ausüben. Ob die Arbeit gleich ist, muss durch einen Gesamtvergleich der Tätigkeiten ermittelt werden. Bei einzelnen Abweichungen ist die jeweils überwiegende Tätigkeit maßgebend. Ein nur teilweiser und vorübergehender Einsatz an denselben Maschinen rechtfertigt die Annahme gleicher Arbeit nicht, wenn die betreffenden Arbeitnehmer auch andere Tätigkeiten ausüben, für die sie nach dem Inhalt ihrer Arbeitsverträge eingestellt worden sind.

625 Um eine »**gleichwertige**« **Arbeit** handelt es sich, wenn Arbeitnehmer Tätigkeiten ausüben, die nach objektiven Maßstäben der Arbeitsbewertung denselben Arbeitswert haben. Auch insoweit ist ein Gesamtvergleich der Tätigkeiten erforderlich. Dabei ist der jeweils erforderliche Umfang von Vorkenntnissen und Fähigkeiten zu berücksichtigen. Die Tarifpraxis und die Verkehrsanschauung können Anhaltspunkte geben.

626 Werden Arbeitnehmer, wie im Arbeitsvertrag vereinbart, zu mehreren unterschiedlichen Arbeiten eingeteilt (vielseitige Verwendbarkeit), so kann dies eine insgesamt höhere Bewertung der Arbeit rechtfertigen als die jeweils geschuldete einzelne Tätigkeit (*BAG* 23.8.1995 EzA § 612 BGB Nr. 18; vgl. dazu *Henssler/Schaffner* SAE 1997, 186 ff.).

627 Sind männliche und weibliche Arbeitnehmer mit der gleichen Arbeit beschäftigt und entlohnt der Arbeitgeber fast die Hälfte der Männer, dagegen nur 1/10 der Frauen über Tarif, dann liegt hierin ein Verstoß gegen § 612 Abs. 3 BGB, wenn die höhere Entlohnung der männlichen Arbeitnehmer nicht durch Gründe gerechtfertigt ist, die nicht auf das Geschlecht bezogen sind.

628 Die nach § 612 Abs. 3 S. 3 i. V. m. § 611 a Abs. 1 S. 3 BGB für die Verlagerung der Beweislast auf den Arbeitgeber erforderlichen Tatsachen, die eine Benachteiligung wegen des Geschlechts vermuten lassen, sind jedenfalls dann durch die zahlenmäßig wesentlich größere nachteilige Betroffenheit der Angehörigen eines Geschlechts glaubhaft gemacht, wenn die Kriterien für die Entlohnungspraxis des Arbeitgebers für die Arbeitnehmer nicht durchschaubar sind. Nach dem Grundsatz der gemeinschaftsrechtskonformen Auslegung beruht eine Entgeltdiskriminierung jedenfalls dann auf einer Vereinbarung i. S. d. § 612 Abs. 3 S. 1 BGB, wenn der unterschiedlichen Behandlung zumindest eine Vereinbarung mit den begünstigten Arbeitnehmern zugrunde liegt. Eine Vereinbarung mit dem benachteiligten Arbeitnehmer muss nicht hinzukommen. Offen ist, ob angesichts der Vorgaben des Gemeinschaftsrechts dem Tatbestandsmerkmal der Vereinbarung in § 612 Abs. 3 S. 1 BGB eigenständige Bedeutung zukommen kann.

629 Im Falle eines Verstoßes gegen § 612 Abs. 3 BGB haben die wegen ihres Geschlechts benachteiligten Arbeitnehmer Anspruch auf die Leistungen, die der bevorzugten Gruppe gewährt werden (*BAG* 23.9.1992 EzA § 612 BGB Nr. 16).

Art. 119 EWGV (jetzt Art. 141 EGV) und die RL 75/117/EWG verlangen aber weder, dass Arbeitnehmerinnen während des **Mutterschaftsurlaubs** weiter das volle Arbeitsentgelt erhalten, noch ergeben sich aus diesen Normen bestimmte Kriterien für die Bestimmung der Höhe der den Arbeitnehmerinnen während dieses Zeitraums zu zahlenden Leistungen, sofern sie nicht so niedrig festgesetzt werden, dass dadurch der Zweck des Mutterschaftsurlaubes gefährdet wird. Soweit jedoch bei der Berechnung auf einen Lohn abgestellt wird, den die Arbeitnehmerin vor Beginn des Mutterschaftsurlaubes erhalten hat, sind in diese Leistungen Lohnerhöhungen, die zwischen dem Beginn des Zeitraums, für den die Referenzlöhne gezahlt worden, und dem Ende des Mutterschaftsurlaubes erfolgt sind, ab ihrem In-Kraft-Treten einzubeziehen (*EuGH* 13.2.1996 EzA Art. 119 EWG-Vertrag Nr. 37).

630

cc) Zinsen

(1) Berechnungsfaktoren
Gerät der Arbeitgeber mit der Entgeltzahlung in Verzug, so sind die Verzugszinsen auf der Grundlage der **Bruttovergütung** zu berechnen (*BAG* GS 7.3.2001 EzA § 288 BGB Nr. 3; vgl. auch *Griebeling* NZA 2000, 1249; *Walker/Reichenbach* FA 2001, 290 ff.; *Schaller/Eppelein* NZA 2001, 193 ff.; *Pairan* FA 2001, 98 ff.). Der Verzugszinssatz beträgt gem. § 288 Abs. 1 BGB **5 % über dem Basiszinssatz/Jahr** (d. h. zwischen 11 und 14 %; vgl. dazu *Henkel/Kessler* NJW 2000, 3089; *Koch* NJW 2000, 3115; *Mauer* NZA 2000, 983; *Treber* NZA 2001, 187 ff.; gem. § 247 Abs. 1 BGB n. F. beträgt dieser ab dem 1.1.2002 2,57 % pro Jahr und verändert sich jeweils zum 1.1. und 1.7. eines jeden Jahres). Die Anwendung dieser Regelung setzt aber voraus, dass **der Arbeitnehmer Verbraucher i. S. d. § 13 BGB ist** (dafür *Däubler* NZA 2001, 1332 f.; a. A. *Joussen* NZA 2001, 749; *Löwisch* NZA 2001, 466; *Bauer/Kock* DB 2002, 42 ff.). Denn andernfalls beträgt der Zinssatz gem. **§ 288 Abs. 2 BGB n. F.** in Arbeitsverhältnissen, die nach dem 1.1.2002 begründet werden und bei zuvor begründeten Arbeitsverhältnissen ab dem 1.1.2003 (Art. 229 § 5 EGBGB) bei Rechtsgeschäften, an denen ein Verbraucher nicht beteiligt ist, für Entgeltforderungen **8 % über dem Basiszinssatz**. Dagegen spricht aber, dass diese Regelung **nur für den Geschäftsverkehr** gilt, also für Rechtsgeschäfte, an denen auf beiden Seiten Unternehmer beteiligt sind (*Bauer/Kock* DB 2002, 42 ff.).

631

(2) Formulierung des Klageantrags
Sachgerecht erscheint folgender Klageantrag:
»Der Beklagte wird verurteilt, an den Kläger Euro (Betrag) brutto nebst Zinsen in Höhe von fünf Prozentpunkten über dem Basiszinssatz nach § 1 des Diskontsatz-Überleitungs-Gesetzes vom 9.6.1998 (BGBl. I S. 1242; zuletzt geändert am ...) ab dem ... (Verzugsbeginn/Rechtshängigkeit) zu zahlen.«

632

Diese Formulierung genügt dem zivilprozessualen **Bestimmtheitsgrundsatz** (§ 253 Abs. 2 Nr. 2 ZPO). Zwar lässt sich dem Klageantrag die beantragte und zugesprochene Zinshöhe nicht entnehmen. Die Bezugnahme auf externe Berechnungsgrößen ist aber dann statthaft, wenn
- die **Berechnungsfaktoren**, auf die verwiesen wird, **eindeutig und unmissverständlich** bezeichnet sind,
- die **Berechnungsmodalitäten klar fixiert** sind,
- es sich um objektive, für eine Vielzahl von Fällen und unabhängig vom Einfluss der Parteien ermittelbare **Maßstäbe** handelt und

633

C. Der Inhalt des Arbeitsverhältnisses

– die Berechnungsfaktoren aus **allgemein bekannten** oder aus allgemein zugänglichen **Quellen** sicher und ohne großen Aufwand ermittelbar sind (vgl. *Stürner/Münch* JZ 1987, 182 f.).

634 Diesen Kriterien wird durch den vorgeschlagenen Klageantrag entsprochen (zutr. *Treber* NZA 2001, 190 ff. m. w. N.). Denn die weiteren Modalitäten zur Berechnung der Zinssumme (Hauptforderung und Zinsbeginn) ergeben sich aus dem Titel. Bei dem Basiszinssatz handelt es sich um einen objektiven, eindeutigen Faktor, der durch seine Veröffentlichung im Bundesanzeiger leicht feststellbar ist und von den Parteien nicht beeinflusst werden kann. Klageantrag und Tenor können sich insofern auf den Zinsbeginn und die Aufnahme des Gesetzeswortlauts beschränken.

(3) Urteilstenor

635 Der Tenor eines arbeitsgerichtlichen Urteils lautet dann: »Der Beklagte wird verurteilt, an den Kläger Euro ... (Betrag) brutto nebst Zinsen in Höhe von fünf Prozentpunkten über dem Basiszinssatz nach § 1 des Diskontsatz-Überleitungs-Gesetzes vom 9.6.1998 (BGBl. I S. 1242; zuletzt geändert am ...) ab dem (Verzugsbeginn/ Rechtshängigkeit) zu zahlen.«

636 Mit dieser Tenorierung wird weder von den Vollstreckungsorganen Unzumutbares verlangt, noch die Last der Zinsberechnung ungerechtfertigt dem Gerichtsvollzieher zugeschoben. Denn dieser muss auch dann die angefallenen Zinsen für die nachfolgende Zeit berechnen, wenn die Zinssumme nur bis zum Tag der Einreichung der Klage oder bis zur letzten mündlichen Verhandlung beziffert wird, und dies ggf. unter Ermittlung eines zwischenzeitlich veränderten Basiszinssatzes. Der einzutreibende Zinsbetrag kann – zumal unter Nutzung gängiger Berechnungssoftware – **ohne besonderen Zeitaufwand** für den gesamten Verzugszeitraum in Abhängigkeit von dem dynamischen Basiszinssatz ermittelt werden. Im Wechsel- und Scheckrecht ist dies seit langem und im Bereich des Verbraucherkreditrechts seit Beginn der neunziger Jahre gängige Praxis (zutr. *Treber* NZA 2001, 192).

c) Brutto- und Nettoentgelte

aa) Die Besteuerung des Arbeitseinkommens

(1) Grundlagen

637 Der Arbeitnehmer ist einkommensteuerpflichtig. Die Einkommensteuer auf den Arbeitslohn wird durch unmittelbaren Steuerabzug vom Arbeitslohn erhoben (Lohnsteuer, § 38 Abs. 1 EStG). Der Arbeitgeber ist aufgrund öffentlich-rechtlicher Vorschriften (§§ 38 Abs. 3, 41 a Abs. 1 EStG) verpflichtet, die Lohnsteuer zu berechnen, einzubehalten und für den Arbeitnehmer abzuführen.

638 Er kann diese Vorauszahlung vom vereinbarten (Brutto-)Lohn abziehen (vgl. zur Ermittlung des maßgeblichen Einkommens, sowie zum Verfahren der Einkommensbesteuerung des Arbeitnehmers MünchArbR/*Hanau* § 64 Rz. 3–32; zur Vorgehensweise bei Zahlungsschwierigkeiten des Arbeitgebers vgl. *Müller* BB 1997, 2050 ff.).

Steuerfrei sind Zuschläge, die für tatsächlich geleistete Sonntags-, Feiertags- oder Nachtarbeit neben dem Grundlohn gezahlt werden, soweit sie je nach der Zeit, in der sie durchgeführt wurde, bestimmte Prozentsätze des Grundlohns nicht übersteigt (§ 3 b EStG). 639

Das **Abführen der Lohnsteuer** hat der Arbeitgeber unentgeltlich und unter Kontrolle der Finanzbehörden zu erledigen. Kommt er seinen Pflichten nicht ordnungsgemäß nach, so kommt gem. § 42 d Abs. 1 EStG seine Haftung für die Lohnsteuer in Betracht. Zwar bleibt der **Arbeitnehmer** gegenüber dem Finanzamt **Schuldner der Lohnsteuer**. Der Arbeitgeber haftet aber, falls er die Lohnsteuer nicht vorschriftsmäßig einbehalten und abgeführt hat, als Gesamtschuldner (§ 42 d Abs. 3 S. 1 EStG). 640

(2) Abrechnungs-, Zahlungs- und Mitteilungspflichten des Arbeitgebers gegenüber dem Arbeitnehmer

aaa) Grundlagen
Die Rechtsbeziehungen zwischen dem Arbeitnehmer und dem Arbeitgeber aus Anlass des Lohnsteuerverfahrens sind Teil des Arbeitsverhältnisses, wobei die beiderseitigen Pflichten durch Vorschriften des Auftragsrechts konkretisiert werden (*BAG* 19.1.1979 EzA § 670 Nr. 13). 641
Daraus folgt, dass der Arbeitgeber dem Arbeitnehmer eine **Abrechnung** über die einbehaltenen Beträge zu erteilen, diese zu **erläutern** sowie die Unterlagen (z. B. Lohnsteuerkarte) **richtig und vollständig zu führen** hat.

Zahlt der Arbeitgeber schließlich die Vergütung aus, ohne Lohnsteuer einzubehalten, muss er den Arbeitnehmer darauf hinweisen, dass er die Zahlungen selbst versteuern muss, insbesondere dann, wenn der Arbeitgeber von einer freien Mitarbeit, der Arbeitnehmer hingegen erkennbar von einem Arbeitsverhältnis ausgeht (*BAG* 27.3.1958 AP Nr. 2 zu § 670 BGB). 642

Schließlich hat der Arbeitgeber den Arbeitnehmer von Nachforderungen des Finanzamts umgehend in Kenntnis zu setzen, damit dieser sich darauf einrichten und ggf. auch einen Rechtsbehelf einlegen kann (*BAG* 23.3.1961 AP Nr. 9 zu § 670 BGB). 643

bbb) Lohnabrechnung als Schuldanerkenntnis?
Fraglich ist, ob die in der Lohnabrechnung enthaltenen tatsächlichen Angaben, z. B. über die Zahl der verbliebenen Urlaubstage, ein Schuldanerkenntnis darstellen. 644
Ein abstraktes Schuldanerkenntnis (§ 781 BGB) kommt i. d. R. schon deshalb nicht in Betracht, weil bei den heute zumeist maschinell erstellten Abrechnungen die gesetzliche Schriftform (§§ 781, 126 BGB) nicht eingehalten wird. Denn die Gehaltsabrechnung enthält dann nicht die Unterschrift des Arbeitgebers. 645
Eine Ausnahme von der Formvorschrift nach § 782 BGB kommt nicht in Betracht. Denn Gehaltsabrechnungen sind keine Abrechnungen oder Vergleiche i. S. d. § 782 BGB, da der Arbeitnehmer an ihnen nicht mitwirkt (*BAG* 10.3.1987 EzA § 7 BUrlG Nr. 55). 646
In Betracht kommt allerdings ein **deklaratorisches Schuldanerkenntnis**. 647

C. Der Inhalt des Arbeitsverhältnisses

Teilt der Arbeitgeber dem Arbeitnehmer in einer Lohnabrechnung z. B. die Zahl der noch nicht gewährten Urlaubstage mit, so kann darin u. U. ein bestätigendes (deklaratorisches) Schuldanerkenntnis liegen, durch das es ihm verwehrt ist, einzuwenden, er schulde in dieser Höhe nicht (*BAG* 10.3.1987 EzA § 7 BUrlG Nr. 55; 1.10.1991 EzA § 7 BUrlG Nr. 81).

648 Ein Schuldanerkenntnisvertrag liegt dann vor, wenn die vereinbarte Regelung zum Ziel hat, ein bestehendes Schuldverhältnis insgesamt oder in einzelnen Beziehungen dem Streit oder der Ungewissheit der Parteien zu entziehen. Mit ihm wird bezweckt, für die Zukunft die Vertragsbeziehungen auf eine verlässliche Basis zu stellen. Er setzt übereinstimmende Willenserklärungen voraus.

Inwieweit durch ein deklaratorisches Schuldanerkenntnis Einwendungen des Schuldners gegen den Anspruch ausgeschlossen sind, ist eine Frage der Auslegung.

649 Grds. enthält die Lohn- oder Gehaltsabrechnung jedoch kein Schuldanerkenntnis. In aller Regel teilt der Arbeitgeber in der Lohnabrechnung, zu der er nach §§ 133 h, 134 Abs. 2 GewO (bis 31.12.2002, ab 1.1.2003 für alle Arbeitnehmer gem. § 108 GewO n. F.), § 82 Abs. 2 BetrVG, tarifvertraglich oder arbeitsvertraglich (Nebenpflicht) verpflichtet ist, dem Arbeitnehmer nur die Höhe des Lohns oder sonstiger Ansprüche mit.

650 Die Lohnabrechnung hat nicht den Zweck, streitig gewordene Ansprüche endgültig festzulegen. Bei Irrtümern kann deshalb keine Seite die andere am Inhalt der Mitteilung festhalten. Der Lohnabrechnung kann somit regelmäßig nicht entnommen werden, dass der Arbeitgeber z. B. die Zahl der angegebenen Urlaubstage auch dann gewähren will, wenn er diesen Urlaub nach Gesetz, Tarifvertrag oder Arbeitsvertrag nicht schuldet.

651 Erst recht ergibt sich aus ihr nicht, dass der Arbeitgeber auf den zukünftigen Einwand des Erlöschens des Anspruchs durch Zeitablauf verzichten will.

Will er mit der Abrechnung eine derartige Erklärung abgeben, so müssen dafür besondere Anhaltspunkte gegeben sein (*BAG* 10.3.1987 EzA § 7 BUrlG Nr. 55; vgl. auch *ArbG Regensburg* 12.3.1997 BB 1997, 1539).

652 Demgegenüber stellt nach Auffassung des *LAG Düsseldorf* (12.2.1971 DB 1971 1774; ebenso MünchArbR/*Hanau* § 64 Rz. 68) die Abrechnung des Arbeitgebers über die einbehaltenen Beträge (Lohnsteuer, Sozialabgaben) regelmäßig ein deklaratorisches Schuldanerkenntnis dar.

653 Auch das *BAG* (21.4.1993 EzA § 4 TVG Ausschlussfristen Nr. 103) geht aber jedenfalls davon aus, dass dann, wenn der Arbeitgeber durch Abrechnung eine Forderung vorbehaltlos ausgewiesen hat, der Arbeitnehmer sie nicht mehr geltend machen muss, um eine Ausschlussfrist zu wahren. Die Pflicht zur Geltendmachung wird auch nicht dadurch wieder begründet, dass der Arbeitgeber die Forderung später bestreitet.

(3) Fehlerhafte Berechnung und Zahlung der Lohnsteuer; fehlerhafte Lohnsteuerbescheinigung; Progressionsschaden nach unwirksamer Kündigung

654 Hat der Arbeitgeber zu viel Lohnsteuer abgeführt, besteht ein **Erfüllungsanspruch** des Arbeitnehmers, denn die Zahlung der Lohnsteuer stellt nur insoweit eine Erfül-

C. Der Inhalt des Arbeitsverhältnisses

lung dar, als sie in gesetzlicher Höhe erfolgt. Wurde zu wenig Lohnsteuer abgeführt und der Arbeitnehmer daher vom Finanzamt unmittelbar in Anspruch genommen, besteht bei einer originären Nettolohnvereinbarung eine **Erstattungspflicht** des Arbeitgebers.

Wird der Arbeitgeber nachträglich durch das Finanzamt in Anspruch genommen, ohne dass eine originäre Nettolohnvereinbarung vorliegt (s. u. C/Rz. 659 ff.), so besteht ein Erstattungsanspruch aus der **Redlichkeitspflicht des Arbeitnehmers**, die durch das Auftragsrecht konkretisiert wird (*BAG* 14.6.1974 AP Nr. 20 zu § 670 BGB); weiterhin kommen Ansprüche aus § 426 Abs. 1 S. 1 Abs. 2 BGB in Betracht (MünchArbR/*Hanau* § 64 Rz. 70 ff.). 655

Die Lohnsteuernachforderung ist dabei nicht nach der anteiligen individuellen Steuerschuld des Arbeitnehmers, sondern allein unter Berücksichtigung der in der Lohnsteuerkarte eingetragenen Merkmale zu berechnen (Lohnsteuerkartenprinzip). Vom Arbeitgeber veranlasste Ahnungslosigkeit des Arbeitnehmers über eine Steuerbefreiung und die Nichtvorlage vorhandener Belege, um eine Steuerbefreiung für Sonntags-, Feiertags- und Nachtzuschläge nach § 3 b EStG zu erreichen, können zum Entfallen des Erstattungsanspruchs des Arbeitgebers führen (*LAG Saarland* 18.6.1997 DB 1997, 1980 Ls.). 656

Bewirkt die fehlerhafte Lohnsteuerbescheinigung durch den Arbeitgeber, dass der Arbeitnehmer zu einer überhöhten Einkommensteuer veranlagt wird, so kann dem Arbeitnehmer gegen den Arbeitgeber ein **Schadensersatzanspruch** zustehen, dessen Erfüllung durch den Arbeitgeber **nicht zum Lohnzufluss** führt (*BFH* 20.9.1996 NZA-RR 1997, 121). 657

Stellt sich nachträglich die Unwirksamkeit einer vom Arbeitgeber ausgesprochenen Kündigung heraus, haftet der Arbeitgeber nach Auffassung des *ArbG Hanau* (22.12.1997 DB 1998, 523 Ls.; a. A. *LAG Rheinland-Pfalz* 31.10.1996 DB 1997, 1038 Ls.) nur dann nicht gem. §§ 284 ff. BGB für einen dem Arbeitnehmer aufgrund des Jahressteuerprinzips (§ 38 a EStG) wegen der Zahlung der während des Annahmeverzuges fällig gewordenen Vergütungsansprüche in einem späteren Jahr entstehenden Steuerprogressionsschaden, wenn der Arbeitgeber nach objektivem Maßstab mit guten Gründen auf die Rechtswirksamkeit der Kündigung vertrauen durfte. Da es dem Schuldner grds. nicht gestattet ist, das Risiko einer zweifelhaften Rechtslage dem Gläubiger zuzuschieben, kommt es danach auf die subjektiven Vorstellungen des Arbeitgebers nicht an. 658

bb) Brutto-, Nettolohnvereinbarung

(1) Grundlagen
Im Falle einer Bruttovereinbarung ist der Arbeitgeber berechtigt, von dem vereinbarten Lohn die Arbeitnehmer-Anteile zur Sozialversicherung, die Lohnsteuer und ggf. auch die Kirchensteuer abzuziehen. **Der Arbeitnehmer hat nur Anspruch auf Auszahlung eines im Vertrag i. d. R. nicht ausgewiesenen Nettolohns.** 659

Im Falle einer Nettolohnvereinbarung hat der Arbeitgeber für das gesamte Entgelt oder einzelne Leistungen zuzüglich zu dem vereinbarten Lohn die Lohnsteuer, 660 ggf. die Kirchensteuer und auch die Arbeitnehmer-Anteile zur Sozialversicherung (im Innenverhältnis) zu tragen.

In diesem Fall weist der Vertrag i. d. R. nur den Auszahlungsbetrag, nicht aber den tatsächlichen Lohnanspruch aus.

(2) Im Zweifel Bruttolohnvereinbarung

661 Eine Vergütungsvereinbarung stellt im Zweifel eine Bruttovereinbarung dar (*BAG* 18.1.1974 AP Nr. 19 zu § 670 BGB).

Fraglich ist, ob dies auch für Verträge über Schwarzarbeit gilt (dafür *BSG* 22.9.1988 BB 1989, 1762; dagegen *BGH* 24.9.1986 St 34, 166).

662 Für die Annahme einer Nettolohnvereinbarung ist – insbesondere wegen der nachteiligen Auswirkungen für den Arbeitgeber – eine eindeutige Vereinbarung erforderlich (*BAG* 19.12.1963 AP Nr. 15 zu § 670 BGB).

663 Sofern derartige Vertragsgestaltungen in manchen Bereichen typisch sind, z. B. bei Verträgen mit Hauspersonal oder bei bestimmten Aushilfstätigkeiten, können sich derartige Erfahrungssätze auch zugunsten der Annahme einer Nettolohnvereinbarung auswirken (*BAG* 3.4.1974 AP Nr. 2 zu § 1 TVG Tarifverträge: Metall).

664 Den im Übrigen regelmäßig gegebenen Beweis des ersten Anscheins zugunsten einer Bruttolohnvereinbarung kann der Arbeitnehmer meist nur widerlegen, wenn die Lohnvereinbarung einen dahingehenden Willen des Arbeitgebers klar erkennen lässt, sodass der Arbeitnehmer dem Nachweis, der Arbeitgeber habe die Steuerschuld zuzüglich zu dem vereinbarten Lohn übernehmen wollen, durch Urkundenbeweis führen kann (§§ 415, 418 ZPO; *BAG* 18.1.1974 AP Nr. 19 zu § 670 BGB). Die bloße Vereinbarung »**Vergütung soll steuerfrei gezahlt werden**« genügt diesen Anforderungen nicht, denn sie kann auch die Auffassung der Parteien zum Ausdruck bringen, dass das Entgelt nicht der Lohnsteuerpflicht unterliegt. Gleiches gilt für den Zusatz »**brutto für netto**« (*BAG* 18.1.1974 AP Nr. 19 zu BGB; *LAG Niedersachsen* 10.12.1984 DB 1985, 658), sowie die **Übernahme der Steuerschuld** gegenüber dem Finanzamt im Rahmen der Pauschalierung bei sog. geringfügigen Beschäftigungsverhältnissen. Auch dann verbleibt es bei dem Grundsatz, dass die Lohnsteuer **im Zweifel von dem Arbeitnehmer selbst** zu entrichten ist (*LAG Köln* 9.10.1997 NZA-RR 1998, 244).

Auch bei einer Nettolohnvereinbarung bleibt allerdings Schuldner der Lohnsteuer der Arbeitnehmer.

Nimmt der Arbeitgeber dagegen **wiederholt und ausschließlich eine Barauszahlung** der vereinbarten Vergütung ohne Abzüge und ohne Erstellung einer Abrechnung vor, spricht das nach Auffassung des *LAG Köln* (1.8.1997 NZA-RR 1998, 393) »**vermutungsweise« für eine Nettolohnvereinbarung**.

(3) Änderung der gesetzlichen Abzüge bei Nettolohnvereinbarungen

665 Fraglich ist, was bei einer Nettolohnvereinbarung gilt, wenn sich die Höhe der gesetzlichen Abzüge ändert und sich dem Vertrag nicht entnehmen lässt, was die Parteien für diesen Fall gewollt haben.

C. Der Inhalt des Arbeitsverhältnisses

> Nach der Rechtsprechung des *BAG* (6.7.1970 AP Nr. 1 zu § 611 BGB Bruttolohn) soll eine Anpassung der Lohnhöhe nur dann erfolgen, wenn dies gem. §§ 157, 242 BGB angezeigt ist.

666

Die bei Vertragsschluss bestehenden persönlichen Verhältnisse des Arbeitnehmers sind, wenn sich aus der Abrede nichts anderes ergibt, Grundlage der Vereinbarung. Ändern sich diese zugunsten des Arbeitnehmers (z. B. durch eine Heirat), so ist der Vertrag dahingehend anzupassen, dass der Nettolohn wegen der reduzierten Steuerlast zu erhöhen ist. Folglich ist das Risiko einer Änderung der Verhältnisse im Ergebnis nicht anders als bei einer Bruttolohnvereinbarung verteilt (sog. abgeleitete Nettolohnvereinbarung).

667

Hat der Arbeitgeber bei einem **geringfügigen Beschäftigungsverhältnis**, das vor dem 1.4.1999 neben einer Hauptbeschäftigung sozialversicherungsfrei war, die **Übernahme der Lohnsteuerpauschale** zugesagt, kann er sich von dieser Vereinbarung nicht mit der Begründung lossagen, dass das geringfügige Beschäftigungsverhältnis durch die Gesetzesänderung ab 1.4.1999 sozialversicherungspflichtig geworden ist und ihn dadurch finanziell zusätzlich belastet, wenn weiterhin die Möglichkeit der Lohnsteuerpauschalierung besteht. Eine **Vertragsanpassung** lässt sich dann auch nicht mit dem Wegfall der Geschäftsgrundlage (jetzt § 313 BGB n. F.) rechtfertigen (*LAG Köln* 25.1.2001 NZA-RR 2001, 568).

668

(4) Verpflichtung des Arbeitnehmers, individuelle Möglichkeiten zur Senkung der Lohnsteuerbelastung zu Gunsten des Arbeitgebers in Anspruch zu nehmen?

Änderungen der persönlichen Verhältnisse des Arbeitnehmers (Steuerklasse, Kinderzahl, Freibeträge) müssen in die Lohnsteuerkarte eingetragen werden.

669

> Haben die Vertragsparteien bei einer Nettolohnvereinbarung die Umstände, die zu einer Reduzierung der steuerlichen Belastung führen können, nicht zum Gegenstand der Verhandlungen gemacht, kann der Arbeitgeber im Allgemeinen nicht davon ausgehen, dass der Arbeitnehmer die individuellen Möglichkeiten einer Senkung der Lohnsteuerbelastung zugunsten des Arbeitgebers in Anspruch nimmt.

670

Denn der Arbeitgeber hat die Übernahme der Lohnsteuer in dieser für ihn auch ermittelbaren Höhe akzeptiert. **Allerdings ist er zur Tragung der Lohnsteuer nicht in jedweder Höhe verpflichtet.** Etwas anderes kann deshalb z. B. dann gelten, wenn der Arbeitnehmer in den zurückliegenden Lohnzahlungszeiträumen bislang immer einen entsprechenden Steuerfreibetrag hat eintragen lassen. Das gilt erst recht, wenn das Verhalten des Arbeitnehmers willkürlich ist, er z. B. die Lohnsteuerkarte nicht vorlegt und der Arbeitgeber ihn daher in die Steuerklasse VI einstufen muss (§ 39 c Abs. 1 EStG). In diesem Fall kann der Arbeitgeber den Nettolohn unter Berufung auf den Wegfall der Geschäftsgrundlage (jetzt § 313 BGB n. F.) kürzen.

671

Das *BAG* (22.10.1986 EzA § 8 BAT Zuschuss zum Mutterschaftsgeld Nr. 4) hat zudem angenommen, dass z. B. eine nach § 14 MuSchG anspruchsberechtigte Frau **rechtsmissbräuchlich** handelt, wenn sie durch die Änderung von steuerlichen Merkmalen (Steuerklasse, Freibeträge) die Höhe der ihr im Bezugszeitraum zufließenden Nettovergütung allein deshalb beeinflusst, um einen höheren Zuschuss des Arbeitge-

672

bers zum Mutterschaftsgeld zu erlangen. Andererseits darf der Arbeitgeber einen anderen als den im Bezugszeitraum bezogenen Nettoverdienst nicht deshalb für die Berechnung des Zuschusses heranziehen, weil sich bei der Höhe der Nettobezüge steuerliche Freibeträge ausgewirkt haben.

cc) **Sozialversicherungsbeiträge**
673 Im **Außenverhältnis haftet allein der Arbeitgeber auf den gesamten Sozialversicherungsbeitrag** (vgl. §§ 20 ff. SGB IV [Sozialversicherung], §§ 220 SGB V [Krankenversicherung], §§ 168 ff. SGB VI [Rentenversicherung], §§ 340 ff. SGB III [Arbeitslosenversicherung], § 54, 55 PflegeVG [Pflegeversicherung ab 1.1.1995]; vgl. *Hamacher* DB 1994, 1186 ff.; *Daleki* DB 1994, 2234 ff.; *Berger-Delhey* ZTR 1995, 163 f.).

674 Ein unterbliebener Abzug der Arbeitnehmerbeiträge zur Sozialversicherung kann gem. § 28 g SGB IV zwingend nur bei den nächsten drei Vergütungszahlungen nachgeholt werden, es sei denn, dass der Beitragsabzug ohne Verschulden des Arbeitgebers unterblieben ist (*BAG* 12.10.1977 EzA §§ 394–395 RVO Nr. 1; s. o. C/Rz. 416 ff.). Allerdings bezweckt das Nachholverbot nicht den Schutz des Arbeitnehmers vor verspäteter Lohn- und Gehaltszahlung. Der Arbeitgeber ist deshalb auch bei verspäteter Entgeltzahlung und -berechnung i. d. R. berechtigt, den Arbeitnehmeranteil des Gesamtsozialversicherungsbeitrages vom Arbeitsentgelt abzuziehen (*BAG* 15.12.1993 NZA 1994, 620). Ebenso wenig ist er gehindert. bei unterbliebenem Beitragsabzug bei Abschlagszahlungen eine Verrechnung mit etwaigen Überzahlungen bei einer Endabrechnung vorzunehmen (*ArbG Hameln* 6.11.1996 NZA-RR 1997, 418).

675 Ein Arbeitnehmer, der aus einem vollstreckbaren Bruttoentgelturteil den gesamten ausgeurteilten Betrag im Wege der **Zwangsvollstreckung** betreibt und die darin enthaltenen Arbeitnehmeranteile zur Sozialversicherung für Luxusausgaben verbraucht, handelt nach Auffassung des *LAG Baden-Württemberg* (28.4.1993 NZA 1994, 509) gegenüber dem Arbeitgeber, der vom Sozialversicherungsträger wegen der Arbeitnehmeranteile nochmals in Anspruch genommen wird, vorsätzlich sittenwidrig i. S. d. § 826 BGB. Er hat deswegen dem Arbeitgeber den daraus entstehenden Schaden zu ersetzen. § 28 g SGB IV steht dem nicht entgegen (ebenso im Ergebnis *LAG Köln* 13.6.2001 – 7 Sa 1426/00 –, wonach allerdings §§ 670, 426 BGB analog die Anspruchsgrundlage darstellen).

676 Ein Anspruch auf **Erstattung** zu Unrecht entrichteter **Sozialversicherungsbeiträge** steht nicht demjenigen zu, der die Beiträge an die Einzugsstelle abgeführt hat, sondern demjenigen, **der die Beiträge getragen hat** (§ 26 Abs. 3 SGB IV). Diese hat durch die zu Unrecht erfolgte Beitragsentrichtung auf Kosten des Abführenden etwas ohne rechtlichen Grund erlangt (§ 812 Abs. 1 S. 1 BGB; *BAG* 29.3.2001 EzA § 812 BGB Nr. 7).

677 Haben die Parteien in einem Rechtsstreit sich vergleichsweise darauf geeinigt, ein ursprünglich von ihnen vereinbartes »freies Mitarbeiterverhältnis« **rückwirkend wie ein Arbeitsverhältnis abzuwickeln** und insbesondere die sozialversicherungsrechtlichen Vorschriften zu beachten, so kann der Arbeitgeber eine Erstattung oder Verrechnung von seinen nach zu entrichtenden Arbeitnehmerbeiträgen dagegen nur bei Vorliegen der Voraussetzungen des § 28 g SGB IV geltend machen (*LAG Köln* 25.1.1996 ZTR 1996, 329 Ls.).

C. Der Inhalt des Arbeitsverhältnisses

Nach Beendigung des Arbeitsverhältnisses und der Entgeltzahlung scheidet ein 678
Erstattungsanspruch des Arbeitgebers aus, außer bei einem Rechtsmissbrauch
des Arbeitnehmers (z. B. Veranlassung des Arbeitgebers zur Unterlassung der Beitragszahlung, Verheimlichung erheblicher Tatsachen, vorsätzliches oder grob
fahrlässiges Unterlassen eines Hinweises auf den unterlassenen Beitragsabzug
oder Verletzung sonstiger Meldepflichten gem. § 280 SGB IV). Dies gilt auch
bei der Nachzahlungspflicht des Arbeitgebers für ein irrtümlich als selbstständig
eingestuftes Dienstverhältnis (*BAG* 14.1.1988 EzA §§ 394–395 RVO Nr. 2) und
bei Schwarzarbeit (vgl. MünchArbR/*Hanau* § 64 Rz. 72 ff.).

Bei der Beurteilung der Geringfügigkeit einer Beschäftigung gem. § 8 Abs. 2 SBG IV, 679
d. h. wenn die Sozialversicherungspflicht vom Umfang der Tätigkeit abhängt, sind
mehrere geringfügige Beschäftigungen zusammenzurechnen. Problematisch ist
die Rechtslage dann, wenn der Arbeitnehmer dem Arbeitgeber das jeweils andere
Arbeitsverhältnis verschweigt (s. o. C/Rz. 414 ff.).

Soweit der Arbeitgeber nach § 2 der BeitragszahlungsVO als Spezialvorschrift zu 680
§ 366 Abs. 2 BGB bei einer Teilzahlung auf den Gesamtsozialversicherungsbeitrag
nicht (mehr) bestimmen darf, dass zuerst die Arbeitnehmeranteile getilgt werden
(so *BGH* 13.1.1998 NZA 1998, 429), ist diese Vorschrift mit § 266 a Abs. 1 StGB,
der das Vorenthalten von Beiträgen des Arbeitnehmers unter Strafe stellt, unvereinbar (*BSG* 22.2.1996 DB 1996, 2503).
Zur Haftung des Arbeitgebers bei Nichtabführung von Arbeitnehmerbeiträgen
zur Sozialversicherung vgl. *Marschner* DB 1996, 1825 ff.; *Jacobi/Renfels* BB 2000,
771 ff.; zur Vorgehensweise des Arbeitgebers bei Zahlungsschwierigkeiten vgl.
Müller BB 1997, 2050 ff; zur Unzulässigkeit einer Klage einer Arbeitnehmerin
auf Feststellung eines Schadensersatzanspruchs wegen Nichtabführung von Sozialversicherungsbeiträgen durch den Arbeitgeber vgl. *LAG Hamm* 4.12.2000 ZTR
2001, 138 Ls.
Jedenfalls gehört es zu den Pflichten des Geschäftsführers einer GmbH, sich in der
finanziellen Krise des Unternehmens **über die Einhaltung von erteilten Anweisungen** zur pünktlichen Zahlung fälliger Arbeitnehmerbeiträge zur Sozialversicherung **durch geeignete Maßnahmen zu vergewissern**. Ein Irrtum des Geschäftsführers über den Umfang seiner Pflicht zur Überwachung einer an die
Buchhaltung erteilten Anweisung zur Zahlung fälliger Arbeitnehmerbeiträge ist
andererseits ein Verbotsirrtum, der i. d. R. den Vorsatz hinsichtlich des Vorenthaltens dieser Beiträge nicht entfallen lässt (*BGH* 9.1.2001 NZA 2001, 392).

dd) Kindergeld

Seit dem 1.1.1996 wurde Kindergeld nicht mehr als Sozialleistung gewährt, sondern 681
als **Steuergutschrift mit der Steuerschuld verrechnet**; so sollte gewährleistet werden, dass – wie vom *BVerfG* (29.5.1990 BVerfGE 82, 60; 25.9.1992 BVerfGE 87,
154) gefordert – nur das Einkommen der Besteuerung unterworfen wird, das das
Existenzminimum übersteigt (vgl. *Novak* ZTR 1995, 532 ff.).
Zuständig für die Auszahlung sind nach Maßgabe der KindergeldauszahlungsVO 682
vom 10.11.1995 im öffentlichen Dienst unverändert die Dienststellen; in der Privatwirtschaft entschied die Familienkasse (beim Arbeitsamt) über die Ansprüche und
erteilte hierüber ggf. eine Bescheinigung (§ 1). Aufgrund dieser Bescheinigung zahlte

der Arbeitgeber monatlich das festgesetzte Kindergeld aus, in dem er die hierfür benötigten Mittel aus dem gesamten Lohn- und Einkommensteueraufkommen seiner Beschäftigten abzog (§ 2). Allerdings konnten sich private Arbeitgeber nach Maßgabe der Kindergeld-Auszahlungsverordnung von der Auszahlungspflicht befreien lassen (§ 3); sie sah auch keine Sanktionen für die Nichtauszahlung vor. Kam der Arbeitgeber seiner Verpflichtung nicht nach, musste die Arbeitsverwaltung zahlen (vgl. *Novak* ZTR 1995, 238 f.). Mit Wirkung vom 1.1.1999 ist die Auszahlung des Kindergelds durch die privaten Arbeitgeber auf die **Familienkassen rückübertragen worden.**

ee) Der Sonderfall: Mitarbeiter in Spielbanken

683 Die Arbeitnehmer der Spielbanken werden nach Maßgabe von Landesgesetzen und Tarifverträgen im Allgemeinen aus dem Tronc, d. h. dem Gesamtaufkommen von Spenden, die die Spielbankbesucher hinterlassen, bezahlt. Der Arbeitgeber ist nach Maßgabe der jeweiligen gesetzlichen und tariflichen Vorschriften (z. B. § 7 Spielbank NW) berechtigt, dem Tronc vorab auch die **Arbeitgeberanteile zur Sozialversicherung** einschließlich der Arbeitgeberanteile zur Pflegeversicherung und die Beiträge zur gesetzlichen Unfallversicherung sowie die Kosten der betrieblichen Altersversorgung einschließlich der Beiträge zur Insolvenzsicherung zu entnehmen (*BAG* 3.3.1999 EzA § 611 BGB Croupier Nr. 5). Er ist allerdings nicht berechtigt, dem Tronc auch die Schwerbehindertenabgabe zu entnehmen (*BAG* 11.3.1998 EzA § 611 BGB Croupier Nr. 3, 4).

d) Erfüllung

aa) Grundlagen

684 Gem. § 614 BGB ist die Vergütung nach Leistung der Arbeit zu entrichten; allerdings kann die Vorleistung des Entgelts vereinbart werden.

685 Das Gehalt eines Handlungsgehilfen ist gem. **§ 64 HGB** spätestens am Schluss eines jeden Monats fällig; ein späterer Fälligkeitstermin kann nicht vereinbart werden.
Bei Fälligkeit muss das Geld abgesandt, nicht notwendig angekommen sein (§§ 269, 270 BGB); Urlaubsentgelt ist vor Antritt des Urlaubs auszuzahlen (§ 11 Abs. 2 BUrlG).

686 Ist die Vergütung nach Zeitabschnitten bemessen, ist sie nach dem Ablauf der einzelnen Abschnitte zu entrichten (§ 614 S. 2 BGB). Bei einer nach Stunden oder Tagen bemessenen Vergütung ist aber nach der Verkehrssitte eine Fälligkeit zum Wochenschluss anzunehmen, wenn das Arbeitsverhältnis andauert (*Staudinger/Richardi* § 614 BGB Rz. 15).
Erfüllungsort für die Lohnzahlungsverpflichtung ist der Arbeitsort.

bb) Entgeltberechnung bei außerordentlicher Kündigung

687 Wird das Arbeitsverhältnis gem. §§ 626, 627 BGB gekündigt, hat der Arbeitgeber, wenn nichts besonderes vereinbart oder wie in § 11 Abs. 2 BBiG bestimmt ist, für die Berechnung der entsprechenden Teilvergütung des Arbeitnehmers ein Wahlrecht zwischen einer konkreten (Monatsgehalt dividiert durch die Zahl der möglichen Arbeitstage multipliziert mit der Zahl der bis zur Beendigung des Arbeitsverhältnisses angefallenen Tage) oder abstrakten Berechnungsweise (Zahl der Tage bis zum Ende des Arbeitsverhältnisses im laufenden Monat dividiert durch 30; vgl. *BAG* 14.8.1985 EzA § 63 HGB Nr. 38).

C. Der Inhalt des Arbeitsverhältnisses

cc) Gehaltsvorschüsse; Abschlagszahlungen
Auf Gehaltsvorschüsse bzw. Abschlagszahlungen auf bereits verdiente, noch nicht fällige Entgeltsbestandteile besteht **grds. kein Anspruch**. Etwas anderes kann sich aber aus einer Verkehrssitte (z. B. beim Akkordlohn; *Staudinger/Richardi* § 614 Rz. 16) oder aus der Fürsorgepflicht des Arbeitgebers ergeben. 688

Eine Vorschusszahlung ist dann anzunehmen, wenn dies bei der Auszahlung erklärt wurde; die **Beweislast dafür trifft den Arbeitgeber** (BAG 11.7.1961 AP Nr. 2 zu § 614 BGB Gehaltsvorschuss; 28.6.1965 AP Nr. 3 zu § 614 BGB Gehaltsvorschuss). Bei Provisionen gilt die Regelung des § 87 a HGB. 689

dd) Truckverbot; Lohnverwendungsabreden (bis 31.12.2002)

> Gem. § 115 GewO darf der der GewO unterfallende Arbeitgeber (Gewerbebetreibende) dem Arbeitnehmer keine Ware kreditieren (sog. Truckverbot). Das verbietet auch die Festsetzung des Entgelts in ausländischer Währung; für Arbeitsverträge mit Auslandsberührung kann dies nach Maßgabe des Art. 30 EGBGB jedoch abbedungen werden. 690

Verboten sind die Vereinbarung nicht in Euro festgesetzter Leistungen an Erfüllungs statt sowie alle gesetzlich nicht vorgesehenen Lohnabzüge. Zulässig ist aber die Umwandlung von Gehaltsbestandteilen in vermögenswirksame Leistungen, betriebliche Altersversorgung oder Gruppenkrankenversicherung. 691

Durch § 115 Abs. 2 GewO und eine ergänzende Anordnung vom 16.1.1939 (abgedruckt in *BAG* EzA § 115 GewO Nr. 5) ist das Truckverbot für bestimmte Gegenstände des täglichen Bedarfs aufgehoben worden. 692

Die Kreditierung des Kaufpreises für Kraftfahrzeuge durch den Arbeitgeber oder eine ihm nahe stehende Person (§ 119 GewO) gilt aber immer noch als unzulässig. Fraglich ist, ob dies auch dann gilt, wenn das Kreditgeschäft für den Arbeitnehmer deutlich günstiger ist als das vergleichbare Geschäft auf dem freien Markt (vgl. MünchArbR/*Hanau* § 65 Rz. 10). 693

Das Kreditierungsverbot ist verfassungsgemäß; es verstößt insbesondere weder gegen Art. 12 Abs. 1 GG, 14 Abs. 1 GG, 3 Abs. 1 GG noch gegen Art. 2 Abs. 1 GG (*BVerfG* 24.2.1992 EzA § 115 GewO Nr. 6). 694

> Gem. § 117 Abs. 2 GewO sind Verträge über die Entnahme der Bedürfnisse aus gewissen Verkaufsstellen sowie über die Verwendung des Verdienstes zu einem anderen Zweck als zu Beteiligung an Einrichtungen zur Verbesserung der Lage der Arbeitnehmer oder ihrer Familien unwirksam. 695

Danach zulässige Lohnverwendungsabreden, die auch unpfändbare Gehaltsteile umfassen können, dienen u. a. der **betrieblichen Altersversorgung**, der Gruppenversicherung, der Vermögensbildung und ähnlichen Zwecken, auch dem Beitragseinzug von Berufsverbänden.

ee) Sachbezüge als Teil des Arbeitsentgelts (§ 107 Abs. 2 GewO n. F. ab 1.1.2003)
Gem. § 107 Abs. 2 GewO n. F. können Arbeitgeber Sachbezüge als Teil des Arbeitsentgelts vereinbaren, wenn dies dem Interesse des Arbeitnehmers (z. B. Überlassung eines Kfz, das auch privat genutzt werden darf) oder der Eigenart des Arbeitsverhältnisses (z. B. Deputate im Gastronomie-, Brauerei-, Tabakgewerbe; vgl. BR-Drs. 696

C. Der Inhalt des Arbeitsverhältnisses

112/02, S. 37) entspricht. Der Arbeitgeber darf dem Arbeitnehmer aber nach wie vor keine Waren auf Kredit überlassen. Er darf ihm nach Vereinbarung Waren in Anrechnung auf das Arbeitsentgelt überlassen, wenn die Anrechnung zu den durchschnittlichen Selbstkosten erfolgt. Die Gegenstände müssen mittlerer Art und Güte sein; der Wert der vereinbarten Sachbezüge oder die Anrechnung der überlassenen Waren auf das Arbeitsentgelt darf die Höhe des pfändbaren Teils des Arbeitsentgelts nicht übersteigen.

ff) Aufrechnung gegen eine Lohnforderung

697 Der Arbeitgeber kann gem. § 394 BGB gegen eine Lohnforderung nicht aufrechnen, soweit diese der Pfändung nicht unterworfen ist (vgl. § 850 c ZPO). Soweit danach zulässig, kann sich die Aufrechnung nur auf den Nettolohnbetrag beziehen, da nur insoweit die Gegenseitigkeit der Forderung besteht. Der Arbeitgeber ist deshalb **nicht** berechtigt, **gegen Bruttogehaltsansprüche** des Arbeitnehmers mit **Rückforderungsansprüchen**, z. B. Rückforderung der Weihnachtsgratifikation, dergestalt aufzurechnen, dass er die Bruttobeträge »**Brutto gegen Brutto**« voneinander abzieht. Er kann vielmehr Brutto-Rückforderungen nur gegen späteres Nettoentgelt verrechnen (*LAG Nürnberg* 2.3.1999 LAGE § 387 BGB Nr. 2).

698 Rechnet der Arbeitgeber **mit mehreren Gegenforderungen** auf, die die Arbeitnehmeransprüche insgesamt übersteigen, so muss er die Aufrechnungsforderungen in ein **Stufenverhältnis** stellen. Tut er dies nicht und lässt sich eine Reihenfolge auch aus sonstigen Umständen nicht entnehmen, so **fehlt es an der Bestimmtheit** der Aufrechnungserklärung; die Aufrechnung ist insgesamt unzulässig (*LAG Nürnberg* 2.3.1999 LAGE § 387 BGB Nr. 2).

699 Der Arbeitgeber bleibt trotz Aufrechnung zur Abführung der Sozialversicherungsbeiträge verpflichtet. Die Aufrechnung ist unzulässig, wenn der Nettobetrag für den Arbeitgeber nicht bestimmbar ist (MünchArbR/*Hanau* § 65 Rz. 12).

700 Dagegen ist die Aufrechnung von Schadensersatzansprüchen aus vorsätzlicher Nachteilszufügung **in vollem Umfang** zulässig, wenn der Arbeitnehmer bereits **ausgeschieden ist** (*BAG* 28.8.1964 AP Nr. 9 zu § 394 BGB).

e) Leistungsbezogene Entgelte; Eingruppierung nach dem BAT

aa) Grundlagen

(1) Ziel und Formen der Leistungsentlohnung

701 Durch die Abhängigkeit der Höhe des Arbeitsentgelts von der Erbringung bestimmter Leistungen sollen Arbeitnehmer in besonderer Weise zu Leistungen motiviert werden. Als Grundlage für leistungsbezogene Entgelte kommen in Betracht
- die tatsächliche Arbeitsleistung (Einzel-, Gruppenakkord),
- die nach festgelegten Kriterien bewertete Arbeitsleistung sowie
- bestimmte fest definierte Leistungserfolge einschließlich der Verwertungserfolge (Prämienlohn, Provision).

702 Zu den Entlohnungssystemen bei der Siemens AG, München vgl. *Büge* ZfA 1993, 173 ff., bei der IBM Deutschland GmbH vgl. *Feudner* ZfA 1993, 185 ff. und bei der Hoechst AG vgl. *Müller* ZfA 1993, 197 ff.

C. Der Inhalt des Arbeitsverhältnisses

(2) Rechtsgrundlage der Leistungsentlohnung
Grundlage der Leistungsentlohnung ist die **einzelvertragliche Vereinbarung**. Der Arbeitgeber kann grds. nicht einseitig kraft seines Direktionsrechts Leistungslohn anordnen. Andererseits hat der Arbeitnehmer keinen Anspruch, dass seine Tätigkeit im Leistungs- oder Zeitlohn entlohnt wird. Die Leistungsentlohnung kann auch **tarifvertraglich** oder in einer **Betriebsvereinbarung** geregelt sein. 703

(3) Anknüpfungspunkte für die Leistungsentlohnung
Die Anknüpfungspunkte für die Leistungsvergütung sind grds. beliebig (z. B. Arbeitsmenge, Qualität, Einsparungen an Material oder Energie, Maschinenauslastung, Verkaufsergebnisse). Dabei kommen auch mehrere Bemessungsgrundlagen gleichzeitig in Betracht. 704

Erforderlich ist die Festlegung des konkreten Verhältnisses von Leistung und Entlohnung zueinander; definiert werden muss also die Leistungsentgeltkurve oder die Leistungsentgeltstufe. Diese Kurve kann grds. linear, degressiv oder progressiv verlaufen. Definiert werden muss auch der Beginn und das Ende der Kurve; dazu gehört der Basisentgeltwert für die Minimalleistung oder den Minimalerfolg (vgl. MünchArbR/ Kreßel § 66 Rz. 18 ff.). 705

(4) Der Leistungsgrad des einzelnen Arbeitnehmers

Der Leistungsgrad des einzelnen Arbeitnehmers ist eine messbare Größe und drückt konkret die Arbeitsintensität und die Arbeitseffektivität aus. Er wird durch einen Vergleich der konkreten Arbeitsleistung des Arbeitnehmers mit der nach arbeitswissenschaftlichen Methoden ermittelten Normalleistung ermittelt. 706

Damit wird der individuelle Leistungsgrad im Gegensatz zur zeitabhängigen Bezahlung berücksichtigt und der Entlohnung ganz oder teilweise zugrunde gelegt. Wird eine vorab bestimmte Arbeitsmenge oder ein vorausgesetzter Arbeitserfolg nicht erreicht, so reduziert sich das Arbeitsentgelt. 707

(5) Arbeitsbewertung
Durch die Arbeitsbewertung soll eine anforderungsgerechte Struktur der Entgeltleistungen gewährleistet werden, indem Tätigkeiten auf der Grundlage einer personenabhängigen (Qualifikation des Arbeitnehmers) oder einer an der Arbeitsanforderung (Arbeitsschwierigkeit) orientierten Bewertung analysiert und kategorisiert werden. 708

(6) Analytische Arbeitsbewertung
Für die Bewertung der zunächst zu ermittelnden Arbeitsaufgabe wird nach der analytischen Arbeitsbewertung die **Tätigkeit oder der Aufgabenbereich anhand einzelner Anforderungen** (Fachkönnen, Verantwortung, Belastung, Arbeitsbedingungen) bewertet. Es ist eine Anforderungsanalyse erforderlich (zur Problematik des Abstellens auf die muskelmäßige Belastung im Hinblick auf die Diskriminierung von Frauen s. o. A/Rz. 355 ff.). 709

Für Führungsaufgaben müssen eigenständige Bewertungskriterien verwendet werden (z. B. Komplexität des Aufgabenbereichs, Handlungsfreiheit, Einfluss auf den Unternehmenserfolg durch Entscheidungs- oder Beratungsfunktionen, Personalführung usw.). 710

C. Der Inhalt des Arbeitsverhältnisses

Die individuellen Fähigkeiten und das Leistungsverhalten des Arbeitnehmers werden grds. nicht berücksichtigt.

711 Danach werden innerhalb der einzelnen Anforderungsarten Abstufungen vorgesehen, die näher beschrieben werden und denen ein fester Punktwert zugeordnet wird. Die Arbeitsschwierigkeit der jeweiligen Tätigkeit wird dadurch ermittelt, dass für jedes Anforderungskriterium ein Punktwert ermittelt und aufsummiert wird. Die Punktwertsumme stellt für die Lohngruppe den maßgebenden Arbeitswert dar, dem die Tarifvertragsparteien das jeweils vereinbarte Arbeitsentgelt zuordnen können (Wertzahlverfahren; MünchArbR/*Kreßel* § 66 Rz. 42 ff.).

(7) Summarische Arbeitsbewertung

712 Bei der summarischen Arbeitsbewertung **werden die Anforderungen einer Tätigkeit oder eines Arbeitsbereichs insgesamt erfasst und zu den anderen in gleicher Weise bewerteten Tätigkeiten ins Verhältnis gesetzt.**

713 Beim Katalogverfahren wird anhand von Richtbeispielen ein Lohn- oder Gehaltsgruppenkatalog erstellt, dem dann die einzelnen Tätigkeiten zugeordnet werden. Beim Rangfolgeverfahren werden die Anforderungen der Tätigkeiten oder Aufgabenbereiche insgesamt erfasst und mit anderen Tätigkeiten verglichen.

714 Da das Verhältnis der einzelnen Tätigkeiten zueinander aber nicht eindeutig festgelegt werden kann, kommt es bei der summarischen Arbeitsbewertung zu einer **sehr globalen Bewertung**, die im Einzelfall zu unbilligen Ergebnissen führen kann.

(8) Die Tarifpraxis

715 In der Tarifpraxis beruhen die Vergütungsstrukturen regelmäßig auf **Lohn- und Gehaltsgruppen**. Die jeweiligen Vergütungsgruppen sind allgemein umschrieben und werden durch Beispiele mehr oder weniger konkret definiert. Durch die verschiedenen Gehaltsgruppen werden die **qualitativ unterschiedlichen Anforderungen pauschaliert ausgedrückt**. Diese Vergütungsstrukturen lehnen sich an die summarische Arbeitsbewertung an.
Der Vorteil solcher Systeme liegt darin, dass die einzelnen Vergütungsstufen mit relativ geringem Aufwand beschrieben werden können.

716 Die pauschale Betrachtungsweise führt andererseits aber zwangsläufig zu Ungenauigkeiten und kann den Grundsätzen der Vergütungsgerechtigkeit widersprechen. **Probleme ergeben sich dann, wenn bestimmte Tätigkeiten eines Arbeitnehmers unter die allgemein beschriebenen Vergütungsgruppen subsumiert werden müssen.**

717 Die zahlreich auftretenden Abgrenzungsstreitigkeiten sind durch die Arbeitsgerichte zu entscheiden. **Die Häufung der unbestimmten Rechtsbegriffe bei der Umschreibung der jeweiligen Tarifgruppen macht eine eindeutige Eingruppierung fast unmöglich.**

718 Demgegenüber führt die **analytische Arbeitsbewertung** (vgl. *Willenbacher* ZfA 1993, 211 ff.) zu **exakten Ergebnissen**; zudem hat sie eine **Befriedungsfunktion**, weil die Ergebnisse regelmäßig von einer mit Mitgliedern der Geschäftsleitung und des Betriebsrats **paritätisch besetzten Kommission** festgestellt werden. Sie erfordert jedoch einen sehr **hohen Aufwand**, sodass in der Praxis relativ selten von dieser Methode der Arbeitsbewertung Gebrauch gemacht wird (in der Metallindustrie Rheinland-Pfalz besteht z. B. die Möglichkeit der Anwendung der Tarifvereinbarung über die analytische Arbeitsbewertung [Ausgabe Dezember 1982]).

Im Streitfall werden an die Darlegung der tatsächlichen Voraussetzungen einer Abweichung vom Ergebnis der paritätischen Kommission strenge Anforderungen gestellt; zudem setzt sich das jeweils erzielte Punktergebnis aus einer Vielzahl von Einzelfaktoren (die sich u. a. auf die benötigten beruflichen Fertigkeiten, die Verantwortung für Maschinen, Rohstoffe, die Tätigkeit anderer Arbeitnehmer sowie besondere Erschwernisse, unter denen die Arbeit zu leisten ist, beziehen) zusammen, die bereits schriftsätzlich ohne konkrete Ortskenntnis kaum ausreichend dargelegt werden können und zudem einen nicht unerheblichen Bewertungsspielraum dem Rechtsanwender (letztlich dem Arbeitsgericht) überlassen (vgl. *LAG Rheinland-Pfalz* 29.8.1994 – 11 Sa 121/94 – n. v.). 719

(9) Die Vergütung der Angestellten im öffentlichen Dienst; Eingruppierung nach dem BAT

aaa) Grundlagen
Die Höhe der Vergütung der Angestellten im öffentlichen Dienst richtet sich nach Vergütungsgruppen, deren Tätigkeitsmerkmale in der **Anlage 1 a BAT** in der – jeweils inhaltlich unterschiedlichen – Fassung für den Bund und die Länder einer- und der für die Vereinigung der kommunalen Arbeitgeberverbände (VKA) andererseits normiert sind. **Die Anlage 1 b enthält Tätigkeitsmerkmale für medizinisches Personal.** Nach welchen Kriterien eine von dem Angestellten auf Dauer auszuübende Tätigkeit einer Vergütungsgruppe zuzuordnen ist, d. h. in welche Vergütungsgruppe er einzugruppieren ist, ist in **§ 22 BAT** geregelt. 720 721

bbb) Prüfungsmaßstab für die Eingruppierung

Nach § 22 Abs. 2 Unterabs. 2 BAT entspricht die gesamte auszuübende Tätigkeit den Tätigkeitsmerkmalen einer Vergütungsgruppe, wenn zeitlich mindestens zur Hälfte Arbeitsvorgänge anfallen, die für sich genommen die Anforderungen eines Tätigkeitsmerkmals oder mehrerer Tätigkeitsmerkmale dieser Vergütungsgruppe erfüllen. Kann die Erfüllung einer Anforderung i. d. R. erst bei Betrachtung mehrerer Arbeitsvorgänge festgestellt werden (z. B. vielseitige Fachkenntnisse), sind diese Arbeitsvorgänge für die Feststellung, ob die Anforderung erfüllt ist, insoweit zusammen zu beurteilen (*BAG* 12.12.1990 AP Nr. 154 zu §§ 22, 23 BAT 1975). Diese tarifliche Beurteilung der Tätigkeit ist in vollem Umfang gerichtlich nachprüfbar (*BAG* 18.7.1990 AP Nr. 151 zu §§ 22, 23 BAT 1975). 722

Die tarifliche Bewertung der Tätigkeit ist Rechtsanwendung und kann im Prozess nicht einem Sachverständigen übertragen werden (*BAG* 14.12.1977 EzA §§ 22, 23 BAT 1975 Nr. 5). 723

ccc) Tarifautomatik

Maßgeblich ist, dass die tarifliche Mindestvergütung nicht von einer Eingruppierung oder Höhergruppierung durch den Arbeitgeber abhängig ist, sondern regelmäßig aus der auszuübenden Tätigkeit folgt (Tarifautomatik; *BAG* 30.5.1990 NZA 1991, 378). 724

725 Daher besteht die tarifliche Mindestvergütung unabhängig von der Bewertung der Stelle im Stellen- oder Haushaltsplan, im Geschäftsverteilungsplan oder durch eine innerbehördliche Tätigkeitsbeschreibung (*BAG* 11.3.1987 AP Nr. 135 zu §§ 22, 23 BAT 1975; *LAG Köln* 28.7.2000 ZTR 2001, 80). Der Angestellte kann einen höheren Vergütungsanspruch weder auf die Tätigkeit seines Vorgängers noch auf die Besoldung vergleichbarer Beamter stützen (*BAG* 11.4.1979 AP Nr. 21 zu §§ 22, 23 BAT 1975), ebenso wenig auf die bisherige Vergütungspraxis, noch auf die Angabe der Vergütungsgruppe im Arbeitsvertrag (*LAG Köln* 28.7.2000 ZTR 2001, 80). **Leistungsgesichtspunkte spielen bei der Eingruppierung grds. keine Rolle.**

ddd) **Arbeitsvorgänge**

aaaa) **Begriffsbestimmung**

726 Auszugehen ist zunächst davon, welche Arbeitsvorgänge im Tarifsinne eine Tätigkeit enthält. Der Begriff des Arbeitsvorgangs ist ein feststehender, abstrakter und von den Tarifvertragsparteien vorgegebener Rechtsbegriff.

727 Unter einem Arbeitsvorgang ist eine unter Hinzurechnung der Zusammenhangstätigkeiten und bei Berücksichtigung einer vernünftigen, sinnvollen Verwaltungsübung nach tatsächlichen Gesichtspunkten abgrenzbare und rechtlich selbstständig bewertbare Arbeitseinheit der zu einem bestimmten Arbeitsergebnis führenden Tätigkeit eines Angestellten zu verstehen (*BAG* 16.4.1986 AP Nr. 120 zu §§ 22, 23 BAT 1975).

bbbb) **Darlegungslast; Auswirkungen des Nachweisgesetzes**

728 Der Arbeitnehmer muss als Kläger einer Eingruppierungsfeststellungsklage daher zunächst die Tatsachen vortragen, die das Gericht in die Lage versetzen, Arbeitsvorgänge im Tarifsinne zu bilden (*BAG* 24.9.1980 AP Nr. 36 zu §§ 22, 23 BAT 1975). Behauptet der Arbeitnehmer, dass er sich aus der ihm zugebilligten Vergütungsgruppe durch ein **qualifiziertes Merkmal** heraushebt, muss er auch darlegen und ggf. beweisen, dass er neben diesem auch die subjektiven und objektiven Voraussetzungen der ihm bisher zugestandenen Ausgangsvergütungsgruppe erfüllt (*LAG Köln* 28.7.2000 ZTR 2001, 80).

729 Tagebuchartige Aufzeichnungen können nicht verlangt werden, wenn sie auch i. d. R. über einen Zeitraum von sechs Monaten zur Erleichterung der Prozessführung zu empfehlen sind (MünchArbR/*Freitag* § 188 Rz. 69).

730 Der Arbeitgeber hat allerdings darzulegen, warum und inwieweit die bisherige Bewertung der einzelnen Tätigkeiten fehlerhaft war, wenn er eine Eingruppierung korrigieren will (**korrigierende Rückgruppierung**; *BAG* 28.5.1997 NZA-RR 1998, 140; s. u. D/Rz. 1783 ff.). Der Arbeitgeber genügt seiner Darlegungslast für den die Rückgruppierung auslösenden Irrtum z. B. dann, wenn er darlegt, bei der ursprünglichen Eingruppierung sei ein Qualifizierungsmerkmal als erfüllt angesehen worden, das es in der betreffenden Fallgruppe nicht gibt (*BAG* 18.2.1998 – 4 AZR 581/96 –).

C. Der Inhalt des Arbeitsverhältnisses

Ob dies auch auf den **Bewährungsaufstieg** übertragen werden kann, wenn der Arbeitgeber die Richtigkeit der Eingruppierung in die Vergütungsgruppe leugnet, aus der der Arbeitnehmer im Wege der Bewährung in die nächsthöhere Vergütungsgruppe aufsteigen will, hat das *BAG* (8.10.1997 NZA 1998, 557 Ls.) ausdrücklich offen gelassen (s. u. C/Rz. 747 ff.). 731

Nach Auffassung von *Linck* (FA 1998, 105 ff.; ebenso *Otte* ZTR 1998, 241; *Preis* NZA 1997, 10; **a. A.** *LAG Köln* 28.7.2000 ZTR 2001, 80; *Hock* ZTR 1999, 51; *Schwarze* RdA 1997, 343; *Zwanziger* DB 1999, 2027) ist weitergehend davon auszugehen, dass die schriftliche Mitteilung der Vergütungsgruppe des Arbeitgebers im Hinblick auf das NachweisG eine starke Richtigkeitsvermutung bewirkt. Dagegen soll der Beweis des Gegenteils durch den Arbeitgeber zulässig sein; dies führt zu **einer Umkehr der Beweislast.** Der Arbeitgeber muss dann beweisen, dass die mitgeteilten Informationen falsch oder durch Tatsachen widerlegt sind. Gleiches (Umkehr der Beweislast) soll dann gelten, wenn ein Arbeitsvertrag oder ein Nachweis die **Anforderungen des NachweisG nicht oder** in den entscheidenden Punkten **nur unzureichend** erfüllt, indem z. B. nur die Vergütungsgruppe, nicht aber die auszuübenden Tätigkeiten angegeben sind (*Friedrich/Kloppenburg* RdA 2001, 293 ff.). 732

cccc) Bildung von Arbeitsvorgängen; Zusammenhangstätigkeiten

Die Bildung von Arbeitsvorgängen, für die die Protokollnotiz Nr. 1 zu § 22 BAT Beispiele enthält, ist vom Arbeitsgericht durchzuführen. Dabei ist darauf zu achten, dass unterschiedliche Tätigkeiten, die der Angestellte ausübt, voneinander abgegrenzt werden und auch eine Abgrenzung in Bezug auf die Mitwirkung anderer Angestellter erfolgt (**tatsächliche Abgrenzbarkeit**). Ferner dürfen tariflich unterschiedlich zu bewertende Tätigkeiten auch bei äußerer Gleichförmigkeit (z. B. die Bearbeitung schwieriger und einfacher Beihilfeanträge) nicht zu einem Arbeitsvorgang zusammengefasst werden (**rechtlich selbstständige Bewertbarkeit**; *BAG* 18.7.1990 AP Nr. 151 zu §§ 22, 23 BAT 1975). 733

Zusammenhangstätigkeiten sind unselbstständige Teiltätigkeiten, die der Haupttätigkeit zuzurechnen sind und von ihr nicht im Sinne einer »Atomisierung« getrennt und als selbstständige Arbeitsvorgänge bewertet werden dürfen. Dies ist insbesondere je nach dem Arbeitsergebnis zu beurteilen (MünchArbR/*Freitag* § 188 Rz. 70). 734

Einen Arbeitsvorgang im Tarifsinne kann auch die gesamte von dem Angestellten auszuübende Tätigkeit bilden. Das ist insbesondere dann der Fall, wenn das Tätigkeitsmerkmal Funktionscharakter hat. Dadurch geben die Tarifvertragsparteien zu erkennen, dass alle einem bestimmten Aufgabenbereich zugehörigen Aufgaben einheitlich tariflich bewertet werden sollen (*BAG* 20.6.1990 AP Nr. 150 zu §§ 22, 23 BAT 1975). 735

eee) Subsumtion

Sind die Arbeitsvorgänge gebildet und ist ihr jeweiliger zeitlicher Umfang festgestellt, so kommt es für die tarifliche Mindestvergütung darauf an, ob die Hälfte der Arbeitszeit des Angestellten mit Arbeitsvorgängen ausgefüllt wird, die dem betreffenden Tätigkeitsmerkmal entsprechen. 736

Unter welchen Voraussetzungen ein Arbeitsvorgang den Anforderungen eines Tätigkeitsmerkmals entspricht, ist tariflich allerdings nicht näher geregelt. **Nach der Pro-** 737 tokollnotiz Nr. 1 S. 2 zu § 22 BAT ist jeder einzelne Arbeitsvorgang als solcher zu bewerten und darf hinsichtlich der Anforderungen zeitlich nicht aufgespalten werden. Folglich erfüllt ein Arbeitsvorgang eine tarifliche Anforderung eines Tätigkeitsmerkmals, wenn er überhaupt in rechtlich erheblichem Ausmaß, d. h. in nicht unerheblichem Umfang die Anforderung erfüllt (*BAG* 19.3.1986 AP Nr. 116 zu §§ 22, 23 BAT 1975).

738 Die Arbeitsvorgänge, die die tariflichen Anforderungen des Tätigkeitsmerkmals erfüllen, sind dann in zeitlicher Hinsicht zusammenzurechnen. Entfällt auf sie mindestens die Hälfte oder ein abweichendes tariflich vorgesehenes Maß (z. B. ein Drittel oder ein Fünftel) der Gesamtarbeitszeit, so entspricht die gesamte auszuübende Tätigkeit dem Tätigkeitsmerkmal der betreffenden Vergütungsgruppe (*Neumann* ZTR 1987, 41).

739 Der Arbeitnehmer muss aber nicht nur durch seinen Sachvortrag die Bildung von Arbeitsvorgängen ermöglichen. Er muss insbesondere bei qualifizierenden Merkmalen (z. B. bei gründlichen und umfassenden Fachkenntnissen) im Einzelnen begründen, warum die von ihm tatsächlich benötigten Fachkenntnisse über das Maß gründlicher und vielseitiger Fachkenntnisse i. S. einer Steigerung der Tiefe nach im Verhältnis zum Maß gründlicher Fachkenntnisse nochmals i. S. einer Steigerung der Tiefe und Breite nach hinausgehen (*BAG* 14.8.1985 AP Nr. 105 zu §§ 22, 23 BAT 1975). Diesen Anforderungen genügt es nicht, wenn z. B. der Lebensmittelkontrolleur lediglich vorträgt, dass er eine Vielzahl von Gesetzen, Verordnungen, EG-Richtlinien anzuwenden und die einschlägigen Rechtsgrundlagen im Einzelfall zu ermitteln hat. Darzulegen ist vielmehr, dass er Überlegungen im Rahmen einer kontroversen Literatur und Rechtsprechung anzustellen hat (vgl. *LAG Rheinland-Pfalz* 24.4.1995 –11 Sa 104/94 –, n. v.).

fff) Tariflücken

740 Die Tarifvertragsparteien wollen mit den Tätigkeitsmerkmalen der Vergütungsordnung zum BAT grds. alle in diesem Bereich vorkommenden Tätigkeiten erfassen.

741 Sollten bestimmte Arbeitnehmergruppen nicht erfasst werden, ist dies ausdrücklich bestimmt (§ 3 BAT). In diesen Fällen und immer dann, wenn die Tarifvertragsparteien eine regelungsbedürftige Frage bewusst ungeregelt lassen, liegt eine sog. bewusste (tarifpolitische) Tariflücke vor, deren Ausfüllung den Arbeitsgerichten im Hinblick auf die Tarifautonomie verwehrt ist (*BAG* 26.8.1987 AP Nr. 138 zu §§ 22, 23 BAT 1975).

742 Eine Eingruppierung im Wege tariflicher Lückenausfüllung kommt auch dann nicht in Betracht, wenn für eine Tätigkeit spezielle Tätigkeitsmerkmale fehlen, eine Eingruppierung jedoch nach den allgemeinen Tätigkeitsmerkmalen möglich ist. Die allgemeinen tariflichen Tätigkeitsmerkmale für den Verwaltungsdienst haben eine Auffangfunktion und können daher auch für solche Aufgaben herangezogen werden, die nicht zu den eigentlichen behördlichen bzw. herkömmlichen Verwaltungsaufgaben im engeren Sinne zählen. **Nur wenn ein Bezug zu Verwaltungsaufgaben überhaupt fehlt, kann eine (unbewusste) Tariflücke angenommen werden, die von den Arbeitsgerichten zu schließen ist.** Dabei ist darauf abzustellen, wie in der Vergütungsordnung zum BAT artverwandte und vergleichbare Tätigkeiten bewertet werden

(*BAG* 18.5.1988 AP Nr. 145 zu §§ 22, 23 BAT 1975). Die Vergleichbarkeit von Dauer, Intensität und wissenschaftlicher Ausrichtung der **Ausbildungen zu zwei verschiedenen Berufen** für sich allein ist **nicht geeignet**, die Ausfüllung einer Tariflücke in der Vergütungsordnung zu begründen (*BAG* 21.6.2000 – 4 AZR 931/98 –).

ggg) Spezialitätsprinzip
Besteht hingegen für eine bestimmte Tätigkeit ein spezielles Tätigkeitsmerkmal, so scheidet nach dem der Vorbemerkung Nr. 1 zu allen Vergütungsgruppen zur Anlage 1 a zum BAT zugrunde liegenden Spezialitätsprinzip die Heranziehung der allgemeinen Tätigkeitsmerkmale aus. Auch wenn die Tätigkeit ihrer Art und ihrem Umfang nach die an das Tätigkeitsmerkmal geknüpfte Vergütung wegen geänderter Verhältnisse als nicht angemessen erscheinen lässt, kann weder eine bewusste noch eine unbewusste Tariflücke angenommen werden. **Die Gerichte bleiben an die Entscheidung der Tarifvertragsparteien gebunden. Ihnen ist es versagt, tarifliche Normen auf ihre allgemeine Zweckmäßigkeit und ihre Vereinbarkeit mit § 242 BGB hin zu überprüfen** (*BAG* 25.2.1987 AP Nr. 3 zu § 52 BAT). 743

hhh) Erstmalige Eingruppierung
Die erstmalige Eingruppierung wird **bei der Einstellung des Angestellten** vorgenommen. Die Vergütungsgruppe ist im Arbeitsvertrag auszuweisen (§ 22 Abs. 3 BAT). Ist sie unzutreffend, so kann der Angestellte jederzeit einen höheren Vergütungsanspruch geltend machen. 744

Wird dem Angestellten vom Arbeitgeber auf Dauer eine Tätigkeit übertragen, die dem Tätigkeitsmerkmal einer höheren Vergütungsgruppe entspricht, so steht ihm von diesem Zeitpunkt an ein höherer Vergütungsanspruch zu (§ 23 BAT). 745

Wird dem Angestellten auf Dauer eine Tätigkeit übertragen, die die objektiven Anforderungen einer Vergütungsgruppe erfüllt, deren subjektive Voraussetzungen (z. B. Ablegen einer bestimmten Prüfung) bei ihm aber nicht vorliegen, so spricht nach Auffassung von *Freitag* (MünchArbR § 188 Rz. 76; offen gelassen von *BAG* 30.5.1990 AP Nr. 179 zu §§ 22, 23 BAT 1975) vieles dafür, dem Angestellten im Wege der Lückenausfüllung eine um eine Vergütungsgruppe niedrigere Vergütung zu zahlen. 746

iii) Bewährungsaufstieg
Für die Angestellten im **Bereich des Bundes und der Länder**, die unter die Anlage 1 a zum BAT fallen, ist in § 23 a BAT ein Bewährungsaufstieg geregelt. Erfüllt der Angestellte ein mit dem Hinweiszeichen * gekennzeichnetes Tätigkeitsmerkmal, so ist in der nächsthöheren Vergütungsgruppe geregelt, welche Bewährungszeit er erfüllen muss, um den höheren Vergütungsanspruch zu erlangen (zu den Auswirkungen des NachweisG auf die Darlegungs- und Beweislast vgl. *LAG Hamm* 2.7.1998 ZTR 1998, 512 Ls.). 747

Der Angestellte hat sich dann bewährt, wenn er sich während der vorgeschriebenen Bewährungszeit in der ihm übertragenen Tätigkeit den auftretenden Anforderungen gewachsen gezeigt hat (*BAG* 17.2.1993 EzBAT § 23 a BAT Bewährungsaufstieg Nr. 25). 748

749 Der Arbeitgeber verstößt nicht gegen Treu und Glauben, wenn er aus Anlass des Bewährungsaufstiegs überprüft, ob die Tätigkeit die Anforderungen der Vergütungsgruppe, aus der der Bewährungsaufstieg möglich ist, überhaupt erfüllt (*BAG* 31.3.1971 AP Nr. 10 zu § 23 a BAT). Insbesondere die Zahlung der entsprechenden Vergütung zwingt nicht zu dem Schluss, dass dies der Fall ist. Etwas anderes kann aber dann gelten, wenn dem Arbeitnehmer **mehrfach bestätigt** wird, er sei **zutreffend originär** in eine bestimmte Vergütungsgruppe **eingruppiert** und dies erst im Zuge der Einführung eines Bewährungsaufstieges geleugnet wird (*BAG* 8.10.1997 NZA 1998, 558 Ls.; vgl. aber auch *BAG* 9.12.1999 ZTR 2000, 460).

750 Zu beachten ist, dass der Arbeitgeber im Rahmen des Direktionsrechts (s. o. A/Rz. 646 f.) dem Arbeitnehmer auch während der Bewährungszeit eine Tätigkeit innerhalb der Vergütungsgruppe nach Maßgabe einer Fallgruppe zuweisen kann, aus der kein Bewährungsaufstieg möglich ist. Denn wenn zwischen den Parteien im Arbeitsvertrag die Beschäftigung und Vergütung nach einer bestimmten Vergütungsgruppe vereinbart ist, dann erfasst das Direktionsrecht des Arbeitgebers grds. alle Fallgruppen der jeweiligen Vergütungsgruppe (*BAG* 23.10.1985 AP Nr. 10 zu § 24 BAT).

751 Wird dem Angestellten jedoch unter Verletzung des Direktionsrechts eine nach einer niedrigeren Vergütungsgruppe zu bewertende Tätigkeit übertragen, so ist es dem Arbeitgeber grds. verwehrt, sich darauf zu berufen, wenn der Angestellte einen Bewährungsaufstieg aus der ursprünglich übertragenen Tätigkeit geltend macht (*BAG* 9.10.1969 AP Nr. 3 zu § 23 a BAT).

752 Das Direktionsrecht rechtfertigt nicht die Übertragung einer Tätigkeit, die geringerwertige Qualifikationsmerkmale erfüllt und nur im Wege des Bewährungsaufstiegs die Eingruppierung in die ursprüngliche maßgebende Vergütungsgruppe ermöglicht (*BAG* 30.8.1995 EzA § 611 BGB Direktionsrecht Nr. 14; 24.4.1996 EzA § 611 BGB Nr. 17).

jjj) Fallgruppenbewährungsaufstieg

753 Zahlreiche Vergütungsgruppen enthalten unabhängig von § 23 a BAT Regelungen über den sog. Fallgruppenbewährungsaufstieg. Dies bedeutet, dass ein Tätigkeitsmerkmal einer Vergütungsgruppe die Bewährung in einer bestimmten Fallgruppe einer niedrigeren Vergütungsgruppe als Anforderung enthält. Diese Bewährungsaufstiegsmöglichkeit besteht auch für den Bereich der VkA (§ 23 b Abschn. B BAT) und der Anlage 1 b zum BAT. Zur Berücksichtigung von Beschäftigungszeiten im EU-Ausland vgl. *EuGH* 15.1.1998 NZA 1998, 205; s. dazu oben A/Rz. 785. Die Zeit des Erziehungsurlaubs (jetzt der Elternzeit) ist auf die Bewährungszeit jedenfalls nicht anzurechnen (*BAG* 18.6.1997 NZA 1998, 267).

kkk) Korrektur einer irrtümlichen Eingruppierung
754 s. u. D/Rz. 1783 ff.

lll) Gleichbehandlungsgrundsatz
755 Ansprüche auf Zahlung einer höheren Vergütung werden in Eingruppierungsrechtsstreitigkeiten häufig auf den arbeitsvertraglichen Gleichbehandlungsgrundsatz ge-

stützt. Dieser hat im Bereich des Arbeitsentgelts aber nur **subsidiäre Bedeutung**, weil neben tariflichen Bestimmungen die **Vertragsfreiheit Vorrang** hat, soweit es nicht um generalisierende Regelungen geht (s. o. A/Rz. 472, 513).

Ein Vergütungsanspruch kann außerdem auf den Gleichbehandlungsgrundsatz nur gestützt werden, wenn der Arbeitgeber gleichliegende Fälle aus unsachlichen oder sachfremden Gründen ungleich behandelt und deshalb eine willkürliche Ungleichbehandlung vorliegt. 756

Diese Voraussetzungen liegen nicht schon dann vor, wenn der bisherige Stelleninhaber eine höhere Vergütung erhalten hat, als seinem Nachfolger zugebilligt wird oder vergleichbare Arbeitnehmer eine höhere Vergütung erhalten (*LAG Köln* 22.7.1998 ZTR 1998, 565; a. A. *LAG Köln* 23.6.1996 – 12 Sa 1075/95 – n. v.). Nur wenn der Arbeitgeber eine bestimmte Gruppe von Arbeitnehmern generell und bewusst einer Vergütungsgruppe zuordnet, deren Voraussetzungen sie nicht erfüllten, kann er im Einzelfall davon ohne sachlichen Grund nicht abweichen (*BAG* 17.12.1992 ZTR 1993, 249). 757

mmm) Rechtskraft
Wurde eine Eingruppierungsklage **rechtskräftig abgewiesen**, ist die Rechtskraftwirkung unter Heranziehung des **Tatbestandes** und der **Entscheidungsgründe** zu bestimmen. Wenn sich die Tätigkeit nicht geändert hat und sich die auf ein geltend gemachtes bestimmtes Eingruppierungsmerkmal einer Vergütungsgruppe bezogene Feststellung auf den Zeitraum der in Betracht kommenden Bewährungszeit bezieht, steht mit Bindungswirkung fest, dass die Voraussetzungen für den Bewährungsaufstieg nicht erfüllt ist (*BAG* 10.12.1997 NZA-RR 1998, 567). War Streitgegenstand ein Anspruch auf Vergütung aus einer **bestimmten Vergütungsgruppe**, so ist bei einem Rechtsstreit um Vergütung aufgrund eines nunmehr geltend gemachten **Bewährungsaufstiegs** über das Vorliegen der Voraussetzungen der Ausgangsvergütungsgruppe erneut zu entscheiden. Nur wenn ausnahmsweise über eine bestimmte Fallgruppe einer Vergütungsgruppe rechtskräftig entschieden wurde, ist diese Entscheidung bindend (*BAG* 10.12.1997 NZA-RR 1998, 567). 758

Die rechtskräftige Feststellung des Anspruchs eines Angestellten auf Vergütung nach einer Vergütungsgruppe mit nur einem einschlägigen Eingruppierungsmerkmal führt andererseits bei Einführung des Bewährungsaufstiegs für dieses materiell nicht geänderte Merkmal und tariflich vorgesehener Berücksichtigung vor der Tarifänderung liegender Zeiten als Bewährungszeiten zwingend zu dem Anspruch des Angestellten nach der Aufstiegsgruppe ab dem Zeitpunkt der Tarifänderung, wenn nach der Entscheidung im Vorprozess die Tätigkeit des Angestellten während eines vor der Tarifänderung liegenden, die Bewährungszeit ausfüllenden Zeitraums den Anforderungen des Eingruppierungsmerkmals entsprochen und der Angestellte sich bewährt hat (*BAG* 16.4.1997 NZA-RR 1998, 283).

Die Rechtskraft eines früheren Urteils hindert eine **neue abweichende Entscheidung** dann nicht, wenn dies durch eine **nachträgliche Änderung des Sachverhalts** veranlasst wird. Die negative Prozessvoraussetzung der vorliegenden rechtskräftigen Entscheidung bei Wiederholung desselben Streits greift generell nicht ein, wenn neu entstandene Tatsachen behauptet werden und darauf gestützt eine Änderung der rechts- 759 kräftig festgestellten Rechtslage geltend gemacht wird. Fehlt es schon an einer derartigen Behauptung, ist eine erneute Klage unzulässig. Ob diese behaupteten Tatsachen dann wirklich eingetreten sind, ist eine Frage der Begründetheit, ebenso wie die Frage, ob die behaupteten Tatsachen, wenn sie denn vorliegen, eine abweichende rechtliche Beurteilung – im Falle einer Eingruppierungsklage eine höhere Eingruppierung – rechtfertigen. Bei der rechtlichen Würdigung dieser neuen Tatsachen ist von der Begründung des rechtskräftigen Urteils im Vorverfahren auszugehen; eine **inhaltliche Abweichung von der früheren Entscheidung** ist **nur** möglich, soweit die **neuen Tatsachen** auf der Basis der Urteilsbegründung eine **veränderte Rechtslage** ergeben (*LAG Niedersachsen* 31.3.2000 ZTR 2000, 512 Ls.).

bb) Akkordlohn

(1) Grundlagen

760 Akkordlohn ist eine **leistungsgerechte Vergütung** des Arbeitnehmers, weil das Arbeitsentgelt am Ergebnis seiner Tätigkeit gemessen wird. Er ist allerdings nur bei Arbeitsabläufen möglich, die sich in gleicher Art und Weise permanent wiederholen; ferner muss der Arbeitnehmer Einfluss auf den Produktionsvorgang nehmen, also schneller oder langsamer arbeiten können.
Ziel des Unternehmers muss es zudem sein, ein quantitativ möglichst hohes Produktionsergebnis zu erzielen; **andererseits** darf die Steigerung der Quantität nicht zu einem **Unterschreiten der notwendigen Qualität** führen.

(2) Bezugsgröße für die Arbeitsmenge

761 Als Bezugsgröße für die Arbeitsmenge kommen in Betracht
- der Stückakkord (Arbeitsmenge),
- der Gewichtsakkord (Gewicht des Produkts),
- der Flächenakkord (bearbeitete Fläche),
- der Maßakkord (Maßeinheiten, z. B. die Länge eines bearbeiteten Gegenstandes), sowie der
- Pauschalakkord (bei vielschichtigen Arbeitsaufgaben ist die jeweilige Arbeitsaufgabe Bezugsgröße).

762 Bei der Berechnung der Bezugsgröße muss zwischen Einzel- und Gruppenakkord (Messung des Leistungsergebnisses des einzelnen Mitarbeiters bzw. einer Arbeitsgruppe, insbesondere bei komplexen Tätigkeiten) **unterschieden werden**.

(3) Gegenüberstellung von Arbeitsmenge und Entgeltbezugsgrößen

763 Sodann muss die Arbeitsmenge bestimmten Entgeltbezugsgrößen gegenübergestellt werden.

764 In Betracht kommen der Geldakkord (Arbeitsmenge mal Geldfaktor = Akkordlohn) sowie der Zeitakkord (Vorgabezeit je Stück mal produzierte Menge mal Geldfaktor = Akkordlohn).

Dabei wird beim Zeitakkord die Vorgabezeit im Einzelnen ermittelt, beim Geldakkord dagegen nur geschätzt.

(4) Grundlagen der Bemessung der Vorgabezeiten

765 Für die Bemessung der Vorgabezeiten beim Zeitakkord kommen in Betracht

C. Der Inhalt des Arbeitsverhältnisses

- der **ausgehandelte Akkord** (Vereinbarung zwischen Arbeitgeber und Arbeitnehmer darüber, welche Arbeitszeit pro Arbeitsstück oder Arbeitsmenge vorgesehen ist. Die Zeitvorgabe kann auch durch Betriebsvereinbarung oder Tarifvertrag festgelegt werden);
- **Faust- oder Meisterakkord** (Festlegung der Akkordvorgabe durch den Arbeitgeber und Umsetzung nach Maßgabe der §§ 315 ff. BGB);
- **Schätzakkord** (Schätzung der Zeitvorgabe anhand von Erfahrungssätzen und sonstigen Hilfskriterien);
- **arbeitswissenschaftlicher Akkord**.

(5) Systeme der Vorgabezeitenermittlung

Bei der Vorgabezeitermittlung nach REFA (Verband für Arbeitsstudien e. V.) wird die Normalleistung, die ein voll- oder ausreichend geeigneter und geübter Arbeitnehmer auf Dauer und im Mittel der täglichen Schichtzeit ohne Gesundheitsschädigungen erbringen kann, wenn er die in der Vorgabezeit berücksichtigten Zeiten für persönliche Bedürfnisse und Erholung einhält (= Sollzeit) ermittelt. An dieser Sollzeit wird die individuelle Arbeitsleistung jedes einzelnen Arbeitnehmers (= Istzeit) gemessen. 766

Im Rahmen einer umfangreichen Analyse des Arbeitsablaufs wird die Zeit für die Durchführung der Tätigkeit (Auftragszeit) ermittelt, die sich aus einer Rüst- und Ausführungszeit (Vorbereitung, Ausführung der Tätigkeit, ggf. erforderliche Nachbereitungsarbeiten) zuzüglich der Erholungszeiten zusammensetzt. Hinzu kommen Verteilzeiten, die zusätzlich bei der Durchführung der Tätigkeit anfallen (sachliche, persönliche Verteilzeiten). Daneben muss auch der Leistungsgrad des Arbeitnehmers gemessen werden, bei dem die Zeitstudien angefertigt wurden. Anschließend wird die Istzeit zur Normalzeit umgerechnet (Normalzeit = Istzeit mal Leistungsgrad v. H. dividiert durch Hundert). 767

Daneben existiert das Bedaux-System, das Methods-Time-Measurement-System sowie die Work-Faktor-Berechnung (vgl. ausführlich dazu MünchArbR/*Kreßel* § 67 Rz. 30 ff., *Schaub* Arbeitsrechtshandbuch, § 64 IV). 768

(6) Akkordrichtsatz/Mindestverdienst

Der Akkordrichtsatz schließlich ist der Stundenverdienst eines Akkordarbeiters, wenn das Arbeitsergebnis beim Zeitakkord der vorgegebenen Normalleistung entspricht. Er muss entweder vertraglich vereinbart sein oder wird durch Tarifvertrag geregelt. 769

Der Akkordrichtsatz ist i. d. R. ein Tarifstundenlohn, der um einen Akkordaufschlag (ca. 10 bis 25%) angehoben wird.
Möglich ist auch, dass tarifvertraglich für die Arbeitnehmer ein **Mindestverdienst** vereinbart wird, der unabhängig von der tatsächlichen Leistung dem Arbeitnehmer ein bestimmtes Mindesteinkommen sichert. 770

(7) Verbot der Akkordarbeit für bestimmte Arbeitnehmergruppen

Wegen der bei Akkordarbeit bestehenden Gefahr der Überbeanspruchung der körperlichen Kräfte und der daraus resultierenden gesundheitlichen Gefahren dürfen Ju- 771

C. Der Inhalt des Arbeitsverhältnisses

gendliche und werdende Mütter** nicht mit Akkordarbeit oder Arbeiten, bei denen durch ein gesteigertes Arbeitstempo ein höheres Entgelt erzielt werden kann, beschäftigt werden (§ 23 JArbSchG, § 4 Abs. 3 MuSchG).

772 Gem. § 3 des Gesetzes über das Fahrpersonal von Kraftfahrzeugen und Straßenbahnen (i. d. F. vom 19.2.1987 BGBl. I S. 640) dürfen **Mitglieder des Fahrpersonals von Kraftfahrzeugen und Straßenbahnen**, soweit sie am Verkehr auf öffentlichen Straßen teilnehmen, nicht nach der zurückgelegten Fahrtstrecke und der Menge der beförderten Güter entlohnt werden. Damit ist jede Form von Prämien oder Zuschlägen ausgeschlossen. Um Gefahren für den Straßenverkehr auszuschließen, sind derartige Leistungsanreize verboten, weil sie den Leistungsdruck für das Fahrpersonal erhöhen würden und dieser sich mittelbar auf alle Verkehrsteilnehmer auswirken müsste.

cc) Prämienlohn

(1) Grundlagen

773 Auch beim Prämienlohn kann der Arbeitnehmer auf die jeweiligen Leistungsergebnisse Einfluss nehmen, sodass gerade das persönliche Leistungsergebnis honoriert wird.

774 Der Anwendungsbereich ist weiter als beim Akkordlohn, weil die Entlohnung auf **beliebig vielen und unterschiedlichen Bezugsgrößen** basieren kann.
Gegenstand der Prämie können die Arbeitsmenge, Arbeitsqualität, der Materialeinsatz, Nutzungsgrad der Maschinen sowie die Einhaltung von Terminen sein.
Honoriert werden können auch bestimmte Verhaltensweisen der Arbeitnehmer, wie Anwesenheit und Pünktlichkeit.

(2) Ziel des Prämienlohns

775 Ziel ist es, neben der Schaffung eines Leistungsanreizes im Interesse der allgemeinen Lohngerechtigkeit eine **angemessene Vergütungsstruktur** zu erreichen.

aaa) Die Prämienlohnkurve

776 Die Prämienlohnkurve kann linear oder in Stufen, degressiv oder progressiv ansteigen. Soweit der Prämienlohn auf Zeitvorgaben aufbaut, besteht wie beim Akkordlohn die Möglichkeit des Schätzens, der statistischen oder der arbeitswissenschaftlichen Ermittlung.

bbb) Kombinierter Prämienlohn

777 Zwar kann die Vergütung insgesamt als Prämienlohn vereinbart werden; häufiger ist jedoch ein **kombinierter Prämienlohn** (Tariflohn zuzüglich einer auf Betriebs- oder Unternehmensebene vereinbarten Prämie).

ccc) Verbot von Prämienlohn für bestimmte Berufsgruppen

778 Prämienlohn ist ebenso wie der Akkordlohn für bestimmte Berufsgruppen verboten (s. o. C/Rz. 895 f.).

(3) Formen der Prämienvergütung

779 Unterschieden werden können

- der **Halsey-Lohn** (zusätzlicher Prämienlohn zu einer Grundleistung, wobei die zusätzliche Prämienvergütung unterproportional zur Leistungsmenge steigt);
- das **Emersonsche Leistungssystem** (der Arbeitnehmer erhält neben einem Stundenlohn eine Prämie nach Maßgabe einer Tabelle, die nach arbeitswissenschaftlichen Grundsätzen einen erhöhten Leistungsgrad ermittelt);
- das **Rowan-System** (zum garantierten Mindestlohn kommt eine Prämie hinzu, die sich an der Zeit orientiert, die der Arbeitnehmer im Vergleich zur Vorgabezeit eingespart hat. Die Lohnkurve verläuft degressiv, um einen zu starken Leistungsanreiz zu vermeiden);
- das **Differenziallohnsystem nach Taylor** (erzeugt einen besonderen Leistungsanreiz für eine hohe Zeiteinsparung, indem für die Normalleistung im Rahmen der Zeitvorgabe der Grundlohn gezahlt wird und die Prämie bei einer Zeitunterschreitung überproportional steigt. Je mehr Zeit eingespart wird, umso steiler verläuft die Prämienkurve);
- das **Gantt-System** (für die Normalleistung innerhalb der Vorgabezeit wird der Grundlohn gewährt und garantiert; bei einer Zeiteinsparung wird eine fixe Prämie vorgesehen, wobei es gleichgültig ist, wie viel Zeit eingespart wurde).

dd) Leistungslohn aufgrund einer individuellen Leistungsbeurteilung

Im Angestelltenbereich wird traditionell eine Zeitvergütung gewährt. Als Leistungsanreiz kommt eine Leistungszulage in Betracht, die sich prozentual vom Grundbetrag errechnet und deren variable Höhe von der individuellen Leistungsbeurteilung durch den Vorgesetzten anhand eines von vornherein festgelegten Bewertungskatalogs abhängt, der die maßgeblichen Kriterien (z. B. Anwendung von Fachkenntnissen, Sorgfalt, Zuverlässigkeit, Belastbarkeit usw.) anhand einer Punkte- oder Notenskala bestimmt. 780

Die Leistung des Mitarbeiters wird in periodischen Abständen bewertet, z. B. in einem jährlichen Turnus (mit Wirkung erst auf den nächsten Lohnzahlungszeitraum im folgenden Jahr) auf der Grundlage einer genauen Stellenbeschreibung in einem formellen Verfahren. 781

Als **Rechtsgrundlage** für ein derartiges Leistungsentgelt kommt der **Arbeitsvertrag**, aber auch eine **Betriebsvereinbarung** in Betracht. Diese Form der Leistungsentlohnung kann mit anderen Leistungslohnformen, vor allem mit dem Prämienlohn, kombiniert werden (MünchArbR/*Kreßel* § 67 Rz. 98 –121). 782

ee) Zulagen, Zuschläge

(1) Begriffe; Zweck von Zulagen und Zuschlägen

Vergütungszuschläge sind gesondert ausgewiesene und berechnete Vergütungsbestandteile, die aufgrund bestimmter Tatbestände zusätzlich zum Entgelt bezahlt werden. 783

Als Grund für eine derartige Leistung kommen auf der Grundlage des Arbeitsvertrages, insbesondere aber aufgrund tarifvertraglicher Regelung eine außergewöhnliche Arbeitsbelastung oder Leistung des Arbeitnehmers, aber auch die sozialen Verhältnisse, wie z. B. der Familienstand in Betracht. 784

C. Der Inhalt des Arbeitsverhältnisses

785 Gesetzliche Normen, die die Gewährung von Zulagen oder Zuschlägen für Mehrarbeit vorsehen, bestehen nicht mehr. § 15 AZO enthielt zwar eine normative Regelung für einen Mehrarbeitszuschlag (falls keine abweichende Vereinbarung getroffen war, mindestens 25%); diese Regelung ist aber durch das ArbZG ersatzlos aufgehoben worden (s. o. C/Rz. 61 ff.).

786 Stattdessen sehen aber nunmehr §§ 6 Abs. 5, 11 Abs. 2 ArbZG – mangels anderweitiger Vereinbarung – eine Zuschlagspflicht für Nacht-, Sonn- und Feiertagsarbeit vor, die der Arbeitgeber wahlweise durch angemessene Freizeit oder durch Zahlung eines Lohnzuschlages erfüllen kann.

787 **Vergütungszuschläge sollen gezielt bestimmte Defizite oder Sonderbelastungen ausgleichen oder einen besonderen Anreiz bieten**, wobei die Grenze zur Prämie fließend ist.

(2) Formen von Zulagen, Zuschlägen

788 In Betracht kommen insbesondere
- Mehrarbeitsvergütung (s. o. C/Rz. 61 ff.);
- Überstundenvergütung (s. o. C/Rz. 61 ff.);
- Zuschläge für **ungünstige Arbeitszeit** (Nacht-, Sonn- und Feiertagsarbeit; vgl. §§ 6 Abs. 5, 11 Abs. 2 ArbZG; s. o. C/Rz. 786);
- **Erschwerniszulagen** für besondere Belastungen der Arbeitnehmer während der Arbeit (für besonders gefährliche oder gesundheitsgefährdende Arbeiten, bei Lärm, Licht, Kälte, Nässe, bei besonderen psychischen Belastungen, bei Schmutz und weiter Entfernung zum Arbeitsplatz);
- **Funktionszulagen** für eine Tätigkeit, die mit einer zusätzlichen Verantwortung verbunden ist. Vergleichbar ist dem eine Berufsjahreszulage, die mit Ablauf einer bestimmten Anzahl von Tätigkeitsjahren in einer Gehaltsgruppe einsetzt;
- **Sozialzulagen**, um die besondere soziale Situation des Arbeitnehmers anzuerkennen (Verheirateten-, Kinder-, Alters-, Wohn- und Ortszuschläge).

f) Ergebnisbezogene Entgelte

aa) Provision

(1) Grundlagen

789 Bemessungsgrundlage der Provision ist nicht allein die Arbeitsleistung des Arbeitnehmers, sondern auch oder ausschließlich die wirtschaftliche Verwertung von Produkten oder Dienstleistungen auf dem freien Markt.

790 Die Provision wird ausgelöst durch Vermittlung oder Abschluss einer Absatzvereinbarung mit einem Dritten (**Vermittlungsprovision**), oder dadurch, dass allgemein derartige Verträge mit einem bestimmten Kundenkreis einer Region vereinbart werden (**Bezirksprovision**).

791 Sie kann sich auf alle oder bestimmte Geschäfte eines Unternehmens beziehen (**Umsatzprovision**) und damit nicht allein von der Leistung des Provisionsberechtigten abhängen, sondern in gleicher Weise auch die Leistungen anderer Mitarbeiter berücksichtigen.

C. Der Inhalt des Arbeitsverhältnisses

(2) Rechtsgrundlage und Berechnung der Provision bei Handlungsgehilfen
Die Provision selbst richtet sich nach einem bestimmten Prozentsatz an dem Wert des vermittelten oder abgeschlossenen Geschäfts. Die Provisionsberechnung kann aber auch auf Grundlage einer Punktewertung folgen.

792

Gem. § 65 HGB finden bestimmte, für den Handelsvertreter geltende Vorschriften (§§ 87 Abs. 1, 3, 87 a–c HGB) auf Handlungsgehilfen entsprechende Anwendung. Voraussetzung ist, dass eine Provisionsvergütung ausdrücklich vereinbart worden ist, oder sich zumindest im Wege der Auslegung ermitteln lässt, dass eine erfolgsbezogene Vergütung i. S. d. Provisionsrechts übereinstimmend gewollt ist.

793

Die Provision kann als alleinige Vergütung vereinbart werden. Möglich ist es auch, dass ein monatlicher Mindestverdienst vorgesehen ist, der mit Provisionsansprüchen verrechnet wird (vgl. *BAG* 8.12.1982 AP Nr. 5 zu § 1 TVG Tarifverträge: Versicherungsgewerbe).

794

Trotz fehlender ausdrücklicher Verweisung in § 65 HGB sind § 87 Abs. 2, 4 HGB (Bezirks- und Inkassoprovision) sowie § 92 BGB (Versicherungsvertreter) anwendbar.

795

(3) Rechtsgrundlage bei anderen Arbeitnehmern

Soweit Arbeitnehmer, die keine Handlungsgehilfen sind, eine Provision erhalten, sind die in § 65 HGB in Bezug genommenen Vorschriften entsprechend anzuwenden.

796

Es ist jeweils zu überprüfen, ob sie für die spezielle Situation eines Arbeitnehmers geeignet sind. Seine Schutzbedürftigkeit, die aus seiner Abhängigkeit resultiert, muss auch bei einer Provisionsentlohnung berücksichtigt werden (*BAG* 4.7.1972 AP Nr. 6 zu § 65 HGB).

797

(4) Entstehung eines Provisionsanspruchs

Erforderlich ist, dass der Arbeitnehmer aufgrund seiner arbeitsvertraglichen Verpflichtung ein Geschäft mit einem Dritten vermittelt (§ 87 Abs. 1 HGB). Der Provisionsanspruch ist aber zunächst auflösend bedingt durch die tatsächliche Ausführung des Geschäfts. Ein unbedingter Provisionsanspruch entsteht gem. § 87 a HGB erst dann, wenn der Arbeitgeber das Geschäft ausführt, spätestens jedoch, wenn der Dritte seinerseits die vertraglich geschuldete Leistung erfüllt hat.

798

Der Provisionsanspruch bleibt auch bestehen, wenn beide Seiten das Geschäft nicht ausführen, es sei denn, der Arbeitgeber hat die Unmöglichkeit nicht zu vertreten oder die Erfüllung ist ihm unzumutbar. Der Provisionsanspruch entfällt, wenn feststeht, dass der Dritte nicht leistet (z. B. bei Nichtigkeit, Anfechtung, Kündigung des Vertrages; vgl. MünchArbR/*Kreßel* § 68 Rz. 36).

799

Ein vermitteltes Geschäft liegt bei gleichartigen Folgegeschäften auch dann vor, wenn sie nicht unmittelbar auf die Tätigkeit des Arbeitnehmers zurückzuführen

800

C. Der Inhalt des Arbeitsverhältnisses

sind (§ 87 Abs. 1 2. Alt.). Gem. § 87 Abs. 1 S. 2 HGB ist eine Provision ausgeschlossen, wenn für einen anderen ausgeschiedenen Arbeitnehmer gem. § 87 Abs. 3 HGB ein entsprechender Provisionsanspruch entstanden ist; u. U. ist eine Teilung zugunsten des nachfolgenden Handelsvertreters möglich, wenn dies wegen besonderer Umstände der Billigkeit entspricht (§ 87 Abs. 3 S. 2 HGB).

(5) Provisionsanspruch nach Beendigung des Arbeitsverhältnisses

801 Ist eine Provisionsregelung einzel- oder kollektivvertraglich vereinbart, so kann ein Provisionsanspruch auch dann noch geltend gemacht werden, wenn der Arbeitnehmer sein **Arbeitsverhältnis beendet hat, das abgeschlossene Geschäft aber überwiegend noch auf seine Tätigkeit während des Arbeitsverhältnisses zurückzuführen ist** (§ 87 Abs. 3 Nr. 1 HGB). Nicht ausreichend sind dagegen nur lose Geschäftskontakte.

802 Nach § 87 Abs. 3 Nr. 2 HGB besteht ein nachgehender Anspruch, wenn das Angebot des Dritten vor Beendigung des Arbeitsverhältnisses zugegangen ist.

803 Eine arbeitsvertragliche Vereinbarung, nach der ein angestellter Außendienstmitarbeiter neben seinem Fixum Provisionen nach Erreichen einer Jahressollvorgabe erhält, kann bei Fehlen einer Regelung für den Fall unterjähriger Beschäftigung durch Vertragsauslegung zu ergänzen sein. Da die Arbeitsvertragsparteien regelmäßig keine rechtswidrigen oder nichtigen Arbeitsvertragsbedingungen verabreden wollen, ist eine ergänzende Vertragsauslegung geboten, wenn die Vereinbarung der Parteien ohne die Ergänzung gegen § 622 Abs. 6 BGB verstößt. Davon ist auszugehen, wenn der Angestellte bei Ausübung des gesetzlichen Kündigungsrechts zum Ende des ersten Halbjahres wegen der Höhe der Jahressollvorgabe keinerlei Provisionsansprüche erwirbt (*BAG* 20.8.1996 EzA § 87 HGB Nr. 11)

(6) Abweichende Vereinbarungen

804 § 87 HGB ist abdingbar; abweichende Regelungen können sich aus einzel- und kollektivvertraglichen Vereinbarungen ergeben. Allerdings ist der Ausschluss einer Übergangsprovision nach § 87 Abs. 3 HGB nur dann zulässig, wenn es hierfür einen **sachlichen Grund** gibt (*BAG* 28.2.1984 EzA § 87 HGB Nr. 8).

(7) Weitere Modalitäten des Provisionsanspruchs

805 Die Fälligkeit und Abrechnung (die ein **abstraktes Schuldanerkenntnis** gem. § 781 BGB darstellt; MünchArbR/*Kreßel* § 68 Rz. 49) regeln §§ 87 a Abs. 4, 87 c HGB. Der Provisionssatz ist regelmäßig einzel- bzw. kollektivvertraglich festgelegt; § 87 b HGB enthält insoweit lediglich eine subsidiäre Regelung.

806 Gem. § 87 c Abs. 2, 3 HGB hat der Arbeitnehmer Anspruch auf Erteilung eines Buchauszuges, Auskunft über alle maßgeblichen Umstände, die für den Provisionsanspruch wesentlich sind; er kann zudem u. U. Einsicht in die Bücher und sonstigen Urkunden (gem. § 87 c Abs. 4 HGB nach Wahl des Arbeitgebers entweder durch den Arbeitnehmer selbst oder einen vom Arbeitnehmer zu bestimmenden Wirtschaftsprüfer) verlangen.

C. Der Inhalt des Arbeitsverhältnisses

(8) Verjährung; Ausschlussfristen
Der Anspruch auf Provision verjährt ebenso wie die Hilfsansprüche nach § 87 c HGB 807
gem. **§§ 195 ff. BGB n. F** in ab dem 1.1.2002 begründeten Arbeitsverhältnissen bzw. in davor begründeten Arbeitsverhältnissen ab dem 1.1.2003, bis dahin gem. §§ 195 ff. BGB a. F. Die Klage auf Auskunft, Rechnungslegung oder Erteilung der Buchauszüge (§ 87 c HGB) hemmt nicht die Verjährung der jeweiligen Provisionsansprüche (*BAG* 30.4.1971 AP Nr. 15 zu § 9 ArbGG 1953; 5.9.1995 EzA § 196 BGB Nr. 9). Zu beachten sind sowohl für den Provisionsanspruch als auch für die Hilfsrechte nach § 87 HGB **tarifliche Ausschlussfristen**. Sie sind mit § 87 c Abs. 5 HGB vereinbar, weil sie die Rechte unberührt lassen und nur die Abwicklung schneller gestalten sollen (*BAG* 23.3.1982 EzA § 87 c HGB Nr. 4).

(9) Darlegungs- und Beweislast
Für die **Ausführung des Geschäfts** i. S. d. § 87 a Abs. 1 S. 1 HGB bzw. für die Ausfüh- 808
rung durch den Dritten trägt der **Arbeitnehmer** die Beweislast, da es sich hierbei um anspruchsbegründende Tatsachen handelt.
Im Rahmen des § 87 a Abs. 3 S. 2 HGB muss der Arbeitnehmer nachweisen, dass die 809
Nichterfüllung feststeht.
Demgegenüber muss der **Arbeitgeber** die von ihm **nicht zu vertretende Unmöglich-** 810
keit oder die **Unzumutbarkeit** der Erfüllung nachweisen. Gleiches gilt für die Umstände einer Nichtleistung des Dritten nach § 87 a Abs. 2 HGB, da es sich um Tatsachen handelt, die den Anspruch zum Erlöschen bringen (MünchArbR/*Kreßel* § 68 Rz. 37).

(10) Der Sonderfall: Wegfall einer Topfabrede
Schließen zwei Verkäufergruppen zum Ausgleich ihrer unterschiedlich hohen Provi- 811
sionseinkünfte auf Veranlassung des Arbeitgebers eine sog. Topfvereinbarung und wird diese später gekündigt, so kann sich für diejenigen Verkäufer, die ohne Topfvereinbarung erheblich geringere Provisionseinkünfte haben, ein Anspruch auf **Anhebung ihrer Vergütung aus einer ergänzenden Vertragsauslegung** ergeben (*BAG* 3.6.1998 EzA § 157 BGB Nr. 4).

bb) Umsatz- und Gewinnbeteiligung

(1) Begriffe; Abgrenzung
Die Umsatz- und Gewinnbeteiligung (Tantieme) **ist eine zusätzliche Vergütung,** 812
die das übliche Arbeitsentgelt ergänzt. Es soll damit nicht die dem Arbeitnehmer zustehende übliche Vergütung abgegolten werden.
Davon zu unterscheiden ist die Ergebnis- oder Erfolgsbeteiligung, die sich auf einen 813
Leistungs- oder Arbeitserfolg, nicht jedoch auf den Markterfolg des Unternehmens bezieht.
Abgestellt werden kann auf den Markterfolg des Betriebes, des Unternehmens, aber 814
auch eines Betriebsteiles oder einer Abteilung. Wird auf den Gewinn abgestellt, so ist regelmäßig der jährliche Reingewinn nach Maßgabe der Handels-, nicht aber nach der hiervon abweichenden Steuerbilanz (*BAG* 13.4.1978 EzA § 611 BGB Tantieme Nr. 1; für Vorstandsmitglieder einer AG besteht eine Sonderregelung gem. § 86 Abs. 1 AktG) maßgeblich (vgl. ausf. *Ricken* NZA 1999, 236 ff.).

815 Demgegenüber stellt eine zusätzlich zum Gehalt gewährte **prozentuale Beteiligung** an dem vom Angestellten erzielten **Umsatz** keine widerrufbare Sonderleistung dar; vielmehr handelt es sich um einen **Teil des Entgelts** für die vertraglich geschuldete Arbeitsleistung. (*BAG* 8.9.1998 EzA § 611 BGB Nr. 29). Eine Vereinbarung, dass diese Umsatzbeteiligung im Folgejahr in **monatlichen gleichen Raten** ausgezahlt werden soll, **regelt nur die Leistungszeit**. Sie bewirkt aber nicht, dass der Anspruch untergeht, wenn das Arbeitsverhältnis im folgenden Jahr nicht mehr besteht (*BAG* 8.9.1998 EzA § 611 BGB Nr. 29).

Andererseits ist die einem leitenden Angestellten zugesagte Beteiligung am Jahresgewinn des von ihm geführten Betriebs (**Tantieme**) eine **Erfolgsvergütung**. Nach §§ 275 Abs. 1, 323 Abs. 1 BGB a. F. (jetzt §§ 275 Abs. 1, 326 Abs. 1 BGB n. F.) erlischt der Anspruch, wenn der Angestellte während des gesamten Geschäftsjahres **arbeitsunfähig erkrankt** ist und **keine Entgeltfortzahlung** beanspruchen kann (*BAG* 8.9.1998 EzA § 611 BGB Tantieme Nr. 1).

Bezeichnet der Arbeitgeber demgegenüber bei einer im Arbeitsvertrag und bei den arbeitgeberseitigen Zusicherungen nur unvollständigen Regelung der Voraussetzungen für eine Tantieme diese in Abrechnungen als »**Abschlussvergütung**« und zahlt er diese auch in Jahren mit **Bilanzverlusten**, so handelt es sich nicht um eine Gewinnbeteiligung, sondern um eine davon unabhängige **Gratifikation** für geleistete Dienste und bewiesene Betriebstreue, auf die auch in Verlustjahren ein Anspruch bestehen kann (*LAG Hamm* 23.2.2001 NZA-RR 2001, 525).

(2) Rechtsgrundlage

816 Als Rechtsgrundlage einer Tantieme kommen **einzel- und kollektivvertragliche Vereinbarungen** in Betracht. Sie kann als eine freiwillige, jederzeit einseitig widerrufbare (vgl. aber § 315 BGB) Zusage ausgestaltet sein.

In der Praxis werden Tantiemen vor allem an Führungskräfte und leitende Angestellte gezahlt.

(3) Keine Einschränkung der Unternehmensführung

817 Die Gewinnbeteiligung des Arbeitnehmers schränkt Entscheidungen des Arbeitgebers über die Unternehmensführung nicht ein. Das gilt vor allem dann, wenn Kunden Preisnachlässe gewährt werden und sich dadurch die Gewinnbeteiligung verringert (*BAG* 13.4.1978 EzA § 611 BGB Tantieme Nr. 1).

(4) Auskunftsanspruch

818 Allerdings ist mit dem Anspruch auf Gewinnbeteiligung ein Anspruch auf Auskunft gegenüber dem Arbeitgeber verbunden. Dem Arbeitnehmer muss auf diese Weise die Möglichkeit eingeräumt werden, den Umfang des Anspruchs zu überprüfen (§ 242 BGB; MünchArbR/*Kreßel* § 68 Rz. 96). Ein derartiger Anspruch besteht jedenfalls dann auch hinsichtlich der Verteilung der im Auftragsgebiet des Arbeitnehmers eingegangenen Aufträge, wenn die durch Tatsachen gestützte **Besorgnis** gerechtfertigt ist, dass der Arbeitgeber den Arbeitnehmer bei der Zuteilung der Aufträge **benachteiligt** hat (*BAG* 21.11.2000 NZA 2001, 1093).

819 Wird dem Arbeitnehmer eine **Gewinn- und Verlustrechnung** eines Wirtschaftsprüfers überlassen, bei der vom Wirtschaftsprüfer bestätigt wird, dass die internen Kostenumlagen auf Plausibilität geprüft werden, muss der Arbeitnehmer zunächst **er-**

C. Der Inhalt des Arbeitsverhältnisses

gänzende **Auskunft** verlangen (§§ 157, 242 BGB), bevor Einsichtnahme in die Bücher verlangt werden kann (*LAG Nürnberg* 8.5.2001 ARST 2001, 258 Ls.).

(5) Verjährung
Für die Verjährung gelten §§ 195 ff. **BGB n. F.** für ab dem 1.1.2002 begründete Arbeitsverhältnisse, sowie für zuvor begründete Arbeitsverhältnisse ab dem 1.1.2003. Demgegenüber gelten §§ 195 ff. BGB a. F. für Alt-Arbeitsverhältnisse noch bis zum 31.12.2002. 820

(6) Ausscheiden aus dem Betrieb

> Eine Tantieme ist, soweit nichts anderes vereinbart ist, dem Arbeitnehmer anteilig zu zahlen, wenn er während des Geschäftsjahres aus dem Betrieb ausscheidet oder in das Unternehmen eintritt (*BAG* 3.6.1958 AP Nr. 9 zu § 59 HGB). 821

g) Gratifikationen, Sonderzuwendungen

aa) Grundlagen
Von besonderer praktischer Bedeutung sind mit der Zahlung sog. Gratifikationen, Sonderzuwendungen verbundene Rechtsfragen. 822
Gratifikationen sind Sonderzuwendungen, die der Arbeitgeber aus bestimmten Anlässen (z. B. Weihnachten, Urlaub) neben der Arbeitsvergütung gewährt. Davon zu **unterscheiden** ist die sog. **Jahresabschlussgratifikation**. Damit werden die Arbeitnehmer unabhängig von ihrem persönlichen Anteil am Gewinn des Unternehmens, eines Betriebes oder einer Betriebsabteilung beteiligt. Die für die Gratifikation geltenden Rechtsgrundsätze werden nach der Rechtsprechung (*BAG* 21.2.1974 AP Nr. 81 zu § 611 BGB Gratifikation) auf die Abschlussgratifikation entsprechend angewandt, weil die Zahlung von der persönlichen Erwirtschaftung des Gewinns unabhängig ist. Daneben wird vielfach ein sog. 13. Monatsgehalt gezahlt.
Gemeinsam ist den Sonderzuwendungen i. d. R., dass sie **einmal jährlich fällig werden** (häufig am 1.12., zum Jahresende, oder aber, wie bei der Jahresabschlussgratifikation, erst im Folgejahr). 823

bb) Zweck derartiger Leistungen

> Der Arbeitgeber kann mit der Gewährung derartiger Leistungen verschiedene Zwecke verfolgen: Zum einen kann es um die Abgeltung vergangener Dienste gehen, zum anderen können sowohl die vergangene als auch die zukünftige Betriebstreue belohnt werden. Schließlich kann der Arbeitgeber beide Zwecke verfolgen (vgl. *Gaul* BB 1994, 494 ff.; *Tofall* ZTR 1997, 446 ff.). 824

cc) Die praktischen Probleme

> Problematisch ist in der Praxis (vgl. *Beckers* NZA 1997, 129 ff.) insbesondere, 825
> – inwieweit ein Arbeitnehmer, der vor Erreichen des regelmäßig für die Zahlung maßgeblichen Stichtages aus dem Arbeitsverhältnis ausscheidet, eine anteilige Zahlung für die zurückgelegte Dauer des Beschäftigungsverhältnisses im Kalenderjahr verlangen kann;

C. Der Inhalt des Arbeitsverhältnisses

- inwieweit ein Arbeitnehmer, der in den ersten Monaten des nachfolgenden Kalenderjahres aus dem Arbeitsverhältnis ausscheidet, eine entsprechende Zahlung zurückerstatten muss;
- inwieweit Fehlzeiten (z. B. durch Krankheiten, Mutterschutz oder Elternzeit) zum Wegfall bzw. zur Minderung des Anspruchs führen.

dd) Auslegung der Zusage

(1) Grundfragen

826 Ob mit der Sonderzuwendung nur die **Abgeltung vergangener Dienste** bezweckt oder aber sowohl vergangene und zukünftige **Betriebstreue belohnt** werden soll, ist im Wege der **Auslegung der Zusage** zu entscheiden. **Die Bezeichnung der Zuwendung allein ist dafür nicht maßgebend** (*BAG* 11.11.1971 AP Nr. 71 zu § 611 BGB Gratifikation). Sie kann allenfalls als ein zusätzliches Indiz (*Beckers* NZA 1997, 130 f.), nicht aber als ausschlaggebendes oder gar alleiniges Merkmal für eine bestimmte Zielsetzung herangezogen werden (*BAG* 24.10.1990 EzA § 611 BGB Gratifikation, Prämie Nr. 81).

827 Der mit der Zahlung verfolgte Zweck ergibt sich folglich aus den Voraussetzungen, von denen die Erfüllung der Leistung in der Zusage abhängig gemacht wird.

(2) Die Zweckbestimmung anhand der Leistungsvoraussetzungen

828 Soll allein die bewiesene Betriebstreue belohnt werden, so kommt dies i. d. R. dadurch zum Ausdruck, dass der Anspruch erst entsteht, wenn der Arbeitnehmer innerhalb des Bezugszeitraums eine bestimmte Zeitdauer dem Betrieb angehört hat und zu einem bestimmten Stichtag noch Arbeitnehmer ist.

829 Derartige Sonderzahlungen sind **Entgelt im engeren Sinne und keine Gratifikationen**, wenn sie in das im vertraglichen Gegenseitigkeitsverhältnis stehende Vergütungsgefüge eingebaut sind, ausschließlich die Entlohnung erbrachter Arbeitsleistung zum Gegenstand haben und kein darüber hinausgehender Zweck verfolgt wird (*BAG* 24.10.1990 EzA § 611 BGB Gratifikation, Prämie Nr. 81).

830 Die Sonderzuwendung kann aber auch einen **Mischcharakter** haben (Entgelt im weiteren Sinne); sie kann sowohl Sonderzuwendung als auch Arbeitsentgelt zugleich sein. Derartige Entgelte sind regelmäßig von weiteren anspruchsbegründenden Voraussetzungen abhängig. Soll auch die zukünftige Betriebstreue belohnt werden, so wird dies zumeist dadurch sichergestellt, dass der Arbeitnehmer am Ende des Bezugszeitraums in einem ungekündigten Arbeitsverhältnis stehen oder dass er auch nach dem Ende des Bezugszeitraums noch bis zu einem bestimmten Stichtag des folgenden Jahres dem Betrieb angehören muss (*BAG* 18.1.1978, 27.10.1978 EzA § 611 BGB Gratifikation, Prämie Nr. 54, 57; *LAG Hamm* 28.1.2000 NZA-RR 2000, 539).

831 Gewährt eine Betriebsvereinbarung ein zusätzliches Entgelt für unfallfreies Fahren im Bezugszeitraum, so können die Betriebspartner darüber hinaus auch weitere anspruchsbegründende Voraussetzungen für den Bezug der Sonderzahlung festlegen, z. B. ein im Bezugszeitraum durch Eigenkündigung des Arbeitnehmers nicht beendetes Arbeitsverhältnis (*BAG* 10.1.1991 EzA § 611 BGB Gratifikation, Prämie Nr. 82). Wird eine Sonderzahlung rechtlich zulässig von mehreren Anspruchsvoraussetzun-

gen abhängig gemacht, so besteht zwischen diesen kein Rangverhältnis. Vielmehr müssen sämtliche Voraussetzungen gegeben sein, wenn der Anspruch bestehen soll. Nur bei einer Sonderzahlung, bei der keine weiteren Voraussetzungen genannt sind, gilt im Zweifel, dass mit ihr lediglich eine zusätzliche Vergütung für die geleistete Arbeit innerhalb des Bezugszeitraums bezweckt wird und daher das ungekündigte Bestehen des Arbeitsverhältnisses am Auszahlungstag nicht anspruchsbegründend sein kann (*BAG* 8.11.1978 EzA § 611 BGB Gratifikation, Prämie Nr. 60).

Bezeichnet der Arbeitgeber andererseits bei einer im Arbeitsvertrag und bei den arbeitgeberseitigen Zusicherungen nur unvollständigen Regelung der Voraussetzungen für eine Tantieme diese in Abrechnungen als »**Abschlussvergütung**« und zahlt er diese auch in Jahren mit **Bilanzverlusten**, so handelt es sich nicht um eine Gewinnbeteiligung, sondern um eine davon unabhängige Gratifikation für geleistete Dienste und bewiesene Betriebstreue, auf die auch in Verlustjahren ein Anspruch bestehen kann. Bei einer Zusage einer Tantieme »bei einem guten Ergebnis« und vorbehaltlosen Zahlungen in den Vorjahren auch bei Bilanzverlusten entspricht es bei einem nun besseren Bilanzergebnis der Billigkeit im Rahmen der gerichtlichen Festsetzung nach § 315 Abs. 3 S. 2 BGB, wenn die für die Vorjahre als erreichbar bezeichnete Tantiemehöhe gezahlt wird, selbst wenn der zuvor tatsächlich geleistete Betrag niedriger war (*LAG Hamm* 23.2.2001 NZA-RR 2001, 525). 832

(3) Stichtagsregelungen; Auszahlungstermin
– Ist das Bestehen eines Arbeitsverhältnisses an einem bestimmten Stichtag innerhalb des Bezugszeitraums als Anspruchsvoraussetzung für eine Jahressonderzuwendung ausgestaltet, dann ist eine **Kündigung zum Ablauf dieses Stichtages unschädlich** (*BAG* 26.10.1983 EzA § 611 BGB Gratifikation, Prämie Nr. 74). 833
– Die Bestimmung einer Betriebsvereinbarung, wonach Mitarbeiter von der Gratifikationszahlung ausgeschlossen sind, die am Stichtag 30.11. des Jahres in einem gekündigten Arbeitsverhältnis stehen, gilt auch für den Fall einer betriebsbedingten Kündigung (*BAG* 25.4.1991 EzA § 611 BGB Gratifikation, Prämie Nr. 85 gegen *BAG* 13.9.1974 AP Nr. 84 zu § 611 BGB Gratifikation; **a. A.** für eine entsprechende arbeitsvertragliche Vereinbarung *ArbG Frankfurt a. M.* 31.3.1999 NZA-RR 2000, 22). Die Bestimmung unterliegt der gerichtlichen Inhaltskontrolle auf ihre Übereinstimmung mit der Verfassung, den Gesetzen, den guten Sitten und der Billigkeit gem. § 75 BetrVG. Ein Verstoß gegen den Rechtsgedanken des § 162 BGB hat das *LAG Hamburg* (5.3.1998 LAGE § 611 BGB Gratifikation Nr. 42) auch für den Fall verneint, dass der Arbeitgeber dadurch erreichen will, dass alle Arbeitnehmer von der Sonderzahlung ausgeschlossen sind. 834
– Auch eine einzelvertragliche Zusage, die den Anspruch auf eine einmalige Sonderzahlung von dem Bestehen eines ungekündigten Arbeitsverhältnisses an einem bestimmten Stichtag abhängig macht, entfällt im Fall einer betriebsbedingten Kündigung vor dem Stichtag. Eine solche Regelung unterliegt allerdings der richterlichen Inhalts- und Billigkeitskontrolle. 835

Es ist aber i. d. R. nicht unbillig oder treuwidrig, Arbeitnehmer im Falle einer sozial gerechtfertigten betriebsbedingten Kündigung vom Bezug einer freiwilligen Sozialleistung auszunehmen (*BAG* 19.11.1992 EzA § 611 BGB Gratifikation, Prämie Nr. 83). 836

C. Der Inhalt des Arbeitsverhältnisses

837 Im Übrigen hindert lediglich eine wirksame Kündigung, die unmittelbar zur Beendigung des Arbeitsverhältnisses und zum Ausschluss einer künftigen Betriebstreue führt, die Entstehung des Jahressonderzahlungsanspruchs. Steht dagegen rechtskräftig die Fortsetzung des Arbeitsverhältnisses fest und hat der Arbeitgeber nur eine unwirksame Kündigung erklärt, so befindet er sich im Schuldnerverzug (*BAG* 7.12.1989 EzA § 611 BGB Gratifikation, Prämie Nr. 78).

838 Sieht ein Tarifvertrag die Zahlung einer Jahressonderzuwendung vor, wenn das Arbeitsverhältnis am 1.12. eines Kalenderjahres ungekündigt besteht, kann eine **treuwidrige Vereitelung** dieses Anspruchs i. S. v. § 162 BGB allerdings dann angenommen werden, wenn der Arbeitgeber die Kündigung allein deshalb unter **Überschreiten der tariflichen bzw. gesetzlichen Mindestfristen** für die ordentliche Kündigung vorfristig ausgesprochen hat, um den Zuwendungsanspruch des Arbeitnehmers auszuschließen. Das ist aber dann **zu verneinen**, wenn die Kündigung im Rahmen einer **Massenentlassung** zur Durchführung einer betriebsverfassungsrechtlich durch Abschluss eines Interessenausgleichs und eines Sozialplans umgesetzten unternehmerischen Entscheidung ausgesprochen wird (*BAG* 4.5.1999 EzA § 611 BGB Gratifikation, Prämie Nr. 155).

839 – Macht eine tarifvertragliche Regelung den Anspruch davon abhängig, dass das Arbeitsverhältnis am Stichtag »ungekündigt« ist, so steht eine Befristung des Arbeitsverhältnisses einer Kündigung nicht gleich (*BAG* 14.12.1993 EzA § 611 BGB Gratifikation, Prämie Nr. 107).
Arbeitnehmer, die mit einem befristeten Arbeitsvertrag beschäftigt sind, der vor dem für eine Jahressonderzahlung maßgebenden Stichtag endet, haben auch dann keinen Anspruch auf eine anteilige Jahressonderzahlung, wenn eine solche für Arbeitnehmer, die aufgrund einer betriebsbedingten Kündigung vor dem Stichtag ausscheiden, vorgesehen ist (*BAG* 6.10.1993 EzA § 611 BGB Gratifikation, Prämie Nr. 106; 8.3.1995 EzA § 611 BGB Gratifikation, Prämie Nr. 131).

840 Denn Gratifikationen sollen – unabhängig davon, inwieweit mit ihnen auch eine künftige Betriebstreue bewirkt oder honoriert werden soll – den Arbeitnehmer auch in Zukunft zu reger und engagierter Mitarbeit motivieren. Eine solche motivierende Wirkung kann eine Sonderzahlung gegenüber bereits ausgeschiedenen oder alsbald ausscheidenden Mitarbeitern nicht mehr entfalten. Schon diese am Motivationszweck orientierte Differenzierung danach, ob das Arbeitsverhältnis am Auszahlungstag noch – ggf. ungekündigt – besteht oder nicht, ist sachlich gerechtfertigt, sodass ein Verstoß gegen den Gleichbehandlungsgrundsatz nicht vorliegt.

841 Das gilt auch dann, wenn mit der Gratifikation gleichzeitig in der Vergangenheit geleistete Dienste für den Betrieb zusätzlich anerkannt werden sollen, wie die anteilige Gewährung an Arbeitnehmer, deren Arbeitsverhältnis erst im Laufe des Bezugsjahres begonnen hat ausweist. Denn der Zweck einer Sonderzahlung allein vermag über die gesetzten Anspruchsvoraussetzungen hinaus einen Anspruch auf die Sonderzuwendung nicht zu begründen (*BAG* 8.3.1995 EzA § 611 BGB Gratifikation, Prämie Nr. 131).

842 – Bei einer inhaltsgleichen tariflichen Regelung (»ungekündigtes Fortbestehen des Arbeitsverhältnisses am Stichtag«) steht ein vor dem Stichtag abgeschlossener Aufhebungsvertrag einer Kündigung des Arbeitsverhältnisses nicht gleich (*BAG* 7.10.1992 EzA § 611 BGB Gratifikation Nr. 92).

Denn die Tarifvertragsparteien haben, wenn sie einen Aufhebungsvertrag nicht erfas- 843
sen, der unterschiedlichen Interessenlage beim Ausspruch einer Kündigung und dem
Abschluss eines Aufhebungsvertrages Rechnung getragen. Kündigt der Arbeitnehmer
vor dem Stichtag, so steht fest, dass er zukünftige Betriebstreue nicht mehr erbringen
wird. Kündigt der Arbeitgeber, so führt die Kündigung i. d. R. nur dann zur Beendigung des Arbeitsverhältnisses, wenn sie sozial gerechtfertigt ist. Der Wegfall der Betriebstreue beruht damit auf Umständen, die es den Tarifvertragsparteien als gerechtfertigt erscheinen ließen, in diesen Fällen einen Anspruch auf die Zuwendung zu
versagen. Anders ist indessen die Interessenlage beim Abschluss eines Aufhebungsvertrages. In diesem Fall besteht ein gegenseitiges Einvernehmen über die Beendigung des Arbeitsverhältnisses. Der Wegfall zukünftiger Betriebstreue beruht damit
nicht auf einer einseitigen Erklärung, sondern auf beiderseitiger Billigung der Arbeitsvertragsparteien. Diese lässt den tariflichen Anspruch auf die Jahreszahlung unberührt (*BAG* 7.10.1992 EzA § 611 BGB Gratifikation Nr. 92).

– Die Angabe eines bestimmten Auszahlungstermins, also die jährliche Fälligkeit, 844
bedeutet nicht notwendig, dass das Verbleiben des Arbeitnehmers im Betrieb
bis zu diesem Termin Anspruchsvoraussetzung ist (vgl. *BAG* 13.6.1991 EzA
§ 611 BGB Gratifikation, Prämie Nr. 86; s. u. C/Rz. 850).
– Der Anspruch auf eine freiwillige Weihnachtsgratifikation kann aber auch
dann vom Fortbestand des Arbeitsverhältnisses am Auszahlungstag abhängig
gemacht werden, wenn die Gratifikation auch »als Anerkennung für die Leistung« gelten soll (*BAG* 26.10.1994 EzA § 611 BGB Gratifikation, Prämie
Nr. 115).

– **Der Arbeitgeber kann Arbeitnehmer, die im Laufe des Bezugszeitraums ausge-** 845
schieden sind, auch dann von der Leistung ausnehmen, wenn er den im Laufe
des Bezugsjahres neu eingetretenen Arbeitnehmern die Leistung anteilig gewährt. Denn auch dann kann das Ziel, den Arbeitnehmer auch für die Zukunft
zu reger und engagierter Mitarbeit zu motivieren, nicht erreicht werden. Offen gelassen hat das *BAG* (10. Senat 8.3.1995 EzA § 611 BGB Gratifikation, Prämie
Nr. 131; dafür *BAG* 5. Senat 5.3.1980 EzA § 242 BGB Gleichbehandlung Nr. 21
u. 3. Senat 20.7.1993 EzA § 1 BetrAVG Gleichbehandlung Nr. 4), ob der Arbeitgeber dem Arbeitnehmer die nicht ohne weiteres erkennbaren Gründe für eine Differenzierung **alsbald mitteilen muss**, wenn er sich auf diese berufen will.
– Eine betriebliche **Bonusregelung**, die nicht lediglich die Betriebstreue des Arbeit- 846
nehmers honorieren, sondern die Erreichung bestimmter Ziele seitens des Arbeitgebers belohnen will, ist Teil des Arbeitsentgelts. In einem derartigen Fall darf die
Auszahlung des Bonus nicht davon abhängig gemacht werden, dass das Arbeitsverhältnis zu einem bestimmten Stichtag (noch) besteht (*ArbG Wiesbaden* 19.12.2000
NZA-RR 2001, 80).

(4) Quotelung bei Ausscheiden vor dem Stichtag?
Wird die Zahlung (z. B. eines 13. Monatsgehalts) zugesagt, ohne weitere Vorausset- 847
zungen des Anspruchs zu benennen, so ist **im Zweifel** davon auszugehen, dass nur
eine **zusätzliche Vergütung** für geleistete Arbeit innerhalb des Bezugszeitraumes **bezweckt wird**. War aber lediglich die Entlohnung vergangener Dienste gewollt, so erwächst ein Anspruch entsprechend der zurückgelegten Zeit im Jahr.

C. Der Inhalt des Arbeitsverhältnisses

848 Scheidet in einem derartigen Fall ein Arbeitnehmer vor dem Ende des Bezugszeitraums aus, so behält er einen Anspruch auf denjenigen Teil der vollen Jahresleistung, der dem Verhältnis der tatsächlichen Arbeitsleistung zur Gesamtdauer des Bezugszeitraums entspricht (Zwölftelung). Dieser Teilanspruch wird mangels einer anderen Regelung in der Zusage allerdings erst zum Ende des Bezugszeitraums fällig (*BAG* 8.11.1978 EzA § 611 BGB Gratifikation, Prämie Nr. 60; 13.6.1991 EzA § 611 BGB Gratifikation, Prämie Nr. 86).

(5) Zweifel bei der Auslegung

849 **Zweifel bei der Auslegung gehen zu Lasten des Arbeitgebers, der die Vertragsbestimmungen formuliert hat** (*LAG Hamm* 23.2.2001 NZA-RR 2001, 525). Will er den Fortbestand des Arbeitsverhältnisses im Zeitpunkt der Auszahlung zur Leistungsbedingung machen, so muss dies aus der Zusage **eindeutig für den Arbeitnehmer erkennbar sein**. Die Bezeichnung als **Weihnachtsgeld** ist nach Auffassung des *BAG* (13.6.1991 EzA § 611 BGB Gratifikation, Prämie Nr. 86) **nicht eindeutig genug**, denn der Hinweis auf Weihnachten kann auch als bloße Fälligkeitsregelung verstanden werden. Vereinbaren die Parteien als Bezüge ein festes Monatsgehalt und eine Weihnachtsgratifikation in Höhe eines Monatsgehalts, auszuzahlen mit dem Novembergehalt, so besteht ein anteiliger Anspruch auf die Gratifikation auch dann, wenn das Arbeitsverhältnis im November nicht mehr besteht. Die Vereinbarung der Auszahlung mit dem Novembergehalt stellt eine Fälligkeitsregel dar. Sie ist nicht dahin zu verstehen, dass ein Novembergehalt auch tatsächlich zu zahlen ist (*BAG* 21.12.1994 EzA § 611 BGB Gratifikation, Prämie Nr. 119). Anhand der für die Sonderleistung vereinbarten Voraussetzungen hat das *BAG* (EzA § 611 BGB Gratifikation, Prämie Nr. 119) angenommen, dass es sich letztlich nicht um ein Weihnachtsgeld, sondern um ein 13. Monatsgehalt gehandelt hat, das bei vorzeitigem Ausscheiden anteilig zu zahlen ist.

850 **Andererseits** hat das *BAG* (30.3.1994 EzA § 611 BGB Gratifikation, Prämie Nr. 109) angenommen, dass die einzelvertragliche Zusage der Zahlung eines »Weihnachtsgeldes« in bestimmter Höhe **durchaus dahin verstanden** werden kann, dass ein Anspruch auf dieses Weihnachtsgeld nur gegeben sein soll, wenn **auch das Arbeitsverhältnis zu Weihnachten noch besteht**.

(6) Nachträgliche Differenzierung beim Leistungsverhalten?

851 Wenn der Arbeitgeber bei der Gewährung einer freiwilligen Sonderzahlung eine allgemeine Ordnung setzt, muss diese nach sachlichen, objektiv bestimmbaren Kriterien gestaltet sein und darf nicht erst bei der Gewährung der freiwilligen Leistungen ausgefüllt werden. Eine Gratifikation, deren Zweck es ist, besondere Leistungen zu honorieren und unzureichende Leistungen möglichst auszuschließen, kann nach Auffassung des *LAG Hamm* (5.11.1997 NZA-RR 1998, 293) ihren Zweck nur erreichen, wenn **im Vorhinein** feststeht, an welche leistungsbezogenen Kriterien die Sonderzahlung anknüpft und welche Fehl- und Schlechtleistungen eine Kürzung oder gar den Ausschluss von der Sonderzahlung zur Folge haben werden. Eine nachträgliche Differenzierung in der Höhe oder dem Grund des Anspruchs nach einem in der Vergangenheit liegenden Leistungsverhalten – etwa zum Auszahlungszeitpunkt oder zum Ende des Bezugsjahres – ist danach unzulässig (ebenso für die Anwesenheitsprämie *BAG* 26.10.1994 EzA § 611 BGB Anwesenheitsprämie Nr. 10; 21.12.1994 EzA § 611 BGB Anwesenheitsprämie Nr. 11; s. u. C/Rz. 948).

ee) Rechtsgrundlagen

(1) Ausdrückliche kollektiv- und einzelvertragliche Regelungen

Auf die Zahlung einer Sonderzuwendung besteht weder kraft Gesetzes, Gewohnheitsrechts, noch aufgrund der Fürsorgepflicht des Arbeitgebers ein Rechtsanspruch. Für sie muss deshalb stets eine **besondere Rechtsgrundlage** vorhanden sein, die in vielen Wirtschaftszweigen in tariflichen Regelungen über Sonderzuwendungen besteht. Als Anspruchsgrundlage kommen zudem häufig Betriebsvereinbarungen und einzelvertragliche Vereinbarungen in Betracht (vgl. Beckers NZA 1997, 131 f.). 852

(2) Betriebliche Übung

Kraft betrieblicher Übung entsteht ein Gratifikationsanspruch, wenn der Arbeitgeber eine Gratifikation wiederholt und vorbehaltlos gewährt und dadurch für den Arbeitnehmer ein Vertrauenstatbestand des Inhalts entsteht, der Arbeitgeber wolle sich auch für die Zukunft binden (s. o. A/Rz. 584). 853

Ein derartiger Vertrauenstatbestand ist nach der Rechtsprechung des *BAG* (26.6.1975 EzA § 611 BGB Gratifikation, Prämie Nr. 47) regelmäßig nach dreimaliger Zahlung anzunehmen, falls nicht besondere Umstände dagegen sprechen oder der Arbeitgeber bei jeder Zahlung einen Bindungswillen für die Zukunft ausgeschlossen hat (abl. *Schwerdtner* Anm. zu *BAG* § 611 BGB Gratifikation Nr. 83, 84, 86). 854

Eine betriebliche Übung auf zukünftige Gewährung von Weihnachtsgeld entsteht **aber dann nicht**, wenn – für den Arbeitnehmer erkennbar – **die Zuwendung nach Gutdünken des Arbeitgebers dreimalig in unterschiedlicher Höhe gezahlt wird**. Der Arbeitnehmer muss dann davon ausgehen, dass der Arbeitgeber die Zuwendung nur für das jeweilige Jahr gewähren will (*BAG* 28.2.1996 EzA § 611 BGB Gratifikation, Prämie Nr. 139; s. ausf. oben A/Rz. 584 ff.). Auch eine für den Arbeitnehmer **erkennbar auf das jeweilige Kalenderjahr bezogene Zusage** einer Leistung begründet keine Ansprüche der Leistungsempfänger aus einer betrieblichen Übung für zukünftige Jahre. Ein Widerrufsvorbehalt bzw. die Mitteilung, dass die Leistung freiwillig erfolgt, ist in diesem Fall nicht erforderlich, um Ansprüche für die Zukunft zu beseitigen bzw. überhaupt nicht entstehen zu lassen (*BAG* 16.4.1997 EzA § 242 BGB Betriebliche Übung Nr. 39). 855

Das *LAG Düsseldorf* (26.9.1995 LAGE § 242 BGB Betriebliche Übung Nr. 18; s. bereits oben A/Rz. 584 ff.) hat insoweit folgende Grundsätze aufgestellt: 856
– Bringt der Arbeitgeber gegenüber seinen Arbeitnehmern zum Ausdruck, dass es sich um eine freiwillige Leistung handelt, bei der auch durch wiederholte Zahlungen ein Rechtsanspruch für die Zukunft nicht erworben werden kann, verhindert dies das Entstehen einer betrieblichen Übung.
– Eine betriebliche Übung entsteht dann auch nicht dadurch, dass bei mehrjährigen nachfolgenden Zahlungen der Arbeitgeber nicht jeweils nochmals auf den Freiwilligkeitsvorbehalt hinweist.
– Liegen auch sonstige Anspruchsgrundlagen (Arbeitsvertrag, Tarifvertrag, Betriebsvereinbarung) nicht vor, ist die Rechtsprechung des *BAG* (26.6.1975 EzA § 611 BGB Gratifikation, Prämie Nr. 47), wonach ein Freiwilligkeitsvorbehalt im Allgemeinen nur für die Zukunft wirkt und Rechtsansprüche des Arbeitnehmers nur

für spätere Jahre ausgeschlossen sind, bereits mangels Entstehung eines Anspruchs nicht einschlägig.
Die der Aufzählung von Gratifikationen vorangestellte arbeitsvertragliche Klausel »Außerdem erhält der Arbeitnehmer folgende freiwillige Leistungen« ist aber nach Auffassung des *LAG Köln* (7.8.1998 NZA-RR 1998, 529) nicht als ausreichender Freiwilligkeitsvorbehalt auszulegen mit der Folge, dass hiermit im Zweifel ein Rechtsanspruch begründet wird.

(3) Beseitigung der betrieblichen Übung

857 Da überwiegend die Betriebsübung als Gestaltungsmittel für den Einzelarbeitsvertrag verstanden wird, kann der Anspruch beseitigt werden, wenn der einzelne **Arbeitsvertrag gekündigt oder einvernehmlich abgeändert** wird. Schließlich kann durch Beseitigung der Betriebsübung die Entstehung des Anspruchs für zukünftig zu begründende Arbeitsverträge ausgeschlossen werden; s. o. A/Rz. 622 ff.

858 Darüber hinaus vertritt das *BAG* (26.3.1997 EzA § 611 BGB Gratifikation, Prämie Nr. 147; ebenso *LAG Düsseldorf* 3.11.1999 FA 2000, 54; krit. dazu *Franzen* SAE 1997, 344 ff.; abl. *Speiger* NZA 1998, 510 ff. u. *Kettler* NJW 1998, 435 ff.; vgl. auch *Tappe/Koplin* DB 1998, 2114 ff.) inzwischen die Auffassung, dass dann, wenn der Arbeitgeber über einen Zeitraum von drei Jahren zu erkennen gibt, dass er eine betriebliche Übung anders zu handhaben gedenkt als bisher (hier: Gratifikationszahlung nur noch unter einem Freiwilligkeitsvorbehalt), die alte betriebliche Übung einvernehmlich entsprechend geändert wird, wenn die Arbeitnehmer der neuen Handhabung über diesen Zeitraum von drei Jahren hinweg nicht widersprechen. Mit Urteil vom 4.5.1999 (EzA § 242 BGB Betriebliche Übung Nr. 43; vgl dazu *Goertz* ArbuR 1999, 463 ff.; *Becker* BB 2000, 2095 ff.) hat das BAG daran zwar ausdrücklich festgehalten. Die Annahme einer geänderten betrieblichen Übung in diesem Sinne erfordert jedoch, dass der Arbeitgeber **klar und unmissverständlich erklärt, die bisherige betriebliche Übung einer vorbehaltlosen Zahlung solle beendet und durch eine Leistung ersetzt werden, auf die in Zukunft kein Rechtsanspruch mehr bestehe.** Hat ein Arbeitnehmer zudem gegenüber dem Arbeitgeber schriftlich geäußert, er gehe vom Fortbestand einer betrieblichen Übung aus, und stellt der Arbeitgeber kurze Zeit (im Streitfall 3 Monate) später schriftlich klar, er wolle sich von der betrieblichen Übung lösen, so kann er ohne zusätzliche Anhaltspunkte das Schweigen des Arbeitnehmers darauf nicht als Zustimmung zur Aufhebung des Anspruchs werten, wenn die Leistung ein halbes Jahr später fällig ist (*BAG* 27.6.2001 EzA § 242 BGB Betriebliche Übung Nr. 44).

859 Das *LAG Schleswig-Holstein* (24.2.1998 NZA-RR 1998, 391) hat angenommen, dass dann, wenn ein Arbeitnehmer einen Rechtsanspruch auf eine jährliche Gratifikation erworben und **vor der Veröffentlichung der Entscheidung** des *BAG* vom 26.3.1997 der Einführung eines Freiwilligkeitsvorbehalts nicht widersprochen hatte, der Arbeitgeber sein Schweigen **nicht als Einverständnis mit dem Vorbehalt** werten durfte.

860 Ob eine bestehende betriebliche Übung durch Abschluss einer **Betriebsvereinbarung** endet oder aufgehoben werden kann, richtet sich ebenso wie die Beurteilung der Frage, ob eine einzelvertragliche Vereinbarung (Gesamtzusage) durch Betriebsvereinbarung geändert werden kann, nach den vom Großen Senat des *BAG*

(16.9.1986 EzA § 77 BetrVG 1972 Nr. 17) entwickelten Rechtsgrundsätzen (s. u. C/Rz. 2816 ff.).

(4) Gleichbehandlungsgrundsatz
Zwar stellt der Gleichbehandlungsgrundsatz an sich selbst keine Anspruchsgrundlage dar; bei seiner Verletzung haben aber die übergangenen Arbeitnehmer gleichwohl einen Anspruch auf die anderen Arbeitnehmern gewährte Leistung (vgl. *Schaub* ZIP 1994, 923; *Beckers* NZA 1997, 131 f.; s. ausf. oben A/Rz. 458 ff.). 861

Behält sich der Arbeitgeber z. B. vor, einzelne Arbeitnehmer mit **besonderen Leistungen** nach seiner subjektiven Einschätzung zum Weihnachtsfest besonders zu vergüten, so schafft er damit **keine allgemeine Ordnungsregel**, so dass eine Verletzung des Gleichbehandlungsgrundsatzes nicht in Betracht kommt, und zwar unabhängig davon, ob der Arbeitgeber die Leistungen eines einzelnen Arbeitnehmers zu Recht als nicht ausreichend oder als nur durchschnittlich angesehen hat (*LAG Rheinland-Pfalz* 25.11.1999 – 4 Sa 1133/99 –). 862

(5) Freiwilligkeits- und Widerrufsvorbehalt

Ein ausdrücklicher Freiwilligkeitsvorbehalt berechtigt den Arbeitgeber, die Gratifikationszahlung jederzeit einzustellen oder zu kürzen. Damit können auch Ansprüche der Arbeitnehmer für den laufenden Bezugszeitraum ausgeschlossen werden, unabhängig davon, ob der Arbeitnehmer im Vertrauen auf die Zahlung bereits disponiert hat. Wird im Arbeitsvertrag eine **Weihnachtsgratifikation** als **freiwillige Leistung** bezeichnet, die ohne Anerkennung einer Rechtspflicht gewährt wird, so kann der Arbeitgeber **in jedem Jahr erneut eine Entscheidung** darüber treffen, ob, unter welchen Voraussetzungen und an welche Arbeitnehmer eine Gratifikation gezahlt werden soll (*BAG* 12.1.2000 EzA § 611 BGB Gratifikation, Prämie Nr. 158). Der Arbeitgeber kann im Arbeitsvertrag auch ein **Urlaubsgeld** in der Weise in Aussicht stellen, dass er sich jedes Jahr erneut die Entscheidung vorbehält, ob und unter welchen Voraussetzungen es gezahlt wird. Das setzt voraus, dass der Arbeitnehmer nach §§ 133, 157 BGB den **mangelnden Verpflichtungswillen des Arbeitgebers erkennen** muss. Verwendet ein Arbeitgeber im Arbeitsvertrag für eine Gruppe von zugesagten Leistungen (hier: Zuschuss zu den vermögenswirksamen Leistungen und 13. Monatsgehalt) die Überschrift »Freiwillige soziale Leistungen«, so muss ein Arbeitnehmer nicht davon ausgehen, dass damit ein Rechtsanspruch ausgeschlossen sein soll (*BAG* 11.4.2000 EzA § 611 BGB Gratifikation, Prämie Nr. 160). 863

Ein Widerrufsvorbehalt, der auch in einer **Betriebsvereinbarung** enthalten sein kann (*LAG Rheinland-Pfalz* 19.11.1999 NZA-RR 2000, 409), berechtigt den Arbeitgeber dagegen nur, unter Einhaltung billigen Ermessens (§ 315 BGB) eine Gratifikationszusage, die zunächst einen einzelvertraglichen Anspruch des Arbeitnehmers i. S. d. § 194 BGB begründet, **abzuändern oder zu streichen** (vgl. ausf. *Reiserer* DB 1997, 426 ff.). Hat sich der Arbeitgeber den Widerruf eines arbeitsvertraglich zugesagten Urlaubsgeldes vorbehalten, so zielt seine Widerrufserklärung auf die **Beseitigung eines Anspruchs** und damit auf eine Rechtsfolge; sie stellt deshalb eine empfangsbedürftige Willenserklärung i. S. d. §§ 116 ff. BGB dar (*LAG Rheinland-Pfalz* 19.11.1999 NZA-RR 2000, 409). Sie bewirkt nur dann das **Erlöschen** des Anspruchs, **wenn sie dem Arbeitnehmer vor der vertraglich vereinbarten Fälligkeit zugeht** (*BAG* 11.4.2000 EzA § 611 BGB Gratifikation, Prämie Nr. 160). Ein Zugang ist dann überhaupt **nicht gegeben**, wenn der Arbeitgeber das Widerrufsschreiben an dem für betriebliche Bekanntmachungen bestimmten »**schwarzen Brett**« aushängt. Denn das schwarze Brett gehört nicht zu den von den Arbeitnehmern zur Entgegennahme von Erklärungen bereit gehaltenen Einrichtungen; es ist deshalb grds. nicht möglich, durch Aushang am schwarzen Brett einzelvertraglich wirksame Willenserklärungen abzugeben. Dies folgt schon daraus, dass diese Art der Bekanntgabe von Willenserklärungen nicht gewährleisten kann, dass alle betroffenen Arbeitnehmer Kenntnis erlangen (*LAG Rheinland-Pfalz* 19.11.1999 NZA-RR 2000, 409).

(6) Umdeutung einer rechtswidrigen Betriebsvereinbarung
864 Eine Betriebsvereinbarung, mit der ausschließlich die Erhöhung der bisherigen Vergütung und Weihnachtsgratifikation geregelt wird, ist wegen Verstoßes gegen § 77 Abs. 3 BetrVG nichtig, wenn entsprechende tarifliche Regelungen bestehen oder üblich sind. Dies gilt auch dann, wenn der Arbeitgeber nicht tarifgebunden ist. Die Erklärung des Arbeitgebers, die zu einer nichtigen Betriebsvereinbarung geführt hat, kann allerdings ausnahmsweise in ein entsprechendes Vertragsangebot an die Arbeitnehmer umgedeutet werden, wenn besondere Umstände darauf schließen lassen, dass der Arbeitgeber sich unabhängig von der betriebsverfassungsrechtlichen Regelungsform binden wollte. Dieses Angebot können die Arbeitnehmer annehmen, ohne dass es einer ausdrücklichen Annahmeerklärung bedarf (§ 151 BGB; *BAG* 24.1.1996 EzA § 77 BetrVG 1972 Nr. 55; vgl. dazu *Misera* SAE 1997, 45 ff.).

ff) Rückzahlungsvorbehalte

(1) Begriff und allgemeine Voraussetzungen
865 Häufig wird die Zahlung von Gratifikationen (die allein oder zumindest auch die Bindung an den Betrieb bewirken sollen) mit Rückzahlungsvorbehalten verbunden für den Fall, dass der Arbeitnehmer innerhalb der nächsten Zeit aus dem Arbeitsverhältnis ausscheidet.
Derartige Vorbehalte sind zulässig, sie müssen aber eindeutig abgefasst sein (*BAG* 10.7.1974 AP Nr. 83 zu § 611 BGB Gratifikation).

866 Wird in einem Arbeitsvertrag darauf hingewiesen, dass in den vergangenen Jahren ein zusätzliches Weihnachtsgeld in bestimmter Höhe gezahlt worden sei, auf das aber kein Rechtsanspruch bestehe, wird dadurch eine Rückzahlungsverpflichtung nicht begründet; auch aus der »Natur des Weihnachtsgeldes« ergibt sich eine Rückzahlungsverpflichtung nicht. Nichts anderes gilt für einen Aushang am schwarzen Brett, mit dem der Arbeitgeber seine Mitarbeiter darauf hinweist, dass das Weihnachtsgeld bei einem Ausscheiden vor dem 31.3. des Folgejahres zurückzuzahlen sei. Denn der Arbeitgeber kann dann nicht davon ausgehen, dass der Arbeitnehmer von diesem Aushang Kenntnis erlangt und mit seiner Regelung einverstanden ist (*LAG Rheinland-Pfalz* 19.4.1996 NZA-RR 1997, 46).

867 Regelmäßig werden Rückzahlungsklauseln nur für den Fall der Kündigung vereinbart; die entsprechende Gratifikation ist somit Entgelt für die Nichtausübung des Kündigungsrechts im Bindungszeitraum. Hat sich der Arbeitgeber die Rückzahlung für den Fall einer Kündigung durch ihn vorbehalten, so ist ein derartiger Vorbehalt

C. Der Inhalt des Arbeitsverhältnisses

zur Rückzahlung trotz § 162 BGB **auch im Falle einer betriebsbedingten Arbeitgeberkündigung wirksam** (*BAG* 4.9.1985 EzA § 611 BGB Gratifikation, Prämie Nr. 76 gegen *BAG* 27.10.1978 EzA § 611 BGB Gratifikation, Prämie Nr. 59).

Ist der Rückzahlungsvorbehalt für den Fall einer Kündigung des Arbeitsverhältnisses durch den Arbeitnehmer vorgesehen, so wird die Rückzahlungspflicht grds. nicht im Fall eines Aufhebungsvertrages aufgelöst (s. o. C/Rz. 842 f.). Das gilt selbst dann, wenn der Aufhebungsvertrag auf Veranlassung des Arbeitnehmers abgeschlossen worden ist (*LAG Hamm* 12.2.1999 NZA-RR 1999, 514).
Zu beachten ist, dass eine arbeitsvertragliche Rückzahlungsklausel hinsichtlich des Weihnachtsgeldes unwirksam ist, wenn sie weder Voraussetzungen für die Rückzahlungspflicht noch einen eindeutig bestimmten Zeitraum für die Bindung des Arbeitnehmers festlegt. 868

Sind keine entsprechenden Anhaltspunkte gegeben, so kommt die ergänzende Auslegung einer solchen allgemeinen Rückzahlungsklausel dahin, dass die Rückforderung im Rahmen der von der Rechtsprechung entwickelten Grenzen erfolgen könne, nicht in Betracht (*BAG* 14.6.1995 EzA § 611 BGB Gratifikation Nr. 127). 869

Enthält ein Arbeitsvertrag die Regelung, dass ein Weihnachtsgeld in Höhe eines bestimmten Betrags gezahlt wird, sowie eine Bestimmung, dass **im Übrigen die tariflichen Vorschriften** gelten, kann eine derartige Bezugnahmeklausel nach Auffassung des *LAG Hamm* (25.2.2000 NZA-RR 2000, 541) unter Anwendung der Unklarheitenregel des § 5 AGBG (jetzt § 305 e Abs. 2 BGB n. F.) regelmäßig **nicht** dahin ausgelegt werden, dass auch **tarifliche Rückzahlungsklauseln** vertraglich vereinbart sind. 870

(2) Normative Grenzen von Rückzahlungsklauseln
Dem Arbeitnehmer darf **nur eine Betriebsbindung für bestimmte Zeiträume zugemutet** werden. Die Grenzen einer zulässigen Vertragsgestaltung werden dann überschritten, wenn das Grundrecht der freien Arbeitsplatzwahl, welches das Recht des Arbeitnehmers einschließt den einmal gewählten Arbeitsplatz beizubehalten, aufzugeben oder zu wechseln, in unzulässiger Weise eingeschränkt wird (*BAG* 27.10.1978 EzA § 611 BGB Gratifikation, Prämie Nr. 61). Eine derartige Vertragsgestaltung bedeutet zudem einen Verstoß gegen die Fürsorgepflicht des Arbeitgebers und eine Umgehung der gesetzlichen Kündigungsregelungen (§ 622 BGB; *BAG* 10.5.1962 AP Nr. 22 zu § 611 BGB Gratifikation). 871

(3) Die Kriterien bei einzelvertraglich vereinbarten Rückzahlungsklauseln
Maßgeblich sind vor allem die **Dauer der Betriebsbindung** und die **Höhe der Gratifikation**, gemessen am Monatsgehalt zum Zeitpunkt der Auszahlung, nicht etwa am Durchschnittsentgelt während des vergangenen Jahres (*BAG* 28.1.1981 EzA § 611 BGB Gratifikation, Prämie Nr. 69). 872
Dabei ist von der **tatsächlichen Höhe der Zahlung** auszugehen. Es ist nicht möglich, dem Arbeitnehmer einerseits wegen des Eintritts in das Arbeitsverhältnis während des Jahres eine geringere Gratifikation zu zahlen, ihn aber andererseits hinsichtlich der Dauer der zukünftigen Betriebsbindung so zu behandeln, als hätte er die volle Gratifikation erhalten (*LAG Hamm* 14.8.1998 – 10 Sa 153/98 –).
Für die danach zulässige Bindungsdauer hat das *BAG* (10.5.1962, 13.7.1962, 12.12.1962, 20.3.1974, AP Nr. 22, 23, 24, 25, 82 zu § 611 BGB Gratifikation; 27.10.1978 EzA § 611 BGB Gratifikation, Prämie Nr. 61; 17.3.1982 EzA § 611 BGB 873

C. Der Inhalt des Arbeitsverhältnisses

Gratifikation, Prämie Nr. 71) für einzelvertraglich vereinbarte Rückzahlungsvorbehalte bei Weihnachtsgratifikationen **Rechtsgrundsätze** entwickelt, die immer dann Anwendung finden, wenn sich nicht wegen der besonderen Umstände des Einzelfalles eine andere Beurteilung rechtfertigt.

874 – Rückzahlungsvorbehalte bei Gratifikationen bis zu einem Betrag von 100 Euro sind regelmäßig unwirksam.
– Bei einer Gratifikation, die 100 Euro übersteigt, aber einen Monatsbezug nicht erreicht, ist eine Bindung bis zum 31.3. des Folgejahres regelmäßig zumutbar.

875 – Erhält der Arbeitnehmer allerdings eine Weihnachtsgratifikation in Höhe von 50% seines Gehalts, so ist eine Rückzahlungsklausel unwirksam, welche die Rückzahlung der Gratifikation bei einem Ausscheiden des Arbeitnehmers mit dem 31. März des folgenden Jahres vorsieht. **Denn eine Bindung bis zum 31.3. des Folgejahres ist tatsächlich verwirklicht, wenn der Arbeitnehmer mit dem Ablauf des 31.3. ausscheidet.** Bei einer derartigen Regelung würde der Arbeitnehmer also – unzulässigerweise – über den 31.3. des Folgejahres hinaus gebunden. Nur ein vorheriges Ausscheiden begründet die Rückzahlungsverpflichtung (*BAG* 9.6.1993 EzA § 611 BGB Gratifikation, Prämie Nr. 103).

876 Eine Rückzahlungspflicht besteht auch dann nicht, wenn der Arbeitnehmer in einem derartigen Fall **zum 1.4. des Folgejahres** kündigt. Dies gilt unabhängig davon, ob eine Kündigung zu diesem Zeitpunkt nach den gesetzlichen Vorschriften oder den vertraglichen Vereinbarungen zulässig ist. Eine unzulässige Kündigung zum 1.4. berechtigt den Arbeitgeber nicht, die Kündigung des Arbeitnehmers insoweit zu korrigieren, als er den Beendigungszeitpunkt auf den 31.3. vorverlegt (*LAG Rheinland-Pfalz* 15.12.1995 NZA 1996 1040).

877 – Erhält der Arbeitnehmer einen Monatsbezug, und hat er bis zum 31.3. des darauf folgenden Jahres nur eine Kündigungsmöglichkeit, dann ist es ihm in aller Regel zuzumuten, diese eine Kündigungsmöglichkeit auszulassen, wenn er die Gratifikation behalten will.
Hat er bis zum 31.3. mehrere Kündigungsmöglichkeiten, dann ist ihm wegen der Höhe der gewährten Weihnachtsgratifikation zuzumuten, den Betrieb erst nach dem 31.3. zum nächst zulässigen Kündigungstermin zu verlassen, wenn er die Gratifikation behalten will (vgl. *LAG Düsseldorf* 25.3.1997 NZA-RR 1997, 457; a. A. *LAG Düsseldorf* 28.1.1998 BB 1998, 1266).
– Übersteigt die Höhe der Gratifikation das Monatsgehalt des Arbeitnehmers nur knapp, so ist eine Rückzahlungsklausel insoweit unwirksam, als sie eine über den 30.6. des folgenden Jahres hinausgehende Betriebsbindung bis zum 30.9. anstrebt.
– Bei Zahlungen, die ein zweifaches Monatsgehalt nicht erreichen, ist eine Bindung über den 30.6. jedenfalls dann unzulässig, wenn der Arbeitnehmer mehrere Kündigungsmöglichkeiten hätte (*BAG* 28.1.1981 EzA § 611 BGB Gratifikation, Prämie Nr. 69).
– Erhält der Arbeitnehmer kein volles Monatsgehalt als Weihnachtsgratifikation, weil er erst im Laufe des Jahres eingetreten ist, so ist bei der Berechnung der Bindungsfrist von dem tatsächlich ausgezahlten Betrag auszugehen.

(4) Fristberechnung

> Bestimmt ein Arbeitsvertrag, dass das Weihnachtsgeld zurückzuzahlen ist, wenn der Arbeitnehmer »bis zum 31.3. des jeweils folgenden Jahres aus dem Dienst der Firma ausscheidet, so ist diese Voraussetzung bei einer Kündigung unter Einhaltung der Kündigungsfrist zum 31.3. erfüllt. Denn die Frist »bis zum 31.3.« endet mit Ablauf dieses Tages (§ 188 BGB).

878

Wird eine Kündigung zum 31.3. ausgesprochen, so führt dies zur Beendigung des Arbeitsverhältnisses mit Ablauf dieses Tages und damit bis zum 31.3. Der Zeitpunkt des Ablaufs eines Tages gehört noch zu diesem Tag und damit zu der Frist, in die der Tag fällt. Diese rechtliche Beurteilung steht im Einklang mit der Rechtsprechung des BAG (16.6.1996 AP Nr. 4 zu § 5 BUrlG) zu § 5 Abs. 1 c BUrlG, wonach ein Arbeitnehmer auch dann in der ersten Hälfte eines Kalenderjahres ausscheidet, wenn er sein Arbeitsverhältnis zum 30.6. kündigt (BAG 9.6.1993 EzA § 611 BGB Gratifikation, Prämie Nr. 103; s. auch oben C/Rz. 875).

879

(5) Besonderheiten bei Tarifnormen

> Wenn dagegen auf diesem Gebiet die Tarifvertragsparteien tätig geworden sind und eine Ordnung geschaffen haben, so ist deren Regelung nur darauf zu überprüfen, ob gegen die Verfassung, zwingendes Gesetzesrecht, die guten Sitten und tragende Grundsätze des Arbeitsrechts verstoßen worden ist. Denn bei Tarifverträgen ist von einer angemessenen Berücksichtigung der Interessen beider Seiten auszugehen.

880

In dem verbleibenden Gestaltungsspielraum kann einer Tarifnorm erst dann die Anerkennung versagt werden, wenn sie zu einer grundlegenden Schlechterstellung von Arbeitnehmern im Vergleich zu einer sachlich vertretbaren Lösung führt.
Für tariflich vereinbarte Rückzahlungsvorbehalte hat das BAG (31.3.1966 AP Nr. 54 zu § 611 BGB Gratifikation; 23.2.1967 AP Nr. 57 zu § 611 BGB Gratifikation) eine weitergehende Bindung auch dann zugelassen, wenn der Tarifvertrag **nur kraft Vereinbarung** auf das Arbeitsverhältnis Anwendung findet.

881

(6) Regelungen in Betriebsvereinbarungen

Regelungen in Betriebsvereinbarungen unterliegen der gerichtlichen Inhaltskontrolle auf ihre Übereinstimmung mit der Verfassung, den Gesetzen, den guten Sitten und der Billigkeit gem. § 75 BetrVG (BAG 25.4.1991 EzA § 611 BGB Gratifikation, Prämie Nr. 85; s. o. A/Rz. 428 ff.).

882

(7) Die Rechtsfolgen unwirksamer Rückzahlungsfristen

> Sind zu lange Rückzahlungsfristen vereinbart worden, sind diese nichtig. Im Zweifel ist dann (an sich entgegen § 139 BGB) anzunehmen, dass nicht die Gratifikationszusage überhaupt, sondern nur die zu lange Bindung nichtig ist.

883

Denn andernfalls würde nach Auffassung des BAG (28.1.1981 EzA § 611 BGB Gratifikation, Prämie Nr. 69; 17.3.1982 AP Nr. 108 zu § 611 BGB Gratifikation; ebenso LAG Köln 1.2.2001 NZA-RR 2001, 461) gegen die Grundsätze des Arbeitnehmer-

884

schutzes verstoßen, weil dann der Sinn der Beschränkung der Rückzahlungsklauseln in sein Gegenteil verkehrt würde.

885 Dies gilt auch dann, wenn die Bindungsklausel in einem vom Arbeitgeber vorformulierten Arbeitsvertrag vereinbart ist (*LAG Köln* 1.2.2001 NZA-RR 2001, 461).

(8) Abwicklung der Rückzahlung

886 Bestimmt ein Tarifvertrag, dass eine Zuwendung unter bestimmten Voraussetzungen »in voller Höhe« zurückzuzahlen ist, umfasst die Rückzahlungsverpflichtung auch die vom Arbeitgeber an das Finanzamt abgeführte **Lohnsteuer**. Für eine Zug-um-Zug-Verurteilung des Arbeitgebers, einen möglichen Steuernachteil des Arbeitnehmers zu ersetzen, besteht dann keine Rechtsgrundlage (*BAG* 5.4.2000 ZTR 2000, 515).

gg) Berücksichtigung von Fehlzeiten und Nichtarbeit durch Kurzarbeit mit »Null-Stunden«

(1) Grundlagen

887 Fraglich ist, inwieweit z. B. krankheitsbedingte Fehlzeiten, Fehlzeiten wegen der Mutterschutzfristen (§§ 3 Abs. 2, 6 Abs. 1 MuSchG) sowie wegen der Inanspruchnahme von Erziehungsurlaub (§§ 15 ff. BErzGG; jetzt Elternzeit) sowie Zeiten, in denen wegen Kurzarbeit mit »Null-Stunden« nicht gearbeitet worden ist, bei Gratifikationen, Sonderzuwendungen anspruchsmindernd berücksichtigt werden dürfen (vgl. ausf. *Gaul* BB 1994, 565 ff.).

(2) Ausdrückliche Regelung für krankheitsbedingte Fehlzeiten

888 Sieht ein Tarifvertrag z. B. vor, dass dann, wenn ein Arbeitnehmer im Laufe eines Kalenderjahres infolge Krankheit achtmal fehlt, sich die Jahresleistung für jeden darüber hinausgehenden Fehlzeitenanfall um ein Zehntel mindert, wobei Betriebsunfälle unberücksichtigt bleiben, so ist eine derartige Regelung zulässig.

889 Denn die Jahreszahlung ist Entgelt für in nicht ganz unerheblichem Ausmaß geleistete Arbeit während des Bezugszeitraums, solange sich aus dem jeweiligen Tarifvertrag nicht eindeutig etwas anderes ergibt (*BAG* 18.1.1978 EzA § 611 BGB Gratifikation, Prämie Nr. 54; 7.9.1989 EzA § 4 TVG Metallindustrie Nr. 64). Das gilt auch für die Einmalzahlung nach § 8 des TV Nr. 417 zur Änderung des Tarifvertrages für die Arbeiter der Deutschen Bundespost (*BAG* 14.12.1995 EzA § 4 TVG Bundespost Nr. 5).

890 Wird ein 13. Monatsgehalt als arbeitsleistungsbezogene Sonderzahlung vereinbart, so entsteht für die Zeiten, in denen bei Arbeitsunfähigkeit infolge Krankheit **kein Entgeltfortzahlungsanspruch** mehr besteht, auch **kein anteiliger Anspruch** auf das 13. Monatsgehalt. Einer gesonderten, über die Arbeitsleistungsbezogenheit der Sonderzahlung hinaus gehenden arbeitsvertraglichen Kürzungsvereinbarung bedarf es in diesem Falle nicht (*BAG* 21.3.2001 EzA § 611 BGB Gratifikation, Prämie Nr. 163). Gleiches gilt bei der anspruchsmindernden Bemessung einer Weihnachtsgratifikation auch dann, wenn die Krankheit in Zusammenhang mit einer **Schwangerschaft** steht (*BAG* 27.7.1994 EzA § 611 BGB Gratifikation, Prämie Nr. 113). Rechtswidrig ist es auch nicht, wenn die Tarifnorm die Verminderung der Einmalzahlung um ein Viertel für jeden Kalendermonat vorschreibt, für den der Arbeitnehmer **keinen Anspruch auf Vergütung, Urlaubsvergütung oder Krankenbezüge** gehabt hat. Dies gilt selbst dann, wenn von der Verminderung Frauen betroffen sind, die einen An-

spruch auf Zuschuss zum Mutterschaftsgeld (§ 14 MuSchG) haben (*BAG* 14.12.1995 EzA § 4 TVG Bundespost Nr. 5).

Möglich ist auch, dass ein Tarifvertrag bestimmt, dass eine Sonderzahlung in ihrer Höhe vom durchschnittlichen Verdienst der tatsächlich bezahlten Stunden mehrerer Monate abhängig ist, sodass Zeiten ohne Arbeitsentgelt den Durchschnittsverdienst mindern (*BAG* 7.9.1989 EzA § 4 TVG Metallindustrie Nr. 64). Arbeitnehmer, die während des ganzen Berechnungszeitraums keinen Arbeitsverdienst erzielt haben, haben dann keinen Anspruch auf die Sonderzahlung (*BAG* 5.8.1992 EzA § 611 BGB Gratifikation, Prämie Nr. 89). Mit einer solchen Regelung ist die Frage abschließend geregelt, wie sich Zeiten einer Arbeitsunfähigkeit ohne Entgeltfortzahlung auf die Sonderzahlung auswirken. **891**

> Inzwischen hat das *BAG* (11.10.1995 EzA § 611 BGB Gratifikation, Prämie Nr. 133) diese Auslegung des § 2 TV Sonderzahlungen der Niedersächsischen Metallindustrie aber aufgegeben; ein Anspruch ist weder von einer tatsächlichen Arbeitsleistung im Kalenderjahr noch von einem entsprechenden Verdienst innerhalb der letzten drei vollständig abgerechneten Monate vor dem Auszahlungstag abhängig. Die Arbeitsunfähigkeit infolge Krankheit während des gesamten Kalenderjahres und die Bewilligung einer Erwerbsunfähigkeitsrente auf Zeit führen, ohne Anhaltspunkte für eine entsprechende Vereinbarung der Parteien, auch nicht zu einem Ruhen des Arbeitsverhältnisses i. S. v. § 2 Abs. 5 dieses TV (*BAG* 11.10.1995 EzA § 611 BGB Gratifikation, Prämie Nr. 133; vgl. aber demgegenüber *LAG Schleswig-Holstein* 15.5.1998 NZA-RR 1998, 409). **892**

> Bestimmt der Tarifvertrag weiter, dass für Arbeitnehmer mit einer bestimmten Betriebszugehörigkeit (z. B. von mindestens 3 Jahren) Zeiten der Arbeitsunfähigkeit ohne Entgeltfortzahlung sich nicht anspruchsmindernd auswirken, so haben diese Arbeitnehmer auch dann einen Anspruch auf die Sonderzahlung, wenn sie während des gesamten Berechnungszeitraums oder während des ganzen Bezugszeitraums arbeitsunfähig krank waren (*BAG* 5.8.1992 EzA § 611 BGB Gratifikation, Prämie Nr. 89). **893**

Auch eine Gratifikationsregelung durch Betriebsvereinbarung oder Einzelvertrag, nach der eine vom Arbeitgeber freiwillig gewährte Weihnachtsgratifikation um Zeiten krankheitsbedingter Arbeitsunfähigkeit gekürzt werden kann, wenn für diese Zeit das Arbeitsentgelt fortgezahlt ist, ist zulässig (zur Anwesenheitsprämie s. u. C/Rz. 941 ff.). Dabei ist es nach Auffassung des *LAG Düsseldorf* (18.3.1998 LAGE § 611 BGB Anwesenheitsprämie Nr. 4) unerheblich, welche Ursachen den krankheitsbedingten Fehlzeiten zugrunde liegen. Fehltage aufgrund eines **Arbeitsunfalls** berechtigen danach ebenfalls zur Kürzung der Gratifikation. Ob dies auch dann gilt, wenn der Arbeitsunfall auf ein zurechenbares Verhalten des Arbeitgebers zurückzuführen ist, hat das *LAG Düsseldorf* (18.3.1998 LAGE § 611 BGB Anwesenheitsprämie Nr. 4) offen gelassen. **894**

(3) Rechtslage bei fehlender ausdrücklicher Regelung

Das *BAG* (29.8.1979 EzA § 611 BGB Gratifikation, Prämie Nr. 65) ging zunächst davon aus, dass im Zweifel mit einer tariflichen Sonderzahlung vorwiegend im Bezugszeitraum geleistete Arbeit zusätzlich vergütet werden soll. Folglich entfiel der An- **895**

C. Der Inhalt des Arbeitsverhältnisses

spruch, wenn der Arbeitnehmer im Bezugszeitraum gar nicht oder jedenfalls nicht in nennenswertem Umfang gearbeitet hatte. Dies galt auch dann, wenn z. B. der Tarifvertrag über die Gewährung eines Teils eines 13. Monatseinkommens im Baugewerbe als tarifliche Anspruchsvoraussetzung nur den Bestand des Arbeitsverhältnisses hat.

896 Eine zu berücksichtigende Arbeitsleistung in diesem Zusammenhang war allerdings bereits dann gegeben, wenn der Arbeitnehmer im Bezugszeitraum zwei Wochen gearbeitet hatte, sofern die tarifliche Jahresleistung ein Monatseinkommen nicht überstieg (*BAG* 29.8.1979 EzA § 611 BGB Gratifikation, Prämie Nr. 64). Das galt selbst dann, wenn der Arbeitnehmer während des Bezugszeitraums im übrigen Erwerbsunfähigkeitsrente erhielt (*BAG* 6.12.1990 EzA § 4 TVG Bauindustrie Nr. 58).

897 Demgegenüber geht das *BAG* (5.8.1992, 16.3.1994 EzA § 611 BGB Gratifikation, Prämie Nr. 90, 111; vgl. auch *Hanau/Vossen* DB 1992, 213) inzwischen davon aus, dass eine tarifliche Regelung über die Gewährung einer jährlichen Sonderzahlung, deren Zweck es – auch – ist, im Bezugszeitraum geleistete Arbeit zusätzlich zu vergüten, zwar bestimmen kann, welche Zeiten ohne tatsächliche Arbeitsleistung sich anspruchsmindernd oder anspruchsausschließend auf die Sonderzahlung auswirken sollen. Über diese Bestimmung hinaus kann jedoch einer solchen Regelung nicht der Rechtssatz entnommen werden, dass Voraussetzung für den Anspruch auf die tarifliche Sonderzahlung auf jeden Fall eine nicht ganz unerhebliche Arbeitsleistung im Bezugszeitraum ist.

Trifft deshalb ein Tarifvertrag über eine Jahressonderzahlung überhaupt keine Regelung für die Fälle einer fehlenden tatsächlichen Arbeitsleistung im gesamten Bezugszeitraum den Anspruch auf die Sonderzahlung auszuschließen und eine ausdrückliche Regelung dieses Inhalts lediglich im Hinblick auf die Rechtsprechung des BAG zu unterlassen (*BAG* 8.12.1993 EzA § 611 BGB Gratifikation, Prämie Nr. 108).

Der Zweck einer betrieblichen oder tariflichen Sonderzahlung (Honorierung einer tatsächlichen Arbeitsleistung für die Dauer von zumindest 4 Monaten), wie er sich aus deren Voraussetzungen, Ausschluss- und Kürzungstatbeständen ergibt, kann zwar bei der Auslegung der konkreten Regelung zu berücksichtigen sein, nicht aber weitere Ausschluss- und Kürzungstatbestände begründen (*BAG* 24.3.1993 EzA § 611 BGB Gratifikation, Prämie Nr. 102).

898 Fehlt es an einer entsprechenden tariflichen Regelung, so kann folglich ein Arbeitnehmer, der während des gesamten Kalenderjahres arbeitsunfähig krank war, die betriebliche Sonderzahlung beanspruchen (*BAG* 17.12.1992 EzA § 611 BGB Gratifikation, Prämie Nr. 94; 24.3.1993 EzA § 611 BGB Gratifikation, Prämie Nr. 97). Zu beachten ist aber, dass sich das Vorliegen einer tariflichen Regelung auch mittelbar daraus ergeben kann, dass z. B. ein 13. Monatsgehalt als arbeitsleistungsbezogene Sonderzahlung vorgesehen ist (s. o. D/Rz. 890).

899 Hat der Arbeitnehmer nach langjähriger Arbeitsunfähigkeit und Aussteuerung durch die Krankenkasse zunächst Arbeitslosengeld nach § 105 a AFG (vgl. jetzt §§ 125, 126 SGB III) und später eine Rente beantragt und hat der Arbeitgeber gegenüber dem Arbeitsamt auf das Direktionsrecht verzichtet, dann besteht kein Anspruch auf diese tarifliche Sonderzahlung mehr, obwohl das Arbeitsverhältnis rechtlich fortbesteht (*BAG* 28.9.1994 EzA § 611 BGB Gratifikation, Prämie Nr. 117).

Anders als in den zuvor entschiedenen Fällen, in denen es aus den unterschiedlichsten 900
Gründen (lange Arbeitsunfähigkeit, Elternzeit, Einberufung zum Wehrdienst u. Ä.)
an einer tatsächlichen Arbeitsleistung im Bezugszeitraum fehlte, kommt bei dieser
Fallkonstellation hinzu, dass **beide Parteien mit einer Reaktivierung des Arbeitsverhältnisses**, d. h. mit einer Wiederaufnahme der Arbeit durch den Arbeitnehmer
nicht gerechnet haben. Deshalb ist es ausgeschlossen, noch von einem Fortbestand
des Arbeitsverhältnisses i. S. d. Tarifnorm auszugehen, von dem der Anspruch auf die
Jahressonderzahlung abhängt.

Bezieht ein Arbeitnehmer bei fortbestehender Arbeitsunfähigkeit auf seinen Antrag hin nach Aussteuerung durch die Krankenkasse Arbeitslosengeld nach den 901
§§ 105 a, 101 AFG (vgl. jetzt §§ 125, 126 SGB III), so ist zu vermuten, dass die Parteien – zumindest stillschweigend – das Ruhen des Arbeitsverhältnisses vereinbart
haben (*BAG* 9.8.1995 EzA § 611 BGB Gratifikation, Prämie Nr. 130). Sieht deshalb ein Tarifvertrag vor, dass der Anspruch auf eine Sonderleistung entfällt,
wenn das Arbeitsverhältnis kraft Gesetzes oder Vereinbarung im Kalenderjahr
ruht, so ist ein Anspruch auf die tarifliche Sonderleistung nicht gegeben.

Inzwischen geht das *BAG* (10.4.1996 EzA § 611 BGB Gratifikation, Prämie Nr. 142) 902
ohne diese einschränkenden Voraussetzungen (Verzicht auf das Direktionsrecht, Ruhen des Arbeitsverhältnisses) **generell** davon aus, dass dann, wenn sich der Arbeitnehmer bei langjähriger und auf nicht absehbare Zeit fortbestehender Arbeitsunfähigkeit nach Aussteuerung durch die Krankenkasse **arbeitslos meldet** und die Zahlung von Arbeitslosengeld nach § 105 a AFG (vgl. jetzt §§ 125, 126 SGB III) beantragt,
die durch das an sich fortbestehende Arbeitsverhältnis begründeten Bindungen zwischen Arbeitnehmer und Arbeitgeber **so gelockert werden, dass keine Ansprüche
auf die tariflichen Sonderzahlungen mehr bestehen.**

Ist zudem ein rechtlich an sich fortbestehendes Arbeitsverhältnis aufgrund langjäh- 903
riger Arbeitsunfähigkeit nur noch **formaler Natur** und nach dem Willen und den
Vorstellungen beider Parteien keine rechtliche Bindung im Hinblick auf eine Wiederaufnahme des bisherigen Arbeitsverhältnisses anzunehmen, so ist ein Anspruch auf
eine Weihnachtsgratifikation **ausgeschlossen, selbst** dann, **wenn die tarifvertraglich festgelegten Voraussetzungen erfüllt sind** (*BAG* 11.2.1998 BB 1998, 2367 ff.;
vgl. dazu *Kukat* BB 1998, 2368; s. aber auch *LAG Hamm* 4.12.1998 NZA-RR 1999,
312, wonach ein Anspruch dann gegeben sein kann, wenn der Tarifvertrag nicht zwischen kurz- und langfristig erkrankten Arbeitnehmern unterscheidet).

(4) Mutterschutzfristen

Fraglich ist, ob die Zeit der Mutterschutzfristen (§§ 3 Abs. 2, 6 Abs. 1 MuSchG) sich 904
gratifikationsmindernd auswirken darf.

Das *BAG* (13.10.1982 EzA § 611 BGB Gratifikation, Prämie Nr. 72) hat zunächst angenommen, dass eine jährlich zu zahlende Jahressonderleistung wegen Fehlzeiten,
die durch die Inanspruchnahme der Mutterschutzfrist entstehen, nicht anteilig gekürzt werden darf. Eine in einem Tarifvertrag enthaltene gegenteilige Regelung sei
nichtig. Denn Sinn und Zweck der in § 14 MuSchG geregelten Entgeltsicherung
der schwangeren Arbeitnehmerin sei es, diese vor wirtschaftlichen Nachteilen infolge
der Schwangerschaft und der Entbindung zu bewahren. Ihr solle während der auf der
Mutterschaft beruhenden Freistellung von der Arbeit ihr bisheriger, aus der Berufstätigkeit herrührender Lebensstandard gesichert werden. Dieser Schutzzweck würde

aber unterlaufen, wenn die Arbeitnehmerin am Jahresende infolge von Schwangerschaft und Entbindung doch einen Teil ihres Jahresentgeltes einbüßen musste.

905 Inzwischen hat das *BAG* (12.7.1995 EzA § 611 BGB Gratifikation, Prämie Nr. 129) Zweifel, ob an dieser Auffassung überhaupt oder jedenfalls in dieser Allgemeinheit festgehalten werden kann. Denn Regelungen, die vorsehen, dass sich Zeiten ohne tatsächliche Arbeitsleistung anspruchsmindernd oder anspruchsausschließend auf Sonderzahlungen auswirken können, sind zulässig. Das gilt auch für Fehlzeiten, für die der Arbeitnehmer einen gesetzlichen Anspruch auf Entgeltfortzahlung hat (*BAG* 26.10.1994 EzA § 611 BGB Anwesenheitsprämie Nr. 10). Warum dann der Entgeltsicherung der schwangeren Arbeitnehmerin während der Schutzfristen eine weitergehende Schutzfunktion zukommen soll, als den Vorschriften über die Entgeltfortzahlung im Krankheitsfall, ist nicht erkennbar.
Macht eine tarifliche Regelung den Anspruch auf eine Jahressonderzahlung davon abhängig, dass der Arbeitnehmer im Berechnungszeitraum mindestens 21 Tage tatsächlich gearbeitet hat, so gilt die Zeit der Beschäftigungsverbote während der Mutterschutzfristen nach den §§ 3, 6 MuSchG nicht als Zeit einer tatsächlichen Arbeitsleistung (*BAG* 12.7.1995 EzA § 611 BGB Gratifikation, Prämie Nr. 129 gegen *BAG* 12.5.1993 EzA § 611 BGB Gratifikation, Prämie Nr. 104; zust. *Schwarz* NZA 1996, 571 ff.).
Ob das *BAG* (12.7.1995 EzA § 611 BGB Gratifikation, Prämie Nr. 129) an dieser Auffassung festhalten kann, ist fraglich. Denn der *EuGH* (21.10.1999 EzA Art. 119 EWG-Vertrag Nr. 57) geht davon aus, dass **Art. 119 EWG-Vertrag** (jetzt Art. 141 EGV) es dem Arbeitgeber **untersagt**, Arbeitnehmerinnen vollständig von der Gewährung einer Weihnachtsgratifikation, die freiwillig als Sonderzuwendung gezahlt wird, auszuschließen, ohne im Jahr der Gewährung **geleistete Arbeit, aber auch Mutterschutzzeiten** (Beschäftigungsverbote) **zu berücksichtigen**, wenn diese Gratifikation eine Vergütung für in diesem Jahr geleistete Arbeit ist. Art. 119 EWG-Vertrag (jetzt Art. 141 EGV) untersagt es, bei der Gewährung einer Weihnachtsgratifikation Mutterschutzzeiten (Beschäftigungsverbote) anteilig leistungsmindernd zu berücksichtigen.

906 Jedenfalls entsteht ein Anspruch auf ein 13. Monatsgehalt, das als Teil der im Austauschverhältnis zur Arbeitsleistung stehenden Vergütung vereinbart ist (»arbeitsleistungsbezogene Sonderzahlung«) auch für Zeiten, in denen aufgrund der **Beschäftigungsverbote nach §§ 3, 6 MuSchG keine Arbeitsleistung erbracht wird** (*BAG* 25.11.1998 EzA § 611 BGB Gratifikation/Prämie Nr. 152).

907 Das *LAG Niedersachsen* (2.7.1996 LAGE § 14 MuSchG Nr. 8) hat angenommen, dass dann, wenn ein Tarifvertrag über Sonderzahlungen vorsieht, dass der Anspruch nur für Zeiten besteht, in denen ein Entgeltanspruch besteht, einer Arbeitnehmerin, die für diesen Zeitraum den **Zuschuss zum Mutterschaftsgeld** bezieht, die Sonderzahlung zusteht, weil der Anspruch auf den Zuschuss ein Entgeltanspruch i. S. dieser Vorschrift ist.

908 Sieht ein Tarifvertrag eine Minderung des Anspruchs auf eine Jahressonderzahlung für Monate vor, in denen kein Anspruch auf »Gehalt« oder »Gehaltsfortzahlung« besteht, so rechtfertigt dies ebenfalls keine Minderung für Zeiten der Beschäftigungsverbote gem. §§ 3 Abs. 2, 6 Abs. 1 MuSchG, in denen ein Anspruch gem. § 14 Abs. 1 MuSchG gegeben ist (*BAG* 24.2.1999 EzA § 4 TVG Verkehrsgewerbe Nr. 4).

Handelt es sich bei dem Weihnachtsgeld um eine Sonderleistung, die an das Bestehen 909
des Arbeitsverhältnisses über den 31. März des Folgejahres geknüpft ist, ist es mangels
anderweitiger Regelung auch für die Zeit des Beschäftigungsverbots nach § 3 Abs. 2
MuSchG und des Erziehungsurlaubs (jetzt Elternzeit) zu entrichten (*LAG Berlin*
27.10.1999 NZA-RR 2000, 124; zur Elternzeit s. u. C/Rz. 910 ff.).

(5) Elternzeit

aaa) Grundlagen

Eine Kürzung wegen Elternzeit kommt nicht in Betracht, wenn ein Tarifvertrag 910
für ein volles 13. Monatseinkommen nur den ununterbrochenen Bestand des Arbeitsverhältnisses von 12 Monaten am Auszahlungstag zur Voraussetzung hat
(*BAG* 13.10.1982 EzA § 8 a MuSchG Nr. 2).

Das Gleiche hat das *BAG* (7.12.1989 EzA § 4 TVG Metallindustrie Nr. 66; 23.8.1990 911
EzA § 4 TVG Feinkeramische Industrie Nr. 1; 24.10.1990 EzA § 16 BErzGG Nr. 4; vgl.
demgegenüber *LAG Rheinland-Pfalz* NZA 1990, 984) zunächst angenommen, wenn
bei einer vergleichbaren Regelung der Anspruch nur dann entfällt, wenn das Arbeitsverhältnis kraft Gesetzes oder kraft Vereinbarung ruht. Denn wenn ein Arbeitnehmer
Elternzeit beanspruche, ruhe das Arbeitsverhältnis auf Verlangen des Arbeitnehmers,
also einer einseitigen Erklärung.

Demgegenüber geht das *BAG* (10.2.1993 EzA § 15 BErzGG Nr. 4) inzwischen da- 912
von aus, dass auch das Ruhen des Arbeitsverhältnisses wegen Elternzeit zur Kürzung des Anspruchs führt, wenn ein Tarifvertrag vorsieht, dass eine tarifliche Jahressonderzahlung für Zeiten gekürzt werden kann, in denen das Arbeitsverhältnis
»kraft Gesetzes« ruht.

Eine derartige Regelung verstößt nicht gegen Art. 119 EWG-Vertrag (jetzt Art. 141 913
EGV), die Richtlinie 75/117 EWG, Art. 3, 6 GG sowie § 15 Abs. 3 BErzGG. Denn
der Arbeitgeber schuldet grds. nur Lohn für erbrachte Arbeit, sofern nicht gesetzlich
ausnahmsweise eine Lohnzahlungspflicht auch für Zeiten ohne Arbeitsleistung vorgesehen ist, wie z. B. im Fall der Arbeitsunfähigkeit (*BAG* 28.9.1994 EzA § 611 BGB
Gratifikation, Prämie Nr. 114; 24.5.1995 EzA § 611 BGB Gratifikation, Prämie
Nr. 124; 12.1.2000 EzA § 611 BGB Gratifikation, Prämie Nr. 158; vgl. auch *EuGH*
21.10.1999 EzA Art. 119 EWG-Vertrag Nr. 57).

Wird in allgemeinen Arbeitsbedingungen unter dem ausdrücklichen Vorbehalt der 914
Freiwilligkeit der Leistung eine Weihnachtsgratifikation für Arbeitnehmer in Aussicht gestellt, deren »Arbeitsverhältnis während des ganzen Jahres bestanden hat
und im Auszahlungszeitpunkt nicht gekündigt ist«, so hindert diese normierte Anspruchsvoraussetzung den Arbeitgeber nicht, künftig den Personenkreis auch anders
zu bestimmen und etwa Arbeitnehmer, deren Arbeitsverhältnis wegen Elternzeit
ruht, von der Leistung auszunehmen. Denn bei einem derartigen Freiwilligkeitsvorbehalt bleibt ihm die Freiheit, in jedem Jahr neu zu entscheiden, ob und unter welchen Voraussetzungen auch in diesem Jahr ggf. eine Weihnachtsgratifikation gezahlt
werden soll. Erst mit der Verlautbarung dieser Entscheidung gegenüber den Arbeitnehmern kann ein Anspruch entstehen. Auch ein im Laufe des Jahres ggf. erwachsener anteiliger Anspruch besteht nicht. Im konkreten Einzelfall hatte der Arbeitgeber

jeweils im November entschieden, ob und in welcher Höhe eine Gratifikation gezahlt wird (*BAG* 6.12.1995 EzA § 611 BGB Gratifikation, Prämie Nr. 134).

915 Eine jährliche Sonderleistung des Arbeitgebers kann zudem dann wegen der Inanspruchnahme von Elternzeit anteilig gekürzt werden, wenn die Sonderzahlung zusätzliches Entgelt für die Arbeitsleistung ist. Voraussetzung dafür ist aber, dass die Sonderleistung jeweils bestimmten Zeitabschnitten zuzuordnen ist (*LAG Frankfurt* DB 1989, 1775; vgl. auch *EuGH* 21.10.1999 EzA Art. 119 EWG-Vertrag Nr. 57). Handelt es sich um **reine Vergütung**, so muss sich der Arbeitnehmer in der Elternzeit eine seiner Anwesenheit im Bezugsjahr entsprechende Quotierung auch **ohne ausdrückliche Vereinbarung** gefallen lassen (*LAG Köln* 16.6.2000 NZA-RR 2000, 625).

916 § 2 Abs. 2 S. 2 TV über eine Zuwendung für Angestellte (im öffentlichen Dienst) sieht demgegenüber ausdrücklich vor, dass Zeiten ohne Dienstbezüge bis zu 12 Monaten die Höhe der Sonderzuwendung nicht beeinflussen, wenn die Nichtzahlung aufgrund von Elternzeit erfolgt. Diese Regelung gilt allerdings für jede Elternzeit **nur einmal** und kommt nicht nochmals zum Tragen, wenn die Angestellte während der laufenden Elternzeit wegen der Geburt eines weiteren Kindes erneut Elternzeit in Anspruch nimmt (*BAG* 26.3.1997 EzA § 611 BGB Gratifikation, Prämie Nr. 151).

917 Eine Angestellte, die nach diesem Tarifvertrag Anspruch auf eine Zuwendung hat, behält diesen Anspruch, der entsprechend ihrem vor Antritt der Elternzeit erzielten Verdienst zu errechnen ist, auch dann, wenn sie während der Elternzeit bei demselben Arbeitgeber eine **erziehungsgeldunschädliche Teilzeittätigkeit** mit entsprechend verringerter Arbeitsvergütung ausübt (*BAG* 12.1.2000 NZA 2000, 1060).

bbb) Kürzung von Weihnachtsgeld

918 Bezweckt ein tarifvertragliches Weihnachtsgeld sowohl die Entlohnung für im Bezugstermin geleistete Arbeitszeit als auch die Belohnung für erwiesene Betriebstreue, so bedarf es einer tariflichen Quotenregelung, wenn das Weihnachtsgeld für die Zeiten gekürzt werden soll, in denen das Arbeitsverhältnis wegen Elternzeit ruht.

919 Sofern der Tarifvertrag für diese Tatbestände keine Regelung enthält, kann eine am Maß der jährlichen Arbeitsleistung orientierte Kürzung des Weihnachtsgeldes nicht mit einem allgemeinen Rechtsprinzip begründet werden (*BAG* 24.10.1990 EzA § 611 BGB Gratifikation, Prämie Nr. 80).

920 Sieht ein Arbeitsvertrag vor, dass die Zahlung eines Weihnachtsgeldes unter dem Vorbehalt des jederzeitigen Widerrufs steht und ein Rechtsanspruch auf das Weihnachtsgeld nicht besteht, so handelt es sich bei dieser Sonderzahlung nicht um einen Teil der im Austauschverhältnis zur Arbeitsleistung stehenden Vergütung. Daher darf der Arbeitgeber eine anteilige Kürzung des Weihnachtsgeldes für Zeiten, in denen das Arbeitsverhältnis wegen Elternzeit ruht, nur dann vornehmen, wenn dies ausdrücklich vereinbart wurde.

Ob die Inanspruchnahme von Elternzeit den Arbeitgeber zur Ausübung seines vor- 921
behaltenen Widerrufsrechts berechtigt, hat das *BAG* (10.5.1995 EzA § 611 BGB Gratifikation, Prämie Nr. 125) offen gelassen.
Das *LAG Köln* (13.3.1997 NZA-RR 1997, 417) hat angenommen, dass ein Anspruch des Arbeitnehmers auf eine einzelvertraglich zugesagte Sonderzahlung während der Elternzeit nur dann entfällt, wenn es sich um eine Leistung mit **reinem Entgeltcharakter** handelt, mit der kein weiterer Zweck als die Entlohnung tatsächlich erbrachter Arbeitsleistung verfolgt wird.

Andererseits besteht für einen allein an den Fortbestand des Arbeitsverhältnisses an- 922
knüpfenden Anspruch auf Zahlung einer Weihnachtsgratifikation kein Raum für eine einschränkende Auslegung des Arbeitsvertrages dahin, dass er in der Elternzeit entfällt, jedenfalls solange der Arbeitnehmer keinen endgültigen Abkehrwillen gefasst hat (*LAG Berlin* 8.6.2001 NZA-RR 2001, 467).

ccc) **Kürzung einer Tantieme**
Sieht ein Arbeitsvertrag eine »jährliche Ermessenstantieme, die von der Erfüllung des 923
geplanten Jahresüberschusses und von der persönlichen Beurteilung durch den Vorgesetzten abhängt« vor, so handelt es sich um eine vom Betriebsergebnis abhängige Jahressonderzahlung, durch die die Leistung der Arbeitnehmer im laufenden Jahr eine zusätzliche Vergütung erfährt.

Es stellt nach Auffassung des *LAG Rheinland-Pfalz* (NZA 1988, 23) eine gegen den 924
Gleichbehandlungsgrundsatz verstoßende sachfremde Differenzierung dar, wenn von dieser Sonderleistung Arbeitnehmerinnen ausgeschlossen werden, die sich im folgenden Jahr zum Auszahlungszeitpunkt in der Elternzeit befinden.

ddd) **Kürzung eines 13. Monatsgehalts**

Ergibt die Auslegung einer einzelvertraglichen Vereinbarung über die Gewährung 925
eines 13. Monatsgehalts, dass es sich bei der Sonderzahlung um eine Vergütung handelt, die anstelle der monatlichen Auszahlung nur einmal jährlich gezahlt wird bzw. dass es sich um einen Teil der im Austauschverhältnis zur Arbeitsleistung stehende Vergütung handelt, so hat der Arbeitnehmer in der Elternzeit lediglich Anspruch auf eine der im Bezugszeitraum erbrachten Arbeitsleistung entsprechende Teilleistung.

Auf die Vereinbarung eines vertraglichen Kürzungsrechts für Zeiten der Elternzeit 926
kommt es dann nicht an (*BAG* 24.10.1990 EzA § 611 BGB Gratifikation, Prämie Nr. 81; 19.4.1995 EzA § 611 BGB Gratifikation, Prämie Nr. 126).

(6) **Kurzarbeit mit »Null-Stunden«; Arbeitskampf**

Schließt eine tarifliche Regelung den Anspruch auf eine Sonderzahlung aus, wenn 927
im Kalenderjahr aus »sonstigen Gründen« nicht gearbeitet wurde, so gilt dies auch bei ganzjähriger Kurzarbeit mit »Null-Stunden« – Arbeitszeit (*BAG* 19.4.1995 EzA § 611 BGB Gratifikation, Prämie Nr. 121).

C. Der Inhalt des Arbeitsverhältnisses

928 Stehen nach einer tariflichen Regelung über eine Sonderzahlung zeitweise nichttätigen Beschäftigten nur so viele Zwölftel der Sonderzahlung zu, wie sie im Kalenderjahr volle Monate bei dem Unternehmen gearbeitet oder Leistungen nach den Bestimmungen des AGB-DDR erhalten haben, so ist der Anspruch auf die Sonderzahlung im Hinblick auf Zeiten, in denen Kurzarbeit mit »Null-Stunden« – Arbeitszeit angeordnet war, zu kürzen (*BAG* 10.5.1995 EzA § 611 BGB Gratifikation, Prämie Nr. 128).

929 Macht andererseits eine tarifliche Regelung den Anspruch allein vom rechtlichen Bestand eines Arbeitsverhältnisses abhängig, dann ist die Sonderzahlung auch für Zeiten zu gewähren, in denen das Arbeitsverhältnis wegen eines Arbeitskampfes geruht hat (*BAG* 20.12.1995 EzA § 611 BGB Gratifikation, Prämie Nr. 135). Etwas anderes gilt, wenn eine tarifliche Sonderzahlung nur für **Zeiten einer tatsächlichen Arbeitsleistung** gezahlt wird. Denn eine solche Regelung erfasst mangels anderer Hinweise auch die Nichtarbeit wegen eines Streiks, weil während der Teilnahme daran die Hauptflichten aus dem Arbeitsverhältnis ruhen. Für Zeiten der Teilnahme an einem **Arbeitskampf** besteht dann kein Anspruch. Da eine solche Kürzung nur die im Tarifvertrag vorgesehene Ordnung vollzieht, liegt in ihr **keine unzulässige Maßregelung** wegen der Teilnahme am Streik (*BAG* 3.8.1999 EzA Art. 9 GG Arbeitskampf Nr. 133; *LAG Niedersachsen* 27.4.1998 LAGE § 611 BGB Gratifikation Nr. 43).

(7) Differenzierung zwischen verschiedenen Abwesenheitsursachen

930 Eine tarifliche Regelung, nach der für eine Zuwendung Zeiten des Grundwehr- oder Zivildienstes, des Mutterschutzes und der Elternzeit anspruchserhaltend, Zeiten einer Arbeitsunfähigkeit ohne Entgeltfortzahlungsverpflichtung »anspruchsmindernd« berücksichtigt werden, ist zulässig und verstößt nicht gegen Art. 3 Abs. 1 GG (*BAG* 14.9.1994 EzA § 611 BGB Gratifikation, Prämie Nr. 116).

931 Eine derartige Regelung überschreitet nicht die Grenzen des Gestaltungsspielraums der Tarifvertragsparteien und damit die Grenzen der Tarifautonomie. Es verstößt auch weder gegen § 6 ArbPlSchG noch gegen den Gleichbehandlungsgrundsatz, wenn die tarifliche Sonderzuwendung für Arbeitnehmer, die als Soldat auf Zeit gedient haben, für die Monate der Dienstzeit gekürzt wird, für Arbeitnehmer, die Grundwehrdienst leisten, jedoch nicht (*BAG* 24.1.1996 EzA § 6 ArbPlSchG Nr. 4).

hh) Berücksichtigung und Anrechnung anderweitiger Sozialleistungen

932 Fraglich ist, ob und inwieweit auf eine Jahressonderleistung andere betriebliche Sozialleistungen angerechnet werden können.

933 – Bestimmt ein Tarifvertrag, dass auf die Jahressonderzahlung alle betrieblichen Leistungen wie Weihnachtsgratifikation, Jahresabschluss, Jahresprämien, Ergebnisbeteiligungen, Tantiemen, dreizehnte Monatsentgelte und dergleichen angerechnet werden können, so stellt eine aufgrund betrieblicher Übung eimal jährlich zu zahlende »Treueprämie«, deren Höhe sich nach der Dauer der Betriebszugehörigkeit richtet, eine solche anrechenbare Leistung dar. Das Günstigkeitsprinzip (§ 4 Abs. 3 TVG) steht dem nicht entgegen, denn von Tarifverträgen abweichende Vereinbarungen sind zwar zulässig, wenn sie Regelungen zugunsten des Arbeitnehmers enthalten. Auch beseitigen neue tarifliche Regelungen günstigere Abmachungen im Arbeitsvertrag nicht, wobei es unerheblich ist, ob solche günstigeren Abmachungen vor oder nach In-Kraft-Treten des Tarifvertrages getroffen worden sind. **Das**

C. Der Inhalt des Arbeitsverhältnisses

gilt aber nur für Vergütungsbestandteile, die nach der arbeitsvertraglichen Vereinbarung »neben« dem jeweiligen Tariflohn zu zahlen, also »tariffest« sind. **Fehlt eine solche Vereinbarung, so können übertarifliche Lohnbestandteile, insbesondere Lohnzulagen, auch ohne ausdrücklichen Vorbehalt auf eine Tariflohnerhöhung angerechnet werden.** Da die maßgebliche Regelung hinsichtlich der Zahlung einer Treueprämie nicht tarifvertragsfest ausgestaltet ist, ist die Anrechnung möglich (*BAG* 3.3.1993 EzA § 611 BGB Gratifikation, Prämie Nr. 101; 18.5.1994 EzA § 611 BGB Gratifikation, Prämie Nr. 112).

- Andererseits ist die Erklärung in einer Vorbemerkung zu einer betrieblichen Vereinbarung zwischen Arbeitgeber und Betriebsrat, in der die Voraussetzungen für einen Anspruch auf Tantieme und deren Berechnung geregelt sind, es handele sich um eine freiwillige soziale Leistung, zwar regelmäßig dahin auszulegen, dass sich der Arbeitgeber die Entscheidung über die Gewährung der Leistung und die Höhe des Gesamtbetrages vorbehält. Sie berechtigt ihn **aber nicht zum Ausschluss einzelner Arbeitnehmer** oder zur Anrechnung von Leistungen auf die Tantieme, die nicht in den Einzelbestimmungen vorgesehen sind (*BAG* 20.1.1998 EzA § 87 BetrVG 1972 Betriebliche Lohngestaltung Nr. 63). 934
- Dagegen kann bei einer derartigen tariflichen Regelung ein anlässlich der Vollendung einer Betriebszugehörigkeit von 10 Jahren einmalig gezahltes betriebliches Treuegeld nicht angerechnet werden. 935

Denn Jahresabschlussvergütungen, Weihnachtsgeld, Gratifikationen, Jahresergebnisbeteiligungen, Jahresprämien u. Ä. beziehen sich alle auf den Bezugszeitraum des laufenden Kalenderjahres. Sie sind daher von ihrem Zweck her vergleichbar mit der tariflichen Sonderzahlung, mit der ebenfalls die im Regelfall im Bezugszeitraum erbrachte Arbeitsleistung honoriert werden soll. Davon unterscheidet sich das betriebliche Treuegeld wegen 10-jähriger Betriebszugehörigkeit grundlegend. Insoweit handelt es sich um eine einmalige Leistung des Arbeitgebers im Hinblick auf die erbrachte 10-jährige Betriebstreue des Arbeitnehmers. Diese bezieht sich somit gerade nicht auf den Bezugszeitraum des laufenden Kalenderjahres. Dies schließt ihre Anrechnung gegenüber der jährlich zu gewährenden tariflichen Sonderleistung aus (*BAG* 10.2.1993 EzA § 611 BGB Gratifikation, Prämie Nr. 96). 936

- **Stammarbeiterzulagen**, die nach einer bestimmten Zeitdauer der Betriebszugehörigkeit bei persönlicher Zuverlässigkeit gewährt werden, sind auf den tariflich abgesicherten Teil eines 13. Monatseinkommens im Baugewerbe nicht anzurechnen. Denn darauf kann zwar betrieblich gewährtes Weihnachtsgeld, ein 13. Monatseinkommen oder eine Zahlung, die diesen Charakter hat, angerechnet werden. Die Stammarbeiterzulage ist damit aber nicht gleichzusetzen, weil es sich bei ihr um eine zweckgerichtete Zulage für einen besonderen Personenkreis handelt. Den Betrieben im Baugewerbe, die in einem besonderen Maße unter einem erhöhten Wechsel ihrer Arbeitnehmerschaft leiden, kommt es darauf an, einen bestimmten Facharbeiterstand zu halten und ihn zu fördern. Diesem Ziel und Zweck dient es, wenn Betriebe zuverlässige Arbeitnehmer unter bestimmten Voraussetzungen zum Stammarbeitnehmer ernennen und ihnen, um auch einen materiellen Anreiz zu bieten, eine besondere finanzielle Honorierung zukommen lassen. Die Stammarbeiterzulage ist daher schon vom Ansatz her weder mit einer Weihnachtszuwendung noch mit einem 13. Monatseinkommen zu vergleichen, bei denen dem 937

C. Der Inhalt des Arbeitsverhältnisses

Grunde und der Höhe nach auf die erbrachte und erwartete Betriebszugehörigkeit abgestellt wird, die aber nicht daran gebunden sind, dass andere, besondere persönliche Voraussetzungen erfüllt sind (*BAG* 18.3.1981 EzA § 611 BGB Gratifikation, Prämie Nr. 70).

938 – Anzurechnen ist dagegen ein **13. Monatsgehalt**, von dem 60% zum selben Zeitpunkt geschuldet werden, zu dem auch die tarifliche Sonderzahlung zu leisten ist (*LAG Berlin* 29.9.1995 LAGE § 611 BGB Gratifikation, Prämie Nr. 27).

ii) Berechnungsmethode; Anspruchskürzung

939 Ist eine tarifliche Sonderzuwendung, die jeweils zur Hälfte im Juni bzw. November auszuzahlen ist, nach dem tariflichen Monatsgrundlohn zu berechnen, so ist ohne anderweitige Bestimmung der Tarifvertragsparteien i. d. R. vom tariflichen Monatsgrundlohn des jeweiligen Auszahlungsmonats auszugehen (*BAG* 10.7.1996 EzA § 611 BGB Gratifikation, Prämie Nr. 143).

940 Eine als dreizehntes Monatseinkommen bezeichnete tarifvertragliche Gratifikation, die im Rahmen einer Stichtagregelung **in der Vergangenheit geleistete Dienste belohnt** und einen Anreiz für zukünftige Betriebstreue setzt, kann nach Auffassung des *LAG Düsseldorf* (26.9.2000 LAGE § 611 BGB Gratifikation Nr. 61) **rückwirkend für das ganze Jahr geändert**, d. h. in der Höhe reduziert werden, wenn der Vertrauensschutz der Normunterworfenen nicht entgegensteht.

jj) Anwesenheitsprämie

(1) Zweck und Inhalt von Anwesenheitsprämien

941 Um das Ausmaß von Fehlzeiten möglichst gering zu halten, können die Parteien sog. Anwesenheitsprämien vereinbaren. **Dadurch soll den Betriebsangehörigen, die immer anwesend sind, die Mehrbelastung honoriert werden**, die durch verschiedene Krankheitsausfälle der Kollegen hervorgerufen wird. Dabei kann z. B. für jeden Fehltag – ausgenommen Urlaub – vom festgesetzten Grundbetrag ein bestimmter Prozentsatz abgezogen werden.

(2) Die Beurteilung der Rechtmäßigkeit von Anwesenheitsprämien durch das BAG (Rechtslage bis zum 30.9.1996)

aaa) Grundlagen

942 Vgl. ausf. 2. Aufl. C/Rz. 741 ff.

943 Fraglich war, ob die anspruchsmindernde Berücksichtigung krankheitsbedingter Fehlzeiten zulässig ist.

Das *BAG* (9.11.1972 AP Nr. 9 zu § 611 BGB Anwesenheitsprämie) hat zunächst die Auffassung vertreten, dass bei einer jährlich zu zahlenden Anwesenheitsprämie die anspruchsmindernde Berücksichtigung von krankheitsbedingten Fehlzeiten nicht gegen Sinn und Zweck des LohnFG verstoße (§ 134 BGB i. V. m. §§ 1 ff. LohnFG).

944 Sodann hat das *BAG* (19.5.1982 EzA § 2 LohnFG Nr. 16; 23.5.1984 EzA § 611 BGB Gratifikation, Prämie Nr. 75) die Auffassung vertreten, dass eine Anwesenheitsprämie in Fällen krankheitsbedingter Fehlzeiten, für die Anspruch auf Lohnfortzahlung gem. §§ 1 ff. LohnFG besteht, nicht gekürzt werden dürfe, weil dies den Schutzzweck des Lohnfortzahlungsgesetzes unterlaufen würde.

945 **Soweit der Regelungsbereich des LohnFG aber nicht eingreift, können krankheitsbedingte Fehlzeiten anspruchsmindernd berücksichtigt werden**

Schließlich ist das *BAG* (15.2.1990 EzA § 611 BGB Anwesenheitsprämie Nr. 9) davon ausgegangen, dass eine vertragliche Vereinbarung, nach der eine vom Arbeitgeber freiwillig gewährte Weihnachtsgratifikation durch Krankfeierzeiten und Fehlzeiten gemindert werden kann, wirksam ist. Das gilt auch insoweit, als Fehlzeiten berücksichtigt werden, für die der Arbeitgeber Lohn- und Gehaltsfortzahlung zu gewähren hat. Ausgestaltung und Handhabung der vertraglichen Kürzungsvorschrift für Fehlzeiten unterliegen jedoch der richterlichen Kontrolle entsprechend § 315 BGB dahin, ob die wechselseitigen Interessen der Vertragsparteien gewahrt sind.

946

bbb) Zulässige Regelungen (bis 30.9.1996)

Eine Vereinbarung wahrt die Interessen der Vertragsparteien, wenn die Kürzungsrate pro Fehltag 1/60 der versprochenen Weihnachtsgratifikation nicht übersteigt. Kleingratifikationen dürfen hingegen i. d. R. nicht gekürzt werden, weil bei ihnen der vom Arbeitgeber mit der Kürzung beabsichtigte Zweck nicht oder nur unvollkommen erreicht werden kann, sodass kein angemessener und billiger Interessenausgleich erfolgt (*BAG* 15.2.1990 EzA § 611 BGB Anwesenheitsprämie Nr. 9; vgl. auch *LAG Baden-Württemberg* 10.9.1997 LAGE § 77 BetrVG 1972 Nr. 24; *LAG Köln* 6.3.1998 NZA-RR 1999, 123).

Zulässig ist auch eine Regelung in einer Betriebsvereinbarung, wonach sich die Sonderzahlung um jeden Fehltag um 1/30 mindert. Dies verstößt nicht gegen § 75 BetrVG; diese Regelung ist vielmehr vom Beurteilungsermessen der Betriebspartner gedeckt (*BAG* 26.10.1994 EzA § 611 BGB Anwesenheitsprämie Nr. 10).

947

Allerdings kann eine Anwesenheitsprämie, deren Zweck es ist, die Arbeitnehmer zu motivieren, die Zahl der Fehltage möglichst gering zu halten, diesen nur erreichen, wenn sie auf künftige Fehltage abstellt. **Die auf die Zahl der in der Vergangenheit angefallenen Fehltage abstellende Differenzierung ist daher unwirksam, wenn sie nicht durch andere Sachgründe gerechtfertigt ist.** Sind derartige Sachgründe nicht gegeben, so steht dem Arbeitnehmer die volle Jahresprämie zu (*BAG* 26.10.1994 EzA § 611 BGB Anwesenheitsprämie Nr. 10; 21.12.1994 EzA § 611 BGB Anwesenheitsprämie Nr. 11; zur Rechtslage bei monatlich gezahlten Anwesenheitsprämien vor der Einführung des § 4 a EFZG (s. dazu C/Rz. 949).

948

(3) § 4 a EFZG (Rechtslage ab 1.10.1996)

Anknüpfend an die zuvor skizzierte Rechtsprechung des BAG hat der Gesetzgeber durch das arbeitsrechtliche Beschäftigungsförderungsgesetz mit § 4 a EFZG mit Wirkung ab dem 1.10.1996 die Zulässigkeit von Anwesenheitsprämien ausdrücklich klargestellt (vgl. dazu *Adam* ZTR 1998, 438 ff.; Gestaltungsmöglichkeiten erörtert *Patterson-Baysal* FA 2000, 309 ff.). Danach ist eine Vereinbarung über die Kürzung von Leistungen, die der Arbeitgeber – erfasst sind auch tarifliche oder betriebliche Sonderzahlungen (*Schiefer/Worzalla*, a. a. O., Rz. 332 ff.) – zusätzlich zum laufenden Arbeitsentgelt erbringt (Sondervergütungen), auch für Zeiten der Arbeitsunfähigkeit infolge Krankheit zulässig. Die Kürzung darf danach für jeden Tag der Arbeitsunfähigkeit infolge Krankheit ein Viertel des Arbeitsentgelts, das im Jahresdurchschnitt auf einen Arbeitstag entfällt, nicht überschreiten.

949

C. Der Inhalt des Arbeitsverhältnisses

> Damit wird die Anrechnungsmöglichkeit im Vergleich zu den von der Rechtsprechung entwickelten Grundsätzen eingeengt (vgl. *Löwisch* NZA 1996, 1014; *LAG Köln* 6.3.1998 WZA-RR 1999, 123).
> Gewährt der Arbeitgeber z. B. eine Anwesenheitsprämie für ein Quartal nur dann, wenn in diesem Zeitraum **kein krankheitsbedingter Fehltag** liegt, enthält diese Zusage die Kürzung einer Sondervergütung i. S. d. § 4 a EFZG. Dem Arbeitnehmer steht deshalb bei krankheitsbedingten Fehlzeiten ein der gesetzlichen Kürzungsmöglichkeit entsprechender **anteiliger Anspruch** auf die Anwesenheitsprämie zu (*BAG* 25.7.2001 EzA § 4 a EFZG Nr. 2).
> Die gesetzliche Regelung enthält **keine Einschränkung** dahingehend, dass eine krankheitsbedingte Arbeitsunfähigkeit, die infolge eines vom Arbeitnehmer im Betrieb des Arbeitgebers erlittenen **Arbeitsunfalls** eingetreten ist, die Kürzungsmöglichkeit bei Sondervergütungen ausschließt (*BAG* 15.12.1999 – 10 AZR 626/98 –).

h) Sonstige Entgelte

aa) Sachzuwendungen

(1) Sachbezüge als Arbeitsentgelt

950 Sachleistungen (z. B. Hausbrand bei im Bergbau beschäftigten Arbeitnehmern, freie Kost oder Heizung, Deputate in der Landwirtschaft) sind **grds. als Arbeitsentgelt anzusehen**. Etwas anderes gilt für Sachzuwendungen, die in überwiegend eigenbetrieblichem Interesse gewährt werden (Überlassung von Arbeitskleidung, Arbeitsgerät). Stellt der Arbeitgeber im Rahmen von Dienstbesprechungen oder Fortbildungsveranstaltungen Speisen und Getränke unentgeltlich zur Verfügung, so ist der den Arbeitnehmern gewährte Vorteil dann kein Arbeitslohn, wenn das eigenbetriebliche Interesse des Arbeitgebers an der günstigen Gestaltung des Arbeitsablaufs den Vorteil der Arbeitnehmer bei weitem überwiegt. Ob dies der Fall ist, ist durch eine Gesamtwürdigung des Einzelfalles zu entscheiden (*BFH* 5.5.1994 EzA § 19 EStG Nr. 1). Ist eine echte Sachleistung mit einem Mangel behaftet, so sind §§ 459 ff. bzw. 538 ff. BGB analog anwendbar.

951 Der Anspruch auf die Sachzuwendung gehört gem. § 851 Abs. 2 ZPO regelmäßig nicht zum pfändbaren Arbeitseinkommen, da es sich um eine nach § 399 BGB nicht übertragbare Forderung handelt.

(2) Personalrabatte

952 Da auch Personalrabatte eine **Form des Arbeitsentgelts** darstellen, war bereits bisher auf vorformulierte Kaufverträge mit Personalrabatten trotz § 23 Abs. 1 AGBG dieses Gesetz anwendbar (*BAG* 26.5.1993 EzA § 9 AGB-Gesetz Nr. 1; **a. A.** *LAG Bremen* 28.7.1987 NZA 1987, 815; abl. *Hebestreit* BB 1994, 281 ff.); inzwischen folgt die Anwendbarkeit des Rechts der Allgemeinen Geschäftsbedingungen ohne weiteres aus § 310 Abs. 4 BGB n. F. auch für Arbeitsverhältnisse.

953 Die in **Allgemeinen Geschäftsbedingungen** über den Verkauf von Autos an Werksangehörige enthaltene Klausel, die den Arbeitnehmer zur Zahlung des ihm eingeräumten Preisnachlasses verpflichtet, wenn er binnen eines Jahres nach Auslieferung fristlos entlassen wird, ist wegen Verstoßes gegen das Transparenzgebot (**§ 9 Abs. 1**

C. Der Inhalt des Arbeitsverhältnisses

AGBG; jetzt § 307 BGB n. F.) unwirksam, wenn die Höhe des Preisnachlasses im Vertrag nicht angegeben ist (*BAG* 26.5.1993 EzA § 9 AGB-Gesetz Nr. 1).
Offen ist, ob es dann, wenn z. B. in der Automobilindustrie die Jahreswagen unter erheblichem Preisnachlass (ca. 20%) an die Mitarbeiter abgegeben werden, zulässig ist, zu vereinbaren, dass der Arbeitnehmer bei Ausscheiden vor einem bestimmten Zeitpunkt den vollen Kaufpreis (Nachzahlungsklausel) zu zahlen hat (für eine uneingeschränkte Zulässigkeit *LAG Bremen* NZA 1987, 815; trotz der darin zu sehenden Kündigungserschwerung für eine zulässige Bindungsdauer von 9–12 Monaten MünchArbR/*Hanau* § 70 Rz. 7). 954

Jedenfalls kann der Arbeitgeber die vorbehaltlose Zusage der Gewährung von Personalrabatten nicht einseitig widerrufen (*BAG* 11.12.1996 EzA § 611 BGB Personalrabatt Nr. 2). Hat er seinem Arbeitnehmer einen Personalrabatt zugesagt hat, ohne sich einen Widerruf vorzubehalten, so kann er diese Vergünstigung nicht mit der Begründung einstellen, die Gewährung freiwilliger Leistungen liege in seinem billigen Ermessen. Die pauschale Behauptung, die wirtschaftliche Lage des Unternehmens habe die Senkung der Personalkosten notwendig gemacht, rechtfertigt den Widerruf einer vorbehaltlos gemachten Zusage nicht. (*BAG* 14.6.1995 EzA § 611 BGB Personalrabatt Nr. 1; vgl. dazu *Peterek* SAE 1997, 71 ff.). 955

Die Beklagte, die eine Supermarktkette betreibt, hatte im Streitfall vorgetragen, sie habe durch Streichung des Personalrabatts Personalkosten sparen wollen. Diese Begründung hat das *BAG* (11.12.1996 EzA § 611 BGB Personalrabatt Nr. 2) als nicht nachvollziehbar angesehen. Ohne genaue Angaben lässt sich nicht erkennen, ob und ggf. welche Kosten sich durch den Wegfall des Rabatts einsparen lassen. Die Einräumung eines Personalrabatts kann für den Arbeitgeber sogar von Vorteil sein, wenn er dadurch einen Umsatz erzielt, den er sonst nicht erzielen würde. 956

(3) Privatnutzung eines Dienstwagens

Auch die Überlassung eines Dienstwagens zur privaten Nutzung an den Arbeitnehmer ist **Arbeitslohn** (*LAG Köln* 29.11.1995 NZA 1996, 986 Ls.; *Becker-Schaffner* DB 1993, 2078 ff.; Rechtsfragen des Dienstfahrzeugs erörtern umfassend *Nägele/Schmidt* BB 1993, 1797 ff.) und folglich steuerpflichtiges Entgelt (vgl. ausf. *FG Thüringen* 4.3.1998 NZA-RR 1999, 94; *Nägele* NZA 1997, 1199 ff.). Eine einzelvertragliche Vereinbarung dahin, dass der Arbeitnehmer den ihm überlassenen Firmenwagen auch privat nutzen darf, kann schon dann angenommen werden, wenn der Arbeitgeber **weiß**, dass der Arbeitnehmer den Wagen für die **Heimfahr**t mitnimmt, ihn auch am Wochenende in Händen hält und der Arbeitgeber keinen Kostenanteil einfordert, sondern vorbehaltlos alle anfallenden Pkw-Kosten trägt (*LAG Rheinland-Pfalz* 19.11.1996 NZA 1997, 942). 957

Im Falle der **Arbeitsunfähigkeit** endet das Recht zur privaten Nutzung folglich mit dem Ende des Entgeltfortzahlungszeitraums, sofern sich aus den Parteivereinbarungen nichts Abweichendes ergibt (*LAG Köln* 29.11.1995 NZA 1996, 986 Ls.). Überlässt der Arbeitgeber dem **arbeitsunfähigen Arbeitnehmer** trotz Ablaufs des Entgeltfortzahlungszeitraums weiterhin den Dienstwagen ohne Geltendmachung des Rückgaberechts bis zum Ablauf des Leasingvertrages, so kommt dadurch nach Auffassung des *LAG Köln* (22.6.2001 NZA-RR 2001, 523) **keine konkludente Vereinbarung** des Inhalts zustande, dass dem Arbeitnehmer auch nach Ab- 958

C. Der Inhalt des Arbeitsverhältnisses

> lauf des Entgeltfortzahlungszeitraums ein Nutzungsrecht eingeräumt werden soll. Dies gilt danach erst recht, wenn erkennbar andere Gründe als ein Verzichtswille dafür verantwortlich sind, z. B. die **Unkenntnis von der Rechtsinhaberschaft** oder eine Abwägung von Aufwand und Nutzen (Abwarten des Ablaufs des ohnehin geschlossenen Leasingvertrages).

959 Nach Auffassung von *Nägele* (NZA 1997, 1200) ist ein **Widerruf** der Fahrzeugüberlassung dann möglich (§ 315 BGB), wenn sie im Zusammenhang mit einer bestimmten Tätigkeit des Arbeitnehmers stand und dieser die Tätigkeit zukünftig nicht mehr ausübt oder wenn sich die betrieblichen Verhältnisse geändert haben und der Arbeitnehmer bei der Überlassung erkennen konnte, dass bei geänderten betrieblichen Verhältnissen die weitere private Nutzung des Fahrzeugs in Frage steht.

960 Demgegenüber ist nach der Rechtsprechung des *BAG* (11.10.2000 EzA § 14 MuSchG Nr. 15) maßgeblich, ob **Sachbezüge** (z. B. die Überlassung eines Firmenfahrzeugs zum unbeschränkten privaten Gebrauch) **zum Arbeitsentgelt gehören** und nicht frei widerruflich sind. Ist das der Fall, so sind sie der Arbeitnehmerin nicht nur **während eines Beschäftigungsverbots i. S. d. §§ 3 Abs. 1, 4 MuSchG, sondern regelmäßig auch während der Schutzfristen der §§ 3 Abs. 2, 6 Abs. 1 MuSchG weiterzugewähren** (*BAG* 11.10.2000 EzA § 14 MuSchG Nr. 15).

961 Bei rechtswidrigem und schuldhaften Entzug des Dienstwagens ist der Arbeitgeber dem Arbeitnehmer zum **Schadensersatz (§§ 325, 251 BGB) in Höhe der Kosten verpflichtet, die aufzuwenden sind, um einen entsprechenden Pkw privat nutzen zu können** (*BAG* 23.6.1994 EzA § 249 BGB Nr. 20 = NZA 1994, 1128; vgl. ausf. *Schroeder* NZA 1994, 342 ff). Maßgeblich ist nach Auffassung des BAG (27.5.1999 EzA § 249 BGB Nr. 24; vgl. dazu *Pauly* ArbuR 1999, 467 ff.) andererseits der Betrag, der der steuerlichen Bewertung der privaten Nutzungsmöglichkeit entspricht (abl. *Meier* NZA 1999, 1083 ff.). Im Falle der tatsächlichen Nutzung eines gleichwertigen privaten Pkw kann er allerdings nur die hierfür **tatsächlichen aufgewendeten Kosten** ersetzt verlangen. Eine abstrakt nach der Tabelle *Sanden/Danner/Küppersbusch* ermittelte Nutzungsausfallentschädigung steht ihm nicht zu (*BAG* 16.11.1995 EzA § 249 BGB Nr. 21.; ebenso *LAG* Nürnberg 15.12.1997 ARST 1998, 181; a. A. *Hessisches LAG* 19.12.1997 LAGE § 249 BGB Nr. 13; vgl. auch *ArbG* Kiel 19.2.1998 NZA 1998, 1285). Etwas anderes gilt aber dann, wenn es sich um einen **kurzfristigen Entzug**, z. B. von einem Monat, handelt. Denn bei einer derart kurzen Zeitspanne kann dem Arbeitnehmer nicht zugemutet werden, sich einen Wagen zuzulegen, um die konkreten Kosten ermitteln zu können (*LAG* Rheinland-Pfalz 19.11.1996 NZA 1997, 942). Besteht eine offensichtliche **erhebliche Diskrepanz** zwischen dem vertraglich zugrunde gelegten Sachbezugswert des Pkw und dem wirklichen Sachbezugswert, so kann nach Auffassung des *LAG Nürnberg* (15.12.1997 ARST 1998, 181) u. U. auch ein widersprüchliches Verhalten des Arbeitnehmers in Betracht kommen, wenn er für Zeiten des streitigen Bestandes des Arbeitsverhältnisses einen mehrfachen Wert des vereinbarten Sachbezugswertes als Entschädigung fordert.

962 Ein Schadensersatzanspruch des Arbeitnehmers besteht dagegen dann nicht, wenn das Herausgabeverlangen des Arbeitgebers – bei vorbehaltenem Widerruf des privaten Nutzungsrechts – billigem Ermessen nicht widerspricht bzw. die durch Vergleich eingegangene Verpflichtung zur Herausgabe als Verzicht auf die private Nutzung und

die Geltendmachung eines Schadenersatzanspruchs anzusehen ist (*LAG Düsseldorf* 25.4.1995 LAGE § 249 BGB Nr. 8).
Bei Beendigung des Arbeitsverhältnisses ist der Dienstwagen an den Arbeitgeber zurückzugeben. Gleiches gilt nach Auffassung des *ArbG Frankfurt a. M.* (8.8.2001 – 7 Ca 3269/01 –) beim Wechsel des Arbeitnehmers vom Arbeitsverhältnis in die Altersteilzeit. 963

In einem **Ehegatten-Arbeitsverhältnis** ist das aber dann nicht der Fall, wenn die Überlassung in Wirklichkeit eine Unterhaltsleistung, nicht aber eine arbeitsvertragliche Leistung war (*LAG Köln* 21.7.1999 – 7 Sa 1044/98 –). 964

Streiten die Parteien um die Wirksamkeit einer Arbeitgeberkündigung, so kann der Arbeitgeber die Herausgabe im Wege der einstweiligen Verfügung dann verlangen, wenn er glaubhaft macht, dass sein Obsiegen im Kündigungsschutzprozess in hohem Maße wahrscheinlich ist. Daneben ist die Dringlichkeit einer sofortigen Regelung glaubhaft zu machen (*LAG Düsseldorf* 4.7.1975 DB 1975, 1849; **a. A.** *LAG Frankfurt* 6.5.1991, zit. nach *Becker-Schaffner* DB 1993, 2079). Nach Auffassung des *LAG Nürnberg* (15.12.1997 ARST 1998, 181) ist dann, wenn die Arbeitsvertragsparteien keine Regelung der Pkw-Nutzung für den Fall des streitigen Bestandes des Arbeitsverhältnisses vorsehen, eine **ergänzende Vertragsauslegung** erforderlich, die i. d. R. ergibt, dass der Arbeitnehmer den Pkw zurückgibt und im Fall des Fortbestandes des Arbeitsverhältnisses der Arbeitgeber eine Entschädigung in Höhe des vertraglich zugrundegelegten Sachbezugswertes als Arbeitsentgelt zu leisten hat. 965

Im Falle einer Freistellung nach Ausspruch einer Kündigung ist die Privatnutzung, wenn die zugrunde liegende Parteivereinbarung nichts anderes ergibt, weiterhin zu gestatten; bei Vorliegen entsprechender Anhaltspunkte kommt aber die Rücknahme des Fahrzeuges gegen Zahlung von Schadensersatz in Betracht (*BAG* 23.6.1994 EzA § 249 BGB Nr. 20; vgl. auch *Meier* NZA 1997, 298 ff.; **a. A.** *ArbG Frankfurt a. M.* 8.8.2001 – 7 Ca 3269/01 –, es sei denn, dass der Dienstwagen ausdrücklich als Teil der Entlohnung zur Verfügung gestellt wird). Die Parteien können aber auch eine Vereinbarung treffen, wonach der Arbeitgeber im Falle der Freistellung die Herausgabe des Fahrzeugs oder dessen Ersetzung durch ein anderes, nicht notwendig gleichwertiges (vgl. dazu *Sächsisches LAG* 9.4.1997 BB 1997, 1693) beanspruchen kann; insoweit handelt es sich um einen wirksamen Erlassvertrag (§ 397 Abs. 1 BGB), der nach Auffassung von *Nägele* (NZA 1997, 1200; **a. A.** *ArbG Ludwigshafen* BB 1976, 793; *Becker-Schaffner* DB 1993, 2078) nicht an den Grundsätzen des billigen Ermessens (§ 315 BGB) zu messen ist. 966

Steht dem Arbeitnehmer ein fälliger Anspruch aus dem Arbeitsverhältnis zu und beansprucht der Arbeitgeber wegen der Beendigung des Arbeitsverhältnisses oder wegen Ablauf des Entgeltfortzahlungszeitraums die Herausgabe, kann der Arbeitnehmer ein **Zurückbehaltungsrecht** geltend machen (*Nägele* NZA 1997, 1200). Verweigert der Arbeitnehmer die Herausgabe zu Unrecht (§ 985 BGB), kommen Ansprüche des Arbeitgebers gem. § 993 BGB (**Nutzungsentschädigung** bei tatsächlicher Nutzung durch den Arbeitnehmer) sowie gem. §§ 284 ff. BGB in Betracht. 967

Die vertragliche Überbürdung von Ablösekosten, die dem Arbeitgeber durch die vorzeitige Rückgabe eines für den Arbeitnehmer geleasten Fahrzeugs wegen dessen Eigenkündigung (in Höhe von ca. 8.050 Euro) entstehen, beeinträchtigt übermäßig das Recht des Arbeitnehmers, seinen Arbeitsplatz frei zu wählen (Art. 12 968

C. Der Inhalt des Arbeitsverhältnisses

Abs. 1 GG). Die Vertragsklausel hält daher der gerichtlichen Angemessenheitskontrolle (§ 242 BGB) nicht stand und ist rechtsunwirksam (*LAG Düsseldorf* 18.5.1995 NZA-RR 1996, 363). Gleiches gilt, wenn die vom Arbeitnehmer im Falle der Eigenkündigung selbst zu übernehmende Leasingrate im Verhältnis zu seinem monatlichen Einkommen **so hoch** ist, dass er sie ohne **Gefährdung seiner wirtschaftlichen Existenzgrundlage** kaum bewältigen kann (*LAG München* 30.5.2001 – 9 Sa 8/01 –).

(4) Steuerlast

969 Für Sachbezüge (einschließlich verdeckter Sachbezüge z. B. Überlassung einer Wohnung durch den Arbeitgeber zu einem niedrigen Mietzins) trifft die Steuerlast den **Arbeitnehmer**. Abweichende Vereinbarungen zwischen den Parteien des Arbeitsverhältnisses müssen ausdrücklich und eindeutig getroffen werden (*BAG* 19.12.1963 AP Nr. 15 zu § 670 BGB).

bb) Vermögensbeteiligung

970 In Betracht kommen schuldrechtliche (Arbeitnehmerdarlehen) und gesellschaftsrechtliche (z. B. die Ausgabe von GmbH-Anteilen oder Belegschaftsaktien) Formen der Kapitalbeteiligung.

971 Stellt der Beteiligungsvertrag einen selbstständigen Vertrag neben dem Arbeitsverhältnis dar, war das AGBG bereits nach altem Recht für Arbeitnehmerdarlehensverträge anwendbar. Gem. § 310 Abs. 4 S. 2 BGB n. F. i. V. m. §§ 305 ff. BGB n. F. gilt dies für ab dem 1.1.2002 begründete Arbeitsverhältnisse auch dann, wenn der Beteiligungsvertrag keinen selbstständigen Vertrag darstellt und im Übrigen ab dem 1.1.2003 auch für vor dem 1.1.2002 begründete Arbeitsverhältnisse. Ausgenommen sind aber nach wie vor die verschiedenen gesellschaftsrechtlichen Beteiligungsformen (§ 23 Abs. 1 AGBG, jetzt § 310 Abs. 4 S. 1 BGB n. F.).

972 Um einen Abfluss des aus Vermögensbeteiligungen stammenden Arbeitnehmerkapitals eines Arbeitsverhältnisses zu verhindern, wird häufig die Kündigung der Beteiligung durch den Arbeitnehmer ausgeschlossen. Gem. § 723 Abs. 3 BGB, § 133 Abs. 3 HGB besteht jedoch ein außerordentliches Kündigungsrecht des Arbeitnehmers. Klauseln, die generell einen Verfall des gesellschaftsrechtlichen Abfindungsanspruchs bei Beendigung des Arbeitsverhältnisses vorsehen, um einen Abfluss des Mitarbeiterkapitals zu verhindern, sind unwirksam (§ 723 Abs. 3 BGB). Schließlich kann die Übertragbarkeit von Belegschaftsaktien nicht beschränkt werden (vgl. zur Vermögensbeteiligung ausf. MünchArbR/*Hanau* § 70 Rz. 13–24).

973 Der Staat fördert die Vermögensbildung des Arbeitnehmers dadurch, dass er für die Anlage von vermögenswirksamen Leistungen (das sind Geldleistungen, die der Arbeitgeber für den Arbeitnehmer aufzubringen hat) eine Arbeitnehmer-Sparzulage erhält, wenn das zu versteuernde Einkommen im Kalenderjahr der vermögenswirksamen Leistungen 17 900 Euro oder bei Zusammenveranlagung von Ehegatten 35 800 Euro nicht übersteigt (§ 13 Abs. 1 5. VermBG). Der Arbeitgeber erhält dafür gem. § 15 5. VermBG eine Steuerermäßigung.

cc) Arbeitgeberdarlehen

(1) Grundlagen

Häufig wird dem Arbeitnehmer ein (Geld-)Darlehen (gem. §§ 488 ff. BGB n. F.) ent- 974
weder zinslos oder zumindest zu einem unter den marktüblichen Sätzen liegenden
Zinssatz überlassen. Auch kann der Arbeitgeber auf eine Sicherung verzichten
oder sich mit einer nachrangigen Sicherheit begnügen.
Grund für eine derartige Darlehensgewährung kann die Belohnung der Betriebstreue
des Arbeitnehmers sowie die weitere Bindung an das Unternehmen sein.

> Keine Anwendung findet das Verbraucherkreditgesetz, wenn der Darlehensver- 975
> trag zu Zinsen abgeschlossen wird, die unter den marktüblichen Sätzen liegen
> (§ 3 Abs. 1 Nr. 4 VerbrKG; jetzt §§ 355 BGB n. F.). Da es sich um einen rechtlich
> selbstständigen Vertrag handelt, der außerhalb des Arbeitsrechts angesiedelt ist,
> ist aber das AGBG (insbesondere § 9, bzw. jetzt § 307 BGB n. F.) anwendbar
> (*LAG Hamm* 19.2.1993 NZA 1994, 559 Ls.; MünchArbR/*Hanau* § 71 Rz. 14;
> das *BAG* [23.9.1992 EzA § 117 GewO Nr. 1] neigt dazu, dieser Auffassung zu fol-
> gen).

Der Ausschluss von **Teilzeitbeschäftigten** einer Sparkasse von der Gewährung von 976
Sonderkonditionen zum Erwerb von Immobilien verstößt gegen das Benachteiligungsverbot des § 2 Abs. 1 BeschFG (jetzt § 4 Abs. 1 TzBfG), wenn sie die für Vollzeitbeschäftigte vorgesehenen Voraussetzungen erfüllen (*BAG* 27.7.1994 EzA § 2
BeschFG 1985 Nr. 36).

(2) Abgrenzung zum Vorschuss

Problematisch kann die Abgrenzung zwischen Darlehen (Kapitalüberlassung zur vo- 977
rübergehenden Nutzung) und Vorschuss (Vorauszahlung auf noch nicht verdientes
und noch nicht fälliges Arbeitsentgelt in Erwartung der künftigen Gegenleistung
des Arbeitnehmers) sein.

> Während der Arbeitgeber beim Darlehen gem. § 394 BGB nur gegen den pfänd- 978
> baren Teil der Lohnforderung aufrechnen kann, kann er den Vorschuss auch
> auf den unpfändbaren Teil des Arbeitseinkommens anrechnen, sodass das dem
> Arbeitnehmer verbleibende Einkommen durchaus unter die Pfändungsgrenze ab-
> sinken kann (*BAG* 11.2.1987 EzA § 850 e ZPO Nr. 1).

Für ein **Darlehen** spricht es z. B., wenn der maßgebliche Betrag wesentlich höher als 979
das Arbeitentgelt des Arbeitnehmers ist, wenn die Rückzahlung in Raten und Verzinsung vereinbart wird oder wenn der Arbeitgeber Sicherheiten verlangt.
Dagegen spricht es für einen **Vorschuss**, wenn die Zahlung zur Überbrückung bis zur 980
Zahlung des nächsten Arbeitsentgelts und zur Bestreitung des normalen Lebensunterhalts dient.
Macht der Arbeitgeber gegenüber einer Lohnforderung die Zahlung eines Lohnvor- 981
schusses geltend, so handelt es sich um die Einwendung der Erfüllung und damit um
eine rechtsvernichtende Einwendung, deren tatsächliche Voraussetzungen der Arbeitgeber beweisen muss. **Der Arbeitgeber muss daher im Streitfall auch beweisen, dass eine unstreitige Zahlung als Lohnvorschuss geleistet worden ist, wofür**

C. Der Inhalt des Arbeitsverhältnisses

keine tatsächliche Vermutung und kein Anscheinsbeweis spricht (*LAG München* 28.9.1989 LAGE § 361 BGB Nr. 2).

982 Ein Arbeitnehmer ist verpflichtet, Provisionsvorschüsse auch dann zurückzuzahlen, wenn der Arbeitgeber von der Befugnis zur Anpassung der Vorschüsse an die verdienten Provisionen zunächst keinen Gebrauch gemacht hat und hierfür sachliche Gründe bestanden (*BAG* 20.6.1989 EzA § 87 HGB Nr. 10).

(3) Kündigung des Darlehens

983 Das Recht zur ordentlichen Kündigung des Darlehens folgt aus § 609 Abs. 1, 2 (jetzt § 488 Abs. 3 BGB n. F.) BGB; es ist in Arbeitgeberdarlehensverträgen jedoch meist durch die Vereinbarung eines festen Tilgungsplanes ausgeschlossen. Aufgrund einer Gesamtanalogie zu §§ 542, 554 a, 626, 671 Abs. 2, 3, 721 Abs. 1 BGB ist aber bereits nach bisherigem Recht eine außerordentliche Kündigung aus wichtigem Grund möglich; § 490 BGB n. F. sieht nunmehr ausdrücklich ein außerordentliches Kündigungsrecht für den Darlehensgeber und ein befristetes Sonderkündigungsrecht des Darlehensnehmers vor. Daneben kommt eine außerordentliche Kündigung gem. 314 BGB n. F. in Betracht.

984 Die in einem Darlehensvertrag vorgesehene jederzeitige Kündigungsmöglichkeit stellt im Hinblick auf eine gleichzeitige langfristige Tilgungsvereinbarung eine unangemessene Benachteiligung des Darlehensnehmers i. S. d. § 9 Abs. 2 AGBG (jetzt § 307 Abs. 2 BGB n. F.) dar und ist deshalb unwirksam (*LAG Hamm* 19.2.1993 NZA 1994, 559 Ls.).

(4) Auswirkungen der Beendigung des Arbeitsverhältnisses

aaa) Grundsätze

985 **Allein die Beendigung des Arbeitsverhältnisses führt nicht ohne weiteres zur Unzumutbarkeit der Fortsetzung des Darlehensvertrages.** Ausnahmsweise kann ein wichtiger Grund gegeben sein, wenn der Insolvenzverwalter ein Arbeitgeberdarlehen wegen dringenden Eigenbedarfs und Unzumutbarkeit der weiteren Belastung außerordentlich kündigt. Eine unzumutbare Belastung der Insolvenzmasse kann in einer sich wegen geringer Tilgungsraten über Jahre hinziehenden Darlehensabwicklung zu sehen sein (vgl. MünchArbR/*Hanau* § 71 Rz. 5).

986 Scheidet der Arbeitnehmer während der Laufzeit des Darlehens aufgrund betriebsbedingter Kündigung aus dem Arbeitsverhältnis aus, so besteht dann kein Anspruch auf sofortige Rückzahlung, wenn die Auslegung des Darlehensvertrages ergibt, dass er in diesem Fall weitergeführt werden soll (*BAG* 23.9.1992 EzA § 117 GewO Nr. 1).

bbb) Keine vorzeitige Rückzahlung

987 Eine vorzeitige Rückzahlung des Darlehens bei Beendigung des Arbeitsverhältnisses kommt weder im Wege der ergänzenden Vertragsauslegung noch über die Anwendung der Grundsätze vom Wegfall der Geschäftsgrundlage (jetzt § 313 BGB n. F.) in Betracht, weil sich mit der Beendigung des Arbeitsverhältnisses lediglich das bewusst vom Arbeitgeber eingegangene Risiko verwirklicht.

988 Sind gleichwohl ausnahmsweise die Grundsätze über den Wegfall der Geschäftsgrundlage (jetzt § 313 BGB n. F.) anwendbar, so ist Rechtsfolge regelmäßig die Anpas-

sung des Darlehensverhältnisses (Fortsetzung des Darlehensvertrages zu einem marktüblichen Zinssatz), nicht aber die sofortige Fälligstellung (*BAG* 5.3.1964 AP Nr. 2 zu § 607 BGB; *LAG Saarland* 29.4.1987 LAGE § 9 AGBG Nr. 1).

ccc) Kündigung zum Ende der Elternzeit
Erhebliche Bedenken bestehen gegen die Wirksamkeit einer Vereinbarung, wonach während der Dauer der Elternzeit gewährte **Zinsvergünstigungen für Arbeitgeberdarlehen rückwirkend entfallen**, wenn das **Arbeitsverhältnis** nach § 19 BErzGG zum Ende der Elternzeit **gekündigt wird** (*BAG* 16.10.1991 EzA § 19 BErzGG Nr. 1). Denn der Zeitpunkt der Beendigung des Bezuges der Zinsvergünstigung bleibt danach bis zum Ende des Ruhenszeitraums in der Schwebe. Im Hinblick auf § 19 BErzGG ist es bedenklich, dass damit dieselben Auswirkungen gegeben sind wie bei einer Klausel, wonach bei Ausübung des Sonderkündigungsrechts eine Rückzahlungsverpflichtung besteht. 989

ddd) Rückzahlungsklauseln

Die Parteien können aber vertraglich vereinbaren, dass bei Beendigung des Arbeitsverhältnisses das Darlehen sofort fällig wird. 990

Die Grenze für die Zulässigkeit derartiger Rückzahlungsklauseln bildet das Verbot unzulässiger Kündigungserschwerung. Weil die Möglichkeit besteht, dass dem Arbeitnehmer die notwendigen Geldmittel fehlen, um seine mit der Auflösung des Arbeitsverhältnisses fällig werdende Schuld zu erfüllen, sind Rückzahlungsklauseln zwar nicht generell unwirksam, sie unterliegen jedoch einer Inhaltskontrolle, bei der die berechtigten Interessen beider Parteien gegeneinander abgewogen werden müssen. So ist z. B. die rückwirkende Verzinsung i. d. R. unbillig.

Rückzahlungsklauseln sind dann nicht anwendbar, wenn der Arbeitgeber die vorzeitige Beendigung des Arbeitsverhältnisses zu vertreten hat (§§ 133, 157, 252, 628 Abs. 2 BGB; *BAG* 24.2.1965 AP Nr. 1 zu § 607 BGB). 991
Bei einer betriebsbedingten Arbeitgeberkündigung ist die Anwendung der Rückzahlungsklausel nicht treuwidrig i. S. d. § 162 Abs. 2 BGB, denn es kann nicht als treuwidrig angesehen werden, wenn der Arbeitgeber von einem gesetzlich gerechtfertigten Kündigungsrecht Gebrauch macht (*Schaub* Arbeitsrechtshandbuch § 70 II 5; a. A. MünchArbR/*Hanau* § 71 Rz. 13).

eee) Verstoß gegen § 9 Abs. 2 Nr. 1 AGBG (jetzt § 307 Abs. 2 Nr. 1 BGB n. F.)
Eine Rückzahlungsklausel, die die jederzeitige Kündigung des Darlehens durch den Darlehensgeber ohne Grund vorsieht, ist gem. § 9 Abs. 2 Nr. 1 AGBG (wegen § 609 Abs. 2 BGB, jetzt § 488 Abs. 3 BGB n. F.) unwirksam (s. aber auch oben C/Rz. 984). 992
Eine **sofortige Fälligstellung** darf nur vereinbart werden, wenn ein wichtiger Grund vorliegt. Als wichtiger Grund in diesem Sinne genügt es allerdings, wenn die Fälligstellung des Darlehens von der ordentlichen Kündigung des Arbeitsverhältnisses abhängig gemacht wird (MünchArbR/*Hanau* § 71 Rz. 15). 993

fff) Höhere Verzinsung

994 Räumt ein Versicherungsunternehmen Arbeitnehmern für ein **Baudarlehen** einen **Sonderzinssatz** ein, so enthält die Bedingung, dass nach Beendigung des Arbeitsverhältnisses der für Versicherungsnehmer geltende höhere Zinssatz zur Anwendung kommt, keine unangemessene Benachteiligung der Arbeitnehmer (*BAG* 28.2.1999 EzA § 611 BGB Inhaltskontrolle Nr. 7).

(5) Betriebsübergang

995 Die Rechte und Pflichten aus einem Arbeitgeberdarlehen können nach § 613 a Abs. 1 S. 1 BGB auf den Betriebserwerber übergehen. Das setzt voraus, dass das Darlehen **mit dem Bestehen des Arbeitsverhältnisses verknüpft** ist, also nach den Umständen des Einzelfalles zum Arbeitsverhältnis gehört und nicht eigenständig ist (*BAG* 21.1.1999 – 8 AZR 373/97 – n. v.; *LAG Köln* 18.5.2000 NZA-RR 2001, 174). Das ist z. B. dann der Fall, wenn

– die vollständige **Rückzahlung** des Darlehens **beim Ausscheiden** aus dem Unternehmen vorgesehen ist,
– nur eine **Familienwohnung** in einer bestimmten Entfernung von der regelmäßigen Arbeitsstätte des Arbeitnehmers durch das Darlehen **gefördert wird** (*LAG Köln* 18.5.2000 NZA-RR 2001, 174).

dd) Arbeitnehmerdarlehen

996 Gewährt der Arbeitgeber aus Anlass seines **Firmenjubiläums eine Zuwendung** unter der **Bedingung**, dass diese einer **von ihm beherrschten Beteiligungsgesellschaft als Darlehen gegeben wird**, das mit 4% p. a. zu verzinsen ist, so ist die Bestimmung des Darlehensvertrages, dass die Laufzeit 15 Jahre beträgt, im Hinblick auf §§ 117, 119 GewO (bis 31.12.2002, ab 1.1.2003 § 107 Abs. 2 GewO n. F.), § 9 AGBG (jetzt § 307 BGB) nicht zu beanstanden (*BAG* 23.9.1992 EzA § 117 GewO Nr. 1).

997 Dagegen bestehen im Hinblick auf § 9 Abs. 1 AGBG (jetzt § 307 BGB) erhebliche Bedenken gegen die Wirksamkeit der Bestimmungen des Darlehenvertrages, wonach sich das Darlehen jeweils um fünf Jahre verlängert, wenn es nicht rechtzeitig gekündigt worden ist, dass die Zinsen, wenn im Zeitpunkt ihrer Fälligkeit keine Lohn- und Gehaltszahlung anfällt, nur auf Antrag des Mitarbeiters überwiesen werden, und dass 50% der Darlehenssumme erst ein Jahr später ausbezahlt und in dieser Zeit auch nicht verzinst werden (*BAG* 23.9.1992 EzA § 117 GewO Nr. 1).

ee) Miles & More-Bonus-Programme

998 Vorteile, die ein Arbeitnehmer aufgrund der Teilnahme an einem sog. Vielfliegerprogramm (kostenlose Flüge, Sonderkonditionen bei Hotelübernachtungen usw.) erlangt, sind nicht als Arbeitseinkommen zu qualifizieren; es handelt sich bei derartigen Programmen um eine **Auslobung** i. S. d. § 657 BGB, die in keinerlei rechtlichem Zusammenhang mit dem Arbeitsverhältnis steht (vgl. *Heinze* DB 1996, 2490 ff.).

i) Abtretung

aa) Grundlagen

999 Der Entgeltanspruch des Arbeitnehmers kann nach § 398 BGB abgetreten werden.

C. Der Inhalt des Arbeitsverhältnisses

bb) Ausschluss der Abtretbarkeit bei Unpfändbarkeit
Eine Abtretung ist nach **§ 400 BGB** ausgeschlossen, soweit der Entgeltanspruch unpfändbar ist. In Geld zahlbares Arbeitseinkommen kann folglich nur gepfändet werden, wenn die für den Lebensunterhalt des Arbeitnehmers gesetzlich bestimmten Pfändungsgrenzen überschritten werden.
Mit Vorrang vor späteren Pfändungen ist die Abtretung zukünftiger Entgelte und der Entgelte aus zukünftigen Arbeitsverhältnissen möglich (BAG 24.10.1979 AP Nr. 6 zu § 829 ZPO).
Eine entgegen § 400 BGB vorgenommene Abtretung ist unwirksam. Da dem Schuldner auch im öffentlichen Interesse die zur Aufrechterhaltung seiner Existenz erforderlichen Mittel bewahrt werden sollen, sind **alle Vereinbarungen unzulässig, die sich anderer Rechtsformen als der Abtretung bedienen, aber zu dem gleichen wirtschaftlichen Ergebnis führen** (z. B. die Vereinbarung einer Inkassozession, die Erteilung einer Einziehungsermächtigung und i. d. R. auch die Vereinbarung über die Verwaltung pfändbaren Arbeitseinkommens durch Dritte; MünchArbR/*Hanau* § 73 Rz. 2
Erteilt ein Arbeitnehmer bei einer Gehaltsabtretung zugunsten seines Darlehensgläubigers seinem Arbeitgeber den Auftrag, die laufenden Darlehensraten vom Gehalt zu überweisen, erstreckt sich dieser Auftrag nicht auf den unpfändbaren Gehaltsteil (BAG 23.11.1988 EzA § 400 BGB Nr. 1).
Ein Verstoß gegen § 400 BGB liegt allerdings dann nicht vor, wenn der Arbeitnehmer von dem Abtretungsempfänger eine **wirtschaftlich gleichwertige Leistung** erhält. Das gilt z. B. für einen Versicherungsträger, der einen Angestellten während einer Kur unterhält, ferner für eine Gewerkschaft, die Streikunterstützungen gewährt (BAG 24.1.1964 AP Nr. 1 zu § 30 KO; 2.6.1966 AP Nr. 8 zu § 309 BGB; 10.6.1980 NJW 1980, 1653). Dass der Vermieter dem Arbeitnehmer unter Vorausabtretung der unpfändbaren Lohnbestandteile für die jeweiligen Lohnzahlungszeiträume **Wohnraum überlassen hat**, **genügt** diesen Anforderungen demgegenüber **nicht** (BAG 21.11.2000 EzA § 400 BGB Nr. 2).

cc) Abfindung
Ob eine Abtretung auch eine Abfindung nach §§ 9, 10 KSchG erfasst, ist nach den Grundsätzen der Vertragsauslegung zu ermitteln; i. d. R. ist eine Abfindung kein Arbeitsentgelt (s. u. C/Rz. 1104).

dd) Vereinbarung eines Abtretungsverbots
Arbeitgeber und Arbeitnehmer können gem. **§ 399 BGB** den Ausschluss der Abtretbarkeit des Lohnanspruchs vereinbaren. Das Abtretungsverbot kann in einer Betriebsvereinbarung (BAG 5.9.1960 AP Nr. 4 zu § 399 BGB) oder in einem Tarifvertrag vereinbart werden. Es erfasst auch zeitlich vor dieser Betriebsvereinbarung liegende Vorausabtretungen. Bereits entstandene Forderungen werden allerdings von dem Abtretungsverbot in einer späteren Betriebsvereinbarung nicht mehr erfasst.
Gegenüber einem Versicherungsträger, der während einer Kur Zahlungen gegen Gehaltsabtretung geleistet hatte, ist das in einer Betriebsvereinbarung enthaltene Abtretungsverbot unwirksam (BAG 2.6.1966 AP Nr. 8 zu § 399 BGB). Auch wird die **Aufrechnung des Arbeitgebers** gegen Lohnforderungen durch ein tarifvertragliches Abtretungsverbot **nicht ausgeschlossen**.
Eine trotz eines vertraglichen Abtretungsverbots erfolgende Zahlung befreit den Arbeitgeber nicht von seiner Verpflichtung gegenüber dem Arbeitnehmer. Dient aber

1000

1001

1002

1003

1004

1005

1006

1007

C. Der Inhalt des Arbeitsverhältnisses

das Abtretungsverbot dem Schutz des Arbeitgebers vor übermäßiger Belastung des Lohnbüros, kann dieser die abredewidrige Abtretung **genehmigen**.

1008 Im Übrigen gelten hinsichtlich der Rechtsstellung von Arbeitgeber und Arbeitnehmer nach der Abtretung die §§ 404, 407 BGB. Der Arbeitgeber kann die Unwirksamkeit der Abtretung geltend machen. Einwendungen aus dem der Abtretung zugrunde liegenden Vertrag kann er aber nur dann erheben, wenn dieser mit der Abtretung eine Einheit bildet (*BAG* 14.12.1966 AP Nr. 26 zu § 138 BGB).

1009 Zwar gelten die Grundsätze, die zu einer Beschränkung des Abtretungsverbots gem. § 400 BGB (bei wirtschaftlich gleichwertiger Leistung) geführt haben, im Rahmen des § 399 BGB nicht, weil die Schutzbereiche der beiden Vorschriften wesentlich voneinander abweichen. Andererseits kann die Berufung des Arbeitgebers auf den Abtretungsausschluss eine unzulässige Rechtsausübung darstellen. Gem. § 242 BGB ist insoweit eine umfassende Interessenabwägung erforderlich (MünchArbR/*Hanau* § 73 Rz. 7).

ee) Vorausabtretung in Allgemeinen Geschäftsbedingungen

1010 Die Vorausabtretung von Entgeltansprüchen ist grds. auch in Allgemeinen Geschäftsbedingungen, z. B. für **Ratenkreditverträge** wirksam (*BAG* 27.6.1968 AP Nr. 3 zu § 398 BGB).

1011 Erforderlich ist aber (§ 9 Abs. 1 AGBG [jetzt § 307 BGB]), dass Zweck und Umfang der Abtretung sowie die Voraussetzungen, unter denen der Verwender von ihr Gebrauch machen darf, eindeutig bestimmt sind und sie zu einem angemessenen Interessenausgleich führt.

1012 Unzulässig ist z. B. eine Lohnabtretungsklausel, bei der nicht zweifelsfrei erkannt werden kann, ob die Vorausabtretung nur die Ansprüche aus dem Kreditvertrag oder auch solche aus anderen Rechtsgründen, Rechtsgeschäften sichern soll (*BAG* 22.6.1989 AP Nr. 5 zu § 398 BGB).

1013 Eine fehlerhafte Abtretungsklausel ist insgesamt unwirksam (*BGH* 24.9.1985 NJW 1986, 1612). Unwirksam ist auch eine **formularmäßige Sicherungsabtretung** aller Ansprüche des Kreditnehmers aus seinem Arbeitsverhältnis, wenn für die Verwertung Nr. 20 AGB-Banken gelten soll. Danach ist die Bank dann, wenn der Kunde seinen Verbindlichkeiten bei Fälligkeit nicht nachkommt, befugt, die Sicherheiten ohne gerichtliches Verfahren unter tunlichster Rücksichtnahme auf den Kunden zu beliebiger Zeit an einem ihr geeignet erscheinenden Ort auf einmal oder nach und nach zu verwerten. Denn diese Regelung über die Verwertung der zur Sicherheit abgetretenen Lohn- und Gehaltsansprüche bedeutet eine unangemessene Benachteiligung des Kreditnehmers und verstößt folglich gegen § 9 AGBG ([jetzt § 307 BGB]; *BGH* 7.7.1992 AP Nr. 6 zu § 398 BGB).

j) Lohnpfändung

aa) Grundlagen

1014 Die Lohnpfändung ist eine besondere Form der **Zwangsvollstreckung in Forderungen**, die durch die §§ 850 ff. ZPO modifiziert ist. §§ 850 ff. ZPO dienen dem unmittelbaren Schutz des Arbeitnehmers durch die Aufstellung bestimmter zwingender Pfändungsschranken. Das Lohnpfändungsrecht übt daneben eine mittelbare Schutz-

C. Der Inhalt des Arbeitsverhältnisses

funktion aus, indem die Abtretungsmöglichkeit von Lohnforderungen beschränkt wird (§§ 400, 1274 Abs. 2 BGB).

Durch die Pfändung des Arbeitseinkommens entstehen vollstreckungsrechtliche Beziehungen zwischen Gläubiger, Schuldner (Arbeitnehmer) und Arbeitgeber (Drittschuldner). 1015

Zu beachten ist, dass **ausländische Lohnpfändungen** keine Rechtswirkungen für den im Inland zu zahlenden Lohn der in Deutschland ansässigen und beschäftigten Arbeitnehmer haben, solange die internationale Rechtswirkung solcher Pfändungen völkerrechtlich nicht vereinbart ist. Ein in den USA zugestelltes Zahlungsverbot ist daher in der BRD wirkungslos (*BAG* 19.3.1996 EzA § 829 ZPO Nr. 3). 1016

bb) Ablauf der Lohnpfändung

(1) Allgemeine Voraussetzungen der Zwangsvollstreckung

Liegen die allgemeinen Zwangsvollstreckungsvoraussetzungen **Titel** (insbesondere vorläufig vollstreckbare Endurteile, Vergleiche mit vollstreckungsfähigem Inhalt, §§ 704 Abs. 1, 794 ZPO, § 62 Abs. 1 S. 2 ArbGG), **Vollstreckungsklausel** (§§ 724 ff. ZPO) und **Zustellung** des Vollstreckungstitels, u. U. nebst Vollstreckungsklausel (§ 750 ZPO) vor, so kann ein **Antrag** auf Durchführung der Lohnpfändung schriftlich oder zu Protokoll des Urkundsbeamten der Geschäftsstelle beim Rechtspfleger des Amtsgerichts, in dessen Bezirk der Schuldner (Arbeitnehmer) seinen allgemeinen Gerichtsstand hat (§§ 496, 828 Abs. 2, 802 ZPO, § 20 Nr. 16, 17 RPflG), eingereicht werden. Nur hilfsweise ist das AG zuständig, in dessen Bezirk der Drittschuldner (Arbeitgeber) das Arbeitsentgelt auszuzahlen hat. Gem. § 828 Abs. 3 ZPO, der mit Wirkung ab dem 1.1.1999 gilt (vgl. *Düwell* FA 1998, 151 ff.), sollen die bei einem unzuständigen Gericht eingegangenen Anträge auf Forderungspfändung **formlos** an das zuständige Gericht **abgegeben werden**. 1017

(2) Antragsvoraussetzungen

aaa) Bezeichnung der Beteiligten

Erforderlich ist, dass **Gläubiger, Schuldner und Drittschuldner hinsichtlich Berufsstand, Name und Anschrift** so genau wie möglich bezeichnet werden. Es muss erkennbar sein, ob und wessen Forderungen gepfändet werden sollen. Zur möglichen Auslegung eines Pfändungs- und Überweisungsbeschlusses ist auf den objektiven Sinn des Wortlauts abzustellen, der nur durch offenkundige Tatsachen ergänzt werden kann. **Außerhalb des Beschlusses liegende Tatsachen dürfen dagegen nicht zur Auslegung herangezogen werden.** 1018

Deshalb sind Pfändungs- und Überweisungsbeschlüsse, in denen der Name des Schuldners verwechselt, ein falscher Name angegeben oder eine fehlerhafte Adresse mitgeteilt wird, unwirksam (*BAG* 12.7.1972 AP Nr. 4 zu § 850 ZPO; 15.11.1972 AP Nr. 7 zu § 850 ZPO). 1019

bbb) Bezeichnung der zu befriedigenden Forderung

Auch die Forderung, wegen der die Vollstreckung erfolgen soll, ist **genau zu bezeichnen** (Forderungsbetrag einschließlich Zinsen und Kosten). Sie muss grds. **fällig** sein (§ 751 ZPO); eine Ausnahme gilt für Unterhaltsansprüche von Verwandten, Ehegatten usw. (§ 850 d Abs. 1, 3 ZPO), wegen derer auch schon vor ihrer Fälligkeit gepfändet werden kann (sog. Vorratspfändung). 1020

C. Der Inhalt des Arbeitsverhältnisses

ccc) Bezeichnung der zu pfändenden Forderung

1021 Die Forderung, in die vollstreckt werden soll, muss einschließlich ihres Rechtsgrundes so genau bezeichnet werden, dass unzweifelhaft feststeht, welche Forderung Gegenstand der Zwangsvollstreckung sein soll (*BAG* 10.2.1962 AP Nr. 3 zu § 850 ZPO).

1022 Unbeteiligte Dritte, insbesondere weitere Gläubiger, müssen mit hinreichender Deutlichkeit feststellen können, in welche Forderung aus welchem Rechtsverhältnis vollstreckt werden soll. Weil der Gläubiger meist keinen Einblick in die zwischen Arbeitnehmer und Arbeitgeber getroffene Vereinbarung hat, genügt es allerdings, dass das **Rechtsverhältnis, aus dem die Forderung hergeleitet wird, in allgemeinen Umrissen angegeben wird.**

1023 Hinreichend bestimmt ist deshalb ein Antrag auf Pfändung einer angeblichen Forderung des Schuldners gegen den Drittschuldner »auf Zahlung aller jetzigen und künftigen Bezüge an Arbeitseinkommen (ohne Rücksicht auf ihre Benennung oder Berechnungsart)« (*BAG* 10.2.1962 AP Nr. 3 zu § 850 ZPO). Unzureichend ist dagegen die Formulierung, dass die Ansprüche des Schuldners »aus Verträgen und sonstigen Rechtsgeschäften« oder »aus jedem Rechtsgrund« gepfändet werden sollen.

1024 Steht die Identität der zu vollstreckenden Forderung fest, ist es unerheblich, wenn sich der Gläubiger in ihrer rechtlichen Beurteilung irrt. Deshalb kann ein Pfändungs- und Überweisungsbeschluss, durch den die angeblichen Ansprüche des Arbeitnehmers gegen den Arbeitgeber auf Zahlung von Arbeitseinkommen i. S. d. § 850 ZPO gepfändet werden, durchaus auch Ansprüche des Schuldners auf fortlaufend gezahlten Werklohn aus einem Werkvertrag mit dem Drittschuldner erfassen (*BAG* 15.1.1975 AP Nr. 8 zu § 850 ZPO).

1025 Nicht erforderlich ist, dass die Lohnforderung zum Zeitpunkt der Pfändung bereits fällig ist (§ 832 ZPO).

(3) Änderung der Bezüge oder der Rechtsstellung des Arbeitnehmers

1026 Bei Änderungen in Art und Höhe der Bezüge des Arbeitnehmers oder in der Rechtsstellung von Arbeitgeber und Arbeitnehmer ist davon auszugehen, dass sich die Reichweite des Pfändungsbeschlusses weniger nach rechtlichen, als vielmehr nach **wirtschaftlichen Gesichtspunkten** richtet.

aaa) Bestehen mehrerer Arbeitsverhältnisse

1027 Bestehen formalrechtlich mehrere Arbeitsverhältnisse, so war bislang nach der Verkehrsauffassung zu prüfen, ob sich diese Arbeitsverhältnisse wirtschaftlich als ein einheitliches Arbeitsverhältnis darstellen (*BAG* 3.10.1957 AP Nr. 2 zu § 832 ZPO). Gem. § 829 Abs. 1 S. 3, 4 ZPO n. F. kann demgegenüber nunmehr seit dem 1.1.1999 die Pfändung und Überweisung **verschiedener Forderungen** des Schuldners gegen mehrere Drittschuldner in einem Beschluss zusammengefasst werden.

bbb) Betriebsübergang

1028 Bei einem Betriebsübergang (§ 613 a BGB) ist kein neuer Pfändungsbeschluss erforderlich; gleiches gilt bei einer Änderung der Person des Arbeitgebers durch Gesamtrechtsnachfolge oder Änderung der Rechtsform des Arbeitgebers (Verschmelzung, übertragene Umwandlung, §§ 339 ff. AktG, §§ 19 ff. KapErhG).

ccc) **Änderung der Bezüge oder der Rechtsstellung**
Bei einer Änderung der Bezüge oder einer Änderung der Rechtsstellung ist im Hinblick auf die Wertung des § 833 ZPO bei einer Lohn- oder Gehaltserhöhung kein neuer Pfändungsbeschluss notwendig, ebenso wenig dann, wenn der Arbeitnehmer beim gleichen Arbeitgeber eine neue Position einnimmt oder in den Ruhestand eintritt und nunmehr Ruhegeld bezieht. 1029

Ändern demgegenüber Arbeitgeber und Arbeitnehmer ihre ursprüngliche Lohnvereinbarung dahin, dass in Zukunft anstelle eines Teils des monatlichen Barlohns vom Arbeitgeber eine **Versicherungsprämie** auf einen Lebensversicherungsvertrag zugunsten des Arbeitnehmers (Direktversicherung) gezahlt werden soll, entstehen insoweit keine pfändbaren Ansprüche auf Arbeitseinkommen (§ 850 Abs. 2 ZPO) mehr (*BAG* 17.2.1998 EzA § 850 ZPO Nr. 5). 1030

ddd) **Beendigung des Arbeitsverhältnisses; Unterbrechungen**
Wird die Vergütung des Arbeitnehmers gepfändet und dem Gläubiger zur Einziehung überwiesen, so wird der **Pfändungs- und Überweisungsbeschluss gegenstandslos**, wenn das Arbeitsverhältnis beendet wird. 1031

> Wird später ein neues Arbeitsverhältnis begründet, so erfasst der erste Pfändungs- und Überweisungsbeschluss nur dann die Vergütungsansprüche, wenn beide Arbeitsverhältnisse in einem inneren Zusammenhang stehen (*BAG* 24.3.1993 AP Nr. 7 zu § 134 BGB). 1032

Ein einheitliches Arbeitsverhältnis ist auch dann anzunehmen, wenn es nur **kurzfristig unterbrochen** wird, z. B. dann, wenn nach dem Willen der Parteien bei Beendigung des Arbeitsverhältnisses eine Wiederbeschäftigung ernsthaft in Erwägung gezogen wird und von vornherein Einigkeit darüber besteht, dass eine Wiedereinstellung angestrebt werden soll (*BAG* 3.10.1957 AP Nr. 2 zu § 832 ZPO). 1033

Dagegen ist ein neuer Pfändungsbeschluss erforderlich bei ernstlich gemeinter fristloser Kündigung, oder dann, wenn nach einer vorübergehenden Beendigung des Arbeitsvertrages ein neues Arbeitsverhältnis mit ganz oder zum Teil geänderten Arbeitsbedingungen begründet wird (vgl. MüchArbR/*Hanau* § 72 Rz. 31). 1034

> Weil diese Rechtslage Arbeitgeber und Arbeitnehmer in der Praxis veranlasst hatte, das Arbeitsverhältnis zeitweise zu unterbrechen, um so ein Ende der Pfändungswirkung herbeizuführen, wurde § 833 Abs. 2 ZPO mit Wirkung ab dem 1.1.1999 neu gefasst. Nunmehr erstreckt sich die Pfändung auch auf die Forderung aus dem neuen Arbeits- und Dienstverhältnis, wenn das alte Arbeitsverhältnis zunächst geendet hat und zwischen Schuldner und Drittschuldner innerhalb von neun Monaten neu begründet wird (vgl. *Düwell* FA 1998, 153). Gem. Art. 3 Abs. 6 der 2. Zwangsvollstreckungsnovelle erfasst die Pfändungsfortwirkung allerdings nur Arbeitsverhältnisse, die am 1.1.1999 noch bestehen. 1035

(4) **Zukünftige Forderungen**
Pfändbar sind auch in Aussicht stehende zukünftige Forderungen, wenn sie bereits im Zeitpunkt der Pfändung **hinreichend bestimmt** sind (*BAG* 23.2.1983 EzA § 850 c ZPO Nr. 3). 1036

Dörner

C. Der Inhalt des Arbeitsverhältnisses

1037 Es reicht aus, dass bereits eine rechtliche Grundlage vorhanden ist, die die Bestimmung der Forderung entsprechend ihrer Art und nach der Person des Drittschuldners ermöglicht. Dem steht nicht entgegen, dass die Höhe der Forderung noch ungewiss ist sowie ob überhaupt eine Forderung der Höhe nach entsteht. Reine Hoffnungen und Erwartungen genügen dagegen nicht.

(5) Schlüssige Behauptung der Forderung
1038 Das Bestehen der Forderung muss der Gläubiger **schlüssig behaupten**, nicht glaubhaft machen, da nur die »angebliche« Forderung des Schuldners gepfändet wird.

(6) Vollstreckungshindernisse
1039 Sind auch die besonderen Vollstreckungsvoraussetzungen (§§ 751 Abs. 1, 2, 765 ZPO) erfüllt, dürfen weiterhin keine Vollstreckungshindernisse gegeben sein. Deren Vorliegen wird nur dann geprüft, wenn konkrete Anhaltspunkte für ein solches Hindernis gegeben sind, also entweder, wenn ein Beteiligter sich auf ein Vollstreckungshindernis beruft oder wenn der Rechtspfleger dienstlich Kenntnis davon erlangt.

1040 Zu beachten ist insbesondere § 775 Nr. 1, 2 ZPO, wobei allerdings § 775 Nr. 2 ZPO nur für den Fall der einstweiligen Einstellung der Zwangsvollstreckung durch das ArbG/LAG in Betracht kommt. Denn gem. § 62 Abs. 1 S. 2 ArbGG sind arbeitsgerichtliche Urteile, soweit sie einen vollstreckungsfähigen Inhalt haben, kraft Gesetzes vorläufig vollstreckbar.

1041 Zu beachten sind schließlich **vollstreckungsbeschränkende Abreden** zwischen Gläubiger und Schuldner, die die dem Gläubiger gesetzlich eingeräumten Vollstreckungsbefugnisse einschränken. Zu beachten sind schließlich die Lohnpfändungsbeschränkungen der §§ 850 ff. ZPO.

(7) Pfändungsbeschluss
1042 Sind alle Vollstreckungsvoraussetzungen erfüllt, so erlässt das Vollstreckungsgericht **ohne vorherige Anhörung** des Schuldners oder Drittschuldners (§ 834 ZPO) den Pfändungsbeschluss, durch den dem Drittschuldner verboten wird, an den Schuldner zu zahlen (Arrestorium, § 829 Abs. 1 S. 1 ZPO). Mit der Pfändung darf der Schuldner zudem nicht zum Nachteil des Gläubigers über die Forderung verfügen (relatives Veräußerungsverbot, Inhibitorium, § 829 Abs. 1 S. 2 ZPO).

(8) Pfändungspfandrecht
1043 Gem. § 804 Abs. 1 ZPO erwirbt der Gläubiger durch die Pfändung ein Pfandrecht an dem gepfändeten Gegenstand (Pfändungspfandrecht). Dies gilt jedoch dann nicht, wenn wesentliche Vollstreckungsvoraussetzungen oder materiell-rechtliche Voraussetzungen für das Entstehen des Pfandrechts (z. B. die bestehende Forderung) fehlen.

1044 Gem. § 804 Abs. 2 ZPO gewährt das Pfändungspfandrecht dem Gläubiger im Verhältnis zu anderen Gläubigern **dieselben Rechte wie ein Faustpfandrecht** (§§ 1227, 985 ff., 1004, 823 ff. BGB, § 50 InsO). Zudem hat es eine **rangwahrende Funktion**. Es gewährt dem Gläubiger ein Recht an der gepfändeten Forderung, das späteren vertraglichen Pfandrechten oder späteren Lohnpfändungen im Range vorgeht (§§ 804 Abs. 2, 3 ZPO).

(9) Überweisungsbeschluss
Durch den zusätzlich ergehenden Überweisungsbeschluss wird die gepfändete Forderung dem Gläubiger nach seiner Wahl **zur Einziehung** (Ermächtigung, das gepfändete Forderungsrecht im eigenen Namen geltend zu machen) oder **an Zahlungs statt** (Forderung geht in das Vermögen des Gläubigers über, vgl. § 835 Abs. 2 ZPO) zum Nennwert überwiesen (§ 835 Abs. 1 ZPO). 1045
Damit erhält der Gläubiger die Möglichkeit, sich aus der gepfändeten Forderung zu befriedigen.
Regelmäßig werden die **Anträge** des Gläubigers **auf Erlass des Pfändungs- und Überweisungsbeschlusses gleichzeitig gestellt.**

(10) Zustellung des Pfändungs- und Überweisungsbeschlusses
Wirksam wird der Pfändungs- und Überweisungsbeschluss erst mit der Zustellung an den Drittschuldner (§ 829 Abs. 2, 3 ZPO), die auf Betreiben des Gläubigers im **Parteibetrieb** (§ 829 Abs. 2 ZPO) durch den Gerichtsvollzieher nach §§ 166 ff. ZPO erfolgt. 1046
Die Zustellung eines Pfändungs- und Überweisungsbeschlusses, der die Ansprüche eines Arbeitnehmers gegen seinen Arbeitgeber pfändet, kann dagegen in analoger Anwendung des § 185 ZPO nicht wirksam an den Drittschuldner durch Aushändigung an den Schuldner bewirkt werden (*BAG* 15.10.1980 AP Nr. 7 zu § 829 ZPO). 1047

(11) Verhältnis zu Vorausabtretungen

Ein Pfändungs- und Überweisungsbeschluss entfaltet keine vollstreckungsrechtlichen Wirkungen, wenn die gepfändete Forderung im Zeitpunkt der Pfändung abgetreten war (*BAG* 24.3.1993 AP § 134 BGB Nr. 7). Auch die spätere Rückabtretung einer fälligen Forderung führt grds. nicht zur Entstehung eines Pfändungspfandrechts (*BAG* 17.2.1993 AP Nr. 4 zu § 832 ZPO). 1048

Eine Vorausabtretung ist unwirksam, wenn sie an eine Gesellschaft erfolgt, die geschäftsmäßig Rechtsberatung und die Einziehung fremder Forderungen betreibt, ohne im Besitz der erforderlichen Erlaubnis nach dem Rechtsberatungsgesetz zu sein (*BAG* 24.3.1993 AP Nr. 7 zu § 134 BGB). 1049

Werden künftige, fortlaufende Vergütungsansprüche eines Schuldners gegen den Drittschuldner, die voraus abgetreten sind, gepfändet und zur Einziehung überwiesen, so erwächst ein Pfandrecht aber dann, wenn die Forderungen zurück abgetreten werden. Denn nach § 832 ZPO genügt für die Pfändung fortlaufender Bezüge, dass deren Entstehungsgrund gesetzt wird (*BAG* 17.2.1993 EzA § 832 ZPO Nr. 1). 1050

(12) Vorpfändung
Um zu verhindern, dass in der Zeit vor Zustellung des Titels sowie der Erteilung einer vollstreckbaren Ausfertigung der Arbeitnehmer über seinen pfändbaren Lohnanteil anderweitig verfügen kann, besteht die Möglichkeit der Vorpfändung gem. § 845 ZPO. Der Gläubiger kann dem Drittschuldner und dem Schuldner die **Benachrichtigung, dass die Pfändung bevorsteht**, zustellen lassen mit der Aufforderung an den Drittschuldner, nicht an den Schuldner zu zahlen und der Aufforderung an den Schuldner, sich jeder Verfügung über die Forderung, insbesondere ihrer Einziehung, zu enthalten. 1051

C. Der Inhalt des Arbeitsverhältnisses

1052 Verfügungen des Schuldners zwischen Vorpfändung und anschließender gerichtlicher Pfändung sind dann dem Gläubiger gegenüber unwirksam. Der Gläubiger hat zudem einen Vorrang gegenüber später pfändenden Gläubigern.

1053 Die Zustellung erfolgt im **Parteibetrieb** durch den Gerichtsvollzieher (§§ 845 Abs. 1 S. 1, 166 ff. ZPO). Zu beachten ist, dass eine Benachrichtigung des Drittschuldners ohne Mitwirkung des Gerichtsvollziehers (z. B. durch Boten, mit Eilbrief, Einwurf in den Briefkasten) unwirksam ist (*Zöller/Stöber* § 845 ZPO/Rz. 3).

cc) Die Rechtsstellung des Arbeitgebers nach der Pfändung

(1) Auskunftspflichten gem. § 840 ZPO (Drittschuldnererklärung)

aaa) Inhalt der Auskunftspflichten

1054 Nach der Zustellung eines wirksamen Pfändungsbeschlusses und Aufforderung durch den Gläubiger ist der Drittschuldner innerhalb einer Frist von zwei Wochen zur sog. Drittschuldnererklärung verpflichtet (§ 840 Abs. 1 Nr. 1–3 ZPO).

1055 Fordert der Gläubiger den Arbeitgeber zur Beantwortung aller Fragen auf, so ist er zur Erklärung darüber verpflichtet,
– ob und inwieweit er die Forderung als **begründet anerkennt** und zu leisten bereit ist. Ausführliche Begründungen sind nicht notwendig. Nicht anzugeben braucht der Arbeitgeber die Höhe des Bruttoeinkommens, den Umfang der Steuern und Sozialabgaben oder den Familienstand des Schuldners.

1056 Erkennt der Arbeitgeber die Forderung nicht an, so genügt allein diese Erklärung; eine weitere Begründung ist nicht erforderlich.

1057 Erkennt der Drittschuldner die Forderung als begründet an, so handelt es sich nicht um ein deklaratorisches Schuldanerkenntnis, sondern nur um eine **Auskunft tatsächlicher Art**, der i. d. R. lediglich indizielle Bedeutung zukommt (*BGH* 10.10.1977 AP Nr. 1 zu § 840 ZPO).

1058 – Ob und welche **Ansprüche andere Personen** an die Forderung erheben (Vorgehen anderweitiger Verpfändungen, Abtretungen usw. im Range). Die Abtretungs- und Verpfändungsgläubiger sind im Einzelnen nach Namen und Anschrift und Höhe ihrer Forderung zu bezeichnen.

1059 – Ob und wegen welcher Ansprüche die Forderung **bereits für andere Gläubiger gepfändet** ist. Dabei sind die Pfändungen detailliert nach Rechtsgrundlage und Höhe der Ansprüche anzugeben.

bbb) Klage auf Erfüllung der Auskunftspflicht?

1060 Die Erfüllung der Auskunftspflicht gem. § 840 ZPO kann der Gläubiger nicht im Wege der Leistungsklage, für die (im Gegensatz zur Zahlungsklage, für die die Arbeitsgerichte zuständig sind) die allgemeinen Zivilgerichte zuständig wären (*BAG* 31.10.1984 EzA § 840 ZPO Nr. 1), erzwingen (*BGH* 17.4.1984 NJW 1984, 1901). Denn § 840 ZPO begründet nur eine Auskunftspflicht mit der Folge, dass sich die Haftung des Drittschuldners in seiner Schadensersatzpflicht erschöpft.

Ihm wird damit auferlegt, vermeidbaren Schaden durch Klarstellung (Offenlegung) der Verhältnisse abzuwenden.

> Allerdings kann der (materiell-rechtliche) Anspruch auf Auskunft sowie Rechnungslegung, auf den sich eine Pfändung als Nebenanspruch erstreckt, unabhängig von der Auskunftspflicht des § 840 ZPO geltend gemacht und mit Klage verfolgt werden (vgl. § 836 Abs. 3 ZPO). Das gilt auch für den Anspruch auf Lohn- und Provisionsabrechnung (§ 87 c HGB; vgl. *Zöller/Stöber* § 840 Rz. 15).

1061

ccc) Schadensersatzansprüche

Gem. § 840 Abs. 2 S. 2 ZPO haftet der Drittschuldner dem Gläubiger für den aus der Nichterfüllung oder Schlechterfüllung seiner Verpflichtung zur Auskunftserteilung erwachsenen Schaden. Erforderlich ist neben einem **Verschulden** des Drittschuldners, dass **gerade die Nicht- oder Schlechterfüllung** der Auskunftspflicht für die **Entstehung des Schadens ursächlich** war. Ein solcher Schaden liegt in erster Linie in den Kosten für einen gegen den Drittschuldner geführten unnötigen Prozess, wenn diese durch ordnungsgemäße oder rechtzeitige Erklärung vermieden worden wären.

1062

Der Drittschuldner hat zu beweisen, dass ihn an der Nichterfüllung seiner Auskunftsverpflichtung kein Verschulden trifft (*BGH* 28.1.1981 AP Nr. 2 zu § 840 ZPO).

1063

Trotz § 12 a ArbGG gehören zu den erstattungsfähigen Kosten auch die in einem arbeitsgerichtlichen Prozess erwachsenden Anwaltskosten (*BAG* 16.5.1990 EzA § 840 ZPO Nr. 3).

1064

> Ein Gläubiger, der mangels Auskunftserteilung des Drittschuldners gegen diesen vor dem ArbG eine unbegründete Zahlungsklage erhoben hat, kann zur Klage auf Feststellung der Haftung des Drittschuldners für den aus der Nichterfüllung der Auskunftsverpflichtung entstandenen Schaden (§§ 256, 263 ZPO) übergehen (*BGH* 28.1.1981 AP Nr. 2 zu § 840 ZPO; 4.2.1981 AP Nr. 3 zu § 840 ZPO).

1065

ddd) Kosten der Auskunft

Den Gläubiger trifft **keine Erstattungspflicht** für die dem Drittschuldner durch die Auskunftserteilung entstandenen Kosten (z. B. Portogebühren, Kosten für die Beiziehung eines Rechtsanwalts), da es an einer Rechtsgrundlage für einen entsprechenden Anspruch fehlt (*BAG* 31.10.1984 EzA § 840 ZPO Nr. 1; a. A. *Grunsky* Anm. zu *BAG* AP Nr. 4 zu § 840 ZPO).

1066

(2) Zahlungspflicht des Drittschuldners; Hinterlegung

> Mit Erlass des Pfändungs- und Überweisungsbeschlusses ist der Drittschuldner verpflichtet, den gepfändeten Lohnbetrag dem Gläubiger an dessen Wohn- oder Geschäftssitz zu überweisen.

1067

Für den Schutz des guten Glaubens des Drittschuldners bei Zahlung in Unkenntnis des Pfändungs- und Überweisungsbeschlusses an seinen Arbeitnehmer gelten **§§ 407, 408 BGB** (i. V. m. § 804 ZPO, § 1275 BGB).

1068

C. Der Inhalt des Arbeitsverhältnisses

1069 Wenn der Drittschuldner in Unkenntnis der Pfändung die zur Erfüllung notwendige Leistungshandlung (Erteilung eines Überweisungsauftrages einer Bank) vorgenommen hat, ist er nach Kenntniserlangung nicht verpflichtet, den Eintritt des Leistungserfolges durch aktives Handeln zu verhindern (*BGH* 29.10.1988 AP Nr. 10 zu § 829 ZPO).

1070 Gem. § 836 Abs. 2 ZPO gilt der Überweisungsbeschluss, auch wenn er zu Unrecht erlassen ist, zugunsten des Drittschuldners dem Schuldner gegenüber solange als rechtsbeständig, bis er aufgehoben wird und die Aufhebung zur Kenntnis des Drittschuldners gelangt.

1071 Um der Gefahr zu begegnen, bei mehrfacher Lohnpfändung an einen schlechter Berechtigten zu zahlen, ohne dadurch von der Leistungspflicht befreit zu sein, kann der Drittschuldner gem. § 853 ZPO die gepfändete Summe **hinterlegen**. Auf Verlangen eines Gläubigers, dem die Forderung überwiesen wurde, ist er dazu verpflichtet. Konkurriert die Pfändung der Lohnforderung mit einer Abtretung, ergibt sich ein Hinterlegungsrecht des Drittschuldners aus § 372 Abs. 2 BGB.

1072 Die Kosten der Hinterlegung hat gem. § 788 ZPO der Schuldner zu tragen. Der Drittschuldner kann diese Kosten schon bei der Hinterlegung von der gepfändeten Summe abziehen.

(3) Einwendungen und Einreden des Drittschuldners

aaa) Verfahrensmängel

1073 Fraglich ist, ob und inwieweit der Drittschuldner verfahrensrechtliche Mängel des Pfändungs- und Überweisungsbeschlusses geltend machen kann.

Das *BAG* (15.2.1989 AP Nr. 9 zu § 829 ZPO) geht davon aus, dass sich der Drittschuldner im Drittschuldnerprozess zwar nicht auf die Fehlerhaftigkeit, wohl aber auf die Nichtigkeit eines Pfändungs- und Überweisungsbeschlusses berufen kann.

1074 Weitergehend ist *Hanau* (MünchArbR § 74 Rz. 93) der Auffassung, dass der Drittschuldner alle verfahrensrechtlichen Mängel, z. B. das Fehlen von Vollstreckungsvoraussetzungen oder die Unpfändbarkeit der Lohnforderung gem. §§ 850 ff. ZPO sowohl im Drittschuldnerprozess als auch im Wege der Erinnerung nach § 766 ZPO geltend machen kann.

bbb) Einreden und Einwendungen gegen die gepfändete Forderung; Überweisung an einen anderen Gläubiger zur Einziehung

1075 Gegen die gepfändete Forderung kann er gegenüber dem Pfändungsgläubiger die Einwendungen und Einreden erheben, die zur Zeit der Pfändung **gegen den bisherigen Gläubiger begründet waren** (§ 804 ZPO, §§ 1205, 404 BGB).

1076 Er kann z. B. einwenden, dass die Lohnforderung des Arbeitnehmers nicht entstanden oder (z. B. durch Erlass, Hinterlegung, Verwirkung) bereits wieder erloschen, dass sie vor der Lohnpfändung vom Arbeitnehmer abgetreten ist oder dass die Zahlung wegen Ablaufs einer tariflichen Ausschlussfrist oder wegen Verjährung verweigert werden kann.

Mit der Vollstreckungsgegenklage gem. § 767 ZPO kann der Drittschuldner als Einwand gegen die Vollstreckung aus der in einem Prozessvergleich titulierten Abfindungsforderung geltend machen, dass die Forderung **einem anderen Gläubiger zur Einziehung überwiesen ist** (*BAG* 20.8.1996 EzA § 767 ZPO Nr. 2). 1077

ccc) Aufrechnung

Der Arbeitgeber kann zudem mit Forderungen, die ihm gegenüber dem Gläubiger zustehen, ebenso aufrechnen wie grds. mit Forderungen gegen seinen Arbeitnehmer. Etwas anderes gilt aber gem. § 392 BGB sowie dann, wenn die Aufrechnungsmöglichkeit gegenüber dem Arbeitnehmer einzel- oder kollektivvertraglich ausgeschlossen ist. 1078

Haben Arbeitgeber und Arbeitnehmer bereits vor der Pfändung eine Aufrechnungsvereinbarung geschlossen, so muss der Pfändungsgläubiger diese Vereinbarung nur dann gegen sich gelten lassen, wenn sich die Arbeitsvertragsparteien im Rahmen des § 392 BGB gehalten haben (*Vollkommer* Anm. zu *BAG* 1.8.1959 AP Nr. 2 zu § 850 ZPO; offen gelassen von *BAG* a. a. O.). 1079

Soweit sich eine Aufrechnungsvereinbarung auf nach der Beschlagnahme entstehende oder fällig werdende Forderungen bezieht, verliert diese Vereinbarung mit der Beschlagnahme der Lohnforderung ihre Wirksamkeit. Der Vorrang der Beschlagnahme folgt aus dem Grundprinzip des Pfändungsschutzrechts für Arbeitseinkommen, wie es in § 850h Abs. 1 ZPO zum Ausdruck kommt (vgl. *BAG* 22.5.1965 AP Nr. 4 zu § 611 BGB Kellner). In Betracht kommt dies z. B. bei Handelsvertretern, die den ihnen zustehenden Provisionsanteil selbst bei dem Kunden des Arbeitgebers kassieren. Verliert eine derartige Aufrechnungsvereinbarung mit der Pfändung ihre Wirkung, so ist der Arbeitgeber berechtigt und infolge des Zahlungsverbotes verpflichtet, den gepfändeten Betrag vom Lohn des Arbeitnehmers einzufordern und an den Gläubiger abzuführen (*BAG* 22.5.1965 AP Nr. 4 zu § 611 BGB Kellner). 1080

ddd) Einwendungen gegen die zu vollstreckende Forderung

Einwendungen gegen die zu vollstreckende Forderung des Gläubigers gegen den Schuldner **stehen dem Drittschuldner nicht zu**, da er im Drittschuldnerprozess nicht Rechte des Schuldners an dessen Stelle erheben kann (*BAG* 7.12.1988 EzA § 829 ZPO Nr. 2; a. A. *Denck* SAE 1989, 193: Einwendungsrecht folgt aus der arbeitsvertraglichen Fürsorgepflicht). 1081

Etwas anderes gilt, wenn die Titelforderung unwirksam ist und der Pfändungsgläubiger selbst ihre Berechtigung offensichtlich in Frage stellt (Einwand der Arglist; *BAG* 7.12.1988 EzA § 829 ZPO Nr. 2). Allein die Sittenwidrigkeit der dem Titel zugrunde liegenden Forderung genügt hingegen nicht; insoweit stehen entsprechende Rechtsbehelfe nur dem Schuldner, nicht dem Drittschuldner zu (*BAG* 7.12.1988 EzA § 829 ZPO Nr. 2). 1082

(4) Ersatz der Lohnpfändungskosten

Die durch die Lohnpfändung entstandenen Kosten (Porto, Telefongebühren, Schreibmaterial, Personaleinsatzkosten) kann der Arbeitgeber nicht ohne besondere vertragliche Regelung von seinem Arbeitnehmer ersetzt verlangen. 1083

C. Der Inhalt des Arbeitsverhältnisses

1084 Möglich ist die Vereinbarung einer Kostenerstattungspflicht im Arbeitsvertrag, in einer Betriebsvereinbarung oder im Tarifvertrag. Meist ist ein Pauschalbetrag des jeweils gepfändeten Betrages (1–1,5 bzw. 3%) vorgesehen. Möglich ist auch die Vereinbarung fester Beträge pro notwendigem Schreiben oder Überweisung (*Hannewald* NZA 2001, 19 ff.). Nach der Rechtsprechung des *BGH* (18.5.1999 NJW 1999, 2276, 19.10.1999 NJW 2000, 515) **verstoßen** allerdings **Klauseln** in AGB von Kreditinstituten, in denen für die Bearbeitung und Überwachung von Pfändungsmaßnahmen gegen Kunden von diesen **ein Entgelt** gefordert wird, **gegen § 9 AGBG** (jetzt § 307 BGB n. F.). Nach Auffassung von *Hannewald* (NZA 2001, 19 ff.) war eine Übertragung auf die arbeitsvertragliche Abwälzung der Kosten auf den Arbeitnehmer wegen § 23 Abs. 1 AGBG nicht möglich. Unabhängig davon, ob diese Auffassung überhaupt zutrifft, gilt § 307 BGB n. F. gem. § 310 Abs. 4 S. 2 BGB n. F. i. V. m. Art. 229 § 5 EGBGB **nunmehr ausdrücklich** für ab dem 1.1.2002 begründete Arbeitsverhältnisse und für zuvor begründete Arbeitsverhältnisse ab dem 1.1.2003.

dd) Die Rechtsstellung des Gläubigers nach der Pfändung

1085 Der Pfändungs- und Überweisungsbeschluss über die Lohnforderung stellt keinen Vollstreckungstitel gegenüber dem Arbeitgeber dar. Verweigert dieser folglich die Zahlung, muss der Gläubiger den Drittschuldner auf Zahlung verklagen, damit er einen Titel gegen ihn erlangt, um daraus gegen ihn vollstrecken zu können (sog. Drittschuldnerklage).

1086 **Aus § 842 ZPO kann sich die Verpflichtung des Gläubigers ergeben, die Forderung beim Drittschuldner einzuklagen** und sodann unverzüglich die Zwangsvollstreckung zu betreiben, z. B. bei drohender Eröffnung des Insolvenzverfahrens oder dann, wenn eine Lohnforderung nach Ablauf einer tariflichen Verfallfrist nicht mehr geltend gemacht werden kann.

1087 Gem. § 843 ZPO kann der Gläubiger bei der Überweisung der Forderung zur Einziehung auf seine dadurch erworbenen Rechte verzichten mit der Folge, dass das Pfändungspfandrecht und die Rechte aus dem Überweisungsbeschluss, nicht aber die Vollstreckungsforderung selbst, erlöschen. Der Gläubiger kann dann folglich dieselbe Forderung erneut pfänden.

ee) Die Rechtsstellung des Arbeitnehmers nach der Lohnpfändung

(1) Grundlagen

1088 Mit der Lohnpfändung wird dem Arbeitnehmer lediglich die Verfügung über den gepfändeten Teil seines Lohns entzogen; im Übrigen bestehen die Rechte und Pflichten aus dem Arbeitsverhältnis mit dem Drittschuldner unverändert. Zur Frage, inwieweit im Zusammenhang mit Lohnpfändungen eine Kündigung des Arbeitsverhältnisses in Betracht kommt, s. u. D/Rz. 1307.

(2) Auskunftpflicht

1089 **Gem. § 836 Abs. 3 ZPO ist der Schuldner verpflichtet, dem Gläubiger die für die Geltendmachung der gepfändeten Forderung nötigen Auskünfte zu erteilen.** Dem steht nicht entgegen, dass der Gläubiger gem. § 840 ZPO auch vom Drittschuldner die Auskunft erhalten oder den Inhalt der Urkunde erfahren könnte. Weil im Streitfall der an sich gegebene Klageweg gegen den Schuldner zu zeit- und kostenaufwendig wäre, wird der Schuldner gem. § 836 Abs. 3 ZPO n. F. seit dem 1.1.1999 entsprechend dem Verfahren zur Abgabe der eidesstattlichen Versicherung auf Antrag des Gläubigers verpflichtet, die **Auskunft zu Protokoll zu geben** und seine Angaben **an Eides statt** zu versichern. Der Pfändungsbeschluss wird somit für die Auskunftspflicht des Schuldners Vollstreckungsgrundlage. Die Anwendung der §§ 899 ff. ZPO führt zum Haftbefehl als Zwangsmittel (§ 901 ZPO; vgl. *Düwell* FA 1998, 153).

(3) Einstellung oder Einschränkung der Zwangsvollstreckung
Im Hinblick auf den Pfändungs- und Überweisungsbeschluss kann der Arbeitnehmer gem. § 850 f Abs. 1 ZPO wegen besonderer Bedürfnisse aus persönlichen oder beruflichen Gründen oder wegen des Umfangs seiner Unterhaltspflicht eine Erhöhung des unpfändbaren Teils seines Arbeitseinkommens beantragen. 1090
In Ausnahmefällen kann er schließlich gem. § 765 a ZPO die Aufhebung oder einstweilige Einstellung der Zwangsvollstreckung vorschlagen, wenn sie eine Härte bedeutet, die mit den guten Sitten nicht vereinbar ist. 1091

ff) Besonderheiten der Pfändung von Lohnansprüchen ziviler Arbeitnehmer gegen die alliierten Stationierungsstreitkräfte
Für die Pfändung von Lohnansprüchen ziviler Arbeitnehmer gegen die alliierten Stationierungsstreitkräfte gilt das **besondere Vollstreckungsverfahren nach Art. 35 ZA-NTS**. Erfolgt die Lohnzahlung aus dem Beschäftigungsverhältnis bei den Streitkräften durch eine deutsche Behörde, so ist diese berechtigt, dem Pfändungsbeschluss Folge zu leisten, nach dem sie nicht an den zivilen Arbeitnehmer, sondern an den Pfändungsgläubiger zu zahlen hat. 1092
Ist der Arbeitnehmer bei einer sog. Selbstzahlungseinheit (EES, AAFES, Economat) beschäftigt, so hinterlegen die Behörden der Streitkräfte aufgrund des Pfändungsbeschlusses von der Lohnsumme, die sie als Forderung des zivilen Arbeitnehmers anerkennen, den in dem Pfändungsbeschluss genannten Betrag bei der zuständigen Stelle. Die Hinterlegung befreit die Streitkräfte in Höhe des hinterlegten Betrages von ihrer Schuld gegenüber dem zivilen Arbeitnehmer. 1093
Lässt das Recht des entsendenden Staates eine Hinterlegung nicht zu, treffen die Behörden der Streitkräfte alle geeigneten Maßnahmen, um die deutschen Vollstreckungsbehörden bei der Durchsetzung des Vollstreckungstitels gegen den zivilen Arbeitnehmer als Vollstreckungsschuldner zu unterstützen (MünchArbR/*Marschall* § 173 Rz. 53). 1094

gg) Lohnpfändungsschutz

(1) Sinn und Zweck der §§ 850 ff. ZPO
Sinn und Zweck der §§ 850 ff. ZPO ist es, die Interessen des von der Lohnpfändung betroffenen Arbeitnehmers, seines Arbeitgebers, des pfändenden Gläubigers und der Allgemeinheit durch einen flexiblen, einzelfallorientierten Pfändungsschutz zum **angemessenen Ausgleich** zu bringen. 1095

(2) Grundstruktur der gesetzlichen Regelung
Zu unterscheiden sind **unpfändbare** (§ 850 a ZPO), **bedingt pfändbare** (§ 850 b ZPO) sowie **relativ pfändbare** (§§ 850 c ff. ZPO) **Ansprüche**. 1096
§ 850 c Abs. 1 ZPO legt zunächst einen **unpfändbaren Grundbetrag** fest, der abhängig ist von den gesetzlichen Unterhaltsverpflichtungen des Arbeitnehmers. Der über 1097

diesem Grundbetrag liegende Teil des Arbeitsentgelts ist gem. § 850 c Abs. 2, 3 ZPO je nach den Unterhaltspflichten des Arbeitnehmers teilweise pfändbar. Arbeitseinkommen, das 3 796 DM monatlich (876 DM wöchentlich, 175,20 DM täglich) übersteigt, ist frei pfändbar (§ 850 c Abs. 2 S. 2 ZPO).

1098 Die Berechnung des pfändbaren Arbeitseinkommens, z. B. auch hinsichtlich der Berücksichtigung **zusätzlich gezahlter Sozialleistungen**, bestimmt sich nach § 850 e ZPO.

1099 Wird durch das Vollstreckungsgericht angeordnet, dass bei der Berechnung des pfändbaren Betrages Arbeitseinkommen und laufende Geldleistungen nach dem Sozialgesetzbuch zusammenzurechnen sind, so wirkt dies nur für den Vollstreckungsgläubiger, zu dessen Gunsten die Anordnung ergangen ist. Sie hat keine Wirkung im Verhältnis zwischen Abtretungsgläubiger und Vollstreckungsschuldner (*BAG* 23.4.1996 EzA § 850 e ZPO Nr. 3).

1100 Nicht abgerechnete Lohnabschlagszahlungen und Lohnvorschüsse werden bei nachfolgendem Pfändungs- und Überweisungsbeschluss auf den pfändungsfreien Betrag angerechnet (*BAG* 11.2.1987 EzA § 850 e ZPO Nr. 1).
Eine weitergehende Pfändung ist wegen gesetzlicher Unterhaltsansprüche vorgesehen (§ 850 d ZPO).

1101 Gem. § 850 h ZPO ist die **Erweiterung der Pfändbarkeit zum Schutz des Gläubigers vor vollstreckungsvereitelnden Manipulationen des Schuldners** (Lohnschiebung durch Zahlung an einen Dritten, meist an den Ehegatten sowie Lohnverschleierung bei Arbeitsleistung ohne angemessene Vergütung für einen Dritten, z. B. den Ehegatten) vorgesehen. Diese Norm befreit den Pfändungsgläubiger allerdings nicht davon, den anspruchsbegründenden Tatbestand, insbesondere die Art und den zeitlichen Umfang der Tätigkeit des Schuldners, substantiiert darzulegen und im Streitfall zu beweisen. Dabei sind jedoch in dem Fall, dass der Schuldner im Familienbetrieb zu unpfändbaren Bezügen (weiter-)beschäftigt wird, regelmäßig mildere Anforderungen an die Darlegungs- und Beweislast zu stellen (*LAG Düsseldorf* 10.3.1994 NZA 1994, 1056 Ls.; vgl. ausf. *Staab* NZA 1993, 444 ff.; *Menken* DB 1993, 161 ff.). Korrekturen der Pfändungsfreigrenzen im Interesse der **Einzelfallgerechtigkeit** ermöglichen §§ 850 f, 850 g ZPO.

1102 **Sonderfälle** (Pfändung bei nicht wiederkehrender zahlbarer Vergütung sowie der Überweisung des Arbeitseinkommens auf das Konto des Schuldners beim Geldinstitut) regeln §§ 850 i, 850 k ZPO.

(3) **Arbeitseinkommen i. S. d. §§ 850 ff. ZPO**

aaa) **Grundlagen**

1103 Der Begriff Arbeitseinkommen i. S. d. §§ 850 ff. ZPO ist weit zu fassen (*BAG* 30.5.1978 DB 1979, 359). § 850 Abs. 2, 3 ZPO enthält keine abschließende Aufzählung. Zum Arbeitseinkommen zählt grds. alles, was dem Arbeitnehmer als Geldertrag aus Anlass des Arbeitsverhältnisses zufließt. Es ist unerheblich, ob es sich um eine fortlaufende Vergütung oder eine einmalige Geldleistung handelt, ebenso, ob die Tätigkeit die Arbeitskraft des Schuldners vollständig, überwiegend oder nur teilweise in Anspruch nimmt (vgl. *Bengelsdorf* NZA 1996, 176 ff.). Grundlage der Berechnung des pfändbaren Einkommens ist § 850 e ZPO. Die pfändbaren Teile des Arbeitseinkommens werden anhand des **Nettolohnes** ermittelt, das ist der Betrag, der vom Gesamteinkommen (Bruttoeinkommen) nach Abzug der nach § 850 a ZPO der Pfändung entzogenen Beträge und nach Abzug der Beträge verbleibt, die unmittelbar aufgrund steuer- oder sozialversicherungsrechtlicher Vorschriften zur Erfüllung gesetzlicher Verpflichtungen des Schuldners abzuführen sind (*LAG Berlin* 14.1.2000 NZA-RR 2000, 657).

bbb) Einzelfälle
Im Einzelnen gilt Folgendes (vgl. MünchArbR/*Hanau* § 74 Rz. 139 –163, *Bengelsdorf* NZA 1996, 176 ff.): 1104
- Für **Abfindungen** (gem. §§ 9, 10 KSchG, Sozialplan-, Nachteilsausgleichsansprüche gem. §§ 112, 113 BetrVG) kommt Pfändungsschutz nur auf Antrag gem. § 850 i ZPO in Betracht. Den Arbeitgeber trifft keine Fürsorgepflicht, den Arbeitnehmer über die Möglichkeit eines Vollstreckungsschutzantrages nach § 850 i ZPO zu belehren. Denn insoweit ist allein das Rechtsverhältnis des Arbeitnehmers zu dessen Gläubigern betroffen, für das der Arbeitgeber keine Schutzpflichten hat (*BAG* 13.11.1991 EzA § 850 ZPO Nr. 4).
- Akzeptiert der Arbeitnehmer für den Lohnanspruch einen **Wechsel** oder verpflichtet sich der Arbeitgeber zur Zahlung zusätzlich in einem **abstrakten Schuldanerkenntnis**, so gelten bei Pfändung in die abstrakte Forderung die für die Pfändung der Lohnforderung geltenden Grundsätze. 1105
- **Aufwandsentschädigungen** (Reisekosten, Kilometergelder usw.) sowie **Gefahren-, Schmutz- und Erschwerniszulagen** sind in den Grenzen des Üblichen gem. § 850 a Nr. 3 ZPO unpfändbar. Üblich sind die durch Tarifvertrag, Betriebsvereinbarung, im öffentlichen Dienst die durch gesetzliche Regelung, sonst die in anderen Unternehmen eingeführten Sätze; Vergütungen, die die Lohnsteuerrichtlinien als steuerfrei anerkennen, können auch i. S. v. Nr. 3 als üblich angesehen werden (*Zöller/Stöber* § 850 a Rz. 7). Wird diese Grenze überschritten, ist die Aufwandsentschädigung als Teil des der Pfändung unterliegenden Arbeitseinkommens nach § 850 ZPO anzusehen. 1106
- Die Vergütung für **Diensterfindungen**, technische Verbesserungsvorschläge (§§ 2, 3, 6 ArbnErfG) sowie sonstige Verbesserungsvorschläge des Arbeitnehmers zählen zum Arbeitsentgelt gem. § 850 ZPO, nicht dagegen freie Erfindungen. 1107
- **Gewinnbeteiligungen, Sonderleistungen** des Arbeitgebers, die zusätzlich zur normalen Arbeitsvergütung regelmäßig einmal pro Jahr gezahlt werden und die dem Grunde und der Höhe nach vom Unternehmensgewinn abhängig sind (Jahresprämie, 13. Monatsgehalt) zählen zum pfändungsgeschützten Arbeitseinkommen i. S. d. § 850 ZPO. 1108
- Gleiches gilt für alle Entgeltansprüche der **Heimarbeiter und Hausgewerbetreibenden** aus Dienstverträgen, aber auch aus Werk- oder Werklieferungsverträgen (§ 27 HAG). 1109
- **Heirats- und Geburtsbeihilfen** aus Anlass der Hochzeit oder der Geburt eines Kindes sind unabhängig von der Höhe absolut unpfändbar (§ 850 a Nr. 5 ZPO). 1110
- **Hinterbliebenenbezüge** gehören zum pfändungsgeschützten Arbeitseinkommen (§ 850 Abs. 2 ZPO). Sterbe- und andere Gnadenbezüge sind gem. § 850 a Nr. 7 ZPO unpfändbar; Unterhaltsbeträge aus Gründen der Freigiebigkeit oder im Gnadenweg sind gem. § 850 b Nr. 3 ZPO nur bedingt pfändbar. 1111

C. Der Inhalt des Arbeitsverhältnisses

1112 – **Karenzentschädigungen** zum Ausgleich für Wettbewerbsbeschränkungen für die Zeit nach Beendigung des Arbeitsverhältnisses zählen gem. § 850 Abs. 3 ZPO zum Arbeitseinkommen. Wird insoweit eine einmalige Zahlung vereinbart, kommt Pfändungsschutz nur auf Antrag gem. § 850 i ZPO in Betracht.
Nach Auffassung von *Hanau* (MünchArbR § 74 Rz. 150) ist § 850 ZPO entsprechend für selbstständige Handelsvertreter jedenfalls dann anwendbar, wenn sie als arbeitnehmerähnliche Person anzusehen sind, insbesondere wenn es sich um Ein-Firmen-Vertreter gem. §§ 90 a, 92 a HGB handelt.

1113 – **Konkursausfallgeld** gilt als Arbeitseinkommen i. S. d. § 850 ZPO (§§ 140 k, 140 l AFG); ab 1.1.1999 Insolvenzgeld (§§ 183 ff. SGB III).

1114 – Ansprüche auf **Entgeltfortzahlung** sind pfändungsgeschütztes Einkommen gem. § 850 Abs. 1 ZPO. Bezüge aus privaten Krankenkassen, die ausschließlich oder zu einem wesentlichen Teil zu Unterstützungszwecken gewährt werden (§ 850 b Abs. 1 Nr. 4 ZPO) sind nur bedingt pfändbar. Für Krankengeldansprüche der gesetzlichen Krankenversicherungen gilt der besondere Pfändungsschutz gem. § 54 Abs. 3 SGB I.

1115 – Der Erstattungsanspruch des Arbeitnehmers gehört dann, wenn der **Lohnsteuerjahresausgleich** durch den Arbeitgeber durchgeführt wird, vollstreckungsrechtlich zum Arbeitseinkommen, sodass die Anwendung des § 850 i ZPO in Betracht kommt (*LAG Hamm* 12.2.1988 DB 1989, 488). Gleiches gilt, wenn der Lohnsteuerjahresausgleich durch das Finanzamt (§ 42 EStG) durchgeführt wird (mit der Folge, dass der Erstattungsanspruch gegenüber dem Finanzamt gepfändet werden muss, § 46 AO), denn der Umfang des Pfändungsschutzes kann nicht davon abhängen, wer den Lohnsteuerjahresausgleich durchführt (MünchArbR/*Hanau* § 74 Rz. 153; a. A. *Zöller/Stöber* § 850 ZPO Rz. 16).

1116 – **Mehrarbeitsvergütung** ist Arbeitseinkommen und insgesamt (also nicht nur ein etwaiger Mehrarbeitszuschlag) zur Hälfte (§ 850 a Nr. 1 ZPO) bzw. zu einem Viertel (bei Vollstreckungen für Unterhaltsforderungen, § 850 d Abs. 1 S. 2 ZPO) unpfändbar. Mehrarbeit i. S. dieser Vorschriften ist jede über die gesetzliche, tarifliche oder betriebliche Arbeitszeit hinaus geleistete Arbeit, auch die in der Freizeit für einen anderen Unternehmer geleistete Arbeit (Nebenbeschäftigung).

1117 – **Mutterschutzlohn**, die Sonderunterstützungen für im Familienhaushalt Beschäftigte sowie der Zuschuss zum Mutterschaftsgeld (§§ 11, 12, 14 MuSchG) sind Arbeitseinkommen i. S. d. § 850 Abs. 1 ZPO. Für das Mutterschaftsgeld (§ 13 MuSchG) gilt dagegen der besondere Pfändungsschutz gem. § 54 SGB I.

1118 – **Ruhegelder** zählen gem. § 850 Abs. 2 ZPO zum Arbeitseinkommen. Nur bedingt pfändbar sind gem. § 850 b ZPO Privatrenten wegen einer Verletzung des Körpers oder der Gesundheit (z. B. gem. § 843 BGB, § 13 StVG), Unterhaltsrenten, u. U. auch Lebensversicherungen.

1119 – **Schadensersatzansprüche** sind Arbeitseinkommen, wenn sie an die Stelle entgangenen oder vorenthaltenen Arbeitsentgelts treten; gleiches gilt für den Anspruch gem. § 615 BGB. Erfasst sind auch Schadensersatzleistungen, die der Arbeitgeber wegen Verletzung arbeitsvertraglicher Pflichten für den Ersatz eines Schadens im Privatvermögen gewährt (*BFH* BStBl. 1975 II S. 520).

1120 – **Streik- und Aussperrungsunterstützungen** sind Arbeitseinkommen i. S. d. § 850 ZPO, weil es sich um Ersatzleistungen für die entgangene Arbeitsvergütung handelt.

1121 – Fraglich ist, inwieweit das während des **Urlaubs zu zahlende Arbeitsentgelt** sowie ein Urlaubsabgeltungsanspruch der Pfändung unterliegt (s. u. C/Rz. 1960 ff.).

C. Der Inhalt des Arbeitsverhältnisses

Zusätzlich zum Urlaubsentgelt gezahltes **Urlaubsgeld** ist jedenfalls absolut unpfändbar, soweit es den Rahmen des Üblichen nicht übersteigt (§ 850 a Nr. 2 ZPO; vgl. *Sibben* DB 1997, 1182 f.). Es ist nach Auffassung des *LAG Berlin* (14.1.2000 NZA-RR 2000, 657) als **Bruttobetrag vom Gesamtbruttoeinkommen** abzuziehen, obwohl dies zu einer doppelten Berücksichtigung der auf das Urlaubsgeld entfallenden Bezüge führt.

– **Vermögenswirksame Leistungen** zur zweckentsprechenden Verwendung nach § 2 5. VermBG sind zwar Bestandteile des Entgelts (§ 13 Abs. 5 5. VermBG), der Anspruch auf diese Leistung ist aber nicht übertragbar (§ 13 Abs. 8 S. 2 5. VermBG) und daher gem. § 851 Abs. 1 ZPO nicht pfändbar. 1122

Gleiches gilt, wenn der Arbeitnehmer für die Vermögensbildung keine zusätzlichen Leistungen des Arbeitgebers erhält, sondern Teile seines Arbeitseinkommens vermögenswirksam anlegt (§ 11 Abs. 1 5. VermBG). Vermögenswirksame Leistungen sind auch bei der Berechnung des pfändbaren Arbeitseinkommens gem. § 850 e ZPO nicht mitzurechnen.

Nicht zum Arbeitslohn zählt dagegen die **Arbeitnehmersparzulage** nach § 13 5. VermBG. Sie ist ohne die Beschränkungen der §§ 850 ff. ZPO pfändbar.

– **Weihnachtsvergütungen** sind gem. §§ 850 a Nr. 4, 850 d ZPO nur zum Teil pfändbar. Inwieweit Abschlussprämien, Jahresprämien oder das 13. Monatsgehalt § 850 a ZPO unterfallen, hängt von dem mit der jeweiligen Zahlung verbundenen Zweck ab. Wenn die Zuwendung in erster Linie wegen der erwarteten vermehrten Bedürfnisse des Arbeitnehmers aus Anlass des Weihnachtsfestes erfolgt, ist § 850 a ZPO anwendbar. Dabei ist es für die Anwendung dieser Norm gleichgültig, ob die Zuwendung ausdrücklich als Weihnachtsgratifikation bezeichnet ist oder nicht. 1123

(4) Pfändungsschutz von Sozialleistungsansprüchen

Die Pfändbarkeit von Sozialleistungsansprüchen (z. B. Mutterschaftsgeld § 13 MuSchG) regelt **§ 54 SGB I**. Ansprüche auf Dienst- und Sachleistungen sind unpfändbar (§ 54 Abs. 1 SGB I). Einmalige Geldleistungen können gepfändet werden, soweit dies der Billigkeit entspricht (§ 54 Abs. 2 SGB I). Ansprüche auf laufende Geldleistungen können gem. § 54 Abs. 2 Nr. 1 SGB I wegen gesetzlicher Unterhaltsansprüche wie Arbeitseinkommen gepfändet werden (z. B. Kurzarbeiter- oder Schlechtwettergeld). Eine Billigkeitsprüfung erfolgt insoweit nicht. 1124

Wegen aller anderen Forderungen, die nicht gesetzliche Unterhaltsansprüche sind, können laufende Sozialleistungen wie Arbeitseinkommen gepfändet werden, soweit die Pfändung der Billigkeit entspricht und der Leistungsberechtigte durch die Pfändung nicht hilfsbedürftig i. S. d. Vorschriften des BSHG wird (§ 54 Abs. 3 Nr. 2 SGB I). Das Pfändungsverfahren von Sozialleistungsansprüchen richtet sich nach § 828 ff. ZPO. 1125

k) Rückzahlung von Vergütung

aa) Anwendbarkeit der §§ 812 ff. BGB

Die Rückzahlung irrtümlich gezahlter, nicht geschuldeter Vergütung wird nach §§ 812 ff. BGB abgewickelt (*BAG* 20.9.1972 AP Nr. 5 zu § 195 BGB). Gem. § 818 Abs. 3 BGB entfällt der Bereicherungsanspruch des Arbeitgebers dann, wenn die Bereicherung zwischenzeitlich weggefallen ist. 1126

§ 818 Abs. 3 BGB ist dispositiv, kann also durch Arbeitsvertrag abbedungen werden (*BAG* 8.2.1964 AP Nr. 2 zu § 611 BGB Lohnrückzahlung).

C. Der Inhalt des Arbeitsverhältnisses

1127 Die einseitige Erklärung des Arbeitnehmers auf einem vom Arbeitgeber vorgelegten vorgedruckten Formular, ihm sei bekannt, dass er alle Bezüge zurückzahlen müsse, die er infolge unterlassener, verspäteter oder fehlerhafter Meldung zu viel erhalten habe, enthält aber keine Vereinbarung der Parteien über den Ausschluss des Entreicherungseinwands nach § 818 Abs. 3 BGB. Sie enthält auch keine Vereinbarung über eine Leistung des Arbeitgebers unter Vorbehalt (*BAG* 18.9.1986 EzA § 818 BGB Nr. 1).

1128 Bösgläubigkeit des Arbeitnehmers i. S. d. § 819 BGB setzt **positive Kenntnis** vom Mangel des Rechtsgrundes voraus; bloße **Zweifel** an dessen Fortbestand **sind nicht ausreichend** (*LAG Hamm* 3.12.1999 NZA-RR 2000, 181).

bb) Darlegungs- und Beweislast für den Wegfall der Bereicherung

1129 Die Darlegungs- und Beweislast für den Wegfall der Bereicherung hat grds. der **Arbeitnehmer**. Er hat deshalb im einzelnen Tatsachen darzulegen, aus denen sich ergibt, dass die Bereicherung weggefallen ist und er überdies keine Aufwendungen erspart hat (*LAG Hamm* 3.12.1999 NZA-RR 2000, 180). Er kann sich auf die **Grundsätze des Anscheinsbeweises** berufen, wenn es sich um eine **geringfügige Überzahlung handelt**.

1130 Ob eine Überzahlung geringfügig ist, kann nach den Richtlinien beurteilt werden, die im öffentlichen Dienst gelten. Danach ist von einem Wegfall der Bereicherung auszugehen, wenn die Zuvielzahlung bei einmaligen Leistungen 10% des zustehenden Betrages, höchstens 200 DM, bei wiederkehrenden Leistungen 10% aller für den Zeitraum zustehenden Beträge, höchstens monatlich 200 DM nicht übersteigt.
Ferner muss die Lebenssituation des Arbeitnehmers so sein, dass erfahrungsgemäß nach den individuellen Lebensumständen ein alsbaldiger Verbrauch der Überzahlung für die laufenden Kosten der Lebenshaltung anzunehmen ist, ohne dass ihm ein Vermögensvorteil geblieben ist. Der Arbeitnehmer hat die Tatsachen darzulegen und ggf. zu beweisen, aus denen erfahrungsgemäß auf die Verwendung zum Lebensunterhalt geschlossen werden kann. Seiner Darlegungs- und Beweislast genügt er nicht, wenn er zu den nach Art oder dem Grund vom Arbeitgeber plausibel behaupteten anderweitigen Einkünften (vermietete Eigentumswohnung, Sparvermögen, Prämiensparvertrag) nicht substantiiert Stellung nimmt (*BAG* 18.1.1995 EzA § 818 BGB Nr. 8).
Eine geringfügige Überzahlung ist jedenfalls dann nicht gegeben, wenn es sich um **eine mehrere Monate** betreffende einmalige Überzahlung handelt, die das **richtige Gehalt um ein Vielfaches** übersteigt (*BAG* 23.5.2001 EzA § 818 BGB Nr. 12).

1131 Erleichterungen der Darlegungs- und Beweislast kommen zudem nur dann in Betracht, wenn der Arbeitnehmer **nicht zu den Besserverdienenden gehört** (*BAG* 12.1.1994 NZA 1994, 658; abl. *Schwab* BB 1995, 2110, wonach die allgemeinen Grundsätze der Verwirkung anwendbar sind).

cc) Besonderheiten im öffentlichen Dienst

1132 Bestimmt ein Tarifvertrag des öffentlichen Dienstes, dass sich die Rückforderung zu viel gezahlter Löhne nach den Vorschriften über die Herausgabe einer ungerechtfertigten Bereicherung bestimmt und hat der öffentliche Arbeitgeber dazu Richtlinien (zu deren Inhalt s. o. C/Rz. 1130), so genügt der Arbeitnehmer, der den unteren und mittleren Einkommensgruppen zuzurechnen ist, seiner Darlegungspflicht nach § 818 Abs. 3 BGB, wenn er die Ausgabe des zu viel Erlangten im Rahmen des **angehobenen Lebensstandards** vorträgt.

Will der öffentliche Arbeitgeber in einem solchen Fall die Entreicherung nicht akzeptieren, so hat er darzulegen und zu beweisen, dass die Voraussetzungen der Richtlinien nicht gegeben sind oder der Arbeitnehmer die überzahlten Bezüge nicht durch Anhebung seines Lebensstandards verbraucht hat (*BAG* 18.9.1986 EzA § 818 BGB Nr. 1). 1133

dd) Erstattung von Sozialversicherungsbeiträgen und Lohnsteuer

Der Anspruch auf Erstattung ungerechtfertigt gezahlter Sozialversicherungsbeiträge steht nach **§ 26 Abs. 2 SGB IV** dem zu, der die Beiträge getragen hat, soweit für den Arbeitnehmer aufgrund dieser Beiträge nicht schon Leistungen erbracht wurden. Der Arbeitgeber kann vom Arbeitnehmer nur den überzahlten Nettobetrag verlangen und im übrigen Erstattung von der Finanz- und Sozialverwaltung. Demgegenüber gehen Finanzverwaltung und Finanzgerichte davon aus, dass der Arbeitgeber auch die auf den zurückzuzahlenden Betrag entfallende Lohnsteuer sowie die Sozialabgaben verlangen kann (ebenso *LAG Köln* 17.11.1995 DB 1996, 208; a. A. *ArbG Rostock* 15.12.1997 DB 1998, 584); im Übrigen soll die Rückabwicklung zwischen Arbeitnehmer und Finanzamt durch Abzug vom lohnsteuerpflichtigen Einkommen oder Lohnsteuerjahresausgleich erfolgen (vgl. MünchArbR/*Hanau* § 76 Rz. 5). 1134

l) Das Arbeitsentgelt in der Insolvenz des Arbeitgebers

aa) Schutz des Arbeitsentgelts durch die InsO

(1) Ansprüche für die Zeit vor Eröffnung des Insolvenzverfahrens

Die Arbeitsentgeltansprüche der Arbeitnehmer vor Eröffnung des Insolvenzverfahrens sind **einfache Insolvenzforderungen** i. S. d. § 38 InsO (FK-InsO/*Mues* Anhang zu § 113 Rz. 4). Dies wird durch § 108 Abs. 2 InsO klargestellt, der dem Vertragspartner eines über die Eröffnung des Verfahrens hinaus fortbestehenden Dienstverhältnisses des Schuldners wegen seiner Ansprüche für die Zeit vor der Eröffnung die Stellung eines Insolvenzgläubigers zuweist (*Lakies* NZA 2001, 521). Die **Sozialversicherungsbeiträge** und die **Lohnsteuerforderungen teilen den Rang der Arbeitsentgeltansprüche**; die beitragsrechtliche Fälligkeit der Sozialversicherungsbeiträge ist unerheblich. Auch **Säumniszuschläge** teilen den Rang der Beitragsrückstände, auf die sie erhoben werden, ohne Rücksicht darauf, ob sie für eine Zeit vor oder nach Insolvenzeröffnung von der Einzugsstelle verlangt werden (MünchArbR/*Peters-Lange* § 77 Rz. 2). 1135

Etwas **anderes** gilt dann, wenn nach Stellung des Antrags auf Eröffnung des Insolvenzverfahrens vom Gericht ein **vorläufiger Insolvenzverwalter** bestellt worden ist, auf den gem. § 22 Abs. 1 InsO bei Verhängung eines allgemeinen Verfügungsverbots für den Schuldner die Verwaltungs- und Verfügungsbefugnis übergegangen ist. Dann richtet sich der Rang der Arbeitsentgeltansprüche nach **§ 55 Abs. 2 S. 2 InsO**, 1136 der auch im Hinblick auf die Arbeitsentgeltansprüche der Arbeitnehmer den allgemeinen Grundsatz des § 108 Abs. 2 InsO verdrängt (*Hauser/Hawelka* ZIP 1998, 1262; *Obermüller/Hess* InsO, 2. Aufl., Rz. 457 h; vgl. auch *Lakies* NZA 2001, 522 f.). Die Privilegierung als Masseverbindlichkeiten **beschränkt** sich jedoch **auf Fälle**, in denen der vorläufige Verwalter mit umfassender Verfügungsbefugnis die **Gegenleistung** der Arbeitnehmer **in Anspruch nimmt**. Dies wird angesichts seiner gesetzlichen Pflicht zur Betriebsfortführung (§ 22 Abs. 1 Nr. 2 InsO) der **Regelfall** sein, da die endgültige Entscheidung über eine Fortführung des Unternehmens der Gläubigerversammlung im Gerichtstermin (§ 157 InsO) vorbehalten bleiben muss. Eine Betriebsstilllegung kann der vorläufige Verwalter nur mit Zustimmung des Insolvenzgerichts zur Verhinderung einer erheblichen Vermögensminderung veranlassen (§ 22 Abs. 1 Nr. 2 InsO; vgl. MünchArbR/*Peters-Lange* § 77 Rz. 4).

1137 Kommt es **nicht zur Eröffnung** des Insolvenzverfahrens, so sind die Forderungen der Arbeitnehmer, deren **Gegenleistung** der Insolvenzverwalter in Anspruch genommen hat, **aus der Insolvenzmasse vorrangig zu berichtigen** (§ 25 Abs. 2 S. 2 InsO). Kommt es dagegen zur **Eröffnung** des Verfahrens, stellt der Insolvenzverwalter aber die **Masseunzulänglichkeit** i. S. v. § 208 Abs. 1 InsO fest, so zählen die aus Dauerschuldverhältnissen zur Zeit der vorläufigen Verwaltung herrührenden Masseverbindlichkeiten zu den sonstigen Masseverbindlichkeiten der **letzten Rangstufe** nach § 209 Abs. 1 Nr. 3 InsO (MünchArbR/*Peters-Lange* § 77 Rz. 4). Ist zu diesem Zeitpunkt der Feststellung der Masseunzulänglichkeit bereits **vollständiges** Arbeitsentgelt für die Zeit nach Eröffnung des Insolvenzverfahrens **gezahlt** worden, obwohl dies bei richtiger Beurteilung nicht in voller Höhe hätte erfolgen dürfen, muss eine **rückwirkende Korrektur** der Abrechnung für die Zeit ab Eröffnung des Insolvenzverfahrens durchgeführt werden. Die Rückabwicklung erfolgt allerdings nur nach den Grundsätzen der **§§ 812 ff. BGB** mit der Folge, dass sich der Arbeitnehmer ggf. auf einen Wegfall der Bereicherung berufen kann (vgl. dazu *BAG* 18.1.1995 EzA § 818 BGB Nr. 8) und dass andererseits die Geltendmachung einer Rückforderung durch Abzug von der laufenden Vergütung durch den Insolvenzverwalter nur unter Beachtung der **Pfändungsfreigrenzen** erfolgen kann (FK-InsO/*Mues* Anhang zu § 113 Rz. 210).

(2) Ansprüche für die Zeit nach Eröffnung des Insolvenzverfahrens

aaa) Höhe des Arbeitsentgelts; Inhalt des Arbeitsverhältnisses

1138 Die **Höhe des Anspruchs** auf Arbeitsentgelt aus der Zeit nach der Insolvenzeröffnung kann der Insolvenzverwalter nur wie jeder andere Arbeitgeber **außerhalb des Insolvenzverfahrens** beeinflussen.

1139 Im Falle einer Freistellung kann sich eine Situation der Anrechnung anderweitigen Einkommens gem. § 615 S. 2 BGB ergeben. Die Anrechnung richtet sich dann nach den allgemeinen Grundsätzen, wonach es für die Entscheidung über die Anrechnung und deren Umfang auf die zeitliche und inhaltliche Vereinbarkeit der arbeitsvertraglich geschuldeten Tätigkeit mit der anderweitigen Beschäftigung ankommt. Ein **besonderes Recht** des Insolvenzverwalters **zur einseitigen Freistellung in der Situation des Insolvenzverfahrens besteht nicht**. Für die Möglichkeit der Freistellung durch den Insolvenzverwalter kommt es deshalb darauf an, ob eine solche Freistellung **einzelvertraglich vereinbart** ist, ob sie ggf nach Ausspruch einer Kündigung möglich oder wegen eines ausnahmsweise **überwiegenden Interesses** des Insolvenzverwalters an der Freistellung zulässig ist. Ein solches überwiegendes Interesse des Insolvenzverwalters an der Nichtbeschäftigung kann sich in der Situation der Insolvenz **ausnahmsweise dann** ergeben, wenn eine **Gefährdung** oder **Behinderung der für die ordnungsgemäße Abwicklung des Insolvenzverfahrens erforderlichen Maßnahmen** durch die tatsächliche Weiterbeschäftigung des einzelnen oder einer Vielzahl von Arbeitnehmern konkret darstellbar ist (FK-InsO/*Mues* Anhang zu § 113 Rz 211 ff.). Der Insolvenzverwalter ist bei der Ausübung seines Freistellungsrechts an die Grenzen des billigen Ermessens gem. **§ 315 Abs. 1 BGB gebunden.** Dabei können soziale Gesichtspunkte wie Alter, Betriebszugehörigkeit, Unterhaltspflichten und besondere finanzielle Interessen der betroffenen Arbeitnehmer von Bedeutung sein (*LAG Hamm* 27.9.2000 NZA-RR 2001, 654). Stellt der Insolvenzverwalter einen Teil der Belegschaft mangels ausreichender Masse von der Arbeit frei, kann eine **einstweilige Verfügung auf Weiterbeschäftigung** nur ergehen, wenn die Auswahlentscheidung des Insolvenzverwalters willkürlich oder offensichtlich unwirksam ist und besondere Beschäftigungsinteressen dies zur Abwendung wesentlicher Nachteile für den freigestellten Arbeitnehmer gebieten (*LAG Hamm* 27.9.2000 NZA-RR 2001, 654).

Auch ein spezielles Recht des Insolvenzverwalters zu einer **einseitigen Zuweisung des Urlaubs** ohne Ausspruch einer Kündigung des Arbeitsverhältnisses für die besondere Situation des Insolvenzverfahrens besteht **nicht**. Insoweit gelten die allgemeinen Grundsätze (s. u. C/Rz. 1703); allerdings können sich ausnahmsweise aus den Besonderheiten des Insolvenzverfahrens dringende betriebliche Belange ergeben, die dem Urlaubswunsch des Arbeitnehmers entgegenstehen (FK-InsO/*Mues* Anhang zu § 113 Rz. 215)

1140

bbb) Insolvenzrechtliche Einordnung der Arbeitsentgeltansprüche
Nach der Eröffnung des Insolvenzverfahrens sind die Arbeitsentgeltansprüche **Masseverbindlichkeiten** nach § 55 Abs. 1 Nr. 2 InsO (FK-InsO/*Mues* Anhang zu § 113 Rz. 203 ff.). Insoweit kommt es nicht darauf an, ob der Insolvenzverwalter die Gegenleistung der Arbeitnehmer tatsächlich in Anspruch genommen hat. Denn die Erfüllung muss nach der gesetzlichen Regelung für die Zeit nach der Eröffnung des Insolvenzverfahrens erfolgen. Lediglich für den **Rang der Arbeitsentgeltansprüche nach Anzeige der Masseunzulänglichkeit** nach § 209 Abs. 2 Nr. 3 InsO kommt es darauf an, ob die Arbeitnehmer **tatsächlich weiter gearbeitet haben**. Wann die Erfüllung zur Insolvenzmasse erfolgen muss, entscheidet sich nach der **Fälligkeit** der vom Arbeitnehmer geschuldeten Gegenleistung; folglich kommt es auf die Fälligkeit des Arbeitsentgeltanspruchs nicht an. Die laufenden Entgeltansprüche der Arbeitnehmer werden wie nach dem bisherigen Recht behandelt: Die zeitanteilig nach Eröffnung des Verfahrens erdienten Ansprüche teilen das Rangprivileg dieser Rangstufe (vgl. nach altem Recht § 59 Abs. 1 Nr. 2 a KO), während die vor Eröffnung erdienten Ansprüche entweder Masseschulden nach § 55 Abs. 2 S. 2 InsO oder einfache Insolvenzforderungen sind. Entsprechendes muss für die nach der Verfahrenseröffnung fällig werdenden Entgeltansprüche aufgrund von **flexiblen Arbeitszeitvereinbarungen** gelten, sofern die durch den Arbeitnehmer geschuldete Arbeitsleistung vor Verfahrenseröffnung erbracht worden ist oder zu erbringen war (MünchArbR/*Peters-Lange* § 77 Rz. 5).

1141

Lohnansprüche nach Insolvenzeröffnung sind i. Ü. auch dann **Masseverbindlichkeiten**, wenn der Arbeitnehmer nicht beschäftigt wurde und ihm der Anspruch aus **Annahmeverzug** zusteht (*LAG Köln* 30.7.2001 – 2 Sa 1457/00 –; FK-InsO/*Mues* Anhang zu § 113 Rz. 105).

1142

C. Der Inhalt des Arbeitsverhältnisses

(3) Betriebsübergang in der Insolvenz

1143 Wird der Betrieb im Rahmen eines Insolvenzverfahrens auf einen neuen Inhaber übertragen, tritt dieser gem. § 613a BGB in die Arbeitsverhältnisse ein. Der Betriebserwerber haftet zwar an sich auch für rückständige Arbeitsentgelte, wobei dies aber für bei Eröffnung des Insolvenzverfahrens bereits bestehende Ansprüche ausgeschlossen ist, weil die Haftung insoweit durch das **Verteilungsverfahren der InsO verdrängt** wird (*BAG* 17.1.1980 EzA § 613a BGB Nr. 24 zu § 59 KO; 13.11.1986 EzA § 613a BGB Nr. 55 zu § 59 KO; 11.2.1992 EzA § 613a BGB Nr. 97 zu § 59 KO). Diese Grundsätze sind auf das Insolvenzverfahren nach der InsO zu übertragen, denn auch hier würde die mit einer Haftungsübernahme verbundene Kaufpreisminderung die übrigen Gläubiger unzumutbar benachteiligen (MünchArbR/*Peters-Lange* § 77 Rz. 6; *Heinze* NZA 1999, 63).

1144 Der Betriebserwerber haftet dagegen **in vollem Umfang**, wenn der Betriebsübergang bereits **vor Verfahrenseröffnung** stattgefunden hat (s. u. C/Rz. 3310ff.).

1145 Die mit Eröffnung des Insolvenzverfahrens eintretende Haftungsbeschränkung **bleibt bestehen**, wenn es später zur **Einstellung des Verfahrens** mangels einer die Kosten des Verfahrens deckenden Masse nach § 207 InsO kommt (*BAG* 11.12.1992 EzA § 613a BGB Nr. 97 zu § 59 KO). Wird bereits die **Eröffnung** des Insolvenzverfahrens mangels Masse **abgelehnt**, haftet der Betriebserwerber **unbeschränkt** (*BAG* 27.4.1988 EzA § 613a BGB Nr. 70; *BSG* 6.11.1985 NZA 1986, 303).

bb) Geschützter Personenkreis

(1) Arbeitnehmer

1146 Für die Bestimmung des Arbeitnehmerbegriffs i. S. d. InsO sind grds. die **allgemein anerkannten Kriterien** zugrunde zu legen (s. o. A/Rz. 38). Für den Anspruch auf Insolvenzgeld gem. § 183 SGB III ist aufgrund der Einfügung des Anspruchs in das SGB III vom sozialversicherungsrechtlichen **Beschäftigtenbegriff** (FK-InsO/*Mues* Anhang zu § 113 Rz. 25 ff.; s. o. A/Rz. 133) auszugehen; wegen der weitgehenden Übereinstimmung des arbeitsrechtlichen Arbeitnehmerbegriffs und des sozialversicherungsrechtlichen Beschäftigtenbegriffs hat diese Frage aber keine besondere praktische Relevanz (vgl. MünchArbR/*Peters-Lange* § 77 Rz. 15).

(2) Arbeitnehmerüberlassung

1147 Bei Arbeitnehmerüberlassung nach Maßgabe des AÜG gelten in der Insolvenz des Entleihers §§ 38, 55 InsO zugunsten des Leiharbeitnehmers dann, wenn gem. **§ 10 AÜG** aufgrund fehlender Erlaubnis des Verleihers zur gewerbsmäßigen Arbeitnehmerüberlassung ein Arbeitsvertrag zwischen Entleiher und Leiharbeitnehmer als zustande gekommen gilt.

1148 Gleiches gilt, wenn streitig ist, ob ein Arbeitsvertrag wegen Fehlens der Erlaubnis zur Arbeitnehmerüberlassung wirksam ist oder nicht (MünchArbR/*Peters-Lange* § 77 Rz. 12).

1149 Ein durch Insolvenzgeld geschützter Anspruch gegen den Verleiher besteht allerdings nur im Falle der **Gutgläubigkeit** des Arbeitnehmers (*BSG* 20.3.1984 BSGE 56, 212; **a. A.** MünchArbR/*Peters-Lange* § 77 Rz. 18).

(3) Organmitglieder

1150 Da die Mitglieder der gesetzlichen Vertretungsorgane juristischer Personen und Vertreter und Geschäftsführer von Personengesamtheiten **nicht ausdrücklich vom An-**

wendungsbereich der §§ 38, 55 InsO ausgenommen** sind, ist fraglich, inwieweit diese Personen als Arbeitnehmer i. S. d. Vorschriften anzusehen sind.
Es ist jeweils im Einzelfall zu prüfen, ob die für die Einordnung als Arbeitnehmer erforderliche persönliche Abhängigkeit und Weisungsgebundenheit vorliegt. Sie wird Vorstandsmitgliedern einer AG regelmäßig ebenso fehlen wie GmbH-Geschäftsführern, die zugleich als Gesellschafter mit 50% und mehr am Stammkapital beteiligt sind. Dagegen sind **Fremdgeschäftsführer i. d. R. insoweit als Arbeitnehmer** anzusehen (*BAG* 27.6.1985 AP Nr. 2 zu § 1 AngestelltenkündigungsG; vgl. auch FK-InsO/ *Mues* Anhang zu § 113 Rz. 35 ff.). 1151

cc) Arbeitsentgelt i. S. d. § 55 InsO, § 183 SGB III

(1) Begriffsbestimmung
Arbeitsentgelt i. S. dieser einheitlich auszulegenden Vorschriften sind **alle Leistungen, die im weitesten Sinne als Gegenwert für die Arbeitsleistung anzusehen sind**, unabhängig davon, ob es sich um Geld oder Naturalleistungen handelt. Erfasst werden alle Arten der vertragsmäßigen Arbeitsvergütung einschließlich aller Zuschläge ohne Rücksicht auf die Bezeichnung (z. B. Lohn, Honorar, Gehalt, Deputat, Provision, Gewinnbeteiligung, Tantieme, Zulagen, Zuschläge, Gratifikationen; *BSG* 9.12.1997 ZIP 1998, 481; MünchArbR/*Peters-Lange* § 77 Rz. 8). 1152

Die früher gleichgestellten Ansprüche der Arbeitnehmer auf Entschädigung aus einer Wettbewerbsabrede mit dem Gemeinschuldner sowie Leistungen aus einer **betrieblichen Altersversorgung**, ebenfalls Vorruhestandsleistungen (§§ 59 Abs. 1 Nr. 3 b, 3 d, 61 Abs. 1 Nr. 1 b, 1 d KO; *BAG* 15.1.1991 EzA § 59 KO Nr. 23), sind **nicht mehr privilegiert**, da es insoweit an einer vom Arbeitnehmer im begünstigten Zeitraum erbrachten oder zu erbringenden Gegenleistung fehlt. Der Träger der Insolvenzsicherung nach § 7 BetrAVG hat mithin die Stellung eines Insolvenzgläubigers nach § 38 InsO. Daher genießen Betriebsrenten seit dem 1.1.1999 nur noch den besonderen Insolvenzschutz durch den Pensionssicherungsverein gem. § 7 Abs. 1 BetrAVG (FK-InsO/*Mues* Anhang zu § 113 Rz. 13; s. u. C/Rz. 3098). 1153

Provisionen, deren Entstehung i. d. R. durch die spätere Ausführung des Geschäfts durch den Arbeitgeber oder den Vertragsschluss bedingt sind, sind insoweit geschützt, als die vom Arbeitnehmer geschuldete Vermittlungstätigkeit oder auch der durch ihn vermittelte Vertragsabschluss in den insolvenzrechtlich privilegierten Zeitraum fällt. I. d. R. ist aber erforderlich, dass der **letzte Akt der geschuldeten Leistung**, der die Entstehung wenigstens eines bedingten Anspruchs zur Folge hat, noch in den geschützten Zeitraum fällt (MünchArbR/*Peters-Lange* § 77 Rz. 34): 1154

Altersteilzeit mit Anspruch auf Teilzeitarbeitsentgelt zuzüglich Aufstockungsbeträgen i. S. d. § 3 Abs. 1 Nr. 1 a ATZG begründet einen gleich bleibenden Arbeitsentgeltanspruch, der dem **jeweiligen Auszahlungsmonat** zuzuordnen ist, gleichgültig in welchem Umfang sie einer Arbeitsleistung des Arbeitnehmers im Anspruchszeitraum entspricht. Das Teilzeitarbeitsentgelt sowie die Aufstockungsbeträge sollen gerade einen gleich bleibenden Verdienst bis zu dem Zeitpunkt, in dem ein Rentenanspruch besteht, sichern. Soweit die Ansprüche der Arbeitnehmer nicht durch Insolvenzgeld gesichert sind, sieht § 7 a SGB IV eine Verpflichtung der Vertragspartner zur Schaffung von Vorkehrungen zur Sicherung im Insolvenzfall vor. Allerdings gilt diese Verpflichtung nur für sog. Blockmodelle, in denen für vorgeleistete Ansprüche ein Ausgleichszeitraum von mehr als 27 Kalendermonaten vereinbart worden ist (§ 7 a Abs. 1 Nr. 2 SGB IV; vgl. *Wonneberger* DB 1998, 984 f.; *Diller* NZA 1998, 794 f.). 1155

C. Der Inhalt des Arbeitsverhältnisses

1156 Vereinbarungen über **flexible Arbeitszeiten** mit angesammelten Zeit- oder Wertguthaben auf einem Arbeitszeitkonto sind insolvenzrechtlich nur insoweit geschützt, als die Arbeitsleistung im **begünstigten Zeitraum** erbracht wurde. Kommt es nach Verfahrenseröffnung nicht mehr zur Inanspruchnahme der Arbeitsleistung durch den Insolvenzverwalter, erstreckt sich die Privilegierung des § 55 Abs. 1 Nr. 2 InsO auf die für die in diesem Fall fiktive Arbeitsleistung in dem begünstigten Zeitraum geschuldeten Arbeitsentgeltansprüche. Das **Prinzip des Erarbeitens** gilt auch für den Schutz durch Insolvenzgeld; die Guthaben auf Arbeitszeitkonten können einer Arbeitsleistung des Arbeitnehmers eindeutig zugeordnet werden (MünchArbR/*Peters-Lange* § 77 Rz. 30; FK-InsO/*Mues* Anhang zu § 113 Rz. 115 ff.).

1157 **Gewinnbeteiligungen** sind i. d. R. der Arbeitsleistung **mehrerer Abrechnungszeiträume** zuzuordnen, auch wenn sie erst später bezifferbar bzw. fällig sind. Sie werden anteilig für den durch Insolvenzgeld geschützten Zeitraum bei diesem berücksichtigt (*BAG* 21.5.1980 EzA § 59 KO Nr. 8; *BSG* 30.7.1981 ZIP 1982, 78).

1158 Die **Winterausfallgeld-Vorausleistung** ist eine vom Arbeitgeber finanzierte Leistung, die bei witterungsbedingtem Arbeitsausfall in der Schlechtwetterzeit für mindestens 120 Stunden das Arbeitsentgelt ersetzt und die als Voraussetzung für das Winterausfallgeld nach § 214 SGB III geleistet wird. Sie gehört zum insolvenzrechtlich geschützten Arbeitsentgelt. Infolge ihrer Zweckbestimmung als Verdienstsicherung für die Zeit des witterungsbedingten Arbeitsausfalls ist sie auch dann dem **Schlechtwetterzeitraum zuzuordnen,** wenn sie aus Arbeitszeitguthaben des Arbeitnehmers angespart worden ist (MünchArbR/*Peters-Lange* § 77 Rz. 38).

(2) Abfindungen

1159 Arbeitseinkommen i. S. dieser Vorschriften kann auch eine Abfindung sein, **wenn der Arbeitnehmer das Arbeitsverhältnis ohne fristgerechte Kündigung des Arbeitgebers aufgeben soll,** wenn vereinbart wird, dass er sich gegen eine ihm angedrohte zweifelhafte Kündigung nicht wehrt oder dass das Arbeitsverhältnis vor dem vereinbarten Ende gekündigt wird. Denn eine solche Abfindung beinhaltet tatsächlich eine Dienstvergütung für eine bestimmte Zeit, für die der Arbeitnehmer einverständlich von der Dienstleistung entbunden ist.

1160 Handelt es sich bei der Abfindung dagegen lediglich um eine Entschädigung für die vorzeitige Beendigung des Arbeitsverhältnisses (§§ 9, 10 KSchG), so ist sie eine einfache Insolvenzforderung (*BAG* 30.4.1984 EzA § 112 BetrVG 1972 Nr. 31; 6.12.1984 EzA § 9 KSchG Nr. 17; 25.6.1987 EzA § 9 KSchG Nr. 23; 27.10.1998 EzA § 112 BetrVG 1972 Nr. 102). Um eine Masseschuld gem. § 55 InsO, die unabhängig vom Zeitpunkt der Beendigung des Arbeitsverhältnisses gegenüber den arbeitgeberseits begründeten Abfindungsansprüchen privilegiert ist, handelt es sich allerdings dann, wenn die Abfindung **erst durch eine Handlung des Insolvenzverwalters nach Verfahrenseröffnung oder eines vorläufigen Insolvenzverwalters mit umfassender Verwaltungs- und Verfügungsbefugnis begründet wird** (MünchArbR/*Peters-Lange* § 77 Rz. 10, 28).

(3) Ansprüche aus einem Sozialplan

1161 Gem. § 123 InsO sind die für von der Entlassung betroffenen Arbeitnehmer vorgesehenen Sozialplanansprüche aus einem nach Eröffnung des Insolvenzverfahrens aufgestellten Sozialplan bis zu einem **Gesamtbetrag** von 2½ Monatsverdiensten aller von Entlassung betroffenen Arbeitnehmer **Masseverbindlichkeiten.** Allerdings sind die Ansprüche **anteilig zu kürzen,** wenn der Gesamtbetrag 1/3 der für die Verteilung an die Insolvenzgläubiger zur Verfügung stehenden Masse übersteigt, sodass im Ergebnis bei Masseunzulänglichkeit (wenn also die Masse schon zur Befriedigung der Massekosten und sonstigen Masseverbindlichkeiten nicht ausreicht) die Sozialplanforderungen nicht berichtigt werden dürfen. Auch eine **Zwangsvollstreckung** in die Masse ist wegen Sozialplanforderungen **ausgeschlossen** (§ 123 Abs. 3 S. 2 InsO). Der Sache nach handelt es sich also letztlich nur um bevorrechtigte Insolvenzforderungen, vergleichbar den Ansprüchen nach der am 31.12.1998 außer Kraft getretenen Regelung des § 4 SozPlG.

Ein in den letzten **drei Monaten vor Verfahrenseröffnung** aufgestellter Sozialplan kann sowohl vom Insolvenzverwalter als auch vom Betriebsrat nach § 124 InsO **widerrufen** werden. Grds. handelt es sich bei Ansprüchen aus einem solchen Sozialplan nur um Insolvenzforderungen i. S. v. § 38 InsO, wenn der Widerruf unterblieben ist. Denn ein **unterbliebener Widerruf** kann zwar die persönliche Haftung gem. § 60 InsO begründen, nicht aber entgegen der Systematik der InsO **Verbindlichkeiten zu Masseschulden befördern** (*LAG Köln* 2.3.2001–12 Sa 1467/00 –; *Boemke/Tietze* DB 1999, 1394 f.; MünchArbR/*Peters-Lange* § 77 Rz. 12; **a. A.** *Warrikoff* BB 1994, 2344; vgl. auch *Lakies* NZA 2001, 522). 1162

(4) Gratifikationen
Gratifikationen zählen grds. zum insolvenzrechtlich privilegierten **Arbeitseinkommen** i. S. d. § 55 Abs. 1 Nr. 2, Abs. 2 Nr. 2 InsO, § 183 SGB III. Denn die Gratifikation ist eine Sonderzuwendung, die aufgrund eines besonderen Anlasses (z. B. Weihnachten, Urlaub oder Geschäftsjubiläum) zusätzlich zur Arbeitsvergütung gezahlt wird. Sie kann Anerkennung für geleistete Dienste oder Anreiz für weitere Dienstleistungen sein (s. o. C/Rz. 822). Auch wenn die Leistung freiwillig erfolgt oder vom Arbeitgeber als Geschenk bezeichnet wird, hat die Gratifikation Entgeltcharakter (MünchArbR/*Peters-Lange* § 77 Rz. 32). 1163

Hinsichtlich der zeitlichen Zuordnung der Zahlung ist der mit der Gratifikation verfolgte Sinn und Zweck entscheidend (vgl. *Lakies* NZA 2001, 522; FK-InsO/*Mues* Anhang zu § 113 Rz. 120 ff.). Allein aus der Bezeichnung einer Sonderzahlung z. B. als Gratifikation, 13. Gehalt, kann aber nicht geschlossen werden, ob in erster Linie im vergangenen Jahr geleistete Arbeit belohnt werden soll oder nicht. Vielmehr sind die Leistungsbedingungen auszulegen (*BAG* 20.9.1972 DB 1973, 85; s. o. C/Rz. 828 ff.). 1164

Je nach dem, ob die Belohnung der Tätigkeit des Arbeitnehmers im zurückliegenden Kalenderjahr, oder der Anreiz für zukünftige Betriebstreue im Vordergrund steht, kommt eine anteilmäßige Aufteilung auf den jeweiligen Bezugsraum in Betracht. Reine **Fälligkeitsregelungen**, die zeitanteilig auch bei einem vorherigen Ausscheiden einen Auszahlungsanspruch begründen, sind als Vergütung für die geleistete Arbeit in dem insolvenzrechtlich geschützten Zeitraum in Höhe des darauf entfallenden Anteils geschützt, für das Insolvenzgeld also regelmäßig zu 3/12. Dies gilt auch, wenn der Anspruch auf die Gratifikation zusätzlich vom Erreichen eines bestimmten Stichtages abhängt und somit als Gratifikation mit Mischcharakter sowohl als Entgelt für die erbrachte Arbeitsleistung als auch als Entlohnung für Betriebstreue zu qualifizieren ist. Bei den Gratifikationen mit **Mischcharakter** reicht es aus, dass das Arbeitsverhältnis noch zum Stichtag (regelmäßig ungekündigt) fortbesteht, ohne dass der Stichtag in den insolvenzrechtlich geschützten Zeitraum fallen muss. Dagegen knüpfen **Stichtagsregelungen**, die allein die Betriebstreue belohnen und keine Proportionalität zur vorherigen Arbeitsleistung aufweisen, in der Entstehung an das Erreichen des Stich- 1165

C. Der Inhalt des Arbeitsverhältnisses

tags an und sind deshalb nur dann insolvenzrechtlich – in vollem Umfang – geschützt, wenn der Stichtag in den geschützten Zeitraum fällt (vgl. MünchArbR/*Peters-Lange* § 77 Rz. 33). Eine Weihnachtsgratifikation in Höhe von nicht mehr als 100 Euro wird i. d. R. als Beitrag zur Verschönerung und Ausgestaltung des Festes gewährt, sodass eine zeitanteilige Aufteilung nicht zu erfolgen hat (*BAG* 23.5.1967 AP Nr. 3 zu § 59 KO).

(5) Schadensersatzansprüche

1166 Schadensersatzansprüche gehören zum insolvenzrechtlich bevorzugten Arbeitsentgelt, wenn sie an die Stelle ausgefallenen Arbeitsentgelts (*BAG* 13.8.1980 EzA § 59 KO Nr. 10) treten. Das ist insbesondere dann der Fall, wenn sie auf eine **schuldhafte vertragswidrige Handlung des Insolvenzverwalters** oder vorläufigen Verwalters zurückgehen (*Staudinger/Preis* § 628 BGB Rz. 60; *Müller-Glöge* ErfK § 628 BGB Rz. 110), die dazu führt, dass den Arbeitnehmern Kurzarbeiter-, Winter- oder Winterausfallgeld entgeht (FK-InsO/*Mues* Anhang zu § 113 Rz. 104).

1167 Nicht privilegiert sind dagegen Schadensersatzansprüche für im Rahmen des Arbeitsverhältnisses erlittene Personen- und Sachschäden sowie solche, die dem Arbeitnehmer gegen den Arbeitgeber infolge einer Verletzung des Körpers oder der Gesundheit aus unerlaubter Handlung zustehen.

1168 Ein Schadensersatzanspruch gem. § 628 Abs. 2 BGB ist einfache Insolvenzforderung. Das gilt auch, soweit sich die Schadensersatzforderung auf die Zeit vor Eröffnung des Insolvenzverfahrens bezieht (*BAG* 13.8.1980 EzA 59 KO Nr. 10). Auch die Lohnersatzfunktion dieses Schadensersatzanspruchs rechtfertigt **keine Privilegierung** nach der InsO mehr, da § 55 Abs. 1, 2 InsO eindeutig auf einen zeitlichen Bezug zur Arbeitsleistung im begünstigten Zeitraum abstellen (MünchArbR/*Peters-Lange* § 77 Rz. 10).

(6) Urlaubsentgeltansprüche; Urlaubsgeld

1169 Das Urlaubsgeld, das als Jahressonderzahlung i. d. R. zu einem bestimmten Stichtag gezahlt wird, aber im Übrigen als Gratifikation mit Entgeltcharakter den dazu aufgestellten Grundsätzen folgt (s. o. C/Rz. 822, 1163), ist regelmäßig **zeitanteilig** dem insolvenzrechtlich privilegierten Zeitraum zuzuordnen, es sei denn, dass es gerade in dem Zeitraum, in dem der Urlaub in Anspruch genommen wird, ausgezahlt wird. Dann ist es wie das Urlaubsentgelt nur privilegiert, **wenn der Urlaub zeitlich in den insolvenzgeschützten Zeitraum fällt.** Urlaubsentgelt und Urlaubsgeld können dann nicht einer konkreten Arbeitsleistung zugeordnet werden, sondern gelten die Zeit des Urlaubs als bezahlte Freistellung ab (*BAG* 4.6.1977 AP Nr. 4 zu § 59 KO; vgl. FK-InsO/*Mues* Anhang zu § 113 Rz. 103).

1170 Während Urlaub und Urlaubsentgelt an den tatsächlich gewährten Urlaub anknüpfen, steht dem Arbeitnehmer gem. § 7 Abs. 4 BUrlG ein Anspruch auf **Urlaubsabgeltung gerade dann** zu, wenn der Urlaub wegen Beendigung des Arbeitsverhältnisses ganz oder teilweise **nicht mehr gewährt werden konnte.** Die insolvenzrechtliche Einordnung ist deshalb problematisch.

1171 Das *BSG* (22.11.1994 EzA § 141 b AFG Nr. 2; **a. A.** *BAG* 28.8.2001 EzA § 7 BUrlG Abgeltung Nr. 7; s. u. C/Rz. 1963) nimmt an, dass der Urlaubsabgeltungsanspruch, welcher arbeitsrechtlich zu einem bestimmten Zeitpunkt geschuldet wird, dessen Voraussetzungen aber über einen längeren Zeitraum entstanden sind, **der Zeit zuzuordnen ist, die der Beendigung des Arbeitsverhältnisses unmittelbar vorausgeht**. Eine Zuordnung für Zeiten **nach dem Ende** des Arbeitsverhältnisses scheidet danach schon deshalb aus, weil der Arbeitnehmer **nicht verpflichtet** ist, den Abgeltungsbetrag für Erholungszwecke zu verwenden. Zudem kann der Urlaubsabgeltungsanspruch nur einem Zeitraum zugeordnet werden. Im Hinblick darauf, dass die Arbeitnehmer im Interesse der Erhaltung des Arbeitsplatzes auch ohne Lohnzahlung noch einige Tage weiterarbeiten und damit auch die Verwirklichung ihres Anspruchs auf bezahlte Freistellung riskieren, ist er noch einem Zeitraum vor Beendigung des Arbeitsverhältnisses zuzuordnen.

Für die Zahlung von Insolvenzgeld (s. u. C/Rz. 1177 ff.) folgt daraus, dass Urlaubstage, die in die Zeit vor Eröffnung oder Ablehnung der Eröffnung des Insolvenzverfahrens fallen, beim Vorliegen der übrigen Voraussetzungen einen Anspruch auf Insolvenzgeld begründen, während die Tage, die mit dem Tag des Insolvenzereignisses zusammenfallen oder danach liegen, nicht insolvenzgeldfähig sind. 1172

Das gilt auch dann, wenn das Arbeitsverhältnis wegen **Mutterschutzes** erst nach dem Eintritt des Insolvenzereignisses zum Ende der Schutzfrist beendet wird (*BSG* 3.12.1996 SozR 3–4100 § 141 b Nr. 16). 1173

Gem. § 184 Abs. 1 Nr. 1 SGB III ist allerdings **nunmehr** ein Anspruch auf Insolvenzgeld dann **ausgeschlossen**, wenn es sich um Ansprüche handelt, die der Arbeitnehmer **wegen der Beendigung des Arbeitsverhältnisses** oder für die Zeit nach der Beendigung des Arbeitsverhältnisses **hat**. Nach der amtlichen Begründung zum SGB III (BT-Drs. 13/4941 S. 188 zu § 184 SGB III) soll davon auch der Anspruch auf Urlaubsabgeltung erfasst sein (ebenso *Lakies* NZA 2001, 522; FK-InsO/*Mues* Anhang zu § 113 Rz. 111 ff.). Dies erscheint im Hinblick auf die zuvor dargestellte Rechtsauffassung des BSG (s. o. C/Rz. 1171) fraglich, weil danach die Urlaubsabgeltung gerade der Zeit vor der Beendigung des Arbeitsverhältnisses zugeordnet wird. Da der Anspruch auf Urlaubsabgeltung als **Surrogat des Urlaubsanspruchs** bereits mit der Erbringung der Arbeitsleistung durch den Arbeitnehmer entsteht, bedingt durch die Nichtgewährung des Urlaubs vor der Beendigung des Arbeitsverhältnisses, entsteht er auch nicht wegen der Beendigung, sondern lediglich als Folge der Nichtgewährung des Urlaubs bis zur Beendigung (MünchArbR/*Peters-Lange* § 77 Rz. 37). 1174

(7) Nebenforderungen

Fraglich ist die insolvenzrechtliche Einordnung von Nebenforderungen, also von **Zinsen**, Finanzierungskosten, Kosten der Rechtsverfolgung und Vollstreckung (z. B. geschuldeten Arbeitslohns). Das *BSG* (28.2.1985, 15.12.1992 ZIP 1985, 626, ZIP 1993, 689) ist zum alten Recht davon ausgegangen, dass Zinsansprüche und Kosten für das Geltendmachen rückständigen Lohns nicht vom Anspruch auf Konkursausfallgeld umfasst werden. Da die Rangprivilegien des § 55 Abs. 1, 2 InsO ebenso wie vormals des § 59 Abs. 1 Nr. 1 und 2 KO umfassend »die Ansprüche« aus den dort genannten Rechtsgeschäften einbeziehen und eine entsprechende Regelung in § 39 Abs. 1 Nr. 1 und 2 InsO für Nebenforderungen auf Arbeitsentgeltansprüche fehlt, sind die Nebenforderungen auf Arbeitsentgeltansprüche **grds. wie die Hauptforderungen zu behandeln** (a. A. – ohne Begründung – FK-InsO/*Mues* Anhang zu § 113 Rz. 12). Für den Anspruch auf Insolvenzgeld kann sich allerdings aus der anders lautenden Formulierung des § 183 SGB III eine andere Betrachtung ergeben (MünchArbR/*Peters-Lange* § 77 Rz. 13). 1175

C. Der Inhalt des Arbeitsverhältnisses

(8) Sozialversicherungsbeiträge; Steuern

1176 Sozialversicherungsbeiträge und Steuern sind nach den **gleichen Grundsätzen wie Nebenforderungen** zu behandeln, d. h. sie teilen den Rang des zugrunde liegenden Arbeitsentgeltanspruchs. Hat die Bundesanstalt für Arbeit Insolvenzgeld gezahlt, geht der Anspruch auf Arbeitsentgelt auf sie über, ohne dass darauf noch Lohn- oder Einkommensteuer zu entrichten ist (§ 3 Nr. 2 EStG). Dennoch hat das *BAG* (11.2.1998 EzA § 611 BGB Nettolohn, Lohnsteuer Nr. 10) die Bundesanstalt für Arbeit als Inhaberin des Bruttolohnanspruchs angesehen und mit dieser Begründung einen Anspruch des Arbeitnehmers auf Zahlung des Differenzbetrages zwischen dem mit dem Insolvenzgeld abgegoltenen Nettoanteil des Arbeitsentgelts und dem Bruttoanspruch (einschließlich Steuern) verneint. Da angesichts der nunmehr eindeutigen Rechtslage **keine Abführungspflicht** für den Insolvenzverwalter bzw. den Arbeitgeber bei Zahlung des Arbeitsentgelts an die Bundesanstalt für Arbeit mehr besteht, **besteht zur Annahme des Übergangs der Bruttolohnforderung auf die Bundesanstalt für Arbeit keine rechtliche Grundlage** (MünchArbR/*Peters-Lange* § 77 Rz. 14).

dd) Insolvenzgeld

(1) Sinn und Zweck der gesetzlichen Regelung

1177 Mit **§§ 183 ff. SGB III** hat der Gesetzgeber auf die verbreitete Masselosigkeit, die in vielen Insolvenzfällen einer Eröffnung des Insolvenzverfahrens entgegensteht, reagiert.

1178 Den Arbeitnehmern wird gem. § 183 SGB III für den Fall
– der Eröffnung des Insolvenzverfahrens,
– der Abweisung des Antrags auf Eröffnung des Insolvenzverfahrens mangels Masse sowie
– der Betriebseinstellung und offensichtlichen Vermögenslosigkeit, wenn ein Antrag auf Eröffnung des Insolvenzverfahrens nicht gestellt worden ist und ein Insolvenzverfahren offensichtlich mangels Masse nicht in Betracht kommt
ein sofort erfüllbarer Anspruch auf Zahlung des rückständigen Arbeitsentgelts für die letzten drei Monate des Arbeitsverhältnisses vor Eröffnung des Insolvenzverfahrens gegen die Bundesanstalt für Arbeit eingeräumt (vgl. FK-InsO/*Mues* Anhang zu § 113 Rz 65 ff.; vgl. auch *Marschner* DB 1996, 780 ff.; *Braun* BB 1993, 858 ff.; *LAG Hamm* 12.9.1996 NZA-RR 1997, 272 Ls. zum alten Recht).

1179 Endet das Arbeitsverhältnis **vor** dem Insolvenzereignis, so ist der Zeitraum von drei Monaten vom rechtlichen Ende des Arbeitsverhältnisses an **zurückzurechnen**. Die **Weiterarbeit** des Arbeitnehmers bzw. Arbeitsaufnahme in Unkenntnis eines Insolvenzereignisses bewirkt dagegen nach § 183 Abs. 2 SGB III eine **Verlagerung** des durch Insolvenzgeld geschützten Zeitraums **nach hinten**; in diesem Fall besteht der Anspruch für die dem Tag der Kenntnisnahme vorausgehenden drei Monate des Arbeitsverhältnisses (FK-InsO/*Mues* Anhang zu § 113 Rz. 3). Abweichend von der Rechtsprechung des BAG zu § 7 BetrAVG (*BAG* 20.11.1984 EzA § 7 BetrAVG Nr. 15; 28.1.1986 EzA § 7 BetrAVG Nr. 19; 9.12.1997 EzA § 7 BetrAVG Nr. 55) hat das *BSG* (17.7.1979 ZIP 1980, 126) zum Insolvenzereignis der **Betriebseinstellung** entschieden, dass die **Masselosigkeit im Zeitpunkt der Beendigung der Betriebstätigkeit vorliegen muss**. Im Hinblick auf die durch die InsO herabgesetzten Anforderungen an die Verfahrenseröffnung, für die nach § 54 InsO nur noch die dort genannten Kosten gedeckt sein müssen, ist es aus der Sicht der Arbeitnehmer regelmäßig **schwierig**, das Vorliegen der Voraussetzungen der sog. Masselosigkeit **zu beurteilen**, sodass ein Festhalten an dem von der Rechtsprechung des *BSG* (17.7.1979 ZIP 1980, 126) geforderten Zeitpunkt der Betriebseinstellung als überflüssige Förmelei erscheint (MünchArbR/*Peters-Lange* § 77 Rz. 19).

Die gesetzliche Regelung schützt nicht nur die letzten drei Monate des dem Insolvenzfall vorhergehenden jeweils letzten Arbeitsverhältnisses, sondern erfasst auch ein vorhergehendes Arbeitsverhältnis bei demselben Arbeitgeber, soweit es in den Dreimonatszeitraum hineinreicht (*BSG* 23.10.1984 AP Nr. 8 zu § 141 b AFG). 1180

Anspruch auf Konkursausfallgeld (jetzt Insolvenzgeld) hat ein Arbeitnehmer auch dann, wenn er neben dem zahlungsunfähig gewordenen Arbeitgeber **Dritte** auf das Arbeitsentgelt, das ihm der Arbeitgeber schuldig geblieben ist, **in Anspruch** nehmen kann (*BSG* 2.11.2000 NZA-RR 2001, 553). 1181

Erfasst werden nur Arbeitnehmer, die im **Inland abhängig beschäftigt sind** oder für eine im Voraus begrenzte Zeit in das Ausland entsandt worden sind, nicht aber Arbeitnehmer, die überwiegend im Ausland tätig sind (*BSG* 29.7.1982 AP Nr. 5 zu § 141 b AFG). Für Letztere kommt es nach Auffassung der Bundesanstalt für Arbeit darauf an, ob »**erhebliche Berührungspunkte zur deutschen Rechtsordnung** bestehen, aus denen zu folgern ist, dass der Schwerpunkt der rechtlichen und tatsächlichen Merkmale des Arbeitsverhältnisses im Inland liegt«, wobei die Vereinbarung der Anwendbarkeit des deutschen Arbeitsrechts, die Vergütung in deutscher Währung, die Gewährung von Heimaturlaub in Deutschland und die Vereinbarung eines deutschen Gerichtsstandes wesentliche Indizien sein können (vgl. FK-InsO/*Mues* Anhang zu § 113 Rz. 39). 1182

Dagegen steht einem Arbeitnehmer, der nach Eröffnung des Insolvenzverfahrens mit dem Insolvenzverwalter ein Arbeitsverhältnis eingeht, kein Insolvenzgeld zu (*BSG* 17.5.1989 AP Nr. 12 zu § 141 b AFG). 1183

Sinn und Zweck des Insolvenzgeldes ist in erster Linie der Schutz des Arbeitnehmereinkommens, auf dessen Gewährung der Arbeitnehmer existenziell angewiesen ist. 1184

(2) Verfahren; Forderungsübergang; Höhe und Modalitäten des Anspruchs
Insolvenzgeld wird **auf Antrag**, der beim zuständigen Arbeitsamt innerhalb einer Ausschlussfrist von zwei Monaten nach Eröffnung des Insolvenzverfahrens zu stellen ist, gewährt (§ 324 Abs. 3 SGB III; FK-InsO/*Mues* Anhang zu § 113 Rz. 177 ff.). Hat der Arbeitnehmer aus von ihm nicht zu vertretenden Gründen die Frist versäumt, kann der Antrag binnen **zweier Monate** ab Wegfall des Hindernisses nachgeholt werden (§ 324 Abs. 3 S. 2 SGB III; vgl. *BSG* 30.4.1996 NZA-RR 1997, 270). Diese Nachfrist beginnt bereits mit dem Ende der unverschuldeten Unkenntnis vom Insolvenzfall, also auch mit fahrlässiger Unkenntnis des Insolvenzereignisses. Etwaige **Beratungsfehler** z. B. seines Rechtsanwalts, insbesondere aus Unkenntnis der Frist, muss sich der Arbeitnehmer zurechnen lassen. 1185

Auch ein Anwalt, der ohne ausdrückliche Eingrenzung auf das Arbeitsrecht das Mandat erhält, die aus der Nichtzahlung des Lohns folgenden Ansprüche zu realisieren, muss einen Antrag auf Insolvenzgeld stellen, sobald er Kenntnis von einem anspruchsauslösenden Insolvenzereignis erhält. Geschieht dies nicht, so ist ein Insolvenzgeldanspruch wegen Fristversäumnis ausgeschlossen. Das *BSG* (NZS 1993, 272) hält es dann für gerechtfertigt, den Arbeitnehmer auf eventuelle 1186

C. Der Inhalt des Arbeitsverhältnisses

Regressansprüche gegen seinen Bevollmächtigten zu verweisen. Dabei lässt es (a. a. O.) auch einen Verstoß gegen die dem Vertreter obliegende Informationspflicht hinsichtlich der Antragstellung genügen (vgl. *Rittweger* NZA 1996, 858 ff.).

1187 Demgegenüber begründet im Falle der Arbeitsaufnahme nach dem Insolvenzereignis bzw. der Weiterarbeit des Arbeitnehmers in Unkenntnis des Insolvenzereignisses (§ 183 Abs. 2 SGB III) nur die **positive Kenntnis** vom Insolvenzereignis eine Verlagerung des durch Insolvenzgeld geschützten Zeitraums, sodass es konsequent erscheint, erst diesen Zeitpunkt für den Beginn der Antragsfrist nach § 324 Abs. 3 SGB III zugrunde zu legen (*BSG* 27.8.1998 NZA 1999, 166; MünchArbR/*Peters-Lange* § 77 Rz. 26).

1188 Mit Antragstellung gehen die Forderungen des Arbeitnehmers auf die Bundesanstalt für Arbeit gem. § 187 SGB III über (*Lakies* NZA 2001, 522), auch dann, wenn zweifelhaft ist, ob überhaupt ein Anspruch auf Insolvenzgeld erwächst. Voraussetzung ist nur, dass zumindest eine entfernte Möglichkeit besteht, dass ein solcher Anspruch in Betracht kommt (*BAG* 10.2.1982 AP Nr. 1 zu § 141 m AFG). Werden Arbeitnehmer von einem sog. »starken« vorläufigen Insolvenzverwalter mit Verwaltungs- und Verfügungsbefugnis i. S. d. § 22 Abs. 1 InsO vor der Eröffnung des Insolvenzverfahrens **zur Arbeitsleistung herangezogen** und zahlt ihnen die Bundesanstalt für Arbeit für diesen Zeitraum Insolvenzgeld, so sind die auf diese nach den §§ 183, 187 SGB III übergegangenen Arbeitsentgeltansprüche **keine** Masseverbindlichkeiten i. S. d. § 55 Abs. 2 InsO, sondern Insolvenzforderungen nach den §§ 108 Abs. 2, 38 InsO. Dies folgt aus einer im Wege der teleologischen Reduktion vorzunehmenden **einschränkenden Auslegung** des § 55 Abs. 2 InsO (*BAG* 3.4.2001 EzA § 55 InsO Nr. 1; *LAG Hamm* 10.1.2000 NZA-RR 2000, 151; *LAG Köln* 25.3.2000 NZA-RR 2000, 314). Mit Wirkung vom 1.12.2001 folgt dies **unmittelbar aus der gesetzlichen Neuregelung** des § 55 Abs. 3 InsO (vgl. FK-InsO/*Mues* Anhang zu § 113 Rz. 61).

1189 Gem. § 185 SGB III wird das Insolvenzgeld in Höhe des **Nettoarbeitsentgelts**, das sich ergibt, wenn das Arbeitsentgelt um die gesetzlichen Abzüge vermindert wird, für die letzten der Eröffnung des Insolvenzverfahrens vorausgehenden 3 Monate des Arbeitsverhältnisses gezahlt. Laufendes Arbeitsentgelt ist dann insolvenzgeldfähig, wenn es im Insolvenzgeld-Zeitraum erarbeitet wurde; kann dagegen der Insolvenzgeld-Zeitraum mit den Abrechnungszeiträumen des laufenden Arbeitsentgelts nicht unmittelbar erfasst werden, muss eine Teillohnberechnung erfolgen (vgl. FK-InsO/*Mues* Anhang zu § 113 Rz 99 ff.).
Kein Anspruch auf Insolvenzgeld besteht dagegen für Ansprüche auf Arbeitsentgelt, die der Arbeitnehmer wegen der Beendigung des Arbeitsverhältnisses oder für die Zeit nach der Beendigung des Arbeitsverhältnisses hat (§ 184 Abs. 1 Nr. 1 SGB III). Damit sind **Abfindungen**, die als Entschädigung für den Verlust des Arbeitsplatzes gezahlt werden, **ausgeschlossen**; etwas anderes gilt aber, soweit Abfindungen Arbeitsentgelt enthalten, die damit zugleich beitragspflichtig sind (*BSG* 21.2.1990 NZA 1990, 751), oder eine nachträgliche Tariflohnerhöhung abgelten (*BSG* 24.11.1983 ZIP 1984, 345; MünchArbR/*Peters-Lange* § 77 Rz. 22). Für den Fall eines gerichtlichen **Abfindungsvergleichs** ist dabei Folgendes zu beachten: Bietet der Arbeitgeber z. B. nach Ablehnung der Eröffnung des Insolvenzverfahrens mangels Masse irgendeinen Betrag an zur Beendigung allen Streits und wird dies im Hinblick auf die schlechte Realisierbarkeit der Klageforderung ak-

C. Der Inhalt des Arbeitsverhältnisses

> zeptiert, um wenigstens etwas Greifbares zu erhalten, so sind dann, wenn der Vergleich eine Ausgleichsklausel mit dem Wortlaut, dass »mit Zahlung dieses Betrages alle gegenseitigen Ansprüche erledigt sind« und dadurch zwischen den Parteien das letzte Wort gesprochen sein sollte, auch die Ansprüche auf Lohnzahlung für den Insolvenzgeld-Zeitraum erledigt. Der Arbeitnehmer hat also keine Ansprüche mehr auf Arbeitsentgelt, die ihm ausfallen könnten und folglich auch keinen Anspruch auf Insolvenzgeld (*BSG* NZS 1995, 375).

Denn der Anspruch, den das Insolvenzgeld absichert, erlischt mit der Erfüllung des Vergleichs. Die Absicherung über das Insolvenzgeld-Recht ist also allenfalls bei Vergleichen möglich, in denen statt aller gegenseitigen Ansprüche ausdrücklich die Lohnansprüche für den 3-monatigen Insolvenzgeld-Zeitraum von der allgemeinen Regelung ausgenommen sind (*BSG* a. a. O.; vgl. *Rittweger* NZA 1996, 859). **1190**

Auch die Ansprüche der **Vorruheständler**, deren Arbeitsverhältnisse bereits beendet sind, werden nicht durch Insolvenzgeld geschützt; etwas anderes gilt für Ansprüche nach dem ATZG. Ansprüche auf Entgeltfortzahlung gem. § 8 EFZG und Schadensersatzansprüche gem. § 628 Abs. 2 BGB sind durch § 184 Abs. 1 Nr. 1 SGB III vom Insolvenzgeld ausgeschlossen (MünchArbR/*Peters-Lange* § 77 Rz. 22). **1191**

Nebenforderungen wie Zinsen, Kosten der Rechtsverfolgung und Vollstreckung sowie die Kosten des Insolvenzantrags werden angesichts der fehlenden Bezugnahme auf die InsO, wonach sie u. U. privilegiert sein können und der insoweit eindeutigen Formulierung des Gesetzes »Bezüge aus dem Arbeitsverhältnis« nicht vom Schutz durch Insolvenzgeld erfasst. Gleiches gilt für Schadensersatzansprüche, die nicht an die Stelle von Arbeitsentgelt treten, sondern Ersatz für im Rahmen des Arbeitsverhältnisses erlittene Personen- und Sachschäden bieten (MünchArbR/*Peters-Lange* § 77 Rz. 23). **1192**

Die **Pflichtbeiträge zur Sozialversicherung** sind gem. § 208 SGB III gleichfalls für die letzten drei Monate vor dem Insolvenzereignis durch die Insolvenzausfallversicherung geschützt. Insoweit gehen die Ansprüche aber nicht auf die Bundesanstalt für Arbeit als Träger der Insolvenzausfallversicherung über, sondern verbleiben der Einzugsstelle (§ 208 Abs. 2 SGB III). Damit sind die **Sozialversicherungsträger für alle rückständigen Beitragsforderungen am Verfahren beteiligt** und zur Stellung von Insolvenzanträgen gem. § 13 InsO befugt. Die Einzugsstelle kann sich auch außerhalb des Insolvenzverfahrens an die persönlich haftenden Gesellschafter (mit der Haftungsbeschränkung gem. § 93 InsO) oder an die verantwortlichen Organe wegen Schadensersatzes für vorenthaltene Arbeitnehmeranteile zur Sozialversicherung gem. § 823 Abs. 2 BGB i. V. m. § 266 a StGB halten, im Falle illegaler Arbeitnehmerüberlassung auch an den Verleiher (§ 10 Abs. 3 AÜG; vgl. MünchArbR/*Peters-Lange* § 77 Rz. 25).

Insolvenzgeld ist **steuerfrei** (§ 3 Nr. 2 EStG). Das sagt aber nichts darüber aus, welches rechtliche Schicksal die im Bruttolohn enthaltene Lohnsteuer des Arbeitnehmers erfährt (s. o. C/Rz. 1176). **1193**

Ein **Vorschuss** auf Insolvenzgeld wird vor Eintritt des Insolvenzereignisses nach § 186 SGB III nur für Arbeitnehmer gewährt, deren Arbeitsverhältnisse bereits beendet sind. Daneben kommt eine vorläufige Entscheidung über den Anspruch nach § 328 Abs. 1 Nr. 3 SGB III in Betracht, wenn zur Feststellung der Anspruchsvoraussetzungen voraussichtlich längere Zeit erforderlich ist. Geboten ist dies aber nur hinsichtlich bereits fälliger Arbeitsentgeltansprüche, da die vorläufige Entscheidung zur **1194**

Sicherstellung des Lebensunterhalts des Arbeitnehmers dient (MünchArbR/*Peters-Lange* § 77 Rz. 26).

1195 Der Anspruch auf Insolvenzgeld entfällt, wenn der Arbeitgeber nach Insolvenzgeld-Antragstellung das Arbeitsentgelt mit befreiender Wirkung zahlt (*BSG* 27.9.1994 AP Nr. 17 zu § 141 b AFG; FK-InsO/*Mues* Anhang zu § 113 Rz. 144). Der Arbeitnehmer ist auch dann **nicht anspruchsberechtigt**, wenn und soweit seine Ansprüche auf Arbeitsentgelt vor Antragstellung (vgl. FK-InsO/*Mues* Anhang zu § 113 Rz. 145 ff.)
- auf einen Dritten durch Abtretung wirksam übertragen worden sind (§§ 398 ff. BGB), z. B. im Rahmen einer Insolvenzgeld-Vorfinanzierung;
- durch wirksame Inanspruchnahme des Anfechtungsrechts (§§ 129 ff. InsO) durch den Insolvenzverwalter entfallen sind;
- **erfüllt** worden sind;
- durch wirksame **Aufrechnung** erloschen sind;
- nach einer anwendbaren tariflichen Verfallklausel **verfallen** sind;
- sich durch **anzurechnendes anderweitiges Einkommen reduzieren** bzw. insgesamt entfallen (vgl. z. B. § 11 KSchG); gleiches gilt für anzurechnende Sozialleistungen (z. B. bei der Gleichwohlgewährung von Arbeitslosengeld, § 143 Abs. 3 S. 1 SGB III);
- durch eine **rückwirkende Beendigung** des Arbeitsverhältnisses durch Vergleich oder Klagerücknahme zu einem früheren Zeitpunkt entfallen sind.

ee) Vorfinanzierung durch Dritte

1196 Die Zulässigkeit der Vorfinanzierung von Insolvenzgeld ist gem. § 188 Abs. 4 SGB III an eine **Prognose über den Erhalt eines wesentlichen Teils der Arbeitsplätze** geknüpft (FK-InsO/*Mues* Anhang zu § 113 Rz. 145 ff.). Das ist dann der Fall, wenn in umgekehrter Anwendung der Zahlenverhältnisse des § 112 a BetrVG ein entsprechender **Teil der Arbeitsverhältnisse auf Dauer erhalten** werden kann (DA der Bundesanstalt für Arbeit zu § 188 SGB III, 4.2 (8) = ZIP 1999, 211), wobei in anerkannten Fördergebieten der regionalen Strukturpolitik oder Arbeitsamtsbezirken mit überdurchschnittlicher Arbeitslosenquote bzw. –dauer auch eine geringere Quote ausreichend ist. Für die **Glaubhaftmachung der** für die nach § 188 Abs. 4 SGB III zu treffenden Zustimmungsentscheidung zugrunde zu legenden Tatsachen ist dem Arbeitsamt ein Sachverständigengutachten (auch des vorläufigen Insolvenzverwalters) mit einem den Anforderungen des § 294 ZPO entsprechenden Wahrscheinlichkeitsgrad (wie Vorlage eines Sanierungskonzepts, Übernahmeangebot eines potentiellen Interessenten) vorzutragen (DA a. a. O., 4.1 (6).

1197 Die vom Arbeitsamt zu erteilende Zustimmung zur Vorfinanzierung setzt voraus, dass die Arbeitsentgelte vor dem Insolvenzereignis zum Zwecke der Vorfinanzierung **abgetreten** worden sind. Für eine Zustimmung zur Vorfinanzierung für diejenigen Arbeitsentgeltansprüche, die bereits vor der Bestellung eines vorläufigen Insolvenzverwalters entstanden sind, reicht es aus, dass ein erheblicher Teil der Arbeitsplätze zumindest während des Insolvenzeröffnungsverfahrens erhalten bleibt, die Arbeitsverhältnisse also **noch ungekündigt** sind (vgl. MünchArbR/*Peters-Lange* § 77 Rz. 41; FK-InsO/*Mues* Anhang zu § 113 Rz. 145 ff.).

1198 Eine Vorfinanzierung, bei der die Arbeitsentgeltansprüche gegen Gewährung eines **Darlehens** in Höhe des Nettobetrages abgetreten werden, **erfasst nur die pfändbaren Teile des Arbeitseinkommens** (§ 400 BGB), da der Arbeitnehmer insoweit keine wirtschaftlich gleichwertige Leistung erhält (*BSG* 8.4.1992 BSGE 70, 265; **a. A.** *von Hoyningen-Huene* SGB 1992, 626). Im Fall der Abtretung an einen späteren Betriebserwerber kann der Anspruch auf Insolvenzgeld entfallen, wenn der Zessionar später nach § 613 a Abs. 1 BGB für die rückständigen Arbeitsentgeltansprüche haftet und damit die Arbeitsentgeltansprüche infolge von Konfusion erloschen sind (*BSG* 6.11.1985 BSGE 59, 111). Im Falle der **Betriebsübernahme** nach Eröffnung des Insolvenzverfahrens ist eine Haftung nach der Rechtsprechung des BAG (s. o. C/Rz. 1143) ausgeschlossen, selbst wenn später das Verfahren nach § 207 InsO eingestellt wird. Dann gehen die Ansprüche der Arbeitnehmer unbeschadet des Betriebsübergangs auf den Zessionar über, der nach § 188 Abs. 1 SGB III Insolvenzgeld beanspruchen kann (MünchArbR/*Peters-Lange* § 77 Rz. 42).

Eine **isolierte Abtretung** des Anspruchs auf Insolvenzgeld ist erst nach Stellung des Insolvenzgeldantrags möglich (§ 189 SGB III). Damit wird ein vorheriges Auseinanderfallen von Arbeitsentgelt- und Insolvenzgeldanspruch vermieden und der Forderungsübergang auf die Bundesanstalt für Arbeit gem. § 187 SGB III sichergestellt. Dagegen erfasst eine vorher ausgebrachte Pfändung den Insolvenzgeldanspruch im Zeitpunkt der Antragstellung durch den Inhaber des Arbeitsentgeltanspruchs, im Falle der Vorfinanzierung also durch den Abtretungsempfänger (MünchArbR/*Peters-Lange* § 77 Rz. 43). 1199

2. Arbeitsentgelt ohne Arbeitsleistung

a) Annahmeverzug des Arbeitgebers

aa) Grundlagen

(1) Fixschuldcharakter der Arbeitsleistung
Gem. **§ 615 S. 1 BGB** behält der Arbeitnehmer den Anspruch auf die vereinbarte Vergütung, ohne zur Nachleistung verpflichtet zu sein, **wenn der Arbeitgeber mit der Annahme der Arbeitsleistung in Verzug gerät (§§ 293 ff. BGB)**. Daraus, dass der Arbeitnehmer nicht zur Nachleistung verpflichtet ist, wird der Fixschuldcharakter der in sukzessiven Teilleistungen zu erbringenden Arbeitsleistungspflicht deutlich (*Staudinger/Richardi* § 615 Rz. 1). 1200

Nach Auffassung des *BAG* (17.3.1988 EzA § 622 BGB Nr. 116) ist die Arbeitsleistung jedenfalls dann, wenn der Arbeitnehmer im Zeitlohn vergütet wird, sie zu einer fest bestimmten Zeit oder innerhalb eines bestimmten Zeitraums zu erbringen hat, Fixschuld nach § 361 BGB a. F. (vgl. jetzt § 323 Abs. 2 Nr. 2 n. F.; relative Fixschuld). 1201

(2) Unmöglichkeit der Arbeitsleistung; Abgrenzung
Die Leistungspflicht des Arbeitnehmers wird unmöglich und entfällt, sobald die Leistungszeit ungenutzt verstreicht (§ 275 Abs. 1 BGB). Abweichend von § 326 Abs. 1 BGB bleibt jedoch der Vergütungsanspruch des Arbeitnehmers erhalten, unabhängig davon ob der Arbeitgeber die Nichtannahme der Arbeitsleistung zu vertreten hat. 1202

Im Hinblick auf die Abgrenzung zwischen Verzug und Unmöglichkeit geht das *BAG* (21.3.1985 EzA § 615 BGB Nr. 44; 30.1.1991 EzA § 615 BGB Betriebsrisiko Nr. 12) vom Annahmeverzug des Arbeitgebers aus, wenn das Unterbleiben der 1203

Arbeitsleistung auf die Weigerung des Arbeitgebers zur Beschäftigung des Arbeitnehmers zurückzuführen ist, während Unmöglichkeit dann gegeben ist, falls die Arbeitsleistung trotz Annahmebereitschaft des Arbeitgebers nicht erbracht werden kann (zu abw. Begründungsansätzen i. d. Lit. vgl. MünchArbR/*Boewer* § 78 Rz. 9 ff.; s. o. C/Rz. 196 ff.).

(3) Abdingbarkeit des § 615 S. 1 BGB; Ausnahmen

1204 Im Umkehrschluss folgt aus § 619 BGB, dass § 615 S. 1 BGB einzel- ebenso wie kollektivvertraglich abbedungen werden kann (*BAG* 9.3.1983 EzA § 615 BGB Betriebsrisiko Nr. 9).
Etwas anderes gilt allerdings gem. § 11 Abs. 4 S. 2 AÜG für das Recht des Leiharbeitnehmers auf Vergütung bei Annahmeverzug des Verleihers.
Eine tarifvertragliche Regelung, wonach nur die tatsächlich geleistete Arbeitszeit bezahlt wird, betrifft nur Ansprüche aus § 616 S. 1 BGB, nicht aber solche aus Annahmeverzug (*BAG* 8.3.1961 AP Nr. 13 zu § 615 BGB Betriebsrisiko).

1205 Zu beachten ist, dass ein Ausschluss des § 615 S. 1 BGB durch tarifvertragliche Regelungen überall dort nicht in Betracht kommt, wo die Arbeitsentgeltfortzahlung unabdingbarer Bestandteil des zwingenden Kündigungsschutzes ist, der auf die wirtschaftliche Existenzsicherung des Arbeitnehmers abzielt. Gleiches gilt dann, wenn der Entzug dieses Anspruchs aufgrund vorbehaltener einseitiger Leistungsbestimmungen des Arbeitgebers eine wesentliche Äquivalenzstörung des arbeitsvertraglichen Gegenseitigkeitsverhältnisses von Arbeitsleistung und Entgelt verursacht. Denn dann verbietet der aus § 2 KSchG abzuleitende Inhaltsschutz des Vertrages einen Entzug der Rechtsfolgen aus § 615 S. 1 BGB.

(4) Suspendierung

1206 Möglich ist allerdings eine einzel- oder kollektivvertragliche Regelung über die Suspendierung der wechselseitigen Hauptleistungspflichten, sodass es während dieser Zeit nicht zum Annahmeverzug des Arbeitgebers kommt (z. B. Vereinbarung unbezahlten Urlaubs zur Abwicklung persönlicher Belange).

(5) Verzicht auf bereits entstandene Ansprüche

1207 Die Arbeitsvertragsparteien können sich in einem gerichtlichen oder außergerichtlichen Vergleich rechtswirksam darüber verständigen, dass ihre arbeitsvertraglichen Beziehungen trotz unwirksamer Kündigung zu einem bestimmten Zeitpunkt beendet worden sind und der Arbeitnehmer dadurch auf einen bereits entstandenen Anspruch aus § 615 S. 1 BGB verzichtet (vgl. *BAG* 17.4.1986 EzA § 615 BGB Nr. 47).

bb) Voraussetzungen des Annahmeverzuges

(1) Rechtswirksamer Arbeitsvertrag

1208 Anspruchsvoraussetzung ist zunächst das Vorliegen eines rechtswirksamen Arbeitsvertrages, **dessen Hauptpflichten nicht ruhen.**
Nimmt der Arbeitgeber im Einvernehmen mit dem Arbeitnehmer eine Kündigungserklärung zurück, so gehen die Vertragsparteien vorbehaltlich einer abweichenden Regelung von der Unwirksamkeit der Kündigung und damit für die Frage des Annahmeverzuges (§ 615 BGB) vom Fortbestand des Arbeitsverhältnisses aus (*BAG* 17.4.1986 EzA § 615 BGB Nr. 47).

C. Der Inhalt des Arbeitsverhältnisses

Der Arbeitgeber gerät (weil ein rechtswirksamer Arbeitsvertrag vorliegt) auch dann in Annahmeverzug gem. § 615 BGB, wenn er im Hinblick auf die fehlende Zustimmung des Betriebsrats (§ 99 BetrVG) eine weitere Beschäftigung des Arbeitnehmers ohne entsprechenden vertraglichen Vorbehalt ablehnt. 1209

Wird die Zustimmung des Betriebsrats zu einer höherwertigen Tätigkeit versagt, so erwirbt der Arbeitnehmer auf der Grundlage der vertraglich verbindlichen Zusage einen Anspruch auf Vergütung nach der höheren Vergütungsgruppe gem. § 324 BGB (*BAG* 16.1.1991 EzA § 24 BAT Nr. 4). 1210

(2) Angebot des Arbeitnehmers

aaa) Allgemeine Voraussetzungen
Weiterhin setzt der Annahmeverzug voraus, dass der Arbeitgeber ein Angebot des Arbeitnehmers zur Arbeitsleistung ablehnt (§ 293 BGB). 1211
Der Arbeitnehmer muss die Arbeitsleistung persönlich tatsächlich so anbieten, wie sie zu bewirken ist (§§ 294, 613 S. 1 BGB), d. h. **zur rechten Zeit, am rechten Ort und in der rechten Art und Weise** (vgl. *LAG Köln* 14.2.2001 ARST 2001, 211 Ls.).

Gem. § 295 BGB genügt ausnahmsweise ein wörtliches Angebot der Leistung, wenn der Gläubiger (Arbeitgeber) erklärt hat, dass er die Leistung nicht annehmen wird oder wenn eine erforderliche Mitwirkungshandlung des Arbeitgebers unterblieben ist (vgl. *LAG Köln* 1.8.1997 NZA-RR 1998, 393. Auch ein wörtliches Angebot ist insbesondere dann nicht erforderlich, wenn der Arbeitgeber es **versäumt**, dem Arbeitnehmer einen **funktionsfähigen Arbeitsplatz zur Verfügung zu stellen**. Das ist bei Übertragung eines neuen Arbeitsbereichs nur dann der Fall, wenn diese vom Direktionsrecht des Arbeitgebers gedeckt ist (*LAG Köln* 14.2.2001 ARST 2001, 211 Ls.). 1212

Beispiel:
Vom Direktionsrecht nicht umfasst ist die Anordnung des Arbeitgebers, den Arbeitnehmer **als Springer** eine Tour **fahren zu lassen**, die dieser zuvor lediglich **drei Tage als Beifahrer** kennen gelernt hatte, da dieser Zeitraum unzureichend ist, diese Tour für eine Springertätigkeit auch nur annähernd zu beherrschen. Nachdem der Arbeitnehmer darauf mit zutreffender Begründung hingewiesen hatte, war es Sache des Arbeitgebers, zur Vermeidung von Lohnansprüchen aus Annahmeverzug dem Arbeitnehmer einen anderen funktionsfähigen Arbeitsplatz zur Verfügung zu stellen (*LAG Köln* 14.2.2001 ARST 2001, 211 Ls.). 1213

bbb) Die Kündigungsschutzklage als wirksames Angebot
Zweifelhaft ist in diesem Zusammenhang, welche Voraussetzungen für die Begründung von Annahmeverzug des Arbeitgebers im Zusammenhang mit von diesem erklärten Kündigungen bestehen, deren Unwirksamkeit später rechtskräftig festgestellt wird. Das *BAG* (10.4.1963 AP Nr. 23 zu § 615 BGB) ist ursprünglich davon ausgegangen, dass in der Erhebung der Kündigungsschutzklage ein **ausreichendes wörtliches Angebot** i. S. d. § 295 BGB liegt. Allerdings steht damit nicht fest, dass das Angebot auch auf den Zeitpunkt der außerordentlichen Kündigung oder den des Ablaufs der Kündigungsfrist bei einer ordentlichen Kündigung zurückwirkt (so aber *LAG* 1214

Dörner

Berlin DB 1981, 2034; das *BAG* hat zur Frage der Rückwirkung des Leistungsangebots nicht ausdrücklich Stellung genommen).

ccc) Unzumutbarkeit eines Angebots in Ausnahmefällen

1215 Nach dem Ausspruch einer außerordentlichen Kündigung kann jedenfalls dann auf ein wörtliches Angebot verzichtet werden, wenn **Form und Begleitumstände** es dem Arbeitnehmer unzumutbar machen, der Kündigung zu widersprechen. Das ist z. B. bei dem einem Betriebsratsmitglied nach außerordentlicher Kündigung zusätzlich erteilten Hausverbot der Fall, weil damit ernsthaft und endgültig die Weiterbeschäftigung verweigert wird (*BAG* 11.11.1976 EzA § 103 BetrVG 1972 Nr. 17).

ddd) Entbehrlichkeit eines wörtlichen Angebots insgesamt nach Ausspruch einer Kündigung

1216 Nach der nunmehr ständigen Rechtsprechung des *BAG* (9.8.1984 EzA § 615 BGB Nr. 43; 18.12.1986 EzA § 615 BGB Nr. 53; 19.4.1990 EzA § 615 BGB Nr. 66; krit. *Waas* NZA 1994, 151 ff.) bedarf es nach Ausspruch einer (außerordentlichen oder ordentlichen) Kündigung durch den Arbeitgeber auch keines wörtlichen Dienstleistungsangebots des Arbeitnehmers mehr, um den Arbeitgeber in Annahmeverzug zu setzen.

1217 Der Arbeitgeber hat dem Arbeitnehmer einen funktionsfähigen Arbeitsplatz zur Verfügung zu stellen, ihm ferner Arbeit zuzuweisen und somit eine nach dem Kalender bestimmte Mitwirkungshandlung gem. § 296 BGB vorzunehmen. Er muss als Gläubiger der geschuldeten Arbeitsleistung dem Arbeitnehmer die Leistungserbringung ermöglichen.
Erst durch die Wahrnehmung seines Leistungsbestimmungsrechts (Direktionsrechts) konkretisiert der Arbeitgeber die Arbeitspflicht des Arbeitnehmers im Zuge der Arbeitssteuerung und schafft so die Grundlage für den Leistungserfüllungsvorgang. Dazu muss er **den Arbeitseinsatz des Arbeitnehmers fortlaufend planen und durch Weisungen hinsichtlich Ort und Zeit der Arbeitsleistung näher konkretisieren.** Kommt der Arbeitgeber dieser Obliegenheit nicht nach, gerät er in Annahmeverzug, **ohne dass es eines Angebots der Arbeitsleistung** durch den Arbeitnehmer **bedarf** (*BAG* 19.1.1999 EzA § 615 BGB Nr. 93).
Da der Arbeitgeber mit Ausspruch der Kündigung den entgegengesetzten Willen unzweideutig zu erkennen gibt, muss er den Arbeitnehmer wieder zur Arbeit auffordern – im Falle einer außerordentlichen Kündigung sofort bzw. nach Ablauf einer etwaigen Auslauffrist – wenn er trotz der Kündigung nicht in Annahmeverzug geraten will. Gleiches gilt z. B. bei der Einhaltung einer zu kurzen Kündigungsfrist (*BAG* 9.4.1987 EzA § 9 AÜG Nr. 1).

1218 Hat der Arbeitgeber dem Arbeitnehmer statt einer gemäß dem ultima-ratio-Prinzip erforderlichen Änderungskündigung (§§ 2, 15 KSchG) eine Beendigungskündigung ausgesprochen, die mithin sozial ungerechtfertigt ist, so kommt der Arbeitgeber – jedenfalls im Regelfall – in Annahmeverzug, wenn er dem Arbeitnehmer nicht die ursprünglich geschuldete Arbeit anbietet (*BAG* 27.1.1994 EzA § 615 BGB Nr. 80).

C. Der Inhalt des Arbeitsverhältnisses

Spricht der Arbeitgeber dagegen eine ordentliche Kündigung mit einer kurzen tariflichen Kündigungsfrist aus, obwohl die längere gesetzliche Frist nach § 622 Abs. 1 BGB anwendbar ist, so gerät er nach **Ablauf der tariflichen Kündigungsfrist** nach Auffassung des *LAG Düsseldorf* 17.7.1997 LAGE § 615 BGB Nr. 51) **nicht automatisch in Verzug**. Voraussetzung dafür ist vielmehr, dass es der Arbeitgeber erst nach entsprechendem **Protest des Arbeitnehmers** unterlässt, ihn zur Arbeitsleistung aufzufordern. 1219

Der *BGH* (28.10.1996 – 2 ZR 14/96 –) lässt beim gekündigten GmbH-Geschäftsführer, dessen Dienste die GmbH nicht mehr in Anspruch nehmen will, was insbesondere in der Einsetzung eines neuen Geschäftsführers seinen Ausdruck findet, als Angebot den Protest des Geschäftsführers gegen die Kündigung durch eine rechtzeitige Gehaltsklage genügen. Er muss das Angebot nicht laufend wiederholen; es genügt, dass er abschnittsweise nachträglich seine Gehaltsforderungen einklagt. Das Verlangen nach einem nochmaligen Leistungsangebot läuft in diesen Fällen nicht nur auf eine sinnlose Förmelei hinaus, sondern es ist auch treuwidrig. Inzwischen geht der *BGH* (9.10.2000 NZA 2001, 36; vgl. dazu *Wolff* SAE 2001, 203 ff.) noch weitergehend davon aus, dass die GmbH durch den **Widerruf der Bestellung als Geschäftsführer** und die Bestellung eines neuen Geschäftsführers i. d. R. erkennen lässt, dass sie unter keinen Umständen zur weiteren Beschäftigung bereit ist; eines **wörtlichen Angebots** der Dienste bedarf es unter diesen Umständen **nicht**. 1220

(3) Leistungsvermögen des Arbeitnehmers
Gem. **§ 297 BGB** kommt der Arbeitgeber allerdings dann nicht in Verzug, wenn der Schuldner zur Zeit des Leistungsangebots oder im Falle des § 296 BGB zu der für die Handlung des Gläubigers bestimmten Zeit **außerstande ist, die Leistung zu bewirken**. 1221
Denn das Leistungsvermögen und die Leistungsbereitschaft des Schuldners zum maßgeblichen Zeitpunkt der termingebundenen Mitwirkungshandlung des Gläubigers ist Voraussetzung des Annahmeverzuges (*BAG* 18.12.1986 EzA § 615 BGB Nr. 53).
Das Unvermögen des Arbeitnehmers (§ 397 BGB) bezieht sich zwar an sich nur auf die nach dem Vertragsinhalt geschuldete Arbeitsleistung. Allerdings kann der Arbeitgeber aufgrund der **Fürsorgepflicht** verpflichtet sein, dann, wenn der Arbeitnehmer aufgrund eines subjektiven Leistungshindernisses (z. B. vorübergehender Entzug des Führerscheins) außerstande ist, die vertraglich geschuldete Arbeitsleistung zu erbringen, ihn zur Vermeidung des Annahmeverzuges vorübergehend zu einer möglichen und zumutbaren anderen als der vertraglich geschuldeten Tätigkeit heranzuziehen (*BAG* 18.12.1986 EzA § 615 BGB Nr. 53). 1222

aaa) Entzug der Fahrerlaubnis
Dennoch gerät der Arbeitgeber dann, wenn er einem Auslieferungsfahrer wegen des Entzugs des Führerscheins außerordentlich gekündigt hat, eine andere Beschäftigungsmöglichkeit jedoch nicht besteht, für die Zeit nach der Kündigung nicht bereits deswegen in Annahmeverzug, weil rechtskräftig die Unwirksamkeit der Kündigung festgestellt wird (*BAG* 18.12.1986 EzA § 615 BGB Nr. 53). 1223

C. Der Inhalt des Arbeitsverhältnisses

bbb) Krankheit des Arbeitnehmers; Kündigung

1224 Das *LAG Hamm* (8.9.1995 LAGE § 615 BGB Nr. 89) hat angenommen, dass der Arbeitnehmer dann nicht i. S. d. § 297 BGB zur Leistung imstande ist, wenn er zwar nicht förmlich durch ärztliche Bescheinigung arbeitunfähig krankgeschrieben wurde, wenn aber bezogen auf seinen bisherigen Arbeitsplatz eine ärztliche **Arbeitsplatzwechsel-Empfehlung** vorliegt. Ist in diesem Fall ein für ihn ungefährlicher Arbeitsplatz nicht frei, oder bietet der Arbeitnehmer seine Arbeitskraft ausdrücklich nur für seinen bisherigen Arbeitsplatz an, gerät der Arbeitgeber durch das Leistungsangebot des Arbeitnehmers danach nicht in Annahmeverzug. Demgegenüber hat das *BAG* (17.2.1998 NZA 1999, 33) angenommen, dass der Arbeitgeber **nicht berechtigt** ist, die Arbeitsleistung des arbeitswilligen und arbeitsfähigen Arbeitnehmers **abzulehnen** und die Zahlung des Arbeitsentgelts **einzustellen**, wenn der Arbeitnehmer eine **ärztliche Empfehlung zum Wechsel des Arbeitsplatzes** vorlegt. Steht allerdings aufgrund eines Sachverständigengutachtens objektiv fest, dass der Arbeitnehmer aus gesundheitlichen Gründen außerstande ist, die geschuldete Leistung zu erbringen, so kann das fehlende Leistungsvermögen nicht allein durch die subjektive Einschätzung des Arbeitnehmers ersetzt werden, er sei trotzdem gesundheitlich in der Lage, einen Arbeitsversuch zu unternehmen (*BAG* 29.10.1998 EzA § 615 BGB Nr. 90).

1225 Ist der Arbeitnehmer aufgrund einer ärztlichen Bescheinigung den Anforderungen, die die vertraglich geschuldete Tätigkeit an ihn stellt, **nicht mehr gewachsen**, so gilt für die Frage des Annahmeverzuges folgende Verteilung der **Darlegungs- und Beweislast**: In einem Rechtsstreit, der darüber geführt wird, ob der Arbeitgeber dem Arbeitnehmer einen für diesen geeigneten Arbeitsplatz anbieten kann, genügt der Arbeitnehmer seiner Darlegungslast, wenn er **allgemein angibt, welche Tätigkeiten er ausführen kann**. Er braucht in dem Angebot nicht etwa einen konkreten Arbeitsplatz zu beschreiben. Der Arbeitgeber kann sich dann **nicht auf die pauschale Entgegnung** zurückziehen, für den Arbeitnehmer sei **kein geeigneter Arbeitsplatz** vorhanden (*LAG Köln* 5.10.1998 ZTR 1999, 87).

1226 Ist der Arbeitnehmer zur Zeit des Ausspruchs einer außerordentlichen Kündigung z. B. wegen einer Erkrankung nicht in der Lage, seine arbeitsvertraglich geschuldeten Verpflichtungen zu erfüllen, so trat in diesen Fällen nach der ursprünglichen Auffassung des *BAG* (9.8.1984 EzA § 615 BGB Nr. 43; 21.3.1985 EzA § 615 BGB Nr. 44) Annahmeverzug erst dann ein, wenn der Arbeitnehmer dem Arbeitgeber die Wiederherstellung der Arbeitsfähigkeit und die Bereitschaft zur Arbeitsleistung angezeigt und der Arbeitgeber ihm daraufhin keine Arbeit zugewiesen hatte.

1227 Inzwischen geht das *BAG* (19.4.1990 EzA § 615 BGB Nr. 66) davon aus, dass bei Arbeitsunfähigkeit zur Zeit des Kündigungstermins die Verzugsfolgen jedenfalls dann unabhängig von der Anzeige der Arbeitsfähigkeit eintreten, wenn der Arbeitnehmer dem Arbeitgeber durch Erhebung einer Kündigungsschutzklage oder sonstigen Widerspruch (z. B. auch durch einen Antrag auf nachträgliche Zulassung der Kündigungsschutzklage) gegen die Kündigung seine weitere Leistungsbereitschaft deutlich gemacht hat. **Der Arbeitgeber muss dann zur Beendigung des Annahmeverzuges den Arbeitnehmer zur Arbeit auffordern** (*BAG* 19.1.1999 EzA § 615 BGB Nr. 93).

1228 Das gilt auch dann, wenn der Arbeitnehmer zum Zeitpunkt der später für unwirksam erklärten Kündigung und danach infolge Krankheit mehrfach befristet arbeitsunfähig geschrieben war und unabhängig von dem Eintritt der Arbeitsunfähigkeit und deren Anzeige (*BAG* 24.10.1991 EzA § 615 BGB Nr. 70; 21.1.1992 AP Nr. 53 zu § 615 BGB; 24.11.1994 EzA § 615 BGB Nr. 83; abl. MünchArbR/*Boewer* § 78 Rz. 28, wonach es bei § 296 BGB insbesondere nicht auf eine Dokumentation der Leistungsbereitschaft z. B. durch Klageerhebung ankommen kann).

ccc) Schwerbehinderung

Ein Anspruch gem. § 615 S. 1 BGB kommt bei einem schwer behinderten Menschen, der aus gesundheitlichen Gründen seine vertraglich geschuldete Leistung nicht mehr erbringen kann, nicht in Betracht. Das Schwerbehindertenrecht verpflichtet den Arbeitgeber auch nicht zur Entgeltfortzahlung (*BAG* 23.1.2001 EzA § 615 BGB Nr. 103). Möglich ist allerdings **ein Schadensersatzanspruch aus der Verletzung der sich aus § 81 Abs. 4 SGB IX ergebenden Verpflichtung** des Arbeitgebers, den schwer behinderten Menschen im Rahmen der betrieblichen Möglichkeiten **seinem Gesundheitszustand und seinen Fähigkeiten gemäß zu beschäftigen** (*BAG* 10.7.1991 EzA § 615 BGB Nr. 69; 23.1.2001 EzA § 615 BGB Nr. 103).

1229

1230

ddd) Beispiele

Annahmeverzug tritt nicht ein,
- wenn der Arbeitnehmer wegen **Alkoholgenusses** außerstande ist, seine Arbeitsleistung zu verrichten (*LAG Schleswig-Holstein* 28.11.1988 NZA 1989, 472);
- wenn ein **behördliches Fahrverbot** wegen einer Smogwetterlage den auf ein Kfz angewiesenen Arbeitnehmer hindert, seine Arbeitskraft ordnungsgemäß anzubieten;
- bei Vorliegen eines **gesetzlichen Beschäftigungsverbotes** (Fehlen einer Arbeitserlaubnis, §§ 284 ff. SGB III, Schutzfristen der §§ 3 Abs. 2, 6 Abs. 1 MuSchG) oder wenn der Arbeitnehmer eine notwendige Erlaubnis zur Berufsausübung nicht besitzt (*BAG* 6.3.1974 EzA § 615 BGB Nr. 21);
- wenn der Arbeitgeber den Arbeitnehmer **rechtswirksam von der Arbeitspflicht befreit**, etwa Urlaub erteilt oder Freizeitausgleich angeordnet hat. Eine während der Freistellung erklärte rechtsunwirksame Kündigung des Arbeitgebers lässt die Arbeitsbefreiung unberührt; das Arbeitsverhältnis besteht unverändert fort (*BAG* 23.1.2001 EzA § 615 BGB Nr. 101);
- bei **Verbüßung einer Strafhaft** (*BAG* 18.8.1961 AP Nr. 20 zu § 615 BGB). Ein zuvor begründeter Annahmeverzug des Arbeitgebers endet allerdings dann nicht, wenn der Arbeitnehmer sich trotz Strafaufschubs freiwillig mit Rücksicht auf den Annahmeverzug des Arbeitgebers zum Strafantritt meldet und seine Strafe auch im Wochenendvollzug hätte abbüßen können.

1231

Hält sich der Arbeitnehmer längere Zeit im **Ausland** auf, wird hierdurch nicht automatisch der Annahmeverzug beendet (*BAG* 11.7.1985 EzA § 615 BGB Nr. 52).

1232

Auch der **Aufbau einer eigenen wirtschaftlichen Existenz** unterbricht den Annahmeverzug grds. nicht, wenn der Arbeitnehmer jederzeit bereit und fähig gewesen wäre, seine Aktivitäten abzubrechen (*BAG* 18.1.1963 AP Nr. 22 zu § 615 BGB).

1233

Am Leistungsvermögen des Arbeitnehmers fehlt es aber dann nicht, wenn der Auftraggeber eines Bewachungsunternehmens einem dort beschäftigten Arbeitnehmer ein **Hausverbot** erteilt, **ohne** dass den Arbeitnehmer daran ein **Verschulden** trifft. Der Arbeitgeber gerät deshalb in Annahmeverzug, wenn er den Arbeitnehmer aus diesem Grunde nicht beschäftigen kann (*LAG Niedersachsen* 4.9.1998 LAGE § 615 BGB Nr. 58).

1234

C. Der Inhalt des Arbeitsverhältnisses

1235 Gleiches gilt, wenn der Arbeitnehmer zwar infolge eines Hausverbots nicht an seinem alten Arbeitsplatz eingesetzt werden kann, der Arbeitgeber aber trotz der Möglichkeit, ihn **anderweitig zu beschäftigen**, keinen anderen Arbeitsplatz zur Verfügung stellt (*LAG Hessen* 26.4.2000 NZA-RR 2000, 633).

1236 Dem Arbeitnehmer dagegen, der in einem Lebensmittelbetrieb in einem Pausenraum in ein Handwaschbecken uriniert hat und der deshalb von dem Auftraggeber – einem Fruchthandelsunternehmen – seines Arbeitgebers, der für das Handelsunternehmen Ware konfektioniert und verpackt, ein Hausverbot erhält, wird die **Arbeitsleistung – verschuldet – unmöglich**, sodass sein Arbeitgeber von der Verpflichtung zur Gegenleistung frei wird (*LAG Bremen* 24.8.2000 NZA-RR 2000, 632).

(4) Ernsthafter Leistungswille

1237 Voraussetzung ist weiterhin, dass der Arbeitnehmer den ernsthaften Willen hat, die Leistung im geschuldeten Umfang zu erbringen (§ 297 BGB; vgl. *BAG* 27.3.1974 AP Nr. 15 zu § 242 BGB Auskunftspflicht).

1238 Zweifel an der Leistungsbereitschaft des Arbeitnehmers begründen weder
- das **Eingehen eines neuen Arbeitsverhältnisses** (vgl. §§ 11, 12 KSchG, 615 S. 2 BGB);
- die **Stellung eines Auflösungsantrages** (§ 9 Abs. 1 KSchG);
- das **Nichtverlangen nach Weiterbeschäftigung** trotz ordnungsgemäßen Widerspruchs des Betriebsrats (§ 102 Abs. 3, 5 BetrVG).

(5) Leistungsverweigerungsrecht des Arbeitnehmers

1239 Steht dem Arbeitnehmer z. B. wegen erheblicher Lohnrückstände ein Leistungsverweigerungsrecht zu, so muss er gem. § 298 BGB mit seinem Angebot der Arbeitsleistung zugleich sein Leistungsverweigerungsrecht gegenüber dem Arbeitgeber geltend machen.
Voraussetzung des Annahmeverzuges ist hier, dass der Schuldner die geschuldete Gegenleistung vom Gläubiger verlangt hat, der Gläubiger die Gegenleistung aber nicht anbietet. Andernfalls bleibt das Leistungsverweigerungsrecht unbeachtlich (vgl. *BAG* 21.5.1981 EzA § 615 BGB Nr. 40).

(6) Unzumutbarkeit der Annahme der Arbeitsleistung

1240 Der Arbeitgeber kommt nicht in Annahmeverzug, wenn er berechtigt ist, die Arbeitsleistung nicht anzunehmen, d. h. wenn **ihm die tatsächliche Beschäftigung des Arbeitnehmers nach Treu und Glauben nicht zugemutet werden kann** (*BAG* 11.11.1976 EzA § 103 BetrVG 1972 Nr. 17).

1241 Von praktischer Bedeutung ist diese Frage dann, wenn sich der Ausspruch einer außerordentlichen Kündigung (§ 626 BGB) wegen notwendiger weiterer Ermittlungen, z. B. beim dringenden Verdacht des sexuellen Missbrauchs von Kleinkindern in einer Kindertagesstätte durch einen Erzieher (*LAG Berlin* 27.11.1995 NZA-RR 1996, 283), oder wegen der im Falle einer Verdachtskündigung notwendigen Anhörung des Arbeitnehmers oder wegen der notwendigen Beteiligung des Betriebsrats nach § 102 Abs. 1 BetrVG verzögert oder wenn die Kündigung nicht wegen Fehlens eines wichtigen Grundes, sondern aus sonstigen Gründen i. S. d. § 13 Abs. 3 KSchG unwirksam ist.

1242 Die Unzumutbarkeit der Entgegennahme weiterer Arbeitsleistung wird nicht durch jedes Verhalten des Arbeitnehmers begründet, das zur Kündigung aus wichtigem Grund berechtigt. Die Pflichtverletzung muss vielmehr schwerer wiegen als der wichtige Grund für die außerordentliche Kündigung. Erforderlich ist ein besonders grober Vertrauensverstoß und die Gefährdung von Rechtsgütern des Arbeitgebers, seiner Familienangehörigen oder anderer Arbeitnehmer, deren Schutz Vorrang vor dem Interesse des Arbeitnehmers an der Erhaltung seiner Vergütung verdient (*BAG* 29.10.1987 EzA § 615 BGB Nr. 43).

Diesen Anforderungen genügt es z. B. nicht, wenn ein Arbeitnehmer erhebliche Vermögenswerte beiseite geschafft hat, seine Kündigung aber mangels Anhörung des Betriebsrats unwirksam war (*BAG* 29.10.1987 AP Nr. 42 zu § 615 BGB).

(7) Treuwidrigkeit der Geltendmachung des Anspruchs; Mutterschutz
Wird dem Arbeitgeber nach Ausspruch der Kündigung rechtzeitig das Bestehen einer Schwangerschaft mitgeteilt (§ 9 MuSchG) und lehnt er eine weitere Beschäftigung ohne Nachweis der Schwangerschaft ab (weil die Arbeitnehmerin eine entsprechende Bescheinigung nicht vorlegt), so kann die Geltendmachung des Anspruchs gem. § 615 S. 1 BGB je nach den Umständen des Einzelfalles treuwidrig (§ 242 BGB) sein (*BAG* 6.6.1974 AP Nr. 3 zu § 9 MuSchG 1968). 1243

Ist eine Kündigung wegen Verstoßes gegen § 9 Abs. 1 S. 1 MuSchG rechtsunwirksam, so gerät der Arbeitgeber nach Auffassung des *LAG Hamm* (14.3.1995 LAGE § 615 BGB Nr. 43) auch bei nachträglicher Anzeige der Schwangerschaft außerhalb der 2-Wochen-Frist des § 9 MuSchG von Anfang an in Annahmeverzug, sofern er eine Mitwirkungshandlung gem. § 296 BGB unterlässt. Ein Vertrauen auf eine nicht erforderliche Mitwirkungshandlung kann bei Nichteinhaltung der Klagefrist gem. § 4 KSchG deshalb nicht entstehen, zumal gem. § 13 Abs. 3 KSchG § 7 KSchG nicht anwendbar ist. 1244

(8) Annahmeverzug bei fehlendem Weiterbeschäftigungsanspruch
Nach Auffassung des *LAG Köln* (6.2.1998 LAGE § 284 BGB Nr. 1) kann der Arbeitgeber so lange, wie er die Erfüllung des Weiterbeschäftigungsanspruchs des gekündigten Arbeitnehmers verweigern darf (s. u. D/Rz. 2000 ff.), auch die Erfüllung des Entgeltanspruchs verweigern, sodass er nicht in Verzug gerät. Holt er nach Abschluss des Kündigungsschutzverfahrens zu seinen Lasten **unverzüglich** die Nachzahlung der inzwischen angefallenen Vergütungsansprüche vor, so muss er danach dem Arbeitnehmer einen durch die Verzögerung der Zahlung entstandenen Schaden, insbesondere **eine steuerliche Mehrbelastung, nicht erstatten.** 1245

cc) Beendigung des Annahmeverzuges

(1) Die Problemstellung in der Praxis

Zweifelhaft ist, unter welchen Voraussetzungen der Annahmeverzug im Anschluss an eine Arbeitgeberkündigung beendet wird, wenn die Parteien gerichtlich über die Rechtswirksamkeit der Kündigung streiten und der Arbeitgeber dem Arbeitnehmer zur Meidung hoher Lohnnachzahlungskosten für den Fall rechtskräftiger Feststellung der Unwirksamkeit der Kündigung die Weiterbeschäftigung anbietet. 1246

C. Der Inhalt des Arbeitsverhältnisses

(2) Typische Fallkonstellationen

aaa) Angebot eines faktischen Arbeitsverhältnisses

1247 Der Arbeitgeber kann sich gegenüber dem Arbeitnehmer ohne vertragliche Übergangsregelung bereit erklären, diesen im Rahmen eines faktischen Arbeitsverhältnisses zur Vermeidung von Verzugslohn bis zur erstinstanzlichen Entscheidung weiterzubeschäftigen.

bbb) Weiterbeschäftigung zu den bisherigen Arbeitsbedingungen unter Aufrechterhaltung der Kündigung

1248 Der Arbeitgeber kann sich bereit erklären, den Arbeitnehmer an seinem früheren Arbeitsplatz zu den bisherigen Arbeitsbedingungen bis zum Abschluss des Kündigungsschutzrechtsstreits weiterzubeschäftigen, ohne die Kündigung für ungerechtfertigt zu erklären.

Für eine Weiterbeschäftigung im Rahmen des bisherigen Arbeitsverhältnisses spricht eine tatsächliche Vermutung (*BAG* 14.11.1985 EzA § 615 BGB Nr. 46). Die mögliche, zu diesem Zeitpunkt aber noch nicht rechtskräftig feststehende Wirksamkeit der streitgegenständlichen Kündigung berührt eine derartige Aufforderung nicht (*ArbG Berlin* 22.2.2001 NZA-RR 2001, 306).

ccc) Befristetes oder bedingtes Arbeitsverhältnis

1249 Der Arbeitgeber kann schließlich dem Arbeitnehmer bis zur rechtskräftigen Entscheidung über die Wirksamkeit der Beendigung des Arbeitsverhältnisses ein befristetes oder ein bedingtes Arbeitsverhältnis anbieten.

ddd) Notwendigkeit des Abstandnehmens von der Kündigung

1250 In allen diesen Fallgruppen **verneint das** *BAG* (21.5.1981 § 615 BGB Nr. 40; 14.11.1985 EzA § 615 BGB Nr. 46; 24.11.1994 EzA § 615 BGB Nr. 83; ebenso *LAG Rheinland-Pfalz* 5.3.1998 LAGE § 615 BGB Nr. 57; **a. A.** *LAG Hamm* DB 1986, 1394; *Löwisch* DB 1986, 2433) **die Beendigung des Annahmeverzugs** bei Ablehnung eines derartigen Angebots durch den Arbeitnehmer.

1251 Dem Arbeitnehmer darf kein Arbeitsvertrag aufgezwungen werden. Will der Arbeitgeber in dieser Situation den Annahmeverzug beenden, so muss er mit dem Angebot der Weiterbeschäftigung auch klarstellen, dass er zu Unrecht gekündigt hat. Denn der Arbeitgeber muss die Leistung des Arbeitnehmers als Erfüllung des Vertrages annehmen, wenn er nicht in Annahmeverzug geraten will. Beharrt er dagegen auf der Wirksamkeit der ausgesprochenen Kündigung, so bringt er zum Ausdruck, dass er die Leistung nicht als Erfüllung des Arbeitsvertrages annimmt.

eee) Aber: Böswilliges Unterlassen anderweitigen Erwerbs?

1252 Allerdings kann in diesen Fällen die Ablehnung des Angebots zur Weiterbeschäftigung ein böswilliges Unterlassen anderweitigen Erwerbs i. S. d. § 615 S. 2 BGB darstellen (vgl. *Bauer/Baeck* NZA 1989, 784). Das ist dann der Fall, wenn der Arbeitnehmer **grundlos zumutbare Arbeit ablehnt**, oder vorsätzlich verhindert, dass ihm zumutbare Arbeit angeboten wird (*BAG* 16.5.2000 EzA § 615 BGB Nr. 99; vgl. dazu *Spirolke* NZA 2001, 707 ff.; *von Kappenfels* SAE 2001, 140 ff.; vgl. auch *Schirge* DB 2000, 1278 ff.). Voraussetzung ist aber, dass auch **tatsächlich ein Angebot des Arbeit-**

gebers an den Arbeitnehmer ergeht, die Arbeit jedenfalls vorläufig für die Dauer des Kündigungsschutzrechtsstreits aufzunehmen (*BAG* 22.2.2000 EzA § 615 BGB Nr. 97).
Für die danach erforderliche Beurteilung kommt es auf die Umstände des Einzelfalles, insbesondere die Art und Begründung der Kündigung und das Verhalten des Arbeitgebers im Kündigungsschutzprozess an (*BAG* 14.11.1985 EzA § 615 BGB Nr. 46; 22.2.2000 EzA § 615 BGB Nr. 97; *LAG Rheinland-Pfalz* 5.3.1998 LAGE § 615 BGB Nr. 57).

> Böswilliges Unterlassen kommt vor allem in Betracht bei Kündigungen aus betriebs- oder personenbedingten Gründen. Bei fristloser oder verhaltensbedingter Kündigung ist dagegen meist dem Arbeitnehmer die Weiterbeschäftigung nicht zumutbar, da derartige Kündigungen auch einen diskriminierenden Charakter haben. Der Arbeitnehmer kann andererseits nicht die vorläufige Weiterbeschäftigung zu den bisherigen Bedingungen verlangen, das entsprechende Angebot des Arbeitgebers sodann aber ablehnen. Dieses treuwidrige Verhalten erfüllt die Voraussetzungen des § 615 S. 2 BGB (*LAG Köln* 14.12.1995 LAGE § 615 BGB Nr. 45; weitergehend *LAG München* 9.5.2001 NZA-RR 2001, 414: Rechtshängigkeit reicht auch bei verhaltensbedingter Kündigung für die Zumutbarkeit aus). **Fehlt allerdings ein entsprechendes Angebot des Arbeitgebers, so handelt der Arbeitnehmer auch dann nicht böswillig**, wenn er es unterlässt, ein Urteil des Arbeitsgerichts, mit dem der Arbeitgeber verurteilt worden ist, den Arbeitnehmer für die Dauer des Kündigungsschutzprozesses weiterzubeschäftigen, **zu vollstrecken**, oder die Vollstreckung anzudrohen (*BAG* 22.2.2000 EzA § 615 BGB Nr. 97). 1253

fff) Kündigungsgrund?
Ein fristlos entlassener Arbeitnehmer, der wegen der Kündigung mit seinem Arbeitgeber einen Kündigungsschutzprozess führt, setzt keinen – erneuten – Kündigungsgrund, wenn er einer im Laufe des Rechtsstreits vom Arbeitgeber zur Verringerung des Annahmeverzugsrisikos ausgesprochenen Arbeitsaufforderung nicht nachkommt, solange der Arbeitgeber an der Kündigung festhält (*LAG Köln* 9.8.1996 NZA 1997 718 Ls.). Das gilt auch dann, wenn der Arbeitnehmer im Anschluss an ein Weiterbeschäftigungsurteil die Arbeit zunächst wieder aufgenommen hat und sodann wieder einstellt, weil der ihm im weiteren Verlauf zugewiesene Arbeitsplatz **nicht seinem titulierten Weiterbeschäftigungsanspruch entspricht** (*LAG Mecklenburg-Vorpommern* 23.11.2000 NZA-RR 2001, 187). 1254

ggg) Der Sonderfall: Die unterlassene Mitteilung der vorzeitigen Beendigung einer Schwangerschaft
Eine Arbeitnehmerin, die dem Arbeitgeber das Bestehen einer Schwangerschaft mitgeteilt hat, ist einerseits **verpflichtet**, den Arbeitgeber unverzüglich zu unterrichten, wenn die Schwangerschaft **vorzeitig endet** (etwa aufgrund einer Fehlgeburt), auch dann, wenn der Arbeitgeber sich mit der Annahme der Dienste in Verzug befindet und eine von ihm erklärte Kündigung wegen Verstoßes gegen § 9 MuSchG rechtskräftig für rechtsunwirksam erklärt worden ist. Hat eine Arbeitnehmerin diese Mitteilung schuldhaft unterlassen und hat der Arbeitgeber deshalb das Arbeitsverhältnis nicht gekündigt, so kann er die »Nichtbeendigung« des Arbeitsverhältnisses und die Erfüllung der sich aus dem Arbeitsverhältnis ergebenden Ansprüche der Arbeit- 1255

C. Der Inhalt des Arbeitsverhältnisses

nehmerin auf **Entgelt aus Annahmeverzug** andererseits **nicht als Schaden geltend machen** (*BAG* 18.1.2000 EzA § 615 BGB Nr. 98; vgl. dazu *Bittner* RdA 2001, 336 ff.).

(3) Aufforderung zur Fortsetzung der Beschäftigung

1256 Besteht das Arbeitsverhältnis aufgrund Vereinbarung oder gerichtlicher Entscheidung fort, so endet der Annahmeverzug nicht automatisch. Der Arbeitgeber muss vielmehr unmissverständlich den Arbeitnehmer zur Fortsetzung der Beschäftigung zu den bisherigen Vertragsbedingungen auffordern (*BAG* 21.3.1985 EzA § 615 BGB Nr. 44).

(4) Rechtslage bei der Änderungskündigung

1257 Nach einer unwirksamen Änderungskündigung tritt der Annahmeverzug des Arbeitgebers unabhängig davon ein, ob der Arbeitnehmer das Änderungsangebot unter Vorbehalt akzeptiert hat oder nicht (vgl. § 8 KSchG).

Das gilt auch dann, wenn die Änderungskündigung nicht wegen fehlender sozialer Rechtfertigung, sondern aus sonstigen Gründen rechtsunwirksam ist (KR/*Rost* § 8 KSchG Rz. 8).

(5) § 102 Abs. 5 S. 2 BetrVG

1258 Die gerichtliche Entbindung von der Weiterbeschäftigungspflicht (§ 102 Abs. 5 S. 1, 2 BetrVG) führt nicht zu einer Beendigung des Annahmeverzugs (*LAG Rheinland-Pfalz* 11.1.1980 BB 1980, 415).

(6) Beendigung des Arbeitsverhältnisses

1259 Dagegen endet der Annahmeverzug dann, wenn der **Arbeitsvertrag wirksam beendet wird**, z. B. durch gerichtlichen Vergleich oder Gestaltungsurteil (§ 9 KSchG).

(7) Begründung eines neuen Arbeitsverhältnisses

1260 Schließt der Arbeitnehmer während des Annahmeverzuges des Arbeitgebers einen neuen Arbeitsvertrag mit einem Dritten ab, führt dies **nicht zu einer Beendigung des Annahmeverzuges** (*OLG Frankfurt a. M.* 7.5.1997 NZA-RR 1998, 433).

dd) Die Rechtswirkungen des Annahmeverzugs

(1) Lohnausfallprinzip

1261 Dem Arbeitnehmer bleibt gem. § 615 S. 1 BGB für die Dauer des Annahmeverzuges der Anspruch auf Zahlung der vertraglich geschuldeten Vergütung (Bruttovergütung) erhalten.
Die Höhe des Verzugslohns wird nach dem Lohnausfallprinzip berechnet. Der Arbeitnehmer muss so gestellt werden, als hätte er während des Annahmeverzuges weitergearbeitet. Folglich sind während des Annahmeverzuges eingetretene Entgelterhöhungen ebenso zu berücksichtigen wie angefallene Überstunden. Denn wenn ein Arbeitnehmer z. B. über einen Zeitraum von **mehreren Monaten** Ar-

C. Der Inhalt des Arbeitsverhältnisses

beitsleistungen in einem zeitlichen Umfang erbringt, der **über die tarifliche Wochenarbeitszeit hinausgeht**, kann es sich bei der tatsächlich angefallenen Arbeitszeit um die **für ihn maßgebende regelmäßige Arbeitszeit** i. S. d. § 4 Abs. 1 EFZG handeln. Das gilt nach Auffassung des *LAG Düsseldorf* (18.5.2000 NZA-RR 2000, 538) aber dann **nicht**, wenn die Mehrarbeit unter besonderen Umständen **projektbezogen** veranlasst worden ist und vom Betriebsrat als Überstunden genehmigt worden war.

Bei **leistungs- oder erfolgsabhängiger Vergütung** ist der hypothetische Verdienst des Arbeitnehmers gem. **§ 287 Abs. 2 zu schätzen** (*BAG* 19.8.1976 EzA § 611 BGB Beschäftigungspflicht Nr. 1). 1262

Sind die maßgeblichen tatsächlichen Voraussetzungen **nicht eindeutig feststellbar**, so sind sie nach den Gesamtumständen, unter Berücksichtigung der **Durchschnittsleistung der letzten drei abgerechneten Monate** oder der letzten 13 abgerechneten Wochen vor Beginn des Annahmeverzuges zu ermitteln (*BAG* 29.9.1971 AP Nr. 28 zu § 1 FLG). 1263

(2) Begriff des Arbeitsentgelts

Zu der geschuldeten Vergütung gehören alle Leistungen mit Entgeltcharakter, die dem Arbeitnehmer mit Rücksicht auf das Arbeitsverhältnis zufließen. Zum Arbeitsentgelt gehörende Sachbezüge, die während des Annahmeverzuges nicht weitergewährt werden, sind für die Dauer der Ausfallzeit angemessen abzugelten (z. B. nach der Sachbezugsverordnung nach § 17 Abs. 1 Nr. 3 SGB IV oder Vorschriften der obersten Landesbehörden nach § 8 Abs. 2 S. 4 EStG). 1264

Das gilt z. B. für Mahlzeiten, die der Arbeitgeber unentgeltlich oder verbilligt an die Arbeitnehmer im Betrieb abgibt.

(3) Aufwendungsersatz

Zum Verzugslohn gehören dagegen nicht Auslösungen, Fahrgelder und Essenszuschüsse und ähnliche Leistungen, soweit der Anspruch davon abhängig ist, dass dem Arbeitnehmer Aufwendungen, die dadurch abgegolten werden, auch tatsächlich entstehen und soweit ihm solche Aufwendungen nicht entstanden sind. Etwas anderes gilt, wenn Aufwandsentschädigungen unabhängig von konkreten Aufwendungen des Arbeitnehmers gewährt und von ihm zur Anhebung seines allgemeinen Lebensstandards verwendet werden können (*BAG* 10.3.1988 EzA § 4 TVG Metallindustrie Nr. 39; s. u. C/Rz. 1403 ff.). 1265

(4) Fälligkeit; Verjährung; Ausschlussfristen

Die aus § 615 S. 1 BGB folgenden Lohnansprüche werden zu dem Zeitpunkt fällig, in dem sie bei ordnungsgemäßer Abwicklung des Arbeitsverhältnisses fällig geworden wären (*BAG* 8.8.1985 EzA § 4 TVG Ausschlussfristen Nr. 69). Dieser Fälligkeitszeitpunkt ist auch maßgeblich für den Eintritt der Verjährung des Verzugslohns sowie den Untergang des Anspruchs aufgrund tariflicher oder vertraglicher Ausschlussfristen. 1266

C. Der Inhalt des Arbeitsverhältnisses

1267 Zu beachten ist, dass durch die **Kündigungsschutzklage** nach § 4 KSchG oder eine Klage auf Feststellung des Fortbestehens des Arbeitsverhältnisses gem. § 256 ZPO die **Verjährung** der sich aus § 615 BGB ergebenden Zahlungsansprüche des Arbeitnehmers **nicht gehemmt wird** (*BAG* 7.11.1991 EzA § 209 BGB Nr. 5; zum Verhältnis zu tariflichen Ausschlussfristen s. u. C/Rz. 3700 ff.).

(5) Annahmeverzug und Betriebsübergang
1268 Erhebt der Arbeitnehmer im Falle eines Betriebsübergangs gegenüber dem früheren Betriebsinhaber eine erfolgreiche Kündigungsschutzklage, so muss der **neue Inhaber** den gegenüber dem früheren Inhaber eingetretenen Annahmeverzug ebenso wie eine diesem gegenüber erfolgte tarifliche Geltendmachung aufgrund des Schutzzwecks des § 613 a BGB **gegen sich gelten lassen** (*BAG* 21.3.1991 EzA § 615 BGB Nr. 68).

(6) Forderungsübergang auf Sozialversicherungsträger(§§ 203 f. SGB III, § 115 SGB X)
1269 Der sozialversicherungsrechtliche Leistungsträger tritt nach § 203 f. SGB III, § 115 SGB X in die von den Arbeitsvertragsparteien bindend klargestellte Rechtslage ein. Gehen die Parteien von der Unwirksamkeit einer Kündigung und damit auch für die Frage des Annahmeverzuges (§ 615 BGB) vom Fortbestand des Arbeitsverhältnisses aus, weil der Arbeitgeber sie im Einvernehmen mit dem Arbeitnehmer »zurückgenommen« hat, so gilt dies im Bereich der ordentlichen Kündigung auch für den Sozialversicherungsträger.
Haben die Parteien im Rahmen einer ordentlichen Kündigung den Streitgegenstand abschließend geregelt und sind danach Ansprüche auf den sozialversicherungsrechtlichen Leistungsträger übergegangen, so braucht dieser eine spätere Änderung der ursprünglichen Vereinbarung nach §§ 404, 412 BGB nicht gegen sich gelten zu lassen (*BAG* 17.4.1986 EzA § 615 BGB Nr. 7).

ee) Anrechnung auf den entgangenen Verdienst

(1) Sinn und Zweck der Anrechnung
1270 Der Arbeitnehmer soll keine Vorteile dadurch erlangen, dass er die vereinbarte Vergütung fordern kann, ohne zu Nachleistungen verpflichtet zu sein. Deshalb muss er sich nach **§ 615 S. 2 BGB** auf die vom Arbeitgeber geschuldete Vergütung das anrechnen lassen, **was er infolge des Unterbleibens der Arbeitsleistung erspart oder durch anderweitige Verwendung seiner Arbeitskraft erwirbt oder zu erwerben böswillig unterlässt.**

(2) Verhältnis zu § 11 KSchG
1271 Soweit das KSchG Anwendung findet, wird § 615 S. 2 BGB durch die **Sonderregelung des § 11 KSchG verdrängt** (*BAG* 6.9.1990 EzA § 615 BGB Nr. 67).
§ 11 KSchG gilt nicht nur für den Fall der Feststellung des Fortbestands des Arbeitsverhältnisses durch gerichtliche Entscheidung (Urteil), sondern auch für alle Vereinbarungen, die zu dem gleichen Ergebnis gelangen, also von einer unwirksamen Kündigung des Arbeitgebers ausgehen (KR/*Spilger* § 11 KSchG Rz. 4).

(3) Abdingbarkeit
1272 § 11 KSchG ist **unabdingbar,** soweit für den Arbeitnehmer nachteilige Anrechnungsbestimmungen aufgrund einzel- oder kollektivrechtlicher Regelung getroffen werden

C. Der Inhalt des Arbeitsverhältnisses

(KR/*Spilger* § 11 KSchG Rz. 7). Dagegen ist **§ 615 S. 2 BGB** auch zum Nachteil des Arbeitnehmers **vertragsdispositiv** (*BAG* 6.11.1968 Nr. 16 zu § 615 BGB Betriebsrisiko).

(4) Anzurechnender Verdienst
Anzurechnen ist derjenige Verdienst, den der Arbeitnehmer durch anderweitige Verwendung desjenigen Teils seiner Arbeitskraft erwirbt, den er dem Arbeitgeber zur Verfügung zu stellen verpflichtet war. **Es muss sich also um Verdienst handeln, der kausal durch das Freiwerden der Arbeitskraft erzielt worden ist.** Anhaltspunkte für die Kausalität können sich sowohl aus objektiven (maßgeblich ist, ob beide Tätigkeiten nebeneinander ausgeübt werden können) als auch aus subjektiven Umständen (maßgeblich ist der Wille des Arbeitnehmers) ergeben (*BAG* 6.9.1990 EzA § 615 BGB Nr. 67). **Nebenverdienste bleiben insoweit unberücksichtigt, als sie auch bei Erfüllung der arbeitsvertraglichen Pflichten möglich gewesen wären.** Die gleichen Grundsätze gelten für teilzeitbeschäftigte Arbeitnehmer. 1273

Zu dem anzurechnenden anderweitigen Verdienst zählen alle Leistungen, die als Gegenleistung für die Arbeitsleistung (z. B. auch die durch einen anderen Arbeitgeber gezahlte Urlaubsabgeltung, *LAG Hamm* 25.11.1996 ZTR 1997, 236), auch im Rahmen einer selbstständigen Gewerbeausübung erzielt werden, nicht aber Einkünfte aus einer kapitalmäßigen Beteiligung an einem Unternehmen, es sei denn, dass der Arbeitnehmer mit der Verwaltung seines Vermögens ausgelastet ist (*BAG* 27.3.1974 AP Nr. 15 zu § 242 BGB Auskunftspflicht). Anzurechnen sind auch öffentlich-rechtliche Leistungen, die der Arbeitnehmer während des Annahmeverzuges bezogen hat, z. B. Arbeitslosengeld, vorgezogenes Altersruhegeld, Erwerbsunfähigkeitsrente (vgl. *LAG Köln* 24.11.1995 NZA-RR 1996, 286). 1274

(5) Durchführung der Anrechnung und Rückabwicklung

Der anzurechnende anderweitige Arbeitsverdienst ist auf die vertragsmäßige Vergütung für die ganze Zeit des Annahmeverzuges und nicht nur auf den Zeitabschnitt anzurechnen, in dem er erzielt worden ist (*BAG* 19.7.1978 EzA § 242 BGB Auskunftspflicht Nr. 1; 29.7.1993 EzA § 615 BGB Nr. 79). 1275

Folglich sind die anzurechnenden Einkünfte für den gesamten Zeitraum zu ermitteln und mit der Annahmeverzugsvergütung zu verrechnen. Voraussetzung für die vollständige Anrechnung des gesamten anderweitigen Erwerbs ist aber regelmäßig die **Beendigung des Annahmeverzuges**. Dauert der Annahmeverzug z. Zt. der Entscheidung über eine Vergütungsklage des Arbeitnehmers noch an, kann der Arbeitgeber **nur Auskunft** über die Höhe des anderweitigen Verdienstes aus den Zeitabschnitten verlangen, für die der Arbeitnehmer fortlaufend seit Beginn des Annahmeverzuges Entgelt geltend gemacht hat (*BAG* 24.8.1999 SAE 2001, 56; vgl. dazu *Groeger* NZA 2000, 793 ff.; *Boecken* SAE 2001, 59 ff.).
Die Durchführung der Anrechnung erfolgt nicht durch Rechtsgeschäft, vielmehr handelt es sich um eine **automatisch eintretende Kürzung** des Vergütungsanspruchs des Arbeitnehmers, für die **§§ 850 ff. ZPO keine Anwendung finden**, weil der Arbeitnehmer die Leistung bereits erhalten hat (*Staudinger/Richardi* § 615 Rz. 137).

C. Der Inhalt des Arbeitsverhältnisses

Stellt sich heraus, dass der Arbeitnehmer neben dem Verzugslohn anderweitig anzurechnende Einkünfte erzielt hat, ist er zur Erstattung gem. § 812 Abs. 1 S. 1 BGB verpflichtet (*BAG* 2.6.1987 EzA § 74 c HGB Nr. 25).

1276 Wird der Arbeitgeber rechtskräftig verurteilt, für einen bestimmten Zeitraum des Annahmeverzuges nach § 615 BGB die vereinbarte Vergütung zu zahlen und erfährt er später von einem anrechenbaren Verdienst des Arbeitnehmers in dieser Zeit, so ist er auch durch das rechtskräftige Urteil nicht gehindert, den überzahlten Betrag nach § 812 BGB zurückzufordern bzw. bei der Endabrechnung über die restliche Zeit des Annahmeverzuges zur Anrechnung zu bringen (*BAG* 29.7.1993 EzA § 615 BGB Nr. 79).

(6) Darlegungs- und Beweislast; Auskunftsanspruch; eidesstattliche Versicherung

1277 Die Darlegungs- und Beweislast für die Voraussetzungen des § 615 S. 2 BGB (§ 11 KSchG) hat der **Arbeitgeber**. Dem Arbeitgeber werden aber i. d. R. die näheren Umstände, deren Kenntnis zur Beurteilung der Kausalität erforderlich ist, nicht bekannt sein.

Der Arbeitgeber hat daher gegen den Arbeitnehmer einen selbstständig einklagbaren Anspruch auf Auskunft über die Höhe seines anderweitigen Verdienstes in der Zeit des Annahmeverzuges (*BAG* 29.7.1993 EzA § 615 BGB Nr. 79).

Voraussetzung ist aber, dass der Arbeitgeber zuvor dargelegt und nachgewiesen hat, dass der Arbeitnehmer überhaupt einer anderen Erwerbstätigkeit nachgegangen ist (a. A. *Klein* NZA 1998, 1208 ff.).

1278 Inhalt und Umfang von Auskunftspflichten richten sich im Einzelfall nach den Grundsätzen von Treu und Glauben. Gerade wenn es um Angaben über Einkünfte aus einer selbstständigen Tätigkeit geht, lassen sich keine schematischen Regeln aufstellen, die für die vielfältigen Erscheinungsformen des Arbeitslebens gleichermaßen Geltung beanspruchen. Es ist das Interesse des Arbeitnehmers zu berücksichtigen, dass die Auskunft ihm **keinen zumutbaren Aufwand** verursacht, andererseits das Interesse des Arbeitgebers, ein **möglichst deutliches Bild** über den anrechenbaren Zwischenverdienst zu erhalten. Nur im konkreten Einzelfall kann nach **Treu und Glauben** beurteilt werden, wie detailliert die Angaben des Arbeitnehmers zumutbarerweise sein müssen. Auch inwieweit bei einer Gesamtabrechnung und konkret geltend gemachten Bedenken des Arbeitgebers Belege vorgelegt werden müssen und konkrete Nachweise erforderlich sind, kann nur eine **Einzelfallabwägung** nach Treu und Glauben ergeben. Jedenfalls darf der Auskunftsanspruch nicht dadurch entwertet werden, dass auch bei begründeten Einwendungen des Arbeitgebers diesem jegliche Möglichkeit abgeschnitten wird, die Angaben des Arbeitnehmers zu überprüfen. Regelmäßig werden deshalb konkrete Nachweise zu fordern sein.

1279 Bei **Zweifeln** an der Auskunft kann der Arbeitgeber i. d. R. verlangen, dass der Arbeitnehmer seine Angaben zusätzlich belegt (*BAG* 2.6.1987 EzA § 74 c HGB Nr. 25). Bei Einkünften aus selbstständiger unternehmerischer Tätigkeit genügt der Arbeitnehmer seiner Auskunftspflicht durch die Vorlage des **Einkommensteuerbescheides**. Entbindet er in diesem Zusammenhang das Finanzamt nicht von seiner Verpflichtung, das Steuergeheimnis zu wahren, so ist die Weigerung im Rahmen der Gesamt-

C. Der Inhalt des Arbeitsverhältnisses

würdigung gem. § 286 ZPO zu berücksichtigen (*BAG* 14.8.1974 AP Nr. 3 zu § 13 KSchG 1969).
Werden entsprechende Belege nicht vorgelegt, kann der Arbeitgeber vom Arbeitnehmer die Abgabe einer **eidesstattlichen Versicherung** verlangen. Dieser Anspruch ist nicht bereits dadurch erfüllt, dass der Arbeitnehmer im Prozess vor dem Arbeitsgericht an Eides statt versichert, eine bestimmte im Prozess vorgelegte Aufstellung, die mit seinen sonstigen Angaben nicht übereinstimmt, sei richtig (*BAG* 29.7.1993 EzA § 615 BGB Nr. 79). 1280

(7) Leistungsverweigerungsrecht des Arbeitgebers
Solange der Arbeitnehmer seiner Auskunftsverpflichtung nicht nachkommt, steht dem Arbeitgeber ein Leistungsverweigerungsrecht aus **§ 320 Abs. 1 BGB** zu (*BAG* 27.3.1974 AP Nr. 15 zu § 242 BGB Auskunftspflicht). 1281
Eine Verurteilung des Arbeitgebers auf Zahlung der Verzugslohns Zug-um-Zug gegen die entsprechende Auskunftserteilung scheidet aus, weil der Umfang der Leistungspflicht des Arbeitgebers ohne vorherige Auskunft des Arbeitnehmers nicht bestimmbar ist.
Mangels Fälligkeit der Verzugsvergütung ist die Zahlungsklage des Arbeitnehmers dann insgesamt als zurzeit unbegründet abzuweisen (*BAG* 2.6.1987 EzA § 74 c HGB Nr. 25).

(8) Öffentlich-rechtliche Leistungen
Der Arbeitnehmer hat über erhaltene öffentlich-rechtliche Leistungen (z. B. Arbeitslosengeld) Auskunft zu erteilen, da auch insoweit eine Anrechnung erfolgt (§ 11 Nr. 3 KSchG). In Höhe der gewährten Unterstützung geht der Anspruch des Arbeitnehmers aus § 615 S. 1 BGB gem. § 115 SGB X auf den Sozialversicherungsträger über. An der Rechtsnatur des Verzugslohns ändert sich durch den Wechsel in der Aktivlegitimation nichts (*BAG* 28.6.1984 AP Nr. 1 zu § 115 SGB X). 1282

(9) Böswillig unterlassener Erwerb

aaa) Begriffsbestimmung
Weiterhin ist anzurechnen, was der Arbeitnehmer böswillig zu erwerben unterlässt (hypothetischer Erwerb). 1283

> Böswillig handelt der Arbeitnehmer, der in Kenntnis der objektiven Umstände, d. h. der Arbeitsmöglichkeit, Zumutbarkeit der Arbeit und der Nachteilsfolge für den Arbeitgeber, vorsätzlich untätig bleibt oder die Arbeitsaufnahme verhindert hat. Das ist dann der Fall, wenn der Arbeitnehmer grundlos zumutbare Arbeit ablehnt oder vorsätzlich verhindert, dass ihm zumutbare Arbeit angeboten wird (*BAG* 16.5.2000 EzA § 615 BGB Nr. 99; vgl. dazu *Spirolke* NZA 2001, 707 ff.; *von Kappenfels* SAE 2001, 140 ff.). Eine Absicht, den Arbeitgeber zu schädigen, ist hingegen nicht erforderlich (*BAG* 18.6.1965 AP Nr. 2 zu § 615 BGB Böswilligkeit).

bbb) Beispiele für fehlende Böswilligkeit
Nicht böswillig handelt der Arbeitnehmer, 1284
– der eine Arbeit zurückweist, die ihm der Arbeitgeber unter **Überschreitung seines Direktionsrechts** zuweist (*BAG* 13.12.1980 AP Nr. 4 zu § 615 Böswilligkeit);

C. Der Inhalt des Arbeitsverhältnisses

- der während des Annahmeverzugs **kein anderweitiges Dauerarbeitsverhältnis** eingeht, das ihm die Rückkehr an den bisherigen Arbeitsplatz erschwert (*BAG* 18.6.1965 AP Nr. 2 zu § 615 BGB Böswilligkeit);
- dessen Arbeitsverhältnis bereits vor Antritt seiner Arbeit gekündigt wurde, wenn er trotz der vorherigen Ablehnung der Dienste durch den neuen Arbeitgeber sein **bisheriges Arbeitsverhältnis kündigt** (*BAG* 2.11.1973 AP Nr. 3 zu § 615 BGB Böswilligkeit);
- der eine **selbstständige Tätigkeit aufnimmt**, bei der die Geschäftsergebnisse geringer sind als das zu beanspruchende Arbeitslosengeld (*BAG* 2.6.1987 EzA § 74 c HGB Nr. 25);
- einen vorübergehenden **Auslandsaufenthalt** durchführt oder ein Erfolg versprechendes **Studium** aufnimmt (*BAG* 9.8.1974 AP Nr. 5 zu § 74 c HGB; 11.7.1985 EzA § 615 BGB Nr. 52);
- wenn der Arbeitnehmer trotz Vorliegens der Voraussetzungen des § 102 Abs. 5 BetrVG **kein Weiterbeschäftigungsverlangen** an den Arbeitgeber richtet (*MünchArbR/Boewer* § 76 Rz. 69);
- wenn er es **unterlässt**, sich beim Arbeitsamt **als Arbeitssuchender zu melden**.

1285 Denn die Vorschriften über den Annahmeverzug begründen keine Obliegenheit des Arbeitnehmers, die Vermittlung der Bundesanstalt für Arbeit in Anspruch zu nehmen (*BAG* 16.5.2000 EzA § 615 BGB Nr. 99; vgl. dazu *Spirolke* NZA 2001, 707 ff.; *von Kappenfels* SAE 2001, 140 ff.).

(10) Einvernehmliche Freistellung

1286 Haben die Arbeitsvertragsparteien in einem Vergleich die Freistellung des Arbeitnehmers von der Arbeitsleistung und die Fortzahlung der Vergütung vereinbart, so muss sich der Arbeitnehmer den anderweitigen Verdienst während des Freistellungszeitraums nicht nach § 615 S. 2 BGB anrechnen lassen (*LAG Hamm* 27.2.1991 DB 1991, 1577; *LAG Köln* 21.8.1991 DB 1992, 123; **a. A.** *Thüringer LAG* 21.11.2000 ZTR 2001, 138 Ls.); auch ein Rückforderungsanspruch des Arbeitgebers für das gezahlte Entgelt gem. § 812 BGB besteht nicht. Auch wenn der Vergleich keine umfassende Ausgleichsklausel enthält, die Regelungen aber abschließend sind, kommt eine Anrechnungsverpflichtung aufgrund einer ergänzenden Vertragsauslegung auf jeden Fall dann nicht in Betracht, wenn die Parteien die Möglichkeit eines anderweitigen Erwerbs des Arbeitnehmers während des Freistellungszeitraums bedacht haben (*LAG Hamm* 11.10.1996 LAGE § 615 BGB Nr. 49; *LAG Brandenburg* 17.3.1998 LAGE § 615 BGB Nr. 56; **a. A.** *LAG Schleswig-Holstein* 20.2.1997 BB 1997, 1212; *LAG Hamm* 25.11.1996 ZTR 1997, 236; *Bauer/Baeck* NZA 1989, 784; vgl. auch *Nägele* DB 1998, 518 ff.; *Hoß/Lohr* BB 1998, 2575 ff.).

Eine einvernehmliche Freistellung kommt **nicht dadurch zustande**, dass der Arbeitnehmer ein **neues Arbeitsverhältnis** während der Dauer der Freistellung eingeht und die Arbeit auch tatsächlich antritt. Denn dadurch wird das bisherige Arbeitsverhältnis nicht beendet (*LAG Köln* 9.10.1998 ARST 1999, 115 Ls.).

(11) Einseitige Freistellung durch den Arbeitgeber

1287 Der Arbeitgeber kann **nicht einseitig** den Arbeitnehmer von der Arbeitsleistung unter Lohnfortzahlung **freistellen**. Dafür bedarf es auch dann, wenn ein Beschäfti-

gungsanspruch nicht besteht, einer Vereinbarung bezüglich der Aufhebung des Anspruchs des Arbeitgebers auf die Arbeitsleistung. Das gilt auch dann, wenn die Freistellung mit der Anordnung des **Abfeierns von Überstunden** verbunden wird (*LAG Nürnberg* 28.3.2000 ARST 2000, 283 Ls.). Maßgeblich für die rechtliche Beurteilung ist sodann das Verhalten des Arbeitnehmers:
– Widerspricht er der Freistellung nicht und bleibt er im weiteren der Arbeit fern, ist von einem stillschweigend abgeschlossenen Freistellungsvertrag auszugehen; die Vergütung bestimmt sich nach dieser Vereinbarung;
– Widerspricht er auch der Anordnung des Abfeierns der Überstunden nicht, ist die Vereinbarung einer bezahlten Freizeit anzunehmen. Mit der Bezahlung der Vergütung für den Freistellungszeitraum wird der Anspruch auf Vergütung der Überstunden erfüllt (§ 362 BGB). Die Ansprüche auf Zahlung von Überstundenzuschlägen bleiben von der Freistellung i. d. R. unberührt und sind in Geld zu erfüllen;
– Widerspricht der Arbeitnehmer der Anordnung des Abfeierns von Überstunden, kann darin eine Verletzung der ihm obliegenden Treuepflicht liegen, die beinhaltet, mit der Vereinbarung bezahlter Freizeit zum Zwecke des Abfeierns von Überstunden einverstanden zu sein. Das ist jedenfalls dann der Fall, wenn ein Arbeitnehmer in herausgehobener Position gekündigt hat, um zu einem Konkurrenzunternehmen zu wechseln und der Arbeitgeber den Arbeitnehmer deshalb nicht mehr bis zum Vertragsende beschäftigen möchte (*LAG Nürnberg* 28.3.2000 ARST 2000, 283 Ls.).

ff) **Darlegungs- und Beweislast**

Im Zahlungsprozess hat der Arbeitnehmer darzulegen und zu beweisen, dass zwischen den Parteien während des Verzugszeitraums ein Arbeitsverhältnis bestanden hat, ferner den Umfang der geltend gemachten Forderung, die Ablehnung der Arbeitsleistung durch den Arbeitgeber sowie ggf. das Vorliegen der Voraussetzungen des § 298 BGB. 1288

Demgegenüber trifft den Arbeitgeber die Darlegungs- und Beweislast für einen fehlenden Leistungswillen oder das Leistungsunvermögen des Arbeitnehmers (§ 297 BGB), ferner für das Vorliegen anderweitiger Einkünfte (a. A. *Klein* NZA 1998, 1208 ff.), sowie der Voraussetzungen, die die Annahme rechtfertigen sollen, dass der Arbeitnehmer anderweitigen Erwerb böswillig unterlassen hat (vgl. MünchArbR/*Blomeyer* § 78 Rz. 73 ff.).

Für die notwendige Kausalität zwischen dem Freiwerden von der bisherigen Arbeitsleistung und dem anderweitigen Erwerb, für die Anhaltspunkte sich sowohl aus objektiven als auch aus subjektiven Umständen ergeben, trifft grds. den Arbeitgeber die Darlegungs- und Beweislast.

Allerdings darf einer Partei keine unerfüllbare Darlegungs- und Beweislast auferlegt werden. Ihr Umfang richtet sich deshalb danach, wie substantiiert sich der Arbeitnehmer auf den Vortrag des Arbeitgebers einlässt. Hinsichtlich der Höhe des anderweitig erzielten Verdienstes ist der Arbeitnehmer ohnehin auskunftspflichtig. 1289

Weil dem Arbeitgeber die näheren Umstände, deren Kenntnis zur Beurteilung der Kausalität erforderlich sind, meist nicht bekannt sind, genügt es, wenn er **Indizien** vorträgt, die für das Vorliegen des Kausalzusammenhanges sprechen. Hat der Arbeitgeber solche Anhaltspunkte vorgetragen, so muss der Arbeitnehmer nach § 138 1290

C. Der Inhalt des Arbeitsverhältnisses

Abs. 2 ZPO darlegen, weshalb die vom Arbeitgeber behauptete Kausalität nicht vorliegt.

gg) Betriebsrisiko

(1) Die praktische Ausgangslage

1291 Gem. § 326 Abs. 1 BGB n. F. verliert der Arbeitnehmer an sich den Vergütungsanspruch bei Unmöglichkeit der Arbeitsleistung, wenn weder ihn noch den Arbeitgeber daran ein Verschulden trifft. Dabei können betriebstechnische Störungsursachen (Maschinenschäden), Naturereignisse (Überschwemmung), wirtschaftliche Gründe (Lieferausfall von Rohstoffen), aber auch behördliche Anordnungen (Inventur) zur Unmöglichkeit der Leistung führen.

1292 Das Ergebnis des Wegfalls des Entgeltanspruchs des Arbeitnehmers wird in diesen Fällen aber als unangemessen angesehen; das *BAG* (6.11.1968 AP Nr. 16 zu § 615 BGB Betriebsrisiko; 28.9.1972 AP Nr. 28 zu § 615 BGB Betriebsrisiko; 9.3.1983 EzA § 615 BGB Betriebsrisiko Nr. 9; 30.1.1991 EzA § 615 BGB Betriebsrisiko Nr. 12) geht davon aus, dass sich §§ 323, 615 BGB a. F. zur angemessenen Lösung der Vergütungsgefahr bei Betriebsstörungen nicht eignen. Nichts anderes gilt, nachdem durch § 615 S. 3 BGB n. F. der Gesetzgeber ausdrücklich den Fortbestand des Vergütungsanspruchs festgeschrieben hat für Fälle, in denen der Arbeitgeber das Risiko des Arbeitsausfalls trägt. Denn damit wird **keine Aussage** darüber getroffen, **wann dies der Fall ist**; die Konkretisierung soll weiterhin der Rechtsprechung überlassen bleiben, um den Besonderheiten der denkbaren Fallgestaltungen Rechnung tragen zu können (vgl. *Däubler* NZA 2001, 1332).

(2) Problemlösung

1293 Erforderlich ist nach Auffassung des *BAG* (6.11.1968 AP Nr. 16 zu § 615 BGB Betriebsrisiko; 28.9.1972 AP Nr. 28 zu § 615 BGB Betriebsrisiko; 9.3.1983 EzA § 615 BGB Betriebsrisiko Nr. 9; 30.1.1991 EzA § 615 BGB Betriebsrisiko Nr. 12) eine Lösung nach den allgemeinen Grundgedanken des Arbeitsrechts und den Prinzipien der Wirtschaftsverfassung. Danach gelten folgende Grundsätze:

aaa) Gründe im betrieblichen Bereich

1294 Der Arbeitgeber, dem die wirtschaftliche Initiative und das Entscheidungsrecht in Fragen der Betriebsführung zusteht, muss die Verantwortung und damit in Gestalt der Lohnfortzahlung die Folgen tragen, die sich daraus ergeben, dass die Entgegennahme der Arbeitsleistung des Arbeitnehmers aus Gründen unmöglich wird, die im betrieblichen Bereich liegen.

1295 Dabei ist **unerheblich**, ob diese Gründe **betriebstechnische Ursachen** haben, auf einem **Versagen sachlicher oder persönlicher Mittel des Betriebes** beruhen oder **von außen** auf das Unternehmen **einwirken**. Erfasst sind also auch Ursachen, die für den Arbeitgeber einen Fall **höherer Gewalt** darstellen (z. B. Naturkatastrophen, Unglücksfälle, extreme Witterungsverhältnisse).

1296 Das ist z. B. dann der Fall, wenn in einem Betrieb aufgrund eines plötzlichen Kälteeinbruchs die Ölheizung wegen Paraffinierung des Heizöls ausfällt (*BAG* 9.3.1983 EzA § 615 BGB Betriebsrisiko Nr. 9), der Arbeitgeber wegen zu niedriger Temperaturen den Betrieb einstellen muss (*BAG* 18.5.1999 EzA § 615 BGB Nr. 94) oder der Arbeitnehmer aufgrund einer Betriebsstilllegung bis zum Ablauf der Kündigungsfrist nicht mehr beschäftigt werden kann (*BAG* 23.6.1994 NZA 1995, 468).

Der Arbeitnehmer behält auch seinen Lohnanspruch in Höhe des Kurzarbeitergeldes, wenn dieses vom Arbeitsamt für eine mit dem Betriebsrat vereinbarte Kurzarbeitsperiode rückwirkend widerrufen wird (*BAG* 11.7.1990 EzA § 615 BGB Betriebsrisiko Nr. 11). **1297**

bbb) Existenzgefährdung

Diese Grundsätze gelten ausnahmsweise nicht, wenn das die Betriebsstörung herbeiführende Ereignis den Betrieb wirtschaftlich so schwer trifft, dass bei Zahlung der vollen Löhne die Existenz des Betriebes, Unternehmens gefährdet würde (*BAG* 28.9.1972 AP Nr. 28 zu § 615 BGB Betriebsrisiko), oder wenn der Betrieb von vornherein so ausgebaut ist, dass er zur Überholung in regelmäßigen Abständen stillgelegt wird (*BAG* 21.12.1954 AP Nr. 2 zu § 611 BGB Lohnanspruch). **1298**

Nach Auffassung des *LAG München* (6.5.1997 LAGE § 242 BGB Lohnstundung Nr. 1) ist der Arbeitnehmer demgegenüber aufgrund seiner Treuepflicht nicht verpflichtet, in einer **wirtschaftlichen Existenzkrise** des Arbeitgebers Lohnforderungen in Höhe von 10% seines Bruttomonatseinkommens zu stunden, und zwar auch dann nicht, wenn die übrigen Mitarbeiter in dieser Höhe auf ihre Lohnforderungen verzichtet haben.

Das *BAG* (21.12.1954 AP Nr. 2 zu § 611 BGB Lohnanspruch) hat angenommen, dass der Arbeitnehmer diese Art des Betriebsablaufs (Überholung in regelmäßigen Abständen) hinzunehmen hat und eine Pflicht zur Unterrichtung bei der Einstellung des Arbeitnehmers im Allgemeinen nicht besteht. Im Hinblick auf § 81 Abs. 1 BetrVG wird dies allerdings nicht aufrecht erhalten werden können. **1299**

ccc) Leistungsfähigkeit und -bereitschaft des Arbeitnehmers

Die Betriebsrisikolehre ist nur dann anwendbar, wenn der Arbeitnehmer **zur Arbeitsleistung fähig und bereit ist**, der Arbeitgeber ihn aber aus Gründen, die in seinem Betrieb liegen, nicht beschäftigen kann und **weder der Arbeitgeber noch der Arbeitnehmer schuldhaft die Ursache für das Unterbleiben der Arbeitsleistung gesetzt haben**. **1300**

Die Folgen anderer objektiver Leistungshindernisse, die den Arbeitnehmer daran hindern, an seinen Arbeitsplatz als Erfüllungsort zu gelangen, hat der Arbeitgeber nach den Grundsätzen der Betriebsrisikolehre nicht zu tragen (z. B. witterungsbedingtes Fahrverbot, Smogalarm usw.). **1301**

ddd) Abweichende Begründungsansätze

In der Literatur (*Picker* JZ 1979, 285 ff.; MünchArbR/*Boewer* § 79 Rz. 13 ff.) wird demgegenüber die Auffassung vertreten, dass § 615 S. 1 BGB auch diesen Sachverhalt abschließend regele. Denn davon sei auch der besondere Fall der Annahmeunmöglichkeit erfasst, die sowohl die Annahmeunwilligkeit als auch die Annahmeunfähigkeit (Betriebsrisiko) des Arbeitgebers betreffe. Die unverschuldete Annahmeunfähigkeit infolge der Nichtdurchführbarkeit des Betriebs wird damit nicht der Unmöglichkeit (§ 326 BGB) zugeordnet. **1302**

Danach ist auch eine Risikobeteiligung des Arbeitnehmers am Betriebsrisiko aus Existenzgründen abzulehnen, weil sich dafür kein tragfähiger Zurechnungsgrund **1303** auffinden lässt (MünchArbR/*Boewer* § 79 Rz. 21). Im Hinblick auf die Möglichkeit der Einführung von Kurzarbeit bedarf es dessen zudem nicht, ebenso wenig einer Lohnstundung als milderen Solidarbeitrages zur Rettung des Betriebes.

(3) Längerfristige Betriebsstörungen
1304 Auch bei längerfristigen Betriebsstörungen **enden die Arbeitsverhältnisse nicht automatisch**, auch führen sie nicht zum Wegfall der Geschäftsgrundlage (jetzt § 313 BGB n. F.) als einem selbstständigen Beendigungsgrund für das Arbeitsverhältnis.

1305 Vielmehr ist noch eine ordentliche Kündigung (§ 1 KSchG) erforderlich, die sozial gerechtfertigt sein muss.
Ein wichtiger Grund für eine außerordentliche Kündigung ist in diesen Fällen regelmäßig nicht gegeben (*BAG* 28.9.1972 AP Nr. 28 zu § 615 BGB Betriebsrisiko), denn dies würde zu einer unzulässigen Abwälzung der Risikotragung bei Betriebsstörungen auf den Arbeitnehmer führen.

(4) Arbeitskampfrisiko
1306 Besonderheiten gelten, wenn die fraglichen Störungen auf einem Streik in einem anderen Betrieb beruhen (sog. Arbeitskampfrisiko).

Können die Fernwirkungen eines Streiks im Betrieb das Kräfteverhältnis der kämpfenden Parteien beeinflussen, so tragen beide Seiten das Arbeitskampfrisiko, sodass keine Vergütungs- oder Beschäftigungsansprüche bestehen.

Das gilt z. B. dann, wenn die für den mittelbar betroffenen Betrieb zuständigen Verbände mit den unmittelbar kämpfenden Verbänden identisch oder organisatorisch eng verbunden sind (*BAG* 22.12.1980 EzA § 615 BGB Betriebsrisiko Nr. 7, 8). S. ausf. u. G/Rz. 99 ff.

(5) Abdingbarkeit
1307 Nach der Rechtsprechung des *BAG* (8.12.1982 EzA § 616 BGB Nr. 23; 9.3.1983 EzA § 615 BGB Betriebsrisiko Nr. 9) können die Grundsätze über die Verteilung des Betriebsrisikos durch Tarifvertrag oder Einzelvertrag abbedungen werden, da § 615 BGB nicht zwingender Natur ist. **Allerdings muss eine derartige Abbedingung mit hinreichender Deutlichkeit aus dem Inhalt der Vereinbarung hervorgehen.** Eine **tarifvertragliche Regelung**, die eine Vergütungspflicht des Arbeitgebers festlegt, wenn die Arbeitszeit infolge eines Umstandes ausfällt, den der Arbeitgeber zu vertreten hat, umfasst auch die Vergütungspflicht für Fälle, in denen die Arbeit infolge einer auf höherer Gewalt (Störung der Elektrizitätsversorgung) beruhenden Betriebsstörung ausfällt, die der Arbeitgeber nach der Lehre vom Betriebsrisiko zu vertreten hat.

1308 Häufig betreffen tarifliche Freistellungsklauseln Fälle des Arbeitsausfalls aufgrund höherer Gewalt, soweit es sich um objektive Leistungshindernisse im außerbetrieblichen Bereich, wie z. B. außerbetriebliche Energiestörungen oder Naturkatastrophen handelt. Bestimmt der Tarifvertrag dagegen, dass nur die »tatsächlich geleistete Arbeit« bezahlt wird, so bezieht sich diese Regelung lediglich auf den Ausschluss des Lohnanspruchs nach § 616 BGB (*BAG* 8.3.1961 AP Nr. 13 zu § 615 BGB Betriebsrisiko; 30.1.1991 EzA § 615 BGB Betriebsrisiko Nr. 12). Eine Ausnahme von der Abdingbarkeit gilt gem. § 11 Abs. 4 S. 2 AÜG für Leiharbeitnehmer.

(6) Keine generelle vertragliche Abwälzung des Lohnrisikos
Eine **generelle einzelvertragliche Abwälzung des Beschäftigungs- und Lohnrisikos** 1309
auf den Arbeitnehmer widerspricht jedenfalls dem Arbeitnehmerschutzgedanken, wonach der Arbeitgeber das Betriebs- und Wirtschaftsrisiko zu tragen hat (MünchArbR/*Boewer* § 79 Rz. 76).

hh) Wirtschaftsrisiko

(1) Begriff
Vom Betriebsrisiko zu unterscheiden ist das sog. Wirtschaftsrisiko (vgl. *BAG* 1310
22.12.1980 EzA § 615 BGB Betriebsrisiko Nr. 7). **Dabei ist die Durchführung des Arbeitsprozesses selbst nicht gehemmt. Die Arbeitsleistung bleibt zwar technisch möglich, ist aber für den Arbeitgeber wirtschaftlich nutzlos** (z. B. wegen Auftragsmangel, fehlender Rentabilität). Die Rentabilität oder sogar die Existenz des Betriebes wird infolge weiterer Erfüllung der arbeitsvertraglichen Pflichten in Frage gestellt.

Dieses Wirtschaftsrisiko liegt erst recht beim Arbeitgeber, weil bei allen Austauschverträgen allein der Gläubiger das Risiko der Nutzlosigkeit der an sich 1311 noch erbringbaren Leistung trägt, die er weiterhin verlangen könnte. Zudem kann auch auf den Grundgedanken des § 279 BGB a. F. verwiesen werden, wonach jeder für seine finanzielle Leistungsfähigkeit einzustehen hat. Folglich gerät der Arbeitgeber in Annahmeverzug (§ 615 S. 1 BGB; vgl. *Schaub* Arbeitsrechtshandbuch, § 101).

(2) Besonderes Kündigungsrecht
Zweifelhaft ist, ob zumindest bei Vorliegen einer Existenzgefährdung des Betriebes 1312 dem Arbeitgeber ein Recht zu außerordentlichen Kündigung zusteht. Im Allgemeinen wird allerdings kein wichtiger Grund vorliegen, da der Arbeitgeber rechtzeitig in der Lage ist, durch ordentliche Kündigung, Kurzarbeit, Betriebsstilllegung und ähnliche Maßnahmen der wirtschaftlichen Situation Rechnung zu tragen. Im Übrigen gelten hinsichtlich einer ordentlichen Kündigung die zum Betriebsrisiko entwickelten Grundsätze (s. o. C/Rz. 1291).

b) Arbeitsverhinderung aus persönlichen und sonstigen Gründen

aa) Arbeitsverhinderung aus persönlichen Gründen

(1) Grundlagen

Gem. § 616 S. 1 BGB behält der Arbeitnehmer entgegen § 326 Abs. 1 BGB den Anspruch auf die volle Arbeitsvergütung, wenn er für eine verhältnismäßig nicht er- 1313 hebliche Zeit durch einen in seiner Person liegenden Grund ohne Verschulden an der Arbeitsleistung verhindert ist.

C. Der Inhalt des Arbeitsverhältnisses

1314 Aus sozialpolitischer Rücksichtnahme und aus Gründen der Humanität soll der Arbeitnehmer bei einem vorübergehenden, in seiner Person eintretenden unverschuldeten Leistungshindernis seinen für ihn die Existenzgrundlage bildenden Arbeitsentgeltanspruch behalten, ohne zur Nachleistung der Dienste verpflichtet zu sein (*BAG* [GS] 18.12.1959 AP Nr. 22 zu § 616 BGB).

(2) Sonderregelungen

1315 § 616 S. 1 BGB wird durch **zahlreiche Sonderregelungen verdrängt** (z. B. §§ 3 ff. EFZG, § 37 Abs. 2, 6, 7 BetrVG, § 46 Abs. 2 BPersVG, §§ 1 ff. BUrlG, landesrechtliche Bildungsurlaubsgesetze).

(3) Abdingbarkeit; Bedeutung tarifvertraglicher Regelungen

1316 § 616 S. 1 BGB enthält **dispositives, durch Tarifvertrag oder Einzelvertrag abdingbares Recht** (vgl. § 619 BGB). Tarifvertraglich ist § 616 S. 1 BGB meist abbedungen und durch einen Katalog einzelner Verhinderungsfälle mit einer jeweils hierfür bestimmten Anzahl freier Arbeitstage ersetzt (vgl. z. B. § 51 BAT, § 4 BRTV-Bau).

1317 Ob der Tarifvertrag eine abschließende und damit § 616 BGB ausschließende Regelung enthält, ist im Wege der **Auslegung** zu ermitteln. Davon ist auszugehen, wenn nach dem Tarifvertrag »**Lohn nur für wirklich geleistete Arbeit**« bezahlt werden soll und lediglich bei bestimmten Ausnahmen die Entgeltfortzahlungspflicht des Arbeitgebers bestehen bleibt oder es heißt: »Grds. wird Arbeitsentgelt nur für die Zeit gezahlt, in der Arbeit geleistet wird, sowie für die Zeit der Arbeitsbereitschaft, es sei denn, dass gesetzliche oder tarifliche Vorschriften etwas anderes bestimmen« (*BAG* 26.8.1982 EzA § 616 Nr. 21; 4.9.1985 EzA § 616 Nr. 33).

1318 Enthält der Tarifvertrag einen festen Katalog von Säumnisgründen und der dafür zugestandenen bezahlten Freizeit anstelle der generalklauselartigen Regelung des § 616 S. 1 BGB, so wird insoweit die Unzumutbarkeit der Arbeitsleistung vermutet. Der Arbeitnehmer muss dann nicht darlegen, wie sich das in dem tariflichen Katalog aufgeführte Ereignis tatsächlich auf sein Leben ausgewirkt hat (*BAG* 12.12.1973 AP Nr. 44 zu § 616 BGB).

1319 Beschränkt sich der Tarifvertrag allerdings auf eine Erwähnung bestimmter Verhinderungsfälle und konkretisiert er damit allein den Anwendungsbereich des § 616 S. 1 BGB, so kann diese Vorschrift für weitere Verhinderungsfälle Anwendung finden (*BAG* 27.6.1990 EzA § 616 BGB Nr. 43).

1320 Ob im Arbeitsvertrag neben Modifikationen auch der **völlige Ausschluss** des § 616 S. 1 BGB rechtlich zulässig wäre, hat das *BAG* (20.6.1979 EzA § 616 BGB Nr. 16) offen gelassen.

1321 Der tarifliche Ausschluss des § 616 BGB für alle Teilzeitkräfte oder **Teilzeitkräfte** mit flexiblen Arbeitszeiten begegnet jedenfalls im Hinblick auf § 2 Abs. 1 BeschFG Bedenken (MünchArbR/*Schüren* § 162 Rz. 146).

(4) Tatbestandsvoraussetzungen

aaa) **Arbeitsverhältnis**

1322 Voraussetzung für die Anwendung des § 616 S. 1 BGB ist zunächst, dass ein Arbeitsverhältnis besteht.

§ 616 S. 1 BGB greift vom rechtlichen Beginn bis zur rechtlichen Beendigung des Arbeitsverhältnisses ein, also auch dann, wenn der Arbeitnehmer infolge des Verhinderungsgrundes die Arbeit nicht mehr zu dem vertraglich vorgesehenen Antrittszeitpunkt aufnehmen kann.

Liegt der Verhinderungsfall bereits beim Abschluss des Arbeitsvertrages vor und besteht er bis zum Zeitpunkt der vereinbarten Arbeitsaufnahme fort, so entfällt aufgrund des Schutzzwecks des § 616 BGB eine Vergütungspflicht des Arbeitgebers (*BAG* 26.7.1989 EzA § 1 LohnFG Nr. 110). Bei fehlerhaft begründeten Arbeitsverhältnissen gilt § 616 S. 1 BGB, bis sich eine Vertragspartei auf diesen Umstand beruft (*BAG* 16.9.1982 EzA § 123 BGB Nr. 22). 1323

bbb) Alleinige Ursache der Arbeitsverhinderung in der Person des Arbeitnehmers

Weiterhin muss der in der Person des Arbeitnehmers liegende Anlass die alleinige Ursache der Arbeitsverhinderung und damit für den Vergütungsverlust bilden (*BAG* 17.10.1990 EzA § 16 BErzGG Nr. 5); es genügt, wenn er wegen seiner persönlichen Verhältnisse die Arbeitspflicht nicht erfüllen kann (*BAG* 8.12.1982 EzA § 616 BGB Nr. 23). 1324

§ 616 BGB ist deshalb bei objektiven Leistungshindernissen grds. dann nicht anwendbar, wenn die Arbeitsleistung wegen allgemeiner Hindernisse, die weder in der Person des Arbeitnehmers noch in der Sphäre des Arbeitgebers ihre Grundlage haben und die allgemein der Erbringung er Arbeitsleistung entgegenstehen (z. B. Demonstrationen, verkehrsbedingte Störungen (Straßenglätte, Schneeverwehungen), Ausfall der öffentlichen Verkehrsmittel, allgemeine Verkehrsstörungen wie Verkehrsstau, witterungsbedingtes Fahrverbot (*BAG* 8.12.1982 EzA § 616 BGB Nr. 23; 8.9.1982 EzA § 616 BGB Nr. 33) nicht erbracht werden kann. 1325

War der Arbeitnehmer z. B. krankheitsbedingt nicht leistungsfähig oder leistungswillig, so kann ihm der gleichzeitig eintretende persönliche Verhinderungsfall nicht zu einem Vergütungsanspruch nach § 616 BGB verhelfen (*BAG* 20.3.1985 EzA § 1 LohnFG Nr. 77). 1326

Allerdings ist § 616 BGB **ausnahmsweise** auch bei einem objektiven Leistungshindernis anzuwenden, wenn das Hindernis den betroffenen Arbeitnehmer wegen seiner besonderen persönlichen Verhältnisse in der Weise betrifft, dass es gerade auf seinen körperlichen oder seelischen Zustand zurückwirkt oder er von einer Naturkatastrophe betroffen wird und ihm die Arbeitsleistung deshalb vorübergehend nicht zuzumuten ist, weil er erst seine eigenen Angelegenheiten ordnen muss. 1327

Voraussetzung ist immer, dass das Leistungshindernis sich gerade aus Eigenschaften und Umständen ergibt, die in der Person des verhinderten Arbeitnehmers begründet sind, ohne Rücksicht darauf, ob und – wenn ja – wie viele weitere Arbeitnehmer von dem Ereignis betroffen sind. Die Zahl der betroffenen Arbeitnehmer kann nur gewisse Hinweise darauf geben, ob das Leistungshindernis in der Person des Arbeitnehmers begründet ist oder ein allgemeines Leistungshindernis vorliegt (*BAG* 8.9.1982 EzA § 616 BGB Nr. 22). 1328

Der Hinderungsgrund muss andererseits nicht unmittelbar in der Person des Arbeitnehmers selbst vorliegen. Es genügt, dass er seiner persönlichen Sphäre zuzuordnen und ihm im Hinblick darauf die Arbeitsleistung nicht zuzumuten ist. 1329

C. Der Inhalt des Arbeitsverhältnisses

1330 Ein Verhinderungsgrund liegt dann vor, wenn dem Arbeitnehmer die Arbeitsleistung tatsächlich unmöglich ist (z. B. bei vorübergehender Festnahme), aber auch dann, wenn sie ihm aus in seiner persönlichen Sphäre liegenden Gründen unzumutbar ist, d. h. wenn ihm wegen höherrangiger sittlicher und rechtlicher Pflichten die Arbeitsleistung nach Treu und Glauben unter Abwägung der wechselseitigen Interessen nicht mehr abverlangt werden darf (*BAG* 25.10.1973 AP Nr. 43 zu § 616 BGB).

ccc) Notwendiger Bezug zur Arbeitszeit

1331 Notwendige Voraussetzung ist zudem, dass die Erfüllung anderer Verpflichtungen oder die Wahrnehmung vorrangiger berechtigter Interessen nur während der Arbeitszeit möglich ist, dies also unvermeidbar ist, es sei denn, dass durch Gesetz oder Tarifvertrag etwas anderes bestimmt ist (*BAG* 7.6.1978 EzA § 63 HGB Nr. 29).

1332 Ein Anspruch besteht deshalb z. B. nicht, wenn es dem Arbeitnehmer möglich ist, Arztbesuche oder Behördengänge terminlich in die Freizeit zu legen. Das gilt insbesondere bei einer Teilzeitbeschäftigung (MünchArbR/*Schüren* § 162 Rz. 134 ff.). Etwas anderes gilt aber dann, wenn die Festlegung des Termins z. B. einer ärztlichen Untersuchung nicht vom Arbeitnehmer beeinflusst werden kann (*BAG* 27.6.1990 EzA § 4 TVG Papierindustrie Nr. 2).

1333 Sind beide Elternteile berufstätig, so ist ein Anspruch nach § 616 BGB für die Betreuung oder Pflege eines kranken Kindes (§ 45 Abs. 1 SGB V) regelmäßig nur für einen Elternteil gegeben (*BAG* 20.6.1979 EzA § 616 BGB Nr. 14).

ddd) Beispiele

1334 Im Übrigen kommen als persönliche Leistungshindernisse in Betracht (vgl. MünchArbR/*Boewer* § 80 Rz. 15 m. w. N. aus der Rspr. des *BAG*):
- **besondere Familienereignisse** (Tod des Ehegatten, der Kinder, Geschwister oder Eltern, eigene Hochzeit [auch standesamtliche Trauung; *BAG* 27.4.1983 EzA § 616 BGB Nr. 24], Hochzeit der Kinder, Goldene Hochzeit der Eltern, Niederkunft der Ehefrau oder Lebensgefährtin, Pflege plötzlich und schwer erkrankter naher Angehöriger);
- dringende, in der Freizeit nicht erfüllbare **persönliche oder berufliche Angelegenheiten** (Umzug, Arztbesuch oder Heilbehandlungen, Ablegung von Prüfungen [z. B. Führerschein]);
- die **Erfüllung öffentlicher und religiöser Pflichten, Ausübung staatsbürgerlicher Ehrenämter** (gerichtliche Vorladungen als Zeuge, Sachverständiger, Wartepflicht und notwendige Hilfeleistung nach Verkehrsunfall, Konfirmation, Erstkommunion, Einberufung als ehrenamtlicher Richter, Wahrnehmung polizeilicher Termine).

1335 Nicht erfasst ist dagegen die Zeit einer Ratsherrentätigkeit nach der Niedersächsischen GO, weil sie sich nicht als Erfüllung einer öffentlich-rechtlichen Verpflichtung darstellt. Denn der Arbeitsausfall beruht auf einem freien Willensentschluss des Arbeitnehmers und nicht auf einem rechtlichen Zwang (*BAG* 20.6.1995 EzA § 4 TVG Milchindustrie Nr. 3).

C. Der Inhalt des Arbeitsverhältnisses

eee) Verschulden der Arbeitsverhinderung

Der Anspruch entfällt, wenn der Arbeitnehmer die Arbeitsverhinderung verschuldet hat im Sinne eines auf Vorsatz und grobe Fahrlässigkeit beschränkten Verschuldens gegen sich selbst. Erforderlich ist ein gröblicher Verstoß gegen das von einem verständigen Menschen im eigenen Interesse gebotene Verhalten, dessen Folgen auf den Arbeitgeber abzuwälzen unbillig wäre (*BAG* 11.11.1987 EzA § 1 LohnFG Nr. 88). **1336**

fff) Verhältnismäßig nicht erhebliche Zeit

Die Arbeitsverhinderung darf sich nur auf eine verhältnismäßig nicht erhebliche Zeit erstrecken. **Abzustellen ist i. d. R. auf das Verhältnis zwischen Verhinderungsdauer einerseits und der Gesamtdauer des bisherigen Arbeitsverhältnisses andererseits.** **1337**

Dabei können nach Auffassung von *Schaub* (Arbeitsrechtshandbuch, § 72 II 3) bei einer Beschäftigungszeit bis zu sechs Monaten drei Tage, von sechs bis zwölf Monaten eine Woche und ab einem Jahr drei Wochen für verhältnismäßig unerheblich gehalten werden. **1338**

Das *BAG* (13.11.1969 AP Nr. 41 zu § 616 BGB; 25.10.1973 AP Nr. 43 zu § 616 BGB; 20.7.1977 EzA § 616 BGB Nr. 11; 19.4.1978 EzA § 616 BGB Nr. 12) hat dagegen zum Teil auf das Verhältnis zwischen der Verhinderung und der Dauer des Arbeitsverhältnisses abgestellt, teilweise aber auch einen Zeitraum von bis zu fünf Arbeitstagen als verhältnismäßig nicht erheblich angesehen, ohne auf die Dauer des Arbeitsverhältnisses einzugehen. **1339**

Insbesondere bei der **Erkrankung naher Angehöriger** ist das *BAG* (19.4.1978 EzA § 616 BGB Nr. 12) **in Anlehnung an § 185 c RVO a. F.** von einem Befreiungsanspruch für die Dauer von **fünf Tagen** ausgegangen; im Übrigen ist der Zeitraum unter Berücksichtigung aller Umstände des Einzelfalles zu bestimmen. Fraglich ist aber, was derzeit gilt, nachdem durch § 45 SGB V die Anspruchsdauer für Kinderkrankengeld im Verhältnis zur Vorgängerregelung des § 185 c RVO, an der sich das BAG insoweit orientiert hatte, auf zumindest zehn Tage erhöht worden ist. Nach Auffassung von *Erasmy* (NZA 1992, 921) verbleibt es gleichwohl im Rahmen des § 616 BGB bei fünf Arbeitstagen pro Jahr. **1340**

Da in zahlreichen Tarifverträgen Einzelheiten der Entgeltfortzahlung wegen persönlicher Verhinderung geregelt sind, können die Arbeitsvertragsparteien auch bei fehlender Tarifbindung u. U. im Einzelfall darauf als **Orientierungshilfe** zurückgreifen. **1341**

Ist der Arbeitnehmer für eine erhebliche Dauer an der Arbeitsleitung verhindert, steht ihm ein Vergütungsanspruch auch nicht für einen verhältnismäßig nicht erheblichen Teil des Zeitraums zu (*BAG* [GS] 18.12.1959 AP Nr. 22 zu § 616 BGB gegen *BAG* 24.2.1955 AP Nr. 2 zu § 616 BGB). **1342**

ggg) Mehrzahl von Verhinderungsfällen

Handelt es sich um mehrere verschiedene Verhinderungsfälle i. S. d. § 616 BGB, so sind diese nicht zusammenzurechnen, wenn sie auf unterschiedlichen Anlässen beruhen, sodass der Arbeitnehmer jeweils das volle Entgelt verlangen kann. **1343**

1344 Fraglich ist, ob eine Zusammenrechnung aber dann in Betracht kommt, wenn der Arbeitnehmer bei mehreren Gerichtsterminen im selben Rechtsstreit oder bei Krankheitsschüben einer noch nicht ausgeheilten Erkrankung eines nahen Angehörigen erneut der Arbeit fernbleiben muss (dafür *Schaub* Arbeitsrechtshandbuch, § 97 II 3), oder ob eine Zusammenrechnung einen ununterbrochenen zeitlichen Verlauf des Geschehens voraussetzt, weil nur dann von vornherein die Arbeitsverhinderung nicht von unerheblicher Dauer ist (dafür MünchArbR/*Boewer* § 80 Rz. 20).

hhh) Informations- und Nachweispflicht

1345 Aus der Treuepflicht des Arbeitnehmers folgt die Verpflichtung, den Arbeitgeber über Grund und Dauer der Arbeitsverhinderung möglichst frühzeitig zu informieren, damit sich dieser auf den Arbeitsausfall des Arbeitnehmers wegen der Auswirkungen auf den Betriebsablauf einstellen kann. War die Verhinderung für den Arbeitnehmer nicht vorhersehbar, ist die Benachrichtigung unverzüglich nachzuholen.

1346 Häufig enthalten tarifvertragliche Regelungen eine entsprechende Unterrichtungspflicht des Arbeitnehmers. **Regelmäßig wird der Arbeitgeber, dem der persönliche Verhinderungsgrund unbekannt ist, einen Nachweis verlangen und bis zu dessen Erbringung die Entgeltzahlung verweigern dürfen** (*BAG* 5.5.1972 AP Nr. 1 zu § 7 LohnFG).

iii) Berechnung des Anspruchs

1347 Der Entgeltfortzahlungsanspruch aus § 616 BGB ist ein Erfüllungsanspruch; der Arbeitgeber schuldet folglich die **Bruttovergütung**. Der Arbeitnehmer ist so zu stellen, als ob er während der Zeit der Arbeitsverhinderung weitergearbeitet hätte (s. o. C/Rz. 1261 ff.). Gem. **§ 616 S. 2 BGB** muss sich der Arbeitnehmer den Betrag **anrechnen lassen**, der ihm für die Zeit der Verhinderung aus einer aufgrund gesetzlicher Verpflichtung bestehenden Kranken- und Unfallversicherung zukommt. Hat ein Dritter die Arbeitsverhinderung zu vertreten, haftet ihm dieser auch für den Verdienstausfall. Soweit der Arbeitnehmer Arbeitsentgelt nach § 616 BGB erhalten hat, muss er einen Schadenersatzanspruch gegen den Dritten an den Arbeitgeber (nach dem Rechtsgedanken des § 255 BGB oder des § 281 BGB) abtreten (MünchArbR/*Boewer* § 80 Rz. 24).

(5) Darlegungs- und Beweislast

1348 Der Arbeitnehmer muss die anspruchsbegründenden objektiven Voraussetzungen des § 616 BGB, der Arbeitgeber das Selbstverschulden des Arbeitnehmers für den Arbeitsausfall darlegen und beweisen (*BAG* 20.3.1985 EzA § 1 LohnFG Nr. 77).

1349 Da es dem Arbeitgeber aber häufig nicht möglich ist, die für den Grund des Arbeitsausfalls erheblichen Umstände, die aus dem **Lebensbereich des Arbeitnehmers** herrühren, im Einzelnen darzulegen, muss der Arbeitnehmer dies auf Verlangen des Arbeitgebers **offenbaren** (§ 138 Abs. 2, 3 ZPO; *Baumgärtel* Anm. zu *BAG* AP Nr. 52 § 1 LohnFG).

bb) Freizeit zur Stellensuche (§ 629 BGB)

1350 S. o. B/Rz. 312 ff.

C. Der Inhalt des Arbeitsverhältnisses

cc) Ausübung staatsbürgerlicher Rechte und Pflichten

(1) Wahlvorbereitung

Art. 48 Abs. 1 GG räumt (konkretisiert durch § 3 AbgG) den Bewerbern um einen Sitz im Bundestag zur Vorbereitung ihrer Wahl einen **verfassungsgesetzlichen Anspruch auf den erforderlichen Urlaub** ein. 1351

Ein Anspruch auf Fortzahlung der Bezüge für die Dauer der Beurlaubung besteht jedoch nicht. Gleiches gilt für Bewerber um einen Sitz im Europaparlament (EuropaabgeordnetenG). Die arbeitsrechtliche Stellung der Landtagsabgeordneten ist in den Landesverfassungen in Verbindung mit Abgeordnetengesetzen geregelt; diese lehnen sich weitgehend an das BundestagsabgeordnetenG an. 1352

Voraussetzung für einen Wahlvorbereitungsurlaubsanspruch eines Kandidaten ist, dass die Ernstlichkeit der Bewerbung feststeht und der Urlaub erforderlich ist. Die Ernstlichkeit ist immer dann zu bejahen, wenn sich der Bewerber auf einem bereits eingereichten Wahlvorschlag befindet. Nicht ausreichend sind allgemeine Aktivitäten, die sich auf Wahlvorbereitungshandlungen einer Partei beziehen. Andererseits reicht eine konkrete Chance aus, von der Partei als Kandidat aufgestellt zu werden. Bei der Prüfung der Erforderlichkeit des Wahlvorbereitungsurlaubs kommt es **allein auf die Interessen des Kandidaten** an, die Interessen des Arbeitgebers bleiben unberücksichtigt. 1353

Allerdings steht dem Arbeitnehmer **kein Recht zur Selbstbeurlaubung** zu (vgl. MünchArbR/*Boewer* § 80 Rz. 39).
Eine vertragliche oder tarifliche Beschränkung des Wahlvorbereitungsurlaubsanspruchs wäre rechtlich unzulässig (*BVerfG* 21.9.1976 AP Nr. 5 zu Art. 140 GG). 1354

(2) Sonstige staatsbürgerliche Rechte und Pflichten

Darüber hinaus steht dem Arbeitnehmer ein **Recht auf erforderliche Freizeit** für alle staatsbürgerlichen Rechte und Pflichten zu (z. B. die Ausübung des aktiven Wahlrechts, die ehrenamtliche Tätigkeit in Wahlvorständen oder bei Gerichten und Behörden, vgl. BAG 17.12.1956 AP Nr. 7 zu § 616 BGB; 9.3.1983 AP Nr. 60 zu § 616 BGB). Die Wahrnehmung eines Termins als Zeuge vor Gericht ist eine allgemeine Pflicht gegenüber den staatlichen Gerichten, die auch »Nicht-Staatsbürger« trifft und daher nicht der Erfüllung einer allgemeinen staatsbürgerlichen Pflicht nach deutschem Recht darstellt. Daher besteht lediglich ein Anspruch auf Freistellung von der Arbeitsleistung, nicht aber ein Anspruch auf Fortzahlung des Lohnes. Anstelle des Lohnanspruchs ist der Arbeitnehmer auf die Zeugenentschädigung zu verweisen (*LAG Köln* 23.10.2000 ZTR 2001, 231 zur Tarifnorm des § 33 MTArb). 1355

(3) Ehrenamtliche Richter

Für die Rechtsstellung der ehrenamtlichen Richter **in der Arbeits- und Sozialgerichtsbarkeit** gelten § 26 ArbGG, § 20 SGG. Zu ihrer Tätigkeit gehört nicht nur die eigentliche richterliche Tätigkeit (also insbesondere die Sitzungsteilnahme), sondern z. B. auch die Teilnahme an Sitzungen des Ausschusses der ehrenamtlichen Richter oder an den notwendigen Schulungen (*BAG* 25.8.1982 EzA § 26 ArbGG Nr. 1). Fraglich ist, ob dies auch für die erforderliche **Zeit des Aktenstudiums** gilt, unabhängig davon, ob der Kammervorsitzende die Akteneinsicht angeordnet hat. 1356

C. Der Inhalt des Arbeitsverhältnisses

1357 Dafür spricht nach Auffassung des *LAG Bremen* (14.6.1990 LAGE § 616 BGB Nr. 5; a. A. *LAG Bremen* 25.7.1988 LAGE § 26 ArbGG 1979 Nr. 1; in dieser Entscheidung wird § 616 BGB allerdings nicht einmal erörtert), dass dann, wenn der ehrenamtliche Richter sein Recht und seine Pflicht, durch Aktenstudium über den Tatbestand voll informiert zu sein, am jeweiligen Sitzungstag erst umsetzen muss, ein Widerspruch zu der im Interesse aller Prozessbeteiligten liegenden vernünftigen, vorausschauenden Planung des Termintages gegeben wäre. Deshalb muss ihm die Möglichkeit gegeben werden, die Akten auch vor dem eigentlichen Termintag einsehen zu können.

1358 Ein etwaiger **Verdienstausfall** des ehrenamtlichen Richters wird auf der Grundlage des Gesetzes über die Entschädigung der ehrenamtlichen Richter erstattet.
Der Arbeitgeber ist von der Verhinderung an der Arbeitsleistung rechtzeitig zu unterrichten (§ 242 BGB).

dd) Wahrnehmung mitbestimmungsrechtlicher Aufgaben und Rechte
1359 S. u. I/Rz. 526 ff.

ee) Gesetzliche Beurlaubung bei Wehr- und Zivildienst

(1) Deutsche Arbeitnehmer
1360 Wird der Arbeitnehmer zum Grundwehrdienst oder zu einer Wehrübung einberufen, **ruht das Arbeitsverhältnis** (§§ 1 Abs. 1, 10 ArbPlSchG). Gleiches gilt beim Wehrdienst als Soldat auf Zeit für höchstens 2 Jahre (§ 16 a ArbPlSchG).

> Mit dem Ende des Grundwehrdienstes und der Wehrübung lebt das Arbeitsverhältnis wieder auf, sodass der Arbeitnehmer unaufgefordert zur Arbeit zu erscheinen hat. Bei 3-Tage-Wehrübungen (§ 11 ArbPlSchG) tritt kein Ruhen des Arbeitsverhältnisses ein. Vielmehr ist der Arbeitnehmer kraft Gesetzes unter Weitergewährung des Arbeitsentgelts von der Arbeit freigestellt. Gleiches gilt für die Erfassung, Musterung usw. (§ 14 Abs. 1 ArbPlSchG).

1361 § 1 EignungsübungsG sieht bei einer Einberufung zur Eignungsauswahl von freiwilligen Soldaten ein Ruhen des Arbeitsverhältnisses bis zu 4 Monaten vor.

1362 Nehmen Arbeitnehmer während der Arbeitszeit als Helfer im Katastrophenschutz oder im Zivilschutz an Einsätzen oder Ausbildungsveranstaltungen teil, sind sie für die Dauer der Teilnahme unter Entgeltfortzahlung von der Arbeit freigestellt (§ 9 Abs. 2 KatastrophenschutzG, § 9 Abs. 2 ZivilschutzG).

1363 Das Arbeitsplatzschutzgesetz gilt gem. § 78 Abs. 1 ZDG auch für anerkannte **Wehrdienstverweigerer** und **zivilen Ersatzdienst** Leistende sowie nach § 59 Abs. 1 BundesgrenzschutzG für zum Bundesgrenzschutz Verpflichtete.

(2) Ausländische Arbeitnehmer
1364 Für **ausländische Arbeitnehmer aus EG-Staaten**, die ihre Tätigkeit in der BRD zur Erfüllung der Wehrpflicht in ihrem Heimatland unterbrechen müssen, gilt wegen des Diskriminierungsverbots (Art. 48 EWG-Vertrag; jetzt Art. 39 EGV) und Art. 7 RVO Nr. 1612–68) das **ArbPlSchG entsprechend** (*EuGH* 15.10.1969 AP Nr. 2 zu Art. 177 EWG-Vertrag; *BAG* 5.12.1969 AP Nr. 3 zu Art. 177 EWG-Vertrag; vgl. *Sahmer/Busemann* ArbPlSchG Vorbem. 1 vor § 1 ArbPlSchG).

C. Der Inhalt des Arbeitsverhältnisses

Für **Arbeitnehmer aus Nicht-EG-Staaten** besteht für eine verhältnismäßig kurz- 1365
fristige Wehrdienstverpflichtung bis zu zwei Monaten ein **Leistungsverweigerungs-
recht**, sofern nicht die Arbeitsleistung für den geordneten Betriebsablauf von erheblicher Bedeutung ist und der Arbeitgeber durch den Arbeitsausfall in eine Zwangslage
gerät; für einen längeren wehrdienstbedingten Arbeitsausfall gilt dies nicht (*BAG*
22.12.1982 EzA § 123 BGB Nr. 20; 20.5.1988 EzA § 1 KSchG Personenbedingte Kündigung Nr. 3; s. u. D/Rz. 1245 f., 1298).

c) Die Lohnzahlung an Feiertagen

aa) Normative Grundlagen
Aufgrund der §§ 1, 2 EFZG ist die Lohnzahlung an Feiertagen nunmehr seit dem 1366
1.6.1994 gemeinsam mit der Entgeltfortzahlung im Krankheitsfall im EFZG geregelt.
Diese Vorschriften regeln allerdings nur die Rechtsfolgen des Arbeitsausfalls an einem
Feiertag, **gehen aber nicht zugleich die dafür maßgebenden gesetzlichen Feiertage
vor**. Denn dafür ergibt sich aus Art. 70 Abs. 1 GG die **Gesetzgebungskompetenz der
Länder**. Aus der »Natur der Sache« kann sich aber ausnahmsweise eine Gesetzgebungskompetenz des Bundes für weltliche Feiertage ergeben, was z. B. für den Tag
der Deutschen Einheit am 3. Oktober zutrifft.
Bei der überwiegenden Zahl der landesgesetzlich anerkannten Feiertage handelt es 1367
sich um kirchliche Feiertage. Insoweit wird der Zweck der Vergütungsfortzahlung
an Feiertagen durch die vorwiegend konfessionell ausgerichteten Feiertagsregelungen der Bundesländer maßgebend beeinflusst und damit die in Art. 4 Abs. 2 GG verfassungsrechtlich garantierte ungestörte Religionsausübung unterstützt (MünchArbR/*Boewer* § 81 Rz. 3).
Gem. § 84 Abs. 4 SeemG sind Feiertage innerhalb des Geltungsbereichs des Grund- 1368
gesetzes die gesetzlichen Feiertage des Liegeortes, auch außerhalb des Grundgesetzes
und auf See die Feiertage des Registerhafens.
§§ 1, 2 EFZG beziehen sich nur auf die staatlich bzw. gesetzlich anerkannten Feierta- 1369
ge, nicht jedoch auf rein kirchliche Feiertage. Gleichwohl sind diese Feiertage überwiegend kirchlichen Ursprungs; ihre Anzahl in den Bundesländern ist unterschiedlich (die Landesgesetze sind bei *Nipperdey* I, ArbR, Nr. 253–268 abgedruckt).

bb) Räumlicher Anwendungsbereich der §§ 1, 2 EFZG
Maßgeblich für die Anwendbarkeit der §§ 1, 2 EFZG ist das **Feiertagsrecht des jewei-** 1370
ligen Arbeitsortes, nicht des Betriebssitzes des Arbeitgebers, wenn die Arbeit außerhalb des Betriebssitzes durchgeführt wird. Auch auf den Wohnort des Arbeitnehmers
kommt es nicht an (*Schmitt* EFZG, 2. Aufl., § 2 Rz. 21).
Kommt es zu einem Auslandseinsatz eines Arbeitnehmers, für den das deutsche Ar- 1371
beitsstatut gilt, so kann deutsches Feiertagsrecht wegen seiner öffentlich-rechtlichen
Natur am Arbeitsort keine Anwendung finden (*BAG* 30.4.1987 EzA § 12 SchwbG
Nr. 15).
§§ 1, 2 EFZG gelten weder für öffentliche Feiertage am ausländischen Arbeitsort nach 1372
dem jeweiligen Landesrecht noch für ausländische Feiertage zugunsten ausländischer
Arbeitnehmer, deren Arbeitsverhältnis in der BRD durchgeführt wird und sich nach
deutschem Arbeitsstatut richtet (MünchArbR/*Boewer* § 81 Rz. 6).

cc) Anspruchsvoraussetzungen der Feiertagsvergütung

1373 Gem. § 2 Abs. 1 EFZG ist für die Arbeitszeit, die infolge eines gesetzlichen Feiertages ausfällt, dem Arbeitnehmer das Arbeitsentgelt zu zahlen, das er ohne den Arbeitsausfall erhalten hätte. Bei Kurzarbeit bestimmt sich der Anspruch nach Maßgabe des § 1 Abs. 2 EFZG.

(1) Arbeitnehmer; Arbeitsverhältnis

1374 Erforderlich ist, dass der Anspruchsteller Arbeitnehmer ist (einschließlich Werkstudenten, Teilzeitarbeitnehmer und Auszubildenden, vgl. *BAG* 8.2.1963 AP Nr. 7 zu § 1 FeiertagslohnzG Berlin; 9.7.1959 AP Nr. 5 zu § 1 FeiertagslohnzG) und dass ein **Arbeitsverhältnis an dem Feiertag zwischen den Parteien bereits oder noch besteht**.

1375 Der immer nur für einen Tag eingestellte Arbeitnehmer kann die Feiertagsbezahlung dagegen auch dann nicht verlangen, wenn er unmittelbar vor und nach dem Feiertag beschäftigt worden ist (*BAG* 14.7.1967 AP Nr. 24 zu § 1 FeiertagslohnzG). Etwas anderes gilt, wenn die Vertragsparteien im Hinblick auf § 2 EFZG eine Vertragsgestaltung gewählt haben, wonach die Beschäftigung nur wegen des Feiertages unterbleibt (*BAG* 14.7.1967 AP Nr. 24 zu § 1 FeiertagslohnzG).

(2) Arbeitsausfall wegen des Feiertages

aaa) Grundlagen

1376 Voraussetzung ist weiterhin, dass die Arbeit **ausschließlich wegen des Feiertags** ausgefallen ist (*BAG* 19.4.1989 EzA § 1 FeiertagslohnzG Nr. 41).

> Der Anspruch besteht folglich dann nicht, wenn die Arbeitspflicht des Arbeitnehmers aus anderen Gründen (z. B. Krankheit) ohnehin entfallen wäre. Das gilt auch dann, wenn aufgrund individueller Arbeitszeitgestaltung an dem Tag, auf den der Feiertag fällt, ohnehin arbeitsfrei gewesen wäre (z. B. im sog. Rolliersystem).

1377 Sieht etwa eine **Betriebsvereinbarung** auf der Grundlage einer entsprechenden tarifvertraglichen Regelung zulässigerweise vor, dass im wöchentlichen Wechsel jeweils von Montag bis Freitag und von Montag bis Donnerstag gearbeitet wird, so hat der Arbeitnehmer keinen Anspruch auf Feiertagsvergütung, wenn auf den danach **arbeitsfreien Freitag ein gesetzlicher Feiertag fällt** (*BAG* 24.1.2000 NZA 2001, 1026).

1378 Fällt ein Wochenfeiertag in die Zeit des **bezahlten Erholungsurlaubs**, so darf dieser nicht auf den Urlaub angerechnet werden (§ 3 Abs. 2 BUrlG). Etwas anderes gilt, wenn die Arbeit im Betrieb trotz des Feiertages nicht ausfällt (vgl. § 10 ArbZG) und die Arbeit des Arbeitnehmers nur wegen seines Urlaubs entfällt (*BAG* 14.5.1964 AP Nr. 94 zu § 611 BGB Urlaubsrecht; 31.5.1988 AP Nr. 58 zu § 1 FeiertagslohnzG).

1379 Endet ein unbezahlter Sonderurlaub mit einem Feiertag, so wird ohne anderweitige ausdrückliche Vereinbarung der Arbeitsvertragsparteien davon auszugehen sein, dass der Arbeitnehmer den Feiertag nicht als unbezahlten Urlaubstag nehmen will (*BAG* 27.7.1973 AP Nr. 30 zu § 1 FeiertagslohnzG).

1380 Ist der Arbeitgeber für Arbeitszeit, die sowohl infolge eines gesetzlichen Feiertages als auch infolge Krankheit des Arbeitnehmers ausgefallen ist, zur Fortzahlung des Arbeitsentgelts (§ 3 EFZG) verpflichtet, so bestimmt sich die Höhe des zu zahlenden Arbeitsentgelts für diesen Feiertag nach § 2 EFZG (§ 4 Abs. 2 EFZG).

C. Der Inhalt des Arbeitsverhältnisses

Das Gesetz löst damit die Doppelkausalität beim Zusammentreffen von Krankheitszeiten und Feiertagen dergestalt, dass hinsichtlich der Voraussetzungen der Entgeltfortzahlung §§ 3 ff. EFZG maßgeblich sind, die Höhe sich aber nach der Vergütung für den Arbeitsausfall an Feiertagen bestimmt. Damit soll eine Gleichbehandlung der erkrankten mit den gesunden Arbeitnehmern an Feiertagen erreicht werden. Da die ab 1.1.1999 nicht mehr geltende Kürzung der Entgeltfortzahlung durch das arbeitsrechtliche Beschäftigungsförderungsgesetz (s. u. C/Rz. 1501 ff.) die Höhe des fortzuzahlenden Arbeitsentgelts betrifft, hatte sie für die Vergütung an Feiertagen keine Auswirkungen (*Raab* NZA 1997, 1144 ff.)

1381

bbb) Beispiele

– Sieht ein Arbeitsvertrag für die Dauer von **Betriebsferien** zwischen Weihnachten und Neujahr unbezahlten Sonderurlaub vor, weil der Arbeitnehmer seinen vollen Jahresurlaub schon genommen hat, so wird durch eine solche Regelung der gesetzliche Anspruch auf Feiertagsbezahlung nicht berührt (*BAG* 6.4.1982 EzA § 1 FeiertagslohnzG Nr. 21).

1382

– Anspruch auf Feiertagsvergütung besteht auch dann, wenn die **Arbeit stundenweise je nach wechselndem Bedarf** geleistet wird, ohne dass der Arbeitnehmer zum Arbeitsantritt verpflichtet wäre. Voraussetzung ist nur, dass die Arbeit tatsächlich wegen des Feiertages ausfällt, der Arbeitnehmer also ohne die gesetzlich angeordnete Feiertagsruhe arbeiten würde (*BAG* 3.5.1983 EzA § 1 FeiertagslohnzG Nr. 24).

1383

– Wird in einem Betrieb an Wochenfeiertagen **nur eingeschränkt gearbeitet,** so hängt der Anspruch auf Feiertagsvergütung davon ab, welche Arbeitnehmer wegen dieser feiertagsbedingten Maßnahme befreit waren. Eine dienstplanmäßige Freistellung schließt den Anspruch auf Feiertagsvergütung aus. Sie ist aber nur dann anzunehmen, wenn sich die Arbeitsbefreiung aus einem Schema ergibt, das von der Feiertagsruhe an bestimmten Tagen unabhängig ist (*BAG* 27.9.1983 EzA § 1 FeiertagslohnzG Nr. 26; 9.10.1996 EzA § 1 FeiertagslohnzG Nr. 51).

1384

– Werden Arbeitnehmer regelmäßig samstags zu **Mehrarbeit** herangezogen, nicht aber an einem Samstag, der auf einen Feiertag fällt, so haben sie normalerweise Anspruch auf Feiertagslohn in Höhe der entgangenen Mehrarbeitsvergütung. Ruht die Arbeit vor und nach dem betreffenden Samstag dagegen aus anderen Gründen, so besteht ein Anspruch auf Feiertagslohn dann nicht, wenn die Arbeit wegen der vorangegangenen und nachfolgenden Betriebsstilllegung ausgefallen ist (*BAG* 26.3.1985 EzA § 1 FeiertagslohnzG Nr. 29).

1385

– Stunden, in denen der Arbeitnehmer **tarifvertraglich vorgesehene Feiertagsarbeit leistet, sind nicht infolge des gesetzlichen Feiertags ausgefallen** (*BAG* 12.8.1993 AP Nr. 1 zu § 10 TVAL II).

1386

(3) Besonderheiten bei Schichtarbeit; Zuschläge für Feiertagsarbeit

Fraglich ist die Beurteilung der Feiertagsvergütung bei Schichtarbeit, wenn ein Betrieb in drei Schichten arbeitet und eine der Schichten (die Nachtschicht) vor 24.00 Uhr des einen Tages beginnt und im Laufe des folgenden Tages endet. Da auch bei einer vor oder an einem gesetzlichen Feiertag beginnenden Nachtschicht nicht nur die am Feiertag anfallenden Arbeitsstunden infolge Feiertages ausfallen, sondern auch diejenigen, die am vorhergehenden oder am nachfolgenden Werktag abzuleisten sind, ist an sich auch für diese und demgemäß für die ganze ausgefallene Schicht

1387

C. Der Inhalt des Arbeitsverhältnisses

die Feiertagsvergütung zu gewähren (*BAG* 26.1.1962 AP Nr. 13 zu § 1 FeiertagslohnzG).

1388 Zu beachten ist aber, dass gem. **§ 9 Abs. 2 ArbZG** in Betrieben mit regelmäßiger Tag- und Nachtschicht Beginn oder Ende der Feiertagsruhe um bis zu 6 Stunden vor- oder zurückverlegt werden kann, wenn für die auf den Beginn der Ruhezeit folgenden 24 Stunden der Betrieb ruht.
Insoweit ist bei der rechtlichen Beurteilung nach Auffassung des *BAG* (1.12.1967, 31.1.1969, 28.6.1983 AP Nr. 25, 26, 40 zu § 1 FeiertagslohnzG) **zwischen Schichtarbeit im Produktivgewerbe einerseits und Schichtarbeit im Handelsgewerbe andererseits zu unterscheiden:**

1389 Läuft bei einem in drei Schichten arbeitenden Baubetrieb die Nachtschicht von 22 Uhr des einen bis 6 Uhr des nächsten Tages, dann können die Betriebspartner die anlässlich eines Werktags-Feiertags gem. § 105 b Abs. 1 GewO (jetzt § 9 Abs. 2 ArbZG) zu gewährende Ruhezeit so festlegen, dass die am Feiertag selbst um 22 Uhr beginnende volle Schicht ausfällt. In diesem Fall ist die in der vorangegangenen Schicht bis 6 Uhr des Feiertages geleistete Arbeit keine Feiertagsarbeit, sodass den Arbeitnehmern ein tarifvertraglich vorgesehener Zuschlag für die Arbeit an Feiertagen nicht zusteht (*BAG* 1.12.1967 AP Nr. 25 zu FeiertagslohnzG).

Das gilt selbst dann, wenn der Tarifvertrag in einem im wesentlichen Begriffsbestimmungen enthaltenden Absatz vorschreibt: »Sonn- und Feiertagsarbeit ist die an Sonn- und gesetzlichen Feiertagen in der Zeit von 0.00 bis 24.00 geleistete Arbeit«. (*BAG* 31.1.1969 AP Nr. 26 zu § 1 FeiertagslohnzG).

1390 Bestimmt dagegen ein Tarifvertrag des Handelsgewerbes, dass für Feiertagsarbeit von 0.00 bis 24.00 Uhr ein Feiertagszuschlag gezahlt werden muss, so gilt das im Zweifel auch für Schichtarbeit, die am Vortage beginnt und am Feiertag um 6.15 Uhr endet.

1391 Die gegenteilige Auffassung zur Schichtarbeit im Produktivgewerbe ist danach nicht übertragbar (*BAG* 28.6.1983 EzA § 1 FeiertagslohnzG Nr. 25), weil sich die arbeitszeitrechtliche Lage im Produktivgewerbe (früher in § 105 b Abs. 1 GewO geregelt) grundlegend von der im Handelsgewerbe (früher in § 105 Abs. 2 GewO geregelt) unterscheidet. Denn im Produktivgewerbe besteht ein besonderes Bedürfnis für fortlaufenden Schichtbetrieb, das auch der Gesetzgeber durch § 105 Abs. 1 S. 4 GewO (jetzt § 9 Abs. 2 ArbZG) berücksichtigt, wonach der Beginn der Ruhezeit an Sonn- und Feiertagen bei regelmäßiger Schichtarbeit verschoben werden kann. Bestimmen die Tarifvertragsparteien des Produktivgewerbes die Arbeitszeit als Zeit von 0.00 bis 24.00 Uhr, so ist im Zweifel nicht anzunehmen, dass mit dieser Regelung eine Verschiebung des Feiertagsbeginns ausgeschlossen werden sollte.

1392 Dagegen ist im Handelsgewerbe eine Verschiebung der Feiertagsruhe nicht vorgesehen. Folglich ist mangels ausdrücklicher anderweitiger Regelung bei einer tariflichen Regelung, die für Feiertagsarbeit von 0.00 bis 24.00 Uhr einen Feiertagszuschlag vorsieht, davon auszugehen, dass damit auch die als Nachtschicht geleistete und teilweise in den Feiertag hineinreichende Arbeit gemeint ist (*BAG* 28.6.1983 EzA § 1 FeiertagslohnzG Nr. 25).

(4) Feiertag, Krankheit und Kurzarbeit

Fällt ein gesetzlicher Feiertag in einen Krankheitszeitraum nach § 3 Abs. 1 EFZG, so hat der Arbeitnehmer Anspruch auf Entgeltfortzahlung im Krankheitsfalle. Die Höhe der Entgeltfortzahlung für einen Feiertag, an dem wegen Kurzarbeit nicht oder nur teilweise gearbeitet wurde, bestimmt sich nach §§ 2 Abs. 2, 4 Abs. 3 S. 2 EFZG. Dem Arbeitnehmer steht insoweit nur das gekürzte Arbeitsentgelt bzw. Insolvenzgeld zu (BAG 19.4.1989 EzA § 1 FeiertagslohnzG Nr. 41). 1393

§ 2 Abs. 2 EFZG gilt auch für arbeitskampfbedingte Kurzarbeit. Der Arbeitgeber ist zur Zahlung des Feiertagslohns verpflichtet, wenn er ohne den Feiertag an diesem Tage nach den Grundsätzen über die Verteilung des Arbeitskampfrisikos zur Verweigerung der Lohnzahlung berechtigt wäre (BAG 20.7.1982 EzA § 1 FeiertagslohnzG Nr. 38). 1394

Für den gekürzten Feiertagslohn, der bei Kurzarbeit zu zahlen ist, muss der Arbeitgeber die Sozialversicherungsbeiträge allein tragen. Lohnsteuer ist hingegen einzubehalten und abzuführen, ohne dass der Arbeitgeber dafür einen Ausgleich an den Arbeitnehmer zahlen müsste (BAG 8.5.1984 EzA § 1 FeiertagslohnzG Nr. 44). 1395

(5) Feiertag und Arbeitskampf

Teilt die streikführende Gewerkschaft einem Arbeitgeber mit, sie habe seine Belegschaft ab einem bestimmten Zeitpunkt zum Streik aufgerufen, bleiben die Arbeitsverhältnisse der streikenden Arbeitnehmer solange suspendiert, bis die Gewerkschaft dem Arbeitgeber oder dessen Verband das Ende des Streiks mitgeteilt hat (BAG 31.5.1988 EzA Art. 9 GG Arbeitskampf Nr. 81). 1396

Erklärt eine Gewerkschaft einen Streik am letzten Arbeitstag vor einem gesetzlichen Feiertag für beendet und nehmen die Arbeitnehmer am Tag nach dem Feiertag die Arbeit wieder auf, ist die Arbeitszeit nicht infolge des Streiks, sondern infolge des Feiertags ausgefallen. An diesem Ergebnis ändert sich auch nichts, wenn die Gewerkschaft einen Tag nach Wiederaufnahme der Arbeit erneut zu einem Streik aufruft (BAG 11.5.1993 EzA § 1 FeiertagslohnzG Nr. 45). 1397

Soll ein Streik **vor einem Feiertag beendet** werden, so muss dies dem Arbeitgeber von der streikführenden Gewerkschaft oder den streikbeteiligten Arbeitnehmern mitgeteilt werden. Im Konflikt um einen Verbandstarifvertrag kann die Mitteilung auch gegenüber dem Arbeitgeberverband erfolgen. 1398

Eine **öffentliche Verlautbarung über die Medien** kann eine unmittelbare Mitteilung nur ersetzen, wenn sie vor dem Feiertag zur Kenntnis des betroffenen Arbeitgebers gelangt. Voraussetzung ist ferner, dass die Meldung hinreichend genau darüber informiert, wann, wo und inwieweit der Streik enden soll und zusätzlich klar zum Ausdruck bringt, dass der Beschluss von der streikführenden Gewerkschaft stammt (BAG 23.10.1996 EzA Art. 9 GG Arbeitskampf Nr. 126).

Erklärt eine Gewerkschaft dagegen die Aussetzung eines Streiks lediglich für Tage, an denen ohnehin keine Arbeitspflicht besteht, so liegt keine Streikunterbrechung vor. Handelt es sich um gesetzliche Feiertage, so besteht kein Anspruch auf Feiertagslohnzahlung (BAG 1.3.1995 EzA Art. 9 GG Arbeitskampf Nr. 118). 1399

Die in der Zeit einer Aussperrung fallenden gesetzlichen Feiertage sind auch dann nicht zu bezahlen, wenn für den auf den Feiertag jeweils folgenden Werktag, den sog. Brückentag, durch Betriebsvereinbarung Betriebsruhe unter Anrechnung auf 1400

C. Der Inhalt des Arbeitsverhältnisses

den Tariffurlaub vereinbart worden ist (*BAG* 31.5.1988 EzA Art. 9 GG Arbeitskampf Nr. 77).

1401 Der Arbeitgeber hat die in einen bewilligten Urlaub fallenden gesetzlichen Feiertage auch dann nicht zu bezahlen, wenn für die nicht im Urlaub befindlichen Arbeitnehmer die Feiertagsbezahlung infolge der Aussperrung entfällt. Denn ein bewilligter Urlaub wird nicht dadurch widerrufen, dass der Arbeitgeber die Arbeitnehmer des Betriebs für eine Zeit aussperrt, in die der bewilligte Urlaub ganz oder teilweise fällt (*BAG* 31.5.1988 AP Nr. 58 zu § 1 FeiertagslohnzG).

(6) Heimarbeit
1402 Die Feiertagsbezahlung der in Heimarbeit Beschäftigten regelt **§ 11 EFZG**.

dd) Umfang und Berechnung der Feiertagsvergütung

(1) Lohnausfallprinzip
1403 Für die Berechnung der gesetzlichen Feiertagsvergütung gilt das Lohnausfallprinzip. Der Arbeitnehmer soll diejenige Vergütung erhalten, die er aufgrund seiner Arbeitsleistung ohne den Feiertag bekommen hätte (*BAG* 19.4.1989 EzA § 1 FeiertagslohnzG Nr. 41).

Zu der zu zahlenden Vergütung gehören alle Leistungen mit Entgeltcharakter einschließlich Zuschlägen aller Art, nicht jedoch Beträge, die ausschließlich Aufwendungsersatzcharakter aufweisen (s. o. C/Rz. 1261 ff.).

(2) Einzelfragen
1404 — Wird die an einem Feiertag ausfallende Arbeitszeit **vor- oder nachgearbeitet**, sind für den Feiertag die Normalarbeitsstunden zu vergüten (*BAG* 3.5.1983 EzA § 1 FeiertagslohnzG Nr. 24).

1405 — Problematisch ist die Einordnung von tarifvertraglich vorgesehenen **Nahauslösungen**. Denn einem Arbeitnehmer, der z. B. weniger als 5 km vom betrieblichen Ausgangspunkt eingesetzt wird, müssen keine Mehraufwendungen entstehen. Eine solche Arbeitsstelle bedingt keine längere als sonst im Arbeitsleben übliche Abwesenheit von zu Hause.

> Das *BAG* (24.9.1986, 1.2.1995 EzA § 1 FeiertagslohnzG Nr. 32, 46) geht davon aus, dass die Nahauslösung – auch bei längeren Entfernungen – je nach den Umständen sowohl echter Aufwendungsersatz als auch Arbeitsentgelt sein kann. Letzteres ist dann der Fall, wenn die Nahauslösung nicht für Mehraufwendungen ausgegeben wird, sondern zur Verbesserung des Lebensstandards.

1406 Die Unterscheidung ist **im Einzelfall anhand einer Regelung der Tarifvertragsparteien zu treffen**, die bestimmt, dass die Steuerpflichtigkeit dafür maßgeblich ist, in welchem Umfang mit der Nahauslösung tatsächlich Aufwendungen ersetzt werden. Da die steuerrechtlichen Vorschriften klare Unterscheidungskriterien dafür enthalten, welche Teile der Nahauslösung Arbeitsentgelt und welche Aufwendungsersatz darstellen, hängt davon auch die Beurteilung der Zahlung der Nahauslösung als Feiertagsvergütung ab.

1407 — Arbeitet eine **Akkordkolonne** von 20 Arbeitnehmern mit jeweils 17 Arbeitnehmern an 6 Wochentagen und ist für den Arbeitgeber nicht erkennbar, wie die Kolonne den Arbeitseinsatz und die Verteilung des Akkordverdienstes geregelt hat, so

erhält jedes Kolonnenmitglied 1/20 des Tagesverdienstes, den die Kolonne ohne die Feiertagsruhe erzielt hätte (*BAG* 28.2.1984 EzA § 1 FeiertagslohnzG Nr. 27).
– Im **Baugewerbe** ist Lohn nach dem Lohnausfallprinzip auch für Feiertage zu zah- 1408 len, an denen die Arbeit wegen Schlechtwetter ausgefallen wäre. Der Feiertagslohn beschränkt sich nicht auf die Höhe des Schlechtwettergeldes (*BAG* 14.5.1986 EzA § 1 FeiertagslohnzG Nr. 31).

Wird trotz verkürzter tariflicher Arbeitszeit die über diese hinausgehende Betriebsnutzungszeit beibehalten und durch die spätere Gewährung von Freischichten ausgeglichen, so entsteht an einem Feiertag ein Entgeltausfall in Höhe der vollen zu leistenden Arbeitszeit, sodass in dieser Höhe Feiertagsvergütung zu zahlen ist (*BAG* 2.12.1987 EzA § 1 FeiertagslohnzG Nr. 35; 2.12.1988 EzA § 1 LohnFG Nr. 91; 14.12.1988 EzA § 4 TVG Metallindustrie Nr. 57).

Allerdings kann eine Betriebsvereinbarung, die bei einer Betriebsnutzungszeit von 40 Stunden den Ausgleich zu einer niedrigeren individuellen regelmäßigen wöchentlichen Arbeitszeit durch Freischichten vorsieht, bestimmen, dass eine Zeitgutschrift nur für jeden geleisteten Arbeitstag erfolgt. Eine solche Regelung verstößt nicht gegen §§ 1, 2 EFZG.

Denn durch diese Normen wird nur gewährleistet, dass der Arbeitnehmer für die aus- 1409 fallende Arbeitszeit seine Vergütung erhält. Sie verbieten nicht, dass ausfallende Arbeitszeit in dem nach dem ArbZG oder tariflichen Bestimmungen zulässigen Rahmen mit entsprechender Vergütung an anderen Tagen nachgeholt wird. Nichts anderes bewirkt aber eine derartige Betriebsvereinbarung (*BAG* 2.12.1987 EzA § 4 TVG Metallindustrie Nr. 36).
– Bei Arbeitnehmern, die einen **nach Wochen oder Monaten bestimmten Ver-** 1410 **dienst** erhalten, ist die Feiertagsvergütung bereits darin enthalten. Durch den Arbeitsausfall an einem gesetzlichen Feiertag erleiden derartige Mitarbeiter **keinen Verdienstausfall** (MünchArbR/*Boewer* § 81 Rz. 29).
– Hat ein teilzeitbeschäftigter Arbeitnehmer des Einzelhandels nach seinem Arbeits- 1411 vertrag regelmäßig am »**langen Samstag**« (§ 3 Abs. 1 Nr. 3 LadschlG) zu arbeiten und fällt ein langer Samstag auf einen gesetzlichen **Feiertag**, so besteht auch dann ein Anspruch auf Feiertagslohn für den gesetzlichen Feiertag, wenn der Arbeitnehmer an dem darauf folgenden langen Samstag arbeiten muss (*BAG* 10.7.1996 EzA § 1 FeiertagslohnzG Nr. 49).
– Fällt die im Rahmen eines **Freischichtmodells** vorgesehene Arbeitszeit infolge 1412 eines Feiertags aus, so ist auf dem Zeitkonto des Arbeitnehmers die **tatsächlich ausgefallene Arbeitszeit** (z. B. von 8 Stunden) und nicht lediglich die durchschnittliche tägliche Grundarbeitszeit (z. B. von 7,5 Stunden) gutzuschreiben (*LAG Köln* 10.5.2001 ZTR 2001, 428 Ls.).

ee) Unabdingbarkeit des Anspruchs

§§ 1, 2 EFZG können **weder kollektiv- noch individualrechtlich** zum Nachteil des 1413 Arbeitnehmers eingeschränkt werden.

Sieht etwa ein Arbeitsvertrag für die Dauer von Betriebsferien zwischen Weihnachten und Neujahr unbezahlten Urlaub vor, weil der Arbeitnehmer seinen Jahresurlaub bereits erhalten hat, so steht ihm gleichwohl Feiertagsvergütung zu (*BAG* 6.4.1982 EzA § 1 FeiertagslohnzG Nr. 21).

C. Der Inhalt des Arbeitsverhältnisses

1414 Eine pauschale Abgeltung der Feiertagsvergütung durch einen Lohnzuschlag ist nur zulässig, soweit der Zuschlag von vornherein als solcher erkennbar und eindeutig dazu bestimmt ist, den gesetzlichen Anspruch auf Feiertagsvergütung zu erfüllen (*BAG* 28.2.1984 EzA § 1 FeiertagslohnzG Nr. 27). Unzureichend sind daher Pauschalzulagen, die verschiedenen Zwecken dienen.

1415 Zulässig ist zwar eine Regelung, wonach die an Wochenfeiertagen ausgefallene Arbeit am nächstfolgenden **arbeitsfreien Werktag nachgeholt** werden muss. Jedoch darf diese Nacharbeit nicht unentgeltlich gefordert werden. Deshalb wäre eine Regelung gesetzeswidrig, wonach die Provision von Verkaufsfahrern zugleich als pauschale Abgeltung des Lohnanspruchs für Feiertags-Nacharbeit gelten sollte (*BAG* 25.6.1985 EzA § 1 FeiertagslohnzG Nr. 30).

1416 Möglich ist eine tarifliche Bestimmung, wonach **Überstunden** bei der Berechnung der Feiertagsvergütung zu berücksichtigen sind, wenn in der Arbeitswoche, in die der Feiertag fällt, regelmäßig Überstunden anfallen oder in den zwei vorangegangenen Wochen an dem dem Wochentag entsprechenden Feiertag Überstunden geleistet wurden, die mit den Besonderheiten des Druckgewerbes zusammenhängen (*BAG* 18.3.1992 EzA § 4 TVG Druckindustrie Nr. 23). Diese Regelung ist mit §§ 1, 2 EFZG vereinbar. Denn jedenfalls gegen die Bemessung der Überstundenvergütung im Rahmen der Feiertagsbezahlung, insbesondere die nur teilweise Einbeziehung von Überstunden, die nicht infolge des Feiertages ausgefallen sind, ist nichts einzuwenden. Zumindest können die Tarifvertragsparteien für die im Gesetz nicht geregelte Bemessung des regelmäßigen Entgelts **Auslegungsregeln** schaffen.

1417 Beruht der Anspruch auf Vergütung auf §§ 1, 2 EFZG, so handelt es sich **auch dann um einen gesetzlichen und nicht um einen tariflichen Anspruch, wenn die Vergütung selbst tariflich geregelt ist.** Er unterliegt daher nicht einer tariflichen Verfallklausel, die nur tarifliche Ansprüche erfasst (*BAG* 10.12.1986 EzA § 4 TVG Ausschlussfristen Nr. 71; demgegenüber ist nach *BAG* 20.8.1980 EzA § 9 LohnFG Nr. 6 dann, wenn der Lohnanspruch ein tariflicher Anspruch ist, auch der Entgeltfortzahlungsanspruch im Krankheitsfalle ein tariflicher Anspruch).

ff) Der Ausschluss der Feiertagsvergütung

1418 Arbeitnehmer, die am letzten Arbeitstag vor oder am ersten Arbeitstag nach Feiertagen unentschuldigt der Arbeit fernbleiben, haben keinen Anspruch auf Bezahlung für diese Feiertage (§ 2 Abs. 3 EFZG). Maßgeblich ist der Arbeitstag, an dem vor oder nach dem Feiertag eine individuelle Arbeitspflicht des Arbeitnehmers bestanden hat (*BAG* 28.10.1966 AP Nr. 23 zu § 1 FeiertagslohnzG).

1419 Damit entfällt auch der Anspruch auf Feiertagsvergütung, wenn zwischen dem Bummeltag und dem Feiertag ein Urlaubstag liegt (vgl. MünchArbR/*Boewer* § 81 Rz. 26). Nicht erforderlich für den Wegfall des Anspruchs ist es, dass der Arbeitnehmer den gesamten Arbeitstag versäumt hat. **Der Anspruch entfällt auch dann, wenn der Arbeitnehmer nicht wenigstens die Hälfte der für den Arbeitstag maßgebenden Arbeitszeit abgeleistet hat** (*BAG* 28.10.1966 AP Nr. 23 zu § 1 FeiertagslohnzG). Gleichgültig ist, ob die Arbeitsversäumnis zu Beginn, im Verlauf oder am Ende der für den Arbeitnehmer maßgebenden Arbeitszeit eintritt. Entscheidend sind allein die beiden Arbeitstage vor und nach dem Feiertag in ihrem gesamten Umfang.

C. Der Inhalt des Arbeitsverhältnisses

Wird z. B. in einem Betrieb zwischen Weihnachten und Neujahr nicht gearbeitet, so verliert ein Arbeitnehmer nach § 2 Abs. 3 EFZG seinen Anspruch auf Feiertagsbezahlung für alle in die Betriebsruhe fallenden Wochenfeiertage, wenn er am letzten Tag oder am ersten Tag nach der Betriebsruhe unentschuldigt fehlt (*BAG* 6.4.1982 EzA § 1 FeiertagslohnzG Nr. 22). 1420

Bei Arbeitnehmern, die **einen nach Wochen oder Monaten bestimmten Verdienst** erhalten, darf die zu zahlende Vergütung nicht nur um den Bummeltag, sondern zugleich **auch um die sonst anfallende Vergütung für den Feiertag** gekürzt werden (MünchArbR/*Boewer* § 81 Rz. 29). 1421

gg) Darlegungs- und Beweislast

Der Arbeitnehmer hat das Vorliegen der Voraussetzungen für die Anwendung des § 2 EFZG darzulegen. Dazu gehört auch bei Berufung des Arbeitgebers auf die Voraussetzungen des § 2 Abs. 3 EFZG, dass das Fernbleiben nicht unentschuldigt geschehen ist. 1422

Den Arbeitgeber trifft die Darlegungs- und Beweislast für die Tatsachen, aus denen sich ergeben soll, dass der Feiertag nicht die alleinige Ursache für den Ausfall der Arbeitsleistung gewesen sein soll (*BAG* 1.10.1991 EzA Art. 9 GG Arbeitskampf Nr. 99).

d) Entgeltfortzahlung im Krankheitsfall

aa) Grundlagen

Aufgrund der §§ 1, 3 ff. EFZG gilt seit dem 1.6.1994 ein erstmals sowohl für alle Arbeitnehmer als auch für alle Bundesländer **einheitliches Recht der Entgeltfortzahlung** im Krankheitsfall. Damit ist zum einen die in zahlreichen Einzelfragen verfassungswidrige Ungleichbehandlung von Arbeitern (§§ 1 ff. LohnFG a. F.) und Angestellten (§ 616 Abs. 2 BGB a. F. [Angestellte], § 63 HGB a. F. [Handlungsgehilfen], § 133 c GewO [technische Angestellte]) beseitigt worden. Zum anderen werden nunmehr auch die neuen Bundesländer erfasst, in denen wegen der verfassungsrechtlichen Bedenken aufgrund des Einigungsvertrages die in den alten Bundesländern geltenden Regelungen nicht anwendbar waren. Stattdessen wurden bis zum In-Kraft-Treten des EFZG §§ 115 a ff. AGB-DDR, die sich weitgehend an §§ 1 ff. LohnFG orientierten, weiterhin angewandt. 1423

Ziel der Entgeltfortzahlung im Krankheitsfall ist die wirtschaftliche Sicherung des Arbeitnehmers dahin, **dass er entgeltmäßig so gestellt wird, wie er stünde, wenn er nicht krankheitsbedingt arbeitsunfähig wäre** (*BAG* 7.11.1975 EzA § 1 LohnFG Nr. 44). Daneben sollen die gesetzlichen Krankenkassen finanziell entlastet werden. 1424

Das nach Maßgabe der §§ 1, 3 ff. EFZG weiter zu zahlende Entgelt ist Arbeitsentgelt und nicht nur Entgeltersatz. Es handelt sich um die aufrecht erhaltenen Vergütungsansprüche, die in jeder Hinsicht deren Schicksal teilen (*BAG* 26.10.1971 AP Nr. 1 zu § 6 LohnFG). 1425

C. Der Inhalt des Arbeitsverhältnisses

bb) Anspruchsvoraussetzungen

(1) Arbeitsverhältnis

1426 Voraussetzung für den Entgeltfortzahlungsanspruch ist das **Bestehen eines Arbeitsverhältnisses** zwischen den Parteien; nicht (auch nicht mehr für Arbeiter, wie nach § 1 Abs. 1 LohnFG) erforderlich ist, dass die Arbeitsunfähigkeit nach Beginn der tatsächlichen Beschäftigung eingetreten ist.

1427 Besonderheiten gelten zwar auch nicht mehr für teilzeitbeschäftigte Arbeiter in Arbeitsverhältnissen, die längstens auf 4 Wochen befristet sind. Denn eine § 1 Abs. 3 LohnFG a. F. entsprechende Regelung enthalten §§ 3 ff. EFZG nicht mehr (zur Rechtslage vor In-Kraft-Treten des EFZG MünchArbR/*Boecken* § 83 Rz. 2 ff.). Allerdings entsteht der Anspruch aufgrund des durch das arbeitsrechtliche Beschäftigungsförderungsgesetz eingeführten § 3 Abs. 3 EFZG mit Wirkung vom 1.10.1996 erst nach **vierwöchiger ununterbrochener Dauer des Arbeitsverhältnisses** (vgl. dazu *Vossen* NZA 1998, 354 ff.).

(2) Krankheit

1428 Erforderlich ist weiterhin, dass der Arbeitnehmer **durch Arbeitsunfähigkeit infolge Krankheit an seiner Arbeitsleistung gehindert ist** (vgl. dazu ausf. *Reinecke* DB 1998, 130 ff.).

aaa) Begriffsbestimmung

1429 Krankheit im medizinischen Sinne ist jeder regelwidrige Körper- oder Geisteszustand, der einer Heilbehandlung bedarf (*BAG* 29.2.1984 EzA § 616 BGB Nr. 27; vgl. ausf. *Lepke* NZA-RR 1999, 57 ff.).

1430 Erfasst werden allerdings **auch nicht behebbare,** von Anfang an zur Arbeitsunfähigkeit führende **Krankheiten** (*BAG* 3.11.1961 AP Nr. 1 zu § 78 SeemannsG). Als Krankheit kommt z. B. in Betracht Sterilität, ferner Geburtsfehler (z. B. Schielen), nicht dagegen eine normal verlaufende Schwangerschaft.

1431 Ebenso wenig handelt es sich bei einem Zustand um eine Krankheit, der lediglich Anlass zu einer medizinisch nicht erforderlichen sog. **Schönheitsoperation** gibt. Etwas anderes kann aber dann gelten, wenn die Schönheitsoperation notwendig ist, um einen psychischen Leidenszustand von nicht unerheblichem Gewicht zu beseitigen oder zu lindern.

bbb) Unerheblichkeit der Ursache; Arbeitsunfall bei Nebenbeschäftigung

1432 Für die Beurteilung eines bestehenden Zustandes als Krankheit **spielt deren Ursache grds. keine Rolle.**
Das gilt selbst dann, wenn sich ein Arbeitsunfall im Zusammenhang mit einer zweiten Beschäftigung, insbesondere einer Nebentätigkeit oder einer selbstständigen Tätigkeit ereignet hat (*BAG* 21.4.1982 EzA § 1 LohnFG Nr. 62). Wegen der zwingenden Natur des EFZG kann ein Anspruchsausschluss bei nebentätigkeitsbedingten Krankheiten auch tarifvertraglich nicht vereinbart werden (*BAG* 19.10.1983 EzA § 616 BGB Nr. 25; vgl. ausf. dazu *Boecken* NZA 2001, 233 ff.; s. u. C/Rz. 1489).

ccc) Organentnahme
Zu einer Krankheit führt auch eine Organentnahme zum Zwecke einer Transplantation. Gleichwohl besteht selbst für den Fall eines komplikationslosen Verlaufs der Organentnahme **kein Entgeltfortzahlungsanspruch** des Organspenders gegen seinen Arbeitgeber, weil eine derart verursachte Arbeitsunfähigkeit die Grenze des allgemeinen, vom Arbeitgeber zu tragenden Krankheitsrisikos überschreitet, weil sie den Arbeitnehmer nicht wie ein normales Krankheitsschicksal trifft (*BAG* 6.8.1986 EzA § 1 LohnFG Nr. 81; **a. A.** *Schulin* SAE 1987, 242). 1433

ddd) Sterilisation; Schwangerschaftsabbruch; künstliche Befruchtung
Gem. § 3 Abs. 2 EFZG gilt als unverschuldete Arbeitsunfähigkeit i. S. d. § 3 Abs. 1 EFZG auch eine Arbeitsverhinderung, die infolge einer nicht rechtswidrigen Sterilisation oder eines nicht rechtswidrigen Abbruchs der Schwangerschaft eintritt. Das Tatbestandsmerkmal des nicht rechtswidrigen Schwangerschaftsabbruchs ist dahin zu verstehen, dass damit **der unter den Voraussetzungen des § 218 a StGB erlaubte und deshalb straffreie Abbruch** gemeint ist, wobei der Nachweis durch eine ärztliche Bescheinigung genügt (*BAG* 5.4.1989 EzA § 1 LohnFG Nr. 105; *BVerfG* 18.10.1989 DB 1989, 2488; 28.5.1993 EzA § 1 LohnFG Nr. 124; vgl. *Pallasch* NZA 1993, 973). Bei einer Notlagenindikation nach §§ 218, 218a StGB a. F. musste die Notlage allerdings in einem schriftlichen **ärztlichen Attest** festgestellt worden sein (*BAG* 14.12.1994 EzA § 1 LohnFG Nr. 126). 1434

Nach Auffassung des *LAG Rheinland-Pfalz* (25.8.1997 – 9 Sa 2433/96 –; ebenso *Schmatz/Fischwasser* § 3 EFZG Rz. 105; *Schmitt* EFZG, 2. Aufl., § 3 Rz. 51; **a. A.** *Schaub* § 98 II 3 b; *Müller-Rohden* NZA 1989, 128 ff.) liegt ein Verschulden auch dann nicht vor, wenn die Arbeitnehmerin sich einer stationären Behandlung in einem Krankenhaus unterzieht, um sich wegen der Unfähigkeit zur Empfängnis **künstlich befruchten** zu lassen. 1435

(3) Arbeitsunfähigkeit

aaa) Begriffsbestimmung

Arbeitsunfähig infolge Krankheit ist ein Arbeitnehmer dann, wenn ein Krankheitsgeschehen ihn außer Stande setzt, die ihm nach dem Arbeitsvertrag obliegende Arbeit zu verrichten oder wenn er die Arbeit nur unter der Gefahr fortsetzen könnte, in absehbar naher Zeit seinen Zustand zu verschlimmern. 1436

Hierbei kommt es sowohl auf die **konkrete einzelvertragliche Arbeitsverpflichtung** (*BAG* 25.6.1981 EzA § 616 BGB Nr. 20) als auch auf den **individuellen gesundheitlichen Zustand** des einzelnen Arbeitnehmers an. Zu berücksichtigen sind alle Tätigkeiten, die der Arbeitnehmer aufgrund seines Arbeitsvertrages, ggf. auch nach zulässiger Ausübung des **Direktionsrechts** durch den Arbeitgeber, schuldet (vgl. MünchArbR/*Boecken* § 83 Rz. 44). 1437

Maßgebend sind objektive Gesichtspunkte, sodass es weder auf die Kenntnis des Arbeitnehmers noch des Arbeitgebers ankommt. Folglich ist auch derjenige arbeitsunfähig, der in Unkenntnis seiner gesundheitlichen Beeinträchtigung, die vernünftigerweise die vertraglich vereinbarte Arbeitsleistung verbietet, tatsächlich arbeitet (*BAG* 26.7.1989 EzA § 1 LohnFG Nr. 112). 1438

C. Der Inhalt des Arbeitsverhältnisses

bbb) Mittelbare Auswirkungen der Krankheit; ambulante Behandlungen

1439 Arbeitsunfähigkeit liegt nicht nur dann vor, wenn der Körper- oder Geisteszustand als solcher den Arbeitnehmer zur Arbeitsleistung außer Stande setzt (z. B. Herzinfarkt).

1440 Auch nur **mittelbare Krankheitsauswirkungen** können zur Arbeitsunfähigkeit führen. Das ist z. B. dann der Fall, wenn eine für sich allein die zu erbringende Arbeitsleistung nicht hindernde Krankheit im medizinischen Sinne (z. B. Schielen) stationäre Krankenpflege erforderlich macht (*BAG* 9.1.1985 EzA § 1 LohnFG Nr. 75). Demgegenüber sind ambulante Behandlungen weitgehend von der Entgeltfortzahlung ausgenommen (*BAG* 29.2.1984 EzA § 616 BGB Nr. 27; 9.1.1985 EzA § 1 LohnFG Nr. 75). In den Fällen einer Operation bei stationärer Krankenhausaufnahme führt diese selbst wegen der Schwere des Eingriffs anschließend zur Arbeitsunfähigkeit. Zum anderen ist der Lohnausfall bei einer ambulanten Behandlung Folge lediglich der Wahl des Behandlungszeitpunkts.

1441 Allerdings kann auch bei einer in Abständen von ein bis zwei Wochen vorbeugend durchgeführten ambulanten Bestrahlung gegen eine **in unberechenbaren Schüben auftretende erbliche Krankheit** (Schuppenflechte) Arbeitsunfähigkeit gegeben sein. Das gilt selbst dann, wenn der Arbeitnehmer zwar bei den einzelnen Behandlungen nicht arbeitsunfähig ist, das Unterlassen der Behandlung seinen Zustand in absehbar naher Zeit aber zur Arbeitsunfähigkeit zu verschlechtern droht (*BAG* 9.1.1985 EzA § 1 LohnFG Nr. 75; abl. MünchArbR/*Boecken* § 83 Rz. 41, wonach diese Kasuistik **verwirrend** und nicht überzeugend ist, sodass auch bei notwendiger ambulanter Behandlung Arbeitsunfähigkeit angenommen werden muss).

1442 Sind im Hinblick auf eine ambulante Behandlung nach diesen Grundsätzen die Voraussetzungen des § 3 Abs. 1 EFZG nicht erfüllt, so kommt ein Anspruch aus **§ 616 BGB** in Betracht.

ccc) Wegeunfähigkeit

1443 Nicht arbeitsunfähig ist der Arbeitnehmer, der wegen einer Krankheit nur den bisherigen Weg zur Arbeitsstätte nicht zurücklegen, die geschuldete Arbeitsleistung als solche jedoch durchaus erbringen kann (*BAG* 7.8.1970 AP Nr. 4 zu § 11 MuSchG).

ddd) Teilarbeitsunfähigkeit

1444 Eine begrenzte Arbeitsunfähigkeit (Teilarbeitsunfähigkeit) ist gegeben, wenn der Arbeitnehmer die vertraglich geschuldete Leistung nur noch teilweise in einem zeitlich verringerten Ausmaß, zu anderen Tageszeiten oder nur beschränkt auf bestimmte Tätigkeiten erbringen kann (vgl. Kasseler Handbuch/*Vossen* 2.2. Rz. 50 ff.; *Stückmann* DB 1998, 1662 ff.). Auch Teilarbeitsunfähigkeit ist grds. Arbeitsunfähigkeit i. S. d. EFZG (*BAG* 29.1.1992 EzA § 74 SGB V Nr. 1; vgl. auch *Künzl*/*Weinmann* ArbuR 1996, 306; abl. *Boecken* NZA 1999, 675 f.).

1445 Nach Auffassung des *BAG* (29.1.1992 EzA § 74 SGB V Nr. 1) bedeutet es nämlich **keinen Unterschied**, ob der Arbeitnehmer durch seine Krankheit ganz oder teilweise arbeitsunfähig wird. Danach ist auch der vermindert Arbeitsfähige arbeitsunfähig krank i. S. d. Entgeltfortzahlungsrechts, eben **weil er seine vertraglich geschuldete Arbeitsleistung nicht voll erfüllen kann**. Die für die Feststellung der Arbeitsunfähigkeit maßgebliche vertraglich geschuldete Arbeitsleistung wird folglich als nach Inhalt, Umfang, Schwierigkeit und ähnlichen Qualifikationsmerkmalen unteilbare Einheit angesehen (*LAG Rheinland-Pfalz* 4.11.1991 LAGE § 1 LohnFG Nr. 32; KassArbR/*Vossen* 2.2. Rz. 51).

Arbeitsfähig ist der Arbeitnehmer danach allerdings wieder dann, wenn die Arbeits- 1446
vertragsparteien die vom Arbeitnehmer an sich vertraglich geschuldete Arbeitsleistung **einvernehmlich vorübergehend** auf die Tätigkeiten **beschränken**, die er ihrer Art und/oder ihrem zeitlichen Umfang nach trotz seiner Erkrankung verrichten kann, ohne den Heilungsprozess zu beeinträchtigen (*BAG* 25.10.1973 EzA § 616 BGB Nr. 17; 29.1.1992 EzA § 74 SGB V Nr. 1; *Gitter* ZfA 1995, 131 f.; *Glaubitz* NZA 1992, 402).

(4) Kausalität

aaa) Begriffsbestimmung

Erforderlich ist schließlich Kausalität zwischen Krankheit, Arbeitsunfähigkeit und 1447
Arbeitsverhinderung.

Die krankheitsbedingte Arbeitsunfähigkeit muss die alleinige und ausschließliche 1448
Ursache für den Ausfall der Arbeitsleistung und damit für den Verlust des Vergütungsanspruchs sein (*BAG* 22.6.1988 EzA § 16 BErzGG Nr. 1). Das ist der Fall, wenn der Arbeitnehmer ohne die krankheitsbedingte Arbeitsunfähigkeit Arbeitsentgelt erhalten hätte.

Diese Voraussetzungen sind auch dann erfüllt, wenn die Krankheit **für sich allein** 1449
noch keine Arbeitsunfähigkeit zur Folge hat, sondern zunächst seinerseits nur die Ursache für die weitere Folge einer stationären oder ambulanten Behandlung oder – etwa im Falle einer offenen Lungentuberkulose – einer seuchenpolizeilichen Anordnung ist. Denn auch insoweit ist eine mit der Krankheit beginnende Ursachenkette gegeben (*BAG* 26.4.1978 EzA § 6 LohnFG Nr. 8). In Fällen **ambulanter Behandlung** von für sich allein die Arbeitsleistung nicht verhindernden Krankheiten ist dagegen allein die Wahl die Behandlungszeitpunkts bzw. die Termingestaltung des Arztes ursächlich, sodass kein Entgeltfortzahlungsanspruch gegeben ist (*BAG* 29.2.1984 EzA § 616 BGB Nr. 27; s. o. C/Rz. 1439 f.).

bbb) Arbeitsunwilligkeit

Der Kausalzusammenhang fehlt auch dann, wenn der Arbeitnehmer bereits vor 1450
Krankheitsbeginn trotz vertraglicher Verpflichtung zur Arbeitsleistung dieser ohne Grund nicht nachgekommen und daher in Schuldnerverzug geraten und ferner anzunehmen ist, dass er ohne die Krankheit weiterhin arbeitsunwillig geblieben wäre.

Der Arbeitnehmer muss, wenn der Arbeitgeber entsprechende Zweifel an dessen Ar- 1451
beitswillen substantiiert und nicht nur in Form einer allgemeinen Behauptung dargelegt, vortragen und ggf. beweisen, dass er während der Zeit der krankheitsbedingten Arbeitsunfähigkeit arbeitswillig war (*BAG* 20.3.1985 EzA § 1 LohnFG Nr. 77).

ccc) Schwangerschaft

Eine normale Schwangerschaft ist **keine Krankheit**. Nur die mit außergewöhnlichen 1452
Beschwerden oder Störungen verbundene Schwangerschaft ist als Krankheit im Rechtssinne anzusehen und kann sich als ein nicht ausgeheiltes, befristetes Grundleiden i. S. d. § 3 Abs. 1 S. 2 EFZG (»dieselbe Krankheit«) darstellen. Nicht zu fordern ist

dagegen, dass die einzelnen Krankheiten (Krankheitserscheinungen) auch untereinander noch in einem besonderen Fortsetzungszusammenhang stehen müssen (*BAG* 14.11.1984 EzA § 1 LohnFG Nr. 74).

1453 Tritt zur Schwangerschaft eine Krankheit hinzu, so gilt sie während der gesetzlichen Schutzfristen vor und nach der Entbindung (§§ 3 Abs. 2, 6 Abs. 1 MuSchG) auch als durch das gesetzliche Beschäftigungsverbot wegen der Schwangerschaft verursacht. Folglich bestehen keine Entgeltfortzahlungsansprüche wegen krankheitsbedingter Arbeitsverhinderung (*BAG* 7.10.1987 EzA § 14 MuSchG Nr. 7).

ddd) Suspendierung

1454 Im Übrigen scheiden Entgeltfortzahlungsansprüche aus, wenn es sich um Arbeitsverhältnisse handelt, in denen zeitweise die Pflicht des Arbeitgebers zur Zahlung von Arbeitsentgelt suspendiert ist, weil es dann **an der alleinigen Kausalität der krankheitsbedingten Arbeitsverhinderung für den Entgeltausfall fehlt.**

1455 Das ist insbesondere dann der Fall, wenn
– **bezahlte Freischichten** vereinbart werden und ein Arbeitnehmer während dieser Zeit (z. B. zwischen Weihnachten und Neujahr) arbeitsunfähig krank wird (*BAG* 9.5.1984 EzA § 1 LohnFG Nr. 71);
– bei für **arbeitsfrei erklärten Tagen** die maßgebliche Arbeitszeit vor- oder nachgearbeitet wird (*BAG* 22.8.1967 AP Nr. 42 zu § 1 ArbKrankhG).

1456 Wird z. B. die für den 24. und 31.12. vorgesehene Arbeit aufgrund einer Betriebsvereinbarung vorgeholt, so hat der Arbeitnehmer, der an den freigestellten Tagen arbeitsunfähig krank ist oder eine Kur durchführt, keinen Anspruch auf Entgeltfortzahlung für die freigestellten Tage, weil Ursache des Arbeitsausfalls nicht die Krankheit (Kur) des Arbeitnehmers ist, sondern die anderweitige Verteilung der Arbeitszeit (*BAG* 7.9.1988 EzA § 1 LohnFG Nr. 94).

1457 – Entsprechendes gilt für **Freischichttage nach sog. Freischichtmodellen.** Wird z. B. die Planwochenarbeitszeit auf die 4 Tage Montag bis Donnerstag unter Freistellung des Freitags verteilt, so scheiden für den Freitag Entgeltfortzahlungsansprüche aus (*BAG* 8.3.1989 EzA § 1 LohnFG Nr. 103).

eee) Arbeitszeitverlegungen

1458 Ohne entgeltfortzahlungsrechtliche Auswirkungen sind dagegen Arbeitszeitverlegungen, die die regulären Arbeitsentgeltansprüche unberührt lassen. Das gilt z. B. für § 17 Abs. 5 BAT, wonach bei geleisteten Überstunden der Ausgleich nicht durch tarifliche Vergütung, sondern durch Gewährung von bezahlter Freizeit vorzunehmen ist.

1459 Gleiches gilt bei Arbeitszeitverkürzungen in Kombination mit besonderen Arbeitszeitverteilungen, z. B. bei der Einführung einer verkürzten Jahresarbeitszeit durch Arbeitsfreistellung von mehreren Wochen unter Beibehaltung der Normalarbeitszeit während der übrigen Zeiten. Wird in solchen Fällen gleichwohl durchgehend, auch während der arbeitsfreien Zeit, Arbeitsentgelt bezahlt, so bestehen im Krankheitsfall Entgeltfortzahlungsansprüche sowohl während der Arbeitszeitperioden als auch während der arbeitsfreien Zeit (vgl. MünchArbR/*Boecken* § 83 Rz. 71 f.).

C. Der Inhalt des Arbeitsverhältnisses

fff) Erholungsurlaub; Sonderurlaub
Erkrankt der Arbeitnehmer im Erholungsurlaub, so sieht § 9 BUrlG eine **Unterbre-** 1460
chung des Urlaubs vor (s. u. C/Rz. 1840 ff.).

Vereinbart ein Arbeitnehmer mit dem Arbeitgeber über den regulären Erholungs- 1461
urlaub hinaus für eine weitere Zeit eine unbezahlte Arbeitsbefreiung (unbezahlter
Sonderurlaub), so hängt die Möglichkeit von Entgeltfortzahlungsansprüchen davon ab, was die Vertragsparteien für den Krankheitsfall insoweit vereinbart oder
zumindest gewollt haben.

Soll der Sonderurlaub danach bei krankheitsbedingter Arbeitsunfähigkeit enden, so 1462
treten dieselben Rechtsfolgen einschließlich der Entgeltfortzahlungspflicht wie im
Falle eines Erholungsurlaubs kraft der Vertragsabrede ein; § 9 BUrlG ist nicht anwendbar (*BAG* 25.5.1983 EzA § 9 BUrlG Nr. 12). Soll der Sonderurlaub dagegen
nicht enden, ist die Arbeitsunfähigkeit für den Entgeltausfall nicht allein ursächlich,
sodass auch keine Entgeltfortzahlungsansprüche in Betracht kommen.
Fehlt eine entsprechende Vereinbarung, so ist der **wirkliche oder zumindest hypo-** 1463
thetische Willen der Vertragspartner zu ermitteln. Schließt sich der Sonderurlaub
unmittelbar an den bezahlten Erholungsurlaub an, so soll er erkennbar ebenfalls Erholungszwecken dienen. § 9 BUrlG wird analog angewendet (*BAG* 3.10.1972 AP
Nr. 4 zu § 9 BUrlG), sodass mit dem Eintritt krankheitsbedingter Arbeitsunfähigkeit
die Arbeitsfreistellung mit der Folge eines entsprechenden Entgeltfortzahlungsanspruchs unterbrochen wird.
Besteht dagegen kein unmittelbar zeitlicher Zusammenhang mit einem Erholungsur- 1464
laub, so spricht viel dafür, dass er nicht Erholungszwecken dient, sodass § 9 BUrlG
auch nicht entsprechend anwendbar ist. Unter Umständen ist eine Urlaubsabrede gerade im Hinblick auf einen anderen Zweck, z. B. die Mithilfe beim Bau eines Eigenheimes, dahin auszulegen, dass der Urlaub wegen Zweckvereitelung durch Krankheit
mit Eintritt einer Arbeitsunfähigkeit enden soll (MünchArbR/*Boecken* § 83 Rz. 78).

ggg) Elternzeit
Im Rahmen von Elternzeit (§§ 15 ff. BErzGG) scheiden i. d. R. Entgeltfortzahlungs- 1465
ansprüche aus; § 9 BUrlG kann auch nicht analog angewendet werden.
Möglich ist es aber, dass der Arbeitnehmer erklärt, er trete die Elternzeit erst nach
Ende der krankheitsbedingten Arbeitsunfähigkeit an, sodass bis dahin Entgeltfortzahlungsansprüche möglich sind (*BAG* 17.10.1990 EzA § 16 BErzGG Nr. 5).

hhh) Fehlende Arbeitserlaubnis
Ob das Fehlen der Arbeitserlaubnis eine der Lohnfortzahlung im Krankheitsfall ent- 1466
gegenstehende weitere Ursache dafür darstellt, dass keine Arbeitsleistung erbracht
wird, ist nach den gesamten Umständen des Einzelfalls anhand des **hypothetischen
Kausalverlaufs** zu prüfen. Ergibt diese Prüfung, dass die Arbeitserlaubnis sofort antragsgemäß erteilt worden wäre, so ist ihr Fehlen für den Arbeitsausfall nicht mitursächlich.
Bei der Prüfung des Kausalverlaufs kann die später eingetretene tatsächliche Entwicklung (z. B. die noch am gleichen Tag der verspäteten Antragstellung tatsächlich
erteilte neue Arbeitserlaubnis) herangezogen werden (*BAG* 26.6.1996 EzA § 1 LFZG
Nr. 127).

C. Der Inhalt des Arbeitsverhältnisses

(5) Kein Verschulden des Arbeitnehmers

1467 Weitere Voraussetzung eines Entgeltfortzahlungsanspruchs ist, dass den Arbeitnehmer an der Arbeitsunfähigkeit infolge Krankheit kein Verschulden trifft.

aaa) Begriffsbestimmung

1468 Verschulden i. S. d. EFZG ist ein Verhalten des Arbeitnehmers, das gröblich gegen die von einem verständigen Menschen im eigenen Interesse zu erwartende Verhaltensweise verstößt und bei dem es unbillig wäre, den Arbeitgeber mit einer Zahlungspflicht zu belasten, weil der Arbeitnehmer die ihm zumutbare Sorgfalt gegen sich selbst nicht beachtet und dadurch die Arbeitsunfähigkeit verursacht hat (*BAG* 30.3.1988 EzA § 1 LohnFG Nr. 92; *LAG Köln* 2.3.1994 LAGE § 1 LohnFG Nr. 33). Verschulden wird ausdrücklich auf Vorsatz und große Fahrlässigkeit beschränkt.

1469 Die Verschuldensbeurteilung erfolgt in Form der sog. **objektiven nachträglichen Prognose**, indem das Verhalten des Arbeitnehmers im Nachhinein daraufhin überprüft wird, ob es als schuldhaft anzusehen ist (*Hofmann* ZfA 1979, 275 [295]).

1470 Angestellte und Arbeiter des **öffentlichen Dienstes** haben einen über das EFZG hinausgehenden Anspruch auf Krankenbezüge. Gem. § 37 Abs. 1 BAT entfällt dieser Anspruch, soweit er den gesetzlichen Anspruchszeitraum von sechs Wochen übersteigt, wenn der Angestellte sich die Erkrankung bei einer nicht genehmigten Nebentätigkeit zugezogen hat. Gleiches gilt gem. §§ 42, 43 MTB II/MTL II, 29, 34–36, 47 a BMTG-II für die Arbeiter im öffentlichen Dienst (vgl. MünchArbR/*Freitag* § 188 Rz. 89 ff.).

bbb) Darlegungs- und Beweislast

1471 Der Arbeitgeber muss ein Verschulden des Arbeitnehmers beweisen, wenn er eine Entgeltfortzahlung aus diesem Grunde ablehnen will (*BAG* 1.6.1983 EzA § 1 LohnFG Nr. 69).

Fraglich ist allerdings zum einen, unter welchen Voraussetzungen sich der Arbeitgeber auf einen Beweis des ersten Anscheins berufen kann und zum anderen, inwieweit den Arbeitnehmer entsprechend §§ 60 ff. SGB I eine Mitwirkungspflicht an der Aufklärung aller für die Entstehung des Entgeltfortzahlungsanspruchs erheblichen Umstände trifft.

ccc) Fallgruppen

aaaa) Allgemeine Erkrankungen; Anforderungen an die Lebensführung

1472 Bei allgemeinen Erkrankungen wird ein Verschulden **nur in seltenen Fällen** angenommen (*BAG* 9.4.1960 AP Nr. 12 zu § 63 HGB; zur Frage, ob eine Pflicht des Arbeitnehmers besteht, sich gesund zu halten vgl. *Houben* NZA 2000, 128 ff.).

Das Unterlassen von Vorsichtsmaßnahmen kann einem Arbeitnehmer im Allgemeinen nur zum Vorwurf gemacht werden, wenn er **vom Arzt auf das Risiko** eines bestimmten Verhaltens (z. B. Rauchen nach Herzinfarkt) **ausdrücklich hingewiesen** wurde. Selbst dann kann grobe Fahrlässigkeit erst dann angenommen werden, wenn der Arzt ein **eindeutiges Verbot** ausgesprochen hatte.

C. Der Inhalt des Arbeitsverhältnisses

An den Arbeitnehmer können im Übrigen im Hinblick auf seine allgemeine Lebensführung keine besonderen, über das »Normale« und »Übliche« hinausgehenden Verhaltensanforderungen zur Vermeidung von Gesundheitsstörungen gestellt werden. **Nach Eintritt einer krankheitsbedingten Arbeitsunfähigkeit** ist er allerdings eher zu Vorsichtsmaßnahmen gehalten, um nicht den Genesungsprozess (z. B. durch eine Reise oder Teilnahme an einem Fußballspiel) zu verzögern und eine Verschlimmerung des Krankheitszustandes herbeizuführen. Ein Verschulden kommt vor allem in Betracht, wenn der Arbeitnehmer **ärztliche Anordnungen nicht beachtet** (vgl. BAG 11.1.1965 AP Nr. 40 zu § 1 ArbKrankhG; 21.1.1976 EzA § 1 LohnFG Nr. 47).

1473

bbbb) Aids

Fraglich ist, inwieweit sich im Hinblick auf Aids allgemeine Regeln aufstellen lassen, wie z. B. die, dass ein Verschulden anzunehmen ist, wenn jemand mit ihm unbekannten oder kaum bekannten Sexualpartnern ungeschützten Geschlechtsverkehr vornimmt (dafür *Eich* NZA 1987 Beil. 2 S. 10, 16; dagegen zu Recht MünchArbR/*Boecken* § 83 Rz. 92, weil derartige Regeln zu vage und daher für rechtliche Schlussfolgerungen ungeeignet sind). Allenfalls bei bekannter Infektion des Partners kann ein Verschulden in Betracht kommen.

1474

Keinesfalls kann zudem von dem vielleicht erst nach Jahren Erkrankten verlangt werden, nach den Grundsätzen des Anscheinsbeweises einen entsprechenden »Gegenbeweis« zu führen (MünchArbR/*Boecken* § 83 Rz. 92; a. A. *Eich* NZA 1987 Beil. 2 S. 10, 16). In Betracht kommt allenfalls eine **Mitwirkungspflicht** zur Aufklärung der maßgeblichen Umstände.

1475

cccc) Suchterkrankungen

Suchterkrankungen (psychische Abhängigkeit von bestimmten Mitteln, die nach Unterbrechung des Konsums zu Abstinenzerscheinungen führt, z. B. von Alkohol, Drogen, Medikamenten, Nikotin), stellen eine **Krankheit** im medizinischen Sinne dar (*BAG* 7.8.1991 EzA § 1 LohnFG Nr. 120).
Sie können auf den verschiedensten Ursachen beruhen, die vom Arbeitnehmer nicht, jedenfalls nicht in grob fahrlässiger Weise verschuldet sind (erbliche Belastung, frühkindliche Fehlentwicklung, Milieuschädigung usw.).

1476

Es gibt keinen allgemeinen Erfahrungssatz, wonach der Arbeitnehmer eine krankhafte Alkoholabhängigkeit i. d. R. selbst verschuldet hat (*BAG* 7.8.1991 EzA § 1 LohnFG Nr. 120).

1477

Folglich gelten die **allgemeinen Beweislastregeln**. Will der Arbeitgeber geltend machen, der Arbeitnehmer habe die Entstehung seiner krankhaften Alkoholabhängigkeit selbst verschuldet, muss er – wie in allen anderen Fällen körperlicher oder geistiger Erkrankung des Arbeitnehmers – das Verschulden des Arbeitnehmers darlegen und beweisen.

Allerdings ist der Arbeitnehmer analog §§ 60 ff. SGB I verpflichtet, an der Aufklärung aller für die Entstehung des Entgeltfortzahlungsanspruchs erheblichen Umstände – also auch des Nichtverschuldens – mitzuwirken und den Arbeitgeber über die Gründe aufzuklären, die nach seiner Auffassung zur Krankheit geführt haben. Er muss auf Verlangen seines Arbeitgebers nach bestem Wissen die fraglichen Umstände offenbaren (*BAG* 1.6.1983 EzA § 1 LohnFG Nr. 69; 7.8.1991

1478

EzA § 1 LohnFG Nr. 120). Das schließt Untersuchungsmaßnahmen durch Sachverständige sowie die Entbindung behandelnder Ärzte von der Schweigepflicht ein.

1479 Für den Zeitpunkt, der für die Beurteilung des Verschuldens entscheidend ist, ist auf die Zeit vor dem Beginn der als Krankheit zu wertenden Alkoholabhängigkeit, nicht dagegen auf den Beginn der krankheitsbedingten Arbeitsunfähigkeit abzustellen (*BAG* 1.6.1983 EzA § 1 LohnFG Nr. 69). Maßgeblich ist also der Zeitpunkt des **Beginns der Alkoholabhängigkeit**.

dddd) Alkohol im Straßenverkehr

1480 Dagegen ist grds. eine durch übermäßigen Alkoholkonsum bei Teilnahme am Straßenverkehr herbeigeführte Arbeitsunfähigkeit verschuldet, jedenfalls soweit Alkohol die alleinige Ursache darstellt (*BAG* 11.3.1987 EzA § 1 LohnFG Nr. 86; 30.3.1988 EzA § 1 LohnFG Nr. 92).

Auch ein seit längerer Zeit an Alkoholabhängigkeit erkrankter Arbeitnehmer kann schuldhaft insoweit handeln, wenn er in noch steuerungsfähigem Zustand sein Kfz für den Weg zur Arbeitsstelle benutzt, während der Arbeitszeit in erheblichem Maße dem Alkohol zuspricht und alsbald nach Dienstende im Zustand der Trunkenheit einen Verkehrsunfall verursacht, bei dem er verletzt wird (*BAG* 30.3.1988 EzA § 1 LohnFG Nr. 92; ebenso das *Hessische LAG* 23.7.1997 DB 1998, 782; abl. MünchArbR/*Boecken* § 90 Rz. 104). Verschulden liegt auch dann vor, wenn sich ein Arbeitnehmer **auf einem Volksfest so betrinkt**, dass er nicht mehr beurteilen kann, ob der Fahrer eines Kfz, in dem er mitfährt, ebenfalls wegen Alkoholgenusses fahruntüchtig ist (*LAG Frankfurt* 24.4.1989 BB 1989, 1826).

eeee) Rückfallerkrankungen
Diese Grundsätze gelten an sich auch für Rückfallerkrankungen.

1481 Allerdings hat das *BAG* (11.11.1987 EzA § 1 LohnFG Nr. 88) angenommen, dass nach einer erfolgreichen Entwöhnungskur und einer »längeren Dauer der Abstinenz« (im entschiedenen Fall handelte es sich um fünf Monate) ein Erfahrungssatz dahingehend anzuwenden ist, der Arbeitnehmer habe die ihm erteilten Ratschläge missachtet und den Rückfall verschuldet (abl. MünchArbR/*Boecken* § 87 Rz. 94, weil ein derartiger Erfahrungssatz nach medizinischen Erkenntnissen nicht besteht, sodass auch bei Rückfällen, die möglicherweise zeigen, dass die Suchtkrankheit gerade noch nicht geheilt war, die allgemeinen Grundsätze Anwendung finden müssen).

ffff) Verkehrsunfälle

1482 Bei Verstößen gegen die Verkehrsregeln durch Kraftfahrer ist der Vorwurf grober Fahrlässigkeit häufiger als in anderen Lebensbereichen gerechtfertigt, weil die Teilnahme am öffentlichen Straßenverkehr durch zahlreiche Vorschriften geregelt ist und diese dem Kraftfahrer auch im Fahrschulunterricht eindringlich nahe gebracht werden.

C. Der Inhalt des Arbeitsverhältnisses

Verschulden kommt deshalb z. B. dann in Betracht, wenn der Kraftfahrer trotz Fahrens mit Abblendlicht mit **sehr hoher Geschwindigkeit** fährt (*BAG* 5.4.1962 AP Nr. 28 zu § 63 HGB). 1483

Verschulden liegt i. d. R. auch dann vor, wenn der Arbeitnehmer **ohne angelegten Sicherheitsgurt** fährt und die Verletzungen darauf zurückzuführen sind (*BAG* 7.10.1981 EzA § 1 LohnFG Nr. 61), nicht aber dann, wenn ein Motorradfahrer auf dem Nürburgring in einer Kurve mit einer Geschwindigkeit von 100 km/h wegrutscht (*LAG Köln* 2.3.1994 LAGE § 1 LohnFG Nr. 33). 1484

Fußgänger werden weniger intensiv zur Einhaltung der Verkehrsregeln angehalten, sodass grobe Fahrlässigkeit i. d. R. nur bei **Verletzung elementarer Verhaltenspflichten** in Betracht kommt (z. B. bei Betreten der Fahrbahn zur Überquerung, ohne unmittelbar zuvor den von links kommenden Verkehr geprüft zu haben, *BAG* 23.11.1971 AP Nr. 8 zu § 1 LohnFG). 1485

gggg) Unfälle im betrieblichen und privaten Bereich

Beruht z. B. ein zur Arbeitsunfähigkeit führender Unfall des Arbeitnehmers allein auf **Alkoholmissbrauch** (Zustand der Trunkenheit), ohne dass Alkoholabhängigkeit gegeben ist, so liegt ein Verschulden des Arbeitnehmers vor, das zum Ausschluss des Entgeltfortzahlungsanspruch führt (*BAG* 11.3.1987 EzA § 1 LohnFG Nr. 86). 1486

Bei Unfällen im betrieblichen Bereich kommt der Vorwurf grober Fahrlässigkeit in Betracht, wenn **gegen ausdrückliche Anordnungen des Arbeitgebers oder gegen Unfallverhütungsvorschriften der Berufsgenossenschaften verstoßen wird** (z. B. bei verbotener Benutzung einer gefährlicher Kreissäge, dem Nichttragen von vorgeschriebener Sicherheitskleidung, z. B. Schutzhelm, Knieschützern oder Sicherheitsschuhen). 1487

Im privaten Bereich fehlt es in vielen Fällen an ähnlich deutlichen Gefahrenhinweisen und rechtlich verbindlichen Verhaltensregeln. Ein Verschulden kommt insoweit nur dann in Betracht, wenn der Arbeitnehmer gegen allgemein bekannte, elementare Sorgfaltsgrundsätze verstößt. Das ist nach Auffassung des *LAG Baden-Württemberg* (30.3.2000 NZA-RR 2000, 349) z. B. dann der Fall, wenn dem Arbeitnehmer eine **schwere Körperverletzung von einer betrunkenen Person** (4,1 ‰) zugefügt wird, die er in seine Wohnung mitgenommen hat und der er Alkohol zur Verfügung gestellt hat. 1488

Keine Besonderheiten gelten für Unfälle, die ein Arbeitnehmer im Rahmen einer Nebenbeschäftigung oder Nebentätigkeit erleidet (*BAG* 7.11.1975 EzA § 1 LohnFG Nr. 44; s. o. C/Rz. 1432). 1489

hhhh) Suizidhandlungen

Bei Suizidhandlungen ist die freie Willensbestimmung zwar nicht stets und völlig ausgeschlossen, wohl aber i. d. R. zumindest erheblich gemindert. Arbeitsverhinderungen bei Selbsttötungsversuchen sind daher **regelmäßig unverschuldet** (*BAG* 28.2.1979 EzA § 1 LohnFG Nr. 55 gegen *BAG* 6.9.1973 AP Nr. 34 zu § 1 LohnFG). 1490

iiii) Sportunfälle

Bei Sportunfällen kommt Verschulden dann in Betracht, wenn es sich um eine »**besonders gefährliche**« **Sportart** handelt. 1491

> Das ist dann der Fall, wenn das Verletzungsrisiko bei objektiver Betrachtung so groß ist, dass auch ein gut ausgebildeter Sportler bei sorgfältiger Beachtung aller

C. Der Inhalt des Arbeitsverhältnisses

Regeln dieses Risiko nicht vermeiden kann, d. h. wenn der Sportler das Geschehen nicht mehr beherrschen kann, sondern sich unbeherrschbaren Gefahren aussetzt (*BAG* 7.10.1981 EzA § 1 LohnFG Nr. 60).

1492 Das ist z. B. nicht der Fall beim unter ständiger Trainingsbetreuung ausgeübten Amateurboxen sowie beim Drachenfliegen (*BAG* 1.12.1976 EzA § 1 LohnFG Nr. 51; 7.10.1981 EzA § 1 LohnFG Nr. 60). Allerdings ist ein Unfall dann verschuldet, wenn sich der Arbeitnehmer **in einer seine Kräfte und Fähigkeiten deutlich übersteigenden Weise betätigt oder wenn er gröblich gegen anerkannte Regeln oder Erfahrungssätze sowie Sicherheitsvorkehrungen verstoßen hat** (*BAG* 7.10.1981 EzA § 1 LohnFG Nr. 60).

1493 Auch bei einem Sportler, der dem Sport als Arbeitnehmer nachgeht, kommt ein »Verschulden gegen sich selbst« dann in Betracht, wenn er sich grob regelwidrig verhält und dabei selbst Verletzungen erleidet (z. B. bei Motorradrennfahrten ohne Schutzkleidung, bei Fußballspielern bei bewusstem Verzicht auf Schienbeinschoner [MünchArbR/*Gitter* § 202 Rz. 68 ff.]).

1494 Verletzt sich ein Arbeitnehmer beim **Bungee-Springen**, so steht ihm nach Auffassung von *Gerauer* (NZA 1994, 498) kein Anspruch auf Entgeltfortzahlung zu, weil er sich so ungewöhnlich leichtfertig verhält, dass eine sich daraus ergebende Arbeitsverhinderung nicht dem Risikobereich des Arbeitgebers zugeordnet werden darf.

jjjj) Schlägereien

1495 Erfahrungsgrundsätze hinsichtlich des Verschuldens von an Schlägereien und Raufereien beteiligten Personen bestehen nicht.
Maßgeblich sind deshalb die **konkreten Umstände des jeweiligen Einzelfalles** (z. B. vorheriges provokatives Verhalten wie Beleidigung usw., Art, Umfang und Beginn der Schlägerei; vgl. MünchArbR/*Boecken* § 83 Rz. 109).

ddd) Besonderheiten bei Seeleuten?

1496 Da die **§§ 48 Abs. 1 S. 1, 78 Abs. 1 S. 1 SeemansG** ein Nichtverschulden bei der Erkrankung oder Verletzung von Besatzungsmitgliedern und Kapitänen nicht ausdrücklich vorsehen, ist nach Auffassung von *Boecken* (MünchArbR § 83 Rz. 83) davon auszugehen, dass fehlendes Verschulden als Anspruchsvoraussetzung ausscheidet.

cc) Höhe des Entgeltfortzahlungsanspruchs

(1) Entgeltausfallprinzip

1497 Gem. § 4 Abs. 1 EFZG ist für den sich aus § 3 Abs. 1 EFZG ergebenden Zeitraum dem Arbeitnehmer das ihm bei der für ihn maßgebenden regelmäßigen Arbeitszeit zustehende Arbeitsentgelt fortzuzahlen (Entgeltausfallprinzip; s. o. C/Rz. 1261 ff., 1403 ff.).

1498 Ausgenommen sind Leistungen für Aufwendungen des Arbeitnehmers, soweit der Anspruch auf sie im Falle der Arbeitsfähigkeit davon abhängig ist, dass ihm entsprechende Aufwendungen tatsächlich entstanden sind, und während der Arbeitsunfähigkeit nicht entstehen (§ 4 Abs. 1 S. 2 EFZG; s. o. C/Rz. 1261 ff., 1403 ff.). Dazu gehören z. B. **Nah- und Fernauslösungen** für Montagearbeiter in der Elektroindustrie (*BAG* 28.1.1982 EzA § 2 LohnFG Nr. 17; 15.6.1983 EzA § 2 LohnFG Nr. 18). Das gilt

C. Der Inhalt des Arbeitsverhältnisses

auch dann, wenn der Montagestammarbeiter im Bezugszeitraum, nach dem das fortzuzahlende Arbeitsentgelt berechnet wird, nicht am Montageort übernachtet hatte, sondern täglich mit seinem PKW von seiner Wohnung zum Montageort gefahren war. Etwas anderes gilt aber für Nahauslösungen dann, wenn sie **versteuert werden** (*BAG* 14.8.1985 EzA § 2 LohnFG Nr. 20).

Trinkgelder, die dem Bedienungspersonal in Gaststätten von den Gästen freiwillig gegeben werden, gehören jedenfalls bei Fehlen einer besonderen arbeitsvertraglichen Vereinbarung für Zeiten der Arbeitsunfähigkeit nicht zum fortzuzahlenden Arbeitsentgelt (*BAG* 28.6.1995 AP Nr. 112 zu § 37 BetrVG 1972; vgl. dazu *Treber* SAE 1997, 124 ff.). 1499

Ein **Berufsfußballspieler** erhält das Entgelt, das er erhalten hätte, wenn er nicht krankheits- oder verletzungsbedingt ausgefallen wäre. Dazu zählen auch Prämien, die für jeden von der Mannschaft gewonnenen Meisterschaftspunkt gezahlt werden (*BAG* 6.12.1995 EzA § 616 BGB Nr. 46). Sieht eine Prämienregelung für Berufsfußballspieler vor, dass der Spieler im Falle einer »Verletzung« sechs Wochen lang so behandelt wird, als habe er an Punktspielen teilgenommen, so ist diese Voraussetzung nicht erfüllt, wenn der Spieler auf Grund einer sonstigen Erkrankung, die weder spiel- noch trainingsbedingt war, nicht teilnehmen konnte (*BAG* 19.1.2000 NZA 2000, 771). 1500

(2) Änderungen des § 4 EFZG durch das arbeitsrechtliche Beschäftigungsförderungsgesetz (1.10.1996–31.12.1998)

Durch die Neufassung des § 4 Abs. 1 S. 1 EFZG betrug die Höhe der Entgeltfortzahlung im Krankheitsfall für den in § 3 Abs. 1 EFZG bezeichneten Zeitraum mit Wirkung vom 1.10.1996 nur noch 80% des dem Arbeitnehmer bei der für ihn maßgebenden regelmäßigen Arbeitszeit zustehenden Arbeitsentgelts. Das galt gem. § 4 Abs. 1 S. 2 EFZG nicht bei einer Arbeitsunfähigkeit wegen eines Arbeitsunfalls oder einer Berufsunfähigkeit (vgl. *Löwisch* NZA 1996, 1013 f.). 1501

Zudem konnte der Arbeitnehmer gem. § 4 a Abs. 1 EFZG vom Arbeitgeber spätestens bis zum dritten Arbeitstag nach dem Ende der Arbeitsunfähigkeit verlangen, dass ihm von je fünf Tagen, an denen er infolge Krankheit an seiner Arbeitsleistung verhindert ist, der erste Tag auf den Erholungsurlaub angerechnet wird. Mehrere Zeiträume, in denen der Arbeitnehmer verhindert ist, werden zusammengerechnet. Die angerechneten Tage galten als Urlaubstage; insoweit bestand kein Anspruch des Arbeitnehmers nach § 3 Abs. 1 S. 1 EFZG (vgl. dazu *Hanau* RdA 1997, 205 f.). Die Höhe der Entgeltfortzahlung für die übrigen Tage bestimmte sich nach dem Arbeitsentgelt, das dem Arbeitnehmer für die für ihn maßgebende regelmäßige Arbeitszeit zusteht (§ 4 a Abs. 1 S. 4 EFZG). § 9 BUrlG war nicht anzuwenden. Abweichende tarifliche Regelungen blieben unberührt. Ob solche tariflichen Regelungen, wenn sie auf die gesetzliche Regelung der Entgeltfortzahlung Bezug nehmen, als eigenständig anzusehen waren oder sich mit der Änderung der gesetzlichen Vorschriften ebenfalls änderten, war eine Frage der Auslegung dieser Tarifverträge (vgl. *Löwisch* NZA 1996, 1013; *Buchner* NZA 1996, 1180 ff.; *Zachert* DB 1996, 2078 ff.; *Kamanabrou* RdA 1997, 22 ff.; *Rieble* RdA 1997, 134 ff.; zum ähnlichen Problem der Auslegung tariflicher Kündigungsfristen s. u. D/Rz. 176 ff.; für eine Übertragung der insoweit entwickelten Grundsätze *Buchner* a. a. O.; wohl auch *Schiefer/Worzalla* a. a. O., Rz. 288 ff.; **a. A.** *Schaub* Arbeitsrechtshandbuch S. 2111; *Zachert* DB 1996, 2078; eine ausführliche Zusam-

C. Der Inhalt des Arbeitsverhältnisses

menstellung von Urteilen der Instanzgerichte findet sich in AiB 1997, 650 ff., 712 ff., AiB 1998, 36 ff. u. 212 ff.; ArbuR 1998, 176 ff.).

Beispiele:

1502 – Eine Tarifnorm aus dem Jahre 1995, die hinsichtlich der Vergütungsfortzahlung im Krankheitsfall auf die nicht mehr geltenden Bestimmungen von LFZG und § 616 Abs. 2 BGB Bezug nimmt und zusätzlich einen Zuschuss zum Krankengeld ab der 7. Krankheitswoche, um 100% des Nettoentgelts zu erreichen, regelt, stellt eine eigenständige Tarifnorm mit konstitutivem Charakter dar. Hieraus ergibt sich ein Anspruch auf ungekürzte Entgeltfortzahlung im Krankheitsfall (*LAG Düsseldorf* 16.6.1997 LAGE § 4 EFZG Tarifvertrag Nr. 1; a. A. *LAG Baden-Württemberg* 13.10.1997 LAGE § 4 EFZG Tarifvertrag Nr. 3; *BAG* 16.6.1998 – 5 AZR 67/97 –).

1503 – Die inhalts- oder wortgleiche Übernahme gesetzlicher Regelungen in einen Tarifvertrag (§ 7 Abs. 2 MTV Ang. rechtsrheinische Textilindustrie) lässt im Zweifel – mangels gegenteiliger Anhaltspunkte im Tarifvertrag – auf einen eigenständigen Normsetzungswillen der Tarifvertragspartner schließen (*LAG Düsseldorf* 14.10.1997 LAGE § 4 EFZG Tarifvertrag Nr. 3; ähnlich *LAG Schleswig-Holstein* 3.3.1998 LAGE § 4 EFZG Tarifvertrag Nr. 18). Gleiches gilt für die tarifliche Verweisung auf außer Kraft getretene Vorschriften (*BAG* 1.7.1998 EzA § 4 EFZG Tarifvertrag Nr. 3).

1504 – Eine tarifliche Regelung, wonach für die Fortzahlung des Arbeitsentgelts bei Arbeitsversäumnis durch Krankheit die gesetzlichen Vorschriften gelten, macht den jeweiligen Inhalt der gesetzlichen Vorschriften zum Gegenstand der tariflichen Regelung mit der Folge, dass sich bei Änderungen der gesetzlichen Vorschriften über die Lohnfortzahlung auch eine Änderung der tariflichen Regelung ergibt (*LAG Düsseldorf* 17.9.1997 LAGE § 4 EFZG Tarifvertrag Nr. 4; *LAG Baden-Württemberg* 13.10.1997 LAGE § 4 EFZG Tarifvertrag Nr. 3; ebenso *BAG* 1.7.1998 – 5 AZR 545/97 –; *LAG Rheinland-Pfalz* 24.3.1998 BB 1998, 1742).

1505 – Enthält ein Tarifvertrag (§ 4 MTV gewerbliche Arbeitnehmer im Bewachungsgewerbe v. 22.6.1995) die Formulierung »Die Lohnfortzahlung im Krankheitsfalle regelt sich nach dem ... (EFZG)«, so handelt es sich nicht um eine normative Verweisung auf die damals geltende Rechtslage mit der Folge, dass auch nach dem 1.10.1996 Lohnfortzahlung in Höhe von 100% zu leisten wäre (*LAG Rheinland-Pfalz* 30.4.1998 BB 1998, 1591).

1506 – § 4 Ziff. 2.1 RTV techn. u. kaufmänn. Angestellte sowie Poliere des Baugewerbes (»Anspruch auf Fortzahlung des Gehalts bis zur Dauer von 6 Wochen« und »nach dreijähriger ununterbrochener Betriebszugehörigkeit ... von der siebten Woche an ... bis zur Dauer von sechs Wochen« einen Anspruch auf einen Zuschuss zum Krankengeld in Höhe des Unterschiedsbetrages zum Nettogehalt) beinhaltet eine konstitutive Regelung. Das ergibt sich aus dem Wortlaut der Bestimmung und der Zuschussregelung, die dem Arbeitnehmer auch nach Ablauf der Sechs-Wochen-Frist den vollen Lebensstandard erhalten will, mit der Konsequenz, dass der Arbeitnehmer gem. §§ 3, 4 EFZG Anspruch auf 100% Entgeltfortzahlung hat (*BAG* 16.6.1998 EzA § 4 EFZG Tarifvertrag Nr. 2; **a. A.** *LAG Düsseldorf* 16.6.1998 BB 1998, 275). Das Gegenteil hat das *LAG Schleswig-Holstein* (9.2.1998 – 4 Sa 447 u. 231/97 – für § 6 Ziff. III RTV gewerbl. Arbeitnehmer Betonsteingewerbe Nordwestdeutschland und den MTV Metall verarbeitendes Handwerk Schleswig-Holstein v. 1.7.1985 angenommen.

C. Der Inhalt des Arbeitsverhältnisses

- Es spricht gegen einen eigenen Normsetzungswillen der Tarifvertragsparteien, wenn in einem Tarifvertrag nur auf die gesetzlichen Bestimmungen über die Lohnfortzahlung bei Arbeitsunfähigkeit verwiesen wird. Dabei ist es unerheblich, dass die Tarifvertragsparteien seinerzeit davon ausgingen, dass der Gesetzgeber den Umfang der gesetzlich geregelten Entgeltfortzahlung im Krankheitsfall unangetastet lassen würde (*LAG Düsseldorf* 9.1.1998 LAGE § 4 EFZG Tarifvertrag Nr. 12). 1507
- Eine Regelung, wonach »Arbeiter ... gegen Vorlage einer ärztlichen Bescheinigung ... das Entgelt nach den Bestimmungen des Gesetzes über die Fortzahlung des Entgelts im Krankheitsfalle« erhalten (§ 6 gewerbl. AN Schuhindustrie) verweist nur deklaratorisch auf das EFZG, sodass nur ein Anspruch auf 80% besteht (*BAG* 16.6.1998 – 5 AZR 67/97 –). 1508
- § 13 MTV Hotel- und Gaststättengewerbe Baden-Württemberg, wonach Anspruch »auf Fortzahlung des Gehalts resp. Lohns nach den gesetzlichen Bestimmungen (...) entsprechend der Feiertagsvergütung gem. § 9 c MTV« besteht, ist eine konstitutive Regelung. Denn § 9 c MTV sieht vor, dass »Umsatzbeteiligte pro Tag in Höhe 1/22 des monatlichen Effektivverdienstes, ... Festbesoldete unter Fortzahlung des vereinbarten Lohnes bzw. Gehaltes zu vergüten« sind. Dies stellt eine präzise Regelung der Höhe der Entgeltfortzahlung und nicht nur eine Regelung, von welchen Posten bei der Berechnung auszugehen ist, dar (*BAG* 16.6.1998 EzA § 4 EFZG Tarifvertrag Nr. 4). 1509

Weitere Beispiele: 1510
- **80% Entgeltfortzahlung**
- *BAG* 1.7.1998 EzA § 4 EFZG Tarifvertrag Nr. 7 (§ 4 Nr. 7 RTV gewerbliche Arbeitnehmer Gerüstbaugewerbe);
- *BAG* 26.8.1998 EzA § 4 EFZG Tarifvertrag Nr. 6 (§ 5 MTV Angestellte Betonsteingewerbe Nordwestdeutschland);
- *BAG* 26.8.1998 EzA § 4 EFZG Tarifvertrag Nr. 9 (§ 6 RTV Arbeiter Betonsteingewerbe Nordwestdeutschland);
- *BAG* 26.8.1998 EzA § 4 EFZG Tarifvertrag Nr. 8 (§ 10 MTV gewerbliche Arbeitnehmer des Metall verarbeitenden Handwerks Schleswig-Holstein);
- *BAG* 26.8.1998 § 4 EFZG Tarifvertrag Nr. 15 (§ 9 MTV Bäckerhandwerk Berlin);
- *BAG* 21.10.1998 § 4 EFZG Tarifvertrag Nr. 16 (§ 10 MTV Sanitär-, Heizungs- und Klimatechnik Niedersachsen);
- *BAG* 21.10.1998 EzA § 4 EFZG Tarifvertrag Nr. 11 (§ 12 MTV Arbeiter Spedition Baden-Württemberg);
- *BAG* 21.10.1998 AZR 92/98 (§ 16 MTV Hotel- und Gaststättengewerbe Berlin);
- *BAG* 21.10.1998 5 AZR 144/98 (§ 12 MTV Bäckereihandwerk Nordrhein-Westfalen).
- *BAG* 11.11.1998 EzA § 4 EFZG Tarifvertrag Nr. 17 (§ 24 RTV Kalksandsteinindustrie BRD)
- *BAG* 25.11.1998 EzA § 4 EFZG Tarifvertrag Nr. 18 (§ 10 Nr. 2 RTV (Landarbeiter landwirtschaftlicher Betriebe Bayern)
- **100% Entgeltfortzahlung** 1511
- *BAG* 26.8.1998 § 4 EFZG Tarifvertrag Nr. 10 (§ 12 MTV gewerbliche Arbeitnehmer Druckindustrie);
- *BAG* 26.8.1998 EzA § 4 EFZG Tarifvertrag Nr. 12 (Nr. 39 MTV holz- und kunststoffverarbeitende Industrie Saarland).

C. Der Inhalt des Arbeitsverhältnisses

1512 Durch diese Anrechnung durfte der **gesetzliche Jahresurlaub** gem. § 3 BUrlG, § 19 JArbSchG, §§ 53, 54 SeemG sowie der Zusatzurlaub gem. § 125 SGB IX **nicht unterschritten** werden (§ 4 Abs. 1 b EFZG). Gem. § 4 Abs. 1 a EFZG gehören zum **Arbeitsentgelt** nach § 4 Abs. 1 EFZG nicht Leistungen für Aufwendungen des Arbeitsnehmers, soweit der Anspruch auf sie im Falle der Arbeitsfähigkeit davon abhängig war, dass dem Arbeitnehmer entsprechende Aufwendungen tatsächlich entstanden waren, und ihm solche Aufwendungen während der Arbeitsunfähigkeit nicht entstanden.
§ 4 a Abs. 1 S. 1 EFZG galt nicht für den Teil des Urlaubs, der aus betrieblichen Gründen für alle Arbeitnehmer oder für bestimmte Gruppen von Arbeitnehmern einheitlich festgelegt war, und nicht, soweit der Urlaub üblicherweise durch arbeitsfreie Zeiträume als abgegolten galt (§ 4 a Abs. 3 EFZG).

1513 Aufgrund des neu eingeführten § 4 b EFZG (seit 1.1.1999 § 4 a EFZG) ist eine Vereinbarung über die Kürzung von Leistungen, die der Arbeitgeber zusätzlich zum laufenden Arbeitsentgelt erbringt (Sondervergütungen), auch für Zeiten der Arbeitsunfähigkeit infolge Krankheit zulässig. Die Kürzung darf für jeden Tag der Arbeitsunfähigkeit infolge Krankheit 1/4 des Arbeitsentgelts, das im Jahresdurchschnitt – wohl des laufenden Jahres – auf einen Arbeitstag entfällt, nicht überschreiten (vgl. *Schiefer/Worzalla* a. a. O., Rz. 332 ff.; zur Anwesenheitsprämie s. o. C/Rz. 941 ff.).

(3) Die weitgehende Rückkehr zum alten Recht durch das »KorrekturG« zum 1.1.1999

1514 Der Gesetzgeber hat mit Wirkung vom 1.1.1999 § 4 Abs. 1 EFZG dahin abgeändert, dass der bis zum 1.10.1996 geltende Rechtszustand wieder hergestellt wird (vgl. *Däubler* NJW 1999, 601 ff.; *Schiefer* DB 1999, 48 ff.).

Für die Zeiten der Arbeitsunfähigkeit i. S. d. § 3 Abs. 1 EFZG hat der Arbeitgeber dem Arbeitnehmer folglich das ihm bei der für ihn maßgebenden regelmäßigen Arbeitszeit zustehende Arbeitsentgelt (in Höhe von 100% fortzuzahlen.

1515 Die bisher bei einem Arbeitsunfall oder bei einer Berufskrankheit in § 4 Abs. 1 S. 2 EFZG enthaltenen Ausnahmen, die eine Entgeltfortzahlung von 100% aufrechterhielten, sind nicht mehr erforderlich. Allerdings ist nach der Neufassung des § 4 Abs. 1 a EFZG bei der Berechnung des Entgeltfortzahlungsanspruchs nicht das Entgelt zu berücksichtigen, das zusätzlich für **Überstunden** gezahlt wird.

Insoweit hat der Gesetzgeber mit Wirkung ab dem 1.1.1999 vorgesehen, dass sowohl die Grundvergütung für die Überstunden als auch Überstundenzuschläge außer Betracht bleiben.

1516 Die Regelung des § 4 a EFZG (Anrechnung von Urlaubstagen zur Erreichung von 100% Entgeltfortzahlung) wurde **ersatzlos gestrichen.** Gem. § 13 EFZG n. F. sind dann, wenn der Arbeitnehmer an einem Tag nach dem 9.12.1998 bis zum 1.1.1999 oder darüber hinaus durch Arbeitsunfähigkeit infolge Krankheit oder infolge einer Maßnahme der medizinischen Vorsorge oder Rehabilitation an seiner Arbeitsleistung verhindert war, für diesen Zeitraum die seit dem 1.1.1999 geltenden Vorschriften maßgebend, es sei denn, dass diese für den Arbeitnehmer ungünstiger waren.

(4) Maßgebliche Arbeitszeit
Hinsichtlich der maßgeblichen regelmäßigen Arbeitszeit ist die **konkret-individuelle Arbeitszeit des erkrankten Arbeitnehmers** zu der er arbeitsvertraglich verpflichtet ist, entscheidend.
Im Rahmen der verschiedenen Formen der Arbeitszeitflexibilisierung kommt es nur auf die tatsächliche individuelle Arbeitszeit an. Ist der erkrankte Arbeitnehmer zu einer effektiven täglichen Arbeitszeit von 8 Stunden verpflichtet und erhält er wegen der Differenz zur tariflich vorgesehenen durchschnittlichen Arbeitszeit von wöchentlich weniger als 40 Stunden einen entsprechenden unbezahlten Freizeitausgleich, so kommt es für die Entgeltfortzahlung darauf an, ob sie für einen Tag der Arbeitsunfähigkeit verlangt wird, an dem der betreffende Arbeitnehmer ohne die Krankheit **hätte arbeiten müssen oder für den eine unbezahlte Freischicht vorgesehen war.**
Im ersten Fall hat der erkrankte Arbeitnehmer Anspruch auf Entgeltfortzahlung auf der Grundlage von 8 ausgefallenen Arbeitsstunden; im zweiten Fall scheidet eine Entgeltfortzahlung mangels ausgefallener Arbeitszeit aus (vgl. *BAG* 5.10.1988 EzA § 1 LohnFG Nr. 95; 15.2.1989 EzA § 1 LohnFG Nr. 104; 15.5.1991 EzA § 1 LohnFG Nr. 118).

1517

Durch **Betriebsvereinbarung** kann geregelt werden, dass eine bereits zugeteilte Freischicht durch Krankheit verbraucht ist (*BAG* 2.12.1987 EzA § 4 TVG Metallindustrie Nr. 37).

1518

(5) Überstunden
Überstunden mussten bislang weitergezahlt werden, wenn sie im Entgeltfortzahlungszeitraum regelmäßig angefallen waren.
Wenn Überstunden vor der Erkrankung geleistet wurden, so war das ein Indiz für den regelmäßigen Anfall auch im Entgeltfortzahlungszeitraum.
Überstunden können jedoch auch dann Teil der regelmäßigen Arbeitszeit sein, wenn sie nach der Erkrankung **mit einer gewissen Stetigkeit und Dauer angeordnet worden wären.** Das ist bei einer Anordnung für zwei Wochen der Fall (*BAG* 15.2.1978 EzA § 2 LohnFG Nr. 12; 16.3.1988 EzA § 2 LohnFG Nr. 93). Etwas anderes gilt, wenn nur an dem einen oder anderen Arbeitstag nach Beginn der Erkrankung Überstunden anfallen, obwohl das aufgrund einer Betriebsvereinbarung von vornherein feststand (*BAG* 3.5.1989 EzA § 2 LohnFG Nr. 21).

1519

1520

Mit Wirkung vom 1.1.1999 (s. o. C/Rz. 1515) ist die Berücksichtigung von Überstunden durch § 4 Abs. 1 a **EFZG ausdrücklich ausgeschlossen** worden; dies gilt sowohl für das zusätzlich für Überstunden gezahlte Stundenentgelt, als auch für etwaige Überstundenzuschläge.

Vereinbaren die Parteien allerdings im Arbeitsvertrag einen Monatslohn inklusive einer Überstundenpauschale – Berechnungsgrundlage 33 Überstunden –, so handelt es sich dabei um die regelmäßige Arbeitszeit i. S. d. § 4 Abs. 1 S. 1 EFZG mit der Folge, dass der Arbeitgeber im Falle der Arbeitsunfähigkeit des Arbeitnehmers den Monatslohn nicht auf die für die tarifliche Arbeitszeit geltende Vergütung gem. § 4 Abs. 1 a EFZG reduzieren kann (*LAG Düsseldorf* 16.1.2001 NZA-RR 2001, 363).

1521

(6) Unsichere Prognose

1522 Scheidet eine sichere Prognose hinsichtlich des Arbeitsausfalls aus, so ist es sinnvoll, aus der **zurückliegenden Zeitperiode** von etwa 3 Monaten oder 13 Wochen auf eine Arbeitszeit zu schließen, die sich durch eine gewisse Stetigkeit und Dauer auszeichnet und daher auch dem Entgeltfortzahlungszeitraum zugrunde gelegt werden kann (vgl. *BAG* 8.5.1972 AP Nr. 3 zu § 2 LohnFG).

1523 Andererseits rechtfertigt die tatsächliche Ungewissheit über den Einsatz eines **Berufsfußballspielers** über seinen Einsatz und den Spielverlauf und daraus folgend die Ungewissheit über die Höhe etwa zu zahlender Prämien es nicht, das auf die Vergangenheit bezogene Referenzprinzip zu vereinbaren (*BAG* 6.12.1995 EzA § 616 BGB Nr. 46).

1524 Eine tarifliche **Arbeitszeitänderung** kurz vor oder während der Krankheitszeit ist jedoch uneingeschränkt zu berücksichtigen (MünchArbR/*Boecken* § 84 Rz. 24).

(7) Anteiliger Entgeltanspruch

1525 Endet bei festem Monatsentgelt die 6-Wochen-Frist (§ 3 Abs. 1 S. 1 EFZG) während eines laufenden Monats, so ist der anteilige Entgeltanspruch (konkrete Berechnungsweise auf der Grundlage des Lohnausfallprinzips) in der Weise zu berechnen, dass das **monatliche Bruttoarbeitsentgelt durch die in dem betreffenden Monat tatsächlich angefallenen Arbeitstage geteilt und der sich danach ergebende Betrag mit der Anzahl der krankheitsbedingt ausgefallenen Arbeitstage multipliziert wird** (*BAG* 14.8.1985 EzA § 63 HGB Nr. 38).

1526 **Bezahlte Feiertage** sind im Gegensatz zu unbezahlten Freischichttagen zu berücksichtigen. Zu berücksichtigen ist auch eine **Änderung der Arbeitszeit** und/oder eine Änderung des **Arbeitsentgelts** während der Zeit der Entgeltfortzahlung (vgl. *BAG* 8.5.1972 AP Nr. 3 zu § 2 LohnFG).

(8) Leistungsentgelt

1527 Erhält der Arbeitnehmer eine auf das Ergebnis der Arbeit abgestellte Vergütung (Leistungsentgelt), so ist der von ihm in der für ihn maßgebenden regelmäßigen Arbeitszeit erzielbare **Durchschnittsverdienst** fortzuzahlen (§ 4 Abs. 1 S. 3 EFZG a. F.; § 4 Abs. 1 a, Abs. 2 EFZG n. F.).

(9) Weitere Einzelfälle

1528 Ein **angestellter Handelsvertreter** (§ 65 HGB), dessen Vergütung sich aus einem monatlichen Grundgehalt und Provisionen zusammensetzt, kann im Krankheitsfalle nicht nur die Fortzahlung des Grundgehalts verlangen, ihm steht auch die Zahlung der Provisionen zu, die er in dieser Zeit ohne krankheitsbedingte Arbeitsverhinderung wahrscheinlich verdient hätte. Dies gilt auch dann, wenn der zur Provision führende Geschäftsabschluss einer längeren Zeit der Bearbeitung bedarf. Insoweit kann es für die Schätzung des Provisionsausfalls nach § 287 Abs. 2 ZPO geboten sein, einen längeren Referenzzeitraum zugrunde zu legen (*BAG* 5.6.1985 EzA § 63 HGB Nr. 37).

1529 Richtet sich die Höhe einer dem **Lizenzfußballer** zugesagten Jahresprämie nach der Zahl der Pflichtspiele, so führt eine Arbeitsunfähigkeit nicht dazu, dass ihm Pflichtspiele »als fortzuzahlende Vergütung« gutgebracht werden können (*BAG* 22.8.1984 EzA § 616 BGB Nr. 28).

(10) Abweichende tarifliche Regelungen
Gem. § 4 Abs. 4 EFZG ist das Entgeltausfallprinzip tarifdispositiv. Deshalb ist es zulässig, tarifvertraglich ein anderes, im Ergebnis für die Betroffenen auch ungünstigeres Berechnungssystem, eine andere Berechnungsmethode einzuführen. Insoweit kommt insbesondere das sog. **Referenzperiodenprinzip** in Betracht, bei dem als Arbeitsentgelt z. B. der **Durchschnittsverdienst der drei letzten abgerechneten Lohnrechnungsmonate oder der 13 abgerechneten Lohnwochen** vor Eintritt der Arbeitsunfähigkeit als Arbeitsentgelt angenommen wird. Möglich sind auch die Erstreckung der Entgeltfortzahlung auf einen Zeitraum von mehr als 6 Wochen sowie die Gewährung weiterer Leistungen durch Tarifvertrag (z. B. Zuschüsse zum Krankengeld der gesetzlichen Krankenversicherung, vgl. § 37 BAT, § 42 Abs. 5, § 6 MTB II; s. u. C/Rz. 1539 ff.).

1530

Möglich ist z. B. eine Regelung, nach der die Zahl der bei Arbeitsunfähigkeit je Tag zu vergütenden Arbeitsstunden aus den im Bezugszeitraum geleisteten Arbeitsstunden zu ermitteln ist, die zu teilen sind durch die Zahl der aus der Verteilung der wöchentlichen Arbeitszeit sich ergebenden Arbeitstage. Hat ein Arbeitnehmer bei festgelegter individueller regelmäßiger wöchentlicher Arbeitszeit von 38,5 Stunden entsprechend der Betriebsnutzungszeit tatsächlich 40 Stunden gearbeitet, so sind diese Stunden bei der Ermittlung des regelmäßigen Arbeitsverdienstes zu berücksichtigen. Die Zahl der geleisteten Stunden verringert sich, wenn in den Bezugszeitraum unbezahlte Freischichten fallen (*BAG* 5.10.1988 EzA § 1 LohnFG Nr. 95).

1531

Beispiel:
Zur Berechnung der Lohnfortzahlung im Krankheitsfall nach § 8 Nr. 8 i. V. m. § 15 Nr. 1 a MTV-Metall NRW vom 30.April 1980 sind Freischichttage im Referenzzeitraum bei der Bemessung des Teilers mitzuzählen; sie verringern die rechnerisch pro Tag geleisteten Arbeitsstunden (*BAG* 10.7.1996 EzA § 1 LohnFG Nr. 128); a. A. für die Berechnung des Urlaubsentgelts *BAG* 8.11.1994 EzA § 11 BUrlG Nr. 37; krit. dazu *Leinemann* BB 1998, 1414 ff.).

1532

> Wird maßgeblich auf die regelmäßige bzw. eine darüber liegende tatsächliche Arbeitszeit in den letzten 13 Wochen vor Beginn der Arbeitsunfähigkeit abgestellt, so sind in dem Bezugszeitraum liegende unbezahlte Freischichten, durch die die über die individuelle regelmäßige Arbeitszeit hinaus geleistete Arbeit ausgeglichen wird, für die Errechnung der durchschnittlichen täglichen Arbeitszeit mit zu berücksichtigen (*BAG* 15.2.1989 EzA § 1 LohnFG Nr. 104).

1533

Das gilt auch dann, wenn die Vergütung für die Arbeitszeit, die über die individuelle regelmäßige wöchentliche Arbeitszeit hinausgeht, erst im Zusammenhang mit der Gewährung von Freischichten ausbezahlt wird (*BAG* 15.5.1991 EzA § 1 LohnFG Nr. 118).

Bestimmt unter Zugrundelegung des Referenzprinzips der Tarifvertrag, dass die individuelle regelmäßige wöchentliche Arbeitszeit grds. auf **5 Werktage von Montag bis Freitag** zu verteilen ist, dann gehört die aufgrund einer Betriebsvereinbarung an **Samstagen geleistete Mehrarbeit nicht zur individuellen regelmäßigen wöchentlichen Arbeitszeit**. Fällt für einen gewerblichen Arbeitnehmer Samstagsarbeit wegen krankheitsbedingter Arbeitsunfähigkeit aus, so besteht für ihn aufgrund des zeitlichen Referenzprinzips kein Anspruch auf Entgeltfortzahlung für diese ausgefallene Arbeitszeit (*BAG* 5.8.1992 EzA § 2 LohnFG Nr. 22).

1534

C. Der Inhalt des Arbeitsverhältnisses

1535   Auch auf den **täglichen Durchschnittslohn** kann abgestellt werden (*BAG* 8.3.1989 EzA § 2 LohnFG Nr. 103).

dd) Beginn und Dauer des Entgeltfortzahlungsanspruchs

(1) Grundlagen

1536   Der Entgeltfortzahlungsanspruch entsteht unmittelbar mit Eintritt der krankheitsbedingten Arbeitsunfähigkeit; das kann auch während einer Arbeitsschicht der Fall sein (*BAG* 4.5.1971 AP Nr. 3 zu § 1 LohnFG). Er entsteht im Übrigen in jedem Arbeitsverhältnis unabhängig von einem früheren neu, sodass sich ein späterer Arbeitgeber nicht darauf berufen kann, der Arbeitnehmer habe den vollen Sechs-Wochen-Anspruch bereits bei einem früheren Arbeitgeber ausgeschöpft (*BAG* 6.9.1989 EzA § 63 HGB Nr. 62).

Auch Zeiten einer Arbeitsunfähigkeit wegen derselben Krankheit, für die der Arbeiter bereits Lohnfortzahlung von einem früheren Arbeitgeber erhalten hatte, sind bei der Berechnung des Anspruchs nach § 3 Abs. 1 S. 2 EFZG im neuen Arbeitsverhältnis nicht mitzurechnen (*BAG* 2.3.1983 EzA § 1 LohnFG Nr. 65).

1537   Für neu begründete Arbeitsverhältnisse ist mit § 3 Abs. 3 EFZG durch das arbeitsrechtliche Beschäftigungsförderungsgesetz seit dem 1.10.1996 eine Wartezeit eingeführt worden: Der Anspruch auf Entgeltfortzahlung entsteht erst nach vierwöchiger ununterbrochener Dauer des Arbeitsverhältnisses. Das gilt nach Wortlaut und Systemzusammenhang auch dann, wenn die krankheitsbedingte Arbeitsunfähigkeit auf einen Arbeitsunfall zurückgeht, der sich vor Ablauf der Wartezeit ereignet hat. Weil dieses Ergebnis im Hinblick auf Sinn und Zweck der gesetzlichen Neuregelung – keine Belastung des Arbeitgebers mit Krankheitsursachen aus der Sphäre des Arbeitnehmers – als sachlich wenig sinnvoll angesehen wird, wird eine teleologische Reduktion des Wortlauts des § 3 Abs. 3 EFZG für Arbeits-, Arbeitsgeräte- und für Wegeunfälle vorgeschlagen (*Löwisch* NZA 1996, 1013; *Waltermann* NZA 1997, 179). Diese Regelung gilt auch nach dem 1.1.1999 weiter.

1538   Ausnahmsweise können zwei rechtlich selbstständige Arbeitsverhältnisse, die der Arbeiter zu demselben Arbeitgeber begründet hatte, wie ein einheitliches Arbeitsverhältnis zu behandeln sein, wenn zwischen ihnen ein enger sachlicher Zusammenhang besteht.

Das ist z. B. dann der Fall, wenn der Arbeiter aus betrieblichen Gründen mit dem Versprechen entlassen wurde, er werde wiedereingestellt, wenn die Auftragslage sich bessere, und wenn er tatsächlich nach vier Wochen seine Arbeit zu unveränderten Bedingungen wieder aufnehmen konnte (*BAG* 2.3.1983 EzA § 1 LohnFG Nr. 65).

(2) Dauer

1539   Der Entgeltfortzahlungsanspruch ist auf die Dauer von **sechs Wochen (42 Kalendertage)** begrenzt (§ 3 Abs. 1 S. 1 EFZG). Erkrankt der Arbeitnehmer **während der Wartezeit** des § 3 Abs. 3 EFZG (s. o. C/Rz. 1426 f.) und dauert die Arbeitsunfähigkeit über den Ablauf der Wartezeit hinaus an, so entsteht der Anspruch auf Entgeltfortzahlung für die Dauer von sechs Wochen; in die Wartezeit fallende Krankheitstage sind nicht anzurechnen. Das gilt wegen § 8 Abs. 1 S. 1 EFZG auch dann, wenn das

C. Der Inhalt des Arbeitsverhältnisses

Arbeitsverhältnis durch eine aus Anlass der Arbeitsunfähigkeit ausgesprochene Kündigung noch innerhalb der Wartezeit beendet worden ist (*BAG* 26.5.1999 EzA § 3 EFZG Nr. 7; krit. dazu *Gaumann/Schafft* NZA 2000, 811 ff.; *Peters-Lange* SAE 2000, 274 ff.).

Sonderregelungen enthalten **§§ 48 Abs. 1 S. 1, 78 Abs. 1 S. 1 SeemannsG** für Besatzungsmitglieder und Kapitäne. Danach besteht Anspruch auf Entgeltfortzahlung mindestens bis zu dem Tage, an welchem das Besatzungsmitglied bzw. der Kapitän das Schiff verlässt. 1540

Nach § 37 Abs. 2 BAT verlängert sich die Anspruchsdauer über sechs Wochen hinaus entsprechend der Dienstzeit des Angestellten im öffentlichen Dienst auf bis zu 26 Wochen nach zehnjähriger Dienstzeit. Dieser Zeitraum gilt unabhängig von der Dienstzeit in Fällen eines anerkannten Arbeitsunfalls oder einer Berufskrankheit. Dagegen ist auch insoweit die Anspruchsdauer bei einer Arbeitsunfähigkeit infolge Sterilisation oder Schwangerschaftsabbruchs stets auf sechs Wochen begrenzt. 1541

(3) Fristberechnung
Für die Fristenberechnung gelten die **§§ 187, 188 BGB**. 1542

aaa) Fristbeginn

Hat der Arbeitnehmer zumindest teilweise gearbeitet, so beginnt die Sechs-Wochen-Frist nach § 187 Abs. 1 BGB am darauf folgenden Tag zu laufen. Ist der Arbeitnehmer dagegen erkrankt, bevor er mit der Arbeitstätigkeit hat beginnen können, so beginnt die Frist entgegen § 187 Abs. 1 BGB bereits an diesem Tag (*BAG* 2.12.1981 EzA § 1 LohnFG Nr. 59; 12.7.1989 EzA § 616 BGB Nr. 39). 1543

Der Grundsatz des § 187 Abs. 1 BGB muss der bei dem Arbeitsverhältnis gegebenen besonderen rechtlichen Situation dahin angepasst werden, dass der Arbeitsbeginn bzw. die Arbeitsschicht als die maßgebende Zeiteinheit anzusehen ist (abl. MünchArbR/*Boecken* § 84 Rz. 46, wonach dies mit dem Hauptanliegen der Fristenregelung, der Rechtssicherheit, nicht vereinbar ist).

Erkrankt der Arbeitnehmer nach Abschluss des Arbeitsvertrages, aber vor dem vereinbarten Arbeitsbeginn, so beginnt der Anspruch auf Entgeltfortzahlung erst mit dem Tag des vereinbarten Dienstantritts (*BAG* 6.9.1989 EzA § 63 HGB Nr. 42). 1544

Die Sechs-Wochen-Frist läuft im Allgemeinen nur dann, wenn die beiderseitigen Hauptpflichten aus dem Arbeitsverhältnis voll in Wirksamkeit getreten sind, **nicht aber dann, wenn das Arbeitsverhältnis ruht** (*BAG* 6.9.1989 EzA § 63 HGB Nr. 42); derartige Zeiten werden nicht auf die Sechs-Wochen-Frist angerechnet. Der Fristablauf wird dann (z. B. bei Eintritt der Mutterschutzfrist gem. § 3 Abs. 2 MuSchG) gehemmt. 1545

bbb) Fristende
Der Entgeltfortzahlungsanspruch endet bereits vor Ablauf der Sechs-Wochen-Frist, wenn der Arbeitnehmer **wieder arbeitsfähig wird, mit Ablauf der gesetzlichen sechs Wochen oder einer tarifvertraglichen oder gesetzlichen** (§§ 48 Abs. 1 S. 1, 78 Abs. 1 SeemannsG) **Frist**. Mehrere kürzere Entgeltfortzahlungsabschnitte, unter- 1546

brochen etwa wegen des Ruhens der arbeitsvertraglichen Hauptpflichten, werden zusammengezählt.
Für die Berechnung des Fristendes gilt bei ununterbrochenem Anspruch § 188 Abs. 2 BGB.
Ferner endet der Anspruch i. d. R. dann, wenn das Arbeitsverhältnis zu bestehen aufhört (s. aber u. C/Rz. 1547 ff.).

ee) Entgeltfortzahlung über das Ende des Arbeitsverhältnisses hinaus

(1) Grundlagen

1547 Ausnahmsweise wird der Anspruch auf Entgeltfortzahlung gem. § 8 Abs. 1 EFZG durch die Beendigung des Arbeitsverhältnisses dann nicht berührt, wenn der Arbeitgeber das Arbeitsverhältnis aus Anlass der Arbeitsunfähigkeit kündigt.

1548 Wegen § 3 Abs. 3 EFZG (vierwöchige **Wartefrist** als Anspruchsvoraussetzung seit dem 1.10.1996) entsteht allerdings auch nicht nach § 8 Abs. 1 EFZG ein Anspruch auf Entgeltfortzahlung, wenn der **Arbeitgeber während der ersten vier Wochen aus Anlass der Erkrankung kündigt**. Etwas anderes gilt, wenn die Arbeitsunfähigkeit über die ersten vier Wochen des Arbeitsverhältnisses hinaus andauert. Denn dann hat der Arbeitnehmer gem. §§ 8 Abs. 1, 3 Abs. 1 EFZG Anspruch auf Entgeltfortzahlung bis zur Gesamtdauer von sechs Wochen unter Abzug der in den ersten vier Wochen liegenden Arbeitsunfähigkeitszeiten (*LAG Niedersachsen* 19.1.1998 DB 1998, 1238).

(2) Aufhebungsvertrag

1549 § 8 EFZG gilt analog, wenn der Arbeitgeber die Arbeitsunfähigkeit zum Anlass nimmt, mit dem Arbeitnehmer die einvernehmliche Beendigung des Arbeitsverhältnisses zu vereinbaren (*BAG* 20.8.1980 EzA § 6 LohnFG Nr. 16).
Denn bei der Beurteilung von Ansprüchen im Zusammenhang mit dem Ausscheiden des Arbeitnehmers aus dem Arbeitsverhältnis kommt es nicht entscheidend auf die formale Seite – Kündigung oder Aufhebungsvertrag – an.

1550 Der Zweck des § 8 Abs. 1 S. 1 EFZG besteht darin, zu verhindern, dass der Arbeitgeber die Arbeitsunfähigkeit zum Anlass nimmt, sich der Verpflichtung zur Entgeltfortzahlung zu entziehen. Dieser gesetzgeberische Zweck würde nur unvollkommen erreicht, wenn der Arbeitgeber nicht zur Lohnfortzahlung verpflichtet wäre, wenn es ihm gelingt, den Arbeitnehmer zu einer einvernehmlichen Auflösung des Arbeitsverhältnisses zu veranlassen.

1551 Allerdings kann die **widerspruchslose Hinnahme einer Kündigung** nicht bereits als »Aufhebungsvertrag« mit der Rechtsfolge einer analogen Anwendbarkeit des § 8 Abs. 1 S. 1 EFZG verstanden werden (*BAG* 28.11.1979 EzA § 6 LohnFG Nr. 11).

(3) Anfechtung; Nichtigkeit

1552 Fraglich ist, inwieweit § 8 Abs. 1 S. 1 EFZG analog auch bei einer Anfechtung oder bei der Berufung des Arbeitgebers auf die Nichtigkeit des Arbeitsvertrages in Betracht kommt.

Dem steht zum einen der klare Wortlaut der einschlägigen Regelungen, die nur von »Kündigung« sprechen, entgegen und zum anderen das fehlende besondere Schutzbedürfnis des Arbeitnehmers, der ohne Entgeltfortzahlung Krankengeld erhält (MünchArbR/*Boecken* § 84 Rz. 52).

(4) Anlasskündigung
Die Aufrechterhaltung des Entgeltfortzahlungsanspruchs setzt weiter voraus, dass die Kündigung aus Anlass der krankheitsbedingten Arbeitsunfähigkeit erfolgt (sog. Anlasskündigung). 1553

aaa) Begriffsbestimmung

> Das ist dann der Fall, wenn die Arbeitsunfähigkeit einen objektiven Geschehensablauf in Gang setzt, der schließlich den Entschluss des Arbeitgebers zur Kündigung im Sinne einer wesentlich mitbestimmenden Bedingung auslöst (*BAG* 28.11.1979 EzA § 6 LohnFG Nr. 10). 1554

Daran fehlt es stets in den Fällen, in denen die Kündigung vor Eintritt der krankheitsbedingten Arbeitsunfähigkeit ausgesprochen worden ist. Andererseits kann auch eine wegen dringender betrieblicher Erfordernisse ausgesprochene Kündigung eine Anlasskündigung sein (*BAG* 20.8.1980 EzA § 6 LohnFG Nr. 15; 28.11.1979 EzA § 6 LohnFG Nr. 10).

bbb) Praktische Probleme
Insbesondere dann, wenn der Arbeitgeber nicht verpflichtet ist, eine ausgesprochene Kündigung überhaupt zu begründen (z. B. bei der Nichtanwendbarkeit des KSchG [§§ 1, 23]), ist fraglich, wie der Arbeitnehmer feststellen soll, dass die Voraussetzungen des § 8 Abs. 1 S. 1 EFZG gegeben sind. 1555

ccc) Darlegungs- und Beweislast
Nach der Rechtsprechung des *BAG* (26.4.1978 EzA § 6 LohnFG Nr. 7; 29.8.1980 EzA § 6 LohnFG Nr. 13) trägt der **Arbeitnehmer** die Darlegungs- und Beweislast dafür, dass die Kündigung aus Anlass der Arbeitsunfähigkeit ausgesprochen wurde, sich diese also als eine die Kündigung wesentlich mitbestimmende Bedingung darstellt. 1556

aaaa) Kenntnis des Arbeitgebers
Notwendige Voraussetzung dafür ist grds., dass der Arbeitgeber überhaupt Kenntnis von der Arbeitsunfähigkeit des Arbeitnehmers hat. 1557

> Das *BAG* (20.8.1980 EzA § 6 LohnFG Nr. 14) geht davon aus, dass dann, wenn der Arbeitgeber im zeitlichen Zusammenhang mit der Krankmeldung eines Arbeitnehmers oder der Anzeige, dass eine bekannte Arbeitsunfähigkeit fortdauert, kündigt, ein Beweis des ersten Anscheins dafür spricht, dass er aus Anlass der Arbeitsunfähigkeit gekündigt hat.

bbbb) Anscheinsbeweis bei Kündigung ohne Kenntnis
Fraglich ist, ob die Voraussetzungen des § 8 Abs. 1 S. 1 EFZG auch dann gegeben sein können, wenn der Arbeitgeber zwar keine Kenntnis von der Arbeitsunfähigkeit hat, 1558

aber eine Kündigung ausspricht, bevor noch der durch § 5 Abs. 1 EFZG vorgesehene Zeitraum für den Nachweis der Arbeitsunfähigkeit abgelaufen ist.

1559 Das *BAG* (20.8.1980 EzA § 6 LohnFG Nr. 14) geht davon aus, dass im Regelfall der Arbeitgeber, der in Kenntnis der Arbeitsunfähigkeit oder vor Ablauf der Nachweisfrist kündigt, nicht mehr damit gehört werden kann, er habe nicht aus Anlass der Arbeitsunfähigkeit, sondern allein deswegen gekündigt, weil der Arbeitnehmer die Arbeitsunfähigkeit entgegen § 5 Abs. 1 S. 1 EFZG nicht rechtzeitig angezeigt habe.

1560 Andernfalls werde § 8 Abs. 1 S. 1 EFZG weitgehend bedeutungslos, denn der vor Ablauf der Nachweisfrist kündigende Arbeitgeber könne stets geltend machen, dass der Arbeitnehmer seine Anzeigepflicht verletzt habe. Andernfalls würde der rasch handelnde Arbeitgeber, der nicht einmal die Frist des § 5 Abs. 1 S. 1 EFZG abwarte, in unzulässiger Weise begünstigt.

1561 Deshalb spricht ein Beweis des ersten Anscheins dafür, dass der Arbeitgeber aus Anlass der Arbeitsunfähigkeit gekündigt hat, wenn diese Voraussetzungen erfüllt sind.
Diesen Anscheinsbeweis kann der Arbeitgeber dadurch erschüttern, dass er Tatsachen vorträgt und ggf. beweist, aus denen sich ergibt, dass er aus einem anderen Anlass gekündigt hat (*BAG* 20.8.1980 EzA § 6 LohnFG Nr. 14; 2.12.1981 EzA § 6 LohnFG Nr. 20; s. auch *BAG* 5.2.1998 EzA § 8 EFZG Nr. 1).

1562 Diese Grundsätze gelten **ausnahmsweise dann nicht**, wenn der Arbeitgeber aus sachlichen Gründen dem Arbeitnehmer **die umgehende Anzeige** (durch Dienstanweisung, die Bestandteil des Arbeitsvertrages ist) **zur Pflicht gemacht hat** und wenn die Verletzung dieser Pflicht unter Berücksichtigung aller Umstände solches Gewicht hat, dass sie einem **vernünftigen Arbeitgeber Anlass für eine Kündigung geben kann**. Das kann z. B. bei einem Speditionsunternehmen der Fall sein, weil nur bei einer umgehenden Anzeige der Arbeitsunfähigkeit den Vorschriften über die Arbeitszeit der beschäftigten Kraftfahrer Rechnung getragen werden kann (*BAG* 20.8.1980 EzA § 6 LohnFG Nr. 19).

cccc) Beginn der Nachweisfrist

1563 Die Nachweisfrist beginnt **mit dem Fehlen des Arbeitnehmers,** nicht erst mit dessen tatsächlicher Arbeitsunfähigkeit. Das ist dann von Bedeutung, wenn der Arbeitnehmer erst nach Beginn der Fehlzeit arbeitsunfähig erkrankt (*BAG* 20.8.1980 EzA § 6 LohnFG Nr. 18).

dddd) Kündigung zum/nach Ende der Arbeitsunfähigkeit

1564 Kündigt der Arbeitgeber einem erkrankten Arbeiter zum voraussichtlichen Ende der Arbeitsunfähigkeit, ohne abzuwarten, ob sie über das zunächst angenommene Datum hinaus andauert, ist der Arbeiter dann aber weiter krank, so kann es sich ebenfalls um eine Anlasskündigung handeln.
Auch insoweit greift der Anscheinsbeweis zu Lasten des Arbeitgebers ein. Dass der Arbeitgeber die Arbeitsunfähigkeit zunächst hingenommen hatte, schließt eine Anlasskündigung nicht aus (*BAG* 20.8.1980 EzA § 6 LohnFG Nr. 17).

Dieselben Grundsätze gelten dann, wenn der Arbeitgeber nach dem Ende der zunächst bescheinigten Dauer der Arbeitsunfähigkeit kündigt, **ohne abzuwarten, ob der Arbeitnehmer eine Bescheinigung über die Fortdauer der krankheitsbedingten Arbeitsunfähigkeit vorlegt.** Auch insoweit wird also entsprechend § 5 Abs. 1 S. 1 EFZG eine Dreitagefrist (s. aber unten C/Rz. 1614 ff.) zugrunde gelegt. Sie beginnt mit dem Ende der zunächst bescheinigten Dauer der Arbeitsunfähigkeit, d. h. mit dem Beginn des folgenden Kalendertages, und endet mit dem Ablauf der dann folgenden drei Tage (*BAG* 29.8.1980 EzA § 6 LohnFG Nr. 13). 1565

(5) Beendigung des Entgeltfortzahlungsanspruchs
Der Entgeltfortzahlungsanspruch gem. § 8 Abs. 1 S. 1 EFZG endet, sobald die Arbeitsverhinderung als Folge derjenigen Krankheit wegfällt, die Anlass der Kündigung war (*BAG* 2.12.1981 EzA § 6 LohnFG Nr. 20). 1566

ff) Mehrfacherkrankungen

(1) Grundlagen

> Wird der Arbeitnehmer infolge derselben Krankheit erneut arbeitsunfähig, so verliert er den Anspruch nach § 3 Abs. 1 S. 1 EFZG für einen weiteren Zeitraum von höchstens sechs Wochen nicht, wenn er vor der erneuten Arbeitsunfähigkeit mindestens sechs Monate nicht infolge derselben Krankheit arbeitsunfähig war, oder seit Beginn der ersten Arbeitsunfähigkeit infolge derselben Krankheit eine Frist von zwölf Monaten abgelaufen ist (§ 3 Abs. 1 S. 2 EFZG). 1567

Die spätere Arbeitsunfähigkeit ist dann im arbeitsrechtlichen Sinne keine Fortsetzungserkrankung, sondern eine neue Krankheit (*BAG* 29.9.1982 EzA § 1 LohnFG Nr. 63).
Dagegen wird der **Fortsetzungszusammenhang nicht unterbrochen**, wenn während einer Kur nach § 9 EFZG, die wegen des Grundleidens gewährt wurde, eine **weitere Krankheit** als selbstständiger Verhinderungsgrund bestanden hat (*BAG* 22.8.1984 EzA § 1 LohnFG Nr. 73). 1568

(2) Begriffsbestimmung; Fortsetzungserkrankungen

> »Dieselbe Krankheit« ist i. S. v. »dasselbe Grundleiden« zu verstehen, das zu verschiedenen Krankheitserscheinungen im Einzelnen führen kann, die ihrerseits wiederum zeitlich getrennte Zustände der Arbeitsunfähigkeit zur Folge haben können. Davon erfasst werden auch Fortsetzungserkrankungen, die dann gegeben sind, wenn die Krankheit, auf der die frühere Arbeitsunfähigkeit beruhte, in der Zeit zwischen dem Ende der vorausgegangenen und dem Beginn der neuen Arbeitsunfähigkeit medizinisch nicht vollständig ausgeheilt war, sondern das Grundleiden latent weiterbestanden hat, sodass die neue Erkrankung nur eine Fortsetzung der früheren Erkrankung darstellt (*BAG* 4.12.1985 EzA § 63 HGB Nr. 40). 1569

Als Fortsetzungserkrankungen kommen dabei auch sehr unterschiedliche Folgeerscheinungen eines Grundleidens in Betracht, z. B. Prellungen, Verstauchungen

C. Der Inhalt des Arbeitsverhältnisses

oder Knochenbrüche, die in zeitlichen Abständen auf epileptische Anfälle zurückgehen.

1570 Auch der erneute Krankheitsausbruch desselben Grundleidens ist aber dann keine Fortsetzungserkrankung in diesem Sinne mehr, wenn die erste Erkrankung keinen eigenen Entgeltfortzahlungsanspruch begründet hatte.

Beispiel:
1571 Litt der Arbeitnehmer z. B. vom 25.5. bis 30.6. an einer Darmerkrankung, vom 20. bis 30.6. zusätzlich an einer Wirbelsäulenerkrankung, vom 7.9. bis 18.10. erneut an einer Wirbelsäulenerkrankung, dann konnte die erste Wirbelsäulenerkrankung (20. bis 30.6.) keinen neuen, eigenständigen Entgeltfortzahlungsanspruch begründen, sodass die zweite Wirbelsäulenerkrankung keine Fortsetzungserkrankung im Rechtssinn ist (*BAG* 19.6.1991 EzA § 1 LohnFG Nr. 119).

1572 Tritt eine Krankheit, die sich später als Fortsetzungskrankheit herausstellt, zu einer bereits bestehenden, zur Arbeitsunfähigkeit führenden Krankheit hinzu und dauert sie über deren Ende an, so ist sie für die Zeit, in der sie die alleinige Ursache der Arbeitsunfähigkeit war, als Teil der späteren Fortsetzungserkrankung zu werten (*BAG* 2.2.1994 EzA § 1 LohnFG Nr. 125).

Beispiel:
1573 Der Arbeitnehmer war vom 21.1. bis zum 2.3.1990 wegen einer Rippenfraktur arbeitsunfähig erkrankt. Vom 19.2. bis zum 12.3.1990 kam ein ebenfalls zur Arbeitsunfähigkeit führendes Handekzem hinzu, das weitere Arbeitsunfähigkeit verursachte vom 17.4. bis zum 9.5. sowie vom 7. bis 9.11.1990. Der 3.3. war der letzte Tag der am 21.1. begonnenen Sechs-Wochen-Frist. Da das Handekzem von diesem Tage an alleinige Ursache der Arbeitsunfähigkeit war und zwischen der Ersterkrankung (19.2. bis 3.3.) und den weiteren Arbeitsunfähigkeiten wegen des Handekzems als Fortsetzungserkrankungen jeweils weniger als sechs Monate liegen, begann am 3.3. erneut der Lauf der Sechs-Wochen-Frist, die die äußerste zeitliche Grenze auch für Mehrfacherkrankungen bei einem einheitlichen Verhinderungsfall bedeutet. Für die Zeiträume April/Mai, November 1990 sind daher 42 Tage weiterhin zu bezahlen (*BAG* 2.2.1994 EzA § 1 LohnFG Nr. 125).

(3) Getrennte Verhinderungsfälle

1574 Erkrankt der Arbeitnehmer hintereinander an mehreren Krankheiten mit der Folge von Arbeitsverhinderungen, die jeweils medizinisch vollständig ausgeheilt sind, bevor die nächste Erkrankung eintritt, so entsteht mit jeder Erkrankung ein neuer Entgeltfortzahlungsanspruch (*BAG* 18.5.1957 AP Nr. 3 zu § 63 HGB).

1575 Dabei ist unerheblich, ob der Arbeitnehmer zwischendurch tatsächlich die Arbeit wieder aufgenommen hat (*BAG* 12.7.1989 EzA § 616 BGB Nr. 39). Entscheidend ist nur, dass es sich um jeweils getrennte Verhinderungsfälle handelt (*BAG* 14.9.1983 EzA § 1 LohnFG Nr. 68).

C. Der Inhalt des Arbeitsverhältnisses

(4) Einheit des Verhinderungsfalles

Tritt ein weiteres Grundleiden, das bereits für sich allein Arbeitsunfähigkeit zur Folge hätte, zum ersten Grundleiden hinzu, so ändert dies nichts am Schicksal eines einmal entstandenen, auf einem früher eingetretenen Grundleiden beruhenden Entgeltfortzahlungsanspruch. Insoweit gilt gem. § 3 Abs. 1 S. 1 EFZG der Grundsatz der Einheit des Verhinderungsfalles (*BAG* 12.7.1989 EzA § 616 Nr. 39). 1576

Etwas anderes gilt in den Fällen des § 3 Abs. 1 S. 2 EFZG (Mehrfach-, Fortsetzungserkrankungen), wobei es dort auf die einzelnen Krankheiten im Sinne eines Grundleidens ankommt. 1577

Dagegen liegen zwei selbstständige Verhinderungsfälle vor, wenn ein Arbeitnehmer zwischen zwei Krankheiten tatsächlich arbeitet oder wenn er zwischen den Krankheiten zwar arbeitsfähig war, aber nicht arbeiten konnte, weil er nur für wenige, außerhalb der Arbeitszeit liegende Stunden arbeitsfähig war (*BAG* 2.12.1981 EzA § 1 LohnFG Nr. 59). 1578

(5) Dauer der Entgeltfortzahlung bei Fortsetzungserkrankungen; Fristberechnungen

aaa) Sechs-Wochen-Frist

Bei einer Fortsetzungserkrankung wird die Dauer des Entgeltfortzahlungsanspruchs durch die **Addition der einzelnen Krankheitszeiten ermittelt**, bis die Anspruchszeit von sechs Wochen (= 42 Kalendertagen) erreicht ist. Bei einer Fünf-Tage-Arbeitswoche und ununterbrochener Arbeitsunfähigkeit können maximal dreißig entgeltpflichtige Arbeitstage anfallen. 1579

bbb) Zwölf-Monats-Frist

Die Zwölf-Monats-Frist ist vom Eintritt der ersten krankheitsbedingten Arbeitsunfähigkeit an zu berechnen (sog. Methode der Vorausberechnung; *BAG* 16.12.1987 EzA § 1 LohnFG Nr. 89). Eine neue zwölfmonatige Rahmenfrist beginnt immer dann zu laufen, wenn der Arbeitnehmer mindestens sechs Monate arbeitsunfähig gewesen ist. 1580

Damit kann zumeist vermieden werden, dass für die Fristberechnung auf die erste, u. U. viele Jahre zurückliegende Erkrankung des Arbeitnehmers während des laufenden Arbeitsverhältnisses zurückgegriffen werden muss, die u. U. nur schwer nachträglich ermittelt werden kann (**a. A.** *Brecht* Anm. *BAG* AP Nr. 33 zu § 1 LohnFG, wonach die Zwölf-Monats-Frist stets neu bei jedem Eintritt einer Arbeitsunfähigkeit zurückzuberechnen [sog. Methode der Rückberechnung] und festzustellen ist, ob bzw. inwieweit innerhalb der in dieser Weise ermittelten Rahmenfrist der Entgeltfortzahlungsanspruch bereits ausgeschöpft worden ist). 1581

ccc) Beispiel

Hat ein Arbeitnehmer z. B. ein Nierenleiden und ist am 4.2., 3.6. und 11.11. jeweils drei Wochen und im darauf folgenden Jahr vom 2. bis 16.1. sowie ab 6.2. arbeitsunfähig, so läuft die erste Rahmenfrist vom 4.2. bis zum 3.2. des darauf folgenden Jahres, an die sich die zweite anschließt. Der Arbeitnehmer hat folglich im ersten Jahr jeweils 1582

C. Der Inhalt des Arbeitsverhältnisses

3 Wochen für die Zeit ab 4.2. und ab 3.6. Anspruch auf Entgeltfortzahlung, dagegen nicht für die Zeit ab 11.11. und auch nicht vom 2. bis 16.1. des Folgejahres, wohl aber wieder sechs Wochen für die darauf folgende Zeit der Arbeitsunfähigkeit ab 6.2. (des zweiten Jahres seiner Krankheit; MünchArbR/*Boecken* § 84 Rz. 74).

ddd) Sechs-Monats-Zeitraum

1583 Der Sechs-Monats-Zeitraum wird nach der Methode der Rückberechnung ermittelt (*BAG* 29.9.1982 EzA § 1 LohnFG Nr. 63). Es kommt nicht darauf an, ob der Arbeitnehmer tatsächlich gearbeitet hat; eine zwischenzeitliche anderweitige Erkrankung, die als Fortsetzungserkrankung nicht in Betracht kommt, hemmt den Fristablauf nicht (*BAG* 29.9.1982 EzA § 1 LohnFG Nr. 63).

(6) Darlegungs- und Beweislast; Hinweispflicht

1584 Der Arbeitgeber trägt die Darlegungs- und Beweislast für den Leistungsausschluss bei einer Fortsetzungserkrankung nach § 3 Abs. 1 S. 2 EFZG (*BAG* 4.12.1985 EzA § 63 HGB Nr. 40).
Allerdings kann er bei Vorliegen objektiver Anhaltspunkte (insbesondere häufiger Krankschreibungen) sich beim Arbeitnehmer erkundigen, ob Anhaltspunkte für eine Fortsetzungserkrankung bestehen. Der Arbeitnehmer ist dann zur Mitwirkung an der Aufklärung aller für die Rechtslage erheblichen Umstände verpflichtet, etwa indem er den Arzt oder das Krankenhaus von der Schweigepflicht entbindet (jedoch nur hinsichtlich der Frage, ob eine Fortsetzungserkrankung vorliegt, nicht aber hinsichtlich des Befundes).

In für den Arbeitnehmer klar erkennbaren Fällen kann er zudem nach Treu und Glauben verpflichtet sein, den Arbeitgeber von sich aus auf das Vorliegen einer Fortsetzungserkrankung aufmerksam zu machen.

Solange der Arbeitnehmer die Mitwirkung verweigert, kann der Arbeitgeber die Fortzahlung des Arbeitsentgelts verweigern (*BAG* 19.3.1986 EzA § 4 TVG Ausschlussfristen Nr. 68).

1585 Im Übrigen kann sich der Arbeitgeber auf die allgemeinen Grundsätze des **Anscheinsbeweises** berufen (*BAG* 4.12.1985 EzA § 63 HGB Nr. 40). Die herangezogenen Erfahrungssätze müssen jedoch geeignet sein, die volle Überzeugung des Gerichts von der Wahrheit einer behaupteten Tatsache zu begründen. Sie müssen einen typischen Geschehensablauf aufzeigen.
Praktische Bedeutung kann der Anscheinsbeweis auch bei der Feststellung der Kausalität gewinnen. So kann von einem eingetretenen Erfolg auf ein bestimmtes Ereignis als Ursache geschlossen werden.

Beispiel:
1586 Die Anwendung dieses Anscheinsbeweises kommt z. B. für die Annahme in Betracht, dass der Sturz eines Arbeitnehmers auf der Treppe nach der Lebenserfahrung bei einer Multiplen Sklerose, die sich durch schlagartige Lähmung der Beine äußert,

C. Der Inhalt des Arbeitsverhältnisses

auf einen Schub aus dem Grundleiden zurückzuführen ist (*BAG* 4.12.1985 EzA § 63 HGB Nr. 40).

Gem. § 69 Abs. 4 SGB X sind im Übrigen die **Krankenkassen** befugt, dem Arbeitgeber mitzuteilen, ob eine Fortdauer der Arbeitsunfähigkeit oder eine neue Arbeitsunfähigkeit des Arbeitnehmers auf denselben Ursachen beruht. Damit ist es nicht mehr erforderlich, dass der Arbeitnehmer die Krankenkasse insoweit von ihrer Schweigepflicht entbindet (*Schmitt* EFZG, 2. Aufl., § 3 Rz. 186). 1587

(7) Verhältnis zu Sozialversicherungsträgern
Der Sozialversicherungsträger ist gegenüber dem Arbeitgeber des Versicherten nicht verpflichtet, dafür zu sorgen, dass eine auf derselben Krankheit beruhende Kur (Maßnahme der medizinischen Rehabilitation) binnen 6 Monaten nach dem Ende der früheren Erkrankung begonnen wird, um einen erneuten Entgeltfortzahlungsanspruch unter dem Gesichtspunkt der Wiederholungserkrankung zu vermeiden (*BAG* 18.1.1995 EzA § 7 LohnFG Nr. 5). Insbesondere aus § 242 BGB lässt sich eine derartige Verpflichtung nicht herleiten. Rechtliche Beziehungen zwischen dem Sozialversicherungsträger und dem Arbeitgeber entstehen erst nach einem Forderungsübergang nach § 115 SGB X. Zwar tritt der Sozialversicherungsträger in die Rechtsstellung des Arbeitnehmers ein. Daraus lässt sich aber keine Verpflichtung des Sozialversicherungsträgers ableiten, dafür zu sorgen, dass es nicht zu einem erneuten Entgeltfortzahlungsanspruch infolge der späteren Durchführung einer medizinischen Rehabilitationsmaßnahme kommt. Vielmehr hat der Sozialversicherungsträger vor allen Dingen nach medizinischen Gesichtspunkten mit dem Ziel eines möglichst großen Heilerfolges vorzugehen. 1588

Inwieweit jedoch im Einzelfall eine bewusste, vom Arbeitnehmer oder vom Sozialversicherungsträger zu verantwortende, also mutwillige Verzögerung des Kurantritts gem. § 826 BGB dazu führen kann, dass die Geltendmachung des Entgeltfortzahlungsanspruchs seitens des Sozialversicherungsträgers nach Übergang des Anspruchs gem. § 115 SGB X rechtsmissbräuchlich ist, hat das *BAG* (18.1.1995 EzA § 7 LohnFG Nr. 5) offen gelassen. 1589

gg) Anzeige- und Nachweispflichten

(1) Anzeigepflicht

aaa) Grundlagen

> Gem. § 5 Abs. 1 S. 1 EFZG ist der Arbeitnehmer verpflichtet, dem Arbeitgeber eine Arbeitsunfähigkeit und deren voraussichtliche Dauer unverzüglich (d. h. ohne schuldhaftes Zögern, § 121 BGB) anzuzeigen. Dies gilt unabhängig davon, ob im konkreten Fall ein Entgeltfortzahlungsanspruch gegeben ist oder nicht. 1590

Die Pflicht **entfällt**, wenn der Arbeitgeber **bereits Kenntnis** von der Arbeitsunfähigkeit hat bzw. der Arbeitnehmer sicher davon ausgehen kann, dass dem Arbeitgeber die Arbeitsunfähigkeit und das Ausmaß der Erkrankung bekannt ist (z. B. nach einem Arbeitsunfall; vgl. *Worzalla* NZA 1996, 61). 1591
Sinn der Anzeigepflicht ist es, dem Arbeitgeber die Möglichkeit einzuräumen, entsprechend zu disponieren, insbesondere für Ersatzkräfte Sorge zu tragen.

C. Der Inhalt des Arbeitsverhältnisses

1592 § 5 Abs. 1 S. 1–3 EFZG gilt analog für die Anzeige und den Nachweis einer **weiterhin andauernden Arbeitsunfähigkeit** über den zunächst mitgeteilten Zeitpunkt hinaus, denn es besteht insoweit eine planwidrige Regelungslücke sowie eine mit der erstmaligen Anzeige und dem Nachweis der Arbeitsunfähigkeit vergleichbare Sach- und Interessenlage (*LAG Rheinland-Pfalz* 22.1.1996 – 9 (11) Sa 1134/95 –, n. v.; für eine unmittelbare Anwendung dieser Vorschrift dagegen *LAG Sachsen-Anhalt* 24.4.1996 NZA 1997, 772).

bbb) Adressat, Form

1593 Der Arbeitnehmer hat den Arbeitgeber bzw. **die beim Arbeitgeber zuständige Stelle** (z. B. die Personalabteilung) über die Arbeitsunfähigkeit zu informieren. Nicht ausreichend ist i. d. R. die Mitteilung an Arbeitskollegen, an die Telefonzentrale oder den Pförtner, es sei denn, in dem Betrieb ist es üblich, die Mitteilung in dieser Form zu machen.

1594 **Eine bestimmte Form der Anzeige ist nicht vorgesehen**, sie kann also mündlich oder schriftlich erfolgen. I. d. R. wird jedoch wegen des Erfordernisses der »Unverzüglichkeit« eine mündliche Mitteilung notwendig sein. Der Arbeitnehmer muss die Mitteilung **nicht persönlich** machen. Er kann im Hinblick auf die Unverzüglichkeit sogar gehalten sein, ggf. Verwandte oder Freunde zu beauftragen, mit dem Arbeitgeber Kontakt aufzunehmen (*Worzalla* NZA 1996, 61).

ccc) Unverzügliche Mitteilung

1595 Der Arbeitnehmer hat im Normalfall dafür Sorge zu tragen, dass der Arbeitgeber bereits am ersten Tag der Arbeitsunfähigkeit während der üblichen Betriebsstunden informiert wird; i. d. R. hat die Mitteilung vor Arbeitsbeginn zu erfolgen (*BAG* 31.8.1989 EzA § 1 KSchG Verhaltensbedingte Kündigung Nr. 27).

1596 Ist der Arbeitnehmer dazu in eigener Person nicht in der Lage, so muss er sich im Rahmen des Zumutbaren bemühen, dass ein Dritter den Arbeitgeber informiert. **Eine schriftliche Anzeige, die erst am nächsten Tag mit der Post beim Arbeitgeber eingeht, wird i. d. R. nicht als unverzügliche Benachrichtigung anzusehen sein** (*Worzalla* NZA 1996, 62).

1597 Erkrankt der Arbeitnehmer **vor Arbeitsantritt** oder in einer Zeit, in der das Arbeitsverhältnis ruht (z. B. Elternzeit, Zivildienst), so hat er die Arbeitsunfähigkeit bereits vor dem Tag, an dem er vertragsgemäß die Arbeit wieder aufzunehmen hat, anzuzeigen, es sei denn, die Arbeitsunfähigkeit stellt sich erst am Tage des Dienstantritts als sicher heraus.

1598 Die Anzeige muss erfolgen, sobald sich **abzeichnet, dass die Arbeitsunfähigkeit auch noch am Tag der vorgesehenen Arbeitsaufnahme andauern wird**. Denn Sinn und Zweck der Anzeigepflicht ist es, dem Arbeitgeber so früh wie möglich Gelegenheit zu geben, sich auf die Abwesenheit des Arbeitnehmers einzustellen (s. o. C/Rz. 1590). Das bedeutet auch, dass der Arbeitnehmer z. B. im Falle des Ruhens des Arbeitsverhältnisses gehalten ist, rechtzeitig einen Arzt zu konsultieren, wenn nicht ausgeschlossen ist, dass die Arbeitsunfähigkeit zum Zeitpunkt der vorgesehenen Arbeitsaufnahme fortbesteht. Lässt er die Sache treiben, so stellt dies eine Verletzung der Anzeigepflicht dar, die als arbeitsvertragliche Nebenpflicht auch vor Antritt der Arbeit und während der Ruhephasen Bestand hat (*Worzalla* NZA 1996, 62).

C. Der Inhalt des Arbeitsverhältnisses

ddd) Inhalt der Mitteilung

Inhaltlich muss der Arbeitnehmer die Tatsache mitteilen, dass er arbeitsunfähig erkrankt ist. Zudem muss er eine Prognose über die voraussichtliche Dauer der Arbeitsunfähigkeit stellen, sofern diese noch nicht ärztlich festgestellt ist. Die Art der Erkrankung muss der Arbeitnehmer nicht mitteilen, es sei denn, deren Kenntnis ist für den Arbeitgeber aus betrieblichen Gründen von Bedeutung (z. B. bei ansteckenden Krankheiten, zur Geltendmachung von Schadensersatzansprüchen gegen Dritte oder im Falle einer Fortsetzungserkrankung; vgl. *Worzalla* NZA 1996, 62 m. w. N.). Keinesfalls darf die dem Arbeitgeber vorzulegende Bescheinigung Angaben über die Diagnose enthalten (*BAG* 19.3.1986 EzA § 4 TVG Ausschlussfristen Nr. 68). 1599

Andererseits hat der Arbeitnehmer aber eine **Selbstdiagnose hinsichtlich der voraussichtlichen Dauer der Arbeitsunfähigkeit anzustellen**, um es dem Arbeitgeber bis zum Eintreffen der ärztlichen Bescheinigung zu ermöglichen, sich auf die Dauer der Abwesenheit schon in etwa einzustellen (*BAG* 31.8.1989 EzA § 1 KSchG Verhaltensbedingte Kündigung Nr. 27). 1600
Stellt sich nach der Konsultierung des Arztes heraus, dass die Prognose in erheblicher Weise unrichtig war, so ist der Arbeitgeber umgehend darüber zu informieren (*Worzalla* NZA 1996, 62).
Im Falle eines Auslandsaufenthalts muss der Arbeitnehmer zusätzlich eine entsprechende Anzeige gegenüber seiner gesetzlichen Krankenkasse vornehmen (vgl. § 5 Abs. 2 EFZG). 1601
Dauert die Arbeitsunfähigkeit länger als angezeigt, muss der Arbeitnehmer seiner Krankenkasse auch die voraussichtliche Zeit der Fortdauer anzeigen.

(2) Vorlage einer Arbeitsunfähigkeitsbescheinigung (Nachweispflicht)

aaa) Grundlagen

Darüber hinaus muss der Arbeitnehmer eine ärztliche Bescheinigung über das Bestehen der Arbeitsunfähigkeit an dem darauf folgenden Arbeitstag dem Arbeitgeber vorlegen, wenn die Arbeitsunfähigkeit länger als 3 Kalendertage dauert. 1602

Fraglich ist, ob nach § 5 Abs. 1 S. 2 EFZG eine länger als drei Tage dauernde Arbeitsunfähigkeit Voraussetzung dafür ist, dass überhaupt eine Arbeitsunfähigkeitsbescheinigung vorgelegt werden muss, sodass von vornherein **bei kürzeren Erkrankungen keine Vorlagepflicht mehr besteht**.
Dafür spricht nach einer in der Literatur vertretenen Auffassung (*Diller* NJW 1994, 1692; *Heilmann* NZA 1994, 980; *Lepke* NZA 1995, 1086; *Worzalla* NZA 1996, 63) sowohl der Wortlaut der Norm als auch die Gesetzesbegründung.
Demgegenüber wird auch die Auffassung vertreten (*Berenz* DB 1995, 2170; *Marburger* BB 1994, 1421), dass in § 5 Abs. 1 S. 2 EFZG in Anlehnung an § 3 Abs. 1 S. 1 LohnFG die Pflicht zur Vorlage vorausgesetzt und nur der Zeitpunkt festgelegt wird, zu dem dies spätestens zu erfolgen hat. Dafür spricht, dass der Arbeitgeber gem. § 5 Abs. 1 S. 3 EFZG berechtigt ist, die Vorlage der ärztlichen Bescheinigung früher zu verlangen. Unklar ist das Verhältnis der gesetzlichen Regelung zu für den Arbeitnehmer an sich günstigeren einzel- oder tarifvertraglichen Regelungen aus der 1603

Zeit vor dem In-Kraft-Treten des EFZG, insbesondere bei Angestellten in den alten Bundesländern, die nach dem Wortlaut der früheren gesetzlichen Regelungen nicht zur Vorlage einer Arbeitsunfähigkeitsbescheinigung verpflichtet waren (vgl. ausf. *Schmitt* RdA 1996, 12 f.). Geht man allerdings davon aus, dass §§ 3 Abs. 1, 5 Nr. 1 LFZG auch auf Angestellte analog anzuwenden waren, ist § 5 Abs. 1 S. 3 EFZG anzuwenden (*Schmitt* a. a. O.; vgl. auch *Diller* NJW 1994, 1693; *Hanau/Kramer* DB 1995, 96).

bbb) Inhalt, Form, Zustandekommen

1604 Die Bescheinigung bedarf der Schriftform und muss von einem approbierten Arzt ausgestellt sein.

1605 Bei Arbeitnehmern, die in der gesetzlichen Krankenversicherung versichert sind, erfolgen die erforderlichen Angaben aufgrund eines Vordrucks, der zwischen den Spitzenverbänden der gesetzlichen Krankenkassen und der kassenärztlichen Bundesvereinigung in der sog. Vordruckvereinbarung vereinbart worden ist.

1606 Die Kassenärzte sind aufgrund des Krankenversicherungsverhältnisses nach § 73 Abs. 2 S. 9 SGB V gegenüber den versicherten Arbeitnehmern zur Ausstellung der Arbeitsunfähigkeitsbescheinigung verpflichtet, soweit diese sie für den Anspruch auf Fortzahlung des Arbeitsentgelts benötigen.

1607 Der Vordruck sieht neben Angaben zur Person des Arbeitnehmers die Angabe vor, bis zu welchem Datum einschließlich die Arbeitsunfähigkeit voraussichtlich dauern wird sowie das Datum der Feststellung der Arbeitsunfähigkeit.

1608 Die Datumsangabe hinsichtlich des voraussichtlichen Ende der Arbeitsunfähigkeit rechtfertigt die Annahme, dass sie sich auf das Ende der betriebsüblichen Arbeitszeit an dem in der Bescheinigung erwähnten letzten Kalendertag bezieht (*BAG* 2.12.1981 EzA § 1 LohnFG Nr. 59).

1609 Der Gebrauch des Vordrucks ist nicht zwingend; der Arbeitnehmer erfüllt seine Verpflichtung aus § 5 Abs. 1 EFZG auch bei Vorlage einer formlosen Bescheinigung, wenn sie nur die erforderlichen Angaben enthält.
Bei privat versicherten Arbeitnehmern wird die Bescheinigung i. d. R. auf einem Privatrezept ausgestellt.

1610 Ob der Arzt die Bescheinigung nach einer persönlichen Untersuchung des Arbeitnehmers oder ohne eine solche ausgestellt hat, z. B. nur aufgrund eines Anrufs der Ehefrau, ist für die Erfüllung der Pflicht nach § 5 Abs. 1 S. 1 EFZG unerheblich, kann aber den Beweiswert der Bescheinigung beeinträchtigen (vgl. *BAG* 11.8.1976 EzA § 3 LohnFG Nr. 3).

1611 Dauert die Arbeitsunfähigkeit länger als in der Bescheinigung angegeben, ist der Arbeitnehmer verpflichtet, eine **neue ärztliche Bescheinigung** vorzulegen (§ 5 Abs. 1 S. 4 EFZG). Insoweit gilt die für die Erstbescheinigung vorgesehene Drei-Tage-Frist analog (*BAG* 29.8.1980 EzA § 6 LohnFG Nr. 13).

1612 **Bei Erkrankungen in Ländern, mit denen zwischenstaatliche Sozialversicherungsabkommen bestehen sowie in EG-Ländern gilt über § 5 Abs. 2 EFZG hinaus ein vereinfachtes Nachweisverfahren.**

Der Arbeitnehmer ist verpflichtet, dem ausländischen Sozialversicherungsträger entsprechend dessen Recht die Arbeitsunfähigkeit zu melden, der seinerseits den deutschen Krankenversicherungsträger unterrichtet. Gegenüber dem Arbeitgeber und der gesetzlichen Krankenkasse bestehen grds. die gleichen Nachweispflichten wie im Inland. Im Rahmen des vereinfachten Verfahrens genügt der erkrankte Arbeitnehmer aber seiner Pflicht, wenn er unverzüglich dem für den Aufenthaltsort zuständigen ausländischen Versicherungsträger eine Bescheinigung des behandelnden Arztes über die Arbeitsunfähigkeit vorlegt. Der ausländische Versicherungsträger lässt den Versicherten durch einen Vertrauensarzt untersuchen und unterrichtet dann die deutsche Krankenkasse vom Beginn und der voraussichtlichen Dauer der Arbeitsunfähigkeit des Arbeitnehmers. Die deutsche Krankenkasse setzt ihrerseits den Arbeitgeber von der Arbeitsunfähigkeit des Arbeitnehmers in Kenntnis. Kehrt der Arbeitnehmer in die BRD zurück, ist er verpflichtet, dem Arbeitgeber und der Krankenkasse seine Rückkehr unverzüglich anzuzeigen (*Berenz* DB 1995, 1462 f.; *Rehwald* AiB 1998, 301 ff.). 1613

ccc) **Vorlage innerhalb der Frist des § 5 Abs. 1 S. 2 EFZG**

Die ärztliche Bescheinigung ist dem Arbeitgeber innerhalb der Frist des § 5 Abs. 1 S. 2 EFZG vorzulegen, d. h. sie muss i. S. d. § 130 BGB zugehen. 1614

Sie muss so in seine Sphäre gelangen, dass er unter Beachtung des üblichen Betriebsablaufs von ihr Kenntnis erlangen kann. Werden Dritte eingeschaltet, so fallen Verzögerungen bei der Vorlage, die diese zu vertreten haben, nach § 278 BGB auf den Arbeitnehmer zurück. Das wird jedoch dann nicht zu arbeitsrechtlichen Konsequenzen wegen Überschreitung der Frist führen, wenn der Arbeitnehmer von dem Dritten (z. B. der Post) rechtzeitige Zustellung erwarten konnte und nicht selbst in der Lage war, die Bescheinigung vorzulegen (*Worzalla* NZA 1996, 64).

Die Berechnung der Frist bestimmt sich zwar nach §§ 187, 188 BGB. Dennoch ist die Berechnung der Frist zur Vorlage der Arbeitsunfähigkeitsbescheinigung fraglich. Teilweise (*Diller* NJW 1994, 1692) wird die Auffassung vertreten, dass nach dem Gesetzeswortlaut die Arbeitsunfähigkeitsbescheinigung erst am fünften Kalendertag vorzulegen ist, sofern dies der erste Arbeitstag ist. Denn die Arbeitsunfähigkeit dauert erst am vierten Tag länger als drei Kalendertage. Demnach kann der erste Arbeitstag nur der fünfte Arbeitstag sein. 1615

Demgegenüber wird auch die Auffassung vertreten (*Schaub* BB 1994, 1629; *Hanau/Kramer* DB 1995, 95; *Worzalla*, NZA 1996, 64), dass mit dem darauf folgenden »Arbeitstag« i. S. d. § 5 Abs. 1 S. 2 EFZG der Tag nach dem dritten Kalendertag gemeint ist. Auch eine solche Auslegung ist nach dem Wortlaut möglich. Dafür spricht ferner die Gesetzesbegründung sowie der Zweck der Neuregelung, die Kontrolle der Arbeitsunfähigkeit zu verschärfen. Unter Arbeitstag ist danach jeder Tag der Woche zu verstehen, an dem im Betrieb tatsächlich gearbeitet wird. 1616

ddd) **Vorlage auf Verlangen des Arbeitgebers**

Gem. § 5 Abs. 1 S. 3 EFZG ist der Arbeitgeber berechtigt, die Vorlage der ärztlichen Bescheinigung früher zu verlangen. Das gilt unabhängig davon, wie lange die Erkrankung dauert, also auch bei Erkrankungen von weniger als vier Tagen. 1617

C. Der Inhalt des Arbeitsverhältnisses

> Nach Auffassung von *Worzalla* (NZA 1996, 65) bildet § 5 Abs. 1 S. 3 EFZG eine eigenständige Rechtsgrundlage für den Arbeitgeber.
> Das Verlangen des Arbeitgebers gegenüber dem Arbeitnehmer muss ausdrücklich erfolgen; es bedarf keiner Form und keiner Begründung (*Schaub* BB 1994, 1629).

1618 Da die gesetzliche Regelung keinerlei Voraussetzungen für ein derartiges Begehren des Arbeitgebers normiert, ist **fraglich, ob er dies stets verlangen kann**, oder ob es dafür des Vorliegens ggf. gerichtlich nachprüfbarer besonderer Gründe bedarf.

1619 In der Literatur (*Diller* NJW 1994, 1690; *Hanau/Kramer* DB 1995, 95; *Lepke* NZA 1995, 1086; *Worzalla* NZA 1996, 65) wird die Auffassung vertreten, dass das Verlangen – wie jede andere Maßnahme zur Missbrauchsverhinderung – jederzeit möglich ist, ohne dass ein konkreter Missbrauchsverdacht bestehen muss. Auch eines sachlichen Grundes für die Aufforderung zur vorzeitigen Vorlage bedarf es nicht. Sie ist danach z. B. auch dann möglich, wenn sie zur Bekämpfung eines vermeintlich hohen Krankenstandes ausgesprochen wird. Andererseits darf die Aufforderung aber nicht willkürlich sein. Sie ist an den Grundsätzen des § 315 BGB zu messen (*Schaub* BB 1994, 1629 ff.) und darf nicht gegen den Gleichbehandlungsgrundsatz verstoßen.

1620 Das Verlangen ist möglich vom Zeitpunkt der Anzeige der Arbeitsunfähigkeit an bis zum Ablauf der Frist gem. § 5 Abs. 1 S. 2 EFZG. Nach Auffassung von *Worzalla* (NZA 1996, 65) kann der Arbeitgeber z. B. die unverzügliche Vorlage verlangen. Dann hat der Arbeitnehmer die Arbeitsunfähigkeitsbescheinigung ohne schuldhaftes Zögern (§ 121 BGB) beizubringen. Welcher Zeitpunkt das ist, ergibt sich aus den Umständen des Einzelfalles. Demgegenüber wird auch die Auffassung vertreten, dass der Arbeitnehmer die Bescheinigung in jedem Falle erst am zweiten Tag vorlegen muss (*Hanau/Kramer* DB 1995, 94; *Lepke* NZA 1995, 1086).

1621 > Zulässig ist es jedenfalls, im Arbeitsvertrag zu vereinbaren, dass eine ärztliche Arbeitsunfähigkeitsbescheinigung bereits für den ersten Tag krankheitsbedingter Arbeitsunfähigkeit beigebracht werden muss (*BAG* 1.10.1997 EzA § 5 EFZG Nr. 5). Andererseits kann der Arbeitgeber aber nach Ablauf der nachweisfreien Zeit nicht nachträglich von seinem Recht auf vorzeitige Vorlage Gebrauch machen, wenn der Arbeitnehmer rechtzeitig telefonisch sein Fehlen angezeigt hat und vom Arbeitgeber nicht an diesem ersten Tag auf einen besonderen Nachweis verwiesen wurde (*LAG Nürnberg* 18.6.1997 NZA-RR 1998, 51).

1622 Fraglich ist schließlich, ob und inwieweit bei entsprechenden generellen Anordnungen des Arbeitgebers ein **Mitbestimmungsrecht des Betriebsrats gem. § 87 Abs. 1 BetrVG** besteht; das *BAG* (25.1.2000 EzA § 87 BetrVG Betriebliche Ordnung Nr. 26; s. u. I/Rz. 1335) hat dies inzwischen bejaht (**a. A.** *Worzalla* NZA 1996, 65 f.).

1623 Offen ist letztlich, ob zu Lasten des Arbeitgebers von § 5 Abs. 1 S. 3 EFZG abweichende Regelungen in Tarifverträgen, die nach dem 1.6.1994 abgeschlossen worden sind, zulässig sind. Dagegen spricht, dass das zwingende Gesetzesrecht (§ 5 Abs. 1 S. 3 EFZG) tarifvertraglichen Regelungen vorgeht (*Worzalla* NZA 1996, 66; **a. A.** *Schaub* BB 1994, 1630). Für das Fortgelten bestehender Regelungen in Tarifvertrag, Betriebsvereinbarung oder Arbeitsvertrag ist gem. § 67 Abs. 2 PflegeVG § 12 EFZG maßgeblich. Anwendbar bleiben somit bestehende Regelungen, die für den Arbeitnehmer günstiger sind als § 5 Abs. 1, 2 EFZG (*Worzalla* NZA 1996, 66).

eee) Entbehrlichkeit der Vorlage

War der Kläger infolge Krankheit arbeitsunfähig, hat er auch dann Anspruch auf Entgeltfortzahlung, wenn er kein ärztliches Attest vorlegt, die krankheitsbedingte Arbeitsunfähigkeit aber unstreitig ist (*BAG* 12.6.1996 EzA § 2 BeschFG 1985 Nr. 49) 1624

(3) Leistungsverweigerungsrechte

> Gem. § 7 Abs. 1 EFZG ist der Arbeitgeber berechtigt, die Fortzahlung des Arbeitsentgelts zu verweigern, solange der Arbeitnehmer die Arbeitsunfähigkeitsbescheinigung schuldhaft nicht vorlegt oder bei Krankheit im Ausland nicht den Verpflichtungen aus § 5 Abs. 2 EFZG nachkommt. 1625

Sieht eine Tarifnorm vor, dass der Arbeitnehmer dann, wenn die Arbeitsunfähigkeit länger als drei Kalendertage dauert, spätestens für den vierten Tag die Arbeitsunfähigkeit und deren voraussichtliche Dauer nachzuweisen und die ärztliche Bescheinigung vorzulegen hat, und kommt der Arbeitnehmer der Vorlagepflicht nicht nach, so kann der Arbeitgeber die Zahlung von Krankenbezügen nicht nur für diesen Tag verweigern, sondern auch für die vorhergehenden Tage. Das Leistungsverweigerungsrecht besteht allerdings als rechtshemmende Einrede im Regelfalle **nur so lange, bis der Arbeitnehmer seiner Vorlagepflicht nachkommt** oder auf andere Weise den Beweis für seine Arbeitsunfähigkeit erbringt (*BAG* 23.1.1985 EzA § 1 LohnFG Nr. 76, 1.10.1997 EzA § 5 EFZG Nr. 5; s. u. C/Rz. 1634 ff.). 1626
Gleiches gilt gem. § 9 EFZG für Bescheinigungen bei Maßnahmen der medizinischen Vorsorge und Rehabilitation.
Nur in Ausnahmefällen kann die Verletzung der Nachweispflicht zu einer endgültigen Leistungsverweigerung führen, z. B. dann, wenn der Nachweis wegen Zeitablaufs nicht mehr erbracht werden kann (*Worzalla* NZA 1996, 67). 1627
Auch die **Verletzung der Mitteilungspflichten** des § 5 Abs. 2 Satz 1 EFZG kann je nach den Umständen des Einzelfalls dazu führen, dass der Beweis für das Vorliegen der krankheitsbedingten Arbeitsunfähigkeit als nicht erbracht anzusehen und folglich eine endgültige Zahlungsverweigerung gerechtfertigt ist.

Teilt der Arbeitnehmer dem Arbeitgeber aber seine im Ausland eingetretene Arbeitsunfähigkeit telefonisch mit und fragt der Arbeitgeber nicht nach der Urlaubsanschrift, so kann er die Entgeltfortzahlung nicht mit der Begründung verweigern, ihm sei dadurch die Möglichkeit genommen werden, die Arbeitsunfähigkeit überprüfen zu lassen (*BAG* 19.2.1997 EzA § 3 EFZG Nr. 2; zust. *Oetker* SAE 1998, 84 ff.). 1628
Unterrichtet ein im Ausland erkrankter Arbeitnehmer dagegen weder seine gesetzliche Krankenkasse noch den ausländischen Sozialversicherungsträger von einer eingetretenen Arbeitsunfähigkeit, steht dem Arbeitgeber nach Auffassung des *LAG Niedersachsen* (14.5.1996 LAGE § 7 EFZG Nr. 1) ein dauerhaftes Leistungsverweigerungsrecht selbst dann zu, wenn die Krankenkasse durch einen Dritten, z. B. den Arbeitgeber, Kenntnis von der Erkrankung erhält.

Darüber hinaus ist der Arbeitgeber auch gem. § 100 Abs. 2 S. 2 1. Hs. SGB IV – sofern diese Regelung auf das Arbeitsverhältnis Anwendung findet – berechtigt, die Entgeltfortzahlung im Krankheitsfall zu verweigern, solange der Arbeitneh- 1629

C. Der Inhalt des Arbeitsverhältnisses

mer den Sozialversicherungsausweis (§§ 95 ff. SGB IV; s. o. B/Rz. 467) trotz Verlangens nicht hinterlegt. Hieraus ergibt sich allerdings kein endgültiges, sondern nur ein zeitweiliges Leistungsverweigerungsrecht. Legt der Arbeitnehmer folglich nach dem Ende der Arbeitsunfähigkeit den Sozialversicherungsausweis vor, so muss der Arbeitgeber Entgeltfortzahlung leisten (*BAG* 14.6.1995 EzA § 100 SGB IV Nr. 1; abl. *Böhm* NZA 1995, 1092); dies gilt unabhängig davon, ob die Vorlage noch während der Arbeitsunfähigkeit oder aber danach sowie selbst dann, wenn sie nach der Beendigung des Arbeitsverhältnisses erfolgt (*BAG* 21.8.1997 EzA § 100 SGB IV Nr. 2).

1630 Verweigert der Arbeitgeber einem arbeitsunfähig erkrankten Arbeitnehmer die Fortzahlung des Arbeitsentgelts mit der Begründung, dass der Arbeitnehmer bisher nicht den Sozialversicherungsausweis hinterlegt habe, so genügt es nicht, wenn der Arbeitgeber vorträgt, er habe den Arbeitnehmer hierzu aufgefordert. Bestreitet der Arbeitnehmer, eine derartige Aufforderung erhalten zu haben, so trägt der Arbeitgeber die Darlegungs- und Beweislast für die behauptete Aufforderung und für den Zugang dieser Erklärung (*LAG Rheinland-Pfalz* 12.12.1995 NZA 1996, 986 Ls.).

1631 Gem. § 7 Abs. 1 Nr. 2 EFZG hat der Arbeitgeber ein Leistungsverweigerungsrecht, wenn der Arbeitnehmer **den Übergang des Schadensersatzanspruchs** gegen einen Dritten, der schuldhaft die Arbeitsunfähigkeit verursacht hat, auf den Arbeitgeber (§ 6 EFZG) **verhindert**. Das gilt dann nicht (§ 7 Abs. 2 EFZG), wenn der Arbeitnehmer die Verletzung dieser ihm obliegenden Verpflichtungen nicht zu vertreten hat.

1632 Wird ein Arbeitnehmer durch Verschulden eines Dritten arbeitsunfähig krank und schließt er mit dessen Haftpflichtversicherung einen Abfindungsvergleich, der sämtliche aus dem Schadensfall herrührenden Ansprüche betrifft, so muss er sich dieses Rechtsgeschäft gegenüber seinem Arbeitgeber jedenfalls dann zurechnen lassen (»vertreten« i. S. v. § 7 Abs. 2 EFZG) wenn er bei Abschluss des Vergleichs damit rechnen muss, dass sich noch Folgen aus dem Schadensfall in Gestalt weiterer Erkrankungen einstellen werden, die einen Entgeltfortzahlungsanspruch gegen den Arbeitgeber entstehen lassen (*BAG* 7.12.1988 EzA § 5 LohnFG Nr. 3).

(4) Rechtsfolgen der Verletzung der Anzeige- und Nachweispflicht

1633 Hat der Arbeitgeber nicht rechtzeitig für eine Vertretung sorgen können, weil der Arbeitnehmer schuldhaft die Arbeitsunfähigkeit nicht oder nicht rechtzeitig mitgeteilt hat und ist dadurch ein Schaden entstanden, so kann ihm ein **Schadensersatzanspruch** zustehen (*Worzalla* NZA 1996, 62). Auf die Verletzung der Anzeige- und oder Nachweispflicht kann eine **Abmahnung** gestützt werden.
Die Verletzung der Nachweispflicht kann unter besonderen Umständen ein wichtiger Grund zur **außerordentlichen Kündigung** sein (s. u. D/Rz. 710 f.).
Auch die schuldhafte vergeblich abgemahnte Verletzung zur unverzüglichen Anzeige der Arbeitsunfähigkeit kann an sich eine **ordentliche Kündigung** sozial rechtfertigen, und zwar auch dann, wenn es dadurch nicht zu Störungen der Arbeitsorganisation oder des Betriebsfriedens gekommen ist (s. u. D/Rz. 1293 f.).

C. Der Inhalt des Arbeitsverhältnisses

hh) **Darlegungs- und Beweislast hinsichtlich der Arbeitsunfähigkeit; Zweifel am Inhalt der Arbeitsunfähigkeitsbescheinigung**
Der **Arbeitnehmer** hat seine Arbeitsunfähigkeit als anspruchsbegründende Tatsache darzulegen und zu beweisen. 1634

Diesen Beweis führt der Arbeitnehmer i. d. R. durch Vorlage einer ärztlichen Arbeitsunfähigkeitsbescheinigung. Er kann diesen Beweis aber auch mit jedem anderen zulässigen Beweismittel führen (*BAG* 1.10.1997 EzA § 5 EFZG Nr. 5). 1635

(1) Zweifel an der Richtigkeit der Arbeitsunfähigkeitsbescheinigung
Es ist nach **objektiven medizinischen Kriterien** zu beurteilen, ob ein Arbeitnehmer durch Arbeitsunfähigkeit infolge Krankheit an der Arbeitsleistung verhindert ist. Das gilt auch bei psychischen Erkrankungen (*LAG Sachsen-Anhalt* 8.9.1998 NZA-RR 1999, 460). Bei der Beurteilung der Frage, ob und ggf. wie lange Arbeitsunfähigkeit vorliegt, hat der Arzt feststehende künftige Entwicklungen zu berücksichtigen, wenn sie sich konkret und greifbar abzeichnen. Ein Wahrscheinlichkeitsurteil mit ausreichendem Beweiswert für eine Arbeitsunfähigkeit liegt dann nicht mehr vor, wenn **für die prognostizierte Arbeitsunfähigkeit keine Gründe** angegeben werden können. Wird deshalb z. B. eine Arbeitsunfähigkeitsbescheinigung für einen **längeren Zeitraum** als in der Praxis üblich ausgestellt, weil dies den eigenen Urlaubsplänen des Arztes entgegenkommt, so ist eine solche Arbeitsunfähigkeitsbescheinigung als **Gefälligkeitsattest** ohne jeden Beweiswert für die vom Arbeitnehmer behauptete Arbeitsunfähigkeit anzusehen (*ArbG Nürnberg* 28.7.1998 NZA-RR 1999, 79). Begründete Zweifel an der Richtigkeit der Arbeitsunfähigkeitsbescheinigung können sich auch aus **gewissen Verhaltensweisen des Arbeitnehmers kurz vor der Krankmeldung** ergeben, etwa der Ankündigung nach einem Streit mit dem Arbeitgeber, er, der Arbeitnehmer, werde »krankfeiern« (*BAG* 4.10.1978 EzA § 616 BGB Nr. 13), desgleichen aus Verhaltensweisen **während der bescheinigten Arbeitsunfähigkeit**, etwa Mithilfe beim Bau eines Eigenheimes oder Mitarbeit im Betrieb der Ehefrau. 1636

Allein der Umstand, dass eine Sekretariatsmitarbeiterin die Vertretung in einem anderen Sekretariat ablehnt, und nachfolgend zwei weitere Mitarbeiterinnen, die diese Aufgaben übernehmen sollen, sich nacheinander krankmelden, lässt allerdings noch nicht auf ein kollusives Verhalten und die Annahme schließen, die Mitarbeiterinnen seien nicht arbeitsunfähig krank. Solange nichts dafür vorgetragen werden kann, dass dies auf einer Absprache unter den Mitarbeiterinnen beruht, lassen sich keine zwingenden Rückschlüsse ziehen, die den Beweiswert der Arbeitsunfähigkeitsbescheinigung erschüttern (*LAG Düsseldorf* 17.6.1997 BB 1997, 1902). 1637

Auch aus der **Arbeitsunfähigkeitsbescheinigung selbst** bzw. aus den Umständen ihrer Ausstellung können sich objektive Zweifel ergeben, z. B. aus einer Rückdatierung der Bescheinigung. Nach der sog. Vordruckvereinbarung soll die Arbeitsunfähigkeit grds. nicht für eine vor der ersten Inanspruchnahme des Arztes liegende Zeit bescheinigt werden und eine Rückdatierung zudem nur ausnahmsweise und nach gewissenhafter Prüfung sowie i. d. R. nur bis zu zwei Tagen erfolgen. Zweifel an der Arbeitsunfähigkeitsbescheinigung können auch berechtigt sein, wenn sie nicht auf einer vorangegangenen persönlichen Untersuchung, sondern z. B. lediglich auf einer 1638

C. Der Inhalt des Arbeitsverhältnisses

telefonischen Auskunft der Ehefrau beruht (*BAG* 11.8.1976 EzA § 3 LohnFG Nr. 3). Auch mehrere inhaltlich sich widersprechende Atteste können Anlass zu Zweifeln geben.

(2) Praktische Möglichkeiten des Arbeitgebers

1639 Ein Recht des Arbeitgebers, bei Zweifeln eine Untersuchung durch den Betriebsarzt oder durch einen weiteren Arzt zu verlangen, besteht nicht. Fraglich ist, ob er eine zweite Untersuchung durch einen weiteren Arzt dann verlangen kann, wenn dies tarifvertraglich vorgesehen ist (offen gelassen in *BAG* 4.10.1978 EzA § 616 BGB Nr. 13; dafür MünchArbR/*Boecken* § 85 Rz. 16). Jedenfalls hat der Arbeitgeber kein Recht, ohne vorherige Zustimmung und insbesondere ohne Entbindung von der Schweigepflicht durch den Arbeitnehmer vom behandelnden Arzt Auskünfte einzuholen (vgl. § 203 Abs. 1 StGB).

1640 Allerdings kann der Arbeitgeber den medizinischen Dienst der gesetzlichen Krankenversicherung einschalten (vgl. *Lepke* DB 1995, 2029). Nach § 275 Abs. 1 Nr. 3 b SGB V sind die Krankenkassen verpflichtet, eine gutachterliche Stellungnahme des medizinischen Dienstes zur Beseitigung von begründeten Zweifeln an der Arbeitsunfähigkeit einzuholen (vgl. *LAG Sachsen-Anhalt* 8.9.1998 NZA-RR 1999, 460).

1641 Der Darlegung begründeter Zweifel durch den Arbeitgeber bedarf es nach der seit dem 1.1.1995 geltenden Neufassung nicht mehr (vgl. dazu *Edenfeld* DB 1997, 2273 ff.). Vielmehr definiert § 275 Abs. 1 a SGB V, wann dies der Fall ist (auffallende Häufungen von Arbeitsunfähigkeiten des Arbeitnehmers bzw. auffällig häufige Arbeitsunfähigkeitsbescheinigungen des behandelnden Arztes).

1642 Das Verfahren selbst muss dann durch die Krankenkasse eingeleitet werden, worauf der Arbeitgeber einen ggf. vor den Sozialgerichten durchsetzbaren Anspruch hat. Das Gutachten teilt der medizinische Dienst der Krankenkasse mit, die ihrerseits wiederum den Arbeitgeber über das Ergebnis – und nur über dieses, nicht etwa über Diagnosen usw. – zu informieren hat, wenn das Gutachten mit der Arbeitsunfähigkeitsbescheinigung nicht übereinstimmt (§ 277 Abs. 2 SGB V).

(3) Beweiswert ärztlicher Bescheinigungen

1643 Von erheblicher praktischer Bedeutung ist im arbeitsgerichtlichen Verfahren die Frage, welcher Beweiswert ärztlichen Bescheinigungen der Arbeitsunfähigkeit zukommt. Zum Teil wird die Auffassung vertreten, dass eine ärztliche Bescheinigung über die Arbeitsunfähigkeit eine widerlegbare Vermutung dafür begründet, dass der geltend gemachte Entgeltfortzahlungsanspruch zu Recht besteht (*LAG Hamm* DB 1975, 1035). Zum Teil wird demgegenüber davon ausgegangen, dass ärztlichen Bescheinigungen kein besonderer Beweiswert zukommt, weil »Ärzte keine Übermenschen sind, denen in größerem Maße als anderen die Fähigkeit gegeben wäre, unwahre Angaben ihrer Patienten zu durchschauen« (*LAG München* DB 1989, 631; zust. *Hunold* BB 1989, 844; dagegen nachdrücklich *LAG Hamm* DB 1989, 1473; *LAG Köln* BB 1989, 2048, *LAG München* NZA 1991, 899, *Rühle* BB 1989, 2046, *Reinecke* DB 1989, 2069).

1644 Nach Auffassung des *BAG* (11.8.1976 EzA § 3 LohnFG Nr. 3; 15.7.1992 EzA § 3 LohnFG Nr. 5; 15.7.1992 EzA § 3 LohnFG Nr. 17; zust. *Boecken* NZA 1999, 679 f.) kann der Arbeitnehmer dagegen mit einer von einem Arzt ausgestellten Bescheinigung der Arbeitsunfähigkeit grds. das Vorliegen der Voraussetzungen des § 3 Abs. 1 EFZG belegen. Zwar lässt sich dem Wortlaut der gesetzlichen Regelung kein Anhaltspunkt für die Annahme einer widerlegbaren Vermutung entnehmen. Allerdings wird einer ordnungsgemäß ausgestellten Bescheinigung, die eine Privaturkunde i. S. d. § 416 Abs. 1 ZPO ist, regelmäßig ein hoher Beweiswert zukommen, da sie den gesetzlich vorgesehenen und gewichtigsten Beweis für die Tatsache einer krankheitsbedingten Arbeitsunfähigkeit darstellt.

Der Beweiswert ergibt sich aus der Lebenserfahrung. Der Tatrichter kann normalerweise den Beweis der Erkrankung als erbracht ansehen, wenn der Arbeitnehmer eine solche Bescheinigung vorlegt. **Hat der Arbeitgeber gleichwohl Zweifel, so kann er dem Arbeitnehmer nachteilige Umstände in den Prozess einführen; für diese trägt er die Darlegungs- und Beweislast.** Er muss deshalb Umstände darlegen und beweisen, aus denen sich ernsthafte und begründete Zweifel an der Richtigkeit der Bescheinigung ergeben. Sodann hat eine Würdigung der für und gegen die Erkrankung sprechenden Umstände im Rahmen des § 286 ZPO zu erfolgen (vgl. ausf. *LAG Rheinland-Pfalz* 11.9.2000 – 7 Sa 641/00 –). 1645

Ist der Beweiswert des ärztlichen Attests erschüttert bzw. entkräftet, z. B. weil ein Arbeitnehmer während einer ärztlich attestierten Arbeitsunfähigkeit schichtweise einer Nebenbeschäftigung bei einem anderen Arbeitgeber nachgegangen ist, so hat der Arbeitnehmer konkret darzulegen, weshalb er krankheitsbedingt gefehlt hat und trotzdem der Nebenbeschäftigung nachgehen konnte (*BAG* 26.8.1993 EzA § 626 BGB n. F. Nr. 148; zur Würdigung der Verweigerung der Untersuchung gem. §§ 275 ff. SGB V vgl. *Edenfeld* DB 1997, 2276 f.). 1646

(4) Erkrankung im Ausland; ausländische Arbeitsunfähigkeitsbescheinigungen
Problematisch ist der Beweiswert im Ausland erstellter Arbeitsunfähigkeitsbescheinigungen. 1647

Eine im Ausland ausgestellte Arbeitsunfähigkeitsbescheinigung hat grds. den gleichen Beweiswert wie eine von einem deutschen Arzt ausgestellte Bescheinigung, wenn sie erkennen lässt, dass der Arzt zwischen einer bloßen Erkrankung und einer mit Arbeitsunfähigkeit verbundenen Krankheit unterscheidet und damit eine den Begriffen des deutschen Arbeits- und Sozialversicherungsrechts entsprechende Beurteilung vorgenommen hat (*BAG* 20.2.1985 EzA § 3 LohnFG Nr. 5).

Diesen Anforderungen genügt z. B. eine Arbeitsunfähigkeitsbescheinigung nach Maßgabe des Deutsch-Türkischen Sozialversicherungsabkommens. Der Nachweis einer krankheitsbedingten Arbeitsunfähigkeit kann aber auch durch andere Beweismittel geführt werden; dies gilt auch, wenn die Erkrankung im Ausland aufgetreten ist (*BAG* 1.10.1997 EzA § 3 EFZG Nr. 4).

Beispiel für »durchgreifende« Zweifel:
»Durchgreifende« Zweifel an der Richtigkeit des Inhalts der Arbeitsunfähigkeitsbescheinigung kommen in Betracht, wenn dem ausländischen Arbeitnehmer innerhalb von sieben Jahren zum 5. Male gegen Ende seines Heimaturlaubs oder im unmittelbaren Anschluss daran Arbeitsunfähigkeit bescheinigt worden ist, weil Zufälle solcher Art der allgemeinen Lebenserfahrung widersprechen und daher geeignet sind, den Be- 1648

C. Der Inhalt des Arbeitsverhältnisses

weiswert der ärztlichen Bescheinigung zu erschüttern. Hinzu kommt, dass die vom Arbeitnehmer angegebenen Krankheitsbilder als beständige Grundleiden einen spontanen Eintritt von Arbeitsunfähigkeit gegen Schluss des Heimaturlaubs nicht als wahrscheinlich erkennen lassen. Die Zweifel verstärken sich dadurch, dass die dem Kläger früher bescheinigten Arbeitsunfähigkeiten immer ungefähr vier Wochen dauerten (1974: 20 Arbeitstage, 1977: 20 Arbeitstage, 1980: 16 Arbeitstage und nochmals 24 Arbeitstage, 1981: 23 Arbeitstage). Nimmt man die tatsächlich genommenen Urlaubstage hinzu, so muss auffallen, dass sich der Heimataufenthalt des Klägers nahezu gleichmäßig jeweils auf eine Dauer von insgesamt sechs Wochen erstreckt hat, gleichviel, ob nur zwei oder vier Wochen Urlaub beantragt und bewilligt waren (*BAG* 20.2.1985 EzA § 3 LohnFG Nr. 5; vgl. auch *LAG Schleswig-Holstein* DB 1984, 1355).

1649 Im Rahmen der **Europäischen Gemeinschaft** ist nach der Rechtsprechung des *EuGH* (3.6.1992 EzA § 3 LohnFG Nr. 16 [wegen Art. 18 Abs. 1–4 VO 574/72/EWG des Rates vom 21.3.1972 über die Durchführung der VO 1408/71/EWG zur Anwendung des Systems der sozialen Sicherheit auf Arbeitnehmer und deren Familien, die innerhalb der Gemeinschaft zu- und abwandern]) für einen Arbeitnehmer mit Wohnsitz in der BRD, der sich vorübergehend in einem anderen Mitgliedstaat aufhält und eine Bescheinigung des Trägers der sozialen Sicherheit am Aufenthaltsort vorlegt, oder in der BRD arbeitet, aber in einem anderen Mitgliedstaat wohnt und ein Attest des Trägers seines Wohnortes vorlegt (Art. 22 Abs. 1 VO/EWG/1408/71, Art. 18 VO/EWG/574/72; vgl. *Abele* NZA 1996, 632) demgegenüber davon auszugehen, dass **der Arbeitgeber in tatsächlicher und rechtlicher Hinsicht auch bei »durchgreifenden Zweifeln« an die vom Träger des Wohn- und Aufenthaltsortes getroffenen ärztlichen Feststellungen über den Eintritt und die Dauer der Arbeitsunfähigkeit gebunden ist,** sofern er die betreffende Person nicht durch einen Arzt seiner Wahl untersuchen lässt, wozu ihn Art. 18 Abs. 5 der VO 574/72/EWG ermächtigt (zust. *Zuleeg* RdA 1996, 75).

1650 Im Hinblick darauf hat das *BAG* (27.4.1994 EzA § 3 LohnFG Nr. 18) dem *EuGH* folgende Fragen zur **Vorabentscheidung** gem. Art. 177 Abs. 1 EWG-Vertrag (jetzt Art. 234 EGV) vorgelegt:

– Entfällt die Anwendbarkeit der EWG-Verordnung Nr. 1408/71 für die Lohnfortzahlung durch den Arbeitgeber gem. Art. 22 Abs. 1 im Hinblick auf das Erfordernis der Unverzüglichkeit der Leistungsgewährung dann, wenn die Leistung nach dem anzuwendenden deutschen Recht erst längere Zeit (3 Wochen) nach Eintritt der Arbeitsunfähigkeit fällig ist? (Denn nach Art. 22 Abs. 1 der VO haben Arbeitnehmer, die nach den Rechtsvorschriften des zuständigen Staates die für den Leistungsanspruch erforderlichen Voraussetzungen erfüllen und deren Zustand während eines Aufenthalts im Gebiet eines anderen als des zuständigen Mitgliedsstaates eine unverzügliche Leistungsgewährung erfordert, Anspruch auf Sachleistungen und Geldleistungen, die sie vom zuständigen Träger nach für diesen Träger geltenden Rechtsvorschriften erhalten. Diese Bestimmung ist in dem maßgeblichen Ausgangsfall zu beachten, weil der Kläger bei seinem Aufenthalt in Italien sich in einem anderen als dem zuständigen Mitgliedstaat [der BRD wegen der Beschäftigung des Klägers dort] aufhielt).

Eine unverzügliche Leistungsgewährung könnte aber ausscheiden und damit zur Nichtanwendbarkeit der VO führen, wenn die Leistung nach den anzuwendenden Rechtsvorschriften erst zu einem späteren Zeitpunkt beansprucht werden kann. Das ist in der BRD der Fall. Denn der Anspruch auf Entgeltfortzahlung ist für die ersten 6 Wochen der aufrechterhaltene Vergütungsanspruch, der ebenso wie der durch Arbeitsleistung erworbene Vergütungsanspruch regelmäßig erst zum Monatsende fäl-

C. Der Inhalt des Arbeitsverhältnisses

lig wird, sodass eine unverzügliche Leistungsgewährung (Arbeitsunfähigkeit ab dem 7.8.1989) nicht in Betracht kommt.
- Bedeutet die vom *EuGH* (a. a. O.) vorgenommene Auslegung von Art. 18 Abs. 1–5 der EWG-Verordnung Nr. 574/72 des Rates vom 21.3.1972, dass es dem Arbeitgeber verwehrt ist, einen Missbrauchstatbestand zu beweisen, aus dem mit Sicherheit oder hinreichender Wahrscheinlichkeit zu schließen ist, dass Arbeitsunfähigkeit nicht vorgelegen hat? **1651**
- Falls diese Frage bejaht wird, verstößt Art. 18 der EWG-Verordnung Nr. 574/72 des Rates vom 21.3.1972 dann gegen den Grundsatz der Verhältnismäßigkeit (Art. 3 b Abs. 3 EWG-Vertrag, jetzt Art. 5 Abs. 3 EGV)? **1652**

Daraufhin hat der *EuGH* (2.5.1996 EzA § 5 EFZG Nr. 1; zust. *Heinze/Giesen* BB 1996, 1830 ff.) festgestellt, dass Art. 22 Abs. 1 der VO Nr. 1408/71 für eine nationale Regelung auch dann gilt, wenn die Vergütung erst eine bestimmte Zeit nach dem Eintritt der Arbeitsunfähigkeit zu zahlen ist. Ferner ist es dem Arbeitgeber durch Art. 18 Abs. 1–5 der VO Nr. 574/72 nicht verwehrt, Nachweise zu erbringen, anhand deren das nationale Gericht ggf. feststellen kann, dass der Arbeitnehmer missbräuchlich oder betrügerisch eine gem. Art. 18 der VO festgestellte Arbeitsunfähigkeit gemeldet hat, ohne krank gewesen zu sein. **1653**

Das *BAG* (19.2.1997 EzA § 5 EFZG Nr. 3; zust. *Oetker* SAE 1998, 84 ff.; zum Dialog von EuGH und BAG in diesem Zusammenhang *Junker* NZA 1999, 1 ff.; *Kaiser* NZA 2000, 1146 ff.) hat daraus folgende **Konsequenzen** abgeleitet: **1654**

- Der Arbeitnehmer hat dann keinen Anspruch auf Entgeltfortzahlung, wenn er in Wirklichkeit nicht arbeitsunfähig krank und sein Verhalten missbräuchlich oder betrügerisch war. Das ist i. d. R. dann der Fall, wenn er sich arbeitsunfähig krankschreiben lässt, obwohl er es nicht ist.
- Die Beweislast dafür, dass der Arbeitnehmer nicht arbeitsunfähig krank war, trägt der Arbeitgeber (vgl. *Abele* NZA 1996, 632). Es reicht – anders als bei im Inland ausgestellten Arbeitsunfähigkeitsbescheinigungen – nicht aus, dass der Arbeitgeber Umstände beweist, die nur zu ernsthaften Zweifeln an der krankheitsbedingten Arbeitsunfähigkeit Anlass geben.
- Nach § 286 Abs. 1 ZPO hat das Gericht unter Berücksichtigung des gesamten Inhalts der Verhandlungen und des Ergebnisses einer etwaigen Beweisaufnahme nach freier Überzeugung zu entscheiden, ob eine tatsächliche Behauptung für wahr oder für nicht wahr zu erachten sei. Das Gericht hat dabei auch die prozessualen und vorprozessualen Handlungen, Erklärungen und Unterlassungen der Parteien – z. B. die Weigerung des Arbeitnehmers, den die Arbeitsunfähigkeit bescheinigenden Arzt von der Schweigepflicht zu entbinden – und ihrer Vertreter zu würdigen.

Das *LAG Baden-Württemberg*, an das das Verfahren nach Aufhebung des Urteils durch das *BAG* (19.2.1997 EzA § 5 EFZG Nr. 3) zurückverwiesen wurde, hat am 17.2.1998 einen Beweisbeschluss erlassen. Es ist davon ausgegangen, dass aufgrund der massiven und sich häufig überschneidenden Arbeitsunfähigkeitszeiten der vier Familienmitglieder der Beweis durch die Beklagte geführt ist, dass die aus dem Auslandsurlaub stammenden Arbeitsunfähigkeitsbescheinigungen nicht richtig sein konnten. Dem Arbeitnehmer könne jedoch nicht der **Gegenbeweis** abgeschnitten **1655**

C. Der Inhalt des Arbeitsverhältnisses

werden, dass er tatsächlich doch erkrankt war. Deshalb hat das *LAG* (- 10 Sa 85/97 –) beschlossen, gegenbeweislich die vom Arbeitnehmer als Zeugen für seine Erkrankung benannten italienischen Ärzte im Wege eines Rechtshilfeersuchens vernehmen zu lassen (vgl. *Diller* FA 1998, 111). Da der eine Arzt jedoch verstorben war und sich der Zweite an nichts mehr erinnern konnte, konnte der **Gegenbeweis nicht mit Erfolg geführt** werden. Die Klage wurde deshalb durch Urteil des *LAG Baden-Württemberg* vom 9.5.2000 (NZA-RR 2000, 514) abgewiesen; die Revision wurde nicht zugelassen (vgl. *Bauer/Diller* NZA 2000, 711 f.; *Kaiser* NZA 2000, 1146 f.).

1656 Das *LAG Düsseldorf* (25.8.1999 NZA-RR 2000, 13) hat angenommen, dass die Beweiskraft der ärztlichen Arbeitsunfähigkeitsbescheinigung eines ausländischen (griechischen) Arztes **erschüttert** ist, wenn Umstände zusammenwirken, wie etwa die **teilweise Nichtgewährung** des erbetenen Urlaubs (für ursprünglich zwei Monate), die **gemeinsame Urlaubsreise mit dem Ehegatten**, der zeitgleich Urlaub für zwei Monate erhalten hatte, das **Ende der angeblichen Arbeitsunfähigkeit** mit Ablauf von zwei Monaten ab Urlaubsantritt, die **widersprüchlichen Angaben** des Ehegatten zur Krankheitsursache und die **ärztliche Diagnose** im Wesentlichen **aufgrund subjektiver Angaben** durch einen Arzt außerhalb seines Fachgebiets (von einem Rathologen) in einem EU-Land ohne Einschaltung des ausländischen Sozialversicherungsträgers erfolgte.

1657 Ähnlich geht das *LAG Hamm* (20.2.2001–11 Sa 1104/00 –) inzwischen davon aus, dass **wiederholte bestätigte Arbeitsunfähigkeitszeiten eines ausländischen Arbeitnehmers gegen Ende seines Heimaturlaubs** durchgreifende Zweifel an der sachlichen Richtigkeit der ärztlichen Bescheinigung entstehen lassen.

(5) **Nachweis der Arbeitsunfähigkeit bei Kurzerkrankungen und an den ersten Tagen der Arbeitsunfähigkeit**

1658 Sucht der Arbeitnehmer erst am vierten Tag der Arbeitsunfähigkeit oder nach Beendigung einer Kurzerkrankung einen Arzt auf, um sich die Arbeitsunfähigkeit attestieren zu lassen, so kann er im Streitfall seiner Beweislast mittels einer Arbeitsunfähigkeitsbescheinigung nicht mehr für den gesamten 4-Tages-Zeitraum nachkommen. Denn Ärzte dürfen **nur in sehr eingeschränktem Maße eine Arbeitsunfähigkeitsbescheinigung zurückdatieren**. Nach den Richtlinien über die Bewertung der Arbeitsunfähigkeit des Bundesausschusses der Ärzte und Krankenkassen soll die Arbeitsunfähigkeit für eine vor der ersten Inanspruchnahme des Arztes liegenden Zeit grds. nicht bescheinigt werden. Eine Rückdatierung des Beginns der Arbeitsunfähigkeit auf einen vor dem Behandlungsbeginn liegenden Tag ist ebenso wie eine rückwirkende Bescheinigung über das Fortbestehen der Arbeitsunfähigkeit nur ausnahmsweise oder nach gewissenhafter Prüfung i. d. R. nur **bis zu zwei Tagen** zulässig (s. o. C/Rz. 1638).

1659 Soweit in der Literatur (*Worzalla* NZA 1996, 63) vorgeschlagen wird, der Arbeitnehmer könne den Nachweis erbringen durch das Zeugnis von Bekannten, Nachbarn und Arbeitskollegen, die ihn besucht haben, bleibt offen, woraus diesen Personen die medizinische Sachkompetenz zukommen soll, beurteilen zu können, ob der Arbeitnehmer überhaupt krank und zudem deshalb nicht in der Lage war, die vertraglich geschuldete Arbeitsleistung zu erbringen. In Betracht zu ziehen ist allenfalls der Anscheinsbeweis für das Bestehen der Krankheit vom ersten Tag an bei nachträglicher Feststellung der Erkrankung insbesondere bei schweren Erkrankungen.

(6) **Verweigerung der Untersuchung durch den medizinischen Dienst**

1660 Nach Auffassung des *LAG Hamm* (BB 1985, 273; vgl. auch *Marburger* BB 1987, 1310) hat der Arbeitgeber **kein Recht, die Entgeltfortzahlung generell zu verweigern**, weil ein Arbeitnehmer sich weigert, der Vorladung einer Krankenkasse zur Untersuchung durch den medizinischen Dienst zu folgen, da insoweit § 7 EFZG eine abschließende Regelung enthält und die Weigerung nur das Verhältnis zwischen Krankenkasse und Versicherten betrifft.

(7) Rückforderung geleisteter Entgeltfortzahlung durch den Arbeitgeber
Verlangt ein Arbeitgeber von seinem Arbeitnehmer die nach dem EFZG geleisteten Beträge zurück, weil der Arbeitnehmer nach Auffassung des Arbeitgebers im Bezugszeitraum nicht arbeitsunfähig erkrankt war, trägt der Arbeitgeber die volle **Darlegungs- und Beweislast** für seine Behauptungen. Der Arbeitgeber muss nach Auffassung des *LAG Bremen* (28.6.1999 – 4 Sa 97/99 –) Beweis erbringen für eine Arbeitsfähigkeit des Arbeitnehmers im Bezugszeitraum. Es reicht danach nicht aus, dass der Arbeitgeber Tatsachen, die Zweifel an der Richtigkeit der ärztlichen Bescheinigung begründen, vorträgt.

1661

ii) Rechtsmissbräuchliche Geltendmachung (§ 242 BGB); Schadensersatz
Die Geltendmachung des Entgeltfortzahlungsanspruchs kann u. U. einen Verstoß gegen Treu und Glauben darstellen.

1662

Das ist nicht schon dann der Fall, wenn ein Arbeitnehmer auf Befragen bei der Einstellung erklärt hat, er sei gesund und ihm dann auf einen zuvor gestellten Antrag nach Beginn des Arbeitsverhältnisses eine Kur bewilligt wird. Der Arbeitgeber kann deshalb nicht die während der Kur zu gewährende Entgeltfortzahlung als entstandenen Schaden geltend machen (*BAG* 27.3.1991 EzA § 1 LohnFG Nr. 117).

Fraglich ist, was bei **Zweitbeschäftigungen** oder **selbstständigen Nebentätigkeiten** gilt.

Soweit der Genesungsprozess dadurch nicht verzögert wird, kann die Ausübung einer derartigen anderweitigen Tätigkeit rechtlich durchaus zulässig sein (*BAG* 13.11.1979 EzA § 1 KSchG Verhaltensbedingte Kündigung Nr. 6). Mit der Geltendmachung von Ansprüchen, die auf einem Unfall bei einer nicht genehmigten Nebentätigkeit beruhen, verstößt der Arbeitnehmer jedenfalls dann nicht gegen Treu und Glauben (§ 242 BGB), wenn der Arbeitgeber die Nebentätigkeit hätte genehmigen müssen (*BAG* 19.10.1983 EzA § 616 BGB Nr. 25).

1663

Allein der Umstand, dass die betreffende Tätigkeit gesetzlich verboten ist (vgl. z. B. § 8 BUrlG) genügt im Übrigen ohne das Hinzutreten besonderer Umstände nicht, um einen Verstoß gegen Treu und Glauben zu begründen; nach diesen Grundsätzen sind auch Fälle von Schwarzarbeit oder des Verstoßes gegen die vom Arbeitszeitgesetz vorgesehenen Höchstarbeitszeitgrenzen zu beurteilen. Denn soweit der Arbeitgeber entweder zur Auflösung des Arbeitsverhältnisses nicht berechtigt ist oder von einer derartigen Möglichkeit keinen Gebrauch macht, ist die Geltendmachung des Entgeltfortzahlungsanspruchs nicht rechtsmissbräuchlich (MünchArbR/*Boecken* § 85 Rz. 35; **a. A.** *BAG* 9.4.1960 AP Nr. 12 zu § 63 HGB, wonach nur auf die Berechtigung zur fristlosen Kündigung abzustellen ist).

1664

Das *BAG* (21.4.1982 EzA § 1 LohnFG Nr. 62) hat angenommen, dass ein den Lohnfortzahlungsanspruch ausschließendes Verschulden zwar darin bestehen kann, dass der Arbeiter deutlich gegen Bestimmungen des Arbeitszeitrechts verstößt und damit seine Gesundheit gefährdet. Allein mit den Tatumständen, die bei der Verschuldensprüfung zum Ergebnis führten, der Arbeiter habe nicht schuldhaft gehandelt, kann der Arbeitgeber den Einwand des Rechtsmissbrauchs jedoch nicht begründen.

1665

C. Der Inhalt des Arbeitsverhältnisses

1666 Der Arbeitnehmer, der sich während einer ärztlich attestierten Arbeitsunfähigkeit **genesungswidrig** verhält, begeht eine vorsätzliche Vertragspflichtsverletzung, die ihn dem Arbeitgeber gegenüber zum **Schadensersatz** verpflichtet. Die Schadensersatzpflicht erstreckt sich auf Aufwendungen des Geschädigten, soweit sie nach den Umständen des Falles als notwendig anzusehen sind. Dazu können auch die **Kosten für die Beauftragung einer Detektei** gehören, wenn konkrete Verdachtsmomente dazu Anlass geben. Der Arbeitgeber kann auch nicht darauf verwiesen werden, er habe die Beobachtung des Arbeitnehmers mit eigenen Arbeitnehmern vornehmen lassen können und müssen. Er darf sich der Personen bedienen, die – als Detektive – in Ermittlungstätigkeiten erfahren sind (*LAG Rheinland-Pfalz* 15.6.1999 NZA 2000, 260; s. o. C/Rz. 536 ff.).

jj) Verzicht auf Entgeltfortzahlung

(1) Grundsatz der Unabdingbarkeit

1667 Gem. § 12 EFZG kann, abgesehen von der Vereinbarung einer anderen Berechnungsgrundlage für die Berechnung des Entgeltfortzahlungsanspruchs (§ 4 Abs. 4 EFZG), von den §§ 3–11 EFZG nicht zuungunsten der Arbeitnehmer oder Heimarbeiter abgewichen werden (*BAG* 20.8.1980 EzA § 6 LohnFG Nr. 14).

Diese Vorschrift soll dem Schutz der Gesundheit der Arbeitnehmer bzw. Heimarbeiter dienen. Sie sollen ohne Sorge um ihren Lebensunterhalt ihre Krankheit ausheilen können.

(2) Ausgleichsquittung
1668 Zweifelhaft ist, ob in einer Ausgleichsquittung wirksam auf Entgeltfortzahlungsansprüche verzichtet werden kann.

Nach Auffassung des *BAG* (11.6.1976 EzA § 9 LohnFG Nr. 4; 20.8.1980 EzA § 9 LohnFG Nr. 7; **a. A.** MünchArbR/*Boecken* § 85 Rz. 28, wonach außer bei vergleichsweiser Beendigung des Arbeitsverhältnisses ein Verzicht nur wirksam sein kann, wenn keine Krankengeldansprüche in Betracht kommen; abl. auch *Boecken* NZA 1999, 680 f.) greift § 12 EFZG nicht ein, wenn der Arbeitnehmer nach Beendigung des Arbeitsverhältnisses und damit nach Wegfall der Abhängigkeit von dem Arbeitgeber als dem ausschlaggebenden Grund für die Regelung des § 12 EFZG eine entsprechende Erklärung abgibt, die sich auf bereits entstandene und fällige Ansprüche bezieht.

1669 Der infolge seiner abhängigen Stellung in seiner Entscheidungsfreiheit beschränkte Arbeitnehmer soll davor geschützt werden, unter einem wirklichen oder auch nur vermeintlichen Druck seines Arbeitgebers Rechte preiszugeben, die ihm kraft Gesetzes zustehen. Dieser Schutz ist nur so lange gerechtfertigt, wie die Abhängigkeit besteht, also während der Dauer des Arbeitsverhältnisses.

1670 Zum Teil (*Trieschmann* Anm. zu *BAG* 20.8.1980, 29.8.1980 AP Nr. 11, 13, 16, 17, 18 zu § 6 LohnFG) wird demgegenüber die Auffassung vertreten, dass der Verzicht auch nach Beendigung des Arbeitsverhältnisses gegen § 12 EFZG, § 134 BGB verstößt. Danach ist der Arbeitnehmer auch nach Beendigung des Arbeitsverhältnisses gegenüber dem früheren Arbeitgeber regelmäßig der wirtschaftlich Schwächere. Der Arbeitgeber verfügt tendenziell über den längeren Atem, um einen Rechtsstreit über die umstrittenen Entgeltfortzahlungsansprüche durchzustehen, was den Arbeitnehmer i. V. m. dem stets gegebenen Prozessrisiko eher vergleichs- und/oder verzichtsbereit machen kann. Auch hier verwirklicht sich die allgemeine arbeitsrechtliche Drucksituation, der gegenüber § 12 EFZG den Arbeitnehmer schützen will.

kk) **Maßnahmen der medizinischen Vorsorge und Rehabilitation**

(1) **Grundlagen**

§§ 3, 4, 6, 7, 8 EFZG gelten entsprechend für die Arbeitsverhinderung infolge einer Maßnahme der medizinischen Vorsorge oder Rehabilitation, die ein Träger der gesetzlichen Renten-, Kranken- oder Unfallversicherung, eine Verwaltungsbehörde der Kriegsopferversorgung oder ein sonstiger Sozialleistungsträger bewilligt hat und die in einer Einrichtung der medizinischen Vorsorge oder Rehabilitation stationär durchgeführt wird (§ 9 Abs. 1 S. 1 EFZG). 1671
Die stationäre Durchführung setzt voraus, dass in der Einrichtung **Unterbringung, Verpflegung und medizinische Anwendung** erbracht werden. Die tatsächliche Durchführung der Maßnahme muss zu einer maßgeblichen Gestaltung der Lebensführung des Arbeitnehmers während seines Aufenthalts in der Einrichtung geführt haben (*BAG* 19.1.2000 EzA § 9 EFZG Nr. 1). Das ist nicht der Fall bei einer **teilstationär durchgeführten Rehabilitationsmaßnahme**, während derer sich der Patient nur tagsüber in der Reha-Einrichtung aufhält, abends und an den Wochenenden aber nach Hause geht; eine Analogie zu § 9 EFZG scheidet angesichts des klaren Wortlauts aus (*LAG Berlin* 28.8.2000 ZTR 2001, 137 Ls.).

Ist der Arbeitnehmer nicht Mitglied einer gesetzlichen Krankenkasse oder nicht in der gesetzlichen Rentenversicherung versichert, gelten §§ 3, 4, 6, 7, 8 EFZG entsprechend, wenn eine Maßnahme der medizinischen Vorsorge oder Rehabilitation ärztlich verordnet worden ist und stationär in einer Einrichtung der medizinischen Vorsorge oder Rehabilitation oder einer vergleichbaren Einrichtung durchgeführt wird (§ 9 Abs. 1 S. 2 EFZG). 1672
Die Begriffe »Maßnahmen der medizinischen Vorsorge oder Rehabilitation« ersetzen die Begriffe »Vorbeugungs-, Heil- oder Genesungskur« (vgl. z. B. §§ 23 f., 40 f. SGB V, §§ 9 ff., 15 SGB VI). Eine materiell-rechtliche Änderung des »Kur«-Begriffs ist damit nicht verbunden. Maßnahmen der beruflichen Rehabilitation werden nicht erfasst (BT-Drucks. 12/5263, S. 15 f.). 1673

§ 10 Abs. 1 BUrlG, der durch das arbeitsrechtliche Beschäftigungsförderungsgesetz mit Wirkung ab dem 1.10.1996 neu gefasst worden war, sah vor, dass der Arbeitgeber berechtigt war, von je fünf Tagen, an denen der Arbeitnehmer an einer derartigen Maßnahme teilnimmt, die ersten zwei Tage auf den Erholungsurlaub anzurechnen. Diese Regelung ist mit Wirkung vom **1.1.1999 aufgehoben** worden. Sie war für die Dauer ihrer Geltung verfassungsmäßig (*BVerfG* 3.4.2001 EzA Art. 9 GG Nr. 75; ebenso *Löwisch* NZA 1996, 1015; **a. A.** *ArbG Heilbronn* 26.9.1997 NZA-RR 1998, 172 Ls.; *Hohmeister* NZA 1996, 1188 f.). 1674

C. Der Inhalt des Arbeitsverhältnisses

1675 Nicht (mehr für Arbeiter) erforderlich für den Entgeltfortzahlungsanspruch ist die volle oder überwiegende Übernahme der Kosten der Vorsorge bzw. Rehabilitationsmaßnahme durch einen sozialen Versicherungsträger.

(2) Zusammentreffen von Krankheit und Kur (Maßnahme der medizinischen Vorsorge und Rehabilitation)

1676 Die Grundsätze zu Mehrfacherkrankungen (s. o. C/Rz. 1567 ff.) gelten auch dann, wenn eine Krankheit mit einer Kur zusammentrifft oder wenn eine Krankheit einer Kur folgt.

Soweit während einer Kur eine Krankheit eintritt, die über die Kurzeit hinaus andauert und ihrerseits Arbeitsunfähigkeit zur Folge hat, ergibt sich aus dem **Grundsatz der Einheit eines Versicherungsfalles**, dass der Entgeltfortzahlungsanspruch insgesamt nur für längstens sechs Wochen gegeben ist.
Schließt sich an eine Krankheit mit Arbeitsunfähigkeit aus diesem Anlass eine Genesungskur an, so kann ebenfalls insgesamt für sechs Wochen Entgeltfortzahlung verlangt werden, selbst wenn der Arbeitnehmer zwischen Krankheit und Kur für einige Zeit, aber weniger als sechs Monate, arbeitsfähig war. Denn in entsprechender Anwendung des § 3 Abs. 1 S. 3 EFZG sind hier die Grundsätze anzuwenden, die bei **Fortsetzungserkrankungen** gelten, sodass zwischen Krankheit und Kur ein Fortsetzungszusammenhang anzunehmen ist (*BAG* 22.8.1984 EzA § 1 LohnFG Nr. 73).

(3) Mitteilungs- und Nachweispflichten

1677 Gem. § 9 Abs. 2 EFZG ist der Arbeitnehmer verpflichtet, dem Arbeitgeber den Zeitpunkt des Antritts der Maßnahme, ihre voraussichtliche Dauer und die Verlängerung der Maßnahme i. S. d. § 9 Abs. 1 EFZG unverzüglich mitzuteilen.

1678 Ferner hat er ihm eine **Bescheinigung** über die Bewilligung der Maßnahme durch einen Sozialleistungsträger nach § 9 Abs. 1 S. 1 EFZG vorzulegen. Ein gesondertes ärztliches Attest ist nicht erforderlich, weil der bewilligende Sozialleistungsträger die medizinische Notwendigkeit einer Kur ohnehin überprüft (*BAG* 29.11.1973 AP Nr. 2 zu § 7 LohnFG). Etwas anderes gilt, wenn »**handfeste Zweifel**« an der medizinischen Notwendigkeit der Kur bestehen, etwa bei fast einjähriger Arbeitstätigkeit zwischen Krankheit und Kurbewilligung (*BAG* 10.5.1978 EzA § 7 LohnFG Nr. 3). In den Fällen des § 9 Abs. 1 S. 2 EFZG (insbesondere bei der Nichtmitgliedschaft in der gesetzlichen Krankenkasse) hat der Arbeitnehmer eine ärztliche Bescheinigung über die Erforderlichkeit der Maßnahme vorzulegen.

ll) Forderungsübergang auf den Arbeitgeber bei Dritthaftung

(1) Grundlagen

1679 Kann der Arbeitnehmer aufgrund gesetzlicher Vorschriften (z. B. §§ 823 ff., 7, 8 StVG) von einem Dritten Schadensersatz wegen des Verdienstausfalls beanspruchen, der ihm durch die Arbeitsunfähigkeit entstanden ist, so geht dieser Anspruch insoweit auf den Arbeitgeber über, als er dem Arbeitnehmer nach dem EFZG Arbeitsentgelt fortgezahlt und darauf anfallende, vom Arbeitgeber zu tra-

C. Der Inhalt des Arbeitsverhältnisses

gende Beiträge zur Bundesanstalt für Arbeit, Arbeitgeberanteile an Beiträgen zur Sozialversicherung und zur Pflegeversicherung sowie zu Einrichtungen der zusätzlichen Alters- und Hinterbliebenenversorgung abgeführt hat (§ 6 Abs. 1 EFZG, §§ 412, 399–404, 406–410 BGB).

Ein Forderungsübergang kommt nicht in Betracht hinsichtlich einer aufgrund einzel- oder kollektivvertraglicher Rechtsquelle bestehender, über §§ 3 ff. EFZG hinausgehender Entgeltfortzahlungspflicht. Gleiches gilt, wenn es sich bei dem schädigenden Dritten um einen Familienangehörigen handelt, der mit dem Arbeitnehmer in häuslicher Gemeinschaft lebt und dieser nicht vorsätzlich, sondern nur fahrlässig gehandelt hat (*BGH* 4.3.1976 EzA § 4 LohnFG Nr. 2 in Anwendung des Rechtsgedankens des § 67 Abs. 2 VVG). **1680**

(2) Voraussetzungen des Forderungsübergangs
Der Forderungsübergang tritt erst dann ein, wenn der Arbeitgeber die Entgeltfortzahlung **tatsächlich leistet** (MünchArbR/*Boecken* § 87 Rz. 7). **1681**
Inhaltlich muss für den Forderungsübergang eine Übereinstimmung des Schadensersatzanspruchs mit dem Arbeitsentgeltanspruch bestehen. Folglich kommt ein Forderungsübergang von Schadensersatzansprüchen in Bezug auf entstandene Herstellungskosten oder von Schmerzensgeldansprüchen nicht in Betracht.

(3) Arbeitsentgelt
Zum Arbeitsentgelt i. S. d. § 6 Abs. 1 EFZG gehört alles, was vom Arbeitsentgeltbegriff der §§ 3, 4 EFZG (s. o. C/Rz. 1497 ff.) erfasst wird. **1682**
Nicht erfasst werden Zahlungen des Arbeitgebers an die **Unfallversicherung**, die ausschließlich vom Arbeitgeber getragen werden (§ 723 Abs. 1 RVO), da es sich nicht um Beitragsanteile handelt, die auf das Entgelt des Arbeitnehmers entfallen (*BGH* 11.11.1975 NJW 1976, 326; abl. MünchArbR/*Boecken* § 87 Rz. 10). Erfasst werden von § 6 Abs. 1 EFZG auch **Beiträge zu Lohnausgleichs- und Urlaubskassen** (insbesondere im Baugewerbe; *BGH* 28.1.1986 EzA § 4 LohnFG Nr. 3), nicht dagegen Beiträge für die Krankenversicherung von Schlechtwettergeldempfängern, die Umlage für die produktive Winterbauförderung sowie die vom Arbeitgeber zur Durchsetzung der Schadensersatzforderung aufgewendeten Kosten eines Rechtsanwalts (MünchArbR/*Boecken* § 87 Rz. 11).

(4) Modalitäten des Anspruchs
Gem. § 6 Abs. 2 EFZG hat der Arbeitnehmer dem Arbeitgeber unverzüglich die zur Geltendmachung des Schadensersatzanspruchs erforderlichen Angaben zu machen. **1683**
Gem. § 6 Abs. 3 EFZG kann der Forderungsübergang **nicht zum Nachteil des Arbeitnehmers geltend gemacht werden**. Der Arbeitgeber muss mit seinem Anspruch also immer dann zurücktreten, wenn und soweit Schadensersatzansprüche des Arbeitnehmers gegenüber dem Schädiger noch nicht voll erfüllt sind. **1684**

mm) Forderungsübergang auf Sozialleistungsträger

(1) Grundlagen
Unterlässt es der Arbeitgeber, einem krankheitsbedingt arbeitsunfähigen Arbeitnehmer das Arbeitsentgelt fortzuzahlen, ist dessen gesetzliche Krankenkasse zur Zahlung **1685**

von Krankengeld verpflichtet. Denn in diesem Fall ruht der Anspruch auf Krankengeld nicht nach § 49 Nr. 1 SGB V.

1686 Gem. § 115 Abs. 1 SGB X geht der Anspruch des Arbeitnehmers auf Arbeitsentgelt, soweit ihn der Arbeitgeber nicht erfüllt und deshalb ein Sozialleistungsträger Sozialleistungen erbracht hat, auf diesen über.

Dadurch soll verhindert werden, dass dem Arbeitnehmer neben der funktionsgleichen Leistung des Sozialversicherungsträgers der Anspruch auf Arbeitsentgelt verbleibt und dass der Arbeitgeber durch die Einstandspflicht des Sozialleistungsträgers finanziell entlastet wird (hinsichtlich des Insolvenzgeldes gem. §§ 183 ff. SGB III gilt insoweit die Sonderregelung des § 187 SGB III).

(2) Einzelfragen
1687 Hinsichtlich des fälligen Anspruchs auf Arbeitsentgelt ist es im Gegensatz zu § 6 Abs. 1 EFZG unerheblich, ob der Anspruch auf Gesetz, kollektiv- oder einzelvertraglicher Vereinbarungen beruht.
1688 **Aus welchem Grunde der Arbeitgeber nicht zahlt, ist gleichgültig.** Insbesondere kommt es mangels normativer Anhaltspunkte nicht darauf an, dass die Nichterfüllung des Anspruchs unberechtigt ist (MünchArbR/*Boecken* § 87 Rz. 19; **a. A.** *Marburger* BB 1972, 1100).
1689 Fraglich ist ferner, ob erforderlich ist, dass der Arbeitgeber den Anspruch während der Arbeitsunfähigkeit des Arbeitnehmers nicht erfüllt oder ob es genügt, wenn er das Arbeitsentgelt zunächst fortzahlt, später aber wieder zurückfordert.
1690 Da der Anspruch auf Entgeltfortzahlung dann, wenn er tatsächlich bestanden hat, durch die Zahlung des Arbeitgebers gem. § 362 Abs. 1 BGB erloschen ist, kann, wenn die Parteien die Schuld nicht vertraglich neu begründet haben, lediglich ein Übergang des Anspruchs auf das zu Unrecht einbehaltene Entgelt für die Tätigkeit nach Wiederaufnahme der Arbeit in Betracht kommen (MünchArbR/*Boecken* § 87 Rz. 20).

(3) Rechtsstellung des Sozialleistungsträgers bei Kündigungen
1691 In Fällen, in denen der Arbeitgeber dem Arbeitnehmer nicht aus Anlass der Arbeitsunfähigkeit gekündigt hat und der Anspruch auf Entgeltfortzahlung die Unwirksamkeit der Kündigung voraussetzt, ist der Sozialleistungsträger nicht berechtigt, Kündigungsschutzklage zu erheben.
Insoweit handelt es sich um ein höchstpersönliches Recht des Arbeitnehmers, das nicht auf den Sozialleistungsträger übergeht (*BAG* 20.8.1980 EzA § 6 LohnFG Nr. 15).
1692 Hängt jedoch die Unwirksamkeit der Kündigung nicht nach §§ 4, 7 KSchG von einer rechtzeitigen Klageerhebung ab, z. B. weil das KSchG nicht anwendbar ist (vgl. *BAG* 29.11.1978 EzA § 6 LohnFG Nr. 9) oder weil Unwirksamkeitsgründe i. S. v. § 13 Abs. 2, 3 KSchG gegeben sind, kann auch der Sozialleistungsträger die Unwirksamkeit der Kündigung inzident geltend machen, wenn er den Arbeitgeber gem. § 115 SGB X in Anspruch nimmt.
1693 Nach Auszahlung der Sozialleistungen und damit nach Anspruchsübergang auf die Krankenkasse gem. § 115 SGB X ist ein **Verzicht** auf den Entgeltfortzahlungsanspruch durch den Arbeitnehmer nicht mehr gegenüber dem Sozialleistungsträger wirksam. Ebenso wenig kann ihm danach der Anspruch durch eine spätere **einvernehmliche Aufhebung** des Arbeitsverhältnisses wieder entzogen werden.

Der Sozialleistungsträger muss allerdings einen Vergleich zwischen Arbeitgeber und Arbeitnehmer über die Beendigung des Arbeitsverhältnisses durch Kündigung und einen mit dem Vergleich verbundenen Erlass von Entgeltfortzahlungsansprüchen auch dann gegen sich gelten lassen, wenn die Parteien den Vergleich nach der Gewährung der Sozialleistungen abgeschlossen haben (*BAG* 20.8.1980 EzA § 6 LohnFG Nr. 15). Denn das Interesse der Parteien an einer gütlichen Beendigung des Streits über den Fortgang des Arbeitsverhältnisses hat in solchen Fällen vor dem Interesse des Rechtsnachfolgers an der Erfüllung des in seinem Bestand ungewissen Entgeltfortzahlungsanspruchs Vorrang. 1694

(4) Einwendungen gegen die Forderung

Gemäß den §§ 412, 404 BGB muss sich der Sozialleistungsträger die Einwendungen entgegenhalten lassen, die zum Zeitpunkt des Forderungsüberganges begründet waren, z. B. die Leistungsverweigerungsrechte nach § 7 EFZG sowie tarifliche Ausschlussfristen (*BAG* 24.5.1973 AP Nr. 52 zu § 4 TVG Ausschlussfristen). 1695

Eine derartige Frist ist bereits dann gewahrt, wenn der Sozialleistungsträger den Anspruch auf Krankenlohn gegenüber dem Arbeitgeber vor Anspruchsübergang durch eine **Mitteilung** an ihn geltend macht. Im Übrigen ist die Frist für eine ggf. erforderliche gerichtliche Geltendmachung des Anspruchs auch dann gewahrt, wenn der Arbeitnehmer den Krankenlohn vor Forderungsübergang einklagt (*BAG* 24.5.1973 AP Nr. 52 zu § 4 TVG Ausschlussfristen).

(5) Kenntnis des Arbeitgebers
Der Lohnfortzahlungsanspruch des Arbeiters geht erst mit der tatsächlichen Zahlung von Krankengeld auf die Krankenkasse über. Die Krankenkasse, die geltend machen will, der Arbeiter habe über einen Lohnfortzahlungsanspruch wegen des Forderungsüberganges nicht mehr verfügen können, muss daher vortragen, wann sowie für welche Zeit und in welcher Höhe sie Krankengeld gezahlt hat (*BAG* 20.8.1980 EzA § 6 LohnFG Nr. 14). 1696

Die Mitteilung der Krankenkasse an den Arbeitgeber, dass sie für einen bestimmten Zeitraum Krankengeld in bestimmter Höhe zahlen werde, begründet die Kenntnis des Arbeitgebers vom Forderungsübergang i. S. v. § 407 Abs. 1 BGB auch dann, wenn sie vor der tatsächlichen Zahlung des Krankengeldes erfolgt, sofern diese nur vor der Leistung des Arbeitgebers an den Arbeitnehmer i. S. v. § 407 Abs. 1 BGB bewirkt wird (*BAG* 20.8.1980 EzA § 6 LohnFG Nr. 14). 1697

nn) Entgeltfortzahlungsversicherung

(1) Grundlagen
Da die Verpflichtung zur Entgeltfortzahlung insbesondere für Kleinbetriebe eine erhebliche Belastung darstellen kann, hat der Gesetzgeber eine Entgeltfortzahlungsversicherung durch ein Ausgleichsverfahren (Art. 60 EFZG i. V. m. §§ 10–18 LohnFG) für die Lohnfortzahlung an Arbeiter vorgesehen. Erfasst sind auch, unabhängig davon, ob es sich bei den Arbeitnehmern um Arbeiter oder Angestellte handelt, Mutter- 1698

schaftsleistungen des Arbeitgebers sowie die Entgeltfortzahlung an Auszubildende. Die Umlagepflicht besteht auch für den Arbeitgeber, der Beschäftigte zu Angestelltenberufen ausbildet (*BSG* 12.3.1996 NZA 1997, 342).
Träger des Ausgleichsverfahrens sind die Krankenkassen (§ 10 Abs. 1 S. 1 LohnFG), nicht die Ersatz- oder Betriebskrankenkassen.
Nach Auffassung des *BSG* (20.4.1999 NZA-RR 1999, 594; **a. A.** *Canaris* (RdA 1997, 267 ff.) verstößt die gesetzliche Regelung deshalb, weil eine vergleichbare Regelung für die Entgeltfortzahlung an kranke Angestellte fehlt, weder gegen Art. 3 Abs. 1 GG, noch gegen Art. 12 Abs. 1 GG.

(2) Verfahren

1699 Gem. § 10 Abs. 1 LohnFG erstatten diese Träger des Ausgleichsverfahrens denjenigen Arbeitgebern 80% des fortgezahlten Arbeitsentgelts bzw. (seit dem 1.1.1997 100%) des Zuschusses zum Mutterschaftsgeld, die i. d. R. ausschließlich der zur Berufsausbildung Beschäftigten nicht mehr als 20 Arbeitnehmer beschäftigen. Die Krankenkasse kann diese Zahl durch Satzung gem. § 16 Abs. 2 Nr. 4 LohnFG bis auf 30 Arbeitnehmer heraufsetzen. Eine nach dem Ausmaß der Beschäftigung differenzierende Regelung der Berücksichtigung von Teilzeitbeschäftigten enthält § 10 Abs. 2 S. 5, 6 LohnFG.

1700 Gem. § 11 Abs. 1 LohnFG kann die Erstattung im Einzelfall versagt werden, solange der Arbeitgeber nicht die für die Durchführung des Ausgleichs erforderlichen Angaben macht, zu denen er nach § 10 Abs. 5 LohnFG verpflichtet ist.

1701 Gem. § 14 Abs. 1 LohnFG werden Mittel, die für die Durchführung des Ausgleichs der Arbeitgeberaufwendungen erforderlich sind, durch eine Umlage von den am Ausgleich beteiligten Arbeitgebern aufgebracht.

1702 Gem. § 10 Abs. 2 S. 1 LohnFG stellt die Krankenkasse jeweils zu Beginn eines Kalenderjahres fest, welche Arbeitgeber für die Dauer dieses Kalenderjahres an dem Ausgleich der Arbeitgeberaufwendungen teilnehmen. Diese Feststellung hat allerdings nur deklaratorischen Charakter. Wird der Feststellungsbescheid, der einen Verwaltungsakt darstellt, jedoch nicht oder erfolglos angefochten, so ist die Feststellung für das betreffende Kalenderjahr nach § 77 SGG auch dann bindend, wenn die gesetzlichen Voraussetzungen für die Teilnahme am Ausgleichsverfahren nicht vorliegen (MünchArbR/*Boecken* § 87 Rz. 42).
Umlagebeträge sind für die Vergangenheit im Übrigen selbst dann zu zahlen, wenn der Arbeitgeber von der in § 10 Abs. 2 S. 1 LFZG angeordneten jährlichen Feststellung nicht erfasst war (*BSG* 12.3.1996 NZA 1997, 342).

e) Urlaubsrecht

aa) Normative Regelungen

1703 Normative Regelungen über den Urlaub enthalten neben dem BUrlG § 6 EignungsübungsG, § 4 ArbPlSchG, §§ 53–61 SeemansG, § 125 SGB IX, § 14 JArbSchG, §§ 35, 78 ZDG, § 17 BErzGG. Daneben bestehen landesrechtliche Bestimmungen über den Urlaub
– für Opfer des Nationalsozialismus;
– für solche Arbeitnehmer, die geistig oder körperlich in ihrer Erwerbsfähigkeit behindert sind (§ 15 Abs. 2 S. 2 BUrlG; zum Verhältnis dieser Regelungen zu § 125 SGB IX vgl. MünchArbR/*Leinemann* § 88 Rz. 19 Fn. 36);
– Mitarbeiter in der Jugendpflege und der Jugendwohlfahrt (in Baden-Württemberg, Bayern, Bremen, Hamburg, Hessen [zur Verfassungswidrigkeit der Finanzie-

rung durch einen Ausgleichsfonds *BVerfG* 15.7.1997 NZA 1998, 27; 9.11.1999 ZTR 2000, 183], Nordrhein-Westfalen, Rheinland-Pfalz, Saarland);
– Bildungsurlaub, da insoweit der Bundesgesetzgeber seine konkurrierende Gesetzgebungszuständigkeit gem. Art. 74 Nr. 12 nicht ausgeübt hat. Die derzeit geltenden Landesgesetze sind abgedruckt bei *Nipperdey* ArbR 1, Nr. 135–149; s. u. C/Rz. 2061 ff.).

In den neuen Bundesländern gilt § 8 der Verordnung über den Erholungsurlaub betreffend den Erholungsurlaub für Kämpfer gegen den Faschismus und Verfolgte des Faschismus vom 28.8.1978 (GBl. I S. 365) weiter. Sie haben Anspruch auf einen jährlichen Erholungsurlaub von 27 Arbeitstagen. 1704

bb) Rechtsnatur des Urlaubsanspruchs

Der Urlaubsanspruch ist ein privatrechtlicher Anspruch i. S. d. § 194 BGB, der jedoch durch das BUrlG im Interesse des Schutzes des Arbeitnehmers mit besonderen Sicherungen ausgestattet ist (GK-BUrlG/*Bleistein* § 1 Rz. 47). 1705

(1) Gesetzlich bedingter Freistellungsanspruch des Arbeitnehmers

Seit 1982 versteht die Rechtsprechung des *BAG* (28.1.1982 EzA § 3 BUrlG Nr. 13; 7.7.1988 EzA § 13 BUrlG Nr. 33) den Urlaubsanspruch des Arbeitnehmers nach § 1 BUrlG als einen durch dieses Gesetz bedingten Freistellungsanspruch gegen den Arbeitgeber von den nach dem Arbeitsvertrag entstehenden Arbeitspflichten. 1706

Er ist darauf gerichtet, die Arbeitspflicht des Arbeitnehmers für die sich nach dem Urlaubsanspruch ergebende Dauer auszuschließen. Ist während dieser Zeit das Arbeitsentgelt fortzuzahlen, wird dies bezahlter (Erholungs-)Urlaub genannt.

§ 1 BUrlG stellt insoweit sicher, dass der dem Arbeitnehmer zustehende Vergütungsanspruch trotz urlaubsbedingter Nichtleistung der Arbeit unberührt bleibt (vgl. MünchArbR/*Leinemann* § 89 Rz. 6; zur Entwicklung der Rspr. des BAG vgl. *Kohte* BB 1984, 609; *Wiesner* BB 1985, 137). 1707

(2) Nebenpflicht des Arbeitgebers

Die Pflicht des Arbeitgebers zur Urlaubsgewährung ist keine Hauptpflicht, weil ihr keine entsprechende Pflicht des Arbeitnehmers gegenübersteht. Folglich handelt es sich um eine auf Gesetz beruhende Nebenpflicht des Arbeitgebers aus dem Arbeitsverhältnis (vgl. *BAG* 24.11.1987 EzA § 7 BUrlG Abgeltung Nr. 61). 1708

Für Leiharbeitnehmer richtet sich der Urlaubsanspruch gegen den Verleiher (§ 11 Abs. 1 Nr. 7 AÜG).

(3) Erholungsbedürfnis als Anspruchsvoraussetzung?

Mit der Bezeichnung des Urlaubs als Erholungsurlaub wird das für den Erlass des Gesetzes maßgebende gesetzgeberische Motiv ausgedrückt, dem Arbeitnehmer für die Urlaubszeit die Möglichkeit zu eröffnen, Freizeit selbstbestimmt zur Erholung zu nutzen. 1709

Für den Anspruch ist weder Voraussetzung, dass der Arbeitnehmer erholungsbedürftig ist noch gibt es für den Arbeitnehmer eine Pflicht, sich während des Urlaubs zu erholen. Das Erholungsbedürfnis wird nach § 1 BUrlG für jeden Arbeitnehmer unwiderleglich vermutet.

C. Der Inhalt des Arbeitsverhältnisses

(4) Tatsächliche Arbeitsleistung als Anspruchsvoraussetzung?

1710 Der Urlaub nach dem BUrlG ist als gesetzlich bedingte soziale Mindestleistung des Arbeitgebers zur Erhaltung und Wiederauffrischung der Arbeitskraft des Arbeitnehmers aufzufassen (*BAG* 25.8.1987 EzA § 4 TVG Metallindustrie Nr. 33; *Leinemann* NZA 1985, 140).

> Daraus wird abgeleitet, dass der Urlaubsanspruch unabhängig davon entsteht, ob der Arbeitnehmer im Urlaubsjahr langfristig krank war und auch dann bestehen bleibt, wenn er langfristig nicht gearbeitet hat.

1711 Das *BAG* (28.1.1982 EzA § 3 BUrlG Nr. 13; 7.11.1985 EzA § 7 BUrlG Nr. 43; 25.8.1987 EzA § 4 TVG Metallindustrie Nr. 33) hat seine Auffassung damit begründet, dass nach der gesetzlichen Regelung des BUrlG der Urlaubsanspruch **unabhängig vom Umfang der Arbeitsleistung entsteht, weil er nur an das Bestehen des Arbeitsverhältnisses und die Erfüllung der Wartezeit (§§ 1, 4 BUrlG) geknüpft ist**, nicht aber an ein Erholungsbedürfnis. Der Arbeitnehmer muss sich diesen Anspruch folglich nicht durch tatsächliche Arbeitsleistung erst »verdienen«.

1712 Demgegenüber wird in Übereinstimmung mit der vorherigen Auffassung des *BAG* (vgl. z. B. 27.9.1962 AP Nr. 87 zu § 611 BGB Urlaubsrecht; 18.2.1963 AP Nr. 88 zu § 611 BGB Urlaubsrecht) zum Teil die Auffassung vertreten (*LAG Düsseldorf* DB 1984, 251, DB 1992, 224; *LAG Köln* LAGE § 3 BUrlG Nr. 1; GK-BUrlG/*Bleistein* § 1 Rz. 102, 112 ff.; GK-BUrlG/*Bachmann* § 7 Rz. 175 ff.), dass der Urlaub sowohl der Erholung des Arbeitnehmers von der Arbeit als auch der Auffrischung der Kräfte für den Betrieb dient und dass deshalb dem geltend gemachten Urlaubsanspruch dann der Einwand des Rechtsmissbrauchs entgegensteht, wenn zwischen der Dauer des beanspruchten Urlaubs und der vom Arbeitnehmer geleisteten Arbeit ein krasses Missverhältnis besteht. Davon ist regelmäßig dann auszugehen, wenn der Arbeitnehmer mehr Urlaubstage beansprucht, als er Werktage im Kalenderjahr gearbeitet hat. Denn Erhalt und Auffrischung der Arbeitskraft bedeutet notwendig, dass die verbrauchte Arbeitskraft wiederhergestellt werden soll für kommende Arbeitsleistungen (GK-BUrlG/*Bleistein* § 1 Rz. 130).

1713 Dem wird entgegengehalten, dass das BUrlG zwar von dem sozialpolitischen Anliegen bestimmt ist, die gesetzliche Mindestdauer des Urlaubs, der der Erhaltung und Wiederauffrischung der Arbeitskraft dient, angemessen zu erhöhen, dass dieses Anliegen aber nicht zum Inhalt des Gesetzes geworden ist (MünchArbR/*Leinemann* § 89 Rz. 12).

(5) Befristung des Urlaubsanspruchs

1714 Der Urlaubsanspruch des Arbeitnehmers entsteht – auch bei Teilzeitbeschäftigten – mit Ablauf der Wartezeit (§ 4 BUrlG) und in den folgenden Jahren jeweils am 1.1. (Stichtag; vgl. GK-BUrlG/*Bleistein* § 1 Rz. 55).
Der Urlaubsanspruch ist streng an das Kalenderjahr gebunden.
Folglich verfällt der Urlaub, wenn er nicht bis zum 31.12. des jeweiligen Jahres realisiert wird, es sei denn, dass die Voraussetzungen für eine Übertragung gem. § 7 Abs. 3 BUrlG (dringende betriebliche oder in der Person des Arbeitnehmers [Krankheit des Arbeitnehmers, Niederkunft der Ehefrau] liegende Gründe) gegeben sind, sodass dann der Urlaub in den nächsten drei Monaten des folgenden Kalenderjahres ohne Rücksicht auf die vorher im Kalenderjahr bestehenden

Rechte des Arbeitgebers oder des Arbeitnehmers gewährt und genommen werden muss (*BAG* 13.5.1982, 28.11.1990 EzA § 7 BUrlG Nr. 25, 79). Die **Ungewissheit**, ob das Arbeitsverhältnis im Urlaubsjahr fortbestanden hat, ist **kein gesetzlicher Übertragungsgrund** (*BAG* 18.9.2001 EzA § 7 BUrlG Nr. 109).
Der Urlaubsanspruch des Arbeitnehmers **erlischt** also **ersatzlos**, wenn er den Arbeitgeber nicht im Urlaubsjahr oder im Falle der Übertragung nicht innerhalb der Übertragungsfrist auffordert, den Urlaub zeitlich festzulegen (s. u. C/Rz. 1859 ff.; *BAG* 18.9.2001 EzA § 7 BUrlG Nr. 109).

Allerdings bestehen gegen eine Vereinbarung, nach der ein wegen Zeitablaufs am Jahresende erloschener tariflicher Urlaub im nachfolgenden Jahr in einem bestimmten Zeitabschnitt gewährt werden soll, keine rechtlichen Bedenken. Ist die Gewährung dieses Urlaubs allerdings wegen Krankheit des Arbeitnehmers zum vereinbarten Termin nicht möglich, so erlischt der Anspruch mit Ablauf dieses Zeitabschnitts (*BAG* 25.8.1987 EzA § 4 TVG Metallindustrie Nr. 34). 1715

(6) Erlöschen nach Fristablauf

Kann der Arbeitnehmer den Urlaub z. B. wegen lang anhaltender Krankheit nicht spätestens bis zum 31.3. des Folgejahres verwirklichen, so erlischt entgegen der früheren Rechtsprechung des *BAG* (21.7.1973 AP Nr. 3 zu § 7 BUrlG Übertragung) der Anspruch, wenn der Arbeitgeber die Unmöglichkeit nicht zu vertreten hat (*BAG* 13.5.1982 EzA § 7 BUrlG Nr. 25). Eine Ausnahme besteht auch nicht während des Kündigungsschutzprozesses (*BAG* 22.10.1987 EzA § 7 BUrlG Nr. 60), d. h. die Erfüllung wird unmöglich, auch ohne dass es einer Verfallfrist bedürfte; die **Kündigungsschutzklage** enthält **regelmäßig** auch **keine verzugsbegründende Mahnung** (*BAG* 18.9.2001 EzA § 7 BUrlG Nr. 109). 1716

Das *BAG* (1.12.1983 EzA § 7 BUrlG Nr. 30) hat seine ursprünglich vertretene Auffassung (*BAG* 9.1.1979 EzA § 1 BUrlG Nr. 37), dass ein Arbeitnehmer sich bis zum Abschluss des Kündigungsschutzverfahrens nicht darum zu bemühen braucht, Urlaub von seinem Arbeitgeber zu erhalten, ausdrücklich aufgegeben. 1717

Auch dann, wenn ein Arbeitsverhältnis aufgrund eines gerichtlichen Vergleichs im Kündigungsschutzprozess rückwirkend beendet wird, ändert dies nichts am eingetretenen Erlöschen des Urlaubsanspruchs am Ende des Urlaubsjahres bzw. des Übertragungszeitraums und führt nicht zu einem nunmehr wegen der Beendigung des Arbeitsverhältnisses gegebenen Urlaubsabgeltungsanspruch. 1718

Teilt der Arbeitgeber in einer Lohnabrechnung dem Arbeitnehmer die Zahl der noch nicht gewährten Urlaubstage mit, kann darin zwar ausnahmsweise ein **bestätigendes Schuldanerkenntnis** liegen (s. o. C/Rz. 644 ff.), durch das ihm verwehrt ist, einzuwenden, er schulde den Urlaub in dieser Höhe nicht. Er ist dadurch i. d. R. jedoch nicht gehindert, sich nach Ablauf des Urlaubsjahres bzw. des Übertragungszeitraums auf das Erlöschen des Urlaubsanspruchs zu berufen (*BAG* 10.3.1987 EzA § 7 BUrlG Nr. 55). 1719

Bestehende Erwerbsunfähigkeit (§ 44 Abs. 2 SGB VI) schließt die Verwirklichung des Urlaubs dann nicht aus, wenn der Arbeitnehmer gleichwohl **noch arbeitsfähig ist** (*BAG* 30.7.1986 EzA § 44 SchwbG Nr. 7).

C. Der Inhalt des Arbeitsverhältnisses

(7) Übertragung des Urlaubsanspruchs

1720 Die Übertragung des Urlaubs erfolgt ohne besondere Geltendmachung von Gesetzes wegen, wenn einer der gesetzlichen Gründe (dringende betriebliche oder in der Person des Arbeitnehmers liegende Gründe) zur Übertragung vorliegt (*BAG* 24.11.1987 EzA § 7 BUrlG Nr. 61).

Diese Grundsätze gelten auch für den Zusatzurlaub für schwer behinderte Menschen gem. § 125 SGB IX (*LAG Schleswig-Holstein* BB 1985, 734).

1721 Dringende betriebliche Gründe liegen nicht bereits deshalb vor und sind nicht deshalb zu vermuten, weil der Arbeitgeber den Urlaub nicht von sich aus gewährt hat (*BAG* 23.6.1992 EzA § 7 BUrlG Nr. 85).

1722 Die Übertragungsregelung nach § 7 Abs. 3 S. 2 BUrlG gilt auch für Teilurlaubsansprüche neben der Übertragungsregelung nach § 7 Abs. 3 S. 4 BUrlG für den nach § 5 Abs. 1 a BUrlG entstandenen Teilanspruch (*BAG* 25.8.1987 EzA § 7 BUrlG Nr. 57; *LAG Rheinland-Pfalz* 2.9.1999 NZA 2000, 262).

(8) Das IAO-Übereinkommen Nr. 132 über den bezahlten Jahresurlaub

aaa) Grundlagen und Inhalt

1723 Das IAO-Übereinkommen Nr. 132 über den bezahlten Jahresurlaub vom 24.6.1970 ist durch Gesetz vom 30.4.1975 (BGBl. II S. 745) ratifiziert und damit durch das Transformationsgesetz geltendes Recht geworden. Es gehört zum **innerstaatlichen Recht** (Art. 59 Abs. 2 S. 1 GG) und bindet die Gerichte. Folglich ist es nicht nur bei der Auslegung des BUrlG mit heranzuziehen, sondern wegen des Verfassungsgebots der völkerrechtsfreundlichen Auslegung ist das BUrlG innerstaatlich so auszulegen, dass es nicht im Widerspruch zu dem Übereinkommen steht (GK-BUrlG/*Berscheid* § 15 Rz. 13 ff.).

1724 Nach Art. 9 dieses Übereinkommens wird der Zeitraum für die Übertragung des Urlaubsanspruchs zunächst auf ein Jahr (also auf das volle Folgejahr) als Höchstgrenze festgelegt. Diese kann jedoch für den zwei Arbeitswochen überschreitenden Teil des Urlaubs noch auf 18 Monate verlängert werden. Ausnahmen sind in den Fällen zulässig, in denen der Arbeitnehmer aus einem sich seiner Einflussnahme entziehenden triftigen Grund nicht in der Lage war, seinen Urlaub zu nehmen (Krankheit, Militärdienst usw.) und in denen ein solcher Aufschub die einzige Alternativlösung zur Abgeltung oder zum völligen Verlust des Urlaubsanspruchs darstellt, was in beiden Fällen für den Arbeitnehmer nachteiliger wäre (vgl. GK-BUrlG/*Berscheid* § 15 Rz. 15 ff.).

bbb) Verhältnis zur Befristung des Urlaubsanspruchs nach dem BUrlG

1725 Das *BAG* (7.3.1985 EzA § 7 BUrlG Nr. 38; 28.11.1990 EzA § 7 BUrlG Nr. 79; 7.12.1993 EzA § 7 BUrlG Nr. 91) geht insoweit davon aus, dass
– die Bestimmungen des IAO-Übereinkommens Nr. 132 vom 24.6.1970 **keine unmittelbar anwendbaren völkerrechtlichen Normen** sind;
– diese Normen durch das **Ratifizierungsgesetz** vom 30.4.1975 (BGBl. II S. 745) **innerstaatliches Recht** geworden sind. Dadurch sind die Gesetzgebungsorgane der BRD auch innerstaatlich verpflichtet worden, dieses Übereinkommen zu erfüllen. Dem ist der Bundesgesetzgeber durch die Änderung des BUrlG durch das Heimarbeitsänderungsgesetz vom 29.10.1974 nachgekommen;

- die Arbeitnehmer mit der Ratifizierung des Übereinkommens **keinen unmittelbaren Anspruch auf Bestand ihres Urlaubsanspruchs über das Urlaubsjahr oder den Übertragungszeitraum hinaus** erhalten haben;
- die vom *BAG* (7.3.1985 EzA § 7 BUrlG Nr. 38; 28.11.1990 EzA § 7 BUrlG Nr. 79; 7.12.1993 EzA § 7 BUrlG Nr. 91) angenommene **Befristung des Urlaubsanspruchs** auf das Kalenderjahr bis maximal zum Ablauf des Übertragungszeitraums (31.3.) **nicht Art. 9 des Übereinkommens widerspricht.** Danach enthält diese Vorschrift nicht Mindestfristen für den Bestand des Urlaubsanspruchs, sondern lediglich einen Zeitraum, innerhalb dessen der Urlaubsanspruch längstens verwirklicht sein muss. In diesem Rahmen halten sich §§ 1, 7 Abs. 3 BUrlG. Der Gesetzgeber hat damit von der ihm nach Art. 1 des Übereinkommens übertragenen Befugnis, die Bestimmungen des Übereinkommens durchzuführen, Gebrauch gemacht. Das Unterschreiten der zulässigen Obergrenze für den Bestand des Anspruchs kann keinen Rechtsverstoß gegen Art. 9 begründen. Im Übrigen enthält auch Art. 9 des Übereinkommens selbst eine Befristung des Urlaubsanspruchs;
- **die Vorschriften des IAO-Übereinkommens Nr. 132 auch nicht eine Auslegung des BUrlG dahin gebieten, dass der Urlaubsanspruch nicht am Ende des Urlaubsjahres oder des Übertragungszeitraums verfällt.**

ccc) Kritik in Rechtsprechung und Literatur

Dagegen wird in Rechtsprechung und Literatur (*LAG Düsseldorf* 21.3.1991 LAGE § 7 AWbG NW Nr. 9; GK-BUrlG/*Berscheid* § 15 Rz. 16 ff.; *Ende* ArbuR 1998, 270 ff.) die Auffassung vertreten, dass diese Auslegung **Sinn und Zweck des Art. 9 widerspricht.** Aus dieser Norm folgt vielmehr ein Anspruch des Arbeitnehmers auf denselben zeitlichen Bestand des Urlaubsanspruchs. Sie enthält eine Verpflichtung des innerstaatlichen Gesetzgebers zur Durchführung des Übereinkommens. **1726**

Die Auffassung des BAG ist danach auch mit Art. 11 des IAO-Übereinkommens nicht vereinbar. Denn Art. 11 sieht vor, dass ein Arbeitnehmer, der die Wartezeit erfüllt hat, bei Beendigung seines Arbeitsverhältnisses entweder Anspruch auf einen bezahlten Urlaub im Verhältnis zu der Dienstzeit, für die er keinen solchen Urlaub erhalten hat, oder eine Urlaubsabgeltung oder ein gleichwertiges Urlaubsguthaben verlangen kann. Diese Vorschrift will danach unter allen Umständen den vom Arbeitnehmer bereits erworbenen Urlaubsanspruch bei Beendigung des Arbeitsverhältnisses schützen. Das schließt es aus, den Urlaubsabgeltungsanspruch von zusätzlichen Voraussetzungen wie der Erfüllbarkeit des Urlaubsanspruchs im Zeitpunkt der Beendigung des Arbeitsverhältnisses abhängig zu machen (GK-BUrlG/*Berscheid* § 15 Rz. 20 m. w. N.). **1727**

(9) Teilzeitbeschäftigung

> Arbeitnehmer erwerben grds. ohne Rücksicht auf den Umfang der Arbeitszeit Anspruch auf bezahlten Erholungsurlaub. Das BUrlG selbst sieht insoweit keine Ausnahmen vor. Folglich erwerben auch studentische Hilfskräfte, die in einem unbefristeten Arbeitsverhältnis teilzeitbeschäftigt werden, einen Urlaubsanspruch, der sich nach dem Umfang der vertraglich geschuldeten Arbeitsleistung richtet (*BAG* 23.6.1992 EzA § 7 BUrlG Nr. 85). **1728**

Bei Teilzeitbeschäftigten, die zwar in gewisser Regelmäßigkeit, aber doch jeweils nur für einen bestimmten Arbeitstag zur Arbeitsleistung herangezogen werden, kann al- **1729** lerdings zweifelhaft sein, ob ein dauerndes Teilzeitarbeitsverhältnis vorliegt mit der Folge entsprechender anteiliger Urlaubsansprüche oder aber nur jeweils für einen Tag oder einzelne Arbeitsintervalle befristete Arbeitsverhältnisse, die Urlaubsansprüche ausschließen (s. u. D/Rz. 2070 ff.).

1730 Das *BAG* (19.1.1993 EzA § 1 BUrlG Nr. 20) hat insoweit angenommen, dass Studenten, die nach einer mehrwöchigen Einarbeitung als Sitz- oder Sonderwachen in einer Intensivstation eines Universitätsklinikums für geeignet gehalten und in den Kreis der zukünftig zu Sitzwachen heranzuziehenden studentischen Hilfskräfte aufgenommen werden, in einem **dauernden Teilzeitarbeitsverhältnis** stehen. Sie haben deshalb in jedem Kalenderjahr Anspruch auf Urlaub entsprechend ihrer im Vergleich zu Vollzeitbeschäftigten jährlich zu leistenden Arbeit (s. aber unten D/Rz. 2070 ff.).

cc) **Auswirkungen tariflicher Regelungen**

(1) **Erweiterung der Übertragungsmöglichkeit nach erfolgloser vorheriger Geltendmachung**

1731 Durch Tarifvertrag kann die bei dringenden betrieblichen sowie Gründen in der Person des Arbeitnehmers ohne weiteres von Gesetzes wegen eintretende Übertragung des Urlaubs ergänzt werden durch eine Übertragung nach vorheriger erfolgloser Geltendmachung des Anspruchs durch den Arbeitnehmer.

Ist das der Fall, muss der Urlaub so frühzeitig verlangt werden, dass dem Arbeitgeber die Erfüllung des Urlaubsanspruchs bis zum Ablauf des Übertragungszeitraums möglich ist (*BAG* 7.11.1985 EzA § 7 BUrlG Nr. 41).

1732 Ist in einem Tarifvertrag die schriftliche Geltendmachung des aus dem Vorjahr übertragenen Urlaubs bis zum 31.3. des Folgejahres vorgeschrieben, erlischt der Urlaubsanspruch bei nicht rechtzeitiger oder formgerechter Geltendmachung ersatzlos. Zu beachten ist insoweit auch, dass der Einwand des Rechtsmissbrauchs nicht bereits allein dadurch begründet wird, dass der Arbeitgeber es unterlassen hat, den Arbeitnehmer über die einzuhaltende tarifliche Schriftform zu belehren (*BAG* 14.6.1994 EzA § 125 BGB Nr. 11).

(2) **Übertragung über den 31.3. des Folgejahres hinaus**

1733 Tarifliche Regelungen können bestimmen, dass »der laufende Jahresurlaub bis spätestens zum 31.3. des folgenden Kalenderjahres zu gewähren und zu nehmen ist. Abgesehen von besonders begründeten Ausnahmefällen erlischt der Urlaubsanspruch, wenn er bis dahin nicht geltend gemacht worden ist.« Die langandauernde krankheitsbedingte Arbeitsunfähigkeit eines Arbeitnehmers ist kein besonders begründeter Ausnahmefall i. S. dieser Tarifnorm, der die Übertragung des Urlaubs über den 31. März des Folgejahres hinaus rechtfertigt (*BAG* 9.5.1995 EzA § 7 BUrlG Nr. 100).

1734 Denn ein besonders begründeter Ausnahmefall liegt nur dann vor, wenn im Verhältnis zu den gesetzlichen Übertragungsgründen des § 7 Abs. 3 S. 2 BUrlG eine Ausnahmesituation angenommen werden kann, die es als besondere Härte für den Arbeitnehmer erscheinen lässt, wenn sein Urlaubsanspruch am Ende des ersten Quartals des Folgejahres erlischt. Bei einer langandauernden Erkrankung eines Arbeitnehmers handelt es sich aber um den regelmäßig in der Person des

> Arbeitnehmers begründeten Übertragungsgrund, für den das BUrlG die Rechtsfolge der Übertragung bis zum Ende des ersten Quartals des Folgejahres als ausreichend ansieht.

Etwas anderes kann gelten, wenn der Urlaub aus betrieblichen Gründen auf das erste Quartal des Folgejahres übertragen wird und der Urlaub dann wegen einer Erkrankung nicht genommen werden kann, oder wenn der Arbeitnehmer infolge eines Arbeitsunfalls am Urlaubsantritt gehindert wird. 1735

Durch Tarifnorm kann auch bestimmt werden (vgl. §§ 53 Abs. 2 MTB II, 47 Abs. 7 BAT; ähnlich § 49 MTV Waldarbeiter der Länder und der Mitglieder der kommunalen Arbeitgeberverbände Rheinland-Pfalz und Saar vom 26.1.1982), dass der Urlaub dann, wenn er bis zum Ende des Urlaubsjahres nicht angetreten werden kann, **bis zum 30.4.** des folgenden Urlaubsjahres anzutreten ist. »Kann der Urlaub aus dienstlichen oder betrieblichen Gründen, wegen Arbeitsunfähigkeit oder wegen der Mutterschutzfristen nach dem MuSchG nicht bis zum 30.4. angetreten werden, ist er **bis zum 30.6.** anzutreten. War ein innerhalb des Urlaubsjahres für dieses Urlaubsjahr festgelegter Urlaub auf Veranlassung des Arbeitgebers in die Zeit nach dem 31.12. des Urlaubsjahres verlegt worden und konnte er wegen Arbeitsunfähigkeit nicht nach S. 2 bis zum 30.6. angetreten werden, ist er **bis zum 30.9.** anzutreten.« Zu beachten ist bei derartigen Normen aber, dass eine Übertragung in das Folgejahr nur in Betracht kommt, wenn ein **sachlicher Grund** den rechtzeitigen Urlaubsantritt im Urlaubsjahr verhindert hat (BAG 23.1.1996 ZTR 1996, 317). 1736

Hat ein Arbeitnehmer nach Maßgabe dieser Regelung den Urlaub bis zum 30.4. des auf das Urlaubsjahr folgenden Kalenderjahres angetreten und erkrankt er nach diesem Zeitpunkt arbeitsunfähig, so hindert das nicht den Verfall des Urlaubsanspruchs für die wegen der Krankheit nicht anzurechnenden Urlaubstage (BAG 31.5.1990 EzA § 13 BUrlG Nr. 48; 19.3.1996 EzA § 9 BUrlG Nr. 14). 1737

Auch dann, wenn der Urlaub so festgesetzt ist (z. B. 6.6.–6.7.), dass er nicht vor dem Stichtag für den Antritt des übertragenen Urlaubs bei einer derartigen Regelung beendet wird (z. B. 30.6.), hat der Arbeitgeber bei einer Erkrankung des Arbeitnehmers (z. B. 4.7.–6.7.) **keine Verpflichtung**, die wegen nachgewiesener Arbeitsunfähigkeit nicht anzurechnenden Urlaubstage **nachzugewähren**. In diesem Fall verfallen die wegen Arbeitsunfähigkeit nicht erfüllten Urlaubsansprüche (BAG 21.1.1997 EzA § 7 BUrlG Nr. 104).

(3) Anforderungen an den Inhalt einer von der Befristung des Urlaubsanspruchs abweichenden Regelung

> Fraglich ist, ob eine derartige abweichende Regelung dann gegeben ist, wenn die tarifliche Norm nur bestimmt: »Der Urlaub ist spätestens bis 31.3. des folgenden Kalenderjahres zu gewähren. Der Urlaubsanspruch erlischt, wenn er nicht bis dahin geltend gemacht worden ist« (§ 12 Abs. 1 Nr. 10 MTV Chemie). 1738

Zum Teil wird in der Rechtsprechung (LAG Köln DB 1984, 1200, BB 1986, 2336) die Auffassung vertreten, dass die gesetzliche Regelung gem. § 13 Abs. 1 BUrlG zulässigerweise dadurch abgeändert worden ist, sodass der Urlaub dann auch noch nach dem 31.3. des Folgejahres verwirklicht werden kann. Die zunächst zwingend am Tarifwortlaut orientierte Auslegung lässt nur den Schluss zu, dass die Tarifvertragspar- 1739 teien zwar grds. bis zum 31.3. des folgenden Kalenderjahres eine zeitliche Grenze für die Inanspruchnahme des Urlaubs setzen wollten, der Arbeitnehmer den Verfall aber durch vorherige Geltendmachung verhindern kann. Denn die tarifliche Regelung bindet den Urlaub nicht streng an das Kalenderjahr bzw. den Übertragungszeitraum. Danach ist auch kein Hinweis dafür zu finden, dass der Arbeitnehmer zur Zeit der Geltendmachung arbeitsfähig und damit in der Lage gewesen sein muss, den Urlaub auch tatsächlich zu nehmen. Voraussetzung für die Abwendung des Verfalls ist aber das Vorliegen der Voraussetzungen der in § 7 Abs. 3 S. 2 BUrlG genannten Leistungshindernisse (betriebliche, persönliche Gründe). Diese Auslegung soll zweckorientiert, praktikabel sein und dem zum Ausdruck gekommenen Willen der Tarifvertragsparteien entsprechen.

1740 Demgegenüber vertritt das *BAG* (31.10.1986 EzA § 13 BUrlG Nr. 26; 13.11.1986 EzA § 13 BUrlG Nr. 27) die Auffassung, dass eine solche Regelung nur den Hinweis enthält, dass es der Geltendmachung des Urlaubs bedarf, um den mit dem Ende der Befristung eintretenden Rechtsverlust zu vermeiden. Die Geltendmachung ist danach nur dann rechtlich beachtlich, wenn der Urlaubsanspruch gegenüber dem Arbeitnehmer noch vor Fristablauf erfüllt werden kann. Daran fehlt es aber, wenn der Arbeitnehmer arbeitsunfähig krank ist. Denn aus der tariflichen Regelung kann nicht zwingend geschlossen werden, dass ein Urlaubsanspruch nicht erlischt, wenn keine Möglichkeit besteht, ihn vor dem 31.3. des Folgejahres zu erfüllen. Es ist ausgeschlossen, dass ein Arbeitnehmer durch Zuwarten bis zum 31.3. einen nur ausnahmsweise überhaupt übertragenen Urlaubsanspruch, wenn dessen Erfüllung vor diesem Zeitpunkt nicht möglich war, für einen späteren Zeitpunkt aufrecht erhalten kann.

1741 Gleiches gilt dann, wenn die Tarifnorm die Notwendigkeit der Inanspruchnahme des zunächst übertragenen Urlaubs bis zum 31.3. nur als Sollvorschrift formuliert. Denn auch dann ist trotz des nicht unmissverständlichen Tarifwortlauts **keine Erweiterung gegenüber der Bestimmung des § 7 Abs. 3 S. 3 BUrlG gegeben**. Denn der Wille der Tarifvertragsparteien, die maßgebliche Rechtsfrage der Urlaubsgewährung und -übertragung in Anlehnung an das BUrlG zu regeln, ist gleichwohl unverkennbar (*BAG* 3.11.1988 EzA § 7 BUrlG Nr. 64; gleiches gilt für die Formulierung »möglichst«, vgl. *LAG Köln* 17.1.1997 ZTR 1997, 378).

1742 Etwas anderes gilt aber z. B. für § 12 Abs. 7 MTV Metall NRW, der folgenden Wortlaut hat: »Der Urlaubsanspruch erlischt drei Monate nach Ablauf des Kalenderjahres, es sei denn, dass er ... wegen Krankheit nicht genommen werden konnte,« Nach dieser Regelung tritt der wegen Krankheit nicht genommene Urlaub mit Ablauf des 31. März des Folgejahres dem Urlaubsanspruch des dann laufenden Urlaubsjahres hinzu. Liegt am 31.März des nächsten Folgejahres erneut ein Leistungshindernis i. S. dieser tariflichen Bestimmung vor, wiederholt sich diese Übertragung. Der Antritt einer Kur ist allerdings kein Leistungshindernis i. S. dieser Vorschrift (*BAG* 7.11.1985 AP Nr. 8 zu § 7 BUrlG; 20.8.1996 EzA § 7 BUrlG Nr. 103; vgl. auch *BAG* 22.2.2000 NZA 2001, 268).

dd) Mutterschutzfristen, Erziehungsurlaub (jetzt Elternzeit)

Gem. dem durch das MuSchG 2002 neu eingeführten § 17 S. 2 MuSchG können Mütter eine Übertragung des Resturlaubs auf das laufende Kalenderjahr, in dem die Mutterschutzfrist endet, oder auf das nächste Urlaubsjahr beanspruchen, wenn sie ihren Urlaub vor Beginn des Beschäftigungsverbots nicht oder nicht vollständig erhalten haben. Damit ist klargestellt, dass die Übertragungsmöglichkeit im Vergleich zu dem von § 7 Abs. 3 BUrlG bestimmten Rahmen deutlich erweitert wird (vgl. *Joussen* NZA 2002, 706). Gem. § 17 Abs. 2 BErzGG hat der Arbeitgeber im Übrigen dann, wenn der Arbeitnehmer den ihm zustehenden Urlaub vor dem Beginn der Elternzeit nicht oder nicht vollständig erhalten hat, den nach der möglichen, aber nicht notwendigen ratierlichen Kürzung gem. § 17 Abs. 1 BErzGG verbleibenden Resturlaub nach der Elternzeit im laufenden oder im nächsten Kalenderjahr gewähren. Auch insoweit handelt es sich um eine Sonderregelung gegenüber der Verfallfrist des § 7 Abs. 3 BUrlG und etwaigen gleich lautenden tariflichen Regelungen (vgl. *BAG* 24.10.1989 NZA 1990, 499).

1743

ee) Erkrankung des Arbeitnehmers

Hat der Arbeitgeber den Urlaubszeitpunkt bestimmt und erkrankt der Arbeitnehmer vor Urlaubsantritt oder während des Urlaubs arbeitsunfähig, so entfällt dadurch nicht die Verpflichtung des Arbeitgebers, **den Urlaub zu erteilen**, wenn der Arbeitnehmer **wieder zur Erfüllung seiner Arbeitspflicht in der Lage** und der Anspruch **noch nicht durch Fristablauf erloschen ist** (*BAG* 9.6.1988 EzA § 13 BUrlG Nr. 35; vgl. ausf. *Kanzlsperger* ArbuR 1997, 192 ff.).

1744

ff) Ersatzurlaubsanspruch

(1) Rechtslage bei unberechtigter Urlaubsverweigerung und nach Fristablauf

Das *BAG* (5.9.1985 EzA § 7 BUrlG Nr. 40; 7.11.1985 EzA § 7 BUrlG Nr. 43; 26.6.1986 EzA § 44 SchwbG Nr. 5) geht für den Fall, dass der Arbeitnehmer den Urlaubsanspruch rechtzeitig, aber erfolglos geltend gemacht hatte und dem Arbeitgeber die Erteilung des Urlaubs möglich war, davon aus, dass der Urlaubsanspruch dann **zwar nach Ablauf der Befristung erloschen ist**.

1745

Der Arbeitgeber hat aber für die infolge Zeitablaufs eingetretene Unmöglichkeit, als die das Erlöschen des Urlaubsanspruchs anzusehen ist, einzustehen (§§ 286 Abs. 1, 280 Abs. 1, 287 S. 2 BGB). Als Rechtsfolge tritt an die Stelle des ursprünglichen Urlaubsanspruchs als Schadensersatzanspruch gem. § 249 S. 1 BGB ein nicht gem. §§ 1, 7 Abs. 3 BUrlG befristeter Ersatzurlaubsanspruch in gleicher Höhe.

1746

Die Zuerkennung von Schadensersatz in Geld (§ 251 Abs. 1 BGB) ist mit den mit dem BUrlG verfolgten gesundheitspolitischen Zielsetzungen und dem gesetzgeberischen Zweck einer humanen Gestaltung des Arbeitslebens nicht in Einklang zu bringen. Eine Geldzahlungspflicht kommt auch im Hinblick auf § 7 Abs. 4 BUrlG nicht in Betracht, weil Urlaubsansprüche im fortbestehenden Arbeitsverhältnis grds. nicht durch Geldzahlungen abgelöst werden sollen.

1747

(2) Mahnung

1748 Erforderlich ist danach aber zur Herbeiführung des Verzuges **eine Mahnung des Gläubigers vor Verfall des Anspruchs nach Eintritt der Fälligkeit**. Sie muss bestimmt und eindeutig sein und ferner erkennen lassen, dass das Ausbleiben der Leistung Folgen haben wird und dass die geschuldete Leistung unverzüglich zu bewirken ist (*BAG* 26.6.1986 EzA § 3 BUrlG Nr. 17; 27.8.1986 EzA § 7 BUrlG Nr. 46). Das ist z. B. dann nicht der Fall, wenn der Arbeitnehmer in einem Schreiben lediglich ausführt, dass **nach seiner Auffassung der Anspruch auf Urlaubsgeld nicht verfalle**, selbst wenn ein Arbeitnehmer im Urlaubsjahr wegen Krankheit überhaupt nicht gearbeitet hat und es ferner heißt: »Ebenso verhält es sich mit dem eigentlichen Urlaubsanspruch« (*Hessisches LAG* 28.10.1996 ZTR 1997, 234).

1749 Hinzukommen muss schließlich, dass der Arbeitnehmer zum fraglichen Zeitpunkt auch tatsächlich in der Lage ist, den von ihm verlangten Urlaub anzutreten. Folglich setzt das Urlaubsverlangen eines Arbeitnehmers während einer krankheitsbedingten Arbeitsunfähigkeit den Arbeitgeber hinsichtlich der Verpflichtung zur Urlaubsgewährung nicht in Verzug (*Hessisches LAG* 28.10.1996 ZTR 1997, 234).

(3) Abweichende Begründungsansätze

1750 In der Literatur (GK-BUrlG/*Bachmann* § 7 Rz. 124) wird demgegenüber die Auffassung vertreten, dass ein Schadensersatzanspruch auch dann besteht, wenn der Arbeitnehmer den Urlaubsanspruch **zwar nicht rechtzeitig geltend gemacht, der Arbeitgeber den Urlaub aber auch nicht festgelegt oder wenigstens angeboten hat.**

1751 Nach Auffassung von *Plüm* (NZA 1988, 716) hat der Arbeitgeber die Nichterteilung des Urlaubs trotz fehlender Geltendmachung durch den Arbeitnehmer zu vertreten, weil es sich bei der Urlaubsgewährung um ein Fixgeschäft handelt (**a. A.** MünchArbR/*Leinemann* § 91 Rz. 22, wonach der Arbeitgeber als Schuldner des Urlaubsanspruchs zwar seine Verpflichtungen auch ohne Mahnung des Arbeitnehmers erfüllen kann, dies aber nicht muss).

1752 Gegen die Auffassung des BAG wird ferner eingewandt, dass offen bleibt, warum sowohl § 280 Abs. 1 BGB als auch § 286 Abs. 1 BGB einschlägig sein sollen, obwohl sich Unmöglichkeit und Verzug ausschließen. Zudem ist eine Naturalrestitution durch Ersatzurlaub ausgeschlossen, weil sie in einem unauflösbaren Wertungswiderspruch zur Rechtsnatur der Urlaubsschuld als Fixschuld steht (*LAG Düsseldorf* 20.9.1989 LAGE § 7 BUrlG Übertragung Nr. 2).

(4) Entschädigungsanspruch bei Beendigung des Arbeitsverhältnisses

1753 Kann der Urlaub wegen der Beendigung des Arbeitsverhältnisses trotz bestehendem Schadensersatzanspruch nicht mehr gewährt werden, so ist der Arbeitnehmer in Geld zu entschädigen (*BAG* 26.6.1986 EzA § 44 SchwbG Nr. 5).
Ein Abgeltungsanspruch gem. § 7 Abs. 4 BUrlG kommt nicht in Betracht, weil dieser an den ursprünglichen Urlaubsanspruch anknüpft, nicht aber an einen Schadensersatzanspruch.

(5) Klage des Arbeitnehmers; tarifliche Ausschlussfrist

1754 Hat der Arbeitgeber die Gewährung von Urlaub zu **Unrecht verweigert** und schuldet er deshalb dem Arbeitnehmer wegen des zum 31. März des Folgejahres erloschen Urlaubsanspruchs Ersatzurlaub, erfasst die vom Arbeitnehmer innerhalb der tariflichen **Ausschlussfrist** erhobene **Klage auf Zahlung von Urlaubsentgelt** als Schadensersatz auch den erst nach Ablauf der Ausschlussfrist im Rechtsstreit geltend gemachten Anspruch auf Urlaubsgewährung (*BAG* 16.3.1999 EzA § 7 BUrlG Nr. 107).

gg) Umfang des Urlaubsanspruchs

(1) Grundlagen (§ 3 BUrlG)

aaa) Höhe des gesetzlichen Urlaubs

Der Umfang des gesetzlichen Urlaubsanspruchs beträgt ab dem 1.1.1995 24 (zuvor 18) Werktage einschließlich der Samstage. In den neuen Bundesländern gilt § 3 BUrlG mit der Maßgabe, dass ein Grundurlaub von 20 Arbeitstagen besteht, wobei von 5 Arbeitstagen in der Woche auszugehen ist (GK-BUrlG/*Bleistein* § 3 Rz. 75; zur bis 30.6.1991 geltenden Übergangsregelung hinsichtlich des erhöhten Grundurlaubs vgl. *Dörner/Widlak* NZA 1991, Beil. Nr. 1, S. 42 ff.).

1755

Der Gesetzgeber ist noch von einer 6-Tage-Arbeitswoche ausgegangen. Obwohl inzwischen die 5-Tage-Arbeitswoche üblich ist, ist vorbehaltlich abweichender Vereinbarung der Samstag ebenso wie jeder sonstige Wochentag im Rahmen des gesetzlichen Urlaubsanspruchs ein vollwertiger Urlaubstag (*Dersch/Neumann* § 3 Rz. 30; **a. A.** MünchArbR/*Leinemann* § 89 Rz. 53).

1756

bbb) Umrechnung auf die 5-Tage-Woche

In der betrieblichen Praxis bestimmt sich allerdings der Umfang des Urlaubsanspruchs ganz **überwiegend nach tariflichen Bestimmungen**, die meist wesentlich mehr Urlaubstage vorsehen.

1757

Fehlt eine tarifliche Regelung des Inhalts, dass nur Arbeitstage als Urlaubstage anzurechnen sind, so sind Werktage und Arbeitstage rechnerisch so in Beziehung zu setzen, dass bei einer Verteilung auf weniger als 6 Arbeitstage die Gesamtdauer des tariflichen Urlaubs (Werktage) durch 6 dividiert und sodann mit der Zahl der Arbeitstage einer Woche multipliziert wird (*BAG* 27.1.1987 EzA § 13 BUrlG Nr. 28; vgl. auch *Danne* DB 1990, 1965; *Leinemann/Linck* DB 1999, 1498 ff.). Wird also in einem Tarifvertrag die Dauer des jährlichen Erholungsurlaubsanspruchs auf 30 Arbeitstage festgelegt, so ist davon auszugehen, dass dem die Verteilung der Wochenarbeitszeit auf **fünf Tage** zugrunde liegt. Verteilt sich die regelmäßige Arbeitszeit auf mehr oder weniger als fünf Arbeitstage in der Woche, erhöht oder vermindert sich die Urlaubsdauer entsprechend (*BAG* 20.6.2000 EzA § 3 BurlG Nr. 21; *LAG Niedersachsen* 8.12.1998 NZA-RR 1999, 198).

1758

Stehen dem Arbeitnehmer dagegen z. B. 30 Tage Jahresurlaub zu, dann entspricht das 25 Arbeitstagen.

Auch wenn die tarifliche regelmäßige Arbeitszeit nicht auf fünf Arbeitstage pro Woche, sondern auf **neun Arbeitstage** in der **Doppelwoche** verteilt ist (z. B. für Poliere im Baugewerbe gem. BRTV Bau), muss der zeitlich gleichwertige Urlaubsanspruch durch Umrechnung ermittelt werden, indem die unterschiedliche Anzahl von Ar-

1759

beitstagen miteinander in Beziehung gesetzt wird. Haben die Tarifvertragsparteien die Anzahl der im Kalenderjahr zustehenden Urlaubstage nach der Verteilung der regelmäßigen Arbeitszeit auf fünf Tage in der Kalenderwoche bemessen, so erhöht oder vermindert sich bei einer abweichenden Verteilung die Anzahl der Urlaubstage je nachdem, ob die regelmäßige Arbeitszeit des Arbeitnehmers auf mehr oder weniger Tage der Kalenderwoche verteilt worden ist (*BAG* 8.9.1998 EzA § 4 TVG Bauindustrie Nr. 93). Haben Arbeitnehmer aufgrund einer tariflichen Regelung bei einer **Sechs-Tage-Woche** einen Gesamturlaub von höchstens **32 Werktagen**, so gilt diese Höchstgrenze auch für Arbeitnehmer mit einer Fünf-Tage-Woche. Sie führt bei ihnen zu einem Urlaub von höchstens **27 Arbeitstagen** (*BAG* 8.5.2001 EzA § 3 BUrlG Nr. 22).

1760 Ändert sich im **Verlauf eines Kalenderjahres** die Verteilung der Arbeitszeit auf weniger oder auch auf mehr Arbeitstage einer Kalenderwoche, verkürzt oder verlängert sich entsprechend die Dauer des dem Arbeitnehmer zustehenden Urlaubs. Sie ist dann jeweils unter Berücksichtigung der nunmehr für ihn maßgeblichen Verteilung seiner Arbeitszeit neu zu berechnen. Das trifft auch für einen auf das folgende Urlaubsjahr übertragenen Resturlaub zu, wenn der Arbeitnehmer seit Beginn des folgenden Jahres in Teilzeit beschäftigt ist (*BAG* 28.4.1998 NZA 1999, 156).

1761 Wird in einer Betriebsvereinbarung langjährig beschäftigten Arbeitnehmern zusätzlich zu dem in Werktagen bemessenen Tarifurlaub ein Treueurlaub von drei Tagen versprochen, so ist von einer Bemessung des Zusatzurlaubs ebenfalls nach Werktagen auszugehen (*BAG* 19.4.1994 EzA § 3 BUrlG Nr. 19).

ccc) Berechnung bei flexibler Arbeitszeitverteilung

1762 Beschränkt sich die Arbeitsverpflichtung des Vollzeitarbeitnehmers im Rahmen eines rollierenden betrieblichen Freizeitsystems auf weniger als fünf Werktage pro Woche, ist der in Werktagen ausgedrückte tarifliche und vertragliche Urlaubsanspruch entsprechend der Arbeitsverpflichtung in Arbeitstage umzurechnen. **Enthält der dem Arbeitsverhältnis zugrunde liegende Tarifvertrag insoweit keine Regelung, so sind die Arbeitstage zu den Werktagen rechnerisch in Beziehung zu setzen.** (*BAG* 14.1.1992 EzA § 4 TVG Einzelhandel Nr. 22; 14.2.1991 EzA § 13 BUrlG Nr. 50; für § 12 MTV Chemie vgl. *BAG* 18.2.1997 EzA § 3 BUrlG Nr. 20).

> Steht dem Arbeitnehmer ein Urlaubsanspruch von 30 Tagen zu, dann entspricht das bei einer Arbeitsverpflichtung von 4 Tagen/Woche 20 Arbeitstagen.

1763 Ist zudem in einem Schichtplan bestimmt, dass die regelmäßige wöchentliche Arbeitszeit im Durchschnitt erst nach 20 Wochen erreicht wird, so ist für die Umrechnung des nach Arbeitstagen bemessenen tariflichen Urlaubsanspruchs auf diesen Zeitraum abzustellen (*BAG* 3.5.1994 EzA § 13 BUrlG Nr. 54; vgl. zur Berechnung der Anzahl der Arbeitsschichten für den Erholungsurlaub eines Arbeitnehmers in Wechselschicht *LAG Hessen* 9.11.2000 NZA-RR 2001, 627).

1764 Ändert sich die Verteilung der Arbeitszeit (z. B. von 5 Tagen auf 4 Tage pro Woche), dann ändert sich ebenso (automatisch) im gleichen Verhältnis die Anzahl der Urlaubstage. Die Urlaubsdauer ist dann entsprechend umzurechnen. Daraus ergibt sich eine Erhöhung oder Verringerung der dem Arbeitnehmer aufgrund des Urlaubsanspruchs zustehenden Urlaubstage. Das trifft auch für den übertragenen

C. Der Inhalt des Arbeitsverhältnisses

Urlaub zu, selbst dann, wenn der Arbeitnehmer 1995 in der 5-Tagewoche, ab dem 1.1.1996 dagegen an weniger als 5 Tagen arbeitet und es um die Höhe des aus 1995 übertragenen Resturlaubs geht (*BAG* 28.4.1998 EzA § 7 BUrlG Nr. 105).

Gewährt der Arbeitgeber einen **Treueurlaub** von drei Tagen zusätzlich zu dem in Werktagen bemessenen Tarifurlaub, so sind dann, wenn die Arbeitszeit des Arbeitnehmers nicht auf alle Werktage der Woche verteilt ist, Erholungsurlaub und Zusatzurlaub in Arbeitstage umzusetzen. Diese Berechnung ist getrennt nach Erholungs- und Zusatzurlaub durchzuführen (*BAG* 19.4.1994 EzA § 3 BUrlG Nr. 19). 1765

Im Übrigen gilt, dass dann, wenn die regelmäßige Arbeitszeit auf einen Zeitraum verteilt ist, der mit der Kalenderwoche nicht übereinstimmt, für die Umrechnung eines nach Arbeitstagen bemessenen Urlaubsanspruchs auf längere Zeitabschnitte als eine Woche, ggf. auf ein Kalenderjahr, abgestellt werden muss (*BAG* 22.10.1991 EzA § 13 BUrlG Nr. 51). 1766

ddd) **Besonderheiten bei Teilzeitarbeitsverhältnissen?**
Arbeiten die Teilzeitbeschäftigten **regelmäßig an einigen Tagen in der Woche**, dann ist der Urlaubsanspruch in dem Umfang zu kürzen, wie die Zahl der tatsächlichen Arbeitstage hinter der Zahl der potentiellen Arbeitstage zurückbleibt. 1767

Arbeitet der Arbeitnehmer z. B. an drei Arbeitstagen und haben Vollzeitkräfte in dem Betrieb einen Anspruch auf 30 Arbeitstage Urlaub, so steht dem Teilzeitarbeitnehmer die bezahlte Freistellung an 18 Tagen zu, an denen er sonst arbeiten müsste (Münch-ArbR/*Schüren* § 162 Rz. 168). 1768

Fraglich ist, ob die Rücksicht auf die in Teilzeitarbeitsverhältnissen mögliche sehr unterschiedliche Arbeitsstundenzahl (flexibilisierte Teilzeitarbeit) dazu führt, dass der Urlaubsanspruch **in Stunden umgerechnet werden muss**, um eine dem Vollzeitarbeitnehmer entsprechende Arbeitsbefreiung zu gewährleisten. 1769

Nach Auffassung von *Schüren* (MünchArbR § 162 Rz. 170 f.) ist der Vergleich bei einem Arbeitnehmer, der Abrufarbeit leistet und ein Jahresdeputat von z. B. 1 000 Stunden übernommen hat, mit einer Vollzeitkraft und deren jährlicher »Bruttostundenzahl« (ohne Feiertage) anzustellen. Sie beträgt bei einer Wochenarbeitszeit von 36 Stunden (52 × 36 =) 1 872 Stunden. In diesem Fall beträgt der Urlaubsanspruch der Vollzeitkraft 6 × 36 = 216 Stunden; der Urlaubsanspruch der Teilzeitkraft beträgt (216/1 872 =) 115 Stunden. 1770

Die Urlaubsgewährung erfolgt danach sinnvollerweise so, dass das Deputat des Arbeitnehmers bei gleich bleibender Vergütung um die festgestellte Urlaubsstundenzahl gekürzt wird. Das gekürzte Deputat kann dann frei verplant werden. **Der Arbeitnehmer nimmt seinen Urlaub in der Freizeitperiode und unterrichtet den Arbeitgeber vorab über die Lage des Urlaubs.** 1771

Demgegenüber ist nach Auffassung von **Leinemann** (MünchArbR § 89 Rz. 60 ff.) davon auszugehen, dass der Urlaub nach dem BUrlG stets die Beseitigung der Arbeitspflicht an Tagen zum Inhalt hat, an denen der Arbeitnehmer nach seinem Arbeitsverhältnis zur Arbeit verpflichtet ist. **Das schließt es aus, den Urlaubsanspruch von vornherein durch Berechnung nach kleineren Zeiteinheiten, also auch nach Stunden, aufzuteilen.** 1772

Ergeben sich insoweit bei der Umrechnung Bruchteile von Urlaubstagen, sind sie in diesem Umfang dem Arbeitnehmer zu gewähren. Sie sind weder auf- noch abzurun- 1773

Dörner

C. Der Inhalt des Arbeitsverhältnisses

den. Die Auslegungsregel in § 5 Abs. 2 BUrlG ist nicht anwendbar, weil es sich hier um Bruchteile von Urlaubstagen, nicht von Teilurlaubstagen handelt.

eee) Anrechnung von Zeiten der Nichtbeschäftigung als Urlaub

1774 Eine Zeit der Nichtbeschäftigung des Arbeitnehmers (Annahmeverzug des Arbeitgebers, Betriebsstörungen, Suspendierung, »Bummeltage« des Arbeitnehmers) kann nicht nachträglich in bezahlten Erholungsurlaub umgewandelt werden. Der Arbeitgeber kann eine entsprechende Verrechnung auch nicht einseitig vornehmen (*BAG* 9.1.1979 EzA § 7 BUrlG Nr. 21).

1775 Die Parteien können sich aber während des Annahmeverzuges des Arbeitgebers auf die Gewährung von Urlaub einigen.
Eine nachträgliche Anrechnung kommt aber auch nicht auf Verlangen des Arbeitnehmers in Betracht (MünchArbR/*Leinemann* § 91 Rz. 67).

fff) Eindeutigkeit der Urlaubsbewilligung; Rechtslage bei Kündigungen

1776 Entscheidend ist, dass der Arbeitgeber vor der Freistellung des Arbeitnehmers eindeutig erklärt, dass mit ihr zugleich der noch bestehende Urlaubsanspruch des Arbeitnehmers erfüllt oder er unter Anrechnung auf den Urlaubsanspruch von der Arbeit freigestellt wird (*BAG* 1.12.1983 EzA § 7 BUrlG Nr. 30; 18.12.1986 EzA § 11 BUrlG Nr. 21).

Folglich ist z. B. ein Anspruch auf Urlaubsabgeltung dann ausgeschlossen, wenn der Arbeitnehmer unter erkennbarer Urlaubsgewährung von der Arbeit freigestellt war (*BSG* 27.9.1994 AP Nr. 16 zu § 141 b AFG). Nach Auffassung des *LAG Köln* (20.11.1996 NZA-RR 1997, 248; zust. *Nägele* DB 1998, 518 ff. u. 1132; zu Recht abl. *Hohmeister* DB 1998, 1130 f. u. *Hoß/Lohr* BB 1998, 2579 f.) soll auch eine **konkludente Urlaubsgewährung** durch Freistellung in einem Aufhebungsvertrag genügen. Das *BAG* (9.6.1998 EzA § 7 BUrlG Nr. 106; zust. *Hohmeister* DB 1999, 52 ff.) ist dieser Auffassung jedoch **nicht** gefolgt. Denn der Schluss, dass mit einer im Aufhebungsvertrag vereinbarten Freistellung stets die Erfüllung des Urlaubsanspruchs verbunden ist, ist unzulässig.

1777 Denn durch eine einvernehmliche Freistellung kann zwar auch der vom Arbeitgeber geschuldete Urlaubsanspruch erfüllt werden. Mit einer Freistellung können aber auch andere Ziele verfolgt werden, z. B. den Beschäftigungsanspruch des Klägers zur besseren Wahrung von Geschäftsgeheimnissen auszuschließen, oder aus sonstigen Gründen auf die Annahme der Arbeitsleistung des Arbeitnehmers zu verzichten. Eine Urlaubsgewährung setzt deshalb voraus, dass der Arbeitgeber dem Arbeitnehmer hinreichend erkennbar macht, er befreie ihn von der Arbeitspflicht, um den Urlaubsanspruch zu erfüllen. Entsprechende Anhaltspunkte fehlten in der Entscheidung des *LAG Köln* (20.11.1996 NZA-RR 1997, 248). Andererseits ist es für die wirksame Anrechnung des Urlaubsanspruchs auf die Zeit der Freistellung **nicht erforderlich**, dass der Arbeitgeber den Urlaub des Arbeitnehmers innerhalb einer längeren Kündigungsfrist **zeitlich festlegt**. Es genügt die **unwiderrufliche Freistellung während der Kündigungsfrist unter Anrechnung auf etwaige Urlaubsansprüche** (*LAG Köln* 16.3.2000 NZA-RR 2001, 310 = ZTR 2000, 427 Ls.).

C. Der Inhalt des Arbeitsverhältnisses

Zulässig ist auch im Falle einer ordentlichen Kündigung des Arbeitnehmers – grds. auch gegen seinen Willen – die Weisung des Arbeitgebers, bis zum Ablauf der Kündigungsfrist den Urlaub zu nehmen, sofern die Erklärung des Arbeitgebers insoweit eindeutig erfolgt. 1778

Denn die Urlaubsgewährung hat grds. Vorrang vor der Urlaubsabgeltung (*LAG Rheinland-Pfalz* LAGE § 7 BUrlG Nr. 27; GK-BUrlG/*Bachmann* § 7 Rz. 24 ff.). Der Urlaubsanspruch des Arbeitnehmers kann auch dadurch erfüllt werden, dass der Arbeitgeber den Arbeitnehmer bis zur Beendigung des Arbeitsverhältnisses unwiderruflich unter Anrechnung auf den Urlaubsanspruch von der Arbeit freistellt (*LAG Köln* 16.3.2000 NZA-RR 1997, 248; s. o. C/Rz. 1777). Daran ändert sich auch dann nichts, wenn dies zugleich auch zur Arbeitsvermittlung durch das Arbeitsamt geschieht (*BAG* 18.12.1985 EzA § 11 BUrlG Nr. 21). 1779

Etwas anderes gilt aber dann, wenn es dem Arbeitnehmer nicht zuzumuten ist, den Urlaub während der Kündigungsfrist zu nehmen (*BAG* 10.1.1974 EzA § 7 BUrlG Nr. 16). 1780

ggg) Verhältnis zu anderweitigen Ansprüchen auf Arbeitsbefreiung

Hat der Arbeitnehmer einen gesetzlichen oder tariflichen Anspruch auf Arbeitsbefreiung für Tage, an denen er bereits urlaubsbedingt von der Arbeitspflicht freigestellt ist (z. B. aus familiären Gründen, Eheschließung), so kann er grds. nicht verlangen, dass ihm diese Tage im Anschluss an den Urlaub nachgewährt werden; § 9 BUrlG ist nicht anwendbar. 1781

Entstehen derartige Freistellungsansprüche erst während des Urlaubs, so kommt eine Freistellung für eine Nachfeier dieses Ereignisses auch dann nicht in Betracht, wenn tariflich ein Freistellungsanspruch z. B. bei der Eheschließung vorgesehen ist (*BAG* 17.10.1985 AP Nr. 1 zu § 18 BAT), es sei denn, dass im Tarifvertrag bestimmt ist, dass die Freistellung ohne Anrechnung auf den Urlaub gewährt wird (MünchArbR/ *Leinemann* § 91 Rz. 72). 1782

Erklärt der Arbeitgeber dagegen während des Beschäftigungsverbots der Arbeitnehmerin nach dem MuSchG, dass er sie von der Arbeit freistelle, da er keine andere Arbeit anbieten könne, so liegt darin keine Urlaubsgewährung, sondern ein Verzicht auf die Annahme der Arbeitsleistung. Die Urlaubsgewährung setzt voraus, dass der Arbeitgeber der Arbeitnehmerin erkennbar macht, er befreie sie von der Arbeitspflicht, um den Urlaubsanspruch zu erfüllen (*BAG* 25.1.1994 EzA § 7 BUrlG Nr. 92). 1783

Kommen für die vom Arbeitnehmer begehrte Freistellung von der Arbeitspflicht unterschiedliche Anspruchsgrundlagen in Betracht, so hat der Arbeitgeber nicht nur zu entscheiden, ob er dem Freistellungsantrag entsprechen will, sondern auch zu bestimmen, welchen Anspruch des Arbeitnehmers er erfüllen will. 1784

Ein vor der Arbeitsbefreiung erklärter Vorbehalt des Arbeitgebers, der es ihm ermöglichen soll, nach Gewährung eines bezahlten Sonderurlaubs (§ 50 Abs. 1 BAT) die Freistellung gegebenenfalls mit dem tariflichen Erholungsurlaub zu verrechnen, ist deshalb unwirksam (*BAG* 1.10.1991 EzA § 7 BUrlG Nr. 81). 1785

C. Der Inhalt des Arbeitsverhältnisses

1786 Lehnt der Arbeitgeber die Freistellung eines Arbeitnehmers nach dem Bildungsurlaubsgesetz Nordrhein-Westfalen ab und nimmt der Arbeitnehmer dennoch an der angekündigten Schulungsveranstaltung teil, so handelt es sich dabei zwar um eine **pflichtwidrige Selbstbeurlaubung.** Der Arbeitgeber ist **aber nicht berechtigt,** die Fehlzeit **nachträglich als gewährten Erholungsurlaub zu bezeichnen** und die Erfüllung des vollen Jahresurlaubs zu verweigern (*BAG* 25.10.1994 EzA § 7 BUrlG Nr. 96; s. o. C/Rz. 1774).

(2) Wartezeit

aaa) Grundlagen

1787 Bis zum Ablauf der nur im ersten Dienstjahr zurückzulegenden Wartezeit (§§ 186 ff. BGB) besteht zunächst nur eine Anwartschaft auf die Gewährung von Urlaub. Danach entsteht der volle Urlaubsanspruch ohne Rücksicht auf die Dauer der Beschäftigung im Eintrittsjahr.

1788 Einem Arbeitnehmer, der am 1.5. eintritt, ist somit nach dem 31.10. der volle Jahresurlaub (vorbehaltlich § 6 BUrlG) zu gewähren (GK-BUrlG/*Bleistein* § 4 Rz. 7). Das gilt auch dann, wenn der Arbeitnehmer **mit Ablauf der Wartezeit aus dem Arbeitsverhältnis ausscheidet** (*BAG* 26.1.1967 AP Nr. 1 zu § 4 BUrlG; a. A. MünchArbR/*Leinemann* § 89 Rz. 39).

1789 Zu beachten ist **aber § 5 Abs. 1 Nr. 1 c BUrlG,** wonach nur ein Anspruch auf 1/12 des Jahresurlaubs für jeden vollen Monat des Bestehens des Arbeitsverhältnisses gegeben ist, wenn der Arbeitnehmer nach erfüllter Wartezeit **in der ersten Hälfte** eines Kalenderjahres aus dem Arbeitsverhältnis ausscheidet.

1790 Diese Regelung ist auch bei einer Beendigung des Arbeitsverhältnisses mit Ablauf des 30.6. des Jahres anwendbar. Das gilt selbst dann, wenn das Arbeitsverhältnis gleichzeitig mit der Erfüllung der Wartezeit endet (*BAG* 16.6.1966 AP Nr. 4 zu § 5 BUrlG). Scheidet der Arbeitnehmer dagegen erst am 1.7. oder später aus, so behält er seinen vollen Jahresurlaubsanspruch.

bbb) Unterbrechungen des Arbeitsverhältnisses

1791 Da es insoweit allein auf den rechtlich ununterbrochenen Bestand des Arbeitsverhältnisses ankommt, sind insbesondere **Zeiten der Krankheit,** der Elternzeit **ohne Einfluss.**
Fraglich ist, ob das auch – wie bei der Frage der Anwendbarkeit des Kündigungsschutzgesetzes (§ 1 KSchG) – bei kurzzeitigen **rechtlichen Unterbrechungen** des Arbeitsverhältnisses gilt.

1792 Das BAG ist **im Rahmen von § 1 KSchG** (18.1.1979 EzA § 1 KSchG Nr. 39; 10.5.1989 EzA § 1 KSchG Nr. 46) davon ausgegangen, dass die Unterbrechung dann unschädlich ist, wenn sie verhältnismäßig kurz war und zwischen beiden Arbeitsverhältnissen ein enger sachlicher Zusammenhang besteht. Dagegen wurde ein Zeitraum von über 4 Monaten als zu lang angesehen (für eine Übertragung dieser Grundsätze *Dersch/Neumann* § 4 Rz. 43; dagegen MünchArbR/*Leinemann* § 89 Rz. 38).

(3) Teilurlaub (§ 5 BUrlG)

1793 Voller Monat i. S. d. § 5 BUrlG ist nicht der Kalender-, sondern der **Beschäftigungsmonat. Angefangene Monate** (§§ 187 ff. BGB) **bleiben außer Betracht,** selbst wenn

nur 1 Tag fehlt, an dem keine Arbeitspflicht bestanden hat (*BAG* 26.1.1989 EzA § 5 BUrlG Nr. 14 gegen *BAG* 22.2.1966 AP Nr. 3 zu § 5 BUrlG).
Bruchteile von weniger als einem halben Tag sind im Rahmen des § 5 Abs. 2 BUrlG nicht aufzurunden, aber auch nicht abzurunden, also als Bruchteile zu gewähren und ggf. abzugelten (*BAG* 26.1.1989 EzA § 5 BUrlG Nr. 14; 22.10.1991 EzA § 47 SchwbG Nr. 1 gegen *BAG* 28.11.1968 AP Nr. 6 zu § 5 BUrlG; 17.3.1970 AP Nr. 8 zu § 5 BUrlG). 1794

Die Tarifvertragsparteien sind allerdings nicht gehindert, für tarifliche Urlaubsansprüche Abrundungsregelungen für Bruchteile von Urlaubstagen zu treffen, soweit damit nicht gesetzliche Urlaubsansprüche berührt werden (*BAG* 22.10.1991 EzA § 13 BUrlG Nr. 51). 1795
Teilurlaubsansprüche sind unter den gleichen Voraussetzungen abzugelten wie Vollurlaubsansprüche (*BAG* 25.8.1987 EzA § 7 BUrlG Nr. 57).

> Kündigt ein Arbeitnehmer sein Arbeitsverhältnis in der ersten Hälfte des Jahres, so verkürzt sich sein ursprünglich in voller Höhe entstandener Urlaubsanspruch um 1/12 für jeden vollen Monat, in dem das Arbeitsverhältnis in diesem Jahr nicht mehr besteht. In gleicher Weise entfällt der Anspruch auf Urlaubsvergütung. Das gilt auch dann, wenn der Arbeitnehmer zunächst mehr Urlaub erhalten hat, als ihm wegen der vorzeitigen Beendigung des Arbeitsverhältnisses zusteht.
> Dasselbe gilt bei einer Kündigung im Laufe des Kalenderjahres, wenn in einem Tarifvertrag die Kürzung des Urlaubsanspruches um 1/12 für jeden vollen Monat bestimmt ist, in dem das Arbeitsverhältnis nicht mehr bestanden hat, soweit der gesetzliche Mindesturlaubsanspruch nicht betroffen ist (*BAG* 23.4.1996 EzA § 5 BUrlG Nr. 17). 1796

(4) Rückzahlung überzahlten Urlaubsentgelts
Gem. § 5 Abs. 3 BUrlG kann der Arbeitgeber dann, wenn der Arbeitnehmer gem. § 5 Abs. 1 c BUrlG bereits Urlaub über den ihm zustehenden Umfang hinaus erhalten hat, das dafür gezahlte Urlaubsentgelt **nicht zurückfordern. Darin ist allerdings kein generelles Rückzahlungsverbot über den Anwendungsbereich des § 5 Abs. 3 BUrlG hinaus zu sehen.** 1797

Gleichwohl kann der Arbeitgeber im Übrigen generell die Rückzahlung von zu viel gezahltem Urlaubsentgelt **nur dann verlangen, wenn eindeutig eine entsprechende Rückzahlungsklausel zwischen den Parteien vereinbart worden ist**. Denn die vorbehaltlose Gewährung von Urlaub, auf den noch kein Anspruch besteht, kann im Zweifel gem. § 133 BGB so ausgelegt werden, dass es damit sein Bewenden haben und damit auch ein Anspruch auf Rückzahlung von Urlaubsentgelt stillschweigend ausgeschlossen werden soll (*BAG* 27.11.1959 AP Nr. 55 zu § 611 BGB Urlaubsrecht). Sollte dies nicht zutreffen, so sind im Übrigen §§ 812, 814, 818 Abs. 3 BGB anwendbar (MünchArbR/*Leinemann* § 89 Rz. 104; a. A. *Dersch/Neumann* § 5 Rz. 48 ff.). 1798

> Die Tarifvertragsparteien können gem. § 13 Abs. 2 BUrlG schließlich auch von § 5 Abs. 3 BUrlG zuungunsten des Arbeitnehmers abweichen, indem vorgesehen wird, dass dann, wenn ein Arbeitnehmer nach erfüllter Wartezeit in den ersten sechs Monaten des Kalenderjahres aus dem Arbeitsverhältnis ausscheidet, sein Anspruch auf den vollen Jahresurlaub nachträglich auf 1/12 für jeden vollen Monat des Bestehens des Arbeitsverhältnisses gekürzt wird (so z. B. § 8 Nr. 8.5 MTV Gaststätten- und Hotelgewerbe NRW v. 1.1.1991). 1799

C. Der Inhalt des Arbeitsverhältnisses

> Ist im Falle der Anwendbarkeit einer derartigen Regelung bereits der Vollurlaub vom Arbeitgeber ungekürzt festgesetzt, kann der Arbeitnehmer keine Zahlung des Urlaubsentgelts verlangen und muss ggf. das zu viel erhaltene Urlaubsentgelt zurückerstatten (*BAG* 23.1.1996 EzA § 5 BUrlG Nr. 16).

(5) Ausschluss von Doppelansprüchen (§ 6 BUrlG)

aaa) Sinn und Zweck

1800 Der Ausschluss von Doppelansprüchen ist ein **allgemein anerkannter urlaubsrechtlicher Grundsatz**, der nicht nur für die §§ 1 ff. BUrlG, sondern auch für alle sonstigen Urlaubsansprüche gilt.

1801 Es soll verhindert werden, dass der Arbeitnehmer durch den Wechsel zu einem neuen Arbeitgeber einen höheren Urlaubsanspruch im Urlaubsjahr erwirbt, als nach dem BUrlG vorgesehen. Daher kommt es auf übertragene Ansprüche aus dem Vorjahr insoweit nicht an.

1802 Hat der Arbeitnehmer **in beiden Arbeitsverhältnissen Teilurlaubsansprüche** nach § 5 Abs. 1 a, b BUrlG erworben, so ist § 6 Abs. 1 BUrlG nicht anwendbar, da diese Ansprüche sich notwendig auf unterschiedliche Zeitabschnitte beziehen (*BAG* 23.9.1965 AP Nr. 1 zu § 5 BUrlG).
Keine Auswirkungen hat § 6 Abs. 1 BUrlG auch auf zeitlich zugleich bestehende Arbeitsverhältnisse (Doppelarbeitsverhältnis).

bbb) Voraussetzungen

1803 § 6 Abs. 1 BUrlG kommt nur Bedeutung zu, wenn der Arbeitnehmer im vorangegangenen Arbeitsverhältnis entweder bereits den vollen Urlaub erhalten hat oder ihm mehr Urlaub gewährt worden ist, als ihm nach § 5 Abs. 1 BUrlG in diesem Arbeitsverhältnis zusteht.

1804 Erfüllt sind die Urlaubsansprüche nicht nur, wenn der Arbeitnehmer von der Arbeitspflicht befreit worden ist, sondern auch dann, wenn der Arbeitgeber bei Beendigung des vorangegangenen Arbeitsverhältnisses den Urlaub abgegolten hat (GK-BUrlG/*Bachmann* § 6 Rz. 11; a. A. *Dersch/Neumann* § 6 Rz. 26).

ccc) Konkurrenz von Abgeltungs- und Freizeitanspruch

1805 Bestehen für denselben Zeitraum nebeneinander ein Abgeltungsanspruch gegen den früheren sowie ein Freizeitanspruch gegen den späteren Arbeitgeber, so ist fraglich, ob der Freizeitanspruch derart vorrangig ist, dass der frühere Arbeitgeber den Arbeitnehmer auf diesen verweisen darf, wenn der Arbeitnehmer den Freizeitanspruch zumindest bereits zum Zeitpunkt der gerichtlichen Geltendmachung des Abgeltungsanspruchs erworben hat, oder ob ein Wahlrecht des Arbeitnehmers besteht. Für ein Wahlrecht spricht nach Auffassung von *Bachmann* (GK-BUrlG/*Bachmann* § 6 Rz. 58; ebenso *ArbG Reutlingen* 18.2.1992 NZA 1993, 457), dass weder ein Vorrang des Abgeltungsanspruchs gegen den früheren Arbeitgeber noch ein Vorrang des Freizeitanspruchs gegen den späteren Arbeitgeber besteht.
Fraglich ist auch, wie das Verhältnis zwischen Urlaubsabgeltungsansprüchen für denselben Zeitraum zu beurteilen ist (vgl. GK-BUrlG/*Bachmann* § 6 Rz. 59 ff.).

C. Der Inhalt des Arbeitsverhältnisses

Das *BAG* (28.2.1991 EzA § 6 BUrlG Nr. 4 gegen *BAG* 27.2.1969 AP Nr. 4 zu § 7 BUrlG Abgeltung; 25.11.1982 EzA § 6 BUrlG Nr. 3) geht davon aus, dass Urlaubsabgeltungsansprüche aufgrund eines früheren Arbeitsverhältnisses durch das Entstehen von Urlaubsansprüchen in einem nachfolgenden Arbeitsverhältnis nicht berührt werden. 1806

Denn für noch nicht abgegoltene, also noch abzugeltende Urlaubsansprüche aus dem früheren Arbeitsverhältnis enthält § 6 Abs. 1 BUrlG keine Regelung. Aus dieser Norm folgt weder für den Arbeitgeber des vorangegangenen Arbeitsverhältnisses eine Kürzungsbefugnis gegenüber dem Arbeitnehmer, noch ist danach ein Wahlrecht des Arbeitnehmers begründbar. Auch kommt eine Verweisung des Arbeitnehmers auf den Arbeitsbefreiungsanspruch im nachfolgenden Arbeitsverhältnis nicht in Betracht. Da der **Vorrang des Freizeitanspruchs vor dem Abgeltungsanspruch nur im fortbestehenden Arbeitsverhältnis beachtlich sein kann**, ist § 7 Abs. 4 BUrlG zu entnehmen, dass ein bei Beendigung des Arbeitsverhältnisses noch bestehender Urlaubsanspruch abzugelten ist, ohne die Entstehung neuer Urlaubsansprüche in einem anderen Arbeitsverhältnis auszuschließen. Der Arbeitnehmer kann zwar wählen, ob er den einen oder den anderen oder beide Ansprüche verfolgt. **Seine »Wahl« hat aber keinen Einfluss auf den jeweils anderen Anspruch** (MünchArbR/*Leinemann* § 91 Rz. 100). 1807

hh) Urlaubsabgeltung

(1) Grundlagen; Rechtsnatur

Während des Bestandes des Arbeitsverhältnisses ist die Abgeltung des Urlaubs – bezogen auf den gesetzlichen Mindesturlaub – unwirksam (§ 134 BGB). Schließt ein Arbeitsverhältnis an ein Berufsausbildungsverhältnis zum gleichen Arbeitgeber an, so ist die Abgeltung von noch nicht erfüllten Urlaubsansprüchen aus dem Berufsausbildungsverhältnis ausgeschlossen. Diese Urlaubsansprüche sind vielmehr nach den für das Arbeitsverhältnis maßgebenden Vorschriften zu erfüllen (*BAG* 29.11.1984 EzA § 7 BUrlG Nr. 36). 1808

Das Abgeltungsverbot galt nach ursprünglich vom *BAG* (3.2.1971 AP Nr. 9 zu § 7 BUrlG Abgeltung) vertretener Auffassung auch dann, wenn die Erfüllung des Urlaubsanspruchs z. B. wegen Krankheit des Arbeitnehmers unmöglich war. Grundlage dieser Auffassung war aber, dass der Urlaubsanspruch des Arbeitnehmers, den dieser wegen einer Krankheit oder wegen dienstlicher Belange nicht zeitgerecht hätte abwickeln können, auch über den Ablauf des Übertragungszeitraum hinaus unverändert fortbestand. Nachdem das *BAG* (13.5.1982 EzA § 7 BUrlG Nr. 25) aber inzwischen davon ausgeht, dass der Urlaubsanspruch in derartigen Fällen mit dem Ende des Übertragungszeitraums spätestens erlischt, bestehen **keine rechtlichen Bedenken** gegen eine tarifliche Regelung, die einen **Abgeltungsanspruch für einen Urlaubsanspruch vorsieht, der während eines bestehenden Arbeitsverhältnisses wegen der Krankheit des Arbeitnehmers nicht mehr verwirklicht werden kann** (*BAG* 26.5.1983 EzA § 7 BUrlG Nr. 27). 1809

Die Inanspruchnahme von Elternzeit ist einer Arbeitsunfähigkeit wegen Krankheit jedoch nicht gleichzustellen (*BAG* 13.11.1986 EzA § 13 BUrlG Nr. 29). 1810

C. Der Inhalt des Arbeitsverhältnisses

1811 Weitergehend ist Urlaubsabgeltung auch im bestehenden Arbeitsverhältnis möglich, soweit der gesetzliche Mindesturlaub nicht betroffen ist (*BAG* 22.10.1987 EzA § 7 BUrlG Nr. 58). Bestimmt z. B. eine Tarifnorm, dass die Abgeltung des Urlaubsanspruchs ausnahmsweise bei längerer Krankheit möglich ist, so entsteht der Anspruch nicht erst, wenn der Arbeitnehmer sechs Wochen oder länger krank ist.

Eine Krankheitsdauer von 24 Kalendertagen ist bereits als längere Krankheit i. S. d. Tarifbestimmung anzusehen (*BAG* 24.11.1992 EzA § 7 BUrlG Nr. 88).

1812 Gem. § 7 Abs. 4 BUrlG kann der Urlaub ausnahmsweise dann abgegolten werden, wenn er wegen der Beendigung des Arbeitsverhältnisses ganz oder teilweise nicht mehr gewährt werden kann. Der Urlaubsabgeltungsanspruch ist nach der Rechtsprechung des *BAG* (28.6.1984 EzA § 7 BUrlG Nr. 34; 19.1.1993 EzA § 7 BUrlG Nr. 89) ein Surrogat des Urlaubsanspruchs, sodass er nicht anders als der Urlaubsanspruch behandelt werden kann. Er ist nicht auf den gesetzlichen Mindesturlaub beschränkt, sondern umfasst den gesamten Urlaubsanspruch des Arbeitnehmers, der bei Beendigung noch nicht erfüllt ist (*BAG* 18.10.1990 EzA § 7 BUrlG Nr. 80). Er ist ebenso befristet wie der Anspruch auf Urlaub. Mit der Beendigung des Arbeitsverhältnisses wandelt sich ein bis dahin noch nicht erfüllter Urlaubsanspruch in einen **Abgeltungsanspruch um, ohne dass es weiterer Handlungen** des Arbeitgebers oder des Arbeitnehmers **bedarf** (*BAG* 21.9.1999 EzA § 7 BUrlG Abgeltung Nr. 6).

1813 **Nicht erforderlich ist dafür, dass die Freizeitgewährung vor Ablauf des Arbeitsverhältnisses unmöglich war oder erfolglos geltend gemacht wurde.** Er entsteht in jedem Fall der Beendigung des Arbeitsverhältnisses, soweit in diesem Zeitpunkt noch ein Urlaubsanspruch besteht (*BAG* 7.11.1985 EzA § 7 BUrlG Nr. 39; 14.5.1986 EzA § 7 BUrlG Nr. 48), auch dann, wenn der **Arbeitnehmer** das Arbeitsverhältnis selbst **fristlos gekündigt** hat (*LAG Hamm* 12.1.1998 NZA 1999, 878 Ls.).

1814 Durch die **Erhebung der Kündigungsschutzklage** wird der Arbeitgeber wegen der urlaubsrechtlichen Ansprüche **nicht in Verzug gesetzt**. Dazu bedarf es der fristgerechten Geltendmachung des Urlaubs- oder Abgeltungsanspruchs (*BAG* 17.1.1995 EzA § 7 BUrlG Nr. 98). Einigen sich die Parteien nach Erhebung einer Kündigungsschutzklage des Arbeitnehmers in einem Vergleich über eine **rückwirkende Auflösung** des Arbeitsverhältnisses, ist der Abgeltungsanspruch bereits mit dem **vereinbarten Ende des Arbeitsverhältnisses** entstanden. Sofern die Parteien keine abweichende Regelung getroffen haben, bestehen keine Schadensersatzansprüche des Arbeitnehmers für den infolge Fristablaufs erloschenen Urlaubsabgeltungsanspruch, wenn sich der Arbeitgeber nicht mit der Gewährung des Urlaubs in Verzug befunden hatte (*BAG* 21.9.1999 EzA § 7 BUrlG Abgeltung Nr. 6).

1815 Der Urlaubsabgeltungsanspruch wird durch ein dem Arbeitnehmer vom **Sozialversicherungsträger** gezahltes Krankengeld nicht berührt. Erhält ein Arbeitnehmer nach dem Ausscheiden aus dem Arbeitsverhältnis Arbeitslosengeld, geht der Anspruch auf Urlaubsabgeltung nur in Höhe der erbrachten Sozialleistungen auf die Bundesanstalt für Arbeit über (*BAG* 7.11.1985 EzA § 7 BUrlG Nr. 42).

1816 Die Tarifvertragsparteien sind schließlich nicht gehindert, **abweichend** von § 7 Abs. 4 BUrlG zugunsten **fortdauernd arbeitsunfähig erkrankter Arbeitnehmer** zu vereinbaren, dass bei Beendigung des Arbeitsverhältnisses der Urlaubsanspruch vom Arbeitgeber abzugelten ist (*BAG* 9.8.1994 EzA § 7 BUrlG Nr. 95). § 33 TVAL II (Frz.) kann allerdings kein von § 7 Abs. 4 BUrlG abweichender Regelungswille der Tarifvertragsparteien zugunsten von dauerhaft arbeitsunfähig erkrankten Arbeitnehmern entnommen werden (*BAG* 9.11.1999 EzA § 7 BUrlG Abgeltung Nr. 3; s. u. C/Rz. 1824).

(2) **Krankheit des Arbeitnehmers; Beschäftigungsverbot**

aaa) **Grundlagen**

Aus der Befristung auch des Urlaubsabgeltungsanspruchs folgt für den Fall, dass der Arbeitnehmer aus dem Arbeitsverhältnis ausscheidet und über den Zeitpunkt der Beendigung des Arbeitsverhältnisses hinaus bis zum Ende des Urlaubsjahres bzw. des Übertragungszeitraums arbeitsunfähig krank ist, dass der Urlaubsanspruch erlischt (*BAG* 23.6.1983 EzA § 7 BUrlG Nr. 28; 7.11.1985 EzA § 7 BUrlG Nr. 39). 1817

Denn dem Urlaubsabgeltungsanspruch steht dann das Leistungshindernis der Nichterfüllbarkeit entgegen.
Ist der Arbeitnehmer dagegen aus dem Arbeitsverhältnis ausgeschieden und **wäre bei Fortbestand des Arbeitsverhältnisses noch die Urlaubsgewährung im fraglichen Zeitraum möglich, so hat der Arbeitnehmer auch Anspruch auf Urlaubsabgeltung.** 1818

Scheidet der Arbeitnehmer also zum 30.6. aus dem Arbeitsverhältnis aus und ist er bis zu diesem Zeitpunkt arbeitsunfähig, so hängt die Begründetheit eines Anspruchs auf Urlaubsabgeltung davon ab, ob er bis zum 31.3. des Folgejahres für die Anzahl von Arbeitstagen wieder arbeitsfähig wird, die der Anzahl der abzugeltenden Urlaubstage entspricht. Erfüllt er diese Voraussetzungen nur für einen Teil der abzugeltenden Urlaubstage, so steht ihm nur ein entsprechender Teilanspruch zu (*BAG* 28.6.1984 EzA § 7 BUrlG Nr. 34). 1819

Diese Voraussetzung kann auch bei **Erwerbsunfähigkeit** des Arbeitnehmers (§ 44 Abs. 2 SGB VI) erfüllt sein (*BAG* 14.5.1986 EzA § 7 BUrlG Nr. 45 gegen *BAG* 17.1.1985 EzA § 7 BUrlG Nr. 37). Denn es ist nicht ausgeschlossen, dass ein Arbeitnehmer zwar erwerbsunfähig, aber gleichzeitig dennoch arbeitsfähig ist. Der Umstand, dass der Arbeitnehmer eine bisher vertraglich geschuldete Tätigkeit nicht mehr ausüben kann, ist nämlich keine Voraussetzung der Erwerbsunfähigkeit.
Die **Darlegungs- und Beweislast** für die Arbeitsfähigkeit hat der **Arbeitnehmer**; maßgeblich ist nicht die zuletzt ausgeübte Tätigkeit, sondern die, die der Arbeitgeber nach dem Arbeitsvertrag als vertragsgemäß hätte annehmen müssen (*BAG* 20.1.1998 BB 1998, 1745). 1820

Wendet man die Surrogatstheorie konsequent an, dann muss an sich auch vom Arbeitnehmer verlangt werden, den Abgeltungsanspruch im Übertragungszeitraum gegenüber dem Arbeitgeber geltend zu machen. Ferner müsste der Arbeitnehmer zum Zeitpunkt des Zugangs des Schreibens, mit dem die Geltendmachung erfolgt, arbeitsfähig sein, oder eine nach Zugang des Schreibens nach Been- 1821

C. Der Inhalt des Arbeitsverhältnisses

digung der Arbeitsunfähigkeit eintretende Arbeitsfähigkeit noch innerhalb des Übertragungszeitraums rechtzeitig dem Arbeitgeber mitteilen. Ob dies vom *BAG* (20.1.1998 BB 1998, 1745) tatsächlich verlangt wird, ist unklar. Im Urteil vom 5.12.1995 (EzA § 7 BUrlG Nr. 101; vgl. auch *BAG* 27.5.1997 EzA § 7 BUrlG Abgeltung Nr. 2) hat das BAG z. B. formuliert: »Er setzt voraus, dass der Urlaubsanspruch noch erfüllt werden könnte, wenn das Arbeitsverhältnis weiter bestünde. Das trifft nicht zu, wenn ein Arbeitnehmer fortdauernd bis zum Ende des Urlaubsjahres arbeitsunfähig erkrankt ist.« Aufschluss über die hier erörterte Fragestellung gibt dies nicht.

1822 Nach Auffassung von *Kraft* (Anm. zu *BAG* AP Nr. 18 zu § 7 BUrlG Abgeltung) kann die Formulierung des *BAG* (28.6.1984 EzA § 7 BUrlG Nr. 34), dass der Anspruch bis zu dem Zeitpunkt zu »erfüllen« ist, zu dem der Urlaubsanspruch, an dessen Stelle er getreten ist, erlöschen würde, kaum bedeuten, dass die Zahlung bis zu diesem Zeitpunkt zu leisten ist und dass der Anspruch erlischt, wenn die Zahlung nicht innerhalb des Übertragungszeitraums erfolgt. Richtig kann nur sein, dass das BAG damit zum Ausdruck bringen will, dass eben nur der Urlaubsanspruch abzugelten ist, der nicht bereits durch Zeitablauf erloschen ist.

1823 Kann dagegen ein wegen Arbeitsunfähigkeit aus dem Arbeitsverhältnis ausgeschiedener Arbeitnehmer **andere Arbeiten als bisher verrichten**, so muss der Urlaubsanspruch nur dann abgegolten werden, wenn der Arbeitgeber bei Fortbestehen des Arbeitsverhältnisses verpflichtet gewesen wäre, die dem Arbeitnehmer nunmehr möglichen Tätigkeiten ihm als vertragsgemäß zuzuweisen (*BAG* 24.11.1987 EzA § 7 BUrlG Nr. 61).

bbb) Abweichende tarifliche Regelungen

1824 Etwas anderes kann sich aber aus einer tariflichen Regelung ergeben. § 33 Nr. 7 c TVAL II sieht z. B. vor, dass dann, wenn dringende betriebliche oder zwingende persönliche Gründe die Erteilung des Urlaubs bis zur Beendigung des Beschäftigungsverhältnisses nicht zulassen, der verbleibende Urlaubsanspruch in bar abgegolten wird (*BAG* 22.6.1989 EzA § 7 BUrlG Nr. 69; ebenso *BAG* 20.4.1989 EzA § 7 BUrlG Nr. 65; s. o. C/Rz. 1816).

1825 Die Tarifvertragsparteien sind auch nicht gehindert, von der gesetzlichen Regelung der Abgeltung des Urlaubs in § 7 Abs. 4 BUrlG zugunsten einer Abfindung abzuweichen sowie Urlaubsabgeltungsregelungen zu vereinbaren, nach denen nach Beendigung des Arbeitsverhältnisses einem Arbeitnehmer bisher nicht gewährter Urlaub unabhängig vom Vorliegen der Arbeitsfähigkeit abzugelten ist (*BAG* 26.5.1992 EzA § 7 BUrlG Nr. 83). Voraussetzung dafür ist allerdings eine eindeutige Regelung im Tarifvertrag.

1826 Ohne eindeutige tarifliche Regelung kann nicht davon ausgegangen werden, dass nach dem Willen der Tarifvertragsparteien die Urlaubsabgeltung unabhängig von der Arbeitsfähigkeit nach Beendigung des Arbeitsverhältnisses gewährt werden soll (*BAG* 9.8.1994 EzA § 7 BUrlG Nr. 95 gegen *BAG* 22.6.1989 EzA § 7 BUrlG Nr. 69).

C. Der Inhalt des Arbeitsverhältnisses

Beispiele:
Das hat das *BAG* (26.5.1992 EzA § 7 BUrlG Nr. 83) verneint bei folgendem Wortlaut der Tarifnorm: »Ein beim Ausscheiden aus dem Betrieb bestehender Urlaubsanspruch ist möglichst während der Kündigungsfrist zu nehmen. Lassen die betrieblichen Verhältnisse oder persönliche, vom Arbeitnehmer nicht zu vertretende Gründe dies nicht zu, so erfolgt eine Abgeltung des Urlaubs.« 1827
Gleiches gilt bei der Formulierung: »Ein beim Ausscheiden aus dem Betrieb fälliger Urlaubsanspruch ist möglichst während der Kündigungsfrist zu erfüllen. Lassen die Dauer der Kündigungsfrist, eine fristlose Entlassung, Arbeitsunfähigkeit oder die betrieblichen Verhältnisse dies nicht zu, so ist der Urlaub abzugelten.« (*BAG* 9.8.1994 EzA § 7 BUrlG Nr. 95).

Zu beachten ist auch, dass daraus, dass eine Tarifnorm einen **eigenständigen tariflichen Anspruch auf Abgeltung** des Urlaubs bei längerer Krankheit **im fortbestehenden Arbeitsverhältnis** vorsieht, **keineswegs** ohne entsprechende eindeutige tarifliche Regelung auch **zugleich folgt, dass ein von § 7 Abs. 4 BUrlG abweichender Abgeltungsanspruch** für Urlaub, der bei Beendigung des Arbeitsverhältnisses wegen Krankheit nicht gewährt werden konnte, **gegeben ist** (*BAG* 3.5.1994 EzA § 7 BUrlG Nr. 94). 1828

Eine Tarifbestimmung schließlich, nach der ein aus **Alters- oder Invaliditätsgründen** in der ersten Hälfte des Kalenderjahres aus dem Arbeitsverhältnis ausscheidender Arbeitnehmer mit zehnjähriger ununterbrochener Betriebszugehörigkeit den vollen Jahresurlaub erhält, begünstigt den Arbeitnehmer nur hinsichtlich der Urlaubsdauer. Aus einer solchen Regelung ergibt sich nicht, dass der Arbeitgeber den Urlaubsabgeltungsanspruch erfüllen muss, wenn der krankheitsbedingt arbeitsunfähige Arbeitnehmer nach Beendigung des Arbeitsverhältnisses seine Arbeitsfähigkeit nicht wiedererlangt (*BAG* 31.5.1990 EzA § 7 BUrlG Nr. 76). 1829

ccc) Urlaub und Wiedereingliederung (§ 74 SGB V)
Besteht nach einer ärztlichen Bescheinigung die Arbeitsunfähigkeit fort und wird zum Zweck der Wiedereingliederung in das Erwerbsleben auf Veranlassung des Arztes die Tätigkeit teilweise wieder aufgenommen, so ruhen während dieser Zeit im Allgemeinen die arbeitsvertraglichen Hauptleistungspflichten (*BAG* 29.1.1992 EzA § 74 SGB V Nr. 1). **Während dieses Wiedereingliederungsverhältnisses ist der Urlaubsanspruch nicht erfüllbar,** da der Arbeitgeber wegen des Ruhens der Hauptleistungspflichten den Arbeitnehmer nicht von der Arbeitspflicht befreien kann (*BAG* 19.4.1994 EzA § 74 SGB V Nr. 2). 1830

ddd) Beschäftigungsverbot
Auch die Unmöglichkeit der Arbeitsleistung einer schwangeren Arbeitnehmerin aufgrund einer fehlenden öffentlich-rechtlichen Genehmigung führt zum **Wegfall des Urlaubsabgeltungsanspruchs** nach § 7 Abs. 4 BUrlG, wenn die Unmöglichkeit bis zum Ende des Urlaubsjahres bzw. bis zum Ende des Übertragungszeitraums fortdauert (*LAG Rheinland-Pfalz* 6.1.1999 NZA-RR 1999, 622). 1831

(3) Kritik in der Literatur
In der Literatur (GK-BUrlG/*Bachmann* § 7 Rz. 149 ff., 175; *Schäfer* NZA 1993, 206; *Weber* Anm. zu BAG AP Nr. 63 zu § 7 BUrlG Abgeltung) wird die Auffassung vertreten, dass der **Surrogatsbegriff im BUrlG keine Rechtsgrundlage findet** bzw. dass sich daraus jedenfalls nicht die vom BAG gezogenen Schlüsse ableiten lassen. 1832

1833 Danach handelt es sich beim Urlaubsabgeltungsanspruch um einen vom Urlaubsentgelt- und Arbeitsentgeltanspruch verschiedenen Geldanspruch, der im Zeitpunkt der Beendigung des Arbeitsverhältnisses ohne Einschränkung als Ersatz des Urlaubsanspruchs an dessen Stelle tritt. Insbesondere die Bindung des Urlaubsabgeltungsanspruchs an das Kalenderjahr ist mit dem BUrlG nicht zu vereinbaren. Denn § 7 Abs. 4 BUrlG enthält keinerlei Hinweis auf eine Befristung des Anspruchs, auch im Übrigen fehlt dafür eine schlüssige Begründung.

(4) Darlegungs- und Beweislast

1834 Dafür, dass der Arbeitnehmer bei Fortdauer des Arbeitsverhältnisses jedenfalls für die Dauer seines Urlaubsanspruchs seine vertraglich geschuldete Arbeitsleistung hätte erbringen können, trägt er die Darlegungs- und Beweislast (*BAG* 20.4.1989 EzA § 7 BUrlG Nr. 66; 20.1.1998 EzA § 13 BUrlG Nr. 57).

Beispiel:
1835 Dem genügt z. B. der Sachvortrag des Arbeitnehmers, er sei nach der Beendigung des Arbeitsverhältnisses durchaus in der Lage gewesen, die frühere Arbeitstätigkeit auszuüben, auch wenn es sich dabei nur um wiederkehrende Schreibarbeiten handelt, dann nicht, wenn er wegen des Bezuges einer Erwerbsunfähigkeitsrente aus dem Arbeitsverhältnis ausgeschieden ist. Denn dann muss gerade davon ausgegangen werden, dass er jedenfalls die bisher ausgeübte Tätigkeit nicht mehr erbringen kann. Dass er andere Tätigkeiten hätte ausüben können, die vom Arbeitgeber als vertragsgemäß angenommen hätten werden müssen, kann nur dann angenommen werden, wenn dies im Einzelnen dargelegt wird. Etwas anderes ergibt sich auch dann nicht, wenn der Arbeitnehmer behauptet, er habe nicht (mehr) Erwerbsunfähigkeitsrente, sondern vorgezogenes Altersruhegeld bezogen und deshalb hätte er die vertraglich geschuldete Arbeitsleistung erbringen können. Denn damit wird übergangen, dass die Beendigung der Erwerbsunfähigkeitsrente und deren Ersetzung durch das vorgezogene Altersruhegeld auf sozialversicherungsrechtlichen Zusammenhängen beruht, die nicht durch eine Änderung des Gesundheitszustands des Rentners bedingt sind (*BAG* 20.4.1989 EzA § 7 BUrlG Nr. 66).

1836 Zu beachten ist, dass sich die Arbeitsfähigkeit nicht nach der zuletzt übertragenen Tätigkeit, sondern nach der vom Arbeitnehmer aufgrund des Arbeitsvertrages geschuldeten Leistung, die der Arbeitgeber als vertragsgemäß hätte annehmen müssen, richtet (*BAG* 20.1.1998 EzA § 13 BUrlG Nr. 57).

1837 Nach Auffassung des *LAG Hessen* (30.1.1995 NZA 1995, 1042) trägt demgegenüber der **Arbeitgeber** die Beweislast dafür, dass dem Arbeitnehmer infolge seiner Arbeitsunfähigkeit nach Ausscheiden aus dem Arbeitsverhältnis bis zum Ende des Übertragungszeitraums der Urlaub in Freizeit nicht hätte gewährt werden können, **wenn der Arbeitnehmer seiner entsprechenden Darlegungslast gerecht geworden ist.**

(5) Rechtsmissbrauch
1838 Der Arbeitgeber kann u. U. gegen den Urlaubsabgeltungsanspruch gem. § 242 BGB den Rechtsmissbrauchseinwand erheben. **Nachdem allerdings § 7 Abs. 4 S. 2 BUrlG a. F. ersatzlos gestrichen worden ist,** wonach der Anspruch dann entfiel, wenn der Arbeitnehmer durch eigenes Verschulden aus einem Grund entlassen worden ist, der

eine außerordentliche Kündigung rechtfertigt oder das Arbeitsverhältnis unberechtigt vorzeitig aufgelöst hat und in diesen Fällen eine grobe Verletzung der Treuepflicht aus dem Arbeitsverhältnis vorliegt, **kommt dieser Einwand nur noch in besonders krassen Ausnahmefällen in Betracht.**

Eine tarifliche Regelung, die bei jeder fristlosen Entlassung aus Verschulden eines Arbeitnehmers den Anspruch auf Abgeltung auch des gesetzlichen Mindesturlaubs ausschließt, ist daher nicht zulässig (*BAG* 30.11.1977 EzA § 13 BUrlG Nr. 10). 1839

ii) Erkrankung während des Urlaubs; Erwerbsunfähigkeit; Maßnahmen der medizinischen Vorsorge oder Rehabilitation

(1) Krankheit

Erkrankt ein Arbeitnehmer während des Urlaubs, so werden die durch ärztliches Zeugnis nachgewiesenen Tage der Arbeitsunfähigkeit auf den Jahresurlaub nicht angerechnet (§ 9 BUrlG). 1840

Denn durch Arbeitsunfähigkeit wird der Erholungszweck des Urlaubs vereitelt. Maßgeblich ist allerdings allein das Bestehen von Arbeitsunfähigkeit; es ist nicht erforderlich, dass überprüft wird, ob der Arbeitnehmer gerade wegen der Krankheit sich nicht erholen konnte (MünchArbR/*Leinemann* § 91 Rz. 4). Arbeitsunfähigkeit und Urlaub schließen sich aus. 1841

Allerdings kann der Arbeitnehmer seinen Urlaub nach der Genesung nicht selbst verlängern; es besteht kein Selbstbeurlaubungsrecht (vgl. GK-BUrlG/*Stahlhacke* § 9 Rz. 12 ff.; s. u. C/Rz. 1878 ff.). 1842

Das *LAG Köln* (28.8.1996 NZA-RR 1997, 83) hat angenommen, dass sich der Arbeitnehmer dann nicht auf die Nichterfüllbarkeit des Urlaubsanspruchs nach dem Rechtsgedanken des § 162 BGB berufen kann, wenn er die Arbeitsunfähigkeit durch eine **medizinisch nicht gebotene Entscheidung**, sich während des gewährten Urlaubs einer Operation zu unterziehen, **herbeigeführt** hat. 1843

Von § 9 BUrlG kann durch Tarifverträge abgewichen werden, soweit dadurch der gesetzliche Mindesturlaubsanspruch nicht berührt wird. Eine tarifliche Regelung, nach der ein Arbeitnehmer seine im Urlaub aufgetretene Erkrankung unverzüglich anzeigen muss, um die Anrechnung der Tage der Arbeitsunfähigkeit zu vermeiden, ist aber auch insoweit wirksam, als sich die Anzeigepflicht auf den gesetzlichen Mindesturlaub bezieht (*BAG* 15.12.1987 EzA § 9 BUrlG Nr. 13). 1844

§ 9 BUrlG wird dann analog angewendet, wenn im Zusammenhang mit dem gesetzlichen Erholungsurlaub unbezahlter Urlaub ebenfalls zu Erholungszwecken – nicht aber für die Erledigung privater Angelegenheiten – gewährt wird, sodass der Arbeitnehmer insoweit für die Dauer seiner Erkrankung Entgeltfortzahlungsansprüche hat. 1845

Hat ein Arbeitnehmer allerdings am Ende des tariflich bestimmten Übertragungszeitraums im Folgejahr zulässigerweise seinen (Rest-)Urlaub angetreten und wird er nach Ablauf des Übertragungszeitraums während des Urlaubs krank, so hindert das nicht den Verfall des Urlaubsanspruchs für die wegen Krankheit nicht anzurechnenden Urlaubstage (*BAG* 19.3.1996 EzA § 9 BUrlG Nr. 14). 1846

(2) Erwerbsunfähigkeit

Dagegen ist das Entstehen und Bestehen eines Urlaubsanspruchs nicht notwendig dadurch ausgeschlossen, dass bei einem bestehenden Arbeitsverhältnis ein Arbeitneh- 1847

C. Der Inhalt des Arbeitsverhältnisses

mer eine Erwerbsunfähigkeitsrente bezieht (*BAG* 26.5.1988 EzA § 7 BUrlG Nr. 63; *LAG Rheinland-Pfalz* 28.11.1997 BB 1998, 1953 Ls.). **Denn die Erwerbsunfähigkeit setzt nicht notwendig voraus, dass der Arbeitnehmer seine bisher vertraglich geschuldete Tätigkeit nicht mehr erbringen kann.** Die Merkmale der Erwerbsunfähigkeit, die nach § 44 Abs. 2 SGB VI zu bestimmen sind, stimmen mit denen der Arbeitsunfähigkeit nicht überein. Bei Prüfung der Erwerbsunfähigkeit findet keine Beschränkung auf den bisherigen Beruf oder, wie dies bei der Berufsunfähigkeit nach § 43 SGB VI die Regel ist, auf die Berufsgruppe statt (*BAG* 14.5.1986 EzA § 7 BUrlG Nr. 45).

1848 Ob der Arbeitnehmer eine bislang ausgeübte und vertraglich geschuldete Tätigkeit wegen der Erwerbsunfähigkeit nicht mehr ausüben kann, hängt deshalb **vom Inhalt der jeweiligen Arbeitsleistung ab** und muss im Einzelfall festgestellt werden.

(3) Maßnahmen der medizinischen Vorsorge oder Rehabilitation

aaa) § 10 BUrlG a. F. (bis 30.9.1996), n. F. (ab 1.1.1999)

1849 Gem. § 10 BUrlG a. F. durften auch Maßnahmen der medizinischen Vorsorge oder Rehabilitation nicht auf den Urlaub angerechnet werden, soweit ein Anspruch auf Fortzahlung des Arbeitsentgelts nach §§ 3 ff. EFZG besteht.
Ab dem 1.9.1994 bestand damit insoweit eine einheitliche Regelung für Arbeiter und Angestellte.

bbb) § 10 BUrlG n. F. (1.10.1996–31.12.1998), a. F. (ab 1.1.1999)

1850 Gem. § 10 Abs. 1 S. 1 BUrlG n. F. ist der Arbeitgeber dagegen seit dem 1.10.1996 berechtigt, von je fünf Tagen, an denen der Arbeitnehmer infolge einer Maßnahme der medizinischen Vorsorge oder Rehabilitation (§ 9 Abs. 1 EFZG) an seiner Arbeitsleistung verhindert ist, die ersten zwei Tage auf den Erholungsurlaub anzurechnen. Die angerechneten Tage gelten als Urlaubstage; insoweit besteht kein Anspruch des Arbeitnehmers auf Entgeltfortzahlung im Krankheitsfall.
Diese Regelung gilt gem. § 10 Abs. 1 S. 2 BUrlG n. F. nicht für
– Tage der Arbeitsunfähigkeit des Arbeitnehmers nach § 3 EFZG,
– Maßnahmen, deren unmittelbarer Anschluss an eine Krankenhausbehandlung medizinisch notwendig ist (Anschlussrehabilitation); als unmittelbar gilt auch, wenn die Maßnahme innerhalb von 14 Tagen beginnt,
– für Vorsorgekuren für Mütter gem. § 24 SGB V sowie für Müttergenesungskuren gem. § 41 SGB V,
– für Kuren von Beschädigten nach § 11 Abs. 2 BVersG.
Durch die Anrechnung nach § 10 Abs. 1 BUrlG dürfen der gesetzliche Jahresurlaub nach §§ 3 Abs. 1, 19 JArbSchG, §§ 53, 54 SeemG sowie der Zusatzurlaub nach § 125 SGB IX nicht unterschritten werden (§ 10 Abs. 2 BUrlG).
Soweit eine Anrechnung nicht oder nur teilweise möglich ist, weil der Arbeitnehmer den für die Anrechnungsmöglichkeit des Arbeitgebers zur Verfügung stehenden Urlaub bereits ganz oder teilweise erhalten hat, darf der Arbeitgeber eine Anrechnung unter Berücksichtigung von § 10 Abs. 1, 2 BUrlG auf den Urlaub des nächsten Kalenderjahres vornehmen (§ 10 Abs. 3 BUrlG).
Befindet sich der Arbeitnehmer am Tag des In-Kraft-Treten des Gesetzes (1.10.1996) in einer Maßnahme der medizinischen Vorsorge oder Rehabilitation, bleiben gem. § 15 a BUrlG die bisherigen Vorschriften maßgebend. Das *BVerfG*

C. Der Inhalt des Arbeitsverhältnisses

(3.4.2001 NZA 2001, 777; ebenso *Löwisch* NZA 1996, 1015) hat diese Regelung für die Dauer ihrer Geltung (s. dazu unten C/Rz. 1851 f.) für verfassungsmäßig gehalten (krit. demgegenüber *Leinemann* BB 1996, 1382; *Hohmeister* NZA 1996, 1188; *H. J. Dörner* NZA 1998, 561).

ccc) Die Rückkehr zum alten Recht durch das sog. »KorrekturG«
Gem. § 10 BUrlG i. d. F. mit Wirkung vom 1.1.1999 wird der bis zum 1.10.1996 bestehende Rechtszustand wieder hergestellt. 1851

Maßnahmen der medizinischen Vorsorge oder Rehabilitation dürfen nicht auf den Urlaub angerechnet werden, sofern ein Anspruch auf Entgeltfortzahlung nach §§ 3 ff. EFZG besteht.

Gem. der Übergangsvorschrift des § 15 a EFZG n. F. sind dann, wenn sich der Arbeitnehmer an einem Tag nach dem 9.12.1998 bis zum 1.1.1999 oder darüber hinaus in einer Maßnahme der medizinischen Vorsorge oder Rehabilitation befindet, für diesen Zeitraum die seit dem 1.1.1999 geltenden Vorschriften maßgebend, es sei denn, dass diese für den Arbeitnehmer ungünstiger sind. 1852

ddd) Abweichende tarifliche Regelungen
Von § 10 BUrlG kann in Tarifverträgen abgewichen werden, soweit nicht in den Mindesturlaub nach §§ 1, 3 BUrlG eingegriffen wird. Ohne weiteres zulässig ist die Anrechnung für Urlaubsansprüche, die den gesetzlichen Mindesturlaub übersteigen (MünchArbR/*Leinemann* § 91 Rz. 64). 1853

jj) Urlaubsgeld

Ein über den Urlaubsentgeltanspruch hinausgehendes zusätzliches Urlaubsgeld kann der Arbeitnehmer nur dann beanspruchen, wenn eine entsprechende Vereinbarung besteht, oder ein anwendbarer Tarifvertrag dies vorsieht (*BAG* 30.7.1986 EzA § 44 SchwbG Nr. 7; ausf. dazu *Sibben* DB 1997, 1178 ff.). 1854

Eine derartige Leistung des Arbeitgebers hat auch **Gratifikationscharakter**; das zusätzliche Urlaubsgeld wird nicht für den Urlaub, sondern aus Anlass des Urlaubs gewährt (*BAG* 9.3.1967 AP Nr. 6 zu § 11 BUrlG; zum Urlaubsgeld in der Elternzeit s. u. C/Rz. 2027). 1855

Eine Tarifnorm (z. B. § 34 Nr. 1 RTV Gebäudereinigerhandwerk) kann auch eine **Wartezeit** vorsehen, nach deren Ablauf z. B. von 12 Monaten erst der Arbeitnehmer einen Anspruch auf ungekürztes Urlaubsgeld erhält (vgl. *BAG* 24.10.1995 EzA § 4 TVG Gebäudereinigerhandwerk Nr. 3). 1856

Ob der Anspruch auf ein zusätzliches tarifliches Urlaubsgeld sowohl von der tatsächlichen Gewährung des Urlaubs, als auch vom Bestand eines Anspruchs auf Urlaubsentgelt abhängig ist, sodass er z. B. bei dauerhafter Erkrankung entfällt, hängt von der normativen Ausgestaltung der Regelung im Einzelfall ab. Das *BAG* (21.10.1997 NZA 1998, 666 gegen BAG 14.1.1992 – 9 AZR 546/90 – n. v.) hat dies für § 17 MTV gewerbliche Arbeitnehmer der Schuhindustrie in der BRD bejaht, wonach mit der Urlaubsvergütung den Arbeitnehmern, die bei Be- 1857

C. Der Inhalt des Arbeitsverhältnisses

> ginn des Urlaubsjahres und bei Urlaubsbeginn betriebszugehörig sind, ein zusätzliches Urlaubsgeld in Höhe von zwei Wochenverdiensten, errechnet nach den Bestimmungen der Urlaubsvergütung, auszuzahlen ist. Demgegenüber besteht der Anspruch nach dem TV Sonderzahlung Einzelhandel auch dann, wenn die Arbeitnehmerin **krankheitsbedingt keine tatsächliche Arbeitsleistung** erbracht hat und ihr deshalb kein Urlaub gewährt werden konnte (*BAG* 19.1.1999 EzA § 4 TVG Einzelhandel Nr. 38). Nichts anderes gilt, wenn die Arbeitnehmerin im gesamten Kalenderjahr **Elternzeit** in Anspruch genommen hat (*BAG* 19.1.1999 EzA § 4 TVG Einzelhandel Nr. 39). Auch ein Anspruch auf Urlaubsgeld nach § 34 MTV Nr. 5 für das Bodenpersonal der LTU v. 22.10.1993 besteht dann, wenn der Arbeitnehmer im gesamten Kalenderjahr Elternzeit in Anspruch genommen hat (*BAG* 11.4.2000 NZA 2001, 512; vgl. dazu *Schmitz* ArbuR 2001, 70 f.).

1858 Wird das Urlaubsgeld nicht proportional zur erzielten Vergütung, sondern als Pauschalbetrag gezahlt, so ist bei **Teilzeitbeschäftigten** gleichwohl eine Kürzung entsprechend ihres Arbeitsdeputats im Verhältnis zu einem Vollzeitbeschäftigten zulässig (*BAG* 15.11.1990 EzA § 2 BeschFG 1985 Nr. 5; a. A. MünchArbR/*Schüren* § 162 Rz. 87).

kk) Die zeitliche Festlegung des Urlaubs

(1) Recht und Pflicht des Arbeitgebers; Urlaubsverlangen des Arbeitnehmers

1859 Ist der Urlaubsanspruch mit dem Beginn des Kalenderjahres entstanden, wird er **zugleich** mit diesem Zeitpunkt **fällig** (§ 271 Abs. 1 BGB). Der Arbeitnehmer hat gem. § 1 BUrlG einen Anspruch auf Urlaubsgewährung i. S. d. Freistellung von der Arbeitspflicht durch eine entsprechende Willenserklärung des Arbeitgebers. Der Arbeitgeber hat das Recht zur zeitlichen Festlegung des Urlaubs.

1860 Das *BAG* (18.12.1986 EzA § 7 BUrlG Nr. 48) geht davon aus, dass der Arbeitgeber als Schuldner des Urlaubsanspruchs zur zeitlichen Festlegung des Urlaubs gem. § 7 Abs. 1 BUrlG darüber hinaus auch verpflichtet ist. Einer Geltendmachung des Anspruchs durch den Arbeitnehmer bedarf es an sich nicht, weil der Arbeitgeber auch ohne Aufforderung den Urlaub gewähren kann. Andererseits erlischt der Anspruch gem. § 7 Abs. 3 BUrlG, wenn eine Aufforderung durch den Arbeitnehmer unterbleibt (MünchArbR/*Leinemann* § 89 Rz. 67).

1861 Das Urlaubsverlangen des Arbeitnehmers muss so **rechtzeitig** erfolgen, dass die Gewährung des Urlaubs noch vor Ablauf der gesetzlichen oder tariflichen Urlaubsbefristung möglich ist (*BAG* 7.11.1985 EzA § 7 BUrlG Nr. 41).
Eine wirksame Geltendmachung des Urlaubs durch einen am **Streik** teilnehmenden Arbeitnehmer liegt insoweit nur dann vor, wenn er sich, zumindest vorübergehend, zur Wiederaufnahme der Arbeit bereit erklärt hat (*BAG* 24.9.1996 EzA § 7 BUrlG Nr. 102; vgl. dazu *Dütz/Dürrwächter* SAE 1998, 159 ff.). Zur Wirksamkeit der Geltendmachung gehört auch die **Bereitschaft**, die **Arbeitspflicht** – wieder – **zu erfüllen**. Die bloße Anzeige der »Urlaubsfähigkeit« nach längerer Krankheit reicht nicht aus (*LAG Köln* 1.10.1998 NZA-RR 1999, 404).

Mit der Festlegung von Beginn und Ende des Urlaubs hat der Arbeitgeber die erfor- 1862
derliche Leistungshandlung vorgenommen. **Die Leistung ist bewirkt, wenn der
Leistungserfolg eingetreten ist, also der Arbeitnehmer den Urlaub erhalten hat**
(MünchArbR/*Leinemann* § 89 Rz. 70).
Der Arbeitgeber erfüllt den gesetzlichen Urlaubsanspruch des Arbeitnehmers z. B. 1863
dann, wenn er während der Kündigungsfrist Urlaub gewährt und der Arbeitnehmer
keine anderweitigen Urlaubswünsche äußert. Widerspricht der Arbeitnehmer der
Urlaubsgewährung, so ist dies allein noch keine Äußerung eines Urlaubswunsches
i. S. d. § 7 Abs. 1 BUrlG. Steht dem Arbeitnehmer mehr Urlaub als der gesetzliche Urlaub zu, können die Parteien hierfür vereinbaren, dass er ohne Berücksichtigung entgegenstehender Wünsche des Arbeitnehmers während der Dauer der Kündigungsfrist zu gewähren ist (*BAG* 22.9.1992 EzA § 7 BUrlG Nr. 87).
Hat der Arbeitgeber zu Beginn des Urlaubsjahres den Erholungsurlaub zeitlich fest- 1864
gelegt, so besteht keine Verpflichtung zur anderweitigen Neufestsetzung, wenn die
Arbeitnehmerin danach schwanger wird und für die vorgesehene Urlaubszeit ihre Beschäftigung wegen der Beschäftigungsverbote der §§ 3, 4 MuSchG verboten ist.

Mit der Festlegung des Urlaubszeitraums entsprechend den Wünschen der Arbeitnehmerin hat der Arbeitgeber als Schuldner des Urlaubsanspruchs das Erforderliche nach § 7 Abs. 1 BUrlG getan. Wird die Freistellung nachträglich wegen der Beschäftigungsverbote der §§ 3, 4 MuSchG unmöglich, so wird der Arbeitgeber von der Freistellungsverpflichtung nach § 275 BGB frei, soweit die Unmöglichkeit nicht auf krankheitsbedingter Arbeitsunfähigkeit (§ 9 BUrlG) beruht (*BAG* 9.8.1994 EzA § 7 BUrlG Nr. 97). 1865

Einzelfälle:
Vereinbaren die Arbeitsvertragsparteien, dass sich die Arbeitspflicht einer Arbeitneh- 1866
merin im Reinigungsdienst auf die Schultage und die während der Ferienzeit anfallende sog. Grundreinigung beschränkt, so kann ihr in der übrigen Ferienzeit kein Urlaub gewährt werden. Die Arbeitnehmerin hat während dieser Zeit keinen Anspruch
auf Urlaubsentgelt (*BAG* 19.4.1994 EzA § 4 TVG Gebäudereinigerhandwerk Nr. 2).
Ein Saisonbetrieb, z. B. ein Freizeitpark, der nur von April bis Oktober für Publi- 1867
kumsverkehr geöffnet ist, kann i. d. R. das Urlaubsbegehren seines Arbeitnehmers innerhalb der Saison unter Hinweis auf dringende betriebliche Belange verweigern und
ihn auf Zeiten der Betriebsschließung (Betriebsferien) verweisen, auch wenn während dieser Zeit interne Vorbereitungsarbeiten für die nächste Saison (Wartung, Reparatur) verrichtet werden. Erklärt sich der Arbeitnehmer in einem derartigen Betrieb im Arbeitsvertrag vorweg mit der Urlaubsnahme außerhalb der Saison einverstanden, liegt hierin keine von § 13 BUrlG untersagte Abweichung von § 7 Abs. 1
BUrlG, sondern eine Einigung über die Lösung eines Interessenkonflikts (*LAG
Köln* 17.3.1995 NZA 1995, 1200 Ls.).

(2) Kritik in der Literatur
In der Literatur (vgl. GK-BUrlG/*Bachmann* § 7 Rz. 4) wird demgegenüber davon 1868
ausgegangen, dass es sich um ein Gestaltungsrecht, ein Leistungsbestimmungsrecht
des Arbeitgebers handelt, das durch eine Willenserklärung gem. §§ 104 ff. BGB in
den Grenzen des § 315 BGB ausgeübt wird und durch dessen Ausübung die Fälligkeit
des Urlaubsanspruchs erst herbeigeführt wird.

C. Der Inhalt des Arbeitsverhältnisses

Insoweit ist insbesondere fraglich, ob der Arbeitgeber zur zeitlichen Festlegung des Urlaubs verpflichtet ist (vgl. GK-BUrlG/*Bachmann* § 7 Rz. 9; s. o. C/Rz. 1745 ff.).

(3) Bestimmung des Urlaubszeitpunkts

1869 Für die Bestimmung des Zeitpunkts des Urlaubs sind die Umstände des Einzelfalles entscheidend. Notwendig ist gem. § 7 Abs. 1 BUrlG eine **Abwägung der beiderseitigen Interessen sowie der Interessen aller betroffener Arbeitnehmer**, wobei generell die Urlaubswünsche anderer Arbeitnehmer sowie entgegenstehende betriebliche Interessen des Arbeitgebers berücksichtigt werden müssen. Dringende betriebliche Gründe stehen der Urlaubsbewilligung aber nur dann entgegen, wenn sie zu einer **erheblichen betriebswirtschaftlichen Erschwerung führen** (*LAG Rheinland-Pfalz* LAGE § 7 BUrlG Nr. 27).

1870 Im Übertragungszeitraum (§ 7 Abs. 3 BUrlG) sind die betrieblichen Belange und die Urlaubswünsche anderer Arbeitnehmer dagegen nicht zu berücksichtigen, ebenso wenig persönliche Annahmeverweigerungsgründe des Arbeitnehmers (MünchArbR/*Leinemann* § 89 Rz. 77).

(4) Bindung an die Urlaubsfestlegung

1871 Der Arbeitgeber ist ebenso wie der Arbeitnehmer an die von ihm vorgenommene Urlaubsfestlegung jedenfalls grds. gebunden und zur einseitigen Änderung der zeitlichen Festlegung nicht berechtigt (*BAG* 10.1.1974 EzA § 7 BUrlG Nr. 16).

1872 Fraglich ist, inwieweit ein **Widerruf vor Urlaubsantritt** z. B. in betrieblichen Notfällen, bei ganz unvorhergesehenen Ereignissen (dafür *BAG* 12.10.1961 AP Nr. 84 zu § 611 BGB Urlaubsrecht; dagegen GK-BUrlG/*Bachmann* § 7 Rz. 50 ff.) sowie ein **Rückrufsrecht** nach Urlaubsantritt (dafür mit der Maßgabe, dass besonders strenge Anforderungen zu stellen sind *Lepke* DB 1990, 1134; dagegen MünchArbR/*Leinemann* § 89 Rz. 80) in Betracht kommt. Hat der Arbeitgeber den Arbeitnehmer zur Erfüllung des Anspruchs auf Erholungsurlaub (§ 1 BUrlG) **freigestellt**, kann er den Arbeitnehmer jedenfalls **nicht** aufgrund einer Vereinbarung aus dem Urlaub **zurückrufen**. Denn eine solche Abrede verstößt gegen zwingendes Urlaubsrecht und ist gem. § 13 BUrlG rechtsunwirksam (*BAG* 20.6.2000 EzA § 1 BUrlG Nr. 23). Möglich ist aber die **Anfechtung der Urlaubserteilung** gem. §§ 119 ff., 123 BGB.

1873 Ein bewilligter Urlaub wird auch nicht dadurch unterbrochen, dass während des Urlaubs der Betrieb bestreikt wird (*BAG* 9.2.1982 EzA § 1 BUrlG Nr. 18).

1874 Der Arbeitnehmer hat u. U. gem. § 242 BGB einen Anspruch auf **Abschluss eines Änderungsvertrages** über die zeitliche Festlegung des Urlaubs (GK-BUrlG/*Bachmann* § 7 Rz. 58).

(5) Mitteilung der Urlaubsanschrift?

1875 Eine Verpflichtung des Arbeitnehmers, dem Arbeitgeber die Urlaubsanschrift mitzuteilen, besteht nicht (*BAG* 16.12.1980 EzA § 130 BGB Nr. 10).

(6) Zusammenhängende Urlaubsgewährung

1876 Der Urlaub ist gem. § 7 Abs. 2 BUrlG grds. **zusammenhängend zu gewähren**, damit dem Arbeitnehmer in regelmäßigen Abständen hinreichend Zeit zur Erholung ge-

währt wird, die nach medizinischen Erkenntnissen mindestens drei Wochen umfassen sollte (MünchArbR/*Leinemann* § 89 Rz. 64).
Verbotswidrig entgegen § 7 Abs. 2 BUrlG gewährter Urlaub ist keine Erfüllung des Urlaubsanspruchs. Dies gilt auch dann, wenn eine entsprechende Aufteilung des Urlaubs auf einer Vereinbarung zwischen Arbeitgeber und Arbeitnehmer beruht. Der Arbeitnehmer ist insoweit grds. nicht daran gehindert, den gesetzlichen Mindesturlaub in zusammenhängender Form nachzufordern (*BAG* 29.7.1965 AP Nr. 1 zu § 7 BUrlG).

1877

(7) Selbstbeurlaubungsrecht des Arbeitnehmers?
Fraglich ist, ob ein Selbstbeurlaubungsrecht des Arbeitnehmers besteht, insbesondere dann, wenn der Arbeitgeber die Gewährung von Urlaub grundlos verweigert (dafür *Dersch/Neumann* § 7 Rz. 43; dagegen MünchArbR/*Leinemann* § 89 Rz. 71).

1878

Das *BAG* (20.1.1994 EzA § 626 BGB n. F. Nr. 153; ebenso *LAG Hamm* 21.10.1997 NZA-RR 1999, 76; *LAG Köln* 16.3.2001 NZA-RR 2001, 533; *ArbG Nürnberg* 28.7.1998 NZA-RR 1999, 80) geht davon aus, dass angesichts des umfassenden Systems gerichtlichen Rechtsschutzes (Möglichkeit der Leistungsklage sowie einer Einstweiligen Verfügung) ein Recht des Arbeitnehmers, sich selbst zu beurlauben, grds. abzulehnen ist.

1879

Es hat aber andererseits offen gelassen, ob etwas anderes nicht ausnahmsweise dann gilt, wenn innerhalb des Urlaubsjahres, des Übertragungszeitraums oder der Kündigungsfrist nur noch ein dem restlichen Urlaubsanspruch entsprechender Zeitraum zur Verfügung steht und sich der Arbeitgeber **grundlos weigert, den Urlaub zu gewähren** (dafür *LAG Rheinland-Pfalz* 25.1.1991 LAGE § 7 BUrlG Nr. 27; KR-*Fischermeier* § 626 BGB Rz. 452).

1880

Tritt der Arbeitnehmer folglich eigenmächtig einen vom Arbeitgeber nicht genehmigten Urlaub an, so verletzt er seine arbeitsvertraglichen Pflichten, und ein solches Verhalten ist an sich geeignet, einen wichtigen Grund zur fristlosen Kündigung darzustellen (s. aber unten D/Rz. 727).

1881

Allerdings ist es bei einer fristlosen Kündigung wegen eigenmächtigen Urlaubsantritts in der Interessenabwägung **zugunsten des Arbeitnehmers zu berücksichtigen** wenn der Arbeitgeber **zu Unrecht einen Urlaubsantrag abgelehnt** und von vornherein den Betriebsablauf nicht so organisiert **hat**, dass die Urlaubsansprüche des Arbeitnehmers nach den gesetzlichen Vorschriften erfüllt werden konnten.

1882

Ist gerichtliche Hilfe zur Durchsetzung eines Urlaubsanspruchs nicht rechtzeitig zu erlangen (Arbeit auf einer Baustelle in Indonesien), so kann auch bei einem eigenmächtigen Urlaubsantritt des Arbeitnehmers im Einzelfall eine fristlose Kündigung ausnahmsweise dann unwirksam sein, wenn der Arbeitgeber u. a. aus eigenem finanziellen Interesse erhebliche Urlaubsansprüche des Arbeitnehmers hat auflaufen lassen und ihr Verfall droht (*BAG* 20.1.1994 EzA § 626 BGB n. F. Nr. 153; s. auch *LAG Hamm* 21.10.1997 NZA-RR 1999, 76: bei nicht gesetzestreuem Verhalten des Arbeitgebers kommt nur eine ordentliche Kündigung in Betracht).

1883

C. Der Inhalt des Arbeitsverhältnisses

ll) Verfallfristen

(1) Grundlagen

1884 Fraglich ist, ob in einem Tarifvertrag Ausschlussfristen auch für den gesetzlichen Urlaubsanspruch oder den gesetzlichen Urlaubsabgeltungsanspruch möglich sind.

1885 Das *BAG* (5.4.1984 EzA § 13 BUrlG Nr. 19) geht davon aus, dass durch Einzelvertrag auch ein Teilurlaubsanspruch nicht an eine Ausschlussfrist geknüpft werden kann, weil zum Inhalt eines Rechts auch die Dauer gehört, innerhalb derer er ausgeübt werden kann. Folglich wird durch eine Ausschlussfrist, die auf einer Vereinbarung beruht, der Urlaubsanspruch des Arbeitnehmers zu seinem Nachteil abgeändert.

1886 Daraus folgt nach Auffassung von *Leinemann* (MünchArbR § 90 Rz. 109), dass zwar für Teilurlaubsansprüche, die der Vereinbarungsbefugnis der Tarifvertragsparteien nach § 13 BUrlG unterliegen, tarifliche Ausschlussklauseln wirksam sein können, dass aber **eine tarifvertragliche Ausschlussfrist keinen Bestand haben kann, wenn sie die Dauer der Ausübung für den gesetzlichen Urlaubs- oder Urlaubsabgeltungsanspruch verkürzt.** Für den zusätzlich zum gesetzlichen Mindesturlaub von den Tarifvertragsparteien geregelten Urlaubsanspruch bestehen die durch das BUrlG vorgegebenen Bindungen dagegen nicht.

1887 Andererseits können Tarifvertragsparteien für den mit Beendigung des Arbeitsverhältnisses an die Stelle des Urlaubsanspruchs tretenden Abgeltungsanspruch Ausschlussfristen jedenfalls im Umfang des (über den gesetzlichen Mindesturlaub hinausgehenden Teils des) tariflichen Urlaubsanspruchs vereinbaren (*BAG* 25.8.1992 EzA § 4 TVG Ausschlussfristen Nr. 101).

1888 Ob Tarifvertragsparteien auch befugt sind, den Bestand der nach dem BUrlG garantierten Mindesturlaubstage und die Abgeltung dafür nach § 7 Abs. 4 BUrlG bis zum Ablauf des Urlaubsjahres bzw. des Übertragungszeitraums von der Erfüllung weiterer Voraussetzungen (z. B. der schriftlichen und gerichtlichen Geltendmachung innerhalb bestimmter Fristen) abhängig zu machen, ist fraglich (dafür *BAG* 3.2.1971 AP Nr. 9 zu § 7 BUrlG Abgeltung; offen gelassen in *BAG* 25.8.1992 EzA § 4 TVG Ausschlussfristen Nr. 101; dagegen GK-BUrlG/*Bachmann* § 7 Rz. 208 f. m. w. N.).

(2) Einzelfälle

1889 **Eine tarifliche Ausschlussfrist, nach der gegenseitige Ansprüche aller Art aus dem Arbeitsverhältnis – ausgenommen Lohnansprüche – nur innerhalb von einem Monat seit Fälligkeit des Anspruchs schriftlich geltend gemacht werden können, ist auf Urlaubs- und Urlaubsabgeltungsansprüche nicht anzuwenden.** Denn die Ausgestaltung der Urlaubsvorschriften im Tarifvertrag und im BUrlG zwingt den Arbeitnehmer lediglich, seine Ansprüche rechtzeitig vor Ablauf des Urlaubsjahres oder des Übertragungszeitraums zu verlangen. Wäre daneben außerdem noch die allgemeine tarifliche Ausschlussfrist anzuwenden, müssten die Arbeitnehmer im Januar jeden Jahres ihre Urlaubsansprüche schriftlich geltend machen, wollten sie deren Verfall verhindern. Das entspricht aber weder den Vorstellungen der Tarifvertragsparteien über Bestand und Erlöschen von Urlaubs- und Urlaubsabgeltungsansprüchen, noch dem Gesamtzusammenhang der von ihnen getroffenen Regelungen (*BAG* 24.11.1992 EzA § 4 TVG Ausschlussfristen Nr. 102).

C. Der Inhalt des Arbeitsverhältnisses

Andererseits kann sich aber aus dem Gesamtzusammenhang der konkreten tariflichen Regelung auch ergeben, dass jedenfalls der Urlaubsabgeltungsanspruch einer Ausschlussfrist unterliegt, wenn diese für »Ansprüche der Arbeitnehmer aus dem Arbeitsverhältnis« eingreift und zwischen Ansprüchen auf Zuschläge aller Art (2 Monate nach Fälligkeit) and »alle(n) übrigen Ansprüchen« (6 Monate nach Fälligkeit, spätestens 3 Monate nach Beendigung des Arbeitsverhältnisses) differenziert und weiter vorsieht, dass Ansprüche, die nicht innerhalb dieser Fristen geltend gemacht werden, verwirkt sind, es sei denn, dass der Arbeitnehmer durch unverschuldete Umstände nicht in der Lage war, diese Fristen einzuhalten (*BAG* 20.4.1989 EzA § 7 BUrlG Nr. 65). 1890

Eine schriftliche Mahnung des Arbeitnehmers, ihm Urlaub zu gewähren, wahrt die tarifliche Ausschlussfrist auch für den nach Ablauf des Urlaubsjahres oder des Übertragungszeitraums entstehenden Schadensersatzanspruch, der entweder auf Gewährung von Urlaub (Ersatzurlaubsanspruch) oder auf Zahlung gerichtet ist (*BAG* 24.11.1992 EzA § 4 TVG Ausschlussfristen Nr. 102). 1891

Hat der schwer behinderte Arbeitnehmer für den Urlaubsanspruch die tarifliche Ausschlussfrist des § 63 Abs. 2 BMT-G II gewahrt, so braucht auch er nach Eintritt der Unmöglichkeit den an seine Stelle tretenden Ersatzurlaubsanspruch nicht noch einmal geltend zu machen (*BAG* 22.10.1991 EzA § 47 SchwbG 1986 Nr. 1). 1892

mm) Unabdingbarkeit (§ 13 BUrlG)

(1) Verfügungsverbot

Gem. **§ 13 Abs. 1 S. 3 BUrlG** ist der Anspruch des Arbeitnehmers auf bezahlten Erholungsurlaub ebenso wie der Urlaubsabgeltungsanspruch im Urlaubsjahr unabdingbar. 1893
Deshalb kann der Arbeitnehmer über den gesetzlichen Mindesturlaub ebenso wie über Urlaubsansprüche aus Tarifvertrag oder Betriebsvereinbarung (vgl. *Dersch/Neumann* § 13 Rz. 56) z. B. **weder durch Erlassvertrag noch durch ein negatives Schuldanerkenntnis verfügen** (*BAG* 31.5.1990 EzA § 13 BUrlG Nr. 49).
Der Arbeitgeber ist auch nicht berechtigt, dann, wenn ein türkischer Arbeitnehmer zur Ableistung seines auf zwei Monate verkürzten Wehrdienstes in seinem Heimatland durch den Arbeitgeber einvernehmlich ohne Vergütung von seiner Arbeitspflicht befreit worden ist, für diese Zeit den Urlaubsanspruch des Arbeitnehmers anteilig zu kürzen (*BAG* 30.7.1986 EzA § 3 BUrlG Nr. 15). 1894

Die Erklärung in einem Aufhebungsvertrag, alle Ansprüche aus dem Arbeitsverhältnis seien erfüllt, umfasst folglich wirksam (nur) solche Urlaubsansprüche, über die der Arbeitnehmer verfügen kann; der gesetzliche Mindesturlaub gehört dazu nicht (*BAG* 20.1.1998 EzA § 13 BUrlG Nr. 57). 1895

(2) Tarifdispositivität

aaa) Grundlagen

Von §§ 1, 2, 3 Abs. 1 BUrlG abgesehen ist das BUrlG dem Tarifvertrag und der Bezugnahme auf den Tarifvertrag gegenüber dispositiv. Abweichende Tarifregelungen gel- 1896

Dörner

C. Der Inhalt des Arbeitsverhältnisses

ten allerdings ohne Rücksicht darauf, ob sie für den Arbeitnehmer günstiger oder ungünstiger ist (z. B. bei der Anwendung von Ausschlussfristen; vgl. GK-BUrlG/*Berscheid* § 13 Rz. 14 ff.).

bbb) Einzelfragen

1897 Dagegen ist ein Ausschluss oder eine Kürzung des Anspruchs nach § 5 Abs. 1 c BUrlG durch eine tarifvertragliche Regelung nicht wirksam möglich, weil dieser Anspruch mit dem durch § 1 BUrlG unabdingbaren und damit tariflich nicht abänderbaren Mindesturlaubsanspruch identisch ist (*BAG* 18.6.1980 EzA § 13 BUrlG Nr. 14).

1898 **Möglich ist es aber, durch tarifliche Regelung die Fälligkeit von Teilurlaubsansprüchen hinauszuschieben.** Scheidet ein Arbeitnehmer dann vor Fälligkeit eines solchen Anspruchs aus dem Arbeitsverhältnis aus, steht ihm der Anspruch nicht zu (*BAG* 15.12.1983 EzA § 13 BUrlG Nr. 17). Ebenso kann durch tarifvertragliche Regelung das Entstehen von Teilurlaubsansprüchen für neu eintretende Arbeitnehmer hinausgeschoben werden (*BAG* 25.10.1984 EzA § 13 BUrlG Nr. 20).

1899 Nicht zulässig ist es dagegen, Urlaubsansprüche von Arbeitnehmern, die in der zweiten Hälfte eines Kalenderjahres aus dem Arbeitsverhältnis ausscheiden, auszuschließen oder zu mindern, etwa indem der Urlaubsanspruch insgesamt gezwölftelt oder von der Erbringung von Arbeitsleistungen abhängig gemacht wird (*BAG* 8.3.1984 EzA § 13 BUrlG Nr. 18).

1900 **Solche Änderungen sind nur für Urlaub möglich, der von den Tarifvertragsparteien zusätzlich zum gesetzlichen Mindesturlaub vereinbart ist.** Denn in der Ausgestaltung eines solchen Mehrurlaubs sind die Tarifvertragsparteien ebenso frei wie die Parteien des Arbeitsvertrages (vgl. *BAG* 3.10.1972 EzA § 9 BUrlG Nr. 5). Deshalb können durch Tarifvertrag nach Dienstplan freie Tage, die sich an einen tariflichen Urlaub anschließen, in die Berechnung der Urlaubsdauer einbezogen werden (*BAG* 17.11.1983 EzA § 13 BUrlG Nr. 16).

1901 Andererseits ist eine tarifliche Regelung, nach der Abgeltungsansprüche nur entstehen, wenn der Urlaub vor Beendigung des Arbeitsverhältnisses aus betrieblichen Gründen nicht gewährt werden konnte, unwirksam, soweit durch sie der Urlaubsabgeltungsanspruch im Umfang des gesetzlichen Urlaubs nach den §§ 1, 3 BUrlG, u. U. auch gem. § 125 SGB IX gemindert wird (*BAG* 10.2.1987 EzA § 13 BUrlG Nr. 31).

1902 Durch eine tarifliche Regelung kann der gesetzliche Urlaubs- und Urlaubsabgeltungsanspruch eines Arbeitnehmers, der nach erfüllter Wartefrist **unberechtigt vorzeitig aus dem Arbeitsverhältnis ausscheidet, nicht ausgeschlossen werden.** Das trifft auch dann zu, wenn der Arbeitnehmer nach erfüllter Wartefrist in der ersten Hälfte eines Kalenderjahres aus dem Arbeitsverhältnis ausscheidet (*BAG* 18.6.1980 EzA § 13 BUrlG Nr. 14).

ccc) Eindeutigkeit und Klarheit abweichender Regelungen

1903 Insgesamt müssen vom BUrlG zum Nachteil des Arbeitnehmers abweichende tarifliche Regelungen – auch im gem. § 4 Abs. 5 TVG nachwirkenden Tarifvertrag – eindeutig und klar sein. **Bleiben Zweifel, so gehen sie zu Lasten des Arbeitgebers.** Denn sonst bestünde entgegen dem Sinn der den Tarifvertragsparteien in § 13 Abs. 1 BUrlG übertragenen Ordnungsaufgabe weitgehend Unklarheit über die Urlaubsbedingungen (GK-BUrlG/*Berscheid* § 13 Rz. 18 ff.).

C. Der Inhalt des Arbeitsverhältnisses

(3) Einzelvertragliche oder in Betriebsvereinbarungen vorgesehene Abweichungen

Einzelvertragliche oder in Betriebsvereinbarungen vorgesehene Abweichungen sind im Umfang des gesetzlichen Mindesturlaubs nur zugunsten des Arbeitnehmers möglich. Der notwendige Günstigkeitsvergleich ist bezogen auf den einzelnen Arbeitnehmer als Gruppenvergleich vorzunehmen, d. h. es sind gegenüberzustellen die in einem inneren Zusammenhang stehenden einzelvertraglichen und gesetzlichen Urlaubsbestimmungen (GK-BUrlG/*Berscheid* § 13 Rz. 44 ff.). 1904

Folglich ist eine vertragliche Regelung, die den während des gesetzlichen Mindesturlaubs weiterbestehenden Vergütungsanspruch des Arbeitnehmers mindert, unwirksam (*BAG* 21.3.1985 EzA § 13 BUrlG Nr. 23).

Steht dem Arbeitnehmer dagegen mehr als der gesetzliche Urlaub zu, so können die Parteien hierfür vereinbaren, dass er ohne Berücksichtigung entgegenstehender Wünsche des Arbeitnehmers während der Dauer der Kündigungsfrist zu gewähren ist (*BAG* 22.9.1992 EzA § 7 BUrlG Nr. 87). 1905

(4) Besonderheiten bei sog. Treueurlaub
Möglich ist auch die Gewährung eines sog. Treueurlaubs, z. B. aufgrund einer Urlaubsordnung. 1906
Ein derartiger Treueurlaub z. B. für langjährige Betriebszugehörigkeit kann nicht ohne weiteres mit einem erhöhten Tarifurlaub verrechnet werden (*BAG* 5.9.1985 EzA § 7 BUrlG Nr. 40). Erforderlich ist vielmehr, dass entweder der Tarifvertrag oder der Arbeitsvertrag eine entsprechende Möglichkeit **ausdrücklich vorsehen**.

Hat sich der Arbeitgeber dagegen vertraglich vorbehalten, Ansprüche auf freiwillig gewährten zusätzlichen Treueurlaub entsprechend der Anhebung tariflicher Urlaubsansprüche zu kürzen, ist eine solche Herabsetzung wirksam, wenn der Treueurlaub an die Höhe des tariflichen Erholungsurlaubs gebunden war und sich der Gesamturlaubsanspruch im Ergebnis nicht verringert hat (*BAG* 26.5.1992 EzA § 4 TVG Tariflohnerhöhung Nr. 21). 1907

(5) Vergleich
Die Unabdingbarkeit gem. § 13 Abs. 1 S. 3 BUrlG steht grds. auch dem Verzicht auf den gesetzlichen Urlaubs- oder -abgeltungsanspruch durch gerichtliche oder außergerichtliche Vergleiche entgegen (vgl. *BAG* 31.5.1990 EzA § 13 BUrlG Nr. 49). 1908

Kein unzulässiger Verzichtsvergleich ist aber dann gegeben, wenn eine objektive oder subjektive Ungewissheit über die tatsächlichen Voraussetzungen des Anspruchs im Wege des gegenseitigen Nachgebens vertragsmäßig beseitigt wird, z. B. über die Tatsachen, die für die Berechnung des Urlaubsentgelts Bedeutung haben, oder die sonst für das Entstehen des Urlaubsanspruchs oder etwaige Einwendungen gegen ihn von Bedeutung sind (sog. Tatsachenvergleich; GK-BUrlG/ *Bleistein* § 1 Rz. 104 f.; GK-BUrlG/*Berscheid* § 13 Rz. 49 f.; **a. A.** GK-BUrlG/*Bachmann* § 7 Rz. 215). 1909

nn) Zweckbindung des Urlaubs

(1) Verbot von Erwerbstätigkeit im Urlaub

1910 Nach § 8 BUrlG darf ein Arbeitnehmer während des Urlaubs keine dem Urlaubszweck widersprechende Erwerbstätigkeit leisten.
Erwerbstätigkeit ist eine Arbeit, die auf den Erwerb von Gegenleistungen gerichtet ist. Nicht jede Erwerbsarbeit ist aber »urlaubszweckwidrig« und damit eine Vertragsverletzung des Arbeitnehmers, sondern nur eine solche entgeltliche Tätigkeit, **die mit den suspendierten Arbeitspflichten annähernd zeitgleich sowie mit einer Verpflichtung zur Arbeit gekennzeichnet ist**, durch die sich der Arbeitnehmer die mit der Arbeitsbefreiung während der Urlaubsdauer gegebene **Möglichkeit nimmt, das mit dem Gesetz angestrebte Ziel einer selbstbestimmten Erholung zu verwirklichen** (MünchArbR/*Leinemann* § 91 Rz. 45, 47).

(2) Rückzahlung des Arbeitsentgelts?

1911 Verstößt der Arbeitnehmer gegen die Zweckbindung des Urlaubs (§ 8 BUrlG), indem er z. B. während des Urlaubs zu Erwerbszwecken arbeitet, so hat der Arbeitgeber nach der ursprünglich vom *BAG* (19.7.1973 EzA § 8 BUrlG Nr. 1) vertretenen Auffassung einen Anspruch auf Rückzahlung des auf den Urlaub entfallenden Arbeitsentgelts gem. § 812 Abs. 1 S. 2 2. Hs. BGB, weil dadurch der Zweck der bezahlten Freizeit verfehlt wird. Inzwischen vertritt das **BAG** (25.2.1988 EzA § 8 BUrlG Nr. 2) die gegenteilige Auffassung mit der Begründung, dass der Inhalt des Urlaubsanspruchs nur in der Verpflichtung des Arbeitgebers besteht, den Arbeitnehmer für die Urlaubsdauer von der an sich geschuldeten Arbeitspflicht zu befreien.

1912 Danach entfällt weder der Urlaubsanspruch noch der Urlaubsabgeltungsanspruch, wenn der Arbeitnehmer gegen § 8 BUrlG verstößt, weil es dafür weder in § 1 noch in § 8 BUrlG nach dem Wortlaut, dem systematischen Zusammenhang sowie dem Zweck einen Anhaltspunkt und damit eine Rechtsgrundlage gibt. Auch eine Kürzung der Urlaubsvergütung ist ausgeschlossen.

(3) Tarifliche Regelungen

1913 Auch die Tarifvertragsparteien sind nicht befugt, Regelungen zu treffen, mit denen durch ein tarifliches Verbot der Erwerbsarbeit während des Urlaubs in den gesetzlichen Urlaubsanspruch oder den Urlaubsabgeltungsanspruch eingegriffen wird. Das ist nur für Urlaubsansprüche möglich, die über den gesetzlichen Urlaub hinaus tariflich vereinbart sind (vgl. zu der deshalb gegebenen Teilunwirksamkeit von § 47 Abs. 8 BAT *BAG* 25.2.1988 EzA § 8 BUrlG Nr. 2).

oo) Rechtsschutz

(1) Leistungs-, Gestaltungsklage?

1914 Besteht zwischen den Parteien Streit über die Urlaubsgewährung, so kann der Arbeitnehmer **Leistungsklage auf Urlaubsgewährung für einen bestimmten, in der Zukunft liegenden Zeitraum erheben** (*BAG* 18.12.1986 EzA § 7 BUrlG Nr. 48). Ein derartiger Klageantrag lautet z. B.: »Die Beklagte wird verurteilt, dem Kläger bezahlten Erholungsurlaub in der Zeit vom 15.5.–30.6.1996 zu gewähren.«

Danach bedarf es entgegen einer zum Teil in der Literatur (GK-BUrlG/*Bachmann* § 7 **1915**
Rz. 60, 65) vertretenen Auffassung keiner Gestaltungsklage nach § 315 Abs. 3 S. 3
BGB, weil die Urlaubsgewährung im billigen Ermessen (§§ 315 ff. BGB) des Arbeitgebers steht. Nach Auffassung von *Leipold* (Anm. zu *BAG* 18.12.1986 AP Nr. 10 zu § 7
BUrlG) handelt es sich um eine Verbindung von Leistungsklage (Gewährung des Urlaubs) und Gestaltungsklage (Festlegung des Zeitpunkts des Urlaubs durch das Gericht).
Vielmehr ist der Arbeitgeber als Schuldner des Urlaubsanspruchs verpflichtet, gem. **1916**
§ 7 Abs. 1 BUrlG die Urlaubswünsche des Arbeitnehmers zu berücksichtigen, sodass
er auf den Urlaub für den vom Arbeitnehmer angegebenen Termin festzusetzen hat,
jedenfalls dann, wenn die Voraussetzungen gem. § 7 Abs. 1 2. Hs. BUrlG, die einer
Urlaubsbewilligung zu dem angegebenen Zeitpunkt entgegenstehen können, nicht
erfüllt sind.

(2) Leistungs-, Feststellungsklage nach Fristablauf?
Die Klage mit einem derartigen Antrag wird aber dann unzulässig, wenn der vom **1917**
Kläger genannte Urlaubstermin inzwischen verstrichen ist. Denn dann ist sie auf
eine inzwischen unmöglich gewordene Leistung gerichtet (*BAG* 18.12.1986 EzA § 7
BUrlG Nr. 48; abl. *Leipold* Anm. zu *BAG* AP Nr. 10 zu § 7 BUrlG, wonach zumindest
eine Auslegung in einen Antrag auf Feststellung des weiterbestehenden Urlaubsanspruchs als solchen in Betracht kommt). Sie kann aber jedenfalls gem. §§ 263, 264
ZPO **umgestellt werden auf einen neuen, in der Zukunft liegenden Zeitraum.**
Im Hinblick auf § 253 Abs. 2 Nr. 2 ZPO ist **zweifelhaft**, ob der Arbeitnehmer auch **1918**
Leistungsklage auf Urlaubsgewährung ohne zeitliche Festlegung erheben kann,
z. B. mit dem Antrag, »die Beklagte zu verurteilen, ihm im Kalenderjahr... zusätzlich
20 Tage Urlaub zu gewähren und dafür ein Urlaubsentgelt in Höhe von ... Euro zu
zahlen« oder »die Beklagte zu verurteilen, ihm 59 Tage Erholungsurlaub zu gewähren«, oder ob insoweit nur eine Feststellungsklage in Betracht kommt.

Das *BAG* (25.11.1982 EzA § 6 BUrlG Nr. 3; 7.11.1985 EzA § 7 BUrlG Nr. 41) lässt – **1919**
freilich ohne Begründung – (krit. deshalb GK-BUrlG/*Bachmann* § 7 BUrlG
Nr. 62) auch eine nicht auf einen bestimmten Zeitraum bezogene Leistungsklage
zu.

Die Vollstreckung eines derartigen Urteils richtet sich nach **§ 894 ZPO** (*BAG* **1920**
19.1.1962 AP Nr. 86 zu § 611 BGB Urlaubsrecht; **a. A.** *Dörner* AR-Blattei Urlaub X
A I 2: § 888 ZPO); **der Arbeitnehmer erreicht dadurch entgegen § 62 Abs. 1 S. 2**
ArbGG jedoch keine vorläufige Vollstreckbarkeit der Entscheidung, weil die Vollstreckbarkeit dann erst mit Rechtskraft des Urteils eintritt. Nach Auffassung von
Leinemann (BB 1995, 1954 ff.) bedarf es, da § 894 und § 888 ZPO in diesem Zusammenhang ebenso wenig wie bei der Verurteilung zur Gewährung von Urlaub für
einen bestimmten Zeitraum passen, dringend einer gesetzlichen Regelung. **Daneben**
ist aber jedenfalls auch eine Feststellungsklage (§ 256 ZPO) zulässig (vgl. *BAG*
13.5.1982 EzA § 7 BUrlG Nr. 25; ebenfalls ohne Begründung).

(3) Einstweilige Verfügung
Bei Vorliegen der allgemeinen Voraussetzungen, insbesondere glaubhaft gemachtem **1921**
Verfügungsanspruch und Verfügungsgrund, kann auch eine einstweilige Verfügung
auf Urlaubsbewilligung für einen bestimmten Zeitraum beantragt und erlassen wer-

C. Der Inhalt des Arbeitsverhältnisses

den (§§ 935, 940 ZPO; vgl. *Schäfer* Der einstweilige Rechtsschutz im Arbeitsrecht Rz. 98 ff.; *Corts* NZA 1998, 357 ff.).

1922 Allerdings ist zu berücksichtigen, dass der Arbeitnehmer nicht befugt ist, durch vorzeitige Aufwendungen, z. B. für eine Reise, eigenmächtig den Urlaubszeitpunkt festzulegen und so einen Verfügungsgrund zu schaffen, obwohl ihm an sich ausreichend Zeit zur Verfügung gestanden hätte, rechtzeitig einen Urlaubsantrag zu stellen (GK-BUrlG/*Bachmann* § 7 Rz. 69; enger *LAG Hamm* 31.1.1995 LAGE § 7 BUrlG Nr. 33: Auf Ausnahmefälle zu beschränken).

1923 Einer entsprechenden einstweiligen Verfügung steht nicht entgegen, dass durch sie bereits eine **Befriedigung des Urlaubsanspruchs** herbeigeführt wird, wenn die geschuldete Willenserklärung vom Arbeitgeber so kurzfristig erstritten werden muss, dass die Erwirkung eines Titels im Urteilsverfahren nicht möglich ist (*Schäfer* Der einstweilige Rechtsschutz im Arbeitsrecht Rz. 101 ff.; **a. A.** *Corts* NZA 1998, 357 ff., wonach das Begehren lediglich auf die Gestattung des Fernbleibens von der Arbeit zu richten ist).

1924 Demgegenüber ist nach Auffassung des *LAG Hamm* (31.1.1995 LAGE § 7 BUrlG Nr. 33) eine Ausnahme, die eine einstweilige Verfügung, gerichtet auf die Gewährung von Urlaub in einem bestimmten Zeitraum zulässt, nur dann gegeben, wenn ohne sie für den Verfügungsgläubiger ein ganz wesentlicher Schaden oder ein Verlust des geltend gemachten Anspruchs eintreten würde.

1925 Teilweise (*Rolfs* RdA 2001, 136) wird die Auffassung vertreten, im Anwendungsbereich des § 894 ZPO komme generell eine einstweilige Verfügung nicht in Betracht. Teilweise wird aus § 894 ZPO lediglich die Rechtsfolge abgeleitet, dass auch eine einstweilige Verfügung, bei der eine Willenserklärung ersetzt wird, erst mit der Rechtskraft des Beschlusses/Urteils vollstreckbar ist (*Corts* NZA 1998, 357 ff.).

1926 Demgegenüber ist nach einer weiteren, letztlich zutreffenden Auffassung **§ 894 ZPO** im hier maßgeblichen Zusammenhang gar **nicht anwendbar**, weil dies dem **Wesen des einstweiligen Verfügungsverfahrens widersprechen** würde. Die Vollstreckungswirkung tritt danach bereits mit der **Zustellung der Verfügungsentscheidung** ein (ErfK/*Dörner* § 7 BUrlG Rz. 55; KassArbR/*Schütz* 2.4 Rz. 667).

1927 Wie bei der einstweiligen Verfügung hinsichtlich der Arbeitszeitreduzierung (vgl. *Grobys/Bram* NZA 2001, 1182) lässt sich dieses Problem durch entsprechende Tenorierung bei zutreffender Antragstellung, auf die gem. § 139 ZPO hinzuwirken ist, umgehen.

Beispiel:
1928 Der Verfügungsbeklagte wird verurteilt, dem Antrag des Verfügungsklägers auf Bewilligung von Urlaub in der Zeit vom ... bis ..., bis zum Erlass einer erstinstanzlichen Entscheidung in der Hauptsache zuzustimmen.

1929 Hinsichtlich des Antrags im einstweiligen Verfügungsverfahren ist zu beachten, dass es unzulässig ist, zu beantragen, festzustellen, dass ein vom Arbeitgeber bestimmter, in der Zukunft liegender Zeitraum nicht als Urlaub behandelt werden darf. Denn eine nur vorläufig feststellende einstweilige Verfügung kann keine verbindliche Klärung des strittigen Rechtsverhältnisses herbeiführen, weil dies aus rechtsstaatlichen Gründen allein dem Hauptverfahren vorbehalten bleiben muss und die Entscheidung im Eilverfahren gerade keine Bindungswirkung für

C. Der Inhalt des Arbeitsverhältnisses

das Hauptverfahren entfaltet. Stattdessen kann der betroffene Arbeitnehmer den grds. bestehenden Beschäftigungsanspruch für den fraglichen Zeitraum mit der Leistungsverfügung geltend machen (*LAG Rheinland-Pfalz* 18.11.1996 BB 1997, 1643 Ls.).

pp) Der Urlaubsentgelt- und -abgeltungsanspruch; Pfändbarkeit

(1) Das Urlaubsentgelt (§ 11 BUrlG)

aaa) Lebensstandardprinzip
Das *BAG* (27.7.1956 AP Nr. 12 zu § 611 BGB Urlaubsrecht) ist vor der gesetzlichen Regelung durch § 11 BUrlG davon ausgegangen, dass der Zweck des Urlaubsentgelts darin besteht, dass der Arbeitnehmer nicht besser, aber auch nicht schlechter gestellt werden soll, als er stehen würde, wenn er gearbeitet hätte. 1930
Das Urlaubsentgelt soll den Arbeitnehmer danach in die Lage versetzen, die ihm zur Erholung gewährte Freizeit möglichst ohne Einschränkung seines bisherigen Lebenszuschnitts zu verbringen (sog. Lebensstandardprinzip).

bbb) Referenzprinzip
Mit der gesetzlichen Regelung der Weiterzahlungspflicht des Arbeitsentgelts in § 1 BUrlG und der Festlegung der Berechnung in § 11 BUrlG hat sich aber inzwischen nach Auffassung des *BAG* (12.1.1989 EzA § 11 BUrlG Nr. 27) das Bedürfnis erledigt, das aus allgemeinen Erwägungen gewonnene Lebensstandardprinzip als Beurteilungsmaßstab für die Bemessung des Urlaubsentgelts heranzuziehen. 1931
Im Umfang des gesetzlichen Urlaubs – nicht für zusätzlich gewährte tarifliche Urlaubstage – ergeben sich daher auch die Grenzen einzelvertraglicher oder kollektivrechtlicher Regelungen nicht mehr aus dem Lebensstandardprinzip, sondern allein aus §§ 1, 11 BUrlG, die dem sog. Referenzprinzip folgen (*BAG* 19.9.1985 EzA § 13 BUrlG Nr. 24). 1932

ccc) Berechnung des Urlaubsentgelts

aaaa) Grundlagen
Das Urlaubsentgelt bemisst sich nach dem **durchschnittlichen Arbeitsentgelt**, das der Arbeitnehmer **in den letzten 13 Wochen vor dem Beginn des Urlaubs** erhalten hat (§ 11 Abs. 1 S. 1 BUrlG). 1933
Dazu zählen neben **Zulagen** (z. B. Zeitzuschläge für Nachtarbeit, *BAG* 12.1.1989 EzA § 11 BUrlG Nr. 27), soweit sie nicht Aufwendungsersatz sind, auch die während dieser Zeit erzielten **Mehrarbeitsvergütungen** einschließlich der hierfür zu zahlenden Zuschläge, ohne Rücksicht darauf, ob sie regelmäßig angefallen sind ober ob sie arbeitszeitrechtlich zulässig waren (*BAG* 9.12.1965 AP Nr. 2 zu § 11 BUrlG; 8.6.1977 EzA § 11 BUrlG Nr. 14). 1934
Mit Wirkung vom 1.10.1996 hat der Gesetzgeber allerdings § 11 Abs. 1 S. 1 BUrlG durch das arbeitsrechtliche Beschäftigungsförderungsgesetz dahin ergänzt, dass zusätzlich für Überstunden gezahlter Arbeitsverdienst nicht mehr berücksichtigt wird. 1935

Folglich ist der zusätzlich für **Überstunden** gezahlte Arbeitsverdienst aus der Bemessungsgrundlage **herauszunehmen** (*BAG* 9.11.1999 EzA § 11 BUrlG Nr. 44; 1936

vgl. dazu *Boemke* SAE 2001, 93 ff.). Wird allerdings durch einen Tarifvertrag zur Errechnung der während der Urlaubszeit zu zahlenden Bezüge der Durchschnitt des Entgelts **der letzten sechs Monate** vor Urlaubsantritt zugrunde gelegt, dann ist auch das Entgelt einzubeziehen, das für die in den Bezugszeitraum fallenden **Überstunden geleistet** wird (*BAG* 16.3.1999 EzA § 11 BUrlG Nr. 42; 18.5.1999 EzA § 11 BUrlG Nr. 43; 12.12.2000 NZA 2001, 514).
Die Pflicht zur Fortzahlung des Entgelts bezieht sich unabhängig davon auch auf **die Überstunden, die der Arbeitnehmer ohne Arbeitsbefreiung während des Urlaubszeitraums verrichtet hätte.** Die Höhe des Entgelts für diese Arbeitszeit ist entsprechend § 11 Abs. 1 S. 1 BUrlG nach dem durchschnittlichen Arbeitsverdienst zu bemessen, das der Arbeitnehmer in den letzten 13 Wochen vor Beginn des Urlaubs erhalten hat (*BAG* 9.11.1999 EzA § 11 BUrlG Nr. 44; vgl. dazu *Boemke* SAE 2001, 93 ff.).
Die Tarifvertragsparteien können schließlich ausdrücklich abweichend von § 11 Abs. 1 BUrlG vereinbaren, dass bei der Berechnung des Urlaubsentgelts nach dem **Durchschnittsverdienst** die im Bezugszeitraum abgerechneten Überstunden und Überstundenzuschläge zu berücksichtigen sind. Ist in einer tarifvertraglichen Regelung andererseits der »Bruttoverdienst des Berechnungszeitraums (ausschließlich Überstundenbezahlung und Überstundenzuschläge)« zu berücksichtigen, so sind **Zuschläge**, die für Sonntagsarbeit und (Sonntags-)Nachtarbeit abgerechnet sind, nicht ausgeschlossen. Das gilt auch dann, wenn sie mit Zuschlägen für Überstunden zusammentreffen (*BAG* 3.4.2001 EzA § 4 TVG Druckindustrie Nr. 29).

1937 **Während des Urlaubs weitergezahlte Teile des Urlaubsentgelts (z. B. Gewinn- und Umsatzbeteiligungen sowie Fremdprovisionen) sind nicht für die Berechnung des Urlaubsentgelts zu berücksichtigen, ebenso nicht Provisionen und Gratifikationen, die für das gesamte Jahr gezahlt werden.** Einmalige **tarifliche Ausgleichszahlungen** sind für die Berechnung der Urlaubsvergütung heranzuziehen, wenn sie wegen ihrer zeitlichen Zuordnung dem Entgelt des Arbeitnehmers im Bezugszeitraum zuzurechnen sind (*BAG* 14.3.1966 AP Nr. 3 zu § 11 BUrlG; 5.2.1970 AP Nr. 7 zu § 11 BUrlG; 21.7.1988 EzA § 4 TVG Metallindustrie Nr. 42; zur Berücksichtigung von Tariflohnerhöhungen vgl. *BAG* 17.11.1998 NZA 1999, 773). **Tarifliche Sonderzahlungen** und vermögenswirksame Leistungen, die einem Arbeitnehmer unabhängig von der Gewährung eines Urlaubs gezahlt werden, sind dagegen in die Berechnung des Durchschnittsverdienstes nach § 11 Abs. 1 S. 1 BUrlG nicht einzubeziehen (*BAG* 17.1.1991 EzA § 11 BUrlG Nr. 30; zur tariflich vorgesehenen Berücksichtigung der Vergütung für Rufbereitschaft vgl. *BAG* 20.6.2000 NZA 2001, 625).

1938 Sind die Einkünfte des Arbeitnehmers aus **Provisionen** im Verlauf des Jahres unterschiedlich hoch, muss das während des Urlaubs weiterzuzahlende Urlaubsentgelt ggf. nach § 287 Abs. 2 ZPO ermittelt werden (*BAG* 19.9.1985 EzA § 13 BUrlG Nr. 24). Ist vereinbart, dass der Arbeitgeber auf die erwarteten Provisionen monatlich **Vorschüsse** leistet und später abrechnet, sind entsprechend der Vereinbarung die in den letzten drei vollen Kalendermonaten vor Urlaubsbeginn nach § 87 a Abs. 1 S. 1 HGB fällig gewordenen Provisionsansprüche zugrunde zu legen. Im Bezugszeitraum fällige Ansprüche aus Bezirksprovision i. S. v. § 87 Abs. 2 HGB sind für die Durchschnittsberechnung nicht zu berücksichtigen (*BAG* 11.4.2000 EzA § 11 BUrlG Nr. 45).

C. Der Inhalt des Arbeitsverhältnisses

Trinkgelder, die dem Bedienungspersonal in Gaststätten von den Gästen freiwillig gegeben werden, gehören jedenfalls bei Fehlen einer besonderen arbeitsvertraglichen Vereinbarung für Zeiten des Urlaubs nicht zum fortzuzahlenden Arbeitsentgelt (*BAG* 28.6.1995 EzA § 11 BUrlG Nr. 38; vgl. dazu *Treber* SAE 1997, 124 ff.).

bbbb) Arbeitnehmerähnliche Personen
Die besonderen Beschäftigungsbedingungen arbeitnehmerähnlicher Personen können es zudem erforderlich machen, für das ihnen zustehende Urlaubsentgelt einen anderen als den in § 11 BUrlG für den Regelfall vorgesehenen Berechnungszeitraum zugrunde zu legen (*BAG* 30.7.1975 EzA § 11 BUrlG Nr. 11). 1939

cccc) Aufwandsentschädigungen; Sachbezüge; Ausgleichszahlungen
Aufwandsentschädigungen sind **kein Arbeitsverdienst,** es sei denn, der damit abgegoltene Aufwand fällt auch im Urlaub an oder sie sind wie **Nahauslösungen** pauschale Zahlungen, die unabhängig davon geleistet werden, ob im Einzelfall tatsächlich Aufwendungen entstanden sind. Soweit Nahauslösungen zu versteuern sind, gehören sie zum Arbeitsverdienst, sind also in die Berechnung des Urlaubsentgelts einzubeziehen. **Fernauslösungen** sind dagegen regelmäßig Aufwendungsersatz und zählen nicht zum Arbeitsentgelt (*BAG* 28.1.1982 EzA § 3 BUrlG Nr. 13; 30.3.1988 EzA § 1 LohnFG Nr. 92). 1940
Sachbezüge sind Arbeitsverdienst i. S. v. § 11 Abs. 1 BUrlG. Werden sie während des Urlaubs nicht weiter gewährt, sind sie angemessen in bar abzugelten. Als angemessen sind die Sätze für Sachbezüge anzusehen, die bei der Steuerfestsetzung oder der Beitragsbemessung zur Sozialversicherung zugrundegelegt werden (MünchArbR/*Leinemann* § 90 Rz. 18). 1941
Bei der Berechnung des durchschnittlichen Arbeitsverdienstes sind bei einem Betriebsratsmitglied auch die im Referenzzeitraum erfolgten Ausgleichszahlungen nach § 37 Abs. 3 S. 2 Hs. 2 BetrVG zu berücksichtigen (*BAG* 11.1.1995 EzA § 37 BetrVG 1972 Nr. 123). 1942

dddd) Verdiensterhöhungen, -kürzungen
Verdiensterhöhungen im Bezugszeitraum und im Urlaub sind zu berücksichtigen (**§ 11 Abs. 1 S. 2 BUrlG**), wenn sie nicht nur vorübergehend gewährt werden (vgl. *Busch* NZA 1996, 1246 ff.). 1943
Eine Verdiensterhöhung in diesem Sinne liegt auch bei einer Änderung des Arbeitsverhältnisses von einem Teilzeit- zu einem Vollzeitarbeitsverhältnis oder bei einem Übergang von einem Ausbildungs- in ein Arbeitsverhältnis vor (vgl. *BAG* 21.5.1970 AP Nr. 1 zu § 11 BUrlG; 29.11.1984 EzA § 13 BUrlG Nr. 22).
Verdienstkürzungen, die im Berechnungszeitraum infolge von Kurzarbeit, Arbeitsausfällen (z. B. wegen Betriebsunterbrechungen etwa wegen Rohstoffmangels oder Maschinenstillstands) oder unverschuldeter Arbeitsversäumnis (Krankheit, Wahrnehmung staatsbürgerlicher Pflichten, z. B. Tätigkeit als ehrenamtlicher Richter) eintreten, bleiben für die Berechnung des Urlaubsentgelts außer Betracht (**§ 11 Abs. 1 S. 3 BUrlG**; vgl. dazu *Busch* NZA 1996, 1246 ff.). 1944
Dagegen mindern **Bummeltage** als verschuldete Arbeitsversäumnis das Urlaubsentgelt ebenso wie Fehlzeiten infolge eines durch Trunkenheit des Arbeitnehmers verursachten Unfalls (MünchArbR/*Leinemann* § 90 Rz. 24). 1945

eeee) Besonderheiten bei flexibilisierter Arbeitszeit

1946 Bei flexibilisierter Arbeitszeit kann die Arbeitszeit im Bezugszeitraum und die durch den Urlaub ausgefallene Arbeitszeit jeweils unterschiedlich lang sein (vgl. insoweit zur Berechnung des Urlaubsentgelts bei Änderungen der vertraglich geschuldeten Arbeitszeitdauer ausf. mit Berechnungsbeispielen *Busch* NZA 1996, 1246 ff.).

Insoweit ist für die Bestimmung des Umfangs der Urlaubsvergütung die Arbeitszeit maßgebend, während der der Arbeitnehmer ohne die Urlaubsgewährung hätte arbeiten müssen. Maßgeblich sind also nur die tatsächlichen Arbeitstage (Kalendertage mit Arbeitspflicht), nicht jedoch die zum Zeitausgleich zur Erreichung der individuellen regelmäßigen wöchentlichen Arbeitszeit festgesetzten freien Tage (*BAG* 8.11.1994 EzA § 11 BUrlG Nr. 36; 24.9.1996 EzA § 4 TVG Papierindustrie Nr. 5; **a. A.** für die Berechnung der Entgeltfortzahlung im Krankheitsfall *BAG* 10.7.1996 EzA § 1 LohnFG Nr. 128; krit. zu dieser Divergenz *Leinemann* BB 1998, 1414 ff.).

1947 Die zum Zeitausgleich für die Erreichung der individuellen regelmäßigen wöchentlichen Arbeitszeit festzulegenden **Freischichten** bleiben auch dann für die Berechnung der Urlaubsvergütung unberücksichtigt, wenn durch eine von § 614 BGB abweichende Regelung der die tarifliche wöchentliche Arbeitszeit übersteigende Anteil der tatsächlich geleisteten Arbeitszeit erst in dem Monat abgerechnet und bezahlt wird, in dem die Freischichttage liegen (sog. **Sparkassenmodell**, *BAG* 8.11.1994 EzA § 11 BUrlG Nr. 37).

1948 Denn § 11 Abs. 1 BUrlG stellt für die Bemessung des Urlaubsentgelts auf den durchschnittlichen Arbeitsverdienst im Bezugszeitraum ab (Geldfaktor), außerdem, ohne dies ausdrücklich hervorzuheben, auch auf die vom Arbeitnehmer im Bezugszeitraum geleistete Arbeitszeit sowie zugleich auf die für den Urlaub als gleich bleibend vorausgesetzten ausfallenden Arbeitsstunden (Zeitfaktor).
Das im Urlaub weiter zu zahlende Arbeitsentgelt richtet sich daher nach dem durchschnittlichen Arbeitsentgelt und der an einem Urlaubstag an sich anfallenden Arbeitszeit (*BAG* 18.11.1988 EzA § 4 TVG Metallindustrie Nr. 53).

1949 Fallen im Urlaub höhere oder niedrigere Arbeitszeiten an, als sie im Bezugszeitraum geleistet worden sind, muss für die Berechnung des Urlaubsentgelts nicht nur das Durchschnittsentgelt im Bezugszeitraum bestimmt (Referenzprinzip), sondern auch festgestellt werden, wie viel Arbeitszeit jeweils im Urlaub ausfällt. Aus dem Produkt des für den Bezugszeitraum gewonnenen Geldfaktors und des sich aus dem Ausfall der Arbeitszeit ergebenden Zeitfaktors ist das Urlaubsentgelt zu errechnen. Hat der Arbeitnehmer deshalb eine regelmäßige Arbeitszeit von Montag bis Freitag von 8 Stunden, so hat er Anspruch darauf, dass ihm die wegen Urlaubs ausgefallene Arbeitszeit in diesem Umfang vergütet wird (*BAG* 7.7.1988 EzA § 4 TVG Metallindustrie Nr. 41). Während des Urlaubs entstehen für den im Freischichtmodell tätigen Arbeitnehmer aber **keine Zeitausgleichsanteile** (*BAG* 7.7.1988 EzA § 4 TVG Metallindustrie Nr. 40; 18.11.1988 EzA § 4 TVG Metallindustrie Nr. 52). Wird für das Überschreiten der tariflichen wöchentlichen Arbeitszeit ein Zeitausgleich durch Freischichten gewährt, bleiben diese bei der Berechnung der Urlaubsvergütung außer Betracht (*BAG* 18.11.1988 EzA § 4 TVG Metallindustrie Nr. 54; 24.9.1996 EzA § 4 TVG Papierindustrie Nr. 5).

ffff) Teilzeitbeschäftigte
Für die Berechnung des Urlaubsentgelts von Teilzeitbeschäftigten mit wechselnden Arbeitszeiten ergeben sich keine Besonderheiten (MünchArbR/*Leinemann* § 90 Rz. 30). Wird allerdings ein teilzeitbeschäftigter Arbeitnehmer unter Verletzung des Gleichbehandlungsgrundsatzes oder unter Verstoß gegen § 2 Abs. 1 BeschFG 1985 (jetzt § 4 Abs. 1 TzBfG) gegenüber vollzeitbeschäftigten Arbeitnehmern unterschiedlich vergütet, richtet sich sein Urlaubsentgelt nach dem anteiligen üblichen Arbeitsverdienst eines vollzeitbeschäftigten Arbeitnehmers (*BAG* 24.10.1989 EzA § 11 BUrlG Nr. 28).

1950

gggg) Lizenzfußballspieler
Die den Lizenzspielern der Bundesliga gezahlten Einsatz-, Spiel- und Punktprämien sind bei der Berechnung des Urlaubsentgelts für den gesetzlichen Urlaub nach § 11 BUrlG zu berücksichtigen (*BAG* 24.11.1992 EzA § 11 BUrlG Nr. 33). Gleiches gilt für die in den letzten 13 Wochen vor Urlaubsbeginn gezahlten Teilbeträge einer gestaffelten Jahresprämie, die nach den vertraglichen Abmachungen der Parteien innerhalb des laufenden Vertragsjahres jeweils nach Erreichen einer bestimmten Anzahl von Meisterschaftsspielen auszuzahlen sind (*BAG* 23.4.1996 EzA § 11 BUrlG Nr. 39).
Wird mit einem **Lizenzfußballspieler** eine Vereinbarung getroffen, nach der mit einer monatlichen Bezügezahlung ein Vorschuss auf das Urlaubsentgelt geleistet wird, so verstößt das nicht gegen §§ 11 Abs. 1, 13 Abs. 1 S. 3 BUrlG (*BAG* 8.12.1998 EzA § 11 BUrlG Nr. 41).

1951

1952

ddd) Auszahlung des Urlaubsentgelts
Gem. § 11 Abs. 2 BUrlG ist das Urlaubsentgelt abweichend von § 614 BGB **vor Antritt des Urlaubs zu zahlen.**
Allerdings ist die Erfüllung der Lohnfortzahlungspflicht nicht Inhalt der Pflicht zur Urlaubserteilung (*BAG* 18.12.1986 AP Nr. 19 zu § 11 BUrlG), sodass die nicht rechtzeitige Erfüllung dieses Anspruchs für die Wirksamkeit der Urlaubserteilung keine Bedeutung hat.
Die Zahlung des Urlaubsentgelts setzt auch nicht voraus, dass sie in bestimmter, vom sonstigen Arbeitsentgelt abgegrenzter und unterscheidbarer Höhe erfolgt (MünchArbR/*Leinemann* § 90 Rz. 37 gegen *BAG* 3.11.1965 AP Nr. 1 zu § 11 BUrlG).

1953

> Erhalten die Arbeitnehmer vertragsgemäß die Vergütung monatlich, so kann auch ohne ausdrückliche Absprache von einer schlüssigen Vereinbarung mit den betroffenen Arbeitnehmern ausgegangen werden, diese Zahlungsweise auch für den Urlaub beizubehalten.

1954

Dies ist nicht ungünstiger als die gesetzliche Regelung und daher nach § 13 Abs. 1 S. 3 BUrlG zulässig (GK-BUrlG/*Stahlhacke* § 11 Rz. 88; **a. A.** *Dersch/Neumann* § 11 Rz. 80).

eee) Abweichende vertragliche Regelungen

1955 Die Tarifvertragsparteien können andere Berechnungsarten für das Urlaubsentgelt wählen (*BAG* 19.9.1985 EzA § 13 BUrlG Nr. 24; 26.6.1986 EzA § 4 TVG Metallindustrie Nr. 23), **sind aber an den sich aus § 1 Abs. 1 BUrlG ergebenden Umfang der Lohnzahlungspflicht für den gesetzlichen Mindesturlaub gebunden.** Eine Verringerung dieser Pflicht durch tarifliche Bestimmung ist ausgeschlossen.

1956 Aus § 11 Abs. 1 BUrlG ist zu entnehmen, wie für die Urlaubszeit, insbesondere bei ungleichmäßigen Bezügen, die Vergütung zu berechnen ist. Diese Berechnungsregel, die **keinen eigenen Anspruchstatbestand** enthält, ist die gesetzliche Grenze für die Auslegung des Begriffs »bezahlt« i. S. v. § 1 BUrlG. Daraus ist zu folgern, dass für den gesetzlichen Mindesturlaub eine Befugnis der Tarifvertragsparteien zu verneinen ist, von der nach § 1 BUrlG fortbestehenden Lohnzahlungspflicht abzuweichen. Daran ändert nichts, dass § 11 in § 13 BUrlG nicht genannt ist (MünchArbR/*Leinemann* § 90 Rz. 7).

1957 Bestimmen Tarifvertragsparteien in einem Tarifvertrag, dass sich die Urlaubsvergütung nach dem **durchschnittlichen Arbeitsentgelt** bemisst, das der Arbeitnehmer in den letzten drei Monaten vor Beginn des Urlaubs erhalten hat, sind die in diesem Berechnungszeitraum ausgezahlten Beträge maßgeblich. Hat der Arbeitnehmer im Berechnungszeitraum **Mehrarbeit** geleistet, die Vergütung dafür aber entsprechend einer Betriebsvereinbarung erst zu einem späteren Zeitpunkt erhalten, ist die Mehrarbeitsvergütung bei der Berechnung des Urlaubsentgelts nicht zu berücksichtigen (*BAG* 1.10.1991 EzA § 11 BUrlG Nr. 31).

1958 Stellt eine Berechnungsregelung in einem Tarifvertrag für den Anspruch auf Urlaubsentgelt nur auf im Bezugszeitraum tatsächlich geleistete und bezahlte Arbeit ab, ist es ausgeschlossen, Arbeitszeit einzubeziehen, die wegen Kurzarbeit ausgefallen ist (*BAG* 27.1.1987 EzA § 11 BUrlG Nr. 20).

1959 § 47 Abs. 2 BAT sieht für neu eingestellte Arbeitnehmer vor, dass für die Berechnung der Höhe einer zu berücksichtigenden Zulage (Aufschlag) u. U. als Berechnungszeitraum an die Stelle des vorangegangenen Kalenderjahres auf die vor dem Beginn des Urlaubs liegenden **vollen Kalendermonate** abgestellt wird, in denen das Arbeitsverhältnis bestanden hat.

Die aus der Elternzeit zurückkehrende Angestellte wird von dieser Vorschrift nicht erfasst; dies verstößt nicht gegen den Gleichheitssatz des Art. 3 Abs. 1 GG (*BAG* 19.3.1996 NZA 1996, 1218).

(2) Pfändbarkeit, Abtretbarkeit

aaa) Höchstpersönlichkeit von Urlaubs- und Urlaubsabgeltungsanspruch?

1960 Fraglich ist, ob der Anspruch des Arbeitnehmers auf Zahlung des Urlaubsentgelts sowie auf Urlaubsabgeltung pfändbar, abtretbar ist.

Zum Teil wird davon ausgegangen, dass zwischen dem Anspruch auf Gewährung von Urlaub als Freistellungsanspruch und dem auf Zahlung des Urlaubsentgelts eine unlösbare Einheit besteht, sodass der Gesamtanspruch nur gegenüber dem Arbeitnehmer erfüllt werden kann und deshalb höchstpersönlicher Natur ist mit der Folge, dass er weder abgetreten noch gepfändet werden kann (*Schaub* Arbeitsrechtshandbuch § 102 A VIII 1; *Hohmeister* BB 1995, 2110). Das gilt auch für den Anspruch auf Urlaubsabgeltung, denn der Inhalt der Forderung würde sich ändern, wenn die Leistung an einen anderen als den ursprünglichen Gläubiger erfolgen würde. Maßgeblich für die Qualifizierung der Urlaubsabgeltungsforderung als höchstpersönliche Forderung sind nach Auffassung des *LAG Nürnberg* (24.7.1998 NZA-RR 1999, 402) die Anforderungen der Rechtsprechung des BAG an das Bestehen des Abgeltungsanspruchs (gleiche Voraussetzungen wie im bestehenden Arbeitsverhältnis, grundsätzliche Nichtvererblichkeit des Anspruchs).

Gleichwohl **steht dies einer Pfändung** des Urlaubsentgeltanspruchs nach der überwiegend vertretenen Auffassung (*BAG* 20.6.2000 EzA § 1 BUrlG Nr. 23; 11.1.1990 EzA § 4 TVG Bauindustrie Nr. 57; 30.9.1965 AP Nr. 5 zu § 850 ZPO; *LAG Berlin* NZA 1992, 122; *LG Münster* 11.6.1999 EzA § 850 c ZPO Nr. 6 für den Urlaubsabgeltungsanspruch; *Gaul* NZA 1987, 473; MünchArbR/*Hanau* § 74 Rz. 160; *Stoffels* SAE 2001, 331 ff.) bis zu der Höhe, zu der auch ein Lohnanspruch pfändbar ist, **nicht entgegen**. Danach handelt es sich bei der Freistellung einerseits und der Lohnzahlungspflicht andererseits zwar um zwei Wesenselemente eines einheitlichen Anspruchs. Der Anspruch auf Urlaubsentgelt hat aber im Grunde doch den Charakter der Fortzahlung des Arbeitsentgelts und ist insofern nicht untrennbar mit dem Anspruch auf Freizeitgewährung verbunden.

1961

Das Urlaubsentgelt hat seine spezielle Kennzeichnung als eine arbeitgeberseitige Vergütung für die Dauer des Urlaubs nur deshalb erfahren, um das zugrunde liegende Prinzip des § 611 BGB, wonach Leistung und Lohn im vertraglich begründeten Äquivalenzverhältnis zueinander stehen sollen, für die Dauer des Erholungsurlaubs durch eine anderweitige Regelung begrifflich zu ersetzen. Die Bezeichnung der Leistung eines Arbeitgebers oder eines Arbeitnehmers hat aber keinen Einfluss auf ihren Rechtscharakter. Letztlich wird dies auch durch § 7 Abs. 4 BUrlG bestätigt. Diese Vorschrift setzt die rechtliche Eigenständigkeit des Entgeltanspruchs für die Urlaubszeit voraus. Das Urlaubsentgelt stellt nichts anderes dar, als das Arbeitsentgelt, das während der Zeit des Erholungsurlaubs arbeitgeberseitig weiterzuzahlen ist.

1962

> Wenn Urlaubsentgelt aber letztlich als Arbeitsverdienst zu qualifizieren ist, dann muss auch von der Pfändbarkeit des Anspruchs ausgegangen werden. Nichts anderes gilt für den Urlaubsabgeltungsanspruch gem. § 7 Abs. 4 BUrlG (*BAG* 28.8.2001 EzA § 7 BUrlG Abgeltung Nr. 7). Geprüft werden muss dann aber stets, welchem Zeitraum er zuzurechnen ist (für eine Beschränkung der Pfändbarkeit des Abgeltungsanspruchs auf einzelvertraglichen Urlaub dagegen *Pfeifer* NZA 1996, 742). Dabei ist davon auszugehen, dass die Urlaubsabgeltung für einen **Zeitraum nach der Beendigung** des Arbeitsverhältnisses **geleistet wird** (*BAG* 28.8.2001 EzA § 7 BUrlG Abgeltung Nr. 7; s. aber oben C/Rz. 1171).

1963

bbb) **Tod des Arbeitnehmers**
Der Urlaubsanspruch geht mit dem Tod des Arbeitnehmers unter und nicht auf die Erben über (*BAG* 18.7.1989 EzA § 7 BUrlG Nr. 67; 26.4.1990 EzA § 4 TVG Metallindustrie Nr. 60; 23.6.1992 EzA § 7 BUrlG Nr. 84). Denn er ist auf die Beseitigung der Arbeitspflicht gerichtet, die aber gem. § 613 BGB regelmäßig an die Person des Arbeitnehmers gebunden ist. Zudem endet das Arbeitsverhältnis mit dem Tod des Arbeitnehmers, sodass ein Urlaubsanspruch nicht mehr in Betracht kommt (MünchArbR/*Leinemann* § 89 Rz. 14). **Nichts anderes gilt für den Urlaubsabgeltungsanspruch**, der voraussetzt, dass der Arbeitnehmer bei Beendigung des Arbeitsverhältnisses lebt (krit. dazu *Stein* RdA 2000, 16 ff.). Eine **tarifliche Regelung** kann aber vorsehen, dass der Urlaubsabgeltungsanspruch nicht an die nach § 7 Abs. 4 BUrlG zu beachtenden Merkmale gebunden ist. Ist das der Fall, geht er mit dem Tod des Arbeitnehmers auf die Erben über.

1964

C. Der Inhalt des Arbeitsverhältnisses

1965 Jedenfalls ist der Urlaubsentgeltanspruch ebenso wie der auf Urlaubsgeld vererblich, soweit er im Zeitpunkt des Todes des Arbeitnehmers besteht und noch nicht erfüllt ist (MünchArbR/*Leinemann* § 91 Rz. 42).

1966 Fraglich ist, was dann gilt, wenn der Arbeitgeber den nach Maßgabe dieser Grundsätze an sich nicht (mehr) gegebenen Anspruch des Arbeitnehmers vor dem Tod des Arbeitnehmers anerkannt oder der Arbeitnehmer ihn rechtshängig gemacht hat.

1967 Eine in der Literatur (GK-BUrlG/*Bleistein* 4. Aufl. § 1 Rz. 67) vertretene Auffassung, die davon ausgegangen ist, dass der Anspruch unter diesen Voraussetzungen nicht untergeht, also auf die Erben übergeht, wurde insbesondere mit einer Analogie zu § 847 Abs. 1 S. 2 BGB begründet. Diese Vorschrift ist aber inzwischen ersatzlos gestrichen worden. Daraus schließt *Bleistein* (GK-BUrlG 5. Aufl. § 1 Rz. 67), dass sie hinsichtlich der Rechtshängigkeit nicht aufrecht erhalten werden kann. Etwas anderes gilt danach aber für das Anerkenntnis des Arbeitgebers, weil es dem Arbeitgeber nicht zugute kommen kann, dass der Arbeitnehmer vor Erfüllung des anerkannten Ausspruchs stirbt. Dagegen ist nach Auffassung von *Berscheid* (GK-BUrlG § 13 Rz. 97) davon auszugehen, dass der Anspruch nunmehr frei übertragen und somit auch vererbt werden kann.

1968 Nach Auffassung des *BAG* (22.10.1991 EzA § 7 BUrlG Nr. 82) kann jedenfalls dann, wenn der Arbeitnehmer nach seinem Ausscheiden erfolglos von seinem früheren Arbeitgeber Urlaubsabgeltung verlangt hat, ein vererblicher Schadensersatzanspruch bestehen, wenn der Arbeitnehmer vor dem Ende des Rechtsstreits stirbt, der über diesen Anspruch geführt wird.

1969 Denn dann ist der frühere Arbeitgeber für die bei Tod des Arbeitnehmers eintretende **Unmöglichkeit** der Abgeltung nach § 287 S. 2 BGB **verantwortlich**. Da das Vermögen des Erblassers durch die Nichterfüllung geschädigt wird, geht der Anspruch auf Ersetzung des Schadens (§ 280 Abs. 1 BGB) auf den **Erben** gem. § 1922 Abs. 1 BGB über (*BAG* 19.11.1996 EzA § 7 BUrlG Abgeltung Nr. 1).

qq) Urlaub für jugendliche Arbeitnehmer und Auszubildende

1970 Für Jugendliche (§§ 2 Abs. 2, 1 Abs. 1 JArbSchG) ist der Urlaubsanspruch in **§ 19 JArbSchG** geregelt. Danach beträgt der Urlaub für 15-jährige 30 Werktage, für 16-jährige 27 Werktage und für 17-jährige 25 Werktage im Jahr. Zu beachten ist, dass gem. § 15 Abs. 1 JArbSchG Jugendliche nur an fünf Tagen einer Woche (grds. von Montag bis Freitag, §§ 16, 17 JArbSchG) beschäftigt werden dürfen. Da der Urlaub nach dem Gesetz nach Werktagen bestimmt ist, bedarf es der Umrechnung in Arbeitstage. Diese ergibt einen Urlaub von 25, 22, 20 Arbeitstagen (MünchArbR/*Leinemann* § 92 Rz. 6; **a. A.** *Dersch/Neumann* Anh. V Rz. 19).

Maßgeblich für die Berechnung ist das Alter des Jugendlichen zu Beginn des Kalenderjahres.

1971 Der Urlaub soll Berufsschülern unter 18 Jahren in der Zeit der Berufsschulferien gegeben werden (§ 19 Abs. 3 S. 1 JArbSchG). Soweit der Urlaub nicht in den Berufsschulferien gegeben wird, ist für jeden Berufsschultag, an dem die Berufsschule besucht wird, ein weiterer Urlaubstag zu gewähren (§ 19 Abs. 3 S. 2 JArbSchG).

Das JArbSchG enthält nur hinsichtlich der Dauer des Erholungsurlaubs und der Berufsschulferien eine Sonderregelung. Im Übrigen werden in § 19 Abs. 4 JArbSchG die

C. Der Inhalt des Arbeitsverhältnisses

Vorschriften des BUrlG für anwendbar erklärt (§§ 3 Abs. 2, 4–12, 13 Abs. 3 BUrlG). Schwerbehinderte Jugendliche erhalten zudem einen Zusatzurlaub von 5 Arbeitstagen pro Jahr (§ 125 SGB IX).
Gem. § 5 Abs. 3 JArbSchG gilt § 19 JArbSchG auch für die gesetzlich zulässige Beschäftigung von Kindern. Fraglich ist, ob auch bei gem. § 5 Abs. 1 i. V. m. §§ 2 Abs. 1, 3 JArbSchG verbotener Beschäftigung entsprechende Urlaubsansprüche bestehen (dafür *Dersch/Neumann* Anh. V Rz. 3). 1972

rr) Zusatzurlaub für schwer behinderte Menschen

(1) Grundlagen
Die schwer behinderten Menschen, nicht jedoch die ihnen Gleichgestellten (§ 68 Abs. 2 SGB IX), haben Anspruch auf einen bezahlten zusätzlichen Urlaub von fünf Arbeitstagen im Urlaubsjahr. Verteilt sich die regelmäßige Arbeitszeit des schwer behinderten Menschen auf mehr oder weniger als 5 Arbeitstage in der Kalenderwoche, so erhöht oder vermindert sich der Zusatzurlaub entsprechend (§ 125 S. 1 SGB IX). Soweit tarifliche, betriebliche oder sonstige Urlaubsregelungen schwer behinderten Menschen einen längeren Zusatzurlaub zubilligen, bleibt es bei dieser Regelung (§ 125 S. 2 SGB IX). 1973
Ein Musiklehrer an einer Musikschule hat (vgl. Nr. 3 SR 2 l II BAT [VKA]; danach ist der Urlaub während der unterrichtsfreien Zeit zu nehmen) keinen Anspruch darauf, dass der Arbeitgeber den Zusatzurlaub während der Unterrichtszeit erteilt; dies verstößt weder gegen das BUrlG, das SGB IX noch gegen Art. 3 Abs. 2 GG (*BAG* 13.2.1996 EzA § 47 SchwbG 1986 Nr. 7). 1974
Das Saarländische Gesetz Nr. 186 sieht auf Landesebene **einen Zusatzurlaub für Minderbehinderte** (Grad von 25 bis unter 50) vor; dieser Regelung steht weder das BUrlG noch das Schwerbehindertenrecht des Bundes entgegen. Das Landesgesetz verstößt auch nicht gegen das Bestimmtheitsgebot des Art. 20 Abs. 3 GG (*BAG* 27.5.1997 EzA § 611 BGB Urlaub Nr. 12). 1975

(2) Schwerbehinderteneigenschaft
Der Zusatzurlaub ist an das Vorliegen der Eigenschaft eines schwer behinderten Menschen i. S. v. § 68 Abs. 1 SGB IX geknüpft, nicht etwa an deren behördliche Feststellung. Denn der Bescheid nach § 69 SGB IX hat nicht konstitutive, sondern nur deklaratorische Bedeutung (*BAG* 28.1.1982 EzA § 44 SchwbG Nr. 3). 1976

(3) Berechnung des Zusatzurlaubs
Der (Gesamt-)Urlaubsanspruch eines **teilzeitbeschäftigten** schwer behinderten **Arbeitnehmers**, dessen Arbeitsverhältnis dem BAT unterliegt, ist in seinem Umfang getrennt nach tariflichen und den gesetzlichen Merkmalen im SGB IX zu bestimmen (vgl. *Dörner* DB 1995, 1174; vgl. auch *BAG* 18.2.1997 EzA § 3 BUrlG Nr. 20 zur Umrechnung bei einer regelmäßigen Arbeitszeit von weniger als fünf Tagen). Ergeben sich bei der Berechnung des Zusatzurlaubs für schwer behinderte Menschen Bruchteile eines Urlaubstags, kommt weder eine Auf- noch eine Abrundung auf einen vollen Urlaubstag in Betracht, es sei denn, dass die Voraussetzungen nach § 5 Abs. 1 a, b, c BUrlG vorliegen (*BAG* 31.5.1990 EzA § 5 BUrlG Nr. 15). 1977
Die gesetzlichen Vorschriften über die Wartezeit und Zwölftelung des Mindesturlaubs nach §§ 4, 5 BUrlG sind auf den zusätzlichen Urlaub eines schwer behinderten 1978

C. Der Inhalt des Arbeitsverhältnisses

Menschen nach § 125 SGB IX nur im Jahr des Eintritts oder Ausscheidens aus dem Arbeitsverhältnis anzuwenden (*BAG* 21.2.1995 EzA § 47 SchwbG 1986 Nr. 4).

1979 Der schwer behinderte Mensch, der die Wartefrist nach § 4 BUrlG für den gesetzlichen Mindesturlaub erfüllt hat, erwirbt den vollen Zusatzurlaub nach dem SGB IX auch dann, wenn er erst im Laufe des Jahres als schwer behindert anerkannt wird (*BAG* 21.2.1995 EzA § 47 SchwbG 1986 Nr. 3).

1980 Tarifvertragliche Vorschriften, die eine **Zwölftelung des Anspruchs** bei Ausscheiden in der zweiten Hälfte des Kalenderjahres vorsehen (vgl. § 48 Abs. 5 BAT), **gelten nicht für den** gesetzlichen **Zusatzurlaub** nach § 125 SGB IX. Denn der Umfang des gesetzlichen Zusatzurlaubs steht nicht zur Disposition der Tarifvertragsparteien zum Nachteil des schwer behinderten Menschen (*BAG* 8.3.1994 EzA § 47 SchwbG 1986 Nr. 2).

(4) Entzug des Schwerbehindertenschutzes

1981 Entzieht das Integrationsamt nach § 117 Abs. 1, 2 SGB IX dem schwer behinderten Menschen zeitweilig den Schwerbehindertenschutz, ist eine Verkürzung des Zusatzurlaubs nicht zulässig, da gesetzlich nicht vorgesehen (MünchArbR/*Leinemann* § 92 Rz. 19; a. A. *Dersch/Neumann* Anh. II Rz. 14, 15).

1982 Hat ein schwer behinderter Mensch den Zusatzurlaub vor dem Entzug des Schwerschutzes noch nicht erhalten, entfällt mit dem Beginn der Frist nach § 117 Abs. 2 SGB IX, die bis zu sechs Monaten betragen kann, auch der Anspruch auf Zusatzurlaub. Bei fortbestehendem Arbeitsverhältnis ist der Arbeitnehmer darauf verwiesen, dass vor dem Ende des Urlaubsjahres die Frist für den Entzug des Schwerbehindertenschutzes rechtzeitig endet. Erst dann steht ihm der Anspruch wieder in voller Höhe zu.

1983 Hatte der Arbeitgeber den Zusatzurlaub bereits gewährt, ist der Anspruch durch **Erfüllung erloschen.** § 5 Abs. 3 BUrlG ist nicht anwendbar (MünchArbR/*Leinemann* § 92 Rz. 20).

Entsprechendes gilt, wenn sich der Grad der Behinderung auf weniger als 50% verringert hat, nach Maßgabe des § 116 Abs. 1 SGB IX.

(5) Erlöschen des Anspruchs

1984 Der Zusatzurlaub für Schwerbehinderte folgt in seinem Entstehen und Erlöschen im Übrigen denselben Voraussetzungen wie der Urlaubsanspruch nach dem BUrlG (*BAG* 21.2.1995 EzA § 47 SchwbG 1986 Nr. 3).

1985 Der Anspruch erlischt, wenn ihn der Schwerbehinderte nicht bis zum Ablauf des Kalenderjahres oder – bei Vorliegen der tarifvertraglichen oder gesetzlichen Übertragungsvoraussetzungen – nicht bis zum Ende des Übertragungszeitraums geltend macht.

1986 Zu beachten ist, dass die Ungewissheit über die Schwerbehinderung kein in der Person des Arbeitnehmers liegender Grund für eine Übertragung des Zusatzurlaubs auf den tarifvertraglichen oder gesetzlichen Übertragungszeitraum ist (*BAG* 21.2.1995 EzA § 47 SchwbG 1986 Nr. 3).

(6) Urlaubsentgelt; Urlaubsgeld

Hinsichtlich der Bezahlung des zusätzlichen Urlaubs gelten die für den Urlaubsentgeltanspruch bestehenden Grundsätze.
Anspruch auf ein tarifliches Urlaubsgeld haben schwer behinderte Menschen für die Dauer des Zusatzurlaubs nur, wenn die Tarifbestimmungen darüber **erkennbar einen Zusatzurlaub als anspruchsbegründend einbeziehen** (*BAG* 30.7.1986 EzA § 44 SchwbG Nr. 7).

Beispiel:
Ist in einer Tarifnorm bestimmt, dass sich das Urlaubsentgelt nach dem durchschnittlichen Arbeitsverdienst der letzten drei Monate und einem Zuschlag von 50% bemisst, so hat auch der schwer behinderte Mensch während des gesetzlichen Zusatzurlaubs einen Anspruch auf Urlaubsentgelt in dieser Höhe (*BAG* 23.1.1996 EzA § 47 SchwbG 1986 Nr. 6).
Die Bezahlung des zusätzlichen Urlaubs der in Heimarbeit Beschäftigten und diesen Heimarbeitern gleichgestellten schwer behinderten Menschen erfolgt gem. § 127 Abs. 3 S. 1 SGB IX nach den für die Bezahlung ihres sonstigen Urlaubs geltenden Berechnungsgrundsätzen.
Sofern eine besondere Regelung nicht besteht, erhalten die schwer behinderten Menschen zudem ein **zusätzliches Urlaubsgeld** in Höhe von 2% des in der Zeit vom 1.5. des vergangenen bis zum 30.4. des laufenden Jahres verdienten Arbeitsentgelts ausschließlich der Unkostenzuschläge (§ 127 Abs. 3 S. 2 SGB IX).

(7) Urlaubsabgeltung

Kann der gesetzliche Zusatzurlaub für schwer behinderte Menschen wegen Beendigung des Arbeitsverhältnisses nicht gewährt werden, ist er nach § 7 Abs. 4 BUrlG abzugelten.
Der Abgeltungsanspruch entsteht **auch ohne vorherige Geltendmachung des Freistellungsanspruches** bei Beendigung des Arbeitsverhältnisses. Das gilt auch, wenn der schwer behinderte Mensch erstmals nach Beendigung des Arbeitsverhältnisses auf seine Schwerbehinderung hinweist (*BAG* 25.6.1996 EzA § 47 SchwbG 1986 Nr. 8).

ss) Urlaub im Bereich der Heimarbeit

(1) Ansammlungsprinzip

Gem. § 12 BUrlG gelten für Heimarbeiter und ihnen Gleichgestellte, für Hausgewerbetreibende und für Zwischenmeister nicht die Regelungen der §§ 4, 5, 6, 7 Abs. 3, 4, 11 BUrlG; die übrigen Vorschriften gelten nur nach Maßgabe der in § 12 BUrlG enthaltenen besonderen Bestimmungen.
Anders als der Urlaubsanspruch für Arbeitnehmer aus dem BUrlG muss der **Urlaubsanspruch für Heimarbeiter »verdient« werden** (§ 12 Nr. 1 BUrlG). Denn das Urlaubsentgelt richtet sich nach dem vom Heimarbeiter verdienten Arbeitsentgelt. Folglich entsteht der Anspruch auch erst, wenn er durch Einkünfte des Heimarbeiters gedeckt ist (Ansammlungsprinzip).

(2) Berechnung des Urlaubsentgelts

Maßgeblich für die Berechnung des Urlaubsentgeltanspruchs ist die Zeit vom 1.5. des laufenden bis zum 30.4. des folgenden Jahres (**Verdienstzeitraum**). Damit sollen sai-

C. Der Inhalt des Arbeitsverhältnisses

sonale Unterschiedlichkeiten der zu erledigenden Arbeit und unterschiedlich hohe Verdienste besser erfasst werden.

1995 Trotz des an sich eindeutigen Wortlauts wird in der Literatur zum Teil (vgl. *Dersch/ Neumann* § 12 Rz. 19) angenommen, dass der 1.5. des vergangenen bis zum 30.4. des laufenden Jahres für die Berechnung maßgeblich sein sollen. Teilweise wird aus praktischen Erwägungen heraus die Berechnung nach dem voraussichtlichen Verdienst vorgenommen und nach Ablauf des Bezugszeitraums das Entgelt entsprechend ausgeglichen (GK-BUrlG/*Stahlhacke* § 12 Rz. 17). In der Praxis wird das Problem dadurch umgangen, dass regelmäßig zum Entgelt des Heimarbeiters ein Zuschlag von 6 3/4% als Urlaubsentgelt gezahlt wird. Eine solche Handhabung ist wegen des dispositiven Inhalts von § 12 Nr. 3 BUrlG zulässig (vgl. MünchArbR/*Leinemann* § 92 Rz. 41 unter Hinweis auf *BAG* 21.1.1965 AP Nr. 1 zu § 1 HAG).

1996 Die Berechnung des Urlaubs- und des Urlaubsentgeltanspruchs **nicht ständig Beschäftigter**, der **Hausgewerbetreibenden** und **Gleichgestellten** und **Zwischenmeister** bestimmt sich nach § **12 Nr. 3, 4, 5 BUrlG**.

(3) **Schwer behinderte Menschen; Jugendliche**

1997 Für in Heimarbeit beschäftigte schwer behinderte Menschen oder ihnen Gleichgestellte gilt für ihren Zusatzurlaub § 127 Abs. 3 SGB IX; für jugendliche Heimarbeiter sieht § 19 Abs. 4 S. 2 JArbSchG einen erhöhten Urlaubsanspruch vor.

tt) Urlaub nach dem SeemG

(1) **Grundlagen**

1998 Die Urlaubs- und Urlaubsentgeltansprüche für die Besatzungsmitglieder von Kauffahrteischiffen sowie deren Kapitäne sind in den §§ **53 ff., 78 SeemG** geregelt. Abweichend von § 1 BUrlG besteht der Anspruch auf bezahlten Urlaub nicht für das Kalenderjahr, sondern für jedes Beschäftigungsjahr, das mit der vereinbarten Arbeitsaufnahme im Heuerverhältnis beginnt. Das BUrlG findet nur insoweit Anwendung, als es Vorschriften über die Mindestdauer des Urlaubs enthält (§ 53 Abs. 2 SeemG).

1999 § 54 Abs. 1 SeemG, wonach der Urlaub angemessen sein muss, enthält nur eine Aufforderung an die Parteien des Heuerverhältnisses und an die Tarifvertragsparteien, begründet aber keinen Anspruch des Besatzungsmitglieds auf einen längeren Urlaub. Kein Urlaubsanspruch ist der Anspruch des Besatzungsmitglieds auf Landgang (§ 61 SeemG); er besteht neben dem Urlaubsanspruch. Die Anrechnung auf den Erholungsurlaub ist unzulässig.
Wartezeiten sind für den Urlaubsanspruch nicht vorgesehen.
Für Jugendliche (vgl. § 8 SeemG) besteht nach § 54 Abs. 2 SeemG ein Urlaubsanspruch von größerer Dauer, gestaffelt nach dem Alter.
Schuldner des Urlaubsanspruchs ist der Reeder als Arbeitgeber (§ 55 SeemG).

(2) **Befristung des Urlaubsanspruchs**

2000 Der Urlaubsanspruch ist befristet und endet regelmäßig mit dem Schluss des Beschäftigungsjahres (§ **53 Abs. 1 SeemG**). Wenn betriebliche Gründe, insbesondere längere Reisen des Schiffs es erfordern, kann der Urlaub aber auch für zwei Beschäftigungsjahre zusammen gegeben werden. Weitere, den besonderen Bedürfnissen der Seefahrt Rechnung tragende Befristungen des Urlaubsanspruchs enthält § **55 Abs. 3 S. 1, 2 SeemG**.

C. Der Inhalt des Arbeitsverhältnisses

Haben Besatzungsmitglieder den Urlaubsanspruch vor Ablauf dieser Fristen nicht geltend gemacht, so erlischt er ersatzlos. **Die Befristungs- und Übertragungsbestimmungen des BUrlG sind auf das Heuerverhältnis nach dem SeemG nicht anwendbar** (*BAG* 19.1.1993 AP Nr. 1 zu § 53 SeemG; MünchArbR/*Leinemann* § 92 Rz. 55; a. A. *Dersch/Neumann* Anh. VI § 55 Rz. 21). 2001

(3) Berechnung des Urlaubsentgelts
Für die Berechnung des Urlaubsentgelts gilt gem. § **57 SeemG** das **Lohnausfallprinzip**. 2002

(4) Verlängerung des Heuerverhältnisses; Urlaubsabgeltung

> Das Heuerverhältnis eines Seemanns verlängert sich nach dem MTV-See von selbst um die Zeit des noch nicht gewährten Urlaubs, jedoch längstens bis zu dem Zeitpunkt, zu dem der Seemann ein Studium oder einen Schulbesuch antritt oder ein neues Heuer- oder sonstiges Arbeitsverhältnis eingeht (*BAG* 19.1.1993 AP Nr. 1 zu § 53 SeemG). 2003

Nach § 60 SeemG darf der Urlaub nur abgegolten werden, wenn er wegen der Beendigung des Heuerverhältnisses nicht mehr gewährt werden kann und – anders als nach § 7 Abs. 4 BUrlG – eine Verlängerung des Heuerverhältnisses infolge des Eingehens eines neuen Heuer- oder sonstigen Arbeitsverhältnisses nicht möglich ist. Insoweit besteht eine gesetzliche Pflicht der Parteien, das gekündigte oder befristete Heuerverhältnis um die Dauer des noch nicht gewährten Urlaubs zu verlängern. Diese Pflicht bezieht sich allerdings nur auf den gesetzlichen Mindesturlaub, nicht auf weitergehende einzelvertragliche oder tarifliche Urlaubsansprüche (*BAG* 21.10.1982 AP Nr. 4 zu § 60 SeemG). Versuchen die Parteien nicht, sich über die Verlängerung des Heuerverhältnisses zu einigen oder lehnt es das Besatzungsmitglied ab, trotz entsprechender Möglichkeiten das Heuerverhältnis zu verlängern, so entfällt der Abgeltungsanspruch hinsichtlich des gesetzlichen Mindesturlaubs (*BAG* 21.10.1982 AP Nr. 4 zu § 60 SeemG). 2004

(5) Abweichende tarifliche Bestimmungen
Urlaubsansprüche nach dem MTV-See sind nicht befristet. Sie können auch nach Ablauf des Beschäftigungsjahres durchgesetzt werden (*BAG* 19.1.1993 AP Nr. 1 zu § 53 SeemG). 2005

uu) Urlaub im Baugewerbe und im Maler- und Lackierhandwerk

(1) Sachgrund abweichender Regelungen in bestimmten Wirtschaftszweigen
Gem. § 13 Abs. 2 S. 1 BUrlG kann durch Tarifvertrag für das Baugewerbe oder sonstige Wirtschaftszweige, in denen als Folge häufigen Ortswechsels der von den Betrieben zu leistenden Arbeit Arbeitsverhältnisse von kürzerer Dauer als einem Jahr in erheblichem Umfang üblich sind, über die nach § 13 Abs. 1 BUrlG für alle Tarifverträge eröffneten Möglichkeiten der Abweichungen hinaus auch von den §§ 1, 2, 3 Abs. 1 BUrlG abgewichen werden. 2006

Davon haben die Tarifvertragsparteien der Bauwirtschaft (BRTV Bau) und des Maler- und Lackiererhandwerks (RTV Maler) Gebrauch gemacht und eigenständige Urlaubsregelungen durch Tarifverträge geschaffen (zur Abgrenzung des fachlichen An- 2007

C. Der Inhalt des Arbeitsverhältnisses

wendungsbereichs dieser Kassen vgl. *BAG* 11.12.1996 NZA 1997, 945; 22.1.1997 NZA 1997 947). **Diese Tarifwerke sind durchgängig für allgemeinverbindlich erklärt worden** (§ 5 Abs. 4 TVG).

(2) Inhalt und Berechnung von Urlaubsanspruch, -entgelt und -abgeltung

2008 Die Dauer des jeweils fälligen Urlaubs richtet sich für Arbeiter (technische und kaufmännische Angestellte sowie Poliere sind von dieser Regelung nicht erfasst) in den alten Bundesländern nach den vom Arbeitnehmer zurückgelegten **Beschäftigungstagen** (§ 8 Nr. 4 BRTV Bau). In jedem Urlaubsjahr kann erstmalig ein Teil des Jahresurlaubs angetreten werden, wenn aufgrund der zurückgelegten Beschäftigungszeit der Urlaubsanspruch einschließlich des übertragenen Resturlaubs mindestens 9 Tage beträgt (§ 8 Nr. 3 BRTV Bau; **Ansparprinzip**). Restansprüche werden auf das folgende Kalenderjahr übertragen. Urlaubsansprüche und ebenso auch die Urlaubsabgeltungsansprüche verfallen mit Ablauf des Kalenderjahres, das auf das Jahr der Entstehung des Urlaubsanspruchs folgt (§ 8 Nr. 8 BRTV Bau).
Die Höhe des Urlaubsentgelts bestimmt § 8 Nr. 4 BRTV Bau, ein zusätzliches Urlaubsgeld sieht § 8 Nr. 6 BRTV Bau vor.

2009 Der aus dem Arbeitsverhältnis ausscheidende Arbeitnehmer hat gegen den Arbeitgeber einen Urlaubsabgeltungsanspruch, wenn bei Beendigung des Arbeitsverhältnisses noch Urlaubsansprüche offen sind, grds. nur dann, wenn er länger als drei Monate in einem nicht vom BRTV Bau erfassten Betrieb beschäftigt gewesen ist oder dauernd erwerbsunfähig geworden ist oder Altersrente bezieht (§ 8 Nr. 7 BRTV Bau).

2010 Ein Abgeltungsanspruch entsteht also nicht bereits mit der Beendigung des Arbeitsverhältnisses; solange der Arbeitnehmer bei einem anderen Arbeitgeber, der vom BRTV Bau erfasst ist, beschäftigt ist, wird sein erdienter Urlaubsanspruch auf der Lohnnachweiskarte (§§ 4, 35 des Tarifvertrages über das Sozialkassenverfahren im Baugewerbe [VTV] vermerkt und auf den jeweils nächsten Arbeitgeber übertragen, kann also bei diesem uneingeschränkt geltend gemacht werden.

2011 Nicht ausreichend für das Entstehen des Abgeltungsanspruchs ist es, wenn der Arbeitnehmer nur deshalb nicht im Baugewerbe tätig war, weil er länger als 3 Monate arbeitslos oder arbeitsunfähig krank ist. Ausreichend ist es dagegen, wenn er lediglich als Gelegenheitsarbeiter, Praktikant oder in ähnlicher Weise beschäftigt war und das Arbeitsverhältnis endet (vgl. MünchArbR/*Winterfeld* § 184 Rz. 58 ff.); gleiches gilt für die Teilnahme an einer Umschulung, wobei es weder auf die rechtliche Ausgestaltung des Umschulungsverhältnisses, den Ort der Umschulung, noch auf ihre Förderung durch die Bundesanstalt für Arbeit oder durch einen Sozialversicherungsträger ankommt (*BAG* 18.2.1997 EzA § 4 TVG Malerhandwerk Nr. 3).

2012 **Die Lohnnachweiskarte ist ein Legitimationspapier i. S. d. § 952 BGB**, das der Arbeitnehmer jederzeit vom Arbeitgeber herausverlangen kann (§ 985 BGB). Der Anspruch auf Herausgabe unterfällt nicht der tariflichen Ausschlussfrist des § 16 BRTV Bau. Für den Verfall des Anspruchs auf Eintragung in die Lohnnachweiskarte und deren Berichtigung gilt die Sonderregelung des § 8 Abschnitt I Nr. 9 bzw. § 8 Abschnitt II Nr. 8 BRTV Bau.
In den neuen Bundesländern wird § 8 BRTV durch § 8 a BRTV ersetzt.

C. Der Inhalt des Arbeitsverhältnisses

(3) Aufklärungspflicht
Eine Urlaubskasse, die als gemeinsame Einrichtung der Tarifvertragsparteien die Aufgabe hat, die Auszahlung des Urlaubsentgelts und Urlaubsgelds zu sichern, ist verpflichtet, die bei ihr Ansprüche geltend machenden Arbeitnehmer über das von ihnen einzuhaltende Verfahren und die Fristen aufzuklären. 2013
Welche Hinweise und Erläuterungen dazu erforderlich sind, bestimmt sich nach dem im Einzelfall für die Urlaubskasse erkennbaren **Beratungsbedarf** des Arbeitnehmers (*BAG* 20.8.1996 EzA § 4 TVG Bauindustrie Nr. 82).

(4) Verfahren
Das Urlaubsentgelt wird finanziert und abgerechnet über die **Urlaubs- und Lohnausgleichskasse der Bauwirtschaft**, einer gemeinsamen Einrichtung der Tarifvertragsparteien i. S. v. § 4 Abs. 2 TVG mit Sitz in Wiesbaden (ULAK). 2014
Die notwendigen Beiträge werden von den Arbeitgebern des Baugewerbes an die **Zusatzversorgungskasse des Baugewerbes** (ZVK), einer weiteren gemeinsamen Einrichtung, als Einzugsstelle gezahlt, die diese Beiträge (1994 20,0% der Bruttolohnsumme) an die ULAK weiterzuleiten hat. Die Beiträge umfassen neben Zahlungen für eine zusätzliche Altersversorgung (Zusatzversorgung), Leistungen für den Vorruhestand und den Lohnausgleich, für Winterausgleichszahlungen sowie für die Erstattung von Kosten der Berufsausbildung auch 12,4% für Urlaubsentgelt, zusätzliches Urlaubsgeld und Urlaubsabgeltung. **Die Beitragspflicht besteht unabhängig von den Ansprüchen der Arbeitnehmer in den Betrieben** (*BAG* 8.10.1981 AP Nr. 2 zu § 1 TVG Tarifverträge: Maler). 2015
Zur Durchführung des Urlaubskassenverfahrens hat der Arbeitgeber für jeden Arbeitnehmer, der eine arbeiterrentenversicherungspflichtige Tätigkeit ausübt, eine **Lohnnachweiskarte** zu führen (§§ 4, 35 VTV). Sie gehört zu den Arbeitspapieren des Arbeitnehmers. 2016

Gegen die ULAK haben Arbeitnehmer grds. keine Ansprüche, es sei denn, sie verlangen innerhalb eines Jahres nach Verfall ihres Urlaubs oder Urlaubsabgeltungsanspruchs Entschädigung von der Kasse in Höhe des Urlaubsentgelts und des zusätzlichen Urlaubsgeldes sowie Ersatzeintragung in die Lohnnachweiskarte (vgl. § 8 Nr. 10 BRTV Bau). 2017

Zur Einbeziehung ausländischer Arbeitnehmer in das Urlaubskassenverfahren nach Maßgabe des AEntG vgl. *Wank/Börgmann* NZA 2001, 177 ff. 2018

vv) Sonderregelungen bei Bundesbahn und Bundespost
Für den Bereich der Deutschen Bahn AG und der Deutschen Bundespost kann gem. § 13 Abs. 3 BUrlG von der Vorschrift über das Kalenderjahr als Urlaubsjahr (§ 1) in Tarifverträgen abgewichen werden. Davon ist für beide Bereiche Gebrauch gemacht worden. Nach den entsprechenden Tarifverträgen ist jeweils das Urlaubsjahr die Zeit vom 1.4. bis zum 31.3. des Folgejahres (§ 25 AngTV, § 28 LTV [Bundesbahn], § 43 TVAng, § 23 TVArb [Bundespost]). 2019

C. Der Inhalt des Arbeitsverhältnisses

ww) Urlaub und Grundwehrdienst, Wehrübungen, Zivildienst

(1) Kürzungsmöglichkeit des Arbeitgebers

2020 Grundwehrdienst, Wehrübungen, Zivildienst führen nach § 1 Abs. 1 ArbPlSchG, § 78 ZDG zum Ruhen des Arbeitsverhältnisses. Dadurch wird der Urlaubsanspruch weder beendet noch wird das Entstehen neuer Urlaubsansprüche ausgeschlossen (MünchArbR/*Leinemann* § 92 Rz. 70).

2021 Der Arbeitgeber ist aber berechtigt, den Urlaubsanspruch des Arbeitnehmers für jeden vollen Kalendermonat, in dem der Arbeitnehmer Wehr-, Zivildienst leistet, um ein Zwölftel zu kürzen (§ 4 ArbPlSchG, § 78 ZDG).
Dies gilt entsprechend für Staatsangehörige eines Mitgliedsstaates der EG, die im Geltungsbereich von ArbPlSchG, ZDG beschäftigt werden (*EuGH* 15.10.1969 AP Nr. 2 zu Art. 177 EWG-Vertrag; *BAG* 30.7.1986 EzA § 3 BUrlG Nr. 15).

2022 Für Arbeitnehmer aus anderen Staaten kann § 4 ArbPlSchG dagegen auch nicht entsprechend angewandt werden (z. B. für die Freistellung eines türkischen Arbeitnehmers zur Ableistung seines auf zwei Monate verkürzten Wehrdienstes in seinem Heimatland), denn das Arbeitsverhältnis ruht insoweit nicht kraft Einberufung (MünchArbR/*Leinemann* § 92 Rz. 72). Für den Anspruch auf Urlaubsentgelt ist aber zu prüfen, ob die Arbeitsversäumnis unverschuldet i. S. v. § 11 Abs. 1 BUrlG ist.

2023 Die dem Arbeitgeber zustehende Kürzungsbefugnis muss durch **Erklärung gegenüber dem Arbeitnehmer ausgeübt** werden, andernfalls bleibt der Urlaub dem Arbeitnehmer in voller Höhe erhalten.

(2) Gewährung vor Dienstantritt; Übertragung

2024 Gem. **§ 4 Abs. 1 S. 2 ArbPlSchG** ist dem Arbeitnehmer der zustehende Erholungsurlaub auf Verlangen vor dem Beginn des Grundwehrdienstes zu gewähren. Gemeint ist damit der Anspruch auf den nach § 4 Abs. 1 S. 1 ArbPlSchG zu kürzenden Urlaub.

> Der Arbeitgeber ist dann nicht berechtigt, durch Hinweis auf dringende betriebliche Belange oder die Urlaubswünsche anderer Arbeitnehmer die Erteilung des Urlaubs zu verweigern; § 7 Abs. 1 BUrlG ist nicht anwendbar (MünchArbR/*Leinemann* § 92 Rz. 75; a. A. *Dersch/Neumann* Anh. I/Rz. 8 ff.).

Allerdings besteht bei einer Verweigerung der Urlaubsbewilligung durch den Arbeitgeber keine Befugnis zur Selbstbeurlaubung (MünchArbR/*Leinemann* § 92 Rz. 75; a. A. *Dersch/Neumann* Anh. I/Rz. 10).

2025 Abweichend von § 7 Abs. 3 S. 3 BUrlG ist der Arbeitgeber (§ 4 Abs. 2 ArbPlSchG) dazu verpflichtet, den dem Arbeitnehmer vor seiner Einberufung zustehenden, noch nicht oder nicht vollständig gewährten Resturlaub nach dem Grundwehrdienst im laufenden oder nächsten Urlaubsjahr zu gewähren.

(3) Wehr- und Eignungsübungen

2026 Für die Teilnahme an Wehrübungen besteht für den Arbeitgeber **keine Kürzungsbefugnis** (vgl. §§ 4 Abs. 1, 5, 10, 11 ArbPlSchG).

Wird der Arbeitnehmer aufgrund freiwilliger Verpflichtung zu einer Übung zur Auswahl von freiwilligen Soldaten (Eignungsübung) einberufen, so ruht das Arbeitsverhältnis während der Eignungsübung bis zur Dauer von vier Monaten. Die Urlaubsansprüche berechnen sich dann nach der aufgrund von § 6 Abs. 2 EignungsübungsG ergangenen Verordnung (vom 15.2.1956 [BGBl. I S. 71], zuletzt i. d. F. vom 10.5.1971 [BGBl. I S. 450], abgedruckt bei *Nipperdey* ArbR I Nr. 155 a).

xx) Urlaub und Bundeserziehungsgeldgesetz

(1) Grundlagen
Der Anspruch auf Elternzeit nach § 15 BErzGG ist ein arbeitsrechtlicher Anspruch auf unbezahlte Freistellung von der Arbeit. Während der Elternzeit **ruhen die Hauptpflichten aus dem Arbeitsverhältnis** (Arbeitspflicht, Lohnzahlungspflicht, Entgeltfortzahlungspflicht; vgl. *BAG* 22.6.1988, 10.5.1989 EzA § 16 BErzGG Nr. 1, 2). Die Inanspruchnahme von Elternzeit oder ein Wechsel unter den Berechtigten ist dreimal zulässig (§ 16 Abs. 1 S. 2 BErzGG). Somit kann der Arbeitnehmer die Elternzeit auf **verschiedene Zeiträume aufteilen**; dies muss dem Arbeitgeber allerdings bereits bei der erstmaligen Inanspruchnahme mitgeteilt werden. Gleiches gilt für die **Aufteilung zwischen mehreren Berechtigten**. **Krankheit** steht der Inanspruchnahme von Elternzeit **nicht entgegen**; sie unterbricht ihn auch nicht (Kasseler Handbuch/*Hauck* 2.4 Rz. 904).

2027

Mit Beendigung der Elternzeit lebt das Arbeitsverhältnis wieder auf. Der Arbeitnehmer muss unaufgefordert erscheinen und seine Arbeitsleistung ordnungsgemäß, d. h. in einer zur Begründung des Annahmeverzuges geeigneten Weise wieder anbieten.

Eine Garantie des konkreten Arbeitsplatzes für die Zeit nach der Elternzeit ergibt sich aus dem BErzGG nicht. Sie kann aber aus dem Arbeitsvertrag oder kollektivrechtlichen Vereinbarungen begründet sein (MünchArbR/*Heenen* § 229 Rz. 2).
Einige besondere Nebenpflichten, die während der Elternzeit zu beachten sind, hat der Gesetzgeber ausdrücklich geregelt (z. B. § 15 Abs. 4 BErzGG [Beschränkung einer Erwerbstätigkeit auf Teilzeitbeschäftigung in begrenzten Umfang beim selben Arbeitgeber bzw. Erlaubnispflicht bei Beschäftigung bei einem anderen Arbeitgeber]; § 16 Abs. 5 BErzGG [Mitteilungspflicht bei einer Änderung der Anspruchsberechtigung hinsichtlich der Elternzeit]). **Sonstige Nebenpflichten**, insbesondere die Treue- und Fürsorgepflichten wie z. B. Verschwiegenheitspflichten, die Pflicht zur Unterlassung von Wettbewerb, Auskunfts-, Rechnungs- und Herausgabepflichten **bleiben bestehen** (*BAG* 10.5.1989 EzA § 16 BErzGG Nr. 2).

2028

(2) Rechtslage für Kinder, die vor dem 1.1.2001 geboren worden sind

aaa) Geltendmachung des Anspruchs; Voraussetzungen

Die Elternzeit wird geltend gemacht durch einseitiges Verlangen des Arbeitnehmers, also durch die Ausübung eines Gestaltungsrechts. Sie muss mindestens vier Wochen vor dem Zeitpunkt erfolgen, von dem ab er in Anspruch genommen werden soll. Der Beginn der Elternzeit muss kalendarisch bestimmt sein (§ 16 Abs. 1 S. 1 BErzGG).

2029

C. Der Inhalt des Arbeitsverhältnisses

2030 Mit **Zugang** des Antrags beim Arbeitgeber wird das einseitige Verlangen **unwiderruflich**. Die Erklärung ist auch **bedingungsfeindlich**. Hat der Arbeitgeber allerdings noch keine anderweitige Disposition getroffen oder die Personalplanung geändert, ist er aufgrund der Fürsorgepflicht gehalten, dem Wunsch des Arbeitnehmers auf Rückgängigmachung der Elternzeit zu entsprechen. Andernfalls ist der Arbeitnehmer zum Antritt der Elternzeit verpflichtet (MünchArbR/*Heenen* § 228 Rz. 25).

2031 Eine nicht fristgerecht abgegebene Erklärung wirkt zum nächst zulässigen Zeitpunkt, weil die Vierwochenfrist keine Ausschlussfrist in dem Sinne ist, dass die Elternzeit stets spätestens vier Wochen vor Ablauf der Mutterschutzfristen geltend gemacht werden müsste (GK-BUrlG/*Berscheid* § 15 BErzGG/Rz. 1 ff.). **Einer ausdrücklichen Zustimmung des Arbeitgebers bedarf es nicht.** Hat der Arbeitnehmer rechtswirksam Elternzeit in Anspruch genommen, so werden der Beginn und der Lauf der Elternzeit nicht schon allein dadurch berührt, dass der Arbeitnehmer vor Beginn der Elternzeit arbeitsunfähig krank wird (*BAG* 22.6.1988 EzA § 16 BErzGG Nr. 1). Daher endet bei Arbeitsunfähigkeit der Anspruch auf Entgeltfortzahlung mit Beginn der Elternzeit (MünchArbR/*Heenen* § 228 Rz. 31).

2032 Der Anspruch besteht dann nicht, wenn der andere Ehegatte nicht erwerbstätig ist, es sei denn, dieser ist arbeitslos oder befindet sich in Ausbildung.

2033 Entstehen **Zweifel oder Streitigkeiten**, ob die Voraussetzungen für die Inanspruchnahme der Elternzeit erfüllt sind, hat die **Erziehungsgeldstelle** auf Antrag des Arbeitgebers mit Zustimmung des Arbeitnehmers **Stellung zu nehmen** (§ 16 Abs. 1 S. 3 BErzGG). Sie kann von den Beteiligten die Abgabe von Erklärungen und die Vorlage von Bescheinigungen verlangen (§ 16 Abs. 1 S. 4 BErzGG).

bbb) Kürzung des Urlaubsanspruchs; Übertragung

2034 Von der gem. § 17 Abs. 1 S. 1 BErzGG gesetzlich vorgesehenen Möglichkeit, den Urlaubsanspruch des Arbeitnehmers durch Ausübung eines einseitigen Gestaltungsrechts zu kürzen, kann der Arbeitgeber auch stillschweigend oder konkludent Gebrauch machen. Dazu ist ausreichend, wenn er auf einen Antrag des Arbeitnehmers hin nur den gekürzten Urlaub bewilligt. In diesem Fall kann die Ausübung des Gestaltungsrechts nicht daraufhin überprüft werden, ob sie billigem Ermessen entspricht (*BAG* 15.2.1984 EzA § 8 d MuSchG Nr. 4).

Der Arbeitgeber ist nicht verpflichtet, dem Arbeitnehmer vor Antritt der Elternzeit mitzuteilen, dass er den Erholungsurlaub anteilig kürzen will (*BAG* 28.7.1992 EzA § 17 BErzGG Nr. 4).

2035 § 17 Abs. 2 BErzGG, wonach der Arbeitgeber den Resturlaub nach der Elternzeit im laufenden oder im nächsten Urlaubsjahr zu gewähren hat, wenn der Arbeitnehmer den ihm zustehenden Urlaub vor dem Beginn der Elternzeit nicht oder nicht vollständig erhalten hat, ist unabhängig davon anwendbar, ob der Arbeitnehmer den Erholungsurlaub nicht rechtzeitig vor der Elternzeit geltend gemacht hat oder wegen Arbeitsunfähigkeit bis zum Beginn der Mutterschutzfrist nicht hat nehmen können oder ob Arbeitgeber und Arbeitnehmer die Übertragung vereinbart haben (GK-BUrlG/*Berscheid* § 17 BErzGG/Rz. 15 ff.).

Allerdings kommt nur die Übertragung eines Urlaubsanspruchs in Betracht, der im Zeitpunkt des Antritts der Elternzeit noch erfüllbar war (*BAG* 1.10.1991 EzA § 17

BErzGG Nr. 5). Der übertragene Urlaub verfällt aber auch dann mit Ablauf des nächsten Urlaubsjahrs, wenn der Urlaub **wegen Inanspruchnahme einer zweiten Elternzeit** nicht genommen werden konnte (*BAG* 21.10.1997 EzA § 17 BErzGG Nr. 8). § 17 Abs. 2 BErzGG ist nach Auffassung von *Sowka* (NZA 1998, 348 f.) gegen den Wortlaut dahingehend einschränkend auszulegen, dass die Vorschrift bei **Teilzeitarbeit in der Elternzeit** nicht anwendbar ist.

Hat der Arbeitnehmer vor dem Beginn der Elternzeit mehr Urlaub erhalten, als ihm nach § 17 Abs. 1 BErzGG zusteht, so kann der Arbeitgeber den Urlaub, der dem Arbeitnehmer nach dem Ende der Elternzeit zusteht, um die zu viel gewährten Urlaubstage **kürzen**. 2036

Nach Auffassung des *LAG Düsseldorf* (5.3.1996 LAGE § 17 BErzGG Nr. 2) soll durch § 17 Abs. 2 BErzGG sichergestellt werden, dass die Inanspruchnahme von Elternzeit unter keinen Umständen zu einem Verfall des Urlaubs führt, selbst dann nicht, wenn es sich um Urlaub handelt, der bereits **wegen einer früheren Elternzeit übertragen worden war** und wenn sich während des Übertragungszeitraums erneut eine Elternzeit anschließt. 2037

ccc) **Urlaubsabgeltung; Urlaubsgeld**

Endet das Arbeitsverhältnis während der Elternzeit oder setzt der Arbeitnehmer im Anschluss an die Elternzeit das Arbeitsverhältnis nicht fort, so hat der Arbeitgeber den noch nicht gewährten Urlaub abzugelten (§ 17 Abs. 3 BErzGG). 2038

Der auf das nach der Elternzeit laufende und das nächste Urlaubsjahr übertragene Urlaub verfällt mit Ablauf des nächsten Urlaubsjahrs auch dann, wenn der Arbeitnehmer den Urlaub wegen **Krankheit**, **Beschäftigungsverboten** nach dem Mutterschutzgesetz und eine sich daran anschließende **zweite Elternzeit** nicht nehmen konnte (s. o. C/Rz. 2034). 2039

Der mit der Beendigung des Arbeitsverhältnisses entstehende Abgeltungsanspruch wird lediglich hinsichtlich des tarifvertraglichen Anteils von einer tarifvertraglichen **Ausschlussfrist** erfasst. Der Anteil im Umfang des gesetzlichen **Mindesturlaubs** bleibt **unberührt**. Er ist nach § 13 Abs. 1 BUrlG unabdingbar und kann bis zum Ablauf des Übertragungszeitraums verlangt werden (*BAG* 23.4.1996 EzA § 1 BUrlG Nr. 21). 2040

Sagt der Arbeitgeber die Zahlung eines Weihnachts- und Urlaubsgeldes zu, so setzt der Anspruch auf das **Urlaubsgeld** zumindest voraus, dass der Arbeitgeber dem Arbeitnehmer im Urlaubsjahr auch **Urlaub gewähren** kann. Das ist für volle Kalenderjahre, in denen der Arbeitnehmer in Elternzeit ist, nicht der Fall (*BAG* 14.8.1996 EzA § 611 BGB Gratifikation, Prämie Nr. 145). 2041

Nach **§ 21 Allgemeine Anstellungsbedingungen DGB** ist der Anspruch auf Urlaubsgeld dagegen am 1.6. eines jeden Kalenderjahres ohne Rücksicht auf Bestehen und Umfang von Urlaubsansprüchen fällig. Hat der Arbeitgeber die Zahlung aber ohne jede Einschränkung und unabhängig von der Urlaubsgewährung zugesagt, ist er nicht berechtigt, den Anspruch wegen Inanspruchnahme von Elternzeit zu kürzen (*BAG* 18.3.1997 EzA § 17 BErzGG Nr. 6). 2042

Angestellte, die mit dem Landschaftsverband Westfalen-Lippe für die Dauer der Elternzeit eine erziehungsgeldunschädliche, aber mehr als geringfügige **Teilzeitbeschäftigung** vereinbaren, können nicht vom Bezug des tariflichen Urlaubsgeldes ausgeschlossen werden. Ihre Herausnahme aus dem persönlichen Geltungsbereich des TV-Urlaubsgeld war wegen Verstoß gegen § 2 Abs. 1 BeschFG (jetzt § 4 Abs. 1 TzBfG) nichtig. 2043

2044 Wird ein Arbeitnehmer während der Elternzeit mit verminderter Wochenarbeitszeit – aber ansonsten zu unveränderten Arbeitsbedingungen – beschäftigt, besteht ein einheitliches Arbeitsverhältnis. Hat der Arbeitnehmer aufgrund der Teilzeitbeschäftigung im Juli des Urlaubsjahres einen Vergütungsanspruch, so ist die Anspruchsvoraussetzung des § 1 Abs. 1 Nr. 3 TV-Urlaubsgeld erfüllt (*BAG* 23.4.1996 EzA § 2 BeschFG 1985 Nr. 46).

ddd) Teilzeitarbeit in der Elternzeit
2045 Gem. § 15 Abs. 4 BErzGG ist während der Elternzeit Erwerbstätigkeit ohne Anrechnung auf das Erziehungsgeld zulässig, wenn die wöchentliche Arbeitszeit **19 Stunden nicht übersteigt.**

2046 Ob eine derartige erziehungsgeldunschädliche Teilzeitarbeit beim selben Arbeitgeber in einem rechtlich selbstständigen Arbeitsverhältnis erfolgt, das neben das ruhende Hauptarbeitsverhältnis tritt, und ob für ein solches rechtlich selbstständiges Teilzeitarbeitsverhältnis andere, insbesondere für den Arbeitnehmer ungünstigere Arbeitsbedingungen vereinbart werden können, als sie für das Hauptarbeitsverhältnis gelten, hat das *BAG* (28.6.1995 NZA 1996, 151) zunächst offen gelassen. Nach Auffassung von *Ramrath* (DB 1987, 1786) handelt es sich lediglich um eine Modifizierung des Hauptarbeitsverhältnisses hinsichtlich der Arbeitszeit. Davon geht inzwischen auch das *BAG* (23.4.1996 EzA § 2 BeschFG 1985 Nr. 46; vgl. auch *Sowka* NZA 1998, 349) aus.

2047 Eine Angestellte im **öffentlichen Dienst**, die Anspruch auf eine Zuwendung nach dem Zuwendungs-TV hat, verliert diesen nicht dadurch, dass sie während der Elternzeit bei **demselben Arbeitgeber** ihre bisherige Tätigkeit im Umfang einer geringfügigen Beschäftigung weiterhin ausübt (*BAG* 24.2.1999 NZA 1999, 830).

2048 Teilerwerbstätigkeit bei einem anderen Arbeitgeber oder als Selbstständiger bedarf der Zustimmung des Arbeitgebers; § 15 Abs. 4 BErzGG enthält **ein befristetes Verbot mit Erlaubnisvorbehalt.** Beantragt der Arbeitnehmer beim Arbeitgeber ordnungsgemäß die Zustimmung zur Aufnahme einer Teilzeitarbeit bei einem anderen Arbeitgeber, kann der Arbeitgeber die Zustimmung nur binnen vier Wochen unter Angabe entgegenstehender betrieblicher Interessen schriftlich ablehnen. Erklärt er sich nicht frist- oder formgerecht, entfällt das Zustimmungserfordernis mit Ablauf der gesetzlichen Frist (*BAG* 26.6.1997 EzA § 15 BErzGG Nr. 9).

2049 Bei form- und fristgerechter Ablehnung des Antrags muss der Arbeitnehmer gegen seinen Arbeitgeber **Klage auf Erteilung der Zustimmung** erheben (*LAG Düsseldorf* 2.7.1999 NZA-RR 2000, 232). Auf entgegenstehende betriebliche Interessen kann sich der Arbeitgeber z. B. dann berufen, wenn der Arbeitnehmer eine seiner bisherigen beruflichen Tätigkeit entsprechende Teilzeitbeschäftigung bei einem Konkurrenzunternehmen aufnehmen will (*LAG Düsseldorf* NZA-RR 2000, 232).

eee) Elternzeit und Sonderurlaub
2050 Die Unabdingbarkeit des Anspruchs auf Elternzeit (§ 15 Abs. 3 BErzGG) berührt die Wirksamkeit einer vor Beginn der Schwangerschaft abgeschlossenen Sonderurlaubsvereinbarung zwar nicht. Der Arbeitgeber kann aber nach § 242 BGB (Anspruch auf ermessensfehlerfreie Entscheidung) gehalten sein, der **vorzeitigen Beendigung** des Sonderurlaubs **zuzustimmen,** wenn stattdessen Elternzeit begehrt wird (*BAG* 16.7.1997 EzA § 15 BErzGG Nr. 11 in Fortführung von *BAG* 6.9.1994 AP Nr. 17 zu § 50 BAT; vgl. *Bäuml* SAE 1998, 183 ff.; vgl. auch *Sowka* NZA 1998, 349); im konkret entschiedenen Einzelfall hat das *BAG* (6.9.1994 AP Nr. 17 zu § 50 BAT) das angefoch-

C. Der Inhalt des Arbeitsverhältnisses

tene Urteil aufgehoben und die Sache zur erneuten Entscheidung an das LAG zurückverwiesen.

(3) Änderungen für Kinder, die am 1.1.2001 oder später geboren worden sind

aaa) Grundlagen
Während nach bisherigem Recht jeweils nur ein Elternteil für den gleichen Zeitraum Elternzeit in Anspruch nehmen konnte, können dies nunmehr auch **beide Elternteile für denselben Zeitraum**, also auch gemeinsam Elternzeit nehmen (§ 15 Abs. 3 BErzGG). Die Höchstdauer der Elternzeit bleibt bei **drei Jahren** für jedes Kind (vgl. dazu *Leßmann* DB 2001, 69 ff.). Allerdings wird eine **teilweise Übertragung** des Elternzeitanspruchs **über das dritte Lebensjahr** des Kindes hinaus – mit Zustimmung des Arbeitgebers – ermöglicht. Die Elternzeit des Vaters kann – anders als bisher – bereits **während der Mutterschutzfrist** für die Mutter beginnen. Diese Mutterschutzfrist wird auf die Höchstdauer der Elternzeit angerechnet. Wie bereits zuvor muss die Elternzeit nicht im Zusammenhang genommen werden. Sie kann auf bis zu **vier Zeitabschnitte verteilt** werden (§ 16 BErzGG), die durch Zeiten der Erwerbstätigkeit unterbrochen sein können. 2051

Die Frist zur Geltendmachung der Elternzeit wurde von vier auf **sechs Wochen** verlängert, wenn die Elternzeit unmittelbar nach der Geburt oder im Anschluss an die Mutterschutzfrist beginnen soll. Sonst gilt eine Frist von **acht Wochen**; bei dringenden Gründen ausnahmsweise eine angemessene kürzere Frist (§ 16 S. 1, 2 BErzGG). 2052

Während der Arbeitnehmer bisher vor Antritt der ersten Elternzeit bereits erklären musste, für welche Zeit er insgesamt Elternzeit begehrt und er an diese Erklärung gebunden war, muss er sich jetzt nur noch für einen Zeitraum **von zwei Zeitjahren festlegen**. Der Gesetzgeber hat die Bindungswirkung des Elternzeitverlangens ferner dadurch eingeschränkt, dass eine vorzeitige Beendigung der Elternzeit wegen der Geburt eines weiteren Kindes oder wegen eines besonderen Härtefalles ermöglicht wird (§ 16 Abs. 3 BerzGG). 2053

Während bisher Erwerbstätigkeit nur in einem Umfang von bis zu 19 Wochenstunden erziehungsgeld- und elternzeitunschädlich war, hat der Gesetzgeber nunmehr vorgesehen, dass eine **Erwerbstätigkeit** von **bis zu 30 Wochenstunden** Erziehungsgeldbezug und Elternzeit nicht mehr ausschließt (§ 15 Abs. 4 BErzGG; zur Kündigung der Teilzeittätigkeit vgl. *Sowka* BB 2001, 937; *Betz* NZA 2000, 250 f.). Der Arbeitgeber kann eine von dem Elternteil gewünschte Tätigkeit bei einem anderen Arbeitgeber oder eine selbstständige Tätigkeit dieses Umfangs nunmehr nur noch aus **dringenden betrieblichen Gründen**, nicht mehr dagegen bereits aus entgegenstehenden betrieblichen Interessen ablehnen. 2054

bbb) Anspruch auf Teilzeitarbeit beim eigenen Arbeitgeber

aaaa) Anspruchsvoraussetzungen
Neu eingeführt worden ist ein **Anspruch auf Teilzeitarbeit** während der Elternzeit **beim eigenen Arbeitgeber** (§ 15 Abs. 6 BErzGG; vgl. dazu *Leßmann* DB 2001, 69 ff.). Ausgenommen sind lediglich Arbeitgeber mit i. d. R. 15 oder weniger Arbeitnehmern. 2055

C. Der Inhalt des Arbeitsverhältnisses

bbbb) Entgegenstehende dringende betriebliche Gründe

2056 Der Arbeitgeber kann eine derartige Teilzeitarbeit – und die vom Arbeitnehmer gewünschte inhaltliche Ausgestaltung dieser Teilzeitarbeit – lediglich mit **dringenden betrieblichen Gründen** (im Gegensatz zu § 8 Abs. 4 TzBfG, wonach »betriebliche Gründe« erforderlich sind) innerhalb von vier Wochen schriftlich ablehnen. Mit dem Merkmal dringender betrieblicher Gründe ist eine **umfassende Abwägung der Umstände des Einzelfalls** gefordert, für die es neben **besonderen Auslastungssituationen**, einer **Unterbesetzung der Abteilung** oder der **Eigenart der Branche** auch auf die **Wünsche anderer Arbeitnehmer** ankommt; insoweit liegt eine Parallele zu § 7 Abs. 1 S. 1 BUrlG nahe (*Gaul/Wisskirchen* BB 2000, 2468; MünchArbR/*Heenen* Ergänzungsband § 229 Rz. 16). Überwiegt keines der Interessen, kommt den Wünschen des Arbeitnehmers der Vorrang zu. Damit sind die dringenden betrieblichen Gründe nach § 15 Abs. 7 Nr. 4 BErzGG keine nur höhere Stufe des § 8 Abs. 4 TzBfG, der auch tariflicher Regelung zugänglich und damit inhaltlich nicht fest konturiert ist. Vielmehr liegt der Regelung des § 15 Abs. 7 Nr. 4 BErzGG mit der vom Gesetzgeber gewollten Interessenabwägung unter Berücksichtigung der Umstände des Einzelfalls eine andere Gewichtung und Systematik zugrunde.

cccc) Unternehmerische Entscheidung

2057 Die unternehmerische Entscheidung, im Betrieb oder Unternehmen **keine Teilzeitarbeitsplätze einzurichten, ist ohne Hinzutreten weiterer Umstände** (z. B. unverhältnismäßige Kosten nach der Wertentscheidung des Gesetzgebers in § 8 Abs. 4 TzBfG; vgl. *Rolfs* RdA 2001, 136) **kein dringender betrieblicher Grund** im hier maßgeblichen Sinn. Etwas anderes gilt, wenn der Arbeitsplatz aus **objektiven Gründen unteilbar** ist, der Arbeitnehmer mit seiner vollen Arbeitsleistung für den Betrieb unverzichtbar, die gewünschte Verteilung der Arbeitszeit praktisch nicht durchführbar ist, weil es z. B. zu einem Arbeitskräfteüberhang am Vormittag oder an bestimmten Werktagen kommt, bzw. in Ansprüche und Rechte Dritter eingegriffen wird. Der Arbeitgeber ist daher insbesondere **nicht verpflichtet**, den Anspruch auf Verringerung der Arbeitszeit durch Versetzung einer im Betrieb verfügbaren Arbeitnehmerin notfalls durch **Änderungskündigung** zu realisieren (MünchArbR/*Heenen* Ergänzungsband § 229 Rz. 17 ff. m. w. N.).

dddd) Verbindung von Elternzeit und Teilzeitarbeit

2058 Fraglich ist, wie dann zu verfahren ist, wenn der Arbeitnehmer nur dann Interesse daran hat, die Elternzeit in Anspruch zu nehmen, wenn **gleichzeitig sichergestellt** ist, dass der Arbeitgeber der gewünschten **Teilzeittätigkeit** zustimmt (vgl. *Leßmann* DB 2001, 69 ff.). Denn wenn der Arbeitnehmer Elternzeit verlangt, ist er daran gebunden. Begehrt er zugleich Teilzeittätigkeit, so ist er nach einer in der Literatur vertretenen Auffassung (*Sowka* BB 2001, 937: Elternzeit als einheitlicher Tatbestand) an sein Teilzeitverlangen rechtlich gebunden; er kann es nicht später »widerrufen«. Dem entspricht, dass der Arbeitnehmer, der zunächst Elternzeit unter völliger Freistellung von der Arbeit verlangt hat, nicht später innerhalb dieses Zeitraums Teilzeitarbeit verlangen können soll, da dies mit den Dispositionen, die der Arbeitgeber regelmäßig im Rahmen der betrieblichen Organisation treffen muss, z. B. durch Einstellung einer Ersatzkraft, unvereinbar ist (MünchArbR/*Heenen* Ergänzungsband § 229 Rz. 10). Andererseits ist zu berücksichtigen, dass der Arbeitnehmer vom Arbeitgeber während der Gesamtdauer der Elternzeit **zweimal eine Verringerung seiner Arbeitszeit beanspruchen** kann (§ 15 Abs. 6 BErzGG). Basis ist jeweils die zuletzt geltende Arbeitszeit. Der Rechtsanspruch auf Verringerung der Arbeitszeit ist jeweils als Anspruch auf Reduzierung der ausgeübten Arbeitszeit ausgestaltet. Er lässt keine Verlängerung der Arbeitszeit innerhalb der Elternzeit zu (vgl. *Peters-Lange/ Rolfs* NZA 2000, 686) und verpflichtet den Arbeitgeber erst recht nicht zur Schaffung eines zusätzlichen Teilzeitarbeitsplatzes (MünchArbR/*Heenen* Ergänzungsband § 229 Rz. 10).

Für die **Anpassung an veränderte Verhältnisse**, wie es für Dauerschuldverhältnisse an sich erforderlich ist, sieht das BErzGG im Gegensatz z. B. zu § 8 Abs. 5 S. 4 TzBfG, **keine Lösung** vor. Da beide Gesetze zum 1.1.2001 in Kraft getreten sind, kann auch eine planwidrige Lücke nicht angenommen werden. Da das BErzGG insoweit ausdrücklich eine andere Regelung getroffen hat als das TzBfG, steht einer Analogie auch § 23 TzBfG entgegen. Kündigt z. B. die für Teilzeit eingestellte Ersatzkraft und ist eine qualifizierte Ersatzkraft nur noch in Vollzeit zu finden, ist für einen Widerruf der Teilzeit des Arbeitnehmers in Elternzeit kein Raum. Vielmehr schließt der Sonderkündigungsschutz nach § 18 Abs. 2 BErzGG einen derartigen Widerruf aus. Die Parteien können aber in einer privatrechtlichen **Teilzeitvereinbarung** nach § 15 Abs. 5 S. 1 BErzGG **Vorkehrungen an veränderte Umstände** treffen (vgl. *Leßmann* DB 2001, 98). Verlangt dagegen der Arbeitnehmer während der Elternzeit zum dritten Mal die (weitere) Verkürzung der Arbeitszeit oder verlangt er einseitig eine Erhöhung des Arbeitszeitvolumens, beurteilt sich die Rechtslage nach §§ 8, 9 TzBfG (*Rolfs* RdA 2001, 138). Mit der ausdrücklichen Geltendmachung der Ansprüche nach dem TzBfG wird i. d. R. zugleich der Antrag auf vorzeitige Beendigung der Elternzeit verbunden sein (§ 23 TzBfG; § 16 Abs. 3 S. 1 BErzGG; MünchArbR/*Heenen* Ergänzungsband § 229 Rz. 10). 2059

eeee) **Prozessuale Fragen**
Kommt eine Einigung zwischen den Vertragsparteien nicht zustande, kann und muss der Arbeitnehmer zur Durchsetzung seines Anspruchs **Klage** vor den Arbeitsgerichten **erheben**; eine **einstweilige Verfügung** gem. §§ 935, 940 ZPO **ist regelmäßig unzulässig**, weil sie im Erfolgsfall die Befriedigung des Arbeitnehmers zur Folge hätte (vgl. ausf. *Gaul/Wisskirchen* BB 2000, 2468; *Diller* NZA 2001, 590 ff.; *Rolfs* RdA 2001, 137; *Peters-Lange/Rolfs* NZA 2000, 682; vgl. auch *Leßmann* DB 2001, 69 ff.). 2060

yy) **Bildungsurlaub**

(1) **Rechtsgrundlagen; Gesetzgebungskompetenz**
Die BRD hat 1976 das Übereinkommen Nr. 140 der IAO vom 24.6.1974 über den bezahlten Bildungsurlaub ratifiziert (7.9.1976 BGBl. II S. 1526). Danach haben die ratifizierenden Mitgliedsstaaten eine Politik festzulegen und durchzuführen, die nötigenfalls schrittweise die Gewährung von bezahltem Bildungsurlaub fördert (Art. 2). Dadurch ist kein unmittelbar anwendbares staatliches Recht entstanden, da es sich nur um eine Staatsverpflichtung handelt. 2061

Eine Regelung auf Bundesebene ist nicht erfolgt, weil die an der Ratifizierung beteiligten Verfassungsorgane davon ausgegangen sind, dass einem bundeseinheitlichen Gesetz flexiblere und praxisgerechtere Regelungen auf Länderebene oder im Rahmen 2062 von Tarifverträgen vorzuziehen sind (BT-Drucks. 7/5355). Die Tarifvertragsparteien haben teilweise von der Regelungsmöglichkeit des Arbeitnehmerweiterbildungsurlaubs Gebrauch gemacht.

2063 Im Übrigen sind die Länder kraft konkurrierender Gesetzgebungskompetenz befugt, arbeitsrechtliche Regelungen zur Arbeitnehmerweiterbildung zu treffen (Art. 70, 72 Abs. 1, 74 Nr. 12 GG), da die überbetrieblich ausgerichtete Arbeitnehmerweiterbildung bundeseinheitlich nicht abschließend geregelt ist.

2064 Von der Gesetzgebungskompetenz haben die Länder Berlin, Brandenburg, Bremen, Hamburg, Hessen, Niedersachsen, Nordrhein-Westfalen, Rheinland-Pfalz, Saarland sowie Schleswig-Holstein Gebrauch gemacht (die Gesetzestexte sind abgedruckt bei *Nipperdey* ArbR I Nr. 137 a ff.; HwB AR-Gesetzestexte Nr. 280.2 ff.).

2065 Regelt allerdings ein als **bundesunmittelbare Körperschaft des öffentlichen Rechts geführter Sozialversicherungsträger** aufgrund bundesgesetzlicher Ermächtigung die Freistellungsansprüche seiner Dienstordnungs-Angestellten für Weiterbildungszwecke abschließend durch eine Dienstordnung, die auf die für Bundesbeamte geltende Sonderurlaubsverordnung verweist, so verdrängt dieses bundesrechtliche Satzungsrecht die dazu im Widerspruch stehende landesgesetzliche Regelung (*BAG* 21.9.1993 EzA § 7 AWbG NW Nr. 19). Denn im Verhältnis zwischen Landesrecht und dem Satzungsrecht juristischer Personen des öffentlichen Rechts kommt es wegen Art. 31 GG (Bundesrecht bricht Landesrecht) entscheidend darauf an, ob sie organisatorisch dem Bund oder einem Land angehört. Die Dienstordnung zählt zum Bundesrecht, weil nach Art. 87 Abs. 2 GG die sozialen Versicherungsträger, deren räumlicher Zuständigkeitsbereich sich über das Gebiet eines Landes hinaus erstreckt, als bundesunmittelbare Körperschaften des öffentlichen Rechts geführt werden.

(2) Zweck des Bildungsurlaubs

2066 Der Bildungsurlaub hat der beruflichen und politischen, teilweise (z. B. Bremen) auch der allgemeinen Weiterbildung zu dienen.

(3) Persönlicher Geltungsbereich

2067 Hinsichtlich des persönlichen Geltungsbereichs sind neben Arbeitnehmern teilweise auch Auszubildende, in Heimarbeit Beschäftigte, die ihnen Gleichgestellten sowie arbeitnehmerähnliche Personen mit einbezogen.

(4) Umfang des Bildungsurlaubs; Modalitäten des Anspruchs

2068 Die Dauer der bezahlten Freistellung beträgt regelmäßig fünf Arbeitstage im Kalenderjahr. Teilweise ist die Zusammenfassung des Weiterbildungsurlaubs von zwei bzw. vier Kalenderjahren möglich, teilweise beträgt der bezahlte Bildungsurlaub auch acht Arbeitstage innerhalb von zwei Kalenderjahren.

2069 Nach § 3 Abs. 1 S. 2 BildungsurlaubsG NRW kann der Arbeitnehmer den Anspruch auf Arbeitnehmerweiterbildung z. B. von zwei Kalenderjahren (mit fünf Arbeitstagen pro Jahr) zusammenfassen. Der zusammengefasste Anspruch darf allerdings nur zur Teilnahme an einer mehr als fünftägigen Bildungsveranstaltung oder an mehreren zusammenhängenden Veranstaltungen von insgesamt mehr als fünftägiger Dauer genutzt werden (*BAG* 11.5.1993 EzA § 3 AWbG NW Nr. 1).

Der Anspruch auf Freistellung kann **erstmalig nach einer sechsmonatigen Wartezeit** oder einem sechsmonatigen Bestehen des Arbeitsverhältnisses geltend gemacht

C. Der Inhalt des Arbeitsverhältnisses

werden. Insoweit folgt zudem z. B. aus § 4 S. 2 HessBUG, dass die Wartezeit des § 4 S. 1 stets neu erfüllt werden muss, wenn ein Arbeitsverhältnis nach einem zeitlichen Abstand zum vorausgegangenen Arbeitsverhältnis **neu begründet** wird (*Hessisches LAG* 3.9.1996 NZA-RR 1997, 125).

Die Freistellung kann vom Arbeitgeber abgelehnt werden, wenn zwingende betriebliche Gründe oder Urlaubswünsche anderer Arbeitnehmer, die unter sozialen Gesichtspunkten Vorrang verdienen, entgegenstehen; teilweise genügen dringende betriebliche Gründe bzw. betriebliche Gründe. 2070

Für die **Entgeltfortzahlung wird zumeist auf § 11 BUrlG zurückgegriffen**; teilweise orientieren sich die Regelungen dagegen an der Entgeltfortzahlung an Feiertagen (vgl. §§ 1, 2 EFZG). 2071
Meist wird ausdrücklich die Unabdingbarkeit des Bildungsurlaubsanspruchs vorgesehen (nicht dagegen in Berlin, im Saarland).
Stets ist die Benachteiligung des Arbeitnehmers wegen der Inanspruchnahme von Bildungsurlaub verboten. Eine entsprechende Benachteiligung ist zudem von § 612 a BGB mit erfasst (MünchArbR/*Boewer* § 93 Rz. 9).

(5) Geltendmachung des Anspruchs; Freistellung des Arbeitnehmers

aaa) Bezugszeitraum; Verbot der Selbstbeurlaubung
Der Arbeitnehmer muss den Anspruch innerhalb des jeweiligen gesetzlichen Bezugszeitraums gegenüber dem Arbeitgeber geltend machen, indem er die Inanspruchnahme, den Zeitraum und die zeitliche Lage so frühzeitig wie möglich (i. d. R. vier oder sechs Wochen vor Beginn) mitteilt. 2072
Eine Selbstbeurlaubung kommt nicht in Betracht; auch ein Zurückbehaltungsrecht gem. § 273 BGB besteht nicht, weil diese Vorschrift nur ein Sicherungsrecht für einen Gegenanspruch gewährt, nicht jedoch der Befriedigung des Gegenanspruchs dient (MünchArbR/*Boewer* § 93 Rz. 10). 2073

Besucht ein Arbeitnehmer eine Bildungsveranstaltung, ohne zuvor vom Arbeitgeber zur Teilnahme an dieser Veranstaltung freigestellt worden zu sein, so hat er keinen Anspruch auf Lohnfortzahlung nach dem Arbeitnehmerweiterbildungsgesetz (*BAG* 21.9.1993 EzA § 7 AWbG NW Nr. 13). 2074

bbb) Freistellung; Rechtsfolgen

Erfüllt der Arbeitgeber auf Antrag des Arbeitnehmers den gesetzlichen Anspruch auf Arbeitnehmerweiterbildung, indem er ihn von der Arbeit freistellt, und besucht der Arbeitnehmer daraufhin die Veranstaltung, so hat der Arbeitgeber für die Zeit der Freistellung die Vergütung zu entrichten. Auf den Inhalt der Bildungsmaßnahme kommt es dann nicht an (*BAG* 11.5.1993 EzA § 7 AWbG NW Nr. 9; 21.9.1993 EzA § 7 AWbG NW Nr. 14; krit. dazu *Schiefer* DB 1994, 1926 ff.). 2075

Unerheblich ist, ob der Arbeitgeber bei der Freistellungserklärung den Verpflichtungswillen für die Lohnfortzahlung hat (vgl. *Düwell* BB 1994, 637 ff.). Maßgeblich ist allein, dass der Arbeitnehmer die Erklärung des Arbeitgebers als Freistellungser- 2076 klärung zum Besuch einer Veranstaltung nach § 1 Abs. 1 BildungsurlaubsG NRW verstehen musste (*BAG* 9.11.1993 EzA § 7 AWbG NW Nr. 17; krit. dazu *Schiefer* DB 1994, 1926 ff.).

2077 Der Arbeitnehmer hat gem. §§ 1, 2 BildUrlG einen **gesetzlich bedingten Anspruch auf Freistellung von der Arbeitspflicht.** Besteht für einen Tag, an dem eine anerkannte Bildungsveranstaltung besucht wird, keine Arbeitspflicht, ist der Arbeitgeber nicht zu einem Freizeitausgleich verpflichtet, indem er den Arbeitnehmer an einem anderen Tag von der Arbeitspflicht freistellt (*BAG* 21.9.1999 NZA 2000, 1012).

Schweigt der Arbeitgeber auf einen Freistellungsantrag, so kann der Arbeitnehmer trotz ausdrücklicher Ablehnung zweier vorheriger Anträge nicht darauf vertrauen, ihm sei Freistellung erteilt worden (*LAG Hamm* 3.5.1996 NZA-RR 1997, 127 Ls.).

2078 Gewährt ein Arbeitgeber einem Arbeitnehmer Freistellung zur Teilnahme an einer Bildungsveranstaltung und wird, bevor dieser an der Veranstaltung teilnimmt, für ihn durch eine Betriebsvereinbarung in dieser Zeit eine Freischicht festgelegt, so ist die Freistellung nach dem BildungsurlaubsG **nachträglich unmöglich** geworden. Der Arbeitgeber wird von der Verpflichtung zur bezahlten Freistellung frei (*BAG* 15.6.1993 EzA § 7 AWbG NW Nr. 11).

ccc) Ablehnung der Freistellung

2079 Der Freistellungsanspruch des Arbeitnehmers nach § 1 BildungsurlaubsG NRW ist für die **Dauer des Kalenderjahres befristet. Er erlischt mit dessen Ende.**

Wird die Freistellung vom Arbeitgeber berechtigt abgelehnt, so kann der Bildungsurlaub nachgeholt oder auf den nachfolgenden Bezugszeitraum **übertragen werden.**

2080 Erfolgt die **Verweigerung unberechtigterweise, so ergibt sich eine Übertragung zum Teil unmittelbar aus dem Weiterbildungsgesetz selbst oder unter Schadensersatzgesichtspunkten** (§§ 280, 249 BGB; *BAG* 24.10.1995 AP Nr. 11 zu § 7 BildungsurlaubsG NRW; 2.12.1997 EzA § 7 AWbG NW Nr. 26).

2081 Dieser Schadensersatzanspruch kann **tariflichen Ausschlussfristen** unterliegen. Eine tarifliche Ausschlussfrist ist aber regelmäßig mit der Geltendmachung des Freistellungsanspruchs auch für den Schadensersatzanspruch gewahrt (*BAG* 24.10.1995 AP Nr. 11 zu § 7 BildungsurlaubsG NRW).

2082 Lehnt der Arbeitgeber die Freistellung eines Arbeitnehmers ab und nimmt der Arbeitnehmer dennoch an der angekündigten Schulungsveranstaltung teil, so handelt es sich jedenfalls um eine **pflichtwidrige Selbstbeurlaubung.** Der Arbeitgeber ist gleichwohl nicht berechtigt, die Fehlzeit nachträglich als gewährten Erholungsurlaub zu bezeichnen und die Erfüllung des vollen Jahresurlaubs zu verweigern (*BAG* 25.10.1994 EzA § 7 BUrlG Nr. 96; s. o. C/Rz. 1774 ff.).

2083 Lehnt ein Arbeitgeber die Freistellung ab, und bietet er zugleich eine unbezahlte Freistellung an, hat der Arbeitnehmer keinen Lohnfortzahlungsanspruch nach dem Arbeitnehmerweiterbildungsgesetz NRW, wenn er ohne weitere Erklärung an der Veranstaltung teilgenommen hat (*BAG* 7.12.1993 EzA § 7 AWbG NW Nr. 15; 2.12.1997 NZA 1998, 1116). Gleiches gilt, wenn der Arbeitnehmer ohne jede Erklärung des Arbeitgebers ohne Freistellung teilnimmt (*LAG Hamm* 3.5.1996 NZA-RR 1997, 127 Ls.).

2084 Teilt ein anspruchsberechtigter Arbeitnehmer dem Arbeitgeber ordnungsgemäß nach § 5 Abs. 1 AWbG NW mit, er nehme für eine zeitlich und inhaltlich bestimmte Bildungsveranstaltung Arbeitnehmerweiterbildung in Anspruch, gerät der Arbeitgeber bei Nichterfüllung in **Schuldnerverzug**, wenn die Bildungsveranstaltung als anerkannt i. S. d. § 9 AWbG NW gilt und keine Leistungsverweigerungsgründe i. S. v. § 5 Abs. 2 AWbG der gewünschten Freistellung von der Arbeitspflicht entgegenstehen. Lehnt der Arbeitgeber die Freistellung ab, weil sie vermeintlich nicht den Zielen der Arbeitnehmerweiterbildung dient, kann ein Hinweis auf die Inanspruchnahme anderer Veranstaltungen nicht seinen Verzug beenden (*BAG* 5.12.1995 EzA § 1 AWbG NW Nr. 1).

ddd) **Verspätete Inanspruchnahme**
Dem Anspruch auf Vergütung für die Zeit der Teilnahme an einer Weiterbildungsmaßnahme steht die verspätete Mitteilung gem. § 5 AWbGNW nicht zwingend entgegen. Zwar hat dann der Arbeitnehmer **an sich keinen Anspruch** auf Freistellung für die angegebene Bildungsveranstaltung. Der Entgeltanspruch kann aber auch auf einer **Sondervereinbarung** zwischen Arbeitnehmer und Arbeitgeber beruhen (*BAG* 9.11.1999 NZA 2001, 28). Die verspätete Inanspruchnahme der Arbeitnehmererweiterbildung lässt auch den Anspruch des Arbeitnehmers auf Freistellung für **eine andere Bildungsveranstaltung unberührt** (*BAG* 9.11.1999 NZA 2001, 30). 2085

eee) **Darlegungs- und Beweislast**
Der **Arbeitnehmer** trägt die Darlegungs- und Beweislast dafür, dass ihm für einen bestimmten Zeitraum Bildungsurlaub gewährt wurde. Die Vorlage der Anmeldebestätigung des Bildungsträgers beweist nicht die Teilnahme an dieser Bildungsmaßnahme. Erhält der Arbeitnehmer vielmehr für den fraglichen Zeitraum Urlaubsgeld, spricht dies dafür, dass der Arbeitgeber ihm Urlaub und keinen Bildungsurlaub gewährt hat (*LAG* Bremen 29.3.2001 FA 2001, 286 Ls.). 2086

(6) Beendigung des Arbeitsverhältnisses
Bei berechtigter Verweigerung der Freistellung kommt bei danach eintretender Beendigung des Arbeitsverhältnisses keine Abgeltung des Anspruchs in Betracht, weil die Bildungsurlaubsgesetze einen solchen Ersatzanspruch nicht vorsehen. 2087
Bei einem Arbeitgeberwechsel kommt allerdings ein Weiterbildungsanspruch gegenüber dem neuen Arbeitgeber in Betracht, soweit der Arbeitnehmer in der noch laufenden Bezugsperiode die gesetzlich vorgeschriebene Wartezeit erfüllt. Kann der Arbeitnehmer bei dem neuen Arbeitgeber dagegen den Ablauf der Wartezeit nicht mehr erreichen, so kann er auch keinen anteiligen Weiterbildungsurlaub beanspruchen. 2088

Bei unberechtigter Ablehnung ist der Arbeitgeber gem. § 280 Abs. 1 BGB gegenüber dem Arbeitnehmer zum Schadensersatz verpflichtet, wenn dieser im sich anschließenden Arbeitsverhältnis wegen der nicht erfüllbaren Wartezeit keinen Weiterbildungsurlaub geltend machen kann oder in ein Bundesland wechselt, das keine entsprechende gesetzliche Weiterbildungsregelung geschaffen hat. 2089

Nimmt der Arbeitnehmer in dieser Situation unbezahlten Urlaub, um den ihm vorenthaltenen Weiterbildungsanspruch zu realisieren, so besteht der ausgleichspflichtige Schaden in dem Verlust seiner Arbeitsvergütung (MünchArbR/*Boewer* § 93 Rz. 10).

(7) Nachweispflichten
Teilweise hat der Arbeitnehmer den Nachweis der Anmeldung und der Teilnahme an der Weiterbildungsveranstaltung zu führen, teilweise genügt der Nachweis der Teil- 2090

nahme. Wenn nur der Nachweis über die Teilnahme erforderlich ist, wird teilweise (*LAG Hamm* 29.10.1987 LAGE § 7 AWbG NW Nr. 1; *Klevemann* BB 1989, 212; *Schlömp-Röder* AuR 1988, 374) die Auffassung vertreten, dass der Arbeitnehmer auch nicht verpflichtet ist, Veranstalter, Thema oder Ort der Bildungsveranstaltung zu nennen. Dem Arbeitgeber ist lediglich eine **nachträgliche Kontrolle** der anspruchsbegründenden Voraussetzungen gestattet, bei deren Nichtvorliegen er lediglich Rückzahlungsansprüche aus § 812 BGB hat. Denn dem Arbeitgeber darf kein präventives inhaltliches Überprüfungsrecht eingeräumt werden, um den Arbeitnehmer davor zu schützen, mit ihm über eine inhaltliche Berechtigung seines Bildungsurlaubsbegehrens verhandeln zu müssen.

2091 Demgegenüber wird in der Literatur (MünchArbR/*Boewer* § 93 Rz. 11) z. T. angenommen, dass diese Auffassung im Widerspruch dazu steht, dass die Weiterbildungsgesetze der Länder kein Selbstbeurlaubungsrecht des Arbeitnehmers enthalten. Auch wird die Mitteilungspflicht des Arbeitnehmers mit der ihm gegenüber dem Arbeitgeber obliegenden Nachweispflicht verwechselt.

(8) Verbot von Erwerbstätigkeit
2092 Während der Freistellung darf der Arbeitnehmer keiner Erwerbstätigkeit nachgehen, die dem Zweck der Arbeitnehmerweiterbildung zuwiderläuft.
Soweit ein entsprechendes Verbot ausdrücklich in den Landesgesetzen normiert ist, knüpfen sie an einen Verstoß dagegen keine unmittelbare Rechtsfolge.
Unterbleibt die Teilnahme an der Veranstaltung allerdings aus Gründen, die der Arbeitnehmer zu vertreten hat, so entfällt sein Anspruch auf Bezahlung der Vergütung.

2093 Bereits fortgezahltes Arbeitsentgelt ist dem Arbeitgeber gem. § 812 Abs. 1 BGB zu erstatten. Auch kommen Schadensersatzansprüche in Betracht.
Allerdings tritt bei der dann gegebenen Zweckvereitelung des Weiterbildungsurlaubs kein Verbrauch des Anspruchs ein.

(9) Keine Doppelansprüche
2094 Der Anspruch auf Freistellung besteht nicht, soweit dem Arbeitnehmer für das laufende Kalenderjahr oder die laufende Weiterbildungsperiode bereits von einem früheren Arbeitgeber auf der Grundlage des Landesgesetzes Freistellung gewährt worden ist.
Teilweise ist vorgesehen, dass der Arbeitgeber verpflichtet ist, bei Beendigung des Arbeitsverhältnisses auf entsprechendes Verlangen hin eine Bescheinigung über die in der laufenden Weiterbildungsperiode gewährte Freistellung auszustellen.

(10) Verhältnis zu anderen Freistellungsansprüchen; Arbeitsunfähigkeit
2095 Die Landesgesetze regeln auch das Verhältnis des Weiterbildungsurlaubs zu anderen Ansprüchen auf Freistellung zur Teilnahme an Bildungsveranstaltungen, die auf sonstigen Rechtsvorschriften, einzel- oder kollektivvertraglichen Regelungen beruhen. Teilweise bleiben derartige Ansprüche unberührt, teilweise erfolgt nach Maßgabe unterschiedlicher Voraussetzungen eine Anrechnung.
Zumeist ist vorgesehen, dass die durch ärztliches Zeugnis nachgewiesenen Tage der Arbeitsunfähigkeit auf die Arbeitnehmerweiterbildung nicht angerechnet werden.

C. Der Inhalt des Arbeitsverhältnisses

(11) Anerkannte Bildungsveranstaltungen von anerkannten Trägern der Weiterbildung

Die Arbeitnehmerweiterbildung muss in anerkannten Bildungsveranstaltungen von anerkannten Trägern der Weiterbildung durchgeführt werden; Lehrveranstaltungen anderer Einrichtungen kommen insoweit ausnahmsweise dann in Betracht, wenn sie behördlich genehmigt sind (vgl. z. B. § 9 AWbG NRW). 2096

Zu beachten ist allerdings, dass die Anerkennung einer Bildungsveranstaltung durch die zuständige Landesbehörde keine tatsächliche Vermutung dafür begründet, dass die Bildungsmaßnahme den in § 3 BildFG genannten Zwecken dient sind (*BAG* 9.6.1998 EzA § 1 BildFG Rheinland-Pfalz Nr. 1), 2097

Eine Lehrveranstaltung gilt dann als anerkannte Bildungsveranstaltung, wenn sie **jedermann zugänglich** ist. Dies setzt voraus, dass sie mindestens den im jeweiligen BildungsurlaubsG genannten Anspruchsberechtigten (Arbeitnehmern und u. U. auch arbeitnehmerähnlichen Personen) offen steht. Sind nur Gewerkschaftsmitglieder eingeladen worden, ist die Veranstaltung nicht für jedermann zugänglich (*BAG* 3.8.1989 EzA §§ 9 AWbG NW Nr. 3). 2098

Die Einrichtung der Weiterbildung muss einen bestimmenden Einfluss darauf haben, ob die Veranstaltung stattfindet, wie sie inhaltlich gestaltet wird, wer unterrichtet und wer teilnimmt (*BAG* 16.8.1990 EzA § 7 AWbG NW Nr. 6). 2099

Sind an einer Bildungsveranstaltung zwei Einrichtungen beteiligt, so kommt es für die Frage, welche Einrichtung die Veranstaltung durchführt, auf die tatsächlichen Umstände an.

Soweit sich z. B. das DGB-Bildungswerk Nordrhein-Westfalen als anerkannte Einrichtung der Weiterbildung darauf beschränkt, eine Einzelgewerkschaft bei der Durchführung einer Bildungsveranstaltung organisatorisch zu unterstützen, führt es die Veranstaltung nicht selbst durch. Die Durchführung liegt vielmehr bei der Einzelgewerkschaft. Ist diese nicht als Einrichtung der Weiterbildung in eigener Trägerschaft anerkannt, besteht ein Anspruch z. B. auf Fortzahlung des Arbeitsentgelts nach § 7 AWbG NRW nur, wenn die Veranstaltung durch den zuständigen Minister genehmigt ist (§ 9 S. 1 d AWbG NRW). 2100

Aus der Satzung des DGB-Bildungswerks sowie daraus, dass der Ministerpräsident von NRW diese in einem Erlass »zum Bestandteil« der Anerkennung des Bildungswerks als Einrichtung der Weiterbildung gemacht hat, ergibt sich nicht, dass Bildungsveranstaltungen der Einzelgewerkschaften als vom Bildungswerk durchgeführt anzusehen sind. 2101

Für den Anspruch auf Fortzahlung des Arbeitsentgelts nach § 7 AWbG NRW ist es ohne Bedeutung, dass das Land NRW Bildungsveranstaltungen, die von Einzelgewerkschaften durchgeführt werden, nach dem Weiterbildungsgesetz finanziell fördert (*BAG* 23.2.1989 AP Nr. 1 zu § 9 BildungsurlaubsG NRW). 2102

Die gleichen Grundsätze gelten für die inhaltliche und pädagogische Betreuung von Bildungsanstalten eines DGB-Kreises durch die Abteilung Bildung des SPD-Landesbezirks NRW, die bis zum 31.12.1985 als anerkannte Einrichtung der Weiterbildung bestand (*BAG* 23.2.1989 EzA § 9 AWbG NW Nr. 2). 2103

Für Veranstaltungen nach dem AWbG NW ist die durchführende Einrichtung nicht verpflichtet, unentgeltlich Leistungen zu erbringen; nach § 9 S. 2 AWbG ist lediglich ausgeschlossen, dass mit den von den Teilnehmern zu erbringenden Beiträgen Gewinne erzielt werden. Ein gewerkschaftlicher Veranstalter kann mit Rücksicht auf sat- 2104 zungsgemäß geleistete Mitgliedsbeiträge den teilnehmenden Mitgliedern **die Erstattung der Hotelkosten** in Aussicht stellen. Dadurch wird nicht die Jedermanzugänglichkeit der Veranstaltung i. S. v. § 2 Abs. 4 AWbG NW ausgeschlossen (*BAG* 21.10.1997 EzA § 7 AWbGNW Nr. 26; vgl. dazu *Schiefer* SAE 1999, 227 ff.; *LAG Hamm* 19.12.1997 NZA-RR 1998, 483). Gleiches gilt, wenn er den beitragszahlenden Mitgliedern die **kostenlose Teilnahme** ermöglicht und von Nichtmitgliedern einen **angemessenen Beitrag** erhebt (*BAG* 9.6.1998 EzA § 7 BildFG Rheinland-Pfalz Nr. 1).

(12) Berufliche und politische Weiterbildung

aaa) **Normative Regelungen**

2105 Der Begriff der beruflichen und politischen Weiterbildung wird nur zum Teil in den Landesgesetzen erläutert (zur Auslegung von § 1 HessischesBUG vgl. *Hessisches LAG* 18.3.1997 DB 1998, 137).
Gem. § 3 Abs. 2 des Bildungsfreistellungsgesetzes Rheinland-Pfalz dient die berufliche Weiterbildung der Erneuerung, Erhaltung, Erweiterung und Verbesserung von berufsbezogenen Kenntnissen, Fertigkeiten und Fähigkeiten. Sie ist nicht auf die bisher ausgeübte Tätigkeit beschränkt und schließt auch die Vermittlung von Schlüsselqualifikationen und Orientierungswissen ein.
Gem. § 3 Abs. 3 dieses Gesetzes dient gesellschaftspolitische Weiterbildung der Information über gesellschaftliche, soziale und politische Zusammenhänge sowie der Befähigung zur Beurteilung, Teilhabe und Mitwirkung am gesellschaftlichen, sozialen und politischen Leben.
Gem. § 3 Abs. 4 dient berufliche und gesellschaftspolitische Weiterbildung oder deren Verbindung insbesondere auch der Gleichstellung von Mann und Frau.

bbb) **Auslegung des Begriffs der beruflichen Weiterbildung; Abgrenzung zur Allgemeinbildung und nützlichem Hobbywissen**

2106 Soweit es an entsprechenden Begriffsbestimmungen fehlt, sind die Begriffe auszulegen. Problematisch ist eine klare Abgrenzung zur Allgemeinbildung und zur Vermittlung von nützlichem Wissen, nützlichen Kenntnissen und Fertigkeiten für den Privat-, Hobby- oder Freizeitbereich.

2107 Maßgeblich für die Beurteilung der Frage, ob die Veranstaltung der beruflichen Weiterbildung dient, ist das vom Veranstalter zugrunde gelegte **didaktische Konzept**; insoweit gelten die vom *BAG* (9.5.1995 EzA § 7 AWbG NW Nr. 21) für Veranstaltungen, die der politischen Weiterbildung dienen, entwickelten Grundsätze entsprechend (*BAG* 9.5.1995 EzA § 7 AWbG NW Nr. 21; s. u. C/Rz. 2118 ff.; vgl. *Hopfner* NZA 2001, 9 ff.). Ob ein Bedürfnis eines Arbeitnehmers für politische Bildung im konkreten Einzelfall zu verneinen ist, wenn er in der Vergangenheit **bereits mehrfach an Veranstaltungen ähnlicher Thematik teilgenommen** hatte, hat das *LAG Hessen* (29.2.2000 NZA-RR 2001, 181) im konkret entschiedenen Einzelfall verneint, da sich praktisch kaum lösbare Probleme hinsichtlich der Feststellung des jeweiligen Bildungsbedürfnisses ergeben würden. Auch wären insoweit Aspekte der Wiederholung, Vertiefung und Verfestigung einmal erworbener Kenntnisse und Einsichten zu berücksichtigen gewesen. Das schließt andererseits die Annahme eines Rechtsmissbrauchs in einem Extremfall nicht aus, in dem ein Arbeitnehmer bereits zwei parallele Veranstaltungen desselben Veranstalters mit demselben Inhalt, denselben theore-

C. Der Inhalt des Arbeitsverhältnisses

tischen Ansätzen, derselben Methodik, nur an anderen Orten und auf diese bezogen, besucht hat.

Ist das didaktische Konzept einer Veranstaltung unter dem Titel »Mit dem Fahrrad auf Gesundheitskurs«, wie sich aus der Ablaufplanung ergibt, nicht auf die Vermittlung politischer und/oder beruflicher Kenntnisse gerichtet, sondern z. B. auf die Steigerung des persönlichen Wohlbefindens durch Fahrrad-Fitnesstraining und durch gesunde Ernährung, so besteht kein Anspruch (*BAG* 9.5.1995 EzA § 7 AWbG NW Nr. 21). 2108

Hinsichtlich der Regelung des § 1 Abs. 2 des Arbeitnehmerweiterbildungsgesetzes Nordrhein-Westfalen ist z. B. verlangt worden, dass zwischen der Bildungsmaßnahme und dem derzeitigen oder künftigen Beruf des Arbeitnehmers ein konkreter (greifbarer) Bezug besteht (*LAG Düsseldorf* 30.4.1990 LAGE § 7 AWbG NW Nr. 6; *LAG Hamm* 1.2.1990 AuR 1990, 364; *Stege/Schiefer* DB 1990 Beil. Nr. 12 S. 5). In der Literatur (MünchArbR/*Boewer* § 93 Rz. 15) wird dagegen z. T. angenommen, dass diese Bewertung zu eng ist und die personenbezogene Zielsetzung der beruflichen Arbeitnehmerweiterbildung vernachlässigt, die nicht nur funktionsbezogen ist, sondern den Arbeitnehmer auch befähigen soll, sich auf künftige berufliche Entwicklungen besser einstellen zu können. Folglich gehört jede Anreicherung des Kenntnisstandes, die in Relation zu einem vorhandenen Beruf des Arbeitnehmers auch einen objektiv nachvollziehbaren und fördernden Bezug aufweist, zur beruflichen Weiterbildung. Es ist daher nicht erforderlich, dass die Weiterbildungsmaßnahme für die aktuelle Berufstätigkeit des Arbeitnehmers förderlich ist. 2109

Das *BAG* (15.6.1993 EzA § 7 AWbG NW Nr. 10) geht davon aus, dass eine Bildungsveranstaltung nicht nur dann den gesetzlichen Voraussetzungen zur politischen Weiterbildung genügt, wenn sie Kenntnisse zum ausgeübten Beruf vermittelt, sondern auch, wenn das erlernte Wissen im Beruf verwendet werden kann und so auch für den Arbeitgeber von Vorteil ist. Bei der Beurteilung dieser Frage sind auch Sachverhalte aus der Vergangenheit einzubeziehen, wenn aus ihnen Rückschlüsse für den künftigen Einsatz gezogen werden können. Es genügt, dass die Kenntnisse voraussichtlich verwendbar sind (*BAG* 21.10.1997 EzA § 7 AWbG NW Nr. 26). 2110

Nach dem Hamburgischen Bildungsurlaubsgesetz hat der Arbeitnehmer Anspruch auf bezahlte Freistellung zur Teilnahme an einer Bildungsveranstaltung, wenn sie die **berufliche Mobilität** des Arbeitnehmers im Unternehmen oder Konzern **erhält**, **verbessert** oder **erweitert**. Der Arbeitgeber ist andererseits aber nicht verpflichtet, den Erwerb von beruflichen Kenntnissen und Fähigkeiten durch die Freistellung und Entgeltfortzahlung für eine Weiterbildung zu fördern, die ausschließlich dazu dient, den Stellenwechsel zu einem anderen Arbeitgeber vorzubereiten (*BAG* 18.5.1999 EzA § 7 BildUG Hamburg Nr. 2 = NZA 2000, 98). 2111

Beispiele:

Ein Sprachkurs »**Italienisch für Anfänger**« dient der beruflichen Weiterbildung einer Krankenschwester i. S. d. AWbG NRW, die während ihrer Tätigkeit italienische Patienten zu betreuen hat (*BAG* 15.6.1993 EzA § 7 AWbG NW Nr. 10). 2112

Ein Sprachkurs »**Spanisch-Intensiv**« dient der beruflichen Weiterbildung einer Journalistin, die mit der Öffentlichkeitsarbeit eines städtischen Presse- und Informationsamtes betraut ist, wenn die Stadt sich regelmäßig mit dem spanischen Sprachraum, 2113

C. Der Inhalt des Arbeitsverhältnisses

insbesondere auch mit Lateinamerika, befasst (*BAG* 21.10.1997 EzA § 7 AWbG NW Nr. 26).

2114 Dagegen dient eine Bildungsveranstaltung mit dem Thema »**Rund um den ökologischen Alltag**« nicht der beruflichen Weiterbildung einer Krankenschwester (*BAG* 15.6.1993 EzA § 3 AWbG NW Nr. 12; s. u. C/Rz. 2125).

2115 Eine Bildungsveranstaltung zur **Stresserkennung und -bewältigung**, die über ein Fitness- und Gesundheitstraining hinausgeht, kann der beruflichen Weiterbildung dienen; Voraussetzung ist, dass das Konzept der Veranstaltung darauf abzielt, Informationen zu vermitteln, die von Arbeitnehmern bei ihrer beruflichen Tätigkeit zur besseren Bewältigung von Stress- und Konfliktsituationen verwertet werden und sich auch für den Arbeitsprozess vorteilhaft, z. B. durch Verringerung der Fehlerquoten, auswirken können (*BAG* 24.10.1995 EzA § 7 AWbG NW Nr. 25).

Nach dem Hamburgischen Bildungsurlaubsgesetz reicht es aus, wenn die Bildungsveranstaltung auch dazu dient, die berufliche Mobilität des Arbeitnehmers zu erhalten, zu verbessern oder zu erweitern. Diese Voraussetzungen erfüllt ein Sprachkurs, wenn der Arbeitnehmer die vermittelten Kenntnisse zwar nicht für seine gegenwärtige Arbeitsaufgabe benötigt, der Arbeitgeber aber grds. **Wert auf Arbeitnehmer mit Sprachkenntnissen** legt und entsprechende Tätigkeitsbereiche bestehen (*BAG* 17.2.1998 EzA § 1 BildungsurlaubsG Hamburg Nr. 1). Der Arbeitgeber ist andererseits aber nicht verpflichtet, den Erwerb von beruflichen Kenntnissen und Fähigkeiten durch die Freistellung und Entgeltfortzahlung für eine Weiterbildung zu fördern, die ausschließlich dazu dient, den **Stellenwechsel** zu einem anderen Arbeitgeber vorzubereiten (*BAG* 18.5.1999 § 7 BildUG Hamburg Nr. 2 = NZA 2000, 98).

2116 Eine **Prüfungsveranstaltung** im Anschluss an eine mehrjährige Bildungsmaßnahme (z. B. Besuch der Schule für Elektrotechnik) stellt keine berufliche Weiterbildung dar; eine Vergütungspflicht des Arbeitgebers besteht nach dem AWbG NW nicht (*LAG Düsseldorf* 30.4.1996 NZA-RR 1997, 126).

2117 Auch die Teilnahme eines CNC-Maschinenführers an einem **Rhetorik-Kurs** dient nicht der beruflichen Weiterbildung i. S. d. AWbG NW (*LAG Hamm* 13.9.1996 NZA-RR 1997, 464).

ccc) **Auslegung des Begriffs »Politische Bildung«**

2118 Soweit Freistellung auch für die Durchführung politischer Bildung gewährt wird, muss auf die Vermittlung politischer Kenntnisse, Fähigkeiten und Verhaltensweisen abgestellt sein, durch die das Verständnis der Arbeitnehmer für gesellschaftliche, soziale und politische Zusammenhänge verbessert wird, um damit die in einem demokratischen Gemeinwesen anzustrebende Mitsprache in Staat, Gesellschaft und Beruf zu fördern (*BVerfG* 15.12.1987 AP Nr. 62 zu Art. 12 GG; vgl. dazu *Hopfner* NZA 2001, 6 ff.).

2119 Das *BAG* (9.5.1995 EzA § 7 AWbG NW Nr. 21; krit. *Hopfner* NZA 2001, 9 ff.) geht davon aus, dass eine Veranstaltung dann der politischen Weiterbildung i. S. d. AWbG NRW dient, wenn das vom Veranstalter zugrunde gelegte didaktische Konzept und die zeitliche und sachliche Ausrichtung der einzelnen Lerneinheiten darauf ausgerichtet sind, das Verständnis der Arbeitnehmer für gesellschaftliche, soziale und politische Zusammenhänge zu verbessern.

C. Der Inhalt des Arbeitsverhältnisses

Das didaktische Konzept und die zeitliche und sachliche Ausrichtung der einzelnen Lerneinheiten sind vorrangig anhand des **Programms** und der dazu abgegebenen Erläuterungen zu untersuchen. Lässt sich aus diesen Unterlagen nicht oder nicht hinreichend entnehmen, ob das didaktische Konzept darauf ausgerichtet ist, das Verständnis der Arbeitnehmer für politische, soziale und gesellschaftliche Zusammenhänge zu verbessern, **ist es dem Arbeitnehmer nicht verwehrt, darzulegen und im Streitfall nachzuweisen, dass der Durchführung der Veranstaltung ein didaktisches Konzept zur politischen Weiterbildung tatsächlich zugrunde lag**. Es genügt allerdings nicht vorzubringen, einzelne Lerneinheiten hätten u. a. auch politische Kenntnisse verschiedener Art vermittelt.

Fraglich ist, ob die Thematik arbeitnehmerbezogen sein muss (dafür *LAG Köln* 28.4.1989 LAGE § 8 AWbG NW Nr. 4; dagegen *LAG Düsseldorf* 21.3.1990 LAGE § 8 AWbG NW Nr. 5). 2120

Jedenfalls ist politische Weiterbildung i. S. d. AWbG NW nach Auffassung des *LAG Hamm* (7.11.1997 LAGE § 7 AWbG NW Nr. 28) nicht nur gegeben, wenn die behandelte Thematik einen konkreten Bezug zum demokratischen Gemeinwesen der BRD aufweist. Sie kann sich auch auf **politische Verhältnisse in anderen Ländern** beziehen (»Zur aktuellen politischen und sozialen Situation in Cuba«) und dort stattfinden. 2121

Das *BAG* (17.11.1998 EzA § 7 AwbG NW Nr. 29) hat angenommen, dass eine Bildungsveranstaltung auch dann der politischen Weiterbildung dienen kann, wenn sie **nicht** auf die spezifischen **Bedürfnisse** und **Interessen von Arbeitnehmern ausgerichtet** ist. Denn das Gesetz unterscheidet zwischen beruflicher, politischer und beruflich-politischer Weiterbildung. Ein Bezug zum Arbeitsverhältnis kann aber nur für die berufliche und die beruflich-politische Weiterbildung in Betracht kommen; dies ergibt sich auch aus der eigenständigen Zielsetzung der politischen Weiterbildung. 2122

Mit einer gesellschaftspolitischen Weiterbildung i. S. v. § 3 Abs. 3 BildFG R-P können auch Kenntnisse vermittelt werden, die Inhalt von **Betriebsräteschulungen** nach § 37 Abs. 6, 7 BetrVG sind (*BAG* 9.6.1998 EzA § 1 BildFG Rheinland-Pfalz Nr. 1). 2123

Beispiele:
Eine Bildungsveranstaltung mit dem Thema »**Die Arbeitnehmer in Betrieb, Wirtschaft und Gesellschaft I**« entspricht den Anforderungen in § 1 Abs. 3 BildungsurlaubsG Hessen (*BAG* 9.2.1993 EzA HBUG Nr. 2; ebenso in den gleichtitulierten Veranstaltungen Nr. 1, 2, 3 in Nordrhein-Westfalen *LAG Hamm* 19.12.1998 NZA-RR 1998, 483). 2124

Dagegen dient eine Bildungsveranstaltung mit dem Thema »**Rund um den ökologischen Alltag**« nicht der politischen Weiterbildung einer Krankenschwester (*BAG* 15.6.1993 EzA § 7 AWbG NW Nr. 12; s. o. C/Rz. 2114). 2125

Ein **Sprachkurs** dient dann nicht der politischen Weiterbildung, wenn er die Vertiefung vorhandener Sprachkenntnisse bezweckt und wenn landeskundliche und politische Themen nur die Übungsbereiche für die Anwendung der vorhandenen und erworbenen Sprachkenntnisse sind (*BAG* 24.8.1993 EzA § 7 AWbG NW Nr. 18). 2126

Auch die Studientagung »**Architektur, Städtebau und aktuelle Situation in den neuen Bundesländern**« dient nicht der politischen Weiterbildung i. S. d. AWbG NW (*BAG* 24.10.1995 EzA § 7 AWbG NW Nr. 22). 2127

Eine als »**ökologische Wattenmeerexkursion**« bezeichnete Lehrveranstaltung kann der politischen Weiterbildung dienen, wenn durch die konkrete Ausgestaltung des 2128

C. Der Inhalt des Arbeitsverhältnisses

Programms das Ziel der politischen Weiterbildung sichergestellt ist. Das ist dann der Fall, wenn der Lehrplan darauf angelegt ist, aufbauend auf der erforderlichen Vermittlung naturkundlichen Grundlagenwissens das Interesse der Teilnehmer für das Beziehungsgeflecht zwischen Industriegesellschaft und natürlichen Lebensgrundlagen zu wecken sowie ihre Urteilsfähigkeit für umweltpolitische Rahmenbedingungen zu verbessern (*BAG* 24.8.1993 EzA § 7 AWbG NW Nr. 16).

2129 Eine von einem Landessportbund durchgeführte Veranstaltung an der Costa Brava mit dem Thema »**Das Meer – Ressource und Abfalleimer**« dient nicht der politischen Weiterbildung, wenn überwiegend Tauchgänge vorgenommen und Kenntnisse zur Naturkunde des Meeres vermittelt werden, auch wenn daneben umwelt- und gesellschaftspolitische Probleme bei der Nutzung des Meeres erörtert werden (*BAG* 24.10.1995 EzA § 7 AWbG NW Nr. 23).

2130 Eine **Studienreise nach Brasilien** mit dem Thema »Selbsthilfeprojekt, Umweltschutz und Entwicklungszusammenarbeit in Brasilien am Beispiel der Region Rio de Janeiro« dient jedenfalls dann nicht der politischen Weiterbildung, wenn es den Mitgliedern der Reisegruppe freisteht, das bildungsurlaubsfähige Programm erst vor Ort gegen gesonderte Zahlung zuzubuchen (*LAG Hamm* 18.4.1997 NZA-RR 1997, 462).

2131 Ein im Ausland durchgeführtes Studienseminar über die sozialen und politischen Verhältnisse dieses Landes kann der politischen Arbeitnehmerweiterbildung dienen, wenn ein **hinreichender Bezug zu gesellschaftlichen, sozialen oder politischen Fragen hergestellt wird, die die BRD betreffen** (*BAG* 16.3.1999 EzA § 7 AWbG NW Nr. 30: »Zur aktuellen politischen und sozialen Situation in Cuba« in Havanna; vgl. dazu *Dauner-Lieb* SAE 2000, 357 ff.).

2132 Die Belastung der Arbeitgeber mit den Entgeltfortzahlungskosten für die politische Arbeitnehmerweiterbildung ist nur unter diesen Umständen gerechtfertigt. Das ist bei einem im Ausland veranstalteten Seminar über die Arbeitsmarkt- und Beschäftigungspolitik eines ausländischen Staates nur dann der Fall, wenn ihm ein **organisierter Lernprozess** zugrunde liegt, der einen hinreichenden Bezug zu den gesellschaftlichen, sozialen und politischen Verhältnissen der BRD hat (*BAG* 16.5.2000 EzA § 7 AwbG NW Nr. 31).

2133 Dagegen kann eine Veranstaltung mit dem Thema: »**Nordsee – Müllkippe Europas?!**« den gesetzlichen Anforderungen genügen, weil das zugrunde liegende didaktische Konzept darauf angelegt war, die Urteilsfähigkeit der Arbeitnehmer für die politischen Rahmenbedingungen des Umweltschutzes zu verbessern (*BAG* 3.8.1989 EzA § 7 AWbG NW Nr. 4).

ddd) **Verweigerung der Lohnfortzahlung für einzelne Tage?; Umfang des Lernprozesses**

2134 Das AWbG NRW ermöglicht dem Arbeitgeber keine Verweigerung der Lohnfortzahlung für einzelne Tage. Vielmehr ist insgesamt zu beurteilen, ob eine Veranstaltung der politischen oder beruflichen Weiterbildung stattgefunden hat.

2135 Wird am letzten Veranstaltungstag lediglich vormittags während der Dauer von 3 1/4 Zeitstunden gearbeitet und der Nachmittag zur Abreise genutzt, hat eine Veranstaltung der politischen oder beruflichen Weiterbildung stattgefunden, wenn an den anderen Tagen sechs Zeitstunden und mehr zur Weiterbildung genutzt wurden (*BAG* 11.5.1993 EzA § 7 AWbG NW Nr. 8).

C. Der Inhalt des Arbeitsverhältnisses

Insgesamt verstieß die Durchführung einer anerkannten Bildungsveranstaltung während der Geltung des AwbG NRW i. d. F. v. 6.11.1984 nicht gegen die Bestimmungen des Weiterbildungsgesetzes, wenn im Durchschnitt an jedem Tag der Bildungsveranstaltung ein organisierter Lernprozess über **sechs Lerneinheiten zu je 45 Minuten** stattgefunden hat (*BAG* 24.10.2000 EzA § 5 AwbG NW Nr. 2). 2136

(13) Verfassungsmäßigkeit der Landesgesetze
Die Regelungen der Landesgesetze sind nach der Rechtsprechung des *BVerfG* (5.12.1987 AP Nr. 62 zu Art. 12 GG; vgl. dazu *Hopfner* NZA 2001, 6 ff.) mit Art. 12, 2, 14 GG vereinbar. 2137
Lediglich § 3 Abs. 1 des hessischen Bildungsurlaubsgesetzes, wonach Arbeitnehmer für die pädagogische Mitwirkung in nach diesem Gesetz anerkannten Bildungsveranstaltungen einen Anspruch auf zusätzlich jährlich fünf Arbeitstage bezahlten Bildungsurlaub haben, ist insoweit mit Art. 12 Abs. 1 S. 2 GG unvereinbar, als er den Arbeitgebern Entgeltfortzahlungspflichten für den Zusatzurlaub pädagogischer Mitarbeiter auferlegt, ohne Ausgleichsmöglichkeiten vorzusehen.

(14) Durchsetzung des Anspruchs

aaa) Einstweilige Verfügung
Lehnt der Arbeitgeber die beantragte Befreiung von seinen Arbeitspflichten unberechtigterweise ab, so kann der Arbeitnehmer den Anspruch i. d. R. im Wege einstweiliger Verfügung durchsetzen, **weil ein entsprechendes Urteil für ihn im ordentlichen Erkenntnisverfahren zu spät käme** (MünchArbR/*Boewer* § 93 Rz. 17). 2138

> Der Antrag ist darauf zu richten, den beklagten Arbeitgeber zu verurteilen, dem Arbeitnehmer für die Teilnahme an einer bestimmten Weiterbildungsveranstaltung in einer Zeit Arbeitsbefreiung unter Fortzahlung der Vergütung zu gewähren. 2139

Stellt der Arbeitgeber nach Erlass einer einstweiligen Verfügung den Arbeitnehmer von der Arbeit für die Teilnahme an einer Bildungsveranstaltung frei, erfüllt er damit den Anspruch auf Freistellung nach dem BildungsurlaubsG NRW, auch dann, wenn weder die Vollziehung der einstweiligen Verfügung bewirkt noch angedroht wird (*BAG* 19.10.1993 EzA § 7 AWbG NW Nr. 20). 2140
Eine durch **treuwidriges Zuwarten** herbeigeführte Eilbedürftigkeit, die zur Ablehnung eines Gesuchs auf Erlass einer einstweiligen Verfügung führen müsste, kann in diesem Zusammenhang nur dann in Betracht kommen, wenn die Chance bestand, rechtzeitig eine abschließende Entscheidung im **normalen Urteilsverfahren** zu erhalten (*LAG Hessen* 22.10.1998 NZA-RR 1999, 606). 2141

bbb) Klageverfahren; Ersatzurlaub
Ist im Falle eines Klageverfahrens der gewünschte Weiterbildungstermin vor der Entscheidung des Arbeitsgerichts verstrichen, kann der Arbeitnehmer anstelle des ursprünglichen Weiterbildungsanspruchs als **Schadensersatz einen Ersatzurlaub in gleicher Höhe** (§§ 280, 249 S. 1 BGB) beanspruchen (MünchArbR/*Boewer* § 93 Rz. 17). Ist der auf das Kalenderjahr bezogene Anspruch während des Verzuges des Arbeitgebers untergegangen, ist der Arbeitgeber im Wege der Naturalrestitution verpflichtet, zusätzlich zum laufenden Anspruch Ersatzfreistellung zu gewähren. Dieser 2142

C. Der Inhalt des Arbeitsverhältnisses

Schadensersatzanspruch verjährt gem. § 195 BGB (*BAG* 5.12.1995 EzA § 1 AWbG NW Nr. 1).

2143 In prozessualer Hinsicht ist in diesem Zusammenhang zu beachten, dass allein daraus, dass der Arbeitgeber in der Vergangenheit die Freistellung des Arbeitnehmers zum Zwecke der Teilnahme an einer Bildungsveranstaltung abgelehnt hat, noch kein rechtliches Interesse an der Feststellung eines künftigen Freistellungsanspruchs für den Fall folgt, dass dieselbe Weiterbildungseinrichtung die gleiche Veranstaltung erneut durchführen wird (*BAG* 19.10.1993 EzA § 256 ZPO Nr. 39).

ccc) **Vorläufige Übereinkunft der Parteien**

2144 Die Parteien können sich auch darauf verständigen, die Zeit des Bildungsurlaubs zunächst als Erholungsurlaub oder unbezahlten Urlaub zu behandeln und es der späteren gerichtlichen Klärung überlassen, ob dem Arbeitnehmer Weiterbildungsurlaub zustand.

2145 Der Arbeitnehmer kann dann auf Feststellung klagen, dass der Arbeitgeber verpflichtet ist, ihm für den zeitlichen Umfang der Teilnahme an der Weiterbildungsveranstaltung bezahlte freie Tage gewähren zu müssen, soweit es um die Nachgewährung von Erholungsurlaub geht.

2146 Bei unbezahltem Urlaub kann der Arbeitnehmer eine **Lohnzahlungsklage** erheben (*BAG* 11.9.1985 AP Nr. 7 zu § 1 TVG Tarifverträge: Banken; 3.8.1989 EzA § 9 AWbG NW Nr. 3).

ddd) **Darlegungs- und Beweislast**

2147 Sind an einer Bildungsveranstaltung in NRW eine anerkannte und eine nicht anerkannte Einrichtung beteiligt, so hat der **Arbeitnehmer**, der die Fortzahlung des Entgelts nach § 7 BildungsurlaubG NRW begehrt, die Tatsachen darzulegen und zu beweisen, aus denen sich ergibt, dass die Bildungsveranstaltung von der anerkannten Einrichtung i. S. v. § 9 BildungsurlaubsG NRW durchgeführt worden ist (*BAG* 16.8.1990 EzA § 7 AWbG NW Nr. 6).

2148 Kommt es für den Anspruch auf Fortzahlung des Arbeitsentgelts nach § 7 BildungsurlaubsG NRW darauf an, ob eine Bildungsveranstaltung **für jedermann zugänglich** (§ 2 Abs. 4 S. 1 BildungsurlaubsG NRW) durchgeführt worden ist, so hat der **Arbeitnehmer** die Tatsachen vorzutragen und zu beweisen, aus denen sich ergibt, dass die Veranstaltung mindestens den in § 2 BildungsurlaubsG NRW genannten Personen (Arbeitnehmern und arbeitnehmerähnlichen Personen) zugänglich war (*BAG* 16.8.1990 EzA § 7 AWbG NW Nr. 5).

2149 Die Darlegungs- und Beweislast dafür, dass eine Weiterbildungsveranstaltung inhaltlich nach den Vorschriften des jeweiligen Landesgesetzes durchgeführt wird/worden ist, liegt einschließlich der Frage, ob die Bildungsmaßnahme von einer anerkannten Einrichtung der Weiterbildung durchgeführt wird/worden ist, bei dem Arbeitnehmer, der eine Freistellung zur Weiterbildung oder Entgeltfortzahlung beansprucht (*BAG* 16.8.1990 EzA § 7 AWbG NW Nr. 5; 9.2.1993 EzA § 9 HBUG Nr. 1).

2150 Den **Arbeitgeber** trifft die Darlegungs- und Beweislast, soweit er sich i. S. d. Leistungsverweigerungsrechts auf dringende bzw. zwingende betriebliche Erfordernisse und vorrangige Urlaubswünsche anderer Arbeitnehmer als **Ablehnungsgrund** beruft (*BAG* 3.8.1989 EzA § 7 AWbG NW Nr. 4).

eee) Überprüfungsbefugnis der Arbeitsgerichte

Die Arbeitsgerichte haben selbstständig zu prüfen, ob die Bildungsveranstaltung die tatbestandlichen Voraussetzungen des jeweiligen Landesgesetzes erfüllt. Denn die behördliche Genehmigung der Veranstaltung entfaltet keine Tatbestandswirkung und begründet auch keine Vermutung dafür, dass die Veranstaltung diese Voraussetzungen erfüllt (*BAG* 16.8.1990 EzA § 7 AWbG NW Nr. 6). 2151

Allerdings handelt es sich z. B. bei dem Begriff der politischen Weiterbildung um einen unbestimmten Rechtsbegriff, der in der **Revisionsinstanz** nur noch der **eingeschränkten Überprüfung** daraufhin unterliegt, ob das Landesarbeitsgericht vom zutreffenden Rechtsbegriff ausgegangen ist, ob es diesen bei der Subsumtion beibehalten hat, ob ihm bei seiner Anwendung Verstöße gegen Denkgesetze oder allgemeine Erfahrungssätze unterlaufen sind und ob es alle entscheidungserheblichen Tatumstände berücksichtigt hat (*BAG* 17.11.1998 EzA § 7 AwbG NW Nr. 29). 2152

Der Anerkennungsbescheid legt nicht im Verhältnis zwischen Arbeitnehmer und Arbeitgeber verbindlich fest, dass alle Veranstaltungen, die anerkannte Einrichtungen der Weiterbildung durchführen, die Qualität einer Weiterbildungsmaßnahme aufweisen. Er hat lediglich die Wirkung, dass im Prozess nicht mehr geprüft werden darf, ob die Anerkennung zu Recht erfolgt ist (*BAG* 29.7.1982 AP Nr. 1 zu § 8 BildungsurlaubsG Hessen; 3.8.1989 EzA § 7 AWbG NW Nr. 4; 16.8.1990 EzA § 7 AWbG NW Nr. 6). 2153

3. Pflichten zur Wahrung von Arbeitnehmerinteressen

a) Allgemeine Fürsorgepflicht des Arbeitgebers

aa) Begriffsbestimmung

Unter dem Oberbegriff der Fürsorgepflicht werden im Allgemeinen sämtliche Nebenpflichten des Arbeitgebers zusammengefasst. 2154

Sie bilden das Korrelat der Einordnung der Arbeitnehmerpersönlichkeit in die betriebliche Organisation und ihrer Unterordnung unter die organisatorische Weisungsmacht des Arbeitgebers.

Der Arbeitgeber muss seine Verpflichtungen aus dem Arbeitsverhältnis so erfüllen, seine Rechte so ausüben und die im Zusammenhang mit dem Arbeitsverhältnis stehenden Interessen des Arbeitnehmers so wahren, wie dies unter Berücksichtigung der Belange des Betriebes und der Interessen der anderen Arbeitnehmer des Betriebes nach Treu und Glauben billigerweise verlangt werden kann (MünchArbR/*Blomeyer* § 94 Rz. 1; *Kort* NZA 1996, 854 ff.). 2155

bb) Dogmatische Grundlage
Nach Versuchen, die dogmatische Grundlage der Fürsorgepflicht 2156

C. Der Inhalt des Arbeitsverhältnisses

- in der personenrechtlichen Gemeinschaftsbindung des Arbeitsverhältnisses (abl. dazu oben A/Rz. 34 ff.),
- im Sozialstaatsprinzip, obwohl es sich dabei nur um eine Staatszielbestimmung handelt, die ungeeignet ist, die Fürsorgepflicht mit konkretem Inhalt zu erfüllen, oder
- in einem sozialen Schutzprinzip anzusiedeln, für das freilich weder eine dogmatische Legitimation noch konkrete Anhaltspunkte und Konturen erkennbar sind,
- werden diese Nebenpflichten heute als **Integritätspflichten verstanden** (*Picker* AcP 183 [1983], 393 ff. u. JZ 1987, 1947 ff.).

cc) Gegenstand der Schutzpflichten

2157 Gegenstand ist der Schutz der Arbeitnehmerinteressen, die infolge der Einordnung des Arbeitnehmers in den Betrieb und die Belegschaft einer besonderen Gefährdung unterliegen.

Das sind neben Körper und Gesundheit (§ 618 BGB) auch die in den Betrieb eingebrachten Gegenstände und vor allem die Persönlichkeit des Arbeitnehmers.
Die insoweit gegebenen Integritätspflichten resultieren nicht aus der Art des Vertrages an sich, sondern allgemein aus der vertraglichen Sonderbindung zwischen den Parteien; sie begründen im Grunde einen deliktische Haftung »aus Vertrag« (vgl. MünchArbR/*Blomeyer* § 94 Rz. 13).

2158 Das *LAG Hamm* (20.4.1999 – 5 Sa 1000/97 –) hat angenommen, dass dann, wenn der Arbeitnehmer aus gesundheitlichen Gründen zur Fortführung der übertragenen Tätigkeit außerstande ist, im Betrieb jedoch die Möglichkeit einer **leidensgerechten Beschäftigung** zur Verfügung steht, der Arbeitgeber aufgrund der Fürsorgepflicht die ihm mögliche und zumutbare **Umsetzung** des Arbeitnehmers bzw. die leidensgerechte Anpassung der Arbeitsbedingungen **vornehmen muss**. Es hat aufgrund schuldhaften Verhaltens des Arbeitgebers im konkret entschiedenen Einzelfall einen **Schadensersatzanspruch** wegen Fürsorgepflichtverletzung zuerkannt.

dd) Abgrenzung zu den Hauptleistungspflichten des Arbeitgebers

2159 Nicht erfasst sind davon die Pflichtenbereiche des Arbeitgebers, die seiner **Hauptleistungspflicht zuzuordnen** sind (Entgeltzahlungspflicht bei gesetzlicher Freistellung von der Arbeitspflicht, betriebliche Ruhegelder, auch wenn sie mit der Betriebstreue des Arbeitnehmers verknüpft sind).

2160 **Gleiches gilt für jene Arbeitgeberpflichten, die mit der Hauptleistungspflicht eng verknüpft sind** (z. B. Auskunfts-, Rechenschafts- und Aufklärungspflichten, die das Arbeitsentgelt betreffen, Lohnsteuerabführung, Sozialversicherungsbeiträge).
Insoweit handelt es sich über § 242 BGB mit der Hauptpflicht eng verknüpfte Nebenpflichten (sog. Nebenleistungspflichten).
Sie betreffen, wie z. B. der betriebsverfassungsrechtliche Entgelterläuterungsanspruch gem. § 82 Abs. 2 BetrVG das »Leistungsinteresse« (MünchArbR/*Blomeyer* § 94 Rz. 1; vgl. auch *BAG* 13.11.1984 EzA § 611 BGB Fürsorgepflicht Nr. 36).

ee) Grenzen der Schutzpflichten

2161 Da sich die Schutzpflichten des Arbeitgebers aus der vertraglichen Sonderbindung der Vertragsparteien ergeben, sind nur die Interessen des Arbeitnehmers schutzwürdig, die für das Arbeitsverhältnis relevant sind. Ferner ist der Arbeitgeber im Hinblick auf das Verhältnismäßigkeitsprinzip keineswegs verpflichtet, eigene überwiegende und schutzwerte Interessen zu vernachlässigen; notwendig ist insoweit eine Interessenabwägung dahin, dass das Schutzinteresse des Arbeitnehmers überwiegt.

Deshalb ist der Arbeitgeber nicht verpflichtet, im Interesse seines Arbeitnehmers Widerspruch und Klage gegen den Kurzarbeitergeld-Festsetzungsbescheid des Arbeitsamtes zu erheben, wenn er die einer ständigen Verwaltungspraxis entsprechende Rechtsauffassung der Arbeitsverwaltung teilt (*BAG* 19.3.1992 EzA § 611 BGB Arbeitgeberhaftung Nr. 3).

Schutzpflichten können auch bereits im Wege der Vorwirkung und ggf. auch bereits durch vorvertragliche Kontakte entstehen (s. o. B/Rz. 195 ff.). 2162
Sie enden grds. mit der Beendigung des Arbeitsverhältnisses.
In diesem Zusammenhang können z. B. bei Abschluss eines Aufhebungsvertrages Aufklärungspflichten hinsichtlich der Folgen der einvernehmlichen Auflösung gegeben sein (s. u. D/Rz. 2504 ff.).
Einzelne Schutzpflichten (z. B. die Verpflichtung zur Zeugniserteilung und zu Auskünften) bestehen auch über das Ende des Arbeitsverhältnisses hinaus (s. o. B/Rz. 293 ff., s. u. F/Rz. 1 ff.).

ff) Abdingbarkeit/Unabdingbarkeit

Die auf Gesundheit, Körper und Leben des Arbeitnehmers gerichteten Schutzpflichten sind unabdingbar (§§ 618, 619 BGB, § 62 Abs. 4 HGB). 2163
Ein genereller Verzicht des Arbeitnehmers auf die Einhaltung der Schutzpflichten im Arbeitsvertrag widerspricht im Übrigen i. d. R. sowohl § 138 Abs. 1 als auch § 138 Abs. 2 BGB.

Zulässig sind dagegen vereinbarte Abweichungen zu Ungunsten des Arbeitnehmers in Bezug auf **einzelne Schutzpflichten** nach Maßgabe einer **Einzelfallabwägung**.
Sind aus einer Verletzung von Schutzpflichten Schadensersatzansprüche entstanden, so ist der Arbeitnehmer nicht verpflichtet, diese auch geltend zu machen. Deshalb sind Vereinbarungen zu seinem Nachteil, wie z. B. ein Verzicht, insoweit durchaus zulässig (vgl. MünchArbR/*Blomeyer* § 94 Rz. 21).

gg) Sanktionen der Verletzung von Nebenpflichten
Verletzt der Arbeitgeber eine der ihm obliegenden Nebenpflichten (vgl. *Kort* NZA 2164
1996, 855), so ist zu unterscheiden, ob eine Nebenleistungspflicht oder eine Schutzpflicht verletzt ist.

(1) Verstöße gegen Nebenleistungspflichten
Sanktionen für Verstöße gegen Nebenleistungspflichten richten sich stets nach den 2165
Sanktionen für Verstöße gegen Hauptleistungspflichten, mit denen sie verknüpft sind.
Das gilt z. B. für Auskunftspflichten hinsichtlich des Arbeitsentgelts oder der Sozialleistungen. Insoweit kann dem Arbeitnehmer ein Leistungsverweigerungsrecht für seine Arbeitsleistung zustehen (s. o. C/Rz. 211 ff.). **Eine von der Hauptleistungs-**

C. Der Inhalt des Arbeitsverhältnisses

pflicht unabhängige Geltendmachung wird ohne gleichzeitigen Anspruch auf volle Erfüllung der Hauptleistungspflicht i. d. R. **ausgeschlossen sein** (MünchArbR/*Blomeyer* § 94 Rz. 23).

(2) Verstöße gegen Schutzpflichten

2166 Bei Schutzpflichtverletzungen hat der Arbeitnehmer i. d. R. einen **Erfüllungs- und ggf. Unterlassungsansspruch**, der selbstständig einklagbar ist. Darüber hinaus steht dem Arbeitnehmer ein **Zurückbehaltungsrecht** gem. § 273 Abs. 1 BGB an seiner Arbeitsleistung zu (s. o. C/Rz. 211 ff.).
Die inhaltliche Beschränkung der Schutzpflichten durch den Verhältnismäßigkeitsgrundsatz bewirkt aber, dass ein Leistungsverweigerungsrecht dann entfällt, wenn das schutzpflichtwidrige Verhalten des Arbeitgebers nur eine geringfügige Beeinträchtigung der Arbeitnehmerinteressen bedeutet (z. B. bei einer persönlichen Beleidigung des Arbeitnehmers durch den Arbeitgeber; *BAG* 7.6.1973 AP Nr. 28 zu § 615 BGB).

2167 Bei einer Verletzung der Schutzpflicht durch den Arbeitgeber kommen Schadensersatzansprüche des Arbeitnehmers aus **pFV** (jetzt §§ 280 ff., 241 Abs. 2 BGB n. F.) **nach Maßgabe der §§ 276, 278 BGB, u. U. auch gem. §§ 823, 831 BGB** in Betracht. Inhalt und Umfang der Haftung richten sich nach §§ 249 ff., 618, 842–846, 831 BGB. Gem. § 847 BGB kommt auch ein Anspruch auf Schmerzensgeld in Betracht, wenn es sich um einen so schweren rechtswidrigen schuldhaften Eingriff in das Persönlichkeitsrecht handelt, dass eine Genugtuung durch Zubilligung des Schmerzensgeldes erforderlich erscheint, weil die Rechtsgutverletzung nicht in anderer Weise befriedigend ausgeglichen werden kann (*BAG* 21.2.1979 EzA § 847 BGB Nr. 3).

b) Beschäftigungsanspruch des Arbeitnehmers

aa) Begriffsbestimmung; Anspruchsgrundlage

2168 Der Arbeitnehmer hat das Recht, aufgrund des Arbeitsvertrages, d. h. im Rahmen der versprochenen Dienste, nicht nur bezahlt, sondern auch tatsächlich beschäftigt zu werden (*BAG* [GS] 27.2.1985 EzA § 611 BGB Beschäftigungspflicht Nr. 9). Der Anspruch folgt aus §§ 611, 613 BGB i. V. m. § 242 BGB. Die Generalklausel des § 242 BGB wird dabei ausgefüllt durch die Wertentscheidung der Art. 1 und 2 GG.

2169 Maßgeblicher Ansatz für die dogmatische Begründung der Pflicht des Arbeitgebers auf tatsächliche Beschäftigung des Arbeitnehmers ist die Fürsorgepflicht, deren Inhalt im Wege der an Treu und Glauben gebundenen Auslegung (§§ 157, 242 BGB) u. a. aus den Wertentscheidungen der Verfassung und der geltenden Gesetze geschöpft wird. Entscheidend ist, dass der Arbeitnehmer dem Arbeitgeber nicht nur seine Arbeitskraft zur Verfügung stellt, sondern seine ganze Persönlichkeit in das Beschäftigungsverhältnis einbringt. Insoweit geht die dem korrespondierende Verpflichtung des Arbeitgebers im Bereich der Freiheitssphäre über den (defensiven) Schutz des Arbeitnehmers hinaus und hält den Arbeitgeber zu positivem Handeln an (vgl. MünchArbR/*Blomeyer* § 95 Rz. 6, 7; *Ruhl/Kassebohm* NZA 1995, 497 ff.).
Die Beschäftigungspflicht des Arbeitgebers ist keine Gegenleistung für die Arbeitsleistung des Arbeitnehmers. Sie ist folglich vertragliche Nebenpflicht.

C. Der Inhalt des Arbeitsverhältnisses

Da der Beschäftigungsanspruch eine zusätzliche Verpflichtung des Arbeitgebers eines Arbeitsverhältnisses darstellt, ist seine Existenz grds. an den Zeitraum zwischen Beginn (*BAG* 28.9.1983 AP Nr. 9 zu § 611 BGB Beschäftigungspflicht) und Ende des Arbeitsverhältnisses gebunden.
Der Anspruch besteht bei einer ordentlichen Kündigung deshalb jedenfalls auch während der Kündigungsfrist bzw. bei einer außerordentlichen fristlosen Kündigung bis zum Zugang der Kündigungserklärung (*BAG* 26.5.1977 EzA § 611 BGB Beschäftigungspflicht Nr. 2).   2170

Nach Auffassung des *ArbG* Köln (9.5.1996 NZA-RR 1997, 186) ist der Anspruch bereits vorab von den Arbeitsvertragsparteien **für den Fall der Kündigung abdingbar**, sodass nach Ausspruch einer ordentlichen Kündigung für die Dauer der Kündigungsfrist eine Suspendierung eintritt.
Zum Anspruch auf Weiterbeschäftigung nach Ausspruch einer fristlosen Kündigung bzw. nach Ablauf der Kündigungsfrist s. u. D/Rz. 1962, 2000.   2171

bb) Inhalt des Anspruchs; Interessenabwägung
Wird die Beschäftigungspflicht nicht als Hauptpflicht des Arbeitgebers vereinbart (das kann gem. §§ 133, 157 BGB nach Auffassung vom *Blomeyer* [MünchArbR § 95 Rz. 15] z. B. bei künstlerischen oder wissenschaftlichen Berufen für hoch qualifizierte Tätigkeiten angenommen werden, in denen das ideelle Entfaltungsinteresse des Arbeitnehmers häufig einen höheren Stellenwert hat als sein materielles Entgeltinteresse), so bestimmt sich ihr Inhalt nach dem Arbeitsvertrag.   2172

Der Anspruch ist dispositiver Natur und setzt voraus, dass die Beschäftigung zur Persönlichkeitsentfaltung des Arbeitnehmers erforderlich ist und schutzwürdige Interessen des Arbeitgebers an der Nichtbeschäftigung nicht überwiegen (*BAG* [GS] 27.2.1985 EzA § 611 BGB Beschäftigungspflicht Nr. 9).   2173

Schutzwürdige Interessen des Arbeitgebers an der Nichtbeschäftigung überwiegen z. B. dann, wenn die Vertrauensgrundlage für die Beschäftigung des Arbeitnehmers entfallen ist (*BAG* 10.11.1955 AP Nr. 2 zu § 611 BGB Beschäftigungspflicht).
Das ist z. B. dann der Fall,
– wenn die Gefahr besteht, dass **Betriebsgeheimnisse** verraten werden könnten,
– wenn die Beschäftigung dem Arbeitgeber **wirtschaftlich unzumutbar** ist, ferner dann,
– wenn dem Arbeitnehmer ein **strafbares oder schädigendes Verhalten** zur Last gelegt wird sowie
– bei **Verdacht auf erhebliche Pflichtverletzung**.   2174

Gegen die Interessen des Arbeitgebers abzuwägen sind die schutzwürdigen Arbeitnehmerinteressen. Dabei ist insbesondere zu berücksichtigen, dass die Nichtbeschäftigung **diskriminierenden Charakter** haben kann. Das gilt vor allem bei einer Suspendierung, die i. d. R. als ausdrückliche Beschäftigungsverweigerung des Arbeitgebers anzusehen ist (MünchArbAR/*Blomeyer* § 23 Rz. 19).   2175

Das *Hessische LAG* (21.6.2001 – 3 Sa 1448/00 –) hat z. B. die Frage verneint, ob der **Träger eines Kaufhauses**, in dem in sehr ländlicher Umgebung Modeartikel, Schmuck, Kosmetika, Accessoires und Spielsachen angeboten werden, als Arbeitgeber verpflichtet ist, eine Verkäuferin zu beschäftigen, die darauf besteht, aus **religiösen Gründen** ein **Kopftuch** zu tragen, obwohl sie mehrere Jahre zuvor ihrer Tätigkeit   2176

C. Der Inhalt des Arbeitsverhältnisses

in westlicher Kleidung nachgegangen ist und daher die von ihrem Arbeitgeber an das äußere Erscheinungsbild des Verkaufspersonals gestellten Anforderungen erfüllt hat.

2177 Ein Arbeitnehmer, der mit Zustimmung des Betriebsrat als **Fachkraft für Arbeitssicherheit** abberufen worden ist und dagegen auch nichts unternommen hat, kann nach einer Neubesetzung der Stelle nicht verlangen, nunmehr wieder als Fachkraft für Arbeitssicherheit beschäftigt zu werden (*LAG Berlin* 17.12.1999 ARST 2000, 161 Ls.).

2178 Der Anspruch ist auch nach Ausspruch einer ordentlichen Kündigung bis zum Ablauf der Kündigungsfrist nur dann ausgeschlossen, wenn dem Arbeitgeber die Beschäftigung gar nicht möglich oder jedenfalls nicht zumutbar ist oder wenn das Interesse des Arbeitgebers an der Nichtbeschäftigung des Arbeitnehmer schutzwürdig ist und das Beschäftigungsinteresse des Arbeitnehmers überwiegt. Diesen Ausnahmetatbestand muss der Arbeitgeber darlegen und beweisen. Die Übertragung der Aufgaben des Gekündigten auf einen anderen Arbeitnehmer schließt den Beschäftigungsanspruch grds. nicht aus (*LAG München* 19.8.1992 NZA 1993, 1130).

2179 Der Arbeitgeber kann auch ein **Betriebsratsmitglied** während des Zustimmungsersetzungsverfahrens gem. § 103 BetrVG nur dann einseitig von der Arbeitspflicht **suspendieren**, wenn der Weiterbeschäftigung überwiegende und schutzwürdige Interessen des Arbeitgebers entgegenstehen, die eine Verhinderung der Weiterbeschäftigung geradezu gebieten (*Sächsisches LAG* 14.4.2000 NZA-RR 2000, 588).

cc) Durchsetzung des Anspruchs

2180 Der Anspruch kann durch **Leistungsklage** (§ 259 ZPO) ohne Rücksicht auf tarifliche Ausschlussfristen (*BAG* 15.5.1991 § 4 TVG Ausschlussfristen Nr. 91), ferner durch **einstweilige Verfügung** geltend gemacht werden. Ein Verfügungsgrund für die Durchsetzung des Anspruchs nach einer ordentlichen Kündigung bis zum Ablauf der Kündigungsfrist ist mit Rücksicht auf den rechtsstaatlichen Justizgewährungsanspruch regelmäßig gegeben, wenn der Beschäftigungsanspruch zweifelsfrei besteht und der Arbeitnehmer keine Möglichkeit hat und auch keine Möglichkeit gehabt hat, ihn im Hauptsacheverfahren durchzusetzen (*LAG München* 19.8.1992 NZA 1993, 1131). Weil es sich um eine sog. **Leistungsverfügung** (vgl. *LAG Hamburg* 10.6.1994 LAGE § 611 BGB Beschäftigungspflicht Nr. 37) handelt, die zur Erfüllung des Anspruchs führt und damit einen irreversiblen Zustand herstellt, ist aber im Einzelfall besonders sorgfältig zu prüfen, ob das Beschäftigungsinteresse der Sicherung durch eine einstweilige Verfügung bedarf (*Schäfer* Der einstweilige Rechtsschutz im Arbeitsrecht Rz. 65; *ArbG Köln* 9.5.1996 NZA-RR 1997, 186: nur bei Vorliegen einer außergewöhnlichen Interessenlage; *LAG Hamm* 18.2.1998 NZA-RR 1998, 422: Notlage). Im Rahmen eines bestehenden Arbeitsverhältnisses ist dies jedenfalls dann zu bejahen, wenn der Arbeitgeber eine offensichtlich unwirksame Versetzung ausgesprochen hat (*LAG Chemnitz* 8.3.1996 NZA-RR 1997, 4; vgl. dazu ausf. *Hilbrandt* RdA 1998, 155 ff.).

2181 Ist ein Weiterbeschäftigungsgesuch um einstweiligen Rechtsschutz **rechtskräftig abgewiesen** worden, so steht die Rechtskraft einer **Wiederholung** des Gesuchs nicht entgegen, wenn inzwischen Umstände eingetreten sind, aus denen sich eine (ggf. neue) Gefährdung des zu sichernden Anspruchs ergibt. Ein solcher Umstand kann auch der den Ersetzungsantrag nach § 103 Abs. 2 BetrVG zurückweisende Beschluss des Arbeitsgerichts sein (*Sächsisches LAG* 14.4.2000 – 3 Sa 298/00 –).

C. Der Inhalt des Arbeitsverhältnisses

Für die Zwangsvollstreckung gilt § 888 Abs. 1 ZPO; für den Fall der Nichtbeschäftigung kann gem. § 61 Abs. 2 ArbGG eine Entschädigung beantragt und festgesetzt werden.

2182

dd) Rechtsfolgen der Nichtbeschäftigung

(1) Beschäftigung als Hauptpflicht

Ist die Beschäftigungspflicht ausnahmsweise aufgrund einer besonderen Vereinbarung vertragliche Hauptpflicht des Arbeitgebers (s. o. C/Rz. 2172), so kann der Arbeitnehmer bei vom Arbeitgeber verschuldeter Unmöglichkeit der Beschäftigung Schadensersatz verlangen (§ 280 BGB; *BAG* 12.9.1985 EzA § 102 BetrVG Nr. 61).

2183

Da der Arbeitsvertrag als **Fixgeschäft** zu verstehen ist (s. o. C/Rz. 1200 ff.), ist der Arbeitgeber darüber hinaus gem. § 280 BGB schadensersatzpflichtig, wenn er das Arbeitsangebot des Arbeitnehmers nicht annimmt (*BAG BAG* 12.9.1985 EzA § 102 BetrVG Nr. 61).
Gem. § 287 S. 2 i. V. m. § 280 BGB kann die Schadensersatzpflicht des Arbeitgebers auch ohne sein Verschulden entstehen (*BAG* 12.9.1985 EzA § 102 BetrVG Nr. 61; a. A. MünchArbR/*Blomeyer* § 95 Rz. 24).

2184

(2) Beschäftigung als Nebenpflicht

Ist die Beschäftigungspflicht des Arbeitgebers nur Nebenpflicht, so kommen **Schadensersatzansprüche** aus pFV (jetzt §§ 280 ff., 241 Abs. 2 BGB n. F.) in Betracht (MünchArbR/*Blomeyer* § 95 Rz. 24). Liegt zugleich eine schwere Verletzung des allgemeinen Persönlichkeitsrechts des Arbeitnehmers vor, kann auch ein Anspruch aus § 823 Abs. 1 BGB gegeben sein.

2185

(3) Wegfall des Arbeitsplatzes

Gem. § 249 BGB (Naturalrestitution) ist der Arbeitgeber bei Wegfall des Arbeitsplatzes verpflichtet, den Arbeitnehmer auf einem anderen gleichwertigen Arbeitsplatz zu beschäftigen, auf den sich sein vertragliches Weisungsrecht erstreckt (*BAG* 13.6.1990 EzA § 611 BGB Beschäftigungspflicht Nr. 44).
Darüber hinaus besteht keine Beschäftigungspflicht; sie bewirkt **keine Verpflichtung des Arbeitgebers zur Vertragsänderung oder -anpassung**.

2186

(4) Inhalt des Schadensersatzanspruchs

Ist eine anderweitige Beschäftigung im Vertragsrahmen nicht möglich, muss Geldersatz geleistet werden (§ 251 Abs. 1 BGB). Der zu ersetzende Schaden besteht, soweit der Arbeitgeber gem. § 615 BGB ohnehin zur Lohnzahlung verpflichtet ist, nur in den über das Arbeitsentgelt hinausgehenden Vermögenseinbußen des Arbeitnehmers (z. B. in den entgangenen Trinkgeldern).

2187

Zu ersetzen ist ferner der Schaden, der dem Arbeitnehmer infolge der Nichtbeschäftigung in seinem weiteren Berufsleben entsteht, etwa dadurch, dass er seine künstlerischen Fähigkeiten zeitweise nicht entwickeln kann und in seinem künstlerischen Ansehen beeinträchtigt wird. Ein solcher Berufsschaden wird auch nicht allein

2188

dadurch ausgeschlossen, dass der Bühnenkünstler im Anschluss an die Beschäftigungsverpflichtung bei einer anderen angesehenen Bühne ein Engagement mit höherer Gage findet.

2189 **Die Höhe des Anspruchs kann ggf. nach § 287 Abs. 1 ZPO geschätzt werden.** Die Praxis der Bühnenschiedsgerichte, bis zu sechs Monatsgagen anzusetzen, ist nicht zu beanstanden (*BAG* 12.11.1985 AP Nr. 23 zu § 611 BGB Bühnenengagementvertrag). Bei besonders schweren Persönlichkeitsverletzungen kommt ein Schmerzensgeldanspruch in Betracht (§ 847 BGB).

(5) **Kündigung durch den Arbeitnehmer**

2190 Die unberechtigte Verweigerung der Beschäftigung des Arbeitnehmers kann ihm die Fortsetzung des Arbeitsverhältnisses unzumutbar machen und ihn zur außerordentlichen Kündigung berechtigen (§ 626 Abs. 1 BGB), mit der Folge eines Anspruchs auf Ersatz des durch die Aufhebung des Arbeitsverhältnisses entstehenden Schadens (§ 628 Abs. 2 BGB; vgl. *Staudinger/Richardi* § 611 Rz. 799).

ee) **Ausschlussfristen**

2191 Der Anspruch auf eine bestimmte vertragsgemäße Beschäftigung wird **nicht von einer tariflichen Ausschlussfrist**, die alle beiderseitigen Ansprüche aus dem Arbeitsverhältnis und solche, die mit dem Arbeitsverhältnis in Verbindung stehen, erfasst (*BAG* 15.5.1991 EzA § 1004 BGB Nr. 3).

2192 Denn der Beschäftigungsanspruch des Arbeitnehmers wird als absolutes Recht verstanden; **absolute Rechte fallen** aber **nicht unter eine tarifliche Ausschlussklausel**, die ihren Wirkungsbereich auf Ansprüche aus dem Arbeitsvertrag oder aus dem Arbeitsverhältnis erstreckt. Eine Verletzung des Persönlichkeitsrechts ist wegen der Notwendigkeit des Schutzes der Persönlichkeit ein Tatbestand eigener Art, der neben der Verletzung von Pflichten aus dem Arbeitsvertrag steht.

2193 Zu beachten ist zudem, dass der Beschäftigungsanspruch während des Arbeitsverhältnisses fortlaufend neu entsteht und auch deswegen einer tariflichen Ausschlussfrist nicht zugänglich ist. Denn eine tarifliche Ausschlussfrist erfasst nur in der Vergangenheit bereits entstandene Ansprüche und soll dazu dienen, diese fristgerecht zu erfüllen (*BAG* 15.5.1991 EzA § 1004 BGB Nr. 3).

c) **Schutzpflichten für Leben und Gesundheit des Arbeitnehmers**

aa) **Zweck der Arbeitnehmerschutzvorschriften**

2194 Durch die Normen des Arbeitsschutzrechts sollen die Grundrechte des Arbeitnehmers auf Leben und körperliche Unversehrtheit, auf freie Entfaltung der Persönlichkeit und Achtung der Menschenwürde verwirklicht werden.

2195 Inhaltlich kann zwischen **technischem Arbeitsschutz**, der Gefahren für Leben oder Gesundheit des Arbeitnehmers, die von Betriebseinrichtungen oder technischen Arbeitsmitteln ausgehen, sowie **sozialem Arbeitsschutz**, der einen erhöhten Schutz insbesondere für (schwangere) Frauen, Jugendliche, schwer behinderte Menschen und Heimarbeiter (MuSchG, JArbSchG, SGB IX, HAG) gewährleisten soll, unterschieden werden (MünchArbR/*Wlotzke* § 207 Rz. 5 ff.).
Verstöße gegen die Arbeitsschutznormen sind z. T. bußgeldbewehrt und werden z. T. als Straftaten sanktioniert (vgl. MünchArbR/*Wlotzke* § 208 Rz. 48 f.).

C. Der Inhalt des Arbeitsverhältnisses

bb) Normative Grundlagen

(1) Privatrechtsnormen

Durch die privatrechtlichen Normen des **§ 618 BGB, § 62 HGB, § 120 a GewO** ist 2196
der Arbeitgeber verpflichtet, Räume, Vorrichtungen und Gerätschaften, die er zur
Verrichtung der Dienste zu beschaffen hat, so einzurichten und zu unterhalten und
die Dienstleistungen so zu regeln, dass **der Arbeitnehmer gegen Gefahren für Leben
und Gesundheit soweit geschützt ist, wie die Natur des Betriebes und der Arbeit es
gestatten**. Ziel dieser gesetzlichen Fürsorgepflicht ist die **Vorsorge gegen betriebsspezifische Gefahren für Leben und Gesundheit des Arbeitnehmers** (vgl. MünchArbR/*Wlotzke* § 207 Rz. 18). § 120 a GewO ist mit Wirkung vom 7.8.1996 aufgehoben worden. Stattdessen gilt nunmehr das ArbSchG (BGBl. I S. 1246 ff.). Es dient
gem. § 1 Abs. 1 dazu, Sicherheit und Gesundheitsschutz der Beschäftigten bei der Arbeit durch Maßnahmen des Arbeitsschutzes zu sichern und zu verbessern (vgl. ausf.
Wlotzke NZA 1996, 1017 ff.).

Die zuvor geltenden Regelungen waren im Hinblick auf die inzwischen vorhandene 2197
eingehende und höchst differenzierte Gesetzgebung im Bereich des technischen Arbeitsschutzes weitgehend überholt (s. u. C/Rz. 2202 ff.). Gleichwohl kam ihnen insbesondere eine Funktion als **Auffangtatbestand** zu, für den Fall, dass sich im Betrieb
Gefahrenlagen ergeben, denen nicht nach speziellen Arbeitsschutzregelungen zu begegnen ist.

Das ArbSchG soll nach vorangegangenen Änderungen des GSG sowie der Gefahr- 2198
stoffVO das deutsche Arbeitsschutzrecht den zahlreichen EG-rechtlichen Vorgaben anpassen und dadurch auch partiell umgestalten. Es fehlte insbesondere an
zeitgemäßen Grundvorschriften mit Geltung für alle Teilbereiche (*Wlotzke* NZA
1996, 1018).

Aufgrund § 618 BGB, § 62 HGB, §§ 3 ff. ArbSchG sowie der Konkretisierung dieser 2199
Vorschriften und der allgemeinen arbeitsvertraglichen Fürsorgepflicht des Arbeitgebers durch öffentlich-rechtliche Arbeitsschutz- und Unfallverhütungsvorschriften ist
für den Arbeitsschutz und die Unfallverhütung im Betrieb **der Arbeitgeber vertragrechtlich verantwortlich**. Er kann weitere Personen mit der Erfüllung seiner Schutzpflichten beauftragen (§ 278 BGB); z. T. ist eine entsprechende Verpflichtung ausdrücklich vorgesehen (vgl. § 13 Abs. 2 RöntgenVO; §§ 7, 13 ArbSchG).

Die **Arbeitnehmer** sind arbeitsvertragsrechtlich zu einem den **Arbeitsschutz- und** 2200
Unfallverhütungsvorschriften korrespondierenden Verhalten verpflichtet. Diese
Vertragspflicht wird durch öffentlich-rechtliche Verhaltenspflichten, vor allem in
Unfallverhütungsvorschriften und vereinzelt auch in staatlichen Arbeitsschutzvorschriften, weitgehend konkretisiert (MünchArbR/*Wlotzke* § 208 Rz. 2 f.; vgl. § 15
ArbSchG).

Soweit gem. § 62 HGB, § 120 b GewO (aufgehoben zum 1.1.2003), § 618 BGB auch 2201
die Aufrechterhaltung der guten Sitten und des Anstandes im Betrieb bezweckt werden soll, ist nach Auffassung von *Blomeyer* (MünchArbR § 96 Rz. 1) davon auszugehen, dass an die Stelle einer diesbezüglichen Pflicht grundgesetzkonform die Verpflichtung zum Schutze und zur Förderung der Arbeitnehmerpersönlichkeit getreten
ist, weil der Arbeitgeber nicht mehr als sittlich-moralische Anstalt bezeichnet werden
kann.

C. Der Inhalt des Arbeitsverhältnisses

Gem. § 17 Abs. 1 S. 1 ArbSchG sind die Beschäftigten berechtigt, dem Arbeitgeber Vorschläge zu allen Fragen der Sicherheit und des Gesundheitsschutzes bei der Arbeit zu machen. Sind sie zudem der Auffassung, dass die vom Arbeitgeber getroffenen Maßnahmen und bereitgestellten Mittel nicht ausreichen, um die Sicherheit und den Gesundheitsschutz bei der Arbeit zu gewährleisten, und hilft der Arbeitgeber daran gerichteten Beschwerden von Beschäftigten nicht ab, können sich diese an die zuständige Behörde wenden. Hierdurch dürfen den Beschäftigten keine Nachteile entstehen (§ 17 Abs. 2 ArbSchG).

(2) Öffentlich-rechtliche Regelungen

2202 Öffentlich-rechtliche Regelungen zum Schutz von Leben und Gesundheit der Arbeitnehmer, deren Durchsetzung von staatlichen Behörden sowie im Bereich des betrieblichen Unfall- und Gefahrenschutzes durch die gesetzlichen Unfallversicherungsträger (vgl. MünchArbR/*Wlotzke* §§ 201 ff.) enthalten
- die **Arbeitsstättenverordnung** (20.3.1975 BGBl. I S. 729) für den gewerblichen Bereich, die besondere sicherheitstechnische, arbeitsmedizinische und hygienische Anforderungen an Arbeitsstätten stellt (sie ist auch weiterhin wirksam, obwohl § 139 i GewO, auf der sie als Rechtsgrundlage beruht, durch das ArbSchG aufgehoben worden ist, *BVerwG* 31.1.1997 NZA 1997, 482);
- das **Gerätesicherheitsgesetz** (24.6.1968 BGBl. I S. 717), das für verwendungsfertige Arbeitseinrichtungen gilt, die in industriellen, handwerklichen und landwirtschaftlichen Betrieben verwendet werden. Mit ihm soll erreicht werden, dass nur sichere technische Arbeitsmittel (z. B. Maschinen) auf den Markt gelangen. Adressaten dieses vorbeugenden Gesundheitsschutzes sind die Hersteller, Importeure, Händler, nicht dagegen der die technischen Arbeitsmittel in seinem Betrieb einsetzende Arbeitgeber;
- das **Chemikaliengesetz** (16.9.1980 BGBl. I S. 1718), durch das Menschen und Umwelt vor den schädlichen Einwirkungen gefährlicher Stoffe und Zubereitungen geschützt werden sollen;
- die **Gefahrstoff-Verordnung** (28.8.1986 BGBl. I S. 1931);
- das **Bundesimissionsschutzgesetz** (15.3.1974 BGBl. I S. 721);
- die **Störfall-Verordnung** (20.9.1991 BGBl. I S. 1891);
- die **StrahlenschutzVO** (30.6.1989 BGBl. I S. 1321);
- die **RöntgenVO** (8.1.1987 BGBl. I S. 114);
- die **VO** über Sicherheitsstufen und Sicherheitsmaßnahmen bei **gentechnischen Arbeiten und gentechnischen Anlagen**, die auch die arbeitstechnische Vorsorge regelt (24.10.1990 BGBl. I S. 2340);
- das **ASiG**, durch das in größeren Betrieben unter Hinzuziehung besonderer Fachleute für Arbeitsschutz (Betriebsärzte, Fachkräfte für Arbeitssicherheit) erreicht werden soll, dass die Arbeitsschutz- und Unfallverhütungsvorschriften den besonderen Betriebsverhältnissen entsprechend angewendet, gesicherte arbeitsmedizinische und technische Erkenntnisse in der Praxis verwirklicht werden können und die zu treffenden Schutzmaßnahmen einen möglichst hohen Wirkungsgrad erreichen.

Diese Normen dienen letztlich denselben Zwecken wie die Schutz- und Förderpflichten des Arbeitgebers aus dem Arbeitsvertrag sowie §§ 1 ff. ArbSchG.

2203 Dem öffentlich-rechtlichen Arbeitsschutzrecht liegt kein geschlossenes Konzept zugrunde. Überwiegend werden jeweils nur bestimmte Beschäftigungsbereiche erfasst und nur bestimmte Gefahrenbereiche abgedeckt (MünchArbR/*Wlotzke* § 207 Rz. 1).

(3) Autonomes Verbandsrecht
Der öffentlich-rechtliche Arbeitsschutz wird durch autonomes Verbandsrecht ergänzt (sog. **duale Konzeption**).
So obliegt es z. B. den Berufsgenossenschaften gem. § 708 RVO, Unfallverhütungsvorschriften mit Präventivfunktion als autonomes Satzungsrecht zu erlassen. Diese sind ihrerseits wichtige Erkenntnisquellen für den technischen Arbeitsschutz und haben darüber hinaus die Funktion von allgemein anerkannten Regeln der Technik.

2204

Unfallverhütungsvorschriften enthalten eine Zusammenstellung derjenigen Maßnahmen, die zur Verhütung bestimmter typischer Gefahren vor allem vom Arbeitgeber z. T. auch von den Arbeitnehmern zu treffen, bzw zu beachten sind. Sie sind für die Mitgliedsunternehmer und für die dort versicherten Arbeitnehmer verbindlich; sie haben beiden gegenüber normativen Charakter (MünchArbR/*Wlotzke* § 207 Rz. 31).

2205

Andererseits sind Unfallverhütungsvorschriften keine Schutzgesetze i. S. v. § 823 Abs. 2 BGB (*BGH* 2.6.1969, 827).

(4) Europäisches Recht
Zur Bedeutung europäischer Rechtsnormen s. o. A/Rz. 752 zu Art. 100 a, 118 a EWGV (jetzt Art. 95, 138 EGV), A/Rz. 755 ff., zu den ergangenen Richtlinien und ihrer Umsetzung m. w. N.

2206

cc) Doppelwirkung des öffentlich-rechtlichen Arbeitsschutzes; Grenzen
Die an den Arbeitgeber gerichteten Gebote und Verbote in den öffentlich-rechtlichen Arbeitsschutz- und Unfallverhütungsvorschriften begründen **grds. auch entsprechende unabdingbare Vertragspflichten des Arbeitgebers** (*BAG* 10.3.1976 AP Nr. 17 zu § 618 BGB; MünchArbR/*Wlotzke* § 209 Rz. 3 ff.; s. o. C/Rz. 2204).
Grenzen dieser Doppelwirkung des öffentlich-rechtlichen Arbeitsschutzes ergeben sich jedoch daraus, dass die jeweilige Norm ihrem Inhalt nach **geeignet sein muss, als Erfüllungsanspruch zugunsten des Arbeitnehmers vereinbart zu werden**. Das ist insbesondere bei reinen Ordnungs- und Organisationsvorschriften, die ausschließlich das Verhältnis zwischen Staat und Arbeitgeber betreffen (z. B. Meldepflichten) sowie Schutznormen, die nur die Gesamtheit der Arbeitnehmer betreffen, nicht der Fall (MünchArbR/*Wlotzke* § 209 Rz. 15 ff.).
Fraglich ist, ob die Normen des technischen Arbeitsschutzes zugleich die **Obergrenze des vom Arbeitnehmer einklagbaren Schutzes gegen Gefahren für Leben und Gesundheit** darstellen. Der Arbeitgeber hat zunächst jedenfalls auch ohne ausdrückliche Spezialregelungen diejenigen Vorkehrungen auf seine Kosten zu schaffen, die nach dem Stand der Technik üblich und zumutbar sind. Über Normen des technischen Arbeitsschutzes hinaus sind aber besondere schutzbedürftige Arbeitnehmer (z. B. aufgrund einer gesundheitlichen Störung) auch berechtigt, besondere Schutzmaßnahmen zu verlangen, soweit diese dem Arbeitgeber zumutbar sind (*LAG Baden Württemberg* DB 1978, 213; *LAG Berlin* NZA 1986, 609).

2207

2208

2209

C. Der Inhalt des Arbeitsverhältnisses

2210 Die staatlichen Arbeitsschutzvorschriften sind – im Gegensatz zu den Unfallverhütungsvorschriften (s. o. C/Rz. 2204) zumeist Schutzgesetze zugunsten der Arbeitnehmer i. S. d. § 823 Abs. 2 BGB sowie gesetzliche Verbote gem. § 134 BGB (MünchArbR/*Wlotzke* § 209 Rz. 6 ff.).

2211 Verstößt eine vertragliche Vereinbarung gegen Arbeitsschutz- oder Unfallverhütungsvorschriften, so bedeutet dies nicht sogleich, dass der gesamte Arbeitsvertrag nichtig ist. Es ist vielmehr zu differenzieren je nachdem, ob nur bestimmte Abreden des Arbeitsvertrages arbeitsschutzwidrig sind (Teilnichtigkeit), oder ob die vertraglich vereinbarte Arbeitspflicht des Arbeitnehmers insgesamt oder jedenfalls überwiegend gegen Arbeitsschutz- oder Unfallverhütungsvorschriften verstößt (Vollnichtigkeit).

2212 Eine Nichtigkeit des gesamten Arbeitsvertrages nach § 134 BGB ist ausnahmsweise dann gegeben, wenn nicht nur einzelne Abreden arbeitsschutzwidrig sind, sondern der Arbeitsvertrag darauf gerichtet ist, **den Arbeitnehmer überhaupt oder überwiegend verbotene Beschäftigungen ausüben zu lassen**. Das ist z. B. dann der Fall, wenn ein Jugendlicher allein oder überwiegend mit gefährlichen Arbeiten i. S. d. § 22 Abs. 1 JArbSchG beschäftigt werden soll, oder wenn der Arbeitsvertrag mit einer Schwangeren allein oder überwiegend auf die Leistung verbotener Arbeiten i. S. d. § 4 MuSchG gerichtet ist (MünchArbR/*Wlotzke* § 209 Rz. 8 ff.).

dd) Unabdingbarkeit; Kosten

2213 Nach § 618 Abs. 1 BGB hat der Arbeitgeber dem Arbeitnehmer die nach den Unfallverhütungsvorschriften vorgeschriebene persönliche Schutzausrüstung zur Verfügung zu stellen. Dazu gehören auch Sicherheitsschuhe, z. B. für Maurer.

2214 Dieser **Personenschutz** (besonders durch persönliche Schutzausrüstungen und arbeitsmedizinische Vorsorge) hat gegenüber technischen und organisatorischen Maßnahmen nur eine **ergänzende Funktion** (vgl. § 19 GefahrStVO). Im Unfallverhütungsrecht ist generell bestimmt, dass persönliche Schutzausrüstungen (erst dann) einzusetzen sind, wenn Unfall- und Gesundheitsgefahren durch »betriebstechnische Maßnahmen« nicht ausgeschlossen werden können.

2215 Gem. **§ 19 Abs. 5 GefahrStVO** brauchen die persönlichen Schutzausrüstungen nur so lange benutzt zu werden, wie es das Arbeitsverfahren unbedingt erfordert und es mit dem Gesundheitsschutz vereinbar ist. Ferner darf das Tragen von Atemschutz und von Vollschutzanzügen keine ständige Maßnahme sein. Die Arbeitnehmer sind nach § 19 Abs. 5 GefahrStVO andererseits verpflichtet, die zur Verfügung gestellten persönlichen Schutzausrüstungen zu benutzen (MünchArbR/*Wlotzke* § 216 Rz. 11).

2216 Die Kosten hierfür sind Teil der allgemeinen Betriebskosten. Sie fallen dem Arbeitgeber als Betriebsinhaber zur Last (vgl. § 3 Abs. 3 des Gesetzes zur Umsetzung der EG-Rahmenrichtlinie). Diese Kostentragungspflicht kann (vgl. § 619 BGB) nicht im Voraus einzelvertraglich oder durch Betriebsvereinbarung ganz oder teilweise abbedungen werden (*BAG* 18.8.1982 EzA § 618 BGB Nr. 4).

2217 Der Arbeitgeber ist auch dann zur Übernahme der Anschaffungskosten verpflichtet, wenn er die Sicherheitsschuhe nicht selbst beschafft, sondern den Arbeitnehmer mit

dem Erwerb beauftragt. Im Bereich des öffentlichen Dienstes (z. B. in der Forstwirtschaft) kann dies auch durch Erlass des Arbeitgebers geschehen. Die Kostenerstattung durch den Arbeitgeber richtet sich dann nach §§ 662 ff. BGB.
Setzt der Arbeitgeber durch Erlass Höchsterstattungsbeträge für die Anschaffung von Sicherheitsschuhen fest, so kann der Arbeitnehmer bei Kenntnis dieser Erlasspraxis die Erstattung eines von ihm entrichteten Kaufpreises grds. nur verlangen, wenn er dem Arbeitgeber zuvor von dem beabsichtigten Kauf zu dem höheren Preis Mitteilung gemacht und der Arbeitgeber sein Einverständnis erklärt hat (*BAG* 21.8.1985 EzA § 618 BGB Nr. 5). 2218

Vereinbarungen, die eine Kostenbeteiligung des Arbeitnehmers an der persönlichen Schutzausrüstung vorsehen, sind aber dann zulässig, wenn der Arbeitgeber den Arbeitnehmern über seine gesetzliche Verpflichtung hinaus **Vorteile bei der Benutzung** oder Verwendung der Sicherheitsschuhe anbietet und der Arbeitnehmer von diesem Angebot freiwillig Gebrauch macht (*BAG* 18.8.1982 EzA § 618 BGB Nr. 4). 2219

Andererseits ist der Arbeitgeber zur Kostentragung für die Anschaffung von Dienstkleidung (z. B. für einen Ersatzsmoking für einen Croupier in einer Spielbank) nur dann verpflichtet, wenn wegen der am Arbeitsplatz **drohenden Gefahren** entsprechende Schutzkleidung zur Verfügung gestellt werden muss; dazu gehört der Smoking eines Croupiers nicht (*BAG* 19.5.1998 EzA § 670 BGB Nr. 28; vgl. dazu krit. *Sandmann* SAE 1999, 154 ff.). Demgegenüber hat der Arbeitgeber die Kosten der **Reinigung von Arbeitskleidung**, deren Tragen aus hygienischen Gründen vorgeschrieben ist, zu übernehmen. Entgegenstehende Vereinbarungen sind gem. § 619 BGB unwirksam. Denn die unabdingbaren Pflichten zu Schutzmaßnahmen gegen Gefahren für Leben und Gesundheit des Arbeitnehmers erstrecken sich auch auf Arbeitsschutzmaßnahmen, die aus hygienischen Gründen erforderlich sind. Der Arbeitnehmer hat daher auch dann einen Anspruch auf **Aufwendungsersatz (§ 670 BGB)** für die Reinigungskosten, wenn die Arbeitskleidung ihm übereignet worden ist (*LAG Düsseldorf* 26.4.2001 NZA-RR 2001, 409). 2220

Wer von einem ca. 7-stündigen Arbeitstag ca. 30–45 Minuten am **Bildschirm arbeitet**, kann nach Auffassung des *ArbG Neumünster* (20.1.2000 NZA-RR 2000, 237; ebenso *ArbG Kaiserslautern* 12.6.2001 NZA-RR 2001, 628: Ersetzung der erforderlichen, d. h. medizinisch notwendigen Aufwendungen) vom Arbeitgeber Erstattung der angemessenen **Kosten einer Bildschirmbrille** verlangen, wenn ihm augenärztlich eine Brille speziell für die Arbeit am Bildschirm verordnet wurde. Werden dagegen die Kosten von der Krankenkasse getragen, entfällt mangels Erforderlichkeit ein gegen den Arbeitgeber gerichteter allgemeiner Erstattungsanspruch (*LAG Hamm* 29.10.1999 NZA-RR 2000, 351). 2221

ee) Anforderungen an Arbeitsstätten
Der Arbeitgeber hat die Arbeitsstätten (Räume), die vor dem 1.5.1976 errichtet waren oder mit deren Errichtung zu diesem Zeitpunkt bereits begonnen war (zu den Übergangsregelungen für sog. Alt-Arbeitsstätten vgl. § 56 ArbStättV), **nach den allgemein anerkannten sicherheitstechnischen, arbeitsmedizinischen und hygienischen Regeln sowie den sonstigen gesicherten arbeitswissenschaftlichen Erkenntnissen einzurichten und zu betreiben** (vgl. § 3 ArbStättVO i. V. m. den einschlägigen Arbeitsschutz- und Unfallverhütungsvorschriften). Betroffen sind z. B. Arbeitsräume, Arbeitsplätze, Baustellen, Pausenräume, sanitäre Einrichtungen usw.). 2222

C. Der Inhalt des Arbeitsverhältnisses

Damit werden die Schutzpflichten des Arbeitgebers aus § 618 Abs. 1 BGB konkretisiert.

2223 §§ 4 ff. ArbStättVO regeln insbesondere Anforderungen an Lüftung, Temperatur, Beleuchtung, bauliche Eigenschaften, Türen, Absturzsicherheit, Schutz gegen Gase, Dämpfe, Nebel, Staub und Lärm.

2224 Der Anwendungsbereich der ArbStättVO umfasst allerdings nur den nach der GewO vorgegebenen Bereich des Gewerbebetriebes (nicht also z. B. Land- und Forstwirtschaft, Dienststellen und Einrichtungen der öffentlichen Verwaltung; MünchArbR/ *Wlotzke* § 212 Rz. 7 ff.).

ff) Nichtraucherschutz

2225 § 32 ArbStättV sieht einen Nichtraucherschutz ausdrücklich (nur) für Pausen-, Bereitschafts- und Liegeräume vor, in denen Nichtraucher vor »Belästigungen durch Tabakrauch« zu schützen sind.
Fraglich ist, inwieweit ein **Recht auf tabakfreien Arbeitsplatz für Nichtraucher** gem. §§ 5, 32 ArbStättVO (außerhalb deren Anwendungsbereich § 618 BGB) besteht (s. o. C/Rz. 316 ff.).

Bei nachweisbarer Gesundheitsgefährdung bzw. -schädigungen durch die Tabakschadstoffe steht dem betroffenen Arbeitnehmer ein Anspruch auf Abhilfe zu (*BVerwG* 13.9.1984 NJW 1985; *LAG München* LAGE § 618 BGB Nr. 4). Er hat zudem dann einen arbeitsvertraglichen Anspruch auf einen tabakrauchfreien Arbeitsplatz, wenn das für ihn aus **gesundheitlichen Gründen geboten** ist (*BAG* 17.2.1998 NZA 1998, 1231; krit. dazu *Dübbers* ArbuR 1999, 115).

2226 Erhält ein Nichtraucher einen Arbeitsplatz in einem Raum zugewiesen, in dem nicht unerheblich geraucht wird, dann verstößt der Arbeitgeber gegen seine Schutzpflichten, wenn er ihn trotz seiner Beschwerden nicht an einen tabakrauchfreien Arbeitsplatz versetzt (*ArbG Hamburg* DB 1989, 1142; MünchArbR/*Blomeyer* § 96 Rz. 12).

2227 Selbst wenn Gesundheitsschäden bei normaler Konstitution **medizinisch nicht nachweisbar sein sollten**, besteht für Arbeitnehmer mit ungünstiger Disposition, z. B. bei akuter Erkrankung der Atemwegsorgane, ein Anspruch gegen den Arbeitgeber aus § 5 ArbStättVO, § 618 BGB, der ggf. sogar eine einstweilige Verfügung mit der Konsequenz der bezahlten Freistellung rechtfertigt (*LAG München* LAGE § 618 BGB Nr. 4).

2228 Nach Auffassung von *Wlotzke* (MünchArbR § 212 Rz. 30 ff.) ist der Arbeitgeber grds. verpflichtet, **geeignete Schutzmaßnahmen** zugunsten der Nichtraucher zu treffen. Dabei kann es auf den Grad der Tabakkonzentration der Innenraumluft nur sehr eingeschränkt ankommen, weil sich jedenfalls hinsichtlich einer möglichen Erhöhung des allgemeinen Krebsrisikos ein verlässlicher Grenzwert, bis zu dem diese Gefahr ausgeschlossen ist, nicht angeben lässt. Ebenso ist für die Schutzverpflichtung des Arbeitgebers nicht erheblich, dass die Nichtraucher mit dem Rauchen in Arbeitsräumen einverstanden sind (vgl. *Heilmann* BB 1994, 715; *Binz/Sorg* BB 1994, 1709; vgl. auch *Schillo/Behling* DB 1997, 2022 ff.).

2229 Als geeignete Schutzmaßnahmen kommen **organisatorische und/oder lüftungstechnische Maßnahmen in Betracht**; u. a. getrennte Arbeitsräume für Raucher und Nichtraucher, Rauchpausen an bestimmten Orten, Einsatz lüftungstechnischer Anlagen. Soweit solche oder ähnliche Maßnahmen nicht möglich oder nicht ausreichend sind, ist letztlich in gemeinsam von Rauchern und Nichtrauchern besetzten Arbeitsräumen – wenn nicht alle Arbeitnehmer auf das Rauchen verzichten – auch ein Rauchverbot auszusprechen (MünchArbR/*Wlotzke* § 212 Rz. 33; *Cosack* DB 1999, 1450 ff.; zu den Grenzen der Regelungsbefugnis der Betriebspartner insoweit vgl. BAG 19.1.1999 RdA 1999, 397; vgl. dazu *Künzl* BB 1999, 2187 ff.).

> Das *BAG* (8.5.1996 EzA § 618 BGB Nr. 11) hat im Falle einer Stewardess zwar unterstellt, dass Passivrauchen gesundheitsschädlich ist. Gem. § 618 Abs. 1 BGB hat der Arbeitgeber aber nur für den Gesundheitsschutz des Arbeitnehmers zu sorgen, wie die »Natur der Dienstleistung« es gestattet; Maßnahmen, die zu einer Einschränkung der unternehmerischen Betätigung führen würden, können nicht verlangt werden. Ein Rauchverbot würde es dem Arbeitgeber unmöglich machen, weiterhin Raucherplätze anzubieten.

2230

Solange das Rauchen an Bord von Verkehrsflugzeugen noch nicht gesetzlich verboten ist, haben Flugbegleiter folglich keinen Anspruch darauf, dass die Fluggesellschaft den Passagieren das Rauchen verbietet (*BAG* 8.5.1996 EzA § 618 BGB Nr. 11; vgl. *Schillo/Behling* DB 1997, 2022 ff.; *Heilmann* ArbuR 1997, 145 f.). Andererseits besteht **kein Anspruch** von Flugbegleitern/innen aus betrieblicher Übung auf **Gestattung des Rauchens** während der Flugdienstzeiten nach Einführung von ausschließlich Nichtraucherflügen und eines damit verbundenen Rauchverbots für das Kabinenpersonal (*LAG Hessen* 11.8.2000 NZA-RR 2001, 77).

2231

gg) Arbeitsanweisungen und Belehrungen
Durch Erteilung sachkundiger Arbeitsanweisungen und Belehrungen über Gefahren und bestehende Unfallverhütungsvorschriften hat der Arbeitgeber seine Schutzpflichten für Leben und Gesundheit der Arbeitnehmer schließlich auch in die Tat umzusetzen (vgl. § 12 ArbSchG).
Gem. § **20 GefStoffVO** muss z. B. eine Betriebsanweisung erstellt werden, in der die beim Umfang mit Gefahrstoffen auftretenden Gefahren für Mensch und Umwelt sowie die erforderlichen Schutzmaßnahmen und Verhaltensregeln festgelegt werden.

2232

Für die Bekämpfung der Aids-Infektion besteht für den Arbeitgeber über den öffentlich-rechtlichen Arbeitsschutz hinaus im Wesentlichen eine Informationspflicht. Der Arbeitgeber muss die Arbeitnehmer über die Übertragung des HIV-Virus aufklären und entsprechend zum Selbstschutz auffordern (vgl. *Richardi* NZA 1988, 78).

2233

hh) Unterbringung und Verpflegung
Durch **§ 618 Abs. 2 BGB** werden die Schutzpflichten des Arbeitgebers auf Wohn- und Schlafräume der Arbeitnehmer ausgedehnt, wenn der Arbeitgeber sie in häuslicher Gemeinschaft aufgenommen hat.
Wesentlich hierfür ist das Bestehen einer Wohn- und Verpflegungsgemeinschaft ohne eigenen Hausstand des Arbeitnehmers. Es genügt, dass eine vom Arbeitgeber geschaffene Gemeinschaft mit anderen Arbeitnehmern besteht (z. B. bei einem vom Arbeitgeber eingerichteten Schwesternwohnheim; *BAG* 8.6.1955 AP Nr. 1 zu § 618).
§ 120 c GewO (bis 31.12.2002; ab 1.1.2003 § 40 a ArbStättVO) konkretisiert diese Schutzpflichten für Gemeinschaftsunterkünfte von Arbeitnehmern.

2234

> Gem. §120 c Abs. 4 GewO (bis 31.12.2002; ab 1.1.2003 § 45 Abs. 1 ArbStättVO n. F.) ist der Arbeitgeber verpflichtet, auswärts beschäftigten Arbeitnehmern eine Übernachtungsmöglichkeit zur Verfügung zu stellen. Diese Vorschrift ist wie folgt auszulegen:

2235

C. Der Inhalt des Arbeitsverhältnisses

a) Die Verpflichtung, Unterkünfte für die Nacht bereitzustellen, besteht nicht, wenn geeignete Übernachtungsmöglichkeiten zur Verfügung stehen, deren Inanspruchnahme dem Arbeitnehmer möglich und zumutbar ist.
b) Die Vorschrift bestimmt nicht, dass der Arbeitgeber die Kosten der auswärtigen Unterbringung zu tragen hat.
Verlangt der Arbeitnehmer anlässlich eines auswärtigen Einsatzes vom Arbeitgeber weder die Bereitstellung einer Unterkunft, noch eine Kostenübernahme oder eine Kostenbeteiligung, so ist im Zweifel davon auszugehen, dass geeignete Übernachtungsmöglichkeiten zu zumutbaren Kosten zur Verfügung stehen (*BAG* 14.2.1996 EzA § 670 BGB Nr. 25).

2236 Ferner hat der Arbeitgeber gem. § 618 Abs. 2 BGB für einwandfreie Verpflegung (vgl. auch § 36 SeemannsG) sowie die Einhaltung der Erholungszeiten seiner Arbeitnehmer zu sorgen.

ii) Vorsorgeuntersuchungen

2237 Häufig sind **freiwillige, arbeitsmedizinisch indizierte Untersuchungen** u. a. von Arbeitnehmern, die mit Gefahrstoffen umgehen, schwere körperliche Arbeit oder Augenfeinarbeit leisten, starkem Lärm ausgesetzt sind oder Schicht- bzw Nachtarbeit leisten, vorgesehen (vgl. § 3 Abs. 1 S. 2 Nr. 2 ASiG).

2238 Darüber hinaus sind in einer Reihe staatlicher Vorschriften für besondere Arbeitsschutzbereiche **spezielle medizinische Vorsorgeuntersuchungen wegen besonderer Gesundheitsgefährdungen am Arbeitsplatz** vorgeschrieben. Betroffen ist u. a. die Beschäftigung mit krebserzeugenden Gefahrstoffen, unter Strahleneinwirkung, in Lärmbereichen, in Druckluft, bei Hitze oder Kälte oder beim Tragen von Atemschutzgeräten.

2239 Die meisten derartigen Rechtsnormen enthalten allerdings keine öffentlich-rechtliche Verpflichtung für den betroffenen Arbeitnehmer, sich der vorgeschriebenen Untersuchung zu unterziehen. Gleichwohl ist die Teilnahme daran aus arbeitsvertraglicher Sicht nicht freiwillig. Denn wenn der Arbeitnehmer arbeitsvertraglich verpflichtet ist, Arbeiten zu leisten, für die Vorsorgeuntersuchungen vorgeschrieben sind, **verletzt er bei nicht gerechtfertigter Weigerung eine vertragliche Nebenpflicht.** Denn ohne Teilnahme an der Untersuchung kann der Arbeitnehmer nicht vertragsgemäß beschäftigt werden; er ist aber vertraglich gehalten, die rechtlich gebotenen Voraussetzungen zu erfüllen, die ihn befähigen, seiner vertraglichen Arbeitspflicht nachzukommen. Weigert der Arbeitnehmer sich jedoch, sich der vorgeschriebenen Vorsorgeuntersuchung zu unterziehen, ist der Arbeitgeber – insbesondere, wenn die Weigerung begründet erscheint – zunächst aufgrund seiner Fürsorgepflicht verpflichtet, zu prüfen, ob der Arbeitnehmer auf einen anderen Arbeitsplatz, der keine Vorsorgeuntersuchungen verlangt, umgesetzt werden kann. Ist dies nicht möglich, kann der Arbeitgeber das Arbeitsverhältnis aus in der Person des Arbeitnehmers liegenden Gründen lösen.

2240 Allein §§ 67 Abs. 6, 70 Abs. 4 StrahlenschutzVO, §§ 37 Abs. 6, 40 Abs. 4 RöntgenVO **verpflichten den Arbeitnehmer öffentlich-rechtlich**, die in beiden VOen vorgeschriebenen Vorsorgeuntersuchungen zu dulden. Er kann dazu von den zuständigen Behörden durch Zwangsgeld angehalten werden; bei schuldhafter Weigerung kommt zudem die Verhängung eines Bußgeldes in Betracht (MünchArbR/*Wlotzke* § 216 Rz. 30 f.).

jj) Gestaltung des Arbeitsplatzes werdender und stillender Mütter

Der Arbeitsplatz muss so gestaltet sein, dass Gefahren für Leben und Gesundheit der werdenden oder stillenden Mutter oder des Kindes vermieden werden. Das Arbeitsplatzgestaltungsangebot des **§ 2 Abs. 1 MuSchG** gilt nicht nur für die Stelle, an der unmittelbar gearbeitet wird einschließlich der Maschinen und Geräte. Der Begriff Arbeitsplatz umfasst auch Nebenräume (z. B. Wasch- und Ankleideräume, Toiletten, Zugänge usw.). Zur näheren Bestimmung kann § 2 ArbStättV herangezogen werden. Die Verpflichtung des Arbeitgebers besteht im Rahmen des Erforderlichen (§ 2 Abs. 1 MuSchG). Den Maßstab dafür bilden die Anforderungen, die nach dem Stand von Medizin, Technik und Verkehrssitte zum Schutz der werdenden und stillenden Mütter an die Einrichtung des Arbeitsplatzes zu stellen sind. Soweit dies dem Arbeitgeber nicht möglich oder zumutbar ist, verstößt er zwar nicht gegen § 2 MuSchG, muss aber in Kauf nehmen, dass ggf. ein Beschäftigungsverbot eintritt.

2241

2242

kk) Sanktionen der Verletzung von Arbeitnehmerschutznormen

(1) Erfüllungs- und Unterlassungsanspruch

Aus der Doppelnatur der Arbeitsschutznormen folgt, dass ihre Einhaltung vom betroffenen Arbeitnehmer auch mit privat-rechtlichen Rechtsbehelfen erzwungen werden kann. Bei widerrechtlichen Handeln des Arbeitgebers steht ihm daneben ein Unterlassungsanspruch (analog §§ 12, 823, 862, 1004 BGB) zu.

2243

Voraussetzung ist allerdings, dass konkrete Gefahren für Leben und Gesundheit des Arbeitnehmers drohen und nachgewiesen werden können. Dann muss der Arbeitgeber sofort die erforderlichen Maßnahmen treffen. Sind allerdings verschiedene Maßnahmen möglich, hat der Arbeitnehmer lediglich Anspruch auf Ausübung fehlerfreien Ermessens durch den Arbeitgeber (MünchArbR/*Blomeyer* § 96 Rz. 21).

(2) Zurückbehaltungsrecht

Aus **§ 273 BGB** kann sich in den Grenzen des Verhältnismäßigkeitsprinzips ein Recht zur Leistungsverweigerung ergeben. Der Arbeitnehmer ist also nicht verpflichtet, seine Arbeit unter arbeitsschutzwidrigen Umständen zu erbringen.

2244

Eine gesetzliche Konkretisierung findet sich in **§ 21 Abs. 6 S. 2 GefStoffVO**, wonach der einzelne Arbeitnehmer bei Überschreitung der zulässigen Höchstwerte und einer unmittelbaren Gefahr für Leben und Gesundheit das Recht hat, die Arbeit zu verweigern. Dieses Kriterium ist nach Auffassung von *Blomeyer* (MünchArbR § 96 Rz. 22) bei allen drohenden Gesundheitsgefahren – also auch im Rahmen des § 273 Abs. 1 BGB – anzuwenden. Demgegenüber kann nach Auffassung von *Wlotzke* (MünchArbR § 209 Rz. 23) das Bestehen einer unmittelbaren Gefahr insoweit ohne ausdrückliche gesetzliche Regelung nicht verlangt werden. Allerdings entfällt danach ein Leistungsverweigerungsrecht gem. § 242 BGB, wenn im konkreten Fall keine Gefahren drohen.

2245

Diese Regelung gilt nur für den Umgang mit Gefahrstoffen einschließlich Tätigkeiten in deren Gefahrenbereich. Die bloße Belastung des Gebäudes, in dem der Arbeitnehmer seine Arbeitsleistung erbringt, z. B. mit PCP, Lindan, Dioxinen, Furanen genügt nicht (*BAG* 8.5.1996 EzA § 273 BGB Nr. 5; 19.2.1997 EzA § 273 BGB Nr. 7; vgl. dazu *Molkentin* NZA 1997, 849 ff.; *Mummenhoff* SAE 1997, 329 ff.;

> **a. A.** *BAG* 2.2.1995 EzA § 618 BGB Nr. 10 [Asbest]; krit. dazu *Molkentin/Müller* NZA 1995, 873; *Borchert* NZA 1995, 877).

2246 Beschränkt sich die Gefährdung des Arbeitnehmers darauf, dass er in gefahrstoffbelasteten Räumen arbeitet, kann sich ein Zurückbehaltungsrecht folglich nur **aus § 273 Abs. 1, § 618 Abs. 1 BGB** (z. B. i. V. m. den Richtlinien des Landes NRW für die Bewertung und Sanierung schwach gebundener Asbestprodukte in Gebäuden), nicht aber aus § 21 Abs. 6 Satz 2 der Gefahrstoffverordnung ergeben Der Arbeitgeber ist nach § 618 Abs. 1 BGB, §§ 3 ff. ArbSchG, § 62 Abs. 1 HGB verpflichtet, die **Arbeitsplätze möglichst frei von gesundheitsschädlichen Chemikalien und sonstigen Gefahrstoffen** zu halten. Dieser Pflicht genügt der Arbeitgeber in aller Regel dadurch, dass er einen Arbeitsplatz zur Verfügung stellt, dessen Belastung mit Schadstoffen nicht über das in der **Umgebung übliche Maß** hinausgeht (*BAG* 8.5.1996 EzA § 273 BGB Nr. 5).

(3) **Schadensersatzansprüche**

aaa) **Normative Grundlagen**

2247 § 618 BGB, § 62 HGB sind keine Schutzgesetze i. S. v. § 823 Abs. 2 BGB (zu staatlichen Arbeitsschutzvorschriften, die dem Arbeitgeber bestimmte Schutzpflichten in Bezug auf den Arbeitnehmer auferlegen sowie Unfallverhütungsvorschriften s. o. C/Rz. 2204, 2210). In Betracht kommen aber Schadenersatzansprüche aus pFV (jetzt §§ 280 ff., 241 Abs. 2 BGB n. F.) sowie aus § 823 Abs. 1 BGB i. V. m. § 831 BGB nach Maßgabe der §§ 276, 278, 254 BGB.

bbb) **Darlegungs- und Beweislast**

2248 Der Arbeitnehmer hat nur zu beweisen, dass ein zur Herbeiführung eines Schadens geeigneter ordnungswidriger Zustand vorlag.
Der Arbeitgeber muss dann sein Nichtverschulden sowie ggf. ein Mitverschulden des Arbeitnehmers beweisen.

2249 **Die Beweiserleichterung des § 287 ZPO gilt zugunsten des Arbeitnehmers nicht nur für den Schadensumfang** (haftungsausfüllende Kausalität), **sondern auch für den Haftungsgrund** (Haftungsbegründende Kausalität; *BAG* 27.2.1970 AP Nr. 16 zu § 618 BGB). Folglich wird die Entstehung eines konkreten Schadens der vollen Beweiswürdigung des Gerichts anheim gestellt.

2250 Im Streitfall kann **mehrfach wechselnder Vortrag** des Klägers bei der Beweiswürdigung zu seinen Lasten berücksichtigt werden (*BAG* 8.5.1996 EzA § 273 BGB Nr. 5).

ccc) **Umfang der Haftung; Verhältnis zur gesetzlichen Unfallversicherung**

2251 Der Haftungsumfang bestimmt sich gem. **§ 249 BGB**. Gem. § 618 Abs. 3 BGB, § 62 Abs. 3 HGB erstreckt sich die Haftung entsprechend der §§ 842–846 BGB auch auf Nachteile, die für den Erwerb und das Fortkommen des verletzten Arbeitnehmers entstehen.

2252 Die privatrechtliche Schadenersatzpflicht des Arbeitgebers wird infolge der gesetzlichen Unfallversicherung allerdings nur selten relevant. Denn nach **§ 104 SGB VII** besteht bei Arbeitsunfällen, Wegeunfällen, Berufskrankheiten eine Einstandspflicht der Berufsgenossenschaften. Allerdings haftet der Arbeitgeber dem Verletzten dann unmittelbar, wenn er den Arbeitsunfall vorsätzlich herbeigeführt hat oder

C. Der Inhalt des Arbeitsverhältnisses

der Arbeitsunfall bei der Teilnahme am allgemeinen Verkehr eingetreten ist (s. o. C/Rz. 568 ff.).

Der Arbeitgeber haftet dem Verletzten auch dann unmittelbar, wenn eine Gesundheitsschädigung des Arbeitnehmers **weder Arbeitsunfall noch Berufskrankheit** ist (z. B. bei einem Bronchialsyndrom aufgrund monatelangen Passivrauchens; *ArbG Hamburg* DB 1989, 1143; MünchArbR/*Blomeyer* § 96 Rz. 29). Der Arbeitgeber haftet schließlich insofern mittelbar für Vorsatz und grobe Fahrlässigkeit, als der Versicherungsträger für seine Aufwendungen an den Verletzten Regress verlangen kann (§ 640 Abs. 1 RVO). 2253

(4) Kündigung
Insbesondere bei schwerwiegenden Verstößen kommt die außerordentliche Kündigung des Arbeitsverhältnisses in Betracht. 2254

(5) Anzeigerecht
U. U. ist der Arbeitnehmer berechtigt, bei eigener Gefährdung oder der Gefährdung Dritter die zuständige Behörde zu informieren, wenn betrieblich keine Abhilfe zu erwarten ist (MünchArbR/*Wlotzke* § 209 Rz. 31 ff.). Eine gesetzliche Regelung enthält § 21 Abs. 6 GefStoffVO sowie nunmehr § 17 Abs. 2 S. 1 des Gesetzes zur Umsetzung der EG-Rahmenrichtlinie (s. o. C/Rz. 2202). 2255

d) Schutz der Vermögensgegenstände des Arbeitnehmers

aa) Problemstellung
Vermögensgegenstände, die der Arbeitnehmer zum Zwecke oder gelegentlich seiner Arbeitsleistung in den Betriebsbereich einbringt oder außerhalb des Betriebes während der Arbeitsleistung mit sich führt, unterliegen den besonderen Betriebsgefahren. 2256

Eine allgemeine gesetzliche Verpflichtung zum Schutz der eingebrachten Vermögensgegenstände besteht für den Arbeitgeber nicht; § 618 Abs. 1 BGB ist auch nicht analog anwendbar (*BAG* 1.7.1965 AP Nr. 75 zu § 611 BGB Fürsorgepflicht).

bb) Schutzpflicht des Arbeitgebers
Die Schutzpflicht des Arbeitgebers folgt aber aus der **Fürsorgepflicht** (*BAG* 5.3.1959 AP Nr. 26 zu § 611 BGB Fürsorgepflicht) bzw. aus der vertraglichen Sonderbindung zwischen den Arbeitsvertragsparteien (s. o. C/Rz. 2154 ff.). 2257

Zudem bestimmt § 34 Abs. 5 ArbStättVO für Gewerbebetriebe, dass **Umkleideräume mit Einrichtungen ausgestattet sein müssen, in denen jeder Arbeitnehmer seine Kleidung unzugänglich für andere während der Arbeitszeit aufbewahren kann.** Sind Umkleideräume nicht erforderlich, insbesondere weil die Arbeitnehmer bei ihrer Tätigkeit keine besondere Arbeitskleidung tragen müssen, so muss für jeden Arbeitnehmer nach § 34 Abs. 6 ArbStättVO eine **Kleiderablage und ein abschließbares Fach zur Aufbewahrung persönlicher Wertgegenstände** vorhanden sein. 2258

(1) Umfang der Schutzpflicht
Geschützt sind die für die Arbeitsleistung **notwendigen, unentbehrlichen Gegenstände.** Das sind alle zur Ausführung der Arbeitsleistung und zum Erreichen der Arbeitsstätte notwendigen Hilfsmittel (z. B. persönliches Werkzeug, Musikinstru- 2259

C. Der Inhalt des Arbeitsverhältnisses

mente, Arbeitskleidung, persönliche Wertgegenstände, wie z. B. Geldbörsen, Schecks, Scheckkarten, Uhren, und, je nach Arbeitstätigkeit, u. U. sogar persönlicher Schmuck in geringem Ausmaß).

2260 Gleiches gilt für die **im Zusammenhang mit der Arbeitsleistung üblicherweise eingebrachten Gegenstände**, die zwar zur Erbringung der Arbeitsleistung nicht notwendig, jedoch unmittelbar oder mittelbar dienlich sind und üblicherweise in den Betrieb eingebracht werden (z. B. Werkzeuge, die der Arbeitnehmer anstatt der arbeitgeberseitig gestellten Werkzeuge verwendet, weil sie ihm ein bequemeres, angemesseneres oder einfacheres Arbeiten ermöglichen; MünchArbR/*Blomeyer* § 96 Rz. 34 ff.).

(2) Verhältnismäßigkeitsprinzip; Inhalt der Schutzpflicht

2261 Eine Verwahrungs- und Obhutspflicht besteht nach Maßgabe des Verhältnismäßigkeitsgrundsatzes allerdings nur dann, wenn die Einbringung der Vermögensgegenstände für den Arbeitnehmer erforderlich und für den Arbeitgeber nicht unangemessen, also zumutbar ist.

2262 Als erforderlich gilt z. B. die Unterbringung von Fahrrädern sowie von Mopeds und Fahrrädern mit Hilfsmotor (MünchArbR/*Blomeyer* § 96 Rz. 37).
Für Kraftfahrzeuge hat das *BAG* bisher eine Pflicht des Arbeitgebers zur Schaffung von Unterstellmöglichkeiten dahingestellt sein lassen (28.9.1989 EzA § 611 BGB Parkplatz Nr. 1).
Hat er jedoch Unterbringungsmöglichkeiten geschaffen, besteht für ihn grds. die **allgemeine Verkehrssicherungspflicht**.

2263 Der Arbeitgeber ist verpflichtet, die berechtigterweise auf das Betriebsgelände mitgebrachten Sachen durch **zumutbare Maßnahmen vor Beschädigungen** durch Dritte **zu schützen**. Wie weit diese Pflicht geht, ist im Einzelfall nach **Treu und Glauben** unter Berücksichtigung der betrieblichen und örtlichen Verhältnisse zu bestimmen. Der Arbeitgeber haftet bei schuldhafter Pflichtverletzung auf **Schadensersatz** (*BAG* 25.5.2000 EzA § 611 BGB Arbeitgeberhaftung Nr. 8). Die Fürsorgepflicht des Arbeitgebers beinhaltet auch, Schädigungen zu unterlassen. Der Arbeitgeber hat das Verschulden von Erfüllungsgehilfen in gleichem Umfang zu vertreten wie eigenes Verschulden (§ 278 BGB). Werkunternehmer, die auf dem Betriebsgelände Arbeiten ausführen und nur aufgrund besonderer Umstände mit dem Eigentum des Arbeitnehmers in Berührung kommen, sind aber regelmäßig keine Erfüllungsgehilfen des Arbeitgebers (*BAG* 25.5.2000 EzA § 611 BGB Arbeitgeberhaftung Nr. 8).

(3) Nicht erfasste Gegenstände

2264 Der Schutzpflicht unterliegen nicht die Gegenstände, die für die Arbeitsleistung weder unmittelbar noch mittelbar üblicherweise dienlich sind oder in einem unangemessenen Umfang (z. B. nicht benötigtes Geld) in den Betrieb mitgebracht werden (z. B. Radio- und Fernsehgeräte, Fotoapparate, wertvolle Pelze oder teurer Schmuck). Etwas anderes gilt aber dann, wenn der Arbeitgeber das Mitbringen dieser Gegenstände ausdrücklich erlaubt hat.

(4) Sicherungsmaßnahmen

2265 **Die Art der erforderlichen Sicherungsmaßnahmen richtet sich prinzipiell nach den spezifischen Gefahren, d. h. insbesondere nach den örtlichen Gegebenheiten.**

C. Der Inhalt des Arbeitsverhältnisses

Für Kleidung und ähnliche persönliche Gegenstände müssen sicherbare Schränke 2266
bzw. Kleiderablagen vorhanden sein. Hinsichtlich der Sicherung selbst (z. B. durch
Vorhängeschloss) ist das *BAG* (1.7.1965 AP Nr. 75 zu § 611 BGB Fürsorgepflicht) davon ausgegangen, dass diese dem Arbeitnehmer obliegt. Es erscheint allerdings zweifelhaft, ob dies im Hinblick auf § 34 Abs. 5, 6 ArbStättVO für Gewerbebetriebe aufrechterhalten werden kann, da entsprechende Sicherungsmaßnahmen durch den
Arbeitnehmer selbst nicht vorgesehen sind.

Als Sicherungsmaßnahme gegen den Diebstahl von Wertgegenständen kommt z. B. 2267
die Einrichtung von verschließbaren Fächern in Betracht (vgl. § 34 Abs. 6 ArbStättVO). Gegen die Gefahr der Beschädigung von Fahrzeugen auf Parkplätzen müssen
ggf. Umfriedungen, Absperrungen, Abgrenzungen eingerichtet werden, u. U. muss
auch für eine Bewachung gesorgt werden (MünchArbR/*Blomeyer* § 96 Rz. 40).

Das notwendige Ausmaß der Sicherung wird vom **Verhältnismäßigkeitsgrundsatz** 2268
bestimmt (zur wirtschaftlichen Zumutbarkeit vgl. z. B. *BAG* 1.7.1965 AP Nr. 75 zu
§ 611 BGB Fürsorgepflicht).

Zur Schadensminderung kommt unter Zumutbarkeitsaspekten auch eine Versicherungspflicht in Betracht.

Voraussetzung ist das Bestehen einer Schutzpflicht des Arbeitgebers gegenüber einer 2269
spezifischen Gefahr. Sie fehlt z. B. hinsichtlich Schädigungen durch Dritte auf Parkplätzen (*BAG* 28.9.1989 AP Nr. 5 zu § 611 BGB Parkplatz). Denn insoweit ist die betriebliche Gefahr nicht größer als die übliche häusliche Gefahr des Arbeitnehmers,
wenn er sein Kfz vor seinem Haus oder seiner Wohnung parkt.

Indiz für eine betriebsspezifische Gefahr mit der Folge einer Versicherungspflicht
kann aber jedenfalls die Tatsache sein, dass der Arbeitgeber **üblicherweise die eigenen Gegenstände versichert** (MünchArbR/*Blomeyer* § 96 Rz. 42).

(5) Durchsetzbarkeit
Auf die erforderlichen und angemessenen Sicherungsmaßnahmen hat der Arbeitnehmer einen **einklagbaren Rechtsanspruch** (*BAG* 1.7.1965 AP Nr. 75 zu § 611 BGB 2270
Fürsorgepflicht).

cc) Schadensersatzansprüche des Arbeitnehmers
Schadensersatzansprüche des geschädigten Arbeitnehmers können sich aus **pFV** 2271
(jetzt §§ 280 ff., 241 Abs. 2 BGB n. F.) aus Verletzung der vertraglichen Schutzpflichten des Arbeitgebers oder aus **§ 823 Abs. 1 BGB** (Verletzung der allgemeinen Verkehrssicherungspflicht) ergeben.

> Voraussetzung ist das schuldhafte Unterlassen einer erforderlichen und angemessenen (zurechenbaren) Sicherungsmaßnahme, das der Arbeitgeber bzw. Dritte in
> ihm zurechenbarer Weise (§§ 276, 278, 831 BGB) verschuldet haben.

Die Haftung des Arbeitgebers kann gem. **§ 254 BGB** bei einem Mitverschulden des 2272
Arbeitnehmers entfallen oder jedenfalls reduziert werden. Denn der Arbeitnehmer
bleibt verpflichtet, seinen Besitz oder sein Eigentum vor Verlust oder Beschädigung
zu bewahren, soweit ihm das aufgrund der betrieblichen Verhältnisse und seiner Arbeitsverpflichtung möglich ist.

Ein Mitverschulden des Arbeitnehmers liegt ferner dann vor, wenn er den Siche- 2273
rungsanweisungen des Arbeitgebers zuwiderhandelt. Gleiches gilt, wenn er Wertgegenstände mitbringt, ohne für einen besonderen Schutz zu sorgen. Entscheidend

C. Der Inhalt des Arbeitsverhältnisses

ist stets, ob dem Arbeitnehmer eine Sicherung seiner Gegenstände zumutbar war (*BAG* 18.5.1965 AP Nr. 4 zu § 611 BGB Gefährdungshaftung des Arbeitgebers; vgl. aber jetzt auch § 34 Abs. 5, 6 ArbStättVO).
Dagegen trifft den Arbeitgeber **grds. keine Gefährdungshaftung** (*BAG* [GS] 10.11.1961 AP Nr. 2 zu § 611 BGB Gefährdungshaftung des Arbeitgebers).

dd) Haftungsausschluss

2274 Die Vereinbarung eines Haftungsausschlusses (Freizeichnungsklausel) verstößt nicht gegen § 619 BGB.
Ihre Zulässigkeit richtet sich nach den allgemeinen Grundsätzen. Deshalb ist z. B. ein einseitiger Haftungsausschluss des Arbeitgebers ohne Einwilligung des Arbeitnehmers (z. B. durch Anschlag am schwarzen Brett) grds. unzulässig (*BGH* NJW 1987, 3125).

Gleiches gilt dann, wenn der Arbeitgeber den Haftungsausschluss im Zusammenhang mit der Errichtung neuer Unterstellmöglichkeiten für Vermögensgegenstände der Arbeitnehmer (z. B. Parkplätze) erklärt, soweit er nicht die Nutzungsgenehmigung mit dem Haftungsausschluss ausdrücklich verbindet und auf diese Weise eine zweiseitige Vereinbarung herbeiführt.

2275 Der Haftungsausschluss muss, soweit er auf einer vertraglichen Einheitsregelung, Gesamtzusage beruht, **erforderlich sein, um das Regelungsziel des Arbeitgebers zu erreichen**. Das ist z. B. nicht der Fall, wenn ein Haftungsausschluss für Schäden an Kfz auf betriebseigenen Parkplätzen dazu dienen soll, »Betriebsstörungen« zu vermeiden (*BAG* 28.9.1989 AP Nr. 5 zu § 611 BGB Parkplatz). Ferner muss der Haftungsausschluss **angemessen, also interessengerecht** sein. Das ist nicht der Fall bei einem Haftungsausschluss für Vorsatz und grobe Fahrlässigkeit (vgl. *BAG* 5.3.1959 AP Nr. 26 zu § 611 BGB Fürsorgepflicht).
Ein Haftungsausschluss für Fahrlässigkeit ist **grds. eng auszulegen**, weil es sich um eine den Arbeitnehmer belastende Regelung handelt (*BAG* 10.11.1960 AP Nr. 58 zu § 611 BGB Fürsorgepflicht). I. d. R. wird der Haftungsausschluss für Fahrlässigkeit nicht dem Prinzip der Erforderlichkeit genügen (MünchArbR/*Blomeyer* § 96 Rz. 48).

2276 Individuell vereinbarte Freizeichnungsklauseln unterliegen keiner gerichtlichen Inhaltskontrolle und sind daher in den Grenzen des § 138 Abs. 1 BGB zulässig.

e) Haftung des Arbeitgebers für Eigenschäden des Arbeitnehmers

aa) Problemstellung

2277 Fraglich ist, wie die Rechtslage dann zu beurteilen ist, wenn dem Arbeitnehmer bei Ausführung seiner Arbeitstätigkeit ein Schaden entstanden ist, ohne dass ein Verschulden anderer Arbeitnehmer, die als Erfüllungs- oder Verrichtungsgehilfen anzusehen sein könnten (§§ 278, 831 BGB) gegeben ist, sodass Ansprüche des Arbeitnehmers aus pFV (jetzt §§ 280 ff., 241 Abs. 2 BGB n. F.) sowie aus unerlaubter Handlung gegen den Arbeitgeber ausscheiden.

bb) Keine verschuldensunabhängige Haftung des Arbeitgebers

Eine verschuldensunabhängige Haftung des Arbeitgebers für Schäden, die während der Arbeitsleistung an Sachen des Arbeitnehmers eintreten, besteht aber grds. nicht (s. o. C/Rz. 2271 ff.). Zwar wäre es denkbar, eine solche Verantwortlichkeit aus einer Weiterführung der Haftungseinschränkung des Arbeitnehmers bei durch betriebliche Tätigkeit verursachten Schäden herzuleiten. 2278
Danach hat ein Arbeitgeber sogar die Schäden zu tragen, die der Arbeitnehmer bei betrieblich verursachter Tätigkeit leicht fahrlässig verursacht hat; er hat sie zum Teil zu tragen, wenn sog. mittlere Fahrlässigkeit gegeben ist (s. o. C/Rz. 506 ff.). Dann liegt es nahe, dass der Arbeitgeber erst recht solche Schäden selbst tragen muss, die der Arbeitnehmer schuldlos herbeigeführt hat, und zwar unabhängig davon, ob sie beim Arbeitgeber, einem Dritten oder dem Arbeitnehmer selbst entstehen.
Nach der vom *BAG* (GS 10.11.1961 AP Nr. 2 zu § 611 BGB Gefährdungshaftung des Arbeitgebers) vertretenen Auffassung **dienen die zur betrieblich verursachten Tätigkeit entwickelten Grundsätze** (damals noch zur schadensgeneigten Arbeit) jedoch **nur der Haftungsmilderung, nicht aber dem Ersatz von Eigenschäden des Arbeitnehmers.** 2279

cc) § 670 BGB analog

(1) Grundlagen

Entsprechend § 670 BGB wird gleichwohl eine Haftung des Arbeitgebers für Sachschäden des Arbeitnehmers dann bejaht, wenn der Schaden im Betätigungsbereich des Arbeitgebers entstanden ist. Voraussetzung ist, dass er so ungewöhnlich ist, dass er durch das Arbeitsentgelt nicht als abgegolten anzusehen ist. Nicht ersatzfähig sind daher »arbeitsadäquate« Sachschäden, mit denen der Arbeitnehmer nach der Art des Betriebs oder der Arbeit zu rechnen hat (krit. zur Begründung aus § 670 BGB *Reichhold* NZA 1994, 488 ff.). 2280

Ein »außergewöhnlicher Schaden« liegt immer dann vor, **wenn er im Zusammenhang mit der Arbeitsleistung entstanden und durch die Arbeitsvergütung nicht abgedeckt ist.**

(2) Ausschluss oder Minderung des Anspruchs bei schuldhaftem Verhalten des Arbeitnehmers

Darüber hinaus darf der Schaden **nicht dem Lebensbereich des Arbeitnehmers zuzurechnen und von diesem auch nicht verschuldet sein** ([auch ein Mitverschulden ist analog § 254 BGB zu berücksichtigen und kann zu einer Minderung oder auch zum Wegfall des Anspruchs führen]; vgl. *Frieges* NZA 1995, 403 ff.). 2281
Insoweit sind die Grundsätze über den innerbetrieblichen Schadensausgleich entsprechend heranzuziehen (*BAG* 11.8.1988 § 670 BGB Nr. 19).
Der Anspruch des Arbeitnehmers ist dann ausgeschlossen, wenn er infolge einer schuldhaften Handlungsweise sein Vorgehen den Umständen nach nicht für erforderlich halten durfte. 2282
Insoweit handelt z. B. ein **Journalist** grob fahrlässig, wenn er über einen anderen eine unwahre negative Tatsache verbreitet und für die angebliche Richtigkeit weder auf eigene Kenntnisse noch auf andere Erkenntnisquellen verweist.

C. Der Inhalt des Arbeitsverhältnisses

Wird er gerichtlich in Anspruch genommen, so hat er gegen seinen Auftraggeber keinen Anspruch auf Freistellung von den Gerichtskosten (*BAG* 14.11.1991 EzA § 670 BGB Nr. 22).

(3) Weitere Beispiele

2283 Das *BAG* (20.4.1989 EzA § 670 BGB Nr. 20; krit. dazu MünchArbR/*Blomeyer* § 96 Rz. 54 ff.) hat offen gelassen, ob das auch z. B. für das unbeaufsichtigte Liegenlassen einer Brille im Aufenthaltsraum durch einen **Krankenpfleger** in der Psychiatrie gilt, wenn der Aufenthaltsraum auch von den Patienten benutzt wird.
Nicht ersatzfähig ist jedenfalls der entstehende **Verschleiß der Kleidung**, weil dies dem Lebensbereich des Arbeitnehmers zuzuordnen ist.

2284 Ist der Arbeitnehmer verpflichtet, ein Kfz des Arbeitgebers durch Gebiete außerhalb der BRD und (West-) Berlins zu führen (vor dem Beitritt der neuen Bundesländer zur BRD), so gehört die Gefahr, bei einem Unfall von Strafverfolgungsmaßnahmen der örtlichen Behörden (der damaligen DDR) betroffen zu werden, insoweit zum Betätigungsbereich des Arbeitgebers, als diese Maßnahmen unzumutbar sind und der Arbeitnehmer für die Übernahme dieses Risikos keine angemessene Vergütung erhält.
Lässt der Arbeitnehmer eine **Kaution** verfallen, um einer unzumutbaren Freiheitsstrafe (in der ehemaligen DDR) zu entgehen, so kann er für die ihm dadurch entstandenen Vermögensschäden entsprechend § 670 BGB Ersatz fordern.
Der Arbeitgeber hat insoweit Ersatz zu leisten, als die Strafverfolgungsmaßnahmen unzumutbar ist, die Gefahr also seinem unternehmerischen Betätigungsbereich zuzuordnen ist. Der Anspruch des Arbeitnehmers kann allerdings analog § 254 BGB ganz oder teilweise ausgeschlossen sein (s. o. C/Rz. 2281).

2285 Verursacht ein **Berufskraftfahrer** in Ausübung einer betrieblichen Tätigkeit unverschuldet einen schweren Verkehrsunfall und wird wegen dieses Unfalls gegen ihn ein staatsanwaltschaftliches Ermittlungsverfahren eingeleitet, hat ihm der Arbeitgeber die **erforderlichen Kosten der Verteidigung** (dies sind grds. die gesetzlichen Gebühren) zu ersetzen. Arbeitsrechtlich ist ein Berufskraftfahrer in diesem Zusammenhang ohne besondere Vereinbarung und Vergütung nicht zum Abschluss einer Rechtsschutzversicherung verpflichtet (*BAG* 16.3.1995 EzA § 670 BGB Nr. 24).

dd) Verkehrsunfälle mit dienstlich genutztem Privat-Pkw oder sonstigem Privatfahrzeug; Diebstahl des Firmen-Pkw

2286 Besonderheiten gelten dann, wenn der Arbeitnehmer mit seinem eigenen beruflich genutzten Pkw einen Verkehrsunfall erlitten hat (*BAG* 8.5.1980 EzA § 670 BGB Nr. 14).

> Der Arbeitgeber muss dem Arbeitnehmer die an dem Kfz ohne Verschulden des Arbeitgebers entstandenen Unfallschäden dann ersetzen, wenn das Fahrzeug mit Billigung des Arbeitgebers ohne besondere Vergütung im Betätigungsbereich des Arbeitgebers eingesetzt war.
> Ein Ersatz im Betätigungsbereich des Arbeitgebers ist dann anzunehmen, wenn ohne Einsatz des Fahrzeugs des Arbeitnehmers der Arbeitgeber ein eigenes Fahrzeug einsetzen und damit dessen Unfallgefahr tragen müsste (*BAG* 14.12.1995 EzA § 611 BGB Arbeitgeberhaftung Nr. 4).

C. Der Inhalt des Arbeitsverhältnisses

Beispiel:
Wird der Privat-PKW des Arbeitnehmers nicht während einer Dienstfahrt, sondern 2287
in der Zeit zwischen zwei am selben Tage durchzuführenden Dienstfahrten während
des Parkens in der Nähe des Betriebes beschädigt, gehört auch dieses Vorhalten des
Kfz während der Innendienstzeit des Arbeitnehmers zum Einsatz im Betätigungsbereich des Arbeitgeber. Der anderweitig nicht ersetzte Sachschaden ist vom Arbeitgeber auszugleichen (*BAG* 14.12.1995 EzA § 611 BGB Arbeitgeberhaftung Nr. 4).
Diese Grundsätze gelten z. B. auch dann, wenn ein Forstarbeiter mit Billigung seines 2288
Arbeitgebers seinen Schlepper zu betrieblich veranlassten Tätigkeiten einsetzt; das
gilt selbst dann, wenn über das Fahrzeug des Arbeitnehmers mit dem Arbeitgeber
ein **Mietvertrag** abgeschlossen worden war (*BAG* 17.7.1997 EzA § 611 BGB Arbeitgeberhaftung Nr. 6; vgl. dazu *Zeranski* NJW 1999, 1085 ff.). Das *LAG Nürnberg*
(24.9.1997 NZA-RR 1998, 199) hält § 670 BGB auch dann für analog anwendbar,
wenn der Arbeitnehmer sein **privates Reisegepäck** während einer geschäftlichen Besprechung im Firmen-Pkw eingeschlossen hat, der Pkw jedoch mit Gepäck gestohlen
wird.
Die Ersatzpflicht des Arbeitgebers umfasst regelmäßig auch den Nutzungsausfall- 2289
schaden, es sei denn, die Ersatzfähigkeit ist in einer Vereinbarung (z. B. einer Betriebsvereinbarung) ausdrücklich ausgenommen (*BAG* 7.9.1995 NZA 1996, 32).
Ein Mitverschulden des Arbeitnehmers bei der Entstehung des Schadens ist gem.
§ 254 BGB zu berücksichtigen (s. o. C/Rz. 2281); allerdings ist der Arbeitnehmer
ohne besondere Vereinbarung und Vergütung nicht zum Abschluss einer Vollkaskoversicherung verpflichtet (*Berndt* NJW 1997, 2213 ff.).
Benutzt dagegen der Arbeitnehmer seinen privaten Pkw zur Erledigung arbeitsver- 2290
traglicher Verrichtungen und zahlt der Arbeitgeber die nach Steuerrecht anerkannte
Kilometerpauschale, so hat der Arbeitgeber für die Kosten der Rückstufung der
Haftpflichtversicherung, die durch einen bei der Arbeitsverrichtung eingetretenen
Unfall verursacht worden ist, nur einzustehen, wenn dies zwischen den Parteien vereinbart war. Haben die Parteien eine Kilometerpauschale vereinbart und war der Arbeitnehmer in der Auswahl seines Pkws und der Versicherungsgesellschaft frei, so ist
im Zweifel anzunehmen, dass mit Zahlung der Kilometerpauschale auch Rückstufungserhöhungen in der Haftpflichtversicherung abgegolten sind (*BAG* 30.4.1992
EzA § 670 BGB Nr. 23; vgl. auch *Nägele* NZA 1997, 1198 ff.). Vereinbaren die Parteien
des Arbeitsverhältnisses den Abschluss **einer Vollkaskoversicherung mit Selbstbeteiligung**, dann handelt es sich im Schadensfall nach Auffassung von *Berndt* (NJW
1997, 2214 ff.) um außergewöhnliche Kosten, die im Zweifel nicht mit der Kilometerpauschale abgegolten sind.
Der Arbeitgeber kann auch mit dem Arbeitnehmer vereinbaren, dass er gegen Zah- 2291
lung einer **Kfz-Pauschale** (z. B. in Höhe von 200,– Euro brutto pro Monat) nicht für
Unfallschäden an dem für Dienstfahrten benutzten eigenen Kfz haftet (*LAG Baden
Württemberg* NZA 1992, 458).

(1) Tätigkeit als Wahlvorstand; Betriebsrat
Der Ersatz von Unfallschäden, den ein Mitglied des Wahlvorstandes bei der Benut- 2292
zung des eigenen Pkw erleidet, kommt dann in Betracht, wenn der Arbeitgeber die
Benutzung ausdrücklich gewünscht hat oder diese erforderlich war, damit das Mitglied des Wahlvorstandes seine gesetzlichen Aufgaben wahrnehmen konnte (*BAG*
3.3.1983 EzA § 20 BetrVG 1972 Nr. 12).

C. Der Inhalt des Arbeitsverhältnisses

2293 Dagegen hat der Arbeitgeber einem Betriebsratsmitglied einen Unfallschaden, den dieses grob fahrlässig verursacht hat, nicht zu ersetzen, auch wenn es den Pkw im Einverständnis des Arbeitgebers für eine Fahrt zu einer Betriebsratssitzung benutzt hat (*LAG Hamm* 16.4.1997 BB 1997, 2007).

(2) Haftungsausschluss

2294 Dagegen kann ein Arbeitgeber, der nicht der gesetzlichen Versicherungspflicht unterliegt, die Haftung für Schäden, die bei dem Betrieb seiner Kraftfahrzeuge entstehen, gegenüber seinen berechtigterweise auf dem Betriebshof parkenden Arbeitnehmern grds. nicht durch vertragliche Einheitsregelung ausschließen (*BAG* 28.9.1989 EzA § 611 BGB Parkplatz Nr. 1).

ee) Ärztliche Untersuchungen

2295 Vorbeugende ärztliche Untersuchungen, die wegen besonderer gesundheitlicher Gefahren der betrieblichen Tätigkeit auf Anordnung des Arbeitgebers durchgeführt werden, unterliegen der gesetzlichen Unfallversicherung. Für Personenschäden, die ein Arbeitnehmer dabei erleidet, gilt zugunsten des Arbeitgebers der Haftungsausschluss des § **636 Abs. 1 RVO** (*BAG* 18.10.1990 EzA § 636 RVO Nr. 11).

f) Aufwendungsersatz

aa) Begriffsbestimmung

2296 Aufwendungsersatz steht dem Arbeitnehmer zu, sobald er eigenes Vermögen im Interesse des Arbeitgebers einsetzt und diese Aufwendung nicht durch das Arbeitsentgelt abgegolten ist (§§ 670, 675 BGB; vgl. *BAG* 11.8.1988 EzA § 670 BGB Nr. 19).
Aufwendungen sind freiwillige Vermögensopfer, die entweder als Folge einer Arbeitgeberweisung entstehen oder die der Arbeitnehmer im Rahmen seiner arbeitsvertraglichen Pflichten den Umständen nach für erforderlich halten durfte (anwendbar sind insoweit §§ 675, 662 ff. BGB; *BAG* 21.8.1985 EzA § 618 BGB Nr. 5; vgl. ausf. *Busemann* Die Haftung des Arbeitnehmers gegenüber dem Arbeitgeber und Dritten Rz. 73 ff.).).

Soweit allerdings eine erschöpfende tarifliche Regelung besteht, wird § 670 BGB verdrängt (vgl. §§ 42, 44 BAT, § 7 BRTV Bau).

bb) Ersatzfähige Aufwendungen

2297 Ersatzfähige Aufwendungen sind insbesondere **Fahrt- und Reisekosten** bei auswärtiger Beschäftigung (z. B. Auslösung, Auswärtszulage, Reisespesen, Trennungsgeld).

2298 Nicht ersatzfähig sind dagegen Kosten der Anfahrt zum Arbeitsplatz (Wegezeit). Vorbehaltlich abweichender tariflicher Sonderregelungen (z. B. § 44 Abs. 1 BAT) sind **Umzugskosten** zu erstatten, wenn der Arbeitnehmer aus dienstlichen Gründen (also im Arbeitgeberinteresse) versetzt wird (*BAG* 21.3.1973 AP Nr. 4 zu § 44 BAT).

2299 Stellt der Arbeitgeber nicht, wie üblich, die Arbeitsmittel (insbesondere Werkzeug) zur Verfügung, werden häufig Entschädigungszahlungen für die betriebliche Benutzung von Werkzeugen des Arbeitnehmers vereinbart (sog. **Werkzeuggeld**).

Ohne Vereinbarung kommt ein Anspruch auf Aufwendungsersatz für Arbeitsmittel jedoch grds. nicht in Betracht, da eine diesbezügliche arbeitsvertragliche Verpflichtung nicht besteht (MünchArbR/*Blomeyer* § 96 Rz. 69).
Eine gesetzliche Verpflichtung des Arbeitgebers zur Überlassung von **Arbeitskleidung** besteht nur für Schutzkleidung, die aufgrund Arbeitsschutzrechts dem Arbeitnehmer zur Verfügung zu stellen ist. Darf der Arbeitnehmer sich z. B. Sicherheitsschuhe selbst anschaffen, so hat er einen Erstattungsanspruch (§§ 662 ff. BGB). Im Übrigen werden Kleidungsfragen und deren Vergütung i. d. R. durch Tarifvorschriften geregelt.

2300

cc) Kosten der persönlichen Lebensführung
Sind Aufwendungen weder durch den Arbeitgeber veranlasst noch unmittelbar durch vertragliche Aufgaben gefordert oder gelten sie als durch das Arbeitsentgelt abgegolten, so gehören sie zu den Kosten der persönlichen Lebensführung (z. B. Kosten für die Verpflegung oder die Parkplatzbenutzung).

2301

dd) Geldstrafen; Bußgelder

Im Hinblick auf den öffentlich-rechtlichen Strafcharakter sind auch die vom Arbeitnehmer gezahlten Geldstrafen und Bußgelder (von einer Darlehenshingabe oder einem Vorschuss abgesehen) grds. nicht ersatzfähig, ausgenommen dann, wenn der Arbeitgeber vertraglich verpflichtet ist, den Arbeitnehmer vor einem Gesetzesverstoß zu bewahren (*BAG* 28.5.1960 AP Nr. 19 zu § 611 BGB Haftung des Arbeitnehmers; vgl. *Busemann* Die Haftung des Arbeitnehmers gegenüber dem Arbeitgeber und Dritten Rz. 80). Zur Kaution s. o. C/Rz. 2284).

2302

Das ist i. d. R. nicht der Fall. So muss sich z. B. der LKW-Fahrer vor Fahrtantritt von der Sicherheit und Zulassung des ihm vom Arbeitgeber überlassenen Fahrzeugs selbst überzeugen.
Strafbarkeitserwägungen (**Strafbarkeit einer Begünstigung** gem. § 257 StGB) verbieten es, die Erstattung der Strafe vor Begehung der Straftat (z. B. bei Verstößen gegen Straßenverkehrsvorschriften im Verkehrsgewerbe) vertraglich zu vereinbaren (vgl. *Holly/Friedhofen* NZA 1992, 149 ff.).
Zusagen des Arbeitgebers über die Erstattung von etwaigen Geldbußen für Verstöße der Arbeitnehmer gegen Vorschriften über Lenkzeiten im Güterfernverkehr sind zudem sittenwidrig und daher nach **§ 138 BGB unwirksam**. Ein Arbeitgeber, der durch entsprechende Anordnungen bewusst in Kauf nimmt, dass es zum Verstoß gegen Vorschriften über Lenkzeiten kommt, handelt sittenwidrig und ist nach **§ 826 BGB gegenüber dem Arbeitnehmer** zum Schadensersatz verpflichtet. Zu dem zu ersetzenden Schaden gehört jedoch aus den dargestellten Gründen nur in Ausnahmefällen die Erstattung von Geldbußen, die gegen den Arbeitnehmer verhängt werden (*BAG* 25.1.2001 EzA § 611 BGB Arbeitgeberhaftung Nr. 9).

Bei strafrechtlichen Verurteilungen kann demgegenüber nach der Rechtsprechung des *BGH* (7.11.1990 NJW 1991, 991) der **Redakteur** einer Zeitschrift bei Vorliegen von leichter oder mittlerer Fahrlässigkeit sowohl die (vollständige oder teilweise) Bezahlung von Geldstrafen als auch die Erstattung von Prozesskosten und Schmerzens-

2303

geldern bei Persönlichkeitsverletzungen verlangen, zu denen er verurteilt worden ist (s. o. C/Rz. 561).

g) Sonstige Vermögenssorge

2304 Der Arbeitgeber ist zur Abführung von Lohnsteuer und Sozialversicherungsbeiträgen verpflichtet (s. o. C/Rz. 637 ff.), ferner sind ihm bei Lohnpfändung als Drittschuldner z. B. Auskunftspflichten auferlegt (§ 840 ZPO; s. o. C/Rz. 1054 ff.).
Schließlich kommen insbesondere im Hinblick auf den Abschluss von Aufhebungsverträgen Aufklärungs- und Belehrungspflichten in Betracht (s. u. D/Rz. 2504 ff.).

2305 Es ist im übrigen Sache des Arbeitnehmers, der vorübergehend für seinen Arbeitgeber im Ausland, z. B. in den USA tätig wird, sich über den Umfang des Krankenversicherungsschutzes im Ausland bei seiner Krankenkasse zu informieren. Den Arbeitgeber trifft keine Informations- und Beratungspflicht gegenüber dem Arbeitnehmer (*Hessisches LAG* 4.9.1995 NZA 1996, 482).

h) Schutz der Arbeitnehmerpersönlichkeit; Mobbing

aa) Begriffsbestimmung

2306 Gem. § 823 Abs. 1 BGB hat der Einzelne, also auch der Arbeitnehmer, gegenüber jedermann das Recht auf Achtung seiner Menschenwürde und Entfaltung seiner individuellen Persönlichkeit. Zwar ist dieses Recht nicht mit dem Persönlichkeitsgrundrecht gem. Art. 2 Abs. 1 i. V. m. Art. 1 Abs. 1 GG identisch; es entfaltet aber vielfach eine gleichartige Wirkung (zu Art. 2 Abs. 1 i. V. m. Art. 1 Abs. 1 GG s. o. A/Rz. 329 ff.).

> Es handelt sich in erster Linie um ein Abwehrrecht gegenüber rechtswidrigen Eingriffen in die Persönlichkeitssphäre, das Rechtsgrundlage für Unterlassungspflichten des Arbeitgebers sein kann (vgl. *Wiese* ZfA 1971, 297 f.).

2307 Inhaltlich bezieht sich der Schutz auf die Achtung der Menschenwürde des Arbeitnehmers (**Persönlichkeitssphäre**) und auf die freie Entfaltung seiner Persönlichkeit (**Freiheitssphäre**).
Der Arbeitnehmer hat aufgrund des Persönlichkeitsrechts z. B. einen Anspruch darauf, dass der Arbeitgeber den vom Arbeitnehmer erworbenen akademischen Grad im Geschäftsverkehr nach außen in seiner konkreten Ausgestaltung korrekt verwendet (*BAG* 8.2.1984 AP Nr. 5 zu § 611 BGB Persönlichkeitsrecht).

2308 Der Arbeitgeber ist insgesamt verpflichtet, das allgemeine Persönlichkeitsrecht der bei ihm beschäftigten Arbeitnehmer nicht selbst durch Eingriffe in deren Persönlichkeits- oder Freiheitssphäre zu verletzen, diese vor Belästigungen durch Mitarbeiter oder Dritte, auf die er einen Einfluss hat, zu schützen, einen menschengerechten Arbeitsplatz zur Verfügung zu stellen und die **Arbeitnehmerpersönlichkeit zu fördern** (*Thüringer LAG* 10.4.2001 NZA-RR 2001, 347).

bb) Grenzen des Persönlichkeitsschutzes

2309 Die Grenzen des Persönlichkeitsschutzes bestimmen sich nach Maßgabe des Verhältnismäßigkeitsgrundsatzes.
Der Eingriff in die Persönlichkeitssphäre ist zulässig, wenn er nach Inhalt, Form und Begleitumständen nicht nur das gebotene (erforderliche), sondern auch das

schonendste (verhältnismäßige) Mittel zur Erreichung des rechtlich gebilligten Zwecks des Arbeitgebers ist (*Wiese* ZfA 1971, 283).

Daher muss in jedem Einzelfall nach sorgfältiger objektiver Würdigung der beiderseitigen Interessen und der sonstigen Umstände (z. B. Schwere, Art, Dauer, Anlass, Mittel und Zweck der Beeinträchtigung) eine **Güter- und Interessenabwägung** erfolgen.

cc) Einzelfälle

(1) Überwachungsmaßnahmen
Folglich kann eine Verletzung des Persönlichkeitsrechts vorliegen, wenn der Arbeitnehmer einem ständigen Überwachungsdruck dadurch unterworfen wird, dass der Arbeitgeber sich vorbehält, **jederzeit ohne konkreten Hinweis** den Arbeitsplatz durch versteckt aufgestellte Videokameras zu beobachten (s. o. A/Rz. 329). Andererseits kann eine derartige Überwachung z. B. dann erforderlich sein, wenn Warenverluste in erheblichem Umfang eingetreten sind und die heimliche ständige Überwachung das einzig brauchbare Mittel ist, um die Täter zu ermitteln.
Eine versteckte Überwachung ist z. B. dann verhältnismäßig, wenn sie nicht auf den Arbeitnehmer zielt (z. B. **Maschinenkontrolle**). Zulässig ist eine Überwachung auch, wenn sie für den Arbeitnehmer sichtbar ist, sodass er sich darauf nicht nur einstellen, sondern ihr auch gelegentlich ausweichen kann (MünchArbR/*Blomeyer* § 97 Rz. 7).
Nicht gerechtfertigt ist die Überwachung zu dem Zweck, eine sorgfältige Arbeit zu gewährleisten, wohl aber dann, wenn sie aus Sicherheitsgründen (z. B. **Bankschalter**) durchgeführt wird, oder wenn sie auf den maschinellen Arbeitsvorgang (z. B. Maschinensicherheitskontrolle) zielt und nur mittelbar den Arbeitnehmer kontrolliert. Entscheidend ist das berechtigte Sachinteresse des Arbeitgebers an bestimmten Informationen, nicht jedoch die rasche und kostengünstige Art der Verfügbarkeit der Informationen (vgl. *Röckl/Fahl* NZA 1998, 1035 ff.).
In jedem Fall muss der Arbeitnehmer über die Überwachung generell informiert werden (GK-BetrVG/*Wiese* § 87 Rz. 345; *Wiese* ZfA 1971, 287).
Im Streitfall zwischen Arbeitgeber und Arbeitnehmer bedarf es hinsichtlich der Einhaltung der tatsächlichen Voraussetzungen des Verhältnismäßigkeitsprinzips substantiierten Sachvortrages durch den Arbeitgeber (BAG 7.10.1987 DB 1988, 403).
Zur Überwachung von Arbeitnehmer-e-mails vgl. *Raffler/Hellich* NZA 1997, 862 ff.

(2) Abhören von Telefongesprächen; Mithören von Gesprächen über eine Bürosprechanlage

Das Abhören dienstlicher und privater Telefongespräche ist generell unzulässig (*Wiese* ZfA 1971, 289 ff.; a. A. *LAG Baden-Württemberg* DB 1977, 776).
Das Mithören oder Mithörenlassen eines Telefongesprächs z. B. durch Zweithörer, Lautsprecher, ist mit konkreter Kenntnis des Arbeitnehmers grds. zulässig, nicht aber, wenn es ausdrücklich oder konkludent als vertraulich bezeichnet ist (s. o. A/Rz. 331 f.).

Weitergehend wird in der Literatur (*Zöller/Greger* § 286 Rz. 15 b) angenommen, dass das Mithören von Telefongesprächen durch Dritte ohne Bekanntgabe dieses Umstandes an den Gesprächspartner dessen Persönlichkeitsrecht zwar bei Gesprächen erkennbar persönlichen Inhalts, also mit vertraulichen Charakter berührt, nicht aber bei sonstigen Gesprächen. Denn das Mithören über Lautsprecher oder einen zweiten Kopfhörer ist inzwischen derart verbreitet, dass die Kenntnis hiervon zu unterstellen ist und es dem Gesprächspartner zugemutet werden kann, den Wunsch, Dritte am Gespräch nicht zu beteiligen, ausdrücklich zu äußern (*BGH* NJW 1982, 1398; a. A. *LAG Hamm* 1.9.1995 LAGE § 611 BGB Persönlichkeitsrecht Nr. 7).

2315 Auch Telefongespräche, die der Arbeitnehmer von seinem **Dienstapparat** aus führt, unterliegen dem Schutz durch das allgemeine Persönlichkeitsrecht. Der Schutz des gesprochenen Wortes wird auch nicht durch die Kenntnis einer Mithörmöglichkeit beseitigt. **Deshalb kann nicht von einer Einwilligung in ein keinem der Gesprächspartner bekanntes Mithören, etwa durch den Arbeitgeber, ausgegangen werden** (*BVerfG* 19.12.1991 AP Nr. 24 zu § 611 BGB Persönlichkeitsrecht).

2316 Lässt der Arbeitgeber einen Dritten über eine **Bürosprechanlage** eine Unterredung mit einem Arbeitnehmer, dem er kündigen will, ohne dessen Wissen mithören, so verletzt er u. U. das Persönlichkeitsrecht, wenn der Arbeitgeber dem Arbeitnehmer zu erkennen gegeben hat, dass er die Unterredung vertraulich behandeln wolle. Das ist dann der Fall, wenn die Unterredung unter vier Augen im Büro des Arbeitgebers hinter geschlossener Türe stattfindet (*BAG* 2.6.1982 EzA Art. 2 GG Nr. 2).

2317 Zusammenfassend hat das *BAG* (29.10.1997 EzA § 611 BGB Persönlichkeitsrecht Nr. 12; zust. *Löwisch/Wallisch* SAE 1998, 289 ff.; krit. *Kopke* NZA 1999, 917 ff.) in diesem Zusammenhang folgende **Grundsätze** aufgestellt:
- Das heimliche Mithörenlassen von Telefongesprächen zwischen Arbeitnehmer und Arbeitgeber **ist im Allgemeinen unzulässig**. Es verletzt das Persönlichkeitsrecht des Gesprächspartners. Auf diese Weise erlangte Beweismittel dürfen nicht verwendet werden (s. u. C/Rz. 2353 f.).
- Wer jemanden mithören lassen will, hat seinen Gesprächspartner vorher darüber zu informieren. Dieser ist **nicht** gehalten, sich seinerseits **vorsorglich zu vergewissern**, dass niemand mithört.
- Art. 6 Abs. 1 EMRK – Gebot der Waffengleichheit im gerichtlichen Verfahren – gebietet **nicht die Vernehmung des heimlich mithörenden Zeugen**. Das gilt jedenfalls dann, wenn die Partei, die ihn hat mithören lassen, keinen gewichtigen Grund dafür hatte, dies zu tun. Denn dann hat sie ihre Beweisnot durch das Unterlassen des Hinweises auf das Zuschalten der Mithöranlage selbst verursacht.

(3) **Erfassung von Telefondaten**

2318 Bei Dienstgesprächen ist die Erfassung der Telefondaten (Zahl, Zeitpunkt, Gebühreneinheiten usw.) grds. **zulässig**, weil nur das Arbeitsverhalten des Arbeitnehmers, nicht aber seine Persönlichkeit unmittelbar betroffen ist.

Für die Zielnummer gilt das dann nicht, wenn der Gesprächspartner des Arbeitnehmers ein berechtigtes Interesse an der Geheimhaltung hat und der Arbeitnehmer selbst sogar zur Geheimhaltung seinem Gesprächsteilnehmer gegenüber verpflichtet ist (z. B. gem. § 203 Abs. 1 StGB; *BAG* 13.1.1987 EzA § 87 BetrVG Kontrolleinrichtung Nr. 17).

Den Dienstgesprächen gleichzustellen sind **Privatgespräche aus dienstlichem An-** 2319
lass (z. B. Mitteilung an Familienangehörige, dass sich die Heimkehr aus dienstlichen
Gründen verspätet). Hier kann auch die Angabe der Zielnummer verlangt werden,
weil das Interesse des Arbeitgebers an der Verhinderung von Missbrauch überwiegt
(*BAG* 27.5.1986 EzA § 87 BetrVG Kontrolleinrichtung Nr. 16).
Zulässig ist ferner die Erfassung der Daten der abgehenden **reinen Privatgespräche**
nach Zahl, Zeitpunkt, Dauer usw. Die Zielnummer darf dagegen nur erfasst werden,
wenn das der Arbeitnehmer (z. B. zur Überprüfung der Kosten) wünscht (*BAG*
27.5.1986 EzA § 87 BetrVG Kontrolleinrichtung Nr. 16).

(4) Video-Überwachung
Ein Video-Spähangriff eines Arbeitgebers gegen eine Kassiererin eines Einzelhandels- 2320
betriebes verstößt jedenfalls dann gegen das allgemeine Persönlichkeitsrecht, wenn
vor Beginn des Angriffs **kein durch Tatsachen begründeter Tatverdacht** einer vorsätzlichen schweren Vertragsverletzung oder Straftat gerade gegen diese, sondern
nur ein **pauschaler Verdacht** gegen die gesamte Belegschaft bestanden hat (*LAG Baden-Württemberg* 6.5.1999 BB 1999, 1439; ebenso *Maschmann* NZA 2002, 13 ff.).

(5) »Zuverlässigkeitstests«
Der Arbeitgeber hat das Recht, seine Mitarbeiter zu kontrollieren. Auf die Probe stel- 2321
len darf er sie aber nur, wenn gegen sie der **konkrete Verdacht** einer gegen den Arbeitgeber gerichteten Straftat oder einer schweren Arbeitspflichtverletzung besteht. Ehr-
lichkeitstests **ohne konkreten Kontrollanlass** sind dagegen nur zulässig, wenn der
Arbeitgeber **keine andere Möglichkeit** hat, sich von der Rechtschaffenheit seiner
im Außendienst oder vergleichbar »unbeaufsichtigt« tätigen Mitarbeiter zu überzeugen. Der Mitarbeiter darf nicht nur mit dem Ziel auf die Probe gestellt werden, ihn
»hereinzulegen«. Unzulässig ist auch die Anwendung strafbarer oder sonst verwerf-
licher Mittel. Der Arbeitgeber darf dem Mitarbeiter zwar die günstige Gelegenheit
zur Begehung einer Straftat verschaffen, er darf ihn aber nicht dazu anstiften. **Die
Grenze zwischen noch erlaubter Herausforderung und unzulässiger Verführung
lässt sich nur im Einzelfall unter Berücksichtigung sämtlicher Umstände bestimmen** (*Maschmann* NZA 2002, 13 ff.).

(6) Persönlichkeitsanalysen
Anzuwenden sind diese Grundsätze auch bei Persönlichkeitsanalysen (s. o. 2322
B/Rz. 289 ff.), ärztlichen Untersuchungen, genetischen Analysen, Torkontrollen
mit Leibesvisitationen, Befragungen beim Einstellungsverfahren (s. o. B/Rz. 209 ff.)
und bei der Verpflichtung des Arbeitgebers zu Auskünften gegenüber Dritten (s. o.
B/Rz. 293 ff.).

(7) Mobbing

aaa) Begriffsbestimmung
Bei dem Begriff Mobbing handelt es sich **nicht** um einen **eigenständigen juristi-** 2323
schen Tatbestand. Die rechtliche Einordnung der unter diesen Begriff zusammenzu-
fassenden Verhaltensweisen beurteilt sich ausschließlich danach, ob diese die tatbestandlichen Voraussetzungen einer Rechtsvorschrift erfüllen, aus der sich die gewünschte Rechtsfolge herleiten lässt. Die juristische Bedeutung der durch den
Begriff Mobbing gekennzeichneten Sachverhalte besteht darin, der Rechtsanwen-

C. Der Inhalt des Arbeitsverhältnisses

dung Verhaltensweisen zugänglich zu machen, die bei **isolierter Betrachtung** der einzelnen Handlungen die **tatbestandlichen Voraussetzungen** von Anspruchs-, Gestaltungs- und Abwehrrechten nicht oder nicht in einem der Tragweite des Falles angemessenem Umfang erfüllen können. Ob ein Fall von Mobbing vorliegt, hängt von den Umständen des Einzelfalles ab. Dabei ist eine **Abgrenzung** zu dem im gesellschaftlichen Umgang im Allgemeinen **üblichen oder rechtlich erlaubten** und deshalb hinzunehmenden **Verhalten erforderlich**.

2324 Arbeitsrechtlich erfasst der Begriff Mobbing fortgesetzte, aufeinander aufbauende oder ineinander übergreifende, der Anfeindung, Schikane oder Diskriminierung dienende Verhaltensweisen, die nach Art und Ablauf im Regelfall einer übergeordneten, von der Rechtsordnung nicht gedeckten Zielsetzung förderlich sind und jedenfalls in ihrer Gesamtheit das allgemeine Persönlichkeitsrecht oder andere ebenso geschützte Rechte, wie die Ehre oder die Gesundheit des Betroffenen verletzen. Ein vorgefasster Plan ist nicht erforderlich (*Thüringer LAG* 10.4.2001 NZA-RR 2001, 347; vgl. dazu *Aigner* BB 2001, 1354 ff.; *Kerst-Würkner* ArbuR 2001, 251 ff.; vgl. auch *ArbG Ludwigshafen* 6.11.2000 ARST 2001, 188 Ls).

bbb) Inhalt des Schutzrechts; Zurückbehaltungsrecht

2325 Die Arbeitnehmer sind in der Konsequenz des von der Verfassung vorgegebenen humanitären Wertesystems verpflichtet, das durch Art. 1, 2 GG geschützte Recht auf Achtung der Würde und der freien Entfaltung der Persönlichkeit der anderen bei ihrem Arbeitgeber beschäftigten Arbeitnehmer nicht durch Eingriffe in deren Persönlichkeits- und Freiheitssphäre zu verletzen; dies gilt auch deshalb, weil sie dem Arbeitgeber keinen Schaden zufügen dürfen (*LAG Thüringen* 15.2.2001 NZA-RR 2001, 577). Der **Arbeitnehmer hat** nämlich seinerseits **einen Anspruch darauf**, dass ihn der Arbeitgeber auch **vor Gefahren psychischer Art schützt**. Er kann verlangen, dass er vor systematischen Anfeindungen und vor schikanösem Verhalten durch Kollegen oder Vorgesetzte geschützt wird. Der Arbeitgeber muss sich gem. **§ 278 BGB** auch das Verhalten solcher Personen zurechnen lassen, die als Vorgesetzte in seinem Namen handeln. Die Ausübung des Zurückbehaltungsrechts in Bezug auf Arbeitsleistung stellt einen Schaden für den Arbeitgeber dar, weil es geeignet ist, Druck auf den Arbeitgeber zur Lösung eines Arbeitsplatzkonflikts auszuüben. Dieser ist aber nur erforderlich, wenn der Arbeitnehmer einseitig einer schikanösen Behandlung durch den Arbeitgeber ausgesetzt ist und die **Eskalation am Arbeitsplatz nicht mitverursacht hat** (*LAG Niedersachsen* 3.5.2000 NZA-RR 2000, 517; vgl. auch *ArbG Duisburg* 29.6.2000 NZA-RR 2001, 304: Allein die rechtswidrige Ausübung des Direktionsrechts durch den Arbeitgeber ist noch kein Mobbing).

ccc) Schadensersatz

2326 Wahrheitswidrige Angaben einer vorgesetzten Person über einen Arbeitnehmer, die zu dessen Entlassung führen, begründen einen Anspruch des Entlassenen gegen den Vorgesetzten auf Ersatz des Verdienstausfalls und sonstiger Schäden (*LAG Hamm* 30.11.2000 – 8 Sa 878/00 –).

ddd) Schmerzensgeld

2327 Die fortgesetzte und schwerwiegende Verletzung des Persönlichkeitsrechts eines Arbeitnehmers durch das von einem Vorgesetzten begangene Mobbing begründet einen

Schmerzensgeldanspruch **sowohl gegenüber dem Arbeitgeber als auch gegenüber dem Vorgesetzten** (Gesamtschuldner; *LAG Rheinland-Pfalz* 16.8.2001 – 6 Sa 415/01 –). Die Höhe des Schmerzensgeldes wegen etlicher Verletzungen des Persönlichkeitsrechts ist nicht am Gehalt des »Gemobbten«, sondern an der **Rechtsprechung der Zivilgerichte** bei Herabwürdigungen und Körperverletzungen zu orientieren (*LAG Rheinland-Pfalz* 16.8.2001 – 6 Sa 415/01 –; a. A. *ArbG Ludwigshafen* 6.11.2000 ARST 2001, 188 Ls.).

Der Arbeitnehmer kann andererseits nach Auffassung des *ArbG Lübeck* (7.9.2000 – 2 Ca 1850 b/00 –) vom Arbeitgeber nur dann Schmerzensgeld wegen Mobbing beanspruchen, wenn er konkret darlegt, dass es sich bei den Vorgehensweisen des Arbeitgebers um **dauerhafte, systematische degradierende oder beleidigende Handlungen** handelt und er dadurch eine psychische Gesundheitsbeeinträchtigung erleidet. Maßnahmen, die arbeitsrechtlich zulässig sind, können grds. nicht Grundlage eines Schmerzensgeldanspruchs sein. Gleiches gilt für nur einzelne rechtswidrige Maßnahmen. 2328

Es besteht auch dann **kein Anspruch** auf Schmerzensgeld wegen Mobbings, wenn der Arbeitgeber einen suchtkranken Arbeitnehmer **nicht ausreichend** bezüglich seines Verhaltens gegenüber dem Arbeitnehmer **überwacht**, aber darauf beruhende Gesundheitsstörungen oder schwere Verletzungen des Persönlichkeitsrechts des Arbeitnehmers nicht dargetan sind (*LAG Baden-Württemberg* 5.3.2001–15 Sa 106/00 –). 2329

eee) Anspruch auf Beschädigtenversorgung nach dem Gesetz über die Entschädigung für Opfer von Gewalttaten (OEG)

§ 1 Abs. 1 OEG setzt u. a. voraus, dass eine Person durch einen vorsätzlichen, rechtswidrigen tätlichen Angriff eine gesundheitliche Schädigung erlitten hat. Einzelne »Mobbing«-Aktivitäten können aber nur ausnahmsweise als tätliche Angriffe i. S. d. OEG angesehen werden (*BSG* 14.2.2001 – B 9 VG 4/00 R –). 2330

fff) Kündigungsgrund

Mobbing kann auch ohne Abmahnung und unabhängig davon, ob es in diesem Zusammenhang zu einer Störung des Betriebsfriedens gekommen ist, die außerordentliche Kündigung eines Arbeitsverhältnisses rechtfertigen. Voraussetzung dafür ist, dass das allgemeine Persönlichkeitsrecht, die Ehre oder die Gesundheit des Mobbingopfers in **schwerwiegender Weise verletzt** werden. Je intensiver das Mobbing erfolgt, umso schwerwiegender und nachhaltiger wird die Vertrauensgrundlage für die Fortführung des Arbeitsverhältnisses gestört. Muss der Mobbingtäter erkennen, dass das Mobbing zu einer Erkrankung des Opfers geführt hat und setzt dieser ungeachtet dessen das Mobbing fort, dann kann für eine auch nur vorübergehende Weiterbeschäftigung des Täters regelmäßig kein Raum mehr bestehen (*LAG Thüringen* 15.2.2001 NZA-RR 2001, 577). 2331

Da es aus rechtlicher Sicht bei Mobbing um die Verletzung des allgemeinen Persönlichkeitsrechts und/oder der Ehre und/oder der Gesundheit geht und die in Betracht kommenden Rechtsfolgen das Vorliegen eines **bestimmten medizinischen Befundes nicht in jedem Fall voraussetzen**, ist nach Auffassung des *LAG Thüringen* (15.2.2001 NZA-RR 2001, 577) jedenfalls für die juristische Sichtweise – Anerkennung als Kündigungsgrund – nicht unbedingt eine bestimmte Mindestlaufzeit oder wöchentliche Mindestfrequenz der Mobbinghandlungen erforderlich. 2332

Für die Einhaltung der Frist des **§ 626 Abs. 2 BGB** kommt es entscheidend auf die Kenntnis desjenigen Ereignisses an, dass das letzte, den Kündigungsentschluss auslö- 2333

C. Der Inhalt des Arbeitsverhältnisses

sende Glied in der Kette vorangegangener weiterer, in Fortsetzungszusammenhang stehender Pflichtverletzungen bildet (*LAG Thüringen* 15.2.2001 NZA-RR 2001, 577).

dd) Wahrung der Ehre des Arbeitnehmers

2334 Der Arbeitgeber ist auch verpflichtet, die Ehre des Arbeitnehmers zu wahren. **Unzulässig ist deshalb jede Art der Kundgabe von Nichtachtung oder Missachtung, üble Nachrede oder Minderung des Ansehens**, z. B. auch durch eine ehrenrührige unbegründete Überwachung des Arbeitnehmers, die in den Augen der Mitarbeiter darauf schließen lässt, dass gegen ihn der Verdacht auf unerlaubte Handlungen oder Straftaten besteht (*Wiese* ZfA 1971, 297).

Beispiele:

2335 Wirkt ein Arbeitgeber an einem Presseartikel mit, in dem eine Arbeitnehmerin des Betriebes in massivster Weise in ihrer Ehre beeinträchtigt wird (**Kennzeichnung als faulste Mitarbeiterin Deutschlands**), so begründet dies u. U. einen Anspruch auf Schmerzensgeld (im konkreten Einzelfall in Höhe von 4.000 DM wegen der nur geringen Verbreitung des Artikels; *LAG Hamm* 3.9.1997 LAGE § 847 BGB Nr. 3; aufgehoben und an das LAG zurückverwiesen durch *BAG* 18.2.1999 NZA 1999, 645: s. u. C/Rz. 2349). Die **Pressefreiheit** (Art. 5 Abs. 1 S. 2 GG) **vermag keine derartigen ehrverletzenden Berichte** über Tatsachen aus der Intimsphäre eines Arbeitnehmers **zu rechtfertigen** (*BAG* 18.2.1999 NZA 1999, 645).

2336 Das *LAG Düsseldorf* (27.5.1998 NZA 1998, 578; vgl. dazu *Kern* NZA 2000, 125 ff.) hat ein Schmerzensgeld in Höhe von 3000 DM für eine **Steißbeinfraktur** für angemessen erachtet, die durch einen Tritt der Vorgesetzten in das Gesäß einer Mitarbeiterin verursacht wurde und mit einem fünftägigen Krankenhausaufenthalt sowie einer sechswöchigen Arbeitsunfähigkeit verbunden war.

ee) Schutz vor sexueller Belästigung am Arbeitsplatz

2337 Gem. § 4 Abs. 1 Nr. 1 des Gesetzes zum Schutz der Beschäftigten vor sexueller Belästigung am Arbeitsplatz (Beschäftigtenschutzgesetz) vom 24.6.1994 (*Nipperdey* Arbeitsrecht I Nr. 109; vgl. dazu *Marzodko/Rinne* ZTR 2000, 305 ff.) ist der Arbeitgeber verpflichtet, bei sexuellen Belästigungen (zur Begriffsbestimmung vgl. § 2 Abs. 2 dieses Gesetzes; vgl. *Linde* BB 1994, 2412 ff.) die im Einzelfall angemessenen arbeitsrechtlichen Maßnahmen wie Abmahnung, Umsetzung, Versetzung oder Kündigung (s. dazu *LAG Hamm* 22.10.1996 NZA 1997, 769) zu ergreifen. Den persönlichen Anwendungsbereich des Gesetzes bestimmt § 1 Abs. 2; Ziel ist es, die Würde von Frauen und Männern durch den Schutz vor sexueller Belästigung am Arbeitsplatz zu wahren (§ 1 Abs. 1). Zur Auslegung des Tatbestandsmerkmals »am Arbeitsplatz« vgl. ausf. *Schlachter* NZA 2001, 121 ff.

2338 Die Arbeitnehmer haben gem. § 3 des Gesetzes ein **Beschwerderecht** gegenüber dem Arbeitgeber, wenn sie sich am Arbeitsplatz sexuell belästigt fühlen. Auf die **Unterlassung von Behauptungen**, die Gegenstand eines derartigen Beschwerdeverfahrens nach dem BeschSchG sind, besteht kein Anspruch. Das gilt nur dann nicht, wenn die Behauptungen bewusst unwahr oder leichtfertig aufgestellt wurden (*LAG Hessen* 28.6.2000 NZA-RR 2001, 79; vgl. dazu *Linde* ArbuR 2001, 272 ff.).

2339 § 2 BeschSchG ist ein **Schutzgesetz i. S. v. § 823 Abs. 2 BGB** (MünchArbR/*Blomeyer* § 97 Rz. 35). Der sich daraus u. U. ergebende Anspruch richtet sich sowohl gegen den Belästiger als auch – bei Verschulden (z. B. durch Einstellung unzuverlässiger Personen, Fehlen vorbeugender Maßnahmen gegen sexuelle Belästigung in seinem Betrieb, fehlendes Einschreiten gegen einen Belästiger nach einer Beschwerde) – gegen den Arbeitgeber. Steht ein Verstoß **objektiv fest**, hat der **Arbeitgeber Umstände darzulegen**, wonach ihn kein Verschulden trifft (*Mästle* NJW 2001, 3317 ff.). Als Rechtsfolge kommen bei Verletzung der den Arbeitgeber treffenden Pflichten Schadensersatzansprüche einschließlich Schmerzensgeld in Betracht (MünchArbR/*Blomeyer* § 97 Rz. 35).

Ergreift der Arbeitgeber keine oder **offensichtlich ungeeignete Maßnahmen** zur Unterbindung der sexuellen Belästigung, sind die belästigten Beschäftigten berechtigt, ihre **Tätigkeit** am betreffenden Arbeitsplatz ohne Verlust des Arbeitsentgelts und der Bezüge **einzustellen**, soweit dies zu ihrem Schutz erforderlich ist (§ 4 Abs. 2 BeschSchG; vgl. dazu APS/*Preis* § 4 BeschSchG Rz. 7 ff.). Zu beachten ist, dass die Ausübung des Zurückbehaltungsrechts mit **erheblichen Unsicherheiten** belastet ist, **weil das Recht in zulässiger Weise ausgeübt werden muss**. Eine vom Gericht später nicht bestätigte Einschätzung, dass es sich um eine sexuelle Belästigung gehandelt hat, birgt folglich das Risiko von Sanktionen wie Entgeltkürzung, Abmahnung oder Kündigung. Der Belästigte muss selbst beurteilen, ob der Arbeitgeber keine Maßnahmen ergriffen hat, was er zum Teil (z. B. bei der Abmahnung des Belästigers) nicht beurteilen kann. Darüber hinaus muss er beurteilen, ob die ergriffenen Maßnahmen offensichtlich ungeeignet waren. Eine Glaubhaftmachung und damit gem. § 294 ZPO auch eine eidesstattliche Versicherung als Beweismittel der Belästigung reichen allerdings wegen der Anlehnung an das Maßregelungsverbot aus (APS/*Preis* § 4 BeschSchG Rz. 11; *Linde* BB 1994, 2417). Alle Beschäftigten tragen zudem das **Risiko**, bei einer falschen Einschätzung und Beurteilung der Tatbestandsvoraussetzungen wegen Arbeitsverweigerung **abgemahnt** und ggf. **entlassen** zu werden. Erfolgreicher als die Wahrnehmung des Rechts aus § 4 Abs. 2 BeschSchG ist wohl der Weg über die **Beschwerde** gem. § 85 BetrVG, da sich der Betriebsrat effizienter für Abhilfe einsetzen kann (APS/*Preis* § 4 BeschSchG Rz. 12).

2340

Der Arbeitgeber darf zudem die belästigten Beschäftigten **nicht benachteiligen**, weil sie sich gegen eine sexuelle Belästigung gewehrt und in zulässiger Weise ihre Rechte ausgeübt haben (§ 4 Abs. 3 BeschSchG).

2341

ff) Freie Gestaltung des Äußeren

Das Persönlichkeitsrecht des Arbeitnehmers schließt auch das Recht auf freie Gestaltung des Äußeren (insbesondere Kleidung, Haartracht usw.) ein. **Es wird allerdings durch eine entsprechende Rücksichtspflicht gegenüber dem Arbeitgeber beschränkt.**

2342

So darf z. B. eine ungewöhnliche Haartracht des Arbeitnehmers keine Unfallgefahr bilden oder Kunden abstoßen. Auch insoweit muss im Wege der Verhältnismäßigkeitsprüfung im Einzelfall eine Güter- und Interessenabwägung stattfinden (MünchArbR/*Blomeyer* § 97 Rz. 22).

Der Arbeitnehmer ist insoweit gem. § 242 BGB nach Treu und Glauben mit Rücksicht auf die Verkehrssitte verpflichtet, **sein Äußeres den Gegebenheiten des Arbeitsverhältnisses anzupassen**. Denn aufgrund des Arbeitsvertrages ist der Arbeitnehmer zur Einordnung, d. h. zur Übernahme einer durch den Arbeitsvertrag festgelegten Funktion innerhalb eines fremden Arbeits- oder Lebensbereichs verpflichtet; er schuldet daher ein Gesamtverhalten, das darauf gerichtet ist, nach Maßgabe der von ihm übernommenen Funktion die berechtigten Interessen des Arbeitgebers nicht zu schädigen und im Rahmen des Zumutbaren wahrzunehmen. Dies gilt besonders dann, wenn der **Arbeitgeber auf Kunden und deren Vorstellungen Rücksicht**

2343

C. Der Inhalt des Arbeitsverhältnisses

zu nehmen hat und unter anderem durch die äußere Erscheinung seines Personals eine Aussage über Image, Stil und Trend des Unternehmens treffen will (vgl. *BAG* 8.8.1989 EzA § 87 BetrVG 1972 Betriebliche Ordnung Nr. 13).

gg) Außerdienstliches Verhalten

2344 Hinsichtlich des außerdienstlichen Verhaltens kann der Arbeitgeber grds. keine Verhaltensanforderungen stellen. Ausnahmen gelten nur dann, wenn durch den Arbeitsvertrag auch der außerdienstliche Verhaltensbereich ausdrücklich und zulässigerweise individualvertraglich geregelt ist (z. B. in **Kirchen** oder **Tendenzunternehmen**; MünchArbR/*Blomeyer* § 97 Rz. 24).

hh) Schutz der Freiheitssphäre des Arbeitnehmers

2345 Hinsichtlich der Freiheitssphäre (Schutz der Persönlichkeitsrechte des Arbeitnehmers) werden insbesondere die Freiheitsrechte der Art. 2 ff. GG (z. B. das Grundrecht auf Meinungsfreiheit, Art. 5 Abs. 1 GG) relevant (s. dazu ausf. A/Rz. 342 ff.).

> Der Arbeitgeber hat diesbezüglich nicht nur eigene Beeinträchtigungen zu unterlassen, sondern mit seiner Organisationsgewalt auch sicherzustellen, dass Persönlichkeitsverletzungen durch Betriebsangehörige grds. unterbleiben (vgl. *Blomeyer* ZfA 1972, 104 ff.).

Er ist daher insbesondere verpflichtet, Arbeitnehmer vor Belästigungen durch Kollegen, Vorgesetzte und auch Kunden zu schützen, z. B. durch organisatorische Maßnahmen; ggf. hat er auch personelle Konsequenzen zu ziehen (vgl. *Bertelsmann* AiB 1987, 133 f.; zur sexuellen Belästigung s. o. C/Rz. 2337).

2346 Der Arbeitgeber hat im Übrigen in den Grenzen des Verhältnismäßigkeitsprinzips **alles zu unternehmen, was die Kreativität seiner Arbeitnehmer fördert und ihre Selbstständigkeit und Selbstbestimmung erweitert** (MünchArbR/*Blomeyer* § 97 Rz. 29; vgl. auch § 81 Abs. 3 SGB IX).

ii) Sanktion von Pflichtverletzungen

(1) Unterlassungsanspruch

2347 Hinsichtlich der Verletzung des Persönlichkeitsrechts durch den Arbeitgeber hat der Arbeitnehmer einen Unterlassungsanspruch, wenn die Schutzpflichtverletzung bevorsteht oder wenn Wiederholungsgefahr besteht (§ 611 BGB i. V. m. der verletzten Schutzpflicht).

So kann z. B. die Wiederholung von wahren Tatsachenbehauptungen, die geeignet sind, den Betroffenen herabzusetzen, untersagt werden, **wenn kein schutzwürdiges Interesse an der öffentlichen Weiterverbreitung** besteht. Das ist insbesondere dann anzunehmen, wenn die Verbreitung ausschließlich aus Gründen der **Vergeltung** für vermeintlich früher zugefügtes Unrecht geschieht (*BAG* 26.8.1997 EzA § 1004 BGB Nr. 6).

(2) Beseitigungsanspruch

2348 Analog §§ 12, 861, 862, 1004 BGB kommt ein sog. quasinegatorischer Beseitigungsanspruch in Betracht, der sich auf die Beseitigung diffamierender Unterlagen und auf den Widerruf der ehrverletzenden Äußerungen richtet.

C. Der Inhalt des Arbeitsverhältnisses

(3) Schadensersatzanspruch; Schmerzensgeld
Aus pFV (jetzt §§ 280 ff., 241 Abs. 2 BGB n. F.), § 823 Abs. 1 BGB, § 823 Abs. 2 BGB i. V. m. § 185 StGB kann sich ein Schadensersatzanspruch ergeben; analog § 847 BGB kommt bei schweren Persönlichkeitsverletzungen zudem auch die Zahlung eines Schmerzensgeldes in Betracht (*BAG* 18.12.1984 EzA § 611 BGB Persönlichkeitsrecht Nr. 2; s. o. C/Rz. 2335 zu *LAG Hamm* 3.9.1997 LAGE § 847 BGB Nr. 3). Das *LAG Berlin* (5.3.1997 NZA-RR 1998, 488) hat 10.000 DM für den fett gedruckten Text in einem Anzeigenblatt über eine »**eingebildete**« **Krankheit** einer Anzeigenvertreterin dieses Journals als angemessenen Ausgleich für die Beeinträchtigung des Persönlichkeitsrechts angesehen. Zu beachten ist in diesem Zusammenhang aber, dass eine Verurteilung zur Zahlung von Schmerzensgeld wegen Mittäterschaft oder Beihilfe zu einer unerlaubten Handlung stets die **tatrichterliche Feststellung eines Tatbeitrags** voraussetzt (*BAG* 18.2.1999 NZA 1999, 645; vgl. dazu *Kern* NZA 2000, 124 ff.). Das *ArbG Köln* (3.2.2000 ArbuR 2000, 473; vgl. dazu *Kittner* ArbuR 2000, 474) hat angenommen, dass einem Arbeitnehmer, dem gegenüber eine **rechtsunwirksame Kündigung** ausgesprochen worden ist, deren Unwirksamkeit dem Arbeitgeber hätte bekannt sein müssen (Fehlen der Zustimmung des Integrationsamtes gem. §§ 85, 91 SGB IX), ein Schmerzensgeldanspruch wegen Verletzung des allgemeinen Persönlichkeitsrechts zustehen kann. Es hat den Arbeitgeber im konkret entschiedenen Einzelfall zur Zahlung von 1.000 DM/Monat verurteilt. Gleiches gilt, wenn der Arbeitgeber das vom Arbeitnehmer im Verlauf des lange bestehenden Arbeitsverhältnisses erworbene berufliche und **soziale Selbstverständnis grundlos massiv beeinträchtigt**; die Höhe des Schmerzensgeldes errechnet sich unter Zugrundelegung der Dauer der erlittenen Beeinträchtigung und der Höhe der monatlichen Nettovergütung des Arbeitnehmers, die seine berufliche Position widerspiegelt (*ArbG Ludwigshafen* 6.11.2000 ARST 2001, 188 Ls; **a. A.** *LAG Rheinland-Pfalz* 16.8.2001 – 6 Sa 415/01 –; s. oben C/Rz. 2327). **2349**

(4) Zurückbehaltungsrecht
Ferner kann dem Arbeitnehmer u. U. ein Zurückbehaltungsrecht an seiner Arbeitsleistung zustehen (§ 273 Abs. 1 BGB; s. o. C/Rz. 211 ff.).
Eine Sonderregelung enthält § 4 Abs. 2 Beschäftigtenschutzgesetz bei Untätigkeit des Arbeitgebers bei sexueller Belästigung am Arbeitsplatz. **2350**

(5) Beschwerderecht
Zudem hat er ein Beschwerderecht (§ 84 Abs. 1 S. 1 BetrVG).
Auch insoweit enthält § 3 Beschäftigtenschutzgesetz eine Sonderregelung bei sexueller Belästigung am Arbeitsplatz. **2351**

(6) Kündigungsrecht des Arbeitnehmers
Bei schweren Persönlichkeitsverletzungen kommt u. U. eine außerordentliche Kündigung des Arbeitnehmers (§ 626 Abs. 1 BGB) in Betracht. **2352**

(7) Beweisverwertungsverbot
Lässt der Arbeitgeber einen Dritten über eine Bürosprechanlage eine Unterredung mit einem Arbeitnehmer, dem er kündigen will, ohne dessen Wissen mithören, so darf der Dritte über den gesamten Inhalt der Unterredung nicht als Zeuge vernommen werden, wenn der Arbeitgeber dem Arbeitnehmer zu verstehen gegeben hatte, **2353**

C. Der Inhalt des Arbeitsverhältnisses

dass er die Unterredung als vertraulich behandeln wolle (*BAG* 2.6.1982 EzA Art. 2 GG Nr. 2).

2354 Auch die gerichtliche Verwertung von Kenntnissen, die der Arbeitgeber aus dem verbotswidrigen Mithören eines Telefongespräch des Arbeitnehmers von einem dienstlichen Telefonapparat gewonnen hat, verletzt das Recht des Arbeitnehmers am eigenen Wort (*BVerfG* 19.12.1991 EzA § 611 BGB Persönlichkeitsrecht Nr. 10).

> In der gerichtlichen Verwertung von Kenntnissen und Beweismitteln, die unter Verstoß gegen das Persönlichkeitsrecht erlangt sind, liegt regelmäßig ein Eingriff in das Grundrecht aus Art. 2 Abs. 2 i. V. m. Art. 1 Abs. 1 GG. Ob dieser gerechtfertigt ist, richtet sich nach dem Ergebnis der Abwägung zwischen dem gegen die Verwertung streitenden Persönlichkeitsrecht und einem dafür sprechenden Interesse des Beweisführers (*BVerfG* 19.12.1991 EzA § 611 BGB Persönlichkeitsrecht Nr. 10; vgl. auch *Zöller/Greger* § 286 Rz. 15 b; *BAG* 29.10.1997 EzA § 611 BGB Persönlichkeitsrecht Nr. 12 [vgl. dazu oben C/Rz. 2317 ff.]; *Löwisch/Wallisch* SAE 1998, 289 ff.; krit. *Kopke* NZA 1999, 917 ff.).

2355 Auch gegenüber der Vernehmung eines Zeugen, der ohne Wissen und Genehmigung eines der Telefonierenden ein Telefonat über eine Zimmersprechanlage mithörte, besteht ein Beweisverwertungsverbot (*BAG* 29.10.1997 EzA § 611 BGB Persönlichkeitsrecht Nr. 12; *LAG Hamm* 1.9.1995 LAGE § 611 BGB Persönlichkeitsrecht Nr. 7; s. o. C/Rz. 2317 ff.; ebenso *LAG Hamm* 11.3.1997 NZA-RR 1998, 114 für die Verwertung von Tatsachen, die der Arbeitgeber durch eine der Verschwiegenheitspflicht unterliegenden Person [Rechtsanwalt] ohne Zustimmung des Arbeitnehmers erfahren hat; a. A. *LAG Düsseldorf* 24.4.1998 DB 1998, 1522 Ls.). Gleiches gilt
– für die Verwertung der unter Verletzung des Persönlichkeitsrechts des Arbeitnehmers gemachten **Videoaufzeichnungen** im Kündigungsschutzverfahren zur Begründung der Kündigung und zu Beweiszwecken (*LAG Hamm* 24.7.2001 – 11 Sa 1524/00 –; *LAG Baden-Württemberg* 6.5.1999 BB 1999, 1439; *LAG Köln* 30.8.1996 BB 1997, 476; a. A. *LAG Köln* 26.2.1999 ARST 1999, 235 für verdeckte Videoaufnahmen aus konkretem Anlass);
– für die Verwertung eines unter dem Druck eines unzulässigen **Video-Spähangriffs** vom Arbeitgeber erlangten unspezifischen Geständnisses einer Kassiererin (*LAG Baden-Württemberg* 6.5.1999 BB 1999, 1439);
– für die Verwertung des Ergebnisses einer ohne Kenntnis und ohne Einwilligung des Betroffenen erhobenen **DNA-Analyse** für eine außerordentliche Verdachtskündigung, die wegen der Verbreitung anonymer Schreiben mit beleidigendem Inhalt in der Dienststelle ausgesprochen werden soll (*VGH Baden-Württemberg* 28.11.2000 ArbuR 2001, 469; vgl. dazu *Roos* ArbuR 2001, 470 ff.).

2356 Andererseits besteht **kein Beweisverwertungsverbot** bei **heimlich gefertigten Bild- und Tonaufnahmen** dann, wenn ein konkreter Tatverdacht gegen den Arbeitnehmer besteht (*Maschmann* NZA 2002, 13 ff.).

2357 Lädt ein Arbeitnehmer während der Arbeitszeit **pornografisches Bildmaterial** aus dem Internet, das er auf Datenträgern des Arbeitgebers speichert und nutzt er den Internet-Zugang zum Einrichten einer Web-Page sexuellen Inhalts, so besteht dann kein Beweisverwertungsverbot, wenn der Arbeitgeber die auf seinen Datenträgern gespeicherten Daten festgestellt und gesichert hat (*ArbG Hannover* 1.12.2000 NZA 2001, 1022).

C. Der Inhalt des Arbeitsverhältnisses

Darüber hinaus wird auch die Auffassung vertreten, dass **mitbestimmungswidrig erlangte Beweismittel** (z. B. bei einem Verstoß gegen § 87 Abs. 1 Nr. 1, 6, § 94 BetrVG) wegen der Schutzrichtung der materiellen Mitbestimmungsrechte des Betriebsrats regelmäßig nicht verwertet werden dürfen, es sei denn, sie dienen der Entlastung des Arbeitnehmers (*Fischer* BB 1999, 154 ff.; *Maschmann* NZA 2002, 13 ff.; a. A. *Rhotert* BB 1999, 1378 ff.). 2358

Andererseits ist es verfassungsrechtlich **nicht geboten**, das z. B. eine Tonbandaufnahme selbst betreffende Verwertungsverbot auf die **Aussage eines Zeugen zu erstrecken**, der nicht über den Inhalt des Tonbands Auskunft gibt, sondern über das von ihm selbst geführte Gespräch, selbst wenn er es in rechtswidriger Weise per Tonband aufgenommen hat und als Erinnerungsstütze nutzt. Denn Beweismittel ist die Zeugenaussage, nicht der Tonbandmitschnitt (*BVerfG* 31.7.2001 ARST 2001, 260 Ls.). 2359

4. Personalakten

a) Begriffsbestimmung

Der Begriff der Personalakte wird vom Gesetzgeber nicht definiert, sondern als bekannt vorausgesetzt. 2360

Personalakten sind alle über einen Arbeitnehmer bestehenden und ihn persönlich betreffenden Unterlagen des Arbeitgebers. Maßgebend ist nicht die Bezeichnung »Personalakte« (Personalakte im formellen Sinn), sondern allein der Inhalt der den Arbeitnehmer betreffenden Vorgänge (Personalakte im materiellen Sinne; vgl. GK-BetrVG/*Wiese* § 83 Rz. 10).

Zu den Personalakten gehören nur Unterlagen, die sich auf den Arbeitnehmer beziehen und in einem inneren Zusammenhang zu dem Arbeitsverhältnis stehen.

b) Entscheidung über die Führung von Personalakten

Dem Arbeitgeber steht es frei, überhaupt Personalakten zu führen. Er kann auch jeweils frei darüber entscheiden, ob ein Vermerk gemacht wird oder Unterlagen angelegt und verwahrt werden sollen. 2361

c) Inhalt der Personalakte

aa) Zulässige Informationen über den Arbeitnehmer

Zum Inhalt der Personalakte gehören **alle tatsächlichen Angaben über den Arbeitnehmer** (Bewerbungsunterlagen, Zeugniskopien, Arbeitsbescheinigungen, Lebensläufe, Personalfragebogen, Arbeitsvertrag mit Anstellungsschreiben, Aufzeichnungen, die im Laufe des Arbeitsverhältnisses angefertigt wurden, z. B. über Krankheitszeiten, Freistellungen, Schriftwechsel, Lohn- und Gehaltsbescheinigungen, Pfändungs- und Überweisungsbeschlüsse, Abtretungserklärungen, Urlaubsunterlagen usw.). 2362

Zu den Personalakten gehören ferner **alle Unterlagen, die das Verhältnis des Arbeitnehmers zu Dritten**, insbesondere zu Ämtern und Behörden **betreffen** (z. B. Lohnsteuer- und Versicherungsunterlagen).

C. Der Inhalt des Arbeitsverhältnisses

Erfasst sind schließlich auch alle während des Arbeitsverhältnisses angefallenen **Beurteilungen, Bewertungen und Zeugnisse** des Arbeitnehmers (MünchArbR/*Freitag* § 188 Rz. 26 ff.).

bb) Unzulässige Informationen über den Arbeitnehmer

2363 Nicht Gegenstand der Personalakten sind diejenigen Teile der ärztlichen Gutachten und der Unterlagen der Betriebsärzte, die die Befunde enthalten, die der ärztlichen Schweigepflicht unterliegen und sich nicht in der Hand des Arbeitgebers befinden (vgl. § 8 Abs. 1 S. 3 ASiG [MünchArbR/*Blomeyer* § 98 Rz. 5]; jedenfalls im öffentlichen Dienst sind aber ärztliche Gutachten im Übrigen grds. zu den Personalakten zu nehmen [MünchArbR/*Freitag* § 188 Rz. 31]).

Gleiches gilt für Unterlagen und Vermerke, die mit dem Arbeitsverhältnis in keinem inneren Zusammenhang stehen (z. B. ein **Strafurteil, das ein außerdienstliches Verhalten** des Arbeitnehmers [z. B. Verkehrsunfall] gegenüber dem Arbeitgeber als Privatperson **betrifft**).

2364 Voraussetzung ist aber, dass das abgeurteilte außerdienstliche Verhalten nicht für die künftige dienstliche Verwendbarkeit des Arbeitnehmers von Bedeutung ist.
Zu beachten sind zudem die Wertungen des BZRG, nach dem bestimmte Verurteilungen nicht in ein Führungszeugnis aufgenommen werden (vgl. *BAG* 9.2.1977 EzA § 611 BGB Fürsorgepflicht Nr. 21 gegen *BAG* 17.1.1956 AP Nr. 1 zu § 611 BGB Fürsorgepflicht), sodass sie auch nicht Gegenstand der Personalakte sein können.

2365 Der notwendige individuelle Bezug fehlt schließlich bei allen Unterlagen, die den Betriebsrat als Organ oder die Tätigkeit der Betriebsratsmitglieder in ihrer Eigenschaft als solche betreffen, es sei denn, die Unterlagen stehen ausschließlich mit einzelnen Arbeitnehmern im Zusammenhang (MünchArbR/*Blomeyer* § 98 Rz. 5).

cc) Entscheidung über die Aufnahme von Informationen in die Personalakte

2366 Über die Aufnahme von Vorgängen und Unterlagen in die Personalakten ist im Wege der **Verhältnismäßigkeitsprüfung** zu entscheiden; dabei sind die Interessen beider Seiten zu berücksichtigen.
Berichte über die dienstliche Tätigkeit sind so zu erstellen, dass sie ein möglichst objektives Bild von der Person und der Leistung des Arbeitnehmers ergeben.
Der Arbeitnehmer hat im Übrigen einen Anspruch darauf, dass die Dienstleistungsberichte sowohl hinsichtlich der tatsächlichen Angaben zutreffend sind, als auch hinsichtlich der Bewertung von Führung und Leistung nach pflichtgemäßem Ermessen des Arbeitgebers erstellt werden (*BAG* 25.2.1959 AP Nr. 6 zu § 611 BGB Fürsorgepflicht).

dd) Anhörungspflicht des Arbeitnehmers?

2367 Der Arbeitnehmer im öffentlichen Dienst ist vor der Aufnahme von Beschwerden und Behauptungen tatsächlicher Art, die für ihn ungünstig sind oder für ihn nachteilig werden können, anzuhören, insbesondere bei Abmahnungen (vgl. § 13 Abs. 2 BAT; *BAG* 16.11.1989 EzA § 611 BGB Abmahnung Nr. 19).

C. Der Inhalt des Arbeitsverhältnisses

Der Arbeitnehmer kann aber auch in der Privatwirtschaft vor der Aufnahme nachteiliger Angaben verlangen, dass ihm **Gelegenheit zur Stellungnahme** gegeben wird; ferner müssen die Angaben begründet werden (MünchArbR/*Blomeyer* § 98 Rz. 10).

ee) Vollständigkeit der Personalakten?
Das im Beamtenrecht bestehende Prinzip der Vollständigkeit der Personalakten, wonach der Vorgesetzte im Rahmen seines Beurteilungsspielraums alle Vorgänge in die Personalakte aufzunehmen hat, die in innerem Zusammenhang mit dem Beamtenverhältnis stehen, gilt auch für die Arbeiter und Angestellten des öffentlichen Dienstes (*BAG* 25.4.1972 AP Nr. 9 zu § 611 BGB Öffentlicher Dienst; MünchArbR/*Freitag* § 188 Rz. 26), **nicht** aber **in der Privatwirtschaft**, weil der Arbeitgeber insoweit zur Führung von Personalakten nicht verpflichtet ist (GK-BetrVG/*Wiese* § 83 Rz. 17). 2368

> Im Hinblick auf die weitgehenden Verpflichtungen des Arbeitgebers nach dem Nachweisgesetz lässt sich aber nunmehr durchaus die Auffassung vertreten, dass eine Verpflichtung des Arbeitsgebers zur Führung einer Personalakte – jedenfalls im durch das Nachweisgesetz vorgesehenen Umfang – besteht.

d) Wahrung der Vertraulichkeit durch den Arbeitgeber

aa) Normative Grundlagen
Die Vorschriften des BDSG insbesondere zur Wahrung der Vertraulichkeit sind zwar nicht anwendbar, weil Akten und Aktensammlungen grds. keine Dateien im Sinne dieser Vorschrift sind, es sei denn, dass sie durch automatisierte Verfahren umgeordnet und ausgewertet werden können (§ 3 Abs. 2 S. 2 BDSG; s. u. C/Rz. 2397 ff.). Die Verpflichtung des Arbeitgebers zur Wahrung der Vertraulichkeit folgt aber unabhängig davon aus dem **Recht des Arbeitnehmers auf Achtung seiner Persönlichkeit**. 2369

bb) Umgang mit Personalakten
Deshalb dürfen die Personalakten **nicht allgemein zugänglich** sein, sie müssen ferner **sorgfältig verwahrt** werden. 2370
Der Kreis der mit Personalakten befassten Mitarbeiter muss möglichst eng gehalten werden. Besonders »sensible« Daten (z. B. Angaben über den Gesundheitszustand, die Persönlichkeit des Arbeitnehmers) bedürfen des verstärkten Schutzes vor der Einsichtnahme Dritter (vgl. *BAG* 15.7.1987 EzA § 611 BGB Persönlichkeitsrecht Nr. 5; 4.4.1990 EzA § 611 BGB Persönlichkeitsrecht Nr. 19).
Die Personalaktenführung und -aufbewahrung muss den abgestuften Vertraulichkeitsanforderungen Rechnung tragen, sodass etwa bei der routinemäßigen Bearbeitung von Personalangelegenheiten (z. B. Urlaubserteilung) in Daten der höheren Vertraulichkeitsstufe (z. B. über den Gesundheitszustand) nicht zufällig Einsicht genommen werden kann.

cc) Verhältnis zum Betriebsrat
Im Hinblick auf **§ 80 Abs. 2 S. 2 BetrVG** ist die gebotene Vertraulichkeit gegenüber dem Betriebsrat problematisch. 2371
Denn diesem steht zwar kein § 83 Abs. 1 BetrVG vergleichbares Einsichtsrecht zu (*BAG* 20.12.1988 EzA § 80 BetrVG Nr. 33), wohl aber ein Anspruch auf Information

C. Der Inhalt des Arbeitsverhältnisses

über individuelle Angelegenheiten, soweit sie zur Erfüllung der gesetzlichen Aufgaben der Arbeitnehmervertretung erforderlich sind und keine schutzwürdigen Interessen des Arbeitnehmers (Persönlichkeitsrecht), gemessen am Verhältnismäßigkeitsgrundsatz, entgegenstehen (vgl. *Kraft* ZfA 1983, 188 ff.).

2372 Das *BAG* (27.2.1968 AP Nr. 1 zu § 58 BetrVG) hat in diesem Zusammenhang angenommen, dass der Arbeitgeber verpflichtet ist, dem Betriebsrat die ihm bekannt gewordenen Fälle der Schwangerschaft von Arbeitnehmerinnen entgegen § 5 Abs. 1 S. 2 MuSchG unaufgefordert mitzuteilen, auch gegen den Willen der Arbeitnehmerin (abl. dazu MünchArbR/*Blomeyer* § 98 Rz. 14).

dd) Verhältnis zu Dritten; Rechts- und Amtshilfe von Behörden

2373 Strikt zu wahren hat der Arbeitgeber die Vertraulichkeit gegenüber Dritten. Er darf generell keinerlei personenbezogene Daten ohne ausdrückliche Einwilligung des Arbeitnehmers an Dritte weitergeben (*BAG* 18.12.1984 EzA § 611 BGB Persönlichkeitsrecht Nr. 2; Arbeitsvertrag und Personalakte dürfen einem Arbeitgeber, bei dem sich der Arbeitnehmer bewerben will, nicht gezeigt werden).

Die Weiterleitung des von dem Arbeitnehmer des öffentlichen Dienstes in Kenntnis seiner Bedeutung und seiner Funktion ausgefüllten Fragebogens an das Bundesamt für Verfassungsschutz zum Zwecke der **Sicherheitsüberprüfung** verletzt jedoch nicht das allgemeine Persönlichkeitsrecht des Arbeitnehmers (*BAG* 17.5.1983 EzA Art. 2 GG Nr. 3).

2374 Andererseits ist das *BAG* (15.7.1960 AP Nr. 1 zu Art. 35 GG) davon ausgegangen, dass sich die Behörde eines Landes rechtswirksam durch Vertrag mit einem der ausgeschiedenen Arbeitnehmer verpflichten kann, Bundes- oder Landesbehörden keine Auskünfte über ihn zu geben, solchen Behörden auch die Personalakten des Arbeitnehmers nicht zugänglich zu machen.

2375 Gerichte haben jedenfalls im Rahmen der bei ihnen durchgeführten Prozesse das Recht, Personalakten von Amts wegen nach pflichtgemäßem Ermessen beizuziehen (§ 134 ZPO; *BAG* 13.2.1974 AP Nr. 4 zu § 70 BAT).

e) Aufbewahrungspflicht?

2376 Für die aufgenommenen Daten besteht eine Aufbewahrungspflicht nur insoweit, als dies der Persönlichkeitsschutz des Arbeitnehmers erfordert.
Grds. aufzubewahren sind die Erklärungen des Arbeitnehmers zum Inhalt der Personalakte gem. § 83 Abs. 2 BetrVG, andere Unterlagen ferner dann, wenn es sich um eine laufende Angelegenheit handelt, nicht aber, wenn die Angelegenheit als erledigt gilt.

In diesem Fall kommt die Aufbewahrung nur bei berechtigtem Interesse des Arbeitnehmers in Betracht (GK-BetrVG/*Wiese* § 83 Rz. 41 unter Hinweis auf § 242 BGB).

2377 Nach Beendigung des Arbeitsverhältnisses wird i. d. R. ein berechtigtes Interesse des Arbeitnehmers fehlen, soweit nicht gesetzliche Vorschriften (z. B. § 41 Abs. 1 S. 9 EStG für die Aufbewahrung von Lohnkonten) entgegenstehen (MünchArbR/*Blomeyer* § 98 Rz. 16).

C. Der Inhalt des Arbeitsverhältnisses

f) Einsichtsrecht des Arbeitnehmers
Als Konsequenz des allgemeinen Persönlichkeitsschutzes im Arbeitsverhältnis hat der Arbeitnehmer ein Einsichtsrecht in seine Personalakten. 2378

> Im öffentlichen Dienst ist dies konkretisiert durch tarifliche Normen (z. B. § 13 BAT), soweit ein Betriebsrat besteht, folgt es aus § 83 BetrVG, wonach der Arbeitnehmer zusätzlich zur Einsichtnahme ein Mitglied des Betriebsrates hinzuziehen kann.
> Da es sich insoweit um eine individualrechtliche Vorschrift handelt, gilt sie auch dann, wenn im Betrieb kein Betriebsrat besteht.

Das Einsichtsrecht bezieht sich auf sämtliche Personalakten im materiellen Sinne. Es besteht allerdings dann nicht, wenn sich die Unterlagen bestimmungsgemäß in der Hand Dritter befinden.
Bei Unterlagen, die mehrere Arbeitnehmer betreffen (z. B. Gehaltslisten), ist ein Einsichtsrecht dann nicht gegeben, wenn bei einer Einsichtnahme unvermeidlich die Gefahr der Verletzung der Vertraulichkeit hinsichtlich der Daten anderer Arbeitnehmer besteht (MünchArbR/*Blomeyer* § 98 Rz. 18). 2379

g) Recht auf Gegendarstellung
Das Einsichtsrecht des Arbeitnehmers wird ergänzt durch einen Anspruch auf Aufnahme einer Erklärung (Gegendarstellung) zu den Personalakten (§§ 13 BAT, 83 Abs. 2 BetrVG). 2380

> Der Arbeitgeber ist verpflichtet, die Gegenerklärung der Personalakte beizufügen, auch dann, wenn die Personalakte nicht unrichtig ist oder wenn die Gegendarstellung nach seiner Auffassung unzutreffende Tatsachenbehauptungen oder Werturteile enthält.
> Andererseits kann der Arbeitgeber die Aufnahme einer beleidigenden Äußerung ablehnen.

> Der Arbeitnehmer kann ferner die Aufnahme von Erklärungen dann nicht verlangen, wenn sie mit seinem Arbeitsverhältnis in keinem Zusammenhang stehen (z. B. Angaben über Nebentätigkeiten). Insofern kann der Arbeitgeber ein Prüfungsrecht ausüben. 2381

Keine Verpflichtung besteht für den Arbeitgeber auch dann, wenn ihm die Aufnahme (z. B. bei umfangreichen Aktenstücken, die mit dem Arbeitsverhältnis nur in losem Zusammenhang stehen und deren Aufbewahrung erhebliche Umstände bereitet) unzumutbar ist (MünchArbR/*Blomeyer* § 98 Rz. 20).

h) Widerruf; Berichtigungs-, Entfernungsanspruch

aa) Widerruf; Berichtigungsanspruch
Nach dem Grundsatz von Treu und Glauben hat der Arbeitgeber das allgemeine Persönlichkeitsrecht des Arbeitnehmers in Bezug auf Ansehen, soziale Geltung und berufliches Fortkommen zu beachten. 2382

C. Der Inhalt des Arbeitsverhältnisses

> Bei einem objektiv rechtswidrigen Eingriff in sein Persönlichkeitsrecht hat der Arbeitnehmer analog §§ 242, 1004 BGB Anspruch auf Widerruf bzw. Beseitigung der Beeinträchtigung (*BAG* 27.11.1985 EzA § 611 BGB Fürsorgepflicht Nr. 38).

Als Nebenpflicht des Arbeitgebers zum Schutz der Persönlichkeitssphäre hat der Arbeitnehmer zudem einen **Anspruch auf Berichtigung** einer unberechtigten Angabe oder Unterlage (*BAG* 25.2.1959 AP Nr. 6 zu § 611 BGB Fürsorgepflicht).

bb) Entfernungsanspruch

2383 Der Arbeitgeber ist schließlich verpflichtet, unrichtige bzw. unzulässige Angaben und Unterlagen aus den Personalakten zu entfernen bzw. zu ersetzen.

(1) Anspruchsgrundlagen

2384 Dieser Anspruch folgt aus der **Fürsorgepflicht** des Arbeitgebers (*BAG* 27.11.1985 EzA § 611 BGB Fürsorgepflicht Nr. 38) sowie aus der **analogen Anwendung der §§ 12, 862, 1004 BGB** (*BAG* 13.4.1988 EzA § 611 BGB Fürsorgepflicht Nr. 47).

> Es handelt sich um zwei verschiedene Anspruchsgrundlagen, was z. B. für die Anwendung tariflicher Ausschlussfristen, die nur für vertragliche, aber nicht für deliktische Ansprüche gelten, Auswirkungen hat (MünchArbR/*Blomeyer* § 98 Rz. 22).

(2) Unrichtige Tatsachenbehauptungen

2385 Der Anspruch ist gegeben bei objektiv unrichtigen Tatsachenbehauptungen und Rügen (z. B. Abmahnungen), die **geeignet sind, den Arbeitnehmer in seinem beruflichen Fortkommen zu beeinträchtigen** (*BAG* 15.1.1986 EzA § 611 BGB Fürsorgepflicht Nr. 39).

Gleiches gilt für Personalbeurteilungen und für objektiv ungerechtfertigte Betriebsbußen (*BAG* 5.12.1975 EzA § 87 BetrVG Betriebliche Ordnung Nr. 1).

(3) Verstoß gegen formelle Vorschriften

2386 Der Anspruch ist auch dann gegeben, wenn die Vermerke oder Unterlagen in den Personalakten infolge eines **Verstoßes gegen formelle Vorschriften** (z. B. Anhörungsrecht des Arbeitnehmers) unzulässig erfolgt bzw. aufgenommen worden sind (*BAG* 16.11.1989 EzA § 611 BGB Abmahnung Nr. 19).

(4) Wegfall des schutzwürdigen Interesses des Arbeitgebers

2387 Eine Entfernung z. B. eines auf einer wahren Sachverhaltsdarstellung beruhenden Schreibens aus der Personalakte kann u. U. sogar bei berechtigter Aufnahme bzw. Eintragung dann verlangt werden, wenn das schutzwürdige Interesse des Arbeitgebers an einem dauernden Verbleib der Eintragung in der Personalakte weggefallen ist und infolge des weiteren Verbleibs in der Personalakte die Gefahr besteht, dass der Arbeitnehmer in seiner beruflichen Entwicklung beeinträchtigt wird (*BAG* 13.4.1988 EzA § 611 BGB Fürsorgepflicht Nr. 47).

2388 Ein derartiger Anspruch kann sich aus der Fürsorgepflicht des Arbeitgebers ergeben. Denn dieser hat bei allen seinen Maßnahmen, auch soweit er Rechte ausübt, auf das

Wohl und die berechtigten Interessen seines Arbeitnehmers Rücksicht zu nehmen. Deshalb muss er unter Umständen besondere Maßnahmen treffen, die die Entstehung eines Schadens, insbesondere eine Beeinträchtigung des Fortkommens seines Arbeitnehmers verhindern können. Der Umfang dieser Fürsorgepflicht lässt sich im Einzelfall nur aufgrund einer eingehenden Abwägung der beiderseitigen Interessen bestimmen. Deshalb kann der Arbeitnehmer z. B. die **Entfernung eines – inhaltlich zutreffenden – Schriftwechsels** verlangen, der seine Teilnahme an einem Warnstreik und den darauf beruhenden Abzug des Gehalts für vier Stunden betrifft, wenn der Arbeitnehmer ausdrücklich erklärt, auf das Entgelt keinen Anspruch zu erheben und eine anwendbare tarifliche Ausschlussfrist bereits abgelaufen ist.

Das schutzwürdige Interesse des Arbeitgebers entfällt z. B. auch dann, wenn eine **Wiederholung des berechtigt abgemahnten Verhaltens** aufgrund einer inzwischen erfolgten »Bewährung« des Arbeitnehmers nicht mehr zu besorgen ist. Angesichts der Relativität dieser Voraussetzungen kann jedoch nicht auf einen Zeitablauf, d. h. auf einen absolut bestimmbaren Zeitraum abgestellt werden (*BAG* 13.4.1988 EzA § 611 BGB Fürsorgepflicht Nr. 47; s. u. D/Rz. 1366 ff.).

2389

Eine »Fristenregelung« kann allerdings durch Betriebsvereinbarung vorgesehen werden, wenn dort ausdrücklich festgelegt wird, dass eine missbilligende Äußerung nur für eine bestimmte Zeit Wirkung haben soll.

(5) Beendigung des Arbeitsverhältnisses
Fraglich ist, ob der Tilgungsanspruch mit der Beendigung des Arbeitsverhältnisses untergeht.

2390

> Da im Arbeitsrecht nachwirkende Vertragspflichten bestehen können, muss der Tilgungsanspruch nicht zwangsläufig erlöschen. Die Geltendmachung richtet sich dann ausschließlich nach dem Ergebnis einer Abwägung des Arbeitnehmerinteresses an der Löschung aller im nachteiligen Akteneinträge bzw. Unterlagen auf der einen und dem Interesse des Arbeitgebers an fortbestehender Information, etwa für den Fall der Wiedereinstellung, auf der anderen Seite (zur Entfernung einer Abmahnung s. u. D/Rz. 1366).

(6) Verwirkung
Der Tilgungsanspruch unterliegt allerdings wie jeder andere Anspruch der Verwirkung.

2391

(7) Erfüllung des Tilgungsanspruchs
Der Vollzug des Tilgungsbegehrens besteht in der **vollständigen Entfernung** der betreffenden Unterlagen aus den Personalakten.

2392

Enthält ein Schreiben mehrere Angaben, von denen einige zu tilgen sind, so ist das gesamte Schreiben zu entfernen und ggf. durch ein **korrigiertes zu ersetzen** (*BAG* 13.3.1991 EzA § 611 BGB Abmahnung Nr. 20).

Ist dies aus tatsächlichen Gründen nicht möglich, z. B. bei einem Vermerk in einer Liste, die nicht ersetzt werden kann, so muss der **Vermerk so unkenntlich gemacht werden**, dass er nicht mehr verwertbar ist.

Der Tilgungsanspruch erfasst nach Auffassung von *Blomeyer* (MünchArbR § 98 Rz. 27) jedoch nicht jenes Schriftstück, aus dem hervorgeht, dass eine unberechtigt

2393

C. Der Inhalt des Arbeitsverhältnisses

aufgenommene Unterlage (z. B. eine Abmahnung) aus den Personalakten entfernt worden ist.

cc) Rechtsschutzmöglichkeiten des Arbeitnehmers

2394 Steht eine Eintragung oder die Aufnahme von Unterlagen in die Personalakte bevor, kann der Arbeitnehmer gegen den Arbeitgeber **Unterlassungsklage** erheben, wenn er der Auffassung ist, dass die Aufnahme rechtlich unzulässig ist (§ 1004 Abs. 1 S. 2 BGB analog).

2395 Der bei den alliierten Streitkräften beschäftigte Arbeitnehmer kann wegen Verletzung seines Persönlichkeitsrechts nicht die Streitkräfte selbst, wohl aber die BRD als Prozessstandschafterin für die Stationierungsstreitkräfte auf Unterlassung verklagen. Im Vollstreckungsverfahren hat die Prozessstandschafterin dann darzulegen, dass sie das ihr Mögliche getan hat, um auf die Beachtung des Persönlichkeitsrechts hinzuwirken (*BAG* 15.5.1991 EzA § 1004 BGB Nr. 3).

Nach Aufnahme in die Personalakte sind neben der gerichtlichen Durchsetzung des Tilgungsanspruchs Schadensersatzansprüche (pFV, jetzt §§ 280 ff., 241 Abs. 2 BGB n. F.; §§ 823 Abs. 1, 847 BGB) einschließlich eines Schmerzensgeldanspruchs möglich.

2396 **Schadensersatzansprüche** kommen auch dann in Betracht, wenn der Arbeitgeber gegen das Gebot der Vertraulichkeit (z. B. durch die Überlassung der Personalakte an einen Dritten) verstößt. Jedenfalls ein Anspruch auf Zahlung eines Schmerzensgeldes (§ 847 BGB) besteht aber dann nicht, wenn die Rechtsgutsverletzung keinerlei Nachteile verursacht hat und aus der Sicht des Arbeitgebers auch den Interessen des Arbeitnehmers dienen sollte (*BAG* 18.12.1984 EzA § 611 BGB Persönlichkeitsrecht Nr. 2).

5. Datenschutz im Arbeitsverhältnis

a) Grundlagen

aa) Mögliche Inhalte von »Elektronischen Personalakten«

2397 An die Stelle der manuell geführten Personalakten sind in der Praxis meist elektronische Personalinformationssysteme (»Elektronische Personalakten«) getreten.

Sie beschränken sich entweder darauf, die Anforderungen, die für die Lohn- und Gehaltsabrechnung, die Erfüllung öffentlich-rechtlicher Auskunfts- und Meldepflichten, die Einstellung und Versetzung von Arbeitnehmern, ihre Beförderung und ihre Kündigung gestellt werden, zu erfüllen (administrative Personalinformationssysteme).

Darüber hinausgehend können sie aber auch die Aufgaben der Personalplanung (z. B. Bedarf an Arbeitnehmern, Anwerbungs- und Einsatzmöglichkeiten, Übersichten über Freistellungen, Urlaub usw.) unterstützen (sog. dispositive Personalinformationssysteme).

bb) Aufgabe des Datenschutzes im Arbeitsrecht

2398 Die Aufgabe des Datenschutzes im Arbeitsrecht besteht darin, **die Erhebung und Verarbeitung von Personaldaten auf das betrieblich erforderliche Höchstmaß** zu begrenzen und eine effektive Datenschutzkontrolle durch den Ausbau individueller Rechte und durch die Stärkung der Kontrollorgane zu gewährleisten. Das ist erforderlich, weil Art. 2 Abs. 1 i. V. m. Art. 1 Abs. 1, 14 GG kein absolutes Verbot der Erhebung oder Verarbeitung personenbezogener Daten durch den Arbeitgeber vorsehen.

cc) Recht auf »informationelle Selbstbestimmung«
Hinsichtlich des Arbeitnehmers ist insoweit das »Recht auf informationelle Selbstbestimmung« zu beachten. 2399
Das bedeutet für den Einzelnen, grds. selbst entscheiden zu können, wann und innerhalb welcher Grenzen persönliche Lebenssachverhalte offenbart werden dürfen (*BVerfG* 15.12.1983 BVerfGE 65, 43).
Da das informationelle Selbstbestimmungsrecht eine datenschutzbezogene Ausprägung des allgemeinen Persönlichkeitsrechts ist (vgl. *BAG* 4.4.1990 EzA § 611 BGB Persönlichkeitsrecht Nr. 9), muss es im Arbeitsverhältnis die gleiche Wirkung entfalten wie das allgemeine Persönlichkeitsrecht: Als absolutes Recht ist es gem. **§ 823 Abs. 1 BGB** geschützt und beeinflusst die Schutz- bzw. Nebenpflichten (Fürsorgepflicht) des Arbeitgebers. Ferner beeinflusst es die den Betriebspartnern gem. **§ 75 BetrVG** obliegenden gesetzlichen Schutzpflichten (MünchArbR/*Blomeyer* § 99 Rz. 5).
Allerdings muss der Arbeitnehmer im Arbeitsverhältnis **Einschränkungen** hinnehmen, die sich auch aus **überwiegenden betrieblichen Interessen** ergeben können. 2400

dd) Normative Grundlagen
Normative Grundlage für den Datenschutz im Arbeitsverhältnis ist mangels speziellerer gesetzlicher Regelungen das **BDSG**, ergänzt für die Arbeitnehmer im Landes- und Kommunaldienst (§ 12 Abs. 2 BDSG) durch die Landesdatenschutzgesetze (zu supranationalen Rechtsgrundlagen im Datenschutz, denen bislang keine praktische Bedeutung zukommt, s. o. A/Rz. 740). 2401
§ 1 Abs. 5 BDSG enthält eine **kollisionsrechtliche Bestimmung**. Danach ist zu unterscheiden: 2402
– Befindet sich die »verantwortliche Stelle« in einem anderen EU-Mitgliedsstaat, so ist das dortige Recht anzuwenden, es sei denn, die Erhebung, Verarbeitung oder Nutzung erfolgt durch eine inländische Niederlassung. Die Mitgliedsstaaten des europäischen Wirtschaftsraumes (Norwegen, Island, Liechtenstein) sind gleichgestellt.
– Befindet sich die verantwortliche Stelle in einem Drittstaat, so ist das BDSG immer anwendbar, wenn die Erhebung, Verarbeitung oder Nutzung im Inland erfolgt.

b) Allgemeine Rechtsgrundsätze des personenbezogenen Datenschutzes

aa) Anwendungsbereich des BDSG
Das BDSG gilt für die Erhebung, Verarbeitung und Nutzung personenbezogener Daten durch nichtöffentliche Stellen, wenn dabei entweder Datenverarbeitungsanlagen eingesetzt werden, oder die Dateien in oder aus nicht automatisierten Dateien verarbeitet, genutzt oder dafür erhoben werden (**§§ 1 Abs. 2 Nr. 3, 27 ff. BDSG**). 2403
Erfasst sind alle Arbeitgeber der Privatwirtschaft sowie die Kapitalgesellschaften, deren Anteile sich zwar in öffentlicher Hand befinden, die aber von ihrer Rechtsform her privatrechtlich organisiert sind. Das BDSG gilt auch für die Datenverarbeitung

durch **Betriebsräte**; insoweit gelten allerdings nicht die Kontrollbefugnisse des betrieblichen Datenschutzbeauftragten gem. §§ 36, 37 BDSG (*BAG* 11.11.1997 NZA 1998, 385; vgl. dazu *Kort* SAE 1998, 200 ff.).

bb) Personenbezogene Daten

2404 Personenbezogene Daten sind alle **Einzelangaben über persönliche oder sachliche Verhältnisse einer bestimmten oder bestimmbaren natürlichen Person** (§ 3 Abs. 1 BDSG).
Nicht erfasst sind nur Daten, die keinen Bezug zu einem bestimmten Arbeitnehmer aufweisen. Für den Personenbezug genügt es, wenn sich die **Identität des Arbeitnehmers unmittelbar unter Zuhilfenahme von Zusatzwissen** durch die verantwortliche Stelle **feststellen lässt** (z. B. bei durch eine Telefondatenerfassungsanlage aufgezeichneten Angaben über die von einer Nebenstelle geführten Gespräche eines bestimmten Arbeitnehmers; vgl. *BAG* 1.8.1990 DB 1991, 47).

2405 Dies gilt z. B. auch für eine Telefonzielnummer, wenn sie erfasst wird, da sich die Person des Angerufenen i. d. R. mit einem vertretbaren Aufwand ermitteln lässt (sog. doppelter Personenbezug; *BAG* 27.5.1986 EzA § 87 BetrVG 1972 Kontrolleinrichtung Nr. 16).

cc) Automatisierte Verarbeitung; nicht automatisierte Datei

2406 Automatisierte Verarbeitung ist gem. § 3 Abs. 2 S. 1 BDSG die Erhebung, Verarbeitung oder Nutzung personenbezogener Daten unter Einsatz von Datenverarbeitungsanlagen.
Eine nicht automatisierte Datei gem. § 3 Abs. 2 S. 2 BDSG ist eine Sammlung personenbezogener Daten, die gleichartig aufgebaut ist und nach bestimmten Merkmalen geordnet, umgeordnet und ausgewertet werden kann

2407 Sind Daten nicht Bestandteil einer nicht automatisierten Datei, unterfallen sie dem BDSG nur dann, wenn sie offensichtlich aus einer automatisierten Verarbeitung entnommen worden sind (§ 27 Abs. 2 BDSG).

2408 Abweichend vom materiellen Personalaktenbegriff des Arbeitsrechts (s. o. C/Rz. 2362) ist die äußere Form der Aufbewahrung für die Abgrenzung der Datei unerheblich. Auch standardisierte Personalfragebögen sind deshalb Bestandteil einer nicht automatisierten Datei, wenn sie im Rahmen einer gleichartigen Sammlung von Personalfragebögen z. B. in einem Sammelordner aufbewahrt werden (*BAG* 6.6.1984 EzA Art. 2 GG Nr. 4).

2409 Nicht erfasst ist aber jedenfalls die herkömmliche, manuell geführte Personalakte, die z. B. chronologisch oder alphabetisch geordnet ist (*BAG* 4.4.1990 EzA § 611 BGB Persönlichkeitsrecht Nr. 9; vgl. auch *LAG Bremen* 6.12.1996 ZTR 1997, 141; *Däubler* NZA 2001, 875).

2410 Eine Sonderregelung enthält § 12 Abs. 4 BDSG für die Arbeitnehmer des **öffentlichen Dienstes**. Soweit es um ihre Daten geht, ist das BDSG unabhängig von dem verwendeten Speichermedium anwendbar (krit. dazu *Däubler* NZA 2001, 875).

C. Der Inhalt des Arbeitsverhältnisses

dd) Ausschluss für persönliche und familiäre Tätigkeiten
Das BDSG ist nicht anwendbar, wenn die Erhebung, Verarbeitung und Nutzung ausschließlich für persönliche oder familiäre Tätigkeiten erfolgt (§ 1 Abs. 2 Nr. 3 a. E.). Der Einzelne kann sich also z. B. ein Verzeichnis der Adressen seiner Freunde und Bekannten anlegen; sobald eine solche Datei jedoch für berufliche Zwecke verwendet wird, gilt etwas anderes (vgl. *Däubler* NZA 2001, 875). 2411

ee) Schutzumfang des BDSG; gesetzliche Erlaubnistatbestände
Das Gesetz gilt nicht nur für die **Datenverarbeitung**, sondern auch für die **Datenerhebung** und **-nutzung** (§ 1 Abs. 2 BDSG).
Die Datenverarbeitung und -nutzung bedarf entweder einer **Erlaubnis oder Anordnung** durch das BDSG oder einer anderen Rechtsvorschrift oder der **Einwilligung** des Betroffenen (§§ 4 Abs. 1, 4 a i. V. m. § 28 BDSG). 2412

ff) Subsidiarität des BDSG
Das BDSG ist (vgl. § 1 Abs. 3 S. 1) gegenüber anderen Rechtsvorschriften des Bundes, die eine Erlaubnis z. B. bei den gesetzlichen Auskunfts- und Meldepflichten des Arbeitgebers gegenüber den Behörden enthalten, subsidiär, tritt also hinter ihnen zurück. 2413

Aufgrund ihrer normativen Wirkung gehören zu diesen Rechtsvorschriften des Bundes auch die datenschutzrechtlichen Bestimmungen in Tarifverträgen, Betriebsvereinbarungen, Dienstvereinbarungen und Einigungsstellensprüchen.

So ist z. B. die Verarbeitung von personenbezogenen Daten der Arbeitnehmer datenschutzrechtlich schon dann zulässig, wenn sie durch eine Betriebsvereinbarung oder durch einen Spruch der Einigungsstelle erlaubt wird (*BAG* 27.5.1986 EzA § 87 BetrVG 1972 Kontrolleinrichtung Nr. 16). 2414

Betriebsvereinbarung oder Spruch der Einigungsstelle können auch zu Ungunsten der Arbeitnehmer vom BDSG abweichen. Sie müssen sich lediglich im Rahmen der Regelungskompetenz der Betriebspartner halten und den Grundsätzen über den Persönlichkeitsschutz des Arbeitnehmers im Arbeitsverhältnis Rechnung tragen (*BAG* 27.5.1986 EzA § 87 BetrVG 1972 Kontrolleinrichtung Nr. 16).

c) Datenerhebung

aa) Begriffsbestimmung
Datenerhebung ist die der Datenspeicherung vorgelagerte Phase der Beschaffung von Daten über den Betroffenen (**§ 3 Abs. 3 BDSG**), etwa durch Fragen oder Fragebögen. Nicht erfasst ist die Lieferung von Daten durch den Betroffenen oder Dritte ohne Anforderung. Erhoben sind auch Daten, die z. B. durch die **systematische Auswertung und Verknüpfung der vorhandenen Datenbestände**, also durch Verarbeitung personenbezogener Dateien, gewonnen werden . Gem. § 4 Abs. 2 S. 2 BDSG (für öffentliche Stellen vgl. § 13 Abs. 1 a BDSG) gilt der Vorrang der Direktermittlung der Daten beim Betroffenen. 2415

bb) Mittelbare Beschränkung

2416 Für den nichtöffentlichen Bereich ergibt sich eine mittelbare Beschränkung der Informationsbeschaffungsmöglichkeiten des Arbeitgebers insofern, als dieser die arbeitsrechtlichen Grenzen des Fragerechts (s. o. B/Rz. 209 ff.) zu beachten hat.

2417 Die Erhebung von **Bewerberdaten** ist zwar gem. § 28 Abs. 1 BDSG zulässig; der Arbeitgeber kann sich auf ein »vertragsähnliches Vertrauensverhältnis mit dem Betroffenen« stützen. Die Zwecke der Datenerhebung müssen zudem konkret festgelegt werden; insofern kommt die Feststellung der Eignung/Nichteignung für die zu besetzende Stelle in Betracht. Das BDSG enthält aber **keine Aussage** darüber, **welche Angaben** im Rahmen des »Anbahnungsverhältnisses« verlangt werden können, so dass die Grundsätze über das Fragerecht (s. o. B/Rz. 209 ff.) weiterhin gelten (vgl. *Däubler* NZA 2001, 876).

2418 Die **Einschaltung Dritter** ist gem. § 4 Abs. 2 Nr. 2 a BDSG **nur dann** gestattet, wenn der **Geschäftszweck** des Arbeitgebers **eine solche Erhebung erforderlich macht** und keine Anhaltspunkte dafür bestehen, dass **überwiegende schutzwürdige Interessen des Betroffenen beeinträchtigt werden**. Das kann z. B. dann der Fall sein, wenn es Anhaltspunkte für unrichtige Angaben des Bewerbers gibt, oder wenn Aussagen über die bisherige berufliche Tätigkeit (z. B. in Zeugnissen) so unspezifisch sind, dass der Arbeitgeber sich kein sicheres Bild von der Qualifikation des Bewerbers machen kann. Die Einschaltung der Ämter für Verfassungsschutz ist nur in sicherheitsempfindlichen Bereichen möglich, wo der Arbeitgeber i. d. R. seinerseits verpflichtet ist, nur sicherheitsüberprüfte Personen zu beschäftigen, da er andernfalls weitere Staatsaufträge (z. B. im Rüstungssektor) oder seine Betriebsgenehmigung (z. B. bei kerntechnischen Anlagen) aufs Spiel setzen würde (Sicherheitsüberprüfungsgesetz vom 20.9.1994 BGBl. I, S. 867; vgl. *Däubler* NZA 2001, 876).

2419 Erforderlich ist im Übrigen im Rahmen einer **Verhältnismäßigkeitsprüfung** eine Güter- und Interessenabwägung zwischen dem Informationsinteresse des Arbeitgebers einer- und dem Persönlichkeitsschutzrecht des Arbeitnehmers andererseits (vgl. *BAG* 6.6.1984 EzA Art. 2 GG Nr. 4).

Die Daten müssen einen unmittelbaren Bezug zum bestehenden oder künftigen Arbeitsverhältnis aufweisen; der Umfang der Datenerhebung wird durch die Erfordernisse des konkreten Arbeitsverhältnisses beschränkt (vgl. *BAG* 19.5.1983 EzA § 123 BGB Nr. 23).

d) Datenverarbeitung und -nutzung

aa) Begriffsbestimmungen

2420 Erfasst ist gem. § 3 Abs. 4, 5 BDSG die Speicherung, Veränderung, Übermittlung, Sperrung, Löschung und Nutzung personenbezogener Daten.

C. Der Inhalt des Arbeitsverhältnisses

bb) Zulässigkeit von Datenverarbeitung und -nutzung

(1) Der Zweckbestimmung des Vertragsverhältnisses dienen
Zulässig ist die Datenverarbeitung und –nutzung, wenn sie der Zweckbestimmung 2421
eines Vertragsverhältnisses, z. B. des Arbeitsverhältnisses oder eines vertragsähnlichen Vertrauensverhältnisses dient (§ 28 Abs. 1 S. 1 Nr. 1 BDSG). Entscheidend
ist der von beiden Vertragspartnern gemeinsam verfolgte Zweck, der sich aus den abgegebenen Willenserklärungen im Zweifelsfall durch Auslegung ermitteln lässt. Aus
der Formulierung »dient« folgt, dass die **blosse Nützlichkeit** für das Arbeitsverhältnis **nicht genügt**; nur das für das Arbeitsverhältnis Erforderliche wird durch diese Regelung gedeckt (*Däubler* NZA 2001, 876).
Bei der Erhebung sind zudem gem. § 28 Abs. 1 S. 2 BDSG die vom Arbeitgeber **verfolgten Zwecke konkret festzulegen**, also die Zwecke im Einzelnen, die mit einer Datenerhebung verbunden sind.

(2) Erweiterung des Verarbeitungsrahmens durch Einwilligung
Im Einzelfall kann ein Bedarf bestehen, Arbeitnehmerdaten für Zwecke zu erheben, 2422
die sich nicht oder jedenfalls nicht eindeutig aus dem Arbeitsverhältnis ergeben.
Will der Arbeitgeber z. B. Namen, Qualifikation, Erreichbarkeit und Foto bestimmter
Beschäftigter ins **Internet** stellen, um damit zu werben, bedarf es der Einwilligung
des Arbeitnehmers, weil § 28 Abs. 1 S. 1 Nr. 1 BDSG als Rechtsgrundlage nicht ausreicht.
Gem. § 4 a BDSG ist **Voraussetzung für die Einwilligung** des Arbeitnehmers, dass
– sie grds. schriftlich erfolgt,
– der Einwilligende über den Gegenstand seiner Erklärung ausreichend informiert ist,
– die Einwilligung auf der freien Entscheidung des Betroffenen beruht (vgl. *Däubler* NZA 2001, 877).

(3) Wahrung berechtigter Interessen
Erforderlich ist die Wahrung berechtigter Interessen der speichernden Stellen, wenn 2423
kein Grund zu der Annahme besteht, dass dadurch überwiegende schutzwürdige Belange des Betroffenen beeinträchtigt werden.
Ein berechtigtes Interesse des Arbeitgebers an der Einführung eines **Personalinformationssystems** liegt z. B. darin, dass so **die benötigten Arbeitnehmerdaten in wirtschaftlich sinnvoller Weise schnell und kostengünstig gewonnen werden können**
(*BAG* 11.3.1986 EzA § 87 BetrVG 1972 Kontrolleinrichtung Nr. 15). Insoweit kommt
auch eine Verarbeitung oder Nutzung der Daten von Dritten in Betracht, die nicht in
Vertrags- bzw. Vertrauensbeziehungen stehen. Auf diese Weise kann z. B. die **Erfassung der Zielnummern bei Dienst- und Privatgesprächen** gerechtfertigt sein (vgl.
BAG 27.5.1986 EzA § 87 BetrVG 1972 Kontrolleinrichtung Nr. 16), oder eine Auskunft zwischen Arbeitgebern über Daten nicht angestellter oder ausgeschiedener Arbeitnehmer, etwa innerhalb von Konzernen.

(4) Allgemein zugängliche Quellen; wissenschaftliche Forschung
Keine Beschränkungen bestehen, wenn die Daten allgemein zugänglichen Quellen 2424
entnommen werden oder der Arbeitgeber sie veröffentlichen dürfte (§ 28 Abs. 1
S. 1 Nr. 3 BDSG), sowie bei Datenverarbeitung oder -nutzung, die zur Durchführung
wissenschaftlicher Forschung erforderlich ist (§ 28 Abs. 1 S. 1 Nr. 4 BDSG).

C. Der Inhalt des Arbeitsverhältnisses

(5) Sonderregelungen für sensitive Daten

2425 Gem. § 3 Abs. 9 BDSG ist die Erhebung und Verarbeitung bestimmter, besonders sensibler Daten nur unter **ganz engen Voraussetzungen** zulässig (Angaben über die rassische und ethnische Herkunft, politische Meinungen, religiöse oder philosophische Überzeugungen, Gewerkschaftszugehörigkeit, Gesundheit, Sexualleben). Erforderlich ist die **Einwilligung** des Betroffenen, die sich ausdrücklich auf diese Daten beziehen muss (§ 28 Abs. 6 i. V. m. § 4 a Abs. 3 BDSG), d. h. dass eine konkludente, aus den Umständen rückschließbare Erklärung nicht ausreicht (*Däubler* NZA 2001, 878). Darüber hinaus sieht § 28 Abs. 6 BDSG vier Gründe vor, die die Erhebung und Verarbeitung rechtfertigen können:
– der Betroffene kann seine Einwilligung nicht selbst erteilen;
– der Betroffene hat die Daten offenkundig öffentlich gemacht;
– sie ist zur Geltendmachung, Ausübung oder Verteidigung rechtlicher Ansprüche erforderlich und es besteht kein Grund zu der Annahme, dass das schutzwürdige Interesse des Betroffenen an dem Ausschluss der Erhebung usw. überwiegt,
– wenn dies zur Durchführung wissenschaftlicher Forschung erforderlich ist (vgl. *Däubler* NZA 2001, 878).

2426 § 28 Abs. 7 BDSG enthält Sonderregelungen für den Gesundheitsbereich; § 28 Abs. 9 BDSG für Organisationen, die politische, philosophische, religiöse oder gewerkschaftliche Zwecke verfolgen.
Soweit diese Verarbeitungsmöglichkeiten nicht eingreifen, kommt eine Einwilligung nach § 4 a BDSG in Betracht (s. o. C/Rz. 2422).

(6) Videoüberwachung

2427 Für **öffentlich zugängliche Räume** wie Ladenpassagen, Kaufhäuser, Gaststätten, Tankstellen und Bankfilialen enthält § 6 b BDSG eine Sonderregelung: Eine vom Arbeitgeber initiierte Videoüberwachung ist **nur zulässig**, wenn sie der **Wahrnehmung des Hausrechts dient**, also den Zutritt Unbefugter verhindern will, oder zur Wahrnehmung berechtigter Interessen für konkret festgelegte Zwecke erforderlich ist (z. B. Abwehr von Diebstählen). Die Konkretheit des Zwecks muss bestimmt werden, so dass die Erforderlichkeit überprüfbar wird. Kommen auch andere Mittel wie das Auslösen akustischer Signale beim Verlassen ohne Bezahlung in Betracht, muss die Videoüberwachung unterbleiben. Auch müssen die berechtigten Interessen objektiv vorliegen; die bloße Befürchtung, es könne zu Diebstählen kommen, genügt nicht. § 6 b Abs. 2 BDSG verlangt, dass die Beobachtung und ihr Veranlasser durch geeignete Maßnahmen erkennbar gemacht werden. Soweit Daten verarbeitet werden, ist dies grds. nur zur Erreichung des verfolgten Zwecks zulässig (§ 6 b BDSG; vgl. *Däubler* NZA 2001, 878).

(7) Automatisierte Einzelentscheidungen

2428 Gem. § 6 a BDSG sind Entscheidungen unzulässig, die ausschließlich auf einer automatisierten Auswertung von Daten beruhen, die der Bewertung einzelner Persönlichkeitsmerkmale dienen.

(8) Verwendung von Chipkarten

2429 Werden im Betrieb mobile personenbezogene Speicher- und Verarbeitungsmedien, also insbesondere Chipkarten benutzt, so muss der Betroffene nach § 6 c Abs. 1 BDSG umfassend über die Funktionsweise dieses Mediums unterrichtet und gem. § 6 c Abs. 2 BDSG in die Lage versetzt werden, durch Benutzung von Lesegeräten im Einzelnen nachzuvollziehen, was über ihn gespeichert ist und welche Datenverarbeitungsvorgänge stattgefunden haben (vgl. *Däubler* NZA 2001, 879).

cc) Datenspeicherung

> Datenspeicherung (vgl. § 3 Abs. 4 S. 2 Nr. 1 BDSG) ist nach Maßgabe der vertraglichen Zweckbestimmung in den Grenzen des Verhältnismäßigkeitsprinzips zulässig, wenn sie zur Erfüllung des konkreten Arbeitsvertragszwecks erforderlich ist (vgl. *BAG* 22.10.1986 EzA § 23 BDSG Nr. 4).

2430

Es bedarf eines besonderen vertragsbezogenen Speicherungsinteresses des Arbeitgebers. Die Angemessenheit muss im Wege einer Güter- und Interessenabwägung ermittelt werden, die insbesondere auch die schutzwürdigen Belange des Arbeitnehmers berücksichtigt (*BAG* 22.10.1986 EzA § 23 BDSG Nr. 4).

Für die im üblichen **Personalfragebogen** enthaltenen Daten bedeutet dies, dass gespeichert werden kann das **Geschlecht, der Familienstand, Ausbildungsdaten und Sprachkenntnisse, Krankheits- und sonstige Fehlzeiten.**

2431

Nach Auffassung von *Blomeyer* (MünchArbR § 99 Rz. 29; **a. A.** *LAG Baden-Württemberg* DB 1985, 2567) können sowohl die Konfession des Arbeitnehmers als auch die Ableistung des Wehrdienstes gespeichert werden.

2432

Die Speicherung von Telefondaten, insbesondere von Zielnummern kann, soweit zwischen dem Arbeitgeber und dem Angerufenen kein Vertrags- oder vertragsähnliches Vertrauensverhältnis besteht, wie z. B. bei Geschäftspartnern, allenfalls durch § 28 Abs. 1 S. 1 Nr. 2 BDSG gerechtfertigt sein (*LAG Düsseldorf* DB 1984, 2624; **a. A.** *LAG Hamm* DB 1986, 702, 703; offen gelassen durch *BAG* 27.5.1986 EzA § 87 BetrVG 1972 Kontrolleinrichtung Nr. 16).

2433

dd) Datenveränderung

Eine Datenveränderung (§ 3 Abs. 4 S. 2 Nr. 2 BDSG), d. h. vor allem die Auswertung der Daten mehrerer oder vieler Arbeitnehmer zu einem anderen Zweck als ursprünglich geplant und die Verknüpfung von Daten aus verschiedenen Dateien ist in den Grenzen des Verhältnismäßigkeitsprinzips im Rahmen der Zweckbestimmung des Vertragsverhältnisses statthaft.

2434

Die Veränderung muss nicht durch den konkreten Vertragszweck geboten sein. Vielmehr genügt ein **berechtigtes Interesse** des Arbeitgebers bezogen auf den Zweck der Durchführung des Arbeitsverhältnisses (*BAG* 11.3.1986 EzA § 87 BetrVG 1972 Kontrolleinrichtung Nr. 15). Veränderungen dürfen jedoch nicht erfolgen, wenn bereits die Speicherung der Daten unzulässig war (§ 28 Abs. 1 S. 2 BDSG).

2435

ee) Datenübermittlung

Datenübermittlung ist das **Bekanntgeben gespeicherter oder durch Datenverarbeitung gewonnener personenbezogener Daten an einen Dritten** (vgl. § 3 Abs. 4 ff. BDSG), wobei betriebsinterne Stellen im Rahmen der betrieblichen Funktions- und Aufgabenverteilung (z. B. der Betriebsrat, der Betriebsarzt und der betriebliche Datenschutzbeauftragte) eine rechtliche Einheit mit dem Arbeitgeber bilden, also nicht Dritte sind, sofern die Übermittlung im Rahmen der Funktion dieser Stellen erfolgt.

2436

Konzernverbundene Unternehmen sind dagegen stets Dritte.

C. Der Inhalt des Arbeitsverhältnisses

ff) Nutzung von Daten

2437 Nutzung von Daten ist die Verwendung personenbezogener Daten, soweit es sich nicht um Verarbeitung handelt (**§ 3 Abs. 5 BDSG**). Erfasst sind Fälle des schlichten Umgangs mit personenbezogenen Daten, die keiner speziellen Verarbeitungsphase zugeordnet werden können, wie etwa die reine Aufgabenerledigung (z. B. Ausstellen einer Bescheinigung).

gg) Zulässigkeit von Übermittlung und Nutzung

2438 Übermittlung und Nutzung sind nur unter den Voraussetzungen des § 28 BDSG zulässig.

Beispiele:
2439 Der Arbeitsvertrag rechtfertigt insbesondere die Übermittlung von Personaldaten an rechtlich selbstständige Träger der betrieblichen Altersversorgung (z. B. Unterstützungs- und Pensionskassen), an Banken zur Abwicklung der bargeldlosen Lohnzahlung, an gemeinsame Einrichtungen der Tarifvertragsparteien, an Unternehmen im Konzernverbund, sofern sich das Vertragsverhältnis ausnahmsweise auch auf das als Übermittlungsadressat fungierende Konzernunternehmen bezieht (z. B. bei Abordnung innerhalb eines Konzerns); dies gehört noch zu dem für das Arbeitsverhältnis Erforderlichen (vgl. *Däubler* NZA 2001, 876).

Von der Zweckbestimmung des laufenden oder abgelaufenen Arbeitsverhältnisses nicht gedeckt ist dagegen die Übermittlung von Arbeitnehmerdaten an zentrale Auskunftsstellen der Arbeitgeber, an Gewerkschaften zur Erleichterung der Erhebung von Gewerkschaftsbeiträgen oder an Versicherungsunternehmen zu Werbezwecken. Die Übermittlung kann seitens der speichernden Stelle ferner geschehen, wenn und soweit dies zur Wahrung ihrer eigenen berechtigten Interessen erforderlich ist und nicht durch überwiegende schutzwürdige Interessen des Betroffenen ausgeschlossen ist (§ 28 Abs. 1 S. 2 Nr. 2 BDSG).

Berücksichtigt ist hier das einseitige, d. h. nicht von der Zweckbestimmung des Arbeitsverhältnisses gedeckte Übermittlungsinteresse des Arbeitgebers (z. B. an der Publikation von Personaldaten bei der Weitergabe an die Werkszeitung; MünchArbR/ *Blomeyer* § 99 Rz. 34).

2440 Darüber hinaus gelten nach **§ 28 Abs. 3 BDSG** vier erweiterte Zulässigkeitstatbestände:

– Die Übermittlung und Nutzung von Daten ist auch zulässig, soweit dies zur **Wahrung berechtigter Interessen eines Dritten oder öffentlicher Interessen** erforderlich ist.
   In Betracht kommt dies etwa bei der Erteilung von Auskünften zwischen Arbeitgebern z. B. bei der Übermittlung von Leistungs- und Verhaltensdaten ausgeschiedener Arbeitnehmer für Stellenbewerbungen.
– Zulässig ist die Übermittlung sog. »**harmloser Daten**«, das sind listenmäßig oder sonst wie zusammengefasste Daten über Angehörige einer Personengruppe.
– Bei diesen Gründen muss **hinzukommen**, dass kein Grund zur Annahme besteht, dass der Betroffene ein schutzwürdiges Interesse am Ausschluss der Übermittlung hat (§ 28 Abs. 3 S. 1 BDSG); insoweit ist stets eine Interessenabwägung erforderlich.
– Ferner ist die Datenübermittlung oder -nutzung auch für **wissenschaftliche Zwecke** zulässig (§ 28 Abs. 3 Nr. 2 BDSG).

hh) Übermittlung in das Ausland

Gem. § 4 b Abs. 1 BDSG ist die Übermittlung in andere EU-Mitgliedsstaaten unter denselben Voraussetzungen wie an eine verantwortliche Stelle im Inland möglich. Die Tätigkeit muss sich allerdings ganz oder teilweise im Anwendungsbereich des EG-Rechts bewegen. Gleichgestellt sind die Staaten des Europäischen Wirtschaftsraumes sowie die Organe der Gemeinschaft. Die Übermittlung in Drittstaaten folgt denselben Grundsätzen, wenn dort ein angemessenes Datenschutzniveau besteht; ob dies der Fall ist, muss die verantwortliche Stelle gem. § 4 b Abs. 3 BDSG selbst prüfen. Fehlt es daran, ist die Datenübermittlung nach dem Ausnahmekatalog des § 4 c BDSG zulässig (vgl. dazu *Däubler* NZA 2001, 879).

2441

e) Individualrechte der betroffenen Arbeitnehmer

Zwar ist die Überwachung der gesetzlichen Datenschutzbestimmungen grds. Aufgabe einer Aufsichtsbehörde (§ 38 BDSG).
Gleichwohl gewährt das BDSG dem Betroffenen darüber hinaus zahlreiche subjektive **Informations- und Korrekturrechte**, die ihn in die Lage versetzen sollen, die Einhaltung des gesetzlichen Datenschutzes beim Umgang mit seinen persönlichen Daten durch die verantwortliche Stelle selbst zu kontrollieren und sicherzustellen.

2442

aa) Benachrichtigungsanspruch

Dazu gehören insbesondere ein Benachrichtigungsanspruch hinsichtlich der **erstmaligen Speicherung** und der Art seiner personenbezogenen Daten, der Zweckbestimmung der Erhebung, Verarbeitung oder Nutzung, sowie der Identität der verantwortlichen Stelle (**§ 33 Abs. 1 BDSG**, vgl. aber auch die Ausnahmen gem. § 33 Abs. 2 BDSG), die auch gegenüber Dritten hinsichtlich der Speicherung ihrer Daten besteht. Eine Verletzung dieser Pflicht ist zwar eine Ordnungswidrigkeit (§ 44 Abs. 1 Nr. 3 BDSG), führt jedoch nicht zur Unzulässigkeit der Speicherung und berechtigt nicht zur Ausübung der Rechte auf Berichtigung, Sperrung oder Löschung (*BAG* 22.10.1986 EzA § 23 BDSG Nr. 4).

2443

2444

bb) Auskunftsanspruch

Vorgesehen ist auch ein Auskunftsanspruch über die zu seiner Person gespeicherten Daten sowie deren Herkunft und Empfänger, soweit auch diese Angaben gespeichert sind (**§ 34 Abs. 1 S. 1 Nr. 1 BSDG**) einschließlich der Auskunft über den Zweck der Speicherung und über die Personen und Stellen, an die die Daten übermittelt werden. Das Auskunftsersuchen des Arbeitnehmers bedarf **weder** einer **Form noch** einer **Begründung** und **kann jederzeit** – auch wiederholt – **gestellt werden**.
Die Auskunft ist grds. schriftlich (**§ 34 Abs. 3 BDSG**) und grds. unentgeltlich (§ 34 Abs. 5 BDSG) zu erteilen. Die Auskunftspflicht kann ausnahmsweise entfallen, wenn das Interesse an der Wahrung des Geschäftsgeheimnisses überwiegt (**§ 34 Abs. 1, 2 BDSG**).

2445

2446

cc) Berichtigungsanspruch

Der Berichtigungsanspruch (**§ 35 Abs. 1 BDSG**) erfasst nicht nur objektiv unrichtige, sondern auch solche Daten, die infolge eines verzerrenden Zusammenhangs ein »**schiefes Bild**« der Realität wiedergeben (z. B. Aufzeichnung von Fehlzeiten ohne Angabe der Gründe). Die **Beweislast** für die Richtigkeit der verarbeiteten Daten trägt grds. der Arbeitgeber.

2447

C. Der Inhalt des Arbeitsverhältnisses

2448 Für die Berichtigung ist keine Frist gesetzt, sie hat aber entsprechend dem Verhältnismäßigkeitsprinzip innerhalb angemessener Zeit, u. U. sogar unverzüglich zu erfolgen, je nachdem, wie wichtig das unrichtige Datum für die Betroffenen und damit die Gefahr für die Persönlichkeitssphäre des Arbeitnehmers ist. Die **Beweislast** für die tatsächliche Durchführung der Berichtigung trägt der Arbeitgeber (MünchArbR/ *Blomeyer* § 99 Rz. 47).

dd) Löschungsanspruch

2449 Der Arbeitnehmer kann gem. **§ 35 Abs. 2 BDSG** die Löschung durch Unkenntlichmachung der relevanten eingespeicherten Daten (§ 3 Abs. 5 Nr. 5 BDSG) verlangen.

2450 **Voraussetzung** ist, dass
- ihre **Speicherung** (von Anfang an) **ungerechtfertigt** oder derzeit nicht mehr gerechtfertigt ist, oder
- der **Speicherzweck weggefallen** ist (z. B. nach einer ergebnislosen Bewerbung), oder
- es sich um **sensible Daten** handelt (die die persönlichen Verhältnisse des Arbeitnehmers besonders berühren, z. B. Angaben über gesundheitliche Verhältnisse, strafbare Handlungen, religiöse oder politische Anschauungen), und ihre Richtigkeit vom Arbeitgeber nicht bewiesen werden kann.

Trotz Wegfalls des Speicherungszwecks kann die Löschung jedoch nicht verlangt werden, wenn die Speicherstelle eine **Aufbewahrungspflicht** zu erfüllen hat oder die Löschung nicht oder nur mit unverhältnismäßig hohem Aufwand möglich ist (§ 35 Abs. 3 Nr. 1, 3 BDSG),

2451 **Im Übrigen kann der Arbeitgeber jederzeit bestimmte Daten selbstständig löschen, soweit nicht schutzwürdige Interessen des Betroffenen entgegenstehen** (§ 35 Abs. 3 Nr. 2 BDSG). Dies ist z. B. dann der Fall, wenn der Arbeitnehmer Ansprüche geltend macht, die nur mit Hilfe der zu löschenden Daten bewiesen werden können. Die Löschung hat so zu erfolgen, dass die **Lesbarkeit der Daten** endgültig **entfällt**.

ee) Sperrungsanspruch

2452 Der Sperrungsanspruch (**§ 35 Abs. 4 BDSG**) ist vorgesehen, wenn der Arbeitnehmer die Richtigkeit seiner gespeicherten personenbezogenen Daten bestreitet und sich weder ihre Richtigkeit noch die Unrichtigkeit feststellen lässt.
Die Sperrung tritt an die Stelle der Löschung, wenn die Daten für die Erfüllung des Speicherungszwecks zwar nicht mehr erforderlich sind, der Löschung aber Aufbewahrungspflichten entgegenstehen.
Insoweit müssen die gesperrten Daten gekennzeichnet, d. h. mit einem entsprechenden Vermerk versehen werden, um ihre weitere Verarbeitung oder Nutzung einzuschränken (§ 3 Abs. 5 Nr. 4 BDSG).

ff) Verhältnis zum Gegendarstellungsanspruch

2453 Fraglich ist, inwieweit durch den Berichtigungs- und Sperrungsanspruch der gem. § 83 Abs. 2 BetrVG gegebene Gegendarstellungsanspruch verdrängt wird, weil das BDSG einen entsprechenden Anspruch nicht kennt.
Nach Auffassung von *Wiese* (GK-BetrVG § 83 Rz. 56 ff.) stehen §§ 35 Abs. 2, 3, 4 BDSG und § 83 Abs. 2 BetrVG **nebeneinander**, sodass der Arbeitnehmer je nach seiner Interessenlage wahlweise vorgehen kann.

gg) Widerspruchsrecht

Gem. § 35 Abs. 5 BDSG hat der Betroffene ein Widerspruchsrecht: Überwiegt sein schutzwürdiges Interesse wegen seiner besonderen persönlichen Situation das Interesse der verantwortlichen Stelle an der Erhebung, Verarbeitung oder Nutzung der Daten, so muss diese unterbleiben. Etwas anderes gilt dann, wenn der Arbeitgeber aufgrund einer Rechtsnorm zu einem entsprechenden Vorgehen verpflichtet ist, wenn er z. B. im Rahmen der Abführung von Lohnsteuer und Sozialversicherungsbeiträgen bestimmte Daten verarbeiten muss (vgl. *Däubler* NZA 2001, 880). 2454

f) Schadensersatz- und Unterlassungsansprüche des Betroffenen

Da die öffentlich-rechtlichen Pflichten des Arbeitgebers nach dem BDSG zugleich seine arbeitsvertraglichen Nebenpflichten bestimmen, stellt die Verletzung des BDSG i. d. R. auch eine Vertragsverletzung dar, sodass Ansprüche aus pFV (jetzt §§ 280 ff., 241 Abs. 2 BGB n. F.) oder cic (jetzt § 311 Abs. 3, 4 BGB n. F.) in Betracht kommen. Deliktische Ansprüche können sich aus § 823 Abs. 1 BGB, § 823 Abs. 2 BGB i. V. m. Vorschriften des BDSG ergeben, sofern der jeweils verletzten Bestimmung Schutzgesetzcharakter zukommt. 2455

Im Bereich des öffentlichen Dienstes sehen §§ 7, 8 BDSG eine verschuldensunabhängige Gefährdungshaftung vor. 2456
Soweit keine speziellen Ansprüche aus dem BDSG bestehen, kommt für den Arbeitnehmer ein **Unterlassungsanspruch** in Betracht, gerichtet auf die Unterlassung des Eingriffs in sein Persönlichkeitsrecht und ggf. auf Beseitigung der Folgen (§§ 12, 862, 1004 BGB analog). Voraussetzung ist neben einem widerrechtlichen Eingriff das Vorliegen einer Wiederholungsgefahr (vgl. MünchArbR/*Blomeyer* § 99 Rz. 58).

g) Betrieblicher Datenschutzbeauftragter

aa) Zweck

Der betriebliche Datenschutzbeauftragte (§§ 4 f ff. BDSG) bildet für den privaten Arbeitgeber neben dem Betriebsrat ein Organ der sog. **Eigenkontrolle**, die ihrerseits durch die Fremdkontrolle der Aufsichtsbehörde ergänzt wird; sie ist inzwischen auch für Behörden gegeben (§ 4 f Abs. 1 BDSG). 2457

Arbeitgeber sind nach § 4 f Abs. 1 BDSG verpflichtet, einen Datenschutzbeauftragten zu bestellen, wenn personenbezogene Daten automatisiert verarbeitet werden und damit regelmäßig mindestens 5, im Fall der nichtautomatisierten Datenverarbeitung mindestens 20 Arbeitnehmer, ständig beschäftigt sind. Finden Datenverarbeitungsvorgänge statt, die einer Vorabkontrolle unterliegen (§ 4 d BDSG), ist ein Datenschutzbeauftragter auch dann zu bestellen, wenn nicht mehr als 4 Arbeitnehmer mit der automatischen Erhebung usw. beschäftigt sind (§ 4 f Abs. 1 S. 6 BDSG). Soweit ein betrieblicher Datenschutzbeauftragter existiert, entfällt die Meldepflicht gem. § 4 d Abs. 2 BDSG. 2458

bb) Bestellung

Die Bestellung, die von der vertraglichen Anstellung zu unterscheiden ist, unterliegt der konstitutiven Schriftform (§ 4 f Abs. 1 S. 1 BDSG). Der Beauftragte kann, 2459

C. Der Inhalt des Arbeitsverhältnisses

muss aber nicht dem Unternehmen angehören. Er muss jedoch die zur Erfüllung seiner Aufgaben erforderliche Fachkunde und Zuverlässigkeit besitzen (§ 36 Abs. 2 BDSG).
Er ist der Unternehmensleitung unmittelbar zu unterstellen. Seine Bestellung unterliegt nicht der Mitwirkung des Betriebsrats, kann aber, je nach Aufgabendefinition, bei Personen, die dem Betrieb bereits angehören, als Versetzung gem. § 99 Abs. 1 BetrVG zustimmungsbedürftig sein (*LAG München* NJW 1979, 1847).

cc) Rechtsstellung

2460 Der Beauftragte ist in Fragen des Datenschutzes **weisungsfrei** und darf wegen der Erfüllung seiner Aufgaben auch **nicht benachteiligt werden** (§ 4 f Abs. 3 BDSG). Eine Kontrolle durch den Betriebsrat gem. § 80 BetrVG ist damit nicht vereinbar.

2461 Die Bestellung kann nur bei Vorliegen eines wichtigen Grundes entsprechend § 626 BGB oder auf Verlangen der Aufsichtsbehörde widerrufen werden (§ 4 f Abs. 3 S. 4 BDSG). § 626 Abs. 2 BGB ist nicht anwendbar. Der Widerruf bezieht sich allein auf die Bestellung, sodass das Arbeitsverhältnis unberührt bleibt. Soweit allerdings der Widerrufsgrund zugleich eine Verletzung der Vertragspflichten durch den Beauftragten darstellt, muss auch eine Kündigung in Betracht kommen.
Umgekehrt kann eine Verletzung der Vertragspflichten zwar die Kündigung rechtfertigen, stellt aber nicht zwangsläufig einen Widerrufsgrund dar (s. u. D/Rz. 518 ff.).

Der Arbeitgeber ist dem Beauftragten gegenüber zur **Unterstützung** bei der Aufgabenerfüllung verpflichtet, soweit dies erforderlich ist (§ 4 f Abs. 5 BDSG).

dd) Befugnisse

2462 Dem Datenschutzbeauftragten steht eine **umfassende Kontrollkompetenz hinsichtlich der Ausführung datenschutzrechtlicher Vorschriften** zu (§ 4 g Abs. 1 S. 1 BDSG).
Zu betonen ist (u. a.) die Überwachung der Verarbeitungsprogramm-Anwendung, die Anleitung des Personals und die beratende Mitwirkung bei der Auswahl des Personals. Er hat die Vorabkontrolle gem. § 4 d BDSG durchzuführen und zudem die Angaben, die ohne seine Bestellung gem. § 4 e BDSG der Aufsichtsbehörde gemeldet werden müssen, in geeigneter Weise für jedermann verfügbar zu halten.
Zwar hat der Beauftragte keine eigene Entscheidungskompetenz. Hat er aber **Zweifel**, ob im Betrieb datenschutzrechtliche Normen eingehalten wurden, kann er sich gem. § 4 g Abs. 1 S. 2 BDSG an die **Aufsichtsbehörde** wenden. Der Arbeitgeber muss den Beauftragten über Vorhaben der Datenverarbeitung rechtzeitig unterrichten.
Die Befugnisse des Datenschutzbeauftragten erstrecken sich allerdings nicht auf die Datenverarbeitung durch **Betriebsräte** (*BAG* 11.11.1997 NZA 1998, 385; vgl. dazu *Kort* SAE 1998, 200 ff.; s. o. C/Rz. 2403).

h) Staatliche Aufsicht

aa) Aufsichtsbehörde

2463 Die Fremdkontrolle obliegt einer von der jeweiligen Landesbehörde einzusetzenden Aufsichtsbehörde (**§ 38 Abs. 6 BDSG**).

Die Behörde kann jederzeit aus eigener Initiative tätig werden, also nicht nur dann, wenn hinreichende Anhaltspunkte für einen Verstoß gegen Datenschutzvorschriften vorliegen (§ 38 Abs. 1 BDSG).
Zur Durchführung ihrer Aufgaben stehen der Aufsichtsbehörde **Auskunfts-, Nachschau- und Einsichtsrechte** gegenüber speichernden Stellen zu, im Hinblick auf die Bereiche Datensicherung und Bestellung des Datenschutzbeauftragten auch besondere **Anordnungs- und Eingriffsrechte** (§ 38 Abs. 3, 4, 5 BDSG).

2464

bb) Meldepflicht und Vorabkontrolle
Gem. § 4 d Abs. 1 BDSG sind automatisierte Verarbeitungen vor ihrer Inbetriebnahme der zuständigen Aufsichtsbehörde zu melden (§ 4 e BDSG). Soweit automatisierte Verarbeitungen besondere Risiken für die Rechte und Freiheiten der Betroffenen aufweisen, erfolgt nach § 4 d Abs. 5 BDSG eine Vorabkontrolle hinsichtlich der Vereinbarkeit mit dem Datenschutzrecht. Sie ist vor allem bei der Verarbeitung sensitiver oder solcher Daten notwendig, die dazu bestimmt sind, die Persönlichkeit des Betroffenen zu bewerten (vgl. *Däubler* NZA 2001, 880).

2465

i) Übergangsvorschrift
Gem. § 45 BDSG müssen Erhebungen, Verarbeitungen oder Nutzungen personenbezogener Daten, die am Tag nach der Verkündung der Neufassung des BDSG (23.5.2001) bereits begonnen haben, innerhalb von drei Jahren an die Neuregelung angepasst werden.

2466

6. Recht am Arbeitsergebnis

a) Grundlagen

aa) Sacheigentum des Arbeitgebers
Da die Bezahlung der Arbeitstätigkeit zur Erzielung eines bestimmten Arbeitsergebnisses erfolgt, über das der Arbeitgeber verfügen kann, steht ihm dieses ebenso wie das Recht am Arbeitsergebnis zu. Er erwirbt als Hersteller i. S. d. § 950 BGB unmittelbar und originär Sacheigentum (*BAG* 24.11.1960 AP Nr. 1 zu § 11 LitUrhG).
Eigentum erwirbt der Arbeitgeber auch an hergestellten Mustern, Modellen und Zeichnungen, Filmnegativen, Tonträgern, an den Werkstücken urheberrechtlich geschützter Werke (z. B. ihm vorgelegten Manuskripten, technischen Zeichnungen, Computerprogrammen usw.).

2467

Das folgt mittelbar aus **§ 28 Abs. UrhG**, der Herausgabeansprüche des Urhebers gegenüber dem Besitzer des Originals oder einer Vervielfältigung des Stücks ausschließt und ihm nach Abs. 1 nur ein sog. Zugangsrecht sichert (MünchArbR/*Sack* § 100 Rz. 4).

bb) Zugangs-, Benutzungsrecht des Arbeitnehmers
Neben dem Zugangsrecht des Urhebers gem. § 25 UrhG kann sich u. U. für den Arbeitnehmer (trotz Beendigung des Arbeitsverhältnisses) nach § 242 BGB ein Besitzrecht gem. § 986 BGB ergeben, damit er z. B. eine Erfindung vollenden kann.

2468

C. Der Inhalt des Arbeitsverhältnisses

Ein **Besitzrecht** kann auch an Kopien geschäftlicher Unterlagen des vormaligen Arbeitgebers bestehen, wenn er auf diese zur Beweisführung in einem anhängigen Prozess über eine Erfindervergütung für eine vom vormaligen Arbeitgeber in Anspruch genommene Diensterfindung angewiesen ist (RGZ 105, 317 f.; *BGH* 21.12.1989 WM 1990, 810).

cc) Herstellen außerhalb der arbeitsvertraglich geschuldeten Tätigkeit

2469   Stellt der Arbeitnehmer zwar in der Arbeitszeit bzw. am Arbeitsplatz, jedoch nicht in Erfüllung arbeitsvertraglich geschuldeter Tätigkeit Sachen her, so erwirbt er auch das Eigentum daran.
Dies gilt z. B. dann, wenn ein Krankenhausarzt in der Arbeitszeit eine Kartei anlegt, die ausschließlich seiner privaten wissenschaftlichen Forschung dient (*BAG* 26.10.1951 NJW 1952, 61).

dd) Recht an immateriellen Arbeitsleistungen des Arbeitnehmers

(1) Begriffsbestimmungen
2470   Das Recht des Arbeitgebers am Arbeitsergebnis umfasst grds. **auch das Recht an immateriellen Arbeitsleistungen** des Arbeitnehmers.
Das gilt uneingeschränkt für immaterialgüterrechtlich nicht geschützte Leistungen, die in Erfüllung arbeitsvertraglicher Pflichten erbracht werden (z. B. technische Verbesserungsvorschläge, Leistungen auf dem Gebiet der Werbung; qualifizierte technische Verbesserungsvorschläge, § 20 ArbnErfG).

2471   Bei immaterialgüterrechtlich geschützten Leistungen, das sind Arbeitsergebnisse, die patent-, gebrauchsmuster-, geschmacksmuster-, urheberrechtlich oder in anderer Weise immaterialgüterrechtlich geschützt sind bzw. durch Eintragung und Hinterlegung geschützt werden können, gilt dieser Grundsatz an sich zwar auch.

(2) Schöpferprinzip
2472   Daneben besteht aber das sog. Schöpferprinzip, wonach Immaterialgüterrechte originär beim Schöpfer (z. B. Urheber, Erfinder) der geschützten bzw. schutzfähigen Leistung entstehen. Es gilt auch für Leistungen, die in Erfüllung arbeitsvertraglicher Pflichten erbracht worden sind.
Der Arbeitnehmer erwirbt originär alle Rechte an der Erfindung und das Recht auf ein Patent oder Gebrauchsmuster (vgl. §§ 6 ff. PatG, § 13 Abs. 3 GebrMG i. V. m. §§ 6 ff. PatG). Gleiches gilt für Urheberrechte (vgl. §§ 7, 29 UrhRG). Sacheigentum und immaterielles Eigentum fallen folglich auseinander.

(3) Recht des Arbeitgebers auf derivativen Erwerb
2473   Soweit die Immaterialgüterrechte originär beim Arbeitnehmer entstanden sind, hat der Arbeitgeber ein **Recht auf abgeleiteten (derivativen) Erwerb der immateriellen Nutzungsrechte** an den Leistungen.
Der Erwerb von Nutzungsrechten erfolgt durch einseitige Erklärung des Arbeitgebers. Die Inanspruchnahme kann uneingeschränkt oder beschränkt erfolgen. Bei Ur-

C. Der Inhalt des Arbeitsverhältnisses

heberrechten hat der Arbeitgeber gegen den Arbeitnehmer einen Anspruch auf Rechtsübertragung.

(4) Vergütungspflicht des Arbeitgebers

Urheberrechtlich oder geschmacksmusterrechtlich geschützte bzw. schutzfähige Leistungen sind grds. durch den Arbeitslohn abgegolten.   2474

Nur bei **Sonderleistungen**, die über die arbeitsvertraglichen Pflichten hinausgehen, bei Sonderverwertungen oder bei Leistungen, mit denen der Arbeitgeber einen besonders großen Gewinn erzielt (§ 36 UrhG) kann der Urheber an sich eine zusätzliche Vergütung verlangen.   2475

Dagegen ist dem Arbeitnehmer nach §§ 9 ff. ArbnErfG eine angemessene Vergütung zu bezahlen, wenn der Arbeitgeber eine patent- oder gebrauchsmusterfähige Erfindung eines Arbeitnehmers in Anspruch nimmt. Denn der Arbeitnehmer hat dem Arbeitgeber im Wettbewerb ein gesetzliches Monopol verschafft (Monopoltheorie): Allein der Arbeitgeber ist bei patent- oder gebrauchsmusterrechtlich geschützten Erfindungen berechtigt bzw. bei den qualifizierten technischen Verbesserungsvorschlägen (§ 20 Abs. 1 ArbnErfG) in der Lage, die technische Neuerung zu nutzen und so einen Wettbewerbsvorsprung vor seinen Konkurrenten zu erlangen (MünchArbR/*Sack* § 100 Rz. 25).   2476

b) Das Recht der Arbeitnehmererfindungen

aa) ArbnErfG

Das ArbnErfG regelt sowohl Arbeitnehmererfindungen, die **patent- und gebrauchsmusterfähig** sind, als auch **technische Verbesserungsvorschläge**, die die Voraussetzungen des Patent- und Gebrauchsmusterschutzes nicht erfüllen (§§ 2, 3 ArbnErfG).   2477

Die Vorschriften des ArbnErfG können nach § 22 **nicht im Voraus zu Ungunsten der Arbeitnehmer abbedungen** werden. Nach der Meldung bzw. Mitteilung von Erfindungen und Verbesserungsvorschlägen sind jedoch abweichende Vereinbarungen zulässig (§ 22 Abs. 2 ArbnErfG).   2478

bb) Patent- und gebrauchsmusterfähige Diensterfindungen

(1) Begriffsbestimmung
Gem. § 4 Abs. 2 ArbnErfG liegt eine Diensterfindung vor, wenn sie von einem Arbeitnehmer während der Dauer des Arbeitsverhältnisses gemacht (fertig gestellt) wurde, d. h. für den Durchschnittsfachmann ohne Aufwand weiterer erfinderischer Überlegungen ausführbar ist (*BGH* 10.10.1970 AP Nr. 2 zu § 4 ArbnErfG).   2479

(2) Erfindung während des Arbeitsverhältnisses; Beweislast
Die Beweislast dafür, dass die Erfindung während des Arbeitsverhältnisses gemacht wurde, trägt der **Arbeitgeber**.
Wenn für eine Erfindung kurze Zeit nach dem Ausscheiden aus dem Betrieb ein Patent oder Gebrauchsmuster angemeldet worden ist, so ist ein **Beweis des ersten Anscheins** gegeben (*Schaub* Arbeitsrechtshandbuch § 115 II 3).   2480

C. Der Inhalt des Arbeitsverhältnisses

2481 Erfindungen, die erst **nach Beendigung eines Arbeitsverhältnisses** vollendet werden, sind ausnahmsweise ebenso zu behandeln wie Diensterfindungen während des Arbeitsverhältnisses, wenn der Arbeitnehmer, um den Verpflichtungen aus dem ArbnErfG zu entgehen, die Vollendung der Erfindung pflichtwidrig auf die Zeit nach der Beendigung des Arbeitsverhältnisses hinauszögert oder wenn er eine vorzeitige Beendigung (Kündigung) des Arbeitsverhältnisses provoziert hat (pFV, jetzt §§ 280 ff., 241 Abs. 2 BGB n. F. i. V. m. § 249 BGB, vgl. *BGH* 21.10.1980 AP Nr. 3 zu § 4 ArbnErfG).

(3) Notwendiger Bezug zur Arbeitstätigkeit bzw. zum Betrieb

2482 Die Diensterfindung muss entweder aus der dem Arbeitnehmer im Betrieb arbeitsvertraglich obliegenden Tätigkeit entstanden sein (sog. »Obliegenheitserfindung« oder »**Auftragserfindung**«) oder maßgeblich auf Erfahrungen oder Arbeiten des Betriebes beruhen (sog. »**Erfahrungserfindung**«).

2483 Obliegenheitserfindungen sind alle Erfindungen, die mit dem Aufgabenbereich des Arbeitnehmers eng zusammenhängen und die ihre Ursache in der Tätigkeit in diesem Aufgabenbereich haben. Dagegen liegt eine Erfahrungserfindung nur dann vor, wenn für die Erfindung betriebsinterne Erfahrungen maßgebliche Bedeutung hatten, die außerdem über dem allgemeinen Stand der Technik liegen.

2484 **Anregungserfindungen**, die nicht aus der dem Arbeitnehmer obliegenden Tätigkeit folgen, sondern nur durch diese angeregt wurden, gehören nicht zu den Diensterfindungen. Es handelt sich um freie Erfindungen, die jedoch den Einschränkungen der §§ 18, 19 ArbnErfG (Mitteilungs-, Anbietungspflicht) unterliegen (§ 4 Abs. 3 ArbnErfG).

(4) Patent- und Gebrauchsmusterfähigkeit

2485 Die Erfindung muss nach § 2 **ArbnErfG** patent- oder gebrauchsmusterfähig sein. Fraglich ist, ob die Schutzvoraussetzungen des inländischen Patent- oder Gebrauchsmusterrechts erfüllt sein müssen, oder ob eine **ausländische Schutzfähigkeit** der Diensterfindung genügt. Nach Auffassung von *Sack* (MünchArbR § 101 Rz. 15) ist zwar der Wortlaut des § 2 ArbnErfG insoweit offen. Sowohl die Monopoltheorie als auch die Regelung von Auslandsschutzrechten durch § 14 ArbnErfG sprechen aber für eine weite, auch ausländische Schutzrechte umfassende Auslegung des § 2 ArbnErfG.

(5) Meldepflicht

2486 Der Arbeitnehmer muss eine schutzfähige Diensterfindung nach § 5 ArbnErfG dem Arbeitgeber unverzüglich und schriftlich melden, **selbst** dann, **wenn die Schutzfähigkeit zweifelhaft ist.**
Erfasst ist jede für die Schutzrechtsanmeldung reife Erfindung, auch wenn sie noch nicht fabrikationsreif ist; den Inhalt der Meldung regelt § 5 Abs. 2, 3 ArbnErfG.
Auf das Schriftformerfordernis kann wirksam verzichtet werden (*OLG Karlsruhe* 12.2.1997 NZA-RR 1997, 396).

(6) Inanspruchnahme durch den Arbeitgeber; Rechtsfolgen

aaa) Begriffsbestimmung

2487 Der Arbeitgeber kann die Diensterfindung nach § 6 **ArbnErfG** durch schriftliche Erklärung (die bloße Benutzung der Erfindung genügt diesen Anforderungen nicht)

unbeschränkt in Anspruch nehmen. Der Arbeitnehmer kann auf die Schriftform verzichten, insbesondere auch durch konkludentes Verhalten. Dies ist besonders nahe liegend, wenn auch die Meldung gem. § 5 ArbnErfG (s. o. C/Rz. 2486) nur mündlich erfolgt ist (*OLG Karlsruhe* 12.2.1997 NZA-RR 1997, 396).
Gem. § 7 Abs. 1 ArbnErfG erwirbt er die **wirtschaftlichen Verwertungsrechte bzw. Nutzungsrechte**, während die **Erfinderpersönlichkeitsrechte**, insbesondere das Recht auf Erfinderbenennung gem. § 37 PatG **beim Arbeitnehmererfinder verbleiben** (*BGH* 20.6.1978 AP Nr. 1 zu § 36 PatG).

bbb) Verpflichtung zur Anmeldung

aaaa) Grundlagen
Gem. § 13 **ArbnErfG** ist der Arbeitgeber verpflichtet, unverzüglich im Inland ein Patent und hilfsweise zumindest ein Gebrauchsmuster für die Erfindung anzumelden. Das gilt auch dann, wenn er den Gegenstand der Erfindung nicht für schutzfähig hält. 2488
Der Arbeitgeber muss bei der Anmeldung eines Schutzrechts den Arbeitnehmer auch als Erfinder benennen (§ 37 PatG i. V. m. der ErfinderbenennungsVO [BGBl. 1982 I S. 525]). 2489

bbbb) Rechtsfolge der Verletzung der Anmeldepflicht
Kommt der Arbeitgeber dieser Verpflichtung nicht nach, so kann der Arbeitnehmer nach § 13 **Abs. 3 ArbnErfG** die **Anmeldung** der Diensterfindung **für den Arbeitgeber auf dessen Namen und Kosten** vornehmen. 2490
Der Arbeitgeber haftet zudem für eintretende Schäden aus pFV (jetzt §§ 280 ff., 241 Abs. 2 BGB n. F.), § 823 Abs. 2 BGB i. V. m. § 13 Abs. 1 ArbnErfG (*BGH* 9.1.1964 AP Nr. 1 zu § 10 ArbnErfG).

cccc) Verzicht auf Anmeldung
Unter den Voraussetzungen des **§ 13 Abs. 2 ArbnErfG** kann der Arbeitgeber von der Anmeldung absehen. 2491
Das ist insbesondere dann der Fall (§ 17 ArbnErfG), wenn berechtigte Belange des Betriebes es erfordern, eine gemeldete Diensterfindung nicht bekannt werden zu lassen und wenn der Arbeitgeber ihre Schutzfähigkeit gegenüber dem Arbeitnehmer anerkennt.
Wird ihm nach Erklärung dieses Anerkenntnisses schutzrechtsschädliches Material bekannt, so kann er sich nicht auf den Wegfall der Geschäftsgrundlage (jetzt § 313 BGB n. F.) berufen (*BGH* 2.6.1987 GRUR 1987, 901).

dddd) Anmeldung im Ausland
Gem. § 14 **Abs. 1 ArbnErfG** ist der Arbeitgeber berechtigt, aber nicht verpflichtet, auch im Ausland Schutzrechte zu beantragen. 2492

ccc) Nichtangriffspflicht des Arbeitnehmers

> Der Arbeitnehmer darf ein auf seiner Erfindung beruhendes Patent oder Gebrauchsmuster seines Arbeitgebers weder mit einem Patentnichtigkeits- bzw. Gebrauchsmusterlöschungsverfahren angreifen, noch in einem Prozess über Vergütungsansprüche die Vernichtbarkeit des Schutzrechts einwenden (*BGH* 2.6.1987 GRUR 1987, 902). 2493

C. Der Inhalt des Arbeitsverhältnisses

Dies gilt auch nach Beendigung des Arbeitsverhältnisses, solange der Arbeitnehmer einen durchsetzbaren Vergütungsanspruch hat oder dieser bereits voll abgegolten worden ist, selbst dann, wenn der ausgeschiedene Arbeitnehmer ein Interesse daran hat, dass seine Erfindung von ihm selbst oder von seinem neuen Arbeitgeber ohne Zustimmung des früheren Arbeitgebers verwertet werden kann (*BGH* 2.6.1987 GRUR 1987, 902).

2494 Die Nichtangriffspflicht ergibt sich aus den durch das ArbnErfG geregelten besonderen Rechtsbeziehungen zwischen dem Arbeitgeber und dem Arbeitnehmer (*BGH* 2.6.1987 GRUR 1987, 902).

ddd) Aufgabe der Schutzrechte

2495 Gem. § 16 ArbnErfG kann der Arbeitgeber das Schutzrecht oder die Schutzrechtsanmeldung, wenn er es nicht weiterverfolgen bzw. nicht aufrecht erhalten will, auf den Arbeitnehmer übertragen, u. U. aufgeben oder sich ein nicht ausschließliches Recht zur Benutzung der Diensterfindung gegen angemessene Vergütung vorbehalten.

2496 Nach vollständiger Erfüllung der Vergütungsansprüche trifft den Arbeitgeber dagegen keine Mitteilungs- und Übertragungspflicht gem. § 16 Abs. 1 ArbnErfG mehr (*BGH* 20.11.1962 AP Nr. 3 zu § 12 ArbnErfG).

2497 Der Arbeitgeber, der auf seine Rechte aus einer Diensterfindung seines Arbeitnehmers verzichtet, kann gegen das Patent, das diesem für seine Diensterfindung erteilt worden ist, Patentnichtigkeitsklage erheben (*BGH* 15.5.1990 AP Nr. 2 zu § 16 ArbnErfG).

(7) Beschränkte Inanspruchnahme

aaa) Begriffsbestimmung

2498 Gem. **§ 7 Abs. 2 ArbnErfG** kann sich der Arbeitgeber auf die beschränkte Inanspruchnahme der Erfindung beschränken. Er erwirbt dann nur ein obligatorisches, nicht ausschließliches Recht zur Benutzung der Diensterfindung. Das Recht, ein Patent oder Gebrauchsmuster anzumelden oder davon abzusehen, verbleibt dem Arbeitnehmer.

bbb) Verlangen nach unbeschränkter Inanspruchnahme oder Freigabe

2499 Das sich aus der beschränkten Inanspruchnahme ergebende Nutzungsrecht des Arbeitgebers kann die Verwertung durch den Arbeitnehmer erheblich beeinträchtigen, z. B. dadurch, dass der Arbeitgeber die Erfindung (noch) nicht nutzt und deshalb auch (noch) keine Vergütung zu zahlen braucht, während potentielle Lizenznehmer nur an einer ausschließlichen Lizenz interessiert sind, der die beschränkte Inanspruchnahme durch den Arbeitgeber im Wege steht.

2500 Deshalb kann der Arbeitnehmer gem. § 7 Abs. 2 S. 2 ArbnErfG vom Arbeitgeber verlangen, die Diensterfindung **entweder innerhalb einer Frist von zwei Monaten unbeschränkt in Anspruch zu nehmen oder sie vollständig freizugeben.**

ccc) Inhalt des Benutzungsrechts

2501 Das Benutzungsrecht gem. § 7 Abs. 2 ArbnErfG sichert dem Arbeitgeber **alle Benutzungsarten**, auf die sich ein Schutzrecht für die Erfindung bezieht. Es ist allerdings an den Betrieb des Arbeitgebers gebunden. Grds. ist nur die unmittelbare Nutzung der Erfindung gestattet, nicht jedoch eine mittelbare Benutzung durch Kunden des Arbeitgebers (*BGH* 23.4.1974 AP Nr. 1 zu § 16 ArbnErfG).

C. Der Inhalt des Arbeitsverhältnisses

ddd) Erteilung von Lizenzen; Veräußerungsbefugnis

Der Arbeitnehmer hat das Recht, Dritten nicht ausschließliche, d. h. sog. einfache Lizenzen zu erteilen, während der Arbeitgeber dazu nur mit Zustimmung des Arbeitnehmers befugt ist. 2502
Der Arbeitnehmer kann sein Patent oder Gebrauchsmuster auch an Dritte veräußern, selbst an Konkurrenten des Arbeitgebers. Dessen Benutzungsbefugnis wird durch die beschränkte Inanspruchnahme allerdings nicht eingeschränkt.

eee) Eigene Benutzung der Erfindung
Das arbeitsvertragliche Konkurrenzverbot steht i. d. R. einer eigenen Benutzung der Erfindung durch den Arbeitnehmer entgegen. Denn es wird durch die Vorschriften des ArbnErfG nicht berührt (vgl. § 25 ArbnErfG). 2503

(8) Bedenkzeit des Arbeitgebers; Verfügungsverbot
Der Arbeitgeber hat eine viermonatige Bedenkzeit, in der er sich entscheiden muss, ob er die Diensterfindung in Anspruch nimmt (§ 8 Abs. 1 Nr. 3 ArbnErfG). 2504
Zum Schutz des Arbeitgebers in dieser Zeit sieht § 7 Abs. 3 ArbnErfG vor, dass Verfügungen des Arbeitnehmers über seine Erfindung (z. B. Lizenzen) ihm gegenüber unwirksam sind, soweit seine Rechte beeinträchtigt werden (**relatives Verfügungsverbot** i. S. d. § 135 BGB).
Der gute Glaube Dritter an die Verfügungsbefugnis des Arbeitnehmers wird nicht geschützt (*Herschel* RdA 1982, 267).

(9) Vergütungsanspruch des Arbeitnehmers

aaa) Grundlagen

Mit der Erklärung der unbeschränkten Inanspruchnahme der Diensterfindung entsteht ein gesetzlicher Anspruch des Arbeitnehmers auf eine angemessene Vergütung, auch dann, wenn der Arbeitgeber die Diensterfindung im Betrieb (noch) nicht benutzt. 2505
Bei der beschränkten Inanspruchnahme entsteht ein Vergütungsanspruch dagegen erst mit der tatsächlichen Benutzung der Erfindung (§§ 9, 10 ArbnErfG). Vergütungsansprüche werden nach § 26 ArbnErfG durch die Auflösung des Arbeitsverhältnisses nicht berührt.

Die Vergütungsansprüche bestehen grds. nur für die Laufzeit des Schutzrechts. Etwas anderes kann ausnahmsweise dann gelten, wenn eine Erfindung erst in den letzten Jahren der Laufzeit des Schutzrechts ausgewertet worden ist, die Nutzung auch nach Ablauf des Schutzrechts erfolgt und die Vorzugsstellung aufgrund besonderer Umstände noch weiter andauert (vgl. MünchArbR/*Sack* § 101 Rz. 51). 2506

bbb) Berechnung der Vergütung

aaaa) Berechnungskriterien bei uneingeschränkter Inanspruchnahme
§ 9 Abs. 2 ArbnErfG regelt die Kriterien der Berechnung einer angemessenen Vergütung bei unbeschränkter Inanspruchnahme. 2507

C. Der Inhalt des Arbeitsverhältnisses

Entscheidend ist zunächst die wirtschaftliche Verwertbarkeit der Erfindung (**Erfindungswert**). Für deren Berechnung nach § 11 ArbnErfG bestehen Richtlinien des Bundesministers für Arbeit und Soziales für Arbeitnehmererfindungen im privaten Dienst von 1959 i. d. F. von 1983 (BAnz. Nr. 169 vom 9.9.1984, S. 2) und auf sie bezugnehmende Richtlinien für den öffentlichen Dienst von 1960 (BAnz. Nr. 237 vom 8.12.1960).
Dabei handelt es sich allerdings nur um **Empfehlungen** zur Erzielung eines angemessenen Ergebnisses, von denen abgewichen werden darf (*BGH* 4.10.1988 GRUR 1990, 271; zur Berücksichtigung der Verwertung durch die Konzernmuttergesellschaft vgl. *OLG München* 8.2.2001 NZA-RR 2001, 268).

2508 Der Erfindungswert wird bestimmt durch
– die Feststellung des **marktüblichen Lizenzsatzes** für entsprechende Erfindungen (Lizenzanalogie),
– die Feststellung des erfassbaren **betrieblichen Nutzens** abzüglich der Einführungs- und Investitionskosten, und, falls diese Methoden nicht in Betracht kommen,
– eine **Schätzung des Erfindungswertes**, d. h. durch Berücksichtigung des Preises, den der Betrieb zum Erwerb der Erfindung hätte aufwenden müssen.

2509 – Negativ zu berücksichtigen sind Aufgaben und Stellung des Arbeitnehmers im Betrieb sowie der Anteil des Betriebs an dem Zustandekommen der Erfindung (**Anteilsfaktor**). Festzustellen ist zudem, inwieweit die Erfindung nach Art und Erfindungshöhe über das hinausgeht, was billigerweise bereits durch den **Arbeitslohn abgegolten** ist.

2510 Der Anteilsfaktor kann 2–90% betragen, wobei entscheidend ist, inwieweit der Arbeitnehmer auf Erfahrungen, Arbeiten und den sonstigen Ressourcen des Betriebes aufgebaut hat und inwieweit seine eigene schöpferische Leistung maßgeblich war (MünchArbR/*Sack* § 101 Rz. 59 f.).

bbbb) Unwirksamkeit der Festsetzung; Anpassung bei Änderung wesentlicher Umstände

2511 War die Festsetzung der Vergütung nach § 12 Abs. 4 ArbnErfG von Anfang an in erheblichem Maße unbillig, dann ist sie nach § 23 Abs. 1 S. 2 ArbnErfG unwirksam (zu den Modalitäten der Berufung darauf vgl. § 23 Abs. 2 ArbnErfG).

2512 Bei nachträglicher wesentlicher Änderung der Umstände kann nach § 12 Abs. 1 ArbnErfG die Einwilligung in die Anpassung der Vergütung (Erhöhung, Einschränkung) gefordert werden. Das kommt insbesondere dann in Betracht, wenn sich die Verwertungsmöglichkeiten durch andere Erfindungen oder neue Märkte unerwartet erweitert haben oder wenn die Erfindung durch neue Erfindungen überholt und wirtschaftlich wertlos geworden ist.

2513 Eine Anpassung kann dann für die gesamte Zeit nach Änderung der maßgeblichen Umstände verlangt werden. Gem. § 12 Abs. 6 S. 2 ArbnErfG besteht jedoch kein Anspruch auf Rückzahlung bereits geleisteter Vergütung (*BGH* 5.12.1974 GRUR 1976, 92 f.).

cccc) Einseitige Festsetzung durch den Arbeitgeber

2514 Kommt gem. § 12 Abs. 1 ArbnErfG über die Art und Höhe der Vergütung innerhalb angemessener Zeit keine einvernehmliche Regelung zustande, so hat sie der Arbeitgeber nach § **12 Abs. 3 ArbnErfG** einseitig durch eine begründete schriftliche Erklärung an den Arbeitnehmer festzusetzen und entsprechend der Festsetzung zu zahlen.

Zuvor hat er **Rechnung zu legen**. Der Umfang bestimmt sich nach den Grundsätzen 2515
von Treu und Glauben aus dem Zweck der Rechnungslegung. Der Arbeitnehmererfinder kann in diesem Zusammenhang von seinem Arbeitgeber nicht unbeschränkt alle Angaben verlangen, die zur Ermittlung der angemessenen Erfindervergütung irgendwie hilfreich und nützlich sind oder sein könnten (*BGH* 13.11.1997 NZA 1998, 313).

Beispiel:
Wird ein Erfindungsgegenstand sowohl separat wie auch als Teil einer umfassenden 2516
Gesamtvorrichtung vertrieben, wobei insoweit ein gesonderter »Nettoverkaufspreis« des Erfindungsgegenstandes nicht ausgewiesen ist, so ist es dem Arbeitgeber nicht zumutbar, die **interne Herstellungskostenkalkulation** für alle Baugruppen der Gesamtvorrichtung mit sämtlichen Einzelteilen vorzulegen, wenn der dazu erforderliche Aufwand nicht mehr in einem sinnvollen Verhältnis zu dem dadurch für den Erfinder erzielbaren Nutzen einer genaueren Ermittlung der ihm geschuldeten angemessenen Vergütung steht. Wird eine Software, die ein spezielles Verfahren erst ermöglicht, als Bestandteil einer Vorrichtung geliefert, können zur Ermittlung des Wertes der Erfindung die Wertsteigerung der Vorrichtung und der mit ihr erzielte Gewinn auch dann herangezogen werden, wenn die Vorrichtung auch ohne Software betrieben werden kann (*BGH* 13.11.1997 NZA 1998, 313).

Haben sich Arbeitgeber und Arbeitnehmererfinder über einen bestimmten Abrech- 2517
nungsmodus geeinigt oder hat der Arbeitnehmererfinder diesem über längere Zeit hin nicht widersprochen, so kann er billigerweise nur die Angaben verlangen, die üblicherweise im Rahmen dieses Berechnungsmodus erforderlich sind (*BGH* 17.5.1994 AP Nr. 4 zu § 12 ArbnErfG).

Der Arbeitnehmer hat einen klagbaren Anspruch auf Festsetzung der Vergütung, 2518
die spätestens bis zum Ablauf von 3 Monaten nach Erteilung des Schutzrechts zu erfolgen hat.

Haben **Miterfinder** im Rahmen der Erfindungsmeldung gemeinsam ihre Anteile ge- 2519
nannt, so darf der Arbeitgeber bei der Festsetzung der Vergütung von der Richtigkeit dieser Anteile jedenfalls dann ausgehen, wenn keine Anhaltspunkte für die Unrichtigkeit oder Unverbindlichkeit der gemeinsamen Mitteilung ersichtlich sind (*BGH* 17.5.1994 AP Nr. 4 zu § 12 ArbnErfG).

Ob für die **Verjährung** des festgesetzten Betrages § 195 BGB oder aber § 196 BGB 2520
gilt, hat der *BGH* (25.11.1980 AP Nr. 5 zu § 9 ArbnErfG) offen gelassen; inzwischen bestimmt sich die maßgebliche Verjährungsfrist nach §§ 195 ff. BGB n. F.; s. u. C/Rz. 3617 ff.). Jedenfalls beginnt mit der einseitigen Festsetzung der Vergütung durch den Arbeitgeber gem. § 12 Abs. 3 ArbnErfG keine Verjährung des über den festgesetzten Betrag hinausgehenden Vergütungsanspruchs nach § 196 BGB, weil es an der Vergleichbarkeit des Vergütungsanspruchs mit den in § 196 BGB aufgezählten Ansprüchen fehlt, und zwar sowohl hinsichtlich des Entstehungsgrundes (keine Gegenleistung für eine vertragliche geschuldete Leistung) als auch hinsichtlich des Charakters der Ansprüche (*BGH* 25.11.1980 AP Nr. 5 zu § 9 ArbnErfG; s. u. C/Rz. 3617 ff.).

dddd) Berechnung bei beschränkter Inanspruchnahme
Gem. § 10 ArbnErfG gilt **§ 9 Abs. 2 ArbnErfG** für die beschränkte Inanspruchnahme 2521
entsprechend.

C. Der Inhalt des Arbeitsverhältnisses

Allerdings ist nur die tatsächliche wirtschaftliche Verwertung der Erfindung für die Bemessung der Vergütung erheblich; die unausgenutzte wirtschaftliche Verwertbarkeit ist nicht zu berücksichtigen. Die Anwendung eines Schutzrechts durch den Arbeitnehmer ist keine Anspruchsvoraussetzung. Wird allerdings die Erfindung von Konkurrenten berechtigterweise genutzt, dann kann die Höhe der Vergütung auf Null reduziert werden (*BGH* 9.1.1964 AP Nr. 1 zu § 10 ArbnErfG).

ccc) Nachträgliche Feststellung der fehlenden Schutzfähigkeit

2522 Erweist sich die Erfindung zu einem späteren Zeitpunkt als nicht schutzfähig, so gelten, da der **Gesetzgeber** diese Frage bei der unbeschränkten Inanspruchnahme nicht, bei der beschränkten Inanspruchnahme in § 10 Abs. 1 ArbErfG **nur teilweise geregelt hat**, nach der Rechtsprechung (vgl. MünchArbR/*Sack* § 101 Rz. 70–78) folgende Grundsätze:

aaaa) Vor der Erteilung des Schutzrechts

2523 Vor der Erteilung eines Schutzrechts hat der Arbeitnehmer einen **Vergütungsanspruch, sobald der Arbeitgeber die Diensterfindung benutzt** (*BGH* 28.6.1962 AP Nr. 2 zu § 12 ArbnErfG). Der Einwand der Schutzunfähigkeit kann vor einer entsprechenden rechtskräftigen patentamtlichen oder gerichtlichen Entscheidung nicht geltend gemacht werden (vgl. § 10 Abs. 1 ArbErfG für die beschränkte Inanspruchnahme).

2524 Vor der rechtskräftigen Klärung ist allerdings nur eine sog. »**vorläufige Vergütung**« zu zahlen, die dem Arbeitnehmer zwar endgültig verbleibt, jedoch bis zur Schutzrechtserteilung wegen des Risikos, dass dieses versagt wird, wesentlich niedriger sein kann als die nach Schutzrechtserteilung endgültig zu berechnende Vergütung. **Gleiches gilt bei unbeschränkter Inanspruchnahme** (*BGH* 30.3.1971 AP Nr. 2 zu § 9 ArbnErfG).

2525 Vor der Benutzung der Erfindung bestehen dagegen bei unbeschränkter Inanspruchnahme **abweichend von § 9 ArbnErfG keine Vergütungsansprüche, wenn die Schutzfähigkeit der Erfindung streitig ist**. Bei der Berechnung der vorläufigen Vergütung ist **nur die tatsächliche Benutzung der Erfindung zu berücksichtigen**. Ist das Fehlen der Schutzfähigkeit allerdings offensichtlich, so sind Vergütungsansprüche dem Arbeitgeber nach § 242 BGB nicht zumutbar (*BGH* 15.5.1990 GRUR 1990, 668).

bbbb) Nach rechtskräftiger Zurückweisung einer Patentanmeldung

2526 Nach einer rechtskräftigen Zurückweisung einer Patentanmeldung entstehen für Nutzungshandlungen nach Rechtskraft keine Vergütungsansprüche. Insoweit kommt allenfalls ausnahmsweise ein Vergütungsanspruch gem. **§ 20 ArbnErfG** (technische Verbesserungsvorschläge) in Betracht.

2527 Für **Benutzungshandlungen vor Rechtskraft** ist dagegen ein Vergütungsanspruch gegeben, sowohl bei beschränkter (§ 10 Abs. 2 ArbnErfG) als auch bei unbeschränkter Inanspruchnahme, weil der Arbeitnehmer insoweit nicht schlechter stehen darf als bei der beschränkten Inanspruchnahme (*BGH* 2.6.1987 GRUR 1987, 902).
Noch nicht erfüllte Vergütungsansprüche für Benutzungshandlungen vor Rechtskraft kann der Arbeitnehmer auch nach der rechtskräftigen Zurückweisung der Patentanmeldung geltend machen (*BGH* 30.3.1971 AP Nr. 2 zu § 9 ArbnErfG).

2528 Bereits gezahlte Vergütung muss der Arbeitnehmer nach **§ 12 Abs. 6 S. 2 ArbnErfG** nicht zurückzahlen, auch wenn sie die geschuldete Vergütung übersteigt. Dies gilt sowohl für die beschränkte wie auch für die unbeschränkte Inanspruchnahme (*BGH* 30.3.1971 AP Nr. 2 zu § 9 ArbnErfG).

cccc) Nach der Schutzrechtserteilung
Nach der Schutzrechtserteilung kann sich der Arbeitgeber nicht auf das Fehlen der Schutzrechtsvoraussetzungen berufen, solange dies nicht rechtskräftig festgestellt ist (§ 10 Abs. 2 **ArbnErfG** für die beschränkte Inanspruchnahme; gleiches gilt für die unbeschränkte Inanspruchnahme [*BGH* 23.6.1977 AP Nr. 3 zu § 9 ArbnErfG]. Zur Berechnung der Vergütung s. o. C/Rz. 2507 ff.). 2529

dddd) Nichtigkeit des Patents; Löschung des Gebrauchsmusters
Wird ein erteiltes Patent für nichtig erklärt und ein Gebrauchsmuster gelöscht, so entfällt die Vergütungspflicht nur für Benutzungshandlungen nach Rechtskraft der Entscheidung. **Vergütungsansprüche, die vor der Rechtskraft durch Benutzung der Erfindung begründet worden sind, bleiben dagegen unberührt** (*BGH* 2.6.1987 GRUR 1987, 902). 2530

(10) Auslandsverwertung inländischer Diensterfindungen

aaa) Grundlagen
Die unbeschränkte Inanspruchnahme der Diensterfindung (**§ 14 Abs. 1 ArbnErfG**) gibt dem Arbeitgeber **entsprechende Befugnisse auch im Ausland.** 2531
Gewährt eine ausländische Rechtsordnung nur dem Erfinder das Recht auf ein Patent, kann der Arbeitgeber vom Arbeitnehmer die Übertragung der ausländischen Erfinderrechte verlangen, sofern dies die betreffende ausländische Rechtsordnung zulässt (§ 14 Abs. 1 ArbnErfG).
Will der Arbeitgeber dagegen keine ausländischen Schutzrechte erwerben, dann muss er dem Arbeitnehmer die Diensterfindung **unaufgefordert freigeben** (**§ 14 Abs. 2 ArbnErfG**; dort sind auch die Modalitäten der Freigabeerklärung geregelt). 2532
Mit der Freigabe kann sich der Arbeitgeber auch ein nicht ausschließliches Recht zur Benutzung der Diensterfindung in den betreffenden ausländischen Staaten gegen angemessene Vergütung vorbehalten (**§ 14 Abs. 3 ArbnErfG**). Dabei handelt es sich um eine einfache, **obligatorische Lizenz,** die keine Unterlizenzen erlaubt. Deshalb kann der Arbeitnehmer mit seinem ausschließlichen Nutzungsrecht den Import von Produkten verhindern, die unter Benutzung seiner Diensterfindung hergestellt worden sind, soweit es sich beim Importeur nicht um seinen Arbeitgeber handelt. 2533
Auch kann der Arbeitnehmer im Lande seines Schutzrechts die Verwendung von Produkten seines Arbeitgebers durch Dritte verhindern, soweit dies die Benutzung seiner Diensterfindung voraussetzt (*BGH* 23.4.1974 AP Nr. 1 zu § 16 ArbnErfG; abl. dazu MünchArbR/*Sack* § 101 Rz. 89 ff. insbesondere im Hinblick auf die wirtschaftlichen Konsequenzen dieser Auffassung). 2534

bbb) Anwendbare Vorschriften
Neben § 14 ArbnErfG ist nach Auffassung von *Sack* (MünchArbR § 101 Rz. 85) **auch § 16 ArbnErfG** (Aufgabe der Schutzrechtsanmeldung) **zu berücksichtigen**. Mit dem Erwerb eigener Schutzrechte für einen ausländischen Staat kann der Arbeitnehmer alle von ihm nicht autorisierten Benutzungshandlungen in dem betreffenden Staat untersagen. Dazu gehören auch Importe durch den inländischen Arbeitgeber. Ist deutsches Arbeitnehmer-Erfindungsrecht anwendbar, so kann der Arbeitneh- 2535

C. Der Inhalt des Arbeitsverhältnisses

mer auch Importe seines inländischen Arbeitgebers im betreffenden ausländischen Staat, in dem der Arbeitnehmer Schutzrechte hat, mit diesen ausländischen Schutzrechten abwehren, jedoch nur für den Fall, dass sich der Arbeitgeber gem. § 14 Abs. 3, § 16 Abs. 3 ArbnErfG ein nicht ausschließliches Benutzungsrecht vorbehalten hat.

ccc) Befugnisse des Arbeitgebers nach unbeschränkter Inanspruchnahme

2536 Aus dem Zweck des § 14 ArbnErfG ergibt sich für den Arbeitgeber nach unbeschränkter Inanspruchnahme vor der Erteilung eines ausländischen Schutzrechts die Befugnis, seine ausländischen Rechte auf Schutzrechtserteilung ohne Zustimmung des Arbeitnehmers durch Veräußerung zu verwerten (MünchArbR/*Sack* § 101 Rz. 88).

ddd) Beschränkte Inanspruchnahme

2537 Im Rahmen der nur beschränkten Inanspruchnahme der Erfindung (§ 7 Abs. 2 ArbnErfG) gelten die gleichen Grundsätze, wenn der Arbeitnehmer ein inländisches bzw. ausländisches Schutzrecht erworben hat. Denn der Begriff der nicht ausschließlichen Benutzung ist in § 7 Abs. 2 ArbnErfG ebenso auszulegen ist wie in den §§ 14 Abs. 3, 16 Abs. 3 ArbnErfG.

> Der Arbeitnehmer ist daher berechtigt, den von Dritten durchgeführten Import oder Export von Waren des Arbeitgebers zu unterbinden oder Abnehmer von Produkten des Arbeitgebers die für den sinnvollen Gebrauch der Produkte erforderliche Benutzung der Diensterfindung zu untersagen (MünchArbR/*Sack* § 101 Rz. 92).

eee) Berücksichtigung als Inlandsverwertung; zusätzliche Vergütung?

2538 Hat der Arbeitgeber auch Auslandsschutzrechte erworben und liefert er im Inland hergestellte Ware ins Ausland, dann sind diese Benutzungshandlungen bei der Berechnung der Vergütung als Inlandsverwertung zu berücksichtigen.
Die hinzukommende ausländische Benutzungshandlung in Form des ausländischen Vertriebsrechts rechtfertigt keine Erhöhung der Vergütung.

2539 Verwertet der Arbeitgeber dagegen seine ausländischen Schutzrechte durch Erzeugung im Ausland oder durch Lizenzvergaben im Ausland, so erhöht sich der Erfindungswert entsprechend.
Gleiches gilt für die Nichtverwertung einer im Ausland für den Arbeitgeber geschützten Erfindung, obwohl sie verwertbar ist.

2540 Haben der Arbeitgeber und Arbeitnehmer im Ausland dagegen keine Schutzrechte erworben, dann kommt auch keine Vergütung für die ausländische Benutzung des Erfindungsgedankens für den ausländischen Vertrieb der im schutzrechtsfreien Ausland hergestellten Erzeugnisse in Betracht (MünchArbR/*Sack* § 101 Rz. 93 f.).

cc) Freie Erfindungen

(1) Originär freie Erfindungen

2541 Originär freien Erfindungen sind solche, die die **Voraussetzungen einer Diensterfindung von vornherein nicht erfüllen**. Sie können vom Arbeitgeber nicht in Anspruch genommen werden, es bestehen jedoch nach § 4 Abs. 3 i. V. m. §§ 18, 19 ArbnErfG **Mitteilungs- und Anbietungspflichten**.

C. Der Inhalt des Arbeitsverhältnisses

Durch die Annahme des Angebots einer nicht ausschließlichen Lizenz auf Benutzung der Erfindung zu angemessenen Bedingungen kommt ein Lizenzvertrag zustande.

(2) Frei gewordene Erfindungen
Wird eine Diensterfindung nach Maßgabe des § 8 ArbnErfG frei, so kann der Arbeitnehmer ohne die Beschränkungen der §§ 18, 19 ArbnErfG, jedoch nur in den sonstigen, sich aus dem Arbeitsverhältnis ergebenden Grenzen (z. B. eines persönlichen Wettbewerbsverbots) darüber verfügen.
Im öffentlichen Dienst können gem. § 40 Nr. 3 ArbnErfG im öffentlichen Interesse Verwertungsbeschränkungen vorgenommen werden. 2542

(3) Erfindungen von Hochschullehrern und wissenschaftlichen Assistenten
Für Erfindungen von Hochschullehrern und wissenschaftlichen Assistenten sieht § 42 Abs. 2 ArbnErfG Mitteilungspflichten und eine angemessene Beteiligung des Dienstherrn am Ertrag vor, wenn dabei Mittel des Dienstherrn verwendet worden sind. 2543

dd) Vorschläge zur Rationalisierung und für technische Verbesserungen

(1) Rechtsstellung des Arbeitgebers
Vorschläge von Arbeitnehmern zur Rationalisierung oder für technische Verbesserungen, die nicht patent- oder gebrauchsmusterfähig sind, stehen dem Arbeitgeber **originär** zu. Er kann sie ohne Rechtsübertragung durch den Arbeitnehmer und ohne Erklärung bei der Inanspruchnahme verwerten, wenn es sich um »dienstliche« Verbesserungsvorschläge handelt. 2544

(2) Begriffsbestimmung; Mitteilungspflicht
Technische Verbesserungsvorschläge sind jedenfalls **alle technischen Erfindungen**. Erfasst sind nach einer in der Literatur vertretenen Auffassung (*Gaul* BB 1983, 1358) auch Entdeckungen, die geeignet sind, den innerbetrieblichen Stand der Technik zu verbessern. 2545
Nicht erfasst sind dagegen Verbesserungsvorschläge auf organisatorischem oder kaufmännischem Gebiet, ebenso wenig urheberrechtsfähige schöpferische Leistungen, z. B. im Zusammenhang mit der Entwicklung von Computerprogrammen.
Der Arbeitnehmer hat die Pflicht, entsprechende Vorschläge aus seinem Aufgabenbereich dem Arbeitgeber **unverzüglich mitzuteilen**. 2546

(3) Vergütungsanspruch
Gem. **§ 20 Abs. 1 ArbnErfG** hat der Arbeitnehmer u. U. Anspruch auf eine angemessene besondere Vergütung. 2547

aaa) Vorzugsstellung des Arbeitgebers
Dem Arbeitgeber muss eine ähnliche Vorzugsstellung gewährt werden wie durch ein gewerbliches Schutzrecht. Erforderlich ist eine **gewisse tatsächliche Monopolstellung**, die es ihm faktisch ermöglicht, den Vorschlag unter Ausschluss von Mitbewerbern allein zu verwerten (*BGH* 26.11.1968 AP Nr. 2 zu § 20 ArbnErfG). Die **Dauer** der Vorzugsstellung ist bei der Höhe der Vergütung zu berücksichtigen. 2548

C. Der Inhalt des Arbeitsverhältnisses

2549 Die Monopolstellung besteht, wenn es gelingt, den Verbesserungsvorschlag des Arbeitnehmers oder die Art der Verwertung geheim zu halten. Der Arbeitgeber ist allerdings nicht verpflichtet, ihn geheim zu halten. Nicht erforderlich ist, dass der Verbesserungsvorschlag ein Betriebsgeheimnis darstellt (*BGH* 26.11.1968 AP Nr. 2 zu § 20 ArbnErfG).

2550 Die erforderliche Vorzugsstellung liegt nicht vor, wenn die Kenntnisse Dritter zwar nicht ohne weiteres zugänglich sind, jedoch **kein Mitbewerber** vorhanden ist, für den der Verbesserungsvorschlag von Interesse sein könnte z. B. wegen der Kosten für die Realisierung des Vorschlags (MünchArbR/*Sack* § 101 Rz. 131).

bbb) Tatsächliche Verwertung des Verbesserungsvorschlages
2551 Der Arbeitgeber muss den Verbesserungsvorschlag tatsächlich verwerten, d. h. seine Vorteile tatsächlich nutzen, einschließlich der Vergabe von »Lizenzen« und der Veräußerung des Know-how. Es genügt nicht, dass der Vorschlag nur geprüft und erprobt wird (*BAG* 30.4.1965 AP Nr. 1 zu § 20 ArbnErfG).

2552 Der Arbeitnehmer hat, vorausgesetzt der Arbeitgeber handelt nicht rechtsmissbräuchlich oder willkürlich, **keinen Anspruch auf Verwertung** seines Verbesserungsvorschlags durch den Arbeitgeber. Allerdings können **betriebliche Prämienregelungen** nicht nur auf die tatsächliche Verwertung, sondern auch auf die innerbetriebliche Verwertbarkeit abstellen (*BAG* 30.4.1965 AP Nr. 1 zu § 20 ArbnErfG).

ccc) Feststellung und Festsetzung der Vergütung
2553 Für die Feststellung und die Festsetzung der Vergütung gelten §§ 9, 12 ArbnErfG entsprechend (**§ 20 Abs. 1 ArbnErfG**).

(4) Ausschluss des Vergütungsanspruchs; Sonderleistung des Arbeitnehmers
2554 Verbesserungsvorschläge, die das Ergebnis der arbeitsvertraglich geschuldeten Arbeitsleistung sind, ohne für den Arbeitgeber eine Monopolstellung zu begründen, lösen grds. keine zusätzlichen Vergütungsansprüche des Arbeitnehmers aus.

2555 Etwas anderes gilt jedoch bei einer **besonderen schöpferischen Leistung**, die eine über den vertraglichen Rahmen hinausgehende Sonderleistung darstellt und dem Arbeitgeber bei der Benutzung einen **nicht unerheblichen Vorteil** bringt. Insoweit besteht ein Vergütungsanspruch gegen den Arbeitgeber, auch wenn er keine schutzrechtsähnliche Vorzugsstellung erlangt.

2556 Die Höhe der Vergütung hängt vom tatsächlichen wirtschaftlichen Vorteil, den die Verwertung des Vorschlags dem Unternehmen bringt, ab. Meist wird der **einjährige Netto-Nutzen** als Bezugsgröße verwendet (vgl. *BAG* 30.4.1965 AP Nr. 1 zu § 20 ArbnErfG).

ee) Sonderregelungen für den öffentlichen Dienst
2557 Für Arbeitnehmer in nicht privatrechtlich organisierten Unternehmen der öffentlichen Hand, ferner für Beamte, Soldaten, Hochschullehrer und Assistenten an Hochschulen sehen §§ 40 ff. ArbnErfG Sonderregelungen vor.

c) Urheberrechtlich geschützte Werke

aa) Arbeitsvertraglich geschuldete Werke

(1) Normative Grundlagen

Gem. § 43 UrhG sind die Vorschriften über die Einräumung von Nutzungsrechten 2558
durch den Urheber (§§ 31–42 UrhG) auch dann anzuwenden, wenn der Urheber
das Werk (z. B. ein Computerprogramm, vgl. *BAG* 13.9.1983 AP Nr. 2 zu § 43 UrhG)
in Erfüllung seiner Verpflichtung aus einem Arbeits- oder Dienstverhältnis geschaffen hat, soweit sich aus dem Inhalt oder dem Wesen des Arbeits- oder Dienstverhältnisses nichts anderes ergibt. Regelungen der maßgeblichen Fragen des Arbeitnehmer-Urheberrechts fehlen jedoch (vgl. dazu *Balle* NZA 1997, 868 ff.; zum Namensnennungsrecht des angestellten Werkschöpfers vgl. *Schwab* NZA 1999, 1254 ff.).

(2) Arbeitsvertragliche Verpflichtung zur Erstellung eines Werks

Die arbeitsvertragliche Verpflichtung zur Erstellung eines Werks kann sich allgemein aus der betrieblichen Funktion des Arbeitnehmer, aus seinem Berufsbild, aus der Verwendbarkeit des Werkes für den Arbeitgeber, aus der Branchenüblichkeit und aus sonstigen objektiven Umständen ergeben. 2559

(3) Urheberrecht; Sacheigentum

Nach dem Urheber- oder Schöpferprinzip erwirbt der Werkschöpfer das gesamte Urheberrecht an einem Werk in allen seinen Ausstrahlungen, d. h. alle Urheber- Persönlichkeitsrechte stehen auf jeden Fall dem Schöpfer zu. Es ist selbst untrennbarer Bestandteil des Urheberrechts, sodass auch der originäre Erwerb des Urheberrechts an der Gesamtheit dem Urheber gebührt. 2560

Der Schöpferbegriff des **§ 7 UrhG** verweist bei Arbeitsverhältnissen nicht auf den Arbeitgeber, sondern auf den angestellten Urheber. Damit **fallen Sacheigentum (das dem Arbeitgeber zusteht) und Urheberrechte am arbeitsvertraglich geschuldeten Werk eines angestellten Urhebers auseinander**. 2561

(4) Übertragungspflicht

aaa) Normative Grundlagen

Der Arbeitnehmer ist allerdings in den Grenzen der sog. **Zweckübertragungstheorie** 2562
gem. § 31 UrhG verpflichtet, die Urheber-**Nutzungsrechte** an Werken, die er in Erfüllung arbeitsvertraglicher Verpflichtungen geschaffen hat, dem Arbeitgeber **zu übertragen** (Übertragungspflicht; *BAG* 13.9.1983 AP Nr. 2 zu § 43 UrhG).
Die Übertragung der Nutzungsrechte erfolgt **i. d. R. stillschweigend** mit der Ablieferung des Werkes (*BGH* 22.2.1974 NJW 1974, 906). Dies gilt z. B. auch für die Herstellung einer **Schaufensterdekoration** für ein Einzelhandelsunternehmen durch einen angestellten Dekorateur (*BAG* 12.3.1997 EzA § 43 UrhG Nr. 1).

bbb) Vorausverfügungen

Sie kann aber auch bereits durch den Arbeitsvertrag ausdrücklich oder implizit vor 2563
der Ablieferung des Werks durch Vorausverfügung erfolgen.

Nach der Zweckübertragungstheorie i. S. d. § 31 Abs. 4, 5 UrhG erwirbt der Arbeitgeber die Nutzungsrechte nur in den Grenzen, die vereinbart sind bzw. sich aus dem Zweck des Arbeitsvertrages und den betrieblichen Zwecken ergeben. **Er erwirbt folglich nur diejenigen Nutzungsrechte, die er für seine betrieblichen oder dienstlichen Zwecke benötigt.**

ccc) **Wirkung der Übertragung**

2564 Durch die Übertragung erhält der Arbeitgeber **ausschließliche Nutzungsrechte**, abweichend von § 38 Abs. 3 UrhG auch für Beiträge, die einer Zeitung überlassen worden sind.

2565 Eine **Weiterübertragung an Dritte ist nur mit** ausdrücklicher oder stillschweigender **Zustimmung des Urhebers** zulässig, es sei denn, dass der betriebliche Tätigkeits- und Aufgabenbereich (z. B. Rundfunkanstalten) die Weiterübertragung erfasst. Von einer stillschweigenden arbeitsrechtlichen Zustimmung des Arbeitnehmers ist dann auszugehen, wenn sich die Weiterübertragung aus dem Wesen des Arbeitsverhältnisses, insbesondere aus den dem Arbeitnehmer bekannten betrieblichen Zielsetzungen ergibt. Das ist z. B. dann der Fall, wenn der Arbeitnehmer Software zu entwickeln hat, die der Arbeitgeber durch Vergabe an Dritte verwerten will (MünchArbR/ *Sack* § 103 Rz. 46).

ddd) **Urheber-Persönlichkeitsrechte**

2566 Die daneben bestehenden Urheber-Persönlichkeitsrechte sind grds. **unveräußerlich und nicht übertragbar.**

> Allerdings kann der Urheber in Grenzen, auch im Voraus, auf ihre Geltendmachung verzichten bzw. die Wahrnehmung seiner persönlichkeitsrechtlichen Befugnisse dem Arbeitgeber einräumen.

aaaa) **Veröffentlichungsrecht**

2567 Zu diesen Persönlichkeitsrechten gehören das Veröffentlichungsrecht (**§ 12 UrhG**), das die Befugnis enthält, zu bestimmen, **ob und wie** sein Werk zu veröffentlichen ist. Es ist zugleich persönlichkeits- und vermögensrechtlicher Natur, sodass der angestellte Urheber dem Arbeitgeber die Möglichkeit zur Veröffentlichung insoweit einräumen muss, als er zur Übertragung der Nutzungsrechte verpflichtet ist (*BGH* BGHZ 15, 258). Dem Arbeitnehmer verbleibt aber grds. das Recht zu bestimmen, **wann er sein Werk für veröffentlichungsreif hält.**

bbbb) **Urheber-Anerkennung, -Benennung**

2568 Daneben besteht das unverzichtbare Recht auf Urheber-Anerkennung (**§ 13 UrhG**) sowie auf Urheber-Benennung, das allerdings abdingbar ist und z. B. bei Geschäftsberichten, Gebrauchsanweisungen, EDV-Programmen i. d. R. auch ausdrücklich oder stillschweigend abbedungen wird.
Gleiches gilt für **Ghostwriter** im Gegensatz zu der Veröffentlichung von Forschungsergebnissen, bei denen im Hochschulbereich ein Verzicht auf die Urheber-Benennung nach § 24 HRG nicht möglich ist.

C. Der Inhalt des Arbeitsverhältnisses

cccc) Änderungs-, Entstellungsverbot
§§ 14, 39 UrhG sehen ein Änderungs- und Entstellungsverbot vor. Insoweit kann dem Arbeitgeber allerdings die Befugnis zur Änderung eingeräumt werden, sich diese zudem aus Treu und Glauben ergeben (§ 39 Abs. 2 UrhG).
Bei Entstellungen seines Werks, durch die die berechtigten geistigen oder persönlichen Interessen, insbesondere das Ansehen oder der Ruf des Arbeitnehmers gefährdet werden, kann er seine **Namensnennung untersagen**.

2569

dddd) Rückrufsrecht
Das gem. § 41 UrhG bestehende Rückrufsrecht wegen Nichtausübung der Nutzungsrechte durch den Arbeitgeber kommt aus wirtschaftlichen Gründen i. d. R. nicht in Betracht, weil der Arbeitnehmer für seine Arbeitsleistung bereits entlohnt wurde. Es besteht aber dann, wenn er ein schutzwürdiges Interesse an der Veröffentlichung und der Nennung seines Namens hat oder wenn eine Verwertungspflicht des Arbeitgebers vereinbart worden ist.
Ein Rückrufsrecht wegen gewandelter Überzeugung (§ 42 UrhG) wird i. d. R. dann nicht bestehen, wenn die Nennung des Namens des Arbeitnehmers unterbleibt.

2570

eeee) Zugangsrecht
Gem. § 25 UrhG hat der Urheber Anspruch darauf, dass ihm sein Werk zugänglich gemacht wird, soweit dies zur Herstellung von Vervielfältigungsstücken erforderlich ist und berechtigte Interessen des Besitzers nicht entgegenstehen (Zugangsrecht). Der Zugang kann einem Arbeitnehmer versagt werden, wenn er nach dem Ausscheiden aus dem Betrieb ein eigenes **Konkurrenzunternehmen** gegründet hat oder für ein solches tätig ist und der beanspruchte Zugang eigenen oder fremden Wettbewerb im Verhältnis zum ehemaligen Arbeitgeber fördern soll.

2571

(5) Vergütungsanspruch

aaa) Grundlagen

Eine zusätzliche Vergütung kann der Arbeitnehmer grds. nicht verlangen, weil mit dem Arbeitsentgelt auch die Einräumung der Urheber-Nutzungsrechte und die Verwertung arbeitsvertraglich geschuldeter Werke abgegolten ist.

2572

Nur bei Vorliegen besonderer Umstände kann der Anspruch auf eine zusätzliche Vergütung gerechtfertigt sein, insbesondere dann, wenn
- dies für bestimmte Verwertungshandlungen arbeits- oder tarifvertraglich **festgelegt** wurde;
- der Arbeitgeber das Werk über den vereinbarten Zweck hinaus wirtschaftlich verwertet (**Sonderverwertung**);
- ein **grobes Missverhältnis** des Arbeitslohns zu den Erträgnissen aus der Nutzung des Werkes besteht (§ 36 UrhG analog; vgl. MünchArbR/*Sack* § 103 Rz. 60).

2573

Beispiel:
Nimmt ein Einzelhandelsunternehmen mit einer von seinem angestellten Dekorateur gestalteten Schaufensterdekoration an einem von einem Lieferanten veranstalteten Wettbewerb teil, so hat der Angestellte keinen Anspruch auf Wertersatz oder eine

2574

Sondervergütung, wenn der Arbeitgeber einen Preis (Erholungsreise im Wert von 3500 Euro) gewinnt (*BAG* 12.3.1997 EzA § 43 UrhG Nr. 1).

bbb) Arbeitsrechtliche Gründe für eine zusätzliche Vergütung

2575 Aus arbeitsrechtlichen Gründen kann eine zusätzliche Vergütung geschuldet sein z. B. bei quantitativer Mehrleistung (**Mehrarbeit, Überstunden**; s. o. C/Rz. 61 ff.).
Leistet zudem ein Arbeitnehmer, der für einfache Schreib- und Hilfsarbeiten bei der Fertigstellung eines Buchmanuskripts eingestellt und bezahlt worden ist, einen wesentlichen schöpferischen Beitrag an der Erstellung des Manuskripts, so steht ihm hierfür die übliche Vergütung (**§ 612 BGB**) zu. Diese Vergütung kann nach Maßgabe des § 8 Abs. 3 UrhG berechnet werden (*BGH* 11.11.1977 AP Nr. 30 zu § 612 BGB).

2576 Dagegen kann ein als Statiker eingestellter Arbeitnehmer eine Sondervergütung für Computer-Programme nicht verlangen, die er zur besseren Berechnung von Statistiken mit Zustimmung des Arbeitgebers in der Arbeitszeit mit dessen Mitteln geschaffen hat und für der Arbeitgeber eigens einen vom Arbeitnehmer ausgewählten Computer angeschafft hat. Zwar waren die Programme nicht arbeitsvertraglich geschuldet, der Arbeitnehmer war aber nach Treu und Glauben verpflichtet, sie dem Arbeitgeber zu überlassen. Da nicht klargestellt war, dass sie nur gegen ein zusätzliches Entgelt geschaffen werden sollten, **musste der Arbeitgeber nicht mit einer zusätzlichen Vergütungspflicht rechnen** (*BAG* 13.9.1983 AP Nr. 2 zu § 43 UrhG).

bb) Arbeitsvertraglich nicht geschuldete Werke

2577 **An arbeitsvertraglich nicht geschuldeten Werken erwirbt der Arbeitnehmer originär alle Urheberrechte**; § 43 UrhG ist nicht anwendbar.
Nach Auffassung von *Sack* (MünchArbR § 103 Rz. 66) ist der Arbeitnehmer nicht verpflichtet, die während der Dauer des Arbeitsverhältnisses geschaffenen Werke dem Arbeitgeber anzubieten, wenn sie im Arbeitsbereich des Betriebs verwendbar sind. Ihn trifft zwar das arbeitsrechtliche Wettbewerbsverbot; aus diesem folgt jedoch grds. **keine Anbietungspflicht**.

2578 Verwertet der Arbeitgeber ein vom Arbeitnehmer nicht geschuldetes Werk und zieht er daraus nicht unerhebliche Vorteile, so trifft ihn, wenn nichts anderes vereinbart wurde, eine **gesonderte Vergütungspflicht**; sie kann sich auch aus den konkreten Umständen des Einzelfalles ergeben (*BAG* 24.11.1960 AP Nr. 1 zu § 11 LitUrhG).

d) Geschützte Leistungen ausübender Künstler i. S. d. §§ 73 ff. UrhG

aa) Grundlagen

2579 Der originäre Erwerb der in §§ 73 ff. UrhG vorgesehenen Leistungsschutzrechte für Rundfunk- und Fernsehübertragungen, Vervielfältigungen usw. findet beim ausübenden **Künstler** statt, **auch wenn dieser die Leistungen im Rahmen eines Arbeitsverhältnisses erbracht hat.**

2580 Gem. **§ 79 UrhG** entscheidet vorbehaltlich abweichender einzel- oder kollektivvertraglicher Regelungen das Wesen des Arbeits- oder Dienstverhältnisses darüber, in welchem Umfang und unter welchen Bedingungen der Arbeitgeber die Darbietungen selbst benutzen oder anderen die Benutzung gestatten darf.

2581 Gem. **§ 78 UrhG** kann auch eine stillschweigende Übertragung erfolgen.
Bei Bühnenangehörigen folgt aber z. B. die Befugnis zur Aufnahme der Darbietung auf Bildträger nicht ohne weiteres aus dem Wesen des Arbeitsverhältnisses. Erforderlich ist vielmehr eine besondere individual- oder kollektivvertragliche Regelung.

C. Der Inhalt des Arbeitsverhältnisses

bb) Nutzung nicht geschuldeter Leistungen
Für die Nutzung arbeitsvertraglich nicht geschuldeter Leistungen der ausübenden 2582
Künstler bedarf es unter den Voraussetzungen der §§ 74, 75, 76 Abs. 1 UrhG deren
Einwilligung. Eine Sonderregelung besteht gem. § 80 UrhG für Aufführungen von
Gruppen von Künstlern.
Bei Filmwerken bedarf es einer derartigen Einwilligung nicht; es genügt die Einwilligung in die Aufnahme (§ 92 UrhG).

cc) Vergütungsansprüche
Zusätzliche Vergütungsansprüche bestehen grds. nicht. Etwas anderes gilt nur 2583
dann, wenn **Sonderleistungen** erbracht werden, die arbeitsvertraglich nicht geschuldet sind. Gleiches gilt für **Sonderverwertungen**, z. B. die Rundfunkübertragung
einer arbeitsvertraglich geschuldeten Bühnenaufführung.
Soweit es der Einwilligung der ausübenden Künstler bedarf, kann und wird dies
i. d. R. von einer besonderen Vergütung abhängig gemacht werden. Entsprechendes
gilt für Funksendungen, nicht aber für Filmwerke (§ 92 UrhG).

dd) Verbot der Entstellung des Werks
Gem. § 83 UrhG kann der Künstler auch die Entstellung oder eine andere Beeinträch- 2584
tigung der Darbietung untersagen, die geeignet ist, sein Ansehen oder seinen Ruf als
ausübender Künstler zu gefährden.

ee) Anspruch auf Namensnennung
Ein Anspruch auf Namensnennung kann sich aus **einzel- oder kollektivvertrag-** 2585
lichen Vereinbarungen, aus Branchengepflogenheiten und aus Treu und Glauben
ergeben (z. B. die Namensnennung von Solisten oder Dirigenten im Programmheft
oder in der Rundfunkansage einer Aufführung).
Wird die gebotene Namensnennung unterlassen, kann der Betroffene den Ersatz des
nachweisbaren Vermögensschadens verlangen (*BAG* 28.4.1960 AP Nr. 1 zu § 847
BGB).

ff) Fertigung einer Kopie
Tarifvertragliche Regelungen sehen die Möglichkeit der Anfertigung einer Kopie der 2586
Aufzeichnung des Arbeitgebers vor, wenn damit kein unzumutbarer Aufwand für diesen verbunden ist; **ein gesetzlicher Anspruch besteht nicht**.

e) Begrenzung der Rechte der angestellten Urheber und ausübenden Künstler
Die Ausübung der Leistungsschutzrechte von angestellten Urhebern und auszuüben- 2587
den Künstlern wird beschränkt durch Leistungsschutzrechte von Veranstaltern (§ 81
UrhG), Tonträgerherstellern (§ 85 UrhG), Sende-Unternehmen (§ 87 UrhG) und
Filmherstellern (§ 94 UrhG; urheberrechtliche Besonderheiten bei angestellten Filmschaffenden erörtert *Meiser* NZA 1998, 291 ff.).

f) Geschmacksmusterfähige Werke und typographische Schriftzeichen

aa) Grundlagen
Gem. § 2 GeschMG gilt bei Mustern und Modellen, die von den in einer inländischen 2588
gewerblichen Anstalt (Unternehmen, Handwerksbetrieb) beschäftigten Zeichnern,
Malern, Bildhauern usw. im Auftrag oder für Rechnung des Eigentümers der gewerb-

lichen Anstalt angefertigt wurden, der Letztere, wenn durch Vertrag nichts anderes bestimmt ist, als der Urheber.

Gleiches gilt für die Herstellung geschützter typographischer Schriftzeichen durch angestellte Schöpfer geschmacksmusterfähiger Werke (**Art. 2 Abs. 1 Schriftzeichen G** [BGBl. 1981 II S. 382]).

bb) Rechtserwerb

2589 Der Arbeitgeber erwirbt mit der Anmeldung der Fertigstellung **originär** das Geschmacksmusterrecht bzw. Schriftzeichenrecht.

cc) Geschmacksmuster-Persönlichkeitsrechte

2590 Obwohl gesetzlich nicht geregelt, bestehen Geschmacksmuster-Persönlichkeitsrechte des Arbeitnehmers, auch wenn sie wesentlich **schwächer ausgeprägt** sind als dessen Urheber-Persönlichkeitsrechte. Der Arbeitnehmer hat grds. ein Recht auf Urheberanerkennung, je nach den Umständen des Einzelfalles auf Urheberbezeichnung auf dem Werk, dagegen grds. keinen Anspruch auf Urheberbenennung. Bei der gewerblichen Verwertung seiner Schöpfung muss der Arbeitnehmer notwendige Änderungen hinnehmen. Er kann sich allerdings dagegen wehren, als Urheber des geänderten Werkes benannt zu werden (MünchArbR/*Sack* § 103 Rz. 97 ff.).

dd) Rechtsstellung des Arbeitgebers

2591 Den Arbeitgeber trifft grds. keine Ausführungs- und Benutzungspflicht; der Arbeitnehmer hat bei einem vom Arbeitgeber angemeldeten Geschmacksmuster auch keinen Anspruch auf Benennung im Musterregister.

Der Arbeitgeber ist schließlich berechtigt, aber nicht verpflichtet, eine Anmeldung als Geschmacksmuster vorzunehmen, es sei denn, dass eine abweichende Vereinbarung oder ein besonderes Schutzbedürfnis insoweit besteht. Der Urheber selbst ist keinesfalls zur Anmeldung berechtigt (MünchArbR/*Sack* § 103 Rz. 104).

ee) Keine zusätzliche Vergütung

2592 Eine Anspruchsgrundlage für zusätzliche Vergütungsansprüche des Arbeitnehmers besteht nicht.

ff) Freie Geschmacksmuster

2593 Für freie Geschmacksmuster gelten die Grundsätze des Arbeitnehmer-Urheberrechts für arbeitsvertraglich nicht geschuldete Werke entsprechend.

7. Recht der betrieblichen Altersversorgung

a) Grundlagen

aa) Begriffsbestimmungen

2594 Der Begriff »betriebliche Altersversorgung« umfasst nach der Definition in § 1 Abs. 1 S. 1 BetrAVG alle Leistungen der Alters-, Invaliditäts- oder Hinterbliebenenversorgung, die einem Arbeitnehmer und bestimmten Nicht-Arbeitnehmern (vgl. § 17 Abs. 1 BetrAVG) aus Anlass seines Arbeitsverhältnisses oder einer Tätigkeit für das Unternehmen aufgrund einzel-, kollektivvertraglicher Vereinbarung

C. Der Inhalt des Arbeitsverhältnisses

oder gesetzlicher Regelung zugesagt worden sind (*Griebeling* Rz. 95; zu Leistungen, die der Arbeitgeber zur Absicherung des Krankheitsrisikos im Alter verspricht vgl. *Stegmüller* NZA 1998, 287 ff.). Die Durchführung der betrieblichen Altersversorgung kann unmittelbar über den Arbeitgeber oder über einen der in § 1 b Abs. 2–4 BetrAVG genannten Versorgungsträger (Direktversicherung, Pensionskasse, Pensionsfonds, Unterstützungskasse) erfolgen.
Betriebliche Altersversorgung liegt gem. § 1 Abs. 2 BetrAVG (i. d. F. ab 1.1.2002) **auch dann** vor, wenn
- der Arbeitgeber sich verpflichtet, bestimmte Beiträge in eine Anwartschaft auf Alters-, Invaliditäts- oder Hinterbliebenenversorgung umzuwandeln (**beitragsorientierte Leistungszusage**),
- der Arbeitgeber sich verpflichtet, Beiträge zur Finanzierung von Leistungen der betrieblichen Altersversorgung an einen Pensionsfonds, eine Pensionskasse oder eine Direktversicherung zu zahlen und für Leistungen zur Altersversorgung das planmäßig zuzurechnende Versorgungskapital auf der Grundlage der gezahlten Beiträge (Beiträge und die daraus erzielten Erträge), mindestens die Summe der zugesagten Beiträge, soweit sie nicht rechnungsmäßig für einen biometrischen Risikoausgleich verbraucht wurden, hierfür zur Verfügung zu stellen (**Beitragszusage mit Mindestleistung**) oder
- künftige Entgeltansprüche in eine wertgleiche Anwartschaft auf Versorgungsleistungen umgewandelt werden (**Entgeltumwandlung**).

Der Versorgungsfall kann durch Eintritt in den Altersruhestand, Invalidität und Tod ausgelöst werden (*BAG* 8.5.1990 EzA § 7 BetrAVG Nr. 35).

bb) Freiwillige, betrieblich veranlasste Sozialleistungen

Es handelt sich um eine i. d. R. freiwillige Sozialleistung, sie kann aber auch z. B. in für allgemeinverbindlich erklärten Tarifverträgen begründet sein oder sich aus § 613 a BGB (s. u. C/Rz. 3410 ff.) oder dem Gleichbehandlungsgrundsatz ergeben (s. o. A/Rz. 458 ff.; *Griebeling* Rz. 84 ff.). **2595**

Sie ist dann betrieblich veranlasst, wenn die Zusage als Gegenleistung für erbrachte oder zu erbringende Betriebstreue angesehen werden kann und der Zusageempfänger irgendeine Tätigkeit für das die Versorgungszusage aussprechende Unternehmen geleistet hat oder leisten wird.

Auch eine Versorgungszusage vor Beginn oder nach Beendigung eines Arbeitsverhältnisses kann aus Anlass eines Arbeitsverhältnisses erfolgt sein (*BAG* 8.5.1990 EzA § 7 BetrAVG Nr. 35). **2596**

cc) Zweck betrieblicher Altersversorgung; Versorgung, Entgeltcharakter

Sozialpolitischer Zweck ist die Verringerung der Differenz zwischen der durch die gesetzliche Rentenversicherung getragenen Grundversorgung und der optimalen Versorgung eines Rentners (Versorgungslücke; vgl. *Griebeling* Rz. 92 ff.). **2597**

Für die Unternehmen ist betriebliche Altersversorgung darüber hinaus **Teil der betrieblichen Personalpolitik**, durch die Mitarbeiter an das Unternehmen gebunden, leistungsfähiger Nachwuchs gewonnen und die Motivation der Belegschaft verbessert werden soll.

2598 Das Ruhegeld hat folglich Versorgungs- und Entgeltcharakter. Betriebliche Altersversorgung ist Gegenleistung für die während des Arbeitsverhältnisses erbrachte Betriebstreue. Daneben verfolgt die Altersversorgung jedoch auch den Zweck, den Lebensstandard, den der Arbeitnehmer vor Eintritt des Versorgungsfalles erreicht hatte, aufrechtzuerhalten, u. U. auch dann, wenn er praktisch erst eine relativ geringe Arbeitsleistung für den Arbeitgeber erbracht hat (z. B. in Fällen einer ohne Wartezeit zugesagten Berufs- oder Erwerbsunfähigkeitsrente; vgl. *BVerfG* 19.10.1983 EzA § 242 BGB Ruhegeld Nr. 102; *BAG* 10.3.1972 AP Nr. 156 zu § 242 BGB).

dd) Ausgestaltungsformen betrieblicher Altersversorgung
2599 Betriebliche Versorgungsleistungen werden i. d. R. als **wiederkehrende Geldleistungen** gewährt (vgl. *Griebeling* Rz. 36 ff.).
Möglich sind jedoch auch Zusagen auf **einmalige Kapitalzahlungen**, wenn sie dem Zweck dienen, Arbeitnehmer im Alter und bei Invalidität zu versorgen oder ihre Hinterbliebenen zu unterstützen. Ein entsprechender Vertragswille wird nicht allein dadurch ausgeschlossen, dass eine vertragliche Abfindungsregelung den Versorgungszweck außer acht lässt (*BAG* 30.9.1986 EzA § 1 BetrAVG Nr. 47).
2600 Auch **Nutzungsrechte und Sachleistungen** können Versorgungsleistungen sein, z. B. Kohledeputate oder Wohnrechte in Werkswohnungen, andere Sozialleistungen dann, wenn sie der Versorgung des Arbeitnehmers dienen sollen, z. B. Weihnachtsgelder, die an Ruhegeldempfänger gezahlt werden (*BAG* 19.5.1981 EzA § 16 BetrAVG Nr. 11).
2601 **Versicherungen** des Arbeitgebers zugunsten des Arbeitnehmers gehören dann dazu, wenn sie zur Versorgung des Arbeitnehmers abgeschlossen sind (Personenversicherung).
2602 Trägt ein Arbeitgeber die **Krankenversicherungsbeiträge** seiner Pensionäre, so kann auch das eine Leistung der betrieblichen Altersversorgung gem. §§ 1 ff. BetrAVG sein (*LAG Hessen* 22.4.1998 NZA-RR 1999, 205).

ee) Abgrenzungsfragen
2603 Dagegen sind Übergangsgelder (vgl. §§ 62 ff. BAT), Überbrückungszahlungen, Gnadengehälter, **die den Einkommensverlust des ausgeschiedenen Arbeitnehmers für den Fall einer vorzeitigen Beendigung der Tätigkeit ausgleichen, keine Leistungen der betrieblichen Altersversorgung, weil kein Versorgungszweck intendiert ist.** Die Zahlung eines solchen Übergangsgeldes soll nach Beendigung des Arbeitsverhältnisses den Übergang in ein anderes Arbeitsverhältnis erleichtern (*BAG* 26.4.1988 EzA § 7 BetrAVG Nr. 25).
2604 Auch **Überbrückungsbeihilfen** bis zum Erreichen eines in der Versorgungszusage festgelegten Versorgungsfalls »Alter« sind keine Leistungen der betrieblichen Altersversorgung i. S. d. BetrAVG, selbst wenn sie in der Zusage als Ruhegehälter bezeichnet worden sind. Von einer Überbrückungsbeihilfe, nicht einer Leistung der betrieblichen Altersversorgung ist auszugehen, wenn die betreffenden Zahlungen zwar **nur für den Fall** versprochen werden, dass das Arbeitsverhältnis nach Vollendung des 60. Lebensjahres des Arbeitnehmers **aufgehoben** worden ist, zugleich aber unter die **Bedingung** gestellt werden, dass das Arbeitsverhältnis unter **Mitwirkung der Arbeitgeberin** aufgelöst wurde und die Leistungen davon abahängig sind, dass weder Gehälter noch Übergangsgelder gezahlt werden (*BAG* 3.11.1998 EzA § 7 BetrAVG Nr. 56).

C. Der Inhalt des Arbeitsverhältnisses

Andererseits kann auch eine als »Übergangsgeld« bezeichnete Leistung eine Leistung 2605
der betrieblichen Altersversorgung sein, **wenn sie ungeachtet ihrer Bezeichnung
ausschließlich der Versorgung des Leistungsempfängers im Alter dienen soll.**
Das ist z. B. dann der Fall, wenn der Arbeitgeber ausscheidenden Mitarbeitern für
die Fälle des Erreichens der Altersgrenze oder vorzeitig eintretender Invalidität
bzw. bei vorzeitigem Tod den Hinterbliebenen ein einmaliges »Übergangsgeld« verspricht. Die Bezeichnung »Übergangsgeld« ist unerheblich. **Entscheidend ist der
Zweck der Leistung** (*BAG* 10.8.1993 EzA § 1 BetrAVG Nr. 66).
Keine Leistungen der betrieblichen Altersversorgung sind **Vorruhestandsleistungen,** 2606
weil sie nur der Versorgung vor Eintritt des Versorgungsfalles dienen (*Griebeling*
Rz. 96), sowie **Abfindungen**, insbesondere aus Anlass einer Kündigung. Gleiches
gilt für Hilfeleistungen, die von einer **Unterstützungskasse** bei einer **wirtschaftlichen Notlage** von Arbeitnehmern oder deren Hinterbliebenen gewährt werden
(*LAG Berlin* 15.11.1999 NZA-RR 2000, 99). Etwas anderes gilt, wenn eine regelmäßig
wiederkehrende Leistung einen durch eine vorzeitige Kündigung entstandenen Versorgungsbedarf auffüllt und diese Leistung erst vom Erreichen der Altersgrenze für
den Bezug des vorgezogenen Altersruhegeldes an aus der gesetzlichen Sozialversicherung gezahlt wird (*BAG* 8.5.1990 EzA § 7 BetrAVG Nr. 35).

b) Begründung und Ausgestaltung der betrieblichen Altersversorgung

aa) Die Begründung betrieblicher Versorgungsansprüche

(1) Der Verpflichtungstatbestand

aaa) Grundlagen

Eine Ruhegeldverpflichtung entsteht für die Zeit bis zum 1.1.2001 nur dann, 2607
wenn dafür ein besonderer Verpflichtungstatbestand, eine Versorgungszusage, besteht (vgl. *Griebeling* Rz. 76 ff.).
In Betracht kommen insbesondere einzelvertragliche Regelungen, z. B. auch als
Gesamtzusage oder vertragliche Einheitsregelung (s. o. A/Rz. 442 ff.).
Möglich sind auch sog. Blankettzusagen des Arbeitgebers, bei denen nur sein
Wille objektiv erkennbar ist, überhaupt eine Versorgungszusage erteilen zu wollen.

Die Einzelheiten hat der Arbeitgeber dann nach **billigem Ermessen** zu bestimmen
(*BAG* 23.11.1978 EzA § 242 BGB Ruhegeld Nr. 77).
Andererseits spricht alles dagegen, dass **Tarifvertragsparteien** eine – vorläufig unbe- 2608
stimmte – **Blankettzusage** auf Leistungen der betrieblichen Altersversorgung geben.
Die Arbeitsgerichte wären zudem nicht befugt, ein solches Blankett anstelle der Tarifvertragsparteien nach § 315 Abs. 3 BGB auszufüllen (*BAG* 19.12.2000 EzA § 1 BetrAVG Nr. 76).

bbb) Ab 1.1.2001: Der Entgeltumwandlungsanspruch

Inzwischen hat der Gesetzgeber allerdings durch § 1 a BetrAVG rückwirkend ab dem 2609
1.1.2001 einen **Rechtsanspruch** des Arbeitnehmers gegen den Arbeitgeber auf **Entgeltumwandlung** (vgl. dazu unten Rz. C/Rz. 2671 ff.) eingeführt. Voraussetzung
ist, dass es sich um eine in der Rentenversicherung der Arbeiter oder Angestellten
pflichtversicherte Person handelt (§ 17 Abs. 1 S. 3 BetrAVG). Die Höhe des An-

spruchs beträgt **bis zu 4 %** der jeweiligen Beitragsbemessungsgrenze in der Rentenversicherung. Soweit bereits eine durch Entgeltumwandlung finanzierte betriebliche Altersversorgung besteht, ist der Anspruch des Arbeitnehmers auf Entgeltumwandlung ausgeschlossen (§ 1 a Abs. 2 BetrAVG). Ist der Betrag nicht voll ausgeschöpft, besteht ein entsprechender Auffüllungsanspruch des Arbeitnehmers (vgl. *Blomeyer* NZA 2001, 917; *Reinecke* NJW 2001, 3513 ff.; s. u. C/Rz. 2671 ff.).
Diese Regelungen gelten gem. § 1 Abs. 2 Nr. 4 BetrAVG (ab dem 1.1.2003) entsprechend, wenn der Arbeitnehmer Beiträge aus seinem Arbeitsentgelt zur Finanzierung von Leistungen der betrieblichen Altersversorgung an einen Pensionsfonds, eine Pensionskasse oder eine Direktversicherung leistet und die Zusage des Arbeitgebers auch die Leistungen aus diesen Beiträgen umfasst. Voraussetzung dafür ist aber, dass die zugesagten Leistungen aus diesen Beiträgen im Wege der Kapitaldeckung finanziert werden.

(2) Form

2610 **Arbeitsrechtlich besteht keine Formbedürftigkeit.** Auch die einem Geschäftsführer einer GmbH formlos erteilte Ruhegeldzusage ist, da Formvorschriften weder nach dem GmbHG noch nach dem BetrAVG bestehen, dienstvertraglich grds. wirksam (*BAG* 20.12.1992 AP Nr. 5 zu § 1 BetrAVG Unverfallbarkeit).
Steuerrechtlich ist jedoch die **Schriftform** der Versorgungszusage für die Bildung von Pensionsrückstellungen vorgeschrieben (**§ 6 a Abs. 3 EStG**).

(3) Einzelfragen

2611 Verspricht der Arbeitgeber eine Lebensversicherung nach einer Betriebszugehörigkeit von 10 Jahren abzuschließen, so erteilt er damit eine Versorgungszusage i. S. d. § 1 BetrAVG (*BAG* 19.4.1983 EzA § 1 BetrAVG Lebensversicherung Nr. 1).

2612 Verspricht er eine **Versorgung wie im öffentlichen Dienst**, so muss er für deren Leistungen **einstehen**, selbst dann, wenn zwar die Versicherungs- und Leistungsvoraussetzungen gegeben sind, die Versorgungseinrichtung den Abschluss einer wirksamen Versicherung aber leugnet. Unerheblich ist dann auch, ob der Arbeitgeber Mitglied der VBL werden kann (*BAG* 23.2.1988 EzA § 1 BetrAVG Zusatzversorgung Nr. 1).

2613 Eine **pauschale einzelvertragliche Verweisung** auf die Regelungen des **BAT** (z. B. »Auf das Arbeitsverhältnis finden die Vorschriften des BAT und die ihn ändernden und ergänzenden Regelungen Anwendung«) enthält noch **keine Versorgungszusage**, auch wenn § 46 BAT i. V. m. den speziellen Versorgungstarifverträgen eine Zusatzversorgung vorsieht (*BAG* 29.7.1986 AP Nr. 16 zu § 1 BetrAVG Zusatzversorgungskassen).

2614 Voraussetzung ist aber, dass der Arbeitgeber nicht Mitglied der Zusatzversorgungskasse des öffentlichen Dienstes werden kann. Das Gegenteil gilt, wenn er für den fraglichen Zeitraum in der Lage war, den Arbeitnehmer bei der VBL zu versichern. Verweist daher der Anstellungsvertrag eines ABM-Arbeitnehmers auf den BAT und die diesen ergänzenden Tarifverträge ohne Vorbehalt, so kann sich im Wege der Vertragsauslegung auch ergeben, dass damit der ABM-Arbeitnehmer einen Anspruch auf Versorgung durch die VBL haben soll (*BAG* 15.9.1992 AP Nr. 39 zu § 1 BetrAVG Zusatzversorgungskassen).

Verweisen die Arbeitsvertragsparteien nur auf **einzelne Bestimmungen** eines Tarif- 2615
vertrages, in denen die zusätzliche Altersversorgung nicht geregelt ist, so ist im Zweifel davon auszugehen, dass sie **keine zusätzliche Altersversorgung** vereinbart haben (*BAG* 23.2.1988 EzA § 3 TVG Bezugnahme auf Tarifvertrag Nr. 2).

(4) Betriebliche Übung

aaa) Grundlagen
Ein Anspruch auf betriebliche Altersversorgung kann sich auch aus einer betrieb- 2616
lichen Übung (vgl. dazu oben A/Rz. 584 ff.) ergeben, wenn ein gleichförmiges Verhalten des Arbeitgebers ein schutzwürdiges Vertrauen beim Arbeitnehmer auf Zahlung einer Betriebsrente begründet hat (vgl. *Griebeling* Rz. 121 ff.).

Zahlt ein Arbeitgeber jahrelang (acht Jahre) ein 13. Ruhegehalt, das in der Versor- 2617
gungsordnung nicht vorgesehen war, so begründet er damit eine betriebliche Übung zugunsten der Versorgungsberechtigten. Diese erwerben eine entsprechende Anwartschaft schon vor Eintritt des Versorgungsfalles. Die Versorgungsleistungen aufgrund einer derartigen betrieblichen Übung können nur unter den gleichen Voraussetzungen widerrufen werden wie ausdrücklich zugesagte Betriebsrenten.

Neben der betrieblichen Übung, bei Eintritt in den Ruhestand Ruhegelder zu zahlen (Zahlungsübung), findet sich **auch die betriebliche Übung, dass der Arbeitgeber unter bestimmten Voraussetzungen ein Ruhegeld zusagt (Zusageübung).**

Eine betriebliche Übung z. B., wonach alle Arbeitnehmer innerhalb bestimmter 2618
Fristen übereinstimmende schriftliche Versorgungszusagen erhalten, begründet eine Versorgungsanwartschaft und setzt die Unverfallbarkeitsfristen des § 1 bzw. § 1 b BetrAVG (s. dazu unten C/Rz. 2858 ff.) in Lauf. Ob und wann die schriftliche Zusage im Einzelfall erteilt wird, ist unerheblich (*BAG* 29.10.1985 EzA § 1 BetrAVG Nr. 38).

bbb) Darlegungs- und Beweislast
Beruft sich der **Arbeitnehmer** auf eine derartige betriebliche Übung, so trägt er für 2619
das Vorliegen ihrer tatsächlichen Voraussetzungen die Darlegungs- und Beweislast.

Weil er aber oft nur weiß, dass ein Teil der Kollegen eine Versorgung erhält, muss er nicht alle Details vortragen. Es genügt, dass er zunächst die Umstände darlegt, die den äußeren Eindruck einer festen Übung erwecken oder auf eine bestimmte Gruppenbildung hindeuten. Im Anschluss daran hat der Arbeitgeber seine Praxis offen zu legen und ggf. den Anschein einer Übung oder einer bestimmten Gruppenbildung zu erschüttern (*BAG* 29.10.1985 EzA § 1 BetrAVG Nr. 38).

(5) Weitere Anspruchsgrundlagen
Ansprüche auf betriebliche Altersversorgung können sich zudem ergeben aus dem 2620
Grundsatz der **Gleichbehandlung** (s. o. A/Rz. 458 ff.), aus **Tarifverträgen** (selten im Bereich der Privatwirtschaft, vgl. z. B. die ZVK des Baugewerbes, häufig dagegen im öffentlichen Dienst) sowie **Betriebsvereinbarungen** und **freiwilligen Versor-**

C. Der Inhalt des Arbeitsverhältnisses

gungsregelungen mit dem Sprecherausschuss der Leitenden Angestellten, u. U. auch aus dem Gesichtspunkt des **Vertrauensschutzes** (*Griebeling* Rz. 275 f.).

2621 Problematisch ist die Rechtslage dann, wenn durch Tarifvertrag vorgesehen ist, dass die Leistungen von einer gemeinsamen Einrichtung der Tarifvertragsparteien (z. B. der ZVK des Baugewerbes) i. S. v. § 4 Abs. 2 TVG (als Versicherungsverein auf Gegenseitigkeit) erbracht werden sollen und der Arbeitgeber (GmbH) durch Verschmelzung mit anderen Gesellschaften aus dem betrieblichen Geltungsbereich der (Bau-)Tarifverträge ausscheidet. Dadurch erlischt die Mitgliedschaft des ursprünglichen Unternehmens im Arbeitgeberverband. Es erlischt auch das Versicherungsverhältnis des Arbeitnehmers mit der Zusatzversorgungskasse. Schließlich sind §§ 3 Abs. 3 TVG (Fortbestehen der Tarifbindung bis zur Beendigung des Tarifvertrages), 4 Abs. 5 TVG (Nachwirkung) auf gemeinsame Einrichtungen gem. § 4 Abs. 2 TVG nicht anzuwenden.

2622 Andererseits führt aber das Ausscheiden des Arbeitgebers aus dem betrieblichen Geltungsbereich der Tarifverträge (für das Baugewerbe) **nicht zum Wegfall seiner Versorgungsverpflichtung**. Denn die durch Verschmelzung entstandene Gesellschaft ist **Rechtsnachfolgerin** des ursprünglichen Arbeitgebers. Sie hat die Verbindlichkeiten des bisherigen Arbeitgebers zu erfüllen. Zu den aus dem Arbeitsvertrag zu erfüllenden Verpflichtungen gehört auch das Versorgungsversprechen. Das gilt auch bei tarifvertraglich begründeten Ansprüchen auf Versorgungsleistungen, die über eine gemeinsame Versorgungseinrichtung (Zusatzversorgungskasse) erfüllt werden.

2623 Kann der Arbeitgeber seine Arbeitnehmer nicht mehr bei der Zusatzversorgungskasse versichern und für sie Beiträge entrichten, muss er selbst im Versorgungsfall gleichwertige Leistungen erbringen (*BAG* 5.10.1993 EzA § 1 BetrAVG Zusatzversorgungskassen Nr. 6).

(6) Besonderheiten im öffentlichen Dienst; Aufklärungspflichten

aaa) Grundlagen

2624 Insbesondere im öffentlichen Dienst werden durch Tarifverträge **tarifliche Versorgungskassen** errichtet.
Allein aus dem Beitritt des öffentlichen Arbeitgebers zu einer Zusatzversorgungskasse kann der Arbeitnehmer noch kein Recht herleiten, an dem Versorgungswerk der Kasse beteiligt zu werden. Dies gilt auch, wenn der Arbeitgeber nach der Satzung der Kasse verpflichtet ist, den Arbeitnehmer anzumelden.

2625 Hat aber der Arbeitgeber seinen Beitritt zur Zusatzversorgungskasse im Betrieb verlautbart und praktiziert, in dem einige Arbeitnehmer angemeldet worden sind, dann hat der Arbeitnehmer, der die satzungsmäßigen Voraussetzungen erfüllt, einen vertraglichen Anspruch darauf, dass der Arbeitgeber ihn zur Kasse anmeldet, sofern deren Satzung dies zulässt. Der Arbeitgeber kann die Anmeldung auch nicht von einer längeren Beschäftigungsdauer des Arbeitnehmers oder von sonstigen Voraussetzungen abhängig machen, die in der Satzung der Kasse nicht vorgesehen sind (*BAG* 10.3.1992 EzA § 611 BGB Fürsorgepflicht Nr. 58).

C. Der Inhalt des Arbeitsverhältnisses

bbb) Aushändigung der Satzung

Arbeitgeber, die an der Versorgungsanstalt des Bundes und der Länder (VBL) beteiligt sind, müssen jedem ihrer Arbeitnehmer die Satzung der Versorgungseinrichtung aushändigen. Eine schuldhafte Verletzung dieser Pflicht kann zu **Schadensersatzansprüchen** führen, wenn Arbeitnehmer aus Unkenntnis sinnvolle Versicherungsanträge nicht stellen und dadurch einen Versorgungsschaden erleiden.
Die Pflichtverletzung des Arbeitgebers ist aber dann nicht ursächlich für den Versorgungsschaden, wenn der unterlassene Versicherungsantrag zu einem Zeitpunkt hätte gestellt werden müssen, zu dem seine Zweckmäßigkeit auch für einen Sachkundigen zweifelhaft war (*BAG* 15.10.1985 EzA § 611 BGB Fürsorgepflicht Nr. 41).

2626

ccc) Belehrungs- und Aufklärungspflichten

Bestehen im öffentlichen Dienst **verschiedene Versorgungswege** (z. B. Versicherung entweder bei der Versicherungsanstalt des Arbeitgebers, einer Körperschaft des öffentlichen Rechts oder Höherversicherung in der gesetzlichen Rentenversicherung), so hat der Arbeitgeber darüber **aufzuklären**.

2627

> Neu eingestellte Arbeitnehmer müssen z. B. über bestehende Versorgungsmöglichkeiten, d. h. über die bestehenden Zusatzversorgungsmöglichkeiten und die Mittel und Wege zu ihrer Ausschöpfung belehrt werden. Die Belehrungspflicht erstreckt sich allerdings regelmäßig nicht auf die Zweckmäßigkeit zur Auswahl stehender Gestaltungsmöglichkeiten. Dieser Hinweis- und Belehrungspflicht genügt der Arbeitgeber dadurch, dass er die Vorschriften der Versorgungsregelung bei Beginn des Arbeitsverhältnisses dem Arbeitnehmer zur Kenntnis bringt, insbesondere ihm ein entsprechendes Satzungsexemplar aushändigt (*BAG* 17.12.1991 EzA § 611 BGB Fürsorgepflicht Nr. 57).

2628

Berät der Arbeitgeber allerdings den Arbeitnehmer bei seiner Versorgungsplanung, erteilt er z. B. Ratschläge über die Zweckmäßigkeit des Versorgungsweges, **so muss diese Belehrung richtig, eindeutig und vollständig sein**. Wenn der Arbeitgeber nur auf die beitragsrechtlichen Lasten einer Nachversicherung hinweist, jedoch wesentliche Rentenvorteile, die sich daraus ergeben, verschweigt, ist eine solche Belehrung unvollständig und irreführend. **Der** dadurch **schuldhaft verursachte Versorgungsschaden muss ersetzt werden** (*BAG* 17.4.1984 AP Nr. 2 zu § 1 BetrAVG Zusatzversorgungskassen; 18.12.1984 AP Nr. 3 zu § 1 BetrAVG Zusatzversorgungskassen; 13.12.1988 EzA § 611 BGB Fürsorgepflicht Nr. 53; vgl. auch *LAG Köln* 18.1.2001 – 6 Sa 657/00 – zur Haftung bei Nichtaufklärung über nicht mehr anwendbare Tarifverträge).

2629

Im Einzelfall kann der Arbeitgeber auch verpflichtet sein, den Arbeitnehmer nach Ablauf einer zweijährigen Betriebszugehörigkeit **darauf aufmerksam zu machen, dass er nunmehr innerhalb der Frist von einem Monat den Antrag auf Aufnahme in die Pensionskasse stellen müsse**. Denn von einem Arbeitnehmer kann nicht erwartet werden, dass er sich zwei Jahre im Voraus den Beginn der Antragsfrist notiert oder sich merkt. Dem Arbeitgeber kann die Überwachung einer solchen Frist jedenfalls dann zugemutet werden, wenn er für andere Arbeitnehmer, die Pflichtmitglieder bei der Pensionskasse werden, ohnehin die Frist überwachen muss und wenn der Arbeitnehmer sich bereits zu Beginn des Arbeitsverhältnisses bereit erklärt hat, der Pensionskasse beizutreten (*BAG* 17.12.1991 EzA § 611 BGB Fürsorgepflicht Nr. 57).

2630

2631 Diese Grundsätze gelten auch für Arbeitnehmer eines in einer **privaten Rechtsform betriebenen Unternehmens einer Kommune.** Ein derartiger Arbeitgeber, der einem Arbeitnehmer eine vergleichende Modellrechnung voraussichtlicher Versorgungsansprüche anbietet, um dessen tarifvertraglich eingeräumte Wahlentscheidung zu unterstützen, aus einer bestehenden Versorgungszusage in ein anderes Versorgungssystem zu wechseln, haftet deshalb für eine etwaige Unrichtigkeit dieser Modellrechnung. Ergibt sich aus dieser Modellrechnung zu Unrecht, dass die Versorgungsalternative günstiger ist als die bestehende Zusage und wechselt der Arbeitnehmer daraufhin in dieses Versorgungssystem, muss der Arbeitgeber ihn so stellen, wie er nach der ursprünglichen Versorgungszusage gestanden hätte (*BAG* 21.11.2000 EzA § 611 BGB Fürsorgepflicht Nr. 61).

bb) Die Durchführungs-, Gestaltungsformen der betrieblichen Altersversorgung

(1) Unmittelbare Versorgungszusage

aaa) Grundlagen

2632 Bei der unmittelbaren Versorgungszusage (Direkt-Pensionszusage) **verpflichtet sich der Arbeitgeber, einem Arbeitnehmer oder mehreren Arbeitnehmern nach Eintritt des Versorgungsfalles Versorgungsleistungen selbst zu erbringen** (vgl. *Griebeling* Rz. 567 ff.). **Der Arbeitgeber haftet unmittelbar mit seinem Betriebsvermögen;** die Finanzierung erfolgt i. d. R. durch Pensionsrückstellungen.

2633 Versorgungsleistungen aus unmittelbaren Versorgungszusagen können durch Verbände branchenspezifisch einander angeglichen und in ihrer Verwaltung **zentralisiert werden**, ohne dadurch ihren Charakter als unmittelbare Versorgungszusage zu verändern. So existieren der Bochumer Verband für den Bergbau, der Essener Verband für die Eisen- und Stahlindustrie sowie der Duisburger Verband für das Speditionsgewerbe.
Die Deckungsmittel verbleiben bei den einzelnen Unternehmen; die versorgungsrechtlichen Beziehungen verändern sich dadurch nicht.

bbb) Berechnung

2634 Die Höhe des dem Arbeitnehmer zustehenden Versorgungsanspruchs bestimmt sich nach Maßgabe der jeweiligen Versorgungszusage.

> I. d. R. wird festgelegt, was zu den ruhegehaltsfähigen Bezügen gehört, und davon ein bestimmter %-Satz als Ruhegeld unter Berücksichtigung insbesondere der Zusagedauer bzw. der Betriebszugehörigkeit angesetzt.

2635 Rechnet z. B. eine Versorgungsordnung Kindergeld, als Unterstützungen und Beihilfen gewährte Zulagen, Überstundenentgelte und sonstige für Sonderleistungen gewährte »Sondervergütungen« nicht zu den ruhegehaltsfähigen Bezügen, so fällt auch ein pauschaler Auslandszuschlag, dessen Höhe § 55 BBesG entspricht, nicht darunter (*BAG* 23.10.1990 EzA § 1 BetrAVG Nr. 62). Bei einer derartigen Regelung in einer Versorgungsordnung haben es der Arbeitgeber bzw. die Betriebspartner grds. in der Hand, **durch die Bezeichnung** einer neu eingeführten Arbeitgeberleistung **über deren Ruhegeldfähigkeit zu entscheiden**, wenn sie diese Leistungen auch entsprechend der gewählten Bezeichnung ausgestalten (*BAG* 24.4.2001 EzA § 1 BetrAVG Nr. 75).

Bestimmt eine Versorgungsordnung, dass für die Berechnung der Betriebsrenten das **Bruttoarbeitsentgelt** i. S. d. gesetzlichen Rentenversicherung (§ 160 RVO)« maßgebend sein soll, so bedeutet das im Zweifel, dass auch eine Arbeitnehmererfindungsvergütung zu berücksichtigen ist (*BAG* 9.7.1985 EzA § 2 BetrAVG Nr. 7). Bleiben nach der Versorgungsordnung »Überstunden- und Mehrarbeitsvergütungen, Gratifikationen oder sonstige einmalige Zuwendungen« bei der Ermittlung des für die Betriebsrente maßgeblichen **Durchschnittsbruttogehalts außer Betracht**, so zählen zu den »sonstigen einmaligen Zuwendungen« auch die jährlichen Sonderzahlungen, die der Kläger nach dem Tarifvertrag über die tarifliche Absicherung eines Teiles eines 13.Monatseinkommens erhielt (*BAG* 20.3.2001 EzA § 1 BetrAVG Nr. 77). 2636

Zulässig ist gem. § 1 Abs. 2 Nr. 1 BetrAVG i. d. F. ab 1.1.2002 (zuvor § 1 Abs. 6 BetrAVG) seit dem 1.1.1999 auch die bereits zuvor praktizierte **beitragsorientierte Leistungszusage**, die nicht eine Versorgungsleistung, sondern einen Versorgungsbeitrag zum Gegenstand hat (vgl. *Blomeyer* NZA 1998, 913).

Zu den Grundsätzen, die Arbeitgeber und Betriebsrat bei dem Aufstellen einer Versorgungsordnung durch Betriebsvereinbarung zu beachten haben, gehört der **Grundsatz der Gleichbehandlung** (s. oben A/Rz. 551 ff. und unten Rz. 2742 ff.); dieser Grundsatz gilt auch für die Ermittlung der für die Berechnung der Betriebsrente maßgeblichen Bemessungsgrundlagen, also des rentenfähigen Arbeitsverdienstes. Dabei können einzelne Lohnbestandteile unberücksichtigt bleiben, wenn es dafür sachliche Gründe gibt. 2637

Insoweit gelten folgende **Grundsätze** (*BAG* 17.2.1998 EzA § 1 BetrAVG Gleichbehandlung Nr. 15): 2638
– Arbeitgeber und Betriebsrat können den Versorgungsbedarf so beschreiben, dass nur das Festgehalt, nicht auch Provisionen, zum rentenfähigen Arbeitsverdienst gehören.
– Der Ausschluss von variablen Lohnbestandteilen aus der Bemessungsgrundlage kann durch Gründe der Klarheit und der einfachen Handhabung gerechtfertigt sein.
– Die Grenze der zulässigen Gestaltung einer Betriebsvereinbarung ist aber dann überschritten, wenn die Gruppe der Außendienstmitarbeiter tatsächlich keine oder keine angemessene Betriebsrente erhalten kann.

ccc) **Vertragliche Bezugnahme auf »die geltenden Bestimmungen«**
Wird in einem Arbeitsvertrag Versorgung nach den beim Arbeitgeber geltenden Bestimmungen versprochen, sind die die Versorgung regelnden Dienst (Betriebs-)Vereinbarungen gemeint; im Zweifel sind die **jeweils geltenden** gemeint Es handelt sich also i .d. R. um eine **dynamische Verweisung**. Eine derartige Jeweiligkeitsklausel gilt auch noch für die Betriebsrenten (*BAG* 23.9.1997 EzA § 1 BetrAVG Ablösung Nr. 14). Diese Grundsätze gelten auch bei der Verweisung auf den »jeweils geltenden Tarifvertrag«. 2639

C. Der Inhalt des Arbeitsverhältnisses

(2) Direktversicherung

aaa) Begriffsbestimmung

2640 Gem. § 1 b Abs. 2 BetrAVG liegt eine Direktversicherung vor, wenn für die betriebliche Altersversorgung eine Lebensversicherung auf das Leben des Arbeitnehmers durch den Arbeitgeber abgeschlossen ist und der Arbeitnehmer oder seine Hinterbliebenen hinsichtlich der Leistungen des Versicherers ganz oder teilweise bezugsberechtigt sind (vgl. *Griebeling* Rz. 572 ff.). Nach Auffassung von Schaub (Arbeitsrechtshandbuch § 81 XVI 1) zählen auch Versicherungen auf das Leben der **Hinterbliebenen** des Arbeitnehmers, Unfallzusatz- oder Invaliditäts-Zusatzversicherungen sowie selbstständige Berufsunfähigkeitsversicherungen und selbstständige Unfallversicherungen auf den Todes- oder Invaliditätsfall zu den Direktversicherungen i. S. d. BetrAVG. **Nicht ausgeschlossen ist es, dass der Arbeitnehmer an der Beitragszahlung beteiligt wird** (vgl. § 2 Abs. 2 S. 1 BetrAVG).

bbb) Abgrenzungsfragen

2641 Erfasst sind auch sog. **Gehaltsverwendungsversicherungen**, bei denen die Prämien der Versicherung vereinbarungsgemäß durch den Arbeitgeber anstelle eines Teils der Vergütung gezahlt werden. Denn zu den Merkmalen einer betrieblichen Altersversorgung gehören das Versprechen einer Leistung zum Zwecke der Versorgung, ein den Versorgungsanspruch auslösendes Ereignis wie Alter, Invalidität oder Tod sowie die Zusage an einen Arbeitnehmer durch einen Arbeitgeber aus Anlass des Arbeitsverhältnisses. Es gibt kein weiteres einschränkendes ungeschriebenes Tatbestandsmerkmal »zusätzlich zum Barlohn entrichtete, freiwillige Arbeitgeberleistungen«. Der Arbeitnehmer kann deshalb auf einen Teil seines Gehalts verzichten mit der Maßgabe, dass der Arbeitgeber dafür einen Versicherungsvertrag abschließt (*BAG* 26.6.1990 EzA § 1 BetrAVG Nr. 59); seit dem 1.1.1999 ergibt sich dies allgemein, also nicht nur beschränkt auf die Direktversicherung im Bereich der betrieblichen Altersversorgung aus dem **neu eingeführten § 1 Abs. 5 BetrAVG** (vgl. dazu *Wohlleben* DB 1998, 1230 ff.; *Söffing/Nommensen* DB 1998, 1285 ff.; *Blomeyer* NZA 1998, 911 ff.; *Höfer/Meier* BB 1998, 1894 ff.; *Höfer* DB 1998, 2266 ff.; *Blumenstein/Krekeler* DB 1998, 2600 ff.); **seit dem 1.1.2002 aus § 1 Abs. 2 Nr. 3, § 1 a BetrAVG** (s. dazu unten C/Rz. 2671 c ff.). Eine Entgeltumwandlung in diesem Sinne setzt voraus, dass **im Umwandlungszeitpunkt bereits eine Rechtsgrundlage für den betroffenen Entgeltanspruch bestand** (*BAG* 8.6.1999 EzA § 1 BetrAVG Lebensversicherung Nr. 8; vgl. *Blomeyer* NZA 2000, 281 ff.)

2642 I. d. R. ist dann davon auszugehen, dass der Arbeitgeber dem Arbeitnehmer arbeitsvertraglich eine von vornherein unentziehbare Rechtsposition einräumen und damit die Unverfallbarkeit der Anwartschaft zusagen wollte (*BAG* 8.6.1993 EzA § 1 BetrAVG Lebensversicherung Nr. 4; vgl. *Blomeyer* DB 1994, 882 ff.).

Räumt der Arbeitgeber dem Arbeitnehmer zwar ein unwiderrufliches Bezugsrecht auf die Rechte aus einer für ihn zu Versorgungszwecken abgeschlossenen Lebensversicherung ein, behält er sich aber vor, alle Versicherungsleistungen für sich in Anspruch zu nehmen, wenn das Arbeitsverhältnis vor Unverfallbarkeit der Versorgungs-

C. Der Inhalt des Arbeitsverhältnisses

anwartschaft endet (sog. **eingeschränkt unwiderrufliches Bezugsrecht**), so trifft er mit der Ausübung dieses bereits vertraglich fest umrissenen Rechts keine Leistungsbestimmung i. S. d. § 315 BGB. Die Inanspruchnahme der Versicherungsleistungen durch den Arbeitgeber unterliegt daher nicht der Billigkeitskontrolle (*BAG* 23.10.1990 EzA § 315 BGB Nr. 38).

Nicht erfasst sind **Rückdeckungsversicherungen**, die der Arbeitgeber abschließt, um das Risiko der von ihm selbst eingegangenen Versorgungsverpflichtungen auf einen Versicherer auszulagern, ebenso wenig Versicherungsverträge, bei denen der Arbeitnehmer selbst Versicherungsnehmer ist, auch dann nicht, wenn der Arbeitgeber die Beiträge an den Versicherer zahlt und wenn die Versicherung im Rahmen eines Gruppenversicherungsvertrages abgeschlossen wird (*BAG* 14.7.1972 AP Nr. 2 zu § 242 BGB Ruhegehalt-Lebensversicherung; 10.3.1992 EzA § 1 BetrAVG Lebensversicherung Nr. 3). 2643

ccc) Überblick über die Rechtsbeziehungen im Dreiecksverhältnis
Zwischen Arbeitgeber, Versicherungsunternehmen und Unternehmer besteht ein Dreiecksverhältnis. 2644

aaaa) Versicherungsverhältnis zwischen Arbeitgeber und Versicherer
Zunächst besteht ein Versicherungsverhältnis zwischen Arbeitgeber und Versicherer, bei dem der Arbeitgeber auf das Leben des Arbeitnehmers einen Einzel- oder Gruppenversicherungsvertrag abschließt.
Nach Auffassung von *Förster/Rühmann* (MünchArbR § 105 Rz. 32) ist gem. § 159 Abs. 2 VVG zur Gültigkeit des Vertrages die **schriftliche Einwilligung des versicherten Arbeitnehmers** erforderlich. Allerdings kann bei Gruppenversicherungen auf das Zustimmungserfordernis verzichtet werden, wenn die versicherten Arbeitnehmer einen unmittelbaren Anspruch auf die Versicherungsleistungen haben oder vom Arbeitgeber über den Vertrag und seine wesentlichen Einzelheiten unterrichtet worden sind. 2645

bbbb) Bezugsrechtsverhältnis zwischen Arbeitnehmer und Versicherer
Daneben besteht ein Bezugsrechtsverhältnis zwischen Arbeitnehmer und Versicherer. Die Anwartschaft auf die Versicherungsleistung (**Bezugsrecht**) ist **widerruflich**, wenn nicht ausdrücklich ein unwiderrufliches Bezugsrecht vereinbart wurde (§ 166 Abs. 1 VVG). Bei widerruflichem Bezugsrecht kann der Arbeitgeber **einseitig die Person des Bezugsberechtigten verändern**, er kann die Rechte aus dem Versicherungsvertrag **abtreten, verleihen oder verpfänden**. 2646

Nach Eintritt der Unverfallbarkeitsvoraussetzungen ist der Widerruf des Bezugsrechts allerdings zwar versicherungsrechtlich noch möglich, arbeitsrechtlich jedoch unwirksam mit der Folge entsprechender Schadensersatzansprüche des Arbeitnehmers (*BAG* 28.7.1987 EzA § 1 BetrAVG Lebensversicherung Nr. 2). Fällt der Arbeitgeber in Konkurs, so wird das im Rahmen der Versorgungszusage eingeräumte eingeschränkt widerrufliche Bezugsrecht des Arbeitnehmers **strikt unwiderruflich**. Die Erklärung des Insolvenzverwalters, er trete in den Versicherungsvertrag nicht ein und kündige ihn, führt dann zwar zur Beendigung des Versicherungsvertrages; das unwiderrufliche Bezugsrecht des Arbeitnehmers setzt sich jedoch an dem Auflösungsguthaben (Rückkaufswert) fort (*OLG Düsseldorf* 30.1.2001 NZA-RR 2001, 601). 2647

C. Der Inhalt des Arbeitsverhältnisses

2648 Regeln die Vereinbarungen, dass der Arbeitnehmer die Versicherung nach Ausscheiden aus den Diensten des Arbeitgebers nach Vollendung des 59. Lebensjahres oder – zuvor – bei Erwerb einer unverfallbaren Anwartschaft fortführen kann, so liegt für den Fall des Ausscheidens infolge Konkurses vor Vollendung des 59. Lebensjahres und ohne unverfallbare Anwartschaft, jedoch mit einem unwiderruflichen Bezugsrecht für den Rückkaufswert, eine planwidrige Lücke der Direktversicherungsvereinbarung vor. Sie ist im Wege ergänzender Vertragsauslegung dahin zu schließen, dass der Arbeitnehmer den Lebensversicherungsvertrag als Versicherungsnehmer auf eigene Kosten unter der Voraussetzung fortführen darf, dass er die zwischenzeitlich aufgelaufenen Prämien nachzahlt (*OLG Düsseldorf* 30.1.2001 NZA-RR 2001, 601).

2649 Beim **unwiderruflichen Bezugsrecht** erwirbt der Arbeitnehmer ein durch den Eintritt des Versorgungsfalles bedingtes, vom Arbeitgeber nicht mehr beeinflussbares Recht auf die Leistungen aus dem Versicherungsvertrag. Eine wirtschaftliche Nutzung durch den Arbeitgeber ist nur mit Zustimmung des Arbeitnehmers zulässig. Das Bezugsrecht kann auch teilweise widerruflich und teilweise unwiderruflich gestaltet sein (**gespaltenes Bezugsrecht**), etwa hinsichtlich verschiedener Leistungsarten oder in Bezug auf den Grundanspruch und die Überschussanteile.

cccc) **Versorgungsverhältnis zwischen Arbeitgeber und Arbeitnehmer**

2650 Schließlich besteht ein Versorgungsverhältnis zwischen Arbeitgeber und Arbeitnehmer. Aufgrund der Versorgungsverpflichtung hat der Arbeitgeber dafür **Sorge zu tragen**, dass der Arbeitnehmer im Versorgungsfall **die Versicherungsleistungen erhält**.

(3) **Pensionskasse**

aaa) **Begriffsbestimmung; Organisation**

2651 Eine Pensionskasse ist eine **rechtsfähige Versorgungseinrichtung**, die dem Arbeitnehmer oder seinen Hinterbliebenen auf ihre Leistungen der betrieblichen Altersversorgung einen **Rechtsanspruch** gewährt (§ 1 b Abs. 3 S. 1 BetrAVG; vgl. *Griebeling* Rz. 600 ff.).
Die Pensionskassen sind zur Versorgung der Arbeitnehmer im öffentlichen Dienst als öffentlich-rechtliche Körperschaften organisiert (Zusatzversorgungseinrichtungen, z. B. die VBL), im Übrigen in der Praxis als VVaG, die als privatrechtliche Versicherungsunternehmen der Versicherungsaufsicht durch das BAV unterliegen. Eine Pensionskasse kann Versorgungsträger für einen oder mehrere Arbeitgeber (Trägerunternehmen) sein.

2652 Unterschieden werden können Betriebs-, Firmen- (die Mitarbeiter eines Unternehmens umfassend), Konzern- und Gruppenpensionskassen (Mitarbeiter mehrerer rechtlich selbstständiger Unternehmen ohne einheitliche Leitung umfassend).

bbb) **Rechtsbeziehungen im Dreiecksverhältnis zwischen Arbeitgeber, Arbeitnehmer und Pensionskasse**

2653 Auch bei der Pensionskasse besteht zwischen Arbeitgeber, Arbeitnehmer und Pensionskasse ein Dreiecksverhältnis.

> Der Arbeitgeber ist Träger der Pensionskasse und finanziert deren Leistungen, zum Teil unter Beteiligung der Arbeitnehmer zur Aufbringung des notwendigen Beitragsaufkommens.

C. Der Inhalt des Arbeitsverhältnisses

> Der Arbeitnehmer ist Versicherter und Versicherungsnehmer in der Pensionskasse. Ihm steht ein Bezugsrecht für die Versicherungsleistungen zu.

Der Abschluss des Versicherungsvertrages erfolgt i. d. R. durch den Arbeitgeber im **2654** Wege der **Anmeldung**. Aus dem Beitritt des Arbeitgebers zu einer Pensionskasse kann der Arbeitnehmer jedoch nicht das Recht ableiten, an dem Versorgungswerk der Kasse beteiligt zu werden (*BAG* 12.7.1968 AP Nr. 128 zu § 242 BGB Ruhegehalt). Versicherungs- und Mitgliedschaftsverhältnis des Arbeitnehmers werden durch die allgemeinen Versicherungsbedingungen und Satzungen der Pensionskassen sowie durch das VVG, das VAG, das BGB und das Genossenschaftsrecht geregelt.

Die **Satzung** einer Pensionskasse kann z. B. Bestimmungen darüber enthalten, ob ein **2655** versichertes Mitglied **nach Beendigung** des Beschäftigungsverhältnisses mit dem Trägerunternehmen als **freiwilliges Mitglied** in der Pensionskasse mit dem Recht auf Fortführung der Versicherung bleiben kann, auch wenn die Anwartschaft des Mitglieds aufgrund gesetzlicher Bestimmungen noch nicht unverfallbar geworden ist. Hängt die Fortführung der Versicherung in diesen Fällen von der Genehmigung des Vorstandes der Kasse ab, muss die Entscheidung analog § 315 BGB nach billigem Ermessen getroffen werden.

Die Pensionskasse kann bei ihrer Entscheidung über die Fortführung der Versicherung die Interessen des Trägerunternehmens, dem das Mitglied angehört hat, berücksichtigen.

> Es entspricht der Billigkeit, wenn der Arbeitgeber (Trägerunternehmen) die Genehmigung von einer Mindestbetriebszugehörigkeit von fünf Jahren abhängig macht (*BAG* 4.5.1993 EzA § 1 BetrAVG Nr. 64). **2656**

In den Versicherungsbedingungen einer Pensionskasse (kleinerer Versicherungsverein auf Gegenseitigkeit, § 189 Abs. 1 VVG) kann das **Recht** des Versicherungsnehmers, die **Versicherung zu kündigen** und die Auszahlung der Prämienreserve zu verlangen (§§ 165, 176 VVG), **ausgeschlossen** werden. Eine solche Regelung verstößt weder gegen Art. 12 Abs. 1, 2 Abs. 1 GG noch gegen § 39 BGB (*BAG* 13.5.1997 EzA § 1 BetrAVG Pensionskasse Nr. 1). **2657**

ccc) **Verpflichtungen des Arbeitgebers**
Aufgrund des Versorgungsverhältnisses ist der Arbeitgeber verpflichtet, alles zu unter- **2658** nehmen, damit sein Arbeitnehmer im Versorgungsfall **Versorgungsleistungen** aus der Pensionskasse erhält.
Hat der Arbeitgeber dem Arbeitnehmer eine Versorgungszusage erteilt, so **haftet** er für deren Erfüllung auch dann, wenn er diesen nicht über die Pensionskasse versichern kann (vgl. *BAG* 29.7.1986 AP Nr. 16 zu § 1 BetrAVG Zusatzversorgungskassen).

(4) **Unterstützungskasse**

aaa) **Begriffsbestimmung; Ausschluss eines Rechtsanspruchs**
Nach § 1 b Abs. 4 BetrAVG sind Unterstützungskassen **rechtsfähige Versorgungsein- 2659 richtungen**, die eine betriebliche Altersversorgung durchführen und – im Gegensatz zur Pensionskasse – auf ihre Leistungen **keinen Rechtsanspruch** gewähren (vgl. *Grie-*

C. Der Inhalt des Arbeitsverhältnisses

beling Rz. 606 ff.). Sie werden i. d. R. in der Rechtsform eines e. V. oder einer GmbH betrieben.

2660 Der Ausschluss des Rechtsanspruchs wird allerdings nur als ein an sachliche Gründe gebundenes Widerrufsrecht verstanden, sodass den Arbeitnehmern u. U. durchaus Ansprüche auf die zugesagten Leistungen zustehen (*BVerfG* 16.2.1987 AP Nr. 13 zu § 1 BetrAVG Unterstützungskasse Nr. 13; *BAG* 18.4.1989 EzA § 1 BetrAVG Unterstützungskasse Nr. 7).

2661 Anwartschaften auf Leistungen der betrieblichen Altersversorgung können aber nur begründet werden, wenn mit der Leistung ein **Versorgungszweck** verfolgt wird, wenn der Versorgungsanspruch durch ein biologisches Ereignis (Alter, Invalidität oder Tod) ausgelöst wird und sie aus Anlass eines Arbeitsverhältnisses zugesagt wird. Sieht die Satzung einer Unterstützungskasse nur **einmalige oder laufende Beihilfen** in außergewöhnlichen unverschuldeten wirtschaftlichen Notlagen vor, handelt es sich nicht um Zusagen auf Leistungen der betrieblichen Altersversorgung (*BAG* 25.10.1994 EzA § 1 BetrAVG Nr. 68).

bbb) Trägerunternehmen

2662 Trägerunternehmen können ein Unternehmen, mehrere Unternehmen eines Konzerns (**Konzernunterstützungskasse**) oder mehrere voneinander unabhängige Unternehmen (**Gruppenunterstützungskasse**) sein. Trägerunternehmen ist der Arbeitgeber, der der Unterstützungskasse **Zuwendungen leistet** (§ 7 Abs. 1 S. 2 BetrAVG). Auf die bloß formale Mitgliedschaft im Verein kommt es nicht an.

2663 Eine Gruppenunterstützungskasse, die z. B. als eingetragener Verein das satzungsmäßige Ziel verfolgt, Arbeitnehmer ihrer Trägerunternehmen zu versorgen, muss die entsprechenden Renten allerdings **nur solange zahlen** wie die Arbeitgeber der versorgungsberechtigten Arbeitnehmer Mitglied ist.

Scheidet ein Arbeitgeber aus dem Kreis der Trägerunternehmen aus, so muss er die laufenden Rentenzahlungen anstelle der Gruppenunterstützungskasse selbst übernehmen (*BAG* 3.2.1987 EzA § 1 BetrAVG Unterstützungskasse Nr. 6; 11.2.1992 EzA § 1 BetrAVG Unterstützungskasse Nr. 9).

ccc) Pflichten des Arbeitgebers

2664 Der Arbeitgeber ist wegen der starken Abhängigkeit der Unterstützungskasse vom Trägerunternehmen verpflichtet, dafür zu sorgen, dass sie die versprochenen Leistungen auch erbringen kann; andernfalls muss er **selbst** dem Arbeitnehmer gegenüber **einstehen** (*BAG* 3.2.1987 EzA § 1 BetrAVG Unterstützungskasse Nr. 6).

Das gilt insbesondere dann, wenn er die Unterstützungskasse nicht ausreichend dotiert, die Auszahlung von Leistungen der Kasse vereitelt oder den Rechtsschein erweckt, die Unterstützungskasse werde mit Sicherheit leisten.

2665 Es ist mit der Idee der materiellen Gerechtigkeit, die Bestandteil des Rechtsstaatsprinzips ist, nicht zu vereinbaren, wenn es dem Arbeitgeber nach Entgegennahme der Betriebstreue des Arbeitnehmers gestattet wäre, die Gegenleistung mit dem Hinweis zu verweigern, die Unterstützungskasse sei nicht leistungsfähig und er selbst habe sich

C. Der Inhalt des Arbeitsverhältnisses

zu nichts verpflichtet (*BVerfG* 16.2.1987 AP Nr. 13 zu § 1 BetrAVG Unterstützungskassen).

ddd) Rechtsverhältnis zwischen Arbeitgeber und Unterstützungskasse
Zwischen Arbeitgeber und Unterstützungskasse besteht ein **Auftragsverhältnis**, die   2666
Versorgung der Arbeitnehmer entsprechend dem Leistungsplan durchzuführen. Anwendbar sind **§§ 670, 669 BGB** (Aufwendungsersatzanspruch, Vorschusspflicht).

eee) Rechtsverhältnis zwischen Arbeitnehmer und Unterstützungskasse
Das Rechtsverhältnis zwischen dem Arbeitnehmer und der Unterstützungskasse be-   2667
stimmt sich i. d. R. nach Maßgabe von sog. Leistungs- oder **Versorgungsrichtlinien**. Bei der **Auslegung** derartiger Versorgungsrichtlinien, z. B. einer vom Arbeitgeber eingeschalteten Gruppenunterstützungskasse, gilt die **Unklarheitenregel**. Bleiben nach der Auslegung von Bestimmungen zum Geltungsbereich Zweifel (z. B. hinsichtlich der Frage, ob auch Heimarbeiter erfasst sind), welches von mehreren Auslegungsergebnissen gilt, muss sich der Arbeitgeber an der für ihn ungünstigeren Auslegung festhalten lassen, soweit er nicht die Betroffenen über einen hiervon abweichenden Inhalt belehrt hat (*BAG* 27.1.1998 EzA § 1 BetrAVG Unterstützungskasse Nr. 10).

> Die Leistungsrichtlinien stehen unter dem Vorbehalt einer generellen Änderung und können deshalb – unter Beachtung des Mitbestimmungsrechts des Betriebsrats nach § 87 Abs. 1 Nr. 8 BetrVG – in der gleichen Form, in der sie erlassen wurden, durch neue Leistungsrichtlinien ersetzt werden. Bei der Abänderung sind Recht und Billigkeit, insbesondere der Vertrauensschutzgedanke zu beachten. Die Gründe, die für die Änderung sprechen, sind gegen die Belange derjenigen Arbeitnehmer abzuwägen, deren Besitzstände geschmälert werden sollen.

Im Streitfall muss der Arbeitgeber, der mit der Neuregelung mehrere Regelungsziele   2668
verfolgt, für jedes Regelungsziel **im Einzelnen darlegen**, welche Änderungen der Leistungsrichtlinien dadurch veranlasst sind. Sollen die Kosten von Leistungsverbesserungen durch Leistungsminderungen an anderen Stellen ausgeglichen werden, so ist eine **Aufstellung der geschätzten Mehr- und Minderkosten** vorzulegen (*BAG* 8.12.1981 EzA § 242 Ruhegeld Nr. 97). Sieht ein Tarifvertrag vor, dass Leistungen einer gemeinsamen Einrichtung (ZVK für das Baugewerbe) auf Leistungen der betrieblichen Altersversorgung angerechnet werden können, müssen dann, wenn die Altersversorgung über eine Unterstützungskasse gewährt wird, deren Leistungsrichtlinien entsprechend geändert werden.
Die Leistungsrichtlinien werden bei einer Unterstützungskasse, die in der Rechts-   2669
form einer GmbH betrieben wird, i. d. R. vom **Geschäftsführer** auf der Grundlage der Satzung der Gesellschaft beschlossen.
Für die Bekanntmachung des Beschlusses im Betrieb oder Unternehmen ist **keine besondere Form** vorgeschrieben. Es genügt, wenn der Arbeitgeber die Arbeitnehmer durch Rundschreiben unterrichtet. Es kommt nicht darauf an, ob ein einzelner Arbeitnehmer tatsächlich Kenntnis von der Änderung erhalten hat.

(5) Erweiterung der Durchführungs-, Gestaltungsformen durch das Rentenreformgesetz 1999
Mit Wirkung ab dem 1.1.1999 hat der Gesetzgeber die Gestaltungs- und Durchfüh-   2670
rungsformen der betrieblichen Altersversorgung erweitert; durch das Rentenreform-

C. Der Inhalt des Arbeitsverhältnisses

gesetz ist § 1 BetrAVG ergänzt worden (zum Regierungsentwurf vgl. krit. *Blomeyer* DB 1997, 1921 ff.; NZA 1997, 961 ff., wonach insbesondere eine von § 2 Abs. 1 BetrAVG abweichende Sonderregelung für den Fall des vorzeitigen Ausscheidens fehlt; *Hanau/Arteaga/Kessel* DB 1997, 1401 ff.; eher zust. *Doetsch/Förster/Rühmann* DB 1998, 258 ff.):

2671 – Gem. § 1 Abs. 5 BetrAVG a. F. (jetzt § 1 Abs. 2 Nr. 3 BetrAVG) liegt betriebliche Altersversorgung auch vor, wenn künftige Entgeltansprüche in eine wertgleiche Anwartschaft auf Versorgungsleistungen umgewandelt werden (Entgeltumwandlung; s. o. C/Rz. 2609 ff.; vgl. dazu *Wohlleben* DB 1998, 1230 ff.; *Söffing/Nommensen* DB 1998, 1285 ff.; *Blomeyer* NZA 2000, 281 ff.);
– gem. § 1 Abs. 6 BetrAVG a. F. (jetzt § 1 Abs. 2 Nr. 1 BetrAVG) gilt Gleiches dann, wenn der Arbeitgeber sich verpflichtet, bestimmte Beträge in eine Anwartschaft auf Alters-, Invaliditäts- oder Hinterbliebenenversorgung umzuwandeln (beitragsorientierte Leistungszusage).

(6) Änderungen im Zuge des Altersvermögensgesetzes vom 26.6.2001

aaa) Die Entgeltumwandlung
2672 Die Möglichkeit der Entgeltumwandlung (s. o. C/Rz. 2609, 2671, 2677 ff.) ist nunmehr in § 1 Abs. 2 Nr. 3 BetrAVG definiert (zur Begriffsbestimmung s. o. C/Rz. 2671).

aaaa) Die Höhe des umzuwandelnden Entgeltbetrags
2673 Die Höhe des umzuwandelnden Entgeltbetrags wird grds. von den Vertragspartnern bestimmt. Umgewandelt werden dürfen aber nur Ansprüche auf **Arbeitsentgelt**, für die bereits eine Rechtsgrundlage besteht, die aber noch nicht erdient sind (vgl. *Blomeyer* DB 2001, 1413; *Kemper/Kisters-Kölkes* Rz. 225). Bildet ein **Tarifvertrag** die Rechtsgrundlage, ist eine Tariföffnungsklausel erforderlich für alle Entgeltumwandlungen, die nach dem 29.6.2001 vereinbart werden (§§ 17, 30 h BetrAVG; vgl. *Kemper/Kisters-Kölkes* Rz. 58).

bbbb) Anwartschaft auf Versorgungsleistungen
2674 Der künftige Entgeltanspruch muss umgewandelt werden in eine **Anwartschaft auf Versorgungsleistungen.** Rechtsgrundlage ist i. d. R. eine **einzelvertragliche Vereinbarung** (§ 1 Abs. 2 Nr. 3 BetrAVG); eine Umwandlung durch Tarifvertrag oder Betriebsvereinbarung ist grds. nicht möglich (vgl. *Blomeyer* DB 2001, 1416).

2675 Für die Durchführung der Umwandlung stehen **drei Möglichkeiten** zur Verfügung (vgl. *Blomeyer* NZA 2001, 916 ff.; *Reinecke* NJW 2001, 3513 ff.; *Kemper/Kisters-Kölkes* Rz. 9 ff., 227 ff.):
– **Leistungszusage**: Der Arbeitgeber kann sich verpflichten, dem Arbeitnehmer für den Versorgungsfall einen Anspruch auf Alters-, Invaliditäts- und/oder Hinterbliebenenversorgung zu verschaffen. Schaltet er dazu einen externen Versorgungsträger ein, haftet er für die korrekte Durchführung (§ 1 Abs. 1 S. 1, 3 BetrAVG).
– **Beitragsorientierte Leistungszusage**: Bei ihr wird die zugesagte Leistung nicht unmittelbar festgelegt, sondern entsprechend einem vereinbarten Beitrag des Arbeitgebers berechnet; für sie gelten im Übrigen die gleichen Bestimmungen zur Unverfallbarkeit der Anwartschaft (§ 1 Abs. 2 Nr. 1 BetrAVG).

C. Der Inhalt des Arbeitsverhältnisses

– **Beitragszusage mit Mindestleistung**: Ab dem 1.1.2002 kann der Arbeitgeber auch eine Beitragszusage erteilen, allerdings nur in Verbindung mit Direktversicherung, Pensionskasse oder Pensionsfonds (§ 1 Abs. 2 Nr. 2 BetrAVG). Der Arbeitgeber ist verpflichtet, im Versorgungsfall dafür zu sorgen, dass mindestens die eingezahlten Beiträge für die Versorgung bereit gestellt werden, soweit sie nicht rechnungsmäßig für einen biometrischen Risikoausgleich zur Verfügung stehen. Bei einem Ausscheiden des Arbeitnehmers vor dem Versorgungsfall bleibt die »Anwartschaft« grds. aufrechterhalten. Ihre Höhe richtet sich aber nur nach dem dem Arbeitnehmer planmäßig zuzurechnenden Versorgungskapital auf der Grundlage der bis zu seinem Ausscheiden geleisteten Beiträge einschließlich der bis dahin erzielten Erträge. Die Anwartschaft muss außerdem mindestens die Summe der bis dahin zugesagten Beträge betragen, soweit sie nicht rechnungsmäßig für einen biometrischen Risikoausgleich verbraucht wurden (§ 2 Abs. 5b BetrAVG i. d. F. ab 1.1.2002; vgl. *Kemper/Kisters-Kölkes* Rz. 74, 143).

cccc) **Durchführung der Umwandlungsvereinbarung**
Für die Durchführung der Umwandlungsvereinbarung stehen **bis zum 31.12.2001 die bisher bekannten vier und ab dem 1.1.2002 bis zu fünf verschiedene Durchführungswege** zur Verfügung (vgl. *Blomeyer* NZA 2001, 916 ff.; *Reinecke* NJW 2001, 3512 ff.):
– Die Verwendung von **Direktzusagen** und Leistungen von **Unterstützungskassen** ist allerdings nur in Kombination mit Leistungszusagen oder beitragsorientierten Leistungszusagen, nicht aber mit Beitragszusagen möglich (§ 1 Abs. 2 Nr. 2 BetrAVG i. d. F. ab 1.1.2002). Denn insoweit fehlt ein externer und vom Arbeitgeber unabhängiger Versorgungsträger, an den die Beiträge abgeführt werden können. Die Anwartschaft wird **sofort unverfallbar** (§ 1 b Abs. 5 BetrAVG; *Kemper/Kisters-Kölkes* Rz. 260 ff.). Die Höhe richtet sich, soweit die aufrechtzuerhaltende Anwartschaft auf einer nach dem 31.12.2000 erteilten Leistungs- oder beitragsorientierten Leistungszusage beruht (§ 30 g BetrAVG), nach den bis zum Ausscheiden aus dem Arbeitsverhältnis umgewandelten Entgeltbestandteilen (§ 2 Abs. 5 a BetrAVG). Diese Regelung, die einen zusätzlichen Aufwand des Arbeitgebers in bestimmten Fällen verhindert, kann auch für ältere Zusagen einvernehmlich vereinbart werden (vgl. *Blomeyer* NZA 2001, 916).
– Die Umwandlung in **Anwartschaften auf Direktversicherungs- und Pensionskassenleistungen** ist generell und ab dem 1.1.2002 auch im Rahmen von Beitragszusagen mit Mindestleistung zulässig (§ 1 Abs. 2 Nr. 2 BetrAVG i. d. F. ab 1.1.2002). Als Ersatz für die insoweit nicht erforderliche sofortige Unverfallbarkeit ist dem Arbeitnehmer schon mit Beginn der Entgeltumwandlung (ab dem 1.1.2001) ein unwiderrufliches Bezugsrecht einzuräumen. Die Überschüsse dürfen nur zur Verbesserung der Leistung verwendet werden; dem ausgeschiedenen Arbeitnehmer muss das Recht zur Fortsetzung der Versicherung oder Versorgung mit eigenen Beiträgen eingeräumt und das Recht zur Verpfändung, Abtretung oder Beleihung durch den Arbeitgeber ausgeschlossen werden (§ 1 b Abs. 5 BetrAVG).
– Neu ist ab dem 1.1.2002 die Möglichkeit, die Versorgung durch einen **Pensionsfonds** durchzuführen (§ 1 Abs. 1 S. 2 i. V. m. § 1 b Abs. 3 S. 1 BetrAVG; vgl. *Kemper/Kisters-Kölkes* Rz. 29 ff.); auf seine Leistungen hat der Pensionsfonds dem Arbeitnehmer einen **Rechtsanspruch** einzuräumen (§ 112 Abs. 1 Nr. 3 VAG). Das **Haftungsrisiko** des Arbeitgebers ist allerdings besonders **hoch**: bei Kapitalverlus-

ten besteht für Leistungszusagen die Gefahr, dass der Arbeitgeber die Differenz zwischen der zugesagten und der tatsächlichen Leistung aufzubringen hat (vgl. *Blomeyer* NZA 2001, 916).
Pensionsfonds können sowohl mit Leistungszusagen als auch mit Beitragszusagen kombiniert werden. Auf Leistungszusagen sind grds. die gleichen Vorschriften anzuwenden wie auf Pensionskassenzusagen: der Arbeitnehmer kann im Versorgungsfall die zugesagte Leistung verlangen, für die der Arbeitgeber ggf. einzustehen hat (§ 1 Abs. 1 S. 2 i. V. m. § 1 b Abs. 3 S. 1 BetrAVG i. d. F. ab 1.1.2002). Bei einem Ausscheiden des Arbeitnehmers aus dem Arbeitsverhältnis vor dem Versorgungsfall bleibt die Anwartschaft gegenüber dem Arbeitgeber ratierlich insoweit aufrechterhalten, als sie über die vom Pensionsfonds auf der Grundlage der nach dem geltenden Pensionsplan i. S. v. § 112 Abs. 1 S. 2 i. V. m. § 113 Abs. 2 Nr. 5 VAG berechnete Deckungsrückstellung hinausgeht (§ 2 Abs. 3 a BetrAVG).
Zur Errichtung und die Kosten von Pensionsfonds vgl. *Blomeyer* NZA 2001, 817.

bbb) Der Entgeltumwandlungsanspruch (§ 1 a BetrAVG)
2677 S. zunächst oben C/Rz. 2609, 2671 f.

aaaa) Wahl des Durchführungsweges
2678 Die Wahl des Durchführungsweges erfolgt grds. durch Vereinbarung (§ 1 a Abs. 1 S. 2 BetrAVG). Entscheidet sich der Arbeitgeber für eine Direktversicherung, einen Pensionsfonds oder eine Pensionskasse, hat der Arbeitnehmer keine Auswahl. Auch die vom externen Versorgungsträger angebotenen Beitrags- und Leistungskonditionen sind nicht verhandelbar. Ist dagegen der Arbeitgeber lediglich bereit, eine unmittelbare Versorgungszusage oder eine Unterstützungskassenzusage abzugeben, kann der Arbeitnehmer den Abschluss einer Direktversicherung verlangen (§ 1 a Abs. 1 S. 3 BetrAVG); die Wahl des Versicherers obliegt dem Arbeitgeber. Nicht geregelt ist, wie weitgehend der Arbeitgeber aufgrund der **Fürsorgepflicht** die Arbeitnehmer **beraten** muss (vgl. *Blomeyer* NZA 2001, 918; *Reinecke* NJW 2001, 3512 ff.).

bbbb) Mindestbetrag
2679 Um dem Arbeitnehmer zumindest eine **gering-substanzielle Versorgungsanwartschaft** zu verschaffen und den Arbeitgeber vor relativ hohen Verwaltungskosten für Miniaturentgeltumwandlung zu schützen, muss der Arbeitnehmer jährlich einen Betrag von **mindestens 1/160 der Bezugsgröße** nach § 18 Abs. 1 SGB IV für seine betriebliche Altersversorgung verwenden (§ 1 a Abs. 1 S. 4 BetrAVG, dies sind für 2002 ca. 175 Euro; vgl. *Kemper/Kisters-Kölkes* Rz. 224). Im Übrigen kann der Arbeitgeber verlangen, dass während eines laufenden Kalenderjahres gleich bleibende monatliche Beträge verwendet werden (§ 1 a Abs. 1 S. 5 BetrAVG).

cccc) Verhältnis zur staatlich geförderten Eigenvorsorge
2680 Die Entgeltumwandlung kann vom Arbeitnehmer grds. **parallel zur staatlich geförderten Eigenvorsorge** durchgeführt werden. Gem. § 1 a Abs. 3 BetrAVG hat er aber auch die Möglichkeit, beide zu **kombinieren**. Er kann also für die Entgeltumwandlung die staatliche Förderung in Anspruch nehmen. Um zu verhindern, dass die Förderung dann über den Arbeitgeber läuft, sind dafür nur die Durchführungswege Direktversicherung, Pensionskasse oder Pensionsfonds zugelassen. Der Arbeitnehmer kann somit entweder Entgeltumwandlung mit steuer- und bis Ende 2008 auch beitragsfreiem Aufwand verlangen oder nach Versteuerung und Beitragszahlung den

Sonderausgabenabzug bzw. die Zulage in Anspruch zu nehmen. Diese Wahlmöglichkeit entfällt jedoch stets dann, wenn bereits eine Entgeltumwandlung in Direktzusagen oder Unterstützungskassenzusagen in der förderungswerten Höhe erfolgt war (vgl. *Blomeyer* NZA 2001, 918).

dddd) Verhältnis zu tariflichen Regelungen
Gem. § 17 Abs. 3 BetrAVG sind **wesentliche Fragen**, die in einem Entgeltumwandlungsvertrag zu regeln sind, durch **Tarifvertrag nicht abänderbar**. Das gilt zum einen für den Anspruch des Arbeitnehmers auf Abschluss eines Entgeltumwandlungsvertrages bis zur Höhe der im Gesetz vorgesehenen Beträge. Zum anderen können die versicherungsförmigen Durchführungswege innerhalb dieser Größenordnung durch Tarifverträge nicht ausgeschlossen werden. Schließlich kann dem Arbeitgeber nicht das Recht genommen werden, die Versorgung über einen Pensionsfonds, eine Pensionskasse oder eine Direktversicherung anzubieten. Alle übrigen Bedingungen können demgegenüber sowohl in individualrechtlichen Vereinbarungen zwischen Arbeitgebern und Arbeitnehmern als auch in Tarifverträgen geregelt werden. Das gilt vor allem für Entgeltumwandlungen oberhalb der förderungsfähigen Aufwendungen und für tarifliche Regelungen über die Beteiligung des Arbeitgebers an der Begründung von Anwartschaften (vgl. ausf. *Heither* NZA 2001, 1275 ff.).
Zur steuer- und sozialversicherungsrechtlichen Behandlung vgl. ausf. *Blomeyer* NZA 2001, 918 ff.

2681

(7) Änderungen durch das Hüttenknappschaftliche Zusatzversicherungs-Neuregelungs-Gesetz vom 21.6.2002
Das HZvNG sieht vor, dass es sich auch dann um betriebliche Altersversorgung i. S. d. BetrAVG handelt, wenn der Arbeitnehmer Beiträge aus seinem Arbeitsentgelt zur Finanzierung von Leistungen der betrieblichen Altersversorgung an einen Pensionsfonds, eine Pensionskasse oder eine Direktversicherung leistet und die Zusage des Arbeitgebers auch die Leistungen an diesen Beiträgen umfasst (§ 1 Abs. 2 Nr. 4 1. Hs. BetrAVG). Dabei sind die Regelungen für Entgeltumwandlung für Zusagen, die nach dem 31.12.2002 erteilt werden (§ 30 e Abs. 1 BetrAVG) entsprechend anzuwenden, soweit die zugesagten Leistungen aus diesen Beiträgen im Wege der Kapitaldeckung finanziert werden.

2682

cc) Die Ausgestaltung der betrieblichen Altersversorgung

(1) Leistungsarten

aaa) Der Normalfall
Die betriebliche Altersrente macht den Anspruch auf Leistungen vom **Erreichen eines bestimmten** (i. d. R. der Vollendung des 65.) **Lebensjahres** abhängig, kann aber auch an ein anderes Lebensalter geknüpft werden, solange die danach gewährte Rente noch als zur Alterssicherung bestimmt charakterisiert werden kann (s. o. C/Rz. 2597 ff.).

2683

C. Der Inhalt des Arbeitsverhältnisses

bbb) Invaliditätsrente

aaaa) Grundlagen

2684 Allerdings kann auch eine **Invalidenrente** gewährt werden, wenn es dem Arbeitnehmer vor Erreichen der Altersgrenze aufgrund geistiger, seelischer oder körperlicher Behinderung unmöglich wird, seine Arbeitsleistung in der vertragsgemäßen Weise zu erbringen. Dabei wird in der Praxis, auch wenn dies nicht zwingend ist, häufig an die **Begriffe der Erwerbsunfähigkeit** (§ 44 Abs. 2 SGB VI) und **Berufsunfähigkeit** (§ 43 Abs. 2 SGB VI; vgl. *BAG* 24.6.1998 EzA § 1 BetrAVG Invaliditätsrente Nr. 1) **angeknüpft**, deren Nachweis durch Vorlage des Rentenbescheides des Sozialversicherungsträgers erfolgt. Sagt der Arbeitgeber eine Betriebsrente wegen Berufsunfähigkeit zu, ohne die Berufsunfähigkeit zu definieren, so will er damit i. d. R. den **sozialversicherungsrechtlichen Begriff** übernehmen. Dies gilt auch insoweit, als in der gesetzlichen Rentenversicherung die Berufsunfähigkeit von den Verhältnissen auf dem Arbeitsmarkt abhängt. Eine ausschließlich medizinische Betrachtung der Berufsunfähigkeit scheidet jedenfalls dann aus, wenn die Versorgungszusage nach Bekanntwerden der Beschlüsse des Großen Senats des *BSG* vom 11.12.1969 (BSGE 30, 167 u. 192) erteilt wurde. Ist ein Arbeitnehmer erwerbsunfähig, so ist er auch berufsunfähig (*BAG* 14.12.1999 EzA § 1 BetrAVG Invalidität Nr. 2).

bbbb) Beispiele

2685 – Wird eine betriebliche Invaliditätsrente für den Fall zugesagt, dass der Arbeitnehmer infolge Berufunfähigkeit ausscheidet, so kommt es auf die **Form der Vertragsbeendigung nicht an**. Stimmt ein schwer behinderter Arbeitnehmer einem Auflösungsvertrag zu, weil er sich nicht mehr ausreichend leistungsfähig fühlt, und führt sein Leiden schließlich zur Anerkennung der Berufsunfähigkeit, so sind damit die vertraglichen Voraussetzungen der betrieblichen Invaliditätsrente erfüllt (*BAG* 13.7.1982 AP Nr. 1 zu § 1 BetrAVG Invaliditätsrente).

2686 – Der Eintritt des Versorgungsfalles der Invalidität kann auch von der Voraussetzung abhängig gemacht werden, dass nicht nur Berufs- oder Erwerbsunfähigkeit eingetreten ist, sondern das **Arbeitsverhältnis geendet** hat oder die Versetzung in den Ruhestand erfolgt ist oder dass der gesetzliche Sozialversicherungsträger die Rentenzahlungen aufgenommen hat (*BAG* 5.6.1984 EzA § 242 BGB Ruhegeld Nr. 108; 15.10.1985 EzA § 1 BetrAVG Nr. 35; 14.1.1986 § 1 BetrAVG Nr. 36).

2687 – Vorgesehen werden kann, dass der Versorgungsfall der Invalidität (Berufs- oder Erwerbsunfähigkeit) erst dann eintritt, wenn die **Pflicht des Arbeitgebers, wegen einer Erkrankung des Arbeitnehmers den Lohn fortzuzahlen, endet**. In einem solchen Fall hat die Feststellung des Rentenversicherungsträgers, Berufs- oder Erwerbsunfähigkeit sei zu einem früheren Zeitpunkt eingetreten, für den Eintritt des Versorgungsfalles keine Bedeutung (*BAG* 6.6.1989 EzA § 1 BetrAVG Nr. 53).

2688 – Eine betriebliche Versorgungsordnung kann auch vorsehen, dass eine Invaliditätsrente nur geschuldet wird, wenn die **Invalidität nach Vollendung eines bestimmten Mindestalters** (z. B. 50. Lebensjahr) eintritt (*BAG* 20.10.1987 EzA § 1 BetrAVG Nr. 50).

2689 – Sieht eine Versorgungsordnung erhöhte Versorgungsleistungen für Arbeitnehmer vor, deren Arbeitsverhältnis »wegen« oder »infolge« Berufsunfähigkeit beendet wird, so ist diese Regelung auch dann anzuwenden, wenn ein Arbeitnehmer, der noch vor Beendigung des Arbeitsverhältnisses berufsunfähig geworden ist, deshalb ausscheidet, weil er aufgrund seines Gesundheitszustandes nicht mehr die geschuldete Arbeitsleistung erbringen kann. **Die Feststellung der Berufsunfähigkeit durch den Sozialversicherungsträger muss bei Ausspruch der Kündigung oder beim Abschluss des Aufhebungsvertrages noch nicht vorliegen.** Wenn nach der Versorgungsordnung die Entscheidung des Sozialversicherungsträgers für das Vorliegen einer Berufsunfähigkeit und für den Zeitpunkt, in dem der Versicherungsfall eintritt, maßgebend ist, so hat der später zugegangene Rentenbescheid ebenso wie im Sozialversicherungsrecht lediglich feststellende Bedeutung (*BAG* 14.8.1990 EzA § 1 BetrAVG Nr. 60).

ccc) **Hinterbliebenenversorgung**

aaaa) **Grundlagen**
Möglich ist auch die Gewährung einer Hinterbliebenenversorgung für Witwen, Witwer und Waisen. Anwartschaften auf eine Hinterbliebenenversorgung werden unter den Voraussetzungen des § 1 b Abs. 1 BetrAVG unverfallbar. Ihre Höhe ergibt sich aus der Versorgungsvereinbarung. Die Hinterbliebenen eines **vorzeitig ausgeschiedenen** Arbeitnehmers haben Anspruch auf eine **Teilrente**, die beim Fehlen günstigerer Vereinbarungen nach § 2 Abs. 1 BetrAVG berechnet wird (*BAG* 15.12.1998 EzA § 1 BetrAVG Hinterbliebenenversorgung Nr. 7). 2690

Der im Todesfall bezugsberechtigte Partner, nicht notwendig Ehepartner, z. B. einer Lebensversicherung, kann in der Versorgungsregelung konkret benannt sein. Es kann aber auch z. B. der Ehepartner ohne weitere Benennung bedacht sein. Bei einer derartigen Regelung ist Anspruchsberechtigter derjenige Ehepartner, mit dem der Versorgungsberechtigte zum Zeitpunkt seines Todes verheiratet war (*BAG* 7.9.1956 AP Nr. 17 zu § 242 BGB Ruhegehalt; *BGH* 29.1.1981 AP Nr. 4 zu § 242 BGB Ruhegehalt-Lebensversicherung).

bbbb) **Beispiele**
– Sieht eine Versorgungszusage vor, dass eine nach altem Scheidungsrecht geschiedene Ehefrau (nach Maßgabe des »Verschuldensprinzips«) eines verstorbenen Arbeitnehmers »unter Berücksichtigung des bisherigen Unterhalts« Unterstützung erhalten kann, so muss der Arbeitgeber eine Entscheidung nach **billigem Ermessen** treffen, wenn die Voraussetzungen einer solchen »Kann-Bestimmung« erfüllt sind. Dabei bilden die früheren Unterhaltsansprüche der geschiedenen Ehefrau im Zweifel keine starre Grenze (*BAG* 8.6.1982 EzA § 242 BGB Ruhegeld Nr. 99). 2691
– Eine Versorgungsordnung kann auch rechtswirksam vorsehen, dass Hinterbliebenenversorgung nur geleistet wird, wenn die **Ehe** des versorgungsberechtigten Arbeitnehmers zur Zeit seines Todes **mindestens zwei Jahre bestanden** hat. Ob diese Regelung ohne weiteres auch dann gilt, wenn der versorgungsberechtigte Arbeitnehmer seine Frau nach einer Scheidung erneut geheiratet hat, hat das *BAG* (11.8.1987 EzA § 1 BetrAVG Hinterbliebenenversorgung Nr. 2) offen gelassen. Jedenfalls müsste eine ergänzende Vertragsauslegung davon ausgehen, dass die Betriebspartner für eine solche Fallgestaltung einen geeigneten Vermutungstatbestand geschaffen hätten, um sog. »**Versorgungsehen**« von der Hinterbliebenenversorgung auszuschließen. 2692
– Sieht eine betriebliche Versorgungsordnung den Ausschluss vom Bezug des Witwengeldes vor, »wenn der **Verdacht einer Versorgungsehe** nahe liegt«, so muss der Verdacht auf objektiven und nachprüfbaren Tatsachen beruhen. Er kann durch 2693

C. Der Inhalt des Arbeitsverhältnisses

ebenfalls objektive und nachprüfbare Tatsachen erschüttert werden. Die Darlegungs- und Beweislast dafür, dass plausible Gründe bestehen, die es rechtfertigen anzunehmen, Versorgungsgesichtspunkte hätten bei der Heirat keine oder jedenfalls keine bestimmende Rolle gespielt, obliegt dem Versorgungsberechtigten (*BAG* 4.7.1989 EzA § 1 BetrAVG Hinterbliebenenversorgung Nr. 3).

2694 – Ist nach einer Versorgungsordnung ein Anspruch auf Witwenversorgung davon abhängig, dass die Ehe durch das Ableben des früheren Arbeitnehmers aufgelöst wurde und die Eheleute zu diesem Zeitpunkt **nicht voneinander getrennt gelebt** haben, so ist der Anspruch auf Witwenversorgung dann ausgeschlossen, wenn die Eheleute im Nachversorgungsfall i. S. d. §§ 1566 Abs. 2, 1567 Abs. 1 BGB getrennt gelebt haben.

2695 – Eine solche Regelung ist **auch dann rechtswirksam, wenn sie nicht mit einer ausdrücklichen Härteklausel verbunden ist** (*BAG* 28.3.1995 EzA § 1 BetrAVG Hinterbliebenenversorgung Nr. 4).

2696 – Ist in einer Versorgungszusage eine Witwenrente für die **namentlich genannte Ehefrau** des Versorgungsberechtigten vorgesehen, kann er nach Versterben der Ehefrau und seiner Wiederverheiratung keine Witwenrente für seine zweite Ehefrau beanspruchen, es sei denn, die Umstände bei Abschluss der Versorgungsregelung rechtfertigen eine andere Auslegung (*LAG Hamm* 29.7.1997 DB 1928).

2697 – Der Ausschluss einer Betriebsrente des Arbeitnehmers bei vorsätzlicher oder leichtfertiger **Herbeiführung der Dienstunfähigkeit** enthält keine die Hinterbliebenenversorgung ausschließende Freitodklausel (*BAG* 29.1.1991 AP Nr. 13 zu § 1 BetrAVG Hinterbliebenenversorgung).

2698 – Eine derartige **Freitodklausel** verstößt weder gegen § 169 VVG, noch gegen Art. 3 GG. Sie muss allerdings im Rahmen der §§ 242, 315 BGB überprüft werden, was dazu führt, einen Teilanspruch dann zu bejahen, wenn eine Vorgängerversorgungsordnung über Jahre hinweg keinen Leistungsausschluss bei Selbstmord vorgesehen hatte (*LAG Rheinland-Pfalz* 16.9.1996 DB 1997, 1140 Ls.).

2699 – Sagt der Arbeitgeber seinen Arbeitnehmern eine Witwenversorgung zu, so muss er auch eine gleich hohe **Witwerversorgung** zusagen; ihr Ausschluss verstößt gegen den Grundsatz der Lohngleichheit von Männern und Frauen (s. o. C/Rz. 623 ff.). Eine Frist zur Einführung der Witwerversorgung steht dem Arbeitgeber in einem solchen Fall nicht zu. Den Frauen kann nicht – auch nicht übergangsweise – ein Teil des Lohnes vorenthalten werden, der den Männern unter im Übrigen gleichen Voraussetzungen gezahlt wird (*BAG* 5.9.1989 AP Nr. 8 zu § 1 BetrAVG Hinterbliebenenversorgung).

2700 – Bestimmt eine Versorgungsordnung, dass der Anspruch auf Witwen- oder Witwerrente mit **Wiederverheiratung** endet, ist aber im Gegensatz zu § 46 Abs. 3 SGB VI (früher § 1291 Abs. 2 RVO, § 68 AVG) kein Wiederaufleben des Anspruchs nach Auflösung der zweiten Ehe vorgesehen, so liegt keine Regelungslücke vor. Art. 3 Abs. 1, 6 Abs. 1 GG gebieten keine Wiederauflebensvorschrift. Betriebliche Altersversorgungen müssen nicht die in § 46 Abs. 3 SGB VI enthaltene familienpolitische Maßnahme ergänzen (*BAG* 16.4.1997 EzA § 1 BetrAVG Hinterbliebenenversorgung Nr. 5).

2701 – Eine **Spätehenklausel**, wonach der hinterbliebene Ehegatte keine Unterstützung erhält, wenn die Ehe erst nach Eintritt des Arbeitnehmers in den Ruhestand geschlossen wird, ist rechtlich nicht zu beanstanden. Soll sie sich auch auf bereits erteilte Versorgungszusagen und schon zurückgelegte Beschäftigungszeiten erstrecken, so reichen dafür sachliche Gründe aus. Sie können vorliegen, wenn der Ar-

C. Der Inhalt des Arbeitsverhältnisses

beitgeber im Zusammenhang mit der verfassungsrechtlich und europarechtlich notwendigen Verbesserung der Witwerversorgung zur Verringerung des damit verbundenen Mehraufwandes diese Spätehenklausel einführt (*BAG* 26.8.1997 EzA § 1 BetrAVG Ablösung Nr. 17).

- Das *BAG* (26.9.2000 EzA § 1 BetrAVG Hinterbliebenenversorgung Nr. 8) hat offen gelassen, ob die Bestimmung in einer Versorgungsordnung, wonach ein Anspruch auf Hinterbliebenenversorgung nur dann besteht, wenn der Verstorbene den Unterhalt seiner Familie überwiegend bestritten hat, wirksam ist (sog. »**Haupternährerklausel**«). Bedenken bestehen dagegen im Hinblick auf das Verbot der **mittelbaren Diskriminierung wegen des Geschlechts**, aber auch wegen des **Bestimmtheitsgebots**. Für die Feststellung der Haupternähreigenschaft eines verstorbenen früheren Arbeitnehmers oder Betriebsrentners ist aber jedenfalls im Zweifel eine Gesamtbetrachtung geboten. Eine Entscheidung allein nach der wirtschaftlichen Situation der Familie unmittelbar vor dem Nachversorgungsfall ist regelmäßig nicht gewollt. 2702
- Nicht zu beanstanden ist es aber jedenfalls, wenn eine Versorgungsordnung Ansprüche für Hinterbliebene **nur** einräumt, soweit deren **familienrechtliche Beziehungen** zu den begünstigten Arbeitnehmern bereits **während des Arbeitsverhältnisses** bestanden (*BAG* 19.12.2000 EzA § 1 BetrAVG Hinterbliebenenversorgung Nr. 9; ebenso *Hessisches LAG* 3.11.1999 ARST 2000, 235 Ls.). 2703
- Ein **Ausschluss nichtehelicher Kinder** von Waisenrenten ist gem. § 6 Abs. 5 GG unwirksam. Die Zahlungspflicht für Waisenrenten wird i. d. R. an die Bezugsberechtigung nach dem Bundeskindergeldgesetz gekoppelt; ein **Entfallen** der Waisenrente **bei Heirat der Waise** verstößt gegen Art. 6 GG (*LAG Hamm* 20.5.1980 DB 1980, 1550). 2704

cccc) Gerichtliche Geltendmachung
Der Arbeitnehmer selbst hat i. S. d. § 256 ZPO ein rechtliches Interesse an der alsbaldigen Feststellung, dass seiner Ehefrau nach seinem Tod eine Witwenrente zusteht (*BAG* 26.8.1997 EzA § 1 BetrAVG Ablösung Nr. 17). 2705

(2) Versorgungsmodelle
In der Praxis existieren vor allem folgende Versorgungsmodelle (*Griebeling* Rz. 465 ff.): 2706

aaa) Gesamtversorgungssysteme
Gesamtversorgungssysteme, die **zusammen mit der gesetzlichen Rentenversicherung** eine **Gesamtversorgung** der Betriebsrentner ergeben sollen. Bei **Anrechnungssystemen** wird eine hohe Betriebsrente vom Arbeitgeber versprochen, auf die allerdings insbesondere die Rente aus der gesetzlichen Rentenversicherung angerechnet wird. 2707

Bei **Limitierungssystemen** werden betriebliche Versorgungsleistung und Sozialversicherungsrente getrennt ermittelt, aber in ihrer Gesamtheit auf einen bestimmten Prozentsatz des ruhegehaltfähigen Einkommens begrenzt (Höchstbegrenzungsregelung). 2708

bbb) Bezügeabhängige Versorgungsmodelle

2709 Bezügeabhängige Versorgungsmodelle sind i. d. R. als **Endgehaltspläne** konzipiert, indem sie davon ausgehen, dass einem Arbeitnehmer ein **bestimmter Prozentsatz** (10% oder 15%) des letzten Bruttoeinkommens als Betriebsrente gewährt wird. Insoweit kann zwar auch dienstzeitunabhängig ein bestimmter Prozentsatz des letzten Einkommens gewährt werden; meist baut sich jedoch die Versorgungsleistung durch **gehaltsprozentuale Steigerungsbeträge** pro Dienstjahr bis zum Erreichen eines Höchstanspruchs nach Ableistung eines vollen Berufslebens auf.

ccc) Festbetragssysteme

2710 Festbetragssysteme gewähren den Arbeitnehmern einen bestimmten Festbetrag oder sehen einen bestimmten DM-Betrag **für jedes zurückgelegte Dienstjahr** vor (dienstzeitabhängiges Versorgungsmodell).

2711 Möglich ist auch eine Unterscheidung nach dem gewährten Arbeitsentgelt dadurch, dass die Versorgungsberechtigten entsprechend ihren Aktivbezügen in **verschiedene Versorgungsgruppen** aufgeteilt werden, denen alternativ Steigerungsbeträge pro Dienstjahr zugeordnet werden (einkommensgruppen- oder tarifgruppenbezogene Nominalbetragssysteme).

2712 Bei Eckwertsystemen wird lediglich für eine bestimmte Einkommensteuergröße ein Euro-Steigerungsbetrag pro Dienstjahr definiert und die von dieser Einkommensgröße abweichenden ruhegeldfähigen Einkommen zu dieser Größe ins Verhältnis gesetzt.

ddd) Karrieredurchschnittspläne

2713 Karrieredurchschnittspläne sagen für **jedes Dienstjahr einen Steigerungsbetrag** von z. B. 1% des jeweils bezogenen Einkommens zu, der als Nominalbetrag festgeschrieben wird. Die Endrente ergibt sich aus der aufaddierten Summe der jährlich erdienten Steigerungsbeträge.

eee) Beitragsabhängige Versorgungssysteme

2714 Beitragsabhängige Versorgungssysteme haben die **Vorgabe eines** bestimmten **Beitragsvolumens** zum Inhalt, **das der Arbeitgeber für Versorgungszwecke zu reservieren verspricht.**
Sie orientieren sich z. B. an einem Fixbetrag oder einem konstanten Verhältnis zum jeweiligen rentenfähigen Arbeitsverdienst.

fff) Ergebnisorientierte Versorgungssysteme

2715 Ergebnisorientierte Versorgungssysteme gewähren den Mitarbeitern eine **nach versicherungsmathematischen Grundsätzen errechnete Versorgungszusage**, für die i. d. R. ein bestimmter **Anteil des Jahresüberschusses** als Barwert zur Verfügung gestellt wird.

(3) Rechtliche Schranken

2716 Als rechtliche Schranken entsprechender Versorgungsregelungen kommen insbesondere Art. 6 GG, Art. 3 GG, Art. 119 EWG-Vertrag (jetzt Art. 141 EGV; vgl. dazu ausführlich oben A/Rz. 350 ff.) sowie bei Betriebsvereinbarungen eine gerichtliche Billigkeitskontrolle (§ 75 BetrVG) in Betracht. Daneben ist auch der Gleichbehandlungsgrundsatz zu beachten (s. o. A/Rz. 458 ff.).

C. Der Inhalt des Arbeitsverhältnisses

aaa) Art. 119 EWG-Vertrag (jetzt Art. 141 EGV)

Der *EuGH* (17.5.1990 EzA Art. 119 EWG-Vertrag Nr. 4) geht davon aus, dass die aufgrund eines privaten Betriebsrentensystems gezahlten Renten in den Anwendungsbereich des Art. 119 EWG-Vertrag (jetzt Art. 141 EGV) fallen. Diese Auslegung hängt weder vom Zweck der nationalen Rechtsvorschriften ab, nach denen der Anschluss an ein solches Rentensystem für obligatorisch erklärt werden kann, noch davon, dass der Arbeitgeber gegen die Entscheidung, diesen Anschluss für obligatorisch zu erklären, Beschwerde eingelegt hat, oder davon, dass bei den Arbeitnehmern eine Untersuchung im Hinblick auf eine mögliche Beantragung einer Befreiung von der Anschlusspflicht durchgeführt worden ist (*EuGH* 24.10.1996 EzA Art. 119 EWG-Vertrag Nr. 44). 2717

aaaa) Das Bilka-Urteil vom 13.5.1986; Umsetzung durch das BAG
Aufgrund eines Vorlagebeschlusses des *BAG* (5.6.1984 EzA § 242 BGB Gleichbehandlung Nr. 35) hat der *EuGH* (13.5.1986 EzA § 46 BAT Zusätzliche Alters- und Hinterbliebenenversorgung Nr. 2) für den **Ausschluss von Teilzeitbeschäftigten** aus sowie die **inhaltliche Ausgestaltung** der betrieblichen Altersversorgung folgende **Grundsätze** aufgestellt: 2718

– Ein Kaufhausunternehmen, das Teilzeitbeschäftigte von der betrieblichen Altersversorgung ausschließt, verletzt Art. 119 EWG-Vertrag (jetzt Art. 141 EGV), wenn diese Maßnahmen wesentlich mehr Frauen als Männer trifft, es sei denn, das Unternehmen legt dar, dass sie auf Faktoren beruhen, die objektiv gerechtfertigt sind und nichts mit einer Diskriminierung aufgrund des Geschlechts zu tun haben.
– Ein Kaufhausunternehmen kann nach Art. 119 EWG-Vertrag (jetzt Art. 141 EGV) die Anwendung einer Lohnpolitik, durch die Teilzeitbeschäftigte unabhängig von ihrem Geschlecht von der betrieblichen Altersversorgung ausgeschlossen werden, damit rechtfertigen, dass es möglichst wenige Teilzeitkräfte beschäftigen will, sofern feststeht, dass die zu diesem Zweck gewählten Mittel einem wirklichen Bedürfnis des Unternehmens dienen und zur Erreichung dieses Zieles geeignet und erforderlich sind.
– Der Arbeitgeber ist nach Art. 119 EWG-Vertrag (jetzt Art. 141 EGV) nicht verpflichtet, die für seine Beschäftigten vorgesehene Versorgungsordnung so auszugestalten, dass die für Arbeitnehmer mit familiären Verpflichtungen bestehenden besonderen Schwierigkeiten, die Voraussetzungen für die Gewährung einer Betriebsrente zu erfüllen, berücksichtigt werden.

Im Anschluss daran hat das *BAG* (4.3.1989 EzA § 1 BetrAVG Gleichberechtigung Nr. 4; 23.1.1990 EzA § 1 BetrAVG Gleichberechtigung Nr. 6; 20.11.1990 EzA § 1 BetrAVG Gleichberechtigung Nr. 8; 5.10.1993 EzA § 1 BetrAVG Lebensversicherung Nr. 5) in verfassungsrechtlich unbedenklicher Weise (*BVerfG* 28.9.1992 AP Nr. 32 zu Art. 119 EWG-Vertrag; vgl. auch *EuGH* 10.2.2000 EzA Art. 141 EG-Vertrag Nr. 1; 10.2.2000 EzA Art. 141 EG-Vertrag Nr. 2; 10.2.2000 EzA Art. 141 EG-Vertrag Nr. 3; *Lörcher* ArbuR 2000, 168 ff.; *Kuppel* BB 2000, 2150 ff.) diese Grundsätze für die BRD wie folgt umgesetzt: 2719

C. Der Inhalt des Arbeitsverhältnisses

- Art. 119 EWG-Vertrag (jetzt Art. 141 EGV) ist unmittelbar geltendes Recht in den Mitgliedstaaten der EG und verbietet nicht nur Vergütungsregelungen, die unmittelbar nach dem Geschlecht der Arbeitnehmer differenzieren. Auch eine mittelbare Diskriminierung verstößt gegen das Lohngleichheitsgebot, das auch für betriebliche Versorgungsregelungen gilt.
- Der objektive Tatbestand einer mittelbaren Diskriminierung liegt dann vor, wenn eine Vergütungsregelung zwar unterschiedslos auf Männer und Frauen anzuwenden ist, aber Arbeitnehmer ausnimmt und dabei auf Gruppenmerkmale abstellt, die aus geschlechtsspezifischen Gründen wesentlich mehr Frauen als Männer erfüllen. Das ist z. B. bei einer Versorgungsregelung anzunehmen, wenn sie Teilzeitbeschäftigte generell ausnimmt oder eine 15-jährige Wartezeit verlangt, die nur Vollzeitbeschäftigte erfüllen können.
- Eine mittelbare Diskriminierung kann auch gegeben sein, wenn nur Teilzeitbeschäftigte mit weniger als 30 Wochenstunden ausgeschlossen werden. Das *BAG* (23.1.1990 EzA § 1 BetrAVG Gleichberechtigung Nr. 6) hat zunächst offen gelassen, ob für den Ausschluss von geringfügig Beschäftigten eine Ausnahme gilt.
- Jedenfalls kann ein Arbeitgeber, der Leistungen der betrieblichen Altersversorgung über eine Lebensversicherung (Direktversicherung) zusagt, je nach dem Umfang der regelmäßigen Arbeitszeit der begünstigten Arbeitnehmer Gruppen bilden, die die Höhe der Versicherungsleistung und der dafür aufzubringenden Versicherungsprämien bestimmen. Bei einer versicherungsförmigen Versorgung wird die Einteilung der Arbeitnehmer in voll-, überhalbzeitig und unterhalbzeitig Beschäftigte dem Lohngleichheitsgebot des Art. 119 EWG-Vertrag (jetzt Art. 141 EGV) gerecht (*BAG* 5.10.1993 EzA § 1 BetrAVG Lebensversicherung Nr. 5).
- Ist der objektive Tatbestand einer mittelbaren Diskriminierung gegeben, muss der Arbeitgeber zur Rechtfertigung seiner Regelung darlegen und beweisen, dass die Differenzierung einem wirklichen, unabweisbaren Bedürfnis des Unternehmens dient und für die Erreichung dieses Ziels geeignet und unter Berücksichtigung der Bedeutung des Grundsatzes der Lohngleichheit nach den Grundsätzen der Verhältnismäßigkeit erforderlich ist. Nicht jeder noch so geringfügige finanzielle Vor- oder Nachteil stellt ein wirkliches Bedürfnis dar. Vielmehr müssen erhebliche Kostenvor- oder -nachteile die differenzierende Regelung erfordern.
- Verstößt eine Versorgungsregelung gegen das Lohngleichheitsgebot, weil sie Teilzeitbeschäftigte diskriminiert, so ist nicht die gesamte Versorgungsordnung nichtig, sondern nur die diskriminierende Sonderbestimmung. Die Kostensteigerung, die durch die Einbeziehung der Teilzeitbeschäftigten entsteht, kann der Arbeitgeber nur für die Zukunft durch eine anpassende Betriebsvereinbarung korrigieren. In der Vergangenheit erdiente Versorgungsansprüche und Anwartschaften müssen hingegen nach der alten Versorgungsordnung berechnet werden.
- Der Arbeitgeber kann auch für die Beseitigung der mittelbaren Diskriminierung keine Anpassungsfrist beanspruchen. Denn insbesondere die Rechtslage in der BRD und die bisherige Rechtsprechung ließen kein schutzwürdiges Vertrauen darauf entstehen, dass mittelbar diskriminierende Regelungen in betrieblichen Versorgungsordnungen wenigstens zeitweilig wirksam sind.

C. Der Inhalt des Arbeitsverhältnisses

bbbb) Das Barber-Urteil vom 17.5.1990
Es verstößt andererseits aber auch gegen den EWG-Vertrag (jetzt EGV), wenn ein **wegen Arbeitsmangels entlassener Mann** nur einen Anspruch auf eine **im normalen Rentenalter fällige Rente hat**, während eine **Frau** unter den gleichen Umständen aufgrund der Anwendung einer nach dem Geschlecht unterschiedlichen Altersvoraussetzung, wie sie auch im gesetzlichen Altersrentensystem vorgesehen ist, **Anspruch auf eine sofort fällige Rente** hat. Der Grundsatz des gleichen Entgelts muss für jeden Bestandteil des Entgelts und nicht nur aufgrund einer globalen Beurteilung der den Arbeitnehmern eingeräumten Vorteile gewährleistet sein. Insoweit kann Art. 119 EWG-Vertrag (jetzt Art. 141 EGV) von den nationalen Gerichten herangezogen werden. Denn sie haben den Schutz der Rechte zu gewährleisten, die diese Bestimmung den Einzelnen einräumt, unter anderem auch dann, wenn ein Betriebsrentensystem einem Mann nach seiner Entlassung nicht die sofort fällige Rente gewährt, die einer Frau im gleichen Fall gewährt würde (vgl. jetzt mit Wirkung vom 1.1.1999 § 30 a BetrAVG).

2720

2721

Die unmittelbare Wirkung des Art. 119 EWG-Vertrag (jetzt Art. 141 EGV) kann allerdings nicht ins Feld geführt werden, um mit Wirkung von einem Zeitpunkt vor Erlass dieser Entscheidung (17.5.1990) einen Rentenanspruch geltend zu machen. Dies gilt nicht für Arbeitnehmer oder ihre anspruchsberechtigten Angehörigen, die vor diesem Zeitpunkt nach dem anwendbaren nationalen Recht eine Klage oder eine gleichwertige Forderung erhoben haben (*EuGH* 17.5.1990 EzA Art. 119 EWG-Vertrag Nr. 20; abl. *Griebeling* Rz. 247 ff. u. NZA 1996, 449 ff.; *Berenz* NZA 1994, 433 ff.; zu den praktischen Auswirkungen vgl. *Berenz* BB 1996, 530 ff.).

cccc) Die zeitliche Beschränkung der unmittelbaren Anwendung des Art. 119 EWG-Vertrag (jetzt Art. 141 EGV) im nationalen Recht; Rechtsfolgen

Die zeitliche Beschränkung dieses Urteils gilt auch für Hinterbliebene und betriebliche Systeme, die nicht an die Stelle gesetzlicher Rentensysteme getreten sind, für Leistungen, die nicht von der Dauer der tatsächlichen Beschäftigungszeit abhängen, dagegen nur dann, wenn das sie auslösende Ereignis vor dem 17.5.1990 eingetreten ist (*EuGH* 6.10.1993 EzA Art. 119 EWG-Vertrag Nr. 11; 28.9.1994 EzA Art. 119 EWG-Vertrag Nr. 21; 28.9.1994 EzA Art. 119 EWG-Vertrag Nr. 22; 28.9.1994 EzA Art. 119 EWG-Vertrag Nr. 23).
Sie gilt jedenfalls weder für den Anspruch auf Anschluss an ein Betriebsrentensystem (*EuGH* 28.9.1994 EzA Art. 119 EWG-Vertrag Nr. 22), noch für den Anspruch auf Zahlung einer Altersrente im Falle eines Arbeitnehmers, der unter Verstoß gegen Art. 119 EWGV (jetzt Art. 141 EGV) vom Anschluss an ein solches System ausgeschlossen worden ist (*EuGH* 24.10.1996 EzA Art. 119 EWG-Vertrag Nr. 44).

2722

Folglich können sich sowohl die Arbeitnehmer als auch ihre anspruchsberechtigten Angehörigen gegenüber den dem Grundsatz der Gleichbehandlung verpflichteten Trägern der betrieblichen Altersversorgung auf die **unmittelbare Wirkung** von Art. 119 EWG-Vertrag (jetzt Art. 141 EGV) **berufen**. Diese sind **verpflichtet, von allen vom innerstaatlichen Recht zur Verfügung gestellten Mitteln, wie einer Klage vor den nationalen Gerichten, Gebrauch zu machen, um jegliche Diskriminierung im Bereich des Entgelts zu beseitigen.** Insoweit gelten folgende **Grundsätze**

2723

C. Der Inhalt des Arbeitsverhältnisses

(vgl. *EuGH* 14.12.1993 EzA Art. 119 EWG-Vertrag Nr. 16; 28.9.1994 EzA Art. 119 EWG-Vertrag Nr. 21; 28.9.1994 EzA Art. 119 EWG-Vertrag Nr. 22; 28.9.1994 EzA Art. 119 EWG-Vertrag Nr. 23; 13.12.1994 EzA Art. 119 EWG-Vertrag Nr. 25; 24.10.1996 EzA Art. 119 EWG-Vertrag Nr. 44; ausf. u. krit. dazu *Blomeyer* NZA 1995, 49 ff.; vgl. mit Wirkung vom 1.1.1999 jetzt § 30 a BetrAVG; krit. dazu *Blomeyer* NZA 1998, 914 f.; zu Verfahrensfragen vgl. *EuGH* 16.5.2000 NZA 2000, 889):

2724 – Es verstößt gegen Art. 119 EWG-Vertrag (jetzt Art. 141 EGV), wenn ein Arbeitnehmer im Rahmen eines ergänzenden betrieblichen Versorgungssystems aufgrund der Festsetzung eines **je nach Geschlecht unterschiedlichen Rentenalters** erst in einem höheren Alter als eine Arbeitnehmerin in der gleichen Lage Anspruch auf eine Betriebsrente hat (*EuGH* 14.12.1993 EzA Art. 119 EWG-Vertrag Nr. 16).

2725 – Für die **zwischen der Feststellung der Diskriminierung** durch den EuGH **und nach dem In-Kraft-Treten der Maßnahmen** zu ihrer Beseitigung zurückgelegten Beschäftigungszeiten erfordert eine ordnungsgemäße Durchführung des Grundsatzes des gleichen Entgelts, dass den benachteiligten Arbeitnehmern **dieselben Vergünstigungen** gewährt werden, wie sie den übrigen Arbeitnehmern zugute kamen. Für Beschäftigungszeiten **nach dem In-Kraft-Treten** der genannten Maßnahmen steht Art. 119 EWG-Vertrag (jetzt Art. 141 EGV) dagegen einer **Wiederherstellung der Gleichheit durch Kürzung** der Vergünstigungen, die den bevorzugten Arbeitnehmern zugute kamen, nicht entgegen. Was schließlich **vor dem 17.5.1990** liegende Beschäftigungszeiten anbelangt, so sah das Gemeinschaftsrecht **keine** Verpflichtung vor, die Maßnahmen rechtfertigen könnte, durch die den bevorzugten Arbeitnehmern gewährte Vergünstigungen **nachträglich eingeschränkt** werden (s. auch *BAG* 18.3.1997 EzA Art. 119 EWG-Vertrag Nr. 47).

2726 – Das nationale Gericht hat unter Berücksichtigung der Pflichten, die der Arbeitgeber und etwaige Treuhänder nach den innerstaatlichen Rechtsvorschriften haben, über die ordnungsgemäße Durchführung von Art. 119 EWG-Vertrag (jetzt Art. 141 EGV) zu wachen.

2727 – Etwaige Probleme, die sich aus der Unzulänglichkeit der von den Treuhändern verwalteten Mittel für die Angleichung der Leistungen ergeben, sind auf der Grundlage des nationalen Rechts und im Lichte des Grundsatzes des gleichen Entgelts zu lösen.

2728 – Die Verwendung je nach Geschlecht **unterschiedlicher versicherungsmathematischer Faktoren** im Rahmen der durch Kapitalansammlung erfolgenden Finanzierung von betrieblichen Versorgungssystemem fällt nicht in den Anwendungsbereich des Art. 119 EWG-Vertrag. (jetzt Art. 141 EGV) Ungleichheiten in der Höhe der Kapitalbetragszahlungen oder der -ersatzleistungen, deren Wert sich nur nach Maßgabe der Finanzierungsmodalitäten des Systems bestimmen lässt, können deshalb ebenfalls nicht anhand von Art. 119 EWG-Vertrag (jetzt Art. 141 EGV) geprüft werden.

2729 – Der in Art. 119 EWG-Vertrag (jetzt Art. 141 EGV) verankerte Grundsatz der Gleichbehandlung gilt **für alle von betrieblichen Systemen erbrachten Rentenleistungen**, ohne dass danach zu unterscheiden ist, welcher Art von Beiträgen die genannten Leistungen zuzuordnen sind, den Arbeitgeberbeiträgen oder den Arbeitnehmerbeiträgen. Zusätzliche Leistungen, die auf freiwilligen Beitragszahlungen der Arbeitnehmer beruhen, fallen jedoch nicht in den Anwendungsbereich des Art. 119, soweit ein Betriebsrentensystem den ihm angeschlossenen Personen lediglich den erforderlichen organisatorischen Rahmen hierfür zur Verfügung stellt.

C. Der Inhalt des Arbeitsverhältnisses

- Bei einer **Übertragung von Rentenansprüchen** von einem betrieblichen System auf ein anderes aufgrund des Arbeitsplatzwechsels eines Arbeitnehmers muss das zweite System dann, wenn dieser Arbeitnehmer das Rentenalter erreicht, die Leistungen, zu deren Zahlung es sich durch die Zustimmung zu der genannten Übertragung verpflichtet hat, erhöhen, um die Art. 119 zuwiderlaufenden nachteiligen Auswirkungen zu beseitigen, die sich für den Arbeitnehmer daraus ergeben, dass das übertragene Kapital aufgrund einer diskriminierenden Behandlung im Rahmen des ersten Systems unzureichend war. Dies gilt für Leistungen, die für Beschäftigungszeiten nach dem 17.5.1990 geschuldet werden. 2730
- Art. 119 EWG-Vertrag (jetzt Art. 141 EGV) gilt **nicht** für Systeme, denen immer **nur Angehörige eines Geschlechts** angeschlossen waren (*EuGH* 28.9.1994 EzA Art. 119 EWG-Vertrag Nr. 23). 2731
- Ein Arbeitnehmer, der Anspruch auf den **rückwirkenden Anschluss** an ein Betriebsrentensystem hat, kann sich der Zahlung der Beiträge für den betreffenden Anschlusszeitraum nicht entziehen. 2732
- Arbeitnehmern, die ihren Anspruch auf Teilnahme an einem Betriebsrentensystem geltend machen, können die **innerstaatlichen Fristen für die Rechtsverfolgung** entgegengehalten werden, sofern sie für derartige Klagen nicht ungünstiger sind als für gleichartige Klagen, die das innerstaatliche Recht betreffen, und sofern sie die Ausübung des Gemeinschaftsrechts nicht praktisch unmöglich machen. 2733
- Das dem Vertrag über die Europäische Union (von **Maastricht**) beigefügte Protokoll Nr. 2 (das **Barber-Protokoll** mit folgendem Wortlaut: »I. S. des Art. 119 gelten Leistungen aufgrund eines betrieblichen Systems der sozialen Sicherheit nicht als Entgelt, sofern und soweit sie auf Beschäftigungszeiten vor dem 17.5.1990 zurückgeführt werden können, außer im Fall von Arbeitnehmern oder deren anspruchsberechtigten Angehörigen, die vor diesem Zeitpunkt eine Klage bei Gericht oder ein gleichwertiges Verfahren nach geltendem einzelstaatlichen Recht anhängig gemacht haben.«) zu Art. 119 des Vertrages zur Gründung der Europäischen Gemeinschaft **hat keine Auswirkung auf den Anspruch auf Anschluss an ein Betriebsrentensystem**, der sich weiterhin nach dem Urteil vom 13.5.1986 in der Rechtssache 170/84 *(Bilka)* richtet. Denn das Protokoll enthält nach Auffassung des *EuGH* (28.9.1994 EzA Art. 119 EWG-Vertrag Nr. 22) im Wesentlichen dieselbe Auslegung des Urteils Barber und erstreckt diese auf sämtliche Leistungen aufgrund eines betrieblichen Systems der sozialen Sicherheit und macht sie zum Bestandteil des Vertrages, geht aber ebenso wenig wie das Urteil Barber auf die Voraussetzungen für den Anschluss an diese betrieblichen Systeme ein und regelt diese folglich nicht. 2734
- Art. 119 EWG-Vertrag (jetzt Art. 141 EGV) verwehrt es einem Arbeitgeber, der die erforderlichen Maßnahmen trifft, um dem Barber-Urteil nachzukommen, das **Rentenalter der Frauen** in Bezug auf Beschäftigungszeiten zwischen dem 17.5.1990 und dem Zeitpunkt des In-Kraft-Tretens der genannten Maßnahmen auf das der Männer **anzuheben**. Für Beschäftigungszeiten nach dem letztgenannten Zeitpunkt hindert ihn Art. 119 dagegen nicht daran, so vorzugehen. Für Beschäftigungszeiten vor dem 17.5.1990 sah das Gemeinschaftsrecht keine Verpflichtung vor, die Maßnahmen rechtfertigen könnte, durch die die Frauen gewährten Vergünstigungen nachträglich eingeschränkt werden (s. o. C/Rz. 2725). 2735

Die von einem Arbeitgeber im Anschluss an das Urteil Barber zur Beseitigung der Diskriminierung auf dem Gebiet der Betriebsrenten beschlossene Anhebung des Rentenalters der Frauen auf das der Männer in Bezug auf Leistungen, die aufgrund zu-

C. Der Inhalt des Arbeitsverhältnisses

künftiger Beschäftigungszeiten geschuldet werden, kann nicht mit Maßnahmen – und seien es Übergangsmaßnahmen – verbunden werden, die die nachteiligen Auswirkungen begrenzen sollen, die eine solche Anhebung für Frauen haben kann.

2736 – Es verstößt gegen Art. 119 EWG-Vertrag (jetzt Art. 141 EGV), wenn ein Rentensystem unter Berufung auf **seine eigenen Schwierigkeiten** oder die des betreffenden Unternehmens eine nachträgliche Anhebung des Rentenalters der Frauen für Beschäftigungszeiten zwischen dem 17.5.1990 und dem In-Kraft-Treten der Maßnahmen vornimmt, durch die das System die Gleichstellung herbeigeführt hat (*EuGH* 28.9.1994 EzA Art. 119 EWG-Vertrag Nr. 21).

2737 – Der in Art. 119 EWG-Vertrag (jetzt Art. 141 EGV) und der Richtlinie 75/117/EWG des Rates vom 10.2.1975 zur Angleichung von Rechtsvorschriften der Mitgliedstaaten über die Anwendung des Grundsatzes des gleichen Entgelts für Männer und Frauen niedergelegte Grundsatz des gleichen Entgelts für Männer und Frauen verbietet es nicht, den **Bezug einer Rente einer hauptberuflichen**, sozial gesicherten **Position gleichzustellen**, wenn diese Rente aufgrund von Erwerbsausfall durch Kindererziehung gemindert ist (*EuGH* 13.12.1994 EzA Art. 119 EWG-Vertrag Nr. 25).

2738 – **Versorgungszusagen mit unterschiedlichem Rentenzugangsalter für Männer und Frauen** verstoßen für eine **Übergangszeit** zwar nicht gegen Art. 3 Abs. 3 GG. Nach Art. 3 Abs. 2 GG dürfen die bisher noch für Frauen bestehenden Nachteile in der beruflichen Entwicklung durch die Festsetzung eines früheren Rentenalters ausgeglichen werden (*BAG* 18.3.1997 EzA Art, 119 EWG-Vertrag Nr. 47). Sie verstoßen aber gegen Art. 119 EWGV (jetzt Art. 141 EGV). Diese Bestimmung geht auch deutschen gesetzlichen Regelungen vor und verdrängt das entgegenstehende deutsche Recht. Das gilt für die Berechnung einer Invaliditätsrente, die nach einer theoretischen Altersgrenze zu berechnen ist, ebenso wie für die Berechnung des Unverfallbarkeitsfaktors nach § 2 Abs. 1 BetrAVG.

2739 Jedenfalls soweit ein Betriebsrentenanspruch auf Beschäftigungszeiten vor dem 17.5.1990 beruht, ist ein Arbeitgeber nicht aus Gründen der Gleichbehandlung verpflichtet, einem **schwer behinderten Arbeitnehmer** ebenso wie einer Arbeitnehmerin die Möglichkeit zu geben, betriebliche Altersrente mit Vollendung des 60. Lebensjahres **ohne Abschläge in Anspruch zu nehmen** (*BAG* 23.5.2000 EzA § 1 BetrAVG Gleichbehandlung Nr. 32).

2740 – Der **Unverfallbarkeitsfaktor** nach § 2 Abs. 1 BetrAVG ist für Beschäftigungszeiten vor und nach dem 17.5.1990 dann unterschiedlich zu berechnen: Für Beschäftigungszeiten vor dem 17.5.1990 ist von einer möglichen Betriebszugehörigkeit bis zum 65. Lebensjahr auszugehen, für die Zeit danach bis zum 60. Lebensjahr (Rentenzugangsalter für Frauen). Entsprechendes gilt für die Berechnung der Invalidenrente, bei der eine erreichbare (»theoretische«) Altersrente zu berücksichtigen ist (*BAG* 3.6.1997 EzA Art. 119 EWG-Vertrag Nr. 45).

2741 – Art. 119 EWG-Vertrag (jetzt Art. 141 EGV) ist dahin auszulegen, dass Einrichtungen wie die **Pensionskassen** deutschen Rechts, die damit betraut sind, Leistungen eines Betriebsrentensystems zu erbringen, die **Gleichbehandlung** von Männern und Frauen **sicherzustellen haben, auch wenn** Arbeitnehmern, die aufgrund ihres Geschlechts diskriminiert sind, gegenüber ihren unmittelbaren Versorgungsschuldnern, den Arbeitgebern, als Parteien der Arbeitsverträge, ein **insolvenzgeschützter**, die Diskriminierung ausschließender **Anspruch zusteht** (*EuGH* 9.10.2001 EzA Art. 141 EG-Vertrag 1999 Nr. 7 = NZA 2001, 1301).

C. Der Inhalt des Arbeitsverhältnisses

bbb) Gleichbehandlungsgrundsatz; § 4 Abs. 1 TzBfG; Art. 3 Abs. 1 GG

aaaa) Verstoß gegen den Gleichbehandlungsgrundsatz
Vgl. zunächst oben A/Rz. 458 ff., 551. 2742
– Eine Versorgungsregelung, die Leistungen von der Bedingung abhängig macht, dass die Begünstigten bei Beginn des Arbeitsverhältnisses ein bestimmtes **Höchsteintrittsalter** noch nicht überschritten haben, verstößt nicht gegen den Gleichbehandlungsgrundsatz und steht auch nicht im Widerspruch zu § 75 Abs. 1 S. 2 BetrVG (*BAG* 14.1.1986 EzA § 1 BetrAVG Nr. 40). Diese Entscheidung verletzt auch nicht Art. 3 Abs. 1 GG (*BVerfG* 27.11.1989 AP Nr. 5 a zu § 1 BetrAVG Gleichbehandlung).
– Ein Arbeitgeber kann auch ohne Verstoß gegen den Gleichbehandlungsgrundsatz 2743 Arbeitnehmer eines Geschäftsbereichs von der betrieblichen Altersversorgung ausnehmen, wenn die **verschiedenen Geschäftsfelder**, auf denen er tätig ist, für das Unternehmen von **unterschiedlicher wirtschaftlicher Bedeutung** sind (*LAG Rheinland-Pfalz* 25.8.2000 NZA-RR 2001, 434).
– Der Gleichbehandlungsgrundsatz ist aber dann verletzt, wenn der Arbeitgeber 2744 ohne sachlichen Grund mit einem **Teil der Arbeitnehmer die Anwendbarkeit eines Tarifvertrages** und damit die Geltung der sich daraus ergebenden Rechte und Pflichten u. a. auch hinsichtlich einer betrieblichen Altersversorgung **vereinbart**, ohne selbst tarifgebunden zu sein. Gegenstand der Prüfung, ob der Gleichbehandlungsgrundsatz verletzt wurde, sind einzelne Ansprüche oder Rechte eines Arbeitnehmers (*BAG* 25.4.1995 EzA § 1 BetrAVG Gleichbehandlung Nr. 8). Wendet der Arbeitgeber die einschlägigen Tarifnormen auf alle Arbeitnehmer zudem **unabhängig von ihrer Gewerkschaftszugehörigkeit** an, so hat er aufgrund des Gleichbehandlungsgrundsatzes auch den nicht tarifgebundenen Arbeitnehmern die tariflichen Leistungen zu gewähren (*BAG* 20.3.2001 EzA § 1 BetrAVG Zusatzversorgung Nr. 15).
– Wird ein **entlassener Beamter auf Probe** wegen seines Widerspruchs und seiner 2745 Anfechtungsklage gegen die Entlassungsverfügung bis zum rechtskräftigen Abschluss des verwaltungsgerichtlichen Verfahrens weiterbeschäftigt, so kann er für diese Zeit nicht die für Angestellte des öffentlichen Dienstes vorgesehene Zusatzversorgung verlangen. Denn zwischen den Parteien besteht dann keine arbeitsrechtliche Beziehung; ein faktisches Arbeitsverhältnis kommt auch nicht dadurch zustande, dass der Dienstherr davon absieht, die sofortige Vollziehung der Entlassungsverfügung anzuordnen. Es verstößt auch nicht gegen Art. 3 Abs. 1 GG, dass die in diesem Fall erzwungene vorläufige Weiterbeschäftigung des entlassenen Beamten zu **keiner Zusatzversorgung** bei der VBL führt (*BAG* 20.3.2001 EzA § 1 BetrAVG Zusatzversorgung Nr. 15).
– Es besteht keine Rechtsgrundlage für eine **Nachversicherung** in der Zusatzversor- 2746 gung für **ausgeschiedene Beamte**. Das gilt auch dann, wenn der Mitarbeiter anschließend beim selben Dienstherrn als Arbeitnehmer weiterbeschäftigt wird. Im Verhältnis von Arbeitnehmern und Beamten fehlt es, was Versorgungsansprüche angeht, an der für die Anwendung des Art. 3 Abs. 1 GG erforderlichen Vergleichbarkeit (*BAG* 21.3.2001 ZTR 2001, 371). Deshalb verstößt auch der Ausschluss von Arbeitnehmern, denen eine Anwartschaft bzw. ein Anspruch auf beamtenrechtliche Versorgung in Höhe der Mindestversorgung zusteht, nicht gegen Art. 3 GG (*LG Karlsruhe* 23.3.2001 ZTR 2001, 372).

C. Der Inhalt des Arbeitsverhältnisses

2747 – Eine durch Tarifvertrag geregelte Altersversorgung kann aber **auch Bestandteil eines übergreifenden Entgeltsystems** sein und ist dann in dessen Rahmen zu beurteilen. Haben die Tarifvertragsparteien z. B. Entgelthöhe und Entgeltstruktur für verschiedene Arbeitnehmergruppen aus sachlichen Gründen grundlegend unterschiedlich geregelt, so kann dies gleichzeitig eine unterschiedliche Altersversorgung rechtfertigen (*Hessisches LAG* 23.10.1996 DB 1997, 1930 f.).

2748 – Arbeitnehmer, deren Arbeitsverhältnisse rechtswirksam auf ein Jahr befristet sind (z. B. **ABM-Kräfte** nach §§ 91 ff. AFG [jetzt §§ 260 ff. SGB III]) dürfen von Zusagen auf Leistungen der betrieblichen Altersversorgung ausgenommen werden (*BAG* 13.12.1994 EzA § 1 BetrAVG Gleichbehandlung Nr. 5).

2749 – Dagegen verstößt es gegen den Gleichbehandlungsgrundsatz, Arbeitnehmer allein deshalb aus einem betrieblichen Versorgungswerk auszunehmen, weil sie in einem **zweiten Arbeitsverhältnis** stehen. Für eine solche Benachteiligung gibt es keinen sachlich rechtfertigenden Grund (*BAG* 22.11.1994 EzA § 1 BetrAVG Gleichbehandlung Nr. 6). § 3 n BAT nebst Protokollerklärung verstößt zudem gegen § 2 Abs. 1 BeschFG (jetzt § 4 Abs. 1 TzBfG) insoweit, als **nebenberuflich nicht geringfügig beschäftigte** Angestellte von einem derartigen Ausschluss betroffen sind (*BAG* 9.10.1996 EzA § 2 BeschFG 1985 Nr. 50).

2750 – Der Ausschluss von Arbeitnehmern, die aufgrund der **Zusammenrechnung mehrerer geringfügiger Beschäftigungen** der gesetzlichen Rentenversicherung unterliegen (§ 8 Abs. 2 SGB IV), von der Zusatzversorgung im öffentlichen Dienst ist sachlich nicht gerechtfertigt (*BAG* 16.3.1993 EzA § 1 BetrAVG Gleichbehandlung Nr. 3).

2751 – Das Verbot unterschiedlicher Behandlung wegen der Teilzeitarbeit (§ 2 Abs. 1 BeschFG; jetzt § 4 Abs. 1 TzBfG)), das das Gebot der Gleichbehandlung für den Bereich der Teilzeitarbeit konkretisiert, gilt auch gegenüber **teilzeitbeschäftigten Arbeitnehmern, die in unterschiedlichem zeitlichen Umfang** beschäftigt werden (etwa unter oder noch über 50% der regelmäßigen Wochenarbeitszeit). Der Ausschluss auch derartiger unterhalbzeitig und unter 18 Wochenstunden teilzeitbeschäftigter Arbeitnehmer von Leistungen der betrieblichen Altersversorgung bedarf sachlicher Gründe (s. aber unten C/Rz. 2759). **In Betracht kommen z. B. Arbeitsleistung, Qualifikation, Berufserfahrung oder unterschiedliche Anforderungen am Arbeitsplatz.** Es ist unerheblich, mit welchen rechtstechnischen Mitteln der Ausschluss derjenigen Arbeitnehmer, die weniger als die Hälfte der regelmäßigen Wochenarbeitszeit tätig sind, erreicht wird, also z. B., ob der Ausschluss erreicht wird durch Einschränkung des persönlichen Geltungsbereichs eines Tarifvertrages oder durch eine ausdrückliche Ausnahmeregelung im Tarifvertrag.

2752 – Das Verbot einer Ungleichbehandlung ohne sachliche Rechtfertigung galt auch in Bezug auf Teilzeitbeschäftigte nicht erst seit dem In-Kraft-Treten des BeschFG am 1.5.1985. Denn § 2 Abs. 1 BeschFG (jetzt § 4 Abs. 1 TzBfG) konkretisiert lediglich ohnehin geltendes Recht zur Verfassungsmäßigkeit dieser Rechtsprechung vgl. *BVerfG* 5.8.1998 NZA 1998, 1245).

– Eine tarifliche Regelung stellt als solche noch keinen sachlichen Grund für einen ungerechtfertigten Ausschluss von Arbeitnehmergruppen von tariflichen Leistungen dar. Denn die Gestaltungsfreiheit der Tarifvertragsparteien hat ihre Grenzen im übergeordneten zwingenden Recht.

2753 – Der Ausschluss teilzeitbeschäftigter Arbeitnehmer von der Zusatzversorgung im öffentlichen Dienst ist auch nicht deshalb gerechtfertigt, weil ein System der kaufkraftstabilen Gesamtversorgung entwickelt wurde. Auch scheitert der Anspruch nicht an einem fehlenden Versorgungsbedarf (*BAG* 29.8.1989 EzA § 2 BeschFG 1985 Nr. 3; 28.7.1992 EzA § 1 BetrAVG Gleichbehandlung Nr. 2; 25.10.1994 EzA § 2 BeschFG 1985 Nr. 38).

– Demgegenüber war der bis zum 31.3.1979 geltende Ausschluss aller **nicht voll-** 2754 **beschäftigter Fleischbeschautierärzte** aus der tarifvertraglichen Zusatzversorgung im öffentlichen Dienst nicht gleichheitswidrig, da er den für diese Beschäftigungsverhältnisse typischen Besonderheiten angemessen Rechnung trug (*BAG* 26.8.1997 NZA 1998, 265).

– Eine Gemeinde muss Arbeitnehmern im **öffentlichen Dienst** eine tariflich geregelte Zusatzversorgung nicht verschaffen, wenn sie es **ablehnen**, die **übrigen tariflichen Bedingungen** für das Arbeitsverhältnis **zu übernehmen** und auf einer höheren als der tariflichen Vergütung bestehen (*BAG* 25.2.1999 EzA § 242 BGB Gleichbehandlung Nr. 82). 2755

bbbb) Rechtsfolgen

§ 2 Versorgungs-TV i. V. m. § 3 q BAT in der bis zum 31.12.1987 geltenden Fassung, § 3 Versorgungs-TV für die Arbeitnehmer der Deutschen Bundespost, § 20 TV Tierärzte und Fleischkontrolleure in öffentlichen Schlachthöfen, § 5 Abs. 3 TV Versorgung der Arbeitnehmer des Bundes und der Länder sowie der Versorgungstarifvertrag für Arbeitnehmer kommunaler Verwaltungen und Betriebe sind wegen Verstoßes gegen den Gleichheitssatz (Art. 3 Abs. 1 GG) jedenfalls insoweit unwirksam, als alle unterhälftig beschäftigten Teilzeitkräfte (einschließlich derer, die erst aufgrund der Zusammenrechnung mehrerer geringfügiger Beschäftigungen der gesetzlichen Rentenversicherungspflicht unterliegen) bzw. Arbeitnehmer, die im jeweils vorangegangenen Kalenderjahr nicht mindestens eine Stundenvergütung für 1000 Stunden erhalten haben, von Leistungen der betrieblichen Altersversorgung ausgeschlossen worden sind. Gleiches gilt für § 3 n BAT nebst Protokollerklärung insoweit, als nebenberuflich nicht geringfügig beschäftigte Angestellte von einem derartigen Ausschluss betroffen sind (*BAG* 9.10.1996 EzA § 2 BeschFG 1985 Nr. 50; ebenso *LAG Düsseldorf* 1.9.1998 NZA-RR 1999, 258 für § 35 BMT AWO in der bis 31.12.1997 geltenden Fassung). Im Übrigen ist der Versorgungs-TV einschließlich der den Versorgungsanspruch begründenden Grundregel wirksam (*BAG* 7.3.1995 EzA § 1 BetrAVG Gleichbehandlung Nr. 9; 16.1.1996 EzA Art. 3 GG Nr. 50; 27.2.1996 EzA § 1 BetrAVG Gleichbehandlung Nr. 10; 12.3.1996 EzA § 1 BetrAVG Gleichbehandlung Nr. 11; 13.5.1997 EzA § 1 BetrAVG Gleichbehandlung Nr. 12; 26.8.1997 NZA 1998, 265; s. auch oben A/Rz. 458, 551). 2756

Hat der Arbeitgeber teilzeitbeschäftigte Arbeitnehmer unter Verletzung des Gleichbehandlungsgrundsatzes von der Zusatzversorgung ausgeschlossen, so ist er verpflichtet, ihnen eine **gleichwertige Versorgung** zu verschaffen. Kann der Arbeitnehmer nicht nachversichert werden, so muss der Arbeitgeber selbst eintreten. Entstehen dem Versorgungsberechtigten in diesem Zusammenhang **weitere Nachteile** (z. B. indem er mit zusätzlich zu entrichtenden Steuern belastet wird), so sind auch diese vom **Arbeitgeber** auszugleichen (*LAG Hamm* 14.7.1998 BB 1998, 1851). Der Anspruch setzt nicht voraus, dass der Arbeitgeber schuldhaft gehandelt hat. Denn der 2757

C. Der Inhalt des Arbeitsverhältnisses

Arbeitnehmer, der Gleichbehandlung begehrt, verlangt nicht Schadensersatz, sondern Erfüllung des Anspruchs auf Gleichbehandlung. Wenn tarifvertragliche Ausschlussvorschriften unwirksam sind, ergibt sich der Erfüllungsanspruch des Arbeitnehmers allerdings nicht aus dem Gleichbehandlungsgrundsatz, sondern aus den verbleibenden wirksamen Versorgungsregelungen des Tarifvertrages.

2758 Der Arbeitnehmer kann verlangen, dass der Grundsatz der Gleichbehandlung **von Beginn des Arbeitsverhältnisses an** beachtet wird, auch wenn er Jahre zurück liegt, die Folgen der Verletzung sich aber heute erst zeigen. Die Rechtslage ließ **kein schutzwürdiges Vertrauen** darauf entstehen, **dass teilzeitbeschäftigte Arbeitnehmer ohne sachlichen Grund benachteiligt werden dürfen.** Das Interesse des Arbeitgebers, von zusätzlichen finanziellen Belastungen und Verwaltungsaufwand verschont zu bleiben, verdient keinen Vorrang gegenüber dem Interesse der benachteiligten Teilzeitkräfte an der uneingeschränkten Beachtung des Gleichheitssatzes. Eine Überforderung der Beklagten im konkret entschiedenen Einzelfall durch die rückwirkende Anwendung des Gleichheitssatzes war zudem nicht ersichtlich (*BAG* 7.3.1995 EzA § 1 BetrAVG Gleichbehandlung Nr. 9; die Rechtsprechung des BAG in diesem Zusammenhang ist verfassungsmäßig: *BVerfG* 19.5.1999 EzA § 1 BetrAVG Gleichberechtigung Nr. 1; vgl. auch *EuGH* 10.2.2000 EzA EG-Vertrag 1999 Art. 141 Nr. 1; 10.2.2000 EzA EG-Vertrag 1999 Art. 141 Nr. 2; 10.2.2000 EzA EG-Vertrag 1999 Art. 141 Nr. 3; *Lörcher* ArbuR 2000, 168 ff.; *Kuppel* BB 2000, 2150 ff.).

2759 Zunächst offen gelassen hat das *BAG* (28.7.1992 EzA § 1 BetrAVG Gleichbehandlung Nr. 2), ob auch **Arbeitnehmer, deren Arbeitszeit unter der Geringfügigkeitsgrenze gem. § 8 SGB IV lag**, eine Zusatzversorgung verlangen können. Inzwischen (27.2.1996 EzA § 1 BetrAVG Gleichbehandlung Nr. 10; 12.3.1996 EzA § 1 BetrAVG Gleichbehandlung Nr. 11; 13.5.1997 EzA § 1 BetrAVG Gleichbehandlung Nr. 12) hat es diese Frage **verneint, weil es zu der Auffassung gelangt ist, dass es jedenfalls bei der als Gesamtversorgungssystem ausgestalteten Zusatzversorgung im öffentlichen Dienst sachliche Gründe für den Ausschluss geringfügig Beschäftigter gibt, zumal die Anknüpfung an das Sozialversicherungsrecht dem Leistungszweck dieser Altersversorgung Rechnung trägt. Sie ergänzt die Rentenversicherung und ist dementsprechend mit ihr verzahnt.** Auch für Beschäftigungszeiten bis zum 31.3.1991 kommt es auf die Rentenversicherungspflicht an, obwohl die Versorgungsregelung damals noch nicht auf die rentenversicherungsrechtliche Geringfügigkeitsgrenze (nunmehr § 8 SGB IV) abstellten, sondern weitergehend Teilzeitbeschäftigte bis zu einer Arbeitszeit von 18 Wochenstunden von der Zusatzversorgung ausnahmen. Denn die Unwirksamkeitsfolge ist bei Tarifnormen unter Berücksichtigung des zum Ausdruck gebrachten Regelungszwecks auf das rechtlich Gebotene zu begrenzen (*BAG* 27.2.1996 EzA § 1 BetrAVG Gleichbehandlung Nr. 10; ebenso *BAG* 22.5.2001 EzA § 1 BetrAVG Gleichbehandlung Nr. 21 für die Herausnahme sozialversicherungsfreier ordentlicher Studenten aus dem VTV der Deutschen Bundespost; a. A. *LAG Hamburg* 28.6.2000 ArbuR 2001, 314).

2760 Aufgrund der Neuregelung des Rechts der geringfügigen Beschäftigung mit Wirkung zum 1.4.1999 ist der tarifvertragliche Ausschluss jedenfalls **bis zum 31.3.1999 sachlich gerechtfertigt.** Dies gilt auch, soweit die Geringfügigkeit der Beschäftigung nach der bis zum 31.3.1999 geltenden Fassung des § 8 Abs. 1 Nr. 1 SGB IV darauf beruhte, dass der Verdienst daraus 1/6 des Gesamteinkommens des Arbeitnehmers nicht überstieg (*BAG* 22.2.2000 EzA § 1 BetrAVG Gleichbehandlung Nr. 18).

C. Der Inhalt des Arbeitsverhältnisses

Auch ein Verstoß gegen den Gleichbehandlungsgrundsatz durch eine vom Arbeitgeber geschaffene Versorgungsordnung (Ausschluss von Außendienstmitarbeitern) führt nicht zur Nichtigkeit der gesamten Ordnung, sondern dazu, dass die **einschränkenden Bestimmungen entfallen**, die eine Arbeitnehmergruppe ohne sachlichen Grund benachteiligen. Dies gilt jedenfalls für in der Vergangenheit abgeschlossene Sachverhalte, bei denen der Arbeitgeber keine andere Möglichkeit, Gleichbehandlung herzustellen, hat, als durch eine »Anpassung« nach oben (*BAG* 9.12.1997 EzA § 1 BetrAVG Gleichbehandlung Nr. 16).

2761

Die in Maastricht beschlossene **Protokollerklärung zu Art. 119 EWG-Vertrag** (jetzt Art. 141 EGV) hat lediglich den zeitlichen Anwendungsbereich des Art. 119 EWG-Vertrag (jetzt Art. 141 EGV; s. o. C/Rz. 2734), nicht aber die Geltung daneben anwendbarer nationaler Schutzvorschriften wie Art. 3 Abs. 1 GG eingeschränkt (*BAG* 7.3.1995 EzA § 1 BetrAVG Gleichbehandlung Nr. 9).

2762

Dadurch ist es dem Arbeitgeber des öffentlichen Dienstes allerdings nicht verwehrt, den Ausschluss unterhälftig, aber oberhalb der Grenze des § 8 SGB IV beschäftigter Angestellter im Hinblick auf den Gleichbehandlungsgrundsatz nunmehr mit anderen Kriterien als der Teilzeitbeschäftigung sachlich zu rechtfertigen. Nach dem Zweck der Zusatzversorgung im öffentlichen Dienst ist der Ausschluss eines teilzeitbeschäftigten wissenschaftlichen Mitarbeiters von der Zusatzversorgung sachlich gerechtfertigt, wenn seine Einstellung nach dem übereinstimmenden Willen beider Vertragspartner von vornherein nur für einen vorübergehenden Zeitraum und nicht auf unbestimmte Zeit beabsichtigt war (*LAG Saarland* 29.11.1995 LAGE § 1 BetrAVG Gleichbehandlung Nr. 7).

2763

Weil es Ausdruck der Gleichbehandlung ist, dass die Teilzeitarbeit lediglich nach dem zeitlichen Anteil der Arbeitsleistung im Vergleich zur Vollzeitarbeit vergütet wird, können Teilzeitkräfte **nicht eine gleich hohe betriebliche Altersversorgung** fordern wie Vollzeitkräfte (*BAG* 25.10.1994 EzA § 2 BeschFG 1985 Nr. 38).

cccc) Umsetzung des Verschaffungsanspruchs
Inhaltlich ist der Arbeitgeber verpflichtet, die bisher zu Unrecht aus der Altersversorgung ausgeschlossenen Teilzeitkräfte bei der zuständigen Zusatzversorgungskasse **nachzuversichern** und die Umlagen nach zu entrichten. Kommt er dem nach, ist der Verschaffungsanspruch erfüllt. Den **Ausgleich steuerlicher Nachteile** umfasst der Verschaffungsanspruch nicht. Führt der Arbeitgeber aufgrund eines unverschuldeten **Rechtsirrtum** die Umlagen verspätet ab, so steht dem Arbeitnehmer nach § 286 BGB kein Schadensersatzanspruch wegen Verzugs zu. Der Arbeitgeber verletzt nicht seine Sorgfaltspflichten, wenn er bei einer unklaren Rechtslage von der Wirksamkeit der tarifvertraglichen Regelungen ausgeht. Soweit der Arbeitgeber durch die verspätete Abführung der Umlage von seiner tarifvertraglichen Verpflichtung zur Übernahme der Pauschal(Lohn- und Kirchen-)Steuer frei wird, steht dem Arbeitnehmer allerdings ein **Bereicherungsanspruch** nach § 812 Abs. 1 S. 1 Alt. 2 BGB zu (*BAG* 14.12.1999 ZTR 2000, 559).

2764

C. Der Inhalt des Arbeitsverhältnisses

dddd) Prozessuale Fragen

2765 Die Arbeitnehmer haben schon vor Eintritt des Versorgungsfalles ein rechtliches Interesse an der alsbaldigen Feststellung des Inhalts ihrer Versorgungsrechte. Auch wenn der Versorgungsfall eingetreten ist und eine Leistungsklage möglich ist, kann noch ein Feststellungsinteresse (§ 256 Abs. 1 ZPO) bestehen. Voraussetzung ist, dass auf diesem Wege eine sachgemäße, einfache Erledigung der aufgetretenen Streitpunkte zu erreichen ist und prozesswirtschaftliche Erwägungen gegen einen Zwang zur Leistungsklage sprechen, z. B. bei einem ungewöhnlich hohen Aufwand bei der Bezifferung des Leistungsanspruchs, wenn gerade die Verpflichtung dem Grunde nach zwischen den Parteien zunächst nur im Streit steht (*BAG* 7.3.1995 EzA § 1 BetrAVG Gleichbehandlung Nr. 9).

c) Abwicklung betrieblicher Versorgungsverpflichtungen

aa) Abänderung und Einschränkung von betrieblichen Versorgungszusagen

(1) Schließung des Versorgungswerks

2766 Erscheint dem Arbeitgeber das Risiko der Fortsetzung seiner bisherigen Zusagepraxis zu groß, kann er das Versorgungswerk für neu eintretende Arbeitnehmer schließen. Hat der Arbeitgeber bislang individualrechtliche Zusagen erteilt, genügt es, **Zusagen einfach nicht mehr zu erteilen.**

Die **Änderung einer Gesamtzusage** muss allerdings ebenso wie die Aufhebung einer betrieblichen Übung eindeutig erklärt werden (s. o. C/Rz. 622 ff.).

(2) Kündigung von Versorgungszusagen

2767 Individualrechtlich bereits begründete Versorgungszusagen können im Wege der Änderungskündigung unter den Voraussetzungen des **§ 2 KSchG** verändert werden. Im Hinblick auf die Vielzahl auszusprechender Änderungskündigungen sowie des zu beachtenden besonderen Kündigungsschutzes für bestimmte Arbeitnehmergruppen kommt diese Möglichkeit aber nur selten in Betracht (vgl. *BAG* 8.12.1981 EzA § 242 BGB Ruhegeld Nr. 96). Eine Teilkündigung etwa nur der Versorgungszusage ist rechtlich unzulässig (s. u. D/Rz. 1739).

(3) Kündigung von Betriebsvereinbarungen

2768 Der Arbeitgeber kann eine Betriebsvereinbarung, soweit nichts anderes vereinbart ist, mit einer Frist von drei Monaten kündigen. Die Kündbarkeit wird durch Vereinbarung eines allgemeinen steuerunschädlichen Widerrufsvorbehaltes nicht ausgeschlossen. Eine Nachwirkung tritt nicht ein (**§ 77 Abs. 5, 6 BetrVG**). Die Ausübung des Kündigungsrechts bedarf **keiner Rechtfertigung** und unterliegt **keiner inhaltlichen Kontrolle**. Dies gilt unabhängig vom Regelungsgegenstand, also auch dann, wenn es um eine betriebliche Altersversorgung geht. Die Kündigung einer Betriebsvereinbarung über betriebliche Altersversorgung bewirkt eine Schließung des Versorgungswerks für die Zukunft. Auch Arbeitnehmer, die zum Zeitpunkt des Ausspruchs der Kündigung durch die Betriebsvereinbarung begünstigt wurden, sind von der Kündigung betroffen (*BAG* 11.5.1999 EzA § 1 BetrAVG Betriebsvereinbarung Nr. 1; 17.8.1999 EzA § 1 BetrAVG Betriebsvereinbarung Nr. 2; vgl. dazu *Blomeyer/Vienken* RdA 2000, 370 ff.).

Das *BAG* (18.4.1989 EzA § 77 BetrVG 1972 Nr. 28; 10.3.1992 EzA § 77 BetrVG **2769**
1972 Nr. 46; 11.5.1999 EzA § 1 BetrAVG Betriebsvereinbarung Nr. 1; 17.8.1999
EzA § 1 BetrAVG Betriebsvereinbarung Nr. 2; tw. abw. *Hessisches LAG* 16.7.1997
– 8 Sa 382/95 –; vgl. dazu krit. *Herbst* ArbuR 2000,389 ff.; *Langohr-Plato* BB 2000,
1885 ff.) unterscheidet aber zwischen der Kündbarkeit einer Betriebsvereinbarung und den Rechtsfolgen einer Kündigung. Denn Betriebsvereinbarungen über Leistungen der betrieblichen Altersversorgung unterscheiden sich von Betriebsvereinbarungen über andere freiwillige Leistungen.
Leistungen der betrieblichen Altersversorgung erhält der Arbeitnehmer nämlich erst, wenn er seinerseits vorgeleistet hat. Die Leistung, die durch die Versorgung entgolten wird, ist die dem Arbeitgeber während der gesamten Dauer des Arbeitsverhältnisses erwiesene Betriebstreue, die Gesamtheit der ihm erbrachten Dienste. Die vom Arbeitgeber zugesagte Gegenleistung kann nicht wegfallen, ohne dass es dafür rechtlich billigenswerte Gründe gibt.

Das gilt auch, wenn die betriebliche Altersversorgung in einer Betriebsvereinbarung zugesagt wird. Die aufgrund der gekündigten Betriebsvereinbarung erworbenen Besitzstände der betroffenen Arbeitnehmer werden kraft Gesetzes nach den Grundsätzen der **Verhältnismäßigkeit** und des **Vertrauensschutzes** geschützt. **Je stärker in Besitzstände eingegriffen wird, desto gewichtiger müssen die Änderungsgründe sein.**

Die Änderungsgründe sind ebenso abzustufen wie bei der Ablösung einer Betriebsvereinbarung durch eine neue Betriebsvereinbarung (*BAG* 18.4.1989 EzA **2770**
§ 77 BetrVG 1972 Nr. 28; 10.3.1992 EzA § 77 BetrVG 1972 Nr. 46; 11.5.1999
EzA § 1 BetrAVG Betriebsvereinbarung Nr. 1; 17.8.1999 EzA § 1 BetrAVG Betriebsvereinbarung Nr. 2; abl. *Roßmanith* DB 1999, 634 ff.; krit. *Herbst* ArbuR 2000, 388 f.; s. u. C/Rz. 2816 ff.):
– Der bereits erdiente und nach den Grundsätzen des § 2 BetrAVG errechnete Teilbetrag kann nur in seltenen Ausnahmefällen aus zwingenden Gründen entzogen werden.
 Wird die Kürzung auf wirtschaftliche Gründe gestützt, so muss sich der Arbeitgeber in einer schweren, konkursgleichen wirtschaftlichen Notlage befinden. Auch der Abbau einer planwidrig eingetretenen Überversorgung rechtfertigt es, den erdienten Teilwert zu schmälern (vgl. auch *BVerfG* 3.12.1998 NZA-RR 1999, 204 u. *BAG* 12.3.1996 DB 1997, 939 zum Abbau einer Überversorgung durch das Hamburger Ruhegeldgesetz). Das Vertrauen auch der rentennahen Arbeitnehmer auf eine Gesamtversorgung von mehr als 100% des letzten Nettoeinkommens ist in einem solchen Fall nicht schutzwürdig.
– Zuwächse, die sich aus variablen Berechnungsfaktoren (»Ruhegehaltsfähiges Einkommen«) ergeben, können nur aus triftigen Gründen geschmälert werden, soweit sie zeitanteilig erdient sind.
 Dringende betriebliche Bedürfnisse nichtwirtschaftlicher Art können triftige Gründe sein, wenn ohne Schmälerung des Gesamtaufwands für die Versorgung Leistungskürzungen durch Leistungsverbesserungen aufgewogen werden, die dazu dienen sollen, eine eingetretene Verzerrung des Leistungsgefüges zu beseitigen, oder durch eine Verbesserung des Vertrauensschutzes (*BAG* 11.9.1990 EzA § 1 BetrAVG Ablösung Nr. 3). Die Dauer einer für das In-Kraft-Treten

einer Neuregelung festgesetzten Übergangsfrist darf nicht auf sachfremden Erwägungen beruhen.
- Für Eingriffe in Zuwachsraten, die noch nicht erdient sind, genügen sachliche Gründe. Sachliche Gründe liegen insbesondere dann vor, wenn nach Erlass der alten Versorgungsordnung Änderungen der Sach- und Rechtslage eingetreten sind, die bei grundsätzlichem Festhalten am Versorgungsziel Kürzungen nahe legen.
- Soweit danach die Wirkungen der Kündigung einer Betriebsvereinbarung über betriebliche Altersversorgung beschränkt sind, bleibt sie als Rechtsgrundlage erhalten. **Die nach der Kündigung verbleibenden Rechtspositionen genießen unverändert den Schutz des § 77 Abs. 4 BetrVG.**

2771 Auch für Eingriffe in Versorgungszusagen im Jahre 1968 ist bei der Prüfung aus heutiger Sicht von der vom *BAG* (17.11.1992 EzA § 1 BetrAVG Unterstützungskasse Nr. 10) vorgenommenen Dreiteilung der Besitzstände auszugehen. Die Prüfungsmaßstäbe haben sich inhaltlich nicht verändert, sie wurden durch die neuere Rechtsprechung nur konkretisiert.

2772 Das *BAG* (17.8.1999 EzA § 1 BetrAVG Betriebsvereinbarung Nr. 2) geht davon aus, dass der **Betriebsrat** befugt ist, im arbeitsgerichtlichen Beschlussverfahren **feststellen** zu lassen, **welche Wirkungen die Kündigung hat** und in welchem Umfang die Betriebsvereinbarung noch fortgilt. Es spricht danach alles dafür, dass die Entscheidung über einen solchen Antrag auch den **Arbeitgeber** und die betroffenen **Arbeitnehmer** im Verhältnis zueinander **bindet**. Eine konkrete Billigkeitskontrolle im Individualverfahren ist dadurch allerdings nicht ausgeschlossen.

(4) Widerruf der Versorgungszusage

2773 Der einschneidendste Eingriff in eine Versorgungszusage ist der Widerruf der Versorgungsanwartschaft bzw. des Versorgungsanspruchs (vgl. *Höfer* ART Rz. 347 ff.).

Das Recht, eine Versorgungszusage ganz oder teilweise widerrufen zu dürfen, kann sich aus ausdrücklich vereinbarten Widerrufsvorbehalten ergeben. Aber auch unabhängig davon berechtigen allgemeine Rechtsgrundsätze zum Widerruf, nämlich das aus § 242 BGB entwickelte Rechtsinstitut des Wegfalls der Geschäftsgrundlage (vgl. jetzt § 313 BGB n. F.) sowie die Gesichtspunkte der Zumutbarkeit und des Rechtsmissbrauchs.

2774 Früher enthielten Versorgungszusagen den Hinweis, dass ihr jederzeitiger Widerruf vorbehalten würde oder dass Leistungen der betrieblichen Altersversorgung freiwillig und ohne Rechtsanspruch gewährt würden. Bei derartigen Vorbehalten kann der Arbeitgeber jedoch keine steuerlich wirksamen Pensionsrückstellungen gem. § 6 a EStG bilden.

aaa) Steuerunschädliche Widerrufsvorbehalte

2775 Als steuerunschädlich werden von der Finanzverwaltung nur folgende Vorbehalte **anerkannt** (Abschnitt 41 Abs. 4 EStR 1987):
- Vorbehalt der Kürzung oder Einstellung der Leistungen, wenn sich die bei Erteilung der Pensionszusage maßgebenden Verhältnisse, insbesondere die wirtschaftliche Lage des Unternehmens, nachhaltig so wesentlich geändert haben, dass der

C. Der Inhalt des Arbeitsverhältnisses

Firma, dem Unternehmen die Aufrechterhaltung der zugesagten Leistungen auch unter objektiver Beachtung der Belange des Pensionsberechtigten nicht mehr zugemutet werden kann, oder
- der Personenkreis, die Beiträge, die Leistungen oder das Pensionierungsalter der gesetzlichen Sozialversicherung und anderen Versorgungseinrichtungen mit Rechtsanspruch sich wesentlich ändern, oder
- die rechtliche, insbesondere steuerrechtliche Behandlung der Aufwendungen, die zur planmäßigen Finanzierung der Versorgungsleistungen gemacht werden oder gemacht worden sind, sich so wesentlich ändern, dass der Firma die Aufrechterhaltung der zugesagten Leistungen nicht mehr zugemutet werden kann, oder
- der Pensionsberechtigte Handlungen begeht, die in grober Weise gegen Treu und Glauben verstoßen oder zu einer fristlosen Entlassung berechtigen würden.

bbb) Arbeitsrechtliche Gründe zum Widerruf

aaaa) Vereinbarter Widerruf; Wegfall der Geschäftsgrundlage (vgl. jetzt § 313 BGB n. F.)

Eine Versorgungsvereinbarung, nach der ein Arbeitnehmer bei weiterer Betriebstreue eine höhere Versorgung erreichen kann, kann der Arbeitgeber nur widerrufen, wenn er sich den Widerruf vertraglich vorbehalten hatte oder wenn die Geschäftsgrundlage für diese Vereinbarung weggefallen ist. Der allgemeine Vorbehalt, die zugesagten Leistungen zu kürzen oder einzustellen, wenn die wirtschaftliche Lage des Unternehmens sich nachhaltig so wesentlich verschlechtert, dass dem Unternehmen eine Aufrechterhaltung der zugesagten Leistungen nicht mehr zugemutet werden kann, enthält nur den Hinweis auf Kürzungs- oder Widerrufsmöglichkeiten wegen Wegfalls der Geschäftsgrundlage. 2776

bbbb) Wirtschaftliche Notlage

In erster Linie kommen **wirtschaftliche Gründe** des Arbeitgebers für einen Widerruf der Versorgungszusage in Betracht. 2777

Nach der Rechtsprechung des *BAG* (26.4.1988 EzA § 1 BetrAVG Geschäftsgrundlage Nr. 1) ist der Wegfall der Geschäftsgrundlage (vgl. jetzt § 313 BGB n. F.) gleichbedeutend mit dem Begriff der wirtschaftlichen Notlage i. S. d. § 7 Abs. 3 Nr. 5 BetrAVG, a. F. d. h. der Bestand des Unternehmens muss wegen wirtschaftlicher Schwierigkeiten ernsthaft gefährdet sein.

Die Belastung des Arbeitgebers muss infolge einer wirtschaftlichen Notlage so groß werden, dass ihm als Schuldner der Versorgungszusage **nicht zugemutet werden kann, seine vertraglichen Verpflichtungen zu erfüllen.** Sachliche Gründe reichen nicht aus, den Widerruf einer Versorgungszusage zu rechtfertigen, die dem Arbeitnehmer einen Rechtsanspruch auf die zugesagten Leistungen einräumt (*BAG* 26.4.1988 EzA § 1 BetrAVG Geschäftsgrundlage Nr. 1). 2778

Wenn ein Versorgungsträger Ruhegeldzusagen wegen wirtschaftlicher Notlage widerrufen will, muss er vor dem Widerruf den **Träger der gesetzlichen Insolvenzsicherung auf Feststellung der Berechtigung seines Widerrufs verklagen**, wenn dieser die Berechtigung des Widerrufs leugnet (*BAG* 26.6.1980 EzA § 4 BetrAVG Nr. 1). 2779

C. Der Inhalt des Arbeitsverhältnisses

cccc) Verhältnismäßigkeitsprinzip

2780 Nach Maßgabe einer am Verhältnismäßigkeitsprinzip orientierten **Einzelfallüberprüfung** ist unter Berücksichtigung der berechtigten Interessen von Arbeitgeber und Arbeitnehmer im Rahmen einer **Dreistufentheorie** ebenso zu unterscheiden wie bei der Kündigung oder Änderung einer Betriebsvereinbarung (*BAG* 17.3.1987 EzA § 1 BetrAVG Nr. 48; zum Widerruf der betrieblichen Altersversorgung beim DGB vgl. *LAG Düsseldorf* 5.7.2000 LAGE § 1 BetrAVG Ablösung Nr. 6; s. o. C/Rz. 2770). Zur Konkretisierung dieser Grundsätze ist lediglich auf Folgendes hinzuweisen:

– Eine Kürzung des bereits erdienten und nach Maßgabe des § 2 BetrAVG errechneten Teilbetrages kommt ausnahmsweise z. B. dann in Betracht, wenn zugleich der **Pensionssicherungsverein zur Übernahme der ausfallenden Versorgungsverpflichtung verpflichtet ist**. I. d. R. ist jedenfalls ein Widerruf von Versorgungsanwartschaften, sobald diese bereits erdient worden sind, erst bei wirtschaftlicher Notlage möglich (*BAG* 26.4.1988 EzA § 1 BetrAVG Geschäftsgrundlage Nr. 1).

2781 – Um einen triftigen Grund für die Kürzung von Zuwächsen aus variablen Berechnungsfaktoren zu rechtfertigen, müssen die wirtschaftlichen Belange des Arbeitgebers mindestens so schwer wiegen, dass das Unternehmen eine **Anpassung an die Kaufkraftentwicklung nach § 16 BetrAVG verweigern könnte**, weil langfristig die Substanz des Unternehmens gefährdet erscheint und mildere Mittel nicht in Betracht kommen (*BAG* 18.4.1989 EzA § 1 BetrAVG Unterstützungskasse Nr. 7; abl. *Blomeyer* SAE 1986, 100, RdA 1986, 81).

dddd) Besonderheiten bei konzernangehörigen Unternehmen

2782 Handelt es sich bei dem Not leidenden Unternehmen um eine konzernabhängige Gesellschaft, so ist ihre **wirtschaftliche Notlage dem herrschenden Unternehmen dann nicht zuzurechnen, wenn bei der Entstehung der Verluste das Konzerninteresse keine Rolle gespielt hat**, insbesondere bei der Entscheidung der wirtschaftlichen Krise noch keine Leitungsmacht der Konzernobergesellschaft bestand (*BAG* 16.3.1993 EzA § 7 BetrAVG Nr. 46). Denn wenn die wirtschaftliche Lage für den Bestand und die Entwicklung eines betrieblichen Versorgungsanspruchs von Bedeutung ist, kommt es grds. auf die Situation beim **Versorgungsschuldner** an, auch **wenn dieser konzerngebunden** ist (*LAG Köln* 21.8.2001 – 13 (10) Sa 1222/00 –, – 13 (8) Sa 14/01 –).

2783 Beim Widerruf von Versorgungsleistungen einer Unterstützungskasse ist i. d. R. für die Beurteilung des Vorliegens sachlicher Gründe für den Widerruf auf die wirtschaftliche Lage ihres **Trägerunternehmens** abzustellen. Dagegen ist **ausnahmsweise** die wirtschaftliche Lage des **Konzerns** maßgeblich, wenn das Trägerunternehmen mit seiner **wirtschaftlichen Betätigung** in einen Konzern eingebunden und **speziell auf dessen Bedürfnisse zugeschnitten ist** (*BAG* 18.4.1989 EzA § 1 BetrAVG Unterstützungskassen Nr. 7). Auch kann eine wirtschaftliche Notlage des Mutterunternehmens zu einer wirtschaftlichen Notlage der Tochter führen, wenn die Versorgungsschuldnerin aufgrund einer durch Arbeitsteilung begründeten Abhängigkeit vom Mutterunternehmen bei dessen Konkurs oder Liquidation **nicht mehr lebensfähig wäre**; gleiches gilt auch bei einer anderweitigen **sehr engen wirtschaftlichen Verflechtung** der beiden Unternehmen (*LAG Köln* 21.8.2001 – 13 (10) Sa 1222/00 –, – 13 (8) Sa 14/01 –).

C. Der Inhalt des Arbeitsverhältnisses

eeee) Wegfall der Geschäftsgrundlage wegen Änderungen des Rentenniveaus; Gesetzesänderungen; Überversorgung?

Neben der Gefährdung der Unternehmenssubstanz ist der Widerruf von Versorgungsanwartschaften auch bei Vorliegen anderer sachlicher Gründe u. U. möglich. In Betracht kommt dies insbesondere bei **Gesamtversorgungssystemen**, wenn sich entweder **Änderungen** der gesetzlichen Rentenversicherung ergeben oder wenn die Sozialversicherungsbeiträge und Steuern aktiver Arbeitnehmer in einem bei Errichtung der Versorgungsordnung unvorhergesehenen Ausmaß steigen und die Gesamtversorgung an einen bestimmten Prozentsatz des letzten Bruttoeinkommens gekoppelt ist. In beiden Fällen besteht die Möglichkeit, dass Betriebsrentner höhere Einkommen erzielen als vergleichbare aktive Arbeitnehmer (sog. **Überversorgung**). **Andererseits** kann es bei Verschlechterung des Versorgungsniveaus in der gesetzlichen Rentenversicherung bei Gesamtversorgungszusagen zu einer **erheblichen Mehrbelastung** des Arbeitgebers kommen. 2784

Eine Rentenreform allein gewährt dem Arbeitgeber zwar noch kein Recht zur Kürzung des betrieblichen Ruhegeldes (*BAG* 7.4.1959 AP Nr. 46 zu § 242 BGB Ruhegehalt). Verfolgt die Versorgungszusage jedoch erkennbar den Zweck, den Arbeitnehmern die Aufrechterhaltung ihres Lebensstandards nach Eintritt in den Ruhestand zu ermöglichen (Gesamtversorgungssystem), so wird dieser Zweck verfehlt, wenn es zu einer stärkeren Steigerung des Lebensstandards der Versorgungsempfänger z. B. durch Steigerung von Sozialversicherungsabgaben und Steuern bei aktiven Arbeitnehmern gegenüber vergleichbaren Arbeitnehmern kommt. 2785

Die dadurch entstehende Regelungslücke der Versorgungszusage muss nach den Regeln der **ergänzenden Vertragsauslegung** (§§ 133, 157 BGB) oder des **Wegfalls der Geschäftsgrundlage** (jetzt § 313 BGB n. F.) geschlossen werden (MünchArbR/*Förster/Rühmann* § 106 Rz. 15).

Beispiele:
Deshalb kann eine einheitsvertragliche Versorgungsverordnung, die volldynamische Betriebsrenten mit einer Gesamtversorgungsobergrenze von 75% der Aktivenbezüge vorsieht, wegen Wegfalls der Geschäftsgrundlage an die veränderte Rechtslage angepasst werden, wenn die Abzüge für Steuern und Sozialversicherungsbeiträge insgesamt um ca. 50% steigen und dies zur Folge hat, dass Betriebsrentner über eine Gesamtversorgung von 115% der Nettobezüge vergleichbarer aktiver Arbeitnehmer verfügen. 2786
Eine denkbare und auch nicht ohne weiteres unbillige Form der Anpassung, bei der das Mitbestimmungsrecht des Betriebsrats gem. § 87 Abs. 1 Nr. 10 BetrVG zu beachten ist, besteht darin, die Bezugsgröße der Ruhegeldberechnung zu ändern und an die Stelle der Bruttobezüge die Nettobezüge der aktiven Arbeitnehmer zu setzen (*BAG* 9.7.1985 EzA § 1 BetrAVG Nr. 37).
Insoweit kann also ein Wegfall der Geschäftsgrundlage auch dann eintreten, wenn der von den Parteien vorausgesetzte Zweck einer Versorgung auf dem Niveau eines Netto-Aktiven-Einkommens bereits unabhängig von der vertraglich geschuldeten Leistung – durch Änderungen im Steuer- und Sozialversicherungsrecht – eintritt (*BAG* 9.7.1985 EzA § 1 BetrAVG Nr. 37).
Der Wegfall der Geschäftsgrundlage z. B. wegen planwidriger Überversorgung löst ein **Anpassungsrecht** des Arbeitgebers aus. Es besteht auch gegenüber den mit einer 2787

unverfallbaren Versorgungsanwartschaft ausgeschiedenen Arbeitnehmern; die Veränderungssperre des § 2 Abs. 5 BetrAVG steht dem nicht entgegen. Der Arbeitgeber ist nicht gehindert, bei der Ausübung des Anpassungsrechts gegenüber den mit einer unverfallbaren Versorgungsanwartschaft ausgeschiedenen Arbeitnehmern die zulässigen Anpassungsregelungen einer Betriebsvereinbarung oder eines Spruchs der Einigungsstelle zu übernehmen. Ob überhaupt eine planwidrige Überversorgung vorliegt, hängt von dem in der jeweiligen Versorgungsordnung angestrebten **Versorgungsgrad** ab. Wenn das Versorgungsziel z. B. einer Gesamtzusage festgestellt werden soll, kommt es nicht auf die tatsächlichen Verhältnisse bei Beginn des einzelnen Arbeitsverhältnisses an; **maßgeblicher Zeitpunkt ist vielmehr die Erteilung der Gesamtzusage** (*BAG* 28.7.1998 EzA § 1 BetrAVG Ablösung Nr. 18).

2788 Die **Anpassungsregelungen** müssen sich an den **Grundprinzipien der bisherigen Versorgungsordnung** ausrichten. Das Anpassungsrecht des Arbeitgebers dient nicht dazu, die Versorgungsordnung umzustrukturieren und veränderte Gerechtigkeitsvorstellungen zu verwirklichen. Billigte die Versorgungsordnung allen Versorgungsberechtigten unabhängig von ihrer Dienstzeit einen bestimmten Versorgungsgrad zu, so darf eine neue, nach Dienstzeit gestaffelte Gesamtversorgungsobergrenze bei Versorgungsberechtigten mit kürzerer Dienstzeit **nicht zu einem geringeren Versorgungsgrad als ursprünglich vorgesehen führen** (*BAG* 28.7.1998 NZA 1999, 780).

2789 Haben die Arbeitsvertragsparteien zur Vermeidung einer zusätzlichen Überversorgung vereinbart, dass eine neu gewährte **übertarifliche Zulage** abweichend von der Versorgungsordnung **nicht zum ruhegeldfähigen Gehalt zählt**, so steht dem Arbeitgeber nur noch wegen der verbleibenden Überversorgung ein Anpassungsrecht zu. Wenn er später die Überversorgung durch Absenkung der Gesamtversorgungsobergrenze vollständig abbaut und bei der Festsetzung der neuen Prozentsätze die bereits vereinbarte Eindämmung der Überversorgung unberücksichtigt lässt, muss er auch die übertarifliche Zulage **wieder zum pensionsfähigen Gehalt rechnen** (*BAG* 9.11.1999 EzA § 1 BetrAVG Nr. 71).

2790 Demgegenüber ist ein **Abwicklungsvertrag**, in dem sich der Arbeitgeber verpflichtet hat, durch bestimmte Gesetzesänderungen eingetretene Verschlechterungen der vorgezogenen gesetzlichen Altersrente **auszugleichen**, regelmäßig nicht unter dem Gesichtspunkt einer Änderung der Geschäftsgrundlage anzupassen, wenn der **Gesetzgeber weitere Verschlechterungen** der vorgezogenen Altersrente beschließt. Bürdet der Gesetzgeber den Empfängern der gesetzlichen Altersrente für den Fall einer vorgezogenen Inanspruchnahme bestimmte Nachteile auf, haben sie diese selbst zu tragen und können sie regelmäßig nicht auf den Arbeitgeber abwälzen (*BAG* 20.6.2001 EzA § 242 BGB Geschäftsgrundlage Nr. 6).

ffff) Treuepflichtverletzung des Arbeitnehmers

2791 Wegen Treuepflichtverletzungen des Arbeitnehmers kommt ein Widerruf von Altersversorgungsleistungen durch den Arbeitgeber auch aufgrund eines Vorbehaltes, die Leistungen zu kürzen oder einzustellen, »wenn der Versorgungsberechtigte Handlungen begeht, die in grober Weise gegen Treu und Glauben verstoßen oder zu einer fristlosen Entlassung berechtigen würden« (s. o. C/Rz. 2775) **nur sehr eingeschränkt** in Betracht.

Beispiel:

2792 Hat ein leitender Angestellter durch weisungswidriges Verhalten einen hohen Schaden verursacht, so rechtfertigt dies allein noch nicht den Widerruf der Versorgungs-

C. Der Inhalt des Arbeitsverhältnisses

zusage. Vielmehr kommt es darauf an, ob die gesamten Umstände einen so schwerwiegenden Vorwurf ergeben, dass die Berufung des Arbeitnehmers auf die Versorgungszusage des Arbeitgebers wegen der Art und Schwere seines Verstoßes gegen die Treuepflicht als rechtsmissbräuchlich erscheint (*BAG* 11.5.1982 EzA § 1 BetrAVG Nr. 23; 8.2.1983 EzA § 1 BetrAVG Rechtsmissbrauch Nr. 1; 3.4.1990 EzA § 1 BetrAVG Rechtsmissbrauch Nr. 2; 8.5.1990 EzA § 1 BetrAVG Rechtsmissbrauch Nr. 3).

Es muss ein besonders gewichtiger Verstoß gegen Dienstpflichten vorliegen; die Verfehlungen des Arbeitnehmers müssen letztlich so schwer wiegen, dass sich **die erbrachte Betriebstreue für den Arbeitgeber** wegen der Zufügung eines schweren, die Existenz bedrohenden Schadens **als wertlos** (*BAG* 29.1.1991 AP Nr. 13 zu § 1 BetrAVG Hinterbliebenenversorgung; ebenso *BGH* 25.11.1996 NZA-RR 1997, 147; *Hessisches LAG* 31.5.2000 LAGE § 1 BetrAVG Rechtsmissbrauch Nr. 4), **oder erheblich entwertet erweist** (*BGH* 13.12.1999 EzA § 1 BetrAVG Rechtsmissbrauch Nr. 4). 2793

Der Widerruf einer Versorgungszusage ist **kein fristgebunden auszuübendes Gestaltungsrecht**, sondern findet seine Grundlage in dem Einwand rechtsmissbräuchlichen Verhaltens, den der Verpflichtete dem Begehren des Berechtigten mit Rücksicht auf dessen schwerwiegendes Fehlverhalten entgegensetzen kann (*BGH* 13.12.1999 EzA § 1 BetrAVG Rechtsmissbrauch Nr. 4). Ein Rechtsmissbrauch in diesem Sinne kann **weder aus der Schädigung als solcher** noch aus der **Schadenshöhe allein** hergeleitet werden. Ebenso wenig reicht ein wichtiger Grund zur fristlosen **Kündigung aus** (ebenso *BGH* 25.11.1996 NZA-RR 1997, 147; *LAG Köln* 28.4.2000 NZA-RR 2000, 656), selbst wenn im Arbeitsvertrag vorgesehen ist, dass der Anspruch auf Ruhestandsbezüge erlischt, wenn Gründe eintreten, die die fristlose Kündigung rechtfertigen würden.
Zu beachten ist stets, dass der Widerruf einer Versorgungszusage **nicht dazu dient, auf einfachem und schnellem Weg einen Schadensersatzanspruch zu befriedigen** (*BAG* 8.5.1990 EzA § 1 BetrAVG Rechtsmissbrauch Nr. 3). 2794

Weitere Beispiele
– **Fahrlässige Fehlleistungen** des Arbeitnehmers, der sich über Hinweise und Warnungen hinwegsetzt, reichen nicht aus. Auf Selbstüberschätzung und Überaktivität zurückzuführende Leistungsmängel wiegen nicht so schwer, dass sie zur Verweigerung der Hinterbliebenenversorgung berechtigen, auch wenn sie ein Verschulden nicht ausschließen (*BAG* 29.1.1991 AP Nr. 13 zu § 1 BetrAVG Hinterbliebenenversorgung). 2795
– Ein Pförtner, der nach über 20 Dienstjahren seinen Arbeitsplatz verliert, weil er in den letzten 9 Monaten **Unterschlagungen** in einer Gesamthöhe von etwa 30 000,– DM gedeckt hat, handelt nicht arglistig, wenn er sich auf eine unverfallbare Versorgungsanwartschaft beruft (*BAG* 8.2.1983 EzA § 1 BetrAVG Rechtsmissbrauch Nr. 1). 2796
– Missbraucht dagegen der Arbeitnehmer seine Stellung über lange Zeit hinweg dazu, den **Arbeitgeber zu schädigen** und erweist sich die von ihm erbrachte Betriebstreue deshalb im Rückblick als wertlos, kann dies den Einwand rechtsmissbräuchlichen Verhaltens begründen (*BAG* 8.5.1990 EzA § 1 BetrAVG Rechtsmissbrauch Nr. 3). 2797

C. Der Inhalt des Arbeitsverhältnisses

2798 – Ein Arbeitnehmer handelt arglistig, wenn er sich auf die Unverfallbarkeit seiner Versorgungsanwartschaft beruft, obwohl er die erforderliche Betriebszugehörigkeitsdauer nur durch das **Vertuschen schwerer Verfehlungen** (z. B. der laufenden Erpressung unterstellter Gastarbeiter) erreichen konnte. In einem solchen Fall kann der Arbeitgeber die Versorgungszusage widerrufen, sobald die Verfehlungen zu seiner Gewissheit festgestellt sind (*BAG* 8.2.1983 EzA § 1 BetrAVG Nr. 24).

2799 – Auch die Aufnahme einer Tätigkeit des Ruheständlers in einem **Konkurrenzunternehmen** des Arbeitgebers kann den Einwand des arglistigen Verhaltens begründen. Im Rahmen einer Einzelfallüberprüfung ist aber auch der Verzicht des Arbeitgebers auf ein Wettbewerbsverbot sowie die Höhe der Betriebsrente zu berücksichtigen. Unangemessene Reaktionen sind nicht erlaubt. Enttäuschung oder Verärgerung über einen früheren Mitarbeiter dürfen nicht ausschlaggebend sein (*BAG* 3.4.1990 EzA § 1 BetrAVG Rechtsmissbrauch Nr. 2).

2800 – Ausreichend kann es aber sein, wenn der Pensionär versucht, durch **Wettbewerb** die wirtschaftliche Existenzgrundlage seines ehemaligen Arbeitgebers zu vernichten (*BGH* 7.1.1971 AP Nr. 151 zu § 242 BGB Ruhegehalt).

2801 – Rechtsmissbräuchlich handelt auch der aus der Versorgungszusage Berechtigte, der das Unternehmen, aus dessen Erträgen seine Pension bezahlt werden soll, **fortgesetzt schädigt** (z. B. anerkannt bei einem Schaden von 6 Millionen DM) und dadurch dessen **wirtschaftliche Grundlage gefährdet** (*BGH* (25.11.1996 NZA-RR 1997, 147).

2802 – Gleiches gilt, wenn der Arbeitnehmer **erhebliche immaterielle Schäden** des Arbeitgebers verbunden mit einer Schädigung der Allgemeinheit verursacht, z. B. durch die **langjährige Bestechlichkeit** eines für Führerscheinprüfungen zuständigen TÜV-Sachverständigen. Das *LAG Köln* (12.6.1997 NZA-RR 1998, 7) hat im konkret entschiedenen Einzelfall zudem angenommen, dass die Erklärung des Widerrufs bereicherungsrechtlich auch Wirkungen für die Vergangenheit entfaltet.

2803 – Unverfallbare Versorgungsansprüche eines Sparkassendirektors können nicht durch eine Vertragsklausel entzogen werden, nach der der Begünstigte jede Versorgung verliert, wenn er nach Ablauf der Amtsperiode eine **Wiederbestellung ablehnt** (*BGH* 29.5.2000 NZA 2001, 266).

2804 – Der Widerruf einer Versorgungszusage kann auch **nur teilweise gerechtfertigt** sein. Hat ein Arbeitnehmer seine Vertragspflichten **vorsätzlich gröblichst verletzt**, seinen Arbeitgeber dadurch geschädigt und ist eine außerordentliche Kündigung nur unterblieben, weil der Arbeitnehmer dies erfolgreich vertuscht hat, so kann der Widerruf der Versorgungszusage jedenfalls ab diesem Zeitpunkt gerechtfertigt sein (*Hessisches LAG* 31.5.2000 LAGE § 1 BetrAVG Rechtsmissbrauch Nr. 4).

gggg) Einzelvertraglich vereinbarte weitergehende Widerrufsrechte

2805 Eine nach **§ 1 b BetrAVG** unverfallbar gewordene Versorgungsanwartschaft kann wegen Treuepflichtverletzung des Arbeitnehmers nur noch dann widerrufen werden, wenn eine **unzulässige Rechtsausübung** gegeben ist (s. o. C/Rz. 2791 ff.). **Weitergehende vertraglich vereinbarte Widerrufsrechte wegen Vertragsverletzungen sind dagegen unwirksam** (*BAG* 3.4.1990 EzA § 1 BetrAVG Rechtsmissbrauch Nr. 2).

C. Der Inhalt des Arbeitsverhältnisses

(5) Einzel- und kollektivvertragliche Änderungen von Versorgungszusagen
Einvernehmlichen Änderungen der Versorgungszusage sind durch die zwingen- 2806
den Bestimmungen des BetrAVG in erheblichem Maße Grenzen gesetzt (s. u.
C/Rz. 2858 ff.).

aaa) Das Verhältnis von vertraglicher Einheitsregelung zur Betriebsvereinbarung

aaaa) Grundlagen
Da Versorgungszusagen häufig durch vertragliche Einheitsregelungen erteilt werden, 2807
stellt sich in der Praxis die Frage, **ob sie trotz des Günstigkeitsprinzips durch eine
(verschlechternde) Betriebsvereinbarung ersetzt werden können** (vgl. *Griebeling*
Rz. 868 ff.). Dies hat für den Arbeitgeber insbesondere den Vorteil, dass bei Widerspruch der betroffenen Arbeitnehmer nicht der Ausspruch von Massenänderungskündigungen erforderlich ist, deren soziale Rechtfertigung zudem zweifelhaft sein kann.
Das *BAG* (8.12.1981 EzA § 242 BGB Ruhegeld Nr. 96) hat zunächst angenommen, 2808
dass eine betriebliche Versorgungsordnung in Form einer vertraglichen Einheitsregelung durch eine Betriebsvereinbarung ersetzt werden kann, und zwar auch zum
Nachteil der Arbeitnehmer. Zu beachten seien allerdings die Grundsätze von Recht
und Billigkeit sowie der Vertrauensschutzgedanke.
Es hat diese Grundsätze dann (*BAG* 12.8.1982 EzA § 77 BetrVG 1972 Nr. 9) da- 2809
hin präzisiert, dass durch Betriebsvereinbarungen nach § 88 BetrVG – im Gegensatz
zu Betriebsvereinbarungen nach § 87 Abs. 1 BetrVG – in entgegenstehende oder
weitergehende einzelvertragliche Rechte zu Lasten der Arbeitnehmer nur dann
eingegriffen werden könne, wenn die Einzelarbeitsverträge unter dem Vorbehalt einer
ablösenden Betriebsvereinbarung stehen, also »betriebsvereinbarungsoffen« sind.
Aufgrund eines Vorlagebeschlusses (*BAG* 8.12.1982 EzA § 77 BetrVG 1972 Nr. 11) hat 2810
der **Große Senat des *BAG*** (16.9.1986 EzA § 77 BetrVG 1972 Nr. 17) schließlich folgende **Grundsätze** aufgestellt:

- Vertraglich begründete Ansprüche der Arbeitnehmer auf Sozialleistungen (also auch auf Leistungen der betrieblichen Altersversorgung), die auf eine vom Arbeitgeber gesetzte Einheitsregelung oder eine Gesamtzusage zurückgehen, können durch eine nachfolgende Betriebsvereinbarung in den Grenzen von Recht und Billigkeit beschränkt werden, wenn die Neuregelung insgesamt bei kollektiver Betrachtung – bezogen auf die Belegschaft insgesamt, nicht aber auf den einzelnen Arbeitnehmer – nicht ungünstiger ist.
- Ist demgegenüber die nachfolgende Betriebsvereinbarung insgesamt ungünstiger, ist sie nur zulässig, soweit der Arbeitgeber wegen eines vorbehaltenen Widerrufs oder Wegfalls der Geschäftsgrundlage die Kürzung oder Streichung der Sozialleistungen verlangen kann.
- Es kommt nicht darauf an, ob die in einer solchen Betriebsvereinbarung geregelten Angelegenheiten der erzwingbaren Mitbestimmung unterliegen (§ 87 Abs. 1 BetrVG) oder nur als freiwillige Betriebsvereinbarungen (§ 88 BetrVG) zustande kommen.

Wurden vor dieser Entscheidung des Großen Senats auf vertraglicher Grundlage
eingeführte betriebliche Versorgungsordnungen durch Betriebsvereinbarungen
abgelöst und die Rechte der Arbeitnehmer insgesamt bei kollektiver Betrachtung
verschlechtert, so kann im Einzelfall gleichwohl die Wirksamkeit der Neuregelung

zu bejahen sein, wenn die Betriebspartner auf die Geeignetheit des Ablösungsmittels (Betriebsvereinbarung) vertrauen durften und die Neuregelung ihrerseits einer inhaltlichen Kontrolle unter den Gesichtspunkten der Verhältnismäßigkeit und des Vertrauensschutzes standhält (*BAG* 20.11.1990 EzA § 77 BetrVG 1972 Nr. 38).

2811 Jedenfalls **bis zum Bekanntwerden der Entscheidung vom 12.8.1982** (*BAG* 12.8.1982 EzA § 77 BetrVG 1972 Nr. 9) durften die Betriebspartner davon ausgehen, dass eine Betriebsvereinbarung ein geeignetes rechtliches Mittel sei, eine auf einer Gesamtzusage oder einer vertraglichen Einheitsregelung beruhende (vertragliche) Versorgungsregelung abzulösen und insgesamt ungünstiger zu gestalten (*BAG* 20.11.1990 EzA § 77 BetrVG 1972 Nr. 38).

2812 Aufgrund der vom Großen Senat aufgestellten Grundsätze kann **nunmehr** durch Betriebsvereinbarung **auch der bereits erdiente Teilwert geschmälert werden** (s. o. C/Rz. 2770), um eine auf einer vertraglichen Einheitsregelung beruhende planwidrig eingetretene Überversorgung abzubauen. Denn das Vertrauen rentennaher Arbeitnehmer auf eine Gesamtversorgung von mehr als **100% des letzten Nettoeinkommens** ist in einem solchen Fall nicht schutzwürdig.

2813 Eine Begrenzung der Gesamtversorgung auf 100% der letzten Nettobezüge als aktiver Arbeitnehmer verstößt auch nicht deshalb gegen das Übermaßverbot, weil bei der Berechnung der maßgeblichen Bezüge das dem aktiven Arbeitnehmer gezahlte Urlaubsgeld unberücksichtigt bleibt (*BAG* 9.4.1991 EzA § 1 BetrAVG Ablösung Nr. 5).

bbbb) Wegfall der Geschäftsgrundlage

2814 Wenn der Arbeitgeber wegen des von ihm behaupteten Wegfalls der Geschäftsgrundlage eines durch Gesamtzusage errichteten Versorgungswerks eine verschlechternde Neuregelung schaffen will, ist die **Einigungsstelle** zuständig, falls sich Arbeitgeber und Betriebsrat nicht einigen. **Der Betriebsrat darf seine Mitwirkung an einer Neuregelung nicht verweigern.** Er muss mit dem Arbeitgeber notfalls unter dem Vorbehalt der vertragsrechtlich zulässigen Umsetzung der Regelung verhandeln (*BAG* 23.9.1997 DB 1998, 779).

Die Frage, ob die Geschäftsgrundlage tatsächlich weggefallen ist, ist entscheidend für den Umfang der der Einigungsstelle zustehenden **Regelungsbefugnis**. Ist sie weggefallen, kann die Einigungsstelle eine vorbehaltlose Neuregelung treffen.

2815 Die Geschäftsgrundlage ist weggefallen, wenn
- sich die zugrunde gelegte **Rechtslage** nach Erteilung der Zusage **ganz wesentlich und unerwartet geändert** hat und dies beim Arbeitgeber zu **erheblichen Mehrbelastungen** geführt hat;
- der bei der Versorgungszusage erkennbare **Versorgungszweck** dadurch **verfehlt** wird, dass die unveränderte Anwendung der Zusage zu einer gegenüber dem ursprünglichen Versorgungsziel planwidrig eintretenden **Überversorgung** führen würde.

In derartigen Fällen kann die anpassende Neuregelung auch **in zeitanteilig erdiente Besitzstände** eingreifen. Sie muss sich dabei an den Zielen der ursprünglichen Regelung orientieren, auf deren Einhaltung die Arbeitnehmer vertrauen durften (*BAG* 23.9.1997 DB 1998, 779; krit. dazu *Schmidt* SAE 1998, 298 ff.).

bbb) Ablösung einer Betriebsvereinbarung durch eine neue Betriebsvereinbarung

aaaa) Grundlagen
Wird eine Betriebsvereinbarung abgeschlossen, die eine ältere Betriebsvereinbarung ablösen soll, so gilt nicht das Günstigkeitsprinzip, sondern die **Zeitkollisionsregel: Die jüngere Norm ersetzt die ältere.**
Bei der Änderung steht den Betriebsparteien zwar ein **Regelungsspielraum** zu. Führt die ablösende Betriebsvereinbarung jedoch zu einer Kürzung von Versorgungsanwartschaften, unterliegt sie einer Billigkeits- und Rechtskontrolle. Abzuwägen sind die Änderungswünsche gegen die Bestandsschutzinteressen der betroffenen Arbeitnehmer. Die Grundsätze der **Verhältnismäßigkeit** und des **Vertrauensschutzes** sind zu beachten. Je stärker in Besitzstände eingegriffen wird, desto schwerer müssen die Änderungsgründe sein (*BAG* 22.5.1990 EzA § 1 BetrAVG Nr. 2). Auch insoweit gilt die sog. Drei-Stufen-Theorie (*BAG* 17.3.1987 EzA § 1 BetrAVG Nr. 48; 23.10.1990 EzA § 1 BetrAVG Ablösung Nr. 4; s. o. C/Rz. 2770; vgl. auch *LAG Hamm* 17.12.1996 NZA-RR 1997, 183; *Langohr-Plato* BB 2000, 1885 ff.; abl. *Roßmanith* DB 1999, 634 ff.).
Der Vertrauensschutz ist jedoch dann nicht besonders hoch zu veranschlagen, wenn die beim Eintritt des Arbeitnehmers geltende Versorgungsordnung noch wirksam die Möglichkeit zum **Widerruf »nach freiem Belieben«** vorsah (vgl. *BAG* 14.12.1956 1 AZR 531/55). Die Einführung einer zeit-ratierlichen Kürzung bei vorzeitigem Ausscheiden und eines versicherungsmathematischen Abschlags bei vorzeitiger Inanspruchnahme durch eine nachfolgende Betriebsvereinbarung in eine ursprünglich als frei widerruflich konzipierte Versorgungsordnung hält der Billigkeitskontrolle nach Auffassung des *LAG Köln* (30.1.1998 LAGE § 1 BetrAVG Betriebsvereinbarung Nr. 2) deshalb stand.

Wenn durch Änderung einer Betriebsvereinbarung die betriebliche Altersversorgung von Rentenleistungen auf **Kapitalleistungen umgestellt** wird, rechtfertigt es dies andererseits jedoch noch nicht, eine Hinterbliebenenversorgung in der neuen Betriebsvereinbarung dahingehend zu beschränken, dass sie nur noch beim Tode eines **Versorgungsanwärters** und nicht mehr beim Tode eines **Betriebsrentners** gewährt wird (*BAG* 21.11.2000 EzA § 1 BetrAVG Ablösung Nr. 26).

Diese Grundsätze gelten an sich auch für Betriebsvereinbarungen, in denen eine **Rentenanpassung** entsprechend der Entwicklung der tariflichen Entgelte und der aktiven Arbeitnehmer **ersetzt wird** durch eine Regelung, nach der die Betriebsrente nur noch entsprechend der **Entwicklung der Lebenshaltungskosten** steigt.
Auf einen solchen nur die Rentenentwicklung betreffenden Eingriff sind aber nicht die konkretisierenden Grundsätze anzuwenden, die für den Eingriff in Versorgungsanwartschaften entwickelt worden sind. Der Eingriff ist regelmäßig bereits dann gerechtfertigt und rechtswirksam, wenn es für ihn **sachlich nachvollziehbare** und **Willkür ausschließende Gründe** gibt (*BAG* 16.7.1996 EzA § 1 BetrAVG Ablösung Nr. 13; 26.8.1997 EzA § 1 BetrAVG Ablösung Nr. 17).

Für die Umstellung des **Zahlungstermins** einer Betriebsrente (vom Anfang auf das Ende des Monats) in einer Betriebsvereinbarung genügen sachliche Gründe (*BAG* 23.9.1997 EzA § 1 BetrAVG Ablösung Nr. 14).

Der unverfallbare Teil der Anwartschaft ist ferner nach **§ 7 Abs. 2 BetrAVG** gegen die Insolvenz des Arbeitgebers geschützt. Dieser Schutz wird nicht dadurch geschmälert, dass eine ablösende Betriebsvereinbarung schon vor dem Insolvenzfall verringerte

C. Der Inhalt des Arbeitsverhältnisses

Steigerungsraten und dadurch eine gekürzte Vollrente einführt (*BAG* 12.3.1991 EzA § 2 BetrAVG Nr. 11).

2820 Sehen die Betriebspartner von einem ausnahmsweise möglichen Eingriff in zeitanteilig erdiente Besitzstände ab, kann auch der **PSV keine entsprechenden Abschläge** vornehmen, wenn er aufgrund einer späteren Insolvenz anstelle des Arbeitgebers in Anspruch genommen wird (*BAG* 22.9.1987 EzA § 1 BetrAVG Ablösung Nr. 1, 21.3.2000 NZA 2001, 387; vgl. dazu *Höfer* RdA 2001, 121 ff.).

bbbb) Rechtslage im Verhältnis des Arbeitgebers zu Ruheständlern

2821 Eine Betriebsvereinbarung über betriebliche Ruhegelder, die Einschränkungen der betrieblichen Leistungen vorsieht, **wirkt nicht** hinsichtlich derjenigen früheren Arbeitnehmer, die beim In-Kraft-Treten der neuen Betriebsvereinbarung **bereits im Ruhestand leben** und Bezüge nach einer früheren Regelung erhalten.
Mit seinem Ausscheiden erwirbt der Arbeitnehmer, dessen Ansprüche auf einer Betriebsvereinbarung beruhen, gegen den Arbeitgeber einen selbstständigen schuldrechtlichen Anspruch. Dieser Anspruch besteht über die Geltungsdauer der Betriebsvereinbarung hinaus (*BAG* 25.10.1988 EzA § 77 BetrVG 1972 Nr. 26).

Beispiel:
2822 Gewährt eine Betriebsvereinbarung Ansprüche auf **Beihilfen** im Krankheitsfall gleichermaßen für aktive Arbeitnehmer und Pensionäre, so kann eine ablösende Betriebsvereinbarung nicht mehr in die Besitzstände derjenigen Pensionäre eingreifen, die sich bei In-Kraft-Treten der ablösenden Regelung bereits im **Ruhestand** befanden. Denn diese erwerben bei Eintritt in den Ruhestand einen entsprechenden Individualanspruch, der betrieblicher Gestaltung nur noch insoweit zugänglich ist, als auch die aktive Belegschaft Kürzungen hinnehmen muss (*BAG* 13.5.1997 EzA § 77 BetrVG 1972 Ruhestand Nr. 1; hinsichtlich der Begründung krit. dazu *Waltermann* NZA 1998, 505 ff.).

ccc) Ablösung einer vertraglichen Einheitsregelung durch einen Tarifvertrag

2823 Gegen die Ablösung von Versorgungszusagen, die auf einer betrieblichen Einheitsregelung beruhen, durch einen Tarifvertrag bestehen jedenfalls dann **keine Bedenken**, wenn in dem Tarifvertrag die vertraglich **bereits erworbenen Rechte** aufrechterhalten und die Leistungen **insgesamt verbessert werden** (*BAG* 16.2.1993 EzA § 87 BetrVG 1972 Lohngestaltung Nr. 41).

ddd) Ablösung eines Tarifvertrages durch einen neuen Tarifvertrag

2824 Eine betriebliche Altersversorgung, die aufgrund eines Tarifvertrages zu gewähren ist, steht unter dem Vorbehalt von dessen Änderung. Im Verhältnis von zwei aufeinander folgenden Tarifverträgen gilt die **Zeitkollisionsregel**. Die Tarifvertragsparteien können eine Tarifnorm sowohl **zugunsten wie auch zum Nachteil des betroffenen Arbeitnehmers ändern**. Die jüngere Norm ersetzt die ältere.
Das gilt im Zweifel auch dann, wenn der Versorgungsfall bereits eingetreten ist. Möglich sind auch Änderungen durch einen neuen Tarifvertrag zum Nachteil der Versorgungsempfänger.

2825 Verschlechternde Tarifverträge sind von den Gerichten nur daraufhin zu überprüfen, ob sie gegen das Grundgesetz, gegen zwingendes Gesetzesrecht, gegen die guten Sitten oder gegen tragende Grundsätze des Arbeitsrechts verstoßen.

C. Der Inhalt des Arbeitsverhältnisses

Eingriffe in bestehende Versorgungsrechte müssen jedoch den Grundsätzen der **Verhältnismäßigkeit** und des **Vertrauensschutzes** genügen (s. o. C/Rz. 2770).

Beispiele:
– Soll eine planwidrig eingetretene Überversorgung abgebaut werden, darf auch in Ansprüche auf Zahlung der laufenden Rente eingegriffen werden. 2826
Die Belange der Bezieher einer dynamischen Rente werden hinreichend geschützt, wenn die Umstellung schrittweise so vorgenommen wird, dass Lohnerhöhungen der aktiven Arbeitnehmer solange nicht zur Anpassung der Rente führen, bis der Betrag der nettolohnbezogenen Obergrenze erreicht ist (*BAG* 24.8.1993 EzA § 1 BetrAVG Ablösung Nr. 10).
– Die Tarifvertragsparteien können auch, um einen stärkeren Abbau der Überversorgung zu erreichen, frühere **Besitzstandsregelungen verschlechtern** (*BAG* 20.2.2001 EzA § 1 BetrAVG Ablösung Nr. 24). 2827

(6) Besitzstandsschutz

aaa) Grundlagen
Selbst dann, wenn Änderungen der Versorgungszusagen möglich sein sollten, ist aufgrund des Entgeltcharakters der betrieblichen Altersversorgung der vom Arbeitnehmer bis zum Ablösungsstichtag erworbene Besitzstand zu schützen. 2828
Erdiente Versorgungsanwartschaften sind grds. als Gegenleistung für bereits erbrachte Betriebstreue ähnlich schützenswert wie **Eigentumspositionen** vor entschädigungslosen Enteignungen. Dabei ist nicht zu unterscheiden zwischen verfallbaren und unverfallbaren Anwartschaften; ein Eingriff in die erdiente Anwartschaft ist nur in seltenen Ausnahmefällen aus zwingenden Gründen möglich (zur Drei-Stufen-Theorie s. o. C/Rz. 2770).

bbb) Berechnung des bereits erdienten Teilwertes
Für die Berechnung des bereits erdienten Teilwertes ist auf das ratierliche Berechnungsverfahren gem. **§ 2 BetrAVG** zurückzugreifen (*BAG* 8.12.1981 EzA § 242 BGB Ruhegeld Nr. 97; 17.4.1985 EzA § 1 BetrAVG Unterstützungskasse Nr. 2; s. u. C/Rz. 2910 ff.). 2829

ccc) Anwartschaftsdynamik
Wird in einer Versorgungszusage eine Altersversorgung ausschließlich in **Abhängigkeit vom letzten Einkommen** zugesagt, **so steigt der zukünftige Betriebsrentenanspruch mit jeder Einkommenserhöhung. Diese Anwartschaftsdynamik genießt gleichfalls einen besonderen Vertrauensschutz.** 2830

> Der über § 2 BetrAVG hinausgehende Anwartschaftsbetrag wird noch einmal in eine sog. zeitanteilig erdiente Dynamik und Steigerungsbeträge unterteilt, die ausschließlich von der weiteren Betriebszugehörigkeit des Arbeitnehmers abhängen (*BAG* 18.4.1989 EzA § 1 BetrAVG Unterstützungskasse Nr. 7).

Der Schutz des Berechnungsfaktors »ruhegehaltsfähiges Entgelt« bei dynamischen Versorgungssystemen beruht darauf, dass nicht die fortdauernde Betriebstreue vergü- 2831 tet, sondern der **Versorgungsbedarf flexibel erfasst wird**. Im Gegensatz zur dienstzeitabhängigen Steigerungsrate ist eine solche lohn- oder gehaltsabhängige Dynamik, soweit hierfür bereits Betriebstreue geleistet worden ist, im Zeitpunkt der Ablösung bereits erdient.

2832 Eingriffe in diese erdiente Dynamik, die denkbar sind z. B. durch Festschreibung des ruhegehaltsfähigen Einkommens auf den Neuordnungsstichtag oder bei Veränderung der Definition des ruhegehaltsfähigen Einkommens, kommen nur bei Vorliegen triftiger Gründe in Betracht.

Liegen sie nicht vor, ist der Teilwert des § 2 BetrAVG entsprechend der ursprünglich zugesagten Gehaltsentwicklung zu steigern (krit. dazu *Loritz* Anm. zu *BAG* 17.4.1985 EzA § 1 BetrAVG Unterstützungskasse Nr. 2, ZfA 1989, 1 ff.; *Blomeyer* SAE 1986, 98, RdA 1986, 81; zust. *Griebeling* NZA 1989 Beil. Nr. 3, S. 33; zur Drei-Stufen-Theorie s. o. C/Rz. 2770).

ddd) Eingriffe in dienstzeitabhängige Steigerungsbeträge
2833 Sachliche Gründe zur Änderung der Versorgungszusage berechtigen den Arbeitgeber lediglich zu Eingriffen in dienstzeitabhängige Steigerungsbeträge (zur 3-Stufen-Theorie s. o. C/Rz. 2770).
Er muss nachvollziehbar erkennen lassen, welche Umstände und Erwägungen ihn zur Änderung der Versorgungszusage bewogen haben (*BAG* 17.4.1985 EzA § 1 BetrAVG Unterstützungskasse Nr. 2).

eee) Besonderheiten bei Unterstützungskassen
2834 Der Ausschluss des Rechtsanspruchs bei Unterstützungskassen ist nur als Vorbehalt des Widerrufs aus sachlichen Gründen anzuerkennen. Es gelten die Grundsätze des Vertrauensschutzes und der Verhältnismäßigkeit (*BAG* 17.4.1985 EzA § 1 BetrAVG Unterstützungskasse Nr. 1; 23.4.1985 EzA § 1 BetrAVG Unterstützungskasse Nr. 2; 22.4.1986 EzA § 1 BetrAVG Unterstützungskasse Nr. 3; 18.4.1989 EzA § 1 BetrAVG Unterstützungskasse Nr. 7; 17.11.1992 EzA § 1 BetrAVG Unterstützungskasse Nr. 10; zur 3-Stufen-Theorie C/Rz. 2770).

Steht die verschlechternde Versorgungsregelung der Unterstützungskasse erkennbar im Zusammenhang mit dem Angebot einer neuen zusätzlichen Versorgung, so kann die ausdrückliche Annahme dieses Angebots als stillschweigende Zustimmung zu den gleichzeitigen Verschlechterungen zu verstehen sein (*BAG* 17.4.1985 EzA § 1 BetrAVG Unterstützungskasse Nr. 2).

bb) Wechsel des Versorgungsschuldners
2835 Zu den Rechtsfragen, die durch den Wechsel des Versorgungsschuldners durch Gesamtrechtsnachfolge, rechtsgeschäftliche Schuldübernahme und Betriebsübergang auftreten, s. u. C/Rz. 3410 ff.

C. Der Inhalt des Arbeitsverhältnisses

cc) Die (persönliche) Haftung von Unternehmern für betriebliche Versorgungsverpflichtungen

(1) Normative Grundlagen
Schuldner der Versorgungsverpflichtung ist der **Arbeitgeber**, bei einem Unternehmen also der Träger des Unternehmens (vgl. *Griebeling* Rz. 631 ff.). Dies ist bei Einzelkaufleuten dieser selbst; seine Haftung beschränkt sich nicht auf das Betriebsvermögen (*BAG* 5.11.1965 AP Nr. 4 zu § 242 BGB Ruhegehalt). Gesellschafter einer OHG und Komplementär einer KG haften im Gegensatz zu Gesellschaftern einer Kapitalgesellschaft (z. B. einer GmbH) unmittelbar mit ihrem Privatvermögen; dagegen haften Kommanditisten nur beschränkt bis zur Höhe ihrer Einlage (§§ 128 ff., 161 Abs. 1, 171 ff. HGB, § 278 AktG).

2836

(2) Haftung des persönlich haftenden Gesellschafters (§ 128 HGB)

aaa) Grundlagen
Gem. § 128 HGB haftet der persönlich haftende Gesellschafter für Versorgungsverbindlichkeiten, die vor oder während seiner Zugehörigkeit zur Gesellschaft begründet worden sind.

2837

> Da unerheblich für die Entstehung ist, ob bestimmte tatsächliche Umstände oder der Eintritt einer Bedingung fehlen, entsteht ein Anspruch bereits mit Erteilung der Versorgungszusage, nicht erst mit Eintritt des Versorgungsfalles oder Fälligkeit der einzelnen Betriebsrentenzahlungen (*BAG* 28.11.1989 EzA § 128 HGB Nr. 5).

bbb) Verjährung bei Ausscheiden aus der Gesellschaft
Scheidet ein Gesellschafter aus einer Personengesellschaft aus, so verjähren gem. § 159 Abs. 1 HGB die Ansprüche aus Verbindlichkeiten der Gesellschaft 5 Jahre nach Eintragung des Ausscheidens des Gesellschafters in das Handelsregister. Wird der Anspruch erst nach der Eintragung fällig, so beginnt die Verjährung mit dem Zeitpunkt der Fälligkeit, **§ 159 Abs. 3 HGB**.

2838

Da Ansprüche aus Versorgungsverbindlichkeiten bereits mit der Erteilung der Versorgungszusage entstehen (s. o. C/Rz. 2836), wäre der ehemals persönlich haftende Gesellschafter u. U. **noch Jahrzehnte nach seinem Ausscheiden** dem Risiko einer Haftung für Verbindlichkeiten der Personengesellschaft ausgesetzt, auch wenn die Einzelansprüche aus dem Ruhestandsverhältnis erst lange nach dem Ausscheiden aus der Gesellschaft fällig werden.

2839

ccc) Entwicklung der Rechtsprechung
Davon ist das *BAG* (21.7.1977 EzA § 128 HGB Nr. 1) zunächst auch ausgegangen. Sodann hat es (*BAG* 3.5.1983 EzA § 1 BetrAVG Nr. 25) angenommen, dass § 159 HGB auf die besonderen Haftungsprobleme bei Dauerschuldverhältnissen nicht zugeschnitten ist und daher eine auszufüllende **Regelungslücke** vorliegt. Dieser Auffassung hat sich der *BGH* (19.5.1983 AP Nr. 5, 6, 7 zu § 128 HGB) angeschlossen.

2840

> Ist – wie bei Arbeits- und Ruhestandsverhältnissen – eine Kündigung für den Gläubiger unzumutbar bzw. unmöglich, so haftet der ehemalige Personengesellschafter bei Dauerschuldverhältnissen nicht für solche Ansprüche, die erst 5 Jahre

2841

C. Der Inhalt des Arbeitsverhältnisses

nach seinem Ausscheiden fällig werden. Werden sie innerhalb der 5-Jahresfrist fällig, verbleibt es bei der 5-jährigen Verjährungsfrist des § 159 Abs. 2 HGB, sodass ausgeschiedene Personengesellschafter maximal bis zu einem Zeitraum von zehn Jahren im Risiko bleiben.
Diese Haftungsbegrenzung wird aber nicht auf ehemalige persönlich haftende Gesellschafter ausgedehnt, die als Kommanditisten in der Gesellschaft verbleiben und die Geschäfte der KG als Geschäftsführer einer Komplementär-GmbH weiterführen (*BGH* 19.5.1983 AP § 128 HGB Nr. 6).
Entsprechendes gilt dann, wenn der ausgeschiedene persönlich haftende Gesellschafter weiterhin in der Lage ist, die Geschicke der KG zu bestimmen.

2842 Unklar ist allerdings, ob hierzu die Stellung als Geschäftsführer der Komplementär-GmbH erforderlich ist, oder die Position eines Mehrheitsgesellschafters ausreicht (vgl. *BAG* 3.5.1983 EzA § 1 BetrAVG Nr. 25; 28.11.1989 EzA § 128 HGB Nr. 5).
Jedenfalls führt ein Zurücktreten in die Kommanditistenstellung ohne die Übernahme von Geschäftsführungsbefugnissen zur Enthaftung nach fünf Jahren (*BGH* 19.5.1983 AP § 128 HGB Nr. 7).

2843 Gehen die Gesellschaftsanteile ohne Liquidation der Gesellschaft auf eine Person über, so haftet der Übernehmer für die Schulden der Gesellschaft aber jedenfalls nicht als früherer Gesellschafter, sondern als neuer Schuldner der Gesellschaftsgläubiger (*BAG* 24.3.1998 EzA § 25 HGB Nr. 3; *BGH* 10.12.1990 AP Nr. 1 zu § 27 HGB).

ddd) Das Nachhaftungsbegrenzungsgesetz

2844 Für alle **nach dem 26.3.1994 begründeten Verbindlichkeiten** gelten nunmehr bei Änderungen des Haftungsstatus des persönlich haftenden Unternehmers die Regelungen des Nachhaftungsbegrenzungsgesetzes (Gesetz vom 28.10.1994 BGBl. I S. 3210).

2845 Im Kern wird danach die fünfjährige Verjährungsfrist der alten gesetzlichen Vorschriften in Erweiterung der Rechtsprechungslösung durch BAG und BGH durch eine **Haftungsausschlussfrist von fünf Jahren** abgelöst (vgl. *LAG Düsseldorf* 14.12.2000 NZA-RR 2001, 406).

Dies ergibt sich nunmehr
– für die Haftung des aus der OHG ausgeschiedenen Gesellschafters aus § 160 Abs. 1, 2 HGB n. F.,
– für den Wechsel des persönlich haftenden Gesellschafters in die Kommanditistenstellung aus § 160 Abs. 3, 1 HGB n. F.,
– für den Fall des Wechsels vom persönlich haftenden Gesellschafter zum geschäftsführenden Kommanditisten einer GmbH & Co KG aus § 160 Abs. 3 S. 2 HGB n. F.,
– für den früheren Inhaber, dessen Handelsgeschäft unter Beibehaltung der Firma vom Erwerber fortgeführt wird, aus § 26 HGB n. F.,
– für den Einzelkaufmann, der in die Stellung eines Kommanditisten überwechselt, aus § 28 Abs. 3 i. V. m. § 26 HGB n. F.,
– für die Enthaftung bei Umwandlung einer Personenhandelsgesellschaft in eine Kapitalgesellschaft aus §§ 45, 49 Abs. 4 UmwG n. F.,

C. Der Inhalt des Arbeitsverhältnisses

- für die Enthaftung bei Umwandlung eines Einzelunternehmens in eine Kapitalgesellschaft aus §§ 56, 56 f Abs. 2 UmwG n. F., sowie
- für den ausgeschiedenen Gesellschafter einer BGB-Gesellschaft aus § 736 Abs. 2 BGB n. F.

Offen ist, ob das Nachhaftungsbegrenzungsgesetz auch den Fall der Auflösung der BGB-Gesellschaft erfasst (vgl. *Höfer* ART Rz. 978.5).

Das Nachhaftungsbegrenzungsgesetz gilt **ohne Einschränkung** für die Fälle, in denen die Verbindlichkeit **nach dem 26.3.1994 entstanden** ist und der **Wechsel in der Unternehmerstellung** ebenfalls nach diesem Zeitpunkt in der dem jeweiligen Unternehmen entsprechenden Form durch Eintragung in das Handelsregister (bzw. durch Information der Gläubiger bei der BGB-Gesellschaft) **publiziert** worden ist. 2846

Für Fälle, in denen der Wechsel im Haftungsstatus nach dem 26.3.1994 eintritt, aber bereits zuvor begründete Verpflichtungen (Altverbindlichkeiten) bestehen, sehen Art. 35 ff. EGHGB, § 65 a Abs. 2 UmwG n. F. **Übergangsregelungen** vor. 2847

eee) Weitergeltung alten Rechts
Nach wie vor anwendbar sind die von der Rechtsprechung des BAG und des BGH entwickelten Rechtsgrundsätze für die Fälle, in denen persönlich haftende Unternehmer auch nach In-Kraft-Treten des Nachhaftungsbegrenzungsgesetzes nicht von dessen Schutzbereich erfasst werden und es daher bei der Haftung nach dem alten Recht verbleibt. 2848

Das gilt insbesondere 2849
- bei der **Auflösung der Personenhandelsgesellschaft** sowie
- für die Haftung für Altverbindlichkeiten aus **laufenden Versorgungsverhältnissen** und gegenüber mit **unverfallbarer Anwartschaft Ausgeschiedenen**, wenn das Ausscheiden oder der Wechsel des Gesellschafters vor dem 26.3.1994 in das Handelsregister eingetragen worden ist (vgl. ausf. *Höfer* ART Rz. 975 ff.).

(3) Haftung im Konzern
Auch ohne Abschluss eines Beherrschungs- oder Gewinnabführungsvertrages haftet das herrschende Unternehmen für Verbindlichkeiten des beherrschten Unternehmens, wenn ein **qualifiziert faktischer Konzern** (§ 303 AktG) vorliegt. Voraussetzung dafür ist, dass das beherrschende Unternehmen die Geschäfte des beherrschten Unternehmens **dauernd und umfassend geführt** hat. 2850

Im Einzelfall kann auch der Allein- oder Mehrheitsgesellschafter einer GmbH, der gleichzeitig deren alleiniger Geschäftsführer ist und sich außerdem als Einzelkaufmann unternehmerisch betätigt, für Versorgungsansprüche eines Arbeitnehmers gegen die vermögenslos gewordene und im Handelsregister gelöschte GmbH nach den Haftungsregeln des qualifiziert faktischen Konzerns haften (*BAG* 6.10.1992 EzA § 303 AktG Nr. 3; s. o. A/Rz. 293 ff.). 2851

dd) Verfügungen des Arbeitnehmers über Versorgungsansprüche

(1) Grundlagen
Die Aufhebung einer Versorgungszusage kann außer durch einseitige Maßnahmen des Arbeitgebers in nur sehr beschränktem Umfang durch Verfügung des Arbeitneh- 2852

C. Der Inhalt des Arbeitsverhältnisses

mers geschehen. Für eine Anwartschaft, die der Arbeitnehmer nach § 1 b Abs. 1–3, 5 BetrAVG bei Beendigung des Arbeitsverhältnisses behält, kann ihm mit Zustimmung des Arbeitnehmers eine einmalige Abfindung gewährt werden, wenn die Voraussetzungen des § 3 Abs. 1 S. 2–6 BetrAVG gegeben sind (**§ 3 Abs. 1 S. 1 BetrAVG**; vgl. dazu unten C/Rz. 2952 ff.).

2853 Durch diese zwingende Regelung werden Aufhebungs-, Abfindungs- oder Erlassverträge in ihrer Wirksamkeit beschränkt. Aus § 3 BetrAVG ergibt sich zudem, dass ein Arbeitnehmer auf eine Versorgungsanwartschaft, die schon nicht abgefunden werden darf, erst recht nicht verzichten kann (*BAG* 22.9.1987 EzA § 3 BetrAVG Nr. 2; s. u. C/Rz. 2952 ff.).

(2) Verzicht auf eine unverfallbare Anwartschaft während eines laufenden Arbeitsverhältnisses?

2854 Fraglich ist, ob während eines laufenden Arbeitsverhältnisses auf eine unverfallbare Anwartschaft verzichtet werden darf.
Einerseits hat das *BAG* (20.10.1987 EzA § 1 BetrAVG Nr. 51) einen Verzichtsvertrag 1 1/2 Jahre vor Beendigung des Arbeitsverhältnisses für **unwirksam** erachtet.
Andererseits (*BAG* 14.8.1990 EzA § 17 BetrAVG Nr. 5) ist es davon ausgegangen, dass § 3 BetrAVG zwar nicht nur die Abfindung, sondern auch den entschädigungslosen Erlass einer Versorgungsanwartschaft verbietet, dass dies aber **nicht für fortbestehende Arbeitsverhältnisse** gilt. § 3 BetrAVG verbietet danach Abfindungen und Erlassverträge nur, wenn sie in einem Zusammenhang mit der Beendigung des Arbeitsverhältnisses stehen. Voraussetzung für seine Anwendung ist, dass bei Beendigung des Arbeitsverhältnisses der Versorgungsfall noch nicht eingetreten und der Arbeitnehmer **objektiv noch Versorgungsanwärter** ist (*BAG* 21.3.2000 EzA § 3 BetrAVG Nr. 6 = NZA 2001, 1308).

(3) Abtretung, Verpfändung

2855 Der Versorgungsberechtigte kann Versorgungsansprüche und -anwartschaften abtreten und verpfänden, soweit die Ansprüche nicht unpfändbar sind (**§§ 400, 1274 Abs. 2 BGB**).
Zu beachten sind jedoch die Pfändungsfreigrenzen der **§§ 850 ff. ZPO** sowie die in vielen Versorgungsregelungen vorgesehenen (vgl. § 399 BGB) Abtretungs- und Verpfändungsverbote.

ee) Aufrechnung des Arbeitgebers

2856 Zwar findet gem. § 394 S. 1 BGB die Aufrechnung gegen eine Forderung nicht statt, soweit sie der Pfändung nicht unterworfen ist. Die Berufung eines Betriebsrentners auf dieses Verbot ist aber wegen **Rechtsmissbrauchs** nach § 242 BGB regelmäßig dann unzulässig, wenn der Arbeitgeber gegen eine Ruhegehaltsforderung mit einer Schadensersatzforderung aus **vorsätzlicher unerlaubter Handlung** aufrechnen will. Es ist aber stets anhand der **Umstände des Einzelfalles** zu untersuchen, ob und inwieweit der den gesetzlichen Aufrechnungsgrenzen zu entnehmende Sozialschutz gegenüber den schützenswerten Interessen des Geschädigten zurücktreten muss. Hierbei sind die **Interessen des Versorgungsberechtigten und seiner Angehörigen** sowie die **Interessen der Allgemeinheit** auf der einen und das **Ausgleichsinteresse des** geschädigten **Arbeitgebers** auf der anderen Seite miteinander abzuwägen (*BAG* 18.3.1997 EzA § 394 BGB Nr. 3):

- Die individuellen Schutzinteressen des Schädigers müssen jedenfalls dann zurücktreten, wenn der vorsätzlich verursachte Schaden so hoch ist, dass er ihn unter normalen Umständen nicht ausgleichen kann, falls ihm der pfändungsfreie Teil seines Einkommens verbleibt. 2857
- Im Interesse der Allgemeinheit darf der Geschädigte regelmäßig jedoch durch Aufrechnung nicht so weit in Versorgungsansprüche eingreifen, dass der Anspruchsberechtigte auf Sozialhilfe angewiesen ist, sodass die Schadensersatzansprüche bei wirtschaftlicher Betrachtungsweise teilweise aus Mitteln der öffentlichen Hand befriedigt werden. Dem Schädiger muss deshalb das Existenzminimum verbleiben, das in Anlehnung an § 850 d ZPO unter Berücksichtigung sonstiger Einkünfte zu ermitteln ist (*BAG* 18.3.1997 EzA § 394 BGB Nr. 3).

d) **Das Gesetz zur Verbesserung der betrieblichen Altersversorgung (BetrAVG)**

aa) **Unverfallbarkeit der Versorgungsanwartschaft**

(1) **Unverfallbarkeit dem Grunde nach (§ 1 b BetrAVG)**

aaa) **Begriffsbestimmung**

Eine Versorgungsanwartschaft ist unverfallbar, wenn ein Arbeitgeber die Anwartschaft auch dann aufrechterhalten muss, wenn der Arbeitnehmer vor Eintritt eines Versorgungsfalles aus dem die Grundlage des Versorgungsversprechens bildenden Arbeitsverhältnis ausscheidet (vgl. *Griebeling* Rz. 344). 2858

aaaa) **Zusagen vor dem 1.1.2001**
- Dies ist gem. § 1 Abs. 1 S. 1 BetrAVG a. F. bei Arbeitsverhältnissen, die nach dem In-Kraft-Treten des BetrAVG am 22.12.1974 (vgl. § 26 BetrAVG) beendet worden sind, dann der Fall, wenn ein Arbeitnehmer, dem eine betriebliche Altersversorgung zugesagt worden ist, **nach Vollendung des 35. Lebensjahres ausscheidet** und entweder die **Versorgungszusage** für ihn **mindestens zehn Jahre** bestanden hat oder der Beginn der **Betriebszugehörigkeit** mindestens **zwölf Jahre** zurückliegt und die **Versorgungszusage** für ihn mindestens **drei Jahre** bestanden hat (**§ 1 Abs. 1 BetrAVG** a. F.; zur Rechtslage vor In-Kraft-Treten des BetrAVG vgl. *BAG* 10.3.1972 AP Nr. 156 zu § 242 BGB Ruhegehalt). 2859
- Daneben besteht gem. § 1 Abs. 1 S. 2 BetrAVG a. F. eine zweite selbstständige Möglichkeit, eine unverfallbare Versorgungsanwartschaft zu erwerben. Voraussetzung hierfür ist eine **von einer Versorgungszusage begleitete Beschäftigungszeit beliebiger Dauer**, das **Ausscheiden des Arbeitnehmers aufgrund einer Vorruhestandsregelung** sowie die für den Arbeitnehmer sich aus der Versorgungszusage ergebende **Möglichkeit, bei Verbleib im Arbeitsverhältnis bis zum Versorgungsfall einen Betriebsrentenanspruch zu erwerben** (vgl. *BAG* 28.3.1995 EzA § 1 BetrAVG Nr. 70). 2860
- Diese Unverfallbarkeitsvoraussetzungen sind **zugunsten der Arbeitnehmer verbessert** worden, **die vor dem 1.1.2001 eine Versorgungszusage erhalten haben und die am 1.1.2001 in einem Arbeitsverhältnis standen**. Sie behalten bei einem vorzeitigen Ausscheiden ihre Anwartschaft auch dann, wenn die Versorgungszusage ab dem 1.1.2001 **fünf Jahre** bestanden hat und bei Beendigung des Arbeitsverhältnisses **das 30. Lebensjahr vollendet** ist. Diese »Altzusagen« sind also **spätes-** 2861

C. Der Inhalt des Arbeitsverhältnisses

tens am 1.1.2006 **unverfallbar** (§ 30 f. BetrAVG). Für die am 1.1.2001 aktiven Arbeitnehmer, die zwischen dem 1.1.2001 und dem 31.12.2005 ausscheiden, bleibt es dagegen bei den alten Unverfallbarkeitsvoraussetzungen (vgl. *Kemper/Kisters-Kölkes* Rz 106 f.).

bbbb) Zusagen nach dem 31.12.2000

2862 Voraussetzungen für die Unverfallbarkeit von Zusagen, die nach dem 31.12.2000 erteilt worden sind:
- die Vollendung des **Mindestalters 30, mindestens fünfjähriger Zusagebestand** (§ 1 b Abs. 1 S. 1 BetrAVG);
- das **Ausscheiden aufgrund einer Vorruhestandsregelung und die Möglichkeit, ohne das vorherige Ausscheiden die Voraussetzungen für den Bezug von Leistungen der betrieblichen Altersversorgung erfüllen zu können.**

2863 Diese Unverfallbarkeitsregeln gelten für alle Arbeitnehmer, denen **erstmals nach dem 31.12.2000** eine arbeitgeberseitige betriebliche Altersversorgung zugesagt wurde (Neuzusagen, § 30 f. BetrAVG; vgl. *Kemper/Kisters-Kölkes* Rz. 103 f.).

2864 Der Sinn dieser Regelung besteht darin, einen **Anreiz für Vorruhestandsvereinbarungen** zu schaffen. Es soll vermieden werden, dass Arbeitnehmer die Möglichkeit, Vorruhestand in Anspruch zu nehmen, deshalb ausschlagen, weil sie mit dem Übergang in den Vorruhestand Betriebsrentenansprüche verlieren, die sie bei Fortbestand des Arbeitsverhältnisses gehabt hätten (BT-Drs. 10/880, S. 21; BT-Drs. 10/1175, S. 32).

2865 Zur Unverfallbarkeit von Direktzusagen und auf Leistungen von Unterstützungskassen gerichteten Zusagen auf der Grundlage von Entgeltumwandlungsvereinbarungen s. o. C/Rz. 2609, 2672 ff.

bbb) Zwingendes Recht

2866 Die Unverfallbarkeitsvorschriften des § 1 b BetrAVG sind zwingendes Recht (§ 17 Abs. 3 BetrAVG); **vertragliche Verbesserungen** zugunsten des Arbeitnehmers sind jedoch ohne weiteres möglich. Denn § 1 b BetrAVG bestimmt nur, unter welchen Voraussetzungen eine Ruhegeldanwartschaft unverfallbar wird, nicht aber z. B., dass eine Anwartschaft verfällt, wenn diese Voraussetzungen nicht vorliegen. Wird in einer Ruhegeldzusage deshalb der Bestand des Arbeitsverhältnisses bei Eintritt des Versorgungsfalles nicht vorausgesetzt und ist darin auch keine sonstige Bestimmung über die Verfallbarkeit enthalten, bleibt die Anwartschaft auch nach dem Ende des Arbeitsverhältnisses bestehen, ohne dass es auf die Voraussetzungen des § 1 b BetrAVG ankäme (*Hessisches LAG* 21.8.1996 NZA-RR 1997, 218).

ccc) Beginn des Laufs der Unverfallbarkeitsfrist bei unmittelbarer Versorgungszusage

2867 § 1 Abs. 1 b BetrAVG enthält eine Grundregelung für die Unverfallbarkeit einer Anwartschaft aus einer unmittelbaren Versorgungszusage.

> Der Lauf der Unverfallbarkeitsfrist beginnt mit der Erteilung der Versorgungszusage (bei einer Gesamtzusage, einer Betriebsvereinbarung oder Tarifvertrag), z. B. mit der Aufnahme der Tätigkeit des Arbeitnehmers. Der erste Geltungstag kann dabei in Betriebsvereinbarungen und Tarifverträgen hinausgeschoben, aber auch zurückdatiert werden.

Eine Betriebsvereinbarung, die ein Versorgungswerk neu einführt, begründet grds. entsprechende Versorgungszusagen i. S. d. § 1 b Abs. 1 BetrAVG erst mit ihrem **Zustandekommen** (*BAG* 6.3.1984 EzA § 1 BetrAVG Nr. 31). Bestimmt die Betriebsvereinbarung als Zeitpunkt des In-Kraft-Tretens ein Datum vor dem Vertragsabschluss, so bedeutet das im Zweifel, dass auch die entsprechenden Versorgungszusagen zeitlich vorverlegt und die Unverfallbarkeitsfristen damit abgekürzt werden sollen. Diese Auslegungsregeln gelten aber dann nicht, wenn die Versorgungsordnung ausdrücklich bestimmt, dass der Zeitpunkt des In-Kraft-Tretens zwar für bereits eingetretene Versorgungsfälle maßgebend ist, dass es aber für die Versorgungsanwartschaften und deren Verfallbarkeit bei den Grundsätzen des Betriebsrentenrechts verbleibt (*BAG* 6.3.1984 EzA § 1 BetrAVG Nr. 31). 2868

Sieht eine betriebliche Versorgungsordnung vor, dass unter bestimmten zeitlichen Voraussetzungen genau bezeichnete Einzelzusagen förmlich zu erteilen sind, so beginnt der Lauf der Unverfallbarkeitsfrist i. S. d. § 1 b Abs. 1 BetrAVG nicht erst dann, wenn eine förmliche Einzelzusage tatsächlich erteilt wird. Schon die betriebliche Versorgungszusage selbst enthält in einem solchen Fall eine Versorgungszusage i. S. d. § 1 b Abs. 1 BetrAVG (*BAG* 15.12.1981 EzA § 1 BetrAVG Nr. 14). 2869

Die Versorgungsverpflichtung aufgrund einer **betrieblichen Übung** beginnt dann, wenn der Arbeitgeber in der Entscheidung darüber, ob er die Leistungen erbringen will, nicht mehr frei ist. Folgt der Anspruch dagegen aus dem Grundsatz der Gleichbehandlung, ist entscheidend, wann den anderen vergleichbaren Arbeitnehmern Versorgungszusagen durch den Arbeitgeber erteilt wurden (MünchArbR/*Förster/Rühmann* § 107 Rz. 10). 2870

aaaa) **Abhängigkeit von Bedingungen; Inaussichtstellen einer Versorgungszusage**
Wird die **Aufnahme** in ein Versorgungswerk oder die ausdrückliche Erteilung einer Versorgungszusage **von bestimmten Bedingungen abhängig gemacht**, etwa einer **Mindestbetriebszugehörigkeit** (Vorschaltzeit), **so sind derartige Zeiten bei der Beurteilung des Beginns der Unverfallbarkeitsfrist nicht zu beachten**, unabhängig davon, ob es sich um Einzelzusagen oder abstrakt-generelle Versorgungsordnungen handelt (*BAG* 15.12.1981 EzA § 1 BetrAVG Nr. 14; 20.4.1982 EzA § 1 BetrAVG Nr. 20). 2871

bbbb) **Beispiel: Prokura**
Wird einem Arbeitnehmer mit Prokura eine Versorgungszusage für den Fall in Aussicht gestellt, dass er zu einem **bestimmten späteren Zeitpunkt noch Prokurist** sein sollte, kann dies für die Bestandsfestigkeit seiner Versorgungsanwartschaft zweierlei bedeuten (*BAG* 20.4.1982 AP Nr. 12 zu § 1 BetrAVG Wartezeit): 2872
– Stellt die Ankündigung nur auf die handelsrechtliche Vertretungsbefugnis i. S. d. §§ 48 ff. HGB ab, so liegt noch keine Versorgungszusage vor, weil der Arbeitgeber seine **Entscheidungsfreiheit nach § 52 HGB behält**;
– bezieht sich die Ankündigung hingegen auf eine bestimmte arbeitsvertragliche Funktion, die mit der Formalrechtsstellung eines Prokuristen verbunden ist, und kann dem Arbeitnehmer die Funktion allenfalls im Wege der **Änderungskündigung** entzogen werden, so hängen die angekündigten Versorgungsleistungen

nur noch von der Dauer des Arbeitsverhältnisses ab, sodass bereits eine Zusage i. S. d. § 1 b Abs. 1 BetrAVG anzunehmen ist.

ddd) Berechnung der Zusagedauer

2873 Die Berechnung der Zusagedauer erfolgt nach §§ **187 ff. BGB.** Die 10- bzw. 3-Jahres-Frist muss **bis auf den letzten Tag** erfüllt sein (vgl. *Griebeling* Rz. 365 ff.; zur Rechtslage im Falle eines Betriebsübergangs gem. § 613 a BGB vgl. *Hambach* NZA 2000, 291 ff.). Ein Unterschreiten der Frist auch nur um wenige Tage lässt eine unverfallbare Anwartschaft nicht entstehen, selbst dann, wenn die Versorgungsregelung eine **Härtefallklausel** vorsieht. Denn Härtefallklauseln haben den Zweck, auch für ungewöhnliche Sonderfälle befriedigende Lösungswege zu eröffnen. Sie begründen jedoch keine Pflicht des Arbeitgebers, tragende Entscheidungen der Versorgungsordnung abzuändern. Deshalb ist das Erlöschen einer verfallbaren Versorgungsanwartschaft wenige Monate vor der Altersgrenze für sich allein noch kein Härtefall, und zwar auch dann nicht, wenn das Arbeitsverhältnis aus betrieblichen Gründen beendet wurde (*BAG* 29.3.1983 EzA § 1 BetrAVG Nr. 26).

2874 Nur wenn der Arbeitgeber wider **Treu und Glauben** den Fristeintritt verhindert, gilt die Fristerfüllung gem. § **162 BGB** als eingetreten (*BAG* 7.8.1975 EzA § 242 BGB Ruhegeld Nr. 44).

Diese Grundsätze gelten selbst dann, wenn mehrere Arbeitsverhältnisse in einem engen sachlichen Zusammenhang stehen, zwischen ihnen aber ein zeitlicher Abstand besteht (*BAG* 14.8.1980 EzA § 1 BetrAVG Nr. 11); für die damit neu in Gang gesetzte Wartezeit sind die **Zeiten vor der Unterbrechung** grds. **verloren** (*LAG Köln* 25.6.1999 NZA-RR 2000, 42, auch zu Zeiten bei einem konzernangehörigen Auslandsunternehmen). Auf den Grund und die Dauer der Unterbrechung kommt es nicht an (*BAG* 22.2.2000 EzA § 1 BetrAVG Nr. 72 = NZA 2001, 1310). Bestimmt eine Versorgungsordnung, dass bei **Unterbrechungen des Arbeitsverhältnisses** die Zeit vor der Unterbrechung nur ruhegeldfähig sein soll, wenn dies ausdrücklich schriftlich bestätigt wird, darf ein Arbeitnehmer, der aus persönlichen Gründen ausgeschieden und erst nach drei Monaten wieder eingestellt worden war, die Gewährung einer Treueprämie und einer Jubiläumszuwendung nicht ohne weiteres als Anerkennung einer ruhegeldfähigen Vordienstzeit verstehen (*BAG* 29.9.1987 EzA § 1 BetrAVG Nr. 49).

2875 Eine Zusammenrechnung erfolgt aber jedenfalls dann, wenn mehrere befristete Arbeitsverhältnisse bestanden haben, deren **Befristung unwirksam** war und bei denen nur vorübergehend die Arbeitsleistung nicht abgerufen worden ist (*BAG* 14.3.1989 EzA § 1 BetrAVG Gleichberechtigung Nr. 4).

2876 Führt der **Konkursverwalter** das Arbeitsverhältnis mit einem Arbeitnehmer fort, dem eine betriebliche Altersversorgung zugesagt ist, so kann die Versorgungsanwartschaft nach der Eröffnung des Konkursverfahrens unverfallbar werden und ein Rechtsanspruch auf die Versorgungsleistung entstehen (*BAG* 15.12.1987 EzA § 1 BetrAVG Nr. 52; 20.10.1987 EzA § 1 BetrAVG Nr. 51; 20.10.1987 EzA § 1 BetrAVG Nr. 50).

eee) Zusage im Geltungsbereich des BetrAVG

2877 Die Versorgungszusage muss für den Anwartschaftsberechtigten während der maßgeblichen Frist dem Geltungsbereich des BetrAVG unterlegen haben.

Bei einem **Statuswechsel** eines Versorgungsberechtigten von einer Arbeitnehmertätigkeit zu einer Unternehmertätigkeit, die nicht § 17 Abs. 1 S. 2 BetrAVG unterfällt

(s. u. C/Rz. 3204 ff.) bzw. umgekehrt, geht der *BGH* (21.8.1990 NZA 1991, 311) von einer Zusammenzählung unabhängig vom jeweiligen Status aus. Nach Auffassung von *Förster/Rühmann* (MünchArbR § 107 Rz. 17) kommt dies dagegen nicht in Betracht, weil die Tätigkeit für diese Zeit nicht auf einem Arbeits- oder Dienstverhältnis i. S. d. § 17 Abs. 1 S. 2 BetrAVG beruht.
Allerdings kann ein Versorgungsanwärter bei mehrfachem Wechsel zwischen Unternehmer- und Arbeitnehmereigenschaft die Unverfallbarkeitsfrist auch durch die Zusammenrechnung der Arbeitnehmerzeiten erfüllen (*BGH* 4.5.1981 AP Nr. 9 zu § 1 BetrAVG Wartezeit). 2878

fff) Bestehen der Versorgungszusage bei Fristablauf
Weitere Voraussetzung ist, dass die betriebliche Versorgungszusage bei Fristablauf tatsächlich noch besteht. Denn **bis zum Ablauf** der 10-Jahres-Frist steht es den Arbeitsvertragsparteien **grds. frei, Regelungen über die Beseitigung des betrieblichen Versorgungsanspruchs zu treffen**, soweit dieser nicht auf einer Betriebsvereinbarung oder einem Tarifvertrag beruht. 2879

ggg) Auswirkung von Änderungen des Inhalts der Zusage
Eine Änderung des Inhalts der Versorgungszusage **unterbricht nicht** die gesetzliche Unverfallbarkeitsfrist (**§ 1 b Abs. 1 S. 3 BetrAVG**). Dies galt nach Maßgabe der alten Fristenregelung (s. o. C/Rz. 2859 f.) sowohl für die 10-Jahres-Frist als auch für die 3-Jahres-Frist; für Letztere ist es lediglich aufgrund eines Redaktionsversehens des Gesetzgebers nicht ausdrücklich vorgesehen (*BAG* 12.12.1981 EzA § 1 BetrAVG Nr. 13). 2880
Unter Änderung wird i. d. R. die **Erhöhung der Leistungszusage** verstanden. Daraus folgt ein **Prinzip der Einheit der Versorgungszusage** mit der Folge, dass neue Unverfallbarkeitsfristen bei Erteilung zusätzlicher Versorgungszusagen, etwa beim Abschluss weiterer Direktversicherungen, nicht in Betracht kommen (*BAG* 12.2.1981 AP Nr. 5 zu § 1 BetrAVG; *BVerfG* 15.3.1982 AP Nr. 5a zu § 1 BetrAVG; *BGH* 28.9.1981 AP Nr. 12 zu § 7 BetrAVG). **Gleiches gilt für die Änderung des Durchführungswegs**, z. B. von einer Unterstützungskasse zu einer wesentlich höheren Direktzusage, selbst dann, wenn die ursprünglich zugesagte Unterstützungskassenrente nicht wegfallen, sondern nur angerechnet werden sollte (*BAG* 28.4.1981 EzA § 1 BetrAVG Nr. 22) sowie für Änderungen der Rechtsgrundlage (Ablösung einer vertraglichen Einheitsregelung durch eine Betriebsvereinbarung). 2881

hhh) Zusagedauer und Betriebszugehörigkeit
Die Dauer der Zusage (**§ 1 b Abs. 1 S. 1 BetrAVG**) hat eine praktische Bedeutung insbesondere bei der Neueinführung einer betrieblichen Altersversorgung (vgl. *BAG* 20.3.1980 EzA § 1 BetrAVG Nr. 7). Denn das aufgestellte zusätzliche Erfordernis einer **fünfjährigen Zusagedauer** verhindert, dass auch bei langjähriger Betriebszugehörigkeit neu erteilte Versorgungszusagen sofort unverfallbar und insolvenzgeschützt werden. 2882

iii) Tätigkeit in anderen Betrieben des Unternehmens/Konzerns

Die maßgebliche Betriebszugehörigkeit kann auch in einem anderen Betrieb desselben Unternehmens zurückgelegt werden, bei einem anderen Konzernunternehmen jedenfalls dann, wenn daneben weiterhin ein ruhendes Arbeitsver- 2883 hältnis mit dem die betriebliche Altersversorgung zusagenden Unternehmen besteht.

2884 Ob eine derartige arbeitsrechtliche Rechtsbeziehung auch dann bestehen muss, wenn der Arbeitnehmer seine Arbeitsleistung bei dem anderen Konzernunternehmen im Interesse und **auf Veranlassung der Konzernobergesellschaft**, die die Versorgungszusage erteilt hat, erbringt, hat das *BAG* (25.10.1988 EzA § 7 BetrAVG Nr. 26) **offen** gelassen. Jedenfalls setzt sich die Betriebszugehörigkeit dann fort, wenn im Arbeitsvertrag ein Wechsel zu einer anderen Konzerngesellschaft vorgesehen ist und **zum bisherigen Arbeitgeber** im Konzernverbund **eine Verbindung bestehen bleibt**, z. B. in Form einer weiterbestehenden Leitungsfunktion in der Konzernspitze, ein **Rückkehrrecht** (*Hessisches LAG* 27.6.2001 – 8 Sa 393/99 –).

2885 Als anwartschaftsbegründende Zeiten der Betriebszugehörigkeit und als berücksichtigungsfähige Zeiten der Tätigkeit für ein fremdes Unternehmen i. S. d. §§ 1 b Abs. 1 S. 1, 17 Abs. 1 S. 2 BetrAVG kommen Zeiten in Betracht, in denen ein Mitarbeiter für eine **Vorgründungs-GmbH** tätig geworden ist. Diese berücksichtigungsfähige Tätigkeit muss auf Dauer angelegt sein, einen nicht ganz unerheblichen Umfang erreicht haben und aufgrund einer vertraglichen Bindung erbracht worden sein. Tätigkeiten dieser Art sind bei der Ermittlung der Dauer der Betriebszugehörigkeit zusammenzurechnen. Es ist **unerheblich**, ob der Begünstigte als **Geschäftsführer** der GmbH oder als **Arbeitnehmer** tätig geworden ist (*BAG* 21.8.1990 EzA § 1 BetrAVG Nr. 61; s. u. C/Rz. 3204 ff.).

jjj) Gesetzliche Anrechnung von Vordienstzeiten

2886 Gem. §§ **12 Abs. 1 i. V. m. § 6 Abs. 2–4 ArbPlSchG, § 78 ZDG, § 8 Abs. 3 SVG** sind Zeiten des Grundwehrdienstes, einer Wehrübung, des Zivildienstes u. U. bei der Berechnung der Betriebszugehörigkeit zu berücksichtigen, wenn der Arbeitnehmer unmittelbar im Anschluss an den Dienst ein Arbeitsverhältnis beginnt und sodann sechs Monate lang dem Betrieb angehört. Sinn dieser Regelung ist es, die betreffenden Arbeitnehmer mit den übrigen Kollegen im Betrieb **gleichzustellen** (vgl. *BAG* 23.11.1973 AP Nr. 22 zu § 611 BGB Kriegsdienstzeiten).

2887 Eine vergleichbare Regelung sieht **§ 4 AbgG** für Zeiten der Tätigkeit als Abgeordneter im Deutschen Bundestag vor; entsprechende Vorschriften finden sich auch in den Abgeordnetengesetzen der Länder.

2888 **§ 9 Abs. 3 BVSG-NRW, § 9 Abs. 4 BVSG-Saarl.** enthalten Regelungen über die Anrechnung von Beschäftigungszeiten im Bergbau für den neuen Arbeitgeber mit einem außerbergbaulichen Beschäftigungsbetrieb (vgl. *BAG* 7.6.1988 NZA 1989, 302).

2889 Zeiten der gesetzlichen **Elternzeit** führen nur zum Ruhen des Arbeitsverhältnisses, unterbrechen den Lauf der Unverfallbarkeitsfrist gem. § 1 b BetrAVG und die Dauer der Betriebszugehörigkeit i. S. d. § 2 BetrAVG nicht. Der Arbeitgeber ist allerdings nicht daran gehindert, Zeiten der Elternzeit von Steigerungen einer Anwartschaft auf Leistungen der betrieblichen Altersversorgung (dienstzeitabhängige Berechnung) auszunehmen. Eine solche Versorgungszusage stellt keine durch Art. 119 EWG-Vertrag (jetzt Art. 141 EGV) verbotene Diskriminierung der Frauen dar (*BAG* 15.2.1994 EzA § 1 BetrAVG Gleichberechtigung Nr. 9).

Wird nach der Entbindung erneut ein Arbeitsverhältnis mit demselben Arbeitgeber begründet, so wird die Vordienstzeit kraft der gesetzlichen Fiktion des **§ 10 Abs. 2 S. 1 MuSchG** angerechnet.

kkk) Vertragliche Anrechnung von Vordienstzeiten
Eine vertragliche Anrechnung von Vordienstzeiten bei früheren Arbeitgebern oder bei demselben Arbeitgeber ist als eine für den Arbeitnehmer günstige Abrede ohne weiteres zulässig. Eine entsprechende Vereinbarung kann sich auch **aus den Umständen** ergeben; eine Verpflichtung des Arbeitgebers dazu besteht jedoch im Allgemeinen nicht (*BAG* 9.3.1982 EzA § 1 BetrAVG Nr. 18). 2890

Im Zweifel ist bei einer vertraglichen Anrechnung von Vordienstzeiten davon auszugehen, dass sie sich nicht nur auf die Höhe der Betriebsrente auswirken soll, sondern auch auf die Betriebszugehörigkeit i. S. d. § 1 b Abs. 1 BetrAVG. Soll die Unverfallbarkeitsfrist dagegen trotz Anrechnung nicht abgekürzt werden, so muss dies der Arbeitgeber zum Ausdruck bringen (*BAG* 16.3.1982 EzA § 1 BetrAVG Nr. 19). 2891

Das gilt aber dann nicht, wenn eine Altersversorgung nach **beamtenrechtlichen Grundsätzen** zugesagt wird, da das Beamtenrecht keine Unverfallbarkeit der Versorgungsanwartschaft kennt (*BAG* 23.4.1985 NZA 1986, 468).

lll) Insolvenzschutz bei gesetzlicher oder vertraglicher Anrechnung von Vordienstzeiten
Die Anrechnung von Vordienstzeiten führt nicht nur zur vertraglichen Vereinbarung der Unverfallbarkeit, sondern darüber hinaus zum gesetzlichen Insolvenzschutz, **wenn die Vordienstzeit von einer Versorgungszusage begleitet war und die von einer Versorgungszusage begleitete Vordienstzeit an die insolvenzgeschützte Versorgungszusage heranreicht** (*BAG* 26.9.1989 EzA § 7 BetrAVG Nr. 31). 2892

mmm) Ausscheiden vor Eintritt des Versorgungsfalles
Erforderlich ist weiterhin, dass der Arbeitnehmer vor Eintritt des Versorgungsfalles ausscheidet. Erfolgt ein Ausscheiden wegen des Versorgungsfalles, so liegt ein Leistungsanspruch aufgrund der Versorgungsregelung vor. 2893
Scheidet ein Arbeitnehmer vor Eintritt des Versorgungsfalles mit einer unverfallbaren Anwartschaft aus, so ist die Anwartschaft vom Arbeitgeber nach **§ 2 BetrAVG anteilig zu berechnen und mit ihrem Teilwert aufrechtzuerhalten**.
Diese Pflicht hat auch ein **öffentlicher Arbeitgeber**, der in eine von einem privaten Arbeitgeber begründete Versorgungsverpflichtung nach § 613 a BGB eingetreten ist. Eine Nachversicherung des ausgeschiedenen Arbeitnehmers bei einer Zusatzversorgungseinrichtung des öffentlichen Dienstes nach § 18 Abs. 2 Nr. 6, Abs. 6 BetrAVG durch den öffentlichen Arbeitgeber kommt in diesen Fällen nicht in Betracht (*BAG* 27.10.1992 EzA § 2 BetrAVG Nr. 13). 2894

nnn) Verhältnis zu Wartezeiten
Versorgungsordnungen können vorsehen, dass ein Arbeitnehmer Versorgungsansprüche erst nach einer gewissen **Mindestdienstzeit** oder einem **Mindestalter** erwirbt (Wartezeit; vgl. *Griebeling* Rz. 398 ff.), selbst dann, wenn die Wartezeit 20 2895

oder 25 Jahre beträgt (*BAG* 9.3.1982 EzA § 1 BetrAVG Nr. 18; *LAG Frankfurt* 20.4.1988 DB 1988, 2650).

2896 Wartezeiten stellen Leistungsvoraussetzungen dar, die angeben, wann der Arbeitnehmer Versorgungsansprüche erwirbt.

Beispiel:
Ein Arbeitgeber kann eine sog. qualifizierte Wartezeit festlegen, die eine »**tatsächlich geleistete Dienstzeit**« von zehn Jahren verlangt und dabei nur drei Monate einer dem Grunde nach festgestellten Erwerbsunfähigkeit berücksichtigt, wenn in dieser Zeit das Arbeitsverhältnis noch bestand. Eine solche Regelung schließt einen Anspruch auf Invalidenrente aus, wenn der Arbeitnehmer zwar mehr als zehn Jahre in einem Arbeitsverhältnis zum Arbeitgeber stand, bevor er wegen Invalidität ausschied, diese aber schon nach weniger als neun Jahren dem Grunde nach festgestellt wurde und der Arbeitnehmer danach auch tatsächlich nicht mehr tätig war. Ob dies auch dazu führt, dass bei gleicher Fallkonstellation ein Anspruch auf betriebliche Altersversorgung aufgrund einer unverfallbaren Versorgungsanwartschaft ausgeschlossen ist, hat das *BAG* (20.2.2001 EzA § 1 BetrAVG Nr. 74) offen gelassen.
Dagegen ergibt sich aus der Unverfallbarkeitsfrist lediglich, ob der Arbeitnehmer eine erdiente Versorgungsanwartschaft bei Ausscheiden aus dem Arbeitsverhältnis behält.
Um eine Umgehung der Unverfallbarkeitsfristen durch lange Wartezeiten zu verhindern, sieht § 1 b Abs. 1 S. 5 BetrAVG vor, dass ein Arbeitnehmer, der mit einer unverfallbaren Anwartschaft vorzeitig ausscheidet, eine vorgesehene Wartezeit auch noch nach Beendigung des Arbeitsverhältnisses erfüllen kann.

Soweit eine Versorgungsregelung nicht vorschreibt, dass die Wartezeit bis zum 65. Lebensjahr erfüllt sein muss, kann die Wartezeit auch noch **nach Vollendung des 65. Lebensjahres** zurückgelegt werden (*BAG* 3.5.1983 EzA § 1 BetrAVG Nr. 25).

2897 Auch bei Ausscheiden eines Arbeitnehmers aus dem Arbeitsverhältnis mit Eintritt des Versorgungsfalles, etwa **Invalidität**, bleibt die unverfallbare Anwartschaft auf eine Altersrente aufrecht erhalten (*BAG* 9.11.1973 AP Nr. 163 zu § 242 BGB Ruhegehalt); die Wartezeit kann er noch erfüllen. Bei Erreichen der Altersgrenze entsteht dann ein Anspruch auf zeitanteilig gekürzte Altersrente (*BAG* 18.3.1986 EzA § 1 BetrAVG Nr. 41).

2898 Bestimmt eine Ruhegeldordnung, dass ein Versorgungsfall (Invalidität) nicht schon beim Eintreten von Berufs- und Erwerbsunfähigkeit vorliegen soll, dass vielmehr darüber hinaus die **Versetzung in den Ruhestand** oder die **Aufnahme der Rentenzahlung** durch den gesetzlichen Sozialversicherungsträger erforderlich ist, so kann eine vorgeschriebene Wartezeit auch von berufs- oder erwerbsunfähigen Arbeitnehmern noch bis zur Beendigung des Arbeitsverhältnisses erfüllt werden (*BAG* 15.10.1985 EzA § 1 BetrAVG Nr. 35; 14.1.1986 EzA § 1 BetrAVG Nr. 36).

2899 Sieht eine Versorgungsordnung vor, dass der Versorgungsfall der Invalidität erst mit der **Beendigung des Arbeitsverhältnisses** eintritt, so kann der Versorgungsberechtigte die Wartezeit auch dann noch zurücklegen, wenn der Sozialversicherungsträger den Versicherungsfall auf einen Zeitpunkt vor Ablauf der Wartezeit festgelegt hat (*BAG* 9.1.1990 EzA § 1 BetrAVG Nr. 54).

2900 Nach dem TV über die Altersversorgung im Bayerischen Rundfunk ist die Wartezeit eine Anspruchsvoraussetzung für Erwerbsunfähigkeitsrenten. Sie kann **nach dem**

Eintritt des Versorgungsfalles nicht mehr erfüllt werden (*BAG* 19.12.2000 EzA § 1 BetrAVG Nr. 76).

ooo) Besonderheiten der Direktversicherung

Diese Grundsätze gelten an sich auch für die betriebliche Altersversorgung über eine Direktversicherung (vgl. § 1 b Abs. 2 BetrAVG), z. B. für die Veränderung der Versorgungszusage (§ 1 b Abs. 1 S. 3 BetrAVG), auch dann, wenn der Arbeitgeber im Laufe des Arbeitsverhältnisses weitere Direktversicherungen für denselben Arbeitnehmer abschließt (*BAG* 12.2.1981 EzA § 1 BetrAVG Nr. 13). 2901

Da Versorgungszusage und Abschluss des Versicherungsvertrages nicht notwendig zeitlich zusammenfallen müssen, gilt als Zeitpunkt der Erteilung der Versorgungszusage der Versicherungsbeginn, bei dessen vertraglich möglicher Rückdatierung frühestens jedoch der Beginn der Betriebszugehörigkeit.

Der Versicherungsbeginn bezeichnet den Beginn des Zeitraums, für den eine Prämie zu zahlen ist. **Ein Hinausschieben des Versicherungsbeginns ist nicht mit Wirkung für den Beginn des Laufs der Unverfallbarkeitsfristen möglich** (*BAG* 19.4.1983 EzA § 1 BetrAVG Lebensversicherung Nr. 1). 2902

Sagt der Arbeitgeber dagegen dem Arbeitnehmer eine Altersversorgung durch Direktversicherung zu, ohne dieses Versprechen zu vollziehen, so ist der Arbeitnehmer so zu behandeln, als hätte er eine unmittelbare Versorgungszusage erhalten (*BAG* 19.4.1983 EzA § 1 BetrAVG Lebensversicherung Nr. 1). 2903

aaaa) Pflichten des Arbeitgebers bei Unverfallbarkeit; Beendigung des Arbeitsverhältnisses

Ist die Anwartschaft unverfallbar, so ist der Arbeitgeber arbeitsrechtlich, nicht aber versicherungsrechtlich, verpflichtet, das Bezugsrecht zugunsten des Arbeitnehmers wegen der Beendigung des Arbeitsverhältnisses nicht zu widerrufen. 2904

Widerruft ein Arbeitgeber deshalb das Bezugsrecht aus einem Lebensversicherungsvertrag, weil das Arbeitsverhältnis mit dem begünstigten Arbeitnehmer geendet hat, und war die entsprechende Versorgungsanwartschaft bereits unverfallbar, so kann der Arbeitnehmer **Schadensersatz** verlangen. Nach dem Grundsatz der Naturalrestitution (§ 249 BGB) muss der Arbeitgeber ihm eine **beitragsfreie Versicherungsanwartschaft** verschaffen, deren Wert dem widerrufenen Beitragsrecht bei Beendigung des Arbeitsverhältnisses entspricht (*BAG* 28.7.1987 EzA § 1 BetrAVG Lebensversicherung Nr. 2).

§ 1 b Abs. 2 S. 1 BetrAVG beschränkt sich auf die Beendigung des Arbeitsverhältnisses, das Widerrufsverbot gilt also **nicht für das bestehende Arbeitsverhältnis.** Dies ist nach der Rechtsprechung des *BAG* (26.2.1991 EzA § 43 KO Nr. 2) kein redaktionelles Versehen, sondern entspricht auch dem sonstigen Inhalt und dem Zweck des § 1 b BetrAVG. Diese Vorschrift regelt, wie sich die Beendigung des Arbeitsverhältnisses vor Eintritt des Versorgungsfalles auf die Versorgungsanwartschaft auswirkt. Der Arbeitnehmer behält unter bestimmten Voraussetzungen trotz der Beendigung des Arbeitsverhältnisses seine Versorgungsanwartschaft. Ziel ist es, die Wirksamkeit 2905

C. Der Inhalt des Arbeitsverhältnisses

von Verfallklauseln einzuschränken. Außerdem sollen rechtliche Gestaltungen verhindert werden, die zu einem vergleichbaren Ergebnis führen.

Eine Klausel, nach der das Bezugsrecht durch die Beendigung des Arbeitsverhältnisses nach Erfüllung der Unverfallbarkeitsvoraussetzungen auflösend bedingt ist, ist gem. **§ 1 b Abs. 2 S. 2 BetrAVG** unwirksam (§ 134 BGB).

bbbb) Teilwiderruf des Bezugsrechts?

2906 Soweit die Direktversicherung über eine **Einmalprämie** finanziert wird, ist ein Teilwiderruf des Bezugsrechts möglich, soweit die in der Versicherungssumme enthaltene Entlohnung der Betriebszugehörigkeit noch nicht erdient ist (*LAG Hamm* 16.12.1980 DB 1981, 851).

cccc) Haftung des Arbeitgebers

2907 Hat der Arbeitgeber die Ansprüche aus dem Versicherungsvertrag abgetreten, beliehen oder verpfändet, so ist er beim Ausscheiden eines Arbeitnehmers nach Erfüllung der Unverfallbarkeitsvoraussetzungen arbeitsrechtlich verpflichtet, diesen bei Eintritt des Versicherungsfalles so zu stellen, als ob die Belastungen nicht erfolgt wären (**§ 1 b Abs. 2 S. 3 BetrAVG**).

Verstößt der Arbeitgeber gegen die gesetzlichen Auflagen, so ist er dem Arbeitnehmer zum **Schadensersatz** verpflichtet.

ppp) Pensionskasse

2908 Für die Voraussetzungen der Unverfallbarkeit bei einer Pensionskasse gilt gem. **§ 1 b Abs. 3 BetrAVG § 1 b Abs. 1 BetrAVG** entsprechend.

Soweit die Arbeitnehmer am Beitragsaufkommen zur Finanzierung der von der Pensionskasse in Aussicht gestellten Leistung beteiligt werden, gilt § 1 b Abs. 3 BetrAVG aber grds. **nur für den durch Beiträge des Arbeitgebers finanzierten Anteil der Leistungen**. Scheidet der Arbeitnehmer vor Eintritt der Unverfallbarkeit aus, so müssen ihm die durch **eigene Beitragszahlungen finanzierten Leistungen erhalten bleiben**, z. B. durch Rückgewährung dieser Beträge einschließlich einer angemessenen Verzinsung (vgl. MünchArbR/*Förster/Rühmann* § 107 Rz. 44).

qqq) Unterstützungskasse

2909 Voraussetzung der Unverfallbarkeit bei einer Unterstützungskasse ist die Dauer der Zugehörigkeit zum Kreis der Begünstigten.

> Die Aufnahme in diesen Kreis (§ 1 b Abs. 4 S. 2 BetrAVG) erfolgt dann, wenn der Arbeitnehmer die Zugehörigkeitsvoraussetzungen erfüllt. Es ist unschädlich, dass die Unterstützungskasse keinen Rechtsanspruch auf ihre Leistungen gewährt (*BAG* 25.10.1994 EzA § 1 BetrAVG Nr. 68).

Nach Eintritt der Unverfallbarkeitsvoraussetzungen werden ausscheidende Arbeitnehmer denjenigen Arbeitnehmern gleichgestellt, die im Betrieb verbleiben.

(2) Höhe der unverfallbaren Versorgungsanwartschaft

aaa) Ratierliches Berechnungsverfahren

2910 Scheidet der Arbeitnehmer vorzeitig aus dem Arbeitsverhältnis aus, hat er also noch nicht diejenigen Arbeitsleistungen erbracht, auf die die gesamte Versorgungszusage des Arbeitgebers zugeschnitten war, erwirbt er **nicht den vollen Rentenanspruch** im Versorgungsfall, sondern nur einen Anspruch auf einen **Teilbetrag**, dessen Höhe sich nach **§ 2 BetrAVG** bestimmt. Die Möglichkeit, die Betriebsrente wegen vorzeitigem Ausscheiden nach § 2 BetrAVG zu kürzen, besteht **ohne Rücksicht** darauf, ob sie in der Versorgungszusage **vorbehalten** oder auch nur **erwähnt** wird. Das diesbezügliche Schweigen der Zusage macht diese weder überraschend i. S. v. § 3 AGBG (jetzt § 305 e Abs. 1 BGB n. F.) noch unklar i. S. v. § 5 AGBG (jetzt § 305 e Abs. 2 BGB n. F.; *LAG Köln* 14.7.2000 NZA-RR 2001, 546).

bbb) Tarifdispositivität; Günstigkeitsprinzip

Das ratierliche Berechnungsverfahren (zur Berechnung s. u. C/Rz. 2913 ff.) ist tarifdispositiv (vgl. § 17 Abs. 3 BetrAVG); es gilt ferner dann nicht, wenn die Versorgungsregelung dem einzelnen Mitarbeiter für den Fall des vorzeitigen Ausscheidens höhere Leistungen zuerkennt (*BAG* 21.6.1979 EzA § 2 BetrAVG Nr. 2), selbst dann, wenn die günstigere Regelung aus einer Versorgungsordnung vor In-Kraft-Treten des BetrAVG stammt (*BGH* 18.3.1982 DB 1982, 2292). 2911

ccc) Vom Arbeitgeber finanzierter Teil des Versorgungsanspruchs

Das ratierliche Berechnungsverfahren betrifft grds. nur die durch Arbeitgeberbeiträge finanzierten Teile des Versorgungsanspruchs. 2912

ddd) Berechnung des Wertes der unverfallbaren Anwartschaft bei einer unmittelbaren Versorgungszusage

aaaa) Grundlagen

Um den Wert der unverfallbaren Anwartschaft zu berechnen, ist die tatsächliche zur insgesamt möglichen Betriebszugehörigkeit ins Verhältnis zu setzen (Teilanspruch [T] = Vollanspruch [V] × tatsächliche Betriebszugehörigkeit [m]/erreichbare Betriebszugehörigkeit [n]; vgl. MünchArbR/*Förster/Rühmann* § 107 Rz. 51). 2913

Eine ratierliche Kürzung muss **auch dann** erfolgen, wenn ein Arbeitnehmer mit einer unverfallbaren Anwartschaft aus dem Arbeitsverhältnis ausscheidet, der nach den Steigerungssätzen der maßgeblichen Versorgungsregelung im Zeitpunkt der Beendigung des Arbeitsverhältnisses **bereits die mögliche Höchstrente erdient** hat. Der **Arbeitnehmer** ist für eine davon **abweichende, ihm günstigere Zusage darlegungs- und beweispflichtig** (*BAG* 12.3.1985 EzA § 2 BetrAVG Nr. 6). 2914

Die Zusage einer von § 2 Abs. 1 BetrAVG abweichenden Berechnung der unverfallbaren Versorgungsanwartschaft (Verzicht auf zeitanteilige Kürzung) kann i. d. R. nur dann angenommen werden, wenn dies deutlich zum Ausdruck gebracht wird. Bei der Auslegung einer einzelvertraglichen Vereinbarung zur betrieblichen Altersversorgung sind dann sowohl die Zusammenhänge zwischen dieser Vereinbarung und einer allgemein für das Unternehmen geltenden Versorgungsordnung als auch der Sprachgebrauch des Betriebsrentenrechts zu berücksichtigen. 2915

C. Der Inhalt des Arbeitsverhältnisses

Beispiele:

2916 Der Begriff »Mindestrente« meint häufig nur den Versorgungsanspruch bei Fortbestehen des Arbeitsverhältnisses bis zum Eintritt des Versorgungsfalles und sagt nichts darüber aus, ob die unverfallbare Versorgungsanwartschaft bei vorzeitigem Ausscheiden aus dem Arbeitsverhältnis zeitanteilig zu berechnen ist, wie es § 2 Abs. 1 BetrAVG vorsieht (*BAG* 4.10.1994 EzA § 2 BetrAVG Nr. 14).

2917 Zum Verlust der Kürzungsmöglichkeit – etwa durch stillschweigenden Verzicht – führt auch **nicht die Tatsache**, dass die Versorgungszusage die Höhe der erreichbaren Vollrente mit zunehmender Dauer der Betriebszugehörigkeit nur bis zu einer bestimmten Grenze anwachsen lässt (**Progressionsstopp**). Die Progressionsobergrenze wird dadurch auch nicht zur »festen Altersgrenze«, deren Erreichung ein rentenunschädliches Ausscheiden ermöglicht (*LAG Köln* 14.7.2000 NZA-RR 2001, 546).

bbbb) Effektive Betriebszugehörigkeit; Anrechnung von Vordienstzeiten

2918 Abzustellen ist auf die effektive Zeit der Betriebszugehörigkeit nach Tagen, zulässig ist aber auch eine Berechnung nach Monaten (*BAG* 22.2.1983 EzA § 7 BetrAVG Nr. 11) bzw. nach Jahren.

Die gesetzliche Anrechnung von Vordienstzeiten wirkt sich nach den meisten Vorschriften (Ausnahmen: § 8 Abs. 3 SVG, § 4 AbgG) **auch auf den Unverfallbarkeitsfaktor m/n aus**, und zwar sowohl hinsichtlich der tatsächlichen wie der möglichen Betriebszugehörigkeit.

Zur vertraglichen Anrechnung von Vordienstzeiten s. o. C/Rz. 2890 ff.

cccc) Mögliche Betriebszugehörigkeit

2919 Die mögliche Betriebszugehörigkeit bestimmt sich vom **tatsächlichen Beginn** der Betriebszugehörigkeit **bis zur Vollendung des 65. Lebensjahres** oder bis zu einem früheren Zeitpunkt, wenn dieser in der Versorgungsregelung als feste Altersgrenze vorgesehen ist. Nicht ausreichend ist die Einräumung eines Wahlrechts für den Arbeitnehmer; vielmehr erfordert der Begriff »feste Altersgrenze« einen festen vertraglich vorgesehenen Endtermin (*BAG* 6.3.1984 EzA § 1 BetrAVG Nr. 31).

dddd) Ermittlung des Vollanspruchs

2920 Mit Hilfe der jeweiligen betrieblichen Versorgungsregelung ist der Rentenbetrag zu ermitteln, der sich bei einer unterstellten weiteren Tätigkeit im Betrieb bis zum Eintritt des Versorgungsfalles ergeben hätte.

2921 Gem. § 2 Abs. 5 BetrAVG ist danach zu differenzieren, ob sich die Bemessungsgrundlagen für die Leistungen der betrieblichen Altersversorgung nach dem Ausscheiden des Arbeitnehmers ändern können (dann bleiben sie für die Berechnung außer Betracht) oder ob sie bereits bei Ausscheiden des Arbeitnehmers feststehen. Dementsprechend sind alle vertraglich vorgesehenen und bereits feststehenden Veränderungen des Versorgungsanspruchs bis zum Erreichen der Altersgrenze zu berücksichtigen.

2922 Sind etwa neben einem Grundbetrag bestimmte **Steigerungsbeträge** in Abhängigkeit von der Dienstzeit vorgesehen, so sind auch die Jahre zwischen dem Ausscheiden und dem Erreichen der Altersgrenze zu berücksichtigen. Dagegen ist bei einem **bezügeabhängigen System** die Gehaltsentwicklung nach dem Ausscheiden des Arbeitnehmers irrelevant.

Bemisst sich die Höhe der Versorgungsleistung bei Eintritt eines Versorgungsfalles nach dem **Einkommensdurchschnitt mehrerer Jahre** vor Erreichen der Altersgrenze, so ist dieser Durchschnitt für das vor dem Ausscheiden des Arbeitnehmers bezogenen Einkommen zu bilden (MünchArbR/*Förster/Rühmann* § 107 Rz. 57). 2923

Ist die betriebliche Altersversorgung wie bei Gesamtversorgungssystemen von der Höhe der Rente der gesetzlichen Rentenversicherung abhängig, so ist diese grds. auch auf den Leistungsstand hochzurechnen, der sich bei Erreichen der Altersgrenze bei einem Verbleiben im Unternehmen ergeben hätte. 2924

Gem. § 2 Abs. 5 S. 2 BetrAVG kann die Berechnung entweder aufgrund des für Pensionsrückstellungen vom Bundesminister der Finanzen zugelassenen Näherungsverfahrens oder auf Antrag des Arbeitnehmers individuell erfolgen (zur individuellen Berechnung der Sozialversicherungsrente auf Verlangen des Arbeitnehmers vgl. §§ 66, 109 SGB VI, bis 1992 §§ 1255, 1258 RVO). Für die Bewertung der Sozialversicherungs- und Betriebsrente dürfen **nicht unterschiedliche Zeitpunkte** festgesetzt werden (*BAG* 20.3.1984 EzA § 242 BGB Ruhegeld Nr. 104). 2925

eeee) Anrechnung von Renten
Bei der Berechnung der unverfallbaren Anwartschaft eines aus dem Arbeitsverhältnis ausscheidenden Arbeitnehmers auf Leistungen der betrieblichen Altersversorgung können Renten aus der gesetzlichen Rentenversicherung zu berücksichtigen sein. Das ist u. a. dann der Fall, wenn Betriebsrente und Renten aus der gesetzlichen Rentenversicherung eine **Obergrenze** nicht übersteigen dürfen. 2926

Die Versorgungszusage ist dann danach auszulegen, welchen **Sinn und Zweck** eine solche Höchstbegrenzungsklausel **im Hinblick auf die Berechnung der erdienten Teilrente** hat (*BAG* 8.5.1990 EzA § 6 BetrAVG Nr. 14). 2927

Ist der **Gesamtversorgungsbedarf Bestandteil der Versorgungszusage**, wird also insbesondere die Differenz zwischen der zu erwartenden Rente aus der gesetzlichen Sozialversicherung, z. B. 75% der ruhegeldfähigen Bezüge, versprochen, so sind zunächst **Sozialversicherungsrente und Betriebsrente hochzurechnen und an der Höchstgrenze zu messen.** Der entsprechend **geminderte Betrag der Betriebsrente** ist dann **ratierlich zu kürzen.** Diese Berechnungsvorschrift gilt erst recht dann, wenn neben der Höchstgrenze auch eine Mindestrente im Gesamtversorgungssystem vorgesehen ist (*BAG* 10.1.1984 EzA § 6 BetrAVG Nr. 7). 2928

Limitierungsklauseln, die nur eine unerwünschte Überversorgung vermeiden sollen, sind dagegen so auszulegen, dass die **Höchstbegrenzungsklausel bei der Berechnung der Vollrente außer Betracht bleibt.** Nur wenn auch die zeitanteilig gekürzte Teilrente zusammen mit der Sozialversicherungsrente eine überhöhte Gesamtversorgung ergibt, ist eine nochmalige Kürzung gerechtfertigt (abl. *Blomeyer* Anm. zu *BAG* AP Nr. 2 zu § 2 BetrAVG). 2929

Im Übrigen gelten nach der Rechtsprechung des *BAG* (12.11.1991 EzA § 2 BetrAVG Nr. 12; 9.12.1997 EzA § 2 BetrAVG Nr. 15, 28.7.1998 EzA § 1 BetrAVG Ablösung Nr. 18) folgende Grundsätze:
– Maßgebend für die Berechnung der Anwartschaft sind die Verhältnisse im Zeitpunkt des Ausscheidens. Das gilt auch für die Berechnung der später zu erwartenden Sozialversicherungsrente. 2930

C. Der Inhalt des Arbeitsverhältnisses

- Für die Berechnung der zu erwartenden Sozialversicherungsrente kann der Arbeitgeber auf das in § 2 Abs. 5 S. 2 BetrAVG beschriebene Näherungsverfahren zurückgreifen, wenn nicht der ausgeschiedene Arbeitnehmer die Anzahl der im Zeitpunkt des Ausscheidens erreichten Entgeltpunkte nachweist. Weder der Arbeitgeber noch der ausgeschiedene Arbeitnehmer können das Näherungsverfahren gegen den Willen des Vertragspartners durchsetzen. Weist der Arbeitnehmer die Anzahl der im Zeitpunkt seines Ausscheidens erreichten sozialversicherungsrechtlichen Entgeltpunkte nach, darf der Arbeitgeber das Näherungsverfahren nicht mehr anwenden. Erbringt der Arbeitnehmer den Nachweis nicht, steht dem Arbeitgeber ein Wahlrecht zu, das er gem. § 315 BGB nach billigem Ermessen ausüben muss. Hat der Arbeitgeber die individuelle Berechnung gewählt, so trifft den Arbeitnehmer die arbeitsvertragliche Nebenpflicht, dem Arbeitgeber die benötigten sozialversicherungsrechtlichen Unterlagen auf dessen Kosten zu beschaffen.
- Der auf diese Weise ermittelte Wert der Anwartschaft ist mit dem Zeitwertfaktor i. S. v. § 2 Abs. 1 BetrAVG (Verhältnis von tatsächlicher zu möglicher Betriebszugehörigkeit) zu multiplizieren.
- Tritt der Versorgungsfall »Alter 65« ein, wird aus der so berechneten Anwartschaft ein Anspruch. Für die Berechnung von Renten für andere Versorgungsfälle gelten diese Grundsätze entsprechend.

2931 Zu beachten ist, dass dann, wenn nach Maßgabe dieser Grundsätze die »Sozialrente« zu berücksichtigen ist, die **vom Arbeitnehmer erdiente** und **nicht** die in Folge eines Versorgungsausgleichs **geminderte** oder erhöhte gesetzliche **Rente anzurechnen** ist. Denn eine Versorgungsordnung, die im Gesamtversorgungssystem die mindernde Berücksichtigung der Sozialrente anordnet, meint damit die insgesamt erdiente gesetzliche Rente, an deren Finanzierung sich der Arbeitgeber beteiligt hat. An wen diese Rente letztlich ausgezahlt wird, ist für die Betriebsrente unerheblich (*BAG* 20.3.2001 EzA § 5 BetrAVG Nr. 31).

ffff) Berechnung bei Invalidität und Tod des ausgeschiedenen Arbeitnehmers

2932 Tritt bei einem mit einer unverfallbaren Anwartschaft aus dem Unternehmen ausgeschiedenen Arbeitnehmer vor Erreichen der Altersgrenze einer der Versorgungsfälle »Tod« oder »Invalidität« ein, erfolgt die Berechnung des Anspruchs ebenfalls nach dem **ratierlichen Berechnungsverfahren**. Nur bezüglich des zu **erwartenden Vollanspruchs** ist auf die in der Versorgungsordnung vorgesehene **Invaliden- oder Hinterbliebenenrente abzustellen**.

Das führt bei Arbeitnehmern, die kurz nach dem Ausscheiden aus dem Unternehmen Invalide werden, zu erheblich geringeren Versorgungsleistungen im Verhältnis zu Arbeitnehmern, die bis zum Eintritt des Versorgungsfalls im Betrieb verblieben sind.

2933 Die gesetzlich unverfallbare Anwartschaft auf Invaliditäts- oder Todesfall-Leistungen ist gem. **§ 2 Abs. 1 S. 2 BetrAVG** der Höhe nach begrenzt auf den Betrag, den der Arbeitnehmer oder seine Hinterbliebenen erhalten hätten, wenn im Zeitpunkt des Ausscheidens der Versorgungsfall eingetreten wäre (MünchArbR/*Förster/Rühmann* § 107 Rz. 67 f.).

eee) Berechnung der Höhe bei einer Direktversicherung

aaaa) Ergänzungsanspruch

Bei Direktversicherungen hat der Arbeitnehmer nicht nur einen Anspruch auf die von dem Versicherer nach dem Versicherungsvertrag aufgrund der Beiträge des Arbeitgebers zu erbringende Versicherungsleistung, soweit sie bis zum Zeitpunkt des Ausscheidens vom Arbeitgeber zu erbringen waren. Vielmehr kann er darüber hinaus die Differenz zwischen diesem Anspruch auf die Versicherungsleistung und dem vom Arbeitgeber zu finanzierenden Teilanspruch nach § 2 Abs. 1 BetrAVG (Ergänzungsanspruch) verlangen. — 2934

Denn der Versicherungsbeginn fällt häufig nicht mit dem Beginn der Betriebszugehörigkeit zusammen. Zudem reicht das in den ersten Versicherungsjahren bei einer Direktversicherung angesammelte geschäftsplanmäßige Deckungskapital in vielen Fällen nicht aus, den nach dem ratierlichen Berechnungsverfahren, das an sich auch bei der Direktversicherung gelten soll, zu ermittelnden Anspruch abzudecken. — 2935

bbbb) Versicherungsrechtliche Lösung

Ein derartiger Ergänzungsanspruch **widerspricht dem** vorrangig bei der Direktversicherung vom Arbeitgeber verfolgten **Ziel**, betriebsfremde **Risiken** auf ein Unternehmen der Versicherungswirtschaft **auszulagern**. Deshalb hat er die Möglichkeit (**§ 2 Abs. 2 S. 2, 3 BetrAVG**), die Ansprüche auf die vom Versicherer aufgrund des Versicherungsvertrages zu erbringende Versicherungsleistung zu beschränken (**versicherungsvertragliche Lösung**). — 2936

cccc) Mitteilungspflichten bei der versicherungsrechtlichen Lösung; soziale Auflagen

Will der Arbeitgeber die versicherungsrechtliche Lösung wählen, so hat er dies dem Arbeitnehmer und dem Versicherer innerhalb von drei Monaten seit dem Ausscheiden des Arbeitnehmers mitzuteilen (§ 2 Abs. 2 S. 3 BetrAVG); gegenüber dem Versicherer ist Schriftform vorgeschrieben (§ 12 Abs. 1 ALB). Innerhalb der **Ausschlussfrist von drei Monaten** muss der Arbeitgeber auch die zur Erfüllung der drei sozialen Auflagen erforderlichen Erklärungen abgegeben haben. — 2937

Der Arbeitgeber muss — 2938
- dem Arbeitnehmer spätestens drei Monate nach dem Ausscheiden ein **unwiderrufliches Bezugsrecht** eingeräumt haben, etwa vorgenommene Befreiungen und Abtretungen der Rechte aus dem Versicherungsvertrag bis zum Fristablauf rückgängig gemacht und vorhandene Beitragsrückstände ausgeglichen haben.
- Die **Überschussanteile** aus dem Versicherungsvertrag müssen vom Beginn der Versicherung an, frühestens jedoch vom Beginn der Betriebszugehörigkeit an, **nur zur Verbesserung der Versicherungsleistung** verwendet werden (§ 2 Abs. 2 S. 2 Nr. 2 BetrAVG), um dem Arbeitnehmer von vornherein eine dem Versicherungsnehmer angenäherte Stellung zu verschaffen. — 2939
- Der ausgeschiedene Arbeitnehmer muss nach dem Versicherungsvertrag das **Recht zur Fortsetzung der Versicherung mit eigenen Beiträgen** haben (§ 2 Abs. 2 S. 2 Nr. 3 BetrAVG), um insoweit einen Anreiz zur Eigenvorsorge in Ergänzung der betrieblichen Altersversorgung zu schaffen. — 2940

C. Der Inhalt des Arbeitsverhältnisses

2941 § 2 Abs. 2 S. 4–6 BetrAVG stellen Verbotsgesetze i. S. d. § 134 BGB dar; Beleihungen und Abtretungen sind daher nichtig (MünchArbR/*Förster/Rühmann* § 107 Rz. 83).

Erfüllt der Arbeitgeber die sozialen Aufgaben der versicherungsrechtlichen Lösung **nicht**, ist die Höhe der unverfallbaren Anwartschaft **ratierlich** gem. § 2 Abs. 2 S. 1 BetrAVG **zu berechnen**.

dddd) Verfügungsbeschränkungen des Arbeitnehmers

2942 Da dem Arbeitnehmer bei der versicherungsrechtlichen Lösung weitgehend die Stellung eines Versicherungsnehmers eingeräumt wird, hat er es selbst in der Hand, die Versicherung fortzusetzen oder über sie zu verfügen.

Um die bestehende Anwartschaft für den Versorgungszweck zu erhalten, hat der Gesetzgeber durch **§ 2 Abs. 2 S. 4–6 BetrAVG** mehrere Verfügungsbeschränkungen für den Arbeitnehmer angeordnet.

2943 Danach ist eine Abtretung, Beleihung oder Verpfändung der Ansprüche aus dem Versicherungsvertrag dem Arbeitnehmer verboten, soweit das geschäftsplanmäßige Deckungskapital durch Beitragszahlungen des Arbeitgebers gebildet worden ist.

Davon sind nach Auffassung von *Förster/Rühmann* (MünchArbR § 107 Rz. 80) auch Überschussanteile erfasst, die durch Arbeitgeberbeiträge ausgelöst worden sind.

2944 Im Falle der Kündigung der Versicherung durch den Arbeitnehmer wird sie gem. § 2 Abs. 2 S. 5 BetrAVG in eine prämienfreie Versicherung umgewandelt.

Den Rückkaufwert darf der Arbeitnehmer in Höhe des durch Beitragszahlungen des Arbeitgebers gebildeten geschäftsplanmäßigen Deckungskapitals nicht vor der zum Zeitpunkt der vertraglich vorgesehenen Fälligkeit der Versicherung in Anspruch nehmen.

2945 Der Anspruch auf **Auszahlung des Rückkaufwertes** einer vom Arbeitgeber abgeschlossenen Lebensversicherung ist nach Kündigung auch dann gem. § 2 Abs. 2 S. 5, 6 BetrAVG ausgeschlossen, wenn der Arbeitgeber den von ihm gezahlten Prämienbetrag vereinbarungsgemäß vom Gehalt des Arbeitnehmers einbehält (*OLG Frankfurt* 12.8.1998 NZA 1999, 1279).

fff) Berechnung der Höhe bei einer Pensionskasse

aaaa) Grundlagen

2946 Da Pensionskassen ihrer Art nach Lebensversicherungsunternehmen sind, wird in **§ 2 Abs. 3 BetrAVG** die Berechnung der unverfallbaren Anwartschaft weitgehend **ähnlich** der Regelung für **Direktversicherungen** in § 2 Abs. 2 BetrAVG gestaltet. Auch insoweit ist also eine ratierliche Berechnungsmöglichkeit sowie eine versicherungsrechtliche Lösung vorgesehen.

bbbb) Besonderheiten bei der versicherungsrechtlichen Lösung

2947 Die versicherungsrechtliche Lösung bei Pensionskassen unterscheidet sich von der bei Direktversicherungen jedoch dadurch, dass eine Bezugsberechtigung des Arbeitgebers oder eine Abtretung oder Beleihung des Rechts aus dem Versicherungsvertrag nicht vorkommt und damit die **erste soziale Auflage** des § 2 Abs. 2 BetrAVG **entfällt**. Weiterhin fallen bei zahlreichen Pensionskassen keine Überschussanteile an. Hinsichtlich der Verwendung von Überschussanteilen kann die **zweite Auflage** anders als bei der Direktversicherung auch dadurch erfüllt werden, dass der Versorgungsan-

spruch des Arbeitnehmers während der Tätigkeit beim Arbeitgeber der **Entwicklung seines Arbeitsentgelts** folgt.
Nach Auffassung von *Förster/Rühmann* (MünchArbR § 107 Rz. 88) muss die Versorgungsanwartschaft **nicht beständig** mit dem gleichen Prozentsatz und zum gleichen Zeitpunkt **wie das Arbeitsentgelt** des Arbeitnehmers **steigen**. Vielmehr ist eine **halbdynamische Versorgungszusage** ausreichend, bei der den Arbeitnehmern bei Eintritt des Versorgungsfalles ein bestimmter Prozentsatz des zuletzt vor der Pensionierung bezogenen ruhegeldfähigen Einkommens versprochen wird. Eine Dynamisierung ist für Einkommensbestandteile unterhalb der Beitragsbemessungsgrenze in der gesetzlichen Rentenversicherung erforderlich, nicht dagegen für Gehaltsbestandteile darüber, ebenso wenig nach Ausscheiden des Arbeitnehmers aus dem Unternehmen. 2948

ggg) Berechnung der Höhe bei Unterstützungskassen
Bei Unterstützungskassen gilt grds. nur das ratierliche Berechnungsverfahren (§ 2 Abs. 4 BetrAVG). Eine versicherungsrechtliche Lösung kann nicht gewählt werden. 2949

(3) Auskunftspflichten
Gem. § 2 Abs. 6 BetrAVG hat der Arbeitgeber oder der sonstige Versorgungsträger über das Bestehen und die Höhe einer unverfallbaren Anwartschaft dem ausgeschiedenen Arbeitnehmer Auskunft zu erteilen. Sie soll allerdings **lediglich zur Klarstellung der Rechtslage** dienen; es handelt sich weder um ein abstraktes noch um ein deklaratorisches Schuldanerkenntnis (*Höfer* § 2 Rz. 2056). 2950
Hat sich der Arbeitnehmer allerdings in seiner Versorgungsplanung auf die Richtigkeit der Auskunft verlassen, können ihm **u. U. Schadensersatzansprüche** gegen den Arbeitgeber erwachsen (BAG 8.11.1983 EzA § 2 BetrAVG Nr. 4).
Hat der Arbeitgeber die individuelle Berechnung (s. o. C/Rz. 2930) gewählt, so trifft den Arbeitnehmer die arbeitsvertragliche **Nebenpflicht**, dem Arbeitgeber die benötigten sozialversicherungsrechtlichen **Unterlagen** auf dessen Kosten **zu beschaffen**. Solange der Arbeitnehmer dieser Pflicht nicht nachkommt, kann der Arbeitgeber die Auskunft verweigern. Streiten ausgeschiedene Arbeitnehmer mit dem Arbeitgeber über den Inhalt ihrer Versorgungsansprüche, so darf der Arbeitgeber bei der Auskunft von den nach seiner Ansicht geltenden Bestimmungen ausgehen. Ein Anspruch auf Erteilung einer neuen Auskunft kommt erst dann in Betracht, wenn der Inhalt der Versorgungsansprüche durch rechtskräftige gerichtliche Entscheidung oder durch Einigung der Parteien geklärt ist (BAG 9.12.1997 EzA § 2 BetrAVG Nr. 15). 2951

bb) Abfindungsverbot; Erweiterung der Abfindungsmöglichkeiten ab dem 1.1.1999

(1) Grundlagen
Gem. § 3 BetrAVG a. F. waren Verträge über den Verzicht auf die Versorgungsanwartschaft gegen Zahlung einer entsprechenden Entschädigung bei Beendigung des Arbeitsverhältnisses grds. verboten (Abfindungsverbot). 2952

Deshalb verstieß eine Versorgungsregelung, wonach unverfallbare Versorgungsanwartschaften bei vorzeitiger Vertragsbeendigung ohne Rücksicht auf die Zusagedauer abzufinden sind, gegen § 3 BetrAVG und war folglich nichtig. 2953

> Das galt auch dann, wenn die Abfindung so bemessen war, dass sie den Barwert einer nach § 2 BetrAVG berechneten Teilrente überstieg.

In einem solchen Fall war nicht ohne weiteres anzunehmen, dass die Parteien neben der gesetzlich vorgeschriebenen Teilrente eine Teilabfindung vereinbart hätten, wenn ihnen die Unzulässigkeit ihrer Abfindungsregelung bewusst gewesen wäre (*BAG* 22.3.1983 EzA § 3 BetrAVG Nr. 1).
Nur ausnahmsweise und unter sehr eng begrenzten Voraussetzungen galt gem. § 3 BetrAVG etwas anderes.

2954 Eine Versorgungsanwartschaft, die gem. § 3 Abs. 1 BetrAVG nicht abgefunden werden durfte, konnte auch **nicht wirksam erlassen** werden (*BAG* 22.9.1987 EzA § 3 BetrAVG Nr. 2).
Bei einer **mehr als 10-jährigen Zusagedauer** kam eine Abfindung auch mit Zustimmung des Arbeitnehmers nicht mehr in Betracht.

(2) Unverfallbare Anwartschaft
2955 Das Abfindungsverbot galt grds. für unverfallbare Anwartschaften **in allen vier Durchführungswegen**; bei Unterstützungskassenleistungen war aber an die zehnjährige Zugehörigkeit des Arbeitnehmers zum Kreis der Begünstigten anzuknüpfen.
Weil die Versorgungsanwartschaft einerseits jünger als zehn Jahre, andererseits unverfallbar sein muss, war eine Abfindung nur bei Anwartschaften möglich, die nach § 1 Abs. 1 2. Alt. BetrAVG unverfallbar geworden sind.

(3) Zulässige Abfindungsvereinbarungen nach altem und neuem Recht
2956 Unabhängig von der Zusagedauer war eine Abfindung mit Zustimmung des Arbeitnehmers gem. **§ 3 Abs. 1 S. 3 BetrAVG** dann möglich, **wenn ihm die Beiträge zur gesetzlichen Rentenversicherung erstattet worden waren** (z. B. Ausländern, die zwischen dem 1.10.1983 und 30.9.1984 den Geltungsbereich des Gesetzes auf Dauer verlassen haben, Gesetz zur Förderung der Rückkehrbereitschaft von Ausländern vom 28.11.1983 BGBl. I S. 1377).

2957 Dem Abfindungsverbot unterlagen nicht laufende Versorgungsleistungen, verfallbare Anwartschaften, Anwartschaften, die vertraglich, nicht aber gesetzlich unverfallbar waren, Anwartschaften aus Arbeitsverhältnissen, die vor In-Kraft-Treten des BetrAVG beendet worden waren (§§ 26, 32 S. 1 BetrAVG), sowie unverfallbare Anwartschaften während des Bestehens des Arbeitsverhältnisses (*BAG* 14.8.1990 EzA § 17 BetrAVG Nr. 5). Voraussetzung der Anwendung des Abfindungsverbots ist, dass **bei Beendigung** des Arbeitsverhältnisses der **Versorgungsfall noch nicht eingetreten** und der Arbeitnehmer **objektiv noch Versorgungsanwärter** ist (*BAG* 21.3.2000 EzA § 3 BetrAVG Nr. 6).

2958 Der Arbeitnehmer hatte weder einen Anspruch auf Abschluss einer Abfindungsvereinbarung, noch musste er einem entsprechenden Angebot des Arbeitgebers zustimmen.
Sozialplanabfindungen sind jedenfalls regelmäßig nicht dazu bestimmt, unverfallbare Versorgungsanwartschaften abzugelten (*BAG* 30.10.1980 EzA § 112 BetrAVG 1972 Nr. 20).

Ausgehend von der Erkenntnis, dass der Gesetzeswortlaut dem eigentlichen Zweck der Regelung, die Abfindung von geringfügigen Anwartschaften zu erleichtern, keineswegs entsprach, die Vorschrift also als **missglückt** anzusehen ist, ist **§ 3 BetrAVG mit Wirkung ab dem 1.1.1999 grundlegend geändert** worden. Maßgeblich ist nunmehr der **Wert der monatlichen Versorgungsleistung**. Ein einseitiges Abfindungsrecht wird beiden Parteien zugestanden für monatliche Renten bis zur Höhe von 1% der monatlichen Bezugsgröße nach § 18 SGB IV (am 1.1.997 42,70 DM in den alten und 36,40 DM in den neuen Bundesländern). Die **Obergrenze** für Kapitalleistungen liegt bei 12/10 der Bezugsgröße. Zusätzlich werden Abfindungsvereinbarungen für zulässig erklärt, die die zweifache Höhe dieser Grenze nicht überschreiten. Bis zum 4-fachen ist eine Abfindungsvereinbarung dann zulässig, wenn der Abfindungsbetrag unmittelbar zur Zahlung **von Beiträgen zur gesetzlichen Rentenversicherung** oder zum **Aufbau einer Versorgungsleistung** bei einer Direktversicherung oder Pensionskasse verwendet wird. Auch **Anwartschaften aus Entgeltumwandlung** können bei Beendigung des Arbeitsverhältnisses des Arbeitnehmers mit seiner Zustimmung gem. § 3 Abs. 1 S. 3 BetrAVG abgefunden werden. Der monatliche Wert, der nach § 3 Abs. 2 BetrAVG (s. u. C/Rz. 2960) berechnet wird, darf dann aber 2% der monatlichen Bezugsgröße nicht übersteigen.

Aufrechterhalten geblieben ist die Abfindungsmöglichkeit in den Fällen, in denen die Beiträge zur gesetzlichen Rentenversicherung (wegen Heimkehr in das Ausland) erstattet worden sind.

Der Teil einer Anwartschaft, der auf **Zeiten während eines Insolvenzverfahrens** beruht, kann zudem ohne Zustimmung des Arbeitnehmers abgefunden werden, wenn der Betriebstätigkeit vollständig eingestellt und das Unternehmen liquidiert wird. Die Abfindung ist dann gesondert auszuweisen und einmalig zu zahlen. Damit soll die Liquidation eines Unternehmens im Insolvenzverfahren erleichtert werden.

§ 3 BetrAVG ist auch **weiterhin während des Bestehens eines Arbeitsverhältnisses nicht anzuwenden**; dies folgt zwar nicht aus dem Wortlaut der Neuregelung, wird aber in der Begründung als selbstverständlich vorausgesetzt (zum Regierungsentwurf vgl. krit. *Blomeyer* DB 1997, 1921 ff.; NZA 1997, 961 ff.; NZA 1998, 913 f.; *Hanau/Arteaga/Kessel* DB 1997, 1401 ff.; eher zust. *Doetsch/Förster/Rühmann* DB 1998, 258 ff.; *Blumenstein/Krekeler* DB 1998, 2600 ff.

2959

(4) Höhe der Abfindung

Gem. **§ 3 Abs. 2 BetrAVG** wird die Abfindung nach dem Barwert der nach § 2 BetrAVG bemessenen künftigen Versorgungsleistung im Zeitpunkt der Beendigung des Arbeitsverhältnisses berechnet.

Bei Ansprüchen aus Direktversicherungen oder gegenüber Pensionskassen berechnet sie sich nach dem geschäftsplanmäßigen Deckungskapital im Zeitpunkt der Beendigung des Arbeitsverhältnisses (§ 3 Abs. 2 S. 2 BetrAVG).

2960

(5) Gerichtlicher Vergleich

Sind die Voraussetzungen oder die Höhe des Versorgungsanspruchs streitig, so kann über beides in den Grenzen des § 138 BGB (grobes Missverhältnis hinsichtlich des beiderseitigen Nachgebens) ein gerichtlicher Vergleich abgeschlossen wer-

2961

den, ohne dass dadurch § 3 Abs. 1 BetrAVG verletzt wird. Auch eine Einigung, wonach keine Versorgungsrechte bestehen, wird weder durch § 17 Abs. 3 S. 3 BetrAVG noch durch § 3 Abs. 1 BetrAVG verboten. Es genügt, wenn die Parteien zuvor über die tatsächlichen Voraussetzungen des Anspruchs auf betriebliche Altersversorgung ohne abschließende Klärung gestritten haben (*BAG* 18.12.1984 EzA § 17 BetrAVG Nr. 2; 30.7.1985 EzA § 138 BGB Nr. 18).

Das gilt auch dann, wenn im Vergleich Versorgungsansprüche ausgeschlossen werden und stattdessen ein Abfindungsanspruch wegen des Verlustes des Arbeitsplatzes erhöht wird (*BAG* 23.8.1994 EzA § 3 BetrAVG Nr. 4).

(6) Rechtsfolgen des Verstoßes gegen § 3 BetrAVG

2962 Ein Verstoß gegen § 3 BetrAVG führt zur Nichtigkeit der Abfindungsvereinbarung gem. **§ 134 BGB**. Das gilt z. B. auch für eine Vereinbarung zwischen Arbeitgeber und Arbeitnehmer über die **Verrechnung künftiger Rentenansprüche** mit Ansprüchen auf eine Abfindung gem. §§ 9, 10 KSchG. Der Arbeitnehmer kann dann im Versorgungsfall seine Betriebsrente ungekürzt verlangen (*BAG* 24.3.1998 EzA § 3 BetrAVG Nr. 5; 21.3.2000 EzA § 3 BetrAVG Nr. 6). Das gilt z. B. auch für den Fall, dass eine in einem **Aufhebungsvertrag** vereinbarte **Abfindung** für den Verlust des Arbeitsplatzes mit der bis zur Vollendung des 60. Lebensjahres entstehenden **betrieblichen Invaliditätsrente verrechnet** werden soll (*BAG* 17.10.2000 EzA § 3 BetrAVG Nr. 7). Dem Arbeitgeber kann jedoch nach § 812 Abs. 1 S. 2 BGB ein **Bereicherungsanspruch** gegen den Arbeitnehmer auf Rückzahlung der Abfindung zustehen; § 817 S. 2 BGB schließt diesen Anspruch nicht aus (*BAG* 17.10.2000 EzA § 3 BetrAVG Nr. 7; vgl. auch *LAG* Köln 3.3.1997 NZA-RR 1997, 397; **a. A.** *Braun* NJW 1983, 1591).

cc) Übertragung unverfallbarer Anwartschaften

(1) Zweck des § 4 BetrAVG

2963 Gem. § 4 BetrAVG kann der Arbeitgeber aufrechtzuerhaltende Anwartschaften unter Zustimmung des Arbeitnehmers auf bestimmte, in Abs. 1 S. 2 genannte **andere Versorgungsträger** übertragen. Dem Arbeitnehmer soll eine Bonitätsprüfung der die Versorgungsschuld übernehmenden Person nicht zugemutet werden und eine ausreichende Haftungsmasse erhalten bleiben. Die Regelung dient ferner dem Schutz des PSV vor unerwünschten Haftungsrisiken (*BAG* 17.3.1987 EzA § 4 BetrAVG Nr. 3).

2964 Deshalb ist das Übertragungsverbot des § 4 Abs. 1 BetrAVG auf **alle insolvenzgeschützten Versorgungsanwartschaften und -ansprüche** auszudehnen. Da sich der Insolvenzschutz auch auf unverfallbare Anwartschaften in bestehenden Arbeitsverhältnissen erstreckt, können Anwartschaften **nicht innerhalb bestehender Arbeitsverhältnisse** übertragen werden (MünchArbR/*Förster/Rühmann* § 108 Rz. 17). Darüber hinaus gebietet der Schutzzweck des § 4 BetrAVG eine Ausdehnung des Übertragungsverbots – selbst bei Zustimmung des Ruheständlers – auf **laufende Versorgungsleistungen** (*BAG* 26.6.1980 EzA § 4 BetrAVG Nr. 1; 17.3.1987 EzA § 4 BetrAVG Nr. 3). **Dagegen** sind **verfallbare Anwartschaften** und solche, die nicht insolvenzgeschützt sind, ohne die Beschränkungen des § 4 BetrAVG übertragbar (*BAG* 4.8.1981 EzA § 4 BetrAVG Nr. 2).

C. Der Inhalt des Arbeitsverhältnisses

(2) Übernahme durch andere Versorgungsträger
Eine Übernahme der Versorgungsanwartschaft durch andere Versorgungsträger als 2965
die in § 4 BetrAVG genannten (jedes Unternehmen, bei dem der ausgeschiedene Arbeitnehmer beschäftigt wird, Unternehmen der Lebensversicherung, Pensionskassen, öffentlich-rechtlicher Versorgungsträger) ist gem. **§ 4 Abs. 1 S. 2 BetrAVG gegenüber dem Arbeitnehmer unwirksam, selbst wenn er zugestimmt hat.**
Da andererseits insolvenzsicherungspflichtiger Arbeitgeber (vgl. §§ 7 ff. BetrAVG) 2966
derjenige ist, der selbst oder über Versorgungseinrichtungen Leistungen der betrieblichen Altersversorgung erbringt, ohne dass dabei unmittelbar ein Arbeitsverhältnis zwischen dem Berechtigten und dem Versorgungsschuldner bestehen muss, **verliert der Arbeitnehmer** bei Übernahme der Versorgungsverpflichtung durch einen Dritten, bei dem der ausgeschiedene Arbeitnehmer nicht beschäftigt ist, **nicht den Insolvenzschutz.** Damit wird es an sich unnötig, Arbeitnehmer vor der Übertragung von Versorgungsverbindlichkeiten an einen Dritten durch Übertragungsverbot zu schützen.

Weil § 4 BetrAVG zu einem Zeitpunkt eingeführt worden ist, als das Gesetz keine 2967
Vorschriften zur Insolvenzsicherung enthielt (§§ 7 ff. BetrAVG), ist eine teleologische Reduktion des § 4 BetrAVG dahingehend geboten, dass Übertragungen von Versorgungsverbindlichkeiten (gleich ob Anwartschaften oder Ansprüche) auf andere als die in § 4 genannten Versorgungsträger auch dann wirksam vereinbart werden können, wenn nicht nur die Versorgungsberechtigten zustimmen, sondern auch der Pensionssicherungsverein (*BAG* 26.6.1980 EzA § 4 BetrAVG Nr. 1; 17.3.1987 EzA § 4 BetrAVG Nr. 3).

Beispiel:
Wird in einem Betriebsübernahmevertrag vereinbart, dass der Betriebserwerber den 2968
bereits fälligen Versorgungsschulden beitritt und danach die Betriebsrentner veranlassen muss, den Betriebsveräußerer von der Haftung freizustellen, so handelt es sich um eine Umgehung des § 4 BetrAVG. Die vorgesehenen Erlassverträge zugunsten des Betriebsveräußerers sind nur wirksam, wenn der PSV zustimmt (*BAG* 17.3.1987 EzA § 4 BetrAVG Nr. 3).
Demgegenüber ist der **Pensionssicherungsverein** der Auffassung, dass er rechtlich 2969
eine solche Zustimmung nicht abgeben darf. Er **weigert sich** deshalb **generell, seine Zustimmung zu erteilen** (vgl. *Höfer* § 4 Rz. 2233 ff.).

(3) Übertragung auf eine Unterstützungskasse
Wegen des fehlenden Rechtsanspruchs auf Versorgungsleistungen ist eine Übertra- 2970
gung auf eine Unterstützungskasse grds. nicht möglich. Etwas anderes gilt gem.
§ 4 Abs. 2 BetrAVG, wenn der vorzeitig ausgeschiedene Arbeitnehmer bereits Anspruch auf Gewährung von Versorgungsleistungen nach § 2 Abs. 4 BetrAVG hat.
Soweit darüber hinaus die unverfallbare Versorgungsanwartschaft bereits vor dem Übertragungsakt von einer Unterstützungskasse aufrecht zu erhalten war, kann sie auch von einer **anderen Unterstützungskasse übernommen** werden. Allerdings muss der Träger dann, wenn nur der Arbeitnehmer und nicht auch der Pensionssicherungsverein der Übertragung zustimmt, den Arbeitnehmer **auch beschäftigen**; eine Übertragung einer Direktzusage auf die Unterstützungskasse des neuen Arbeitgebers des Versorgungsberechtigten verstößt jedenfalls gegen § 4 BetrAVG (Münch-ArbR/*Förster/Rühmann* § 108 Rz. 24).

C. Der Inhalt des Arbeitsverhältnisses

(4) Übertragung auf Verlangen des Arbeitnehmers

2971 Um es dem Arbeitnehmer zu ermöglichen, im Versorgungsfall eine Versorgung »aus einer Hand« zu erhalten, kann er nunmehr nach § 4 Abs. 4 BetrAVG **bei oder nach einem Arbeitgeberwechsel** verlangen, dass sein bisheriger Arbeitgeber den Barwert der unverfallbaren Anwartschaft auf seinen neuen Arbeitgeber oder dessen Versorgungsträger überträgt. Voraussetzung ist, dass der neue Arbeitgeber ihm freiwillig eine dem bisherigen Barwert wertmäßig entsprechende Zusage erteilt. Das »Verlangen« kann auch noch nach dem Ausscheiden erklärt werden; eine Frist zur Geltendmachung ist gesetzlich nicht vorgesehen. Mit der Erteilung der Zusage durch den neuen Arbeitgeber erlischt die Verpflichtung des früheren Arbeitgebers (vgl. *Blomeyer* NZA 2001, 917).

(5) Der Übertragungsvorgang; Ausnahmen vom Zustimmungserfordernis des Begünstigten

2972 Nach der Zustimmung des Arbeitnehmers geht die Versorgungsverbindlichkeit inhaltlich unverändert auf den neuen Versorgungsträger über (§§ 414, 415 BGB). Angesichts der unterschiedlichen Ausgestaltung betrieblicher Versorgungszusagen einer- und Versorgungszusagen über Direktversicherungen oder Pensionskassen andererseits kommt aber eine deckungsgleiche Übertragung der Verpflichtung nur selten in Betracht; es sind **inhaltliche Änderungen** erforderlich.
Ausreichend ist, dass eine neue Verbindlichkeit begründet wird, die wertmäßig der erdienten Versorgungsanwartschaft entspricht. Die Inhaltsänderung bedurfte nach § 4 BetrAVG a. F. bis zum 31.12.1998 in jedem Fall der gesonderten Zustimmung des Versorgungsberechtigten. Dies gilt aufgrund der neu eingeführten Regelung des § 4 Abs. 3 BetrAVG mit Wirkung ab dem **1.1.1999** aber **nicht mehr für den Fall der Betriebseinstellung mit Unternehmensliquidation**. Unmittelbare Versorgungszusagen und Unterstützungskassenzusagen können in diesem Fall fortan von einer Unterstützungskasse auch ohne Zustimmung des Versorgungsempfängers/Arbeitnehmers übernommen werden. Diese muss aber durch einen **Lebensversicherer** oder eine **Pensionskasse kongruent rückgedeckt** sein. Es muss ferner für den Versorgungsempfänger oder -anwärter aus der Rückdeckung ein **Pfandrecht** begründet und sichergestellt werden, dass die **Überschussanteile ab Rentenbeginn** für den Versorgungsempfänger verwendet werden (vgl. *Blomeyer* NZA 1998, 914 f.; zum Regierungsentwurf vgl. krit. *Blomeyer* DB 1997, 1921 ff.; NZA 1997, 961 ff., insbesondere weil durch den Wegfall des Arbeitgebers durch die Liquidation auch der Insolvenzschutz gem. § 7 BetrAVG ebenso wie die Anpassungsprüfungspflicht gem. § 16 BetrAVG entfällt; *Hanau/Arteaga/Kessel* DB 1997, 1401 ff.; eher zust. *Doetsch/Förster/Rühmann* DB 1998, 258 ff.).

(6) Rechtsfolgen der Übertragung

2973 Die Rechtsfolgen der Übertragung bestimmen sich nach §§ **417, 418** BGB; die Unverfallbarkeitsfristen beginnen nicht neu (vgl. § 1 b Abs. 1 S. 3 BetrAVG). Auch der Insolvenzschutz wird grds. nicht berührt.
Ist der Übernehmer neuer Arbeitgeber des Arbeitnehmers, trägt er die Beitragspflicht zum Pensionssicherungsverein gem. § 10 BetrAVG; im Zweifel obliegt ihm auch die Anpassungsprüfungspflicht des § 16 BetrAVG.
Geht die Versorgungsverpflichtung auf einen Versicherer über, so verbleibt die Anpassungsprüfungspflicht beim bisherigen Arbeitgeber.

C. Der Inhalt des Arbeitsverhältnisses

(7) Rechtsfolgen von Verstößen gegen § 4 BetrAVG
Eine Übertragung, die gegen § 4 BetrAVG verstößt, ist gem. § 134 BGB nichtig. Allerdings kann die fehlgeschlagene Schuldübernahme als kumulativer Schuldbeitritt zu bewerten sein, sodass der Versorgungsberechtigte auch den Übernehmenden in Anspruch nehmen kann. Der bisherige Arbeitgeber bleibt aber jedenfalls weiterhin zur Beitragszahlung an den Pensionssicherungsverein verpflichtet (MünchArbR/ Förster/Rühmann § 108 Rz. 30). 2974

dd) Anrechnungsverbot

(1) Zweck der gesetzlichen Regelung

> Um den Arbeitgeber nicht durch Eigenvorsorgemaßnahmen des Arbeitnehmers zu entlasten, dürfen nach § 5 Abs. 2 BetrAVG Leistungen der betrieblichen Altersversorgung durch Anrechnung oder Berücksichtigung anderer Versorgungsbezüge, soweit sie auf eigenen Beiträgen des Versorgungsempfängers beruhen, nicht gekürzt werden. 2975

Zu den Versorgungsbezügen, die auf eigenen Beiträgen des Versorgungsempfängers beruhen, können z. B. solche aus **privaten Lebensversicherungen** des Arbeitnehmers, Gehaltverwendungsversicherungen, Direktversicherungen, Pensionskassen bei demselben Arbeitgeber, soweit auch tatsächlich auf Eigenbeiträgen des Arbeitnehmers beruhend, **Versorgungsleistungen von Berufsverbänden**, Leistungen aus der Weiterführung betrieblicher Versorgungszusagen eines früheren Arbeitgebers durch den Arbeitnehmer selbst oder Leistungen aus der Höherversicherung oder der freiwilligen Versicherung in der gesetzlichen Rentenversicherung gehören. 2976

Beispiele:
Deshalb dürfen Leistungen einer Krankengeldtageversicherung auf eine wegen Berufsunfähigkeit gewährte Betriebsrente nicht angerechnet werden, wenn die Beiträge vom Arbeitnehmer allein erbracht werden. Die Vorschrift, die eine entsprechende Anrechnung vorsieht, ist wegen Verstoßes gegen den Gleichbehandlungsgrundsatz unwirksam (*BAG 25.10.1983 EzA § 5 BetrAVG Nr. 11*). 2977
Dagegen kann die Anrechnung eines Leistungszuschlags der gesetzlichen Knappschaftsversicherung auf eine betriebliche Gesamtversorgung jedenfalls für solche Fälle vorgesehen werden, in denen das erhöhte Verletzungsrisiko des früheren Bergmannes durch eine beamtenähnliche Versorgung voll abgesichert ist (*BAG 8.4.1986 EzA § 5 BetrAVG Nr. 15*). 2978

(2) Erfasste Leistungen der betrieblichen Altersversorgung

> Das Anrechnungsverbot gilt nicht für Renten aus den gesetzlichen Rentenversicherungen, soweit sie auf Pflichtbeiträgen beruhen, sowie für sonstige Versorgungsbezüge, die mindestens zur Hälfte auf Beiträgen oder Zuschüssen des Arbeitgebers beruhen (vgl. § 5 Abs. 2 BetrAVG). 2979

Zulässig ist eine betriebliche Versorgungsregelung, die so konzipiert ist, dass bei Eintritt eines Versorgungsfalles aufgrund der Höhe der anzurechnenden anderweitigen 2980

C. Der Inhalt des Arbeitsverhältnisses

Versorgungsleistungen eine **Betriebsrente erst gar nicht entsteht** (*LAG Düsseldorf* 7.5.1980 DB 1980, 2090).

2981 Dies gilt auch für eine Versorgungsregelung, die als Ruhegeld die **Differenz zwischen dem Arbeitsentgelt** eines bestimmten Jahres und der nach dem Eintritt des Versorgungsfalles gezahlten **Sozialversicherungsrente** vorsieht, selbst wenn dies durch die Dynamik der Sozialversicherungsrente zur Auszehrung der Anwartschaft führt (*MünchArbR/Förster/Rühmann* § 109 Rz. 3 f.).

2982 Allerdings darf eine Versorgungsordnung bei der Bemessung des Versorgungsanspruchs nicht auf den Zeitpunkt der Beendigung des Arbeitsverhältnisses und für die Berücksichtigung der Sozialversicherungsrente auf den Zeitpunkt des Versorgungsfalles abstellen, da eine solche Regelung die mit einer unverfallbaren Anwartschaft ausgeschiedenen Arbeitnehmer schlechter stellt als die im Betrieb verbliebenen Arbeitnehmer und damit gegen den **Gleichbehandlungsgrundsatz** verstößt (*BAG* 20.3.1984 EzA § 242 BGB Ruhegeld Nr. 104).

(3) Einzelfragen

aaa) Tarifliche Regelungen

2983 Ein tarifvertragliches Versorgungswerk kann bestimmen, dass die tariflichen Versorgungsleistungen auf die Leistungen bereits bestehender betrieblicher Versorgungswerke anrechenbar sind (*BAG* 19.7.1983 AP Nr. 1 zu § 1 BetrAVG Zusatzversorgungskasse gegen *BAG* 14.8.1980 AP Nr. 12 zu § 242 BGB Ruhegehalt-Unterstützungskasse).

2984 Eine derartige Regelung mit dem Wortlaut »Die Leistungen der Kasse können auf Leistungen aus betrieblichen Altersversorgungen angerechnet werden« bewirkt nicht unmittelbar die Kürzung betrieblicher Ruhegelder. Sie gibt nur die Möglichkeit, bestehende Ruhegelder an die neue tarifrechtliche Lage anzupassen und die Anrechnung von Renten der Zusatzversorgungskasse auf Betriebsrenten einzuführen. Dazu bedarf es einer Erklärung des Arbeitgebers. Diese muss in genereller Form abgegeben werden, wenn die bestehenden Versorgungsrechte auf einer betrieblichen Versorgungsordnung beruhen.
Hat der Arbeitgeber nach Errichtung der Zusatzversorgungskasse jahrelang keine Anrechnung der Kassenrente vorgesehen und sogar die betriebliche Versorgungsordnung geändert, ohne die neue tarifrechtliche Lage zu berücksichtigen, so dürfen die Arbeitnehmer darauf vertrauen, dass sie die versprochene Betriebsrente neben der tariflichen Kassenrente beziehen sollen (*BAG* 19.7.1983 AP Nr. 1 zu § 1 BetrAVG Zusatzversorgungskassen).

2985 Sollen dagegen nach einer geänderten Versorgungsordnung Leistungen der ZVK für das Baugewerbe auf die Betriebsrente angerechnet werden, ist i. d. R. eine Anrechnung nur in dem Umfang möglich, in dem ein Versorgungsberechtigter solche Leistungen **tatsächlich erhält**. Erhalten Hinterbliebene keine Leistungen von der ZVK mehr, dürfen sie bei der Berechnung der Hinterbliebenenrente nicht berücksichtigt werden (*BAG* 11.2.1992 AP Nr. 33 zu § 1 BetrAVG Unterstützungskassen).

bbb) Anrechnung von Einkünften

2986 Eine Versorgungszusage kann auch vorsehen, dass Einkünfte des Versorgungsberechtigten aus **selbstständiger und unselbstständiger Tätigkeit** auf die Versorgungsleistungen angerechnet werden; zu beachten sind allerdings die Grenzen des Willkürverbots sowie des Gleichbehandlungsgrundsatzes (*BAG* 9.7.1991 EzA § 5 BetrAVG Nr. 26).

ccc) **Karenzentschädigungen**
Karenzentschädigungen aus Wettbewerbsverboten können auf eine Betriebsrente angerechnet werden. Voraussetzung ist aber, dass dies **klar zum Ausdruck gebracht wird** (*BAG* 26.2.1985 EzA § 74 HGB Nr. 45).
Ob andererseits eine Betriebsrente gem. § 74 c HGB auf die Karenzentschädigung anzurechnen ist, hat das *BAG* (26.2.1985 EzA § 74 HGB Nr. 45) zwar bezweifelt, letztlich aber offen gelassen (vgl. dazu *Bauer/Diller* BB 1997, 990 ff.).

2987

ddd) **Renten**

aaaa) **Grundlagen**

Sieht eine betriebliche Versorgungsregelung vor, dass die »Rente aus der gesetzlichen Rentenversicherung« bei der Ermittlung einer Gesamtversorgungsobergrenze berücksichtigt werden soll, so ist damit im Zweifel der Betrag der Bruttorente gemeint (*BAG* 10.3.1992 EzA § 5 BetrAVG Nr. 28, 14.12.1999 EzA § 1 BetrAVG Invalidität Nr. 2). Der Zuschuss des Rentenversicherungsträgers zur Kranken- und Pflegeversicherung erhöht den Bruttobetrag der Rente nicht (*BAG* 14.12.1999 EzA § 1 BetrAVG Invalidität Nr. 2).
Wenn insoweit nicht die Brutto-, sondern die Nettoversorgung maßgebend sein soll, muss dies in der Versorgungsordnung Ausdruck finden (*BAG* 5.10.1999 EzA § 17 BetrAVG Nr. 7). Im Rahmen eines Gesamtversorgungssystems kann die gesetzliche Altersrente auch insoweit angerechnet werden, als sie auf der Anrechnung von Kindererziehungszeiten beruht (*BAG* 5.12.1995 EzA § 5 BetrAVG Nr. 29).
Die Anrechnung ist unabhängig davon zulässig, ob der Arbeitnehmer früher bei anderen Arbeitgebern sozialversicherungspflichtig beschäftigt gewesen ist (*BAG* 17.5.1988 EzA § 5 BetrAVG Nr. 19). Der auf dem Wegfall der Berlinzulage beruhende geringere Anstieg der Nettolöhne kann bei der Ermittlung der reallohnbezogenen Obergrenze zu berücksichtigen sein (*BAG* 23.5.2000 NZA 2001, 1076).

2988

bbbb) **Beispiele**
– Setzt sich die betriebliche Altersrente aus einem dienstzeitunabhängigen Sockelbetrag und aus dienstzeitabhängigen Steigerungsbeträgen zusammen, dürfen Versorgungsleistungen aus **vorangegangenen Arbeitsverhältnissen** auf den Sockelbetrag angerechnet werden. Eine solche Anrechnungsregelung verstößt nicht gegen § 5 Abs. 2 BetrAVG und den Gleichbehandlungsgrundsatz. Versorgungsansprüche des Arbeitnehmers gegen eine von einem früheren Arbeitgeber finanzierte Unterstützungskasse beruhen nicht auf eigenen Beiträgen des Arbeitnehmers. Es ist nicht willkürlich, wenn derjenige Arbeitnehmer ein höheres Ruhegeld erhält, dem es nicht gelungen ist, in früheren Arbeitsverhältnissen eine betriebliche Altersversorgung mindestens in Höhe des kürzbaren Sockelbetrages zu erwerben (*BAG* 20.11.1990 EzA § 5 BetrAVG Nr. 24).
– Eine auf Pflichtbeiträgen beruhende Rente kann auch dann angerechnet werden, wenn erst durch **freiwillige Beiträge** die Wartezeit für die gesetzliche Rente erfüllt

2989

2990

C. Der Inhalt des Arbeitsverhältnisses

worden ist. Allerdings bleibt sie dann in dem Umfang, in dem die Sozialversicherungsrente aus den freiwilligen Beiträgen fließt, von der Anrechnung ausgenommen (*BAG* 19.2.1976 EzA § 242 BGB Ruhegeld Nr. 49).

2991 – Eine Anrechnung einer Sozialversicherungsrente ist möglich, wenn sie zum Teil auf einer **Zweitbeschäftigung** beruht, für die keine betriebliche Altersversorgung gewährt wird (*BGH* 16.10.1985 BB 1986, 880). Sie braucht auch grds. nicht um den Beitragsanteil zur Krankenversicherung der Rentner gekürzt zu werden (*BAG* 10.3.1992 EzA § 5 BetrAVG Nr. 28).

2992 – Zu den anrechenbaren Renten zählen die **Renten der Arbeiter und Angestellten** und die aus der knappschaftlichen Rentenversicherung, **nicht** dagegen das **Altersruhegeld für Landwirte** (nach dem Gesetz über eine Altershilfe für Landwirte, GAL; *BAG* 5.9.1989 AP Nr. 32 zu § 5 BetrAVG; nach *BVerwG* 26.6.1986 AP Nr. 6 zu § 55 BeamtVG ist das Altersgeld für Landwirte nicht in die Rentenberechnung gem. § 55 BeamtVG einzubeziehen). Denn dieses Altersruhegeld ist mit Leistungen aus den gesetzlichen Rentenversicherungen nicht vergleichbar. Versorgungsordnungen, in denen dem Arbeitnehmer eine Gesamtversorgung zugesagt wird und die deshalb die Anrechnung von Renten aus den gesetzlichen Rentenversicherungen auf die Betriebsrente vorsehen, erfassen das Altersruhegeld nur bei eindeutigem Wortlaut (*BAG* 5.9.1989 AP Nr. 32 zu § 5 BetrAVG).

2993 – Nach der Leistungsordnung des **Bochumer Verbandes** sind Sozialversicherungsrenten, soweit sie auf beitragslosen Versicherungszeiten beruhen, nur zu dem Teil auf die Betriebsrente anzurechnen, der dem Verhältnis von pflichtversicherten zu freiwillig versicherten Beitragszeiten (jeweils nach Werteinheiten) entspricht. Diese Regel gilt auch beim Zusammentreffen von Renten aus verschiedenen Versicherungszweigen (Wanderrenten), wobei die Verteilungsquote auf die Gesamtrente zu beziehen ist (*BAG* 28.6.1983 EzA § 5 BetrAVG Nr. 9).

cccc) Beamtenähnliche Grundversorgung

2994 Sollen Renten aus der gesetzlichen Rentenversicherung auf eine beamtenähnliche Gesamtversorgung angerechnet werden, bedarf es hierfür einer **besonderen Rechtsgrundlage**. Die Arbeitsvertragsparteien des öffentlichen Dienstes können vereinbaren, dass Renten aus der gesetzlichen Rentenversicherung nur angerechnet werden, soweit sie im öffentlichen Dienst erworben sind.

2995 Die **Höhe des anrechnungsfähigen Betrages** ergibt sich daraus, dass die Summe der bis zur Ermittlung der für den Versicherten maßgebenden Rentenbemessungsgrundlage zugrunde gelegten Verhältniswerte (Werteinheiten) für in die Zeit des Arbeitsverhältnisses fallende und zu berücksichtigende Zeiten zu der Summe der insgesamt zugrunde gelegten Werteinheiten ins Verhältnis gesetzt wird (*BAG* 16.8.1988 EzA § 5 BetrAVG Nr. 21).

eee) Kinderzuschuss; Kindergeld

2996 Soweit an Rentenberechtigte, die vor dem 1.1.1984 anspruchsberechtigt waren, ein **Kinderzuschuss** nach § 39 Abs. 1 AVG bzw. § 1262 Abs. 1 RVO (ab 1.1.1992 § 270 SGB VI) gezahlt wird, **kann** dieser **angerechnet werden**, da er nicht aus Beiträgen des Arbeitnehmers finanziert wird (*BAG* 16.8.1988 EzA § 5 BetrAVG Nr. 20). Allerdings verstößt eine Anrechnung gegen den Gleichbehandlungsgrundsatz, wenn die betriebliche Altersversorgung keinen Familienzuschlag enthält, der den Kinderzuschuss mindestens erreicht (*BAG* 21.8.1980 EzA § 242 Ruhegeld Nr. 89).

Das **Kindergeld** nach § 1 BKGG, das für neue Renten den Kinderzuschuss ersetzt, stellt **dagegen** eine **anrechnungsfreie Sozialleistung** dar. Es verstößt aber gegen den Gleichbehandlungsgrundsatz, wenn hinsichtlich der Anrechnung von Kindergeldzuschüssen und Kindergeldern z. B. in einem Versorgungstarifvertrag Unterschiede gemacht werden. Die Anrechnungsfreiheit des Kindergeldes führt damit über den Gleichbehandlungsgrundsatz auch zur Anrechnungsfreiheit des Kinderzuschusses (*BAG* 16.8.1988 EzA § 5 BetrAVG Nr. 20). 2997

(4) Anrechnung bei geringerer Beteiligung des Arbeitgebers
Beruhen die Versorgungsbezüge zu weniger als der Hälfte auf Beiträgen oder Zuschüssen des Arbeitgebers, so kann nur eine Anrechnung gem. § 5 Abs. 2 S. 1 BetrAVG vorgenommen werden, d. h. der auf eigenen Beiträgen des Versorgungsempfängers beruhende Teil des Gesamtanspruchs ist nicht in die Anrechnung einzubeziehen. 2998

(5) Sonstige Anrechnungsverbote
§ 5 BetrAVG stellt **keine abschließende Regelung** dar. Daneben kommen auch Anrechnungsbegrenzungen nach sonstigen gesetzlichen Vorschriften und allgemeinen Rechtsgrundsätzen (Gleichbehandlung, Willkürverbot) zur Anwendung. 2999

aaa) Unfall-, Verletztenrenten

aaaa) Grundlagen
Eine Unfallrente kann anrechenbar sein, wenn sie dazu bestimmt ist, **Verdienstminderungen** zu ersetzen. Das gilt auch bei schwer behinderten Menschen; das SGB IX steht dem nicht entgegen (*BAG* 19.7.1983 EzA § 5 BetrAVG Nr. 6). Dagegen verstößt es gegen das Gleichbehandlungsgebot, wenn auch der Teil der Unfallrente angerechnet wird, der **immaterielle Schäden und sonstige Einbußen** ausgleicht. 3000

Da die gesetzliche Unfallversicherung keine Aufteilung der Verletztenrente je nach dem Zweck der Bezüge kennt, kommt es auf die **Aufteilung durch die betriebliche Versorgungsregelung** an. Ist diese unbillig oder enthält sie keine Regelung, so gilt der Maßstab des BetrAVG entsprechend: Derjenige Teil der Unfallrente ist anrechnungsfrei, der der Grundrente eines Versorgungsberechtigten nach dem BVersG bei vergleichbarer Minderung der Erwerbsfähigkeit entspricht. Diese teilweise Anrechnung der Verletztenrente ist sowohl bei Gesamtversorgungszusagen mit Anrechnungsklausel als auch bei Gesamtversorgungsobergrenzen sowie bei normalen Anrechnungsklauseln in Versorgungszusagen zulässig (*BAG* 19.7.1983 EzA § 5 BetrAVG Nr. 5; 19.7.1983 EzA § 5 BetrAVG Nr. 6; 24.3.1987 EzA § 5 BetrAVG Nr. 16). 3001

bbbb) Partielle Anrechnung

Zulässig ist im Allgemeinen auch eine Regelung in einer Versorgungsordnung, dass die Verletztenrente der gesetzlichen Unfallversicherung im Rahmen einer Gesamtversorgung zur Hälfte angerechnet wird (*BAG* 10.4.1984 EzA § 5 BetrAVG Nr. 12).
Unbillig und daher unwirksam ist aber z. B. eine betriebliche Versorgungsregelung, die sich darauf beschränkt, bei der Anrechnung von Unfallrenten die Höchstgrenze der Gesamtversorgung um 10% der ruhegehaltsfähigen Bezüge anzuheben (*BAG* 19.7.1983 EzA § 5 BetrAVG Nr. 6). 3002

C. Der Inhalt des Arbeitsverhältnisses

3003 Eine partielle Anrechnung der Unfallrente ist auch dann möglich, wenn eine Verletztenrente aufgrund einer **Minderung der Erwerbsfähigkeit** von 30% oder weniger gezahlt wird. Die teilweise Anrechnung wird nicht dadurch ausgeschlossen, dass sich der Unfallgeschädigte seinen Anspruch auf die Verletztenrente abfinden lässt. Die Anrechnung ist auch dann zulässig, wenn der Abfindungsbetrag inzwischen – rechnerisch – durch Anrechnung auf die betrieblichen Versorgungsleistungen aufgezehrt ist (*BAG* 23.2.1988 EzA § 5 BetrAVG Nr. 18; 6.6.1989 EzA § 5 BetrAVG Nr. 22).

3004 Wenn die Verletztenrente zum **Ruhen der Altersrente** aus der gesetzlichen Rentenversicherung geführt hat (§ 93 SGB VI) und der ruhende Teil der gesetzlichen Altersrente einen höheren Betrag ergibt als der anrechenbare Teil der Verletztenrente, kann der versorgungspflichtige Arbeitgeber mindestens den Teil der Verletztenrente anrechnen, der dem ruhenden Teil der gesetzlichen Altersrente entspricht (*BAG* 8.11.1983 EzA § 5 BetrAVG Nr. 8).

cccc) Unerheblichkeit des Unfallzeitpunktes

3005 Für die Anrechenbarkeit der Unfallrente ist es unerheblich, ob sie wegen eines Arbeitsunfalls aus der Zeit vor der Begründung des Arbeitsverhältnisses, aus dem die betriebliche Altersversorgung resultiert, folgt und während der Dauer des Arbeitsverhältnisses neben dem Lohn gezahlt wurde (*BAG* 23.2.1988 EzA § 5 BetrAVG Nr. 18).

dddd) Hinterbliebenenversorgung

3006 Die Grundsätze der beschränkten Anrechenbarkeit von Verletztenrenten sind im Bereich der Hinterbliebenenversorgung **nicht anwendbar.** Gesetzliche Unfallwitwenrenten können auf Leistungen der betrieblichen Hinterbliebenenversorgung zumindest dann angerechnet werden, **wenn Unfallwitwen wenigstens ein Versorgungsvorsprung** vor anderen Hinterbliebenenrenten erhalten bleibt (*BAG* 6.8.1985 EzA § 5 BetrAVG Nr. 14).

bbb) Spezialgesetzliche Anrechnungsverbote

3007 Spezialgesetzliche Anrechnungsverbote finden sich in **§ 123 SGB IX, § 83 BVersG** und **§ 2 BSHG** (vgl. dazu *BAG* 10.7.1980 EzA § 242 BGB Ruhegeld Nr. 88).

ee) Auszehrungsverbot

(1) Begriffsbestimmung

3008 Nach § 5 Abs. 1 BetrAVG dürfen die bei Eintritt des Versorgungsfalls festgesetzten Leistungen der betrieblichen Altersversorgung nicht mehr dadurch gemindert oder entzogen werden, dass Beträge, um die sich andere Versorgungsbezüge nach diesem Zeitpunkt durch Anpassung an die wirtschaftliche Entwicklung erhöhen, angerechnet oder bei Begrenzung der Gesamtversorgung auf einen Höchstbetrag berücksichtigt werden. Eine Auszehrung in diesem Sinne liegt vor, **wenn die Betriebsrenten unter den bei Eintritt des Versorgungsfalles festgesetzten Betrag sinken.** Die vom selben Arbeitgeber gewährten Versorgungsleistungen sind dabei i. d. R. auch dann als **Einheit** anzusehen, wenn sie auf verschiedene Versorgungsformen verteilt sind (*BAG* 5.10.1999 EzA § 17 BetrAVG Nr. 7).

C. Der Inhalt des Arbeitsverhältnisses

(2) Erfasste Leistungen
Betroffen von diesem Auszehrungsverbot sind **nur laufende Leistungen** der betrieblichen Altersversorgung, **nicht** dagegen **Anwartschaften** (*BAG* 18.12.1975 EzA § 242 BGB Ruhegeld Nr. 48).
Der bei der Pensionierung festgesetzte Betrag darf bei einem **Gesamtversorgungssystem** auch dann nicht wegen der Anpassung der Sozialversicherungsrenten unterschritten werden, wenn die Gesamtversorgung selbst dynamisiert ist, selbst wenn eine Gesamtversorgungsobergrenze überschritten wird (*BAG* 13.7.1978 EzA § 5 BetrAVG Nr. 2). Zulässig ist jedoch ein Auf und Ab der betrieblichen Versorgungsleistungen oberhalb der erstmalig festgesetzten Summe.
Das Auszehrungsverbot **gilt nicht für Angestellte des öffentlichen Dienstes**, die Anspruch auf eine dynamische Gesamtversorgung haben (§ 18 Abs. 1 S. 1 BetrAVG). Diese besondere gesetzliche Regelung verstößt nicht gegen Art. 3 Abs. 1 GG (*BAG* 28.6.1983 EzA § 5 BetrAVG Nr. 9).

3009

3010

(3) Andere Versorgungsbezüge
Andere Versorgungsbezüge i. S. d. § 5 Abs. 1 BetrAVG sind alle gesetzlichen und privatrechtlichen Versorgungsleistungen, also auch Betriebsrenten aus unverfallbaren Anwartschaften von **Vorarbeitgebern**, nicht dagegen Versorgungsleistungen desselben Arbeitgebers.

3011

(4) Leistungserhöhungen
Vom Auszehrungsverbot betroffen sind Leistungserhöhungen, die **in Anpassung an die wirtschaftliche Entwicklung** vorgenommen werden, insbesondere die Anpassung laufender Leistungen aus der gesetzlichen Rentenversicherung aufgrund der Rentenanpassungsgesetze, aber auch die Anpassung gem. § 16 BetrAVG oder aufgrund von vertraglichen Dynamisierungsklauseln.
Nicht betroffen sind Erhöhungen, die auf **persönlichen Gründen** beruhen, etwa auf einem Wechsel von der Berufs- zur Erwerbsunfähigkeit oder bei Eintritt eines zusätzlichen Versorgungsfalles.

3012

(5) Rechtsfolgen bei Verstößen gegen § 5 BetrAVG
§ 5 Abs. 1 BetrAVG entgegenstehende vertragliche Regelungen sind gem. **§ 134 BGB** nichtig. Bei einer rechtswidrigen Kürzung von Versorgungsleistungen hat der Betriebsrentner Anspruch auf den Differenzbetrag zwischen der festgesetzten und der gekürzten Rente. Bei rechtswidriger Anrechnung besteht ein entsprechender Nachforderungsanspruch. Allerdings kann gem. § 17 Abs. 3 S. 1 BetrAVG in **Tarifverträgen** vom Auszehrungsverbot abgewichen werden. Eine derartige Abweichung muss nicht als solche gekennzeichnet werden. Es genügt, dass sich dies **zweifelsfrei** aus den tarifvertraglichen Regelungen **ergibt**. Abweichungen in diesem Sinne berühren nicht die Unverfallbarkeitsregelung des § 1 Abs. 1 BetrAVG, an die auch die Tarifvertragsparteien gebunden sind (*BAG* 5.10.1999 EzA § 17 BetrAVG Nr. 7).

3013

C. Der Inhalt des Arbeitsverhältnisses

ff) Flexible Altersgrenze

(1) Möglichkeiten der vorzeitigen Altersrente aus der gesetzlichen Rentenversicherung

aaa) Normative Regelungen

3014 Die Möglichkeiten zur Inanspruchnahme der vorzeitigen Altersrente aus der gesetzlichen Rentenversicherung ergeben sich aus § 45 SGB VI (Bergmannsrenten), §§ 36, 41 Abs. 2, 77 Abs. 2 SGB VI (für langjährig Versicherte), § 37 SGB VI (Schwerbehinderte i. S. d. § 68 SGB IX), § 23 Abs. 2 SGB VI (Berufsunfähige), § 44 Abs. 2 SGB VI (Erwerbsunfähige), § 61 SGB VI (langjährig unter Tage beschäftigte Bergleute), §§ 38, 39, 41 Abs. 1 SGB VI (weibliche Versicherte); s. u. E/Rz. 239 ff.

Die flexible Altersgrenze liegt (derzeit noch) zwischen 60 und 65 Jahren, je nach der im Einzelfall anwendbaren normativen Regelung sowie nach dem Geburtsdatum des Arbeitnehmers.

bbb) Zweck und Voraussetzungen der gesetzlichen Regelung

3015 Hintergrund des § 6 BetrAVG ist die mit den Rentenreformgesetzen vom 16.10.1972 (BGBl. I S. 1965) eingeführte und durch Gesetz vom 18.12.1989 (BGBl. I S. 2261) neugeregelte flexible Altersgrenze (vgl. *Griebeling* Rz. 493 ff.).

Voraussetzung ist die sich aus dem Rentenbescheid des Rentenversicherungsträgers ergebende **Berechtigung, die vorzeitige Altersrente zu beziehen.** Erforderlich ist, dass die gesetzliche Altersrente **in voller Höhe** in Anspruch genommen wird. Der Bezug einer Teilrente nach § 42 SGB VI löst noch keine Ansprüche nach § 6 BetrAVG aus (MünchArbR/*Förster/Rühmann* § 110 Rz. 10).

ccc) Erfüllung der Leistungsvoraussetzungen der betrieblichen Altersversorgung

3016 Vorgezogene betriebliche Altersleistungen kann ein Arbeitnehmer nur in Anspruch nehmen, wenn er zum Zeitpunkt des Rentenbeginns Leistungen der betrieblichen Altersversorgung beanspruchen kann oder ein solcher Anspruch entstehen kann, weil etwa vorgeschriebene Wartezeiten noch erfüllt werden können. Ist seine Wartezeit, die bis zum 65. Lebensjahr noch zurückgelegt werden kann, nicht erfüllt, kann der Arbeitnehmer Leistungen der betrieblichen Altersversorgung nach Ablauf der Wartezeit verlangen (*BAG* 28.2.1989 EzA § 6 BetrAVG Nr. 12).

3017 Der Arbeitnehmer muss bei seinem Ausscheiden alle anderen Leistungsvoraussetzungen der Versorgungsordnung erfüllt haben. Die Versorgungsanwartschaft muss zwar noch nicht unverfallbar gewesen sein (*BAG* 28.2.1989 EzA § 6 BetrAVG Nr. 12), jedoch darf sie **nicht vorher erloschen** sein, etwa durch Ausscheiden des Arbeitnehmers aus dem Betrieb vor Eintritt der Unverfallbarkeit, ohne dass der Arbeitnehmer gleichzeitig eine vorzeitige Altersrente beantragt (*BAG* 21.6.1979 EzA § 6 BetrAVG Nr. 2).

Das gem. § 6 Abs. 1 BetrAVG notwendige Verlangen des Arbeitnehmers ist bei **Insolvenz** an den PSV zu richten (*BGH* 9.6.1980 EzA § 17 BetrAVG Nr. 2).

C. Der Inhalt des Arbeitsverhältnisses

(2) Höhe der vorgezogenen betrieblichen Altersleistung

aaa) Grundlagen
Die Höhe der vorgezogenen betrieblichen Altersleistung **regelt § 6 BetrAVG nicht.** 3018
Sie kann in der **Versorgungsvereinbarung** festgelegt werden; die Regelung muss
aber jedenfalls vor Eintritt des Arbeitnehmers in den Ruhestand erfolgen. Der Arbeitgeber muss zudem **deutlich machen, welches gekürzte betriebliche Altersruhegeld**
der Arbeitnehmer erhält, wenn er sein Recht aus § 6 BetrAVG geltend macht (*BAG*
1.6.1978 EzA § 6 BetrAVG Nr. 1). Fehlt eine vertragliche Regelung, so ist nach den
Regeln der ergänzenden Vertragsauslegung (§§ 133, 157 BGB) zu verfahren.

> Die Auslegungsregeln, die das *BAG* (12.11.1991 EzA § 2 BetrAVG Nr. 12) für die 3019
> Berechnung einer nach § 6 BetrAVG vorzeitig in Anspruch genommenen Betriebsrente und die Behandlung einer in einer Versorgungsordnung enthaltenen
> Höchstbegrenzungsklausel aufgestellt hat (s. u. Rz. 2560), gelten im hier maßgeblichen Zusammenhang nur insoweit, als die betriebliche Versorgungsregelung
> bzw. die zwischen den Parteien getroffenen Vereinbarungen keine eigene billigenswerte Bestimmung getroffen hat (*BAG* 28.3.1995 EzA § 6 BetrAVG Nr. 17;
> 29.7.1997 EzA § 6 BetrAVG Nr. 20; 20.3.2001 EzA § 6 BetrAVG Nr. 22).

Nicht zu beanstanden ist z. B. eine Versorgungsregelung, die für die Berechnung der 3020
vorzeitigen Altersrente auf die **tatsächlich im Zeitpunkt des Ausscheidens erdiente
Rente** abstellt und auf versicherungsmathematische Abschläge und auf eine zeitratierliche Kürzung verzichtet (*BAG* 29.7.1997 EzA § 6 BetrAVG Nr. 19).

bbb) Lebensversicherungen; Pensionskassen
Lebensversicherungsunternehmen und Pensionskassen müssen das bei der Inan- 3021
spruchnahme vorhandene geschäftsplanmäßige Deckungskapital nach versicherungsmathematischen Grundsätzen verrenten. Dabei wird i. d. R. kein Stornoabzug wegen
des vorgezogenen Zahlungsbeginns vorgenommen. Andererseits wird die für den Versicherungsfall vorgesehene Schlussdividende entsprechend reduziert ausgezahlt.
Ein auf Männer beschränkter versicherungsmathematischer Abschlag für die vorzei- 3022
tige Inanspruchnahme von Altersrente ist wirksam, soweit er Führungszeiten vor
dem 17.5.1990 (vgl. zu diesem Zeitpunkt C/Rz. 2720 f.) betrifft (*BAG* 23.3.1999
EzA § 1 BetrAVG Gleichbehandlung Nr. 17).

ccc) Direktzusagen; Unterstützungskassen

aaaa) Ermessensspielraum des Arbeitgebers
Bei Direktzusagen und Unterstützungskassenleistungen hat der Arbeitgeber einen 3023
Ermessensspielraum, soweit er das Mitbestimmungsrecht des Betriebsrats beachtet.
Er kann z. B. von einer Kürzung des vorgezogenen betrieblichen Altersruhegeldes absehen, um einen Anreiz für ein frühzeitiges Ausscheiden seiner Arbeitnehmer zu
schaffen (*BAG* 1.6.1978 EzA § 6 BetrAVG Nr. 1).

bbbb) Berechnungsmethoden

> Soweit in der Versorgungszusage Steigerungsbeträge für Beschäftigungsjahre zwi- 3024
> schen dem 60. und 65. Lebensjahr vorgesehen sind, wird die Betriebsrente bereits

dadurch geringer, dass der Arbeitnehmer diese Beträge nicht mehr erdienen kann. Der Arbeitgeber kann auch die erbrachte und die zu erwartende Betriebszugehörigkeit ins Verhältnis zueinander setzen und den in entsprechender Anwendung des § 2 BetrAVG zu errechnenden Teilwert auszahlen.

Beide Berechnungsmethoden **berücksichtigen nur die verringerte Betriebszugehörigkeit des Arbeitnehmers, nicht jedoch die längere Rentenbezugszeit.** Der vorzeitige Bezug von Altersleistungen wird damit wie ein Fall eines mit einer unverfallbaren Anwartschaft ausgeschiedenen Arbeitnehmers behandelt und stellt keine Kürzung im eigentlichen Sinn dar.

3025 Dennoch ist diese ratierliche Kürzung ohne ausdrückliche abweichende Regelung die einzig zulässige Berechnungsmethode (*BAG* 1.6.1978 EzA § 6 BetrAVG Nr. 1; 13.3.1990 EzA § 6 BetrAVG Nr. 13), vgl. aber *BAG* 21.3.2000 NZA 2001, 387; *Höfer* RdA 2001, 121 ff.).

cccc) **Versicherungsmathematische Abschläge**

Grundlagen
3026 Allerdings sind **aufgrund entsprechender Vereinbarung** mit dem Arbeitnehmer oder mit dem Betriebsrat (§ 87 Abs. 1 Nr. 10 BetrVG) versicherungsmathematische Abschläge bei der Inanspruchnahme vorgezogener betrieblicher Altersleistungen zulässig (*BAG* 24.6.1986 EzA § 6 BetrAVG Nr. 10). **Derartige Abschläge können isoliert und neben einer ratierlichen Kürzung entsprechend § 2 BetrAVG vereinbart werden.**

3027 Ziel einer versicherungsmathematischen Kürzung ist die Herstellung der Wertgleichheit der auszuzahlenden Betriebsrente und der Ausgleich des Zinsverlusts und der längeren Rentenlaufzeit mit der ursprünglich zugesagten Betriebsrente. Diese Methode führt zu einer Kürzung des erreichten Anspruchs zwischen 0,4 % und 0,7 % pro Monat der vorzeitigen Inanspruchnahme vor Vollendung des 65. Lebensjahres (MünchArbR/*Förster/Rühmann* § 110 Rz. 20 m. w. N.).

3028 Eine derartige Vereinbarung bzw. Ergänzung der maßgeblichen Bestimmungen muss **bis zum Eintritt des Arbeitnehmers in den Ruhestand** erfolgen. Denn spätestens ab diesem Zeitpunkt entsteht für ihn ein Vertrauenstatbestand, in den der Arbeitgeber grds. nicht mehr eingreifen darf (*BAG* 24.6.1986 EzA § 6 BetrAVG Nr. 10).

Beispiele
3029 – Sieht eine Versorgungsordnung Festrenten in Verbindung mit einer Gesamtversorgungsobergrenze vor, wird jedoch der Sonderfall der **flexiblen Altersgrenze nicht geregelt**, so darf der Arbeitgeber die Renten der vorzeitig pensionierten Arbeitnehmer zwar zeitanteilig kürzen, jedoch **keinen versicherungsmathematischen Abschlag** vornehmen. Eine weitere Kürzung aufgrund der Höchstbegrenzungsklausel kommt im Zweifel nur dann in Betracht, wenn die zeitanteilig gekürzte Festrente die Gesamtversorgungsobergrenze übersteigt (*BAG* 24.6.1986 EzA § 6 BetrAVG Nr. 10).

C. Der Inhalt des Arbeitsverhältnisses

– Ein Sozialplan, der den betroffenen Arbeitnehmern eine Abfindung oder eine vorgezogene Pensionierung zur Wahl anbietet, kann von Regelungen einer bestehenden Versorgungsordnung abweichen, um Wertungswidersprüche zu vermeiden. So ist es nicht zu beanstanden, wenn für diejenigen Arbeitnehmer, die sich für die **Abfindungslösung** entscheiden und **gleichzeitig die flexible Altersgrenze** in Anspruch nehmen (§ 6 BetrAVG), ein **versicherungsmathematischer Abschlag** eingeführt wird, obwohl die bestehende Versorgungsordnung einen solchen nicht vorsieht (*BAG* 25.2.1986 EzA § 6 BetrAVG Nr. 11). 3030

– Schreibt eine Versorgungsordnung vor, dass sowohl bei einer Dienstunfähigkeitsrente als auch nach dem Übergang von ihr zur vorzeitigen Altersrente kein versicherungsmathematischer Abschlag vorgenommen wird, so ergibt sich daraus i. d. R., dass auch dann ein versicherungsmathematischer Abschlag zu unterbleiben hat, wenn der Arbeitnehmer **von Anfang an die Voraussetzungen einer Dienstunfähigkeits- und einer vorzeitigen Altersrente erfüllt.** Der Verzicht auf den Abschlag trägt dem Entgelt- und Versorgungscharakter der betrieblichen Altersversorgung Rechnung und berücksichtigt, weshalb der Arbeitnehmer die erwartete Betriebstreue nicht erbringt (*BAG* 22.11.1994 EzA § 1 BetrAVG Nr. 69). 3031

– Sollen nach einer Versorgungsordnung aus dem Jahre 1971 die Arbeitnehmer bei Erreichen der »Altersgrenze zum Bezug von Altersruhegeld nach den derzeit geltenden Sozialversicherungsgesetzen« oder dann, wenn »ein Betriebsangehöriger ... nach Erreichen der gesetzlichen Voraussetzungen (RVO) für das Altersruhegeld ... ausscheidet«, betriebliche Altersrente erhalten, so kann eine **Frau mit Vollendung des 60. Lebensjahres** die volle Betriebsrente beanspruchen, es sei denn, die Versorgungsordnung enthält für diesen Fall eine unmissverständliche Kürzungsregelung. Durch das In-Kraft-Treten des BetrAVG hat sich die bereits nach der Versorgungsordnung bestehende Rechtslage nicht verändert. Die Versorgungsordnung ist nicht lückenhaft geworden, sodass für eine ergänzende Vertragsauslegung kein Raum ist (*BAG* 25.10.1988 EzA § 2 BetrAVG Nr. 10; 21.8.1990 EzA § 6 BetrAVG Nr. 16). 3032

ddd) Ausscheiden mit unverfallbarer Anwartschaft

Nimmt ein mit einer unverfallbaren Versorgungsanwartschaft (nach Erreichen der flexiblen Altersgrenze) ausgeschiedener Arbeitnehmer später eine vorgezogene betriebliche Altersrente in Anspruch, so ist eine **vertraglich vereinbarte Berechnung** der Höhe vorgezogener betrieblicher Altersleistungen **auch auf ihn anzuwenden.** 3033

> Zusätzlich durfte dann diese Rente noch einmal zeitanteilig um den Unverfallbarkeitsfaktor gekürzt werden (*BAG* 13.3.1990 EzA § 6 BetrAVG Nr. 13; 12.3.1991 AP Nr. 11 zu § 2 BetrAVG); nach *BAG* 21.3.2000 NZA 2001, 387 = EzA § 6 BetrAVG Nr. 24 erwog der Senat allerdings, diese Rechtsprechung aufzugeben. Dies ist mit Urteil vom 23.1.2001 (EzA § 6 BetrAVG Nr. 23; vgl. dazu *Grabno/Bodi* BB 2001, 2425 ff.; krit. *Höfer* DB 2001, 2045 ff.) inzwischen geschehen. Nunmehr gelten folgende Grundsätze: 3034
> – Bei der Berechnung der vorgezogenen in Anspruch genommenen Betriebsrente des vorzeitig ausgeschiedenen Arbeitnehmers darf die fehlende Betriebstreue zwischen dem vorgezogenen Ruhestand und der in der Versorgungsordnung festgelegten festen Altersgrenze **grds. nicht zweifach mindernd berücksichtigt** werden.
> – Ausgangspunkt für die Anspruchsberechnung ist die bis zum Erreichen der fes-

ten Altersgrenze erreichbare **Vollrente**. Sie ist im Hinblick auf das vorzeitige Ausscheiden wegen der deshalb fehlenden Betriebstreue nach § 2 BetrAVG zu **kürzen**, falls die Versorgungsordnung keine für den Arbeitnehmer günstigere Berechnungsweise vorsieht.
– Der so ermittelte Besitzstand zum Zeitpunkt des vorzeitigen Ausscheidens kann ein **zweites Mal** wegen des früheren und längeren Bezugs der Altersrente gekürzt werden. Soweit die **Versorgungsordnung das vorsieht**, kann ein versicherungsmathematischer Abschlag vorgenommen werden. Fehlt eine solche Bestimmung, kann die Kürzung stattdessen **in der Weise** erfolgen, dass die **fehlende Betriebstreue** zwischen vorgezogener Inanspruchnahme und fester Altersgrenze **zusätzlich mindernd berücksichtigt** wird. Diese Kürzung ist als »**unechter versicherungsmathematischer Abschlag**« anzusehen.

3035 Der arbeitsrechtliche Gleichbehandlungsgrundsatz verpflichtet den Arbeitgeber in diesem Zusammenhang nicht, eine **besonders günstige Anspruchsberechtigung** für Arbeitnehmer, die vorgezogen Betriebsrente in Anspruch nehmen, nachdem sie bis zu diesem Zeitpunkt betriebstreu geblieben sind, auch anteilig an Arbeitnehmer **weiterzugeben**, die vorzeitig aus dem Betrieb ausgeschieden sind und dann vorgezogen Betriebsrente in Anspruch nehmen. Denn für eine derartige Ungleichbehandlung gibt es sachliche Gründe (*BAG* 23.1.2001 EzA § 6 BetrAVG Nr. 24).
Diese Grundsätze gelten auch dann, wenn der PSV für eine im **Insolvenzfall** unverfallbare Versorgungsanwartschaft einstehen muss (*BAG* 12.3.1991 AP Nr. 11 zu § 2 BetrAVG).

eee) **Besonderheiten bei Direktversicherungen; Verschaffungsanspruch**
3036 Hat der Arbeitgeber als Versicherungsnehmer in einem Lebensversicherungsvertrag dem Arbeitnehmer lediglich ein **widerrufliches Bezugsrecht** auf die Versicherungsleistungen eingeräumt, **so gehört der Anspruch auf die Versicherungsleistung im Konkurs des Arbeitgebers zur Konkursmasse** (§ 1 Abs. 1 KO). Das gilt **auch** dann, wenn der Arbeitnehmer **nach § 6 BetrAVG** vorzeitiges Altersruhegeld aus der gesetzlichen Rentenversicherung in Anspruch nimmt.

3037 § 6 BetrAVG regelt nur das arbeitsrechtliche Versorgungsverhältnis, schafft jedoch keinen weiteren Versicherungsfall i. S. d. § 166 VVG, sodass dem Arbeitnehmer bei vorzeitiger Inanspruchnahme des Altersruhegeldes kein unmittelbarer Anspruch gegen den Versicherer auf Auszahlung der Versicherungsleistungen zusteht. Ihm steht vielmehr aus dem arbeitsrechtlichen Versorgungsverhältnis lediglich ein schuldrechtlicher Verschaffungsanspruch gegen den Arbeitgeber zu. Dieser muss durch die vorzeitige Beendigung des Versicherungsvertrages für die Auszahlung der Versorgungsleistungen an den Arbeitnehmer sorgen (*BAG* 28.3.1995 EzA § 1 BetrAVG Lebensversicherung Nr. 6).

fff) **Gesamtversorgungszusagen; Höchstbegrenzungsklauseln**
3038 Nimmt ein Arbeitnehmer vorgezogenes betriebliches Altersruhegeld bei Bestehen einer **Gesamtversorgungszusage** in Anspruch, so würde sich ohne vertragliche Regelung bereits wegen der verringerten Sozialversicherungsrente der Anspruch auf Betriebsrente erhöhen. Sieht die Versorgungsordnung keine versicherungsmathematischen Abschläge vor, sondern nur eine Kürzung entsprechend § 2 BetrAVG, so muss

die Versorgungszusage dahin ausgelegt werden, ob sie nur eine Berechnungsvorschrift beinhaltet oder die Versorgung begrenzen will.

Bei **Limitierungsklauseln** ist auch bei einer vorgezogenen betrieblichen Altersgrenze eine Kürzung aufgrund der Gesamtversorgungsobergrenze nur dann zulässig, wenn die zeitanteilig gekürzte Rente die Obergrenze übersteigt (*BAG* 25.10.1983 EzA § 2 BetrAVG Nr. 5; 24.6.1986 § 6 BetrAVG Nr. 10). 3039

Eine **Höchstbegrenzungsklausel** in einer Versorgungsordnung ist im Zweifel dahin auszulegen, dass Voll- oder Teilrenten zunächst unabhängig von der Höchstbegrenzungsklausel zu berechnen sind, und dass diese Renten erst bei Überschreiten der Höchstgrenzen zu kürzen sind (*BAG* 8.5.1990 EzA § 6 BetrAVG Nr. 14). 3040

ggg) Rechtslage bei fehlender Regelung

Enthält die Versorgungszusage keine Regelung bezüglich der Höhe vorgezogener betrieblicher Altersleistungen, so ist die dadurch entstehende Lücke bei **Versorgungszusagen aus der Zeit vor In-Kraft-Treten des BetrAVG** durch die **entsprechende Anwendung von § 2 BetrAVG** zu schließen (*BAG* 13.3.1990 EzA § 6 BetrAVG Nr. 13). Dieser Auslegungsgrundsatz gilt jedoch dann nicht, wenn sich aus der **Versorgungsordnung Anhaltspunkte** dafür ergeben, wie die Parteien diesen Punkt **geregelt haben würden**, wenn sie ihn bedacht hätten. 3041

Beispiel:
Verweist eine betriebliche Versorgungszusage in allen Einzelzeiten auf das Beamtenversorgungsrecht, so ist sie ergänzend dahin auszulegen, dass Arbeitnehmer, die bereits die Höchstpension erreicht haben, keine Kürzungen hinnehmen müssen. Alle anderen Arbeitnehmer verlieren dagegen durch den vorzeitigen Ruhestand die noch fehlenden Steigerungsbeträge (*BAG* 10.1.1984 EzA § 6 BetrAVG Nr. 8). 3042

hhh) Pensionssicherungsverein

Aufgrund der abweichenden Interessenlage in der Insolvenz ist der PSV auch dann berechtigt, versicherungsmathematische Abschläge in Höhe von 0,5 % für jeden Monat des Bezugs vor Vollendung des 65. Lebensjahres vorzunehmen, wenn dies in der Versorgungsordnung nicht vorgesehen ist (*BAG* 20.4.1982 EzA § 6 BetrAVG Nr. 5). 3043

iii) Erwerbstätigkeit des Arbeitnehmers

Gem. **§ 6 S. 2 BetrAVG** können die Leistungen der betrieblichen Altersversorgung eingestellt werden, wenn die Altersrente aus der gesetzlichen Rentenversicherung wieder wegfällt oder auf einen Teilbetrag beschränkt wird. Das ist der Fall, wenn die **Hinzuverdienstgrenzen des § 34 SGB VI überschritten** werden. Gibt der Arbeitnehmer die rentenschädliche Erwerbstätigkeit wieder auf, lebt der Anspruch auf vorgezogene Altersrente aus der gesetzlichen Rentenversicherung wieder auf.
Nach **§ 6 S. 3 BetrAVG** ist der ausgeschiedene Arbeitnehmer verpflichtet, die maßgeblichen Tatsachen unverzüglich anzuzeigen. 3044

gg) Anpassung von Versorgungsleistungen

(1) Zweck der gesetzlichen Regelung

3045 Mit der Pflicht zur Anpassungsprüfung durch den Arbeitgeber gem. § 16 BetrAVG soll den Betriebsrentnern ein **Verfahren zur Anpassung ihrer Versorgungsleistungen** zur Verfügung gestellt werden, mit dem sie trotz des Verlusts ihrer Arbeitskampffähigkeit und damit der Möglichkeit kollektivrechtlicher Maßnahmen den **Kaufkraftschwund in etwa ausgleichen können** (*Griebeling* Rz. 520 ff.).

(2) Anpassungsgegenstand

3046 § 16 BetrAVG bezieht sich auf **laufende Leistungen der betrieblichen Altersversorgung**, dagegen weder auf Versorgungsanwartschaften, einmalige Kapitalleistungen, die der Arbeitnehmer selbst ertragbringend anlegen kann, noch auf Sachleistungen. Etwas anderes gilt aber dann, wenn die **Sachleistungen in eine Geldleistungen** umgewandelt werden. Denn als Anpassungsmaßstab kann dann sowohl die Inflationsrate als auch die Preisentwicklung der ersetzten Sachleistung herangezogen werden (vgl. *BAG* 30.3.1973 AP Nr. 4, 5 zu § 242 BGB Ruhegehalt-Geldentwertung; 1.7.1976 EzA § 16 BetrAVG Nr. 2; 15.9.1977 EzA § 16 BetrAVG Nr. 6; 11.8.1981 EzA § 16 BetrAVG Nr. 12).

3047 Lösen betriebliche Versorgungsansprüche bei Erreichen einer bestimmten Altersgrenze **Übergangsgelder** oder Überbrückungszahlungen ab, so unterliegen die dann beginnenden Versorgungsansprüche gleichermaßen der Anpassungsprüfungspflicht.
Dagegen unterliegen gem. § 16 Abs. 6 BetrAVG n. F. der Anpassung nicht, monatliche Raten im Rahmen eines Auszahlungsplanes sowie Renten ab Vollendung des 65. Lebensjahres im Anschluss an einen Auszahlungsplan.

(3) Berechtigte und Verpflichtete

aaa) Grundlagen

3048 Von § 16 BetrAVG erfasst sind alle **Versorgungsempfänger**, die während der aktiven Dienstzeit die Voraussetzungen des § 17 Abs. 1 BetrAVG erfüllt haben sowie deren **Hinterbliebene**.

3049 War der Anspruchsberechtigte z. T. als **Arbeitnehmer** und z. T. als **Unternehmer** tätig, so kommt die Anpassungspflicht nur für den Teil einer Versorgungsrente in Frage, der auf einen Zeitraum entfällt, in dem der Berechtigte in einer Arbeitnehmer- oder arbeitnehmerähnlichen Stellung tätig gewesen ist. Jedoch kann es billigem Ermessen entsprechen, bei völligem Überwiegen der in solcher Eigenschaft geleisteten Dienste oder umgekehrt die ganze Rente ausschließlich nach § 16 BetrAVG anzupassen oder sie allein nach den von der Rechtsprechung entwickelten Grundsätzen gem. § 242 BGB an die gestiegenen Lebenshaltungskosten anzugleichen (*BGH* 6.4.1981 AP Nr. 12 zu § 16 BetrAVG).

3050 Anspruchsverpflichtet ist unabhängig vom Durchführungsweg der betrieblichen Altersversorgung stets der **Arbeitgeber** selbst, nicht ein selbstständiger Versorgungsträger. Im Konzern ist derjenige Arbeitgeber anpassungsverpflichtet, der dem Versorgungsberechtigten die Zusage erteilt hat (*BAG* 19.5.1981 EzA § 16 BetrAVG Nr. 11). Bei Gesamtrechtsnachfolge geht die Anpassungsprüfungspflicht auf den Rechtsnachfolger über. Wird eine unverfallbare Anwartschaft gem. § 4 BetrAVG auf einen **Nachfolgearbeitgeber** übertragen, so geht im Zweifel auch die Verpflichtung zur Anpas-

sung auf ihn über. Gleiches gilt für den **Erben** des ehemals einzelkaufmännisch tätigen früheren Arbeitgebers, selbst wenn er dessen Geschäft nicht weiterführt (*BAG* 9.11.1999 EzA § 16 BetrAVG Nr. 33).
Auch das Unternehmen, das liquidiert wurde und dessen einzig verbliebener Gesellschaftszweck die Abwicklung seiner Versorgungsverbindlichkeiten ist (**Rentnergesellschaft**), hat eine Anpassung der Betriebsrenten zu prüfen und hierüber nach billigem Ermessen zu entscheiden (*BAG* 23.10.1996 EzA § 16 BetrAVG Nr. 31).

bbb) Öffentlicher Dienst
Arbeitnehmer, die bei einer Versorgungseinrichtung des öffentlichen Dienstes pflichtversichert waren, sind von der Anpassung ihrer Bezüge nach § 16 BetrAVG ausgeschlossen, wenn sie satzungsgemäß eine nach dem Entgelt der aktiven Arbeitnehmer dynamisierte Versorgungsrente erhalten können (**§ 18 Abs. 1 S. 1 Nr. 1 BetrAVG**). Diese Sonderregelung für die Anpassung von Ruhegeldern gilt auch für Rentner, deren Arbeitsverhältnis schon vor In-Kraft-Treten des BetrAVG geendet hat (*BAG* 5.2.1981 EzA § 18 BetrAVG Nr. 2). 3051

ccc) Anpassung in den neuen Bundesländern
§ 16 BetrAVG ist im Beitrittsgebiet nur anzuwenden, wenn die Zusagen auf Leistungen der betrieblichen Altersversorgung **nach dem 31.12.1991** erteilt wurden. Dabei ist die Erfüllung bereits entstandener Verpflichtungen keine Begründung eines Anspruchs. Für die bis zum 31.12.1991 erteilten Zusagen schließt der Einigungsvertrag (Anl. I Kap. VIII Sachgebiet A Abschnitt III Nr. 16) nicht nur eine auf § 16 BetrAVG, sondern im Regelfall auch eine auf § 242 BGB gestützte Verpflichtung zur Anpassung laufender Leistungen aus. Die auf § 242 BGB beruhende vorgesetzliche Rechtsprechung des BAG hat nämlich in der abschließenden Regelung des § 16 BetrAVG ihre konkrete gesetzliche Ausprägung gefunden (*BAG* 24.3.1998 EzA § 16 BetrAVG Nr. 32). 3052

(4) Prüfungszeitpunkt und -zeitraum
Das Ende der nach § 16 BetrAVG vorgesehenen 3-Jahres-Frist berechnet sich nach **§§ 187 ff. BGB.** 3053

> Da eine auf den individuellen Fristablauf bezogene Überprüfung für den Arbeitgeber einen unverhältnismäßig hohen Verwaltungsaufwand bedeuten würde, können die Anpassungsprüfungen an einem einheitlichen Stichtag innerhalb oder am Ende des Kalenderjahres vorgenommen werden (*BAG* 28.4.1992 EzA § 16 BetrAVG Nr. 22). Eine derartige gebündelte Anpassungsprüfung und -entscheidung kann im Extremfall bei einer erstmaligen Rentenfestsetzung dazu führen, dass die nächste Anpassungsprüfung erst nach 3 Jahren und 11 Monaten erfolgt (MünchArbR/*Förster/Rühmann* § 112 Rz. 13; z. T. [*Neef* NZA 1984, 14; *Schaub* Arbeitsrechtshandbuch § 81 VII 3 f.] wird demgegenüber eine halbjährliche Zusammenfassung gefordert).

Bei einer erstmaligen Anpassungsprüfung kann der Prüfungszeitraum – sofern kein Missbrauch vorliegt – auch verkürzt werden, um sie auf einen einheitlichen 3-Jahres-Rhythmus zu bringen. 3054
Für **Altrenten**, die am 1.1.1975 bereits 3 Jahre und länger liefen, hat das *BAG* (1.7.1976 EzA § 16 BetrAVG Nr. 1) als ersten Prüfungsstichtag den 1.1.1975 festgesetzt, sodass insoweit ein fester Anpassungsrhythmus besteht. 3055

C. Der Inhalt des Arbeitsverhältnisses

(5) **Ermittlung des Anpassungsbedarfs**

aaa) **Grundlagen**

3056 Der Anpassungsbedarf i. S. d. § 16 BetrAVG wird aufgrund des Preisindexes für die Lebenshaltung von 4-Personen-Haushalten von Arbeitern und Angestellten mit mittlerem Einkommen bestimmt. Er entsteht unabhängig davon, ob die Inflationsrate eine bestimmte Opfergrenze überschreitet. Eine Minusanpassung ist weder bei Deflation noch bei schlechter wirtschaftlicher Lage möglich.
Bei der Berechnung des Anpassungsbedarfs darf weder ein Abschlag wegen normaler Geldentwertung vorgenommen, noch der Preisindex um bestimmte Faktoren bereinigt werden (*BAG* 16.12.1976, *BGH* 5.10.1978 AP Nr. 4, 6 zu § 16 BetrAVG; vgl. *Langohr-Plato* BB 1997, 1634 ff.; BB 1999, 2134 ff.).

bbb) **Freiwillige oder vertraglich vereinbarte Anpassungsleistungen**

3057 Freiwillige oder vertraglich vorgesehene **Anpassungsleistungen verringern grds. den Anpassungsbedarf**. Das kommt in Betracht z. B. bei volldynamischen Zusagen oder Zusagen mit festgelegten Steigerungsraten.

3058 Soll die Betriebsrente ohne weiteres entsprechend dem **Lebenshaltungskostenindex** oder dem Preis oder dem Wert eines andersartigen Gutes oder einer bestimmten Leistung angepasst werden, stellt eine derartige Anpassungsklausel eine nach § 3 WährG genehmigungspflichtige Wertsicherungsklausel dar. Genehmigungsfrei sind dagegen sog. **Spannungs- oder Spannenklauseln**, die das Ruhegeld an gleichartige Leistungen, etwa vergleichbare Beamten- oder Angestelltengehälter oder -pensionen oder Altersrenten aus der Sozialversicherung anbinden (*BAG* 16.10.1975 EzA § 242 BGB Ruhegeld Nr. 46).

3059 **Loyalitäts- oder Verhandlungsklauseln**, das sind Absichtserklärungen des Arbeitgebers, eine Anpassung der Versorgungsleistungen von Zeit zu Zeit zu prüfen mit der Folge, dass unter bestimmten Voraussetzungen mit dem Berechtigten über eine Anpassung der Betriebsrente zu verhandeln und im Falle des Scheiterns der Verhandlungen eine Neufestsetzung durch einen Sachverständigen vorzunehmen ist, führen grds. nicht zum Wegfall der Anpassungsprüfung nach § 16 BetrAVG (MünchArbR/*Förster/Rühmann* § 112 Rz. 20).

ccc) **Veränderungen in der gesetzlichen Rentenversicherung**

3060 Verbessert sich die Versorgungssituation des Versorgungsempfängers aufgrund eigener Leistungen oder Zuwendungen Dritter, hat dies grds. keinen Einfluss auf den Anpassungsbedarf. Dieser ist betriebsrentenimmanent zu bestimmen, sodass alle externen Faktoren bei der Anpassungsprüfung nicht zu berücksichtigen sind (**Abkopplungstheorie**).

> Deshalb sind Veränderungen im Leistungssystem der gesetzlichen Rentenversicherung für die Bemessung des Anpassungsbedarfs irrelevant. Umgekehrt haben auch nachträgliche Belastungen der Betriebsrenten mit Abgaben (Steuern, Krankenversicherungsbeitrag der Rentner) keinen Einfluss (*BAG* 15.9.1977 EzA § 16 BetrAVG Nr. 6; 14.2.1989 EzA § 16 BetrAVG Nr. 20).

ddd) Obergrenzen

Bei Gesamtversorgungsmodellen mit absoluter (die Gesamtversorgung übersteigt das Nettoeinkommen eines vergleichbaren aktiven Arbeitnehmers) oder relativer Obergrenze (die Gesamtversorgung würde stärker steigen als das Nettoeinkommen eines vergleichbaren aktiven Arbeitnehmers) kann der Anpassungsbedarf nicht unter Hinweis auf die gestiegenen Sozialversicherungsrenten reduziert werden. 3061

Denn dadurch würde der Arbeitgeber von seinen Verpflichtungen durch die Sozialversicherungsgesetzgebung befreit. Zudem würden gerade **kleine Betriebsrenten** nur relativ geringfügig angepasst (*BAG* 25.9.1980 EzA § 16 BetrAVG Nr. 10).

Gleichwohl kann die Entwicklung der Arbeitseinkommen der aktiven Arbeitnehmer nicht völlig unberücksichtigt bleiben. Wenn die Reallohnentwicklung der aktiven Belegschaft im Unternehmen während des Berechnungszeitraums unterhalb der Inflationsrate bleibt, so können auch die Betriebsrentner keinen vollen Inflationsausgleich verlangen (*BAG* 11.8.1981 EzA § 16 BetrAVG Nr. 12). 3062

Verdiensteinbußen, die sich am Anpassungsstichtag nicht mehr auswirken, spielen aber jedenfalls für die reallohnbezogene Obergrenze nach § 16 BetrAVG keine Rolle (*BAG* 23.5.2001 EzA § 16 BetrAVG Nr. 35). 3063

Bei der notwendigen Gruppenbildung zur Anwendung der reallohnbezogenen Obergrenze hat der Arbeitgeber einen **weitgehenden Entscheidungsspielraum**. Es genügt, dass **klare, verdienstbezogene Abgrenzungskriterien** die Einteilung als sachgerecht erscheinen lassen. Der auf dem Wegfall der Berlinzulage beruhende geringere Anstieg der Nettolöhne kann bei der Ermittlung der reallohnbezogenen Obergrenze zu berücksichtigen sein (*BAG* 23.5.2001 EzA § 16 BetrAVG Nr. 36). 3064

(6) Die wirtschaftliche Lage des Arbeitgebers

aaa) Keine übermäßige Belastung des Arbeitgebers

Der Arbeitgeber kann eine Anpassung der Betriebsrenten nach § 16 BetrAVG ganz oder teilweise ablehnen, soweit dadurch eine übermäßige Belastung des Unternehmens verursacht würde. Die Substanz des Unternehmens muss erhalten bleiben, seine gesunde wirtschaftliche Entwicklung darf nicht verhindert und die Arbeitsplätze dürfen nicht durch eine langfristige Auszehrung in Gefahr gebracht werden (*BAG* 14.2.1989 EzA § 16 BetrAVG Nr. 21). 3065
Dabei ist nicht entscheidend die Belastung aus der Anhebung einer individuellen Versorgungsleistung, sondern die Gesamtbelastung aller zur Prüfung anstehenden Versorgungsleistungen. Maßgebend sind nur die Erträge und Wertzuwächse des dem Unternehmen gewidmeten Vermögens (*BAG* 9.11.1999 EzA § 16 BetrAVG Nr. 33).
Eine übermäßige Belastung des Unternehmens ist anzunehmen, wenn es mit einiger Wahrscheinlichkeit unmöglich sein wird, den Teuerungsausgleich aus den Erträgen und dem Wertzuwachs in der Zeit nach dem Anpassungsstichtag aufzubringen. Das Unternehmen kann nicht auf eine Kreditaufnahme zur Deckung des Anpassungsbedarfs verwiesen werden. Nicht erforderlich für den Ausschluss

C. Der Inhalt des Arbeitsverhältnisses

einer Anpassung der Betriebsrenten an die Kaufkraftentwicklung gem. § 16 BetrAVG ist es, dass sich der Arbeitgeber in einer wirtschaftlichen Notlage befindet (*BAG* 19.5.1981 EzA § 16 BetrAVG Nr. 11).
Auch nach Einstellung seiner unternehmerischen Aktivitäten sind der frühere Arbeitgeber und sein Rechtsnachfolger **nicht verpflichtet**, die Anpassungsleistungen durch **Eingriffe in die Vermögenssubstanz** zu finanzieren (*BAG* 9.11.1999 EzA § 16 BetrAVG Nr. 33).

3066 Die wirtschaftliche Lage lässt sich nicht beschränkt auf einen Stichtag erfassen. Die maßgebenden Daten können nur im Zeitablauf gewürdigt werden. Erforderlich ist folglich eine **langfristige Prognose**, gestützt auf die Unternehmensentwicklung der zurückliegenden Zeit, wie sie auch bei der Unternehmensberatung und Kreditgewährung gefordert wird (*BAG* 17.1.1980 EzA § 16 BetrAVG Nr. 9; 31.1.1984 EzA § 16 BetrAVG Nr. 15; 23.4.1985 EzA § 16 BetrAVG Nr. 16; 23.4.1985 EzA § 16 BetrAVG Nr. 17).

3067 Der Arbeitgeber hat, ausgehend von den Verhältnissen am Prüfungsstichtag, die voraussichtliche wirtschaftliche Entwicklung des Unternehmens und die Auswirkungen eines Teuerungsausgleichs abzuschätzen. Wirtschaftliche Daten nach dem Anpassungsstichtag sind nur insoweit von Bedeutung, als sie eine frühere Prognose bestätigen oder entkräften. Nicht vorhersehbare, veränderte Rahmenbedingungen oder spätere, zum Anpassungsstichtag noch nicht absehbare Betriebsstilllegungen spielen keine Rolle (*BAG* 17.10.1995 EzA § 16 BetrAVG Nr. 29). Wesentliche Grundlagen der Beurteilung sind die **Bilanzen, Gewinn- und Verlustrechnungen sowie die Lageberichte der Unternehmen unter Einbeziehung der Zukunftsaussichten** (MünchArbR/*Förster*/Rühmann § 112 Rz. 30 ff.).

Diese Grundsätze gelten **auch** dann, **wenn der Arbeitgeber in der Vergangenheit keinen vollen Geldwertausgleich gewährt hat und deshalb eine nachholende Anpassung zu prüfen ist**. Da in diesem Fall die Gefahr besteht, dass der Anpassungsstau den wirtschaftlich wieder gestärkten Arbeitgeber überfordert, ist seine Leistungsfähigkeit besonders sorgfältig zu prüfen (*BAG* 28.4.1992 EzA § 16 BetrAVG Nr. 22; vgl. *Dernberger/Förster* BB 1993, 70 ff.).
Die **nachholende Anpassung** betrifft die Höhe des Versorgungsbedarfs und besagt, dass – bezogen auf einen Anpassungstermin – nicht nur die Teuerung in den letzten drei Jahren, sondern der Kaufkraftverlust seit Rentenbeginn zu berücksichtigen ist (*BAG* 17.4.1996 EzA § 16 BetrAVG Nr. 30)

3068 Davon ist eine **nachträgliche Anpassung** zu unterscheiden. Durch eine nachträgliche Anpassung soll die Betriebsrente bezogen auf einen früheren Anpassungsstichtag unter Berücksichtigung der damaligen wirtschaftlichen Lage des Unternehmens erhöht werden.

3069 Insoweit gelten nach der Rechtsprechung des *BAG* (17.4.1996 EzA § 16 BetrAVG Nr. 30) folgende **Grundsätze**:
– Wenn der Versorgungsempfänger die Anpassungsentscheidung des Arbeitgebers für unrichtig hält, muss er dies vor dem nächsten Anpassungsstichtag dem Arbeitgeber gegenüber wenigstens außergerichtlich geltend machen.

C. Der Inhalt des Arbeitsverhältnisses

Mit dem nächsten Anpassungsstichtag entsteht ein neuer Anspruch auf Anpassungsprüfung und –entscheidung. Der Anspruch auf Korrektur einer früheren Anpassungsentscheidung erlischt.
- Hat der Arbeitgeber bis zum nächsten Anpassungsstichtag die Betriebsrenten weder erhöht, noch sich zur Anpassung ausdrücklich geäußert, so hat er damit stillschweigend erklärt, dass er zum zurückliegenden Anpassungsstichtag keine Anpassung vornimmt. Die Erklärung des Versorgungsschuldners, nicht anpassen zu wollen, gilt nach Ablauf von drei Jahren ab Anpassungstermin als abgegeben. Der Versorgungsberechtigte kann die stillschweigend abgelehnte Anpassungsentscheidung bis zum übernächsten Anpassungstermin rügen.
- Bei der Prüfung der wirtschaftlichen Lage des Unternehmens ist unter anderem zu berücksichtigen:
Beurteilungsgrundlage für die erforderliche Prognose ist die wirtschaftliche Entwicklung des Unternehmens in der Zeit vor dem Anpassungsstichtag, soweit daraus Schlüsse für die weitere Entwicklung gezogen werden können. Nicht vorhersehbare, neue Rahmenbedingungen und sonstige unerwartete, spätere Veränderungen der wirtschaftlichen Verhältnisse des Unternehmens bleiben unberücksichtigt
Für eine einigermaßen zuverlässige Prognose muss die bisherige Entwicklung über einen längeren, repräsentativen Zeitraum von i. d. R. mindestens drei Jahren ausgewertet werden.
Der am Anpassungsstichtag absehbare Investitionsbedarf, auch für Rationalisierungen und die Erneuerung von Betriebsmitteln, ist zu berücksichtigen.
Scheingewinne bleiben unberücksichtigt.

Die **Betriebssteuern** verringern die verwendungsfähigen Mittel. Bei den Steuern 3070
von Einkommen ist zu beachten, dass nach einer Anpassungsentscheidung die Rentenerhöhungen den steuerpflichtigen Gewinn verringern.
Eine **angemessene Eigenkapitalverzinsung** ist i. d. R. nötig und für die Anpassung der Betriebsrenten nach § 16 BetrAVG von entscheidender Bedeutung (*BAG* 23.5.2000 EzA § 16 BetrAVG Nr. 37; so auch *ArbG Siegburg* 12.3.1996 DB 1996, 1731 m. ausf. Anm. *Pauly*; *ders.* DB 1996, 2081; *Hartauer* DB 1996, 2080). Sie besteht aus einem **Basiszins** und einem **Risikozuschlag**. Der Basiszins entspricht der Umlaufrendite öffentlicher Anleihen. Der Risikozuschlag beträgt für alle Unternehmen einheitlich 2 %. Ein Geldentwertungsabschlag darf unterbleiben (*BAG* 23.5.2001 EzA § 16 BetrAVG Nr. 37).
Die **Höhe** der Eigenkapitalverzinsung richtet sich nach dem **vorhandenen Eigenkapital**. Eine unzureichende Eigenkapitalverzinsung ist aber nicht der einzige Grund, der nach § 16 BetrAVG eine Nichterhöhung der Betriebsrente rechtfertigen kann. Die fehlende Belastbarkeit kann sich auch aus einer Eigenkapitalauszehrung ergeben. Verlustvorträge sind dabei zu berücksichtigen (*BAG* 23.5.2001 EzA § 16 BetrAVG Nr. 35).
Der Arbeitgeber darf deshalb jedenfalls dann von einer Anpassung der Betriebsrente absehen, wenn das Eigenkapital **unter das Stammkapital der Gesellschaft sank**, daraufhin die Gesellschafter durch zusätzliche Einlagen eine Kapitalrücklage bildeten, die anschließend erzielten Gewinne nicht ausgeschütteten, sondern zur Verbesserung der Eigenkapitalausstattung verwandt wurden und trotzdem

> das Stammkapital bis zum nächsten Anpassungsstichtag ohne die Kapitalrücklage voraussichtlich nicht wieder erreicht wird (*BAG* 23.5.2001 EzA § 16 BetrAVG Nr. 38).
> Auch nach Einstellung seiner unternehmerischen Aktivitäten kann der Versorgungsschuldner eine angemessene Verzinsung seines Eigenkapitals in Anspruch nehmen, bevor er zusätzliche Versorgungslasten durch Anpassung der Betriebsrenten an die Kaufkraftentwicklung übernimmt. Als angemessene Eigenkapitalverzinsung kommt jedoch nur der **Zinssatz** in Betracht, der sich bei einer **langfristigen Anlage festverzinslicher Wertpapiere** erzielen lässt. Zu einem **Risikozuschlag** besteht **nur bei einem aktiven Unternehmer** Anlass. Zum maßgeblichen Eigenkapital zählt nicht das zur Begleichung der Versorgungsverbindlichkeiten erforderliche Kapital. Soweit hieraus Erträge erwirtschaftet werden, sind sie in vollem Umfang zur Finanzierung der Anpassungslast heranzuziehen (*BAG* 9.11.1999 EzA § 16 BetrAVG Nr. 33).

3071 Soweit Gesellschafter einer GmbH als Geschäftsführer tätig sind, kann dafür eine **angemessene Vergütung** angesetzt werden. Der Unternehmerlohn darf das bei Fremdgeschäftsführern Übliche nicht überschreiten.

bbb) Einzelfragen

3072 Bei der Beurteilung der wirtschaftlichen Lage des Unternehmens kommt es auf seine **Ertragskraft im Ganzen** an. Für sich genommen nicht aussagekräftig ist deshalb eine Einschränkung des Personalbestandes, die Schließung einer Unterstützungskasse oder einzelne negative Bilanzergebnisse. Einzelne Handelsbilanzen und Betriebsergebnisberechnungen, die mit Verlusten abschließen, dürfen nicht isoliert betrachtet werden. Es muss erkennbar werden, auf welche Weise und aufgrund welcher wirtschaftlicher Vorgaben die Ergebnisse dargestellt sind.

3073 Schwankungen müssen im Hinblick auf eine **langfristige Prognose** der Unternehmensentwicklung erklärt werden. Jedenfalls dann, wenn das Unternehmen über Jahre hinweg erhebliche Verluste erlitten hat oder Sanierungsmaßnahmen erforderlich gewesen sind, entfällt ein Anspruch auf eine Anpassung, wobei jedoch stets die Zukunftsentwicklung im Auge zu behalten ist.

3074 Als Argumente kommen in Betracht die **fehlende Dividendenausschüttung** und eine **Herabsetzung des Grundkapitals** zur Verringerung der Schuldenlast. Die Zahlung von **Gratifikationen** an aktive und pensionierte Arbeitnehmer schließt dagegen eine schlechte wirtschaftliche Lage des Arbeitgebers nicht aus.

3075 Zu beachten ist auch, ob das Unternehmen in der Vergangenheit aufgrund der wirtschaftlichen Situation in der Lage war, die erforderlichen **Pensionsrückstellungen** vorzunehmen und damit gewisse Steuervorteile zu erzielen (*BAG* 23.4.1985 EzA § 16 BetrAVG Nr. 16; 23.4.1985 EzA § 16 BetrAVG Nr. 17).

3076 Offen gelassen hat das *BAG* (23.10.1996 EzA § 16 BetrAVG Nr. 31), ob bei einem nicht mehr werbend tätigen Unternehmen, das liquidiert worden ist und dessen Gesellschaftszweck nur noch die Abwicklung seiner Versorgungsverbindlichkeiten ist (Rentnergesellschaft), zur Finanzierung der Anpassungslasten gem. § 16 BetrAVG auch ein angemessener **Eingriff in die Vermögenssubstanz** geboten ist. Nach Auffassung des *LAG Hamm* (3.2.1998 LAGE § 16 BetrAVG Nr. 8) richtet sich dies nach dem zum jeweiligen Anpassungsstichtag **ermittelten Barwert sämtlicher Versorgungslasten**. Wegen der nicht sicher vorausschaubaren Zinsentwicklung und etwaiger Steigerungen der Lebenserwartung ist die Abwicklungsgesellschaft danach berechtigt, von einem sich möglicherweise ergebenden Überschuss einen angemessenen Reservebetrag zurückzuhalten und nicht für die Anpassung bereitzustellen.

ccc) **Die wirtschaftliche Lage im Konzern**
Auf die wirtschaftliche Lage der Konzernmutter ist dann abzustellen (sog. **Berechnungsdurchgriff**; *BAG* 19.5.1981 EzA § 16 BetrAVG Nr. 11; 14.2.1989 EzA § 16 BetrAVG Nr. 21; 4.10.1994 EzA § 16 BetrAVG Nr. 28), wenn bei Vorliegen eines Beherrschungs- und Gewinnabführungsvertrages die **wirtschaftliche Abhängigkeit** des beherrschten Unternehmens so vollständig ist, dass seine wirtschaftliche Lage für den Rechtsverkehr überhaupt nicht zählt. 3077

Das ist ausnahmsweise dann **nicht der Fall, wenn das in Anspruch genommene Unternehmen** entweder wirtschaftlich **unbeeinflusst** handeln konnte oder trotz der wirtschaftlichen Einbindung in den Konzern so gehandelt hat, wie es unter **Wahrung der eigenen Interessen als selbstständige Gesellschaft** gehandelt hätte (*BAG* 14.2.1989 EzA § 16 BetrAVG Nr. 21). 3078

Die für das Abstellen auf die wirtschaftlich Lage des Konzerns maßgebliche enge wirtschaftliche Verknüpfung kann auch ohne Abschluss eines Beherrschungs- oder Gewinnabführungsvertrages bei einem **qualifiziert faktischen Konzern** vorliegen. Voraussetzung dafür ist, dass das herrschende Unternehmen die Geschäfte des beherrschten Unternehmens dauernd und umfassend geführt hat (*BAG* 28.4.1992 EzA § 16 BetrAVG Nr. 23; s. o. A/Rz. 293 ff.). Hinzu kommen muss, dass das herrschende Unternehmen die Leitungsmacht in einer Weise ausgeübt hat, die keine **angemessene Rücksicht auf die Belange der abhängigen Gesellschaft** nimmt (*BAG* 23.10.1996 EzA § 16 BetrAVG Nr. 31). 3079

Beispiel:
Eine mangelnde Rücksichtnahme auf die Belange der abhängigen Gesellschaft kann auch darin liegen, dass das herrschende Unternehmen das beherrschte Unternehmen veranlasst, Gewinn bringende Geschäftsbereiche auszugliedern und zu verselbstständigen. Dagegen ist der Vorwurf mangelnder Rücksichtnahme auf die Interessen der abhängigen Gesellschaft nicht berechtigt, wenn ein bisher verlustreicher Geschäftsbereich ausgegliedert wird oder wenn neugebildete Gesellschaften zur Gewinnabführung an das den Geschäftsbereich abgebende Unternehmen verpflichtet werden (*BAG* 14.12.1993 EzA § 16 BetrAVG Nr. 26). 3080

> Bei der Beurteilung der wirtschaftlichen Lage des herrschenden Unternehmens im Wege des Berechnungsdurchgriffs kann seine Konzernbindung an eine weitere Konzernobergesellschaft von Bedeutung sein. Ergibt sich hieraus, dass die Betriebsrentner des Mutterunternehmens sich für einen Anpassungsanspruch auf einen Berechnungsdurchgriff zur Konzernobergesellschaft berufen könnten, kommt dies auch den Betriebsrentnern des Tochterunternehmens zugute (doppelter Berechnungsdurchgriff; *BAG* 4.10.1994 EzA § 16 BetrAVG Nr. 28). 3081

ddd) **Belange des Versorgungsempfängers**
Bei der Anpassungsprüfung sind als Belange des Versorgungsempfängers nur solche Umstände zu berücksichtigen, die **durch die Teuerung seit Eintritt des Versorgungsfalles bedingt** sind. Nicht zu berücksichtigen sind deshalb besondere individu- 3082

elle Dienste oder persönliche Opfer des Versorgungsberechtigten während des aktiven Arbeitsverhältnisses, da sonst die Verteilungsgrundsätze der Versorgungsordnung im Rahmen der Anpassungsprüfung verändert würden (*BAG* 31.1.1984 EzA § 16 BetrAVG Nr. 15).

Der Arbeitgeber ist auch nicht verpflichtet, bei der Anpassung auf die individuelle Belastung eines Rentners mit überdurchschnittlich hohen Steuern und mit einem Krankenversicherungsbeitrag Rücksicht zu nehmen (*BAG* 14.2.1989 EzA § 16 BetrAVG Nr. 20).

(7) **Die Anpassungsentscheidung des Arbeitgebers**

aaa) Zweistufigkeit der Überprüfung

3083 Die Anpassungsentscheidung des Arbeitgebers nach § 16 BetrAVG erfolgt zweistufig: Zunächst ist zu prüfen, ob die Betriebsrente in ihrem Wert noch der ursprünglich zugesagten Versorgung entspricht.
Im Anschluss daran hat der Arbeitgeber eine Entscheidung nach billigem Ermessen zu treffen, die insbesondere die Belange des Versorgungsempfängers und seine wirtschaftliche Lage berücksichtigt.

bbb) Ausgleich des Anpassungsbedarfs?

aaaa) Grundlagen

3084 Der Anpassungsbedarf ist grds. in **voller Höhe** auszugleichen bis zur reallohnbezogenen Obergrenze, soweit dies aufgrund der bisherigen wirtschaftlichen Entwicklung auch in Zukunft für das Unternehmen **tragbar** ist.

Insoweit widerspricht es nicht der Billigkeit, wenn der Arbeitgeber die Renten nur bis zur durchschnittlichen Steigerungsrate der Reallöhne der aktiven Arbeitnehmer anpasst. Die Belange der Versorgungsempfänger sind schon dann ausreichend berücksichtigt, wenn die Renten bis hin zur »reallohnbezogenen Obergrenze« angehoben werden (*BAG* 14.2.1989 EzA § 16 BetrAVG Nr. 20). Aufschluss über die wirtschaftliche Lage des Unternehmens lässt sich dabei allerdings **nicht aus den Einkommensverhältnissen einzelner Arbeitnehmer** oder Arbeitnehmergruppen entnehmen (*LAG Niedersachsen* 23.2.2000 NZA-RR 2001, 272).

3085 Nach § 16 BetrAVG bilden »**laufende Leistungen**« der betrieblichen Altersversorgung den Gegenstand der Anpassungsprüfung. Das bedeutet aber nicht, dass auch der Teuerungsausgleich nur rentenförmig geleistet werden dürfte. **Einmalige Zahlungen sind zulässig, wenn die wirtschaftliche Lage des Arbeitgebers eine Anpassung nur in dieser Form erlaubt** (*BAG* 31.1.1984 EzA § 16 BetrAVG Nr. 15). Ist ein vollständiger Ausgleich des Anpassungsbedarfs nicht möglich, kommt folglich auch ein **partieller Ausgleich** durch Teilanpassung aller Betriebsrenten oder eine Einmalzahlung in Betracht, ferner eine Betriebsrentenerhöhung unter Vorbehalt sowie die Differenzierung zwischen einzelnen Versorgungsempfängergruppen sowie schließlich der Verzicht auf eine Anpassung (vgl. *BAG* 31.1.1984 EzA § 16 BetrAVG Nr. 15).

bbbb) Anpassungsmaßstab

> Bei der Entscheidung des Arbeitgebers ist dann, wenn in der Vergangenheit kein voller Geldwertausgleich gewährt wurde, bei Folgeprüfungen von der Höhe des Kaufkraftverlusts seit Rentenbeginn und nicht von einem Anpassungsbedarf lediglich der letzten 3 Jahre auszugehen (*BAG* 28.4.1992 EzA § 16 BetrAVG Nr. 22; 28.4.1992 EzA § 16 BetrAVG Nr. 23; 28.4.1992 EzA § 16 BetrAVG Nr. 24).

3086

Das folgt aus dem **Zweck des § 16 BetrAVG**. Diese Bestimmung soll durch **Ausgleich des Kaufkraftverlusts** dazu beitragen, die **Gleichwertigkeit von Leistung und Gegenleistung** aufrechtzuerhalten. Der Arbeitnehmer kann aufgrund der zuvor erbrachten Leistungen erwarten, dass ihm der **volle wirtschaftliche Wert der Gegenleistung während des Bezugs der Rente** erhalten bleibt (*BAG* 28.4.1992 EzA § 16 BetrAVG Nr. 22). Andererseits kann die Anpassung der Betriebsrenten an die Kaufkraftentwicklung abgelehnt werden, soweit ein Unternehmen dadurch übermäßig belastet würde (*LAG Niedersachsen* 23.2.2000 NZA-RR 2001, 272).

Der Anpassungsbedarf ist auch dann mit dem Kaufkraftverlust **ab Rentenbeginn** zu berechnen, wenn der Arbeitgeber die Betriebsrente zunächst stärker erhöht hatte, als er nach § 16 BetrAVG verpflichtet war. Der Arbeitnehmer kann nicht verlangen, dass die Teuerung auf der Grundlage einer überhöhten Rentenzahlung ausgeglichen wird.

3087

Bei der ersten durch § 16 BetrAVG vorgeschriebenen Anpassung zum 1.1.1975 muss sich der Arbeitnehmer mit dem hälftigen Ausgleich des Kaufkraftverlustes begnügen. Für die nachfolgenden Anpassungsprüfungen entspricht eine Anhebung der Pension im Umfange der seit 1.1.1975 eingetretenen Verteuerung billigem Ermessen i. S. v. § 16 BetrAVG (*BAG* 28.4.1992 EzA § 16 BetrAVG Nr. 24).

3088

ccc) Streitbeendender Charakter der Entscheidung; Einzelfragen

Mit der Anpassungsentscheidung des Arbeitgebers wird, sofern sie billigem Ermessen entspricht, die **Geschäftsgrundlage der Versorgungsgewährung neu konkretisiert**.

3089

Hat der Arbeitgeber innerhalb des Drei-Jahres-Zeitraums die Betriebsrenten angepasst, so kann er diese Erhöhung auf die Anpassungsleistung anrechnen. Etwas anderes gilt aber dann, wenn die Erhöhung nicht den Inflationsausgleich bezweckt hat, sondern eine **strukturelle Veränderung des Versorgungssystems** beinhaltet (*BAG* 11.8.1981 EzA § 16 BetrAVG Nr. 12).

Hat er den Anpassungsbedarf nicht voll ausgeglichen, so braucht er seine Entscheidung nicht zu korrigieren, wenn sich die wirtschaftliche Lage des Unternehmens **positiver entwickelt**, als zum Entscheidungszeitpunkt prognostiziert (*LAG Hamm* 1.7.1986 LAGE § 16 BetrAVG Nr. 3).

Zu den Besonderheiten der Ruhegeldanpassung nach der Leistungsordnung des Bochumer Verbandes vgl. *BAG* 27.8.1996 EzA § 1 BetrAVG Ablösung Nr. 12).

(8) Gerichtliche Durchsetzung; Darlegungs- und Beweislast

Trifft der Arbeitgeber entgegen § 16 BetrAVG keine Anpassungsentscheidung oder entspricht seine Entscheidung nicht billigem Ermessen, so kann der Anpassungsanspruch **klageweise durchgesetzt** werden. Bei einer auf § 16 BetrAVG gestützten Anpassungsklage ist **kein beziffierter Leistungsantrag** nötig.

3090

3091 § 253 Abs. 2 Nr. 2 ZPO ist genügt, wenn der Kläger den anspruchsbegründenden Sachverhalt und einen Mindestbetrag der Anpassung angibt (*BAG* 17.10.1995 EzA § 16 BetrAVG Nr. 29). Die Klage auf Erhöhung der Betriebsrente ab einem bestimmten Tag beschränkt sich auf die ab diesem Zeitpunkt gebotene Anpassung. Wenn auch Anpassungen zu späteren Stichtagen in den Rechtsstreit einbezogen werden sollen, ist eine Klageerweiterung erforderlich (*BAG* EzA § 16 BetrAVG Nr. 29).

3092 **Die Höhe des Anpassungsbedarfs ist vom Versorgungsempfänger zu beweisen.** Der **Arbeitgeber** hat darzulegen und zu beweisen, dass der **Nettolohnanstieg** der Arbeitnehmer u. U. **niedriger ist als die Inflationsrate**, ferner, dass die Anpassung zu einer **übermäßigen wirtschaftlichen Belastung** führen würde.

3093 Kann der Arbeitgeber dem nur nachkommen, indem er Betriebs- oder Geschäftsgeheimnisse preisgibt, muss ihn das Gericht mit den Mitteln des Prozessrechts schützen, z. B. durch den zeitweisen Ausschluss der Öffentlichkeit, sowie strafbewehrte Schweigegebote (§ 52 ArbGG, §§ 172, 174 Abs. 2 GVG; vgl. *BAG* 23.4.1985 EzA § 16 BetrAVG Nr. 17).

(9) Maßgeblicher Zeitpunkt
3094 Maßgeblich für die Beurteilung der Anpassungsentscheidung sind die Verhältnisse zum Zeitpunkt der **Entscheidung des Arbeitgebers**. Etwas anderes gilt allerdings hinsichtlich der Beurteilung der wirtschaftlichen Lage. Insoweit ist auch die im **Laufe des Rechtsstreits eingetretene wirtschaftliche Entwicklung** zu berücksichtigen (*BAG* 23.4.1985 EzA § 16 BetrAVG Nr. 16; 23.4.1985 EzA § 16 BetrAVG Nr. 17).

(10) Einschränkungen und Ausnahmen von der Anpassungspflicht

aaa) Rentenreformgesetz 1999
3095 Durch das Rentenreformgesetz 1999 hat der Gesetzgeber mit Wirkung vom **1.1.1999** folgende Einschränkungen und Ausnahmen von der Anpassungspflicht vorgesehen(vgl. *Blomeyer* NZA 1998, 917 f.; *Höfer* BB 1998, 2362 ff.; *Blumenstein/Krekeler* DB 1998, 2600 ff.; *Kemper/Kisters-Kölkes* Rz. 204 ff.):

– Gem. § 16 Abs. 2 BetrAVG gilt die Anpassungsverpflichtung als erfüllt, wenn die Anpassung nicht geringer ist als der Anstieg des Preisindexes von Vier-Personen-Haushalten von Arbeitern und Angestellten mit mittlerem Einkommen oder der Nettolöhne vergleichbarer Arbeitnehmergruppen des Unternehmens im Prüfungszeitraum. Eine Nachholungspflicht bei zu Recht unterbliebener Anpassung besteht nicht (§ 16 Abs. 4 S. 1 BetrAVG). Eine Anpassung gilt als zu Recht unterblieben, wenn der Arbeitgeber dem Versorgungsempfänger die wirtschaftliche Lage des Unternehmens schriftlich dargelegt, der Versorgungsempfänger nicht binnen drei Kalendermonaten nach Zugang der Mitteilung schriftlich widersprochen hat und er auf die Folgen eines nicht fristgemäßen Widerspruchs hingewiesen wurde (krit. *Blomeyer* NZA 1997, 967, wonach die Regelung nicht praktikabel ist). Gem. § 30 c Abs. 2 BetrAVG gilt § 16 Abs. 4 BetrAVG nicht für vor dem 1.1.1999 zu Recht unterbliebene Anpassungen.
– Gem. § 16 Abs. 3 Nr. 1 BetrAVG entfällt die Anpassungsverpflichtung, wenn der Arbeitgeber sich verpflichtet, die laufenden Leistungen jährlich um wenigs-

tens 1% anzupassen; dies gilt allerdings nur für laufende Leistungen, die auf Zusagen beruhen, die nach dem 31.12.1998 erteilt werden (krit. deshalb *Blomeyer* NZA 1997, 966 ff.).
- Gem. § 16 Abs. 3 Nr. 2 BetrAVG gilt gleiches dann, wenn die betriebliche Altersversorgung über eine Direktversicherung oder über eine Pensionskasse durchgeführt wird, ab Rentenbeginn alle auf den Rentenbestand entfallende Überschussanteile zur Erhöhung der laufenden Leistungen verwendet werden und zur Berechnung der garantierten Leistung der nach § 65 Abs. 1 Nr. 1 VAG festgesetzte Höchstzinssatz zur Berechnung der Deckungsrückstellung nicht überschritten werden.

bbb) Altersvermögensgesetz vom 26.6.2001
Gem. § 16 Abs. 3 Nr. 3 BetrAVG ist der Arbeitgeber bei einer Beitragszusage zur Anpassungsprüfung der laufenden Renten nicht verpflichtet. Der Gesetzgeber **vertraut auf laufende Kapitalerträge**, die allerdings hinsichtlich der vom Arbeitgeber u. U. aufzubringenden Mindestleistung nicht anfallen. Bei Leistungszusagen unter Einschaltung von Lebensversicherern ist dagegen i. d. R. gewährleistet, dass die zugesagte Leistung auch erreicht wird (vgl. *Blomeyer* NZA 2001, 916; *Reinecke* NJW 2001, 3517; *Kemper/Kisters-Kölkes* Rz. 213). 3096

Bei Leistungszusagen, d. h. nicht bei Beitragszusagen, hat der Arbeitgeber ab dem 1.1.2001 die laufenden Leistungen – auch die der Pensionsfonds – jährlich mindestens um 1 % anzupassen oder bei Direktversicherungs- bzw. Pensionskassenversorgung sämtliche Überschussanteile zur Erhöhung der laufenden Leistungen zu verwenden (§ 16 Abs. 5 i. V. m. Abs. 3 Nr. 1, 2 BetrAVG) 3097

hh) Insolvenzsicherung

(1) Zweck und Ausgestaltung der gesetzlichen Insolvenzsicherung

Zweck der Insolvenzsicherung gem. §§ 7 ff. BetrAVG ist insbesondere der Schutz der Versorgungsempfänger – unabhängig davon, ob ihr Arbeitsverhältnis bis zum Versorgungsfall fortbestand oder schon vorher endete (*BAG* 8.6.1999 EzA § 7 BetrAVG Nr. 60) – und Arbeitnehmer vor dem Verlust ihrer Ansprüche und Anwartschaften auf Leistungen der betrieblichen Altersversorgung, wenn das Unternehmen, das die Versorgungszusage erteilt hat, zahlungsunfähig wird (vgl. *Griebeling* Rz. 696 ff.). 3098

Träger der Insolvenzsicherung ist der PSV als VVaG, bei dem die Arbeitnehmer und Rentner durch den Arbeitgeber versichert sind. Der Arbeitgeber ist seinerseits Versicherungsnehmer beim PSV und diesem gegenüber beitragspflichtig. Der Versicherungsanspruch wird ausgelöst durch bestimmte, in § 7 BetrAVG **enumerativ aufgezählte Sicherungsfälle**. Versicherungsansprüche von Arbeitnehmern bestehen auch dann, wenn der Arbeitgeber keine Beitragszahlungen an den PSV geleistet hat. Umgekehrt kann die Zahlung von Beiträgen allein keinen Versicherungsanspruch auslösen (*BGH* 1.6.1981 AP Nr. 7 zu § 17 BetrAVG). Eine freiwillige Versicherung für den Insolvenzfall beim PSV ist rechtlich unzulässig, da die Insolvenzsicherung als gesetzliche Versicherung **nicht disponibel** ist (*BAG* 22.9.1987 EzA § 1 BetrAVG Ablösung Nr. 1). 3099

C. Der Inhalt des Arbeitsverhältnisses

3100 Nur die Arbeitnehmer, die **bei Eintritt des Sicherungsfalles** i. S. v. § 7 Abs. 1 BetrAVG **alle Voraussetzungen** für den Bezug einer Leistung der betrieblichen Altersversorgung erfüllt haben, genießen bei Insolvenz ihres Schuldners Versicherungsschutz nach Maßgabe des § 7 Abs. 1 BetrAVG. Diese Arbeitnehmer sind **Versorgungsempfänger** i. S. dieser Vorschrift (*BAG* 26.1.1999 EzA § 7 BetrAVG Nr. 59).

3101 Mit dem Eintritt des Versicherungsfalles erwirbt der Arbeitnehmer gegen den Träger der Insolvenzsicherung einen Versicherungsanspruch (Insolvenzsicherungsanspruch), der an die Stelle des Versorgungsanspruchs tritt. Der Versorgungsberechtigte kann dann seine Ansprüche nur noch gegen diesen geltend machen (*BAG* 12.4.1983 EzA § 9 BetrAVG Nr. 1).

3102 Steht dagegen aufgrund eines **rechtskräftigen Urteils** fest, dass der Arbeitnehmer von seinem Arbeitgeber keine Leistungen der betrieblichen Altersversorgung fordern kann, wirkt sich dieses Urteil auch auf die Einstandspflicht des Pensions-Sicherungs-Vereins nach § 7 BetrAVG aus. Die Insolvenz des Arbeitgebers führt dann nämlich zu keinem Ausfall von Versorgungsansprüchen, weil es an der in § 7 Abs. 1, 2 BetrAVG geforderten Ursächlichkeit fehlt (*BAG* 23.3.1999 EzA § 7 BetrAVG Nr. 58).

(2) Die Sicherungsfälle

aaa) Grundlagen

3103 Gem. § 7 BetrAVG sind Sicherungsfälle neben der Eröffnung des Insolvenzverfahrens die Abweisung des Konkurs(Insolvenz)antrags mangels Masse sowie der außergerichtliche Vergleich des Arbeitgebers mit seinen Gläubigern, wenn ihm der PSV zustimmt (vgl. *Griebeling* Rz. 700 ff.). Ein außergerichtlicher Vergleich in diesem Sinne (§ 7 Abs. 1 S. 3 Nr. 2 BetrAVG) besteht aus einer Vielzahl von Einzelverträgen zwischen dem Schuldner und seinen Gläubigern. Dies gilt auch im Betriebsrentenrecht (*BAG* 9.11.1999 EzA § 7 BetrAVG Nr. 63).

bbb) Vollständige Beendigung der Betriebstätigkeit

aaaa) Grundlagen

3104 Daneben ist die vollständige Beendigung der Betriebstätigkeit erfasst, wenn **kein Insolvenzantrag gestellt** worden ist und ein **Insolvenzverfahren** offensichtlich **mangels Masse**, die die Kosten eines Insolvenzverfahrens decken könnte, nicht in Betracht kommt.

3105 Beendigung der Betriebstätigkeit ist die Einstellung des mit dem Betrieb verfolgten arbeitstechnischen und unternehmerischen Zwecks unter Aufhebung der organisatorischen Einheit des Betriebes. Ungeschriebenes Tatbestandsmerkmal ist das Vorliegen des Insolvenzgrundes (*BAG* 20.11.1984 EzA § 7 BetrAVG Nr. 22). Ausreichend ist es z. B. wenn die Versorgungsleistungen unter Hinweis auf die Vermögenslosigkeit eingestellt sind und der Träger der Insolvenzsicherung von den gesamten Umständen unterrichtet wird (*BAG* 11.9.1980 AP Nr. 7 zu § 7 BetrAVG). Die offensichtliche Masselosigkeit ist eine anspruchsbegründende Tatbestandsvoraussetzung. Es kommt nicht darauf an, über welche Kenntnisse der Betriebsrentner und der PSV verfügen. Entscheidend sind die objektiven Verhältnisse (*BAG* 9.12.1997 EzA § 7 BetrAVG Nr. 55).

Nicht erforderlich ist, dass bereits bei der Betriebseinstellung offensichtlich keine die 3106
Kosten des Insolvenzverfahrens deckende Masse vorhanden war. Es genügt, dass die
Insolvenz **später eintritt** und zur **Masselosigkeit** führt (*BAG* 20.11.1984 EzA § 7 BetrAVG Nr. 22). Die Einstandspflicht des PSV entsteht in dem Zeitpunkt, in dem **alle
Tatbestandsvoraussetzungen** des § 7 Abs. 1 S. 3 Nr. 3 BetrAVG vorliegen. Auch ein
später gestellter Insolvenzantrag führt nicht dazu, dass der Insolvenzschutz des § 7
Abs. 1 S. 3 Nr. 3 BetrAVG rückwirkend entfällt (*BAG* 9.12.1997 EzA § 7 BetrAVG
Nr. 55). § 7 Abs. 1 S. 3 Nr. 3 BetrAVG gilt analog, wenn ein Verein durch Austritt aller
seiner Mitglieder die Insolvenzfähigkeit verliert (*BAG* 28.1.1986 EzA § 7 BetrAVG
Nr. 19).
Die **Feststellung, ob ein Insolvenzantrag mangels Masse überflüssig ist**, obliegt
dem **PSV** nach Unterrichtung durch den Versorgungsberechtigten und den Arbeitgeber (*BAG* 11.9.1980 EzA § 7 BetrAVG Nr. 7).

bbbb) **Verfahrensfragen**
Ist die Betriebstätigkeit vollständig beendet und wird der Arbeitgeber außerdem zahlungsunfähig, so müssen die betroffenen Betriebsrentner nicht selbst klären, ob ein 3107
Insolvenzantrag geboten oder mangels Masse sinnlos erscheint. Sie können sich darauf beschränken, den **PSV von der Betriebs- und Zahlungseinstellung zu unterrichten**. Der PSV muss dann die gesicherten Versorgungsrechte gem. § 9 Abs. 2
S. 1 BetrAVG auf sich überleiten und als Gläubiger die insolvenzrechtlich gebotenen
Entscheidungen treffen (*BAG* 20.11.1984 EzA § 7 BetrAVG Nr. 15).

ccc) **Wirtschaftliche Notlage des Arbeitgebers (bis 31.12.1998)**

aaaa) **Begriffsbestimmung**
Sicherungsfall ist (bis zum 31.12.1998) schließlich auch die wirtschaftliche Notlage 3108
des Arbeitgebers gewesen, soweit ein Gericht oder der PSV **eine Kürzung oder die
Einstellung von Versorgungsleistungen für zulässig erklärt hat**.

> Eine wirtschaftliche Notlage ist dann gegeben, wenn der Bestand des Unternehmens wegen wirtschaftlicher Schwierigkeiten ernsthaft gefährdet ist (*BAG*
> 26.4.1988 EzA § 1 BetrAVG Geschäftsgrundlage Nr. 1) und die Einstellung oder
> Kürzung der Versorgungsleistungen ein geeignetes Mittel ist, zur Sanierung beizutragen (*BAG* 16.3.1993 EzA § 7 BetrAVG Nr. 46). Zu überprüfen ist, ob der Arbeitgeber (Einzelkaufmann) bzw. die persönlich haftenden Gesellschafter (Personengesellschaft) die Versorgungsverpflichtungen mit ihrem Privatvermögen aufbringen können (*BAG* 8.7.1972 AP Nr. 157 zu § 242 BGB Ruhegehalt).

Spezifische konzernrechtliche Tatbestände können bei Konzernunternehmen dazu 3109
führen, dass ausnahmsweise auf die wirtschaftliche Lage des **Konzern** abzustellen
ist (*BAG* 18.4.1989 EzA § 1 BetrAVG Unterstützungskasse Nr. 7).

C. Der Inhalt des Arbeitsverhältnisses

bbbb) Sanierungsfähigkeit; Konzernbezug; Verbot von Sonderopfern

3110 Die wirtschaftliche Notlage muss durch eine Betriebsanalyse eines Sachverständigen unter Darstellung ihrer Ursachen belegt werden. Ferner muss ein **Sanierungsplan erstellt werden, der eine gerechte Lastenverteilung unter Heranziehung sämtlicher Beteiligten vorsieht** (*BAG* 16.3.1993 EzA § 7 BetrAVG Nr. 46) und geeignete Wege zur Überwindung der Unternehmenskrise aufzeigt (*BAG* 24.4.2001 EzA § 7 BetrAVG Nr. 64 = NZA 2001, 1306). Eines Gutachtens bedarf es ausnahmsweise nicht, wenn sich die Erkenntnis einer wirtschaftlichen Notlage insbesondere aufgrund unstreitigen Zahlenwerks im Rahmen geprüfter Bilanzen dem Gericht geradezu aufdrängt (*LAG Frankfurt* 28.7.1978 BB 1979, 273).

Für die Beurteilung der Frage, ob eine wirtschaftliche Notlage vorliegt, ist der **Zeitpunkt** maßgebend, in dem der Versorgungsschuldner den **PSV zur Übernahme der Versorgungsschuld auffordert.**

3111 Übernimmt die Konzernobergesellschaft sämtliche Geschäftsanteile eines Not leidenden Unternehmens, um dieses weiterzuführen, so muss sie sich in einem angemessenen Umfang an der Sanierung beteiligen. Sie wird im Regelfall die Hauptlast der Sanierung zu tragen haben. Die Entscheidung für die Sanierung führt aber andererseits nicht dazu, dass die Obergesellschaft bis zur eigenen wirtschaftlichen Erschöpfung Finanzierungsbeiträge leisten muss (*BAG* 16.3.1993 EzA § 7 BetrAVG Nr. 46). Neben den Betriebsrentnern und den vorzeitig ausgeschiedenen Versorgungsanwärtern sind auch die weiteren Gläubiger des Versorgungsschuldners und dessen aktive Arbeitnehmer an den Sanierungslasten zu beteiligen (*BAG* 24.4.2001 EzA § 7 BetrAVG Nr. 64 = NZA 2001, 1306).

3112 Eine im Sanierungsplan vorzusehende gerechte Lastenverteilung scheitert auch nicht daran, dass der Versorgungsschuldner es unterlassen hat, außenstehende Unternehmensgläubiger (z. B. Banken, Lieferanten) zu Forderungsverzichten zu veranlassen. Der PSV hat dem Versorgungsschuldner die Chance einzuräumen, die Sanierung zu erreichen. **Er ist jedoch nicht verpflichtet, dem Not leidenden Unternehmen die Versorgungslast auf Dauer abzunehmen.** Der Zeitraum, in dem der PSV Sanierungsbeiträge zu leisten hat, sowie die Höhe der Sanierungsbeiträge in dieser Zeit, hängen von den Umständen des einzelnen Falles ab (*BAG* 16.3.1993 EzA § 7 BetrAVG Nr. 46).

3113 Erforderlich ist, dass die geplante Sanierung Erfolg verspricht, dass der Sanierungsplan deutlich macht, wie eine dauerhafte Überwindung der Krise erreicht werden kann. Die bloße Hoffnung, ein anderer Gläubiger könnte ebenfalls auf rückständige Forderungen verzichten, und die strukturellen Ursachen der Notlage, die fortbestehen, führten in absehbarer Zeit nicht zu neuen Belastungen, ist keine tragfähige Grundlage eines Sanierungsplans (*BAG* 26.11.1985 EzA § 7 BetrAVG Nr. 18). Ein Sanierungsplan genügt den Anforderungen an eine gerechte Verteilung der Sanierungslasten auch dann nicht, wenn sich der Beitrag der Anteilseigner zur Sanierung des Not leidenden Unternehmens auf den Verzicht auf einen Teil der Sanierungsgewinne beschränkt. Gleiches gilt, wenn zumindest ein Teil der aktiven Arbeitnehmer weiterhin Zuwächse bei ihren Versorgungsanwartschaften erdienen kann (BAG 24.4.2001 EzA § 7 BetrAVG Nr. 64 = NZA 2001, 1306).

C. Der Inhalt des Arbeitsverhältnisses

Wenn Sanierungsmaßnahmen, die ursprünglich aussichtsreich zu sein schienen, 3114
später scheitern, leben die widerrufenden Versorgungsrechte wieder auf (*BAG* 10.11.1981 AP Nr. 1 zu § 7 BetrAVG). Die Sanierung des Unternehmens darf nicht nur zu Opfern der Rentner und Anwartschaftsberechtigten führen; **Sanierungsopfer müssen auch der Arbeitgeber sowie diesem vergleichbare Gläubiger erbringen** (*BAG* 13.3.1975 EzA § 242 BGB Ruhegeld Nr. 41).

cccc) **Verhältnismäßigkeit**
Der Eingriff muss schließlich verhältnismäßig sein. Deshalb ist stets zu prüfen, ob zur 3115
Rettung des Unternehmens eine **vorübergehende Kürzung oder Aussetzung der Versorgungsleistungen oder sogar eine Stundung ausreicht** (*BAG* 18.5.1977 EzA § 242 BGB Ruhegeld Nr. 65).

dddd) **Rechtskräftiges Urteil; Zustimmung des PSV**
Gem. **§ 7 Abs. 1 S. 3 Nr. 5 BetrAVG** ist ein rechtskräftiges gerichtliches Urteil erfor- 3116
derlich, das die Kürzung oder Einstellung der Versorgungsleistungen für zulässig erklärt. Da es wegen der Eintrittspflicht eigentlich um einen Interessenwiderstreit zwischen Not leidendem Arbeitgeber und PSV geht, hat das *BAG* (24.11.1977 EzA § 242 BGB Ruhegeld Nr. 677) die Wirksamkeit des Widerrufs bzw. der Kürzung oder Einstellung der Versorgungsleistungen von der **vorherigen Einschaltung des PSV** abhängig gemacht.

Der *BGH* (11.2.1985 AP Nr. 11 zu § 7 BetrAVG Widerruf) geht davon aus, dass 3117
der Versorgungsverpflichtete gegen seine Fürsorgepflicht verstößt und daher kein Recht hat, insolvenzgesicherte Versorgungszahlungen wegen einer wirtschaftlichen Notlage des Unternehmens zu kürzen, wenn er nicht unverzüglich das Verfahren einleitet und zügig durchführt, mit dem der Träger der Insolvenzsicherung zur Übernahme der wegen der Kürzung ausfallenden Versorgungsbezüge zu veranlassen ist.
Im Anschluss daran hat das *BAG* (20.1.1987 EzA § 7 BetrAVG Nr. 23; 24.1.1989 EzA § 7 BetrAVG Nr. 28; ebenso 16.4.1997 EzA § 7 BetrAVG Nr. 54) angenommen, dass der Widerruf einer insolvenzgeschützten Versorgungszusage ebenso wie die Kürzung und Einstellung von Versorgungsleistungen wegen wirtschaftlicher Notlage voraussetzt, dass der Arbeitgeber zuvor den Träger der gesetzlichen Insolvenzsicherung in der erforderlichen Form zur Übernahme der Versorgungslast aufgefordert und bei Meinungsverschiedenheiten über den Sicherungsfall Feststellungsklage erhoben hat mit dem Ziel der Klärung, ob er zur Kürzung bzw. zum Widerruf berechtigt ist oder nicht. Ein rechtskräftiges Urteil muss zur Zeit des Widerrufs zwar noch nicht vorliegen. Die Erhebung der Klage ist aber unverzichtbare Voraussetzung für die Wirksamkeit des Widerrufs, um die Zahlung der Versorgungsleistungen entweder durch den Arbeitgeber oder durch den PSV sicherzustellen (*BAG* 22.10.1991 EzA § 7 BetrAVG Nr. 44).

Die gebotene Einschaltung des PSV kann nicht mit Wirkung für die Zeit vor der 3118
Erklärung des Widerrufs nachgeholt werden (*BAG* 17.9.1991 EzA § 7 BetrAVG Nr. 42).
Im Verhältnis der Arbeitnehmer zum PSV gilt nach der Rechtsprechung des *BAG* 3119
(16.4.1997 EzA § 7 BetrAVG Nr. 54):

C. Der Inhalt des Arbeitsverhältnisses

– Die Einstandspflicht nach § 7 Abs. 1 S. 3 Nr. 5 BetrAVG setzt grds. voraus, dass die Kürzung oder Einstellung von Versorgungsleistungen wegen wirtschaftlicher Notlage des Arbeitgebers durch ein rechtskräftiges Urteil für zulässig erklärt worden ist.
– Der 3. Senat des BAG (16.4.1997 EzA § 7 BetrAVG Nr. 54) hält aber eine Rechtsfortbildung für möglich: Es spricht viel dafür, dass den PSV eine vorläufige Einstandspflicht von dem Augenblick an trifft, zu dem ein Gericht erstmals, wenn auch nicht rechtskräftig, das Vorliegen einer wirtschaftlichen Notlage festgestellt hat. Vor diesem Zeitpunkt ist der PSV nicht zu Zahlungen an die Arbeitnehmer verpflichtet. Zahlt der Arbeitgeber die Renten vorläufig weiter, kann er vom PSV nicht die Erstattung aufgewendeter Zinsen verlangen.

eeee) Aufhebung der Regelung

3120 Der Sicherungsfall der wirtschaftlichen Notlage ist durch § 7 BetrAVG n. F. mit Wirkung ab dem 1.1.1999 ersatzlos gestrichen worden, weil er nach Auffassung des Gesetzgebers kaum praktische Bedeutung erlangt hat (vgl. *Höfer* § 7 BetrAVG Rz. 2989.4; *Blomeyer* NZA 1998, 915 f.).

ddd) Besonderheiten bei der Umstrukturierung von Firmen

3121 Die Verpflichtung eines Arbeitgebers (oder dessen Erben) für die von ihm begründete Versorgungsschuld erlischt nicht dadurch, dass der Arbeitgeber sein Unternehmen in eine KG einbringt. Die KG haftet zusätzlich nach **§ 28 Abs. 1 S. 1 HGB** für die im Betrieb des Geschäfts entstandenen Verbindlichkeiten. Der bisherige Geschäftsinhaber und die KG werden Gesamtschuldner. Die Haftung wird nicht durch § 613 a Abs. 2 S. 2 BGB eingeschränkt; § 28 HGB geht als spezielle Regelung vor (*BAG* 23.1.1990 EzA § 28 HGB Nr. 1).
Ist der Arbeitnehmer jedoch aus den Diensten eines Einzelunternehmens ausgeschieden, bevor dieses in eine KG eingebracht wurde, bleibt Arbeitgeber i. S. d. Insolvenzschutzes (§ 7 Abs. 1 S. 1 BetrAVG) der frühere Einzelunternehmer.
Solange dem versorgungsberechtigten Arbeitnehmer ein zahlungsfähiger früherer Arbeitgeber gegenübersteht, muss er sich an diesen halten. Der PSV muss nicht eintreten (*BAG* 29.1.1991 EzA § 7 BetrAVG Nr. 40).
Erst wenn auch beim früheren Arbeitgeber ein Sicherungsfall i. S. v. § 7 Abs. 1 S. 1, 3 BetrAVG eingetreten ist, kommt eine Einstandspflicht des PSV in Betracht.

Beispiel:

3122 Übernimmt der einzige persönlich haftende Gesellschafter einer KG den Gesellschaftsanteil des einzigen Kommanditisten (Übernahmevereinbarung), erlischt die Gesellschaft. Der Übernehmer wird Alleininhaber des Gesellschaftsvermögens und deshalb auch Versorgungsschuldner der Arbeitnehmer, die mit Versorgungsanwartschaften aus dem Arbeitsverhältnis mit der KG ausgeschieden sind. Wird er insolvent, können die versorgungsberechtigten Arbeitnehmer den PSV in Anspruch nehmen (*BAG* 29.1.1991 EzA § 7 BetrAVG Nr. 40).

eee) Besonderheiten für Alt- und Übergangsfälle bei Unterstützungskassen

3123 Besonderheiten gelten für Rentner, deren Arbeitsverhältnis vor In-Kraft-Treten des BetrAVG begründet worden ist (sog. Altfälle), sowie für Rentner, bei denen die Ver-

sorgungszusage bereits vor In-Kraft-Treten des BetrAVG erteilt war, der Versorgungsfall aber erst unter Geltung des BetrAVG eingetreten ist (sog. Übergangsfälle).
Denn bei ihnen können Unterstützungskassenleistungen nicht erst wegen einer wirtschaftlichen Notlage des Arbeitgebers, sondern **bereits aus triftigen Gründen widerrufen werden** (*BVerfG* 19.10.1983 EzA § 242 BGB Ruhegeld Nr. 102; 14.1.1987 EzA § 1 BetrAVG Unterstützungskasse Nr. 5). 3124

(3) Voraussetzungen des Insolvenzsicherungsanspruchs

aaa) Gesicherte Anspruchsberechtigte
Gesicherte Anspruchsberechtigte sind die Versorgungsempfänger, deren Ansprüche auf Leistungen der betrieblichen Altersversorgung **nicht oder nicht vollständig** erfüllt werden. Das ist z. B. auch bei einem gerichtlich bestätigten Vergleich nach Maßgabe der VglO (jetzt InsO) der Fall, der eine **Vergleichsquote von 70%** vorsieht, sodass die Betriebsrentner einen um 30% geminderten Anspruch vom Arbeitgeber erhalten (*BAG* 14.2.1989 EzA § 7 BetrAVG Nr. 29). 3125

Dieser Teilerlass der Forderung wirkt über das Vergleichsverfahren hinaus. Der Arbeitgeber bleibt von der Pflicht zur Zahlung des erlassenen Teils befreit. Wird der erlassene Teil vom Träger der Insolvenzsicherung nicht vollständig gesichert, weil die zu sichernde Anwartschaft auf den Insolvenzstichtag festgeschrieben wird und spätere Gehaltssteigerungen keine Berücksichtigung finden, so trifft den Arbeitgeber auch hinsichtlich des Ausfalles bei der Rentensteigerung, die auf den erlassenen Teil entfällt, keine Ausfallhaftung (*BAG* 15.1.1991 EzA § 7 BetrAVG Nr. 39). 3126

Erfasst sind auch diejenigen Personen, die nach Erfüllung der Voraussetzungen der Versorgungsordnung für einen Leistungsbezug **weitergearbeitet haben** (*BAG* 5.10.1982 EzA § 7 BetrAVG Nr. 9), ebenso Arbeitnehmer, deren Antrag auf **Erwerbsunfähigkeit** mit Wirkung auf einen Zeitpunkt vor Insolvenzeintritt genehmigt worden ist (*BAG* 5.10.1982 EzA § 7 BetrAVG Nr. 9).
Inhaber von nach § 1 BetrAVG unverfallbaren Versorgungsanwartschaften und ihre Hinterbliebenen haben gem. § 7 Abs. 2 BetrAVG bei Eintritt des Versorgungsfalles einen Anspruch gegen den Träger der Insolvenzsicherung. 3127
Bei einem **Wechsel von einer Arbeitnehmertätigkeit zu einer nicht insolvenzgeschützten Tätigkeit** kann sich der Insolvenzschutz nur auf den Teil des betrieblichen Versorgungsanspruchs erstrecken, der auf die Arbeitnehmer- bzw. Nicht-Arbeitnehmertätigkeit i. S. d. § 17 Abs. 1 S. 2 BetrAVG entfällt (*BGH* 16.12.1981 AP Nr. 5 zu § 17 BetrAVG). Gleiches gilt im **umgekehrten Fall**, sodass selbst dann, wenn die Versorgungszusage auch die vorhergehende Betriebstreue als Gesellschafter umfassen soll, der PSV im Insolvenzfall die Versorgungsleistungen für die Zeit der unternehmerischen Tätigkeit zeitanteilig kürzen kann (*BGH* 2.4.1990 WM 1990, 1114). 3128

bbb) Gesicherte Versorgungsleistungen

Gegen Insolvenz gesichert sind die in § 7 Abs. 1 BetrAVG genannten Leistungsarten der betrieblichen Altersversorgung (Direktzusage, Direktversicherung [soweit der Arbeitgeber die Ansprüche aus dem Versicherungsvertrag abgetreten, beliehen oder verpfändet hat], Leistungen von Unterstützungskassen; vgl. *Griebeling* Rz. 744 ff.). Erfasst sind aufgrund des Altersvermögensgesetzes vom 3129

C. Der Inhalt des Arbeitsverhältnisses

26.6.2001 nunmehr auch **Pensionsfondszusagen**, soweit die subsidiäre Haftung des Arbeitgebers infolge seiner Insolvenz nicht realisiert werden kann (vgl. *Blomeyer* NZA 2001, 917). Zu beachten ist, dass ein hinreichend dotierter Pensionsfonds die Möglichkeit hat, binnen eines Monats nach dem Sicherungsfall beim Bundesaufsichtsamt für das Versicherungswesen zu beantragen, die Ansprüche der Arbeitnehmer selbst zu erfüllen (§ 8 Abs. 1 a S. 3 BetrAVG i. d. F. ab 1.1.2002). Soweit §§ 7–10 BetrAVG den Arbeitgeber nennen, meinen sie ganz allgemein denjenigen, der selbst oder über Versorgungseinrichtungen Leistungen der betrieblichen Altersversorgung zusagt und erbringt. Trägerunternehmen ist i. d. R. der Arbeitgeber als Gläubiger des Anspruchs auf Arbeitsleistung (*BAG* 25.10.1988 EzA § 7 BetrAVG Nr. 26).

3130 Um betriebliche Altersversorgung handelt es sich aber auch dann, wenn der Versorgungsschuldner nicht der unmittelbare Arbeitsvertragspartner des berechtigten Arbeitnehmers ist, weil eine **Konzern-Muttergesellschaft** eine zentrale Unterstützungskasse führt, die konzerneinheitliche Versorgungsleistungen an die Arbeitnehmer ihrer Tochtergesellschaften erbringt. Innerhalb eines Konzerns kann die Konzernobergesellschaft, die zunächst alleiniger Arbeitgeber war, Trägerunternehmen i. S. d. § 7 Abs. 2 S. 2 BetrAVG bleiben, wenn der Arbeitnehmer in ihrem Interesse und auf ihre Veranlassung ein Arbeitsverhältnis zu einer Tochtergesellschaft begründet und die Konzernobergesellschaft die Versorgungszusage aufrechterhält (*BAG* 25.10.1988 EzA § 7 BetrAVG Nr. 26).

3131 Wird ein Arbeitnehmer von der Konzern-Muttergesellschaft mit einer Versorgungszusage zu einer ausländischen Verkaufsgesellschaft entsandt, die zwar ihrerseits einen Arbeitsvertrag schließt, aber nicht in die Versorgungsverpflichtung eintritt, und fällt die Konzern-Muttergesellschaft später in Konkurs, muss der PSV die Versorgungsanwartschaft übernehmen (*BAG* 6.8.1985 EzA § 7 BetrAVG Nr. 16).

3132 In die Berechnung der Unverfallbarkeit nach § 1 Abs. 1 BetrAVG werden auch die Zeiten einbezogen, in denen der Arbeitnehmer bei einer **ausländischen Tochtergesellschaft** beschäftigt wurde, wenn die Versorgungsanwartschaft von der inländischen Konzernobergesellschaft aufrechterhalten wurde (*BAG* 25.10.1988 EzA § 7 BetrAVG Nr. 26).

3133 Erfasst sind auch Ansprüche auf Naturalleistungen, Deputate und einmalige Leistungen, unabhängig vom jeweiligen konkreten Insolvenzrisiko (MünchArbR/ *Förster/Rühmann* § 111 Rz. 24).
Der PSV muss einen Versorgungsanspruch in vollem Umfang erfüllen, wenn der Konkurs nach Eintritt des Versorgungsfalles, aber vor Fälligkeit des ersten Rentenbeitrages eröffnet wird.

3134 In diesem Zeitraum lässt auch die Veräußerung des Betriebes durch den Insolvenzverwalter den Insolvenzschutz des Versorgungsanspruchs unberührt (*BAG* 5.10.1982 EzA § 7 BetrAVG Nr. 9).
Nicht dem Insolvenzschutz unterliegen dagegen Leistungen von Pensionskassen, wenn der sie auslösende Beendigungstatbestand des Arbeitsverhältnisses (z. B. ein

Aufhebungsvertrag) nichts mit dem Arbeitsverhältnis des Klägers und dem daraus folgenden Versorgungsbedarf zu tun hat.

Beispiel:
Wird der angestellte Leiter eines Unternehmens schon mit 56 Jahren unter Fortzahlung seiner Bezüge entlassen, weil die Kreditgeber dies im Rahmen eines Sanierungsprogramms verlangen, so sind die monatlichen Zahlungen bis zur vorgesehenen Altersgrenze u. U. kein betriebliches Ruhegeld mit gesetzlichem Insolvenzschutz, weil die Gründe, die zu dem Rentenanspruch geführt haben (Verlangen der Kreditgeber) nichts mit dem Arbeitsverhältnis und dem daraus folgenden Versorgungsbedarf zu tun haben (*BAG* 2.8.1983 EzA § 7 BetrAVG Nr. 13).

3135

ccc) **Gesicherte Versorgungsanwartschaften**

aaaa) **Grundlagen**

Insolvenzgesichert sind auch unverfallbare Versorgungsanwartschaften i. S. v. § 1 b Abs. 1 BetrAVG, unabhängig davon, ob der Arbeitnehmer bereits ausgeschieden oder noch im Betrieb verblieben ist. Eine nach § 1 b Abs. 1 S. 2 BetrAVG (Ausscheiden aufgrund einer Vorruhestandsregelung) unverfallbare Versorgungsanwartschaft ist mit dem Übergang in den Vorruhestand insolvenzgeschützt. Darauf, ob der Arbeitnehmer bei Verbleib im Arbeitsverhältnis bis zum Insolvenzfall Insolvenzschutz nach §§ 7 Abs. 2, 1 b Abs. 1 S. 1 BetrAVG erlangt hätte, kommt es nicht an (*BAG* 28.3.1995 EzA § 1 BetrAVG Nr. 70).

3136

Erfasst sind auch vor In-Kraft-Treten des BetrAVG **kraft Richterrechts** unverfallbar gewordene Anwartschaften (*BGH* 16.10.1980 EzA § 7 BetrAVG Nr. 5, *BGH* 7.7.1986 AP Nr. 34 zu § 7 BetrAVG; *BVerfG* 10.3.1988 AP Nr. 34 a, 38 a, 38 b, 38 c zu § 7 BetrAVG), **nicht** dagegen **Anwartschaften, deren Unverfallbarkeit vertraglich vereinbart ist** (*BAG* 3.8.1978 EzA § 7 BetrAVG Nr. 1; 26.9.1989 EzA § 7 BetrAVG Nr. 30, 22.2.2000 EzA § 1 BetrAVG Nr. 72).

3137

Allerdings kann mit der vertraglichen Vereinbarung der Anrechnung von Vordienstzeiten eine Unverfallbarkeit erreicht werden, die dann dem gesetzlichen Insolvenzschutz unterliegt, wenn die anzurechnende Vordienstzeit bereits von einer Versorgungszusage begleitet war und bis an die darauf folgende Dienstzeit herangereicht hat (*BAG* 26.9.1989 EzA § 7 BetrAVG Nr. 31). Bei einer derartigen Anrechnungsabrede muss klar zum Ausdruck kommen, dass die Anrechnung der Vordienstzeit nicht für die Unverfallbarkeit gelten soll. Geschieht dies nicht und wird eine Vordienstzeit ohne Einschränkung angerechnet, so ist das als Versprechen zu werten, die angerechnete Zeit als Betriebszugehörigkeit auch für die Unverfallbarkeit zu berücksichtigen (*BGH* 24.10.1996 NZA-RR 1997, 263).

3138

War die verfallbare Versorgungsanwartschaft aus einem früheren Arbeitsverhältnis jedoch schon **geraume Zeit erloschen**, so kann die Anrechnung der entsprechenden Betriebszugehörigkeit zwar zur Unverfallbarkeit, nicht aber zum Insolvenzschutz der neuen Versorgungsanwartschaft führen (*BAG* 11.1.1983 EzA § 7 BetrAVG Nr. 12). Eine Erstreckung des Insolvenzschutzes aufgrund der Anrechnung von Vordienstzeiten ist ferner dann ausgeschlossen, wenn der betreffende Arbeitnehmer be-

3139

reits aufgrund der **Vordienstzeiten allein eine kraft Gesetzes unverfallbare Versorgungsanwartschaft erlangt** hatte (*BAG* 28.3.1995 EzA § 1 BetrAVG Nr. 70).

3140 Bei der Berechnung der Versorgungsanwartschaft nach § 7 Abs. 2, § 2 BetrAVG ist von dem **bis zur festen Altersgrenze erreichbaren Versorgungsanspruch** auszugehen. Eine Weiterarbeit des Versorgungsanwärters über die feste Altersgrenze hinaus kann den Versorgungsanspruch nicht mehr schmälern (*BAG* 14.12.1999 EzA § 7 BetrAVG Nr. 61).

bbbb) Besonderheiten bei Unterstützungskassen

3141 Wird die Versorgung über eine Unterstützungskasse abgewickelt, so gelten nach der Rechtsprechung des *BAG* (14.12.1993 EzA § 7 BetrAVG Nr. 47) folgende **Grundsätze:**

- Die Leistungspflicht des PSV beginnt grds. mit dem Eintritt des Sicherungsfalles (seit dem 1.1.1999 gem. § 7 Abs. 1a S. 1 BetrAVG mit dem Beginn des Kalendermonats, der auf den Sicherungsfall folgt).
- Die wirtschaftliche Lage der Unterstützungskasse ist nicht entscheidend. Maßgeblich ist vielmehr, dass der Sicherungsfall beim Trägerunternehmen (Arbeitgeber) eingetreten ist.
- Maßgeblicher Zeitpunkt für den Eintritt des Sicherungsfalles des außergerichtlichen Vergleichs (§ 7 Abs. 1 S. 3 Nr. 3 BetrAVG) ist der Zeitpunkt, in dem der Arbeitgeber seine Zahlungsunfähigkeit sämtlichen Gläubigern bekannt gibt. Die Einstellung der Zahlungen allein reicht nicht aus.
- Im Interesse der Rechtssicherheit sind Absprachen zwischen dem insolventen Arbeitgeber und dem PSV innerhalb von Grenzen zulässig. Den Parteien steht ein Ermessensspielraum zu.
- Wird die Versorgung über eine Unterstützungskasse zugesagt, ist der Arbeitgeber nicht verpflichtet, jede Änderung der Versorgungsrichtlinien jedem betroffenen Arbeitnehmer persönlich mitzuteilen. Eine allgemeine Bekanntmachung im Betrieb oder Unternehmen reicht aus. Der betroffene Arbeitnehmer muss nur die Möglichkeit haben, von der Änderung Kenntnis zu nehmen.

cccc) Besonderheiten bei Direktversicherungen

3142 Bei Bestehen einer Direktversicherung besteht bei **unwiderruflichem Bezugsrecht** Insolvenzschutz nur bei dessen **Beeinträchtigung durch Abtretung, Beleihung oder Pfändung**. Im Übrigen bedarf es dessen nicht, weil der Anspruch bereits vor Insolvenzeröffnung aus dem Vermögen des Arbeitgebers ausgeschieden ist; der Arbeitnehmer kann Aussonderung (**§ 43 KO**) verlangen. Einbußen, die dem Arbeitnehmer dadurch entstanden sind, dass der Arbeitgeber die **Beiträge an den Versicherer nicht gezahlt hat**, waren nach Auffassung des *BAG* (17.11.1992 EzA § 7 BetrAVG Nr. 45) dagegen nicht insolvenzgesichert. Die damit gegebene Schutzlücke für die Versorgungsberechtigten (abl. deshalb *Blomeyer* NZA 1997, 965 f.) hat der Gesetzgeber durch die neu eingefügte Vorschrift des § 7 Abs. 1a BetrAVG mit Wirkung **ab dem 1.1.1999 geschlossen** (vgl. *Blomeyer* NZA 1998, 915 f.; *Blumenstein/Kerkeler* DB 1998, 2602 ff.). Nunmehr sind auch die bei einer Direktversicherung denkbaren Prämienrückstände in den Anwendungsbereich des BetrAVG und damit auch in den Insolvenzschutz einbezogen.

3143 Gleiches gilt bei einem unwiderruflichen Bezugsrecht, das durch Vorbehalte eingeschränkt ist (**eingeschränkt unwiderrufliches Bezugsrecht**), falls die Voraussetzungen der Vorbehalte nicht erfüllt sind. Die dem Arbeitgeber vom Arbeitnehmer eingeräumte Befugnis, Vorauszahlungen des Versicherers auf die Versicherungsleistungen »während der Dauer des Arbeitsverhältnisses« entgegenzunehmen, erlischt mit der Beendigung des Arbeitsverhältnisses und kann nicht in die Insolvenzmasse fallen, wenn das Arbeitsverhältnis vorher beendet wurde (*BAG* 26.6.1990 EzA § 7 BetrAVG Nr. 36; 26.6.1990 EzA § 43 KO Nr. 1). Selbst wenn das Arbeitsverhältnis nicht beendet wird, fällt sie nicht in die insolvenzmasse, sondern erlischt spätestens mit der Eröffnung des Insolvenzverfahrens über das Vermögen des Arbeitgebers (*BAG* 26.6.1990 EzA § 7 BetrAVG Nr. 36; 26.6.1990 EzA § 43 KO Nr. 1).

Kein Insolvenzschutz besteht dagegen bei nur widerruflichem Bezugsrecht, weil 3144 dem Arbeitnehmer kein Aussonderungsrecht nach § 47 InsO zusteht, selbst dann nicht, wenn die Anwartschaft auf die Versicherungsleistungen bereits unverfallbar ist. Schadensersatzansprüche des Arbeitnehmers, die durch den Widerruf des Bezugsrechts durch den Insolvenzverwalter entstanden sind, sind keine Masseschulden i. S. d. § 55 InsO. Allerdings erhält der Arbeitnehmer, der im Sicherungsfall (Insolvenz des Arbeitgebers) eine **unverfallbare Anwartschaft** hat, einen **Anspruch gegen den Pensionssicherungsverein** gem. **§ 7 Abs. 2 S. 1 BetrAVG** (*BAG* 26.2.1991 EzA § 43 KO Nr. 2; a. A. *LAG Baden-Württemberg* 8.3.1990 BB 1990, 1000).

Bei nur widerruflichem Bezugsrecht gehört der Anspruch auf die Versicherungs- 3145 leistung in der Insolvenz des Arbeitgebers aber jedenfalls zur Insolvenzmasse gem. § 35 InsO (*BAG* 28.3.1995 EzA § 1 BetrAVG Lebensversicherung Nr. 6). Das gilt auch bei einer sog. Gehaltsumwandlung (*BAG* 17.10.1995 EzA § 1 BetrAVG Lebensversicherung Nr. 7).

(4) Der Insolvenzsicherungsanspruch gegen den PSV

aaa) Akzessorietät; Fälligkeit
Mit dem Eintritt des Sicherungsfalls entsteht ein **versicherungsrechtlicher An-** 3146 **spruch** des Versorgungsempfängers bzw. Versorgungsanwärters, **dessen Bestehen und Umfang vom Versorgungsanspruch abhängig ist** (Akzessorietät).
Die Ansprüche gegen den PSV entstehen mit dem **Insolvenzstichtag**; seit dem 3147 1.1.1999 gem. § 7 Abs. 1 a S. 1 BetrAVG mit dem **Beginn des Kalendermonats**, der auf den Eintritt des Sicherungsfalles folgt. Die Fälligkeit tritt an sich mit dem Eintritt des Sicherungsfalles ein, soweit nicht die Pensionszusage eine spätere Fälligkeit vorsieht (*BGH* 21.3.1983 AP Nr. 16 zu § 7 BetrAVG); dagegen sieht der PSV seine Leistungen erst als fällig an, wenn er sie dem Versorgungsberechtigten gem. § 9 Abs. 1 BetrAVG mitgeteilt hat (MünchArbR/*Förster*/*Rühmann* § 111 Rz. 39).
Mit Wirkung ab dem 1.1.1999 sieht § 7 Abs. 1 S. 3 BetrAVG nunmehr die entsprechende Anwendung des § 11 VVG vor, sodass der Versorgungsempfänger u. U. bereits vor Fälligkeit **Abschlagszahlungen** verlangen kann (vgl. *Höfer* § 7 BetrAVG Rz. 2989.5).

aaaa) Betriebsrentner

3148 Trifft der Insolvenzfall einen Betriebsrentner, muss der Träger der Insolvenzsicherung nach § 7 Abs. 1 BetrAVG in dem Umfang eintreten, der sich aus der Versorgungszusage des Arbeitgebers ergibt. Erbringt statt dem Arbeitgeber der PSV Leistungen nach dem BetrAVG, so ist dieser im Allgemeinen nicht verpflichtet, Betriebsrenten nach § 16 BetrAVG anzupassen. Enthält die Zusage aber eine unabhängig von § 16 BetrAVG bestehende Anpassungspflicht des Arbeitgebers, wie etwa bei den Versorgungsregelungen nach den Richtlinien des Essener Verbandes, besteht diese Pflicht auch für den PSV (*BAG* 15.2.1994 EzA § 7 BetrAVG Nr. 48; 22.11.1994 EzA § 7 BetrAVG Nr. 50; 8.6.1999 EzA § 7 BetrAVG Nr. 60).

Beispiel:
3149 Eine Anpassungsklausel in einer betrieblichen Versorgungsordnung, die zu einer Dynamisierung der Betriebsrente führt, ist auch vom PSV zu beachten (z. B. bei Wertsicherungs- und Spannenklauseln; *BAG* 22.3.1983 EzA § 16 BetrAVG Nr. 14). Gleiches gilt, wenn der Anpassungsanspruch des Versorgungsberechtigten sich aus betrieblicher Übung ergibt oder wenn dem Arbeitgeber bei vertraglich vorgesehener Anpassung ein Ermessensspielraum eingeräumt ist.

3150 **Der PSV ist dann zur Anpassung verpflichtet, nicht dagegen bei einer bloß vertraglichen Verpflichtung zur Prüfung** (*BAG* 30.8.1979 EzA § 7 BetrAVG Nr. 3; 3.3.1987 EzA § 16 BetrAVG Nr. 16).

bbbb) Inhaber einer Versorgungsanwartschaft

3151 Der Anspruch für den Inhaber einer im Insolvenzfall unverfallbaren Versorgungsanwartschaft gegen den Träger der Insolvenzsicherung richtet sich gem. § 7 Abs. 2 S. 3 nach § 2 Abs. 1, 2, 5 BetrAVG. **Danach sind die im Zeitpunkt des Sicherungsfalles bestehenden Bemessungsgrundlagen auf den Zeitpunkt des Versorgungsfalles hochzurechnen.** Diese Vorschriften gehen von einem unveränderten Fortbestand eines Arbeitsverhältnisses und der Bemessungsgrundlagen aus.

3152 Das Risiko, kein gleichwertiges Arbeitsverhältnis mehr eingehen und keine gleichwertige Altersversorgung für die Zeit nach dem Sicherungsfall mehr erwerben zu können, trägt der Arbeitnehmer. Insoweit genießt er keinen Insolvenzschutz (*BAG* 12.3.1991 EzA § 7 BetrAVG Nr. 41).
Damit sind Veränderungen der Bemessungsgrundlagen für die Berechnung des Betriebsrentenanspruchs, die nach dem Insolvenzfall, aber vor dem Versorgungsfall eintreten, für die Berechnung des Anspruchs gegen den Träger der Insolvenzsicherung unerheblich. Eine vertraglich versprochene Anpassung der Rentenanwartschaft nach variablen Bezugsgrößen, wie etwa den Gruppenbeträgen des Essener Verbandes, ist damit nicht insolvenzgesichert. Diese Begrenzung der Insolvenzsicherung ist verfassungsrechtlich nicht zu beanstanden (*BAG* 4.4.2001 EzA § 7 BetrAVG Nr. 65).

3153 Die Veränderungssperre des § 2 Abs. 5 BetrAVG wirkt im Rahmen des Insolvenzschutzes nach § 7 Abs. 2 BetrAVG nicht nur bis zum Eintritt des Versorgungsfalles. **Auch Veränderungen der Bemessungsgrundlagen nach Eintritt des Versorgungsfalls sind für die Berechnung des Teilanspruchs gegenüber dem Träger der Insolvenzsicherung unbeachtlich** (*BAG* 22.11.1994 EzA § 7 BetrAVG Nr. 50).

C. Der Inhalt des Arbeitsverhältnisses

Beispiel:
Beantragt der Arbeitnehmer, der mit einer unverfallbaren Anwartschaft aus dem Arbeitsverhältnis ausgeschieden ist, nach Eröffnung des Konkursverfahrens über das Vermögen seines Arbeitgebers vorgezogenes Altersruhegeld, kann der PSV bei der Bemessung der Versorgungsleistungen Erhöhungen des Gehalts nach Beendigung des Arbeitsverhältnisses außer Acht lassen und den in der Leistungsordnung vorgesehenen versicherungsmathematischen Abschlag wegen vorzeitigen Bezugs des Altersruhegeldes vornehmen (*BAG* 26.4.1988 EzA § 7 BetrAVG Nr. 25). 3154

bbb) Haftung für Rückstände
Der PSV hat für die Begleichung rückständiger Versorgungsleistungen einzustehen, soweit die Nichterfüllung auf den **insolvenzbedingten Zahlungsschwierigkeiten** des Arbeitgebers beruht (*BAG* 30.10.1980 EzA § 1 BetrAVG Nr. 12). Der *BGH* (14.7.1980 AP Nr. 5 zu § 7 BetrAVG; ebenso *LAG Köln* 10.6.1999 NZA 1999, 1106) hat die Haftung des PSV allerdings in Anlehnung an § 59 Abs. 1 Nr. 3 KO auf **6 Monate seit Eröffnung des Konkursverfahrens** begrenzt. Nicht entscheidend ist der Zeitpunkt der Antragstellung (*LAG Köln* NZA 1999, 1106). 3155

ccc) Anspruchsumfang bei Versorgungsleistungen

aaaa) Grundlagen
Die gesicherten Leistungen waren nach **§ 7 Abs. 3 BetrAVG** a. F. bis zum 31.12.1998 der Höhe nach begrenzt auf das dreifache der im Zeitpunkt der ersten Fälligkeit geltenden Beitragsbemessungsgrenze der gesetzlichen Rentenversicherung (für 1995 auf 23 400 DM in den alten 19 200 DM/Monat in den neuen Bundesländern). Seit dem 1.1.1999 ist die Höchstgrenze reduziert auf das Dreifache der monatlichen Bezugsgröße gem. § 18 SGB IV (12 180 DM bzw. 9 870 DM; vgl. *Höfer* § 7 BetrAVG Rz. 2914 ff.). Bei Kapitalleistungen sieht § 7 Abs. 3 S. 2 BetrAVG eine Umrechnung des Kapitalbetrags in einen fiktiven Rentenanspruch vor (MünchArbR/*Förster/Rühmann* § 111 Rz. 42). 3156

Für die Fälle der **Entgeltumwandlung** (§ 1 b Abs. 5 BetrAVG; vgl. dazu *Blomeyer* NZA 2000, 281 ff.; *Wohlleben* DB 1998, 1230 ff.; *Söffing/Nommensen* DB 1998, 1285 ff.) sah § 7 Abs. 3 S. 3 BetrAVG n. F. mit Wirkung vom 1.1.1999 eine Höchstbegrenzung auf 3/10 der monatlichen Bezugsgröße gem. § 18 SGB IV (1997 1281 DM/Monat) vor; sie betrug damit nur 10% der normalen Höchstgrenze, wenn nicht eine mindestens gleichwertige Beteiligung des Arbeitgebers an der Finanzierung vorlag (vgl. *Blomeyer* NZA 1998, 915 f. zum Regierungsentwurf vgl. krit. *Blomeyer* DB 1997, 1921 ff.; NZA 1997, 961 ff.; *Hanau/Arteaga/Kessel* DB 1997, 1401 ff.; eher zust. *Doetsch/Förster/Rühmann* DB 1998, 258 ff.). Gem. § 30 b BetrAVG gilt diese Regelung nur für Ansprüche gegen den PSV, die auf Zusagen beruhen, die nach dem 31.12.1998 erteilt werden. 3157

Sie entfiel zudem für die ab dem 1.1.2001 erteilten Zusagen zum Schutz des Arbeitnehmers insoweit, als die Höhe des umgewandelten Entgelts **4%** der jeweiligen Beitragsbemessungsgrenze in der Rentenversicherung, d. h. den Höchstbetrag des Entgeltumwandlungsanspruchs (§ 1 a BetrAVG; s. o. C/Rz. 2609, 2672 ff.) **nicht überstieg** (§ 7 Abs. 3 S. 4 BetrAVG). 3158

§ 7 Abs. 3 S. 3, 4 BetrAVG sind durch Gesetz vom 21.6.2002 (HzvNG) gestrichen worden; für ab dem 1.1.2002 gegebene Zusagen gilt jetzt § 7 Abs. 5 S. 2. BetrAVG (s. u. C/Rz. 3175).

C. Der Inhalt des Arbeitsverhältnisses

bbbb) Nichtarbeitnehmer

3159 Bei Nichtarbeitnehmern i. S. d. § 17 Abs. 1 S. 3 BetrAVG hängt die Angemessenheit der Höhe der Versorgungsleistungen entsprechend § 7 Abs. 5 BetrAVG davon ab, ob die Leistungen über das Maß dessen hinausgehen, was bei einem Fremdgeschäftsführer unter sonst gleichen Verhältnissen, bei gleicher Leistung und gleich langer Tätigkeit für das Unternehmen objektiv üblich und wirtschaftlich vernünftig gewesen wäre (*BGH* 14.7.1980 AP Nr. 3 zu § 17 BetrAVG).

cccc) Keine Veränderung der Versorgungszusage

3160 Der PSV haftet auch dann für Versorgungsleistungen, wenn sich aus der Versorgungszusage eine relative oder absolute Überversorgung ergibt. Da er nicht in die Arbeitgeberstellung eintritt, hat er **keine Befugnis zur Veränderung der Versorgungszusage** (*BAG* 22.9.1987 EzA § 1 BetrAVG Ablösung Nr. 1).

dddd) Versorgungsleistungen des Arbeitgebers

3161 Leistungen der betrieblichen Altersversorgung, die der Arbeitgeber oder sonstige Träger der Versorgung nach Eintritt des Sicherungsfalles noch erbringen oder zu erbringen haben, werden gem. § 7 Abs. 4 BetrAVG angerechnet (insbesondere im Falle des Vergleichs, sowie bei Teilleistungsfähigkeit des Arbeitgebers bei wirtschaftlicher Notlage). § 7 Abs. 4 S. 3 BetrAVG sieht mit Wirkung seit dem 1.1.1999 nunmehr weiterhin vor, dass der PSV in Zukunft auch lediglich für einen **begrenzten Zeitraum** die Leistungen in voller Höhe übernehmen kann, wenn im Insolvenzplan vorgesehen ist, dass der Arbeitgeber oder der sonstige Träger der Versorgung die Leistungen von einem bestimmten Zeitpunkt an selbst zu erbringen hat (vgl. *Höfer* § 7 BetrAVG/ Rz. 2989.7).

Im **Insolvenzverfahren** dagegen erbringt der PSV die Leistungen und macht die Insolvenzquote gem. § 9 Abs. 3 BetrAVG gegen den insolventen Arbeitgeber geltend; zur nur redaktionellen Neufassung dieser Regelung ab dem 1.1.1999 vgl. *Höfer* § 9 BetrAVG/Rz. 3096.1).

ddd) Anspruchsumfang bei Versorgungsanwartschaften

3162 Die Berechnung der Höhe des Insolvenzsicherungsanspruchs richtet sich nach § 7 Abs. 2 S. 3, 4 i. V. m. § 2 Abs. 1 BetrAVG. Diese Grundsätze stehen **nicht zur Disposition der Vertragspartner**. Soweit die Berechnungsregel des § 7 Abs. 2 i. V. m. § 2 Abs. 1 BetrAVG jedoch – wie bei der Dauer des Arbeitsverhältnisses – an vergliche Vereinbarungen anknüpft, sind die auch vom PSV zu beachten (*BAG* 14.12.1999 EzA § 7 BetrAVG Nr. 63).

Beispiele:

3163 Zulässigerweise **angerechnete Vordienstzeiten** werden bei der Berechnung nach § 2 Abs. 1 BetrAVG wie eigene Betriebszugehörigkeit beim insolventen Arbeitgeber behandelt (*BAG* 8.5.1984 EzA § 7 BetrAVG Nr. 14).

Tritt aufgrund einer durchgeführten Neuregelung eines Versorgungswerks eine Verschlechterung der erreichbaren Endrenten i. S. v. § 2 Abs. 1 BetrAVG ein, z. B. weil sich die Steigerungssätze für noch ausstehende Dienstjahre gemindert haben, so kann sich rechnerisch eine geringere unverfallbare Anwartschaft als vor der Neuordnung ergeben.

Tritt nach dem Ablösungsstichtag ein Insolvenzfall ein, kann jedoch der durch die Neuregelung bereits zeitanteilig gekürzte Teilbetrag nicht noch einmal vom PSV nach § 7 Abs. 2 BetrAVG, bezogen auf den Insolvenzstichtag, gekürzt werden (*BAG* 22.9.1987 EzA § 1 BetrAVG Ablösung Nr. 1, 21.3.2000 NZA 2001, 387).

§ 7 Abs. 2 BetrAVG **begrenzt** lediglich **die gesetzliche Einstandspflicht des PSV. Das Versorgungsverhältnis bleibt unverändert fortbestehen.** Den nicht insolvenzgeschützten Teil der Altersversorgung können die Betriebsrentner von ihrem früheren Arbeitgeber verlangen. Eine vertragliche Übernahme der nach § 7 Abs. 2 BetrAVG nicht insolvenzgeschützten Versorgungspflichten durch den PSV bedarf der Genehmigung der Versorgungsberechtigten gem. § 415 Abs. 1 BGB (*BAG* 9.11.1999 EzA § 7 BetrAVG Nr. 63). 3164

eee) Rechtsmissbräuchliche Inanspruchnahme

aaaa) Begriffsbestimmung; Voraussetzungen

Der PSV ist verpflichtet, Verbesserungen der Versorgungszusage durch den Arbeitgeber hinzunehmen und für eine unverfallbare Versorgungsanwartschaft Insolvenzschutz leisten, sofern nicht einer der Fälle des Versorgungsmissbrauchs i. S. d. § 7 Abs. 5 BetrAVG vorliegt (vgl. *Griebeling* Rz. 779 ff.). 3165

§ 7 Abs. 5 BetrAVG greift dann ein, wenn nach den Umständen des Einzelfalles **objektiv die Annahme gerechtfertigt ist, dass es der alleinige oder überwiegende Zweck der Versorgungszusage oder ihrer Verbesserung war, den PSV in Anspruch zu nehmen** (*BAG* 8.5.1990 EzA § 7 BetrAVG Nr. 35, 24.11.1998 NZA 1999, 650). Das gilt auch dann, wenn der Arbeitnehmer **vorzeitig aus dem Arbeitsverhältnis ausscheidet**, um mit Vollendung des 60. Lebensjahres die vorgezogene Altersrente in der gesetzlichen Rentenversicherung in Anspruch nehmen zu können und der Arbeitgeber die Zeit vom vorzeitigen Ausscheiden bis zur Vollendung des 65. Lebensjahres als versorgungssteigernde Dienstzeit anerkennt (*BAG* 10.3.1992 EzA § 7 BetrAVG Nr. 43). 3166

Als Indizien kommen die Unangemessenheit der Versorgungszusage, verwandtschaftliche oder geschäftliche Verbindungen von Arbeitgeber und Arbeitnehmer, die wirtschaftliche Lage des Arbeitgebers bei Erteilung oder Verbesserung der Versorgungszusage, oder eine Anpassungsentscheidung nach § 16 BetrAVG in Betracht, wenn zu diesem Zeitpunkt das Unternehmen bereits konkursreif war. 3167

Beispiele:
Der Versicherungsschutz entfällt dann nicht, wenn die Entscheidung des Arbeitgebers, laufende Renten zu erhöhen, vertretbar ist. Ihm steht bei seinen Entscheidungen nach § 16 BetrAVG ein Beurteilungsspielraum hinsichtlich der unbestimmten Rechtsbegriffe und darüber hinaus noch ein Ermessensspielraum zu (*BAG* 29.11.1988 EzA § 7 BetrAVG Nr. 27). 3168
Erteilt ein unwiderruflich bezugsberechtigter Arbeitnehmer nachträglich dem Arbeitgeber die Zustimmung zur Beleihung der Ansprüche aus dem Lebensversicherungsvertrag und entsteht dadurch eine Versorgungslücke, so schließt dies allein den Insolvenzschutz noch nicht wegen fehlender Schutzbedürftigkeit aus. Nach § 7 Abs. 5 BetrAVG besteht jedoch dann kein Insolvenzschutz wegen missbräuchlicher Beleihung, wenn der Arbeitnehmer am Missbrauch beteiligt war (*BAG* 26.6.1990 EzA § 1 BetrAVG Nr. 59).

3169 Ist dem Arbeitnehmer ein sog. eingeschränkt unwiderrufliches Bezugsrecht eingeräumt worden, so kann der Arbeitgeber bereits aufgrund der mit dem Bezugsrecht verbundenen Vorbehalte die Ansprüche aus dem Versicherungsvertrag beleihen. Eine weitere Zustimmung des Arbeitnehmers ist nicht erforderlich. Auf die Wirksamkeit und damit auch auf die Anfechtbarkeit einer zusätzlich erteilten Zustimmung des Arbeitnehmers zur Beleihung kommt es nicht an.

Allein die Zustimmung des Arbeitnehmers zur Beleihung der Ansprüche aus dem Versicherungsvertrag führt nicht zum Wegfall des Insolvenzschutzes. Die Voraussetzungen eines Versicherungsmissbrauchs sind in § 7 Abs. 5 BetrAVG geregelt. Nach § 7 Abs. 5 S. 1 BetrAVG verliert der Arbeitnehmer nur dann den Insolvenzschutz, wenn er mit dem Arbeitgeber missbräuchlich zusammenwirkt und den missbilligten Zweck der Beleihung zumindest erkennen kann. Diese Voraussetzung ist nicht erfüllt, wenn dem Arbeitnehmer zwar wirtschaftliche Schwierigkeiten seines Arbeitgebers bekannt sind, er aber angenommen hat und auch annehmen durfte, dass die vorgesehene Sanierung erfolgreich sein werde und die Insolvenzsicherung nicht in Anspruch genommen werden müsse (*BAG* 17.10.1995 EzA § 7 BetrAVG Nr. 52).

bbbb) Darlegungs- und Beweislast; Missbrauchsvermutungen

3170 Die Darlegungs- und Beweislast für das Vorliegen eines Missbrauchstatbestandes trifft den **PSV**.

Im Hinblick auf die tatsächlichen Schwierigkeiten, dem nachzukommen, enthält § 7 Abs. 5 S. 2 BetrAVG eine **widerlegbare Vermutung** für den Fall, dass bei Erteilung oder Verbesserung der Versorgungszusage wegen der wirtschaftlichen Lage des Arbeitgebers zu erwarten war, dass die Zusage nicht erfüllt werden kann (vgl. dazu *BAG* 8.5.1990 EzA § 7 BetrAVG Nr. 35).

3171 Der Versicherungsschutz scheidet jedoch nicht schon dann aus, wenn die wirtschaftliche Lage des Arbeitgebers im Zeitpunkt der Verbesserung schlecht war. **Entscheidend kommt es darauf an, ob beabsichtigt war, den gesetzlichen Insolvenzschutz zu missbrauchen.** Dieser Zweck darf unter den Voraussetzungen des § 7 Abs. 5 S. 2 BetrAVG vermutet werden (*BAG* 29.11.1988 EzA § 7 BetrAVG Nr. 27).

Maßgeblicher Zeitpunkt für die Beurteilung der Rechtslage ist der, in dem die Zusage verändert wird.

3172 § 7 Abs. 5 S. 3 BetrAVG sieht schließlich eine unwiderlegliche Missbrauchsvermutung für alle Leistungsverbesserungen im letzten Jahr (*BAG* 24.11.1998 NZA 1999, 650; vgl. dazu *Kreßel* SAE 1999, 324 ff.) gem. § 7 Abs. 5 S. 3 BetrAVG n. F. seit dem 1.1.1999 in den letzten zwei Jahren; vgl. dazu *Höfer* § 7 BetrAVG Rz. 2989.10) vor Eintritt des Sicherungsfalles vor, wenn diese größer gewesen sind als in dem vorangegangenen Jahr.

Das gilt selbst dann, wenn die Rentenerhöhung auf einer Anpassungsentscheidung gem. § 16 BetrAVG beruht und der Arbeitgeber dazu rechtskräftig verurteilt worden ist (*BAG* 26.4.1994 EzA § 16 BetrAVG Nr. 27).

3173 **Steigerungen der Bemessungsgrundlage** (ruhegehaltsfähiges Endgehalt) werden von dieser Regelung **nicht erfasst** (*BAG* 20.7.1993 EzA § 1 BetrAVG Unverfallbarkeit Nr. 4). § 7 Abs. 5 S. 3 BetrAVG kann auf Beleihungen einer Lebensversicherung nicht entsprechend angewandt werden (*BAG* 26.6.1990 AP Nr. 11 zu § 1 BetrAVG Lebensversicherung; 17.10.1995 EzA § 7 BetrAVG Nr. 52).

Sieht ein Auflösungsvertrag vor, dass der ausscheidende Arbeitnehmer bei künftigen Verbesserungen der betrieblichen Altersversorgung gleichgestellt werden soll, kommt es für den Insolvenzschutz nicht auf den Zeitpunkt dieser Gleichstellungszusage, sondern allein darauf an, wann die maßgebliche Regelung verbessert worden ist. Geschieht das innerhalb der Jahresfrist des § 7 Abs. 5 S. 3 BetrAVG, so wird die Verbesserung nicht vom gesetzlichen Insolvenzschutz erfasst, und zwar weder für den ausgeschiedenen Arbeitnehmer noch für die übrige Belegschaft (*BAG* 2.6.1987 EzA § 7 BetrAVG Nr. 24). 3174

§ 7 Abs. 5 S. 3 BetrAVG **schließt** schließlich **Insolvenzschutz nicht nur für Verbesserungen von Versorgungszusagen aus**, sondern betrifft auch solche Vereinbarungen, durch die unabhängig von früheren Zusagen eine neue Leistung der betrieblichen Altersversorgung versprochen wird (*BAG* 24.11.1998 EzA § 7 BetrAVG Nr. 57 = NZA 1999, 650; vgl. dazu *Kreßel* SAE 1999, 324 ff.). 3175
§ 7 Abs. 3 S. 3, 4 BetrAVG gilt nicht für ab dem 1.1.2002 gegebene Zusagen, soweit bei Entgeltumwandlung Beiträge von bis zu 4% der Beitragsbemessungsgrenze in der Rentenversicherung der Arbeiter und Angestellten für eine betriebliche Altersversorgung verwendet werden (§ 7 Abs. 5 S. 3 2. Hs. BetrAVG).

cccc) **Katastrophenfälle**
In Katastrophenfällen kann der Träger der Insolvenzsicherung gem. § 7 Abs. 6 BetrAVG mit Zustimmung des BAV die Leistungen nach billigem Ermessen abweichend von § 7 BetrAVG festsetzen. 3176

(5) **Durchführung der Insolvenzsicherung**

aaa) **Mitteilungs- und Auskunftspflichten; Verfahren**
Die notwendigen Mitteilungs- und Auskunftspflichten des Konkursverwalters und des Arbeitgebers sieht § **11 BetrAVG** vor. 3177
Der PSV ist sodann nach § **9 Abs. 1 BetrAVG** verpflichtet, den Berechtigten schriftlich über den Inhalt und den Umfang seiner Versorgungsansprüche und -anwartschaften zu informieren (**Leistungsbescheid**). Dieser Bescheid hat für den Berechtigten grds. nur rechtsbestätigende Funktion (*BGH* 3.2.1986 AP Nr. 4 zu § 9 BetrAVG). In den Sicherungsfällen des § 7 Abs. 1 S. 3 Nr. 1, 3, 4, 5 BetrAVG wirkt das Mitteilungsschreiben allerdings konstitutiv, da die Eintrittspflicht von der Übernahmeerklärung des PSV abhängig gemacht wird (MünchArbR/*Förster*/*Rühmann* § 111 Rz. 59).

bbb) **Anmeldepflicht**
Unterbleibt die Mitteilung durch den PSV, so hat der versorgungsberechtigte **Arbeitnehmer** spätestens 1 Jahr nach dem Sicherungsfall seinen Anspruch oder seine Anwartschaft beim PSV anzumelden. Auf den Eintritt des Versorgungsfalles kommt es nicht an (*BAG* 21.3.2000 EzA § 9 BetrAVG Nr. 8). Hat der Berechtigte einen Anwartschaftsausweis erhalten, ist der PSV nur durch die **Verjährungsvorschriften** (§ 196 Abs. 1 Nr. 8, 9 BGB; jetzt §§ 195 ff. BGB n. F.) **vor der Geltendmachung von Ansprüchen für lange zurückliegende Zeiträume geschützt** (*BAG* 21.3.2000 EzA § 9 BetrAVG Nr. 8). Unterbleibt die Anmeldung, so können Leistungen erst einen Monat nach erfolgter Anmeldung beansprucht werden, soweit die Versäumung der Ausschlussfrist vom Versorgungsberechtigten verschuldet war (**§ 9 Abs. 1 S. 2 BetrAVG**). 3178

C. Der Inhalt des Arbeitsverhältnisses

ccc) Abwicklung über Lebensversicherungen

3179 Gem. § 8 Abs. 1 BetrAVG besteht die Möglichkeit, Unternehmen der Lebensversicherungsbranche bei der Durchführung der Insolvenzsicherung zu beteiligen.

ddd) Abfindung von Anwartschaften

3180 Unverfallbare Anwartschaften von geringer Zusagedauer (weniger als 10 Jahre vor Eintritt des Sicherungsfalles) kann der PSV analog § 3 Abs. 2 BetrAVG abfinden (§ 8 Abs. 2 BetrAVG). Erforderlich ist weder die Zustimmung des Versorgungsberechtigten (*BAG* 16.12.1986 EzA § 387 BGB Nr. 2) noch das Ausscheiden des Arbeitnehmers aus dem Betrieb.

§ 8 Abs. 2 BetrAVG ist mit Wirkung vom 1.1.1999 neu gefasst worden:

3181 Eine Abfindung ist nunmehr zusätzlich auch dann möglich, wenn – unabhängig von der Dauer der Anwartschaft – die Monatsrente 1% der monatlichen Bezugsgröße gem. § 18 SGB IV, bei Kapitalleistungen 12/10 der Bezugsgröße, nicht überschreitet. Darüber hinaus kann dem Arbeitnehmer mit seiner Zustimmung eine einmalige Abfindung auch dann gewährt werden, wenn ihm die Beiträge zur gesetzlichen Rentenversicherung erstattet worden sind (vgl. dazu *Höfer* § 8 BetrAVG Rz. 3023.1 ff.).

3182 Entscheidet sich der PSV nach § 8 Abs. 2 BetrAVG für eine Abfindung, kann er ohne zeitliche Beschränkung mit Gegenansprüchen gegen den versorgungsberechtigten Arbeitnehmer aufrechnen. Er muss diesem jedoch (analog § 850 i ZPO) einen aufrechnungsfreien Betrag belassen, soweit das zur Sicherung der Grundversorgung erforderlich ist (*BAG* 16.12.1986 EzA § 387 BGB Nr. 2).

eee) Gesetzlicher Forderungsübergang

aaaa) Grundlagen

3183 § 9 Abs. 2 BetrAVG sieht einen gesetzlichen Forderungsübergang der Versorgungsansprüche auf den PSV vor, soweit der Arbeitnehmer ihn in Anspruch nehmen kann; die Versorgungsansprüche gehen also nur insoweit auf den PSV über, als er nach § 7 BetrAVG einstandspflichtig ist (*BAG* 9.11.1999 EzA § 7 BetrAVG Nr. 63). **Damit kann allein der PSV noch Versorgungsansprüche gegen den Arbeitgeber geltend machen; der Arbeitnehmer verliert seinen Anspruch** (*BAG* 12.4.1983 EzA § 9 BetrAVG Nr. 1).

3184 Erfasst sind alle Versorgungsansprüche und -anwartschaften (auch bei betrieblicher Altersversorgung durch Unterstützungskassen, *BAG* 6.10.1992 EzA § 9 BetrAVG Nr. 6), die dem Versorgungsberechtigten gegenüber seinem Arbeitgeber zustehen, einschließlich akzessorischer Sicherungsrechte.
Die Forderung geht grds. in voller Höhe auf den PSV über, unabhängig davon, ob und in welchem Umfang er sie gegenüber dem Versorgungsberechtigten befriedigt.

3185 Nach § 7 Abs. 1 S. 1 BetrAVG hat der PSV bei Eröffnung des Insolvenzverfahrens über das Vermögen des Arbeitgebers die Betriebsrente so zu zahlen, wie sie dem Arbeitnehmer zugesagt worden ist. Der Anspruch vermindert sich nicht um Ansprüche des Arbeitnehmers gegen einen Dritten, die sich daraus ergeben, dass dieser der

Schuld des Arbeitgebers vor dem gesetzlichen Forderungsübergang beigetreten ist. Die durch den Schuldbeitritt des Dritten entstandene Forderung geht wie auch sonstige zur Sicherung der Betriebsrente eingeräumte Rechte auf den PSV über.

> Der Arbeitnehmer erhält mit Eröffnung des Insolvenzverfahrens einen neuen zahlungsfähigen Schuldner (PSV). Dieser kann sich nach dem Übergang der Forderungen aus dem Versorgungsversprechen und dem Schuldbeitritt an den Versorgungsschuldner und an den dieser Schuld beitretenden Dritten halten (*BAG* 12.12.1989 EzA § 9 BetrAVG Nr. 3).

3186

Der Forderungsübergang gegen den Dritten ist allerdings in der Höhe begrenzt auf die Leistungsverpflichtung des PSV nach § 7 BetrAVG.
Im **Konkurs des Arbeitgebers** hatte der gesetzliche Forderungsübergang zur Folge, dass der **PSV als Konkursgläubiger am Konkursverfahren** z. B. mit dem Recht **teilnimmt**, vorweg aus der Masse Berichtigung der Forderungen auf Leistungen der betrieblichen Altersversorgung zu verlangen.
Rückständige Versorgungsansprüche für die letzten sechs Monate waren gem. **§ 59 Abs. 1 Nr. 3 d KO** Masseschulden (*BAG* 6.9.1988 EzA § 59 KO Nr. 16).
Die auf den PSV übergegangenen Versorgungsansprüche und Versorgungsanwartschaften wandelten sich im Konkursfall in einen Zahlungsanspruch um, der nach **§ 69 KO** zu schätzen ist (*BAG* 11.10.1988 EzA § 69 KO Nr. 1; *BGH* 10.7.1997 NZA 1997, 1113; vgl. dazu *Neumann* BB 1997, 2658 ff.). Gem. § 9 Abs. 2 S. 3 BetrAVG werden mit Wirkung ab dem 1.1.1999 im Anschluss an die Rechtsprechung des *BGH* (10.7.1997 NZA 1997, 1113) die übergegangenen Anwartschaften als unbedingte Forderungen nach § 45 InsO geltend gemacht. Gem. § 9 Abs. 4 BetrAVG n. F. kann in einem Insolvenzplan, der die Fortführung des Unternehmens oder eines Betriebes vorsieht, für den PSV eine besondere Gruppe gebildet werden (ausf. dazu *Höfer* § 9 BetrAVG Rz. 3096.1 ff.; *Blomeyer* NZA 1998, 915 f.).
Die kapitalisierten Ansprüche unterliegen der regelmäßigen Verjährungsfrist von 30 Jahren (**§ 195 BGB**; *BAG* 7.11.1989 EzA § 9 BetrAVG Nr. 2; bzw. **jetzt nach § 18 a BetrAVG n. F.**).
Sind die Voraussetzungen des § 9 Abs. 2 BetrAVG erfüllt, ohne dass bislang Konkurs(Insolvenz)antrag gestellt worden ist, kann der **PSV** selbst die **Eröffnung des Konkurs(Insolvenz)verfahrens beantragen** (*BAG* 20.11.1984 EzA § 7 BetrAVG Nr. 15). § 9 Abs. 5 BetrAVG n. F. sieht nunmehr mit Wirkung ab dem 1.1.1999 für den PSV die Möglichkeit der sofortigen Beschwerde gegen den Beschluss, durch den das Insolvenzverfahren eröffnet wird, vor.

3187

3188

bbbb) Einstellung der Leistungen
Der PSV kann seine Leistungen einstellen, wenn er gegenüber dem Versorgungsberechtigten seine **Einstandspflicht zu Unrecht bejaht hat**. Aus Gründen des Vertrauensschutzes haftet er dann aber für den Schaden, der dem Versorgungsberechtigten daraus entstanden ist, dass er auf die Gültigkeit der Zusage vertraut hat (*BGH* 3.2.1986 AP Nr. 4 zu § 9 BetrAVG).

3189

fff) Schutz des Versorgungsberechtigten
Nach **§ 9 Abs. 2 S. 2 BetrAVG** kann der Forderungsübergang vom PSV nicht zum Nachteil des Berechtigten geltend gemacht werden.

3190

Im Fall der Übersicherung ist der PSV verpflichtet, den zur Befriedigung des Leistungsanspruchs nicht notwendigen Teil des Sicherungsrechts an den Versorgungsberechtigten zu übertragen.

Soweit der Träger der Insolvenzsicherung Ansprüche des Versorgungsberechtigten bestreitet, ist er auf dessen Verlangen verpflichtet, die übergegangenen Ansprüche an ihn abzutreten oder ihn zu ermächtigen, einen Rechtsstreit gegen die Insolvenzmasse im eigenen Namen zu führen.

Der Versorgungsberechtigte hat dann die Wahl, ob er sich an den Träger der Insolvenzsicherung halten oder zunächst Befriedigung aus der Insolvenzmasse suchen will (*BAG* 12.4.1983 EzA § 9 BetrAVG Nr. 1).

ggg) Gesetzlicher Vermögensübergang bei Unterstützungskassen

3191 Tritt der Sicherungsfall bei einem Trägerunternehmen einer Unterstützungskasse ein, geht neben der Forderung des Arbeitnehmers gegen den Arbeitgeber gem. § 9 Abs. 2 BetrAVG auch das Vermögen der Unterstützungskasse gem. **§ 9 Abs. 3 BetrAVG** einschließlich der Verbindlichkeiten auf den PSV über.

Zum Vermögen der Unterstützungskasse kann eine **Darlehensforderung** gegen das Trägerunternehmen gehören (*BAG* 6.10.1992 EzA § 9 BetrAVG Nr. 6).

3192 Forderungs- und Vermögensübergang dienen demselben Zweck: Der PSV soll schadlos gestellt werden, soweit er Versorgungsleistungen erbringt, die das Trägerunternehmen der Unterstützungskasse nicht mehr sicherstellen kann.

3193 Es geht stets das **gesamte Vermögen** der Unterstützungskasse auf den PSV **über**. Bei der Berechnung der nach § 9 Abs. 2 BetrAVG übergehenden Forderungen ist derjenige Betrag abzusetzen, der tatsächlich aus dem Vermögen der Kasse erzielt werden kann.

In der Insolvenz des Trägerunternehmens ist daher zunächst das Kassenvermögen festzustellen. Seine Höhe – eventuell in Höhe der Insolvenzquote – bestimmt die Höhe der von den Arbeitnehmern nach § 9 Abs. 2 BetrAVG auf den PSV übergegangenen Forderungen (*BAG* 6.10.1992 EzA § 9 BetrAVG Nr. 6).

3194 Das Vermögen der (deutschen) Unterstützungskasse eines ausländischen Trägerunternehmens geht auf den PSV über, wenn über das inländische Vermögen des Trägerunternehmens das Insolvenzverfahren eröffnet wird. Das gilt selbst dann, wenn die Unterstützungskasse noch über hinreichende finanzielle Mittel verfügt, um die bestehenden Versorgungsverbindlichkeiten zu erfüllen (*BAG* 12.2.1991 EzA § 9 BetrAVG Nr. 4).

3195 Gem. § 9 Abs. 3 BetrAVG hat der PSV gegen eine **Unterstützungskasse mit mehreren Trägerunternehmen** einen Anspruch auf Zahlung eines Betrages, der dem Teil des Vermögens der Kasse entspricht, der auf das Trägerunternehmen entfällt, bei dem der Sicherungsfall eingetreten ist. Welche Vermögensanteile den einzelnen Trägerunternehmen zustehen, bestimmt sich nach den von den Beteiligten getroffenen Vereinbarungen.

3196 Wird der Verpflichtungsumfang und die Höhe der Forderungen der Kasse gegen die einzelnen Trägerunternehmen buchmäßig getrennt und gesondert verwaltet, so entspricht der Vermögensanteil der einzelnen Trägerunternehmen im Zweifel

C. Der Inhalt des Arbeitsverhältnisses

der Höhe des betreffenden Dotierungsanspruchs. Die übrigen Trägerunternehmen haften dann nicht solidarisch mit ihren Vermögensanteilen für den Ausgleichsanspruch des PSV (*BAG* 22.10.1991 EzA § 9 BetrAVG Nr. 5).

Der Vermögensübergang tritt auch dann ein, wenn die Unterstützungskasse **noch keine laufenden Leistungen erbringt**, sondern bei ihr lediglich unverfallbare Anwartschaften bestehen.

(6) Träger der Insolvenzsicherung

Träger der Insolvenzsicherung ist der **PSV** (mit Sitz in Köln), der als Versicherungsunternehmen der Aufsicht des BAV unterliegt. 3197

Das Versicherungsverhältnis mit dem PSV entsteht durch Gesetz zu dem Zeitpunkt, zu dem bei dem Arbeitgeber eine **sicherungspflichtige** und damit beitragspflichtige **betriebliche Altersversorgung** besteht, d. h. bei Neueinführung einer betrieblichen Altersversorgung mit Eintritt des ersten Versorgungsfalls oder der ersten unverfallbaren Anwartschaft.

Das Vorliegen dieser Voraussetzungen hat der Arbeitgeber dem PSV innerhalb von 3 Monaten mitzuteilen (**§ 11 Abs. 1 S. 1 BetrAVG**).

Hinsichtlich der Beitreibung der Beiträge ist der PSV als **beliehenes Unternehmen mit hoheitlichen Befugnissen** ausgestattet. Er kann insoweit Verwaltungsakte erlassen, ist aber an Recht und Gesetz gebunden, und hat insbesondere die Grundrechte zu beachten (*BVerfG* 18.12.1987 DB 1988, 1905).

(7) Finanzierung der Insolvenzsicherung

Die Finanzierung der Insolvenzsicherung erfolgt im Interesse der Rechtsklarheit im Wege der Erhebung von relativ **gleichmäßigen Beiträgen bei allen Arbeitgebern, die eine betriebliche Altersversorgung in einer sicherungspflichtigen Form durchführen**, die im Wesentlichen nur nach der Zahl der Versorgungsberechtigten differieren. 3198

Nach § 17 Abs. 2 BetrAVG entfällt eine Beitragspflicht bei nicht insolvenzgefährdeten Arbeitgebern des öffentlichen Dienstes. Insoweit haben fast alle Bundesländer gesetzliche Bestimmungen beschlossen, nach denen der Konkurs für die meisten Körperschaften, Stiftungen und Anstalten des öffentlichen Rechts für unzulässig erklärt wird, sodass eine Betragspflicht zum PSV entfällt. 3199

Die Mittel für die Durchführung der Insolvenzsicherung werden gem. § 10 BetrAVG auf der Grundlage eines Beitragsbescheides (Verwaltungsakt) aufgebracht.

Die zu erhebenden Beiträge berechnen sich nach einem modifizierten Kapitalwertumlageverfahren. Danach müssen die Beiträge eines Jahres die Deckungsmittel für alle neuen Renten, die in diesem Geschäftsjahr zu Lasten der Insolvenzsicherung zu laufen beginnen, bereitstellen (§ 10 Abs. 2 BetrAVG). 3200

Jeder beitragspflichtige Arbeitgeber hat gem. **§ 11 Abs. 2 BetrAVG** jährlich dem PSV bis spätestens 30. September die Berechnung der Beitragsbemessungsgrundlage auf der Basis von § 10 Abs. 3 BetrAVG zu melden. Maßgeblich sind Bewertungsgrundsätze des Steuerrechts (§ 10 Abs. 3 BetrAVG). 3201

Eine Sonderregelung hinsichtlich der **Säumniszuschläge**, der **Zinsen** und der **Verjährung** enthält § 10 a BetrAVG (seit dem 1.1.1999; vgl. *Blomeyer* NZA 1998, 916).

C. Der Inhalt des Arbeitsverhältnisses

3202 Beiträge zur Insolvenzsicherung können auch nach Beendigung der Sicherungspflicht des Insolvenzsicherungspflichtigen für in der Vergangenheit liegende Zeiträume erhoben werden, in denen eine Sicherungspflicht noch bestand (*VG Schleswig-Holstein* 10.10.1990 AP Nr. 2 zu § 10 BetrAVG).
Das BetrAVG enthält allerdings keine Rechtsgrundlage dafür, einen Freistellungsanspruch in Form eines Sonderbeitragsbescheides gegenüber einem inzwischen sanierten Vergleichsschuldner geltend zu machen (*Hess. VGH* 4.9.1990 AP Nr. 1 zu § 10 BetrAVG).

3203 Die Regelung von § 7 Abs. 1, 2 i. V. m. § 10 Abs. 1, 3 BetrAVG ist **verfassungsrechtlich unbedenklich** (*BVerfG* 24.2.1987 AP Nr. 14 zu § 1 BetrAVG Unterstützungskassen).

ii) Persönlicher Geltungsbereich des BetrAVG

(1) Grundlagen

3204 Vom persönlichen Geltungsbereich erfasst sind neben Arbeitnehmern einschließlich der zu ihrer Berufsausbildung Beschäftigten gem. § 17 Abs. 1 S. 2 BetrAVG auch Nicht-Arbeitnehmer, wenn ihnen Leistungen der Alters- oder Hinterbliebenenversorgung aus Anlass ihrer Tätigkeit für ein Unternehmen und als Entgelt dafür zugesagt worden sind (vgl. *Griebeling* Rz. 58 ff.). Das ist dann nicht der Fall, wenn eine GmbH nur ihren **Gesellschaftern** eine Versorgung verspricht und wenn deren Art und Höhe bei Beschäftigten, die nicht Gesellschafter sind, wirtschaftlich nicht vertretbar wäre (*BAG* 25.1.2000 EzA § 17 BetrAVG Nr. 9).
Es handelt sich um Personen, die zur Wahrung ihres bisherigen Lebensstandards in besonderem Maße auf die betriebliche Altersversorgung angewiesen sind und die ähnlich den Arbeitnehmern wegen der regelmäßig stärkeren Position ihres Vertragspartners keinen oder nur geringen Einfluss auf die inhaltliche Ausgestaltung der betrieblichen Versorgungszusage nehmen können.

Es muss sich um Personen handeln, bei denen die Versorgungsleistungen ihren Grund in der **Arbeit für ein fremdes Unternehmen** haben.

3205 Versorgungsberechtigte werden nur dann vom Geltungsbereich des BetrAVG ausgenommen, wenn ihre Ansprüche auf Dienstleistungen für ein Unternehmen beruhen, das man im Hinblick auf den Vermögenseinsatz und unternehmerischen Einfluss als ihr eigenes betrachten muss (*BGH* 9.6.1980 AP Nr. 2 zu § 17 BetrAVG; s. u. C/Rz. 3206 ff.).

Erfasst sind deshalb auch arbeitnehmerähnliche Personen, Selbstständige und Fremdgeschäftsführer, die kapitalmäßig nicht an ihrer Gesellschaft beteiligt sind. Maßgeblich sind jeweils die Verhältnisse im Einzelfall; **eine schematische Abgrenzung ist untauglich** (*Griebeling* Rz. 64).

(2) Abgrenzungsfragen

aaa) Persönlich haftende Gesellschafter

§ 17 Abs. 1 S. 2 BetrAVG gilt nicht für Personen, die nach der Stärke ihrer kapital- und einflussmäßigen Bindung an das Unternehmen, aus dem sie die Versorgung erhalten sollen, nach der Verkehrsanschauung ebenso wie ein Einzelkaufmann als Unternehmer anzusprechen und damit für das eigene Unternehmen tätig sind. Darunter fallen i. d. R. die persönlich haftenden Gesellschafter in einer Personengesellschaft und in einer Kapitalgesellschaft jeder geschäftsführende Mehrheitsgesellschafter, aber auch mehrere nicht ganz unbedeutend beteiligte Gesellschafter-Geschäftsführer, die zusammen über die Mehrheit verfügen, mit der sie gemeinsam einer Gesellschaft ihren Willen aufzwingen können (*BGH* 9.6.1980 AP Nr. 4 zu § 17 BetrAVG; 9.3.1981 AP Nr. 6 zu § 17 BetrAVG). 3206

In einer typischen **GmbH & Co KG**, bei der die GmbH keinen eigenen Betrieb unterhält, sondern nur die Geschäfte der KG zu leiten hat, sind für die Frage, ob ein geschäftsführender Gesellschafter als Unternehmer zu behandeln ist und daher nicht unter § 17 Abs. 1 S. 2 BetrAVG einzuordnen ist, diese Gesellschaften als **wirtschaftliche Einheit** zu betrachten (*BGH* 9.6.1980 AP Nr. 4 zu § 17 BetrAVG). Ist der Geschäftsführer beider Gesellschaften auch Gesellschafter beider Gesellschaften, so ist zu dem Anteil an der Personengesellschaft die mittelbare Beteiligung an der GmbH insoweit hinzuzurechnen, wie diese an der KG beteiligt ist (*BGH* 4.5.1981 AP Nr. 9 zu § 1 BetrAVG Wartezeit). 3207

Hat die GmbH dagegen einen **eigenen Geschäftsbetrieb**, so ist darauf abzustellen, wer die Versorgungszusage erteilt hat und ob der Gesellschafter diese Gesellschaft beherrscht (*BGH* 9.6.1980 AP Nr. 4 zu § 17 BetrAVG). 3208

Für die Frage, ob einem geschäftsführenden Gesellschafter wegen seiner Unternehmereigenschaft der Insolvenzschutz zu versagen ist, kommt es nicht auf den Zeitpunkt der Versorgungszusage, sondern darauf an, inwieweit das **Ruhegeld durch eine Tätigkeit als Arbeitnehmer und inwieweit es durch eine solche als Unternehmer erdient** worden ist (*BGH* 9.6.1980 AP Nr. 4 zu § 17 BetrAVG). Denn Versorgungsansprüche z. B. für die Tätigkeit als Komplementär unterfallen nicht dem Insolvenzschutz der §§ 7 ff. BetrAVG, wohl aber solche, die er zuvor als Arbeitnehmer erworben hat (*BGH* 16.2.1981 AP Nr. 5 zu § 17 BetrAVG). Insoweit ist eine Quotelung vorzunehmen (*BGH* 9.3.1981 AP Nr. 6 zu § 17 BetrAVG). 3209

Die Anwendung des § 17 BetrAVG kommt dann in Betracht, wenn der Gesellschafter lediglich **angestellter Komplementär** ist, also lediglich im Außenverhältnis als Gesellschafter auftritt, jedoch nur geringfügig am Kapital beteiligt und im Innenverhältnis von der persönlichen Haftung freigestellt ist und wie ein Angestellter an die Entscheidungen der die Gesellschaft beherrschenden Kommanditisten gebunden ist (*BGH* 9.6.1980 EzA § 17 BetrAVG). 3210

Allein- und Mehrheitsgesellschafter einer Kapitalgesellschaft (AG, GmbH) sind Unternehmer (*BGH* 14.7.1980 AP Nr. 3 zu § 17 BetrAVG). Mehrheitsgesellschafter ist jeder, der mindestens 50% der Anteile besitzt. 3211
Minderheitsgesellschafter haben i. d. R. innerhalb des Unternehmens keine so herausragende Stellung, dass sie das Unternehmen, für das sie arbeiten, als ihr eigenes betrachten können. Allerdings kann ein Vorstandsmitglied als Unternehmer

> zu behandeln sein, das zwar weder über die Kapital- noch regelmäßig über die Stimmenmehrheit verfügt, aber aufgrund von Vorzugsaktien bei Satzungsänderungen und der Besetzung des Aufsichtsrates mehr als 50% der Stimmen hält.

3212 Ein **Minderheitsgesellschafter**, der zusammen mit einem Mehrheitsgesellschafter die Geschäfte der Kapitalgesellschaft führt, genießt dagegen den Schutz des BetrAVG, da der Mehrheitsgesellschafter auch ohne ihn seinen Willen in der Gesellschaft durchsetzen kann (*BGH* 25.9.1989 AP Nr. 19 zu § 17 BetrAVG).

bbb) Kommanditisten
3213 Für Kommanditisten gelten die für Gesellschafter von Kapitalgesellschaften entwickelten Grundsätze entsprechend (vgl. *BGH* 1.2.1999 NZA 1999, 380).

ccc) GmbH-Geschäftsführer
3214 Der Geschäftsführer einer GmbH, der an dieser Gesellschaft nicht unmittelbar, sondern als Mitglied einer **BGB-Gesellschaft** und einer **Erbengemeinschaft** nur mittelbar in Höhe von weniger als 8% beteiligt ist und zudem die Willensbildung in diesen Gesamthandsgemeinschaften nicht allein bestimmen kann, ist nicht Mitunternehmer, sondern genießt wegen der ihm erteilten Versorgungszusage der Gesellschaft Insolvenzschutz i. S. v. § 17 Abs. 1 S. 2 BetrAVG (*BGH* 2.6.1997 NZA 1997, 1055).

3215 Nach Auffassung des *BAG* (16.4.1997 EzA § 17 BetrAVG Nr. 6) ist maßgeblich, dass der Geschäftsführer und Gesellschafter bei der **Führung des Unternehmens keine rechtliche Möglichkeit zu beherrschendem Einfluss** hat. Das ist nicht nur dann der Fall, wenn dem Versorgungsberechtigten während seiner Tätigkeit für das Unternehmen ein Mehrheitsgesellschafter gegenüberstand, sondern auch dann, wenn ihm ein anderer Minderheitsgesellschafter gegenübersteht, der aber aufgrund einer Stimmrechtsverteilungsregelung im Gesellschaftsvertrag die Mehrheit der Stimmen auf sich vereint.

(3) Unabdingbarkeit; Tarifdispositivität
3216 §§ 1 ff. BetrAVG sind grds. unabdingbare Mindestnormen; §§ 1 a, 2–5, 16, 27, 28 BetrAVG sind allerdings tarifdispositiv (§ 17 Abs. 3 BetrAVG; vgl. *Griebeling* Rz. 179 ff.). Eine einzelvertragliche Vereinbarung, die den Anspruch auf Invaliditätsrente davon abhängig macht, dass das **Arbeitsverhältnis bei Eintritt der Berufsunfähigkeit noch besteht**, ist folglich nichtig (*BAG* 24.6.1998 EzA § 1 BetrAVG Invaliditätsrente Nr. 1).

(4) Zeitlicher Geltungsbereich
3217 Das BetrAVG ist am 22.12.1974, hinsichtlich der Insolvenzschutzbestimmungen am 1.1.1975 in den alten Bundesländern in Kraft getreten (§ 32 BetrAVG). In den **neuen Bundesländern** gilt es aufgrund des Einigungsvertrages (Anl. I Kap. VIII Sachgebiet A Abschnitt II Nr. 16) seit dem 1.1.1992. Aus dieser Regelung des Einigungsvertrages folgt aber nicht, dass für Versorgungszusagen aus der Zeit **vor dem 1.1.1992** bundesdeutsches Recht generell unanwendbar ist. Denn das BetrAVG regelt das Recht der betrieblichen Altersversorgung nicht abschließend. Daneben gelten die allgemeinen Regeln des Arbeitsrechts, die gem. Art. 8 des Einigungsvertrages am 3.10.1990 für das Beitrittsgebiet in Kraft getreten sind. Für Zusagen der betrieblichen Altersversorgung aus dem Beitrittsgebiet ist daher das Recht der betrieblichen Altersversorgung anzu-

wenden, soweit es nicht im BetrAVG geregelt ist. Zu den anzuwendenden Regeln gehören die vorgesetzliche Rechtsprechung des *BAG* zur Unverfallbarkeit (10.3.1972 EzA § 242 BGB Ruhegeld Nr. 11), zum Teuerungsausgleich (12.3.1965 AP Nr. 1 zu § 242 BGB Ruhegehalt-Geldentwertung) sowie zum Widerruf von Versorgungszusagen und zur Einstellung und Kürzung von Versorgungsleistungen (*Griebeling* Rz. 918 f.).

Die **Neuerteilung einer früheren Zusage** nach dem 1.1.1992 lässt die Zusage nach Auffassung von *Förster/Rühmann* (MünchArbR § 113 Rz. 20) in den neuen Bundesländern in den Geltungsbereich des BetrAVG fallen. 3218

Unabhängig vom Datum der Zusage können die **Zusagefristen des § 1 BetrAVG** (a. F.) **dort aber frühestens am 1.1.1992 beginnen**. Die vorher zurückgelegte Betriebszugehörigkeit ist im Rahmen der alternativen Unverfallbarkeitsvoraussetzungen zu berücksichtigen, wenn die Identität des Unternehmens aufrechterhalten bleibt. 3219

III. Betriebsinhaberwechsel; Arbeitgeberwechsel

1. Überblick

a) Gesamtrechtsnachfolge

aa) Grundlagen
Eine Gesamtrechtsnachfolge kommt nur in den **gesetzlich abschließend geregelten Fällen**, im Erbfall (§ 1922 BGB Tod des Arbeitgebers) und bei der Übertragung und Umwandlung von Unternehmen (§§ 1 ff. UmwG) in Betracht. 3220

bb) Umwandlung von Unternehmen

(1) Umwandlungsformen
Das ab 1.1.1995 geltende Umwandlungsrecht (§§ 1 ff. UmwG) sieht für Rechtsträger mit Sitz im Inland vier Typen von Umwandlungen vor: 3221

aaa) Verschmelzung von Rechtsträgern
Grundform der Umwandlung ist die Verschmelzung von Rechtsträgern. Dabei **übertragen** ein oder mehrere **Rechtsträger** (übertragender Rechtsträger) **das gesamte Vermögen** als ganzes **auf einen anderen** schon bestehenden (übernehmenden) oder auf einen neu zu gründenden **Rechtsträger**. Die übertragenden Rechtsträger erlöschen dabei im Wege der Auflösung ohne Abwicklung (§§ 2–122 UmwG). 3222

bbb) Aufspaltung
Bei der Aufspaltung (§ 123 Abs. 1 UmwG) erlischt der übertragende Rechtsträger. Er **teilt sein gesamtes Vermögen auf** und überträgt es jeweils als ganzes auf mindestens zwei andere schon bestehende oder neu gegründete Rechtsträger. 3223

ccc) Abspaltung
Bei der Abspaltung (§ 123 Abs. 2 UmwG) bleibt der übertragende Rechtsträger bestehen und **überträgt nur bestimmte Vermögensteile**, insbesondere Betriebe oder Betriebsteile, auf ein oder mehrere schon bestehende oder neu gegründete Rechtsträger. 3224

C. Der Inhalt des Arbeitsverhältnisses

3225 Sowohl bei Aufspaltung als auch bei Abspaltung wird das Vermögen gegen Gewährung von Anteilen oder Mitgliedschaften an die Anteilsinhaber des übertragenden Rechtsträgers übertragen.

ddd) Ausgliederung

3226 Die Ausgliederung (§ 123 Abs. 3 UmwG) unterscheidet sich von der Abspaltung und Aufspaltung dadurch, dass die im Gegenzug zur Vermögensübertragung gewährten Anteile des übernehmenden Rechtsträgers nicht an die Anteilseigner gehen, sondern **in das Vermögen des übertragenden Rechtsträgers** selbst fallen.

eee) Vermögensübertragung, Formwechsel

3227 Möglich ist schließlich auch eine Vermögensübertragung (§§ 174 ff. UmwG für Bund und Länder, Gebietskörperschaften und Versicherungsunternehmen) sowie ein Formwechsel (§§ 190 ff. UmwG), bei dem lediglich die gesellschaftsrechtliche Form gewechselt, nicht aber Vermögen übertragen wird.

(2) Rechtsfolgen für die Arbeitnehmer

aaa) Übergang des Arbeitsverhältnisses und Widerspruchsrecht

3228 Bei einer Universalsukzession tritt der neue Rechtsinhaber kraft Gesetzes in alle nicht ausschließlich persönlichen Rechte und Pflichten des früheren Inhabers ein. Die Rechte und Pflichten aus Arbeitsverhältnissen werden von diesem Übergang in den gesetzlichen Bestimmungen über die geregelten Fälle der Gesamtrechtsnachfolge nicht ausgeschlossen.

3229 Ein Ausschluss der Übertragbarkeit wäre allenfalls aus § 613 S. 2 BGB abzuleiten. Nach dieser Vorschrift ist der Anspruch auf Dienste im Zweifel nicht übertragbar. Nach allgemeiner Ansicht ist dieser gesetzliche Ausschluss der Übertragbarkeit in der Anwendung beschränkt auf die Auslegung von Vereinbarungen und verhindert nicht die kraft Gesetzes eintretenden Wirkungen der Gesamtrechtsnachfolge. Eine Ausnahme regelt folgerichtig § 613 a Abs. 1 S. 1 BGB für den **rechtsgeschäftlichen** Betriebsübergang und weicht insofern von § 613 S. 2 BGB ab.

3230 Die Begründungen für den Übergang von Arbeitsverhältnissen im Falle einer Umwandlung nach dem UmwG sind im Schrifttum uneinheitlich. Das UmwG ordnet den Übergang von Arbeitsverhältnissen anlässlich einer Umwandlung nicht ausdrücklich an. § 324 UmwG lässt § 613 a Abs. 1 BGB »unberührt«. Ob diese mehrdeutige Formulierung als Rechtsgrundverweisung zu verstehen ist, ist streitig (*Willemsen* in *Willemsen/Hohenstatt/Schweibert* Umstrukturierung und Übertragung von Unternehmen Rz. B 91; **a. A.** *Kreßel* BB 1995, 928). Nach verbreiteter Ansicht soll § 613 a BGB unmittelbar oder entsprechend anzuwenden sein, weil mit den Umwandlungsverträgen »im Rahmen« vertraglicher Beziehungen die Arbeitgeberverpflichtungen übertragen werden (vgl. zum Meinungsstand ErfK/*Preis* § 324 UmwG Rz. 1 m. w. N.).

3231 Nach der Rechtsprechung des Bundesarbeitsgerichts (*BAG* 25.5.2000 EzA § 613 a BGB Nr. 190) bedeutet der Verweis des § 324 UmwG auf § 613 a Abs. 1 BGB, dass die Umwandlung nicht der gegenüber dem Betriebsübergang speziellere Tatbestand ist. Diese Klarstellung unterstellt, dass sowohl die Gesamtrechtsnachfolge selbst als auch § 613 a BGB nebeneinander den Übergang der Arbeitsverhältnisse bewirken können. Die Voraussetzungen des § 613 a BGB sollen deshalb auch im Umwandlungsfall selbstständig zu prüfen sein. Im konkreten Fall leitete das BAG daraus die

Konsequenz ab, dass schon **vor** Wirksamwerden der Umwandlung ein Betriebsübergang i. S. v. § 613a Abs. 1 BGB eintreten könne. Werde ein Betrieb vor Wirksamwerden einer Umwandlung durch Nutzungsüberlassung oder Verpachtung an den aufnehmenden Rechtsträger übertragen, greife § 613a BGB unberührt von der später wirksam werdenden Umwandlung ein.

Diese Entscheidung hat praktische Bedeutung insbesondere, soweit die Umwandlung an einem zurückliegenden Stichtag wirksam wird, wenn z. B. im August eines Jahres ein Verschmelzen mit Wirkung zum 1.1. desselben Jahres vereinbart wird und bis zum Abschluss des Verschmelzungsvertrages die tatsächliche Leitungsmacht an den übertragenen Betrieb bei dem übertragenden Rechtsträger verblieben ist. **3232**

Soweit ein Betrieb oder Betriebsteil i. S. v. § 613a BGB durch Umwandlung übertragen wird, ist der Übergang des Arbeitsverhältnisses trotz der Gesamtrechtsnachfolge wie ein rechtsgeschäftlicher Übergang nach § 613a Abs. 1 BGB zu behandeln. Dies gilt für alle oben dargestellten Arten der Umwandlung mit Ausnahme des Formwechsels. Der Formwechsel nach § 119 UmwG führt nicht zu einem Inhaberwechsel, da der Rechtsträger identisch bleibt. Sind Gegenstand einer Abspaltung oder Ausgliederung Vermögenswerte, die sich nicht unter den Begriff eines Betriebsteils i. S. v. § 613a Abs. 1 BGB fassen lassen, gehen Arbeitsverhältnisse aufgrund der Gesamtrechtsnachfolge über, soweit die beteiligten Rechtsträger dies im Rahmen ihrer Zuordnungsfreiheit vereinbaren (s. dazu *Mengel* Umwandlungen im Arbeitsrecht 1997, S. 217). Die Veränderungssperre des § 613a Abs. 1 S. 1 BGB gilt in diesen seltenen Fällen nicht. **3233**

Sind die Voraussetzungen des § 613a Abs. 1 BGB erfüllt, ist auch im Fall der Umwandlung die Belegschaft gem. § 324 UmwG, § 613a Abs. 5 BGB zu unterrichten. Den Mitarbeitern steht ein **Widerspruchsrecht** zu (§ 324 UmwG, § 613a Abs. 6 BGB). Üben Mitarbeiter des übertragenden Rechtsträgers im Rahmen einer Verschmelzung das Widerspruchsrecht aus, führt dies zum Erlöschen der Arbeitsverhältnisse, weil der bisherige Arbeitgeber nicht mehr existiert (*Rieble* ZIP 1997 301 [306]; a. A. *Gaul* DB 2002, 634 [635]). **3234**

bbb) Inhalt der übergehenden Arbeitsverhältnisse

Der Übergang der Arbeitsverhältnisse vollzieht sich i. d. R. nach § 613a Abs. 1 BGB. Dies bedeutet, dass wie beim rechtsgeschäftlichen Übergang Rechte und Pflichten aus dem Arbeitsverhältnis übertragen werden und Rechte und Pflichten aus Kollektivverträgen transformiert werden, soweit sie nicht nach § 613a Abs. 1 S. 3 oder 4 BGB durch andere Abmachungen abgelöst werden (s. dazu C/Rz. 3382). **3235**

Ein Unterschied zwischen dem rechtsgeschäftlichen Betriebsübergang nach § 613a Abs. 1 BGB und dem Betriebsübergang durch Umwandlung nach § 324 UmwG, § 613a Abs. 1 BGB ergibt sich für den Fall, dass der übertragende Rechtsträger Partei eines **Haustarifvertrages** war und das als aufnehmender Rechtsträger an der Umwandlung beteiligte Unternehmen nicht selbst einen Haustarifvertrag abgeschlossen hat. Das BAG hat unter Verweis auf die Gesamtrechtsnachfolge bei einer Umwandlung entschieden, dass der aufnehmende Rechtsträger in die Parteistellung des Arbeitgebers im Haustarifvertrag eintritt (*BAG* 24.7.1998 EzA § 20 UmwG Nr. 1). Es kommt deshalb – anders als bei der rechtsgeschäftlichen Betriebs(teil)übertragung – nicht zur Transformation der Bedingungen eines Haustarifvertrages nach § 613a Abs. 1 S. 2 BGB, weil der Haustarifvertrag gem. § 20 Abs. 1 S. 1 UmwG als solcher den Erwerber kollektivrechtlich im Rahmen der Gesamtrechtsnachfolge bindet. **3236**

C. Der Inhalt des Arbeitsverhältnisses

ccc) **Kündigungsschutz**

3237 Eine Sonderregelung trifft § 323 Abs. 1 UmwG für den Fall der Spaltung oder Teilübertragung hinsichtlich der kündigungsrechtlichen Stellung der Arbeitnehmer. Sie soll dem Arbeitnehmer für die Dauer von **zwei Jahren** erhalten bleiben.

3238 Die Bedeutung dieser Vorschrift ist in der Praxis nicht groß. Sie bewirkt lediglich, dass der Schutz vor sozial ungerechtfertigter Kündigung (§ 1 KSchG) weiter gilt, auch wenn in dem Betrieb nach der Spaltung weniger als sechs Arbeitnehmer (vgl. § 23 Abs. 1 S. 2 KSchG) beschäftigt sind. In den typischen Umwandlungsfällen beschäftigen die beteiligten Rechtsträger mehr Arbeitnehmer.

3239 § 323 Abs. 1 UmwG bezieht sich ausdrücklich auf die **kündigungsrechtliche** Stellung der Arbeitnehmer. Der Wortlaut verbietet, darunter die **tatsächlichen Voraussetzungen** des Kündigungsschutzes zu verstehen. So wäre es mit dem Wortlaut des § 323 Abs. 1 UmwG nicht zu vereinbaren, bei einer betriebsbedingten Kündigung die Sozialauswahl fiktiv auch auf die Arbeitnehmer in anderen abgespaltenen oder übertragenen Betriebe zu erstrecken (so aber *Bachner* NJW 1995, 2884). Ein solches Verständnis des § 323 Abs. 1 UmwG wäre im Übrigen völlig unpraktikabel. Soweit die Spaltung eines Rechtsträgers nicht mit der Spaltung des Betriebes verbunden ist, wird schon durch § 1 Abs. 2 Ziff. 2 BetrVG für die an der Spaltung oder an einer Teilübertragung beteiligten Rechtsträger ein gemeinsamer Betrieb i. S. d. KSchG vermutet. Jedenfalls solange das Bundesarbeitsgericht seine Rechtsprechung (vom 13.6.1985 EzA § 1 KSchG Nr. 41) beibehält, wonach die Sozialauswahl im gemeinsamen Betrieb betriebsbezogen vorzunehmen ist, gewährt § 323 Abs. 1 UmwG in dieser Fallgruppe keinen zusätzlichen Kündigungsschutz.

3240 § 323 Abs. 1 UmwG schützt nicht den Bestand tarifvertraglicher Unkündbarkeitsregelungen (a. A. *Wlotzke* DB 1995, 44). § 613 a Abs. 1 S. 2–4 BGB geregelt abschließend die Geltung von Kollektivvereinbarungen nach einem Betriebsübergang. Werden Rechte aus bisherigen Kollektivvereinbarungen gem. § 613 a Abs. 1 S. 3 oder S. 4 BGB abgelöst, wäre es verfehlt, § 323 Abs. 1 UmwG systemwidrig punktuell den Schutz des Bestandes einzelner Kündigungsregelungen zuzuweisen und damit die mit § 613 a Abs. 1 S. 3 BGB beabsichtigte Vereinheitlichung von Arbeitsbedingungen zu durchbrechen.

(3) **Folgen für Arbeitnehmervertretungen**

aaa) **Betriebsrat**

3241 Bleibt die betriebsorganisatorische Struktur erhalten, bleiben alle Betriebsräte in den Betrieben im Amt. Die Umwandlung wirkt sich insoweit nicht aus.

bbb) **Gesamt- und Konzernbetriebsrat**

3242 War bei dem übertragenden Rechtsträger ein Gesamtbetriebsrat gebildet und geht dieser Rechtsträger unter, geht mit ihm auch der Gesamtbetriebsrat unter. Soweit durch die Umwandlung Unternehmen entstehen oder Betriebe hinzu gewonnen werden, kann dort die Bildung eines Gesamtbetriebsrates, bzw. die Entsendung zusätzlicher Vertreter aus hinzukommenden Betrieben in den Gesamtbetriebsrat notwendig werden. Ebenso ist hinsichtlich der Bildung von Konzernbetriebsräten zu prüfen, ob im Konzern eines übertragenden Rechtsträgers auch nach der Umstrukturierung noch die Voraussetzungen zur Errichtung eines Konzernbetriebsrates vorliegen und ob durch Veränderungen bei dem oder den aufnehmenden Rechtsträgern erstmals die Voraussetzungen zur Errichtung eines Konzernbetriebsrates erfüllt werden oder zusätzliche Vertreter in einen schon bestehenden Konzernbetriebsrat zu entsenden sind.

(4) Beteiligungsrechte der Arbeitnehmervertretungen

aaa) §§ 111 ff. BetrVG: Interessenausgleich und Sozialplan
Mitbestimmungsrechte des Betriebsrates gem. § 111 ff. BetrVG werden nur ausgelöst, wenn gleichzeitig mit der Umwandlung eine Betriebsänderung umgesetzt werden soll. Dabei ist der gesellschaftsrechtliche Vorgang der Umwandlung von der Betriebsänderung zu trennen. Diese Trennung gewinnt insbesondere dann an Bedeutung, wenn anlässlich einer Betriebsänderung Mitarbeiter wirtschaftliche Nachteile auch durch einen Betriebsinhaberwechsel infolge einer Umwandlung befürchten. 3243

bbb) § 106 BetrVG: Unterrichtung des Wirtschaftsausschusses
Unabhängig davon, ob eine Betriebsänderung vorliegt, ist der Wirtschaftsausschuss nach § 106 Abs. 3 Ziff. 8 BetrVG rechtzeitig und umfassend über eine beabsichtigte Umwandlung zu informieren. 3244

ccc) Zuleitung des Verschmelzungs-/Spaltungsvertrages

aaaa) Inhalt des Vertrages
Die Folgen einer Umwandlung sind nach § 5 Abs. 1 Nr. 9 UmwG (für die Spaltung § 126 Abs. 1 Nr. 11 UmwG) im Umwandlungsvertrag anzugeben. Es ist mitzuteilen, dass und ggf. welche Arbeitsverhältnisse auf den aufnehmenden Rechtsträger übergehen. Zu welchen Bedingungen die Arbeitsverhältnisse übergehen, ergibt sich gem. § 613a Abs. 1 BGB unmittelbar aus dem Gesetz und ist deshalb nicht im Einzelnen von den Parteien des Umwandlungsvertrages mitzuteilen. Da dennoch ein bloßer Verweis auf § 613a Abs. 1 BGB nicht für ausreichend gehalten wird, um den Inhalt der übergehenden Arbeitsverhältnisse zu beschreiben (vgl. *Joost* ZIP 1995, 976 ff.), sollte zusätzlich zusammengefasst werden, zu welchen Bedingungen die Arbeitsbedingungen fortzuführen sind, d. h. welchen Tarifverträgen und Betriebsvereinbarungen die Arbeitsbedingungen nach der Umwandlung zu entnehmen sind. Diese Angaben können jedoch allenfalls so weit reichen, wie der übertragende Rechtsträger die Rechtsfolgen zum Zeitpunkt der Formulierung des Umwandlungsvertrages verlässlich absehen kann. Er kann nicht wissen, ob der aufnehmende Rechtsträger Betriebsspaltungen oder -zusammenlegungen durchführen wird, die sich auf die Geltung von Betriebsvereinbarungen auswirken könnten. Ebenso wenig kann der übertragende Rechtsträger u. U. absehen, ob Tarifverträge künftig kollektivrechtlich, oder gem. § 613a BGB transformiert weitergelten. Um dies beurteilen zu können, müsste er die Gewerkschaftszugehörigkeit der Mitarbeiter kennen, nach der er aber nicht fragen darf. Betriebsänderungen, die im zeitlichen oder sachlichen Zusammenhang mit der Umwandlung stehen, sind keine »Folgen der Umwandlung« und deshalb nicht anzugeben (*Drygala* ZIP 1996, 1365 f.; **a. A.** *Engelmeyer* DB 1996, 2542 f.; *Wlotzke* DB 1995, 40 [45]). Die vollständige, umfassende und richtige Angabe sämtlicher Auswirkungen einer Umwandlung auf Arbeitsverhältnisse ist den Parteien des Umwandlungsvertrages alleine dadurch faktisch verwehrt, weil einige zentralen Rechtsfragen in diesem Zusammenhang nicht annähernd verlässlich geklärt sind, wie z. B. die Fortgeltung von Gesamt- und Konzernbetriebsvereinbarungen (s. dazu *Röder/Haußmann* DB 1999, 1754) oder die Auswirkungen der arbeitsvertrag- 3245

lichen Bezugnahme auf Tarifverträge nach einem Betriebsübergang (vgl. *BAG* 30.8.2000 DB 2001, 763 und 21.2.2001 DB 2001, 1837).

3246 Dem Registergericht ist anlässlich der Eintragung der Umwandlung eine inhaltliche Überprüfung der Angaben nach herrschender Auffassung nicht gestattet (vgl. zum Meinungsstand *Müller* DB 1997, 713 [714]). Etwas anderes soll bei offensichtlicher Unrichtigkeit, oder wenigstens für den Fall einer vollständigen Auslassung dieser Angaben gelten. Das Registergericht kann darüber hinaus auch nicht die Richtigkeit der Angaben prüfen: Dazu fehlen ihm die spezifischen arbeitsrechtlichen Kenntnisse. In der Praxis treten Betriebsräte allerdings gelegentlich unmittelbar an den Registerrichter heran und beanstanden die arbeitsrechtlichen Angaben im Umwandlungsvertrag. Die Unklarheiten bei der Bestimmung der im Umwandlungsvertrag notwendigen Angaben hat den Betriebsräten also ein taktisches Spiel eröffnet. Für den Unternehmer empfiehlt es sich deshalb, die Angaben ausführlich und sorgfältig vorzubereiten, um ansonsten zu befürchtende Verzögerungen bei der Eintragung zum Handelsregister sicher auszuschließen.

bbbb) Zuleitung des Vertrages

3247 Der Vertrag oder sein Entwurf ist dem Betriebsrat **ein Monat** vor der Gesellschafterversammlung zuzuleiten, die über die Umwandlung beschließt. Zuleitungsadressat kann entweder der örtliche Betriebsrat, der Gesamtbetriebsrat oder ein Konzernbetriebsrat sein. Entscheidend für die Zuständigkeit ist, welche Einheiten in welchem Umfang von der beabsichtigten Umwandlung betroffen sind. Auch hier empfiehlt sich in der Praxis vorsorglich die Zuleitung an alle in Betracht kommenden Gremien. Der zuständige Betriebsrat kann auf die Zuleitung selbst nicht verzichten. Er kann aber auf die **rechtzeitige** Zuleitung verzichten (*LG Stuttgart* GmbHR 2000, 622).

(5) Gläubigerschutz

3248 Der spezielle arbeitsrechtliche Haftungsbund zwischen bisherigem Arbeitgeber und Betriebsnachfolger (§ 613a Abs. 2 BGB) ist in Umwandlungsfällen nicht anzuwenden. Denn nach § 324 UmwG bleiben nur die Abs. 1 und 4, 5 und 6 des § 613a BGB unberührt. In den Fällen der **Verschmelzung** und **Vollübertragung** haftet der übernehmende Rechtsträger deshalb für alle gegenwärtigen und künftigen Ansprüche aus dem Arbeitsverhältnis im Wege der **Gesamtrechtsnachfolge**. Zusätzlich bestimmt § 22 UmwG, dass der Gesamtrechtsnachfolger hinsichtlich der noch nicht fälligen Ansprüche Sicherheit zu leisten hat, wenn eine Gefährdung glaubhaft gemacht wird. Nach § 22 Abs. 2 UmwG sind davon Versorgungsansprüche und Versorgungsanwartschaften ausgenommen, da für sie der Insolvenzschutz nach § 7 BetrAVG gilt. Bei **Spaltungen** und **Teilübertragungen** findet eine Verringerung der Haftungsmasse statt. Deshalb schreibt § 133 Abs. 1 UmwG die gesamtschuldnerische Haftung der beteiligten übernehmenden Rechtsträger für die bisher begründeten Verbindlichkeiten des übertragenden Rechtsträgers vor. Die nach rechtsgeschäftlicher Betriebsnachfolge gem. § 613 a Abs. 2 BGB geltende generelle Mithaftung des bisherigen Arbeitgebers entfällt (*Wlotzke* DB 1995, 44).

3249 Nur für die besonders gefährdende **Aufspaltung** in Anlage- und Betriebsgesellschaft ist eine **begrenzte Mithaftung der Anlagegesellschaft** in § 134 Abs. 1 UmwG geregelt. Einbezogen in die Mithaftung sind Sozialplan- und Nachteilsausgleichsansprüche, auch wenn sie bis zu fünf Jahre nach der Spaltung begründet werden. Nach § 134 Abs. 2 UmwG werden in die gesamtschuldnerische Haftung weiterhin einbezogen »vor... der Spaltung begründete Versorgungsverpflichtungen«. Unklar ist, in welcher

Höhe für die Versorgungszusagen gehaftet wird. In Betracht kommt eine Haftung nur für den Teil, der vor der Spaltung erdient worden ist (vgl. *Düwell* NZA 1996, 397 m. w. N.).

b) § 25 HGB
Gem. § 25 HGB haftet der Erwerber (durch Rechtsgeschäft, z. B. Kauf, Schenkung, wobei auch eine Unwirksamkeit des Erwerbsgeschäfts unerheblich ist) eines (vollkaufmännischen, §§ 1 ff. HGB) Handelsgeschäfts bei Firmenfortführung für alle im Betrieb des Geschäfts begründeten Verbindlichkeiten des früheren Inhabers. Insoweit können lediglich **einzelne Verbindlichkeiten** übergehen, nicht aber das Arbeitsverhältnis als Ganzes. 3250

§ 25 HGB sieht daher für den Erwerber lediglich die Haftung für einzelne, bereits begründete Verbindlichkeiten aus dem Arbeitsverhältnis vor. Die Haftung des früheren Inhabers bleibt bestehen. Es handelt sich also um eine kumulative Schuldübernahme kraft Gesetzes. Veräußerer und Erwerber haften als **Gesamtschuldner** (vgl. MünchArbR/*Wank* § 119 Rz. 9 ff.). 3251

c) § 10 AÜG
§ 10 AÜG fingiert für den Fall der Unwirksamkeit des Leiharbeitsverhältnisses nach § 9 Abs. 1 AÜG wegen der fehlenden Erlaubnis des Verleihers ein Arbeitsverhältnis zwischen Entleiher und Leiharbeitnehmer, ohne dass es hierzu beiderseitiger Willenserklärungen bedarf. 3252

Der Inhalt des fingierten Arbeitsverhältnisses richtet sich gem. § 10 Abs. 1 S. 4 AÜG nach den für den Betrieb des Entleihers geltenden Vorschriften und sonstigen Regelungen und, wenn diese nicht vorhanden sind, nach denjenigen vergleichbarer Betriebe (s. hierzu C/Rz. 3518). 3253

2. Rechtsgeschäftlicher Betriebsübergang (§ 613 a BGB)

a) Grundlagen

aa) Gemeinschaftsrecht der EU
§ 613 a BGB wurde 1972 im Rahmen einer Neufassung des BetrVG in das Gesetz aufgenommen. 1980 wurde die Betriebsübergangsrichtlinie **77/187/EWG** vom 14.2.1977 umgesetzt, indem § 613 a BGB durch das arbeitsrechtliche EG-Anpassungsgesetz vom 13.8.1980 in Abs. 1 um die S. 2–4 und um den Abs. 4 ergänzt wurde. Mit der Bekanntmachung des Umwandlungsgesetzes zum 1.1.1995 wurde § 613 a Abs. 3 BGB neu gefasst (BGBl. I 1994, S. 3210). Durch die Richtlinie **98/50/EG** vom 29.6.1998 (ABlEG 1998, Nr. L 201, S. 88) wurde die Betriebsübergangsrichtlinie 77/187/EWG abgeändert. Die zwischenzeitlich vorliegende Rechtsprechung des EuGH wurde in weiten Teilen kodifiziert und insbesondere erstmals eine Definition des Betriebsübergangs in den Richtlinientext eingefügt (*von Roetteken* NZA 2001, 415). 3254

Die Richtlinien 77/187/EWG und 98//EG sind jetzt – inhaltlich unverändert – in der Richtlinie **2001/23/EG** vom 13.3.2001 (ABlEG 2001 Nr. L 82, S. 16) zusammengefasst worden (*von Roetteken* NZA 2001, 415). Zum 1.4.2002 wurde der § 613 a BGB um zwei weitere Absätze ergänzt. Mit der Unterrichtungspflicht in § 613 a BGB wurde nach der Gesetzesbegründung (BT-Drs. 14/7760, S. 5 ff.) die europa- 3255 rechtlichen Vorgaben des Art. VI der Richtlinie 2001/23/EG umgesetzt (*Willemsen/ Lembke* NJW 2002, 1159). Die Neuregelung geht jedoch über die Anforderungen der Richtlinie hinaus (*Bauer/v. Steinau-Steinrück* ZIP 2002, 457). Diese verlangt nämlich grds. nur eine Information der Arbeitnehmervertretung. Die Arbeitnehmer müssen hingegen nur in Ausnahmefällen unterrichtet werden. Demgegenüber sieht § 613a BGB stets eine Unterrichtung der Arbeitnehmer vor.

3256 Bei der Auslegung des § 613a BGB muss im Wege der europarechtskonformen Auslegung als Inhaltskontrolle stets geprüft werden, ob § 613a BGB mit der Richtlinie in Einklang steht oder ob die Vorschrift, um nicht gegen die Richtlinie zu verstoßen, nur in einem bestimmten Sinne ausgelegt werden kann. Bestehen mehrere Auslegungsmöglichkeiten, so ist diejenige zu wählen, die dem Zweck der Richtlinie am nächsten kommt (europarechtsorientierte Auslegung; vgl. MünchArbR/*Wank* § 124 Rz. 6).

bb) Zweck der Regelung

3257 § 613a BGB ist eine Schutzvorschrift zugunsten der Arbeitnehmer, mit der **drei Hauptziele** verfolgt werden. Zum einen soll der soziale Besitzstand geschützt werden, d. h. die Arbeitnehmer sollen durch unveränderte Erhaltung der Arbeitsplätze geschützt werden (*BAG* 2.10.1974 AP Nr. 1 zu § 613a BGB m. Anm. *Seiter* = EzA § 613a BGB Nr. 1). Zum anderen soll durch § 613a BGB die Kontinuität des Betriebsrates gewährleistet werden (*BAG* 17.1.1980 EzA § 613a BGB Nr. 24). Schließlich bezweckt § 613a BGB die Verteilung der Haftungsrisiken zwischen dem bisherigen und dem neuen Inhaber (*BAG* 17.1.1980 EzA § 613a BGB Nr. 24).

cc) Zwingendes Recht

3258 § 613a BGB ist grds. eine Norm zwingenden Rechts. So kann weder der Übergang der Arbeitsverhältnisse noch die Haftung des Erwerbers durch eine Vereinbarung zwischen dem alten und dem neuen Arbeitgeber ausgeschlossen werden (*BAG* 29.10.1975 EzA § 613a BGB Nr. 4; 14.7.1981 EzA § 613a BGB Nr. 31). Allerdings gilt dies nur dann, wenn der Tatbestand des § 613a BGB vorliegt und damit die zwingenden, im Gesetz vorgesehenen Rechtsfolgen eintreten. Die beteiligten Unternehmen können jedoch durch die richtige Gestaltung des maßgeblichen Sachverhaltes das Vorliegen eines Betriebsüberganges auf der Tatbestandsseite beeinflussen. So können sie in den Fällen, in denen die Übernahme der Hauptbelegschaft Voraussetzung für das Vorliegen eines Betriebsübergangs ist, den § 613a BGB vermeiden, wenn die Belegschaft nicht oder nicht im erforderlichen Umfang übernommen wird (*BAG* 13.11.1997 EzA § 613a BGB Nr. 154; *Müller-Glöge* NZA 1999, 449). Bei einem Produktionsbetrieb wird der Betriebsübergang insbesondere dann vermieden, wenn der Erwerber die sächlichen Betriebsmittel nicht übernimmt oder die wirtschaftliche Einheit sofort auflöst.

3259 Unwirksam ist eine Vereinbarung zwischen den Arbeitsvertragsparteien im Arbeitsvertrag, wonach der Übergang der Arbeitsverhältnisse generell ausgeschlossen ist (*Staudinger/Richardi* § 613a Rz. 33 m. w. N.; **a. A.** *Gaul* BB 1979, 1668). Letzteres gilt allerdings nur dann, wenn der Sachverhalt zum Zeitpunkt des Vertragsabschlusses nicht wenigstens in Grundzügen konkret absehbar war. Wenn der Arbeitnehmer widersprechen kann, kann er in Kenntnis eines konkreten Überganges auch eine entsprechende Vereinbarung mit dem Arbeitgeber schließen.

Werden Arbeitnehmer mit dem Hinweis auf eine geplante Betriebsveräußerung und 3260
Arbeitsplatzgarantien des Erwerbers veranlasst, ihre Arbeitsverhältnisse mit dem Betriebsveräußerer selbst fristlos zu kündigen oder Auflösungsverträgen zuzustimmen, um dann mit dem Betriebserwerber neue Arbeitsverträge abschließen zu können, so liegt darin eine Umgehung des § 613 a Abs. 4 S. 1 BGB, wenn die Tatbestandsvoraussetzungen eines Betriebsüberganges vorliegen. Die fristlosen Kündigungen und Auflösungsverträge sind unwirksam (BAG 28.4.1987 EzA § 613 a BGB Nr. 67 – **Lemgoer Modell**). In diesem Fall können sich die Arbeitnehmer später auf die Unwirksamkeit der Aufhebungsverträge und der Abreden mit dem Erwerber berufen. Ihnen stehen alle bisherigen Rechte aus dem früheren Arbeitsverhältnis zu. Dies kann z. B. im Bereich der betrieblichen Altersversorgung weitreichende Konsequenzen haben.

Etwas anderes gilt dann, wenn der Aufhebungsvertrag auf das **endgültige Ausschei-** 3261
den des Arbeitnehmers aus dem Betrieb gerichtet ist. Der Arbeitnehmer hat die Möglichkeit, der Überleitung seines Arbeitsverhältnisses zu widersprechen. Er hat deshalb auch die Möglichkeit, sein Arbeitsverhältnis, sei es mit dem Veräußerer oder Erwerber, einvernehmlich zu beenden (BAG 10.12.1998 AP Nr. 185 zu § 613 a BGB = EzA § 613 a BGB Nr. 175).

Grds. können die Arbeitsvertragsparteien, sei es vor oder nach dem Betriebsüber- 3262
gang, den Vertragsinhalt abändern (statt aller *Staudinger/Richardi-Annuß* § 613 a Rz. 32; KR-*Pfeiffer* § 613 a BGB Rz. 102). Derartige Vereinbarungen unterliegen nach herrschender Meinung und insbesondere nach Auffassung des BAG einer **Inhaltskontrolle**, weil immer die Gefahr besteht, dass Veräußerer oder Erwerber den Arbeitnehmern mit dem Verlust der Arbeitsplätze drohen und auf diese Weise eine Vereinbarung erzwingen (BAG 12.5.1992 EzA § 613 a BGB Nr. 104). Die Arbeitnehmer seien deshalb bei einem Betriebsübergang besonders schutzbedürftig (BAG 12.5.1992 EzA § 613 a BGB Nr. 104). Das BAG prüft aus diesem Grund bei Vereinbarungen im Zusammenhang mit einem Betriebsübergang, ob für die Änderungen ein **sachlicher Grund** vorliegt oder ob sie allein aus Gründen des Betriebsüberganges erfolgten (BAG 12.5.1992 EzA § 613 a BGB Nr. 104). Dabei ist zu berücksichtigen, auf wessen Initiative die Vertragsänderung zurückgeht (BAG 28.4.1987 EzA § 613 a BGB Nr. 67). Die gleichen Grundsätze sollen auch für Erlassverträge gelten, die der Erwerber mit Arbeitnehmern über ihre beim Veräußerer erdienten Versorgungsanwartschaften abschließt, um dann mit dem Erwerber neue Arbeitsverträge z. B. ohne Zusagen einer betrieblichen Altersversorgung, abzuschließen. Die Erlassverträge sollen nach der Rechtsprechung des BAG unwirksam sein (BAG 12.5.1992 EzA § 613 a BGB Nr. 104).

Dieser Rechtsprechung kann nur eingeschränkt gefolgt werden. Während eine 3263
Drucksituation vor dem Betriebsübergang noch vorstellbar ist, gilt dies für die Zeit nach dem Betriebsübergang nicht mehr. Ist das Arbeitsverhältnis erst einmal nach § 613 a BGB auf den Erwerber übergegangen, unterscheidet sich dieses Arbeitsverhältnis in nichts von einem anderen Arbeitsverhältnis. Nach dem Betriebsübergang ist eine besondere Schutzbedürftigkeit der übergeleiteten Arbeitnehmer nicht mehr gegeben, eine besondere Inhaltskontrolle deshalb nicht gerechtfertigt (so auch *Staudinger/Richardi-Annuß* § 613 a BGB Rz. 32)

C. Der Inhalt des Arbeitsverhältnisses

b) Voraussetzungen des Betriebsübergangs

aa) Betrieb

(1) Frühere BAG-Rechtsprechung

3264 Bis zum Jahre 1997 definierte das BAG den Betrieb als organisatorische Einheit, innerhalb derer ein Arbeitgeber allein oder mit seinen Arbeitnehmern mit Hilfe von sächlichen oder immateriellen Mitteln bestimmte arbeitstechnische Zwecke fortgesetzt verfolgt (*BAG* 9.2.1994 EzE § 613 a BGB Nr. 115). Eine Modifizierung im Hinblick auf § 613 a BGB erfolgte dahingehend, dass die Arbeitnehmer nicht zum Tatbestand der Norm gehörten. Der Übergang der Arbeitsverhältnisse war in ständiger Rechtsprechung des BAG Rechtsfolge, nicht jedoch Tatbestandsvoraussetzung des § 613 a BGB (*BAG* 22.5.1985 EzA § 613 a BGB Nr. 45 = AP Nr. 42 zu § 613 a BGB).

3265 Entscheidende Voraussetzung für den Betriebsübergang war damit der **Betriebsmittelübergang**, wobei es für die Frage, welche Betriebsmittel für die Erfüllung der arbeitstechnischen Zwecke wesentlich sind, auf die jeweilige Eigenart des Betriebes ankam (*BAG* 27.7.1994 EzA § 613 a BGB Nr. 123). Bei Einzelhandelsgeschäften waren dies Betriebsform und Warensortiment (*BAG* 30.10.1986 EzA § 613 a BGB Nr. 58), bei Handels- und Dienstleistungsbetrieben kam es in erster Linie auf immaterielle Betriebsmittel wie Kundenstamm, Kundenlisten, Geschäftsbeziehungen zu Dritten, Know-how und Goodwill etc., an (*BAG* 29.9.1988 EzA § 613 a BGB Nr. 85). Bei Produktionsunternehmen war schließlich der Übergang der wesentlichen sächlichen (Maschinen- und Einrichtungsgegenstände) und immateriellen Betriebsmitteln erforderlich (*BAG* 22.5.1985 EzA § 613 a BGB Nr. 45). Ein Betriebsübergang wurde immer dann angenommen, wenn der Erwerber mit den übernommenen Betriebsmitteln in der Lage war, den Betrieb weiterzuführen (*BAG* 15.11.1978 EzA § 613 a BGB Nr. 21).

3266 Trotz der Tendenz des BAG durch eine weitgehende Entmaterialisierung des Betriebsbegriffes den Anwendungsbereich des § 613 a BGB weit zu fassen, hielt es in ständiger Rechtsprechung an der Differenzierung zwischen **Betriebsübergang** und **Funktionsnachfolge** fest. Von der Funktionsnachfolge unterscheide sich die Betriebsübernahme dadurch, dass der Erwerber nicht nur bloße Aufgaben (Funktionen) übernimmt, sondern auch die zu ihrer Erledigung bereits vorhandene konkrete Betriebsorganisation übertragen wird. Das BAG hat es in mehreren Entscheidungen abgelehnt, die alleinige Übernahme von Funktionen durch Erteilung von Aufträgen an Dritte als Betriebs(teil)übergang anzusehen (*BAG* 8.10.1990 EzA § 613 a BGB Nr. 91). Ein Betriebsübergang wurde in diesen Fällen verneint, da weder sächliche noch immaterielle Betriebsmittel auf den Erwerber übergingen.

(2) EuGH-Rechtsprechung

3267 Im **Spijkers-Urteil** vom 18.3.1986 (*EuGH* Slg. 1986, 1119) erarbeitete der EuGH folgende Grundsätze. Entscheidend sei, dass die **wirtschaftliche Einheit ihre Identität bewahrte**. Dies sei dann der Fall, wenn der Betrieb mit der selben oder einer gleichartigen Geschäftstätigkeit tatsächlich weitergeführt oder wieder aufgenommen werde. Hierzu müssten sämtliche den betreffenden Vorgang kennzeichnende Tatsachen berücksichtigt werden. Dazu gehörten namentlich die Art des betreffenden Unternehmens oder Betriebs, der Übergang oder Nichtübergang der materiellen Aktiva, wie Gebäude und bewegliche Güter, der Wert der immateriellen Aktiva zum Zeitpunkt des Übergangs, die Übernahme oder Nichtübernahme der Hauptbelegschaft durch den neuen Inhaber, der Übergang oder Nichtübergang der Kundschaft sowie der Grad der Ähnlichkeit zwischen der vor und der nach dem Übergang verrichteten Tätigkeit und die Dauer einer eventuellen Unterbrechung dieser Tätigkeit. Alle Umstände seien stets nur Teilaspekte einer globalen Bewertung, die nicht isoliert beurteilt werden könnten.

Der EuGH bestätigte diese Grundsätze mehrfach (s. nur *Stichting* Urteil 15.5.1992 NZA 1994, 207 oder die *Watson Rask* Entscheidung 12.11.1992 EzA § 613 a BGB Nr. 124). Insgesamt blieb die EuGH-Rechtsprechung in Deutschland weitgehend unbeachtet. 3268

Dies änderte sich 1994. Mit seiner **Christel Schmidt** Entscheidung vom 14.4.1994 (EzA § 613 a BGB Nr. 114) wich der EuGH von seinen bisherigen Grundsätzen ab. In dieser Entscheidung vertrat der EuGH die Auffassung, dass bereits dann, wenn ein Unternehmen durch Vertrag einem anderen Unternehmen die Verantwortung für die Erledigung der früher von ihm selbst (durch eine einzige Arbeitnehmerin) wahrgenommenen Reinigungsaufgaben überträgt, Art. 1 Abs. 1 der EWG-Richtlinie Nr. 77/187 des Rates vom 14.2.1977 anzuwenden sei. In der Begründung führte der EuGH u. a. aus, eine Übertragung von Vermögenswerten sei nicht erforderlich. Entscheidend sei vielmehr die Gleichartigkeit der vor und nach der Übertragung ausgeführten Aufgaben. 3269

Die Entscheidung wurde in Deutschland überwiegend und zum Teil sehr heftig abgelehnt (*LAG Düsseldorf* 22.8.1995 EzA § 613 a BGB Nr. 113; *LAG Schleswig-Holstein* 10.2.1995 LAGE § 613 a BGB Nr. 39; *Bauer* BB 1994, 1433; *Voss* NZA 1995, 205 ff.; *Henssler* NZA 1994, 913 ff.; *Röder/Baeck* NZA 1994, 542 ff.; *Willemsen* DB 1995, 924; *Buchner* DB 1994, 1417 ff.; *Gaul* ZTR 1995, 344 ff.; **a. A.** *LAG Hamm* 11.10.1994 LAGE § 613 a BGB Nr. 37; *Zuleeg* RdA 1996, 73 f.; *Heilmann* ArbuR 1996, 168 ff.).Die Kritik blieb nicht ohne Wirkung. Bereits im **Urteil vom 19.9.1995** (NZA 1995, 1031) stellte der *EuGH* klar, dass der Übergang einer auf Dauer angelegten Einheit nur dann vorliege, wenn sie mit der Übertragung einer organisierten Gesamtheit von Faktoren einherginge, die eine dauerhafte Fortsetzung der Tätigkeiten oder bestimmter Tätigkeiten des übertragenen Unternehmens erlaubt. Diese Voraussetzungen hatten bei Christel Schmidt nicht vorgelegen. Unabhängig von der Frage, ob ein einzelner Arbeitnehmer eine übertragungsfähige organisatorische Teileinheit darstellen kann, hatte Frau Schmidt der Überleitung ihres Arbeitsverhältnisses auf das Reinigungsunternehmen gerade widersprochen. 3270

Die zentrale Entscheidung, mit der der EuGH die Christel Schmidt-Entscheidung wieder zurücknahm, ist die **Ayse Süzen-Entscheidung vom 11.3.1997** (EzA § 613 a BGB Nr. 145). Diese Entscheidung, die vom Plenum des EuGH getroffen wurde, erging aufgrund eines Vorlagebeschlusses des *ArbG Bonn* (EuZW 1995, 651). In dieser Entscheidung stellte der EuGH folgenden Leitsatz auf: 3271

»Die Richtlinie 77/187/EWG gilt nach ihrem Art. 1 Abs. 1 nicht für den Fall, dass ein Auftraggeber, der die Reinigung von Räumlichkeiten einem Unternehmer übertragen hat, den Vertrag mit diesem kündigt und zur Durchführung ähnlicher Arbeiten einen neuen Vertrag mit einem anderen Unternehmer schließt, sofern dieser Vertrag weder mit einer Übertragung relevanter materieller oder immaterieller Betriebsmittel von dem einen auf den anderen Unternehmer, noch mit der Übernahme eines nach Zahl und Sachkunde wesentlichen Teils des von dem einen Unternehmer zur Durch- 3272

C. Der Inhalt des Arbeitsverhältnisses

führung des Vertrages eingesetzten Personals durch den anderen Unternehmer verbunden ist.«

3273 Zur **Begründung** führt der EuGH aus:

> »13. Die Anwendung der Richtlinie setzt voraus, dass es um den Übergang einer auf **Dauer angelegten** wirtschaftlichen Einheit geht, deren Tätigkeiten nicht auf die Ausführung eines bestimmten Vorhabens beschränkt ist ... Der Begriff Einheit bezieht sich dabei auf eine **organisierte Gesamtheit von Personen und Sachen zur Ausübung einer wirtschaftlichen Tätigkeit mit eigener Zielsetzung**
> 14. Bei der Prüfung, ob eine Einheit übergangen ist, müssen **sämtliche** den betreffenden Vorgang kennzeichnenden Tatsachen berücksichtigt werden ...
> 15. Wie die Mehrheit der Verfahrensbeteiligten vorgetragen hat, erlaubt allein der Umstand, dass die von dem alten und den neuen Auftragnehmer erbrachten Dienstleistungen ähnlich sind, nicht den Schluss, dass der Übergang einer wirtschaftlichen Einheit vorliege. Eine Einheit darf nämlich **nicht als bloße Tätigkeit** verstanden werden. **Ihre Identität ergibt sich auch aus anderen Merkmalen wie ihrem Personal, ihren Führungskräften, ihrer Arbeitsorganisation, ihren Betriebsmethoden und gegebenenfalls den ihnen zur Verfügung stehenden Betriebsmitteln.**
> 16. Der bloße Verlust eines Auftrages an einen Mitbewerber stellt daher für sich genommen keinen Übergang I. S. d. Richtlinien dar. ...
> 17. Zwar gehört der Übergang von Betriebsmitteln auch zu den Kriterien, die von dem innerstaatlichen Gericht bei der Beurteilung der Frage zu berücksichtigen sind, ob tatsächlich ein Unternehmensübergang vorliegt; das Fehlen derartiger Betriebsmittel schließt aber den Übergang i. S. d Richtlinien nicht notwendigerweise aus. ...
> 18. Wie in TZ 14 des vorliegenden Urteils ausgeführt, hat das innerstaatliche Gericht bei der Bewertung der maßgeblichen Tatsachen u. a. die Art des betroffenen Unternehmens oder Betriebs zu berücksichtigen. Den für das Vorliegen eines Übergangs I. S. d. Richtlinien maßgeblichen Kriterien kommt notwendigerweise **je nach der ausgeübten Tätigkeit und selbst nach dem Produktions- oder Betriebsmethoden**, die in den betreffenden Unternehmen, Betrieb oder Betriebsteil angewendet werden, unterschiedliches Gewicht zu. ...
> 20. Zu den Umständen, die bei der Feststellung eines Überganges I. S. d. Richtlinien zu berücksichtigen sind, gehören außer dem Grad der Ähnlichkeit zwischen den vor und nach dem Übergang verrichteten Tätigkeiten und der Art des betroffenen Unternehmens oder Betriebes u. a. auch die **Übernahme oder Nicht-Übernahme der Hauptbelegschaft durch den neuen Unternehmensinhaber**. ...
> 21. Soweit in bestimmten Branchen, in denen es im Wesentlichen auf die menschliche Arbeitskraft ankommt, eine **Gesamtheit von Arbeitnehmern**, die durch eine gemeinsame Tätigkeit dauerhaft verbunden sind, eine wirtschaftliche Einheit darstellt, kann eine solche Einheit ihre Identität über ihren Übergang hinaus bewahren, wenn der neue Unternehmensinhaber nicht nur die betreffende Tätigkeit weiterführt, sondern auch einen nach Zahl und Sachkunde wesentlichen Teil des Personals übernimmt, das der Vorgänger gezielt bei dieser Tätigkeit eingesetzt hatte.«

C. Der Inhalt des Arbeitsverhältnisses

Der EuGH stellt damit klar, dass eine reine Funktionsnachfolge keinen Betriebsübergang begründet. Ein Betriebsübergang kann immer nur dann vorliegen, wenn die Identität der wirtschaftlichen Einheit gewahrt bleibt. Es hängt von der Art des betroffenen Unternehmens und des Betriebszwecks ab, welche Kriterien letztendlich maßgeblich sind. Den Kriterien kommt notwendigerweise je nach der ausgeübten Tätigkeit und den dabei verwendeten Produktions- oder Betriebsmethoden unterschiedliches Gewicht zu. Soweit es für die wirtschaftliche Einheit der Belegschaft maßgeblich ist, kann es entscheidend darauf ankommen, ob der neue Unternehmensinhaber nicht nur die gleiche Tätigkeit weiterführt, sondern auch einen nach Zahl und Sachkunde wesentlichen Teil des Personals übernimmt. 3274

(3) Neue BAG-Rechtsprechung

Die Entscheidung des *EuGH* vom 11.3.1997 (EzA § 613 a BGB Nr. 145) hatte die erhoffte klarstellende und befriedende Wirkung. Das *BVerfG* (13.6.1997 EzA Art. 177 EWG-Vertrag Nr. 1) verweigerte die Annahme einer Verfassungsbeschwerde. Der EuGH habe die Problematik abschließend beantwortet. Für die nationalen Gerichte bestehe keine Vorlagepflicht mehr. Auf Anfrage des EuGH nahm der 8. Senat des *BAG* durch Beschluss vom 22.5.1997 (EzA § 613 a BGB Nr. 149; vgl. dazu *Wank* SAE 1998, 209 ff.) seine Vorlage zurück. Die aufgeworfenen Auslegungsfragen könnten mit Hilfe der Entscheidung vom 11.3.1997 beantwortet werden. 3275

Ein Betriebsübergang I. S. d. § 613 a BGB liegt seit dem Urteil vom 22.5.1997 (EzA § 613 a BGB Nr. 149) nach der neuen Rechtsprechung des BAG dann vor, wenn die zugrunde liegende **wirtschaftliche Einheit ihre Identität** wahrt. Mit dieser Formulierung hat das BAG die Rechtsprechung des EuGH übernommen. In seinem Urteil vom 26.6.1997 (EzA § 613 a BGB Nr. 151; zust. *Annuß* BB 1998, 1582 ff.; krit. dazu *Schiefer* NZA 1998, 1095 ff.) hat das BAG folgenden Leitsatz aufgestellt: 3276

> »Der Begriff »Einheit« bezieht sich auf eine organisatorische Gesamtheit von Personen und Sachen zur Ausübung einer wirtschaftlichen Tätigkeit mit eigener Zielsetzung. Er darf nicht als bloße Tätigkeit verstanden werden. Ihre Identität ergibt sich auch aus anderen Merkmalen, wie ihrem Personal, ihren Führungskräften, ihrer Arbeitsorganisation, ihren Betriebsmethoden und gegebenenfalls den ihr zur Verfügung stehenden Betriebsmitteln.« 3277

In zwischenzeitlich gefestigter Rechtsprechung (vgl. nur die Entscheidung vom 26.8.1999 EzA § 613 a BGB Nr. 185) führt das *BAG* hierzu aus: 3278

> »Der Begriff Einheit bezieht sich auf eine **organisierte Gesamtheit von Personen und Sachen zur auf Dauer angelegten Ausübung einer wirtschaftlichen Tätigkeit mit eigener Zielsetzung. . . . Eine Einheit darf allerdings nicht als bloße Tätigkeit verstanden werden. Die Identität der Einheit ergibt sich auch aus anderen Merkmalen, wie ihr Personal, ihren Führungskräften, ihre Arbeitsorganisation, ihre Betriebsmethoden und gegebenenfalls den ihr zur Verfügung stehenden Betriebsmitteln.«**

bb) Betriebsteil

Die vom EuGH und BAG entwickelten Grundsätze zum Betriebsübergang gelten auch für den Betriebsteilübergang (*EuGH* 11.3.1997 EzA § 613 a BGB Nr. 145; 3279

C. Der Inhalt des Arbeitsverhältnisses

BAG 26.8.1999 EzA § 613 a BGB Nr. 185). Betriebsteile sind Teileinheiten (Teilorganisationen) des Betriebes. In Abgrenzung zur Veräußerung einzelner Anlage- oder Umlaufgüter ist es erforderlich, dass es sich um eine Teileinheit, eine Teilorganisation des Betriebes handelt, mit der der neue Inhaber bestimmte Teilzwecke weiterverfolgen kann. Die Übertragung eines Betriebsteils liegt stets dann vor, wenn es sich bei den übertragenen sächlichen und/oder immateriellen Betriebsmitteln um eine **organisatorische Untergliederung** des Gesamtbetriebes handelt, mit der innerhalb des betrieblichen Gesamtzwecks ein Teilzweck verfolgt wird, auch wenn es sich hierbei um eine völlig untergeordnete Hilfsfunktion handelt (*BAG* 26.8.1999 EzA § 613 a BGB Nr. 185). Das Merkmal Teilzweck dient dabei zur Abgrenzung der organisatorischen Teileinheit vom bloßen Übergang einzelner Betriebsmittel. Im Teilbetrieb müssen nicht andersartige Zwecke als im übrigen Betrieb verfolgt werden (*BAG* 26.8.1999 EzA § 613 a BGB Nr. 185). **Notwendig ist allerdings eine eigenständige abgrenzbare Organisation zur Erfüllung des Teilzwecks.** Eine betriebliche Teilorganisation liegt nicht schon dann vor, wenn einzelne Betriebsmittel ständig dem betreffenden Teilzweck zugeordnet sind, auf Dauer in bestimmter Weise eingesetzt werden und dieselben Arbeitnehmer ständig die entsprechenden Arbeiten durchführen (*BAG* 26.8.1999 EzA § 613 a BGB Nr. 185).

3280 Voraussetzung für einen Betriebsteilübergang ist, dass die übernommenen Betriebsmittel bereits beim früheren Betriebsinhaber die Qualität eines Betriebsteils hatten. Es reicht nicht aus, wenn der Erwerber mit einzelnen, bislang nicht teilbetrieblich organisierten Betriebsmitteln erst einen Betrieb oder Betriebsteil gründet (*BAG* 24.4.1997 NZA 1998, 253).

Ist es infolge der Übernahme einer solchen Teileinheit nicht mehr möglich, den verbleibenden Betrieb sinnvoll zu führen, so hat das nicht zur Folge, dass der Erwerber der Teileinheit in die Rechte und Pflichten aus den Arbeitsverhältnissen aller Arbeitnehmer des früheren Betriebes eintritt (*BAG* 13.11.1997 EzA § 613 a BGB Nr. 156).

cc) Übergang

3281 Ein Betriebsübergang i. S. d. § 613 a BGB liegt nur dann vor, wenn
- die übertragene wirtschaftliche Einheit ihre **Identität wahrt** und
- die wirtschaftliche Einheit **tatsächlich fortgeführt** wird.

(1) Wahrung der Identität

aaa) Grundsatz

3282 Ein Betriebsübergang liegt nur dann vor, wenn die maßgebliche wirtschaftliche Einheit beim Übergang auf einen neuen Inhaber **ihre Identität wahrt**. Um feststellen zu können, ob eine ihre Identität bewahrende Einheit übergegangen ist, sind nach neuerer Rechtsprechung **alle den betreffenden Vorgang kennzeichnenden Tatsachen** zu bewerten.

3283 Das BAG hat hierzu folgende Standardformulierung entwickelt (hier: *BAG* 26.8.1999 EzA § 613 a BGB Nr. 185):

»Bei der Prüfung, ob eine Einheit übergegangen ist, müssen **sämtliche den betreffenden Vorgang kennzeichnenden Tatsachen berücksichtigt werden.** Dazu gehören als Teilaspekte der Gesamtwürdigung namentlich **die Art des betreffenden**

C. Der Inhalt des Arbeitsverhältnisses

> Unternehmens oder Betriebes, der etwaige Übergang der materiellen Betriebsmittel, wie Gebäude und bewegliche Güter, der Wert der immateriellen Aktiva im Zeitpunkt des Überganges, die etwaige Übernahme der Hauptbelegschaft, der etwaige Übergang der Kundschaft sowie der Grad der Ähnlichkeit zwischen den vor und nach dem Übergang verrichteten Tätigkeiten und die Dauer einer eventuellen Unterbrechung dieser Tätigkeiten. Eine Einheit darf allerdings nicht als bloße Tätigkeit verstanden werden. Die Identität der Einheit ergibt sich auch aus anderen Merkmalen, wie ihr Personal, ihren Führungskräften, ihre Arbeitsorganisation, ihre Betriebsmethoden und gegebenenfalls den ihr zur Verfügung stehenden Betriebsmitteln. (...) In Branchen, in denen es im Wesentlichen auf die menschliche Arbeitskraft ankommt, kann eine Gesamtheit von Arbeitnehmern, die durch eine gemeinsame Tätigkeit dauerhaft verbunden ist, eine wirtschaftliche Einheit darstellen. Die Wahrung von deren Identität ist anzunehmen, wenn der neue Betriebsinhaber nicht nur die betreffende Tätigkeit weiterführt, sondern auch einen nach **Zahl- und Sachkunde wesentlichen Teil des Personals** übernimmt, das sein Vorgänger gezielt bei dieser Tätigkeit eingesetzt hat.«

Das BAG verlangt damit in Übereinstimmung mit der Rechtsprechung des EuGH die Prüfung folgender **sieben Kriterien:**

1. Art des betreffenden Betriebs oder Unternehmens;
2. etwaiger Übergang der materiellen Betriebsmittel;
3. Wert der immateriellen Aktiva im Zeitpunkt des Übergangs;
4. etwaige Übernahme der Hauptbelegschaft durch den Erwerber;
5. etwaiger Übergang der Kundschaft;
6. Grad der Ähnlichkeit zwischen den vor- und nach dem Übergang verrichteten Tätigkeiten;
7. Dauer einer eventuellen Unterbrechung dieser Tätigkeit.

Diese Kriterien sind lediglich Teilaspekte der vorzunehmenden **Gesamtbewertung.** Für das Vorliegen eines Betriebsüberganges kommt es nicht darauf an, ob alle Merkmale gleichzeitig gegeben sind. Vielmehr können je nach Sachlage einzelne Merkmale besonderes Gewicht besitzen (so zutreffend *Müller-Glöge* NZA 1999, 449).

bbb) Die Kriterien im Einzelnen

- Die **Art des betreffenden Betriebs oder Unternehmens** (Kriterium Nr. 1) ist maßgeblich für die Gewichtung der übrigen Kriterien im Rahmen der Gesamtbewertung (*EuGH* 11.3.1997 EzA § 613 a BGB Nr. 145). Hieraus ergibt sich der wesentliche Inhalt der Arbeitsorganisation, deren Weiternutzung durch den Erwerber den Betriebsübergang charakterisiert (*Bauer/von Steinau-Steinrück* in: *Hölters* Handbuch des Unternehmens- und Beteiligungskaufs Teil V, Rz. 36). 3284
- Der **Übergang der materiellen Betriebsmittel** (Kriterium Nr. 2) hat wesentliche Indizfunktion bei Produktionsunternehmen. Er allein begründet aber noch keinen Betriebsübergang. Im Rahmen einer Gesamtbewertung kommt es vielmehr darauf an, ob der Erwerber über die Betriebsmittel hinaus die Arbeitsorganisation übernommen hat (*BAG* 22.5.1997 EzA § 613 a BGB Nr. 149). Dabei werden auch die zur Nutzung überlassenen Arbeitsmittel dem Betrieb des Auf- 3285

tragnehmers zugerechnet, die nicht im Eigentum des Betriebsinhabers stehen, sofern sie dem Berechtigten zur **eigenwirtschaftlichen Nutzung** überlassen sind.

3286 Für die Beurteilung des Vorliegens eines Betriebsübergangs durch Neuvergabe eines Catering-Vertrages hat das BAG (11.12.1997 EzA § 613 a BGB Nr. 160) folgende Grundsätze aufgestellt:
- Einem Betrieb i. S. v. § 613 a BGB sind auch solche Gebäude, Maschinen, Werkzeuge oder Einrichtungsgegenstände als sächliche Betriebsmittel zuzurechnen, die nicht im Eigentum des Betriebsinhabers stehen, sondern die dieser aufgrund einer mit Dritten getroffenen Nutzungsvereinbarung zur Erfüllung seines Betriebszweckes einsetzen kann.
- Die Nutzungsvereinbarung kann als Pacht, Nießbrauch oder als untypischer Vertrag ausgestaltet sein. Wesentlich ist, dass dem Berechtigten Betriebsmittel zur eigenwirtschaftlichen Nutzung überlassen sind. Erbringt ein Auftragnehmer dagegen nur eine (Dienst-)Leistung an fremden Geräten und Maschinen innerhalb fremder Räume, ohne dass ihm die Befugnis eingeräumt ist, über Art und Weise der Nutzung der Betriebsmittel in eigenwirtschaftlichem Interesse zu entscheiden, können ihm diese Betriebsmittel nicht als eigene zugerechnet werden.

3287 Diese Grundsätze hat das BAG in einer späteren Entscheidung ausdrücklich bestätigt. Wird ein Bewachungsauftrag neu vergeben und übernimmt der neue Auftragnehmer nicht das wesentliche Personal, liegt ein Betriebsübergang nicht deshalb vor, weil die vom Auftraggeber eingebauten Sicherungseinrichtungen von dem neuen Auftragnehmer genutzt werden (BAG 22.1.1998 EzA § 613 a BGB Nr. 162). Für die Frage der Zurechnung hat das BAG auf die Art der vom Auftragnehmer am Markt angebotenen Leistung abgestellt. Hierfür sei eine **typisierende Betrachtung** zulässig. Handelt es sich um eine Tätigkeit, für die regelmäßig Maschinen, Werkzeuge, sonstige Geräte oder Räume innerhalb eigener Verfügungsmacht und aufgrund eigener Kalkulation eingesetzt werden müssen, werden auch die zur Nutzung überlassenen Arbeitsmittel dem Betrieb des Auftragnehmers zugerechnet.

3288 – Dem **Wert der immateriellen Aktiva** (Kriterium Nr. 3) kommt ebenfalls Indizfunktion zu. Werden immaterielle Aktiva (Patente, Gebrauchsmusterrechte, Schutzrechte, Warenzeichen, Marken, Lizenzen, »Know-how«, »Goodwill« etc.) übernommen, kann dies ein Indiz für einen Betriebsübergang sein. Voraussetzung ist dabei, dass die immateriellen Aktiva einen gewissen Wert haben (*Bauer/von Steinau-Steinrück* in: *Hölters* Handbuch des Unternehmens- und Beteiligungskaufs Teil V, Rz. 38).

3289 – Während nach der früheren Rechtsprechung des BAG die **Übernahme von Arbeitnehmern** (Kriterium Nr. 4) der Rechtsfolgenseite zuzurechnen war, ist dieses Kriterium nun auch auf der Tatbestandsseite zu prüfen. Gerade bei betriebsmittelarmen und dienstleistungsorientierten Branchen und Arbeitszwecken, in denen es wesentlich auf die menschliche Arbeitskraft ankommt, kann eine durch ihre gemeinsame Tätigkeit dauerhaft verbundene Gesamtheit von Arbeitnehmern eine »wirtschaftliche Einheit« darstellen (BAG 22.5.1997 EzA § 613 a BGB Nr. 149). Dabei muss es sich aber um einen »nach Zahl und Sachkunde wesentlichen Teil des Personals« handeln (BAG 10.12.1998 EzA § 613 a BGB Nr. 174; *Müller-Glöge* NZA 1999, 449). **Es besteht eine Wechselbeziehung zwischen Zahl und Qualität** (*Müller-Glöge* NZA 1999, 449). Bei einem hohem Qualifikationsgrad und entsprechendem Spezialwissen kann bereits die Übernahme eines kleineren Teils des Personals Indizfunktion für den Betriebsübergang haben. Bei Arbeitsplätzen, die keine hohen Anforderungen an die Qualifikation stellen, genügt ein Anteil von 75% der früheren Belegschaft noch nicht zur Annahme des Übergangs der Hauptbelegschaft. Dies gilt zumindest dann, wenn der neue Auftragnehmer die frühere Arbeitsorganisation nicht aufrecht erhält (*BAG* 10.12.1998 EzA § 613a BGB Nr. 174). Werden 100% der Belegschaft übernommen, die Arbeitnehmer aber nicht in der bisherigen Arbeitsorganisation, sondern z. B. in einem anderen Betrieb eingesetzt, wird die Identität der wirtschaftlichen Einheit nicht gewahrt (*Müller-Glöge* NZA 1999, 449).

– Dem **Übergang der Kundschaft** (Kriterium Nr. 5) kommt in der Dienstleistungsbranche erhebliches Gewicht bei der Prüfung zu, ob eine ihre Identität wahrende Einheit übergegangen ist. So wird bei Einzelhandelsbetrieben der Erhalt der regelmäßig durch Geschäftslage, Warensortiment und Betriebsform geprägten Kundenbeziehungen als entscheidend angesehen (*BAG* 2.12.1999 EzA § 613a BGB Nr. 188). 3290

– Der **Grad der Ähnlichkeit der vorher und nachher verrichteten Tätigkeit** (Kriterium Nr. 6) erlangt bei betriebsmittelarmen Tätigkeiten Bedeutung. Die bloße Funktionsnachfolge begründet zwar allein keinen Betriebsübergang (s. hierzu C/Rz. 3302). Das Kriterium ist jedoch ein Indiz für die Entscheidung der Frage, ob eine Organisationseinheit unter Wahrung ihrer Identität übergegangen ist. 3291

– Die **Dauer einer Unterbrechung der betrieblichen Tätigkeiten** (Kriterium Nr. 7) kann Indizwirkung gegen das Vorliegen eines Betriebsübergangs entfalten, soweit sie erheblich ist. Je länger die Unterbrechung dauert, desto stärker spricht dies gegen einen Betriebsübergang. Eine Unterbrechung wird dann als erheblich angesehen, wenn sie länger dauert als die längste, im konkreten Fall durch den bisherigen Betriebsinhaber einzuhaltende gesetzliche Kündigungsfrist gem. § 622 Abs. 2 BGB (*BAG* 22.5.1997 EzA § 613a BGB Nr. 149). 3292

ccc) **Unveränderte Organisation**
Nach der Rechtsprechung des BAG liegt ein Betriebs(teil)übergang nur dann vor, wenn der Erwerber gerade die beim Veräußerer betrieblich bzw. teilbetrieblich organisierte Einheit übernimmt und unverändert fortführt. 3293

Eine im Wesentlichen unveränderte Fortführung des Betriebes oder Betriebsteils liegt dann nicht vor, wenn die vom Veräußerer geschaffene Organisation grundlegend verändert wird. So hat das *BAG* in seiner Entscheidung vom 26.6.1997 (EzA § 613a BGB Nr. 151) ausgeführt: 3294

»Eine Wahrung der Identität der Verwaltung liegt bei Fortführung der Aufgaben innerhalb einer gänzlich andersartigen Arbeitsorganisation der übernehmenden Verwaltung nicht vor.«

In seinem Urteil vom 11.9.1997 (NZA 1998, 31 = EzA § 613a BGB Nr. 153) hat der 8. Senat dies nochmals bestätigt: 3295

»Es hat ein Wechsel der Betriebsmethoden und der Arbeitsorganisation i. S. d. Rechtsprechung des EuGH stattgefunden. (...) Aus den vorgenannten Gründen kommt der Übernahme der materiellen Betriebsmittel, wie der vermieteten Ge-

> bäude und der sonstigen übernommen beweglichen Güter keine für die Wahrung der Identität ausschlaggebende Bedeutung zu. (...)«

3296 Die Identität der zugrunde liegenden Einheit wird also dann nicht gewahrt, wenn die betriebliche Organisation nicht übernommen bzw. in erheblichem Umfang verändert wird (*BAG* 14.5.1998 NZA 1999, 483). Wird zwar der überwiegende Teil der alten Belegschaft übernommen, jedoch die Arbeitsorganisation grundlegend verändert, kann dies einem Betriebsübergang entgegenstehen (*Müller-Glöge* NZA 1999, 449).

Beispiel:
3297 Das Reinigungsunternehmen, das den Auftrag zur Reinigung eines Hochhauses bekommt, übernimmt alle in diesem Objekt eingesetzten Arbeitnehmer des Vorgängers. Diese werden allerdings nicht in dem bisherigen Hochhaus eingesetzt, sondern auf andere Objekte des Reinigungsunternehmens verteilt. In dem Hochhaus werden bereits vorhandene eigene Arbeitnehmer tätig. Die beim bisherigen Auftragnehmer vorhandene Arbeitsorgansiation wird damit nicht fortgeführt. Ein Betriebsübergang liegt trotz Übernahme der Hauptbelegschaft nicht vor.

(2) Fortführung der wirtschaftlichen Einheit
3298 In seinen Entscheidungen vom 18.3.1999 (EzA § 613 a BGB Nr. 177 und EzA § 613 a BGB Nr. 178) hat das *BAG* klargestellt, dass allein die **Möglichkeit** der Fortführung eines Betriebes nicht ausreicht, um einen Betriebsübergang zu begründen. Der Leitsatz der Entscheidung EzA § 613 a BGB Nr. 177 lautet:

> »Die Rückgabe eines verpachteten Betriebes an den Verpächter nach Ablauf des Pachtverhältnisses kann nur dann einen Betriebsübergang darstellen, wenn der Verpächter den Betrieb tatsächlich weiterführt. Die bloße Möglichkeit, den Betrieb selbst unverändert fortführen zu können, erlaubt nicht die Annahme eines Betriebsüberganges (Anpassung der Senatsrechtsprechung an die Rechtsprechung des EuGH). (...)«

3299 In den Entscheidungsgründen führt das BAG aus:

> »Vielmehr bedarf es der Übernahme einer wirtschaftlichen Einheit (...). **Wesentliches Kriterium für den Übergang ist die tatsächliche Weiterführung oder Wiederaufnahme der Geschäftstätigkeit beim Wechsel der natürlichen oder juristischen Person, die für den Betrieb verantwortlich ist.** (...) Führt der Verpächter den an ihn zurückgefallenen Betrieb auch nicht vorübergehend, können zwar materielle und immaterielle Betriebsmittel auf ihn übergehen; er übt die wirtschaftliche Tätigkeit mit eigener Zielsetzung aber nicht aus. **Er nutzt nicht die vorhandene Organisation, übernimmt weder die Hauptbelegschaft noch die Kundschaft.** Ohne jegliche Ausübung einer betrieblichen Tätigkeit geht der Betrieb regelmäßig nicht auf ihn über. Der Betriebsübergang kann sich dagegen auf den neuen Pächter vollziehen, wenn er die Betriebstätigkeit fortsetzt oder wiederaufnimmt. **Dessen wesentlich andere Betriebstätigkeit, völlig neue betriebliche Organisation oder die erhebliche Unterbrechung der Betriebstätigkeit können dem Betriebsübergang entgegenstehen.** Schließt danach schon die gänzlich andersartige Betriebstätigkeit oder -organisation den Betriebsübergang

C. Der Inhalt des Arbeitsverhältnisses

aus, wenn die bisherige Einheit auch nicht zeitweise genutzt wird, so liegt erst recht kein Betriebsübergang vor, wenn überhaupt keine betriebliche Tätigkeit entfaltet wird.«

Die Identität der wirtschaftlichen Einheit kann somit nur dann gewahrt sein, wenn sich der Erwerber die bisher **beim Veräußerer bestehende organisatorische Einheit tatsächlich zu nutze macht**. Damit kommt es entscheidend auf die **Absichten des Erwerbers** im Zeitpunkt der **Übernahme der tatsächlichen Leitungsmacht** an (vgl. *Willemsen/Annuß* Anm. zu BAG 18.3.1999 AP Nr. 189 zu § 613 a BGB). 3300

Ein Betriebsteilübergang liegt danach in folgenden Fällen **nicht** vor:
- Der Erwerber führt die wirtschaftliche Einheit nicht fort. Er legt z. B. den Betrieb unmittelbar nach Erlangung der tatsächlichen Leitungsmacht über die Betriebsmittel still.
- Der Erwerber übernimmt die betriebliche Organisation des Veräußerers nicht bzw. verändert sie in erheblichem Maße. Der Erwerber »zerschlägt« unmittelbar nach Erlangung der tatsächlichen Leitungsmacht über die Betriebsmittel die beim Veräußerer bestehende Organisation, indem er z. B. übernommene Betriebsmittel an Dritte weiterveräußert (vgl. *Müller-Glöge* NZA 1999, 452).

Mit dieser Rechtsprechung hat das BAG seine alte Rechtsprechung aufgegeben. Entscheidend ist nicht die Übernahme der wesentlichen Betriebsmittel und die damit verbundene **bloße Möglichkeit** der unveränderten Betriebsfortführung durch den Erwerber. Entscheidend ist nicht der Erwerb der Betriebsmittel als solcher, sondern vielmehr die **Ausnützung** der gegebenenfalls durch diese **mitverkörperten Betriebsorganisation**. Diese ist tragendes und unverzichtbares Element eines Betriebsüberganges. **Ohne tatsächliche Nutzung der vom Vorgänger konkret geschaffenen Arbeitsorganisation gibt es letztlich keinen Betriebsübergang** (s. hierzu ausführlich und sehr instruktiv *Willemsen/Willemsen* Umstrukturierung, C Rdnr. 83 ff.). 3301

(3) Funktionsnachfolge
Das BAG hat inzwischen mehrfach festgestellt, dass eine reine Funktionsnachfolge bzw. Aufgabenübertragung keinen Betriebsübergang begründet. Neben der Aufgabe muss stets auch die zugrunde liegende Organisation bzw. wirtschaftliche Einheit übertragen und fortgesetzt werden (statt aller: BAG 13.11.1997 EzA § 613 a BGB Nr. 154). 3302

(4) Betriebsstilllegung
Eine Betriebsstilllegung ist die Auflösung der zwischen Arbeitgeber und Arbeitnehmer bestehenden Betriebs- und Produktionsgemeinschaft (*BAG* 3.9.1998 [n. v.]; *BAG* 10.10.1996 EzA § 1 KSchG Betriebsbedingte Kündigung Nr. 87). Die geplante Stilllegung eines Betriebes stellt ein dringendes betriebliches Erfordernis nach § 1 Abs. 2 S. 1 KSchG dar, sofern die Planung endgültig und abschließend ist (*BAG* 10.10.1996 EzA § 1 KSchG Betriebsbedingte Kündigung Nr. 87). Selbst wenn es später doch noch zu einer Betriebsveräußerung kommt, kann die Unwirksamkeit der Kündigung nicht aus einer Umgehung von § 613 a Abs. 1 und Abs. 4 BGB hergeleitet werden, solange zum **Zeitpunkt des Ausspruchs der Kündigung** (*BAG* 13.11.1997 EzA § 613 a BGB Nr. 154) der ernstliche und endgültige Stilllegungsentschluss vorlag. Zu beachten ist jedoch, dass ein endgültiger Stilllegungsentschluss dann nicht an- 3303

genommen wird, wenn der Unternehmer noch ernsthafte Verhandlungen über eine Veräußerung des Betriebs führt (*BAG* 27.4.1995 EzA § 613 a BGB Nr. 126).

3304 Der Betrieb kann auch von einem Pächter stillgelegt werden. Dafür reicht aus, dass er den Betrieb schließt und eindeutig kundgibt, er beabsichtige, ihn geschlossen zu lassen, dass er die Betriebsmittel, über die er verfügen kann, veräußert, den Pachtvertrag zum nächstmöglichen Termin auflöst und allen Arbeitnehmern kündigt (*BAG* 26.2.1987 EzA § 613 a BGB Nr. 57). Gleiches gilt, wenn der Betrieb schon vor oder zugleich mit der Verpachtung, die an sich einen Betriebsübergang darstellt, stillgelegt wird (*BAG* 16.7.1998 NZA 1998, 1233).

3305 Betriebsstilllegung und Betriebsübergang schließen sich gegenseitig aus. Ist der Betrieb einmal tatsächlich stillgelegt, kann er nicht mehr übergeleitet werden. Anders ist die Rechtslage, wenn der Arbeitgeber die Stilllegung des Betriebes erst beschlossen hat, sie jedoch noch nicht vollzogen ist. In dieser Phase kann es trotz Stilllegungsbeschluss noch zu einem Betriebsübergang kommen. Dies gilt sogar dann, wenn der Arbeitgeber bereits alle betriebsbedingten Kündigungen wirksam ausgesprochen hat. Zu einem Betriebsübergang kann es insbesondere dann kommen, wenn ein anderer Arbeitgeber die Hauptbelegschaft wieder einstellt.

3306 Mit dieser Fallgestaltung hat sich das *BAG* in seinem Urteil vom 13.11.1997 (EzA § 613 a BGB Nr. 154) beschäftigt. Es hat folgende Grundsätze aufgestellt:

> – Endet ein Reinigungsauftrag und liegen keine greifbaren Anhaltspunkte dafür vor, dass nach der Rechtsprechung des EuGH von der Wahrung der Identität auszugehen ist, weil der neue Auftragnehmer kraft eigenen Willensentschlusses eine organisierte Gesamtheit von Arbeitnehmern übernehmen wird, kann der frühere Auftragnehmer solchen Arbeitnehmern wirksam betriebsbedingt kündigen, für die er keine Beschäftigungsmöglichkeit mehr hat.
> – Kommt es nach Zugang der Kündigung zu einem Betriebsübergang i. S. d. Rechtsprechung des EuGH, haben die gekündigten Arbeitnehmer, die in der Einheit beschäftigt waren, einen Anspruch gegen den neuen Auftragnehmer, zu unveränderten Arbeitsbedingungen unter Wahrung ihres Besitzstandes eingestellt zu werden.

3307 Diese in sich konsequente Entscheidung hat erhebliche praktische Bedeutung und kann zu bösen Überraschungen führen. Konsequenz ist nämlich nicht nur der Wiedereinstellungsanspruch der gekündigten Arbeitnehmer, sondern auch der Anspruch der bereits neu eingestellten Arbeitnehmer, zu unveränderten Arbeitsbedingungen beschäftigt zu werden.

(5) **Betriebsverlegung**

3308 Eine Betriebsverlegung liegt vor, wenn lediglich die örtliche Lage des Betriebes verändert wird, sich somit die räumliche Lage der organisatorischen Einheit verändert. Ansonsten bleibt die Einheit unverändert. Die räumliche Verlagerung kann zu einer Betriebsstilllegung führen, wenn sie zu einem Identitätsverlust führt. Dies ist z. B. dann möglich, wenn die Hauptbelegschaft die Verlegung nicht mitmacht und ausscheidet oder z. B. bei Einzelhandelsgeschäften die bisherigen Kundenbeziehungen durch die Ortsverlagerung verloren gehen (*BAG* 2.12.1999 EzA § 613 a BGB Nr. 188).

(6) Zusammenfassung

Die Rechtsprechung des BAG hat sich nach der Entscheidung »Ayse Süzen« in einigen grundlegenden Punkten entscheidend geändert. Dies ist in der Praxis zu beachten. Ein Rückgriff auf frühere Entscheidungen ist nur eingeschränkt möglich.   3309

> Die **wesentlichen Eckpunkte dieser Rechtsprechung** sind:
> – Die konkrete **wirtschaftliche Einheit** muss beim Erwerber ihre **Identität** wahren.
> – Die vom EuGH und BAG erarbeiteten **sieben Punkte** sind zu prüfen. Die Prüfung ist mit einer **Gesamtbewertung** abzuschließen. Keine Fokussierung mehr auf Betriebsmittel. Die Übernahme der Hauptbelegschaft kann entscheidendes Kriterium sein.
> – Eine reine **Funktionsnachfolge** begründet keinen Betriebsübergang; die zugrunde liegende wirtschaftliche Einheit wird in diesem Fall nicht übertragen.
> – Die vorhandene Arbeitsorganisation bzw. Betriebsmethoden müssen vom Erwerber im Wesentlichen unverändert weiter genutzt werden. Allein die **Fortführungsmöglichkeit** genügt nicht. Verändert der Erwerber sofort die zugrunde liegende Organisation grundlegend oder legt er die Einheit gar still, steht dies einem Betriebsübergang entgegen.

dd) Betriebsinhaberwechsel

Inhaber eines Betriebs oder eines Betriebsteils ist, wer im eigenen Namen einen bestimmten arbeitstechnischen Zweck verfolgt (*BAG* 6.2.1985 EzA § 613 a BGB Nr. 44). Dabei kann es sich um natürliche Personen, Gesamthände (GbR, KG, OHG) oder juristische Personen des privaten (AG, GmbH, Genossenschaft) oder öffentlichen Rechts handeln (*BAG* 26.6.1997 EzA § 613 a BGB Nr. 151).   3310

Maßgeblich ist ein Wechsel der Rechtspersönlichkeit des Betriebsinhabers (*BAG* 3.5.1983 NJW 1983, 2283; 12.11.1998 AP Nr. 186 zu § 613 a BGB). § 613 a BGB findet auch auf den Übergang zwischen zwei Gesellschaften desselben Konzerns Anwendung (*EuGH* 2.12.1999 EzA § 613 a BGB Nr. 186).   3311

Ein Gesellschafterwechsel in Personengesellschaften (GbR, OHG oder KG) berührt die Identität der Gesellschaft als Rechtssubjekt nicht, sodass kein Betriebsübergang vorliegt. Diese Grundsätze gelten auch bei einem vollständigen Gesellschafterwechsel (*BAG* 12.7.1990 EzA § 613 a BGB Nr. 90). Etwas anderes gilt dann, wenn alle Gesellschafter die alte Gesellschaft auflösen und dann den Betrieb auf eine neu gebildete Gesellschaft übertragen. Da nun die Identität beider Gesellschaften nicht mehr gegeben ist, gilt § 613 a BGB selbst dann, wenn in beiden Gesellschaften die identischen Gesellschafter vertreten sind (*BGH* 8.11.1965 BGHZ 44, 229).   3312

ee) Übergang durch Rechtsgeschäft

(1) Rechtsgeschäft

Der Begriff des Rechtsgeschäfts ist nach ständiger Rechtsprechung des BAG und EuGH weit auszulegen. Er erfasst alle Fälle, in denen die für den Betrieb verantwortliche natürliche oder juristische Person, welche die Arbeitgeberverpflichtung gegenüber den Beschäftigten eingeht, im Rahmen vertraglicher oder sonst rechtsgeschäftlicher Beziehungen wechselt, ohne dass unmittelbare Vertragsbeziehungen zwischen dem bisherigen Inhaber und dem Erwerber bestehen müssen (*BAG* 10.6.1988 AP   3313

C. Der Inhalt des Arbeitsverhältnisses

Nr. 82 zu § 613a BGB; *EuGH* 7.3.1996 AP Nr. 9 zu EWG–Richtlinie 77/187 [Merckx und Neuhuys, Nr. 27f., 30]).

3314 Das *BAG* (25.5.2000 EzA § 613a BGB Nr. 190) formuliert in Übereinstimmung mit dem EuGH wie folgt:

> »Der Übergang durch Rechtsgeschäft erfasst alle Fälle einer Fortführung der wirtschaftlichen Einheit im Rahmen vertraglicher oder sonst rechtsgeschäftlicher Beziehungen, ohne dass unmittelbare Vertragsbeziehungen zwischen dem bisherigen und dem Erwerber bestehen müssen.«

3315 Dies entspricht dem **Zweck** der Beschränkung des § 613a BGB auf rechtsgeschäftliche Betriebsübergänge. Dieser Zweck geht dahin, die Fälle der **Universalsukzession kraft Gesetzes** (*BAG* 10.3.1982 AP Nr. 1 zu § 104 KVLG) oder **sonstigen Hoheitsaktes** von der Anwendung der Vorschrift auszuschließen (*BAG* 10.6.1988 AP Nr. 82 zu § 613a BGB). So führt das *BAG* in seiner Entscheidung vom 8.5.2001 (EzA § 613a BGB Nr. 187) kurz und knapp zu einer gesetzlichen Ausgliederung eines Betriebes aus dem Vermögen eines Landes auf eine Anstalt des öffentlichen Rechts aus:

> »Ein Übergang des Arbeitsverhältnisses nach § 613a BGB setzt den Übergang eines Betriebes »durch Rechtsgeschäft« voraus. Vom sachlichen Geltungsbereich der Norm sind daher Betriebsübergänge ausgenommen, die im Wege der Gesamtrechtsnachfolge kraft Gesetzes oder eines sonstigen Hoheitsaktes vollzogen werden. So ist es hier.«

3316 Zu der Frage, ob im Zusammenhang mit der Bestellung eines neuen Notars ein Betriebsübergang vorliegt, führt das *BAG* in seiner Entscheidung vom 26.8.1999 (EzA § 613a BGB Nr. 187) aus:

> »Die Errichtung einer Notarstelle ist ein verwaltungsinterner Vorgang (*BGH* Beschluss vom 18.9.1995 a. a. O.). Die Übertragung der Notarbefugnis erfolgt durch einen Hoheitsakt, nämlich einen – begünstigenden – Verwaltungsakt der Landesjustizverwaltung (vgl. § 111 BNotO). Ein solches Verwaltungshandeln kann einen rechtsgeschäftlichen Betriebsübergang i. S. v. § 613a BGB nicht begründen.«

3317 In diesem Zusammenhang stellte sich die Frage, ob die Übernahme der Geschäftsräume und des Büroinventars einen rechtsgeschäftlichen Betriebsübergang begründen. Das *BAG* verneint dies:

> »Ebensowenig kann die rechtsgeschäftliche Übernahme der Geschäftsräume, des Büromaterials und des Personals den rechtsgeschäftlichen Betriebsübergang i. S. v. § 613a BGB begründen. Es kommt zwar nicht auf unmittelbare vertragliche Beziehungen zwischen Erwerber und Veräußerer an. Auch kann die Übertragung durch ein Bündel von Rechtsgeschäften erfolgen. Erforderlich ist aber, dass der Erwerber auf vertraglicher Grundlage die Möglichkeit erwirbt, eine im Wesentlichen unveränderte Arbeitsaufgabe fortzuführen (Senatsurteil vom 11.12.1997 AP Nr. 172 zu § 613a BGB [B I 2d der Gründe]). Die Betriebsfortführung wird dem neuen Notar jedoch nicht durch die Übertragung der genannten Betriebsmittel und Übernahme des Personals eröffnet. Maßgeblich hierfür ist allein die Übertragung der Notarbefugnis, die nicht durch Rechtsgeschäft erfolgt.«

C. Der Inhalt des Arbeitsverhältnisses

Im Ergebnis muss der Erwerber aufgrund eines Rechtsgeschäftes in die Lage versetzt werden, die betroffene wirtschaftliche Einheit als neuer Inhaber leiten zu können. Hierzu muss ihm die erforderliche **Leitungsmacht** eingeräumt werden. Der notwendige Inhalt des Rechtsgeschäftes hängt damit letztendlich von der Art der übergehenden Einheit ab. 3318

Eine **unmittelbare** rechtsgeschäftliche Beziehung zwischen Erwerber und Veräußerer ist nicht erforderlich. Es ist auch nicht notwendig, dass die Übertragung der Leitungsmacht in einem **einheitlichen Rechtsgeschäft** erfolgt. Nach der ständigen Rechtsprechung des BAG genügt für die Anwendung des § 613 a BGB ein **Bündel von Rechtsgeschäften**, wenn diese in ihrer Gesamtheit auf die Übernahme eines funktionsfähigen Betriebes gerichtet sind (*BAG* 11.12.1997 EzA § 613 a BGB Nr. 159). Ist die Übernahme der Hauptbelegschaft das maßgebliche Kriterium liegt ein rechtsgeschäftlicher Übergang z. B. bei einem Reinigungsauftrag dann vor, wenn das neu beauftragte Reinigungsunternehmen die Hauptbelegschaft einvernehmlich weiterbeschäftigt (*BAG* EzA § 613 a BGB Nr. 159). 3319

Unerheblich ist, ob das Rechtsgeschäft wirksam ist. Entscheidend ist allein die wissentliche und willentliche Übernahme der Leitungsmacht. Der Erwerber tritt deshalb auch dann nach § 613 a Abs. 1 S. 1 BGB in die Rechte und Pflichten aus den im Zeitpunkt des Übergangs bestehenden Arbeitsverhältnissen ein, wenn er beim Vertragsabschluss geschäftsunfähig war und das dem Betriebsübergang zugrunde liegende Rechtsgeschäft deshalb nach § 104 Abs. 2 BGB rechtsunwirksam ist. In diesem Fall kommt es entscheidend darauf an, dass der Erwerber den Betrieb tatsächlich übernommen und im eigenen Namen fortgeführt hat (*BAG* 6.2.1985 EzA § 613 a BGB Nr. 44). 3320

Die **häufigsten zugrunde liegenden Rechtsgeschäfte** in der Praxis sind: Verkauf, Verpachtung, Nießbrauch, Schenkung, Leihe und sonstige Überlassungen zur Nutzung. Bei einem Bündel von Rechtsgeschäften, sind daneben die Übernahme des Mietobjektes und die Weiterbeschäftigung der Arbeitnehmer von Bedeutung. 3321

(2) Abgrenzungsfragen

§ 613 a BGB soll alle diejenigen Formen eines Betriebsübergangs erfassen, die nicht auf Gesamtrechtsnachfolge, sondern auf eigener rechtsgeschäftlicher Gestaltung beruhen (*BAG* 24.2.1981 EzA § 613 a BGB Nr. 28; ausf. u. krit. zur Rspr. von EuGH und BAG insoweit *Wank/Börgmann* DB 1997, 1229 ff.). Folglich greift § 613 a BGB dann nicht ein, wenn die Rechtsnachfolge **kraft Gesetzes** eintritt, also bei der Gesamtrechtsnachfolge (z. B. Erbfolge), wenn jemand als Insolvenzverwalter oder Testamentsvollstrecker an die Stelle des Arbeitgebers tritt, beim Erwerb im Wege der Zwangsvollstreckung oder im Wege der Zwangsversteigerung, die nicht kraft Rechtsgeschäfts, sondern kraft Hoheitsakts erfolgt. 3322

Dagegen ist § 613 a BGB anwendbar, wenn der Zwangsverwalter den Betrieb verpachtet. Er darf den Betrieb mit Zustimmung des Schuldners auch selbst fortführen; auch insoweit gilt § 613 a BGB (*BAG* 14.10.1982 EzA § 613 a BGB Nr. 38). Übernimmt der Ersteher eines Betriebsgrundstücks nach dem Zuschlag in der Zwangsversteigerung den von dem Zwangsverwalter bis zur Beendigung der Zwangsversteigerung fortgeführten Gewerbebetrieb des Schuldners, so tritt er in die mit dem Zwangsverwalter bestehenden Arbeitsverhältnisse ein. 3323

§ 613 a BGB findet auch auf den durch Verwaltungsvereinbarung geregelten Übergang einer Schule von einem öffentlichen Träger auf einen anderen öffentlichen Träger Anwendung. Dem steht die damit verbundene, nach den Schulgesetzen vorgege- 3324 bene Änderung der Schulform nicht entgegen (*BAG* 7.9.1995 EzA § 613 a BGB Nr. 136).

ff) Zeitpunkt des Übergangs

3325 Der Übergang des Betriebs oder Betriebsteils ist vollzogen, wenn der Erwerber die als wirtschaftliche Einheit organisierten materiellen, immateriellen und personellen Mittel tatsächlich im eigenen Namen nutzt oder anders formuliert: wenn **der Erwerber die Leitungsmacht über die wirtschaftliche Einheit tatsächlich ausübt** (*BAG* 25.5.2000 EzA § 613 a BGB Nr. 190).

3326 Allein die **Möglichkeit**, die Leitungsmacht auszuüben, genügt nicht, sie muss vielmehr tatsächlich vom Erwerber ausgeübt werden. Allein der dingliche Vollzug (z. B. Eigentumsübergang) ist deshalb nicht ausschlaggebend. Die sich aus diesem Vollzug ergebenden Rechte (Leitungsmacht) müssen vielmehr auch tatsächlich genutzt werden. Aus den gleichen Gründen kommt es auch nicht auf das **obligatorische Rechtsgeschäft** an. Allein der Abschluss des obligatorischen Rechtsgeschäfts besagt noch nicht, dass ab diesem Zeitpunkt der Erwerber die Leitungsmacht ausübt. Dies kann, muss aber nicht der Fall sein. Im Regelfall geht die Leitungsmacht erst später über.

3327 Soweit der Übergang der Betriebsmittel **schrittweise** erfolgt, erfolgt der Betriebsübergang in dem Zeitpunkt, in dem die wesentlichen, zur Fortführung des Betriebs erforderlichen Betriebsmittel übergegangen sind und die Entscheidung über den Betriebsübergang nicht mehr rückgängig gemacht werden kann (*BAG* 16.2.1993 EzA § 613 a BGB Nr. 106).

c) Rechtsfolgen des Betriebsüberganges

aa) Übergang der Arbeitsverhältnisse

3328 Gem. § 613 a Abs. 1 S. 1 BGB tritt der Erwerber in die Rechte und Pflichten aus dem im Zeitpunkt des Betriebsübergangs bestehenden **Arbeitsverhältnis** ein. Das Arbeitsverhältnis wird kraft Gesetzes auf den neuen Betriebsinhaber übergeleitet.

3329 Erfasst werden **alle Arbeitsverhältnisse**, also Vollzeit- und Teilzeitarbeitsverhältnisse ebenso wie befristete, Aushilfsarbeits-, Nebenbeschäftigungs-, Probearbeits- und Ehegattenarbeitsverhältnisse. Leitende Angestellte stehen ebenfalls in einem Arbeitsverhältnis. Auch **ruhende** Arbeitsverhältnisse sind bestehende Arbeitsverhältnisse und werden deshalb übergeleitet. Gleiches gilt für **faktische** Arbeitsverhältnisse. Ist das Arbeitsverhältnis bereits **gekündigt**, besteht es noch bis zum Ablauf der Kündigungsfrist. Liegt der Zeitpunkt des Betriebsübergangs vor Ablauf der Kündigungsfrist, geht das gekündigte Arbeitsverhältnis auf den Erwerber über (*BAG* 22.2.1978 EzA § 613 a BGB Nr. 18).

3330 Da § 613 a BGB ausdrücklich von »Arbeitsverhältnissen« spricht, werden **vertretungsberechtigte Organmitglieder** juristischer Personen (Vorstandsmitglieder von Aktiengesellschaften, GmbH-Geschäftsführer) nicht von § 613 a BGB erfasst. Da die Stellung von Organmitgliedern in hohem Maße von persönlichem Vertrauen der Gesellschafter bzw. der Hauptversammlung und des Aufsichtsrates abhängig ist, kommt auch eine analoge Anwendung des § 613 a BGB nicht in Betracht (*OLG Celle* 15.6.1977 DB 1977, 1840). Etwas anderes gilt für ein eventuell mit dem Organ noch bestehendes **ruhendes Arbeitsverhältnis** (s. hierzu *BAG* 8.6.2000 NZA 2000, 1017; *Baeck/Hopfner* DB 2000, 1914; *Bauer* GmbHR 2000, 767). Wurde bei einer **GmbH & Co. KG** der Dienstvertrag des Geschäftsführers mit der KG abgeschlossen, hängt es von der konkreten Ausgestaltung und Vertragsdurchführung ab, ob ein Arbeitsver-

C. Der Inhalt des Arbeitsverhältnisses

hältnis mit der KG begründet wurde (*BAG* 10.7.1980 DB 1981, 276; 15.4.1982 NJW 1983, 2405). Die Geschäftsführerstellung bei der GmbH geht in keinem Fall mit über.

Für Heimarbeiter und arbeitnehmerähnliche Personen (§ 12 a TVG, § 5 ArbGG, § 2 BUrlG) gilt § 613 a BGB nicht, da sie gerade keine Arbeitnehmer sind. Aufgrund der strukturellen Unterschiede zu Arbeitsverhältnissen scheidet auch eine analoge Anwendung des § 613 a BGB aus (*BAG* 24.3.1998 EzA § 613 a BGB Nr. 165). 3331

Ob **Leiharbeitsverhältnisse** nach § 613 a BGB übergehen, hängt davon ab, ob der Betrieb oder Betriebsteil des Verleihers oder des Entleihers übertragen wird. Bei einer erlaubten Arbeitnehmerüberlassung haben die Leiharbeitnehmer nur mit dem Verleiher ein Arbeitsverhältnis. Bei einer Übertragung des Betriebs oder Betriebsteils des Verleihers findet § 613 a BGB ohne Einschränkung Anwendung. Bei einer Übertragung des Betriebs oder Betriebsteils des Entleihers werden die Arbeitsverhältnisse der Leiharbeitnehmer nicht erfasst, da die Leiharbeitnehmer nicht in einem Arbeitsverhältnis zum Entleiher stehen. Etwas anderes gilt nur dann, wenn nach § 10 Abs. 1 AÜG ein Arbeitsverhältnis zwischen Entleiher und Arbeitnehmer fingiert wird. 3332

Ist das Arbeitsverhältnis zum Zeitpunkt des Betriebsübergangs bereits **beendet**, wird es vom Betriebsübergang nicht erfasst. Insoweit ist der Gesetzeswortlaut eindeutig (*BAG* 11.11.1986 EzA § 613 a BGB Nr. 61). Ruhestandsverhältnisse werden daher nicht erfasst, was zur Folge hat, dass der Erwerber Versorgungsansprüche von Arbeitnehmern, die bereits vor dem Betriebsübergang in den Ruhestand getreten sind, nicht erfüllen muss. Dasselbe gilt für Versorgungsanwartschaften von Arbeitnehmern, die bereits vor dem Betriebsübergang ausgeschieden sind. Für diese Ansprüche haftet der Veräußerer allein und zeitlich unbeschränkt. 3333

Keine **Zuordnungsprobleme** bestehen, wenn ein kompletter Betrieb übertragen wird. Anders ist die Situation bei **Betriebsteilübergängen**. Hier stellt sich insbesondere bei Arbeitnehmern, die dem Betriebsteil zwar nicht organisatorisch zugeordnet sind, dennoch aber ganz oder zumindest teilweise für den ausgegliederten Betriebsteil tätig sind (Buchhaltung, Stabsfunktionen, EDV usw.), die Frage, ob diese Arbeitnehmer vom Betriebsteilübergang erfasst werden. Das BAG vertrat früher die sog. Schwerpunkttheorie (*BAG* 25.6.1985 EzA § 613 a BGB Nr. 86). Heute (*BAG* 13.11.1997 EzA § 613 a BGB Nr. 156) hat es sich dem EuGH angeschlossen und stellt ausschließlich auf die **organisatorische Anbindung** ab, wenn es ausführt: 3334

> »Wenn nicht der gesamte Betrieb, sondern nur ein Betriebsteil übernommen wird, muss der Arbeitnehmer dem übertragenen Betriebsteil angehören, damit sein Arbeitsverhältnis gem. § 613 a BGB auf den Erwerber übergeht. Es genügt hierfür nicht, dass der Arbeitnehmer, ohne dem übertragenen Betriebsteil anzugehören, als Beschäftigter einer nicht übertragenen Abteilung Tätigkeiten für den übertragenen Betriebsteil verrichtete (vgl. *EuGH* 7.2.1985 – Rs 186/83 – Slg. 1985, 519 [528]; 12.11.1992 AP Nr. 5 zu EWG–Richtlinie Nr. 77/187).«

Unproblematisch ist die Rechtslage schließlich dann, wenn sich alle Beteiligten einig sind. Dies gilt auch dann, wenn die Beteiligten eine vom Gesetz abweichende Zuordnung finden. 3335

bb) Das Widerspruchsrecht der Arbeitnehmer

(1) Richterrechtliches Widerspruchsrecht

3336 Nach § 613 a BGB setzt der Eintritt des Betriebserwerbers in die Rechte und Pflichten des zum Zeitpunkt des Betriebsübergangs bestehenden Arbeitsverhältnisses nicht die Einwilligung (Zustimmung oder Genehmigung) des Arbeitnehmers voraus.

3337 Allerdings kann der Arbeitnehmer nach der ständigen Rechtsprechung des BAG (vgl. nur *BAG* 30.10.1986 EzA § 613 a BGB Nr. 54) der bevorstehenden oder bereits eingetretenen Rechtsfolge des Arbeitgeberwechsels **widersprechen**. Dieses Widerspruchsrecht wurde vom BAG durch eine verfassungskonforme Auslegung des § 613 a Abs. 1 BGB entwickelt. Aus Art. 12 GG folgt nach Auffassung des BAG das Grundrecht des Arbeitnehmers, sich einen ihm genehmen Arbeitgeber auszuwählen. Ein sachlicher Grund ist für die Wirksamkeit des Widerspruchs nicht erforderlich.

3338 Diese Rechtsprechung wurde vom **EuGH** gebilligt (*EuGH* 16.12.1992 EzA § 613 a BGB Nr. 105. Art. 3 Abs. 1 Betriebsübergangsrichtlinie verwehre es einem Arbeitnehmer, der im Zeitpunkt des Überganges i. S. v. Art. 1 Abs. 1 der Richtlinie beim Veräußerer beschäftigt ist, nicht, dem Übergang eines Arbeitsvertrages oder Arbeitsverhältnisses auf den Erwerber zu widersprechen. Die Richtlinie 77/187/EWG verpflichte die Mitgliedstaaten jedoch nicht, die Aufrechterhaltung des Arbeitsvertrages oder Arbeitsverhältnisses mit dem Veräußerer für den Fall vorzusehen, dass ein Arbeitnehmer sich frei dafür entscheidet, das Arbeitsverhältnis nicht mit dem Erwerber fortzusetzen. Die Richtlinie stehe dem andererseits auch nicht entgegen. Es sei Sache der Mitgliedstaaten, zu bestimmen, was in einem solchen Fall mit dem Arbeitsvertrag oder dem Arbeitsverhältnis mit dem Veräußerer geschehe (ebenso *EuGH* 7.3.1996 EzA § 613 a BGB Nr. 138; 12.11.1998 EzA § 613 a BGB Nr. 168; ausf. dazu *Commandeur* NJW 1996, 2537 ff.).

(2) Widerspruchsrecht nach § 613 a Abs. 6 BGB

3339 Mit dem neuen Abs. 6 hat der Gesetzgeber im Wesentlichen die Rechtsprechung des BAG kodifiziert. Der Widerspruch muss innerhalb **eines Monats** erklärt werden. Diese Frist ist eine Ausschlussfrist, auf die die §§ 187 ff. BGB Anwendung finden. Nach Fristablauf kann der Widerspruch nicht mehr wirksam ausgeübt werden (*Willemsen/Lembke* NJW 2002, 1160). Der Widerspruch muss **schriftlich erklärt** werden. Schriftlich bedeutet Schriftform i. S. d. § 126 BGB (*Bauer/v. Steinau-Steinrück* ZIP 2002, 457). Wird die Schriftform nicht gewahrt, ist der Widerspruch nach § 125 BGB nichtig. Der Widerspruch ist als einseitige und empfangsbedürftige Willenserklärung **bedingungsfeindlich**. Der Widerspruch kann sowohl gegenüber dem Veräußerer als auch gegenüber dem Erwerber erklärt werden.

3340 Die Widerspruchsfrist beginnt **nach der Unterrichtung** gem. § 613 a Abs. 5 BGB zu laufen. Allein diese Unterrichtung des Arbeitnehmers ist für den Fristlauf von Bedeutung. Die Unterrichtung des Betriebsrates oder der tatsächliche Vollzug des Betriebsüberganges lösen die Widerspruchsfrist nicht aus. Die Monatsfrist beginnt nur dann zu laufen, wenn die Unterrichtung den gesetzlichen Anforderungen des Abs. 5 genügt. Sie muss also insbesondere **vollständig und formgerecht** erfolgt sein. Der Abs. 5 verlangt eine Unterrichtung **vor** dem Betriebsübergang. Dennoch setzt auch eine Unterrichtung nach dem Betriebsübergang die Monatsfrist in Gang (*Willemsen/ Lembke* NJW 2002, 1160; **a. A.** *Bauer/v. Steinau-Steinrück* ZIP 2002, 457).

Das Widerspruchsrecht steht dem Arbeitnehmer zu. Das Recht kann also weder von den **Tarifvertragsparteien** noch vom **Betriebsrat** ausgeübt werden (*Staudinger/Richardi-Annuß* § 613 a BGB Rz. 140). Die Arbeitsvertragsparteien können, zumindest im konkreten Fall, eine **individualvertragliche Vereinbarung** treffen. 3341

Das *BAG* führt in seinem Urteil vom 19.3.1998 (EzA § 613 a BGB Nr. 163) hierzu aus: 3342

»Der Widerspruch des Arbeitnehmers kann kraft Vertrages ausgeschlossen sein. Der Arbeitnehmer kann sich etwa verpflichten, keinen Widerspruch zu erklären. Dann ist der gleichwohl ausgesprochene Widerspruch nicht nur vertragswidrig, sondern auch unwirksam und unbeachtlich. Dasselbe gilt, wenn der Arbeitnehmer mit dem bisherigen Arbeitgeber oder mit dem neuen Arbeitgeber den Übergang des Arbeitsverhältnisses vereinbart hat (vgl. *BAG* 15.2.1984 EzA § 613 a BGB Nr. 39). Ein Vertrag zu Lasten Dritter liegt entgegen *Herschel* (Anm. zu *BAG* AP Nr. 37 zu § 613 a BGB) nicht vor, da der Betriebserwerber ohnehin an § 613 a BGB gebunden ist. Ist mit dem Betriebserwerber ein neues Arbeitsverhältnis vereinbart worden, kann das Widerspruchsrecht des sich nunmehr auf § 613 a BGB berufenden Arbeitnehmers zweifelhaft sein.«

Zur Frage der **rechtsmissbräuchlichen Ausübung des Widerspruchsrechts** sagt das *BAG* (EzA § 613 a BGB Nr. 39) dann: 3343

»Schließlich kann der Widerspruch nach der allgemeinen Vorschrift des § 242 BGB ausgeschlossen sein, etwa wegen Verwirkung oder widersprüchlichen Verhaltens.«

Dies dürfte insbesondere dann der Fall sein, wenn der Widerspruch kollektiv ausgeübt wird, um Zwecke zu verfolgen, die sich nicht in der Sicherung des vertragsrechtlichen Status quo erschöpfen (*Staudinger/Richardi-Annuß* § 613 a BGB Rz. 142). 3344

(3) Unterrichtungspflicht nach § 613 a Abs. 5 BGB

aaa) Wortlaut

Nach § 613 a Abs. 5 BGB hat der bisherige Arbeitgeber oder der neue Inhaber die von einem Übergang betroffenen Arbeitnehmer in Textform zu unterrichten über: 3345
1. den Zeitpunkt oder den geplanten Zeitpunkt der Unterrichtung,
2. den Grund für den Übergang,
3. die rechtlichen, wirtschaftlichen und sozialen Folgen des Übergangs für die Arbeitnehmer sowie
4. die hinsichtlich der Arbeitnehmer in Aussicht genommenen Maßnahmen.

bbb) Sinn und Zweck der Regelung

Die Unterrichtung soll den betroffenen Arbeitnehmern in die Lage versetzen, eine fundierte Entscheidung treffen zu können. Hat er die in Abs. 5 vorgesehenen Informationen, kann er entscheiden, ob er zum neuen Inhaber mitgeht oder ob er beim 3346 alten Arbeitgeber bleiben möchte, dann allerdings mit dem Risiko einer betriebsbedingten Kündigung, da der Arbeitsplatz wegen des Betriebsübergangs entfallen ist (*Willemsen/Lembke* NJW 2002, 1159).

ccc) **Rechtsnatur**

3347 Die bisherige Rechtsprechung des *BAG* (22.4.1993 EzA § 613 a BGB Nr. 111) ging davon aus, dass es sich bei der Unterrichtungspflicht um eine **Obliegenheit** handelt. Der Gesetzeswortlaut (hat ... zu unterrichten) und Sinn und Zweck der Regelung sprechen jedoch dafür, dass es sich nicht nur um eine Obliegenheit, sondern um eine **echte Rechtspflicht** handelt (*Willemsen/Lembke* NJW 2002, 1159; **a. A.** *Bauer/v. Steinau-Steinrück* ZIP 2002, 457)

ddd) **Schuldner der Unterrichtung**

3348 Sowohl der bisherige als auch der neue Betriebsinhaber sind zur Unterrichtung verpflichtet. Das Gesetz geht davon aus, dass nicht beide Personen gleichzeitig und gemeinsam unterrichten müssen. Nach dem Gesetzestext genügt es vielmehr, wenn entweder der alte oder der neue Inhaber unterrichtet. Die beiden Personen sind damit **Gesamtschuldner i. S. d. §§ 421 ff. BGB** (*Willemsen/Lembke* NJW 2002, 1159). Es genügt also, wenn einer von ihnen die Arbeitnehmer ordnungsgemäß unterrichtet. Dies wirkt nach § 422 Abs. 1 S. 1 BGB auch für den anderen Arbeitgeber (*Willemsen/Lembke* NJW 2002, 1159). Es ist deshalb auch ausreichend, wenn sich erst aus beiden Unterrichtungstexten die vollständige Information ergibt (*Bauer/v. Steinau-Steinrück* ZIP 2002, 457).

eee) **Adressat der Unterrichtung**

3349 Es sind die **vom Betriebsübergang betroffenen Arbeitnehmer** zu unterrichten. Betroffen sind die Arbeitnehmer, deren Arbeitsverhältnis kraft Gesetzes auf den neuen Betriebsinhaber übergehen (s. hierzu C/Rz. 3363 ff.). Die Unterrichtung muss gegenüber den Arbeitnehmern erfolgen. Eine Unterrichtung des Betriebsrates ersetzt die Unterrichtung nach Abs. 5 nicht.

fff) **Form der Unterrichtung**

3350 Die Unterrichtung muss in **Textform i. S. d. neuen § 126 b BGB** erfolgen. § 126 b BGB erfordert eine in Schriftzeichen lesbare Erklärung, verlangt allerdings keine Unterschrift. Der Aussteller der Erklärung und der Abschluss der Erklärung müssen z. B. durch eine Namensnennung oder eingescannte Unterschrift erkennbar sein. In aller Regel ist dies eine Urkunde, die per Post, Telefax oder E-Mail übermittelt wird. Die Erklärung muss nicht ausgedruckt sein. Es genügt, wenn der Empfänger sie auf dem Bildschirm lesen kann (*Bauer/v. Steinau-Steinrück* ZIP 2002, 457).

ggg) **Zeitpunkt der Unterrichtung**

3351 Die betroffenen Arbeitnehmer sind **vor** dem Betriebsübergang zu unterrichten. Unterbleibt dies, besteht die Verpflichtung fort. Sie ist ggf. noch nach dem Betriebsübergang vorzunehmen (*Willemsen/Lembke* NJW 2002, 1159). Zu den Auswirkungen auf die Widerspruchsfrist nach Abs. 6 s. o. C/Rz. 3340.

C. Der Inhalt des Arbeitsverhältnisses

hhh) Inhalt der Unterrichtung

aaaa) Zeitpunkt oder geplanter Zeitpunkt der Unterrichtung
Dieser Punkt ist unproblematisch. Steht der Zeitpunkt noch nicht 100%ig fest, genügt die Mitteilung des derzeit geplanten Zeitpunktes. Ändert sich dieser später, führt dies nicht zu einer nicht ordnungsgemäßen Unterrichtung. Maßgeblich ist das Planungsstadium zum Zeitpunkt der Unterrichtung. 3352

bbbb) Grund des Übergangs
Was das Gesetz unter »Grund« für den Betriebsübergang versteht, wird nicht gesagt. Dass der Grund für den Betriebsübergang regelmäßig ohne Relevanz für das Widerspruchsrecht ist, genügt eine allgemeine schlagwortartige Benennung des zugrunde liegenden Rechtsgeschäftes (Kaufvertrag, asset deal, Verschmelzung der Gesellschaft A auf B) evtl. mit einem Hinweis auf das zugrungeliegende Motiv (Beschränkung auf Kernkompetenzen). Ein Bedürfnis für weitergehende Informationen ist nicht erkennbar und dürfte eher kontraproduktiv sein (*Bauer/v. Steinau-Steinrück* ZIP 2002, 457; *Willemsen/Lembke* NJW 2002, 1159). 3353

cccc) Rechtliche, wirtschaftliche und soziale Folgen für die Arbeitnehmer
Leider hat es der Gesetzgeber nicht für notwendig gehalten, die mitzuteilenden Folgen etwas konkreter zu fassen. Der jetzige Gesetzeswortlaut und vor allem die Adjektive »wirtschaftlich« und »sozial« suggerieren, so zutreffend *Bauer* und *v. Steinau-Steinrück* (ZIP 2002, 457), **eine endlose Weite bzgl. des Begriffs der Folgen**. Auch der Hinweis des Gesetzgebers auf die Gepflogenheiten des deutschen Rechts und die Regelungen des § 613a Abs. 1 bis 4 BGB helfen nicht wirklich weiter, wie jeder weiß, der einmal den Versuch unternommen hat, diese Regelungen und insbesondere die hierzu ergangene Rechtsprechung zu durchdringen. 3354

Wichtig ist zunächst für die Eingrenzung, dass allein auf die Folgen für die Arbeitnehmer abzustellen ist. Die Auswirkungen auf die Arbeitnehmervertretungen sind grds. nicht Gegenstand der Unterrichtung der Arbeitnehmer (*Willemsen/Lembke* NJW 2002, 1159). Wenn der Betriebsteilübergang allerdings dazu führt, dass die Arbeitnehmer nach Ablauf des Übergangsmandats nicht mehr von dem bisherigen Betriebsrat vertreten werden oder aufgrund einer Eingliederung nun von einem anderen Betriebsrat repräsentiert werden, ist dies eine rechtliche Folge, über welche die Arbeitnehmer zu unterrichten sind. 3355

Der Betriebsübergang hat individual- und kollektivrechtliche Folgen. Diese sind, auch wenn sie komplex sind, darzulegen. Die Unterrichtung muss zwar nicht auf jeden einzelnen Arbeitnehmer heruntergebrochen werden (*Bauer/v. Steinau-Steinrück* ZIP 2002, 457; *Willemsen/Lembke* NJW 2002, 1159). Sie darf sich aber auch nicht auf die Wiedergabe des Gesetzestextes beschränken. Die konkreten Folgen des geplanten Überganges müssen dargelegt werden. So muss z. B. aufgezeigt werden, ob der derzeitige Tarifvertrag oder ein anderer Tarifvertrag nach dem Betriebsübergang kraft beidseitiger Tarifbindung gilt. Im Ergebnis bedeutet dies, dass bei einer homogenen Belegschaft die Unterrichtung für alle Arbeitnehmer identisch sein kann. Gibt es jedoch unterschiedliche Arbeitnehmergruppen mit unterschiedlichen Regelungen (z. B. leitende, »normale« Angestellte und gewerbliche Arbeitnehmer) muss zwischen diesen Gruppen differenziert werden. Innerhalb einer Gruppe kann die Unterrichtung dann wieder identisch sein. 3356

dddd) In Aussicht genommene Maßnahmen

3357 Zu den hinsichtlich der Arbeitnehmer in Aussicht genommenen Maßnahmen gehören nach der Gesetzesbegründung (BR-Drs. 831/01, S. 24) Weiterbildungs- und andere Maßnahmen, welche die berufliche Entwicklung der Arbeitnehmer betreffen. Eine Begrenzung auf diese Art von Maßnahmen kann dem Gesetzestext allerdings nicht entnommen werden. **Letztendlich dürften alle Maßnahmen, die sich zum Zeitpunkt der Unterrichtung bereits im Planungsstadium befinden und sich auf die Arbeitsverhältnisse beziehen, hierunter fallen.** Plant also ein Erwerber einen Abbau der Belegschaft, um Synergien nach dem Betriebsübergang zu nutzen, ist hierüber zu unterrichten (a. A. *Bauer/v. Steinau-Steinrück* ZIP 2002, 457). Maßgeblich ist **der konkrete Planungsstand bei den beteiligten Unternehmen**. Entscheidend ist nicht, was ein verständiger Unternehmer in dieser Situation planen würde, sondern nur, was tatsächlich in Aussicht genommen wird. Für die Bestimmung des maßgeblichen Planungsstandes ist auf **beide Unternehmen** abzustellen. Der Umfang der Unterrichtung kann nicht auf den Horizont des die Unterrichtung tatsächlich durchzuführenden Unternehmens beschränkt werden. Aus diesem Grund ist es unabdingbar, dass sich die beiden beteiligten Unternehmen vorher genau abstimmen und ihrerseits unterrichten.

(4) Rechtsfolgen des Widerspruchs

3358 Widerspricht der Arbeitnehmer form- und fristgerecht, geht sein Arbeitsverhältnis nicht auf den Erwerber über. Er bleibt Arbeitnehmer des Veräußerers, ohne dass damit allerdings ein besonderer Bestandsschutz verbunden wäre. Der bisherige Betriebsinhaber hat die Möglichkeit, soweit der Arbeitsplatz wegen des Betriebs- oder Betriebsteilübergangs weggefallen ist und er nicht über freie, vergleichbare Weiterbeschäftigungsmöglichkeiten verfügt, den widersprechenden Arbeitnehmern betriebsbedingt zu kündigen (*BAG* 19.3.1998 EzA § 613 a BGB Nr. 163).

3359 Bei betriebsbezogenen Kündigungen stellt sich stets die Frage nach einer **Sozialauswahl.** Diese Auswahl ist **betriebsbezogen** vorzunehmen. Wird also ein ganzer Betrieb übertragen und werden alle widersprechenden Arbeitnehmer betriebsbedingt entlassen, entfällt eine Sozialauswahl. In diesem Fall muss nur geprüft werden, ob eine Weiterbeschäftigungsmöglichkeit in einem anderen Betrieb des Unternehmens nach § 1 Abs. 2 KSchG besteht. Beschäftigt der bisherige Betriebsinhaber nach dem Betriebsteilübergang noch Arbeitnehmer im Betrieb, hat er vor Ausspruch betriebsbedingter Kündigungen eine Sozialauswahl nach § 1 Abs. 3 KSchG durchzuführen. Das BAG hat es ausdrücklich abgelehnt, in diesen Fällen von einer Sozialauswahl ganz abzusehen (*BAG* 18.3.1999 EzA § 1 KSchG Soziale Auswahl Nr. 40).

3360 Das *BAG* (EzA § 1 KSchG Soziale Auswahl Nr. 40) berücksichtigt jedoch den Widerspruch bei der Sozialauswahl. In seinem Urteil vom 18.3.1999 (EzA § 1 KSchG Soziale Auswahl Nr. 40) hat es hierzu folgenden Leitsatz aufgestellt:

> »Bei der Prüfung der sozialen Gesichtspunkte sind die Gründe für den Widerspruch zu berücksichtigen. Je geringer die Unterschiede in der sozialen Schutzbedürftigkeit im Übrigen sind, desto gewichtiger müssen die Gründe des widersprechenden Arbeitnehmers sein. Nur wenn dieser einen baldigen Arbeitsplatzverlust oder eine baldige wesentliche Verschlechterung seiner Arbeitsbedingungen bei dem Erwerber zu befürchten hat, kann er einen Arbeitskollegen, der nicht ganz erheblich weniger schutzbedürftig ist, verdrängen.«

Im **Ergebnis** wird damit der soziale Besitzstand des widersprechenden Arbeitnehmers nicht unabhängig von den Widerspruchsgründen beurteilt. In diesem Zusammenhang hat das *BAG* (18.2.1999 EzA § 1 KSchG Soziale Auswahl Nr. 40) ausdrücklich abgelehnt, einen großzügigen Maßstab zugunsten des widersprechenden Arbeitnehmers anzulegen: 3361

»Entgegen der Auffassung des LAG ist nicht ein großzügiger Maßstab zugunsten des widersprechenden Arbeitnehmers geboten (so aber KR-*Pfeiffer* 5. Aufl., § 613 a BGB Rz. 65, 65 a). Eine echte Wahlfreiheit des Arbeitnehmers kann nur bestehen, wenn sie nicht zu Lasten eines – an sich unbeteiligten – Arbeitskollegen geht. Darin liegt keine »Entwertung des Widerspruchsrechts«. Vielmehr ist die rechtsgeschäftliche Abschlussfreiheit des Arbeitnehmers mit den berechtigten und schutzwürdigen Belangen der von dem Widerspruch betroffenen Arbeitskollegen in Einklang zu bringen. Das Kündigungsschutzgesetz schützt auch diese vor einem ungerechtfertigten Verlust des Arbeitsplatzes. Je geringer die Unterschiede hinsichtlich der sozialen Gesichtspunkte unter den vergleichbaren Arbeitnehmern sind, desto gewichtiger müssen die Gründe dafür sein, einen vom Betriebsübergang nicht betroffenen Arbeitnehmer zu verdrängen. Sind Bestand oder Inhalt des Arbeitsverhältnisses auch ohne Widerspruch des Arbeitnehmers ernsthaft gefährdet, kommt seiner Abschlussfreiheit gegenüber dem Bestandsschutz anderer Arbeitnehmer gleicher Rang im Rahmen einer sozialen Auswahl zu. Andererseits ergibt sich: Ist der widersprechende Arbeitnehmer sozial nicht ganz erheblich, sondern nur geringfügig schutzwürdiger als die vergleichbaren Arbeitnehmer, verdient er allenfalls dann den Vorrang, wenn seinem Widerspruch die berechtigte Befürchtung eines baldigen Arbeitsplatzverlustes oder einer baldigen wesentlichen Verschlechterung seiner Arbeitsbedingungen bei dem Erwerber zugrunde liegt.«

Muss der alte Betriebsinhaber einem widersprechenden Arbeitnehmer betriebsbedingt kündigen, kommt es nicht selten vor, dass er diesen Arbeitnehmer während der Kündigungsfrist nicht mehr beschäftigen kann, da der Betriebsübergang bereits vor Ablauf der – eventuell sehr langen – Kündigungsfrist vollzogen wurde. In diesem Fall stellt sich die Frage, ob der Arbeitnehmer bei einem entsprechenden Angebot des neuen Betriebsinhabers gezwungen ist, dieses Angebot anzunehmen, um Nachteile aufgrund des § 615 S. 2 BGB zu vermeiden. Das *BAG* hat dies in seinem Urteil vom 19.3.1999 (EzA § 613 a BGB Nr. 163) grds. bejaht und dabei folgenden Leitsatz aufgestellt: 3362

»Ein böswilliges Unterlassen des Erwerbs beim neuen Betriebsinhaber (§ 615 S. 2 BGB) ist nicht schon deswegen ausgeschlossen, weil der Arbeitnehmer das Widerspruchsrecht wirksam ausgeübt hat.«

cc) Individualrechtliche Folgen auf Seiten des Arbeitnehmers

Nach § 613 a Abs. 1 S. 1 BGB tritt der Erwerber in die Rechte und Pflichten aus dem Arbeitsverhältnis ein. Dieser Wortlaut ist zu eng. Das Arbeitsverhältnis geht als Vertragsverhältnis insgesamt auf den neuen Inhaber über (*Bauer/v. Steinau-Steinrück* in *Hölters* Handbuch des Unternehmens- und Beteiligungskaufs Teil V Tz. 146). 3363

C. Der Inhalt des Arbeitsverhältnisses

3364 Mit dem Arbeitsverhältnis gehen die **individualvertraglichen Absprachen** über. Individualvertraglich ändert sich für den Arbeitnehmer grds. nichts: Er nimmt alle individualvertraglichen Ansprüche mit. Ein Mitarbeiter, der zum Zeitpunkt des Betriebsüberganges eine zwanzigjährige **Betriebszugehörigkeit** aufweist, nimmt diese Betriebszugehörigkeit mit. Alles was konstitutiv im Arbeitsvertrag geregelt ist, wie z. B. **Dauer der Arbeitszeit, Höhe der Vergütung**, bleibt unverändert bestehen.

3365 Mit dem Betriebsübergang ist der Arbeitnehmer dem Erwerber gegenüber zur **Arbeitsleistung** verpflichtet. Der Erwerber muss ihm gegenüber die **Lohnzahlungspflicht** erfüllen. Auch Entgeltfortzahlungsansprüche und Ansprüche auf Sozialleistungen richten sich gegen den Erwerber, ebenso rückständige Lohnansprüche (*BAG* 18.8.1976 EzA § 613 a BGB Nr. 7), jedoch haftet er nicht für rückständige Beiträge zur Sozialversicherung oder rückständige Lohnsteuer (*BayObLG* 31.10.1974 BB 1974, 1582; MünchArbR/*Wank* § 120 Rz. 120).

3366 Der Erwerber tritt ferner in Ansprüche aufgrund **betrieblicher Übung** ein (*BAG* 6.12.1978 AP Nr. 7 zu § 2 AngKSchG). Soweit der Veräußerer bereits zweimal vorbehaltlos eine unbestimmte Zahlung geleistet hat, entsteht mit der erstmaligen Zahlung des Erwerbers ein Anspruch des Arbeitnehmers auf Zahlung der entsprechenden Leistung, da der Erwerber die Verhaltensweisen des Veräußerers gegen sich gelten lassen muss (*BAG* 23.3.1963 BB 1963, 938).

3367 Da sich § 613 a BGB auf solche Rechte und Pflichten beschränkt, die **im Arbeitsverhältnis** begründet sind, werden solche Rechtsverhältnisse nicht erfasst, die auf einem besonderen Rechtsakt beruhen, wie z. B. Prokuren, Handlungsvollmachten, Aufsichtsratsmandate oder Titel, wie z. B. Direktor.

3368 Hinsichtlich des Übergangs von **Arbeitnehmerdarlehen** ist zu differenzieren: Wenn das Darlehen zu den Rechten und Pflichten aus dem Arbeitsverhältnis gehört, kann es auf den Erwerber übergehen, was dann der Fall ist, wenn der Arbeitgeber dem Arbeitnehmer ein Darlehen als Lohn- oder Gehaltsvorschuss gegeben hat (*BAG* 21.1.1999 – 8 AZR 373/97–n. v.). Soweit jedoch ein Darlehensvertrag geschlossen wurde, der eigenständig ist und unabhängig von dem Arbeitsverhältnis ist, geht dieser Darlehensvertrag nicht mit über.

3369 Da sämtliche im Arbeitsverhältnis begründeten Vergütungsbestandteile nach § 613 a Abs. 1 S. 1 BGB übergehen, ist der Erwerber auch verpflichtet, **Mietkosten** zu erstatten, einen **Mietzuschuss** zu zahlen oder eine günstige **Mietwohnung** zu beschaffen. Diese Verpflichtung besteht lediglich dann nicht, soweit die Werkswohnungen im **Eigentum** des **Veräußerers** stehen, da der Erwerber die Wohnungen weder kraft Gesetzes erwirbt und auch der Mietvertrag nicht auf ihn übergeht (*Bauer/v. Steinau-Steinrück* in: *Hölters* Handbuch des Unternehmens- und Beteiligungskaufs Teil V, Rn. 183).

3370 Da die Arbeitsverhältnisse auf den Erwerber übergehen, besteht auch grds. kein **Zeugnisanspruch** nach § 630 BGB bzw. ab dem 1.1.2003 § 109 GewO. Wird allerdings nur ein Betriebsteil übertragen und gehen die Vorgesetzten des Mitarbeiters nicht mit über, wird ein Anspruch des Arbeitnehmers auf Erteilung eines **Zwischenzeugnisses** nach Treu und Glauben wohl angenommen werden müssen.

3371 Während das **gesetzliche Wettbewerbsverbot** nach § 60 HGB ohne weiteres nach § 613 a Abs. 1 S. 1 BGB auf den Erwerber übergeht, sind die Auswirkungen eines Betriebsübergangs auf **nachvertragliche Wettbewerbsverbote** nach §§ 74 ff. HGB umstritten. Ein Übergang nach § 613 a BGB scheidet aus, wenn zum Zeitpunkt des Betriebsübergangs das Arbeitsverhältnis bereits beendet ist und das nachvertragliche

Wettbewerbsverbot bereits zu laufen begonnen hat (*Bauer/Diller* Wettbewerbsverbote, Rz. 684 ff.). Das Wettbewerbsverbot bleibt jedoch gegenüber dem Veräußerer bestehen.

Soweit das Arbeitsverhältnis zum Zeitpunkt des Betriebsübergangs noch besteht, gehört ein **nachvertragliches Wettbewerbsverbot** grds. zu den Rechten und Pflichten aus dem Arbeitsverhältnis, in die der Erwerber nach § 613a Abs. 1 S. 1 BGB eintritt (ganz h. M., statt aller *Bauer/Diller* Wettbewerbsverbote, Rz. 669). Durch den Betriebsübergang ändert sich allerdings der Inhalt des Wettbewerbsverbots dahingehend, dass sich der Arbeitnehmer nunmehr einer Konkurrenz zum Erwerber enthalten muss. 3372

Die übergehenden Mitarbeiter behalten ihre individualvertraglichen Rechte und Pflichten auch dann, wenn sie in eine bestehende Betriebsorganisation integriert werden. Die Arbeitnehmer können nicht verlangen, dass ihre Arbeitsbedingungen auf das Niveau im Betrieb des Erwerbers angepasst werden. Umgekehrt können auch die Mitarbeiter des aufnehmenden Betriebes nicht verlangen, dass ihnen die gleichen Konditionen gewährt werden, wie den übernommenen Mitarbeitern (*BAG* 25.8.1976 EzA § 242 BGB Gleichbehandlung Nr. 11; 30.8.1979 EzA § 613a BGB Nr. 23). Die Rechtswirkungen, die in § 613a BGB vorgesehen sind, stellen einen **sachlichen Grund** für diese Ungleichbehandlung dar, sodass kein Verstoß gegen den Gleichbehandlungsgrundsatz vorliegt. 3373

dd) Rechtsfolgen auf Seiten des Erwerbers

Der Erwerber tritt in das Arbeitsverhältnis in dem Zustand ein, wie es zwischen Veräußerer und Arbeitnehmer bestand. Ihm stehen nunmehr auch die aus dem Arbeitsverhältnis etwa erwachsenen **Gestaltungsrechte** (z. B. Kündigungsrecht, Anfechtungsrecht) und Ansprüche (Herausgabe von Geschäftsunterlage, Unterlassen von Wettbewerb) zu. 3374

Der Erwerber **haftet für alle Ansprüche der übernommenen Arbeitnehmer**, unabhängig davon, ob sie vor oder nach dem Betriebsübergang entstanden und/oder fällig geworden sind (*Bauer/v. Steinau-Steinrück* in: *Hölters* Handbuch des Unternehmens- und Beteiligungskaufs Teil V, Rz. 241). Für die Ansprüche, die nach dem Betriebsübergang entstandenen sind, ist dies offensichtlich. Insoweit trifft den neuen Inhaber eine primäre unbeschränkte Haftung. Die Haftung für Ansprüche vor dem Betriebsübergang ist ebenfalls nicht begrenzt. Insbesondere der Jahresfrist des § 613a Abs. 2 BGB kann keine Begrenzung entnommen werden. Diese Regelung betrifft ausschließlich das Innenverhältnis zwischen Erwerber und Veräußerer (*Bauer/v. Steinau-Steinrück* a. a. O., Teil V, Rz 160). Der Erwerber haftet deshalb für Rückstände stets und ohne zeitliche Begrenzung (*Bauer/v. Steinau-Steinrück* a. a. O., Teil V, Rz. 241). 3375

Der Erwerber haftet nicht für Ansprüche von Arbeitnehmern, die zum Zeitpunkt des Betriebsüberganges bereits ausgeschieden waren. Das gilt z. B. auch dann, wenn das provisionspflichtige Geschäft erst von dem Betriebserwerber ausgeführt wird (*BAG* 11.11.1986 EzA § 613a BGB Nr. 60). 3376

ee) Rechtsfolgen auf Seiten des Veräußerers

Für Forderungen aus Arbeitsverhältnissen, die zum Zeitpunkt des Betriebsüberganges bereits beendet waren, haftet der Veräußerer allein und zeitlich unbeschränkt (*Bauer/v.Steinau-Steinrück* a. a. O., Teil V, Rz. 243). 3377

Der Veräußerer scheidet mit dem Betriebsübergang aus dem Arbeitsverhältnis aus. Ab diesem Zeitpunkt ist er nicht mehr Arbeitgeber der übergehenden Arbeitnehmer. 3378

C. Der Inhalt des Arbeitsverhältnisses

Der Veräußerer haftet jedoch uneingeschränkt weiterhin für Forderungen der Arbeitnehmer, die vor dem Betriebsübergang entstanden sind und fällig waren. Für derartige Ansprüche haftet der Veräußerer in voller Höhe (*Staudinger/Richardi* § 613 a BGB Rz. 211). Da für diese Forderungen auch der Erwerber haftet, besteht insoweit ein Gesamtschuldverhältnis.

3379 Der Veräußerer haftet nach § 613 a Abs. 2 S. 1 BGB schließlich neben dem Erwerber als Gesamtschuldner für Forderungen der Arbeitnehmer, die zwar vor dem Betriebsübergang entstanden sind, aber erst **innerhalb eines Jahres** nach dem Betriebsübergang fällig werden. Allerdings haftet der Veräußerer nur in dem Umfang, der dem im Zeitpunkt des Betriebsübergangs abgelaufenen Bemessungszeitraum entspricht (§ 613 a Abs. 2 S. 2 BGB).

ff) Fortgeltung von Kollektivnormen nach § 613 a Abs. 1 S. 2 bis 4 BGB

(1) Prinzip der Transformation § 613 a Abs. 1 S. 2 BGB

3380 Die Normen aus Tarifverträgen und Betriebsvereinbarungen gelten nur, wenn und soweit die jeweiligen Voraussetzungen vorliegen. Der Tarifvertrag gilt zwingend, wenn beide Seiten tarifgebunden sind (§ 4 Abs. 1 TVG) und unter den Geltungsbereich des Tarifvertrages fallen. Letzteres ist auch für die Geltung einer Betriebsvereinbarung erforderlich. Hieran ändert § 613 a BGB nichts. Der Gesetzgeber konnte nicht regeln, dass die beim Veräußerer geltenden Kollektivnormen auch beim Erwerber kollektivrechtlich fortgelten. Er hat deshalb zu einem **dogmatischen Trick** gegriffen. Die beim Veräußerer geltenden Kollektivnormen werden in **individualvertragliche Ansprüche transformiert** (§ 613 a Abs. 1 S. 2 BGB).

3381 Der Arbeitnehmer nimmt die bisher kollektivrechtlich normierten Ansprüche als individualvertragliche Ansprüche mit.

(2) Ausschluss der Transformation

3382 Die Transformation ist dann nicht notwendig, wenn die Normen auch beim Erwerber kollektivrechtlich gelten oder es zu dem betreffenden Regelungsgegenstand beim Erwerber eine eigene **kollektive Regelung** gibt (§ 613 a Abs. 1 S. 3 BGB). Eine kollektive Regelung ist jede Regelung in einem Tarifvertrag und einer Betriebsvereinbarung, unabhängig davon, ob sie vom Betriebsrat, Gesamt- oder Konzernbetriebsrat abgeschlossen wurde. Dabei wird die Transformation einer vom Veräußerer mit dem Betriebsrat abgeschlossenen Vereinbarung auf Erwerberseite nicht nur durch eine Betriebsvereinbarung, sondern auch durch eine Gesamt- oder Konzernvereinbarung und sogar durch einen Tarifvertrag, der den gleichen Gegenstand regelt, verhindert. Dies gilt auch umgekehrt. In diesem Fall ist jedoch stets zu prüfen, ob die Betriebsvereinbarung in Anbetracht des § 77 Abs. 3 BetrVG überhaupt wirksam ist. Unerheblich ist schließlich, ob die Regelung beim Erwerber günstiger oder ungünstiger ist. Es ist **kein Günstigkeitsvergleich** anzustellen (*BAG* 16.5.1995 NZA 1995, 1166). Insoweit gilt allein das **Ordnungsprinzip**. In jedem Fall muss die neue kollektive Regelung normativ gelten. Eine individualvertragliche Regelung, auch in Form einer Gesamtzusage oder betrieblichen Übung, genügt nicht. Die herrschende Meinung ist sich im Ergebnis darin einig, dass die Transformation nur **Auffangcharakter** hat (statt aller: *Bauer/v. Steinau-Steinrück* a. a. O., Teil V, Rz. 322; ErfK-*Preis* § 613 a BGB Rz. 95). Zur Transformation kommt es nur, wenn es beim Erwerber zu dem betreffenden Regelungsgegenstand keine kollektive Regelung gibt. § 613 a BGB sichert den Vorrang der kollektivrechtlichen Regelungen beim Betriebserwerber vor denen des Betriebsveräußerers, die sonst nach § 613 a Abs. 1 S. 2 BGB Inhalt der Arbeitsverhältnisse würden (*BAG* 1.8.2001 AP Nr. 225 zu § 613 a BGB).

(3) Inhalt der Transformation
Die Transformation erfasst nur den **normativen Teil des Tarifvertrages** oder **der Be-** 3383
triebsvereinbarung. Unter den Begriff der Betriebsvereinbarung fallen auch **Gesamt- und Konzernbetriebsvereinbarungen** (ErfK-*Preis* § 613a BGB Rz. 100). Schuldrechtliche Absprachen einer Betriebsvereinbarung werden nicht transformiert. Auch aus dem normativen Teil werden nur die Rechtsnormen transformiert, die Rechte und Pflichten aus dem Arbeitsverhältnis regeln (ErfK-*Preis* § 613a BGB Rz. 100). Letztendlich gelten damit nur sog. **Inhaltsnormen** individualvertraglich fort. Demgegenüber werden Abschluss-, Betriebs-, betriebsverfassungsrechtliche Normen und Normen über gemeinsame Einrichtungen grds. nicht transformiert (*Bauer/v. Steinau-Steinrück* a. a. O., Teil V, Rz. 318). Diese regeln im Zweifelsfall nicht Rechte und Pflichten aus dem Arbeitsverhältnis, sondern Fragen der Ordnung des Betriebes, der Organisationsgewalt des Arbeitgebers, sowie Fürsorgemaßnahmen zugunsten der Belegschaft insgesamt. Typische Betriebsnormen sind z. B. Arbeitszeitregelungen hinsichtlich der Lage der Arbeitszeit. **Regelungsabreden** werden ebenfalls nicht erfasst. Sie haben keine normative Wirkung (*Bauer/von Steinau-Steinrück* a. a. O., Teil V, Rz. 315).
Es werden nur die kollektiven Regelungen transformiert, die **zum Zeitpunkt des Be-** 3384
triebsüberganges gelten. Insoweit ist die Transformation **statisch**. Nach dem Betriebsübergang beim Veräußerer in Kraft tretende kollektive Regelungen gelten nicht mehr, sie werden von der Transformation nicht erfasst. Dies hat das *BAG* in seinem Urteil vom 4.8.1999 (EzA § 613 a BGB Nr. 184) wie folgt bestätigt:

»Die arbeitsvertragliche Bindung des Betriebsübernehmers an die Normen der beim alten Betriebsinhaber anwendbaren Tarifverträge für die Dauer eines Jahres nach Betriebsübergang umfasst allein die zur Zeit des Betriebsübergangs geltenden Tarifnormen (*BAG* 13.11.1985 BAGE 50, 158 = AP Nr. 46 zu § 613 a BGB; ErfK/*Preis* BGB § 613 a Rz. 71). Der im September 1996 geltende Manteltarifvertrag der Papierindustrie i. d. F. vom 6.1.1995 sah keine Entgeltfortzahlungsregelung in Höhe von 100% vor, sondern verwies auf die gesetzliche Regelung. Die heutige tarifliche Regelung wurde erst mit Wirkung ab dem 1.2.1997 eingeführt.«

Zum Zeitpunkt des Betriebsübergangs geltende Regelungen sind auch kollektivrecht- 3385
liche Inhaltsnormen, die nur noch nachwirken. Sie gelten noch, wenn auch nicht zwingend. Auch **nachwirkende Inhaltsnormen** werden deshalb transformiert (*BAG* 1.8.2001 AP Nr. 225 zu § 613 a BGB).

(4) Jahresfrist

aaa) Geltungsbereich der Jahresfrist
Transformierte Regelungen dürfen nicht **vor Ablauf eines Jahres** nach dem Betriebs- 3386
übergang zum Nachteil der Arbeitnehmer geändert werden. Diese Jahresfrist ist sicherlich die am häufigsten verkannte Frist im deutschen Arbeitrecht. Mindestens jeder zweiter Arbeitgeber geht davon aus, dass er im ersten Jahr nach einem Betriebs-

C. Der Inhalt des Arbeitsverhältnisses

übergang nichts zum Nachteil der Arbeitnehmer verändern kann, d. h. im ersten Jahr alles unverändert bleibt. Der zweite Irrglaube ist, dass der Erwerber nach Ablauf des ersten Jahres, in dem sich nichts verändert hat, nun alles einseitig so ändern darf, wie er dies möchte. Beides ist falsch. **Die Jahresfrist gilt nur für transformierte Regelungen.** Ansonsten gibt es keine Jahresfrist.

bbb) Änderungssperre innerhalb des Jahres

3387 **Innerhalb der Jahresfrist** dürfen die transformierten Regelungen in Anbetracht des § 613a Abs. 1 S. 4 BGB nicht mit Hilfe **einzelvertraglicher Vereinbarungen** zum Nachteil der Arbeitnehmer abgeändert werden (*BAG* 1.8.2001 AP Nr. 225 zu § 613a BGB).

3388 Von dieser einjährigen Änderungssperre macht das Gesetz **in zwei Fällen in § 613a Abs. 1 S. 4 BGB eine Ausnahme.** Nach der **ersten** Ausnahmeregelung entfällt die Änderungssperre in dem Moment, in dem der Tarifvertrag oder die Betriebsvereinbarung nicht mehr gilt, d. h. die Normen keine zwingende Wirkung mehr entfalten und deshalb nur noch nach § 4 Abs. 5 TVG oder § 77 Abs. 6 BetrVG nachwirken (*ErfK-Preis* § 613a BGB Rz. 103). Die **zweite** Ausnahmeregelung lässt eine Änderung vor Ablauf der Jahresfrist zu, wenn bei fehlender beiderseitiger Tarifgebundenheit im Geltungsbereich eines anderen Tarifvertrages dessen Anwendung zwischen dem neuen Inhaber und dem Arbeitnehmer vereinbart wird.

3389 Von diesen Regelungen völlig unberührt ist der Fall des § 613a Abs. 1. S. 3 BGB. Genauso wie eine kollektive Regelung beim Erwerber die Transformation dann verhindert, wenn sie zum Zeitpunkt des Betriebsüberganges normativ gilt, beendet sie die Transformation, wenn sie erst später beim Erwerber gilt, z. B. weil dieser erst später in den Arbeitgeberverband eintritt oder erst später eine entsprechende Betriebsvereinbarung abschließt. Dies gilt sowohl während als auch nach Ablauf der Jahresfrist.

ccc) Möglichkeiten nach Ablauf der Jahresfrist

3390 **Nach Ablauf der Jahresfrist** dürfen die transformierten Regelungen einvernehmlich mit Hilfe eines Änderungsvertrages auch zum Nachteil der Arbeitnehmer abgeändert werden. Stimmt der Arbeitnehmer dem nicht zu, bleibt auf individualvertraglicher Ebene nur die betriebsbedingte Änderungskündigung. Insoweit gelten die allgemeinen Voraussetzungen des § 2 KSchG. In der Praxis liegen diese Voraussetzungen meist nicht vor. Auf die Möglichkeit der Beendigung der Transformation nach § 613a Abs. 1 S. 3 BGB wurde bereits verwiesen.

gg) Besonderheiten bei Betriebsvereinbarungen

3391 Zu einer Transformation von Betriebsvereinbarungen kommt es insbesondere dann nicht, wenn die **Identität des Betriebes** beim Betriebsübergang gewahrt wird. Geht der Betrieb als Ganzes auf den Erwerber über, bleibt der Betriebsrat im Amt, und es gelten die Betriebsvereinbarungen kollektivrechtlich weiter (*BAG* 5.2.1991 EzA § 613a BGB Nr. 93). Diese Fortgeltung wird damit begründet, dass der neue Inhaber als Folge des Betriebsüberganges in vollem Umfange in die Arbeitgeberstellung seines Vorgängers und damit auch in dessen betriebsverfassungsrechtliche Stellung als **Partei** der Betriebsvereinbarungen eintritt (*BAG* 5.2.1991 EzA § 613a BGB Nr. 93).

3392 Soweit die betriebsverfassungsrechtliche Identität nicht erhalten bleibt, kommt es zu der in § 613a Abs. 1 S. 2 BGB vorgesehenen Transformation der Betriebsvereinbarungen. Dies ist insbesondere dann der Fall, wenn der Betrieb in einen anderen Betrieb integriert wird oder ein Betriebsteil abgespalten wird. Hierzu hat das *BAG* in seiner Entscheidung vom 27.7.1994 (EzA § 613 a BGB Nr. 123) folgenden Leitsatz aufgestellt:

> »Aus § 613 a Abs. 1 S. 2 BGB lässt sich nicht ableiten, dass Betriebsvereinbarungen nach einem Betriebsübergang nicht normativ fortwirken. Der Betriebserwerber tritt vielmehr in die betriebsverfassungsrechtliche Stellung des früheren Betriebsinhabers ein und ist an die im Betrieb geltenden Betriebsvereinbarungen jedenfalls so lange gebunden, bis sie ihr Ende finden, etwa dadurch, dass der Betrieb seine Identität verliert und deshalb aufhört zu bestehen (...).«

Da **freiwillige Betriebsvereinbarungen** nach § 77 Abs. 6 BetrVG keine Nachwirkung entfalten, sondern nach dem Auslaufen der Kündigungsfrist erlöschen, unterliegen sie einer nur begrenzten Transformation. Die Arbeitnehmer sollen durch die Transformation nicht schlechter, aber auch nicht besser gestellt werden. Soweit der Veräußerer die freiwilligen Betriebsvereinbarungen vor dem Betriebsübergang gekündigt hat, kommt eine Fortgeltung ohnehin nur noch in Betracht, wenn des Ende der Kündigungsfrist in die Zeit nach dem Betriebsübergang fällt. Wurde der **ganze Betrieb** veräußert, gilt die Betriebsvereinbarung bis zum Ablauf der Kündigungsfrist unmittelbar weiter. Danach erlischt sie. Wurde nur ein **Betriebsteil** veräußert, kommt es zur Transformation. Nach dem Ablauf der Kündigungsfrist fallen die fortgeltenden Regelungen der freiwilligen Betriebsvereinbarung ersatzlos weg, ohne dass es darüber hinaus noch einer Änderungskündigung bedarf (*Bauer/v. Steinau-Steinrück* NZA 2000, 505). 3393

hh) **Besonderheiten bei Tarifverträgen**

(1) **Grundsatz**
Tarifverträge müssen nur transformiert werden, soweit sie beim Erwerber nicht kollektiv weitergelten (*BAG* 24.6.1998 EzA § 20 UmwG Nr. 1). Der **Verbandstarifvertrag** gilt dann kollektivrechtlich fort, wenn der Betrieb(steil) auch nach dem Betriebsübergang unter seinen Geltungsbereich fällt und beiderseitige Tarifgebundenheit von Arbeitnehmern und Arbeitgebern besteht oder diese durch die Allgemeinverbindlichkeitserklärung nach § 5 Abs. 4 TVG ersetzt ist. Da die Verbandsmitgliedschaft des Veräußerers als höchstpersönliches Recht – auch bei Umwandlungsfällen – nicht im Wege der Gesamtrechtsnachfolge auf den Erwerber übergeht (*BAG* 24.6.1998 EzA § 20 UmwG Nr. 1), setzt eine kollektivrechtliche Bindung des Erwerbers entweder die Mitgliedschaft im zuständigen Arbeitgeberverband oder die Allgemeinverbindlichkeit des Tarifvertrages voraus. Ist also der Erwerber wie der Veräußerer Mitglied im Arbeitgeberverband Metall, gilt der Metall-Tarifvertrag auch nach dem Betriebsübergang für die tarifgebundenen Arbeitnehmer kollektivrechtlich. 3394

Bei einem **Firmentarifvertrag** wird der Erwerber eines Betriebes oder Betriebsteils nicht Vertragspartner eines Firmentarifvertrages. Der Erwerber tritt nur in die Rechte und Pflichten aus den bestehenden Arbeitsverhältnissen ein; nur insoweit wird er Rechtsnachfolger des Veräußerers. **Die Stellung als Tarifvertragspartei eines Firmentarifvertrages wird nicht von § 613 a BGB erfasst.** Ein Firmentarifvertrag wirkt deshalb im Rahmen des § 613 a BGB nicht kollektivrechtlich fort (*BAG* 20.6.2001 – 4 AZR 295/00 –). Ein Firmentarifvertrag wirkt kollektivrechtlich nur bei der Gesamtrechtsnachfolge in ein Unternehmen fort, da der Rechtsnachfolger hier in die Rechtsstellung seines Vorgängers einrückt (*BAG* 24.6.1998 EzA § 20 UmwG Nr. 1). 3395

(2) Tarifwechsel

3396 Im Regelfall ist der Erwerber nicht an den Tarifvertrag des Veräußerers gebunden. Ist der Erwerber in einem anderen Arbeitgeberverband Mitglied, gilt der Tarifvertrag beim Erwerber nicht kraft beiderseitiger Tarifbindung. Diese ist jedoch nach § 4 Abs. 1 TVG Voraussetzung, damit die Rechtsnormen des Tarifvertrages unmittelbar und zwingend gelten.

3397 Gilt der Tarifvertrag des Veräußerers bei dem Erwerber nicht kraft kongruenter Tarifgebundenheit kollektivrechtlich fort, werden die Inhaltsnormen nach **§ 613 a Abs. 1 S. 2 BGB** in arbeitsvertragliche Regelungen transformiert. Es werden die tarifvertraglichen Regelungen transformiert, die zum Zeitpunkt des Betriebsübergangs bestanden. Später in Kraft tretende Tarifverträge werden nicht mehr mitgenommen.

3398 Die Transformation unterbleibt, wenn beim Erwerber ein anderer Tarifvertrag kraft kongruenter Tarifgebundenheit gilt. Dieser Fall ist nur dann gegeben, wenn der neue Arbeitgeber entweder tarifgebunden ist oder ein allgemeinverbindlicher Tarifvertrag existiert. Da aber für die Tarifgeltung **eine kongruente Tarifgebundenheit, d. h. beiderseitige Tarifbindung** notwendig ist, müssen auch die Arbeitnehmer Mitglied der tarifvertragsschließenden Gewerkschaft sein. Voraussetzung ist deshalb in der Praxis, dass die tarifvertragsschließende Gewerkschaft, die den Verbandstarifvertrag des Veräußerers abgeschlossen hat, auch Vertragspartner des bei dem Erwerber geltenden Tarifvertrages ist. Die andere Möglichkeit, dass die Arbeitnehmer in die zuständige Gewerkschaft wechseln, ist eher unwahrscheinlich.

3399 In der Literatur (*Hromadka/Maschmann/Wallner* Tarifwechsel Rz. 345 ff. m. w. N.) ist in den letzten Jahren sehr intensiv die Frage erörtert worden, ob auch **eine einseitige Tarifbindung des neuen Arbeitgebers** die Transformation des Tarifvertrages verhindert. Diese Diskussion hat das *BAG* mit seinem Urteil vom 21.2.2001 (DB 2001, 1837) beendet. Es hat folgenden Leitsatz aufgestellt:

> »Der Senat hält daran fest, dass § 613 a Abs. 1 S. 3 BGB die kongruente Tarifgebundenheit sowohl des neuen Betriebsinhabers als auch des Arbeitnehmers voraussetzt.«

3400 Auch tarifvertragliche Ansprüche eines Arbeitnehmers, die nach § 613 a Abs. 1 S. 2 BGB Inhalt des Arbeitsverhältnisses mit dem Betriebserwerber geworden sind, können nun später durch einen Tarifvertrag, an den Betriebserwerber und Arbeitnehmer gebunden sind (hier: Firmentarifvertrag), eingeschränkt werden (*BAG* 16.5.1995 EzA § 613 a BGB Nr. 127). In diesem Fall wird die Transformation beendet. Es gilt bei Regelungsidentität ausschließlich der neue Tarifvertrag.

(3) Einzelvertragliche Bezugnahme auf einen Tarifvertrag

aaa) Grundsatz

3401 Ist der Arbeitnehmer nicht tarifgebunden, gilt der Tarifvertrag bis zum Zeitpunkt des Betriebsüberganges in vielen Fällen kraft individualvertraglicher Bezugnahme. Die tarifgebundenen Arbeitgeber wissen nicht, welche Arbeitnehmer tarifgebunden sind. Sie wollen bei der Anwendung des Tarifvertrages auch nicht differenzieren. Sie vereinbaren deshalb mit allen Arbeitnehmern, dass die Tarifverträge XY oder die jeweils für den Betrieb maßgeblichen Tarifverträge ergänzend Anwendung finden.

3402 Die Bezugnahme auf einen Tarifvertrag führt nicht dazu, dass der Tarifvertrag gem. § 3 TVG unmittelbar und zwingend gilt. Es handelt sich um eine **individualvertrag-**

C. Der Inhalt des Arbeitsverhältnisses

liche Vereinbarung. Der Tarifvertrag gilt kraft individualvertraglicher Vereinbarung als arbeitsvertragliche Regelung. Es stellt sich deshalb im Zusammenhang mit dem Betriebsübergang allein die Frage, mit welchem Inhalt diese Bezugnahmeklausel nach dem Betriebsübergang weiter gilt. Die Fortgeltung der individualvertraglichen Bezugnahme auf den Tarifvertrag beurteilt sich allein nach § 613 a Abs. 1 S. 1 BGB und nicht nach § 613 a Abs. 1 S. 2–4 BGB.

bbb) Verschiedene Bezugnahmeklauseln
Die Rechtsprechung differenziert zwischen zwei Arten von Bezugnahmeklauseln. Bei der **großen dynamischen Verweisungsklausel** wird auf den jeweils für den Betrieb geltenden Tarifvertrag verwiesen. Bei der **kleinen dynamischen Verweisungsklausel** wird auf einen konkreten Tarifvertrag Bezug genommen. Die kleine Verweisungsklausel wird zwar von der Rechtsprechung auch grds. als **dynamische** Verweisungsklausel ausgelegt (*BAG* 26.9.2001 DB 2002, 1005). Diese Dynamisierung führt jedoch nur dazu, dass der konkret vereinbarte Tarifvertrag in seiner jeweiligen Fassung gilt. Bei der kleinen dynamischen Klausel ist schließlich danach zu differenzieren, ob auf den Tarifvertrag Bezug genommen wird, an den der Arbeitgeber gebunden ist oder ob ein z. B. branchenfremder Tarifvertrag einbezogen wird, für den keine Tarifbindung besteht.   3403

ccc) Erwerber ist an den gleichen Verbandstarifvertrag gebunden
Diese Variante ist unproblematisch. Alle Klauseln gelten unverändert fort. Dies gilt auch für die Klausel, die auf einen branchenfremden Tarifvertrag verweist. Der Erwerber ist an diese konstitutive Vereinbarung gebunden. Es bleibt bei der Geltung des branchenfremden Tarifvertrages.   3404

ddd) Erwerber ist nicht tarifgebunden
Auch diese Variante ist unproblematisch. Alle Klauseln gelten grds. unverändert fort. Ist der Erwerber nicht tarifgebunden, werden für die tarifgebundenen Arbeitnehmer die beim Veräußerer geltenden Tarifnormen transformiert. Diese Transformation ist statisch. Dies ist bei den Bezugnahmeklauseln, die nicht auf einen branchenfremden Tarifvertrag verweisen zu beachten. Aus den dynamischen Bezugnahmeklauseln werden **statische** Bezugnahmeklauseln (*BAG* 4.8.1999 EzA § 613 a BGB Nr. 184; 29.8.2001 AP Nr. 17 zu § 1 TVG Bezugnahme auf Tarifvertrag; 26.9.2001 DB 2002, 1005). Sinn und Zweck der Bezugnahmeklausel ist die Gleichstellung der nicht tarifgebundenen Arbeitnehmer mit den tarifgebundenen. Werden bei den tarifgebundenen Arbeitnehmern die Tarifverträge aufgrund der Transformation auf den Zeitpunkt des Betriebsüberganges »eingefroren«, ist die Bezugnahmevereinbarung dahingehend auszulegen, dass auch nur diese Tarifverträge künftig auf das Arbeitsverhältnis Anwendung finden sollen. Tarifverträge, die erst nach dem Betriebsübergang in Kraft treten, werden von der Bezugnahmeklausel nicht mehr erfasst. Das BAG hat diesen Rechtssatz bisher zwar nur zur sog. kleinen dynamischen Bezugnahmeklausel aufgestellt. Diese Grundsätze gelten aber erst recht auch für die große dynamische Bezugnahmeklausel.   3405

eee) Erwerber ist an einen anderen Tarifvertrag gebunden
Wurde ein **branchenfremder Tarifvertrag** einbezogen, bleibt es bei dieser konstitutiven Regelung. Die Vereinbarung gilt unverändert fort. Die **große dynamische Bezugnahmeklausel** bereitet ebenfalls keine Probleme. Da der jeweils einschlägige Tarifver-   3406

Baeck/Haußmann

C. Der Inhalt des Arbeitsverhältnisses

trag vereinbart wurde, gilt nunmehr der Tarifvertrag, an den der Erwerber gebunden ist. Dies ist der für den Betrieb nunmehr einschlägige Tarifvertrag.

3407 Problematischer ist die Rechtslage bei der **kleinen dynamischen Klausel**. Hierzu hat das *BAG* in seinem Urteil vom 30.8.2000 (NZA 2001, 510) entschieden, dass die Gleichstellungsfunktion nicht dazu führt, dass bei Geltung eines neuen Tarifvertrages, der neue Tarifvertrag ebenfalls in Bezug genommen wird. Das BAG hat dies insbesondere damit begründet, dass der neue Tarifvertrag in diesen Fällen auch für die gewerkschaftlich organisierten Arbeitnehmer nicht gilt, wenn keine konkrete Tarifgebundenheit besteht. Der neue Tarifvertrag werde nur dann einbezogen, wenn sich aus **besonderen Umständen** ergebe, dass die Arbeitsvertragsparteien dies wollten (*BAG* 30.8.2000 NZA 2001, 510; 25.10.2000 AP Nr. 220 zu § 613 a BGB).

3408 In seinem Urteil vom 26.9.2001 (DB 2002, 1005) hat das *BAG* **diese Gleichstellungsfunktion** nochmals betont und folgenden Leitsatz aufgestellt:

> »Eine Gleichstellungsabrede hat zur Folge, dass der Arbeitnehmer unabhängig von seiner Tarifgebundenheit an der Tarifentwicklung des in Bezug genommenen Tarifvertrages teilnimmt, wie wenn er tarifgebunden wäre.«

3409 Nimmt man dies wörtlich, gilt Folgendes

- Gilt der neue Tarifvertrag für die tarifgebundenen übergeleiteten Arbeitnehmer (= Vergleichsgruppe) nicht, wird er auch nicht über die kleine dynamische Klausel einbezogen.
- Gilt der neue Tarifvertrag für die tarifgebundenen übergeleiteten Arbeitnehmer (= Vergleichsgruppe), da die Gewerkschaft (z. B. verdi) beide Tarifverträge abgeschlossen hat, wird er auch über die kleine dynamische Klausel einbezogen. Nur so kann die angestrebte Gleichstellung mit der Vergleichsgruppe erzielt werden.

ii) Altersversorgung

3410 Im Bereich der **betrieblichen Altersversorgung** gelten ebenfalls die allgemeinen obigen Grundsätze.

(1) Ausgeschiedene Arbeitnehmer

3411 Der Erwerber tritt nicht in die Versorgungsansprüche ein, wenn der Arbeitnehmer zum Zeitpunkt des Betriebsübergangs bereits ausgeschieden ist. Nur bestehende Arbeitsverhältnisse werden von § 613 a BGB erfasst.

(2) Individualvertragliche Ansprüche aktiver Arbeitnehmer

3412 In einem bestehenden Arbeitsverhältnis gehen individualvertraglich begründete Ansprüche auf Altersversorgung, unabhängig davon, ob sie auf einer individuellen Direktzusage, Gesamtzusage, betrieblichen Übung oder dem Gleichbehandlungsgrundsatz beruhen nach § 613 a Abs. 1 S. 1 BGB auf den Erwerber über. Insoweit gelten keine Besonderheiten. Neben den unverfallbaren Anwartschaften nach § 1 b BetrAVG tritt der Erwerber auch in noch verfallbare Anwartschaften ein. Das Schicksal dieser Zusagen beim Erwerber beurteilt sich nach allgemeinen Grundsätzen. Insoweit gelten keine Besonderheiten.

(3) Kollektivrechtliche Ansprüche aktiver Arbeitnehmer

Auch hier gelten die allgemeinen Grundsätze. Es ist zunächst zu prüfen, ob die Zusage nach dem Betriebsübergang kollektivrechtlich fortgilt. Falls ja, gibt es keine Probleme. Falls nicht, wird die Zusage grds. nach § 613a Abs. 1 S. 2 BGB transformiert. In diesem Fall ist entscheidend, ob es beim Erwerber eine kollektive Regelung gibt, welche die Transformation verhindert. Ist dies nicht der Fall, nimmt der Arbeitnehmer seine kollektivrechtlich begründete Zusage als individualvertraglichen Anspruch zum Erwerber mit. Gibt es beim Erwerber eine kollektive Versorgungsordnung, gilt diese für die übernommenen Mitarbeiter ab dem Zeitpunkt des Betriebsüberganges, soweit sich aus der Versorgungsordnung der Erwerbers nichts anderes ergibt. Auch insoweit gelten die allgemeinen Grundsätze. 3413

Bei der **Berechnung der vom Arbeitnehmer beim Erwerber erworbenen Anwartschaften** ist dieser nicht verpflichtet, die beim Veräußerer zurückgelegten Beschäftigungszeiten anzurechnen. Er kann dies tun, muss es jedoch nicht. 3414

Dies hat das *BAG* in seinem Urteil vom 24.7.2001 (DB 2002, 955) ausdrücklich festgestellt: 3415

>»Der Erwerber eines Betriebes ist nach § 613a BGB nicht verpflichtet, bei der Berechnung von Versorgungsleistungen auf Grund einer eigenen Versorgungszusage solche Beschäftigungszeiten anzurechnen, die von ihm übernommene Arbeitnehmer bei einem früheren Betriebsinhaber zurückgelegt haben. Er ist bei der Aufstellung von Berechnungsregeln frei, Vorbeschäftigungszeiten als wertbildende Faktoren außer Ansatz zu lassen. Unabdingbare Rechtsfolge eines Betriebsübergangs nach § 613a BGB ist lediglich, dass Vordienstzeiten beim Betriebsveräußerer bei der kraft Gesetzes entstehenden unverfallbaren Versorgungsanwartschaft mitberücksichtigt werden (*BAG* 30.8.1979 – 3 AZR 58/78 – AP BGB § 613a Nr. 16 = EzA BGB § 613a Nr. 23; 8.2.1983 – 3 AZR 229/81 – BAGE 44, 7 = AP BGB § 613a Nr. 35 mit Anm. *Blomeyer*; 19.12.2000 – 3 AZR 451/99 – AP BetrAVG § 1 Unverfallbarkeit Nr. 10 = EzA BGB § 613a Nr. 197; *Höfer* BetrAVG, Bd. I, Stand Juli 2000, § 1 Rn. 1483; *Andresen/Förster/Rößler/Rühmann* Arbeitsrecht der betrieblichen Altersversorgung, Teil 14 B, Rn. 340; *Schoden* BetrAVG § 1 Rn. 25; *Rühle* Betriebliche Altersversorgung und Mitbestimmung des Betriebsrats, S. 63).«

Rechnet der Erwerber die beim Veräußerer zurückgelegten Zeiten nicht an, stellt sich die Frage, was mit den Anwartschaften passiert, die der Arbeitnehmer beim Veräußerer erworben hat. Hierzu hat das *BAG* in seinem Urteil vom 24.7.2001 (DB 2002, 955) folgende **Leitsätze** aufgestellt: 3416

>»1. Auch bei der Verdrängung einer im veräußerten Betrieb geltenden Betriebsvereinbarung über Leistungen der Betrieblichen Altersversorgung durch eine beim Erwerber geltende Betriebsvereinbarung nach § 613a Abs. 1 S. 3 BGB ist der bis zum Betriebsübergang erdiente Versorgungsbesitzstand aufrechtzuerhalten.
>2. Dies bedeutet nicht, dass der bis zum Betriebsübergang erdiente Besitzstand vom Betriebsübernehmer stets zusätzlich zu der bei ihm erdienten Altersversorgung geschuldet wäre. Die gebotene Besitzstandswahrung führt grds. nur insoweit zu einem erhöhten Versorgungsanspruch, wie die Ansprüche aus der Neuregelung im Versorgungsfall hinter dem zurückbleiben, was bis zum Betriebsübergang erdient war.«

3417 Die beim Veräußerer erworbenen Anwartschaften werden demnach zwar aufrecht erhalten, allerdings nur im Sinne einer **Besitzstandswahrung**. Sie werden nicht generell zusätzlich zu den beim Erwerber erworbenen Anwartschaften geschuldet.

(4) Mittelbare Versorgungszusagen

3418 Probleme ergeben sich vor allem bei **mittelbaren Versorgungszusagen** (Unterstützungskassen, Pensionskassen, Pensionsfonds und Direktversicherungen), wenn der Erwerber nicht in der Lage ist, die Versorgung in ihrer jetzigen Form weiterzuführen. Das BAG wendet § 613 a Abs. 1 S. 1 BGB grds. nur auf das **Grundverhältnis** (Verhältnis zwischen Arbeitgeber und Arbeitnehmer) an (*BAG* 5.5.1977 EzA § 613 a BGB Nr. 13; 15.3.1979 EzA § 613 a BGB Nr. 22). Das **Deckungsverhältnis** (Verhältnis zwischen dem Arbeitgeber und dem mittelbaren Versorgungsträger) wird nach dieser Rechtsprechung nicht von § 613 a BGB erfasst. Bedient sich der Veräußerer einer Unterstützungskasse, verbleibt diese beim Veräußerer. Der Erwerber muss den übernommenen Arbeitnehmer eine entsprechende Versorgung »verschaffen«.

jj) Besonderheiten in der Insolvenz des Arbeitgebers

3419 Nachdem während der früher geltenden Konkursordnung die Anwendbarkeit von § 613 a BGB in Insolvenzfällen höchst umstritten war, stellt § **128 InsO** die Anwendbarkeit von § 613 a BGB nunmehr klar. Das europäische Recht steht dem auch nicht entgegen. Auch wenn der EuGH für die Richtlinie 77/187 entschieden hat, dass deren Anwendung auf Veräußerungen durch den Konkursverwalter nicht geboten ist, steht es den Mitgliedstaaten frei, unabhängig hiervon die Grundsätze der Richtlinie auf einen solchen Übergang anzuwenden (*EuGH* 7.2.1985 ZIP 1985, 824).

3420 § 613 a BGB ist in der Insolvenz allerdings nur dann uneingeschränkt anwendbar, soweit es um den Schutz der Arbeitsplätze und die Kontinuität des Betriebsrats geht (**Bestandsschutzfunktion**). Die von § 613 a BGB vorgesehene **Haftungsverteilung** findet jedoch keine Anwendung für solche Ansprüche, die bei Insolvenzöffnungen bereits entstanden waren. Da der insolvenzrechtliche Grundsatz der gleichen Gläubigerbefriedigung anderenfalls durchbrochen würde, haben insoweit die insolvenzrechtlichen Verteilungsgrundsätze Vorrang (*BAG* 13.7.1994 BAGE 77, 218).

3421 Für den Bereich der **betrieblichen Altersversorgung** findet § 613 a BGB nur dann eingeschränkte Anwendung, sofern der Betriebsübergang **nach** Eröffnung des Insolvenzverfahrens stattfindet. In diesem Fall schuldet der Erwerber im Versorgungsfall nur den bei ihm seit Betriebsübergang **zeitanteilig** erdienten Teil (*BAG* 4.7.1989 EzA § 1 BetrAVG Nr. 31). Wurde das Insolvenzverfahren erst nach dem Betriebs(teil)übergang eröffnet, haftet der Erwerber für sämtliche bisher entstandenen Ansprüche ohne Einschränkungen.

3422 Die mit Eröffnung des Insolvenzverfahrens eintretende Haftungsbeschränkung des Erwerbers bleibt auch dann bestehen, wenn das Insolvenzverfahren später mangels einer die Kosten des Verfahrens deckenden Masse nach § **207 InsO** eingestellt wird (*BAG* 11.2.1992 NZA 1993, 20). Das gilt allerdings nicht, wenn die Eröffnung des Insolvenzverfahrens von vornherein mangels Masse abgelehnt wurde (*BAG* EzA § 613 a BGB Nr. 97).

C. Der Inhalt des Arbeitsverhältnisses

IV. Sonderformen von Arbeitsverhältnissen

1. Arbeit auf Abruf (§ 12 TzBfG)

a) Begriffsbestimmung

§ 4 BeschFG (bis 31.12.2000) bzw. jetzt § 12 TzBfG (ab 1.1.2001) gestattet als einzige gesetzlich vorgesehene Form der Abrufarbeit die flexible Verteilung des vereinbarten Arbeitsdeputates. Der Arbeitgeber bestimmt einseitig die Lage der Arbeitszeit; der Umfang des Arbeitsdeputats ergibt sich dagegen aus dem Arbeitsvertrag. Enthält der Vertrag keine Festlegung, wird nach § 4 Abs. 1 BeschFG, jetzt § 12 TzBfG eine Wochenarbeitszeit von 10 Stunden fingiert. Nach Auffassung des *LAG Rheinland-Pfalz* (1.3.2000 ZTR 2000, 570) ist § 4 Abs. 1 BeschFG analog anwendbar, wenn in einem Arbeitsvertrag keine Vereinbarung über den (Mindest-)Umfang der Arbeitsleistung erfolgt ist, sondern diese stattdessen jeweils im Einzelfall durch die Vertragsparteien erfolgen sollen. Denn der Schutzzweck der Norm gebietet es, sie auch auf solche Vertragsgestaltungen anzuwenden, die dem Arbeitgeber die Möglichkeit eröffnen, durch die fehlende Unterbreitung von Arbeitsangeboten das Arbeitsverhältnis faktisch zu suspendieren.

Seit dem 1.1.2001 muss gem. § 12 Abs. 1 S. 2 TzBfG zwischen den Parteien eine Vereinbarung über die Dauer der täglichen Arbeitszeit erfolgen; kommt es nicht dazu, muss der Arbeitgeber die Arbeitsleistung des Arbeitnehmers jeweils für mindestens drei aufeinander folgende Stunden in Anspruch nehmen (§ 12 Abs. 1 S. 4 TzBfG; vgl. dazu *Busch* NZA 2001, 593 ff.).

3423

b) Flexible Arbeitszeitdauer

Eine **flexible Arbeitszeitdauer** kann nach der Rechtsprechung des *BAG* (12.3.1992 EzA § 4 BeschFG 1985 Nr. 1) demgegenüber nur dann vereinbart werden, wenn der einschlägige Tarifvertrag dies ausdrücklich gestattet. Denn gem. § 6 Abs. 1, 2 S. 1 BeschFG ist § 4 BeschFG, jetzt gem. § 12 Abs. 3 TzBfG, § 12 Abs. 1 TzBfG auch zum Nachteil des Arbeitnehmers tarifdisponibel (vgl. KDZ/*Zwanziger* § 12 TzBfG Rz. 29 ff.; *Viethen* NZA 2001 Sonderbeilage zu Heft 24, S. 8). Allerdings muss der einschlägige Tarifvertrag überhaupt Regelungen über die tägliche und wöchentliche Arbeitszeit und die Mindestankündigungsfrist enthalten. Das Gesetz stellt also Mindestanforderungen an Tarifverträge, die Arbeit auf Abruf regeln. Hinsichtlich möglicher Vereinbarungen über die wöchentliche und tägliche Arbeitszeit gelten gegenüber den für das Einzelarbeitsverhältnis anwendbaren Beschränkungen gewisse Erleichterungen. Es ist nicht eine bestimmte Arbeitszeit festzulegen, sondern es sind Regelungen über die tägliche und wöchentliche Arbeitszeit zu treffen. Es gilt deshalb (vgl. KDZ/*Zwanziger* § 12 TzBfG Rz. 29 ff.):

3424

– Die Tarifvertragsparteien müssen zwar festlegen, welche wöchentliche Arbeitszeit maßgebend ist. Das setzt zum einen voraus, dass überhaupt eine wochenbezogene Arbeitszeit festgelegt wird. Die Tarifvertragsparteien sind aber in der näheren Ausgestaltung der wochenbezogenen Arbeitszeit freier als die Arbeitsvertragsparteien. Denkbar ist z. B. ein Arbeitszeitkorridor mit einer Mindest- und Höchstarbeitszeit, soweit er nicht dem Arbeitgeber ein praktisch volles Entscheidungsrecht zugesteht
– ein Arbeitszeitkorridor zwischen 0 und 40 Stunden (vgl. *Kliemt* NZA 2001, 70).

C. Der Inhalt des Arbeitsverhältnisses

– Hinsichtlich der täglichen Arbeitszeit müssen die Tarifvertragsparteien eine Mindestheranziehungsdauer pro Arbeitstag festlegen. Eine andere Form der Regelung der täglichen Arbeitszeit ist nicht denkbar.
– Die von den Tarifvertragsparteien festgelegte Ankündigungsfrist (s. u. C/Rz. 3429 f.) darf nicht so kurz sein, dass es sich praktisch um keine Ankündigungsfrist mehr handelt. Selbst wenn die gesamten vier Tage, die zwischen dem Tag der Ankündigung und der verlangten Arbeit liegen müssen, wegfallen, wäre eine Ankündigung am Vortag notwendig. Daran sind auch die Tarifvertragsparteien gebunden.

3425 Demgegenüber wird in der Literatur (MünchArbR/*Schüren* § 165 Rz. 3) die Auffassung vertreten, dass eine variable Arbeitszeitdauer nicht nur die dem Arbeitsverhältnis zugrunde liegende Verteilung des Entgeltrisikos erheblich verschiebt, sondern auch den Vertragsinhaltsschutz von § 2 KSchG aufhebt. § 2 KSchG ist aber nicht tarifdisponibel.

c) Keine Beschränkung auf Teilzeitarbeitsverhältnisse?

3426 § 4 BeschFG, jetzt § 12 TzBfG beschränkt sich nicht auf Teilzeitbeschäftigungsverhältnisse, obwohl sich die Vorschrift im Abschnitt »Teilzeitarbeit« des BeschFG, jetzt TzBfG befindet. Dennoch lässt ihr Wortlaut keine arbeitszeitabhängige Beschränkung des Geltungsbereichs zu. Zudem kann Abrufarbeit aufgrund der fortschreitenden Arbeitszeitverkürzung mit Vollzeitarbeit auch im Rahmen des ArbZG praktiziert werden (MünchArbR/*Schüren* § 165 Rz. 4, 5; **a. A.** GK-TzA/*Mikosch* § 4 Rz. 17; *Hessisches LAG* 17.1.1997 NZA-RR 1997, 487 für § 4 Abs. 2 BeschFG). Andererseits lässt sich durchaus auch die Auffassung vertreten, dass eine Anwendung auf Vollzeitkräfte wegen der Einordnung der Norm im Abschnitt »Teilzeitarbeit« des TzBfG, eines Gesetzes, das sich allein mit Teilzeitarbeit und Befristung beschäftigt, nicht ohne weiteres geboten ist. Auch der Zweck der Vorschrift verlangt keine vollständige Übertragung auf Vollzeitkräfte. Denn die Regelung soll den Arbeitnehmern einmal einen gewissen Mindesteinsatz garantieren und zum anderen ihre Arbeitszeitsouveränität sichern. Hinsichtlich des ersten Gesichtspunkts sind Vollzeitkräfte nicht schutzwürdig. Auch Vollzeitkräfte haben aber andererseits, ebenso wie Teilzeitkräfte, ein Interesse daran, nicht von jetzt auf gleich zur Arbeit herangezogen zu werden. Deshalb ist zwar nicht § 12 Abs. 1, wohl aber § 12 Abs. 2 TzBfG analog auf Vollzeitkräfte anwendbar (*Löwisch* BB 1985, 1204; KDZ/*Zwanziger* § 12 TzBfG Rz. 8).

d) Verteilung der Arbeitszeit; Nichtausschöpfung des Arbeitsdeputats

3427 Die Verteilung der Arbeitszeit im Abrechnungszeitraum ist dem **Direktionsrecht** des Arbeitgebers überlassen.
Regelmäßig wird das Arbeitsdeputat pro Monat festgelegt, andererseits ist auch die Vereinbarung eines Jahresdeputats möglich.

3428 Der Nichtabruf der Arbeit, die Nichtausschöpfung des Arbeitsdeputats führt ohne weiteres zum **Annahmeverzug** des Arbeitgebers (§ 615 BGB). Es ist seine Sache, die Arbeitsleistung unter Einhaltung der Abruffrist im Bezugszeitraum so zu verteilen, dass das Deputat vollständig aufgebraucht wird. Der Arbeitnehmer ist gem. § 296 BGB nicht verpflichtet, seine Arbeitskraft ausdrücklich anzubieten, wenn ein Abruf im Bezugszeitraum unterbleibt (*Hanau* RdA 1987, 28 f.).
Die einseitige Leistungsbestimmung des Arbeitgebers ist gem. **§ 315 Abs. 1 BGB** nach billigem Ermessen zu treffen.

e) Ankündigungsfrist

Gem. § 4 Abs. 2 BeschFG, jetzt § 12 Abs. 2 TzBfG muss der Arbeitgeber den Arbeitseinsatz mindestens vier Tage im Voraus ankündigen. Gerade durch diese Ankündigungsfrist wird der Unterschied zur Arbeits- und Rufbereitschaft klargestellt. Die Frist berechnet sich nach §§ 186 ff., 193 BGB (GK-TzA/*Mikosch* § 4 Rz. 74 ff.). Sie dient dem Schutz der Dispositionsfreiheit des Arbeitnehmers über seine Zeit. Sie ist die unterste Grenze für einen ordnungsgemäßen Abruf. Von Notfallsituationen abgesehen ist es deshalb nicht rechtsmissbräuchlich, sich auf die Einhaltung der Mindestabruffrist zu berufen. **Wird die Frist nicht eingehalten, ist der Abruf unwirksam und entfaltet keine Regelungswirkung.** Er lässt insbesondere auch das noch verbleibende Arbeitsdeputat unberührt (KDZ/*Zwanziger* § 12 TzBfG Rz. 23). 3429

f) Mindestdauer der Arbeitseinsätze

Nach **§ 4 Abs. 3 BeschFG** war der Arbeitgeber im Zweifel verpflichtet, nur Arbeitseinsätze von mindestens drei Stunden anzuordnen, gem. § 12 TzBfG muss der vertragliche vereinbarte Rahmen, ansonsten ebenfalls mindestens drei Stunden eingehalten werden. 3430

Bei einem Verstoß gegen § 4 Abs. 3 BeschFG, jetzt § 12 Abs. 1 TzBfG ist der Abruf nach Auffassung von *Mikosch* (GK-TzA § 4 Rz. 81, 91) insgesamt unverbindlich. Er wird in ein Angebot an den Arbeitnehmer umgedeutet, eine verkürzte Arbeitszeit zu vereinbaren. Zudem kann der Arbeitgeber unter Einhaltung der Ankündigungsfrist die Arbeitszeit auf das maßgebliche Mindestmaß aufstocken (KDZ/*Zwanziger* § 12 TzBfG Rz. 20). Demgegenüber ist nach Auffassung von *Wlotzke* (NZA 1984, 219) jede unzulässige Weisung dieser Art in eine gesetzeskonforme Anordnung mit dreistündiger Beschäftigungsdauer umzudeuten. Wird trotzdem weniger Arbeitsleistung angenommen, weil der Bedarf nur entsprechend gering ist, kommt der Arbeitgeber hinsichtlich der Restzeit in Annahmeverzug (§ 615 Abs. 1 BGB). Außerdem wird sie voll auf das Arbeitsdeputat angerechnet. 3431

g) Arbeitsentgelt ohne Arbeitsleistung

Da der Arbeitgeber von seinem Leistungsbestimmungsrecht kaum so Gebrauch machen wird, dass ein **gesetzlicher Feiertag** als Tag zu leistender Abrufarbeit bestimmt wird, wird in der Literatur (MünchArbR/*Schüren* § 165 Rz. 49 ff.; abl. GK-TzA/*Mikosch* § 4 Rz. 208 f.) eine **Durchschnittsberechnung** vorgeschlagen, ähnlich wie sie der Gesetzgeber in § 11 EFZG für die Heimarbeiter vorgesehen hat. Damit soll verhindert werden, dass der Arbeitgeber Feiertagsvergütung nur bezahlen muss, wenn er aus Ungeschick bei der Festlegung der Arbeitszeit einen Feiertag übersehen hat. 3432

Aus ähnlichen Überlegungen heraus soll im **Krankheitsfall**, insbesondere wenn die Krankheit in Zeiten hineinreicht, für die noch kein Arbeitsabruf verbindlich festgelegt ist, auf der Basis der hypothetischen Arbeitszeitlage abgerechnet werden, also danach, wie der Arbeitgeber Arbeit abgerufen hätte, wenn der Arbeitnehmer nicht erkrankt gewesen wäre. Ist das nicht möglich, oder mit großen Schwierigkeiten verbunden, so soll nach dem Durchschnittsprinzip abgerechnet werden. Dazu wird das (noch) zur Verfügung stehende Arbeitsdeputat rechnerisch auf jeden potentiellen Arbeitstag in der Abrechnungseinheit verteilt und der Durchschnittswert ermittelt. Für jeden dieser potentiellen Arbeitstage, der in der Abrechnungseinheit wegen Krankheit ausfällt, kürzt man das verbleibende, noch abrufbare Arbeitsdeputat um diesen Durchschnittswert (GK-TzA/*Mikosch* § 4 Rz. 104). 3433

C. Der Inhalt des Arbeitsverhältnisses

3434 Andererseits stellt es keine Benachteiligung der Abrufarbeitnehmer dar, wenn der Arbeitgeber die Arbeitseinsätze zeitlich so legt, dass der Arbeitnehmer **seinen sonstigen Verpflichtungen in der Freizeit nachkommen kann** (vgl. KDZ/*Zwanziger* § 12 TzBfG Rz. 34 f.). Allerdings gilt § 616 BGB, wenn der Arbeitgeber bereits von seiner Abrufbefugnis Gebrauch gemacht hat und der Arbeitnehmer in dieser Zeit aus persönlichen Gründen verhindert ist.
Zur Berechnung des Umfangs des Urlaubsanspruchs s. o. C/Rz. 1767 ff.

2. Arbeitsplatzteilung (§ 13 TzBfG)

a) Begriffsbestimmung

3435 Bei der Arbeitsplatzteilung regeln die Arbeitsverträge der beteiligten Arbeitnehmer **Arbeitsdeputat, Arbeitsaufgaben und das zur Arbeitsplatzteilung notwendige Zusammenwirken.** Im Normalfall handelt es sich um zwei Teilzeitbeschäftigungsverhältnisse mit gleichen Arbeitsaufgaben. Das Zusammenwirken besteht, abgesehen von der Koordination bei der Leistungserbringung, in der gruppeninternen Verteilung der Arbeitsdeputate. Diese Verteilung ist notwendig, damit der geteilte Vollzeitarbeitsplatz durchgehend besetzt wird (Arbeitszeitplanung). Die Gemeinsamkeit der Arbeitsleistung besteht beim Jobsharing darin, dass **die Arbeitnehmer die Aufgabe eines Arbeitsplatzes zeitmäßig untereinander verteilen.**

b) Lage der Arbeitszeit

3436 Die Lage der Arbeitszeit wird durch einen **Arbeitszeitplan** bestimmt, den die beteiligten Arbeitnehmer gemeinsam erstellen (Zeitsouveränität). Er orientiert sich an dem zeitlichen Rahmen, der durch den Vollzeitarbeitsplatz vorgegeben ist. Die Leistungsbestimmung erfolgt gem. § 317 BGB. Sie ist deshalb atypisch, weil sie innerhalb des einzelnen Arbeitsverhältnisses nicht durch den Arbeitnehmer allein erfolgt, sondern gemeinsam mit dem als Dritten einzuordnenden Teamkollegen. Die Arbeitszeit muss nach billigem Ermessen unter Berücksichtigung der Anforderungen des Arbeitsplatzes verteilt werden. Ist die Leistungsbestimmung offensichtlich unbillig, kann nach § 319 Abs. 1 S. 2 BGB eine gerichtliche Regelung herbeigeführt werden. Eine **Abweichung** von der Verteilung kommt wegen ihrer Gestaltungswirkung nur noch **einvernehmlich mit dem Arbeitgeber** in Betracht (MünchArbR/*Schüren* § 167 Rz. 18 ff.).

c) Vertretungstätigkeit

3437 § 5 Abs. 1 BeschFG, ab 1.1.2001 § 13 TzBfG regelt die Vertretungsarbeit. Vereinbart der Arbeitgeber mit zwei oder mehr Arbeitnehmern, dass diese sich die Arbeitszeit an einem Arbeitsplatz teilen, so sind bei Ausfall eines Arbeitnehmers die anderen in die Arbeitsplatzteilung einbezogenen Arbeitnehmer zu seiner Vertretung nur aufgrund einer für den einzelnen Vertretungsfall geschlossenen Vereinbarung verpflichtet.

3438 Allerdings kann die Pflicht zur Vertretung auch vorab für den Fall eines dringenden betrieblichen Bedürfnisses vereinbart werden. Der Arbeitnehmer ist jedoch zur Vertretung nur verpflichtet, wenn sie ihm im Einzelfall zumutbar ist.

Diese Regelung ist nicht dahin zu verstehen, dass im Gegensatz zum eindeutigen Verbot in § 4 Abs. 1 BeschFG, jetzt § 12 TzBfG doch ein variables Arbeitszeitdeputat zugelassen wird. Vielmehr soll nur bestätigt werden, dass arbeitsvertraglich die Verpflichtung eines Arbeitnehmers begründet werden kann, in begrenztem Umfang über das vereinbarte, persönliche Arbeitsdeputat hinaus Mehrarbeit zu leisten. Wesentlich für die **Zumutbarkeit** im Einzelfall ist die zeitliche Lage, der Umfang sowie die vom Arbeitgeber eingehaltene Ankündigungsfrist. Nach Auffassung von *Schüren* (MünchArbR § 167 Rz. 34) kann gewöhnlich bei Einhaltung einer Ankündigungsfrist von vier Tagen in Anlehnung an § 4 Abs. 1 BeschFG, jetzt § 12 TzBfG die Leistung von Vertretungsarbeit verlangt werden. Etwas anderes kann aber im Einzelfall z. B. dann gelten, wenn ein Arbeitnehmer Kinderbetreuungspflichten ausnahmsweise für eine bestimmte Zeit nicht delegieren kann. 3439

Gem. § 13 Abs. 4 TzBfG sind tarifvertragliche Abweichungen auch zu Ungunsten des Arbeitnehmers zulässig, wenn der Tarifvertrag Regelungen über die Vertretung des Arbeitnehmers enthält. Im Geltungsbereich solcher Tarifverträge können auch nicht tarifgebundene Arbeitgeber und Arbeitnehmer die Anwendung dieser tarifvertraglichen Regelungen vereinbaren (vgl. *Viethen* NZA 2001 Sonderbeilage zu Heft 24, S. 8). 3440

d) Entgelt ohne Arbeitsleistung
Hinsichtlich der Entgeltfortzahlung bei Krankheit, persönlicher Verhinderung, kann auf die für die Arbeit auf Abruf entwickelten Grundsätze (s. o. C/Rz. 3423) Bezug genommen werden (vgl. ausf. *Zietsch* NZA 1997, 526 ff.). 3441

e) Kündigungsverbot
Gem. § 5 Abs. 2 BeschFG, jetzt § 13 Abs. 2 TzBfG ist im Falle der Arbeitsplatzteilung die Kündigung eines Arbeitnehmers wegen des Ausscheidens eines anderen Arbeitnehmers aus der Arbeitsplatzteilung unwirksam. Das Recht zur Änderungskündigung wegen des Ausscheidens eines anderen Arbeitnehmers aus der Arbeitsplatzteilung sowie zur Kündigung des Arbeitsverhältnisses aus anderen Gründen bleibt allerdings unberührt. 3442

Entfällt also z. B. zeitgleich mit dem Ausscheiden eines Teammitglieds der Bedarf für die Arbeitsleistung des gesamten Teams aus betrieblichen Gründen, so ist die betriebsbedingte Kündigung auch des verbliebenen Teammitglieds möglich. § 5 Abs. 2 BeschFG, jetzt § 13 Abs. 2 TzBfG gilt **unabhängig von der Anwendbarkeit des KSchG**, also auch in Kleinbetrieben sowie vor Ablauf der sechsmonatigen Wartefrist. 3443

3. Gruppenarbeitsverhältnis

a) Begriffsbestimmung

> Ein Gruppenarbeitsverhältnis liegt dann vor, wenn die Arbeitsleistung nicht von einem Arbeitnehmer allein, sondern von mehreren Arbeitnehmern (der Gruppe) gemeinsam erbracht und geschuldet wird. Sie müssen eine gemeinsame Arbeitsaufgabe erfüllen. Wenn jeder Arbeitnehmer im Rahmen eines Arbeitsvertrages eine abgegrenzte Arbeitsaufgabe hat, liegt keine Gruppenarbeit vor. 3444

C. Der Inhalt des Arbeitsverhältnisses

Zu unterscheiden sind Betriebsgruppen, die vom Arbeitgeber zusammengestellt werden und Eigengruppen, in denen sich die Arbeitnehmer selbst organisiert und gemeinsam dem Arbeitgeber zum Abschluss des Arbeitsvertrages angeboten haben.

b) Betriebsgruppen

aa) Rechtsgrundlage

3445 Häufig handelt es sich bei der Betriebsgruppe um eine **Akkordgruppe**, die gebildet wurde, um den Akkordlohn aus der Gesamtleistung der in der Gruppe zusammengeschlossenen Arbeitnehmer zu berechnen. Der Arbeitgeber ist kraft seines **Direktionsrechts**, sofern keine vertraglichen Abreden entgegenstehen, berechtigt, aus bei ihm beschäftigten Arbeitnehmern eine Gruppe zusammenzustellen. Ohne vertragliche Vereinbarung hat er aber nicht die Befugnis, einseitig statt Einzelentlohnung Gruppenentlohnung festzusetzen (*Schaub* Arbeitsrechtshandbuch § 182 I 2).

bb) Rechtsstellung der einzelnen Arbeitnehmer

3446 Die einzelvertraglichen Ansprüche, insbesondere der Vergütungsanspruch bleiben durch die Bildung der Betriebsgruppe sowohl dem Grunde als auch der Höhe nach unberührt.

Das einzelne Gruppenmitglied hat im Übrigen keine isolierte Arbeitsaufgabe, sondern die vertragliche Pflicht, sich an der Erfüllung der gemeinsamen Aufgabe zu beteiligen. Insoweit muss er nicht nur den auf ihn entfallenden Teil der Arbeit sachgerecht leisten, sondern im Rahmen des Zumutbaren darauf hinwirken, etwaige Schlechtleistungen anderer Gruppenmitglieder zu verhindern (MünchArbR/*Marschall* § 171 Rz. 6).

cc) Haftung; Darlegungs- und Beweislast

3447 Folglich verteilt sich bei der Haftung einer Arbeitsgruppe die Beweislast zwischen Arbeitgeber und Arbeitnehmer nach Gefahrenbereichen.

Den Arbeitgeber trifft die Darlegungs- und Beweislast dafür, dass ihm ein Schaden durch vertragswidrige Schlechtleistung der Gruppe verursacht wurde.
Jedes einzelne Gruppenmitglied kann sich, wenn ihm dieser Beweis gelungen ist, entlasten, indem es darlegt und beweist, dass es selbst die von ihm geschuldete Arbeitsleistung erbracht und den Schaden auch nicht durch Verletzung arbeitsvertraglicher Nebenpflichten mitverursacht hat (*BAG* 28.7.1972 AP Nr. 7 zu § 282 BGB). Im Gruppenarbeitsverhältnis wurde § 282 BGB a. F. analog angewendet, sodass der auf Schadensersatz wegen Verletzung einer Vertragspflicht in Anspruch genommene Vertragsteil die Beweislast für fehlendes Verschulden dann trägt, wenn die Schadensursache in seinem Gefahrenbereich liegt.

dd) Auflösung, Veränderung der Betriebsgruppe

3448 Der Arbeitgeber kann im Rahmen seines Direktionsrechts die von ihm zusammengesetzte Betriebsgruppe auflösen oder ihren Bestand durch den Austausch von Arbeitnehmern verändern (MünchArbR/*Marschall* § 171 Rz. 10).

C. Der Inhalt des Arbeitsverhältnisses

c) Eigengruppe

aa) Begriffsbestimmung; Beispiele

Bei der Eigengruppe schließt sich eine Mehrzahl von Arbeitnehmern bereits vor Eintritt in das Arbeitsverhältnis zusammen und bietet als Gruppe ihre Arbeitsleistung dem Arbeitgeber an. Das Arbeitsverhältnis besteht, sofern nichts Abweichendes vereinbart wird, zwischen Arbeitgeber und Eigengruppe. **3449**

Beispiele für Eigengruppen sind Bauarbeitergruppen, z. B. Maurer- oder Putzkolonnen, ein Hausmeister- oder Heimleiterehepaar, auch Musikkapellen kommen in Betracht. Allerdings sieht der Bundesmanteltarifvertrag für Musikkapellen vor (§ 2 Abs. 2), dass Arbeitgeber jedes Kapellenmitglieds grds. der Betriebsinhaber ist, mit dem der Vertrag der Kapelle abgeschlossen wurde. **3450**

bb) Entgeltansprüche; Haftung
Der Lohnanspruch steht der gesamten Eigengruppe zu. Ein einzelnes Mitglied hat nicht das Recht, den gesamten Lohn der Gruppe oder eine unteilbare Leistung vom Arbeitgeber zu fordern. **3451**
Ob eine **gesamtschuldnerische Haftung** der einzelnen Gruppenmitglieder für wechselseitiges Verschulden besteht (§§ 421 ff. BGB), ist Sache der **Vertragsauslegung**. Bei einer Eigengruppe haften die einzelnen Mitglieder für die Schlechtleistung anderer jedenfalls eher als bei der Betriebsgruppe.

cc) Kündigung und Kündigungsschutz
Grds. kann der Arbeitgeber die Eigengruppe **nur als Gesamtheit kündigen**; Gleiches gilt für die Kündigung der Eigengruppe, soweit nichts anderes vereinbart worden ist, da die Arbeitsleistung nicht getrennt erbracht werden kann. Vor einer Kündigung sind allen Gruppenmitgliedern Abmahnungen auszusprechen. Ebenso wie die Kündigung kann auch die Abmahnung gegenüber allen Gruppenmitgliedern ausgesprochen werden, auch wenn lediglich ein individuelles Fehlverhalten eines Gruppenmitglieds vorliegt (*LAG Sachsen-Anhalt* 8.3.2000 NZA-RR 2000, 528). **3452**
Wird die von der Eigengruppe geschuldete Leistung durch das Verhalten eines Gruppenmitglieds unmöglich (wird z. B. durch das schlechte Spiel eines Musikkapellenmitglieds die Gesamtleistung der Kapelle minderwertig), so kann der gesamten Eigengruppe gekündigt werden, wenn die Restgruppe die vertraglich ausbedungene Gesamtleistung nicht mehr erbringen kann (*LAG Düsseldorf* 6.9.1956 AP Nr. 12 zu § 626 BGB).
Andererseits wird aber auch der für ein Gruppenmitglied bestehende **besondere Kündigungsschutz** (z. B. § 9 MuSchG, *BAG* 21.10.1971 AP Nr. 1 zu § 611 BGB Gruppenarbeitsvertrag) auf alle Gruppenmitglieder **ausgedehnt**. **3453**

dd) Auflösung der Eigengruppe; Mitgliederwechsel
Die Eigengruppe löst sich durch übereinstimmende Willenserklärungen selbst auf; die Auflösung kann den Arbeitgeber zur fristlosen Kündigung der Gruppenmitglieder berechtigen, wenn sie zu einer Leistungsminderung führt. Die Eigengruppe kann ihre Mitglieder austauschen, es sei denn, dass etwas anderes vereinbart ist. **3454**

C. Der Inhalt des Arbeitsverhältnisses

4. Mittelbares Arbeitsverhältnis

a) Begriffsbestimmung

3455 Ein mittelbares Arbeitsverhältnis liegt vor, wenn ein Arbeitnehmer von einem Mittelsmann beschäftigt wird, der seinerseits selbst Arbeitnehmer eines Dritten ist, und der Arbeitnehmer mit Wissen des Unternehmers unmittelbar für diesen Arbeit leistet.

3456 Erforderlich ist:
- ein **Unterordnungsverhältnis** zwischen dem mittelbaren Arbeitnehmer und dem Hauptarbeitnehmer,
- eine **Einstellung** mit Duldung des mittelbaren Arbeitgebers,
- ein unmittelbarer **wirtschaftlicher Nutzen** des mittelbaren Arbeitgebers aus der Arbeitsleistung des mittelbaren Arbeitnehmers;
- dass die Arbeitsleistung des mittelbaren Arbeitnehmers die **Erfüllung der dem Mittelsmann** als Hauptarbeitnehmer arbeitsvertraglich **obliegenden Pflichten** darstellt (MünchArbR/*Marschall* § 172 Rz. 12 ff.).

b) Inhaltliche Ausgestaltung

3457 Hinsichtlich der inhaltlichen Ausgestaltung gelten, wenn der Vertrag zwischen mittelbarem Arbeitnehmer und Mittelsmann keine Bestimmungen enthält, folgende Auslegungsgrundsätze:
Das **Direktionsrecht** steht grds. dem Mittelsmann zu. Demgegenüber steht es dem mittelbaren Arbeitgeber weitgehend zu, wenn der mittelbare Arbeitnehmer unmittelbar in dessen Betrieb arbeitet.

3458 **Schuldner der Vergütung** ist der Mittelsmann als Arbeitgeber. Ausnahmsweise hat der mittelbare Arbeitnehmer aber einen unmittelbaren Lohnanspruch gegen den mittelbaren Arbeitgeber, wenn eine missbräuchliche Inanspruchnahme der Rechtsform des mittelbaren Arbeitsverhältnisses gegeben ist. Das ist dann der Fall, wenn die Mittelsmänner unternehmerische Entscheidungen nicht treffen und keinen Gewinn erzielen können (*BAG* 20.7.1982 EzA § 611 BGB Mittelbares Arbeitsverhältnis Nr. 1).

3459 Neben den allgemeinen Gründen für die **Beendigung eines Arbeitsverhältnisses** endet das mittelbare Arbeitsverhältnis auch dann, wenn das unmittelbare Arbeitsverhältnis zwischen Mittelsmann und mittelbarem Arbeitgeber endet, es sei denn, dass etwas anderes vereinbart worden ist. Eine Kündigung des Arbeitsverhältnisses des mittelbaren Arbeitnehmers ist im Übrigen nur durch und gegenüber dem Mittelsmann möglich, weil er Vertragspartner und Arbeitgeber ist. Folglich ist auch gegen ihn eine Kündigungsschutzklage zu richten.

5. Leiharbeitsverhältnis (nichtgewerbsmäßige Arbeitnehmerüberlassung)

a) Begriffsbestimmungen

3460 Ein Leiharbeitsverhältnis liegt vor, wenn ein Arbeitgeber (Verleiher) seinen Arbeitnehmer (Leiharbeitnehmer) einem Dritten (Entleiher) nichtgewerbsmäßig zur Arbeitsleistung überlässt.
Die Überlassung erfolgt dann nicht gewerbsmäßig, wenn der Verleih nur **gelegentlich und nicht in Wiederholungsabsicht** geschieht, ferner dann, wenn es an einer **Gewinnerzielungsabsicht** des Verleihers **fehlt**.

C. Der Inhalt des Arbeitsverhältnisses

An der Gewinnerzielungsabsicht fehlt es z. B., wenn sich der Verleiher nur die reinen Personalkosten vom Entleiher erstatten lässt (*BAG* 21.3.1990 EzA § 1 AÜG Nr. 2).

b) Vermutung für Arbeitsvermittlung; Rechtsfolgen

Gem. **§ 1 Abs. 2 AÜG** wird dann, wenn Arbeitnehmer Dritten zur Arbeitsleistung überlassen werden, ohne dass der Überlassende die üblichen Arbeitgeberpflichten (Lohnzahlungspflicht, Erholungsurlaub, Entrichtung von Sozialversicherungsbeiträgen) oder das Arbeitgeberrisiko übernimmt oder die Dauer der Überlassung im Einzelfall neun (seit 1.1.1998 12) Monate übersteigt, **vermutet, dass der Überlassende Arbeitsvermittlung betreibt.** 3461

Beispiel:
Bedient sich z. B. die Bundesrepublik Deutschland zur Durchführung von Zivildienstlehrgängen in von ihr geführten Zivildienstschulen solcher Lehrkräfte, die ihr von Dritten als deren Arbeitnehmer vertraglich zur Verfügung gestellt werden, so handelt es sich um unerlaubte, nichtgewerbsmäßige Arbeitnehmerüberlassung (*BAG* 1.6.1994 EzA § 1 AÜG Nr. 3). 3462

c) Widerlegung der Vermutung

Für die Widerlegung der Vermutung aus § 1 Abs. 2 AÜG ist erforderlich, dass nach der gesamten Gestaltung und Durchführung der vertraglichen Beziehungen aufgrund einer wertenden Einzelfallbetrachtung davon auszugehen ist, dass der Schwerpunkt des Arbeitsverhältnisses auch noch nach Ablauf der Überlassungsfrist von neun Monaten (ab 1.1.1998 zwölf Monate) im Verhältnis zum überlassenden Arbeitgeber liegt (vgl. *BAG* 21.3.1990 EzA § 1 AÜG Nr. 2). 3463

Entscheidend ist die Zielrichtung des Gesetzgebers, zu vermeiden, dass Dauerarbeitsplätze bei einem Entleiher mit Leiharbeitnehmern besetzt werden (BT-Drucks. VI 2303 S. 12). Davon ausgehend hat das *BAG* (21.3.1990 EzA § 1 AÜG Nr. 2) auf die Dauer des Arbeitsverhältnisses mit dem überlassenden Arbeitgeber, Grund und Dauer der einzelnen Überlassungen, Häufigkeit und Dauer der Unterbrechungen der Überlassungen, einzelvertragliche Zusicherung einer Bestandsgarantie durch den überlassenden Arbeitgeber sowie die Art der vom Arbeitnehmer beim Entleiher ausgeübten Arbeiten abgestellt. 3464

Nimmt ein überlassener Arbeitnehmer beim Entleiher daher **Daueraufgaben** wahr, die bei einer unmittelbaren Anstellung eine Befristung des Arbeitsverhältnisses sachlich nicht rechtfertigen können, so hat sich der Schwerpunkt des Arbeitsverhältnisses vom überlassenden Arbeitgeber zum Entleiher verlagert und die Vermutung ist nicht widerlegt (*BAG* 21.3.1990 EzA § 1 AÜG Nr. 2). 3465

d) Inhalt und Ausgestaltung des Leiharbeitsverhältnisses

Der Inhalt des nicht gewerbsmäßigen Leiharbeitsverhältnisses und seine Ausgestaltung sind gesetzlich nicht geregelt. Es ist jedoch davon auszugehen, dass das Direktionsrecht des Arbeitgebers auf den Entleiher übergeht, soweit es sich auf die Ausführung der Arbeit beim Entleiher bezieht und dass den Entleiher die arbeitsschutzrechtlichen Pflichten sowie gem. § 28 a Abs. 4 SGB IV die sozialversicherungsrechtlichen Meldepflichten treffen (MünchArbR/*Marschall* § 172 Rz. 42 ff.). 3466

C. Der Inhalt des Arbeitsverhältnisses

6. Gewerbsmäßige Arbeitnehmerüberlassung

a) Grundlagen

3467 Der gewerbsmäßigen Arbeitnehmerüberlassung wird nach §§ 1 ff. AÜG auf dem Arbeitsmarkt nur eine **begrenzte Funktion** zugebilligt, nämlich einen **vorübergehenden Arbeitskräftebedarf zu decken und zeitlich begrenzte Arbeitswünsche von Arbeitnehmern** (z. B. Schülern, Studenten) **zu erfüllen.** Weiterhin soll das – freilich inzwischen eingeschränkte – Monopol der Bundesanstalt für Arbeit hinsichtlich der Arbeitsvermittlung (§§ 291 ff. SGB III) sowie durch vorbeugende und zusätzliche Haftungsvorschriften das Aufkommen der Beiträge zur Sozialversicherung und zur Lohnsteuer gesichert werden (vgl. MünchArbR/*Marschall* § 174 Rz. 3 ff.).

3468 Das AÜG enthält keine umfassende Kodifikation aller rechtlichen Aspekte der Arbeitnehmerüberlassung, sondern trifft nur solche Regelungen, in denen das Recht der Arbeitnehmerüberlassung vom allgemeinen Gewerbe-, Arbeits- oder sonstigem Recht abweicht.

3469 **Sonderregelungen** für die gewerbsmäßige Arbeitnehmerüberlassung enthalten **§ 12 a AFG** (Verbot der gewerbsmäßigen Arbeitnehmerüberlassung im Baugewerbe für bestimmte Arbeiten, seit dem 29.9.1994 mit Ausnahme der sog. Kollegenhilfe; seit dem 1.1.1998 ist diese Regelung in § 1 b AÜG enthalten; vgl. zur Neuregelung des § 12 a AFG *Sahl/Bachner* NZA 1994, 1063 ff.; *Düwell* BB 1995, 1082), **§ 28 a Abs. 4 SGB IV** (Kontrollmeldung an die Sozialversicherung bei Tätigwerden eines Leiharbeitnehmers durch den Entleiher), **§ 28 e Abs. 2 SGB IV** (Haftung des Entleihers für die Sozialversicherungsbeiträge des Leiharbeitnehmers als gesamtschuldnerischer Bürge) sowie **§ 42 d Abs. 6 EStG** (Haftung des Entleihers für die Lohnsteuer des Leiharbeitnehmers).

b) Begriffsbestimmung

3470 Gem. § 1 Abs. 1 S. 1 AÜG bedürfen Arbeitgeber, die Dritten Arbeitnehmer gewerbsmäßig zur Arbeitnehmerüberlassung überlassen wollen, der **Erlaubnis.**

3471 Arbeitnehmerüberlassung i. S. d. AÜG liegt dann vor, wenn sich der drittbezogene Personaleinsatz auf Seiten des Vertragsarbeitgebers darauf beschränkt, einem Dritten den Arbeitnehmer zur Förderung von dessen Betriebszwecken zur Verfügung zu stellen.
Das setzt voraus, dass mindestens drei Beteiligte vorhanden sind, nämlich Arbeitgeber (Verleiher), Arbeitnehmer (Leiharbeitnehmer) und Dritter (Entleiher). I. S. des § 1 Abs. 1 AÜG wird ein Arbeitnehmer allerdings nicht bereits dann einem Dritten zur Arbeitsleistung »überlassen«, wenn er aufgrund seines Arbeitsvertrages Weisungen des Dritten zu befolgen hat. Erforderlich ist vielmehr zumindest, dass er innerhalb der Betriebsorganisation des Dritten für diesen und nicht weiterhin allein für seinen Arbeitgeber tätig wird. Letzteres ist der Fall, wenn der Arbeitnehmer durch seine Arbeitsleistung nach wie vor ausschließlich Pflichten erfüllt, die seinem Arbeitgeber gegenüber fremden Auftraggebern obliegen (*BAG* 22.6.1994 EzA § 1 AÜG Nr. 4). Gleiches gilt, wenn die beteiligten Arbeitgeber im Rahmen einer unternehmerischen Zusammenarbeit mit dem Einsatz ihrer Arbeitnehmer jeweils ihre eigenen Betriebszwecke verfolgen (*BAG* 25.10.2000 EzA § 10 AÜG Nr. 10).

C. Der Inhalt des Arbeitsverhältnisses

Arbeitnehmerüberlassung i. S. d. AÜG setzt zumindest das Vorliegen einer – wenn auch konkludenten – **Vereinbarung zwischen dem Vertragsarbeitgeber und dem Dritten** voraus, nach der der Arbeitnehmer für den Dritten tätig werden soll. Das Bestehen von **Weisungsrechten** des Dritten und die **Eingliederung** des Arbeitnehmers in dessen Betriebsorganisation werden erst für die Frage **erheblich, ob die Vereinbarung zwischen dem Vertragsarbeitgeber und dem Dritten als Arbeitnehmerüberlassungsvertrag oder als eine sonstige Vertragsform** des drittbezogenen Personaleinsatzes (insbesondere als Werkvertrag; s. u. C/Rz. 3476 ff.) **anzusehen** ist (*BAG* 26.4.1995 EzA § 1 AÜG Nr. 6). Der **Einsatz eines Arbeitnehmers der Muttergesellschaft bei einer Tochtergesellschaft** ist keine Arbeitnehmerüberlassung i. S. d. AÜG, wenn die Tochtergesellschaft nicht über eine eigene Betriebsorganisation verfügt, oder mit der Muttergesellschaft einen Gemeinschaftsbetrieb führt (*BAG* 3.12.1997 EzA § 1 AÜG Nr. 9; vgl. dazu *Windbichler* SAE 1999, 84 f.). Die Durchführung der einem öffentlichen Träger obliegenden **Jugendhilfemaßnahmen** durch einen bei einem freien Träger angestellten Arbeitnehmer ist jedenfalls dann nicht am AÜG zu messen, wenn sich das Zusammenwirken beider Träger auf der Grundlage des SGB VIII vollzieht (*BAG* 11.6.1997 EzA § 1 AÜG Nr. 8). Gleiches gilt, wenn der Arbeitnehmer von einem für Rechnung der Gemeinde tätigen Sanierungsträger im Rahmen städtebaulicher Sanierungsmaßnahmen nach dem Baugesetzbuch tätig wird (*LAG Köln* 10.2.2000 ZTR 2000, 274 Ls.).

3472

c) Rechtsbeziehungen zwischen den Beteiligten

Der Verleiher hat die Arbeitgeberrechte gegenüber dem Arbeitnehmer. Er tritt lediglich das Recht auf die Arbeitsleistung des Arbeitnehmers sowie das Direktionsrecht mit dem Verleih ganz oder teilweise an den Entleiher ab; der Umfang der Abtretung richtet sich nach den Vereinbarungen im Arbeitnehmerüberlassungsvertrag zwischen Verleiher und Entleiher. Meist erhält der Entleiher ein Weisungsrecht hinsichtlich der Arbeitsausführung, während der Verleiher das Direktionsrecht hinsichtlich Arbeitsdauer, Arbeitszeit, Beendigung des Tätigwerdens beim Entleiher und der Aufnahme einer neuen Tätigkeit bei demselben oder einem anderen Entleiher erhält.

3473

d) Überlassung von Auszubildenden

Erfasst ist nur die Überlassung von **Arbeitnehmern** zur Arbeitsleistung. Grds. zulässig ist daher die Überlassung von Auszubildenden an einen Dritten, wenn diese zu ihrer eigenen Ausbildung überlassen werden (*BVerwG* 18.3.1982 EzAÜG Nr. 109). Erforderlich ist nicht eine Ausbildung i. S. d. BBiG. Allerdings muss es sich um eine echte Ausbildung handeln, durch die der betroffene Arbeitnehmer eine objektiv feststellbare und von ihm gegenüber Dritten nachweisbare zusätzliche Ausbildung erfahren hat, wie z. B. der Erwerb eines Schweißerzeugnisses (MünchArbR/*Marschall* § 174 Rz. 19).

3474

e) Entsendung im Rahmen eines Werkvertrages; Abgrenzungsfragen

Keine Arbeitnehmerüberlassung liegt bei der Entsendung eines Arbeitnehmers durch seinen Arbeitgeber (Werkunternehmer) zu einem Dritten als Besteller im Rahmen eines Werkvertrages (§§ 631, 278 BGB) vor, bei dem ein Erfolg, d. h. ein Ergebnis geschuldet wird und nicht die reine Arbeitsleistung ohne abgrenzbares und feststellbares Ergebnis (vgl. *BSG* 11.2.1988 AP Nr. 10 zu § 1 AÜG). Maßgeblich für die Abgrenzung ist nicht die Bezeichnung des Vertrages durch die Parteien, sondern der **tatsächliche Inhalt der Vereinbarung, sowie seine tatsächliche Abwicklung**, sofern die auf

3475

C. Der Inhalt des Arbeitsverhältnisses

Seiten der Vertragsparteien zum Vertragsabschluss berechtigten Personen die abweichende Vertragspraxis kannten und sie zumindest geduldet haben (*BAG* 15.6.1983 AP Nr. 5 zu § 10 AÜG; 30.1.1991 EzA § 10 AÜG Nr. 3; 9.11.1994 EzA § 10 AÜG Nr. 8). Maßgeblich sind (vgl. *BAG* a. a. O.; zu darauf aufbauenden Verwaltungsvorschriften der Bundesanstalt für Arbeit sowie des BMA vgl. *Marschner* NZA 1995, 668 ff.) folgende Kriterien:

3476 – Für einen **Werkvertrag** spricht die **Übernahme einer Gewährleistung** für ein bestimmtes Ergebnis der Arbeiten. Anderseits schließt der Ausschluss der Gewährleistung des Unternehmens für Mängel des Werkes gem. § 637 BGB das Vorliegen eines Werkvertrages nicht aus. Trotz ausgeschlossener Gewährleistung kann deshalb ein Werkvertrag vorliegen, wenn das vereinbarte Werk besondere Risiken aufweist, die vorher nicht erkennbar sind, sodass wirtschaftlich ein Ausschluss der Gewährleistungsansprüche sinnvoll erscheint. Gleiches gilt, wenn üblicherweise die Haftung vom Werkunternehmer nicht übernommen oder jedenfalls beschränkt wird, wie dies z. B. in der Bauwirtschaft (§ 13 Teil B VOB) der Fall ist.

3477 – Die Übernahme der **Vergütungsgefahr** bei zufälligem Untergang des Werks spricht (vgl. § 644 Abs. 1 BGB) für einen Werkvertrag,
– ebenso wenn der Unternehmer **Art und Einteilung der Arbeiten** selbst bestimmen kann, insbesondere auch, wie viele und welche Erfüllungsgehilfen, mit welchen Geräten und zu welcher Zeit er zum Erreichen des Erfolges einsetzt.

3478 – Für **Arbeitnehmerüberlassung** spricht dagegen, wenn bestimmte **namentlich benannte Arbeitnehmer entsandt werden müssen** oder wenn der angebliche Besteller sich ein **Mitspracherecht bei der Erteilung von Urlaub oder Freizeit** an die angeblichen Erfüllungsgehilfen sichert.

3479 – Das Weisungsrecht des Werkbestellers (vgl. § 645 BGB) ist auf die Herstellung des jeweils geschuldeten Werks gegenständlich beschränkt. Sobald seine **Weisungen** darüber hinausgehen, spricht dies für Arbeitnehmerüberlassung.

3480 – Wird die **Vergütung** für die Arbeiten **nach der Zahl der geleisteten Arbeitsstunden** bemessen, so spricht dies für Arbeitnehmerüberlassung. Denn bei einer Abrechnung nach Zeiteinheiten wird die Arbeitsleistung von Arbeitnehmern für eine bestimmte Zeit geschuldet, bei der Abrechnung nach Ergebnissen ist hingegen ein Erfolg i. S. d. Werkvertragsrechts Vertragsgegenstand. Anderseits schließt auch eine Abrechnung nach Maßeinheiten (z. B. Bauten, Quadratmetern) die Annahme einer Arbeitnehmerüberlassung nicht aus.

3481 – Arbeitnehmerüberlassung liegt dann vor, wenn der Werkunternehmer **nicht über die betrieblichen und personellen Voraussetzungen** verfügt, die Tätigkeit der von ihm zur Erfüllung seiner vertraglichen Pflichten im Betrieb eines Dritten eingesetzten Arbeitnehmer vor Ort zu organisieren und ihnen Weisungen zu erteilen (*BAG* 9.11.1994 EzA § 10 AÜG Nr. 8).

3482 – Die vertragliche Festlegung eines zeitlichen Rahmens für die Erbringung der vereinbarten Leistungen im Betrieb reicht als Vorgabe von äußeren Umständen, wann und wo die geschuldeten Arbeiten durchzuführen sind, nicht aus, um eine Eingliederung der die Leistung erbringenden Personen in den Betrieb und dessen Organisation zu begründen (*BAG* 13.5.1992 NZA 1993, 357).

3483 – Der **ständige Einsatz von Wachleuten** eines gewerblichen Bewachungsunternehmens zur Bewachung von Bundeswehreinrichtungen ist auch dann keine Arbeitnehmerüberlassung, wenn die Ausführung der zu leistenden Wachdienste einschließlich der Verhaltenspflichten des Wachpersonals in dem zugrunde liegenden Bewachungsvertrag im Einzelnen genau festgelegt ist und das Bewachungsunternehmen nur solche Wachleute einsetzen darf, für die eine entsprechende Genehmigung der zuständigen militärischen Dienststelle vorliegt (*BAG* 31.3.1993 EzA § 10 AÜG Nr. 5).

Insgesamt dürfen diese Kriterien nicht isoliert gewertet werden, vielmehr ist eine wertende Gesamtbetrachtung erforderlich. 3484

f) Entsendung im Rahmen eines Dienstvertrages
Arbeitnehmerüberlassung liegt auch dann nicht vor, wenn Arbeitnehmer im Rahmen eines Dienstvertrags (§§ 611 ff. BGB) als Erfüllungsgehilfen bei dem Dritten (Dienstberechtigten) selbstständige Dienstleistungen erbringen und das dienstleistende Unternehmen die Dienste **unter eigener Verantwortung und nach eigenem Plan** durchführt. 3485

Das kann z. B. dann der Fall sein, wenn unter räumlicher Trennung vom übrigen Betrieb des Dienstberechtigten und von dessen Arbeitnehmern ein abgrenzbarer Teil des Post- oder Abrechnungsverkehrs erledigt wird und der Dienstverpflichtete für die ordnungsgemäße Abwicklung die Verantwortung trägt (*BAG* 14.8.1985 EzA AÜG Nr. 186). 3486

Etwas **anderes** gilt aber dann, wenn die Arbeitnehmer **in die Betriebsorganisation des angeblichen Dienstberechtigten einbezogen werden** (MünchArbR/*Marschall* § 174 Rz. 39 ff.).

g) Begriff der Gewerbsmäßigkeit
Mit Ausnahme von § 1 Abs. 2 AÜG gelten die Vorschriften des AÜG nur bei gewerbsmäßiger Arbeitnehmerüberlassung. 3487

Das setzt voraus, dass die Tätigkeit auf die Erzielung unmittelbarer oder mittelbarer wirtschaftlicher Vorteile gerichtet (Gewinn, Verringerung von Verlusten; nicht dagegen bei Überlassungen an die öffentliche Hand unter reiner Erstattung der Personalkosten, *BAG* 21.3.1990 EzA § 1 AÜG Nr. 2), auf eine gewisse Dauer angelegt ist (es genügt der Verleih einer Arbeitskraft auf längere Zeit, es sei denn, dass sich aus den Gesamtumständen ergibt, dass die Absicht wiederholter Überlassung nicht besteht) und selbstständig (d. h. für eigene Rechnung und auf eigene Verantwortung) erfolgt.

Es genügt, wenn ein Unternehmer aus der Arbeitnehmerüberlassung **wirtschaftliche Vorteile** erzielen will und sie nicht nur gelegentlich, sondern **auf Dauer** betreibt.

h) Erlaubnisvorbehalt

aa) Grundlagen
Die gewerbsmäßige Arbeitnehmerüberlassung ist grds. nur mit einer Erlaubnis (Verleihererlaubnis) der Bundesanstalt für Arbeit rechtlich zulässig (§§ 1 Abs. 1 S. 1, 17 AÜG). 3488
Deutsche i. S. d. Art. 116 GG sowie die Staatsangehörigen von Mitgliedsländern der EG haben einen Anspruch auf ihre Erteilung, sofern keine Versagensgründe nach § 3

C. Der Inhalt des Arbeitsverhältnisses

AÜG vorliegen. Bei Nicht-EG-Ausländern sowie Gesellschaften oder juristischen Personen, die entweder nicht nach deutschem Recht gegründet sind oder weder ihren satzungsmäßigen Sitz oder ihre Hauptverwaltung noch ihre Hauptniederlassung in der BRD haben, steht die Erteilung der Verleihererlaubnis im Ermessen der Erlaubnisbehörde.

bb) Territorialitätsprinzip

3489 Die Erlaubnispflicht gilt nach dem Territorialitätsprinzip für jede gewerbsmäßige Arbeitnehmerüberlassung in der BRD, sowohl wenn Verleiher vom Ausland aus an inländische Entleiher Leiharbeitnehmer überlassen, als auch wenn inländische Verleiher Entleihern im Ausland Arbeitnehmer gewerbsmäßig überlassen. Das AÜG gilt auch für alle Seeschiffer unter der Bundesflagge sowie für die nach § 13 a Flaggenrechtsgesetz zur Führung der Bundesflagge berechtigten Kauffahrteischiffe, die in das internationale Seeschiffsregister eingetragen sind, sowie für deutsche Luftfahrzeuge, die in die Luftfahrzeugrolle nach § 2 Abs. 1 Luftverkehrsgesetz eingetragen sind.

cc) Abordnung an Arbeitsgemeinschaften

3490 Gem. § 1 Abs. 1 S. 2 AÜG ist die Abordnung von Arbeitnehmern zu einer zur Herstellung eines Werkes gebildeten Arbeitsgemeinschaft keine Arbeitnehmerüberlassung, wenn der Arbeitgeber deren Mitglied ist, für alle Mitglieder Tarifverträge desselben Wirtschaftszweiges gelten und alle Mitglieder aufgrund des Arbeitsgemeinschaftsvertrages zur selbstständigen Erbringung von Vertragsleistungen verpflichtet sind.

3491 Es handelt sich insoweit um eine **unwiderlegbare gesetzliche Fiktion** mit der Folge, dass nicht nur die im AÜG geregelte Erlaubnispflicht entfällt, sondern auch die Einschränkung der Arbeitnehmerüberlassung im Baubereich durch § 1 b AÜG oder die Anwendung von Vorschriften in anderen Gesetzen (z. B. § 28 a Abs. 4 SGB IV).

dd) Arbeitnehmerüberlassung zur Vermeidung von Kurzarbeit

3492 Das AÜG gilt gem. § 1 Abs. 3 Nr. 1 auch nicht für die Arbeitnehmerüberlassung zwischen Arbeitgebern **desselben Wirtschaftszweiges** zur Vermeidung von Kurzarbeit oder Entlassungen, wenn ein für den Entleiher und Verleiher geltender Tarifvertrag dies vorsieht und (Nr. 2) zwischen Konzernunternehmen i. S. d. § 18 AktG, wenn der Arbeitnehmer seine Arbeit vorübergehend nicht bei seinem Arbeitgeber leistet. Gleiches gilt für die Überlassung in das Ausland, wenn der Leiharbeitnehmer in ein auf der Grundlage zwischenstaatlicher Vereinbarungen begründetes **Gemeinschaftsunternehmen** verliehen wird, an dem der Verleiher beteiligt ist (Nr. 3). Diese Ausnahmen gelten nicht für die Betriebe des Baugewerbes (§ 1 Abs. 3 S. 1 AÜG).

3493 Keiner Erlaubnis bedarf ein Arbeitgeber mit weniger als zwanzig (seit 1.1.1998 fünfzig) Beschäftigten bis zum 31.12.2000 (Art. 6 § 3 a AÜG), der zur Vermeidung von Kurzarbeit oder Entlassungen an einen Arbeitgeber einen Arbeitnehmer bis zur Dauer von drei (seit 1.1.1998 zwölf) Monaten überlässt, wenn er die Überlassung vorher schriftlich dem für seinen Geschäftssitz zuständigen Landesarbeitsamt angezeigt hat. Voraussetzung ist allerdings, dass Verleiher und Entleiher demselben Wirtschaftszweig angehören und ihren Betrieb im selben oder im unmittelbar angrenzenden Handwerkskammerbezirk haben (MünchArbR/*Marschall* § 174 Rz. 7;

vgl. auch *Groeger* DB 1998, 470 ff.). Den Inhalt der Anzeige regelt § 1 a Abs. 2 AÜG).

ee) Gemischte Verträge
Nicht dem AÜG unterliegen Verträge, die die gewerbsmäßige Arbeitnehmerüberlassung nur als **eindeutige Nebenleistung** (z. B. beim Vermieten von hochwertigen Baumaschinen mit Personal) im Rahmen eines gemischten Vertrages vorsehen. Denn bei derartigen Verträgen folgt der Vertrag regelmäßig den Regeln des überwiegenden Vertragsbestandteils. 3494

Beispiel:
Die Gebrauchsüberlassung von Flugzeugen einschließlich fliegenden Personals stellt keine gewerbliche Arbeitnehmerüberlassung dar (*BAG* 17.2.1993 EzA § 10 AÜG Nr. 6). 3495

ff) Sonderregelungen
Spezielle Gesetze/Vorschriften, die das AÜG ausschließen, sind das Gesetz über die Schaffung eines besonderen Arbeitgebers für Hafenarbeiter, durch das Gesamthafenbetriebe zugelassen worden sind (s. o. A/Rz. 274 ff.), §§ 9, 25 PersbfG, §§ 10, 80 Güterkraftverkehrsgesetz für die Personen- und Güterbeförderung sowie § 34 a GewO (Bewachungsunternehmen). Auch die Personalgestellung eines Bundeslandes an das Bundesamt für die Anerkennung ausländischer Flüchtlinge auf grund der Spezialregelung des § 5 Abs. 5 AsylVfG ist nicht an den Vorschriften des AÜG zu messen (*BAG* 5.3.1997 EzA § 1 AÜG Nr. 7). 3496

gg) Das Erlaubnisverfahren; materielle Voraussetzungen
Die Verleihererlaubnis setzt nach § 2 Abs. 1 AÜG einen schriftlichen **Antrag** voraus (zum Antragsverfahren sowie der Erteilung der Erlaubnis vgl. §§ 2 ff., 17 AÜG).
Materielle Voraussetzungen, die der Inhaber (natürliche oder juristische Personen) erfüllen muss, sind neben der notwendigen **Zuverlässigkeit** (d. h. dass zu erwarten ist, dass er die Arbeitnehmerüberlassung gesetzmäßig ausüben wird) in **§ 3 Abs. 1 Nr. 1–6, Abs. 2, Abs. 3 AÜG** geregelt. § 3 Abs. 1 Nr. 1 AÜG nennt mit dem Sozialversicherungsrecht, dem Lohnsteuerrecht, dem Arbeitsvermittlungsrecht im weiteren Sinne, dem Arbeitsschutzrecht und dem Arbeitsrecht, soweit es die Pflichten des Arbeitgebers betrifft, Rechtsgebiete, die für eine ordnungsgemäße Tätigkeit des Verleihers von besonderer Bedeutung sind, sodass im Falle der Nichtbeachtung dieser Normen Unzuverlässigkeit i. S. d. AÜG vorliegt und die Verleihererlaubnis zu versagen ist. 3497

Die in **§ 3 Abs. 1 Nr. 3–6 AÜG** genannten Versagungsgründe (Abschluss unzulässig befristeter Arbeitsverträge[nach der Neuregelung durch das AFRG kommt ohne Vorliegen eines sachlichen Grundes seit dem 1.4.1997 allerdings eine wiederholte Befristung dann in Betracht, wenn sich das wiederholte Arbeitsverhältnis unmittelbar an einen mit demselben Verleiher geschlossenen Arbeitsvertrag anschließt; vgl. dazu *Groeger* DB 1998, 470 ff.; *Postler* NZA 1999, 179 ff.], unzulässige Wiedereinstellung, Beschränkung der Dauer des Arbeitsverhältnisses auf die Zeit der erstmaligen Überlassung an einen Entleiher, wodurch das Arbeitgeberrisiko entfällt [sog. Synchronisationsverbot], Verstoß gegen die zeitliche Begrenzung der Überlassung des Arbeitnehmers für länger als 12 [seit 1.1.2002 24] aufeinander folgende Monate an einen Verleiher; vgl. dazu *Düwell* BB 2002, 99) lassen sich erst nach Aufnahme der Verleihtätigkeit feststellen. Sie haben daher erst bei der Verlängerung oder dem Widerruf 3498

C. Der Inhalt des Arbeitsverhältnisses

(§ 5 AÜG) einer Verleiherlaubnis Bedeutung. Es soll sichergestellt werden, dass der Verleiher das volle Arbeitgeberrisiko trägt und nicht durch eine besondere Vertragsgestaltung auf den Leiharbeitnehmer abwälzt. Eine **Unterbrechung der Überlassung** ist unbeachtlich, wenn zwischen der Überlassung vor und nach der Unterbrechung bei demselben Entleiher ein enger sachlicher Zusammenhang besteht. Ob das der Fall ist, hängt von den Umständen des Einzelfalles ab, insbesondere dem Anlass und der Dauer der Unterbrechung sowie der Art der Weiterbeschäftigung (*BAG* 23.11.1988 EzA § 3 AÜG Nr. 1).

i) Weitere Pflichten des Verleihers

3499 §§ 7, 8 AÜG begründen besondere Pflichten des Verleihers, die eine Überwachung seiner Tätigkeit durch die Bundesanstalt für Arbeit erleichtern sollen und die arbeitsrechtlich von Bedeutung sind, weil ihre Verletzung zum Widerruf der Verleiherlaubnis führen kann. Insoweit handelt es sich um eine **Anzeigepflicht** (§ 7 Abs. 1 AÜG), die die Feststellung erleichtern soll, ob durch einen Wechsel der Geschäftsräume, die für die Ausübung der Verleihtätigkeit vorgesehen sind, ein Versagungsgrund i. S. d. § 3 Abs. 1 Nr. 1, 2 AÜG durch eine örtliche und räumliche Veränderung gegeben ist. § 7 Abs. 2 AÜG begründet **Auskunfts-, Vorlage- und Aufbewahrungspflichten** für Auskünfte, die zur Durchführung des AÜG erforderlich sind, hinsichtlich der Vorlage geschäftlicher Unterlagen sowie deren Aufbewahrung für drei Jahre (z. B. Geschäftsbücher, Bilanzen).

3500 Der Inhaber einer Verleiherlaubnis ist zudem einem **Nachschaurecht** der Bundesanstalt unterworfen (§ 7 Abs. 3 AÜG) und muss u. U. auch **Durchsuchungen** dulden (§ 7 Abs. 4 AÜG).

3501 Gem. § 8 AÜG sind den Verleihern umfangreiche **statistische Meldepflichten** auferlegt, um Erkenntnisse zu gewinnen über den Umfang, die Zusammensetzung und die Entwicklung der gewerbsmäßigen Arbeitnehmerüberlassung.

3502 Die Verletzung der nach dem AÜG bestehenden gewerberechtlichen Pflichten des Verleihers ist mit **Bußgeld** (§ 16 Abs. 1 Nr. 4–7 AÜG) bedroht, sie kann auch zur Versagung bzw. zum Widerruf der Verleiherlaubnis führen (§ 5 Abs. 1 Nr. 2 AÜG).

j) Besonderheiten des Arbeitsverhältnisses zwischen Verleiher und Leiharbeitnehmer

aa) Aushändigung einer Urkunde; Inhalt

3503 Gem. § 11 Abs. 1, 2 ist dem Arbeitnehmer eine Urkunde über den wesentlichen Inhalt des Leiharbeitsverhältnis oder der abgeschlossene Vertrag auszuhändigen. Ausländische Leiharbeitnehmer haben gem. § 11 Abs. 2 S. 2 AÜG die Urkunde in ihrer Muttersprache zu erhalten. Die Aushändigung muss **vor oder spätestens mit dem Beginn des Leiharbeitsverhältnisses erfolgen**. Ein **Verstoß** gegen diese Verpflichtung führt allerdings **nicht zur Unwirksamkeit** des Leiharbeitsvertrages (MünchArbR/*Marschall* § 175 Rz. 11, 13), denn der Leiharbeitnehmer soll sich auch bei Verstößen des Verleihers gegen dieses Erfordernis auf einen wirksamen Vertrag berufen können.

3504 Die Urkunde muss gem. § 11 Abs. 1 S. 2 Nr. 1–12 AÜG **bestimmte Angaben enthalten** (z. B. über die Art der Tätigkeit, die Gründe für eine vereinbarte Befristung usw; vgl. *BSG* 6.4.2000 EzA § 123 BGB Nr. 54 zur Zulässigkeit der Frage nach einer Schwangerschaft.). Daneben sind gem. **§ 9 Nr. 2–5 AÜG** bestimmte Vereinbarungen (z. B. Befristung eines Leiharbeitsverhältnisses ohne sachlichen Grund) unwirksam;

C. Der Inhalt des Arbeitsverhältnisses

gem. § 11 Abs. 4 AÜG sind zusätzlich bestimmte nach allgemeinem Arbeitsrecht zulässige Vertragsgestaltungen untersagt (z. B. der Ausschluss oder die Beschränkung des Anspruchs des Leiharbeitnehmers auf Vergütung bei Annahmeverzug des Verleihers gem. § 615 S. 1 BGB). Damit soll z. B. verhindert werden, dass der Verleiher das Beschäftigungsrisiko auf den Leiharbeitnehmer abwälzt. Der Ausschluss der Beschränkung des Anspruchs aus § 615 BGB schließt es nach Auffassung von *Brötzmann/Musial* (NZA 1997, 17 ff.) aber nicht aus, eine **tägliche Meldepflicht** – deren Verletzung zum Entfallen eines Anspruchs gem. § 615 BGB im Falle des dadurch bedingten Nichteinsatzes führt – mit dem Leiharbeitnehmer zu vereinbaren. Dieser wird nicht unzumutbar belastet; zwar ist er verpflichtet, sich ständig für einen Einsatz bereitzuhalten, dies ist aber die spezifische Besonderheit des Arbeitnehmerüberlassungsvertrages und findet ihren Ausgleich – unabhängig von einem tatsächlich eingetretenen Einsatz – in einem Entgeltanspruch. Durch die Regelung der Meldepflicht wird es dem Arbeitgeber danach überhaupt erst möglich, das Arbeitspotential der Mitarbeiter leistungsmäßig zu erfassen.

bb) Kündigungsverbot
Gem. § 9 Nr. 3 AÜG sind zudem Kündigungen des Arbeitsverhältnisses durch den Verleiher unwirksam, wenn dieser den Leiharbeitnehmer wiederholt innerhalb von drei Monaten nach Beendigung des Arbeitsverhältnisses **erneut einstellt**. In einem solchen Fall wird die Kündigung **rückwirkend unwirksam**. Der Leiharbeitnehmer ist dann auch für die Zeit zwischen dem ursprünglichen Eintritt der Folgen der Kündigung und der Wiedereinstellung Arbeitnehmer des Verleihers geblieben und hat alle arbeitsrechtlichen Ansprüche gegen ihn. 3505

cc) Leistungsverweigerungsrecht
Gem. § 11 Abs. 5 AÜG kann der Leiharbeitnehmer, um zu verhindern, dass er gegen seinen Willen bei Streiks oder Aussperrungen im Entleiherbetrieb eingesetzt wird, die Arbeitsleistung verweigern. Voraussetzung ist allerdings, dass der Entleiher unmittelbar vom **Arbeitskampf** betroffen ist. Der Verleiher hat den Leiharbeitnehmer auf das Recht, die Arbeitsleistung zu verweigern, hinzuweisen (§ 11 Abs. 5 S. 2 AÜG). Nach Auffassung des *LAG Frankfurt* (17.11.1983 EzAÜG Nr. 137; offen gelassen von *LAG Köln* 10.12.1998 NZA 1999, 991 Ls.) kann aus § 9 Nr. 3 AÜG die grundsätzliche Wertung entnommen werden, dem Verleiher müsse zugemutet werden, das Arbeitsverhältnis auch bei fehlender Beschäftigungsmöglichkeit über einen Zeitraum von drei Monaten aufrechtzuerhalten und zu erfüllen. 3506

dd) Sonstige Pflichten des Verleihers
Letztlich hat der Verleiher dem Leiharbeitnehmer ein **Merkblatt** der Bundesanstalt für Arbeit über den wesentlichen Inhalt des AÜG (§ 11 Abs. 2 S. 1, 3 AÜG) auf eigene Kosten auszuhändigen sowie ihn über den **Wegfall der Verleiherlaubnis** und damit zusammenhängende **Abwicklungsfristen** bezüglich der Verleihtätigkeit zu unterrichten (§ 11 Abs. 3 AÜG). 3507

k) Rechtsbeziehungen zwischen Verleiher und Entleiher
Neben den allgemeinen zivilrechtlichen Vorschriften ist der Vertrag zwischen Verleiher und Entleiher nach § 12 Abs. 1 S. 1 AÜG **schriftlich abzuschließen** (§§ 125 ff. BGB). In diesem Vertrag hat der Verleiher zu erklären, ob er eine Verleiherlaubnis besitzt (§ 12 Abs. 1 S. 2 AÜG). Eine Vereinbarung, die es dem Entleiher untersagt, den 3508

C. Der Inhalt des Arbeitsverhältnisses

Leiharbeitnehmer zu einem Zeitpunkt einzustellen, in dem dessen Arbeitsvertrag zum Verleiher nicht mehr besteht, ist zudem nach § 9 Nr. 4 AÜG unwirksam.

3509 Zwischen dem Verleiher und dem Entleiher von unter Verstoß gegen § 1 AÜG überlassenen Arbeitnehmern besteht kein Gesamtschuldverhältnis; ein Ausgleichsanspruch nach § 426 BGB ist infolgedessen ausgeschlossen (*BGH* 18.7.2000 – X ZR 62/98 –).

3510 Gem. § 12 Abs. 2 AÜG muss der Verleiher den Entleiher unverzüglich über den Zeitpunkt des Wegfalls der Verleiherlaubnis unterrichten. Gem. § 12 Abs. 3 AÜG muss er zudem diesem die für die Meldung nach § 28 a SGB IV (Kontrollmeldung an den Träger der Krankenversicherung) erforderlichen Angaben mitteilen.

l) Rechtsbeziehungen zwischen Entleiher und Leiharbeitnehmer

3511 Der Leiharbeitnehmer ist Arbeitnehmer des Verleihers, und nicht des Entleihers. **Allerdings wird diesem ausdrücklich oder stillschweigend das Direktionsrecht des Verleiharbeitgebers abgetreten, soweit es die Arbeitsausführung während der Überlassung beim Entleiher betrifft** (s. o. C/Rz. 3473).

3512 Gem. § 11 Abs. 6 AÜG unterliegt die Tätigkeit des Leiharbeitnehmers nicht nur den für den Betrieb des Entleihers geltenden **öffentlich-rechtlichen Arbeitsschutzvorschriften**, sondern die sich daraus ergebenden Pflichten für den Arbeitgeber obliegen auch dem Entleiher unbeschadet der Pflichten des Verleihers.

3513 Der Leiharbeitnehmer hat keinen Anspruch auf Gleichbehandlung mit Arbeitnehmern des Entleihers, z. B. auf gleichen Lohn wie die Stammarbeitnehmer des Entleiherbetriebes.

3514 Den Entleiher treffen allerdings über den Bereich des öffentlich-rechtlichen Arbeitsschutzes hinaus bestimmte **Obhutspflichten**, die insbesondere die Organisation und Überwachung des Arbeitsablaufs betreffen. Sie sind jedoch geringer als gegenüber einem eigenen Arbeitnehmer, weil der Leiharbeitnehmer nicht in einem Arbeitsverhältnis zum Entleiher steht. **Sie beschränken sich auf die tatsächlichen Einwirkungsmöglichkeiten des Entleihers** auf die Arbeitsleistung im Entleiherbetrieb (MünchArbR/*Marschall* § 175 Rz. 85 ff.).

m) Auswirkungen illegaler Arbeitnehmerüberlassung

aa) Grundlagen

3515 Illegaler Verleih, z. B. im Baubereich (Verstoß gegen § 1 b AÜG) **berührt die Wirksamkeit und Gültigkeit des Arbeitsvertrages zwischen Leiharbeitnehmer und Verleiher nicht, wenn der Verleiher nur eine Erlaubnis nach § 1 AÜG hat.** Dagegen sind gem. § 9 Abs. 1 AÜG Verträge zwischen Verleihern und Leiharbeitnehmern **unwirksam, wenn der Verleiher nicht über diese Erlaubnis verfügt.**

Der illegal verliehene und überlassene Arbeitnehmer hat keinen Anspruch auf Arbeitslohn oder andere vertragliche Ansprüche gegen den Verleiher. Allerdings kann der illegale Verleiher bereits gezahlten Arbeitslohn von dem illegal verliehenen Arbeitnehmer nicht zurückverlangen.

3516 Das nichtige Arbeitsverhältnis zwischen Verleiher und Leiharbeitnehmer hat gem. § 10 Abs. 2, 3 AÜG trotz der Nichtigkeit noch gewisse rechtliche Auswirkungen. Vorgesehen ist ein **Ersatzanspruch des Arbeitnehmers in Höhe des Schadens, den er dadurch erleidet, dass er auf die Gültigkeit des Vertrages vertraut hat.** Ferner hat der Verleiher dann, wenn er das vereinbarte Arbeitsentgelt insgesamt oder zum Teil bereits an den Leiharbeitnehmer gezahlt hat, auch sonstige Teile des Arbeitsentgelts, die bei einem wirksamen Arbeitsvertrag für den Leiharbeitnehmer an einen anderen zu zahlen gewesen wären (z. B. Sozialabgaben), an den anderen zu zahlen. **Insoweit gilt der Verleiher neben dem Entleiher als Arbeitgeber; beide haften als Gesamtschuldner.**

§ 16 AÜG sieht **Ordnungswidrigkeitstatbestände** für das illegale Überlassen oder Tätigwerdenlassen eines Leiharbeitnehmers vor; gem. § 16 Abs. 1 Nr. 7 a AÜG ist auch die Nichtgewährung des arbeitsrechtlichen Vergütungsanspruchs gem. § 10 Abs. 5 AÜG (s. u. C/Rz. 3525) bußgeldbewehrt (vgl. *Düwell* BB 2002, 99). Für die illegale Ausländerbeschäftigung und illegalen Verleih enthält § 15 AÜG eine **Strafvorschrift**. 3517

bb) Gesetzlich fingiertes Arbeitsverhältnis zwischen Entleiher und Leiharbeitnehmer

(1) Eintritt der Fiktion

> Ist der Vertrag zwischen einem Verleiher und einem Leiharbeitnehmer nach § 9 Abs. 1 AÜG unwirksam, so gilt unabhängig vom Willen der Beteiligten aufgrund gesetzlicher Fiktion ein Arbeitsverhältnis zwischen Entleiher und Leiharbeitnehmer zu dem zwischen dem Entleiher und dem Verleiher für den Beginn der Tätigkeit vorgesehenen Zeitpunkt als zustande gekommen. 3518

Tritt die Unwirksamkeit erst **nach Aufnahme der Tätigkeit** beim Entleiher ein, so gilt das Arbeitsverhältnis zwischen Entleiher und Leiharbeitnehmer mit dem Eintritt der Unwirksamkeit als zustande gekommen (§ 10 Abs. 1 S. 1 AÜG). 3519

Die gesetzliche Fiktion trat gem. § 13 AÜG auch dann ein, wenn eine Vermutung nach § 1 Abs. 2 AÜG nicht widerlegt werden kann (*BAG* 23.11.1988 EzA § 3 AÜG Nr. 1); durch das AFRG ist diese Regelung aber mit Wirkung vom 1.4.1997 aufgehoben worden. Fraglich war deshalb, ob damit der Rechtsprechung des *BAG* (23.11.1988 EzA § 3 AÜG Nr. 1) die Grundlage entzogen worden ist (dafür *Groeger* DB 1998, 470 ff.). 3520

Das *BAG* (28.6.2000 EzA § 1 AÜG Nr. 10; vgl. dazu *Hager* SAE 2000, 317 ff.; *Ulber* ArbuR 2001, 150 ff.; *Düwell* BB 2002, 99; krit. *Mohr/Pomberg* DB 2001, 590 ff.) geht davon aus, dass nunmehr aufgrund der Gesetzesänderung in den Fällen der nach § 1 Abs. 2, 3 Abs. 1 Nr. 6 AÜG vermuteten Arbeitsvermittlung zwischen dem Leiharbeitnehmer und dem Entleiher kein Arbeitsverhältnis mehr entsteht, weil es an der dafür erforderlichen gesetzlichen Grundlage fehlt. Denn die Fiktion eines Arbeitsverhältnisses lässt sich weder mit § 1 Abs. 2 AÜG allein noch mit einer entsprechenden Anwendung des § 10 Abs. 1 S. 1 AÜG begründen. 3521

Liegt nach dem Geschäftsinhalt gewerbliche und deshalb nach § 1 Abs. 1 AÜG erlaubnisbedürftige Arbeitnehmerüberlassung vor, so treten beim Fehlen der behördlichen Erlaubnis die in § 9 Nr. 1 und § 10 Abs. 1 AÜG angeordneten Rechtsfolgen ohne Rücksicht darauf ein, ob sich das Vorliegen eines Arbeitnehmerüberlassungs- 3522 vertrages bereits aus den ausdrücklichen Vereinbarungen der Vertragsparteien oder erst aus der davon abweichenden Vertragsdurchführung ergibt und ob der Vertragsarbeitgeber seine Arbeitgeberpflichten gegenüber seinem in dem Betrieb des Dritten eingesetzten Arbeitnehmer korrekt erfüllt (*BAG* 30.1.1991 EzA § 10 AÜG Nr. 3).

3523 **Die gesetzliche Fiktion ist unabdingbar.** Sie wird auch durch das grundsätzliche Verbot der gewerbsmäßigen Arbeitnehmerüberlassung in Betriebe des Baugewerbes (§ 1 b AÜG) nicht ausgeschlossen; der Entleiher ist daher verpflichtet, für die überlassenen Leiharbeitnehmer Beiträge zu den Sozialkassen des Baugewerbes abzuführen (*BAG* 8.7.1998 EzA § 10 AÜG Nr. 9).

Wird die Erlaubnis nach Eintritt der Fiktion erteilt, so können die kraft der Fiktion eingetretenen **Rechtsfolgen nicht mehr beseitigt werden,** da dies mit dem Schutz des Leiharbeitnehmers nicht vereinbar wäre (MünchArbR/*Wank* § 123 Rz. 26).

3524 Hat der Verleiher gleichwohl in Unkenntnis der Fiktion noch Leistungen aus dem Arbeitsvertrag an den Leiharbeitnehmer erbracht, so kommt im Verhältnis des Verleihers zum Leiharbeitnehmer eine **bereicherungsrechtliche Rückabwicklung wegen der Grundsätze über das faktische Arbeitsverhältnis nicht in Betracht.** Der Verleiher kann jedoch vom Entleiher gem. §§ 267, 812 BGB die Herausgabe dessen verlangen, was dieser durch die Befreiung von seinen Verpflichtungen erspart hat. Denn der Leiharbeitnehmer hat gegen den Entleiher keinen Anspruch auf eine weitere Vergütung der bereits bezahlten Arbeit, sodass ein Anspruch gegen ihn durch die Zahlung des Verleihers erlischt (*BGHZ* 75, 299).

(2) Inhalt des fingierten Arbeitsverhältnisses

3525 Den Inhalt des fingierten Arbeitsverhältnisses regelt **§ 10 Abs. 1 S. 2–5 AÜG** umfassend. Das gilt auch für die **Art der Tätigkeit und den Arbeitsort.** Gem. § 10 Abs. 1 S. 3 AÜG gilt jedoch die zwischen dem Verleiher und dem Entleiher vorgesehene **Arbeitszeit** als vereinbart. Außerdem hat der Leiharbeitnehmer gegen den Entleiher gem. § 10 Abs. 1 S. 5 AÜG mindestens Anspruch auf das mit dem Verleiher vereinbarte **Arbeitsentgelt.**

3526 Diese Vorschrift greift so lange ein, wie die nach § 10 Abs. 1 S. 4 AÜG zu bemessende Vergütung niedriger liegt. Sie begründet aber **keinen Anspruch** des Leiharbeitnehmers dahingehend, **dass ihm ein bei Zustandekommen des Arbeitsverhältnisses mit dem Entleiher bestehender Vergütungsvorsprung vor vergleichbaren Arbeitnehmern des Entleihers ungeschmälert erhalten bleiben.** Erhöht sich folglich die gem. § 10 Abs. 1 S. 5 AÜG geschuldete Vergütung z. B. durch Tariflohnerhöhungen, so entfällt ein entsprechender »Gehaltsvorsprung« spätestens dann, wenn das gem. § 10 Abs. 1 S. 4 AÜG das vom Verleiher an sich geschuldete Arbeitsentgelt erreicht (*BAG* 21.7.1993 EzA § 10 AÜG Nr. 7).

3527 Gem. § 10 Abs. 5 AÜG hat der Leiharbeitnehmer (ab 1.1.2002) bei einer gem. § 3 Abs. 1 Nr. 6 AÜG länger als zwölf aufeinander folgende Monate dauernden Überlassung an denselben Entleiher Anspruch auf die in dessen Betrieb geltenden Arbeitsbedingungen einschließlich des Arbeitsentgelts für vergleichbare Arbeitnehmer; § 10 Abs. 1 S. 5 AÜG gilt entsprechend. Diese Regelung ist nach Auffassung des Gesetzgebers deshalb gerechtfertigt, weil bei einer ein Jahr überschreitenden Tätigkeit eines Leiharbeitnehmers in demselben Entleiherbetrieb die tatsächliche Verbindung zum Entleiherbetrieb so stark zunimmt, dass es nicht gerechtfertigt erscheint, ihn von den Arbeitsbedingungen im Entleiherbetrieb auszunehmen. Den berechtigten Interessen des Leiharbeitnehmers soll dadurch Rechnung getragen werden, dass ihm mindestens das mit dem Verleiher vereinbarte Arbeitsentgelt weiter zusteht (vgl. *Düwell* BB 2002, 99).

Lohnforderungen aus einem nach § 10 Abs. 1 AÜG fingierten Arbeitsvertrag, die der Arbeitnehmer gegenüber dem Entleiher geltend macht, werden erst dann i. S. d. **Ausschlussklausel** des § 16 BRTV-Bau fällig, wenn der Entleiher seine Schuldnerstellung eingeräumt hat (*BAG* 27.7.1983 AP Nr. 6 zu § 10 AÜG). Soweit das AÜG keine Sonderregelungen enthält, treffen den Entleiher im Rahmen des fingierten Arbeitsverhältnisses sämtliche Arbeitgeberpflichten im Rahmen des Arbeits-, **Steuer- und Sozialversicherungsrechts** (vgl. aber § 42 d Abs. 6–8 EStG). 3528

Der Entleiher ist deshalb z. B. verpflichtet, für die illegal überlassenen Leiharbeitnehmer **Beiträge zu den Kassen des Baugewerbes** abzuführen. Dem steht auch nicht entgegen, dass Arbeitnehmerüberlassung im Baugewerbe grds. unzulässig ist (*BAG* 8.7.1998 EzA § 10 AÜG Nr. 9; s. o. C/Rz. 3469).

Die **Dauer** des fingierten Arbeitsverhältnisses richtet sich nach den Vereinbarungen zwischen Verleiher und Entleiher. Leiharbeitnehmer und Entleiher sind jedoch nicht daran gehindert, einen neuen Arbeitsvertrag abzuschließen, ohne an die inhaltlichen Vorgaben des § 10 AÜG gebunden zu sein und damit das fiktive Arbeitsverhältnis zu beenden (*BAG* 19.12.1979 EzA § 10 AÜG Nr. 2). 3529

(3) Beendigung des fingierten Arbeitsverhältnisses
Ein kraft gesetzlicher Fiktion nach § 10 Abs. 1 AÜG zwischen dem Leiharbeitnehmer und dem Entleiher zustande gekommenes Arbeitsverhältnis **steht einem vertraglich begründeten Arbeitsverhältnis gleich** und kann, wenn es unbefristet ist, nur durch Kündigung oder durch Auflösungsvertrag beendet werden (*BAG* 30.1.1991 EzA § 10 AÜG Nr. 3). 3530

Nach Eintritt der Fiktion des § 10 AÜG, also während des Bestehens eines Arbeitsverhältnisses, kann dieses fingierte Arbeitsverhältnis modifiziert oder aufgelöst werden (Grundsatz der Vertragsfreiheit). Auch eine Kündigung durch den Entleiher nach Maßgabe der §§ 626 BGB, 1 KSchG ist möglich. Andererseits ist auch der Leiharbeitnehmer berechtigt, das fingierte Arbeitsverhältnis aus wichtigem Grund zu kündigen. Denn die Fiktion des § 10 Abs. 1 AÜG führt dazu, dass er gegen oder zumindest ohne seinen Willen seinen Arbeitgeber kraft Gesetzes gewechselt hat.

(4) Darlegungs- und Beweislast; Verwirkung
Will ein in einem Drittbetrieb eingesetzter **Arbeitnehmer** geltend machen, zwischen ihm und dem Inhaber des Drittbetriebes gelte gem. § 10 Abs. 1 i. V. m. § 9 Nr. 1 AÜG ein Arbeitsverhältnis als zustande gekommen, und ist streitig, ob sein Einsatz in dem Drittbetrieb aufgrund eines Arbeitnehmerüberlassungsvertrages oder eines Dienst- oder Werkvertrags erfolgt ist (s. o. C/Rz. 3476 ff.), so muss er **diejenigen Umstände darlegen und beweisen, aus denen sich das Vorliegen von Arbeitnehmerüberlassung ergibt.** 3531

Das Recht eines Leiharbeitnehmers, sich gegenüber dem Entleiher darauf zu berufen, infolge unerlaubter Arbeitnehmerüberlassung gelte zwischen ihnen nach § 10 Abs. 1 AÜG ein Arbeitsverhältnis als zustande gekommen, kann nach Treu und Glauben **verwirken** (*BAG* 30.1.1991 EzA § 10 AÜG Nr. 3). 3532

cc) Auswirkungen auf den Vertrag zwischen Verleiher und Entleiher

3533 Verträge zwischen Verleiher und Entleiher, die auf Arbeitnehmerüberlassung gerichtet sind, ohne dass der Verleiher eine Verleiherlaubnis hat, sind nach § 9 Nr. 1 AÜG unwirksam. Werden Arbeitnehmer Dritten zur Arbeitsleistung überlassen und verstößt der Überlassene gegen § 1 Abs. 2 AÜG, so wird Arbeitsvermittlung vermutet. Kann der Überlassende die Vermutung nicht widerlegen, bzw. sind die §§ 291 ff. SGB III nicht gegeben, so verstößt der auf Überlassung des Arbeitnehmers gerichtete Vertrag gegen § 291 SGB III und ist nach § 134 BGB nichtig.
Das nichtige Vertragsverhältnis ist nach §§ 812 ff. BGB abzuwickeln.

7. Geringfügig Beschäftigte i. S. d. § 8 Abs. 1 SGB IV

a) Arbeitsrechtliche Einordnung

3534 Bei den geringfügig Beschäftigten i. S. d. § 8 Abs. 1 SGB IV handelt es sich arbeitsrechtlich **regelmäßig um Teilzeitbeschäftigte** (s. o. A/Rz. 52). Für sie gelten daher arbeitsrechtlich die gleichen Grundsätze und Bestimmungen, wie für Arbeitnehmer in Teilzeitbeschäftigungsverhältnissen (vgl. z. B. bezüglich des Kündigungsschutzes D/Rz. 1040 ff.; bezüglich der Urlaubsansprüche und des Urlaubsumfangs C/Rz. 1728 ff., 1767 ff.; bezüglich des Gleichbehandlungsgrundsatzes A/Rz. 515, 573).

b) Sozialversicherungsrechtliche Behandlung

3535 (vgl. Übersicht über die Auswirkungen der Neuregelung der geringfügigen Beschäftigung zum 1.4.1999 NZA 1999, Heft 8 IX).

aa) Grundsätze

3536 Eine geringfügige Beschäftigung liegt nach § 8 Abs. 1 SGB IV i. d. F. ab dem 1.4.1999 vor, wenn
– entweder die Beschäftigung **regelmäßig weniger als 15 Stunden in der Woche** ausgeübt wird und das **Arbeitsentgelt regelmäßig im Monat einen Betrag von 325,– Euro nicht übersteigt** (§ 8 Abs. 1 Nr. 1 SGB IV),
– oder die Beschäftigung innerhalb eines Jahres seit ihrem Beginn höchstens **zwei Monate oder 50 Arbeitstage** beträgt. Im zweiten Fall ist weiter Voraussetzung, dass die Beschäftigung nicht berufsmäßig ausgeübt wird und 325,– Euro im Monat nicht überschreitet (§ 8 Abs. 1 Nr. 2 SGB IV).

3537 Bei der ersten Alternative ist auf die **regelmäßige wöchentliche Arbeitszeit** abzustellen. Diese ist zumeist im Arbeitsvertrag festgelegt. Bei schwankender Arbeitszeit sind die voraussichtlichen Arbeitsstunden der drei folgenden Kalendermonate zusammen zu addieren und durch 13 zu teilen. Liegen keine Anhaltspunkte für eine Schätzung vor, ist auf die Arbeitszeit vergleichbarer Arbeitnehmer abzustellen.

3538 Auch bezüglich der Arbeitsentgeltgrenze ist auf das **regelmäßige Arbeitsentgelt** abzustellen, wie es im Arbeitsvertrag vereinbart ist oder wie es sich bei schwankender Arbeitszeit aus einer Schätzung ergibt. Bei der Schätzung ist auf den Verdienst der letzten drei Monate abzustellen, oder, sofern das Arbeitsverhältnis noch nicht solange besteht, auf den Arbeitsverdienst vergleichbarer Arbeitnehmer in diesem Zeitraum. Zum regelmäßigen Arbeitsentgelt zählen auch **anteilig Sonderzahlungen**, wie z. B.

Weihnachtsgratifikationen, Urlaubsgeld etc. Dabei genügt, dass ein Anspruch auf diese Gelder besteht; eine tatsächliche Auszahlung muss noch nicht erfolgt sein. Berufsmäßig i. S. d. § 8 Abs. 1 Nr. 2 SGB IV ist eine Beschäftigung dann, wenn sie für die betroffene Person nicht von untergeordneter wirtschaftlicher Bedeutung ist.

Beispiele:
– Nur gelegentliche Beschäftigungen, z. B. zwischen Ableistung des Abiturs und Aufnahme eines Studiums sind i. d. R. nicht berufsmäßig.   3539
– Gleiches gilt für Personen, die noch nicht ins regelmäßige Erwerbsleben eingetreten sind, z. B. Schüler, Studenten, Arbeitslose, die nicht arbeitslos gemeldet sind.
– Wird ein als arbeitslos gemeldeter Arbeitnehmer in einer kurzfristigen Beschäftigung tätig, ist dies hingegen berufsmäßig.
– Gleiches gilt für eine kurzfristige Beschäftigung während einer Elternzeit oder eines unbezahlten Urlaubs.

Die Versicherungsfreiheit besteht allerdings, wie schon nach der Rechtslage vor der 3540
Neuregelung zum 1.4.1999, nicht für Personen, die im Rahmen einer betrieblichen Ausbildung, wegen Kurzarbeit oder wegen einer stufenweisen Eingliederung in das Erwerbsleben nach § 74 SGB V nur geringfügig beschäftigt werden (§§ 27 Abs. 2 S. 2 SGB III, 7 SGB V. 5 Abs. 2 SGB VI). Ausnahmen bestehen hinsichtlich der Rentenversicherungspflicht für Praktikanten, die als Studierende einer Hoch- oder Fachhochschule ein Praktikum ableisten § 5 Abs. 3 SGB V).

Mehrere geringfügig entlohnte **dauerhafte Beschäftigungen** i. S. d. § 8 Abs. 1   3541
Nr. 1 SGB IV werden in der Sozialversicherung zusammengerechnet. Wird aufgrund der Zusammenrechnung die Zeit- oder Entgeltgrenze des § 8 SGB IV überschritten, liegt insgesamt keine geringfügige Beschäftigung mehr vor. Gleiches gilt, wenn neben der geringfügigen Beschäftigung eine Hauptbeschäftigung ausgeübt wird. **Eine Zusammenrechnung erfolgt** hingegen nicht, wenn neben einer geringfügig entlohnten dauerhaften Beschäftigung eine geringfügige Beschäftigung mit nur kurzfristiger Beschäftigung i. S. d. § 8 Abs. 1 Nr. 2 SGB IV erfolgt.

Liegt aufgrund einer Zusammenrechnung keine geringfügige Beschäftigung mehr 3542
vor, hat dies zur Folge, dass **sämtliche Beschäftigungsverhältnisse der Versicherungspflicht für die Kranken- und Rentenversicherung unterliegen.** Die Höhe der nunmehr zu zahlenden Pflichtbeiträge zu den Sozialversicherungen bestimmt sich dann nach dem insgesamt erzielten Arbeitsentgelt.

In der **Arbeitslosenversicherung** gilt bei Ausübung mehrerer geringfügiger Beschäf- 3543
tigungen grds. dasselbe. Es erfolgt aber keine Zusammenrechnung einer Haupt- mit einer Nebentätigkeit. Selbst wenn die Entgeltgrenzen i. d. F. überschritten werden, bleibt die geringfügige Beschäftigung hinsichtlich der Arbeitslosenversicherung versicherungsfrei.

bb) Kurzfristig Beschäftigte
Für kurzfristig Beschäftigte i. S. d. § 8 Abs. 1 Nr. 2 SGB IV hat sich was die **Sozialver-** 3544
sicherungspflicht angeht, gegenüber der bisherigen Regelung **nichts geändert.** Sie bleiben versicherungsfrei. Es sind auch keine Pauschbeträge vom Arbeitgeber zu entrichten.

cc) Geringfügig, aber ständig Beschäftigte

3545 Statt der bisherigen **pauschalen Lohnsteuer** in Höhe von ca. 22% incl. Solidaritätszuschlag und Kirchensteuer sind künftig grds. 12% auf das Arbeitsentgelt als **Pauschalbetrag** in die **Rentenversicherung** (§ 172 SGB VI) und 10% in die **Krankenversicherung** (§ 249 b S. 1 SGB V) einzuzahlen. Anders als bei der pauschal entrichteten Lohnsteuer ist eine Vereinbarung zwischen den Arbeitsvertragsparteien, wonach im Innenverhältnis der Arbeitnehmer alle Sozialversicherungsbeiträge tragen soll, unwirksam (§ 32 SGB I).

3546 Der **Pauschbetrag bezüglich der Rentenversicherung** ist unabhängig davon zu zahlen, ob grds. eine Versicherungsfreiheit des Arbeitnehmers besteht (Ausnahme: Studenten als Zwischenpraktikanten § 172 Abs. 3 S. 2 SGB VI). Hinsichtlich der Krankenversicherung ist der Pauschbetrag hingegen nur zu entrichten, wenn der Arbeitnehmer schon Mitglied einer gesetzlichen **Krankenversicherung** ist oder als Familienmitglied mitversichert ist.

Beispiel:

3547 – Kein Pauschbetrag zur Krankenversicherung ist für Beamte oder privat versicherte Selbstständige, nicht pflichtversicherte Studenten und Schüler oder aufgrund der Überschreitung der Beitragsbemessungsgrenze in die private Krankenkasse gewechselte Arbeitnehmer zu zahlen.
– Für die Ehefrau eines krankenpflichtversicherten Angestellten, die bei diesem in der DAK als Familienmitglied mitversichert ist, ist der Pauschbetrag zu entrichten.

3548 Bezüglich der Rentenversicherung hat der geringfügig Beschäftigte die Möglichkeit, auf seine grds. bestehende **Versicherungsfreiheit zu verzichten**. Der Verzicht gilt nur für die Zukunft und ist für die Dauer der Beschäftigung nicht widerruflich. In diesem Fall kann der Arbeitnehmer zum Beitrag des Arbeitgebers von 12% einen Aufstockungsbetrag entrichten. Mit dem Aufstockungsbetrag wird der Pflichtbeitrag erreicht. Beträgt der Pflichtbeitrag, z. B. 19,5%, beläuft sich der Aufstockungsbetrag auf 7,5%. Die insgesamt abgeführten Beträge müssen allerdings bei diesem Beispiel mindestens 29,91 Euro betragen, was bedeutet, dass die Bemessungsgrenze bei einem Lohn von 155 Euro(§ 163 Abs. 8 SGB VI) liegt. Wer als Geringverdiener weniger als 155 Euro verdient, kann den Fehlbetrag aus eigener Tasche aufstocken. Der geringfügig Beschäftigte erwirbt damit Ansprüche auf Altersrente, Berufs- und Erwerbsunfähigkeitsrente und ab 2001 auf Erwerbsminderungsrente, allerdings jeweils nur in sehr bescheidenem Umfang.

c) Steuerrechtliche Behandlung

3549 Einkünfte aus geringfügiger Beschäftigung sind nach § 3 Nr. 39 EStG steuerfrei, wenn
– für das Arbeitsentgelt aus der geringfügigen Beschäftigung die pauschale Rentenversicherungsbeiträge von 12% durch den Arbeitgeber zu entrichten sind und
– der Arbeitnehmer **keine anderen Einkünfte** im laufenden Kalenderjahr hat.

Die erste Voraussetzung knüpft an das Sozialversicherungsrecht an. Sie **liegt immer vor, wenn** der Arbeitnehmer **keinen weiteren geringfügigen Beschäftigungen oder einer Hauptbeschäftigung** nachgeht.

C. Der Inhalt des Arbeitsverhältnisses

Bei **mehreren geringfügigen Beschäftigungen** sind diese zusammenzurechnen. 3550
Wird dabei die Entgeltgrenze von 325,– Euro überschritten, ist eine Pauschalversteuerung mit 12% nicht mehr zulässig, vielmehr sind dann vom Arbeitnehmer und Arbeitgeber die Rentenversicherungsbeiträge je zur Hälfte zu tragen. Insofern hat sich an der Rechtslage durch die Neuregelung zum 1.4.1999 nichts geändert.

Wird neben der geringfügigen Beschäftigung eine Hauptbeschäftigung ausgeübt, er- 3551
folgt eine **Zusammenrechnung** hingegen **nur dann, wenn die Haupttätigkeit rentenversicherungspflichtig** ist. Dies ist z. B. bei Beamten nicht der Fall, sodass hier eine Pauschalbesteuerung mit 12% weiter zulässig ist.

Die zweite Voraussetzung hängt davon ab, ob der Arbeitnehmer andere **positive Ein-** 3552
künfte i. S. d. § 2 Abs. 1 EStG hat. Dazu zählen:
- Einkünfte aus Land – und Forstwirtschaft,
- Einkünfte aus Gewerbebetrieb,
- Einkünfte aus selbstständiger Arbeit,
- aus Kapitalvermögen,
- aus Vermietung und Verpachtung und sonstige Einkünfte i. S. d. § 22 EStG, z. B. gesetzliche Renten, Unterhaltsleistungen des geschiedenen Ehegatten,
- **nicht jedoch Einkünfte des Ehegatten**, selbst wenn Zusammenveranlagung gewählt wird.

Grds. ist der Arbeitgeber nach §§ 38 Abs. 3, 41 a EStG verpflichtet, die Lohnsteuer zu 3553
berechnen und vom Lohn einzubehalten (s. o. C/Rz. 637 ff.). Bei Nichterfüllung dieser öffentlich rechtlichen Verpflichtung haftet er den Finanzbehörden gegenüber (§ 42 d EStG). Der Arbeitnehmer kann allerdings vorab **eine sog. Freistellungsbescheinigung** beim Finanzamt beantragen. Nach Vorlage derselben ist eine Auszahlung des gesamten Geringverdienerlohnes ohne Steuerabzug möglich. Ergibt sich erst nachträglich, dass aufgrund anderer positiver Einnahmen doch eine Versteuerung durchzuführen ist, hat dies aufgrund der vom Arbeitnehmer abzugebenden Einkommensteuererklärung nachträglich zu erfolgen.

Entfällt für einen geringfügig beschäftigten Arbeitnehmer die Steuerfreiheit oder er- 3554
hält er keine Freistellungsbescheinigung, besteht ein Wahlrecht. Entweder ist die Regelbesteuerung über Lohnsteuerkarte vornehmen. Wie bisher kann der Geringverdienerlohn aber auch der **Pauschalbesteuerung** unterworfen werden (§ 40 a Abs. 1, 2 EStG). Diese ist dann allerdings zusätzlich zu den pauschalierten Beiträgen zur Renten- und Krankenversicherung zu entrichten.

d) Meldepflicht
Für die geringfügig Beschäftigten gelten ab dem 1.4.1999 **dieselben Meldepflichten** 3555
wie für normal Beschäftigte. Das früher bestehende besondere Meldeverfahren gibt es nicht mehr. Die gilt auch für bereits vor dem 1.4.1999 beschäftigte Arbeitnehmer in geringfügigen Beschäftigungsverhältnissen. Die Meldungen sind der **zuständigen Einzugsstelle** gegenüber abzugeben. Dies ist die gesetzliche Krankenversicherung, bei der der Arbeitnehmer versichert ist, bzw. zuletzt versichert war. War er bislang nicht gesetzlich krankenversichert, kann der Arbeitgeber eine gesetzliche Krankenkasse wählen.

V. Berufsausbildungsverhältnis

1. Normative Grundlagen

3556 Normative Grundlagen des Berufsbildungsrechts sind §§ 1 ff. BBiG sowie §§ 21–44 b HwO. Aufgrund von § 25 BBiG, § 25 HwO sind im Bereich des Handwerks über 150 Ausbildungsordnungen ergangen, im Bereich der gewerblichen und industriellen Wirtschaft über 160 Ausbildungsberufe durch Rechtsverordnung staatlich anerkannt und im Einzelnen geregelt worden.

3557 Daneben sind für Jugendliche, die eine Ausbildung durchlaufen, die Vorschriften des JArbSchG anwendbar. Es gilt ferner das BUrlG, das ArbPlSchG, das BetrAVG, das VermögensbildungsG, BetrVG, PersVG, SGB III, BErzGG, SGB IV.

3558 Gem. § 3 Abs. 2 BBiG sind auf den Berufsausbildungsvertrag, soweit sich aus seinem Wesen und Zweck und aus dem BBiG nichts anderes ergibt, die für den Arbeitsvertrag geltenden Rechtsvorschriften anzuwenden. Daraus folgt die Anwendbarkeit des ArbZG, des Eignungsübungsgesetzes, des WPflG, des ZDG, des MuSchG, des SGB IX, des TVG sowie des BGB. Anwendung finden auch alle Vorschriften über den technischen Arbeitsschutz.

3559 **Allerdings ist § 113 BGB auf Berufsausbildungsverhältnisse nicht anzuwenden.** Ein Minderjähriger kann nicht von den Personensorgeberechtigten zur Eingehung eines Lehrverhältnisses ermächtigt werden, da bei einem Berufsausbildungsverhältnis der Ausbildungszweck den besonderen Schutz des Minderjährigen bei der Auswahl des Lehrberufs, beim Abschluss des Ausbildungsvertrages sowie bei der Durchführung und Beendigung der Ausbildung notwendig macht (MünchArbR/*Natzel* § 177 Rz. 110).

2. Duales System

3560 Von Bedeutung sind auch die Schulgesetze der Länder, soweit sie Bestimmungen über die Berufsschulen enthalten. Das BBiG geht insoweit vom Zusammenwirken der betrieblichen und der schulischen Ausbildung aus, regelt jedoch nur die Bereiche der betrieblichen und außerschulischen Berufsbildung. Deshalb gilt gem. § 2 Abs. 1 BBiG das BBiG nur insoweit für die Berufsbildung, als diese nicht in berufsbildenden Schulen durchgeführt wird, die den Schulgesetzen der Länder unterstehen. Das sog. duale System der Berufsausbildung **besteht** folglich **aus dem Lernort Betrieb und dem Lernort Schule.**

3. Der Berufsausbildungsvertrag

a) Rechtsnatur und Begründung

3561 Der Berufsausbildungsvertrag ist nach Auffassung von *Richardi* (MünchArbR § 28 Rz. 25) ein **atypischer Dienstvertrag.** Soweit es um die arbeitsrechtliche Seite der Berufsausbildung geht, enthalten §§ 3–19 BBiG Sondervorschriften. Der Ausbildungs-

C. Der Inhalt des Arbeitsverhältnisses

zweck gibt dem Berufsausbildungsverhältnis seinen Inhalt. Darin unterscheidet es sich von einem Arbeitsverhältnis, das ein Arbeitnehmer eingeht, um sich selbst in seiner Ausbildung zu vervollkommnen. Es ist aber ein echtes Arbeitsverhältnis; denn wer sich der Berufsausbildung unterzieht, wird zum Zweck der Ausbildung im Dienste eines anderen beschäftigt, was ihn vom Schüler oder Studenten unterscheidet.

Demgegenüber handelt es sich nach Auffassung von *Natzel* (MünchArbR § 177 Rz. 126–188) **nicht um einen Arbeitsvertrag**. Danach ist das Berufsbildungsrecht weitgehend dem Arbeitsrecht entwachsen mit der Maßgabe, dass dem Auszubildenden, weil es sich nicht um ein Arbeitsverhältnis handelt, **kein Streikrecht** zusteht, ferner, dass die **Regelungen über Kurzarbeit nicht anwendbar** sind und die Ausbildungsvergütung kein Arbeitsentgelt, sondern lediglich einen Beitrag für die Durchführung der Kosten der Ausbildung und einen Ansporn für den Auszubildenden darstellt, sich um seine Ausbildung zu bemühen. 3562

Ein Berufsausbildungsverhältnis wird durch eine vertragliche Abmachung zwischen dem Ausbildenden und dem Auszubildenden begründet. Beim Minderjährigen ist zu beachten, dass § 113 BGB nicht gilt (s. o. C/Rz. 3559). 3563

b) Grenzen der vertraglichen Regelungsbefugnis

Gem. **§ 5 BBiG** sind alle Vereinbarungen, die den Auszubildenden für die Zeit nach Beendigung des Berufsausbildungsvertrages in der Ausübung seiner erlernten Tätigkeit beschränken, nichtig, es sei denn, dass er sich innerhalb der letzten (drei § 5 Abs. 1 S. 2 BBiG a. F.; aufgrund des durch das arbeitsrechtliche Beschäftigungsförderungsgesetzes geänderten § 5 Abs. 1 S. 2 BBiG n. F. [vgl. dazu *Rolfs* NZA 1996, 1136 f.] mit Wirkung vom 1.10.1996) **sechs** Monate des Berufsausbildungsverhältnisses dazu verpflichtet, nach dessen Beendigung mit dem Auszubildenden ein Arbeitsverhältnis einzugehen. Gleiches gilt für eine Vereinbarung, die den Auszubildenden verpflichtet, für die Berufsausbildung eine Entschädigung zu zahlen (§ 5 Abs. 2 Nr. 1 BBiG). Nichtig ist ferner die Vereinbarung von Vertragsstrafen (§ 5 Abs. 2 Nr. 2 BBiG). Beiden Vertragsparteien verboten ist auch die Vereinbarung über den Ausschluss oder die Beschränkung von Schadensersatzansprüchen (§ 5 Abs. 2 Nr. 3 BBiG). Regelungen, die zu einer Besserstellung des Jugendlichen führen, sind aber gem. § 18 BBiG zulässig. Auch auf bereits entstandene Schadensersatzansprüche kann verzichtet werden. Unzulässig ist jedoch gem. § 5 Abs. 2 Nr. 4 BBiG auch die Festsetzung der Höhe eines Schadensersatzes in Pauschalbeträgen. 3564

§ 5 Abs. 1 S. 1 BBiG gilt entsprechend, wenn durch eine Rückzahlungsvereinbarung mittelbarer Druck auf den Auszubildenden ausgeübt wird, der seine Berufsfreiheit unverhältnismäßig einschränkt (*BAG* 25.4.2001 EzA § 5 BBiG Nr. 8). 3565

Der Mangel in der Berechtigung des Ausbildenden, Auszubildende einzustellen oder auszubilden (§ 20 BBiG) berührt die Wirksamkeit des Ausbildungsvertrages nicht (§ 3 Abs. 4 BBiG). Allerdings kann der Auszubildende den Vertrag kündigen und u. U. gem. § 16 Abs. 1 BBiG Schadensersatzansprüche geltend machen. 3566

c) Schriftliche Niederlegung des Ausbildungsvertrages

Gem. **§ 4 BBiG** hat der Ausbildende unverzüglich nach Abschluss des Berufsausbildungsvertrages, spätestens vor Beginn der Berufsausbildung, den wesentlichen Inhalt des Vertrages schriftlich niederzulegen. § 4 Abs. 1 S. 2 BBiG sieht vor, **welche Einzelheiten mindestens aufzunehmen sind.** 3567

C. Der Inhalt des Arbeitsverhältnisses

3568 Enthalten sein müssen insbesondere Angaben über Art, Planmäßigkeit und Ziel der Ausbildung mit einer sachlichen und zeitlichen Gliederung, Beginn und Dauer der Berufsausbildung (einschließlich Angaben über eine etwaige Verkürzung der Ausbildungsdauer gem. § 29 Abs. 1, 2 § 40 Abs. 1 BBiG), die Dauer der regelmäßigen täglichen Ausbildungszeit, Ausbildungsmaßnahmen außerhalb der Ausbildungsstätte (vgl. § 27 BBiG, § 26a HwO), die Dauer der Probezeit (mindestens 1, höchstens 3 Monate [§ 13 BBiG]). Zahlung und Höhe der Vergütung (vgl. § 10 BBiG), die Dauer des Urlaubs, die Voraussetzungen, unter denen der Berufsausbildungsvertrag gekündigt werden kann sowie ein in allgemeiner Form gehaltener Hinweis auf die Tarifverträge, Betriebs- oder Dienstvereinbarungen, die auf das Berufsausbildungsverhältnis anzuwenden sind. Die Niederschrift muss von den Vertragsparteien bzw. dem gesetzlichen Vertreter eines Minderjährigen unterzeichnet werden (§ 4 Abs. 2 BBiG).

3569 Mit dieser Vorschrift wird jedoch **keine Schriftform i. S. d. § 125 BGB** für den Berufsausbildungsvertrag vorgeschrieben. Wird eine Niederschrift folglich nicht angefertigt, den Beteiligten nicht zur Unterschrift vorgelegt und ausgehändigt, so berühren diese Verstöße nicht die Wirksamkeit des mündlich geschlossenen Vertrages; daran hat auch die Nachweisrichtlinie RL 91/533/EWG nichts geändert (*BAG* 21.8.1997 EzA § 4 BBiG Nr. 1).

4. Pflichten des Ausbildenden

a) Ausbildungspflicht (§ 6 Abs. 1 Nr. 1 BBiG)

3570 Der Ausbildende hat dafür zu sorgen, dass **dem Auszubildenden Fertigkeiten und Kenntnisse vermittelt werden, die zum Erreichen des Ausbildungszieles erforderlich sind** und die Berufsausbildung in einer durch ihren Zweck gebotenen Form planmäßig, zeitlich und sachlich gegliedert so durchzuführen, dass das Ausbildungsziel in der vorgesehenen Ausbildungszeit erreicht werden kann. Inhalt und Umfang der Ausbildung werden mittelbar durch die auf der Ermächtigungsgrundlage des **§ 25 BBiG** ergangenen **Rechtsverordnung** über die Ausbildungsberufe geregelt. **Ausbildungsberufsbild** und **Ausbildungsrahmenplan** beschreiben in Form einer Empfehlung die Ausbildungspflichten des Ausbildenden. Er muss diese Verpflichtungen durch einen betrieblichen Ausbildungsplan konkretisieren.

3571 Gem. § 6 Abs. 1 Nr. 2 BBiG muss der Ausbildende entweder **selbst ausbilden oder einen Ausbilder ausdrücklich damit beauftragen**.
Gem. § 6 Abs. 2 BBiG dürfen dem Auszubildenden nur **Verrichtungen** übertragen werden, **die dem Ausbildungszweck dienen und seinen körperlichen Kräften angemessen sind**. Allerdings ist auch die Übertragung von **Neben- und Hilfstätigkeiten** zulässig, soweit sie in der Ausbildungsstätte anfallen und von allen Auszubildenden und anderen Arbeitnehmern ohne Gefährdung des Ausbildungszwecks in gleichem Umfang übernommen werden.

b) Ausbildungsmittel

3572 Gem. § 6 Abs. 1 Nr. 3 BBiG hat der Ausbildende dem Auszubildenden kostenlos die Ausbildungsmittel, insbesondere Werkzeuge und Werkstoffe zur Verfügung zu stellen, die zur Berufsausbildung und dem Ablegen von Zwischen- und Abschlussprüfung erforderlich sind. Jegliche Kostenbeteiligung des Auszubildenden oder

C. Der Inhalt des Arbeitsverhältnisses

seiner Eltern ist unzulässig. Dabei erfolgt allerdings nur eine leihweise Bereitstellung, die Überlassung des Besitzes, nicht aber ein Eigentumsübergang.

Nach Beendigung der Ausbildung sind die Ausbildungsmittel an den Ausbildenden **zurückzugeben** (MünchArbR/*Natzel* § 178 Rz. 87).
Bücher oder Ausbildungsmittel, die im **Berufsschulunterricht** benutzt werden sollen, braucht der Ausbildende jedoch **nicht zur Verfügung zu stellen**.
Die in § 6 Abs. 1 Nr. 3 BBiG genannten Ausbildungsmittel müssen schließlich zum Ablegen der vorgeschriebenen Abschluss- und Zwischenprüfung zur Verfügung gestellt werden, auch soweit solche nach Beendigung des Ausbildungsverhältnisses stattfinden. 3573

Fraglich ist, ob der Auszubildende **Eigentum an dem von ihm erstellten Prüfungsstück** erwirbt. Das *BAG* (3.3.1960 AP Nr. 2 zu § 23 HandwO) hat es als möglich angesehen, dass der Auszubildende Hersteller i. S. d. § 950 BGB sein kann, weil der Ausbildende Ausbildungsmittel und Werkzeuge kostenlos zur Verfügung stellen muss. 3574

c) Nebenpflichten

Der Ausbildende hat den Auszubildenden zum **Besuch der Berufsschule** sowie zum **Führen von Berichtsheften** (das geführte Berichtsheft ist gem. §§ 39, 36 BBiG, § 36 HwO Voraussetzung für die Zulassung zur Abschlussprüfung) **anzuhalten**, soweit solche im Rahmen der Berufsausbildung verlangt werden, und diese durchzusehen. 3575

Schließlich hat er gem. § 6 Abs. 1 Nr. 5 BBiG dafür zu sorgen, dass der Auszubildende charakterlich gefördert sowie sittlich und körperlich nicht gefährdet wird (vgl. dazu MünchArbR/*Natzel* § 178 Rz. 91 ff.). Ferner muss der Auszubildende für die **Teilnahme am Berufsschulunterricht, an Prüfungen und Ausbildungsmaßnahmen außerhalb der Ausbildungsstätte freigestellt werden** (§ 7 BBiG, § 9 JArbSchG). Die Freistellung von der betrieblichen Ausbildung umfasst notwendigerweise auch die Zeiträume, in denen der Auszubildende zwar nicht am Berufsschulunterricht teilnehmen muss, aber **wegen des Schulbesuchs** aus tatsächlichen Gründen **gehindert** ist, **im Ausbildungsbetrieb an der betrieblichen Ausbildung teilzunehmen**. Dies betrifft insbesondere die Zeiten des notwendigen Verbleibs an der Berufsschule während der unterrichtsfreien Zeit und die notwendigen Wegezeiten zwischen Berufsschule und Ausbildungsbetrieb (*BAG* 26.3.2001 EzA § 7 BBiG Nr. 1; vgl. dazu *Sandmann* SAE 2001, 280 f.). Seit dem Außerkrafttreten des § 9 Abs. 4 JArbSchG zum 1.3.1997 fehlt es an einer Anrechnungsregelung, so dass die Summe der Berufsschulzeiten und der betrieblichen Ausbildungszeiten kalenderwöchentlich größer als die regelmäßige tarifliche wöchentliche Ausbildungszeit sein kann (*BAG* 26.3.2001 EzA § 7 BBiG Nr. 1). 3576

d) Vergütungspflicht

Gem. **§ 10 Abs. 1 BBiG** hat der Ausbildende dem Auszubildenden eine angemessene Vergütung zu gewähren (vgl. dazu *Opolony* BB 2000, 510 ff.). Sie ist nach seinem Lebensalter so zu bemessen, dass sie mit fortschreitender Berufsausbildung, mindestens jährlich, ansteigt. Maßgeblicher Zeitpunkt für die Überprüfung der Angemessenheit ist der der Fälligkeit, nicht der des Vertragsabschlusses (*BAG* 30.9.1998 EzA § 10 BBiG Nr. 4). Der Anspruch ist gem. § 18 BBiG unabdingbar und steht allein dem Auszubildenden zu, auch wenn er minderjährig ist. Der Bundestagsausschuss für Arbeit (BT-Drucks. V/4260 zu § 10 S. 9) ist davon ausgegangen, dass die Vergü- 3577 tung ein **Zuschuss zu den Lebenshaltungskosten** sein soll, ohne diese zur vollen Deckung zu bringen. Jedenfalls reicht der Bezug auf branchenübliche Sätze, tarifliche Vergütungen, regelmäßig aus. Dagegen ist eine vertraglich vereinbarte Ausbildungsvergütung dann **nicht mehr angemessen**, wenn sie die in einem für den Ausbildungsbetrieb an sich einschlägigen, aber im konkreten Einzelfall nicht anwendbaren **Tarifvertrag enthaltene Vergütung um mehr als 20% unterschreitet** (BAG 10.4.1991 EzA § 10 BBiG Nr. 2), **es sei denn, die Ausbildung wird zu 100% von der öffentlichen Hand finanziert** (BAG 11.10.1995 EzA § 10 BBiG Nr. 3; krit. Natzel/Natzel SAE 1997, 116 ff.).

3578 Fehlt eine tarifliche Regelung, kann zur Ermittlung der angemessenen Vergütung auf **Empfehlungen von Kammern und Innungen** zurückgegriffen werden (BAG 30.9.1998 EzA § 10 BBiG Nr. 4). Liegt die Ausbildungsvergütung um mehr als 20% unter den Empfehlungen z. B. einer Rechtsanwaltskammer, so ist zu vermuten, dass sie nicht mehr angemessen ist (BAG 30.9.1998 EzA § 10 BBiG Nr. 4). Wird eine Ausbildung, deren **praktischer Teil bei Drittbetrieben** (z. B. des Maler- und Lackiererhandwerks) erfolgt, bei einem **gemeinnützigen Verein**, dessen Zweck die Förderung der beruflichen Bildung ist und der über kein eigenes Vermögen verfügt, zu 100% über **Zuwendungen der öffentlichen Hand finanziert**, so kann auch eine um 45% unter einer tariflichen Ausbildungsvergütung eines entsprechenden praktischen Ausbildungsbetriebs liegende Ausbildungsvergütung noch angemessen i. S. d. § 10 Abs. 1 BBiG sein (LAG Brandenburg 2.7.1999 – 4 Sa 129/99 –).
In einem **vollständig** von der Bundesanstalt für Arbeit **finanzierten Ausbildungsverhältnis** zwischen einer überbetrieblichen Bildungseinrichtung und einem beruflichen Rehabilitanten nach § 56 AFG (öffentlich finanziertes, dreiseitiges Ausbildungsverhältnis) kann auch die Nichtanwendung von § 10 Abs. 1 S. 1 BBiG mit der Folge geboten sein, dass Vergütungsansprüche des auszubildenden Rehabilitanten nicht bestehen (BAG 15.11.2000 EzA § 10 BBiG Nr. 5).

3579 Wird in einer aufgrund des § 29 Abs. 1 BBiG erlassenen **AnrechnungsVO** eine bestimmte Zeit im schulischen Berufsgrundbildungsjahr oder in einer Berufsfachschule als erstes Jahr der Berufsausbildung auf die Ausbildungszeit angerechnet, so gilt die Verkürzungszeit hinsichtlich der Vergütung im Maße ihrer Anrechnung als abgeleistete Zeit eines Berufsausbildungsverhältnisses (BAG 8.12.1982 EzA § 29 BBiG Nr. 1). Etwas anderes gilt aber für die Fälle einer vereinbarten Verkürzung der Ausbildungszeit gem. § 29 Abs. 2 BBiG (BAG 8.12.1982 EzA § 29 BBiG Nr. 1).

3580 Gewährt der Ausbildende **Sachleistungen**, so können sie in Höhe der nach § 14 SGB IV festgesetzten Sachbezugswerte angerechnet werden, jedoch nicht über 75% der Bruttovergütung hinaus (§ 10 Abs. 2 BBiG).

3581 Gem. **§ 10 Abs. 3 BBiG** ist eine über die vereinbarte regelmäßige tägliche Arbeitszeit hinausgehende Beschäftigung besonders zu vergüten; gemäß dem durch das arbeitsrechtliche Beschäftigungsförderungsgesetz mit Wirkung vom 1.10.1996 neu eingeführten § 10 Abs. 3 2. Hs. BBiG kann auch ein Freizeitausgleich erfolgen.

3582 **§ 12 BBiG** regelt die **Fortzahlung der Vergütung trotz Nichtleistung**. Sie erfolgt insbesondere für die Zeit der Freistellung gem. § 7 BBiG (§ 12 Abs. 1 Nr. 1), sowie für die Dauer von bis zu sechs Wochen, wenn der Auszubildende sich für die Berufsausbildung bereit hält, diese aber ausfällt oder aus einem sonstigen, in seiner Person liegenden Grund unverschuldet verhindert ist, seine Pflichten aus dem Berufsausbildungsverhältnis zu erfüllen. Gem. § 12 Abs. 1 S. 2 BBiG findet im Übrigen das **EFZG** Anwendung, wenn er infolge einer unverschuldeten Krankheit, einer Maßnahme der medizinischen Vorsorge oder der Rehabilitation, einer Sterilisation oder eines Abbruchs der Schwangerschaft durch einen Arzt an der Berufsausbildung nicht teilnehmen kann.

Aus §§ 7, 12 BBiG folgt bei Überschneidungen von Zeiten des Besuchs der Berufsschule und betrieblicher Ausbildung, dass der Besuch des **Berufsschulunterrichts** der betrieblichen Ausbildung **vorgeht**. Dies bedeutet zugleich die Ersetzung der Ausbildungszeit, so dass eine **Nachholung** der so ausfallenden betrieblichen Ausbildungszeiten von Gesetzes wegen **ausgeschlossen ist** (BAG 26.3.2001 EzA § 7 BBiG Nr. 1). 3583

e) Kosten der Berufsausbildung
Die Kosten einer Berufsausbildung i. S. d. §§ 3 ff. BBiG hat der Ausbildende zu tragen. Dazu zählen auch die Kosten für Verpflegung und Unterkunft des Auszubildenden, die dadurch entstehen, dass die praktische Berufsausbildung nicht im Ausbildungsbetrieb, sondern an einem anderen Ort vorgenommen wird. Dies gilt auch, wenn sich die gesamte praktische Ausbildung außerhalb des Ausbildungsbetriebes vollzieht (BAG 21.9.1995 EzA § 5 BBiG Nr. 7). 3584

f) Rechtsfolgen der Verletzung der Ausbildungspflicht; Darlegungs- und Beweislast
Beruht das Nichtbestehen der Abschlussprüfung auf Verstößen des Ausbildenden gegen diese Pflichten, hat der Auszubildende insbesondere wegen der nicht vermittelten Fertigkeiten und Kenntnisse die Prüfung nicht bestanden, so hat er einen **Schadensersatzanspruch** (BAG 11.12.1964 AP Nr. 22 zu § 611 BGB Lehrverhältnis). Für das Verschulden des Ausbildenden gelten **§§ 276, 278 BGB; der Ausbildende hat gem. § 282 BGB darzulegen, dass ihn selbst kein Verschulden trifft** (BAG 10.6.1976 EzA § 6 BBiG Nr. 2). Darzulegen ist vom Auszubildenden insbesondere auch die **Kausalität der Ausbildungsmängel für den Misserfolg bei der Prüfung** (BAG 10.6.1976 EzA § 6 BBiG Nr. 2). 3585

Das *LAG Köln* (30.10.1998 NZA 1999, 317) hat weiterhin angenommen, dass ein Schadensersatzanspruch wegen unzureichender Ausbildung zudem grds. einen **gescheiterten Prüfungsversuch** voraussetzt, woran es beim vorzeitigen Abbruch der Ausbildung durch den Auszubildenden fehlt. Jedenfalls muss der Auszubildende dann substantiiert darlegen und beweisen, dass er das vereinbarte Berufsziel bei hypothetischer Fortsetzung des Ausbildungsverhältnisses nicht erreicht hätte. 3586

Zur Darlegung eines Mitverschuldens des Auszubildenden genügt seitens des Ausbildenden nicht der pauschale Vorwurf der Lernunwilligkeit; es muss konkret vorgetragen werden, was der Auszubildende selbst versäumt hat (BAG 10.6.1976 EzA § 6 BBiG Nr. 2). Das BAG (10.6.1976 EzA § 6 BBiG Nr. 2) hat auch die Berücksichtigung von Versäumnissen der Eltern eines minderjährigen Auszubildenden für möglich erachtet. 3587

Die **Höhe des Schadens** bemisst sich nach der Differenz der gezahlten Vergütung zu dem Einkommen, das der Auszubildende als Geselle in der Zeit zwischen dem Misserfolg der Prüfung und der erfolgreichen Wiederholungsprüfung hätte erzielen kön- 3588

C. Der Inhalt des Arbeitsverhältnisses

nen. Dieser entgangene Verdienst ist zu ersetzen. Daneben sind §§ 823 ff. BGB anwendbar.

5. Pflichten des Auszubildenden

3589 Gem. § 9 S. 1 BBiG hat sich der Auszubildende zu bemühen, die Fertigkeiten und Kenntnisse zu erwerben, die erforderlich sind, um das Ausbildungsziel zu erreichen. Er ist, ohne dass dies in § 9 BBiG zum Ausdruck kommt, nach Maßgabe des Ausbildungsvertrages bzw. der weitestgehend in Bezug genommenen Ausbildungsordnung verpflichtet, ein **Berichtsheft** zu führen. Zu beachten ist, dass gem. § 39 Abs. 1 Nr. 2 BBiG, § 36 Abs. 1 Nr. 2 HwO nur derjenige zur Abschlussprüfung zugelassen wird, der die vorgeschriebenen Berichtshefte geführt hat.

3590 Gem. § 9 S. 2 Nr. 1 BBiG hat der Auszubildende die ihm im Rahmen seiner Berufsausbildung **aufgetragenen Verrichtungen sorgfältig auszuführen**. Gem. § 9 S. 2 Nr. 2 BBiG hat er **an Ausbildungsmaßnahmen teilzunehmen,** für die er nach § 7 BBiG freigestellt ist (insbesondere für den Besuch der Berufsschule sowie Zwischen- und Abschlussprüfungen). Ein gesetzlicher Zwang, sich der Zwischen- oder Abschlussprüfung zu unterziehen, besteht allerdings nicht.

3591 Gem. § 9 S. 2 Nr. 3 BBiG hat der Auszubildende den **Weisungen zu folgen**, die ihm im Rahmen der Berufsausbildung vom Ausbildenden, vom Ausbilder oder von anderen weisungsberechtigten Personen erteilt werden, er hat ferner die für die Ausbildungsstätte geltende Ordnung zu beachten (Nr. 4), Werkzeug, Maschinen und sonstige Einrichtungen pfleglich zu behandeln (Nr. 5) sowie über Betriebs- und Geschäftsgeheimnisse Stillschweigen zu wahren (Nr. 6).

6. Beendigung des Berufsausbildungsverhältnisses

a) Ablauf der vertraglichen Dauer; Bestehen der Prüfung

3592 Regelmäßig endet das Berufsausbildungsverhältnis mit dem Ablauf der vereinbarten Ausbildungszeit (§ 14 Abs. 1 BBiG), ohne dass es einer Kündigung bedarf. Das gilt auch dann, wenn der Auszubildende an der Abschlussprüfung nicht teilnimmt.

3593 Ein **vorzeitiges Ende** der Ausbildungszeit kann durch das Ablegen der Prüfung erreicht werden. Denn dann liegt kein Grund vor, den Auszubildenden noch bis zum festgesetzten oder vereinbarten Ende der Ausbildungszeit an das Berufsausbildungsverhältnis zu binden. Üblich ist, dass Prüfungen mit der mündlichen oder schriftlichen Bekanntgabe des Prüfungsergebnisses durch die zuständige Prüfungskommission abschließen. Die bloße Erbringung der Prüfungsleistungen genügt nicht ohne weiteres (*BAG* 7.10.1971 EzA § 14 BBiG Nr. 1).

b) Tarifliche Regelungen

3594 Im Hinblick auf § 17 BBiG wird in Tarifverträgen häufig eine Bestimmung getroffen, wonach den Auszubildenden, die vor Beendigung der vereinbarten Ausbildungszeit die Abschlussprüfung bestanden haben, mit dem auf das Bestehen der Prüfung folgenden Arbeitstag die ihrer Lohn- bzw. Gehaltsgruppe entsprechende Vergütung zu zahlen ist. Insoweit geht das *BAG* (16.2.1994 EzA § 14 BBiG Nr. 6; 16.2.1994 EzA § 14 BBiG Nr. 7; 16.2.1994 EzA § 14 BBiG Nr. 8 mit abl. Anm. *We-*

ber) davon aus, dass die **Abschlussprüfung dann bestanden ist, wenn das Prüfungsverfahren abgeschlossen und das Prüfungsergebnis dem Prüfling mitgeteilt worden ist.**

§ 41 BBiG ermächtigt allerdings die zuständige Stelle, in der Prüfungsordnung einen anderen Zeitpunkt festzusetzen, an dem die Abschlussprüfung als bestanden gilt. Bestimmen Prüfungsordnungen, dass in der den Prüflingen auszuhändigenden Bescheinigung als Termin des Bestehens bzw. Nichtbestehens der Tag der letzten Prüfungsleistung einzusetzen ist, so ist diese Bestimmung insoweit unwirksam, als dieser Tag vor dem Ende der Feststellung des Gesamtergebnisses der Prüfung liegt. Maßgebend ist dann dieser Tag. Entsprechend besteht bei einer tariflichen, oben skizzierten Vergütungsregelung, kein Anspruch auf den Facharbeiterlohn für die Zeit bis zur Feststellung des Gesamtergebnisses der Prüfung durch den Prüfungsausschuss (*BAG* 16.2.1994 EzA § 14 BBiG Nr. 6). 3595

c) Wiederholungsprüfungen
Besteht der Auszubildende die Abschlussprüfung nicht, kann er sie **zweimal wiederholen** (§ 34 Abs. 1 S. 2 BBiG). Gem. **§ 14 Abs. 3 BBiG** verlängert sich dann das Berufsausbildungsverhältnis auf sein Verlangen bis zur nächstmöglichen Wiederholungsprüfung, höchstens jedoch um ein Jahr. Das gilt selbst dann, wenn aufgrund des Ergebnisses der Prüfung mit Sicherheit zu erwarten ist, dass der Auszubildende auch die Wiederholungsprüfung nicht besteht (*LAG Hamm* 14.7.1976 DB 1977, 126). Die Verlängerung tritt kraft Gesetzes ein; eines entsprechenden Vertrages mit dem Auszubildenden oder eines privatrechtsgestaltenden Bescheides der zuständigen Stelle bedarf es nicht (*LAG Berlin* 25.2.2000 NZA-RR 2001, 243). Die nächste Prüfung in diesem Sinn ist nicht die zeitlich sofort an die misslungene Prüfung anschließende, sondern diejenige, die unter Berücksichtigung von Treu und Glauben in sinnvoller Verwendung der davor liegenden Zeit den erneuten Versuch eines Prüfungsabschlusses erfolgreich erwarten lässt. Dabei ist i. d. R. von einem Zeitraum von ca. 1/2 Jahr auszugehen (MünchArbR/*Natzel* § 178 Rz. 251). 3596

Wird auch die erste Wiederholungsprüfung nicht bestanden, so verlängert sich das Berufsausbildungsverhältnis bis zur **zweiten Wiederholungsprüfung**, wenn der Auszubildende ein Fortsetzungsverlangen stellt und diese noch innerhalb **der Höchstfrist von einem Jahr nach dem Ende der ursprünglichen Ausbildungszeit** abgelegt wird (*BAG* 26.9.2001 EzA § 14 BBiG Nr. 11). Die Beendigungswirkung tritt unabhängig davon ein, ob die zweite Wiederholungsprüfung bestanden oder nicht bestanden wird (*BAG* 15.3.2000 EzA § 14 BBiG Nr. 10; vgl. dazu *Jacobs* SAE 2001, 276 ff.). **Unerheblich** ist auch, ob der Auszubildende überhaupt **zu der Prüfung angetreten ist** (*LAG Berlin* 25.2.2000 NZA-RR 2001, 243). Die weitere Verlängerung des Ausbildungsverhältnisses auf Verlangen des Auszubildenden führt nicht dazu, dass die Ausbildung über eine Gesamtfrist von 1 Kalenderjahr an Verlängerung hinaus fortgesetzt wird (*LAG Düsseldorf* 9.6.1998 LAGE § 14 BBiG Nr. 3; MünchArbR/*Natzel* § 178 Rz. 253; **a. A.** *LAG Berlin* 25.2.2000 NZA-RR 2001, 243). 3597

§ 14 Abs. 3 BBiG gilt analog dann, wenn der Auszubildende **krankheitsbedingt** an der Prüfung **nicht teilnehmen konnte** (*BAG* 30.9.1998 EzA § 14 BBiG Nr. 8), sodass sich auch dann das Ausbildungsverhältnis auf sein Verlangen hin bis zur nächstmöglichen Wiederholungsprüfung, höchstens um ein Jahr verlängert.

d) Aufhebungsvertrag

3598 Das Berufsausbildungsverhältnis kann **jederzeit** einvernehmlich durch schriftlichen Aufhebungsvertrag beendet werden; § 623 BGB gilt wegen § 3 Abs. 2 BBiG auch für die Aufhebung des Berufsausbildungsvertrages, sowie für Volontäre und Praktikanten (APS/*Preis* § 623 BGB Rz. 5).

e) Kündigung des Ausbildungsvertrages
3599 S. u. D/Rz. 529 ff.

f) Schadensersatz bei vorzeitiger Kündigung
3600 Wird das Berufsausbildungsverhältnis nach der Probezeit vorzeitig gelöst, so können sowohl Ausbildender als auch Auszubildender voneinander Ersatz des Schadens verlangen, wenn der andere den Grund für die Auflösung zu vertreten hat. Das gilt allerdings nicht im Falle der Kündigung des Auszubildenden, wenn er die Ausbildung aufgeben oder sich für eine andere Berufstätigkeit ausbilden lassen will. Die fristlose Kündigung während der Probezeit zieht im Übrigen keinerlei Schadensersatzansprüche nach sich (vgl. § 15 BBiG).

3601 Der Schadensersatzanspruch nach § 16 BBiG setzt nur voraus, dass das Berufsausbildungsverhältnis nach Ablauf der Probezeit durch einen Umstand, den der **andere Teil zu vertreten hat, vorzeitig beendet** wird. Die tatsächliche Beendigung, z. B. durch Ausscheiden unter Vertragsbruch, genügt. Eine wirksame Kündigung kann nicht verlangt werden (*BAG* 17.8.2000 EzA § 16 BBiG Nr. 3).

3602 Löst der **Auszubildende** das Berufsausbildungsverhältnis nach der Probezeit schuldhaft vorzeitig, so kann der Ausbildende **Ersatz der Aufwendungen** verlangen, die er nach den Umständen für erforderlich halten durfte. Dazu gehören die Aufwendungen für die ersatzweise Beschäftigung eines ausgebildeten Arbeitnehmers nicht. Denn Ausbildungs- und Arbeitsverhältnis können wegen der ganz unterschiedlichen Pflichtenbindung nicht gleichgesetzt werden (*BAG* 17.8.2000 EzA § 16 BBiG Nr. 3).

3603 Der Anspruch aus **§ 16 BBiG** ist unabdingbar (§ 18 BBiG). Auch die Anfechtung eines Ausbildungsvertrages gem. **§§ 119, 123 BGB** fällt unter den Tatbestand des § 16 BBiG (MünchArbR/*Natzel* § 178 Rz. 296).
Der Anspruch muss innerhalb einer Frist von **drei Monaten** nach Beendigung des Berufsausbildungsverhältnisses geltend gemacht werden; andernfalls erlischt er (§ 16 Abs. 2 BBiG).

3604 § 16 BBiG erfasst nur den **Erfüllungsschaden**, nicht aber den **Vertrauensschaden** wegen Verletzung vorvertraglicher Pflichten; für die Erstattung derartiger Ansprüche kommt allgemeines Schadensersatzrecht zur Anwendung, das gem. § 3 Abs. 2 BBiG durch § 16 BBiG nicht ausgeschlossen ist.

3605 Ein Anspruch aus cic (jetzt § 311 Abs. 3, 4 BGB n. F.; s. o. B/Rz. 197 ff.) setzt die Verletzung einer Verpflichtung aus dem vorvertraglichen Rechtsverhältnis voraus. Stellt die zuständige Stelle z. B. Anforderungen für die künftige Eintragung von Berufsausbildungsverträgen gem. §§ 31 ff. BBiG auf, so begründet das eine **Aufklärungspflicht** des Ausbildenden bei Vertragsschluss nur, wenn sich aus den Anforderungen ein Risiko für die Vertragsdurchführung ergibt (*BAG* 17.7.1997 EzA § 16 BBiG Nr. 2).

g) Übergang in ein Arbeitsverhältnis (§ 17 BBiG)
3606 Wird der Auszubildende im Anschluss an das Berufsausbildungsverhältnis beschäftigt, ohne dass hierüber ausdrücklich etwas vereinbart worden ist, so gilt

C. Der Inhalt des Arbeitsverhältnisses

ein **Arbeitsverhältnis auf unbestimmte Zeit begründet** (§ 17 BBiG). Auf welche Art und Weise das Lehrverhältnis geendet hat, ist für die Anwendung der Vorschrift gleichgültig. Allerdings muss der frühere Auszubildende tatsächlich die Arbeit aufgenommen haben; das bloße Anbieten seiner Arbeitskraft reicht nicht aus. Erforderlich ist weiterhin, dass die Arbeit **mit Wissen und Wollen** oder nach den Weisungen **des Arbeitgebers** durchgeführt wird. Erfährt der Arbeitgeber von der nicht gewollten Weiterarbeit, so muss er unverzüglich widersprechen (vgl. dazu *Felder* FA 2000, 339 ff.).

7. Andere Vertragsverhältnisse (§ 19 BBiG)

> Soweit nicht ein Arbeitsverhältnis vereinbart ist, gelten für Personen, die eingestellt werden, um berufliche Kenntnisse, Fertigkeiten oder Erfahrungen zu erwerben, ohne dass es sich um eine Berufsausbildung i. S. d. BBiG handelt, §§ 3–18 BBiG mit der Maßgabe, dass die gesetzliche Probezeit abgekürzt, auf die Vertragsniederschrift verzichtet und bei vorzeitiger Auflösung des Vertragsverhältnisses nach Ablauf der Probezeit abweichend von § 16 Abs. 1 S. 1 BBiG Schadensersatz nicht verlangt werden kann.

3607

Von dieser Regelung sind solche Lernenden erfasst, denen für ihre berufliche Tätigkeit berufliche Kenntnisse und Fertigkeiten in einem begrenzten Umfang vermittelt werden müssen, was nicht den weiten Rahmen des § 1 Abs. 2 BBiG ausfüllt und auch nicht nach Maßgabe der Ausbildungsordnung geschehen würde. Betroffen sind insbesondere **Praktikanten** (die eine Zeit lang in einem Betrieb praktisch arbeiten, um sich dadurch zur Vorbereitung auf einen Beruf die notwendigen praktischen Kenntnisse und Erfahrungen anzueignen (z. B. Masseure, medizinische Bademeister, Krankengymnasten, med.-techn. Assistentinnen) und **Volontäre**, die eine Ausbildung allein aus eigenem Interesse für ein bestimmtes Gebiet oder einen Beruf betreiben, ohne jedoch eine vollständige Berufsausbildung anzustreben.

3608

Ein Ausbildungsverhältnis i. S. v. § 19 BBiG liegt nur dann vor, wenn bei **typischer Betrachtung erstmals Kenntnisse, Fertigkeiten oder Erfahrungen vermittelt werden**. Das ist dann nicht der Fall, wenn regelmäßig eine Vorausbildung oder berufliche Praxis der neuen Mitarbeiter gegeben ist und diese von Anfang an neben der qualifizierten Ausbildung zum Versicherungsfachmann in ganz erheblichem Umfang leistungsorientiert Arbeitsleistungen erbringen und dafür eine ausgesprochen hohe Vergütung einschließlich Provisionszahlung beziehen; in einem derartigen Fall ist eine Klausel zur Rückzahlung von Ausbildungskosten grds. zulässig. Ob das zugrunde liegende Rechtsverhältnis ein § 19 BBiG ausschließendes Arbeitsverhältnis ist, bestimmt sich unter Berücksichtigung aller Aspekte des Einzelfalls nach dem Schwerpunkt des Vertragsverhältnisses (*LAG Schleswig-Holstein* 27.2.2001 FA 2001, 185).

3609

8. Fortbildungsvertrag

§ 46 BBiG, § 42 HwO enthalten keine Regeln für den Abschluss und Inhalt eines Fortbildungsvertrages. Die Fortbildung kann sowohl im Rahmen des bestehenden

3610

Dörner

C. Der Inhalt des Arbeitsverhältnisses

Arbeitsverhältnisses als auch aufgrund eines eigens zu diesem Zweck geschlossenen Vertrages erfolgen.
I. d. R. trägt der Arbeitgeber die **Kosten** der Fortbildung; ein **Vergütungsanspruch** besteht nur bei entsprechender Vereinbarung; der Arbeitgeber muss den Arbeitnehmer allerdings für die Fortbildung **freistellen**.

9. Umschulungsvertrag

3611 Die Umschulung kann durch die Behörden der Arbeitsverwaltung oder durch andere öffentlich-rechtliche Rehabilitationsträger als Kostenträger durchgeführt werden. Zwischen dem Träger der Umschulungsmaßnahme und dem Umschüler wird ein Ausbildungsvertragsverhältnis begründet; ein weiteres Rechtsverhältnis besteht zwischen Umschulungsträger und Kostenträger. Andererseits kann die Umschulung auch in einem Betrieb erfolgen, der sie im Auftrag und für Rechnung des Kostenträgers vornimmt.
Schließlich kann auch ein betriebliches Umschulungsverhältnis durch Vertrag zwischen Arbeitgeber und Arbeitnehmer als Berufsbildungsvertrag begründet werden, wenn die Umschulung allein durch den Betrieb durchgeführt und finanziert wird.

3612 Die Umschulung muss entweder zur Vorbereitung auf eine berufliche Tätigkeit oder zu einem anerkannten Ausbildungsberuf führen (**§ 47 Abs. 2, 3 BBiG**). Diese Umschulungsverhältnisse unterliegen nicht §§ 1 ff. BBiG.
Die Umschulung muss nach Inhalt, Art, Ziel und Dauer den besonderen Erfordernissen der beruflichen Erwachsenenbildung entsprechen. Regelmäßig verpflichtet sich der Arbeitgeber, den Arbeitnehmer mit bereits abgeschlossener Berufsbildung zusätzliche Kenntnisse und Fertigkeiten zur Ausübung eines weiteren Berufs zu vermitteln. Auch ob ein Umschüler sich einer Abschlussprüfung unterziehen muss, richtet sich nach den getroffenen Vereinbarungen.
Die gesetzlich nicht geregelte Dauer der Maßnahme soll i. d. R. nicht länger als zwei Jahre betragen (MünchArbR/*Natzel* § 178 Rz. 397).

10. Ordnung der Berufsbildung; zuständige Behörden

3613 Alle Ausbildungsordnungen werden in Form einer **Rechtsverordnung** in Kraft gesetzt, die gem. § 25 BBiG, § 25 HwO vom Bundesminister der Wirtschaft oder dem sonst zuständigen Fachminister im Einvernehmen mit ersterem erlassen werden. Sie haben bindende Wirkung für alle an der Ausbildung Beteiligten und dienen als Rechtsgrundlage für eine geordnete und einheitliche Berufsausbildung.

3614 **§ 25 BBiG, § 25 Abs. 2 HwO regeln die Mindestinhalte der Ausbildungsordnung** (Bezeichnung des Ausbildungsberufes, der Ausbildungsdauer, des Ausbildungsberufsbildes sowie der Prüfungsanforderungen).

3615 Für einen anerkannten Ausbildungsberuf darf nur nach der Ausbildungsordnung ausgebildet werden (§ 28 Abs. 1 BBiG, § 27 Abs. 1 HwO). In anderen als in anerkannten Ausbildungsberufen dürfen Jugendliche unter 18 Jahren nicht ausgebildet werden, soweit die Berufsbildung nicht auf den Besuch weiterführender Bildungsgänge vorbereitet (§ 28 Abs. 2 BBiG). Etwas anderes gilt aber für Praktika vor dem Besuch von Hochschulen und Fachhochschulen.

Zuständige Stelle für die Überwachung der Berufsausbildung, die Beratung der Auszubildenden und Ausbildenden, die Regelung der Berufsausbildung sowie für das Prüfungswesen sind insbesondere die Handwerkskammern (§ 23 HwO), die Industrie- und Handelskammern (§ 75 BBiG), Rechtsanwalts-, Patentanwalts-, Notarkammern (§ 87 Abs. 1 BBiG), Wirtschaftsprüfer-, Steuerberater-, Ärzte-, Zahnärzte-, Apothekerkammern (§§ 87, 89, 91 BBiG). Im öffentlichen Dienst bestimmt für den Bund die oberste Bundesbehörde für ihren Geschäftsbereich die zuständige Stelle (§ 84 Abs. 1 S. 1 BBiG). Eine Sonderregelung enthält § 84 a BBiG für Kirchen und sonstige Religionsgemeinschaften des öffentlichen Rechts. Im Übrigen sind die nach Landesrecht zuständigen Behörden maßgeblich (vgl. MünchArbR/*Natzel* § 180 Rz. 22 ff.).

3616

VI. Einreden und Einwendungen

1. Verjährung

a) Grundlagen

Das Verjährungsrecht ist durch das Gesetz zur Modernisierung des Schuldrechts **grundlegend neu geregelt** worden. Arbeitsverträge, die **nach dem 31.12.2001 geschlossen** werden, unterliegen **dem neuen Recht**. Dies folgt ohne weiteres aus dem In-Kraft-Treten des Gesetzes zum 1.1.2002. Gem. Art. 229 § 5 S. 1 EGBGB gilt aber für Schuldverhältnisse, die **vor dem 1.1.2002** entstanden sind, weiter das **bisherige Recht**. Um eine Anpassung zu ermöglichen, sieht Art. 229 § 5 S. 2 EGBGB vor, dass für sie das neue Recht erst **ab dem 1.1.2003** gilt; dies gilt auch für Arbeitsverhältnisse (vgl. *Däubler* NZA 2001, 1330 ff.; zu den Übergangsvorschriften s. u. C/Rz. 3623).

3617

b) Das neue Verjährungsrecht

aa) Die regelmäßige Verjährungsfrist

Gem. § 195 BGB n. F. beträgt die regelmäßige Verjährungsfrist **drei Jahre**. Die darin liegende Verkürzung auf 10% der bisher maßgeblichen Frist (s. u. C/Rz. 3624 ff.) wird dadurch relativiert, dass der **Beginn der Frist hinausgeschoben ist**. Gem. § 199 Abs. 1 BGB n. F. ist Voraussetzung für den Fristbeginn nicht nur, dass der Anspruch **entstanden**, also i. d. R. fällig ist. Vielmehr muss der Gläubiger **die den Anspruch begründenden Umstände und die Person des Schuldners kennen** oder in Folge grober Fahrlässigkeit nicht kennen. Zu einem objektiven muss daher ein subjektives Element kommen. Damit soll dem Gläubiger eine ausreichende Möglichkeit eröffnet werden, sich um die Durchsetzung seines Anspruchs zu kümmern. Außerdem **beginnt der Lauf der Frist** erst **mit dem Ende des Jahres**, in dem diese beiden Voraussetzungen eingetreten sind. Diese regelmäßige Verjährungsfrist gilt **auch für Ansprüche aus dem Arbeitsverhältnis**. Die Sonderregelungen der §§ 196, 197 BGB a. F. sind abgeschafft worden. Die Verjährungsfrist für Entgeltansprüche des Arbeitnehmers verlängert sich von zwei auf drei Jahre. Für den Arbeitgeber verkürzt sich die Verjährungsfrist, weil

3618

§ 196 Nr. 8, 9 BGB a. F. seine Ansprüche nur insoweit erfasste, als es um die Rückgewähr von Vorschüssen ging (vgl. *Däubler* NZA 2001, 1330).

3619 § 199 Abs. 4 BGB n. F. sieht eine **Höchstfrist von zehn Jahren** vor, die von der Entstehung des Anspruchs an läuft und bei deren Überschreitung die Verjährung in jedem Fall eintritt. Für Schadensersatzansprüche enthält § 199 Abs. 2, 3 BGB n. F. eine Sonderregelung, da der Schadenseintritt und damit die Entstehung eines Anspruchs sehr spät erfolgen kann. § 199 Abs. 2 BGB sieht deshalb bei Verletzung von Leben, Körper, Gesundheit und Freiheit eine dreißigjährige Frist vor. Bei anderen Schadensersatzansprüchen tritt die Verjährung spätestens zehn Jahre nach ihrer Entstehung oder ohne Rücksicht auf den Entstehenszeitpunkt dreißig Jahre nach dem die Haftung auslösenden Ereignis ein.

bb) Hemmung und Neubeginn

3620 Die Hemmung der Verjährung hat nunmehr einen höheren Stellenwert als nach dem bisherigen Recht (vgl. *Däubler* NZA 2001, 1331). Denn außer den Fällen der **Rechtsverfolgung** nach § 204 Abs. 1 BGB n. F. erfasst sie auch den Fall, dass zwischen dem Schuldner und dem Gläubiger **Verhandlungen** über den Anspruch oder die ihn begründenden Umstände **schweben**. Während ihrer Dauer ist die Verjährung nach § 203 S. 1 BGB n. F. so lange gehemmt, bis die eine oder die andere Seite die Fortsetzung des Meinungsaustausches verweigert. Liegen die Verhandlungen nahe am Ende der Frist, so muss dem Gläubiger nach ihrer Beendigung zumindest ein Zeitraum von zwei Monaten bleiben.

3621 Ein **Neubeginn der Verjährung** tritt nach § 212 Abs. 1 BGB n. F. nur noch dann ein, wenn der Schuldner dem Gläubiger gegenüber **anerkennt** oder wenn eine gerichtliche oder behördliche **Vollstreckungshandlung** vorgenommen oder beantragt wird.

cc) Betriebliche Altersversorgung

3622 Nach der neu eingeführten Regelung des § 18 a BetrAVG verjährt der Anspruch auf Leistungen aus der betrieblichen Altersversorgung in dreißig Jahren. Gem. § 18 a S. 2 BetrAVG unterliegen Ansprüche auf regelmäßig wiederkehrende Leistungen der regelmäßigen Verjährungsfrist, so dass die dreißig Jahre nur für das Stammrecht gelten. Damit wird die Rechtsprechung des BAG (s. u. C/Rz. 3633) festgeschrieben und dem Schutzzweck der betrieblichen Altersversorgung Rechnung getragen (vgl. *Däubler* NZA 2001, 1331).

dd) Übergangsvorschriften

3623 Soweit Arbeitsverhältnisse bereits im Jahre 2001 bestanden, ändert sich die Rechtslage erst mit dem 1.1.2003 (s. o. C/Rz. 3617; **a. A.** für ab dem 1.1.2002 entstehende arbeitsrechtliche Ansprüche Frankfurter Handbuch/*Ziemann* F/Rz. 25). Denn dann greift das neue Recht ein; ebenso aber auch die Übergangsvorschrift des Art. 229 § 6 EGBGB. Nach Art. 229 § 6 Abs. 1 EGBGB gilt grds. das neue Verjährungsrecht; dieses Prinzip wird jedoch durch Ausnahmen durchbrochen. Sind die Fristen nach neuem Recht länger als nach altem – z. B. bei Entgeltansprüchen der Arbeitnehmer – so tritt nach § 6 Abs. 3 in Bezug auf bereits entstandene Ansprüche keine Verlängerung ein. Ist umgekehrt die neue Frist kürzer – z. B. bei Ansprüchen des Arbeitgebers aus pVV (jetzt §§ 280 ff., 241 Abs. 2 BGB n. F.) – so gilt nach § 6 Abs. 4 die kürzere Frist. Würde die längere Frist des bisherigen Rechts schließlich vorher ablaufen, soll sich daran nichts ändern (vgl. *Däubler* NZA 2001, 1331).

c) Das alte Verjährungsrecht

aa) Erfasste Ansprüche
– Arbeitsvergütung und ähnliche Leistungen

Ansprüche auf Arbeitsvergütung verjähren ebenso wie solche auf 3624
- Verzugslohn (§ 615 S. 1 BGB),
- Aufwendungsersatz gem. § 670 BGB (*BAG* 15.10.1965 AP Nr. 5 zu § 196 BGB),
- Karenzentschädigung gem. § 74 HGB (*BAG* 3.4.1984 EzA § 196 BGB Nr. 5),
- Zahlung einer Erschwerniszulage im Flugsicherungsdienst (*BAG* 7.5.1986 AP Nr. 12 zu § 4 BAT),

sowie Vorruhestandsleistungen nach dem Vorruhestandstarifvertrag für das Baugewerbe (*BAG* 14.6.1994 EzA § 196 BGB Nr. 8)
gem. § 196 Nr. 8, 9 i. V. m. § 202 BGB in zwei Jahren, beginnend mit dem Ende des Jahres, in dem die Arbeitsvergütung fällig geworden ist (*BAG* 7.5.1986 AP Nr. 12 zu § 4 BAT).
§ 196 Abs. 1 Nr. 8 BGB gilt nach Auffassung des *LAG Köln* (28.5.1999 ZTR 2000, 43 Ls.) über seinen Wortlaut hinaus auch für Gratifikationen.

§ 196 Abs. 1 Nr. 8 BGB gilt ferner für die Rückgewähr von Vorschüssen; Gleiches 3625
gilt
- für den Anspruch auf einen Zuschuss zum Mutterschaftsgeld (*LAG Berlin* 14.1.2000 NZA-RR 2000, 362)
- für den Anspruch auf Zahlung eines Handgeldes im Zusammenhang mit einem Vereinswechsel eines Berufsfußballspielers (*LAG Hamm* 5.4.2000 NZA-RR 2000, 411).

Der Bereicherungsanspruch des Arbeitgebers wegen versehentlicher **Lohnüberzahlung** verjährt dagegen gem. **§ 195 BGB** (*BAG* 20.9.1972 AP Nr. 5 zu § 195 BGB; 14.3.2000 EzA § 87a HGB Nr. 3; *ArbG Cottbus* 24.11.1995 NZA-RR 1996, 446: § 196 Abs. 1 Nr. 9 BGB; *Graf* ArbuR 2000, 249 ff.; vgl. auch *BGH* 18.7.2000-X ZR 62/98 -: Der aus der Tilgung einer Schuld erwachsene Bereicherungsanspruch unterliegt der für diese Schuld geltenden Verjährungsfrist). Auch Abfindungen, die als Entschädigung für den Verlust des Arbeitsplatzes gezahlt werden, unterliegen § 195 BGB. Denn sie sind kein Äquivalent für die erbrachte Arbeitsleistung des Arbeitnehmers und daher kein Gehalt oder Lohn i. S. v. § 196 Abs. 1 Nr. 8, 9 BGB (*LAG Niedersachsen* 26.1.2001 NZA-RR 2001, 240; *LAG Hamm* 24.10.2000 NZA-RR 2001, 290; **a. A.** *LAG Köln* 28.5.1999 ZTR 2000, 43 Ls.:§ 196 Abs. 1 Nr. 8 BGB). Dies gilt jedenfalls dann, wenn die im Sozialplan selbst vorgenommene Zweckbestimmung die Einordnung der Abfindung als Gegenleistung für geleistete Dienste des Arbeitnehmers ausschließt (*Thüringer LAG* 21.2.2001 – 6/9 Sa 866/98 –). 3626

Fraglich ist, nach welchen Vorschriften sich die Verjährung von Vergütungsansprü- 3627
chen aus dem **ArbnErfG** bestimmt. Nach der Rechtsprechung des *BGH* (25.11.1980 AP Nr. 5 zu § 9 ArbnErfG) gilt **§ 195 BGB**, solange ihre Höhe noch nicht definitiv feststeht, d. h. sowohl vor der Feststellung von Vergütungsansprüchen nach § 12 Abs. 1 ArbnErfG, als auch vor ihrer einseitigen Festsetzung gem. § 12 Abs. 3 ArbnErfG, als auch nach der einseitigen Festsetzung gem. § 12 Abs. 3 ArbnErfG, wenn

C. Der Inhalt des Arbeitsverhältnisses

rechtzeitig nach § 12 Abs. 4 ArbnErfG Widerspruch gegen die Festsetzung erhoben worden ist. Ob etwas anderes nach einer verbindlichen Konkretisierung der Vergütungsansprüche (§ 12 Abs. 1, Abs. 4 S. 2 ArbnErfG) gilt, hat der *BGH* (25.11.1980 AP Nr. 5 zu § 9 ArbnErfG) bislang offen gelassen.

3628 Ansprüche von Arbeitnehmern im öffentlichen Dienst auf Gewährung von Beihilfen verjähren gem. § 195 BGB in dreißig Jahren (*BAG* 29.10.1998 EzA § 195 BGB Nr. 2).

– **Schadensersatzansprüche**

3629 Für Ansprüche aus **pVV** (jetzt: §§ 280 ff., 241 Abs. 2 BGB) gilt § 195 BGB, für solche aus **unerlaubter Handlung** § 852 BGB.

> Ist dem Arbeitnehmer die Privatnutzung eines Firmenfahrzeugs gestattet und verursacht er schuldhaft einen Verkehrsunfall bei einer Privatfahrt, so ist zweifelhaft, welche Verjährungsvorschrift für den Schadensersatzanspruch des Arbeitgebers eingreift.
> Nach Auffassung des *BAG* (11.4.1984 NJW 1985, 759) sind insoweit §§ 558, 606 BGB auch nicht analog anzuwenden.

3630 Zwar ist der Zweck dieser Vorschriften, die Abwicklung beendeter Gebrauchsüberlassungsverhältnisse so schnell wie möglich klarzustellen, auch auf andere Gebrauchsüberlassungsverhältnisse entsprechend anzuwenden. Das Arbeitsverhältnis ist aber kein derartiges Gebrauchsüberlassungsverhältnis, sondern wird von der Arbeitspflicht des Arbeitnehmers und der Vergütungspflicht des Arbeitgebers geprägt. Hinter diese Hauptpflichten treten Gebrauchsüberlassungen, die im Rahmen eines Arbeitsverhältnisses erfolgen, in ihrer Bedeutung zurück. Auch mit der Rückgabe der überlassenen Sache laufen die Haupt- und sonstigen Nebenpflichten i. d. R. weiter. Ein Bedürfnis nach rascher Klärung des Zustandes der überlassenen Sache zur Zeit ihrer Rückgabe ist zwar auch im Arbeitsverhältnis anzuerkennen. Es wäre misslich, wenn etwa der Arbeitgeber längere Zeit nach der Rückgabe geltend machen könnte, die überlassene Sache sei zu diesem Zeitpunkt beschädigt gewesen. Indessen wird diesem Klärungsbedürfnis im Arbeitsverhältnis i. d. R. durch tarifliche Ausschlussfristen Rechnung getragen.

3631 Demgegenüber hat das *LAG Rheinland-Pfalz* (Urteil vom 9.11.1987 – 7 Sa 573/86 – n. v.; ebenso *LAG Baden-Württemberg* 3.2.1978 DB 1978, 703) die Auffassung vertreten, dass **§§ 558, 606 BGB jedenfalls dann anwendbar sind, wenn der mutmaßliche Parteiwille bei einem derartigen typengemischten Vertrag dafür spricht, dass die private Nutzungsmöglichkeit und ihre rechtliche Gestaltung als abspaltbare und stets für sich betrachtete Nebensächlichkeit des Arbeitsverhältnisses gedacht war und nicht etwa als Bestandteil des Arbeitsverhältnisses, der nur mit diesem stehen und fallen konnte.** Treffen die Parteien über die Ausgestaltung des gewollten Nutzungsverhältnisses keine ausdrückliche Vereinbarung, sind aber gesetzliche Regelungen für die unentgeltliche private Nutzung vorhanden, ist davon auszugehen, dass sich die Parteien überall dort, wo sie nichts anderes vereinbart haben, der einschlägigen gesetzlichen Regelung unterwerfen wollen. Daneben ist § 852 BGB für Ansprüche aus § 823 Abs. 1, 2 BGB nicht anwendbar.

– **Zeugnisanspruch**

3632 Der Anspruch des Arbeitnehmers auf Erteilung eines Zeugnisses verjährt gem. **§ 195 BGB** innerhalb von dreißig Jahren nach Beendigung des Arbeitsverhältnisses (MünchArbR/*Wank* § 128 Rz. 38).

C. Der Inhalt des Arbeitsverhältnisses

– **Betriebliche Altersversorgung**
Das **Rentenstammrecht** in der betrieblichen Altersversorgung unterliegt der regelmäßigen Verjährung gem. § 195 BGB (30 Jahre).
Lediglich für die **laufenden Rentenzahlungen** gilt § **196 Abs. 1 Nr. 8, 9 BGB** bei Arbeitnehmern (BAG 15.9.1992 AP Nr. 39 zu § 1 BetrAVG Zusatzversorgung, 25.1.2000 NZA 2001, 504) bzw. § **197 BGB** bei Organmitgliedern juristischer Personen (BAG 7.12.1961 AP Nr. 2 zu § 611 BGB Abhängigkeit; 5.2.1971 AP Nr. 10 zu § 242 BGB Betriebliche Übung).
Erstattungsansprüche des Arbeitgebers wegen **Verletzung der Auskunftspflichten** des ehemaligen Arbeitnehmers (Versorgungsberechtigten) im Rahmen der betrieblichen Altersversorgung verjähren gleichfalls gem. § 195 BGB (BAG 27.3.1990 EzA § 276 BGB Nr. 36).

3633

bb) Unterbrechung der Verjährung; Kündigungsschutzklage
Gem. § 209 BGB wird die Verjährung des Anspruchs durch seine **gerichtliche Geltendmachung** unterbrochen. Der Erhebung der Klage steht insbesondere die Zustellung eines Mahnbescheides im Mahnverfahren gleich (§ 209 Abs. 2 Nr. 1 BGB).
Die Verjährung wird auch dann unterbrochen, wenn vor ihrem Ablauf ein **Mahnbescheid** beim unzuständigen ArbG beantragt, auf entsprechenden Antrag das Verfahren an das zuständige ArbG abgegeben und der von diesem erlassene Mahnbescheid nach Ablauf der Verjährungsfrist demnächst zugestellt wird (BAG 13.5.1987 EzA § 209 BGB Nr. 3).

3634

Zu beachten ist, dass die Voraussetzungen des § 209 BGB durch eine erhobene Kündigungsschutzklage (§ 4 KSchG, § 256 ZPO) hinsichtlich der sich aus § 615 BGB ergebenden Zahlungsansprüche (§ 196 Abs. 1 Nr. 9 BGB) nicht erfüllt sind (BAG 7.11.1991 EzA § 209 BGB Nr. 5).

3635

Hat der Arbeitnehmer **Lohnzahlungsklage** erhoben, dann aber wegen einer vorgreiflichen Kündigungsschutzklage den Prozess auf Zahlung des Entgelts aus Annahmeverzug des Arbeitgebers im Hinblick auf weitere ausgesprochene und beim Arbeitsgericht angegriffene Kündigungen **trotz rechtskräftiger Erledigung der vorgreiflichen Kündigungsschutzklage nicht weiterbetrieben** (§ 211 Abs. 2 BGB), **so endet die an sich gegebene Verjährungsunterbrechung gem. § 209 BGB**. Mit dem Ende der Unterbrechung beginnt sofort und nicht erst zum Jahresende (§ 201 BGB) eine neue zweijährige Verjährungsfrist (BAG 29.3.1990 EzA § 211 BGB Nr. 1; 18.3.1997 EzA § 196 BGB Nr. 10; 24.6.1999 ZTR 2000, 140).

3636

d) Prozessuale Fragen
Nach der Vollendung der Verjährung ist der Schuldner berechtigt, die Leistung zu verweigern (§ 222 Abs. 1 BGB). Es handelt sich um eine Einrede, die **nur dann berücksichtigt werden kann, wenn der Berechtigte sie ausdrücklich erhebt**. Eine Berücksichtigung von Amts wegen kommt selbst dann nicht in Betracht, wenn das Vorliegen der tatsächlichen Voraussetzungen der Einrede zwischen den Parteien unstreitig ist, der Berechtigte sie aber gleichwohl nicht – auch nicht konkludent – erhoben hat.
Nimmt der Kläger zu einer früher vom Beklagten erhobenen Einrede der Verjährung in einem folgenden Schriftsatz Stellung, so wird die Tatsache der Erhebung der Einrede Inhalt seines Vorbringens. Wenn die geltend gemachte Forderung verjährt ist, so

3637

3638

C. Der Inhalt des Arbeitsverhältnisses

ist die Klage nunmehr unschlüssig. Sie muss auch bei weiterer Säumnis des Beklagten abgewiesen werden (*BAG* 14.6.1994 EzA § 196 BGB Nr. 8).

e) Einwand des Rechtsmissbrauchs

3639 Der Einwand des Rechtsmissbrauchs (§ 242 BGB) gegen die Erhebung der Einrede der Verjährung kommt in Betracht, **wenn der Schuldner den Gläubiger durch sein Verhalten, sei es auch unabsichtlich, von der rechtzeitigen Klage abgehalten hat** (*BAG* 3.4.1984 EzA § 196 BGB Nr. 5). Der Einwand ist aber nur erfolgreich, wenn das Verhalten des Schuldners **ursächlich** für die Fristversäumung des Gläubigers geworden ist (*BAG* 18.3.1997 EzA § 196 BGB Nr. 10).

2. Verwirkung

a) Begriffsbestimmung

3640 Auch im Arbeitsverhältnis gelten die allgemeinen Grundsätze der Verwirkung (§ 242 BGB); es handelt sich um eine **Einwendung**, die vom ArbG **von Amts wegen** zu berücksichtigen ist. Danach verstößt die Geltendmachung eines Rechts dann gegen Treu und Glauben,
– wenn der Gläubiger längere Zeit zugewartet hat (**Zeitmoment**),
– der Schuldner nach dem Verhalten des Gläubigers davon ausgehen konnte, Ansprüche würden nicht mehr gestellt werden (**Umstandsmoment**),
– er sich darauf eingestellt hat, nicht mehr in Anspruch genommen zu werden bzw. ihm aufgrund sonstiger besonderer Umstände nicht zuzumuten ist, sich auf die nunmehr geltend gemachten Ansprüche einzulassen (**Zumutbarkeitsmoment**; *BAG* 15.9.1992 EzA § 46 BAT Zusätzliche Alters- und Hinterbliebenenversorgung Nr. 22; 25.4.2001 EzA § 242 BGB Verwirkung Nr. 1; vgl. dazu *Kettler* NZA 2001, 930 ff.; *Schäfer* Die Abwicklung des beendeten Arbeitsverhältnisses, Rz. 207 ff.).

b) Einzelfragen

3641 Die Verwirkung kann neben Zahlungsansprüchen insbesondere auch das Recht des Arbeitnehmers, sich auf **einzelne Unwirksamkeitsgründe** (z. B. Formmängel, einen Verstoß gegen § 613 a Abs. 4 BGB) einer Kündigung zu berufen (*BAG* AP Nr. 64 zu § 626 BGB), ausschließen.
Bei Ansprüchen auf **Erfindervergütung** nach dem ArbnErfG werden diese Voraussetzungen allerdings nur in seltenen Ausnahmefällen gegeben sein (*BGH* 23.6.1977 AP Nr. 3 zu § 9 ArbnErfG).
Der Verwirkung unterliegt auch der Anspruch des Arbeitnehmers auf Erteilung eines **Zeugnisses** (*BAG* 17.2.1988 EzA § 630 BGB Nr. 12).
Zur Verwirkung des Rechts des Arbeitnehmers, die gem. § 123 BGB gegebene Nichtigkeit des Aufhebungsvertrages klageweise geltend zu machen s. u. D/Rz. 2497 ff.

Beispiele:

3642 – Für die Begründung des stets erforderlichen Umstandsmoments hat das *BAG* (17.2.1988 EzA § 630 BGB Nr. 12) darauf hingewiesen, dass von dem Arbeitnehmer, der sich zunächst innerhalb eines Zeitraums von weniger als einem Jahr dreimal um die Ausstellung eines Zeugnisses mit einem bestimmten Inhalt bemüht, nicht angenommen werden kann, dass er sodann über fast zwei Jahre hinweg untätig bleibt, obwohl er mit dem Inhalt des schließlich übersandten Zeugnisses nicht einverstanden ist. Dies muss umso mehr gelten, als der Kläger selbst davon ausging, die Ausstellung eines qualifizierten Zeugnisses werde »in nächster Zeit« erfolgen. Folglich hat der Kläger bei objektiver Bewertung den Eindruck erweckt, er wolle seine Rechte nicht weiter verfolgen, sodass der Arbeitgeber darauf vertrauen durfte, er werde mit weiteren Forderungen auf Ergänzung oder Änderung des ihm erteilten Zeugnisses nicht mehr hervortreten. Darauf konnte er sich einstellen. Die Lebenserfahrung spricht dafür, dass dies auch geschehen ist.

– Beim Zeugnisberichtigungsanspruch reicht ein **Untätigkeitszeitraum von zwölf Monaten** grds. aus, um das Zeitmoment zu erfüllen. Hat ein Arbeitnehmer sein Berichtigungsbegehren zunächst unter Fristsetzung mit Klageandrohung geltend gemacht und dann in der Folgezeit trotz definitiver Ablehnung durch den Arbeitgeber sein Berichtigungsbegehren ohne ausdrückliche Zurückstellung nicht weiterverfolgt, gleichzeitig aber mit dem Arbeitgeber einen intensiven Schriftwechsel und mehrere Gespräche über die von ihm auszuübende Tätigkeit geführt, ist auch das erforderliche Umstandsmoment gegeben (*LAG Köln* 8.2.2000 ZTR 2000, 330 = NZA-RR 2001, 130). 3643

– Zur Feststellung, ob der Arbeitnehmer das Recht verwirkt hat, das Bestehen eines Arbeitsverhältnisses geltend zu machen, sind das Zeitmoment und das Umstandsmoment ohne kausalen Bezug zueinander zu prüfen. Ist das Zeitmoment nicht erfüllt, kommt das Umstandsmoment nicht zum Tragen. **Ist das Zeitmoment erfüllt** (z. B. bei einer Klageerhebung erst nach 22 Monaten), **kann das Umstandsmoment nicht deshalb verneint werden, weil der Arbeitgeber vor Ablauf des Zeitmoments über den Arbeitsplatz disponiert hat** (*BAG* 2.12.1999 EzA § 242 BGB Prozessverwirkung Nr. 3). 3644

– Wer **keine Kenntnis** von einem möglichen Anspruch eines Dritten hat, kann auf das Ausbleiben einer entsprechenden Forderung allenfalls allgemein, nicht aber konkret hinsichtlich eines bestimmten Anspruchs vertrauen (*BAG* 25.4.2001 EzA § 242 BGB Verwirkung Nr. 1). 3645

– Prozessverwirkung kann eintreten, wenn ein Arbeitnehmer erstmals **nach neun Monaten** geltend macht, das Arbeitsverhältnis sei **nach Ablauf der Befristung während einiger Tage** i. S. d. § 625 BGB **fortgesetzt worden** (*LAG Köln* 27.6.2001 – 3 Sa 220/01 –). 3646

Hat ein Arbeitnehmer sich bei Beendigung des Arbeitsverhältnisses **ausdrücklich die Geltendmachung** z. B. von Überstundenvergütung **vorbehalten**, so tritt mangels zusätzlicher Umstände keine Verwirkung ein (*LAG Berlin* 22.11.1996 NZA 1997, 943 Ls.). 3647

Das *LAG Schleswig-Holstein* (18.9.1997 ARST 1998, 65) hat hinsichtlich der Verwirkung von **Überstundenvergütung** eines LKW-Fahrers folgende Grundsätze aufgestellt:

> Bei der Geltendmachung von Überstunden ist insbesondere die Kontrollmöglichkeit zu beachten. Ein Kraftfahrer, der ständig unterwegs ist und nur schwer kontrolliert werden kann, wird seine Ansprüche früher geltend machen müssen als ein Arbeitnehmer, der ständiger Kontrolle und Aufsicht unterliegt. Wer Überstunden erst 3 bis 19 Monate nach der behaupteten Ableistung und 3 Monate nach Beendigung des Arbeitsverhältnisses vergütet verlangt, hat die Ansprüche regelmäßig verwirkt, wenn er regelmäßig monatlich Lohnabrechnungen erhalten und das Fehlen von Überstundenvergütung nie beanstandet hat. Das gilt umso mehr, wenn der Kraftfahrer die Tachoscheiben, aus denen sich möglicherweise

die Überstundenleistungen auch ableiten lassen, dem Arbeitgeber erstmals nach Beendigung des Arbeitsverhältnisses zugänglich macht.

3648 Das *LAG Köln* (29.10.1999 NZA 2000, 724 Ls.) hat einen Anspruch auf Überstundenvergütung als verwirkt angesehen, der bei seiner erstmaligen Geltendmachung **über zehn Monate alt war** und mit dessen Geltendmachung der Arbeitgeber nicht mehr zu rechnen brauchte. Gleiche gilt erst recht für Ansprüche auf Überstundenvergütung geringeren Umfangs, wenn sie erstmals zehn Monate nach Beendigung des Arbeitsverhältnisses geltend gemacht werden, **regelmäßige Entgeltabrechnungen stets widerspruchslos hingenommen** wurden und der Arbeitgeber in der Schlussabrechnung die vom Arbeitnehmer zunächst in geringerem Umfang geltend gemachten Überstunden trotz abweichender eigener Ermittlung akzeptiert und vergütet hat (*LAG Köln* 5.2.1999 ARST 1999, 237).

3649 Das *OLG Düsseldorf* (17.12.1996 NZA-RR 1998, 387) hat angenommen, dass dann, wenn ein Arbeitnehmer, dessen Kündigung durch den alten Arbeitgeber gem. § 613 a Abs. 4 BGB unwirksam war, es ablehnt, mit dem neuen Inhaber einen neuen Arbeitsvertrag unter Aufgabe der bisherigen Rechte zu schlechteren Arbeitsbedingungen abzuschließen und sich stattdessen arbeitslos meldet, nach rund **zwei Jahren** der Anspruch auf Fortentrichtung des Lohns und auf Beschäftigung verwirkt sei.

3650 Hat ein als Paketauslieferer tätiger Kläger zunächst nach Beendigung des Vertragsverhältnisses **etwas über ein Jahr lang nichts von sich hören lassen**, in einem Schreiben mit der Behauptung, Arbeitnehmer gewesen zu sein, für den »Beiträge zu den Sozialversicherungen zu entrichten sind«, unter ausdrücklichem Vorbehalt, »eine Klage zum zuständigen ArbG und SG« zu erheben, außergerichtlich restliche Zahlungsansprüche geltend gemacht, diese dann aber doch vor den Zivilgerichten eingeklagt, so setzt er sich zu seinem vorangegangenen Tun in Widerspruch, wenn er sich, nachdem er vor den Zivilgerichten die nach dem unstreitigen Vorbringen der Beklagten deutlich höhere Subunternehmervergütung erzielt hat, plötzlich auf den Standpunkt stellt, nicht Subunternehmer, sondern Arbeitnehmer gewesen zu sein. Ein sodann geltend gemachter Zeugnisanspruch ist in diesem Fall verwirkt (*LAG Hamm* 9.9.1999 NZA-RR 2000, 575).

c) Kollektivvertragliche Rechte

3651 Die Verwirkung von Rechten aus Tarifverträgen und Betriebsvereinbarungen ist ausgeschlossen (**§§ 4 Abs. 4 S. 2 TVG, 77 Abs. 4 S. 3 BetrVG**).

> Dies bezieht sich aber nur auf die Verwirkung wegen Zeitablaufs; der Einwand der allgemeinen Arglist sowie der unzulässigen Rechtsausübung aufgrund eines »venire contra factum proprium« wird dagegen von § 4 Abs. 4 S. 2 TVG nicht erfasst. In diesen Fällen verstößt die Rechtsausübung gegen Treu und Glauben und ist daher unzulässig (*BAG* 9.8.1990 EzA § 4 TVG Ausschlussfristen Nr. 88).

C. Der Inhalt des Arbeitsverhältnisses

3. Ausschluss-, Verfallfristen

a) Grundlagen

aa) Begriffsbestimmung

Unter Ausschluss- oder Verfallfrist wird insbesondere eine in Tarifverträgen (vgl. 3652
§ 4 Abs. 4 S. 3 TVG), Betriebsvereinbarungen (vgl. § 77 Abs. 4 S. 2, 4 BetrVG)
oder Einzelverträgen enthaltene zumeist recht kurze Frist verstanden, innerhalb
der ein Anspruch oder ein sonstiges Recht (u. U. auch schriftlich oder zusätzlich
gerichtlich) geltend gemacht werden muss, weil er bzw. es andernfalls nach Fristablauf erlischt bzw. verfällt (vgl. *Bauer* NZA 1987, 441; zum beachtlichen Regressrisiko des Rechtsanwalts bei Ausschlussfristen vgl. *Ganz/Schrader* NZA 1999, 570 ff.).

bb) Zweck der Ausschlussfristen

Zweck der Ausschlussfristen ist es, nach Fälligkeit arbeitsrechtlicher Ansprüche mög- 3653
lichst schnell Gewissheit über die Rechtsbeziehungen zwischen den Arbeitsvertragsparteien zu gewinnen und die gegenseitigen Forderungen rasch abzuwickeln (vgl.
BAG 8.6.1983 EzA § 4 TVG Ausschlussfristen Nr. 55).
Es soll alsbald Klarheit darüber geschaffen werden, ob noch Ansprüche aus dem Arbeitsverhältnis bestehen (krit. dazu *Fenski* BB 1987, 2293; für die Abschaffung
von Ausschlussfristen *Vögele* NZA 1988, 1990; abl. dazu *Kiefer* NZA 1988, 785).

cc) Inhaltliche Grenzen

Extrem kurze Fristen können allerdings sittenwidrig sein und gegen Treu und Glau- 3654
ben verstoßen (*BAG* 16.11.1965 AP Nr. 30 zu § 4 TVG Ausschlussfristen). Das ist bei
einer zweistufigen Ausschlussfrist (vgl. dazu unten Rz. 3055 ff.), die für jede Stufe
einen Zeitraum von **zwei Monaten** vorsieht, nicht der Fall (*BAG* 16.11.1965 a. a. O.;
vgl. auch *BAG* 22.9.1999 EzA § 4 TVG Ausschlussfristen Nr. 132; a. A. *ArbG Hamburg*
18.5.1998 DB 1998, 1523).

dd) Ein-, zweistufige Ausschlussfristen; je nach Anspruch unterschiedliche Ausschlussfristen

Bei den Ausschlussklauseln (die auch gegenüber dem Rechtsnachfolger des Gläubi- 3655
gers der jeweiligen Forderung [Krankenkasse, Bundesanstalt für Arbeit, Versicherung] gelten [*BAG* 19.11.1968 AP § 4 TVG Ausschlussfristen Nr. 40; 24.5.1973 AP
§ 4 TVG Ausschlussfristen Nr. 52]) kann zwischen sog. **ein- und zweistufigen Ausschlussklauseln** unterschieden werden.

Gem. § 17 Abs. 2 MTV Chemie als Beispiel einer einstufigen Ausschlussklausel 3656
müssen die Ansprüche beider Seiten aus dem Arbeitsverhältnis innerhalb von
3 Monaten nach Fälligkeit schriftlich geltend gemacht werden. Nach Ablauf dieser
Frist ist die Geltendmachung ausgeschlossen. Gem. § 17 Abs. 3 MTV Chemie
müssen die Ansprüche im Falle des Ausscheidens spätestens einen Monat nach
Beendigung des Arbeitsverhältnisses geltend gemacht werden.

C. Der Inhalt des Arbeitsverhältnisses

3657 Bei zweistufigen Ausschlussklauseln verfallen z. B. alle beiderseitigen Ansprüche aus dem Arbeitsverhältnis und solche, die mit dem Arbeitsverhältnis in Verbindung stehen, wenn sie nicht innerhalb einer Frist von z. B. 2 Monaten nach der Fälligkeit schriftlich geltend gemacht werden. Lehnt die Gegenpartei den Anspruch ab oder erklärt sie sich nicht innerhalb von 2 Wochen nach der Geltendmachung so verfällt er, wenn er nicht innerhalb von 2 Monaten nach der Ablehnung oder dem Fristablauf gerichtlich geltend gemacht wird.

3658 Soweit der Beginn der zweiten Stufe auf eine **Ablehnung bzw. Überlegungsfrist der Gegenpartei abstellt**, beginnt der Lauf der an die erste Frist anknüpfenden zweiten Ausschlussfrist für die gerichtliche Geltendmachung mit der Ablehnung oder dem Ablauf der Überlegungsfrist auch für noch nicht fällige Ansprüche, **wenn Grund und Umfang des Anspruchs** zu diesem Zeitpunkt **feststehen** (*Thüringer LAG* 27.9.2000 ZTR 2001, 184 Ls.).

3659 Erklärt der Arbeitgeber, die vom Arbeitnehmer geltend gemachten Ansprüche auf ihre Berechnung **überprüfen zu wollen**, so liegt darin **weder ein Schweigen noch eine Ablehnung**, sodass der Arbeitnehmer nicht gehalten ist, zur Wahrung einer zweistufigen tariflichen Ausschlussfrist Klage zu erheben (*LAG Berlin* 4.5.2001 NZA-RR 2001, 648).

3660 Der Schuldner kann bei einer zweistufigen Anschlussfrist ohne vorangegangene schriftliche Erklärung der Geltendmachung des Gläubigers nicht durch die Erklärung, er lehne die Forderung ab, die Frist für die gerichtliche Geltendmachung in Lauf setzen (*BAG* 7.12.1983 EzA § 4 TVG Ausschlussfristen Nr. 57).

3661 Wird bei einer zweistufigen tariflichen Verfallfrist eine diese wahrende **Klage zurückgenommen**, so führt eine erneute Klage nach Ablauf der Ausschlussfrist nicht dazu, dass sie durch die neue Klage als eingehalten gilt. § 212 Abs. 2 S. 1 BGB ist insoweit analog anwendbar (*BAG* 11.7.1990 EzA § 4 TVG Ausschlussfristen Nr. 84 gegen *BAG* 24.5.1973 AP Nr. 52 zu § 4 TVG Ausschlussfristen).

3662 Die Tarifvertragsparteien können **auch je nach Anspruch unterschiedliche Ausschlussfristen** vorsehen. So hat das *BAG* (25.10.1995 EzA § 4 TVG Einzelhandel Nr. 33) z. B. für den Fall, dass sich die Bezahlung nach einer tariflichen Eingruppierung bestimmt, die nach Tarifgruppen und -stufen erfolgt, angenommen, dass die Ausschlussklausel des § 10 Nr. 5 MTV Einzelhandel in Bayern, die eine dreimonatige Einspruchsfrist gegen die Eingruppierung in eine Beschäftigungs- oder Lohngruppe vorsieht, nicht den Nachzahlungsanspruch wegen Einstufung in eine zu niedrige Tarifstufe, sondern nur den Nachzahlungsanspruch von Lohn und Gehalt wegen Eingruppierung in eine zu niedrige Tarifgruppe erfasst. Der Verfall des erstgenannten Anspruchs richtet sich nach der allgemeinen Verfallklausel des § 24 Nr. 2 MTV.

ee) Einseitige tarifliche Ausschlussfristen

3663 Einseitige tarifliche Ausschlussfristen, nach denen nur Ansprüche des Arbeitnehmers, nicht aber solche des Arbeitgebers dem tariflichen Verfall unterliegen, verstoßen nicht gegen Art. 3 Abs. 1 GG. Dies gilt selbst dann, wenn davon nicht nur tarifliche Ansprüche, sondern darüber hinaus alle Ansprüche des Arbeitnehmers aus dem Arbeitsverhältnis erfasst werden (*BAG* 27.9.1967 AP Nr. 1 zu § 1 TVG Tarifverträge: Fernverkehr; 4.12.1997 EzA § 4 TVG Ausschlussfristen Nr. 127; s. u. C/Rz. 3763 ff.).

C. Der Inhalt des Arbeitsverhältnisses

ff) Unterschiedliche Ausschlussfristen für Arbeiter und Angestellte
Der Gleichheitssatz des Art. 3 Abs. 1 GG ist nicht allein dadurch verletzt, dass die Ta- 3664
rifvertragsparteien die Ausschlussfristen in den Tarifverträgen für gewerbliche Arbeitnehmer bzw. für Angestellte eines bestimmten Wirtschaftszweiges unterschiedlich geregelt haben (*BAG* 4.12.1997 EzA § 4 TVG Ausschlussfristen Nr. 127).

gg) Berücksichtigung von Amts wegen
Unabhängig davon, ob der einschlägige Tarifvertrag für allgemeinverbindlich erklärt 3665
worden ist, ist im Rechtsstreit **das Vorliegen der Voraussetzungen einer Ausschlussfrist von Amts wegen zu berücksichtigen** (vgl. *LAG Köln* 5.2.1998 NZA-RR 1998, 453).

Das Arbeitsgericht ist aber ohne Vorliegen näherer konkreter Anhaltspunkte nicht 3666
verpflichtet nachzuprüfen, ob im jeweiligen Einzelfall überhaupt ein Tarifvertrag anwendbar ist (*BAG* 12.7.1972 AP Nr. 51 zu § 4 TVG Ausschlussfristen). Deshalb muss eine Partei, die sich auf den Ablauf einer tariflichen Ausschlussfrist beruft, die Voraussetzungen des anzuwendenden Tarifvertrages in den Tatsacheninstanzen darlegen (*BAG* 15.6.1993 EzA § 4 TVG Ausschlussfristen Nr. 104).

Wird andererseits dem Gericht im Laufe eines Rechtsstreits, und zwar sogar erst nach 3667
mehrmaliger Zurückweisung der Sache durch das Revisionsgericht bekannt, dass das streitige Arbeitsverhältnis einem Tarifvertrag unterliegt, so muss es eine in diesem enthaltene Ausschlussfrist beachten. Es muss allerdings, um eine Überraschungsentscheidung zu vermeiden, den Parteien Gelegenheit geben, zur Frage der Ausschlussfrist Stellung zu nehmen (*BAG* 12.7.1972 AP Nr. 51 zu § 4 TVG Ausschlussfristen).

hh) Schriftform
Fordert ein Tarifvertrag zur Wahrung einer tariflichen Ausschlussfrist die schriftliche 3668
Geltendmachung (z. B. § 23 RTV Gebäudereinigerhandwerk), so ist hierzu nach Auffassung des *LAG Hamm* (22.5.1997 LAGE § 4 TVG Ausschlussfristen Nr. 43) die Übermittlung eines Telefaxes nicht ausreichend.

Diese Auffassung kann im Hinblick auf § 126 Abs. 3 i. V. m. § 126a BGB n. F. 3669
nicht aufrechterhalten werden. Denn danach kann – wenn §§ 125 ff. BGB überhaupt Anwendung finden (dagegen inzwischen *BAG* 11.10.2000 EzA § 4 TVG Ausschlussfristen Nr. 134; vgl. dazu *Gragert/Wiehe* NZA 2001, 311 ff; *Schmitt* SAE 2001, 306 ff.; s. u. C/Rz. 3698 f.) die schriftliche Form sogar durch die **elektronische Form ersetzt** werden, indem der Aussteller der Erklärung dieser seinen Namen hinzufügt und das elektronische Dokument mit einer qualifizierten Signatur nach dem Signaturgesetz (v. 16.5.2001 BGBl. I S. 876) versieht.

b) Beginn der Ausschlussfrist

aa) Grundlagen

Für den Beginn der Ausschlussfrist wird zumeist auf die Fälligkeit des Anspruchs 3670
abgestellt; Fälligkeit einer tariflichen Leistung (z. B. einer Abfindung tritt aber erst dann ein, wenn der maßgebende Tarifvertrag wirksam geworden, also unterzeich-

net worden ist (§§ 1 Abs. 2 TVG, 126 Abs. 2 BGB). Denn eine Leistung ist erst fällig, wenn der Gläubiger sie verlangen kann (*BAG* 20.3.1997 NZA 1997, 896; *Schäfer* Die Abwicklung des beendeten Arbeitsverhältnisses, Rz. 142).

Ein Anspruch auf Abfindung nach § 113 Abs. 2 BetrVG wird auch dann mit der Beendigung des Arbeitsverhältnisses fällig, wenn über die Kündigung, die zur Beendigung des Arbeitsverhältnisses geführt hat, **noch ein Kündigungsschutzprozess anhängig ist**, und später rechtskräftig die Wirksamkeit der Kündigung festgestellt wird (*BAG* 3.8.1982 EzA § 113 BetrVG 1972 Nr. 10).

3671 Tarifliche Verfallklauseln können auch vorsehen, dass die Frist zur gerichtlichen Geltendmachung von Zahlungsansprüchen, die während eines Kündigungsschutzprozesses fällig werden und von seinem Ausgang abhängen, erst mit der **rechtskräftigen Entscheidung im Kündigungsschutzprozess beginnt** (vgl. *BAG* 8.8.2000 NZA 2000, 1237).

3672 Bestimmt ein Tarifvertrag, dass die Ausschlussfrist für **Ansprüche auf Zuschläge** z. B. für Mehrarbeit mit Vorlage der Gehaltsabrechnung beginnt, in der sie zu berücksichtigen waren, so beginnt ihr Lauf erst dann, wenn der Anspruch auf Erteilung der Abrechnung verfallen ist (*BAG* 27.11.1984 EzA § 4 TVG Ausschlussfristen Nr. 64). Folglich verfällt der Anspruch dann nicht, wenn der Abrechnungsanspruch nicht innerhalb einer Ausschlussfrist geltend zu machen ist (*BAG* 8.8.1985 EzA § 4 TVG Ausschlussfristen Nr. 69).

3673 Ist das Urlaubsentgelt aufgrund einer tariflichen Regelung **vor Beginn** der urlaubsbedingten Arbeitsbefreiung **auszuzahlen**, beginnt damit an sich auch der Lauf einer **Ausschlussfrist**. Besteht im Betrieb allerdings die Übung, das Urlaubsentgelt erst mit dem Gehalt des laufenden Monats oder der Gehaltsabrechnung von Mitte des nächsten Monats auszuzahlen, so ist davon auszugehen, dass die Forderung bis dahin gestundet ist. Der Lauf der Ausschlussfrist beginnt jedenfalls dann erst mit dem im Betrieb üblichen Auszahlungstermin (*BAG* 18.5.1999 EzA § 11 BUrlG Nr. 43).

3674 Beginnt die Ausschlussfrist mit dem **Ausscheiden aus dem Betrieb**, so ist auf die rechtliche Beendigung des Arbeitsverhältnisses, nicht auf das **tatsächliche Ausscheiden** des Arbeitnehmers aus dem Betrieb (z. B. nach Ablauf der Kündigungsfrist) abzustellen (*BAG* 22.9.1999 EzA § 4 TVG Ausschlussfristen Nr. 132), selbst dann, wenn er gegen die Kündigung Klage erhoben hat (a. A. *LAG Düsseldorf* 12.1.1988 BB 1988, 768).

3675 Im Falle eines Betriebsübergangs nach **§ 613a BGB** scheidet der bisherige Arbeitgeber aus dem Arbeitsverhältnis aus. Eine tarifliche Ausschlussfrist für Ansprüche gegen ihn, die an das Ausscheiden aus dem Arbeitsverhältnis anknüpft, beginnt daher mit dem **Zeitpunkt des Betriebsübergangs** zu laufen (*BAG* 10.8.1994 EzA § 4 TVG Ausschlussfristen Nr. 105). Verfolgt ein Arbeitnehmer Entgeltansprüche gegenüber einem Betriebsübernehmer, weil dieser nach Betriebsübergang mit der Annahme der Dienste in Verzug gekommen ist, so hat er dafür die Ausschlussfristen eines für allgemeinverbindlich erklärten Tarifvertrages zu wahren. Der Arbeitnehmer kann sich dann regelmäßig **nicht darauf berufen**, zunächst die **Rechtskraft** eines wegen des Betriebsübergangs geführten Feststellungsverfahrens **abzuwarten** (*BAG* 12.12.2000 NZA 2001, 1082).

3676 Muss nach einer tariflichen Ausschlussklausel bereits der auf **Freistellung** des Arbeitnehmers von Schadensersatzansprüchen eines durch ihn bei einer betrieblich veranlassten Tätigkeit geschädigten Dritten gerichtete Anspruch geltend gemacht werden, läuft ab dessen Übergang in einen Zahlungsanspruch keine neue Ausschlussfrist (*BAG* 16.3.1995 EzA § 4 TVG Ausschlussfristen Nr. 110).

bb) Schadensersatzansprüche

Schadensersatzansprüche werden zum Teil (vgl. z. B. § 17 Abs. 5 MTV Chemie) ausdrücklich von der Anwendung der Ausschlussfristen ausgenommen (s. u. C/Rz. 3739 ff.). **3677**

Enthält ein Tarifvertrag (z. B. § 70 BAT) dagegen keine besondere Regelung für Schadensersatzansprüche, so wird ein solcher i. S. d. Ausschlussfrist frühestens fällig, wenn er feststellbar ist und geltend gemacht werden kann. Das ist der Fall, sobald der Geschädigte in der Lage ist, sich den erforderlichen Überblick ohne schuldhaftes Zögern zu verschaffen.

Schuldhaftes Zögern ist regelmäßig dann nicht anzunehmen, wenn ein Arbeitgeber, der durch strafbare Handlungen von Arbeitnehmern geschädigt wurde, vor der Geltendmachung seiner Schadensersatzansprüche zunächst den Ausgang eines Strafverfahrens abwartet, von dem er sich eine weitere Aufklärung des streitigen Sachverhalts versprechen darf (*BAG* 26.5.1981 EzA § 4 TVG Ausschlussfristen Nr. 47). **3678**

Fälligkeit tritt ein, sobald der Gläubiger vom Schadensereignis Kenntnis erlangt hat oder bei Beachtung der gebotenen Sorgfalt Kenntnis erlangt hätte und die betreffende Forderung dem Grunde nach benennbar und wenigstens annähernd bezifferbar ist (*BAG* 26.5.1981 EzA § 4 TVG Ausschlussfristen Nr. 47; 16.5.1984 EzA § 4 TVG Ausschlussfristen Nr. 58). **3679**

Die Anforderungen an die vom Gläubiger zu beachtende Sorgfalt und insbesondere die Anlässe, aufgrund derer der Arbeitgeber die Arbeitsweise der Arbeitnehmer zu überprüfen hat, hängen von der **jeweiligen Fallgestaltung** ab.
Der Arbeitgeber braucht z. B. in aller Regel einen Angestellten, der die Arbeitsvergütungen einer großen Zahl von Arbeitnehmern selbstständig zu errechnen und den dabei anfallenden Schriftwechsel selbstständig zu erledigen hat, nicht jeweils beim Ausscheiden eines einzelnen Arbeitnehmers daraufhin zu kontrollieren, ob er das Arbeitsentgelt des Ausscheidenden ordnungsgemäß abgerechnet hat.
Die **Darlegungs- und Beweislast** für die Verletzung der Kontrollpflicht obliegt dem Schuldner (*BAG* 16.5.1984 EzA § 4 TVG Ausschlussfristen Nr. 58). **3680**

cc) Rückwirkung von Ausschlussfristen

Nach der Rechtsprechung des *BAG* (14.7.1965 AP Nr. 5 zu § 1 TVG Tarifverträge: BAVA) können die Tarifvertragsparteien Ausschlussfristen auch rückwirkend einführen, wenn der in der Zukunft liegende Teil der Frist genügend Zeit zur Geltendmachung der Forderungen lässt. Das gilt insbesondere dann, wenn die der Ausschlussfrist unterliegenden Rechte (Ansprüche) auch rückwirkend entstanden sind. **3681**

Tritt die Tarifbindung der Parteien eines Arbeitsverhältnisses erst nach Vertragsschluss ein oder erfasst ein Tarifvertrag ein Arbeitsverhältnis erst danach, so werden die bis zum Zeitpunkt der Tarifgeltung entstehenden Ansprüche von einer tariflichen Aus- **3682**

C. Der Inhalt des Arbeitsverhältnisses

schlussklausel aber jedenfalls dann nicht erfasst, wenn sich die Klausel keine ausdrückliche Rückwirkung beimisst (*BAG* 26.9.1990 EzA § 4 TVG Ausschlussfristen Nr. 87).

dd) Zahlung »unter Vorbehalt«

3683 Durch einseitige Erklärung, er zahle »unter Vorbehalt«, und in der widerspruchslosen Entgegennahme des Arbeitsentgelts durch den Arbeitnehmer liegt nicht die Vereinbarung, dass der Beginn der Ausschlussfrist des § 70 BAT hinausgeschoben wird. Unter welchen Voraussetzungen eine solche Vereinbarung anzunehmen ist und ob sie zulässig ist, hat das *BAG* (27.3.1996 EzA § 4 TVG Ausschlussfristen Nr. 124) offen gelassen.

c) Kenntnis des Arbeitnehmers/Arbeitgebers

aa) Tarifliche Normen; § 8 TVG

3684 Fraglich ist, ob die Parteien Kenntnis von Inhalt und Anwendbarkeit einer tariflichen Ausschlussfrist haben müssen.

> Nur vereinzelt (z. B. gem. § 16 Abs. 2 S. 2 MTV Einzelhandel Rheinland-Pfalz) wird die Anwendbarkeit der Ausschlussfrist ausdrücklich ausgeschlossen für den Fall, dass der Arbeitgeber mit dem Arbeitnehmer den Arbeitsvertrag nicht mit einem bestimmten Mindestinhalt schriftlich abschließt und der Tarifvertrag nicht an geeigneter Stelle im Betrieb zur Einsicht ausgelegt, ausgehängt oder allen Mitarbeitern ausgehändigt wird.
> Einer derartigen Verpflichtung genügt der Arbeitgeber nicht dadurch, dass er den Tarifvertrag zusammen mit Arbeitsanweisungen in einen allgemein zugänglichen, mit »Info« beschrifteten Ordner ablegt (*BAG* 11.11.1998 EzA § 4 TVG Ausschlussfristen Nr. 128).

3685 § 8 TVG sieht zwar vor, dass die Arbeitgeber verpflichtet sind, die für ihren Betrieb maßgeblichen Tarifverträge an geeigneter Stelle im Betrieb auszulegen. Dieser Verpflichtung kommt der Arbeitgeber nur nach, wenn er die Arbeitnehmer **deutlich darauf hinweist, wo sie die Tarifverträge** zu den betriebsüblichen Zeiten **einsehen können**. Die Arbeitnehmer müssen in diesen Zeiten **ungehindert Zugang** zu den genannten Räumlichkeiten haben. Sie müssen die gut sichtbaren und eindeutig gekennzeichneten Tarifverträge ohne ausdrückliches Verlangen ungestört einsehen können (*LAG Niedersachsen* 7.12.2000 LAGE § 8 TVG Nr. 1). Dabei handelt es sich aber nur um eine **Ordnungsvorschrift** von deren Einhaltung die Wirksamkeit tariflicher Normen nicht abhängt. Es handelt sich auch nicht um ein Schutzgesetz i. S. d. § 823 Abs. 2 BGB (*BAG* 30.9.1970 AP Nr. 2 zu § 70 BAT; *LAG Niedersachsen* 7.12.2000 LAGE § 8 TVG Nr. 1).

3686 Deshalb verwehrt es ein Verstoß gegen § 8 TVG dem Arbeitgeber nicht, sich auf den Verfall tariflich geregelter Ansprüche zu berufen, wenn er den Arbeitnehmer zumindest auf die Geltung des Tarifvertrages, in dem sich die Ausschlussfrist befindet, hingewiesen hat. Dann ist ein Einschreiten der Gerichte zur Wahrung der Rechtsordnung nicht geboten. Vielmehr ist es dem Arbeitnehmer zuzumuten, sich zur Wahrung seiner Rechte um den Inhalt des ihm benannten Tarifvertrages zu kümmern (*LAG Niedersachsen* 7.12.2000 LAGE § 8 TVG Nr. 1; *LAG Bremen* 9.11.2000 NZA-RR 2001, 98; zust. *Hohenhaus* NZA 2001, 1107 ff.).

C. Der Inhalt des Arbeitsverhältnisses

Im Übrigen laufen Ausschlussfristen unabhängig von der Kenntnis der Parteien (*BAG* 16.8.1983 EzA § 4 TVG Ausschlussfristen Nr. 56). Inzwischen hat das *BAG* (11.11.1998 EzA § 4 TVG Ausschlussfristen Nr. 128; vgl. dazu *Fischer* BB 2000, 354 ff.; *Stein* BB 2000, 457 ff.) aber ausdrücklich **offen gelassen**, ob an der Entscheidung vom 5.11.1963 (AP Nr. 1 zu § 1 TVG Bezugnahme auf den Tarifvertrag) festzuhalten ist, wonach der Arbeitgeber seiner Verpflichtung aus § 8 TVG dadurch genügt, dass er den Tarifvertrag dem Arbeitnehmer zugänglich macht. 3687

Demgegenüber wird zum Teil (*ArbG Frankfurt* 19.2.1988 DB 1988, 1951; *Fenski* BB 1987, 2293) die Auffassung vertreten, dass der Arbeitgeber dann, wenn er seine Pflicht zur Information gem. § 8 TVG nicht erfüllt hat, sich auf die Ausschlussfrist nicht berufen kann. Der Arbeitnehmer soll nach den Grundsätzen der pFV (jetzt §§ 280 ff., 241 Abs. 2 BGB n. F.) i. V. m. § 249 BGB so gestellt werden, als hätte er die Ausschlussfrist eingehalten. Dies gilt aber nicht im Verhältnis zu organisierten Arbeitnehmern, da diese aufgrund des leichten Zugangs zu Informationen nicht auf die Kenntnisnahme angewiesen sind. 3688

In diesem Zusammenhang ist besonders problematisch, dass bei der **Allgemeinverbindlicherklärung** eines Tarifvertrages, also der Erstreckung eines Tarifvertrages einschließlich seiner Ausschlussfristen auch auf nicht tarifgebundene Arbeitnehmer, keine Pflicht besteht, die Tarifverträge zumindest zu veröffentlichen (vgl. *Hagemeier/Kempen/Zachert/Zilius* § 5 Rz. 18). 3689

bb) Informationspflicht des Arbeitgebers?

Der Arbeitgeber ist nicht aufgrund der ihm obliegenden Fürsorgepflicht verpflichtet, den Arbeitnehmer wegen der Anwendbarkeit oder der Änderung tariflicher Vorschriften zu informieren. 3690

> Der Arbeitnehmer hat sich vielmehr grds. selbst die zur Wahrung seiner Rechte erforderlichen Kenntnisse zu verschaffen. In der unterbliebenen Unterrichtung über tarifliche Änderungen liegt daher allein noch kein Umstand, der dem Arbeitgeber die Berufung auf die tarifliche Ausschlussfrist als rechtsmissbräuchlich verwehrt (*LAG Frankfurt* 13.9.1990 NZA 1991, 896).

d) Geltendmachung des Anspruchs

aa) Inhaltliche Anforderungen

Der **Zweck** tariflicher Ausschlussfristen besteht darin, **Rechtssicherheit und Rechtsklarheit zu schaffen**. Deshalb gehört zur Geltendmachung die **Angabe des konkreten Anspruchsgrundes**. Der Gläubiger muss seinen Anspruch so genau wie möglich bezeichnen. Der Schuldner soll anhand der Geltendmachung erkennen können, welche Forderung erhoben wird. Werden mehrere Ansprüche geltend gemacht, müssen sich die Beschreibungen des Anspruchsgrundes auf jeden einzelnen Anspruch beziehen (*BAG* 18.3.1999 ZTR 1999, 420). Für die Geltendmachung gegenüber dem Schuldner ist erforderlich, dass **er** zunächst **zur Erfüllung des Anspruchs aufgefordert wird**. Die Aufforderung braucht zwar nicht wörtlich erklärt zu werden (*Schäfer* Die Abwicklung des beendeten Arbeitsverhältnisses, Rz. 152 ff.). 3691

C. Der Inhalt des Arbeitsverhältnisses

Beispiele:

3692 Es reicht jedoch nicht aus, wenn der Arbeitgeber aufgefordert wird, eine Anrechnung einer Tariflohnerhöhung auf eine freiwillige Zulage »in schriftlicher Form zu begründen« und eine solche Anrechnung »noch einmal zu überdenken« (*BAG* 5.4.1995 EzA § 4 TVG Ausschlussfristen Nr. 111).
Ebenso wenig genügt die an den Arbeitgeber gerichtete schriftliche **Bitte »um Prüfung«**, ob die Voraussetzungen eines näher bezeichneten Anspruchs vorliegen (*BAG* 10.12.1997 DB 1998, 682; abl. dazu *Strack* BB 1998, 1063 f.). Gleiches gilt für ein Schreiben, mit dem ein Angestellter des öffentlichen Dienstes um **Mitteilung** der für ihn zutreffenden **Vergütungs- und Fallgruppe** der Anlage 1a zum BAT bittet (*LAG Hamm* 4.6.1998 ZTR 1998, 514 Ls.). Auch wenn ein Arbeitnehmer nur die Anerkennung weiterer Beschäftigungszeiten fordert, wird damit eine tarifliche Ausschlussfrist für konkrete Zahlungsansprüche, z. B. Abfindungsbeträge, nicht gewahrt (*BAG* 18.3.1999 ZTR 1999, 420).

3693 Gleiches gilt für die nach einer Arbeitgeberkündigung vom Arbeitnehmer an seinen Arbeitgeber gerichtete Aufforderung, bei der Abwicklung des Arbeitsverhältnisses **»tariflich zustehende Sonderzahlungen«** zu **»berücksichtigen«**. Dies ist **keine ausreichende Geltendmachung** des Anspruchs auf eine tariflich vorgesehene Weihnachtszuwendung. Denn der Gläubiger muss die Entscheidung darüber, was ihm »zusteht«, selber treffen und muss das Ergebnis seiner Prüfung zu erkennen geben (*LAG Köln* 9.4.1999 ARST 2000, 47 Ls.).

3694 Reicht die **mündliche Geltendmachung** eines Anspruchs aus, so liegt eine hinreichende Zahlungsaufforderung aber regelmäßig dann vor, wenn der Arbeitnehmer beim Empfang der Lohnabrechnung **bemängelt**, ein bestimmter **Lohnbestandteil fehle**. Einer solchen Erklärung muss der Arbeitgeber entnehmen, der Arbeitnehmer verlange Abrechnung und Zahlung auch dieses Lohnbestandteils (*BAG* 20.2.2001 EzA § 4 TVG Ausschlussfristen Nr. 139).

3695 Ob die Geltendmachung eines Anspruchs durch den **Betriebsrat** dann, wenn dies nicht ausdrücklich im Tarifvertrag vorgesehen ist, ausreicht, hat das *BAG* (20.2.2001 EzA § 4 TVG Ausschlussfristen Nr. 139) offen gelassen. In der Literatur (*Hagemeier/Kempen/Zachert/Zilius* § 4 Rz. 236; a. A. *Wiedemann/Stumpf* § 4 Rz. 436) wird dies z. T. mit der Begründung bejaht, dass alle Ansprüche auch durch vollmachtlose Vertreter in Geschäftsführung ohne Auftrag (§§ 677 ff. BGB) geltend gemacht werden können, wenn dies dem wirklichen oder mutmaßlichen Willen des Arbeitnehmers entspricht. Demgegenüber hat das *LAG Schleswig-Holstein* (16.4.1998 ARST 1998, 172) angenommen, dass eine schriftliche Zahlungsaufforderung des Betriebsrats einen Zahlungsanspruch nicht vor dem Verfall bewahren kann, weil der Betriebsrat **lediglich Rechtssubjekt im eigenen Wirkungskreis** ist und in Bezug auf Individualansprüche des einzelnen Arbeitnehmers weder kraft Gesetzes noch kraft Bevollmächtigung zur Vertretung befugt ist.

3696 Der Schuldner muss im Übrigen jedenfalls erkennen können, um welche Art Forderung es sich handelt. Für diese Spezifizierung genügt es, dass der zugrunde liegende tatsächliche Sachverhalt geschildert wird. Eine genaue Bezifferung des Anspruchs ist nicht erforderlich, jedoch muss i. d. R. die erhobene Forderung mindestens annähernd der Höhe nach bezeichnet sein. Der Schuldner muss die Höhe der Forderung in etwa erkennen oder berechnen können, weil er andernfalls keine konkrete Grundlage für seine Reaktion hat.

Es genügt im Übrigen nicht, dass ihm irgendein Betrag mitgeteilt oder bekannt wird, der erheblich unter dem liegt, den der Gläubiger von ihm verlangen will (*BAG* 8.2.1972 AP Nr. 49 zu § 4 TVG Ausschlussfristen).

Etwas anderes gilt dann, wenn sich der Betrag für den Schuldner mühelos errechnen lässt, ihm ohnehin bereits bekannt ist oder wenn die Gegenseite die hierfür von ihr zu liefernden Angaben verweigert (*BAG* 16.3.1966 AP Nr. 33 zu § 4 TVG Ausschlussfristen; 8.1.1970 AP Nr. 43 zu § 4 TVG Ausschlussfristen; 16.12.1971 AP Nr. 48 zu § 4 TVG Ausschlussfristen). 3697

bb) Schriftliche Geltendmachung

Soweit die schriftliche Geltendmachung verlangt wird, handelt es sich nach Auffassung von *Hagemeier/Kempen/Zachert/Zilius* (§ 4 Rz. 239 m. w. N.) um eine **konstitutive Schriftform**, deren Nichteinhaltung zur Nichtigkeit der Geltendmachung führt (§ 125 BGB), nicht aber nur um eine deklaratorische Schriftform zu Beweiszwecken. 3698

Dies schließt jedoch die Wirksamkeit einer Übermittlung eines Anspruchsschreibens per Fax nicht aus. Denn das *BAG* (11.10.2000 EzA § 4 TVG Ausschlussfristen Nr. 134; vgl. dazu *Gragert/Wiehe* NZA 2001, 311 ff.; *Schmitt* SAE 2001, 306 ff.) geht jedenfalls für diesen Fall davon aus, dass §§ 125, 126 BGB weder unmittelbar, noch analog anwendbar sind, weil die Erhebung eines Anspruchs i. S. z. B. der tariflichen Ausschlussfrist des § 16 BRTV-Bau keine Willenserklärung, sondern eine einseitige rechtsgeschäftsähnliche Handlung ist. Auch Normzweck und Interessenlage sind auf die Übermittlung eines Anspruchsschreibens per Fax nicht übertragbar. Denn angesichts der im Geschäftsleben festzustellenden Üblichkeit der Erklärungsübermittlung per Telefax besteht kein Grund, das Erfordernis der Originalunterschrift analog § 126 BGB auf Geltendmachungsschreiben zu übertragen, die ihren Sinn und Zweck auch dann erfüllen, wenn sie lediglich die bildliche Wiedergabe der Originalunterschrift enthalten. Gem. § 126 Abs. 3 i. V. m. § 126a BGB n. F. (i. V. m. dem SignaturG) ist zudem inzwischen die Einhaltung der Schriftform in elektronischer Form möglich (s. o. C/Rz. 3689). 3699

cc) Erhebung der Kündigungsschutzklage

(1) Einstufige Ausschlussfristen

Die Erhebung der Kündigungsschutzklage kann bei einer einstufigen Ausschlussfrist, die nur die formlose oder schriftliche Geltendmachung des Anspruchs fordert, ausreichendes Mittel zur Geltendmachung für Ansprüche sein, die während des Kündigungsschutzprozesses fällig werden und von seinem Ausgang abhängen (*BAG* 22.2.1978 EzA § 4 TVG Ausschlussfristen Nr. 33; 13.9.1984 EzA § 4 TVG Ausschlussfristen Nr. 62). 3700

Voraussetzung ist aber, dass die Klage dem Arbeitgeber vor Ablauf der Ausschlussfrist zugestellt wird; **§ 270 Abs. 3 ZPO – die Vorschrift ist zum 1.7.2002 aufgehoben worden – gilt insoweit nicht**, auch nicht analog (*BAG* 8.3.1976 EzA § 4 TVG Ausschlussfristen Nr. 26). Ist durch die Erhebung der Kündigungsschutzklage die tarifliche Frist gewahrt, so müssen nach Rechtskraft des Urteils im Kündigungsschutzprozess die tariflichen Lohnansprüche nicht erneut innerhalb der tariflichen Ausschluss- 3701

frist geltend gemacht werden, wenn der Tarifvertrag dies nicht ausdrücklich vorsieht (*BAG* 9.8.1990 EzA § 4 TVG Ausschlussfristen Nr. 88).
Zu beachten ist aber, dass z. B. hinsichtlich der aus § 615 BGB sich ergebenden Lohnzahlungsansprüche durch die Kündigungsschutzklage **die Verjährung** (§ 196 Abs. 1 Nr. 8 BGB) **nicht unterbrochen wird** (*BAG* 7.11.1991 EzA § 209 BGB Nr. 5; s. o. C/Rz. 3634).

3702 Auch §§ 211, 212 BGB sind nicht entsprechend anwendbar. Die eine einstufige Ausschlussfrist wahrende Wirkung der Kündigungsschutzklage entfällt deshalb weder durch Klagerücknahme noch dadurch, dass der Kündigungsschutzprozess ohne triftigen Grund nicht betrieben wird und deshalb in Stillstand gerät (*BAG* 7.11.1991 EzA § 4 TVG Ausschlussfristen Nr. 93).

3703 Ein Rechtsanwalt, der einen Arbeitnehmer in einem Kündigungsschutzprozess vertritt, muss zur Sicherung der Lohnansprüche seines Mandanten aufklären, ob und inwieweit eine tarifliche Ausschlussklausel Anwendung findet (*BAG* 29.3.1983 AP Nr. 6 zu § 11 ArbGG 1979 Prozessvertreter).

(2) Hemmung der Ausschlussfrist durch Erhebung der Kündigungsschutzklage
3704 Eine besondere tarifliche Verfallklausel, nach der abweichend von der allgemeinen Regelung der Lauf von Lohn/Ausschlussfristen »im Fall der Erhebung einer Kündigungsschutzklage« bis zur rechtskräftigen Entscheidung über das Weiterbestehen des Arbeitsverhältnisses gehemmt ist, erfasst **nicht den Fall**, dass ein **Arbeitnehmer** wegen einer vom **Arbeitgeber** behaupteten **Eigenkündigung** des Arbeitnehmers eine **allgemeine Feststellungsklage auf den Fortbestand des Arbeitsverhältnisses erhebt** (*BAG* 24.8.1999 NZA 2000, 818; vgl. *Groeger* NZA 2000, 793 ff.; *Boecken* SAE 2001, 59 ff.). Gleiches gilt für eine tarifliche Verfallklausel, nach der die Frist zur gerichtlichen Geltendmachung von Zahlungsansprüchen, die während eines Kündigungsschutzprozesses fällig werden und von seinem Ausgang abhängen, erst mit der rechtskräftigen Entscheidung im Kündigungsschutzprozess beginnt (*BAG* 8.8.2000 NZA 2000, 1237).

(3) Zweistufige Ausschlussfristen
3705 Kann bei einer zweistufigen Ausschlussklausel durch die Erhebung der Kündigungsschutzklage die erste Stufe gewahrt werden für Ansprüche, die vom Ausgang des Kündigungsschutzprozesses abhängen, so beginnt eine daran anknüpfende weitere tarifliche Ausschlussfrist für die gerichtliche Geltendmachung mit der Erklärung des Arbeitgebers, er beantrage, die Kündigungsschutzklage abzuweisen, wenn nach dem Tarifvertrag der Fristbeginn nur von der Ablehnung der Ansprüche des Arbeitnehmers durch den Arbeitgeber abhängt. Einer unmittelbar auf die Ansprüche selbst bezogenen ausdrücklichen Ablehnungserklärung des Arbeitgebers bedarf es dann nicht (*BAG* 13.9.1984 EzA § 4 TVG Ausschlussfristen Nr. 62). Erklärt der Arbeitgeber demgegenüber nur, die vom Arbeitnehmer geltend gemachten Ansprüche auf ihre Berechtigung **überprüfen zu wollen**, so liegt darin weder ein Schweigen noch eine Ablehnung (*LAG Berlin* 4.5.2001 – 6 Sa 299/01 –); eine gerichtliche Geltendmachung ist dann nicht erforderlich.

C. Der Inhalt des Arbeitsverhältnisses

Der Notwendigkeit gerichtlicher Geltendmachung im Falle einer wirksamen Ablehnung des Anspruchs genügt grds. nur die fristgerecht erhobene Zahlungsklage; die Kündigungsschutzklage wahrt die Ausschlussfrist auch dann nicht, wenn die Ansprüche vom Fortbestand des Arbeitsverhältnisses abhängen (*BAG* 22.2.1978 EzA § 4 TVG Ausschlussfristen Nr. 33; 16.8.1983 EzA § 4 TVG Ausschlussfristen Nr. 56; 23.2.1988 EzA § 81 ArbGG Nr. 13; **a. A.** *LAG Niedersachsen* 23.11.1984 DB 1985, 708; vgl. ausf. *Kosnopfel* BB 1988, 1818). 3706

Eine **unbezifferte, zulässige Leistungsklage** ist ebenfalls ausreichend, wenn das Gesetz einen unbestimmten Antrag zulässt (vgl. § 10 KSchG, § 113 Abs. 3 BetrVG; s. u. C/Rz. 3735 ff.), ebenso eine **zunächst unzulässige Leistungsklage**, die nach Ablauf der zweistufigen Ausschlussfrist durch Aufnahme eines bestimmten Zahlungsantrags zulässig gemacht wird, wenn die für die Höhe des Anspruchs geltend gemachten Tatsachen in der Klage so mitgeteilt worden sind, dass für den Beklagten die Berechnung des Betrages ohne weiteres möglich ist und die Bezifferung des Klageantrags jederzeit im Rahmen der ZPO nachgeholt werden kann. Eine **Stufenklage** reicht aus, wenn der Anspruch erst nach einer Auskunft des Schuldners beziffert werden kann (*BAG* 23.2.1977 EzA § 4 TVG Ausschlussfristen Nr. 29). 3707

Ausreichend ist auch eine **zulässige allgemeine Feststellungsklage**, wenn sie geeignet ist, den gesamten von den Parteien unterschiedlich beurteilten Streitstoff zu klären. Demgegenüber genügt eine **unzulässige Feststellungsklage** nicht (*BAG* 29.6.1989 EzA § 4 TVG Ausschlussfristen Nr. 78). 3708

Das Stellen eines **Antrags auf Bewilligung von Prozesskostenhilfe** unter gleichzeitiger Einreichung eines Entwurfs der Klageschrift und vollständiger Unterlagen über die persönlichen und wirtschaftlichen Verhältnisse des Antragstellers wahrt nach Auffassung des *LAG Niedersachsen* (– 16 a Ta 119/99 –) rückwirkend eine tarifliche Ausschlussfrist, die die gerichtliche Geltendmachung eines Anspruchs verlangt, sofern unverzüglich nach positiver oder negativer Entscheidung über den Antrag die Klage zugestellt wird. Dies soll sich aus einer Auslegung des § 270 Abs. 3 ZPO – die Regelung ist zum 1.7.2002 aufgehoben worden – am Maßstab von Art. 3 Abs. 1 GG i. V. m. dem Rechtsstaatsgrundsatz (Art. 20 Abs. 3 GG) ergeben. Das *LAG Berlin* (4.5.2001 – 6 Sa 299/01 –) hat zudem angenommen, dass dann, wenn sich der **Arbeitgeber** rügelos auf eine erst im Gütetermin unterzeichnete Klageerweiterung des **Arbeitnehmers einlässt**, die dadurch gem. § 295 ZPO eintretende Heilung auf den Zeitpunkt der Einreichung bei Gericht zurück wirkt. Eine tarifliche Ausschlussfrist soll danach jedenfalls dann als gewahrt angesehen werden können, wenn sie erst wenige Tage zuvor abgelaufen ist und eine im Zeitpunkt der Heilung erfolgte Zustellung noch als »demnächst« i. S. d. (inzwischen aufgehoben worden) § 270 Abs. 3 ZPO anzusehen wäre. 3709

Nicht ausreichend ist eine **allgemeine Statusklage** nach § 256 ZPO, die ohne Bezug zu einem konkreten Beendigungsgrund darauf gerichtet ist, die Begründung eines Arbeitsverhältnisses feststellen zu lassen (*BAG* 25.10.1989 EzA § 72 a ArbGG 1979 Nr. 56). 3710

Der **Klageabweisungsantrag des Arbeitgebers in einem Kündigungsschutzprozess** enthält nicht zugleich die (nach § 70 BAT-O) erforderliche schriftliche Geltendmachung für Ansprüche des Arbeitgebers auf Rückgewähr solcher Leistungen, die er für die Zeit nach der rechtskräftig festgestellten Beendigung des Arbeitsverhältnisses rechtsgrundlos dem Arbeitnehmer erbracht hat (*BAG* 19.1.1999 NZA 1999, 1040). 3711

Ein auf **Weiterbeschäftigung gerichteter Klageantrag** enthält auch dann keine gerichtliche Geltendmachung von Zahlungsansprüchen, wenn in dem Antrag die Ar- 3712 beitsbedingungen wie die Zahl der wöchentlichen Arbeitsstunden und die Höhe des Stundenlohnes angegeben sind, zu denen die Weiterbeschäftigung erfolgen soll (*BAG* 8.8.2000 NZA 2000, 1237).

e) Erfasste Ansprüche; Auslegung

aa) Grundlagen

3713 **Ausschlussfristen sollen grds. nur für Geschäfte des täglichen Lebens** (das sind Verträge, bei denen die Person des Vertragspartners unerheblich ist, weil sie sofort abgewickelt werden) **gelten, bei denen der durch Fristversäumnis eintretende Rechtsverlust nicht allzu schwer wiegt** (*BAG* 12.1.1974 EzA § 70 BAT Nr. 1).

3714 In der Praxis beschränkt sich die Ausschlussfrist jedoch regelmäßig nicht nur auf die tarifvertraglichen Rechte z. B. einschließlich des Urlaubs- und Urlaubsabgeltungsanspruchs (vgl. GK-BUrlG/*Bleistein* § 1 Rz. 138 ff.; **a. A.** GK-BUrlG/*Bachmann* § 7 Rz. 206 ff.), sie erstreckt sich vielmehr regelmäßig auch auf Ansprüche aus Betriebsvereinbarungen, auf einzelvertragliche Ansprüche (insbesondere auf über- und außertariflichen Arbeitsbedingungen) sowie auf gesetzliche Ansprüche (z. B. Urlaub, Entgeltfortzahlung, Aufwendungsersatz; vgl. *Hagemeier/Kempen/ Zachert/Zilius* § 4 Rz. 226; MünchArbR/*Schulin* § 85 Rz. 24; *BAG* 1.12.1967 AP Nr. 17 zu § 76 BGB [für Aufwendungsersatz gem. § 670 BGB]).

3715 Von einer möglichst umfassenden Reichweite der Ausschlussklausel ist auszugehen, wenn von »**allen beiderseitigen Ansprüchen aus dem Arbeitsverhältnis**« die Rede ist (vgl. *Bauer* NZA 1987, 440). Demgegenüber erfasst z. B. die Ausschlussfrist des § 14.1 MTV Betriebsküchen, nach der Ansprüche »aus diesem Tarifvertrag« innerhalb von drei Monaten schriftlich geltend gemacht werden müssen, keine Vergütungsansprüche nach dem EntgeltTV Betriebsküchen (*LAG Brandenburg* 19.6.1997 NZA-RR 1998, 368).

3716 Wegen der weitreichenden Wirkung der Ausschlussfristen für den Gläubiger eines Anspruchs sind sie bei Unklarheiten über den sachlichen Umfang der erfassten Ansprüche eng auszulegen (*BAG* 27.3.1958 AP Nr. 4, 5 zu § 670 BGB; 17.7.1958 AP Nr. 10 zu § 611 BGB Lohnanspruch).

bb) Abgerechneter Lohn; Insolvenz des Arbeitgebers; Rückzahlungsansprüche; Annahmeverzug

3717 Bestimmt ein Tarifvertrag, dass die Frist z. B. mit der Aushändigung der Lohnabrechnung beginnt, so betrifft dies nicht den in der Lohnabrechnung ausgewiesenen Auszahlungsbetrag (*BAG* 20.10.1982 EzA § 4 TVG Ausschlussfristen Nr. 53; *LAG Köln* 14.9.1999 ZTR 2000, 183 Ls.). Dieser braucht nach dem Zweck der tariflichen Ausschlussfrist nicht mehr fristgerecht geltend gemacht zu werden. Etwas anderes gilt auch dann nicht, wenn der Arbeitgeber die Lohnabrechnung nach ihrer Erteilung widerrufen hat, Gegenansprüche erhebt oder aus anderen Gründen die Zahlung verweigert. Denn durch dieses Verhalten wird der einmal erreichte Zweck der Ausschlussfrist nicht wieder rückwirkend beseitigt.

C. Der Inhalt des Arbeitsverhältnisses

Wollte man vom Gläubiger verlangen, seine in der Lohnabrechnung bereits saldierte Forderung nochmals geltend zu machen, so würde man ihm damit eine **überflüssige Förmelei** abverlangen (*BAG* 21.4.1993 EzA § 4 TVG Ausschlussfristen Nr. 103; **a. A.** jedenfalls nach dem Leitsatz der Entscheidung *BAG* 29.5.1985 EzA § 4 TVG Ausschlussfristen Nr. 66. In den Entscheidungsgründen hat das BAG diese Frage offen gelassen, weil ihre Beantwortung im konkreten Einzelfall nicht entscheidungserheblich war). Etwas anderes gilt nach Auffassung des *LAG Berlin* (26.11.1990 NZA 1991, 440) aber jedenfalls dann, wenn der Arbeitgeber in der erteilten Lohnabrechnung zum Ausdruck bringt, den ausgewiesenen Betrag nicht zahlen zu wollen.
Zu beachten ist, dass jedenfalls Einwendungen gegen die Richtigkeit der Lohnabrechnung innerhalb der Ausschlussfrist geltend zu machen sind. § 70 BATerfasst auch den Anspruch auf **Übergangsgeld**, das einem Angestellten des öffentlichen Dienstes beim Ausscheiden aus dem Arbeitsverhältnis zusteht (*BAG* 8.9.1999 ZTR 2000, 273).
Vergütungsansprüche eines **freien Mitarbeiters**, der gerichtlich seine **Anerkennung als Arbeitnehmer durchgesetzt** hat, unterliegen einer Verfallfrist auch, soweit sie für Zeiträume entstanden sind, in denen der Status noch streitig war (*LAG Köln* 13.8.1999 NZA-RR 2000, 201 Ls.).
Das *BAG* (8.6.1983 EzA § 4 TVG Ausschlussfristen Nr. 55) hat offen gelassen, ob Ausschlussfristen auch dann noch anwendbar sind, wenn ein Betrieb aus wirtschaftlichen Gründen die Lohn- und Gehaltszahlungen an die Arbeitnehmer einstellt.

3718

Die zur Zeit der Eröffnung des Insolvenzverfahrens über das Vermögen des Arbeitgebers bestehenden Forderungen eines Arbeitnehmers sind Insolvenzforderungen (§ 38 InsO), die zur Tabelle (§§ 174 ff. InsO) angemeldet werden müssen. Neben diesen gesetzlichen Regelungen können aber jedenfalls tarifliche Ausschlussfristen, die dem Erhalt und der Befriedigung der Forderung dienen (z. B. § 16 BRTV-Bau) nicht mehr angewendet werden (*BAG* 18.12.1984 AP Nr. 88 zu § 4 TVG Ausschlussfristen; *LAG Hamm* 20.3.1998 NZA-RR 1999, 370). Führt jedoch der Insolvenzverwalter den in Insolvenz gegangenen Betrieb des Gemeinschuldners fort und tritt er als Rechtsnachfolger des Arbeitgebers in die bestehenden Arbeitsverhältnisse ein, müssen Forderungen, die ein Arbeitnehmer als Massegläubiger zeitlich nach der Eröffnung des Insolvenzverfahrens erwirbt, nach den tariflichen Ausschlussfristen fristgerecht geltend gemacht und ggf. eingeklagt werden. Hat ein Arbeitnehmer im Fall einer zweistufigen Ausschlussfrist seine Forderung form- und fristgerecht geltend gemacht, wird durch diese Geltendmachung die Klagefrist der zweiten Stufe in Gang gesetzt. Durch eine erneute spätere schriftliche Geltendmachung, auch wenn sie noch fristgerecht erfolgt, kann der Lauf der Klagefrist nicht hinausgeschoben werden, weil tarifliche Verfallfristen nicht einseitig verlängert werden können (*LAG Hamm* 20.3.1998 NZA-RR 1999, 370).

3719

Verfolgt ein Arbeitnehmer **gegenüber einem Betriebsübernehmer Entgeltansprüche**, weil dieser nach Betriebsübergang mit der Annahme der Dienste in Verzug gekommen ist, so hat er dafür die Ausschlussfristen eines anwendbaren, weil für allgemein verbindlich erklärten Tarifvertrages zu wahren. Der Arbeitnehmer kann sich dann regelmäßig nicht darauf berufen, zunächst die Rechtskraft eines wegen des Betriebsübergangs geführten Feststellungsverfahrens abzuwarten (*BAG* 12.12.2000 EzA § 5 TVG Ausschlussfristen Nr. 135).

3720

cc) Entfernung von Abmahnungen

3721 Ansprüche des Arbeitnehmers aus der Verletzung seines Persönlichkeitsrechts fallen als absolute Rechte dann nicht unter eine tarifliche Ausschlussfrist, wenn diese ihrem Wirkungsbereich nach sich auf Ansprüche aus dem Arbeitsvertrag oder dem Arbeitsverhältnis beschränkt (*BAG* 15.7.1987 EzA § 611 BGB Persönlichkeitsrecht Nr. 5).

3722 Das ist z. B. dann der Fall, wenn der Anspruch des Arbeitnehmers auf Widerruf bzw. Entfernung einer Abmahnung aus der Personalakte auf eine Verletzung des Persönlichkeitsrechts gestützt wird (MünchArbR/*Blomeyer* § 98 Rz. 25; **a. A.** LAG Düsseldorf 23.11.1987 DB 1988, 450). Dagegen sind an sich auch **Abmahnungen** erfasst, wenn der Anspruch auf Entfernung auf die Verletzung der Fürsorgepflicht gestützt wird.

3723 Das *BAG* (8.2.1988 EzA § 70 BAT Nr. 28; 12.1.1989 EzA Art. 9 GG Arbeitskampf Nr. 73) ist zunächst davon ausgegangen, dass ein Entfernungsanspruch des Arbeitnehmers hinsichtlich einer Abmahnung unter die tarifliche Ausschlussfrist des § 70 BAT falle, weil es sich um einen Anspruch aus dem Arbeitsverhältnis handele.

3724 Zwar trifft es danach zu, dass das allgemeine Persönlichkeitsrecht ein absolutes Recht ist und nicht den Ausschlussfristen für arbeitsvertragliche Ansprüche unterliegt. Das allgemeine Persönlichkeitsrecht des Klägers ist aber nicht verletzt, wenn die Beklagte dem Kläger nur die Verletzung arbeitsvertraglicher Pflichten vorwirft. Die Ausschlussfrist beginnt mit dem Zeitpunkt, in dem der Arbeitnehmer von der Abmahnung Kenntnis erlange.

3725 Inzwischen hat das *BAG* (14.12.1994 EzA § 4 TVG Ausschlussfristen Nr. 109) seine Auffassung aufgegeben. Es hat dies damit begründet, dass Abmahnungen in der Personalakte die weitere berufliche Entwicklung des Arbeitnehmers nachhaltig beeinflussen und zu einer dauerhaften und nachhaltigen Gefährdung seiner Rechtsstellung beitragen können. Diese Beeinträchtigung dauert so lange fort, wie sich die Abmahnung in der Personalakte befindet.

3726 Da Abmahnungen meist keine unmittelbaren Auswirkungen haben, drängt sich für den Arbeitnehmer die Notwendigkeit, dagegen vorzugehen, auch nicht in derselben Weise auf, wie etwa bei nicht erfüllten Zahlungsansprüchen. Weiter ist in diesem Zusammenhang zu beachten, dass der Arbeitgeber – wenn auch nur in Ausnahmefällen – verpflichtet sein kann, auch ein auf einer wahren Sachverhaltsdarstellung beruhendes Schreiben aus der Personalakte zu entfernen, wenn es für die weitere Beurteilung des Arbeitnehmers überflüssig geworden ist und ihn in seiner beruflichen Entwicklungsmöglichkeit fortwirkend beeinträchtigen kann (*BAG* 27.1.1988 ZTR 1988, 309; 13.4.1988 EzA § 611 BGB Fürsorgepflicht Nr. 47; 8.2.1989 ZTR 1989, 236). Für einen so begründeten Anspruch ließe sich aber ein Fälligkeitszeitpunkt, ab dem die Ausschlussfrist zu laufen beginnt, kaum mit Sicherheit bestimmen. Das ist mit dem Sinn und Zweck der Ausschlussfristen nicht vereinbar (ähnlich *Schaub* NJW 1990, 872 [877]).

3727 Im Hinblick auf § 70 BAT bedeutet dies, dass der Entfernungsanspruch immer neu entsteht, solange sich die Abmahnung in der Personalakte befindet.

C. Der Inhalt des Arbeitsverhältnisses

dd) Vorruhestandsleistungen; Betriebliche Altersversorgung
§ 16 BRTV-Bau ist auf Ansprüche des ausgeschiedenen Arbeitnehmers auf **Vorruhestandsleistungen** nach dem VRTV-Bau nicht anwendbar (*BAG* 5.9.1995 EzA § 4 TVG Ausschlussfristen Nr. 117). 3728
Nicht erfasst von Ausschlussfristen sind regelmäßig auch die **Stammrechte** betrieblicher Altersversorgung (*BAG* 28.7.1987 EzA § 1 BetrAVG Lebensversicherung Nr. 2; 15.9.1992 AP Nr. 39 zu § 1 BetrAVG Zusatzversorgung).
Fraglich ist aber, inwieweit **Versorgungsleistungen** von Ausschlussfristen erfasst werden. Das *BAG* (29.3.1983 AP Nr. 11 zu § 70 BAT) hat einerseits angenommen, dass § 70 Abs. 2 BAT nicht für laufende Versorgungsbezüge gilt. Andererseits soll § 16 BRTV-Bau auch die monatlich fällig werdenden Rentenbeträge der betrieblichen Altersversorgung (*BAG* 19.7.1983 AP Nr. 1 zu § 1 BetrAVG Zusatzversorgungskasse) erfassen. 3729
Maßgeblich ist die Auslegung der jeweiligen Ausschlussfrist, die je nach dem Wortlaut und dem Gesamtzusammenhang, in dem sie steht, unterschiedlich beurteilt werden muss. Vielfach beginnt der Lauf der Ausschlussfrist mit dem Ende des Arbeitsverhältnisses. Solche Ausschlussfristen haben den Zweck, die beiderseitigen Rechte und Pflichten möglichst umfassend zu bereinigen, sobald die Zusammenarbeit endet. Sie beziehen sich daher im Zweifel nicht auf Ansprüche, die von vornherein nur für die Zeit nach Beendigung des Arbeitsverhältnisses begründet werden, wie z. B. Ansprüche auf Karenzentschädigung und Versorgungsansprüche. 3730
Nach § 16 Nr. 1 BRTV-Bau z. B. sollen dagegen alle beiderseitigen Ansprüche und solche, die mit dem Arbeitsverhältnis in Verbindung stehen, verfallen, wenn sie nicht innerhalb von zwei Monaten nach der Fälligkeit gegenüber der anderen Vertragspartei schriftlich erhoben werden. Diese Vorschrift ist denkbar weit gefasst und verfolgt offensichtlich das Ziel, möglichst alle mit dem Arbeitsverhältnis zusammenhängenden Ansprüche, also auch laufende Versorgungsansprüche, schnell abzuwickeln, wann immer sie fällig werden. 3731
Nicht erfasst werden tarifliche Versorgungsansprüche im Baugewerbe, weil diese keine »beiderseitigen Ansprüche aus dem Arbeitsverhältnis« sind, weil sie über die ZVK in Wiesbaden abgewickelt werden (*BAG* 19.7.1983 AP Nr. 1 zu § 1 BetrAVG Zusatzversorgungskasse). 3732

Inzwischen geht das *BAG* (27.2.1990 EzA § 4 TVG Ausschlussfristen Nr. 83; 8.9.1999 ZTR 2000, 273; 4.4.2001 EzA § 4 TVG Ausschlussfristen Nr. 141 für Ansprüche der Hinterbliebenen auf Sterbegeld; ebenso *LAG Hamm* 15.6.1999 NZA-RR 1999, 600) allerdings davon aus, dass Ansprüche auf Leistungen der betrieblichen Altersversorgung einschließlich monatlich fällig werdender laufender Rentenzahlungen nur dann tariflichen Ausschlussfristen unterliegen, wenn sich dies eindeutig und unmissverständlich aus dem Tarifvertrag ergibt. Im Zweifel ist davon auszugehen, dass die Tarifvertragsparteien Versorgungsansprüche keinen tariflichen Ausschlussfristen unterwerfen. Diese Auslegungsregel gilt auch dann, wenn der Verzicht auf einen als Schadensersatz geschuldeten Versorgungsverschaffungsanspruch in Rede steht (*BAG* 17.10.2000 EzA § 1 BetrAVG Nr. 71). 3733

C. Der Inhalt des Arbeitsverhältnisses

ee) Beschäftigungsanspruch

3734 Nicht erfasst ist der Beschäftigungsanspruch des Arbeitnehmers (*BAG* 15.5.1991 EzA § 4 TVG Ausschlussfristen Nr. 91). Denn ihm wird aufgrund der Ableitung aus § 613 BGB i. V. m. § 242 BGB, ausgefüllt durch die Wertentscheidung der Art. 1, 2 GG, der Schutz der absoluten Rechte zuerkannt (s. o. C/Rz. 2168 ff.). Absolute Rechte fallen aber nicht unter eine tarifliche Ausschlussklausel, die ihren Wirkungsbereich nur auf Ansprüche aus dem Arbeitsvertrag oder dem Arbeitsverhältnis erstreckt. Eine Verletzung des Persönlichkeitsrechts ist wegen der Notwendigkeit des Schutzes der Persönlichkeit ein Tatbestand eigener Art, der neben der Verletzung von Pflichten aus dem Arbeitsvertrag steht.

Dieser Beschäftigungsanspruch entsteht zudem während des Arbeitsverhältnisses fortlaufend und ist auch deswegen einer tariflichen Ausschlussfrist nicht zugänglich, denn eine Ausschlussfrist erfasst nur in der Vergangenheit bereits entstandene Ansprüche und soll dazu dienen, diese fristgerecht zu erfüllen (*BAG* 15.5.1991 EzA § 4 TVG Ausschlussfristen Nr. 91).

ff) Abfindungsansprüche

3735 Erfasst werden dagegen Abfindungsansprüche des entlassenen Arbeitnehmers gem. **§ 113 Abs. 2 BetrVG** (*BAG* 22.9.1982 EzA § 4 TVG Ausschlussfristen Nr. 52).
Bei einer zweistufigen Ausschlussklausel genügt für die ordnungsgemäße Geltendmachung in der zweiten Stufe die Erhebung einer Klage, die die Höhe der zu zahlenden Abfindung in das Ermessen des Gerichts stellt, jedenfalls dann, wenn die für die Bemessung der Abfindung maßgeblichen Umstände in der Klageschrift mitgeteilt werden (*BAG* 22.2.1983 EzA § 4 TVG Ausschlussfristen Nr. 54).

3736 Erfasst eine tarifliche Ausschlussfrist allgemein Ansprüche aus dem Arbeitsverhältnis, so gilt sie auch für einen Anspruch auf Zahlung einer einmaligen Abfindung aus einem **Sozialplan** anlässlich der Beendigung des Arbeitsverhältnisses (*BAG* 30.11.1994 EzA § 4 TVG Ausschlussfristen Nr. 108).

3737 Bestimmt eine zweistufige Ausschlussklausel, dass ein Anspruch zwei Monate nach Fälligkeit bzw. nach Beendigung des Arbeitsverhältnisses schriftlich geltend zu machen ist, so kann die Geltendmachung rechtswirksam auch schon vor diesen Ereignissen erfolgen. Bei vorzeitiger schriftlicher Geltendmachung beginnt die Frist für eine tariflich geregelte vierzehntägige Bedenkzeit des Arbeitgebers und für die sich daran anschließende gerichtliche Geltendmachung allerdings nicht ab dem Zeitpunkt der schriftlichen Geltendmachung, sondern erst ab der Fälligkeit des Anspruches zu laufen (*BAG* 27.3.1996 EzA § 4 TVG Ausschlussfristen Nr. 123).

Bei bereits ausgeschiedenen Mitarbeitern beginnt die Ausschlussfrist nach Auffassung des *LAG Berlin* (24.3.1993 NZA 1994, 425) regelmäßig erst dann, wenn sie von dem Sozialplan Kenntnis erlangen und ihre Rechte geltend machen können.

3738 Gelten tarifliche Ausschlussfristen für »Ansprüche aus dem Arbeitsverhältnis«, werden im Zweifel auch **Abfindungsansprüche** aufgrund eines außergerichtlichen Vergleichs erfasst, der nach der Erhebung einer Kündigungsschutzklage abgeschlossen worden ist (*LAG Berlin* 27.7.1998 NZA-RR 1999, 38).

C. Der Inhalt des Arbeitsverhältnisses

gg) Schadensersatzansprüche

Fraglich ist auch nach der Rechtsprechung des *BAG*, inwieweit Schadensersatzansprüche erfasst werden verpflichtet (vgl. *Busemann* Die Haftung des Arbeitnehmers gegenüber dem Arbeitgeber und Dritten, Rz. 102 ff.). 3739

> Einerseits (28.6.1967 AP Nr. 36 zu § 4 TVG Ausschlussfristen) wird davon ausgegangen, dass ein Schadensersatzanspruch aus einer unerlaubten Handlung (§ 823 Abs. 1 BGB) von einer Ausschlussfrist, die sich nur auf Ansprüche aus dem Arbeitsverhältnis bezieht, nicht erfasst wird (ebenso *LAG Hessen* 16.4.1997 NZA-RR 1998, 216; s. o. C/Rz. 3677).
>
> Andererseits (8.2.1972 AP Nr. 49 zu § 4 TVG Ausschlussfristen) sollen zu den Ansprüchen aus Arbeitsverträgen, auf die in einer allgemeinen Fassung eine tarifliche Ausschlussfrist verweist, auch solche gehören, die sowohl auf pFV (jetzt §§ 280 ff., 241 Abs. 2 BGB n. F.) wie auf Delikt gestützt werden, einschließlich von Ansprüchen aus vorsätzlich begangenen strafbaren Handlungen (*BAG* 6.5.1969 AP Nr. 42 zu § 4 TVG Ausschlussfristen).

Das *LAG Schleswig-Holstein* (13.1.2001 – 3 Sa 655/00 –) hat angenommen, dass eine Ausschlussklausel, nach der »alle gegenseitigen Ansprüche aus dem Arbeitsverhältnis verfallen«, sofern sie nicht innerhalb einer bestimmten Frist geltend gemacht werden, neben vertraglichen Erfüllungs- und Schadensersatzansprüchen auch solche aus **unerlaubter Handlung** erfasst, sofern vertragliche und deliktische Schadensersatzansprüche auf einem einheitlichen Lebenssachverhalt beruhen. 3740

Die Ausschlussfrist des § 70 Abs. 2 BAT gilt jedenfalls nicht für den Anspruch des Arbeitnehmers gegen den Arbeitgeber auf Verschaffung einer **Zusatzversorgung** bei der VBL und auch nicht für einen Schadensersatzanspruch gegen den Arbeitgeber wegen unterlassener Zusatzversorgung (*BAG* 12.1.1974 EzA § 70 BAT Nr. 1). 3741

Anwendbar ist eine tarifliche Ausschlussfrist demgegenüber für eine Schadensersatzforderung, die sich daraus ergibt, dass der Arbeitgeber nach abgeschlossenem Rechtsstreit über die Wirksamkeit einer Arbeitgeberkündigung die rückständigen Löhne in einer Summe im Folgejahr auszahlt; dieser Anspruch ist auch nicht mit der Erhebung der Kündigungsschutzklage bereits geltend gemacht. Die Frist hinsichtlich des Schadensersatzes aufgrund der steuerlichen Nachteile beginnt spätestens mit Zugang der Steuererklärung zu laufen (*LAG Rheinland-Pfalz* 6.3.1996 ZTR 1997, 229 Ls.). 3742

Die Geltendmachung eines Anspruchs auf einen **Zuschuss zum Mutterschaftsgeld** genügt nicht, um einen auf Falschauskunft des Arbeitgebers gestützten **Schadensersatzanspruch** wegen entgangenen Verdienstes in Höhe dieses Zuschusses vor dem Verfall aufgrund einer tariflichen Ausschlussfrist zu bewahren (*LAG Berlin* 17.3.2000 NZA-RR 2000, 361). 3743

hh) Miet-, Kauf-, Darlehensverträge

> Ansprüche aus selbstständig neben dem Arbeitsverhältnis abgeschlossenen anderen bürgerlich-rechtlichen Verträgen werden i. d. R. von einer Ausschlussklausel, die sich auf alle Ansprüche aus dem Arbeitsverhältnis oder solche, die mit dem Arbeitsverhältnis in Verbindung stehen, nicht erfasst. 3744
>
> Dazu gehören Ansprüche aus Miet- oder Kaufverträgen, die der Arbeitgeber mit dem Arbeitnehmer zwar mit Rücksicht auf dessen Firmen- oder Betriebszugehörigkeit ab-

schließt, für die das Arbeitsverhältnis aber keine rechtliche Bedeutung hat (*BAG* 20.1.1982 EzA § 4 TVG Ausschlussfristen Nr. 48).

3745 Von einer Ausschlussfrist, die sich auf **sämtliche Ansprüche** aus dem Arbeitsverhältnis bezieht, werden Ansprüche des Arbeitgebers auf Darlehensrückzahlung aber jedenfalls dann erfasst, **wenn das Darlehen dem Arbeitnehmer im Hinblick auf das zwischen den Parteien bestehende Arbeitsverhältnis und für dessen Zwecke gewährt worden ist** (*BAG* 18.6.1980 AP Nr. 68 zu § 4 TVG Ausschlussfristen), also mit dem Bestand des Arbeitsverhältnisses verknüpft ist (*LAG Köln* 18.5.2000 NZA-RR 2001, 174), bzw. wenn sich aus dem Darlehensvertrag ergibt, dass dieser seine **Grundlage in der arbeitsvertraglichen Beziehung der Parteien** hat (*LAG Niedersachsen* 9.11.1999 NZA-RR 2000, 484). Das ist z. B. dann der Fall, wenn das Darlehen mit Rücksicht auf das Arbeitsverhältnis niedriger als marktüblich zu verzinsen ist (*BAG* 20.2.2001 EzA § 4 TVG Ausschlussfristen Nr. 140 für § 16 BRTV-Bau: »Ansprüche, die mit dem Arbeitsverhältnis in Verbindung stehen«). Andererseits erfasst eine Ausschlussfrist, nach der vertragliche Ansprüche aus dem Arbeitsverhältnis innerhalb bestimmter Fristen geltend zu machen sind, nicht Zinsforderungen aus Arbeitgeberdarlehen (*BAG* 28.2.1999 EzA § 611 BGB Inhaltskontrolle Nr. 7; ebenso für Rückzahlungsansprüche *LAG Köln* 27.4.2001 ZTR 2001, 475 Ls.).

ii) Feiertagsentgelt

3746 Eine tarifliche Verfallklausel, die nur tarifliche Ansprüche erfasst, bezieht sich nicht auf einen Vergütungsanspruch für die wegen eines Feiertages ausgefallene Arbeit (§§ 1, 2 EFZG), weil es sich dann um einen gesetzlichen, nicht um einen tariflichen Anspruch handelt, selbst dann, wenn die Vergütung selbst tariflich geregelt ist (*BAG* 10.12.1986 EzA § 4 TVG Ausschlussfristen Nr. 71).

jj) Urlaub; Urlaubsgeld

3747 Eine tarifliche Ausschlussfrist, nach der gegenseitige Ansprüche aller Art aus dem Arbeitsverhältnis – ausgenommen Lohnansprüche – nur innerhalb einer Ausschlussfrist von einem Monat seit Fälligkeit des Anspruchs schriftlich geltend gemacht werden können, ist auf Urlaubs- und Urlaubsabgeltungsansprüche nicht anzuwenden.

3748 Erfasst ist dagegen ein nach Ablauf des Urlaubsjahres oder des Übertragungszeitraumes entstehender Schadensersatzanspruch, der entweder auf Gewährung von Urlaub (Ersatzurlaubsanspruch) oder auf Zahlung gerichtet ist. Eine schriftliche **Mahnung** des Arbeitnehmers, ihm Urlaub zu gewähren, wahrt die tarifliche Ausschlussfrist (*BAG* 24.11.1992 EzA § 4 TVG Ausschlussfristen Nr. 102).

3749 Hat der **schwer behinderte Mensch** für den Urlaubsanspruch die Ausschlussfrist gewahrt, so braucht er den nach Eintritt der Unmöglichkeit an seine Stelle tretenden Ersatzurlaubsanspruch nicht noch einmal geltend zu machen (*BAG* 22.10.1991 EzA § 47 SchwbG Nr. 1).

3750 Andererseits können Tarifvertragsparteien für den mit der Beendigung des Arbeitsverhältnisses an die Stelle des Urlaubsanspruchs tretenden **Abgeltungsanspruch** jedenfalls im Umfang des tariflichen Urlaubsanspruchs Ausschlussfristen vereinbaren (*BAG* 25.8.1992 EzA § 4 TVG Ausschlussfristen Nr. 101).

Hat der Arbeitgeber die Gewährung von Urlaub zu Unrecht verweigert und schuldet 3751 er deshalb dem Arbeitnehmer wegen des zum 31. März des Folgejahres erloschenen Urlaubsanspruchs **Ersatzurlaub**, erfasst die vom Arbeitnehmer innerhalb der tariflichen Ausschlussfrist erhobene **Klage auf Zahlung von Urlaubsentgelt** als Schadensersatz **auch** den erst nach Ablauf der Ausschlussfrist im Rechtsstreit geltend gemachten **Anspruch auf Urlaubsgewährung** (*BAG* 16.3.1999 EzA § 7 BUrlG Nr. 107).

Haben die Tarifvertragsparteien den Anspruch auf ein zusätzliches **Urlaubsgeld** ge- 3752 regelt, so ist im Zweifel anzunehmen, dass innerhalb der für tarifliche Geldansprüche vereinbarten Verfallfrist alle mit der Berechnung und Zahlung des Urlaubsgeldes zusammenhängenden Fragen geklärt werden sollen. Dazu gehören insbesondere Streitigkeiten über die **zutreffende Forderungshöhe**. Nach Ablauf der Ausschlussfrist ist deshalb sowohl die Geltendmachung einer nicht vollständigen Erfüllung des Anspruchs als auch einer Überzahlung ausgeschlossen (*BAG* 19.1.1999 NZA 1999, 1107).

kk) Zeugnisanspruch

§ 70 Abs. 2 BAT erfasst auch den Zeugnisanspruch, weil es sich um einen Anspruch 3753 handelt, der aus dem Arbeitsverhältnis abgeleitet wird (*BAG* 23.2.1983 EzA § 70 BAT Nr. 15; abl. MünchArbR/*Wank* § 128 Rz. 136).

ll) Ansprüche des Arbeitgebers

Ansprüche des Arbeitgebers auf **Rückzahlung von Arbeitsentgelt** und von **vermö-** 3754 **genswirksamen Leistungen**, die versehentlich nach Beendigung des Arbeitsverhältnisses durch Banküberweisung dem Arbeitnehmer gutgebracht worden sind, fallen unter den in § 16 Abs. 1 BRTV-Bau enthaltenen Rechtsbegriff »Ansprüche aus dem Arbeitsverhältnis und solche, die mit dem Arbeitsverhältnis in Verbindung stehen« (*BAG* 8.9.1998 EzA § 72 a ArbGG Nr. 85).

> Sieht eine tarifliche Ausschlussklausel z. B. den Verfall von »Ansprüchen aus Mehr- 3755 arbeit« vor, so zählt dazu i. d. R. auch ein Anspruch auf Rückzahlung einer irrtümlich gezahlten Mehrarbeitsvergütung. Sollen nur Ansprüche des Arbeitnehmers erfasst werden, muss dies deutlich zum Ausdruck kommen (*BAG* 14.9.1994 EzA TVG § 4 Ausschlussfristen Nr. 106).

Der Anspruch des Arbeitgebers auf Rückzahlung überzahlter Vergütung wird im 3756 Zeitpunkt der Überzahlung **fällig**, wenn die Vergütung fehlerhaft berechnet worden ist, obwohl die maßgebenden Umstände bekannt waren oder hätten bekannt sein müssen. Auf die Kenntnis des Arbeitgebers von seinem Rückzahlungsanspruch kommt es regelmäßig nicht an (*BAG* 1.6.1995 EzA § 4 TVG Ausschlussfristen Nr. 114; vgl. auch *BAG* 28.1.1999 ZTR 1999, 471 zur Rückzahlung einer überzahlten Aufwandsentschädigung). § 70 BAT-O betrifft auch Rückzahlungsansprüche, die dem Arbeitgeber aus **wiederholten eingruppierungswidrigen Überzahlungen** zustehen (*Sächsisches LAG* 20.10.1999 ZTR 2000, 273 Ls.). Macht der Arbeitgeber die Rückzahlung überzahlter Beträge unter Hinweis auf eine fehlerhafte Eingruppierung geltend, so wird dadurch allerdings nicht die Ausschlussfrist für Rückzahlungsansprüche **aus künftigen** Überzahlungen gewahrt (*BAG* 17.5.2001 EzA § 4 TVG Ausschlussfristen Nr. 136).

C. Der Inhalt des Arbeitsverhältnisses

3757 Der Ablauf einer bei Fälligkeit beginnenden tariflichen Ausschlussfrist (z. B. § 70 BAT) führt nach § 242 BGB nicht zum Verfall des Rückzahlungsanspruchs, wenn der Arbeitnehmer es pflichtwidrig unterlassen hat, dem Arbeitgeber Umstände mitzuteilen, die die Geltendmachung des Rückzahlungsanspruchs innerhalb der Ausschlussfrist ermöglicht hätten. Zu einer solchen Mitteilung ist der Arbeitnehmer verpflichtet, wenn er bemerkt hat, dass er eine gegenüber sonst ungewöhnlich hohe Zahlung erhalten hat, deren Grund er nicht klären kann (*BAG* 23.2.1983 EzA § 70 BAT Nr. 15; vgl. auch *BAG* 28.1.1999 ZTR 1999, 471; a. A. *LAG Düsseldorf* 11.6.1997 NZA-RR 1998, 80.). Die Einwendung des Rechtsmissbrauchs fällt in einem derartigen Fall aber dann weg, wenn der Arbeitgeber **von anderer Seite Umstände erfährt, die ihn den wirklichen Sachverhalt erkennen lassen oder ihn hätten veranlassen müssen, Nachforschungen** zum wirklichen Sachverhalt anzustellen und er dennoch über einen längeren Zeitraum weiter untätig bleibt (*BAG* 23.5.2001 EzA § 818 BGB Nr. 12).

mm) Aufrechnung

3758 Die Aufrechnung erfolgt durch einseitige, empfangsbedürftige und bedingungsfeindliche Willenserklärung (§ 388 BGB), die bewirkt, dass die Forderungen, soweit sie sich decken, in dem Zeitraum als erloschen gelten, in dem sie sich zur Aufrechnung geeignet gegenüberstanden (§ 389 BGB). Die Aufrechnungserklärung kann **auch einer Ausschlussfrist unterfallen**. Sie ist zwar grds. formfrei (§ 388 BGB), doch wenn z. B. ein Tarifvertrag eine schriftliche Geltendmachung von Ansprüchen vorsieht, gilt dies auch für die Aufrechnungserklärung (*LAG Düsseldorf* 6.1.1971 DB 1971, 1015; 22.7.1971 DB 1972, 242; ErfK/*Preis* § 611 BGB Rz. 666).

3759 Mit Forderungen, die im Zeitpunkt der Aufrechnungserklärung durch Ablauf einer tariflichen Ausschlussfrist erloschen sind, kann **nicht aufgerechnet** werden; § 390 S. 2 BGB ist nicht entsprechend anwendbar (*BAG* 18.1.1962 AP Nr. 2; 30.3.1973 AP Nr. 3; 30.3.1973 AP Nr. 4 zu § 390 BGB; ErfK/*Preis* § 611 BGB Rz. 667).

f) Arglistige Berufung auf die Ausschlussfrist

3760 Die Berufung auf den Ablauf der Ausschlussfrist kann arglistig sein (§ 242 BGB). **Das ist insbesondere dann der Fall, wenn der Arbeitgeber selbst schuldhaft eine Abrechnung verzögert, ohne die der Arbeitnehmer seine Ansprüche nicht erheben oder erkennen kann** (*BAG* 6.11.1985 EzA § 4 TVG Ausschlussfristen Nr. 67).

3761 Die Berufung auf eine Ausschlussfrist, die die gerichtliche Geltendmachung verlangt, verstößt gegen Treu und Glauben, wenn der Schuldner während ihres Laufes den Eindruck erweckt, eine gerichtliche Klärung des Anspruchs sei entbehrlich, sich jedoch nach Ablauf der Frist auf die Verfallklausel beruft.
In diesem Sinne widersprüchlich verhält sich ein Arbeitgeber, der den Arbeitnehmer während eines Kündigungsschutzprozesses vorsorglich zur Auskunft über anderweitigen Verdienst auffordert, um eine nach Beendigung des Arbeitsverhältnisses geschuldete Karenzentschädigung abrechnen zu können, der die erteilten Auskünfte auch nicht anzweifelt, aber dann nach seinem Obsiegen im Kündigungsschutzprozess den Ablauf der Ausschlussfrist rügt (*BAG* 18.12.1984 EzA § 4 TVG Ausschlussfristen Nr. 61).

3762 Andererseits verstößt die Berufung des Arbeitgebers auf die Ausschlussfrist nicht allein deswegen gegen Treu und Glauben, weil er dem Arbeitnehmer eine **unzutref-**

fende Auskunft über das Bestehen seines Anspruchs gegeben hat (*BAG* 22.1.1997 EzA § 4 TVG Ausschlussfristen Nr. 125). Gleiches gilt dann, wenn es um Vergütungsansprüche eines freien Mitarbeiters geht, der gerichtlich seine Anerkennung als Arbeitnehmer durchgesetzt hat, die für Zeiträume entstanden sind, in denen **sein Status noch streitig war**, auch wenn der Arbeitgeber dem Mitarbeiter den Arbeitnehmerstatus abgesprochen hat (*LAG Köln* 13.8.1999 NZA-RR 2000, 201). Die Berufung auf die Ausschlussfrist stellt aber dann eine **unzulässige Rechtsausübung** dar, wenn die zum Verfall des Anspruchs führende Untätigkeit des Arbeitnehmers durch ein Verhalten des Arbeitgebers veranlasst worden ist. Die bloße Unkenntnis des Arbeitnehmers über die rechtlichen oder tatsächlichen Voraussetzungen eines Anspruchs ist hingegen für den Verfall aufgrund einer Ausschlussfrist unbeachtlich (*BAG* 5.8.1999 ZTR 2000, 36).

g) Einzelvertraglich vereinbarte Ausschlussfristen

Die einzelvertragliche Vereinbarung einer Verfallklausel für nicht durch Tarifvertrag begründete und darüber hinaus abdingbare gesetzliche Ansprüche ist im Rahmen der Vertragsfreiheit gem. §§ 241, 305 BGB grds. zulässig. **3763**

Eine solche Klausel unterliegt aber einer **Inhaltskontrolle** gem. § 138 BGB. Zu prüfen ist, ob sie gleichermaßen auf beide Parteien des Arbeitsverhältnisses Anwendung findet, ob sie inhaltlich ausgewogen ist und nicht Rechte des Arbeitnehmers einseitig beschneidet (*BAG* 24.3.1988 EzA § 4 TVG Ausschlussfristen Nr. 72; *LAG Köln* 28.6.2000 ZTR 2001, 74 Ls.). Das ist z. B. bei einer zweistufigen Ausschlussfrist von zwei Monaten nach Fälligkeit für die Geltendmachung sowie zwei weiteren Monaten für die gerichtliche Geltendmachung nach Ablehnung der Erfüllung des Anspruchs durch den Arbeitgeber nicht der Fall (*BAG* 24.3.1988 EzA § 4 TVG Ausschlussfristen Nr. 72). Gleiches gilt für eine zweistufige Verfallklausel, wonach alle beiderseitigen Ansprüche aus dem Arbeitsverhältnis verfallen, wenn sie nicht innerhalb eines weiteren Monats nach der Ablehnung gerichtlich geltend gemacht werden (*LAG Köln* 28.6.2000 ZTR 2001, 74 Ls.). **3764**
Nach Auffassung des *ArbG Heilbronn* (2.7.1986 NZA 1987, 466; abl. *Bauer* NZA 1987, 440) sind dagegen einzelvertraglich vereinbarte einseitige Verfallklauseln im Arbeitsvertrag unwirksam. Demgegenüber hält das *LAG Köln* (18.11.1996 BB 1997, 1263) eine einzelvertragliche Verfallklausel, die eine schriftliche Geltendmachung innerhalb von drei Monaten nach Fälligkeit verlangt und bei der nach Ablehnung des Anspruchs durch die Gegenpartei dieser innerhalb eines weiteren Monats einzuklagen ist, nach einer **gerichtlichen Billigkeitskontrolle** für wirksam. Gleiches gilt für eine **Verfallklausel in einem Formulararbeitsvertrag** für alle beiderseitigen Ansprüche aus dem Arbeitsverhältnis und solchen, die mit ihm in Verbindung stehen; eine derartige Regelung erfasst auch den monatlich fällig werdenden Anspruch auf Karenzentschädigung (*BAG* 17.6.1997 EzA § 74 HGB Nr. 60). Auch eine formulararbeitsvertragliche Verfallklausel, die die schriftliche Geltendmachung von Ansprüchen aus dem Arbeitsverhältnis innerhalb eines Monats nach Fälligkeit eines Anspruchs und bei Ablehnung des Anspruchs oder Nichtäußerung binnen zweier Wochen die gerichtliche Geltendmachung innerhalb eines weiteren Monats verlangt, ist zulässig. Eine Inhaltskontrolle anhand des AGBG kommt wegen § 23 Abs. 1 AGBG nicht in Betracht; ein Verstoß gegen §§ 134, 138, 242 BGB nicht ersichtlich (*BAG* 13.12.2000 EzA § 611 BGB Inhaltskontrolle Nr. 8).

C. Der Inhalt des Arbeitsverhältnisses

3765 An dieser Auffassung kann allerdings wegen § 310 Abs. 4 S. 2 BGB n. F. für ab dem 1.1.2002 neu begründete und ab 1.1.2003 auch für andere Arbeitsverhältnisse nicht mehr festgehalten werden.

h) **Ausschlussfristen in Betriebsvereinbarungen; Verhältnis zu tarifvertraglichen Ausschlussfristen**

3766 Der Tarifvorbehalt nach **§ 77 Abs. 3 BetrVG** bezieht sich nicht nur auf »materielle Arbeitsbedingungen«.

Sind Ausschlussfristen für die Geltendmachung von Ansprüchen aus dem Arbeitsverhältnis tarifvertraglich geregelt, so können durch Betriebsvereinbarung (auch für die Geltendmachung von Akkordlohnansprüchen) keine Ausschlussfristen geregelt werden, sofern nicht die tarifliche Regelung insoweit eine Öffnungsklausel enthält (*BAG* 9.4.1991 EzA BetrVG § 77 Nr. 39).

4. Ausgleichsquittung

a) **Grundsätze**

aa) **Typischer Inhalt von Ausgleichsquittungen**

3767 Anlässlich der Beendigung von Arbeitsverhältnissen unterzeichnen Arbeitnehmer nicht selten sog. Ausgleichsquittungen. Diese werden i. d. R. vom Arbeitgeber **vorformuliert**. Zum Teil werden auch **Formulare** verwendet.

3768 In einer Ausgleichsquittung bestätigt der Arbeitnehmer zunächst i. d. R. den Empfang seiner Arbeitspapiere und weiterer Leistungen (§ 368 BGB).
Mehr oder weniger deutlich erklärt er darüber hinaus, dass ihm aus dem Arbeitsverhältnis und seiner Beendigung keine Ansprüche und Rechte mehr zustehen, unabhängig davon, ob sie ihm bekannt oder nicht bekannt sind (*Schäfer* Die Abwicklung des beendeten Arbeitsverhältnisses, Rz. 184 ff.).

bb) **Zweck der Ausgleichsquittung**

3769 Die Ausgleichsquittung soll in jedem Fall einen Schlussstrich unter das Arbeitsverhältnis ziehen:
Aus Kosten- und Rationalisierungsgründen will sich der Arbeitgeber nicht nur davor schützen, vom Arbeitnehmer nachträglich auf Leistungen in Anspruch genommen zu werden, sondern er will bereits jedem Streit darüber vorbeugen, ob solche dem Arbeitnehmer überhaupt noch zustehen.

3770 Sinn der Ausgleichsquittung ist es in erster Linie, dass der Arbeitnehmer das Bestehen von Zahlungsansprüchen gegen seinen Arbeitgeber verneint, also von Lohnansprüchen, Prämien, Zulagen und Spesenersatz, aber auch z. B. von Ansprüchen auf Entgeltfortzahlung, Urlaubsgeld und Urlaubsabgeltung.
Die Ausgleichsquittung soll dies zudem sofort bewirken, bevor z. B. einschlägige tarifliche Ausschlussfristen ablaufen (vgl. *Plander* DB 1986, 1873).

cc) Normative Bedeutung

(1) Möglicher rechtsgeschäftlicher Inhalt
Mit dem ersten Teil der Erklärung verschafft sich der Arbeitgeber zu Beweiszwecken eine Quittung. Mit dem zweiten Teil lässt er erklären, dem Arbeitnehmer stünden auch sonst keinerlei Ansprüche mehr zu.
Soweit diesem Wortlaut zuwider solche Rechte aber tatsächlich noch bestanden, kann die Erklärung nach der gem. §§ 133, 157 BGB durchzuführenden Auslegung (*BAG* 27.8.1970 AP Nr. 33 zu § 133 BGB) i. V. m. ihrer Annahme durch den Arbeitgeber je nach Inhalt und Zweck einen **vorsorglichen Erlassvertrag** (§ 397 Abs. 1 BGB), ein **konstitutives negatives Schuldanerkenntnis** (§ 397 Abs. 2 BGB), ein **deklaratorisches negatives Schuldanerkenntnis** (§ 397 Abs. 2 BGB), einen **Vergleich** (§ 779 BGB), einen **Aufhebungsvertrag**, ein pactum de non petendo (**Klageverzichtsvertrag**) oder die **Vereinbarung einer Klagerücknahme** beinhalten (*BAG* 3.5.1979 EzA § 4 KSchG n. F. Nr. 15).

3771

Beispiel:
Eine auf einem Quittungsblock handschriftlich verfasste Erklärung, dass – nach Auszahlung der zuvor quittierten Beträge – »keine weiteren Ansprüche« mehr gegen den Arbeitgeber bestünden, kann als ein negatives Schuldanerkenntnis nach § 397 Abs. 2 BGB ausgelegt werden, das Überstundenvergütung aus dem beendeten Arbeitsverhältnis erfasst (*LAG Köln* 22.11.1996 NZA-RR 1997, 123).

3772

(2) Auslegung im Einzelfall
Da sich der Arbeitgeber durch die Ausgleichsquittung eine günstigere Rechtsposition verschaffen will, liegt es an ihm, eine genaue Ausdrucksweise zu wählen und auf diese Weise die Rechtsnatur der Erklärung zu verdeutlichen.

3773

> Im Übrigen ist bei der Auslegung der Ausgleichsquittung gem. §§ 133, 157 BGB nicht allein am Wortlaut der Erklärung zu haften. Vielmehr sind alle tatsächlichen Begleitumstände der Erklärung zu berücksichtigen, die für die Frage von Bedeutung sein können, welchen Willen der Erklärende bei seiner Erklärung gehabt hat und wie sie vom Empfänger zu verstehen war. Ein Verzicht des Arbeitnehmers als Gläubiger auf Rechte oder ein Erlass von Ansprüchen ist nach der Lebenserfahrung im Allgemeinen nicht zu vermuten. Das Gleiche gilt für ein konstitutives negatives Schuldanerkenntnis, denn auch in diesem Fall würde sich der Arbeitnehmer noch vorhandener Ansprüche begeben.

3774

Deshalb muss sich nach dem Wortlaut der Erklärung und den Begleitumständen klar ergeben, dass und in welchem Umfang der Arbeitnehmer ihm bekannte oder mögliche Ansprüche aufgibt. Wenn der Arbeitgeber weiß, dass der Arbeitnehmer außer der Pflicht, den Empfang der Arbeitspapiere zu quittieren, keinen Anlass hat, auf Ansprüche zu verzichten, so muss er auch erkennen, dass er mit seiner Unterschrift keine eigene spontane Erklärung abgibt, sondern nur eine i. d. R. vorformulierte Erklärung unterschreibt, die ihm oft nach Wortlaut und Begleitumständen nicht deutlich macht, dass von ihm ein Verzicht auf mögliche Ansprüche erwartet wird.
Hat der Arbeitnehmer bei der Beendigung des Arbeitsverhältnisses in einer Ausgleichsquittung z. B. bestätigt, dass er seine Arbeitspapiere und den Restlohn erhalten hat, und hat er zugleich die auf dem Formular vorgedruckte Erklärung unterschrie-

3775

3776

ben, dass damit alle seine Ansprüche aus dem Arbeitsverhältnis abgegolten seien und er keine Forderungen gegen die Firma – ganz gleich aus welchem Rechtsgrund – mehr habe, so hat er damit den Empfang der Papiere quittiert und möglicherweise die Richtigkeit der Lohnabrechnung anerkannt. Ein weitergehender Verzicht, insbesondere auf einen etwaigen Entgeltfortzahlungsanspruch kann in einer solchen »Erklärung« nur dann gesehen werden, wenn sich aus den Umständen ergibt, dass der Arbeitnehmer diese Bedeutung seiner Unterschrift erkannt hat (*BAG* 20.8.1980 EzA § 9 LFZG Nr. 7).

> Im Zweifel gilt deshalb die Auslegungsregel, dass die Ausgleichsquittung eine Quittung im Rechtssinne und ein deklaratorisches negatives Schuldanerkenntnis enthält (*BAG* 20.8.1980 EzA § 9 LFZG Nr. 7; *Schäfer* Die Abwicklung des beendeten Arbeitsverhältnisses, Rz. 187).

3777 Etwas anderes gilt aber dann, wenn sich aus den Umständen ergibt, dass der Arbeitnehmer eine weitergehende Bedeutung seiner Unterschrift erkannt hat (*BAG* 11.6.1976 EzA § 9 LFZG Nr. 4).

Haben sich die Parteien zuvor darüber gestritten, ob zwischen ihnen noch Ansprüche bestehen, so stellt sich die Ausgleichsquittung als **Vergleich** dar (*Wiedemann/Stumpf* TVG § 4 Rz. 329).

(3) Ausgleichsquittungen von Minderjährigen

3778 Da es sich bei allen genannten Gestaltungsformen um Rechtsgeschäfte handelt, ist die Ausgleichsquittung eines Minderjährigen ohne Einwilligung der Eltern nur im Falle der Ermächtigung zur Arbeit nach **§ 113 BGB** wirksam.

Hat der gesetzliche Vertreter selbst den Arbeitsvertrag abgeschlossen, so ist die Ausgleichsquittung eines Minderjährigen nicht durch § 113 BGB gedeckt (MünchArbR/*Wank* § 127 Rz. 6).

(4) Tarifliche Ansprüche

3779 Gem. **§ 4 Abs. 4 S. 1 TVG** unverzichtbare Tarifansprüche können von einer Ausgleichsquittung nicht erfasst werden.

> Unberührt davon bleiben aber Vergleiche über die tatsächlichen Voraussetzungen eines tarifvertraglich oder sonst zwingend geregelten Lohnanspruchs (z. B. wegen zwischen den Parteien streitiger Überstunden oder der Zahl nach streitiger Resturlaubstage bei Urlaubsabgeltung; *BAG* 21.12.1972 EzA § 9 LohnFG Nr. 2; 20.8.1980 EzA § 9 LohnFG Nr. 6.

3780 Wurden Ansprüche aus einem Tarifvertrag nur aufgrund einer Bezugnahmeerklärung im Einzelarbeitsvertrag vereinbart, so kann darauf durch eine Ausgleichsquittung verzichtet werden (MünchArbR/*Wank* § 127 Rz. 11).

(5) Rechtsfolgen einer Ausgleichsquittung

3781 Nach dem Abschluss eines **Vergleichs**, der auf der unzutreffenden Beurteilung eines nicht kontroversen Sachverhalts beruht, sind Ansprüche aus dem streitigen Sachverhalt ausgeschlossen. Der **Erlassvertrag** führt zum Erlöschen der Forderungen, ebenso das **konstitutive negative Schuldanerkenntnis**.

C. Der Inhalt des Arbeitsverhältnisses

Das negative **deklaratorische Schuldanerkenntnis** hingegen führt nicht zum Erlöschen der Forderung, wohl aber zur Umkehr der Beweislast. Nunmehr muss der Arbeitnehmer beweisen, dass die Forderung noch besteht. Auch gegenüber einer Quittung ist der Beweis des Arbeitnehmers möglich, dass er die quittierte Leistung nicht erhalten hat. Beweist er, dass er die Quittung im Voraus erteilt hat, ist bereits damit der Beweiswert der Quittung entkräftet. 3782

Ist in einer Ausgleichsquittung z. T. auf unverzichtbare Ansprüche verzichtet worden, so bleiben die wirksamen Teile der Ausgleichsquittung entgegen § 139 BGB aufrechterhalten (MünchArbR/*Wank* § 127 Rz. 21; a. A. *Hagemeier/Kempen/Zachert/Zilius* § 4 TVG/Rz. 204). 3783

b) Einzelfragen

aa) Kündigungsschutzklage

Grds. kann der Arbeitnehmer **nach Zugang** der Kündigungserklärung – allerdings nicht im Voraus, weder vor Beginn des Arbeitsverhältnisses noch nach dessen Beginn für eine zukünftige Kündigung (KR-*Friedrich* § 4 Rz. 296) – **auf Erhebung und Durchführung einer Kündigungsschutzklage**, auch im Wege einer Ausgleichsquittung **verzichten**. Das setzt aber voraus, dass der Verzichtswille in der Urkunde selbst unmissverständlich zum Ausdruck kommt (*LAG Köln* 24.11.1999 LAGE § 4 KSchG Nr. 4; 22.2.2000 NZA-RR 2001, 85; *Schäfer* Die Abwicklung des beendeten Arbeitsverhältnisses, Rz. 193 ff.). 3784

An die Eindeutigkeit werden besonders **strenge Anforderungen** gestellt, wenn er bereits eine Kündigungsschutzklage erhoben hat. Denn es kann nicht ohne weiteres angenommen werden, dass ein Arbeitnehmer, der sich gerade entschlossen hat, gerichtlich gegen eine Kündigung vorzugehen, einige Tage später den rechtsgeschäftlichen Willen hat, von einer Durchführung der Klage Abstand zu nehmen. Er muss z. B. erklären, er wolle auf das Recht verzichten, den Fortbestand des Arbeitsverhältnisses geltend zu machen, oder er wolle eine mit diesem Ziel erhobene Klage nicht mehr durchführen (*BAG* 29.6.1978 EzA § 4 KSchG n. F. Nr. 13). 3785

Allein die Formulierung, dass keine Ansprüche »aus dem Arbeitsverhältnis« oder »aus dem Arbeitsverhältnis und seiner Beendigung« oder »aus Anlass der Beendigung des Arbeitsverhältnisses« mehr bestehen, genügt diesen Anforderungen nicht (*BAG* 3.5.1979 EzA § 4 KSchG Nr. 15 gegen *BAG* 25.9.1969 AP Nr. 36 zu § 3 KSchG). 3786

Unterschreibt ein entlassener Arbeitnehmer dagegen die Klausel: »**Ich erhebe gegen die Kündigung keine Einwendungen**«, so liegt darin ein wirksamer **Verzicht** auf den Kündigungsschutz. Das gilt auch dann, wenn der Arbeitnehmer bereits Kündigungsschutzklage erhoben hat, dies dem Arbeitgeber jedoch zur Zeit der Vorlage der Ausgleichsquittung unbekannt ist. Es ist dann nicht erforderlich, dass die Ausgleichsquittung zusätzlich den Vermerk enthält, der Arbeitnehmer nehme seine Klage zurück. Auch die auf dem Kündigungsschreiben enthaltene und vom Arbeitnehmer unter- 3787

C. Der Inhalt des Arbeitsverhältnisses

schriebene Erklärung: »**Zur Kenntnis genommen und hiermit einverstanden**« stellt einen solchen Klageverzicht dar (*LAG Köln* 22.2.2000 NZA-RR 2001, 85).

3788 Zu beachten ist, dass die Erklärung, auf die Erhebung einer Kündigungsschutzklage zu verzichten, **keinen Verzicht** auf **die Einhaltung der ordentlichen Kündigungsfrist bedeutet**. Sollte ein derartiger Vertrag zudem auf den Verzicht auf die Einhaltung der zwingenden tariflichen Kündigungsfrist hinauslaufen, ist er wegen Verstoßes gegen § 4 Abs. 4 TVG teilnichtig (*LAG Niedersachsen* 26.1.1999 LAGE § 4 KSchG Verzicht Nr. 4).

bb) Urlaub

3789 Nicht möglich ist der Verzicht auf Urlaub und Urlaubsentgelt im Umfang des BUrlG durch Ausgleichsquittung, unabhängig davon, ob er vor oder nach der Beendigung des Arbeitsverhältnisses erfolgt (§ 13 BUrlG; *Schäfer* Die Abwicklung des beendeten Arbeitsverhältnisses, Rz. 176, 198; a. A. MünchArbR/*Wank* § 127 Rz. 13, der unter Bezugnahme auf die Rechtsprechung des *BAG* [AP Nr. 2, 3 zu § 9 LohnFG] zum Entgeltfortzahlungsrecht [s. u. C/Rz. 3790] einen Verzicht auf Urlaubsabgeltung in einer Ausgleichsquittung nach Beendigung des Arbeitsverhältnisses für zulässig erachtet).

Etwas anderes gilt aber für Urlaubsansprüche, die über dem gesetzlichen Mindesturlaub (§§ 1, 3 BUrlG) liegen (*BAG* 31.5.1990 EzA § 13 BUrlG Nr. 49), soweit nicht § 4 Abs. 4 TVG eingreift.

cc) Entgeltfortzahlungsansprüche

3790 Trotz § 12 EFZG kommt dagegen ein Verzicht auf Entgeltfortzahlungsansprüche dann in Betracht, wenn der Arbeitnehmer **nach Beendigung des Arbeitsverhältnisses** eine entsprechende Erklärung abgegeben hat (s. o. C/Rz. 1668 ff.). Denn der Zweck des § 12 EFZG besteht darin, dass der infolge seiner abhängigen Stellung in seiner Entscheidungsfreiheit beschränkte Arbeitnehmer davor geschützt werden soll, unter einem wirklichen oder auch nur vermeintlichen Druck seines Arbeitgebers Rechte preiszugeben, die ihm kraft Gesetzes zustehen. Der Schutz ist aber nach Auffassung des *BAG* (11.6.1976 EzA § 9 LohnFG Nr. 4; 20.8.1980 EzA § 9 LohnFG Nr. 7) nur so lange gerechtfertigt, wie die Abhängigkeit besteht, also nur für die Dauer des Arbeitsverhältnisses (*Schäfer* Die Abwicklung des beendeten Arbeitsverhältnisses, Rz. 195).

3791 Sofern ein Fall des § 8 Abs. 1 S. 1 EFZG vorliegt, haben Ausgleichsquittungen, die Arbeitnehmer aus Anlass der Beendigung des Arbeitsverhältnisses unterzeichnen, hinsichtlich der erst später fällig werdenden Teilansprüche auf Entgeltfortzahlung keine rechtliche Wirkung. Die Teilansprüche müssen damit erst nach dem Ende des Arbeitsverhältnisses fällig geworden sein. Dadurch allein wird der besondere Entgeltfortzahlungsanspruch in der Praxis des Arbeitslebens wirksam geschützt (*BAG* 20.8.1980 EzA § 6 LFZG Nr. 14).

dd) Lohnansprüche bei Betriebsübergang

3792 Ein Verzicht auf einen Teil des Lohnanspruchs aus Anlass eines Betriebsübergangs (§ 613 a BGB) ist nur dann zulässig, wenn dafür bei Anlegung eines strengen Maßstabes **sachliche Gründe** vorliegen.

C. Der Inhalt des Arbeitsverhältnisses

Als sachlicher Grund kommt die Notwendigkeit in Betracht, den Erwerb Not leidender Betriebe zu ermöglichen (*BAG* 27.4.1988 EzA § 613 a BGB Nr. 70).

ee) Vergütung für Arbeitnehmererfindungen
Ausgleichsquittungen erfassen nicht ohne weiteres Vergütungen gem. § 26 ArbnErfG, weil derartige Ansprüche unabhängig von der Beendigung des Arbeitsverhältnisses bestehen (MünchArbR/*Sack* § 101 Rz. 50). — 3793

ff) Betriebliche Altersversorgung

Einer allgemein gehaltenen Ausgleichsquittung ist ebenso wenig wie einer allgemein gehaltenen Ausgleichsklausel in einem Vergleich ein Verzicht auf Ansprüche aus der betrieblichen Altersversorgung zu entnehmen (*BAG* 9.11.1973 EzA § 242 BGB Ruhegehalt Nr. 28). Denn solche Ansprüche entziehen sich wegen ihrer Dimension und Bedeutung für den Arbeitnehmer dem Geltungsbereich einer Ausgleichsquittung. Der Arbeitgeber kann nicht damit rechnen, dass ein Arbeitnehmer eher beiläufig und ohne besonderen Anlass auf seine Altersversorgung verzichtet (*BAG* 9.11.1973 EzA § 242 BGB Ruhegehalt Nr. 28). Versorgungsansprüche haben meistens einen hohen Wert und deren Erhaltung und Erfüllung ist für den daraus Berechtigten oft von sehr großer Bedeutung. Deshalb ist der Verzicht auf solche Ansprüche für den Arbeitnehmer ein großes Opfer (*Schäfer* Die Abwicklung des beendeten Arbeitsverhältnisses, Rz 197). — 3794

Etwas anderes gilt aber dann, wenn die Versorgungsansprüche, -anwartschaften besonders genannt werden (*BAG* 27.2.1990 EzA § 1 BetrAVG Nr. 56).

gg) Karenzentschädigung
Eine Ausgleichsquittung, die mit der Feststellung endet, dass dem Arbeitnehmer keine weiteren Ansprüche aus dem Arbeitsverhältnis sowie dessen Beendigung zustehen, enthält **im Zweifel keinen Verzicht auf Rechte aus einem nachvertraglichen Wettbewerbsverbot** (*BAG* 20.10.1981 EzA § 74 HGB Nr. 39). — 3795

Denn bei Ansprüchen auf Karenzentschädigung muss der Arbeitnehmer im Allgemeinen nach Treu und Glauben nicht davon ausgehen, dass eine Ausgleichsquittung mit der Feststellung, weitere Ansprüche bestünden nicht, auch alle Rechte aus einer Wettbewerbsvereinbarung abschneiden soll. **Für diese ist es nämlich kennzeichnend, dass sie erst nach Beendigung des Arbeitsverhältnisses fällig werden.** Sie sind von vornherein für die an das Arbeitsverhältnis anschließende Karenzzeit geschaffen worden. Hingegen sind Ausgleichsquittungen gerade umgekehrt dazu bestimmt, die Abwicklung des beendeten Arbeitsverhältnisses zu erleichtern und rückblickend etwa bestehende Unklarheiten zu beseitigen. **Deshalb wäre es ganz ungewöhnlich, wenn sich eine Ausgleichsquittung auch auf Ansprüche bezöge, die erst nach Beendigung des Arbeitsverhältnisses wirksam werden sollten.** Das Gegenteil muss klar zum Ausdruck gebracht werden (*Schäfer* Die Abwicklung des beendeten Arbeitsverhältnisses, Rz. 199). — 3796

c) Anfechtung der Ausgleichsquittung; Widerruf

Hat der Arbeitnehmer ohne entsprechenden Verzichtswillen eine Ausgleichsquittung mit der Folge unterzeichnet, dass ein an sich noch gegebener Anspruch ge- — 3797

C. Der Inhalt des Arbeitsverhältnisses

gen den Arbeitgeber erloschen ist, so geht sein Bestreben regelmäßig dahin, ihre Wirkung zu beseitigen und die noch ausstehende Leistung des Arbeitgebers zu erhalten.

Einige Tarifverträge geben dem Arbeitnehmer das Recht, eine einmal erteilte Ausgleichsquittung innerhalb einer bestimmten Frist zu widerrufen (vgl. MünchArbR/ *Wank* § 127 Rz. 26).

3798 Im Übrigen kann das in einer Ausgleichsquittung liegende Angebot bzw. die Annahme unter den Voraussetzungen der §§ 119 ff., 123 f. BGB angefochten werden (*BAG* 25.9.1969 AP Nr. 36 zu § 3 KSchG; 6.4.1977 EzA § 4 KSchG n. F. Nr. 12).

Zu beachten ist, dass das Vorliegen der tatsächlichen Voraussetzungen der Anfechtungsnormen vom ArbG nicht bereits dann überprüft wird, wenn nach dem Sachvortrag ein Anfechtungsgrund gegeben sein könnte. **Erforderlich ist, dass die Anfechtung der Ausgleichsquittung auch tatsächlich erklärt wird.**

aa) § 119 Abs. 1 BGB

3799 Möglich ist insoweit ein Irrtum über den Erklärungsinhalt (§ 119 Abs. 1 BGB), wenn der Arbeitnehmer behauptet und beweist, **dass er nur den Empfang der Arbeitspapiere und z. B. des Restlohnes quittieren wollte**, sodass er sich eine bestimmte, aber unrichtige Vorstellung von dem Inhalt des unterzeichneten Schriftstücks gemacht hat (*BAG* 27.8.1970 AP Nr. 33 zu § 133 BGB). Macht er sich dagegen vom Inhalt der Ausgleichsquittung **gar keine Vorstellung**, so kommt § 119 Abs. 1 BGB nicht in Betracht (*BAG* 27.8.1970 AP Nr. 33 zu § 133 BGB; *Schäfer* Die Abwicklung des beendeten Arbeitsverhältnisses, Rz. 201 ff.).

bb) § 123 Abs. 1 BGB

3800 Eine Anfechtung wegen widerrechtlicher Drohung (§ 123 Abs. 1 BGB) kommt insbesondere dann in Frage, wenn der Arbeitgeber sich weigert, Restlohn und Arbeitspapiere ohne Unterzeichnung der Ausgleichsquittung auszuhändigen und der Arbeitnehmer sie daraufhin unterzeichnet (*Schäfer* Die Abwicklung des beendeten Arbeitsverhältnisses, Rz. 206 ff.).

cc) **Ausländische Arbeitnehmer; Sprachrisiko**

3801 Fraglich ist, ob diese Grundsätze auch für ausländische Arbeitnehmer gelten, die eine in deutscher Sprache gehaltene Ausgleichsquittung unterzeichnet haben, ohne dass sie ihnen vorher übersetzt wurde (*Schäfer* Die Abwicklung des beendeten Arbeitsverhältnisses, Rz. 189 ff.). Ein Arbeitgeber kann sich aufgrund seiner **Fürsorgepflicht** auf die Wirksamkeit einer von einem ausländischen Arbeitnehmer unterzeichneten Ausgleichsquittung dann nicht berufen, wenn er **weiß oder erkennen muss**, dass der Arbeitnehmer den Inhalt der Erklärung wegen fehlender Sprachkenntnisse **nicht versteht**. Ein Arbeitnehmer mit qualifizierter Berufsausbildung (indischer Ingenieur), der sich seit zehn Jahren in der BRD aufhält und deutsch nicht nur sprechen, sondern auch lesen kann, ist aber jedenfalls an die von ihm unterzeichnete Ausgleichsquittung gebunden (*LAG Köln* 24.11.1999 LAGE § 4 KSchG Nr. 4).

Ist ein ausländischer Arbeitnehmer **der deutschen Sprache** so weit **mächtig**, dass er das, was ihm erklärt oder zum Durchlesen vorgelegt wird, verstehen kann oder hätte verstehen können, wenn er es durchgelesen hätte, so ist er im Hinblick auf die Wirksamkeit einer Ausgleichsquittung nach Auffassung des *LAG Hamm* (14.12.1984 NZA 1985, 292) nach den **gleichen Grundsätzen** wie ein deutscher Arbeitnehmer zu behandeln. Er kann sich also nicht auf § 119 Abs. 1 BGB berufen (*LAG Hamm* 2.1.1976 EzA § 119 BGB Nr. 9).

Teilweise wird demgegenüber vom Arbeitgeber verlangt, dass entweder eine Erklärung in der Muttersprache des Arbeitnehmers oder aber eine **Übersetzung** des Inhalts durch einen Dolmetscher erfolgt (*LAG Düsseldorf* 2.11.1971 EzA § 626 BGB n. F. Nr. 18). 3802

Unterzeichnet der Arbeitnehmer die Ausgleichsquittung und musste der Arbeitgeber erkennen, dass er sie nicht verstanden hat, so fehlt es jedenfalls i. d. R. bereits an einem Geschäftswillen, sodass ein Vertrag nicht zustande kommt (*LAG Baden-Württemberg* AR-Blattei ES 290 Nr. 5 = D-Blatt »Ausgleichsquittung: Entsch. 5«). 3803

Darüber hinaus wird dem Arbeitgeber teilweise die **Darlegungs- und Beweislast** dafür auferlegt, dass der ausländische Arbeitnehmer die deutschsprachige Ausgleichsquittung auch verstanden hat oder der deutschen Sprache ausreichend mächtig ist, weil er Rechte aus der Ausgleichsquittung herleitet (*LAG Hamm* 2.1.1976 EzA § 305 BGB Nr. 8; *LAG Berlin* 17.4.1978 EzA § 397 BGB Nr. 3). 3804

d) Darlegungs- und Beweislast

Der Verzichtswille ist im Streitfall von demjenigen darzulegen und zu beweisen, der sich auf eine wirksame Ausgleichsquittung beruft. Steht fest, dass eine Ausgleichsquittung vom Arbeitnehmer erteilt wurde und beruft sich der Arbeitnehmer auf deren Nichtigkeit oder Anfechtbarkeit, so trägt er für die maßgeblichen Tatsachen die Beweislast (*Neumann* DB 1960, 1455). 3805

e) Bereicherungsanspruch

Bestand noch eine Forderung des Arbeitnehmers gegen den Arbeitgeber, von der er nichts wusste, so kann er gem. **§ 812 Abs. 2 BGB** ein in der Ausgleichsquittung liegendes konstitutives Schuldanerkenntnis zurückverlangen (*BAG* 6.4.1977 EzA § 4 KSchG n. F. Nr. 12). 3806

Auch in den übrigen Fällen, in denen die Ausgleichsquittung zu Unrecht abgegeben wurde, besteht ein Rückforderungsanspruch des Arbeitnehmers.

5. Ausschlussklauseln im (außergerichtlichen und gerichtlichen) Vergleich

Häufig vereinbaren die Parteien in einem (außergerichtlichen oder gerichtlichen) Vergleich neben der Beendigung des Arbeitsverhältnisses und der Regelung von Zahlungsansprüchen usw. eine sog. Abgeltungsklausel. 3807

a) Beispiel

Die Parteien schlossen zur Beilegung aller zwischen ihnen bestehenden (Rechts-) Streitigkeiten einen gerichtlichen Vergleich mit folgendem Inhalt:
»1. Die Parteien sind sich einig, dass ihr Arbeitsverhältnis zum 31.3.1994 sein Ende gefunden hat. 3808

2. Dem Kläger wird der im Verfahren ... Ga ... /94 beantragte Bildungsurlaub gewährt.
3. Der Kläger wird seinen Arbeitsplatz und die Geschäfte ordnungsgemäß übergeben.
4. Die Parteien sind sich einig, dass sämtliche Urlaubsansprüche des Klägers mit dieser Vereinbarung erfüllt sind.
5. Für den Verlust des Arbeitsplatzes zahlt die Beklagte entsprechend §§ 9, 10 KSchG, § 3 Nr. 9 EStG eine Abfindung in Höhe von 50 000 DM.
6. Mit der Erfüllung dieses Vergleichs sind die Verfahren ... Ga ... /94 und ... Ca ... /94 sowie alle beiderseitigen finanziellen Ansprüche der Parteien aus dem beendeten Arbeitsverhältnis – bekannt oder unbekannt – erledigt.«

3809 In diesem Vergleich ist insbesondere in Ziff. 1 keine Regelung darüber enthalten, dass der Kläger für den Monat März eine Vergütung erhalten sollte. Urlaubsentgelt hatte der Kläger im vertraglich vereinbarten Umfang erhalten. Die Klage des Klägers auf Zahlung von Gehalt bzw. verdienten Provisionen für den Monat März 1994 hat das *LAG Rheinland-Pfalz* deshalb im Hinblick auf die Ausgleichsklausel (Urteil v. 2.10.1995 – 11 Sa 634/95 –) abgewiesen (vgl. auch *LAG Sachsen* 7.6.2000 NZA-RR 2001, 410: Vereinbarung einer bezahlten Freistellung begründet keinen Entgeltanspruch, wenn der Arbeitnehmer – nach Ablauf der Sechs-Wochen-Frist des EFZG – bis zum Beendigungszeitpunkt arbeitsunfähig erkrankt) .

b) Auswirkungen der Ausgleichsklausel

3810 Die Ausgleichsklausel in Ziff. 6 des Vergleichs hat den Zweck, das streitige Rechtsverhältnis abschließend zu regeln (vgl. *BAG* 5.4.1973 AP § 794 ZPO Nr. 22; 10.5.1978 EzA § 794 ZPO Nr. 3; vgl. auch *LAG München* 24.4.1997 BB 1998, 269; dies gilt nicht für eine Klausel mit dem Wortlaut »Damit ist der Rechtsstreit ... erledigt« [*LAG Köln* 28.10.1994 NZA 1995, 739 Ls.]). Dieser die Gerichtspraxis in den Tatsacheninstanzen (vgl. § 57 Abs. 2 ArbGG) beherrschende Zweck wird aber nur erreicht, wenn alle Verpflichtungen, die nicht von dieser Klausel erfasst werden sollen, ausdrücklich und unmissverständlich im Vergleich selbst bezeichnet werden. Über die Tragweite des Vergleichs darf es keine Unklarheit geben, sonst kann er seine Friedensfunktion nicht erfüllen. Das gilt auch für Ansprüche, die sich erst aus den Bedingungen des Vergleichs selbst ergeben können (zu den Auswirkungen auf Insolvenzgeldansprüche s. o. C/Rz. 1177 ff.; vgl. *Busemann* Die Haftung des Arbeitnehmers gegenüber dem Arbeitgeber und Dritten, Rz. 89 ff.).

3811 So ist das *BAG* (5.4.1973 AP § 794 ZPO Nr. 22) z. B. davon ausgegangen, dass dann, wenn im Vergleichswege das Ende des Arbeitsverhältnisses vorverlegt wird, dem Arbeitgeber durch eine allgemeine Ausgleichsklausel der Anspruch auf Rückzahlung des Gehalts abgeschnitten wird, das er für drei Monate, die nach dem im Vergleich vereinbarten Beendigungstermin lagen, ohne Rechtsgrund gezahlt hatte.
Im vom *BAG* am 10.5.1978 (EzA § 794 ZPO Nr. 3) entschiedenen Fall wurde das Ende des Arbeitsverhältnisses durch den Vergleich hinausgeschoben; der damit begründeten Lohnforderung stand jedoch wiederum die Ausgleichsklausel im Wege.

3812 Diese Grundsätze hat das *LAG Rheinland-Pfalz* (2.10.1995 – 11 Sa 634/95 –) auf den Beispielsfall übertragen. Hinsichtlich der Frage, ob der Arbeitnehmer ohne entsprechende eindeutige Vereinbarung weitere Entgeltansprüche geltend machen kann, besteht wegen der gleichen Sach- und Interessenlage der Parteien keine Veranlassung, beide Lebenssachverhalte unterschiedlich zu behandeln. Deshalb erfasst die Ausgleichsklausel nicht nur sich aus der Regelung im Vergleich selbst ergebende Ansprüche, sondern erst recht allgemeine Entgelt- und Provisionsansprüche.

Eine Ausnahme kommt zwar in Betracht für Ansprüche auf betriebliches Ruhegeld und möglicherweise für Zeugnisansprüche (*BAG* a. a. O.), sowie für Ansprüche auf Herausgabe und Berichtigung von Arbeitspapieren, **weil sich solche Ansprüche wegen ihrer Bedeutung für den Arbeitnehmer i. d. R. dem Geltungsbereich einer allgemeinen Ausgleichsquittung entziehen.** Denn der Arbeitgeber kann nicht damit rechnen, dass ein Arbeitnehmer im Rahmen einer allgemeinen Ausgleichsklausel eher beiläufig ohne besonderen Anlass auf seine Altersversorgung, vielleicht auch auf ein Zeugnis verzichtet. Im Beispielsfall ging es jedoch um die unmittelbaren wirtschaftlichen Folgen der verschiedenen Arbeitsrechtsstreitigkeiten zwischen den Parteien sowie der von der Beklagten erklärten ordentlichen Kündigung. Es war deshalb nahe liegend und geboten, den strittigen Entgeltanspruch entweder unmittelbar im Vergleich zu regeln oder von der Geltung der Ausgleichsklausel ausdrücklich auszunehmen oder eine Ausgleichsklausel insgesamt abzulehnen. 3813

Die Untätigkeit des (anwaltlich vertretenen) Klägers ließ daher nur den Schluss zu, dass auch mögliche Ansprüche auf weitere Provisionszahlungen von der Ausgleichsklausel des Vergleichs erfasst werden sollten. 3814

Nach Auffassung des *LAG Hamm* (28.4.1995 LAGE § 794 ZPO Ausgleichsklausel; a. A. *OLG Düsseldorf* 9.7.1997 NZA-RR 1998, 1 für einen Aufhebungsvertrag eines GmbH-Geschäftsführers) erfasst eine derartige Formulierung, die noch den Zusatz enthält »mit Ausnahme der Ansprüche auf betriebliche Altersversorgung« nicht den Anspruch auf Rückzahlung eines **Arbeitgeberdarlehens**. Das *LAG Köln* (9.9.1997 NZA 1998, 280 Ls.) hat angenommen, dass von einer in einem Abfindungsvergleich vereinbarten Ausgleichsklausel regelmäßig Ansprüche aus einem beim Gericht eingeleiteten Verfahren auf Kostenerstattung nicht erfasst werden. 3815

c) Rechtsnatur und Auslegung der Ausgleichsklausel

Eine Klausel des zuvor zitierten Inhalts (s. C/Rz. 3808; vgl. zu den dadurch u. U. auftretenden Rechtsfragen *Diller* FA 2000, 270 ff.) ist nach Auffassung des *LAG München* (24.4.1997 BB 1998, 269) i. d. R. als **negatives konstitutives Schuldanerkenntnis** i. S. d. § 397 Abs. 2 BGB zu qualifizieren. Wird dieses Schuldanerkenntnis in Kenntnis einer möglichen bestehenden Forderung abgegeben, so scheidet eine Rückforderung wegen ungerechtfertigter Bereicherung aus. 3816

Die Formulierung »Mit Erfüllung dieser Vereinbarung...« kann danach nicht dahingehend ausgelegt werden, dass es sich insoweit um eine Bedingung handelt, deren Herbeiführen ins Belieben der Beklagten gestellt ist. Denn Bedingung i. S. d. § 158 BGB ist das Abhängigmachen eines Rechtsgeschäfts von einem zukünftigen ungewissen Ereignis. »Mit Erfüllung dieser Vereinbarung« bedeutet daher – vom insoweit nicht eindeutigen Wortlaut noch gedeckt – nichts anderes, als dass **über die in der Vereinbarung genannten Ansprüche hinaus zwischen den Parteien keine weiteren Ansprüche mehr bestehen** (abl. *Lücke* BB 1998, 271 ff.). Der Arbeitgeber kann deshalb nicht mit einer für ihn eventuell bestehenden Rückzahlungsforderung gegen den Arbeitnehmer mit einer von ihm zu zahlenden Abfindungssumme an den Arbeitnehmer aus einer Aufhebungsvereinbarung aufrechnen.

Eine Ausgleichsklausel, die **alle Ansprüche aus einem beendeten Arbeitsverhältnis sowie aus sämtlichen sonstigen Rechtsbeziehungen** der Parteien bereinigt, erfasst

C. Der Inhalt des Arbeitsverhältnisses

nach Auffassung des *LAG Berlin* (5.6.1996 NZA-RR 1997, 124) i. d. R. zwar alle wirtschaftlich mit dem Arbeitsverhältnis verbundenen Ansprüche. Sie kann aber **nicht** dahin ausgelegt werden, dass sie auch **die Aufgabe oder Übertragung von Eigentumsrechten** (z. B. Herausgabe eines Fahrzeugscheins, zweier PKW-Schlüssel sowie des PKW) zum Inhalt hat. Sollen von ihr auch dingliche Rechte erfasst werden, so bedarf es insoweit einer klaren und eindeutigen Regelung.

D. Die Beendigung des Arbeitsverhältnisses

Inhaltsübersicht

I.	Übersicht		1– 4
II.	**Die Erklärung der Kündigung durch den Arbeitgeber**		5–241
	1. Die Kündigungserklärung		5–125
	a) Inhaltliche und förmliche Voraussetzungen		5– 61
	aa) Schriftform der Kündigungserklärung		5– 35
	(1) Normzweck		6
	(2) Anwendungsbereich		7– 10
	aaa) Grundlagen		7– 8
	bbb) Erfasste Beendigungstatbestände		9
	ccc) Nicht erfasste Tatbestände		10
	(3) Wirksamkeitserfordernis		11– 14
	(4) Kündigung		15– 23
	aaa) Allgemeine Voraussetzungen		15
	bbb) Anforderungen an Urkunde und Unterschrift		16
	ccc) Stellvertretung		17
	ddd) Inhaltliche Anforderungen		18
	eee) Änderungskündigung		19
	fff) Kündigung durch konkludentes Verhalten		20– 21
	ggg) Elektronische Form		22
	hhh) Notarielle Beurkundung; gerichtlicher Vergleich		23
	(5) Beweislast		24
	(6) Vollständigkeits- und Richtigkeitsvermutung		25
	(7) Rechtsfolge der Nichteinhaltung der Schriftform: Nichtigkeit		26– 27
	aaa) Grundlagen		26
	bbb) Kündigung		27
	(8) Durchbrechung der Formnichtigkeit in Ausnahmefällen		28– 35
	aaa) Grundsätze		28– 30
	bbb) Fallgruppen (Überblick)		31– 32
	ccc) Besonderheiten bei Kündigungen		33– 35
	bb) Eindeutigkeit des Beendigungswillens		36– 44
	(1) Grundlagen		36– 40
	(2) Ordentliche Kündigung; außerordentliche Kündigung; Abgrenzung		41– 43
	(3) Außerordentliche Kündigung mit Auslauffrist		44
	cc) Angabe der Kündigungsgründe		45– 49
	dd) Auslegung der Erklärung des Arbeitgebers		50
	ee) Grundsatz der Klarheit		51– 55
	ff) Vorsorgliche Kündigung; Abgrenzung zur »Bestätigung der Kündigung« und zur Berufung auf die Befristung des Arbeitsvertrages		56– 60
	gg) Ort und Zeit der Kündigungserklärung		61
	b) Zugang der Kündigungserklärung		62– 86
	aa) Zugang unter Anwesenden		63
	bb) Zugang unter Abwesenden		64– 86
	(1) Begriffsbestimmung		64
	(2) Nachweispflicht des Arbeitgebers		65– 66

D. Die Beendigung des Arbeitsverhältnisses

		(3)	Zugangszeitpunkt	67– 83
		aaa)	Leerung des Briefkastens	67– 68
		bbb)	Empfangsbote; Abgrenzungen	69– 72
		ccc)	Längere Abwesenheit des Arbeitnehmers	73– 75
		ddd)	Einschreiben	76– 83
		aaaa)	Einschreiben; ab 1.9.1997 »Übergabe-Einschreiben«	76– 80
		bbbb)	»Einwurf-Einschreiben«	81– 83
		(4)	Gerichtsvollzieher	84
		(5)	Zustellung durch Boten	85– 86
	c)	Vertretung		87–117
		aa)	Kündigungserklärung durch Bevollmächtigte	90–113
		(1)	Zurückweisung der Kündigung	90– 91
		(2)	Kenntnis des Kündigungsgegners	92– 97
		(3)	Kündigung im öffentlichen Dienst	98–104
		(4)	Gesamtvertretung	105–106
		(5)	Vollmacht des Rechtsanwalts; insbesondere die Prozessvollmacht	107–112
		(6)	Kündigung durch Vereinsvertreter	113
		bb)	Prozessuale Geltendmachung	114
		cc)	Empfangsbefugnis dritter Personen	115
	d)	»Rücknahme der Kündigung«		118–124
		aa)	Inhaltsbestimmung	118–119
		bb)	Erklärung im Kündigungsschutzprozess	120
		cc)	Verhalten des Arbeitnehmers; Rechtswirkungen	121–124
	e)	»Annahme der Kündigung«		125
2.	Kündigungsfristen			126–225
	a)	Entstehungsgeschichte des § 622 BGB a. F.		126–132
		aa)	Unterschiedliche Kündigungsfristen für Arbeiter und Angestellte	126
		bb)	Verfassungswidrigkeit der gesetzlichen Regelung über die Berücksichtigung von Beschäftigungszeiten	127
		cc)	Verfassungswidrigkeit der unterschiedlichen Grundkündigungsfristen	128–130
		(1)	Ungeeignete Differenzierungskriterien	129
		(2)	Nicht hinreichend gruppenspezifische Kriterien	130
		dd)	Verfassungswidrigkeit der unterschiedlichen Kündigungsfristen bei längerer Beschäftigungsdauer	131
		ee)	Vereinheitlichung der Kündigungsfristen	132
	b)	Überblick über die gesetzliche Regelung		133–136
		aa)	Grundkündigungsfrist	133
		bb)	Verlängerte Kündigungsfristen; Wartezeit	134
		cc)	Berechnung der Wartezeit	135–136
	c)	Geltungsbereich		137–144
		aa)	Zahl der Beschäftigten	137
		bb)	Teilzeitbeschäftigte	138–140
		cc)	Arbeitnehmerähnliche Personen	141
		dd)	Begrenzter Kündigungsschutz durch Kündigungsfristen und -termine	142
		ee)	Ordentliche Änderungskündigung	143
		ff)	Übergangsvorschrift	144
	d)	Berechnung der Kündigungsfristen		145–148
		aa)	Anwendbarkeit der §§ 186 ff. BGB	145–146
		bb)	Vorzeitige Kündigung	147–148

D. Die Beendigung des Arbeitsverhältnisses

e)	Einzelvertragliche Regelungen		149–175
	aa)	Verkürzung der Kündigungsfristen und Änderung der Kündigungstermine	149–165
		(1) Grundlagen	149–151
		(2) Vereinbarte Probezeit (§ 622 Abs. 3 BGB)	152–154
		(3) Vorübergehende Einstellung zur Aushilfe (§ 622 Abs. 5 S. 1 Nr. 1 BGB)	155–162
		aaa) Allgemeine Voraussetzungen	155
		bbb) Aushilfsarbeitsverhältnis; vorübergehender Bedarf	156–157
		ccc) Darlegungs- und Beweislast	158
		ddd) Verkürzung der Kündigungsfrist	159
		eee) Fehlen einer ausdrücklichen Vereinbarung	160
		fff) Abweichende Kündigungstermine	161
		ggg) Beendigung des Arbeitsverhältnisses nach Ablauf von drei Monaten	162
		(4) Kleinunternehmen (§ 622 Abs. 5 S. 1 Nr. 2 BGB)	163–165
	bb)	Verlängerung der Kündigungsfristen und Änderung der Kündigungstermine (§ 622 Abs. 5 S. 2 BGB)	166
	cc)	Vereinbarung der Anwendung abweichender tarifvertraglicher Bestimmungen (§ 622 Abs. 4 S. 2 BGB)	167–172
		(1) Allgemeine Voraussetzungen	167–169
		(2) Umfang der vereinbarten Inbezugnahme	170–171
		(3) Form	172
	dd)	Rechtsfolgen unwirksamer oder lückenhafter Vereinbarungen	173–175
f)	Tarifvertragliche Regelungen (§ 622 Abs. 4 S. 1, Abs. 6 BGB)		176–215
	aa)	Grundlagen	176–178
	bb)	Abgrenzung zwischen konstitutiven und deklaratorischen tarifvertraglichen Regelungen	179–185
	cc)	Inhalt und Grenzen der Regelungsbefugnis	186–188
		(1) Verkürzung der Grundkündigungsfrist	186
		(2) Tarifdispositivität der verlängerten Kündigungsfristen	187
		(3) Kündigungstermine	188
	dd)	Geltung tariflicher Kündigungsvorschriften	189–190
	ee)	Dynamische Verweisung	191
	ff)	Tarifvertrag und günstigere Individualabsprache	192–193
		(1) Grundlagen	192
		(2) Nachwirkungszeitraum	193
	gg)	Verfassungswidrigkeit unterschiedlicher tariflicher Kündigungsfristen und Wartezeiten für Arbeiter und Angestellte	194–206
		(1) Bindung der Tarifpartner an Art. 3 GG	195–196
		(2) Prüfungsmaßstab	197–203
		aaa) Gruppenspezifisch ausgestaltete unterschiedliche Regelungen	198–201
		bbb) Gestaltungsspielraum der Tarifvertragsparteien; nur beschränkte Bedeutung der Richtigkeitsgewähr tariflicher Kündigungsregelungen	202–203
		(3) Darlegungs- und Beweislast; Amtsermittlung	204–206
	hh)	Beispiele aus der Rechtsprechung	207–210
		(1) Verfassungsmäßige Regelungen	208–209
		(2) Verfassungswidrige Regelungen	210

D. Die Beendigung des Arbeitsverhältnisses

		ii)	Auswirkungen des KündFG auf die Beurteilung der Verfassungsmäßigkeit tariflicher Kündigungsregelungen		211–213
		jj)	Auswirkungen verfassungswidriger Kündigungsregelungen		214–215
	g)	Auswirkungen des KündFG auf Altkündigungen und auf Altregelungen			216–225
		aa)	Altkündigungen (Art. 222 EGBGB)		216
		bb)	Altregelungen für weiterhin bestehende Arbeitsverhältnisse		217–225
			(1)	Fehlen einer gesetzlichen Regelung	217
			(2)	Vertraglich vereinbarte Kündigungsfristen	218–220
			(3)	Tarifnormen	221–225
3.	Beschränkung des Rechts zur Erklärung einer Kündigung				226–241
	a)	Tarifnormen, Betriebsvereinbarungen			226–234
	b)	Gesetzliche Vorschriften			235–237
		aa)	Allgemeine Regelungen		235
		bb)	Besonderheiten in den neuen Bundesländern		236–237
	c)	Einzelvertraglicher Kündigungsschutz			238

III. Die Rechtswirksamkeit der außerordentlichen Arbeitgeberkündigung   242–900

1.	Sonstige Unwirksamkeitsgründe				243–578
	a)	Beteiligung des Betriebsrats/Personalrats			243–325
		aa)	Rechtsgrundlagen		243–247
		bb)	Begriffsbestimmungen		248–249
		cc)	Auslandseinsatz		250
		dd)	Rechtsfolgen fehlerhafter Beteiligung		251–252
		ee)	Funktionsfähigkeit des Betriebsrats		253–257
		ff)	Personalausschüsse		258
		gg)	Verfahrensgang		259–279
			(1)	Unterrichtung des Betriebsrats; Adressat	259–260
			(2)	Abschluss des Anhörungsverfahrens	261–268
			aaa)	Begriffsbestimmung	262–263
			bbb)	Rechtsfolge verfrühter Kündigung	264
			ccc)	Kombination von außerordentlicher und ordentlicher Kündigung	265–266
			ddd)	Besonderheiten bei Massenentlassungen	267–268
			(3)	Ausspruch der Kündigung; erneute Anhörung bei weiterer Kündigung	269–275
			(4)	Ausscheidendes Betriebsratsmitglied	276
			(5)	Beendigungstatbestände ohne Anhörung des Betriebsrats	277–278
			(6)	Kündigung von Heimarbeitern	279
		hh)	Inhaltliche Anforderungen		280–301
			(1)	Mitteilung der persönlichen Angaben	280–281
			(2)	Art der Kündigung	282
			(3)	Kündigungsfrist, -termin	283–285
			(4)	Kündigungsgründe	286–301
			aaa)	Allgemeine Anforderungen	286–289
			bbb)	Subjektive Determinierung der Mitteilungspflicht des Arbeitgebers	290–298
			ccc)	Vorkenntnis des Betriebsrats	299
			ddd)	Bedeutung der Reaktion des Betriebsrats	300–301
		ii)	Fehler im Verantwortungsbereich des Betriebsrats		302–309

D. Die Beendigung des Arbeitsverhältnisses

		(1) Grundlagen; Abgrenzung der Verantwortungsbereiche von Betriebsrat und Arbeitgeber	302–307
		(2) Verhältnis zum Zustimmungsersetzungsverfahren (§ 103 BetrVG)	308
		(3) Verzicht auf das Anhörungsverfahren	309
	jj)	Personalvertretungsrechtliche Vorschriften	310–313
	kk)	Darlegungs- und Beweislast	314–321
		(1) Grundlagen	314
		(2) Überprüfung von Amts wegen?	315
		(3) Inhaltliche Anforderungen	316–318
		(4) Einlassung des Arbeitnehmers	319–320
		(5) Vorkenntnis des Betriebsrats	321
	ll)	Zustimmungsbedürftige Kündigungen aufgrund Betriebsvereinbarung (§ 102 Abs. 6 BetrVG) oder Tarifvertrag	322–324
	mm)	Der Sonderfall: die außerordentliche Kündigung eines ordentlich unkündbaren Arbeitnehmers	325
b)	Mitwirkung des Betriebsrats bei der Kündigung von Mandatsträgern (§§ 103 BetrVG, 15 KSchG)		326–408
	aa)	Grundsätze	326–350
		(1) Zweck der gesetzlichen Regelung	326
		(2) Rechtsfolgen fehlender Zustimmung	327
		(3) Inhaltliche Ausgestaltung des Schutzes der Mandatsträger	328–332
		(4) Wahlbewerber; Wahlvorstand	333–342
		aaa) Grundlagen; Beginn und Ende des besonderen Kündigungsschutzes	333–335
		bbb) Amtsniederlegung von Mitgliedern des Wahlvorstandes	336
		ccc) Besonderer Kündigungsschutz für Wahlbewerber für den Wahlvorstand?	337–338
		ddd) Gewerkschaftsbeauftragte als Wahlvorstandsmitglieder	339
		eee) Nichtigkeit der Wahl zum Wahlvorstand sowie zum Betriebsrat	340
		fff) Begrenzung des Nachwirkungszeitraums	341–342
		(5) Nachwirkender Kündigungsschutz für Betriebsratsmitglieder	343–344
		(6) Ersatzmitglieder des Betriebsrats	345–348
		(7) Weitere Gremien der Betriebsverfassung	349
		(8) Ausnahmen vom nachwirkenden Kündigungsschutz	350
		(9) Kündigungsschutz bei der Einladung zur Betriebsversammlung bzw. wegen des Antrags auf Bestellung eines Wahlvorstandes	350
	bb)	Wichtiger Grund beim Betriebsratsmitglied	351–362
		(1) Abgrenzung zwischen arbeitsvertraglichen und betriebsverfassungsrechtlichen Pflichten	351–352
		(2) Prüfungsmaßstab für die Unzumutbarkeit	353–358
		aaa) Ordentliche Kündigungsfrist	353–355
		bbb) »Strengerer Maßstab«	356–358
		(3) Beispiele	359–362
	cc)	Ordentliche Kündigung bei Betriebsstilllegung oder Stilllegung einer Betriebsabteilung	363–382

D. Die Beendigung des Arbeitsverhältnisses

			(1)	Inhalt und Zweck der gesetzlichen Regelung	363–364
			(2)	Betriebsbegriff	365
			(3)	Betriebsstilllegung	366–372
			aaa)	Begriffsbestimmung	366
			bbb)	Weiterbeschäftigung in einem anderen Betrieb des Unternehmens	367
			ccc)	Kündigung frühestens zum Zeitpunkt der Betriebsschließung	368–371
			ddd)	Beteiligung des Betriebsrats	372
			(4)	Stilllegung einer Betriebsabteilung	373–383
			aaa)	Begriffsbestimmung	373–375
			bbb)	Betriebsteil	376–377
			ccc)	Fehlende Weiterbeschäftigungsmöglichkeit des Arbeitnehmers	378
			ddd)	Angebot einer geringer wertigen Tätigkeit	379–380
			eee)	Darlegungs- und Beweislast	381–381
			fff)	Schutz der Funktionsträger bei Teilbetriebsübergang und gleichzeitiger Stilllegung des Restbetriebes	383
		dd)	Das Zustimmungsersetzungsverfahren		384–404
			(1)	Verfahrensfragen hinsichtlich der Entscheidung des Betriebsrats	384–386
			(2)	Rechtsfolgen von Verfahrensfehlern	387–392
			(3)	Analoge Anwendung des § 103 Abs. 2 BetrVG	393
			(4)	Einleitung des Beschlussverfahrens	394–395
			(5)	Prüfungsmaßstab für das ArbG	396
			(6)	Kündigung nach Rechtskraft der Entscheidung	397–398
			(7)	Verfahrensfragen des Beschlussverfahrens	399–401
			(8)	Verhältnis zum Kündigungsschutzverfahren; Rechtskraft	402–403
			(9)	Betriebsbedingte Kündigungen nach § 15 Abs. 4, 5 KSchG bei tariflicher Unkündbarkeit	404
	ee)		Besonderheiten bei Tendenzträgern		405–406
	ff)		Verhältnis zu sonstigen Kündigungsschutzvorschriften		407–408
c)	Der besondere Kündigungsschutz schwangerer Frauen (§ 9 MuSchG)				409–437
	aa)		Struktur der gesetzlichen Regelung; Schriftform		409
	bb)		Fristberechnung für den Beginn des Kündigungsschutzes; Darlegungs- und Beweislast		410–411
	cc)		Ausschluss der Anwendbarkeit		412
	dd)		Kenntnis des Arbeitgebers		413–422
		(1)	Nichteinhaltung der Zweiwochenfrist		413
		(2)	Verschulden der Arbeitnehmerin		414–417
		(3)	Unverzügliche Nachholung der Mitteilung; inhaltliche Anforderungen		418–421
		(4)	Darlegungs- und Beweislast		422
	ee)		Zustimmung der obersten Landesbehörde		423–437
		(1)	Rechtsfolgen fehlender Zustimmung		423
		(2)	Prüfungsmaßstab		424–433
			aaa)	»Besonderer Fall«	424–426
			bbb)	Kriterien der notwendigen Interessenabwägung	427–431
			ccc)	Gegenstand der Zustimmung; ordentliche Kündigung	432–437
		(3)	Wirkung der Zustimmung		434–436
		(4)	Verfahrensfragen		437

D. Die Beendigung des Arbeitsverhältnisses

d)	Besonderer Kündigungsschutz von Arbeitnehmern in der Elternzeit (§ 18 BErzGG)			438–448
	aa)	Grundlagen		438–441
	bb)	Zeitlicher Geltungsbereich des besonderen Kündigungsschutzes		442–445
	cc)	Verhältnis zum Mutterschutz gem. § 9 MuSchG		446–448
e)	Besonderer Kündigungsschutz von schwer behinderten Arbeitnehmern (§§ 85, 91 SGB IX)			449–478
	aa)	Anwendungsbereich; Ausgestaltung		449–450
	bb)	Auslandsbezug		451
	cc)	Verfahren		452–467
		(1)	Prüfungsmaßstab	454–457
		(2)	Ablauf des Verwaltungsverfahrens	458–461
			aaa) Zweiwochenfrist	458
			bbb) Umdeutung	459
			ccc) Auszubildende	460
			ddd) Vorsorglicher Verwaltungsakt	461
		(3)	Verfahren nach Zustimmung bzw. Ablehnung des Integrationsamtes	462–465
		(4)	Kündigung nach Ablehnung des Antrags auf Anerkennung der Schwerbehinderteneigenschaft	466
		(5)	Aussetzung des Kündigungsschutzverfahrens?	467
	dd)	Kenntnis des Arbeitgebers		468–478
		(1)	Vorliegen weder einer Feststellung der Schwerbehinderung noch eines entsprechenden Antrages	469–470
		(2)	Offenkundigkeit der Schwerbehinderung	471
		(3)	Feststellung der Schwerbehinderung bzw. Vorliegen eines entsprechenden Antrags	472–473
		(4)	Mitteilungspflicht des Arbeitnehmers	474–476
		(5)	Einzelfragen	477–478
f)	Kündigungsschutz Wehr- und Zivildienstleistender			479–492
	aa)	Zweck der gesetzlichen Regelung		479
	bb)	Tatbestandsvoraussetzungen		480–483
		(1)	Dienst in der Bundeswehr; Zivildienst; EU-Ausländer	480
		(2)	Persönlicher und räumlicher Geltungsbereich	481–482
		(3)	Zeitlicher Anwendungsbereich	483
	cc)	Rechtsfolgen		484–491
		(1)	Ruhen des Arbeitsverhältnisses	484
		(2)	Verbot der ordentlichen Kündigung	485
		(3)	Verbot der Anlasskündigung; Kündigung aus sonstigen Gründen	486–487
		(4)	Außerordentliche Kündigung	488–490
		(5)	Übernahme eines Auszubildenden	491
	dd)	Klagefrist		492
g)	Kündigungsschutz für Abgeordnete			493–503
	aa)	Behinderungsverbot		493–494
	bb)	Normative Regelungen		495–503
		(1)	Bundestag	495–500
			aaa) Persönlicher Geltungsbereich	496
			bbb) Zeitlicher Geltungsbereich	497
			ccc) Kündigungsverbot	498–499

D. Die Beendigung des Arbeitsverhältnisses

		ddd)	Rechtsfolgen bei Verstößen gegen Art. 48 Abs. 2 GG, § 2 AbgG	500
		(2)	Landtage	501
		(3)	Kommunale Mandatsträger	502
		(4)	Europa-Parlament	503
	h)	Besonderer Kündigungsschutz für Betriebsärzte, Fachärzte für Arbeitssicherheit, Datenschutz-, Immissionsschutzbeauftragte		504–524
		aa)	Betriebsärzte, Fachärzte für Arbeitssicherheit	504–511
			(1) Kündigungsverbot	504–506
			(2) Amtsbezogener Kündigungsschutz	507–511
		bb)	Sicherheitsbeauftragte	512–513
		cc)	Immissionsschutzbeauftragte	514–515
		dd)	Abfallbeauftragte; Gewässerschutzbeauftragte	516–517
		ee)	Datenschutzbeauftragte	518–524
	i)	Kündigungsschutz im Berufsausbildungsverhältnis		525–549
		aa)	Kündigung in der Probezeit	525–526
		bb)	Kündigung nach Ablauf der Probezeit	527–545
			(1) Wichtiger Grund für den Ausbildenden	529–539
			aaa) Prüfungsmaßstab	529–532
			bbb) Strengere Anforderungen	533–539
			(2) Kündigung durch den Auszubildenden	540
			(3) Form der Kündigung	541–545
			aaa) Inhaltliche Anforderungen	541–544
			bbb) Ausschluss weiteren Sachvortrags	545
		cc)	Klagefrist?	546–548
		dd)	Kündigung vor Beginn der Berufsausbildung	549
	j)	§ 613 a Abs. 4 BGB		550–577
		aa)	Grundlagen	550–551
		bb)	Eigenständiges Kündigungsverbot	552
		cc)	Voraussetzungen	553–564
			(1) Beschränkung auf die Kündigung des Arbeitsverhältnisses; Widerrufsmöglichkeit oder Vertragsanpassung bei einvernehmlicher Regelung?	553–554
			(2) Kündigung wegen des Betriebsübergangs	555–564
			aaa) Begriffsbestimmung	555
			bbb) Keine Ausnahme bei alternativer Betriebsstilllegung	556–558
			ccc) Ablehnung der Übernahme wegen der Kosten oder der Person bestimmter Arbeitnehmer	559–560
			ddd) Kündigung vor dem Betriebsübergang; »greifbare Formen« der geplanten Maßnahme	561–562
			eee) Kündigung des Veräußerers aufgrund eines Rationalisierungskonzepts des Erwerbers	563–564
		dd)	Kündigung aus anderen Gründen	565–566
		ee)	Rechtslage außerhalb des Geltungsbereichs des KSchG	567
		ff)	Betriebsübergang an ausländische Erwerber	568
		gg)	Wiedereinstellungsanspruch	569–570
		hh)	Darlegungs- und Beweislast	571–577
			(1) Grundsätzliche Verteilung der Darlegungslast zwischen Arbeitgeber und Arbeitnehmer	571–572
			(2) Beweis des ersten Anscheins	573–574
			(3) Auswirkungen der konkreten prozessualen Situation; Bedeutung des Streitgegenstandes für die Darlegungs- und Beweislast	575

D. Die Beendigung des Arbeitsverhältnisses

		(4)	Indizielle Bedeutung des zeitlichen Zusammenhangs zwischen Kündigung und Betriebsübergang	576
		(5)	Betriebsübergang in der Kündigungsfrist; Wiedereröffnung des Betriebes	577
	k)	Bergmannsversorgungsschein		578
2.	Klagefrist (§§ 13 Abs. 1, 4, 7 KSchG)			579–625
	a)	Regelungsbereich des KSchG (§§ 1, 23 KSchG)		579–620
		aa)	Grundsätze	579–592
		(1)	Materiell-rechtliche Ausschlussfrist	579–583
		(2)	Einzelfragen	584–590
		(3)	Sonderregelungen für Besatzungsmitglieder in Schifffahrts- und Luftverkehrsbetrieben (§ 24 KSchG)	591–592
		bb)	Regelungsgehalt des § 13 Abs. 1 KSchG	593–595
		(1)	Beschränkung auf § 626 Abs. 1, 2 BGB	593
		(2)	Bedeutung der Rechtskraft	594–595
		cc)	Nachträgliche Zulassung der Kündigungsschutzklage (§§ 13 Abs. 1, 5 KSchG)	596–620
		(1)	Fristversäumnis; Verfahren	596–597
		(2)	Fehlendes Verschulden	598–609
		(3)	Zurechnung des Verschuldens des Prozessbevollmächtigten?	610–613
		(4)	Treuwidrige Berufung des Arbeitgebers auf die Versäumung der Klagefrist	614
		(5)	Formelle Voraussetzungen; Verfahrensfragen; Rechtskraftwirkung	615–620
	b)	Berufsausbildungsverhältnis		621
	c)	Verwirkung des Klagerechts außerhalb des Anwendungsbereichs der §§ 1, 23 KSchG		622–625
		aa)	Allgemeine Voraussetzungen	623–624
		bb)	Besondere Bedeutung des Zeitmoments?	625
3.	Ausschlussfrist (§ 626 Abs. 2 BGB)			626–650
	a)	Grundsätze		626–640
		aa)	Kenntnis des Arbeitgebers	626–635
		(1)	Zweck der gesetzlichen Regelung	626–627
		(2)	Rechtsnatur der Ausschlussfrist; Einzelfragen	628–629
		(3)	Beginn der Frist	630
		aaa)	Kenntnis der Kündigungstatsachen	630–635
		bbb)	Hemmung der Frist bei Ermittlungen	631–632
		ccc)	Anhörung des Arbeitnehmers	633
		ddd)	Kenntnis des Kündigungsberechtigten	634–635
		bb)	Dauergründe	636–640
		(1)	Begriffsbestimmung	636
		(2)	Eigenmächtiger Urlaubsantritt; unentschuldigtes Fehlen	637–638
		(3)	Nicht abgeschlossener Dauerzustand	639
		(4)	Wegfall der Beschäftigungsmöglichkeit	640
	b)	Einzelfragen		641–650
		aa)	§ 102 BetrVG, § 79 BPersVG	641–642
		bb)	§ 15 KSchG, § 103 BetrVG	643–647
		cc)	§ 9 MuSchG, § 18 BErzGG	648–649
		dd)	§§ 85, 91 SGB IX	650
4.	Materielle Voraussetzungen für eine außerordentliche Kündigung (§ 626 Abs. 1 BGB)			651–785

D. Die Beendigung des Arbeitsverhältnisses

a)	Grundsätze		651–663
	aa)	Geltungsbereich des § 626 BGB; sonstige Regelungen einer außerordentlichen Kündigung	651
	bb)	Zwingendes Recht	652–655
		(1) Verbot der unzumutbaren Erschwerung der Kündigung	653
		(2) Konkretisierung einzelner Kündigungsgründe	654
		(3) Verbot der Erweiterung des § 626 Abs. 1 BGB	655
	cc)	Wichtiger Grund	656–663
		(1) Begriffsbestimmung	656
		(2) Objektive Belastung des Arbeitsverhältnisses	657–658
		(3) Objektive Unzumutbarkeit der Fortsetzung des Arbeitsverhältnisses	659
		(4) Zukunftsbezogenheit der Kündigung (Prognoseprinzip)	660–661
		(5) Zweistufigkeit der Überprüfung	662–663
b)	Prüfungsmaßstab		664–678
	aa)	Der Regelfall	664
	bb)	Ausschluss der ordentlichen Kündigung	665–677
		(1) Verhältnis von wichtigem Grund und Bindungsdauer	666–668
		(2) Differenzierung im Einzelfall	669–670
		(3) Auslauffrist; ordentliche Kündigungsfrist	671–672
		(4) Besonderheiten bei der Kündigung von betriebsverfassungsrechtlichen Amtsträgern	673–677
		(5) Umdeutung	678
c)	»An sich« zur außerordentlichen Kündigung geeigneter Kündigungsgrund		679–769
	aa)	Maßgeblicher Beurteilungszeitpunkt; Sachverhaltsaufklärung?	679
	bb)	Keine »absoluten« Kündigungsgründe	680–681
	cc)	Systematisierung der Kündigungsgründe	682
	dd)	Dringende betriebliche Gründe	683–685
	ee)	Gründe im Verhalten des Arbeitnehmers	687–754
		(1) Straftaten; Tätlichkeiten; Beleidigungen; Strafanzeige	687–709
		(2) Pflichten bei Arbeitsunfähigkeit	710–711
		(3) Entzug der Fahrerlaubnis	712–713
		(4) Unentschuldigtes Fehlen; wiederholte Unpünktlichkeit des Arbeitnehmers	714–720
		aaa) Betriebliche Auswirkungen	716–717
		bbb) Maßnahmen des Arbeitgebers zur Schadensminderung	718–719
		ccc) Weitere Differenzierung zwischen Kündigungsgrund und Interessenabwägung	720
		(5) Angekündigte Arbeitsunfähigkeit; vorgetäuschte Arbeitsunfähigkeit	721–722
		(6) Politische Betätigung im Betrieb	723
		(7) Ausländerfeindliche Äußerungen im Betrieb	724–725
		(8) Streikteilnahme	726
		(9) Eigenmächtiger Urlaubsantritt	727–729
		(10) Wettbewerbstätigkeit; Vorbereitungshandlungen; Abwerbung von Arbeitnehmern	730–732
		(11) Drogenkonsum	733–735

D. Die Beendigung des Arbeitsverhältnisses

		(12)	Beharrliche Arbeitsverweigerung	736–740
		(13)	Sexuelle Belästigung; wahrheitswidrige Behauptung sexueller Belästigung	741–746
		(14)	Heimliches Mitführen eines Tonbandgerätes	747
		(15)	Verweigerung einer ärztlichen Untersuchung	748–749
		(16)	Werbung für Scientology; Mitgliedschaft	750
		(17)	MfS-Tätigkeit; Fragebogenlüge	751
		(18)	Annahme von Schmiergeld	752
		(19)	Öffentliche Kritik am Arbeitgeber	753
		(20)	Zeugenaussage	754
	ff)	Notwendigkeit der Abmahnung bei Störungen im Leistungs- und Verhaltensbereich		755–759
	gg)	Personenbedingte Gründe		760–767
		(1)	Krankheitsbedingte Minderung der Leistungsfähigkeit	760–764
		(2)	Verbüßung einer längeren Strafhaft	765–767
	hh)	Außerdienstliches Verhalten		768–769
d)	Verhältnismäßigkeitsprinzip			770–774
e)	Interessenabwägung			775–782
	aa)	Zu berücksichtigende Kriterien		776–779
	bb)	Berücksichtigung von Unterhaltspflichten?		780
	cc)	Verhältnis der Abwägungskriterien zueinander; Amtsaufklärung?		781
	dd)	Kritik		782
f)	Anhörung des Arbeitnehmers			783
g)	Wiederholungs-, Trotzkündigung			784–785
5.	Darlegungs- und Beweislast			786–793
a)	Kündigung			786–788
b)	§ 626 Abs. 2 BGB			789
c)	§ 626 Abs. 1 BGB			790–793
6.	Nachschieben von Kündigungsgründen			794–805
a)	Grundsätze			794
b)	Verhältnis zu § 102 BetrVG			795–804
	aa)	Zur Zeit der Kündigung bereits entstandene und dem Arbeitgeber bekannte Kündigungsgründe		795–796
	bb)	Zur Zeit der Kündigung bereits entstandene, dem Arbeitgeber aber noch unbekannte Kündigungsgründe		797–804
		(1)	Uneingeschränkte Zulässigkeit des Nachschiebens	798
		(2)	Uneingeschränkte Unzulässigkeit des Nachschiebens	799
		(3)	Differenzierende Lösungen	800–801
		(4)	Rechtsprechung des BAG: § 102 BetrVG analog	802–804
c)	Verhältnis zu § 103 BetrVG			805
7.	Die Verdachtskündigung			806–854
a)	Allgemeine Voraussetzungen			806–809
	aa)	Begriffsbestimmung		806
	bb)	Übersicht über die Voraussetzungen der Verdachtskündigung		807
	cc)	Legitimation der Verdachtskündigung		808–809
b)	Begründung der Kündigung			810–813
c)	Anhörung des Arbeitnehmers			814–823
	aa)	Wirksamkeitsvoraussetzung		814–821
	bb)	Mitwirkungspflicht des Arbeitnehmers		822–823
d)	Beurteilungszeitpunkt			824–827

D. Die Beendigung des Arbeitsverhältnisses

		aa)	Letzte mündliche Verhandlung in der Tatsacheninstanz	824–825
		bb)	Zeitpunkt des Zugangs der Kündigung	826
		cc)	Der Sonderfall: Langer Zeitraum zwischen Verdachtsmomenten und Kündigung	827
	e)	Dringender Tatverdacht		828–830
	f)	Interessenabwägung		831–832
	g)	Besonderheiten bei der Zweiwochenfrist (§ 626 Abs. 2 BGB) und die Entwicklung von Strafverfahren		833–838
		aa)	Kenntnis des Arbeitgebers	833
		bb)	Hemmung des Fristablaufs	834
		cc)	Abschluss des Ermittlungs- und Strafverfahrens; Verhältnis zur Tatkündigung	835–838
			(1) Allgemeine Grundsätze	835–837
			(2) Präzisierung dieser Grundsätze durch das BAG	838
	h)	Besonderheiten bei der Anhörung des Betriebsrats		839–842
	i)	Die Verdachtskündigung als ordentliche Kündigung (§ 622 BGB, § 1 KSchG)		843–845
		aa)	Ausschluss einer ordentlichen Verdachtskündigung	843
		bb)	Die Verdachtskündigung als ordentliche verhaltens- oder personenbedingte Kündigung	844–845
	j)	Fehlprognose und Wiedereinstellungsanspruch		846–851
		aa)	Wiedereinstellung	846
		bb)	Problemstellung; Anspruchsgrundlagen	847–848
		cc)	Prozessuale Geltendmachung	849–850
		dd)	Restitutionsklage	851
	k)	Kritik		852–854
8.	Druckkündigung			855–873
	a)	Begriff		855–856
	b)	Voraussetzungen		857–871
		aa)	Vorliegen eines weiteren Kündigungsgrundes	857–858
		bb)	Fehlen eines weiteren Kündigungsgrundes	859–861
			(1) Druck als Kündigungsgrund	859–860
			(2) Vermittlungspflicht des Arbeitgebers; Mitwirkungspflicht des Arbeitnehmers	861
		cc)	Arbeitsverhältnis mit Auslandsberührung	862
		dd)	Kündigung auf Verlangen des Betriebsrats (§ 104 BetrVG)	863–868
			(1) Inhaltliche Anforderungen	863–865
			(2) Überprüfungspflicht des Arbeitgebers	866
			(3) Verhältnis zum allgemeinen Kündigungsschutzrecht	867–868
		ee)	Kündigung des Arbeitsverhältnisses	869–870
		ff)	Darlegungs- und Beweislast	871
	c)	Besonderheiten bei der Beteiligung des Betriebsrats		872
	d)	Rechtsfolgen der Druckkündigung		873
9.	Besonderheiten der außerordentlichen Kündigung im öffentlichen Dienst der neuen Bundesländer			874–893
	a)	Normative Grundlagen		874–878
	b)	Zweck der Regelung		879
	c)	Eigenständige Regelung neben § 626 BGB; Anwendbarkeit sonstiger Kündigungsschutzbestimmungen		880–884
	d)	Tatbestandsvoraussetzungen im Einzelnen		885–889
		aa)	Verstoß gegen die Grundsätze der Menschlichkeit oder Rechtsstaatlichkeit	885–886

D. Die Beendigung des Arbeitsverhältnisses

	bb) Tätigkeit für das frühere Ministerium für Staatssicherheit/Amt für nationale Sicherheit		887–889
	e) Verfahrensfragen; Darlegungs- und Beweislast		890–893
	10. Vergütung und Schadensersatz (§ 628 BGB)		894–900

IV. Umdeutung einer unwirksamen außerordentlichen Kündigung in eine ordentliche Kündigung — 901–919

1. Abgrenzung zur hilfsweise/vorsorglich erklärten ordentlichen Kündigung — 901– 903
  a) Gerichtliche Geltendmachung — 902
  b) Umdeutung — 903
2. Voraussetzungen für die Umdeutung — 904– 906
  a) Umdeutung von Amts wegen — 904
  b) Ermittlung aus dem Sachvortrag des Arbeitgebers — 905– 906
3. Prozessuale Fragen — 907– 912
  a) Voraussetzungen für die gerichtliche Überprüfung einer durch Umdeutung ermittelten ordentlichen Kündigung — 907– 909
  b) Hinnahme der ordentlichen Kündigung bei allgemeinem Feststellungsantrag — 910– 912
4. Anhörung des Betriebsrats — 913– 918
  a) Gesonderte Beteiligung des Betriebsrats — 913– 916
  b) Ausnahme: Zustimmung des Betriebsrats — 917– 918
5. Darlegungs- und Beweislast — 919

V. Wirksamkeit einer ordentlichen Arbeitgeberkündigung (Überblick; sonstige Unwirksamkeitsgründe) — 920–1102

1. Überblick — 920
2. Sonstige Unwirksamkeitsgründe — 921– 986
  a) Beteiligung des Betriebsrats/Personalrats — 922– 974
    aa) Grundsätze — 922– 942
      (1) Mitteilungspflicht bei der ordentlichen personen-, insbesondere krankheitsbedingten Kündigung — 923– 928
      (2) Ordentliche verhaltensbedingte Kündigung — 929– 931
      (3) Ordentliche betriebsbedingte Kündigung — 932– 939
      (4) Einschränkungen bei vorheriger Kenntnis des Betriebsrats — 940
      (5) Subjektive Determinierung der Mitteilungspflicht des Arbeitgebers — 941– 942
    bb) Besonderheiten vor Ablauf der Sechsmonatsfrist — 943– 951
      (1) Grundsatz: Gleiche Anforderungen — 943– 944
      (2) Schlagwortartige Beschreibungen; Werturteile — 945– 950
      (3) Vorliegen mehrerer Kündigungsgründe — 951
    cc) Widerspruch des Betriebsrats — 952– 972
      (1) Praktische Bedeutung — 952
      (2) Allgemeine Voraussetzungen eines wirksamen Widerspruchs — 953– 954
      (3) Besonderheiten in Tendenzbetrieben — 955– 956
      (4) Die Widerspruchstatbestände — 957– 972
        aaa) Rüge nicht ordnungsgemäßer Sozialauswahl (§ 102 Abs. 3 Nr. 1 BetrVG) — 957
        bbb) Verstoß gegen eine Auswahlrichtlinie (§ 102 Abs. 3 Nr. 2 BetrVG) — 958– 959
        ccc) Möglichkeit der Weiterbeschäftigung (§ 102 Abs. 3 Nr. 3 BetrVG) — 960– 965
        ddd) Weiterbeschäftigungsmöglichkeit nach zumutbaren

D. Die Beendigung des Arbeitsverhältnisses

				Umschulungs- oder Fortbildungsmaßnahmen (§ 102 Abs. 3 Nr. 4 BetrVG)	966– 971
			aaaa)	Grundlagen	966– 968
			bbbb)	Verhältnis zu § 97 Abs. 2 BetrVG n. F.	969– 971
			eee)	Weiterbeschäftigungsmöglichkeit unter veränderten Vertragsbedingungen (§ 102 Abs. 3 Nr. 5 BetrVG)	972
		dd)		Unterrichtung des Arbeitnehmers (§ 102 Abs. 4 BetrVG)	973– 974
	b)	§§ 85 ff. SGB IX			975– 986
		aa)	Pflichtgemäßes Ermessen des Integrationsamtes		976– 978
		bb)	Abwägung der widerstreitenden Interessen; Aufklärungspflicht		979– 980
		cc)	Mitwirkungspflicht des Arbeitnehmers		981
		dd)	Auflagen, Bedingungen		982
		ee)	Besonderheiten bei betriebsbedingten Kündigungen		983– 984
		ff)	Kündigung nach Zugang des Zustimmungsbescheides; Monatsfrist		985
		gg)	Änderung des Kündigungssachverhalts		986
3.	Klagefrist (§§ 4, 7 KSchG)				987–1022
	a)	Regelungsbereich des KSchG (§§ 4, 7 KSchG)			987
	b)	Rechtslage außerhalb der §§ 1, 23 KSchG			988–1022
		aa)	Eingeschränkte Geltung des Grundsatzes der Kündigungsfreiheit		988
		bb)	Gleichbehandlungsgrundsatz?		989– 990
		cc)	Sittenwidrigkeit		991– 994
		dd)	Benachteiligungsverbot (§ 612 a BGB)		995– 996
		ee)	Verstoß gegen Treu und Glauben (§ 242 BGB)		997–1017
			(1)	Abgrenzung zu § 1 KSchG	997–1000
			(2)	Fallgruppen	1001–1003
			(3)	Die neuere Entwicklung: Mindestkündigungsschutz gem. §§ 138, 242 BGB	1004–1011
			(4)	Sonderfall: HIV-Infektion	1012
			(5)	Kündigung unmittelbar vor Ablauf der Wartezeit des § 1 Abs. 1 KSchG	1013–1017
		ff)	Art. 5 Abs. 1 RL 76/207/EWG des Rates vom 9.2.1976		1018
		gg)	Der Sonderfall: die beabsichtigte künstliche Befruchtung		1019
		hh)	Darlegungs- und Beweislast		1020–1022
4.	Die Sozialwidrigkeit der ordentlichen Kündigung gem. § 1 KSchG (Überblick)				1023–1062
	a)	Voraussetzungen der Anwendbarkeit des KSchG			1023–1055
		aa)	Betriebsbegriff		1024–1028
		bb)	Arbeitnehmerbegriff		1029
		cc)	Sechsmonatsfrist		1030–1037
			(1)	Zweck der gesetzlichen Regelung	1030
			(2)	Berechnung der Wartezeit; Unterbrechungen	1031–1035
			(3)	Tarifliche Normen	1036–1037
		dd)	Beschäftigtenzahl		1038–1055
			(1)	Ermittlung der regelmäßigen Beschäftigtenzahl	1038–1039
			(2)	Teilzeitbeschäftigte; Altfälle	1040–1042
			(3)	Einzelfragen	1043–1044
			(4)	Zweck der gesetzlichen Regelung	1045–1046
			(5)	Vereinbarkeit mit GG und Europarecht	1047–1051
			(6)	Änderungen durch das arbeitsrechtliche Beschäftigungsförderungsgesetz	1052–1053

D. Die Beendigung des Arbeitsverhältnisses

(7) Die weitgehende Wiederherstellung alten Rechts durch das »KorrekturG« zum 1.1.1999		1054–1055
b) Darlegungs- und Beweislast		1056–1059
aa) Wartezeit		1056
bb) Beschäftigtenzahl		1057–1059
c) Sozialwidrigkeit der Kündigung		1060–1062
aa) Relative Unwirksamkeitsgründe		1060–1061
bb) Absolute Unwirksamkeitsgründe		1062
5. Besonderheiten der ordentlichen Kündigung im öffentlichen Dienst der neuen Bundesländer		1063–1089
a) Ausgestaltung und Zweck der Regelungen		1063–1066
b) Verhältnis zu §§ 1, 9, 10 KSchG, § 79 PersVG-DDR/BPersVG		1067–1069
c) Persönliche Eignung		1070–1084
aa) Inhaltliche Anforderungen		1070–1079
(1) Hauptamtliches Parteiamt der SED		1073
(2) Wiederholt gewählter ehrenamtlicher Parteisekretär		1074
(3) Freundschaftspionierleiter		1075
(4) Verpflichtung zur inoffiziellen Mitarbeit für das Ministerium für Staatssicherheit; Fragerecht des Arbeitgebers		1076–1079
bb) Kein Beurteilungsspielraum des Arbeitgebers; Einzelfallabwägung		1080–1081
cc) Darlegungs- und Beweislast		1082–1083
dd) Verfassungsrechtliche Besonderheiten		1084
d) Mangelnder Bedarf		1085–1089
aa) Grundlagen		1085–1087
bb) Auswahlentscheidung		1088
cc) Beteiligung der Personalvertretung; Darlegungs- und Beweislast		1089
6. Die Beendigung des Arbeitsverhältnisses im öffentlichen Dienst der neuen Bundesländer ohne Kündigung (»Warteschleife«)		1090–1102
a) Überführung von Verwaltungseinrichtungen		1090–1095
aa) Grundlagen		1090–1092
bb) Verfahrensfragen		1093–1094
cc) Darlegungs- und Beweislast		1095
b) Ruhen des Arbeitsverhältnisses; Wartegeld		1096–1102
VI. Die ordentliche personenbedingte Arbeitgeberkündigung		**1103–1251**
1. Begriffsbestimmung; Abgrenzung zur verhaltensbedingten Kündigung		1103–1104
2. Übersicht über die Voraussetzungen der krankheitsbedingten Kündigung		1105–1106
a) Begriffsbestimmungen		1105
b) Überblick über die Tatbestandsvoraussetzungen		1106
3. Negative Gesundheitsprognose		1107–1126
a) Begriffsbestimmung		1107
b) Gegenstand der Prognose		1108–1111
c) Einlassung des Arbeitnehmers		1112
d) Praktische Bedeutung ärztlicher Bescheinigungen über nur noch eingeschränkte Einsatzfähigkeit		1113–1124
aa) Indizwirkung		1116–1120
bb) Maßgeblichkeit des Verhaltens des Arbeitnehmers		1121–1123
cc) Fortentwicklung der Rechtsprechung des BAG		1124

D. Die Beendigung des Arbeitsverhältnisses

e)	Tarifliche Regelungen	1125
f)	Durch Schwangerschaft verursachte Krankheiten	1126
4.	Erhebliche Beeinträchtigungen betrieblicher Interessen	1127–1141
a)	Begriffsbestimmung	1127
b)	Darlegung erheblicher Betriebsstörungen	1128–1130
c)	Entgeltfortzahlungskosten	1131–1141
aa)	Ausschluss der Berücksichtigung von Entgeltfortzahlungskosten	1132
bb)	Rechtsprechung des BAG	1133–1138
(1)	Begründung	1134
(2)	Höhe der kündigungsrechtlich relevanten Entgeltfortzahlungskosten	1135–1136
(3)	Vergleich mit anderen Arbeitnehmern	1137–1138
cc)	Erfordernis konkreter Auswirkungen der Entgeltfortzahlungskosten auf den Betrieb?	1139–1141
5.	Interessenabwägung	1142–1159
a)	Notwendigkeit einer Interessenabwägung?	1142
b)	Kriterien der Interessenabwägung	1143–1159
aa)	Berücksichtigung aller wesentlichen Umstände des Einzelfalles	1143–1144
bb)	Entbehrlichkeit der Interessenabwägung	1145
cc)	Vorliegen eines der Widerspruchstatbestände ohne (ordnungsgemäßen) Widerspruch des Betriebsrats	1146–1147
dd)	»Besonders strenge Anforderungen« bei der personenbedingten Kündigung?	1148–1149
ee)	Bewertung der Mitursächlichkeit betrieblicher Verhältnisse	1150–1154
ff)	Gesundheitsschädigendes Verhalten des Arbeitnehmers	1155
gg)	Bisheriger Verlauf des Arbeitsverhältnisses	1156–1158
hh)	Weitere Überbrückungsmaßnahmen	1159
6.	Dauernde Arbeitsunfähigkeit	1160–1166
a)	Besonderheiten bei dauernder Arbeitsunfähigkeit	1160
b)	Modifizierung der Darlegungs- und Beweislast	1161–1162
c)	Arbeitsunfähigkeit auf unabsehbare Zeit	1163
d)	Besonderheiten bei der Interessenabwägung	1164–1165
e)	Ruhen des Arbeitsverhältnisses wegen Gewährung einer befristeten Erwerbsunfähigkeitsrente	1166
7.	Maßgeblicher Beurteilungszeitpunkt; Wiedereinstellungsanspruch?	1167–1173
8.	Darlegungs- und Beweislast	1174–1192
a)	Negative Gesundheitsprognose	1175–1187
aa)	Grundsatz	1175
bb)	Prognosetatsachen; Art und Dauer der bisherigen Erkrankungen	1176–1177
cc)	Prognoseschädliche Tatsachen (§ 138 Abs. 2 ZPO)	1178–1182
dd)	Ursächlichkeit betrieblicher Umstände	1183–1184
ee)	Beweis der negativen Gesundheitsprognose	1185–1187
b)	Betriebliche Störungen	1188–1190
c)	Dauernde Arbeitsunfähigkeit; Arbeitsunfähigkeit auf unabsehbare Zeit	1191
d)	Verminderte Leistungsfähigkeit	1192
9.	Einzelfragen; weitere Gründe einer personenbedingten Kündigung	1193–1251
a)	Abmahnung	1193
b)	Alkohol- und Drogensucht	1194–1204
aa)	Personen-, verhaltensbedingte Kündigung?	1194–1197

D. Die Beendigung des Arbeitsverhältnisses

			(1)	Maßgeblichkeit der Kündigungsbegründung	1194
			(2)	Rechtsprechung des BAG	1195–1196
			(3)	Verschuldete Alkoholabhängigkeit	1197
		bb)	Krankheitsbedingte Kündigung		1198–1204
			(1)	Bedeutung des Verschuldens	1198
			(2)	Negative Gesundheitsprognose	1199–1200
			(3)	Interessenabwägung	1201–1202
			(4)	Verhalten nach erfolgreicher Entziehungskur	1203
			(5)	Blutuntersuchungen	1204
	c)	Aids			1205–1210
		aa)	HIV-Infektion		1206
		bb)	Vollbild der Erkrankung		1207
		cc)	Unmöglichkeit der Erbringung der Arbeitsleistung		1208
		dd)	Druckkündigung		1209–1210
	d)	Inhaftierung des Arbeitnehmers			1211–1215
		aa)	Dauer der Strafhaft		1211–1212
		bb)	Betriebliche Auswirkungen		1213–1214
		cc)	Untersuchungshaft		1215
	e)	Mangelnde Eignung des Arbeitnehmers			1216–1231
		aa)	Begriffsbestimmung		1216–1217
		bb)	Objektive Eignungsmängel		1218–1221
			(1)	Beschäftigungsverbot	1218
			(2)	Arbeitserlaubnis ausländischer Arbeitnehmer	1219–1221
		cc)	Subjektive Eignungsmängel		1222–1231
			(1)	Verminderte Leistungsfähigkeit	1222–1223
			(2)	Graduelles Leistungsdefizit	1224–1231
			aaa)	Grundlagen	1224–1228
			bbb)	§ 97 Abs. 2 BetrVG n. F.	1229–1231
			(3)	Lebensalter	1231
	f)	Wirtschaftliche und soziale Absicherung eines nebenberuflich tätigen Arbeitnehmers			1232
	g)	Verfassungspolitische Einstellung; politische Tätigkeit			1233–1238
		aa)	Verfassungsfeindliche Betätigung als arbeitsvertragliche Pflichtverletzung		1233–1236
			(1)	Grundsätze	1233
			(2)	Tendenzbetriebe; öffentlicher Dienst	1234
			(3)	Aktivitäten für die DKP	1235–1236
		bb)	Feststellung der fehlenden Eignung		1237–1238
	h)	Ehe; Ehegatten-Arbeitsverhältnis; Lebensgemeinschaft			1239–1242
	i)	Ehrenämter			1243–1244
	j)	Ableistung des Wehrdienstes von Nicht-EU-Ausländern			1245–1246
	k)	Sicherheitsbedenken			1247
	l)	Äußeres Erscheinungsbild			1248–1249
	m)	Sexualpraktiken			1250–1251
VII.	**Die ordentliche verhaltensbedingte Arbeitgeberkündigung**				**1252–1390**
1.	Verhaltensbedingter Kündigungsgrund				1252–1255
	a)	Begriffsbestimmung; Verknüpfung mit § 626 Abs. 1 BGB			1252
	b)	Fallgruppen			1253
	c)	Sonderformen			1254
	d)	Beurteilungsmaßstab			1255
2.	Überblick über die Voraussetzungen einer ordentlichen verhaltensbedingten Arbeitgeberkündigung				1256
3.	(I. d. R.) schuldhaftes Fehlverhalten				1257–1314

D. Die Beendigung des Arbeitsverhältnisses

a)	Verschulden	1257–1259
b)	Objektive Pflichtwidrigkeit	1260
c)	Schlecht- oder Minderleistungen des Arbeitnehmers	1261–1267
	aa) Feststellung des Inhalts der vertraglich geschuldeten Leistung	1261–1262
	bb) Auswirkungen auf die Darlegungslast	1263–1266
	cc) »Umlernphase« nach Abmahnung	1267
d)	Arbeitsverweigerung	1268–1277
	aa) Leistungspflicht des Arbeitnehmers?	1268–1270
	bb) Leistungsverweigerungsrecht	1271–1273
	cc) Verweigerung von Mehr-, Überarbeit	1274–1277
e)	Unentschuldigtes Fehlen; Verspätungen	1278
f)	Nichtüberlassung von Arbeitspapieren	1279
g)	Beleidigungen	1280–1284
	aa) Grundsätze	1280–1282
	bb) Vertrauliche Äußerungen	1283
	cc) Störung des Betriebsfriedens durch Beleidigungen	1284
h)	Sonstige Störungen des Betriebsfriedens	1285–1289
	aa) Tragen politischer Plaketten	1286–1288
	bb) Einzelfragen	1289
i)	Verstoß gegen die Ordnung des Betriebes	1290–1292
j)	Verstoß gegen Pflichten bei Arbeitsunfähigkeit	1293–1297
	aa) Anzeigepflicht	1293–1294
	bb) Pflicht zu gesundheitsförderndem Verhalten	1295–1297
k)	Wehrdienst von Nicht-EU-Ausländern	1298
l)	Nebenpflichten nach einer Kündigung; Wettbewerbsverbot	1299–1303
m)	Gewerkschaftswerbung während der Arbeitszeit	1304
n)	Außerdienstliches Verhalten des Arbeitnehmers	1305–1310
	aa) Politische Betätigung	1306
	bb) Lohnpfändungen	1307
	cc) »Vermittlungsprovision«	1308
	dd) Alkoholmissbrauch im Privatbereich	1309
	ee) Straftaten öffentlich Bediensteter im Privatbereich	1310
o)	Falschbeantwortung des Fragebogens wegen einer Zusammenarbeit mit dem ehemaligen MfS	1311
p)	Betriebliche Auswirkungen der Pflichtverletzung	1312–1314

4. Abmahnung 1315–1379

a)	Normative Grundlage der Notwendigkeit einer Abmahnung vor Ausspruch der Kündigung	1315–1316
b)	Begriff und Inhalt	1317–1354
	aa) Inhaltliche Anforderungen	1317
	bb) Zweck der Abmahnung	1318
	cc) Genaue Bezeichnung des Fehlverhaltens; Beispiele	1319–1325
	dd) Störungen im Vertrauensbereich	1326–1338
	(1) Rechtsprechung des BAG	1327
	(2) Steuerbares Fehlverhalten; Negativprognose	1328–1313
	(3) Teilweiser Wandel der Rechtsprechung	1332–1338
	ee) Abmahnung als bloße Ausübung des vertraglichen Rügerechts	1339
	ff) Verhältnismäßigkeitsprinzip	1340–1343
	gg) Vorausgegangene Kündigung	1344–1345
	hh) Vorwerfbares Verhalten?	1346–1348
	ii) Außerdienstliches Verhalten	1349–1351
	jj) Formell unwirksame Abmahnung	1352–1353

D. Die Beendigung des Arbeitsverhältnisses

		kk)	Verzicht auf das Kündigungsrecht	1354
	c)	Zugang der Abmahnung		1355–1359
		aa)	Allgemeine Grundsätze	1355
		bb)	Notwendigkeit der tatsächlichen Kenntnisnahme	1356–1359
	d)	Abmahnungsberechtigte Personen		1360
	e)	Fristen		1361–1379
		aa)	Frist zum Ausspruch der Abmahnung?	1361
		bb)	Frist zur gerichtlichen Geltendmachung der Unwirksamkeit?	1362–1365
			(1) Keine Verpflichtung zur gesonderten gerichtlichen Überprüfung	1362–1363
			(2) Auswirkungen auf die Darlegungs- und Beweislast?	1364–1365
		cc)	Rechte des Arbeitnehmers bei inhaltlich unrichtiger oder formell unwirksamer Abmahnung	1366–1375
			(1) Anspruch auf Entfernung der Abmahnung	1366–1370
			(2) Anhörungspflicht des Arbeitgebers	1371–1373
			(3) Teilrechtswidrigkeit der Abmahnung	1374
			(4) Widerruf; Beseitigung der Beeinträchtigung	1375
		dd)	Wirkungslosigkeit infolge Zeitablaufs; Entfernungsanspruch	1376–1379
			(1) Regelfrist?	1376–1377
			(2) Entfernungsanspruch?	1378–1379
5.	Weiteres Fehlverhalten			1380–1383
	a)	Vergleichbarkeit von abgemahntem und neuem Fehlverhalten		1380–1382
	b)	Verzicht auf eine mögliche Kündigung durch Abmahnung		1383
6.	Interessenabwägung			1384–1387
	a)	Grundüberlegungen		1384
	b)	Kriterien im einzelnen		1385–1386
	c)	Beurteilungsspielraum der Instanzgerichte		1387
7.	Darlegungs- und Beweislast			1388–1390
	a)	Vertragsverletzung; betriebliche Auswirkungen		1388
	b)	Abmahnung		1389–1390

VIII. Die ordentliche betriebsbedingte Kündigung — 1391–1633

1.	Überblick über die Voraussetzungen der ordentlichen betriebsbedingten Arbeitgeberkündigung			1391
2.	Dringende betriebliche Gründe			1392–1462
	a)	Begriffsbestimmung		1392–1394
	b)	Auswirkungen auf die Darlegungslast		1395
	c)	Außer-, innerbetriebliche Gründe		1396–1400
		aa)	Begriffsbestimmungen	1396
		bb)	Fremdvergabe	1397–1399
		cc)	Umgestaltung des Arbeitsablaufs	1400
	d)	Dringlichkeit der betrieblichen Erfordernisse		1401–1451
		aa)	Begriffsbestimmung	1402
		bb)	Auftrags-, Umsatzrückgang	1403
		cc)	Unmöglichkeit anderweitiger Beschäftigung	1404–1406
		dd)	Überprüfungsbefugnis des Arbeitsgerichts	1407
		ee)	Politisch motivierte Kündigungsabsichten des Arbeitgebers	1408
		ff)	Kosteneinsparung	1409–1412
		gg)	Unmittelbare Auswirkungen außerbetrieblicher Umstände auf den Arbeitsanfall	1413–1414

D. Die Beendigung des Arbeitsverhältnisses

	hh)	Überprüfung der organisatorischen Maßnahmen des Arbeitgebers	1415–1435
		(1) Organisatorische Maßnahmen	1415–1426
		(2) Unternehmerentscheidung	1427–1428
		(3) Tatsächliche Voraussetzungen und Durchführung der Unternehmerentscheidung; Auswirkungen auf den Arbeitsanfall	1429–1433
		(4) Ende des Personalabbaus aufgrund von § 2 Abs. 1 Nr. 2 SGB III?	1434–1435
	ii)	Einführung von Kurzarbeit?	1436–1439
		(1) Verpflichtung des Arbeitgebers?	1436–1438
		(2) Kündigung nach Einführung von Kurzarbeit	1439
	jj)	Mehrarbeit vergleichbarer Arbeitnehmer	1440
	kk)	Verpflichtung zur Arbeitsstreckung oder zur dauerhaften Verkürzung der Arbeitszeit?	1441
	ll)	Betriebsstilllegung	1442–1448
		(1) Begriffsbestimmung	1442–1445
		(2) Greifbare Formen; Darlegungslast	1446–1448
	mm)	Abkehrwille des Arbeitnehmers	1449
	nn)	Umwandlung einer Teilzeit- in eine Ganztagsstelle	1450
	oo)	Auswechslung von Arbeitnehmern durch Leiharbeitnehmer	1451
e)	Öffentlicher Dienst; ausländische diplomatische Vertretungen		1452–1458
	aa)	Wegfall von Arbeitsplätzen	1452–1454
	bb)	Stellenbesetzung mit Beamten, Soldaten	1455–1456
	cc)	Drittmittelfinanzierte Arbeitsplätze	1457
	dd)	Ausländische diplomatische Vertretungen	1458
f)	Insolvenzverfahren		1459
g)	Betriebs-, Unternehmensbezogenheit des Kündigungsschutzes; Konzernbezug?		1460–1462
3. Sozialauswahl (§ 1 Abs. 3 KSchG)			1463–1596
a)	Grundsätze		1463–1482
	aa)	Maßstab der geringsten sozialen Schutzbedürftigkeit	1463–1465
	bb)	Ausnahme bestimmter Arbeitnehmer von der Sozialauswahl	1466–1481
		(1) Betriebstechnische Bedürfnisse	1467
		(2) Wirtschaftliche Bedürfnisse	1468–1469
		(3) Krankheitsanfälligkeit	1470–1471
		(4) Berechtigte betriebliche Bedürfnisse	1472–1478
		aaa) Aufrechterhaltung eines geordneten Betriebsablaufs	1472
		bbb) Persönliche Verbindungen	1473
		ccc) Leistungsunterschiede	1474
		ddd) Ausgewogene Altersstruktur	1475–1478
		(5) Darlegungs- und Beweislast	1479–1481
b)	Vergleichbarkeit der Arbeitnehmer		1482–1520
	aa)	Arbeitsplatzbezogene Merkmale; Austauschbarkeit	1482–1488
		(1) Horizontale Vergleichbarkeit	1483
		(2) (Teil-)Identität der Aufgabenbereiche	1484–1485
		(3) Wegfall des Aufgabenbereichs	1486–1488
	bb)	Grundsatz der Betriebs-, Dienststellenbezogenheit der Sozialauswahl; Ausnahmen	1489–1493
	cc)	Umgestaltung des Arbeitsablaufs i. V. m. verringerten Beschäftigungsmöglichkeiten	1494–1496
	dd)	Vertikale Vergleichbarkeit?	1497–1505

D. Die Beendigung des Arbeitsverhältnisses

		(1) Bereitschaft des Arbeitnehmers zur Weiterbeschäftigung zu schlechteren Arbeitsbedingungen	1498–1500
		(2) Rechtsprechung des BAG	1501–1505
	ee)	Ordentlich »unkündbare« Arbeitnehmer	1506–1512
		(1) Gesetzlicher Ausschluss der ordentlichen Kündigung	1507
		(2) Zustimmungserfordernis von Behörden	1508
		(3) Befristete Arbeitsverhältnisse	1509
		(4) Tarif-, einzelvertraglicher Ausschluss der ordentlichen Kündigung	1510–1511
		(5) Freigestellte Arbeitnehmer	1512
	ff)	Arbeitnehmer ohne Kündigungsschutz nach § 1 KSchG	1513–1514
	gg)	Leitende Angestellte; Teilzeitbeschäftigte	1515–1519
	hh)	Arbeitnehmer im »Weiterbeschäftigungsverhältnis«	1520
c)	Auswahlkriterien (Rechtslage bis zum 1.10.1996; weitgehend in Kraft wiederum ab dem 1.1.1999)		1521–1594
	aa)	Fehlender Kriterienkatalog in § 1 Abs. 3 KSchG a. F.	1521
	bb)	Zentrale Kriterien	1522–1530
		(1) Betriebszugehörigkeit	1523–1524
		(2) Lebensalter	1525–1526
		(3) Unterhaltspflichten (§§ 1360 ff., 1569 ff., 1601 ff. BGB)	1527–1530
	cc)	Weitere Auswahlgesichtspunkte	1531–1545
		(1) Einkommen von Ehegatten bzw. nichtehelichen Lebenspartnern	1532–1533
		(2) Vorhandensein von Vermögen	1534–1535
		(3) Nebeneinkünfte	1536
		(4) Verschuldung	1537
		(5) Gesundheitszustand des Arbeitnehmers; Ursachen	1538–1539
		(6) Schwerbehinderung	1540
		(7) Erkrankung oder Pflegebedürftigkeit von Angehörigen	1541
		(8) Arbeitsmarktpolitische Gesichtspunkte	1542
		(9) Rentenbezug	1543–1544
		(10) Leistungsunterschiede; Belastung des Arbeitgebers mit krankheitsbedingten Fehlzeiten	1545
	dd)	Umfassende Berücksichtigung aller sozialer Kriterien	1546–1548
		(1) Gewichtung der Kriterien; Beurteilungsspielraum	1546–1547
		(2) Kritik	1548
	ee)	Ausreichende Berücksichtigung sozialer Gesichtspunkte	1549–1553
	ff)	Punktesysteme	1554–1556
	gg)	Auswahlrichtlinien	1557–1561
	hh)	Interessenausgleich/Sozialplan; Arbeitsplatzverzicht des Vaters zugunsten des Sohnes	1562–1564
	ii)	Änderungen durch das arbeitsrechtliche Beschäftigungsförderungsgesetz	1565–1586
		(1) Konkretisierung und Beschränkung der »sozialen Gesichtspunkte«	1566–1568
		(2) Ausschluss einzelner Arbeitnehmer von der Sozialauswahl	1569–1573
		(3) Bedeutung von Auswahlrichtlinien gem. § 95 BetrVG	1574–1576
		(4) Richtlinien in Betrieben ohne Betriebsrat	1577

D. Die Beendigung des Arbeitsverhältnisses

		(5)	Namentliche Bezeichnung der zu kündigenden Arbeitnehmer in einem Interessenausgleich	1578–1586
	jj)		Die weitgehende Rückkehr zum alten Recht durch das »KorrekturG«	1587–1594
		(1)	Soziale Gesichtspunkte	1588
		(2)	Ausschluss einzelner Arbeitnehmer von der Sozialauswahl	1589
		(3)	Bedeutung von Auswahlrichtlinien gem. § 95 BetrVG	1590–1592
		(4)	Richtlinien in Betrieben ohne Betriebsrat	1593
		(5)	Namentliche Bezeichnung der zu kündigenden Arbeitnehmer in einem Interessenausgleich	1594
	d)		Entbehrlichkeit der Sozialauswahl; keine Sozialauswahl bei Neueinstellungen	1595–1596
4.			Interessenabwägung	1597–1599
	a)		Verständige Würdigung der Interessen beider Vertragsparteien?	1597
	b)		Eingeschränkte Interessenabwägung	1598–1599
5.			Maßgeblicher Zeitpunkt für die Überprüfung	1600–1612
	a)		Zeitpunkt des Zugangs der Kündigung	1600
	b)		Korrektur von Fehlprognosen	1601–1612
		aa)	Sozialwidrigkeit der Kündigung	1602
		bb)	Wiedereinstellungsanspruch	1603–1608
		cc)	Saisonarbeit	1609
		dd)	Ansichten in der Literatur	1610–1612
6.			Darlegungs- und Beweislast	1613–1633
	a)		Betriebsbedingtheit; Dringlichkeit	1613–1619
		aa)	Innerbetriebliche Umstände	1614–1615
		bb)	Außerbetriebliche Faktoren	1616–1617
		cc)	Unmöglichkeit anderweitiger Beschäftigung	1618–1619
	b)		Sozialauswahl (§ 1 Abs. 3 S. 3 KSchG)	1620–1633
		aa)	Darlegungslast des Arbeitnehmers; Mitteilungspflicht des Arbeitgebers	1620–1621
		bb)	Bestreiten des Arbeitnehmers	1622
		cc)	Sachvortrag des Arbeitgebers	1623
		dd)	Beschränkung auf für den Arbeitgeber subjektiv maßgebliche Gründe	1624–1625
		ee)	Rechtsfolgen	1626–1627
		ff)	Sonderfall: Vermutung für eine fehlerhafte Sozialauswahl	1628
		gg)	Namentliche Benennung sozial weniger schutzwürdiger Arbeitnehmer	1629–1633
			(1) Rechtsprechung des BAG	1629–1631
			(2) Kritik	1632–1633
IX.	**Kündigung in der Insolvenz**			1634–1648
1.	Vergleichsverfahren (bis 31.12.1998)			1634
2.	Konkursverfahren (bis 31.12.1998)			1635
3.	Gesamtvollstreckungsverfahren (bis 31.12.1998)			1636
4.	Insolvenzordnung (ab 1.1.1999)			1637–1648
	a)		Kündigungsfrist	1638–1641
	b)		Klagefrist	1642
	c)		Interessenausgleich mit namentlicher Bezeichnung der zu kündigenden Arbeitnehmer	1643
	d)		Vorabverfahren zur Kündigung von Arbeitnehmern	1644–1648
		aa)	Grundlagen	1644

	bb)	Verfahrensvorschriften		1645
	cc)	Kosten		1646
	dd)	Bindungswirkung der Entscheidung		1647
	ee)	Einzelfragen		1648

X. **Besonderheiten bei Massenentlassungen** — 1649–1679
  1. Massenentlassungen und betriebsbedingte Kündigungen — 1649–1652
    a) Geltung der allgemeinen Grundsätze — 1649
    b) Praktische Probleme bei der Sozialauswahl — 1650–1651
    c) Darlegungs- und Beweislast hinsichtlich der Sozialauswahl — 1652
  2. Formelle Besonderheiten der Massenentlassungen (§§ 17 bis 22 KSchG) — 1653–1679
    a) Anzeigepflicht (§ 17 KSchG) — 1654–1661
      aa) Notwendige Beschäftigtenzahl; Betriebsbegriff — 1654–1656
      bb) Relation zwischen Gesamtbelegschaft und Entlassungen — 1657–1659
        (1) Bestimmung des Zahlenverhältnisses — 1657
        (2) Zu berücksichtigende Beendigungstatbestände — 1658–1659
      cc) Arbeitnehmer i. S. v. § 17 KSchG — 1660
      dd) Entlassung innerhalb von 30 Kalendertagen — 1661
    b) Beteiligung des Betriebsrats an anzeigepflichtigen Entlassungen — 1662–1665
      aa) Unterrichtung des Betriebsrats — 1662
      bb) Beratung mit dem Betriebsrat — 1663
      cc) Schriftliche Stellungnahme des Betriebsrats; Vorlage beim Arbeitsamt — 1664
      dd) Verhältnis zu anderen Beteiligungsrechten — 1665
    c) Anzeige an das Arbeitsamt — 1666–1667
    d) Entscheidung über Massenentlassungen im Konzern — 1668
    e) Rechtsfolgen der Massenentlassungsanzeige — 1669–1679
      aa) Unwirksamkeit der Kündigung/des Aufhebungsvertrages bei fehlender oder unwirksamer Anzeige — 1669–1672
      bb) Sperrfrist — 1673
      cc) Durchführung der Entlassungen — 1674–1675
      dd) Kurzarbeit — 1676–1678
      ee) Rechtsschutz gegen die Entscheidungen des Landesarbeitsamtes — 1679

XI. **Die anderweitige Beschäftigungsmöglichkeit** — 1680–1704
  1. Absolute Gründe der Sozialwidrigkeit — 1680–1682
    a) Allgemeine Voraussetzungen — 1680–1681
    b) Fehlen eines (ordnungsgemäßen) Widerspruchs des Betriebsrats — 1682
  2. Pflicht zur anderweitigen Beschäftigung auch bei verhaltensbedingter Kündigung? — 1683–1684
  3. Anderweitige Beschäftigungsmöglichkeit — 1685–1704
    a) Vergleichbare Arbeitsplätze; Unternehmensbezug — 1685–1689
      aa) Grundlagen — 1685–1688
      bb) Verhältnis zu Art. 33 Abs. 2 GG im öffentlichen Dienst — 1689
    b) Zumutbare Umschulungs- oder Fortbildungsmaßnahmen — 1690–1698
      aa) Beschränkung auf den ursprünglichen Vertragsinhalt? — 1691–1693
      bb) Zumutbarkeit — 1694–1697
        (1) Allgemeine Voraussetzungen — 1694
        (2) Relation zwischen Kosten und Zumutbarkeit — 1695–1696
        (3) Freier Arbeitsplatz — 1697
      cc) Rechtsnatur der Überprüfungspflicht des Arbeitgebers — 1698
    c) Darlegungs- und Beweislast — 1699–1704
      aa) Anderweitige Beschäftigungsmöglichkeit — 1699–1702

D. Die Beendigung des Arbeitsverhältnisses

	bb)	Umschulungs- oder Fortbildungsmaßnahmen	1703
	cc)	Berufung des Arbeitnehmers auf einen absoluten Unwirksamkeitsgrund	1704

XII. Die ordentliche Arbeitgeberkündigung bei mehreren Kündigungsgründen und sog. Mischtatbeständen — 1705–1713
  1. Mischtatbestände — 1706–1708
    a) Begriffsbestimmung — 1706
    b) Beschränkung der Überprüfung auf die »Störquelle« — 1707–1708
  2. Mehrere Kündigungssachverhalte — 1709–1713
    a) Begriffsbestimmung — 1709
    b) Vollständige Überprüfung aller Kündigungstatbestände — 1710–1713
      aa) Grundsatz der Einzelprüfung — 1711
      bb) Gesamtheitliche Betrachtungsweise — 1712–1713

XIII. Vorrang der Änderungskündigung vor der Beendigungskündigung — 1714–1719
  1. Normative Legitimation — 1714
  2. Verfahrensfragen — 1715–1717
  3. Möglichkeit und Zumutbarkeit der Weiterbeschäftigung — 1718–1719

XIV. Die Änderungskündigung — 1720–1836
  1. Begriff und Anwendungsbereich — 1720–1732
    a) Zweck der Änderungskündigung — 1720–1721
    b) Rechtsnatur; anwendbare Vorschriften — 1722–1722
      aa) Grundlagen — 1722–1723
      bb) Verhältnis von § 102 BetrVG zu § 99 BetrVG — 1724–1725
      cc) Einzelfragen bei der Versetzung — 1726
      dd) Abänderung einer vertraglichen Einheitsregelung (§ 87 BetrVG) — 1727
    c) Verknüpfung von Kündigung und Änderungsangebot — 1728–1732
      aa) Verknüpfungsmöglichkeiten — 1728–1729
      bb) Zeitlicher Zusammenhang zwischen Kündigung und Änderungsangebot — 1730–1732
  2. Abgrenzung zur Ausübung des Direktionsrechts und zur Versetzung — 1733–1763
    a) Keine einseitige Zuweisung eines geringer wertigen Arbeitsplatzes — 1733–1734
    b) Weitergehende tarifliche Regelungen — 1735–1736
  3. Abgrenzung zur Teilkündigung und zum Widerrufsrecht — 1737–1748
    a) Begriff der Teilkündigung; Abgrenzung zur Beendigungskündigung und zur ergänzenden Vertragsauslegung — 1737–1738
    b) Grundsätzliches Verbot der Teilkündigung — 1739
    c) Begriff des Widerrufsvorbehaltes — 1740
    d) Grundsätzliche Zulässigkeit von Widerrufsvorbehalten — 1741–1743
    e) Übertragung der für den Widerrufsvorbehalt entwickelten Grundsätze auf die vorbehaltene Teilkündigung — 1744–1745
    f) Beispiele — 1746
    g) Verfahrensfragen — 1747
    h) Umdeutung — 1748
  4. Gründe für eine sozial gerechtfertigte Änderungskündigung — 1749–1793
    a) Prüfungsmaßstab — 1749–1751
    b) Personenbedingte Gründe — 1752–1753
    c) Verhaltensbedingte Gründe — 1754–1756
      aa) Allgemeine Voraussetzungen — 1754
      bb) Politische Betätigung; öffentlicher Dienst — 1755–1756
    d) Betriebsbedingte Gründe — 1757–1793
      aa) Entgeltminderung — 1757–1764

D. Die Beendigung des Arbeitsverhältnisses

	bb)	Entgeltanpassung; Einführung tariflicher Arbeitsbedingungen		1765–1766
	cc)	Organisationsänderungen		1767–1771
	dd)	Kostensenkung; Reduzierung oder Erweiterung des Arbeitsvolumens		1772–1782
		(1)	Grundsätze	1772–1773
		(2)	Verhältnis von Unternehmensziel und Kosteneinsparung	1774
		(3)	Betriebsbezogenheit des Überprüfungsmaßstabs	1775
		(4)	Reduzierung des Arbeitsvolumens	1776–1779
		(5)	Erweiterung des Arbeitszeitvolumens	1780–1781
		(6)	Pauschalierte Mehrarbeitsvergütung	1782
	ee)	Korrektur unzutreffender Eingruppierung		1783–1787
	ff)	Änderungskündigung zur nachträglichen Befristung eines unbefristeten Arbeitsverhältnisses		1788
	gg)	Veränderung der Lage der Arbeitszeit		1789
	hh)	Sozialauswahl		1790–1792
		(1)	Anwendbarkeit des § 1 Abs. 3 KSchG	1790
		(2)	Maßstab für die Vergleichbarkeit	1791–1792
	ii)	Auswirkungen des arbeitsrechtlichen Beschäftigungsförderungsgesetzes		1793
5.	Ablehnung des Angebots; Annahme unter Vorbehalt			1794–1804
	a) Vorbehaltlose Annahme			1794
	b) Annahme unter Vorbehalt; Erklärungsfrist			1795–1798
	c) Änderungsschutzklage als Annahme unter Vorbehalt?			1799
	d) Normative Bedeutung des Vorbehalts			1800
	e) Rechtsfolgen der Annahme unter Vorbehalt			1801–1803
	f) Ablehnung der Annahme unter Vorbehalt			1804
6.	Rechtsfolgen der Entscheidung des Arbeitnehmers für die Überprüfung der sozialen Rechtfertigung der Änderungskündigung			1805–1817
	a) Annahme unter Vorbehalt			1805–1814
		aa)	Allgemeiner Prüfungsmaßstab	1805
		bb)	Interessenabwägung	1806–1807
		cc)	Verhältnismäßigkeitsprinzip	1808–1814
	b) Ablehnung des Angebots			1815–1817
		aa)	Streitgegenstand	1815
		bb)	Prüfungsmaßstab	1816–1817
7.	§ 15 KSchG			1818–1820
	a) Ausschluss der ordentlichen Änderungskündigung			1818
	b) Ausnahme bei Massenänderungskündigungen			1819–1820
8.	Außerordentliche Änderungskündigung			1821–1830
	a) Anwendungsfälle			1821
	b) Voraussetzungen			1822–1823
		aa)	Zweiwochenfrist	1822
		bb)	Wichtiger Grund	1823
	c) § 2 KSchG analog			1824–1825
	d) Änderungsschutzklage			1826
	e) Prüfungsmaßstab			1827–1830
9.	Beteiligung des Betriebsrats			1831–1835
	a) Inhalt der Unterrichtungspflicht gem. § 102 BetrVG			1831
	b) Einzelfragen			1832–1835
10.	»Rücknahme« der Änderungskündigung; zwischenzeitliche Vergütung			1836

D. Die Beendigung des Arbeitsverhältnisses

XV.	**Besonderheiten der Kündigung in Tendenzbetrieben und in kirchlichen Einrichtungen**	1837–1864
	1. Tendenzwidrigkeit als Kündigungsgrund	1837–1845
	a) Anwendbarkeit des KSchG auf Tendenzbetriebe	1837
	b) Bedeutung des Tendenzbezuges der Tätigkeit; Tendenzgefährdung	1838–1839
	c) Außerdienstliches Verhalten	1840–1842
	d) Politische Betätigung	1843–1844
	e) Verhältnismäßigkeitsprinzip	1845
	2. Kündigungsrechtliche Besonderheiten bei Kirchenbediensteten	1846–1864
	a) Das kirchliche Selbstbestimmungsrecht	1846
	b) Vertragliche Vereinbarung besonderer Obliegenheiten	1847–1848
	c) Wahrung des Selbstbestimmungsrechts durch die ArbG	1849–1853
	aa) Prüfungsmaßstab bei Kündigungen	1850
	bb) Maßgeblichkeit kirchlicher Maßstäbe	1851–1852
	cc) Rechtfertigung einer Kündigung	1853
	d) Beispiele	1854–1864
	aa) Nach der Entscheidung des BVerfG vom 4.6.1985 (EzA § 611 BGB Kirchliche Arbeitnehmer Nr. 24)	1854–1857
	bb) Vor der Entscheidung des BVerfG (EzA § 611 BGB Kirchliche Arbeitnehmer Nr. 24)	1858–1864
XVI.	**Die Auflösung des Arbeitsverhältnisses durch das ArbG (§§ 9, 10 KSchG)**	1865–1960
	1. Auflösung bei sozialwidriger Kündigung auf Antrag des Arbeitnehmers	1865–1873
	a) Unzumutbarkeit der Fortsetzung des Arbeitsverhältnisses	1865
	b) Sozialwidrigkeit der Kündigung	1866
	c) Anforderungen an die Unzumutbarkeit	1867–1869
	aa) Verhältnis zu § 626 BGB	1867
	bb) Langfristige Prognose; Ausnahmecharakter der Auflösung des Arbeitsverhältnisses	1868–1869
	d) Beendigungszeitpunkt	1870
	e) Beurteilungszeitpunkt; zu berücksichtigende Tatsachen	1871–1872
	f) Auflösungsantrag nach Betriebsübergang	1873
	2. Auflösung des Arbeitsverhältnisses auf Antrag des Arbeitgebers	1874–1885
	a) Keine weitere gedeihliche Zusammenarbeit	1874
	b) Sonstige Unwirksamkeitsgründe	1875–1877
	c) Prüfungsmaßstab	1878–1879
	d) Darlegungs- und Beweislast	1880–1883
	aa) Grundsätze	1880–1881
	bb) Berücksichtigung von die Kündigung selbst nicht rechtfertigenden Tatsachen	1882–1883
	e) Leitende Angestellte (§ 14 Abs. 2 S. 2 KSchG)	1884–1885
	3. Beiderseitige Auflösungsanträge	1886–1890
	a) Auflösung ohne weitere Überprüfung	1887
	b) Getrennte Überprüfung beider Anträge	1888–1889
	c) Prozessuale Probleme	1890
	4. Auflösung bei unwirksamer außerordentlicher Kündigung	1891–1896
	a) Grundlagen	1891–1892
	b) Einzelfragen	1893
	c) Auflösungszeitpunkt	1894–1896
	5. Auflösung bei Änderungskündigung	1897–1898
	6. Auflösung wegen militärischer Interessen	1899–1902
	7. Begriff, Rechtsnatur und Höhe der Abfindung (§ 10 KSchG)	1903–1928

D. Die Beendigung des Arbeitsverhältnisses

		a)	Sinn und Zweck der Regelung		1903
		b)	Begriff und Rechtsnatur der Abfindung		1904–1911
			aa)	Funktionen der Abfindung	1904–1905
			bb)	Abtretbarkeit; Pfändbarkeit	1906–1907
			cc)	Vererblichkeit	1908
			dd)	Fälligkeit	1909
			ee)	Insolvenz des Arbeitgebers	1910
			ff)	Tarifvertragliche Ausschlussfristen	1911
		c)	Höhe der Abfindung		1912–1928
			aa)	Grundsatz der Angemessenheit	1912
			bb)	Begriff des Monatsverdienstes (§ 10 Abs. 3 KSchG)	1913–1915
			cc)	Höchstgrenzen	1916–1919
				(1) Allgemeine Voraussetzungen	1916–1917
				(2) Richtlinienfunktion der gesetzlichen Staffelung	1918
				(3) Arbeitnehmer im Rentenalter	1919
			dd)	Bemessungsfaktoren	1920–1926
				(1) Lebensalter; Betriebszugehörigkeit	1920
				(2) Erweiterter Ermessensspielraum	1921
				(3) Kriterien im einzelnen	1922–1923
				(4) Ehegatten-Arbeitsverhältnisse	1924
				(5) Die Abfindung im arbeitsgerichtlichen Vergleich	1925–1926
			ee)	Besonderheiten bei Abfindungen wegen unwirksamer außerordentlicher Kündigung	1927–1928
	8.	Verfahrensfragen			1929–1930
	9.	Verhältnis zu anderen Ansprüchen und zu anderen Abfindungen			1931–1932
		a)	Entgelt- und Schadensersatzansprüche		1931
		b)	Weitere Abfindungsansprüche		1932
	10.	Steuerrechtliche Fragen			1933–1956
		a)	Begrenzte Steuerfreiheit; Tarifbegünstigung		1933–1934
		b)	Vom Arbeitgeber veranlasste Auflösung des Arbeitsverhältnisses		1935–1936
		c)	Entgangene Verdienstmöglichkeiten		1937–1938
		d)	Ausgleichszahlung bei Änderungskündigung; Versetzung		1939
		e)	Weiterbeschäftigung bei demselben Arbeitgeber		1940
		f)	Abfindung bei Umsetzung im Konzern		1941
		g)	»Brutto«, »Netto« bzw. »Brutto = Netto« Vereinbarungen		1942–1946
		h)	Abfindungen aufgrund kollektivrechtlicher Regelungen		1947
		i)	Steuerermäßigung		1948–1954
			aa)	Entschädigung für entgangene oder entgehende Einnahmen	1948–1952
			bb)	Entschädigung für die Aufgabe einer Tätigkeit	1953
			cc)	Die gesetzliche Neuregelung durch das SteuerentlastungsG 1999/2000/2002	1954
		j)	Lohnsteueranrufungsauskunft		1955–1659
	11.	Sozialversicherungsrechtliche Fragen			1957–1960
XVII.	**Die Weiterbeschäftigung des gekündigten Arbeitnehmers**				1961–2042
	1.	§ 102 Abs. 5 BetrVG, § 79 Abs. 2 BPersVG			1962–1999
		a)	Zweck der gesetzlichen Regelung		1962
		b)	Zwingende Regelung		1963
		c)	Verhältnis zu § 615 BGB		1964
		d)	Voraussetzungen des Anspruchs		1966–1981
			aa)	Überblick	1966
			bb)	Ordentliche Arbeitgeberkündigung	1967–1972
			cc)	Ordnungsgemäßer Widerspruch des Betriebsrats	1973–1974

D. Die Beendigung des Arbeitsverhältnisses

	dd)	Anwendbarkeit des KSchG	1975
	ee)	Rechtzeitige Erhebung der Kündigungsschutzklage	1976–1979
		(1) Nachträgliche Erhebung der Kündigungsschutzklage	1977
		(2) Unwirksamkeit der Kündigung aus anderen Gründen	1978
		(3) Klagerücknahme; Auflösungsantrag	1979
	ff)	Verlangen nach Weiterbeschäftigung	1980–1981
e)	Inhalt des Anspruchs		1982–1987
	aa)	Fortsetzung des gekündigten Arbeitsverhältnisses	1982
	bb)	Der Inhalt des Weiterbeschäftigungsverhältnisses	1983–1987
		(1) Unveränderte Arbeitsbedingungen	1983–1984
		(2) Anrechnung der Dauer der Betriebszugehörigkeit?	1985
		(3) Eintritt besonderen Kündigungsschutzes?	1986
		(4) Wahlrecht	1987
f)	Verhältnis zum allgemeinen Weiterbeschäftigungsanspruch; prozessuale Fragen		1988–1990
g)	Entbindung des Arbeitgebers von der Weiterbeschäftigungspflicht (§ 102 Abs. 5 S. 2 BetrVG)		1991–1999
	aa)	Überblick	1991–1992
	bb)	Fehlende Erfolgsaussicht	1993
	cc)	Unzumutbare wirtschaftliche Belastung des Arbeitgebers	1994–1996
	dd)	Offensichtlich unbegründeter Widerspruch des Betriebsrats	1997–1998
	ee)	Vergütungsanspruch bis zur Entbindung	1999
2.	Allgemeiner Weiterbeschäftigungsanspruch (Weiterbeschäftigung außerhalb des § 102 Abs. 5 BetrVG, § 79 Abs. 2 BPersVG)		2000–2042
a)	Rechtsauffassung des BAG		2000–2019
	aa)	Die praktische Ausgangssituation nach Ausspruch der Kündigung	2000–2002
	bb)	Anerkennung eines allgemeinen Weiterbeschäftigungsanspruchs nach Ausspruch einer Kündigung	2003–2004
	cc)	Anspruchsvoraussetzungen	2005–2011
		(1) Die Interessenlage hinsichtlich der tatsächlichen Beschäftigung	2005–2006
		(2) Eigenständige Interessenabwägung	2007
		aaa) Offensichtlich unwirksame Kündigung	2008
		bbb) Überwiegen des Arbeitgeberinteresses	2009
		ccc) Obsiegen des Arbeitnehmers in erster Instanz	2010–2011
	dd)	Prozessuale Geltendmachung des Anspruchs; einstweilige Verfügung	2012–2017
	ee)	Entsprechende Anwendung dieser Grundsätze	2018–2019
b)	Kritik		2020–2021
c)	Auswirkung weiterer Kündigungen; Auflösungsantrag		2022–2026
	aa)	Offensichtlich unwirksame Kündigung; Kündigung bei gleichem Lebenssachverhalt	2023
	bb)	Neuer Lebenssachverhalt	2024
	cc)	Geltendmachung durch den Arbeitgeber	2025
	dd)	Auflösungsantrag des Arbeitgebers	2026
d)	Inhalt des allgemeinen Weiterbeschäftigungsanspruchs und Rechtslage nach rechtskräftiger Entscheidung über die Wirksamkeit/Unwirksamkeit der Kündigung		2027–2042
	aa)	Freiwillige Weiterbeschäftigung durch den Arbeitgeber	2027–2032

D. Die Beendigung des Arbeitsverhältnisses

		(1)	Rechte und Pflichten während der Weiterbeschäftigung	2027–2030
		aaa)	Fortsetzung des ursprünglichen Arbeitsverhältnisses	2027–2028
		bbb)	Rechte und Pflichten der Parteien	2029–2030
		(2)	Rückabwicklung	2031–2032
	bb)	Weiterbeschäftigung infolge oder zur Abwendung der Zwangsvollstreckung aufgrund einer entsprechenden Verurteilung durch das ArbG		2033–2042
		(1)	Rechte und Pflichten während der Weiterbeschäftigung	2033–2035
		(2)	Rückabwicklung	2036–2042
		aaa)	Kein faktisches Arbeitsverhältnis	2036
		bbb)	Keine auflösend bedingte Fortsetzung des Arbeitsverhältnisses	2037
		ccc)	Rückabwicklung gem. §§ 812 ff. BGB	2038–2042
		aaaa)	Grundlagen	2038–2039
		bbbb)	Einzelfragen	2040–2042
XVIII.	Die Kündigung des Arbeitsverhältnisses durch den Arbeitnehmer			2043–2055
	1. Ordentliche Kündigung			2043
	2. Außerordentliche Kündigung			2044–2051
	a) Allgemeine Voraussetzungen			2044
	b) Beispiele			2045–2049
	c) Prozessuale Fragen			2050–2051
	3. Umdeutung			2052–2053
	4. Anfechtung der Eigenkündigung			2054
	5. Rechtsmissbräuchliche Berufung auf eine Kündigung in einem emotionalen Ausnahmezustand			2055
XIX.	Vereinbarung und Beendigung eines befristeten oder auflösend bedingten Arbeitsverhältnisses			2056–2349
	1. Die Befristung des Arbeitsverhältnisses			2056–2252
	a) Die Umgehungsrechtsprechung des BAG (Rechtslage bis zum 31.12.2000)			2056–2186
	aa)	Grundsatz der Vertragsfreiheit; Wertungswiderspruch zum KSchG		2056
	bb)	Notwendigkeit eines sachlichen Grundes für die Befristung		2057–2058
	cc)	Objektive Umgehung des Bestandsschutzes		2059–2074
		(1)	Rechtslage bei Nichtanwendbarkeit des KSchG	2059–2060
		(2)	Umgehung besonderen Kündigungsschutz begründender Normen	2061–2069
		(3)	Sonderfall: Befristung auf einzelne Arbeitseinsätze	2070–2074
	dd)	Sachlicher Grund für die Befristung		2075–2095
		(1)	Grundlagen	2075
		(2)	Tarifnormen	2076
		(3)	Prüfungsmaßstab	2077
		(4)	Grund und Dauer der Befristung	2078–2081
		(5)	Maßgeblicher Zeitpunkt	2082–2083
		(6)	Ablösung eines unbefristeten durch ein befristetes Arbeitsverhältnis	2084–2088
		(7)	Verhältnis zu tariflichen Normen	2089–2094
		(8)	Verhältnis zu personalvertretungsrechtlichen Normen	2095
	ee)	Mehrfache Befristung		2096–2100

D. Die Beendigung des Arbeitsverhältnisses

ff)		Beispiele	2101–2147
	(1)	Betriebsbedingte Befristungen	2101–2126
	aaa)	Personenbezogene Aushilfe	2101–2109
	bbb)	Saison-, Kampagnebetriebe	2110–2111
	ccc)	Sinkender Personalbedarf; vorübergehender Mehrbedarf	2112–2113
	ddd)	ABM-Maßnahmen; Sozialhilfemaßnahmen	2114–2118
	eee)	Öffentlicher Dienst; haushaltsrechtliche Erwägungen	2119–2124
	fff)	Wahrnehmung von Daueraufgaben	2125–2126
	(2)	Personenbedingte Befristung	2127–2136
	aaa)	Erprobungszweck	2127–2128
	bbb)	Dauer der Arbeitserlaubnis	2129
	ccc)	Besonderheiten bei Rundfunk- und Fernsehanstalten, künstlerischer Tätigkeit; Spitzensport	2130–2136
	(3)	Befristung auf Wunsch des Arbeitnehmers, z. B. bei Studenten; soziale Gründe	2137–2145
	(4)	Vergleich	2146
	(5)	Befristung im Interesse Dritter?	2147
gg)		Befristung bei Leitenden Angestellten	2148–2149
hh)		Arbeitnehmer mit nebenberuflicher Tätigkeit; Teilzeitbeschäftigte	2150–2151
ii)		Befristung im Hochschul- und im parlamentarischen Bereich	2152–2158
	(1)	Notwendigkeit des Erwerbs einer speziellen wissenschaftlichen Qualifikation	2153–2155
	(2)	Prüfungsmaßstab	2156
	(3)	Abgrenzung zu §§ 57 a ff. HRG	2157
	(4)	Befristung im parlamentarischen Bereich	2158
jj)		Form	2159
kk)		Beendigung des befristeten Arbeitsverhältnisses	2160–2165
	(1)	Fristablauf; Fortsetzung	2160–2161
	(2)	Kündigung	2162–2163
	(3)	Vertrauenstatbestand	2164–2165
ll)		Rechtsfolgen der Unwirksamkeit der Befristungsabrede	2166–2167
mm)		Darlegungs- und Beweislast	2168–2170
nn)		Befristung einzelner Bedingungen des Arbeitsvertrages	2171–2176
	(1)	Grundsätze	2171
	(2)	Übertragung eine höherwertigen Tätigkeit	2172–2174
	(3)	Leistungsentgeltbestandteile	2175–2176
oo)		Wiedereinstellungsanspruch?	2177
pp)		Zweckbefristung	2178–2186
	(1)	Begriffsbestimmung	2178
	(2)	Sachlicher Grund	2179–2180
	(3)	Erkennbarkeit des Zeitpunkts der Zweckerreichung	2181–2182
	(4)	Rechtsfolgen der fehlenden Erkennbarkeit des Zeitpunkts der Zweckerreichung	2183
	(5)	Verhältnis zu tariflichen Befristungsregelungen	2184
	(6)	Ergänzende Vertragsauslegung	2185–2186
b)		Die Abkehr von der Umgehungsrechtsprechung; das TzBfG (ab 1.1.2001)	2187–2252
	aa)	Begriffsbestimmungen	2187
	bb)	Sachgrundbefristung (§ 14 Abs. 1 TzBfG)	2188–2205
	(1)	Grundlagen	2188–2189

D. Die Beendigung des Arbeitsverhältnisses

		(2)	Prüfungsgegenstand	2190–2191
		(3)	Prüfungszeitpunkt	2192
		(4)	Allgemeine Kriterien des Sachgrundes	2193–2194
		(5)	Die gesetzlichen Sachgründe	2195–2203
		aaa)	Vorübergehender Bestand des betrieblichen Bedarfs an der Arbeitsleistung (§ 14 Abs. 1 S. 1 Nr. 1 TzBfG)	2195–2196
		bbb)	Anschluss an Ausbildung und Studium (§ 14 Abs. 1 S. 1 Nr. 2 TzBfG)	2197
		ccc)	Vertretung (§ 14 Abs. 1 S. 1 Nr. 3 TzBfG)	2198
		ddd)	Eigenart der Arbeitsleistung (§ 14 Abs. 1 S. 1 Nr. 4 TzBfG)	2199
		eee)	Erprobung (§ 14 Abs. 1 S. 1 Nr. 5 TzBfG)	2200
		fff)	In der Person des Arbeitnehmers liegender Grund (§ 14 Abs. 1 S. 1 Nr. 6 TzBfG)	2201
		ggg)	Haushaltsmittel (§ 14 Abs. 1 S. 1 Nr. 7 TzBfG)	2202
		hhh)	Gerichtlicher Vergleich (§ 14 Abs. 1 S. 1 Nr. 8 TzBfG)	2203
		(6)	Befristung einzelner Vertragsbedingungen	2204
		(7)	Darlegungs- und Beweislast	2205
	cc)	Erleichterte Befristung (§ 14 Abs. 2 TzBfG)		2206–2218
		(1)	Grundlagen	2206
		(2)	Vereinbarkeit der gesetzlichen Regelung mit der RL 99/70/EG	2207
		(3)	Tatbestandsvoraussetzungen	2208–2213
		aaa)	Persönlicher Geltungsbereich	2208
		bbb)	Zeitliche Limitierung	2209
		ccc)	Verlängerung	2210–2211
		ddd)	Neueinstellung	2212–2213
		(4)	Abweichungen durch Tarifvertrag	2214
		(5)	Individualrechtliche Vereinbarung der abweichenden tariflichen Regelungen	2215–2216
		(6)	Darlegungs- und Beweislast	2217–2218
	dd)	Sachgrundlose Befristung nach Vollendung des 58. Lebensjahres (§ 14 Abs. 3 TzBfG)		2219
	ee)	Schriftform		2220–2227
		(1)	Normzweck	2221–2222
		(2)	Rechtsnatur und Umfang des Schriftformerfordernisses	2223
		(3)	Rechtsfolgen der Nichtbeachtung der gesetzlichen Form	2224–2227
	ff)	Ende des befristeten Arbeitsvertrages (§ 15 Abs. 1, 2 TzBfG)		2228–2229
	gg)	Ausschluss der ordentlichen Kündigung (§ 15 Abs. 3 TzBfG)		2230
	hh)	Fiktion eines unbefristeten Arbeitsverhältnisses (§ 15 Abs. 5 TzBfG)		2231–2336
		(1)	Grundlagen	2231–2235
		(2)	Abdingbarkeit	2236
	ii)	Rechtsfolgen unwirksamer Befristung (§ 16 TzBfG)		2237–2239
	jj)	Klagefrist (§ 17 TzBfG)		2240–2247
		(1)	Grundlagen	2240–2241
		(2)	Beginn der Klagefrist	2242–2247
	kk)	Abweichende Vereinbarungen		2248–2251
	ll)	Fragen des Übergangs vom alten zum neuen Recht		2252
2.	Besondere gesetzliche Bestimmungen			2253–2300

D. Die Beendigung des Arbeitsverhältnisses

a)	BeschFG (bis 31.12.2000)		2253–2269
	aa)	Grundlagen	2253
	bb)	Geltungsdauer; Inhalt	2254–2257
	cc)	Verhältnis zu einzel- oder tarifvertraglichen Befristungsvorschriften	2258–2262
	dd)	Mehrmalige Befristung	2263–2264
	ee)	Kleinbetriebe	2265
	ff)	Die Neuregelung durch das arbeitsrechtliche Beschäftigungsförderungsgesetz	2266–2269
b)	Wissenschaftliches Personal und Ärzte		2270–2292
	aa)	§§ 57 a ff. HRG a. F. (Rechtslage bis zum 22.2.2002)	2270–2287
		(1) Grundlagen	2270–2273
		(2) Einzelfragen	2274–2287
	bb)	§§ 57 a ff. HRG n. F. (Rechtslage ab dem 23.2.2002)	2288–2288 g
		(1) Grundlagen	2288
		(2) Systematik der Neuregelung	2288 a
		(3) Sachgrundlose Befristung mit Befristungshöchstgrenzen	2288 b
		(4) Vor Abschluss der Promotion	2288 c
		(5) Nach Abschluss der Promotion	2288 d
		(6) Zitiergebot	2288 e
		(7) Einbeziehung der Forschungseinrichtungen und der Privatdienstverträge	2288 f
		(8) Zeitlicher Geltungsbereich; Übergangsprobleme	2288 g
	cc)	Ärzte in der Weiterbildung	2289–2292
c)	§ 21 BErzGG		2293–2296
	aa)	Grundlagen	2293–2296
	bb)	Das arbeitsrechtliche Beschäftigungsförderungsgesetz	2297
d)	§§ 9 Nr. 2, 3 Abs. 1 Nr. 3 AÜG		2298–2300
3.	Prozessuale Fragen		2301–2305
4.	Auflösende Bedingung; Altersgrenzen		2306–2349
a)	Begriffsbestimmung		2306
b)	Rechtslage bis zum 31.12.2000		2307–2323
	aa)	Prüfungsmaßstab; sachlicher Grund	2307–2308
	bb)	Beispiele	2309–2320
	cc)	Unterrichtungspflicht des Arbeitgebers; Ausfluffrist	2321
	dd)	Darlegungs- und Beweislast	2322
	ee)	Klagefrist?	2323
c)	Rechtslage ab dem 1.1.2001: § 21 TzBfG		2324–2329
	aa)	Grundlagen	2324
	bb)	Anforderungen an den Sachgrund	2325–2328
		(1) Grundsätze	2325–2326
		(2) Die besonderen Sachgründe des § 14 Abs. 1 S. 1 Nr. 1 bis 8 TzBfG	2327–2328
	cc)	Weitere anzuwendende Vorschriften	2329
d)	Altersgrenzen		2330–2348
	aa)	Begriffsbestimmung	2330
	bb)	Allgemeine Zulässigkeitsvoraussetzungen; inhaltliche Bestimmtheit	2331–2332
	cc)	Altersgrenzen in Betriebsvereinbarungen	2333–2335
	dd)	Tarifliche Regelungen	2336–2338
	ee)	§ 41 Abs. 4 SGB VI a. F.	2339–2342
		(1) Die gesetzliche Regelung	2339
		(2) Die Rechtsprechung des BAG	2340–2342

				ff)	§ 41 Abs. 4 SGB VI n. F.	2343–2348
				(1)	Die gesetzliche Neuregelung	2343–2344
				(2)	Übergangsregelung	2345
				(3)	Regelungsgehalt der Neufassung	2346–2347
				(4)	Auswirkungen der Neuregelung auf Verstöße gegen § 41 Abs. 4 S. 3 SGB VI a. F.	2348
			e)	Besonderer Beendigungsschutz schwerbehinderter Arbeitnehmer		2349
XX.	Aufhebungsvertrag					2350–2520
	1.	Grundlagen				2350–2358
		a)	Grundsatz der Vertragsfreiheit			2350
		b)	Praktische Bedeutung			2351
		c)	Vorteile für den Arbeitgeber			2352–2353
			aa)	Ausschluss der Anwendbarkeit besonderen Kündigungsschutz begründender Normen		2352
			bb)	Verhältnis zum allgemeinen Kündigungsschutz (§§ 620, 626 BGB, § 1 KSchG)		2353
		d)	Vorteile für den Arbeitnehmer			2354
		e)	Abwicklungsvertrag			2355–2358
	2.	Abschluss des Aufhebungsvertrages				2359–2389
		a)	Schriftform (§ 623 BGB); Zustandekommen			2359–2383
			aa)	Normzweck		2360–2361
			bb)	Anwendungsbereich		2362–2384
			cc)	Inhaltliche Anforderungen an die Schriftform		2364
				(1)	Grundsatz der Urkundeneinheit	2365–2369
				(2)	Elektronische Form	2370
				(3)	Mehrere Urkunden	2371
				(4)	Inhalt des Auflösungsvertrages	2372–2363
				(5)	Konkludente Aufhebungsverträge	2374
				(6)	Beweislast	2375
				(7)	Vollständigkeits- und Richtigkeitsvermutung	2376
				(8)	Rechtsfolge der Nichteinhaltung der Schriftform	2377
				(9)	Durchbrechung der Formnichtigkeit in Ausnahmefällen	2378–2383
				(10)	Zustandekommen des Aufhebungsvertrages	2384
		b)	Umdeutung einer unwirksamen (außerordentlichen oder ordentlichen) Kündigung in ein Angebot zum Abschluss eines Aufhebungsvertrages			2385–2387
			aa)	Allgemeine Voraussetzungen		2385–2386
			bb)	Ausgleichsquittung		2387
		c)	Minderjährige			2388–2389
	3.	Inhalt des Aufhebungsvertrages				2390–2475
		a)	Grundlagen/Übersicht			2390–2391
		b)	Ausgewählte Formulierungshilfen mit Erläuterungen			2392–2475
			aa)	Beendigung des Arbeitsverhältnisses		2393–2399
			bb)	Abwicklung des Anstellungsverhältnisses		2400–2403
			cc)	Freistellung		2404–2425
				(1)	Verpflichtung zur Fortzahlung der Vergütung	2406–2411
				aaa)	Einseitige Freistellung durch den Arbeitgeber	2407
				bbb)	Einvernehmliche Freistellung im Aufhebungsvertrag	2408–2411
				(2)	Gewährung von Sachleistungen während der Freistellung	2412
				(3)	Anrechnung anderweitigen Erwerbs	2413–2420

D. Die Beendigung des Arbeitsverhältnisses

		aaa)	Einseitige Freistellung	2414–2416
		bbb)	Einvernehmliche Freistellung	2417–2420
		(4)	Anrechnung des Erholungsurlaubs auf die Freistellungsphase	2421–2424
		(5)	Formulierung der Freistellung im Aufhebungsvertrag	2425
	dd)	Rückgabe des Dienstwagens		2426–2435
	ee)	Abfindung		2436–2440
	ff)	Betriebliche Altersversorgung		2441
	gg)	Zeugnis/Sprachregelung		2442–2444
		(1)	Zeugnis	2443–2448
		(2)	Sprachregelung	2449
	hh)	Betriebsgeheimnis		2450
	ii)	Nachvertragliches Wettbewerbsverbot		2451–2457
		(1)	Fortbestand eines nachvertraglichen Wettbewerbsverbotes	2452
		(2)	Aufhebung eines nachvertraglichen Wettbewerbsverbotes	2453–2455
		(3)	Vereinbarung eines nachvertraglichen Wettbewerbsverbotes	2456–2457
	jj)	Rückgabe von Unterlagen		2458
	kk)	Vorzeitige Beendigung durch Tod oder Kündigung		2459–2463
	ll)	Hinweispflichten		2464
	mm)	Abdingbarkeit der Hinweis- und Aufklärungspflicht		2465–2467
	nn)	Allgemeine Erledigungsklausel		2468–2473
	oo)	Salvatorische Klausel		2474–2475
4.	Inhaltskontrolle			2476
5.	Rechtsmängel des Auflösungsvertrages			2477–2503
	a) Nichtigkeit; Umgehung von Kündigungsschutzbestimmungen bei bedingten Aufhebungsverträgen			2477–2480
	b) Anfechtbarkeit			2481–2496
	aa)	Normative Grundlagen		2481
	bb)	Irrtum über die mutterschutzrechtlichen Folgen		2482
	cc)	Alternative zwischen (außerordentlicher) Kündigung, Strafanzeige und Aufhebungsvertrag		2483–2490
		(1)	Inaussichtstellen einer fristlosen Kündigung als Drohung	2484–2485
		(2)	Widerrechtlichkeit	2486–2489
		(3)	Androhung einer Strafanzeige	2490
	dd)	Anfechtung wegen Zeitdrucks		2491–2492
	ee)	Unzulässige Rechtsausübung		2493–2496
	c) Anfechtung als Widerruf des Vertragsangebotes wegen Vertretungsmängeln			2497
	d) Anfechtung bei kollusivem Zusammenwirken			2498
	e) Rücktritts-, Widerrufsrecht?			2499–2500
	f) Verwirkung der Geltendmachung der Rechte aus einem rechtswirksam angefochtenen Aufhebungsvertrag			2501
	g) Wegfall der Geschäftsgrundlage (jetzt § 313 BGB n. F.)			2502
	h) Darlegungs- und Beweislast			2503
6.	Hinweispflichten			2504–2412
	a) Entscheidung nach Billigkeitsgesichtspunkten			2504–2505
	b) Beendigung des Arbeitsverhältnisses auf Wunsch des Arbeitnehmers			2506
	c) Eigenverantwortung des Arbeitnehmers			2507–2509

D. Die Beendigung des Arbeitsverhältnisses

	d) Auskünfte des Arbeitgebers	2510
	e) Rechtsfolgen der schuldhaften Verletzung von Hinweispflichten	2511
	f) Abdingbarkeit	2512
7.	Der Aufhebungsvertrag und nachfolgende Kündigungen; Erwerbsunfähigkeit	2513–2514
8.	Auswirkung des vorzeitigen Todes des Arbeitnehmers auf eine vereinbarte Abfindung	2515–2516
9.	Rechtsgeschäfte anlässlich von Verhandlungen und des Abschlusses von Aufhebungsverträgen	2517–2520
XXI.	**Altersteilzeit**	**2521–2640**
1.	Einführung	2521–2522
2.	Voraussetzungen der Altersteilzeit	2523–2577
	a) Berechtigter Personenkreis	2525–2527
	b) Verkürzung der Arbeitszeit	2528–2537
	aa) Befristung des Altersteilzeitvertrages	2529
	bb) Halbierung der Arbeitszeit	2530–2532
	cc) Verteilung der reduzierten Arbeitszeit	2533–2537
	c) Aufstockung der Teilzeitvergütung	2538–2548
	aa) Zusätzliche Rentenversicherungsbeiträge	2539–2544
	bb) Aufstockung des Teilzeitentgeltes	2545–2548
	d) Einstellung eines Arbeitslosen oder Übernahme eines Auszubildenden	2549–2577
	aa) Wiederbesetzung des freigemachten Arbeitsplatzes	2551–2561
	bb) Übernahme eines Ausgebildeten	2562–2568
	cc) Übernahme eines Arbeitslosen	2569–2573
	dd) Sonderregelung für Kleinunternehmen	2574–2577
	aaa) Vermutungsregelung	2575–2576
	bbb) Einstellung eines Auszubildenden	2577
3.	Leistungen des Arbeitsamtes	2578–2589
	a) Zeitpunkt der Förderung durch das Arbeitsamt	2579
	b) Erlöschen des Anspruchs auf Zuschüsse	2580–2585
	c) Ruhen des Anspruchs auf Förderungsleistungen bei Nebentätigkeiten	2586–2588
	d) Ruhen des Anspruchs auf Förderleistungen bei Mehrarbeit	2589
4.	Steuerliche und sozialrechtliche Behandlung der Altersteilzeit	2590–2599
	a) Steuerliche Behandlung der Aufstockungsbeträge	2590–2592
	b) Sozialversicherungsrechtliche Behandlung der Aufstockungsbeträge	2593
	c) Arbeitslosigkeit im Anschluss an die Altersteilzeit	2594–2599
5.	Arbeitsrechtliche Behandlung des Altersteilzeitvertrages	2600–2634
	a) Laufzeit des Altersteilzeitvertrages	2605–2606
	b) Verteilung der Arbeitszeit	2607–2608
	c) Tätigkeitsbeschreibung	2609
	d) Vergütung	2610
	e) Aufstockungsbeträge	2611–2615
	f) Erkrankung während der Altersteilzeit	2616–2623
	g) Erholungsurlaub	2624–2625
	h) Nebentätigkeiten	2626–2627
	i) Mitwirkungspflichten	2628–2629
	j) Beendigung des Anstellungsverhältnisses	2630–2633
	k) Schlussbestimmungen	2634
6.	Kurzarbeit während der Altersteilzeit	2635–2638
7.	Insolvenz des Arbeitgebers	2638–2640

D. Die Beendigung des Arbeitsverhältnisses

I. Übersicht

1 Das Arbeitsverhältnis endet
   – aufgrund einer ordentlichen/außerordentlichen Kündigung des Arbeitnehmers oder des Arbeitgebers,
   – aufgrund gerichtlicher Auflösung des Arbeitsverhältnisses gem. §§ 9, 10 KSchG auf Antrag von Arbeitgeber, Arbeitnehmer oder übereinstimmendem Antrag von beiden Vertragsparteien,
   – aufgrund eines Aufhebungsvertrages,
   – aufgrund Zeitablaufs bei Vereinbarung eines befristeten Arbeitsverhältnisses,
   – infolge Zweckerreichung bei vereinbarter Zweckbefristung,
   – infolge Eintritts einer auflösenden Bedingung bei Vereinbarung eines auflösend bedingten Arbeitsverhältnisses,
   – durch den Tod des Arbeitnehmers (vgl. § 613 S. 1 BGB), grds. nicht dagegen durch den Tod des Arbeitgebers, denn dann treten die Erben gem. § 1922 BGB in das Arbeitsverhältnis ein. Etwas anderes gilt aber dann, wenn die Arbeitsleistung nach ihrem Inhalt das Leben des Arbeitgebers voraussetzt (z. B. bei der Tätigkeit als Pfleger, Privatsekretär, Haushälterin, s. o. B/Rz. 375 ff.).

2 Nicht in Betracht kommt eine Beendigung des Arbeitsverhältnisses durch **Rücktritt** gem. §§ 325, 326 BGB, weil diese Vorschriften durch die Kündigungsschutznormen des BGB, des KSchG sowie durch Sonderregelungen z. B. in §§ 85 ff. SGB IX, § 9 MuSchG usw. insgesamt verdrängt werden. Gleiches gilt grds. für das Verhältnis zum Wegfall der Geschäftsgrundlage (jetzt § 313 BGB n. F.) zu § 626 BGB, § 1 KSchG (MünchArbR/*Wank* § 118 Rz. 6 f.).

3 Ausnahmsweise kann sich allerdings ein Arbeitnehmer gem. § 313 BGB n. F. wegen **Wegfalls der Geschäftsgrundlage** nicht auf das Fehlen einer Kündigungserklärung oder eines anderen Beendigungstatbestandes berufen, wenn der ganze Vertrag gegenstandslos geworden ist. Das ist der Fall, wenn der Zweck des Arbeitsverhältnisses durch äußere Ereignisse endgültig oder doch für unabsehbare Zeit, für Arbeitgeber und Arbeitnehmer erkennbar, unerreichbar geworden ist (*BAG* 24.8.1995 EzA § 242 BGB Geschäftsgrundlage Nr. 6).

4 Diese Voraussetzungen hat das *BAG* (24.8.1995 EzA § 242 BGB Geschäftsgrundlage Nr. 6) bejaht bei einem Arbeitnehmer, der in der ehemaligen DDR 1978 am Arbeitsplatz von der Staatssicherheit festgenommen und im August 1979 unmittelbar aus der Haft in die BRD abgeschoben worden war. Nach der Wende begehrte er 1992 die Wiedereinstellung in seinem ehemaligen Betrieb mit der Begründung, dass eine Kündigung des Arbeitsverhältnisses nicht ausgesprochen worden war.
Das *BAG* (24.8.1995 EzA § 242 BGB Geschäftsgrundlage Nr. 6) ist davon ausgegangen, dass mit der Einwilligung des Klägers in die Abschiebung und deren tatsächlichen Vollzug **jede tatsächliche Grundlage des Arbeitsverhältnisses entfallen ist.** Denn der Kläger konnte ab diesem Zeitpunkt angesichts der tatsächlichen Verhältnisse mindestens für unabsehbare Zeit nicht mehr damit rechnen, dass er seinem früheren Arbeitgeber wieder zur Verfügung stehen würde.

D. Die Beendigung des Arbeitsverhältnisses

II. Die Erklärung der Kündigung durch den Arbeitgeber

1. Die Kündigungserklärung

a) Inhaltliche und förmliche Voraussetzungen

aa) Schriftform der Kündigungserklärung

Gem. § 623 BGB bedarf die Kündigung des Arbeitsverhältnisses seit dem 1.5.2000   5
(zum alten Recht vgl. 2. Aufl. D/Rz. 5 ff.) zu ihrer Wirksamkeit generell entgegen
der bisherigen Rechtslage der Schriftform.

(1) Normzweck
Für die Kündigung kommt § 623 BGB (vgl. auch §§ 68 a, 78 Abs. 3 S. 1 SeemG) eine   6
Warnfunktion zu; Arbeitgeber und Arbeitnehmer sollen nicht unüberlegt das Arbeitsverhältnis beenden. Zusätzlich wird klargestellt, dass eine Kündigung tatsächlich erklärt ist. Daneben hat § 623 BGB eine Beweisfunktion (vgl. APS/*Preis* § 623 BGB Rz. 2 f.; KDZ/*Däubler* § 623 BGB Rz. 5 f.; *Richardi/Annuß* NJW 2000, 1231 ff.; *Rolfs* NJW 2000, 1227 ff.; *Trittin/Backmeister* DB 2000, 621).

(2) Anwendungsbereich

aaa) Grundlagen
Tatbestandsvoraussetzung für die Anwendbarkeit des § 623 BGB ist zunächst, dass es   7
sich um ein **Arbeitsverhältnis** handelt. Wegen § 3 Abs. 2 BBiG gilt die Norm aber auch für den **Berufsausbildungsvertrag** sowie für Volontäre und Praktikanten i. S. d. § 19 BBiG. § 623 BGB wird durch Sonderregelungen im Rahmen ihres jeweiligen Anwendungsbereichs (z. B. § 15 Abs. 3 BBiG, § 9 Abs. 3 MuSchG, §§ 62, 78 SeemG) verdrängt.
Entscheidender Zeitpunkt für die Beurteilung der Rechtslage ist bei Kündigungen   8
der **Zugang**; deshalb erfasst § 623 BGB nicht Kündigungen, die vor dem 1.5.2000 dem Erklärungsempfänger zugegangen sind (*BAG* 6.7.2000 NZA 2001, 718).

bbb) Erfasste Beendigungstatbestände

§ 623 BGB erfasst (vgl. APS/*Preis* § 623 BGB Rz. 5 ff.; KDZ/*Däubler* § 623 BGB   9
Rz. 8 ff.; *Schaub* NZA 2000, 344 ff.; *Sander/Siebert* ArbuR 2000, 292 ff. [330 ff.]):
– die ordentliche/außerordentliche Arbeitnehmer- und Arbeitgeberkündigung,
– die ordentliche/außerordentliche Änderungskündigung,
– die Kündigung durch den Insolvenzverwalter (§ 113 InsO),
– das Lossagungsrecht gem. § 12 KSchG, da es sich um ein fristgebundenes Sonderkündigungsrecht handelt.

ccc) Nicht erfasste Tatbestände
§ 623 BGB erfasst dagegen **nicht** (vgl. APS/*Preis* § 623 BGB Rz. 5 ff.; KDZ/*Däubler*   10
§ 623 BGB Rz. 8 ff.; *Schaub* NZA 2000, 344 ff.; *Sander/Siebert* ArbuR 2000, 292 ff., 330 ff.):

D. Die Beendigung des Arbeitsverhältnisses

- die **Teilkündigung**, da sie nicht zur Beendigung des Arbeitsverhältnisses führt,
- **Modifikationen des Kündigungsrechts**, z. B. den Ausschluss der ordentlichen Kündigung,
- die **Abmahnung** (krit. dazu *Sander/Siebert* ArbuR 2000, 333),
- die **Auflösungserklärung des Eingliederungsvertrages** (§ 232 Abs. 2 SGB III; ebenso *Müller-Glöge/von Senden* AuA 2000, 199; *Krabbenhöft* DB 2000, 1567; a. A. *Richardi/Annuß* NJW 2000, 1232; KDZ/*Däubler* § 623 BGB Rz. 8),
- die **Anfechtung** des Arbeitsvertrages,
- das **Lossagungsrecht** vom faktischen Arbeitsverhältnis sowie
- die Beendigung des Rechtsverhältnisses zwischen einem Auftraggeber und einer **arbeitnehmerähnlichen** Person (*Preis/Gotthardt* NZA 2000, 349; *Müller-Glöge/von Senden* AuA 2000, 199; *Krabbenhöft* DB 2000, 1567; a. A. KDZ/*Däubler* § 623 BGB Rz. 9).

(3) Wirksamkeitserfordernis

11 Die gesetzliche Schriftform ist im hier maßgeblichen Zusammenhang nach dem eindeutigen Wortlaut der Regelung ein konstitutives Wirksamkeitserfordernis, das weder durch die Arbeitsvertragsparteien, noch durch einen Tarifvertrag oder durch eine Betriebsvereinbarung abbedungen werden kann (vgl. *Sander/Siebert* ArbuR 2000, 291; *Lakies* BB 2000, 667).

12 Möglich ist allerdings, dass **strengere Formvorschriften**, z. B. eine schriftliche Begründungspflicht oder besondere Zugangserfordernisse, vereinbart werden. Analog § 622 Abs. 6 BGB ist dies aber nicht nur einseitig zu Lasten des Arbeitnehmers statthaft (APS/*Preis* § 623 BGB Rz. 20).

13 Nach einer in der Literatur (*Preis* Grundfragen der Vertragsgestaltung im Arbeitsrecht, 1993, S. 412 f.) bereits zum alten Schuldrecht vertretenen Auffassung kommt demgegenüber aber ein **Formulararbeitsvertrag** als Grundlage der Vereinbarung einer **strengeren Formvorschrift nicht in Betracht**, da dies dem in § 11 Nr. 16 AGBG zum Ausdruck gekommenen allgemeinen Rechtsgedanken widerspräche. Nach dieser – inzwischen aufgehobenen – Vorschrift sind Bestimmungen unwirksam, die für Anzeigen und Erklärungen eine strengere Form als die Schriftform oder besondere Zugangserfordernisse aufstellen.

14 Inzwischen lässt sich dies aus **§ 310 Abs. 4 S. 2 BGB n. F. i. V. m. § 309 Nr. 13 BGB n. F.** ableiten, denn die früheren Regelungen des AGBG sind inzwischen in das BGB eingefügt und ihre Anwendbarkeit auf Arbeitsverträge ist vom Gesetzgeber ausdrücklich angeordnet worden. Besonderheiten des Arbeitsrechts stehen diesem Ergebnis ersichtlich nicht entgegen.

(4) Kündigung

aaa) Allgemeine Voraussetzungen

15 Die Kündigung muss in der Form des § 126 BGB erfolgen, d. h. das Kündigungsschreiben muss vom Aussteller **eigenhändig durch Namensunterschrift** oder mittels notariell beglaubigten Handzeichens unterzeichnet sein (vgl. ausf. APS/*Preis* § 623 BGB Rz. 21 ff.).

D. Die Beendigung des Arbeitsverhältnisses

bbb) Anforderungen an Urkunde und Unterschrift

Erforderlich ist, dass 16
- die Kündigung in einer **Urkunde** niedergelegt ist,
- die **Unterschrift** die voranstehende Kündigungserklärung deckt, deshalb unterhalb des Textes steht und sie räumlich abschließt (vgl. *BGH* 20.11.1990 NJW 1991, 487),
- die Namensunterschrift die Person des **Ausstellers erkennbar** macht,
- der Aussteller die Kündigung **eigenhändig** durch Namensunterschrift unterzeichnet, so dass weder Stempel, Faksimile, andere technische Hilfsmittel (z. B. Schreibmaschine; das gilt auch dann, wenn sie mit Dienstsiegel und beigefügter Paraphe eines nicht kündigungsberechtigten Bediensteten beglaubigt ist *LAG Köln* 16.5.1997 ZTR 1997, 517 Ls.), noch Telegramm, Telefax, oder E-mail genügen (KDZ/*Däubler* § 623 BGB Rz. 22; vgl. auch *ArbG Frankfurt*/M. 9.1.2001 – 8 Ca 5663/00 –). Gleiches gilt für eine Kündigungserklärung mit nur eingescannter Unterschrift (*LAG Köln* 19.6.2001 – 13 Sa 571/00 –; s. u. D/Rz. 22).

ccc) Stellvertretung
Ein Vertreter kann mit dem Namen des Vollmachtgebers unterzeichnen. Unter- 17 schreibt er mit dem eigenen Namen, so muss die Stellvertretung in der Urkunde zum Ausdruck kommen (vgl. APS/*Preis* § 623 BGB Rz. 26; KDZ/*Däubler* § 623 BGB Rz. 24).

ddd) Inhaltliche Anforderungen
Inhaltlich muss das Schreiben nicht das Wort Kündigung enthalten; ausreichend ist, 18 dass vom **Empfängerhorizont her der Wille, das Arbeitsverhältnis durch einseitige Gestaltungserklärung für die Zukunft lösen zu wollen, eindeutig** zum Ausdruck kommt. Zur Angabe des Kündigungsgrundes verpflichtet § 623 BGB ebenso wenig wie zur Angabe der Kündigungsfrist. Bleibt allerdings unklar, ob eine außerordentliche oder eine ordentliche Kündigung gewollt ist, führt dies dazu, dass es sich im Zweifel um eine ordentliche Kündigung als die normale Beendigungsmöglichkeit des Arbeitsverhältnisses handelt (s. u. D/Rz. 41 ff.); formnichtig ist eine derartige Kündigung jedoch nicht, denn die Kündigung als solche steht fest (APS/*Preis* § 623 BGB Rz. 30).

eee) Änderungskündigung

Bei der Änderungskündigung ist die Schriftform auch für das Änderungsangebot 19 zu beachten. Denn es handelt sich um einen tatsächlich und rechtlich einheitlichen Tatbestand, der lediglich aus zwei Willenserklärungen zusammengesetzt ist. Nicht formbedürftig ist dagegen die Annahme durch den Arbeitnehmer, denn der Änderungsvertrag als solcher ist nicht formbedürftig (APS/*Preis* § 623 BGB Rz. 32; *Caspers* RdA 2001, 30; *Dassau* ZTR 2000, 390; *Däubler* AiB 2000, 1567; *Müller-Glöge/von Senden* AuA 2000, 202; a. A. *Sanden/Siebert* ArbuR 2000, 291). Dabei kommt es nicht darauf an, ob Kündigung und Änderungsangebot in einem Schriftstück zusammengefasst sind (KDZ/*Däubler* § 623 BGB Rz. 11).

D. Die Beendigung des Arbeitsverhältnisses

fff) Kündigung durch konkludentes Verhalten

20 Eine Kündigung durch schlüssiges Verhalten ist nunmehr gem. § 623 BGB **kaum noch möglich**, es sei denn, dass das konkludente Verhalten das Formerfordernis erfüllt.

Das kann z. B. dann der Fall sein (vgl. APS/*Preis* § 623 BGB Rz. 33), wenn
- **prozessuales Vorbringen** in einem Rechtsstreit eine Kündigung darstellt, weil die andere Partei daraus unmissverständlich auf einen Kündigungswillen schließen kann,
- der Kündigende oder sein Bevollmächtigter die für den Kündigungsempfänger bestimmte Abschrift **eigenhändig unterschreibt** oder
- die für das Gericht bestimmte **Urschrift** eigenhändig unterzeichnet ist und der Kündigungsempfänger eine mit einem Beglaubigungsvermerk versehene Abschrift erhält, wenn der Beglaubigungsvermerk vom Verfasser des Schriftsatzes, der die Kündigung enthält, eigenhändig unterzeichnet ist.

21 Demgegenüber ist eine von einer Arbeitnehmerin mündlich ausgesprochene fristlose Kündigung auch dann nicht geeignet, das Arbeitsverhältnis zu beenden, wenn sie mit dem zweifachen, gegenüber dem Arbeitgeber ausgesprochenen Zitat von Götz von Berlichingen verbunden ist (*ArbG Nürnberg* 5.6.2001 – 12 Ca 2734/01 –).

ggg) Elektronische Form

22 Gem. § 623 BGB (vgl. auch §§ 68 a, 78 Abs. 2 S. 2 SeemG) ist **ausdrücklich** die Möglichkeit **ausgeschlossen**, eine Kündigung in elektronischer Form (§§ 126 Abs. 3, 126 a BGB n. F. i. V. m. dem SignaturG) zu erklären. Denn – so jedenfalls die Auffassung des Gesetzgebers – die elektronische Form besitzt in der Gegenwart eine **geringere Warnfunktion** als die traditionelle Schriftform (KDZ/*Däubler* § 623 BGB Rz. 4).

hhh) Notarielle Beurkundung; gerichtlicher Vergleich

23 Anwendbar sind schließlich auch §§ 126 Abs. 4, 127 a BGB (Ersetzung der Schriftform durch Beurkundung, Ersetzung der notariellen Beurkundung durch einen gerichtlichen Vergleich).

(5) Beweislast

24 Wer sich nunmehr auf eine Kündigung beruft, muss die Einhaltung des § 623 BGB beweisen (APS/*Preis* § 623 BGB Rn. 55).

(6) Vollständigkeits- und Richtigkeitsvermutung

25 Der Inhalt einer Urkunde (vgl. § 416 ZPO) hat die Vermutung der Vollständigkeit und Richtigkeit für sich (*BGH* 14.10.1988 NJW 1989, 898). Dies ist insbesondere beim Abschluss von Aufhebungsverträgen zu beachten. Die Vermutung ist zwar **widerlegbar**; an den Beweis sind jedoch **strenge Anforderungen** zu stellen (APS/*Preis* § 623 BGB Rn. 56).

D. Die Beendigung des Arbeitsverhältnisses

(7) Rechtsfolge der Nichteinhaltung der Schriftform: Nichtigkeit

aaa) Grundlagen

Die Nichtbeachtung der gesetzlichen Form des § 623 BGB hat gem. § 125 S. 1 BGB die **Nichtigkeit** der Kündigung zur Folge. **Die Möglichkeit einer Heilung besteht nicht.** 26

bbb) Kündigung

Bis die Kündigung formwirksam wiederholt wird, besteht das Arbeitsverhältnis **unverändert fort.** Für den Arbeitnehmer gilt nicht die Drei-Wochen-Frist des § 4 S. 1 KSchG für die Geltendmachung der Formunwirksamkeit der Kündigung, da es sich um einen sonstigen Mangel i. S. v. § 13 Abs. 3 KSchG handelt (APS/*Preis* § 623 BGB Rn 57). 27

(8) Durchbrechung der Formnichtigkeit in Ausnahmefällen

aaa) Grundsätze

Die Nichtigkeitsfolge des § 125 BGB ist durch den Grundsatz von **Treu und Glauben** (§ 242 BGB) eingeschränkt. Die Berufung auf die Nichteinhaltung der Form kann ausnahmsweise eine **unzulässige Rechtsausübung** darstellen. 28

Zwar hat im Grundsatz jede Partei die Rechtsnachteile selbst zu tragen, die sich aus der Formnichtigkeit eines Rechtsgeschäfts ergeben. Etwas anderes gilt aber dann, wenn es nach den Beziehungen der Parteien und den gesamten Umständen mit Treu und Glauben unvereinbar wäre, das Rechtsgeschäft am Formmangel scheitern zu lassen; das Ergebnis muss für die Parteien nicht nur hart, sondern **schlechthin untragbar** sein (*BAG* 26.9.1957 AP Nr. 2 zu § 74 HGB; 27.3.1987 EzA § 242 BGB Betriebliche Übung Nr. 22). 29

Dieser Grundsatz ist zu § 313 BGB entwickelt worden, er gilt aber auch für gesetzliche Formvorschriften im **Arbeitsrecht** (vgl. *BAG* 27.3.1987 EzA § 242 BGB Betriebliche Übung Nr. 22; APS/*Preis* § 623 BGB Rn. 66; *Preis/Gotthardt* NZA 2000, 348 ff.). 30

bbb) Fallgruppen (Überblick)

§ 242 BGB ist nicht anwendbar, 31
– wenn beide Parteien den **Formmangel kannten** (*BGH* 22.6.1973 NJW 1973, 1455), ebenso wenig
– bei **beidseitiger Unklarheit** (*BAG* 22.8.1979 AP Nr. 6 zu § 4 BAT).
Etwas anderes gilt aber dann, wenn der Vertragspartner seine **Machtstellung** dazu **ausgenutzt** hat, die Formwahrung zu verhindern (*BGH* 27.10.1967 BGHZ 48, 396). Dafür müssen neben der Arbeitgeberstellung z. B. aber **deutliche weitere Anhaltspunkte** im konkreten Einzelfall gegeben sein (APS/*Preis* § 623 BGB Rn. 69).

D. Die Beendigung des Arbeitsverhältnisses

32 § 242 BGB kann auch dann zur Anwendung gelangen (vgl. APS/*Preis* § 623 BGB Rn. 78),
– wenn der Arbeitgeber beim Arbeitnehmer den **Eindruck erweckt,** die Zusage – z. B. einer Abfindung – solle auch ohne Rücksicht auf die vorgeschriebene Form eingehalten werden (*BAG* 10.9.1975 EzA § 23 a BAT Nr. 2; **a. A.** APS/*Preis* § 623 BGB Rn. 69;
– wenn eine Partei die andere über die Formbedürftigkeit des Rechtsgeschäfts **getäuscht** hat, um sich später gegebenenfalls zu ihrem Vorteil auf die Unwirksamkeit berufen zu können (*BAG* 7.5.1986 AP Nr. 12 zu § 4 BAT);
– wenn sich eine Partei **widersprüchlich** verhält (vgl. *BAG* 4.12.1997 EzA § 626 BGB Eigenkündigung Nr. 1);
– wenn die Nichterfüllung oder Rückabwicklung eines Vertrages dazu führen würde, dass die **wirtschaftliche Existenz** einer Partei, die gutgläubig auf die Rechtswirksamkeit des Geschäfts vertraut hat, **gefährdet oder vernichtet** würde (*BGH* 15.11.1960 WM 1961, 179; 19.11.1982 BGHZ 85, 315).

ccc) **Besonderheiten bei Kündigungen**

33 Allein der Umstand, dass der Kündigungsempfänger eine formwidrig erklärte Kündigung widerspruchslos entgegen nimmt und sich **erst später auf die Schriftform beruft,** stellt noch **keinen Verstoß gegen Treu und Glauben** dar (*BAG* 19.5.1988 EzA § 613 a BGB Nr. 82). Vielmehr müssen **besondere Umstände** vorliegen, damit ein Rechtsmissbrauch angenommen werden kann (APS/*Preis* § 623 BGB Rn. 73).

34 Das kann z. B. dann der Fall sein, wenn
– dem Kündigenden im Gerichtstermin in Anwesenheit des Erklärenden eine einfache Fotokopie übergeben wird oder eine Einsicht in das Original möglich ist; der Erklärungsempfänger von Aufklärungsmöglichkeiten aber keinen Gebrauch macht, die Erklärung auch nicht unverzüglich wegen Nichteinhaltung der Form zurückweist, sondern sich **erst geraume Zeit später** auf den Formmangel beruft (*BAG* 20.8.1998 EzA § 127 BGB Nr. 1);
– der Arbeitnehmer eine **Eigenkündigung mehrmals,** auch auf Vorhaltungen der anderen Seite, ernsthaft und nicht nur einmalig spontan ausgesprochen hat, sich aber nachträglich auf den Formmangel beruft (*BAG* 4.12.1997 EzA § 626 BGB Eigenkündigung Nr. 1);
– der Arbeitgeber formwidrig kündigt, der **Arbeitnehmer die Kündigung hinnimmt,** eine neue Stelle angetreten hat, der Arbeitgeber sich dann auf den Formmangel beruft und den Arbeitnehmer zur Wiederaufnahme der Arbeit unter Unterlassung der neuen Beschäftigung auffordert (*BAG* 4.12.1997 EzA § 626 BGB Eigenkündigung Nr. 1);
– der Kündigungsempfänger die **mündlich ausgesprochene Kündigung schriftlich bestätigt,** er sich aber später auf den Formmangel beruft (APS/ *Preis* § 623 BGB Rn. 75).

35 Zu berücksichtigen ist bei allen diesen Fallkonstellationen stets, dass das Recht, sich auf die Unwirksamkeit der Kündigung zu berufen, **verwirkt** werden kann. Insoweit gelten die allgemeinen Grundsätze (vgl. ausf. C/Rz. 3640 ff.).

D. Die Beendigung des Arbeitsverhältnisses

bb) Eindeutigkeit des Beendigungswillens

(1) Grundlagen

Die Kündigung muss den Beendigungswillen eindeutig zum Ausdruck bringen (ausf. APS/*Preis* Grundlagen D Rz. 33 ff.; *Busemann/Schäfer* a. a. O., Rz. 20 ff.). 36

Dies kann ausdrücklich – was stets zu empfehlen ist – aber auch stillschweigend geschehen. Bei **konkludent erklärten Willenserklärungen** findet das Gewollte nicht unmittelbar in einer Erklärung Ausdruck, vielmehr nimmt der Erklärende Handlungen vor, die lediglich mittelbar den Schluss auf einen bestimmten Rechtsfolgewillen zulassen. Ob ein bestimmtes voluntatives Verhalten eine Willenserklärung darstellt oder beinhaltet und ggf. welchen Inhalt sie aufweist, ist durch **Auslegung gem. §§ 133, 157 BGB** zu ermitteln. Im Hinblick auf § 623 BGB kommen konkludent erklärte Kündigungen seit dem 1.5.2000 allerdings nur noch ausnahmsweise in Betracht (s. o. D/Rz. 6 ff.). 37

Ein konkludentes Verhalten ist – **vorbehaltlich der Einhaltung der Schriftform** – dann, aber auch nur dann als Kündigungserklärung anzuerkennen, wenn der Empfänger das gezeigte Verhalten nach **Treu und Glauben** und mit Rücksicht auf die **Verkehrssitte** zweifelsfrei als Kündigungserklärung auffassen durfte bzw. musste und dieses für den Erklärenden bei gehöriger Sorgfalt erkennbar war (*Frölich* NZA 1997, 1273; zu den nach dem alten Recht auftretenden Zweifelsfällen vgl. 2. Aufl. D/Rz. 10 c ff.). 38

Die »**Bestätigung**« einer angeblichen Eigenkündigung des Arbeitnehmers durch den Arbeitgeber, mit der dieser mitteilt, der Arbeitnehmer habe zu einem bestimmten Zeitpunkt die Arbeit eingestellt, oder er sei unentschuldigt der Arbeit ferngeblieben, weswegen er das Arbeitsverhältnis als beendet betrachte, ist regelmäßig nicht als Kündigungserklärung anzusehen (*LAG Nürnberg* 8.2.1994 LAGE § 620 BGB Kündigungserklärung Nr. 4). Es handelt sich i. d. R. lediglich um die Äußerung einer **Rechtsansicht** des Arbeitgebers dahingehend, dass er ein bestimmtes tatsächliches Verhalten des Arbeitnehmers als Eigenkündigung bewertet, nicht aber um eine darüber hinausgehende Willenserklärung (*LAG Köln* 3.2.1995 LAGE § 620 BGB Kündigungserklärung Nr. 5). Ein Bestätigungsschreiben mit diesem Inhalt kann nur so ausgelegt werden, dass der Arbeitgeber der Meinung ist, das Arbeitsverhältnis sei bereits durch Erklärungen oder Handlungen des Arbeitnehmers beendet. Ein Bestätigungsschreiben kann auch **nicht** in eine Kündigungserklärung **umgedeutet werden**, da die Voraussetzungen des § 140 BGB i. d. R. nicht vorliegen (*LAG Köln* 3.2.1995 LAGE § 620 BGB Kündigungserklärung Nr. 5). Ein in einem derartigen Bestätigungsschreiben gleichzeitig ausgesprochenes **Hausverbot** kann ebenfalls nicht als Kündigung gewertet werden, wenn dieses Hausverbot auf der Annahme gründet, das Arbeitsverhältnis sei bereits beendet. 39

Der Beendigungszeitpunkt muss bei der ordentlichen Kündigung nicht aus der Kündigungserklärung hervorgehen; es genügt, dass er sich aus dem Gesetz, einem Tarifvertrag oder aus einer sonstigen Vereinbarung ergibt. 40
Die als ordentliche Kündigung erkennbare Kündigung ist daher Kündigung zum nächstzulässigen Zeitpunkt, sofern sie nicht ausdrücklich oder konkludent erst für einen späteren Zeitpunkt gelten soll.

D. Die Beendigung des Arbeitsverhältnisses

(2) Ordentliche Kündigung; außerordentliche Kündigung; Abgrenzung

41 Da für die ordentliche und die außerordentliche Kündigung unterschiedliche Wirksamkeitsvoraussetzungen (§§ 1 ff. KSchG, § 626 BGB) sowie ein unterschiedlicher Beendigungszeitpunkt gelten, **muss aus der Kündigungserklärung selbst hervorgehen, ob sie als ordentliche oder außerordentliche Kündigung gewollt ist** (vgl. *LAG Frankfurt* 16.6.1983 BB 1984, 786; APS/*Preis* Grundlagen E Rz. 3 ff.).
Für die außerordentliche Kündigung genügt der erkennbare Wille zur sofortigen fristlosen Beendigung des Arbeitsverhältnisses nur dann, wenn nicht andere fristlose Beendigungstatbestände wie Nichtigkeit, Anfechtung (§§ 134, 138, 119 ff., 123 BGB) in Betracht kommen.

42 Sind solche möglich, so muss mit der Kündigungserklärung erkennbar der Wille zum Ausdruck kommen, aus wichtigem Grund zu kündigen, d. h. von der sich aus § 626 Abs. 1 BGB ergebenden besonderen Kündigungsbefugnis Gebrauch zu machen. Der dahingehende Wille kann sich aus der ausdrücklichen Bezeichnung der Erklärung (z. B. als fristlose Kündigung) oder aus sonstigen Umständen der Erklärung selbst, insbesondere einer beigefügten Begründung ergeben (*BAG* 13.1.1982 EzA § 626 BGB n. F. Nr. 81). Der Arbeitgeber muss sich also auf einen wichtigen Grund zur vorzeitigen Auflösung des Arbeitsverhältnisses berufen.

43 Hat der Kündigende das Arbeitsverhältnis dagegen mit **ordentlicher Frist** gekündigt und ist diese Kündigung wegen des tariflichen Ausschlusses des ordentlichen Kündigungsrechts unwirksam, so kann in dieser Kündigung nicht ohne weiteres eine außerordentliche Kündigung gesehen werden, selbst wenn der Kündigende einen wichtigen Grund hatte (*BAG* 29.8.1991 AP Nr. 58 zu § 102 BetrVG 1972; *LAG Köln* 4.7.1996 LAGE § 620 BGB Kündigungserklärung Nr. 6).

(3) Außerordentliche Kündigung mit Auslauffrist

44 Die außerordentliche Kündigung wird regelmäßig als fristlose Kündigung erklärt. Der Kündigungsberechtigte kann aber auch aus wichtigem Grund mit einer Frist kündigen (insoweit handelt es sich um eine sog. **außerordentliche Kündigung mit sozialer Auslauffrist**), die der ordentlichen Kündigungsfrist nicht entsprechen muss. Wird aber die ordentliche Kündigungsfrist eingehalten, so muss **klargestellt werden, dass auf das Recht zur außerordentlichen Kündigung nicht verzichtet worden ist** (vgl. *BAG* 13.1.1982 EzA § 626 BGB n. F. Nr. 81; vgl. *Busemann/Schäfer*, a. a. O., Rz. 123).
Fehlt es an einer derartigen eindeutigen Erklärung, so kann das Arbeitsverhältnis bereits aus diesem Grund nicht durch außerordentliche Kündigung beendet werden, ohne dass es darauf ankommt, ob ein wichtiger Grund i. S. d. § 626 BGB vorliegt (*BAG* 19.6.1980 EzA § 620 BGB Nr. 47). Die Wirksamkeit dieser Kündigung ist dann ausschließlich nach den Maßstäben einer ordentlichen Kündigung (vgl. § 1 KSchG) zu prüfen.

cc) Angabe der Kündigungsgründe

45 Nicht erforderlich ist grds. als Wirksamkeitsvoraussetzung die Angabe der Kündigungsgründe im Einzelnen.

D. Die Beendigung des Arbeitsverhältnisses

Allerdings hat der Arbeitgeber gem. § 626 Abs. 2 S. 3 BGB dem Arbeitnehmer die Gründe für die außerordentliche Kündigung auf Verlangen unverzüglich (§ 121 BGB) mitzuteilen. Insoweit handelt es sich aber nicht um eine Wirksamkeitsvoraussetzung der außerordentlichen Kündigung.
Etwas anderes gilt gem. § 15 Abs. 3 BBiG für Berufsausbildungsverhältnisse (s. u. D/Rz. 541 ff.) sowie gem. **§ 9 Abs. 3 MuSchG** seit dem 1.1.1997 (s. u. D/Rz. 409 ff.).

Auch können tarifliche Normen einen Anspruch auf Mitteilung der Kündigungsgründe vorsehen. Ob es sich insoweit um eine Wirksamkeitsvoraussetzung der Kündigung (konstitutive Schriftform) oder nur um eine Beweiserleichterung (deklaratorische Schriftform) handelt, ist im Wege der Auslegung der fraglichen Normen zu ermitteln. 46

Weil der **Zweck** einer derartigen Regelung, wie sie sonst nur ausnahmsweise vorgesehen ist, **i. d. R. darin besteht,** dem Kündigungsempfänger die **Möglichkeit** einzuräumen, sich anhand der Mitteilung der Gründe darüber schlüssig zu werden, ob er die **Kündigung hinnimmt oder nicht,** ist sie **i. d. R. konstitutiv.** Dabei müssen die Gründe nachvollziehbar mitgeteilt werden; hinsichtlich der Anforderungen im Einzelnen kann auf die Ausführungen zu § 15 Abs. 3 BBiG, § 9 MuSchG verwiesen werden (s. u. D/Rz. 409 ff., 541 ff.). 47

Beispiele: 48
Sieht ein Tarifvertrag vor, dass die Kündigungsgründe im Kündigungsschreiben genannt werden müssen, müssen sie gem. § 54 BMT-G II jedenfalls so genau bezeichnet sein, dass im Prozess nicht ernsthaft streitig werden kann, auf **welchen Lebenssachverhalt** die Kündigung gestützt war; allein die Bezugnahme auf ein inhaltlich nicht näher umschriebenes Gespräch reicht dafür nicht (*BAG* 10.2.1999 EzA § 125 BGB Nr. 14).
Auch die **bloße Bezeichnung** im Kündigungsschreiben **als »betriebsbedingt«** ist keine dem Formerfordernis des § 54 BAT-O genügende Angabe des Kündigungsgrundes. Ob die konkrete Bezugnahme auf ein dem Arbeitnehmer zuvor übergebenes Schriftstück ausreicht, in dem die Kündigungsgründe im Einzelnen ausgeführt wurden, hat das *BAG* (10.2.1999 EzA § 125 BGB Nr. 13) offen gelassen. 49

dd) Auslegung der Erklärung des Arbeitgebers

Für die Auslegung der nicht notwendig als Kündigung bezeichneten Willenserklärung ist zu fragen, ob der Kündigungsempfänger das Verhalten des anderen bei vernünftiger Würdigung und unter Berücksichtigung von Treu und Glauben und der Verkehrssitte als Kündigung verstehen musste (*BAG* 12.9.1974 AP Nr. 1 zu § 44 TVAL II). 50

Entscheidend ist, welche Art der Kündigung der Kündigende tatsächlich erklärt hat; es kommt nicht darauf an, zu welcher Art von Kündigung er befugt war. **Beendigungserklärungen beider Seiten sind grds. restriktiv auszulegen,** sowohl wegen der rechtsgestaltenden Wirkung der Kündigung als auch wegen der einschneidenden Folgen der Beendigung des Arbeitsverhältnisses (MünchArbR/*Wank* § 118 Rz. 3).

D. Die Beendigung des Arbeitsverhältnisses

ee) Grundsatz der Klarheit

51 Für die Kündigung gilt der Grundsatz der Klarheit, d. h. der Beendigungswille und -zeitpunkt müssen sich eindeutig, zumindest im Wege der Auslegung unter Zuhilfenahme von Gesetz, Tarifvertrag oder einzelvertraglicher Vereinbarung ergeben.

Daraus folgt die **grundsätzliche Bedingungsfeindlichkeit der Kündigung**. Auch die Verbindung einer Kündigung mit einer unzulässigen (auflösenden) Bedingung führt zur Unwirksamkeit der Kündigung.

Beispiel:
52 Erklärt der Arbeitgeber mit der Kündigung des Arbeitsverhältnisses zugleich, die Kündigung **werde gegenstandslos, wenn ein auslaufender Bewachungsauftrag neu erteilt werde**, so handelt es sich i. d. R. um eine auflösende Bedingung. Durch sie wird der Kündigungsempfänger in eine ungewisse Lage versetzt; die Kündigung ist dann nicht genügend bestimmt und klar und deshalb unwirksam. Zudem wäre wegen der Ungewissheit der Möglichkeit einer Weiterbeschäftigung im Anwendungsbereich des KSchG selbst eine unbedingte Kündigung gem. § 1 Abs. 2 KSchG als sog. Vorratskündigung sozial ungerechtfertigt (*BAG* 15.3.2001 EzA § 620 BGB Kündigung Nr. 2).

53 Eine praktisch bedeutsame, normativ geregelte **Ausnahme** von der Bedingungsfeindlichkeit bildet die **Änderungskündigung** gem. § 2 KSchG, weil der Kündigungsempfänger unmittelbar überblicken kann, ob die Kündigung wirksam wird oder nicht (MünchArbR/*Wank* § 118 Rz. 46).

54 Eine aufschiebend bedingte Kündigungserklärung ist auch im Übrigen dann zulässig, wenn der Bedingungseintritt vom Kündigungsempfänger ohne Schwierigkeit zweifelsfrei festgestellt werden kann. Das *LAG Baden-Württemberg* (28.4.1966 DB 1966, 908 Ls.) hat z. B. eine fristlose Kündigung unter der Bedingung, dass der Arbeitnehmer am folgenden Tag nicht zur Arbeit erscheint, als wirksame Kündigung betrachtet, da der Arbeitnehmer die Ungewissheit über die Beendigung des Arbeitsverhältnisses durch sein eigenes Verhalten beseitigen konnte.

55 Teilt der Arbeitgeber dagegen einem erkrankten Arbeitnehmer schriftlich mit, dass das Personal wegen **schlechter Auftragslage vorübergehend reduziert werden müsse,** weshalb einzelne Belegschaftsmitglieder nunmehr rückständigen Urlaub nähmen oder ihren Wehrdienst anträten, und schließt er daran die Bitte an, sich nach der Wiedergenesung für einige Zeit arbeitslos zu melden, so kann darin mangels hinreichender Abgrenzung von der bloßen Suspendierung keine Kündigung gesehen werden, wenn dem Arbeitnehmer überdies in Aussicht gestellt wird, im Falle der Geschäftsbelebung umgehend benachrichtigt zu werden (*LAG Hamm* 7.7.1994 LAGE § 620 BGB Kündigungserklärung Nr. 3).

ff) Vorsorgliche Kündigung; Abgrenzung zur »Bestätigung der Kündigung« und zur Berufung auf die Befristung des Arbeitsvertrages

56 Die **vorsorgliche Kündigung ist** dagegen **eine unbedingte Kündigung.** Der Kündigende behält sich lediglich entweder intern vor, dass er sie rückgängig machen will, wenn sie sich wegen der Veränderung der wirtschaftlichen Verhältnisse (z. B. durch neue Aufträge) als nicht erforderlich erweisen sollte. Sie kann auch für den Fall der

D. Die Beendigung des Arbeitsverhältnisses

Unwirksamkeit einer bereits ausgesprochenen Kündigung erklärt werden, wobei sie dann statt des Nachschiebens von Kündigungsgründen gewählt werden kann.
In Betracht kommt sie auch bei Eintritt neuer Tatsachen, auf die eine zuvor bereits erklärte Kündigung nicht gestützt werden kann, z. B. weil sie erst nach Zugang der Kündigung eingetreten sind (vgl. MünchArbR/*Wank* § 118 Rz. 47 f.).
Fraglich ist, ob auch in der »**Bestätigung**« **einer Kündigung** eine (weitere) vorsorgliche Kündigung gesehen werden kann, oder ob es sich nur um eine Erklärung mit deklaratorischem Inhalt handelt. Maßgeblich für die Beurteilung dieser Frage sind die Umstände des Einzelfalles.

Die Formulierung, eine Kündigung zu wiederholen, bedeutet zwar nach dem Wortsinn, sie noch einmal auszusprechen (*BAG* 13.11.1958 AP Nr. 17 zu § 3 KSchG). Für die Auslegung sind aber alle weiteren Begleitumstände zu würdigen, die für die Frage, welcher Wille der Beteiligte bei seiner Erklärung gehabt hat, von Bedeutung sind und dem Erklärungsempfänger bekannt waren (*BAG* 21.3.1988 EzA § 4 KSchG Nr. 33; *LAG Düsseldorf* 7.12.1995 LAGE § 130 BGB Nr. 20). Auch die spätere Reaktion einer Partei auf eine von ihr abgegebene Willenserklärung kann für deren Auslegung von Bedeutung sein (*BAG* 17.4.1970 AP Nr. 32 zu § 133 BGB). 57

Es spricht gegen eine erneute, in ihrem rechtlichen Bestand von der ersten Kündigung unabhängige Kündigung, wenn der Kündigende mit der »Wiederholung« der Kündigung nur die beim mündlichen Ausspruch gescheiterte Übergabe des Kündigungsschreibens nachholen will und wenn er sich im Rechtsstreit nur darauf beruft, dem Gekündigten sei vorsorglich noch einmal eine schriftliche Kündigung zugeleitet worden (*BAG* 4.12.1986 – 2 AZR 33/86 – n. v.). Auch ein **Schreiben, das eine bereits mündlich ausgesprochene fristlose Kündigung lediglich** »**bestätigt**«, sich dabei sprachlich der Vergangenheitsform bedient (»wurde Ihnen ... ausgesprochen«) und keinen neuen Kündigungstermin benennt, sondern den ursprünglichen Kündigungstermin wiederholt, ist nicht als erneute Kündigungserklärung auszulegen. Dies gilt selbst dann, wenn sie sich auf später eingetretene Kündigungsgründe beruft (*LAG Köln* 18.4.1997 NZA-RR 1998, 15). 58

Formulierungshinweis: 59
Kommt nach Maßgabe dieser Grundsätze das Vorliegen einer weiteren Kündigung in Betracht, sollte im Hinblick auf §§ 13, 4, 7 KSchG der Klageantrag der Kündigungsschutzklage hilfsweise auch darauf erstreckt werden, z. B. durch die Formulierung »2. hilfsweise für den Fall, dass im Schreiben des Arbeitgebers vom ... eine eigenständige, vom Klageantrag Nr. 1 nicht erfasste Kündigung enthalten sein sollte, festzustellen, dass das zwischen den Parteien bestehende Arbeitsverhältnis auch durch die Arbeitgeberkündigung vom ... nicht aufgelöst worden ist.«

Die Mitteilung des Arbeitgebers, ein **befristet abgeschlossener Arbeitsvertrag** solle **nicht verlängert werden,** oder eine mit der Befristung begründete Ablehnung der Weiterbeschäftigung ist i. d. R. dann **keine vorsorgliche Kündigung, wenn die Wirksamkeit der Befristung zwischen den Parteien noch nicht streitig ist** (*BAG* 26.4.1979 EzA § 620 BGB Nr. 39). 60

D. Die Beendigung des Arbeitsverhältnisses

gg) Ort und Zeit der Kündigungserklärung

61 Vorschriften über Ort und Zeit der Kündigung bestehen nicht. Fraglich ist die Rechtslage, wenn eine **Kündigung zur Unzeit** erfolgt (vgl. APS/Preis Grundlagen D Rz. 50). Da insoweit nur die Umstände der Kündigungserklärung betroffen sind und es nicht um die Berechtigung der Kündigung als solcher geht, gilt grds. § 627 Abs. 2 S. 2 BGB. **Die Kündigung ist zwar wirksam, der Kündigende ist aber zum Schadensersatz verpflichtet.**
Nur in extremen Fällen wird die Unwirksamkeit der Kündigung nach § 242 BGB in Betracht gezogen, wenn die Persönlichkeit des Empfängers durch die Art der Kündigung besonders herabgesetzt wird (vgl. *LAG Bremen* 29.10.1985 BB 1986, 393).
Das ist bei einer Kündigung am Heiligen Abend noch nicht der Fall (*BAG* 14.11.1984 EzA § 242 BGB Nr. 38; s. auch dazu unten D/Rz. 1003).

b) Zugang der Kündigungserklärung

62 Der Zeitpunkt des Zugangs der Kündigung ist grds. der maßgebliche Zeitpunkt für die Beurteilung ihrer Rechtmäßigkeit (*BAG* 19.5.1988 EzA § 613 a BGB Nr. 82; ausf. APS/*Preis* Grundlagen D Rz. 52 ff.; *Busemann/Schäfer* a. a. O., Rz. 35 ff.; s. aber u. D/Rz. 1167 ff.).

aa) Zugang unter Anwesenden

63 Für den Zugang der Kündigungserklärung gelten die allgemeinen Grundsätze: **Unter Anwesenden geht die Kündigung zu, sobald sie der Empfänger vernimmt.**
Zu beachten ist, dass wegen § 623 BGB seit dem 1.5. 2000 eine mündlich erklärte Kündigung praktisch nicht mehr wirksam sein kann.
Wird einem Anwesenden ein Kündigungsschreiben übergeben, so wird die Kündigung damit wirksam; auch insoweit handelt es sich um eine Kündigung unter Anwesenden (*BAG* 16.2.1983 EzA § 123 BGB Nr. 21). Das gilt auch dann, wenn einem ausländischen Arbeitnehmer, der nicht lesen kann, ein in deutscher Sprache gehaltenes ausführliches Kündigungsschreiben übergeben wird (KR-*Friedrich* § 4 KSchG Rz. 101; a. A. *LAG Hamm* 24.3.1988 LAGE § 5 KSchG Nr. 32: Zugang erst nach Ablauf einer angemessenen Frist, die nach Treu und Glauben zur Erlangung einer Übersetzung erforderlich ist). Denn § 130 Abs. 1 BGB lässt eine individualisierende Betrachtungsweise, die auf die besonderen Behinderungen des Empfängers abstellt, von einer Erklärung tatsächlich Kenntnis zu nehmen, nicht zu. Dem Schutz sprachunkundiger Ausländer ist durch nachträgliche Zulassung der Kündigungsschutzklage gem. § 5 KSchG Rechnung zu tragen (s. u. D/Rz. 596 ff.).

bb) Zugang unter Abwesenden

(1) Begriffsbestimmung

64 Unter Abwesenden richtet sich der Zugang der Kündigung nach § 130 BGB. Es gilt die allgemeine Regel, dass eine Erklärung dem Empfänger dann zugegangen ist, wenn sie so in seinen Machtbereich gelangt ist, dass er unter gewöhnlichen Umständen davon Kenntnis nehmen konnte (*BAG* 16.3.1988 EzA § 130 BGB Nr. 16).

D. Die Beendigung des Arbeitsverhältnisses

(2) Nachweispflicht des Arbeitgebers
Der Arbeitgeber hat den vollen Beweis des Zugangs einer Kündigung unter Abwe- 65
senden zu führen. Denn wenn ein gewöhnlicher Brief der Post zur Beförderung übergeben wird, so gibt es keinen Anscheinsbeweis dafür, dass er auch zugegangen ist (*BAG* 14.7.1960 AP Nr. 3 § 130 BGB).
Insoweit trifft den Absender neben dem Risiko, dass der Brief auf dem Postweg verloren geht, auch das Risiko, wenn eine schriftliche Kündigungserklärung wegen ungenügender Frankierung oder falscher Anschrift oder wegen Nachportos den Empfänger nicht erreicht.

> Andererseits reicht es aus, dass der Empfänger unter gewöhnlichen Umständen 66
> von der Kündigung Kenntnis nehmen konnte. Nicht notwendig ist, dass er
> auch tatsächlich Kenntnis nimmt.

So reicht es z. B. bei einem Brief aus, wenn er in seinen Briefkasten gelangt ist, gleichgültig ob er den Briefkasten leert oder auch ob er vom Grundstück abwesend ist. Auch fehlende Sprachkenntnis gehört zum Risiko des Empfängers (s. o. D/Rz. 63; KR-*Friedrich* § 4 KSchG Rz. 101). Daran ändert sich auch nichts, wenn dem Erklärenden derartige Gründe bekannt sind (*BAG* 16.3.1988 EzA § 130 BGB Nr. 16). Verfügt ein Haus mit **mehreren Mietparteien** über keine Briefkästen und erfolgt die Postzustellung üblicherweise durch Einwurf in den dafür vorgesehenen **Briefschlitz der Haustür**, ist ein auf diesem Weg per Boten zugestelltes Kündigungsschreiben in den Machtbereich des Empfängers gelangt und diesem zugegangen. Auf die tatsächliche Kenntnisnahme des Empfängers kommt es nicht an (*LAG Düsseldorf* 19.9.2000 ARST 2001, 68 Ls.). Ist nach dem eigenen Vorbringen des Empfängers sichergestellt, dass ihn die auf diesem Weg zugestellte Post auch tatsächlich nicht erreicht, kann er unter dem Gesichtspunkt der Zugangsvereitelung nach § 242 BGB nicht geltend machen, ein in den Briefschlitz eingeworfenes Kündigungsschreiben habe ihn nicht erreicht (*LAG Düsseldorf* 19.9.2000 ARST 2001, 68 Ls.).

(3) Zugangszeitpunkt

aaa) Leerung des Briefkastens

> Hält sich der Arbeitnehmer während einer Krankheit oder einer sonstigen Ar- 67
> beitsfreistellung gewöhnlich zu Hause auf, so ist von ihm nach der Verkehrsanschauung nicht zu erwarten, dass er nach den allgemeinen Postzustellungszeiten
> seinen Wohnungsbriefkasten nochmals überprüft.

Wird ein Kündigungsschreiben deshalb erst erhebliche Zeit nach der allgemeinen Postzustellung in seinen Wohnungsbriefkasten geworfen (z. B. um 16.30 Uhr), so geht ihm die Kündigung erst am nächsten Tag zu (*BAG* 8.12.1983 EzA § 130 BGB Nr. 13).
Ist im Arbeitsvertrag der Hauptwohnsitz des Arbeitnehmers aufgeführt und unter- 68
hält dieser einen Zweitwohnsitz am Arbeitsort, an den das Kündigungsschreiben adressiert ist, so kann ein Arbeitgeber ohne Hinzutreten besonderer Umstände nicht annehmen, dass der Arbeitnehmer in jeder dieser Wohnungen Vorkehrungen getroffen hat, die es ihm ermöglichen, sich zeitnah Kenntnis von einem Kündigungsschreiben zu verschaffen (*LAG Düsseldorf* 7.12.1995 LAGE § 130 BGB Nr. 20).

D. Die Beendigung des Arbeitsverhältnisses

Für den Zugang reicht es aus, wenn ein Bote den Brief mangels Verfügbarkeit eines Hausbriefkastens nach vergeblichem Klingeln auffällig zwischen Glasscheibe und Metallgitter der von der Straße her nicht einsehbaren Haustür des Einfamilienhauses des Empfängers steckt, das zur Straßenseite hinter einem umfriedeten Vorgarten mit verschlossenem – wenn auch nicht abgeschlossenem – Gartentörchen liegt (*LAG Hamm* 25.2.1993 NZA 1994, 32).

bbb) Empfangsbote; Abgrenzungen

69 Wird eine Willenserklärung durch Einschaltung einer Mittelsperson dem Adressaten zugeleitet, hängt der Zugang davon ab, ob es sich bei der Person, gegenüber der die Erklärung abgegeben wird, um einen Empfangsvertreter, um einen Erklärungsvertreter oder um einen Erklärungsboten handelt.

70 Der Erklärungsbote steht auf der Seite des Absenders. Die Willenserklärung geht erst dann zu, wenn sie der Erklärungsbote dem Adressaten zuleitet. Das Risiko, dass er die Willenserklärung nicht oder mit verändertem Inhalt weitergibt, trägt der Absender. Empfangsvertreter und Empfangsbote stehen auf der Seite des Empfängers. Wird die Erklärung gegenüber einem vom Empfänger bevollmächtigten Empfangsvertreter (§ 164 Abs. 3 BGB) abgegeben, müssen die Zugangsvoraussetzungen für dessen Person erfüllt sein.

71 Wird die Erklärung gegenüber einem Empfangsboten abgegeben, so ist sie in den Machtbereich des Empfängers gelangt; nach der Rechtsprechung des *BGH* (NJW-RR 1989, 757) ist Zugangszeitpunkt der, in dem regelmäßig die Weitergabe an ihn zu erwarten ist. Das Risiko, dass der Empfangsbote die Erklärung nicht, verspätet oder falsch weiterleitet, trägt der Adressat (vgl. *Herbert* NZA 1994, 391 ff.).

72 Nach der Verkehrsanschauung ist Voraussetzung für die Eigenschaft als Empfangsbote zum einen eine persönliche oder vertragliche Beziehung zum Adressaten, durch die die Person zum anderen auf gewisse Dauer in einer räumlichen Beziehung zu diesem steht (z. B. Ehegatten, in der Wohnung des Empfängers lebende Familienangehörige und Haushaltsmitglieder sowie die in einem Betrieb beschäftigten kaufmännischen Angestellten; vgl. *Herbert* NZA 1994, 392).
Lehnt ein als Empfangsbote anzusehender Familienangehöriger (z. B. die Mutter) des abwesenden Arbeitnehmers die Annahme eines Kündigungsschreibens des Arbeitgebers ab, so muss der Arbeitnehmer die Kündigung nur dann als zugegangen gegen sich gelten lassen, wenn er auf die Annahmeverweigerung, etwa durch vorherige Absprache mit dem Angehörigen, Einfluss genommen hat. Das gilt selbst dann, wenn die Empfangsbotin das Schreiben von einem (im konkreten Einzelfall nicht als Empfangsboten anzusehenden Onkel der Arbeitnehmerin) zunächst entgegengenommen und dann ungeöffnet an die Post zurückgeleitet hat (*BAG* 11.11.1992 EzA § 130 BGB Nr. 24).
Demgegenüber hat *Bickel* (Anm. zu *BAG* 11.11.1992 AP Nr. 18 zu § 130 BGB; abl. auch *Herbert* NZA 1994, 392 ff.) darauf hingewiesen, dass es allgemeiner Meinung entspricht, dass eine schriftliche rechtsgeschäftliche Erklärung ihrem Adressaten (auch) dann zugeht (§ 130 Abs. 1 S. 1 BGB), wenn sie einem Empfangsboten übergeben, ausgehändigt wird. Mit der Übergabe aber z. B. an die Mutter als Empfangsbotin

D. Die Beendigung des Arbeitsverhältnisses

der Arbeitnehmerin ist die Kündigung zugegangen; der einmal erfolgte Zugang kann nicht wieder rückgängig gemacht werden.

ccc) Längere Abwesenheit des Arbeitnehmers

Ein an die Heimatanschrift des Arbeitnehmers gerichtetes Kündigungsschreiben geht diesem grds. auch dann zu, wenn dem Arbeitgeber bekannt ist, dass er während seines Urlaubs verreist ist oder sich in Untersuchungshaft oder Auslieferungshaft befindet. 73

Dafür spricht zum einen die mit den Bedürfnissen des rechtsgeschäftlichen Verkehrs schwer zu vereinbarende Unsicherheit einer konkreten Erwartung des Erklärenden von der Kenntnisnahme durch den Empfänger. Es gibt keine allgemein gültigen Erfahrungswerte über das konkrete Urlaubsverhalten der Arbeitnehmer. Auch ist der Arbeitnehmer i. d. R. nicht verpflichtet, dem Arbeitgeber mitzuteilen, ob und wohin er während des Urlaubs verreist, andererseits kann der Arbeitgeber nicht gehalten sein, sich über das individuelle Urlaubsverhalten seiner Arbeitnehmer Kenntnis zu verschaffen. Hinzu kommt die mit den subjektiven Vorstellungen einer Partei stets verbundene Darlegungs- und Beweisschwierigkeit im Prozess. 74

Der Arbeitnehmer ist im Hinblick auf die Drei-Wochen-Frist gem. §§ 4, 7 KSchG dann gehalten, nach Rückkehr aus dem Urlaub gem. § 5 KSchG die **nachträgliche Zulassung der Kündigungsschutzklage** zu beantragen (*BAG* 16.3.1988, 2.3.1989 EzA § 130 BGB Nr. 16, 22 gegen *BAG* 16.12.1980 EzA § 130 BGB Nr. 10; zust. *Schukai/Ramrath* SAE 1989, 182; krit. *Popp* DB 1989, 1133), sofern das KSchG überhaupt anwendbar ist und die Sozialwidrigkeit der Kündigung bzw. die Unwirksamkeit der außerordentlichen Kündigung gem. § 626 Abs. 1, 2 BGB geltend gemacht werden soll. 75

ddd) Einschreiben

aaaa) Einschreiben; ab 1.9.1997 »Übergabe-Einschreiben«

Bei Einschreibebriefen ist grds. erforderlich, dass der Brief selbst den Empfänger oder einen Empfangsberechtigten erreicht (*BAG* 20.7.1979 EzA § 130 BGB Nr. 5). 76

Vorteil dieser Zustellungsart ist andererseits, dass bei der Verwendung eines Einschreibens mit Rückschein der dem Kündigenden obliegende Beweis des Zugangs sicher geführt werden kann. Um den möglichen Einwand des Arbeitnehmers, er habe zwar ein Einschreiben erhalten, darin habe sich aber entweder nichts oder jedenfalls kein Kündigungsschreiben befunden, widerlegen zu können, sollte der Arbeitgeber allerdings z. B. einen schriftlichen Vermerk der Sekretärin, die das Schreiben gefertigt und nach Unterschrift in den Umschlag gegeben und diesen verschlossen hat, fertigen lassen, um so nachweisen zu können, welchen Inhalt der Einschreibebrief hatte. Wurde niemand angetroffen und **erhält der Empfänger nur einen Benachrichtigungszettel der Post, so ist die Kündigung noch nicht zugegangen, sondern erst mit der tatsächlichen Aushändigung des Briefes** (*BAG* 15.11.1962 AP Nr. 4 zu § 130 BGB; *LAG* Hessen 6.11.2000 NZA-RR 2001, 637).

Geht dem Arbeitnehmer eine Arbeitgeberkündigung per Einschreiben zu, so ist die Klagefrist des § 4 KSchG auch dann grds. ab der Aushändigung des Einschreibebriefs 77

D. Die Beendigung des Arbeitsverhältnisses

zu berechnen, wenn der Postbote den Arbeitnehmer nicht antrifft und dieser das Einschreiben zwar nicht alsbald, aber noch **innerhalb der ihm von der Post mitgeteilten Aufbewahrungsfrist** beim zuständigen Postamt **abholt** oder abholen lässt (*BAG* 25.4.1996 EzA § 130 BGB Nr. 27; zur Klagefrist s. u. D/Rz. 579 ff.).

78 Jedoch kann die Nichtabholung oder die verspätete Abholung von der Post **rechtsmissbräuchlich** sein, sodass in diesem Fall der Zugangsvereitelung die Kündigungserklärung als zugegangen gilt (*BAG* 27.10.1982 NJW 1983, 929; *LAG Hessen* 6.11.2000 NZA-RR 2001, 637).

Kündigt der Arbeitgeber z. B. unmittelbar nach Erteilung der Zustimmung des Integrationsamtes dem schwer behinderten Arbeitnehmer fristlos durch Einschreiben, das nach erfolglosem Zustellversuch bei der Postanstalt niedergelegt, nach Ablauf der siebentägigen Lagefrist an den Arbeitgeber zurückgesandt und erst dann dem Arbeitnehmer zugestellt wird, dann kann es dem Arbeitnehmer nach Treu und Glauben verwehrt sein, sich darauf zu berufen, die Kündigung sei nicht unverzüglich i. S. d. § 91 Abs. 5 SGB IX erklärt worden, wenn ihm der Benachrichtigungsschein über die Niederlegung des Einschreibebriefs bei der Postanstalt (z. B. durch Einwurf in den Hausbriefkasten) i. S. d. § 130 BGB zugegangen ist. Das ist der Fall, wenn er weiß, dass bei dem Integrationsamt ein Zustimmungsverfahren anhängig ist, er den Benachrichtigungsschein tatsächlich auch erhält oder er die Unkenntnis von dessen Zugang zu vertreten hat. Hierbei ist zu berücksichtigen, dass er **in dem Zeitraum, in dem er mit einer Kündigung rechnen muss, seine Post sorgfältig durchzusehen hat** (*BAG* 3.4.1986 EzA § 18 SchwbG Nr. 7).

In einem solchen Fall trifft den Kündigenden zunächst die Darlegungs- und Beweislast für alle Tatsachen, die den Einwand begründen, der Arbeitnehmer berufe sich treuwidrig auf den verspäteten Zugang der Kündigung.

79 Steht der Zugang des Benachrichtigungsscheins an den Arbeitnehmer fest, so reicht es nicht mehr aus, wenn dieser pauschal bestreitet, davon tatsächlich Kenntnis erlangt zu haben. Er muss vielmehr konkrete Umstände vortragen, aus denen sich ergibt, dass er von dem Benachrichtigungsschein ohne sein Verschulden keine Kenntnis erlangt hat (*BAG* 3.4.1986 EzA § 18 SchwbG Nr. 7).

80 Diese Grundsätze gelten seit dem 1.9.1997 für das nach wie vor mögliche, inhaltlich gleich ausgestaltete »**Übergabe-Einschreiben**« (vgl. *Dübbers* NJW 1997, 2503 ff.; *Reichert* NJW 2001, 2523 ff.).

bbbb) »Einwurf-Einschreiben«

81 Neben dem »Übergabe-Einschreiben« besteht seit dem 1.9.1997 aber nunmehr auch die Möglichkeit, einen Brief per »Einwurf-Einschreiben« durch die Post befördern zu lassen. Es wird mit der Tagespost in den **Hausbriefkasten** oder das Postfach des Empfängers eingeworfen. Dieser Einwurf wird von dem Mitarbeiter der Deutschen Post AG mit einer genauen **Datums- und Uhrzeitangabe dokumentiert**; einer Unterschriftsleistung des Empfängers bedarf es entgegen der bisherigen Praxis nicht mehr. Der dabei gefertigte Auslieferungsbeleg wird dann in einem Lesezentrum zentral für Deutschland eingescannt, sodass die genauen Auslieferungsdaten zur Verfügung stehen. Unter einer für Deutschland einheitlichen Telefonnummer (z. Zt. 01805/290690) kann dann der jeweilige Postkunde unter Angabe der auf seinem Aufgabebeleg erkennbaren Kennziffer den genauen Zeitpunkt des Einwurfs in den Briefkasten erfragen. Zwar wird das Original des Auslieferungsbeleges beim Scannvorgang

D. Die Beendigung des Arbeitsverhältnisses

zerstört, allerdings besteht die Möglichkeit, gegen eine Gebühr auch einen schriftlichen Datenauszug zu erhalten, mit dem dann der exakte Einwurfzeitpunkt vor Gericht schriftlich belegt werden kann (*Neuvians/Mensler* BB 1998, 1206 f.).

Dieses Einschreiben geht dem Empfänger folglich mit Einwurf in den Hausbriefkasten zu, sodass der Absender damit nunmehr einen Zugang seiner Kündigung bewirken kann, ohne unter Umständen die Abholung bei der Post abwarten zu müssen; zugleich kann nach z. T. vertretener Auffassung gem. § 418 ZPO der volle Beweis des Einwurfs des Schreibens geführt werden, der durch den Gegenbeweis der unrichtigen Beurkundung widerlegbar ist (vgl. *Dübbers* NJW 1997, 2503 ff.). Demgegenüber ist darauf hinzuweisen, dass die Post inzwischen als AG geführt wird, sodass lediglich § 416 ZPO in Betracht kommt (zutr. *Bauer/Diller* NJW 1988, 2795 f.; *Berger-Delhey* ZTR 1999, 164; *Reichert* NJW 2001, 2523 ff.). 82

Zudem ist damit nicht der Beweis erbracht, dass sich in dem zugestellten Umschlag tatsächlich auch das Kündigungsschreiben befand (*Hohmeister* BB 1998, 1478). Um eine **durchgehende Beweiskette** zu erreichen, muss der Arbeitgeber deshalb zumindest veranlassen, dass über den Inhalt des Kündigungsschreibens, die Einkuvertierung und die Übergabe in den Postlauf eine kurze Notiz gefertigt wird (*Laber* FA 1998, 172). 83

(4) Gerichtsvollzieher
In Betracht kommt gem. § 132 Abs. 1 BGB i. V. m. §§ 166 ff. ZPO auch die Zustellung der Kündigungserklärung durch den Gerichtsvollzieher. Mit dem Zustellungsauftrag erhält dann der Gerichtsvollzieher vom Kündigenden das offene **Original der Kündigungserklärung** und mindestens eine Abschrift, die der Gerichtsvollzieher als mit dem Original identisch beglaubigt. Sodann stellt er das Original durch Übergabe zu und fertigt darüber ein Protokoll, aus dem sich Ort, Datum und Uhrzeit sowie die näheren Modalitäten der Übergabe ergeben. Dieses Protokoll wird dem Kündigenden anschließend mit der beglaubigten Kopie der Kündigungserklärung ausgehändigt, sodass er es im Prozess als **Urkundsbeweis** verwenden kann (vgl. *Hohmeister* BB 1998, 1478). 84

(5) Zustellung durch Boten
Insbesondere dann, wenn ein kurzfristiger, sicherer, **nachweisbarer Zugang der Kündigungserklärung** unbedingt erforderlich ist (z. B. wenn eine Kündigung bei einer Kündigungsfrist von sechs Monaten zum Jahresende noch am 30.6. erklärt werden und an diesem Tag zugehen soll, der Arbeitnehmer aber krankheits- oder urlaubsbedingt nicht im Betrieb anwesend ist), erfolgt in der Praxis nicht selten die Zustellung durch einen, oder, um vor allem hinsichtlich der Beweiskraft des rechtzeitigen Zugangs sicher sein zu können, durch **zwei als besonders zuverlässig eingeschätzte Arbeitnehmer als Boten**. Einer der Arbeitnehmer protokolliert dann den eigentlichen Zustellungsvorgang nach beteiligten Personen, Datum und Uhrzeit schriftlich zu Beweiszwecken (vgl. *Hohmeister* BB 1998, 1477 ff.; *Berger-Delhey* ZTR 1999, 164). 85

Allerdings ist zu berücksichtigen, dass entsprechende Bekundungen den Einwand des Arbeitnehmers, er habe zwar einen Umschlag erhalten, darin habe sich aber kein Kündigungsschreiben befunden, nur dann widerlegen können, wenn den zu- 86

Dörner

stellenden Arbeitnehmern der Inhalt des Kündigungsschreibens zur Kenntnis gebracht worden und der zugestellte Umschlag in ihrem Beisein verschlossen und ihnen ausgehändigt worden ist (s. o. D/Rz. 76).

c) Vertretung

87 Bei juristischen Personen, bei OHG und KG erfolgt die Kündigung durch das vertretungsberechtigte Organ (z. B. den Geschäftsführer der GmbH, die persönlich haftenden Gesellschafter der KG). Bei Gesamtvertretung müssen alle Organmitglieder entweder zusammenwirken oder jedenfalls der Kündigungserklärung durch ein Organmitglied zustimmen.

88 Ist der Gesellschafter einer GmbH zugleich deren Arbeitnehmer, so kann in seinem Arbeitsvertrag wirksam auch vereinbart werden, dass zu einer fristgerechten Kündigung die vorherige Zustimmung der Gesellschafterversammlung erforderlich ist. Eine solche Regelung stellt keine unzulässige Beschränkung der Vertretungsbefugnis des GmbH-Geschäftsführers dar (*BAG* 28.4.1994 EzA § 37 GmbH-Gesetz Nr. 1). Zur Passivvertretung (z. B. als Adressat einer Kündigungserklärung) ist auch bei Gesamtvertretung jedes Organmitglied allein berufen (*BAG* 15.11.1976 EzA § 15 BBiG Nr. 3).
Sieht der Gesellschaftsvertrag einer GmbH zudem vor, dass der Geschäftsführer zur Vornahme aller Geschäfte und Rechtshandlungen, die der Betrieb der Gesellschaft nicht gewöhnlich mit sich bringt, der **Zustimmung der Gesellschafterversammlung** bedarf, so ist i. d. R. auch die außerordentliche Kündigung des Arbeitsverhältnisses einer im Innenverhältnis mit umfassenden Befugnissen ausgestatteten Mitgesellschafterin und Prokuristin zustimmungsbedürftig. Auf eine entsprechende gesellschaftsvertragliche Beschränkung der Befugnisse des Geschäftsführers kann sich die Mitgesellschafterin und Prokuristin auch im Kündigungsschutzprozess berufen; die fehlende Zustimmung der Gesellschafterversammlung ist ggf. ein **sonstiger Unwirksamkeitsgrund** i. S. v. § 13 Abs. 3 KSchG (*BAG* 11.3.1998 EzA § 37 GmbHG Nr. 2).

89 Betreibt ein **Rechtsanwalt eine Anwaltskanzlei selbstständig,** ohne dass die anderen im Briefkopf der Kanzlei aufgeführten Anwälte auf die tägliche Arbeit und die Personalentscheidungen erkennbar Einfluss nehmen, kann er einem von ihm angestellten Rechtsanwalt die (Schein-)sozietät wirksam kündigen, ohne nach § 174 BGB eine Vollmacht der anderen Mitglieder der (Schein-)sozietät vorzulegen (*BAG* 6.2.1997 EzA § 174 BGB Nr. 11).
Die **Kündigung gegenüber einem Minderjährigen** wird wirksam, wenn sie dem **gesetzlichen Vertreter** zugeht. Auch im Falle der Partei kraft Amtes (z. B. beim Insolvenzverwalter) muss die Kündigung dieser gegenüber erfolgen (vgl. MünchArbR/*Wank* § 118 Rz. 16).
Ein Minderjähriger kann unter den Voraussetzungen der §§ 112, 113 BGB selbst kündigen, andernfalls benötigt er gem. § 107 BGB die Zustimmung des gesetzlichen Vertreters, da sonst die Kündigung unwirksam ist (§ 111 BGB).

aa) Kündigungserklärung durch Bevollmächtigte

(1) Zurückweisung der Kündigung
Wird die Kündigung durch einen Bevollmächtigten erklärt, so ist **§ 174 BGB zu** beachten (vgl. ausf. APS/*Preis* Grundlagen D Rz. 90 ff.). 90

Danach ist eine Kündigung, die ein Bevollmächtigter einem anderen gegenüber vornimmt, unwirksam, wenn der Bevollmächtigte eine Vollmachtsurkunde nicht oder nur in beglaubigter Abschrift, in Fotokopie oder in Faxkopie (*LAG Düsseldorf* 22.2.1995 LAGE § 174 BGB Nr. 7 unter Hinweis auf *BGH* NJW 1981, 1210 u. *OLG Hamm* NJW 1991, 1185) vorlegt oder zu den Gerichtsakten reicht und der Kündigungsempfänger die Kündigung aus diesem Grunde unverzüglich (d. h. ohne schuldhaftes Zögern, § 121 Abs. 1 BGB) zurückweist.

Nach Auffassung des *BGH* (4.2.1981 AP Nr. 5 zu § 174 BGB) gilt das selbst bei Zustellung der Willenserklärung durch den Gerichtsvollzieher. 91
Die Zurückweisung erfolgt i. d. R. dann nicht »unverzüglich«, wenn sie erst **nach Ablauf der Drei-Wochen-Frist** des § 4 KSchG erfolgt (*BAG* 11.3.1999 ZTR 1999, 420); gleiches gilt, wenn sie in einer fristgerechten Kündigungsschutzklage erklärt wird, die erst nach dem Ablauf dem Arbeitgeber zugestellt wird (*LAG Köln* 20.2.1997 LAGE § 174 BGB Nr. 10). Zu beachten ist, dass eine Zurückweisung aber auch nach Maßgabe der Umstände des konkreten Einzelfalls bereits nach **weniger als zwei Wochen** nicht mehr unverzüglich sein kann (*BAG* 5.4.2001 EzA § 626 BGB n. F. Nr. 187). Demgegenüber ist eine Zeitspanne zwischen dem Zugang der Kündigung und dem Zugang des Rügeschreibens nach § 174 S. 1 BGB von **wenigen Tagen bis zu einer Woche** nicht zu beanstanden (*LAG Hessen* 12.3.2001 FA 2001, 207).
Die **Zurückweisung** der Kündigung aus diesem Grund braucht zwar **nicht ausdrücklich** zu erfolgen. Sie muss sich aber aus der **Begründung** oder aus **anderen Umständen eindeutig** und für den Kündigenden zweifelsfrei ergeben (*BAG* 18.12.1980 EzA § 174 BGB Nr. 4).

(2) Kenntnis des Kündigungsgegners
Die Zurückweisung ist gem. § 174 S. 2 BGB jedoch ausgeschlossen, wenn der Vollmachtgeber den anderen von der Bevollmächtigung in Kenntnis gesetzt hatte. 92

Dabei reicht es aus, wenn der Arbeitgeber den Kündigenden in eine Stelle berufen hat, die üblicherweise mit dem Kündigungsrecht verbunden ist. Das ist z. B. der Fall durch die Bestellung zum Prokuristen, Generalbevollmächtigten oder zum Leiter der Personalabteilung. 93

Das gilt auch dann, wenn der Arbeitgeber selbst den Arbeitnehmer eingestellt hat, während die Kündigung vom Leiter der Personalabteilung ausgesprochen wird. Denn es gibt keinen Erfahrungssatz, dass die Befugnis zur Einstellung und die Befugnis zur Entlassung zusammenfallen (*BAG* 30.5.1972 EzA § 174 BGB Nr. 1). 94
Der Grundsatz, dass es bei der Kündigung durch den Leiter der Personalabteilung nicht der Vorlage einer Vollmachtsurkunde bedarf, gilt auch dann, wenn die Vollmacht des Abteilungsleiters im Innenverhältnis, z. B. aufgrund einer internen Geschäftsordnung, eingeschränkt ist (*BAG* 29.10.1992 EzA § 174 BGB Nr. 10).

D. Die Beendigung des Arbeitsverhältnisses

95 Der **Leiter einer Niederlassung** eines Unternehmens des Transportgewerbes ist regelmäßig nach der Verkehrsanschauung als den gewerblichen Arbeitnehmern gegenüber kündigungsberechtigt anzusehen (*LAG Hessen* 20.6.2000 NZA-RR 2000, 585). Dies gilt **nicht** für einen **externen Unternehmensberater**, der zur Erstellung einer Sanierungsanalyse und ggf. eines Sanierungskonzepts im Betrieb tätig wird (*LAG Köln* 3.8.1999 ARST 2000, 93 Ls.).
Führt der **Gesamtvollstreckungsverwalter** den Betrieb längere Zeit fort und beschäftigt er den bisherigen Personalleiter in gleicher Funktion weiter, so ist bei einer Kündigung durch den Personalleiter gleichfalls die Vorlage einer Vollmachtsurkunde nicht erforderlich (*BAG* 22.1.1998 EzA § 174 BGB Nr. 13).

96 Wird die Kündigung von einem **Prokuristen** des Arbeitgebers ausgesprochen, dessen Prokura im Handelsregister eingetragen und vom Registergericht gem. § 10 Abs. 1 HGB bekannt gemacht worden ist, so bedarf es gleichfalls für die Wirksamkeit der Kündigung nicht der Vorlage einer Vollmachtsurkunde durch den Prokuristen nach Maßgabe des § 174 S. 1 BGB. Vielmehr hat der Arbeitgeber in einem solchen Fall seine Belegschaft i. S. d. § 174 S. 2 BGB über die von der Prokura umfasste Kündigungsberechtigung in Kenntnis gesetzt. Der Gekündigte muss die Prokuraerteilung gem. § 15 Abs. 2 HGB gegen sich gelten lassen. Das gilt auch dann, wenn der Prokurist entgegen § 51 HGB nicht mit einem die Prokura andeutenden Zusatz (»ppa.«) unterzeichnet (*BAG* 11.7.1991 EzA § 174 BGB Nr. 9).

97 Diese Grundsätze gelten jedoch grds. **nicht für einen Sachbearbeiter** der Personalabteilung (*BAG* 30.5.1978 EzA § 174 BGB Nr. 2). Weder die Stellung des **Kaufmännischen Leiters** der Niederlassung eines Automobilherstellers, noch die des **Serviceleiters** ist üblicherweise mit der Vollmacht versehen, Werkstattpersonal zu entlassen (*LAG Hessen* 4.9.1997 NZA-RR 1998, 396). Der Arbeitgeber kann die Mitarbeiter von einer Bevollmächtigung eines Angestellten (Leiter einer Senioreneinrichtung) zum Ausspruch von Kündigungen auch dadurch in Kenntnis setzen, dass er bei der **Amtseinführung,** an der die Belegschaft teilnimmt, auf die **Kündigungsbefugnis hinweist.** Auch Arbeitnehmer, die bei der Amtseinführung nicht anwesend waren, müssen sich dann so behandeln lassen, als hätten sie von der Bevollmächtigung Kenntnis gehabt (*LAG Köln* 7.7.1993 NZA 1994, 419).

(3) Kündigung im öffentlichen Dienst

98 Auch bei Ausspruch einer Kündigung im Bereich des öffentlichen Dienstes gilt § 174 BGB.

99 Es hängt jeweils von den konkreten Umständen ab, ob mit der Stellung eines **Sachbearbeiters** einer mit Personalangelegenheiten befassten Abteilung einer Behörde das Kündigungsrecht derart verbunden ist, dass die Arbeitnehmer, die mit ihm zu tun haben, von seiner Kündigungsvollmacht i. S. d. § 174 S. 2 BGB in Kenntnis gesetzt sind (*BAG* 29.6.1989 EzA § 174 BGB Nr. 6). Auch der **Referatsleiter** innerhalb der Personalabteilung einer Behörde gehört nicht ohne weiteres zu dem Personenkreis, der nach § 174 S. 2 BGB – wie der Personalabteilungsleiter – als Bevollmächtigter des Arbeitgebers gilt (*BAG* 20.8.1997 EzA § 174 BGB Nr. 12). Gleiches gilt für den **Leiter einer** von einer Kommune, die 17.000 Arbeitnehmer beschäftigt und eine eigene Hauptverwaltung mit Haupt- und Personalabteilung besitzt, betriebenen **Sonderschule,** der das Kündigungsschreiben mit »i. A.« unterzeichnet hat (*LAG Hamm* 11.1.1999 ZTR 1999, 232 Ls.). Andererseits kann in einer Großstadt die Beendigung

D. Die Beendigung des Arbeitsverhältnisses

eines Arbeitsverhältnisses mit einfachen Büro- bzw. Reinigungskräften jedenfalls durch ordentliche Kündigung ebenso ein **Geschäft der** »**laufenden Verwaltung**« **sein**, wie der Abschluss eines Arbeitsvertrages. Von daher kann der **Amtsleiter** in einer Großstadt unter Berücksichtigung der Bestimmungen einer Allgemeinen Dienst- und Geschäftsanweisung für die Stadtverwaltung kündigungsbefugt sein, so dass es einer Vollmachtsvorlage nicht bedarf (*LAG Hessen* 7.12.2000 ARST 2001, 193).

Die einem **Landrat** nach Maßgabe einer Landkreisordnung eingeräumte Einzelvertretungsmacht bezieht sich auch auf die Abgabe von Kündigungserklärungen gegenüber den beim Landkreis beschäftigten Arbeitnehmern. Die fehlende Mitwirkung des Kreistages hat keinen Einfluss auf die ihm zustehende Vertretungsmacht, sondern berührt nur die von der Außenvertretung zu trennende interne Pflichtenbindung (*BAG* 14.11.1984 AP Nr. 89 zu § 626 BGB). **100**

Schreibt eine Gemeindeordnung vor, dass eine schriftliche außerordentliche Kündigung gegenüber einem Angestellten nur rechtsverbindlich ist, wenn das Kündigungsschreiben vom **Gemeindedirektor** und dem **Ratsvorsitzenden** schriftlich unterzeichnet und mit dem Dienstsiegel versehen ist, so handelt es sich insoweit nicht um eine gesetzliche Formvorschrift, sondern um eine Vertretungsregelung. Das Dienstsiegel steht in derartigen Fällen als Legitimationszeichen einer Vollmachtsurkunde i. S. d. § 174 S. 1 BGB gleich. **101**

Unterbleibt die Dokumentation der Vertretungsmacht durch Beifügung des Dienstsiegels bei einer schriftlichen außerordentlichen Kündigung, kann der Arbeitnehmer diese entsprechend § 174 S. 1 BGB unverzüglich aus diesem Grunde zurückweisen (*BAG* 29.6.1988 EzA § 174 BGB Nr. 5). Gleiches gilt für die Vorschrift des § 54 Abs. 3 S. 2 sowie des § 101 Abs. 2 S. 1 GO NRW, wonach Arbeitsverträge und sonstige Erklärungen zur Regelung der Rechtsverhältnisse von Angestellten und Arbeitern neben der Unterschrift des Gemeindedirektors oder seines Stellvertreters noch der Unterzeichnung durch einen weiteren vertretungsberechtigten Beamten oder Angestellten bedürfen bzw. die Bestellung und Abberufung von Prüfern des Rechnungsprüfungsamtes durch den Gemeinderat zu erfolgen hat. **102**

Eine Gleichsetzung von Dienstsiegel und Dokumentation der Vertretungsmacht kommt aber dann in Betracht, wenn der Vertreter unter seiner Amtsbezeichnung handelt; im Übrigen neigt das *BAG* (20.8.1997 EzA § 174 BGB Nr. 12) inzwischen zu der Auffassung, dass **eine das Beifügen einer schriftlichen Vollmacht ersetzende Wirkung des Dienstsiegels generell abzulehnen** ist. **103**

Die ohne hinreichende Vertretungsmacht erklärte außerordentliche Kündigung kann vom Vertretenen mit rückwirkender Kraft nach § 184 BGB nur innerhalb der 2-wöchigen Ausschlussfrist des § 626 Abs. 2 BGB geheilt werden (*BAG* 26.3.1986, 4.2.1987 EzA § 626 BGB n. F. Nr. 99, 106). **104**

(4) Gesamtvertretung

Zwei Geschäftsführer, die nur zusammen zur Vertretung einer GmbH berufen sind, können ihre Gesamtvertretung so ausüben, dass einer den anderen intern **formlos zur Abgabe einer Willenserklärung ermächtigt** und der zweite Geschäftsführer allein die Willenserklärung abgibt. **105**

Dafür sind aber §§ 174, 180 BGB entsprechend anzuwenden, sodass ein Arbeitnehmer, dem einer von mehreren Gesamtvertretern einer GmbH kündigt, die Kündi-

D. Die Beendigung des Arbeitsverhältnisses

gung unverzüglich mit der Begründung zurückweisen kann, eine Ermächtigungsurkunde sei nicht vorgelegt worden (*BAG* 18.12.1980 EzA § 174 BGB Nr. 4).
106 Besitzen zwei Prokuristen **Gesamtprokura**, so können sie die Befugnis, Kündigungserklärungen abzugeben, an Dritte delegieren. Hiervon ist aber dann nicht auszugehen, wenn das Kündigungsschreiben nur von einem der Prokuristen und dem Dritten unterzeichnet ist. Der Empfänger kann eine derartige Kündigungserklärung folglich nach § 174 S. 1 BGB zurückweisen (*LAG Rheinland-Pfalz* 10.12.1996 DB 1997, 1723 Ls.).

(5) Vollmacht des Rechtsanwalts; insbesondere die Prozessvollmacht

107 Bei einer einem Rechtsanwalt erteilten außergerichtlichen Vollmacht hängt es von ihrem Umfang ab, ob er auch zum Ausspruch einer Kündigung berechtigt ist.

108 Im Interesse der Rechtssicherheit und Rechtsklarheit muss die Vollmachtsurkunde für den Erklärungsgegner eindeutig den Umfang der rechtsgeschäftlichen Vertretungsmacht erkennen lassen, d. h. sie muss nach ihrem Inhalt als Ermächtigung zur Vornahme des betreffenden Rechtsgeschäfts geeignet sein (*BAG* 31.8.1979 EzA § 174 BGB Nr. 3).

109 Eine Prozessvollmacht gem. § 81 ZPO ermächtigt auch zu materiell-rechtlichen Willenserklärungen, wenn sie im Prozess abzugeben waren (z. B. Aufrechnung, Wandlung, Minderung, Anfechtung, Kündigung, Rücktritt).
Auch wenn Erklärungen außerhalb des Prozesses abgegeben werden, können sie Prozesshandlungen sein, sofern sie im Dienst der Rechtsverfolgung oder Rechtsverteidigung des jeweiligen Rechtsstreits stehen.
Die Prozesspartei kann den Umfang der ihrem Prozessbevollmächtigten erteilten Vollmacht über den gesetzlichen Rahmen hinaus auch erweitern. Ob das im Einzelfall geschehen ist, muss durch Auslegung nach § 133 BGB ermittelt werden.

110 Waren **zwei** auf denselben Grund gestützte **Kündigungen** mit **Formfehlern** behaftet (fehlende Anhörung des Personalrats; unzulässige Bedingung) und deshalb unwirksam, so kann die im Rechtsstreit um die Wirksamkeit der zweiten Kündigung dem Prozessbevollmächtigten des Arbeitgebers erteilte **Prozessvollmacht** auch eine **dritte Kündigung** decken, die der Prozessbevollmächtigte während des Rechtsstreits um die zweite Kündigung erklärt, wenn sie wiederum auf **denselben Kündigungsgrund** gestützt wird. In einem solchen Fall kann der Arbeitnehmer die Kündigung nicht deshalb zurückweisen, weil keine Vollmachtsurkunde vorgelegt worden ist (*BAG* 10.8.1977 EzA § 81 ZPO Nr. 1).
111 Ein abgemahnter Arbeitnehmer muss während der »**Bewährungszeit**«, in der eine ihm erteilte Abmahnung Gültigkeit hat, mit einer Kündigung rechnen. Die im Abmahnungsprozess vom Arbeitgeber erteilte **Prozessvollmacht** bevollmächtigt den Prozessbevollmächtigten zu einer umfassenden Interessenvertretung und nach Auffassung des *LAG Hamm* (7.12.1999 – 4 Sa 327/99 –) daher auch zum Ausspruch einer Kündigung.
112 Eine als bekannt vorauszusetzende Bevollmächtigung i. S. d. § 174 S. 2 BGB liegt dagegen **nicht** vor, wenn der **Insolvenzverwalter** als Partei kraft Amtes einem **soziierten Rechtsanwalt** im Einzelfall die Befugnis zum Ausspruch der Kündigung erteilt.

Mangels besonderer Kündigungsvollmacht kann die Kündigung deshalb nach § 174 S. 1 BGB zurückgewiesen werden (*LAG Köln* 31.8.2000 – 6 Sa 862/00 –).

(6) Kündigung durch Vereinsvertreter
Wird die Kündigung durch einen besonderen Vereinsvertreter i. S. d. § 30 BGB erklärt, dem satzungsmäßig Kündigungsbefugnis erteilt ist, dann bedarf es für ihre Wirksamkeit nicht der Vorlage einer Vollmachtsurkunde nach § 174 S. 1 BGB (*BAG* 18.1.1990 EzA § 174 BGB Nr. 7). 113

bb) Prozessuale Geltendmachung
Die Unwirksamkeit der Kündigung gem. § 174 BGB kann als **sonstiger Mangel i. S. d. § 13 Abs. 3 KSchG** außerhalb des normalen Kündigungsschutzes geltend gemacht werden. **Der Einhaltung der Drei-Wochen-Frist gem. §§ 4, 7, 13 KSchG bedarf es folglich auch bei Anwendbarkeit des KSchG nicht** (vgl. KR-*Friedrich* § 13 KSchG Rz. 284 ff.). 114

cc) Empfangsbefugnis dritter Personen
Soweit es um den Zugang von kündigungsrelevanten Mitteilungen an den Arbeitgeber geht (wie z. B. die Mitteilung der Schwerbehinderteneigenschaft des Arbeitnehmers), gelten diese Grundsätze entsprechend (*BAG* 5.7.1990 EzA § 15 SchwbG 1986 Nr. 4). 115

Der Anwalt des Gekündigten gilt im Übrigen mit der Erteilung der Vollmacht für den Kündigungsschutzprozess auch als Bevollmächtigter seines Mandanten für die Entgegennahme evtl. weiterer Kündigungserklärungen (*LAG Düsseldorf* 13.1.1999 ZInsO 1999, 544). 116

Geht daher im Verlaufe des Prozesses eine weitere Kündigungserklärung seinem Rechtsanwalt zu, dann ist sie dem Arbeitnehmer auch dann zugegangen, wenn er im konkreten Gerichtstermin nicht anwesend war (*BAG* 27.1.1988 EzA § 4 KSchG n. F. Nr. 33). 117

d) »Rücknahme der Kündigung«

aa) Inhaltsbestimmung

Da mit dem Zugang der Kündigung ihre Gestaltungswirkung unmittelbar herbeigeführt wird, kann der Kündigende die einmal erfolgte Kündigung nicht einseitig zurücknehmen (*BAG* 19.8.1982 EzA § 9 KSchG a. F. Nr. 14; vgl. ausf. APS/*Preis* Grundlagen D Rz. 138 ff.). 118

Allerdings handelt es sich bei einer derartigen Erklärung des Kündigenden um ein **Angebot,** entweder ein neues Arbeitsverhältnis einzugehen oder das alte Arbeitsverhältnis zu verlängern, bei bereits abgelaufener Kündigungsfrist mit rückwirkender Kraft. 119
Nimmt der Kündigungsadressat das Angebot an (z. B. durch ausdrückliche Erklärung, stillschweigendes oder schlüssiges Handeln, insbesondere durch Wiederaufnahme der Arbeit mit Wissen und ohne Widerspruch des Arbeitgebers), so liegt darin entweder der **Abschluss eines neuen Arbeitsvertrages oder die einverständliche**

D. Die Beendigung des Arbeitsverhältnisses

Fortsetzung des alten Arbeitsverhältnisses (vgl. KR-*Friedrich* § 4 KSchG Rz. 51 ff. m. w. N.; *Thüsing* ArbuR 1996, 245 ff.).
Demgegenüber kann nach Auffassung des *LAG Hamm* (14.3.1995 LAGE § 615 BGB Nr. 43) eine gem. § 9 Abs. 1 S. 1 MuSchG unwirksame Kündigung aus den Gründen des § 134 BGB vom Arbeitgeber zurückgenommen werden, da sie von Anfang an zur Rechtsgestaltung nicht geeignet ist.

bb) Erklärung im Kündigungsschutzprozess

120 Erklärt der Arbeitgeber die »Rücknahme« im Kündigungsschutzprozess, so handelt es sich grds. nicht um ein Anerkenntnis des Arbeitgebers i. S. d. § 307 ZPO, sondern um das Angebot, das Arbeitsverhältnis zu unveränderten Bedingungen fortzusetzen. In der Erhebung der Kündigungsschutzklage liegt jedenfalls keine antizipierte Zustimmung des Arbeitnehmers zur Rücknahme der Kündigung durch den Arbeitgeber (*BAG* 19.8.1982 EzA § 9 KSchG a. F. Nr. 14).
Denn der Arbeitnehmer kann auch die Absicht haben, nicht bei diesem Arbeitgeber weiterzuarbeiten und seine Rechte aus §§ 9, 12 KSchG geltend zu machen (MünchArbR/*Wank* § 118 Rz. 38).

cc) Verhalten des Arbeitnehmers; Rechtswirkungen

121 Durch die »Rücknahme der Kündigung« durch den Arbeitgeber entfällt nicht das Rechtsschutzinteresse für die anhängige Kündigungsschutzklage, ebenso wenig die Befugnis, gem. § 9 KSchG die Auflösung des Arbeitsverhältnisses zu beantragen (*BAG* 19.8.1982 EzA § 9 KSchG a. F. Nr. 14). In der Stellung des Auflösungsantrags gem. § 9 KSchG liegt dann i. d. R. die Ablehnung des Arbeitgeberangebots, die Wirkung der Kündigung einverständlich rückgängig zu machen und das Arbeitsverhältnis fortzusetzen.

122 Nimmt der Arbeitnehmer das Angebot dagegen an, so ist der Rechtsstreit in der Hauptsache erledigt; das Rechtsschutzinteresse des Arbeitnehmers für die Kündigungsschutzklage entfällt (*LAG Frankfurt* 24.5.1991 NZA 1992, 747). Voraussetzung ist dafür allerdings nach Auffassung von *Friedrich* (KR § 4 KSchG Rz. 64), dass der Arbeitgeber die Kündigung gerade wegen ihrer Unwirksamkeit zurücknimmt. Andernfalls hat der Arbeitnehmer trotz formeller Rücknahme der Kündigung ein Interesse an der Klärung, ob sie rechtswirksam war, weil er sonst befürchten muss, dass ihm später die zurückgenommene Kündigung vorgehalten und zur Stützung einer späteren, weiteren Kündigung herangezogen wird.

123 Trotz Vorliegens eines förmlichen Anerkenntnisses i. S. d. § 307 Abs. 1 ZPO und trotz Vertragsangebots kann der Arbeitnehmer gem. § 12 KSchG die Fortsetzung des Arbeitsverhältnisses durch Erklärung gegenüber dem alten Arbeitgeber verweigern (KR-*Friedrich* § 4 KSchG Rz. 73).

124 Nimmt der Arbeitgeber eine unwirksame Kündigungserklärung zurück und erhebt der Arbeitnehmer im Hinblick darauf keine Kündigungsschutzklage, so wird die eigentlich unwirksame Kündigung nach §§ 4, 7 KSchG wirksam.
In der Berufung des Arbeitgebers auf §§ 4, 7 KSchG liegt jedoch ein widersprüchliches Verhalten, die Kündigung entfaltet daher gem. § 242 BGB keine Rechtswirkun-

gen (MünchArbR/*Wank* § 118 Rz. 38; zu taktischen Überlegungen in diesem Zusammenhang vgl. *Fischer* NZA 1999, 459 ff.).

e) »Annahme der Kündigung«
Die aus freien Stücken abgegebene und nicht vom Arbeitnehmer vorformulierte Erklärung des Arbeitnehmers, eine vom Arbeitgeber ausgesprochene Kündigung zu »akzeptieren«, kann auszulegen sein als Erklärung, eine eventuelle Unwirksamkeit der Kündigung nicht geltend machen zu wollen (**Vergleich oder Klageverzichtsvertrag**). Das gilt jedenfalls dann, wenn eine Kündigung ausdrücklich als fristlose nicht, wohl aber als ordentliche akzeptiert wird, verbunden mit der Aufforderung an den Arbeitgeber, das Arbeitsverhältnis zur Vermeidung einer arbeitsgerichtlichen Klage abzuwickeln. Mangels entgegenstehender Anhaltspunkte erstreckt sich dieser Verzicht auf alle Unwirksamkeitsgründe einschließlich der bei Abgabe der Erklärung noch nicht bekannten (z. B. Schwangerschaft, *LAG Köln* 7.11.1997 NZA 1998, 824).

125

2. Kündigungsfristen

a) Entstehungsgeschichte des § 622 BGB a. F.

aa) Unterschiedliche Kündigungsfristen für Arbeiter und Angestellte
§ 622 BGB a. F. sah unterschiedliche Grundkündigungsfristen für Arbeiter und Angestellte vor (zwei Wochen bzw. sechs Wochen zum Quartalsende, mindestens aber einen Monat zum Monatsende). Für länger beschäftigte Arbeitnehmer sahen § 622 BGB a. F. einerseits, das AngKG andererseits für Arbeiter und Angestellte jeweils unterschiedlich verlängerte Kündigungsfristen vor. Schließlich wurden bei der Berechnung der maßgeblichen Beschäftigungsdauer bei Arbeitern nur Zeiten nach Vollendung des 35. Lebensjahres berücksichtigt, während bei Angestellten bereits Zeiten nach Vollendung des 25. Lebensjahres zählten (vgl. APS/*Linck* § 622 BGB Rz. 2).

126

bb) Verfassungswidrigkeit der gesetzlichen Regelung über die Berücksichtigung von Beschäftigungszeiten
Das *BVerfG* hat bereits mit **Beschluss vom 16.11.1982** (EzA Art. 3 GG Nr. 13) festgestellt, dass es mit Art. 3 Abs. 1 GG unvereinbar ist, bei der Berechnung der für die verlängerten Kündigungsfristen maßgeblichen Beschäftigungsdauer eines Arbeiters Zeiten nicht zu berücksichtigen, die vor Vollendung des 35. Lebensjahres liegen (§ 622 Abs. 2 S. 1 BGB a. F.), während bei einem Angestellten bereits Zeiten nach Vollendung des 25. Lebensjahres angerechnet werden.
Diese Ungleichbehandlung hat der Gesetzgeber mit Gesetz vom 26.6.1990 (BGBl. I S. 1206) dahingehend beseitigt, dass ab dem 1.7.1990 bei allen Beschäftigten jetzt Zeiten mit zu berücksichtigen sind, die nach der Vollendung des 25. Lebensjahres liegen.

127

cc) Verfassungswidrigkeit der unterschiedlichen Grundkündigungsfristen
Durch Beschluss vom 30.5.1990 (EzA § 622 BGB a. F. Nr. 27) hat das *BVerfG* darüber hinaus festgestellt, dass § 622 Abs. 2 BGB a. F. insgesamt mit dem allgemeinen Gleichheitssatz (Art. 3 Abs. 1 GG) unvereinbar ist, soweit hiernach die Kündigungsfristen für Arbeiter kürzer sind als für Angestellte.

128

D. Die Beendigung des Arbeitsverhältnisses

(1) Ungeeignete Differenzierungskriterien

129 Danach sind folgende Unterschiede zwischen Arbeitern und Angestellten, die zur Rechtfertigung der ungleichen Kündigungsfristen herangezogen worden sind, **von vornherein nicht geeignet, sie zu rechtfertigen,** weil es an einem Legitimationszusammenhang zwischen ihnen und den Kündigungsfristen fehlt:
- überwiegend **geistige Tätigkeit** des Angestellten, überwiegend **körperliche Arbeit** des Arbeiters;
- besondere **Gruppenmentalität** der Angestellten;
- Überzeugung der betroffenen Kreise von der Notwendigkeit kürzerer Kündigungsfristen für Arbeiter;
- Notwendigkeit einer **längeren vorberuflichen Ausbildung** der Angestellten und dadurch verursachter späterer Eintritt in das Erwerbsleben, was einen verstärkten Schutz vor Arbeitslosigkeit erforderlich mache, weil ihre Gesamtlebensarbeitszeit kürzer sei als die der Arbeiter;
- durch längere Kündigungsfristen erzielbarer **Leistungsansporn** (*BVerfG* 30.5.1990 EzA § 622 BGB a. F. Nr. 27).

(2) Nicht hinreichend gruppenspezifische Kriterien

130 Folgende Unterscheidungsmerkmale könnten ungleiche Fristen zwar an sich rechtfertigen, sind aber **nicht hinreichend gruppenspezifisch.** Denn sie treffen nur für eine Teilgruppe der Normadressaten zu. Wenn der Gesetzgeber mit Rücksicht auf sie abweichende Kündigungsfristen festsetzen wollte, dann durfte er nicht pauschal Arbeiter und Angestellte verschieden behandeln:
- Angestellte sind im Durchschnitt einige Wochen **länger arbeitslos** als Arbeiter;
- eine Verlängerung der Kündigungsfrist für Arbeiter würde **Kündigungen und Sozialpläne verteuern;**
- der Unternehmer müsste in die Lage versetzt sein, im produktiven Bereich schneller Personal zu entlassen (Bedürfnis nach **erhöhter personalwirtschaftlicher Flexibilität**).

dd) Verfassungswidrigkeit der unterschiedlichen Kündigungsfristen bei längerer Beschäftigungsdauer

131 Gibt es danach schon für die ungleichen Grundfristen keinen rechtfertigenden Grund, so gilt das für die noch weiter auseinander klaffenden Fristen bei längerer Beschäftigungsdauer erst recht. **Gruppenspezifische Unterschiede, die sich erst bei längerer Beschäftigungsdauer oder bei höherem Lebensalter ergeben, bestehen nicht.**
Das *BAG* (16.1.1992 EzA § 2 AngKSchG Nr. 1) hat sodann im Hinblick auf § 2 Abs. 1 S. 1 AngKG die Auffassung vertreten, dass diese Regelung mit Art. 3 Abs. 1 GG insoweit unvereinbar ist, als danach die Beschäftigung von mehr als 2 Angestellten durch den Arbeitgeber Voraussetzung für die Verlängerung der Kündigungsfristen von Angestellten ist.

ee) Vereinheitlichung der Kündigungsfristen

132 Am 15.10.1993 ist das **Kündigungsfristengesetz** (KündFG vom 7.10.1993 BGBl. I S. 1668) in Kraft getreten. Danach sind sämtliche Kündigungsfristen von Arbeitern und Angestellten durch Änderung des § 622 BGB **vereinheitlicht.** Enthalten ist zudem eine **Übergangsvorschrift** (Art. 222 EGBGB).

D. Die Beendigung des Arbeitsverhältnisses

Die in den neuen Bundesländern aufgrund der verfassungsrechtlichen Problematik der unterschiedlichen Kündigungsfristen von Arbeitern und Angestellten nach Maßgabe des Einigungsvertrages zunächst weiter geltende Regelung des § 55 Abs. 2 AGB-DDR, die einheitliche Kündigungsfristen für Arbeiter und Angestellte vorsah, ist durch das KündFG ebenso wie das AngKG außer Kraft getreten.

b) Überblick über die gesetzliche Regelung

aa) Grundkündigungsfrist

§ 622 Abs. 1 BGB sieht nunmehr eine Grundkündigungsfrist von vier Wochen (= 28 Tage; vgl. *Hromadka* BB 1993, 2373) einheitlich für das Arbeitsverhältnis eines Arbeiters oder eines Angestellten in den ersten beiden Beschäftigungsjahren vor. Sie ist verbunden mit zwei Kündigungsterminen zum 15. oder zum Ende eines Kalendermonats.
Bei Arbeitgebern mit i. d. R. nicht mehr als 20 Arbeitnehmern kann davon abweichend eine Kündigungsfrist von vier Wochen ohne festen Kündigungstermin vereinbart werden (§ 622 Abs. 5 S. 1 Nr. 2). **133**

bb) Verlängerte Kündigungsfristen; Wartezeit
Bei den **verlängerten Kündigungsfristen** nach § 622 Abs. 2 BGB wird am Kündigungstermin zum Ende eines Kalendermonats festgehalten. Geregelt ist insoweit (nur) die **vom Arbeitgeber einzuhaltende Kündigungsfrist** gegenüber länger beschäftigten Arbeitnehmern. Die Neuregelung sieht einen allmählichen stufenweisen Übergang von kürzeren Fristen zu Beginn des Arbeitsverhältnisses zu längeren Fristen in Abhängigkeit von der Dauer der Betriebs- bzw. Unternehmenszugehörigkeit (Wartezeiten) vor. **134**
Die verlängerten Kündigungsfristen beginnen bereits nach 2-jähriger Betriebszugehörigkeit mit einer Frist von einem Monat zum Ende eines Kalendermonats. Über insgesamt sieben Stufen wird nach 20-jähriger Betriebszugehörigkeit die Höchstdauer von sieben Monaten zum Ende eines Kalendermonats erreicht (vgl. APS/*Linck* § 622 BGB Rz. 51 ff.).

cc) Berechnung der Wartezeit
Bei der Berechnung der Betriebszugehörigkeit werden nur die Zeiten **nach der Vollendung des 25. Lebensjahres** des Arbeitnehmers berücksichtigt. **135**
Die Wartezeiten nach Vollendung des 25. Lebensjahres bestimmen sich nach der **rechtlichen Dauer** des Arbeitsverhältnisses. Tatsächliche Unterbrechungen der Beschäftigung (z. B. durch Erkrankung, unbezahlten Urlaub) wirken sich folglich auf die Dauer des Arbeitsverhältnisses nicht aus. Rechtliche Unterbrechungen sind dann unerheblich, wenn das ursprünglich begründete Arbeitsverhältnis zwar rechtlich beendet wird, sich daran ohne zeitliche Unterbrechung aber ein weiteres Arbeitsverhältnis mit demselben Arbeitgeber anschließt (*BAG* 23.9.1976 EzA § 1 KSchG Nr. 35).
Im Übrigen bestimmt sich die Auswirkung rechtlicher Unterbrechungen des Arbeitsverhältnisses für die Berechnung der Dauer nach § 622 Abs. 2 S. 1 BGB nach den für die Berechnung der Wartezeit nach § 1 KSchG entwickelten Grundsätzen (s. u. D/Rz. 1030 ff.).

D. Die Beendigung des Arbeitsverhältnisses

136 Ein **Berufsausbildungsverhältnis**, aus dem der Auszubildende in ein Arbeitsverhältnis übernommen wurde, ist insoweit zu berücksichtigen, als die Ausbildung im Unternehmen **nach der Vollendung des 25. Lebensjahres** des Auszubildenden erfolgte (*BAG* 2.12.1999 EzA § 622 BGB n. F. Nr. 60; vgl. dazu *Natzel* SAE 2000, 350 ff.).

c) Geltungsbereich

aa) Zahl der Beschäftigten

137 Anwendungsvoraussetzung des § 622 BGB ist das Vorliegen eines Arbeitsverhältnisses. Die Regelung gilt auch für **Teilzeitbeschäftigte** und für **geringfügig Beschäftigte**. In **Kleinunternehmen** (wenn der Arbeitgeber i. d. R. nicht mehr als 20 Arbeitnehmer ausschließlich der zu ihrer Berufsausbildung Beschäftigten, das sind auch Umschüler, Anlernlinge, Volontäre und Praktikanten beschäftigt) kann gem. § 622 Abs. 5 S. 1 Nr. 2 BGB eine **kürzere Grundkündigungsfrist** vereinbart werden. Sie darf allerdings vier Wochen nicht unterschreiten (vgl. APS/*Linck* § 622 BGB Rz. 18 ff.).

bb) Teilzeitbeschäftigte

138 Bei der Berücksichtigung der maßgeblichen Zahl der Beschäftigten waren (wie auch im Rahmen des 23. Abs. 1 KSchG) Teilzeitbeschäftigte nur dann zu berücksichtigen, wenn ihre regelmäßige Arbeitszeit wöchentlich 10 Stunden oder monatlich 45 Stunden übersteigt (§ 622 Abs. 5 S. 1 Nr. 2 BGB). Maßgeblich ist im Übrigen die Zahl der Beschäftigten, die der Arbeitgeber zum Zeitpunkt des Zugangs der Kündigung i. d. R. beschäftigt; sie ist durch einen Blick auf die Beschäftigtenzahl in der Vergangenheit und durch eine Einschätzung deren voraussichtlicher künftiger Entwicklung zu ermitteln.
Weil der Gesetzgeber dem Vorschlag der gruppenmäßigen Anrechnung der Teilzeitbeschäftigten zur Feststellung der maßgeblichen Arbeitnehmerzahl nicht gefolgt ist, war durch ihre Herausnahme bei der Feststellung der maßgeblichen Beschäftigtenzahl fraglich, ob diese Regelung mit europarechtlichen Normen (insbesondere Art. 119 EWG-Vertrag, jetzt Art. 141 EGV) vereinbar ist.

139 Inzwischen hat der Gesetzgeber § 23 Abs. 1 KSchG durch das arbeitsrechtliche Beschäftigungsförderungsgesetz mit Wirkung vom 1.10.1996 dahin geändert, dass bei der Feststellung der Zahl der beschäftigten Arbeitnehmer gem. § 622 Abs. 5 S. 1 Nr. 2 BGB teilzeitbeschäftigte Arbeitnehmer mit einer regelmäßigen wöchentlichen Arbeitszeit von nicht mehr als 10 Stunden mit 0,25, nicht mehr als 20 Stunden mit 0,5 und nicht mehr als 30 Stunden mit 0,75 zu berücksichtigen sind.

140 Der Gesetzgeber hat schließlich mit Wirkung vom 1.1.1999 durch das sog. KorrekturG die Berücksichtigung von **Teilzeitbeschäftigung** nochmals dahin modifiziert, dass **Mitarbeiter mit einer wöchentlichen Arbeitszeit von nicht mehr als zehn Stunden nicht mit 0,25, sondern mit 0,5 zu berücksichtigen** sind (vgl. *Däubler* NJW 1999, 601 ff.).

cc) Arbeitnehmerähnliche Personen

141 **§ 622 BGB gilt** unmittelbar nur für Arbeitnehmer, **nicht** dagegen **für arbeitnehmerähnliche Personen**. Eine analoge Anwendung ist für Geschäftsführer einer GmbH nur dann geboten, wenn sie am Kapital der GmbH nicht beteiligt sind (*BGH* 29.1.1981 AP Nr. 14 zu § 622 BGB; a. A. *Hümmerich* NJW 1995, 1178), bzw. die

ihre **ganze Arbeitskraft in den Dienst der Gesellschaft stellen** müssen und **keinen beherrschenden Einfluss** auf die GmbH haben (*LAG Köln* 18.11.1998 NZA-RR 1999, 300).

dd) Begrenzter Kündigungsschutz durch Kündigungsfristen und -termine

Sachlich enthält § 622 BGB eine Einschränkung des Grundsatzes der Vertragsbeendigungsfreiheit durch sofort mögliche ordentliche Kündigung durch die Bindung der Kündigung an Kündigungsfristen und Kündigungstermine. 142

> Die Einführung von Kündigungsfristen i. V. m. Kündigungsterminen gewährt beiden Vertragspartnern einen zeitlich begrenzten Kündigungsschutz (*BAG* 18.4.1985 EzA § 622 BGB a. F. Nr. 21).

ee) Ordentliche Änderungskündigung

§ 622 BGB gilt auch für ordentliche Änderungskündigungen (*BAG* 12.1.1994 EzA § 622 BGB a. F. Nr. 47). 143

ff) Übergangsvorschrift

Nach Maßgabe der in der Übergangsvorschrift des Art. 222 EGBGB genannten Voraussetzungen gilt die Neufassung des § 622 BGB auch für Kündigungen, die vor dem 15.10.1993 erklärt worden sind. 144
Sie gilt bundesweit und mithin auch in den Fällen, in denen sich die Frist für die vor jenem Zeitpunkt erklärte Kündigung nach § 55 AGB-DDR bestimmt hat.
Sie gilt ferner auch für vor dem In-Kraft-Treten des KündFG gegenüber Arbeitern ausgesprochene (ordentliche) Änderungskündigungen, bei denen nur um den Zeitpunkt des Wirksamwerdens der Vertragsänderung gestritten wird (*BAG* 12.1.1994 EzA § 622 BGB a. F. Nr. 47).

d) Berechnung der Kündigungsfristen

aa) Anwendbarkeit der §§ 186 ff. BGB

Für die Berechnung der in § 622 BGB geregelten Fristen und Termine gelten §§ 186–193 BGB (vgl. APS/*Linck* § 622 BGB Rz. 37 ff.). Gem. § 187 Abs. 1 BGB ist der Tag, an dem die Kündigung zugeht, nicht in die Berechnung der Kündigungsfrist mit einzubeziehen. Folglich muss eine Kündigung bereits einen Tag vor Beginn der Kündigungsfrist zugegangen sein, wenn sie zum nächstmöglichen Kündigungstermin wirken soll. 145
Ist der jeweils letzte Tag vor Beginn der Kündigungsfrist ein Samstag, Sonntag oder Feiertag, dann führt das nicht dazu, dass die Kündigung analog § 193 BGB auch noch am nächsten Werktag erklärt werden kann (*BAG* 28.9.1972 AP Nr. 2 zu § 193 BGB). Das Fristende bestimmt sich nach § 188 BGB. Insoweit ist es unerheblich, ob der letzte Tag auf einen Samstag, Sonntag oder Feiertag fällt, weil sich § 193 BGB nicht auf das Ende der Kündigungsfrist bezieht (KR-*Spilger* § 622 BGB Rz. 139).

> Ist die Kündigungsfrist nicht eingehalten, so wirkt die Kündigung im Zweifel zu dem nächsten zulässigen Termin (*BAG* 18.4.1985 EzA § 622 BGB a. F. Nr. 21). 146

D. Die Beendigung des Arbeitsverhältnisses

bb) Vorzeitige Kündigung

147 Der Kündigende ist nicht verpflichtet, mit dem Ausspruch der Kündigung bis zum letzten Tage vor Beginn der Frist zum nächstmöglichen Termin zu warten; er kann auch vor diesem Zeitpunkt oder mit einer längeren als der einschlägigen Frist kündigen (sog. vorzeitige Kündigung; vgl. APS/*Linck* § 622 BGB Rz. 67 f.).

148 Bedenklich ist eine derartige verfrühte Kündigung aber dann, wenn die Kündigung an dem letztmöglichen Zeitpunkt für die Einhaltung der Kündigungsfrist erschwert oder gar ausgeschlossen wäre. Wenn der Arbeitgeber nur deswegen vorzeitig gekündigt hat, um die Kündigung noch vor Ablauf der Wartezeit des § 1 KSchG auszusprechen, ist er nach dem Rechtsgedanken des § 162 BGB u. U. gehindert, sich auf den fehlenden Kündigungsschutz zu berufen (s. u. D/Rz. 1013 ff.).

e) Einzelvertragliche Regelungen

aa) Verkürzung der Kündigungsfristen und Änderung der Kündigungstermine

(1) Grundlagen

149 Die gesetzliche Grundkündigungsfrist von vier Wochen ist eine grds. nicht abdingbare Mindestkündigungsfrist (vgl. § 622 Abs. 5 S. 2 BGB). Gleiches gilt für die vom Arbeitgeber einzuhaltenden verlängerten Kündigungsfristen. Auch dürfen einzelvertraglich keine zusätzlichen, über das Gesetz hinausgehenden Kündigungstermine vereinbart werden (vgl. ausf. APS/*Linck* § 622 BGB Rz. 145 ff.). Andererseits ist die **einzelvertragliche Vereinbarung von Kündigungsfrist und -termin** mangels anderer Anhaltspunkte **regelmäßig als Einheit** zu betrachten. Für den erforderlichen Günstigkeitsvergleich zwischen der vertraglichen und der gesetzlichen Regelung ist daher ein Gesamtvergleich vorzunehmen (*BAG* 4.7.2001 EzA § 622 BGB n. F. Nr. 63; vgl. APS/*Linck* § 622 BGB Rz. 177 ff.).

150 **Ausnahmen** sehen insoweit aber **§ 622 Abs. 3–5 BGB** vor für die Sonderfälle einer vereinbarten Probezeit, einer vorübergehenden Einstellung zur Aushilfe, einer Beschäftigung in Kleinunternehmen oder einer Vereinbarung der Anwendung entsprechender tarifvertraglicher Bestimmungen.
§ 622 Abs. 6 BGB enthält schließlich den allgemeinen Grundsatz, dass die ordentliche Kündigung durch den Arbeitnehmer gegenüber der des Arbeitgebers nicht erschwert werden darf. Deshalb darf für die Kündigung des Arbeitsverhältnisses durch den Arbeitnehmer einzelvertraglich keine längere Frist vereinbart werden als für die Kündigung durch den Arbeitgeber; bei der Prüfung, ob eine Kündigungsfrist zu Ungunsten des Arbeitnehmers länger ist, sind auch die vereinbarten Kündigungstermine zu berücksichtigen.
Ein Verstoß gegen § 622 Abs. 6 BGB ist nach Sinn und Zweck dieser Vorschrift dann anzunehmen, wenn im Falle einer ausnahmsweise an sich statthaften Vereinbarung der Arbeitgeber jederzeit, der Arbeitnehmer dagegen nur zu bestimmten Terminen oder nicht vor einem bestimmten Termin kündigen darf (*BAG* 9.3.1972 EzA § 622 BGB a. F. Nr. 6).

D. Die Beendigung des Arbeitsverhältnisses

Werden unzulässig kurze Kündigungsfristen oder unzulässig viele Kündigungstermine vereinbart, so tritt an die Stelle dieser unwirksamen Vereinbarung die gesetzliche Regelung (*Preis/Kramer* DB 1993, 2126). 151

(2) Vereinbarte Probezeit (§ 622 Abs. 3 BGB)
Die Kündigungsfrist während einer vereinbarten **Probezeit**, soweit diese sechs Monate nicht übersteigt, beträgt **(unverkürzbar) zwei Wochen ohne Bindung an einen Termin**. Hinsichtlich der Einhaltung der Frist von sechs Monaten ist auf den Zeitpunkt der Kündigungserklärung abzustellen, auch wenn das Ende der Kündigungsfrist erst nach Ablauf von sechs Monaten eintritt (vgl. APS/*Linck* § 622 BGB Rz. 79 ff.). 152

Vereinbart sein kann die Probezeit auch durch Tarifvertrag oder Betriebsvereinbarung. Die Frist von zwei Wochen bedarf keiner besonderen Vereinbarung; sie tritt als Folge einer vereinbarten Probezeit automatisch ein (KDZ/*Zwanziger* § 622 BGB Rz. 14). Die verkürzte Kündigungsfrist gilt für beide Teile, nicht nur für den Arbeitgeber.

Vereinbaren die Parteien im Arbeitsvertrag eine Probezeit und – ohne weiteren Zusatz – eine Kündigungsfrist von sechs Wochen zum Quartalsende, so kann das Arbeitsverhältnis innerhalb der vereinbarten Probezeit i. d. R. mit einer kürzeren tariflichen oder gesetzlichen Kündigungsfrist gekündigt werden. Das folgt nach Auffassung des *LAG Düsseldorf* (20.10.1995 NZA 1996, 1156) aus der Rechtsprechung des *BAG* (NZA 1998, 58; s. o. B/Rz. 380 ff.), wonach die Vereinbarung eines Probearbeitsverhältnisses i. d. R. auch die stillschweigende Vereinbarung der gesetzlichen zulässigen Mindestkündigungsfrist enthält. 153

Die Vereinbarung einer Frist von zwei Wochen (ohne festen Endtermin) für die Dauer von bis zu sechs Monaten nach Beginn eines unbefristeten Arbeitsverhältnisses kann im Zweifel zugleich als die stillschweigende Vereinbarung einer Probezeit i. S. d. § 622 Abs. 3 BGB auszulegen sein (KR-*Spilger* § 622 BGB Rz. 155). 154

(3) Vorübergehende Einstellung zur Aushilfe (§ 622 Abs. 5 S. 1 Nr. 1 BGB)

aaa) Allgemeine Voraussetzungen
Die gesetzliche Grundkündigungsfrist nach § 622 Abs. 1 BGB kann vertraglich dann abgekürzt werden, wenn ein Arbeitnehmer zur vorübergehenden Aushilfe eingestellt wird und das Arbeitsverhältnis nicht über die Zeit von drei Monaten hinaus fortgesetzt wird (vgl. APS/*Linck* § 622 BGB Rz. 146 ff.). 155
Dies gilt nach § 11 Abs. 4 AÜG nicht für Arbeitnehmerüberlassung i. S. d. AÜG.

bbb) Aushilfsarbeitsverhältnis; vorübergehender Bedarf

Ein Aushilfsarbeitsverhältnis will der Arbeitgeber ausdrücklich von vornherein nicht auf Dauer eingehen, sondern nur, um einen vorübergehenden Bedarf an Arbeitskräften zu decken, der nicht durch den normalen Betriebsablauf, sondern durch den Ausfall von Stammkräften oder einen zeitlich begrenzten zusätzlichen Arbeitsanfall begründet ist (*BAG* 22.5.1986 EzA § 622 BGB a. F. Nr. 24; 19.6.1988 EzA § 1 BeschFG Nr. 5). 156

D. Die Beendigung des Arbeitsverhältnisses

157 Der Tatbestand des vorübergehenden Bedarfs muss **objektiv** gegeben sein. Es müssen objektiv erkennbare Umstände vorliegen, die deutlich machen, dass nur eine vorübergehende Tätigkeit in Betracht kommt, oder die zumindest geeignet sind, die erkennbare Annahme des Arbeitgebers zu rechtfertigen, es sei nur mit einem vorübergehenden Bedürfnis für die Tätigkeit zu rechnen (*BAG* 22.5.1986 EzA § 622 BGB a. F. Nr. 24).

§ 622 Abs. 5 S. 1 Nr. 1 BGB setzt nicht voraus, dass die Parteien zunächst damit gerechnet haben, das Arbeitsverhältnis werde nicht länger als drei Monate dauern. Es kann vielmehr bei jedem Aushilfsarbeitsverhältnis die Frist für die Kündigung in den ersten drei Monaten verkürzt werden (KR-*Spilger* § 622 BGB Rz. 161).

ccc) Darlegungs- und Beweislast
158 Das Vorliegen der Voraussetzungen für die Annahme eines Aushilfsarbeitsverhältnisses muss der **Arbeitgeber** im Prozess darlegen und beweisen (KR-*Spilger* § 622 BGB Rz. 160).

ddd) Verkürzung der Kündigungsfrist
159 **Für die ersten drei Monate kann die Kündigungsfrist unter den Voraussetzungen des § 622 Abs. 5 S. 1 Nr. 1 BGB unbeschränkt verkürzt werden.** Es kann auch eine entfristete sofortige ordentliche Kündigung vereinbart werden (*BAG* 22.5.1986 EzA § 622 BGB a. F. Nr. 24; vgl. APS/*Linck* § 622 BGB Rz. 153 ff.). Diese Verkürzungsmöglichkeit bezieht sich allerdings nur auf die Grundkündigungsfrist des § 622 Abs. 1 BGB.

Die Kündigungsfristen für ältere Arbeitnehmer (§ 622 Abs. 2 BGB) sind auch in einem Aushilfsverhältnis nicht durch Vertrag, sondern nur durch Tarifverträge abdingbar.

eee) Fehlen einer ausdrücklichen Vereinbarung
160 Ist ein Arbeitnehmer zur vorübergehenden Aushilfe eingestellt worden und haben die Parteien über die Kündigungsfrist keine ausdrückliche Vereinbarung getroffen, so kann bei einer nicht eindeutigen Auslegung der vertraglichen Vereinbarung nicht davon ausgegangen werden, dass die Parteien bereits durch den Vorbehalt der vorübergehenden Beschäftigung die Kündigungsfrist im Zweifel abkürzen wollten.

Denn es ist zwar Sinn und Zweck der gesetzlichen Bestimmung, ihnen die Möglichkeit zu geben, die gesetzlichen Mindestfristen abzukürzen. Allein daraus, dass die Aushilfsklausel den Parteien deutlich macht, dass keine Beschäftigung auf Dauer beabsichtigt ist, kann aber nicht auf die Vorstellung und den Willen geschlossen werden, eine entfristete Kündigung zu vereinbaren (KR-*Spilger* § 622 BGB Rz. 164 ff.; *Staudinger/Preis* § 622 Rz. 33; a. A. *Stahlhacke/Preis* Rz. 416). **Im Zweifel bleibt es folglich bei der gesetzlichen Grundkündigungsfrist von vier Wochen.**

fff) Abweichende Kündigungstermine
161 Zulässig ist unter den Voraussetzungen des § 622 Abs. 5 S. 1 Nr. 1 BGB auch eine Vereinbarung über **abweichende Kündigungstermine**. Zwar sieht diese Regelung nur eine Verkürzung der Kündigungsfristen vor; dies beruht jedoch auf einem Redaktionsversehen (ebenso zur gleichen Problemlage nach altem Recht *BAG* 22.5.1986 EzA § 622 BGB a. F. Nr. 24).

ggg) Beendigung des Arbeitsverhältnisses nach Ablauf von drei Monaten

Die vereinbarte Frist bzw. der abweichende Kündigungstermin gilt auch dann, wenn 162
das Arbeitsverhältnis durch die Kündigung erst nach Ablauf von drei Monaten beendet wird. **Entscheidend ist allein der Zeitpunkt des Zugangs der Kündigung** (KR-Spilger § 622 BGB Rz. 167).

(4) Kleinunternehmen (§ 622 Abs. 5 S. 1 Nr. 2 BGB)

> **In Kleinunternehmen** (mit i. d. R. nicht mehr als 20 Arbeitnehmern) kann eine 163
> vierwöchige Kündigungsfrist ohne festen Endtermin vereinbart werden. Dies gilt jedoch nur für die Grundkündigungsfrist in § 622 Abs. 1 BGB, nicht aber für die verlängerten Fristen des § 622 Abs. 2 BGB (*Adomeit/Thau* NZA 1994, 14; APS/*Linck* § 622 BGB Rz. 159 ff.).

Durch das arbeitsrechtliche Beschäftigungsförderungsgesetz ist § 622 Abs. 5 S. 1 164
Nr. 2 BGB dahin geändert worden, dass bei der Feststellung der Zahl der beschäftigten Arbeitnehmer teilzeitbeschäftigte Arbeitnehmer mit einer regelmäßigen wöchentlichen Arbeitszeit von nicht mehr als 10 Stunden (die zuvor nicht berücksichtigt wurden) mit 0,25, nicht mehr als 20 Stunden mit 0,5 (statt wie zuvor mit 1,0) und nicht mehr als 30 Stunden mit 0,75 (statt wie zuvor mit 1,0) zu berücksichtigen sind. Durch das sog. »KorrekturG« ist die Berücksichtigung von Teilzeitbeschäftigten mit 165
Wirkung ab dem 1.1.1999 wie folgt modifiziert worden:

> Teilzeitbeschäftigte, die nicht mehr als zehn Stunden pro Woche arbeiten, werden zukünftig nicht mit 0,25, sondern mit 0,5 berücksichtigt.

bb) Verlängerung der Kündigungsfristen und Änderung der Kündigungstermine (§ 622 Abs. 5 S. 2 BGB)

Nach dem Grundsatz der Vertragsfreiheit ist es zulässig, vertraglich längere Kündigungsfristen und weiterreichende Kündigungstermine zu vereinbaren. Allerdings 166
darf die Frist für den Arbeitnehmer nicht länger sein als für die Kündigung durch den Arbeitgeber (§ 622 Abs. 6 BGB; vgl. APS/*Linck* § 622 BGB Rz. 171 ff.).
§ 624 BGB setzt für den zeitlichen Ausschluss des Kündigungsrechts des Arbeitnehmers eine **Höchstgrenze von fünf Jahren**, nach deren Ablauf er das Arbeitsverhältnis mit einer Frist von sechs Monaten kündigen kann.
Bei einer Kündigungsfrist, die zwar nach § 624 BGB gesetzten Grenzen einhält, aber wesentlich länger als die gesetzliche Regelung (§ 622 BGB) ist, hängt es von einer Abwägung aller Umstände ab, ob sie das Grundrecht des Arbeitnehmers aus Art. 12 Abs. 1 GG verletzt oder sonst eine unangemessene Beschränkung seiner beruflichen und wirtschaftlichen Bewegungsfreiheit darstellt (BAG 17.10.1969 EzA § 60 HGB Nr. 2).

cc) Vereinbarung der Anwendung abweichender tarifvertraglicher Bestimmungen (§ 622 Abs. 4 S. 2 BGB)

(1) Allgemeine Voraussetzungen

Zweck der einzelvertraglichen Inbezugnahme eines Tarifvertrages ist es, eine dem einschlägigen Tarifvertrag entsprechende einheitliche Gestaltung der Kündigungsvorschriften zu gewährleisten. 167

D. Die Beendigung des Arbeitsverhältnisses

Die erwünschte einheitliche betriebliche Ordnung kann aber nur dann erreicht werden, wenn die zulässige Bezugnahme auf den für den Arbeitnehmer und Arbeitgeber im Falle der (gerade nicht gegebenen) beiderseitigen Tarifbindung geltenden Tarifvertrag beschränkt ist (vgl. APS/*Linck* § 622 BGB Rz. 135 ff.).

168 § 622 Abs. 4 S. 2 BGB stellt das dadurch sicher, indem er sachlich die Vereinbarung des einschlägigen Tarifvertrages fordert. Durch die Bezugnahme auf den Tarifvertrag wird nur die fehlende Tarifunterworfenheit der Parteien des Arbeitsvertrages ersetzt. Der Tarifvertrag, auf den verwiesen wird, muss deshalb im Übrigen alle für den (zeitlichen, persönlichen, räumlichen, fachlichen und persönlichen) Geltungsbereich wesentlichen Kriterien erfüllen, d. h. bei einer beiderseitigen Tarifgebundenheit einschlägig und anwendbar sein.

169 Deshalb kann die Anwendung »fremder Tarifverträge« nicht vereinbart werden, auch wenn sie günstiger sind als der einschlägige Tarifvertrag (vgl. KR-*Spilger* § 622 BGB Rz. 180 ff.).

(2) Umfang der vereinbarten Inbezugnahme

170 Nach Auffassung von *Spilger* (KR § 622 BGB Rz. 185 f. m. w. N.) muss die tarifliche Regelung der ordentlichen Kündigung insgesamt vereinbart, d. h. der »**Regelungskomplex Kündigung**« in Bezug genommen werden. Demgegenüber kann nach Auffassung von *Staudinger/Preis* (§ 622 BGB/Rz. 45) auch eine **bestimmte Frist** ausgewählt werden.

Für die Notwendigkeit der Inbezugnahme eines vollständigen Regelungskomplexes Kündigung spricht, dass Tarifverträge einen tatsächlichen Machtausgleich schaffen und deshalb eine materielle Richtigkeitsgewähr bieten. Diese Vermutung ist bei einer einzelvertraglich übernommenen Tarifregelung aber nicht gerechtfertigt, wenn nur einzelne Kündigungsbestimmungen übernommen werden.

171 Andererseits ist es **nicht erforderlich, dass der Tarifvertrag insgesamt übernommen wird.**

Möglich ist auch die Verweisung auf einen nachwirkenden Tarifvertrag. Eine derartige Bezugnahme muss jedoch deutlich auf einen nachwirkenden Tarifvertrag hinweisen. Dazu reicht die Verweisung auf einen »den Arbeitgeber bindenden« Tarifvertrag nicht aus (BAG 18.8.1982 – 5 AZR 281/80 – n. v.; zit. nach KR-*Hillebrecht/Spilger* 4. Aufl. § 622 BGB Rz. 188).

(3) Form

172 Die Vereinbarung bedarf keiner besonderen Form.

dd) Rechtsfolgen unwirksamer oder lückenhafter Vereinbarungen

173 Verstoßen Vereinbarungen über Kündigungsfristen oder -termine gegen §§ 622, 624 BGB, so berührt das die Wirksamkeit des Arbeitsvertrages im Übrigen nicht.

Gleiches gilt, wenn die Parteien eine von der gesetzlichen Regelung abweichende Vereinbarung angestrebt, sich aber doch darüber nicht geeinigt haben, sofern sie sich trotz der lückenhaften Vereinbarung sofort binden wollten (BAG 16.11.1979 EzA § 154 BGB Nr. 1).

D. Die Beendigung des Arbeitsverhältnisses

An die Stelle der nichtigen oder lückenhaften Vereinbarung treten diejenigen gesetzlich zulässigen Termine und Vereinbarungen, die dem Willen der Parteien am meisten entsprechen.

174

Sachlich gesehen geht es bei einer unwirksamen Vereinbarung um eine beschränkte Umdeutung nach § 140 BGB, bei der unter Berücksichtigung des ursprünglichen Willens der Parteien (Zweck der getroffenen Regelung) und ihrem mutmaßlichen Willen (Vereinbarung bei Kenntnis der Unwirksamkeit) eine den Interessen beider Parteien entsprechende Bestimmung des Vertragsinhalts vorzunehmen ist. An diesem Zweck ist auch die bei einem Einigungsmangel über die Kündigungsfrist erforderliche ergänzende Vertragsauslegung nach § 157 BGB auszurichten (*BAG* 16.11.1979 EzA § 154 BGB Nr. 1).

175

Haben die Parteien die Kündigungsfrist für beide Teile unzulässig verkürzt, so kommt die Grundkündigungsfrist von vier Wochen ihren Vorstellungen am nächsten. Bei ungleichen, gegenüber den gesetzlichen Fristen verlängerten Kündigungsfristen ist, obwohl § 622 Abs. 6 BGB nur noch zugunsten des Arbeitnehmers gilt, daran festzuhalten, dass im Zweifel die längere Kündigungsfrist für beide Parteien maßgebend ist (KR-*Spilger* § 622 BGB Rz. 202; KDZ/*Zwanziger* § 622 BGB/Rz. 50).
Haben die Parteien vereinbart, der Arbeitgeber könne zu jedem Monatsende, der Arbeitnehmer aber nur zum Schluss eines jeden zweiten Monats, zum Quartalsschluss usw. kündigen, ist im Zweifel anzunehmen, dass beide Parteien jeweils nur zu dem vereinbarten späteren Termin kündigen dürfen (KR-*Spilger* § 622 BGB Rz. 205).

f) Tarifvertragliche Regelungen (§ 622 Abs. 4 S. 1, Abs. 6 BGB)

aa) Grundlagen
Nach **§ 622 Abs. 4 S. 1 BGB** können von § 622 Abs. 1–3 BGB abweichende Regelungen durch **Tarifvertrag** vereinbart werden. Die Tarifvertragsparteien sind gem. § 622 Abs. 6 BGB allerdings auch an das Benachteiligungsverbot zu Lasten der Arbeitnehmer gebunden (vgl. APS/*Linck* § 622 BGB Rz. 101 ff.).

176

Maßgeblich für die Tarifdispositivität ist für den Gesetzgeber die Überlegung gewesen, die Kündigungsfristen könnten für gewisse Bereiche (z. B. für die Bauwirtschaft) zu starr sein. Das Schutzbedürfnis der Arbeitnehmer bei tarifvertraglichen Regelungen wird als hinreichend gewahrt angesehen, weil sich aus der tariflichen Praxis ergebe, dass kürzere Fristen vereinbart werden, wenn die Besonderheiten des Wirtschaftszweiges oder der Beschäftigungsart dies notwendig macht. Entscheidend sind also praktische Bedürfnisse, verbunden mit der Erwartung, dass die Tarifvertragsparteien (wie bisher) von der Möglichkeit abweichender tariflicher Regelungen nur unter ausreichender Berücksichtigung der Schutzinteressen der Arbeitnehmer Gebrauch machen (BT-Drucks. 12/4902, S. 9).

177

Allerdings sind auch die Tarifvertragsparteien an Art. 3 Abs. 1 GG gebunden. Sie dürfen deswegen hinsichtlich der Fristen keine Differenzierung zwischen Arbeitern und Angestellten vornehmen, die nicht durch sachliche Merkmale gerechtfertigt sind (*BAG* 21.3.1991, 16.9.1993 EzA § 622 BGB a. F. Nr. 31, 45; APS/*Linck* § 622 BGB Rz. 121 ff.).

178

bb) Abgrenzung zwischen konstitutiven und deklaratorischen tarifvertraglichen Regelungen

179 Der Vorrang des § 622 Abs. 4 S. 1 BGB gilt nur für Tarifnormen i. S. d. § 4 TVG.

> Bei tarifvertraglichen Bestimmungen, die inhaltlich mit außertariflichen Normen, insbesondere den gesetzlichen Vorschriften über Kündigungsfristen, übereinstimmen oder auf sie verweisen, ist durch Auslegung zu ermitteln, ob die Tarifvertragsparteien hierdurch eine selbstständige, d. h. in ihrer normativen Wirkung von der außertariflichen Norm unabhängige konstitutive Regelung treffen wollten oder ob die Übernahme gesetzlicher Vorschriften nur rein deklaratorischen Charakter in Gestalt einer sog. neutralen Klausel hat (vgl. BAG 21.3.1991 EzA § 622 BGB a. F. Nr. 31; 5.10.1995 EzA § 622 BGB a. F. Nr. 52; APS/*Linck* § 622 BGB Rz. 116 ff.).

180 Bei einer neutralen Klausel bestimmt sich die Zulässigkeit einer abweichenden einzelvertraglichen Vereinbarung nicht nach § 4 Abs. 3 TVG, sondern danach, ob die außertarifliche Norm zwingenden Charakter hat.

181 Eine selbstständige Regelung ist regelmäßig dann anzunehmen, wenn die Tarifvertragsparteien eine im Gesetz nicht oder anders enthaltene Regelung übernehmen, die sonst nicht für die betroffenen Arbeitnehmer gelten würde (*BAG* 16.9.1993 EzA § 622 BGB a. F. Nr. 45). Für einen rein deklaratorischen Charakter der Übernahme spricht dagegen, wenn einschlägige gesetzliche Vorschriften wörtlich oder inhaltlich übernommen werden.

182 Bei fehlenden gegenteiligen Anhaltspunkten ist dann davon auszugehen, dass es den Tarifvertragsparteien darum gegangen ist, im Tarifvertrag eine unvollständige Darstellung der Rechtslage zu vermeiden. Sie haben dann die unveränderte gesetzliche Regelung im Interesse der Klarheit und Übersichtlichkeit in den Tarifvertrag aufgenommen, um die Tarifgebundenen möglichst umfassend über die zu beachtenden Rechtsvorschriften zu unterrichten (*BAG* 16.9.1993 EzA § 622 BGB a. F. Nr. 45).

Beispiele:

183 – § 12.1.2 BRTV Bau i. d. F. vom 10. September 1992 stellt keine eigenständige tarifliche Regelung der verlängerten Kündigungsfristen für ältere gewerbliche Arbeitnehmer mit längerer Betriebszugehörigkeit dar, sondern verweist nur auf den jeweiligen Gesetzeswortlaut des § 622 Abs. 2 BGB. Vereinbaren die Tarifpartner lediglich eine eigenständige tarifliche Grundkündigungsfrist und verweisen hinsichtlich der verlängerten Kündigungsfristen auf das Gesetz, so spricht dies im Zweifel dafür, dass sie auch die Entscheidung darüber, ab welcher Beschäftigungszeit verlängerte Kündigungsfristen eingreifen sollen, dem Gesetzgeber überlassen wollten (*BAG* 14.2.1996 EzA § 622 BGB Nr. 53).

184 – Vereinbaren die Tarifpartner kürzere als die gesetzlichen Kündigungsfristen des § 622 BGB, so bleibt es ihrer tarifautonomen Entscheidung überlassen, in Teilbereichen die jeweiligen gesetzlichen Kündigungsfristen als Mindestschutz für die Arbeitnehmer bestehen zu lassen. Soweit § 17 Nr. 2 MTV Arbeiter der baden-württembergischen Textilindustrie auf die verlängerten gesetzlichen Kündigungsfristen Bezug nimmt, handelt es sich um eine deklaratorische Verweisung auf die jeweilige Fassung des § 622 Abs. 2 BGB.

D. Die Beendigung des Arbeitsverhältnisses

Nach In-Kraft-Treten des Kündigungsfristengesetzes finden deshalb die verlängerten Kündigungsfristen des § 622 Abs. 2 BGB a. F. einschließlich der ersten Erhöhungsstufe nach zwei Beschäftigungsjahren Anwendung (*BAG* 14.2.1996 NZA 1997, 97). Offen gelassen hat das *BAG* (5.10.1995 EzA § 622 BGB a. F. Nr. 52), ob die Zulassung abweichender tariflicher Regelungen in ansonsten zwingenden gesetzlichen Vorschriften eine dem Gesetz inhaltsgleiche eigenständige tarifliche Normsetzung ausschließt.

cc) Inhalt und Grenzen der Regelungsbefugnis

(1) Verkürzung der Grundkündigungsfrist

Die Regelungsbefugnis der Tarifvertragsparteien enthält keine Einschränkung für bestimmte Gruppen von Arbeitnehmern oder Arten von Arbeitsverhältnissen. Sie gewährleistet auch keine verkürzten Mindestfristen, sodass die Kündigungsfrist auf Stunden oder auf jede andere Frist verkürzt werden kann. **Es kann sogar eine entfristete Kündigung (sofortige ordentliche Kündigung) vereinbart werden** (*BAG* 2.8.1978 AP Nr. 1 zu § 55 MTL II; 4.6.1987 EzA § 1 KSchG Soziale Auswahl Nr. 25; 28.4.1988 EzA § 622 BGB Nr. 25; APS/*Linck* § 622 BGB Rz. 109). Voraussetzung für eine entfristete ordentliche Kündigung ist nicht, dass Gründe vorliegen, die denen eines wichtigen Grundes gem. § 622 Abs. 1 BGB entsprechen. Voraussetzung ist allerdings, dass in den Tarifverträgen eindeutig entfristete ordentliche Kündigungen und keine wichtigen Gründe i. S. d. § 626 BGB geregelt werden (KR-*Spilger* § 622 BGB Rz. 212).
Vereinbaren die Tarifpartner kürzere als die gesetzlichen Kündigungsfristen des § 622 BGB, so können sie auch in Teilbereichen die jeweiligen gesetzlichen Kündigungsfristen als Mindestschutz für die Arbeitnehmer bestehen lassen (*BAG* 14.2.1996 EzA § 622 BGB a. F. Nr. 54).

(2) Tarifdispositivität der verlängerten Kündigungsfristen

Fraglich ist, ob auch die verlängerten Kündigungsfristen für ältere Arbeitnehmer gem. § 622 Abs. 2 BGB uneingeschränkt der Regelung durch die Tarifpartner unterliegen.
Da § 622 Abs. 4 S. 1 BGB keine Einschränkungen enthält, liegt keine Regelungslücke vor, sodass sich die **Tariföffnungsklausel grds. auch auf die verlängerten Fristen für ältere Arbeitnehmer** erstreckt.
Teilweise (*Richardi* ZfA 1971, 88; APS/*Linck* § 622 BGB Rz. 113) wird wegen des damit eindeutigen Gesetzeswortlauts deshalb angenommen, dass auch die Kündigung für ältere Arbeitnehmer entfristet werden kann oder die für sie geltenden Fristen denen der übrigen Arbeitnehmer voll angeglichen werden können.
Demgegenüber ist nach Auffassung von *Spilger* (KR § 622 BGB Rz. 214) die Zielsetzung des Gesetzgebers zu beachten, ältere Arbeitnehmer durch längere Fristen stärker zu schützen. Deshalb können die Tarifvertragsparteien zwar auch die längeren Fristen älterer Arbeitnehmer verkürzen, sie müssen ihnen aber gegenüber der Grundkündigungsfrist verlängerte Fristen zubilligen.

(3) Kündigungstermine

Nicht nur die Kündigungsfristen, sondern auch die Kündigungstermine sind tarifdispositiv.

185

186

187

188

D. Die Beendigung des Arbeitsverhältnisses

dd) Geltung tariflicher Kündigungsvorschriften

189 Insoweit ist nach den allgemeinen Grundsätzen davon auszugehen, dass Voraussetzung für die Anwendung tariflicher Kündigungsvorschriften in einem konkreten Arbeitsverhältnis entweder die beiderseitige Tarifgebundenheit (§§ 3, 4 TVG), die Allgemeinverbindlichkeit der tariflichen Regelung (§ 5 TVG) oder deren einzelvertragliche Vereinbarung zwischen den Arbeitsvertragsparteien ist.
Gem. § 622 Abs. 4 S. 2 BGB gelten abweichende tarifvertragliche Bestimmungen zwischen nicht tarifgebundenen Arbeitgebern und Arbeitnehmern, wenn ihre Anwendung zwischen ihnen vereinbart ist, allerdings nur im Geltungsbereich eines solchen Tarifvertrages (s. o. D/Rz. 168).

190 Nehmen die Parteien eines schriftlichen Arbeitsvertrages darin im Übrigen **hinsichtlich einzelner Punkte** (u. a. Vereinbarung von tariflichem Lohn) **auf eine insgesamt auf den Tarifvertrag verweisende Arbeitsordnung** Bezug, so wird damit **weder** die **Arbeitsordnung** insgesamt, noch der **Tarifvertrag** und insbesondere auch nicht die darin geregelte Kündigungsfrist in der Probezeit **zum Inhalt** des Vertrages (*LAG Köln* 19.8.1999 ZTR 2000, 274).

ee) Dynamische Verweisung

191 Die Bestimmung des § 2 Nr. 6 MTV gewerblicher Arbeitnehmer der nordrheinischen Textilindustrie vom 10. Mai 1978 (»Die beiderseitige Kündigungsfrist beträgt, sofern ein Gesetz oder dieser Tarifvertrag nichts anderes bestimmt, zwei Wochen zum Schluss der Kalenderwoche«) kann nicht im Sinne einer dynamischen Verweisung auf die jeweils im Verhältnis zum Tarifvertrag günstigere gesetzliche Regelung verstanden werden. Es handelt sich vielmehr um eine **eigenständige konstitutive Regelung** mit einer im Verhältnis zu § 622 BGB a. F. günstigeren Regelung für gewerbliche Arbeitnehmer (*BAG* 29.1.1997 EzA § 4 TVG Textilindustrie Nr. 9).

ff) Tarifvertrag und günstigere Individualabsprache

(1) Grundlagen

192 Gem. **§ 4 Abs. 3 TVG** sind vom Tarifvertrag abweichende vertragliche Abreden zulässig, wenn sie eine Änderung zugunsten des Arbeitnehmers enthalten (**Günstigkeitsprinzip**).
Für die insoweit erforderliche Prüfung müssen nach einem individuellen Maßstab unter objektiver Würdigung die Kündigungsvorschriften (Kündigungsfrist, Kündigungstermin) des Tarifvertrages und die vertragliche Regelung insgesamt miteinander verglichen werden (sog. Gruppenvergleich; APS/*Linck* § 622 BGB Rz. 179; KR-*Spilger* § 622 BGB Rz. 42; **a. A.** *Preis/Kramer* DB 1993, 2129: Vergleich nur der Kündigungsfrist, nicht auch der durch den Kündigungstermin mitbestimmten Gesamtbindungsdauer). Das *LAG Niedersachsen* (8.2.2000 NZA-RR 2000, 428) hat eine einzelvertragliche Vereinbarung einer Kündigungsfrist von **drei Monaten zum Monatsende** in einem Fall für unwirksam erachtet, in dem der kraft beiderseitiger Tarifbindung geltende Tarifvertrag lediglich eine Kündigungsfrist von einem Monat zum 15. des Monats oder zum Monatsende vorgesehen hat. Denn der **Vorteil der verlängerten Kündigungsfrist traf den 32-jährigen Kläger, der ledig und ungebunden war**, während eines Lebensabschnitts, in dem die Bereitschaft des Arbeitsplatzwechsels höher lag und die Chance, verhältnismäßig schnell eine neue Stelle zu finden, größer war. Zudem wurde die dennoch unter Umständen drohende vorübergehende Arbeitslosigkeit durch die nur geringfügige Verlängerung der Kündigungs-

frist nicht nennenswert abgemildert. Finanziell wäre der Differenzzeitraum unter Berücksichtigung des Anspruchs auf Arbeitslosengeld nicht signifikant gewesen.

(2) Nachwirkungszeitraum
Tariflichen Kündigungsfristenbestimmungen bleibt der Vorrang vor den gesetzlichen Bestimmungen auch im Nachwirkungszeitraum (§ 4 Abs. 5 TVG) erhalten. Die Nachwirkung erstreckt sich allerdings nicht auf solche Arbeitsverhältnisse, die erst in diesem Zeitraum begründet werden (*BAG* 29.1.1975 EzA § 4 TVG Nachwirkung Nr. 3; **a. A.** KR-*Spilger* § 622 BGB Rz. 244 f.). 193

gg) Verfassungswidrigkeit unterschiedlicher tariflicher Kündigungsfristen und Wartezeiten für Arbeiter und Angestellte

Das *BVerfG* (30.5.1990 EzA § 622 BGB a. F. Nr. 27) hat nicht entschieden, ob und inwieweit Tarifverträge, die eine § 622 Abs. 2 BGB a. F. entsprechende Regelung enthalten, von Verfassungs wegen im Hinblick auf Art. 3 Abs. 1 GG Beschränkungen unterliegen können. 194

Es hat lediglich darauf hingewiesen, dass der von tarifvertraglichen Regelungen erfasste Personenkreis mit den Großgruppen der Angestellten und Arbeiter nicht identisch ist. Tarifverträge betreffen jeweils nur einen bestimmten Ausschnitt aus dem Gesamtspektrum der Arbeitnehmerschaft (vgl. APS/*Linck* § 622 BGB Rz. 114 ff.).

(1) Bindung der Tarifpartner an Art. 3 GG

Wenn in Tarifverträgen Kündigungsfristen eigenständig (also konstitutiv, nicht lediglich deklaratorisch durch Übernahme der gesetzlichen Regelung) geregelt sind, haben die Arbeitsgerichte in eigener Kompetenz zu prüfen, ob die Kündigungsregelung im Vergleich zu den für Angestellte geltenden Bestimmungen mit dem Gleichheitssatz des Art. 3 GG zu vereinbaren sind (*BAG* 21.3.1991, 16.9.1993 EzA § 622 BGB a. F. Nr. 31, 32, 33, 45). 195

Die Tarifvertragsparteien sind durch § 622 Abs. 4 S. 1 BGB nicht zu Regelungen ermächtigt, die dem Gesetzgeber selbst durch die Verfassung verboten sind und den Art. 3 GG verletzen. Andererseits verlangt der Gleichheitssatz keine völlige Gleichstellung für Arbeiter mit den Angestellten. Verlangt wird lediglich, dass **Ungleichbehandlung und rechtfertigender Grund in einem angemessenen Verhältnis zueinander stehen** (*BAG* 23.1.1992 EzA § 622 BGB a. F. Nr. 40, 41, 42). 196

(2) Prüfungsmaßstab
Nach der Rechtsprechung des *BAG* (21.3.1991, 23.1.1992, 4.3.1993, 16.9.1993 EzA § 622 BGB a. F. Nr. 31, 32, 33, 40, 41, 42, 44, 45) gilt für die Überprüfung der Frage, ob sachliche Differenzierungsgründe für die Ungleichbehandlung zwischen Arbeitern und Angestellten vorliegen, folgender Maßstab: 197

aaa) Gruppenspezifisch ausgestaltete unterschiedliche Regelungen
An sachlichen Gründen für unterschiedliche Regelungen fehlt es, wenn eine schlechtere Rechtsstellung der Arbeiter auf einer pauschalen Differenzierung zwischen den Gruppen der Angestellten und der Arbeiter beruht. 198

199 Sachlich gerechtfertigt sind nur hinreichend gruppenspezifisch ausgestaltete unterschiedliche Regelungen, die z. B. entweder nur eine verhältnismäßig kleine Gruppe nicht intensiv benachteiligen oder funktions-, branchen- und betriebsspezifischen Interessen beider Seiten oder zumindest der Arbeitgeber im Geltungsbereich eines Tarifvertrages durch die Einführung verkürzter Kündigungsfristen für Arbeiter entsprechen (z. B. die überwiegende [etwa 75% der Beschäftigten] Beschäftigung von Arbeitern in der Produktion).

200 Durch diese Beispiele werden andere sachliche Differenzierungsgründe jedoch nicht ausgeschlossen.
Dieser Prüfungsmaßstab gilt sowohl für unterschiedliche Grundfristen als auch für ungleich verlängerte Fristen für Arbeiter und Angestellte mit längerer Betriebszugehörigkeit und höherem Lebensalter. Er ist insbesondere auch auf unterschiedliche Wartezeiten für die verlängerten Fristen zu erstrecken.

201 Zunächst möglicherweise erhebliche Unterschiede zwischen Angestellten und Arbeitern hinsichtlich ihrer Schutzbedürftigkeit oder einem betrieblichen Interesse an einer flexiblen Personalplanung und -anpassung verlieren bei längerer Betriebszugehörigkeit erheblich an Gewicht.

bbb) **Gestaltungsspielraum der Tarifvertragsparteien; nur beschränkte Bedeutung der Richtigkeitsgewähr tariflicher Kündigungsregelungen**

202 Die Tarifvertragsparteien haben aufgrund der Öffnungsklauseln eine sachlich begrenzte, insbesondere auch an Art. 3 GG zu messende Gestaltungsfreiheit. Dabei ist es jedoch nicht Sache der Gerichte, zu prüfen, ob sie jeweils die »gerechteste und zweckmäßigste Regelung« vereinbart haben. **Die gerichtliche Kontrolle beschränkt sich vielmehr darauf, ob die tarifliche Regelung die Grenzen des Gestaltungsspielraums der Tarifpartner überschreitet,** was nur dann der Fall ist, wenn die Differenzierungen festgelegt werden, für die sachlich einleuchtende Gründe nicht ersichtlich sind (*BAG* 1.6.1983 AP Nr. 5 zu § 611 BGB Deputat).

203 Ergeben sich weder aus dem Wortlaut noch aus der Systematik der einschlägigen tariflichen Regelung noch aus dem Sachvortrag insbesondere des Arbeitgebers konkrete Anhaltspunkte für sachliche Differenzierungen, so kann allerdings die Verfassungsmäßigkeit unterschiedlicher Regelungen zu Lasten der Arbeiter **nicht** allein mit dem **Grundsatz einer Richtigkeitsgewähr** begründet werden (*BAG* 16.9.1993 EzA § 622 BGB a. F. Nr. 45). Denn diesem Grundsatz kommt im Bereich unterschiedlicher Kündigungsregelungen zwischen Arbeitern und Angestellten nur eine beschränkte Bedeutung zu. Die Auffassung der betroffenen Kreise allein kann nämlich nach der Würdigung des *BVerfG* (30.5.1990 EzA § 622 BGB a. F. Nr. 27) sachwidrige Differenzierungen gerade nicht rechtfertigen (s. o. D/Rz. 129 f.). Erforderlich sind vielmehr **konkrete Anhaltspunkte für sachgerechte Differenzierungen und eine »nähere Einsicht«** in die Gründe für das Zustandekommen von Tarifverträgen (*BVerfG* 30.5.1990 EzA § 622 BGB a. F. Nr. 27).

(3) **Darlegungs- und Beweislast; Amtsermittlung**

204 Zwar ist bei der Prüfung der Verfassungsmäßigkeit eines Tarifvertrages durch die Arbeitsgerichte nicht auf die Darlegungs- und Beweislast der Parteien im engeren Sinne abzustellen. Dennoch trifft sie schon im eigenen Interesse eine Prozessförderungs-

pflicht, indem der Arbeitgeber aus dem Tarifvertrag nicht ersichtliche sachliche Differenzierungsgründe für die verschlechterte Rechtsstellung der Arbeiter vorzutragen und der Arbeitnehmer, soweit ihm das möglich ist (vgl. § 138 Abs. 4 ZPO), dazu sachlich Stellung zu nehmen hat.

Wird die Verfassungswidrigkeit tariflicher Vorschriften von einer Partei angesprochen oder vom Gericht bezweifelt, dann haben die ArbG nach den Grundsätzen des § 293 ZPO von Amts wegen die näheren für unterschiedliche Fristen maßgeblichen Umstände, die für oder gegen die Verfassungswidrigkeit sprechen, zu ermitteln, und zwar insbesondere durch Einholung von Auskünften der Tarifpartner (*BAG* 16.9.1993 EzA § 622 BGB a. F. Nr. 45). **205**

Kommt als Differenzierungsgrund u. a. die personalwirtschaftliche Flexibilität im produktiven Bereich in Betracht, so ist jedenfalls zu klären, wie hoch in der Produktion bzw. im Verwaltungsbereich jeweils prozentual der Anteil der beschäftigten Arbeiter und der der Angestellten ist und ob dieses Verhältnis im Falle eines Tarifvertrages im Geltungsbereich verschiedener Industriezweige (Unterbranchen) im Wesentlichen einheitlich ist (*BAG* 16.9.1993 EzA § 622 BGB a. F. Nr. 45). **206**

hh) Beispiele aus der Rechtsprechung
Vgl. APS/*Linck* § 622 BGB Rz. 129 ff. **207**

(1) Verfassungsmäßige Regelungen
Für verfassungsmäßig erachtet hat das BAG insbesondere folgende unterschiedliche Kündigungsfristenregelungen für Arbeiter und Angestellte: **208**
– Grundfrist von **sieben Tagen** bei einer Betriebszugehörigkeit von bis zu sechs Monaten für Arbeiter im Verhältnis zu sechs Wochen zum Quartalsende für Angestellte gem. § 12 Nr. 3 b RTV für Arbeiter der Gartenbaubetriebe in Schleswig-Holstein vom 3.4.1990 (Bedürfnis an einer witterungs- und saisonbedingten flexiblen Personalplanung im produktiven Bereich, in dem überwiegend Arbeiter tätig sind, *BAG* 23.1.1992 EzA § 622 BGB a. F. Nr. 40; **a. A.** *Goergens* AiB 1992, 658 ff.).
– Grundkündigungsfrist von **zwei Wochen zum Wochenende** gem. § 2 Nr. 6 MTV Nordrheinische Textilindustrie (Bedürfnis nach flexibler Personalplanung im produktiven Bereich wegen produkt-, mode- und saisonbedingter Auftragsschwankungen bei Arbeitern, die im Gegensatz zu den Angestellten überwiegend nur in der Produktion tätig sind, *BAG* 23.1.1992 EzA § 622 BGB n. F Nr. 41; ebenso für die gleiche Frist gem. § 22 Nr. 1 MTV gewerbliche Arbeitnehmer Bekleidungsindustrie *LAG Hamm* 3.5.1996 NZA-RR 1997, 143).
– Aus den gleichen Gründen verstößt die verlängerte Kündigungsfrist nach 5-jähriger Betriebszugehörigkeit von **einem Monat zum Monatsende** gem. § 17 Nr. 2 MTV Arbeiter der baden-württembergischen Textilindustrie, gemessen an der für Angestellte geltenden Kündigungsfrist von drei Monaten zum Quartalsende nicht gegen Art. 3 GG; gleiches gilt für die verlängerte Frist des § 2 Nr. 6 MTV Arbeiter Nordrheinische Textilindustrie vom 10.3.1978 (*BAG* 19.3.1992 – 2 AZR 529/91 – n. v.; zit. nach KR-*Spilger* § 622 BGB Rz. 256).
– Zu beachten ist, dass dies nicht ohne weiteres auch für die **verlängerten Kündigungsfristen** desselben Tarifvertrages gilt. Denn die im gleichen Maße erbrachte Betriebstreue der Arbeiter erfordert dann zumindest gleiche Stufen der Wartezei-

D. Die Beendigung des Arbeitsverhältnisses

ten aufgrund abgeleisteter Betriebszugehörigkeit wie bei den Angestellten (*BAG* 11.8.1994 EzA § 622 BGB a. F. Nr. 51).
– Grundkündigungsfrist von **zwölf Werktagen** gem. § 12 Nr. 1.1 BRTV-Bau (ausschließliche Beschäftigung der Arbeiter im Produktionsbereich rechtfertigt ein besonderes Interesse der Arbeitgeberseite, auf Konjunktureinbrüche und Auftragsrückgänge unmittelbar und ohne erhebliche Verzögerung reagieren zu können, (*BAG* 2.4.1992 EzA § 622 BGB a. F. Nr. 43).
– Die tarifliche Grundkündigungsfrist für Chemiearbeiter von **vierzehn Tagen** (§ 11 a MTV Chemische Industrie).

209 Das Bedürfnis nach erhöhter personalwirtschaftlicher Flexibilität stellt bei einem ganz überwiegenden Anteil von Arbeitern in der Produktion der chemischen Industrie einen sachlichen Grund für die kürzeren Kündigungsfristen innerhalb der ersten 2 Jahre des Arbeitsverhältnisses dar. Das Flexibilitätsargument trägt auch die Verkürzung der Frist nicht nur für betriebs-, sondern auch für personen- und verhaltensbedingte Kündigungen, weil es den Tarifpartnern um eine einheitliche Regelung der Frist geht (*BAG* 4.3.1993, 16.9.1993 EzA § 622 BGB a. F. Nr. 44, 45).
– Grundkündigungsfrist von **vierzehn Tagen** für Arbeiter nach § 20 Nr. 1 a) MTV Eisen-, Metall-, Elektro- und Zentralheizungsindustrie Nordrhein-Westfalen (objektiv vorliegendes anerkennenswertes Bedürfnis nach personalwirtschaftlicher Flexibilität in der Produktion, wenn die Arbeiter auch angesichts neuartiger Fertigungsverfahren (z. B. Einsatz elektronischer Technologien, just-in-time-Fertigung) überwiegend in der Produktion und die Angestellten im Verwaltungsbereich tätig sind, *BAG* 10.3.1994 EzA § 622 BGB a. F. Nr. 50).
– Grundkündigungsfrist von **vierzehn Tagen** gem. § 4 Nr. 4.1 MTV Hotel- und Gaststättengewerbe für gewerbliche Arbeitnehmer wegen des in weiten Teilen der Branche bestehenden Flexibilitätsbedürfnisses (*LAG Köln* 10.3.1995 LAGE § 622 BGB Nr. 30).
– Grundkündigungsfrist von **drei Tagen in der Probezeit** für Arbeiter, dagegen von **vier Wochen bei Angestellten** nach dem MTV Systemgastronomie, weil nach Auskunft der tarifschließenden Gewerkschaft gegen einen zufriedenstellenden Entgeltabschluss den Wünschen der Arbeitgeberseite bei der Kündigungsfrist nachgegeben worden ist (*BAG* 29.10.1998 EzA Art. 3 GG Nr. 80).

(2) **Verfassungswidrige Regelungen**
210 § 13 Nr. 9 a MTV 1980 für **Arbeiter, Angestellte und Auszubildende in der Eisen-, Metall-, Elektro- und Zentralheizungsindustrie** Nordrhein-Westfalen sowie § 8 MTV Gewerbliche Bayerische Metallindustrie vom 9.5.1982 (Die Wartefristen für die verlängerten Fristen älterer Arbeitnehmer wurden gegenüber denen der Angestellten ohne sachlichen Grund deutlich verkürzt, wobei bereits Zweifel bestehen, ob sich die Tariföffnung überhaupt auf die Wartezeiten bezieht; *BAG* 21.3.1991, 29.8.1991, 10.3.1994 EzA § 622 BGB a. F. Nr. 33, 35, 48).
– Verlängerte Kündigungsfrist für ältere Arbeitnehmer nach § **21 MTV Brauereien** Nordrhein-Westfalen (*BAG* 7.4.1993 – 2 AZR 408/92 (A) – n. v.).
– Verfassungswidrig ist auch die zweiwöchige Kündigungsfrist des § **8 MTV gewerblicher Arbeitnehmer Bayerische Metallindustrie** (*BAG* 10.3.1994 PersV 1994, 763).

ii) Auswirkungen des KündFG auf die Beurteilung der Verfassungsmäßigkeit tariflicher Kündigungsregelungen

In der Literatur (KR-*Spilger* § 622 BGB Rz. 260) wird die Rechtsprechung des BAG 211
(s. o. D/Rz. 208 ff.) grds. dahingehend bewertet, dass **sachliche Differenzierungsgründe nach Zweck und Auswirkungen tariflicher Regelungen bei unterschiedlichen Grundfristen eher anzuerkennen sind als bei verlängerten Kündigungsfristen.**

Im Hinblick auf *BAG* 11.8.1994 EzA § 622 BGB a. F. Nr. 51 wird aber die Auffassung 212
vertreten, dass sich nunmehr eine Abkehr von der bisher geübten Zurückhaltung bei der Beurteilung ungleicher tariflicher Grundkündigungsfristen ankündigt.
Denn das BAG hat in der zitierten Entscheidung ausdrücklich offen gelassen, ob auch bei Vorliegen eines Flexibilitätsbedürfnisses in Zukunft angesichts des KündFG noch der im Streitfall große Unterschied der Kündigungsfrist von zwei Wochen ohne Termin für Arbeiter im Vergleich zu sechs Wochen zum Quartal für Angestellte sachlich zu rechtfertigen ist.
Selbst wenn das Bedürfnis nach flexibler Personalplanung im produktiven Bereich wegen produkt-, mode- und saisonbedingter Auftragsschwankungen eine kürzere tarifliche Grundkündigungsfrist für überwiegend in der Produktion tätige Arbeiter im Vergleich zu der für Angestellte günstigeren Regelung rechtfertigen würde, so gilt dies nach der Rechtsprechung des *BAG* (11.8.1994 EzA § 622 BGB a. F. Nr. 51) nicht ohne weiteres auch für die verlängerten Kündigungsfristen desselben Tarifvertrages (§ 2 Nr. 6 MTV Arbeiter Nordrheinische Textilindustrie). Denn die im gleichen Maße erbrachte Betriebstreue der Arbeiter erfordert dann zumindest gleiche Stufen der Wartezeiten aufgrund abgeleisteter Betriebszugehörigkeit wie bei den Angestellten.

Nach Auffassung von *Spilger* (KR § 622 BGB Rz. 260) dürften insgesamt sachlich be- 213
gründete, unterschiedliche Kündigungsfristen von Arbeitern und Angestellten hinsichtlich ihrer Diskrepanz an den neuen Vorgaben des KündFG zu messen sein.
Denn die Tarifautonomie gilt nicht schrankenlos. Der Rechtfertigungsdruck ungleichbehandelnder Tarifregelungen ist danach mit dem In-Kraft-Treten des KündFG am 15.10.1993 zumindest gestiegen. Weder mit § 622 Abs. 4 S. 1 BGB a. F. noch mit der dahinterstehenden Tarifautonomie aus Art. 9 Abs. 3 GG werden sich künftig nennenswerte Ungleichbehandlungen rechtfertigen lassen. Das gilt auch für solche Altregelungen, für die nach der Entscheidung des BVerfG und seit dem In-Kraft-Treten des KündFG am 15.10.1993 im jeweiligen Einzelfall unter Berücksichtigung der Tariflaufzeiten objektiv hinreichend Zeit für eine verfassungskonforme Neuregelung bestanden hat, die ungenutzt verstrichen ist.

jj) Auswirkungen verfassungswidriger Kündigungsregelungen

Wenn eine tarifliche Kündigungsregelung wegen Verstoßes gegen Art. 3 GG nichtig 214
ist, dann liegt eine **unbewusste Regelungslücke** vor, die von den Gerichten durch ergänzende **Auslegung** zu schließen ist (vgl. APS/*Linck* § 622 BGB Rz. 128).

Nach In-Kraft-Treten des KündFG (zur Rechtslage vor In-Kraft-Treten des 215
KündFG, vgl. *BAG* 29.8.1991 EzA § 622 BGB a. F. Nr. 35) sind Tariflücken, die durch verfassungswidrige tarifliche Kündigungsfristen entstanden sind, durch die gesetzlichen Kündigungsfristen der Neufassung des § 622 BGB zu schließen (*BAG* 10.3.1994 EzA § 622 BGB a. F. Nr. 48; 11.8.1994 EzA § 622 BGB a. F. Nr. 51).

D. Die Beendigung des Arbeitsverhältnisses

Gem. Art. 222 EGBGB gilt dies auch für solche Fälle, in denen noch ein Rechtsstreit über diese Fragen anhängig ist (*BAG* 10.3.1994 EzA § 622 BGB a. F. Nr. 48).

g) Auswirkungen des KündFG auf Altkündigungen und auf Altregelungen

aa) Altkündigungen (Art. 222 EGBGB)

216 Bei einer vor dem 15.10.1993 zugegangenen Kündigung gilt gem. Art. 222 EGBGB die Neufassung des § 622 BGB, wenn am 15.10.1993 das Arbeitsverhältnis noch nicht beendet ist und die Regelung der Neufassung für den Arbeitnehmer günstiger als die zuvor geltenden gesetzlichen Vorschriften ist oder ein Rechtsstreit nach näherer Maßgabe der gesetzlichen Regelungen anhängig ist.

Erfasst sind auch vor dem In-Kraft-Treten des KündFG ausgesprochene ordentliche Änderungskündigungen, bei denen nur um den Zeitpunkt des Wirksamwerdens der Vertragsänderung gestritten wird (12.1.1994 EzA § 622 BGB a. F. Nr. 47).

Eine Sonderregelung für Angestellte enthält Art. 222 Nr. 2 b EGBGB. Sie erhalten in dem noch anhängigen Verfahren nur die kürzeren Fristen des KündFG, nicht die längeren Fristen des aufgehobenen AngKG; dagegen bestehen keine verfassungsrechtlichen Bedenken (*BAG* 17.3.1994 EzA § 622 BGB a. F. Nr. 49). Allerdings gelten die Fristen des aufgehobenen AngKG, wenn diese für den Angestellten günstiger sind und die Anwendbarkeit sowie die Voraussetzungen des § 2 Abs. 1 S. 1 AngKG zwischen den Parteien nicht streitig sind (zu Fragen der Verfassungsmäßigkeit der Übergangsvorschrift des Art. 222 EGBGB, die inzwischen durch Zeitablauf keine praktische Bedeutung mehr hat, vgl. KR-*Spilger* § 622 BGB Rz. 276 ff.)

bb) Altregelungen für weiterhin bestehende Arbeitsverhältnisse

(1) Fehlen einer gesetzlichen Regelung

217 Für einzelvertragliche und tarifvertragliche Regelungen der Kündigungsfristen in weiterbestehenden Arbeitsverhältnissen fehlt eine gesetzliche Regelung des Verhältnisses zu der Neufassung des § 622 BGB.

(2) Vertraglich vereinbarte Kündigungsfristen

218 Verweist eine Klausel im Arbeitsvertrag auf die »gesetzlichen Kündigungsfristen«, so gelten, auch wenn der Arbeitsvertrag vor In-Kraft-Treten des KündFG abgeschlossen worden ist, für diesen Arbeitsvertrag nunmehr die neuen gesetzlichen Kündigungsfristen (*Preis/Kramer* DB 1993, 2130). Gleiches gilt für die Klausel »die Kündigungsfrist ist die gesetzliche, d. h. die Kündigung muss sechs Wochen vor dem Ende eines Quartals erfolgen« (*LAG Düsseldorf* 26.9.2000 – 8 Sa 1223/00 –; *ArbG Krefeld* 13.7.2000 EzA § 622 BGB n. F. Nr. 60).

219 Benennt die Klausel dagegen konkret die Fristdauer von »**sechs Wochen zum Schluss des Kalendervierteljahres**«, so kommt dieser Altregelung i. d. R. **konstitutive Bedeutung** zu (*Kramer* ZIP 1994, 937; *Diller* NZA 2000, 297 ff.). Gleiches gilt für die Formulierung »gesetzliche Kündigungsfrist von sechs Wochen zum Quartalsende« (*LAG Düsseldorf* 26.9.2000 – 8 Sa 1223/00 –; *ArbG Krefeld* 13.7.2000 EzA § 622 BGB n. F. Nr. 60).

D. Die Beendigung des Arbeitsverhältnisses

Derartige konstitutive Regelungen bleiben von der Neufassung des § 622 BGB unberührt. Denn weil in der Vereinbarung das Wort »Gesetz« nicht vorkommt, sondern ausschließlich eine konkrete Frist benannt wird, muss aus der Sicht eines Durchschnittsarbeitnehmers auch eben diese Frist gelten, selbst wenn die nunmehr zwischenzeitlich geänderte gesetzliche Frist kürzer ist. Dasselbe gilt jedoch auch für die Formulierung »gesetzliche Kündigungsfrist von sechs Wochen zum Quartalsende«, weil die konkrete Festlegung der Frist die Bezugnahme auf das Gesetz überwiegt (*Preis/Kramer* DB 1993, 2130). Ist die nunmehrige Frist dagegen länger, bedarf es bei einer konstitutiven Quartalskündigungsfrist eines **Günstigkeitsvergleichs i. S. einer Gesamtbetrachtung** von Kündigungsfristen und -terminen (vgl. *Diller* NZA 2000, 295 ff.).

220 Wurde vertraglich eine Kündigungsfrist von sechs Wochen zum Quartalsende vereinbart, beträgt aber die gesetzliche Kündigungsfrist sieben Monate zum Monatsende, ist Letztere günstiger, so dass allein die gesetzliche Frist gilt (*LAG Nürnberg* 13.4.1999 NZA-RR 2000, 80).

(3) Tarifnormen
221 Bei **tariflichen Normen,** die inhaltlich mit gesetzlichen Normen übereinstimmen oder auf sie verweisen, ist ebenfalls jeweils durch Auslegung zu ermitteln, ob die Tarifvertragsparteien eine selbstständige, d. h. in ihrer normativen Wirkung von der außertariflichen Norm unabhängige **eigenständige Regelung** treffen wollten. Diese Regelung muss im Tarifvertrag einen hinreichend erkennbaren Ausdruck gefunden haben.

222 Das ist regelmäßig dann anzunehmen, wenn die Tarifvertragsparteien eine im Gesetz nicht oder anders enthaltene Regelung vereinbaren oder eine gesetzliche Regelung übernehmen, die sonst nicht für die betroffenen Arbeitsverhältnisse gelten würde. Für einen rein deklaratorischen Charakter der Übernahme spricht dagegen, wenn einschlägige gesetzliche Vorschriften wörtlich oder inhaltlich übernommen werden oder nur auf sie verwiesen wird (*BAG* 4.3.1993 EzA § 622 BGB a. F. Nr. 44; 16.9.1993 EzA § 622 BGB a. F. Nr. 45).

223 Tarifvertragliche Regelungen hinsichtlich der Kündigungsfristen können auch in einen konstitutiven und in einen deklaratorischen Teil aufgespalten werden (*BAG* 4.3.1993 EzA § 622 BGB a. F. Nr. 44). Deshalb sind die Grundkündigungsfristen sowie die verlängerten Kündigungsfristen sowie die noch fortbestehenden Kündigungsfristen von Arbeitern und Angestellten jeweils gesondert daraufhin zu überprüfen, ob und inwieweit eine konstitutive oder deklaratorische Regelung vorliegt. Die Abweichung der Regelung vom Gesetz bei einer Gruppe macht die Regelung der anderen nicht notwendigerweise konstitutiv.

224 Liegt eine deklaratorische Regelung vor, gilt die Neufassung des § 622 BGB (*BAG* 5.10.1995 NZA 1996, 325; 14.2.1996 EzA § 622 BGB a. F. Nr. 53).
Liegt eine wirksame konstitutive Regelung vor, so gilt diese und nicht die Neufassung des § 622 BGB. Ist die konstitutive Regelung unwirksam, gilt i. d. R. die gesetzliche Neufassung.
Liegt eine Mischform vor, gilt für die Arbeitnehmergruppe mit der deklaratorischen Teilregelung die Neufassung. Die konstitutive Teilregelung ist nur im Falle ihrer Wirksamkeit weiterhin anwendbar, andernfalls gilt auch insoweit die Neuregelung (KR-*Spilger* § 622 BGB Rz. 285 m. w. N.).

D. Die Beendigung des Arbeitsverhältnisses

225 § 12 Nr. 1, 2 BRTV Bau enthält z. B. keine eigenständige tarifliche Regelung der verlängerten Kündigungsfristen für ältere gewerbliche Arbeitnehmer mit längerer Betriebszugehörigkeit, sondern verweist nur auf den (jeweiligen) Gesetzeswortlaut, in der derzeitigen Fassung des Tariftextes vom 10.9.1992 vom Wortlaut her noch auf § 622 Abs. 2 BGB a. F. Vereinbaren die Tarifpartner lediglich eine eigenständige tarifliche Grundkündigungsfrist und verweisen sie hinsichtlich der verlängerten Fristen auf das Gesetz durch dessen wörtliche Wiedergabe, so spricht dies im Zweifel dafür, dass sie auch die Entscheidung darüber, ab welcher Beschäftigungszeit (erstmals nach zwei Jahren nach § 622 Abs. 2 BGB a. F. statt nach fünf Jahren nach § 622 Abs. 2 BGB a. F.) verlängerte Kündigungsfristen eingreifen sollen, dem Gesetzgeber überlassen wollten, dass auch insoweit nur eine deklaratorische Regelung gegeben ist (*BAG* 14.2.1996 EzA § 622 BGB a. F. Nr. 53).

3. Beschränkung des Rechts zur Erklärung einer Kündigung

a) Tarifnormen, Betriebsvereinbarungen

226 Durch Tarifnormen kann das Recht zur ordentlichen Kündigung des **Arbeitgebers eingeschränkt werden.** Derzeit bestehen vor allem Kündigungsbeschränkungen zum Schutz älterer Arbeitnehmer, **Rationalisierungsschutzabkommen** sowie Normen zum Schutz **gewerkschaftlicher Vertrauensleute** (vgl. §§ 53, 55 BAT, 58 MTB II, 58 MTL II, SchutzTV; Anh. B zum Manteltarifvertrag für die holz- und kunststoffverarbeitende Industrie Rheinland-Pfalz).

227 Zum Schutz älterer Arbeitnehmer werden in Tarifverträgen entweder die Kündigungsfristen über die gesetzlichen hinaus verlängert oder nach Erreichen eines bestimmten Lebensalters und einer bestimmten Betriebszugehörigkeit das Recht des Arbeitgebers, ordentlich zu kündigen, ausgeschlossen (vgl. z. B. § 53 Abs. 3 BAT).

228 Die tarifliche Beschränkung betriebsbedingter Kündigungen gilt im Zweifel **unabhängig davon**, ob der Arbeitnehmer den **allgemeinen Kündigungsschutz** nach dem KSchG genießt (*BAG* 13.6.1996 EzA § 4 TVG Luftfahrt Nr. 2).

Beispiel:
229 Der TV Schutzabkommen Bordpersonal der Deutschen Lufthansa AG und der Condor Flugdienst GmbH beschränkt auch für Fluglehrer in den ersten sechs Monaten des Arbeitsverhältnisses die Möglichkeit von Kündigungen aufgrund von Betriebsänderungen i. S. v. § 94 TV Personalvertretung und von entsprechenden Änderungen für nicht erhebliche Teile der Belegschaft (*BAG* 13.6.1996 EzA § 4 TVG Luftfahrt Nr. 2).

230 Z. T. wird allerdings ausnahmsweise die ordentliche Kündigung dann zugelassen, wenn der betroffene Arbeitnehmer unter den Geltungsbereich eines Sozialplans fällt (vgl. *BAG* 9.5.1985 EzA § 4 TVG Metallindustrie Nr. 25; 8.8.1985 EzA § 1 KSchG Soziale Auswahl Nr. 21).

231 Verfassungsrechtliche Bedenken bestehen dagegen nicht; unzulässig ist lediglich der tarifliche Ausschluss der außerordentlichen Kündigung.
Insbesondere liegt keine unzulässige Differenzierung zwischen organisierten und nicht organisierten Arbeitnehmern vor, weil es dem Arbeitgeber nicht verwehrt ist, die Vergünstigung auch nicht organisierten Arbeitnehmern zu gewähren. Im öffentlichen Dienst ist dies durch die einzelvertragliche Vereinbarung der Anwendung von Tarifnormen üblich (vgl. KR-*Spilger* § 622 BGB Rz. 111).

D. Die Beendigung des Arbeitsverhältnisses

Nach Auffassung des *LAG Sachsen-Anhalt* (6.3.1997 NZA 1998, 684) soll aber die **232** Klausel in einem tarifvertraglichen Maßregelungsverbot nach Beendigung eines Arbeitskampfes wirksam sein, wonach die außerordentlichen Kündigungen gegenüber den Arbeitnehmern, die aus betriebswirtschaftlicher Sicht nicht wieder eingestellt werden können, in **ordentliche betriebsbedingte Kündigungen** umgewandelt werden.

In einem **Firmen-Tarifvertrag** kann gewerkschaftlichen Vertrauensleuten grds. ein **233** besonderer Kündigungsschutz eingeräumt und Sonderurlaub sowie Freistellung aus Anlass der Gewerkschaftsarbeit zugestanden werden. Die Grenzen normativer Tarifmacht werden nicht überschritten, wenn die ordentliche Kündigung ausgeschlossen wird. Ob gleichwohl bei anstehenden betriebsbedingten Kündigungen Vertrauensleute in die soziale Auswahl einzubeziehen sind, ist eine Frage, die die generelle Wirksamkeit einer solchen Tarifnorm nicht berührt. Dem Arbeitgeber wird auch die außerordentliche Kündigung nicht unzulässig erschwert, wenn der Tarifvertrag entsprechend § 102 Abs. 6 BetrVG die Zustimmung des Betriebsrats voraussetzt (*LAG Düsseldorf* 25.8.1995 LAGE Art. 9 GG Nr. 11).

Durch **Betriebsvereinbarung** kann die Wirksamkeit einer Kündigung des Arbeitge- **234** bers von der ausdrücklichen Zustimmung des Betriebsrats abhängig gemacht werden (§ 102 Abs. 6 BetrVG). Ferner können durch Betriebsvereinbarung Kündigungsfristen verlängert werden; soweit diese allerdings durch Tarifvertrag geregelt sind, ist § 77 Abs. 3 BetrVG zu beachten. Dagegen ist eine Verkürzung der vom Arbeitgeber einzuhaltenden Kündigungsfristen durch Betriebsvereinbarung nicht möglich, weil § 622 BGB die Sonderregelung dem Tarifvertrag vorbehält.
In Betriebsvereinbarungen können nach Auffassung von *Berkowsky* (MünchArbR § 122 Rz. 87 ff.) nicht weitergehende Kündigungsbeschränkungen ähnlich wie in Tarifverträgen getroffen werden, insbesondere kann die Kündigungsmöglichkeit für einzelne Arbeitnehmer oder für bestimmte Gruppen von Arbeitnehmern weder eingeschränkt noch sogar ausgeschlossen werden. Denn eine gesetzliche Legitimation dafür ist nicht ersichtlich.

b) Gesetzliche Vorschriften

aa) Allgemeine Regelungen
Einen **gesetzlichen Ausschluss** des Rechts des Arbeitgebers zur ordentlichen Kündi- **235** gung enthalten § **15 KSchG, § 15 BBiG** (nach Ablauf der Probezeit).
§§ 85, 91 SGB IX, § 9 MuSchG, § 18 BErzGG enthalten den **grundsätzlichen Ausschluss** sowohl einer ordentlichen als auch einer außerordentlichen Kündigung, vorbehaltlich einer vor Ausspruch der Kündigung einzuholenden Zustimmung einer Verwaltungsbehörde.
Daneben enthalten vor allem **§ 626 BGB, § 1 KSchG Einschränkungen** des Kündigungsrechts des Arbeitgebers.

bb) Besonderheiten in den neuen Bundesländern
Gem. § 58 Abs. 1 a AGB-DDR darf der Arbeitgeber Kämpfern gegen den Faschismus **236** und Verfolgten des Faschismus nicht fristgemäß kündigen. Eine Ausnahme gilt aber im Falle der Stilllegung von Betrieben oder Betriebsteilen; insoweit ist eine fristgemäße Kündigung nach vorheriger schriftlicher Zustimmung des für den Betrieb oder Betriebsteil zuständigen Arbeitsamtes zulässig.

D. Die Beendigung des Arbeitsverhältnisses

Dieser besondere Kündigungsschutz ist allerdings inzwischen faktisch bedeutungslos geworden (KR-*Spilger* § 622 BGB Rz. 86).

237 Ein inhaltlich gleichartiger besonderer Kündigungsschutz gilt auch für Schwangere, stillende Mütter, Mütter bzw. Väter mit Kindern bis zu einem Jahr, Mütter bzw. Väter während der Zeit der Freistellung nach dem Wochenurlaub gem. § 246 AGB-DDR für Mütter bzw. Väter, deren Kind vor dem 1.1.1991 geboren wurde sowie für allein erziehende Arbeitnehmer, deren Kind vor dem 1.1.1992 geboren wurde. Gem. § 59 Abs. 2 AGB-DDR bedarf auch die fristlose Kündigung der in § 58 Abs. 1 a, b AGB-DDR genannten Arbeitnehmer der vorherigen schriftlichen Zustimmung des für den Betrieb oder Betriebsteil zuständigen Arbeitsamtes, die ausnahmsweise innerhalb einer Woche nach deren Ausspruch nachgeholt werden kann. Zu beachten ist, dass **§ 9 MuSchG, § 18 BErzGG nicht anwendbar sind, soweit § 58 AGB-DDR Anwendung findet** (KR-*Pfeiffer* 4. Aufl., § 9 MuSchG Rz. 191 m. w. N.).

c) Einzelvertraglicher Kündigungsschutz

238 Inwieweit durch Individualarbeitsvertrag gegenüber dem Gesetz abweichende Regelungen möglich sind, ergibt sich teilweise aus dem Gesetz selbst (vgl. § 622 Abs. 3, Abs. 5, Abs. 6 BGB).

239 Im Übrigen gilt das Arbeitnehmerschutzprinzip. Grds. sind Abweichungen gegenüber der gesetzlichen Regelung, die für den Arbeitnehmer günstig sind, zulässig, während Einschränkungen des gesetzlichen Kündigungsschutzes unzulässig sind.

240 Ausgeschlossen ist die ordentliche Kündigung z. B. dann, wenn das Arbeitsverhältnis zeitlich oder durch seine Zweckbestimmung **befristet** ist und die Parteien sich nicht ausdrücklich die Möglichkeit der ordentlichen Kündigung vorbehalten haben (*BAG* 19.6.1980 EzA § 620 BGB Nr. 47).

241 **Die Zusage einer Lebensstellung** enthält i. d. R. noch nicht den Ausschluss der ordentlichen Kündigung. Darauf kann es aber hindeuten, wenn ein Arbeitnehmer langfristig als Betriebsleiter beschäftigt und ihm eine Sicherstellung im Alter durch die Zusage eines Ruhegeldes gewährt wird (*BAG* 12.10.1954 AP Nr. 1 zu § 52 Regelungsgesetz). Der Hinweis, der Arbeitnehmer werde für eine Dauer- oder Lebensstellung eingestellt, kann auch die schwächere Wirkung haben, dass die ordentliche Kündigung nur für eine angemessene Zeit ausgeschlossen sein soll (*BAG* 7.11.1968 EzA § 66 HGB Nr. 2).

Die ordentliche Kündigung kann auch dadurch eingeschränkt werden, dass sie nur bei **bestimmten Kündigungsgründen** zulässig sein soll. Derartige Regelungen dürfen aber nicht den sozialen Schutz anderer Arbeitnehmer beseitigen, weil der Kündigungsschutz einschließlich der Grundsätze für die soziale Auswahl nicht abdingbar ist (KR-*Spilger* § 622 BGB Rz. 118).

III. Die Rechtswirksamkeit der außerordentlichen Arbeitgeberkündigung

242 Hat der Arbeitgeber eine ordnungsgemäß zugegangene außerordentliche Kündigung erklärt, so kann diese insbesondere unwirksam sein, wenn sie an sog. **sonstigen Unwirksamkeitsgründen,** die vorab zu prüfen sind, leidet, z. B.
– weil ein bestehender Betriebsrat vor Ausspruch der Kündigung nicht gem. **§ 102 BetrVG** ordnungsgemäß angehört worden ist oder

D. Die Beendigung des Arbeitsverhältnisses

- im Falle des § 103 BetrVG der Kündigung nicht ausdrücklich zugestimmt hat (vgl. auch § 15 KSchG),
- die gem. § 9 MuSchG, § 18 BErzGG, § 91 SGB IX erforderliche vorherige Zustimmung einer Behörde (zumeist des Gewerbeaufsichtsamtes bzw. des Integrationsamtes) nicht eingeholt worden ist oder
- die Voraussetzungen der §§ 613a Abs. 4 S. 1 BGB, 612a BGB, § 2 Abs. 1, 2 ArbPlSchG, Art. 48 Abs. 2 GG, § 26 ArbGG, § 20 SGB, § 9 Abs. 2 des Gesetzes über die Erweiterung des Katastrophenschutzes, § 9 Abs. 2 Zivilschutzgesetz, § 5 Abs. 2 BeschFG (jetzt § 13 Abs. 2 TzBfG) gegeben sind bzw.
- gem. § 11 der Bergmannsversorgungsscheingesetze die Zustimmung der Zentralstelle fehlt.

Die außerordentliche Kündigung des Arbeitgebers ist ferner dann unwirksam, wenn entweder die Voraussetzungen des § 626 Abs. 2 BGB oder des § 626 Abs. 1 BGB nicht gegeben sind und sich der Arbeitnehmer ggf. **fristgerecht darauf beruft** (§§ 13, 4, 7 KSchG).

1. Sonstige Unwirksamkeitsgründe

a) Beteiligung des Betriebsrats/Personalrats

aa) Rechtsgrundlagen

Die Beteiligung des Betriebsrats/Personalrats bestimmt sich nach den §§ 102, 103 BetrVG, §§ 69 ff., 79 BPersVG sowie der vergleichbaren Vorschriften der jeweiligen Bundesländer, z. B. §§ 73 ff., 82 LPersVG Rheinland-Pfalz (ausf. *Busemann/Schäfer* a. a. O., Rz. 67 ff.). 243

Soweit das KSchG anwendbar ist, handelt es sich bei der Geltendmachung der Unwirksamkeit der Beteiligung des Betriebsrats/Personalrats um **einen sonstigen Unwirksamkeitsgrund i. S. d. § 13 Abs. 3 KSchG**, der nicht innerhalb der 3-Wochenfrist gem. § 13 Abs. 1, 4, 7 KSchG geltend gemacht werden muss (vgl. KR-*Etzel* § 102 BetrVG Rz. 184).

> Gem. § 102 BetrVG ist der Betriebsrat vor jeder Kündigung durch den Arbeitgeber anzuhören. Gem. § 103 BetrVG bedarf die außerordentliche Kündigung in besonderen Fällen der Zustimmung des Betriebsrats (vgl. auch § 15 KSchG). 244

Eine Zuständigkeit des **Gesamtbetriebsrats** gem. § 50 BetrVG kommt grds. **nicht** in Betracht. Das gilt selbst dann, wenn ein Arbeitnehmer dem Übergang seines Arbeitsverhältnisses auf einen neuen Betriebsinhaber widerspricht und daraufhin der bisherige Betriebsinhaber mit der Begründung kündigt, dass keine Weiterbeschäftigungsmöglichkeit besteht, ohne den Arbeitnehmer zuvor einem anderen Betrieb seines Unternehmens zuzuordnen. Das gilt selbst dann, wenn der Widerspruch des Arbeitnehmers dazu führt, dass zu der Kündigung **keiner der im Unternehmen des bisherigen Betriebsinhabers gebildeten Einzelbetriebsräte anzuhören ist** (*BAG* 21.3.1996 EzA § 102 BetrVG 1972 Nr. 91). 245

> Gem. § 79 Abs. 1 S. 1 BPersVG wirkt der Personalrat bei der ordentlichen Kündigung des Arbeitnehmers mit. 246

D. Die Beendigung des Arbeitsverhältnisses

Insoweit ist nach Mitteilung der Kündigungsgründe durch den Arbeitgeber eine eingehende Erörterung der Kündigung mit dem Personalrat vorgesehen. Die Anforderungen an die zwar nicht ausdrücklich vorgesehene, aber aus der notwendigen Erörterung mit dem Personalrat folgende Unterrichtung entsprechen denen des § 102 Abs. 1 BetrVG (KR-*Etzel* §§ 72, 79, 108 BPersVG Rz. 15).
Unterbleibt die Erörterung der beabsichtigten Maßnahme (Kündigung) mit dem Dienststellenleiter, so berührt dies die Wirksamkeit der Maßnahme jedenfalls dann nicht, wenn der Personalrat eine Erörterung nicht wünscht (*BAG* 3.2.1982 AP Nr. 1 zu § 72 BPersVG). Wird das Verfahren zur Beteiligung des Personalrats nicht durch den Dienststellenleiter, sondern durch einen **personalvertretungsrechtlich nicht zuständigen Vertreter des Dienststellenleiters eingeleitet**, so führt dies nicht zur Unwirksamkeit der Kündigung, wenn der Personalrat den Fehler nicht gerügt, sondern zu der beabsichtigten Kündigung abschließend Stellung genommen hat (*BAG* 25.2.1998 – 2 AZR 226/97 – gegen *BAG* 19.3.1983 AP Nr. 1 zu § 66 LPVG NW). Unwirksam ist die Kündigung aber dann, wenn der Personalrat wegen nicht ordnungsgemäßer Vertretung der Dienststelle **widerspricht** (*BAG* 29.10.1998 EzA § 79 BPersVG Nr. 1).
Vor fristlosen Entlassungen und außerordentlichen Kündigungen ist der Personalrat dagegen gem. § 79 Abs. 3 BPersVG zur anzuhören, diese Regelung entspricht § 102 Abs. 1 BetrVG.

247 Bei der Kündigung von **im Ausland beschäftigten Ortskräften** braucht der Personalrat des Auswärtigen Amtes dagegen nicht beteiligt zu werden (§§ 91, 79 Abs. 3 BPersVG; *BAG* 21.11.1996 NZA 1997, 493).

bb) Begriffsbestimmungen

248 Anhörung bedeutet mehr als bloße Information, jedoch weniger als Beratung. Der Arbeitgeber ist verpflichtet, etwaige Bedenken des Betriebsrats, die dieser rechtzeitig vorträgt, zur Kenntnis zu nehmen, auf sie einzugehen, sie zu erwägen, auf ihre Begründetheit zu überprüfen und ernsthaft in seine Kündigungsüberlegungen einzubeziehen.

249 Dem steht allerdings nicht entgegen, dass der Arbeitgeber bereits vor der Entgegennahme der Reaktion des Betriebsrats seinen Kündigungsentschluss abschließend gefasst hat (*BAG* 28.9.1978 EzA § 102 BetrVG 1972 Nr. 39).
Dem Betriebsrat sind gem. § 102 Abs. 1 BetrVG die Gründe für die Kündigung mitzuteilen. Dazu gehört im Allgemeinen nicht die Vorlage von Beweismaterial. Etwas anderes ergibt sich auch nicht aus § 80 Abs. 2 BetrVG (*BAG* 26.1.1995 EzA § 102 BetrVG 1972 Nr. 87). Die Anhörung bedarf auch dann nicht der Schriftform bzw. der Übergabe vorhandener schriftlicher Unterlagen, wenn der Kündigungssachverhalt ungewöhnlich komplex ist (*BAG* 6.2.1997 EzA § 102 BetrVG 1972 Nr. 96).

cc) Auslandseinsatz

250 § 102 BetrVG gilt auch bei der Kündigung der nicht nur vorübergehend im Ausland eingesetzten Arbeitnehmerin (Reiseleiterin), jedenfalls dann, wenn sie nach wie vor dem Inlandsbetrieb zuzuordnen ist.
Ob der Inlandsbezug eines solchen Arbeitsverhältnisses erhalten geblieben ist, hängt von den **Umständen des Einzelfalles** ab. Maßgeblich ist insbesondere die Dauer des Auslandseinsatzes, die Eingliederung in den Auslandsbetrieb, das Bestehen und die

Voraussetzungen eines Rückrufrechts zum Inlandseinsatz sowie der sonstige Inhalt der Weisungsbefugnis des Arbeitgebers (*BAG* 7.12.1989 EzA § 102 BetrVG 1972 Nr. 74; vgl. APS/*Koch* § 102 BetrVG Rz. 11 ff.).

dd) Rechtsfolgen fehlerhafter Beteiligung

Gem. § 102 Abs. 1 S. 3 BetrVG, § 79 Abs. 4 BPersVG ist die ohne Beteiligung des Betriebs- oder Personalrats erfolgte Kündigung unwirksam (vgl. *BAG* 16.3.2000 EzA § 108 BPersVG Nr. 2). Das gilt aufgrund einer ausdehnenden Auslegung dieser Vorschrift auch dann, wenn das Anhörungsverfahren nicht wirksam eingeleitet oder durchgeführt und abgeschlossen worden ist (*BAG* 16.9.1993 EzA § 102 BetrVG 1972 Nr. 84; APS/*Koch* § 102 BetrVG Rz. 151 ff.). 251

Wegen der einschneidenden Bedeutung der Kündigung hat das BetrVG 1972 die Rechtsstellung des Betriebsrats und damit seine kollektive Schutzfunktion erheblich verstärkt und zugleich den kollektiven Schutz mit dem individualrechtlichen Schutz verknüpft (vgl. § 1 Abs. 2 S. 2 KSchG). 252

ee) Funktionsfähigkeit des Betriebsrats

Damit der Arbeitgeber vor einer beabsichtigten Kündigung das Anhörungsverfahren nach § 102 BetrVG durchführen kann, ist jedoch nicht nur das Vorhandensein eines Betriebsrats erforderlich, sondern **der Betriebsrat muss auch funktionsfähig** sein. 253

Ein funktionsunfähiger Betriebsrat kann keine Mitwirkungsrechte ausüben; der Arbeitgeber kann hier grds. ohne Anhörung des Betriebsrats die Kündigung aussprechen. 254

Der Betriebsrat ist **funktionsunfähig,** wenn alle Betriebsrats- und Ersatzmitglieder gleichzeitig nicht nur kurzfristig an der Ausübung ihres Amtes verhindert sind, d. h. nicht in der Lage sind, Betriebsratsaufgaben wahrzunehmen (z. B. wegen Krankheit, Urlaub oder Dienstreisen). 255
Für den neu gewählten Betriebsrat besteht nach Beginn der Amtszeit bis zur Wahl des Betriebsratsvorsitzenden und seines Stellvertreters in der konstituierenden Sitzung Funktionsunfähigkeit (*BAG* 23.8.1984 EzA § 102 BetrVG 1972 Nr. 59).
Der Arbeitgeber ist dann, wenn die Amtszeit des neu gewählten Betriebsrats bereits begonnen, sich dieser aber noch nicht konstituiert hat, auch **nicht verpflichtet,** mit dem Ausspruch der Kündigung eines Arbeitnehmers **zu warten,** bis er sich konstituiert hat (*BAG* 23.8.1984 EzA § 102 BetrVG 1972 Nr. 59).
Demgegenüber ist es dem Arbeitgeber nach Auffassung von *Etzel* (KR § 102 BetrVG Rz. 24 b) nach dem Grundsatz der vertrauensvollen Zusammenarbeit im Allgemeinen zuzumuten, dann, wenn damit zu rechnen ist, dass die Funktionsfähigkeit des Betriebsrats alsbald wieder hergestellt ist, dies abzuwarten und das Anhörungsverfahren z. B. erst nach der Konstituierung des Betriebsrats einzuleiten. Dem ist zuzustimmen, da auch die Amtszeit des Betriebsrats von seiner Konstituierung unabhängig ist.
Allerdings kann der Arbeitgeber vor der Wahl des Vorsitzenden und seines Stellvertreters jedes Betriebsratsmitglied über seine Kündigungsabsicht unterrichten. Mit dem Zugang der Mitteilung hat er dann das Beteiligungsverfahren eingeleitet. Aufgabe der neugewählten Betriebsratsmitglieder bzw. des Wahlvorstands ist es, innerhalb der Äußerungsfristen des § 102 Abs. 2 BetrVG die Handlungs- bzw. Beschlussfähigkeit

herbeizuführen. Bis zum Ablauf der Äußerungsfrist muss der Arbeitgeber mit dem Kündigungsausspruch warten (APS/*Koch* § 102 BetrVG 1972 Rz. 45).

256 Ist nur ein Teil der Mitglieder und Ersatzmitglieder verhindert, der Betriebsrat aber nicht beschlussfähig (§ 33 Abs. 2 BetrVG), so nimmt der Restbetriebsrat analog § 22 BetrVG die Mitbestimmungsrechte wahr (*BAG* 18.8.1982 EzA § 102 BetrVG 1972 Nr. 48).

257 Ist das einzige Betriebsratsmitglied erkrankt (Betriebsobmann), so ist der Arbeitgeber verpflichtet, dieses auch außerhalb des Betriebes vor einer beabsichtigten Kündigung anzuhören, wenn er es nur wenige Tage zuvor an einer Personalangelegenheit beteiligt hat, die denselben Arbeitnehmer betraf (*BAG* 15.11.1984 EzA § 102 BetrVG 1972 Nr. 58).

ff) Personalausschüsse
258 Der Betriebsrat kann gem. § 28 Abs. 1 BetrVG seine Mitwirkungsrechte bei Kündigungen nach § 102 BetrVG auch auf einen von ihm gebildeten **Personalausschuss** übertragen (*BAG* 12.7.1984 EzA § 102 BetrVG 1972 Nr. 57; vgl. APS/*Koch* § 102 BetrVG Rz. 70 ff.).
Daneben können Betriebsrat und Arbeitgeber gem. § 28 Abs. 3 BetrVG auch paritätische Personalausschüsse für Arbeiter und Angestellte bilden.
Der Betriebsrat kann seinen Mitgliedern in diesen paritätischen Ausschüssen ebenfalls seine Mitwirkungsrechte nach § 102 BetrVG zur selbstständigen Wahrnehmung übertragen, wenn er ausschließlich – und zwar alle – Mitglieder in die paritätischen Ausschüsse entsendet, die auch dem Personalausschuss angehören. Hört der Arbeitgeber nur den paritätischen Ausschuss zu einer beabsichtigten Kündigung an, so ist diese jedenfalls dann nicht wegen Verletzung von § 102 BetrVG unwirksam, wenn sämtliche Mitglieder des Betriebsrats im paritätischen Ausschuss der Kündigung zugestimmt haben (*BAG* 12.7.1984 EzA § 102 BetrVG 1972 Nr. 57).

gg) Verfahrensgang

(1) Unterrichtung des Betriebsrats; Adressat
259 Die Unterrichtung durch den Arbeitgeber über die beabsichtigte Kündigung hat gegenüber dem **Vorsitzenden des Betriebsrats,** im Verhinderungsfall gegenüber dessen Stellvertreter – grds. während der Arbeitszeit – zu erfolgen (APS/*Koch* § 102 BetrVG Rz. 69 ff.).
Der Betriebsratsvorsitzende oder (bei seiner Verhinderung) der Stellvertreter sind berechtigt, aber grds. nicht verpflichtet, eine Mitteilung des Arbeitgebers nach § 102 Abs. 1 BetrVG innerhalb der Arbeitszeit und außerhalb der Betriebsräume entgegenzunehmen.
Die widerspruchslose Entgegennahme einer derartigen Mitteilung des Arbeitgebers setzt aber auch dann die Wochenfrist des § 102 Abs. 2 S. 1 BetrVG in Lauf, wenn sie außerhalb der Arbeitszeit und außerhalb der Betriebsräume erfolgt (*BAG* 27.8.1982 EzA § 102 BetrVG 1972 Nr. 49).
Hat der Betriebsrat einen Personalausschuss gebildet, so kann – neben dem Betriebsratsvorsitzenden – die Unterrichtung durch den Arbeitgeber auch gegenüber dem **Vorsitzenden des Personalausschusses** erfolgen.

Unterrichtet der Arbeitgeber sonstige Betriebsratsmitglieder, so liegt keine ord- 260
nungsgemäße Unterrichtung vor. Ein solches Betriebsratsmitglied gilt lediglich
als Erklärungsbote im Verhältnis zum Vorsitzenden des Betriebsrats. Der Arbeitgeber trägt folglich das Risiko, dass seine entsprechenden Mitteilungen nicht fristgemäß und inhaltlich zutreffend an den Vorsitzenden weitergeleitet werden (*BAG
27.6.1985* EzA § 102 BetrVG 1972 Nr. 60).

(2) Abschluss des Anhörungsverfahrens

Der Arbeitgeber darf erst nach Abschluss des Anhörungsverfahrens und ggf. er- 261
teilter Zustimmung durch den Betriebsrat die Kündigung des Arbeitsverhältnisses aussprechen (*BAG 13.11.1975* EzA § 102 BetrVG 1972 Nr. 20).

aaa) Begriffsbestimmung

Das Anhörungsverfahren ist dann abgeschlossen, wenn die Äußerungsfrist gem. 262
§ 102 Abs. 2 BetrVG (eine Woche für die ordentliche, drei Tage für die außerordentliche Kündigung) abgelaufen ist oder der Betriebsrat bereits vorher eine sachlich-inhaltliche Stellungnahme abgegeben hat (vgl. *LAG Berlin 12.7.1999*
NZA-RR 1999, 485).

Das Anhörungsverfahren kann **ausnahmsweise bereits vor Fristablauf** und ohne 263
sachliche Stellungnahme abgeschlossen sein, wenn der Betriebsrat eine mündliche
oder schriftliche Erklärung des Inhalts abgegeben hat, dass er **eine weitere Erörterung des Falles nicht wünscht,** keine weitere Erklärung mehr abgeben will und darin
eine abschließende Stellungnahme liegt. Das ist z. B. dann der Fall, wenn er dem Arbeitgeber mitteilt, dass er **beschlossen hat, die Anhörungsfrist verstreichen zu lassen** (*Hessisches LAG 18.6.1997* LAGE § 626 BGB Nr. 14):
Erklärt der Betriebsrat dies allerdings nicht ausdrücklich, so ist durch Auslegung zu
ermitteln, ob eine bestimmte Äußerung oder ein bestimmtes Verhalten diesen Erklärungswert hat. Dabei kann insbesondere die Übung des Betriebsrats von maßgeblicher Bedeutung sein.
Diese Voraussetzungen können z. B. erfüllt sein, wenn der Betriebsrat am letzten Tag
der gesetzlichen Anhörungsfrist das Anhörungsschreiben des Arbeitgebers, versehen
mit einem handschriftlichen Eingangsvermerk, ohne weitere Bemerkung zurückgibt
(*BAG 12.3.1987* EzA § 102 BetrVG 1972 Nr. 71).

bbb) Rechtsfolge verfrühter Kündigung
Eine vor Abschluss des Anhörungsverfahrens ausgesprochene Kündigung ist un- 264
heilbar nichtig (§ 102 Abs. 1 S. 3 BetrVG). Auch eine nachträgliche Anhörung oder
gar die nachträgliche und ausdrückliche Zustimmung des Betriebsrats vermögen daran nichts zu ändern (*BAG 28.2.1974* EzA § 102 BetrVG 1972 Nr. 8).

ccc) Kombination von außerordentlicher und ordentlicher Kündigung
Erklärt der Arbeitgeber gleichzeitig eine außerordentliche und hilfsweise eine ordent- 265
liche Kündigung, so muss zum einen dem Betriebsrat gegenüber **eindeutig klargestellt** werden, dass es um die Anhörung zu **zwei Kündigungserklärungen** geht.

266 Zum anderen muss sowohl für die außerordentliche Kündigung die 3-Tagefrist als auch für die ordentliche Kündigung die Ein-Wochen-Frist eingehalten werden, wenn der Betriebsrat vor Fristablauf keine Stellungnahme abgibt.

ddd) Besonderheiten bei Massenentlassungen
267 Die einwöchige Anhörungsfrist für die ordentliche Kündigung gem. § 102 Abs. 2 S. 1 BetrVG verlängert sich trotz der damit i. d. R. verbundenen erheblichen Mehrbelastung des Betriebsrats auch bei **Massenentlassungen** nicht automatisch um einen bestimmten Zeitraum.
Sie kann allerdings, ohne dass ein entsprechender Anspruch des Betriebsrats bestünde, durch **Vereinbarung mit dem Arbeitgeber verlängert** werden (*BAG* 14.8.1986 EzA § 102 BetrVG 1972 Nr. 69).
Kommt eine derartige Vereinbarung nicht zustande, so kann die Berufung des Arbeitgebers auf die Einhaltung der Anhörungsfrist aber bei Massenentlassungen **rechtsmissbräuchlich** (§ 242 BGB) sein. Hierfür reichen objektive Umstände wie die Zahl der Kündigungen und die sich hieraus für die Bearbeitung im Betriebsrat ergebenden Schwierigkeiten jedoch nicht aus.
268 Wesentlich ist, ob der Betriebsrat innerhalb der Wochenfrist vom Arbeitgeber eine Fristverlängerung für einen bestimmten Zeitraum verlangt hat und wie sich beide Betriebspartner bis zur formellen Einleitung des Anhörungsverfahrens verhalten haben. Das Verhalten des Arbeitgebers ist z. B. dann nicht rechtsmissbräuchlich, wenn das Verhalten des Betriebsrats die Annahme rechtfertigt, dass die Verlängerung der Frist deshalb begehrt wird, um den Ausspruch der Kündigungen zu verzögern und dadurch für die betroffenen Arbeitnehmer eine gewisse Verlängerung des Arbeitsverhältnisses zu erreichen.

(3) Ausspruch der Kündigung; erneute Anhörung bei weiterer Kündigung

269 Die Kündigung muss nach Abschluss des Anhörungsverfahrens nicht unbedingt in engem zeitlichen Zusammenhang mit der Anhörung erfolgen.

270 Es genügt, wenn trotz Zeitablaufs zwischen Anhörung und Kündigung der Kündigungssachverhalt **unverändert** geblieben ist, insbesondere keine weiteren Gründe eingetreten sind (*BAG* 26.5.1977 EzA § 102 BetrVG 1972 Nr. 30).
Scheitert eine Kündigung, zu der der Betriebsrat ordnungsgemäß angehört worden ist und der er ausdrücklich und vorbehaltlos zugestimmt hat, am fehlenden Zugang an den Kündigungsgegner, so ist vor einer erneuten Kündigung die erneute Anhörung des Betriebsrats dann entbehrlich, wenn sie in engem zeitlichen Zusammenhang (17 Tage) ausgesprochen und auf **denselben Sachverhalt** gestützt wird (*BAG* 11.10.1989 EzA § 102 BetrVG 1972 Nr. 78; APS/*Koch* § 102 BetrVG Rz. 24 ff.).
271 Hat der Arbeitgeber vor Einschaltung des Integrationsamtes den Personalrat zur fristlosen Kündigung eines schwer behinderten Arbeitnehmers angehört, so ist bei unverändertem Sachverhalt eine erneute Personalratsanhörung auch dann nicht erforderlich, wenn die **Zustimmung des Integrationsamtes erst nach einem jahrelangen verwaltungsgerichtlichen Verfahren erteilt wird** (*BAG* 18.5.1994 EzA § 611 BGB Abmahnung Nr. 31).
272 Demgegenüber hat das LAG Hamm (7.2.2001 – 2 Sa 200/00 –) angenommen, dass das vom Arbeitgeber eingeleitete Anhörungsverfahren grds. **nur für diejenige Kün-**

digung Wirksamkeit entfalten kann, für die es eingeleitet worden ist. Ist die Kündigung ausgesprochen und dem Arbeitnehmer zugegangen, ist das Anhörungsverfahren verbraucht. Der Betriebsrat muss deshalb nochmals angehört werden, wenn der Arbeitgeber eine erneute Kündigung aussprechen will.

Jedenfalls ist dann eine erneute Anhörung des Betriebsrats erforderlich, wenn die erstmalige Anhörung des Betriebsrats nicht ordnungsgemäß erfolgt ist, z. B. weil dem Betriebsrat weder die Personalien des betroffenen Arbeitnehmers noch die einzuhaltende Kündigungsfrist mitgeteilt worden sind (*BAG* 16.9.1993 EzA § 102 BetrVG 1972 Nr. 84; abl. *Rink* NZA 1998, 80). 273

Kündigt auf Seiten des Arbeitgebers ein Bevollmächtigter, so ist die Kündigung regelmäßig dem Arbeitgeber zuzurechnen, auch wenn bei Ausspruch der Kündigung auf das Vertretungsverhältnis nicht ausdrücklich hingewiesen wird. Tauchen in einem derartigen Fall beim Arbeitgeber nachträglich **Zweifel** auf, ob ihm die Kündigung durch den Bevollmächtigten zugerechnet werden kann und wiederholt er daraufhin selbst die Kündigung, so leitet er damit einen **neuen Kündigungsvorgang** ein und hat deshalb den Betriebsrat **erneut anzuhören** (*BAG* 31.1.1996 EzA § 102 BetrVG 1972 Nr. 90; ebenso *Sächsisches LAG* 26.7.2001 ZTR 2001, 526 für § 78 Sächs. PersVG). 274

Ist dagegen die »erste« Kündigung dem Arbeitnehmer unstreitig **nicht zugegangen**, so hat diese nicht zu Rechtswirkungen geführt; vor einer »erneuten« Kündigung bedarf es **keiner nochmaligen Anhörung** (*BAG* 6.2.1997 EzA § 102 BetrVG 1972 Nr. 95). 275

(4) Ausscheidendes Betriebsratsmitglied
Scheidet ein Betriebsratsmitglied **während eines Zustimmungsersetzungsverfahrens** nach § 103 BetrVG aufgrund einer Neuwahl des Betriebsrats aus diesem Gremium aus, ist für die außerordentliche Kündigung durch den Arbeitgeber eine **erneute Anhörung** des Betriebsrats **nicht erforderlich** (*BAG* 8.6.2000 EzA § 103 BetrVG 1972 Nr. 106). 276

(5) Beendigungstatbestände ohne Anhörung des Betriebsrats

§ 102 BetrVG gilt – ebenso wie die Parallelvorschriften des BPersVG oder der LPersVG – nicht bei der Beendigung des Arbeitsverhältnisses wegen Zeitablaufs (§ 620 Abs. 1 BGB), durch Aufhebungsvertrag, Arbeitnehmerkündigung, Anfechtung und der Geltendmachung der Nichtigkeit des Arbeitsvertrages. 277

Gleiches gilt für die **Teilkündigung,** die an sich nur die Ausübung eines Widerrufsvorbehaltes darstellt (vgl. *BAG* 4.2.1958 AP Nr. 1 zu § 620 BGB Teilkündigung), nicht aber auf die Beendigung des Arbeitsverhältnisses zielt (s. u. Rz. 1737 ff.). 278
Nicht erfasst ist i. d. R. auch die mit der **Befristung** des Arbeitsverhältnisses begründete Ablehnung der Weiterbeschäftigung durch den Arbeitgeber und eine dahingehende Mitteilung an den Arbeitnehmer.
Denn die Mitteilung, ein befristet abgeschlossener Arbeitsvertrag solle nicht verlängert werden, oder eine mit der Befristung begründete Ablehnung der Weiterbeschäftigung ist i. d. R. dann keine vorsorgliche Kündigung, wenn die Wirksamkeit der Befristung zwischen den Parteien noch nicht streitig ist (*BAG* 26.4.1979 EzA § 620 BGB Nr. 39).

D. Die Beendigung des Arbeitsverhältnisses

Anwendbar ist § 102 BetrVG dagegen auf die **Änderungskündigung,** weil es sich (auch) um eine echte Beendigungskündigung handelt (vgl. APS/*Koch* § 102 BetrVG Rz. 23 ff.).

(6) Kündigung von Heimarbeitern

279 § 102 BetrVG ist anwendbar bei der Kündigung des Rechtsverhältnisses eines **Heimarbeiters, der hauptsächlich für den Betrieb arbeitet.**
Verletzt der Arbeitgeber seine Pflicht zur ordnungsgemäßen Anhörung des Betriebsrats, ist die Kündigung des Heimarbeitsverhältnisses nach § 102 Abs. 1 S. 3 BetrVG unwirksam.
Berücksichtigt der Arbeitgeber bei der Auswahl der zu kündigenden Heimarbeiter soziale Gesichtspunkte, so hat er dem Betriebsrat die entsprechenden Daten aller Heimarbeiter mitzuteilen, die er in die Auswahlentscheidung einbezogen hat (*BAG* 7.11.1995 EzA § 102 BetrVG 1972 Nr. 88).

hh) Inhaltliche Anforderungen

(1) Mitteilung der persönlichen Angaben

280 Der Arbeitgeber muss die **Person** des zu kündigenden Arbeitnehmers, seine **wesentlichen Sozialdaten** (Dauer der Betriebszugehörigkeit, Familienstand, Unterhaltspflichten), ggf. ob der Ehepartner in einem Arbeitsverhältnis steht, **besonderen Kündigungsschutz begründende Umstände** (z. B. Schwangerschaft, Schwerbehinderteneigenschaft; vgl. *BAG* 16.9.1993 EzA § 102 BetrVG 1972 Nr. 84) angeben (krit. *Oppertshäuser* NZA 1997, 920 ff.). Eine Mitteilung der sozialen Daten ist aber **entbehrlich,** wenn sie dem Betriebsrat **bereits bekannt** sind. Der Arbeitgeber muss nur die **ihm bekannten persönlichen Daten** des Arbeitnehmers mitteilen. Er ist **nicht verpflichtet,** insoweit **Nachforschungen** anzustellen (*LAG Schleswig-Holstein* 1.4.1999 – 5 Sa 236/98 –).

281 Eine ordnungsgemäße Anhörung des Personalrats erfordert i. d. R. auch dann, wenn es um die **Annahme von Schmiergeldern** als Kündigungsgrund geht, die Mitteilung der Personaldaten des Arbeitnehmers, soweit der Personalrat diese nicht bereits kennt; dies gilt insbesondere bei tariflicher Unkündbarkeit (*BAG* 21.6.2001 EzA § 626 BGB Unkündbarkeit Nr. 7).
Der Wirksamkeit einer außerordentlichen Kündigung steht die fehlende Mitteilung der genauen Sozialdaten des zu kündigenden Arbeitnehmers an den Betriebsrat aber andererseits jedenfalls dann nicht entgegen, wenn es dem Arbeitgeber wegen der Schwere der Kündigungsvorwürfe (Annahme von Schmiergeldern in Höhe von 1,4 Mio DM zuzüglich weiterer Sachleistungen durch den Arbeitnehmer) auf die genauen Daten ersichtlich nicht ankommt, der Betriebsrat zudem die ungefähren Daten kennt und er daher die Kündigungsabsicht des Arbeitgebers ausreichend beurteilen kann (*BAG* 15.11.1995 EzA § 102 BetrVG 1972 Nr. 89; APS/*Koch* § 102 BetrVG Rz. 92 ff.).

(2) Art der Kündigung

282 Mitzuteilen ist auch die **Art der Kündigung** (außerordentliche, ordentliche Kündigung, außerordentliche oder ordentliche Änderungskündigung).
Das gilt auch im Falle der beabsichtigten Kündigung eines »unkündbaren« Arbeitnehmers, wenn der Arbeitgeber ohne jede Erläuterung eine nach der objektiven Rechtslage nur außerordentlich mögliche Kündigung unter Einhaltung einer Aus-

lauffrist aussprechen will (*BAG* 29.8.1991 EzA § 102 BetrVG 1972 Nr. 82, abl. *Rink* NZA 1998, 79; vgl. APS/*Koch* § 102 BetrVG Rz. 99 f.).

(3) Kündigungsfrist, -termin
Das *BAG* (28.2.1974 EzA § 102 BetrVG 1972 Nr. 8) hat zunächst angenommen, dass 283 auch die Kündigungsfrist und der Kündigungstermin als der Zeitpunkt, zu dem gekündigt werden soll, angegeben werden müssen.
Inzwischen geht das *BAG* (29.1.1986, 16.9.1993 EzA § 102 BetrVG 1972 Nr. 64, 84) davon aus, dass zwar die **Angabe der Kündigungsfrist,** aber **nicht die Angabe ihres Endtermins** verlangt werden kann. Denn es ist nicht sicher, zu welchem Zeitpunkt die beabsichtigte Kündigung zugehen wird, sodass häufig der Endtermin der Kündigungsfrist noch nicht feststeht.
Auch ist die Unterrichtung des Betriebs- bzw. Personalrats **nicht allein deshalb fehlerhaft, weil der Arbeitgeber eine unrichtige Kündigungsfrist oder einen unrichtigen Endtermin angegeben hat,** zu dem die Kündigung wirksam werden kann (*BAG* 24.10.1996 EzA § 102 BetrVG 1972 Nr. 92).
Die Angabe der Kündigungsfrist ist im Übrigen **entbehrlich,** wenn sie dem Betriebs- 284 rat bekannt ist oder er über die tatsächlichen Umstände für die Berechnung der maßgeblichen Kündigungsfristen **unterrichtet ist** (*BAG* 29.3.1990 EzA § 102 BetrVG 1972 Nr. 79). Davon ist im Allgemeinen auszugehen, z. B. wenn der Arbeitgeber erklärt, er wolle ordentlich kündigen, und dem Betriebsrat bekannt ist, dass im Betrieb die tariflichen Kündigungsfristen angewendet werden (vgl. *BAG* 24.10.1996 EzA § 102 BetrVG 1972 Nr. 92).
Zur ordnungsgemäßen Anhörung des Betriebsrats im Falle der betriebsbedingten 285 Änderungskündigung gehört aber jedenfalls dann die Angabe der Kündigungsfristen der betroffenen Arbeitnehmer, wenn sich **erst daraus die Tragweite** der geplanten personellen Maßnahme (z. B. Reduzierung des Weihnachtsgeldes), bezogen auf das laufende oder das nachfolgende Kalenderjahr, **ermitteln lässt** (*BAG* 29.3.1990 EzA § 102 BetrVG 1972 Nr. 79; abl. *Rink* NZA 1998, 79 f.).
Nach Auffassung des *LAG Hamm* (14.3.1995 LAGE § 102 BetrVG 1972 Nr. 51) ist die Mitteilung einer gegenüber der gesetzlichen Regelung einzelvertraglich verlängerten Kündigungsfrist nicht erforderlich (APS/*Koch* § 102 BetrVG Rz. 101 ff.).

(4) Kündigungsgründe

aaa) Allgemeine Anforderungen
Der Arbeitgeber muss dem Betriebsrat die **Gründe für die Kündigung** mitteilen 286 (§ 102 Abs. 1 S. 2 BetrVG; vgl. ausf. *Becker-Schaffner* DB 1996, 426 ff.).

> Damit sind nicht nur die wichtigsten Kündigungsgründe gemeint, vielmehr hat der Arbeitgeber den Betriebsrat über alle Tatsachen und subjektiven Vorstellungen zu unterrichten, die ihn zu der Kündigung veranlassen (*BAG* 24.11.1983 EzA § 102 BetrVG 1972 Nr. 54).
> Denn § 102 BetrVG soll dem Betriebsrat die Möglichkeit geben, durch seine Stellungnahme auf den Willen des Arbeitgebers einzuwirken und ihn durch Darlegung von Gegengründen u. U. von seiner Planung, den Arbeitnehmer zu entlassen, abzubringen (vgl. *BAG* 28.2.1974 EzA § 102 BetrVG 1972 Nr. 8).

D. Die Beendigung des Arbeitsverhältnisses

287 Wenn dem Betriebsrat insoweit Gelegenheit gegeben werden soll, sich zu der beabsichtigten Kündigung zu äußern, dann muss er die Wirksamkeit dieser Kündigung auch beurteilen können. Das ist aber nur möglich, wenn er alle Tatsachen kennt, auf die der Arbeitgeber seine Kündigung stützt. Dazu gehören auch dem Arbeitgeber bekannte, **seinen Kündigungsgründen widerstreitende Umstände** (*LAG Sachsen-Anhalt* 5.11.1996 NZA-RR 1997, 325; vgl. ausf. KR-*Etzel* § 102 BetrVG Rz. 62), z. B. **Entlastungszeugen** für Fehlverhalten des Arbeitnehmers (*LAG Köln* 30.9.1993 LAGE § 102 BetrVG 1972 Nr. 36) oder eine **Gegendarstellung** des Arbeitnehmers (*BAG* 31.8.1989 EzA § 102 BetrVG 1972 Nr. 75; vgl. dazu *LAG Köln* 5.6.2000 NZA-RR 2001, 168 Ls. zu § 72 a NWPersVG). Äußert der Arbeitgeber bei einer geplanten Kündigung wegen unentschuldigten Fehlens eine Vermutung zu dem Beweggrund des Arbeitnehmers für das Fehlen, so ist er auch verpflichtet, dem Betriebsrat ihm bekannte, gegen diese Vermutung sprechende und ein anderes Gesamtbild zeichnende Umstände mitzuteilen. Der Arbeitgeber kann den Mangel unzureichender Unterrichtung des Betriebsrats aber dadurch beheben, dass er aus eigener Initiative oder aufgrund einer Rückfrage des Betriebsrats die **vollständige Unterrichtung nachholt**; die Frist des § 102 BetrVG läuft dann erst ab dem Zeitpunkt der vollständigen Unterrichtung (*LAG Schleswig-Holstein* 15.4.1997 NZA-RR 1997, 483).
Die maßgeblichen Tatsachen muss der Arbeitgeber dem Betriebsrat **substantiiert** mitteilen. **Die pauschale Angabe von Kündigungsgründen oder die Angabe eines Werturteils allein genügen nicht** (vgl. *BAG* 27.6.1985 EzA § 102 BetrVG 1972 Nr. 60).

288 Folglich muss der Arbeitgeber die aus seiner Sicht die Kündigung begründenden Umstände so genau und umfassend darlegen, dass der Betriebsrat ohne zusätzliche eigene Nachforschungen in der Lage ist, selbst die Stichhaltigkeit der Kündigungsgründe zu prüfen und sich über seine Stellungnahme schlüssig zu werden (vgl. *BAG* 13.7.1978 EzA § 102 BetrVG 1972 Nr. 35; APS/*Koch* § 102 BetrVG Rz. 104 ff.).

289 Nicht möglich ist eine wirksame Anhörung des Betriebsrats zu einem vom Arbeitnehmer zwar angekündigten, aber noch nicht eingetretenen Verhalten, wenn nicht die Ankündigung selbst, sondern nur das zu erwartende Verhalten vom Arbeitgeber als Kündigungsgrund genannt wird (*BAG* 19.1.1983 EzA § 102 BetrVG 1972 Nr. 50).

bbb) Subjektive Determinierung der Mitteilungspflicht des Arbeitgebers

290 Zu berücksichtigen ist aber, dass der Arbeitgeber im Rahmen des § 102 BetrVG nur die **aus seiner Sicht** tragenden Umstände mitteilen muss.

> Eine Verletzung der Mitteilungspflicht liegt deshalb nur dann vor, wenn er dem Betriebsrat bewusst ihm bekannte und seinen Kündigungsentschluss (mit)bestimmende Tatsachen vorenthält, die nicht nur eine Ergänzung oder Konkretisierung des mitgeteilten Sachverhalts darstellen, sondern diesem erst das Gewicht eines Kündigungsgrundes geben oder weitere eigenständige Kündigungsgründe beinhalten (APS/*Koch* § 102 BetrVG Rz. 88 ff.).

291 Gleiches gilt, wenn der Arbeitgeber aus seiner Sicht **unrichtige oder unvollständige Sachdarstellungen** unterbreitet (*BAG* 18.5.1994, 22.9.1994 EzA § 102 BetrVG 1972 Nr. 85, 86).

D. Die Beendigung des Arbeitsverhältnisses

Beispiele:
Teilt der Arbeitgeber als Kündigungsgrund mit, der Arbeitnehmer habe während seiner attestierten Arbeitsunfähigkeit vom 4.-17.3.1996 täglich in einer Gaststätte gearbeitet, dann ist dies eine bewusst unrichtige oder unvollständige Darstellung dann, wenn der Kläger lediglich an fünf Tagen observiert worden war und nur an drei Tagen zeitweise bei Arbeiten in einer Gaststätte gesehen wurde (*LAG Baden-Württemberg* 24.6.1997 DB 1997, 1825). 292

Demgegenüber ist die Anhörung des Betriebsrats ordnungsgemäß, wenn ihm zwar ein Sachverhalt mitgeteilt wird, der **nicht den tatsächlichen Gegebenheiten entspricht**, den zu beurteilenden Sachverhalt in seiner Schwere und in seinen Wirkungen aber **nicht verändert** (*LAG Schleswig-Holstein* 24.7.2001 – 1 Sa 78/01 –). 293

Teilt der Arbeitgeber **objektiv kündigungsrechtlich erhebliche Tatsachen** dem Betriebsrat deswegen nicht mit, weil er sie bei seinem Kündigungsentschluss für **unerheblich oder entbehrlich** hält, dann ist zwar die **Anhörung des Betriebsrats ordnungsgemäß** erfolgt (*BAG* 18.12.1980 EzA § 102 BetrVG 1972 Nr. 44).

Die objektiv unvollständige Unterrichtung verwehrt es dem Arbeitgeber aber, im Kündigungsschutzprozess Gründe nachzuschieben, die über die Erläuterung des dem Betriebsrat mitgeteilten Sachverhalts hinausgehen. 294

Dies führt mittelbar zur Unwirksamkeit der Kündigung, wenn der verwertbare Sachverhalt die Kündigung nicht trägt, d. h. wenn es der sachlichen Rechtfertigung der Kündigung nach § 1 KSchG oder § 626 BGB bedarf und dazu der (zuvor dem Betriebsrat) mitgeteilte Kündigungssachverhalt nicht ausreicht (sog. »**subjektive Determinierung der Mitteilungspflicht des Arbeitgebers**«; vgl. *BAG* 1.4.1981, 22.9.1994 EzA § 102 BetrVG 1972 Nr. 45, 86; erläuternd *Berkowsky* NZA 1996, 1065 ff.; zust. *Rink* NZA 1998, 78).

Unterrichtet der Arbeitgeber deshalb z. B. den Betriebsrat von einer beabsichtigten betriebsbedingten Änderungskündigung mit dem Ziel, eine unselbstständige Betriebsabteilung wegen hoher Kostenbelastung zu sanieren, nur über die wirtschaftlichen Verhältnisse des unselbstständigen Betriebsteils, nicht aber zugleich über die Ertragslage des gesamten Betriebes, dann kann er sich im Kündigungsschutzprozess jedenfalls nicht auf ein dringendes Sanierungsbedürfnis des Betriebes berufen (*BAG* 11.10.1989 EzA § 1 KSchG Betriebsbedingte Kündigung Nr. 64). 295

Informiert der Arbeitgeber gem. § 102 BetrVG **nicht auch über Begleitumstände**, die dem an sich eine Kündigung tragenden Sachverhalt ein besonderes Gewicht verleihen und für die Interessenabwägung erhebliche Bedeutung haben (können), so sind diese Begleitumstände bei der Prüfung der Berechtigung der Kündigung nicht verwertbar. Ohne wenigstens einen Hinweis auf das Vorliegen solcher Begleitumstände ist der **Betriebsrat mit diesen nicht befasst** und braucht insbesondere nicht von sich aus solche Umstände zu ermitteln, indem er die ihm übergebenen Unterlagen auf solche Umstände hin prüft und auswertet (*LAG Hessen* 15.9.1998 NZA 1999, 269 Ls.). 296

Demgegenüber ist nach Auffassung von *Berkowsky* (MünchArbR § 147 Rz. 49 ff.; abl. auch *Kraft* FS Kissel, S. 616 ff.) diese Verquickung von formellem Anhörungsverfahren und materiellem Kündigungsschutzverfahren rechtlich nicht begründbar. Danach ist die Anhörung des Betriebsrats in diesen Fällen unvollständig, wenn der Arbeitgeber nicht alle ihm bekannten und im Prozess vorgetragenen kündigungsbegründenden Umstände mitgeteilt hat, sodass die Unwirksamkeit der Kündigung 297

D. Die Beendigung des Arbeitsverhältnisses

aus § 102 Abs. 1 BetrVG folgt. Das *ArbG Berlin* (24.11.2000 NZA-RR 2001, 198) hat schließlich angenommen, dass dann, wenn dem Betriebsrat im Rahmen der Anhörung **objektiv falsche Tatsachen** mitgeteilt werden, z. B. die Zahl der krankheitsbedingten Fehltage bei einer beabsichtigten krankheitsbedingten Kündigung, die sodann ausgesprochene Kündigung **unwirksam** ist.

298 Im Kündigungsschutzprozess sind jedenfalls auch solche Tatsachen verwertbar, die der Arbeitgeber dem Betriebsrat im Anhörungsverfahren erst **auf Nachfrage** mitteilt. Dies gilt zumindest dann, wenn der Arbeitgeber vor der Kündigung nochmals die Frist des § 102 Abs. 2 BetrVG bzw. die abschließende Stellungnahme des Betriebsrats abwartet (*BAG* 6.2.1997 EzA § 102 BetrVG 1972 Nr. 96).

ccc) Vorkenntnis des Betriebsrats

299 **Andere Anforderungen** an den Umfang der Mitteilungspflicht sind dann geboten, wenn der **Betriebsrat bereits vor der erfolgten Anhörung über den erforderlichen Kenntnisstand verfügt,** um sich über die Stichhaltigkeit der Kündigungsgründe ein Bild zu machen und um eine Stellungnahme dazu abgeben zu können und dies der Arbeitgeber weiß oder nach den gegebenen Umständen jedenfalls als sicher ansehen kann.

Denn dann wird es den Grundsätzen der vertrauensvollen Zusammenarbeit gem. § 2 Abs. 1 BetrVG widersprechen, wenn vom Arbeitgeber gleichwohl nochmals eine detaillierte Begründung verlangt würde. Dies gilt zumindest dann, wenn es sich um den aktuellen, d. h. um den mit der konkret beabsichtigten Kündigung sachlich und zeitlich im Zusammenhang stehenden Kenntnisstand handelt.

Im Rahmen des Anhörungsverfahrens muss sich der Betriebsrat allerdings grds. nur das Wissen eines zur Entgegennahme von Erklärungen gem. § 26 Abs. 3 S. 2 BetrVG berechtigten (insbesondere des Vorsitzenden oder seines Stellvertreters im Falle der Verhinderung des Vorsitzenden) oder hierzu ausdrücklich ermächtigten Betriebsratsmitglieds zurechnen lassen (*BAG* 27.6.1985 EzA § 102 BetrVG 1972 Nr. 60).

ddd) Bedeutung der Reaktion des Betriebsrats

300 Für die Wirksamkeit der Anhörung ist es im Übrigen **unerheblich, ob der Betriebsrat der beabsichtigten Kündigung widerspricht,** ob ein erhobener Widerspruch des Betriebsrats erheblich i. S. d. § 102 Abs. 3 BetrVG ist oder nicht und ob der Betriebsrat, wenn er die gegebenen Informationen nicht für ausreichend gehalten hat, keine weiteren Angaben ausdrücklich angefordert hat.

Denn der Arbeitgeber ist verpflichtet, den maßgeblichen Sachverhalt näher so zu umschreiben, dass der Betriebsrat ohne eigene Nachforschungen oder Rückfragen die Stichhaltigkeit der Kündigungsgründe überprüfen kann.

Unterlässt es der Arbeitgeber aber, den Betriebsrat über die Gründe der Kündigung zu unterrichten, z. B. in der irrigen oder vermeintlichen Annahme, dass dieser bereits über den erforderlichen und aktuellen Kenntnisstand verfügt, so liegt keine ordnungsgemäße Einleitung des Anhörungsverfahrens vor (*BAG* 27.6.1985 EzA § 102 BetrVG 1972 Nr. 60).

301 Andererseits geht das *LAG Köln* (7.8.1998 NZA-RR 2000, 32) davon aus, dass dann, wenn der Betriebsrat der beabsichtigten Kündigung ausdrücklich **zugestimmt** hat, die Ordnungsgemäßheit der Anhörung nicht mit der Begründung in Frage gestellt werden kann, die zutreffenden Mitteilungen an den Betriebsrat seien **nicht substantiiert** gewesen, solange durch weggelassene Einzelheiten **kein verfälschendes Bild** vom Kündigungstatbestand entsteht.

D. Die Beendigung des Arbeitsverhältnisses

ii) Fehler im Verantwortungsbereich des Betriebsrats

(1) Grundlagen; Abgrenzung der Verantwortungsbereiche von Betriebsrat und Arbeitgeber

Ist die Anhörung des Betriebsrats aus Gründen fehlerhaft, die in seinem Verantwortungsbereich liegen, so ist das für die Wirksamkeit der Anhörung und damit die Kündigung ohne Bedeutung, selbst wenn sie dem Arbeitgeber bekannt sind, es sei denn, dass er sie selbst veranlasst hat (*BAG* 18.8.1982 EzA § 102 BetrVG 1972 Nr. 48; APS/*Koch* § 102 BetrVG Rz. 153 ff.). 302

Dazu gehören die fehlerhafte Besetzung des Betriebsrats, die Entscheidung im Umlaufverfahren statt in einer ordnungsgemäß einberufenen Sitzung oder die Teilnahme des Arbeitgebers an der Betriebsratssitzung. 303
Ist der Arbeitgeber während der auf sein Verlangen einberufenen Sitzung des Betriebsrats, in der die beabsichtigte Kündigung des Arbeitnehmers behandelt wird, auch bei der Beschlussfassung anwesend, dann führt dies nicht zur Unwirksamkeit der Kündigung nach § 102 Abs. 1 BetrVG. Das gilt jedenfalls dann, wenn er den Betriebsrat weder veranlasst hat, sofort eine abschließende Stellungnahme abzugeben, noch davon abgehalten hat, eine weitere Sitzung ohne seine Anwesenheit durchzuführen (*BAG* 24.3.1977 EzA § 102 BetrVG 1972 Nr. 28).

Zum Verantwortungsbereich des Arbeitgebers gehört es allerdings, wenn der Betriebsratsvorsitzende oder ein sonstiges Betriebsratsmitglied fristgemäß Stellung nimmt, der Arbeitgeber aber weiß, dass eine Betriebsratssitzung nicht stattgefunden hat (*BAG* 28.3.1974 EzA § 102 BetrVG 1972 Nr. 9). 304

Nach Auffassung des *LAG Bremen* (26.10.1982 AP Nr. 26 zu § 102 BetrVG 1972) ist das auch dann der Fall, wenn der Betriebsrat einen Personalausschuss bildet, obwohl die gesetzlichen Voraussetzungen dafür (§§ 27, 28 BetrVG) nicht gegeben sind. Denn der Arbeitgeber muss diese Normen kennen und den Betriebsrat ggf. auf sie hinweisen. 305
Unterlässt es der Personalrat, dem Beschäftigten im Beteiligungsverfahren Gelegenheit zur Äußerung zu geben, so wirkt sich dies nicht zu Lasten des Arbeitgebers aus. Denn dieser Mangel fällt in den Zuständigkeits- und Verantwortungsbereich des Personalrats (*BAG* 3.2.1982 AP Nr. 1 zu § 72 BPersVG).
Ist die abschließende Stellungnahme des anzuhörenden Personalrats entgegen zwingender gesetzlicher Regelung (z. B. § 31 Abs. 2 S. 2 SachsAnhPersVG) lediglich durch ein **gruppenfremdes Personalratsmitglied** unterzeichnet, so ist dies allein der Sphäre des Personalrats zuzurechnen und macht die Anhörung nicht unwirksam (*BAG* 13.6.1996 NZA 1997, 545). 306
Nach Auffassung des *LAG Köln* (14.12.1995 NZA-RR 1976, 376) ist die Betriebsratanhörung dann nicht fehlerhaft, wenn der Arbeitgeber, der **von Fehlern** im Verantwortungsbereich des Betriebsrats (Beschlussfassung ohne Unterrichtung sämtlicher Mitglieder des Betriebsrats) **Kenntnis hat**, mit dem Ausspruch einer fristlosen Kündigung **wartet, bis die Frist von drei Tagen** gem. § 102 Abs. 2 S. 3 BetrVG verstrichen ist. 307

D. Die Beendigung des Arbeitsverhältnisses

(2) Verhältnis zum Zustimmungsersetzungsverfahren (§ 103 BetrVG)
308 Diese Grundsätze sind auf das Zustimmungsersetzungsverfahren gem. § 103 BetrVG nicht übertragbar. Denn die erforderliche Zustimmung zur Kündigung (vgl. auch § 15 KSchG) setzt einen an sich wirksamen Beschluss voraus.
Zwar darf der Arbeitgeber nach den Grundsätzen des Vertrauensschutzes grds. auf die Wirksamkeit eines Zustimmungsbeschlusses vertrauen, wenn der Betriebsratsvorsitzende oder sein Stellvertreter ihm die Zustimmung mitteilen. Das gilt aber dann nicht, wenn der Arbeitgeber die Tatsachen kennt oder kennen muss, aus denen sich die Unwirksamkeit des Beschlusses ergibt.
Eine Erkundigungspflicht des Arbeitgebers besteht allerdings nicht (*BAG* 23.8.1984 EzA § 103 BetrVG 1972 Nr. 30; vgl. APS/*Böck* § 103 BetrVG Rz. 20).

(3) Verzicht auf das Anhörungsverfahren
309 Weder der Betriebsrat noch der Arbeitnehmer können auf die Durchführung des Anhörungsverfahrens verzichten, noch können Tarifverträge oder Betriebsvereinbarungen entsprechendes vorsehen.
Etwas anderes gilt aber dann, wenn der gekündigte Arbeitnehmer die Nichtanhörung des Betriebsrats ausdrücklich gefordert hat. Denn dann liegt ein Verstoß gegen das Verbot widersprüchlichen Verhaltens gem. § 242 BGB (venire contra facium proprium) vor, wenn er sodann die Kündigung wegen fehlender Anhörung des Betriebsrats angreift (GK-BetrVG/*Raab* § 102 Rz. 84 ff.)

jj) Personalvertretungsrechtliche Vorschriften
310 Auch die Unwirksamkeit gem. **§ 79 Abs. 4 BPersVG** bzw. vergleichbarer landesrechtlicher Vorschriften tritt nicht nur dann ein, wenn eine Mitbestimmung überhaupt nicht stattgefunden hat, sondern auch dann, **wenn der Personalrat nur mangelhaft beteiligt worden ist,** z. B. wenn die Verfahrensvorschriften des BPersVG nicht eingehalten worden sind.

311 Erforderlich ist, dass der Personalrat rechtzeitig und umfassend von der beabsichtigten Maßnahme unterrichtet wird und ihm unaufgefordert die erforderlichen Unterlagen vorgelegt werden. Die ausgesprochene Kündigung ist deshalb auch dann unwirksam, wenn der Personalrat zwar der Maßnahme zugestimmt hat, er aber zuvor nur unvollständig unterrichtet worden ist (vgl. KR-*Etzel* §§ 72, 79, 108 BPersVG Rz. 53 ff. m. w. N.); **insoweit gelten die gleichen Grundsätze wie im Rahmen des § 102 BetrVG** (s. o. D/Rz. 286 ff.).

312 Der Personalrat kann im Rahmen des Mitwirkungsverfahrens bei einer ordentlichen Kündigung des Arbeitgebers nach §§ 72, 79 Abs. 1 BPersVG Einwendungen gegen die beabsichtigte Kündigung nicht nur auf die in § 79 Abs. 1 S. 3 BPersVG aufgeführten Tatbestände stützen, sondern auch andere Gründe hierfür vortragen und bei Ablehnung durch die Dienststelle gem. § 72 Abs. 4 BPersVG die Entscheidung der übergeordneten Dienststelle beantragen (*BAG* 29.9.1983 AP Nr. 1 zu § 79 BPersVG).

313 Für die zivilen Beschäftigten bei den **alliierten Streitkräften** gilt gem. Art. 56 Abs. 9 ZA-NTS das BPersVG grds. entsprechend. Insoweit ist Arbeitgeber der bei den Stationierungsstreitkräften beschäftigten Arbeitnehmer der jeweilige Entsendestaat. Das Hauptquartier als oberste Dienstbehörde ist verpflichtet, mit der Hauptbetriebsvertretung zu verhandeln, wenn die Bezirksbetriebsvertretung gegen beabsichtigte Kündigungen in einer Dienststelle eingewandt hat, es müsse vor Ausspruch der Kündigungen geprüft werden, ob nicht in einer anderen Dienststelle eine Möglichkeit zur Weiterbeschäftigung bestehe (*BAG* 9.2.1993 AP Nr. 17 zu Art. 56 ZA-NTS).

D. Die Beendigung des Arbeitsverhältnisses

kk) Darlegungs- und Beweislast

(1) Grundlagen

Ist streitig, ob die Anhörung des Betriebsrats vor Ausspruch der Kündigung ordnungsgemäß erfolgt ist, so trägt der **Arbeitgeber** dafür die Darlegungs- und Beweislast (*BAG* 19.8.1975 EzA § 102 BetrVG 1972 Nr. 15; *Busemann* NZA 1987, 581; APS/ *Koch* § 102 BetrVG Rz. 163 ff.; KR-*Etzel* § 102 BetrVG Rz. 192; vgl. auch *ArbG Koblenz* 5.2.1997 NZA-RR 1997, 485; a. A. *BAG* 16.1.1987 EzA § 1 KSchG Betriebsbedingte Kündigung Nr. 48, das sich allerdings mit der zuvor zitierten Entscheidung des *BAG* nicht auseinandersetzt; *Eich* DB 1975, 1706; *Spitzweg/Lücke* NZA 1995, 408 f.).

314

(2) Überprüfung von Amts wegen?

Die ordnungsgemäße Anhörung des Betriebsrats wird **nicht von Amts wegen** geprüft (*BAG* 14.10.1982 EzA § 613 a BGB Nr. 38; 23.6.1983 EzA § 1 KSchG Krankheit Nr. 12; *Busemann* NZA 1987, 582; KR-*Etzel* § 102 BetrVG Rz. 192; a. A. *Spitzweg/Lücke* NZA 1995, 406). **Deshalb muss der Arbeitnehmer zunächst die ordnungsgemäße Anhörung des Betriebsrats bestreiten, damit die entsprechende Darlegungslast des Arbeitgebers ausgelöst wird.** Er muss ferner darlegen, dass überhaupt ein funktionsfähiger Betriebsrat existiert (*ArbG Mainz* 25.9.1997 BB 1998, 106), was nach Auffassung von *Busemann* (NZA 1987, 581) allerdings i. d. R. konkludent durch das übliche pauschale Bestreiten der Betriebsratsanhörung (meist mit Nichtwissen, *BAG* 9.10.1986 – 2 AZR 649/85 – n. v., zitiert nach KR-*Etzel* § 102 BetrVG Rz. 192; a. A. KR-*Etzel* a. a. O.) erfolgt.
Danach hat der Arbeitgeber die Darlegungslast dafür, dass er die ihm gem. § 102 BetrVG obliegenden Pflichten ordnungsgemäß erfüllt, insbesondere auch den Betriebsrat nicht bewusst irreführend informiert hat (*BAG* 22.9.1994 EzA § 102 BetrVG 1972 Nr. 86), bzw. dass die Anhörung ausnahmsweise unterbleiben konnte (§ 105 BetrVG).

315

(3) Inhaltliche Anforderungen

Der Arbeitgeber erfüllt seine Darlegungspflicht nur dann, wenn er konkrete Tatsachen vorträgt, aus denen das ArbG auf eine ordnungsgemäße Betriebsratsanhörung schließen kann.

316

Gegenstand des Beweises ist nicht der Rechtsbegriff »Anhörung«, sondern die ihn ausfüllenden Tatsachen. **Deshalb ist der pauschale Sachvortrag, der Betriebsrat wurde ordnungsgemäß angehört, Beweis: Zeugen X, Y, ungenügend, weil nicht hinreichend bestimmt, sodass eine Beweisaufnahme nicht in Betracht kommt.**

317

Zwar richtet sich im Einzelfall der Umfang der Darlegungslast des Arbeitgebers auch nach der Einlassung des Arbeitnehmers. Gleichwohl muss der Arbeitgeber i. d. R. darlegen, wann genau, durch wen, wem gegenüber und mit welchem genauen Inhalt dem Betriebsrat die Kündigungsabsicht mitgeteilt wurde. Des Weiteren ist darzulegen, ob die Fristen des § 102 Abs. 1 S. 1, 3 BetrVG eingehalten wurden oder eine fristverkürzende abschließende Stellungnahme des Betriebsrats vorlag.

318

D. Die Beendigung des Arbeitsverhältnisses

Unterlässt der Arbeitgeber ausreichenden Sachvortrag in tatsächlicher Hinsicht, dann ist die Kündigung als unwirksam anzusehen, da eine Wirksamkeitsvoraussetzung nicht dargelegt ist.

(4) Einlassung des Arbeitnehmers

319 Hat der Arbeitgeber dagegen die betriebsverfassungsrechtliche Wirksamkeitsvoraussetzung des § 102 Abs. 1 BetrVG hinreichend dargelegt, dann muss sich der **Arbeitnehmer** zu dem diesbezüglichen Tatsachenvortrag des Arbeitgebers erklären (§ 138 Abs. 2 ZPO).

320 Er muss nach den **Grundsätzen der abgestuften Darlegungslast** deutlich machen, welche der detaillierten Angaben des Arbeitgebers er aus welchem Grund weiterhin bestreiten will. Soweit es um Tatsachen außerhalb seiner eigenen Wahrnehmung geht, kann der Arbeitnehmer sich dabei gem. **§ 138 Abs. 4 ZPO** auf Nichtwissen berufen; ein **pauschales Bestreiten** des Arbeitnehmers ohne jede Begründung **genügt dagegen nicht** (*BAG* 16.3.2000 EzA § 626 BGB n. F. Nr. 179; KR-*Etzel* § 102 BetrVG Rz. 192). Das *LAG Köln* (7.8.1998 NZA-RR 2000, 32) hat angenommen, dass ein Bestreiten mit Nichtwissen nicht zulässig ist, wenn sich die Partei das fehlende Wissen in zumutbarer Weise selbst verschaffen kann, z. B. durch Nachfrage beim Betriebsrat.

Je nachdem, wie substantiiert der Arbeitnehmer diesen Sachvortrag bestreitet, muss der Arbeitgeber seine Darstellung noch in weitere Einzelheiten zergliedern.

(5) Vorkenntnis des Betriebsrats

321 Auch soweit der Arbeitgeber im Prozess geltend macht, der Betriebsrat habe die maßgeblichen Kündigungsgründe **bereits gekannt, darf er sich nicht mit pauschalem Sachvortrag begnügen.**

Er muss vielmehr darlegen, wann dem Betriebsratsvorsitzenden oder einer sonstigen Person, deren Wissen sich der Betriebsrat zurechnen lassen muss, jeweils welche konkreten Sachverhalte mitgeteilt bzw. sonst bekannt geworden sind, die in ihrer Zusammenfassung die Kündigungsgründe bilden (vgl. *Busemann* NZA 1987, 581).

ll) Zustimmungsbedürftige Kündigungen aufgrund Betriebsvereinbarung (§ 102 Abs. 6 BetrVG) oder Tarifvertrag

322 Gem. § 102 Abs. 6 BetrVG können Arbeitgeber und Betriebsrat vereinbaren, dass Kündigungen der Zustimmung des Betriebsrats bedürfen, um wirksam zu sein (freiwillige Betriebsvereinbarung; vgl. dazu *Mauer/Schüßler* BB 2000, 2518 ff.; APS/*Koch* § 102 BetrVG Rz. 176 ff.).

Gegen eine die Zustimmung verweigernde Entscheidung des Betriebsrats kann der Arbeitgeber dann grds. die Einigungsstelle anrufen, auch wenn die Betriebsvereinbarung dies nicht ausdrücklich vorsieht (KR-*Etzel* § 102 BetrVG Rz. 252 ff.); die Entscheidung der Einigungsstelle ist durch das ArbG überprüfbar. Schließt die Betriebsvereinbarung die Anrufung der Einigungsstelle ausdrücklich aus, so kann der Arbeitgeber gegen die Ablehnung des Betriebsrats zur Überprüfung dieser Entscheidung das ArbG anrufen (MünchArbR/*Berkowsky* § 147 Rz. 60).

D. Die Beendigung des Arbeitsverhältnisses

Das ArbG hat die Entscheidung des Betriebsrats oder der Einigungsstelle voll nachzuprüfen und die Zustimmung zu ersetzen, wenn die Kündigung sachlich gerechtfertigt ist (KR-*Etzel* § 102 BetrVG Rz. 258).
Soll das Verfahren zur Anhörung des Betriebsrats bei Kündigungen gem. § 102 Abs. 6 BetrVG z. B. durch **Beratung** im Falle eines Widerspruchs des Betriebsrats erweitert werden, so muss eine dem § 102 Abs. 1 S. 3 BetrVG entsprechende **Sanktion** bei Verstoß gegen eine solche Beratungspflicht in der betreffenden Betriebsvereinbarung deutlich geregelt werden (*BAG* 6.2.1997 EzA § 102 BetrVG 1972 Nr. 97).
Auch **Tarifnormen** können den Ausspruch einer Kündigung von der Zustimmung 323 des Betriebsrats abhängig machen. Dies gilt z. B. gem. § 15 Nr. 5 MTV Einzelhandel Rheinland-Pfalz jedenfalls für den Ausspruch einer ordentlichen Arbeitgeberkündigung. Diese Regelung und der tariflich für den Konfliktfall vorgesehene direkte Zugang zu den Arbeitsgerichten unter Umgehung der Einigungsstelle sind zulässig und verstoßen weder gegen Art. 12 Abs. 1 GG noch gegen Art. 14 Abs. 1 GG (*BAG* 21.6.2000 NZA 2001, 271; zust. *Gutzeit* SAE 2001, 172 ff.).
Liegt eine Regelung vor, wonach Kündigungen der Zustimmung des Betriebsrats be- 324 dürfen und dass bei Meinungsverschiedenheiten die **Einigungsstelle** entscheidet, kann der Arbeitgeber seine Mitteilungen zu den Kündigungsgründen auch noch im Verfahren vor der Einigungsstelle vervollständigen (*BAG* 7.12.2000 EzA § 1 KSchG Betriebsbedingte Kündigung Nr. 108).

mm) Der Sonderfall: die außerordentliche Kündigung eines ordentlich unkündbaren Arbeitnehmers
Das *BAG* (5.2.1998 EzA § 626 BGB Unkündbarkeit Nr. 2; zust. *Schleusener* SAE 1998, 325 218 ff.; abl. *Hess. LAG* 8.3.2001 ZTR 2001, 532 Ls.: methodische und durchgreifende verfassungsrechtliche Bedenken) geht davon aus, dass sich Betriebs- und Personalratsbeteiligung bei einer außerordentlichen Kündigung gegenüber einem tariflich unkündbaren Arbeitnehmer **weitgehend an den etwas schärferen Regeln über die Beteiligung bei ordentlichen Kündigungen** zu orientieren hat. Denn andernfalls würde sich im Ergebnis der tarifliche Ausschluss der ordentlichen Kündigung gegen den betreffenden Arbeitnehmer auswirken, würde man die Mitwirkung des Betriebs- und Personalrats nur an den erleichterten Voraussetzungen bei einer außerordentlichen Kündigung messen. Der darin liegende **Wertungswiderspruch** lässt sich nur durch eine entsprechende Anwendung der Vorschriften über die Mitwirkung bei ordentlichen Kündigungen vermeiden. Folglich hat der Betriebsrat ein **Widerspruchsrecht**, auf das § 102 Abs. 2–5 BetrVG anzuwenden ist. Zudem gilt für die Stellungnahme nicht die Drei-Tage-Frist nach § 102 Abs. 2 S. 3 BetrVG, sondern die **Wochenfrist** nach § 102 Abs. 2 S. 3 BetrVG.

b) Mitwirkung des Betriebsrats bei der Kündigung von Mandatsträgern (§ 103 BetrVG, § 15 KSchG)

aa) Grundsätze

(1) Zweck der gesetzlichen Regelung
Die in § 15 KSchG näher bezeichneten Personengruppen (Mitglieder der betriebsver- 326 fassungs- und personalvertretungsrechtlichen Vertretungen der Arbeitnehmerschaft sowie der an ihrer Wahl beteiligten Organe) genießen einen über den allgemeinen Kündigungsschutz hinausgehenden, **besonderen Kündigungsschutz**. Dieser soll ge-

D. Die Beendigung des Arbeitsverhältnisses

währleisten, dass die **Funktion der betriebsverfassungsrechtlichen/personalvertretungsrechtlichen Organe** vor sachwidrigen Eingriffen des Arbeitgebers – insbesondere durch Entlassung der beteiligten Personenkreise – geschützt wird.
- Zum einen sollen die Funktionsträger ihre Aufgabe, die Belange der Belegschaft gegenüber dem Arbeitgeber zu vertreten, ohne Beeinflussung durch ihn und **ohne Furcht vor Maßregelungen** erfüllen können.
- Darüber hinaus soll die Funktion dieser Organe auch dadurch geschützt werden, dass an sich sozial gerechtfertigte **Kündigungen verhindert werden**.
- Der weitgehende Ausschluss des Kündigungsrechts des Arbeitgebers soll auch die **Kontinuität der Arbeit der Arbeitnehmervertretung** für die gesamte Amtszeit sichern. Dem dient es insbesondere, dass eine grds. zulässige außerordentliche Kündigung der Zustimmung des Betriebsrats bzw. Personalrats bedarf. Damit wird sichergestellt, dass Funktionsträger nicht durch unbegründete Kündigungen zumindest zeitweise aus dem Betrieb herausgedrängt werden können.
- Soweit der Kündigungsschutz schließlich über den Ablauf der Amtszeit hinausreicht, soll eine **Abkühlung eventuell aufgetretener Kontroversen** mit dem Arbeitgeber erreicht werden. Zudem soll der nachwirkende Kündigungsschutz bewirken, dass die ehemaligen Organmitglieder ohne Sorge um ihren Arbeitsplatz den **beruflichen Anschluss** wiedererlangen können (vgl. BT-Drucks. VI/1786 S. 60).

(2) Rechtsfolgen fehlender Zustimmung

327 Eine Kündigung, zu der die – ordnungsgemäß zustande gekommene – Zustimmung des Betriebsrats nicht eingeholt worden und die auch nicht gerichtlich rechtskräftig ersetzt worden ist, ist nichtig.
Der Arbeitnehmer braucht diese Nichtigkeit nicht innerhalb der Klagefrist des § 4 KSchG geltend zu machen (§ 13 Abs. 1, 3 KSchG).

(3) Inhaltliche Ausgestaltung des Schutzes der Mandatsträger

328 Die Kündigung eines Betriebs-, Personalratsmitglieds bzw. des Mitglieds eines Wahlvorstandes ist, soweit das KSchG überhaupt anwendbar ist (§§ 1, 23 KSchG), gem. § 15 Abs. 1 bis 3 KSchG beginnend mit der Bekanntgabe des Wahlergebnisses (APS/ *Böck* § 15 KSchG Rz. 61; GK-BetrVG/*Kreutz* § 21 Rz. 10; **a. A.** *Hess/Schlochauer/ Glaubitz* § 2 Rz. 9) für die Dauer der Mitgliedschaft in diesen Gremien grds. (vgl. auch § 15 Abs. 4, 5 KSchG) nur als außerordentliche Kündigung überhaupt zulässig und auch dann nur mit Zustimmung des Betriebsrats möglich.

329 Ein Betriebsratsmitglied genießt den besonderen Kündigungsschutz des § 15 Abs. 1 S. 1 KSchG auch dann, wenn zwar bereits vor Ausspruch der Kündigung durch Beschluss des ArbG seine Nichtwählbarkeit (wegen seines Status als leitender Angestellter) festgestellt worden war, diese gerichtliche Entscheidung aber erst später rechtskräftig geworden ist (*BAG* 29.9.1983 EzA § 15 KSchG n. F. Nr. 32).
Gem. **§ 103 BetrVG** bedarf die außerordentliche Kündigung von Mitgliedern dieser Gremien stets der **Zustimmung des Betriebsrats**.

330 Vor der außerordentlichen Kündigung eines **Betriebsobmannes** muss der Arbeitgeber dann, wenn ein gewähltes Ersatzmitglied für den Betriebsrat fehlt, analog § 103 Abs. 2 BetrVG im Beschlussverfahren die Zustimmung beim ArbG einholen (*BAG* 16.12.1982 EzA § 103 BetrVG 1972 Nr. 29). Das *ArbG Hamburg* (24.1.1997 EzA § 40

D. Die Beendigung des Arbeitsverhältnisses

BetrVG 1972 Nr. 78) ist davon ausgegangen, dass in einem derartigen Fall für den Arbeitgeber **keine Kostentragungspflicht** für erstinstanzlich angefallene Anwaltskosten des am Beschlussverfahren beteiligten und obsiegenden Betriebsobmannes besteht. Nach Auffassung des *BAG* (11.7.2000 EzA § 103 BetrVG 1972 Nr. 42 gegen *BAG* 21.9.1989 EzA § 99 BetrVG 1972 Nr. 76; vgl. dazu *Franzen* SAE 2001, 269 ff.) war eine analoge Anwendung des § 103 BetrVG auch für **auf Dauer gedachte Versetzungen** von Betriebsratsmitgliedern gegen ihren Willen von einem Betrieb des Unternehmens in einen anderen nicht möglich (s. aber jetzt § 103 Abs. 3 BetrVG; s. u. I/Rz. 646).

Es soll durch § 103 BetrVG unmöglich gemacht werden, dass betriebsverfassungsrechtliche Amtsträger durch außerordentliche Kündigung willkürlich aus dem Betrieb entfernt und durch Verfahrensverschleppung, durch Rechtsmittel usw. dem Betrieb entfremdet werden und keine Aussicht auf Wiederwahl haben (zu den praktischen Problemen vgl. anschaulich *Diller* NZA 1998, 1163 f.). 331
Dieser besondere Kündigungsschutz endet mit der Mitgliedschaft in der jeweiligen Arbeitnehmervertretung.

Darüber hinaus ist nach Beendigung der Amtszeit – je nach dem bekleideten Amt – bis zu 12 bzw. 6 Monaten nur eine außerordentliche Kündigung zulässig, ohne dass es allerdings der Zustimmung des Betriebsrats bedarf. Dann bedarf es nur des Verfahrens gem. § 102, nicht des Verfahrens gem. § 103 BetrVG (vgl. *BAG* 29.3.1977 EzA § 102 BetrVG 1972 Nr. 27). 332

(4) Wahlbewerber; Wahlvorstand

aaa) Grundlagen; Beginn und Ende des besonderen Kündigungsschutzes
Der besondere Kündigungsschutz für **Wahlvorstände beginnt jedenfalls im Zeitpunkt ihrer Bestellung, für Wahlbewerber im Zeitpunkt der Aufstellung des Wahlvorschlags.** 333
Ein Wahlvorstand in diesem Sinne liegt vor, wenn die Wahl eingeleitet ist und der Wahlvorschlag den Formerfordernissen einer gültigen Wahl entspricht oder allenfalls Mängel vorliegen, die zu beheben sind.
Ist ein Wahlvorstand für die Betriebsratswahl bestellt und liegt für den Wahlbewerber ein Wahlvorschlag mit der erforderlichen Zahl von Stützunterschriften vor (§ 14 Abs. 5 BetrVG), so hat er von da an den besonderen Kündigungsschutz des § 15 Abs. 3 KSchG. Dieser entfällt nicht dadurch, dass die Vorschlagsliste durch spätere Streichung von Stützunterschriften (§ 8 Abs. 2 Nr. 3 WahlO) ungültig wird (*BAG* 5.12.1980 EzA § 15 KSchG n. F. Nr. 25).
Der besondere Kündigungsschutz des Wahlbewerbers setzt im Übrigen zumindest dessen **Wählbarkeit** voraus. Ob es auf die Wählbarkeit im Zeitpunkt der Aufstellung des Wahlvorschlags oder im Zeitpunkt der Wahl ankommt, bleibt offen (*BAG* 26.9.1996 EzA § 15 KSchG n. F. Nr. 45; vgl. APS/*Böck* § 15 KSchG Rz. 73 ff.).
Ein unheilbar nichtiger Wahlvorschlag erfüllt diese Voraussetzungen dagegen nicht. 334
Der besondere Kündigungsschutz gem. § 15 Abs. 3 S. 1 KSchG (Kündigung nur aus wichtigem Grund sowie Notwendigkeit der Zustimmung des Betriebsrats) **endet jeweils mit der Bekanntgabe des Wahlergebnisses.** Vor seiner Bekanntgabe endet er dann, wenn der Wahlvorschlag wegfällt, wenn etwa ein Wahlbewerber zurücktritt, ein Mangel nicht innerhalb der Frist von § 8 Abs. 2 WO geheilt wird oder der Wahl-

Dörner

D. Die Beendigung des Arbeitsverhältnisses

vorschlag nicht fristgerecht beim Wahlvorstand eingereicht wird (vgl. MünchArbR/ *Berkowsky* § 157 Rz. 18 ff.). **Danach greift der befristete Kündigungsschutz im Nachwirkungszeitraum gem. § 15 Abs. 3 S. 2 KSchG ein** (Kündigung nur aus wichtigem Grund möglich, ohne Notwendigkeit der Zustimmung des Betriebsrats).

335 Nach Beendigung des nachwirkenden Kündigungsschutzes kann der Arbeitgeber dem erfolglosen Wahlbewerber dagegen wieder wie jedem anderen Arbeitnehmer kündigen. Er ist insbesondere **nicht gehindert, die Kündigung auf Pflichtverletzungen** (z. B. verbale und tätliche Auseinandersetzungen mit Arbeitskollegen) des Arbeitnehmers zu stützen, die dieser **während der Schutzfrist** begangen hat und die **erkennbar nicht im Zusammenhang mit der Wahlbewerbung** stehen (*BAG* 13.6.1996 EzA § 15 KSchG Nr. 44).

bbb) Amtsniederlegung von Mitgliedern des Wahlvorstandes

336 Nach Auffassung des *BAG* (9.10.1986 EzA § 15 KSchG n. F. Nr. 35) erwerben sogar Mitglieder des Wahlvorstandes, die vor Durchführung der Betriebsratswahl ihr Amt niederlegen, **vom Zeitpunkt der Amtsniederlegung an** den 6-monatigen nachwirkenden Kündigungsschutz des § 15 Abs. 3 S. 2 KSchG.

Dafür spricht der Zweck der gesetzlichen Regelung, denn der Gesetzgeber ist davon ausgegangen, dass auch der Wahlvorstand bei der Ausübung seines Amtes in Konflikt mit dem Arbeitgeber geraten kann. Deshalb bedürfen seine Mitglieder ebenfalls wie die Betriebsratsmitglieder nach Beendigung des Amtes noch eines Schutzes gegen ordentliche Kündigungen.

ccc) Besonderer Kündigungsschutz für Wahlbewerber für den Wahlvorstand?

337 Wird der Wahlvorstand von einer Betriebsversammlung gewählt, so ist ein Wahlbewerber zur Wahl eines Wahlvorstandes aufgestellt, sobald ein Arbeitnehmer den betreffenden (wählbaren) Arbeitnehmer als Kandidaten zur Wahl vorschlägt. Bestellt das Arbeitsgericht den Wahlvorstand, so ist ein Wahlbewerber zur Wahl eines Wahlvorstandes aufgestellt, sobald ein Antragsberechtigter einen an das ArbG gerichteten Vorschlag für die Zusammensetzung des Wahlvorstandes unterzeichnet. Ein Arbeitnehmer, der zwar zu seiner Wahl vorgeschlagen wird, eine Kandidatur jedoch ablehnt, gilt keinesfalls als Wahlbewerber i. S. v. § 15 KSchG. Besonderer Kündigungsschutz gilt für ihn folglich nicht.

338 Fraglich ist aber, ob im Übrigen der Kündigungsschutz für Wahlbewerber auch für Bewerber für das Amt des Wahlvorstandes gilt.

Nach Auffassung von *Berkowsky* (MünchArbR § 157 Rz. 9) wird der Begriff des Wahlbewerbers von § 15 Abs. 3 KSchG im Hinblick auf den Wahlvorschlag gebraucht, den es bei der Wahl zum Wahlvorstand nicht gibt. Auch besteht sachlich kein Schutzbedürfnis. Denn eine Kündigung wegen der Kandidatur wäre offensichtlich sozial- und betriebsverfassungswidrig (§ 20 Abs. 2 BetrVG). Auch besteht nicht die Gefahr, mit dem Arbeitgeber in inhaltliche Interessenkollisionen zu geraten.

Demgegenüber gilt der Grund für den besonderen Kündigungsschutz für Wahlbewerber, nicht aus Furcht vor Entlassung vor einer Bewerbung zurückzuschrecken, nach Auffassung von *Etzel* (KR § 103 BetrVG Rz. 13) auch hier. Deshalb besteht kein sachlicher Grund dafür, den umfassenden Begriff »Wahlbewerber« nicht auch auf Wahlbewerber für das Amt des Wahlvorstandes zu erstrecken.

D. Die Beendigung des Arbeitsverhältnisses

ddd) Gewerkschaftsbeauftragte als Wahlvorstandsmitglieder
Fraglich ist, ob § 15 Abs. 3 KSchG, § 103 BetrVG auch für ein gem. § 16 Abs. 1 S. 6   339
BetrVG von einer im Betrieb vertretenen Gewerkschaft beauftragtes betriebsangehöriges und nicht stimmberechtigtes Mitglied des Wahlvorstandes gilt.
Dafür spricht nach Auffassung von *Kreutz* (GK-BetrVG § 16 Rz. 51; **a. A.** *Engels/Natter* BB 1989, Beil. Nr. 8, S. 21) entscheidend, dass die entsandten Gewerkschaftsbeauftragten vom Zeitpunkt des Wirksamwerdens ihrer Entsendung an Mitglieder des Wahlvorstandes sind.

eee) Nichtigkeit der Wahl zum Wahlvorstand sowie zum Betriebsrat
Jedenfalls genießen die in einer **nichtigen Wahl** gewählten Wahlvorstandsmitglieder   340
nicht den besonderen Kündigungsschutz des § 15 Abs. 3 KSchG, ebenso wenig die
in einer **nichtigen Wahl** gewählten Betriebsratsmitglieder (*BAG* 7.5.1986 EzA
§ 103 BetrVG 1972 Nr. 31; 27.4.1976 EzA § 19 BetrVG 1972 Nr. 8).

fff) Begrenzung des Nachwirkungszeitraums
Den Umstand, dass die Ausübung des Amtes des Wahlvorstandes im Hinblick auf   341
seine Funktionen und die zeitlich begrenzte Dauer der Amtszeit weniger Konfliktstoff in sich birgt als das Amt des gewählten Betriebsrats, hat der Gesetzgeber durch
die Begrenzung des Nachwirkungszeitraums auf **sechs Monate** berücksichtigt.
Die Mitglieder des Wahlvorstandes befinden sich zur Zeit der Niederlegung ihres
Amtes ebenfalls in einer Lage, die sie nach der Wertung des Gesetzgebers in Konflikt
mit dem Arbeitgeber bringen kann und deshalb eine »**Abkühlungsphase**« erforderlich macht.
Sie haben sich bis zu diesem Zeitpunkt für die Einleitung und Durchführung der
Wahl ohne Rücksicht darauf einsetzen müssen, ob dem Arbeitgeber die getroffenen
Entscheidungen, z. B. die Zulassung bestimmter Wahlbewerber oder Wählerlisten,
genehm gewesen sind.

Für das zurückgetretene Wahlvorstandsmitglied setzt jedoch der nachwirkende   342
Kündigungsschutz des § 15 Abs. 3 S. 2 KSchG bereits vom Zeitpunkt des Rücktritts ein und nicht erst mit der Bekanntgabe des Wahlergebnisses.

Insoweit ist diese Vorschrift nach Sinn und Zweck der gesetzlichen Gesamtregelung
entgegen ihrem Wortlaut einschränkend auszulegen (sog. teleologische Reduktion,
BAG 9.10.1986 EzA § 15 KSchG n. F. Nr. 35).

(5) Nachwirkender Kündigungsschutz für Betriebsratsmitglieder
Der nachwirkende Kündigungsschutz für Betriebsratsmitglieder gem. § 15 Abs. 1   343
S. 2 KSchG ist nicht auf die Fälle der Beendigung der Amtszeit als Kollegialorgan
(§§ 21, 24 Abs. 1 Nr. 1 BetrVG) beschränkt, sondern **gilt auch** in den Fällen des
§ 24 Abs. 1 Nr. 2 bis 4 BetrVG, insbesondere also **bei der Niederlegung des Betriebsratsamtes** durch das gewählte Betriebsratsmitglied (*BAG* 5.7.1979 EzA § 15 KSchG
n. F. Nr. 22).
Im Hinblick auf die einheitliche gesetzliche Regelung ist davon auszugehen, dass
auch während des nachwirkenden Kündigungsschutzes ordentliche Gruppen- und
Massenänderungskündigungen ausgeschlossen sind (*BAG* 29.1.1981, 9.4.1987 EzA
§ 15 KSchG n. F. Nr. 26, 37).

D. Die Beendigung des Arbeitsverhältnisses

344 Demgegenüber geht *Etzel* (KR § 15 KSchG Rz. 18 a) davon aus, dass im Nachwirkungszeitraum eine Besserstellung der ehemaligen Amtsträger gegenüber den Arbeitskollegen sachlich nicht gerechtfertigt und vom Gesetzeszweck nicht gedeckt ist. Auch nach der Rechtsprechung des *BAG* (6.3.1986 EzA § 15 KSchG n. F. Nr. 34) kann jedenfalls dann, wenn der Arbeitgeber dadurch die Arbeitsbedingungen eines Amtsträgers denen einer Gruppe von Arbeitnehmern anpassen will, zu der auch der Amtsträger gehört, eine außerordentliche Änderungskündigung gerechtfertigt sein.

(6) Ersatzmitglieder des Betriebsrats

345 Der nachwirkende Kündigungsschutz steht auch dem Ersatzmitglied zu, das für ein vorübergehend verhindertes Mitglied in das Gremium einrückt und nach Beendigung des Vertretungsfalles wieder aus dem Gremium ausscheidet (*BAG* 6.9.1979 EzA § 15 KSchG n. F. Nr. 23; vgl. ausf. *Uhmann* NZA 2000, 576 ff.; insgesamt zum Verhältnis von § 103 zu § 102 BetrVG in derartigen Fällen *Zumkeller* NZA 2001, 823 ff.).

346 Eine zeitweilige Verhinderung eines Personalratsmitglieds an der Ausübung seines Amtes liegt i. d. R. vor, wenn es sich krankgemeldet hat und dem Dienst fernbleibt. In diesem Falle tritt das nächstberufene Ersatzmitglied anstelle des abwesenden Personalratsmitglieds in den Personalrat ein und erwirbt damit den besonderen Kündigungsschutz des § 15 Abs. 1 KSchG.
Das gilt selbst dann, wenn sich später herausstellt, dass das ordentliche Personalratsmitglied **nicht arbeitsunfähig krank war** und deshalb unberechtigt dem Dienst ferngeblieben ist (*BAG* 5.9.1986 EzA § 15 KSchG n. F. Nr. 36).

347 Nichts anderes gilt auch dann, wenn das **Ersatzmitglied** während dieser Zeit **selbst vorübergehend verhindert ist,** wenn die Zeit der Verhinderung im Verhältnis zu der Dauer des Vertretungsfalles nicht erheblich ist (*BAG* 9.11.1977, 6.9.1979 EzA § 15 KSchG n. F. Nr. 13, 23; a. A. KR-*Etzel* § 103 BetrVG Rz. 49: Dauer ist unerheblich; stets voller Kündigungsschutz; vgl. dazu ausf. *Uhmann* NZA 2000, 581 ff.). Denn das Ersatzmitglied steht während des Vertretungsfalles einem Vollmitglied gleich. Es kann wie jedes andere Betriebsratsmitglied in Konflikte mit dem Arbeitgeber geraten und verdient zusätzlich auch den nachwirkenden Kündigungsschutz, wenn es nach Beendigung des Vertretungsfalles aus seinem Amt ausscheidet. Seine »Amtszeit« ist damit i. S. d. § 15 KSchG – zumindest vorläufig – beendet. **Auf die Dauer der Vertretungstätigkeit kommt es nicht an.** Das bedeutet praktisch, dass das Ersatzmitglied nach Beendigung eines auch nur kurzfristigen Vertretungsfalles für die Dauer von einem Jahr bzw. bei Mitgliedern des Wahlvorstandes von sechs Monaten nachwirkenden Kündigungsschutz genießt. Tritt während dieses Zeitraums wieder ein Vertretungsfall ein, so erlangt das Ersatzmitglied nach Beendigung des Vertretungsfalles wiederum für die Dauer von einem Jahr bzw. sechs Monaten – vom Ende des letzten Vertretungsfalles an gerechnet – nachwirkenden Kündigungsschutz (KR-*Etzel* § 15 KSchG Rz. 65).

348 § 15 Abs. 1 KSchG ist sogar bereits **vor Beginn des Nachrückens** anwendbar, wenn sich das Ersatzmitglied auf eine Betriebsratssitzung bereits vor dem Eintritt des (eigenen) Verhinderungsfalles **vorbereiten muss.** Dies ist die Zeit ab der Ladung; i. d. R. sind jedoch drei Arbeitstage als Vorbereitungszeit ausreichend (*BAG* 17.1.1979 EzA § 15 KSchG n. F. Nr. 21).

D. Die Beendigung des Arbeitsverhältnisses

Etwas anderes gilt allerdings dann, wenn das nachgerückte Ersatzmitglied während der gesamten Dauer des Vertretungsfalles selbst an der Amtsausübung verhindert war oder aus sonstigen Gründen keine Betriebsratstätigkeit wahrnahm, z. B. weil keine Aufgaben angefallen sind. Übt das Ersatzmitglied keine Betriebsratstätigkeit aus, erlangt es zwar während der Dauer des Vertretungsfalles den Kündigungsschutz eines Vollmitglieds (§ 103 BetrVG; s. dazu oben D/Rz. 326 ff.; s. aber auch D/Rz. 347). Nach Beendigung des Vertretungsfalles entfällt aber ein nachwirkender Kündigungsschutz. Denn infolge fehlender Betriebsratstätigkeit des Ersatzmitglieds konnte es dann zu keinen Konflikten mit dem Arbeitgeber kommen; auch ist das Ersatzmitglied nicht durch eine Amtsausübung in seiner beruflichen Entwicklung zurückgeworfen worden. Damit ist kein sachlicher Grund ersichtlich, diesem Ersatzmitglied nachwirkenden Kündigungsschutz zu gewähren (*BAG* 6.9.1979 EzA § 15 KSchG n. F. Nr. 23; KR-*Etzel* § 15 KSchG Rz. 65 a).

(7) Weitere Gremien der Betriebsverfassung
Der besondere betriebsverfassungsrechtliche Kündigungsschutz gilt entsprechend für in **Heimarbeit** beschäftigte Mitglieder des Betriebsrats bzw. der **Jugend- und Auszubildendenvertretung** sowie für Mitglieder des Wahlvorstandes (§ 29 a HAG). Vertrauensmänner und -frauen der **Schwerbehinderten** besitzen kraft gesetzlicher Verweisung den gleichen Kündigungsschutz wie Mitglieder des Betriebs- bzw. Personalrats (§ 96 Abs. 3 SGB IX).
Dies gilt auch für Wahlbewerber und Mitglieder des Wahlvorstandes (KR-*Etzel* § 103 BetrVG Rz. 13).

349

(8) Ausnahmen vom nachwirkenden Kündigungsschutz

Vom nachwirkenden Kündigungsschutz ausgenommen sind Amtsträger nach § 15 KSchG, deren Mitgliedschaft durch eine gerichtliche Entscheidung beendet worden ist.

350

Der nachwirkende Kündigungsschutz entfällt also, wenn die Betriebsratswahl erfolgreich **angefochten** worden ist (KR-*Etzel* § 103 BetrVG Rz. 20).
Der nachwirkende Kündigungsschutz entfällt auch dann, wenn die Arbeitnehmervertretung durch rechtskräftige gerichtliche Entscheidung **aufgelöst** worden ist oder das betreffende Mitglied durch gerichtliche Entscheidung ausgeschlossen worden ist.
Allerdings bleibt der nachwirkende Kündigungsschutz Wahlvorstandsmitgliedern und Wahlbewerbern dann erhalten, wenn zwar die Betriebsratswahl nichtig, die Bestellung zu Mitgliedern des Wahlvorstandes bzw. die Wahlbewerbung als solche aber ordnungsgemäß erfolgt ist (KR-*Etzel* § 15 KSchG Rz. 67).

(9) Kündigungsschutz bei der Einladung zur Betriebsversammlung bzw. wegen des Antrags auf Bestellung eines Wahlvorstandes
Auf Grund der Neuregelung des § 15 Abs. 3 a KSchG haben (ab dem 1.8.2001) auch Arbeitnehmer, die insbesondere zu einer Betriebsversammlung gem. § 17 Abs. 3 BetrVG bzw. zu einer Wahlversammlung gem. § 17 a Abs. 3 S. 2 BetrVG einladen oder die Bestellung eines Wahlvorstandes (insbesondere gem. §§ 16 Abs. 2, 17 Abs. 4,

D. Die Beendigung des Arbeitsverhältnisses

17 a Abs. 4 BetrVG) beantragen, einen besonderen Kündigungsschutz. Ihnen kann in der Zeit von der Einladung oder Antragstellung bis zur Bekanntgabe des Wahlergebnisses nur aus wichtigem Grund gekündigt werden. Der besondere Schutz gilt allerdings nur für die ersten drei in der Einladung oder Antragstellung aufgeführten Arbeitnehmer. Wird das betriebsverfassungsrechtliche Gremium nicht gewählt, besteht der Kündigungschutz vom Zeitpunkt der Einladung der Antragstellung an für drei Monate.

bb) Wichtiger Grund beim Betriebsratsmitglied

(1) Abgrenzung zwischen arbeitsvertraglichen und betriebsverfassungsrechtlichen Pflichten

351 Der wichtige Grund i. S. d. § 626 Abs. 1 BGB kann nur in einem Verstoß gegen die arbeitsvertraglichen Pflichten, auch Nebenpflichten liegen. Bei Verstößen gegen Amtspflichten kommt nur § 23 Abs. 1 BetrVG in Betracht (*BAG* 22.8.1974 EzA § 103 BetrVG 1972 Nr. 6).

352 Stellt eine Handlung zugleich eine Amtspflichtverletzung und eine Verletzung arbeitsvertraglicher Pflichten dar, so ist eine außerordentliche Kündigung möglich, wenn die **Vertragsverletzung für sich betrachtet einen wichtigen Grund** i. S. v. § 626 Abs. 1 BGB **darstellt** (*BAG* 22.8.1974 EzA § 103 BetrVG 1972 Nr. 6).

(2) Prüfungsmaßstab für die Unzumutbarkeit

aaa) Ordentliche Kündigungsfrist

353 Im Rahmen des wichtigen Grundes ist an sich zu prüfen, ob dem Arbeitgeber die Fortsetzung des Arbeitsverhältnisses bis zum Ablauf der Kündigungsfrist zugemutet werden kann (s. u. D/Rz. 656 ff.).
Da die ordentliche Kündigung des Arbeitsverhältnisses aber ausgeschlossen ist, solange der besondere Kündigungsschutz besteht, ist dieser Prüfung an sich die Fortsetzung des Arbeitsverhältnisses i. d. R. bis zum 65. Lebensjahr (bei Männern) bei Bestehen einer entsprechenden, meist tariflichen Altersgrenze zugrunde zu legen. Dennoch ist nach der bisherigen Rechtsprechung des *BAG* (6.3.1986 EzA § 15 KSchG n. F. Nr. 34; 18.2.1993 EzA § 15 KSchG n. F. Nr. 40) **diejenige Kündigungsfrist (fiktiv) zugrunde zu legen, die ohne den besonderen Kündigungsschutz für den betroffenen Arbeitnehmer gelten würde**.

354 Denn die Tatsache, dass die ordentliche Kündigung ausgeschlossen ist, darf nicht zum Nachteil des betroffenen Arbeitnehmers berücksichtigt werden.
Ob das BAG an dieser Rechtsauffassung festhalten wird, ist fraglich. Denn inzwischen hat es sie **ausdrücklich** (*BAG* 21.6.1995 EzA § 15 KSchG n. F. Nr. 43; vgl. dazu APS/ *Dörner* § 626 BGB Rz. 42 ff.; *Hilbrandt* NZA 1998, 1258 ff.; *Weber/Lohr* BB 1999, 2350 ff.) **jedenfalls für die außerordentliche betriebsbedingte Änderungskündigung aufgegeben**; zur aktuellen Entwicklung s. u. D/Rz. 673 ff.

355 Zur Begründung hat das *BAG* (21.6.1995 EzA § 15 KSchG n. F. Nr. 43) darauf verwiesen, dass die Einhaltung einer derartigen hypothetisch zu veranschlagenden Kündigungsfrist vom eingeschränkten Schutzzweck der Normen der §§ 2, 15 KSchG her gesehen nicht zu fordern ist. Dafür spricht der generelle Effekt der beabsichtigten Umstrukturierungsmaßnahme sowie die erstrebte Gleichbehandlung der Arbeitneh-

mer. Dem besonderen Kündigungsschutz des § 15 KSchG ist Rechnung getragen, weil der Fortbestand und die Stetigkeit der jeweiligen Arbeitnehmervertretung gesichert ist. Da es nicht um die Beendigung des Arbeitsverhältnisses, sondern »nur« um seine inhaltliche Umgestaltung geht, relativiert sich folglich die Zumutbarkeitsprüfung. Erforderlich ist, dass die vorgesehene Änderung der Arbeitsbedingungen für den Arbeitgeber unabweisbar und dem Arbeitnehmer zumutbar ist.
Nach Auffassung von *Hilbrandt* (NZA 1997, 465 ff.) belegt die Begründung der Entscheidung, dass sie sich **allein auf betriebsbedingte Massenänderungskündigungen** bezieht. Die Einzeländerungskündigung muss danach nach wie vor strengeren Anforderungen unterworfen werden (s. u. D/Rz. 1749 ff.).

bbb) »Strengerer Maßstab«

Nach Auffassung des *BAG* (16.10.1986 EzA § 626 BGB n. F. Nr. 105; abl. *LAG Köln* 28.11.1996 NZA 1997, 1166 Ls.; *Leutze* DB 1993, 2590 ff.) ist im Übrigen an die Berechtigung der fristlosen Entlassung ein »strengerer Maßstab« anzulegen als bei einem Arbeitnehmer, der dem Betriebsrat nicht angehört.   356

Dadurch soll die freie Betätigung des Betriebsratsmitglieds in seinem Amt gewährleistet werden.   357
Denn eine Verletzung der Pflichten aus dem Arbeitsvertrag, die im Rahmen der Amtstätigkeit begangen wird, kann aus einer Konfliktsituation heraus entstanden sein, der der Arbeitnehmer, der nicht Betriebsratsmitglied ist, nicht ausgesetzt ist.
Das gilt z. B. für Beleidigungen im Verlauf schwieriger und erregter Auseinandersetzungen. Die damit ermöglichte Tat- und Situationsgerechtigkeit ist keine verbotene Besserstellung des Betriebsratsmitglieds, sondern nur die Folge der Beachtung der besonderen Sachlage (*BAG* 16.10.1986 EzA § 626 BGB n. F. Nr. 105).
Dafür spricht, dass dann, wenn das Verhalten des Betriebsratsmitglieds sowohl gegen Amts- wie auch gegen Arbeitsvertragspflichten verstößt, die durch § 23 Abs. 1 BetrVG bezweckte Absicherung, die Konsequenzen für das Betriebsratsamt nur bei groben Pflichtverletzungen zulässt, nicht mittelbar dadurch beseitigt werden darf, dass die außerordentliche Kündigung zugelassen wird, obwohl eine grobe Amtspflichtverletzung zu verneinen ist (so unter Hinweis auf § 24 Abs. 1 Nr. 3 BetrVG, GK-BetrVG/*Wiese* § 23 Rz. 23).   358

(3) Beispiele
Auch bei Anlegung eines besonders strengen Prüfungsmaßstabes ist die **Bereitschaft** eines Arbeitnehmers, der Betriebsratsmitglied ist, in einem Rechtsstreit gegen seinen Arbeitgeber **vorsätzlich falsch auszusagen,** an sich geeignet, eine außerordentliche Kündigung zu rechtfertigen. Auch im Rahmen der Interessenabwägung nach § 626 BGB ist dieses Verhalten nicht allein wegen des Betriebsratsamtes anders zu beurteilen als das entsprechende Verhalten eines nicht durch § 15 KSchG geschützten Arbeitnehmers (*BAG* 16.10.1986 EzA § 626 BGB n. F. Nr. 105).   359

Andererseits kann das Arbeitsverhältnis eines Betriebsratsmitglieds in aller Regel nach § 15 Abs. 1 S. 1 KSchG, § 626 BGB **nicht wegen häufiger krankheitsbedingter Fehlzeiten** außerordentlich gekündigt werden (*BAG* 18.2.1993 EzA § 15 KSchG n. F. Nr. 40).   360

D. Die Beendigung des Arbeitsverhältnisses

361 Die **fortgesetzte Störung des Betriebsfriedens**, bei der auch das Gebot der vertrauensvollen Zusammenarbeit der Betriebsratsmitglieder untereinander verletzt wird, kann einen wichtigen Grund darstellen (*LAG Köln* 28.11.1996 NZA 1997, 1166 Ls.).

362 Nimmt ein (bisher freigestelltes) Betriebsratsmitglied ein auf mehrere Jahre befristetes Wahlamt als gewerkschaftlicher Landesvorsitzender an, ohne dass ihn der Arbeitgeber von seinen arbeitsvertraglichen Pflichten freistellt, kann dieser Umstand eine außerordentliche Kündigung rechtfertigen (*LAG Berlin* 16.10.1995 LAGE § 15 KSchG Nr. 13).

cc) Ordentliche Kündigung bei Betriebsstilllegung oder Stilllegung einer Betriebsabteilung

(1) Inhalt und Zweck der gesetzlichen Regelung

363 In Ausnahme vom grundsätzlichen Kündigungsverbot während des besonderen Kündigungsschutzes ist die ordentliche Kündigung dann zulässig, wenn ihr eine Betriebsstilllegung oder die Stilllegung einer Betriebsabteilung zugrunde liegt und eine anderweitige Beschäftigung des Funktionsträgers nicht in Betracht kommt (§ 15 Abs. 4, 5 KSchG).

364 Zwar spricht das Gesetz in diesem Zusammenhang nur davon, dass die »Kündigung« zulässig ist. Damit ist aber ausschließlich die ordentliche Kündigung gemeint (*BAG* 29.3.1977 EzA § 102 BetrVG 1972 Nr. 27).
Ziel ist es, sicherzustellen, dass auch unter dem besonderen Kündigungsschutz eine kündigungsrechtliche Gleichbehandlung gegenüber den anderen Arbeitnehmern möglich ist, zumal **auch die Funktionsträger in einem stillgelegten Betrieb keine Funktion mehr auszuüben hätten** (MünchArbR/*Berkowsky* § 157 Rz. 57; APS/*Böck* § 15 KSchG Rz. 157).

(2) Betriebsbegriff

365 Zugrundegelegt wird der **allgemeine Betriebsbegriff.** Deshalb gelten auch die Grundsätze über das Vorliegen eines gemeinsamen Betriebes mehrerer Unternehmen für die Kündigung von Mitgliedern der Betriebsverfassungsorgane wegen Stilllegung des Betriebes oder einer Betriebsabteilung nach § 15 Abs. 4, 5 KSchG (*BAG* 5.3.1987 EzA § 15 KSchG n. F. Nr. 38).

(3) Betriebsstilllegung

aaa) Begriffsbestimmung

366 Eine Betriebsstilllegung setzt voraus, dass die Einstellung der betrieblichen Arbeit und die Auflösung der Produktionsgemeinschaft für unabsehbare oder für eine im Voraus festgelegte, aber relativ lange Zeit erfolgt (*BAG* 14.10.1982 EzA § 15 KSchG n. F. Nr. 29).

Die bloße Verlegung des Betriebes ist nicht ohne weiteres mit einer Betriebsstilllegung verbunden. Maßgeblich ist, ob wesentliche Teile der Belegschaft am neuen Standort erhalten bleiben oder nicht (KR-*Etzel* § 15 KSchG Rz. 79).

D. Die Beendigung des Arbeitsverhältnisses

bbb) Weiterbeschäftigung in einem anderen Betrieb des Unternehmens
Fraglich ist, ob der von einer Betriebsstilllegung betroffene Funktionsträger einwenden kann, er könne in einem anderen Betrieb des Unternehmens weiterbeschäftigt werden. Denn § 1 KSchG ist insoweit neben § 15 KSchG nicht anwendbar. 367
Da aber kein Grund ersichtlich ist, den Funktionsträger nach § 15 KSchG gegenüber Arbeitnehmern, auf die § 1 KSchG anwendbar ist, schlechter zu stellen, ist im Wege der ergänzenden Gesetzesauslegung davon auszugehen, dass **auch eine Kündigung nach § 15 Abs. 4 KSchG nicht möglich ist, wenn für diesen Arbeitnehmer eine Weiterbeschäftigungsmöglichkeit in einem anderen Betrieb des Unternehmens besteht** (BAG 13.8.1992 EzA § 15 KSchG n. F. Nr. 39: »Auslegung über den Wortlaut der Bestimmung hinaus«).
Kann nur ein Teil der nach § 15 KSchG geschützten Funktionsträger in anderen Betrieben des Unternehmens weiterbeschäftigt werden, so sind für die Auswahl der zu übernehmenden Arbeitnehmer die Grundsätze der Sozialauswahl bei betriebsbedingten Kündigungen anzuwenden (KR-*Etzel* § 15 KSchG Rz. 94).

ccc) Kündigung frühestens zum Zeitpunkt der Betriebsschließung
Die ordentliche Kündigung kann grds. unter Einhaltung der Kündigungsfrist zum Zeitpunkt der Betriebsschließung erfolgen; allerdings ist eine ggf. anwendbare längere Kündigungsfrist einzuhalten (BAG 23.4.1980 EzA § 15 KSchG n. F. Nr. 24). 368

Erfolgt die Betriebsschließung sukzessive, so dürfen die nach § 15 KSchG geschützten Personen grds. erst zum letztmöglichen Zeitpunkt entlassen werden (BAG 26.10.1967 AP Nr. 17 zu § 13 KSchG). 369

Zu einem **früheren Zeitpunkt** können dem besonderen Kündigungsschutz unterliegende Personen aber dann gekündigt werden, wenn dies durch **zwingende betriebliche Erfordernisse** bedingt ist. Das ist nur dann der Fall, wenn für den betroffenen Arbeitnehmer **überhaupt keine Beschäftigungsmöglichkeit** mehr vorhanden ist, weder im bisherigen Arbeitsbereich noch in einem anderen. Ein besetzter Arbeitsplatz, den der geschützte Arbeitnehmer einnehmen könnte, muss für ihn freigekündigt werden (KR-*Etzel* § 15 KSchG Rz. 106). 370

Fraglich ist allerdings, ob der geschützte Arbeitnehmer insoweit absoluten Vorrang genießt (dafür *Matthes* DB 1980, 169 f.) oder ob in diesen Fällen die sozialen Belange des anderen Arbeitnehmers und die berechtigten betrieblichen Interessen an seiner Weiterbeschäftigung gegen die Interessen der Belegschaft und des geschützten Arbeitnehmers an seiner Weiterbeschäftigung gegeneinander abzuwägen sind (dafür KR-*Etzel* § 15 KSchG Rz. 126). 371

ddd) Beteiligung des Betriebsrats

Bei einer ordentlichen Kündigung nach § 15 Abs. 4, 5 KSchG ist eine Zustimmung des Betriebsrats nach § 103 BetrVG i. V. m. § 15 Abs. 1 bis 3 KSchG nicht erforderlich. 372
Der Betriebsrat ist allerdings gem. § 102 Abs. 1 BetrVG anzuhören (BAG 20.1.1984 EzA § 15 KSchG n. F. Nr. 33).

D. Die Beendigung des Arbeitsverhältnisses

(4) Stilllegung einer Betriebsabteilung

aaa) Begriffsbestimmung

373   Eine Betriebsabteilung i. S. v. § 15 Abs. 5 KSchG ist ein organisatorisch abgegrenzter Teil eines Betriebes, der eine personelle Einheit erfordert, dem eigene technische Betriebsmittel zur Verfügung stehen und der einen eigenen Betriebszweck verfolgt, der auch in einem bloßen Hilfszweck bestehen kann (APS/*Böck* § 15 KSchG Rz. 182).

374   Besteht ein Betrieb aus mehreren räumlich nahe beieinander liegenden Betriebsteilen und befinden sich in diesen Betriebsteilen organisatorisch abgrenzbare Arbeitseinheiten, die jeweils denselben Betriebszweck verfolgen, so bilden diese Arbeitseinheiten jeweils eine Betriebsabteilung i. S. d. § 15 Abs. 5 KSchG (*BAG* 20.1.1984 EzA § 15 KSchG n. F. Nr. 33).

375   Fraglich ist, was dann gilt, wenn eine **Betriebsabteilung** nicht stillgelegt, sondern **veräußert wird**. *Etzel* (KR § 15 KSchG Rz. 125 a) nimmt an, dass das Arbeitsverhältnis gem. § 613 a BGB auf den Erwerber übergeht und das **Betriebsratsamt** im alten Betrieb erlischt. Widerspricht das Betriebsratsmitglied dem Übergang des Arbeitsverhältnisses, kann der Veräußerer die mit den widersprechenden Arbeitnehmern verbleibende Rumpfbetriebsabteilung stilllegen und damit die Voraussetzungen für eine Anwendung des § 15 Abs. 5 KSchG schaffen. Das *LAG Düsseldorf* (25.11.1997 LAGE § 15 KSchG Nr. 16) hält demgegenüber § **15 Abs. 5 KSchG** für **analog** anwendbar. Danach stellt die Weiterführung des Betriebsratsamtes einen sachlichen Grund für einen Widerspruch gegen einen Übergang des Arbeitsverhältnisses dar mit der Folge, dass der Arbeitgeber ggf. sogar einen geringwertigen Arbeitsplatz für das Betriebsratsmitglied frei kündigen muss. Etwas anderes gilt danach nur dann, wenn im Rahmen einer Interessenabwägung festzustellen ist, dass die sozialen Belange des hiervon betroffenen Arbeitnehmers in erheblichem Maße die des durch § 15 KSchG geschützten Arbeitnehmers überwiegen.

bbb) Betriebsteil

376   Fehlt es bei einem aus mehreren räumlich nahe beieinander liegenden Betriebsteilen bestehenden Betrieb an der Verfolgung eines betriebsteilübergreifenden Betriebszwecks, so können **auch organisatorisch abgrenzbare Teile eines Betriebsteils, sofern sie jeweils eine personelle Einheit darstellen, über eigene technische Betriebsmittel verfügen und einen eigenen Betriebszweck verfolgen, eine Betriebsabteilung i. S. d. § 15 Abs. 5 KSchG darstellen** (*BAG* 20.1.1984 EzA § 15 KSchG n. F. Nr. 33).

377   Gelten Betriebsteile dagegen nach § 4 S. 1 BetrVG als selbstständiger Betrieb und besteht bei ihnen ein Betriebsrat, ist bei einer Stilllegung nicht § 15 Abs. 5, sondern § 15 Abs. 4 KSchG anzuwenden. Besteht in einem solchen Betriebsteil kein Betriebsrat, obwohl ein solcher hätte gewählt werden können, so ist er als Teil des Gesamtbetriebes anzusehen, sodass insoweit § 15 Abs. 5 KSchG Anwendung findet (KR-*Etzel* § 15 KSchG Rz. 122; MünchArbR/*Berkowsky* § 157 Rz. 79 f.).

ccc) Fehlende Weiterbeschäftigungsmöglichkeit des Arbeitnehmers

378   Eine ordentliche Kündigung des dem besonderen Kündigungsschutz unterliegenden Arbeitnehmers ist bei **Stilllegung einer Betriebsabteilung** nur möglich, wenn der be-

treffende Arbeitnehmer in dieser Abteilung beschäftigt wird und es aus betrieblichen Gründen nicht möglich ist, den Arbeitnehmer in eine andere Betriebsabteilung zu übernehmen (**§ 15 Abs. 5 KSchG**).
Um diese Weiterbeschäftigung zu ermöglichen, muss der Arbeitgeber vorrangig andere, nicht durch § 15 KSchG geschützte Arbeitnehmer kündigen und/oder die vorhandene Arbeit unter den verbleibenden Arbeitnehmern so verteilen, dass der geschützte Arbeitnehmer in wirtschaftlich vertretbarer Weise eingesetzt werden kann (*BAG* 25.11.1981 EzA § 15 KSchG n. F. Nr. 27; krit. dazu *Schleusener* DB 1998, 2368 ff.; vgl. APS/*Böck* § 15 KSchG Rz. 186 f.). Ob dabei die Interessen des durch die erforderliche Freikündigung betroffenen Arbeitnehmers gegen die Interessen des Betriebsratsmitglieds und die Interessen der Belegschaft an der **Kontinuität der Besetzung des Betriebsrats** abzuwägen sind, hat das *BAG* (18.10.2000 EzA § 15 KSchG n. F. Nr. 51) offen gelassen.
Dabei ist der Arbeitnehmer primär auf einem gleich gearteten und gleichwertigen Arbeitsplatz weiterzubeschäftigen. Ist ein solcher Arbeitsplatz vorhanden, genügt das Angebot eines geringer entlohnten Arbeitsplatzes nicht (*BAG* 1.2.1957 AP Nr. 5 zu § 13 KSchG).

ddd) Angebot einer geringer wertigen Tätigkeit

Ist allerdings ein gleichwertiger Arbeitsplatz nicht vorhanden, so muss der Arbeitgeber dem geschützten Arbeitnehmer eine Änderung der Arbeitsbedingungen anbieten, wenn nur ein geringer wertiger Arbeitsplatz zur Verfügung steht (*BAG* 25.11.1981 EzA § 15 KSchG n. F. Nr. 27). 379

Nimmt der geschützte Arbeitnehmer das Angebot nicht an und kündigt der Arbeitgeber daraufhin nach § 15 Abs. 5 KSchG ordentlich, so kann der Arbeitnehmer die Unwirksamkeit dieser Kündigung nicht mehr mit der Behauptung geltend machen, er hätte auf dem angebotenen, aber von ihm abgelehnten Arbeitsplatz weiterbeschäftigt werden können. 380
Er kann jedoch vortragen, der Arbeitgeber hätte ihm einen anderen, mit einer weniger einschneidenden Änderung der Arbeitsbedingungen verbundenen Arbeitsplatz anbieten können (MünchArbR/*Berkowsky* § 157 Rz. 87).

eee) Darlegungs- und Beweislast
Der Arbeitgeber trägt die volle Darlegungs- und Beweislast (*BAG* 25.11.1981 EzA § 15 KSchG n. F. Nr. 27). 381
Denn das Gesetz bestimmt insoweit als Grundsatz eine Pflicht des Arbeitgebers zur Übernahme des Betriebsratsmitglieds in eine andere Betriebsabteilung. Nur für den weiteren Ausnahmefall, dass dies nicht möglich ist, erlaubt es die Kündigung. Bei diesem engen Ausnahmetatbestand ist der Arbeitgeber verpflichtet, materiell alle denkbaren Übernahmemöglichkeiten besonders eingehend zu prüfen und prozessual den Umfang der von ihm angestellten Überlegungen und ihr Ergebnis so substantiiert darzulegen, dass das Gericht zu der notwendigen Überzeugung gelangen kann, der Ausnahmetatbestand der Unmöglichkeit der Übernahme liege tatsächlich vor (*BAG* 25.11.1981 EzA § 15 KSchG n. F. Nr. 27).
Jedoch ist die Intensität seiner Darlegungslast davon abhängig, wie substantiiert der Arbeitnehmer die Möglichkeit seiner Weiterbeschäftigung konkretisiert (§ 138 Abs. 2 ZPO).

D. Die Beendigung des Arbeitsverhältnisses

382 Hinsichtlich des Ausmaßes der vom Arbeitgeber in die Betrachtung einzubeziehenden Arbeitsplätze ist zu beachten, dass dann, wenn er dem Betriebsrat und seinen Mitgliedern gegenüber so auftritt, als betreibe er mit anderen Unternehmen zusammen einen **Gemeinschaftsbetrieb**, er sich im Hinblick auf den Sonderkündigungsschutz der Betriebsratsmitglieder (§ 15 KSchG) **so behandeln lassen muss, als bestehe ein Gemeinschaftsbetrieb** (*BAG* 18.10.2000 EzA § 15 KSchG n. F. Nr. 51).

fff) Schutz der Funktionsträger bei Teilbetriebsübergang und gleichzeitiger Stilllegung des Restbetriebes

383 Beschließt ein Arbeitgeber, Betriebsabteilungen auf einen Erwerber zu übertragen und gleichzeitig die verbleibenden Abteilungen stillzulegen, so hat er gem. § 15 Abs. 5 KSchG geschützte Funktionsträger im Rahmen des betrieblich Möglichen **in die zu übertragenden Abteilungen zu übernehmen** mit der Folge, dass deren Arbeitsverhältnisse auf den Erwerber übergehen (*LAG Sachsen-Anhalt* 16.3.1999 NZA-RR 1999, 574). Kommt der Veräußerer dieser Verpflichtung bis zum Zeitpunkt des Betriebsübergangs **nicht nach**, geht das Arbeitsverhältnis des geschützten Funktionsträgers nach Auffassung des *LAG Sachsen-Anhalt* (16.3.1999 NZA-RR 1999, 574) in erweiternder Auslegung von § 613 a BGB **gleichwohl auf den Erwerber über**, sofern der Funktionsträger nicht widerspricht.

dd) Das Zustimmungsersetzungsverfahren

(1) Verfahrensfragen hinsichtlich der Entscheidung des Betriebsrats

384 Im Rahmen des Zustimmungsverfahrens gem. § 103 Abs. 1 BetrVG ist das selbst betroffene Betriebsratsmitglied nicht nur von der Abstimmung im Betriebsrat ausgeschlossen, sondern auch von der dieser vorausgehenden Beratung (*BAG* 26.8.1981 EzA § 103 BetrVG 1972 Nr. 27).

385 Für das somit rechtlich verhinderte Betriebsratsmitglied ist ein **Ersatzmitglied** gem. § 25 Abs. 1 S. 2 BetrVG zu laden.
Ist kein Ersatzmitglied für das betroffene Betriebsratsmitglied eingeladen worden, nimmt dieses vielmehr an der Beratung über die eigene Kündigung teil, so ist der Betriebsratsbeschluss über die Kündigung nichtig.
Unschädlich ist es dagegen, wenn bei Teilnahme des Ersatzmitglieds das betroffene Betriebsratsmitglied Gelegenheit erhält, zu den Vorwürfen des Arbeitgebers Stellung zu nehmen (*BAG* 23.8.1984 EzA § 103 BetrVG 1972 Nr. 30).

386 Der Betriebsrat darf seine Zustimmungsbefugnis gem. § 103 BetrVG wegen der Bedeutung des Verfahrens **nicht** auf einen **Personalausschuss** übertragen; die Kündigung eines Betriebsratsmitglieds nur mit Zustimmung des Personalausschusses ist folglich unwirksam (*LAG Köln* 28.8.2001–13 Sa 19/01 –).

(2) Rechtsfolgen von Verfahrensfehlern

387 Wenn der Arbeitgeber das Zustimmungsverfahren beim Betriebsrat bzw. Personalrat nicht ordnungsgemäß abgewickelt hat, so ist die Kündigung unheilbar nichtig, selbst wenn der Betriebsrat der Kündigung zugestimmt hatte.

D. Die Beendigung des Arbeitsverhältnisses

Das schließt auch Verfahrensfehler des Betriebsrats ein. Denn die Grundsätze, die 388 für die Berücksichtigung der Mängel beim Anhörungsverfahren nach § 102 BetrVG entwickelt worden sind (sog. Sphärentheorie), sind auf das Zustimmungsverfahren nach § 103 Abs. 1 BetrVG nicht übertragbar, weil die erforderliche Zustimmung zur Kündigung (§ 15 KSchG) an sich einen wirksamen Beschluss voraussetzt (*BAG* 23.8.1984 EzA § 103 BetrVG 1972 Nr. 30; vgl. APS/*Böck* § 103 BetrVG Rz. 20).

Nach den Grundsätzen des Vertrauensschutzes darf der Arbeitgeber zwar grds. auf 389 die Wirksamkeit eines Zustimmungsbeschlusses nach § 103 BetrVG vertrauen, wenn ihm der Betriebsratsvorsitzende oder sein Vertreter mitteilt, der Betriebsrat habe die beantragte Zustimmung erteilt. Das gilt aber dann nicht, wenn der Arbeitgeber die Tatsachen kennt oder kennen muss, aus denen die Unwirksamkeit des Beschlusses folgt.

Beispiel:
Der Arbeitgeber kann sich deshalb bei Kenntnis davon, dass nicht der Betriebsrat, 390 sondern nur der Personalausschuss der Kündigung zugestimmt hat, **nicht auf Vertrauensschutz** berufen (*LAG Köln* 28.8.2001 – 13 Sa 19/01 –).

Hat der Arbeitgeber einen Zustimmungsantrag nach § 103 Abs. 1 BetrVG gestellt und auf die spontane Zustimmungserklärung des Betriebsratsvorsitzenden hin vor Ablauf von drei Tagen gekündigt, so muss er erneut die Zustimmung des Betriebsrats beantragen, wenn er wegen Bedenken gegen die Wirksamkeit der ersten Kündigung eine weitere Kündigung aussprechen will. Ein stattdessen gestellter Zustimmungsersetzungsantrag ist unzulässig (*BAG* 24.10.1996 EzA § 103 BetrVG 1972 Nr. 37).

Eine besondere Erkundigungspflicht des Arbeitgebers im Hinblick auf Verfahrensfeh- 391 ler besteht andererseits nicht (*BAG* 23.8.1984 EzA § 103 BetrVG 1972 Nr. 30).

Die Nichtigkeit der Kündigung ist eine Unwirksamkeit »aus anderen Gründen« 392 i. S. d. § 13 Abs. 3 KSchG, die außerhalb der Klagefrist der §§ 13 Abs. 1, 4, 7 KSchG geltend gemacht werden kann (vgl. KR-*Etzel* § 15 KSchG Rz. 38).

(3) Analoge Anwendung des § 103 Abs. 2 BetrVG

Vor der außerordentlichen Kündigung des **einzigen Betriebsratsmitglieds** muss der 393 Arbeitgeber dann, wenn ein gewähltes Ersatzmitglied fehlt, **analog § 103 Abs. 2 BetrVG** im Beschlussverfahren die Zustimmung durch das ArbG ersetzen lassen (*BAG* 14.9.1994 EzA § 102 BetrVG 1972 Nr. 36).

(4) Einleitung des Beschlussverfahrens

Lehnt der Betriebsrat die Zustimmung zur außerordentlichen Kündigung ab, so 394 kann der Arbeitgeber im Beschlussverfahren (§ 2 a ArbGG) gem. § 103 Abs. 2 BetrVG, § 15 KSchG die gerichtliche Ersetzung der Zustimmung geltend machen (vgl. dazu *Fischermeier* ZTR 1998, 433 ff.; APS/*Böck* § 103 BetrVG Rz. 22 ff.).

Der Arbeitnehmer ist an dem Verfahren zu beteiligen (§ 103 Abs. 2 BetrVG). Der Arbeitgeber muss es innerhalb der **2-Wochenfrist des § 626 Abs. 2 BGB** einleiten, um sein Kündigungsrecht nicht zu verlieren (*BAG* 18.8.1977 EzA § 103 BetrVG 1972 Nr. 20).

D. Die Beendigung des Arbeitsverhältnisses

395 Verweigert der Betriebsrat bei einem schwer behinderten Menschen, der zugleich Betriebsratsmitglied ist, die Zustimmung zu einer außerordentlichen Kündigung, ist das Beschlussverfahren auf Ersetzung der Zustimmung nach § 103 Abs. 2 BetrVG analog § 91 Abs. 5 SGB IX **unverzüglich nach Erteilung der Zustimmung durch das Integrationsamt** oder nach Eintritt der Zustimmungsfiktion (§ 91 Abs. 3 S. 2 SGB IX) einzuleiten (*BAG* 22.1.1987 EzA § 103 BetrVG 1972 Nr. 32).

Der Zustimmungsantrag nach § 103 Abs. 2 BetrVG ist unheilbar nichtig, wenn er unter der Bedingung gestellt wird, dass der Betriebsrat die Zustimmung zu der beabsichtigten außerordentlichen Kündigung verweigert (*BAG* 7.5.1986 EzA § 103 BetrVG 1972 Nr. 31).

Auch ein vor der Entscheidung des Betriebsrats gestellter unbedingter (vorsorglicher) Ersetzungsantrag ist unzulässig und wird nicht mit der Zustimmungsersetzung zulässig. Durch einen solchen Antrag wird deshalb insbesondere die Ausschlussfrist des § 626 Abs. 2 BGB nicht gewahrt (*BAG* 7.5.1986 EzA § 103 BetrVG 1972 Nr. 31).

(5) Prüfungsmaßstab für das ArbG

396 Das ArbG hat in vollem Umfang das Vorliegen der Voraussetzungen des § 626 Abs. 1 BGB zu überprüfen und im Rahmen der notwendigen umfassenden Interessenabwägung auch die möglichen kollektiven Interessen der Belegschaft an diesem Arbeitnehmer mit seiner betriebsverfassungsrechtlichen Funktion in die Betrachtung mit einzubeziehen (*BAG* 22.8.1974 EzA § 103 BetrVG 1972 Nr. 6).

(6) Kündigung nach Rechtskraft der Entscheidung

397 **Die Erklärung der Kündigung ist erst nach Rechtskraft der Entscheidung zulässig** (*BAG* 11.11.1976 EzA § 103 BetrVG 1972 Nr. 17).

Ausnahmsweise kann die Kündigung jedoch auch schon vor Eintritt der Rechtskraft der gerichtlichen Entscheidung ausgesprochen werden, wenn das LAG in seinem die Zustimmung ersetzenden Beschluss die Rechtsbeschwerde nicht zugelassen hat und sich aus den Gründen der zugestellten Entscheidung ergibt, dass die allein in Betracht kommende Nichtzulassungsbeschwerde wegen Divergenz offensichtlich unstatthaft ist (*BAG* 25.1.1979 EzA § 103 BetrVG 1972 Nr. 22; s. ausf. unten D/Rz. 647 f.).

398 Ist, wie i. d. R., die **Frist gem. § 626 Abs. 2 BGB inzwischen abgelaufen, muss die Erklärung der Kündigung unverzüglich (§ 121 BGB) analog § 91 Abs. 5 SGB IX erfolgen** (*BAG* 24.4.1975 EzA § 103 BetrVG 1972 Nr. 8).

Hat der Betriebsrat die Zustimmung zunächst verweigert, sie sodann nach Einleitung des Beschlussverfahrens nach § 103 Abs. 2 BetrVG aber doch noch erteilt, so muss der Arbeitgeber die Kündigung unverzüglich aussprechen, nachdem er von der nachträglichen Zustimmung Kenntnis erlangt hat (*BAG* 17.9.1981 EzA § 103 BetrVG 1972 Nr. 28).

(7) Verfahrensfragen des Beschlussverfahrens

399 Im Beschlussverfahren sind zwar wegen des nach § 83 Abs. 1 ArbGG geltenden Untersuchungsgrundsatzes die Vorschriften über Geständnis und Nichtbestreiten einer Behauptung (§§ 138 Abs. 3, 288 ZPO) nicht unmittelbar anzuwenden. Es bedarf aber gleichwohl i. d. R. dann keiner Beweisaufnahme, wenn die Beteiligten einen Sachverhalt übereinstimmend vortragen oder das substantiierte Vorbringen eines Beteiligten von dem anderen nicht abgestritten wird oder sich an dessen Richtigkeit keine Zwei-

fel aufdrängen (*BAG* 10.12.1992 EzA § 103 BetrVG 1972 Nr. 33). Der Arbeitgeber kann unbeschränkt **neue Kündigungsgründe** in das Zustimmungsersetzungsverfahren einführen, sofern er vorher die neuen Kündigungsgründe dem **Betriebsrat** mitgeteilt und ihm Gelegenheit zur Stellungnahme gegeben hat. Das gilt auch, wenn die neuen Gründe erst im **Beschwerdeverfahren** nachgeschoben werden (*LAG Nürnberg* 12.3.1999 NZA-RR 1999, 413). Ob für das Nachschieben die Zwei-Wochen-Frist des § 626 Abs. 2 BGB gilt, hat das *LAG Nürnberg* (12.3.1999 NZA-RR 1999, 413) offen gelassen.
Der Betriebsrat kann die von ihm zunächst verweigerte oder nicht erteilte Zustimmung auch nach Einleitung des Verfahrens nach § 103 Abs. 2 BetrVG jedenfalls dann noch nachträglich erteilen, wenn die Voraussetzungen des § 626 Abs. 1 BGB erfüllt sind (*BAG* 17.9.1981 EzA § 103 BetrVG 1972 Nr. 28; vgl. APS/*Böck* § 103 BetrVG Rz. 24 ff.).

Erklärt der **Arbeitgeber** im Verfahren nach § 103 Abs. 2 BetrVG die Hauptsache für **400 erledigt**, nachdem der Betriebsrat die zunächst verweigerte Zustimmung später erteilt hat, während der beteiligte Funktionsträger, dessen Kündigung beabsichtigt ist, der Erledigung widerspricht, dann ist vom Gericht aufgrund einer Anhörung der Beteiligten nur darüber zu entscheiden, ob ein erledigendes Ereignis – die Zustimmung des Betriebsrats – eingetreten ist. Denn das Beschlussverfahren nach § 103 Abs. 2 BetrVG wird durch die nachträgliche Zustimmung durch den Betriebsrat erledigt (*BAG* 17.9.1981 EzA § 103 BetrVG 1972 Nr. 28; 23.6.1993 EzA § 103 BetrVG 1972 Nr. 34).

Ersetzt das Gericht gem. § 103 Abs. 2 BetrVG die vom Betriebsrat verweigerte Zustimmung zur außerordentlichen Kündigung, so kann das betroffene Betriebsratsmitglied das hiergegen statthafte Rechtsmittel (Beschwerde bzw. zugelassene Rechtsbeschwerde, §§ 87 Abs. 1, 92, 92 a ArbGG) auch dann einlegen, wenn der Betriebsrat die gerichtliche Entscheidung hinnimmt (*BAG* 10.12.1992 EzA § 103 BetrVG 1972 Nr. 33). **401**

(8) Verhältnis zum Kündigungsschutzverfahren; Rechtskraft

Die Rechtskraft der Entscheidung im Beschlussverfahren steht der Kündigungsschutzklage nicht als negative Prozessvoraussetzung entgegen. **402**

Sie hat aber **präjudizielle Wirkung** im anschließenden Kündigungsschutzprozess. Der Arbeitnehmer kann deshalb keine Gesichtspunkte mehr vorbringen, die er im Beschlussverfahren bereits geltend gemacht hat oder hätte geltend machen können (*BAG* 24.4.1975 EzA § 103 BetrVG 1972 Nr. 8; vgl. dazu APS/*Böck* § 103 BetrVG Rz. 40 ff.; *Weber/Lohr* BB 1999, 2350 ff.). Er kann sich also grds. nicht mehr auf Kündigungshindernisse berufen, die er **schon im Zustimmungsersetzungsverfahren** hätte einwenden können. Dies gilt jedoch **nicht** für solche **Kündigungshindernisse, die** – wie die fehlende Zustimmung des Integrationsamtes zur Kündigung eines schwer behinderten Menschen – **noch nach Abschluss** des betriebsverfassungs- bzw. personalvertretungsrechtlichen **Zustimmungsersetzungsverfahrens beseitigt werden können**. Auch die erst später mit Rückwirkung festgestellte Schwerbehinderung ist als neue Tatsache im Kündigungsschutzprozess berücksichtigungsfähig (*BAG* 11.5.2000 EzA § 21 SchwbG 1986 Nr. 11).

D. Die Beendigung des Arbeitsverhältnisses

403 Die nicht rechtskräftige **Verurteilung eines Betriebsratsmitglieds** ist im Übrigen **keine neue Tatsache**, die eine Ersetzung der Zustimmung des Betriebsrats zur außerordentlichen Kündigung des Betriebsratsmitglieds zulassen würde, wenn bereits in einem früheren Verfahren die Zustimmungsersetzung rechtskräftig mit der Begründung versagt wurde, die Tatvorwürfe **seien nicht erwiesen**. Dagegen kann die Zustimmungsersetzung in einem neuerlichen arbeitsgerichtlichen Beschlussverfahren dann geboten sein, wenn das Betriebsratsmitglied wegen der Tatvorwürfe inzwischen **rechtskräftig strafrechtlich verurteilt** wurde (*BAG* 16.9.1999 EzA § 103 BetrVG 1972 Nr. 40; vgl. auch *LAG Düsseldorf* 8.12.1999 ArbuR 2000, 191).

(9) Betriebsbedingte Kündigungen nach § 15 Abs. 4, 5 KSchG bei tariflicher Unkündbarkeit

404 Im Falle der sog. tariflichen Unkündbarkeit (Ausschluss der ordentlichen Kündigung) eines Betriebsratsmitglieds bedarf es für dessen (außerordentliche) betriebsbedingte Kündigung nach § 15 Abs. 4, 5 KSchG nicht der Zustimmung des Betriebsrats. Dies ist im Verfahren nach § 103 Abs. 2 BetrVG auch ohne dahingehenden ausdrücklichen Antrag des Arbeitgebers in der den Ersetzungsantrag abweisenden Entscheidung – ggf. nach Hinweis gem. § 139 ZPO – festzustellen. Diese Entscheidung präjudiziert auch für ein nachfolgendes Kündigungsschutzverfahren, dass es einer Zustimmung des Betriebsrats zur Kündigung nicht bedurfte (*BAG* 18.9.1997 EzA § 15 KSchG n. F. Nr. 46; vgl. dazu *Hilbrandt* NZA 1998, 1259 ff.; *Eckert* SAE 1999, 141 ff.)

ee) Besonderheiten bei Tendenzträgern

405 § 103 Abs. 1 BetrVG gilt auch dann, wenn ein **Tendenzträger** zugleich Mandatsträger ist, aber **aus nicht tendenzbezogenen** (z. B. wegen Leistungsmängeln) **Gründen** gekündigt werden soll (*BAG* 3.11.1982 EzA § 15 KSchG n. F. Nr. 78).
Kündigungsrechtlich erhebliche tendenzbezogene Leistungsstörungen liegen insoweit nur dann vor, wenn die von einem Tendenzträger erbrachte Arbeitsleistung als solche dem Tendenzzweck zuwiderläuft. Um nicht tendenzbezogene und damit tendenzneutrale Leistungsstörungen handelt es sich dann, wenn bei einem Tendenzträger Leistungsmängel auftreten, die **keinen unmittelbaren Bezug zu dem verfolgten Tendenzzweck** haben. Das ist z. B. dann der Fall, wenn ein Solo- und Erster Hornist in einem Symphonieorchester Töne weggelassen und falsche Töne insbesondere im hohen Tonbereich gespielt hat (*BAG* 3.11.1982 EzA § 15 KSchG n. F. Nr. 78).

406 Fraglich ist aber, wie zu verfahren ist, wenn der Tendenz-Mandatsträger aus **tendenzbezogenen Gründen** gekündigt werden soll.
Nach Auffassung von *Berkowsky* (MünchArbR § 147 Rz. 41 f.) kommt bei einer Kündigung aus tendenzbezogenen Gründen weder ein Zustimmungsrecht des Betriebsrats noch das Gebot der Zustimmungsersetzung durch das ArbG in Betracht. Allerdings muss der Arbeitgeber dann den Betriebsrat analog § 102 Abs. 1 BetrVG anhören. Nach Auffassung von *Richter* (DB 1991, 2667) kann der Betriebsrat einer solchen Kündigung auch analog § 102 Abs. 3 BetrVG aus tendenzfreien Gründen widersprechen.

ff) Verhältnis zu sonstigen Kündigungsschutzvorschriften

407 Neben § 15 Abs. 4, 5 KSchG sind die allgemeinen Kündigungsschutzvorschriften des KSchG, insbesondere also § 1 KSchG, nicht anwendbar.
Deshalb scheidet auch eine **Auflösung** des Arbeitsverhältnisses gegen Zahlung einer Abfindung **nach §§ 9, 10 KSchG** aus (*KR-Etzel* § 15 KSchG Rz. 112).

Andererseits braucht der Arbeitnehmer, der die Unwirksamkeit der Kündigung nach § 15 Abs. 4, 5 KSchG geltend macht, die **Klagefrist nach § 4 KSchG nicht einzuhalten** (*BAG* 1.2.1957 AP Nr. 5 zu § 13 KSchG, MünchArbR/*Berkowsky* § 157 Rz. 92).
Demgegenüber sind §§ 13, 4, 9, 10 KSchG für den Fall einer außerordentlichen **408** Kündigung des geschützten Personenkreises nach § 15 Abs. 1, 2, 3 KSchG anwendbar (KR-*Etzel* § 15 KSchG Rz. 140).
Sonstige Kündigungsschutzvorschriften (§§ 18–22 KSchG, §§ 85 ff. SGB IX, § 9 MuSchG, § 18 BErzGG, § 2 ArbPlSchG) **gelten ohne Einschränkungen** (KR-*Etzel* § 15 KSchG Rz. 141 f.).

c) **Der besondere Kündigungsschutz schwangerer Frauen (§ 9 MuSchG)**

aa) **Struktur der gesetzlichen Regelung; Schriftform**

> Gem. § 9 Abs. 1 S. 1 MuSchG ist die Kündigung gegenüber einer Frau während **409** der Schwangerschaft und bis zum Ablauf von vier Monaten nach der Entbindung unzulässig (vgl. APS/*Rolfs* § 9 MuSchG Rz. 43 ff.).

Voraussetzung dafür ist, dass dem Arbeitgeber zur Zeit der Kündigung die Schwangerschaft oder Entbindung **bekannt war** oder **innerhalb zweier Wochen nach Zugang der Kündigung mitgeteilt wird**. § 9 MuSchG enthält insoweit ein **absolutes Kündigungsverbot**. Voraussetzung ist aber ferner, dass die Frau bei Zugang der Kündigung auch **tatsächlich schwanger** gewesen ist; steht fest, dass dies nicht der Fall war, kann die Kündigung nicht gem. § 9 Abs. 1 MuSchG unzulässig sein (*LAG Niedersachsen* 12.5.1997 NZA-RR 1997, 460).
Die Kündigung kann auch nicht während der Verbotszeit zu deren Ende ausgesprochen werden. Der Arbeitgeber muss vielmehr ihren Ablauf abwarten (MünchArbR/*Berkowsky* § 160 Rz. 2).
Gem. **§ 9 Abs. 3 MuSchG** kann allerdings die zuständige oberste Landesbehörde oder die von ihr bestimmte Stelle (i. d. R. das Gewerbeaufsichtsamt) die außerordentliche ebenso wie die ordentliche Kündigung **ausnahmsweise für zulässig erklären**. § 9 MuSchG gilt auch dann, wenn der Arbeitgeber das Arbeitsverhältnis einer Schwangeren vor dessen Aktualisierung durch die Arbeitsaufnahme fristgemäß kündigt (*LAG Düsseldorf* 30.9.1992 NZA 1993, 1041).
Liegt die behördliche Zustimmung vor, so kann der Arbeitgeber das Arbeitsverhältnis kündigen; nach der gesetzlichen Neuregelung des § 9 MuSchG muss die Kündigung aber schriftlich (insoweit handelt es sich um ein **konstitutives Schriftformerfordernis**) unter Angabe des zulässigen Kündigungsgrundes erfolgen; fraglich ist, ob die Angabe des Kündigungsgrundes ebenfalls konstitutiven oder nur deklaratorischen Charakter haben soll (vgl. *Preis* NZA 1997, 1260; vgl. APS/*Rolfs* § 9 MuSchG Rz. 88 ff.).

bb) **Fristberechnung für den Beginn des Kündigungsschutzes; Darlegungs- und Beweislast**

Zur Feststellung des Beginns der Schwangerschaft und damit auch für die Geltung **410** des absoluten Kündigungsverbotes des § 9 Abs. 1 S. 1 MuSchG ist von dem Zeugnis eines Arztes oder einer Hebamme auszugehen und von dem darin angegebenen voraussichtlichen Tag der Niederkunft um 280 Tage zurückzurechnen (*BVerfG* 27.10.1983 EzA § 9 MuSchG n. F. Nr. 25).

D. Die Beendigung des Arbeitsverhältnisses

Dabei ist der voraussichtliche Entbindungstag nicht mitzuzählen (*BAG* 12.12.1985 EzA § 9 MuSchG n. F. Nr. 26).

411 **Die ärztliche Bescheinigung über den mutmaßlichen Tag der Entbindung hat einen hohen Beweiswert.** Die Schwangere genügt ihrer Darlegungslast für das Bestehen einer Schwangerschaft im Kündigungszeitpunkt zunächst durch Vorlage einer solchen Bescheinigung, wenn der Zugang der Kündigung innerhalb von 280 Tagen vor diesem Termin liegt. **Der Arbeitgeber kann jedoch den Beweiswert der Bescheinigung erschüttern und Umstände darlegen und beweisen, aufgrund derer es der gesicherten wissenschaftlichen Erkenntnis widersprechen würde, von einer Schwangerschaft der Arbeitnehmerin bei Kündigungszugang auszugehen.** Die Arbeitnehmerin muss dann **weiteren Beweis** führen und ist ggf. gehalten, ihre **Ärzte von der Schweigepflicht zu entbinden** (*BAG* 7.5.1998 EzA § 9 MuSchG n. F. Nr. 35; vgl. auch *LAG Köln* 21.1.2000 NZA-RR 2001, 303).

cc) Ausschluss der Anwendbarkeit

412 § 9 MuSchG n. F. galt bis zum 31.12.1996 nicht für in Familienhaushalten mit häuslichen Arbeiten beschäftigte Frauen. Mit Wirkung ab dem 1.1.1997 hat der Gesetzgeber die Rechtsstellung der Hausangestellten nunmehr der der übrigen Arbeitnehmerinnen angeglichen (vgl. *Sowka* NZA 1997, 297; *Zmarzlik* DB 1997, 476). Modifizierte Regelungen gelten für in Heimarbeit beschäftigte Frauen (§ 9 Abs. 1 S. 2, 3 MuSchG).

§ 9 MuSchG gilt nicht, auch nicht entsprechend, für die Mitteilung des Arbeitgebers, das Arbeitsverhältnis nicht verlängern zu wollen, wenn auf das Arbeitsverhältnis zwischen den Parteien ein Tarifvertrag Anwendung findet, wonach sich das befristete Arbeitsverhältnis um jeweils ein Jahr (eine Spielzeit) verlängert, wenn der Arbeitgeber nicht rechtzeitig eine Nichtverlängerungsmitteilung ausspricht (*BAG* 30.11.1990 NZA 1992, 925).

dd) Kenntnis des Arbeitgebers

(1) Nichteinhaltung der Zweiwochenfrist

413 Gem. § 9 Abs. 1 S. 1 2. Alt. MuSchG ist das Überschreiten der Frist von zwei Wochen nach Zugang der Kündigung dann unschädlich, wenn es auf einem **von der Frau nicht zu vertretenden Grund** beruht und die Mitteilung **unverzüglich nachgeholt** wird.

Diese Regelung wurde am 30.6.1989 in das MuSchG eingefügt und geht auf Entscheidungen des *BVerfG* (13.11.1979 EzA § 9 MuSchG n. F. Nr. 17; 22.10.1980 AP Nr. 7, 8 zu § 9 MuSchG 1968) zurück, wonach trotz Nichteinhaltung der früher vorgesehenen starren, Ausnahmen nicht enthaltenden Zwei-Wochen-Frist § 9 MuSchG entgegen dem Wortlaut auch dann anzuwenden war, wenn die Mitteilung an den Arbeitgeber unverschuldet innerhalb der Zwei-Wochen-Frist unterblieben ist, danach aber unverzüglich (§ 121 BGB, ohne schuldhaftes Zögern) nachgeholt worden war.

(2) Verschulden der Arbeitnehmerin

414 Schuldhaftes Verhalten der Arbeitnehmerin liegt insoweit nur dann vor, wenn es auf einen gröblichen Verstoß gegen das von einem verständigen Menschen im eigenen Interesse billigerweise zu erwartende Verhalten zurückzuführen ist (vgl. APS/*Rolfs* § 9 MuSchG Rz. 37 f.).

Das ist z. B. nicht der Fall, wenn die Schwangere **erst nach Ablauf der Zweiwochen-** 415
frist von der Schwangerschaft erfährt. Auch die Unkenntnis vom Beginn der
Schwangerschaft ist deshalb an sich geeignet, eine schuldhafte Verzögerung der nachgeholten Mitteilung auszuschließen (*BAG* 20.5.1988 EzA § 9 MuSchG n. F. Nr. 27).
Beruht die Unkenntnis allerdings darauf, dass die Schwangere zwingende Anhaltspunkte für eine Schwangerschaft nicht beachtet und sich nicht untersuchen lässt,
so ist i. d. R. ein den Kündigungsschutz ausschließendes Verschulden gegen sich
selbst anzunehmen. Dieses ist jedoch nicht bei jeder Zyklusstörung der Fall (*BAG*
6.10.1983 EzA § 9 MuSchG n. F. Nr. 23).
Eine schwangere Frau handelt nach Auffassung des *LAG Nürnberg* (17.3.1993 NZA 416
1993, 946 Ls.) nicht schuldhaft, wenn sie trotz Kenntnis des Bestehens einer Schwangerschaft mit der entsprechenden Mitteilung an den Arbeitgeber zuwartet, bis sie
vom Arzt eine Schwangerschaftsbestätigung erhält, aus der sie deren Beginn entnehmen kann.
§ 9 Abs. 1 Satz 1 2. Halbs. MuSchG gilt **unabhängig davon**, ob die Arbeitnehmerin 417
bei Kündigungszugang **Kenntnis von ihrer Schwangerschaft** hatte.
Geht einer schwangeren Arbeitnehmerin während ihres Urlaubs eine Kündigung zu
und teilt sie dem Arbeitgeber unverzüglich nach Rückkehr aus dem Urlaub ihre
Schwangerschaft mit, so ist die Überschreitung der Zweiwochenfrist des § 9 Abs. 1
Satz 1 2. Halbs. MuSchG nicht allein deshalb als verschuldet anzusehen, weil die Arbeitnehmerin es unterlassen hat, dem Arbeitgeber ihre Schwangerschaft vor Urlaubsantritt anzuzeigen (*BAG* 13.6.1996 EzA § 9 MuSchG n. F. Nr. 34).

(3) Unverzügliche Nachholung der Mitteilung; inhaltliche Anforderungen
Dabei kann weder auf eine Mindestfrist (in der die Verzögerung der Mitteilung regel- 418
mäßig als unverschuldet anzusehen ist) noch auf eine Höchstfrist (bei deren Ablauf
stets von einem schuldhaften Zögern auszugehen ist) abgestellt werden. Entscheidend sind vielmehr die besonderen Umstände des konkreten Falles (*BAG* 20.5.1988
EzA § 9 MuSchG n. F. Nr. 27).

Die nachträgliche Mitteilung der Schwangerschaft muss das Bestehen einer 419
Schwangerschaft im Zeitpunkt des Zugangs der Kündigung oder die Vermutung
einer solchen zum Inhalt haben (vgl. APS/*Rolfs* § 9 MuSchG Rz. 39).

Die Mitteilung der Schwangerschaft ohne Rücksicht darauf, ob der Erklärungsemp- 420
fänger ihr auch das Bestehen dieses Zustandes zum Zeitpunkt des Zugangs der Kündigung entnehmen kann, genügt nicht.
Teilt die Arbeitnehmerin ausdrücklich nur das Bestehen einer Schwangerschaft mit,
so hängt es von den **Umständen des Einzelfalles** ab, ob die Mitteilung dahin verstanden werden musste, dass die Schwangerschaft bereits bei Zugang der Kündigung bestanden habe (*BAG* 15.11.1990 EzA § 9 MuSchG n. F. Nr. 28).
Vor der Änderung des § 9 MuSchG am 30.6.1989 ist das *BAG* (27.10.1983 EzA § 9 421
MuSchG n. F. Nr. 24) davon ausgegangen, dass eine schuldhafte Verzögerung der
Mitteilung nicht bereits darin liegt, dass die Arbeitnehmerin alsbald nach Kenntnis
von der Schwangerschaft einen Prozessbevollmächtigten mit der Klageschrift gegen
die bis dahin nicht angegriffene Kündigung des Arbeitgebers beauftragt und die
Schwangerschaft nur in der Klageschrift mitteilt. Die Arbeitnehmerin hat danach
auch weder für Hindernisse bei der Übermittlung der Mitteilung, an denen sie

D. Die Beendigung des Arbeitsverhältnisses

kein Verschulden trifft, noch für ein zur Verzögerung der Mitteilung führendes **Verschulden eines von ihr beauftragten geeigneten Bevollmächtigten** einzustehen.

(4) Darlegungs- und Beweislast

422 Eine schwangere Arbeitnehmerin ist darlegungs- und beweispflichtig dafür, dass sie ohne Verschulden die zweiwöchige Mitteilungsfrist des § 9 Abs. 1 S. 1 MuSchG versäumt hat. Entsprechendes gilt für die unverzügliche Nachholung der Mitteilung (*BAG* 13.1.1982 EzA § 9 MuSchG n. F. Nr. 20).

ee) Zustimmung der obersten Landesbehörde

(1) Rechtsfolgen fehlender Zustimmung

423 Eine Kündigung ohne die vorherige Zustimmung der zuständigen obersten Landesbehörde oder der von ihr bestimmten Stelle (i. d. R. das Gewerbeaufsichtsamt) ist unheilbar nichtig (*BAG* [GS] 26.4.1956 AP Nr. 5 zu § 9 MuSchG). Es handelt sich um einen sonstigen Unwirksamkeitsgrund i. S. d. § 13 Abs. 3 KSchG, der nicht innerhalb der Drei-Wochen-Frist (§ 4 KSchG) geltend gemacht werden muss (vgl. KR-*Friedrich* § 13 KSchG Rz. 212; APS/*Rolfs* § 9 MuSchG Rz. 59 ff.).

(2) Prüfungsmaßstab

aaa) »Besonderer Fall«

424 Ein »besonderer« Grund i. S. d. § 9 Abs. 3 MuSchG a. F. für die ausnahmsweise Zulässigkeit einer Kündigung liegt nur dann vor, wenn außergewöhnliche Umstände es rechtfertigen, die vom MuSchG grds. als vorrangig angesehenen Interessen der werdenden Mutter hinter die des Arbeitgebers an einer außerordentlichen, einer ordentlichen oder einer Änderungskündigung zurücktreten zu lassen (*BVerwG* 18.8.1977 AP Nr. 5 zu § 9 MuSchG 1968; vgl. APS/*Rolfs* § 9 MuSchG Rz. 74 ff.).

425 Insoweit müssen zu dem arbeitsrechtlichen Kündigungsgrund weitere Umstände hinzutreten, sodass z. B. allein das Fernbleiben von der Arbeit ohne entsprechende Urlaubsbewilligung nicht ausreicht, obwohl es sich arbeitsrechtlich um einen Kündigungsgrund handelt (*OVG Lüneburg* 5.12.1990 AP Nr. 18 zu § 9 MuSchG 1968).

426 Aufgrund der Neufassung des § 9 Abs. 3 MuSchG kommt es seit dem 1.1.1997 darauf an, ob ein besonderer Fall, der nicht mit dem Zustand der Frau während der Schwangerschaft oder ihrer Lage bis zum Ablauf von vier Monaten nach der Entbindung nicht in Zusammenhang steht, vorliegt. Eine wesentliche sachliche Änderung der Rechtslage ist damit aber wohl nicht verbunden (vgl. *Zmarzlik* DB 1997, 476).

bbb) Kriterien der notwendigen Interessenabwägung

Die zuständige Verwaltungsbehörde hat daher stets eine **Interessenabwägung** zu treffen, die allerdings nicht unter spezifisch arbeitsvertraglichen, sondern unter Zugrundelegung von **mutterschutzrechtlichen Erwägungen** zu erfolgen hat. Maßgebliches Beurteilungskriterium ist dementsprechend – anders als bei § 626 BGB – nicht die Zumutbarkeit der Weiterbeschäftigung für den Arbeitgeber. 427

Vielmehr hat die Arbeitsbehörde sich insbesondere an dem mit dem Kündigungsverbot verfolgten gesetzgeberischen Zweck zu orientieren, der Arbeitnehmerin während der Schutzfristen des § 9 Abs. 1 MuSchG möglichst die materielle Existenzgrundlage zu erhalten und die mit einer Kündigung in dieser Zeitspanne verbundenen besonderen psychischen Belastungen zu vermeiden.

Entscheidend ist daher, ob ein **Ausnahme-Sachverhalt** vorliegt, **aufgrund dessen der Schwangeren die materiellen und immateriellen Belastungen der Kündigung in der Schutzfrist zugemutet werden können. D**as ist dann der Fall, wenn das Interesse des Arbeitgebers an der Auflösung des Arbeitsverhältnisses innerhalb der Schutzfristen wesentlich überwiegt. Diese Voraussetzungen sind dann erfüllt, wenn es **trotz des besonderen Zustandes** der Frau nicht vertretbar erscheint, den Arbeitgeber **darauf zu verweisen**, er möge das **Verstreichen der Kündigungsschutzzeit abwarten und dann erst kündigen** (vgl. APS/*Rolfs* § 9 MuSchG Rz. 80 f.). 428

Im Falle einer türkischen Arbeitnehmerin, die vom 25.4. bis 30.6.1988 wegen Schwangerschaftsbeschwerden krankgeschrieben war, danach die Arbeit nicht wieder aufgenommen hatte, sondern in die Türkei gefahren war, von wo sie erst Anfang August 1988 zurückkehrte, war zwischen Arbeitgeber und Arbeitnehmerin streitig, ob für diese Zeit Urlaub gewährt worden war oder nicht.

Zu berücksichtigen war u. a., inwieweit der Arbeitgeber möglicherweise den (unzutreffenden) Eindruck erweckt hat, als würde ein etwa beantragter Urlaub bewilligt werden. Ferner wurde das Bestreben der Arbeitnehmerin, vor ihrer Niederkunft nochmals in die Türkei zu fahren, um sich dort evtl. Ratschläge bei ihrer Mutter zu holen, **als in ihrer Situation verständlich** angesehen. Beachtlich ist auch, dass es sich offenbar um den letzten Termin handelte, um den Jahresurlaub noch vor dem generellen Beschäftigungsverbot nach dem MuSchG zu nehmen. 429

Andererseits hat das *OVG Lüneburg* (5.12.1990 AP Nr. 18 zu § 9 MuSchG 1968) berücksichtigt, dass nicht erkennbar war, dass die **Interessen des Arbeitgebers** durch das Fernbleiben von der Arbeit gravierend beeinträchtigt worden wären. Denn die Arbeitnehmerin war im entschiedenen Einzelfall ohnehin seit Wochen krank und konnte daher langfristig nicht in den Arbeitsprozess eingeplant werden. Zwar können danach im Sommer in der Haupturlaubszeit (Juli, August) sicherlich leicht Engpässe eintreten, aber ernsthafte Schwierigkeiten waren vom Arbeitgeber nicht substantiiert behauptet worden. Nicht außer Betracht bleiben konnte in diesem Zusammenhang nach Auffassung des *OVG Lüneburg* (5.12.1990 AP Nr. 18 zu § 9 MuSchG 1968), dass die Arbeitnehmerin immerhin **seit sechs Jahren** beim Arbeitgeber **beschäftigt** war, ohne dass irgendwelche Schwierigkeiten aufgetreten wären. 430

Einige Bundesländer haben zur Sicherstellung einer einheitlichen Verwaltungspraxis bei der Erteilung der Ausnahmegenehmigung nach § 9 Abs. 3 MuSchG **allgemeine Verwaltungsvorschriften** erlassen. Inhaltlich stimmen sie weitgehend überein; der Erlass zum Kündigungsschutz des Ministers für Arbeit, Gesundheit und Soziales von Nordrhein-Westfalen vom 11.2.1981 – III A-8413 (III Nr. 8/81) ist z. B. abgedruckt bei APS/*Rolfs* § 9 MuSchG Rz. 101. 431

D. Die Beendigung des Arbeitsverhältnisses

ccc) Gegenstand der Zustimmung; ordentliche Kündigung

432 Als »besonderer« Fall können im Übrigen nicht nur solche Kündigungssachverhalte angesehen werden, die den Arbeitgeber gem. § 626 BGB zum Ausspruch einer außerordentlichen Kündigung berechtigen.

433 Die zuständige Behörde kann vielmehr auch eine vom Arbeitgeber beabsichtigte ordentliche Kündigung für zulässig erklären. Auch eine beabsichtigte außerordentliche oder ordentliche Änderungskündigung kann Gegenstand einer Zulässigerklärung sein (KR-*Etzel* § 9 MuSchG Rz. 121 m. w. N.).

(3) Wirkung der Zustimmung

434 Die Wirkung der behördlichen Zulässigerklärung besteht in der Aufhebung der für den Arbeitgeber geltenden Kündigungssperre. Der Bescheid besagt im Übrigen aber nichts darüber, ob die beabsichtigte Kündigung mit den sonstigen Vorschriften des individuellen oder kollektiven Kündigungsschutzrechts in Einklang steht.

435 Dies zu prüfen ist allein Sache der ArbG, die andererseits aber nicht befugt sind, eine fehlende Zulässigerklärung zu ersetzen oder zu prüfen, ob sie zu Recht erfolgt oder abgelehnt worden ist.
Das ArbG hat nur festzustellen, ob der Verwaltungsakt vor Ausspruch der Kündigung erlassen und nicht aufgehoben oder nicht erlassen, nichtig oder aufgehoben ist.

436 **Auch ein noch nicht bestandskräftiger Zulassungsbescheid befreit von dem Kündigungsverbot** (*LAG Rheinland-Pfalz* 14.2.1996 LAGE § 9 MuSchG Nr. 21). Zwar fehlt im MuSchG eine § 88 Abs. 4 SGB IX entsprechende Regelung, der einen interessenmäßig gleich gelagerten Fall regelt. Es kann aber nicht davon ausgegangen werden, dass der Gesetzgeber völlig unterschiedliche Lösungen wollte, sondern eher davon, dass eine § 88 Abs. 4 SGB IX nachempfundene Regelung im MuSchG übersehen wurde. **Bis zur Bestands- bzw. Rechtskraft ist die ausgesprochene Kündigung dann allerdings nur schwebend wirksam.**
Nach Auffassung von *Etzel* (KR § 9 MuSchG Rz. 127; ebenso APS/*Rolfs* § 9 MuSchG Rz. 84) kommt dies wegen §§ 80, 80 a VwGO jedoch nur dann in Betracht, wenn die Behörde die sofortige Vollziehbarkeit des Bescheides angeordnet hat, weil Widerspruch und Anfechtungsklage der Arbeitnehmerin vor dem VG aufschiebende Wirkung zukommt.

(4) Verfahrensfragen

437 Gegen den **Bescheid der Verwaltungsbehörde** ist je nach dem Inhalt der Entscheidung entweder für den Arbeitgeber oder für den Arbeitnehmer der **Verwaltungsrechtsweg** (§ 40 Abs. 1 VwGO) nach Durchführung eines ggf. vorher vorgesehenen Widerspruchsverfahrens gegeben. Das *OVG Münster* (8.8.1997 NZA-RR 1998, 195) hat allerdings angenommen, dass der Rechtsbehelf der Schwangeren gegen die Zustimmung zur Kündigung wegen Widerspruchs zum früheren Verhalten eine **unzulässige Rechtsübung** darstellen kann. Das ist danach jedenfalls dann der Fall, wenn die Schwangere weiß, dass der Betrieb endgültig stillgelegt wird, eine weitere Beschäftigungsmöglichkeit nicht besteht und sie in Kenntnis des Kündigungsschutzes eine

Abfindung in Höhe des im Sozialplan vorgesehenen Betrages annimmt, wenn die Abfindung ausdrücklich mit »für den Verlust des Arbeitsplatzes« bezeichnet ist.
Die ArbG sind gem. § 148 ZPO **nicht verpflichtet,** ein von der Arbeitnehmerin eingeleitetes Kündigungsschutzverfahren bis zum Ablauf des Verwaltungsstreitverfahrens **auszusetzen** (*BAG* 26.9.1991 EzA § 1 KSchG Personenbedingte Kündigung Nr. 10 gegen *BAG* 25.11.1980 EzA § 580 ZPO Nr. 1).
Wird im verwaltungsgerichtlichen Verfahren rechtskräftig nachträglich die Zustimmung versagt, so bedeutet dies für den zwischenzeitlich zu Ungunsten der Arbeitnehmerin rechtskräftig abgeschlossenen arbeitsgerichtlichen Prozess einen **Restitutionsgrund** i. S. d. § 580 ZPO (*BAG* 25.11.1980 EzA § 580 ZPO Nr. 1; 26.9.1991 EzA § 1 KSchG Personenbedingte Kündigung Nr. 10).

d) Besonderer Kündigungsschutz von Arbeitnehmern in der Elternzeit (§ 18 BErzGG)

aa) Grundlagen

Gem. § 18 Abs. 1 S. 1 BErzGG darf der Arbeitgeber das Arbeitsverhältnis ab dem Zeitpunkt, von dem an Elternzeit verlangt worden ist, höchstens jedoch acht Wochen vor Beginn und während der Elternzeit nicht kündigen. Auch insoweit handelt es sich um einen sonstigen Unwirksamkeitsgrund i. S. d. § 13 Abs. 3 KSchG, der nicht innerhalb der Dreiwochenfrist geltend gemacht werden muss (KR-*Friedrich* § 13 KSchG Rz. 212). Der besondere Kündigungsschutz besteht auch für ein in der Elternzeit begründetes Teilzeitarbeitsverhältnis mit demselben Arbeitgeber (vgl. *Stichler* BB 1995, 355). Die Kündigung ist auch dann mangels Genehmigung der für den Arbeitsschutz zuständigen Behörde gem. § 18 BErzGG, § 134 BGB nichtig, wenn die oder der Elternzeitberechtigte in einem zweiten Arbeitsverhältnis den Rest der beim früheren Arbeitgeber noch nicht vollständig genommenen Elternzeit gem. §§ 15, 16 BErzGG geltend gemacht hat (*BAG* 11.3.1999 SAE 2000, 74; vgl. dazu *Weber* SAE 2000, 76 ff.). 438

Gem. **§ 18 Abs. 1 S. 2 BErzGG** kann die zuständige Behörde allerdings in besonderen Fällen die Kündigung während der Elternzeit **ausnahmsweise für zulässig erklären.** Hinsichtlich der Voraussetzungen und des Verfahrens kann auf die Ausführungen zu § 9 MuSchG verwiesen werden. 439
Der Bundesminister für Arbeit und Soziales hat am 2.1.1986 zum Kündigungsschutz bei Elternzeit **allgemeine Verwaltungsvorschriften** erlassen (BAnz. 1986, S. 4, abgedruckt bei KR-*Etzel* § 18 BErzGG vor Rz. 1 u. APS/*Rolfs* § 18 BErzGG Rz. 29).
Danach liegt ein »besonderer Fall« dann vor, wenn es gerechtfertigt ist, dass das nach § 18 Abs. 1 S. 1 BErzGG als vorrangig angesehene Interesse des Arbeitnehmers am Fortbestand des Arbeitsverhältnisses wegen außergewöhnlicher Umstände hinter die Interessen des Arbeitgebers zurücktritt (§ 1). 440
Das ist gem. § 2 der Verwaltungsvorschrift insbesondere der Fall bei Betriebsstilllegung (vgl. *OVG Münster* 21.3.2000 NZA-RR 2000, 406), der Schließung von Betriebsabteilungen, einer Existenzgefährdung des Betriebes durch den Fortbestand des Arbeitsverhältnisses sowie besonders schweren Verstößen des Arbeitnehmers gegen seine arbeitsvertraglichen Pflichten, die zur Unzumutbarkeit der Fortsetzung des Arbeitsverhältnisses führen.

D. Die Beendigung des Arbeitsverhältnisses

441 Für den Fall einer vom Arbeitgeber behaupteten dauerhaften **Betriebsstilllegung** ist zu beachten, dass nur die **Arbeitsgerichte** verbindlich feststellen können, ob ein Betrieb stillgelegt oder auf einen anderen Inhaber gem. § 613 a BGB übergegangen ist. Ist streitig, ob ein Betrieb stillgelegt worden oder auf einen anderen Inhaber übergegangen ist, darf die **zuständige Behörde** die Zulässigerklärung gem. § 18 BErzGG **nicht** mit der Begründung **verweigern**, der Betrieb sei von einem anderen Inhaber übernommen worden. Wie zu entscheiden ist, wenn die betriebliche Änderung erst bevorsteht, hat das *OVG Münster* (21.3.2000 NZA-RR 2000, 406) offen gelassen.

bb) Zeitlicher Geltungsbereich des besonderen Kündigungsschutzes

442 Maßgeblich für den Beginn des besonderen Kündigungsschutzes gem. § 18 BErzGG ist der Tag der Geltendmachung, frühestens jedoch ein Zeitpunkt acht Wochen vor Beginn der Elternzeit (*BAG* 17.2.1994 EzA § 611 BGB Abmahnung Nr. 30).

443 Zu beachten ist aber, dass die Geltendmachung nur dann zur Begründung des Kündigungsschutzes führt, wenn sie **nach § 16 BErzGG wirksam erfolgt** ist. Insbesondere ist der Anspruch nach § 16 Abs. 1 BErzGG spätestens vier Wochen vor Beginn der Elternzeit unter konkreter Nennung der Zeiträume der Inanspruchnahme zu erheben. Nach Auffassung des *LAG Köln* (29.8.1996 NZA-RR 1997, 418) kann die Erklärung, es werde Elternzeit für die Dauer der Zahlung des Erziehungsgeldes in Anspruch genommen, als Erklärung über den beanspruchten Zeitraum jedenfalls dann ausreichen, wenn sich der **Beginn der Elternzeit** um eine wegen Frühgeburt verlängerte Schutzfrist **hinausschiebt** und dies dem Arbeitgeber bekannt ist. Im konkret entschiedenen Einzelfall wurde die Elternzeit durch den Vater aus diesem Grund erst zwölf Wochen nach der Niederkunft angetreten.
Im Übrigen führt eine verspätete Geltendmachung nicht zum Erlöschen des Elternzeitanspruchs, sondern nur zu einer Verschiebung des Urlaubsbeginns (*BAG* 17.2.1994 EzA § 611 BGB Abmahnung Nr. 30).

444 Da § 18 BErzGG hinsichtlich des Kündigungsschutzes zwischen dem Kündigungsschutz vor Beginn und während der Elternzeit unterscheidet, muss angenommen werden, dass die Kündigungsschutzwirkung des § 18 BErzGG selbst dann nicht nachträglich ex tunc, sondern lediglich ex nunc wegfällt, wenn die Elternzeit (z. B. wegen einer Abrede gem. § 16 Abs. 3 BErzGG) gar nicht in Anspruch genommen wird. Wegen dieser weitreichenden Wirkung der Geltendmachung kommt ihr eine Bindungswirkung zu mit der Folge, dass sie nicht mehr einseitig widerrufen werden kann. Spätestens tritt eine solche Bindungswirkung mit dem Erreichen der 4-wöchigen Vorfrist des § 16 Abs. 1 BErzGG ein (KR-*Etzel* § 18 BErzGG Rz. 23).

445 **Zum Antritt der Elternzeit bedarf es keiner Zustimmungserklärung des Arbeitgebers.** Bei Vorliegen der Anspruchsvoraussetzungen (§ 15 BErzGG) sowie bei rechtzeitiger Geltendmachung (§ 16 BErzGG) kann der Arbeitnehmer zu dem beantragten Zeitpunkt der Arbeit fernbleiben.
Bleibt der Arbeitnehmer unzulässigerweise schon zuvor der Arbeit fern, so liegt darin eine Verletzung des Arbeitsvertrages. Soweit der Arbeitgeber darauf erst nach Beginn des Kündigungsschutzes nach § 18 BErzGG mit einer Kündigung reagiert, ist § 18

BErzGG gleichwohl anwendbar (*BAG* 17.2.1994 EzA § 611 BGB Abmahnung Nr. 30; KR-*Etzel* § 18 BErzGG Rz. 23).

cc) Verhältnis zum Mutterschutz gem. § 9 MuSchG

Die Kündigungsverbote nach § 9 Abs. 1 MuSchG und § 18 BErzGG bestehen nebeneinander, sodass der Arbeitgeber bei Vorliegen von Mutterschaft und zusätzlich Elternzeit für eine Kündigung der Zulässigerklärung der Arbeitsschutzbehörde nach beiden Vorschriften bedarf. **446**

Zwar stimmt der Wortlaut der beiden Ausnahmevorschriften überein. Für das Erfordernis einer ausdrücklichen Zustimmungserklärung (u. U. derselben Behörde) spricht insbesondere die unterschiedliche Zwecksetzung der beiden Kündigungsverbote: § 18 BErzGG soll die Intention des Gesetzgebers umsetzen, einerseits eine wirtschaftliche Existenzgefährdung des Arbeitgebers zu verhindern, andererseits es einem Elternteil – sowohl Vater wie Mutter – zu ermöglichen, sich in der ersten Lebensphase des Kindes dessen Betreuung und Erziehung zu widmen. Das Gesetz gewährt unter bestimmten Voraussetzungen dem betreuenden Elternteil, der vor der Geburt des Kindes in einem Arbeitsverhältnis steht, einen Anspruch auf Erziehungsgeld und räumt ihm einen Anspruch auf Elternzeit ein. **447**

Demgegenüber besteht das Anliegen des mutterschutzrechtlichen Kündigungsschutzes darin, der werdenden Mutter und der Wöchnerin trotz ihrer etwa mutterschaftsbedingten Leistungsminderung oder Arbeitsunfähigkeit den Arbeitsplatz als wirtschaftliche Existenzgrundlage zu erhalten. Dem mutterschutzrechtlichen Kündigungsschutz kommt allerdings insoweit eine Doppelfunktion zu, als er neben den aufgezeigten wirtschaftlichen Schutzbelangen der Arbeitnehmerin diese zugleich vor den psychischen Belastungen eines Kündigungsschutzprozesses schützen will (*BAG* 31.3.1993 EzA § 9 MuSchG Nr. 32). **448**

e) Besonderer Kündigungsschutz von schwer behinderten Arbeitnehmern (§§ 85, 91 SGB IX)

aa) Anwendungsbereich; Ausgestaltung

Gem. § 85 SGB IX bedarf die Kündigung des schwer behinderten Menschen (vgl. §§ 68 ff. SGB IX) der vorherigen Zustimmung des Integrationsamtes. Gem. § 91 SGB IX gilt dies auch für außerordentliche Kündigungen. **449**

Auch ein schwer behinderter Mensch, der in einem nach § 19 Abs. 2 Hs. 1 Nr. 1 BSHG begründeten Arbeitsverhältnis steht, genießt den besonderen Kündigungsschutz nach §§ 85, 91 SGB IX (*BAG* 4.2.1993 EzA § 21 SchwbG 1986 Nr. 1). **450**

Zu beachten ist insoweit allerdings, dass §§ 85, 91 SGB IX nicht anwendbar sind, sofern das Arbeitsverhältnis zum Zeitpunkt des Zugangs der Kündigungserklärung ohne Unterbrechung **noch nicht länger als sechs Monate bestanden hat** (§ 90 Abs. 1 Nr. 1 SGB IX).

Die fehlende vorherige Zustimmung des Integrationsamtes stellt einen **sonstigen Unwirksamkeitsgrund i. S. d. § 13 Abs. 3 KSchG** dar (vgl. KR-*Friedrich* § 13 KSchG Rz. 211).

D. Die Beendigung des Arbeitsverhältnisses

bb) Auslandsbezug

451 Einer Zustimmung bedarf es jedoch nicht bei einem reinen Auslandsarbeitsverhältnis eines schwer behinderten Menschen, das nach Vertrag und Abwicklung auf ausländische Baustellen beschränkt ist und keinerlei Ausstrahlung auf den inländischen Betrieb hat, selbst wenn die Anwendbarkeit deutschen Rechts vereinbart ist und die Kündigung im Bundesgebiet ausgesprochen wird (*BAG* 30.4.1987 EzA § 12 SchwbG Nr. 15).

cc) Verfahren

452 Gem. § 91 Abs. 2 SGB IX kann die Zustimmung zur außerordentlichen Kündigung nur innerhalb von **zwei Wochen nach Kenntnis** des Arbeitgebers von den für die Kündigung maßgeblichen Tatsachen beantragt werden; maßgebend ist der Antragseingang bei des Integrationsamtes.

453 Diese Frist gilt auch dann, wenn **die ordentliche Kündigung tarifvertraglich ausgeschlossen** ist. Für einen mit einem zurückgenommenen Zustimmungsantrag inhaltsgleichen Zweitantrag läuft keine neue Antragsfrist. Den Arbeitgeber trifft zudem die Obliegenheit, die für ihn maßgeblichen Kündigungsgründe innerhalb der Antragsfrist zu benennen. Ein Nachschieben von Kündigungsgründen ist grds. nicht zulässig (*VGH Baden-Württemberg* 5.8.1996 NZA-RR 1997, 90 Ls.).

(1) Prüfungsmaßstab

454 Bei der außerordentlichen Kündigung soll das Integrationsamt gem. § 91 Abs. 4 SGB IX die Zustimmung zur Kündigung erteilen, wenn ein wichtiger Grund gegeben ist, der nicht im Zusammenhang mit der Behinderung steht (vgl. *OVG Hamburg* 14.11.1986 NZA 1987, 566; KR-*Etzel* § 91 SGB IX Rz. 19 ff.; *Moll* NZA 1987, 550; zum Verfahren vgl. ausf. *Seidel* DB 1996, 1409 ff.).

455 Steht der Grund nicht im Zusammenhang mit der Schwerbehinderung, so soll das Integrationsamt im Regelfall die **Zustimmung erteilen** (§ 91 Abs. 4 SGB IX). Nur bei Vorliegen von Umständen, die den Fall als atypisch erscheinen lassen, darf das Integrationsamt nach pflichtgemäßem Ermessen entscheiden.

456 Ein atypischer Fall liegt dann vor, wenn die außerordentliche Kündigung den schwer behinderten Menschen in einer die Schutzzwecke des SGB IX berührenden Weise besonders hart trifft, ihm im Vergleich zu der Gruppe der schwer behinderten Menschen im Falle einer außerordentlichen Kündigung mit der ihm dadurch zugemuteten Belastung ein Sonderopfer abverlangt wird. Das ist z. B. dann nicht der Fall, wenn der Kündigungsgrund nur in einem **mittelbaren Zusammenhang mit der Behinderung** steht (Beschaffungskriminalität eines suchtkranken Arbeitnehmers); das Ermessen des Integrationsamtes ist dann nicht eingeschränkt. Auch bei Bestehen eines derartigen mittelbaren Zusammenhangs kann das Integrationsamt andererseits auf Grund der Besonderheiten des Einzelfalles zur Erteilung der Zustimmung verpflichtet sein (*BVerwG* 23.5.2000 NZA-RR 2000, 587).

457 Ob ein atypischer Fall vorliegt, ist als Rechtsvoraussetzung im Rechtsstreit von den Verwaltungsgerichten zu überprüfen und zu entscheiden (*BVerwG* 10.9.1992 EzA § 21 SchwbG 1986 Nr. 4).

Dagegen hat das Integrationsamt nicht über das Vorliegen eines wichtigen Grundes i. S. d. § 626 Abs. 1 BGB zu urteilen.
Das *BVerwG* (2.7.1992 NZA 1993, 123) hat allerdings offen gelassen, ob dann etwas anderes gilt, wenn die vom Arbeitgeber geltend gemachten Gründe eine außerordentliche Kündigung offensichtlich nicht zu rechtfertigen vermögen.

(2) Ablauf des Verwaltungsverfahrens

aaa) Zweiwochenfrist

Gem. **§ 91 Abs. 3 SGB IX** hat das Integrationsamt die Entscheidung über die Zustimmung zur außerordentlichen Kündigung **innerhalb von zwei Wochen** nach Antragseingang zu treffen. Zuvor sind gem. §§ 91 Abs. 1, 87 Abs. 2 SGB IX – neben der **Anhörung** des schwerbehinderten Menschen – **Stellungnahmen** des zuständigen Arbeitsamtes, des Betriebs- oder Personalrates und der Schwerbehindertenvertretung einzuholen. Die Einholung der Stellungnahme des Arbeitsamtes kann durch das Integrationsamt auch im Widerspruchsverfahren mit heilender Wirkung **nachgeholt** werden. Das Integrationsamt kann allerdings, wenn die vom Arbeitsamt angeforderte Stellungnahme innerhalb einer gesetzten oder angemessenen Frist nicht eingeht, auch ohne sie über den Antrag des Arbeitgebers auf Zustimmung entscheiden (*BVerwG* 11.11.1999 NZA 2000, 146).
Wird innerhalb dieser Frist eine Entscheidung nicht getroffen, so gilt die Zustimmung als erteilt.
Diese Voraussetzungen sind dann nicht erfüllt, wenn die ablehnende Entscheidung innerhalb der Frist gem. § 91 Abs. 3 S. 2 SGB IX den Machtbereich des Integrationsamtes verlassen hat (*BAG* 16.3.1983 EzA § 18 SchwbG Nr. 6). Die Zustimmungsfiktion greift insbesondere auch dann nicht ein, wenn das Integrationsamt die ablehnende Entscheidung über den Antrag des Arbeitgebers auf Zustimmung zur fristlosen Kündigung des schwer behinderten Arbeitnehmers innerhalb der Frist des § 91 Abs. 3 S. 1 SGB IX zur Post gegeben hat (*BAG* 9.2.1994 EzA § 21 SchwbG 1986 Nr. 5). Fingierte Zustimmungen gem. § 91 Abs. 3 S. 2 SGB IX sind ebenso wie tatsächlich erteilte Zustimmungen privatrechtsgestaltende Verwaltungsakte, die mit Widerspruch und Anfechtungsklage (§§ 42, 68 ff. VwGO) vor den **Verwaltungsgerichten** anfechtbar sind (*BVerwG* 10.9.1992 EzA § 21 SchwbG 1986 Nr. 4).

bbb) Umdeutung

Hat das Integrationsamt lediglich die Zustimmung zur außerordentlichen Kündigung erteilt, dann kann die daraufhin ausgesprochene außerordentliche Kündigung nicht in eine ordentliche Kündigung umgedeutet werden (*LAG Köln* 12.8.1998 LAGE § 626 BGB Nr. 121, *LAG Berlin* 9.7.1984 DB 1985, 874), d. h. die Zustimmung kann nicht in eine solche zur ordentlichen Kündigung umgedeutet werden (*LAG Schleswig-Holstein* 8.9.1998 LAGE § 21 SchwbG Nr. 2).

ccc) Auszubildende

Für die außerordentliche Kündigung eines **schwer behinderten Auszubildenden** gelten §§ 85, 91 SGB IX ebenfalls (*BAG* 10.12.1987 EzA § 18 SchwbG Nr. 8).

ddd) Vorsorglicher Verwaltungsakt

Das Integrationsamt ist berechtigt, bei noch ungewisser, weil zwar beantragter, aber noch nicht festgestellter Schwerbehinderteneigenschaft des Arbeitnehmers über An-

D. Die Beendigung des Arbeitsverhältnisses

träge des Arbeitgebers auf Zustimmung zur außerordentlichen Kündigung zu entscheiden (sog. vorsorglicher Verwaltungsakt, *BVerwG* 15.12.1988 EzA § 15 SchwbG 1986 Nr. 6).

Zum Verfahren im Übrigen kann auf die Ausführungen zu § 9 MuSchG verwiesen werden.

(3) Verfahren nach Zustimmung bzw. Ablehnung des Integrationsamtes

462 Bei der Entscheidung über den Widerspruch gegen die Zustimmung zur Kündigung eines schwer behinderten Arbeitnehmers ist der der Kündigung zugrunde liegende historische Sachverhalt maßgebend (*BVerwG* 7.3.1991 EzA § 15 SchwbG 1986 Nr. 4).

Stimmt das Integrationsamt der außerordentlichen Kündigung eines schwer behinderten Arbeitnehmers zu, **so kann die Kündigung wirksam erst nach Zustellung des Zustimmungsbescheides an den Arbeitgeber erklärt werden** (*BAG* 16.10.1991 EzA § 18 SchwbG 1986 Nr. 2). Die Wirksamkeit der Kündigung scheitert aber nicht daran, dass das Kündigungsschreiben vor der Zustellung des Zustimmungsbescheides abgesandt wurde, wenn es dem schwer behinderten Menschen erst nach der Zustellung des Bescheides zuging (*BAG* 15.5.1997 EzA § 123 BGB Nr. 48).

Er kann im Übrigen jedenfalls dann bereits die Kündigung nach § 91 Abs. 5 SGB IX erklären, wenn das Integrationsamt ihre Entscheidung innerhalb der 2-Wochenfrist des § 91 Abs. 3 SGB IX mündlich oder fernmündlich bekannt gegeben hat (*BAG* 15.11.1990 EzA § 21 SchwbG 1986 Nr. 3; a. A. *LAG Hamm* 9.11.2000 – 8 Sa 1016/00 –); einer **vorherigen Zustellung der Entscheidung** des Integrationsamtes **bedarf es nicht**. Dies gilt auch im Fall einer außerordentlichen Kündigung unter Gewährung einer Auslauffrist gegenüber einem ordentlich unkündbaren schwerbehinderten Arbeitnehmer (*BAG* 12.8.1999 EzA § 21 SchwbG 1986 Nr. 9).

463 Hat das Integrationsamt zugestimmt, so muss der Arbeitgeber den **Betriebsrat und die Schwerbehindertenvertretung (§ 95 Abs. 2 SGB IX) hören.** Anders als bei fehlerhafter Beteiligung des Betriebsrats ist die Kündigung eines schwerbehinderten Menschen jedoch ohne vorherige Unterrichtung oder Anhörung der Schwerbehindertenvertretung (§§ 95 Abs. 2, 96 SGB IX) **weder wegen Fehlens einer Wirksamkeitsvoraussetzung noch wegen Verstoßes gegen ein gesetzliches Verbot (§ 134 BGB i. V. m. § 156 Abs. 1 Nr. 9 SGB IX) unwirksam.**

Denn die Anhörung der Schwerbehindertenvertretung hat sachlich nur die Bedeutung der Vorprüfung, weil die Rechte des schwerbehinderten Arbeitnehmers voll durch das Integrationsamt und den Widerspruchsausschuss gewährleistet werden (*BAG* 28.7.1983 EzA § 22 SchwbG Nr. 1).

464 Die außerordentliche Kündigung kann auch noch nach Ablauf der Zweiwochenfrist gem. § 626 Abs. 2 BGB erfolgen. **Nach Erteilung der Zustimmung muss sie aber unverzüglich ausgesprochen werden (§ 91 Abs. 5 SGB IX).**

465 Wird die Zustimmung abgelehnt, kommt eine Kündigung nur dann in Betracht, wenn im Widerspruchsverfahren (vgl. § 119 SGB IX) der ablehnende Bescheid aufgehoben und die Zustimmung erteilt wird. Geschieht dies nicht und wird das Integrationsamt auf eine Verpflichtungsklage des Arbeitgebers gem. §§ 42, 113 VwGO zur Erteilung der Zustimmung verpflichtet, so ersetzt das Verpflichtungsurteil nach Auffassung des *LAG Saarland* (14.4.1997 LAGE § 15 SchwbG Nr. 8) nicht die erforderliche Zustimmung. Vielmehr ist auch dann ein förmlicher Zustimmungsbescheid erforderlich, damit die Kündigungssperre entfällt.

Die Zustimmung wird danach auch nicht analog § 894 ZPO mit Eintritt der Rechtskraft des verwaltungsgerichtlichen Urteils fingiert.

(4) Kündigung nach Ablehnung des Antrags auf Anerkennung der Schwerbehinderteneigenschaft
War dem Arbeitgeber bei Kündigungsausspruch nicht bekannt, dass der schwer behinderte Arbeitnehmer einen Antrag auf Anerkennung als schwer behinderter Mensch gestellt hat, so muss das Verfahren gem. § 102 Abs. 1 BetrVG nicht wiederholt werden. Hat die zuständige Behörde den Antrag abgelehnt, so kann der Arbeitgeber ohne Zustimmung des Integrationsamtes eine Kündigung erklären, **auch wenn die Entscheidung angefochten worden ist** (*LAG Berlin* 24.6.1991 NZA 1992, 79). 466

(5) Aussetzung des Kündigungsschutzverfahrens?
Es steht im pflichtgemäßen Ermessen des Gerichts, ob es den von einem schwer behinderten Arbeitnehmer anhängig gemachten Kündigungsschutzprozess gem. § 148 ZPO aussetzt, solange über die Anfechtung der Zustimmung des Integrationsamtes zu der Kündigung noch nicht rechtskräftig entschieden ist, wenn es die Kündigung für sozial gerechtfertigt hält (*BAG* 26.9.1991 EzA § 1 KSchG Personenbedingte Kündigung Nr. 10 gegen *BAG* 25.11.1980 EzA § 580 ZPO Nr. 1, wonach ein Aussetzungsverbot in derartigen Fällen angenommen worden war). 467

Zu beachten ist allerdings, dass der nach Rechtskraft eines klageabweisenden Kündigungsschutzurteils erlassene Feststellungsbescheid des Versorgungsamtes, in dem eine zum Zeitpunkt der Kündigung bereits bestandene Schwerbehinderteneigenschaft festgestellt wird, einen Restitutionsgrund analog § 580 Nr. 7 b ZPO darstellt (*BAG* 15.8.1984 EzA § 580 ZPO Nr. 2).

dd) Kenntnis des Arbeitgebers
Zweifelhaft ist, ob der besondere Kündigungsschutz des schwer behinderten Arbeitnehmers von der **Kenntnis des Arbeitgebers** von der Schwerbehinderteneigenschaft (§ 68 Abs. 1 SGB IX) oder der Gleichstellung (§ 68 Abs. 2 SGB IX) abhängt. 468
Gem. § 68 Abs. 1 SGB IX folgt einerseits zwar unmittelbar aus dem Gesetz, wer zum Personenkreis der schwer behinderten Menschen gehört. Andererseits ist im Gegensatz zum früheren Schwerbeschädigtengesetz auch das Anerkennungs- und Feststellungsverfahren im SGB IX geregelt. Daraus hat das *BAG* (14.5.1982 EzA § 18 SchwbG Nr. 5, 19.1.1983, 30.6.1983 EzA § 12 SchwbG Nr. 11, 13; vgl. ausf. *Schaub* Arbeitsrechtshandbuch § 179 I 1 c) zum SchwbG 1979, ebenso zum SchwbG 1986 (*BAG* 5.7.1990 EzA § 15 SchwbG 1986 Nr. 3) folgende Grundsätze abgeleitet:

(1) Vorliegen weder einer Feststellung der Schwerbehinderung noch eines entsprechenden Antrages

Der besondere Kündigungsschutz für schwerbehinderte Arbeitnehmer greift grds. nicht ein, wenn die Schwerbehinderteneigenschaft zur Zeit der Kündigung weder gem. § 69 SGB IX festgestellt ist, noch der Arbeitnehmer einen Antrag auf Erteilung des entsprechenden Bescheides gestellt hat (*BAG* 22.1.1987 NZA 1987, 563; a. A. *LAG Niedersachsen* 15.6.2000 LAGE § 15 SchwbG Nr. 9; *Großmann* NZA 1992, 241; *Mianowicz* RdA 1998, 281 ff.; KR-*Etzel* § 91 SGB IX Rz. 4 a). 469

D. Die Beendigung des Arbeitsverhältnisses

470 Dies gilt auch dann, wenn das Versorgungsamt die Schwerbehinderteneigenschaft rückwirkend auf einen Zeitpunkt vor der Kündigung feststellt (*BAG* 23.2.1978 EzA § 12 SchwbG Nr. 5).
Wird später die Schwerbehinderteneigenschaft festgestellt, so wird sie nur im Rahmen von § 1 KSchG bzw. § 626 Abs. 1 BGB bei der Beurteilung der sozialen Rechtfertigung der ordentlichen Kündigung bzw. der Unzumutbarkeit der Fortsetzung des Arbeitsverhältnisses berücksichtigt (*BAG* 23.2.1978 EzA § 12 SchwbG Nr. 5).

(2) **Offenkundigkeit der Schwerbehinderung**

471 Eine **Ausnahme** von diesem Grundsatz soll nach Auffassung von *Schaub* (Arbeitsrechtshandbuch § 179 I 1 c) dann gelten, wenn die Schwerbehinderung wegen der Schwere der Behinderung (Verlust von Gliedmaßen, Blindheit) **offenkundig** ist. Dies soll sich daraus rechtfertigen, dass diese Umstände dem Arbeitgeber in jedem Falle bekannt sind und es bei dem SGB IX nicht mehr auf die Ursachen der Behinderung ankommt.

(3) **Feststellung der Schwerbehinderung bzw. Vorliegen eines entsprechenden Antrags**

472 War im Zeitpunkt der Kündigung die Schwerbehinderung festgestellt oder ein entsprechender Antrag auf Feststellung beim Versorgungsamt gestellt, dann steht dem schwer behinderten Menschen der volle Sonderkündigungsschutz zu, auch wenn der Arbeitgeber von der Schwerbehinderung nichts weiß (*BAG* 19.4.1979 EzA § 12 SchwbG Nr. 6).

473 Der Arbeitnehmer kann aber die Schwerbehinderteneigenschaft gem. § 85 SGB IX dann nicht in Anspruch nehmen, wenn er zwar den Arbeitgeber von der Stellung eines Antrags unterrichtet, das Versorgungsamt aber nach Ablauf der Regelfrist zunächst durch bestandskräftigen Bescheid nur einen Grad der Behinderung von 40 und erst längere Zeit danach (1 1/2 Jahre) in zwei neueren Bescheiden schließlich einen bereits vor Ausspruch der Kündigung bestehenden Grad der Behinderung von 50 feststellt (*BAG* 16.8.1991 EzA § 15 SchwbG 1986 Nr. 5).

(4) **Mitteilungspflicht des Arbeitnehmers**

474 Der Arbeitnehmer muss in den Fällen, in denen der Arbeitgeber **keine Kenntnis** hat (verborgene oder geringfügige Behinderung), nach Zugang der Kündigung innerhalb angemessener Frist gegenüber dem Arbeitgeber die festgestellte oder zur Feststellung beantragte Schwerbehinderteneigenschaft **geltend machen.** Adressat einer danach erforderlichen Mitteilung der festgestellten oder beantragten Schwerbehinderteneigenschaft kann auch ein Vertreter des Arbeitgebers sein, der kündigungsberechtigt ist oder eine ähnlich selbstständige Stellung bekleidet, nicht dagegen ein untergeordneter Vorgesetzter mit rein arbeitstechnischen Befugnissen (*BAG* 5.7.1990 EzA § 15 SchwbG 1986 Nr. 3).

475 Sowohl für eine ordentliche wie für eine außerordentliche Kündigung ist eine Frist von **einem Monat** angemessen (*BAG* 19.4.1979 EzA § 12 SchwbG Nr. 6; 31.8.1989 EzA § 15 SchwbG 1986 Nr. 1).
Diese Frist darf der Arbeitnehmer **voll ausnutzen.** Das *BAG* (16.1.1985 EzA § 12 SchwbG Nr. 14) hat allerdings offen gelassen, ob dies auch für die Mitteilung der festgestellten Schwerbehinderteneigenschaft gilt.

D. Die Beendigung des Arbeitsverhältnisses

Zu einem früheren Zeitpunkt braucht er den Arbeitgeber nur zu unterrichten, wenn er aufgrund besonderer Umstände damit rechnen muss, während des restlichen Laufs der Regelzeit hierzu nicht mehr in der Lage zu sein.
Legt der Arbeitnehmer einen die Schwerbehinderteneigenschaft verneinenden Feststellungsbescheid des Versorgungsamtes vor, ohne auf einen zwischenzeitlich eingelegten Widerspruch hinzuweisen, so liegt hierin keine wirksame Geltendmachung des besonderen Kündigungsschutzes nach dem SGB IX (*BAG* 2.6.1982 EzA § 12 SchwbG Nr. 10).
Andererseits steht der Sonderkündigungsschutz dem schwer behinderten Arbeitnehmer auch dann zu, wenn die Frist für den Widerspruch gegen einen die Schwerbehinderteneigenschaft verneinenden Bescheid des Versorgungsamtes nach Zugang der Kündigung abläuft, der Arbeitnehmer innerhalb der Regelfrist von einem Monat nach Zugang der Kündigung die Rücknahme des Bescheides wegen fehlerhafter Sachbehandlung (§ 44 SGB IX) beantragt sowie dem Arbeitgeber hiervon Mitteilung macht und das Versorgungsamt dann durch einen neuen Bescheid die Schwerbehinderteneigenschaft mit Rückwirkung auf die Zeit vor der Kündigung feststellt (*BAG* 30.6.1983 EzA § 12 SchwbG Nr. 13).

476

(5) Einzelfragen
Hat das Versorgungsamt einen Feststellungsbescheid abgelehnt und der Arbeitnehmer Widerspruch eingelegt, so muss er darauf hinweisen.
Beruft sich der Arbeitnehmer auf den Schwerbehindertenschutz, kann aber der Nachweis noch nicht nach § 69 SGB IX geführt werden, so wird bei einem entsprechenden Antrag des Arbeitgebers auf Zustimmung zur Kündigung i. d. R. ein Negativattest erteilt werden.

477

Das dem Arbeitgeber auf form- und fristgerecht gestellten Antrag erteilte Negativattest beseitigt die Kündigungssperre.

478

Analog § 91 Abs. 5 SGB IX muss die außerordentliche Kündigung dann aber auch unverzüglich nach Erteilen des Negativattestes erklärt werden (*BAG* 27.5.1983 EzA § 12 SchwbG Nr. 12).
Nach Auffassung des *BAG* (31.8.1989 EzA § 15 SchwbG 1986 Nr. 1) kann es i. d. R. nicht als rechtsmissbräuchlich angesehen werden, wenn der Arbeitnehmer erst kurze Zeit vor Zugang der Kündigung einen Antrag auf Feststellung der Schwerbehinderteneigenschaft stellt.

f) Kündigungsschutz Wehr- und Zivildienstleistender

aa) Zweck der gesetzlichen Regelung
Das ArbPlSchG bezweckt, den Arbeitnehmer im Zusammenhang mit der allgemeinen Wehrpflicht sozial abzusichern. Ein wesentlicher Bestandteil dieses Schutzes ist das **Kündigungsverbot** nach § 2 ArbPlSchG für **Wehrpflichtige** (§ 1 WehrpflG) und **Zivildienstleistende** (§ 78 Abs. 1 Nr. 1 ZDG; vgl. APS/*Dörner* § 2 ArbPlSchG Rz. 1).

479

D. Die Beendigung des Arbeitsverhältnisses

bb) Tatbestandsvoraussetzungen

(1) Dienst in der Bundeswehr; Zivildienst; EU-Ausländer

480 Der Kündigungsschutz greift ein, wenn der Arbeitnehmer zum Dienst in der Bundeswehr der BRD herangezogen wird. Das ArbPlSchG gilt jedoch **grds. nicht für ausländische Arbeitnehmer in der BRD**, wenn sie zum Wehrdienst in ihrem Heimatland herangezogen werden (*BAG* 22.12.1982 EzA § 123 BGB Nr. 20).
Das ArbPlSchG ist aber **analog** auf Angehörige der übrigen **EG-Staaten** anzuwenden (*EuGH* 5.2.1969 AP Nr. 2 zu Art. 177 EWG-Vertrag; *BAG* 5.12.1969 EzA § 6 ArbPlSchG Nr. 1; vgl. APS/*Dörner* § 2 ArbPlSchG Rz. 2 ff.).
Den Kündigungsschutz des ArbPlSchG kann auch derjenige in Anspruch nehmen, der Zivildienst leistet.
Dies gilt nicht für Arbeitnehmer, die auch den Zivildienst aus Gewissensgründen verweigern und stattdessen eine Tätigkeit nach § 15 a ZDG übernehmen (§ 78 Abs. 1 ZDG).

(2) Persönlicher und räumlicher Geltungsbereich

481 Erfasst werden Arbeitnehmer der privaten Wirtschaft sowie Arbeitnehmer des öffentlichen Dienstes, ferner Heimarbeiter, Beamte und Richter (§§ 8, 9 ArbPlSchG) sowie zivile Arbeitskräfte bei einer Truppe der drei alliierten Mächte.

482 Demgegenüber sind **Rundfunkmoderatoren**, die als freie Mitarbeiter von einer öffentlich-rechtlichen Rundfunkanstalt beschäftigt werden, auch soweit sie als arbeitnehmerähnliche Personen behandelt werden, keine Arbeitnehmer i. S. d. ArbPlSchG (*BVerwG* 22.4.1998 NZA-RR 1999, 63). Nicht erfasst werden auch Arbeitnehmer bei öffentlich-rechtlichen Religionsgemeinschaften und ihren Verbänden (§ 15 Abs. 1, 3 ArbPlSchG).
Das ArbPlSchG gilt für den Bereich des Grundgesetzes der BRD, nicht aber für Arbeitnehmer deutscher Staatsangehörigkeit, die bei einem ausländischen Arbeitgeber im Ausland beschäftigt sind (MünchArbR/*Berkowsky* § 158 Rz. 17; APS/*Dörner* § 2 ArbPlSchG Rz. 8 ff.).

(3) Zeitlicher Anwendungsbereich

483 Der besondere Kündigungsschutz gilt von der **Zustellung des Einberufungsbescheides bis zur Beendigung des Grundwehrdienstes,** ferner für **Pflichtwehrübungen** sowie für **freiwillige Wehrübungen** (nicht länger als sechs Wochen pro Kalenderjahr, § 10 ArbPlSchG).
Soldaten auf Zeit werden in der zunächst auf sechs Monate festgesetzten Dienstzeit sowie für die endgültig auf insgesamt nicht mehr als zwei Jahre festgesetzte Dienstzeit erfasst (§ 16 a ArbPlSchG). Berufssoldaten werden nicht erfasst (vgl. APS/*Dörner* § 2 ArbPlSchG Rz. 9).

cc) Rechtsfolgen

(1) Ruhen des Arbeitsverhältnisses

484 Während der Einberufung zum Wehrdienst oder zu Wehrübungen ruht das Arbeitsverhältnis (§§ 1, 11 ArbPlSchG). Es wird wieder aktiviert, sobald der Wehr-

dienst endet. Der Arbeitgeber hat den Arbeitnehmer dann wieder vertragsgemäß zu beschäftigen.
Das ArbPlSchG hat allerdings keinen Einfluss auf befristete Arbeitsverhältnisse, insbesondere hindert es den Ablauf einer vereinbarten Befristung auch während des Wehrdienstes nicht (MünchArbR/*Berkowsky* § 158 Rz. 19; APS/*Dörner* § 2 ArbPlSchG Rz. 11).

(2) Verbot der ordentlichen Kündigung

> Sind die Tatbestandsvoraussetzungen (s. o. D/Rz. 480) erfüllt, ist eine ordentliche Kündigung des Arbeitsverhältnisses unzulässig (§ 2 Abs. 1 ArbPlSchG). 485

Eine dennoch ausgesprochene Kündigung ist **nichtig**. Auch eine Betriebsstilllegung kann eine ordentliche Kündigung des Arbeitsverhältnisses nicht rechtfertigen. Der Arbeitgeber kann jedoch das Ende des Grundwehrdienstes abwarten und dann aus betriebsbedingten Gründen kündigen (KR-*Weigand* § 2 ArbPlSchG Rz. 19; APS/*Dörner* § 2 ArbPlSchG Rz. 12 f.).

(3) Verbot der Anlasskündigung; Kündigung aus sonstigen Gründen
Darüber hinaus darf der Arbeitgeber auch außerhalb dieses Zeitraums das Arbeitsverhältnis **nicht aus Anlass des Wehrdienstes** kündigen. 486
Die Kündigung gilt z. B. als aus Anlass des Wehrdienstes ausgesprochen, wenn sie im zeitlichen Zusammenhang mit diesem erfolgt und der Arbeitgeber keinen sonstigen hinreichenden Grund für die Kündigung darlegen kann (*LAG Frankfurt* 7.3.1969 AP Nr. 1 zu § 2 ArbPlSchG). Dabei genügt es schon, wenn der Wehrdienst mitbestimmendes Motiv des Arbeitgebers ist (vgl. APS/*Dörner* § 2 ArbPlSchG Rz. 17).
Dagegen bleibt das Recht des Arbeitgebers zur Kündigung aus sonstigen Gründen unberührt.
Muss der Arbeitgeber allerdings betriebsbedingt Arbeitnehmer entlassen, so darf er 487 den Wehrdienst eines Arbeitnehmers im Rahmen der Sozialauswahl jedenfalls nicht zu dessen Ungunsten berücksichtigen (§ 2 Abs. 2 S. 2 ArbPlSchG).
Nach Auffassung von *Berkowsky* (MünchArbR § 161 Rz. 26) darf er den Wehrdienst auch nicht zugunsten des Arbeitnehmers berücksichtigen, weil dies eine im Gesetz nicht vorgesehene Benachteiligung des an seiner Stelle zu entlassenden Arbeitnehmers bedeuten würde.

(4) Außerordentliche Kündigung
Das Recht zur **außerordentlichen Kündigung** aus wichtigem Grund wird an sich 488 **nicht eingeschränkt** (§ 2 Abs. 3 ArbPlSchG).
Die Einberufung des Arbeitnehmers zum Wehrdienst selbst ist jedoch kein wichtiger Grund zur Kündigung (§ 2 Abs. 3 S. 2 ArbPlSchG).
Ist der Arbeitnehmer allerdings unverheiratet und in einem **Kleinbetrieb** mit fünf oder weniger Arbeitnehmern ausschließlich der zu ihrer Berufsausbildung Beschäftigten angestellt, so kann die Einberufung nach dieser Norm ausnahmsweise einen wichtigen Grund abgeben, wenn dem Arbeitgeber infolge der Einstellung einer Ersatzkraft die Weiterbeschäftigung des Arbeitnehmers nach seiner Entlassung aus dem Wehrdienst nicht zugemutet werden kann (vgl. APS/*Dörner* § 2 ArbPlSchG Rz. 14 ff.).

D. Die Beendigung des Arbeitsverhältnisses

489 Bei der Feststellung der maßgeblichen Zahl der Beschäftigten für die Anwendung dieser Norm sind nach dem durch das arbeitsrechtliche Beschäftigungsförderungsgesetz mit Wirkung vom 1.10.1996 geänderten § 2 Abs. 3 ArbPlSchG a. F. – wie gem. § 23 Abs. 1 KSchG a. F. und § 622 Abs. 5 S. 2 BGB a. F. – teilzeitbeschäftigte Arbeitnehmer mit einer regelmäßigen wöchentlichen Arbeitszeit von nicht mehr als 10 Stunden mit 0,25, nicht mehr als 20 Stunden mit 0,5 und nicht mehr als 30 Stunden mit 0,75 zu berücksichtigen. Der besondere Bestandsschutz für Arbeitnehmer gem. § 2 Abs. 3 S. 4 ArbPlSchG, die bereits am 1.5.1985 sich gegenüber ihrem Arbeitgeber auf § 2 Abs. 3 S. 2 ArbPlSchG berufen konnten, wurde aufgehoben.

490 Durch das sog. KorrekturG hat der Gesetzgeber die Berücksichtigung von Teilzeitbeschäftigten ab dem 1.1.1999 geringfügig modifiziert:

> Teilzeitbeschäftigte, die nicht mehr als zehn Stunden wöchentlich arbeiten, werden zukünftig nicht mit 0,25, sondern mit 0,5 berücksichtigt (vgl. APS/*Moll* § 23 KSchG Rz. 23 ff.; APS/*Dörner* § 2 ArbPlSchG Rz. 16)

(5) Übernahme eines Auszubildenden

491 Nach § 2 Abs. 5 ArbPlSchG darf der Ausbildende die **Übernahme eines Auszubildenden** in ein Arbeitsverhältnis auf unbestimmte Zeit nach Beendigung des Berufsausbildungsverhältnisses nicht aus Anlass des Wehrdienstes ablehnen.
Der Auszubildende hat insoweit über § 249 BGB einen Anspruch auf Abschluss eines unbefristeten Arbeitsvertrages, wenn der Arbeitgeber nicht gem. § 2 Abs. 2 S. 3 ArbPlSchG nachweisen kann, dass er den Auszubildenden nicht aus anderen Gründen nicht übernimmt (KR-*Weigand* § 2 ArbPlSchG Rz. 38; APS/*Dörner* § 2 ArbPlSchG Rz. 20).

dd) Klagefrist

492 Gem. § 2 Abs. 4 ArbPlSchG beginnt die dreiwöchige **Klagefrist** gem. § 4 KSchG erst zwei Wochen nach dem **Ende des Wehrdienstes** zu laufen, wenn dem Arbeitnehmer die Kündigung nach der Zustellung des Einberufungsbescheides oder während des Wehrdienstes zugeht.
Zu beachten ist allerdings, dass dann, wenn der Arbeitnehmer die Unwirksamkeit der Kündigung geltend machen will, weil sie gegen den besonderen Kündigungsschutz des § 2 Abs. 1 ArbPlSchG verstößt, er nicht an die Einhaltung der Klagefrist gebunden ist; insoweit handelt es sich um einen **sonstigen Unwirksamkeitsgrund i. S. d. § 13 Abs. 3 KSchG** (MünchArbR/*Berkowsky* § 158 Rz. 33; APS/*Dörner* § 2 ArbPlSchG Rz. 21).

g) Kündigungsschutz für Abgeordnete

aa) Behinderungsverbot

493 Die »Abgeordnetenfreiheit« (aktives, passives Wahlrecht, Freiheit und Unabhängigkeit des gewählten Abgeordneten) ist ein konstitutives Grundprinzip der parlamentarischen Demokratie. Der Zugang zum Mandat und seine unbehinderte Ausübung ist deshalb geschützt; jegliche Beeinträchtigung der Mandatsausübung ist verfassungswidrig (vgl. Art. 48 GG).

Das verfassungsrechtliche Behinderungsverbot betrifft nicht nur den Staat, sondern unmittelbar auch privatrechtliche Beziehungen der Staatsbürger untereinander. Sowohl die einschlägigen Vorschriften des Grundgesetzes, die der Länderverfassungen als auch die einfach-gesetzlichen Regelungen sind dabei stets im Licht des verfassungsrechtlichen Behinderungsverbots zugunsten des Wahlbewerbers oder des Mandatsträgers extensiv auszulegen (MünchArbR/*Berkowsky* § 159 Rz. 1). 494

bb) Normative Regelungen

(1) Bundestag
Nach **§ 2 AbgG** sind sowohl Benachteiligungen am Arbeitsplatz als auch die ordentliche Kündigung unzulässig. Darüber hinaus regelt das AbgG den Kündigungsschutz des Wahlbewerbers und einen nachwirkenden Kündigungsschutz für die Zeit nach Beendigung des Mandats. 495

aaa) Persönlicher Geltungsbereich
Art. 48 GG und das AbgG gelten nur für die **Abgeordneten des Bundestages und die Wahlbewerber** für dieses Gremium. Erfasst werden insoweit auch arbeitnehmerähnliche Personen wie Heimarbeiter, Hausgewerbetreibende nach § 2 HAG, arbeitnehmerähnliche Handelsvertreter sowie freie Mitarbeiter nach § 12 a TVG (KR-*Weigand* ParlKSch Rz. 31; APS/*Preis* Art. 48 GG Rz. 3 ff.). 496

bbb) Zeitlicher Geltungsbereich
Der besondere Kündigungsschutz beginnt mit der Aufstellung des Bewerbers durch das dafür zuständige Organ der Partei oder mit der Einreichung des Wahlvorschlages. Wird der Bewerber nicht gewählt, so endet der besondere Kündigungsschutz, sobald seine Nichtwahl festgestellt ist. Der Kündigungsschutz gewählter Abgeordneter endet allerdings nicht bereits mit der Beendigung des Mandats, sondern erst ein Jahr nach dessen Beendigung (§ 2 Abs. 3 S. 4 AbgG). 497

ccc) Kündigungsverbot

> Nach Art. 48 Abs. 2 GG, § 2 Abs. 3 AbgG ist eine Kündigung oder Entlassung wegen der Annahme oder Ausübung des Mandats unzulässig. 498

Eine Kündigung ist wegen der Annahme oder Ausübung des Mandats ausgesprochen, wenn dieser Umstand das **Motiv** des Kündigenden war. Da es sich hier um eine innere Tatsache handelt, ist eine Kündigung dann als wegen des Mandats ausgesprochen anzusehen, wenn sie in einem **zeitlichen Zusammenhang mit der Kandidatur oder der Mandatsausübung** steht und der Arbeitgeber andere hinreichende Gründe für die Kündigung nicht nachweisen kann. Wegen eines Mandats ist eine Kündigung auch dann ausgesprochen, wenn sie vordergründig nicht auf das Mandat gestützt wird, sondern auf Umstände, die kausal mit der Bewerbung oder der Ausübung des Mandats in Beziehung stehen. Das betrifft insbesondere das erforderliche Fernbleiben vom Dienst oder die Äußerung von Meinungen und Ansichten, soweit diese mit der Bewerbung oder der Mandatsausübung im Zusammenhang stehen. **Ausgeschlossen sind sowohl die ordentliche wie die außerordentliche Kündigung.** Darüber hinaus ist jede ordentliche Kündigung ausgeschlossen, solange der besondere Kündigungsschutz besteht, unabhängig von ihrem Grund. 499

D. Die Beendigung des Arbeitsverhältnisses

Das Recht des Arbeitgebers, aus wichtigem Grund außerordentlich zu kündigen, bleibt allerdings unberührt (APS/Preis Art. 48 GG Rz. 10 ff.).

ddd) Rechtsfolgen bei Verstößen gegen Art. 48 Abs. 2 GG, § 2 AbgG

500 Kündigungen, die gegen Art. 48 Abs. 2 GG, § 2 AbgG verstoßen, sind nichtig. Der gekündigte Arbeitnehmer kann diese Nichtigkeit auch außerhalb der Klagefrist von § 4 KSchG geltend machen; es handelt sich um einen **sonstigen Unwirksamkeitsgrund i. S. d. § 13 Abs. 3 KSchG** (MünchArbR/*Berkowsky* § 159 Rz. 16; APS/*Preis* Art. 48 GG Rz. 17 f.).

(2) Landtage

501 Der besondere Kündigungsschutz für Landtagsabgeordnete ist in den einzelnen Bundesländern in **Landes-Abgeordnetengesetzen** geregelt. Die dortigen Regelungen entsprechen im Wesentlichen, insbesondere im Hinblick auf den besonderen Kündigungsschutz, der Regelung von § 2 Abs. 3 AbgG (APS/*Preis* Art. 48 GG Rz. 4).

(3) Kommunale Mandatsträger

502 Der Kündigungsschutz im Bereich der Kommunalvertretung ist gesetzlich durchweg weniger ausgebildet als derjenige für Bundes- und Landesparlamentarier. Jedoch sind die Grundsätze der jeweiligen Landes-Abgeordnetengesetze auch auf Mitglieder und Bewerber für **Kommunalparlamente entsprechend anwendbar,** da auch das Mandat auf kommunaler Ebene über Art. 28 Abs. 2 GG institutionellen grundgesetzlichen Schutz genießt (vgl. MünchArbR/*Berkowsky* § 159 Rz. 21 mit einer Übersicht über die in den einzelnen Bundesländern geltenden gesetzlichen Regelungen). So können auch **Mitglieder des Ortsbeirates** einer Gemeinde in Rheinland-Pfalz beispielsweise gem. § 75 Abs. 8 S. 4 i. V. m. § 18 a Abs. 4 GO Rheinland-Pfalz nur außerordentlich gekündigt werden. Erklärt der Arbeitgeber gleichwohl eine ordentliche Kündigung, ist diese unwirksam, ohne dass eine Überprüfung der Kündigungsgründe erfolgt (*LAG Rheinland-Pfalz* 28.8.2000 ZTR 2001, 188 Ls.).
Gem. § 22 Abs. 9 S. 2 i. V. m. § 86 Abs. 3 S. 3 des Gesetzes über die Selbstverwaltung der Gemeinden und Landkreise in der DDR vom 17.5.1990 (GBl. I S. 255), das gem. Art. 9 Abs. 2 Einigungsvertrag i. V. m. Anlage II Kap. II Sachgebiet B Abschnitt I nach dem Beitritt der ehemaligen DDR zur BRD fortgegolten hat, ist es unzulässig, z. B. ein Mitglied des Kreistages aufgrund dieses Ehrenamtes zu kündigen.
Damit wird aber nicht jede Kündigung eines Arbeitsverhältnisses verboten, sondern nur solche Kündigungen erfasst, deren Gründe im Zusammenhang mit der Ausübung des Ehrenamtes stehen (*BAG* 30.6.1994 EzA Art. 48 GG Nr. 1).

(4) Europa-Parlament

503 In § 3 Abs. 3 des Europaabgeordnetengesetzes ist der Kündigungsschutz für Wahlbewerber und Mitglieder des Europaparlaments entsprechend § 2 Abs. 3 AbgG geregelt worden. Ihre kündigungsschutzrechtliche Stellung ist derjenigen für Bundesabgeordnete inhaltsgleich.

D. Die Beendigung des Arbeitsverhältnisses

h) **Besonderer Kündigungsschutz für Betriebsärzte, Fachärzte für Arbeitssicherheit, Datenschutz-, Immissionsschutzbeauftragte**

aa) **Betriebsärzte, Fachärzte für Arbeitssicherheit**

(1) **Kündigungsverbot**

Gem. § 8 Abs. 1 ASiG dürfen Betriebsärzte und Fachkräfte für Arbeitssicherheit wegen der Erfüllung der ihnen übertragenen Aufgaben nicht benachteiligt werden. Dabei handelt es sich um ein einfaches personenbezogenes **Benachteiligungsverbot** mit Anknüpfungspunkt an einem betrieblichen Schutzauftrag, somit um ein **Kündigungsverbot**. Die Regelung bezweckt wegen der wirtschaftlichen Abhängigkeit des Betriebsarztes und der Fachkräfte für Arbeitssicherheit die Sicherstellung ihrer fachlichen Unabhängigkeit. Versuche einer sachwidrigen Einflussnahme sollen von Anfang an unterbunden werden (APS/*Preis* §§ 8, 9 ASiG Rz. 1). 504

Die Regelung hat allerdings nur eine **geringe praktische Bedeutung**. Denn erforderlich ist vor allem eine kausale Verknüpfung zwischen der fachlichen Tätigkeit des Beauftragten und der Kündigung. Dies ist i. d. R. mit erheblichen Beweisschwierigkeiten für den betroffenen Arbeitnehmer verbunden (APS/*Preis* §§ 8, 9 ASiG Rz. 5 ff.). 505

Daneben kommt sowohl dem Betriebsarzt als auch der Fachkraft für Arbeitssicherheit innerhalb gewisser Grenzen ein **amtsbezogener Kündigungsschutz** zugute (s. u. D/Rz. 507 ff.). 506

(2) **Amtsbezogener Kündigungsschutz**

Betriebsärzte und Fachkräfte für Arbeitssicherheit können nach § 9 Abs. 3 ASiG nur mit Zustimmung des Betriebsrats bestellt und abberufen werden, wobei die verweigerte Zustimmung nur durch die betriebliche Einigungsstelle ersetzt werden kann. Insoweit handelt es sich jedoch nur um die Bestellung und Abberufung im Hinblick auf die besondere Funktion eines Betriebsbeauftragten. Das Arbeitsverhältnis braucht davon nicht berührt zu werden. Der abberufene Betriebsarzt kann u. U. in einer anderen ärztlichen Funktion weiterbeschäftigt werden. Bei den Fachkräften für Arbeitssicherheit ist dies ohnehin leicht möglich. 507

Soll auch das Arbeitsverhältnis gekündigt werden, so richtet sich dies nach den allgemeinen Grundsätzen.

Nach der Rechtsprechung des *BAG* (24.3.1988 EzA § 9 ASiG Nr. 1; vgl. auch *LAG Bremen* 7.11.1997 NZA-RR 1998, 250 zum Verhältnis der Abberufung zu § 613 a BGB) ist davon auszugehen, dass dann, wenn das Arbeitsverhältnis eines Betriebsarztes aus Gründen gekündigt wird, die bei ganzheitlicher Betrachtung sachlich untrennbar mit der betriebsärztlichen Tätigkeit verbunden sind, die Kündigung nur Wirksamkeit erlangt, wenn der Betriebsrat der Abberufung nach § 9 Abs. 3 ASiG zugestimmt hat oder die fehlende Zustimmung im Einigungsstellenverfahren ersetzt worden ist. Dieser Grundsatz ist nach der Gesetzeslage auch auf die Arbeitsverhältnisse der Fachkräfte für Arbeitssicherheit i. S. d. § 5 ASiG (Sicherheitsingenieure, -techniker und -meister) anzuwenden (*Wenzel* Kündigung und Kündigungsschutz, Rz. 588 a). 508

Das Mitbestimmungsrecht des Betriebsrats gem. § 9 Abs. 3 ASiG wirkt sich somit als Bestandsschutz für das Arbeitsverhältnis des Betriebsarztes und der Fachkraft 509

D. Die Beendigung des Arbeitsverhältnisses

für Arbeitssicherheit aus, wenn der Arbeitgeber davon absieht, die Zustimmung des Betriebsrats zur Abberufung einzuholen und ersetzen zu lassen, und die Abberufung als bloße Folge einer Kündigung durchsetzen will.

510 Ein solches Vorgehen muss zur Unwirksamkeit der Beendigungskündigung führen, weil sonst der Zweck des Mitbestimmungsrechts gesetzwidrig eingeschränkt würde. Das gilt jedenfalls dann, wenn die Kündigungsgründe ihre Ursachen in der Tätigkeit des Betriebsarztes oder der Fachkraft für Arbeitssicherheit haben oder doch von der damit verbundenen Pflichtenkollision sachlich nicht getrennt werden können.

511 **Stimmt der Betriebsrat dagegen dem Antrag auf Abberufung der Betriebsärztin zu, so ist eine vom Arbeitgeber daraufhin ausgesprochene betriebsbedingte Kündigung sozial gerechtfertigt, wenn für die Betriebsärztin kein anderer Arbeitsplatz zur Verfügung steht.** Eine Interessenabwägung findet nicht statt, wenn festgestellt wird, dass eine von den Gerichten zu akzeptierende Unternehmensentscheidung vorliegt, die zum Wegfall des Arbeitsplatzes und damit zu einer Kündigung führt und die auch nicht offensichtlich unsachlich oder willkürlich ist (*LAG Bremen* 9.1.1998 NZA-RR 1998, 250; vgl. auch *LAG Berlin* 17.12.1999 ZTR 2000, 274 Ls.).

bb) Sicherheitsbeauftragte

512 Gem. § 22 Abs. 2 SGB VII dürfen die Sicherheitsbeauftragten wegen der Erfüllung der ihnen übertragenen Aufgaben **nicht benachteiligt werden**. Zweck der Regelung ist es, den Sicherheitsbeauftragten vor **wirtschaftlichen Nachteilen** oder **sonstigen Sanktionen zu schützen**; dazu gehört auch und insbesondere die Tätigkeit als Sicherheitsbeauftragter. Es soll verhindert werden, dass er aus Furcht vor Entlassung oder sonstigen Nachteilen an einer wirksamen Wahrnehmung seiner Aufgaben gehindert wird. Es handelt sich um ein **einfaches, statusbezogenes Benachteiligungsverbot** mit Anknüpfungspunkt an einen betrieblichen Schutzauftrag. Es beinhaltet einen gewissen Abberufungs- und Kündigungsschutz, dessen Grenze nicht das Schikaneverbot, sondern das Fehlen eines sachlichen Grundes für die Abberufung bzw. Kündigung ist (APS/*Preis* § 22 SGB VII Rz. 1 f.).

513 Erfasst sind bestellte Sicherheitsbeauftragte, denen die Aufgabe obliegt, den Arbeitgeber bei der **Durchführung der Maßnahmen zur Verhütung von Arbeitsunfällen und Berufskrankheiten zu unterstützen** und auf Risiken im Betrieb aufmerksam zu machen. Aufgrund des von der gesetzlichen Regelung geforderten Kausalzusammenhangs zwischen der arbeitgeberseitigen Benachteiligung sind die Beweisschwierigkeiten erheblich; der Sicherheitsbeauftragte trägt insoweit die Darlegungs- und Beweislast. In engen Grenzen ist allerdings eine Beweiserleichterung durch Anscheinsbeweis zu Gunsten des Arbeitnehmers denkbar (APS/*Preis* § 22 SGB VII Rz. 4 ff.; vgl. dazu *Becker/Kniep* NZA 1999, 243 ff.).

cc) Immissionsschutzbeauftragte

514 Gem. § 58 Abs. 2 S. 1 BImSchG ist die Kündigung eines Immissionsschutzbeauftragten, der Arbeitnehmer des zur Bestellung eines Beauftragten verpflichteten Betreibers einer Anlage i. S. d. BImSchG ist, unzulässig, es sei denn, dass Tatsachen

D. Die Beendigung des Arbeitsverhältnisses

vorliegen, die den Betreiber zur Kündigung aus wichtigem Grund ohne Einhaltung einer Kündigungsfrist berechtigen.

Gem. § 58 Abs. 2 S. 2 BImSchG ist die Kündigung nach Abberufung als Immissionsschutzbeauftragter innerhalb eines Jahres, vom Zeitpunkt der Beendigung der Bestellung an gerechnet, unzulässig, es sei denn, dass Tatsachen vorliegen, die den Betreiber zur Kündigung aus wichtigem Grund ohne Einhaltung einer Kündigungsfrist berechtigen (vgl. APS/*Preis* § 58 BImSchG Rz. 14 ff.; *Schaub* DB 1993, 481 ff.; *Becker/Kniep* NZA 1999, 243 ff.). 515

Ein zum Immissionsschutzbeauftragten vom Arbeitgeber und Anlagenbetreiber bestellter Arbeitnehmer kann dieses Amt durch einseitige Erklärung jederzeit ohne Zustimmung des Arbeitgebers und ohne Rücksicht darauf niederlegen, ob er nach dem zugrunde liegenden Arbeitsverhältnis zur Fortführung des Amtes verpflichtet ist (*BAG* 22.7.1992 EzA § 58 BImSchG Nr. 1).

Eine solche Amtsniederlegung hat aber jedenfalls dann nicht den nachwirkenden Kündigungsschutz des § 58 Abs. 2 S. 2 BImSchG zur Folge, wenn sie nicht durch ein Verhalten des Arbeitgebers, etwa durch Kritik an der Amtsführung oder Behinderung in der Wahrnehmung seiner Amtspflichten, veranlasst worden, sondern allein von dem Arbeitnehmer selbst ausgegangen ist (*BAG* 22.7.1992 EzA § 58 BImSchG Nr. 1).

Vgl. auch zur Rechtsstellung des Störfall- und Gefahrschutzbeauftragten *Becker/Kniep* NZA 1999, 243 ff.

dd) Abfallbeauftragte; Gewässerschutzbeauftragte

Mit Wirkung vom 6.10.1996 gilt gem. § 55 Abs. 3 des Kreislaufwirtschafts- und Abfallgesetzes § 58 Abs. 2 BImSchG (s. o. D/Rz. 514) auch für den Abfallbeauftragten, soweit er betriebsangehöriger Arbeitnehmer ist (vgl. *Ehrich* DB 1996, 1468 ff.). Die bis zu diesem Zeitpunkt noch geltenden §§ 11 a ff. AbfG enthalten keinen besonderen Kündigungsschutz für den Abfallbeauftragten. 516

§ 21 f Abs. 2 Wasserhaushaltsgesetz sieht mit Wirkung vom 19.11.1996 auch einen besonderen Kündigungsschutz für den Gewässerschutzbeauftragten vor. Danach ist die Kündigung eines als Arbeitnehmer tätigen Gewässerschutzbeauftragten unzulässig, es sei denn, dass Tatsachen vorliegen, die den Benutzer zur Kündigung aus wichtigem Grund berechtigen. Nach der Abberufung von dieser Funktion ist die Kündigung innerhalb eines Jahres, vom Zeitpunkt der Beendigung an gerechnet, unzulässig, es sei denn, dass Tatsachen vorliegen, die den Benutzer zur Kündigung aus wichtigem Grund ohne Einhaltung einer Kündigungsfrist berechtigten (vgl. *Ehrich* DB 1996, 2625). 517

ee) Datenschutzbeauftragte

Da die Tätigkeit des Datenschutzbeauftragten (§ 36 BDSG) die Sicherstellung der Vorschriften des Datenschutzes und nicht die Wahrnehmung betrieblicher Interessen bezweckt, lassen sich viele Situationen vorstellen, in denen die Ziele des Unternehmens mit denen des Datenschutzes in Konflikt geraten und die Geschäftsleitung mit der Tätigkeit des Datenschutzbeauftragten nicht einverstanden ist. 518

Daher sieht § 36 Abs. 2 S. 4 BDSG vor, dass die Bestellung des Datenschutzbeauftragten nur auf Verlangen der Aufsichtsbehörde oder in entsprechender Anwendung des § 626 BGB widerrufen werden kann. 519

D. Die Beendigung des Arbeitsverhältnisses

520 Der Gesetzgeber ist nach den Gesetzesmaterialien davon ausgegangen, dass das Amt des Datenschutzbeauftragten automatisch mit dem zugrunde liegenden Arbeitsverhältnis endet (*Rudolf* NZA 1996, 301).
Verlangt die Aufsichtsbehörde die Abberufung des Datenschutzbeauftragten, so berechtigt diese Aufforderung den Arbeitgeber zum Widerruf der Bestellung, gleichgültig, ob er sie für berechtigt hält oder nicht. Es handelt sich um einen Verwaltungsakt mit Doppelwirkung, den der Datenschutzbeauftragte unabhängig vom Arbeitgeber anfechten kann (*Rudolf* a. a. O.).
Als Gründe, die eine Abberufung entsprechend § 626 BGB rechtfertigen sind z. B. vorstellbar der bewusste Verstoß gegen datenschutzrechtliche Vorschriften oder gegen die Verschwiegenheitsverpflichtung.
Dem Betriebsrat steht insoweit kein Mitbestimmungsrecht zu.

521 Da sich § 36 Abs. 3 S. 4 BDSG nur auf die Abberufung bezieht, ist fraglich, ob damit der Widerruf der Bestellung eingeschränkt werden und die Kündigung des zugrunde liegenden Arbeitsverhältnisses weiterhin möglich sein soll, ob der Datenschutzbeauftragte damit einen besonderen Kündigungsschutz erhalten hat oder ob eine ordentliche Kündigung nur insoweit ausgeschlossen ist, als die Kündigungsgründe mit der datenschützerischen Tätigkeit zusammenhängen.
Da das Amt des Datenschützers vom zugrunde liegenden Rechtsverhältnis abhängig ist (BR-Drucks. 618/88, S. 137), ist ein eventueller Kündigungsschutz für seine Tätigkeit von besonderer praktischer Bedeutung.
Sinn und Zweck des § 36 Abs. 3 BDSG ist die unabhängige Amtsführung des Datenschutzbeauftragten.

522 Da die Bestellung nur aus wichtigem Grund widerrufen werden kann, kann das Arbeitsverhältnis nicht aus einem solchen Grund ordentlich gekündigt werden, der zwar im Zusammenhang mit der Amtsführung steht, der aber noch kein wichtiger Grund i. S. d. § 626 BGB ist (*Ehrich* NZA 1993, 251).

523 Dabei kann kein Unterschied zwischen einem haupt- und einem nebenamtlichen Datenschutzbeauftragten gemacht werden (*Rudolf* NZA 1996, 301).
Wird dagegen die Kündigung auf Gründe gestützt, die mit der **Amtsführung nicht in Zusammenhang** stehen, wie z. B. Krankheit, ist zwischen dem haupt- und dem nebenamtlichen Datenschutzbeauftragten zu differenzieren. Der **hauptamtliche Datenschutzbeauftragte ist nicht kündbar,** da andernfalls § 36 Abs. 3 BDSG umgangen würde. Gegenüber dem **nebenamtlichen Datenschutzbeauftragten ist eine ordentliche Kündigung aus Gründen, die nicht mit der Amtsführung zusammenhängen, ebenfalls unzulässig,** da sie die Beendigung des Amtes zur Folge hat. Allerdings stellt bei ihm die Beendigung des Arbeitsverhältnisses u. U. einen wichtigen Grund für den Widerruf der Bestellung dar (*Rudolf* a. a. O. m. w. N.).

524 Demgegenüber wird aber auch die Auffassung vertreten (APS/*Preis* § 36 BDSG Rz. 13 f.; *Ehrich* CR 1993, 226), dass von einer strengen Trennung von Amt und Anstellung auszugehen ist. Deshalb ist bei jeder Art von Datenschutzbeauftragten zwar eine Kündigung ausgeschlossen, die auf Gründen aus dem Gebiet des Datenschutzes beruht. Aus anderen Gründen ist danach aber eine ordentliche Kündigung zulässig.

D. Die Beendigung des Arbeitsverhältnisses

i) Kündigungsschutz im Berufsausbildungsverhältnis

aa) Kündigung in der Probezeit

Das Berufsausbildungsverhältnis beginnt gem. § 13 BBiG mit einer Probezeit, die mindestens einen Monat und höchstens drei Monate beträgt. Während der **Probezeit kann das Berufsausbildungsverhältnis von beiden Seiten ohne Einhaltung einer Kündigungsfrist** gekündigt werden (§ 15 Abs. 1 BBiG; vgl. APS/*Biebl* § 15 BBiG Rz. 5 ff.). 525
Einer Begründung bedarf die Kündigung nicht, sie muss allerdings schriftlich erklärt werden (§ 15 Abs. 3 BBiG). Insoweit handelt es sich um eine entfristete ordentliche Kündigung (vgl. *Große* BB 1993, 2081 ff.).
Ein Berufsausbildungsverhältnis kann während der Probezeit auch unter Zubilligung einer **Auslauffrist** nach § 15 Abs. 1 BBiG wirksam ordentlich gekündigt werden. Die Auslauffrist muss dann allerdings so bemessen sein, dass sie nicht zu einer unangemessen langen Fortsetzung des Berufsausbildungsvertrages führt, der nach dem endgültigen Entschluss des Kündigenden nicht bis zur Beendigung der Ausbildung durchgeführt werden soll (*BAG* 10.11.1988 EzA § 15 BBiG Nr. 7). Zulässig ist daher z. B. eine Kündigung am 24.10. zum 30.11. des gleichen Jahres (*BAG* 10.11.1988 EzA § 15 BBiG Nr. 7).
Nach Auffassung des *LAG Rheinland-Pfalz* (19.4.2001 – 9 Sa 1507/00 –) ist die Vereinbarung einer **neuen Probezeit** rechtlich zulässig, wenn ein Auszubildender **während der Lehrzeit den Arbeitgeber wechselt.** Denn der neue Betrieb muss sich ein eigenes Bild über die fachlichen und persönlichen Fähigkeiten des Auszubildenden machen können. Deshalb ist es danach konsequent, dem neuen Arbeitgeber ebenfalls die Möglichkeit zu geben, dem Auszubildenden ohne Angabe von Gründen jeder Zeit kündigen zu können. Dies ist aber nur während der Probezeit möglich. 526

bb) Kündigung nach Ablauf der Probezeit

Nach dem Ablauf der Probezeit ist nur noch eine außerordentliche Kündigung aus wichtigem Grund möglich. Die ordentliche Kündigung ist ausgeschlossen (§ 15 Abs. 2 Nr. 1 BBiG; ausf. *Busemann/Schäfer*, a. a. O., Rz. 116 ff.; APS/*Biebl* § 15 BBiG Rz. 14 ff.). 527

Allerdings können die Parteien jederzeit einen **Aufhebungsvertrag** schließen (vgl. *Große* BB 1993, 2081 ff.). 528
In der Insolvenz des Arbeitgebers dagegen kann das Ausbildungsverhältnis nach Ablauf der Probezeit i. d. R. nicht außerordentlich, sondern nur unter Einhaltung einer ordentlichen Kündigungsfrist vom Insolvenzverwalter aufgekündigt werden (*BAG* 27.5.1993 EzA § 22 KO Nr. 5).

(1) Wichtiger Grund für den Ausbildenden

aaa) Prüfungsmaßstab

Dabei ist der wichtige Grund im Lichte des Zwecks des Berufsausbildungsverhältnisses, der Ausbildung des Auszubildenden, festzustellen. **Die zu § 626 BGB für allgemeine Arbeitsverhältnisse mit erwachsenen Arbeitnehmern geltenden Grundsätze können auf das Berufsausbildungsverhältnis nicht ohne weiteres übertragen werden.** 529

D. Die Beendigung des Arbeitsverhältnisses

530 Nicht jeder Vorfall, der zur Kündigung eines Arbeitnehmers berechtigt, kann als wichtiger Grund zur fristlosen Entlassung eines Auszubildenden dienen. Denn die Nachteile, die den fristlos gekündigten Auszubildenden treffen, wiegen oft unverhältnismäßig schwerer als diejenigen, die der fristlos gekündigte Arbeitnehmer zu erwarten hat. Deshalb sollte nach Auffassung von *Weigand* (KR §§ 14, 15 BBiG Rz. 45 unter Hinweis auf *BAG* 22.6.1972 EzA § 611 BGB Ausbildungsverhältnis Nr. 1) vornehmlich darauf abgestellt werden, **inwieweit eine Verfehlung einer der Parteien die Fortsetzung des Berufsausbildungsvertrages von dessen Sinn und Zweck her unzumutbar macht.**
Dabei sind die Interessen der beiden Vertragspartner gegenüberzustellen und gegeneinander abzuwägen.

531 Bei der danach erforderlichen Interessenabwägung ist insbesondere zu berücksichtigen, wie lange das Ausbildungsverhältnis bereits bestanden hat. Je länger dies der Fall ist, umso strengere Anforderungen sind an den wichtigen Grund für die Kündigung durch den Ausbildenden zu stellen. Von daher ist eine fristlose Kündigung kurz vor Abschluss der Ausbildung kaum noch möglich (KR-*Weigand* §§ 14, 15 BBiG Rz. 45 f.).

532 Nach Auffassung des *LAG Köln* (26.6.1987 EzB § 15 Abs. 2 Nr. 1 BBiG Nr. 63) ist das Vorliegen eines wichtigen Grundes i. d. R. nur auf solche Umstände zu beschränken, die bei objektivierender Vorausschau ergeben, dass das Ausbildungsziel ernstlich gefährdet oder nicht mehr zu erreichen ist.

bbb) Strengere Anforderungen

533 Daneben sind an das Vorliegen eines wichtigen Grundes **strengere Anforderungen** zu stellen, weil es sich beim Auszubildenden i. d. R. um einen in der geistigen, charakterlichen und körperlichen Entwicklung befindlichen Jugendlichen handelt. Bei der Beurteilung fehlerhaften Verhaltens ist zu berücksichtigen, dass es gerade auch zu den Pflichten des Ausbildenden gehört, den Auszubildenden auch charakterlich zu fördern und ihn von sittlichen und körperlichen Gefährdungen fern zu halten (§ 6 Abs. 1 Nr. 5 BBiG; vgl. *Große* BB 1993, 2081 ff.).

534 Demnach können Pflichtverletzungen und Fehlverhalten nicht zur fristlosen Kündigung berechtigen, solange der Ausbildende unter Berücksichtigung des Grades der geistigen, charakterlichen und körperlichen Reife des Auszubildenden nicht alle ihm zur Verfügung stehenden und zumutbaren Erziehungsmittel in zumutbaren Grenzen erschöpfend, aber erfolglos angewandt hat (*LAG Baden-Württemberg* 21.3.1966 DB 1966, 747; 31.10.1996 NZA-RR 1997, 288).

535 Bei der Wahl der pädagogischen Maßnahmen sowie der erfolglosen Einschaltung des gesetzlichen Vertreters kann von dem Ausbildenden verlangt werden, dass er **nicht sofort zu den schärfsten Maßnahmen** greift. Eine Grenze der gebotenen Nachsicht besteht aber da, wo der Ausbildende vom Auszubildenden eine stark abwertende Geringschätzung erfährt (KR-*Weigand* §§ 14, 15 BBiG Rz. 46; APS/*Biebl* § 15 BBiG Rz. 14 f.).
Diese strengen Anforderungen an das Vorliegen eines wichtigen Grundes sind nach Auffassung des *LAG Köln* (26.6.1987 EzB § 15 Abs. 2 Nr. 1 BBiG Nr. 63) wegen der

D. Die Beendigung des Arbeitsverhältnisses

geänderten gesellschaftlichen Stellung der Jugendlichen und des oft fortgeschrittenen Lebensalters der Auszubildenden nur noch **zurückhaltend** anzuwenden.
Erforderlich ist jedenfalls vor Ausspruch einer Kündigung bei Leistungs- und Verhaltensmängeln eine einschlägige **Abmahnung**. Das ist aber **ausnahmsweise** auch im Ausbildungsverhältnis dann **nicht geboten**, wenn es sich um **besonders schwerwiegende Pflichtverletzungen handelt**, deren Rechtswidrigkeit dem Auszubildenden ohne weiteres erkennbar und bei denen eine Hinnahme durch den Ausbildenden offensichtlich ausgeschlossen ist (BAG 17.6.1999 EzA § 15 BBiG Nr. 13).

Beispiele:
- Es kann ein Grund zur fristlosen Kündigung auch eines bereits weitgehend fortgeschrittenen Berufsausbildungsverhältnisses (1 3/4 Jahre) sein, wenn ein bei einer Großforschungsanstalt mit internationaler Verflechtung beschäftigter Auszubildender wiederholt neonazistische Thesen (z. B. durch Infragestellen der Anzahl der in deutschen KZs ermordeten Juden) über das USENET-NEWS-System, zu dem er zu Ausbildungszwecken Zugang haben muss, verbreitet.
  Einer vorherigen Abmahnung bedarf es nicht, wenn der Auszubildende bei einem vor Ausspruch der Kündigung geführten Personalgespräch, zu dessen Beginn ihm die Gefährdung des Ausbildungsverhältnisses klargemacht wird, jede Einsicht in die Tragweite seiner Aussage und seines Verhaltens vermissen lässt (*LAG Köln* 11.8.1995 LAGE § 15 BBiG Nr. 10).
- Das Stanzen eines Blechschildes mit der Inschrift »ARBEIT MACHT FREI – TÜRKEI SCHÖNES LAND« und das Anbringen dieses Schildes an der Werkbank eines türkischen Auszubildenden rechtfertigt, nachdem in Gegenwart des entlassenen Auszubildenden von einer Gruppe Auszubildender im Betrieb Lieder mit überaus massiven und rassistischen Tendenzen, wie u. a., das sog. Auschwitzlied, das von dem Konzentrationslager Auschwitz und den dorthin verbrachten Juden handelt, gesungen worden ist, ohne weiteres die außerordentliche Kündigung des Ausbildungsverhältnisses. Einer vorherigen Abmahnung bedarf es unter diesen Umständen nicht (*LAG Berlin* 22.10.1997 LAGE § 626 BGB Nr. 118; die Entscheidung wurde von *BAG* 1.7.1999 EzA § 15 BBiG aufgehoben und zur erneuten Entscheidung an das LAG zur Prüfung zurückverwiesen, ob tatsächlich im konkreten Einzelfall eine Abmahnung entbehrlich war; vgl. dazu *Korinth* ArbuR 2000, 74 f.; *Schmitz-Scholemann* BB 2000, 926 ff.).
- Auch das Vorliegen einer Kette von Pflichtwidrigkeiten, die für sich allein noch keinen wichtigen Grund darstellen müssen, aber den Schluss rechtfertigen, dass der Auszubildende das Ausbildungsziel nicht erreichen wird und Sinn und Zweck der Ausbildung in Frage stellen (z. B. beim wiederholt verspäteten Abliefern des Berichtsheftes) kann eine fristlose Kündigung rechtfertigen (*ArbG Wesel* 14.11.1996 NZA-RR 1997, 291).

(2) Kündigung durch den Auszubildenden
Nach Ablauf der Probezeit kann auch der Auszubildende nur noch aus **wichtigem Grund** kündigen, zusätzlich jedoch dann, wenn er die **Berufsausbildung aufgeben** oder sich für eine **andere Berufstätigkeit** ausbilden lassen will. In diesem Fall hat er allerdings eine Kündigungsfrist von vier Wochen einzuhalten (§ 15 Abs. 2 Nr. 2 BBiG).

D. Die Beendigung des Arbeitsverhältnisses

(3) Form der Kündigung

aaa) Inhaltliche Anforderungen

541 Die Kündigung aus wichtigem Grund für beide Seiten sowie die Kündigung des Auszubildenden wegen Beendigung oder Wechsels der Ausbildung ist nur wirksam, wenn sie **schriftlich und unter konkreter Angabe der Kündigungsgründe im Kündigungsschreiben erfolgt** (§§ 125, 126 BGB).
Der obligatorische Begründungszwang erfasst **beide Vertragspartner** und dient auch den Interessen beider Vertragsteile. Dem Kündigungsempfänger soll deutlich erkennbar sein, worin der Grund für die Kündigung liegt, um ihm dadurch eine Überprüfung der Rechtswirksamkeit der Kündigung zu ermöglichen (*BAG* 22.2.1972 EzA § 15 BBiG Nr. 1).

542 Zwar ist keine volle Substantiierung zu verlangen, doch müssen die entsprechenden tatsächlichen Vorfälle so eindeutig geschildert sein, dass der Kündigungsempfänger sich darüber schlüssig werden kann, ob er die Kündigung anerkennen will oder nicht (*BAG* 22.2.1972 EzA § 15 BBiG Nr. 1). Der pauschale Hinweis auf Vorfälle in der Vergangenheit oder die Störung des Betriebsfriedens reicht zur Begründung der Kündigung nicht aus (*BAG* 25.11.1976 EzA § 15 BBiG Nr. 3; APS/*Biebl* § 15 BBiG Rz. 25 ff.).

543 Nicht ausreichend ist auch die Bezugnahme im Kündigungsschreiben auf Erklärungen des Kündigenden gegenüber Dritten, wie z. B. eine Anzeige bei der Polizei (*LAG Nürnberg* 21.6.1994 LAGE § 15 BBiG Nr. 8). Ebenso genügt es nicht, wenn in dem Kündigungsschreiben lediglich auf bereits mündlich mitgeteilte Kündigungsgründe Bezug genommen wird oder nur Werturteile mitgeteilt werden, denn damit ist der Formvorschrift des § 15 Abs. 3 BBiG nicht Genüge getan (*LAG Köln* 26.1.1982 EzA § 15 Abs. 3 BBiG Nr. 17; KR-*Weigand* §§ 14, 15 BBiG Rz. 95).

544 Wenn der Arbeitnehmer im Kündigungsschreiben zwar einen Kündigungsgrund oder mehrere Kündigungsgründe schriftlich niedergelegt hat, die Begründung aber unvollständig ist, weil er von der Wiedergabe weiterer subjektiv erheblicher Kündigungsgründe oder -tatsachen eines im Kündigungsschreiben konkret angegebenen Kündigungsgrundes abgesehen hat, führt dies nicht gem. § 15 Abs. 3 BBiG zur Nichtigkeit der Kündigung. Denn dem Normzweck der Rechtsklarheit und Beweissicherung kann in diesem Fall dadurch Genüge getan werden, dass der Arbeitgeber nur solche Kündigungsgründe im Rechtsstreit geltend machen kann, die er im Kündigungsschreiben angegeben hat (*LAG Hamburg* 29.8.1997 LAGE § 15 BBiG Nr. 11; s. u. D/Rz. 545 ff.).

bbb) Ausschluss weiteren Sachvortrags

545 Der Kündigende kann im Übrigen kündigungsbegründende Umstände, die er im Kündigungsschreiben nicht selbst aufgeführt hat, im Kündigungsschutzprozess nicht wirksam geltend machen. Er kann lediglich die im Kündigungsschreiben enthaltenen Umstände erläutern und präzisieren.

Das gilt selbst dann, wenn diese Umstände bereits vor Ausspruch der Kündigung entstanden, dem Kündigenden aber erst nach Ausspruch der Kündigung bekannt geworden sind (*LAG Baden-Württemberg* 5.1.1990 DB 1990, 588); nach Sinn und Zweck

D. Die Beendigung des Arbeitsverhältnisses

des § 15 Abs. 3 BBiG ist ein Nachschieben derartiger weiterer Kündigungsgründe aber jedenfalls nur dann zuzulassen, wenn der Kündigende sie dem Gekündigten unverzüglich schriftlich mitgeteilt hat, nachdem er von ihnen Kenntnis erlangt hat (*LAG Hamburg* 29.8.1997 LAGE § 15 BBiG Nr. 11).

cc) Klagefrist?
Besteht für das konkrete Berufsausbildungsverhältnis ein **Schlichtungsausschuss** 546 (§ 111 Abs. 2 ArbGG), vor dem eine Verhandlung stattfinden muss, so findet die Klagefrist nach §§ 4, 13 KSchG keine Anwendung (*BAG* 13.4.1989 EzA § 13 KSchG n. F. Nr. 4; 5.7.1990 EzA § 4 KSchG n. F. Nr. 39; 26.1.1999 EzA § 4 KSchG n. F. Nr. 58). Das gilt selbst dann, wenn der Auszubildende die Unwirksamkeit der Kündigung wegen Fehlens eines wichtigen Grundes rechtlich geltend machen will (*BAG* 5.7.1990 EzA § 4 KSchG n. F. Nr. 39).

Im Übrigen sind §§ 4, 13 Abs. 1 S. 2 KSchG aber auf außerordentliche Kündigungen von Berufsausbildungsverhältnissen anzuwenden, wenn die Unwirksamkeit der Kündigung wegen Fehlens eines wichtigen Grundes geltend gemacht werden soll (*BAG* 5.7.1990 EzA § 4 KSchG n. F. Nr. 39; 26.1.1999 EzA § 4 KSchG n. F. Nr. 58). 547

Nach Auffassung von *Berkowsky* (MünchArbR § 160 Rz. 43 m. w. N.) gilt die Klagefrist des § 4 KSchG aber dann nicht, wenn der Auszubildende lediglich sonstige Unwirksamkeitsgründe, insbesondere die mangelnde Schriftform und Begründung der Kündigung gem. § 15 Abs. 3 BBiG geltend machen will. 548

dd) Kündigung vor Beginn der Berufsausbildung
Ein Berufsausbildungsvertrag kann entsprechend § 15 Abs. 1 BBiG bereits vor Beginn der Berufsausbildung von beiden Vertragsparteien **ordentlich entfristet** gekündigt werden, wenn die Parteien keine abweichende Regelung vereinbart haben und sich der Ausschluss der Kündigung vor Beginn der Ausbildung für den Ausbilder auch nicht aus den konkreten Umständen ergibt, z. B. der Abrede oder dem ersichtlichen gemeinsamen Interesse, die Ausbildung jedenfalls für einen bestimmten Teil der Probezeit tatsächlich durchzuführen (*BAG* 17.9.1987 EzA § 15 BBiG Nr. 6). 549

j) § 613 a Abs. 4 BGB

aa) Grundlagen
S. zunächst oben C/Rz. 3254 ff. 550
Soll ein Betrieb oder Betriebsteil übertragen werden, so ist es bei der Kalkulation ein oft erheblicher Posten in der Rechnung, inwieweit im Hinblick auf das Personal des Betriebes mit Anpassungskosten zu rechnen ist.
Daraus entspringt das Interesse des Veräußerers, den Personalbestand vor dem Betriebsübergang zu senken und das Interesse des Erwerbers, einen Betrieb möglichst ohne Personalübergang, bei einer geplanten Betriebsfusion sogar mit einer Personalreduzierung, zu übernehmen.
Der Gesetzgeber hat in § 613 a Abs. 4 BGB das Interesse an der Erhöhung der Verkäuflichkeit eines Betriebes nicht allgemein missbilligt, sondern nur für den Fall, dass es dem in § 613 a Abs. 1 BGB festgelegten Bestandsschutz bei einem Betriebsübergang zuwiderläuft.

D. Die Beendigung des Arbeitsverhältnisses

551 Deshalb ist zwar eine Kündigung wegen des Betriebsübergangs unwirksam. Soweit die Kündigung aber unabhängig davon – aus anderen Gründen – ohnehin zulässig ist, wird sie nicht durch den Betriebsübergang erschwert (MünchArbR/*Wank* § 125 Rz. 2 f.).

Zur Rechtslage bei Funktionsübertragungen s. o. C/Rz. 3302 ff.; s. u. D/Rz. 1396 f.

bb) Eigenständiges Kündigungsverbot

552 Nach der Rechtsprechung des *BAG* (31.1.1985 EzA § 613 a BGB Nr. 42) stellt die Regelung des § 613 a Abs. 4 BGB ein **eigenständiges Kündigungsverbot i. S. v. § 13 Abs. 3 KSchG** sowohl für die außerordentliche, die ordentliche als auch für die Änderungskündigung (vgl. MünchArbR/*Wank* § 125 Rz. 64 ff.; APS/*Steffan* § 613 a BGB Rz. 175) dar. Dagegen handelt es sich nicht nur um eine Regelung der Sozialwidrigkeit einer ordentlichen Kündigung, die nach dem Maßstab des § 1 KSchG zu beurteilen ist.
§§ 13 Abs. 1, 4, 7 KSchG sind daher nicht anwendbar. Allerdings kann das Klagerecht verwirkt werden (§ 242 BGB; MünchArbR/*Wank* § 125 Rz. 69).

cc) Voraussetzungen

(1) Beschränkung auf die Kündigung des Arbeitsverhältnisses; Widerrufsmöglichkeit oder Vertragsanpassung bei einvernehmlicher Regelung?

553 § 613 a Abs. 4 BGB erfasst nur die Kündigung des Arbeitsverhältnisses durch den Arbeitgeber, nicht aber andere Beendigungstatbestände, z. B. Aufhebungsvertrag, Eigenkündigung des Arbeitnehmers.

554 Fraglich ist aber, inwieweit dann, wenn Aufhebungsvertrag, Eigenkündigung oder auch die Zustimmung zu einer Vertragsänderung (Befristung, Wegfall von Leistungen) von bestimmten Voraussetzungen und Annahmen hinsichtlich des weiteren Fortbestandes des Betriebes ausgehen, diese sich nachträglich aber anders darstellen, unter Anwendung der Grundsätze über den Wegfall der Geschäftsgrundlage (jetzt § 313 BGB n. F.) eine Vertragsanpassung oder eine Widerrufsmöglichkeit dem Arbeitnehmer diejenige Entscheidungsfreiheit zurückgeben kann, die ihm vorher genommen worden ist.
Das kommt z. B. dann in Betracht, wenn sich der neue Arbeitgeber weigert, die alten Arbeitnehmer einzustellen, den Betrieb dann aber doch nicht stilllegt, sondern veräußert (MünchArbR/*Wank* § 125 Rz. 11).

(2) Kündigung wegen des Betriebsübergangs

aaa) Begriffsbestimmung

555 Die (ordentliche oder außerordentliche) Kündigung durch den alten oder neuen Arbeitgeber ist i. S. d. § 613 a Abs. 4 S. 1 BGB dann wegen des Betriebsübergangs erfolgt, wenn dieser der alleinige oder zumindest tragende Beweggrund oder die wesentliche Bedingung für die Kündigung und nicht nur der äußere Anlass ist und andere sachliche Gründe, die aus sich heraus die Kündigung zu rechtfertigen

D. Die Beendigung des Arbeitsverhältnisses

vermögen, nicht vorgebracht sind (KR-*Pfeiffer* § 613 a BGB Rz. 112; APS/*Steffan* § 613 a BGB Rz. 178).

Insoweit kommt es nicht maßgeblich auf die Bezeichnung des Kündigungsgrundes durch den Arbeitgeber an, sondern darauf, **ob tatsächlich der Betriebsübergang der tragende Grund für die Kündigung gewesen ist** (*BAG* 19.5.1988 EzA § 613 a BGB Nr. 82).

bbb) Keine Ausnahme bei alternativer Betriebsstilllegung
Eine Ausnahme vom Anwendungsbereich dieser Vorschrift besteht auch dann nicht, wenn ohne den Betriebsübergang nur die Alternative der Betriebsstilllegung besteht. Dafür würde zwar sprechen, dass dem Arbeitnehmer durch den Bestandsschutz des § 613 a Abs. 4 BGB dann mehr verschafft würde, als ihm im weiterbestehenden Arbeitsverhältnis zustünde. Deshalb wäre zu überlegen, ob dem Arbeitgeber oder auch dem Insolvenzverwalter dann die Möglichkeit offen steht, zum Zwecke der Herstellung der Verkäuflichkeit einige Arbeitnehmer zu kündigen, um dadurch die Kündigung aller anderen zu vermeiden. **556**

Das *BAG* (26.5.1983 EzA § 613 a BGB Nr. 34) geht gleichwohl davon aus, dass § 613 a Abs. 4 BGB auch bei einer Betriebsveräußerung durch den Insolvenzverwalter eingreift. **557**

Andererseits hat das *BAG* (18.7.1996 EzA § 613 a BGB Nr. 142; vgl. dazu *Sandmann* SAE 1997, 157 ff.) angenommen, dass eine **Kündigung wegen des Betriebsübergangs** (§ 613 a Abs. 4 Satz 1 BGB) **nicht vorliegt, wenn sie der Rationalisierung (Verkleinerung) des Betriebs zur Verbesserung der Verkaufschancen dient**. Ein Rationalisierungsgrund liegt vor, wenn der Betrieb ohne die Rationalisierung stillgelegt werden müsste. Die Rationalisierung ist auch während einer Betriebspause möglich. Der Betriebsinhaber muss nicht beabsichtigen, den Betrieb selbst fortzuführen. Es hat seine Entscheidung damit begründet, dass der Betriebsinhaber, auch wenn er seinen Betrieb veräußern will, zuvor ein **eigenes Sanierungskonzept** verwirklichen kann (vgl. APS/*Steffan* § 613 a BGB Rz. 181 ff.). **558**

ccc) Ablehnung der Übernahme wegen der Kosten oder der Person bestimmter Arbeitnehmer
Eine Kündigung durch den bisherigen Arbeitgeber wegen des Betriebsübergangs **559** i. S. d. § 613 a Abs. 4 BGB liegt auch dann vor, wenn sie damit begründet wird, der neue Betriebsinhaber habe die Übernahme eines bestimmten Arbeitnehmers, dessen Arbeitsplatz erhalten bleibt, deswegen abgelehnt, weil er »**ihm zu teuer sei**« (*BAG* 26.5.1983 EzA § 613 a BGB Nr. 34). Denn § 613 a Abs. 4 BGB verbietet generell alle Kündigungen, die nur erfolgen, um das Unternehmen verkäuflich(er) zu machen. Gleiches gilt, wenn der Erwerber sich weigert, die Betriebsübernahme zu akzeptieren, **560** weil er von vornherein **bestimmte, namentlich benannte Arbeitnehmer nicht übernehmen** will (z. B. die Sekretärin des früheren Geschäftsführers).
Ist der Druck auf den Veräußerer manifest geworden, so liegt insoweit entweder eine unzulässige Vereinbarung zu Lasten Dritter oder eine vorsätzliche sittenwidrige Schädigung der Arbeitnehmerin vor, wenn der Erwerber etwas verlangt, was der Veräußerer nicht ohnehin selbst vollziehen könnte. Insoweit ist davon auszugehen, dass

D. Die Beendigung des Arbeitsverhältnisses

§ 613a Abs. 4 S. 1 BGB ein **partielles Verbot der Druckkündigung** enthält (*BAG* 26.5.1983 EzA § 613a BGB Nr. 34; MünchArbR/*Wank* § 125 Rz. 17 f.).

ddd) Kündigung vor dem Betriebsübergang; »greifbare Formen« der geplanten Maßnahme

561 Zumeist erfolgt die betriebsbedingte Kündigung vor Betriebsübergang.

> Nach der Rechtsprechung des *BAG* (28.4.1988 EzA § 613a BGB Nr. 80) ist der Arbeitgeber, der seinen Betrieb endgültig stilllegen will, nicht verpflichtet, mit dem Ausspruch der Kündigung abzuwarten, bis er die Produktion tatsächlich stillgelegt hat.
> Er kann die notwendigen Entlassungen vielmehr entsprechend der Einschränkung der Produktion oder der sonstigen betrieblichen Tätigkeit gestalten.
> Es kommt nur darauf an, dass nach seiner Planung zum Zeitpunkt des Auslaufens der Kündigungsfrist kein Beschäftigungsbedarf für den gekündigten Arbeitnehmer mehr besteht.

562 Weil insoweit kündigungsrechtlich maßgeblich auf die Planung des Arbeitgebers und seine Entschlüsse zur Zeit des Ausspruchs der Kündigung abgestellt wird, ist **die spätere tatsächliche Entwicklung für die Beurteilung der Rechtslage grds. irrelevant**. Das gilt auch zugunsten des Arbeitgebers bei geplanter Betriebsstilllegung und zu seinen Lasten bei geplantem Betriebsübergang. Bei dieser Fallgestaltung wirkt sich ein späteres Scheitern des erwarteten und eingeleiteten Betriebsübergangs ebenso wenig auf den Kündigungsgrund aus wie eine unerwartete spätere Betriebsfortführung, die einer vom Arbeitgeber endgültig geplanten und schon eingeleiteten oder bereits durchgeführten Betriebsstilllegung nach Ausspruch der Kündigung folgt (*BAG* 19.5.1988 EzA § 613a BGB Nr. 82). Erforderlich ist allerdings, dass die **geplante Betriebsstilllegung zum Zeitpunkt des Ausspruchs der Kündigung »greifbare Formen«** angenommen haben muss (vgl. APS/*Steffan* § 613a BGB Rz. 190 ff.).

eee) Kündigung des Veräußerers aufgrund eines Rationalisierungskonzepts des Erwerbers

563 Zulässig ist insoweit eine Kündigung aufgrund eines Rationalisierungskonzepts, das vom Erwerber stammt, wenn dieses Konzept ebenfalls vom bisherigen Betriebsinhaber selbst entwickelt worden sein könnte (*BAG* 26.5.1983 EzA § 613a BGB Nr. 34).

564 Fraglich ist, ob dem Betriebsveräußerer auch die Berufung auf das Rationalisierungskonzept eines Betriebserwerbers gestattet ist, welches nur nach dem Betriebsübergang sinnvoll durchgeführt werden kann (dafür *BAG* 26.5.1983 EzA § 613a BGB Nr. 34; KR-*Becker*, 3. Aufl., § 1 KSchG Rz. 325a; *Vossen* BB 1984 1560; KR/*Etzel* § 1 KSchG Rz. 534; APS/Steffan § 613a BGB Rz. 192; dagegen *Hillebrecht* NZA 1989, Beil. Nr. 4, S. 14 f.). Dafür spricht, dass es **nicht Sinn und Zweck der gesetzlichen Regelung** sein kann, **den Erwerber** auch bei einer aufgrund betriebswirtschaftlicher Gesichtspunkte voraussehbar fehlenden Beschäftigungsmöglichkeit **zu verpflichten**, das Arbeitsverhältnis mit einem Arbeitnehmer **noch einmal künstlich zu verlängern**, bis er selbst die Kündigung aussprechen kann (*BAG* 26.5.1983 EzA § 613a BGB Nr. 34). Allerdings bedarf es dann tatsächlich eines **Konzepts** oder **Sanierungsplans**, weil allein die Forderung des Erwerbers, die Belegschaft vor dem Betriebsübergang zu verkleinern, keinen Kün-

digungsgrund i. S. d. § 1 Abs. 2 KSchG darstellt (APS/*Steffan* § 613 a BGB Rz. 193).

dd) Kündigung aus anderen Gründen
Da das Recht zur Kündigung aus anderen Gründen gem. § **613 a Abs. 4 S. 2 BGB** unberührt bleibt, kann sich der Arbeitgeber auf alle personen-, verhaltens- oder betriebsbedingten Gründe berufen, die ihren Ursprung in anderen betrieblichen Erfordernissen als denen des Betriebsübergangs haben.
So wird z. B. der Betriebserwerber bei Übersetzung des fusionierten Betriebes eher die ihm unbekannten »erworbenen« Arbeitnehmer entlassen wollen, als seine Stammbelegschaft.
Fraglich ist deshalb, ob § 613 a Abs. 4 BGB bereits dann anzuwenden ist, wenn die Kündigung unmittelbare Folge des Betriebsübergangs ist und der Arbeitgeber sich zur Begründung der Kündigung gerade auf den durchgeführten Betriebsübergang bezieht.
Nach Auffassung von *Wank* (MünchArbR § 125 Rz. 29) besteht der Zweck des § 613 a Abs. 4 BGB lediglich darin, zu verhindern, dass der Arbeitnehmer **durch den Betriebsübergang** deshalb seinen Arbeitsplatz verliert, weil der Erwerber seine Beschäftigung ablehnt. Erfolgt die Kündigung dagegen **infolge des Betriebsüberganges,** so ist der Arbeitnehmer auf den allgemeinen Kündigungsschutz zu verweisen.

565

566

ee) Rechtslage außerhalb des Geltungsbereichs des KSchG
Auch außerhalb des Geltungsbereichs der §§ 1 ff. KSchG (§ 1, 23 Abs. 1 KSchG) kann sich der Arbeitgeber nicht damit begnügen, auf seine Kündigungsfreiheit zu verweisen. Er muss vielmehr seine Motivation zur Kündigung darlegen, die eben nicht in dem Betriebsübergang liegen darf (*BAG* 8.9.1988 EzA § 102 BetrVG 1972 Nr. 73). Es genügt dann **jeder nachvollziehbare, nicht willkürlich erscheinende, sachliche Grund**, der den Verdacht einer bloßen Umgehung von § 613 a Abs. 4 S. 1 BGB auszuschließen vermag (APS/*Steffan* § 613 a BGB Rz. 179). Soweit der Arbeitgeber dabei auf sonstige tatsächliche Umstände verweist, hat der Arbeitnehmer darzulegen, diese Umstände seien tatsächlich nicht gegeben (MünchArbR/*Wank* § 125 Rz. 49).

567

ff) Betriebsübergang an ausländische Erwerber
Beim Betriebsübergang an ausländische Erwerber ist es unerheblich, ob das dem Betriebsübergang zugrunde liegende Rechtsgeschäft nach deutschem oder ausländischem Recht zu beurteilen ist.
§ 613 a BGB gilt jedenfalls dann, wenn der Betrieb im Inland verbleibt, da dann die verbleibenden Anknüpfungspunkte (Arbeitsvertrag und Betriebsort) zur Anwendung des deutschen Rechts führen.
Fraglich ist die Rechtslage dann, wenn der Betriebsübergang mit einer **Betriebsverlagerung ins Ausland** gekoppelt ist.
Widerspricht der Arbeitnehmer dem Betriebsübergang oder verweigert er von vornherein und endgültig eine Arbeitsaufnahme im Ausland, so kann der inländische Veräußerer nach den allgemeinen Grundsätzen betriebsbedingt kündigen, wenn er keine Weiterbeschäftigungsmöglichkeit mehr hat.
Ist der Arbeitnehmer dagegen zur Arbeitsaufnahme im Ausland bereit, so ist unklar, ob der ausländische Erwerber an § 613 a BGB gebunden ist. Davon ist für den Bereich

568

D. Die Beendigung des Arbeitsverhältnisses

der EG aufgrund der EG-Richtlinie, die der gesetzlichen Regelung des § 613 a BGB in der BRD zugrunde liegt, auszugehen (MünchArbR/*Wank* § 125 Rz. 75 m. w. N.).

gg) Wiedereinstellungsanspruch

569 Kommt es nach Zugang der – wirksamen betriebsbedingten – Kündigung zu einem Betriebsübergang i. S. d. Rechtsprechung des EuGH, haben die gekündigten Arbeitnehmer, die in der Einheit beschäftigt waren, einen Anspruch gegen den neuen Auftragnehmer, zu unveränderten Arbeitsbedingungen unter Wahrung ihres Besitzstandes eingestellt zu werden (BAG 13.11.1997 EzA § 613 a BGB Nr. 154; vgl. APS/*Steffan* § 613 a BGB Rz. 184). Geht der Betrieb oder Betriebsteil dadurch auf den Erwerber über, dass er die Identität der wirtschaftlichen Einheit durch die Einstellung der **organisierten Hauptbelegschaft und deren Einsatz auf ihren alten Arbeitsplätzen** mit unveränderten Aufgaben vornimmt, hat der Arbeitnehmer den Anspruch auf Fortsetzung des Arbeitsverhältnisses noch während des Bestehens oder zumindest unverzüglich **nach Kenntniserlangung** von den den Betriebsübergang ausmachenden tatsächlichen Umständen geltend zu machen. Das Fortsetzungsverlangen ist gegenüber dem Betriebserwerber zu erklären. Es darf nicht von Bedingungen abhängig gemacht werden, deren Eintritt vom Betriebserwerber nicht beeinflusst werden kann (BAG 12.11.1998 EzA § 613 a BGB Nr. 171).

570 Wer allerdings im Zusammenhang mit einem Betriebsübergang aus dem Arbeitsverhältnis aufgrund eines **Aufhebungsvertrags ausgeschieden** ist, hat **keinen Fortsetzungsanspruch** gegen den Betriebsübernehmer, solange die Wirksamkeit des Aufhebungsvertrags nicht wegen Anfechtung, Wegfalls der Geschäftsgrundlage (jetzt § 313 BGB n. F.) oder aus einem anderen Grund beseitigt worden ist (BAG 10.12.1998 EzA § 613 a BGB Nr. 175).

hh) Darlegungs- und Beweislast

(1) Grundsätzliche Verteilung der Darlegungslast zwischen Arbeitgeber und Arbeitnehmer

571 Die für den Betriebsübergang maßgeblichen Tatsachen sind grds. von demjenigen vorzutragen und zu beweisen, der sich auf den Betriebsübergang beruft (LAG Hamburg 26.11.1984 BB 1985, 1667), also regelmäßig vom Arbeitnehmer.

572 Hierfür reicht es aus, Tatsachen vorzutragen, aus deren Gesamtheit geschlossen werden kann, dass der Erwerber den Betrieb mit den übernommenen Mitteln fortsetzt. Der Arbeitgeber kann diesen Schluss widerlegen, indem er Tatsachen vorträgt und ggf. beweist, aus denen sich ergibt, dass er lediglich unter Einsatz erheblicher eigener Mittel tätig werden konnte.
Auch ist es Sache des Arbeitgebers, Tatsachen vorzutragen, aus denen sich ergibt, dass eine Ausnahme vom Tatbestand des Betriebsübergangs (z. B. eine Stilllegung) vorliegt.
Sind die Regelvoraussetzungen des Betriebsübergangs dargelegt und bewiesen, so muss **Ausnahmen vom Betriebsübergang**, z. B. eine Stilllegung, **darlegen und beweisen, wer sich darauf beruft** (vgl. BAG 3.7.1986 EzA § 613 a BGB Nr. 53).

D. Die Beendigung des Arbeitsverhältnisses

(2) Beweis des ersten Anscheins

Nach Auffassung des *BAG* (15.5.1985 EzA § 613a BGB Nr. 43) spricht zudem dann, wenn der Arbeitnehmer, der einen Übergang des Arbeitsverhältnisses nach § 613a BGB bzw. die Unwirksamkeit einer Kündigung gem. § 613a Abs. 4 S. 1 BGB geltend macht, darlegt, dass der Betriebserwerber die wesentlichen Betriebsmittel nach Einstellung des Geschäftsbetriebes des bisherigen Geschäftsinhabers verwendet, um einen gleichartigen Geschäftsbetrieb zu führen, der Beweis des ersten Anscheins dafür, dass dies aufgrund eines Rechtsgeschäfts i. S. v. § 613a BGB geschieht. 573

Bei Vorliegen eines Anscheinsbeweises greift allerdings keine Beweislastumkehr ein, vielmehr ist nur die ernsthafte Möglichkeit eines atypischen Geschehensablaufs zu beweisen (KR-*Pfeiffer* § 613a BGB Rz. 55 m. w. N.). 574
Nach Auffassung des *LAG Bremen* (2.2.1982 AP Nr. 30 zu § 613a BGB) hat der Arbeitnehmer seiner Darlegungslast allerdings bereits dann genügt, wenn er eine Reihe von Tatsachen vorträgt, aus deren Gesamtheit geschlossen werden muss, dass der Nachfolger den Betrieb mit den übernommenen Mitteln fortsetzen kann.

(3) Auswirkungen der konkreten prozessualen Situation; Bedeutung des Streitgegenstandes für die Darlegungs- und Beweislast
Darüber hinaus trägt an sich der Arbeitnehmer die **Darlegungs- und Beweislast hinsichtlich der notwendigen Kausalität zwischen Betriebsübergang und Kündigung** wenn er die Unwirksamkeit der Kündigung geltend macht (*BAG* 5.12.1985 EzA § 613a BGB Nr. 50). 575
Dies gilt aber nur, wenn sich der Arbeitnehmer mit der **Feststellungsklage nach § 256 ZPO** allein auf den Unwirksamkeitsgrund nach § 613a Abs. 4 S. 1 BGB stützt. Macht er dagegen die **Sozialwidrigkeit der Kündigung** nach §§ 1, 4 KSchG geltend, so muss der Arbeitgeber nach § 1 Abs. 2 S. 4 KSchG die soziale Rechtfertigung beweisen. Der Arbeitnehmer muss deshalb im Verfahren nach §§ 1, 4 KSchG nicht gem. § 613a Abs. 4 S. 1 BGB darlegen und beweisen, dass die Kündigung nur wegen des Betriebsübergangs erfolgt ist, da, solange hieran Zweifel bleiben, dem Arbeitgeber der Nachweis der sozialen Rechtfertigung nicht gelungen ist (*BAG* 9.2.1994 EzA § 613a BGB Nr. 116; vgl. auch *LAG Hamm* 28.5.1998 NZA-RR 1999, 71 zum behaupteten Betriebsübergang vor Ausspruch der Kündigung und der Kombination von Anträgen nach §§ 1, 4 KSchG, § 256 ZPO).

(4) Indizielle Bedeutung des zeitlichen Zusammenhangs zwischen Kündigung und Betriebsübergang
Hat der Arbeitnehmer die Unwirksamkeit nach § 613a Abs. 4 BGB darzulegen und zu beweisen, so genügt als erstes Indiz der Hinweis auf den **zeitlichen Zusammenhang mit dem Betriebsübergang**. 576

Zur Widerlegung dieses Indizes reicht jede nachvollziehbare Begründung des Arbeitgebers aus, die einen sachlichen Grund dafür enthält, dass die Kündigung nur äußerlich formal mit dem Betriebsübergang verbunden, nicht aber materiell wegen des Betriebsübergangs erfolgt ist (*BAG* 5.12.1985 EzA § 613a BGB Nr. 50). Als sachlicher Grund kommt etwa eine ernsthafte und endgültige Stilllegungsabsicht in Betracht, wenn sie bereits durchgeführt wird.

D. Die Beendigung des Arbeitsverhältnisses

Damit kann der Verdacht einer Kündigung wegen des Betriebsübergangs ausgeschlossen werden (*BAG* 31.1.1985 EzA § 613a BGB Nr. 42).
Der Arbeitnehmer kann den Vortrag des Arbeitgebers aber durch neuen Sachvortrag erschüttern.

(5) Betriebsübergang in der Kündigungsfrist; Wiedereröffnung des Betriebes

577 Kommt es jedoch bei einer zunächst geplanten Betriebsstilllegung noch innerhalb der Kündigungsfrist zu einem Betriebsübergang i. S. d. § 613a Abs. 1 S. 1 BGB, dann spricht, wie bei einer alsbaldigen Wiedereröffnung des Betriebs, eine **tatsächliche Vermutung gegen eine ernsthafte und endgültige Stilllegungsabsicht des veräußernden Betriebsinhabers zum Zeitpunkt der Kündigung** (*BAG* 27.9.1984 EzA § 613a BGB Nr. 40; 5.12.1985 EzA § 613a BGB Nr. 50; KR-*Pfeiffer* § 613a BGB Rz. 115).
In diesem Falle ist die Kündigung bereits nach § 1 Abs. 2 S. 1 KSchG sozial ungerechtfertigt, sodass es auf die zeitlich später eingreifende Norm des § 613a Abs. 4 S. 1 BGB nicht mehr ankommt.

k) Bergmannsversorgungsschein

578 In Nordrhein-Westfalen und im Saarland bedarf die ordentliche Kündigung eines Arbeitnehmers, der einen Bergmannsversorgungsschein besitzt, der Zustimmung durch die Zentralstelle für den Bergmannsversorgungsschein (§ 11 Gesetz NRW v. 14.4.1971, GVBl. NRW S. 125; § 11 Gesetz Saarland v. 11.7.1962, ABl. Saarland S. 605).
In Niedersachsen ist zur Kündigung des Inhabers eines Bergmannsversorgungsscheins die Zustimmung des Integrationsamtes einzuholen, weil er den Schwerbehinderten gleichgestellt ist (Gesetz Niedersachsen v. 6.1.1949, GVBl. S. 15; vgl. APS/*Vossen* BergmannsVSG).

2. Klagefrist (§§ 13 Abs. 1, 4, 7 KSchG)

a) Regelungsbereich des KSchG (§§ 1, 23 KSchG)

aa) Grundsätze

(1) Materiell-rechtliche Ausschlussfrist

579 §§ 13 Abs. 1, 4, 7 KSchG enthalten nach überwiegend vertretener Auffassung eine materiell-rechtliche Ausschlussfrist (vgl. KR-*Friedrich* § 4 KSchG Rz. 136), deren Versäumung dazu führt, dass die Klage als unbegründet abzuweisen ist.

580 Gleichwohl ist § 270 Abs. 3 ZPO anwendbar, sodass die Klagefrist auch dann gewahrt ist, wenn die Klage innerhalb von drei Wochen beim ArbG eingegangen ist und demnächst dem Arbeitgeber zugestellt wird (KR-*Friedrich* § 4 KSchG Rz. 140).

581 Wenn das KSchG anwendbar ist, d. h. das Arbeitsverhältnis ununterbrochen mehr als 6 Monate zwischen den Parteien besteht und es sich nicht um einen Kleinbetrieb i. S. d. § 23 KSchG handelt (s. u. D/Rz. 1038 ff.), dann muss der Arbeitnehmer die Unwirksamkeit der außerordentlichen Kündigung während der dreiwö-

chigen Ausschlussfrist des § 4 S. 1 KSchG oder innerhalb gem. §§ 5, 6 KSchG verlängerter Fristen geltend machen, da sonst die Unwirksamkeit der Kündigung geheilt wird (§ 13 Abs. 1 i. V. m. § 7 KSchG).

Gem. § 13 Abs. 1 S. 2 i. V. m. **§ 6 KSchG** kann der Arbeitnehmer dann, wenn er innerhalb der Drei-Wochen-Frist die Unwirksamkeit der Kündigung aus anderen als den in § 626 BGB bezeichneten Gründen, z. B. wegen nicht ordnungsgemäßer Anhörung des Betriebsrats, geltend gemacht hat, bis zum Schluss der mündlichen Verhandlung erster Instanz auch die Unwirksamkeit gem. § 626 BGB geltend machen. Das ArbG soll ihn hierauf hinweisen. 582

Hat sich ein Arbeitnehmer allerdings für den Fall der Unwirksamkeit der außerordentlichen Kündigung damit einverstanden erklärt, dass das Arbeitsverhältnis mit Ablauf der bei einer ordentlichen Kündigung einzuhaltenden Kündigungsfrist endet, bleibt bei der Umdeutung der außerordentlichen in eine ordentliche Kündigung für die Verlängerung der Anrufungsfrist nach § 6 S. 1 KSchG kein Raum (*BAG* 13.8.1987 EzA § 140 BGB Nr. 12). 583

(2) Einzelfragen

An die Form einer Kündigungsschutzklage dürfen keine zu strengen Anforderungen gestellt werden. Es genügt, dass aus der Klage ersichtlich ist, gegen wen sie sich richtet, wo der Kläger tätig war und dass er seine Kündigung nicht als berechtigt anerkennt (*BAG* 21.5.1981 EzA § 4 KSchG n. F. Nr. 19; vgl. APS/*Ascheid* § 4 KSchG Rz. 106 ff.). 584

Es ist unschädlich, wenn sich eine Kündigungsschutzklage unrichtigerweise gegen eine vermeintliche fristlose Kündigung anstatt gegen eine tatsächlich ausgesprochene ordentliche Kündigung wendet, sofern der Arbeitgeber nur eine Kündigung zu dem vom Kläger beanstandeten Beendigungszeitpunkt erklärt hat (*BAG* 21.5.1981 EzA § 4 KSchG n. F Nr. 19). 585
Den gesetzlichen Anforderungen genügt der Arbeitnehmer z. B. auch dann, wenn er innerhalb der Frist eine **Leistungsklage** erhebt und zugleich zum Ausdruck bringt, dass er die Unwirksamkeit der Kündigung geltend machen und den Feststellungsantrag noch in der ersten Instanz, wenn auch nach Ablauf der Drei-Wochen-Frist nachholt. Insoweit wird **§ 6 KSchG analog** angewendet (*BAG* 28.6.1973 EzA § 13 KSchG n. F. Nr. 1). Geht innerhalb der Frist des § 4 KSchG beim ArbG ein nicht unterzeichneter, jedoch im Übrigen den Erfordernissen einer Klageschrift entsprechender Schriftsatz ein, so kann der Mangel der Nichtunterzeichnung fristwahrend gem. § 295 ZPO geheilt werden (*BAG* 26.6.1986 EzA § 4 KSchG n. F. Nr. 25 gegen *BAG* 26.1.1976 EzA § 4 KSchG n. F. Nr. 9).

Eine ordnungsgemäße Klage liegt trotz **fehlender Unterschrift** zudem dann vor, wenn sich aus einem dem Klageentwurf beiliegenden Schriftstück ergibt, dass die Klage mit Wissen und Wollen des Verfassers bei Gericht eingegangen ist. Eine dem Klageentwurf beigefügte, vom Kläger eigenhändig unterschriebene Prozessvollmacht reicht hierfür nicht aus (*BAG* 26.1.1976 EzA § 4 KSchG n. F. Nr. 9). Demgegenüber genügt es, wenn die beiliegenden Doppel einen Beglaubigungsvermerk enthalten und dieser vom Verfasser eigenhändig unterzeichnet ist. 586

D. Die Beendigung des Arbeitsverhältnisses

Auch ein **Rechtsbeistand** kann wirksam Klage zum Arbeitsgericht erheben; dessen Ausschluss gem. § 11 Abs. 3 ArbGG betrifft nur das Auftreten in der mündlichen Verhandlung, nicht dagegen Prozesshandlungen außerhalb der mündlichen Verhandlung (*BAG* 26.9.1996 EzA § 11 ArbGG 1979 Nr. 13 gegen *BAG* 21.4.1988 EzA § 11 ArbGG 1979 Nr. 5).

587 Kündigt der Arbeitgeber dem Arbeitnehmer **schriftlich,** so wahrt dessen Klage auf Feststellung, das Arbeitsverhältnis sei durch die an diesem Tage ausgesprochene Kündigung nicht aufgelöst worden, die Klagefrist des § 4 KSchG regelmäßig auch für eine **mündliche Kündigung,** die der Arbeitgeber am selben Tag zuvor wegen desselben Sachverhalts bereits ausgesprochen hatte (*BAG* 14.9.1994 EzA § 4 KSchG n. F. Nr. 50; s. jetzt aber zu § 623 BGB oben D/Rz. 5 ff.).

588 Denn zum einen spricht in derartigen Fällen viel dafür, dass der Arbeitgeber nach dem Empfängerhorizont lediglich eine Kündigungserklärung abgegeben hat, also entweder die mündliche Erklärung lediglich die Androhung der schriftlichen Kündigung oder die schriftliche Erklärung nur die Bestätigung der mündlichen Kündigung dargestellt hat. Selbst wenn aber zwei selbstständige Kündigungen ausgesprochen worden sein sollten, so handelt es sich jedenfalls um einen einheitlichen Lebensvorgang. Klagt dann der Arbeitnehmer gegen die an diesem Tag ausgesprochene Kündigung, so muss dem Arbeitgeber von vornherein klar sein, dass er sich gegen die tatsächlich vorliegende Kündigung zur Wehr setzen will, unabhängig davon, ob diese nun in der mündlichen oder schriftlichen Erklärung oder in beiden Erklärungen zu sehen ist. Ob der Arbeitnehmer dann, u. U. noch dazu veranlasst durch eine entsprechende Formulierung des Kündigungsschreibens, in seiner Klage z. B. in erster Linie auf die schriftliche Kündigung Bezug nimmt, kann vom Sinn und Zweck der §§ 4 ff. KSchG her (dem Arbeitgeber alsbald Klarheit darüber zu verschaffen, ob die Kündigung hinnimmt oder ihre Unwirksamkeit gerichtlich geltend machen will) keine Rolle spielen (*BAG* 14.9.1994 EzA § 4 KSchG n. F. Nr. 50).

Die Frist kann auch durch eine hilfsweise gegen den richtigen Arbeitgeber erhobene Kündigungsschutzklage gewahrt werden, obwohl eine eventuelle subjektive Klagehäufung unzulässig ist (*BAG* 31.3.1993 EzA § 4 KSchG n. F. Nr. 46).

589 Die Dreiwochenfrist ist auch dann gewahrt, wenn die Klage bei **einem örtlich unzuständigen ArbG** eingeht und an das zuständige ArbG verwiesen oder formlos abgegeben wird (*LAG Köln* 10.7.1998 NZA-RR 1998, 561; vgl. APS/*Ascheid* § 4 KSchG Rz. 59 ff.). Dabei ist es unerheblich, wenn die Verweisung/Abgabe erst nach Fristablauf erfolgt; allerdings muss **alsbald** nach Klageeinreichung die Zustellung an den Arbeitgeber stattgefunden haben (*LAG Berlin* 2.1.1984 EzA § 4 KSchG n. F. Nr. 24; *LAG Hamm* 13.10.1988 LAGE § 2 KSchG Nr. 7; vgl. ausf. KR-*Friedrich* § 4 KSchG Rz. 181 ff.; *Hilbrandt* NJW 1999, 3594 ff.). Ausreichend ist es auch, wenn der Kläger lediglich ausdrücklich darum bittet, die Klage an das örtlich zuständige ArbG weiterzuleiten (*BAG* 15.9.1977 – 2 AZR 33/76 – n. v.; zit. nach KR-*Friedrich* § 4 KSchG Rz. 181 ff.).

590 Die Frist wird auch durch die **Klageeinreichung vor dem ordentlichen Gericht** gewahrt, wenn die Klage an das ArbG verwiesen wird; die Erhebung der Kündigungsschutzklage vor dem ordentlichen Gericht wahrt die Drei-Wochen-Frist (*Kissel* NZA 1995, 349; KDZ/*Zwanziger* § 4 Rz. 49; KR-*Friedrich* § 4 KSchG Rz. 186; *Schaub* BB 1993, 1669; **a. A.** *Hueck*/von *Hoyningen-Huene* § 4 Rz. 57). Entsprechendes gilt für die formlose Abgabe, wenn die Klage fristgerecht eingereicht war und vom ArbG demnächst (§ 270 Abs. 3 ZPO; die Vorschrift ist mit Wirkung vom 1.7.2002 aufgehoben worden) zugestellt wird (*LAG Sachsen-Anhalt* 23.2.1995 LAGE § 4 KSchG

Nr. 26), ebenso für Klageerhebung vor einem **Sozial- oder Verwaltungsgericht** (KR-*Friedrich* § 4 KSchG Rz. 187).

(3) Sonderregelungen für Besatzungsmitglieder in Schifffahrts- und Luftverkehrsbetrieben (§ 24 KSchG)

Für Besatzungsmitglieder von Betrieben der Schifffahrt und des Luftverkehrs sieht § 24 Abs. 3 KSchG vor, dass die Klage nach § 4 KSchG binnen drei Wochen, nachdem das Besatzungsmitglied zum Betriebssitz zurückgekehrt ist, zu erheben ist, **spätestens jedoch binnen sechs Wochen nach Zugang der Kündigung.** 591
Wird die Kündigung während der Fahrt ausgesprochen, so beginnt die sechswöchige Frist nicht vor dem Tag, an dem das Schiff oder das Luftfahrzeug einen deutschen Hafen oder Liegeplatz erreicht.

Das *BAG* (9.1.1986 AP Nr. 1 zu § 24 KSchG 1969) hat offen gelassen, ob die sechswöchige Klagefrist grds. bereits mit der Ankunft des Besatzungsmitglieds eines Seeschiffes in Deutschland beginnt, wenn ihm während der Fahrt gekündigt wird und er zurückkehrt, bevor das Schiff einen deutschen Hafen oder Liegeplatz erreicht. Denn auch bei einer restriktiven Auslegung des Gesetzes kann die Klagefrist in jedem Fall frühestens an dem Tag der tatsächlichen Ankunft des Seemanns beginnen. Das gilt auch dann, wenn er aus privaten Gründen (z. B. wegen Urlaubs) später nach Deutschland zurückkehrt, als es ihm möglich gewesen wäre. 592

bb) Regelungsgehalt des § 13 Abs. 1 KSchG

(1) Beschränkung auf § 626 Abs. 1, 2 BGB

§§ 13 Abs. 1, 4, 7 KSchG erfassen (*BAG* 8.6.1972 EzA § 1 KSchG Nr. 24; KR-*Friedrich* § 13 KSchG Rz. 61 f.; APS/*Biebl* § 13 KSchG Rz. 18 ff.), ohne dass sich dies dem Wortlaut der Vorschrift entnehmen lässt, nur das Vorliegen eines wichtigen Grundes gem. § 626 Abs. 1 BGB sowie die Einhaltung der Zweiwochenfrist gem. § 626 Abs. 2 BGB. 593

Alle anderen Mängel – Mängel der Kündigungserklärung sowie die sog. sonstigen Unwirksamkeitsgründe – können außerhalb dieser Frist geltend gemacht werden.

(2) Bedeutung der Rechtskraft

Zu beachten ist allerdings § 322 ZPO (Rechtskraft). Danach kann die im Kündigungsschutzprozess rechtskräftig unterlegene Partei (z. B. weil ein wichtiger Grund i. S. d. § 626 Abs. 1 BGB gegeben war) ein für sie günstigeres Ergebnis nicht dadurch erreichen, dass sie in einem späteren Verfahren andere Tatsachen vorträgt, z. B. im Hinblick auf dieselbe Kündigung nunmehr behauptet, der Betriebsrat sei nicht ordnungsgemäß angehört worden (Präklusionsprinzip). 594

Deshalb müssen die Parteien bei einem Streit über eine Kündigung alles vortragen, was geeignet ist, mit ihrem Rechtstandpunkt durchzudringen (*BAG* 13.11.1958 AP Nr. 17 zu § 3 KSchG). 595
Ist danach die Kündigungsschutzklage rechtskräftig abgewiesen, so ist der unterlegene Arbeitnehmer daran gehindert, die Unwirksamkeit der Kündigung nunmehr

D. Die Beendigung des Arbeitsverhältnisses

aus anderen als den im Kündigungsschutzrechtsstreit vorgebrachten Gründen geltend zu machen.

Mit der Abweisung der Klage, also mit der Entscheidung, dass das Arbeitsverhältnis durch eine bestimmte außerordentliche Kündigung nicht aufgelöst wurde, ist nicht nur die Rechtswidrigkeit der Kündigung i. S. v. § 626 Abs. 1, 2 BGB verneint, sondern auch ihre Unwirksamkeit aus anderen Gründen.

Denn über die Frage, ob das Arbeitsverhältnis zu einem bestimmten Zeitpunkt bestanden hat oder nicht, ist nur einheitlich zu urteilen (KR-*Friedrich* § 4 KSchG Rz. 262 ff. m. w. N.).

cc) Nachträgliche Zulassung der Kündigungsschutzklage (§§ 13 Abs. 1, 5 KSchG)

(1) Fristversäumnis; Verfahren

596 Gem. § 5 Abs. 1 KSchG ist dann, wenn der Arbeitnehmer nach erfolgter Kündigung trotz Anwendung aller ihm nach Lage der Umstände zuzumutenden Sorgfalt verhindert war, die Klage innerhalb von drei Wochen nach Zugang der Kündigung zu erheben, seine Klage nachträglich zuzulassen (vgl. zum Verfahren insoweit § 5 Abs. 2 bis 4 KSchG; ausf. *Busemann/Schäfer* a. a. O., Rz. 261 ff.; vgl. APS/*Ascheid* § 5 KSchG Rz. 91 ff.).

597 Im Antrag auf nachträgliche Zulassung der Kündigungsschutzklage müssen auch die Tatsachen für die Wahrung der Antragsfrist von zwei Wochen glaubhaft gemacht werden (*LAG Frankfurt* 10.5.1991 NZA 1992, 619).

Auch wenn eine anwaltlich verfasste Kündigungsschutzklage nicht unterzeichnet worden ist, genügt nach Auffassung des *LAG Hamm* (21.12.1995 LAGE § 5 KSchG Nr. 73) für die Zulässigkeit des Antrags gem. § 5 Abs. 2 S. 1 2. Hs. KSchG auf nachträgliche Zulassung die Bezugnahme auf die betreffende Klageschrift.

(2) Fehlendes Verschulden

598 Wird die Klagefrist wegen **urlaubsbedingter Ortsabwesenheit** des Arbeitnehmers versäumt, ist die nachträgliche Zulassung **i. d. R. geboten** (s. o. D/Rz. 73 ff.). Der Arbeitnehmer ist grds. nicht verpflichtet, für die Zeit der Urlaubsreise in seiner ständigen Wohnung besondere Vorkehrungen für den möglichen Zugang einer schriftlichen Kündigungserklärung und die Einhaltung der Klagefrist zu treffen. Etwas anderes gilt nur dann, wenn er durch sonstiges Verschulden die rechtzeitige Kenntnisnahme oder gar den Zugang der Kündigung vorsätzlich verhindert hatte (*LAG Köln* 4.3.1996 LAGE § 5 KSchG Nr. 74; tw. a. A. *LAG Hamm* 28.3.1996 NZA-RR 1996, 454 bei vorübergehender Nichtbenutzung der Wohnung, wenn der Arbeitnehmer Anlass hatte, mit dem Zugang einer Kündigung während seiner Abwesenheit zu rechnen). Kehrt der Arbeitnehmer noch innerhalb der Drei-Wochen-Frist aus dem Urlaub zurück und erlangt er Kenntnis von der Kündigung, muss er in der noch **verbleibenden Zeit** Klage erheben; dies gilt jedenfalls dann, wenn ihm noch **eine Woche** bis zum Ablauf der Frist als Überlegungsfrist bleibt (*LAG Köln* 14.7.1997 NZA-RR 1998, 14). Nicht ausreichend ist es dagegen, wenn nur noch drei Tage verbleiben (*LAG München* NZA 1993, 266), ebenso wenig die Zeit von Samstag (Urlaubsrückkehr) bis Montag (Fristablauf; *LAG Thüringen* 19.4.2001 – 7 Ta 159/00 –).

D. Die Beendigung des Arbeitsverhältnisses

Die **Erkrankung eines Arbeitnehmers** allein rechtfertigt nicht ohne weiteres die nachträgliche Zulassung der Kündigungsschutzklage (*LAG Berlin* 14.4.1999 – 9 Ta 498/99 –). 599

Eine Kündigungsschutzklage ist aber dann nachträglich zuzulassen, wenn die Partei zwar schuldhaft **vergessen hat**, die innerhalb der Klagefrist eingereichte Klage zu unterschreiben, dies jedoch hätte rechtzeitig nachholen können, wenn sie vom Gericht einen im Rahmen des normalen Geschäftsgangs ohne weiteres noch vor Ablauf der Klagefrist möglichen **Hinweis erhalten** hätte. Die Pflicht zur Neutralität verbietet es dem Gericht danach nicht, schon vor Ablauf der Klagefrist einen Hinweis auf das Fehlen der Unterschrift zu geben (*LAG Mecklenburg-Vorpommern* 27.7.1999 – 3 Ta 41/99 –). 600

Auch ein **unverschuldeter Rechtsirrtum** des gekündigten Arbeitnehmers über den Beginn der Drei-Wochen-Frist rechtfertigt die nachträgliche Zulassung. Unverschuldet ist der Rechtsirrtum jedoch nur dann, wenn aus Laiensicht eine abweichende Bewertung der Rechtslage ernsthaft nicht in Betracht kam und es deshalb vernünftigerweise auch nicht notwendig erschien, einen rechtskundigen Dritten um Rat zu fragen (*LAG Sachsen-Anhalt* 22.6.1999 NZA 2000, 377 Ls.). 601

Heißt es im Kündigungsschreiben, der Arbeitgeber »**behalte sich vor**«, die Kündigung bei bestimmtem Arbeitnehmerverhalten (z. B. der Durchführung einer stationären Entziehungskur) **zurückzunehmen**, so rechtfertigt es keine nachträgliche Zulassung der Kündigungsschutzklage, wenn der Arbeitnehmer auf rechtzeitige Klageerhebung verzichtet und sich stattdessen um die Erfüllung der Bedingung bemüht (*LAG Köln* 26.11.1999 ZTR 2000, 233). 602

Kennt der Arbeitnehmer die Klagefrist des § 4 KSchG nicht, so ist eine verspätet erhobene Kündigungsschutzklage trotz der strengen gesetzlichen Voraussetzungen, nach denen den Arbeitnehmer keinerlei Verschulden an der Nichteinhaltung der Frist treffen darf, dann nachträglich zuzulassen, wenn er eine **zur Rechtsauskunft geeignete und zuverlässige Stelle um Auskunft ersucht und dort eine falsche Rechtsberatung erfahren hat.** 603

Geeignet und zuverlässig in diesen Fällen ist z. B. ein Rechtsanwalt (nicht aber dessen Büroangestellte, *LAG Düsseldorf* 21.10.1997 NZA 1998, 728 Ls.), die Rechtsberatungsstelle einer Gewerkschaft oder die Rechtsantragsstelle eines Arbeitsgerichts, nicht dagegen der Betriebsrat oder der Betriebsratsvorsitzende (a. A. *LAG Baden-Württemberg* 3.4.1998 – 9 Ta 39/97 –; ebenso für den Personalrat und die Frist des § 1 Abs. 5 BeschFG *LAG Sachsen* 27.7.1998 NZA-RR 1999, 266). Das gilt hinsichtlich des Betriebsrats unabhängig davon, ob es sich um einen Groß- oder Kleinbetrieb handelt (APS/*Ascheid* § 5 KSchG Rz. 27 ff.; **a. A.** *Schaub* Arbeitsrechtshandbuch § 136 II 3), das um Auskunft ersuchte Betriebsratsmitglied von seiner beruflichen Tätigkeit freigestellt ist (vgl. § 38 BetrVG) oder aufgrund langjähriger Betriebsratstätigkeit über einschlägige Erfahrungen in individualrechtlichen Angelegenheiten verfügt (*LAG Rheinland-Pfalz* 10.9.1984 NZA 1985, 430, *LAG Berlin* 17.6.1991 LAGE § 5 KSchG Nr. 52; *Ascheid* Rz. 729). Ebenso wenig kommt die Rechtsschutzversicherung des Arbeitnehmers in Betracht (*LAG Sachsen* 23.7.1998 NZA 1999, 112 Ls.). 604

Diese Auffassung dient insbesondere dem praktischen Bedürfnis nach Rechtssicherheit, da sie schwierige und insbesondere auch für den betroffenen Arbeitnehmer kaum nachvollziehbare Abgrenzungsfragen vermeidet. 605

D. Die Beendigung des Arbeitsverhältnisses

Demgegenüber ist nach Auffassung von *Friedrich* (KR § 5 KSchG Rz. 33) auf den jeweiligen Einzelfall abzustellen. Die nachträgliche Zulassung ist danach i. d. R. dann gerechtfertigt, wenn sich der Arbeitnehmer Rat suchend an den Betriebsrat gewandt und eine falsche Auskunft erhalten hat.

606 Beruft sich der Arbeitnehmer im Verfahren auf nachträgliche Zulassung einer Kündigungsschutzklage darauf, dass er vom Zugang der Kündigung keine Kenntnis gehabt habe, bedarf es der Darlegung und Glaubhaftmachung besonderer Umstände. Das ist etwa der Fall, wenn ein Familienmitglied die Kündigungserklärung in der Absicht bewusst zurückhält, den erkrankten Empfänger vor einer die Krankheit verschlimmernden Aufregung einige Zeit zu bewahren (*LAG Berlin* 4.1.1982 AP Nr. 3 zu § 5 KSchG 1969). Zu der üblichen Sorgfaltspflicht des Prozessbevollmächtigten bei Kündigungsschutzklagen gehört es mit Rücksicht auf Sinn und Zweck der §§ 4, 5 KSchG, dass er sich innerhalb **angemessener Frist** nach Übersendung der Klageschrift an das Gericht (z. B. nach vier bis fünf Wochen) davon überzeugt, dass die Klageschrift dort **eingegangen** ist.

607 Das *Hessische LAG* (1.10.1996 NZA-RR 1997, 211) ist davon ausgegangen, dass sich unabhängig von diesem Prüfungsmaßstab aus dem Anspruch auf ein faires Verfahren (Art. 2 i. V. m. dem Rechtsstaatsprinzip) die Notwendigkeit zur nachträglichen Klagezulassung ergeben kann, wenn die Klage **versehentlich an ein unzuständiges Gericht** (AG unter der Adresse des allein unter dieser Adresse ansässigen ArbG) **adressiert** ist und von diesem verzögert an das zuständige ArbG weitergeleitet wird.

608 Die **Aufgabe eines Briefs in Taschkent** (Usbekistan) an den Rechtsanwalt des Arbeitnehmers in Deutschland mit dem Auftrag, gegen eine am Vortag zugegangene Kündigung Klage zu erheben, genügt, ausgehend von einer normalen Postlaufzeit von sieben Tagen, den Sorgfaltsanforderungen des § 5 KSchG. Eine Erkundigungspflicht beim Rechtsanwalt bestand jedenfalls 1999 mangels Zweifeln an der Zuverlässigkeit der Postbeförderung nicht (*LAG Hessen* 24.5.2000 ARST 2000, 282 Ls.).

609 Legt der Prozessvertreter das **Mandat nieder**, weil die Vergütung nicht gesichert ist, handelt es sich um Parteiverschulden, wenn dadurch die Kündigungsschutzklage zu spät eingereicht wird (*LAG Köln* 3.5.2001 ARST 2001, 284 Ls.).

(3) Zurechnung des Verschuldens des Prozessbevollmächtigten?

610 Fraglich ist, ob sich der Arbeitnehmer gem. § 85 Abs. 2 ZPO ein Verschulden seines Prozessbevollmächtigten, das zur Nichteinhaltung der Frist geführt hat, anrechnen lassen muss (APS/*Ascheid* § 5 KSchG Rz. 27 ff.).

611 Wegen der Wertung des § 7 KSchG, der für die Wahrung des Kündigungsschutzes auf »rechtzeitiges Geltendmachen« und damit maßgeblich auf den Formalakt (Prozesshandlung) der (fristgerechten) Klageerhebung abstellt, wird zum Teil in der Rechtsprechung (*LAG Düsseldorf* 21.3.1985 NZA 1986, 404; *LAG Rheinland-Pfalz* 10.2.1982 NJW 1982, 2461; *LAG Köln* 8.5.1987 DB 1987, 1796; 10.7.1998 NZA-RR 1998, 561; 21.1.1999 NZA-RR 1999, 664) davon ausgegangen, dass das Verschulden eines Prozessbevollmächtigten einer Versäumung der Klagefrist dem vertretenen Arbeitnehmer gem. § 85 Abs. 2 ZPO zugerechnet werden muss (ebenso *Tschöpe/Fleddermann* BB 1998, 157 ff.).

612 Selbst wenn man dieser Auffassung folgt, ist zu beachten, dass das Verschulden des Büropersonals dem Prozessbevollmächtigten dann nicht anzulasten ist, wenn er

D. Die Beendigung des Arbeitsverhältnisses

es ordnungsgemäß ausgewählt und überwacht – anderenfalls wäre ein wiederum anzurechnendes Organisationsverschulden anzunehmen (vgl. *Zöller/Vollkommer* § 85 ZPO Rz. 20 ff. m. w. N.). Der verspätete Eingang einer Kündigungsschutzklage beruht deshalb weder auf einem Verschulden der Partei noch ihres Prozessbevollmächtigten, wenn sie durch einen dem Büropersonal zuzurechnenden Versehen (»Zahlendreher« bei der Postleitzahl) verursacht worden ist (*LAG Köln* 21.4.1997 NZA-RR 1998, 13; vgl. auch *ArbG Kiel* 7.11.1997 NZA-RR 1998, 211: Organisationsverschulden bejaht, wenn aufgrund von falsch abgelegten Klageunterlagen durch eine Gewerkschaftsmitarbeiterin die Klagefrist versäumt wird; vgl. auch *LAG Rheinland-Pfalz* 26.10.2000 NZA-RR 2001, 214).

Von einem Rechtsanwalt, der sich und seine organisatorischen Vorkehrungen darauf eingerichtet hat, einen Schriftsatz weder selbst noch durch Boten oder per Post, sondern per Telefax zu übermitteln, kann andererseits beim Scheitern der gewählten Übermittlung – am letzten Tag der Frist und dem ersten erfolglosen Übermittlungsversuch um 14.14 Uhr – infolge eines **Defekts des Empfangsgeräts** oder wegen Leitungsstörungen jedenfalls **nicht verlangt werden**, dass er innerhalb kürzester Zeit eine **andere** als die gewählte, vom Gericht offiziell eröffnete **Zugangsart sicherstellt** (*BVerfG* 25.2.2000 EzA § 5 KSchG Nr. 32 = NZA 2000, 789; 1.8.1996 EzA § 233 ZPO Nr. 37 gegen *BAG* 14.9.1994 EzA § 233 ZPO Nr 25). Es stellt auch kein Verschulden des Anwalts dar, wenn er sich bei der Berufungseinlegung oder -begründung durch Telefax auf die von der Deutschen Telekom über Tonband angegebene **(falsche) Faxnummer des LAG** verlässt (*BAG* 25.1.2001 EzA § 233 ZPO Nr. 49).

Sofern im Hinblick auf die Bewilligung von Rechtsschutz in arbeitsrechtlichen Angelegenheiten einerseits und der Prozessführung andererseits eine **arbeitsteilig verabredete Organisation** zwischen einer Einzelgewerkschaft und der DGB Rechtsschutz GmbH besteht, kann sich Letztere als Prozessvertreter nicht ohne weiteres dadurch entlasten, dass Mängel bei Erhebung einer Kündigungsschutzklage in der Sphäre der Einzelgewerkschaft aufgetreten sind (*Sächsisches LAG* 9.5.2000 FA 2001, 216).

613 Zum Teil (*LAG Hamburg* 2.5.1986 BB 1986, 1020; *LAG Hamm* 27.10.1994, 21.12.1995 LAGE § 5 KSchG Nr. 68, 73; *LAG Niedersachsen* 27.7.2000 LAGE § 5 KSchG Nr. 98; *Berkowsky* NZA 1997, 355) wird demgegenüber eine Zurechnung gem. § 85 Abs. 2 ZPO mit der Begründung abgelehnt, dass diese Norm nur prozessuale Wirkung zeitigt und die Klagefrist gem. § 4 KSchG demgegenüber als materiell-rechtliche Frist zu verstehen ist.

(4) Treuwidrige Berufung des Arbeitgebers auf die Versäumung der Klagefrist

614 Gem. § 242 BGB kann die Berufung des Arbeitgebers auf die Fristversäumnis treuwidrig sein, wenn er sie mitverursacht hat. So kommt z. B. der Leiter einer Schule zwar nicht als geeignete Stelle i. S. d. § 5 KSchG (s. o. D/Rz. 604) in Betracht, weil er im Lager des Arbeitgebers steht. Rät er aber einem Lehrer in Unkenntnis der Klagefrist ab, den Klageweg zu beschreiten, wäre es treuwidrig, wenn sich das Land als Arbeitgeber auf die Versäumung der Klagefrist berufen könnte (*LAG Baden-Württemberg* 3.4.1998 – 9 Ta 39/97 –)

D. Die Beendigung des Arbeitsverhältnisses

(5) Formelle Voraussetzungen; Verfahrensfragen; Rechtskraftwirkung

615 Formelle Voraussetzungen für einen ordnungsgemäßen Antrag sind (vgl. APS/ *Ascheid* § 5 KSchG Rz. 64 ff.):
– Der Antrag ist nur innerhalb von zwei Wochen, nachdem der die Klage hindernde Umstand weggefallen ist, zulässig (§ 5 Abs. 2 S. 1 KSchG). Diese Frist beginnt nicht erst bei positiver Kenntnis des Arbeitnehmers von der Fristversäumung, sondern bereits dann, wenn er bei zumutbarer Sorgfalt Kenntnis von ihr hätte erlangen können. Dabei muss sich der Arbeitnehmer etwaige Versäumnisse seines Anwalts nach § 85 Abs. 2 ZPO zurechnen lassen (*LAG Hamm* 4.11.1996 NZA-RR 1997, 209; **a. A.** hinsichtlich der Anwendung des § 85 Abs. 2 ZPO KR-*Friedrich* § 5 KSchG Rz. 104 a ff.).
– Nach Ablauf von sechs Monaten, vom Ende der versäumten Frist an gerechnet, kann der Antrag nicht mehr gestellt werden (§ 5 Abs. 3 S. 2 KSchG).
– Mit dem Antrag ist die Klageerhebung zu verbinden, wenn dies nicht schon geschehen ist (§ 5 Abs. 2 S. 1 KSchG).
– Der Antrag muss sowohl die Angabe der die nachträgliche Zulassung begründenden Tatsachen, als auch die Mittel der Glaubhaftmachung enthalten.

616 Der Antrag auf nachträgliche Zulassung der Kündigungsschutzklage ist stets ein **Hilfsantrag für den Fall, dass die Klage verspätet ist.** Nur wenn das Gericht die Klage für verspätet hält, darf es über den Antrag entscheiden (*BAG* 5.4.1984 EzA § 5 KSchG n. F. Nr. 21; *LAG Sachsen-Anhalt* 22.10.1997 LAGE § 5 KSchG Nr. 92; vgl. auch *LAG Sachsen-Anhalt* 23.4.1997 LAGE § 5 KSchG Nr. 93 für eine allgemeine Feststellungsklage gem. § 256 ZPO, die sich gegen eine Anfechtung des Arbeitgebers richtet und eine nachfolgend erklärte Kündigung, die der Arbeitnehmer erst nach Ablauf von drei Wochen in das Verfahren einführt).

617 Im Zulassungsverfahren ist nicht zu prüfen, ob eine Kündigung vorliegt, ob der Arbeitnehmer unter das KSchG fällt, oder ob er durch Unterzeichnung einer Ausgleichsquittung auf seinen Kündigungsschutz verzichtet hat (vgl. *Berkowsky* NZA 1997, 356 m. w. N).

618 Über den Antrag hat stets zunächst das ArbG zu entscheiden; das LAG kann im Zulassungsverfahren ausschließlich als Beschwerdeinstanz tätig werden. Entscheidet das ArbG über den vorsorglichen Antrag auf nachträgliche Zulassung nicht, weil es die Kündigung bereits aus anderen Gründen i. S. d. § 13 Abs. 3 KSchG als rechtsunwirksam erachtet, so ist dieses Urteil auf die Berufung hin aufzuheben und die Sache an das ArbG zurückzuverweisen, wenn sich im Berufungsverfahren herausstellt, dass die vom ArbG bejahten anderen Unwirksamkeitsgründe nicht vorliegen (*LAG Nürnberg* 19.9.1995 NZA 1996, 503). Gleiches – Aufhebung und Zurückverweisung – gilt, wenn der Antrag auf nachträgliche Zulassung erstmals in der Berufungsinstanz gestellt wird (*LAG Brandenburg* 13.3.1996 NZA-RR 1997, 212).
Wird eine Kündigungsschutzklage erst im zweiten Rechtszug im Wege des Parteiwechsels gegen die richtige Partei gerichtet, so ist der Antrag gem. § 5 KSchG nach Auffassung des *LAG Hamm* (15.7.1993 NZA 1994, 288 Ls.) vor dem LAG anhängig zu machen.

Das Verfahren über den Antrag auf nachträgliche Zulassung der Kündigungs- 619
schutzklage dient allein der Klärung der Frage, ob die verspätete Klageerhebung
verschuldet ist. Daraus ergibt sich, dass allein die Feststellungen über die Verspätung und das Verschulden im Beschluss über die nachträgliche Zulassung der inneren Rechtskraft fähig sind, nicht aber andere Vorfragen, mit denen sich das Gericht im Rahmen des Verfahrens über den Antrag auf nachträgliche Zulassung befasst (*BAG* 5.4.1984 EzA § 5 KSchG n. F. Nr. 21; **a. A.**. *LAG Hamm* 7.11.1985 AP
Nr. 8 zu § 5 KSchG 1969: Rechtskraftwirkung auch hinsichtlich der Voraussetzungen zur Anwendung des KSchG sowie anderer vorgreiflicher, dem Antrag entgegenstehender Gesichtspunkte; *Berkowsky* NZA 1997, 356; *LAG Köln* 17.8.2001 –
7 Ta 47/01 –: Verspätung nicht Verfahrensgegenstand).

Die Berufungskammer des LAG ist im Kündigungsschutzprozess analog § 318 ZPO 620
an den Beschluss der Beschwerdekammer gebunden, mit dem die sofortige Beschwerde gem. § 5 KSchG gegen die Zurückweisung des Antrags auf nachträgliche
Zulassung der Kündigungsschutzklage zurückgewiesen worden ist. Insoweit erstreckt sich die Bindungswirkung auch auf die Feststellung, dass die Kündigungsschutzklage verspätet ist (*BAG* 28.4.1983 EzA § 5 KSchG n. F. Nr. 20).

b) Berufsausbildungsverhältnis
Siehe hierzu die Ausführungen oben unter D/Rz. 525 ff. 621

c) Verwirkung des Klagerechts außerhalb des Anwendungsbereichs der §§ 1, 23 KSchG
Außerhalb des Regelungsbereichs der §§ 1, 23 KSchG muss der Arbeitnehmer bei 622
einer außerordentlichen Kündigung **nicht die Klagefrist und -form des § 4 KSchG
einhalten** (*BAG* 17.8.1972 EzA § 626 BGB n. F. Nr. 22).
Das Klagerecht des Arbeitnehmers kann aber **verwirken** (vgl. APS/*Ascheid* § 7
KSchG Rz. 30 ff.; APS/*Biebl* § 13 KSchG Rz. 62 ff.).

aa) Allgemeine Voraussetzungen
Notwendige Voraussetzung für die Verwirkung ist zunächst, dass der Arbeitnehmer 623
mit der Klage längere Zeit abwartet **(Zeitmoment).**
Daraus muss sich für den Arbeitgeber (nicht nur, aber auch) infolge des Zeitablaufs
ein sich gerade auf die Klageerhebung erstreckender Vertrauenstatbestand des Inhalts
ergeben, mit der Klage nicht mehr rechnen zu müssen.
Dies muss dann dazu führen, dass dem Arbeitgeber nicht mehr zugemutet werden
kann, sich auf die Klage einzulassen **(Umstandsmoment).**
Für das Zeitmoment ist nicht auf starre Höchst- oder Regelfristen abzustellen. Maßgeblich sind vielmehr die konkreten Umstände des Einzelfalles (vgl. KR-*Friedrich*
§ 13 KSchG Rz. 304 ff.).
Das Vorliegen des Zeitmomentes indiziert nicht das sog. Umstandsmoment. Viel- 624
mehr bedarf es insoweit besonderer Umstände für die berechtigte Erwartung des
Schuldners (Arbeitgebers), er werde nicht mehr gerichtlich in Anspruch genommen.
An dieses Vertrauen sind insbesondere dann strenge Anforderungen zu stellen, wenn
der Arbeitnehmer eine Kündigung mit der Begründung angreift, sie sei wegen Betriebsübergangs (§ 613 a Abs. 4 BGB) ausgesprochen worden (*BAG* 20.5.1988 EzA
§ 242 BGB Prozessverwirkung Nr. 1).

D. Die Beendigung des Arbeitsverhältnisses

bb) Besondere Bedeutung des Zeitmoments?

625 Zum Teil (vgl. KR-*Hillebrecht* 4. Aufl. § 626 BGB Rz. 222 m. w. N.) wird wegen §§ 4, 13 KSchG, § 9 MuSchG, § 626 Abs. 2 BGB davon ausgegangen, dass bei der Verwirkung des Rechts zur Geltendmachung der Unwirksamkeit einer Kündigung dem Zeitmoment eine besondere Bedeutung zukommt, während an das Umstandsmoment keine strengen Anforderungen zu stellen sein sollen.
Das *BAG* (12.12.1984 EzA § 626 BGB n. F. Nr. 97) hat sich dem allerdings nicht angeschlossen.
Gleichwohl kann aber nach Auffassung von *Wank* (MünchArbR § 119 Rz. 165) zumindest davon ausgegangen werden, dass je länger der verstrichene Zeitraum ist, desto geringere Anforderungen an das Umstandsmoment zu stellen sind.

3. Ausschlussfrist (§ 626 Abs. 2 BGB)

a) Grundsätze

aa) Kenntnis des Arbeitgebers

(1) Zweck der gesetzlichen Regelung

626 **Die außerordentliche Kündigung kann gem. § 626 Abs. 2 BGB nur innerhalb einer zweiwöchigen Frist erfolgen.**
Zweck dieser Regelung ist es, den Kündigenden möglichst schnell zur Entscheidung über die Kündigung aus einem bestimmten Grund zu veranlassen. Denn ansonsten könnte die Unzumutbarkeit der Weiterbeschäftigung fraglich sein.
Zudem soll der Kündigungsgegner frühzeitig die Konsequenzen des Vorliegens eines wichtigen Grundes für sein Arbeitsverhältnis erfahren (MünchArbR/*Wank* § 120 Rz. 129; APS/*Dörner* § 626 BGB Rz. 116 f.).

627 Die Ausschlussfrist ist gewahrt, wenn dem Kündigungsempfänger die Kündigungserklärung **innerhalb der Frist zugegangen ist.**
Allerdings können Besonderheiten dann gelten, wenn gegenüber den Arbeitnehmern einer Kommune Kündigungsberechtigter der Gemeinderat bzw. ein nach Maßgabe einer Gemeindeordnung eingerichteter Personalausschuss ist. Tagt nämlich ein derartiger Ausschuss im Monatsrhythmus, so wird die Ausschlussfrist der § 54 Abs. 2 BAT, § 626 Abs. 2 BGB regelmäßig auch dann gewahrt, wenn die fristlose Kündigung eines Arbeitnehmers der Gemeinde in der nächsten ordentlichen Ausschusssitzung beschlossen wird, nachdem der Erste Bürgermeister von dem Kündigungssachverhalt Kenntnis erlangt hat (*BAG* 18.5.1994 EzA § 626 BGB Ausschlussfrist Nr. 6).

(2) Rechtsnatur der Ausschlussfrist; Einzelfragen

628 **Die Regelung des § 626 Abs. 2 BGB ist zwingendes Recht,** sie kann weder durch Parteivereinbarung noch durch Tarifverträge abgeändert werden (*BAG* 12.4.1978 EzA § 626 BGB n. F. Nr. 64); sie gilt auch für die außerordentliche Kündigung aus wichtigem Grund von selbstständigen Dienstverhältnissen (*BGH* 19.11.1998 EzA § 626 BGB Ausschlussfrist Nr. 13).
Nicht anwendbar ist § 626 Abs. 2 BGB allerdings auf die fristlose Kündigung eines Handelsvertretervertrages aus wichtigem Grund nach § 89 a HGB (*BAG* 3.5.1986 AP § 626 BGB Ausschlussfrist Nr. 23).

D. Die Beendigung des Arbeitsverhältnisses

Ist dem Kündigungsgegner mit Ablauf der Zweiwochenfrist keine Kündigung zugegangen, so wird unwiderleglich vermutet, dass dem Kündigungsberechtigten die Fortsetzung des Arbeitsverhältnisses zumutbar ist. Die Ausschlussfrist kann daher als Konkretisierung der Verwirkung des Kündigungsgrundes angesehen werden. Ohne Kenntnis des Kündigungsberechtigten vom Kündigungssachverhalt kann das Kündigungsrecht folglich nicht verwirken (BAG 9.1.1986 EzA § 626 BGB n. F. Nr. 98).

Sie ist eine materiell-rechtliche Ausschlussfrist, ihre Versäumung führt zur Unwirksamkeit der außerordentlichen Kündigung (BAG 6.7.1972 EzA § 626 BGB n. F. Nr. 15). Eine Wiedereinsetzung in den vorigen Stand ist ausgeschlossen (BAG 28.10.1971 EzA § 626 BGB Nr. 8).

Nach Fristablauf können die verfristeten Kündigungsgründe allerdings noch zur Begründung einer **ordentlichen Kündigung** herangezogen werden (MünchArbR/Wank § 120 Rz. 130; a. A. LAG Hamm 16.10.1978 DB 1979, 607). **629**
Hat der Arbeitgeber, der eine außerordentliche Kündigung gegenüber seinem Arbeitnehmer beabsichtigt, von einem Antrag des Arbeitnehmers auf Feststellung der Schwerbehinderteneigenschaft Kenntnis erlangt und kündigt er deshalb nicht innerhalb der Frist des § 626 Abs. 2 BGB, sondern beantragt innerhalb der Frist des § 91 Abs. 2 SGB IX die Zustimmung des Integrationsamtes, so darf sich der Arbeitnehmer nach **Treu und Glauben** auch dann nicht auf die Versäumung der Frist berufen, wenn er tatsächlich nicht schwer behindert war und es deshalb der Zustimmung des Integrationsamtes nicht bedurfte (BAG 27.2.1987 EzA § 626 BGB Ausschlussfrist Nr. 1).

(3) Beginn der Frist

aaa) Kenntnis der Kündigungstatsachen
Die Frist gem. § 626 Abs. 2 BGB beginnt mit dem Zeitpunkt, in dem der Kündigungsberechtigte von den für die Kündigung maßgebenden Tatsachen **Kenntnis erlangt.** **630**
Erforderlich ist eine zuverlässige und möglichst vollständige Kenntnis der für die Kündigung maßgebenden Tatsachen. Selbst grob fahrlässige Unkenntnis schadet nicht (BAG 11.3.1976 EzA § 626 BGB n. F. Nr. 46).
Stützt der Arbeitgeber z. B. die Kündigung nicht auf die Verantwortung des Arbeitnehmers im öffentlichen Dienst für die Verbreitung ausländerfeindlicher Pamphlete, sondern auf seine erstmalige, nicht rechtskräftige Verurteilung wegen Volksverhetzung, so beginnt die Frist ab Kenntniserlangung des Arbeitgebers von der Verurteilung zu laufen (BAG 14.2.1996 EzA § 626 BGB n. F. Nr. 160; vgl. dazu APS/*Dörner* § 626 BGB Rz. 125; *Scheuring* ZTR 1999, 337 ff. u. 385 ff.).

bbb) Hemmung der Frist bei Ermittlungen
Zur Erlangung dieser Kenntnis kann der Kündigungsberechtigte zunächst **Ermitt-** **631**
lungen anstellen, insbesondere den Betroffenen anhören.

Solange der Arbeitgeber die zur Sachverhaltsaufklärung nach pflichtgemäßem Ermessen notwendig erscheinenden Maßnahmen durchführt, kann die Ausschlussfrist nicht beginnen.
Die Hemmung des Fristablaufs setzt aber voraus, dass die vom Arbeitgeber ergriffenen Maßnahmen vom Standpunkt eines verständigen Vertragspartners her zur

genaueren Sachverhaltsermittlung erforderlich waren (MünchArbR/*Wank* § 120 Rz. 132; APS/*Dörner* § 626 BGB Rz. 127 ff.).

632 Er darf daher z. B. die Beendigung eines Strafverfahrens abwarten, wenn er selbst die Schuld des Arbeitnehmers nicht abschließend feststellen kann (*BAG* 11.3.1976 EzA § 626 BGB n. F. Nr. 46); er kann auch berechtigt sein, nach Einsicht in die staatsanwaltschaftlichen Akten eines größeren Korruptions-Komplexes das Ermittlungsverfahren und die evtl. Anklageerhebung im Einzelfall abzuwarten, ohne dass eine spätere Kündigung verfristet wäre (*Hessisches LAG* 25.8.1994 LAGE § 626 BGB Ausschlussfrist Nr. 6). Eine Hemmung der Frist tritt aber nicht dadurch ein, dass der Kündigungsberechtigte bei einem Rechtsanwalt **Rechtsrat zwecks Beurteilung** einholt, ob die bislang ermittelten **Indiztatsachen die beabsichtigte Kündigung tragen** oder weitere Aufklärungsmaßnahmen unternommen werden sollten (*LAG Hamm* 1.10.1998 LAGE § 626 BGB Ausschlussfrist Nr. 10).
Für die Vorermittlungen gilt, anders als für die Anhörung des Arbeitnehmers (s. u. D/Rz. 633), keine Regelfrist (*BAG* 10.6.1988 EzA § 626 BGB Ausschlussfrist Nr. 1). Allerdings ist die Ausschlussfrist nur solange gehemmt, wie der Kündigungsberechtigte die Aufklärungsmaßnahmen mit der gebotenen Eile auch **tatsächlich durchführt** (*BAG* 31.3.1993 EzA § 626 BGB Ausschlussfrist Nr. 5).

ccc) **Anhörung des Arbeitnehmers**

633 Auch die sachdienliche **Anhörung des Arbeitnehmers** hemmt den Fristablauf, möglicherweise ist auch eine Mehrfachanhörung erforderlich.
Um den Schutz des Kündigungsgegners durch die Ausschlusswirkung nicht mittels einer Hinauszögerung der Anhörung umgehen zu können, muss sie **innerhalb einer kurzen Frist erfolgen, die regelmäßig nicht länger als 1 Woche sein darf** (*BAG* 6.7.1972 EzA § 626 BGB n. F. Nr. 15), berechnet ab dem Zeitpunkt, in dem der Kündigungsberechtigte von den für die Kündigung maßgebenden Tatsachen Kenntnis erlangt (APS/*Dörner* § 626 BGB Rz. 130).

ddd) **Kenntnis des Kündigungsberechtigten**

634 Entscheidend ist die Kenntnis des zur Kündigung Berechtigten, das ist jeder, der zur Kündigung des konkreten Arbeitnehmers befugt ist.
Bei Minderjährigkeit des Arbeitgebers ist die Kenntnis des gesetzlichen Vertreters entscheidend.
Im Falle der Gesamtvertretung ist die Kenntnis eines Vertreters ausreichend (*BAG* 20.9.1984 EzA § 626 BGB n. F. Nr. 92; demgegenüber geht der *BGH* [15.6.1998 II ZR 318/96 gegen *BGH* 2.6.1997 DStR 1997, 1338 f.] für die außerordentliche Kündigung des Anstellungsvertrages eines GmbH-Geschäftsführers von der Notwendigkeit der **Kenntnis der Mitglieder der Gesellschaftsversammlung** aus, die nach deren Zusammentritt erlangt sein muss, aus; zur Zurechenbarkeit der Kenntnis konzern-, nicht betriebsangehöriger Dritter *LAG Hamm* 29.1.2001–16 Sa 998/00 –).
Grds. reicht die Kenntnis dritter Personen ohne Entlassungsbefugnis für den Beginn der Ausschlussfrist nicht aus (*BAG* 28.10.1971 AP Nr. 1 zu § 626 BGB Ausschlussfrist).

635 Hat der Dritte im Betrieb allerdings eine Stellung, die nach den Umständen des Einzelfalles erwarten lässt, dass er den Kündigungsberechtigten von dem Kündigungssachverhalt unterrichtet, so ist trotz unterlassener oder verzögerter Unterrichtung

D. Die Beendigung des Arbeitsverhältnisses

dem Kündigungsberechtigten die Kenntnis nach **Treu und Glauben** zuzurechnen, wenn die Information des Arbeitgebers durch eine **mangelhafte Organisation** des Betriebes verhindert wurde, obwohl eine andere Organisation sachgemäß gewesen wäre und dem Arbeitgeber zumutbar war (*BAG* 5.5.1977 EzA § 626 BGB n. F. Nr. 57; APS/*Dörner* § 626 BGB Rz. 131 f.; abl. MünchArbR/*Wank* § 120 Rz. 137, weil dadurch das gesetzliche Merkmal der Kenntnis durch das der fahrlässigen Unkenntnis ersetzt wird).

bb) Dauergründe

(1) Begriffsbestimmung
Problematisch ist die Frage des Fristbeginns bei sog. Dauergründen. 636

> Dabei handelt es sich z. B. um Pflichtverletzungen, die zu einem Gesamtverhalten zusammen gefasst werden können. Hier beginnt die Ausschlussfrist mit dem letzten Vorfall, der ein weiteres und letztes Glied der Kette der Ereignisse bildet, die zum Anlass für eine Kündigung genommen werden.

Das frühere Verhalten, das länger als zwei Wochen zurückliegt, ist aber ebenfalls zu berücksichtigen und zwar, anders als ein verfristeter Vorfall, nicht nur unterstützend (APS/*Dörner* § 626 BGB Rz. 133 ff.).

(2) Eigenmächtiger Urlaubsantritt; unentschuldigtes Fehlen
Nimmt der Arbeitnehmer z. B. **eigenmächtig Urlaub,** so beginnt die Ausschlussfrist 637 des § 626 Abs. 2 BGB für eine hierauf gestützte außerordentliche Kündigung des Arbeitgebers aus wichtigem Grund mit der **Rückkehr des Arbeitnehmers** (*BAG* 25.2.1983 EzA § 626 BGB n. F. Nr. 83). Denn dann, wenn der Arbeitnehmer längere Zeit unbefugt der Arbeit fernbleibt, begeht er jeden Tag von neuem eine Vertragsverletzung.
Erklärt der Arbeitgeber erst wenige Tage nach dem Urlaubsantritt, jedoch vor der Rückkehr des Arbeitnehmers die Kündigung, so muss nicht bereits der Antritt des Urlaubs ohne Rücksicht auf die Dauer des Fernbleibens der maßgebliche Grund für die Kündigung gewesen sein. Der Arbeitgeber kann aus verschiedenen Erwägungen eine Weile zugewartet haben, bevor er zu dem äußersten Mittel der fristlosen Entlassung griff.
Fehlt der Arbeitnehmer unentschuldigt, z. B. im Falle einer rechtswidrigen **Selbstbe-** 638 **urlaubung**, so beginnt die Frist frühestens mit **dem Ende der unentschuldigten Fehlzeit** (*BAG* 22.1.1998 EzA § 626 BGB Ausschlussfrist Nr. 11).

(3) Nicht abgeschlossener Dauerzustand
Bei nicht abgeschlossenen **Dauerzuständen** (z. B. einer längerfristigen Erkrankung) 639 kann der entscheidende Sachverhalt andererseits bereits abgeschlossen sein, sobald der Arbeitgeber weiß, dass der Arbeitnehmer nicht nur vorübergehend ausfällt und er sich darauf in seiner Personalplanung einstellen muss (KR-*Fischermeier* § 626 BGB Rz. 323 ff.).
Allerdings geht das *BAG* (21.3.1996 EzA § 626 BGB Ausschlussfrist Nr. 10) davon aus, dass dann, wenn die **dauernde Unfähigkeit,** die vertraglichen Dienste zu erbringen, den Kündigungsgrund für eine außerordentliche Kündigung eines ordentlich unkündbaren Arbeitnehmers bildet, es sich um einen Dauerzustand handelt, bei dem

es für die Einhaltung der Zweiwochenfrist **ausreicht,** dass er in den **letzten zwei Wochen vor Ausspruch der Kündigung angehalten hat.**

(4) Wegfall der Beschäftigungsmöglichkeit

640 Ist bei einem tariflich unkündbaren Arbeitnehmer ausnahmsweise eine außerordentliche Kündigung unter Einhaltung der ordentlichen Kündigungsfrist zulässig, weil sein Arbeitsplatz weggefallen ist und der Arbeitgeber ihn auch unter Einsatz aller zumutbaren Mittel, ggf. durch Umorganisation seines Betriebes nicht weiter beschäftigen kann, so ist § 626 Abs. 2 BGB nicht anwendbar, da der Wegfall der Beschäftigungsmöglichkeit einen Dauertatbestand darstellt (*BAG* 5.2.1998 EzA § 626 BGB Unkündbarkeit Nr. 2; zust. *Schleusener* SAE 1998, 218 ff.).

b) Einzelfragen

aa) § 102 BetrVG, § 79 BPersVG

641 Die gem. § 102 BetrVG, § 79 BPersVG erforderliche Anhörung des Betriebs- bzw. Personalrats muss rechtzeitig vor Ablauf der Ausschlussfrist eingeleitet werden, da sie nicht um die Anhörungsfrist von drei Tagen verlängert wird.

642 Der Arbeitgeber muss deshalb **spätestens am zehnten Tag** nach Kenntnis der für die Kündigung maßgebenden Tatsachen die Anhörung des Betriebsrats einleiten, um nach Ablauf der Anhörungsfrist von drei Tagen dann noch am folgenden letzten Tag der Ausschlussfrist die Kündigung aussprechen zu können.
Muss ein personalvertretungsrechtliches **Mitbestimmungsverfahren** (einschließlich einer Erörterung und eines Einigungsversuchs zwischen Arbeitgeber und Personalrat) vor Ausspruch der Kündigung durchgeführt werden, so gilt **§ 91 Abs. 5 SGB IX analog.** Der Arbeitgeber muss also unverzüglich (§ 121 BGB, d. h. ohne schuldhaftes Zögern) die Kündigung nach Abschluss des personalvertretungsrechtlichen Mitbestimmungsverfahrens erklären (*BAG* 21.10.1983 AP Nr. 16 zu § 626 BGB Ausschlussfrist; APS/*Dörner* § 626 BGB Rz. 145 f.). Hat der Arbeitgeber innerhalb der Frist des § 626 Abs. 2 BGB sowohl die erforderliche **Zustimmung** des Personalrats **beantragt,** als auch bei verweigerter Zustimmung das **weitere Mitbestimmungsverfahren eingeleitet,** so kann demgemäß die Kündigung auch nach Ablauf der Frist des § 626 Abs. 2 BGB erfolgen, wenn sie **unverzüglich nach Erteilung der Zustimmung** erklärt wird. Es reicht dagegen nicht aus, dass der Arbeitgeber lediglich kurz vor Ablauf der Zweiwochenfrist beim Personalrat die Zustimmung zur Kündigung beantragt und nach Ablauf der Frist bei verweigerter Zustimmung das weitere Mitbestimmungsverfahren einleitet (*BAG* 8.6.2000 EzA § 626 BGB Ausschlussfrist Nr. 15).

bb) § 15 KSchG, § 103 BetrVG

643 Soweit die außerordentliche Kündigung eines gem. § 15 Abs. 1–3 KSchG geschützten Amtsträgers erst zulässig ist, nachdem der Betriebs- oder Personalrat seine Zustimmung erteilt hat oder die verweigerte Zustimmung rechtskräftig ersetzt worden ist, ist § 626 Abs. 2 BGB anwendbar.
Der Arbeitgeber muss deshalb noch **innerhalb der Ausschlussfrist ggf. das gerichtliche Verfahren auf Ersetzung der Zustimmung einleiten** (*BAG* 7.5.1986 EzA § 103 BetrVG 1972 Nr. 31).

D. Die Beendigung des Arbeitsverhältnisses

An die Stelle der gem. § 626 Abs. 2 BGB an sich maßgeblichen Kündigung tritt der Antrag auf gerichtliche Ersetzung der Zustimmung, für den auch § 270 Abs. 3 ZPO gilt.
Zu beachten ist aber, dass **nur ein zulässiger Zustimmungsersetzungsantrag** nach § 103 Abs. 2 BetrVG die Ausschlussfrist des § 626 Abs. 2 BGB wahrt. Ein vor der Zustimmungsverweigerung des Betriebsrats gestellter Zustimmungsersetzungsantrag ist unzulässig und wird auch nicht dadurch zulässig, dass nachträglich die Zustimmung des Betriebsrats zu der beabsichtigten Kündigung beantragt wird (*BAG* 24.10.1996 EzA § 103 BetrVG 1972 Nr. 37).

Wird die Zustimmung rechtskräftig ersetzt, dann muss der Arbeitgeber analog § 91 Abs. 5 SGB IX unverzüglich die außerordentliche Kündigung aussprechen (*BAG* 18.8.1977 EzA § 103 BetrVG 1972 Nr. 20). 644

Das Erfordernis der Rechtskraft folgt aus den für das Beschlussverfahren geltenden allgemeinen und **zwingenden Verfahrensgrundsätzen** über die Vollstreckbarkeit der im Beschlussverfahren ergehenden Entscheidungen und über den Eintritt ihrer Wirksamkeit. Die Zustimmungsersetzung beruht auf der Gestaltungs- oder Vollstreckungswirkung des gerichtlichen Beschlusses, die nicht vor einer rechtskräftigen Entscheidung eintreten kann (*BAG* 25.1.1979 EzA § 103 BetrVG 1972 Nr. 22). 645

Fraglich ist aber, wann der Arbeitgeber kündigen darf bzw. muss, wenn der Arbeitnehmer gegen den Zustimmungsersetzungsbeschluss des LAG **Nichtzulassungsbeschwerde** zum BAG erhebt. 646

Das *BAG* (25.1.1979 EzA § 103 BetrVG 1972 Nr. 22; 25.10.1989 RzK II 3 Nr. 17; s. auch oben D/Rz. 397 ff.) geht insoweit davon aus, dass einerseits aus Gründen der **Rechtssicherheit** und -klarheit auf die Rechtskraft der Ersetzungsentscheidung als Kündigungsvoraussetzung nicht verzichtet werden kann. Andererseits soll aber dem betroffenen Arbeitnehmer die Möglichkeit verwehrt werden, durch eine aussichtslose Nichtzulassungsbeschwerde den Ausspruch der Kündigung **über Gebühr hinauszuzögern**. Verlangt wird deshalb in diesen Fällen lediglich die »Unanfechtbarkeit« des Beschlusses, die bereits vor Eintritt der formellen Rechtskraft dann gegeben ist, wenn die Zustimmungsersetzung für die Beteiligten infolge **offensichtlicher Aussichtslosigkeit** des eingelegten Rechtsmittels bindend war. Ob der Arbeitgeber dann nicht nur berechtigt, sondern andererseits auch **verpflichtet** ist, nach Zustellung des Beschlusses des LAG **unverzüglich die Kündigung zu erklären**, hat das *BAG* (25.1.1979 EzA § 103 BetrVG 1972 Nr. 22; 25.10.1989 RzK II 3 Nr. 17) zunächst offen gelassen. Es hat dies inzwischen (*BAG* 9.7.1998 EzA § 103 BetrVG 1972 Nr. 39 = SAE 2000, 192; vgl. dazu *Kohte/Lenart* SAE 2000, 195 ff.; ebenso *LAG Hamburg* 2.9.1997 – 6 SA 12/97 –; *Eisenbeis* FA 1997, 34 ff.; APS/*Dörner* § 626 BGB Rz. 151) verneint. Denn eine solche Auffassung stünde im **Widerspruch zu der Ausgestaltung des arbeitsgerichtlichen Beschlussverfahrens**, wonach grds. in Betriebsverfassungssachen dauernde Auswirkungen erst an **formell rechtskräftige Beschlüsse** geknüpft werden; sie würde außerdem zu einer erheblichen Rechtsunsicherheit führen, weil der Arbeitgeber die **Aussichten eines gegnerischen Rechtsmittels zu prüfen hätte**, wofür in der Sache und außerdem rein zeitlich keine zuverlässigen Maßstäbe zur Prüfung aufgestellt werden können. 647

D. Die Beendigung des Arbeitsverhältnisses

cc) § 9 MuSchG, § 18 BErzGG

648 Nach diesen Vorschriften ist es ausreichend, aber auch erforderlich, dass der Arbeitgeber binnen 2 Wochen nach Kenntnis der Kündigungsgründe bei der zuständigen Behörde beantragt, die beabsichtigte außerordentliche Kündigung für zulässig zu erklären.
Wird die Kündigung für zulässig erklärt, so muss sie der Arbeitgeber **analog § 91 Abs. 5 SGB IX** unverzüglich aussprechen (vgl. *LAG Hamm* 3.10.1986 DB 1987, 544).
Der Erteilung der Zustimmung steht der Wegfall des Zustimmungserfordernisses gleich: **Ab Kenntnis** der zum Wegfall des Zustimmungserfordernisses führenden Ereignisse ist die Kündigung **unverzüglich** auszusprechen (*LAG Köln* 21.1.2000 NZA-RR 2001, 303).

Beispiel:
649 Mangels entgegenstehender Informationen muss der Arbeitgeber davon ausgehen, dass der vom Arzt gem. § 5 Abs. 1 MuSchG attestierte »mutmaßliche Tag der Entbindung« auch der tatsächliche ist, so dass er damit rechnen muss, dass nach Ablauf von vier Monaten von diesem Tag an gerechnet das Kündigungsverbot des § 9 Abs. 1 MuSchG ausläuft und die Kündigung nicht mehr zustimmungspflichtig ist (*LAG Köln* 21.1.2000 NZA-RR 2001, 303).

dd) §§ 85, 91 SGB IX

650 Gem. § 91 Abs. 2 SGB IX kann die außerordentliche Kündigung im Anwendungsbereich des SGB IX nur binnen zwei Wochen bei des Integrationsamtes beantragt werden. Nach Erteilung der Zustimmung muss sie unverzüglich ausgesprochen werden (§ 91 Abs. 5 SGB IX; vgl. dazu *Fenski* BB 2001, 570 ff.).

4. Materielle Voraussetzungen für eine außerordentliche Kündigung (§ 626 Abs. 1 BGB)

a) Grundsätze

aa) Geltungsbereich des § 626 BGB; sonstige Regelungen einer außerordentlichen Kündigung

651 Der Geltungsbereich des § 626 BGB erstreckt sich auf alle Arten von Dienstverhältnissen einschließlich der Arbeitsverhältnisse.
Er findet gleichermaßen Anwendung auf **unbefristete und befristete Dienstverhältnisse und Arbeitsverhältnisse**.
Neben § 626 BGB bestehen nur noch wenige sonstige Regelungen: §§ 64 bis 69, 78 SeemannsG (für Schiffsbesatzungen und Kapitäne) sowie § 15 BBiG (für Berufsausbildungsverhältnisse; vgl. APS/*Dörner* § 626 BGB Rz. 2 ff.).

bb) Zwingendes Recht

652 § 626 Abs. 1 BGB ist für beide Vertragsteile **zwingendes Recht**. Er kann weder ausgeschlossen noch beschränkt werden (*BAG* 8.8.1963 AP Nr. 2 zu § 626 BGB Kündigungserschwerung).
Im Kern ist die Möglichkeit zur außerordentlichen Kündigung verfassungsrechtlich geschützt (*BVerfG* 13.11.1979 EzA § 9 MuSchG n. F. Nr. 17). Insoweit ist jede einzel- und kollektivvertragliche Ausschließung und Beschränkung des außerordentlichen

D. Die Beendigung des Arbeitsverhältnisses

Kündigungsrechts nichtig. Das *ArbG Hamm* (19.6.2001 NZA-RR 2001, 612) hat deshalb angenommen, dass der **völlige Ausschluss der außerordentlichen Beendigungskündigung aus betriebsbedingten Gründen** durch einen Tarifvertrag im Lichte von Art. 12 Abs. 1 GG **verfassungswidrig** ist. Es hat den Arbeitgeber jedoch für verpflichtet angesehen, einen gleichwertigen Arbeitsplatz zu Gunsten des tariflich unkündbaren Arbeitnehmers freizukündigen, wenn dieser von einem weniger schutzwürdigen Arbeitnehmer besetzt ist.

(1) Verbot der unzumutbaren Erschwerung der Kündigung

Unzulässig ist auch die unzumutbare Erschwerung des Kündigungsrechts für den bei Vorliegen der Voraussetzungen des § 626 BGB Kündigenden, z. B. durch Vertragsstrafenvereinbarungen, Verpflichtungen zur Zahlung von Abfindungssummen (*BGH* 3.7.2000 EzA § 626 BGB n. F. Nr. 181), zur Fortzahlung des Gehalts oder zur Rückzahlung von Urlaubsentgelt. 653

Eine Beschränkung des § 626 Abs. 1 BGB ist auch nicht in der Weise möglich, dass vertraglich abschließend Gründe festgelegt werden, die alleine zur außerordentlichen Kündigung berechtigen sollen (vgl. APS/*Dörner* § 626 BGB Rz. 7 ff.).

(2) Konkretisierung einzelner Kündigungsgründe
Möglich ist es allerdings, einzelne Kündigungsgründe im Rahmen des § 626 Abs. 1 BGB zu konkretisieren, doch kommt einer solchen Konkretisierung rechtlich keine § 626 Abs. 1 BGB ausschließende oder beschränkende Bedeutung zu. 654
Sie kann dann allerdings in der Praxis eine Art **vorbeugende Warnfunktion** erfüllen (MünchArbR/*Berkowsky* § 122 Rz. 21).
Auch im Übrigen sind einzel- und tarifvertragliche Regelungen, die das Recht einer Partei zur außerordentlichen Kündigung ausschließen oder einschränken, nicht völlig bedeutungslos.
Sie können die **Schwerpunkte einer im Rahmen des § 626 Abs. 1 BGB immer vorzunehmenden Interessenabwägung durchaus verlagern,** weil sie deutlich machen, welche Aspekte die Tarifvertragsparteien z. B. als für den Bestand des Arbeitsverhältnisses besonders bedeutsam ansehen (*BAG* 22.11.1973 EzA § 626 BGB n. F. Nr. 33; APS/*Dörner* § 626 BGB Rz. 15).

(3) Verbot der Erweiterung des § 626 Abs. 1 BGB
Auch eine einzel- oder kollektivvertragliche Erweiterung des § 626 Abs. 1 BGB ist unzulässig. 655
Einer einzelvertraglichen Erweiterung stehen die zwingend festgelegten gesetzlichen Kündigungsfristen entgegen, die durch die bloße Festlegung eines Sachverhalts als wichtiger Grund umgangen werden können. Deshalb ist eine von den Arbeitsvertragsparteien getroffene Regelung, wonach der Arbeitgeber berechtigt ist, den Arbeitnehmer nach Erreichen eines bestimmten Alters »**vorzeitig zu pensionieren**« und so das aktive Arbeitsverhältnis zu beenden, wegen Gesetzesverstoßes (§§ 134, 626, 622 BGB) **nichtig** (*Hessisches LAG* 20.9.1999 NZA-RR 2000, 413). Gleiches gilt generell für die **Vereinbarung eines Grundes als wichtiger Grund** i. S. d. § 626 BGB (*LAG Nürnberg* 26.4.2001 ZTR 2001, 477 Ls.).
Denn im Gegensatz zu § 622 BGB sieht § 626 Abs. 1 BGB keine Tariföffnungsklausel vor.

D. Die Beendigung des Arbeitsverhältnisses

Der Kündigungsberechtigte kann allerdings nach Entstehen des Kündigungsgrundes auf sein Kündigungsrecht verzichten oder den Kündigungsgrund verzeihen (MünchArbR/*Wank* § 120 Rz. 26).

cc) Wichtiger Grund

(1) Begriffsbestimmung

656 Ein wichtiger Grund i. S. d. Generalklausel des § 626 Abs. 1 BGB für eine außerordentliche Kündigung liegt dann vor, wenn Tatsachen gegeben sind, aufgrund derer dem Kündigenden unter Berücksichtigung aller Umstände des Einzelfalles und unter Abwägung der Interessen beider Vertragsteile die Fortsetzung des Arbeitsverhältnisses bis zum Ablauf der Frist für eine ordentliche Kündigung oder bis zum Ablauf einer vereinbarten Befristung des Arbeitsverhältnisses nicht zugemutet werden kann (ausf. *Busemann/Schäfer* a. a. O., Rz. 128 ff.). Ein wichtiger Grund in diesem Sinne kann auch dann vorliegen, wenn dem Arbeitgeber zwar zunächst die Weiterbeschäftigung des Arbeitnehmers für einen **bestimmten Zeitraum, nicht jedoch bis zum Ablauf der Kündigungsfrist** oder bis zur vereinbarten Beendigung des Arbeitsverhältnisses **zumutbar ist** (*BAG* 13.4.2000 EzA § 626 BGB n. F. Nr. 180).

Damit wird der wichtige Grund zunächst durch die objektiv vorliegenden Tatsachen bestimmt, die an sich geeignet sind, die Fortsetzung des Arbeitsverhältnisses unzumutbar zu machen (vgl. APS/*Dörner* § 626 BGB Rz. 21 ff.).

(2) Objektive Belastung des Arbeitsverhältnisses

657 Kündigungsgrund i. S. d. § 626 Abs. 1 BGB ist deshalb jeder Sachverhalt, der objektiv das Arbeitsverhältnis mit dem Gewicht eines wichtigen Grundes belastet (*BAG* 23.3.1972 EzA § 626 BGB n. F. Nr. 11; vgl. ausführlich KR-*Fischermeier* § 626 BGB Rz. 103 ff.).

658 Entscheidend ist nicht der subjektive Kenntnisstand des Kündigenden, sondern der **objektiv vorliegende Sachverhalt,** der objektive Anlass.
Berücksichtigt werden können nur die bis zum Ausspruch der Kündigung eingetretenen Umstände bei der Überprüfung der Frage, ob sie als Kündigungsgrund an sich geeignet sind (KR-*Fischermeier* § 626 BGB Rz. 108). Andererseits können auch **vor dem Beginn des Arbeitsverhältnisses liegende**, dem Arbeitgeber bei der Einstellung nicht bekannte **Umstände oder Ereignisse** (z. B. Bilanzmanipulationen des nach einer Fusion als Arbeitnehmer übernommenen Vorstands einer der fusionierten Betriebskrankenkassen) das Vertrauen des Arbeitgebers in die Zuverlässigkeit und Redlichkeit des Arbeitnehmers zerstören und deshalb einen wichtigen Grund zur außerordentlichen Kündigung darstellen (*BAG* 5.4.2001 EzA § 626 BGB n. F. Nr. 187).

(3) Objektive Unzumutbarkeit der Fortsetzung des Arbeitsverhältnisses

659 Die danach zu berücksichtigenden Umstände müssen nach verständigem Ermessen die Fortsetzung des Arbeitsverhältnisses auch nicht für die Dauer der vorgesehenen Kündigungsfrist zumutbar erscheinen lassen (*BAG* 3.11.1955 AP Nr. 4 zu § 626 BGB).

D. Die Beendigung des Arbeitsverhältnisses

Bei der Bewertung des Kündigungsgrundes und bei der nachfolgenden Interessenabwägung ist ein **objektiver Maßstab** anzulegen, sodass subjektive Umstände, die sich aus den Verhältnissen der Beteiligten ergeben, nur aufgrund einer objektiven Betrachtung zu berücksichtigen sind.

(4) Zukunftsbezogenheit der Kündigung (Prognoseprinzip)

Die danach maßgeblichen Umstände müssen sich konkret nachteilig auf das Arbeitsverhältnis auswirken. Da der Kündigungsgrund zukunftsbezogen ist und die Kündigung keine Sanktion für das Verhalten in der Vergangenheit darstellt, kommt es auf seine Auswirkungen auf die Zukunft an. 660

Deshalb muss die Fortsetzung des Arbeitsverhältnisses durch objektive Umstände oder die Einstellung oder das Verhalten des Gekündigten im Leistungsbereich, im Bereich der betrieblichen Verbundenheit aller Mitarbeiter, im persönlichen Vertrauensbereich (der Vertragspartner) oder im Unternehmensbereich **konkret beeinträchtigt** sein (BAG 28.10.1971 EzA § 626 BGB n. F. Nr. 7; KR-*Fischermeier* § 626 BGB Rz. 166 ff.; krit. dazu *Enderlein* RdA 2000, 325 ff.). 661
Die negative Gesundheitsprognose lässt sich aus **der Beharrlichkeit vergangener Pflichtverletzungen** und dem Ausmaß des Verschuldens des Arbeitnehmers ableiten (*LAG Hamm* 30.5.1996 NZA 1997, 1056 Ls.; krit. *Adam* NZA 1998, 284 ff.)
Daraus folgt aber nicht, dass eine außerordentliche Kündigung nur bei Wiederholungsgefahr zulässig ist. Auch ein abgeschlossener Tatbestand ohne Wiederholungsgefahr kann u. U. wegen der Erschütterung des Vertrauensverhältnisses zur außerordentlichen Kündigung berechtigen (MünchArbR/*Wank* § 120 Rz. 30; insgesamt abl. zum Prognoseprinzip *Rüthers* NJW 1998, 1433 ff. u. 1895 f.; vgl. demgegenüber *Preis* NJW 1998, 1889 ff.; *Hanau* NJW 1998, 1895; *Löwisch* BB 1998, 1793 ff.).

(5) Zweistufigkeit der Überprüfung

Die erforderliche Überprüfung gem. § 626 Abs. 1 BGB vollzieht sich zweistufig: Zum einen muss ein Grund vorliegen, der unter Berücksichtigung der oben skizzierten Kriterien – aber ohne Berücksichtigung der besonderen Umstände des Einzelfalles (abl. deshalb *Stahlhacke/Preis* a. a. O., Rz. 453; *Preis*, Prinzipien der Beendigung von Arbeitsverhältnissen, S. 478 f.; abl. auch *Rüthers* NJW 1998, 1436 ff.) – überhaupt an sich geeignet ist, eine außerordentliche Kündigung zu rechtfertigen. 662
Insoweit handelt es sich um einen Negativfilter, d. h., dass bestimmte Kündigungsgründe eine außerordentliche Kündigung nicht rechtfertigen können.
Zum anderen muss dieser Grund im Rahmen einer Interessenabwägung unter besonderer Berücksichtigung aller Umstände des Einzelfalles, insbesondere auch des Verhältnismäßigkeitsprinzips, zum Überwiegen der berechtigten Interessen des Kündigenden an der (i. d. R.) vorzeitigen Beendigung des Arbeitsverhältnisses führen (vgl. ausf. KR-*Fischermeier* § 626 BGB Rz. 87 ff., 235 ff. m. w. N. aus Rspr. u. Lit.).

Demgegenüber wird in der Literatur z. T. (MünchArbR/*Wank* § 120 Rz. 37 ff.; *Stahlhacke/Preis* a. a. O., Rz. 453) angenommen, dass die Grundgedanken des § 1 KSchG zur Auslegung des § 626 BGB herangezogen werden sollten, um zu einer dem § 1 663

D. Die Beendigung des Arbeitsverhältnisses

KSchG entsprechenden Fallgruppenbildung nach personen-, verhaltens- und betriebsbedingten Gründen zu gelangen. Damit könnte anstelle einer spezifischen Interessenabwägung die Konkretisierung der Fallgruppen durch jeweils an deren Besonderheiten orientierten Rechtmäßigkeitsvoraussetzungen vorgenommen werden.

b) Prüfungsmaßstab

aa) Der Regelfall

664 Entscheidend ist die Unzumutbarkeit der Fortsetzung des Arbeitsverhältnisses bis zum Ablauf der Frist für eine ordentliche Kündigung bzw. bis zum Ende der vereinbarten Befristung (APS/*Dörner* § 626 BGB Rz. 34).

> Nach dem Verhältnismäßigkeitsprinzip ist die außerordentliche Kündigung »Ultima Ratio«, sodass sie dann nicht gerechtfertigt ist, wenn die Fortsetzung des Arbeitsverhältnisses bis zum Ablauf der ordentlichen Kündigungsfrist zumutbar ist, weil dann die ordentliche Kündigung ein milderes Mittel als die außerordentliche Kündigung darstellt (vgl. dazu krit. *Stückmann/Kohlepp* RdA 2000, 331 ff.).

bb) Ausschluss der ordentlichen Kündigung

665 Besonderheiten bestehen allerdings in den Fällen, in denen eine ordentliche Kündigung ausgeschlossen ist (krit. dazu insgesamt *Adam* NZA 1999, 846 ff., wonach ein derartiger Ausschluss tatsächlich gar nicht möglich ist).
Bei der Interessenabwägung ist dann nicht auf die fiktive Frist für die ordentliche Kündigung, sondern auf die **tatsächliche künftige Vertragsbindung** abzustellen (*BAG* 14.11.1984, 13.4.2000 EzA § 626 BGB n. F. Nr. 93, 180; 21.6.2001 EzA § 626 BGB Unkündbarkeit Nr. 7; APS/*Dörner* § 626 BGB Rz. 35 ff.).

(1) Verhältnis von wichtigem Grund und Bindungsdauer

666 Es ist davon auszugehen, dass das Gewicht des wichtigen Grundes **in umgekehrtem Verhältnis zur Bindungsdauer** steht (*BAG* 8.10.1957 AP Nr. 16 zu § 626 BGB).
Daraus folgt andererseits aber nicht als feste Regel, dass eine außerordentliche Kündigung bei einer langfristigen Bindung (längere Dauer der Kündigungsfrist oder der Befristung oder Ausschluss der ordentlichen Kündigung) stets erleichtert ist, während dann, wenn eine kurzfristige Beendigung durch eine ordentliche Kündigung möglich ist oder infolge der Befristung demnächst eintritt, an eine außerordentliche Kündigung besonders strenge Anforderungen zu stellen sind.

667 Ob sich die Länge der Kündigungsfrist oder die Dauer eines befristeten Vertrages erleichternd oder erschwerend für die Anerkennung eines wichtigen Grundes auswirkt, kann sachgerecht nur unter Berücksichtigung der Umstände des **jeweiligen Einzelfalles** entschieden werden (KR-*Fischermeier* § 626 BGB Rz. 298).
Der tarifliche Ausschluss der ordentlichen Kündigung und die dadurch bedingte langfristige Vertragsbindung stellen aber jedenfalls Umstände dar, die bei einer außerordentlichen Kündigung des Arbeitgebers im Rahmen der einzelfallbezogenen Interessenabwägung entweder zugunsten oder zu Ungunsten des Arbeitnehmers zu berücksichtigen sind.

668 Welche Betrachtungsweise im Einzelfall den Vorrang verdient, ist insbesondere unter Beachtung von Sinn und Zweck des tariflichen Ausschlusses der ordentlichen Kündi-

D. Die Beendigung des Arbeitsverhältnisses

gung sowie unter Berücksichtigung der Art des Kündigungsgrundes zu entscheiden (*BAG* 14.11.1984, 28.3.1985 EzA § 626 BGB n. F. Nr. 93, 96).

(2) Differenzierung im Einzelfall

Dabei ist danach zu differenzieren, ob die Kündigung aufgrund eines einmaligen Vorfalles oder aus einem sich ständig neu aktualisierenden Grund erfolgen soll. 669

Handelt es sich um einen **einmaligen Vorfall,** dann ist zugunsten des Arbeitnehmers zu berücksichtigen, dass er durch die Entlassung eine besonders gesicherte Rechtsposition verlieren würde, sodass ein **besonders strenger Maßstab** anzulegen ist (*BAG* 3.11.1955 AP Nr. 4 zu § 626 BGB).

Bei einer **dauerhaft geminderten oder entfallenden Leistungsfähigkeit** (oder bei einer Betriebsstilllegung) kann sich die lange Dauer der weiteren künftigen Belastung des Arbeitgebers hingegen dahin auswirken, dass die **lange Bindung die Fortsetzung des Arbeitsverhältnisses unzumutbar macht** (*BAG* 28.3.1985 EzA § 626 BGB n. F. Nr. 96). 670

Demgegenüber wird in der Literatur (MünchArbR/*Berkowsky* § 122 Rz. 44) z. T. die Auffassung vertreten, dass eine teleologische Reduktion der die Kündigung ausschließenden Klausel zu erfolgen hat mit der Maßgabe, dass eine ordentliche betriebsbedingte Kündigung jedenfalls zu dem Zeitpunkt, zu dem der Wegfall der weiteren Beschäftigungsmöglichkeit endgültig und sicher feststeht, zulässig bleibt.

(3) Auslauffrist; ordentliche Kündigungsfrist

Erweist sich danach die Dauer der Vertragsbindung für den Arbeitnehmer als nachteilig, so gebietet es der Zweck der besonderen Sicherung des Arbeitsplatzes, dem Arbeitnehmer auch bei außerordentlicher Kündigung einen Anspruch auf Einhaltung der gesetzlichen oder tariflichen ordentlichen Kündigungsfrist einzuräumen. Denn es würde einen **Wertungswiderspruch** darstellen, den Arbeitnehmer mit besonderem tariflichen Kündigungsschutz durch eine fristlose Kündigung schlechter zu stellen als den Arbeitnehmer, dem gegenüber eine ordentliche Kündigung zulässig ist und dem aus demselben Kündigungsgrund (z. B. Betriebsstilllegung) nur ordentlich gekündigt werden könnte. Mit einer **sozialen Auslauffrist**, von der das *BAG* (28.3.1985 EzA § 626 BGB n. F. Nr. 96) zunächst ausgegangen ist, also einem besonderen sozialen Entgegenkommen des Arbeitgebers, hat dies nach der inzwischen (*BAG* 5.2.1998 EzA § 626 BGB Unkündbarkeit Nr. 2; 10.2.1999 EzA § 15 KSchG n. F. Nr. 47 = SAE 2000, 135 ff.; 11.3.1999 EzA § 626 BGB n. F. Nr. 177; 12.8.1999 EzA § 626 BGB Verdacht strafbarer Handlung Nr. 8; 12.8.1999 EzA § 21 SchwbG 1986 Nr. 9; vgl. dazu *Mummenhoff* SAE 2000, 139 ff.) vertretenen Auffassung freilich **nichts zu tun.** 671

Daraus folgt (vgl. *BAG* 12.8.1999 – 2 AZR 923/98 –; 18.10.2000 EzA § 626 BGB Krankheit Nr. 3; 18.1.2001 EzA § 626 BGB Krankheit Nr. 35): 672
– Fristlos kann einem tariflich unkündbaren Arbeitnehmer nach § 626 BGB nur gekündigt werden, wenn dem Arbeitgeber bei einem vergleichbaren kündbaren Arbeitnehmer dessen Weiterbeschäftigung bis zum Ablauf der einschlägigen ordentlichen Kündigungsfrist unzumutbar wäre.
– Ist danach eine fristlose Kündigung gegenüber einem tariflich unkündbaren Arbeitnehmer ausgeschlossen, so ist in den Fällen, in denen bei einem kündba-

D. Die Beendigung des Arbeitsverhältnisses

ren Arbeitnehmer nur eine ordentliche Kündigung in Betracht käme, bei dem tariflich unkündbaren Arbeitnehmer nur eine außerordentliche Kündigung unter Gewährung einer Auslauffrist, die der fiktiven ordentlichen Kündigungsfrist entspricht, möglich (*BAG* 21.6.2001 EzA § 626 BGB Unkündbarkeit Nr. 7).

(4) Besonderheiten bei der Kündigung von betriebsverfassungsrechtlichen Amtsträgern

673 Im Unterschied dazu ist im Rahmen des **§ 15 KSchG** auf die **fiktive Frist für eine ordentliche Kündigung** abzustellen. Denn der Arbeitgeber könnte sich sonst durch eine außerordentliche Kündigung leichter von einem nach § 15 KSchG geschützten Arbeitnehmer als von einem anderen Arbeitnehmer trennen, was dem Sinn des besonderen Kündigungsschutzes gem. § 15 KSchG widersprechen würde (*BAG* 6.3.1986 EzA § 15 KSchG n. F. Nr. 34).

Zur Begründung hat das BAG ausgeführt, dass die Einhaltung einer derartigen, hypothetisch zu veranschlagenden Kündigungsfrist vom Schutzzweck der Normen der §§ 2, 15 KSchG her gesehen nicht zu fordern sei. Denn dem besonderen Kündigungsschutz des § 15 KSchG sei bereits Rechnung getragen, weil der Fortbestand und die Stetigkeit der jeweiligen Arbeitnehmervertretung gesichert sei (*BAG* 24.4.1969 AP KSchG § 13 Nr. 18). Da es nicht um die Beendigung des Arbeitsverhältnisses, sondern »**nur**« **um seine inhaltliche Umgestaltung** gehe, relativiere sich die Zumutbarkeitsprüfung.

674 Im Beschluss vom 10.2.1999 (EzA § 15 KSchG n. F. Nr. 47) hat das BAG nunmehr weitergehend die **Aufgabe der bisherigen Rechtsprechung insgesamt angekündigt.** Danach soll es geboten sein, auf die weitere absehbare Vertragsdauer, also z. B. auf den **frühestmöglichen Kündigungszeitpunkt nach Ablauf der Amtszeit des Betriebsratsmitglieds** abzustellen. *Etzel* (KR § 15 KSchG Rz. 23), auf den diese Auffassung zurückgeht, geht davon aus, dass die bisherige Rechtsprechung des *BAG* (vgl. z. B. 18.2.1993 EzA § 15 KSchG n. F. Nr. 40) dem Sinn und Zweck des § 626 Abs. 1 BGB nicht gerecht wird. Dieser besteht darin, das Dienstverhältnis dann sofort aufzulösen, wenn die Einhaltung der sonstigen Regeln zur Beendigung des Arbeitsverhältnisses (Kündigung mit Kündigungsfrist, Ende der vereinbarten Dauer) zu einer im Verhältnis zum Kündigungsgrund zu langen Belastung des Kündigenden führt. **Die bisherige Rechtsprechung führt zu einer fiktiven Zumutbarkeitsprüfung, für die das Gesetz keinen Anhaltspunkt liefert.** Das Betriebsratsmitglied kann auch dadurch geschützt werden, dass ihm eine soziale Auslauffrist gewährt werden kann. Zudem wird danach verkannt, dass die Zumutbarkeitsprüfung nur einen Aspekt des besonderen Kündigungsschutzes nach § 15 KSchG darstellt. Es kommt aber auf die Gesamtregelung an. Diese bietet dem Personenkreis des § 15 KSchG durch den Ausschluss der ordentlichen Kündigung und das Zustimmungserfordernis des Betriebsrats einen entscheidend stärkeren Kündigungsschutz als sonstigen Arbeitnehmern. Darüber hinaus kann bei der Interessenabwägung den besonderen Belastungen des Betriebratsamtes zugunsten des Arbeitnehmers Rechnung getragen werden.

675 Bei Amtsträgern besteht keine Kündigungsfrist; auch eine Vereinbarung über die Beendigung des Arbeitsverhältnisses ist bei ihnen nicht getroffen. Das Gesetz enthält nach Auffassung von *Etzel* (KR § 15 KSchG Rz. 23) insoweit eine **Regelungslücke**, die nach Sinn und Zweck der Norm auszufüllen ist. Bei der Prüfung der Zumutbarkeit ist stets die Frage zu stellen, wie lange der Kündigende noch am Arbeitsverhältnis

D. Die Beendigung des Arbeitsverhältnisses

festhalten müsste, wenn er sich nicht sofort von ihm lösen darf. Bei einem Betriebsratsmitglied ist der frühestmögliche Zeitpunkt der ordentlichen Beendigung des Arbeitsverhältnisses der erste Entlassungstermin bei Zugang einer ordentlichen Kündigung ein Jahr nach Ablauf seiner Amtszeit, denn bis zu diesem Zeitpunkt genießt das Betriebsratsmitglied besonderen Kündigungsschutz. Der Arbeitgeber ist daher zur außerordentlichen Kündigung eines Betriebsratsmitglieds aus wichtigem Grund berechtigt, wenn Tatsachen gegeben sind, aufgrund derer ihm unter Berücksichtigung aller Umstände des Einzelfalles und unter Abwägung der Interessen beider Vertragsteile die Fortsetzung des Arbeitsverhältnisses bis zum ersten Entlassungstermin aufgrund einer ein Jahr nach Ablauf der Amtszeit des Betriebsrats erklärten Kündigung nicht zugemutet werden kann (ebenso *Bernstein* 1. Anm. zu *BAG* EzA § 15 KSchG n. F. Nr. 43; *Hilbrandt* NZA 1997, 468 f.; *Löwisch* KSchG § 15 Rn. 44; *Oetker* 2. Anm. zu *BAG* EzA § 15 KSchG n. F. Nr. 43).

Um eine Schlechterstellung gegenüber ordentlich unkündbaren Arbeitnehmern zu vermeiden, ist dem Betriebsratsmitglied jedoch die Kündigungsfrist, die ohne den besonderen Kündigungsschutz für ihn gelten würde, als soziale Auslauffrist einzuräumen, wenn dem Arbeitgeber die Weiterbeschäftigung **bis zum Ablauf dieser Kündigungsfrist zuzumuten** ist (KR-*Etzel* § 15 KSchG Rn. 22; ebenso KPK/*Bengelsdorf* § 15 Rn. 105; *Bernstein* a. a. O.; **a. A.** APS/*Dörner* § 626 BGB Rz. 47 ff.). 676

Für die außerordentliche Kündigung gegenüber einem ehemaligen Betriebsratsmitglied wegen dauernder Arbeitsunfähigkeit hat das *BAG* (15.3.2001 EzA § 15 KSchG n. F. Nr. 52) folgende Grundsätze aufgestellt: 677
– Dem Arbeitgeber ist es regelmäßig zumutbar, das Ende des nachwirkenden Kündigungsschutzes gem. § 15 Abs. 1 S. 2 KSchG abzuwarten und sodann ordentlich zu kündigen, wenn er das Arbeitsverhältnis mit einem ehemaligen Betriebsratsmitglied wegen dauernder krankheitsbedingter Arbeitsunfähigkeit beenden will.
– Ob § 15 KSchG die Möglichkeit einer außerordentlichen Kündigung mit notwendiger Auslauffrist generell ausschließt, bleibt offen.

(5) Umdeutung
Die Umdeutung einer außerordentlichen fristlosen Kündigung in eine außerordentliche Kündigung mit notwendiger Auslauffrist setzt grds. eine Beteiligung des Betriebs- bzw. Personalrats nach den für eine ordentliche Kündigung geltenden Bestimmungen voraus (*BAG* 18.10.2000 EzA § 626 BGB Krankheit Nr. 3). 678

c) »An sich« zur außerordentlichen Kündigung geeigneter Kündigungsgrund

aa) Maßgeblicher Beurteilungszeitpunkt; Sachverhaltsaufklärung?
Entscheidender Zeitpunkt für die Beurteilung ist grds. (ebenso wie bei der ordentlichen Kündigung) der **Zeitpunkt des Ausspruchs der Kündigung** (KR-*Fischermeier* § 626 BGB Rz. 108). 679
Der Arbeitgeber ist vor Ausspruch einer außerordentlichen Kündigung, z. B. wegen angeblich geschäftsschädigender Äußerungen, nicht verpflichtet, dem betroffenen Arbeitnehmer ihn belastende Zeugen **gegenüberzustellen** (*BAG* 18.9.1997 EzA § 626 BGB n. F. Nr. 169). Denn entscheidend ist allein das **objektive Vorliegen** ent-

D. Die Beendigung des Arbeitsverhältnisses

sprechender Tatsachen, ohne dass es auf den subjektiven Kenntnisstand des Kündigenden ankommt.

bb) Keine »absoluten« Kündigungsgründe

680   Die in den früher bestehenden, inzwischen aufgehobenen gesetzlichen Vorschriften der §§ 123, 124 GewO, §§ 71, 72 HGB genannten Beispiele für wechselseitige wichtige Gründe (z. B. Anstellungsbetrug, Arbeitsvertragsbruch, beharrliche Arbeitsverweigerung, dauernde oder anhaltende Unfähigkeit zur Arbeitsleistung, grobe Verletzung der Treuepflicht als Kündigungsgrund für beide Parteien, Verstöße gegen das Wettbewerbsverbot, erhebliche Ehrverletzungen gegen den Arbeitgeber und Dienstverhinderung durch eine längere Freiheitsstrafe des Arbeitnehmers, fehlende Zahlung des Arbeitsentgelts, erhebliche Ehrverletzungen und Tätlichkeiten des Arbeitgebers gegen den Arbeitnehmer) sind als wichtige Hinweise für typische Sachverhalte anzuerkennen, die an sich geeignet sind, einen wichtigen Grund zur außerordentlichen Kündigung zu bilden.

681   Sie begründen aber **keine** vom Gekündigten auszuräumende **tatsächliche Vermutung** für die Unzumutbarkeit der Fortsetzung des Arbeitsverhältnisses. Auch wenn ein bestimmter Kündigungssachverhalt einem in der früheren Kündigungsbestimmung als wichtiger Grund genannten Tatbestand entspricht, kann sich der Kündigende nicht darauf beschränken, auf die regelmäßigen Auswirkungen des typischen Sachverhalts zu verweisen, wenn der Gekündigte eine konkrete Beeinträchtigung des Arbeitsverhältnisses bestreitet (KR-*Hillebrecht* 4. Aufl., § 626 BGB Rz. 60).
»**Absolute Kündigungsgründe**«, die ohne eine besondere Interessenabwägung eine außerordentliche Kündigung rechtfertigen könnten, **bestehen folglich nicht** (*BAG* 15.11.1984 EzA § 626 BGB n. F. Nr. 95).

cc) Systematisierung der Kündigungsgründe

682   Systematisch kann nach Störungen im Leistungsbereich, im betrieblichen Bereich der Verbundenheit aller Mitarbeiter, im persönlichen Vertrauensbereich der Vertragspartner und im Unternehmensbereich unterschieden werden (KR-*Fischermeier* § 626 BGB Rz. 166 ff.; *Busemann/Schäfer* a. a. O., Rz. 128, 144 ff.; abl. *Stahlhacke/Preis* a. a. O., Rz. 453, weil damit zwar sicher alle Kündigungssachverhalte erfasst, aber nur bedingt eine normative Konkretisierung erreicht wird; APS/*Dörner* § 626 BGB Rz. 61 f.).

dd) Dringende betriebliche Gründe

683   **Dringende betriebliche Gründe,** zu denen der Fortfall des Arbeitsplatzes aufgrund einer Betriebsstilllegung gehört, **rechtfertigen**, wie sich aus § 1 Abs. 1 KSchG, dem Ultima-ratio-Prinzip sowie dem Grundsatz ergibt, dass der Arbeitgeber das Wirtschaftsrisiko nicht auf den Arbeitnehmer abwälzen darf, **grds. nur eine ordentliche Kündigung.**
Etwas anderes gilt aber dann, wenn die ordentliche Kündigung (insbesondere aufgrund tarifvertraglicher Normen) ausgeschlossen und eine Versetzung des Arbeitnehmers in einen anderen Betrieb des Unternehmens nicht möglich ist. Denn dann könnte der Ausschluss der außerordentlichen Kündigung zur **unzumutbaren Belas-**

D. Die Beendigung des Arbeitsverhältnisses

tung des Arbeitgebers werden, wenn er die Arbeit nicht mehr in Anspruch nehmen kann, andererseits aber über Jahre hinweg zur Entgeltfortzahlung verpflichtet bleibt (*BAG* 28.3.1985 EzA § 626 BGB n. F. Nr. 96).

Das *BAG* (5.2.1998 EzA § 626 BGB Unkündbarkeit Nr. 2; zust. *Schleusener* SAE 1998, 218 ff.; vgl. auch *Groeger* NZA 1999, 850 ff.; so bereits *LAG Hamm* 11.10.1995 LAGE § 626 BGB Nr. 92) geht inzwischen aber davon aus, dass die außerordentliche Kündigung gegenüber einem tariflich unkündbaren Arbeitnehmer dann aus betriebsbedingten Gründen ausnahmsweise unter Einhaltung der ordentlichen Kündigungsfrist zulässig sein kann, wenn der Arbeitsplatz des Arbeitnehmers weggefallen ist und der Arbeitgeber den Arbeitnehmer auch unter Einsatz aller zumutbaren Mittel, ggf. durch Umorganisation seines Betriebes nicht weiter beschäftigen kann. Dabei kann eine längere Einarbeitung in ein völlig neues Sachgebiet für den Arbeitgeber unzumutbar sein, wenn sich die Arbeitnehmerin noch nicht entschieden hat, ob sie schon in absehbarer Zeit oder erst in einigen Jahren altersbedingt aus dem Arbeitsverhältnis ausscheiden will. **684**

Das gilt auch dann, wenn der Arbeitnehmer einem Übergang seines Arbeitsverhältnisses auf einen Betriebserwerber widersprochen hat (*BAG* 17.9.1998 EzA § 626 BGB Unkündbarkeit Nr. 3; vgl. auch *Groeger* NZA 1999, 850 ff.; *Mauer/ Schüßler* BB 2001, 470 f.). Legt der »unkündbare« Arbeitnehmer dar, wie er sich eine anderweitige Beschäftigung vorstellt, so genügt es nicht, dass der Arbeitgeber das Bestehen entsprechender freier Arbeitsplätze in Abrede stellt. Er muss vielmehr ggf. unter Vorlegung der Stellenpläne substantiiert darlegen, weshalb das Freimachen eines geeigneten Arbeitsplatzes oder dessen Schaffung durch eine entsprechende Umorganisation nicht möglich oder nicht zumutbar gewesen sein soll. Auch das zu erwartende Freiwerden eines geeigneten Arbeitsplatzes aufgrund üblicher Fluktuation ist zu berücksichtigen (*BAG* 17.9.1998 EzA § 626 BGB Unkündbarkeit Nr. 3). **685**

Im Übrigen sind dagegen Gründe, die in den Bereich des **Unternehmerrisikos** fallen, grds. als Grund zur außerordentlichen Kündigung ungeeignet. Das gilt sowohl für die Eröffnung des Vergleichs- als auch des Insolenzverfahrens (*BAG* 25.10.1968 AP Nr. 1 zu § 22 KO). Auch die Betriebsstilllegung ist nicht als wichtiger Grund geeignet, wenn ein Arbeitsvertrag – Engagement eines namhaften Regisseurs – auch auf Wunsch des Arbeitgebers noch wenige Monate vor der Schließung des Theaters für die Dauer von fünf Jahren ohne Kündigungsmöglichkeit befristet abgeschlossen worden ist (*LAG Köln* 12.6.1997 NZA-RR 1998, 255). Nichts anderes gilt für die Auflösung einer Dienststelle oder eine wesentliche Einschränkung des Dienstbetriebes (*LAG Köln* 31.1.2001 ZTR 2001, 474). **686**

ee) Gründe im Verhalten des Arbeitnehmers

(1) Straftaten; Tätlichkeiten; Beleidigungen; Strafanzeige

Als Grund im Verhalten des Arbeitnehmers kommt z. B. die Entwendung einer geringwertigen Sache, die im Eigentum des Arbeitgebers steht (*BAG* 17.5.1984 EzA § 626 BGB n. F. Nr. 90; 12.8.1999 EzA § 626 BGB Verdacht strafbarer Handlung **687**

D. Die Beendigung des Arbeitsverhältnisses

Nr. 8; **a. A.** *ArbG Hamburg* 27.8.1998 ArbuR 1998, 503: nur nach vorheriger Abmahnung) in Betracht (APS/*Dörner* § 626 BGB Rz. 181 ff.)

Beispiele:
688 In Betracht kommt auch
- Die **Mitnahme von zwei Stücken gebratenen Fisch** im Wert von ca. DM 10,–, die vom Mittagessen übrig geblieben sind, durch die in einer Kantine als Küchenhilfe beschäftigte Mitarbeiterin zum Eigengebrauch und ohne die im Betrieb vorgesehene Genehmigung des Küchenleiters (*LAG Köln* 24.8.1995 LAGE § 626 BGB Nr. 86),
- die **Entwendung eines Fladenbrotes** (*ArbG Paderborn* 17.12.1998 LAGE § 626 BGB n. F. Nr. 175),
- die **mehrfache Entwendung von Lebensmitteln** zum sofortigen Verzehr aus dem Lager eines Lebensmittelhändlers durch einen Lagerarbeiter (*LAG Köln* 6.8.1999 NZA-RR 2000, 24),
- die **Entwendung einer Flasche Weinbrand** durch einen Auslieferungsfahrer bei einem Kunden des Arbeitgebers (*LAG Köln* 11.8.1998 NZA-RR 1999, 415).

Das gilt auch bei einem Diebstahl in einem räumlich entfernten **anderen Betrieb** des Arbeitgebers, auch außerhalb der Arbeitszeit (*BAG* 20.9.1984 EzA § 626 BGB n. F. Nr. 91). Steht die Tat nicht in innerem Zusammenhang mit der im Beschäftigungsbetrieb auszuübenden vertraglich geschuldeten Tätigkeit, so ist dies nicht für die Eignung als an sich zur außerordentlichen Kündigung geeigneter Umstand, sondern nur für den Grad ihrer Auswirkung auf das Arbeitsverhältnis von Bedeutung (*BAG* 20.9.1984 EzA § 626 BGB n. F. Nr. 91).

689 Handelt es sich dagegen um eine **Konzernschwester**, so muss das Arbeitsverhältnis durch das Delikt konkret beeinträchtigt sein (*BAG* 20.9.1984 EzA § 1 KSchG Verhaltensbedingte Kündigung Nr. 14). Das ist z. B. dann zu bejahen, wenn dem Arbeitnehmer ein Personalrabatt eingeräumt worden ist, der auch für das Kaufhaus der Konzernschwester gilt. Denn damit wird eine Verpflichtung des Arbeitnehmers begründet, das Eigentum an den Waren in diesen Kaufhäusern so zu achten, als wenn es solche des Arbeitgebers wären (*BAG* 20.9.1984 EzA § 626 BGB n. F. Nr. 91).

690 Eine **Steuerhinterziehung** in erheblicher Höhe (ca. 67.000,– DM) ist bei einem Angestellten einer Finanzbehörde als wichtiger Grund zur fristlosen Kündigung an sich geeignet. Das gilt auch dann, wenn der Angestellte die Hinterziehung gem. § 371 AO selbst angezeigt hat; dieser Umstand ist allerdings bei der Interessenabwägung zu berücksichtigen (*BAG* 21.6.2001 EzA § 626 BGB n. F. Nr. 189).

691 Die **mehrfache Entwendung und Benutzung** von im Betrieb des Arbeitgebers verwendetem **Versandmaterial** von geringem Wert (drei Briefumschläge im Wert von 0,03 DM) durch den Arbeitnehmer rechtfertigt dagegen i. d. R. nicht eine Kündigung ohne vorherige Abmahnung (*LAG Köln* 30.9.1999 ZTR 2000, 427; vgl. aber auch *ArbG Frankfurt/M.* 31.1.2001 NZA-RR 2001, 368: Diebstahl geringwertiger Sachen rechtfertigt ohne Abmahnung eine ordentliche Kündigung, wenn der betroffene Arbeitnehmer bei seiner Arbeit eine Vorbildfunktion auszuüben hat). Das *ArbG Hamburg* (2.10.2000 NZA-RR 2001, 416) hat angenommen, dass der Diebstahl einer geringwertigen Sache zum Nachteil des Arbeitgebers zwar an sich geeignet ist, einen wichtigen Grund für eine außerordentliche Kündigung darzustellen. Es hat aber sowohl eine außerordentliche als auch eine ordentliche Kündigung als **unverhältnismäßig** erachtet, weil es im konkret entschiedenen Einzelfall seitens des Arbeitneh-

D. Die Beendigung des Arbeitsverhältnisses

mers an einem Vertragsverstoß von einem erforderlichen Gewicht gefehlt hat, der finanzielle Schaden des Arbeitgebers gering war (Verkaufspreis des entwendeten Salats 7,50 DM) und es nicht zu einer Betriebsablaufstörung gekommen ist.

Das ein Flugzeugführer sich über einen längeren Zeitraum hinweg mehrfach und in erheblichem Umfang **falsche Arbeitszeiten aufschreibt**, ist andererseits geeignet, einen wichtigen Grund i. S. des § 626 Abs. 1 BGB darzustellen (*ArbG Frankfurt/M.* 6.8.1999 NZA-RR 2000, 307). **692**

Erklärt ein Außendienstmitarbeiter seinem Arbeitgeber, er habe **widersprüchliche Km-Angaben** in Reisekostenabrechnungen, Besuchsberichten und Tankbelegen auf Anraten seines Steuerberaters bewusst vorgenommen, damit eine Kontrolle nicht möglich sei, zerstört er die für eine Fortsetzung des Arbeitsverhältnisses auf Dauer notwendige Vertrauensbasis. Liegen andererseits keine Anhaltspunkte dafür vor, dass der im konkret entschiedenen Einzelfall 54 Jahre alte, seit 14 Jahren beschäftigte Mitarbeiter vor hatte, sich auf Kosten des Arbeitgebers zu bereichern, kann diesem die Einhaltung der ordentlichen Kündigungsfrist zugemutet werden (*LAG Köln* 2.3.1999 ARST 2000, 45). **693**

Hat ein im öffentlichen Dienst beschäftigter Arbeiter einen **versuchten Zigarettenautomatenaufbruch** zwar nicht bei seinem öffentlichen Arbeitgeber, sondern außerhalb dessen Bereichs begangen, dabei aber vorsätzlich Werkzeug des Arbeitgebers (Metallsäge, Bolzenschneider, Brecheisen), dessen Mitnahme ihm seitens seiner Vorgesetzten nur aufgrund seiner Angabe, er benötige das Werkzeug ausschließlich für private Zwecke, gestattet worden war, so gibt dieser versuchte Diebstahl in einem schweren Fall gem. § 243 Abs. 1 Nr. 2 StGB i. d. R. einen wichtigen Grund i. S. d. § 626 Abs. 1 BGB, § 53 Abs. 1 BMT-G II ab (*LAG Hamm* 7.12.2000–17 Sa 1447/00 –). **694**

Rechtswidrige Manipulationen einer in einer Personalabteilung tätigen Arbeitnehmerin zum Zweck der **Hinterziehung von Steuern und Sozialversicherungsabgaben**, auch wenn dies ggf. auf Weisung ihres unmittelbaren Vorgesetzten geschehen sind, stellen einen Verstoß gegen ihre arbeitsvertraglichen Pflichten und damit einen wichtigen Grund für eine verhaltensbedingte Kündigung dar (*LAG Hamm* 20.4.1998 NZA-RR 1999, 24). **695**

Die Tatsache, dass ein Arbeitnehmer den **Schreibdienst seiner Dienststelle für freiberufliche**, nicht genehmigte **Nebentätigkeiten** in Anspruch genommen hat und dass er darüber hinaus Kopien sowie Lichtpausen für seine Nebentätigkeiten hatte fertigen lassen, kommt als an sich zur außerordentlichen Kündigung geeigneter Umstand in Betracht (*LAG Hamm* 5.6.1998 NZA-RR 1999, 126). **696**

Auch die Verantwortung eines Angestellten des öffentlichen Dienstes für die Verbreitung ausländerfeindlicher Pamphlete ist an sich geeignet, eine außerordentliche Kündigung zu begründen (*BAG* 14.2.1996 EzA § 626 BGB n. F. Nr. 160); gleiches gilt für die erstmalige, nicht rechtskräftige Verurteilung des Arbeitnehmers wegen Volksverhetzung.

Zur Beurteilung einer fristlosen Kündigung aufgrund von **Urkundenfälschungen** vgl. *BAG* 29.1.1997 EzA § 626 BGB n. F. Nr. 163.

Es stellt einen wichtigen Grund i. S. d. § 626 Abs. 1 BGB (§ 54 BAT) dar, wenn ein Angestellter der Bundeswehr eine sog. »**Witzesammlung**«, die zu einem erheblichen Teil Judenwitze, Ausländerwitze und sexistische Frauenwitze von eklatant die Menschenwürde verachtendem Charakter enthält, über ein dienstliches Memo-System, in Kenntnis ihres Inhalts weiterverbreitet (*LAG Köln* 10.8.1999 ARST 2000, 162 Ls.). **697**

Der rechtswidrigen und schuldhaften Entwendung einer Sache steht nach Auffassung des *Sächsischen LAG* (14.7.1999 – 2 Sa 34/99 –) das **arbeitsvertragswidrige** **698**

D. Die Beendigung des Arbeitsverhältnisses

und schuldhafte Kopieren von Daten aus dem Bestand des Arbeitgebers auf einen privaten Datenträger gleich.

699 Nutzt der Arbeitnehmer das **Internet** entgegen einem ausdrücklichen Verbot des Arbeitgebers **für private Zwecke**, so stellt dies eine Pflichtverletzung dar, die eine Kündigung rechtfertigen kann. Wurde jedoch die private Nutzung vom Arbeitgeber genehmigt, kommt eine Kündigung nur in Betracht, wenn die Nutzung in einem Ausmaß erfolgt, von dem der Arbeitnehmer nicht annehmen durfte, sie sei noch von dem Einverständnis des Arbeitgebers gedeckt. Einer Abmahnung bedarf es in solchen Fällen nur dann nicht, wenn ein solches Ausmaß erreicht ist, dass von einer groben Pflichtverletzung auszugehen ist (*ArbG Wesel* 21.3.2001 NZA 2001, 786). Liegt dagegen eine ausdrückliche entgegenstehende Vereinbarung vor, so ist der Arbeitgeber ohne vorherige Abmahnung bei einer Nutzung des Internets zu privaten Zwecken zur außerordentlichen Kündigung berechtigt (*ArbG Düsseldorf* 1.8.2001 NZA 2001, 1386).

700 Eine Kündigung wegen **Weiterversendens einer privaten E-Mail** im Betrieb des Arbeitgebers ist wegen Fehlens einer vorherigen Abmahnung unwirksam, auch wenn zuvor in einer generellen internen Arbeitsanweisung das Versenden privater E-Mails verboten und eine außerordentliche Kündigung für den Fall des Zuwiderhandelns angedroht worden war (*ArbG Frankfurt/M.* 20.3.2001 – 5 Ca 4459/00 –).

701 Lädt ein Arbeitnehmer während der Arbeitszeit **pornografisches Bildmaterial** aus dem **Internet**, das er auf Datenträgern des Arbeitgebers speichert und nutzt er den Internet-Zugang zum Einrichten einer Web-Page sexuellen Inhalts, rechtfertigt dies eine außerordentliche Kündigung. Bei der Beurteilung der Schwere des Vertragsverstoßes ist zu berücksichtigen, dass ein derartiges Verhalten des Arbeitnehmers geeignet ist, das Ansehen des Arbeitgebers in der Öffentlichkeit zu beschädigen. Es bedarf dann nach Auffassung des *ArbG Hannover* (1.12.2000 NZA 2001, 1022) weder einer Abmahnung noch einer vorherigen ausdrücklichen Regelung.

702 Der **tätliche Angriff** auf einen Vorgesetzten ist eine schwerwiegende Verletzung der arbeitsvertraglichen Nebenpflichten des Arbeitnehmers. Eine ganz erhebliche Verletzung liegt vor, wenn der Angriff mit einem gefährlichen Werkzeug, z. B. einem Messer, durchgeführt wird. Eine solche Auseinandersetzung führt regelmäßig zu einer erheblichen Störung des Betriebsfriedens, die es dem Arbeitgeber unzumutbar macht, das Arbeitsverhältnis mit dem Angreifer fortzusetzen (*LAG Hamm* 20.9.1995 NZA-RR 1996, 291 Ls.); zur Bedrohung eines Vorgesetzten mit einer Schusswaffe durch einen stark alkoholisierten Arbeitnehmer *LAG Düsseldorf* 15.12.1997 LAGE § 626 BGB Nr. 116 u. 10.12.1998–13 Sa 1126/98 –; zum tätlichen Angriff auf einen Arbeitskollegen vgl. *BAG* 24.10.1996 ZTR 1997, 139.

703 Wenn eine Altenpflegerin einen Heimbewohner in einer »**Notwehrsituation**« ohrfeigt, ist eine (fristlose oder ordentliche) Kündigung nicht gerechtfertigt (*LAG Köln* 20.12.2000 ARST 2001, 187).

704 Die Bezeichnung von Manager und Trainer eines Fußballvereins der 1. Bundesliga als »Diktatoren« durch einen Lizenzspieler in einem Fernsehinterview rechtfertigt nach Auffassung des *ArbG Bielefeld* (9.12.1997 EzA § 626 BGB n. F. Nr. 171) grds. ohne vorherige Abmahnung eine außerordentliche Kündigung. Gleiches gilt wegen der amtsbezogenen Loyalitäts- und Mäßigungspflicht auch für den Pressesprecher einer Stadt, der in einem Flugblatt den Bürgermeister dieser Stadt als »selbstherrlich und weinerlich« hinstellt und ihn zum Rücktritt auffordert (*LAG Brandenburg* 26.6.1997 ZTR 1998, 281 Ls.). Auch die **grobe Beleidigung** des Arbeitgebers mit dem Satz »Sie haben doch nur Bumsen im Kopf« kann ein Grund zur fristlosen Kündigung sein (*LAG*

Köln 30.1.1998 ARST 1998, 163 Ls.). Gleiches gilt für die Beleidigung eines Vorgesetzten mit den Worten »du bist ein Arschloch« (*LAG Rheinland-Pfalz* 8.11.2000 – 9 Sa 826/00 –); einer Abmahnung bedarf es in diesem Fall nicht (*ArbG Frankfurt* 10.8.1998 NZA-RR 1999, 85).

Das *LAG Köln* (4.7.1996 NZA-RR 1997, 171) hat dagegen angenommen, dass die objektiv nicht besonders schwerwiegende Beleidigung eines Kollegen, der in einer kleinen Gruppe von Sozialarbeitern auch Leitungsfunktion hat, selbst dann, wenn sie für den Arbeitgeber erstmals persönliche, den Arbeitsablauf störende Spannungen deutlich macht, regelmäßig erst nach vergeblicher Abmahnung oder einem vergeblichen Vermittlungsversuch als wichtiger Grund geeignet ist. Danach ist auch eine schwere verbale Entgleisung (»du altes Arschloch«) nicht ohne weiteres eine grobe Beleidigung und ein ohne Abmahnung ausreichender Kündigungsgrund; entscheidend ist die Verhältnismäßigkeit und Zumutbarkeit der Maßnahme im konkreten Fall. Eine grobe Beleidigung des Arbeitgebers, die eine Kündigung ohne vorausgegangene Abmahnung rechtfertigen soll, erfordert danach eine **erhebliche Ehrverletzung** des Betroffenen. Eine solche scheidet aus, wenn **sich der Adressat selbst nicht nennenswert gekränkt gefühlt hat** (»Mittelfinger«; *LAG Köln* 21.8.1998 NZA-RR 1999, 186). Zu beachten ist zudem, dass **Vorgesetzte** während eines **Arbeitskampfes** unter Umständen auch **leichte Beleidigungen** ihrer Mitarbeiter hinnehmen müssen (*LAG Hessen* 24.10.2000 NZA-RR 2001 300). Auch kurz vor dem aus anderen Gründen **unmittelbar bevorstehenden Ende eines Arbeitsverhältnisses** sind grobe Verunglimpfungen aller Beschäftigten einschließlich des Vorstands über das interne E-Mail-System geeignet, eine fristlose Kündigung zu rechtfertigen; dies gilt auch dann, wenn die Verunglimpfungen in **metaphorisch verschlüsselter Form** erfolgen (*ArbG Wiesbaden* 2.5.2001 NZA-RR 2001, 639).

Äußert sich eine Verkäuferin gegenüber einer Kundin im Rahmen eines Reklamationsgesprächs mit den Worten »Nun werden Sie aber nicht so pissig«, rechtfertigt das grds. auch ohne vorherige Abmahnung die fristlose Kündigung des Arbeitsverhältnisses, es sei denn, die Äußerung ist durch ein beleidigendes Verhalten der Kundin **provoziert** worden (*LAG Schleswig-Holstein* 5.10.1998 LAGE § 626 BGB Nr. 122). Gleiches gilt für die Äußerung einer Verkäuferin gegenüber einer Kundin, sie werde dieser »eine aufs Maul hauen« (*ArbG Nürnberg* 10.10.2000–12 Ca 2365/00 –). Zur Beleidigung durch sog. »vertrauliche Äußerungen« s. u. D/Rz. 1283 ff.

705

Einem Arbeitnehmer kann im Übrigen nicht schon deshalb gekündigt werden, weil er **fachlich anderer Auffassung** war als sein Vorgesetzter und darüber eine **kritische Aktennotiz** angefertigt hat. Denn Arbeitnehmer sind grds. befugt, eine von Ansichten der Vorgesetzten abweichende fachliche Meinung zu äußern, ohne gleich Sanktionen befürchten zu müssen (*ArbG Frankfurt/M.* 16.8.2001 – 7 Ca 3875/01 –).

706

Eine **Strafanzeige** gegen den Arbeitgeber berechtigt jedenfalls dann zur fristlosen Kündigung, wenn sie aus der alleinigen Motivation heraus erstattet wird, den Arbeitgeber zu schädigen (*LAG Köln* 7.1.2000 ZTR 2000, 278 Ls.).

707

Auch ein **fahrlässiges Verhalten** kann eine fristlose verhaltensbedingte Kündigung rechtfertigen, ggf. auch ohne dass vorher eine Abmahnung erforderlich ist (*LAG Schleswig-Holstein* 24.7.2001 – 1 Sa 78 e/01 –).

708

Zu beachten ist, dass auch schwerwiegende Verfehlungen des Arbeitnehmers – z. B. ein Diebstahl – kündigungsrechtlich dann ohne Belang sind, wenn sie **das Arbeitsverhältnis im Zeitpunkt der Kündigung nicht mehr hinreichend beeinträchtigen**. Eine Kündigung kann daher ausgeschlossen sein, wenn der Arbeitgeber zunächst das

709

D. Die Beendigung des Arbeitsverhältnisses

Arbeitsverhältnis in Kenntnis des Kündigungssachverhalts längere Zeit (1 ½ Jahre) unverändert fortsetzt (*LAG Berlin* 11.7.2001–17 Sa 293/01 –).

(2) Pflichten bei Arbeitsunfähigkeit

710 Auch die Verletzung der Nachweispflicht des Arbeitnehmers bei Arbeitsunfähigkeit gem. § 5 EFZG kann unter besonderen Umständen ein wichtiger Grund zur außerordentlichen Kündigung sein (*LAG Hessen* 13.7.1999 ArbuR 2000, 75).

711 Wegen des **regelmäßig geringen Gewichts** bedarf es jedoch der Feststellung erschwerender Umstände des Einzelfalles, die ausnahmsweise die Würdigung rechtfertigen, dem Arbeitgeber sei die Fortsetzung des Arbeitsverhältnisses bis zum Ablauf der Kündigungsfrist nicht zumutbar (*BAG* 15.1.1986 EzA § 626 BGB n. F. Nr. 100; *LAG Sachsen-Anhalt* 24.4.1996 NZA 1997, 772). In der Interessenabwägung ist zugunsten des Arbeitnehmers zu berücksichtigen, dass er sich wenigstens **bemüht hat, seinen Pflichten nachzukommen.** Die Anzeige der Arbeitsunfähigkeit per Fax ist ausreichend. Jedenfalls dann, wenn der Arbeitgeber dazu auffordert, ist jedoch unverzüglich das Original der Arbeitsunfähigkeitsbescheinigung vorzulegen (*Hess. LAG* 13.7.1999 ArbuR 2000, 75; vgl. dazu *Dübbers* ArbuR 2000, 76). Auch ein mehrfacher Verstoß gegen die Pflicht, **am ersten Tag nach der Erkrankung** eine Arbeitsunfähigkeitsbescheinigung vorzulegen, rechtfertigt nicht stets eine außerordentliche Kündigung (*LAG Köln* 17.11.2000 NZA-RR 2001, 367).

Ist ein Arbeitnehmer während einer ärztlich attestierten Arbeitsunfähigkeit schichtweise einer **Nebenbeschäftigung** bei einem anderen Arbeitgeber nachgegangen, so kann je nach den Umständen auch eine fristlose Kündigung ohne vorherige Abmahnung gerechtfertigt sein. Ist in derartigen Fällen der **Beweiswert des ärztlichen Attests erschüttert bzw. entkräftet,** so hat der Arbeitnehmer konkret darzulegen, weshalb er krankheitsbedingt gefehlt hat und trotzdem der Nebenbeschäftigung nachgehen konnte (*BAG* 26.8.1993 EzA § 626 BGB n. F. Nr. 148; s. aber auch *LAG München* 3.11.2000–10 Sa 1037/99 –: Andernorts erbrachte Arbeitsleistung steht der Annahme der Arbeitsunfähigkeit nicht entgegen). Nach Auffassung des *LAG Köln* (9.10.1998 NZA-RR 1999, 188) reicht die **gefälligkeitshalber geleistete Unterstützung** eines Freundes bei der Wohnungsrenovierung an wenigen Tagen während einer bescheinigten Arbeitsunfähigkeit nicht aus, um den Beweiswert zu erschüttern.

(3) Entzug der Fahrerlaubnis

712 Die außerordentliche Kündigung eines Außendienstmitarbeiters, dem wegen alkoholbedingter Fahruntüchtigkeit die Fahrerlaubnis entzogen wurde, ist nur dann gerechtfertigt, wenn eine Fortsetzung des Arbeitsverhältnisses zu geänderten Bedingungen unmöglich oder unzumutbar geworden ist.

Im Einzelfall kann es dem Arbeitgeber zugemutet werden, das Angebot des Arbeitnehmers, durch persönliche Maßnahmen auf eigene Kosten (Einsatz eines privaten Chauffeurs) seine Mobilität zu sichern, zu akzeptieren (*LAG Rheinland-Pfalz* 11.8.1989 NZA 1990, 28).

713 Legt ein Arbeitgeber zudem in einer Dienstanweisung im Einzelnen fest, wie er auf bestimmte Pflichtverstöße des Arbeitnehmers zu reagieren beabsichtigt (z. B. bei Entzug der betrieblichen Fahrerlaubnis durch Nachschulung vor deren Wiederertei-

lung), so bindet er sich damit selbst und muss sich im konkreten Fall **an das in der Dienstanweisung festgelegte Verhalten halten**, sodass eine Kündigung des Arbeitsverhältnisses vor Durchführung einer Nachschulung nicht in Betracht kommt (*BAG* 25.4.1996 EzA § 1 KSchG Personenbedingte Kündigung Nr. 14; ebenso *BAG* 16.9.1999 EzA § 611 BGB Kirchliche Arbeitnehmer Nr. 45 für ein »klärendes Gespräch« nach der Grundordnung der Katholischen Kirche).

(4) Unentschuldigtes Fehlen; wiederholte Unpünktlichkeit des Arbeitnehmers
Das unentschuldigte Fehlen des Arbeitnehmers für die **Dauer eines ganzen Arbeitstages** ohne ausreichende Information des Arbeitgebers ist im Wiederholungsfall nach einschlägiger Abmahnung je nach den Umständen an sich geeignet, eine außerordentliche Kündigung zu begründen. Dabei obliegt es dem Arbeitgeber nicht, Betriebsablaufstörungen infolge des unentschuldigten Fehlens und der nicht erfolgten Benachrichtigung konkret darzulegen (*BAG* 15.3.2001 EzA § 626 BGB n. F. Nr. 185). **Wiederholte Unpünktlichkeiten** eines Arbeitnehmers sind dann an sich geeignet, eine außerordentliche Kündigung zu rechtfertigen, wenn sie den Grad einer **beharrlichen Verweigerung der Arbeitspflicht** erreicht haben (*BAG* 17.3.1988 EzA § 626 BGB n. F. Nr. 116). 714

715

aaa) Betriebliche Auswirkungen
Notwendig ist aber, dass sich das Fehlverhalten auch betrieblich auswirkt. 716
Bei verspäteter Arbeitsaufnahme besteht z. B. das Fehlverhalten in der Verletzung der arbeitsvertraglichen Leistungspflicht. Denn zur ordnungsgemäßen Erfüllung gehört auch die Einhaltung der vereinbarten Leistungszeit gem. § 271 BGB.
Die dadurch verursachte Störung im Leistungsbereich besteht nach der ursprünglich vertretenen Auffassung des *BAG* (17.3.1988 EzA § 626 BGB n. F. Nr. 116) darin, dass die Leistung des Arbeitnehmers unmöglich wird, wenn der Arbeitgeber sie von einem Ersatzmann durchführen lässt.
Dadurch wird das Verhältnis von Leistung und Gegenleistung beeinträchtigt, was nicht zuletzt in der Rechtsfolge des § 323 Abs. 1 BGB a. F. (Wegfall des Lohnanspruchs des Arbeitnehmers) zum Ausdruck kommt.

In diesem Fall ist es nicht für die Eignung als wichtiger Grund, sondern nur für die Interessenabwägung erheblich, ob es neben einer Störung im Leistungsbereich nebst dadurch verursachten betrieblichen Auswirkungen auch noch zu nachteiligen Auswirkungen im Bereich der betrieblichen Verbundenheit (Betriebsordnung, Betriebsfrieden) gekommen ist. 717

Auch in diesem Bereich liegt eine konkrete Beeinträchtigung des Arbeitsverhältnisses allerdings nicht schon dann vor, wenn der Arbeitsablauf oder der Betriebsfrieden »abstrakt« oder »konkret gefährdet« ist, sondern nur, wenn insoweit eine **konkrete Störung** eingetreten ist (*BAG* 17.3.1988 EzA § 626 BGB n. F. Nr. 116).

bbb) Maßnahmen des Arbeitgebers zur Schadensminderung
Fraglich ist in diesem Zusammenhang aber, welche Auswirkungen es für die Prüfung einer Störung im Bereich des Betriebsablaufs hat, wenn es nur deshalb nicht zu einer Beeinträchtigung kommt, weil entweder andere Arbeitnehmer spontan eingreifen oder **gezielte Maßnahmen des Arbeitgebers zur Schadensvermeidung** bestehen. 718

D. Die Beendigung des Arbeitsverhältnisses

Nach Auffassung von *Kraft/Raab* (Anm. zu *BAG* EzA § 626 BGB n. F. Nr. 116) kann sich dies **nicht zugunsten des Arbeitnehmers** auswirken. Denn der Kündigungsgrund ist zukunftsorientiert, er soll also den Kündigenden vor den Risiken einer Fortführung des Arbeitsverhältnisses bewahren.

719 Der Arbeitnehmer kann aber weder auf spontanes Eingreifen Dritter als zufälligem Glücksmoment noch auf solche Aufwendungen vertrauen, die allein der Schadensabwendung dienen, aber bei normalem Betriebsablauf nicht erforderlich wären und dies deshalb auch nicht zu seinen Gunsten in Anspruch nehmen.

Danach ist die Regelung über die nachträgliche Unmöglichkeit keine Beeinträchtigung des Äquivalenzverhältnisses, sondern stellt dieses im Gegenteil wieder her, indem sie der fehlenden Leistung den Wegfall der Gegenleistung entgegenstellt. Folglich muss die Äquivalenzstörung bereits in der verspäteten Leistungserbringung gesehen werden. Beeinträchtigungen in anderen Bereichen (z. B. dem der betrieblichen Verbundenheit) sind dagegen dann nur im Rahmen der Interessenabwägung von Bedeutung.

ccc) **Weitere Differenzierung zwischen Kündigungsgrund und Interessenabwägung**

720 Inzwischen geht das *BAG* (17.1.1991 EzA § 1 KSchG Verhaltensbedingte Kündigung Nr. 37) davon aus, dass es nicht für die Eignung als Kündigungsgrund erheblich, sondern nur im Rahmen der abschließenden Interessenabwägung zusätzlich für den Arbeitnehmer belastend ist, wenn es neben der Störung im Leistungsbereich, die bereits allein in der vertragswidrigen verspäteten Arbeitsaufnahme besteht, außerdem noch zu nachteiligen Auswirkungen im Bereich der betrieblichen Verbundenheit (Betriebsablaufstörungen, Störungen der Betriebsordnung und des Betriebsfriedens) gekommen ist.

(5) **Angekündigte Arbeitsunfähigkeit; vorgetäuschte Arbeitsunfähigkeit**

721 Erklärt der Arbeitnehmer, er werde krank, wenn der Arbeitgeber ihm den im bisherigen Umfang bewilligten Urlaub nicht verlängert, obwohl er im Zeitpunkt der Ankündigung nicht krank war und sich aufgrund bestimmter Beschwerden auch noch nicht krank fühlen konnte, so ist ein solches Verhalten ohne Rücksicht darauf, ob der Arbeitnehmer später tatsächlich erkrankt, an sich geeignet, einen wichtigen Grund zur außerordentlichen Kündigung abzugeben (*BAG* 5.11.1992 EzA § 626 BGB n. F. Nr. 143).

722 Denn in diesem Fall wird angedroht, die erstrebte Verlängerung der Arbeitsfreistellung notfalls auch ohne Rücksicht darauf zu erreichen, ob eine Arbeitsunfähigkeit tatsächlich vorliegt. Versucht der Arbeitnehmer auf diesem Wege, einen ihm nicht zustehenden Vorteil, hier eine verlängerte Freistellung von der Arbeit – auch eine unbezahlte – zu erreichen, so verletzt er bereits hierdurch seine arbeitsvertragliche Rücksichtnahmepflicht, die es ihm verbietet, den Arbeitgeber auf diese Weise unter Druck zu setzen.

Ein solches Verhalten **beeinträchtigt das Vertrauensverhältnis zum Arbeitgeber**, weil es in ihm den berechtigten Verdacht aufkommen lassen kann, der Arbeitnehmer

D. Die Beendigung des Arbeitsverhältnisses

missbrauche notfalls seine Rechte aus den Entgeltfortzahlungsbestimmungen, um einen unberechtigten Vorteil zu erreichen.
In dieser Verletzung der arbeitsvertraglichen Rücksichtnahmepflicht liegt auch bereits eine konkrete Störung des Arbeitsverhältnisses (*BAG* 5.11.1992 EzA § 626 BGB n. F. Nr. 143). **Das gilt auch dann, wenn der Arbeitgeber nicht zu einem bestimmten Verhalten genötigt werden soll** (*LAG Köln* 14.9.2000 NZA-RR 2001, 246).
Allerdings rechtfertigt die bloße, nicht näher konkretisierte **Mutmaßung** des Arbeitgebers, dass die Krankheit vorgetäuscht sei, auch dann **keine fristlose Kündigung**, wenn ein Arbeitnehmer kurz nach einem Streit mit dem Arbeitgeber krankgeschrieben worden ist (*ArbG Frankfurt/M.* 9.12.1998 NZA-RR 1999, 364).
Ein wichtiger Grund zur fristlosen Kündigung eines Arbeitsverhältnisses kann dann vorliegen, wenn der Arbeitnehmer unter Vorlage eines Attests der Arbeit fernbleibt und sich Entgeltfortzahlung gewähren lässt, obwohl er **tatsächlich arbeitsfähig war** (*LAG Berlin* 1.11.2000 NZA-RR 2001, 470; *LAG München* 3.11.2000 – 10 Sa 1037/99 –; vgl. auch *LAG Köln* 9.10.1998 NZA-RR 1999, 188; ausf. *Künzl/Weinmann* ArbuR 1996, 256 ff. [306 ff]).

(6) Politische Betätigung im Betrieb
Siehe dazu ausführlich o. C/Rz. 305 ff.; zur Kündigung wegen politischer Betätigung im Betrieb vgl. ausf. *Preis/Stoffels* RdA 1996, 210 ff.; zu Rechtsextremismus als Kündigungsgrund vgl. *Polzer/Powietzka* NZA 2000, 970 ff. 723

(7) Ausländerfeindliche Äußerungen im Betrieb
Die Abgabe ausländerfeindlicher Äußerungen durch einen Arbeitnehmer im Betrieb ist an sich geeignet, eine außerordentliche Kündigung des Arbeitsverhältnisses zu rechtfertigen (*LAG Hamm* 11.11.1994 LAGE § 626 BGB Nr. 82; vgl. auch *LAG Rheinland-Pfalz* 10.6.1997 BB 1998, 163). 724

> Ein Kündigungsgrund wird i. d. R. dann vorliegen, wenn der Arbeitnehmer den Straftatbestand der §§ 185, 223, 130, 131, 86, 86 a StGB erfüllt. Darüber hinaus bedarf es im Einzelfall einer Abwägung des Grundrechts aus Art. 5 Abs. 1 GG mit den beeinträchtigten Arbeitnehmerinteressen.

Hierbei muss die Meinungsfreiheit hinter einer Verletzung der Ehre des Arbeitgebers oder der Arbeitskollegen des Arbeitnehmers, dem Schutz des eingerichteten und ausgeübten Gewerbebetriebs des Arbeitgebers vor gezielten Angriffen oder Angriffen auf den Ruf des Arbeitgebers in der Öffentlichkeit zurückstehen. Gleiches gilt, wenn es aufgrund der Meinungskundgabe zu Störungen des Betriebsablaufs oder des Betriebsfriedens kommt und Belegschaftsangehörige belästigt oder bei der Erfüllung ihrer Arbeitspflichten beeinträchtigt werden. Dies gilt ebenfalls für den Fall, dass das Verhalten des Arbeitnehmers das für das Arbeitsverhältnis erforderliche Vertrauen des Arbeitgebers in ihn unrettbar zerstört. Einen eigenen Kündigungsgrund »Ausländerfeindlichkeit« oder »Antisemitismus« gibt es nicht; vielmehr ist jeder Einzelfall nach den **allgemeinen Grundsätzen des Kündigungsschutzrechts** zu beurteilen (*Krummel/Küttner* NZA 1996, 67 ff.). 725

(8) Streikteilnahme
Beteiligen sich Arbeitnehmer an einem von der Gewerkschaft geführten, auf drei Tage befristeten **Streik,** mit dem der Abschluss eines Firmentarifvertrages mit ihrem Ar- 726

D. Die Beendigung des Arbeitsverhältnisses

beitgeber erzwungen werden soll, so rechtfertigt dies auch dann **nicht ohne weiteres eine fristlose oder fristgemäße Kündigung,** wenn die Arbeitnehmer mit der Möglichkeit rechnen mussten, dass die Gewerkschaft für ihren Betrieb nicht zuständig ist und der Streik deswegen rechtswidrig war (*BAG* 29.11.1983 EzA § 626 BGB n. F. Nr. 89).

(9) Eigenmächtiger Urlaubsantritt

727 Tritt der Arbeitnehmer eigenmächtig einen vom Arbeitgeber nicht genehmigten Urlaub an, so verletzt er seine arbeitsvertraglichen Pflichten. Ein solches Verhalten ist an sich geeignet, einen wichtigen Grund zur außerordentlichen Kündigung darzustellen (*BAG* 20.1.1994 EzA § 626 BGB n. F. Nr. 153; *LAG Hamm* 21.10.1997 NZA-RR 1999, 76; *LAG Köln* 16.3.2001 NZA-RR 2001, 533; s. o. C/Rz. 1878 ff.). Das gilt nach Auffassung des *ArbG Trier* (16.1.2001 ARST 2001, 164 Ls.) selbst dann, wenn dem Arbeitnehmer überraschend eine terminsgebundene Urlaubsreise geschenkt wird.

Allerdings kann die Kündigung nicht damit begründet werden, dass die Urlaubsgewährung allein durch den Arbeitgeber aufgrund seines Direktionsrechts erfolgt, das er im Rahmen des § 315 BGB auszuüben hat. Denn er hat als Schuldner den Urlaub für den vom Arbeitnehmer angegebenen Termin festzusetzen, jedenfalls dann, wenn die Voraussetzungen des § 7 Abs. 2 2. Hs. BUrlG gegeben sind (*BAG* 31.1.1996 EzA § 1 KSchG Verhaltensbedingte Kündigung Nr. 47; s. o. C/Rz. 1859 ff.). Der Arbeitgeber hat zudem die Beweislast dafür, dass er nicht, wie vom Kläger substantiiert behauptet, seinem Urlaubsbegehren zugestimmt hatte (*BAG* 31.1.1996 EzA § 1 KSchG Verhaltensbedingte Kündigung Nr. 47).

728 Erwirkt schließlich ein Arbeitnehmer drei Tage vor Antritt seines bereits acht Monate zuvor schriftlich beantragten, allerdings zu keinem Zeitpunkt ausdrücklich gewährten oder abgelehnten Sommerurlaubs beim Arbeitsgericht ohne mündliche Verhandlung eine **einstweilige Verfügung auf entsprechende Urlaubserteilung**, unterlässt er aber mangels entsprechender Kenntnis und/oder fehlerhafter Auskunft eines Mitarbeiters des Gerichts die von ihm selbst vorzunehmende **Zustellung** der einstweiligen Verfügung an seinen Arbeitgeber, so berechtigt dies diesen nicht zum Ausspruch einer fristlosen Kündigung wegen eigenmächtigen Urlaubsantritts (*LAG Hamm* 13.6.2000 NZA-RR 2001, 134).

729 Das *ArbG Trier* (16.1.2001 ARST 2001, 164 Ls.) hat eine fristlose Kündigung auch ohne vorherige Abmahnung für wirksam erachtet, weil der Arbeitnehmer die überraschend geschenkte Urlaubsreise gegen den erkennbaren Willen des Arbeitgebers angetreten hatte, obwohl es nur um eine Urlaubsdauer **von zwei Tagen** ging.

(10) Wettbewerbstätigkeit; Vorbereitungshandlungen; Abwerbung von Arbeitnehmern

730 Ein Verstoß gegen das Wettbewerbsverbot (s. o. C/Rz. 248) kommt als an sich zur außerordentlichen Kündigung geeigneter Umstand in Betracht.

Haben die Parteien allerdings kein nachvertragliches Wettbewerbsverbot (s. u. F/Rz. 8268 ff.) vereinbart, so hindert § 60 HGB den Arbeitnehmer nicht daran, mit den Vorbereitungen für diesen Wettbewerb schon während des Arbeitsverhältnisses zu beginnen (*BAG* 30.5.1978 EzA § 60 HGB Nr. 11; s. o. C/Rz. 265 ff.).

> Die Grenze des Erlaubten ist erst dann überschritten, wenn das Handeln schon während des Arbeitsverhältnisses unmittelbar die Interessen des Arbeitgebers verletzt oder gefährdet, etwa durch Kontaktaufnahme mit Vertragspartnern des Arbeitgebers (*LAG Köln* 19.1.1996 LAGE § 626 BGB Nr. 93).

731 Abwerbung ist die Einwirkung auf den Arbeitnehmer mit einer gewissen Ernsthaftigkeit und Beharrlichkeit mit dem Ziel, ihn zur Aufgabe des einen zwecks Begründung eines neuen Arbeitsverhältnisses zu bewegen. **Das gemeinsame Pläneschmieden von Arbeitnehmern, von denen sich der eine selbstständig machen will unter Einbeziehung von Kollegen, stellt keine einseitige beharrliche Einwirkung auf den anderen und damit regelmäßig keine Abwerbung dar.** Gem. Art. 12 Abs. 1 GG ist es auch gestattet, Arbeitnehmer auf einen Wechsel in die neu zu gründende Fa. hin anzusprechen und deren Bereitschaft auch durch Gehaltszusagen zu fördern. Das Interesse des Arbeitgebers, seine Arbeitnehmer nicht an einen Konkurrenten zu verlieren, ist dagegen verfassungsrechtlich nicht geschützt. Die bloße Abwerbung greift nicht in gesicherte Rechtspositionen des Arbeitgebers ein. Etwas anderes kann nur gelten, wenn der Abwerbung das Merkmal der **Sittenwidrigkeit** anhaftet, da sich sittenwidrige Handlungen grds. außerhalb der geschützten Freiheitsräume bewegen. Dies kann der Fall sein, wenn sie zugleich eine grobe Verletzung der Treuepflicht darstellt, insbesondere, wenn die sie begleitenden Handlungen eine besonders verwerfliche Gesinnung offenbaren oder selbst sittenwidrig sind. Solche Umstände können etwa vorliegen, wenn ein Arbeitnehmer Kollegen zu verleiten sucht, unter Vertragsbruch beim bisherigen Arbeitgeber auszuscheiden, wenn er im Auftrag eines Konkurrenzunternehmens gegen Bezahlung diesen Versuch unternimmt oder wenn er insoweit seinen Arbeitgeber **planmäßig zu schädigen** versucht (*LAG Rheinland-Pfalz* 7.2.1992 NZA 1993, 265).

732 > Eine unerlaubte Konkurrenztätigkeit (Reiseleitung und Reisevermittlung) im selben Wirtschaftsbereich des Arbeitgebers (Reisebüro) rechtfertigt dagegen regelmäßig die fristlose Kündigung eines seit acht Monaten bestehenden Arbeitsverhältnisses einer Reiseverkehrskauffrau, die während des bestehenden Arbeitsverhältnisses unmittelbar auf derselben Zeitungsseite wie der Arbeitgeber per Inserat Reisen anbietet und mit künftigen Kunden korrespondiert. Unerheblich ist, dass die angebotenen Reisen erst nach Beendigung des Arbeitsverhältnisses durchgeführt werden sollten (*LAG Rheinland-Pfalz* 1.12.1997 BB 1998, 1318 Ls.; vgl. auch *Hessisches LAG* 23.7.1997 BB 1998, 1899; *Hohmeister* BB 1998, 1899 f.; s. andererseits aber *LAG Bremen* 2.7.1998 ZTR 1998, 423 Ls.).

(11) Drogenkonsum
733 Wirkt ein **Heimerzieher** trotz des im Heim bestehenden generellen Drogenverbots an dem **Cannabisverbrauch** eines ihm anvertrauten Heiminsassen mit, so ist dies als wichtiger Grund zur außerordentlichen Kündigung nach § 626 BGB an sich geeignet (*BAG* 18.10.2000 EzA § 626 BGB n. F. Nr. 183). Nach Auffassung des *LAG Baden-Württemberg* (19.10.1993 NZA 1994, 175) vermag allerdings allein der gesetzlich und gesellschaftlich (noch) zu missbilligende Genuss von Haschisch an sich eine außerordentliche Kündigung nicht zu rechtfertigen, selbst wenn der Grund für diese Missbilligung darin liegt, dass es dem Konsumenten von Haschisch nur um die Herbeiführung des Rauschzustandes selbst geht, während beim Genuss von Alkohol und

D. Die Beendigung des Arbeitsverhältnisses

Nikotin das Genussmoment im Vordergrund steht. Insbesondere die **fehlende Auswirkung des Haschischkonsums auf das Arbeitsverhältnis** verbietet die außerordentliche Kündigung.

734 Ein **Schiffsführer** setzt auch dann einen wichtigen Grund für eine außerordentliche Kündigung, wenn er im Bereitschaftsdienst entgegen einer Betriebsvereinbarung, die ein **absolutes Alkoholverbot** festlegt, Alkohol zu sich nimmt und die Führung des Schiffes einem ebenfalls alkoholisierten Kollegen überlässt. Erschwerend können dann der **Umfang des eingetretenen Schadens** und die **Gefährdung der öffentlichen Sicherheit** sowie die Tatsache, dass in dem abgegebenen Havariebericht der Alkoholgenuss verschwiegen wurde, berücksichtigt werden (*LAG Berlin* 18.2.2000 ZTR 2000, 278 Ls.).

735 Auch dem **Fahrer eines Fahrzeugs** des Rettungsdienstes, das von den Vorschriften der StVO befreit ist, kann außerordentlich gekündigt werden, wenn er seinen Dienst unter **Verstoß gegen ein einschlägiges Alkoholverbot** antritt (*LAG Sachsen* 26.5.2000 NZA-RR 2001, 472).

(12) Beharrliche Arbeitsverweigerung

736 Bei einer sog. beharrlichen Arbeitsverweigerung kommt grds. eine außerordentliche, fristlose Kündigung (§ 626 BGB) in Betracht; es ist dabei u. a. zu würdigen, ob zu besorgen ist (**Prognoseprinzip**), der Arbeitnehmer werde in Zukunft seiner Arbeitspflicht nicht nachkommen. Nach dem ultima-ratio-Prinzip schließt dies aber im Einzelfall nicht aus, dass nur eine ordentliche Kündigung gerechtfertigt ist (*BAG* 21.11.1996 EzA § 1 KSchG Verhaltensbedingte Kündigung Nr. 50; vgl. auch *BAG* 5.4.2001 EzA § 626 BGB n. F. Nr. 186).

737 Die beharrliche Arbeitsverweigerung setzt in der Person des **Arbeitnehmers im Willen eine Nachhaltigkeit voraus**; er muss die ihm übertragene Arbeit bewusst und nachhaltig nicht leisten wollen, wobei es nicht genügt, dass der Arbeitnehmer eine Weisung unbeachtet lässt. Voraussetzung ist vielmehr, dass eine **intensive Weigerung** des Arbeitnehmers vorliegt. Allerdings kann das Moment der Beharrlichkeit auch darin zu sehen sein, dass in einem einmaligen Fall eine Anweisung nicht befolgt wird; dies muss dann aber z. B. durch eine vorhergehende erfolglose Abmahnung verdeutlicht werden (*BAG* 21.11.1996 EzA § 1 KSchG Verhaltensbedingte Kündigung Nr. 50).

Beispiele:
Die Weigerung des Arbeitnehmers, seine Arbeitsleistung ausschließlich in einem zentralen Schreibbüro zu erledigen, stellt z. B. keine Arbeitsverweigerung in diesem Sinne dar, wenn ihm die Leistung der Arbeit ausschließlich an diesem Ort gar **nicht möglich** ist (*ArbG Duisburg* 29.6.2000 NZA-RR 2001, 304).
Lehnt es dagegen ein Besatzungsmitglied ab, einen Flug durchzuführen, nachdem der verantwortliche Luftfahrzeugführer den sog. Kommandantenentscheid unmissverständlich getroffen hat, so liegt ein wichtiger Grund für eine fristlose Kündigung wegen beharrlicher Arbeitsverweigerung vor, ohne dass es zuvor einer Abmahnung bedarf (*ArbG Düsseldorf* 24.2.1998 NZA-RR 1999, 235).

738 Verletzt ein Berufskraftfahrer trotz einschlägiger Abmahnung seine Pflicht zur **täglichen Überprüfung** des verkehrssicheren **Zustandes der Reifen** des ihm zugewiesenen Fahrzeugs, so kann dies je nach den Umständen geeignet sein, eine ordentliche

oder auch außerordentliche Kündigung des Arbeitsverhältnisses zu rechtfertigen. Andererseits darf ein Unternehmen, dessen LKWs aufgrund ihrer besonderen Einsatzbedingungen einem ungewöhnlich hohen Reifenverschleiß unterliegen, die daraus entstehenden **Risiken** auch **nicht ausschließlich einseitig den Fahrern aufbürden.** Im konkret entschiedenen Einzelfall hat das *LAG Köln* (2.3.1999 ARST 2000, 45 Ls.) eine Kündigung trotz einschlägiger Abmahnungen nicht als gerechtfertigt angesehen.

Eine beharrliche Arbeitsverweigerung kann darin liegen, dass der Arbeitnehmer verhindert, dass der Arbeitgeber eine **Kopie des Inhalts der Festplatte des PC** anfertigt, an dem er für den Auftraggeber Aufträge bearbeitet hat. Die insoweit bestehende Verpflichtung ergibt sich daraus, dass dem Arbeitgeber das Arbeitsergebnis aus dem Arbeitsverhältnis zusteht. Die Verweigerung der Anfertigung einer Kopie des gesamten Inhalts der Festplatte ist aber dann nicht als Arbeitsverweigerung zu bewerten, wenn der PC im Eigentum des Arbeitnehmers steht und er auch persönliche Daten auf der Festplatte gespeichert hat. Denn dann kann der Arbeitgeber nur Kopien der Speichervorgänge verlangen, die die Arbeitsvorgänge aus dem Arbeitsverhältnis betreffen, nicht aber eine Kopie der gesamten Festplatte (*LAG Schleswig-Holstein* 20.1.2000 ARST 2000, 162). 739

Ist das **Direktionsrecht** des Arbeitgebers nicht hinsichtlich der Leistung von Überstunden beschränkt, kann er die Lage der Arbeitszeit festlegen. Er muss dabei aber billiges Ermessen wahren. Dies erfordert die Abwägung aller wesentlichen Umstände und die angemessene Berücksichtigung der beiderseitigen Interessen. Die **Verweigerung der Überstunden** rechtfertigt daher grds. nicht den Ausspruch einer Kündigung (*ArbG Frankfurt/M.* 26.11.1998 FA 2000, 53). 740

(13) Sexuelle Belästigung; wahrheitswidrige Behauptung sexueller Belästigung
Siehe zunächst oben C/Rz. 2337. 741
Bei sexuellen Belästigungen hat der Arbeitgeber die zum Schutz der Mitarbeiter vorgesehenen Maßnahmen zu ergreifen. Er hat dabei den Grundsatz der Verhältnismäßigkeit zu beachten. Reicht eine Abmahnung nicht aus, um die Fortsetzung sexueller Belästigungen mit der gebotenen Sicherheit zu unterbinden und kommt eine Umsetzung oder Versetzung des Störers nicht in Betracht, kann der Arbeitgeber mit einer Kündigung auf die sittlichen Verfehlungen reagieren. Eine außerordentliche Kündigung ist allerdings nur angemessen, wenn der Umfang und die Intensität der sexuellen Belästigungen sowie die Abwägung der beiderseitigen Interessen diese Maßnahme rechtfertigen (*LAG Hamm* 22.10.1996 NZA 1997, 769).

Beispiel:
Zwar stellt das Umlegen des Arms um die Schultern einer Auszubildenden auch dann eine sexuelle Belästigung am Arbeitsplatz i. S. d. § 2 Abs. 2 Nr. 2 Beschäftigtenschutzgesetz dar, wenn zwar der Ausbilder mit diesem Verhalten keine sexuellen Absichten verfolgt, die Auszubildende sich aber ihm gegenüber gegen dieses Verhalten ausgesprochen hat. Nach dem Verhältnismäßigkeitsprinzip darf der Arbeitgeber darauf aber nicht bereits mit einer außerordentlichen Kündigung reagieren, sondern zunächst nur mit einer Abmahnung (*LAG Hamm* 13.2.1997 BB 1997, 1485 Ls.; instruktiv auch *ArbG Lübeck* 2.11.2000 NZA-RR 2001, 140; *ArbG Ludwigshafen* 29.11.2000 FA 2001, 146). 742

Belästigt ein Störer im Betrieb eine Beschäftigte durch Aufforderungen, mit ihm sexuelle Handlungen vorzunehmen, obwohl die Beschäftigte sich solche Aufforderun- 743 gen verbeten hat, so sind auch **beleidigende und erpresserische Briefe** mit entsprechenden Aufforderungen, die der Störer in diesem Zusammenhang an die Privatanschrift der Beschäftigten schickt, bei der Feststellung der Schwere der arbeitsvertraglichen Pflichtverletzungen nach § 2 Abs. 3 BeschSchG mit zu berücksichtigen (*LAG Hamm* 10.3.1999 NZA-RR 1999, 623; vgl. auch *LAG Sachsen* 10.3.2000 NZA-RR 2000, 468).

744 Die vom Arbeitgeber gem. § 2 BeschSchG zu treffenden vorbeugenden Schutzmaßnahmen gegen sexuelle Belästigung am Arbeitsplatz **berechtigen ihn nicht**, der sexuellen Belästigung beschuldigte Arbeitnehmer **zu entlassen**, wenn ihnen eine entsprechende Tat nicht nachgewiesen werden kann. Auch § 4 BeschSchG gewährt insoweit kein besonderes Kündigungsrecht; möglich ist aber eine Verdachtskündigung nach den allgemeinen Grundsätzen (*BAG* 8.6.2000 EzA § 15 KSchG n. F. Nr. 50; krit. dazu *Linde* ArbuR 2001, 272 ff.; s. u. D/Rz. 806 ff.).

745 Der Arbeitgeber hat die im konkreten Einzelfall angemessenen arbeitsrechtlichen Maßnahmen zu ergreifen. Welches der im BeschSchG nicht abschließend genannten Sanktionsmittel im konkreten Fall angemessen ist, ist eine Frage der **Verhältnismäßigkeit**, hängt also von der Schwere des Vorfalls sowie dem Umstand ab, ob es sich um eine erstmalige oder um eine wiederholte Verfehlung handelt. Dabei sind auch die sozialen Gesichtspunkte auf Seiten des Belästigers angemessen in die Bewertung einzubeziehen (*ArbG Ludwigshafen* 29.11.2000 FA 2001, 146).

746 Die **wahrheitswidrige Behauptung der sexuellen Belästigung** durch einen Vorgesetzten ist als beleidigende Äußerung grds. geeignet, eine Kündigung zu rechtfertigen. Erhebt die Arbeitnehmerin im Kündigungsschutzprozess konkrete Vorwürfe der sexuellen Belästigung, so trägt der Arbeitgeber die Darlegungs- und Beweislast für die Wahrheitswidrigkeit dieser Vorwürfe, wenn er die Kündigung darauf stützen will (*LAG Rheinland-Pfalz* 16.2.1996 NZA-RR 1997.169).

(14) Heimliches Mitführen eines Tonbandgerätes

747 Einem Arbeitnehmer ist es grds. verwehrt, zu einem Gespräch mit seinem Arbeitgeber ein aufnahmebereites Tonbandgerät heimlich mit sich zu führen. Die sich darin dokumentierende Bekundung des Misstrauens gegenüber dem Arbeitgeber schließt eine künftige gedeihliche Zusammenarbeit eigentlich aus und kann auch eine außerordentliche fristlose Kündigung rechtfertigen. Die Sicherung dessen, was tatsächlich besprochen wurde, kann der Arbeitnehmer dadurch erreichen, dass er eine Person seiner Wahl hinzuzieht (Betriebsratsmitglied, Anwalt etc.). Hierauf muss sich der Arbeitgeber auch bei innerbetrieblichen Gesprächen einlassen, wenn er selbst eine dritte Person zum Gespräch heranzieht (*LAG Rheinland-Pfalz* 18.9.1996 NZA 1997, 826).

(15) Verweigerung einer ärztlichen Untersuchung

748 Die beharrliche Weigerung, an einer von der Berufsgenossenschaft durch Unfallverhütungsvorschriften vorgeschriebenen Vorsorgeuntersuchung teilzunehmen, kann – jedenfalls nach vorheriger Abmahnung – eine Kündigung rechtfertigen. Bei einem tariflich altersgesicherten Arbeitnehmer kann auch eine außerordentliche Kündigung erklärt werden, da er ohne die vorgeschriebenen Untersuchungen (z. B. Lärm und Schweißrauche) nicht mehr an seinem Arbeitsplatz beschäftigt werden darf. So ist es jedenfalls dann, wenn ein anderer freier Arbeitsplatz nicht zur Verfügung steht. Die Tatsache, dass der Arbeitgeber 1989 einmal eine entsprechende Weigerung

des Arbeitnehmers tatenlos hingenommen hatte, ist kein triftiger Grund für die Ablehnung (*LAG Düsseldorf* 31.5.1996 NZA-RR 1997, 88).

Bestehen begründete Zweifel, ob der Arbeitnehmer nur vorübergehend durch Krankheit an der Arbeitsleistung verhindert oder auf Dauer berufs- oder erwerbsunfähig ist, hat er sich, wenn er schuldhaft keinen Rentenantrag stellt, z. B. nach §§ 59, 7 BAT auf Verlangen des Arbeitgebers einer ärztlichen Untersuchung zu unterziehen. Gefährdet er den Erfolg dieser Untersuchung dadurch, dass er trotz Abmahnung beharrlich sein Einverständnis zur Herbeiziehung der Vorbefunde der behandelnden Ärzte verweigert, so kann dies je nach den Umständen einen wichtigen Grund zur außerordentlichen Kündigung darstellen (*BAG* 6.11.1997 EzA § 626 BGB n. F. Nr. 171).
Gleiches gilt dann, wenn ein Arbeitnehmer nach einer einschlägigen Abmahnung durch die neuerliche Weigerung, sich nach § 7 Abs. 2 BAT amtsärztlich untersuchen zu lassen, die Versuche des Arbeitgebers, Art und Schwere einer von ihm beim Arbeitnehmer vermuteten psychischen Erkrankung und seine Dienstfähigkeit aufzuklären, schuldlos zunichte macht. Der Arbeitgeber kann dann das Arbeitsverhältnis selbst bei tariflichem Ausschluss der ordentlichen Kündigung ausnahmsweise auch dann aus verhaltensbedingten Gründen außerordentlich kündigen, wenn der Arbeitnehmer durch ebenfalls schuldloses Fehlverhalten das Arbeitsverhältnis unzumutbar belastet hat und mit Wiederholungen zu rechnen ist (vgl. *Hessisches LAG* 18.2.1999 ARST 1999, 266).

749

(16) Werbung für Scientology; Mitgliedschaft
Einer gemeinnützigen Einrichtung, die sich u. a. mit der **Betreuung Jugendlicher** befasst, ist es nicht zuzumuten, eine Betreuerin, die der Scientologygemeinschaft angehört und die sich für deren **Veranstaltungen werbend gegenüber den ihr anvertrauten Jugendlichen einsetzt**, bis zum Ablauf der ordentlichen Kündigungsfrist weiterzubeschäftigen (*LAG Berlin* 11.6.1997 DB 1997, 2542; vgl. auch *Bauer/Baeck/Mertens* BB 1997, 2534).
Gleiches gilt für ein Betriebsratsmitglied, dass den **Betriebsfrieden** dadurch **nachhaltig und konkret gestört** hatte, dass es bei zahlreichen Kollegen innerhalb und außerhalb der Arbeitszeit aktiv Werbung für die Organisation betrieben hatte. So hatte er mit Belegschaftsmitgliedern unter Einsatz des Werktelefons über die Organisation diskutiert und ihnen Scientology-Material durch die Werkspost zukommen lassen (*ArbG Ludwigshafen* 12.5.1993 AiB 1995, 754; vgl. auch *LAG Rheinland-Pfalz* 12.7.1995 – 9 Sa 890/93 – n. v.).
Ob bereits die **bloße Mitgliedschaft** in der Organisation eine außerordentliche Kündigung rechtfertigen kann, hat das *LAG Berlin* (11.6.1997 NZA-RR 1997, 422) zwar offen gelassen. Es hat aber einen **wichtigen Grund jedenfalls dann** angenommen, wenn ein Arbeitnehmer **Personen psychologisch zu betreuen** hat, die zu ihm in einem Abhängigkeitsverhältnis stehen und die Gefahr der einseitigen Beeinflussung mit den Ideen dieser Organisation besteht.

750

(17) MfS-Tätigkeit; Fragebogenlüge
Verschweigt ein im Öffentlichen Dienst Beschäftigter eine MfS-Tätigkeit vor Vollendung des 21. Lebensjahres, so ist es dem öffentlichen Arbeitgeber jedenfalls bei einem **nicht allzu gravierenden Maß** der Verstrickung eher zumutbar, auf die Falschbeant-

751

D. Die Beendigung des Arbeitsverhältnisses

wortung mit milderen Mitteln als mit einer fristlosen Kündigung – etwa mit einer Abmahnung oder einer ordentlichen Kündigung – zu reagieren, als bei einer Tätigkeit für das MfS im Erwachsenenalter. Regelmäßig führt zudem nur eine schuldhafte Falschbeantwortung der Frage zu einem derart gravierenden Vertrauensverlust, dass dem öffentlichen Arbeitgeber auch eine Weiterbeschäftigung des Arbeitnehmers bis zum Ablauf der Kündigungsfrist unzumutbar ist. Je nach dem Grad der Verstrickung und dem daraus resultierenden Gewicht der pflichtwidrigen Falschbeantwortung der Frage kann der längere beanstandungsfreie Fortbestand des Arbeitsverhältnisses bis zur Kündigung **teilweise oder völlig entwertet** worden sein (*BAG* 21.6.2001 EzA § 626 BGB n. F. Nr. 190).

(18) Annahme von Schmiergeld
752 Die Annahme von Schmiergeldern durch den Arbeitnehmer ist – i. d. R. auch ohne vergebliche vorherige Abmahnung – an sich geeignet, eine außerordentliche Kündigung zu begründen (*BAG* 21.6.2001 EzA § 626 BGB Unkündbarkeit Nr. 7).

(19) Öffentliche Kritik am Arbeitgeber
753 Wendet sich ein Arbeitnehmer einer Behinderteneinrichtung wegen **angeblicher Missstände** mit einem Schreiben, in dem der Leitung der Einrichtung Inkompetenz und Gleichgültigkeit gegenüber den Belangen Behinderter vorgeworfen und die Berechtigung der Anerkennung der Gemeinnützigkeit in Zweifel gezogen wird, **an die Aufsichtsbehörde**, den Kostenträger, den Behindertenbeauftragten der Bundesregierung, sowie an Presse und Rundfunkanstalten, ohne sich zuvor wegen der angeblich untragbaren Verhältnisse an den Arbeitgeber gewandt zu haben, so rechtfertigt dieses Verhalten die fristlose Kündigung (*LAG Köln* 3.5.2000 ZTR 2001, 43).

(20) Zeugenaussage
754 Wer demgegenüber bei der Staatsanwaltschaft oder einem Gericht gegen seinen Arbeitgeber als Zeuge aussagt und auf Aufforderung der Staatsanwaltschaft Unterlagen übergibt, darf **deswegen i. d. R. nicht entlassen** werden. Denn es verstößt gegen das **Rechtsstaatsprinzip**, wenn jemand nur deshalb zivilrechtliche Nachteile erleidet, weil er eine ihm auferlegte staatsbürgerliche Pflicht erfüllt und verletzt sein Grundrecht aus Art. 1 Abs. 1 GG i. V. m. dem Rechtsstaatsprinzip (Art. 20 Abs. 3 GG), wenn er nicht wissentlich unwahre oder leichtfertig falsche Angaben macht. Ein derartiges Verhalten ist folglich grds. nicht geeignet, eine fristlose Kündigung zu rechtfertigen (*BVerfG* 2.7.2001 EzA § 626 BGB n. F. Nr. 188).

ff) Notwendigkeit der Abmahnung bei Störungen im Leistungs- und Verhaltensbereich
755 Störungen im Leistungs- und Verhaltensbereich scheiden dagegen i. d. R. als an sich zur außerordentlichen Kündigung geeignete Umstände dann aus, wenn es an einer **Abmahnung** (s. dazu unten D/Rz. 1315 ff.) fehlt, da diese zum maßgeblichen Kündigungssachverhalt gehört (zum Verhaltensbereich vgl. *BAG* 17.2.1994 EzA § 611 BGB Abmahnung Nr. 30).
Denn vom Arbeitnehmer kann keine Änderung der Vertragserfüllung erwartet werden, solange der Arbeitgeber ihn nicht auf ein Fehlverhalten aufmerksam macht; i. d. R. wird erst nach einer vergeblichen Abmahnung die erforderliche Wahrscheinlichkeit dafür bestehen, dass sich der Arbeitnehmer auch in Zukunft nicht vertragstreu verhalten wird (*LAG Hamm* 30.5.1996 NZA 1997, 1056).

Auch insoweit kann aber ausnahmsweise bei **hartnäckiger und uneinsichtiger Pflichtverletzung u. U. eine Abmahnung entbehrlich** sein (*BAG* 18.5.1994 EzA § 611 BGB Abmahnung Nr. 31).

Dagegen bedurfte es – jedenfalls nach der früheren ständigen Rechtsprechung des BAG – bei Vertragsverletzungen, die zu **Störungen im Vertrauensbereich** führen, grds. keiner Abmahnung (*BAG* 4.4.1974 EzA § 15 KSchG n. F. Nr. 1; s. aber unten D/Rz. 1326 ff.; abl. dazu *Enderlein* RdA 2000, 328 ff.). Begründet wurde dies damit, dass Vertragsverletzungen im Vertrauensbereich die zwischen den Parteien erforderliche Vertrauensgrundlage beeinträchtigten, insbesondere durch Verletzungen der Treuepflicht des Arbeitgebers. 756

Etwas anderes konnte aber jedenfalls auch danach ausnahmsweise dann gelten, wenn der Arbeitnehmer aus vertretbaren Gründen damit rechnen konnte, sein Verhalten sei nicht vertragswidrig oder werde vom Arbeitgeber zumindest nicht als ein erhebliches, den Bestand des Arbeitsverhältnisses gefährdendes Fehlverhalten angesehen (*BAG* 30.6.1983 EzA § 1 KSchG Tendenzbetrieb Nr. 14; MünchArbG/*Wank* § 117 Rz. 54; abl. KR-*Hillebrecht* 4. Aufl. § 626 BGB Rz. 96 d; s. ausf. u. D/Rz. 1326 ff.). 757

Das ist z. B. dann nicht der Fall, wenn der Arbeitnehmer erklärt, er werde krank, wenn der Arbeitgeber ihm den im bisherigen Umfang bewilligten Urlaub nicht verlängere, obwohl er im Zeitpunkt dieser Ankündigung nicht krank war und sich aufgrund bestimmter Beschwerden auch noch nicht krank fühlen konnte, ohne Rücksicht darauf, ob er später tatsächlich arbeitsunfähig erkrankt (*BAG* 5.11.1992 EzA § 626 BGB n. F. Nr. 143; s. o. D/Rz. 721 f.). 758

Auch bei besonders schwerwiegenden Verstößen, deren Rechtswidrigkeit dem Arbeitnehmer **ohne weiteres erkennbar** ist und bei denen es offensichtlich **ausgeschlossen** ist, dass sie der Arbeitgeber **hinnimmt**, ist eine Abmahnung nicht erforderlich (*BAG* 12.8.1999 EzA § 626 BGB Verdacht strafbarer Handlung Nr. 8). Das ist z. B. dann der Fall, wenn ein Angestellter des öffentlichen Dienstes ein vorsätzliches Tötungsdelikt begeht. Denn dem Arbeitnehmer muss klar sein, dass dies als massive Rechtsverletzung seine Weiterbeschäftigung im öffentlichen Dienst in Frage stellen kann (*BAG* 8.6.2000 EzA § 626 BGB n. F. Nr. 182). 759

gg) Personenbedingte Gründe

(1) Krankheitsbedingte Minderung der Leistungsfähigkeit

Die krankheitsbedingte Minderung der Leistungsfähigkeit des Arbeitnehmers ist i. d. R. nicht geeignet, einen wichtigen Grund für eine außerordentliche Kündigung darzustellen (*BAG* 9.9.1992 EzA § 626 BGB n. F. Nr. 142; vgl. *Lepke* Kündigung bei Krankheit Rz. 193 ff.). 760

Zwar ist Krankheit nicht grds. als wichtiger Grund i. S. d. § 626 BGB ungeeignet. An eine Kündigung wegen Erkrankung eines Arbeitnehmers ist aber schon bei einer ordentlichen Kündigung ein strenger Maßstab anzulegen. 761

D. Die Beendigung des Arbeitsverhältnisses

Das schließt es andererseits nicht aus, dass in **eng zu begrenzenden Ausnahmefällen** die Fortsetzung des Arbeitsverhältnisses dem Arbeitgeber unzumutbar i. S. d. § 626 Abs. 1 BGB sein kann. Da die Einhaltung der Kündigungsfrist eigentlich immer zumutbar sein dürfte, wird dies i. d. R. nur bei einem Ausschluss der ordentlichen Kündigung aufgrund tarifvertraglicher oder einzelvertraglicher Vereinbarung in Betracht kommen (*BAG* 9.9.1992 EzA § 626 BGB n. F. Nr. 142; 18.10.2000 EzA § 626 BGB Krankheit Nr. 3; vgl. APS/*Dörner* § 626 BGB Rz. 298 ff.).

762 Eine derartige außerordentliche Kündigung ist wie eine ordentliche krankheitsbedingte Kündigung in 3 Stufen zu prüfen. Der Umstand, dass diese Grundsätze für die ordentliche Kündigung entwickelt worden sind, steht ihrer Übertragung auf die nur im Ausnahmefall in Betracht kommende außerordentliche Kündigung grds. nicht entgegen. Entscheidend ist, dass bei der Interessenabwägung der besondere Maßstab des § 626 BGB zu beachten ist, wonach die Fortsetzung des Arbeitsverhältnisses unter Berücksichtigung aller Umstände des konkreten Einzelfalles bis zum Ablauf der Kündigungsfrist bzw. bis zum sonst maßgeblichen Ende des Arbeitsverhältnisses unzumutbar sein muss (*BAG* 9.9.1992 EzA § 626 BGB n. F. Nr. 142; 18.10.2000 EzA § 626 BGB Krankheit Nr. 3; ebenso zur Kündigung bei Alkoholabhängigkeit *BAG* 9.7.1998 EzA § 626 BGB Krankheit Nr. 1; 16.9.1999 EzA § 626 BGB Krankheit Nr. 2; vgl. dazu *Künzl* ArbuR 2000, 145 f.; *ArbG Frankfurt a. M.* 10.2.1999 NZA-RR 1999, 475; zur einzuhaltenden Auslauffrist s. o. D/Rz. 671 m. w. N.).

763 Dass die krankheitsbedingte Minderung der Leistungsfähigkeit i. d. R. nicht ein an sich zur außerordentlichen Kündigung geeigneter Umstand ist, folgt auch daraus, dass der Arbeitgeber schon nach dem Ultima-ratio-Prinzip vor Ausspruch einer solchen Kündigung zudem vor allem bei älteren Arbeitnehmern prüfen muss, ob der Minderung ihrer Leistungsfähigkeit nicht durch **organisatorische Maßnahmen** (Änderung des Arbeitsablaufs, Umgestaltung des Arbeitsplatzes, Umverteilung der Aufgaben) begegnet werden kann (*BAG* 12.7.1995 EzA § 626 BGB n. F. Nr. 156). Das BAG hat offen gelassen, ob im Ausnahmefall die dem Arbeitgeber obliegenden Schutzpflichten gegenüber seinem Arbeitnehmer es erforderlich machen können, den Arbeitnehmer notfalls durch eine Kündigung vor einer Selbstschädigung zu bewahren.

764 Andererseits rechtfertigt nach Auffassung des *LAG Niedersachsen* (24.8.1999 –13 Sa 2831/98 –) die Prognose, dass in Zukunft mit einer **Vielzahl von Krankheitszeiten** über kürzere oder längere Dauer zu rechnen ist (ca. 160 bis 180 Arbeitstage im Jahr), die außerordentliche Kündigung einer ordentlich unkündbaren Angestellten. Die betriebliche Belastung, die eine Weiterbeschäftigung unzumutbar macht, folgt aus der fehlenden Einplanbarkeit der Angestellten im Rahmen der Dienstplangestaltung des konkret betroffenen Krankenhauses.

(2) **Verbüßung einer längeren Strafhaft**

765 Die Verbüßung einer längeren Strafhaft (z. B. von drei Monaten bzw. von 2 1/2 Jahren) ist an sich geeignet, eine außerordentliche Kündigung des Arbeitsverhältnisses zu rechtfertigen, wenn sich die Arbeitsverhinderung konkret nachteilig auf das Arbeitsverhältnis auswirkt und für den Arbeitgeber zumutbare Überbrü-

D. Die Beendigung des Arbeitsverhältnisses

ckungsmöglichkeiten nicht bestehen (*BAG* 15.11.1984 EzA § 626 BGB n. F. Nr. 95; 9.3.1995 EzA § 626 BGB n. F. Nr. 154).

Aufgrund der **Fürsorgepflicht** kann der Arbeitgeber zwar gehalten sein, bei der Erlangung des Freigängerstatus mitzuwirken, um Störungen des Arbeitsverhältnisses zu vermeiden. Das kommt insbesondere dann in Betracht, wenn die der Haft zugrunde liegende Straftat keinen Bezug zum Arbeitsverhältnis hatte. Dies setzt allerdings voraus, dass der Arbeitnehmer den Arbeitgeber über die Umstände der Strafhaft, des Strafverfahrens und der Haft nicht täuscht bzw. im unklaren lässt. 766

Die Fürsorgepflicht gebietet eine solche Mitwirkung des Arbeitgebers i. d. R. ferner dann nicht, wenn trotz Bewilligung des Freigangs **weitere Störungen des Arbeitsverhältnisses zu befürchten** sind. Das kann z. B. dann der Fall sein, wenn Befürchtungen des Arbeitgebers, die Straftat des Arbeitnehmers (z. B. eine Vergewaltigung) und seine Verurteilung zur Strafhaft könnten bei anderen Mitarbeitern oder bei Geschäftspartnern bekannt werden und zu **dem Arbeitgeber nachteiligen Reaktionen führen,** nicht von der Hand zu weisen sind. Dies ist nur dann ausgeschlossen, wenn eine objektive Prognose Störungen des Betriebsfriedens oder des Betriebsablaufs als ganz fern liegend bzw. geringfügig erweist (*BAG* 9.3.1995 EzA § 626 BGB n. F. Nr. 154). 767

hh) Außerdienstliches Verhalten
Siehe zunächst oben D/Rz. 373 ff. 768
Einem Leiter einer Bankfiliale (vier Arbeitnehmer) kann nicht allein wegen zahlreicher **Spielbankbesuche** und wegen des dortigen Spielens fristlos gekündigt werden, wenn diese Besuche ohne konkrete Auswirkung auf das Arbeitsverhältnis geblieben sind (*LAG Hamm* 14.1.1998 – 3 Sa 1087/97 –).
Der gesetzgeberischen Wertung des § 53 Abs. 1 Nr. 1 BZRG, wonach sich der Verurteilte als unbestraft bezeichnen darf und den der Verurteilung zugrunde liegenden Sachverhalt nicht zu offenbaren braucht, wenn die Verurteilung nicht in das Führungszeugnis aufzunehmen ist, lässt sich nach Auffassung des *LAG Berlin* (22.3.1996 NZA-RR 1997, 7) entnehmen, dass der Arbeitgeber eine solche **Verurteilung** (wegen des Verkaufs einer kinderpornographischen Videokassette) nicht zum Anlass einer außerordentlichen Kündigung wegen Nichteignung des Arbeitnehmers (für die Tätigkeit in einem Pressesportvertriebszentrum) nehmen darf.
Ein Angestellter des öffentlichen Dienstes muss sein außerdienstliches Verhalten so einrichten, **dass das Ansehen des öffentlichen Arbeitgebers nicht beeinträchtigt wird.** Begeht ein im öffentlichen Dienst Beschäftigter ein vorsätzliches **Tötungsdelikt,** so ist es für den öffentlichen Arbeitgeber i. d. R. unzumutbar, ihn weiterzubeschäftigen, ohne dass eine konkret messbare Ansehensschädigung nachgewiesen werden müsste (*BAG* 8.6.2000 EzA § 626 BGB n. F. Nr. 182; vgl. auch *Langsnicker/ Schwirtzek* DB 2001, 865 ff.). Andererseits hat das *LAG Köln* (7.7.1999 NZA 2001, 1081 Ls.) angenommen, dass das arbeitsvertragliche Kündigungsrecht des Arbeitgebers nur zur **Wahrnehmung eigener Interessen** besteht, **nicht** aber zur **Ahndung von Straftaten** des Arbeitnehmers, auch nicht von Straftaten nach § 130 StGB (»Volksverhetzung«). Der dringende Verdacht, dass sich ein Arbeitnehmer einer solchen Straftat schuldig gemacht hat, rechtfertigt danach alleine noch keine fristlose Kündigung, auch nicht im öffentlichen Dienst. 769

d) Verhältnismäßigkeitsprinzip

770 Eine außerordentliche Kündigung ist nur als unausweichlich letzte Maßnahme (Ultima Ratio) zulässig. Deshalb müssen alle anderen, nach den Umständen des konkreten Einzelfalles möglichen und angemessenen milderen Mittel ausgeschöpft werden, die geeignet sind, das in der bisherigen Form nicht mehr tragbare Arbeitsverhältnis fortzusetzen (*BAG* 30.5.1978 EzA § 626 BGB n. F. Nr. 66; 22.2.1980 EzA § 1 KSchG Krankheit Nr. 5; 18.12.1980 EzA § 4 TVG Bundesbahn Nr. 3; 28.4.1982 EzA § 2 KSchG Nr. 4; vgl. dazu krit. *Stückmann/Kohlepp* RdA 2000, 331 ff.).

771 In Betracht kommen **Abmahnungen** (vgl. *ArbG Hamburg* 2.10.2000 NZA-RR 2001, 416 beim Diebstahl einer geringwertigen Sache), **Versetzungen, Weiterbeschäftigung zu schlechteren Bedingungen,** auch mit anderen Arbeiten, u. U. nach zumutbaren Umschulungs- und Fortbildungsmaßnahmen, **Änderungskündigung, ordentliche Kündigung, zumutbare Überbrückungsmaßnahmen** bei lang anhaltender Erkrankung des Arbeitnehmers. Deshalb rechtfertigt z. B. die Umsetzung eines Arbeitnehmers in einen anderen Arbeitsbereich nicht dessen außerordentliche Kündigung, wenn der **Arbeitsvertrag eine Umsetzung zulässt** und diese billigem Ermessen (§ 315 BGB) entspricht. Im konkret entschiedenen Einzelfall hat das *LAG Niedersachsen* (12.10.1998 LAGE § 315 BGB Nr. 5) angenommen, dass § 315 BGB auch dann gewahrt ist, wenn der Arbeitnehmer, der zu einem **Konkurrenzunternehmen wechseln** will, auf einem neu geschaffenen Arbeitsplatz beschäftigt werden soll mit der Zielsetzung, Geschäftskontakte im alten Arbeitsbereich zu unterbinden und seine weitere Tätigkeit zu kontrollieren. Anderseits ist die außerordentliche Kündigung wegen eines Loyalitätsverstoßes gegenüber einem Angestellten in einer Führungsposition **nicht deshalb unwirksam**, weil für den Arbeitgeber die **Möglichkeit der Freistellung unter Fortzahlung der Bezüge** bis zum Ablauf einer ordentlichen Kündigungsfrist besteht (*BAG* 11.3.1999 EzA § 626 BGB n. F. Nr. 176; a. A. *LAG Düsseldorf* 5.6.1998 LAGE § 626 BGB Nr. 120). **Gleiches gilt** für den Fall der außerordentlichen Verdachtskündigung, wenn der Arbeitnehmer zum Zeitpunkt ihres Ausspruchs **bereits unwiderruflich** bis zum Ablauf der Kündigungsfrist **freigestellt ist** (*BAG* 5.4.2001 EzA § 626 BGB Verdacht strafbarer Handlung Nr. 10; a. A. *LAG Düsseldorf* 28.10.1999 NZA-RR 2000, 362).

772 Die **hilfsweise** neben einer fristlosen Beendigungskündigung ausgesprochene **Änderungskündigung** führt dann **nicht** zur **Unwirksamkeit der fristlosen Kündigung,** wenn der Arbeitgeber mit ihr lediglich **den Unwägbarkeiten einer gerichtlichen Entscheidung vorbeugen will** (*LAG Schleswig-Holstein* 24.7.2001 – 1 Sa 78 e/01 –).

773 Das *LAG Berlin* (28.11.1997 BB 1998, 2645 Ls.) hat angenommen, dass auch der **Ausschluss von einer Vergünstigung** (z. B. von verbilligten Flugreisen) ausreichen kann, wenn die Pflichtverletzung gerade im Zusammenhang damit steht. Dagegen kommen insoweit **nicht** in Betracht neben einer Abmahnung in einer Arbeitsordnung geregelte Maßnahmen, insbesondere **Betriebsbußen** (*BAG* 17.1.1991 EzA § 1 KSchG Verhaltensbedingte Kündigung Nr. 37 gegen *BAG* 17.3.1988 EzA § 626 BGB n. F. Nr. 116), weil die jeweiligen Voraussetzungen für Betriebsbußen (kollektive Störung) und Kündigungen unterschiedlich sind.

774 Das Verhältnis zwischen Verhältnismäßigkeitsprinzip und Interessenabwägung ist weitgehend ungeklärt (vgl. MünchArbR/*Berkowsky* § 134 Rz. 58 ff.).

D. Die Beendigung des Arbeitsverhältnisses

Insoweit wird in der Literatur z. T. (*von Hoyningen-Huene* Anm. zu *BAG* AP § 2 KSchG 1979 Nr. 8) auch kritisch angemerkt, dass offen bleibt, woraus sich die Anwendung dieses im öffentlichen Recht zur Beschränkung der Eingriffsverwaltung entwickelten Prinzips im Privatrecht, insbesondere im Arbeitsrecht, rechtfertigen soll.

e) Interessenabwägung

In jedem Fall (z. B. auch bei einem Diebstahl zu Lasten des Arbeitgebers (*BAG* 17.5.1984 EzA § 626 BGB n. F. Nr. 90; 13.12.1984 EzA § 626 BGB n. F. Nr. 94; *ArbG Paderborn* 17.12.1998 LAGE § 626 BGB n. F. Nr. 175; abl. insoweit *Tschöpe* NZA 1985, 588) ist abschließend eine Interessenabwägung durchzuführen. 775

aa) Zu berücksichtigende Kriterien

Neben dem dargestellten Prüfungsmaßstab und dem Verhältnismäßigkeitsprinzip sind folgende, im einzelnen durchaus umstrittene Umstände zu berücksichtigen (vgl. ausf. KR-*Fischermeier* § 626 BGB Rz. 236 ff. m. w. N.; APS/*Dörner* § 626 BGB Rz. 96 ff.): 776

- **Verfristete oder verziehene Gründe** können die unverfristeten Gründe unterstützen, wenn sie in einem engen sachlichen (inneren) Zusammenhang dazu stehen. Handelt es sich um **gleichartige Verfehlungen** (Verspätungen, unentschuldigtes Fehlen), so ist auch hinsichtlich der gem. **§ 626 Abs. 2 BGB** verfristeten Kündigungsgründe zu prüfen, ob sie **unterstützend zur Rechtfertigung der Kündigung herangezogen werden können** (*BAG* 15.3.2001 EzA § 626 BGB n. F. Nr. 185).
- Möglich ist auch eine **Selbstbindung** des Arbeitgebers durch eine bestimmte Behandlung gleich gelagerter Sachverhalte.
- Der Gleichbehandlungsgrundsatz ist allerdings nicht unmittelbar anzuwenden, da er mit dem Erfordernis einer umfassenden Einzelfallabwägung regelmäßig nicht vereinbar ist; er kann aber mittelbare Auswirkungen auf die Interessenabwägung haben (*BAG* 28.4.1982 EzA § 2 KSchG Nr. 4; krit. MünchArbR/*Berkowsky* § 134 Rz. 97, wonach der Gleichbehandlungsgrundsatz als eigenständiges Rechtsprinzip dann anwendbar ist, wenn das regelmäßig individualrechtlich determinierte Kündigungsschutzrecht ausnahmsweise eine kollektive Dimension erreicht, insbesondere im Rahmen betriebsbedingter Kündigungen. § 1 Abs. 3 KSchG wird als gesetzlicher Anwendungsfall des Gleichbehandlungsgrundsatzes verstanden. Das gilt ferner auch bei der sog. herausgreifenden Kündigung, bei der der Wunsch des Arbeitgebers, gegenüber einem oder mehreren betroffenen Arbeitnehmern ein Exempel statuieren zu wollen, kein sachlicher, aus dem Kündigungssachverhalt fließender Grund ist). 777

Von Bedeutung können ferner sein:
- der Gesichtspunkt der Solidarität (bei kollektiver Arbeitsniederlegung);
- die bisherige Dauer des Arbeitsverhältnisses (**Betriebszugehörigkeit;** *BAG* 13.12.1984 EzA § 626 BGB n. F. Nr. 94; *LAG Köln* 11.8.1998 NZA-RR 1999, 415);
- **erworbene Verdienste;**
- **Art, Schwere, Vorgeschichte und konkrete Auswirkungen der Verfehlung** (vgl. *BAG* 17.3.1988 EzA § 626 BGB n. F. Nr. 116);

D. Die Beendigung des Arbeitsverhältnisses

- **die Schadenshöhe** unter Berücksichtigung der Stellung des Arbeitnehmers im Betrieb, der Art der entwendeten Waren und der besonderen Verhältnisse im Betrieb (vgl. *ArbG Paderborn* 17.12.1998 LAGE § 626 BGB n. F. Nr. 175).

Beispiel:
778 Bei der Mitnahme von zwei Stücken gebratenen Fisch, die vom Mittagessen in einer Kantine übrig geblieben sind, durch die in einer Kantine als Küchenhilfe beschäftigte Mitarbeiterin im Wert von ca. 10,– DM kann dem Arbeitgeber ausnahmsweise die Einhaltung der Kündigungsfrist zumutbar sein, wenn davon auszugehen ist, dass die Essensreste nicht weiterverwertet werden und damit für ihn wirtschaftlich wertlos sind (*LAG Köln* 24.8.1995 LAGE § 626 BGB Nr. 86).

779 – **Verschuldensgrad**, Entschuldbarkeit eines Verbotsirrtums (*BAG* 14.2.1996 EzA § 626 BGB n. F. Nr. 160);
   – **Wiederholungsgefahr**;
   – die **Folgen der Auflösung** des Arbeitsverhältnisses für den Arbeitnehmer;
   – seine **Aussichten, eine andere Anstellung** zu finden (vgl. *BAG* 11.3.1999 EzA § 626 BGB n. F. Nr. 176).
   – Bei einem schwerbehinderten Arbeitnehmer kann berücksichtigt werden, dass er aufgrund eines Anfallleidens und einer Minderbegabung die Kündigungsfrist zur psychischen und sozialen **Umstellung auf den Verlust des Arbeitsplatzes** benötigt (*LAG Köln* 11.8.1998 LAGE § 626 BGB Nr. 121).

bb) Berücksichtigung von Unterhaltspflichten?

780 Dagegen sind bei einer außerordentlichen Kündigung, die auf ein vorsätzliches Vermögensdelikt zum Nachteil des Arbeitgebers gestützt wird, Unterhaltspflichten des Arbeitnehmers im Rahmen der Interessenabwägung – im Gegensatz zur betriebs- und personenbedingten Kündigung – **grds. nicht** zu berücksichtigen.
Etwas anderes gilt aber dann, wenn eine durch eine Unterhaltspflicht bedingte schlechte Vermögenslage das bestimmende Motiv der Tat gewesen ist und den Schuldvorwurf mindern kann (*BAG* 2.3.1989 EzA § 626 BGB n. F. Nr. 118). Andererseits hat es das *BAG* (11.3.1999 EzA § 626 BGB n. F. Nr. 176) nicht beanstandet, dass das Berufungsgericht bei einer außerordentlichen Kündigung wegen eines Loyalitätsverstoßes vorhandene Unterhaltspflichten des Arbeitnehmers in der Interessenabwägung **mit berücksichtigt** hat.

cc) Verhältnis der Abwägungskriterien zueinander; Amtsaufklärung?

781 Im Rahmen der Interessenabwägung hat keiner der genannten Umstände einen absoluten Vorrang. Es ist stets auf die Besonderheiten des Einzelfalles abzustellen.

Fraglich ist aber, inwieweit nur die Umstände in der Abwägung berücksichtigt werden können, die von den Parteien im Kündigungsschutzrechtsstreit auch konkret vorgetragen worden sind, oder ob das ArbG die **maßgeblichen Umstände selbst aufklären** muss. Nach Auffassung von *Berkowsky* (MünchArbR § 134 Rz. 52) kommt zwar eine **Amtsaufklärung** durch das ArbG im Urteilsverfahren an sich **nicht in Betracht**.

D. Die Beendigung des Arbeitsverhältnisses

Andererseits weist er aber (a. a. O.) darauf hin, dass das BAG in zahlreichen Entscheidungen die Berücksichtigung von Umständen verlangt hat, die nach dem mitgeteilten Sachverhalt von den Parteien überhaupt nicht vorgetragen worden sind.

dd) Kritik
In der Literatur (*Preis* NZA 1997, 1078 f.; *ders.* Prinzipien S. 184 ff.; *Ascheid* Kündigungsschutzrecht Rz. 208 ff.) wird zunehmend die Auffassung vertreten, dass eine unvermittelte und weite Interessenabwägung unzulässig ist, weil die Gefahr **der Umgehung gesetzlicher Wertungen** besteht. Das schließt es aus, im Rahmen der Abwägung jedes noch so fern liegende Billigkeitskriterium zu verwenden, weil andernfalls eine prognostizierbare Rechtsfindung unmöglich wäre. Erforderlich ist deshalb eine **normativ-strukturierte Interessenabwägung**. Bei der verhaltensbedingten Kündigung führt das dazu, dass die rechtssatzförmigen Voraussetzungen (Vertragspflichtverletzung, Verschulden, Vorrang milderer Mittel, insbesondere Abmahnung) im Kern im Rahmen der Interessenabwägung nur noch die **Gewichtung der Vertragspflichtverletzung** zulässt (*Preis* NZA 1997, 1078). Eine generelle Berücksichtigung von Lebensalter, Unterhaltsverpflichtungen, der Lage auf dem Arbeitsmarkt, der sonstigen sozialen Schutzbedürftigkeit (z. B. Krankheit) kommt danach nicht in Betracht (**a. A.** KR-*Etzel* 1 KSchG Rz. 275, 411, 644, 649 f.). Denn ein Arbeitnehmer, der z. B. Straftaten gegenüber seinem Arbeitgeber begeht, kann sein Verhalten nicht unter Hinweis auf sein Lebensalter, seine Unterhaltspflichten oder die Lage auf dem Arbeitsmarkt in einem milderen Licht erscheinen lassen.

782

f) Anhörung des Arbeitnehmers
Die Anhörung des Arbeitnehmers vor Ausspruch der außerordentlichen Kündigung ist – abgesehen von der Verdachtskündigung (s. u. D/Rz. 814 ff.) – **keine Wirksamkeitsvoraussetzung** der Kündigung (*BAG* 23.3.1972 EzA § 626 BGB n. F. Nr. 11; a. A. ArbG Gelsenkirchen 26.6.1998 EzA § 242 BGB Nr. 41 u. 13.11.1998 – 3 Ca 2219/98 -; Verstoß gegen § 242 BGB, wenn es sich um einen betriebsratlosen Betrieb handelt; *Schönfeld* NZA 1999, 302 für die sog. unechte Tatkündigung, d. h. für eine ohne Vorliegen einer strafgerichtlichen Verurteilung des Arbeitnehmers ausgesprochene Kündigung wegen einer Straftat).
Gleichwohl wird die Anhörung des Arbeitnehmers vor Ausspruch einer Kündigung **regelmäßig sinnvoll** sein. Denn sie ermöglicht es dem Arbeitgeber, den Sachverhalt umfassender kennen zu lernen.
Unterlässt er die Anhörung, so geht er das Risiko ein, dass der Arbeitnehmer im Prozess ihn entlastende Umstände vorträgt, die den wichtigen Grund ausschließen. Insoweit ist die Anhörung eine im Interesse des Arbeitgebers bestehende Obliegenheit (MünchArbR/*Wank* § 120 Rz. 116).

783

g) Wiederholungs-, Trotzkündigung

Ist in einem Kündigungsrechtsstreit entschieden, dass das Arbeitsverhältnis durch eine bestimmte Kündigung nicht aufgelöst worden ist, so kann der Arbeitgeber eine erneute Kündigung nicht auf Kündigungsgründe stützen, die er schon zur Begründung der ersten Kündigung vorgebracht hat und die in dem ersten Kündigungsschutzprozess materiell geprüft worden sind mit dem Ergebnis, dass sie die Kündigung nicht rechtfertigen können.

784

D. Die Beendigung des Arbeitsverhältnisses

785 Dies gilt sowohl für eine sog. **Wiederholungskündigung** als auch für eine sog. **Trotzkündigung** nach Rechtskraft des Urteils in dem ersten Prozess (*BAG* 26.8.1993 EzA § 322 ZPO Nr. 9; 7.3.1996 EzA § 1 KSchG Betriebsbedingte Kündigung Nr. 86). Gegen die zweite Kündigung muss der Arbeitnehmer allerdings nach §§ 4, 7, 13 KSchG Klage erheben. Der zweiten rechtzeitig erhobenen Klage ist jedoch aus Gründen der Präjudizialität ohne weiteres stattzugeben (*BAG* 26.8.1993 EzA § 322 ZPO Nr. 9; 7.3.1996 EzA § 1 KSchG Betriebsbedingte Kündigung Nr. 86; APS/*Dörner* § 626 BGB Rz. 164 f.; krit. dazu APS/*Ascheid* § 4 KSchG Rz. 148).

5. Darlegungs- und Beweislast

a) Kündigung

786 Streitgegenstand der Kündigungsschutzklage gem. §§ 13 Abs. 1, 4 KSchG ist die Frage, ob das Arbeitsverhältnis gerade durch die angegriffene Kündigung zu dem in ihr angegebenen Termin aufgelöst worden ist (sog. **punktuelle Streitgegenstandstheorie**). Deshalb ist die vom Kläger behauptete Kündigung eine anspruchsbegründende Tatsache, die von ihm nachzuweisen ist (MünchArbR/*Berkowsky* § 153 Rz. 51; *Boewer* RdA 2001, 385 ff.).

787 Etwaige Beweisschwierigkeiten kann der Arbeitnehmer aber dadurch vermeiden, dass er bei Zweifeln zumindest **hilfsweise eine allgemeine Feststellungsklage** gem. § 256 ZPO mit dem Antrag erhebt, festzustellen, dass das Arbeitsverhältnis über den in der außerordentlichen Kündigung genannten Termin hinaus weiter fortbesteht. Denn auch mit einem derartigen Antrag liegt eine der Form des § 4 KSchG entsprechende Kündigungsschutzklage vor (KR-*Friedrich* § 4 KSchG Rz. 237).

788 Mit einem derartigen Antrag obliegt dem Arbeitgeber die Darlegungs- und Beweislast für alle von ihm behaupteten Beendigungstatbestände für das Arbeitsverhältnis, z. B. für eine Eigenkündigung des Arbeitnehmers oder einen Aufhebungsvertrag.

b) § 626 Abs. 2 BGB

789 Der **Kündigende** muss die Einhaltung der **Zweiwochenfrist** gem. § 626 Abs. 2 BGB darlegen und beweisen (*BAG* 17.8.1972 EzA § 626 BGB n. F. Nr. 16).
Dazu gehört insbesondere der Tag ebenso wie die Art der Kenntniserlangung.
Der Kündigungsempfänger kann sich i. d. R. auf das **Bestreiten mit Nichtwissen** (§ 138 Abs. 4 ZPO) beschränken.
Entsprechende ausführlichere Darlegungen des Kündigenden sind allerdings erst dann erforderlich, wenn ein erheblicher Zeitabstand zwischen den Kündigungsgründen und dem Ausspruch der Kündigung besteht oder wenn der Gekündigte die Nichteinhaltung der Frist ausdrücklich rügt (APS/*Dörner* § 626 BGB Rz. 168 ff.).

c) § 626 Abs. 1 BGB

790 **Der Kündigende ist auch darlegungs- und beweispflichtig für die Umstände, die als wichtige Gründe geeignet sein können.**

Zu den die Kündigung begründenden Tatsachen, die der Kündigende vortragen und ggf. beweisen muss, gehören auch diejenigen, die Rechtfertigungs- und Entschuldigungsgründe (z. B. eine vereinbarte Arbeitsbefreiung, die Einwilligung des Arbeitgebers in eine Wettbewerbstätigkeit; eine »Notwehrsituation« einer Altenpflegerin gegenüber einem Heimbewohner, vgl. *LAG Köln* 20.12.2000 ARST 2001, 187) für das Verhalten des gekündigten Arbeitnehmers ausschließen (*BAG* 24.11.1983 EzA § 626 BGB n. F. Nr. 88; 6.8.1987 EzA § 626 BGB n. F. Nr. 109).

Der **Umfang** der Darlegungs- und Beweislast richtet sich danach, wie **substantiiert** 791 der Gekündigte sich auf die Kündigungsgründe einlässt. Der Kündigende muss daher nicht von vornherein alle nur denkbaren Rechtfertigungsgründe widerlegen.

Es reicht insoweit nicht aus, dass der Gekündigte pauschal und ohne nachprüf- 792 bare Angaben Rechtfertigungsgründe geltend macht. Er muss deshalb unter substantiierter Angabe der Gründe, die ihn gehindert haben, seine Arbeitsleistung, so wie an sich vorgesehen, zu erbringen, den Sachvortrag des Kündigenden nach Inhalt, Ort, Zeitpunkt und beteiligten Personen bestreiten. Gleiches gilt dann, wenn sich der Gekündigte anders als an sich vorgesehen verhalten hat.

Nur dann ist es dem Kündigenden möglich, diese Angaben zu überprüfen und ggf. 793 die erforderlichen Beweise anzutreten (*BAG* 6.8.1987 EzA § 626 BGB n. F. Nr. 109). Die dem kündigenden Arbeitgeber obliegende Beweislast geht auch dann nicht auf den gekündigten Arbeitnehmer über, wenn dieser sich auf eine angeblich mit dem Arbeitgeber persönlich vereinbarte Arbeitsbefreiung beruft und er einer Parteivernehmung des Arbeitgebers zu der streitigen Zusage widerspricht.
In diesem Fall sind allerdings an das Bestreiten einer rechtswidrigen Vertragsverletzung hinsichtlich des Zeitpunkts, des Ortes und des Anlasses der behaupteten Vereinbarung, die das Verhalten des Arbeitnehmers rechtfertigen oder entschuldigen sollen, strenge Anforderungen zu stellen (*BAG* 24.11.1983 EzA § 626 BGB n. F. Nr. 88; APS/ *Dörner* § 626 BGB Rz. 173 ff.).

6. Nachschieben von Kündigungsgründen

a) Grundsätze

Zur Zeit des Ausspruchs der Kündigung bereits entstandene, noch nicht verfris- 794 tete, aber bereits bekannte Kündigungsgründe können grds. ohne materiell-rechtliche Beschränkungen nachgeschoben werden (*BAG* 18.1.1980 EzA § 626 BGB n. F. Nr. 71).

Nichts anderes gilt, wenn die Kenntnis erst nach Ausspruch der Kündigung eingetreten ist; **§ 626 Abs. 2 BGB** findet beim Nachschieben nachträglich bekannt gewordener Gründe für eine außerordentliche Kündigung **keine Anwendung** (BAG 4.6.1997 EzA § 626 BGB n. F. Nr. 167).

D. Die Beendigung des Arbeitsverhältnisses

b) Verhältnis zu § 102 BetrVG

aa) Zur Zeit der Kündigung bereits entstandene und dem Arbeitgeber bekannte Kündigungsgründe

795 Nachgeschobene Kündigungsgründe, die bereits vor Ausspruch der Kündigung entstanden und dem Arbeitgeber bekannt gewesen sind, die er aber nicht dem Betriebsrat mitgeteilt hat, weil sie für seinen Kündigungsentschluss nicht wesentlich waren, führen zwar nicht zur Unwirksamkeit der Kündigung gem. § 102 Abs. 1 BetrVG (s. o. D/Rz. 243 ff.). **Mangels Beteiligung des Betriebsrats sind sie im Kündigungsschutzprozess aber nicht zu verwerten.**
Auch eine »**nachträgliche Anhörung**« des Betriebsrats **kommt nicht in Betracht** (*BAG* 3.4.1986 EzA § 102 BetrVG 1972 Nr. 63). Das gilt selbst dann, wenn der Betriebsrat aufgrund der mitgeteilten Kündigungsgründe der außerordentlichen Kündigung zugestimmt hat (*BAG* 2.4.1987 EzA § 1 KSchG Personenbedingte Kündigung Nr. 10; 26.9.1991 EzA § 626 BGB n. F. Nr. 108).

796 Zulässig ist allerdings die **Erläuterung** (Substantiierung oder Konkretisierung) der mitgeteilten Kündigungsgründe.
Nicht nur um erläuternde Tatsachen handelt es sich aber dann, wenn der Arbeitgeber Tatsachen vorträgt, die dem bisherigen Vorwurf erst das Gewicht eines kündigungsrechtlich erheblichen Grundes geben.
Das gilt z. B. auch für den Vortrag des Arbeitgebers im Kündigungsschutzprozess, der Arbeitnehmer sei wegen des gleichen Vertragsverstoßes im Leistungsbereich schon einmal abgemahnt worden, wenn dies dem Betriebsrat nicht mitgeteilt wurde (*BAG* 18.12.1980 EzA § 102 BetrVG 1972 Nr. 44; 11.4.1985 EzA § 102 BetrVG 1972 Nr. 62).

bb) Zur Zeit der Kündigung bereits entstandene, dem Arbeitgeber aber noch unbekannte Kündigungsgründe

797 Während zum Zeitpunkt des Ausspruchs der Kündigung noch nicht eingetretene Kündigungsgründe nicht zur Rechtfertigung der bereits erklärten Kündigung nachgeschoben werden können (insoweit kommt lediglich eine erneute Kündigung in Betracht), ist die **Rechtslage bei zur Zeit des Ausspruchs der Kündigung unbekannten, aber bereits entstandenen Kündigungsgründen zweifelhaft.**

(1) Uneingeschränkte Zulässigkeit des Nachschiebens

798 Zum Teil (*Löwisch* Anm. zu *LAG Düsseldorf* 5.2.1980 EzA § 102 BetrVG 1972 Nr. 41) wird ein Nachschieben von Gründen, die dem Arbeitgeber erst nach Ausspruch der Kündigung bekannt geworden sind, **stets für zulässig gehalten.**
Insbesondere soll danach weder subjektiv noch objektiv eine Verletzung der Mitteilungspflicht gem. § 102 BetrVG gegeben sein, weil der Arbeitgeber den Betriebsrat nicht über etwas informieren kann, was ihm selbst nicht bekannt ist. Auch soll es nach den Grundsätzen der Prozessökonomie geboten sein, weitere unnötige Kündigungen und Folgeprozesse zu vermeiden.

(2) Uneingeschränkte Unzulässigkeit des Nachschiebens

799 Zum Teil (*Schwerdtner* NZA 1987, 361) wird demgegenüber das Nachschieben von auch erst später bekannt gewordenen Kündigungsgründen **stets für unzulässig gehalten,** weil sonst der präventive Kündigungsschutz gem. § 102 BetrVG leer laufen würde.

D. Die Beendigung des Arbeitsverhältnisses

(3) Differenzierende Lösungen
Schließlich soll ein Nachschieben später bekannt gewordener Gründe **dann zulässig** 800
sein, wenn es sich um Gründe handelt, gegen die ein Widerspruch des Betriebsrats gem. § 102 BetrVG nicht in Betracht kommt.
Denn dann soll eine Verkürzung des Kündigungsschutzes nicht zu befürchten sein und auch kein Anspruch auf vorläufige Weiterbeschäftigung bestehen (*LAG Hamm* 22.12.1977 BB 1978, 202).
Im Falle der außerordentlichen Kündigung soll daher ein Nachschieben unbekannter Kündigungsgründe stets zulässig sein, weil ein Widerspruch des Betriebsrats gem. § 102 Abs. 3 BetrVG nicht in Betracht kommt.
Letztlich wird die Auffassung vertreten, auch ohne eine nochmalige Anhörung des 801
Betriebsrats könnten erst später bekannt gewordene Kündigungsgründe nachgeschoben werden, wenn der **Betriebsrat** der Kündigung aufgrund der ursprünglichen Gründe **ausdrücklich zugestimmt habe,** die Kündigung aufgrund der nachgeschobenen Gründe nicht in einem »anderen Licht« erscheine und der Arbeitgeber die ursprünglichen Kündigungsgründe weiterverfolgt (*LAG Düsseldorf* 5.2.1980 EzA § 102 BetrVG 1972 Nr. 41). Denn dann könne davon ausgegangen werden, dass der Betriebsrat seine Zustimmung auch dann erteilt hätte, wenn ihm die weiteren Kündigungsgründe mitgeteilt worden wären. An den für die Zustimmung maßgeblichen Gründen habe sich durch das Hinzutreten weiterer Umstände schließlich nichts geändert.

(4) Rechtsprechung des BAG: § 102 BetrVG analog

Demgegenüber geht das *BAG* (11.4.1985 EzA § 102 BetrVG 1972 Nr. 62; ebenso 802
LAG Hessen 20.9.1999 NZA-RR 2000, 413) davon aus, dass § 102 BetrVG für die später bekannt gewordenen Kündigungsgründe analog anzuwenden ist. Deshalb ist eine weitere Anhörung des Betriebsrats (z. B. auch in einem laufenden Kündigungsschutzprozess) erforderlich.

Dadurch soll dem Sinn und Zweck des § 102 BetrVG hinreichend Rechnung getragen 803
werden.
Auch ist es aus Gründen der Prozessökonomie geboten, Streitigkeiten über die Wirksamkeit einer Kündigung möglichst in einem Kündigungsschutzprozess zu konzentrieren und mehrere Kündigungen und damit mehrere Rechtsstreitigkeiten zu vermeiden.
Die analoge Anwendung des § 102 BetrVG ermöglicht am ehesten einen angemessenen Ausgleich der widerstreitenden Interessen des Arbeitgebers einerseits und des Arbeitnehmers bzw. des Betriebsrats andererseits.
Allerdings hat der Arbeitgeber darzulegen und ggf. zu beweisen, dass er von diesen Gründen erst nach Ausspruch der Kündigung erfahren hat.
Sind vom Arbeitgeber vor Kenntnis neuer Kündigungsgründe **mehrere Kündigun-** 804
gen aus anderen Gründen bereits ausgesprochen worden, so ist das Nachschieben der neuen Kündigungsgründe zu einer bestimmten Kündigung allerdings betriebsverfassungsrechtlich nur dann nicht zu beanstanden, wenn dem Betriebsrat im Rahmen der nachträglichen Anhörung **auch mitgeteilt worden** ist, **dass die Kündigungsgründe gerade bezüglich dieser Kündigung im Kündigungsschutzprozess nachgeschoben werden sollen** (*LAG Hessen* 20.9.1999 NZA-RR 2000, 413).

D. Die Beendigung des Arbeitsverhältnisses

c) Verhältnis zu § 103 BetrVG

805 Im Rahmen eines Zustimmungsersetzungsverfahrens gem. § 103 Abs. 2 BetrVG kann der Arbeitgeber (unabhängig vom Zeitpunkt der Kenntniserlangung) neue Gründe vorbringen.

Er muss jedoch vor der Einführung in das Beschlussverfahren dem Betriebsrat unter Beachtung von § 626 Abs. 2 BGB Gelegenheit geben, seine ursprüngliche Entscheidung anhand der neuen Gründe zu überprüfen.
Lehnt der Betriebsrat auch jetzt noch die Zustimmung ab, so kann der Arbeitgeber die Gründe in das Beschlussverfahren einführen, ohne die Zwei-Wochen-Frist gem. § 626 Abs. 2 BGB beachten zu müssen (*BAG* 22.8.1974 EzA § 103 BetrVG 1972 Nr. 6; a. A. GK-BetrVG/*Kraft* § 103 Rz. 49).

7. Die Verdachtskündigung

a) Allgemeine Voraussetzungen

aa) Begriffsbestimmung

806 Nach der ständigen Rechtsprechung des *BAG* (4.6.1964 AP Nr. 13 zu § 626 BGB Verdacht strafbarer Handlung; 14.9.1994 EzA § 626 BGB Verdacht strafbarer Handlung Nr. 5; 12.8.1999 EzA § 626 BGB Verdacht strafbarer Handlung Nr. 8; 18.11.1999 EzA § 626 BGB Verdacht strafbarer Handlung Nr. 9; 8.6.2000 EzA § 15 KSchG n. F. Nr. 50; ebenso *LAG Köln* 30.7.1999 NZA-RR 2000, 189; *LAG München* 3.11.2000 – 10 Sa 1037/99 –; *LAG Mecklenburg-Vorpommern* 25.11.1999 NZA-RR 2000, 187; vgl. *Schönfeld* NZA 1999, 299 ff.; *ArbG Braunschweig* 22.1.1999 NZA-RR 1999, 192; vgl. dazu *Eckert* SAE 2001, 218 ff.) kann auch der Verdacht einer Straftat oder eines sonstigen Fehlverhaltens – auch gegenüber einem Betriebsratsmitglied (*LAG Berlin* 3.8.1998 LAGE § 15 KSchG Nr. 17) – ein an sich zur außerordentlichen Kündigung berechtigender Umstand sein (vgl. APS/*Dörner* § 626 BGB Rz. 345 ff.).

bb) Übersicht über die Voraussetzungen der Verdachtskündigung

807 Eine Verdachtskündigung setzt danach voraus, dass
– die Kündigung gerade auf den Verdacht der strafbaren Handlung bzw. eines vertragswidrigen Verhaltens gestützt wird;
– eine Anhörung des Arbeitnehmers vor Ausspruch der Kündigung erfolgt ist;
– zum Zeitpunkt des Ausspruchs der Kündigung ein dringender Tatverdacht gegen den Arbeitnehmer besteht und
– im Rahmen der Interessenabwägung das Interesse des Arbeitgebers an der sofortigen Beendigung des Arbeitsverhältnisses das Interesse des Arbeitnehmers an dessen Fortsetzung zumindest bis zum Ablauf der ordentlichen Kündigungsfrist überwiegt.

D. Die Beendigung des Arbeitsverhältnisses

cc) Legitimation der Verdachtskündigung
Begründet hat das BAG (4.6.1964 AP Nr. 13 zu § 626 BGB Verdacht strafbarer Handlung) seine Auffassung zunächst damit, dass sich bei **unbefangener Betrachtung** nicht leugnen lässt, dass nicht nur eine erwiesene Tat, die von der Rechtsordnung missbilligt worden ist, einem Arbeitsverhältnis die Vertrauensgrundlage entziehen oder das Arbeitsverhältnis unerträglich belasten kann, sondern auch schon der dringende Verdacht, eine solche Tat begangen zu haben. 808

Zuletzt (*BAG* 14.9.1994 EzA § 626 BGB Verdacht strafbarer Handlung Nr. 5) hat es darauf hingewiesen, dass jedes Arbeitsverhältnis als personenbezogenes Dauerschuldverzeichnis ein gewisses **gegenseitiges Vertrauen** der Vertragspartner voraussetzt. Folglich kann auch der Verlust dieses Vertrauens einen wichtigen Grund zur fristlosen Kündigung darstellen (krit. dazu *Enderlein* RdA 2000, 325 ff.).

Dies kann nach Auffassung von *Berkowsky* (MünchArbR § 144 Rz. 5) insbesondere dann der Fall sein, wenn der betroffene Arbeitnehmer dringend verdächtig ist, Leben und Gesundheit, Eigentum, Besitz oder Vermögen von Arbeitskollegen, des Arbeitgebers oder mit diesem in Geschäftsbeziehung stehender Dritter geschädigt zu haben (Verdacht gegen diese Rechtsgüter gerichteter strafbarer Handlungen). 809

Das Gleiche gilt auch dann, wenn der Verdacht besteht, wichtige wirtschaftliche Ressourcen des Arbeitgebers durch vertragswidriges Verhalten schwer und nachhaltig geschädigt zu haben (Verdacht schweren vertragswidrigen Verhaltens).

Die Verdachtskündigung ist danach eine Maßnahme des vorbeugenden Selbstschutzes des Arbeitgebers (nach Auffassung von MünchArbR/*Berkowsky* § 144 Rz. 12 kommt allerdings insoweit i. d. R. nur die ordentliche Kündigung in Betracht).

b) Begründung der Kündigung

Voraussetzung für eine sog. Verdachtskündigung (vgl. ausführlich KR-*Fischermeier* § 626 BGB Rz. 210 ff. m. w. N.) ist zunächst, dass der Arbeitgeber seine Kündigung ausdrücklich damit begründet, es sei gerade der Verdacht einer strafbaren Handlung des Arbeitnehmers, der das für die Fortsetzung des Arbeitsverhältnisses erforderliche Vertrauensverhältnis zerstört habe (*BAG* 26.3.1992 EzA § 626 BGB Verdacht strafbarer Handlung Nr. 4). 810

Das ist dann nicht der Fall, wenn der Arbeitgeber (obwohl er objektiv nur einen Verdacht hat) die Verfehlung des Arbeitnehmers für nachweisbar oder nachgewiesen hält und mit dieser Begründung die Kündigung erklärt. 811

Eine Kündigung wegen behaupteter Pflichtverletzung ist auch dann nicht als Verdachtskündigung zu werten, wenn der Vorwurf, vertragswidrig oder strafbar gehandelt zu haben, auf Schlussfolgerungen des Arbeitgebers beruht, oder wenn der Arbeitgeber nach dem Ergebnis der Beweisaufnahme im Kündigungsschutzprozess nicht den vollen Beweis für seine Behauptungen erbracht hat. Es ist insoweit nicht allein darauf abzustellen, ob der Arbeitgeber bei der Begründung seiner Kündigung u. a. auch auf »Verdachtsmomente« hinweist, sondern es ist zu ermitteln, **wie er seine Kündigung insgesamt (auch im Laufe des Rechtsstreits) begründet hat**.

Eine Verdachtskündigung liegt auch dann nicht vor, wenn der Arbeitgeber nach seinem eigenen Sachvortrag **den Tatbeweis** durch den ihm bekannten Tatzeugen und Informanten **führen könnte**, diesen aber nur deshalb **verschweigt, weil er einen Kunden nicht in einen Rechtsstreit hineinziehen will**, so dass der Arbeitnehmer 812

D. Die Beendigung des Arbeitsverhältnisses

durch ihn auch keinen Entlastungsbeweis führen kann (*LAG Köln* 26.11.1999 ARST 2000, 162 Ls.).

813 Kündigt der Arbeitgeber nach rechtskräftiger Verurteilung des Arbeitnehmers mit der Begründung, der Arbeitnehmer habe die ihm vorgeworfene Straftat tatsächlich begangen, dann ist die Wirksamkeit der Kündigung i. d. R. nicht nach den Grundsätzen der Verdachtskündigung zu beurteilen.
Bestreitet der Arbeitnehmer trotz rechtskräftiger Verurteilung weiterhin die Tatbegehung, so hat das ArbG ohne Bindung an das Strafgerichtsurteil (Art. 14 Abs. 2 Nr. 1 EGZPO) die erforderlichen Feststellungen zu treffen. Die Ergebnisse des Strafverfahrens können dabei nach allgemeinen Beweisregeln verwertet werden (*BAG* 26.3.1992 EzA § 626 BGB Verdacht strafbarer Handlung Nr. 4).

c) Anhörung des Arbeitnehmers

aa) Wirksamkeitsvoraussetzung

814 Grds. vertritt das *BAG* (10.2.1977 EzA § 103 BetrVG 1972 Nr. 18; 4.10.1990 EzA § 626 BGB Druckkündigung Nr. 2) die Auffassung, dass es keinen allgemeinen Rechtssatz des Inhalts gibt, dass eine außerordentliche Kündigung stets ausgeschlossen ist, wenn der Arbeitnehmer zu den Kündigungsgründen nicht angehört worden ist. Es richtet sich vielmehr nach den Umständen des konkreten Einzelfalles, ob eine solche Anhörung geboten ist.

815 Für die Verdachtskündigung ist demgegenüber davon auszugehen (*BAG* 11.4.1985 EzA § 102 BetrVG 1972 Nr. 62), dass der Arbeitgeber aufgrund der ihm obliegenden Aufklärungspflicht gehalten ist, den Arbeitnehmer vor Ausspruch einer Verdachtskündigung zu den gegen ihn erhobenen Verdachtsmomenten zu hören. Die Erfüllung der Aufklärungspflicht ist Wirksamkeitsvoraussetzung für eine Verdachtskündigung (Einzelfragen dazu erörtert *Lücke* BB 1998, 2259 ff.; vgl. auch *Schönfeld* NZA 1999, 300 ff.).

816 Eine Verdachtskündigung als Reaktion auf die Störung des für die Fortsetzung des Arbeitsverhältnisses notwendigen Vertrauens ist unverhältnismäßig, wenn der Arbeitgeber nicht alle zumutbaren Anstrengungen zur Aufklärung des Sachverhalts unternommen hat (*BAG* 13.9.1995 EzA § 626 BGB Verdacht strafbarer Handlung Nr. 6). Dies ist auch sachgerecht und geboten. Denn anders als bei einem aufgrund von Tatsachen erwiesenen Sachverhalt besteht bei der Verdachtskündigung immer die Gefahr, dass ein Unschuldiger betroffen ist. Deshalb ist es gerechtfertigt, strenge Anforderungen zu stellen und vom Arbeitgeber zu verlangen, alles zu tun, um den Sachverhalt aufzuklären.

817 Der Arbeitnehmer muss die Möglichkeit erhalten, die Verdachtsgründe bzw. -momente zu beseitigen und zu entkräften und ggf. Entlastungstatsachen geltend zu machen.
Verletzt der Arbeitgeber schuldhaft die Aufklärungspflicht, so kann er sich im Prozess auf den Verdacht einer strafbaren Handlung bzw. eines pflichtwidrigen Verhaltens des Arbeitnehmers nicht berufen, d. h. die hierauf gestützte **Kündigung ist unwirksam** (*BAG* 30.4.1987 EzA § 626 BGB Verdacht strafbarer Handlung Nr. 3).
Die an die Anhörung des Arbeitnehmers zu stellenden Anforderungen entsprechen nicht denen für eine ordnungsgemäße Anhörung des Betriebsrats gem. § 102 Abs. 1 BetrVG. Der Arbeitgeber ist im Übrigen **nicht verpflichtet**, dem betroffenen Arbeit-

nehmer Belastungszeugen **gegenüberzustellen**. Denn die Gegenüberstellung würde in der Mehrzahl der Fälle keine größere Sicherheit für die Begründung des Verdachts ergeben (*BAG* 26.2.1987 Rz. I 8 c Nr. 13; vgl. auch *BAG* 18.9.1997 EzA § 626 BGB n. F. Nr. 169).

Der dem Arbeitnehmer vorgehaltene Verdacht darf sich allerdings nicht in einer bloßen Wertung erschöpfen; er muss vielmehr zumindest soweit konkretisiert sein, dass sich der Arbeitnehmer darauf substantiiert einlassen kann (*BAG* 13.9.1995 EzA § 626 BGB Verdacht strafbarer Handlung Nr. 6). Das *LAG Köln* (31.10.1997 NZA-RR 1998, 297) hat offen gelassen, ob sich diese Konkretisierungspflicht lediglich auf die vorgeworfene Tat oder auch auf die auf diese deutenden Indizien und Beweismittel bezieht. Unschädlich ist danach auf alle Fälle, wenn die Anhörung dem Arbeitgeber auch zu anderen Zwecken – etwa der Gewinnung weiterer Beweismittel – dient und der Arbeitnehmer aus ihr den Eindruck mitnimmt, den Verdacht zerstreut zu haben. Nur wenn sich der Arbeitnehmer »aus der Sicht des Arbeitgebers« erfolgreich entlastet hat, kann eine erneute Anhörung erforderlich werden, wenn weitere Ermittlungen nach Meinung des Arbeitgebers zu einer Widerlegung des Entlastungsvorbringens geführt haben (*BAG* 13.9.1995 EzA § 626 BGB Verdacht strafbarer Handlung Nr. 6). 818

Die Anhörung des Arbeitnehmers ist nach Auffassung des *LAG Köln* (15.4.1997 NZA 1998, 201) dann unwirksam, wenn sie unter für den Arbeitnehmer **unzumutbaren Umständen** erfolgt. Es ist ihm danach z. B. nicht zuzumuten, sich telefonisch zum Vorwurf einer Kassenmanipulation zu äußern, wenn sich das Telefon im Ladenlokal befindet und unbeteiligte Dritte (Kunden) anwesend sind. 819

Nichts anderes gilt, wenn der Arbeitgeber (eine Polizeibehörde) einer der Geldwäsche im Ausland angeklagten Arbeitnehmerin **nach Kenntnisnahme einer 32-seitigen Anklageschrift**, die dieser noch nicht vorliegt, lediglich eine **Anhörungs- und Stellungnahmefrist von zwei Tagen einräumt** und zudem die von ihrem Rechtsanwalt beantragte Verlängerung dieser Frist »aus Rechtsgründen« ablehnt (*LAG Rheinland-Pfalz* 27.11.2000 ZTR 2001, 431 Ls.). 820

Materiellrechtlich ist der Arbeitgeber trotz unzureichender Anhörung des Arbeitnehmers jedenfalls dann nicht gehindert, erst nach Ausspruch der Kündigung bekannt gewordene Verdachtsmomente nachzuschieben, wenn er die Kündigung zusätzlich und eigenständig wegen tatsächlicher Pflichtverletzungen des Arbeitnehmers ausgesprochen hat. Darauf, ob diese Pflichtverletzungen bewiesen werden können und die Kündigung für sich genommen ausreichend begründen, kommt es insoweit nicht an (*BAG* 13.9.1995 EzA § 626 BGB Verdacht strafbarer Handlung Nr. 6). 821

bb) Mitwirkungspflicht des Arbeitnehmers
Den Arbeitgeber trifft allerdings dann kein Verschulden, wenn der Arbeitnehmer von vornherein nicht bereit ist, sich zu den Verdachtsgründen substantiiert zu äußern (zur Aufklärungspflicht der Gerichte insoweit *BAG* 18.11.1999 EzA § 626 BGB Verdacht strafbarer Handlung Nr. 9; vgl. dazu *Ricken* RdA 2001, 52 ff.; *Gamillscheg* SAE 2001, 182 ff.). Von diesem Ausnahmefall darf der Arbeitgeber dann ausgehen, wenn er die fehlende Bereitschaft des Arbeitnehmers zur Mitwirkung verlässlich kennt (*LAG Rheinland-Pfalz* 9.10.1997 ZTR 1998, 278 Ls.). 822

Diese fehlende Mitwirkungsbereitschaft kann sich auch aus einem späteren Verhalten des Arbeitnehmers ergeben. Auch später (nach Ausspruch der Kündigung oder im

D. Die Beendigung des Arbeitsverhältnisses

Prozess) ermittelte Umstände sind zu berücksichtigen, wenn sie sich als Indiz für die vom Arbeitgeber bezweifelte Aufklärungsbereitschaft des Arbeitnehmers darstellen. Dazu gehört z. B. die Tatsache, dass sich der Arbeitnehmer in dem Strafverfahren, das wegen der erhobenen Vorwürfe eingeleitet wurde, nicht einlässt (*LAG Rheinland-Pfalz* 9.10.1997 ZTR 1998, 278 Ls.). Entzieht sich der Arbeitnehmer einem klärenden Gespräch, muss der Arbeitgeber nach Auffassung des *ArbG Frankfurt/M*. (13.8.2001 – 1 Ca 778/01 –) die Vorwürfe **schriftlich unterbreiten und den Arbeitnehmer zur Stellungnahme auffordern.**
Unerheblich ist dagegen, wie der Arbeitgeber oder später das Gericht die konkrete Einlassung des Arbeitnehmers beurteilt hätten (*BAG* 30.4.1987 EzA § 626 BGB Verdacht strafbarer Handlung Nr. 3). Denn die Anhörungspflicht würde entwertet, wenn sie grds. vom Ergebnis des Kündigungsschutzprozesses und somit von sich erst nach Ausspruch der Kündigung ergebenden Umständen abhängig gemacht würde.

823 Der Arbeitgeber soll dem Arbeitnehmer vor Ausspruch der Kündigung mit den sich unbeschadet ihrer Wirksamkeit für ihn ergebenden nachteiligen Folgen Gelegenheit zur Stellungnahme geben, um sie bei seiner Entscheidungsfindung berücksichtigen zu können. Diese Funktion darf nicht zu weitgehend durch eine nachträgliche Festlegung ihres möglichen Ergebnisses ersetzt werden.
Nach Auffassung des *LAG Düsseldorf* (13.8.1998 BB1998, 2215 Ls.) ist die Anhörung eines Arbeitnehmers dann nicht notwendig, wenn er sich aufgrund eines Haftbefehls, der auch den Schluss auf gegen den Arbeitgeber gerichtete Delikte zulässt, in Untersuchungshaft befindet. Eine Anhörung ist danach auch deshalb obsolet, weil unter den Umständen der Untersuchungshaft nicht damit zu rechnen ist, dass sich unter diesen Voraussetzungen Anhaltspunkte für eine andere Entscheidung des Arbeitgebers ergeben könnten.

d) Beurteilungszeitpunkt

aa) Letzte mündliche Verhandlung in der Tatsacheninstanz

824 Das *BAG* ist zunächst davon ausgegangen (4.6.1964 AP Nr. 13 zu § 626 BGB Verdacht strafbarer Handlung; 20.2.1986 NZA 1988, 94), dass entscheidender Zeitpunkt für die Beurteilung der Frage, ob ein hinreichender Verdacht eines strafbaren bzw. sonst vertragswidrigen Verhaltens gegen den Arbeitnehmer besteht, ausnahmsweise nicht der Zeitpunkt des Ausspruchs der Kündigung, sondern der der letzten mündlichen Verhandlung in der Tatsacheninstanz ist.

825 Nachträglich bekannt gewordene oder entstandene Tatsachen sind deshalb zu berücksichtigen, wenn sie geeignet sind, eine vielleicht zunächst begründete Verdachtskündigung zu entkräften, z. B. ein unterdessen erfolgter Freispruch in einem Strafverfahren (*LAG Schleswig-Holstein* 3.11.1988 NZA 1989, 798).
Das *BAG* (a. a. O.) hat seine Auffassung damit begründet, dass die Unschuld oder der geringere Verdacht bereits zur Zeit des Ausspruchs der Kündigung objektiv vorgelegen haben, wenn der Verdacht später ausgeräumt oder abgeschwächt wird. Dies kann und muss das Gericht der Tatsacheninstanz danach aber berücksichtigen (**a. A.** *BGH* 13.7.1956 AP Nr. 2 zu § 611 BGB Fürsorgepflicht).

bb) Zeitpunkt des Zugangs der Kündigung

826 Inzwischen (14.9.1994 EzA § 626 BGB Verdacht strafbarer Handlung Nr. 5; ebenso *LAG München* 3.11.2000 – 10 Sa 1037/99 –) geht das *BAG* allerdings davon aus,

dass der Verdacht sich aus **objektiven, im Zeitpunkt der Kündigung vorliegenden Tatsachen** ergeben muss. Soweit der Arbeitnehmer zu seiner Entlastung Tatsachen vorträgt, die im Zeitpunkt der Kündigung vorlagen, sind diese unabhängig davon zu berücksichtigen, ob sie dem Arbeitgeber im Kündigungszeitpunkt bekannt waren oder bekannt sein konnten. **Maßgeblicher Entscheidungszeitpunkt ist somit auch nach der Rechtsprechung des *BAG*** (14.9.1994 EzA § 626 BGB Verdacht strafbarer Handlung Nr. 5) **nunmehr der des Ausspruchs der Kündigung.**

cc) Der Sonderfall: Langer Zeitraum zwischen Verdachtsmomenten und Kündigung

Werden einem Arbeitgeber erstmals 1999 Umstände bekannt, die einen objektiven dringenden Verdacht dahingehend abgeben, dass ein Arbeitnehmer in einem Fall 1991, sowie in einem weiteren Fall 1992 jeweils von einer Firma, die in diesen beiden Jahren Geräte an den Arbeitgeber verkauft hat, gerade deswegen die Zahlung von Schmiergeld gefordert und dieses auch tatsächlich erhalten hat, ist die außerordentliche Verdachtskündigung nicht bereits deswegen gem. § 626 Abs. 1 BGB unwirksam, weil beide Schmiergeldzahlungen zum Kündigungszeitpunkt bereits etliche Jahre zurückgelegen haben (*LAG Hamm* 18.9.2000 ZTR 2001, 137 Ls.). **827**

e) Dringender Tatverdacht
Eine Verdachtskündigung setzt nicht notwendig voraus, dass gerade der Verdacht der Straftat der einzige Grund für die ausgesprochene außerordentliche Kündigung ist. **828**

Der Verdacht einer Straftat ist aber nur dann ein an sich zur außerordentlichen Kündigung berechtigender Umstand, wenn er zum einen objektiv durch bestimmte Tatsachen begründet ist und sich aus Umständen ergibt, die so beschaffen sind, dass sie einen verständigen und gerecht abwägenden Arbeitgeber zum Ausspruch der Kündigung veranlassen können.

Der Verdacht muss zudem **dringend** sein, d. h. es muss eine große, **zumindest überwiegende Wahrscheinlichkeit** dafür bestehen, dass der Arbeitnehmer eine Straftat begangen hat, obwohl der Arbeitgeber alle zumutbaren Anstrengungen zur Sachverhaltsaufklärung unternommen hat (*BAG* 11.4.1985 EzA § 102 BetrVG 1972 Nr. 62; 2.4.1987 EzA § 102 BetrVG 1972 Nr. 63; 30.4.1987 EzA § 626 BGB Verdacht strafbarer Handlung Nr. 3; *LAG Hessen* 30.3.2000 NZA-RR 2000, 526; **a. A.** *LAG Köln* 10.8.1999 ARST 2000, 161: so knapp unter der Schwelle der Gewissheit, dass nachhaltigen Zweifeln Schweigen geboten ist; zu den Anforderungen an die Schwere der strafbaren Handlung und der Bedeutung der Geringwertigkeit bei Diebstahls- und Vermögensdelikten vgl. *LAG Hamburg* 8.7.1998 NZA-RR 1999, 469).

Nach Auffassung des *LAG Köln* (31.10.1997 LAGE § 626 BGB Verdacht strafbarer Handlung Nr. 7) soll dafür bereits allein die Tatsache der **Anklageerhebung** und der **Eröffnung des Hauptverfahrens** ausreichen. Denn in einem Rechtsstaat hat danach das Handeln seiner Behörden die Vermutung der Rechtmäßigkeit für sich; der Arbeitgeber kann nicht verpflichtet sein, in seinen Bewertungen kritischer und zurückhaltender als diese zu sein. Andererseits rechtfertigt **noch nicht allein** die dem Arbeitgeber seitens einer staatlichen Ermittlungsbehörde (Zollfahndungsamt) zugeleitete **Zusammenfassung von Ermittlungsergebnissen**, wonach ein Arbeitnehmer **829**

D. Die Beendigung des Arbeitsverhältnisses

den Arbeitgeber durch Diebstähle/Unterschlagungen nachhaltig geschädigt habe, die Annahme eines dringenden Tatverdachts (*LAG Hamm* 20.7.2000 NZA-RR 2001, 635). Ausreichend ist es demgegenüber aber jedenfalls, wenn ein **Kassierer** in einem Lebensmittelmarkt von einem Kunden Geld kassiert, diesen Vorgang aber weder registriert, noch die Einnahme der Kasse zuführt (*LAG Köln* 19.6.1998 LAGE § 626 BGB Verdacht strafbarer Handlung Nr. 9). Auch die Kassiererin in einem Lebensmittelmarkt, die bei **mehreren Testkäufen die vorgeschriebene Kassenregistrierung der vereinnahmten Beträge unterlässt**, ohne dass der Kassenabschluss die entsprechende Plus-Differenz ergibt, setzt grds. den für eine Verdachtskündigung erforderlichen Verdacht der Unterschlagung. Darauf kann sich der Arbeitgeber selbst dann berufen, wenn er der Kassiererin in einem nach Ausspruch der Kündigung ausgestellten Zeugnis Ehrlichkeit bescheinigt hat (*LAG Köln* 30.7.1999 NZA-RR 2000, 189). Besteht der dringende Verdacht einer schwerwiegenden Arbeitsvertragsverletzung (Erschleichung eines Arbeitsunfähigkeit bestätigenden ärztlichen Attests) oder/und dass sich der Arbeitnehmer nicht gesundheitsfördernd verhalten hat, ist nach Auffassung des *LAG Berlin* (3.8.1998 LAGE § 15 KSchG Nr. 17) schließlich kündigungsrechtlich eine **Wahlfeststellung** möglich.

830 Dem **Leiter eines kommunalen Kindergartens** kann ohne vorherige Abmahnung wirksam außerordentlich gekündigt werden, wenn anlässlich staatsanwaltschaftlicher Ermittlungen auf dem privaten PC des Arbeitnehmers sechzig aus dem Internet heruntergeladene **Bilddateien mit pornographischen Darstellungen** des Missbrauches von Kindern sichergestellt werden, die den dringenden Verdacht begründen, der Arbeitnehmer habe aufgrund pädophiler Neigungen gehandelt (*ArbG Braunschweig* 22.1.1999 NZA-RR 1999, 192).

f) Interessenabwägung

831 Hinsichtlich der auch bei der Verdachtskündigung notwendigen Interessenabwägung muss dann, wenn nach der Sachverhaltsaufklärung ein schwerer Verdacht gegen den Arbeitnehmer bestehen bleibt, überprüft werden, ob dem Arbeitgeber die Fortsetzung des Arbeitsverhältnisses zugemutet werden kann (*BAG* 4.6.1964 AP Nr. 13 zu § 626 BGB Verdacht strafbarer Handlung).
Dabei sind die **Persönlichkeit und Stellung des Arbeitnehmers im Betrieb** zu berücksichtigen.
Eine **besondere Vertrauensstellung** oder die Erwartung, dass die Weiterbeschäftigung besondere Gefahren für den Arbeitgeber mit sich bringt, können dabei eine Rolle spielen.

832 Stets aber muss sich das Gericht vor Augen halten, dass eine nur auf Verdacht gestützte Kündigung meist **ähnlich diskriminierend wirkt wie eine Strafe** und für den entlassenen Arbeitnehmer nicht nur die augenblickliche Lebensgrundlage beseitigt, sondern auch die Erlangung eines neuen Arbeitsplatzes erschweren kann.
Nach Auffassung des *Hessischen LAG* (24.11.1994 LAGE § 626 BGB Nr. 83) können Aspekte der **Arbeits- und Betriebsdisziplin**, die wirtschaftliche Bedeutung, die das Phänomen des Personaldiebstahls im Einzelhandel angenommen hat, **Wiederholungsgefahr und das Prestige des Arbeitgebers** bei der Belegschaft eine harte und strenge Reaktion auf einen dringenden Diebstahls- oder Unterschlagungsverdacht grds. rechtfertigen. Gleichwohl kann aufgrund einer langen Betriebszugehörigkeit ohne Beanstandungen, Schwerbehinderteneigenschaft etc. eine außerordentliche Kündigung wegen eines derartigen Verdachts unwirksam sein, sodass nur die ordentliche Kündigung in Betracht kommt.

D. Die Beendigung des Arbeitsverhältnisses

g) **Besonderheiten bei der Zweiwochenfrist (§ 626 Abs. 2 BGB) und die Entwicklung von Strafverfahren**

aa) **Kenntnis des Arbeitgebers**
Für den Fristbeginn gem. § 626 Abs. 2 BGB kommt es auf die **sichere und möglichst positive Kenntnis der für die Kündigung maßgeblichen Tatsachen** an. Unter den Tatsachen, die für die Kündigung maßgeblich sind, sind i. S. v. Zumutbarkeitserwägungen sowohl die für als auch die gegen die Kündigung sprechenden Umstände zu verstehen.
Es genügt nicht die Kenntnis des konkreten, die Kündigung auslösenden Anlasses, vielmehr muss dem Arbeitgeber eine Gesamtwürdigung nach Zumutbarkeitsgesichtspunkten möglich sein. Maßgeblich ist der Zeitpunkt des Bekanntwerdens derjenigen objektiven Tatsachen, die den Arbeitgeber in die Lage versetzen, eine **abschließende Bewertung der Verdachtsgründe** und des dadurch ausgelösten **Vertrauenswegfalls** vorzunehmen (*LAG Berlin* 30.6.1997 NZA-RR 1997, 424 [für die außerordentliche Verdachtskündigung eines Dienstvertrages]; *LAG Köln* 18.2.1997 NZA-RR 1998, 65).

833

bb) **Hemmung des Fristablaufs**
Weil auch die für den Arbeitnehmer sprechenden Gesichtspunkte zum Kündigungssachverhalt gehören, die regelmäßig ohne seine Anhörung nicht hinreichend vollständig erfasst werden können, ist die **Anhörung des Arbeitnehmers i. d. R. geeignet, den Fristablauf zu hemmen** (*BAG* 6.7.1972 EzA § 626 BGB n. F. Nr. 15).
Allerdings ist sie nur solange gehemmt, wie der Kündigungsberechtigte in der gebotenen Eile noch Ermittlungen anstellt, die ihm eine umfassende und zuverlässige Kenntnis des Kündigungssachverhalts verschaffen sollen.
Deshalb muss der Arbeitnehmer innerhalb einer **Regelfrist von einer Woche angehört** werden, die bei Vorliegen besonderer Umstände auch überschritten werden darf (*BAG* 12.2.1973 EzA § 626 BGB n. F. Nr. 22). Erfährt der Arbeitgeber von einem Verdacht auf im dienstlichen Bereich begangene Straftaten des Arbeitnehmers und erhält er anschließend **weder Akteneinsicht** in die Strafakte **noch Auskünfte** des vorübergehend inhaftierten Arbeitnehmers zum Tatvorwurf, so kann die Regelfrist von einer Woche nach Auffassung des *LAG Köln* (8.8.2000 NZA-RR 2001, 185) um **ca. einen Monat überschritten** werden.
Die **Arbeitsunfähigkeit** eines Arbeitnehmers führt **nicht ohne weiteres** zu einer Hemmung der Ausschlussfrist. Denn erforderlich und ausreichend für die Anhörung ist es, dass sich der Arbeitnehmer zu dem gegen ihn erhobenen Vorwurf äußern kann (*LAG Köln* 25.1.2001 ARST 2001, 213).
Für die Durchführung der übrigen Ermittlungen gilt keine Regelfrist (*BAG* 10.6.1988 EzA § 626 BGB Ausschlussfrist Nr. 2).

834

cc) **Abschluss des Ermittlungs- und Strafverfahrens; Verhältnis zur Tatkündigung**

(1) **Allgemeine Grundsätze**
Kündigt der Arbeitgeber wegen strafbarer Handlung bzw. eines entsprechenden Verdachts, so führt die **Einstellung** des gegen die Arbeitnehmerin insoweit eingeleiteten staatsanwaltschaftlichen **Ermittlungsverfahrens** (§ 170 Abs. 2 S. 1 StPO) nicht zur

835

D. Die Beendigung des Arbeitsverhältnisses

Unwirksamkeit der Kündigung (*BAG* 20.8.1997 EzA § 626 BGB Verdacht strafbarer Handlung Nr. 7).

836 Ggf. darf der Arbeitgeber mit der Kündigung **bis zum Abschluss eines Strafverfahrens warten,** wenn er vorher die Schwere des Verdachts aus eigener Kenntnis nicht beurteilen kann (*BAG* 4.6.1964 AP Nr. 13 zu § 626 BGB Verdacht strafbarer Handlung).

Ist die Verdachtskündigung dagegen rechtskräftig wegen Nichteinhaltung der Zwei-Wochen-Frist gem. § 626 Abs. 2 BGB für unwirksam erachtet worden, so hindert die Rechtskraft dieses Urteils den Arbeitgeber nicht, später nach Abschluss des gegen den Arbeitnehmer eingeleiteten Strafverfahrens erneut eine **nunmehr auf die Tatbegehung selbst** gestützte außerordentliche Kündigung auszusprechen.

Das gilt auch dann, wenn das Strafverfahren nicht zu einer Verurteilung des Arbeitnehmers geführt hat, sondern gegen Zahlung eines Geldbetrages nach § 153 a StPO eingestellt worden ist.

837 Die Frist beginnt dann jedenfalls nicht vor dem Abschluss des Strafverfahrens zu laufen, wenn der Arbeitgeber zuvor zwar Verdachtsmomente kannte, diese aber noch keine jeden vernünftigen Zweifel ausschließende sichere Kenntnis der Tatbegehung selbst begründeten (*BAG* 12.12.1984 EzA § 626 BGB n. F. Nr. 97).

Der Arbeitgeber ist danach auch nicht gehalten, gleich wegen des Verdachts einer Straftat zu kündigen. Er kann sich entschließen, seinen Arbeitnehmer nur für den Fall zu entlassen, dass sich herausstellen sollte, er habe die strafbare Handlung tatsächlich begangen.

Er kann sogar auch dann den rechtskräftigen Abschluss eines Strafverfahrens abwarten, falls ihm nur die Fortsetzung des Arbeitsverhältnisses mit einem überführten Täter unzumutbar erscheint (*BAG* 3.4.1986 EzA § 102 BetrVG 1972 Nr. 63).

(2) Präzisierung dieser Grundsätze durch das BAG

838 Diese allgemeinen Grundsätze hat das *BAG* (29.7.1993 EzA § 626 BGB Ausschlussfrist Nr. 4; 18.11.1999 EzA § 626 BGB Ausschlussfrist Nr. 14; vgl. auch *LAG Hamm* 20.8.1999 FA 2000, 52) wie folgt präzisiert:
- Weder der Verdacht strafbarer Handlungen noch eine Straftat stellen Dauerzustände dar, die es dem Arbeitgeber ermöglichen, bis zur strafrechtlichen Verurteilung des Arbeitnehmers zu irgendeinem beliebigen Zeitpunkt eine fristlose Kündigung auszusprechen.
- Hält der Arbeitgeber einen bestimmten Kenntnisstand für ausreichend, eine fristlose Kündigung wegen Verdachts einer strafbaren Handlung oder wegen begangener Straftat auszusprechen, so muss er nach § 626 Abs. 2 BGB binnen zwei Wochen kündigen, nachdem er diesen Kenntnisstand erlangt hat.
- Entscheidet sich der Arbeitgeber, nachdem sich aufgrund konkreter Tatsachen bei ihm ein Anfangsverdacht entwickelt hat, selbst weitere Ermittlungen durchzuführen, so muss er diese zügig durchführen und binnen 2 Wochen nach Abschluss der Ermittlungen, die seinen Kündigungsentschluss stützen, kündigen.
- Es steht dem Kündigenden zwar grds. frei, anstatt eigene Ermittlungen durchzuführen, den Ausgang des Ermittlungs- bzw. Strafverfahrens abzuwarten. Das bedeutet aber nicht, dass der Arbeitgeber trotz eines hinlänglich begründeten Anfangsverdachts zunächst von eigenen weiteren Ermittlungen absehen und den Verlauf des Ermittlungs- bzw. Strafverfahrens abwarten darf, um dann spontan, ohne dass sich neue Tatsachen ergeben hätten, zu einem willkürlich

gewählten Zeitpunkt Monate später nach Abschluss dieser Ermittlungen zu kündigen.
– Kündigt der Arbeitgeber nicht schon aufgrund des Verdachts einer strafbaren Handlung, sondern wartet er das Ergebnis des Strafverfahrens ab, so wird die Ausschlussfrist des § 626 Abs. 2 BGB jedenfalls dann gewahrt, wenn er die außerordentliche Kündigung binnen zwei Wochen seit Kenntniserlangung von der Tatsache der Verurteilung ausspricht.

h) Besonderheiten bei der Anhörung des Betriebsrats

Teilt der Arbeitgeber dem Betriebsrat mit, er beabsichtige, den Arbeitnehmer wegen einer nach dem geschilderten Sachverhalt für nachgewiesen erachteten Straftat fristlos und vorsorglich ordentlich zu kündigen und stützt er später die Kündigung bei unverändert gebliebenem Sachverhalt auch auf den Verdacht dieser Straftat, so ist der **nachgeschobene Kündigungsgrund der Verdachtskündigung** nach der Rechtsprechung des *BAG* (3.4.1986 EzA § 102 BetrVG 1972 Nr. 63) **wegen fehlender Anhörung des Betriebsrats im Kündigungsschutzprozess nicht zu verwerten,** es sei denn, dass der Arbeitgeber den Betriebsrat zuvor erneut angehört hat (*BAG* 11.4.1985 EzA § 102 BetrVG 1972 Nr. 62; vgl. auch *LAG Köln* 26.11.1999 ARST 2000, 162 Ls.). **839**

Denn danach stellt der Verdacht einer strafbaren Handlung auch i. S. d. § 102 BetrVG einen **eigenständigen Kündigungsgrund** dar, der in der dem Betriebsrat mitgeteilten Behauptung, der Arbeitnehmer habe die Tat begangen, nicht enthalten ist. Die Mitteilung, einem Arbeitnehmer solle wegen des Verdachts einer strafbaren Handlung gekündigt werden, gibt dem Betriebsrat weit stärkeren Anlass für ein umfassendes Tätigwerden im Anhörungsverfahren als eine Anhörung wegen einer als erwiesen behaupteten Handlung.
Letztere wird den Betriebsrat vielfach veranlassen, von einer eigenen Stellungnahme abzusehen und die Klärung des Vorwurfs dem Kündigungsschutzverfahren zu überlassen.
Gibt der Arbeitgeber dagegen selbst zu erkennen, dass er lediglich einen Verdacht gegen den Arbeitnehmer hegt und ihm bereits dieser Umstand für eine Entlassung als ausreichend erscheint, so erhebt der Betriebsrat erfahrungsgemäß eher nachdrücklich Gegenvorstellungen (*BAG* 3.4.1986 EzA § 102 BetrVG 1972 Nr. 63). **840**

Unbedenklich ist es demgegenüber, wenn der Arbeitgeber die beabsichtigte Kündigung auf »erwiesene Manipulation« und »zumindest dringenden Verdacht entsprechenden Handelns« stützt und dem Betriebsrat die ihn bestimmenden Gründe für die Kündigung mitteilt. Dazu gehören allerdings nach Auffassung des *LAG Köln* (31.10.1997 LAGE § 626 BGB Verdacht strafbarer Handlung Nr. 7) auch die ihn nur in zweiter Linie leitenden Gründe, will er nicht das Recht verlieren, sich auf solche Gründe in einem späteren Prozess berufen können; dies gilt danach insbesondere im Verhältnis von der Tat- zur Verdachtskündigung. **841**

Wartet der Arbeitgeber das Ergebnis des Strafverfahrens ab und kündigt sodann **nach Kenntniserlangung von der Tatsache der Verurteilung**, ohne die schriftlichen Gründe des Strafurteils zu kennen, so genügt eine entsprechende Information gegenüber dem Personalrat jedenfalls dann den Anforderungen gem. § 77 Abs. 3 LPVG Baden-Württemberg, wenn der Personalrat die näheren Umstände des Tatvorwurfs bereits kennt (*BAG* 18.11.1999 EzA § 626 BGB Ausschlussfrist Nr. 14). **842**

D. Die Beendigung des Arbeitsverhältnisses

i) Die Verdachtskündigung als ordentliche Kündigung (§ 622 BGB, § 1 KSchG)

aa) Ausschluss einer ordentlichen Verdachtskündigung

843 In der **Literatur** (*Hueck* KSchG 10. Aufl. § 1 Rz. 98; vgl. auch *Schütte* NZA 1991, Beil. Nr. 2 S. 21) wird die Auffassung vertreten, dass eine Verdachtskündigung **stets eine außerordentliche Kündigung** sein muss, weil sie nur dann in Betracht kommt, wenn infolge besonderer Begleitumstände allein der Verdacht bereits so schwer wiegt, dass dem Arbeitgeber die Fortsetzung des Arbeitsverhältnisses nicht zugemutet werden kann.
Ist ein wichtiger Grund i. S. d. § 626 Abs. 1 BGB gegeben, so behält er danach seinen Charakter auch, wenn die Kündigung befristet ausgesprochen wird.

bb) Die Verdachtskündigung als ordentliche verhaltens- oder personenbedingte Kündigung

844 Zwar ist die Einordnung der Verdachtskündigung in die Kategorien des § 1 KSchG tatsächlich problematisch (vgl. *Ascheid* Beweislastfragen im Kündigungsschutzprozess S. 136).
Teilweise (KR-*Hillebrecht* 4. Aufl. § 626 BGB Rz. 153 ff.) wird sie als besonderer Kündigungsgrund, teilweise (KR-*Becker* 3. Aufl. § 1 KSchG Rz. 87 f.) als verhaltensbedingte Kündigung, teilweise (*Preis* DB 1988, 1448) schließlich als personenbedingte Kündigung qualifiziert.
Für die Annahme einer personenbedingten Kündigung spricht, dass der Verdacht, der auf der Person des Arbeitnehmers lastet, so gewichtig sein muss, dass eine gedeihliche Fortsetzung des Arbeitsverhältnisses objektiv nicht möglich erscheint.
Gegen eine verhaltensbedingte Kündigung spricht, dass das zugrunde liegende Verhalten nicht nachgewiesen ist (*Preis* a. a. O.).

845 Insgesamt ist jedenfalls nicht ersichtlich, warum es dem Arbeitgeber aus Rechtsgründen nicht gestattet sein soll, dem Arbeitnehmer insoweit entgegenzukommen, als er trotz Vorliegens der Voraussetzungen des § 626 BGB nur eine ordentliche Kündigung erklärt (BAG 4.11.1957 AP Nr. 39 zu § 1 KSchG).

j) Fehlprognose und Wiedereinstellungsanspruch

aa) Wiedereinstellung

846 Hat sich die Prognose bei der Verdachtskündigung als unzutreffend herausgestellt, dann ist das Vertrauensverhältnis zwischen Arbeitgeber und Arbeitnehmer wiederhergestellt.
Für diesen Fall hat der (zunächst wirksam) gekündigte Arbeitnehmer einen **Anspruch auf Wiedereinstellung zu den alten Arbeitsbedingungen** (KR-*Fischermeier* § 626 BGB Rz. 219, 234.; vgl. auch *Zwanziger* BB 1997, 42 ff.).
Dies gilt jedenfalls während des laufenden Kündigungsschutzprozesses, sodass der Arbeitnehmer insoweit zumindest hilfsweise einen entsprechenden Antrag zu stellen hat. Das gilt aber auch dann, wenn der Kündigungsschutzprozess bereits rechtskräftig zu Lasten des Arbeitnehmers entschieden worden ist oder aber der Arbeitnehmer in Anbetracht der gegen ihn sprechenden Verdachtsgründe davon abgesehen hat, Kündigungsschutzklage zu erheben (MünchArbR/*Berkowsky* § 144 Rz. 20).

D. Die Beendigung des Arbeitsverhältnisses

8. Druckkündigung

a) Begriff

Die sog. Druckkündigung ist ein **Sonderfall einer außerordentlichen Kündigung,** die sowohl als verhaltens-, personen- als auch betriebsbedingte (vgl. BAG 19.6.1986 EzA § 1 KSchG Betriebsbedingte Kündigung Nr. 39) außerordentliche (aber auch als ordentliche) (Änderungs-)Kündigung erklärt werden kann. Sie ist alternativ als verhaltens-, personen- oder betriebsbedingter Kündigungsgrund zu prüfen (*BAG* 31.1.1996 EzA § 626 BGB Druckkündigung Nr. 3). 855

Voraussetzung dafür ist, dass von der Belegschaft, einer Gewerkschaft, dem Betriebsrat (§ 104 BetrVG) oder Kunden, Lieferanten des Arbeitgebers oder staatlichen Institutionen unter Androhung von erheblichen Nachteilen für den Arbeitgeber von ihm die Entlassung eines bestimmten Arbeitnehmers gefordert wird. 856

Als in Aussicht gestellte erhebliche Nachteile kommen in Betracht z. B. die Verweigerung der Zusammenarbeit mit dem betroffenen Arbeitnehmer, Verweigerung der Arbeit überhaupt, Streik, Ankündigung der Kündigung durch Mitarbeiter, Entzug von Aufträgen, Liefersperren, Ankündigung des Abbruchs der Geschäftsbeziehungen durch Kunden, Konzessionsentzug, Untersagung der Gewerbeausübung oder letztlich auch physische Gewalt (vgl. BAG 19.6.1986 EzA § 1 KSchG Betriebsbedingte Kündigung Nr. 39; MünchArbR/*Berkowsky* § 143 Rz. 5; APS/*Dörner* § 626 BGB Rz. 336 ff.).

b) Voraussetzungen

aa) Vorliegen eines weiteren Kündigungsgrundes

Kann der Arbeitnehmer Kündigungsschutz beanspruchen, liegt aber ein insbesondere personen- oder verhaltensbedingter **Kündigungsgrund** vor (entweder gem. § 626 Abs. 1 BGB oder gem. §§ 1, 2 KSchG) und beruft sich der Arbeitgeber neben dem Hinweis auf den ausgeübten Druck hierauf, **so ist die Kündigung trotz des** (wegen der Nähe zur Nötigung grds. zu missbilligenden) **Drucks der Dritten wirksam** (*BAG* 19.6.1986 EzA § 1 KSchG Betriebsbedingte Kündigung Nr. 39). 857

So können z. B. **autoritärer Führungsstil und mangelnde Fähigkeit zur Menschenführung** bei einem sog. unkündbaren Arbeitnehmer eine außerordentliche personenbedingte (Änderungs-)Druckkündigung nach § 55 Abs. 1 BAT rechtfertigen (*BAG* 31.1.1996 EzA § 626 BGB Druckkündigung Nr. 3). 858

Daran vermag ein möglicherweise berechtigtes Unwerturteil über den Druck nichts zu ändern. Dieser berührt zwar das Verhältnis Arbeitgeber – Dritter, nicht aber die kündigungsrechtliche Situation des betroffenen Arbeitnehmers selbst (MünchArbR/ *Berkowsky* § 143 Rz. 11).

bb) Fehlen eines weiteren Kündigungsgrundes

(1) Druck als Kündigungsgrund

Liegt dagegen ein **Kündigungsgrund objektiv nicht vor,** so erfüllt allein der auf den Arbeitgeber ausgeübte Druck dann die Voraussetzungen des **§ 626 Abs. 1 BGB** für eine betriebsbedingte Kündigung, wenn ihm die **Vernichtung seiner Existenz** oder zumindest **schwere wirtschaftliche Schäden** für den Fall angedroht werden, 859

D. Die Beendigung des Arbeitsverhältnisses

dass er den betroffenen Arbeitnehmer auch nur für die Zeit der Kündigungsfrist weiterbeschäftigt.

860 Der Arbeitgeber darf in diesen Fällen aber nicht ohne weiteres dem Verlangen auf Entlassung des Arbeitnehmers nachgeben. Er muss sich vielmehr **schützend vor diesen stellen** und versuchen, die Belegschaft oder diejenige Seite, von der Druck ausgeübt wird, von ihrer Drohung abzubringen (*BAG* 19.6.1986 EzA § 1 KSchG Betriebsbedingte Kündigung Nr. 39).

Der Arbeitgeber kann sich zudem nicht auf eine Drucksituation berufen, die er selbst in vorwerfbarer Weise herbeigeführt hat.

(2) Vermittlungspflicht des Arbeitgebers; Mitwirkungspflicht des Arbeitnehmers

861 Anhaltende Bemühungen durch den Arbeitgeber sind insbesondere dann erforderlich, wenn die Forderung nach Entlassung sachlich ungerechtfertigt ist oder etwa gegen die Grundsätze der positiven oder negativen Koalitionsfreiheit (Art. 9 GG) verstößt.

Andererseits muss auch der Arbeitnehmer in einer Drucksituation versuchen, unzumutbare Nachteile von seinem Arbeitgeber abzuwenden und u. U. bereit sein, in eine Versetzung einzuwilligen, wenn dadurch die Lage entspannt werden kann (*BAG* 11.2.1960, 16.12.1960 AP Nr. 3, 7 zu § 626 BGB Druckkündigung; Rechtsschutzmöglichkeiten gegenüber dem Druckausübenden erörtert *Schleusener* NZA 1999, 1078 ff.).

cc) Arbeitsverhältnis mit Auslandsberührung

862 Der Arbeitgeber muss, wenn er einen Arbeitnehmer im Ausland einsetzt und der ausländische Arbeitgeber objektiv zu Unrecht die Abberufung des Arbeitnehmers verlangt, in geeigneter Form versuchen, diesen von seiner Absicht abzubringen, bevor er den betreffenden Arbeitnehmer kündigt.

Dies gilt selbst dann, wenn der Arbeitgeber sich gegenüber dem Auftraggeber verpflichtet hat, dem Abberufungsverlangen nachzukommen (*BAG* 19.6.1986 EzA § 1 KSchG Betriebsbedingte Kündigung Nr. 39).

dd) Kündigung auf Verlangen des Betriebsrats (§ 104 BetrVG)

(1) Inhaltliche Anforderungen

863 Die zur Druckkündigung entwickelten Kriterien gelten auch dann, wenn der Betriebsrat gem. § 104 BetrVG die Entlassung von Arbeitnehmern verlangt, die nach seiner Auffassung durch gesetzwidriges Verhalten oder durch grobe Verletzung der Grundsätze für die Behandlung der Betriebsangehörigen nach § 75 BetrVG den Betriebsfrieden wiederholt ernsthaft gestört haben sollen.

864 Erforderlich ist eine erhebliche Beunruhigung einer beachtlichen Zahl von Arbeitnehmern, die objektiv, d. h. nach Ansicht vernünftig Denkender, ernst zu nehmen sein muss. Die bloße Gefährdung des Betriebsfriedens reicht nicht aus (GK-BetrVG/*Kraft* § 104 Rz. 8). Das friedliche Zusammenarbeiten der Arbeitnehmer untereinander und mit dem Arbeitgeber muss gestört und die Störung von einer gewissen Dauer und von nachteiliger Wirkung für eine größere Anzahl von Arbeitnehmern sein (*LAG Köln* 15.10.1993 NZA 1994, 431).

D. Die Beendigung des Arbeitsverhältnisses

Die Verletzungshandlung ist grds. nicht identisch mit der zusätzlich geforderten Störung des Betriebsfriedens; ein schlüssiger Sachvortrag erfordert daher die Schilderung beider Tatbestandsmerkmale (*LAG Köln* 15.10.1993 NZA 1994, 431). 865
Bei seinem Verlangen, das einen ordnungsgemäßen Beschluss voraussetzt, hat der Betriebsrat den Grundsatz der **Verhältnismäßigkeit** zu beachten.
Er hat also möglichst die für den Arbeitnehmer weniger einschneidende Maßnahme zu fordern, um die Störung des Betriebsfriedens zu beseitigen, i. d. R. die Versetzung (APS/*Böck* § 104 BetrVG Rz. 7 ff., 16 ff.).

(2) Überprüfungspflicht des Arbeitgebers
Der Arbeitgeber muss die gegen den Arbeitnehmer erhobenen Vorwürfe in eigener Verantwortung prüfen und sich für ihn einsetzen, wenn er zu Unrecht angegriffen wird. Dazu gehört auch seine Verpflichtung, den Betriebsrat, der unberechtigt die Entlassung des Arbeitnehmers erzwingen will, auf die Möglichkeit zu verweisen, beim Arbeitsgericht zu beantragen, dem Arbeitgeber aufzugeben, die geforderte Entlassung durchzuführen (§ 104 S. 2 BetrVG) und es ggf. auf eine gerichtliche Entscheidung ankommen zu lassen (GK-BetrVG/*Kraft* § 104 Rz. 15). 866

(3) Verhältnis zum allgemeinen Kündigungsschutzrecht

§ 104 BetrVG schafft insoweit jedoch keinen neuen Kündigungsgrund, sondern setzt einen solchen voraus. Das Mitbestimmungsrecht führt lediglich dazu, dass in den Fällen, in denen ein Kündigungsgrund tatsächlich vorliegt, das Entschließungsermessen des Arbeitgebers auf null reduziert ist (APS/*Böck* § 104 BetrVG Rz. 23). 867

Durch die rechtskräftige Entscheidung des ArbG gem. § 104 S. 2 BetrVG ist der Arbeitnehmer zudem nicht gehindert, gem. §§ 1 ff., 13 KSchG Kündigungsschutzklage zu erheben. 868
Diese hat aber nur dann Erfolg, wenn er neue Tatsachen vorbringen kann, die im Beschlussverfahren noch nicht berücksichtigt worden sind (Präklusionswirkung; APS/*Böck* § 104 Rz. 37 ff.).

ee) Kündigung des Arbeitsverhältnisses

Nur dann, wenn alle Vermittlungsversuche des Arbeitgebers gescheitert sind und ihm nur die Wahl verbleibt, entweder den Arbeitnehmer zu entlassen oder schwere wirtschaftliche Nachteile hinzunehmen, kann ihm entweder ein wichtiger Grund zur außerordentlichen oder ein Grund zur ordentlichen Kündigung zugebilligt werden. 869

Die vorherige Anhörung des Arbeitnehmers ist keine Wirksamkeitsvoraussetzung für die Druckkündigung (*BAG* 4.10.1990 EzA § 626 BGB Druckkündigung Nr. 2). 870
Eine Druckkündigung kommt auch als **ordentliche betriebsbedingte Kündigung** dann in Betracht, wenn der Druck so stark ist, dass vom Arbeitgeber vernünftigerweise ein Widerstand gegen diesen Druck nicht verlangt und nicht erwartet werden kann, und der Arbeitgeber alles ihm Mögliche unternommen hat, den den Druck ausübenden Dritten von seinem Entlassungsverlangen abzubringen. Insoweit han-

D. Die Beendigung des Arbeitsverhältnisses

delt es sich um eine betriebsbedingte Kündigung, weil die von einem Druck erzwungene Entlassung des Arbeitnehmers als dringendes betriebliches Erfordernis zu qualifizieren ist (*BAG* 19.6.1986 EzA § 1 KSchG Betriebsbedingte Kündigung Nr. 39).

ff) Darlegungs- und Beweislast

871 Wird eine Druckkündigung mit Gründen im Verhalten des Arbeitnehmers oder einem in seiner Person liegenden Grund begründet, so sind, wenn der Arbeitnehmer Kündigungsschutz beanspruchen kann, an die Darlegung- und Beweislast keine geringeren Anforderungen zu stellen als an jede andere aus verhaltens- oder personenbedingten Gründen ausgesprochene Kündigung (*LAG Köln* 17.1.1996 NZA 1996, 1100 Ls.).

c) Besonderheiten bei der Beteiligung des Betriebsrats

872 Verlangt der Betriebsrat vom Arbeitgeber, einem bestimmten Arbeitnehmer zu kündigen bzw. ihn zu versetzen, und entschließt sich der Arbeitgeber, dem Wunsch des Betriebsrats aus den von ihm angegebenen Gründen zu entsprechen, so ist, auch wenn kein Fall des § 104 BetrVG vorliegt, eine **erneute Beteiligung** des Betriebsrats nach §§ 102, 103, 99 BetrVG **nicht mehr erforderlich**. In dem Kündigungs- bzw. Versetzungsverlangen des Betriebsrats liegt dann bereits dessen Zustimmung zur Kündigung bzw. Versetzung (*BAG* 15.5.1997 EzA § 102 BetrVG 1972 Nr. 99).

d) Rechtsfolgen der Druckkündigung

873 Spricht der Arbeitgeber eine Druckkündigung aus, die ohne den unabwendbaren Druck eines Dritten sachlich nicht zu rechtfertigen wäre, steht dem gekündigten Arbeitnehmer i. d. R. gegen den Dritten ein **Schadensersatzanspruch** gem. §§ 823, 826 BGB zu (KR-*Fischermeier* § 626 BGB Rz. 209; vgl. ausf. *Schleusener* NZA 1999, 1079 ff.; a. A. MünchKomm/*Schwerdtner* § 626 Rz. 489: analoge Anwendung der §§ 9, 10 KSchG gegenüber dem Arbeitgeber). Darüber hinaus ist dem Arbeitnehmer analog § 904 BGB und nach den Grundsätzen über den **Aufopferungsanspruch** auch ein Schadensersatzanspruch gegen den Arbeitgeber zuzubilligen (*Ascheid* Kündigungsschutzrecht Rz. 170). Ob ein »**Recht am Arbeitsplatz**« besteht, das einen Anspruch gem. § 823 Abs. 1 BGB gegen den Arbeitgeber begründet, hat der *BAG* (4.6.1998 EzA § 823 BGB Nr. 9) offen gelassen. Der Arbeitgeber ist im Innenverhältnis zu dem Dritten nicht verpflichtet, gem. § 426 Abs. 1 BGB anteilig Schadensersatz zu leisten; der Dritte muss als Verursacher vielmehr den Schaden allein tragen. Der Arbeitnehmer muss deshalb den Schadensersatzanspruch gegen den Dritten zum Ausgleich an den Arbeitgeber abtreten (KR-*Fischermeier* § 626 BGB Rz. 209). Nach Auffassung von *Schleusener* (NZA 1999, 1081 ff.) kommt auch ein **Unterlassungsanspruch** des Arbeitnehmers gegen den Druckausübenden in Betracht, der aus § 1004 BGB i.V. mit §§ 823, 826 BGB abgeleitet wird und u. U. durch eine **einstweilige Verfügung** durchgesetzt werden kann.

D. Die Beendigung des Arbeitsverhältnisses

9. Besonderheiten der außerordentlichen Kündigung im öffentlichen Dienst der neuen Bundesländer

a) Normative Grundlagen
Nach dem **Einigungsvertrag** (Anl. I Kap. XIX Sachgebiet A Abschn. III Nr. 1 [5], [6]) ist für den Bereich des öffentlichen Dienstes in den neuen Bundesländern ein wichtiger Grund für eine außerordentliche Kündigung insbesondere dann gegeben,
– wenn der Arbeitnehmer gegen die **Grundsätze der Menschlichkeit oder Rechtsstaatlichkeit** verstoßen hat,
– insbesondere die im internationalen Pakte über bürgerliche und politische Rechte vom 19.12.1948 enthaltenen Grundsätze verletzt hat oder
– für das frühere **Ministerium für Staatssicherheit/Amt für nationale Sicherheit** tätig war und deshalb ein Festhalten am Arbeitsverhältnis unzumutbar erscheint.
Diese Regelungen sind auch dann anwendbar, wenn der Beschäftigte zum Zeitpunkt des Wirksamwerdens des Beitritts dem öffentlichen Dienst der ehemaligen DDR angehörte und das zu kündigende Arbeitsverhältnis mit bzw. nach dem Wirksamwerden des Beitritts infolge Überführung der Beschäftigungseinrichtung auf den neuen Arbeitgeber des öffentlichen Dienstes übergegangen oder durch Weiterverwendung des Arbeitnehmers – ggf. in einem anderen Verwaltungsbereich – neu begründet worden ist (*BAG* 20.1.1994 EzA Art. 20 EinigungsV Nr. 31)
Auf ein Arbeitsverhältnis dagegen, das nach dem Wirksamwerden des Beitritts zwischen einem öffentlichen Arbeitgeber i. S. v. Art. 20 Einigungsvertrag und einem Arbeitnehmer, der zu diesem Zeitpunkt in keinen arbeitsvertraglichen Beziehungen zu einem solchen Arbeitgeber im Beitrittsgebiet stand, neu begründet wurde, finden die Kündigungsregelungen des Einigungsvertrages keine Anwendung (*BAG* 20.1.1994 EzA Art. 20 EinigungsV Nr. 30).
Das Sonderkündigungsrecht steht den am 1.1.1995 in die Arbeitsverhältnisse der früheren Unternehmen der Deutschen Bundespost eingetretenen AGs weiterhin zu (§ 22 Postpersonalvertretungsgesetz; *BAG* 10.12.1998 EzA Art. 20 Einigungsvertrag Nr. 63).

> Der Begriff »Angehörige des öffentlichen Dienstes« i. S. v. Art. 20 Einigungsvertrag ist umfassend zu verstehen. Er umfasst nicht nur Angehörige der öffentlichen Verwaltung, sondern auch solche Arbeitnehmer, die in Einrichtungen beschäftigt sind, deren Rechtsträger die öffentliche Verwaltung ist (z. B. Bedienstete eines Landestheaters; *BAG* 18.3.1993 EzA Art. 20 EinigungsV Nr. 21).

b) Zweck der Regelung
Damit soll die **Trennung von vorbelastetem Personal** erleichtert und insbesondere auch ein politisches Signal gesetzt werden. Durch den Hinweis auf Normen des internationalen Rechts soll verdeutlicht werden, dass es hier um die Beurteilung von Verhaltensweisen nach allgemein anerkannten Maßstäben geht.
Hinsichtlich der Tätigkeit für das frühere Ministerium für Staatssicherheit oder für vergleichbare Einrichtungen ist es **unerheblich**, ob es sich um eine **haupt- oder nebenamtliche Tätigkeit** gehandelt hat (Unterrichtung durch die Bundesregierung BT-Drucks. 11/7817, S. 180).

D. Die Beendigung des Arbeitsverhältnisses

c) Eigenständige Regelung neben § 626 BGB; Anwendbarkeit sonstiger Kündigungsschutzbestimmungen

880 Fraglich ist das Verhältnis dieser Regelung zu § 626 Art. 1, 2 BGB.
In der Literatur (*Dörner/Widlak* NZA 1991, Beil. Nr. 1, S. 52) wird die Auffassung vertreten, dass es sich nur um die Klarstellung handelt, dass entsprechendes Verhalten oder eine entsprechende Tätigkeit einen an sich zur außerordentlichen Kündigung geeigneten Umstand darstellen.
Insbesondere an der Notwendigkeit einer umfassenden Einzelfallabwägung dahingehend, ob ein Festhalten am Arbeitsverhältnis zumutbar erscheint oder nicht, ändert die Regelung ebenso wenig etwa wie an der notwendigen Beachtung von § 626 Abs. 2 BGB.

881 Demgegenüber geht das *BAG* (11.6.1992, 25.2.1993 EzA Art. 20 EinigungsV Nr. 16, 22; vgl. auch *Ascheid* NZA 1993, 97; *Fenski/Linck* NZA 1992, 337) davon aus, dass es sich um eine eigenständige und abschließende Regelung der Möglichkeit einer außerordentlichen Kündigung im öffentlichen Dienst der neuen Bundesländer handelt, neben der § 626 Abs. 1, 2 BGB nicht anwendbar ist, wohl aber § 13 Abs. 1 S. 2 KSchG, sodass die Klagefrist gem. § 4 KSchG vom Arbeitnehmer einzuhalten ist.

Die Regelung schafft jedoch **keinen absoluten Kündigungsgrund**. Die Unzumutbarkeit muss sich vielmehr aus einer Einzelfallprüfung ergeben. Vorrangiger Maßstab sind die in der Vergangenheit liegenden Vorgänge.

882 Die Einzelfallprüfung wird bei einem früheren hauptamtlichen Mitarbeiter der Staatssicherheit durch seine Stellung sowie die Dauer der Tätigkeit für diesen Dienst bestimmt.

Ob das Festhalten am Arbeitsverhältnis unzumutbar erscheint, ist anhand **objektiver Kriterien** zu beurteilen. Dabei ist auf die vordergründige »Erscheinung« der Verwaltung mit diesem Mitarbeiter abzustellen.

883 Obwohl § 626 Abs. 2 BGB keine Anwendung findet, kann doch der sich aus der Tätigkeit für das Ministerium für Staatssicherheit ergebende wichtige Grund **durch bloßen Zeitablauf entfallen,** wenn der Kündigungsberechtigte die Kündigung trotz Kenntnis des wichtigen Kündigungsgrundes hinauszögert. Die weitergehenden Voraussetzungen einer Verwirkung müssen nicht erfüllt sein, um die Unwirksamkeit der Kündigung annehmen zu können (*BAG* 28.4.1994 EzA Art. 20 EinigungsV Nr. 38).

884 Etwaige Beteiligungsrechte des **Personalrats** bleiben durch diese Regelung unberührt. Ist deshalb z. B. die Stufenvertretung gem. § 82 Abs. 1 BPersVG anzuhören, hat die Beteiligung des örtlichen Personalrats nach § 82 Abs. 2 BPersVG keinen Einfluss auf die Wirksamkeit der außerordentlichen Kündigung.
Auch der **besondere Kündigungsschutz** gem. §§ 85, 91 SGB IX, § 15 Abs. 2 KSchG, § 47 Abs. 1 BPersVG/PersVG-DDR bleibt für derartige Kündigungen unberührt (*BAG* 16.3.1994, 28.4.1994 EzA Art. 20 EinigungsV Nr. 34, 36).

D. Die Beendigung des Arbeitsverhältnisses

d) **Tatbestandsvoraussetzungen im Einzelnen**

aa) **Verstoß gegen die Grundsätze der Menschlichkeit oder Rechtsstaatlichkeit**

Erforderlich ist eine vorsätzliche erhebliche Zuwiderhandlung gegen die Grundsätze der Menschlichkeit oder Rechtsstaatlichkeit. Entscheidend ist der materielle Unrechtscharakter des Verhaltens des Gekündigten. Es kommt nicht darauf an, ob das Verhalten durch geltende Gesetze oder obrigkeitliche Anordnungen erlaubt oder von der Strafverfolgung ausgeschlossen war. Ein Festhalten am Arbeitsverhältnis muss wegen des früheren Verhaltens des Arbeitnehmers im Einzelfall unzumutbar erscheinen. 885

Hat ein Jugendfürsorger die Klage auf Ersetzung der Einwilligung eines Elternteils zur Annahme an Kindes statt nach § 70 Abs. 1 FGB-DDR betrieben, stellt das allein keinen wichtigen Grund i. S. d. hier erörterten Norm dar. Sollte ein von seiner Mutter in der DDR allein zurückgelassenes Kind gegen deren Willen adoptiert werden, sind die Absichten und Ziele des Jugendfürsorgers maßgebend, die seinen Maßnahmen zugrunde lagen. Verfolgte er vertretbar das Wohl des Kindes, schließt dies i. d. R. einen Verstoß gegen die Grundsätze der Menschlichkeit oder Rechtsstaatlichkeit aus (*BAG* 20.1.1994 EzA Art. 20 EinigungsV Nr. 33). 886

bb) **Tätigkeit für das frühere Ministerium für Staatssicherheit/Amt für nationale Sicherheit**

Wer aufgrund eines freien Willensentschlusses und ohne entschuldigenden Zwang eine Erklärung unterzeichnet hat, künftig für das Ministerium für Staatssicherheit als inoffizieller Mitarbeiter tätig zu werden, begründet erhebliche Zweifel an seiner persönlichen Eignung für eine Tätigkeit im öffentlichen Dienst i. S. d. Abs. 4 der Regelung des Einigungsvertrages. Diese Regelung ist mit dem GG vereinbar (*BVerfG* 8.7.1997 EzA Art. 12 GG Nr. 32; zur Kündigung eines Personalratsmitglieds vgl. ausf. *BVerwG* 28.1.1998 NZA 1999, 92 Ls.). 887

Eine außerordentliche Kündigung nach Abs. 5 Nr. 2 setzt aber eine **bewusste, finale Mitarbeit** voraus. Bei der Prüfung, ob dem Arbeitgeber die Weiterbeschäftigung eines Arbeitnehmers trotz einer solchen Tätigkeit zuzumuten ist, sind **die Umstände des Einzelfalles** zu würdigen. Dabei kann neben dem konkreten **Verhalten des Betroffenen** auch die **Herausgehobenheit der** von ihm im Zeitpunkt der Kündigung innegehabten **Stellung** berücksichtigt werden (*BVerfG* 8.7.1997 Art. 20 EinigungsV Nr. 55). Tätigkeiten für das MfS, die vor dem Jahre 1970 abgeschlossen waren, taugen im Übrigen wegen des **erheblichen Zeitablaufs** regelmäßig nicht mehr als Indiz für eine mangelnde Eignung. Ausnahmsweise relevante Fragen nach Vorgängen, die mehr als 20 Jahre vor dem Beitritt abgeschlossen waren, stehen außer Verhältnis zu der Einschränkung des allgemeinen Persönlichkeitsrechts der Befragten. Ein Arbeitnehmer darf daher vor dem Jahre 1970 abgeschlossene Vorgänge für das MfS verschweigen; dem öffentlichen Arbeitgeber ist es verwehrt, arbeitsrechtliche Konsequenzen aus einer unzutreffenden Antwort zu ziehen (*BVerfG* 19.3.1998 NZA 1998, 588; 4.8.1998 NZA 1998, 1329). 888

Die bloße Unterzeichnung einer Verpflichtungserklärung durch den Arbeitnehmer stellt demgegenüber allein noch keine Tätigkeit für das Ministerium für Staatssicher- 889

D. Die Beendigung des Arbeitsverhältnisses

heit dar (*BAG* 26.8.1993 EzA Art. 20 EinigungsV Nr. 24; s. u. D/Rz. 1063 ff.). Auch die Unterzeichnung einer Verpflichtungserklärung als »Inoffizieller Mitarbeiter zur Sicherung der Konspiration« (IMK) ist ohne die tatsächliche Bereitstellung der Wohnung zu Zwecken des MfS keine Tätigkeit in diesem Sinne (*BAG* 14.12.1995 EzA Art. 20 EinigungsV Nr. 52).

e) Verfahrensfragen; Darlegungs- und Beweislast

890 Im Verfahren über die Wirksamkeit einer auf die hier erörterten Vorschriften gestützten Kündigung gilt der **Verhandlungs-/Beibringungsgrundsatz**.

Werden von einer Partei Unterlagen der Behörde des Bundesbeauftragten für die personenbezogenen Unterlagen des früheren Ministeriums für Staatssicherheit der DDR (**Gauck-Behörde**) vorgelegt, hat die Partei vorzutragen, welche substantiierte Behauptung mit welcher Urkunde der Akte konkretisiert werden soll. Will die Partei Beweis antreten, hat sie vorzutragen, welche Behauptung mit welcher Urkunde der Akte bewiesen werden soll.

891 Sind der Gegenpartei die Unterlagen nicht bekannt, hat das Gericht ihr durch Einräumung angemessener Zeit zu ermöglichen, hiervon Kenntnis zu nehmen und eine Stellungnahme abgeben zu können.

Die Unterlagen können der Partei vom Gericht nicht mit der Begründung vorenthalten werden, es werde nur das ihr Günstige berücksichtigt. Die Parteien bestimmen, welche Umstände sie als ihnen günstig ansehen (*BAG* 25.2.1993 EzA Art. 20 EinigungsV Nr. 22).

892 Der **Kündigungsgrund einer Verpflichtungserklärung** (*BAG* 28.5.1998 NZA 1999, 96) **und einer nachfolgenden tatsächlichen Tätigkeit für das Ministerium für Staatssicherheit ist vom kündigenden Arbeitgeber darzulegen und ggf. zu beweisen.**

Das Gericht darf auch in derartigen Fällen von der Erhebung zulässiger und rechtzeitig angetretener Beweise nur absehen, wenn das Beweismittel völlig ungeeignet oder die Richtigkeit der unter Beweis gestellten Tatsachen bereits erwiesen oder zugunsten des Beweisbelasteten zu unterstellen ist. Der völlige Unwert eines Beweismittels muss feststehen, um es ablehnen zu dürfen (*BAG* 23.9.1993 EzA Art. 20 EinigungsV Nr. 26).

893 Existiert in noch vorhandenen Unterlagen der Stasi nur eine karteimäßige Erfassung des Angestellten als IMS mit einem Decknamen, kann dies darauf hindeuten, dass der Angestellte eine Verpflichtungserklärung abgegeben hat. Beruft sich der Arbeitgeber unter Hinweis auf diese Erfassung darauf, dass nach den Richtlinien des MfS ein Deckname i. d. R. erst nach Abgabe der Verpflichtungserklärung vergeben worden sei, und benennt er als Beweis für die Behauptung, die Angestellte habe eine Verpflichtungserklärung abgegeben, den Führungsoffizier, dem gegenüber die Verpflichtung erfolgt sein soll, als Zeugen, handelt es sich nicht um einen unzulässigen Ausforschungsbeweis (*BAG* 28.5.1998 NZA 1999, 96).

10. Vergütung und Schadensersatz (§ 628 BGB)

894 Ist dem Arbeitnehmer fristlos gekündigt worden, so steht ihm für die bis dahin geleistete Arbeit sein Entgelt zu (§ **628 Abs. 1 S. 1 BGB**).

Kündigt er selbst, ohne durch vertragswidriges Verhalten des Arbeitgebers dazu veranlasst zu sein oder veranlasst er durch sein vertragswidriges Verhalten diesen zur au-

D. Die Beendigung des Arbeitsverhältnisses

ßerordentlichen Kündigung, so steht ihm ein Vergütungsanspruch insoweit nicht zu, als seine bisherigen Leistungen infolge der Kündigung für den anderen Teil kein Interesse haben (**§ 628 Abs. 1 S. 2 BGB**).
Voraussetzung dafür ist aber jedenfalls, dass die bisherigen Leistungen des Arbeitnehmers gerade wegen der Beendigung seiner tatsächlichen Tätigkeit für den Arbeitgeber kein Interesse mehr haben. Ob es darüber hinaus darauf ankommt, ob das Arbeitsverhältnis rechtswirksam beendet wurde bzw. in welcher Weise und aus welchen Gründen dies geschehen ist, hat das *BAG* (21.10.1983 EzA § 628 BGB Nr. 15) offen gelassen.
Hat der Arbeitnehmer durch sein vertragswidriges Verhalten die Kündigung durch den Arbeitgeber veranlasst, so steht dem Arbeitgeber zudem ein Schadensersatzanspruch hinsichtlich des **gerade durch die Beendigung des Arbeitsverhältnisses eingetretenen Schadens** gegen den Arbeitnehmer zu (§ 628 Abs. 2 BGB).
Schadensersatz kann auch der Arbeitnehmer verlangen, der durch das Verhalten des Arbeitgebers zur Kündigung veranlasst worden ist. Voraussetzung ist jeweils, dass die schädigenden Folgen in einem **adäquaten Kausalzusammenhang** zu dem Auflösungsverschulden der anderen Vertragspartei stehen; zudem wird die Ersatzpflicht durch den **Schutzzweck der verletzten Norm** begrenzt (*BAG* 26.3.1981 EzA § 249 BGB Nr. 14; APS/*Rolfs* § 628 BGB Rz. 44 f.). Die Schadensersatzpflicht ist gem. § 628 Abs. 2 BGB auf die **Schäden** beschränkt, **die bei vertragsgemäßer Beendigung nicht entstanden wären** (*BAG* 17.7.1997 EzA § 16 BBiG Nr. 2).

895

> Der Anspruch kann gerechtfertigt sein bei:
> – Leistung von Überstunden durch andere Arbeitnehmer;
> – Einstellung einer höher bezahlten Ersatzkraft;
> – Kosten für die Abordnung eines anderen Mitarbeiters auf die Stelle des Gekündigten;
> – bei Mehrarbeit, die der Arbeitgeber selbst verrichtet.
> Zudem kann der Auflösungsschaden auch darin bestehen, dass der Arbeitgeber durch die vorzeitige Vertragsbeendigung den Konkurrenzschutz eines Wettbewerbsverbots (vgl. § 60 HGB) verliert (*BAG* 9.5.1975 EzA § 60 HGB Nr. 9; vgl. ausf. *Busemann* Die Haftung des Arbeitnehmers gegenüber dem Arbeitgeber und Dritten Rz. 84 f.; APS/*Rolfs* § 628 BGB Rz. 46 ff.).

896

Das für § 628 Abs. 2 BGB erforderliche Auflösungsverschulden muss das Gewicht eines wichtigen Grundes i. S. d. § 626 Abs. 1 BGB haben (*BAG* 11.2.1981 EzA § 4 KSchG n. F. Nr. 20).

897

Wären allerdings beide Vertragspartner zur außerordentlichen Kündigung berechtigt, so entfällt ein Schadensersatzanspruch für beide (*BAG* 12.5.1966 AP Nr. 9 zu § 70 HGB).

898

> § 628 Abs. 2 BGB ist auch dann anwendbar, wenn das Arbeitsverhältnis **auf andere Art geendet** hat, wenn nur der Vertragspartner durch sein **vertragswidriges, schuldhaftes Verhalten den Anlass** zur Beendigung des Arbeitsverhältnisses gesetzt hat. Wer allerdings, ohne außerordentlich gekündigt zu haben, Rechte aus einem Auflösungsverschulden des anderen geltend machen will, muss sich das ausdrücklich vorbehalten. Schließen die Parteien einen Aufhebungsvertrag, so muss ohne diesen Vorbehalt davon ausgegangen werden, dass Rechte aus § 628 Abs. 2 BGB von keiner Seite mehr geltend gemacht werden sollen (*BAG* 10.5.1971

899

EzA § 74 HGB Nr. 20; *Busemann* Die Haftung des Arbeitnehmers gegenüber dem Arbeitgeber und Dritten Rz. 84 f.).

900 Voraussetzung für den Schadensersatzanspruch aus § 628 BGB ist die Beachtung der Zwei-Wochen-Frist nach § 626 Abs. 2 BGB. Wird diese gesetzliche Ausschlussfrist versäumt, entfällt das Recht zur außerordentlichen Kündigung. Ein an sich bestehender wichtiger Grund ist nicht mehr geeignet, die Fortsetzung des Arbeitsverhältnisses unzumutbar zu machen. Wenn ein pflichtwidriges Verhalten einer Vertragspartei nicht mehr zum Anlass einer vorzeitigen Beendigung des Arbeitsverhältnisses genommen werden kann, entfällt auch der Schadensersatzanspruch gem. § 628 Abs. 2 BGB wegen dieses Verhaltens. Das gilt selbst dann, wenn das Arbeitsverhältnis anders als durch eine außerordentliche Kündigung beendet wird (*BAG* 22.6.1989 EzA § 628 BGB Nr. 17).

IV. Umdeutung einer unwirksamen außerordentlichen Kündigung in eine ordentliche Kündigung

1. Abgrenzung zur hilfsweise/vorsorglich erklärten ordentlichen Kündigung

901 Kein Fall der Umdeutung gem. § 140 BGB liegt dann vor, wenn der Arbeitgeber hilfsweise/vorsorglich bereits ausdrücklich eine ordentliche Kündigung für den Fall der Unwirksamkeit der außerordentlichen Kündigung ausgesprochen hat. Denn eine derartige hilfsweise erklärte Kündigung ist eine unbedingt erklärte ordentliche Kündigung.

a) Gerichtliche Geltendmachung

902 Folglich muss der Arbeitnehmer grds. auch deren Sozialwidrigkeit (§§ 1 Abs. 2, 3 KSchG) innerhalb von drei Wochen nach Zugang der Kündigung **gerichtlich geltend machen** (§§ 4, 7 KSchG).
Ganz überwiegend (KR-*Friedrich* § 6 KSchG Rz. 17 m. w. N.) wird insoweit allerdings die Auffassung vertreten, dass **analog § 6 S. 1 KSchG** der Arbeitnehmer dann, wenn er innerhalb der 3-Wochenfrist nur die außerordentliche Kündigung angreift, noch bis zum Schluss der mündlichen Verhandlung erster Instanz die Sozialwidrigkeit der hilfsweise erklärten ordentlichen Kündigung geltend machen kann.

b) Umdeutung

903 Hat der Arbeitgeber dagegen ausschließlich eine außerordentliche Kündigung erklärt, so stellt sich die Frage, ob und unter welchen Voraussetzungen eine derartige (unwirksame) außerordentliche Kündigung gem. § 140 BGB in eine fristgerechte ordentliche Kündigung umgedeutet werden kann.

D. Die Beendigung des Arbeitsverhältnisses

2. Voraussetzungen für die Umdeutung

a) Umdeutung von Amts wegen

Zum Teil (KR-*Friedrich* § 13 KSchG Rz. 79; *Hager* BB 1989, 693) wird die Auffassung 904
vertreten, dass das Arbeitsgericht die Umdeutung von Amts wegen vorzunehmen hat, auch wenn sich keine der Parteien ausdrücklich darauf beruft.
Weiterhin soll danach regelmäßig jeder außerordentliche Kündigende den Willen besitzen, das Arbeitsverhältnis in jedem Fall zu beenden. Im Zweifel ist deshalb davon auszugehen, dass eine unberechtigte außerordentliche Kündigung als ordentliche Kündigung zum nächst zulässigen Termin gewollt ist.

b) Ermittlung aus dem Sachvortrag des Arbeitgebers

Auch nach der Rechtsprechung des *BAG* (7.12.1979 EzA § 102 BetrVG 1972 Nr. 42) 905
ist die Umdeutung einer unwirksamen außerordentlichen Kündigung in eine ordentliche Kündigung möglich.

> Voraussetzung ist, dass eine Umdeutung nach den vorliegenden Umständen dem mutmaßlichen, für den Arbeitnehmer erkennbaren Willen des Arbeitgebers entspricht, z. B. weil sich aus der Erklärung des Kündigenden als wirtschaftlich gewollte Folge ergibt, das Arbeitsverhältnis auf jeden Fall beenden zu wollen (*LAG Köln* 16.3.1995 LAGE § 140 BGB Nr. 11; zur Umdeutung einer außerordentlichen Kündigung eines Geschäftsführer-Anstellungsvertrages vgl. *BGH* 14.2.2000 NZA 2000, 430). Dafür reicht es aus, dass die maßgeblichen **Tatsachen vorgetragen sind; nicht erforderlich ist, dass der Kündigende selbst die Umdeutung geltend macht** (*LAG Sachsen-Anhalt* 25.1.2000 NZA-RR 2000, 472; vgl. APS/*Biebl* § 13 KSchG Rz. 36 ff.).

Dem steht nicht entgegen, dass der Arbeitgeber wenig später ausdrücklich noch eine 906
fristgerechte Kündigung ausgesprochen hat, die ihrerseits wegen des zu diesem Zeitpunkt eingreifenden Schwerbehindertenschutzes rechtsunwirksam ist (*LAG Köln* 16.3.1995 LAGE § 140 BGB Nr. 11).
Für eine Berücksichtigung der Umdeutung im Kündigungsschutzprozess ist allerdings erforderlich, dass auch das **Vorbringen des Arbeitgebers** im Prozess ergibt, dass er die Kündigung im Falle ihrer Unwirksamkeit als außerordentliche **zumindest als ordentliche Kündigung zum nächstmöglichen Termin hat aussprechen wollen**. Andererseits ist nach Auffassung des *LAG Sachsen-Anhalt* (25.1.2000 NZA-RR 2000, 472) eine unwirksame außerordentliche Kündigung **während der Probezeit**, die die Voraussetzungen einer ordentlichen Kündigung erfüllt, **regelmäßig** in eine **ordentliche Kündigung umzudeuten**; dies soll auch **bei Säumnis des Arbeitgebers** gelten.

3. Prozessuale Fragen

a) Voraussetzungen für die gerichtliche Überprüfung einer durch Umdeutung ermittelten ordentlichen Kündigung

> Ergibt sich somit im Wege der Umdeutung das Vorliegen einer ordentlichen Kündigung des Arbeitgebers, so ist ihre Rechtmäßigkeit vom ArbG nur dann zu überprüfen, wenn der Klageantrag des Klägers zumindest unter Berücksichtigung sei- 907

nes schriftsätzlichen Vorbringens im Prozess dahin auszulegen ist, dass er sich auch gegen die umgedeutete ordentliche Kündigung wenden will.

908 Der auf die Feststellung der außerordentlichen Kündigung gestützte **Klageantrag gem. §§ 13 Abs. 1, 4 KSchG erfasst** (im Gegensatz zum allgemeinen Feststellungsantrag gem. § 256 ZPO, dessen Streitgegenstand der Fortbestand des Arbeitsverhältnisses bis zum Zeitpunkt der letzten mündlichen Verhandlung ist) **nicht ohne weiteres bereits den Antrag auf Feststellung der Unwirksamkeit der ordentlichen Kündigung.**
Im Zweifel muss durch richterliche Aufklärung im Prozess gem. § 139 ZPO festgestellt werden, was dem Willen des Klägers entspricht.

909 Analog § 6 S. 1 KSchG kann bei einem derartigen Antrag die Sozialwidrigkeit der ordentlichen Kündigung noch bis zum Schluss der letzten mündlichen Verhandlung in der ersten Instanz geltend gemacht werden (*BAG* 30.11.1961 AP Nr. 3 zu § 5 KSchG). Hat sich der Arbeitnehmer für den Fall der Unwirksamkeit der außerordentlichen Kündigung allerdings damit einverstanden erklärt, dass das Arbeitsverhältnis mit Ablauf der bei einer ordentlichen Kündigung einzuhaltenden Frist endet, so bleibt bei der Umdeutung der außerordentlichen in eine ordentliche Kündigung für die Verlängerung der Anrufungsfrist des § 6 S. 1 KSchG kein Raum (*BAG* 13.8.1987 EzA § 140 BGB Nr. 12).

b) Hinnahme der ordentlichen Kündigung bei allgemeinem Feststellungsantrag

910 Wendet sich der Arbeitnehmer gegen die außerordentliche Kündigung mit einem Feststellungsantrag gem. § 256 ZPO und erklärt er im Rechtsstreit, dass er sich gegen eine in der außerordentlichen Kündigung evtl. liegende ordentliche Kündigung nicht wehrt, so beschränkt sich der Streitgegenstand auf die Frage, ob das Arbeitsverhältnis über den Zugang der außerordentlichen Kündigung hinaus bis zum Zeitpunkt der letzten mündlichen Verhandlung über die Feststellungsklage fortbestanden hat (*BAG* 31.5.1979 EzA § 4 KSchG n. F. Nr. 16).

911 Ist in diesem Fall die außerordentliche Kündigung unwirksam, so wird, wenn die Kündigungsfrist noch während des Rechtsstreits abläuft, der Feststellungsklage nicht in vollem Umfang, sondern nur teilweise derart entsprochen, dass die Beendigung des Arbeitsverhältnisses nicht mit sofortiger Wirkung, sondern erst mit Ablauf der Kündigungsfrist festgestellt wird.

912 Denn die ordentliche Kündigung wird ohne Erhebung der Kündigungsschutzklage wirksam bzw. das Klagerecht des Arbeitnehmers ist aufgrund seiner Erklärung verwirkt. Läuft die Kündigungsfrist der ordentlichen Kündigung dagegen erst nach dem Schluss der letzten mündlichen Verhandlung aus, so ist mit der Unwirksamkeit der außerordentlichen Kündigung lediglich festgestellt, dass das Arbeitsverhältnis nicht vor der letzten mündlichen Verhandlung beendet worden ist.
Der Arbeitgeber ist durch die Rechtskraft dieses Urteils dann nicht gehindert, sich in einem nachfolgenden Zahlungsprozess auf die Beendigung des Arbeitsverhältnisses durch Umdeutung der außerordentlichen in eine ordentliche Kündigung zu berufen.

D. Die Beendigung des Arbeitsverhältnisses

4. Anhörung des Betriebsrats

a) Gesonderte Beteiligung des Betriebsrats

Hinsichtlich der u. U. erforderlichen Anhörung des Betriebsrats gem. § 102 BetrVG ist im Rahmen einer Umdeutung einer unwirksamen außerordentlichen Kündigung in eine ordentliche Kündigung zu beachten, dass die ordnungsgemäße Anhörung des Betriebsrats u. a. voraussetzt, dass der Arbeitgeber ihm die Art der beabsichtigten Kündigung, insbesondere also **mitteilt, ob eine ordentliche oder eine außerordentliche Kündigung ausgesprochen werden soll.** 913

Will der Arbeitgeber, der eine außerordentliche Kündigung beabsichtigt, sicherstellen, dass im Falle der Unwirksamkeit dieser Kündigung die (von ihm vorsorglich erklärte oder dahin umgedeutete) ordentliche Kündigung nicht an einer fehlenden Anhörung des Betriebsrats scheitert, **so muss er den Betriebsrat deutlich darauf hinweisen, dass die geplante außerordentliche Kündigung hilfsweise als ordentliche Kündigung gelten soll.** 914

Die Anhörung nur zur außerordentlichen Kündigung ersetzt nicht die Anhörung zu einer ordentlichen Kündigung. Wird nicht deutlich gemacht, dass auch eine ordentliche Kündigung erfolgen soll, so ist diese gem. § 102 Abs. 1 S. 3 BetrVG unwirksam. 915

Nur so kann der Gefahr begegnet werden, dass der Betriebsrat bei seiner Meinungsbildung sich auf die Gründe für die außerordentliche Kündigung beschränkt und seine Rechte und die Möglichkeiten, die ihm gegenüber der ordentlichen Kündigung zustehen, nicht ausschöpft, weil sie von ihm nicht erkannt werden. Auch wenn der Betriebsrat lediglich Bedenken gegen die außerordentliche Kündigung erhebt, so können die Gründe dafür durchaus verschieden sein von denen, die er u. U. gegenüber einer ordentlichen Kündigung angeführt hätte (*BAG* 16.3.1978 EzA § 102 BetrVG 1972 Nr. 32; APS/*Koch* § 102 BetrVG Rz. 100). 916

b) Ausnahme: Zustimmung des Betriebsrats

Eine **Ausnahme** von diesem Grundsatz ist allerdings dann gegeben, wenn der Betriebsrat, der lediglich zu einer beabsichtigten außerordentlichen Kündigung angehört worden ist, dieser ausdrücklich und vorbehaltlos **zugestimmt hat** und auch aus sonstigen Gründen nicht zu ersehen ist, dass er für den Fall der Unwirksamkeit der außerordentlichen Kündigung der dann verbleibenden ordentlichen Kündigung entgegengetreten wäre. 917

Denn dann spricht die allgemeine Lebenserfahrung dafür, dass er auch der ordentlichen Kündigung zugestimmt hätte, wenn der Arbeitgeber das Anhörungsverfahren entsprechend den obigen Grundsätzen ordnungsgemäß eingeleitet, also den Betriebsrat gebeten hätte, zu der beabsichtigten außerordentlichen Kündigung und einer etwa vorsorglich auszusprechenden ordentlichen Kündigung Stellung zu nehmen (*BAG* 16.3.1978 EzA § 102 BetrVG 1972 Nr. 32). 918

5. Darlegungs- und Beweislast

Der **Arbeitgeber** ist für diejenigen Tatsachen darlegungs- und beweispflichtig, die die Umdeutung begründen können. Dies gilt insbesondere für den Umstand, dass der 919

Arbeitnehmer erkennen konnte, dass die außerordentliche Kündigung das Arbeitsverhältnis jedenfalls durch ordentliche Kündigung hat beenden sollen. Schließlich ist der Arbeitgeber darlegungs- und beweispflichtig dafür, dass er den Betriebsrat sowohl zur außerordentlichen als auch zur ordentlichen Kündigung ordnungsgemäß angehört hat (MünchArbR/*Berkowsky* § 153 Rz. 54 f.).

V. Wirksamkeit einer ordentlichen Arbeitgeberkündigung (Überblick; sonstige Unwirksamkeitsgründe)

1. Überblick

920 Hatte der Arbeitgeber eine ordnungsgemäß zugegangene ordentliche Kündigung erklärt, so kann auch diese insbesondere unwirksam sein, weil z. B. ein bestehender Betriebsrat vor Ausspruch der Kündigung nicht ordnungsgemäß angehört worden ist (§ 102 BetrVG), die gem. § 9 MuSchG, § 18 BErzGG, § 85 SGB IX erforderliche vorherige Zustimmung der zuständigen Landesbehörde nicht eingeholt worden ist oder die Voraussetzungen des § 613 a Abs. 4 S. 1 BGB gegeben sind (**sonstige Unwirksamkeitsgründe**).
Die ordentliche Kündigung ist ferner dann unwirksam, wenn im persönlichen und sachlichen Anwendungsbereich des KSchG (§§ 1, 23 Abs. 1 KSchG) die **Voraussetzungen des § 1 Abs. 1, 2, 3 KSchG nicht gegeben sind** und sich der Arbeitnehmer darauf ggf. fristgerecht beruft (§§ 4, 7 KSchG).
Außerhalb des Anwendungsbereichs des KSchG kommt zudem die Unwirksamkeit der Kündigung gem. §§ **125, 134, 138, 174, 242 BGB** in Betracht.

2. Sonstige Unwirksamkeitsgründe

921 Im Hinblick auf die Ausführungen zur außerordentlichen Kündigung werden nachfolgend nur noch die sonstigen Unwirksamkeitsgründe erörtert, bei denen rechtlich relevante Unterschiede zwischen außerordentlicher und ordentlicher Kündigung auftreten.

a) Beteiligung des Betriebsrats/Personalrats

aa) Grundsätze

922 Gem. **§ 102 BetrVG** ist der Betriebsrat auch vor einer ordentlichen Kündigung des Arbeitgebers ohne Einhaltung einer besonderen Form anzuhören.
Gem. **§ 79 Abs. 1 S. 1 i. V. m. § 69 Abs. 1 BPersVG** kann eine ordentliche Kündigung nur mit Zustimmung des Personalrats ausgesprochen werden. Wird die erforderliche Zustimmung verweigert, so kann sie u. U. durch die übergeordnete Dienststelle ersetzt werden (§ 69 Abs. 4 BPersVG).
Gem. **§ 79 Abs. 3 BPersVG** ist der Personalrat vor der Beendigung des Arbeitsverhältnisses eines Arbeiters in der Probezeit dagegen nur anzuhören.

D. Die Beendigung des Arbeitsverhältnisses

(1) Mitteilungspflicht bei der ordentlichen personen-, insbesondere krankheitsbedingten Kündigung

Der Mitteilungspflicht bei einer ordentlichen krankheitsbedingten Kündigung ist nicht durch die bloße Angabe der einzelnen Fehlzeiten Genüge getan. Denn in der Angabe der Fehlzeiten kann zwar implizit die Erklärung des Arbeitgebers liegen, dass auch künftig mit wiederholten krankheitsbedingten Fehlzeiten gerechnet werden muss und diese ihn wirtschaftlich und betrieblich übermäßig belasten (vgl. *Becker-Schaffner* DB 1996, 427 f.; APS/Koch § 102 BetrVG Rz. 118 ff.). 923

Diese pauschale Begründung ermöglicht es dem Betriebsrat jedoch nicht, die Stichhaltigkeit des Kündigungsgrundes zu prüfen. **Deshalb muss der Arbeitgeber dem Betriebsrat über die einzelnen Fehlzeiten hinaus auch konkrete Tatsachen mitteilen, die die erheblichen bzw. unzumutbaren Störungen des Betriebsablaufs belegen** (*BAG* 24.11.1983 EzA § 102 BetrVG 1972 Nr. 54). 924

Ferner hat der Arbeitgeber, soweit bekannt, die **Art der jeweiligen Erkrankung** anzugeben, weil daraus ggf. Schlüsse auf künftige Fehlzeiten gezogen werden können (vgl. KR-*Etzel* § 102 BetrVG Rz. 63 f.), sowie welche **wirtschaftlichen Belastungen** und **Betriebsbeeinträchtigungen** konkret entstanden sind und mit welchen derartigen Belastungen noch gerechnet werden muss (vgl. *Lepke* Kündigung bei Krankheit Rz. 212 ff.).

Dabei sind an die Mitteilungspflicht des Arbeitgebers gegenüber dem Betriebsrat hinsichtlich der wirtschaftlichen und betrieblichen Belastungen bei einer krankheitsbedingten Kündigung allerdings keine so strengen Anforderungen zu stellen, wie an seine Darlegungslast im Kündigungsschutzprozess. 925

Ferner hat der Arbeitgeber die Umstände darzulegen, auf die er die kündigungsbegründende **negative Gesundheitsprognose** stützen will (*BAG* 24.11.1983 EzA § 102 BetrVG 1972 Nr. 54).

Unterlässt der Arbeitgeber die Mitteilung von Prognoseelementen z. B. bei der Kündigung wegen langanhaltender Krankheit, so können im Kündigungsschutzprozess andere oder weitergehende Schlussfolgerungen, als sie dem Betriebsrat mitgeteilt worden sind, keine Berücksichtigung finden. In der Mitteilung an den Betriebsrat, aufgrund der bisherigen Krankheitsdauer und der maßgeblichen Krankheitsursachen sei mit einer baldigen Genesung des Arbeitnehmers nicht zu rechnen, kann nach Auffassung des *LAG Hamm* (17.11.1997 LAGE § 102 BetrVG 1972 Nr. 61) nicht zugleich die Erklärung gesehen werden, aus den genannten Tatsachen folge eine dauerhafte Leistungsmöglichkeit. 926

Eine ordnungsgemäße Anhörung des Betriebsrats über eine zur Berechtigung der Kündigung herangezogene Dauererkrankung liegt **auch dann** vor, **wenn sich im Lauf des Verfahrens herausstellt, dass diese Krankheit nicht gegeben ist** (*LAG Rheinland-Pfalz* 18.3.1999 ARST 1999, 220). 927

Soweit sich der Arbeitnehmer bereits vor der Kündigung zu diesen Umständen, etwa im Rahmen einer Anhörung durch den Arbeitgeber, geäußert hat, muss der Arbeitgeber den Betriebsrat auch von der **Einlassung des Arbeitnehmers** unterrichten. 928

Auch bei sonstigen personenbedingten Kündigungen muss der Arbeitgeber den Betriebsrat von allen relevanten Umständen unterrichten.

Soweit er Leistungsmängel geltend macht, gehört hierzu insbesondere die Angabe des von ihm herangezogenen Vergleichsmaßstabes sowie der für die Bestimmung des Leistungsdefizits herangezogenen Kriterien (MünchArbR/*Berkowsky* § 147 Rz. 14).

D. Die Beendigung des Arbeitsverhältnisses

(2) Ordentliche verhaltensbedingte Kündigung

929 Bei einer verhaltensbedingten Kündigung muss der Arbeitgeber das Verhalten, das ihn zur Kündigung veranlasst, genau bezeichnen, ggf. auch die Tatsachen mitteilen, dass, warum und wie oft der Arbeitnehmer bereits abgemahnt wurde (KR-*Etzel* § 102 BetrVG Rz. 64; APS/*Koch* § 102 BetrVG Rz. 123 ff.).

Mitzuteilen ist z. B. auch, dass der einzige in Betracht kommende Tatzeuge den von einem anderen Zeugen vom Hörensagen erhobenen Vorwurf einer schweren Pflichtverletzung nicht bestätigt hat.

930 Die Nichtunterrichtung des Betriebsrats von diesem wesentlichen Umstand des Kündigungssachverhalts führt jedenfalls dann zur Unwirksamkeit der Kündigung gem. § 102 Abs. 1 S. 3 BetrVG, wenn die angeblichen Pflichtwidrigkeiten so erheblich sind, dass sie sich auf das berufliche Fortkommen des Arbeitnehmers auswirken können (*BAG* 2.11.1983 EzA § 102 BetrVG 1972 Nr. 53).

931 Kündigt der Arbeitgeber wegen wiederholten Zuspätkommens zur Arbeit, so kann er sich im Prozess auf betriebstypische Störungen des Betriebsablaufs aber auch dann berufen, wenn er diese Störungen dem Betriebsrat bei dessen Anhörung nicht ausdrücklich mitgeteilt hatte, weil solche **Verspätungsfolgen** dem Betriebsrat im Allgemeinen **bekannt sind** (*BAG* 27.2.1997 EzA § 102 BetrVG 1972 Nr. 98).

(3) Ordentliche betriebsbedingte Kündigung

932 Bei einer ordentlichen betriebsbedingten Kündigung muss der Arbeitgeber neben der konkreten Darlegung außer- wie innerbetrieblicher Gründe insbesondere die Auswirkungen auf die betriebliche Beschäftigungslage darlegen. Schlagwortartige Begründungen genügen auch insoweit nicht (vgl. *Becker/Schaffner* DB 1996, 429; APS/*Koch* § 102 BetrVG Rz. 107 ff.).

933 Die Anhörung des Betriebsrats ist andererseits nicht deshalb unwirksam, weil der Arbeitgeber **nicht mitgeteilt** hat, dass er **notfalls Subunternehmer** einsetzen will, soweit die gekündigten Arbeitnehmer im Falle einer Betriebsstilllegung die vorhandenen Aufträge innerhalb der jeweiligen Kündigungsfristen nicht vollständig abarbeiten können (*BAG* 18.1.2001 EzA § 1 KSchG Betriebsbedingte Kündigung Nr. 109, 110). Das *LAG Hamm* (17.2.1995 LAGE § 102 BetrVG 1972 Nr. 54; ebenso *LAG Thüringen* 16.10.2000 NZA-RR 2001, 643: Stilllegungsabsicht und -zeitpunkt, nicht wirtschaftliche Hintergründe und Motive) vertritt für die beabsichtigte Betriebsstilllegung in Etappen die Auffassung, dass der Arbeitgeber dem Betriebsrat gem. § 102 BetrVG nicht die Motive dafür mitteilen muss, wohl aber, in welcher zeitlichen Abfolge welche Bereiche eingeschränkt, welche Arbeitnehmer zunächst weiterbeschäftigt und zu welchem Zeitpunkt welche Arbeitnehmer entlassen werden und wann die vollständige Betriebsschließung beabsichtigt ist.

934 Ergibt sich aus den dem Betriebsrat vor und bei seiner Anhörung zu den beabsichtigten Kündigungen erteilten Informationen, dass der Arbeitgeber zur **Betriebsstilllegung** entschlossen ist, bedarf es im Kündigungsschutzprozess grds. **keiner näheren Darlegungen** des Arbeitgebers **zu Form und Zeitpunkt** der Stilllegungsentscheidung, auch wenn der Arbeitgeber zu einem früheren Zeitpunkt eine bloße Produktionsunterbrechung beabsichtigte (*BAG* 21.6.2001 EzA § 102 BetrVG 1972 Nr. 112).

D. Die Beendigung des Arbeitsverhältnisses

Stützt der Arbeitgeber eine betriebsbedingte Kündigung darauf, dass durch eine **Kombination von externer Vergabe der** bisherigen Aufgaben des Arbeitnehmers **und einer internen Umverteilung** die bisherige Beschäftigungsmöglichkeit für den Arbeitnehmer entfallen ist, so hat er den Betriebsrat darüber **vollständig zu** unterrichten. Es handelt sich dann nach Auffassung des *LAG Hamm* (30.9.1999–16 Sa 2598/98 –) nicht um einen Fall der subjektiven Determination des Kündigungssachverhalts, wenn der Arbeitgeber dem Betriebsrat zwar seine Motive für die geplante Umorganisation – größtmögliche Kosteneinsparung – ausführlich mitteilt, die geplante organisatorische Maßnahme selbst dem Betriebsrat jedoch **nur vage und ohne die erforderliche Konkretisierung** schildert. Denn die subjektive Determination (s. o. D/Rz. 290 ff.) betrifft den Lebenssachverhalt, den der Arbeitgeber zur Grundlage seiner Kündigung machen will. Wenn er diesen auch aufgrund mangelnder Sorgfalt dem Betriebsrat nicht vollständig mitteilt, wird danach der Zweck des Anhörungsverfahrens verfehlt. 935

Besteht aus der Sicht des Arbeitgebers **keine Möglichkeit**, den zu kündigenden Arbeitnehmer **auf einem anderen Arbeitsplatz weiterzubeschäftigen**, so genügt der Arbeitgeber seiner Anhörungspflicht gem. § 102 BetrVG i. d. R. schon durch den **ausdrücklichen** oder **konkludenten Hinweis auf fehlende Weiterbeschäftigungsmöglichkeiten**. Hat jedoch der Betriebsrat vor Einleitung des Anhörungsverfahrens **Auskunft** über Weiterbeschäftigungsmöglichkeiten für den zu kündigenden Arbeitnehmer auf einem konkreten, kürzlich frei gewordenen Arbeitsplatz **verlangt**, so muss der Arbeitgeber dem Betriebsrat nach § 102 Abs. 1 S. 2 BetrVG mitteilen, warum aus seiner Sicht eine Weiterbeschäftigung des Arbeitnehmers **auf diesem Arbeitsplatz nicht möglich ist**. Der lediglich pauschale Hinweis auf fehlende Weiterbeschäftigungsmöglichkeiten im Betrieb reicht dann nicht aus (*BAG* 17.2.2000 EzA § 102 BetrVG 1972 Nr. 103). 936

Hat der Arbeitgeber den Betriebsrat über Weiterbeschäftigungsmöglichkeiten auf dem vom Betriebsrat benannten Arbeitsplatz zunächst **objektiv falsch informiert** und rügt der Betriebsrat dies innerhalb der Frist des § 102 Abs. 2 BetrVG unter Angabe des zutreffenden Sachverhalts, so ist der Arbeitgeber verpflichtet, dem Betriebsrat **ergänzend mitzuteilen**, warum aus seiner Sicht trotzdem eine Weiterbeschäftigung auf diesem Arbeitsplatz nicht in Betracht kommt. Unterlässt er dies und kündigt, so ist die Kündigung nach § 102 BetrVG unwirksam (*BAG* 17.2.2000 EzA § 102 BetrVG 1972 Nr. 103). 937

Daneben muss er von sich aus ohne vorherige Aufforderung durch den Betriebsrat die Gründe für die soziale Auswahl mitteilen (*BAG* 29.3.1984 EzA § 102 BetrVG 1972 Nr. 55 gegen *BAG* 6.7.1978 EzA § 102 BetrVG 1972 Nr. 37). Dazu gehören nach Auffassung des *LAG Berlin* (20.8.1996 LAGE § 102 BetrVG 1972 Nr. 56) auch die Gründe, die nach § 1 Abs. 3 S. 2 KSchG **der Auswahl nach sozialen Gesichtspunkten entgegenstehen**. 938

Hält der Arbeitgeber eine Sozialauswahl vor Ausspruch einer betriebsbedingten Kündigung wegen des Widerspruchs des Arbeitnehmers gegen den Übergang des Arbeitsverhältnisses für **überflüssig**, so hat er die sozialen Gesichtspunkte vergleichbarer Arbeitnehmer **auch nicht vorsorglich** dem Betriebsrat **mitzuteilen** (*BAG* 24.2.2000 EzA § 102 BetrVG 1972 Nr. 104; 22.3.2001 EzA Art. 101 GG Nr. 5; *Hessisches LAG* 24.1.2000 NZA-RR 2001, 34; vgl. dazu *Reichold* SAE 2001, 122 ff.). Das Unterbleiben einer Sozialauswahl indiziert in diesem Fall nicht die ungenügende Berücksichtigung sozialer Gesichtspunkte, wenn z. B. der gesamte Bereich 939

D. Die Beendigung des Arbeitsverhältnisses

»Informationssysteme und technische Dienste« ausgegliedert wurde und dem Arbeitnehmer anerkennenswerte Gründe für den Widerspruch nicht zur Seite standen (*BAG* 24.2.2000 EzA § 102 BetrVG 1972 Nr. 104; *Reichold* SAE 2001, 122 ff.). Auch dann, wenn insgesamt nach Auffassung des Arbeitgebers eine Sozialauswahl nicht vorzunehmen ist, weil **kein** mit dem zu kündigenden Arbeitnehmer **vergleichbarer** Arbeitnehmer vorhanden sei, muss er dem Betriebsrat **keine Auswahlgesichtspunkte mitteilen**, selbst wenn dies **bei objektiver Betrachtung nicht zutrifft** (*LAG Schleswig-Holstein* 1.4.1999 – 5 Sa 236/98 –). Das gilt **auch dann**, wenn der Arbeitgeber für seinen Kündigungsentschluss darauf nicht abstellt und für den Betriebsrat erkennbar die sozialen Daten des zu kündigenden Arbeitnehmers den Arbeitgeber **auch nicht zur Rücknahme seiner Kündigungsentscheidung bewegen werden** (z. B. bei einer Massenentlassung; *LAG Hessen* 24.1.2000 NZA-RR 2001, 34).

(4) Einschränkungen bei vorheriger Kenntnis des Betriebsrats

940 Eine Mitteilung kann z. B. **entbehrlich** sein, wenn der Betriebsrat oder Betriebsratsvorsitzende die Folgen wiederholter Fehlzeiten **genau kennt** (*BAG* 6.7.1978 EzA § 102 BetrVG 1972 Nr. 37; krit. *Rummel* NZA 1984, 78).

(5) Subjektive Determinierung der Mitteilungspflicht des Arbeitgebers

941 Zu beachten ist allerdings, dass der Arbeitgeber nur diejenigen Kündigungsgründe mitteilen muss, auf die er **subjektiv** die Kündigung stützen will, **die seiner Auffassung nach die Kündigung rechtfertigen und für seinen Entschluss maßgebend gewesen sind.** Allerdings darf er dann im Kündigungsschutzprozess zur Begründung der Rechtfertigung der Kündigung nur solche Tatsachen vortragen oder nachschieben, die, ohne den Kündigungssachverhalt wesentlich zu verändern, nur der Erläuterung oder Konkretisierung der dem Betriebsrat bereits mitgeteilten Kündigungsgründe dienen.

942 Eine objektiv unzureichende Information des Betriebsrats führt also nicht zur Unwirksamkeit der Kündigung gem. § 102 Abs. 1 BetrVG, sondern zur Sozialwidrigkeit gem. § 1 KSchG, wenn die dem Betriebsrat mitgeteilten Kündigungsgründe (allein) die Kündigung nicht rechtfertigen (*BAG* 18.12.1980 EzA § 102 BetrVG 1972 Nr. 44; 1.4.1981 EzA § 102 BetrVG 1972 Nr. 45; s. o. D/Rz. 290 ff.).

bb) Besonderheiten vor Ablauf der Sechsmonatsfrist

(1) Grundsatz: Gleiche Anforderungen

943 Zwar kann der Arbeitgeber vor Anwendbarkeit des KSchG (vgl. §§ 1, 23 KSchG) grds. ohne Angabe von Gründen unter Einhaltung der ordentlichen Kündigungsfrist kündigen.
Dennoch gelten nach ständiger Rechtsprechung des *BAG* (13.7.1978, 28.9.1978, 8.9.1988, 11.7.1991, 18.5.1994 EzA § 102 BetrVG 1972 Nr. 35, 36, 39, 73, 81, 85; **a. A.** *Raab* ZfA 1995, 479 ff., wonach die Mitteilungspflicht nach § 102 BetrVG an den individualrechtlichen Kündigungsschutz gekoppelt ist) hinsichtlich der Mitteilungspflicht des Arbeitgebers an den Betriebsrat auch dann **keine geringeren Anforderungen**, wenn die beabsichtigte Kündigung innerhalb der ersten sechs Monate des Arbeitsverhältnisses ausgesprochen werden soll.

D. Die Beendigung des Arbeitsverhältnisses

Auch insoweit hat der Arbeitgeber also diejenigen Gründe mitzuteilen, die für seinen Kündigungsentschluss (subjektiv) maßgebend sind, die nach seiner Ansicht die Kündigung rechtfertigen. Dabei ist der Arbeitgeber, der die Kündigung auf mehrere Gründe stützen könnte, nicht gehalten, auch solche Gründe mitzuteilen, die er tatsächlich nicht zum Anlass für die Kündigung nehmen will. 944

(2) Schlagwortartige Beschreibungen; Werturteile
Allerdings genügt es auch vor Ablauf der Sechsmonatsfrist gem. § 1 Abs. 1 KSchG nicht, wenn der Arbeitgeber dem Betriebsrat in einem Mitteilungsschreiben lediglich mitteilt, »die bisherige Zusammenarbeit« mit dem Kläger lasse »eine für beide Seiten zufrieden stellende Kooperation für die Zukunft nicht erwarten«. Denn auch vor Anwendbarkeit des KSchG darf sich der Arbeitgeber **nicht mit einer schlagwort- oder stichwortartigen Bezeichnung des Kündigungsgrundes begnügen.** 945
Ebenso wenig reicht es grds. aus, wenn der Arbeitgeber lediglich ein Werturteil abgibt, ohne die für seine Bewertung maßgeblichen Tatsachen mitzuteilen. So lässt der zitierte Hinweis auf die zufrieden stellende Kooperation in der Zukunft jeglichen Tatsachenbezug vermissen, sodass es dem Betriebsrat unmöglich ist, sein Beteiligungsrecht auszuüben (*BAG* 13.7.1978 EzA § 102 BetrVG 1972 Nr. 35).

Demgegenüber genügt die pauschale Umschreibung des Kündigungsgrundes durch ein Werturteil (z. B. »nicht hinreichende Arbeitsleistungen«) den gesetzlichen Anforderungen ausnahmsweise dann, wenn der Arbeitgeber seine Motivation nicht mit konkreten Tatsachen belegen kann (*BAG* 8.9.1988 EzA § 102 BetrVG 1972 Nr. 73). Hat der Arbeitgeber also keine auf Tatsachen gestützte und dem gemäß durch die Mitteilung dieser Tatsachen konkretisierbaren Kündigungsgründe, so **genügt es**, wenn er dem Betriebsrat seine **subjektiven Wertungen mitteilt**, die ihn zu der Kündigung veranlassen (*BAG* 3.12.1998 EzA § 102 BetrVG 1972 Nr. 100). 946

Denn es ist gerade eine Konsequenz der subjektiven Determinierung der Mitteilungspflicht nach § 102 Abs. 1 BetrVG, in diesen Fällen die Unterrichtung über die subjektiven Vorstellungen ausreichen zu lassen. Jede andere Lösung wäre systemwidrig und realitätsfremd. Sie würde vom Arbeitgeber geradezu verlangen, tatsächlich nicht vorhandene objektive Gründe für seinen Kündigungsentschluss zu erfinden und vorzuschieben. 947
Nach Auffassung des *LAG Baden-Württemberg* (23.7.1997 LAGE § 102 BetrVG 1972 Nr. 67) genügt die Mitteilung eines **Werturteils** auch dann, wenn der Arbeitgeber objektive kündigungserhebliche Tatsachen dem Betriebsrat deshalb nicht mitteilt, weil er darauf die Kündigung nicht stützen will oder weil er sie bei seinem Kündigungsentschluss für unerheblich oder entbehrlich hält. Das *LAG Berlin* (22.1.1998 LAGE § 102 BetrVG 1972 Nr. 68) hält es schließlich für ausreichend, wenn der Arbeitgeber bei einer Kündigung vor Ablauf der Wartefrist des § 1 Abs. 1 KSchG dem Betriebsrat lediglich mitteilt, der Arbeitnehmer »**genügt** nach unserer allgemeinen, subjektiven Einschätzung **unseren Anforderungen nicht**«. 948
Der Arbeitgeber kommt nach diesen Grundsätzen seiner Pflicht zur Unterrichtung des Betriebsrates dann nicht nach, wenn er auch aus seiner subjektiven Sicht dem Betriebsrat **bewusst unrichtige oder unvollständige Sachdarstellungen** unterbreitet oder wenn er bewusst ihm bekannte, genau konkretisierbare Kündigungsgründe nur **pauschal** vorträgt, obwohl sein Kündigungsentschluss auf der Würdigung kon- 949

kreter Kündigungssachverhalte beruht (*BAG* 18.5.1994 EzA § 102 BetrVG 1972 Nr. 85). Dagegen ist die Anhörung dann nicht zu beanstanden, wenn er aus seiner subjektiven Sicht heraus konsequent handelt, indem er trotz konkreter Anhaltspunkte seinen Kündigungsentschluss nur aus subjektiven, pauschalen Werturteilen herleitet (*BAG* 8.9.1988 EzA § 102 BetrVG 1972 Nr. 73).

950 Will der Arbeitgeber die Kündigung allein auf Minderleistungen des Arbeitnehmers, die Differenzen mit Arbeitskollegen ausgelöst haben, ohne Rücksicht darauf stützen, auf welchen Gründen die Minderleistungen beruhen, so muss er den Betriebsrat nicht zusätzlich davon unterrichten, dass der betroffene Arbeitnehmer schon vor der Kündigung unter Vorlage eines Attests den Grund dafür auf eine angeblich durch die konkreten Arbeitsbedingungen ausgelöste Erkrankung zurückgeführt hat (*BAG* 11.7.1991 EzA § 102 BetrVG 1972 Nr. 81).

(3) **Vorliegen mehrerer Kündigungsgründe**

951 Wenn für den Kündigungsentschluss des Arbeitgebers mehrere Gründe maßgebend gewesen sind, dann berührt eine objektiv unrichtige Unterrichtung des Betriebsrats hinsichtlich einzelner Kündigungsgründe nicht die Wirksamkeit des Anhörungsverfahrens insgesamt (*BAG* 8.9.1988 EzA § 102 BetrVG 1972 Nr. 73).

cc) **Widerspruch des Betriebsrats**

(1) **Praktische Bedeutung**

952 Hat der Betriebsrat aus den § 102 Abs. 3 BetrVG aufgezählten Gründen form- und fristgerecht Widerspruch erhoben, so kann der Arbeitnehmer die **Kündigungsschutzklage auch darauf stützen** (§ 1 Abs. 2 S. 2 KSchG).
Er kann ferner bei einer ordentlichen Kündigung den **Weiterbeschäftigungsanspruch** gem. § 102 Abs. 5 BetrVG geltend machen.

(2) **Allgemeine Voraussetzungen eines wirksamen Widerspruchs**

953 Der Widerspruch muss, um wirksam zu sein, **schriftlich** erfolgen und mit schriftlichen **Gründen** versehen sein.
Erforderlich ist die Angabe **konkreter Tatsachen**, aus denen sich das Vorliegen eines der im Gesetz genannten Gründe ergibt.
Weder die formelhafte Bezugnahme auf die Ziffern des Abs. 3 noch die Wiederholung des Gesetzeswortlauts genügt den Anforderungen; **erforderlich ist, dass die Widerspruchsgründe mittels Angabe von Tatsachen konkretisiert werden** (*LAG Schleswig-Holstein* 22.11.1999 ARST 2000, 196). Deshalb ist z. B. bei einer **krankheitsbedingten Kündigung** ein Widerspruch dann **nicht ordnungsgemäß**, wenn er in der Sache **lediglich einen Appell an die Fürsorgepflicht des Arbeitgebers gegenüber einem langjährig beschäftigten Arbeitnehmer darstellt** (*LAG Köln* 19.10.2000 ARST 2001, 94).
Nicht erforderlich ist jedoch, dass die angegebenen Gründe den Widerspruch auch tatsächlich tragen. Das ergibt sich im Umkehrschluss aus § 102 Abs. 5 S. 2 BetrVG, wonach der Arbeitgeber von der Weiterbeschäftigung nur wegen offensichtlicher Unbegründetheit des Widerspruchs entbunden werden kann (MünchArbR/*Wank* § 121 Rz. 13; GK-BetrVG/*Raab* § 102 Rz. 107 ff.; *LAG München* 2.3.1994 NZA 1994, 1000).

954 Der vorgetragene Sachverhalt muss es als möglich erscheinen lassen, dass einer der in § 102 Abs. 3 BetrVG abschließend genannten Widerspruchsgründe geltend

gemacht wird (*LAG München* 10.2.1994 NZA 1994, 997; vgl. APS/*Koch* § 102 BetrVG Rz. 189).

Macht der Betriebsrat der Sache nach einen gem. § 102 Abs. 3 BetrVG nicht gegebenen Widerspruchsgrund geltend, so ist dieser Widerspruch auch dann nicht ordnungsgemäß i. S. v. § 102 Abs. 5 S. 1 BetrVG, wenn er im Gegensatz zu seinem sachlichen Inhalt ausdrücklich auf eine ganz bestimmte Nummer des § 102 Abs. 3 BetrVG Bezug nimmt und formelhaft deren Inhalt wiederholt (*LAG München* 2.3.1994 NZA 1994, 1000).

(3) Besonderheiten in Tendenzbetrieben

Bei der Kündigung in Tendenzbetrieben (§ 118 BetrVG) kann der Betriebsrat auch einer aus tendenzbezogenen Gründen ausgesprochenen Kündigung nach § 102 Abs. 3 BetrVG widersprechen, wenn die Widerspruchsgründe ihrerseits tendenzfrei sind (*BAG* 7.11.1975 EzA § 118 BetrVG 1972 Nr. 9). Dagegen ist eine Stellungnahme zu tendenzbezogenen Gründen mit § 118 Abs. 1 S. 1 BetrVG nicht vereinbar (*BVerfG* 6.11.1979 EzA § 118 BetrVG 1972 Nr. 23). 955

So kann der Betriebsrat der Kündigung eines Tendenzträgers etwa nach § 102 Abs. 3 Nr. 3 bis 5 BetrVG widersprechen mit dem Hinweis, der betroffene Arbeitnehmer könne auf einem anderen Arbeitsplatz ohne Tendenzbezug weiterbeschäftigt werden. Im Übrigen kann er **uneingeschränkt widersprechen,** wenn die Kündigung eines Tendenzträgers aus tendenzfreien Gründen erfolgen soll. Denn dann ist sowohl die Tätigkeit des Betriebsrats als auch ein möglicherweise entstehender Weiterbeschäftigungsanspruch des Tendenzträgers **tendenzneutral** (MünchArbR/*Berkowsky* § 146 Rz. 38). 956

(4) Die Widerspruchstatbestände

aaa) Rüge nicht ordnungsgemäßer Sozialauswahl (§ 102 Abs. 3 Nr. 1 BetrVG)
Diese Regelung kommt im Zusammenhang mit betriebsbedingten Kündigungen in Betracht.
Unabhängig von § 1 Abs. 3 KSchG genügt es, wenn der Betriebsrat **soziale Gesichtspunkte,** die nach seiner Auffassung nicht ausreichend berücksichtigt worden sind (ähnlich in Abhängigkeit vom Sachvortrag des Arbeitgebers *LAG Schleswig-Holstein* 22.11.1999 ARST 2000, 196 u. APS/*Koch* § 102 BetrVG Rz. 194) **sowie den Kreis der vergleichbaren Arbeitnehmer** nennt (GK-BetrVG/*Raab* § 102 Rz. 113).
Demgegenüber ist nach Auffassung von *Matthes* (MünchArbR § 348 Rz. 66) darzulegen, welcher oder welche anderen Arbeitnehmer bei ordnungsgemäßer Berücksichtigung sozialer Gesichtspunkte oder bei zutreffender Anwendung der Auswahlrichtlinie hätte(n) gekündigt werden sollen. 957

bbb) Verstoß gegen eine Auswahlrichtlinie (§ 102 Abs. 3 Nr. 2 BetrVG)
Insoweit muss der Betriebsrat sowohl die fragliche **Auswahlrichtlinie bezeichnen** als auch die **Tatsachen angeben,** Zu beachten ist, dass die »absolute Sozialwidrigkeit« der Kündigung gem. § 1 Abs. 2 S. 2 KSchG dann nicht eintritt, **aus denen sich der** 958

D. Die Beendigung des Arbeitsverhältnisses

Verstoß dagegen ergibt (KR-*Etzel* § 102 BetrVG Rz. 156; APS/*Koch* § 102 BetrVG Rz. 195), wenn es sich um eine rechtsunwirksame Auswahlrichtlinie handelt.

959 Die Auswahlrichtlinie muss, um wirksam zu sein, jedenfalls die drei sozialen Grunddaten Betriebszugehörigkeit, Lebensalter und Zahl der Unterhaltsverpflichtungen hinreichend berücksichtigen sowie darüber hinaus Spielraum lassen für eine einzelfallbezogene abschließende Bewertung der sozialen Schutzbedürftigkeit der einzelnen Arbeitnehmer (*BAG* 20.10.1983 EzA § 1 KSchG Betriebsbedingte Kündigung Nr. 28; vgl. MünchArbR/*Berkowsky* § 142 Rz. 10, 15).

ccc) **Möglichkeit der Weiterbeschäftigung** (§ 102 Abs. 3 Nr. 3 BetrVG)
960 Diese Norm kommt insbesondere bei betriebsbedingten Kündigungen, u. U. aber auch bei personen- und verhaltensbedingten Kündigungen in Betracht (*BAG* 31.3.1993 NZA 1994, 412).

Sie greift nicht ein hinsichtlich der Möglichkeit der Weiterbeschäftigung auf demselben Arbeitsplatz (*BAG* 12.9.1985 EzA § 102 BetrVG Nr. 61; **a. A.** *LAG Rheinland-Pfalz* 25.3.1996 ZTR 1997, 45 Ls. im Anschluss an KR-*Etzel* § 102 BetrVG Rz. 164), oder der Weiterbeschäftigung in einem Konzernunternehmen (*BAG* 14.10.1982 EzA § 15 KSchG n. F. Nr. 29).

961 Demgegenüber ist nach Auffassung von *Etzel* (KR § 102 BetrVG Rz. 164) § 102 Abs. 3 Nr. 3 BetrVG dann jedenfalls entsprechend anwendbar. Denn wenn die Weiterbeschäftigung des Arbeitnehmers auf seinem bisherigen Arbeitsplatz möglich ist, ist die Sozialwidrigkeit der Kündigung noch offensichtlicher als bei der Möglichkeit der Weiterbeschäftigung auf einem anderen Arbeitsplatz.
962 Zwar kann der Betriebsrat auch nach Auffassung von *Etzel* (a. a. O.) nicht die (mitbestimmungsfreie) wirtschaftlich-unternehmerische Entscheidung, dass der Arbeitsplatz des gekündigten Arbeitnehmers wegfällt, angreifen. Er kann aber geltend machen, die Behauptung des Arbeitgebers über den Wegfall des Arbeitsplatzes treffe nicht zu, der Arbeitsplatz solle demnächst wieder besetzt werden, sei also nach dem Ausscheiden des gekündigten Arbeitnehmers frei und folglich könne er auf seinem bisherigen Arbeitsplatz weiterbeschäftigt werden.
963 Diese Auffassung steht **im Widerspruch zu der Systematik des § 102 Abs. 3 BetrVG**. Ein Weiterbeschäftigungsanspruch nach § 102 Abs. 5 BetrVG soll dann entstehen, wenn entweder die Sozialauswahl fehlerhaft ist oder eine anderweitige Beschäftigungsmöglichkeit besteht. Bei einem Streit um den Wegfall der ursprünglichen Beschäftigungsmöglichkeiten ist sie vom Gesetz gerade nicht vorgesehen (APS/*Koch* § 102 BetrVG Rz. 199).
964 Als andere Arbeitsplätze kommen nur solche in Frage, die **tatsächlich vorhanden sind**. Zur Begründung eines Weiterbeschäftigungsanspruchs nach § 102 Abs. 5 S. 1 BetrVG reicht es nicht aus, wenn der Betriebsrat **nur allgemein** auf eine anderweitige Beschäftigungsmöglichkeit im selben Betrieb oder in einem anderen Betrieb des Unternehmens verweist. Dem Betriebsrat ist vielmehr ein **Mindestmaß an konkreter Argumentation** abzuverlangen, d. h. der Arbeitsplatz, auf dem der zu kündigende Arbeitnehmer eingesetzt werden kann, ist **in bestimmbarer Weise anzugeben** (*BAG* 17.6.1999 EzA § 102 BetrVG 1972 Beschäftigungspflicht Nr. 10; vgl. dazu *Dedek* SAE 2001, 23 ff.). Ebenso wenig genügt es, wenn der Betriebsrat auf **Personaleng-**

D. Die Beendigung des Arbeitsverhältnisses

pässe bei Arbeiten hinweist, die im Betrieb von einem Subunternehmer auf Grund eines Werkvertrages erledigt werden (*BAG* 11.5.2000 NZA 2000, 1055; vgl. dazu *Dedek* SAE 2001, 23 ff.).

Der Betriebsrat muss jedoch nicht einen bestimmten, konkreten freien Arbeitsplatz benennen (*BAG* 31.8.1978 EzA § 102 BetrVG 1972 Beschäftigungspflicht Nr. 7; APS/*Koch* § 102 BetrVG Rz. 200). Andererseits ist der Arbeitgeber auch nicht verpflichtet, dem Betriebsrat genaue Unterlagen über alle im Unternehmensbereich offenen vergleichbaren Arbeitsplätze anzubieten (GK-BetrVG/*Raab* § 102 Rz. 116; a. A. *Hanau* BB 1971, 489). 965

ddd) Weiterbeschäftigungsmöglichkeit nach zumutbaren Umschulungs- oder Fortbildungsmaßnahmen (§ 102 Abs. 3 Nr. 4 BetrVG)

aaaa) Grundlagen

Diese Regelung kommt in Betracht bei betriebs- und personenbedingten Kündigungen (GK-BetrVG/*Raab* § 102 Rz. 124; **a. A.** *Dietz/Richardi* § 102 Rz. 135: Auch bei verhaltensbedingter Kündigung) und einem verfügbaren freien anderen Arbeitsplatz, der dem Arbeitgeber zumutbar ist. 966

Eine Prüfung der Zumutbarkeit für den Arbeitnehmer ist nicht erforderlich, da der Widerspruch seine **Zustimmung** voraussetzt. Dieses Einverständnis hat der Betriebsrat einzuholen, bevor er den Widerspruch erhebt. Ohne erklärtes Einverständnis des Arbeitnehmers mit der Umschulung oder Fortbildung besteht kein Grund, den Arbeitgeber von der Kündigung abzuhalten und dem Arbeitnehmer aufgrund des Widerspruchs des Betriebsrats einen Weiterbeschäftigungsanspruch nach § 102 Abs. 5 BetrVG einzuräumen (APS/*Koch* § 102 BetrVG Rz. 202; KR-*Etzel* § 102 BetrVG Rz. 169 c).

Der Betriebsrat kann allerdings nicht wegen einer anderweitigen Beschäftigungsmöglichkeit widersprechen, die betriebshierarchisch oberhalb des bisherigen Vertragsstatus des betroffenen Arbeitnehmers liegt. Dieser hat **keinen Anspruch auf Beförderung**. Die anderweitige Beschäftigungsmöglichkeit kann sich deshalb auch auf dieser Stufe nur auf **niederrangigere oder höchstens gleichwertige Arbeitsplätze** beziehen. Dies ist von dem Begriff der Umschulung ohne weiteres erfasst. 967

Auch die Weiterbeschäftigungsmöglichkeit nach Fortbildungsmaßnahmen darf nicht mit einem Anspruch auf Beförderung verbunden sein. Die Fortbildung kann sich deshalb nur auf Qualifizierungsmaßnahmen erstrecken, die zu einer allenfalls **funktionell gleichwertigen, wenngleich inhaltlich qualifizierten Tätigkeit führen** (MünchArbR/*Berkowsky* § 142 Rz. 36). 968

Dem Arbeitgeber zumutbar ist die Maßnahme, wenn durch sie hervorgerufene betriebliche Störungen oder die erforderlichen organisatorischen oder finanziellen Aufwendungen nicht außer Verhältnis zur voraussichtlichen weiteren Dauer des Arbeitsverhältnisses stehen. Rein finanzielle Aspekte dürfen jedoch nicht den Ausschlag geben (MünchArbR/*Berkowsky* § 142 Rz. 38).

bbbb) Verhältnis zu § 97 Abs. 2 BetrVG n. F.

Hat der Arbeitgeber technische Anlagen, Arbeitsverfahren und Arbeitsabläufe oder Arbeitsplätze **geplant**, die dazu führen, dass sich die **Tätigkeit der betroffenen Arbeitnehmer ändern** wird und ihre **beruflichen Kenntnisse** und **Fähigkeiten** zur Erfüllung ihrer Aufgaben **nicht mehr ausreichen**, so hat der Betriebsrat gem. § 97 Abs. 2 BetrVG bei der Einführung von Maßnahmen der betrieblichen Berufsbildung 969

D. Die Beendigung des Arbeitsverhältnisses

mitzubestimmen. Kommt eine Einigung nicht zustande, so entscheidet die Einigungsstelle. Der Spruch der **Einigungsstelle** ersetzt die Einigung zwischen Arbeitgeber und Betriebsrat.

970 Das nach dieser Regelung dem Betriebsrat eingeräumte Initiativrecht soll ihm die **Möglichkeit** geben, so **rechtzeitig für eine Weiterbildung der** von den geplanten Maßnahmen **betroffenen Arbeitnehmer** zu sorgen, dass eine **Kündigung** entbehrlich wird und der Betriebsrat nicht von seinem Widerspruchsrecht gem. § 102 Abs. 3 Nr. 4 BetrVG Gebrauch machen muss (BT-Drs. 14/5741, 50). Fraglich ist, wie sich das **Verhältnis zwischen § 97 Abs. 2 und § 102 Abs. 3 Nr. 4 BetrVG** darstellt, insbesondere ob der Betriebsrat abwarten kann, bis der Arbeitgeber einem Arbeitnehmer wegen mangelnder Qualifikation kündigen will und den Betriebsrat zu der beabsichtigten Kündigung anhört, um sodann nach § 97 Abs. 2 BetrVG die Einführung von Berufsbildungsmaßnahmen zu verlangen und der Kündigung unter Hinweis auf die Fortbildungs- und Umschulungsmöglichkeiten nach § 102 Abs. 3 Nr. 4 BetrVG zu widersprechen.

971 Ein derartiges Verhalten wäre allerdings zumindest **mit dem Grundsatz der vertrauensvollen Zusammenarbeit gem. § 2 Abs. 1 BetrVG unvereinbar,** wenn der Arbeitgeber den Betriebsrat gem. § 97 Abs. 2 BetrVG rechtzeitig und ordnungsgemäß über die geplanten Maßnahmen unterrichtet und mit ihm die Auswirkungen auf die Arbeitnehmer beraten hat. Denn dann hat der Betriebsrat hinreichend Anlass, darüber nachzudenken, ob er von seinem Initiativrecht Gebrauch machen will. Liegen die Voraussetzungen des § 97 Abs. 2 BetrVG erkennbar vor und will der Betriebsrat die Einführung von Bildungsmaßnahmen verlangen, so wird man ihn als verpflichtet ansehen müssen, dies unverzüglich zu tun und damit nicht bis zum Anhörungsverfahren zu warten, da dies zu einer erheblichen Verzögerung führen und den Arbeitgeber mit den Nachteilen des Weiterbeschäftigungsanspruchs belasten würde. Macht der Betriebsrat von seinem Initiativrecht keinen Gebrauch, so kann demnach ein Widerspruch gegen die Kündigung nicht mehr auf § 102 Abs. 3 Nr. 4 BetrVG gestützt werden; der kollektive Schutz wird also durch § 97 Abs. 2 BetrVG vorverlegt (so zutr. GK-BetrVG/*Raab* § 97 Rz. 21).

eee) **Weiterbeschäftigungsmöglichkeit unter veränderten Vertragsbedingungen (§ 102 Abs. 3 Nr. 5 BetrVG)**

972 Das notwendige Einverständnis des Arbeitnehmers kann unter dem Vorbehalt, dass die Änderung der Arbeitsbedingungen sozial gerechtfertigt ist (§ 2 KSchG) erteilt werden (APS/*Koch* § 102 BetrVG Rz. 204; KR/*Etzel* § 102 BetrVG Rz. 173; a. A. *Hess/Schlochauer/Glaubitz* § 102 Rz. 135).

dd) **Unterrichtung des Arbeitnehmers (§ 102 Abs. 4 BetrVG)**

973 Liegt ein formell und materiell wirksamer Widerspruch des Betriebsrats vor, so muss der Arbeitgeber dem (dennoch) gekündigten Arbeitnehmer eine **Abschrift des Widerspruchs gegen die ordentliche Kündigung** zuleiten (§ 102 Abs. 3 BetrVG). Das stärkt die kündigungsrechtliche Stellung des Arbeitnehmers, da er häufig erst durch die den Widerspruch begründenden Angaben tatsächlich in die Lage versetzt wird, seinen Prozessvortrag substantiiert zu gestalten. Auch kann er dann beurteilen, ob die Voraussetzungen für einen Weiterbeschäftigungsanspruch gem. § 102 Abs. 5 BetrVG gegeben sind (MünchArbR/*Berkowsky* § 147 Rz. 39).

D. Die Beendigung des Arbeitsverhältnisses

Verletzt der Arbeitgeber diese Verpflichtung, so führt dies nach einer Auffassung (*Richardi* § 102 Rz. 180; KR-*Etzel* § 102 BetrVG Rz. 180; APS/*Koch* § 102 BetrVG Rz. 159) nicht zur Unwirksamkeit der Kündigung, sondern allenfalls u. U. zu **Schadensersatzansprüchen des Arbeitnehmers.**

Demgegenüber führt ein Verstoß gegen § 102 Abs. 4 BetrVG nach einer in der Literatur vertretenen Auffassung (*Düwell* NZA 1988, 866; MünchArbR/*Berkowsky* § 147 Rz. 43) zur **Unwirksamkeit der Kündigung,** weil nur dies der Funktion des Widerspruchs (Stärkung der informationellen Position des Arbeitnehmers im Prozess) und seiner Mitteilung an den gekündigten Arbeitnehmer gerecht wird. Der Anspruch gem. § 102 Abs. 4 BetrVG auf Zuleitung einer Abschrift ist durch den betroffenen Arbeitnehmer jedenfalls solange auf dem Klagewege durchsetzbar, wie noch nicht über seine Kündigungsschutzklage entschieden ist (KR-*Etzel* § 102 BetrVG Rz. 180). 974

b) §§ 85 ff. SGB IX
Siehe zunächst oben D/Rz. 449 ff. 975
Gem. § 90 Abs. 2 SGB IX entfällt der Kündigungsschutz des SGB IX, wenn die Entlassung aus **Witterungsgründen** erfolgt und die Wiedereinstellung des schwer behinderten Arbeitnehmers bei Wiederaufnahme der Arbeit gewährleistet ist. Auch Arbeitnehmer, die bei Zugang der Kündigung das **58. Lebensjahr vollendet** haben, und denen aus Anlass der Kündigung aufgrund eines Sozialplans ein Abfindungsanspruch zusteht, genießen nicht den Schutz des § 85 SGB IX (vgl. *Busemann/Schäfer* a. a. O., Rz. 308 ff.). § 90 Abs. 1 Nr. 3 a SGB IX (Entfallen des besonderen Kündigungsschutzes bei Arbeitnehmern, die das 58. Lebensjahr vollendet haben und einen Abfindungsanspruch aufgrund eines Sozialplans haben) erfasst nach Auffassung des *LAG Köln* (4.4.1997 NZA-RR 430) nur solche Sozialpläne, an deren Zustandekommen ein Betriebsrat mitgewirkt hat, der für den schwer behinderten Arbeitnehmer ein betriebsverfassungsrechtliches Mandat hat, sodass der schwer behinderte Arbeitnehmer seinen Anspruch auf § 77 Abs. IV BetrVG stützen kann; die bloße Drittwirkung einer Betriebsvereinbarung zugunsten Dritter genügt danach nicht.

aa) Pflichtgemäßes Ermessen des Integrationsamtes
Im Rahmen der §§ 68, 88 SGB IX entscheidet das Integrationsamt nach Maßgabe der 976 §§ 85 ff. SGB IX über die Zustimmung zur ordentlichen Kündigung grds. nach pflichtgemäßem Ermessen durch Verwaltungsakt (vgl. *VGH Kassel* 23.2.1987 NZA 1987, 566; zum Verfahren vgl. ausf. *Seidel* DB 1996, 1409 ff.; KR-*Etzel* §§ 85–90 SGB IX Rz. 82 ff.).
Sie hat sich dabei von sachlichen Aspekten leiten zu lassen. Sie hat zu berücksichtigen, 977 dass dem Behinderten der Arbeitsplatz möglichst zu erhalten ist, vor allem dann, wenn die Kündigung im Zusammenhang mit der Behinderung steht (*BVerwG* 21.10.1964, 28.2.1968 AP Nr. 28, 29 zu § 14 SchwBeschG).
Das *VG Freiburg* (30.11.2000 NZA-RR 2001, 432) hat z. B. angenommen, dass **Über-** 978 **lastung und Mobbing** unter Arbeitskollegen am Arbeitsplatz dann einer Zustimmung zur Kündigung entgegenstehen, wenn diese Umstände **letztlich ursächlich für die Kündigung** waren.

D. Die Beendigung des Arbeitsverhältnisses

bb) Abwägung der widerstreitenden Interessen; Aufklärungspflicht

979 Bei der Beurteilung sind die Interessen des Arbeitgebers an wirtschaftlicher Nutzung der vorhandenen Arbeitsplätze und das Interesse des schwer behinderten Arbeitnehmers an der Erhaltung des Arbeitsplatzes gegeneinander abzuwägen.

In ihre Entscheidungsfindung hat das Integrationsamt alle, aber auch nur diejenigen Umstände einzustellen, die, soweit sie von verwaltungsrechtlicher Relevanz und nicht nur dem ArbG zugänglich sind, bis zum maßgeblichen Zeitpunkt der beabsichtigten oder erfolgten Kündigung von den Beteiligten an sie herangetragen worden sind, oder sich ihr zumindest aufdrängen.

Die verwaltungsgerichtliche Kontrolle hat sich ebenfalls auf den Erkenntnisstand zu jenem Zeitpunkt zu beschränken.

980 Das Integrationsamt hat **von Amts wegen** alles zu ermitteln, was erforderlich ist, um die gegensätzlichen Interessen des Arbeitgebers und des schwer behinderten Arbeitnehmers abwägen zu können. Die Aufklärungspflicht gewinnt ihre Konturen und Reichweite aus dem materiellen Recht; entscheidend ist der Bezug eines Umstandes zur Behinderung und seine an der Zweckrichtung des behindertenrechtlichen Sonderkündigungsschutzes gemessene Bedeutung. Diese Aufklärungspflicht wird verletzt, wenn das Integrationsamt sich damit begnügt, das Vorbringen des Arbeitgebers, soweit es im Rahmen der nach § 85 SGB IX gebotenen Interessenabwägung zu berücksichtigen ist, nur auf seine **Schlüssigkeit** hin zu überprüfen (*BVerwG* 19.10.1995 NZA-RR 1996, 288). Sie hat sich also ein genaues Bild über die gesamten Umstände zu verschaffen, um zu überprüfen, ob die angegebenen Kündigungsumstände und weitere Umstände eine Zustimmung zur Kündigung im Rahmen der Interessenabwägung zulassen (*VG Freiburg* 30.11.2000 NZA-RR 2001, 432).

In Fällen, in denen für den Sitz des Betriebes und den Wohnort des Arbeitnehmers verschiedene Arbeitsämter zuständig sind, sind von beiden Arbeitsämtern **Stellungnahmen** einzuholen (*BVerwG* 28.9.1995 NZA-RR 1996, 290).

cc) Mitwirkungspflicht des Arbeitnehmers

981 Dem schwer behinderten Arbeitnehmer obliegt die sozialrechtliche Mitwirkungspflicht, der Zustimmungsbehörde rechtzeitig die **in seiner Sphäre liegenden,** aus seiner Sicht **relevanten Umstände,** wenn sie nicht offen zu Tage liegen, **aufzuzeigen.** Kommt er dem nicht nach, kann er z. B. im verwaltungsgerichtlichen Verfahren im Falle einer vorsorglich beabsichtigten Änderungskündigung mit gesundheitlichen Einwänden gegen die Eignung der angebotenen neuen Tätigkeit nicht mehr durchdringen (*OVG Nordrhein-Westfalen* 23.1.1992 NZA 1992, 844).

dd) Auflagen, Bedingungen

982 Die Zustimmung kann vom Integrationsamt unter Auflagen und Bedingungen erteilt werden, z. B. unter Verlängerung der Kündigungsfrist oder der Fortzahlung der Vergütung für eine bestimmte Zeit (vgl. *Schaub* Arbeitsrechtshandbuch § 179 II 3).

Hat das Integrationsamt der beabsichtigten Kündigung mit der »Bedingung« zugestimmt, dass zwischen dem Tag der Kündigung und dem Tag, bis zu dem Gehalt oder Lohn gezahlt wird, mindestens drei Monate liegen, so ist durch Auslegung zu ermitteln, ob es sich bei der »Bedingung« sachlich um eine Bedingung oder um eine Auflage i. S. d. § 32 SGB X handelt.

Wenn die Zustimmung nicht unter der aufschiebenden Bedingung der Fortzahlung der Vergütung erteilt worden ist, kann der Arbeitgeber sofort wirksam kündigen, solange die Zustimmung nur nicht nach § 47 SGB X widerrufen worden ist (*BAG* 12.7.1990 EzA § 19 SchwbG 1986 Nr. 1).

ee) Besonderheiten bei betriebsbedingten Kündigungen
Gem. **§ 89 SGB IX ist der Ermessensspielraum des Integrationsamtes** (insbesondere bei Betriebsstilllegungen) **beschränkt** (vgl. MünchArbR/*Cramer* § 236 Rz. 59). Danach hat das Integrationsamt die Zustimmung zu erteilen bei Kündigungen in Betrieben und Dienststellen, die nicht nur vorübergehend eingestellt oder aufgelöst werden, wenn zwischen dem Tag der Kündigung und dem Tag, bis zu dem Gehalt oder Lohn gezahlt wird, mindestens drei Monate liegen.
Unter der gleichen Voraussetzung soll sie die Zustimmung auch bei Kündigungen in Betrieben und Dienststellen erteilen, die nicht nur vorübergehend wesentlich eingeschränkt werden, wenn die Gesamtzahl der verbleibenden schwer behinderten Arbeitnehmer zur Erfüllung der Verpflichtung nach § 71 SGB IX ausreicht (§ 89 Abs. 1 S. 2 SGB IX).
§ 89 Abs. 1 S. 1, 2 SGB IX gilt nicht, wenn eine Weiterbeschäftigung auf einem anderen Arbeitsplatz desselben Betriebes oder derselben Dienststelle oder einem freien Arbeitsplatz in einem anderen Betrieb oder einer anderen Dienststelle desselben Arbeitgebers mit Einverständnis des schwer behinderten Arbeitnehmers möglich und für den Arbeitgeber zumutbar ist (§ 89 Abs. 1 S. 3 SGB IX).
Gem. § 89 Abs. 2 SGB IX soll das Integrationsamt die Zustimmung erteilen, wenn dem schwer behinderten Arbeitnehmer ein anderer angemessener und zumutbarer Arbeitsplatz gesichert ist.

ff) Kündigung nach Zugang des Zustimmungsbescheides; Monatsfrist
Die ordentliche Kündigung kann erst wirksam nach Zustellung des Zustimmungsbescheides des Integrationsamtes an den Arbeitgeber erklärt werden (*BAG* 16.10.1991 EzA § 18 SchwbG 1986 Nr. 2; s. o. D/Rz. 462).
Die Kündigung muss gem. § 88 Abs. 3 SGB IX nach der Zustimmung dem Arbeitnehmer innerhalb **eines Monats** zugehen; wird diese Frist nicht eingehalten, ist die Kündigung unwirksam (*LAG Köln* 27.1.1997 NZA-RR 1997, 337).

gg) Änderung des Kündigungssachverhalts
Der Arbeitgeber, der die Zustimmung des Integrationsamtes zur Kündigung eines schwer behinderten Arbeitnehmers wegen behaupteter betriebsbedingter Gründe erhalten hat, kann die Kündigung im Kündigungsschutzprozess **nicht auf einen anderen Kündigungssachverhalt stützen**, der z. B. etwaige personenbedingte Kündigungsgründe enthält (*ArbG Lüneburg* 18.5.2000 NZA-RR 2000, 530; **a. A.** *LAG Sachsen-Anhalt* 24.11.1999 ZTR 2000, 383 Ls.).

3. Klagefrist (§§ 4, 7 KSchG)

a) Regelungsbereich des KSchG (§§ 4, 7 KSchG)
Im sachlichen und persönlichen Anwendungsbereich des KSchG (§§ 1, 23 KSchG) muss der Arbeitnehmer gegen eine ordentliche Kündigung des Arbeitgebers innerhalb von **drei Wochen nach Zugang der Kündigungserklärung** beim ArbG Klage erheben, wenn er geltend machen will, dass die Kündigung **sozial ungerechtfertigt** i. S. d. § 1 Abs. 2, 3 KSchG ist.

D. Die Beendigung des Arbeitsverhältnisses

Für die sonstigen Unwirksamkeitsgründe gilt diese Klagefrist nicht.
Hat er innerhalb dieser Frist die Unwirksamkeit der Kündigung im Klageweg aus anderen als den in § 1 Abs. 2, 3 KSchG genannten Gründen (aus einem der sog. sonstigen Unwirksamkeitsgründe) geltend gemacht, so kann er sich in diesem Verfahren bis zum Schluss der letzten mündlichen Verhandlung erster Instanz auch auf die Unwirksamkeit (Sozialwidrigkeit) gem. § 1 Abs. 2 S. 3 KSchG noch berufen (§ 6 S. 1 KSchG).
Gem. § 6 S. 2 KSchG soll ihn das ArbG darauf hinweisen.

b) Rechtslage außerhalb der §§ 1, 23 KSchG

aa) Eingeschränkte Geltung des Grundsatzes der Kündigungsfreiheit

988 Während der 6-monatigen Wartezeit sowie in Kleinbetrieben gilt für alle ordentlichen Kündigungen (allerdings nicht uneingeschränkt) der Grundsatz der Kündigungsfreiheit.
Die Vorschriften des KSchG und (vor Ablauf von sechs Monaten) der besondere Kündigungsschutz für schwer behinderte Arbeitnehmer des SGB IX zwar nicht anwendbar.

> Andererseits kann die ordentliche Kündigung gem. §§ 125, 134, 138, 174, 242 BGB, §§ 102, 103 BetrVG, § 9 MuSchG, § 18 BErzGG, § 611a BGB (vgl. dazu *Schiek/Horstkötter* NZA 1998, 863 ff.), §§ 612a, 613a Abs. 4 BGB unwirksam sein (vgl. *LAG Düsseldorf* 10.5.1988 NZA 1988, 658; *Berger/Delhey* NZA 1988, 790; vgl ausf. *Preis* NZA 1997, 1256 ff. u. *Oetker* ArbuR 1997, 41 ff., auch zur Anwendung von Verfassungsnormen; *BVerfG* 27.1.1998 NZA 1998, 470; zu den Auswirkungen dieser Entscheidung *Kittner* NZA 1998, 731 ff.; s. u. D/Rz. 1004 f.).

Nicht anwendbar ist Art. 3 Abs. 1 GG, weil es sich bei der Kündigung um ein Gestaltungsrecht handelt und jeder Einzelfall zudem unterschiedlich gelagert ist und individuell abgewogen werden muss (*BAG* 21.10.1969 AP Nr. 41 zu Art. 9 GG Arbeitskampf; abl. MünchArbR/*Wank* § 119 Rz. 112 f.).

bb) Gleichbehandlungsgrundsatz?

989 Fraglich ist, ob eine Verletzung des Gleichbehandlungsgrundsatzes zur Unwirksamkeit der Kündigung führen kann, z. B. wenn eine große Zahl vergleichbarer Fälle vorliegt oder ein bestimmtes Verhalten des Arbeitgebers bei verhaltens- oder personenbedingten Umständen üblich ist, oder dann, wenn sich mehrere Arbeitnehmer an demselben Verhalten beteiligt haben (z. B. gemeinsam Straftaten begangen haben oder gemeinsam die Arbeit niedergelegt haben).

990 Nach Auffassung von *Wank* (MünchArbR § 119 Rz. 114), hat der Arbeitgeber zwar einen weiten Ermessensspielraum bei der Wahl seiner Reaktion, er darf aber **nicht willkürlich** verfahren. Auch danach sind aber jedenfalls sachlich begründete herausgreifende Kündigungen zulässig (*Wank* a. a. O., unter Hinweis auf *BAG* 21.10.1969 AP Nr. 41 Art. 9 GG Arbeitskampf; vgl. auch APS/*Preis* Grundlagen J Rz. 58).

cc) Sittenwidrigkeit

991 Die Kündigung kann gem. **§ 138 Abs. 1 BGB** sittenwidrig sein, wenn sie nach umfassender Würdigung aller Umstände des Einzelfalles gegen das Anstandsgefühl aller billig und gerecht Denkenden verstößt.

D. Die Beendigung des Arbeitsverhältnisses

Das ist aber dann noch nicht der Fall, wenn sie willkürlich ist, auf keinem erkennbaren sinnvollen Grund beruht oder allenfalls »unsozial« ist (*BAG* 23.11.1961 AP Nr. 22 zu § 138 BGB, 25.6.1964 AP Nr. 3 zu § 242 BGB; vgl. *Preis* NZA 1997, 1265 f). Denn wenn der Arbeitgeber von einem ihm **gesetzlich eingeräumten Kündigungsrecht** Gebrauch macht, wird dies regelmäßig nicht gegen das Anstandsgefühl aller billig und gerecht Denkenden verstoßen (*BAG* 24.4.1997 EzA § 611 BGB Kirchliche Arbeitnehmer Nr. 43).

Maßgeblich ist deshalb darauf abzustellen, ob die sie **tragenden Gründe**, die hinter ihr stehenden Motive oder die Umstände, unter denen sie ausgesprochen wird, **den allgemeinen Wertvorstellungen grob widersprechen**. Dies ist anhand einer **Gesamtabwägung** aller Umstände zu ermitteln, wobei bei der Abgrenzung von bloß sozialwidrigen oder willkürlichen Kündigungen ein strenger Maßstab anzulegen ist (*LAG Köln* 9.10.2000 ARST 2001, 165 Ls.). Diesen Anforderungen genügt es nicht, wenn eine – unterstellte – Täuschungshandlung den Arbeitnehmer von der Erhebung einer Kündigungsschutzklage abgehalten hat; insoweit kommt die Zulassung einer verspätet erhobenen Kündigungsschutzklage in Betracht. Gleiches gilt für einen – unterstellten – mit der Kündigung einhergehenden Subventionsbetrug (§ 264 StGB), denn die Sittenwidrigkeit der Kündigung entspricht nicht dem Schutzzweck der Norm, die die Planungssicherheit und Dispositionsfreiheit der öffentlichen Hand schützt (*LAG Köln* 9.10.2000 ARST 2001, 165 Ls.). Nichts anderes gilt, wenn die Kündigung auf erlogenen Informationen beruht (*LAG Köln* 14.6.2000 ARST 2001, 43). 992

Dagegen ist die Kündigung dann sittenwidrig, wenn der Arbeitgeber einen Arbeitsunfall des Arbeitnehmers bedingt vorsätzlich herbeigeführt hat, ferner dann, wenn er unter Missachtung einer gegen ihn getroffenen gerichtlichen Entscheidung eine Kündigung, die für unwirksam erklärt wurde, aus denselben Gründen wiederholt ausspricht (*BAG* 12.10.1954 AP Nr. 5 zu § 3 KSchG; MünchArbR/*Wank* § 119 Rz. 146). 993

Auch die ordentliche Kündigung eines Geschäftsführer-Dienstverhältnisses allein wegen der **ethnischen Herkunft** und/oder Nationalität der Person des Geschäftsführers ist sittenwidrig und damit nach § 138 Abs. 1 BGB nichtig (*LG Frankfurt* 17.1.2001 EzA § 138 BGB Nr. 26; 7.3.2001 NZA-RR 2001, 298). 994

dd) Benachteiligungsverbot (§ 612 a BGB)

Ein Verstoß gegen § 612 a BGB liegt dann vor, wenn die **Kündigung als Maßregelung auf die Geltendmachung bestehender oder vermeintlicher Rechte durch den Arbeitnehmer** erfolgt. Das ist z. B. bei einer Kündigung aus Rachsucht oder zur Vergeltung als Reaktion auf Zurückweisung von sexuellen Annäherungsversuchen sowie auf eine Weigerung des Arbeitnehmers, an strafbaren Handlungen mitzuwirken, der Fall (vgl. APS/*Preis* Grundlagen J Rz. 42 ff.). 995

Gleiches gilt, wenn sie ausgesprochen wurde, weil ein Arbeitnehmer **berechtigte Forderungen gegen den Arbeitgeber geltend macht** (MünchArbR/*Wank* § 119 Rz. 146). Eine auf **Krankheitsgründe gestützte Kündigung während der Probezeit** stellt dagegen dann keine verbotene Maßregelung dar, wenn sie **durch die Krankheit selbst** einschließlich ihrer betrieblichen Auswirkungen **veranlasst** ist. Etwas anderes gilt dann, wenn der Arbeitgeber in Ansehung der Erkrankung eines Arbeitnehmers

D. Die Beendigung des Arbeitsverhältnisses

diesen zur Arbeitsleistung auffordert und ihm kündigt, weil der **Arbeitnehmer sich weigert** (*LAG Sachsen-Anhalt* 27.7.1999 LAGE § 612 a BGB Nr. 6).
Erfolgt die Kündigung unmittelbar nachdem der Arbeitnehmer sich gegen eine Abmahnung gewehrt hat, spricht nach Auffassung des *ArbG Augsburg* (7.10.1997 NZA-RR 1998, 542) der **Beweis des ersten Anscheins** für eine Maßregelung. Der Arbeitgeber muss dann beweisen, dass die Kündigung aus anderen Gründen erfolgte.

996 Diese Grundsätze gelten auch bei einer Änderungskündigung.

ee) Verstoß gegen Treu und Glauben (§ 242 BGB)

(1) Abgrenzung zu § 1 KSchG

997 § 242 BGB verkörpert einen allgemeinen Rechtsgedanken, der auch auf Kündigungen Anwendung findet.
Zu beachten ist, dass sich der Regelungsbereich des § 1 KSchG teilweise mit dem des § 242 BGB deckt.
§ 1 KSchG ist eine Konkretisierung des Grundsatzes von Treu und Glauben insoweit, als es um das Bestandsschutzinteresse des Arbeitnehmers geht (APS/*Preis* Grundlagen J Rz. 45 ff.).

998 **Daraus folgt, dass Umstände, die bereits nach § 1 KSchG zu berücksichtigen sind, nicht noch einmal im Rahmen der Generalklausel beurteilt werden können** (*BAG* 24.4.1997 EzA § 611 BGB Kirchliche Arbeitnehmer Nr. 43).
Ist eine Kündigung sozial gerechtfertigt, so verstößt sie nicht gegen Treu und Glauben.
Außerhalb des von § 1 KSchG gezogenen Rahmens, also bei Gründen, die nicht die soziale Rechtfertigung der Kündigung betreffen, bleibt § 242 BGB allerdings anwendbar (*BAG* 13.7.1978 EzA § 102 BetrVG 1972 Nr. 36).

999 Auch auf Arbeitnehmer, die dem KSchG (noch) nicht unterstehen, ist § 242 BGB nach Auffassung von *Wank* (MünchArbR § 119 Rz. 49) nur begrenzt anzuwenden. Denn soweit bestimmte Arbeitnehmer gem. § 1 Abs. 1 KSchG und § 23 Abs. 1 S. 2 KSchG von diesem Schutz ausgenommen sind, bedarf die Kündigung keiner sozialen Rechtfertigung. Dieser ausdrückliche Ausschluss vom speziellen Kündigungsschutz **kann nicht durch eine Anwendung des § 242 BGB umgangen werden.** Auch bei diesen Arbeitnehmern ist aber nach Auffassung von *Wank* (a. a. O.; ähnlich *Oetker* ArbuR 1997, 51; *Lakies* DB 1997, 1081; dagegen *Preis* NZA 1997, 1266 f.) eine gegenüber der Prüfung der Sozialwidrigkeit der Kündigung abgeschwächte Inhaltskontrolle durchzuführen.

1000 Demgegenüber geht das *BAG* (23.6.1994 EzA § 242 BGB Nr. 39) davon aus, dass der Grundsatz von Treu und Glauben (§ 242 BGB) eine allen Rechten, Rechtslagen und Rechtsnormen immanente Inhaltsbegrenzung darstellt. Im Rahmen einer solchen, einerseits die Grundrechte der Vertragsfreiheit (Kündigungsfreiheit) und andererseits die Rechte auf Achtung der Menschenwürde sowie auf freie Entfaltung der Persönlichkeit konkretisierenden Generalklausel sind diese Rechte gegeneinander abzuwägen. Insofern ist es z. B. rechtsmissbräuchlich, wenn der Arbeitgeber unter Ausnutzung der Privatautonomie dem Arbeitnehmer nur wegen seines persönlichen (Sexual-)Verhaltens innerhalb der Probezeit kündigt.

D. Die Beendigung des Arbeitsverhältnisses

(2) Fallgruppen
In Betracht kommt ein Verstoß gegen § 242 BGB insbesondere (vgl. MünchArbR/ **1001**
Wank § 119 Rz. 150 ff.; APS/*Preis* Grundlagen J Rz. 47 ff.) bei
– einem Verstoß gegen früheres Verhalten (**venire contra factum proprium**).
Dazu gehört z. B., dass der Arbeitgeber dem Arbeitnehmer durch sein Verhalten Anlass gegeben hat, zu glauben, dass das Arbeitsverhältnis längere Zeit fortbesteht.
Hat er erklärt, er brauche nicht mit einer Kündigung zu rechnen, so verstößt es gegen Treu und Glauben, wenn er ihm kurz darauf kündigt.
Gleiches gilt, wenn ein Arbeitgeber einen Arbeitnehmer, der eine andere Stelle antreten will, durch Versprechungen zum Bleiben bewegt und ihm, nachdem er die andere Stelle ausgeschlagen hat, grundlos kündigt.
– **Verwirkung des Kündigungsrechts,** wofür es eines gewissen Zeitraums bedarf, in- **1002**
nerhalb dessen trotz Kündigungsgrund keine Kündigung erklärt wurde (**Zeitmoment**). Zudem muss der zur Kündigung Berechtigte ein Verhalten an den Tag legen, das den anderen objektiv zur Annahme berechtigt, die Kündigung werde nicht mehr ausgesprochen. Schließlich ist erforderlich, dass derjenige, der eine Kündigung erwarten musste, sich darauf eingerichtet hat, dass sie nicht mehr erfolgt (**Umstandsmoment;** *BAG* 1.8.1958 AP Nr. 10 zu § 242 BGB).
– **Verzeihung** sowie dem **Verzicht** auf das Kündigungsrecht sowie **1003**
– der **willkürlichen Kündigung,** wenn sich der Arbeitgeber auf eine bloß formale Rechtsposition bezieht.
Hat ein Arbeitgeber z. B. einen Arbeitnehmer kurz vor Ablauf der 6-Monatsfrist des § 1 KSchG fristlos und hilfsweise fristgemäß gekündigt, so kann er sich nach Auffassung von *Wank* (MünchArbR § 119 Rz. 154), dann, wenn sich die fristlose Kündigung als grundlos erwiesen hat, nicht mehr auf die hilfsweise erklärte fristgemäße Kündigung berufen.
– Auch eine **zur Unzeit ausgesprochene Kündigung,** die den Arbeitnehmer **gerade wegen des Kündigungszeitpunkts besonders belastet,** kann treuwidrig und damit rechtsunwirksam sein. Dies setzt jedoch neben der »Unzeit« der Kündigung weitere Umstände voraus, etwa dass der Arbeitgeber absichtlich oder aufgrund einer Missachtung der persönlichen Belange des Arbeitnehmers einen Kündigungszeitpunkt wählt, der den Arbeitnehmer besonders belastet. Dies hat das *BAG* (5.4.2001 EzA § 242 BGB Kündigung Nr. 3; s. auch oben D/Rz. 61) in einem Fall verneint, in dem eine Arbeitgeberkündigung wenige Tage nach dem Tod des Lebensgefährten einer Arbeitnehmerin erfolgte, die noch keinen Kündigungsschutz genoss.

(3) Die neuere Entwicklung: Mindestkündigungsschutz gem. §§ 138, 242 BGB
Im Zusammenhang mit der Verfassungsmäßigkeit der sog. Kleinbetriebsklausel hat **1004**
das *BVerfG* (27.1.1998 NZA 1998, 470) **materiell-rechtliche Anforderungen** an die Kündigung in Kleinbetrieben entwickelt, die im Wesentlichen auch für die Kündigung in anderen Betrieben **in den ersten sechs Monaten** (also vor Anwendbarkeit des KSchG) gelten (vgl. *Kittner* NZA 1998, 731 ff.; *Falder* NZA 1998, 1254 ff.; *Gragert* NZA 2000, 961 ff.; **a. A.** *LAG* Nürnberg 24.4.2001 ARST 2001, 236 Ls.):

– Die Kündigung darf **nicht willkürlich** sein oder auf **sachfremden Erwägungen** beruhen. Der Arbeitgeber muss also einen auf das Arbeitsverhältnis bezogenen sachlichen Grund für dessen Beendigung haben.
– Soweit unter mehreren Arbeitnehmern eine Auswahl zu treffen ist, hat der Ar-

D. Die Beendigung des Arbeitsverhältnisses

beitgeber ein **gewisses Maß an sozialer Rücksichtnahme** walten zu lassen. Er wird zwar nicht an den Maßstäben des § 1 Abs. 3 KSchG gemessen. Seine Begründung muss aber zu erkennen geben, dass soziale Belange eine Rolle gespielt haben.

– Ein durch langjährige Zusammenarbeit erdientes Vertrauen in den Fortbestand des Arbeitsverhältnisses darf nicht unberücksichtigt bleiben. Zwar gilt nicht das ultima-ratio-Prinzip des KSchG. Es muss aber **besonders begründet** werden, warum ein **langjährig Beschäftigter** seinen Arbeitsplatz verlieren soll.

1005 Gleichwohl vermag der **auf konkreten Umständen beruhende Vertrauensverlust** gegenüber dem Arbeitnehmer eine ordentliche Kündigung durch den Arbeitgeber dann, wenn das KSchG nicht anwendbar ist, zu rechtfertigen, auch wenn die Umstände, auf denen der Vertrauensverlust beruht, **objektiv nicht zu verifizieren sind** (*BAG* 25.4.2001 EzA § 242 BGB Kündigung Nr. 4: **Verursachung von »sehr viel Unruhe« durch den Lebensgefährten der Klägerin** im Unternehmen der Beklagten).

1006 Ist unter mehreren Arbeitnehmern eine **Auswahl** zu treffen, muss der Arbeitgeber auch im Kleinbetrieb ein durch **Art. 12 GG** gebotenes Mindestmaß an sozialer Rücksichtnahme wahren. Eine Kündigung, die dieser Anforderung nicht entspricht, verstößt gegen § 242 BGB und ist unwirksam. Ist bei einem Vergleich der grds. von dem gekündigten Arbeitnehmer vorzutragenden Sozialdaten **evident**, dass dieser erheblich **sozial schutzbedürftiger** ist als ein vergleichbarer weiterbeschäftigter Arbeitnehmer, so spricht dies zunächst dafür, dass der Arbeitgeber das gebotene Mindestmaß an sozialer Rücksichtnahme außer Acht gelassen hat. Setzt der Arbeitgeber dem schlüssigen Sachvortrag des Arbeitnehmers **weitere (betriebliche, persönliche etc.) Gründe entgegen**, die ihn zu der getroffenen Auswahl bewogen haben, so hat unter dem Gesichtspunkt von Treu und Glauben eine **Abwägung** zu erfolgen. Es ist zu prüfen, ob auch unter Einbeziehung der vom Arbeitgeber geltend gemachten Gründe die Kündigung die sozialen Belange des betroffenen Arbeitnehmers **in treuwidriger Weise unberücksichtigt** lässt. Der **unternehmerischen Freiheit** des Arbeitgebers im Kleinbetrieb kommt bei dieser Abwägung ein **erhebliches Gewicht** zu (*BAG* 21.2.2001 EzA § 242 BGB Kündigung Nr. 1; zust. *von Hoyningen-Huene* SAE 2001, 324 ff.; *Gragert/Wiehe* NZA 2001, 934 ff.; krit. *Annuß* BB 2001, 1898 ff.).

1007 Nach Auffassung des *ArbG Reutlingen* (20.10.1998 EzA § 242 BGB Vertrauensschutz Nr. 1) liegt »langjährige Mitarbeit« i. S. d. Entscheidung des *BVerfG* vom 27.1.1998 (EzA § 23 KSchG Nr. 17) in Anlehnung an § 1 BetrAVG dann vor, wenn der Arbeitnehmer mindestens das **35. Lebensjahr vollendet** und **dem Betrieb mindestens zehn Jahre** angehört hat. Zu den auch in Kleinbetrieben besonders schutzwürdigen Arbeitnehmern gehören danach auch die kranken und erst recht die kranken und gleichzeitig auch älteren Arbeitnehmer. Zieht sich ein Arbeitnehmer, der **18 Jahre lang** ohne ernsthafte Erkrankung beim Arbeitgeber beschäftigt war, eine **mehr als dreimonatige Krankheit** zu und erhält der Arbeitgeber die Information, dass mit der Genesung des Arbeitnehmers nicht vor einem Monat zu rechnen ist, so ist die daraufhin erfolgte Kündigung **treuwidrig**. Denn wenn der Arbeitnehmer 2/3 seines gesamten bis dahin verbrachten Berufslebens ohne Beanstandungen bei einem einzigen Arbeitgeber verbracht hat, ergibt sich danach eine erhöhte Treue- und Rücksichts-

D. Die Beendigung des Arbeitsverhältnisses

pflicht des Arbeitgebers vor Ausspruch einer krankheitsbedingten Kündigung (*ArbG Reulingen* 20.10.1998 EzA § 242 BGB Vertrauensschutz Nr. 1).
Eine Kündigung ist aber jedenfalls dann nicht treuwidrig i. S. v. § 242 BGB, **wenn sie** 1008
bei Eingreifen des KSchG wirksam gewesen wäre und andere Gründe, die von § 1 KSchG nicht erfasst sind, nicht vorliegen. Dazu gehört im Übrigen nach Auffassung des *LAG Berlin* (10.9.1999–19 Sa 737/99 –) die Prärogative, die Zahl der Arbeitsplätze festzulegen, mit der der Unternehmer ein unternehmerisches Ziel verfolgt.
Deshalb ist auch die bloße Entscheidung, **Arbeitsplätze auf Dauer abzubauen**, um 1009 z. B. Kosten zu sparen, grds. **nur auf offenbare Unsachlichkeit, Unvernünftigkeit oder Willkür überprüfbar.** Inwiefern der Arbeitsplatz des zu kündigenden Arbeitnehmers durch diese Maßnahme betroffen ist, hat der Arbeitgeber danach jedenfalls im Rahmen einer Plausibilitätskontrolle darzulegen.
Art. 33 Abs. 2 GG schränkt nicht das Recht des **öffentlichen Arbeitgebers** ein, wäh- 1010 rend der 6-monatigen Wartezeit nach § 1 Abs. 1 KSchG die Eignung, Befähigung und fachliche Leistung des neu eingestellten Arbeitnehmers zu überprüfen; dies gilt auch bei einer Einstellung nach Durchführung eines Auswahlverfahrens (*BAG* 1.7.1999 EzA § 242 BGB Nr. 42; **a. A.** *LAG Niedersachsen* 16.9.1998 NZA-RR 1999, 131).
Die Wirksamkeit einer Kündigung aus Gründen in dem Verhalten des Arbeitnehmers 1011 setzt im Übrigen außerhalb des **Anwendungsbereichs des KSchG** i. d. R. **nicht** voraus, dass dem Arbeitnehmer zuvor eine vergebliche **Abmahnung** erteilt wurde (*BAG* 21.2.2001 EzA § 242 BGB Kündigung Nr. 2; krit. *Annuß* BB 2001, 1898 ff.).

(4) Sonderfall: HIV-Infektion
Kündigt der Arbeitgeber einem mit dem HIV-Virus infizierten Arbeitnehmer, der 1012 noch nicht den allgemeinen Kündigungsschutz gem. § 1 Abs. 1 KSchG genießt, fristgerecht, so ist die Kündigung jedenfalls dann nicht unwirksam, wenn der Arbeitnehmer nach Kenntnis von der Infektion einen Selbsttötungsversuch unternommen hat, danach längere Zeit (nahezu drei Monate) arbeitsunfähig krank war, dieser Zustand nach einem vor Ausspruch der Kündigung vorgelegten ärztlichen Attest »bis auf weiteres« fortbestehen sollte und diese Umstände für den Kündigungsentschluss jedenfalls mitbestimmend waren.
Ein Verstoß gegen §§ 242, 612 a BGB, Art. 3 Abs. 3 GG liegt dann nicht vor (*BAG* 16.2.1989 EzA § 138 BGB Nr. 23).

(5) Kündigung unmittelbar vor Ablauf der Wartezeit des § 1 Abs. 1 KSchG
Fraglich ist, inwieweit sich die Unwirksamkeit der Kündigung aus § 242 BGB i. V. m. 1013 § 162 Abs. 1 BGB dann ergeben kann, wenn der Arbeitgeber die Kündigung wenige Tage oder Stunden vor Ablauf der Wartezeit erklärt. Denn die sechsmonatige Wartezeit muss an sich bereits zum Zeitpunkt des Zugangs der Kündigungserklärung abgelaufen sein, damit das KSchG Anwendung findet.
Das *BAG* (28.9.1978 EzA § 102 BetrVG 1972 Nr. 39) ist davon ausgegangen, dass der 1014 Arbeitnehmer, dem vor der Erfüllung der sechsmonatigen Wartezeit (§ 1 Abs. 1 KSchG) gekündigt wird, den allgemeinen Kündigungsschutz **ausnahmsweise** dann in Anspruch nehmen kann, **wenn durch die Kündigung der Eintritt des allgemeinen Kündigungsschutzes entgegen dem Grundsatz von Treu und Glauben vereitelt werden soll.**
Diese Folge tritt hingegen nicht ein, wenn der Arbeitgeber aus einem **sachlichen Grunde** kündigt, der nicht notwendig den Anforderungen an eine sozial gerechtfertigte Kündigung (§ 1 Abs. 2, 3 KSchG) genügen muss.

D. Die Beendigung des Arbeitsverhältnisses

Demnach wäre das Vorliegen eines sachlichen Grundes bei einer kurz vor Ablauf der Sechsmonatsfrist erklärten Kündigung erforderlich.

1015 Das *BAG* (18.8.1982 EzA § 102 BetrVG 1972 Nr. 48) hat dies inzwischen aber dahin präzisiert, dass zu berücksichtigen bleibt, dass nach dem Wortlaut sowie nach Sinn und Zweck der gesetzlichen Regelung des § 1 Abs. 1 KSchG der Arbeitgeber während der gesamten Wartefrist frei kündigen kann. Im Interesse der Rechtssicherheit muss aber eine gesetzlich festgelegte Frist genau beachtet werden. Deshalb kann nicht jede kurz vor Erfüllung der Wartezeit ausgesprochene Kündigung schon als treuwidrige Vereitelung des Eintritts des Kündigungsschutzes angesehen werden.

Der Rechtsgedanke des § 162 BGB greift folglich nicht schon dann ein, wenn der Arbeitgeber bereits während der Wartezeit kündigt, obwohl dies zur Wahrung der nach Gesetz oder Vertrag zu beachtenden Kündigungsfrist nicht erforderlich gewesen wäre.

1016 Eine analoge Anwendung des § 162 BGB kommt erst dann in Betracht, wenn der Arbeitgeber die Kündigung nur deshalb vor Ablauf der sechsmonatigen Wartefrist erklärt, um den Eintritt des Kündigungsschutzes zu verhindern und dieses Vorgehen unter Berücksichtigung der im Einzelfall gegebenen Umstände gegen Treu und Glauben verstößt (vgl. *LAG Schleswig-Holstein* 14.4.1998 NZA-RR 1999, 191).

1017 Kündigt er dagegen kurz vor Ablauf der Wartefrist, um z. B. einen Rechtsstreit über die etwaige Sozialwidrigkeit der Kündigung zu vermeiden, so liegt hierin noch kein Verstoß gegen Treu und Glauben, denn der Arbeitgeber übt lediglich die ihm gem. § 1 Abs. 1 KSchG eingeräumte Kündigungsfreiheit aus.
Um eine kurz vor Ablauf der Wartefrist ausgesprochene Kündigung als treuwidrig erscheinen zu lassen, müssen daher **weitere Umstände** gegeben sein.

ff) Art. 5 Abs. 1 RL 76/207/EWG des Rates vom 9.2.1976

1018 Art. 5 Abs. 1 RL 76/207/EWG zur Verwirklichung des Grundsatzes der Gleichbehandlung von Männern und Frauen hinsichtlich des Zugangs zur Beschäftigung usw. (s. o. A/Rz. 798) steht im Hinblick auf das mit dieser RL verfolgte Ziel der Entlassung einer transsexuellen Person aus einem mit der Geschlechtsumwandlung zusammenhängenden Grund entgegen (*EuGH* 30.4.1996 EzA Art. 119 EWG-Vertrag Nr. 39). Zudem läuft es Art. 2 Abs. 1, 5 Abs. 1 dieser RL zuwider, wenn eine Arbeitnehmerin zu irgendeinem Zeitpunkt **während ihrer Schwangerschaft** aufgrund von **Fehlzeiten infolge einer durch** diese **Schwangerschaft verursachten Krankheit** entlassen wird (vgl. auch *EuGH* 4.10.2001 EzA § 611 a BGB Nr. 17 zur Nichtverlängerung eines befristeten Vertrages wegen der Schwangerschaft als Verstoß gegen die RL 76/207). Ohne Belang ist insoweit, dass die Arbeitnehmerin gemäß einer Vertragsbestimmung entlassen wurde, nach der der Arbeitgeber berechtigt ist, Arbeitnehmer ungeachtet ihres Geschlechts nach einer vertraglich festgelegten Zahl von Wochen ununterbrochener Fehlzeiten zu entlassen (*EuGH* 30.6.1998 NZA 1998, 871 in einem Großbritannien betreffenden Fall). Zudem darf auch dann, wenn eine Arbeitnehmerin wegen einer durch die Schwangerschaft oder die Niederkunft bedingten Krankheit fehlt, die im Laufe der Schwangerschaft aufgetreten ist und während des Mutterschaftsurlaubs und danach fortbestanden hat, nicht nur die während des Mutterschaftsurlaubs, son-

D. Die Beendigung des Arbeitsverhältnisses

dern auch die bereits **vom Anfang der Schwangerschaft an bis zum Beginn des Mutterschaftsurlaubs eingetretene Fehlzeit nicht bei der Berechnung des Zeitraums berücksichtigt werden, der zu einer Entlassung nach nationalem Recht berechtigt** (*EuGH* 30.6.1998 NZA 1998, 871 ausdrücklich gegen *EuGH* 29.5.1997 NZA 1998, 25, wo das Gegenteil für zutreffend erachtet wurde). Die nach dem Mutterschaftsurlaub eingetretene Fehlzeit einer Arbeitnehmerin darf demgegenüber unter den gleichen Voraussetzungen berücksichtigt werden, wie die Fehlzeit eines Mannes wegen einer ebenso langen Arbeitsunfähigkeit (*EuGH* 30.6.1998 NZA 1998, 871).

gg) Der Sonderfall: die beabsichtigte künstliche Befruchtung
Teilt eine Arbeitnehmerin in einem Kleinbetrieb dem Arbeitgeber mit, dass sie sich künstlich befruchten lassen wolle und dass nach den einzelnen Behandlungen krankheitsbedingte Ausfallzeiten von jeweils ein bis zwei Wochen eintreten könnten, und wird ihr daraufhin eine ordentliche Kündigung wegen der befürchteten Ausfallzeiten ausgesprochen, so ist eine derartige Kündigung nach Auffassung des *LAG Schleswig-Holstein* (17.11.1997 LAGE § 242 BGB Nr. 3) weder analog § 9 MuSchG noch nach §§ 138 Abs. 1, 242, 612 a, 134 BGB i. V. m. Art. 6 Abs. 1, 4 GG unwirksam. 1019

hh) Darlegungs- und Beweislast
Grds. muss die Partei, die sich auf die für sie günstige Norm beruft, deren tatsächliche Voraussetzungen darlegen und beweisen. Folglich ist es außerhalb des Geltungsbereichs des allgemeinen Kündigungsschutzes nicht Sache des Arbeitgebers, die Kündigung sachlich zu begründen. Vielmehr ist **der Arbeitnehmer darlegungs- und beweispflichtig** dafür, dass die Kündigung aufgrund von Normen unwirksam ist, die außerhalb des KSchG zur Unwirksamkeit der Kündigung führen (*Stahlhacke/Preis* a. a. O., Rz. 156). 1020

Der Arbeitgeber ist auch nicht verpflichtet, sämtliche in Betracht kommenden Verbotsbestimmungen durch geeigneten Sachvortrag im Prozess auszuräumen. Eine Aufklärungspflicht der nicht darlegungs- und beweispflichtigen Partei besteht nicht; dies schließt **Erleichterungen in der Beweisführung** jedoch nach Auffassung von *Preis* (NZA 1997, 1269 ff.) nicht aus, die aus der Pflicht des Gegners zum **substantiierten Bestreiten** folgen. Denn sowohl der Schutzcharakter der Norm als auch verfassungsrechtliche Positionen können sachliche Erwägungen für oder gegen eine konkrete Beweisführungslast darstellen. Für einen schlüssigen Sachvortrag des Arbeitnehmers reicht es aber auch danach nicht aus, wenn er schlicht den Umstand einer Diskriminierung oder Benachteiligung behauptet. Andererseits muss ausgeschlossen werden, dass der Nachweis einer diskriminierenden Kündigung dem Arbeitnehmer unzumutbar erschwert wird. Insoweit kommen der **Anscheinsbeweis** beim Feststehen typischer Geschehensabläufe sowie **Beweismaßsenkungen** und die **Erleichterung der konkreten Beweisführungslast** in Betracht (vgl. ausf. *Preis* a. a. O.).

Beispiele:
– Regeln die Tarifpartner, dass **aus Anlass einer Arbeitsunterbrechung wegen Krankheit** nicht gekündigt werden darf, so kann bei einer Kündigung im unmittelbaren Anschluss an vorübergehende Arbeitsunfähigkeitszeiten der Beweis des ersten Anscheins dafür sprechen, dass die Arbeitsunterbrechung wegen Krankheit bestimmendes Motiv des Arbeitgebers für die Kündigung war. Diesen Beweis des ersten Anscheins kann der Arbeitgeber dadurch entkräften, dass er Tatsachen vorträgt 1021

und im Bestreitensfalle beweist, aus denen sich ergibt, dass andere Gründe seinen Kündigungsentschluss bestimmt haben (*BAG* 5.2.1998 EzA § 8 EFZG Nr. 1; s. auch oben C/Rz. 1553 ff.).

1022 – Das *ArbG* Kiel (30.4.1997 NZA-RR 1998, 303) hat angenommen, dass dem Arbeitnehmer im Kündigungsschutzprozess zwar für das Vorliegen der Voraussetzungen des § 612 a BGB die Darlegungs- und Beweislast obliegt. Er kann sich aber auf einen Anscheinsbeweis dann berufen, wenn eine Änderungskündigung ohne Einhaltung der Kündigungsfrist und in einem **zeitlich engen Zusammenhang** (acht Tage) mit einem Schreiben erklärt worden ist, in dem der Arbeitnehmer ihm zustehende Rechte geltend gemacht hatte.

4. Die Sozialwidrigkeit der ordentlichen Kündigung gem. § 1 KSchG (Überblick)

a) Voraussetzungen der Anwendbarkeit des KSchG

1023 Gem. § 1 Abs. 1 KSchG ist die Kündigung des Arbeitsverhältnisses gegenüber einem Arbeitnehmer, dessen Arbeitsverhältnis in demselben Betrieb oder Unternehmen länger als sechs Monate bestanden hat, rechtsunwirksam, wenn sie sozial ungerechtfertigt ist. **Dies gilt nicht für Kleinbetriebe i. S. d. § 23 Abs. 1 KSchG.**

aa) Betriebsbegriff

1024 Der Betriebsbegriff wird vom Gesetzgeber auch für das KSchG nicht definiert, sondern vorausgesetzt. Folglich gelten insoweit die **allgemeinen Grundsätze** (APS/*Preis* Grundlagen C Rz. 82 ff.). So kann ein gemeinsamer Betrieb auch von mehreren Unternehmen betrieben werden (vgl. *BAG* 7.8.1986 EzA § 4 BetrVG 1972 Nr. 5); vgl. auch *LAG Köln* 22.11.1996 NZA-RR 1997, 429; s. o. A/Rz. 281 ff.). Das hat z. B. zur Folge, dass soweit es für die soziale Rechtfertigung der Kündigung auf Versetzungsmöglichkeiten innerhalb des Betriebes oder auf die soziale Auswahl ankommt, die Verhältnisse aller Gesellschaften zu berücksichtigen sind (*BAG* 13.6.1985 EzA § 1 KSchG Nr. 41). Daraus folgt andererseits aber **nicht zwingend**, dass **alle diese Unternehmen Arbeitgeber aller im Gemeinschaftsbetrieb beschäftigten Arbeitnehmer sind** (*BAG* 5.3.1987 EzA § 15 KSchG n. F. Nr. 38; *LAG Düsseldorf* 19.6.1998 ARST 1999, 16).
Nach Auffassung des *LAG Schleswig-Holstein* (22.4.1997 DB 1997, 1980) genügt bei **Personenidentität der Geschäftsführer** zweier Gesellschaften für die Annahme eines gemeinsamen Betriebes, dass der Kern der Arbeitgeberfunktion im sozialen und personellen Bereich von derselben institutionellen Leitung ausgeübt wird.
Für den Begriff des Betriebes ist der jeweilige arbeitstechnische Zweck ohne Bedeutung. Hierunter fallen auch Einheiten mit religiöser, politischer, erzieherischer, künstlerischer oder karitativer Zwecksetzung. Auch können die Voraussetzungen eines Gemeinschaftsbetriebes im Allgemeinen angenommen werden, wenn ein Unternehmen sein »**gesamtes Personalwesen**« **auf ein anderes in Personalunion geführtes Unternehmen überträgt**, wenn hierzu unter anderem die Personalsteuerung (z. B. Einsatz, Versetzungen, Ermahnungen), Vergütungsfestsetzungen (z. B. Eingruppierungen) sowie die Führung von Verhandlungen mit dem Betriebsrat gehören (*LAG Köln* 21.7.2000 NZA-RR 2001, 245).

1025 Ein gemeinschaftlicher Betrieb zwischen einer Konzern-Holding und einer Tochtergesellschaft liegt andererseits **nicht bereits** dann vor, wenn die Holding aufgrund ihrer konzernrechtlichen Leitungsmacht gegenüber dem Vorstand der Tochter-AG an-

D. Die Beendigung des Arbeitsverhältnisses

ordnet, die Tochter solle **bestimmte Arbeiten** (z. B. Schreibarbeiten) für die Holding **mit erledigen**. Besteht kein Gemeinschaftsbetrieb zwischen Holding und Tochter, so genießt ein Arbeitnehmer der Holding nur dann Kündigungsschutz, wenn die Holding ihrerseits dem KSchG unterliegt, insbesondere die erforderliche Anzahl von Arbeitnehmern beschäftigt (*BAG* 29.4.1999 EzA § 23 KSchG Nr. 21; vgl. dazu *Franzen* SAE 2000, 106 ff.).

Soweit **Nebenbetriebe** gem. § 4 BetrVG als eigenständige Betriebe gelten, ist dies auch für die Anwendung des § 1 KSchG maßgeblich (KR-*Etzel* § 1 KSchG Rz. 139). Besonderheiten gelten für **Betriebsteile**. Soweit sie durch Aufgabenbereiche und Organisation eigenständig sind, sind sie wegen ihrer **organisatorischen Einheit** zwar nach § 4 BetrVG als Betrieb anzusehen. **§ 23 KSchG differenziert aber nicht zwischen Betrieb und Betriebsteil**, der lediglich gem. § 4 BetrVG als selbstständiger Betrieb gilt. Das KSchG stellt entscheidend auf die organisatorische Einheit ab, mit der der Unternehmer allein oder in Gemeinschaft mit seinen Mitarbeitern mit Hilfe von sachlichen oder immateriellen Mitteln bestimmte arbeitstechnische Zwecke fortgesetzt verfolgt. Eine nur **teilweise Verselbstständigung** eines Betriebsteils hat deshalb **nicht zur Konsequenz**, dass nach § 23 KSchG etwa für die dringenden betrieblichen Erfordernisse und die betriebsbezogene Sozialauswahl der entsprechende Betriebsteil als **selbstständiger Betrieb** i. S. d. KSchG **anzusehen wäre** (*BAG* 20.8.1998 EzA § 2 KSchG Nr. 31; **a. A.** KR-*Etzel* § 1 KSchG Rz. 139). Auch soweit ein Betriebsteil nach § 4 BetrVG nur wegen seiner räumlich **weiten Entfernung** vom Hauptbetrieb als selbstständiger Betrieb gilt, ist dies für das KSchG nicht maßgebend, weil der Arbeitgeber in diesem Rahmen sein Direktionsrecht ausübt und die Arbeit organisiert, was insbesondere für die soziale Auswahl maßgebend ist (*BAG* 8.8.1985, 15.6.1989 EzA § 1 KSchG Soziale Auswahl Nr. 21, 27; krit. dazu *Kania/Gilberg* NZA 2000, 678 ff.). Die **räumliche Einheit** ist dagegen **kein entscheidendes Kriterium**, sodass auch zentral gelenkte Verkaufsstellen (Filialen) und organisatorisch unselbstständige Betriebsstätten trotz räumlich weiter Entfernung vom Hauptbetrieb mit dem jeweiligen Hauptbetrieb zusammen einen Betrieb bilden (*BAG* 21.6.1995 RzK I 5 d Nr. 50; KR-*Etzel* § 1 KSchG Rz. 139). Eine vom Hauptbetrieb weit entfernt gelegene **kleinere Betriebsstätte** (Tischlerei in einer Werft mit einem Meister und zwei weiteren Arbeitnehmern) ist bei der Berechnung der Betriebsgröße regelmäßig dem **Hauptbetrieb zuzurechnen**, wenn die Kompetenzen des Meisters denen des Leiters einer Betriebsabteilung vergleichbar sind und die wesentlichen Entscheidungen in personellen und sozialen Angelegenheiten im Hauptbetrieb getroffen werden (*BAG* 15.3.2001 EzA § 23 KSchG Nr. 23).

Zu den Betrieben i. S. d. KSchG zählen ferner die sog. Gesamthafenbetriebe (*BAG* 23.7.1970 AP Nr. 3 zu § 1 Gesamthafenbetriebsgesetz) sowie die Arbeitsgemeinschaften des Baugewerbes.

Die Voraussetzungen des Betriebsbegriffs i. S. d. § 23 Abs. 1 S. 2 KSchG müssen im **Inland** erfüllt werden; etwas anderes ergibt sich auch nicht aus Rechtsgrundsätzen der Europäischen Union (*BAG* 9.10.1997 EzA § 23 KSchG Nr. 16; *LAG Köln* 22.11.1996 NZA-RR 1997, 429; vgl. auch *Schmidt* NZA 1998, 169 ff., wonach ins Ausland entsandte Arbeitnehmer mit deutschem Arbeitsvertrag sowie im Inland tätige, aus dem Ausland entsandte Arbeitnehmer mit ausländischem Arbeitsvertrag hinzuzurechnen sind, wenn sie sich nach Art. 30 Abs. 1 EGBGB auf das deutsche KSchG berufen können).

Im Bereich der **öffentlichen Verwaltung** entspricht dem Begriff des Betriebes der der **Dienststelle** (*BAG* 25.9.1956 AP Nr. 18 zu § 1 KSchG).

D. Die Beendigung des Arbeitsverhältnisses

Unter Dienststelle sind die einzelnen Behörden, Verwaltungsstellen, Betriebe der öffentlichen Verwaltung und die Gerichte zu verstehen (§ 6 BPersVG).
Kein Betrieb i. S. d. KSchG ist der Familienhaushalt, sodass Hausangestellte nicht unter seinen Schutz fallen (MünchArbR/*Berkowsky* § 132 Rz. 8).

bb) Arbeitnehmerbegriff

1029 Auch für den Arbeitnehmerbegriff enthält das KSchG keine besondere Definition, sodass auch insoweit die **allgemeinen Grundsätze** gelten (s. o. A/Rz. 38 ff.; APS/*Preis* Grundlagen C Rz. 1 ff.).

cc) Sechsmonatsfrist

(1) Zweck der gesetzlichen Regelung

1030 Ziel der Sechsmonatsfrist ist die Absicht des Gesetzgebers, eine Art gesetzlicher Probezeit zu gewähren, während der ein Arbeitsverhältnis ohne besondere Voraussetzungen beendet werden kann (MünchArbR/*Wank* § 119 Rz. 7; APS/*Dörner* § 1 KSchG Rz. 22 ff.).

Eine über die sechsmonatige Wartezeit hinausgehende vereinbarte Probezeit hat keinen Einfluss auf den Eintritt des allgemeinen Kündigungsschutzes (KR-*Etzel* § 1 KSchG Rz. 64; *Wilhelm* NZA 2001, 818).

(2) Berechnung der Wartezeit; Unterbrechungen

1031 Die Wartezeit **beginnt** mit dem **rechtlichen Beginn** des Arbeitsverhältnisses, nicht erst mit der tatsächlichen Arbeitsaufnahme. **Sie endet mit dem Ablauf desjenigen Tages des letzten Monats, der dem Tag vorhergeht, der durch seine Benennung oder seine Zahl dem Anfangstag der Frist entspricht (§ 188 Abs. 2 BGB;** ausf. *Busemann/Schäfer* a. a. O., Rz. 184 ff.). Arbeitgeber und Arbeitnehmer können vereinbaren, dass der gesetzliche Kündigungsschutz bereits vor Ablauf von sechs Monaten eintritt. Allein die Vereinbarung einer kurzen Probezeit führt aber nicht zu dieser Rechtsfolge, denn der Kündigungsschutz beginnt erst nach Ablauf von 6 Monaten. Etwas anderes gilt nur dann, wenn im Arbeitsvertrag ausdrücklich vereinbart worden ist, dass der Kündigungsschutz früher beginnt (*ArbG Frankfurt/M.* 21.3.2001 – 6 Ca 6950/00 –).

1032 Auf die einzuhaltende Wartezeit ist die Frist eines früheren Arbeitsverhältnisses zu demselben Arbeitgeber bei erneuter Begründung eines Arbeitsverhältnisses dann **anzurechnen,** wenn die **Unterbrechung verhältnismäßig kurz** war und zwischen beiden Arbeitsverhältnissen ein **enger sachlicher Zusammenhang** besteht (*BAG* 10.5.1989 EzA § 1 KSchG Nr. 46).
Werden zwei Lehrer-Arbeitsverhältnisse **nur durch die Schulferien voneinander getrennt,** so wird ein enger sachlicher Zusammenhang u. a. dadurch indiziert, dass im ersten befristeten Vertrag für die Zeit nach dessen Ablauf eine bevorzugte Berücksichtigung bei der Besetzung von Dauerarbeitsplätzen zugesagt war (*BAG* 20.8.1998 EzA § 1 KSchG Nr. 49). Je länger die zeitliche Unterbrechung währt, umso gewichtiger müssen andererseits die für einen sachlichen Zusammenhang sprechenden Umstände sein. (*BAG* 20.8.1998 EzA § 1 KSchG Nr. 50). Bei der Unterbrechung des rechtlichen Bestandes eines Arbeitsverhältnisses für die Dauer von **acht Monaten** ist ein enger sachlicher Zusammenhang zwischen den Arbeitsverhältnissen schon we-

D. Die Beendigung des Arbeitsverhältnisses

gen der Dauer der Unterbrechung **nicht mehr gegeben** (*LAG Hamm* 13.12.1997 NZA-RR 1999, 26).

Nicht anzurechnen sind die im Rahmen eines **Eingliederungsvertrages** (§§ 229 ff. SGB III) zurückgelegten Beschäftigungszeiten (*BAG* 17.5.2001 EzA § 1 KSchG Nr. 54; *LAG Hamm* 22.10.1999–15 Sa 963/99 –); Zeiten eines **betrieblichen Praktikums**, das der beruflichen Fortbildung (§ 46 BBiG) gedient hat, nur dann, wenn sie **im Rahmen eines Arbeitsverhältnisses** abgeleistet worden sind (*BAG* 18.11.1999 EzA § 1 KSchG Nr. 52). **1033**

§ 1 Abs. 1 S. 3 BeschFG 1985, wonach ein enger sachlicher Zusammenhang zu einem vorhergehenden befristeten oder unbefristeten Arbeitsvertrag mit demselben Arbeitgeber insbesondere anzunehmen war, wenn zwischen den Arbeitsverträgen ein Zeitraum von weniger als vier Monaten liegt, betraf nur die Frage, wann eine Neueinstellung i. S. v. § 1 Abs. 1 S. 1 Nr. 1 BeschFG 1985 vorlag. Sie hatte keinen Einfluss auf die Berechnung der Wartezeit nach § 1 Abs. 1 KSchG (*BAG* 10.5.1989 EzA § 1 KSchG Nr. 46). Das BeschFG ist zum 31.12.2000 aufgehoben worden; § 14 Abs. 3 S. 2 TzBfG sieht eine ähnliche Regelung nur noch mit einer Sechsmonatsfrist für ältere Arbeitnehmer vor. **1034**

Fraglich ist, ob auch Zeiten, in denen das Arbeitsverhältnis rechtlich unterbrochen ist, für die Berechnung der Wartefrist dann jedenfalls mitzählen, wenn beide Arbeitsverhältnisse als solche zusammenzurechnen sind (offen gelassen von *BAG* 6.12.1976 EzA § 1 KSchG Nr. 36). Nach Auffassung von *Spilger* (KR § 622 BGB Rz. 60) ist dies deswegen zu bejahen, weil – wie in den Fällen der §§ 210, 212 BGB und § 207 ZPO – zunächst eine Unterbrechung eingetreten ist, die rückwirkend als nicht eingetreten zu behandeln ist.

Zumindest können die Parteien ausdrücklich oder konkludent vereinbaren, dass die Unterbrechungszeit angerechnet werden soll (MünchArbR/*Berkowsky* § 132 Rz. 39). Ist im Rahmen des § 1 Abs. 1 KSchG zwischen den Parteien streitig, ob ein unstreitig begründetes, dann tatsächlich unterbrochenes Arbeitsverhältnis auch rechtlich unterbrochen war, so hat der Arbeitgeber darzulegen und zu beweisen, dass auch eine rechtliche Unterbrechung vorlag (*BAG* 16.3.1989 EzA § 1 KSchG Nr. 45). **1035**

(3) Tarifliche Normen

Eine tarifliche Bestimmung (z. B. § 15 BRTV für gewerbliche Arbeitnehmer im Garten-, Landschafts- und Sportplatzbau), wonach auf die Betriebszugehörigkeitsdauer alle Beschäftigungszeiten im Betrieb anzurechnen sind, sofern die Betriebszugehörigkeit im Einzelfall nicht länger als sechs Monate unterbrochen war, ist auch auf die Berechnung der Wartezeit nach § 1 Abs. 1 KSchG anzuwenden (*BAG* 14.5.1987 EzA § 1 KSchG Nr. 44). **1036**

Das gilt dagegen nicht für § 8 TVAL II über die anrechenbare Beschäftigungszeit, weil diese Norm nur die Fälle regelt, in denen die Dauer der Beschäftigungszeit im Tarifvertrag (§ 44 TVAL II) für die Berechnung der Gehaltsstufe oder für die Berechnung der Kündigungsfrist von Bedeutung ist (*BAG* 10.5.1989 EzA § 1 KSchG Nr. 46).

Ebenso wenig ist die Bestimmung der Ziffer 4.3. MTV Bewachungsgewerbe Niedersachsen über die Anrechnung der Betriebszugehörigkeit bei einem anderen Betrieb des Wach- und Sicherheitsgewerbes durch einen neuen Arbeitgeber auf die Berechnung der Wartezeit nach § 1 Abs. 1 KSchG anzuwenden (»Arbeitnehmer, die nachweislich unmittelbar vor ihrer Einstellung bei einem Betrieb des Wach- und Sicher- **1037**

D. Die Beendigung des Arbeitsverhältnisses

heitsgewerbes beschäftigt waren, wird die dortige Zeit der Betriebszugehörigkeit vom neuen Arbeitgeber voll angerechnet.«). Denn auch dieser Tarifnorm kommt nur tarifimmanente Bedeutung in Bezug auf die Kündigungsfristen, Sozialleistungen bei Sterbefällen und die Urlaubshöhe zu (*BAG* 28.2.1990 EzA § 1 KSchG Nr. 47 unter Hinweis auf *BAG* 30.6.1988 – 2 AZR 71/88 – n. v., wonach der MTV für das Bewachungsgewerbe in Rheinland-Pfalz und im Saarland allerdings gegenteilig auszulegen ist).

dd) Beschäftigtenzahl

(1) Ermittlung der regelmäßigen Beschäftigtenzahl

1038 Für die Ermittlung der gem. § 23 Abs. 1 S. 2 KSchG den Betrieb im Allgemeinen kennzeichnenden regelmäßigen Beschäftigtenzahl (bezogen auf den Kündigungszeitpunkt; vgl. *LAG Rheinland-Pfalz* 16.2.1996 NZA 1997, 315) bedarf es eines Rückblicks auf die bisherige personelle Situation und einer Einschätzung der zukünftigen Entwicklung (*BAG* 31.1.1991 EzA § 23 KSchG Nr. 11; ausf. *Busemann/Schäfer* a. a. O., Rz. 189 ff.; APS/*Moll* § 23 KSchG Rz. 25 ff.).

1039 Zwar ist in erster Linie auf die Zahl der im Zeitpunkt der Kündigung beschäftigten Arbeitnehmer abzustellen. Dies gilt jedoch **nicht i. S. einer Stichtagsregelung.** Die Zahl der regelmäßig beschäftigten Arbeitnehmer ist vielmehr sowohl unter Berücksichtigung der bisherigen zahlenmäßigen Entwicklung der Belegschaft als auch unter Beachtung der zukünftigen Entwicklung zu bestimmen. **Kennzeichnend ist dabei die Feststellung, mit welcher Anzahl von Arbeitnehmern der vom Unternehmer vorgegebene Betriebszweck erreicht werden kann.** Im Rahmen dieser Feststellung darf das ArbG allerdings nicht sein Ermessen an die Stelle dessen des Unternehmens setzen, sondern hat dessen unternehmerische Vorgaben seiner Entscheidung zugrunde zu legen (MünchArbR/*Berkowsky* § 132 Rz. 20).
Wenn **Rückblick und Vorschau** ergeben, dass der bei Zugang der Kündigung tatsächlich gegebene Beschäftigtenstand nicht kennzeichnend für den Betrieb ist, ist aus dieser Perspektive darauf abzustellen, mit **wie vielen Arbeitnehmern der Betrieb regelmäßig auch in Zukunft seine Aufgaben erfüllen wird.** Sinkt aufgrund einer planmäßigen Reduzierung der Beschäftigtenstand auf fünf oder weniger Arbeitnehmer, genießt der zu diesem Zeitpunkt gekündigte Arbeitnehmer keinen Kündigungsschutz. Auf den – höheren – Beschäftigungsstand in der Vergangenheit kommt es nicht an, wenn mit der verringerten Belegschaft der Betrieb auf Dauer fortgeführt werden soll (*LAG Rheinland-Pfalz* 16.2.1996 NZA 1997, 316). Vom Arbeitgeber **gleichzeitig oder zeitnah gekündigte** Arbeitnehmer sind der Beschäftigtenzahl stets hinzuzurechnen, weil der allgemeine Kündigungsschutz andernfalls umgangen werden könnte. **Nicht** zu berücksichtigen sind dagegen **Arbeitnehmer, die selbst gekündigt haben** oder durch **Aufhebungsvertrag** ausscheiden und bei denen im Beurteilungszeitpunkt **feststeht, dass sie nicht ersetzt werden** (*LAG Niedersachsen* 28.2.2000 NZA-RR 2000, 474).
Beschäftigt eine Verwaltung des öffentlichen Rechts mehr als fünf (seit 1.10.1996 mehr als zehn, **ab 1.1.1999 wieder mehr als fünf**; s. u. D/Rz. 1052 f.) Arbeitnehmer, sind gem. § 23 Abs. 1 KSchG die Vorschriften des 1. Abschnitts des KSchG auch dann anzuwenden, wenn in **der einzelnen Dienststelle** weniger Arbeitnehmer beschäftigt sind. Das gilt auch für Verwaltungen eines ausländischen Staates, die in Deutschland

die Voraussetzungen des § 23 Abs. 1 KSchG erfüllen, wenn nach dem Arbeitsvertrag deutsches Kündigungsrecht anzuwenden ist (*BAG* 23.4.1998 EzA § 23 KSchG Nr. 19).

(2) Teilzeitbeschäftigte; Altfälle
Teilzeitbeschäftigte sind nach bislang geltendem Recht nur zu berücksichtigen gewesen, wenn ihre regelmäßige Arbeitszeit **wöchentlich 10 Stunden oder monatlich 45 Stunden** übersteigt (s. u. D/Rz. 1052). § 23 Abs. 1 S. 3 KSchG a. F. war im Wege der teleologischen Reduktion auf Fälle zu beschränken, bei denen unter Zugrundelegung der Anrechnungsmodalität des S. 3 in der seit dem 1.10.1996 geltenden Fassung des § 23 Abs. 1 KSchG (s. u. D/Rz. 1052 f.) ein Kleinbetrieb vorliegt; diese Auslegung des § 23 Abs. 1 S. 3 KSchG a. F. ist mit Art. 3 Abs. 3 GG vereinbar (*BVerfG* 27.1.1998 EzA § 23 KSchG Nr. 18; vgl. dazu *Gragert/Kreutzfeldt* NZA 1998, 567 ff.; *Gragert* NZA 2000, 965 ff.). 1040

Dies durfte die Rechtsstellung bereits vor dem 1.5.1985 beschäftigter Arbeitnehmer aber nicht verschlechtern, weil bis zu diesem Zeitpunkt alle Teilzeitbeschäftigten nach der Rechtsprechung des *BAG* (9.6.1983 EzA § 23 KSchG Nr. 4) insoweit berücksichtigt wurden (§ 23 Abs. 1 S. 4 KSchG).

§ 23 Abs. 1 S. 4 KSchG gilt allerdings nicht für Arbeitnehmer, die am 1.5.1985 noch nicht in einem nach den §§ 1–14 KSchG geschützten Arbeitsverhältnis gestanden haben (*BAG* 18.1.1990 EzA § 23 KSchG Nr. 9). 1041

Gleiches gilt für Arbeitnehmer, die zwar am 1.5.1985 in einem nach den §§ 1–14 KSchG geschützten Arbeitsverhältnis standen, diesen Bestandsschutz aber aus betrieblichen Gründen verlassen haben (hier: Verringerung der Arbeitnehmerzahl durch Ausscheiden am 1.5.1985 vollzeitbeschäftigter Arbeitnehmer nach diesem Stichtag; *BAG* 26.9.1990 EzA § 23 KSchG Nr. 10).

Zu beachten ist, dass die Ausklammerung von Teilzeitbeschäftigten nicht dazu führt, dass nicht berücksichtigte Teilzeitbeschäftigte ihrerseits keinen Kündigungsschutz genießen, wenn nur die Voraussetzungen der §§ 1, 23 KSchG im konkreten Betrieb erfüllt sind. 1042

(3) Einzelfragen
Umschüler sind, wie Auszubildende, dann nicht zu berücksichtigen, wenn sie wie »Lehrlinge« in einem mehrjährigen Vertragsverhältnis zu einem anerkannten Ausbildungsberuf ausgebildet werden (*BAG* 7.9.1983 EzA § 23 KSchG Nr. 6). Eine Mindestaltersgrenze, ab der der Kündigungsschutz einsetzt, besteht seit 1976 nicht mehr. Eine im Rahmen eines Arbeitsvertrages beschäftigte **Praktikantin**, die die für das Berufsziel Erzieherin erforderliche praktische Ausbildung absolviert, ist nicht zu berücksichtigen (*LAG Köln* 28.9.2000 ZTR 2001, 138 Ls.). 1043

In **Saisonbetrieben**, deren Beschäftigtenzahl infolge saisonaler Einflüsse Schwankungen unterworfen ist, kommt es auf die Betriebsgröße während der Saison an (*KR-Weigand* § 23 KSchG Rz. 47). 1044

(4) Zweck der gesetzlichen Regelung
Hinter der Kleinbetriebsklausel steht der Gedanke, den Inhaber eines Kleinbetriebes vor bestimmten **personellen und finanziellen Belastungen zu bewahren**. Ihm soll ermöglicht werden, einem Arbeitnehmer, mit dem in einem auf persönliche Zusammenarbeit ausgerichteten Kleinbetrieb **keine gedeihliche Zusammenarbeit mehr** 1045

D. Die Beendigung des Arbeitsverhältnisses

möglich ist und der u. U. das Betriebsklima erheblich stören kann, das Arbeitsverhältnis aufzukündigen.
Ebenso soll er sich problemlos von einem Arbeitnehmer trennen können, für den keine Beschäftigungsmöglichkeit mehr besteht und dessen Weiterbeschäftigung wirtschaftliche Belastungen bis hin zur **Existenzgefährdung** des Kleinbetriebes nach sich ziehen kann.

1046 Selbst in den Fällen, in denen dem Arbeitgeber auch nach dem KSchG eine Kündigung möglich wäre, soll er von der Belastung mit einem Kündigungsschutzprozess verschont bleiben (*BAG* 19.4.1990 EzA § 23 KSchG Nr. 8).

(5) Vereinbarkeit mit GG und Europarecht
1047 Teilweise (*Bock* DB 1988, 2202; *Kraushaar* DB 1988, 2204) ist die Beschränkung des KSchG in § 23 Abs. 1 S. 2 KSchG als verfassungswidrig angesehen worden, weil die Ungleichbehandlung von Arbeitnehmern in Klein- und Großbetrieben sachlich nicht gerechtfertigt sei und deshalb gegen Art. 3 Abs. 1 GG verstoße.
Das *BAG* (19.4.1990 EzA § 23 KSchG Nr. 8; abl. *Weigand* DB 1997, 2484 ff.) ist dem jedoch nicht gefolgt. Danach lassen sich als sachliche Gründe für die Regelung in § 23 Abs. 1 S. 2 KSchG zum einen die engen persönlichen Beziehungen des Kleinbetriebsinhabers, die geringere verwaltungsmäßige und wirtschaftliche Belastbarkeit der Kleinbetriebe sowie die Gewährleistung größerer arbeitsmarktpolitischer Freizügigkeit des Kleinunternehmers anführen.

1048 Der *EuGH* (30.11.1993) hat schließlich die Befreiung von Kleinbetrieben von einer nationalen Kündigungsschutzregelung für Arbeitnehmer nicht als Beihilfe i. S. v. Art. 92 Abs. 1 EWG-Vertrag (jetzt Art. 87 EGV) qualifiziert.
Auch der Grundsatz der Gleichbehandlung männlicher und weiblicher Arbeitnehmer hinsichtlich der Entlassungsbedingungen i. S. d. Art. 2 Abs. 1, 5 Abs. 1 der Richtlinie 76/207/EWG des Rates vom 3.2.1976 steht der Anwendung dieser Regelung nicht entgegen, wenn nicht nachgewiesen wird, dass die der Regelung nicht unterliegenden Unternehmen erheblich mehr Frauen als Männer beschäftigen.
Selbst wenn dies der Fall wäre, könnte eine solche Regelung durch objektive Faktoren gerechtfertigt sein, die nichts mit einer Diskriminierung aufgrund des Geschlechts zu tun haben, soweit sie die den kleinen Unternehmen auferlegten Lasten erleichtern soll.

1049 Das *BVerfG* (27.1.1998 EzA § 23 KSchG Nr. 17; vgl. dazu *Gragert/Kreutzfeldt* NZA 1998, 567 ff.) hat demgegenüber festgestellt, dass § 23 Abs. 1 S. 2 KSchG nur bei **verfassungskonformer Auslegung** mit dem GG vereinbar war, wonach der **Betriebsbegriff auf die Einheiten zu beschränken ist, für deren Schutz die Kleinbetriebsklausel allein bestimmt ist.** Darunter können allerdings im Einzelfall auch Teile größerer Unternehmen fallen.

1050 Daraus folgt nach der Rechtsprechung des *BAG* (12.11.1998 EzA § 23 KSchG Nr. 20; vgl. dazu *Weigand* ArbuR 1999, 322 ff.), dass für die Feststellung der für die Anwendbarkeit des KSchG notwendigen Arbeitnehmerzahl **von anderen Arbeitgebern beschäftigte Arbeitnehmer grds. nicht zu berücksichtigen sind.** Es ist verfassungsrechtlich unbedenklich, dass eine darüber hinausgreifende Berechnung der Arbeitnehmerzahl – abgesehen von Missbrauchsfällen – **nur dann** in Betracht kommt, wenn aufgrund einer **Führungsvereinbarung** der beteiligten Ar-

D. Die Beendigung des Arbeitsverhältnisses

beitgeber (Unternehmen) eine einheitliche institutionelle Leitung hinsichtlich des Kerns der Arbeitgeberfunktionen im sozialen und personellen Bereich besteht. Nach diesen Grundsätzen genießen die Arbeitnehmer einer Kirchengemeinde der evangelischen Kirche im Rheinland i. d. R. keinen Kündigungsschutz, wenn die Kirchengemeinde nicht eine größere als die in § 23 Abs. 1 S. 2 KSchG genannte Zahl von Arbeitnehmern beschäftigt.

Andererseits handelt es sich bei einem Unternehmen mit **nicht mehr als fünf Arbeitnehmern**, das als **herrschende Konzernmuttergesellschaft** die formal selbstständigen, aber **weisungsgebundenen Konzerntöchter führt**, nicht um einen **Kleinbetrieb** i. S. d. § 23 Abs. 1 S. 2 KSchG. Ein derartiges Unternehmen ist nicht unter den Betriebsbegriff einzuordnen, wie er nach der Rechtsprechung des *BVerfG* (27.1.1998 EzA § 23 KSchG Nr. 17) aus Sinn und Zweck der sog. Kleinbetriebsklausel orientiert zu interpretieren ist, sondern ist vielmehr als **Teil-Einheit des größeren Gesamtunternehmens anzusehen**, für die der Schutzgedanke des § 23 Abs. 1 S. 2 KSchG nicht einschlägig ist (*LAG Düsseldorf* 3.4.2001 NZA-RR 2001, 476). 1051

(6) Änderungen durch das arbeitsrechtliche Beschäftigungsförderungsgesetz

Gem. § 23 Abs. 1 S. 2 KSchG a. F. war seit dem 1.10.1996 die Beschäftigtenzahl von zehn statt wie bisher fünf Arbeitnehmern maßgeblich; statt mindestens sechs mussten nunmehr mindestens elf Arbeitnehmer beschäftigt sein, damit das KSchG Anwendung findet.
Teilzeitbeschäftigte waren zudem bei der Feststellung der Zahl der beschäftigten Arbeitnehmer gem. § 23 Abs. 1 S. 2 KSchG mit einer regelmäßigen wöchentlichen Arbeitszeit von nicht mehr als zehn Stunden mit 0,25 (zuvor wurden sie überhaupt nicht berücksichtigt), nicht mehr als zwanzig Stunden mit 0,5 und nicht mehr als dreißig Stunden mit 0,75 zu berücksichtigen (in diesen Fällen wurden die Teilzeitbeschäftigten zuvor voll berücksichtigt).
§ 23 Abs. 1 S. 2, 3 KSchG berühren bis zum 30.9.1999 nicht die Rechtsstellung der Arbeitnehmer, die am 1.10.1996 gegenüber ihrem Arbeitgeber Rechte aus der zu diesem Zeitpunkt geltenden Fassung der §§ 21 Abs. 1 S. 2–4, 1 ff. KSchG herleiten können: insoweit sind § 1 Abs. 3–5 KSchG anwendbar (vgl. dazu *Bader* NZA 1996, 1127; Praxisbeispiele bei *Richter/Mitsch* DB 1997, 526 ff.). 1052

Die Übergangsregelung kam solchen Arbeitnehmern, die am 1.10.1996 die sechsmonatige Wartezeit noch nicht erfüllt hatten, nicht zugute (*Fischermeier* NZA 1997, 1090 m. w. N.; *Wlotzke* BB 1997, 414; *Schiefer/Worzalla* a. a. O., Rz. 149; **a. A.** *Schwedes* BB 1996, Beil. 17 S. 3).
Der Gesetzgeber geht davon aus, dass sich der vorherige Schwellenwert insbesondere in Handwerksbetrieben, die einen wesentlichen Teil der Kleinbetriebe ausmachen, einstellungshemmend auswirkt.
Gerade im Hinblick auf diesen Schutzzweck wird in der Literatur (*Löwisch* NZA 1996, 1009; *Preis* NJW 1996, 3369 ff.; abl. *Bader* NZA 1996, 1126; *Schiefer/Worzalla* a. a. O., Rz. 127) angeregt, zu überdenken, ob der **Begriff des Betriebes** in § 23 Abs. 1 S. 2 KSchG wirklich, wie bislang angenommen, in gleicher Weise verstanden werden muss wie im Bereich der Betriebsverfassung, oder ob es nicht sachgerecht ist, ihn i. S. v. »**Arbeitgeber**« zu verstehen, sodass Arbeitgeber mit mehr als 10 Arbeitneh- 1053

D. Die Beendigung des Arbeitsverhältnisses

mern dem Anwendungsbereich des allgemeinen Kündigungsschutzes zu unterstellen sind, auch wenn sich die Beschäftigten auf mehrere Kleinbetriebe, etwa die Verkaufsstellen eines Einzelhandelsunternehmens, verteilen. Denn andernfalls besteht die Gefahr, dass ein Unternehmer durch **gezielte Betriebsaufspaltungen** oder eine **sukzessive Umwandlung von Vollzeitstellen in Teilzeitstellen** eine Unterschreitung des neuen gesetzlichen Schwellenwertes erreicht. Aus der Gesetzgebungsgeschichte und der Rechtsprechung des BAG zur »Kleinbetriebklausel« folgt zudem eindeutig, dass der Gesetzgeber durch die Nichtanwendung des KSchG Kleinunternehmer privilegieren wollte, wenn sie aufgrund des aus der Beschäftigtenzahl ablesbaren geringen Umfangs ihrer unternehmerischen Aktivitäten und der sich daraus ergebenden Nähe zu den einzelnen Beschäftigten durch die Anwendung des KSchG unverhältnismäßig belastet würden. **Nach Sinn und Zweck besteht der Schutz oder Privilegierungsbedarf nicht mehr, wenn der Arbeitgeber mehrere Betriebe unterhält.** Deshalb muss danach § 23 Abs. 1 KSchG teleologisch reduziert werden, sodass die Norm nicht mehr anwendbar ist, wenn der Arbeitgeber mehr als einen Betrieb unterhält. Bei der kündigungsschutzrechtlichen Privilegierung verbleibt es nur dann, wenn der Arbeitgeber auch dann zu privilegieren wäre, wenn er seine gesamten Aktivitäten in einem Betrieb gebündelt verfolgt hätte (*Bepler* ArbuR 1997, 58; *Preis* NZA 1997, 1075; *Kittner* ArbuR 1997, 190; ebenso *ArbG Hamburg* 10.3.1997, DB 1997, 2439; a. A. *Fischermeier* NZA 1997, 1090, weil die Frage im Gesetzgebungsverfahren angesprochen wurde, der Gesetzgeber aber gleichwohl unverändert am Betriebsbegriff festgehalten hat; vgl. dazu auch *BVerfG* 27.1.1998 EzA § 23 KSchG Nr. 17, 18; s. o. D/Rz. 1040 ff.).

Aufgehoben, weil gegenstandslos geworden ist zudem der besondere Kündigungsschutz für am 1.5.1985 in einem Arbeitsverhältnis in einem Kleinbetrieb stehende Arbeitnehmer, der darauf beruhte, dass vor diesem Zeitpunkt nach der Rechtsprechung des BAG (s. o. D/Rz. 1041) alle Teilzeitbeschäftigten bei der Ermittlung der notwendigen Beschäftigtenzahl unabhängig von der wöchentlichen/monatlichen Arbeitsverpflichtung berücksichtigt worden waren (§ 23 Abs. 1 S. 4 KSchG a. F.).

(7) Die weitgehende Wiederherstellung alten Rechts durch das »KorrekturG« zum 1.1.1999

1054   Der Gesetzgeber hat den bis zum 1.10.1996 bestehenden Rechtszustand – geringfügig modifiziert – mit Wirkung vom 1.1.1999 wieder hergestellt.
Gem. § 23 Abs. 1 S. 2 KSchG ist in Zukunft wiederum wie bis zum 1.10.1996 maßgeblich, dass **eine Beschäftigtenzahl von mindestens 5, 25 (mehr als fünf)** besteht. Die Übergangsregelung des § 23 Abs. 1 S. 4 KSchG (s. o. D/Rz. 1052) wurde, da überflüssig, ersatzlos gestrichen.

1055   Modifiziert wurde die Berücksichtigung von teilzeitbeschäftigten Arbeitnehmern bei der Feststellung der Zahl der Beschäftigten, soweit es sich um Beschäftigte handelt, die nicht mehr als zehn Stunden arbeiten. Sie waren seit dem 1.10.1996 mit 0,25 zu berücksichtigen (zuvor wurden sie überhaupt nicht berücksichtigt). Nunmehr sind sie mit Wirkung ab dem 1.1.1999 als Teilzeitbeschäftigte mit nicht mehr als zwanzig Stunden mit 0,5 zu berücksichtigen.

D. Die Beendigung des Arbeitsverhältnisses

b) Darlegungs- und Beweislast

aa) Wartezeit
Der Arbeitnehmer trägt die Darlegungs- und Beweislast dafür, dass die Wartezeit erfüllt ist. 1056
Weist er einen zeitgerechten Beginn des Arbeitsverhältnisses nach, obliegt es dem Arbeitgeber, etwaige relevante Unterbrechungen des Arbeitsverhältnisses darzulegen. Das gilt auch dann, wenn es unstreitig tatsächlich unterbrochen war (*BAG* 16.3.1989 EzA § 1 KSchG Nr. 45).
In den Fällen einer rechtlichen Unterbrechung des Arbeitsverhältnisses ist der Arbeitnehmer darlegungs- und beweispflichtig dafür, dass ggf. eine ausdrückliche oder stillschweigende Anrechnungsvereinbarung zustande gekommen ist oder die Neueinstellung in einem engen sachlichen Zusammenhang mit dem zunächst beendeten Arbeitsverhältnis gestanden hat (KR-*Etzel* § 1 KSchG Rz. 129 ff.).
Für die Vereinbarung eines Ausschlusses oder einer Verkürzung der Wartezeit ist ebenfalls der Arbeitnehmer darlegungs- und beweispflichtig (MünchArbR/*Berkowsky* § 132 Rz. 41).

bb) Beschäftigtenzahl

Die Darlegungs- und Beweislast für das Vorliegen der Voraussetzungen des § 23 1057
Abs. 1 S. 2 KSchG trifft nach der Rechtsprechung des *BAG* (9.9.1982 EzA § 611 BGB Arbeitgeberbegriff Nr. 1; 23.3.1984 EzA § 23 KSchG Nr. 7) den Arbeitnehmer, weil es sich um eine Anspruchsvoraussetzung für die Anwendbarkeit des Kündigungsschutzes handelt.

Demgegenüber wird in der Literatur z. T. (*Reinecke* NZA 1989, 583; MünchArbR/*Berkowsky* § 132 Rz. 24; *Bepler* ArbuR 1997, 54 ff.) die Auffassung vertreten, dass im Hinblick auf die sprachliche Formulierung des § 23 Abs. 1 S. 2 KSchG als Ausnahmetatbestand sowie auf den arbeitsrechtlichen Sphärengedanken die Beweislast dem Arbeitgeber aufzuerlegen ist.
Der Arbeitnehmer muss nach der Rechtsprechung des *BAG* (9.9.1982 EzA § 611 BGB 1058
Arbeitgeberbegriff Nr. 1; 23.3.1984 EzA § 23 KSchG Nr. 7) im Einzelnen darlegen und bei Bestreiten des Arbeitgebers beweisen, dass er in einem Betrieb tätig ist, in dem i. d. R. mehr als fünf Arbeitnehmer ausschließlich der zu ihrer Berufsausbildung Beschäftigten unter Berücksichtigung der Teilzeitarbeitnehmer mit dem jeweiligen Stundendeputat (s. o. D/Rz. 1052) beschäftigt werden.
Allerdings dürfen wegen der Sachnähe des Arbeitgebers an die Darlegungslast des Arbeitnehmers **keine zu strengen Anforderungen** gestellt werden (*BAG* 18.1.1990 EzA § 23 KSchG Nr. 9); vgl. *Ramrath* NZA 1997, 1319 ff.).
Hängt die Anwendung des KSchG davon ab, ob ein **mitarbeitendes Familienmit-** 1059
glied zum Beschäftigtenstand zu zählen ist, hat der Kläger im Einzelnen vorzutragen, dass dieses Familienmitglied auf der Basis eines Arbeitsverhältnisses für den Betrieb tätig wird. Denn die Rechtsordnung stellt verschiedene Rechtsverhältnisse zur Verfügung, in denen Dienstleistungen erbracht werden können. Für das Vorliegen eines Arbeitsverhältnisses – Erbringung fremdbestimmter Leistungen in persönlicher Abhängigkeit – ist der Kläger darlegungs- und beweispflichtig (*LAG Rheinland-Pfalz* 16.2.1996 NZA 1997, 316).

D. Die Beendigung des Arbeitsverhältnisses

Der Arbeitnehmer ist auch darlegungs- und beweispflichtig für das Vorliegen einer arbeitsvertraglichen Vereinbarung, durch die der allgemeine Kündigungsschutz auf einen Kleinbetrieb i. S. d. § 23 Abs. 1 S. 2 KSchG ausgedehnt wird (KR-*Weigand* § 23 KSchG Rz. 54).

c) Sozialwidrigkeit der Kündigung

aa) Relative Unwirksamkeitsgründe

1060 Gem. § 1 Abs. 2 S. 1 KSchG ist die Kündigung sozial ungerechtfertigt, wenn sie nicht durch Gründe, die in der Person oder in dem Verhalten des Arbeitnehmers liegen, oder durch dringende betriebliche Erfordernisse, die einer Weiterbeschäftigung des Arbeitnehmers in diesem Betrieb entgegenstehen, bedingt ist (sog. »relative Unwirksamkeitsgründe«, bei denen zum Kündigungsgrund noch eine für den Arbeitgeber positive Interessenabwägung hinzukommen muss).

1061 Unwirksam ist eine Kündigung auch dann, wenn der Arbeitgeber im Rahmen einer betriebsbedingten Kündigung eine **fehlerhafte Sozialauswahl** getroffen hat, also einem schutzbedürftigeren vor einem weniger schutzbedürftigen Arbeitnehmer gekündigt hat, ohne dass dessen Weiterbeschäftigung durch **betriebstechnische, wirtschaftliche oder sonstige berechtigte betriebliche Belange bedingt ist** (§ 1 Abs. 3 S. 1, 2 KSchG).

bb) Absolute Unwirksamkeitsgründe

1062 Gem. § 1 Abs. 2 S. 2, 3 KSchG ist die Kündigung im Übrigen auch dann sozial ungerechtfertigt (»absolute Unwirksamkeitsgründe«, bei deren Verletzung es keiner Interessenabwägung mehr bedarf), wenn
– sie gegen eine Auswahlrichtlinie nach § 95 BetrVG verstößt, oder
– der gekündigte Arbeitnehmer an einem anderen Arbeitsplatz in demselben Betrieb oder einem anderen Betrieb des Unternehmens weiterbeschäftigt werden kann (vgl. BAG 22.7.1982 EzA § 1 KSchG Verhaltensbedingte Kündigung Nr. 10)
und
– der Betriebsrat (oder der Betriebsausschuss nach § 27 BetrVG) aus einem dieser Gründe fristgemäß (§ 102 Abs. 2 S. 1 BetrVG) schriftlich widersprochen hat.

Entsprechendes gilt für Betriebe und Verwaltungen des öffentlichen Rechts, wobei an die Stelle des Betriebsrats die zuständige Personalvertretung tritt (§ 1 Abs. 2 S. 1 Nr. 2 KSchG; vgl. BAG 6.6.1984 AP Nr. 16 zu § 1 KSchG 1969 Betriebsbedingte Kündigung; s. auch unten D/Rz. 1146 ff.).

5. Besonderheiten der ordentlichen Kündigung im öffentlichen Dienst der neuen Bundesländer

a) Ausgestaltung und Zweck der Regelungen

1063 Der Einigungsvertrag (Anl. I Kap. XIX Sachgeb. A Abschn. III Nr. 1 [4.], [6.]) sieht vor, dass für die Dauer von zwei Jahren nach Wirksamwerden des Beitritts die ordent-

D. Die Beendigung des Arbeitsverhältnisses

liche Kündigung eines Arbeitsverhältnisses in der öffentlichen Verwaltung auch zulässig ist,
- wenn der Arbeitnehmer wegen **mangelnder fachlicher Qualifikation** oder **persönlicher Eignung** den Anforderungen nicht entspricht,
- wegen **mangelnden Bedarfs** nicht mehr verwendbar ist oder
- die bisherige Beschäftigungsdienststelle **ersatzlos aufgelöst** wird,
- oder bei Verschmelzung, Eingliederung oder wesentlicher Änderung des Aufbaus der Beschäftigungsdienststelle die bisherige oder eine anderweitige **Verwendung nicht mehr möglich ist.**

Damit soll der besonderen Lage der öffentlichen Verwaltung Rechnung getragen und die notwendige Umstrukturierung erleichtert werden. 1064

Als zusätzliche soziale Maßnahme ist ein **Übergangsgeld** vorgesehen, soweit die Kündigung nicht wegen fehlender Qualifikation oder Eignung erfolgt (vgl. *Dörner/Widlak* NZA 1991 Beil. Nr. 1 S. 51 f.).
Das Sonderkündigungsrecht wegen mangelnder persönlicher Eignung ist **mit dem GG** (insbesondere Art. 33 Abs. 2, 12 Abs. 1 GG) **vereinbar** (*BVerfG* 21.2.1995 EzA Art. 20 EinigungsV Nr. 44).

Eine Kündigung eines aus der DDR übernommenen Arbeitnehmers erfordert allerdings eine Würdigung seiner Persönlichkeit auf der Grundlage seines gesamten Verhaltens vor und nach dem Beitritt. Die für Verbleib und Aufstieg im öffentlichen Dienst der DDR notwendige und übliche Loyalität und Kooperation begründet für sich allein keine mangelnde Eignung i. S. d. Einigungsvertrages. 1065

Durch Gesetz vom 20.8.1992 (BGBl. I 1990, S. 1546) wurde die ursprünglich bis zum 2.10.1992 befristete Regelung bis zum 31.12.1993 **verlängert, ist also inzwischen abgelaufen.** 1066
Diese Regelung war jedenfalls insoweit verfassungskonform (insbesondere im Hinblick auf Art. 12 Abs. 1, 3 GG), als davon Fälle erfasst wurden, in denen der öffentliche Arbeitgeber rechtzeitig vor dem 2.10.1992 das Kündigungsverfahren eingeleitet hatte, dieses sich jedoch ohne sein Verschulden (z. B. durch gesetzliche Mitbestimmungstatbestände) bis nach dem 2.10.1992 hinausgezögert hat (*BAG* 11.5.1995 EzA § 20 EinigungsV Nr. 45; für verfassungswidrig wegen Verstoßes gegen Art. 12 Abs. 1, 3 Abs. 1 GG hielten sie dagegen *Battis/Schulte-Trux* ZTR 1993, 179 ff.; das *BAG* 27.6.1996 EzA Art. 20 EinigungsV Nr. 54 hält sie inzwischen insgesamt für wirksam; ebenso das *BVerfG* 8.7.1997 Art. 20 EinigungsV Nr. 56).
Nach Ablauf auch der verlängerten Geltung der Sonderregelungen gelten nunmehr für die ordentlichen Kündigungen auch im öffentlichen Dienst der neuen Bundesländer die **allgemeinen Bestimmungen**, also insbesondere § 1 KSchG; vgl. zur Beurteilung einer ordentlichen Kündigung nach § 1 Abs. 2 KSchG wegen falscher Beantwortung der Frage nach einer Verpflichtungserklärung zur Zusammenarbeit mit dem MfS *BAG* 13.6.1996 EzA § 1 KSchG Verhaltensbedingte Kündigung Nr. 48.

b) Verhältnis zu §§ 1, 9, 10 KSchG, § 79 PersVG-DDR/BPersVG

Fraglich ist, in welchem Verhältnis diese Regelung zu § 1 KSchG stand. 1067

Nach der Rechtsprechung des *BAG* (24.9.1992 EzA Art. 20 EinigungsV Nr. 17;

D. Die Beendigung des Arbeitsverhältnisses

18.3.1993 EzA Art. 20 EinigungsV Nr. 23; vgl. auch *Ascheid* NZA 1993, 97; **a. A.** *Dörner/Widlak* NZA 1991, Beil. Nr. 1 S. 52; MünchArbR/*Wank* § 119 Rz. 15) ersetzte sie in ihrem Anwendungsbereich § 1 KSchG. Wurde eine Kündigung darauf gestützt, so fand § 1 KSchG daneben keine Anwendung.

1068 Lagen andererseits bei einer Kündigung die Voraussetzungen nach Abs. 4 nicht vor, so ist sie zugleich sozialwidrig i. S. v. § 1 KSchG (*BAG* 18.3.1993 EzA Art. 20 EinigungsV Nr. 23).
Eine Auflösung des Arbeitsverhältnisses gem. §§ 9, 10 KSchG war deshalb zulässig. Der Arbeitgeber konnte z. B. eine Auflösung des Arbeitsverhältnisses erreichen, wenn Gründe vorlagen, die eine den Betriebszwecken dienliche weitere Zusammenarbeit mit dem Arbeitnehmer nicht erwarten ließen.
Die Unwirksamkeit einer Kündigung allein machte es dem Arbeitnehmer aber nicht unzumutbar, das Arbeitsverhältnis fortzusetzen. Die Unzumutbarkeit musste sich aus weiteren Umständen ergeben.

1069 Offen gelassen hat das *BAG* (18.3.1993 EzA Art. 20 EinigungsV Nr. 23) die Frage, unter welchen tatsächlichen Voraussetzungen eine Kündigung nach Maßgabe dieser Vorschriften deshalb unwirksam ist, weil sie gegen § 242 BGB verstößt.
Die Anwendbarkeit des Abs. 4 setzte allerdings voraus, dass es sich nach dem Inhalt der Kündigungserklärung (z. B. bei der Kündigung des Arbeitsverhältnisses eines Zivilangestellten im EDV-Bereich der Grenztruppen der ehemaligen DDR) um eine Kündigung nach Maßgabe dieser Regelung (und nicht nach § 1 KSchG) handeln sollte (*BAG* 25.3.1993 EzA § 55 AGB-DDR 1990 Nr. 1).
Bei einer auf Abs. 4, 5 der Anl. I Kap. XIX Sachgeb. A Abschn. III Nr. 1 zum Einigungsvertrag gestützten Kündigung waren die Beteiligungsrechte des Personalrats gem. § 89 PersVG-DDR/BPersVG zu beachten (*BAG* 23.9.1993 EzA Art. 20 EinigungsV Nr. 25).

c) Persönliche Eignung

aa) Inhaltliche Anforderungen

1070 Die persönliche Eignung gemäß Abs. 4 Nr. 1 der hier erörterten Regelung setzte voraus, dass der Arbeitnehmer sich durch sein gesamtes persönliches Verhalten zur freiheitlichen demokratischen Grundordnung i. S. d. GG bekennen muss.

1071 **Ein Lehrer** muss den ihm anvertrauten Kindern und Jugendlichen glaubwürdig die Grundwerte der Verfassung der BRD vermitteln.
Er ist nicht schon deshalb persönlich ungeeignet, weil er nach den früheren gesetzlichen Bestimmungen der DDR bei der Verwirklichung von deren Staatszielen mitzuwirken hatte. Eine mangelnde persönliche Eignung ist aber indiziert, wenn er sich in der Vergangenheit in besonderer Weise mit dem SED-Staat identifiziert hat. Dies ist anzunehmen, wenn er nicht nur kurzfristig Funktionen wahrgenommen hat, aufgrund derer er in hervorgehobener Position oder überwiegend an der ideologischen Umsetzung der Ziele der SED mitzuwirken hatte (*BAG* 4.11.1993 EzA Art. 20 EinigungsV Nr. 28; krit. *Lakies/Kutscha* NZA 1995, 1079 ff.).

1072 Erforderlich ist andererseits aber eine **Würdigung der Persönlichkeit des Arbeitnehmers** auf der Grundlage seines gesamten Verhaltens vor und nach dem Beitritt.

D. Die Beendigung des Arbeitsverhältnisses

Die für Verbleib und Aufstieg im öffentlichen Dienst der DDR notwendige und übliche Loyalität und Kooperation begründet nach dem Einigungsvertrag für sich allein noch keine mangelnde Eignung (*BVerfG* 21.2.1995 EzA Art. 20 EinigungsV Nr. 44; s. o. D/Rz. 1064).

(1) Hauptamtliches Parteiamt der SED
Wer über einen längeren Zeitraum jedenfalls hauptamtlich ein Parteiamt der SED innehatte, das mit Leitungs-, Kontroll- und Aufsichtsfunktionen verbunden war, erweckt deshalb Zweifel, ob er die Grundwerte der Verfassung der BRD glaubwürdig vermitteln kann. Zur Begründung des Zweifels sind weitere Störungen des Arbeitsverhältnisses nicht erforderlich.
Es ist jedoch zu prüfen, ob **zum Zeitpunkt der Kündigung die Zweifel noch bestehen**. Dies wäre nicht der Fall, wenn sich aus dem Verhalten des Arbeitnehmers vor oder nach dem 3.10.1990 ergibt, dass er zu den Werten des GG steht (*BAG* 18.3.1993 EzA Art. 20 EinigungsV Nr. 23). 1073

(2) Wiederholt gewählter ehrenamtlicher Parteisekretär
Hat ein Lehrer über längere Zeit eine **Funktion** wahrgenommen, **die aufgrund ihrer Exponiertheit oder Aufgabenzuweisung in der gesellschaftlichen Realität der DDR regelmäßig eine Mitwirkung an der Umsetzung der SED-Ideologie bedingte** (z. B. wiederholt gewählter ehrenamtlicher Parteisekretär an einer Schule), so lässt dies den **Schluss auf seine mangelnde persönliche Eignung** i. S. v. Abs. 4 Nr. 1 **zu** (*BAG* 13.10.1994 EzA Art. 20 EinigungsV Nr. 39, 40; s. aber unten cc). Art. 10 MRK steht der Wirksamkeit einer ordentlichen Kündigung wegen der jedenfalls durch die langjährige Ausübung von Parteiämtern der SED begründeten Zweifeln an der Eignung des Beschäftigten nicht entgegen (*BAG* 27.6.1996 EzA Art. 20 EinigungsV Nr. 54). 1074

(3) Freundschaftspionierleiter
Die Tätigkeit als Freundschaftspionierleiter stellt einen Grund dar, die persönliche Eignung eines Lehrers kritisch zu prüfen. Wer als Freundschaftspionierleiter eingesetzt war, ist allerdings **nicht allein deshalb** als Lehrer i. S. v. Abs. 4 Nr. 1 persönlich ungeeignet (*BAG* 4.11.1993 EzA Art. 20 EinigungsV Nr. 28). 1075

(4) Verpflichtung zur inoffiziellen Mitarbeit für das Ministerium für Staatssicherheit; Fragerecht des Arbeitgebers

Wer aufgrund eines freien Willensentschlusses und ohne entschuldigenden Zwang eine Erklärung unterzeichnet hat, künftig für das Ministerium für Staatssicherheit als inoffizieller Mitarbeiter tätig zu werden, begründet erhebliche Zweifel an seiner persönlichen Eignung für eine Tätigkeit im öffentlichen Dienst. 1076

Zur Überprüfung der Eignungsvoraussetzungen nach dem Einigungsvertrag ist der Arbeitgeber zu der Frage berechtigt, ob der Arbeitnehmer für das Ministerium für Staatssicherheit tätig war und ob er eine Verpflichtungserklärung unterzeichnet hat; die Fragebefugnis des Arbeitgebers war ebenso wie die nach früheren Parteifunktionen mit Art. 2 Abs. 1 i. V. m. Art. 1 Abs. 1 GG vereinbar (*BVerfG* 8.7.1997 EzA Art. 20 EinigungsV Nr. 57). Nicht gestattet waren aber Fragen nach Vorgängen, die vor dem Jahre 1970 abgeschlossen waren. Wurden sie unzutreffend beantwortet, dür-

D. Die Beendigung des Arbeitsverhältnisses

fen daraus keine arbeitsrechtlichen Konsequenzen gezogen werden (*BVerfG* EzA Art. 20 EinigungsV Nr. 57; ebenso *BVerfG* 19.3.1998 NZA 1998, 588).

1077 Wer wahrheitswidrig versichert, keine Verpflichtungserklärung abgegeben zu haben, ist i. d. R. ungeeignet für eine Tätigkeit im öffentlichen Dienst (*BAG* 26.8.1993 EzA Art. 20 EinigungsV Nr. 24). Die bewusste Tätigkeit eines Arbeitnehmers des öffentlichen Dienstes als geheimer Informant für das MfS begründet allerdings nicht in jedem Fall eine ordentliche Arbeitgeberkündigung nach dem Einigungsvertrag wegen mangelnder persönlicher Eignung. Die gebotene Einzelfallprüfung kann vielmehr ergeben, dass der Arbeitnehmer für eine weitere Tätigkeit im öffentlichen Dienst ausreichend geeignet ist und eine Weiterbeschäftigung zumutbar ist, z. B. wenn die Tätigkeit für das MfS lange Zeit zurückliegt und der Arbeitnehmer sich durch sein Verhalten vor und nach der Wende von den grundgesetzfeindlichen Zielen des SED-Staates distanziert hat (*BAG* 13.9.1995 EzA Art. 20 EinigungsV Nr. 46); s. auch *BerlVerfGH* 17.12.1997 NZA 1998, 591; zur nach Ablauf der Sonderregelungen Beurteilung dieser Rechtsfrage nach Maßgabe des § 1 Abs. 2 KSchG vgl. *BAG* 13.6.1996 EzA § 1 KSchG Verhaltensbedingte Kündigung Nr. 48).

1078 Auch die vorsätzliche Falschbeantwortung der Frage des Dienstherrn nach einer früheren Tätigkeit für das MfS belegt nicht zwangsläufig die mangelnde persönliche Eignung i. S. d. Einigungsvertrages. Hat der Arbeitnehmer später, als er noch nicht mit einer Aufdeckung seiner früheren Tätigkeit für das MfS rechnen musste, diese offenbart und so dem Arbeitgeber die sachgerechte Entscheidung über eine Weiterbeschäftigung ermöglicht, kann dies hinsichtlich der künftigen Loyalität gegenüber seinem Dienstherrn eine positive Prognose zulassen (*BAG* 13.9.1995 EzA Art. 20 EinigungsV Nr. 46).

1079 Die bloße Unterzeichnung einer Verpflichtungserklärung als »inoffizieller Mitarbeiter zur Sicherung der Konspiration« (IMK) ist ohne die tatsächliche Bereitstellung der Wohnung zu Zwecken des MfS keine Tätigkeit i. S. v. Kap. XIX Sachgeb. A Abschn. III Nr. 1 Abs. 5 Nr. 2 der Anl. I zum Einigungsvertrag (*BAG* 14.12.1995 EzA Art. 20 EinigungsV Nr. 52).

bb) Kein Beurteilungsspielraum des Arbeitgebers; Einzelfallabwägung

1080 Dem öffentlichen Arbeitgeber steht bei der Frage, ob die Voraussetzungen für eine Kündigung nach Abs. 4 Nr. 1 vorliegen, kein Beurteilungsspielraum wie bei der Einstellung eines Bewerbers zu. Bei der Prüfung der persönlichen Eignung im Einzelfall ist ein Beurteilungsspielraum lediglich insoweit gegeben, als belastende und entlastende Umstände gegeneinander abzuwägen sind (*BAG* 4.11.1993 EzA Art. 20 EinigungsV Nr. 28).

1081 Die Arbeitsgerichte verkennen Bedeutung und Tragweite des Grundrechts aus Art. 12 GG in diesem Zusammenhang dann, wenn sie die Frage, ob die Antwort (auf die Frage nach einer Mitarbeit für das MfS) auch tatsächlich geeignet war, das Vertrauen des Arbeitgebers in seine charakterliche Integrität zu zerstören, ohne eine abschließende Würdigung der besonderen Umstände des Einzelfalles entscheiden (*BVerfG* 19.3.1998 NZA 1998, 587).

cc) Darlegungs- und Beweislast

1082 Der kündigende **Arbeitgeber** des öffentlichen Dienstes hat die vom Arbeitnehmer wahrgenommene Funktion einschließlich ihrer Grundlagen, ihrer Aufgabenstellung

und ihrer Bedeutung in der Verfassungswirklichkeit und der gesellschaftlichen Realität der DDR darzulegen und ggf. zu beweisen. Er trägt insoweit die **volle Darlegungs- und Beweislast.**
Der Arbeitnehmer hat die Möglichkeit, die Annahme der besonderen Identifikation durch substantiierten Sachvortrag zu entkräften bzw. die wegen Ausübung bestimmter Funktionen in der ehemaligen DDR indizierte Nichteignung durch konkreten nachprüfbaren Vortrag substantiiert zu bestreiten (*BAG* 4.11.1993, 28.4.1994 EzA Art. 20 EinigungsV Nr. 28, 35).

Trägt er z. B. konkrete Tatsachen vor, die geeignet sind, trotz der wiederholten Wahl zum ehrenamtlichen Parteisekretär die Annahme einer besonderen Identifikation mit den grundgesetzfeindlichen Zielen der SED zu erschüttern, so hat der Arbeitgeber darzutun, dass die behaupteten Entlastungstatsachen nicht vorliegen oder dass aus weiteren Tatsachen auf mangelnde persönliche Eignung des Lehrers zu schließen ist. Die Beweislast liegt aber beim Arbeitgeber (*BAG* 13.10.1994 EzA Art. 20 EinigungsV Nr. 39, 40). 1083

dd) Verfassungsrechtliche Besonderheiten
Bei der Beurteilung der persönlichen Eignung ist nach der Rechtssprechung des *BVerfG* (8.7.1997 EzA Art. 12 GG Nr. 34) zu beachten, dass die in Art. 33 Abs. 2 GG verankerten Anforderungen an den Zugang zum öffentlichen Dienst auch dann gelten, wenn die Prüfung der Zugangsvoraussetzungen im Rahmen der Entscheidung über die Kündigung nach Maßgabe von D/Rz. 1070 ff. nachgeholt wird. Die dabei verfassungsrechtlich gebotene Gesamtwürdigung der Persönlichkeit des Mitarbeiters darf nicht dadurch verkürzt werden, dass einer von ihm früher innegehabten Position das Gewicht einer gesetzlichen Vermutung beigemessen wird, die einen Eignungsmangel begründet, wenn sie nicht widerlegt wird. 1084

d) Mangelnder Bedarf

aa) Grundlagen

> Eine wirksame Kündigung wegen mangelnden Bedarfs gemäß Abs. 4 Nr. 2 setzt voraus, dass der Arbeitgeber substantiiert dartut und im Falle des Bestreitens beweist, dass die Anzahl der vorhandenen Arbeitnehmer größer ist als die unter Zugrundelegung einer unternehmerischen Entscheidung zur Verfügung stehende Arbeitsmenge. Eine bloße Behauptung, der Personalbestand solle verringert werden, reicht nicht aus. Es ist auch vorzutragen, dass für den zu Kündigenden keine Beschäftigungsmöglichkeit mehr besteht (*BAG* 18.3.1993 EzA Art. 20 EinigungsV Nr. 21). 1085

Eine Kündigung eines Arbeitsverhältnisses in der öffentlichen Verwaltung kommt insbesondere dann nicht in Betracht, wenn die anderweitige Verwendung des Arbeitnehmers bei einer Ersatz-Beschäftigungsstelle – auch in einem anderen Verwaltungszweig desselben Arbeitgebers – möglich ist/war (*BAG* 17.7.1997 EzA Art. 20 EinigungsV Nr. 59). 1086

Für die Beurteilung von Lehrerkündigungen ist insoweit der Rahmen maßgebend, in dem der öffentliche Arbeitgeber Bedarf oder Überhang an einzelnen Schulen durch Versetzung ausgleichen kann und muss (z. B. der Schulamtsbereich). 1087

D. Die Beendigung des Arbeitsverhältnisses

Bei der Prüfung des mangelnden Bedarfs ist nicht darauf abzustellen, welche Fächer und an welcher Schulart ein Lehrer tatsächlich unterrichtet hat. Vielmehr kommt es auf den Beschäftigungsbedarf in den Unterrichtsfächern und in der Schulart an, für die er nach Lehrbefähigung und praktischer Tätigkeit qualifiziert ist. Nur wenn sich der Arbeitgeber im Regelfall selbst nicht an einen Einsatz der Lehrer entsprechend ihrer formell erworbenen Qualifikation hält, kann er dem Lehrer dieses Kriterium für die Bedarfsbestimmung nicht entgegenhalten (*BAG* 19.1.1995 EzA Art. 20 EinigungsV Nr. 43).

bb) Auswahlentscheidung

1088 Ein nur **mangelnder, aber nicht völlig fehlender Bedarf** erfordert zur Bestimmung, welcher Arbeitnehmer konkret nicht mehr verwendbar ist, eine **Auswahlentscheidung** des Arbeitgebers, die **nach vernünftigen, sachlichen Kriterien** (§§ 242, 315 Abs. 1 BGB) zu treffen ist. Soziale Gesichtspunkte sind dabei ausreichend zu berücksichtigen. Dienstliche Auswahlbelange des Arbeitgebers und soziale Belange der Arbeitnehmer sind gegeneinander abzuwägen. Ein Vorrang kommt den dienstlichen Interessen nicht zu (*BAG* 19.1.1995 EzA Art. 20 EinigungsV Nr. 43). Diese Grundsätze gelten auch dann, wenn sich ein Angehöriger des öffentlichen Dienstes, dem wegen mangelndem Bedarf gekündigt wird, neben anderen Angehörigen seiner Dienststelle um freie Arbeitsplätze beworben hat. Voraussetzung dafür ist allerdings, dass die Bewerber für die ausgeschriebene Stelle gleichermaßen geeignet sind (*BAG* 11.9.1997 EzA Art. 20 EinigungsV Soziale Auswahl Nr. 5).

Nimmt der Arbeitgeber die Auswahlentscheidung in einem zu engen Rahmen (Schule anstelle Schulamtsbezirk) vor, verstößt die Auswahlentscheidung nur dann gegen Treu und Glauben, wenn sie unter Berücksichtigung des Personenkreises des Schulamtsbezirks fehlerhaft ist (*BAG* 29.8.1996 EzA Art. 20 EinigungsV Soziale Auswahl Nr. 1; vgl. auch *BAG* 20.3.1997 Art. 20 EinigungsV Soziale Auswahl Nr. 4 zur Besetzung der Stelle eines Hochschullehrers).

cc) Beteiligung der Personalvertretung; Darlegungs- und Beweislast

1089 Zur ordnungsgemäßen Beteiligung der Personalvertretung vor Ausspruch der Kündigung gehört in diesen Fällen die **Mitteilung der Auswahlüberlegungen,** die der Arbeitgeber angestellt hat (*BAG* 5.10.1995 EzA Art. 20 EinigungsV Nr. 48). Beruft er sich auf eine Auswahl nach sozialen Kriterien, hat er der Personalvertretung auch die von ihm herangezogenen **Sozialdaten** der aufgrund der Auswahl nicht betroffenen Arbeitnehmer anzugeben (*BAG* 26.10.1995 EzA Art. 20 EinigungsV Nr. 51).

Überlässt der Arbeitgeber die Auswahl einer Personalkommission, so sind dem Personalrat die von dieser Kommission angestellten Auswahlüberlegungen mitzuteilen, soweit sie dem Personalrat nicht bereits bekannt sind.

Welche Auswahlüberlegungen angestellt und welche dem Personalrat mitgeteilt wurden bzw. bekannt waren, hat der Arbeitgeber im Bestreitensfall zu beweisen (*BAG* 5.10.1995 EzA Art. 20 EinigungsV Nr. 48).

D. Die Beendigung des Arbeitsverhältnisses

6. Die Beendigung des Arbeitsverhältnisses im öffentlichen Dienst der neuen Bundesländer ohne Kündigung (»Warteschleife«)

a) Überführung von Verwaltungseinrichtungen

aa) Grundlagen

Für die beim Wirksamwerden des Beitritts in der öffentlichen Verwaltung der DDR beschäftigten Arbeitnehmer gelten grds. die am Tage vor dem Wirksamwerden des Beitritts für sie geltenden Arbeitsbedingungen (vgl. *Dörner/Widlak* NZA 1991 Beil. Nr. 1, S. 51).
Werden Verwaltungseinrichtungen gem. Art. 13 Abs. 1, 2 Einigungsvertrag auf den Bund oder ein Bundesland überführt, so bestehen die Arbeitsverhältnisse der dort beschäftigten Arbeitnehmer zum Bund bzw. dem jeweiligen Bundesland. Entsprechendes gilt bei Überführung auf bundesunmittelbare Körperschaften, Anstalten und Stiftungen des öffentlichen Rechts sowie für Arbeitnehmer, die Gemeinschaftsaufgaben nach Art. 91 b GG wahrnehmen. 1090

Eine (Teil-)Einrichtung wurde i. S. v. Art. 13 Einigungsvertrag überführt, wenn der Träger öffentlicher Verwaltung sie unverändert fortführte oder sie unter Erhaltung der Aufgaben, der bisherigen Strukturen sowie des Bestandes an sächlichen Mitteln in die neue Verwaltung eingliederte. Sektionen einer Hochschule in der ehemaligen DDR waren z. B. Teileinrichtungen in diesem Sinne (*BAG* 15.12.1994 EzA Art. 13 EinigungsV Nr. 14). 1091
Wurde die (Teil-)Einrichtung nur vorläufig mit dem Ziel der Auflösung fortgeführt, lag darin keine Überführung i. S. v. Art. 13 Einigungsvertrag (*BAG* 28.1.1993 EzA Art. 13 EinigungsV Nr. 12).
Eine Beschäftigungsdienststelle wurde dann ersatzlos aufgelöst, wenn der Träger öffentlicher Verwaltung die bisherige organisatorische Verwaltungseinheit von materiellen, immateriellen und persönlichen Mitteln aufgegeben und deren Verwaltungstätigkeit dauerhaft eingestellt hat (*BAG* 26.5.1994 EzA Art. 20 EinigungsV Nr. 37). 1092
Mit der wesentlichen inhaltlichen Veränderung von Forschung und Lehre an einer Sektion einer Hochschule (z. B. im Fach Journalistik) fiel deren wesentliche Aufgabenstellung weg (*BAG* 15.12.1994 EzA Art. 13 EinigungsV Nr. 14).
Wird eine bestehende (Teil-)Einrichtung überführt und kündigt der Arbeitgeber das Arbeitsverhältnis wegen der bevorstehenden Überführung der Einrichtung, findet § 613 a Abs. 4 BGB entsprechende Anwendung (*BAG* 21.7.1994 EzA § 613 a BGB Nr. 119).

bb) Verfahrensfragen

Die Überführung einer Einrichtung gem. Art. 13 Einigungsvertrag bedurfte einer auf den verwaltungsinternen Bereich zielenden Organisationsentscheidung der zuständigen Stelle. Sie konnte eine Einrichtung als ganze oder eine Teileinrichtung betreffen, die ihre Aufgabe selbstständig erfüllen konnte. Dies setzte eine organisatorisch abgrenzbare Funktionseinheit mit eigener Aufgabenstellung und der Fähigkeit zu einer aufgabenbezogenen Eigensteuerung voraus. 1093
Die Entscheidung zur Überführung einer (Teil-)Einrichtung durfte von den zuständigen obersten Bundesbehörden gem. Art. 13 Abs. 2 Einigungsvertrag bereits vor dem Wirksamwerden des Beitritts am 3.10.1990 gefällt werden. 1094

D. Die Beendigung des Arbeitsverhältnisses

Die Überführungsentscheidung war mangels außenwirksamer Regelung kein Verwaltungsakt und konnte formfrei ergehen (*BAG* 3.9.1992 EzA Art. 13 EinigungsV Nr. 10).

Eine Einrichtung wurde nicht dadurch auf die öffentliche Verwaltung überführt, dass sie von einem privaten Rechtsträger übernommen (»privatisiert«) wurde. Das gilt auch dann, wenn die öffentliche Hand Alleingesellschafter des privaten Rechtsträgers war (*BAG* 27.10.1994 AP Nr. 10 zu Art. 13 Einigungsvertrag).

cc) Darlegungs- und Beweislast

1095 Macht ein **Arbeitnehmer** des öffentlichen Dienstes der ehemaligen DDR geltend, sein Arbeitsverhältnis sei gem. Art. 13 Abs. 2, Art. 20 Abs. 1 Einigungsvertrag i. V. m. Anl. I Einigungsvertrag Kap. XIX Sachgeb. A Abschn. III Nr. 1 Abs. 2 S. 1 auf die BRD übergegangen und bestehe als aktives fort, hat er **die Überführung seiner Beschäftigungs (Teil-)Einrichtung darzulegen und ggf. zu beweisen** (*BAG* 15.10.1992 EzA Art. 13 EinigungsV Nr. 11).

b) Ruhen des Arbeitsverhältnisses; Wartegeld

1096 **Wurde bis zum 3.10.1990 keine (positive) Überführungsentscheidung getroffen, trat kraft Gesetzes die Auflösung der Einrichtung bzw. der nicht überführten Teile ein.** Die Abwicklung diente der Umsetzung der Auflösung und war auf die Liquidation der Einrichtung oder der nicht überführten Teile gerichtet. Die kraft Gesetzes eingetretene Abwicklung bedurfte zu ihrer Wirksamkeit keiner Bekanntgabe.

1097 Die Arbeitsverhältnisse der betroffenen Arbeitnehmer **ruhten** vom Tag des Wirksamwerdens des Beitritts an für sechs Monate bzw. bei Arbeitnehmern, die älter als 50 Jahre waren, für neun Monate, sodass insbesondere die beiderseitigen Hauptleistungspflichten suspendiert waren. Der Arbeitnehmer hatte in dieser Zeit Anspruch auf Zahlung eines **Wartegeldes**.

Während dieser »Warteschleife« konnten Ansprüche aus an sich fortgeltenden Arbeitsbedingungen – z. B. auf eine Prämie für langjährige Tätigkeit in den Staatsorganen der DDR – nicht mehr entstehen (*BAG* 9.11.1994 AP Nr. 25 Art. 20 Einigungsvertrag).

1098 **Wird der Arbeitnehmer in dieser Zeit nicht weiterverwendet, so endet das Arbeitsverhältnis mit Fristablauf, ohne dass es einer Kündigung bedarf.** Dabei werden individuelle soziale Gegebenheiten nicht berücksichtigt.

Das Ruhen und die Beendigung des Arbeitsverhältnisses waren unabhängig vom Vertragsinhalt des einzelnen Arbeitsverhältnisses, sodass auch sog. Berufsförderungsverträge erfasst wurden (*BAG* 16.3.1995 AP Nr. 14 zu Art. 13 Einigungsvertrag).

Die Weiterverwendung des Arbeitnehmers gemäß Anl. I Kap. XIX Sachgeb. A Abschn. III Nr. 1 Abs. 2 S. 5 zum Einigungsvertrag setzt voraus, dass das Arbeitsverhältnis über den gesetzlichen Beendigungszeitpunkt hinaus **einverständlich unbefristet fortgesetzt wird**. Eine nur befristete Fortsetzung genügt dagegen nicht, (*BAG* 21.7.1994 AP Nr. 9 zu Art. 13 Einigungsvertrag).

1099 Wurde dem Arbeitnehmer die Abwicklungsentscheidung nicht spätestens am 3.10.1990 oder zu dem um bis zu drei Monate hinausgeschobenen Zeitpunkt bekannt gemacht, dauerte das Arbeitsverhältnis nicht schon deshalb über den gesetzlichen Beendigungszeitpunkt hinaus fort. Der notwendige Vertrauensschutz ist gewahrt, wenn die für den Arbeitnehmer maßgebende Kündigungsfrist ab der Bekanntgabe bis zur gesetzlichen Beendigung des Arbeitsverhältnisses eingehalten ist (*BAG* 23.9.1993 EzA Art. 20 EinigungsV Nr. 25).

D. Die Beendigung des Arbeitsverhältnisses

Während der gesetzlichen Dauer des Ruhens eines Arbeitsverhältnisses gem. Art. 20 Abs. 1 Einigungsvertrag bedurfte es zum Abschluss eines befristeten Arbeitsvertrages zur Beschäftigung in der abzuwickelnden Einrichtung jedenfalls dann keines sachlich rechtfertigenden Grundes, wenn keine Beschäftigung über den Ablauf des gesetzlichen Ruhenszeitraums hinaus vereinbart wurde (*BAG* 14.10.1993 EzA Art. 20 EinigungsV Nr. 27).
Der neue Arbeitgeber des öffentlichen Dienstes konnte sich im Verhältnis zum einzelnen Arbeitnehmer auf das Ruhen des Arbeitsverhältnisses erst ab Bekanntgabe der gesetzlichen Ruhensfolge berufen (*BAG* 3.9.1992 EzA Art. 13 EinigungsV Nr. 10).

1100

Diese Regelung ist allerdings insoweit mit Art. 12 Abs. 1 GG unvereinbar und damit nichtig, als dadurch die Kündigungsschutzvorschriften des Mutterschutzrechts durchbrochen werden. Arbeitnehmerinnen, die unter das MuSchG fallen, werden folglich nicht erfasst (*BVerfG* 24.4.1991 NJW 1991, 1662).

1001

Arbeitsverhältnisse, die diesem Mutterschutz unterfielen, bestanden entgegen Art. 38 Abs. 3 S. 1 EinigungsV unbefristet fort (*BAG* 10.10.1996 NZA 1997, 491).
Der danach bezeichnete Mutterschutz erfasst jedoch nicht Mütter, die nach der befristet weitergeltenden DDR-Rechtslage nach dem Wochenurlaub gem. § 246 AGB-DDR von der Arbeit freigestellt waren und Kündigungsschutz nach § 58 AGB-DDR hatten (*BAG* 6.7.1995 EzA § 58 AGB-DDR 1990 Nr. 3).

Schwerbehinderte Menschen, Alleinerziehende und ältere Arbeitnehmer werden zwar erfasst, sind aber bei der späteren Einstellungspolitik bevorzugt zu berücksichtigen. Bei Missbräuchen bleiben die Beschäftigungsverhältnisse im Übrigen bestehen (*BVerfG* 24.4.1991 NJW 1991, 1662; vgl. auch *Dietrich* RdA 1992, 350). Eine Pflicht, einen bestimmten Arbeitnehmer einzustellen, bestand wegen des auch insoweit dem Arbeitgeber grds. zustehenden Beurteilungsspielraums nur dann, wenn jede andere Entscheidung rechtswidrig gewesen wäre (*BAG* 28.1.1993 EzA Art. 13 EinigungsV Nr. 12).

1102

Im Bereich der erst mit dem Wirksamwerden des Beitritts neu entstandenen Länder konnte gemäß Anl. I zum Einigungsvertrag Kap. XIX Sachgeb. A Abschn. III Nr. 1 Abs. 3 i. V. m. Fn. 2 zu Abs. 2 der Ruhensbeginn noch nach dem 2.10.1990 hinausgeschoben werden (*BAG* 20.6.1995 EzA Art. 13 EinigungsV Nr. 15).

VI. Die ordentliche personenbedingte Arbeitgeberkündigung

1. Begriffsbestimmung; Abgrenzung zur verhaltensbedingten Kündigung

Das Gesetz enthält keine Definition des personenbedingten Grundes i. S. d. § 1 Abs. 2 S. 1 KSchG. Zur Ausfüllung dieses Rechtsbegriffs nennt das Gesetz auch weder Beispiele noch sieht es einen abschließenden Katalog von möglichen personenbedingten Gründen vor (KR-*Etzel* § 1 KSchG Rz. 265 ff.; APS/*Dörner* § 1 KSchG Rz. 118 ff.).

1103

Als Gründe in der Person des Arbeitnehmers sind insbesondere solche anzusehen, die auf den persönlichen Eigenschaften und Fähigkeiten des Arbeitnehmers beruhen (vgl. ausf. *Berkowsky* NZA-RR 2001, 393 ff., 449 ff.).

D. Die Beendigung des Arbeitsverhältnisses

1104 Da sich diese Umstände auch im Verhaltensbereich des Arbeitnehmers niederschlagen können, ist eine eindeutige Abgrenzung gegenüber verhaltensbedingten Gründen problematisch. Entscheidend ist die Frage, ob die primäre »**Störquelle**« für den Bestand des Arbeitsverhältnisses ihre Ursache in den persönlichen Eigenschaften und Fähigkeiten des Arbeitnehmers hat und einer Willenssteuerung nicht zugänglich ist (z. B. Krankheit, konstitutionell bedingtes Nachlassen der Leistungsfähigkeit) oder ob sich der Arbeitnehmer willensgesteuert anders verhalten könnte, als er sich tatsächlich verhält (z. B. bei bewusstem und gewolltem Zurückhalten der Arbeitsleistung).

Möglich ist aber auch, dass mehrere, voneinander unabhängige selbstständige Kündigungstatbestände vorliegen (zur Abgrenzung s. u. D/Rz. 1705 ff.).

Hauptanwendungsfall der personenbezogenen Kündigung in der Praxis ist die **krankheitsbedingte Kündigung**.

2. Übersicht über die Voraussetzungen der krankheitsbedingten Kündigung

a) Begriffsbestimmungen

1105 Der Begriff der krankheitsbedingten Kündigung erfasst alle Fallgestaltungen, in denen eine arbeitgeberseitige Kündigung durch eine Erkrankung des Arbeitnehmers motiviert worden ist. Erfasst ist insoweit eine Vielzahl denkbarer Fallgestaltungen. Doch kann eine Erkrankung des Arbeitnehmers als solche eine Kündigung niemals begründen, d. h. allein mit dem Hinweis auf eine aktuelle oder frühere Krankheit kann der Arbeitgeber eine Kündigung sozial nicht rechtfertigen. Die Erkrankung des Arbeitnehmers spielt lediglich insoweit eine Rolle, als sie Ursache der betriebsstörenden Nichtbesetzung des Arbeitsplatzes ist und ggf. Daten für die notwendige Prognose für die Zukunft liefert (MünchArbR/*Berkowsky* § 136 Rz. 5, 6). Krankheit (vgl. zum Krankheitsbegriff im Arbeitsrecht ausf. *Lepke* NZA-RR 1999, 57 ff.; *ders.* Kündigung bei Krankheit Rz. 52 ff.) ist andererseits auch **kein Kündigungshindernis:** Eine Kündigung ist deshalb weder allein deswegen unwirksam, weil sie während einer Erkrankung ausgesprochen worden ist, noch hindert eine Erkrankung des Arbeitnehmers den Ablauf der Kündigungsfrist (vgl. *Lepke* Kündigung bei Krankheit Rz. 77 ff.).

b) Überblick über die Tatbestandsvoraussetzungen

1106 Nach der Rechtsprechung des *BAG* (7.11.1985 EzA § 1 KSchG Krankheit Nr. 25; 16.2.1989 EzA § 1 KSchG Krankheit Nr. 26; 6.9.1989 EzA § 1 KSchG Krankheit Nr. 27; 26.9.1991 EzA § 1 KSchG Personenbedingte Kündigung Nr. 10; vgl. ausf. *Lepke* Kündigung bei Krankheit Rz. 82 ff.; APS/*Dörner* § 1 KSchG Rz 134 ff.) ist eine krankheitsbedingte Kündigung nur dann sozial gerechtfertigt, wenn aufgrund
– objektiver Umstände (insbesondere bisheriger Fehlzeiten) bei einer lang anhaltenden Erkrankung mit einer weiteren Arbeitsunfähigkeit auf nicht absehbare Zeit bzw. bei häufigeren Kurzerkrankungen auch weiterhin (»Wiederholungsgefahr«) mit erheblichen krankheitsbedingten Fehlzeiten gerechnet werden muss (negative Gesundheitsprognose);
– die entstandenen und prognostizierten Fehlzeiten zu einer erheblichen Beeinträchtigung der betrieblichen Interessen des Arbeitgebers führen (erhebliche

D. Die Beendigung des Arbeitsverhältnisses

betriebliche Auswirkungen haben) und
– sich im Rahmen der umfassenden Interessenabwägung im Einzelfall eine unzumutbare betriebliche oder wirtschaftliche Belastung des Arbeitgebers ergibt.

3. Negative Gesundheitsprognose

a) Begriffsbestimmung

Voraussetzung für die soziale Rechtfertigung einer krankheitsbedingten Kündigung ist zunächst eine begründete negative Gesundheitsprognose. Denn eine Kündigung stellt keine Sanktion für vergangenheitsbezogenes Fehlverhalten dar, sondern ist nur ein Instrument, um betriebswirtschaftlich unvertretbaren Besetzungen von Arbeitsplätzen für die Zukunft zu begegnen. 1107

Voraussetzung ist deshalb, dass der Arbeitnehmer Fehlzeiten infolge Krankheit in voraussichtlich so großem Umfang aufweisen wird, dass diese zu erheblichen und deshalb dem Arbeitgeber letztlich nicht mehr zumutbaren betrieblichen und/oder wirtschaftlichen Störungen führen würden.

Beide Komponenten (Prognose krankheitsbedingter Fehlzeiten und die Prognose erheblicher betrieblicher und/oder wirtschaftlicher Belastungen) bilden den Kündigungsgrund (*BAG* 25.11.1982 EzA § 1 KSchG Krankheit Nr. 10; vgl. APS/*Dörner* § 1 KSchG Rz. 139 ff.).

b) Gegenstand der Prognose

Eine negative Gesundheitsprognose liegt dann vor, wenn zum Zeitpunkt des Zugangs der Kündigung (*BAG* 25.11.1982 EzA § 1 KSchG Krankheit Nr. 10) aufgrund objektiver Tatsachen damit zu rechnen ist, dass der Arbeitnehmer auch in Zukunft seinem Arbeitsplatz krankheitsbedingt in erheblichem Umfang (aufgrund häufiger Kurzerkrankungen oder aufgrund einer lang anhaltenden Erkrankung) fernbleiben wird. 1108

Für diese Prognose spielen die bisherigen, objektiv feststellbaren Krankheitszeiten keine unmittelbare, allerdings eine mittelbare Rolle. Insoweit können auch vergangenheitsbezogene Fehlzeiten eine negative Gesundheitsprognose begründen. 1109

Auf Betriebsunfällen beruhende krankheitsbedingte Fehlzeiten können eine negative Gesundheitsprognose ebenso wenig rechtfertigen wie auf einmaligen Ursachen beruhende Fehltage (*BAG* 14.1.1993 NZA 1994, 309).

Ist der Arbeitnehmer bereits längere Zeit erkrankt, so ist dies regelmäßig ein erstes, wenn auch nicht ausreichendes Indiz dafür, dass diese Erkrankung noch länger andauert. Darüber hinaus müssen im Zeitpunkt der Kündigung aber weitere objektive Anhaltspunkte dafür vorliegen, dass mit einer Wiederherstellung der Arbeitsfähigkeit in absehbarer Zeit nicht zu rechnen ist, weil die Dauer einer Erkrankung in der Vergangenheit objektiv nichts darüber aussagt, inwieweit sie sich auch in Zukunft länger fortsetzen wird (*BAG* 15.8.1984 EzA § 1 KSchG Krankheit Nr. 16). 1110

Eine »lang anhaltende Krankheit« ist bei einem fünf Jahre bestehenden Arbeitsverhältnis nicht bereits bei einer erst seit **zwei Monaten** andauernden Krankheit gegeben (*LAG Köln* 25.8.1995 NZA-RR 1996, 247); eine **viermonatige Erkrankung** kann dagegen u. U. ausreichend sein (*LAG Köln* 19.12.1995 NZA-RR 1996, 250).

D. Die Beendigung des Arbeitsverhältnisses

1111 Allerdings ist es nicht stets erforderlich, die 6-Wochenfrist des EFZG vor dem Ausspruch einer Kündigung abzuwarten (*Hueck/von Hoyningen-Huene* § 1 Rz. 243; MünchArbR/*Berkowsky* § 136 Rz. 14; **a. A.** KR-*Becker* 3. Aufl., § 1 KSchG Rz. 213). Die negative Gesundheitsprognose ist auch dann begründet, wenn der Arbeitnehmer erst kurze Zeit erkrankt ist, und die konkreten Umstände (etwa unfallbedingte schwere Verletzungen) die Prognose einer lang andauernden Erkrankung dennoch rechtfertigen.

c) Einlassung des Arbeitnehmers

1112 Eine danach begründete negative Gesundheitsprognose des Arbeitgebers kann der **Arbeitnehmer** dadurch entkräften, dass er darlegt, aufgrund **welcher Umstände** (etwa eine bevorstehende Operation, der fortgeschrittene Heilungsprozess, ggf. die Entdeckung eines neuartigen Heilmittels) **mit seiner alsbaldigen Genesung und der Wiederherstellung seiner Arbeitsfähigkeit zu rechnen ist** (*BAG* 6.9.1989 EzA § 1 KSchG Krankheit Nr. 26; MünchArbR/*Berkowsky* § 136 Rz. 14; zur Darlegungs- und Beweislast s. u. D/Rz. 1174 ff.).

d) Praktische Bedeutung ärztlicher Bescheinigungen über nur noch eingeschränkte Einsatzfähigkeit

1113 Fraglich ist in diesem Zusammenhang, welche Bedeutung ärztlichen Bescheinigungen zukommt, mit denen dem Arbeitnehmer attestiert wird, z. B. nicht mehr in der Lage zu sein, bestimmte Tätigkeiten auszuführen.
Derartige Bescheinigungen sind häufig verbunden mit der Aufforderung an den Arbeitgeber, den Arbeitnehmer mit leichteren Arbeiten zu beschäftigen.

1114 Das Problem stellt sich konkret z. B. dann, wenn zur arbeitsvertraglich geschuldeten Tätigkeit einer Küchenhilfskraft »die Erledigung aller anfallenden Küchenarbeiten zur Vor- und Zubereitung sowie Ausgabe der Teilmahlzeitenverpflegung, wobei in einem Umfang von zehn Stunden pro Woche die Körperkräfte außerordentlich beansprucht werden durch den Transport von Geschirr und Speisebehälter« sowie »das Reinigen des Schwarzgeschirrs« gehört und der Arbeitnehmer ein ärztliches Attest vorlegt, das folgenden Wortlaut hat:
»Der Patient steht wegen eines WS-Syndroms in ständiger Behandlung bei mir. Tätigkeiten im Laden in Verbindung mit dem Heben schwerer Lasten sowie häufigem Bücken sind dem Patienten nicht zumutbar, da mit einer wesentlichen Verschlimmerung gerechnet werden muss.«

1115 Fraglich ist dann, ob sich nicht bereits aus der – i. d. R. vom Arbeitnehmer selbst vorgelegten – Bescheinigung eine negative Gesundheitsprognose ergibt, sodass der Arbeitgeber nicht nur zur Zuweisung einer anderweitigen »leichteren« Arbeitstätigkeit verpflichtet, sondern zum Ausspruch einer ordentlichen krankheitsbedingten Kündigung berechtigt ist.

aa) Indizwirkung

1116 Das *BAG* (28.2.1990 EzA § 1 KSchG Personenbedingte Kündigung Nr. 5) hat darin nur eine ärztliche Empfehlung gesehen. Diese kann allerdings, ergänzt durch die vorgetragenen eigenen Beschwerden des Klägers, seine Krankheitszeiten und sein Eingeständnis, die bisherige Tätigkeit längerfristig nicht mehr ausüben zu können, sodass die Leistungsunfähigkeit indiziert ist, allerdings nicht mit der Argumentation relati-

D. Die Beendigung des Arbeitsverhältnisses

viert werden, dass aufgrund der beanstandungsfreien Tätigkeit des Klägers seit dem erstinstanzlichen Urteil die behauptete Minderung der Leistungsfähigkeit nicht als erwiesen angesehen werden könne.

Denn zum einen ist maßgeblicher Zeitpunkt für die Beurteilung der Rechtmäßigkeit der Kündigung der des Zugangs der Kündigung, zum anderen bedarf das Gericht unter diesen Umständen der eigenen Sachkunde, um beurteilen zu können, ob bei einer Weiterarbeit eine solche Verschlimmerung nicht eintreten wird. **Fehlt – wie i. d. R. – diese Sachkunde, so darf das Gericht diese Frage nicht selbst (ohne Einholung eines Sachverständigengutachtens) beantworten.** 1117

Im Übrigen darf der Arbeitgeber selbst dann, wenn der Arbeitnehmer unter Hintanstellung gesundheitlicher Bedenken weitergearbeitet hätte, aufgrund seiner Fürsorgepflicht, wie schon § 618 BGB belegt, nicht tatenlos zusehen, dass möglicherweise auch noch die vom Arzt prognostizierte wesentliche Verschlimmerung eines Krankheitszustandes beim Arbeitnehmer eintreten würde. 1118

Dem ist nach Auffassung von *Berkowsky* (MünchArbR § 136 Rz. 62) entgegenzuhalten, dass weder dem Wortlaut noch dem Sinn des § 618 BGB eine solche Kündigungsberechtigung des Arbeitgebers entnommen werden kann. Weil der Arbeitnehmer beabsichtigt, durch seine Initiative verbesserte Arbeitsbedingungen, nicht aber die Beendigung des Arbeitsverhältnisses zu erreichen, kann dem Arbeitgeber nicht das Recht zugebilligt werden, ihm unmittelbar im Gegenzug das Arbeitsverhältnis durch Kündigung mit der Begründung zu beenden, ein solcher Arbeitsplatz stehe nicht zur Verfügung. 1119

Nach Auffassung des *Hessischen LAG* (11.2.1997 LAGE § 1 KSchG Personenbedingte Kündigung Nr. 14) kommt **die Befürchtung der Verschlimmerung des Gesundheitszustandes** des Arbeitnehmers bei Weiterarbeit als personenbedingter Kündigungsgrund allenfalls dann in Betracht, wenn dies zu einer ganz erheblichen oder wesentlichen Verschlechterung des Gesundheitszustandes des Arbeitnehmers führen würde. 1120

bb) Maßgeblichkeit des Verhaltens des Arbeitnehmers

Nach Auffassung von *Berkowsky* (MünchArbR § 136 Rz. 166 ff.) hängt die Kündigungsberechtigung des Arbeitgebers in derartigen Fällen dagegen vom jeweiligen **konkreten Verhalten des Arbeitnehmers ab:** 1121

Weigert sich der Arbeitnehmer, gestützt auf das Verschlimmerungsattest, endgültig, auf seinem bisherigen Arbeitsplatz weiterzuarbeiten, und ist kein anderweitiger nicht belastender Arbeitsplatz vorhanden, so kann der Arbeitgeber das Arbeitsverhältnis wegen unstreitiger dauernder Belastungsunfähigkeit des Arbeitnehmers – bezogen auf seine arbeitsvertraglich konkretisierte Leistungspflicht – personenbedingt kündigen.

Erklärt der Arbeitnehmer gegenüber dem Arbeitgeber im Verlaufe eines Kündigungsschutzprozesses, er glaube die arbeitsvertraglich geschuldete Tätigkeit längerfristig nicht mehr ausüben zu können, so ist festzustellen, ob er auch unter der Prämisse, dass die von ihm gewünschte, nicht belastende anderweitige Beschäftigung nicht möglich ist, die Erbringung der vertraglich geschuldeten Leistung verweigern will. Bejaht er dies, so ist eine Kündigung wegen unstreitig dauernder Leistungsunfähigkeit möglich. Bietet er jedoch seine Arbeitskraft trotz der drohenden Konsequenzen weiterhin an, so scheidet eine Kündigung aus. 1122

D. Die Beendigung des Arbeitsverhältnisses

1123 Steht dem Arbeitnehmer ein Leistungsverweigerungsrecht zu, weil von ihm die Erbringung einer ihm nicht zumutbaren Arbeitsleistung nicht verlangt werden kann, so ist er dann, wenn er erklärt, er werde seine arbeitsvertraglich geschuldete Tätigkeit »niemals mehr« ausüben und sich der Arbeitgeber dies zu Eigen macht, unstreitig auf Dauer leistungsunfähig. Eine Kündigung ist dann regelmäßig sozial gerechtfertigt. Erklärt der Arbeitnehmer dies dagegen nicht endgültig, übt er sein Leistungsverweigerungsrecht aber in der Weise aus, dass es zu wiederholten oder länger andauernden Fehlzeiten infolge Arbeitsunfähigkeit kommt, so kann der Arbeitgeber das Arbeitsverhältnis ggf. nach Maßgabe der Grundsätze der krankheitsbedingten Kündigung beenden.

cc) Fortentwicklung der Rechtsprechung des BAG

1124 Inzwischen geht das *BAG* (17.2.1998 EzA § 615 BGB Nr. 89) davon aus, dass eine dringende ärztliche Empfehlung zum Arbeitsplatzwechsel aus gesundheitlichen Gründen den Arbeitgeber regelmäßig berechtigt, dem Arbeitnehmer einen anderen Arbeitsbereich zuzuweisen. Die Versetzung ist wirksam, wenn sie von den arbeitsvertraglichen Vereinbarungen gedeckt ist und die nach § 99 BetrVG erforderliche Zustimmung des Betriebsrats vorliegt. Dagegen ist der Arbeitgeber nicht berechtigt, in einem derartigen Fall die Arbeitsleistung des arbeitswilligen und arbeitsfähigen Arbeitnehmers abzulehnen und die Zahlung des Arbeitsentgelts einzustellen.

e) Tarifliche Regelungen

1125 Sieht ein Tarifvertrag die Verpflichtung des Arbeitgebers vor, Arbeitnehmern mit längerer Unternehmenszugehörigkeit im Krankheitsfall über den gesetzlichen Sechswochenzeitraum hinaus für bestimmte Zeiträume einen Zuschuss zum Krankengeld zu zahlen, so kann daraus allein noch nicht gefolgert werden, auch sechs Wochen im Jahr übersteigende Ausfallzeiten des Arbeitnehmers seien grds. nicht geeignet, eine ordentliche Kündigung sozial zu rechtfertigen (*BAG* 6.9.1989 EzA § 1 KSchG Krankheit Nr. 28; 16.2.1989 EzA § 1 KSchG Krankheit Nr. 25).

f) Durch Schwangerschaft verursachte Krankheiten

1126 Zur Bedeutung der Richtlinie 76/207/EWG des Rates vom 9.2.1976 zur Verwirklichung des Grundsatzes der Gleichbehandlung von Männern und Frauen in diesem Zusammenhang s. o. D/Rz. 1018.

4. Erhebliche Beeinträchtigungen betrieblicher Interessen

a) Begriffsbestimmung

1127 Eine erhebliche Beeinträchtigung der unternehmerischen oder betrieblichen Interessen des Arbeitgebers liegt dann vor, wenn die häufige Arbeitsunfähigkeit des Arbeitnehmers zu nicht vermeidbaren Störungen des Betriebsablaufs führt, z. B. zu Maschinenstillständen, Produktionsausfall, Materialverlust (etwa bei rasch verderbenden Gütern), Überstunden, um den Produktionsausfall zu verhindern oder sonstige, mit zusätzlichen Kosten verbundene Maßnahmen zur Überbrückung des Produktionsausfalls verursacht werden (vgl. *BAG* 16.2.1989 EzA § 1 KSchG Krankheit Nr. 25; 2.11.1983 EzA § 1 KSchG Krankheit Nr. 13; vgl. *Lepke* Kündigung bei Krankheit Rz. 147 ff.; APS/*Dörner* § 1 KSchG Rz. 154 ff.).

b) Darlegung erheblicher Betriebsstörungen
Zur Darlegung erheblicher Betriebsstörungen bei einer Kündigung wegen Krankheit ist erforderlich, dass der **Arbeitgeber im einzelnen vorträgt,** in welcher Weise er den Ausfall bisher überwunden hat und warum die bisherigen Maßnahmen nicht fortgesetzt werden können. 1128

Werden im Betrieb abwesende Arbeitnehmer durch Leiharbeitnehmer ersetzt, ist darzulegen, warum der gekündigte Arbeitnehmer nicht oder nicht mehr ersetzt werden kann (*LAG Köln* 21.2.1989 DB 1989, 1295).

Wird der Arbeitsausfall des erkrankten Arbeitnehmers durch sog. Arbeitsverdichtung, also durch erhöhte Produktivität der übrigen Belegschaft ohne zusätzlichen Kostenaufwand ausgeglichen, so entstehen für den Arbeitgeber allerdings überhaupt keine Aufwendungen. Kostenfaktoren spielen mithin für die Begründung einer krankheitsbedingten Kündigung insoweit keine Rolle. In einem solchen Falle kann die betriebliche Belastung nur darin liegen, dass die Arbeitnehmer, auf die das Arbeitspensum des ausgefallenen Arbeitnehmers verteilt wird, überobligatorisch belastet werden. Dies im Kündigungsschutzprozess nachvollziehbar darzulegen, ist jedoch sehr problematisch (MünchArbR/*Berkowsky* § 136 Rz. 50). 1129

Bei einem **psychisch kranken Arbeitnehmer** mit entsprechenden Verhaltensstörungen ist es nach Auffassung des *LAG Köln* (20.12.2000 ZTR 2001, 329 Ls.) dem Arbeitgeber zumutbar, seinen Mitarbeitern klarzumachen, dass ihr Kollege psychisch krank ist und es deshalb nicht angebracht ist, alle seine Äußerungen ernst und für bare Münze zu nehmen und auf sie zu hören, sondern die absonderlichen Äußerungen schlicht zu übergehen. 1130

c) Entgeltfortzahlungskosten
Fraglich ist deshalb, ob und inwieweit Entgeltfortzahlungsansprüche (§§ 3 ff. EFZG) zu berücksichtigende unternehmerische Interessen in diesem Zusammenhang sind (vgl. *Lepke* Kündigung bei Krankheit Rz. 152 ff.). 1131

aa) Ausschluss der Berücksichtigung von Entgeltfortzahlungskosten
Zum Teil (*Stein* BB 1985, 605; *Preis* DB 1988, 1444) wird die Auffassung vertreten, dass die Belastung des Arbeitgebers durch die Entgeltfortzahlung im Krankheitsfall bei der Kündigung **nicht berücksichtigt** werden darf. 1132

Denn die Entgeltfortzahlungspflicht ist eine aus sozialpolitischen Gründen gewollte gesetzliche Ausnahme vom Austauschcharakter des Arbeitsverhältnisses.

Ihre kündigungsrechtlich nachteilige Berücksichtigung bedeutet deshalb einen Wertungswiderspruch zum Regelungsgehalt des EFZG.

bb) Rechtsprechung des BAG

Demgegenüber vertritt das *BAG* (15.2.1984, 16.2.1989 EzA § 1 KSchG Krankheit Nr. 15, 25) die Auffassung, dass auch die außergewöhnlich hohe Belastung des Arbeitgebers durch Entgeltfortzahlungskosten ein Umstand ist, der als erhebliche Belastung insoweit u. U. angesehen werden kann. 1133

D. Die Beendigung des Arbeitsverhältnisses

Das gilt auch dann, wenn der Arbeitgeber Betriebsablaufstörungen nicht darlegt und keine Personalreserve vorhält (*BAG* 29.7.1993 EzA § 1 KSchG Krankheit Nr. 40).

(1) Begründung

1134 Wenn das Arbeitsverhältnis auf Dauer erheblich gestört ist, weil mit immer neuen beträchtlichen Fehlzeiten und entsprechenden Entgeltfortzahlungskosten zu rechnen ist, kann eine Kündigung sozial gerechtfertigt sein. Denn dann kann die wirtschaftliche Belastung unter dem Aspekt einer ganz erheblichen **Störung des Austauschverhältnisses** von nicht ganz unerheblicher und nicht absehbarer Dauer die Aufrechterhaltung des Arbeitsverhältnisses unzumutbar erscheinen lassen.

Auch ein Verstoß gegen § 612 a BGB liegt dann nicht vor (*BAG* 29.7.1993 EzA § 1 KSchG Krankheit Nr. 40). Denn der Arbeitgeber benachteiligt mit einer auf die Belastung mit unzumutbaren Entgeltfortzahlungskosten gestützten Kündigung den Arbeitnehmer nicht wegen der zulässigen Ausübung seiner Rechte.

(2) Höhe der kündigungsrechtlich relevanten Entgeltfortzahlungskosten

1135 Die Höhe der kündigungsrechtlich relevanten Entgeltfortzahlungskosten wird so ermittelt, dass zuerst die für die Fehlzeitenprognose unerheblichen vergangenheitsbezogenen Fehlzeiten ausgeklammert werden. Sodann werden für die prognoserelevanten Fehlzeiten die für sechs Wochen jährlich anfallenden Entgeltfortzahlungskosten berechnet. Dabei ist auch die Ermittlung eines jährlichen Durchschnittswertes zulässig. Die Summe der auf die prognoserelevanten Fehlzeiten bis zu sechs Wochen pro Jahr anfallenden Entgeltfortzahlungskosten wird als die vom Arbeitgeber hinzunehmende Mindestgrenze verstanden.

Erheblich ist die wirtschaftliche Belastung des Arbeitgebers dann, wenn für den erkrankten Arbeitnehmer jährlich Lohnfortzahlungskosten für einen Zeitraum von mehr als sechs Wochen aufzuwenden sind. Dies gilt auch dann, wenn die Fehlzeiten des Arbeitnehmers zu keinen Betriebablaufstörungen führen und der Arbeitgeber keine Personalreserve vorhält (*BAG* 29.7.1993 EzA § 1 KSchG Krankheit Nr. 40). Eine erhebliche Beeinträchtigung ist nicht erst dann zu bejahen, wenn die zu erwartenden Lohnfortzahlungskosten einen bestimmten Prozentsatz des für sechs Wochen Lohnfortzahlung aufzuwendenden Betrages überschreiten (*BAG* 13.12.1990 Rz. I 5 g Nr. 42). Ebenso wenig ist es erforderlich, dass Lohnfortzahlungskosten – bezogen auf die Gesamtdauer des Arbeitsverhältnisses – für durchschnittlich mehr als sechs Wochen jährlich aufzuwenden wären (*BAG* 13.8.1992 EzA § 1 KSchG Krankheit Nr. 36).

1136 Zu beachten ist, dass die durch eine lang anhaltende Krankheit verursachte Kostenbelastung i. d. R. erheblich geringer ist als die durch häufige Kurzerkrankungen, jedenfalls dann, wenn es sich bei letzteren um unterschiedliche Erkrankungen handelt.

(3) Vergleich mit anderen Arbeitnehmern

1137 Erheblich für die Frage, wann Entgeltfortzahlungskosten eine Kündigung sozial rechtfertigen können, ist auch ein **Vergleich mit anderen Arbeitnehmern,** die eine vergleichbare Arbeit unter ähnlichen Bedingungen verrichten. Kündigungsrechtlich **irrelevant** sind deshalb Entgeltfortzahlungskosten, wenn sie zwar über dem nach den Vorschriften des EFZG vom Arbeitgeber hinzunehmenden Betrag liegen und derartige Kosten auch in Zukunft zu erwarten sind, **bei anderen vergleichbaren Arbeitnehmern aber vergleichbar hohe Entgeltfortzahlungskosten anfallen.** Denn dann ist davon auszugehen, dass diese Kosten in erheblichem Umfang betrieblich (mit-)verursacht worden sind, sodass sich der Arbeitgeber darauf zur Begründung einer Kündigung nicht berufen kann. Dabei kann allerdings nicht auf einen Vergleich zur jeweiligen Gesamtbelastung des Betriebes mit Entgeltfortzahlungskosten abgestellt werden.

Entscheidend sind vielmehr die Kosten des Arbeitsverhältnisses des gekündigten Arbeitnehmers, da andernfalls dessen Austauschcharakter weitgehend unbeachtet bleiben würde.

Dies ginge auch über Sinn und Zweck des KSchG hinaus, das in § 1 Abs. 2 KSchG immerhin aus personenbedingten Gründen, also auch u. a. bei dauernder Störung des Austauschverhältnisses, eine Kündigung zulässt (*BAG* 29.7.1993 EzA § 1 KSchG Krankheit Nr. 40).

cc) Erfordernis konkreter Auswirkungen der Entgeltfortzahlungskosten auf den Betrieb?

Fraglich ist, ob sich die Entgeltfortzahlungskosten über die Tatsache ihres Anfalls hinaus **konkret nachteilig auf den Betrieb auswirken müssen** (dafür *LAG Frankfurt* 8.2.1987 DB 1988, 1704; vgl. auch *LAG Köln* 21.2.1989 DB 1989, 1295, wonach zu den Entgeltfortzahlungskosten eine Störung des betrieblichen Ablaufs hinzukommen muss).

Nach Auffassung des *BAG* (16.2.1989 EzA § 1 KSchG Krankheit Nr. 25; 6.9.1989 EzA § 1 KSchG Krankheit Nr. 27) ist dagegen davon auszugehen, dass dann, wenn der Arbeitgeber eine Personalreserve in dem betriebswirtschaftlich erforderlichen Umfang vorhält, er also die im Voraus kalkulierbaren Fehlzeiten durch seine Personalreserve abdeckt, dies zugunsten des Arbeitgebers zu berücksichtigen ist, wenn kündigungsrelevante Fehlzeiten auftreten.

Eine unzumutbare wirtschaftliche Belastung des Arbeitgebers liegt folglich bereits dann vor, wenn zu den Kosten einer nach anerkannten betriebswirtschaftlichen Erfahrungsregeln bemessenen Personalreserve, die zur Abdeckung erfahrungsgemäß auftretender krankheitsbedingter Kündigungen ausreichend ist, erhebliche Entgeltfortzahlungskosten hinzutreten.

Neben den unzumutbaren Entgeltfortzahlungskosten müssen danach weder weitere Betriebsablaufstörungen noch weitere sonstige belastende Auswirkungen vorliegen (krit. dazu MünchArbR/*Berkowsky* § 136 Rz. 43 ff.).

5. Interessenabwägung

a) Notwendigkeit einer Interessenabwägung?

Für die abschließend durchzuführende Interessenabwägung ist zu beachten, dass § 1 Abs. 3 KSchG eine eigenständige Interessenabwägung an sich nur für die betriebsbedingte Kündigung vorsieht (vgl. *LAG Düsseldorf* 2.12.1983 DB 1984, 618; *Tschöpe* DB 1987, 1044).

Dennoch ist nach der Rechtsprechung des *BAG* (7.11.1985 EzA § 1 KSchG Krankheit Nr. 17) die krankheitsbedingte Kündigung wie auch die personenbedingte Kündigung im Übrigen nur dann sozial gerechtfertigt, wenn sich im Einzelfall nach Maßgabe einer umfassenden Interessenabwägung unter Berücksichtigung aller Umstände des Einzelfalls aufgrund der prognostizierten Belastung eine unzumutbare betriebliche oder wirtschaftliche Belastung des Arbeitgebers ergibt (vgl. *Lepke* Kündigung bei Krankheit Rz. 144 ff.; APS/*Dörner* § 1 KSchG Rz. 168 ff.).

b) Kriterien der Interessenabwägung

aa) Berücksichtigung aller wesentlichen Umstände des Einzelfalles

1143 Diese Interessenabwägung muss alle wesentlichen Umstände des Einzelfalles berücksichtigen. Sie muss vollständig sein, sie darf keine Widersprüche aufweisen (zur Kritik s. o. D/Rz. 776 ff.).

Welche Umstände gegeneinander jeweils abzuwägen sind, richtet sich u. a. nach der Art des Kündigungsgrundes. Es ist daher **nicht möglich, einen Katalog von wesentlichen Umständen aufzustellen,** der in jedem Einzelfall der Interessenabwägung zugrunde zu legen ist (*BAG* 15.1.1970 AP Nr. 7 zu § 1 KSchG Verhaltensbedingte Kündigung, 4.11.1981 EzA § 1 KSchG Verhaltensbedingte Kündigung Nr. 9).

1144 Von maßgeblicher Bedeutung sind allerdings auch bei der personenbedingten Kündigung jedenfalls die Kriterien Alter, Betriebszugehörigkeit, das Ausmaß der Unterhaltsverpflichtungen sowie die Schwerbehinderung des Arbeitnehmers (*BAG* 20.1.2000 EzA § 1 KSchG Krankheit Nr. 47; vgl. dazu *Lingemann* BB 2000, 1835 ff.; *Lepke* Kündigung bei Krankheit Rz. 144 ff.). Hat ein Arbeitnehmer – im konkret entschiedenen Einzelfall beginnend mit dem 20. Lebensjahr – seine Berufszeit ausschließlich bei demselben Arbeitgeber verbracht, so ist dies im Rahmen der Interessenabwägung in einer Weise zu berücksichtigen, dass dem Arbeitgeber im **fortgeschrittenen Lebensalter** des Arbeitnehmers eine **höhere Belastung mit Fehltagen** und hieraus entstehenden Kosten **zuzumuten ist** (*LAG* Berlin 28.8.2001 – 10 Sa 1166/01 –).

Nach Auffassung von *Berkowsky* (MünchArbR § 134 Rz. 36 ff.) ruft diese richterliche Interessenabwägung lediglich eine bloße Billigkeitsentscheidung hervor. Bei der Abwägung der beiderseitigen Interessen handele es sich weitgehend um eine Leerformel, die eine ernsthafte Begründung der sozialen Rechtfertigung einer Kündigung lediglich vortäusche.

bb) Entbehrlichkeit der Interessenabwägung

1145 Einer Interessenabwägung bedarf es lediglich ausnahmsweise dann **nicht, wenn der Betriebsrat bzw. Personalrat aus den in § 1 Abs. 2 S. 2 KSchG genannten Gründen ordnungsgemäß der Kündigung widersprochen hat.** Denn insoweit handelt es sich um **absolute Gründe der Sozialwidrigkeit,** sodass lediglich nachzuprüfen ist, ob der Widerspruch ordnungsgemäß eingelegt und aus einem der in § 1 Abs. 2 S. 2, 3 KSchG genannten Tatbestände begründet ist (s. o. D/Rz. 1060 ff.).

D. Die Beendigung des Arbeitsverhältnisses

cc) **Vorliegen eines der Widerspruchstatbestände ohne (ordnungsgemäßen) Widerspruch des Betriebsrats**
Fraglich ist die Rechtslage dann, wenn zwar die tatbestandlichen Voraussetzungen der in § 1 Abs. 2 S. 2, 3 KSchG geregelten Widerspruchstatbestände gegeben sind, es aber am ordnungsgemäßen Widerspruch des Betriebsrats fehlt. 1146

Nach der Rechtsprechung des *BAG* (13.9.1973 EzA § 102 BetrVG 1972 Nr. 7; 17.5.1984 EzA § 1 KSchG Betriebsbedingte Kündigung Nr. 32) ist davon auszugehen, dass die in den Widerspruchstatbeständen des § 1 Abs. 2 S. 2, 3 KSchG umschriebenen besonderen Merkmale der Sozialwidrigkeit dann zwar nicht als absolute Gründe der Sozialwidrigkeit zu verstehen sind, bei denen es nicht mehr der sonst erforderlichen Interessenabwägung bedarf, dass sie aber gleichwohl bei der allgemeinen Prüfung der Sozialwidrigkeit nach § 1 Abs. 2 S. 1 KSchG zu berücksichtigen sind.

Der Arbeitgeber ist deshalb zur Weiterbeschäftigung des Arbeitnehmers an einem freien Arbeitsplatz in einem anderen Betrieb des Unternehmens oder an einer anderen Dienststelle des dem Unternehmen nach § 1 Abs. 2 S. 2 Nr. 2 b KSchG gleichgestellten Verwaltungszweiges unabhängig von einem Widerspruch des Betriebs- oder Personalrats nach § 1 Abs. 2 S. 1 KSchG verpflichtet. Die insoweit maßgeblichen Umstände können also im Rahmen der Prüfung der Sozialwidrigkeit nach § 1 Abs. 2 S. 1 KSchG als sog. relative Gründe der Sozialwidrigkeit berücksichtigt werden, die eine Kündigung nicht »bedingen« (KR-*Etzel* § 1 KSchG Rz. 193 ff., 715, 722 m. w. N.; vgl. APS/*Dörner* § 1 KSchG Rz. 186 f.). 1147

dd) **»Besonders strenge Anforderungen« bei der personenbedingten Kündigung?**
Ist eine Interessenabwägung erforderlich, so ist fraglich, ob bei der personenbedingten Kündigung besonders strenge Anforderungen zu stellen sind (dafür KR-*Becker* 3. Aufl., § 1 KSchG Rz. 188 ff.). 1148
Nach Auffassung von *Etzel* (KR § 1 KSchG Rz. 273) trifft das in dieser Allgemeinheit nicht zu. Richtig ist allerdings, dass im Gegensatz zur verhaltensbedingten Kündigung, die auf eine schuldhafte Vertragsverletzung gestützt wird, dem Arbeitnehmer im Allgemeinen kein rechtswidriges Verhalten vorgeworfen werden kann, das sich bei der Interessenabwägung zu seinen Ungunsten auswirkt. Auch sind persönliche, vom Arbeitsverhältnis losgelöste Umstände von besonderer Bedeutung und zu seinen Gunsten zu berücksichtigen, wenn sich aus der Art des Kündigungsgrundes (z. B. Krankheit, Betriebsunfall, krankheits- oder altersbedingte Leistungsschwäche) ein erhöhtes soziales Schutzbedürfnis des Arbeitnehmers ergibt.
In diesen Fällen sind die sozialen Schutzbelange des Arbeitnehmers zwar besonders sorgfältig gegenüber den (betrieblichen, betriebstechnischen oder wirtschaftlichen) Interessen des Arbeitgebers abzuwägen (*BAG* 25.11.1982 EzA § 1 KSchG Krankheit Nr. 10). **Ein abstrakt umschreibbarer besonderer Maßstab für die Interessenabwägung bei der personenbedingten Kündigung folgt daraus jedoch nicht.** 1149

ee) **Bewertung der Mitursächlichkeit betrieblicher Verhältnisse**
Sind **betriebliche Verhältnisse** (z. B. Staubluft) nicht die alleinige oder primäre Ursache für die krankheitsbedingten Fehlzeiten, wirken sich diese vielmehr nur in Verbindung mit einer besonderen Anlage des Arbeitnehmers (z. B. erhöhte Reizbarkeit 1150

D. Die Beendigung des Arbeitsverhältnisses

des Bronchialsystems) aus, so sind sie zwar für die Interessenabwägung nicht unerheblich.

1151 Es ist aber nach Auffassung des *BAG* (5.7.1990 EzA § 1 KSchG Krankheit Nr. 32; abl. *Pflüger* DB 1995, 1766 f.) revisionsrechtlich nicht zu beanstanden, wenn das Berufungsgericht bei einer derartigen Fallgestaltung im Rahmen des tatrichterlichen Beurteilungsspielraums einer möglichen Mitursächlichkeit betrieblicher Umstände kein ausschlaggebendes Gewicht zuerkennt.

1152 Auch in diesen Fällen sind jedoch die sozialen Schutzbelange des Arbeitnehmers besonders sorgfältig gegenüber den betrieblichen, betriebstechnischen und wirtschaftlichen Interessen des Arbeitgebers (Vermeidung von Betriebsablaufstörungen und hohen Entgeltfortzahlungskosten) abzuwägen.

Dabei ist auch der Grundsatz der Verhältnismäßigkeit zu beachten, sodass eine ordentliche personenbedingte Kündigung stets nur als letztes Mittel in Betracht kommt.

1153 Ist der Arbeitnehmer nach einem **Arbeitsunfall** darauf angewiesen, **blutgerinnungshemmende Mittel einzunehmen**, berechtigt die sich daraus ergebende Blutungsgefahr den Arbeitgeber noch nicht, eine Kündigung des Arbeitsverhältnisses auszusprechen. Er ist vielmehr zunächst gehalten, ggf. unter Hinzuziehung einer Fachkraft für Arbeitssicherheit und/oder des Betriebsarztes, eine **Überprüfung des Arbeitsplatzes** vorzunehmen (*LAG Schleswig-Holstein* 29.5.2001 ARST 2001, 233). Auch wenn der Arbeitnehmer zur Ausübung der bisherigen Tätigkeit außerstande ist, ist der Arbeitgeber verpflichtet, dem Arbeitnehmer eine **leidensgerechte Tätigkeit** – gegebenenfalls nach einer Umschulung – auf einem vorhandenen **freien oder absehbar frei werdenden Arbeitsplatz anzubieten**. Er ist ferner gehalten, einen leidensgerechten Arbeitsplatz durch Ausübung seines Direktionsrechts frei zu machen oder durch organisatorische Maßnahmen dem Arbeitnehmer nur noch bestimmte Aufgaben aus dem bisherigen Gebiet zuzuweisen; ggfs. muss er zunächst eine Änderungskündigung aussprechen (*LAG Schleswig-Holstein* 29.5.2001 ARST 2001, 233).

1154 Demgegenüber gebietet es die durch den Arbeitsunfall gesteigerte Fürsorgepflicht des Arbeitgebers **nicht**, dem Arbeitnehmer das Arbeitsverhältnis im Hinblick auf ein nur **zufällig mögliches Freiwerden** eines Arbeitsplatzes – etwa bis zum Abschluss einer Umschulungsmaßnahme – **zu erhalten** (*LAG Hamm* 20.1.2000 NZA-RR 2000, 239). Das *LAG Berlin* (14.1.2000 NZA-RR 2001, 187) hat andererseits angenommen, dass ein Arbeitnehmer, der infolge eines **Arbeitsunfalls** arbeitsunfähig krank ist und dessen Krankschreibung über seine Kündigungsfrist hinaus andauert, **bei Auftragsmangel weder aus betrieblichen noch aus personenbedingten Gründen entlassen werden kann**.

ff) Gesundheitsschädigendes Verhalten des Arbeitnehmers

1155 Nach Auffassung von *Schäfer* (NZA 1992, 534; krit. dazu *Lepke* Kündigung bei Krankheit Rz. 410 ff.) kann dann, wenn gesundheitsschädigendes Verhalten des Arbeitnehmers zu Erkrankung und Arbeitsunfähigkeit geführt hat, **sowohl bei der Gesundheitsprognose als auch bei der Interessenabwägung dies zu seinen Lasten berücksichtigt werden**. Denn dem Arbeitnehmer, der keine Bereitschaft zu gesundheits- oder genesungsförderndem Verhalten zeigt, wird im Allgemeinen keine günstige Gesundheitsentwicklung prognostiziert werden können.

D. Die Beendigung des Arbeitsverhältnisses

Seinem Interesse an der Erhaltung des Arbeitsplatzes kommt weniger Gewicht zu, da er durch ihm zurechenbares Verhalten das Arbeitsverhältnis in seinem wirtschaftlichen Wert für den Arbeitgeber mindert oder zerstört, damit dessen Interessen beeinträchtigt und deshalb von ihm keine besondere Rücksichtnahme auf die eigenen Interessen erwarten darf.

gg) Bisheriger Verlauf des Arbeitsverhältnisses
Ob die finanzielle Belastung des Arbeitgebers – insbesondere durch die nach der negativen Gesundheitsprognose in Zukunft aufzuwendenden Entgeltfortzahlungskosten – dem Arbeitgeber noch zumutbar sind, hängt insbesondere von der **Dauer des ungestörten Bestandes des Arbeitsverhältnisses** ab. 1156

Je länger das Arbeitsverhältnis ungestört i. S. d. Nichtvorliegens krankheitsbedingter Fehlzeiten bestanden hat, desto mehr Rücksichtnahme ist vom Arbeitgeber zu erwarten (*BAG* 15.2.1984 EzA § 1 KSchG Krankheit Nr. 15) und desto eher sind dem Arbeitgeber die nunmehr durch Fehlzeiten entstehenden betrieblichen Belastungen zuzumuten. 1157

Ein ungestörter Verlauf des Arbeitsverhältnisses liegt allerdings nicht schon dann vor, wenn ein Arbeitnehmer im Jahr nicht länger als 6 Wochen arbeitsunfähig krank gewesen ist (*BAG* 6.9.1989 EzA § 1 KSchG Krankheit Nr. 28; 16.2.1989 EzA § 1 KSchG Krankheit Nr. 25), sondern nur dann, wenn während des bisherigen Bestandes des Arbeitsverhältnisses **keine oder nur unwesentliche Fehlzeiten** aufgetreten sind (*BAG* 7.11.1985 EzA § 1 KSchG Krankheit Nr. 17; 6.9.1989 EzA § 1 KSchG Krankheit Nr. 26). 1158

hh) Weitere Überbrückungsmaßnahmen
Im Rahmen der Interessenabwägung ist ferner zu prüfen, ob dem Arbeitgeber (weitere) Maßnahmen zur Überbrückung von Fehlzeiten des erkrankten Arbeitnehmers **zumutbar** sind oder nicht. 1159
Die Möglichkeit der Einstellung von Aushilfskräften ist bei Kurzerkrankungen gegenüber langanhaltenden Arbeitsunfähigkeitszeiten jedoch eingeschränkt (*BAG* 23.6.1983 EzA § 1 KSchG 1969 Krankheit Nr. 12). Wesentlich ist in diesem Zusammenhang im Übrigen, in welchem Umfang der Arbeitgeber eine betriebliche Personalreserve vorbehält.

Je größer diese Personalreserve ist, umso weniger weitere Überbrückungsmaßnahmen sind dem Arbeitgeber allerdings zuzumuten (*BAG* 16.2.1989 EzA § 1 KSchG Krankheit Nr. 25; 6.9.1989 EzA § 1 KSchG Krankheit Nr. 27).

6. Dauernde Arbeitsunfähigkeit

a) Besonderheiten bei dauernder Arbeitsunfähigkeit
Besonderheiten gelten dann, wenn feststeht, dass der Arbeitnehmer dauernd unfähig ist, die vertraglich geschuldete Arbeitsleistung zu bringen. 1160
Denn die krankheitsbedingte dauernde Arbeitsunfähigkeit kann als personenbedingter Kündigungsgrund den Arbeitgeber zur ordentlichen Kündigung berechtigen (*BAG* 28.2.1990 EzA § 1 KSchG Personenbedingte Kündigung Nr. 5; vgl. *Lepke* Kün-

D. Die Beendigung des Arbeitsverhältnisses

digung bei Krankheit Rz. 104 ff.; APS/*Dörner* § 1 KSchG Rz. 188 ff.; nach Auffassung von MünchArbR/*Berkowsky* § 136 Rz. 102 handelt es sich insoweit allerdings nicht um einen Unterfall der krankheitsbedingten Kündigung).
Fehlt dem ArbG selbst die erforderliche Sachkunde für die Beurteilung der Frage, ob z. B. bei einer Küchenhilfe eine Wirbelsäulenerkrankung auf Dauer zur Leistungsunmöglichkeit führt, so ist zur Klärung dieser Frage i. d. R. das Gutachten eines Arbeitsmediziners einzuholen. War bei einer ordentlichen Kündigung wegen langanhaltender Erkrankung im Kündigungszeitpunkt bereits ein **Kausalverlauf in Gang gesetzt**, der entgegen der Ansicht des den Arbeitnehmer behandelnden Arztes die **Wiederherstellung der Arbeitsfähigkeit als sicher oder zumindest möglich erscheinen ließ**, ist die Kündigung i. d. R. schon **mangels negativer Prognose sozial ungerechtfertigt** (*BAG* 21.2.2001 EzA § 1 KSchG Krankheit Nr. 48).

b) Modifizierung der Darlegungs- und Beweislast

1161 Nach Auffassung des *BAG* (30.1.1986 NZA 1987, 555; 28.2.1990 EzA § 1 KSchG Personenbedingte Kündigung Nr. 5; 29.4.1999 EzA § 1 KSchG Krankheit Nr. 46; vgl. dazu *Gitter* SAE 2000, 18 ff.) muss der Arbeitgeber in diesen Fällen nicht noch eine über die nachgewiesene dauernde Arbeitsunfähigkeit hinausgehende erhebliche Betriebsbeeinträchtigung darlegen.

Denn wenn feststeht, dass der Arbeitnehmer in Zukunft die geschuldete Arbeitsleistung nicht mehr erbringen kann, dann handelt es sich nicht um eine Kündigung wegen Leistungsminderung infolge Krankheit, sondern um eine **Kündigung wegen dauernder Unmöglichkeit.**
Ein derartiges Arbeitsverhältnis ist schon aus diesem Grund auf Dauer ganz erheblich gestört.

1162 Die auf das jeweilige Arbeitsverhältnis bezogene unzumutbare betriebliche Beeinträchtigung besteht darin, dass der Arbeitgeber damit rechnen muss, dass der Arbeitnehmer auf Dauer außerstande ist, die von ihm geschuldete Arbeitsleistung zu erbringen.

Vom Fehlen einer betrieblichen Beeinträchtigung kann nur dann ausgegangen werden, wenn die Arbeitsleistung für den Arbeitgeber überhaupt keinen Wert hat (abl. *Busemann/Schäfer* a. a. O., Rz. 199 d, wonach es sich insoweit um eine reine Fiktion handelt und am Erfordernis einer erheblichen betrieblichen Beeinträchtigung auch in derartigen Fällen festgehalten werden sollte). Für einen derart außergewöhnlichen Ausnahmetatbestand, der die Beschäftigung überflüssiger Arbeitnehmer voraussetzt, trägt der Arbeitnehmer allerdings die Darlegungslast.

c) Arbeitsunfähigkeit auf unabsehbare Zeit

1163 Ist der Arbeitnehmer bereits längere Zeit arbeitsunfähig krank (z. B. 21 Monate) und ist im Zeitpunkt der Kündigung die Wiederherstellung der Arbeitsfähigkeit noch völlig ungewiss, so kann diese Ungewissheit wie eine feststehende dauernde Arbeitsunfähigkeit zu einer erheblichen Beeinträchtigung betrieblicher Interessen führen (*BAG* 21.5.1992 EzA § 1 KSchG Krankheit Nr. 38; vgl. *Weber/Hoß* DB 1993, 2429 ff.). Die Ungewissheit der Wiederherstellung der Arbeitsfähigkeit steht

D. Die Beendigung des Arbeitsverhältnisses

einer krankheitsbedingten dauernden Leistungsunfähigkeit aber **nur dann gleich, wenn in den nächsten 24 Monaten mit einer anderen Prognose nicht gerechnet werden kann** (*BAG* 29.4.1999 EzA § 1 KSchG Krankheit Nr. 46; vgl. dazu *Gitter* SAE 2000, 18 ff.; abl. dazu APS/*Dörner* § 1 KSchG Rz. 193 ff.).

d) **Besonderheiten bei der Interessenabwägung**
Hinsichtlich der notwendigen Interessenabwägung ist zu berücksichtigen, dass sie **zwar** als letzte Prüfungsstufe systematisch auch bei einer Kündigung wegen dauernder oder diesem Tatbestand gleichstehender Arbeitsunfähigkeit auf unabsehbare Zeit **erforderlich ist**. 1164

Sie kann aber nur bei Vorliegen einer besonderen Schutzbedürftigkeit des Arbeitnehmers ausnahmsweise zu dem Ergebnis führen, dass der Arbeitgeber trotz der erheblichen Störung des Arbeitsverhältnisses auf nicht absehbare Zeit dessen Fortsetzung billigerweise weiter hinnehmen muss. 1165

Maßgeblich zu berücksichtigen ist neben **betrieblichen Ursachen** für die Fehlzeiten (vgl. *Pflüger* DB 1995, 1766 f.) das **Alter** des Klägers sowie die **Dauer des ungestörten Bestandes des Arbeitsverhältnisses** (*BAG* 21.5.1992 EzA § 1 KSchG Krankheit Nr. 35).

e) **Ruhen des Arbeitsverhältnisses wegen Gewährung einer befristeten Erwerbsunfähigkeitsrente**
Die nur befristete Gewährung einer Erwerbsunfähigkeitsrente und das aus diesem Grund tariflich (z. B. gem. § 59 Abs. 1 BAT) vorgesehene Ruhen des Arbeitsverhältnisses **schließen eine Kündigung** wegen dauerhafter Arbeitsunfähigkeit des Arbeitnehmers **nicht aus** (*BAG* 3.12.1998 EzA § 1 KSchG Krankheit Nr. 45). 1166

7. Maßgeblicher Beurteilungszeitpunkt; Wiedereinstellungsanspruch?

Entscheidender Zeitpunkt für die Beurteilung der danach maßgeblichen Einzelfragen ist der **Zeitpunkt des Zugangs der Kündigungserklärung** (*BAG* 25.11.1982 EzA § 1 KSchG Krankheit Nr. 10; 6.9.1989 EzA § 1 KSchG Krankheit Nr. 27; vgl. APS/*Dörner* § 1 KSchG Rz. 198 ff.). 1167
Allerdings kann nach einer ursprünglich vom 2. Senat des *BAG* (10.11.1983 EzA § 1 KSchG Krankheit Nr. 14) vertretenen Auffassung die **spätere tatsächliche Entwicklung bis zum Ende der letzten mündlichen Verhandlung in der Tatsacheninstanz** zur Bestätigung oder Korrektur von mehr oder weniger unsicheren Prognosen herangezogen werden. Denn es wäre sachlich unvertretbar und für die Parteien nicht einsehbar, wenn sie aufgrund einer ärztlichen Prognose den Prozess verlieren, die im Widerspruch zur tatsächlichen späteren gesundheitlichen Entwicklung des Arbeitnehmers steht. Voraussetzung dafür war aber, dass **kein neuer Kausalverlauf** nach dem Kündigungszeitpunkt in Gang gesetzt wird (*BAG* 9.4.1987 EzA § 1 KSchG Krankheit Nr. 18).
Der 7. Senat des *BAG* (15.8.1984 EzA § 1 KSchG Krankheit Nr. 16) hat dagegen jedoch Bedenken geäußert und angenommen, dass die tatsächliche Entwicklung nach Kündigungsausspruch jedenfalls nur insoweit berücksichtigt werden kann, 1168

D. Die Beendigung des Arbeitsverhältnisses

als sie der **Bestätigung oder Korrektur der Prognose** dient. Denn die Auffassung des 2. Senates würde bei einer nach dem Wortlaut der Entscheidung möglichen weitergehenderen Interpretation dazu führen, dass der Arbeitgeber bei Ausspruch einer krankheitsbedingten Kündigung deren Rechtmäßigkeit kaum noch einigermaßen zuverlässig beurteilen könnte. Der Ausgang des Kündigungsschutzprozesses würde nicht nur für ihn, sondern wegen der möglichen Berücksichtigung einer späteren Verschlechterung seines Gesundheitszustandes auch für den Arbeitnehmer immer weniger vorhersehbar (zust. *Voigt* DB 1996, 526).

1169 Nach Zugang der Kündigung eingetretene weitere Umstände, die sich auf die Entwicklung des Gesundheitszustandes auswirken können, sind aber auch nach Auffassung des 2. Senates (*BAG* 10.11.1983 EzA § 1 KSchG Krankheit Nr. 14) jedenfalls nicht zu berücksichtigen.

Das gilt z. B. für eine zuvor abgelehnte Operation oder stationäre Behandlung ebenso wie eine bloße Änderung der Lebensführung, zu der sich der Arbeitnehmer bisher nicht bereit gefunden hat (*BAG* 6.9.1989 EzA § 1 KSchG Krankheit Nr. 27).

1170 Der Arbeitgeber braucht auch die Erfolgsaussichten einer möglichen, aber mit einem erheblichen Risiko behafteten Operation nicht in seine Prognose über die weitere Dauer der Arbeitsunfähigkeit einzubeziehen, wenn der Arbeitnehmer sich auch nach mehrmonatiger Bedenkzeit noch unentschlossen zeigt, ob er sich ihr unterziehen soll (*BAG* 15.8.1984 EzA § 1 KSchG Krankheit Nr. 16).

1171 Inzwischen (29.4.1999 EzA § 1 KSchG Krankheit Nr. 46; vgl. dazu *Gitter* SAE 2000, 18 ff.; s. auch *BAG* 21.2.2001 EzA § 1 KSchG Krankheit Nr. 48) hat das *BAG* diese Auffassung ausdrücklich aufgegeben. Auch für die Beurteilung einer krankheitsbedingten Kündigung ist **allein auf den Kündigungszeitpunkt abzustellen**. Nach Ausspruch der Kündigung durchgeführte Behandlungen und Ergebnisse können folglich nicht zur Korrektur der Prognose herangezogen werden (*LAG Schleswig-Holstein* 24.7.2001 – 3 Sa 317/01 –).

1172 Nach Auffassung von *Busemann/Schäfer* (a. a. O., Rz. 199 b) darf auf die spätere Entwicklung nur dann abgestellt werden, wenn der Arbeitgeber sie vorhersehen oder zumindest nicht für ganz unwahrscheinlich halten konnte.

1173 Ob bei geänderter Sachlage der Arbeitnehmer nach einer personen-, insbesondere krankheitsbedingten Kündigung einen **Wiedereinstellungsanspruch** gegen den Arbeitgeber haben kann, hat das *BAG* (17.6.1999 EzA § 1 KSchG Wiedereinstellungsanspruch Nr. 4; ebenso *BAG* 27.6.2001 EzA § 1 KSchG Wiedereinstellungsanspruch Nr. 6 bei Kündigung wegen langandauernder Erkrankung; vgl. dazu *Nicolai* SAE 2000, 98 ff.; vgl. auch *LAG Hamm* 24.6.1999 NZA 2000, 320; *Raab* RdA 2000, 147 ff.) zwar offen gelassen. Voraussetzung dafür wäre aber jedenfalls eine **veränderte, positive Prognose** bezüglich des Gesundheitszustandes **vor Ablauf der Kündigungsfrist** (*BAG* 27.6.2001 EzA § 1 KSchG Wiedereinstellungsanspruch Nr. 6). Insbesondere bei **Alkoholikern** ist dabei zudem zu berücksichtigen, dass nach einer zunächst erfolgreichen Entziehungskur eine **hohe Rückfallquote** besteht (s. u. D/Rz. 1198 ff.). Entfällt bei einer Kündigung wegen langandauernder Erkrankung die Grundlage für die negative Gesundheitsprognose 14 Monate nach Zugang der Kündigung und **acht Monate nach Ablauf der Kündigungsfrist**, besteht jedenfalls i. d. R. **kein Wiedereinstellungsanspruch** des Arbeitnehmers, sofern der Arbeitgeber keinen besonderen Vertrauenstatbestand geschaffen hat (*LAG Hamm* 28.7.1999 NZA-RR 2000, 134).

8. Darlegungs- und Beweislast

Für die krankheitsbedingte Kündigung ergibt sich folgende **abgestufte Darlegungs- und Beweislast,** die aus der in § 138 Abs. 2 ZPO angeordneten Wechselwirkung des gegenseitigen Parteivortrags folgt (*BAG* 6.9.1989 EzA § 1 KSchG Krankheit Nr. 26, 27; MünchArbR/*Berkowsky* § 154 Rz. 28; *Lepke* Kündigung bei Krankheit Rz. 174 ff.; APS/*Dörner* § 1 KSchG Rz. 204 ff.).

a) Negative Gesundheitsprognose

aa) Grundsatz

> Zunächst muss der Arbeitgeber neben den krankheitsbedingten Fehlzeiten die Tatsachen darlegen, aus denen sich ergeben soll, dass der Arbeitnehmer noch auf nicht absehbare Zeit krank ist oder mit häufigeren Kurzerkrankungen in erheblichem Umfang gerechnet werden muss und durch diese zu erwartende Nichtbesetzung des Arbeitsplatzes betriebliche Störungen bzw. wirtschaftliche Belastungen eintreten, die für den Arbeitgeber unzumutbar sind.

bb) Prognosetatsachen; Art und Dauer der bisherigen Erkrankungen

Dabei kann sich der Arbeitgeber wegen der erforderlichen Prognose zunächst darauf beschränken, **Art und Dauer der bisherigen Erkrankungen** anzugeben, sofern ihm Tatsachen, die eine genaue Gesundheitsprognose zulassen, unbekannt sind.

Zu berücksichtigen ist, dass der vergangenheitsbezogenen lang andauernden Erkrankung eine gewisse Indizwirkung für die Zukunft zukommt.

Andererseits kann aus der Dauer der Arbeitsunfähigkeit in der Vergangenheit noch nicht unmittelbar auf die Dauer der Fehlzeiten in der Zukunft geschlossen werden. Auch häufige Kurzerkrankungen in der Vergangenheit begründen eine Indizwirkung für die Prognose entsprechend häufiger Erkrankungen in der Zukunft. Nach Auffassung des *LAG Hamm* (4.12.1996 LAGE § 1 KSchG Krankheit Nr. 26; vgl. auch *Busemann/Schäfer* a. a. O., Rz. 199 a, wonach das BAG offenbar als selbstverständlich davon ausgeht, dass bereits in der Vergangenheit erhebliche Fehlzeiten mit gewichtigen nachteiligen Folgen für den Betrieb gegeben waren) gilt dies allerdings nur dann, wenn sich der Beobachtungszeitraum auf drei Jahre oder mindestens zwei Jahre erstreckt.

Der Arbeitgeber darf sich dann darauf beschränken, **diese Fehlzeiten im einzelnen darzulegen** (*BAG* 25.11.1982 EzA § 1 KSchG Krankheit Nr. 10; 23.6.1983 EzA § 1 KSchG Krankheit Nr. 12; 6.9.1989 EzA § 1 KSchG Krankheit Nr. 26).

cc) Prognoseschädliche Tatsachen (§ 138 Abs. 2 ZPO)

Daraufhin hat der **Arbeitnehmer** darzulegen, **weshalb mit seiner alsbaldigen Genesung bzw. warum in Zukunft mit weniger häufigen Erkrankungen zu rechnen ist** (z. B. aufgrund einer durchgeführten oder bevorstehenden Operation, eines fortgeschrittenen Heilungsprozesses).

D. Die Beendigung des Arbeitsverhältnisses

Bei häufigen Kurzerkrankungen ist allerdings zu berücksichtigen, dass bei ihnen gerade regelmäßig eine alsbaldige Genesung eintritt.

Die Indizwirkung vergangenheitsbezogener Krankheitszeiten kann dadurch entkräftet werden, dass sie auf verschiedenen, voneinander unabhängigen Ursachen beruhen und es sich nur um einmalige Erkrankung handelt, deren wiederholtes Auftreten nicht zu besorgen ist. Auch wenn die Erkrankungen aber auf verschiedenen Ursachen beruhen, können sie ausnahmsweise Indizwirkung für künftige Erkrankungen entwickeln.

Beruhen die Fehlzeiten im Wesentlichen auf einem chronischen Grundleiden, so kann dessen Indizwirkung dadurch entfallen, dass es nunmehr ausgeheilt ist oder infolge konkret manifestierter Maßnahmen in Kürze ausgeheilt sein wird (MünchArbR/*Berkowsky* § 136 Rz. 20).

1179 Das *BAG* (6.9.1989 EzA § 1 KSchG Krankheit Nr. 26) geht davon aus, dass der Arbeitnehmer, dem es an eigener Sachkunde fehlt, seiner Darlegungslast durch das Bestreiten der Behauptung weiterer entsprechender Fehlzeiten in der Zukunft sowie die Entbindung der ihn behandelnden Ärzte von der Schweigepflicht genügt. Voraussetzung ist allerdings, dass darin die Darstellung zu sehen ist, die Ärzte hätten ihm gegenüber die künftige gesundheitliche Entwicklung bereits tatsächlich positiv beurteilt.

1180 Trägt er dagegen selbst **konkrete Umstände** (z. B. die Krankheitsursache) vor, so müssen diese geeignet sein, die Indizwirkung der bisherigen Fehlzeiten zu erschüttern. Er muss andererseits jedoch nicht den Gegenbeweis führen, dass nicht mit weiteren künftigen Erkrankungen zu rechnen ist (*BAG* 6.9.1989 EzA § 1 KSchG Krankheit Nr. 26).

1181 In der Praxis der Instanzgerichte wird diese Rechtsprechung des *BAG* (6.9.1989 EzA § 1 KSchG Krankheit Nr. 26) recht unterschiedlich angewendet: Teilweise wird es als Sachvortrag des Arbeitnehmers bereits als ausreichend erachtet, dass er mit der bloßen Behauptung, bestehende Krankheiten, die nicht näher benannt werden, seien ausgeheilt, ohne dafür Gründe zu nennen, die ihn behandelnden Ärzte von der Schweigepflicht entbindet, seiner Darlegungslast genügt, sodass – ohne nähere Kenntnis des Gerichts von den Ursachen der Erkrankungen – auf entsprechenden Antrag des Arbeitgebers ein Sachverständigengutachten eingeholt wird.

Demgegenüber wird (auch) im Hinblick darauf, dass der Arbeitnehmer von seiner Krankenkasse jederzeit eine Auflistung aller ärztlich attestierten krankheitsbedingten Fehlzeiten einschließlich der jeweiligen Diagnose verlangen kann, teilweise davon ausgegangen, dass er nach Darstellung der krankheitsbedingten Fehlzeiten durch den Arbeitgeber dazu unter Angabe der jeweiligen Diagnose im einzelnen Stellung nehmen und begründen muss, aufgrund welcher Umstände im Einzelnen in Zukunft nicht mit weiteren entsprechenden Fehlzeiten zu rechnen sein wird (vgl. zu den Anforderungen an einen Beweisantritt durch Vernehmung der behandelnden Ärzte als Zeugen *LAG Rheinland-Pfalz* 28.8.1997 ZTR 1998, 472 Ls.). Erst danach kommt die Einholung eines Gutachtens in Betracht.

1182 Weil die Rechtsauffassung des Gerichts durch allgemein gehaltene Auflagenbeschlüsse im Gütetermin (»Der Kläger soll auf die Darstellung der Kündigungsgründe durch die Beklagte bis zum ... schriftsätzlich erwidern.«) meist nicht deutlich zum Ausdruck kommt, sollte diese Frage zum Gegenstand der Erörterung bereits im Gütetermin gemacht werden, um Klarheit für alle Prozessbeteiligten zu schaffen.

dd) Ursächlichkeit betrieblicher Umstände

Der Arbeitgeber trägt die Darlegungs- und Beweislast dafür, dass ein vom Arbeitnehmer behaupteter ursächlicher Zusammenhang zwischen der Krankheit und betrieblichen Gründen nicht besteht. Dieser genügt er zunächst, wenn er die betriebliche Tätigkeit des Arbeitnehmers schildert und einen ursächlichen Zusammenhang bestreitet (*BAG* 6.9.1989 EzA § 1 KSchG Krankheit Nr. 26).

1183

Behauptet der **Arbeitnehmer** einen **Zusammenhang** zu betrieblichen Gründen, so muss er ihn **konkret dartun.**

Da der erkrankte Arbeitnehmer i. d. R. keine ausreichende Sachkenntnis besitzt, um diese Frage schlüssig zu beantworten, genügt es meist, wenn er für seinen Sachvortrag eine **gewisse Plausibilität** in Anspruch nehmen kann und im Übrigen die ihn behandelnden Ärzte nennt und von ihrer ärztlichen Schweigepflicht entbindet (*BAG* 23.6.1983 EzA § 1 KSchG Nr. 12; 6.9.1989 EzA § 1 KSchG Nr. 27).

Ist die Plausibilität des Sachvortrags dafür, dass nicht mit weiteren erheblichen Fehlzeiten zu rechnen ist bzw. dass ein Zusammenhang mit betrieblichen Ursachen besteht, zu bejahen, und der entsprechende Sachvortrag vom Arbeitgeber unter entsprechendem Beweisantritt für die Prognose weiterer erheblicher Fehlzeiten bzw. für die fehlende Kausalität zwischen Arbeitsbedingungen und Erkrankungen bestritten, so muss die Frage der Gesundheitsprognose aufgrund des Beweisantritts des Arbeitgebers ggf. mit Hilfe eines medizinischen Sachverständigengutachtens geklärt werden.

1184

ee) Beweis der negativen Gesundheitsprognose

Stehen die in der Vergangenheit angefallenen krankheitsbedingten Fehlzeiten des Arbeitnehmers, ihre jeweilige Dauer und ihre Ursache fest, so hat der Tatrichter nach § 286 ZPO zu entscheiden, ob die Umstände die Annahme entsprechender Ausfälle in Zukunft rechtfertigen.

1185

Für die Feststellung der negativen Gesundheitsprognose wird **keine Erleichterung mit Hilfe des Anscheinsbeweises,** beruhend auf Erfahrungssätzen, anerkannt (*BAG* 25.11.1982, 24.11.1983 EzA § 1 KSchG Krankheit Nr. 10, 19).

1186

Das Gericht darf auch nicht ohne weitere Aufklärung davon ausgehen, ein möglicher Zusammenhang zwischen den Erkrankungen und den Arbeitsbedingungen sei nicht auszuschließen und deshalb zu Lasten des Arbeitgebers zu berücksichtigen (*BAG* 6.9.1989 EzA § 1 KSchG Krankheit Nr. 27).

Beantragt der Arbeitnehmer die Vernehmung seiner behandelnden Ärzte als sachverständige Zeugen nur für die Krankheitsursachen und nicht auch für die von ihm behauptete positive Gesundheitsprognose, so ist der Tatrichter gem. § 144 ZPO nur dann zur Erhebung des Sachverständigenbeweises verpflichtet, wenn ihm die Sachkunde zur Prüfung fehlt, ob der bisherige Krankheitsverlauf ausreichende Indizien für eine negative Prognose enthält (*BAG* 6.9.1989 EzA § 1 KSchG Krankheit Nr. 27).

1187

D. Die Beendigung des Arbeitsverhältnisses

b) Betriebliche Störungen

1188 Für die Tatsachen, aus denen sich die erheblichen und unzumutbaren betrieblichen Störungen bzw. Belastungen ergeben sollen, ist der **Arbeitgeber in vollem Umfang darlegungs- und beweispflichtig,** da insoweit von ihm die notwendige volle Sachkenntnis erwartet werden kann.

1189 Zu beachten ist, dass der Arbeitgeber z. B. die aufgetretenen Störungen nach Ort, Datum, Verlauf und Auswirkungen konkret schildern muss. Schlagwortartige Umschreibungen wie »es traten Produktionsstörungen auf« genügen nicht.

Soweit **Entgeltfortzahlungskosten** als erhebliche betriebliche (wirtschaftliche) Belastungen i. S. d. Kündigungsschutzrechts anerkannt werden (s. o. D/Rz. 1133 ff.), muss dies der **Arbeitgeber in vollem Umfang darlegen und beweisen** hinsichtlich Art, Umfang und Dauer der Entgeltfortzahlungskosten sowie deren Prognose, d. h. des Auftretens entsprechender Belastungen in der Zukunft.

1190 Hinzu kommt die Verpflichtung, darzulegen, dass er zur Zahlung in dem vorgetragenen Umfang auch rechtlich verpflichtet war, weil die Entgeltfortzahlungspflicht bei wiederholter Erkrankung wegen derselben Krankheit im Zeitraum von jeweils zwölf Monaten nur für insgesamt sechs Wochen besteht (§ 3 Abs. 1 S. 2 EFZG; MünchArbR/*Berkowsky* § 154 Rz. 45).

Der Darlegungslast hinsichtlich betrieblicher Störungen genügt der Arbeitgeber nicht durch den bloßen Hinweis auf eine bestimmte Krankheitsquote. Das genügt selbst dann nicht, wenn die des gekündigten Arbeitnehmers ganz erheblich von der im Betrieb üblichen Krankheitsquote abweicht (*BAG* 2.11.1983 EzA § 1 KSchG Krankheit Nr. 13).

c) Dauernde Arbeitsunfähigkeit; Arbeitsunfähigkeit auf unabsehbare Zeit

1191 Begründet der **Arbeitgeber** seine Kündigung mit der dauernden Unfähigkeit des Arbeitnehmers, die vertraglich geschuldete Arbeitsleistung zu erbringen, so ist er für alle diese Behauptung begründenden Tatsachen **darlegungs- und beweispflichtig.**

Er muss also darlegen, dass der Arbeitnehmer im Zeitpunkt der Kündigung akut nicht in der Lage ist, seine arbeitsvertraglichen Pflichten zu erfüllen. Sodann muss er darlegen, dass dieser Zustand auf Dauer anhalten wird. Hierfür genügt keine (ungewisse) Prognose, sondern er muss die Gewissheit vermitteln, dass Umstände vorliegen, die die Leistungsfähigkeit des Arbeitnehmers auf Dauer ausschließen (zur Prognose bei einer Fehlbeurteilung des tatsächlichen Zustandes durch den behandelnden Arzt vgl. *LAG Hamm* 24.6.1999 NZA 2000, 320 Ls.).

Dafür kann allerdings eine bereits seit längerer Zeit (z. B. 21 Monate) andauernde Arbeitsunfähigkeit genügen, wenn im Zeitpunkt der Kündigung die Herstellung der Arbeitsfähigkeit völlig ungewiss ist (*BAG* 21.5.1992 EzA § 1 KSchG Krankheit Nr. 38).

d) Verminderte Leistungsfähigkeit

1192 Ist der Arbeitnehmer nicht absolut leistungsunfähig, sondern nur vermindert leistungsfähig (s. u. D/Rz. 1222 ff.), so muss der Arbeitgeber in einer vergleichenden Darstellung darlegen, welches **Anforderungsprofil** der Arbeitnehmer nach dem Arbeitsvertrag erfüllen müsste, und welches tatsächliche **aktuelle Leistungsprofil** dem gegenübersteht.

D. Die Beendigung des Arbeitsverhältnisses

Kann der Arbeitgeber das Tatbestandsmerkmal der Dauer, des Endgültigen nicht zur Überzeugung des Gerichts darlegen und im Bestreitensfall beweisen, ist die Kündigung unbegründet, es sei denn, er trägt zugleich die nicht weniger strengen, aber anders strukturierten Voraussetzungen der krankheitsbedingten Kündigung vor (MünchArbR/*Berkowsky* § 154 Rz. 46).

9. Einzelfragen; weitere Gründe einer personenbedingten Kündigung

a) Abmahnung

Ordnungsgemäß entschuldigte Fehlzeiten des Arbeitnehmers können nicht Gegenstand einer Abmahnung als Voraussetzung der Kündigung oder Versetzung oder als Ausübung eines vertraglichen Rügerechts **sein**, da dies stets die vorwerfbare Verletzung arbeitsvertraglicher Pflichten voraussetzt (*LAG Düsseldorf* 6.3.1986 NZA 1986, 431). 1193

Der Arbeitgeber ist zwar nicht gehindert, den Arbeitnehmer davon in Kenntnis zu setzen, dass bei weiteren Fehlzeiten eine Kündigung ausgesprochen werden soll. Wenn er diesen Hinweis jedoch in die Form einer Abmahnung kleidet, so bringt er damit eine Missbilligung zum Ausdruck, die unangebracht ist, da sie kein vertragswidriges Verhalten zum Gegenstand hat.

b) Alkohol- und Drogensucht

aa) Personen-, verhaltensbedingte Kündigung?

(1) Maßgeblichkeit der Kündigungsbegründung

Nach **zum Teil** in der Rechtsprechung (*LAG Frankfurt* 27.9.1984 DB 1985, 768; *LAG Berlin* 1.7.1985 DB 1985, 2690) vertretener Auffassung hängt die Beurteilung der Frage, ob es sich bei einer wegen Alkoholsucht ausgesprochenen Kündigung um eine personen- oder verhaltensbedingte Kündigung handelt, von der **Kündigungsbegründung** ab: 1194

Wird sie auf die Störung des Betriebsablaufs und die infolge Alkoholgenusses nicht ordnungsgemäße Arbeitsleistung gestützt, so kommt auch eine verhaltensbedingte Kündigung in Betracht.

(2) Rechtsprechung des BAG

Nach der ständigen Rechtsprechung des *BAG* (9.4.1987 EzA § 1 KSchG Krankheit Nr. 18; vgl. *Künzl* BB 1993, 1581 ff.; *Hemming* BB 1998, 1999 ff.; *Lepke* DB 2001, 269 ff.; APS/*Dörner* § 1 KSchG Rz. 228 ff.; abl. *Gottwald* NZA 1997, 635 ff., NZA 1999, 180 ff. wonach die fehlende Therapiebereitschaft einen Verstoß gegen eine arbeitsvertragliche Nebenpflicht und damit einen verhaltenbedingten Kündigungsgrund darstellt; dagegen *Künzl* NZA 1998, 122 ff. u. NZA 1999, 744; krit. auch *Bengelsdorf* NZA 2001, 993 ff.) ist die Kündigung wegen Alkoholsucht dagegen nur nach den für die krankheitsbedingte Kündigung entwickelten Grundsätzen zu beurteilen. Voraussetzung ist allerdings, dass sich der Alkoholsüchtige in einem Stadium befindet, in dem der Trunksucht ein medizinischer Krankheitswert zukommt. Folglich kommt auch eine verhaltensbedingte Kündigung so lange in Betracht, wie der Arbeitnehmer noch nicht alkoholkrank ist. 1195

D. Die Beendigung des Arbeitsverhältnisses

1196 Dafür spricht, dass dem alkoholabhängigen Arbeitnehmer, der infolge seiner Abhängigkeit gegen seine arbeitsvertraglichen Verpflichtungen verstößt, wegen der Abhängigkeit zur Zeit der Pflichtverletzung **kein Schuldvorwurf** gemacht werden kann. Eine verhaltensbedingte Kündigung wegen Pflichtverletzungen (z. B. unentschuldigtem Fehlen), die auf Alkoholabhängigkeit beruhen, ist danach i. d. R. mangels Verschulden sozialwidrig. Das gilt dann, wenn z. B. **die unentschuldigten Fehltage ihre Ursache in der krankhaften Alkoholabhängigkeit haben** und der Arbeitnehmer infolge seiner nicht beherrschbaren Alkoholkrankheit sein Verhalten nicht zu kontrollieren vermag. Der Arbeitgeber, der sich im Kündigungsschutzprozess allein auf einen verhaltensbedingten Kündigungsgrund beruft, hat aufgrund der ihm obliegenden Darlegungs- und Beweislast zu **widerlegen**, dass die **Alkoholabhängigkeit ursächlich** für das **Fehlverhalten** des Arbeitnehmers gewesen ist. Dies gilt **auch** dann, wenn ein Arbeitnehmer nach einer Entziehungskur wieder **rückfällig** geworden ist, da die krankhafte Alkoholabhängigkeit auch nach einer Therapie fortbesteht (*LAG Hamm* 15.1.1999 NZA 1999, 1221; vgl. auch *Lepke* DB 2001, 269 ff.; zu Gestaltungsmöglichkeiten in diesem Zusammenhang vgl. ausf. *Graefe* BB 2001, 1251 ff.).

(3) **Verschuldete Alkoholabhängigkeit**
1197 Eine verhaltensbedingte Kündigung kann grds. allenfalls darauf gestützt werden, dass der Arbeitnehmer **schuldhaft seine** (sich negativ auf das Arbeitsverhältnis auswirkende) **Alkoholabhängigkeit herbeigeführt hat** (vgl. *Künzl* BB 1993, 1581 ff.). Die Darlegung und der Beweis dieser Behauptung wird jedoch dem Arbeitgeber, der insoweit die Darlegungs- und Beweislast trägt, da das Verschulden bei der verhaltensbedingten Kündigung i. d. R. Teil des Kündigungsgrundes ist, grds. erhebliche Schwierigkeiten bereiten, da es keinen dahingehenden Erfahrungssatz gibt, wonach Alkoholabhängigkeit i. d. R. selbst verschuldet ist (*BAG* 1.6.1983 EzA § 1 LohnFG Nr. 69).

bb) **Krankheitsbedingte Kündigung**

(1) **Bedeutung des Verschuldens**
1198 Demgegenüber kommt es bei der krankheitsbedingten Kündigung auf die Frage, wer die Krankheit bzw. die Alkoholabhängigkeit verschuldet hat, grds. nicht an.

> Bei der krankheitsbedingten Kündigung ist nur im Rahmen der Interessenabwägung auf die Ursache und auch auf das Verschulden der Krankheit einzugehen.

(2) **Negative Gesundheitsprognose**
1199 Auch bei der Kündigung wegen Alkoholabhängigkeit erfolgt die Überprüfung der Sozialwidrigkeit nach den für die krankheitsbedingte Kündigung entwickelten Grundsätzen.

> Aus den Besonderheiten der Alkoholabhängigkeit kann sich jedoch die Notwendigkeit ergeben, an die Prognose im Hinblick auf die weitere Entwicklung der Alkoholabhängigkeit geringere Anforderungen zu stellen (*BAG* 9.4.1987 EzA § 1 KSchG Krankheit Nr. 18; vgl. auch *BAG* 17.6.1999 EzA § 1 KSchG Wiedereinstellungsanspruch Nr. 4: »hohe Rückfallgefahr nach einer zunächst erfolgreichen Entziehungskur«; abl. MünchArbR/*Berkowsky* § 136 Rz. 76; *Fleck/Körtel* BB

> 1995, 722; vgl. auch *Raab* RdA 2000, 147 ff.; *Lepke* DB 2001, 269 ff.; *ders.* Kündigung bei Krankheit Rz 232 ff.).

Dabei wird die Prognose wesentlich davon bestimmt, in welchem **Stadium der Sucht** sich der Arbeitnehmer befindet, in welcher Weise sich **frühere Therapien** auf den Zustand des Arbeitnehmers ausgewirkt haben, ob er vor Ausspruch der Kündigung **therapiebereit** war und ob eine solche Therapie aus medizinischer Sicht eine **gewisse Erfolgsaussicht** hat. Der Arbeitgeber muss dem Arbeitnehmer nach dem **Grundsatz der Verhältnismäßigkeit** i. d. R. vor Ausspruch einer Kündigung die **Chance zu einer Entziehungskur geben** (*BAG* 17.6.1999 EzA § 1 KSchG Wiedereinstellungsanspruch Nr. 4; vgl. dazu *Nicolai* SAE 2000, 98 ff.). Andererseits ist eine **negative Prognose** jedenfalls **dann gerechtfertigt**, wenn bei häufigen Fehlzeiten aufgrund einer Alkoholsucht zum Zeitpunkt des Ausspruchs der Kündigung aufgrund **mehrerer fehlgeschlagener Entzugstherapien** auch weiterhin mit einer Rückfallgefahr zu rechnen ist (*LAG Schleswig-Holstein* 24.7.2001 – 3 Sa 317/01 –). 1200

Ist der Arbeitnehmer zur Zeit der Kündigung nicht therapiebereit, so kann davon ausgegangen werden, dass er von dieser Krankheit in absehbarer Zeit nicht geheilt wird (vgl. ausf. *Künzl* NZA 1998, 122 ff.; *Hemming* BB 1998, 1999 ff.). Eine von ihm nach Ausspruch der Kündigung durchgeführte Therapie und ihr Ergebnis können daher nicht zur Korrektur der Prognose herangezogen werden (*BAG* 9.4.1987 EzA § 1 KSchG Krankheit Nr. 18).

(3) Interessenabwägung
Im Rahmen der Interessenabwägung ist allerdings – stärker als bei sonstigen Erkrankungen – zu berücksichtigen, dass gerade der Süchtige in besonderem Maße eines möglichst **intakten sozialen Umfeldes bedarf**, um überhaupt eine Chance zu haben, sich von seiner Sucht zu befreien. 1201

Ist der betroffene Arbeitnehmer ernsthaft therapiebereit und verspricht eine solche Therapie wenigstens mit einer gewissen Wahrscheinlichkeit Erfolg, so sind dem Arbeitgeber **auch für längere Zeit Überbrückungsmaßnahmen zuzumuten**, um so den Therapieerfolg nicht zu gefährden.

Dies beruht allerdings nicht auf der Überlegung, dass Betriebe zur Durchführung allgemeiner Resozialisierungsmaßnahmen herangezogen werden sollen, sondern vielmehr darauf, dass sich die Kostenbelastung des Arbeitgebers in derartigen Fällen aufgrund der zumeist gegebenen Langzeittatbestände im Rahmen der gesetzlichen Grenzen hält (*MünchArbR/Berkowsky* § 136 Rz. 77).

Jedenfalls ist eine ordentliche krankheitsbedingte Kündigung dann sozial gerechtfertigt, wenn sich auch ein anderer **vernünftig denkender Arbeitgeber** unter Berücksichtigung erheblicher krankheitsbedingter Fehlzeiten wegen Alkoholismus auf Grund einer negativen Gesundheitsprognose und einer Störung des Betriebsablaufs von dem Arbeitnehmer getrennt hätte (*ArbG Frankfurt/M.* 1.10.1999 NZA-RR 2000, 192). 1202

(4) Verhalten nach erfolgreicher Entziehungskur
Die Entscheidung des Arbeitnehmers, nach einer erfolgreichen Entziehungskur die zunächst aufgenommenen Besuche in einer Selbsthilfegruppe von anonymen Alkoholikern abzubrechen, weil er sich hiermit überfordert fühlt, gehört zum privaten Lebensbereich. Hiermit verletzt er keine Haupt- oder Nebenpflicht aus dem Arbeitsver- 1203

D. Die Beendigung des Arbeitsverhältnisses

hältnis. Selbst wenn er dem Arbeitgeber, der einen solchen Besuch einer Selbsthilfegruppe verlangt, vortäuscht, er setze diese Besuche fort, rechtfertigt dies keine ordentliche – verhaltensbedingte – Kündigung (*LAG Düsseldorf* 25.2.1997 NZA-RR 1997, 381).

(5) Blutuntersuchungen
1204 Ein Arbeitnehmer ist regelmäßig **nicht verpflichtet**, im laufenden Arbeitsverhältnis routinemäßigen Blutuntersuchungen zur Klärung, ob er alkohol- oder drogenabhängig ist, zuzustimmen (*BAG* 12.8.1999 EzA § 1 KSchG Verhaltensbedingte Kündigung Nr. 55).

c) Aids
1205 Vgl. ausf. *Lepke* RdA 2000, 87 ff.; *ders.* Kündigung bei Krankheit Rz. 260 ff.

aa) HIV-Infektion
1206 Die Infektion mit HIV für sich allein **rechtfertigt keine ordentliche Kündigung** gem. § 1 Abs. 2 KSchG, denn der Arbeitnehmer ist weiterhin arbeitsfähig.
Etwas anderes ergibt sich auch nicht aus der Überlegung heraus, dass andere Mitarbeiter durch den infizierten Arbeitnehmer gefährdet sind. Denn die quantitative Gefahr einer Übertragung unter den normalerweise am Arbeitsplatz herrschenden Gegebenheiten tendiert gegen Null (*Eich* NZA 1987 Beil. Nr. 2 S. 10, 13; *Klak* BB 1987, 1382).

bb) Vollbild der Erkrankung
1207 Soweit der Arbeitnehmer an Aids tatsächlich erkrankt ist, also das sog. Vollbild der Erkrankung ausgebrochen ist, erfolgt die kündigungsrechtliche Beurteilung nach den **allgemeinen Kriterien** der krankheitsbedingten Kündigung.
Die Erkrankung wegen Aids hat, wie jede sonstige Erkrankung auch, lediglich für die Begründung der negativen Gesundheitsprognose, also für die zukünftige Einsetzbarkeit des Arbeitnehmers Bedeutung. Dabei sind die mit dieser besonderen Form der Erkrankung gewonnenen medizinischen Erfahrungen heranzuziehen (MünchArbR/ *Berkowsky* § 136 Rz. 79).

cc) Unmöglichkeit der Erbringung der Arbeitsleistung
1208 Auch vor Ausbruch der Erkrankung im Vollbild kommt eine ordentliche Kündigung aber dann in Betracht, wenn der Arbeitnehmer seine Arbeitsleistung nicht mehr zu erbringen vermag (vgl. *Lichtenberg/Schücking* NZA 1990, 457 f.).

dd) Druckkündigung
1209 Soweit auf den Arbeitgeber wegen einer bestehenden Aids-Infektion eines Mitarbeiters Druck ausgeübt wird, um dessen Entlassung aus dem Betrieb zu erzwingen (sog. Druckkündigung s. o. D/Rz. 855 ff.) ist als Besonderheit in diesen Fällen zu beachten, dass die dem Druck zugrunde liegende Aids-Infektion als solche kündigungsrechtlich regelmäßig irrelevant ist, sodass ein objektiv anerkennenswertes Motiv für den Druck z. B. der Belegschaft nicht gegeben ist.
1210 **Der Arbeitgeber hat deshalb alle geeigneten Mittel zu ergreifen, den Druck zu entschärfen und eine Kündigung zu vermeiden** (z. B. durch intensive **Aufklärung** der Belegschaft über das mangelnde Ansteckungsrisiko sowie die **Umsetzung** oder Ver-

D. Die Beendigung des Arbeitsverhältnisses

setzung des infizierten Arbeitnehmers oder derjenigen Arbeitnehmer, auf die der Druck zurückzuführen ist).

Der Arbeitgeber, der selbst den Druck dadurch erst erzeugt, dass er seiner Belegschaft die bislang unbekannte Aids-Infektion mitteilt, kann sich zur Begründung einer Kündigung auf die hierdurch geschaffene Drucksituation nicht berufen (*Lepke* DB 1987, 1299).

d) Inhaftierung des Arbeitnehmers

aa) Dauer der Strafhaft

Bei der Kündigung eines Arbeitnehmers wegen Arbeitsverhinderung durch die Verbüßung einer Freiheitsstrafe geht es nicht um einen verhaltens-, sondern um einen personenbedingten Kündigungsgrund. 1211

Für die Dauer der Verbüßung einer Strafhaft, die als Kündigungsgrund in Betracht kommt, besteht **keine bestimmte Mindest- oder Regeldauer.**

Denn eine derartige Mindest- oder Regeldauer für eine kündigungsrechtlich erhebliche Verbüßung einer Strafhaft würde die unzutreffende Annahme eines absoluten Kündigungsgrundes begünstigen, nicht zur erstrebten Rechtssicherheit führen und auch nicht den Interessen des Arbeitgebers bei einer kürzeren Strafhaft des Arbeitnehmers entsprechen.

Denn bei einer Regelgrenze müssten einerseits Ausnahmen für kürzere Haftstrafen zugelassen werden, wenn der Arbeitnehmer im Betrieb schwer zu ersetzen ist. 1212

Andererseits wäre die Regeldauer um das Erfordernis zu ergänzen, dass sich die haftbedingte Arbeitsverhinderung auch konkret nachteilig auf das Arbeitsverhältnis auswirkt und zu einer unzumutbaren Belastung für den Arbeitgeber führt (*BAG* 22.9.1994 EzA § 1 KSchG Personenbedingte Kündigung Nr. 11).

bb) Betriebliche Auswirkungen

> Es hängt deshalb von Art und Ausmaß der betrieblichen Auswirkungen ab, ob eine haftbedingte Nichterfüllung der Arbeitspflicht durch den Arbeitnehmer eine Kündigung überhaupt, eine außerordentliche Kündigung nach § 626 BGB oder eine ordentliche Kündigung nach § 1 KSchG rechtfertigt (*BAG* 15.11.1984 EzA § 626 BGB n. F. Nr. 95; *LAG Rheinland-Pfalz* 12.4.1999 – 7 Sa 61/99 –). 1213

In Betracht kommt insbesondere die Notwendigkeit des Einsatzes einer Aushilfskraft mit damit verbundener Ausbildung, der Ausfall von Schichten, durch die Ersatzkraft verursachte Schäden. Zu berücksichtigen sind, wie bei der krankheitsbedingten Kündigung, auch in der Zukunft eintretende betriebliche Auswirkungen (*BAG* 22.9.1994 EzA § 1 KSchG Personenbedingte Kündigung Nr. 11).

Zu berücksichtigen ist aber andererseits auch, dass der Arbeitgeber infolge des Fehlens von Vergütungsansprüchen wirtschaftlich nicht belastet wird, sodass maßgeblich darauf abgestellt werden kann, ob und in welchem Ausmaß es zu Störungen des Betriebsablaufs gekommen ist/kommen wird bzw. inwieweit die Notwendigkeit einer Ersatzeinstellung besteht. 1214

Ferner ist zu überprüfen, welche Maßnahmen für einen Arbeitgeber zumutbar sind um die haftbedingte Arbeitsverhinderung eines Arbeitnehmers zu überbrücken (*BAG* 15.11.1984 EzA § 626 BGB n. F. Nr. 95; 22.9.1994 EzA § 1 KSchG Personenbedingte Kündigung Nr. 11; *LAG Rheinland-Pfalz* 12.4.1999 – 7 Sa 61/99 –).

D. Die Beendigung des Arbeitsverhältnisses

cc) Untersuchungshaft

1215 Steht z. Zt. des Ausspruchs der Kündigung die Dauer der zu verbüßenden Freiheitsstrafe noch nicht fest, weil der Arbeitnehmer seit 7 1/2 Monaten zwar in Untersuchungshaft sitzt, die Hauptverhandlung aber noch nicht stattgefunden hat, so ist als Kündigungsgrund auf die **Ungewissheit abzustellen, ob der Arbeitnehmer überhaupt je auf seinen Arbeitsplatz zurückkehren und wann dies der Fall sein wird** (*BAG* 22.9.1994 EzA § 1 KSchG Personenbedingte Kündigung Nr. 11).

e) Mangelnde Eignung des Arbeitnehmers

aa) Begriffsbestimmung

1216 Die Frage, ob ein bestimmter Arbeitnehmer für die auf einem bestimmten Arbeitsplatz geforderte Aufgabe geeignet ist, beantwortet sich aus einem Vergleich zwischen dem arbeitsplatzbezogenen **Anforderungsprofil** und dem arbeitnehmerbezogenen **Leistungsprofil**.

Mangelnde Eignung liegt nicht schon bei jeder Differenz vor. Eine solche muss vielmehr so ausgeprägt sein, dass die Leistung des Arbeitnehmers in signifikantem Umfang ihren arbeitsvertraglich geschuldeten Zweck verfehlt (vgl. APS/*Dörner* § 1 KSchG Rz. 245 ff.).

1217 Mangelnde Eignung kann vorliegen, wenn entweder objektive (personenbezogene) Voraussetzungen für die geschuldete Tätigkeit (Fahrerlaubnis beim Kraftfahrer; s. dazu bereits oben D/Rz. 712; Gesundheitszeugnis beim Lebensmittelhändler, Arbeitserlaubnis beim ausländischen Arbeitnehmer) oder subjektive (in der Person des Arbeitnehmers liegende) Eigenschaften fehlen, deren Vorhandensein Voraussetzung für die vertragsgemäße Erfüllung des Anforderungsprofils ist (MünchArbR/*Berkowsky* § 136 Rz. 87 f.; ausf. dazu *Hunold* NZA 2000, 802 ff.).

bb) Objektive Eignungsmängel

(1) Beschäftigungsverbot

1218 Fehlt dem Arbeitnehmer eine **objektive Eignungsvoraussetzung** (z. B. Fahrerlaubnis, Gesundheitszeugnis, behördliche Erlaubnisse, z. B. die Fluglizenz eines Verkehrsflugzeugführers [*BAG* 31.1.1996 EzA § 1 KSchG Personenbedingte Kündigung Nr. 13]), so **rechtfertigt dies i. d. R. eine Kündigung, da der Arbeitnehmer seine Arbeitsleistung nicht (mehr) erbringen darf.**

Besteht allerdings z. B. bei einem **Piloten** die Aussicht, dass er die Erneuerung seiner Erlaubnis zum Führen eines Verkehrsflugzeugs **in absehbarer Zeit** erreichen kann, so hat ihm die Fluggesellschaft i. d. R. dazu die Gelegenheit zu geben, bevor sie das Arbeitsverhältnis kündigt (*BAG* 7.12.2000 EzA § 1 KSchG Personenbedingte Kündigung Nr. 15 = NZA 2001, 1304). Die Entscheidung über die **Rechtmäßigkeit des Verfahrens und der Bewertung bei Überprüfungsflügen**, die für die Verlängerung bzw. Erneuerung der Erlaubnis eines Piloten vorgeschrieben sind, obliegt **nicht den Arbeitsgerichten** im Rahmen eines Kündigungsschutzverfahrens, sondern allein dem Luftfahrtbundesamt als der zuständigen Erlaubnisbehörde bzw. den Verwaltungsgerichten. Diese kann der Pilot anrufen, wenn ihm die Verlängerung bzw. Erneuerung seiner Erlaubnis wegen des Ergebnisses der Überprüfung versagt wird (*BAG*

7.12.2000 EzA § 1 KSchG Personenbedingte Kündigung Nr. 15 gegen *BAG* 31.1.1996 EzA § 1 KSchG Personenbedingte Kündigung Nr. 13).

(2) Arbeitserlaubnis ausländischer Arbeitnehmer
Handelt es sich um eine allgemeine Beschäftigungsvoraussetzung wie die Arbeitserlaubnis nach § 19 AFG (jetzt §§ 284 ff. SGB III) und gingen die Beteiligten auch **nicht davon aus,** dass eine entsprechende Erlaubnis **demnächst erteilt werde,** so ist der Vertragsschluss wegen Verstoßes gegen ein gesetzliches Verbot schlechthin **nichtig** (*BAG* 19.1.1977 EzA § 19 AFG Nr. 3).

Dagegen wird ein unbefristetes Arbeitsverhältnis eines Ausländers, der nach § 284 SGB III einer Arbeitserlaubnis bedarf und dem diese auch erteilt wurde, **mit Zeitablauf der Arbeitserlaubnis nicht nichtig** (*BAG* 7.2.1990 EzA § 1 KSchG Personenbedingte Kündigung Nr. 8; *LAG Hamm* 9.2.1999 LAGE § 1 KSchG Personenbedingte Kündigung Nr. 16). Denn § 284 SGB III enthält nur ein Beschäftigungsverbot. Folglich ist auch die Vereinbarung einer **auflösenden Bedingung,** nach der das Arbeitsverhältnis ohne weiteres mit Ablauf der notwendigen Arbeitserlaubnis enden soll, bei einem seit längerem vollzogenen Arbeitsverhältnis unwirksam (*LAG Köln* 18.4.1997 LAGE § 1 KSchG Personenbedingte Kündigung Nr. 15)

Allerdings ist dieses an sich geeignet, einen **personenbedingten Grund** zur ordentlichen Kündigung i. S. d. § 1 Abs. 2 S. 1 KSchG abzugeben, wenn die Arbeitserlaubnis **rechtskräftig versagt worden ist, weil der Arbeitnehmer dann auf Dauer nicht in der Lage ist, die vertraglich geschuldeten Dienste zu erbringen** (*LAG Hamm* 9.2.1999 LAGE § 1 KSchG Personenbedingte Kündigung Nr. 16). Ist über ihre Erteilung noch nicht rechtskräftig entschieden, so ist maßgeblich darauf abzustellen, ob für den Arbeitgeber bei objektiver Beurteilung im Zeitpunkt des Zugangs der Kündigung mit Erteilung der Erlaubnis nicht zu rechnen war und der Arbeitsplatz für den Arbeitnehmer ohne erhebliche betriebliche Beeinträchtigungen nicht offen gehalten werden konnte (*BAG* 7.2.1990 EzA § 1 KSchG Personenbedingte Kündigung Nr. 8; *LAG Hamm* 9.2.1999 LAGE § 1 KSchG Personenbedingte Kündigung Nr. 16; vgl. für den bloßen Ablauf einer notwendigen Arbeitserlaubnis *LAG Köln* 18.4.1997 LAGE § 1 KSchG Personenbedingte Kündigung Nr. 15). Die Nichterteilung der Arbeitserlaubnis darf allerdings nicht darauf beruhen, dass der Arbeitgeber die Erteilung arglistig verhindert. Wirkt er der Erteilung der Arbeitserlaubnis entgegen, weil er den ausländischen Arbeitnehmer nicht mehr weiterbeschäftigen will, so kann er sich im Kündigungsschutzprozess regelmäßig nicht auf das hierdurch herbeigeführte Beschäftigungsverbot berufen (*BAG* 7.2.1990 EzA § 1 KSchG Personenbedingte Kündigung Nr. 8). Andererseits verstößt es nach Auffassung des *LAG Hamm* (9.2.1999 LAGE § 1 KSchG Personenbedingte Kündigung Nr. 16) weder gegen Treu und Glauben noch gegen die Grundsätze des § 162 BGB, wenn der Arbeitgeber in einer derartigen Situation dem Arbeitsamt erklärt, er habe **kein Interesse mehr an dem bisher beschäftigten Arbeitnehmer** und um die Vermittlung einer bevorrechtigt zu berücksichtigenden Person nachsucht.

Ein Arbeitnehmer, der **verschweigt, dass er zur Ausreise aus der BRD aufgefordert wurde** und dass seine Ausreisepflicht für vollziehbar erklärt wurde und deshalb seine Arbeitserlaubnis entfallen ist, begeht eine Ordnungswidrigkeit i. S. d. § 229 Abs. 1 Nr. 1 AFG (jetzt § 404 Abs. 2 Nr. 3 SGB III) und verletzt nach Auffassung des *LAG Nürnberg* (21.9.1994 NZA 1995, 228) wegen dieser vorsätzlichen und arglistigen Täuschung seine arbeitsvertragliche Treuepflicht erheblich. Ein solches Verhalten stellt einen wichtigen Grund i. S. d. § 626 Abs. 1 BGB dar. Der Arbeitnehmer kann nicht

D. Die Beendigung des Arbeitsverhältnisses

einwenden, er habe darauf vertrauen dürfen, infolge Rechtsmitteleinlegung die Duldung und damit die Arbeitserlaubnis zu behalten. Ob der Arbeitgeber nach Ablauf der Arbeitserlaubnis zur **ordentlichen oder außerordentlichen Kündigung** berechtigt ist, hängt von den Umständen des Einzelfalles ab, insbesondere davon, ob der Arbeitgeber den Arbeitsplatz sofort neu besetzen muss (*BAG* 13.1.1977 EzA § 19 AFG Nr. 2).

cc) Subjektive Eignungsmängel

(1) Verminderte Leistungsfähigkeit

1222 Subjektive Eignungsmängel sind Umstände, die unmittelbar in der Person des Arbeitnehmers begründet sind. Dazu gehört insbesondere die – z. B. auch krankheitsbedingt – geminderte Leistungsfähigkeit des Arbeitnehmers (vgl. dazu *Leuchten/Zimmer* BB 1999, 1973 ff.).

Subjektive Eignungsmängel sind nicht in jedem Fall kündigungsrechtlich von Bedeutung, weil die Leistungsfähigkeit der Menschen individuell sehr unterschiedlich ist; Fehler sind für jedermann in gewissem Umfang unvermeidlich.
Folglich kann **nicht jeder verminderte Leistungsgrad** im Vergleich zu einem anderen vergleichbaren Arbeitnehmer oder jede Fehlleistung **eine Kündigung rechtfertigen** (*BAG* 26.9.1991 EzA § 1 KSchG Personenbedingte Kündigung Nr. 10). Auch reicht für eine personenbedingte Kündigung **nicht die pauschale Behauptung aus, ein Mitarbeiter sei ungeeignet** (*LAG Rheinland-Pfalz* 30.7.2001 – 4 Sa 1275/00 –).

1223 Allerdings kann eine Kündigung dann gerechtfertigt sein, wenn dem Arbeitnehmer Eigenschaften fehlen, die für die von ihm vertraglich geschuldete Aufgabe von bestimmender Bedeutung sind.

Dies ist etwa dann der Fall, wenn sich bei einem Konzertmeister eines Sinfonieorchesters herausstellt, dass er die für diese Stellung erforderlichen Führungseigenschaften nicht besitzt (*BAG* 29.7.1976 EzA § 1 KSchG Nr. 34). Erforderlich ist jedenfalls, dass die Minderung der Leistungsfähigkeit zu einer **erheblichen Beeinträchtigung der betrieblichen Interessen** führt (*BAG* 26.9.1991 EzA § 1 KSchG Personenbedingte Kündigung Nr. 10).

(2) Graduelles Leistungsdefizit

aaa) Grundlagen

1224 Problematisch ist die Feststellung, wann eine Kündigung sozial gerechtfertigt ist, wenn sie nicht auf das Fehlen konkret abgrenzbarer Eigenschaften, sondern auf ein graduelles Leistungsdefizit gestützt wird. Ein graduelles Leistungsdefizit liegt dann vor, wenn der Arbeitnehmer die vertraglich geschuldete Leistung **zwar an sich erbringen kann, sie vom Umfang her aber erheblich von der vergleichbarer Arbeitnehmer abweicht.**

1225 Geht man davon aus (*LAG Hamm* 23.8.2000 NZA-RR 2001, 138; *MünchArbR/Blomeyer* § 48 Rz. 56), dass der Arbeitnehmer im Rahmen der arbeitsvertraglichen Vereinbarung in der Arbeitszeit unter angemessener Anspannung seiner (individuellen) Kräfte und Fähigkeiten ständig zu arbeiten hat, ohne Körper und Gesundheit zu

D. Die Beendigung des Arbeitsverhältnisses

schädigen (s. o. C/Rz. 19 ff.), so kommt ein graduelles Leistungsdefizit kündigungsrechtlich erst dann in Betracht, wenn er insgesamt **nicht mehr in der Lage ist, seine vertraglich geschuldete Arbeitsleistung zu erbringen.**

Geht man dagegen davon aus (MünchArbR/*Berkowsky* § 136 Rz. 97 f.; vgl. auch *ArbG Celle* 14.5.2001 NZA-RR 2001, 478), dass der Arbeitnehmer eine durch den Arbeitsvertrag und eventuell in Bezug genommene Arbeitsplatz- oder Leistungsbeschreibung konkretisierte Leistung mittlerer Art und Güte schuldet (§ 243 Abs. 1 BGB), dann kommt ein graduelles Leistungsdefizit als Kündigungsgrund in Betracht, wenn sich sein Leistungsniveau **signifikant vom Leistungsniveau der zwar unter dem Durchschnitt liegenden, aber noch hinreichend leistungsfähigen vergleichbaren Mitarbeiter abhebt.** 1226

Maßstab ist insoweit ein Vergleich zwischen einem insoweit vergleichbaren Mitarbeiter, dessen Leistung kündigungsrechtlich unbedenklich ist, und dem zu kündigenden Arbeitnehmer. 1227

Eine solche Feststellung ist nicht ohne subjektive Wertung zu treffen, sodass dem Arbeitgeber insoweit ein gewisser Beurteilungsspielraum eingeräumt werden muss. Dies entbindet ihn jedoch nicht von der Pflicht, im Kündigungsschutzprozess exakt die Daten und Fakten vorzutragen, aus denen sich der Grad des Leistungsdefizits des gekündigten Arbeitnehmers ergibt (so MünchArbR/*Berkowsky* a. a. O.).

Das *LAG Köln* (21.12.1995 NZA-RR 1997, 51; vgl. auch *ArbG Celle* 14.5.2001 NZA-RR 2001, 478; s. auch *LAG Köln* 26.2.1999 ZTR 1999, 382 Ls. zur behinderungsbedingten Kündigung wegen Minderleistung) hat insoweit folgende Grundsätze aufgestellt: 1228

- Die krankheitsbedingte dauerhafte Leistungsminderung kann nur mit großer Zurückhaltung als ein Kündigungsgrund nach § 1 Abs. 2 KSchG in Betracht gezogen werden.
- Geringe Leistungsminderungen scheiden von vornherein als Kündigungsgrund aus; erste eine erhebliche Beeinträchtigung der Leistungsfähigkeit (objektiv messbarer Leistungsabfall in quantitativer oder qualitativer Hinsicht) kann eine unzumutbare wirtschaftliche Belastung des Arbeitgebers darstellen, weil der gezahlten Vergütung dann keine adäquate Arbeitsleistung mehr gegenübersteht.
- Fehlt die Feststellung objektiver Tatsachen für das dauernde Ungleichgewicht von Leistung und Gegenleistung, dann muss im Regelfall mit der auf Erkrankungen gestützten Kündigung abgewartet werden, bis die Prognose ergibt, dass der Arbeitnehmer tatsächlich aus diesen Gründen regelmäßig fehlen wird. Auch der in einem arbeitsmedizinischen Gutachten enthaltene ärztliche Rat, die Tätigkeit aus gesundheitlichen Gründen nicht mehr auszuüben, berechtigt den Arbeitgeber nicht ohne weiteres zu einer »Kündigung aus Fürsorge«.
- Eine vorsorglich und »aus Fürsorge« in Kenntnis ärztlicher Besorgnis erklärte Kündigung ist insbesondere dann nicht sozial gerechtfertigt, wenn sie ausgesprochen wird, nachdem der Arbeitnehmer inzwischen seit Monaten wieder ohne objektiv messbare Leistungsminderung tatsächlich mit seiner vertraglichen Arbeit (z. B. als Abbrucharbeiter) beschäftigt worden ist.

D. Die Beendigung des Arbeitsverhältnisses

bbb) § 97 Abs. 2 BetrVG n. F.

1229 Hat der Arbeitgeber technische Anlagen, Arbeitsverfahren und Arbeitsabläufe oder Arbeitsplätze geplant, die dazu führen, dass sich die Tätigkeit der betroffenen Arbeitnehmer ändern wird und ihre **beruflichen Kenntnisse und Fähigkeiten** zur Erfüllung ihrer Aufgaben **nicht mehr ausreichen**, so hat der Betriebsrat gem. § 97 Abs. 2 BetrVG bei der Einführung von Maßnahmen der betrieblichen Berufsbildung **mitzubestimmen**. Kommt eine Einigung nicht zustande, so entscheidet die **Einigungsstelle**. Der Spruch der Einigungsstelle ersetzt die Einigung zwischen Arbeitgeber und Betriebsrat.

1230 Fraglich ist, ob und inwieweit diese Regelung die **individualrechtliche Befugnis des Arbeitgebers beschränkt**, das Arbeitsverhältnis wegen mangelnder Qualifikation des Arbeitnehmers zu **kündigen**. Im Grundsatz lässt sich aus § 97 Abs. 2 BetrVG n. F. keine Kündigungssperre in dem Sinne ableiten, dass der Arbeitgeber zunächst das Verfahren nach § 97 Abs. 2 BetrVG n. F. und ggf. den Abschluss der Fortbildungsmaßnahme abwarten muss, bevor er das Arbeitsverhältnis kündigen kann. Denn § 97 Abs. 2 BetrVG n.F, regelt nur das Verhältnis zwischen Arbeitgeber und Betriebsrat. Die Zulässigkeit der Kündigung richtet sich dagegen allein nach § 1 Abs. 2 KSchG. Zumindest wenn sich **Arbeitgeber und Betriebsrat** auf die Einführung von Fortbildungs- und Umschulungsmaßnahmen **verständigt haben** oder wenn die Einigung durch Spruch der Einigungsstelle ersetzt worden ist, dürfte die Kündigung eines Arbeitnehmers, der an der **Bildungsmaßnahme teilnimmt**, aber **regelmäßig wegen Verstoßes** gegen das in § 1 Abs. 2 S. 3 KSchG kodifizierte kündigungsrechtliche **ultima-ratio-Prinzip unwirksam sein** (GK-BetrVG/*Raab* § 97 Rz. 22; *Annuß* NZA 2001, 368).

(3) Lebensalter

1231 Das Lebensalter eines Arbeitnehmers **rechtfertigt für sich genommen eine Kündigung grds. nicht.** Bei natürlichem altersbedingten Abbau der Leistungsfähigkeit kann aber eine Kündigung in Betracht kommen, wenn er den vertraglich geschuldeten Leistungspflichten insgesamt **nicht mehr gerecht zu werden vermag** (weitergehend KR-*Etzel* § 1 KSchG Rz. 387: Erreichen des 65. Lebensjahres ausreichend, wenn der Arbeitnehmer ausreichend versorgt ist; a. A. APS/*Dörner* § 1 KSchG Rz. 252 f.). Maßstab ist insoweit das Anforderungsprofil des Arbeitsplatzes unter Berücksichtigung der arbeitsvertraglichen Vereinbarung (so MünchArbR/*Berkowsky* § 136 Rz. 99). Zum Teil wird auch auf die Leistungsfähigkeit vergleichbarer (gleichaltriger) Arbeitnehmer abgestellt (KR-*Becker* 3. Aufl. § 1 KSchG Rz. 222).

f) Wirtschaftliche und soziale Absicherung eines nebenberuflich tätigen Arbeitnehmers

1232 Dass ein nebenberuflich tätiger Arbeitnehmer als Beamter auf Lebenszeit weitgehend wirtschaftlich und sozial abgesichert ist, stellt keinen personenbedingten Grund i. S. d. § 1 Abs. 1 KSchG für eine Kündigung eines nebenberuflich ausgeübten Teilzeitarbeitsverhältnisses dar (*BAG* 13.3.1987 EzA § 1 KSchG Betriebsbedingte Kündigung Nr. 44).

D. Die Beendigung des Arbeitsverhältnisses

g) **Verfassungspolitische Einstellung; politische Tätigkeit**

aa) **Verfassungsfeindliche Betätigung als arbeitsvertragliche Pflichtverletzung**

(1) **Grundsätze**

Die politische Gesinnung eines Arbeitnehmers scheidet grds. von vornherein als Kündigungsgrund aus. 1233

Etwas anderes kann sich allenfalls dann ergeben, wenn im konkreten Fall die **Gefahr einer verfassungsfeindlichen Betätigung** des Arbeitnehmers besteht und diese Betätigung gegen den **arbeitsvertraglichen Pflichtenkreis** verstößt.
I. d. R. gehört es aber nicht zum Inhalt eines üblichen privatrechtlichen Arbeitsvertrages, sich verfassungsfeindlicher Aktivitäten grds. zu enthalten oder sich gar aktiv für die Ordnung des GG einzusetzen.

(2) **Tendenzbetriebe; öffentlicher Dienst**
Eine solche Verpflichtung kommt jedoch bei Arbeitnehmern in Betracht, wenn das Arbeitsverhältnis zu einem Arbeitgeber besteht, dessen Betrieb die **Förderung politischer Zielsetzungen** zum Gegenstand hat (z. B. Verlag, Zeitungsredaktion, Rundfunkredaktion, Parteien, insbesondere aber auch bei Angestellten des öffentlichen Dienstes). 1234

Dennoch folgt aus § 8 BAT z. B. nicht, dass jeder Angestellte des öffentlichen Dienstes einer gesteigerten politischen Treuepflicht unterliegt. Diese Auslegung würde gegen Art. 5 Abs. 1 GG, Art. 21 Abs. 1 GG verstoßen (*BAG* 28.9.1989 EzA § 1 KSchG Verhaltensbedingte Kündigung Nr. 28).
Das Ausmaß der politischen Loyalitätsverpflichtung des Arbeitnehmers richtet sich vielmehr stets nach den jeweiligen **arbeitsvertraglichen Funktionen** des Arbeitnehmers.
Gerade diese müssen das Maß an Loyalität erfordern, deren Fehlen zum Anlass der Kündigung genommen wird.

(3) **Aktivitäten für die DKP**
Die politische Betätigung eines angestellten Lehrers für die DKP kann folglich als personenbedingter Grund für eine ordentliche Kündigung in Betracht kommen, wenn der Angestellte unter Berücksichtigung der ihm obliegenden Funktion und der staatlichen Aufgabenstellung des öffentlichen Arbeitgebers aufgrund konkreter Umstände nicht (mehr) als geeignet für die Lehrtätigkeit angesehen werden kann. 1235

Die Mitgliedschaft in der DKP, die Kandidatur für diese Partei bei Wahlen und die Annahme eines Ratsmandates sind zwar Indizien für eine fehlende Bereitschaft zur Verfassungstreue, reichen aber als personenbedingter Kündigungsgrund allein noch nicht aus. 1236
Zweifel an der Verfassungstreue sind nicht vom Arbeitnehmer zu entkräften, sondern **vom Arbeitgeber durch konkrete Umstände so zu personalisieren und zu verstärken, dass sie die Feststellung der fehlenden Eignung (Verfassungstreue) rechtfertigen** (*BAG* 28.9.1989 EzA § 1 KSchG Verhaltensbedingte Kündigung Nr. 28).

D. Die Beendigung des Arbeitsverhältnisses

bb) Feststellung der fehlenden Eignung

1237 Konkrete Umstände, die gegen die Eignung sprechen, können sich aus dem bisherigen dienstlichen oder außerdienstlichen Verhalten des Lehrers sowie insbesondere aus einem durch Anhörung zu ermittelnden Verfassungsverständnis ergeben. Wenn nach diesen Grundsätzen eine fehlende Eignung nicht festzustellen ist, kommt eine verhaltensbedingte Kündigung wegen der politischen Aktivitäten nur in Betracht, wenn das Arbeitsverhältnis im Bereich der betrieblichen Verbundenheit konkret beeinträchtigt ist.

1238 Die subjektive Besorgnis des Arbeitgebers, der angestellte Lehrer könne jederzeit die ihm anvertrauten Schüler indoktrinieren, ist noch keine konkrete nachteilige Auswirkung von politischen Aktivitäten, die auf die Verwirklichung verfassungswidriger Ziele gerichtet sind (*BAG* 6.6.1984 EzA § 1 KSchG Verhaltensbedingte Kündigung Nr. 12; 28.9.1989 EzA § 1 KSchG Verhaltensbedingte Kündigung Nr. 28).

h) Ehe; Ehegatten-Arbeitsverhältnis; Lebensgemeinschaft

1239 Die **Eheschließung stellt keinen personenbedingten Kündigungsgrund dar**. Auch einzelvertraglich kann ein solches Kündigungsrecht nicht wirksam vereinbart werden, auch nicht durch eine sog. Zölibatsklausel.

Unter Umständen kann aber im **kirchlichen Bereich** eine Eheschließung, die gegen fundamentale Grundsätze der kirchlichen Gemeinschaft verstößt, eine personenbedingte Kündigung des Arbeitnehmers rechtfertigen (MünchArbR/*Berkowsky* § 136 Rz. 142; s. u. D/Rz. 1846 ff.).

1240 Die **Lebensgemeinschaft** einer Arbeitnehmerin mit einem Kollegen, der zu einem **Konkurrenzunternehmen in leitender Stellung wechselt**, ist allein noch kein in der Person der verbleibenden Arbeitnehmerin liegender Grund zur Kündigung des Arbeitsverhältnisses (*LAG Hamm* 29.1.1997 NZA 1999, 656).

1241 Auch bei einem sog. Ehegatten-Arbeitsverhältnis ist die Zerrüttung bzw. das Scheitern der Ehe für die Frage der sozialen Rechtfertigung der Kündigung ohne konkrete nachteilige Auswirkungen auf das Arbeitsverhältnis ohne Aussagekraft (*BAG* 9.2.1995 EzA § 1 KSchG Personenbedingte Kündigung Nr. 12).

1242 Die Kündigung ist nur dann sozial gerechtfertigt, wenn sich die ehelichen Auseinandersetzungen so auf das Arbeitsverhältnis auswirken, dass der Arbeitgeber nachvollziehbare Gründe zu der Annahme hat, der Arbeitnehmer werde seine arbeitsvertraglichen Pflichten nicht mit der geschuldeten Sorgfalt und Loyalität ausfüllen bzw. die Fortsetzung der ehelichen Streitigkeiten werde sich auf das Arbeitsverhältnis negativ auswirken und damit zu einer Störung des Betriebsfriedens führen (*BAG* 9.12.1995 EzA § 1 KSchG Personenbedingte Kündigung Nr. 12).

i) Ehrenämter

1243 Nimmt der Arbeitnehmer Verpflichtungen aus privaten (karitativen, künstlerischen, religiösen oder sportlichen) Ehrenämtern wahr, so kann dies zwar keine personenbedingte, u. U. aber eine **verhaltensbedingte Kündigung** rechtfertigen, wenn diese Tätigkeit zu **unzumutbaren Unzuträglichkeiten im Betrieb führt**.

Funktionen im gewerkschaftlichen Bereich berechtigen den Arbeitgeber nicht zur Kündigung. Vielmehr steht die gewerkschaftliche Betätigung unter dem besonderen Schutz des Art. 9 Abs. 3 GG.

D. Die Beendigung des Arbeitsverhältnisses

Jedoch ist auch in diesem Bereich eine verhaltensbedingte Kündigung nicht ausgeschlossen, wenn sich der Arbeitnehmer nachhaltig trotz einschlägiger Abmahnungen in betrieblichen Bereichen unzulässigerweise gewerkschaftlich betätigt (MünchArbR/*Berkowsky* § 136 Rz. 143 f.). 1244

j) Ableistung des Wehrdienstes von Nicht-EU-Ausländern
Muss ein Arbeitnehmer aus einem nicht der Europäischen Union angehörigen Land, z. B. der Türkei, in seinem Heimatland eine Wehrpflicht ableisten, so kann er sich nicht auf ein Leistungsverweigerungsrecht gegenüber dem Arbeitgeber berufen; das ArbPlSchG findet auf ihn auch nicht entsprechend Anwendung (s. o. D/Rz. 481 f.). 1245

In diesem Fall kommt eine ordentliche personenbedingte Kündigung in Betracht, wenn der wehrdienstbedingte Ausfall zu einer erheblichen Beeinträchtigung der betrieblichen Interessen führt und nicht durch zumutbare personelle oder organisatorische Maßnahmen zu überbrücken ist. 1246

Zu den zumutbaren Überbrückungsmaßnahmen kann auch eine **Stellenausschreibung** für eine Aushilfskraft über den Bereich des Beschäftigungsbetriebes hinaus gehören, und zwar auch dann, wenn der Arbeitgeber im Unternehmensbereich einen Personalabbau betreibt oder plant (*BAG* 20.5.1988 EzA § 1 KSchG Personenbedingte Kündigung Nr. 3).

k) Sicherheitsbedenken
Die finanzielle Belastung durch ratenweise, erst auf längere Sicht zu tilgende Verbindlichkeiten, die teilweise auf mehrere, im Vermögensbereich liegende rechtskräftig verurteilte Straftaten zurückgehen, kann ein konkreter, greifbarer Umstand sein, der wegen Sicherheitsbedenken aus personenbedingten Gründen die Kündigung gegenüber einer Schreibkraft im Bundesministerium der Verteidigung sozial rechtfertigt (*LAG Köln* 9.5.1996 ZTR 1997, 188). 1247

l) Äußeres Erscheinungsbild

Der Arbeitnehmer ist gem. § 242 BGB nach Treu und Glauben mit Rücksicht auf die Verkehrssitte verpflichtet, **sein Äußeres den Gegebenheiten des Arbeitsverhältnisses anzupassen.** Denn aufgrund des Arbeitsvertrages ist der Arbeitnehmer zur Einordnung, d. h. zur Übernahme einer durch den Arbeitsvertrag festgelegten Funktion innerhalb eines fremden Arbeits- oder Lebensbereichs verpflichtet; er schuldet daher ein Gesamtverhalten, das darauf gerichtet ist, nach Maßgabe der von ihm übernommenen Funktion die berechtigten Interessen des Arbeitgebers nicht zu schädigen und im Rahmen des Zumutbaren wahrzunehmen. Dies gilt besonders dann, wenn der Arbeitgeber auf Kunden und deren Vorstellungen Rücksicht zu nehmen hat und unter anderem durch die äußere Erscheinung seines Personals eine Aussage über Image, Stil und Trend des Unternehmens treffen will (vgl. *BAG* 8.8.1989 EzA § 87 BetrVG 1972 Betriebliche Ordnung Nr. 13). 1248

Das *LAG Hessen* (21.6.2001 NZA-RR 2001, 632) hat deshalb angenommen, dass der Träger eines Kaufhauses, in dem in sehr **ländlicher Umgebung** Modeartikel, Schmuck, Kosmetika, Accessoires und Spielsachen angeboten werden, nicht ver- 1249

D. Die Beendigung des Arbeitsverhältnisses

pflichtet ist, eine Verkäuferin zu beschäftigen, die darauf besteht, bei ihrer Tätigkeit **aus religiösen Gründen ein Kopftuch zu tragen**, obwohl sie mehrere Jahre zuvor ihrer Tätigkeit in westlicher Kleidung nachgegangen ist und daher die von ihrem Arbeitgeber an das äußere Erscheinungsbild gestellten Anforderungen erfüllt hat. Es hat deshalb eine ordentliche personenbedingte Kündigung des Arbeitgebers als rechtswirksam erachtet.

m) Sexualpraktiken

1250 Bekennt sich ein Arbeitnehmer, der als **Krankenpfleger** auf einer geschlossenen psychiatrischen Station arbeitet, in einer Fernsehtalkshow zu **sadomasochistischen Sexualpraktiken**, rechtfertigt dies allein nach Auffassung des *ArbG Berlin* (7.7.1999 NZA-RR 2000, 244) eine personenbedingte Kündigung wegen mangelnder Eignung nicht. Es gibt danach auch keinen Erfahrungssatz des Inhalts, dass ein Arbeitnehmer, der Sexualpraktiken zuneigt bzw. solche privat praktiziert, die von der gesellschaftlichen Mehrheit abgelehnt werden, Distanzverletzungen bei der Erfüllung seiner arbeitsvertraglichen Pflichten befürchten lässt. Ein dem Diakonischen Werk der evangelischen Kirche angehörender Arbeitgeber kann sich schließlich auf eine Unvereinbarkeit eines Verhaltens des Arbeitnehmers jedenfalls dann nicht berufen, wenn er im Vorfeld der Kündigung ernsthaft erwogen hat, den Arbeitnehmer auf einer anderen Station als Krankenpfleger weiterzubeschäftigen.

1251 Auch das *LAG Hamm* (29.1.2001 – 5 Sa 491/00 –) hat angenommen, dass eine außerhalb des Dienstes ohne besondere Dienstbezogenheit ausgeübte sexuelle Neigung (**Grundschullehrerin als Mitbetreiberin eines Swingerclubs**) trotz der Verpflichtung der Angestellten des öffentlichen Dienstes, sich so zu verhalten, wie es von Angestellten des öffentlichen Dienstes erwartet wird (§ 8 BAT), i. d. R. keinen Kündigungsgrund darstellt.

VII. Die ordentliche verhaltensbedingte Arbeitgeberkündigung

1. Verhaltensbedingter Kündigungsgrund

a) Begriffsbestimmung; Verknüpfung mit § 626 Abs. 1 BGB

1252 Was als verhaltensbedingter Kündigungsgrund zu verstehen ist, wird im KSchG nicht definiert.
Allerdings kommen verhaltensbedingte Umstände, die grds. dazu geeignet sind, einen wichtigen Grund i. S. d. § 626 Abs. 1 BGB darzustellen, ebenso als verhaltensbedingte Gründe i. S. d. § 1 Abs. 3 S. 1 KSchG in Betracht.
Ob im Einzelfall eine außerordentliche oder eine ordentliche Kündigung berechtigt ist, kann nur aufgrund einer umfassenden Interessenabwägung entschieden werden.

b) Fallgruppen

1253 Die verhaltensbedingten Kündigungsgründe lassen sich im Wesentlichen in folgende Fallgruppen unterteilen (KR-*Etzel* 5. Aufl. § 1 KSchG Rz. 387 ff.; krit. *Preis* DB 1990, 630 [685]; abl. MünchArbR/*Berkowsky* § 137 Rz. 9; APS/*Dörner* § 1 KSchG Rz. 268 ff.; anders jetzt auch KR-*Etzel* 6. Aufl. § 1 KSchG Rz. 395 ff.):

D. Die Beendigung des Arbeitsverhältnisses

- **Leistungsbereich** (Schlecht- oder Fehlleistung);
- **Verstöße gegen die betriebliche Ordnung** (z. B. Rauch-, Alkoholverbot);
- **Störungen im personalen Vertrauensbereich** (z. B. Vollmachtsmissbrauch, Annahme von Schmiergeldern);
- **Verletzung von arbeitsvertraglichen Nebenpflichten** (z. B. Verstöße gegen die Gehorsams-, Treue- und Geheimhaltungspflicht).

c) Sonderformen

Sonderformen der verhaltensbedingten Kündigung sind u. U. die **ordentliche Verdachts- und die ordentliche Druckkündigung.** 1254
Insoweit kann auf die Ausführungen zur außerordentlichen Verdachts- und Druckkündigung Bezug genommen werden (s. o. D/Rz. 855 ff., 806 ff.), da sich im Wesentlichen nur der Prüfungsmaßstab im Vergleich dazu verändert: Sozialwidrigkeit der Beendigung des Arbeitsverhältnisses statt Unzumutbarkeit seiner Fortsetzung bis zum Ablauf der ordentlichen Kündigungsfrist.

d) Beurteilungsmaßstab

Maßstab für die Beurteilung der Sozialwidrigkeit einer verhaltensbedingten Kündi- 1255
gung ist der **ruhig und verständig urteilende Arbeitgeber.** Nur ein Verhalten, das einen solchen Arbeitgeber zu einer Kündigung bestimmen könnte, kann einen verhaltensbedingten Kündigungsgrund darstellen (*BAG* 2.11.1961 AP Nr. 3 zu § 1 KSchG Verhaltensbedingte Kündigung; 13.3.1987 EzA § 611 BGB Abmahnung Nr. 5).

2. Überblick über die Voraussetzungen einer ordentlichen verhaltensbedingten Arbeitgeberkündigung

Eine ordentliche verhaltensbedingte Arbeitgeberkündigung ist grds. nur dann sozial gerechtfertigt, wenn 1256
- ein (i. d. R. schuldhaftes) Fehlverhalten des Arbeitnehmers als Abweichung des tatsächlichen Verhaltens oder der tatsächlich erbrachten Arbeitsleistung vom vertraglich geschuldeten Verhalten bzw. der vertraglich geschuldeten Arbeitsleistung gegeben ist;
- dieses Fehlverhalten auch betriebliche Auswirkungen hat;
- (i. d. R. zumindest) eine einschlägige vorherige Abmahnung gegeben ist;
- danach weiteres einschlägiges schuldhaftes Fehlverhalten mit betrieblichen Auswirkungen vorliegt und
- eine umfassende Interessenabwägung unter besonderer Berücksichtigung der betrieblichen Auswirkungen des Fehlverhaltens oder der Schlechtleistung das Überwiegen des Interesses des Arbeitgebers an der Beendigung des Arbeitsverhältnisses gegenüber dem Interesse des Arbeitnehmers an der Fortsetzung des Arbeitsverhältnisses ergibt.

D. Die Beendigung des Arbeitsverhältnisses

3. (I. d. R.) schuldhaftes Fehlverhalten

a) Verschulden

1257 Eine ordentliche Kündigung ist i. d. R. nur dann als verhaltensbedingte Kündigung gerechtfertigt, wenn der Arbeitnehmer schuldhaft gegen die ihm obliegenden Vertragspflichten verstoßen hat (vgl. APS/*Dörner* § 1 KSchG Rz. 275 ff.).

Beispiel:
1258 Wendet ein Arbeitnehmer einen nur ihm und seinen Verwandten zustehenden **Personalrabatt einem Nachbarn zu,** indem er dem Arbeitgeber vorspiegelt, es handle sich um einen Personaleinkauf, so schädigt er vorsätzlich das Vermögen des Arbeitgebers. Erfolgt dies **heimlich,** unter bewusster Unterlaufung der Kontrollvorrichtungen des Arbeitgebers, ist das Vertrauen in die Redlichkeit des Arbeitnehmers erheblich erschüttert (*LAG Schleswig-Holstein* 28.1.1999 ARST 1999, 106).

1259 Auch ein wiederholtes unentschuldigtes Fehlen des Arbeitnehmers ist an sich geeignet, eine außerordentliche Kündigung zu rechtfertigen (*BAG* 17.1.1991 EzA § 1 KSchG Verhaltensbedingte Kündigung Nr. 37).
Dabei ist es **nicht erforderlich,** dass der Arbeitnehmer **vorsätzlich** gegen seine Vertragspflichten verstößt. Es genügt auch fahrlässige Pflichtwidrigkeit.

b) Objektive Pflichtwidrigkeit
1260 Liegt dagegen nur ein objektiv pflichtwidriges Verhalten des Arbeitnehmers vor, so kann dies ausnahmsweise dann eine ordentliche Kündigung sozial rechtfertigen, wenn die **Folgen für den Arbeitgeber erheblich waren** (z. B. wegen eines erheblichen Schadens oder erheblicher Störungen des Betriebsfriedens). Ein nicht schuldhaftes Fehlverhalten kann auch dann genügen, wenn aufgrund objektiver Umstände mit **wiederholten Pflichtwidrigkeiten** des Arbeitnehmers **zu rechnen ist** (*BAG* 4.11.1957 AP zu § 1 KSchG Nr. 39, 27.7.1961 AP zu § 611 BGB Ärzte, Gehaltsansprüche Nr. 24; 21.1.1999 EzA § 626 BGB n. F. Nr. 178; vgl. dazu *Büdenbender* SAE 2000, 88 ff.; krit. *Berkowsky* RdA 2000, 112 ff.; **a. A.** *Preis* DB 1990, 688; MünchArbR/*Berkowsky* § 137 Rz. 8).

c) Schlecht- oder Minderleistungen des Arbeitnehmers

aa) Feststellung des Inhalts der vertraglich geschuldeten Leistung
1261 Schlecht- oder Minderleistungen von Arbeitnehmern, die **außerhalb der nach dem Arbeitsvertrag hinzunehmenden Toleranzgrenze** liegen, können, soweit es sich nicht um **einmalige,** jedem einmal passierende **Vorfälle** handelt, eine Verletzung des Arbeitsvertrages darstellen, die je nach den Umständen nach vorheriger Abmahnung zu einer Kündigung des Arbeitsvertrages berechtigen.
Die Kündigung wegen Minderleistung kommt aber nur in Betracht, wenn festgestellt werden kann, welche Leistungen gerade von dem konkreten Arbeitnehmer, der verpflichtet ist, die ihm übertragenen Arbeiten **unter Einsatz der ihm möglichen Fähigkeiten ordnungsgemäß zu verrichten** (vgl. *LAG Hamm* 23.8.2000 NZA-RR 2001, 138; MünchArbR/*Blomeyer* § 48 Rz. 56), oder allgemein von einem vergleichbaren Arbeitnehmer erwartet werden können, wenn man davon ausgeht, dass der Arbeitnehmer eine Leistung mittlerer Art und Güte gem. § 243 Abs. 1 BGB schuldet (so MünchArbR/*Berkowsky* § 137 Rz. 75).

Die von dem gekündigten Arbeitnehmer erbrachte Leistung muss auf Dauer nicht nur unerheblich unter dem von ihm zu erbringenden bzw. dem im Durchschnitt als normal anzusehenden Wert der Leistungen bleiben. **1262**

Eine Schlechtleistung kann auch dadurch gegeben sein, dass der Arbeitnehmer infolge Alkoholkonsums seine Arbeitspflicht nur noch mangelhaft erfüllt (*von Hoyningen-Huene* DB 1995, 142 ff .; *Künzl* BB 1993, 1581 ff.).

bb) Auswirkungen auf die Darlegungslast
Das *BAG* (22.7.1982 EzA § 1 KSchG Verhaltensbedingte Kündigung Nr. 10) hat insoweit ausgeführt: **1263**
»Auch dass der Kläger« unterdurchschnittlich »schlecht gearbeitet habe (gemeint ist, der Kläger habe schlechter als der Durchschnitt gearbeitet), vermag für sich eine Kündigung nicht sozial zu rechtfertigen.
Einer von mehreren Arbeitnehmern erbringt immer die schlechteste Arbeit, ohne dass damit zum Ausdruck kommen muss, der betreffende Arbeitnehmer arbeite nicht zufrieden stellend.
In einer sehr guten Gruppe arbeitet schon der gute Arbeitnehmer unter dem Durchschnitt. Im vorliegenden Falle wird dem Kläger bezüglich der Arbeitsleistung vor allem vorgeworfen, er arbeite langsamer als die Kollegen und sogar langsamer als die nur kurz eingearbeiteten Schüler, die als Vertretung in der Urlaubszeit beschäftigt würden. **1264**
Da aber zur Arbeitsleistung der Schüler keine Feststellungen getroffen worden sind, kann auch der Vergleich der Arbeitsweise des Klägers mit der der Schüler die Kündigung nicht sozial rechtfertigen«.

Daraus folgt, dass es erforderlich ist, jedenfalls den herangezogenen Vergleichsmaßstab substantiiert vorzutragen, damit das Gericht in die Lage versetzt wird, selbstständig feststellen zu können, dass eine nicht mehr zu tolerierende Fehlerquelle vorliegt. Die lediglich allgemeine Beschreibung fehlerhafter Arbeitsleistung genügt diesen prozessualen Anforderungen nicht (MünchArbR/*Berkowsky* § 137 Rz. 75). **1265**

Ist dem Arbeitgeber der **Nachweis einer erheblichen Minderleistung** in diesem Sinne gelungen, und kündigt er nach vorausgegangener Abmahnung wegen bewusster Zurückhaltung der Arbeitskraft, so muss er im Kündigungsschutzprozess nach Auffassung des *LAG Köln* (26.2.1999 ZTR 1999, 382) die nicht ganz **unplausible Entschuldigung des Arbeitnehmers**, die Minderleistungen seien **behinderungsbedingt** und damit nicht vorwerfbar, ausräumen, selbst wenn sich der Arbeitnehmer während des Arbeitsverhältnisses nicht darauf berufen hat. **1266**

cc) »Umlernphase« nach Abmahnung
Zu beachten ist, dass eine mit Leistungsmängeln des Arbeitnehmers begründete ordentliche Kündigung erst in Betracht kommt, wenn ihm nach Ausspruch einer auf eben solche Leistungsmängel gestützten Abmahnung **ausreichend Zeit** gegeben wird, sein Leistungsverhalten umzustellen und **die Minderleistung abzubauen**, ihm dies aber nicht gelingt. Welche zeitliche Länge die Umlernphase haben muss, ist eine Frage des Einzelfalles (*Hessisches LAG* 26.4.1999 NZA-RR 1999, 637). **1267**

D. Die Beendigung des Arbeitsverhältnisses

d) Arbeitsverweigerung

aa) Leistungspflicht des Arbeitnehmers?

1268 Als Grund zur verhaltensbedingten Kündigung kommt auch die Arbeitsverweigerung in Betracht. Ob ein Fall der Arbeitsverweigerung vorliegt, kann nur aus einem **Vergleich der vertraglich geschuldeten mit der vom Arbeitgeber konkret verlangten und vom Arbeitnehmer verweigerten Arbeitsleistung** festgestellt werden (vgl. APS/*Dörner* § 1 KSchG Rz. 282 ff.).

1269 Passt der Unternehmer z. B. seine **Ladenöffnungszeiten** dem neuen Zeitrahmen des Ladenschlussgesetzes an und legt er durch **Betriebsvereinbarung** mit dem Betriebsrat das Ende der Arbeitszeit auf 20 Uhr abends fest, rechtfertigt die endgültige Verweigerung des Arbeitnehmers, an der neuen Abendarbeit teilzunehmen, nach Auffassung des *ArbG Frankfurt* (8.10.1997 LAGE § 1 KSchG Verhaltensbedingte Kündigung Nr. 68) die ordentliche Kündigung des Arbeitsverhältnisses. Eine Kündigung ist auch dann sozial gerechtfertigt, wenn sich ein **Maschinenschlosser**, der gelernter Maschinenschlosser ist, beharrlich **weigert**, eine ihm zugewiesene **monotone Tätigkeit auszuführen**, wenn deren Zuweisung nicht missbräuchlich erfolgte (*LAG Hamburg* 3.11.1999 NZA-RR 2000, 304).

Gleiches gilt, wenn eine in einem Klinikum beschäftigte **Reinigungskraft** sich weigert, in einem Notfall auch andere, im weiteren Sinne der vertraglich geschuldeten Tätigkeit vergleichbare Arbeiten zu verrichten. Fällt z. B. durch **Blitzschlag** die Warentransportanlage des Klinikums aus, so muss sie auf Anweisung auch im Containerdienst arbeiten, durch den die Stationen mit Essen, Medikamenten usw. versorgt werden. Die Weigerung der Arbeitnehmerin stellt eine Arbeitsverweigerung dar, die zur außerordentlichen Kündigung berechtigen kann (*ArbG Marburg* 27.2.1998 ARST 1999, 79).

1270 Maßgeblich ist, ob sich die vom Arbeitgeber verlangte Arbeitsleistung im Rahmen der durch den Arbeitsvertrag bestimmten Grenzen (zum Führen einer Vielzahl von Privattelefonaten während der Arbeitszeit als Grund für eine verhaltensbedingte Kündigung vgl. *LAG Sachsen-Anhalt* 23.11.1999 LAGE § 103 BetrVG 1972 Nr. 15; *LAG Niedersachsen* 13.1.1998 LAGE § 1 KSchG Verhaltensbedingte Kündigung Nr. 63; *ArbG Würzburg* 16.12.1997 BB 1998, 1318: 153 privat veranlasste und dem Arbeitgeber nicht erstattete Gespräche im Wert von 227,40 DM mit einer Gesprächsdauer von mehr als zehn Stunden während der Arbeitszeit rechtfertigen eine außerordentliche Kündigung auch nach einer Betriebszugehörigkeit von 18,5 Jahren und ohne vorhergehende Abmahnung) hält und, wenn es sich um eine Weisung nach Maßgabe des Direktionsrechts handelt, diese den Anforderungen des § 315 BGB genügt (s. o. A/Rz. 650 ff.). Darf der Arbeitnehmer dagegen von seinem dienstlichen Fernsprechanschluss grds. auch **private Telefonate** führen, so berechtigt das ausschweifende Gebrauchmachen von dieser Möglichkeit verbunden mit einer durch unzureichende Organisation verzögerten Abrechnung nicht ohne weiteres die Kündigung des Arbeitsverhältnisses (*LAG Köln* 2.7.1998 LAGE § 1 KSchG Verhaltensbedingte Kündigung Nr. 66; vgl. auch *ArbG Frankfurt/M.* 14.7.1999 NZA-RR 2000, 135).

D. Die Beendigung des Arbeitsverhältnisses

bb) Leistungsverweigerungsrecht
Macht der Arbeitnehmer berechtigterweise ein **Zurückbehaltensrecht** hinsichtlich 1271
seiner Arbeitskraft wegen offen stehender Vergütungsansprüche geltend, so ist regelmäßig eine deswegen ausgesprochene außerordentliche und/oder ordentliche Kündigung unwirksam (*BAG* 9.5.1996 EzA § 626 BGB n. F. Nr. 161).
Dem Arbeitnehmer kann auch ein Leistungsverweigerungsrecht zustehen, wenn die Weisung des Arbeitgebers zwar rechtmäßig ist, gleichwohl der Arbeitnehmer aber in eine **unverschuldete Pflichtenkollision** gerät oder ihm gegenüber der Arbeitsanweisung ein Zurückbehaltungsrecht (§ 273 Abs. 1 BGB) zusteht (s. o. C/Rz. 225 ff.).
Allerdings kann sich eine Arbeitnehmerin gegenüber der bestehenden Arbeitspflicht auf eine Pflichtenkollision wegen der Personensorge für ihr Kind (§ 1627 BGB) und damit ein Leistungsverweigerungsrecht (§§ 273, 320 BGB) oder eine Unmöglichkeit bzw. Unzumutbarkeit der Arbeitsleistung nur berufen, wenn unabhängig von der in jedem Fall notwendigen Abwägung der zu berücksichtigenden schutzwürdigen Interessen beider Parteien überhaupt eine unverschuldete Zwangslage vorliegt (*BAG* 21.5.1992 EzA § 1 KSchG Verhaltensbedingte Kündigung Nr. 43).
Die **fehlende Zustimmung des Betriebsrats zur (Wieder-) Einstellung** eines Arbeit- 1272
nehmers kann für diesen grds. nur dann ein Leistungsverweigerungsrecht begründen, wenn der Betriebsrat sich auf die **Verletzung seines Mitbestimmungsrechts beruft** und die Aufhebung der Einstellung verlangt (*BAG* 5.4.2001 EzA § 626 BGB n. F. Nr. 186).

> Beruft sich ein Arbeitnehmer zu Unrecht auf ein Zurückbehaltungsrecht an der 1273
> Arbeitsleistung und bleibt er der Arbeit längere Zeit fern, stellt das regelmäßig
> eine beharrliche Arbeitsverweigerung und damit eine Vertragsverletzung dar.
> Das Verschulden daran entfällt nicht dadurch, dass der Arbeitnehmer seine Arbeitsleistung auf anwaltlichen Rat zurückhält. Zumindest gilt das dann, wenn
> der Arbeitnehmer Zweifel an der Berechtigung der Ausübung des Zurückbehaltungsrechts haben musste. In einem solchen Fall handelt er auf eigenes Risiko
> und kann sich nicht auf einen Rechtsirrtum berufen (*LAG Köln* 19.5.1999
> ARST 2000, 68).

cc) Verweigerung von Mehr-, Überarbeit
Lehnt ein Arbeitnehmer **zulässig angeordnete Überstunden ab**, so kann – jedenfalls 1274
nach einschlägiger Abmahnung – eine **Kündigung** des Arbeitsverhältnisses **gerechtfertigt sein**. Wendet sich der Arbeitnehmer wenn auch im konkreten Einzelfall zu Unrecht dagegen, wie in der Vergangenheit bereits häufig angefallene Sonderverpflichtungen in Form von Überstunden zu übernehmen, so wiegt eine solche Arbeitsvertragsverletzung vorbehaltlich besonderer Umstände des Einzelfalls allgemein weniger schwer, als wenn er bereits die Erfüllung der arbeitsvertraglich vorgesehenen Regelarbeitsverpflichtung rechtsgrundlos verweigert (*LAG Köln* 27.4.1999 – 13 Sa 1380/98 –).
Eine Arbeitsverweigerung liegt dann nicht vor, wenn der Arbeitnehmer nach dem 1275
ArbZG gesetzlich schlechthin **unzulässige Mehrarbeit** verweigert.
Soweit **Überarbeit** – d. h. die Überschreitung der vertraglich vereinbarten Arbeitszeit – gesetzlich zulässig ist (s. o. C/Rz. 61 ff.), ist zu beachten, dass dann, wenn der Arbeitnehmer einzel- oder kollektivvertraglich verpflichtet ist, Überarbeit zu leisten, deren Verweigerung grds. eine Arbeitsverweigerung im kündigungsrechtlichen Sinne

D. Die Beendigung des Arbeitsverhältnisses

darstellt. Allerdings ist auch insoweit § 315 Abs. 1 BGB zu beachten. In diesen Grenzen kann die beharrliche Weigerung des Arbeitnehmers, Arbeit über eine vertraglich vereinbarte Mindestarbeitszeit zu leisten, wenn nach dem **Arbeitsvertrag** die **Verpflichtung** besteht, bei vermehrtem Arbeitsanfall bis zur tarifüblichen Arbeitszeit zu arbeiten, an sich geeignet sein, eine Kündigung zu rechtfertigen (*LAG Köln* 14.8.2001 – 13 Sa 319/01 –).

1276 Die Anordnung von Überarbeit entspricht billigem Ermessen z. B. dann nicht, wenn sie dem Arbeitnehmer in Anbetracht aller Umstände nicht zumutbar ist.
Teilzeitarbeitnehmern, deren Stundenreduzierung auf ihrem eigenen Willen beruht, ist die Ableistung von Überarbeit regelmäßig unzumutbar. Das kann im Einzelfall aber anders sein, wenn die Teilzeitbeschäftigung auf den Wunsch des Arbeitgebers zurückgeht, es sei denn, die angeordnete Überarbeit nimmt einen solchen Umfang an, dass die vertragliche Festschreibung als Teilzeitarbeitsverhältnis rechtsmissbräuchlich erscheint (MünchArbR/*Berkowsky* § 137 Rz. 88).

1277 Im Übrigen ist davon auszugehen, dass ohne entsprechende einzel- oder kollektivvertragliche Regelung grds. keine Verpflichtung des Arbeitnehmers besteht, Mehr- oder Überarbeit zu leisten. Etwas anderes gilt allenfalls in **Notfällen**. Lehnt der Arbeitnehmer in einem derartigen Notfall die Leistung von Überstunden ab, verstößt dies gegen die ihm obliegende arbeitsvertragliche Treuepflicht. Nach vorheriger Abmahnung kann dann eine ordentliche Kündigung gerechtfertigt sein (*LAG Schleswig-Holstein* 26.6.2001 – 3 Sa 224/01 –).

e) Unentschuldigtes Fehlen; Verspätungen

1278 Wiederholtes unentschuldigtes Fehlen eines Arbeitnehmers nach Abmahnung ist an sich geeignet, eine verhaltensbedingte Kündigung sozial zu rechtfertigen (*BAG* 17.1.1991 EzA § 1 KSchG Verhaltensbedingte Kündigung Nr. 37). Gleiches gilt für das **ständige Zuspätkommen** des Arbeitnehmers zur Kernarbeitszeit; die Behauptung des Arbeitnehmers, die andauernden Verspätungen seien krankheitsbedingt verursacht gewesen, ist demgegenüber nicht geeignet, die soziale Rechtfertigung der Kündigung in Frage zu stellen (*ArbG Frankfurt a. M.* 8.7.1998 NZA-RR 1999, 133).

f) Nichtüberlassung von Arbeitspapieren

1279 Auch die Verletzung der Pflicht des Arbeitnehmers, dem Arbeitgeber unverzüglich im Zusammenhang mit der Arbeitsaufnahme und darüber hinaus bei periodischer Neuausstellung (z. B. Lohnsteuerkarte) die Arbeitspapiere auszuhändigen, **kann eine Kündigung,** u. U. sogar eine außerordentliche Kündigung **rechtfertigen** (MünchArbR/*Berkowsky* § 137 Rz. 134; s. o. B/Rz. 474 ff.).
Unklar ist, ob es darauf ankommt, ob dabei auch eigene Interessen des Arbeitgebers verletzt werden, was z. B. nicht der Fall ist, wenn der Arbeitgeber auch ohne Arbeitspapiere in gesetzmäßiger Weise verfahren kann (z. B. durch erhöhten Steuerabzug; dafür *Schaub* Arbeitsrechtshandbuch § 130 II; dagegen MünchArbR/*Berkowsky* § 137 Rz. 136).

D. Die Beendigung des Arbeitsverhältnisses

g) Beleidigungen

aa) Grundsätze

Beleidigt der Arbeitnehmer den Arbeitgeber oder dessen Vertreter und führt dies zu **1280** einer **erheblichen Ehrverletzung des Betroffenen,** ist eine Kündigung, u. U. auch eine außerordentliche Kündigung, gerechtfertigt (*BAG* 26.5.1977 EzA § 611 BGB Beschäftigungspflicht Nr. 2; APS/*Dörner* § 1 KSchG Rz. 294 ff.).
Dabei ist **nicht notwendig auf eine Wiederholungsgefahr abzustellen,** wenn deutlich wird, dass das erforderliche Vertrauensverhältnis infolge der Kränkung so belastet ist, dass eine weitere Zusammenarbeit nicht zumutbar erscheint. Allerdings ist im Rahmen der Interessenabwägung auch das Verhalten des Arbeitgebers zu berücksichtigen.
Hat dieser den Arbeitnehmer zu dessen Verhalten herausgefordert oder selbst die Grenzen gebotenen Verhaltens verletzt, kann er sich ggf. selbst auf eine erhebliche Erkrankung durch den Arbeitnehmer nicht berufen.
Erklärt der Arbeitnehmer aufgrund einer Einladung zu einer Weihnachtsfeier gegen- **1281** über dem Werkstattmeister, er würde sich mit den Geschäftsführern nicht an einen Tisch setzen, beide wären Verbrecher, so gibt dies nach Auffassung des *LAG Köln* (18.4.1997 BB 1997, 2056) keinen ausreichenden Kündigungsgrund ab, weil es sich nicht um die Verbreitung unwahrer Tatsachen handelt, sondern um den Gebrauch eines Schimpfworts, noch dazu in **Abwesenheit der Gemeinten.**
Wirksam ist demgegenüber die ordentliche Kündigung dann, wenn der Arbeitnehmer einen Vorgesetzten in spanischer Sprache als »Hurensohn« bezeichnet hat (*Hessisches LAG* 7.11.1996 NZA-RR 1997, 383).
Verbreitet ein Arbeitnehmer unter der Bezeichnung »News der Woche« **im Internet** **1282** **Nachrichten,** die seinen Arbeitgeber beleidigen und herabsetzen, ist eine ordentliche Kündigung jedenfalls dann sozial gerechtfertigt, wenn der Arbeitnehmer bereits zuvor wegen anderer Vorfälle abgemahnt worden war (*LAG Schleswig-Holstein* 4.11.1998 NZA-RR 1999, 132).

bb) Vertrauliche Äußerungen

Das *BAG* (30.11.1972 EzA § 626 BGB n. F. Nr. 23; vgl. auch *LAG Hamm* 14.3.1995 **1283** LAGE § 102 BetrVG 1972 Nr. 51) geht davon aus, dass ein Kündigungsgrund dann nicht besteht, wenn ein Arbeitnehmer in einer Unterhaltung mit einem Mitarbeiter über Vorstandsmitglieder seines Arbeitgebers und Vorgesetzte unwahre und ehrenrührige Behauptungen aufstellt, aber **davon überzeugt ist, dass der Arbeitskollege die Äußerungen für sich behalten wird,** dieser aber die Vertraulichkeit der Unterhaltung ohne vernünftigen Grund missachtet und ihren Inhalt einem der angesprochenen Vorgesetzten mitteilt (ähnlich *LAG Köln* 18.4.1997 BB 1997, 2056; abl. MünchArbR/*Berkowsky* § 137 Rz. 139, wonach der Arbeitnehmer das Risiko der Übermittlung trägt). Das gilt erst recht für Äußerungen des Arbeitnehmers gegenüber dem **Betriebsrat,** wenn kein Grund zur Annahme besteht, die Vertraulichkeit der Mitteilung werde gebrochen (*LAG Köln* 16.1.1998 LAGE § 1 KSchG Verhaltensbedingte Kündigung Nr. 64).

cc) Störung des Betriebsfriedens durch Beleidigungen

Beleidigungen und sonstige Ehrverletzungen von Arbeitskollegen können eine Kün- **1284** digung dann rechtfertigen, **wenn sie den Betriebsfrieden unzumutbar belasten.**

D. Die Beendigung des Arbeitsverhältnisses

Das ist etwa dann der Fall, wenn sich die Kollegen weigern, weiterhin mit dem Arbeitnehmer zusammenzuarbeiten (*BAG* 13.10.1977 EzA § 74 BetrVG 1972 Nr. 3) und ein weiterer betriebsdienlicher Einsatz des Arbeitnehmers nicht möglich ist.

h) Sonstige Störungen des Betriebsfriedens

1285 Wird der Betriebsfrieden durch Handlungen gestört, die das friedliche Zusammenarbeiten der Arbeitnehmer untereinander und mit dem Arbeitgeber erschüttern oder nachhaltig beeinträchtigen und nachteilige betriebliche Auswirkungen (z. B. Störungen des Arbeitsablaufs) haben, so kann eine ordentliche Kündigung aus verhaltensbedingten Gründen gerechtfertigt sein (vgl. *BAG* 15.12.1977 EzA § 626 BGB n. F. Nr. 61).

aa) Tragen politischer Plaketten

1286 Nicht ausreichend ist grds. das Tragen einer politischen Plakette, weil das in § 74 Abs. 2 S. 3 BetrVG enthaltene Verbot der parteipolitischen Betätigung im Betrieb nur für den Arbeitgeber und den Betriebsrat gilt, nicht dagegen für die übrigen Arbeitnehmer (KR-*Etzel* § 1 KSchG Rz. 457).

1287 Der Arbeitnehmer ist aber aufgrund arbeitsvertraglicher Nebenpflicht gehalten, solche politischen, insbesondere parteipolitischen Betätigungen im Betrieb zu unterlassen, die zu einer konkreten Störung des Betriebsfriedens oder des Arbeitsablaufs führen.
Führt eine politische Betätigung (z. B. das Tragen einer Politplakette) im Einzelfall zu einer **konkreten Störung des Betriebsfriedens,** z. B. zu Beschwerden einer erheblichen Anzahl von Arbeitnehmern, oder des Arbeitsablaufs (z. B. zu zeitlich nicht unerheblichen Arbeitsniederlegungen), **so kann nach vorheriger Abmahnung eine ordentliche Kündigung gerechtfertigt sein** (KR-*Etzel* § 1 KSchG Rz. 457 m. w. N.).

1288 Allerdings hat das *BAG* (9.12.1982 EzA § 626 BGB n. F. Nr. 86) demgegenüber das Tragen einer Politplakette (»Anti-Strauß-Plakette«) bereits dann als zur außerordentlichen Kündigung berechtigend angesehen, wenn das Verhalten des Arbeitnehmers durch dessen Meister, einen Mitarbeiter und ein Mitglied des Betriebsrats missbilligt wird. (s. o. A/Rz. 342 ff.; C/Rz. 305 ff.).

Dem hat jedoch *Etzel* (KR § 1 KSchG Rz. 457) entgegengehalten, dass eine außerordentliche Kündigung wegen des Grundsatzes der Verhältnismäßigkeit erst bei schwerwiegenden Störungen des Betriebsfriedens oder des Arbeitsablaufs in Betracht kommt.

bb) Einzelfragen

1289 Eine ordentliche Kündigung wegen Störung des Betriebsfriedens kommt weiterhin in Betracht
– bei **ausländerfeindlichem Verhalten** (ArbG *Siegburg* 4.11.1993 NZA 1994, 698; LAG *Rheinland-Pfalz* 10.6.1997 NZA-RR 1998, 118: Verhalten, das durch Aussagen und Drohungen gegenüber einem ausländischen Arbeitskollegen dazu geeignet ist, eine ausländerfeindliche Stimmung in einer Betriebsabteilung zu erzeugen oder zu verstärken),

D. Die Beendigung des Arbeitsverhältnisses

- Erzählen eines menschenverachtenden Witzes (*BAG* 5.11.1992 RzK I 5i Nr. 81),
- Diskriminierung des Arbeitgebers oder von Mitgliedern des Betriebsrats, z. B. durch bewusst wahrheitswidrige Behauptungen in betrieblichen Flugblättern (*BAG* 26.5.1977 EzA § 611 BGB Beschäftigungspflicht Nr. 2; 13.10.1977 EzA § 74 BetrVG 1972 Nr. 3) oder **antisemitische Äußerungen** gegenüber ihnen (vgl. *ArbG Bremen* 29.6.1994 BB 1994, 1568).
- Ein **tätlicher Angriff auf einen Arbeitskollegen** ist eine schwerwiegende Verletzung der vertraglichen Nebenpflichten und kann zumindest die ordentliche verhaltensbedingte Kündigung rechtfertigen (*BAG* 24.10.1996 ZTR 1997, 139).
- Zu Rechtsextremismus als Kündigungsgrund vgl. *Polzer/Powietzka* NZA 2000, 970 ff.

i) Verstoß gegen die Ordnung des Betriebes

Die Fragen der Ordnung des Betriebes werden zumeist durch sog. Arbeitsordnungen (vgl. § 87 Abs. 1 Nr. 1 BetrVG) geregelt.
Der Arbeitnehmer hat aber auch ohne Vorliegen einer derartigen Arbeitsordnung **alles zu unterlassen, was dazu geeignet ist, den reibungslosen Ablauf des betrieblichen Zusammenlebens zu stören** (s. o. C/Rz. 299 ff.).

1290

Verstößt der Arbeitnehmer gegen die ihm nach der Arbeitsordnung obliegenden Verhaltenspflichten, so kann (nach vorheriger Abmahnung; vgl. *von Hoyningen-Huene* DB 1995, 142 ff.) eine ordentliche Kündigung gerechtfertigt sein. Das gilt z. B. bei Verstößen gegen ein betriebliches Rauchverbot, der Verletzung eines betrieblichen Alkoholverbots (vgl. *LAG Düsseldorf* 17.6.1997 LAGE § 1 KSchG Verhaltensbedingte Kündigung Nr. 58: Der Verstoß gegen ein zwingend gesetzlich vorgeschriebenes **Rauchverbot** im Frischfleischverarbeitungsbetrieb trotz wiederholter Abmahnungen kann eine Kündigung auch bei langjähriger Betriebszugehörigkeit sozial rechtfertigen; *Künzl* BB 1993, 1581 ff.), der Verweigerung von Kontrolluntersuchungen bei Verlassen des Betriebes, der Verunreinigung von Toiletten sowie der Nichteinhaltung von Unfallverhütungsvorschriften (*KR-Etzel* § 1 KSchG Rz. 467 ff. m. w. N.).

1291

Ein nicht auf Alkoholabhängigkeit beruhender **Alkoholmissbrauch** im Betrieb ist an sich geeignet, eine verhaltensbedingte Kündigung zu rechtfertigen (vgl. ausf. *Bengelsdorf* NZA 2001, 993 ff.). Dabei kann eine mit Zustimmung des Arbeitnehmers durchgeführte Alkomatmessung bei der Feststellung des Alkoholisierungsgrades sowohl zur Be- wie auch Entlastung des Arbeitnehmers beitragen (*BAG* 26.1.1995 EzA § 1 KSchG Verhaltensbedingte Kündigung Nr. 46). Will der Arbeitnehmer sich bei einem aufgrund objektiver Anhaltspunkte bestehenden Verdachts der Alkoholisierung im Dienst mit Hilfe eines **Alkoholtests entlasten**, muss er i. d. R. einen entsprechenden Wunsch **von sich aus** – schon wegen des damit verbundenen Eingriffs in sein Persönlichkeitsrecht – **an den Arbeitgeber herantragen** (*BAG* 16.9.1999 EzA § 626 BGB Krankheit Nr. 2). Auch die Verletzung eines Alkoholverbots aus einer Betriebsvereinbarung nach vorheriger Abmahnung ist grds. geeignet, eine ordentliche Kündigung zu rechtfertigen. Dabei spielt es keine Rolle, ob der Arbeitnehmer alkoholisiert zur Arbeit erscheint oder erst im Betrieb alkoholische Getränke zu sich nimmt; der Arbeitnehmer hat die Pflicht, seine Arbeitsfähigkeit nicht durch privaten Alkoholgenuss zu beeinträchtigen. Die Weigerung des Arbeitnehmers, den Verdacht einer Ver-

1292

D. Die Beendigung des Arbeitsverhältnisses

letzung des betrieblichen Alkoholverbots durch Einleitung einer Blutalkoholuntersuchung zu widerlegen, stellt nach Auffassung des *LAG Hamm* (11.11.1996 LAGE § 1 KSchG Verhaltensbedingte Kündigung Nr. 56) ein erhebliches Indiz für das Vorliegen der Pflichtverletzung dar; zumindest ist die Weigerung bei der Beweiswürdigung zu berücksichtigen.

j) Verstoß gegen Pflichten bei Arbeitsunfähigkeit

aa) Anzeigepflicht

1293 Auch die Verletzung der Pflicht gem. § 5 Abs. 1 EFZG, dem Arbeitgeber die Arbeitsunfähigkeit unverzüglich anzuzeigen und ihre voraussichtliche Dauer nach seinem subjektiven Kenntnisstand zu schätzen und mitzuteilen, kann ein Grund für die soziale Rechtfertigung einer ordentlichen Kündigung sein (*BAG* 31.8.1989 EzA § 1 KSchG Verhaltensbedingte Kündigung Nr. 27; APS/*Dörner* § 1 KSchG Rz. 314 ff.).

Fraglich ist, ob eine Kündigung dann voraussetzt, dass die Pflichtverletzung zu nachteiligen Folgen für den Arbeitgeber geführt hat. Davon ist der 7. Senat des *BAG* (7.12.1988 EzA § 1 KSchG Verhaltensbedingte Kündigung Nr. 26) ausgegangen. Danach kommt eine verhaltensbedingte Kündigung nur dann in Betracht, wenn es auch tatsächlich zu betrieblichen Störungen gekommen ist.

1294 Demgegenüber geht der 2. Senat des *BAG* (16.8.1991 EzA § 1 KSchG Verhaltensbedingte Kündigung Nr. 41) davon aus, dass die schuldhafte, vergeblich abgemahnte Verletzung einer Nebenpflicht (z. B. gem. § 5 Abs. 1 S. 1 EFZG) an sich eine ordentliche Kündigung auch dann sozial rechtfertigen kann, wenn es dadurch nicht zu einer Störung der Arbeitsorganisation oder des Betriebsfriedens gekommen ist.

Wenn derartige nachteilige Auswirkungen eingetreten sind, ist das im Rahmen der Interessenabwägung zu Lasten des Arbeitnehmers zu berücksichtigen (*BAG* 16.8.1991 EzA § 1 KSchG Verhaltensbedingte Kündigung Nr. 41; s. u. D/Rz. 1312 ff.).

bb) Pflicht zu gesundheitsförderndem Verhalten

1295 Der Arbeitnehmer ist im Übrigen verpflichtet, sich während einer Erkrankung gesundheitsfördernd zu verhalten. Verstößt er hiergegen erheblich und nachhaltig und verschlimmert er hierdurch seine Arbeitsunfähigkeit, oder verzögert sich die Genesung, so kommt eine Kündigung grds. in Betracht (*LAG Niedersachsen* 1.10.1983 BB 1984, 1233; vgl. APS/*Dörner* § 1 KSchG Rz. 321 f.).

1296 Andererseits handelt der Arbeitnehmer, der sich den ärztlichen Anweisungen gemäß verhält, nicht arbeitsvertragswidrig.
Ist z. B. weder Bettruhe noch häuslicher Aufenthalt vorgeschrieben, kann sich der Arbeitnehmer auch in der Öffentlichkeit bewegen, ohne damit seinen Anspruch auf Entgeltfortzahlung zu verlieren, oder den Arbeitgeber zu einer Kündigung zu berechtigen. Der arbeitsunfähige Arbeitnehmer braucht sich auch nicht jeglicher Nebentätigkeit zu enthalten, selbst wenn diese gewerblicher Natur ist.

1297 Etwas anderes gilt nur dann, wenn sie den Interessen des Arbeitgebers aus Gründen des **Wettbewerbs zuwiderläuft** und/oder ein solches Ausmaß besitzt, dass der Arbeitnehmer seine Leistungspflicht aus dem Arbeitsverhältnis nicht mehr ordnungsge-

D. Die Beendigung des Arbeitsverhältnisses

mäß erfüllen kann oder die Nebentätigkeit den **Heilungsprozess verzögert** (*BAG* 13.11.1979 EzA § 1 KSchG Verhaltensbedingte Kündigung Nr. 6). Ist ein Arbeitnehmer **während einer ärztlich attestierten Arbeitsunfähigkeit schichtweise einer Nebenbeschäftigung** bei einem anderen Arbeitgeber **nachgegangen,** so kann je nach den Umständen auch eine fristlose Kündigung ohne vorherige Abmahnung gerechtfertigt sein. Ist in derartigen Fällen der Beweiswert des ärztlichen Attestes erschüttert bzw. entkräftet, so hat der Arbeitnehmer konkret darzulegen, weshalb er krankheitsbedingt gefehlt hat und trotzdem der Nebenbeschäftigung nachgehen konnte (*BAG* 26.8.1993 EzA § 626 BGB n. F. Nr. 148).

k) Wehrdienst von Nicht-EU-Ausländern
Türkische Arbeitnehmer, die den verkürzten Wehrdienst von **zwei Monaten** in der Türkei ableisten müssen, sind verpflichtet, den Arbeitgeber unverzüglich über den Zeitpunkt der Einberufung zu **unterrichten** und auf sein Verlangen hin die Richtigkeit der Angaben durch eine behördliche Bescheinigung des Heimatstaates **nachzuweisen.**
Verletzt der türkische Arbeitnehmer schuldhaft diese arbeitsvertraglichen Nebenpflichten, so kann dies, je nach den Umständen, eine ordentliche Kündigung aus verhaltensbedingten Gründen oder sogar eine außerordentliche Kündigung gem. § 626 Abs. 1 BGB rechtfertigen (*BAG* 7.9.1983 EzA § 626 BGB n. F. Nr. 87).

1298

l) Nebenpflichten nach einer Kündigung; Wettbewerbsverbot
Hat der Arbeitgeber das Arbeitsverhältnis gekündigt und ist die Rechtswirksamkeit dieser Kündigung zwischen den Parteien streitig, so ist sich der Arbeitnehmer bis zur Rechtskraft der Entscheidung im ungewissen darüber, ob er bestimmte arbeitsvertragliche Nebenpflichten (Verschwiegenheitspflichten, vertragliche Wettbewerbsverbote) weiterhin erfüllen muss, oder ob er hiervon entbunden ist.
Diese Nebenpflichten **kollidieren häufig mit der gesetzlichen Obliegenheit des Arbeitnehmers aus § 615 S. 2 BGB, eine anderweitige Verdienstmöglichkeit wahrzunehmen,** d. h. ein anderes Arbeitsverhältnis einzugehen oder ggf. jeglichen Vergütungsanspruch für die Zeit der Kündigungsschutzklage zu verlieren.

1299

Nach Auffassung des *BAG* (25.4.1991 EzA § 626 BGB n. F. Nr. 140) können Wettbewerbshandlungen, die der Arbeitnehmer im Anschluss an eine unwirksame außerordentliche Kündigung des Arbeitgebers begeht, einen wichtigen Grund für eine weitere außerordentliche Kündigung bilden, wenn dem Arbeitgeber ein Verschulden anzulasten ist. Denn der Arbeitnehmer wird nicht schon dadurch von einem Wettbewerbsverbot befreit, dass er eine Kündigung des Arbeitgebers für unwirksam hält und sie deswegen gerichtlich angreift.

1300

Zwar verhält sich der Arbeitgeber dann widersprüchlich, wenn er trotz seiner Kündigung die Einhaltung des Wettbewerbsverbots verlangt. Jedoch gilt dies auch für den Arbeitnehmer, der die Unwirksamkeit der Kündigung geltend macht.
Der Arbeitnehmer handelt nur böswillig i. S. d. § 615 S. 2 BGB, wenn der Arbeitgeber ausdrücklich oder konkludent zu erkennen gibt, mit Wettbewerbshandlungen nach der faktischen Beendung des Arbeitsverhältnisses einverstanden zu sein. Maßgeblich ist eine **Abwägung der beiderseitigen Interessen.** Sie wird wesentlich durch den Grad des dem Arbeitnehmer anzulastenden Verschuldens geprägt. Dabei ist jeweils auf die besonderen Umstände des Einzelfalles abzustellen.

1301

D. Die Beendigung des Arbeitsverhältnisses

1302 Erheblich ist, ob es dem Arbeitnehmer um eine Übergangslösung oder um eine auf Dauer angelegte Konkurrenztätigkeit geht. Zu berücksichtigen ist auch, ob er auf die **wettbewerbswidrige Tätigkeit unbedingt angewiesen ist** oder ob ihm eine Tätigkeit außerhalb des wettbewerbsrelevanten Bereichs möglich oder zumutbar ist. Für den Grad des Verschuldens für die Interessenabwägung ist weiterhin maßgeblich der genaue **Zeitpunkt** der Konkurrenztätigkeit, **ihre Art und ihre Auswirkungen** auf den Geschäftsbereich des Arbeitgebers.

1303 Demgegenüber hat das *LAG Köln* (14.7.1995 LAGE § 60 HGB Nr. 4; zust. *Hoß* DB 1997, 1818 ff.) die Auffassung vertreten, dass der Arbeitgeber nach Ausspruch einer vom Arbeitnehmer angefochtenen fristlosen Kündigung die Unterlassung von Wettbewerbshandlungen bis zum rechtskräftigen Abschluss des Kündigungsschutzprozesses nur fordern kann, wenn er ihm hierfür gleichzeitig eine **monatliche Entschädigung** mindestens in Höhe einer Karenzentschädigung nach §§ 74 ff. HGB anbietet.

m) Gewerkschaftswerbung während der Arbeitszeit

1304 Händigt ein freigestellter Betriebsratsvorsitzender einem Arbeitskollegen während dessen Arbeitszeit eine Druckschrift einer Gewerkschaft aus, die einen Überblick über die gewerkschaftlichen Leistungen und ein Beitrittsformular enthält, so liegt darin **kein schuldhaftes Fehlverhalten** des Betriebsratsvorsitzenden; vielmehr ist sein Verhalten durch Art. 9 Abs. 3 GG gerechtfertigt. Denn der Schutz der Koalitionsfreiheit beschränkt sich nicht auf diejenigen Tätigkeiten, die für die Erhaltung und die Sicherung des Bestandes der Koalition unerlässlich sind, sondern umfasst alle koalitionsspezifischen Verhaltensweisen. Dazu gehört auch die Mitgliederwerbung durch die Koalition und ihre Mitglieder (*BVerfG* 14.11.1995 EzA Art. 9 GG Nr. 60 gegen *BAG* 13.11.1991 EzA § 611 BGB Abmahnung Nr. 21), wobei allerdings im Rahmen der gebotenen Harmonisierung der beiderseits betroffenen und grds. gleichwertigen Grundrechte seitens des Arbeitgebers Art. 2 Abs. 1 GG (wirtschaftliche Betätigungsfreiheit) zu berücksichtigen ist. Diese Regelung ist **insbesondere bei einer Störung des Arbeitsablaufs und des Betriebsfriedens betroffen.**

n) Außerdienstliches Verhalten des Arbeitnehmers
1305 Siehe zunächst oben C/Rz. 373 ff.

aa) Politische Betätigung
1306 Eine ordentliche Kündigung aus verhaltensbedingten Gründen setzt insoweit voraus, dass das Arbeitsverhältnis durch die im außerdienstlichen Bereich entfaltete politische Betätigung (z. B. die Kandidatur für die DKP bei einer Kommunalwahl) **konkret beeinträchtigt wird,** sei es im Leistungsbereich, im Bereich der Verbundenheit aller bei der Dienststelle beschäftigten Mitarbeiter, im personalen Vertrauensbereich oder im behördlichen Aufgabenbereich (*BAG* 6.6.1984 EzA § 1 KSchG Verhaltensbedingte Kündigung Nr. 12; zu außerdienstlichem fremdenfeindlichen Verhalten vgl. *Lansnicker/Schwirtzek* DB 2001, 865 ff.).

bb) Lohnpfändungen
1307 Das Vorliegen mehrerer Lohnpfändungen oder -abtretungen rechtfertigt für sich allein noch keine ordentliche Kündigung. Eine ordentliche Kündigung kann aber dann sozial gerechtfertigt sein, wenn im Einzelfall zahlreiche Lohnpfändungen oder -abtretungen einen **derartigen Arbeitsaufwand** des Arbeitgebers **verursachen,** dass dies nach objektiver Beurteilung – **zu wesentlichen Störungen im Arbeitsablauf** (etwa in

D. Die Beendigung des Arbeitsverhältnisses

der Lohnbuchhaltung oder in der Rechtsabteilung) oder **in der betrieblichen Organisation** führt (*BAG* 4.11.1981 EzA § 1 KSchG Verhaltensbedingte Kündigung Nr. 9).

cc) »**Vermittlungsprovision**«
Dagegen ist das außerdienstliche Verhalten eines Arbeitnehmers, das darin besteht, 1308
dass er eine »Vermittlungsprovision« für die Einstellung eines Arbeitnehmers fordert
und kassiert, das weder zur konkreten Beeinträchtigung des Arbeitsverhältnisses
noch zur »konkreten Gefährdung« im Vertrauensbereich führt, nicht geeignet, einen
Grund im Verhalten des Arbeitnehmers i. S. d. § 1 Abs. 2 KSchG zu bilden (*BAG*
24.9.1987 EzA § 1 KSchG Verhaltensbedingte Kündigung Nr. 18).

dd) **Alkoholmissbrauch im Privatbereich**
Die Beurteilung aus Anlass einer Kündigung ob eine hochgradige Alkoholisierung im 1309
Privatbereich Rückschlüsse auf die Zuverlässigkeit eines Berufsfahrzeugführers zulässt, liegt weitgehend im Beurteilungsspielraum des Tatsachengerichts. Das *BAG*
(4.6.1997 EzA § 626 BGB n. F. Nr. 168; vgl. dazu *Adam* ZTR 1999, 292 ff.) hat in
einem Fall, in dem der Arbeitnehmer zwar infolge Alkoholgenusses mit einer BAK
von 2,73 Promille einen Verkehrsunfall verursacht hatte, die Auffassung des *LAG Berlin* (11.6.1996 – 7 Sa 14/96 –) geteilt, dass er dadurch als U-Bahn-Zugführer wegen
einer einmaligen alkoholbedingten Pkw-Privatfahrt noch nicht als derart unzuverlässig anzusehen sei, dass er kein Vertrauen mehr verdiene.

ee) **Straftaten öffentlich Bediensteter im Privatbereich**
Straftaten (z. B. Betrug, Anstiftung zur Falschaussage), die ein öffentlich Bediensteter 1310
– wenn auch im Privatbereich – begeht, können wegen §§ 6, 8 BAT (s. o.
C/Rz. 373 ff.), also insbesondere wegen der Verpflichtung, sich so zu verhalten, wie
es von einem Angehörigen des öffentlichen Dienstes erwartet wird, aus verhaltensbedingten Gründen jedenfalls eine ordentliche Kündigung sozial rechtfertigen (*BAG*
20.11.1997 EzA § 1 KSchG Verhaltensbedingte Kündigung Nr. 52; vgl. dazu *Scheuring* ZTR 1999, 337 ff. u. 385 ff.).

o) **Falschbeantwortung des Fragebogens wegen einer Zusammenarbeit mit dem
    ehemaligen MfS**
Die Frage, ob eine ordentliche Kündigung von ehemaligen Mitarbeitern im öffent- 1311
lichen Dienst der neuen Bundesländer wegen fehlender persönlicher Eignung in Betracht kommt, beurteilt sich seit dem 1.1.1994 (zur Rechtslage bis zu diesem Zeitpunkt s. o. D/Rz. 1063 ff.) nach § 1 KSchG.
Die Falschbeantwortung des Fragebogens wegen einer Zusammenarbeit mit dem
ehemaligen Ministerium für Staatssicherheit der DDR (Stasi) rechtfertigt nicht
ohne weiteres eine verhaltensbedingte Kündigung gem. § 1 Abs. 2 KSchG. Es kommt
vielmehr auf die Umstände des jeweiligen Einzelfalles, u. a. auch darauf an, wie lange
die Tätigkeit für die Stasi zurückliegt und wie schwerwiegend sie war (*BAG* 4.12.1997
EzA § 1 KSchG Verhaltensbedingte Kündigung Nr. 53).

p) **Betriebliche Auswirkungen der Pflichtverletzung**
Notwendig ist mithin stets, dass sich das Fehlverhalten auch betrieblich auswirkt. 1312
Insoweit liegt ein die Kündigung rechtfertigender Grund dann vor, wenn es um das
Verhalten eines Arbeitnehmers geht, durch das das Arbeitsverhältnis konkret beein-

D. Die Beendigung des Arbeitsverhältnisses

trächtigt wird. Eine solche Beeinträchtigung kann sich auch auf den Leistungsbereich beziehen.

Die in einem **innerbetrieblichen Gespräch** geäußerte Meinung einer Busfahrerin, bei ihren Fahrgästen handele es sich zum größten Teil um Abschaum, rechtfertigt nach Auffassung des *LAG Düsseldorf* (19.12.1995 LAGE § 626 BGB Nr. 91) weder die Kündigung noch einen Auflösungsantrag des Arbeitgebers, solange die innere Einstellung der Arbeitnehmerin sich nicht auf die Arbeitsleistung bzw. auf das Arbeitsverhältnis auswirkt.

1313 Eine konkrete Beeinträchtigung des Arbeitsverhältnisses liegt aber bereits in der Nichterbringung der vertraglich geschuldeten Leistung, z. B. durch Fernbleiben von der Arbeit. Kommt der Arbeitnehmer seiner Arbeitsverpflichtung im vertraglichen Umfang nicht nach oder verletzt er eine vertragliche Nebenpflicht, so wirkt sich das unmittelbar auf die Störung des Arbeitsverhältnisses im Leistungsbereich und als Beeinträchtigung des Verhältnisses von Leistung und Gegenleistung (Äquivalenzstörung) aus.

1314 Ob diese Fehlzeiten sich über diese Störung hinaus auch noch konkret nachteilig auf den Betriebsablauf oder den Betriebsfrieden ausgewirkt haben, ist nicht für die Eignung als Kündigungsgrund, sondern nur für die im Rahmen der **Interessenabwägung** wesentlichen weiteren Auswirkungen der Pflichtverletzung erheblich.

Solche **konkreten Störungen** sind somit nicht unabdingbare Voraussetzung für die soziale Rechtfertigung der Kündigung, **ihnen kommt vielmehr nur ein neben dem Vertragsverstoß zusätzlich belastendes Gewicht zu** (*BAG* 17.1.1991 EzA § 1 KSchG Verhaltensbedingte Kündigung Nr. 37).

4. Abmahnung

a) Normative Grundlage der Notwendigkeit einer Abmahnung vor Ausspruch der Kündigung

1315 Nach dem nach der Rechtsprechung des *BAG* (17.3.1987 EzA § 611 BGB Abmahnung Nr. 5; 9.8.1984 EzA § 1 KSchG Verhaltensbedingte Kündigung Nr. 11; abl. *Walker* NZA 1995, 602) den Kündigungsschutz beherrschenden Ultima-ratio-Prinzip und aus dem in § 326 Abs. 1 BGB (jetzt § 323 Abs. 1 BGB n. F.) enthaltenen allgemeinen Rechtsgedanken heraus ist der Arbeitnehmer bei einem pflichtwidrigen Verhalten grds. zunächst abzumahnen. Das gilt insbesondere für Störungen im Leistungsbereich.

1316 Zwar ist § 326 Abs. 1 BGB (jetzt § 323 Abs. 1 BGB n. F.) auf den Arbeitsvertrag nicht unmittelbar anwendbar. Diese Vorschrift enthält jedoch den allgemeinen Grundgedanken, dass der Gläubiger den Schuldner vor so einschneidenden Maßnahmen wie der einseitigen Vertragsaufhebung auf die Folgen des vertragswidrigen Verhaltens hinweisen muss (vgl. *Becker-Schaffner* BB 1995, 2526).

Das muss auch dann gelten, falls der Arbeitgeber das Arbeitsverhältnis kündigen will, wenn der Arbeitnehmer seine Leistung nicht vertragsgemäß erbringt (*BAG* 12.7.1984 EzA § 102 BetrVG 1972 Nr. 57, 9.8.1984 EzA § 1 KSchG Verhaltensbedingte Kündigung Nr. 11).

D. Die Beendigung des Arbeitsverhältnisses

Inzwischen lässt sich dies aus § 314 Abs. 2 S. 1 BGB n. F. ableiten, auch wenn der Gesetzgeber im Gegensatz zu dieser Norm das Erfordernis der Abmahnung in § 626 BGB ebensowenig ausdrücklich aufgenommen hat wie in § 1 KSchG für die ordentliche verhaltensbedingte Kündigung.

b) Begriff und Inhalt

aa) Inhaltliche Anforderungen

Eine Abmahnung liegt dann vor, wenn der Arbeitgeber – in einer für den Arbeitnehmer hinreichend deutlich erkennbaren Art und Weise – Leistungsmängel beanstandet und damit den eindeutigen Hinweis verbindet, dass im Wiederholungsfall der Inhalt oder der Bestand des Arbeitsverhältnisses gefährdet ist. Nicht erforderlich ist es, bestimmte kündigungsrechtliche Maßnahmen, insbesondere die Kündigung, anzudrohen (*BAG* 18.1.1980 EzA § 1 KSchG Verhaltensbedingte Kündigung Nr. 7; ausf. zur Rspr. des BAG *Conze* ZTR 1993, 312 ff.; ZTR 1997, 342 ff.; *Hunold* NZA-RR 2000, 169 ff.). 1317

bb) Zweck der Abmahnung

Insoweit hat die Abmahnung einen **dreifachen Zweck** zu erfüllen (*BAG* 15.1.1986 EzA § 611 BGB Fürsorgepflicht Nr. 39, 10.11.1988 EzA § 611 BGB Abmahnung Nr. 18; MünchArbR/*Berkowsky* § 137 Rz. 14 f.; APS/*Dörner* § 1 KSchG Rz. 343 ff.; *Becker-Schaffner* ZTR 1999, 106 ff.; *Hunold* NZA-RR 2000, 173 ff.): 1318
– Sie soll das beanstandete Verhalten tatbestandsmäßig festhalten (**Dokumentationsfunktion**),
– sie soll den Arbeitnehmer darauf hinweisen, dass der Arbeitgeber ein bestimmtes Verhalten als vertragswidrig ansieht (**Hinweisfunktion**),
– sie soll ihn davor warnen, dass im Wiederholungsfalle einer Gefährdung des Arbeitsverhältnisses droht (**Warn- bzw. Androhungsfunktion**; vgl. dazu *LAG Köln* 6.8.1999 NZA-RR 2000, 24; abl. *Bader* ZTR 1999, 200 ff.).

cc) Genaue Bezeichnung des Fehlverhaltens; Beispiele

Deshalb muss eine Abmahnung das beanstandete Verhalten des Arbeitnehmers möglichst genau bezeichnen. Allgemeine Wertungen erfüllen weder die Dokumentations- noch die Hinweisfunktion. Eine Abmahnung, die nicht **hinreichend konkret den vermeintlichen Vertragsverstoß bezeichnet,** ist rechtswidrig (*ArbG Frankfurt (Oder)* 7.4.1999 NZA-RR 1999, 467). Dies erfordert zugleich, dass der Arbeitgeber dem Arbeitnehmer deutlich macht, dass er dessen Verhalten als vertragswidrig ansieht. 1319

Beispiele:
Der Arbeitgeber kann die Teilnahme des Arbeitnehmers an **politischen Demonstrationen** während der Arbeitszeit (z. B. zum Protest gegen die beabsichtigte Abschaffung des Schlechtwettergeldes) verbieten. Eine Teilnahme entgegen einem solchen Verbot kann er rechtswirksam abmahnen. Grundrechte (insbesondere Art. 5 Abs. 1, 1320

D. Die Beendigung des Arbeitsverhältnisses

9 Abs. 3, 2 Abs. 1 GG) stehen dem nicht entgegen (*LAG Schleswig-Holstein* 18.1.1995 AP Nr. 17 zu § 611 BGB Abmahnung).

1321 Verweigert ein Postzusteller trotz ausdrücklicher Anordnung die **Zustellung einer Postwurfsendung mit ausländerfeindlichem Inhalt**, so kann eine Abmahnung gerechtfertigt sein. Die Abmahnung verstößt aber gegen Treu und Glauben (§ 242 BGB), wenn die Post selbst sich zuvor wiederholt gegen den Inhalt der Sendung ausgesprochen hat (*Hessisches LAG* 20.12.1994 AP Nr. 18 zu § 611 BGB Abmahnung).

1322 Die Abmahnung eines **Nachtwachenpflegehelfers** wegen des Tragens von Schmuck im Gesicht, an Ohren und Händen bei der Ausübung des Pflegedienstes an Geistig- und Mehrfachbehinderten entgegen der Anweisung der Fachklinik ist aufgrund der Unfallverhütungsvorschriften der zuständigen Berufsgenossenschaft über die Gefährdungsmöglichkeiten durch Tragen von Schmuck u. ä. Gegenständen bei der Arbeit und den konkreten Feststellungen des Arbeitsschutzausschusses der Klinik zur Gefährdung der Mitarbeiter gerechtfertigt (*LAG Schleswig-Holstein* 26.10.1995 LAGE § 611 BGB Abmahnung Nr. 44).

1323 Eine Abmahnung ist auch zu Recht erteilt, wenn eine **Fluggast-Kontrolleurin** während eines Realtests eine **fehlerhafte Durchsuchung durchführt**, indem sie einen Bereich des Rückens bzw. des Gesäßes bei der Durchsuchung eines Fluggastes auslässt und nach der Betriebsanweisung die Pflicht besteht, den Passagier von Kopf bis Fuß durch Abtasten zu durchsuchen (*ArbG Frankfurt/M.* 2.11.1999 NZA-RR 2000, 464).

1324 Ist ein **Betriebsratsmitglied** der objektiv fehlerhaften Ansicht, eine Betriebsratsaufgabe wahrzunehmen, kommt eine Abmahnung des Arbeitgebers wegen einer dadurch bedingten Versäumnis der Arbeitszeit nicht in Betracht, wenn es sich um eine Verkennung schwieriger oder ungeklärter Rechtsfragen handelt (*BAG* 31.8.1994 EzA § 611 BGB Abmahnung Nr. 33).

1325 Teilzeitbeschäftigte Angestellte bedürfen nach § 11 BAT i. V. m. § 68 Abs. 1 Nr. 3 LGB NRW auch dann einer Genehmigung für eine **Nebentätigkeit**, wenn die zeitliche Beanspruchung durch die Teilzeittätigkeit zusammen mit der zeitlichen Beanspruchung durch die Nebentätigkeit die regelmäßige wöchentliche Arbeitszeit eines vollzeitbeschäftigten Angestellten nicht überschreitet. Wird eine solche Nebentätigkeit ohne Genehmigung ausgeübt, kann die Erteilung einer Abmahnung gerechtfertigt sein (*BAG* 30.5.1996 EzA § 611 BGB Abmahnung Nr. 34).

dd) Störungen im Vertrauensbereich

1326 **Keiner Abmahnung bedarf** es im Gegensatz zu Störungen im Leistungs- und Verhaltensbereich (vgl. dazu *BAG* 17.2.1994 EzA § 611 BGB Abmahnung Nr. 30) grds. bei Störungen **im sog. Vertrauensbereich** (*BAG* 19.6.1967 AP Nr. 1 zu § 124 GewO; a. A. *LAG Niedersachsen* 13.1.1998 LAGE § 1 KSchG Verhaltensbedingte Kündigung Nr. 63 bei einer Kündigung wegen einer Vielzahl von Privattelefonaten während der Arbeitszeit).

(1) Rechtsprechung des BAG

1327 Denn eine Abmahnung kann zerstörtes Vertrauen nicht wieder herstellen (*BAG* 18.11.1986 EzA § 611 BGB Abmahnung Nr. 4; 10.11.1988 EzA § 611 BGB Abmahnung Nr. 18; nach Auffassung von MünchArbR/*Berkowsky* § 137 Rz. 20 ist die Abgrenzung zwischen Leistungs- und Vertrauensbereich dagegen kaum praktikabel, abl. auch *Gerhards* BB 1996, 794).

Bei Leistungsmängeln, die zugleich den Vertrauensbereich berühren, bedarf es je-

D. Die Beendigung des Arbeitsverhältnisses

doch regelmäßig einer Abmahnung (KR-*Becker* 3. Aufl. § 1 KSchG Rz. 234 m. w. N.).

(2) Steuerbares Fehlverhalten; Negativprognose

Demgegenüber vertritt *Hillebrecht* (KR 4. Aufl. § 626 BGB Rz. 99 c; ebenso KR-*Fischermeier* § 626 BGB Rz. 278 ff.) die Auffassung, dass die Abmahnung ihren Zweck nur dann erfüllen kann, wenn es sich um ein steuerbares Fehlverhalten des Arbeitnehmers handelt und wenn das bisherige vertragswidrige Verhalten keine klare Negativprognose für die weitere Vertragsbeziehung zulässt und deswegen von der Möglichkeit einer künftigen vertragskonformen Erfüllung auszugehen ist (so bereits *von Hoyningen-Huene* RdA 1990, 202; vgl. auch *Gerhards* BB 1996, 794 ff.; *Zuber* NZA 1999, 1142 ff.; *Enderlein* RdA 2000, 325 ff.).   1328

Bei der Prüfung dieser für das Erfordernis der Abmahnung wesentlichen Kriterien ist danach von der Regel auszugehen, dass jedes willensbestimmte Verhalten eines Arbeitnehmers für die Zukunft abänderbar und deswegen abmahnungsfähig und -bedürftig ist.   1329

Dieser Grundsatz kann entgegen der Rechtsprechung des BAG nicht auf Kündigungsgründe beschränkt werden, die sich als Störungen im Leistungsbereich auswirken.

Auch bei Störungen im Vertrauens- oder Betriebsbereich ist vielmehr vor Ausspruch einer Kündigung wegen vertragswidrigen Verhaltens zunächst grds. eine Abmahnung erforderlich. Denn der Ausschluss einer Abmahnung bei Störungen im Vertrauensbereich ist verfehlt, **weil es nicht von vornherein ausgeschlossen ist, verlorenes Vertrauen wieder zurückzugewinnen.**   1330

Es besteht insoweit **nur ein gradueller, nicht aber ein grundsätzlicher Unterschied zur Rückkehr zur Leistungsbereitschaft,** weil jede Schlechtleistung insofern auch zu einer Vertrauensstörung führt, als dadurch die Erwartung des Arbeitgebers enttäuscht wird, der Arbeitnehmer werde seine Arbeit vertragsgemäß erfüllen.

Bei einer Erschütterung der notwendigen Vertrauensgrundlage wird **allerdings eher als bei einer Störung im Leistungsbereich die abschließende negative Prognose angebracht sein,** die Wiederherstellung des notwendigen Vertrauensverhältnisses sei nicht mehr möglich und die Abmahnung sei deswegen nicht die geeignete und deswegen entbehrliche Maßnahme.   1331

(3) Teilweiser Wandel der Rechtsprechung
Inzwischen vertritt auch das *BAG* (4.6.1997 EzA § 626 BGB n. F. Nr. 168; 10.2.1999 EzA § 15 KSchG n. F. Nr. 47; unter teilweiser Aufgabe von BAG 4.4.1974 BAGE 26, 116; 30.11.1978 AP Nr. 1 zu § 64 SeemG; zust. *Künzl* ArbuR 1998, 129 f.; ebenso LAG Köln 2.7.1998 LAGE § 1 KSchG Verhaltensbedingte Kündigung Nr. 66; LAG Hamburg 8.7.1998 NZA-RR 1999, 469; vgl. dazu *Bergwitz* BB 1998, 2310 ff.; *Zuber* NZA 1999, 1142 ff.; *Becker-Schaffner* ZTR 1999, 107 ff. krit. *Wank* SAE 1998, 314 ff.; *Bader* ZTR 1999, 202 ff.; *Mummenhoff* SAE 2000, 139 ff.; *Hunold* NZA-RR 2000, 173 ff.) die Auffassung, **dass bei Störungen im Vertrauensbereich dann vor der Kündigung eine Abmahnung erforderlich ist, wenn es um ein steuerbares Verhalten des Arbeitnehmers geht und eine Wiederherstellung des Vertrauens erwartet**   1332

D. Die Beendigung des Arbeitsverhältnisses

werden kann. Eine **Beschränkung auf dienstliches Verhalten** ist damit **nicht vereinbar**.

Beispiele:

1333 Die mehrfache **Entwendung und Benutzung** von im Betrieb des Arbeitgebers verwendetem **Versandmaterial** von geringem Wert (3 Briefumschläge im Wert von 0,03 DM) durch den Arbeitnehmer rechtfertigt i. d. R. nicht eine Kündigung ohne vorherige Abmahnung (*LAG Köln* 30.9.1999 ZTR 2000, 427; vgl. aber auch *ArbG Frankfurt a. M.* 31.1.2001 NZA-RR 2001, 368: Diebstahl geringwertiger Sachen rechtfertigt ohne Abmahnung eine ordentliche Kündigung, wenn der betroffene Arbeitnehmer bei seiner Arbeit eine Vorbildfunktion auszuüben hat).

1334 Entnimmt eine **Kassenführerin** (Postschalterangestellte) der Kasse in mehreren Fällen für die Dauer von ein bis zwei Stunden Beträge in Höhe von 20 bis 30 DM, um **private Auslagen** für Kolleginnen zu tätigen, und führt sie die entnommenen Beträge anschließend wieder der Kasse zu, so macht der durch diese Vertragspflichtverletzung begründete Vertrauensverlust des Arbeitgebers jedenfalls dann eine Abmahnung nicht entbehrlich, wenn aufgrund der Umstände unredliche Absichten der Kassenführerin ausgeschlossen werden können (*LAG Sachsen-Anhalt* 29.9.1998 NZA-RR 1999, 473).

1335 Andererseits begründet der **dringende Verdacht der Unterschlagung** auch bei einem geringen Geldbetrag von unter 60 DM seitens einer Kassiererin dieser gegenüber einen so erheblichen Vertrauensverlust, dass eine Abmahnung vor Ausspruch der fristlosen Kündigung entbehrlich ist (*LAG Mecklenburg-Vorpommern* 25.11.1999 NZA-RR 2000, 187).

1336 Ist ein Arbeitnehmer **nach zweimaligen Ankündigungen der Arbeitsunfähigkeit** nicht arbeitsunfähig erkrankt, so rechtfertigt dies trotz eingereichter Arbeitsunfähigkeitsbescheinigung eine außerordentliche Kündigung. Einer Abmahnung bedarf es in einem solchen Fall nicht, da das Fernbleiben trotz Arbeitsfähigkeit eine grobe Pflichtverletzung darstellt und eine Wiederherstellung des Vertrauens nicht erwartet werden kann (*LAG Berlin* 1.11.2000 NZA-RR 2001, 470).

1337 Eine Abmahnung ist **auch dann nicht erforderlich**, wenn es sich um einen besonders groben Pflichtverstoß im Vertrauensbereich handelt, dem Arbeitnehmer sein pflichtwidriges Verhalten ohne weiteres erkennbar ist und er mit der Billigung seines Verhaltens durch den Arbeitgeber nicht rechnen konnte (*LAG Düsseldorf* 5.6.1998 LAGE § 626 BGB Nr. 119); gleiches gilt bei einem **Diebstahl durch einen Betriebsratsvorsitzenden** zu Lasten des Arbeitgebers (*BAG* 10.2.1999 EzA § 15 KSchG n. F. Nr. 47; vgl. dazu *Zuber* NZA 1999, 1142 ff.).

1338 Aus dieser Entwicklung der Rechtsprechung wird **teilweise abgeleitet**, dass auch bei Störungen im Vertrauensbereich ein Arbeitsverhältnis regelmäßig verhaltensbedingt nur dann beendet werden kann, wenn das als vertragswidrig empfundene Verhalten vorher konkret unter Hinweis auf die Gefahr für den Bestand des Arbeitsverhältnisses **gerügt wurde und es später zu einem einschlägigen Wiederholungsverhalten kommt**. Dabei ist es Sache des Arbeitgebers, die Wiederholungsgefahr darzulegen, wobei ohne Abmahnung eine endgültige Zerstörung des für das Arbeitsverhältnis erforderlichen Vertrauensverhältnisses nicht spekulativ unterstellt werden darf (*ArbG Hamburg* 2.10.2000 NZA-RR 2001, 416).

D. Die Beendigung des Arbeitsverhältnisses

ee) Abmahnung als bloße Ausübung des vertraglichen Rügerechts
Die Abmahnung kann aber auch die Ausübung des vertraglichen Rügerechts des Arbeitgebers (ohne ausreichende Warnfunktion) darstellen, von dem er Gebrauch macht, um entsprechend dem Grundsatz der Verhältnismäßigkeit eine gebotene **mildere Sanktion** (Sanktionscharakter) gegenüber der Kündigung zu erteilen (*BAG* 11.11.1988 EzA § 611 BGB Abmahnung Nr. 18; vgl. dazu *Kranz* DB 1998, 1464 ff.). Denn der Arbeitgeber hat im Rahmen der ihm zustehenden Meinungsfreiheit zunächst selbst darüber zu entscheiden, ob er ein Fehlverhalten des Arbeitnehmers abmahnen will oder nicht. 1339

ff) Verhältnismäßigkeitsprinzip
Ob eine Abmahnung sich als unverhältnismäßige Reaktion auf das Fehlverhalten des Arbeitnehmers darstellt, wird zum Teil (KR-*Wolff* 3. Aufl. Grunds. Rz. 218 a) nicht im Vergleich zur Quantität und Qualität der arbeitsvertraglichen Pflichtverletzung, sondern nur in Bezug auf die Art und Weise der Abmahnung überprüft. Demgegenüber wird in der Rechtsprechung (*BAG* 13.11.1991 EzA § 611 BGB Abmahnung Nr. 24; *LAG Berlin* 22.10.1984 BB 1985, 271; *LAG Frankfurt* 19.9.1989 LAGE § 611 BGB Abmahnung Nr. 21; zust. KR-*Fischermeier* § 626 BGB Rz. 274; APS/*Dörner* § 1 KSchG Rz 394 f.; *Becker-Schaffner* ZTR 1999, 111 ff.; abl. *Walker* NZA 1995, 604; *Bader* ZTR 1999, 203 ff.) ein **vertretbares Verhältnis zwischen Arbeitsverhältnis und Fehlverhalten** verlangt. 1340

Denn mit dem Hinweis auf die Bestandsgefährdung des Arbeitsverhältnisses greift der Arbeitgeber bereits in bestehende Rechtspositionen des Arbeitnehmers ein, und eine solche Gefährdung ist nur gerechtfertigt, wenn ein weiteres Fehlverhalten nach Ausspruch einer Abmahnung als Grund für eine Kündigung geeignet sein könnte. 1341
Dafür genügen einmalige und geringfügige Verstöße nicht aus. Wenn die Abmahnung eine Kündigung vorbereiten soll, ist sie auf Pflichtverstöße zu beschränken, die nach einer Abmahnung geeignet sind, die Kündigung zu rechtfertigen.

Das kann zwar nicht vorab abschließend beurteilt werden, aber es **ist zu prüfen, ob ein verständiger Arbeitgeber die Pflichtverstöße ernsthaft für kündigungsrechtlich erheblich halten dürfte** (*BAG* 13.11.1991 EzA § 611 BGB Abmahnung Nr. 24; 16.1.1992, EzA § 123 BGB Nr. 36; KR-*Fischermeier* § 626 BGB Rz. 274 ff.). 1342
Die Abmahnung eines Pflegehelfers wegen des Tragens von Schmuck entgegen bestehender Unfallverhütungsvorschriften (s. o. D/Rz. 1322) ist z. B. nicht unverhältnismäßig, wenn er sich bereits mehrfach der Anordnung der Klinik widersetzt hatte, sodass diese wegen beharrlicher Weigerung auch eine Kündigung ernsthaft hätte in Erwägung ziehen dürfen (*LAG Schleswig-Holstein* 26.10.1995 LAGE § 611 BGB Abmahnung Nr. 44). Demgegenüber ist eine Abmahnung wegen kritischer Äußerungen in der Öffentlichkeit dann nicht gerechtfertigt, wenn die Äußerungen vom Schutzbereich des Art. 5 Abs. 1 GG gedeckt sind (*ArbG Berlin* 20.12.1996 NZA-RR 1997, 281).

Ob das abgemahnte Fehlverhalten als Grundlage für eine Kündigung im Wiederholungsfalle tatsächlich ausreicht, kann allerdings nur im Rechtsstreit über die Kündigung selbst und nicht schon vorher abschließend beurteilt werden. 1343

D. Die Beendigung des Arbeitsverhältnisses

gg) Vorausgegangene Kündigung

1344 Die Funktion der Abmahnung kann ggf. **auch eine vorausgegangene Kündigung erfüllen,** wenn sie auf vergleichbare einschlägige Tatsachen wie die neue Kündigung gestützt war und diese Tatsachen unbestritten oder in einem gerichtlichen Verfahren festgestellt worden sind.

Voraussetzung ist allerdings, dass die vorausgegangene Kündigung nicht deshalb für rechtsunwirksam erklärt worden ist, weil der festgestellte Sachverhalt keinen Kündigungsgrund enthält, die Rechtsunwirksamkeit vielmehr auf **sonstigen, insbesondere formellen Umständen** beruht (z. B. einem Verstoß gegen § 102 BetrVG).

1345 Der Arbeitnehmer muss der früheren Kündigung i. V. m. den früheren Umständen entnehmen können, dass der Arbeitgeber sein Verhalten als vertragswidrig ansieht und es zum Anlass einer (weiteren) Kündigung nehmen wird (*BAG* 31.8.1989 EzA § 1 KSchG Verhaltensbedingte Kündigung Nr. 27).

Diese Grundsätze gelten auch bei einer einvernehmlich zurückgenommenen Kündigung, wenn der Sachverhalt feststeht (*LAG Hessen* 11.6.1993 NZA 1994, 886).

hh) Vorwerfbares Verhalten?

1346 Fraglich ist, ob eine Abmahnung ein vorwerfbares vertragswidriges Verhalten voraussetzt.

Nach Auffassung von *Berkowsky* (MünchArbR § 137 Rz. 23) bedarf es dann, wenn dem Arbeitnehmer die Vertragsverletzung nicht vorzuwerfen ist, weil er sein Verhalten nicht zu steuern vermochte, keiner Abmahnung, weil keine verhaltensbedingte Kündigung in Rede steht (**a. A.** *Walker* NZA 1995, 605).

1347 Geht man dagegen mit der Rechtsprechung des *BAG* (s. o. D/Rz. 1260) davon aus, dass eine verhaltensbedingte Kündigung u. U. auch bei fehlendem Verschulden in Betracht kommt, so mag eine Abmahnung zwar möglich sein. Schließen die Gründe, die das Verschulden ausschließen, auch die Steuerbarkeit in der Zukunft aus, so bleibt freilich unklar, welchen Sinn eine Abmahnung haben soll. Denn insbesondere die notwendige Warnfunktion kann sie dann nicht erfüllen.

1348 Fehlt es allerdings an der Vorwerfbarkeit, weil sich der Arbeitnehmer in einem **Irrtum** hinsichtlich der Vertragswidrigkeit seines Verhaltens befindet, so ist die **Abmahnung das geeignete und auch erforderliche Mittel, den Arbeitnehmer zu künftig vertragstreuem Verhalten anzuhalten,** ihm die Vertragswidrigkeit seines Verhaltens deutlich zu machen und ihm für den Wiederholungsfall das für eine Kündigung notwendige Unrechtsbewusstsein zu vermitteln (vgl. *LAG Hamm* 10.5.2000 NZA-RR 2001, 238: scherzhaft gemeinte Persönlichkeitsrechtsverletzung eines Arbeitskollegen; *Walker* NZA 1995, 605).

ii) Außerdienstliches Verhalten

1349 Nach der Rechtsprechung des *BAG* (4.11.1981 EzA § 1 KSchG Verhaltensbedingte Kündigung Nr. 9) **bedarf es** im Falle außerdienstlichen Verhaltens **keiner Abmahnung,** wenn dieses zum Anlass einer Kündigung genommen werden soll (*Becker-Schaffner* ZTR 1999, 107s. aber jetzt oben D/Rz. 1332; abl. KR-*Etzel* § 1 KSchG Rz. 461; APS/*Dörner* § 1 KSchG Rz. 402).

D. Die Beendigung des Arbeitsverhältnisses

Das Fehlen einer vorausgegangenen einschlägigen Abmahnung wirkt danach in diesen Fällen nicht als Kündigungssperre (z. B. bei Vorliegen zahlreicher Pfändungs- und Überweisungsbeschlüsse).
Denn außerdienstliches Verhalten ist einer Abmahnung nicht zugänglich, weil es sich nicht um eine Verletzung vertraglicher Pflichten handelt (abl. MünchArbR/*Berkowsky* § 137 Rz. 25, wonach dann konsequent auch ein Kündigungsrecht wegen außerdienstlichem Verhalten verneint werden müsste). Andererseits hat das *BAG* (4.6.1997 EzA § 626 BGB n. F. Nr. 168) die **Notwendigkeit einer vorherigen Abmahnung** für den Fall **bejaht**, dass ein U-Bahnzugführer erstmalig bei einer **außerdienstlichen PKW-Fahrt** alkoholbedingt mit einer Blutalkoholkonzentration von 2,73 Promille einen Verkehrsunfall verursacht hatte.

Das *LAG Nürnberg* (10.7.2000 ZTR 2000, 515 Ls.) hat angenommen, dass im Rahmen einer **genehmigten Nebentätigkeit** eines Konzertmeisters in einem Kulturorchester in öffentlich-rechtlicher Trägerschaft **begangene Straftaten** (Untreue, Betrug) das Ansehen des Orchesters schädigen und **Gegenstand einer Abmahnung** sein können. 1350

Ein Arbeitnehmer, der von zu Hause aus einen **elektronischen Rundbrief** an die Arbeitsplätze der Beschäftigten mit Werbung für einen Beitritt zur zuständigen DGB-Gewerkschaft versendet, handelt nicht pflichtwidrig (Art. 9 Abs. 3 GG). Eine deshalb erteilte Abmahnung ist rechtswidrig (*LAG Schleswig-Holstein* 1.12.2000 ArbuR 2001, 71). 1351

jj) Formell unwirksame Abmahnung

Auch eine wegen Nichtanhörung des Arbeitnehmers nach § 13 Abs. 2 S. 1 BAT formell unwirksame Abmahnung entfaltet nach der Rechtsprechung des *BAG* (21.5.1992 EzA § 1 KSchG Verhaltensbedingte Kündigung Nr. 42; 15.3.2001 EzA § 626 BGB n. F. Nr. 185) die regelmäßig vor einer verhaltensbedingten Kündigung nach § 1 Abs. 2 KSchG erforderliche Warnfunktion.
Denn in einer solchen formellen Abmahnung ist weder die Wahrnehmung eines Gestaltungsrechts, noch eine förmliche Willenserklärung zu sehen, sondern nur eine rechtsgeschäftliche Handlung, nämlich die Ausübung eines Rügerechts, die die rein faktische Warnfunktion unabhängig von rechtlichen Formvorschriften auszufüllen in der Lage ist (weitergehend für eine generelle Warnfunktion rechtswidriger Abmahnungen *Schunck* NZA 1993, 828 ff.; dagegen zu Recht *Bahntje* ArbuR 1996, 250 ff.). 1352

Ob deshalb, weil der Arbeitnehmer einen Anspruch auf Entfernung auch einer formell unwirksamen Abmahnung aus der Personalakte hat (s. u. D/Rz. 1366), die Abmahnung in kündigungsrechtlicher Hinsicht vorübergehend einem **Verwertungsverbot** unterliegt (dafür *Beckerle/Schuster* Die Abmahnung, 3. Aufl. Rz. 169), hat das *BAG* (21.5.1992 EzA § 1 KSchG Verhaltensbedingte Kündigung Nr. 42) offen gelassen. Denn im entschiedenen Einzelfall hatte der klagende Arbeitnehmer den an sich bestehenden Entfernungsanspruch verwirkt. 1353

kk) Verzicht auf das Kündigungsrecht

Sowohl bei der Erteilung einer Abmahnung als auch bei der bloßen Ausübung des vertraglichen Rügerechts verzichtet der Arbeitgeber konkludent auf ein Kündigungsrecht wegen der Gründe, die Gegenstand der Abmahnung waren. 1354

D. Die Beendigung des Arbeitsverhältnisses

Er kann eine spätere Kündigung deswegen nicht allein auf die abgemahnten Gründe stützen, sondern hierauf allerdings dann unterstützend zurückgreifen, wenn weitere kündigungsrechtlich erhebliche Umstände eintreten oder ihm nachträglich bekannt werden, insbesondere wenn der Arbeitnehmer weitere gleichartige Pflichtverletzungen begeht (*BAG* 10.11.1988 EzA § 611 BGB Abmahnung Nr. 18; 15.3.2001 EzA § 626 BGB n. F. Nr. 185; vgl. dazu *Hunold* NZA-RR 2000, 173 ff.).

c) Zugang der Abmahnung

aa) Allgemeine Grundsätze

1355 Da in der Abmahnung eine geschäftsähnliche Handlung gesehen wird, reicht es nach § 130 Abs. 1 BGB für ihren Zugang aus, wenn sich der Empfänger unter gewöhnlichen Verhältnissen **Kenntnis von ihrem Inhalt verschaffen konnte.**
Unerheblich ist dann an sich, ob er diese Kenntnis tatsächlich auch erlangt hat (*von Hoyningen-Huene* RdA 1990, 202).
Dem wird allerdings entgegengehalten, dass dies der Funktion der Abmahnung unangemessen ist. Denn damit sie ihre Warnfunktion erfüllen kann, ist es erforderlich, dass sie der Arbeitnehmer tatsächlich zur Kenntnis nimmt (MünchArbR/*Berkowsky* § 137 Rz. 31).

bb) Notwendigkeit der tatsächlichen Kenntnisnahme

1356 Das *BAG* (9.8.1984 EzA § 1 KSchG Verhaltensbedingte Kündigung Nr. 11; vgl. dazu *Becker-Schaffner* ZTR 1999, 112; APS/*Dörner* § 1 KSchG Rz. 406 ff.) wendet zwar einerseits § 130 Abs. 1 BGB ein, verlangt aber andererseits zur Wirksamkeit einer Abmahnung über ihren Zugang hinaus grds. auch die tatsächliche Kenntnis des Empfängers von ihrem Inhalt.

1357 Jedoch muss sich der Empfänger der Abmahnung dann so behandeln lassen, als ob ihm der Inhalt bekannt sei, wenn es ihm nach **Treu und Glauben** verwehrt ist, **sich auf die fehlende Kenntnis zu berufen.**
Dies hat das *BAG* (9.8.1984 EzA § 1 KSchG Verhaltensbedingte Kündigung Nr. 11) angenommen, wenn eine ausländische Arbeitnehmerin trotz fehlender Sprach- und Lesekenntnisse nach dem Fernbleiben von der Arbeit ein Abmahnungsschreiben ohne erkennbaren Widerspruch entgegengenommen hat und auch später keinen weiteren Aufschluss über seinen Inhalt forderte.
Deshalb durfte der Arbeitgeber annehmen, sie habe sich anderweitig Kenntnis von ihrem Inhalt verschafft.

1358 Zwar hätte der Arbeitgeber danach dem Schreiben eine Übersetzung beifügen können. Es wäre ihm ferner zumutbar gewesen, bei der Übergabe des Schreibens den Betriebsdolmetscher einzusetzen.
Dies berechtigte die Arbeitnehmerin jedoch nicht, das widerspruchslos entgegengenommene Schreiben unter Berufung auf ihre fehlenden Sprach- und Lesekenntnisse noch nach Ablauf von über einem Monat im Ergebnis als nicht existent zu betrachten.
Sie muss sich deshalb so behandeln lassen, als ob sie vor ihrem erneuten Fernbleiben tatsächlich Kenntnis von dem Inhalt der Abmahnung erlangt hätte.

D. Die Beendigung des Arbeitsverhältnisses

Das *LAG Köln* (6.8.1999 NZA-RR 2000, 24) hat angenommen, dass eine Abmahnung **nicht persönlich adressiert** sein muss; sie kann danach auch in einem **betriebsöffentlichen Aushang** enthalten sein (»Abmahnung an den, den es angeht«). Auch soll sich danach ein Arbeitnehmer nicht auf die Unkenntnis von einer erteilten Abmahnung berufen können, wenn er die Kenntnisnahme durch eigenmächtige Selbstbeurlaubung selbst verhindert hat (*LAG Köln* 16.3.2001 NZA-RR 2001, 533).

1359

d) Abmahnungsberechtigte Personen

Als abmahnungsberechtigte Personen kommen nicht nur kündigungsberechtigte Personen, sondern alle Mitarbeiter in Betracht, die befugt sind, verbindliche Anweisungen hinsichtlich des Ortes, der Zeit sowie der Art und Weise der arbeitsvertraglich geschuldeten Arbeitsleistung zu erteilen (*BAG* 18.1.1980 EzA § 1 KSchG Verhaltensbedingte Kündigung Nr. 7; KR-*Fischermeier* § 626 BGB Rz. 257; *Bader* ZTR 1999, 202 ff.; APS/*Dörner* § 1 KSchG Rz. 408).

1360

Demgegenüber liegt es nach Auffassung von *Hillebrecht* (KR 4. Aufl. § 626 BGB Rz. 98 g; vgl. auch *Adam* DB 1996, 476) nahe, die Berechtigung zur Abmahnung auf die kündigungsberechtigten Personen zu beschränken, weil im Rahmen der Überprüfung der Verhältnismäßigkeit der Abmahnung festzustellen ist, ob ein verständiger Arbeitgeber die Pflichtverstöße ernsthaft für kündigungsrechtlich erheblich halten durfte.

e) Fristen

aa) Frist zum Ausspruch der Abmahnung?

Eine »Regelausschlussfrist«, innerhalb derer das Rügerecht ausgeübt werden muss, besteht nicht (*BAG* 15.1.1986 EzA § 611 BGB Fürsorgepflicht Nr. 39; vgl. dazu *Becker-Schaffner* ZTR 1999, 112; krit. *Hunold* NZA-RR 2000, 174). Insbesondere §§ 121, 123, 626 Abs. 2 BGB können auch nicht entsprechend angewendet werden.

1361

Denn bei der Anfechtung und der außerordentlichen Kündigung handelt es sich um Gestaltungsrechte, deren Ausübung der Gesetzgeber an bestimmte Fristen geknüpft hat. Demgegenüber ist die Abmahnung lediglich die Ausübung des vertraglichen Rügerechts. Eine Abmahnung, die erst geraume Zeit nach dem beanstandeten Vorfall ausgesprochen wird, wird in ihrer Wirkung hinsichtlich der Warnfunktion allerdings abgeschwächt. Denn das Fehlverhalten des Arbeitnehmers wirkt dann durch die Zwischenzeit, in der er sich vertragstreu verhalten hat, u. U. nicht mehr so gravierend, dass es etwa im Falle einer Kündigung überhaupt noch beachtlich wäre.

Das Abmahnungsrecht kann schließlich auch verwirkt werden, wofür allerdings der reine Zeitablauf nicht ausreicht (MünchArbR/*Berkowsky* § 137 Rz. 36).

bb) Frist zur gerichtlichen Geltendmachung der Unwirksamkeit?

(1) Keine Verpflichtung zur gesonderten gerichtlichen Überprüfung

Der Arbeitnehmer ist zwar **berechtigt**, aber **nicht** durch eine arbeitsvertragliche Nebenpflicht oder eine entsprechende Obliegenheit **verpflichtet**, gegen die Unrichtigkeit einer Abmahnung gerichtlich vorzugehen.

1362

D. Die Beendigung des Arbeitsverhältnisses

Hat der Arbeitnehmer davon abgesehen, die Berechtigung der Abmahnung gerichtlich gesondert überprüfen zu lassen, so ist er grds. nicht daran gehindert, die Richtigkeit der abgemahnten Pflichtwidrigkeit in einem späteren Kündigungsschutzprozess zu bestreiten (*BAG* 13.3.1987 EzA § 611 BGB Abmahnung Nr. 5; vgl. dazu *Becker-Schaffner* ZTR 1999, 112).

1363 Denn aus der Befugnis, eine schriftliche Abmahnung außerhalb eines Kündigungsschutzprozesses gerichtlich überprüfen zu lassen, kann weder eine arbeitsvertragliche Nebenpflicht noch eine Obliegenheit des Arbeitnehmers hergeleitet werden, gegen eine Abmahnung gerichtlich vorzugehen.
Dies entspricht auch nicht der Interessenlage der Arbeitsvertragsparteien. Denn abgesehen davon, dass es ungewiss ist, ob eine Abmahnung jemals kündigungsschutzrechtliche Bedeutung erlangen wird, würden bestehende Arbeitsverhältnisse durch dann notwendige (kündigungsschutzrechtlich aber an sich nicht gebotene) gerichtliche Auseinandersetzungen über die Berechtigung von Abmahnungen belastet werden.
Für Arbeitnehmer könnten derartige Prozesse erst dazu führen, dass der Bestand des Arbeitsverhältnisses zumindest faktisch gefährdet wird.

(2) Auswirkungen auf die Darlegungs- und Beweislast?

1364 Im Hinblick auf § 1 Abs. 2 S. 4 KSchG bedarf es auch nicht eines nur verbalen oder schriftlichen Protests gegen die ausgesprochene Abmahnung, um den Arbeitgeber auf die Risiken hinsichtlich seiner Darlegungs- und Beweislast im Kündigungsschutzprozess aufmerksam zu machen.
Aus dem bloßen Untätigbleiben des Arbeitnehmers kann auch kein rechtlich schützenswertes Vertrauen des Arbeitgebers erwachsen, die für die Kündigung relevanten Umstände würden in einem späteren Kündigungsschutzprozess tatsächlich unstreitig bleiben. **Auch die Beweislast wird dadurch nicht verändert** (*LAG Frankfurt* 23.12.1986 DB 1987, 1463).

1365 Vielmehr bedarf es für das Eingreifen zivilprozessualer Darlegungs- und Beweislastregeln wegen treuwidrigen vorprozessualen Verhaltens zusätzlicher Umstände, die einen besonderen Vertrauenstatbestand beim Arbeitgeber gesetzt und ihn veranlasst haben, prozessual relevante Dispositionen zu treffen, indem er etwa eine Beweissicherung unterlassen oder präsente Beweismittel vernichtet hat.

cc) Rechte des Arbeitnehmers bei inhaltlich unrichtiger oder formell unwirksamer Abmahnung

(1) Anspruch auf Entfernung der Abmahnung

1366 Enthält die Abmahnung inhaltlich unrichtige Tatsachenbehauptungen, die den Arbeitnehmer in seiner Rechtsstellung und seinem beruflichen Fortkommen beeinträchtigen können, oder ist sie inhaltlich nicht hinreichend bestimmt (*BAG* 9.8.1984 EzA § 1 KSchG Verhaltensbedingte Kündigung Nr. 11), so ist der Arbeitnehmer nicht auf sein Recht zur Gegendarstellung (§ 83 Abs. 3 BetrVG) oder sein Beschwerderecht (§ 84 Abs. 1 BetrVG) beschränkt. Er kann vielmehr aufgrund der Fürsorgepflicht des Arbeitgebers ihre Entfernung aus der Personalakte verlangen (*BAG* 27.11.1985 EzA § 611 BGB Fürsorgepflicht Nr. 38; vgl. auch *Bader* ZTR 1999, 205 ff.).

D. Die Beendigung des Arbeitsverhältnisses

Nach Auffassung des *LAG Köln* (24.1.1996 NZA 1997, 1290) ist der Entfernungsanspruch wegen der weiten Formulierung in den Entscheidungen des *BAG* (9.8.1984 EzA § 1 KSchG Verhaltensbedingte Kündigung Nr. 11; 27.11.1985 EzA § 611 BGB Fürsorgepflicht Nr. 38) »wenn diese nach Form oder Inhalt geeignet ist, ihn in seiner Rechtsstellung zu beeinträchtigen« nicht auf Abmahnungen mit unzutreffenden Tatsachenbehauptungen beschränkt, sondern erfasst auch Abmahnungen mit bloß **unzutreffenden Bewertungen**. 1367

In einem Rechtsstreit um die Entfernung einer Abmahnung aus der Personalakte steht dem Rechtsschutzinteresse des Arbeitnehmers nicht entgegen, dass im Rahmen der Prüfung der Berechtigung einer ausgesprochenen Kündigung in einem **parallel anhängigen Kündigungsschutzverfahren** auch darüber zu befinden ist, ob eine Abmahnung wirksam erfolgte oder nicht. Im Kündigungsschutzverfahren wird nur die Berechtigung einer erteilten Abmahnung als **Vorfrage** für die Wirksamkeit der Kündigung überprüft, nicht jedoch darüber entschieden, ob eine zu Unrecht erteilte Abmahnung aus der Personalakte zu entfernen ist oder nicht (*LAG Berlin* 12.3.1999 – 2 Sa 53/98 –). 1368

Nach Beendigung des Arbeitsverhältnisses hat der Arbeitnehmer ohnehin regelmäßig keinen Anspruch mehr auf Entfernung einer zu Unrecht erteilten Abmahnung aus der Personalakte. Ein solcher Anspruch kann aber gegeben sein, wenn objektive Anhaltspunkte dafür bestehen, dass sie ihm auch noch nach Beendigung des Arbeitsverhältnisses schaden kann. Dafür ist der Arbeitnehmer darlegungs- und beweispflichtig (*BAG* 14.9.1994 EzA § 13 BAT Personalakten Nr. 32). Die Zwangsvollstreckung bestimmt sich nach **§ 888 ZPO** (*Hessisches LAG* 9.6.1993 NZA 1994, 288 Ls.). 1369

Ob der arbeitsrechtliche Anspruch des Arbeitnehmers auf Entfernung eines Abmahnungsschreibens aus der Personalakte des Arbeitgebers sich **auch auf andere Akten des Arbeitgebers erstreckt** (z. B. die Prozessakte), **ist im Prozess über den Entfernungsanspruch zu entscheiden**; diese Entscheidung kann nicht im Zwangsvollstreckungsverfahren nachgeholt werden (*LAG Köln* 20.3.2000 ARST 2000, 260). 1370

(2) Anhörungspflicht des Arbeitgebers
Im Anwendungsbereich des BAT ist der Arbeitgeber gem. **§ 13 Abs. 2 BAT** verpflichtet, den Arbeitnehmer anzuhören, bevor er die Abmahnung zu den Personalakten nimmt. 1371
Unterlässt er das, so hat der Angestellte wegen Verletzung einer Nebenpflicht einen schuldrechtlichen Anspruch auf Entfernung der Abmahnung aus der Personalakte. Die nachträgliche Anhörung in Form der Übersendung des zu der Akte genommenen Abmahnungsschreibens heilt den Mangel nicht.

Der Angestellte kann auch nicht auf sein Recht zur Gegendarstellung (§ 13 Abs. 2 S. 2 BAT) oder auf sein Recht zur Überprüfung der inhaltlichen Unrichtigkeit der Abmahnung durch das Arbeitsgericht verwiesen werden (*BAG* 31.8.1989 EzA § 53 BAT Beteiligung des Personalrats Nr. 2). Allerdings entfaltet gleichwohl eine wegen Nichtanhörung des Arbeitnehmers gem. § 13 Abs. 2 BAT formell unwirksame Anhörung die regelmäßig vor einer verhaltensbedingten Kündigung nach § 1 Abs. 2 KSchG erforderliche Warnfunktion (s. o. D/Rz. 1352). 1372

Weitergehend besteht nach Auffassung des *ArbG Frankfurt (Oder)* (7.4.1999 NZA-RR 1999, 467; a. A. *Becker-Schaffner* ZTR 1999, 110) **generell eine Verpflichtung** des **Arbeitgebers** zur Anhörung des Arbeitnehmers vor Erteilung einer Abmahnung auf der Grundlage der arbeitsvertraglichen **Fürsorgepflicht**; unterbleibt die 1373

D. Die Beendigung des Arbeitsverhältnisses

vorherige Anhörung, ist die Abmahnung danach rechtswidrig. Unabhängig davon, ob dies rechtlich zwingend ist, erscheint eine vorherige Anhörung **stets** – ähnlich wie bei der Kündigung – als **sinnvoll**, weil Umstände zugunsten des Mitarbeiters bereits vor einer etwaigen Erteilung der Abmahnung bekannt werden, so dass dann noch entschieden werden kann, ob die Abmahnung überhaupt ausgesprochen werden soll. Das ist besser, als die Abmahnung zunächst auszuhändigen und sie anschließend nach Vortrag neuer Tatsachen durch den Mitarbeiter wieder zurückzunehmen (*Hunold* NZA-RR 2000, 173).

(3) Teilrechtswidrigkeit der Abmahnung

1374 Wird die Abmahnung auf mehrere Pflichtverletzungen des Arbeitnehmers gestützt, so ist sie i. d. R. bereits dann aus der Personalakte zu entfernen, wenn nur eine der dem Arbeitnehmer zur Last gelegten Pflichtverletzungen nicht zutrifft (*BAG* 13.3.1991 EzA § 611 BGB Abmahnung Nr. 20).

Gleiches hat das *LAG Düsseldorf* (23.2.1996 NZA-RR 1997, 81) für den Fall angenommen, dass der Arbeitgeber Folgen einer behaupteten Pflichtverletzung, wie etwa »ungeheure Beeinträchtigung der kollegialen Zusammenarbeit« im Prozess nicht gesondert schlüssig darlegt und/oder beweisen kann. Denn der Arbeitnehmer wird durch die Vorhaltung solcher angeblicher Folgewirkungen ebenso unzulässig beeinträchtigt wie bei einer unzutreffenden von mehreren behaupteten Pflichtverletzung(en). Der Arbeitgeber ist dann allerdings nicht gehindert, eine **erneute Abmahnung** zu erteilen, in der der unberechtigte Vorwurf fehlt.

(4) Widerruf; Beseitigung der Beeinträchtigung

1375 Darüber hinaus hat der Arbeitnehmer bei einem objektiv rechtswidrigen Eingriff in sein Persönlichkeitsrecht **entsprechend §§ 242, 1004 BGB** Anspruch auf Widerruf bzw. Beseitigung der Beeinträchtigung (*BAG* 27.11.1985 EzA § 611 BGB Fürsorgepflicht Nr. 38; **a. A.** *ArbG München* 2.5.2000 NZA-RR 2000, 524). Er ist auch nach der Entfernung der Abmahnung aus der Personalakte **nicht** daran **gehindert**, einen Anspruch auf **Widerruf** der in der Abmahnung abgegebenen Erklärungen ggf. auch gerichtlich geltend zu machen (*BAG* 15.4.1999 EzA § 611 BGB Abmahnung Nr. 41).

dd) Wirkungslosigkeit infolge Zeitablaufs; Entfernungsanspruch

(1) Regelfrist?

1376 Eine zu Recht ausgesprochene Abmahnung kann durch Zeitablauf wirkungslos werden. Insoweit wird die Auffassung vertreten, dass sie nach zwei bis drei Jahren ihre Wirkung verliert, wobei zwei Jahre bei leichten und drei Jahre bei schweren Vertragswidrigkeiten angemessen erscheinen sollen (*LAG Hamm* 14.5.1986 DB 1986, 1628 [i. d. R. zwei Jahre]; *Brill* NZA 1985, 109; *Hunoldt* BB 1986, 2052; *Conze* DB 1987, 889 [i. d. R. drei Jahre]).

1377 Nach Auffassung des *BAG* (18.11.1986 EzA § 611 BGB Abmahnung Nr. 4) lässt sich dies demgegenüber jedoch **nicht anhand einer bestimmten Regelfrist** (z. B. von zwei Jahren), **sondern nur aufgrund aller Umstände des Einzelfalls bestimmen.** Dabei hängt die Wirkungsdauer der Abmahnung insbesondere von der Schwere der abgemahnten Vertragsverletzung ab, sodass der Arbeitgeber bei schweren Vertragsverletzungen im Wiederholungsfalle auch nach längerer Zeit eine Kündigung ohne

D. Die Beendigung des Arbeitsverhältnisses

erneute Abmahnung eher aussprechen kann als bei leichteren Vertragsverletzungen (*von Hoyningen-Huene* RdA 1990, 210).

(2) Entfernungsanspruch?

Ist die (berechtigte) Abmahnung für die weitere Beurteilung des Arbeitnehmers überflüssig geworden, so ist sie aus der Personalakte zu entfernen (*BAG* 13.4.1988 EzA § 611 BGB Fürsorgepflicht Nr. 47; abl. *Kraft* NZA 1989, 777; *Zirnbauer* FA 2001, 171 f.). 1378

Demgegenüber wird zum Teil (*von Hoyningen-Huene* RdA 1990, 193; *Kraft* NZA 1989, 781) darauf hingewiesen, dass auch eine kündigungsrechtlich wirkungslos gewordene Abmahnung etwa für eine spätere Beurteilung oder Beförderung des Arbeitnehmers von Bedeutung sein kann. Folglich soll der Arbeitgeber berechtigt sein, sie in der Personalakte zu belassen (abl. MünchArbR/*Berkowsky* § 137 Rz. 46). Das *BVerfG* (16.10.1998 NZA 1999, 77) hat angenommen, dass ein Anspruch auf Entfernung einer Abmahnung jedenfalls **dann nicht mehr besteht**, wenn von ihr – z. B. wegen Zeitablaufs – **keine kündigungsrechtlich negativen Wirkungen mehr ausgehen**. Das gilt selbst dann, wenn das Arbeitsgericht die Abwägung zwischen den Grundrechten auf Meinungsfreiheit (Art. 5 Abs. 1 GG) des Arbeitnehmers und dem Persönlichkeitsrecht des Arbeitgebers (Art. 2 Abs. 1 i. V. m. Art. 1 Abs. 1 GG) bei einer kritischen Äußerung eines Angestellten im öffentlichen Dienst falsch vorgenommen hat. Dies steht wohl nicht in Einklang mit der Auffassung des *BAG* (13.4.1988 EzA § 611 BGB Fürsorgepflicht Nr. 47). 1379

5. Weiteres Fehlverhalten

a) Vergleichbarkeit von abgemahntem und neuem Fehlverhalten

Nach Ausspruch der Abmahnung bedarf es eines weiteren »einschlägigen« Fehlverhaltens des Arbeitnehmers, um eine ordentliche verhaltensbedingte Kündigung sozial rechtfertigen zu können. Denn nur dann steht fest, dass die Warnfunktion der Abmahnung, die gerade das zukünftige Verhalten des Arbeitnehmers verändern soll, nicht erfüllt worden ist.
Erforderlich ist, dass das abgemahnte Fehlverhalten auf der gleichen Ebene gelegen hat wie der Kündigungsvorwurf. Der auf eine Abmahnung folgende Wiederholungsfall muss gleichartig bzw. vergleichbar sein (*BAG* 24.3.1988 Rz. I 5 i Nr. 35; vgl. dazu *Becker-Schaffner* ZTR 1999, 109). 1380

Der Begriff der Gleichartigkeit ist in der Rechtsprechung bislang allerdings **wenig präzise** und nur kasuistisch bestimmt worden (krit. daher *Walker* NZA 1995, 606). In der Literatur (*Ascheid* Kündigungsschutzrecht Rz. 83; KR-*Fischermeier* § 626 BGB Rz. 269; APS/*Dörner* § 1 KSchG Rz. 425 ff.) wird deshalb davon ausgegangen, dass nicht maßgeblich ist, ob das vom Arbeitnehmer gezeigte störende Verhalten die gleiche Störungshandlung wiederholt. Bei der Beurteilung der Gleichartigkeit ist vielmehr kein allzu strenger Maßstab anzulegen. Es genügt eine Gleichartigkeit im weiteren Sinne, die schon dann vorliegt, **wenn die neue Pflichtverletzung denselben Bereich wie das schon abgemahnte Fehlverhalten berührt.** 1381

D. Die Beendigung des Arbeitsverhältnisses

1382 Pflichtverletzungen sind dann gleichartig, wenn sie unter einem einheitlichen Kriterium zusammen gefasst werden können, wie z. B. die Verletzung der arbeitsvertraglichen Arbeitspflicht in Form von verzögerter, unpünktlicher oder unzuverlässiger Leistungen.

Das *LAG Berlin* (5.12.1995 ZTR 1996, 521 Ls.) hat insoweit darauf abgestellt, dass die verschiedenen Pflichtverletzungen zu vergleichbaren Störungen des Arbeitsverhältnisses führen und als übereinstimmender Ausdruck einer spezifischen Unzuverlässigkeit des Arbeitnehmers angesehen werden können. Es hat in diesem Sinne unberechtigtes Fehlen und berechtigtes, aber nicht angezeigtes Fernbleiben von der Arbeit als gleichartige Pflichtverletzungen angenommen. Das *Hessische LAG* (7.7.1997 NZA 1998, 822) hat dies bejaht bei einer abgemahnten Verletzung der Anzeigepflicht bei Krankheit und späterer Weigerung des Arbeitnehmers, während der Arbeitszeit zu einem Gespräch mit dem Vorgesetzten zu erscheinen.

b) Verzicht auf eine mögliche Kündigung durch Abmahnung

1383 Nichts anderes gilt dann, wenn der Arbeitgeber **an sich ausreichende Veranlassung zum Ausspruch einer außerordentlichen oder ordentlichen Kündigung gehabt hätte,** entweder weil er bereits zuvor einschlägig abgemahnt hatte oder es des Ausspruchs einer Abmahnung nicht bedurfte, er sich **aber gleichwohl** entschlossen hat, zunächst u. U. nochmals (wie z. B. bei geringfügigen Pflichtverletzungen oder länger zurückliegenden Abmahnungen u. U. erforderlich) **eine Abmahnung** auszusprechen. Denn mit Ausspruch der Abmahnung verzichtet der Arbeitgeber konkludent auf ein u. U. bestehendes Kündigungsrecht wegen der Gründe, die Gegenstand der Abmahnung waren (s. o. D/Rz. 1354).

6. Interessenabwägung

a) Grundüberlegungen

1384 Im Rahmen der nach der ständigen Rechtsprechung des *BAG* (4.11.1981 EzA § 1 KSchG Verhaltensbedingte Kündigung Nr. 9; 2.3.1989 EzA § 102 BetrVG 1972 Nr. 76; APS/*Dörner* § 1 KSchG Rz. 432 ff.) schließlich erforderlichen umfassenden Interessenabwägung ist das Interesse des Arbeitnehmers an der Erhaltung des Arbeitsplatzes dem Interesse des Arbeitgebers an der Beendigung des Arbeitsverhältnisses gegenüberzustellen.

Im Unterschied zur personenbedingten Kündigung sind bei einer verhaltensbedingten Kündigung nicht so strenge Maßstäbe an die Interessenabwägung anzulegen, denn die erhöhte Schutzwürdigkeit z. B. eines von einer Krankheit betroffenen Arbeitnehmers trifft bei einer auf Pflichtwidrigkeiten des Arbeitnehmers beruhenden Kündigung so nicht zu.

b) Kriterien im einzelnen

1385 Berücksichtigt werden können zugunsten des Interesses des Arbeitnehmers oder des Arbeitgebers insbesondere folgende Umstände (vgl. KR-*Etzel* § 1 KSchG Rz. 409 ff.; zur Kritik s. o. D/Rz. 775 ff.):

D. Die Beendigung des Arbeitsverhältnisses

- Gesichtspunkte der Arbeits- und Betriebsdisziplin, wobei allerdings konkrete Störungen eingetreten sein müssen, sodass eine bloß abstrakte oder konkrete Gefährdung insoweit nicht ausreicht (*BAG* 17.3.1988 EzA § 626 BGB n. F. Nr. 116);
- die Aufrechterhaltung der Funktionsfähigkeit des Betriebes oder des Unternehmens;
- Eintritt eines Vermögensschadens;
- Wiederholungsgefahr;
- Schädigung des Ansehens in der Öffentlichkeit sowie Schutz der übrigen Belegschaft;
- Art, Schwere und Häufigkeit der vorgeworfenen Pflichtwidrigkeiten;
- früheres Verhalten des Arbeitnehmers;
- Mitverschulden des Arbeitgebers;
- Dauer der Betriebszugehörigkeit;
- Lebensalter;
- Lage auf dem Arbeitsmarkt.

Unterhaltspflichten des Arbeitnehmers sind bei der Interessenabwägung von größerem Gewicht, wenn sie mit dem verhaltensbedingten Kündigungsgrund in Zusammenhang stehen. Dass der Arbeitnehmer mit der Eingehung des Arbeitsverhältnisses i. d. R. für den Arbeitgeber erkennbar auch den Zweck verfolgt, seine Unterhaltspflichten zu erfüllen, tritt dagegen in den Hintergrund, wenn der Arbeitnehmer gewichtige Pflichten aus dem Arbeitsvertrag wiederholt vorsätzlich trotz Abmahnung verletzt; in diesem Fall können die Unterhaltspflichten bei der Interessenabwägung kaum von Gewicht und im Extremfall sogar völlig vernachlässigbar sein (*BAG* 27.2.1997 EzA § 1 KSchG Verhaltensbedingte Kündigung Nr. 51; vgl. dazu *Lingemann* BB 2000, 1835 ff.). Folglich sind bei einer auf ein vorsätzliches Vermögensdelikt gestützten (außer-) ordentlichen Kündigung grds. nicht zu berücksichtigen. Sie können allenfalls dann Bedeutung gewinnen, wenn eine durch Unterhaltspflichten bedingte **schlechte Vermögenslage das bestimmende Motiv für die Tat gewesen ist** und den Schuldvorwurf mindern kann (*BAG* 2.3.1989 EzA § 102 BetrVG 1972 Nr. 76). 1386

c) Beurteilungsspielraum der Instanzgerichte
Bei der Bewertung dieser Umstände steht dem ArbG sowie dem LAG ein in der Revisionsinstanz nur in beschränktem Umfang überprüfbarer Beurteilungsspielraum zu. 1387

7. Darlegungs- und Beweislast

a) Vertragsverletzung; betriebliche Auswirkungen

Für das Vorliegen einer schuldhaften Vertragsverletzung nebst ihrer betrieblichen Auswirkungen ist der Arbeitgeber darlegungs- und beweispflichtig. 1388
Dies gilt auch für solche Umstände, die einen Rechtfertigungs- oder Entschuldigungsgrund für das Fehlverhalten des Arbeitnehmers ausschließen, sofern dieser einen solchen substantiiert vorgetragen hat (*BAG* 12.8.1976 EzA § 1 KSchG Nr. 33; 6.8.1987 EzA § 626 BGB n. F. Nr. 109).

D. Die Beendigung des Arbeitsverhältnisses

b) Abmahnung

1389 Darlegungs- und beweispflichtig für das Vorliegen einer ordnungsgemäßen Abmahnung ist ebenfalls der Arbeitgeber.
Er genügt (sog. abgestufte Darlegungslast) **zunächst** seiner Darlegungslast, wenn er bei Störungen im Leistungsbereich vorträgt, dass der Arbeitnehmer wegen bestimmter Leistungsmängel unter Hinweis auf die Bestands- oder Inhaltsgefährdung des Arbeitsverhältnisses **abgemahnt worden ist.**

1390 Bestreitet der Arbeitnehmer dies, so hat der Arbeitgeber im einzelnen Tatsachen vorzutragen, aus denen sich eine ordnungsgemäße Abmahnung nach Inhalt, Ort, Zeitpunkt und beteiligten Personen ergibt oder die ausnahmsweise Entbehrlichkeit einer Abmahnung, z. B. weil der Vertrauensbereich betroffen ist oder weil der Arbeitnehmer im konkreten Fall schlechterdings nicht annehmen konnte, dass der Arbeitgeber das vertragswidrige Verhalten hinnehmen würde (MünchArbR/ *Berkowsky* § 154 Rz. 55 f.).
Dabei sind auch die abgemahnten Pflichtwidrigkeiten in zeitlicher und gegenständlicher Hinsicht nebst ihren betrieblichen Auswirkungen im Einzelnen zu schildern. Schlagwortartige Angaben reichen nicht aus (KR-*Etzel* § 1 KSchG Rz. 403, 412; APS/*Dörner* § 1 KSchG Rz. 439 f.).

VIII. Die ordentliche betriebsbedingte Kündigung

1. Überblick über die Voraussetzungen der ordentlichen betriebsbedingten Arbeitgeberkündigung

1391 Die ordentliche betriebsbedingte Arbeitgeberkündigung ist dann sozial gerechtfertigt i. S. v. § 1 Abs. 2, 3 KSchG (vgl. APS/*Kiel* § 1 KSchG Rz. 461 ff.; *Tschöpe* BB 2000, 2630 ff.), wenn
– dringende betriebliche Gründe vorliegen, die aufgrund außerbetrieblicher Umstände oder infolge innerbetrieblicher Maßnahmen zu einem Rückgang des Arbeitsanfalls bis hin zum Wegfall des Bedürfnisses für die Beschäftigung eines oder mehrerer Arbeitnehmer in dem Bereich führen, in dem der betroffene Arbeitnehmer beschäftigt ist;
– der betroffene Arbeitnehmer von allen vergleichbaren Arbeitnehmern der sozial am wenigsten Schutzwürdige ist und
– auch eine umfassende – allerdings nur ausnahmsweise durchzuführende – Interessenabwägung nach ordnungsgemäßer Sozialauswahl nicht ausnahmsweise zu einem Überwiegen des Interesses des Arbeitnehmers an der Fortsetzung des Arbeitsverhältnisses gegenüber dem Interesse des Arbeitgebers an dessen Beendigung führt.

2. Dringende betriebliche Gründe

a) Begriffsbestimmung

1392 Der Begriff der betrieblichen Erfordernisse ist im Gesetz nicht definiert.

D. Die Beendigung des Arbeitsverhältnisses

> Betriebliche Erfordernisse liegen dann vor, wenn Umstände aus dem wirtschaftlichen oder betriebstechnischen Bereich dazu führen, dass die betriebliche Arbeitsmenge so zurückgeht, dass der Beschäftigungsbedarf für einen oder mehrere Arbeitnehmer entfällt. Erforderlich ist eine konkrete Auswirkung auf die Einsatzmöglichkeit des gekündigten Arbeitnehmers.

Es muss also zumindest **ein Arbeitsplatz weggefallen** sein, wobei dies **nicht** in der Weise zu verstehen ist, dass es sich dabei gerade **um den konkret fixierten Arbeitsplatz des gekündigten Arbeitnehmers** handeln muss (*BAG* 30.5.1985 EzA § 1 KSchG Betriebsbedingte Kündigung Nr. 36). 1393
Vielmehr ist nach Maßgabe der sozialen Auswahl ggf. einem Arbeitnehmer zu kündigen, dessen Arbeitsplatz noch vorhanden ist, wenn nur die Anzahl der vergleichbaren Arbeitsplätze insgesamt zurückgegangen ist mit der Folge, dass die Zahl der benötigten Arbeitsplätze aufgrund der Entwicklung der Arbeitsmenge kleiner ist als die Zahl der auf diesen Arbeitsplätzen bislang beschäftigten Arbeitnehmer (vgl. APS/*Kiel* § 1 KSchG Rz. 477 ff.).

> Wird eine Kündigung auf die **künftige Entwicklung der betrieblichen Verhältnisse** gestützt, so kann sie ausgesprochen werden, wenn die betrieblichen Umstände **konkrete und greifbare Formen angenommen haben**. Das ist z. B. dann der Fall, wenn aufgrund einer vernünftigen, betriebswirtschaftlichen Betrachtung bei Ausspruch der Kündigung absehbar ist, zum Zeitpunkt des Vertragsendes eines übernommenen Reinigungsvertrages werde mit einiger Sicherheit der Eintritt eines die Entlassung erfordernden betrieblichen Grundes gegeben sein (*BAG* 3.9.1998 NZA 1999, 147). Das gilt nicht nur bei Kündigungen aus innerbetrieblichen Umständen, sondern auch bei Kündigungen, die durch außerbetriebliche Umstände veranlasst sind, z. B. wenn bei einem Unternehmen des Reinigungsgewerbes ein bestehender Reinigungsauftrag ausläuft und fraglich ist, ob das Unternehmen bei der Neuausschreibung den Zuschlag erhalten wird (*LAG Niedersachsen* 16.2.2001 – 3 Sa 1493/00 – 3 Sa 74/00 –). 1394

b) Auswirkungen auf die Darlegungslast
Daraus folgt, dass eine betriebsbedingte Kündigung **allein mit der Darlegung rückläufiger wirtschaftlicher Daten grds. nicht gerechtfertigt werden kann.** 1395
Entscheidend ist stets die Darlegung, dass Arbeitsplätze entsprechend der Zahl der gekündigten Arbeitnehmer weggefallen sind (MünchArbR/*Berkowsky* § 138 Rz. 6; APS/*Kiel* § 1 KSchG Rz. 483).

c) Außer-, innerbetriebliche Gründe

aa) Begriffsbestimmungen
Betriebliche Erfordernisse für eine Kündigung können sich aus **innerbetrieblichen Umständen** (Unternehmerentscheidungen, z. B. **Rationalisierungsmaßnahmen**, Umstellung oder Einschränkung der Produktion, auch zur Gewinnsteigerung oder Kostensenkung, auch wenn die äußeren Marktbedingungen dies nicht unumgänglich erfordern) oder durch **außerbetriebliche Gründe** (z. B. **Auftragsmangel**) ergeben (vgl. ausf. APS/*Kiel* § 1 KSchG Rz 472 ff.; *Romme/Pauker* NZA-RR 2000, 281 ff.). 1396

D. Die Beendigung des Arbeitsverhältnisses

bb) Fremdvergabe

1397 Das *BAG* (7.3.1980 EzA § 1 KSchG Betriebsbedingte Kündigung Nr. 14; ebenso *LAG Berlin* 3.4.2001 ARST 2001, 187 Ls.; APS/*Kiel* § 1 KSchG Rz. 522 ff.) geht davon aus, dass dann, wenn Reinigungsarbeiten (z. B. bei den Stationierungsstreitkräften) an Privatunternehmen übertragen und deswegen Kündigungen ausgesprochen werden, ein **betriebliches Erfordernis** gegeben ist.

1398 Das gilt auch dann, wenn davon **ordentlich unkündbare Arbeitnehmer** betroffen sind. Ein dadurch bedingter Wegfall der Arbeitsplätze der unkündbaren Arbeitnehmer führt aber nach Auffassung des *LAG Berlin* (3.4.2001 ARST 2001, 187 Ls.) noch **nicht automatisch dazu**, dass es dem Arbeitgeber **unzumutbar ist, an den Arbeitsverhältnissen** mit den unkündbaren Arbeitnehmern **festzuhalten**. Unterhält der Arbeitgeber vielmehr Einrichtungen, in denen er Reinigungsarbeiten bisher durch eigene Arbeitnehmer durchführt, ist es ihm danach zumutbar, diese Arbeiten **nicht vollständig fremd zu vergeben**, sondern die Fremdvergabe auf die Anzahl der Arbeitsplätze der ordentlich kündbaren Arbeitnehmer zu beschränken, es sei denn, die vollständige Durchführung der unternehmerischen Entscheidung ist zwingend geboten, um eine Schließung des Betriebes zu vermeiden (*LAG Berlin* 3.4.2001 ARST 2001, 187 Ls.).

1399 Zur Bedeutung des § 613a BGB in diesem Zusammenhang s. o. C/Rz. 3302 ff.

cc) Umgestaltung des Arbeitsablaufs

1400 Gestaltet der Arbeitgeber den Arbeitsablauf um und verlagert bestimmte Arbeiten in eine andere Betriebsabteilung, so rechtfertigt dies allein nach § 1 Abs. 2 KSchG noch keine betriebsbedingte Kündigung der bisher mit diesen Arbeiten beschäftigten Arbeitnehmern.

> Sind nach wie vor im Wesentlichen die gleichen Aufgaben zu verrichten und die derzeitigen Arbeitsplatzinhaber zur Erledigung dieser Arbeiten persönlich und fachlich geeignet, so ist eine betriebsbedingte Kündigung selbst dann nicht sozial gerechtfertigt, wenn es sich bei den neu eingerichteten Arbeitsplätzen in der anderen Betriebsabteilung um Beförderungsstellen handelt (*BAG* 10.11.1994 EzA § 1 KSchG Betriebsbedingte Kündigung Nr. 77; s. u. D/Rz. 1494 ff.).

d) Dringlichkeit der betrieblichen Erfordernisse

1401 Diese betrieblichen Erfordernisse müssen dringend sein und eine Kündigung im Interesse des Betriebes **unvermeidbar** machen (*LAG Rheinland-Pfalz* 10.5.1988 NZA 1989, 273).

aa) Begriffsbestimmung

1402 Das Merkmal der Dringlichkeit wird dadurch charakterisiert, dass eine Weiterbeschäftigung der nunmehr überzähligen Arbeitnehmer nicht, insbesondere nicht unter bestimmten organisatorischen Voraussetzungen möglich ist. Die Kündigung muss in Anbetracht der betrieblichen Situation unvermeidbar sein. Der Betrieb muss sich in einer Zwangslage befinden, die nur durch eine Kündigung, nicht aber durch andere Maßnahmen beseitigt werden kann (MünchArbR/*Berkowsky* § 138 Rz. 53; APS/*Kiel* § 1 KSchG Rz. 561 ff.).

D. Die Beendigung des Arbeitsverhältnisses

bb) Auftrags-, Umsatzrückgang
Ein Auftrags- oder Umsatzrückgang kann eine betriebsbedingte Kündigung (nur) 1403
dann rechtfertigen, **wenn dadurch ohne Hinzutreten weiterer Umstände auch der Arbeitsanfall so zurückgeht, dass das Bedürfnis zur Weiterbeschäftigung für einen oder mehrere Arbeitnehmer entfällt** (*BAG* 15.6.1989 BB 1989, 2190). Insoweit genügt es nicht, den Wegfall eines Arbeitsplatzes nur zu behaupten. Der entsprechende Rückgang der Beschäftigungsmöglichkeit muss anhand überprüfbarer Daten nachvollziehbar objektiviert werden (MünchArbR/*Berkowsky* § 138 Rz. 8; APS/*Kiel* § 1 KSchG Rz. 484 ff.). **Kurzfristige Auftragslücken** sind jedenfalls **nicht geeignet**, eine betriebsbedingte Kündigung sozial zu rechtfertigen (*LAG Köln* 10.12.1998 NZA 1999, 991 Ls.).

cc) Unmöglichkeit anderweitiger Beschäftigung
Auch wenn durch außer- oder innerbetriebliche Gründe die bisherige Einsatzmöglichkeit eines Arbeitnehmers wegfällt, ist eine Kündigung nur dann durch dringende 1404
betriebliche Erfordernisse bedingt, wenn dem Arbeitgeber eine **andere Beschäftigung nicht möglich oder nicht zumutbar ist**.
Die Möglichkeit einer anderweitigen Beschäftigung in demselben Betrieb setzt zunächst das **Vorhandensein eines »freien« Arbeitsplatzes** voraus. Als frei sind solche Arbeitsplätze anzusehen, die zum Zeitpunkt des Zugangs der Kündigung unbesetzt sind. Sofern der Arbeitgeber bei Ausspruch der Kündigung mit hinreichender Sicherheit vorhersehen kann, dass ein Arbeitsplatz bis zum Ablauf der Kündigungsfrist z. B. aufgrund des Ausscheidens eines anderen Arbeitnehmers zur Verfügung stehen wird, ist ein derartiger Arbeitsplatz ebenfalls als »frei« anzusehen (APS/*Kiel* § 1 KSchG Rz. 600 ff.).

> Dabei sind solche Arbeitsplätze in die Beurteilung einzubeziehen, bei denen im 1405
> Zeitpunkt der Kündigung bereits feststeht, dass sie in absehbarer Zeit nach Ablauf der Kündigungsfrist frei werden, sofern die Überbrückung dieses Zeitraums dem Arbeitgeber zumutbar ist. Zumutbar ist jedenfalls ein Zeitraum, den ein anderer Stellenbewerber zur Einarbeitung benötigen würde (*BAG* 15.12.1994 EzA § 1 KSchG Betriebsbedingte Kündigung Nr. 75).

Der Arbeitgeber ist ferner im Rahmen des § 1 Abs. 2 S. 1 KSchG zu einer Weiterbe- 1406
schäftigung des Arbeitnehmers auf einem anderen **freien vergleichbaren (gleichwertigen) Arbeitsplatz** oder auf einem **freien Arbeitsplatz zu geänderten (schlechteren) Bedingungen** verpflichtet. Vergleichbar ist ein Arbeitsplatz, wenn der Arbeitgeber aufgrund seines Weisungsrechts den Arbeitnehmer ohne Änderung seines Arbeitsvertrages weiterbeschäftigen kann; maßgeblich ist die jeweilige inhaltliche Ausgestaltung des Arbeitsvertrages (*BAG* 29.3.1990 EzA § 1 KSchG Soziale Auswahl Nr. 29; abl. MünchArbR/*Berkowsky* § 135 Rz. 6 ff., wonach sich die Beschränkung der anderweitigen Beschäftigung auf den durch das Direktionsrecht des Arbeitgebers gedeckten Einsatzbereich des Arbeitnehmers nicht rechtfertigen lässt). Das gilt auch dann, wenn die **Begrenzung des Direktionsrechts lediglich darauf beruht, dass sich die Arbeitsbedingungen im Laufe der Zeit auf einen bestimmten Arbeitsplatz konkretisiert haben** (*LAG Hamm* 7.12.2000–12 Sa 1150/00 –; a. A. APS/*Kiel* § 1 KSchG Rn. 680; vgl. auch *ArbG Köln* 21.6.1999 NZA-RR 2000, 190 zur Rechtslage bei gesundheitlichen Bedenken hinsichtlich der Übertragung des neuen Arbeitsplatzes).

D. Die Beendigung des Arbeitsverhältnisses

dd) Überprüfungsbefugnis des Arbeitsgerichts

1407 Wenn Umfang und Auswirkungen des Umsatzrückgangs streitig sind, hat das Gericht in vollem Umfang zu überprüfen, ob ein dauerhafter Umsatzrückgang vorliegt und in welchem Ausmaß er sich auf die Arbeitsmenge bestimmter Arbeitnehmer auswirkt (*BAG* 15.6.1989 EzA § 1 KSchG Betriebsbedingte Kündigung Nr. 63).
Beruft sich der Arbeitnehmer gegenüber einer betriebsbedingten Kündigung auf eine anderweitige Beschäftigungsmöglichkeit und bestreitet der Arbeitgeber das Vorhandensein eines freien Arbeitsplatzes, so muss der Arbeitnehmer aufzeigen, wie er sich eine anderweitige Beschäftigung vorstellt (*BAG* 10.1.1994 EzA § 1 KSchG Betriebsbedingte Kündigung Nr. 74).

ee) Politisch motivierte Kündigungsabsichten des Arbeitgebers

1408 Die arbeitsmarkt-, beschäftigungs- oder sozialpolitisch motivierte Absicht des Arbeitgebers, anstelle von nebenberuflich tätigen Teilzeitarbeitnehmern Arbeitslose im Rahmen von Vollzeitarbeitsverhältnissen zu beschäftigen, stellt kein dringendes betriebliches Erfordernis i. S. d. § 1 Abs. 2 S. 1 KSchG dar (*BAG* 13.3.1987 EzA § 1 KSchG Betriebsbedingte Kündigung Nr. 44).

ff) Kosteneinsparung

1409 Fraglich ist, ob eine betriebsbedingte Kündigung allein mit dem Ziel der Kosteneinsparung begründet werden kann oder ob hinzukommen muss, dass der Unternehmer konkret organisatorische Maßnahmen trifft, die ihrerseits zum Wegfall von Beschäftigungsmöglichkeiten allgemein und zum Wegfall der Beschäftigungsmöglichkeit für den kündigungsbetroffenen Arbeitnehmer insbesondere führen.
Nach Auffassung von *Berkowsky* (MünchArbR § 138 Rz. 16 f.) muss stets eine **geschlossene Kausalkette von den unternehmerischen Zielvorgaben über bestimmte betriebliche Organisationsmaßnahmen bis hin zum konkreten Wegfall der Beschäftigungsmöglichkeit eines Arbeitnehmers** vorliegen und vom Arbeitgeber im Kündigungsschutzprozess nachgewiesen werden. **Denn regelmäßig bedarf es für die Beendigungskündigung einer unternehmerischen Entscheidung, die sich auf den Arbeitsbedarf auswirkt** (*BAG* 26.1.1995 EzA § 2 KSchG Nr. 22). Das gesetzliche Merkmal der Dringlichkeit erlangt in diesen Fällen besondere Bedeutung. Einerseits braucht der Arbeitgeber im Fall unrentabler Betriebsführung nicht so lange abzuwarten, bis der Zusammenbruch des Betriebes oder Unternehmens droht, andererseits reicht ein schlagwortartiger Verweis auf Rentabilitätsgesichtspunkte nicht aus.

1410 Der bloße Wille, rentabler zu arbeiten, rechtfertigt noch nicht die Kündigung, wenn die unternehmerischen Erwägungen nicht auf die konkreten Beschäftigungsmöglichkeiten durchschlagen. Weder das Streben nach Gewinnmaximierung, noch die Verhinderung weiteren Gewinnverfalls rechtfertigen für sich genommen die betriebsbedingte Kündigung (*Stahlhacke/Preis* Rz. 658; *Ascheid* Kündigungsschutzrecht Rz. 260 ff.; *Preis* NZA 1995, 245 ff.; *KR-Becker* 3. Aufl., § 1 KSchG Rz. 321; s. aber unten D/Rz. 1417 ff.).

D. Die Beendigung des Arbeitsverhältnisses

Das *LAG Düsseldorf* (18.11.1997 LAGE § 1 KSchG Betriebsbedingte Kündigung Nr. 46) verlangt deshalb für den Fall, dass der Arbeitgeber entscheidet, die einem installierten und unverändert fortbestehenden Produktionssektor bislang von vier Arbeitnehmern vollschichtig durchgeführten Arbeiten aus Kostengründen nur noch von zwei Arbeitnehmern wahrnehmen zu lassen, das **nachvollziehbare Aufzeigen eines** diese Maßnahmen tatsächlich ermöglichenden **Konzepts**. Dies kann in Form einer organisatorischen Änderung der Arbeitsabläufe, einer Produktionseinschränkung oder sonstiger tatsächlicher Rationalisierungsmaßnahmen geschehen (s. u. D/Rz. 1417 ff.). 1411

Demgegenüber genügt es nach Auffassung des *LAG Köln* (12.5.1995 LAGE § 1 KSchG Betriebsbedingte Kündigung Nr. 32), wenn bei defizitärem Kostenergebnis unstreitig oder bewiesen ist, dass der gekündigte Arbeitnehmer nicht ersetzt werden sollte und auch nicht ersetzt worden ist, weil dann das Resultat eines Auftrags- oder Umsatzrückgangs feststeht. Weiterer Darlegungen des Arbeitgebers bedarf es dann nicht. 1412

gg) Unmittelbare Auswirkungen außerbetrieblicher Umstände auf den Arbeitsanfall

Wirkt sich allerdings ein außerbetrieblicher Umstand, wie etwa ein Rückgang der Auftragsmenge unmittelbar auf die aktuell verfügbare Arbeitsmenge (z. B. im Bereich der Verpackungstätigkeit) aus, und entschließt sich der Arbeitgeber, den Personalbestand dem reduzierten Beschäftigungsbedarf anzupassen, ist eine den betrieblichen Bereich gestaltende Unternehmerentscheidung nicht gegeben. 1413

Insoweit ist ein unmittelbarer Rückschluss von der reduzierten Auftragsmenge auf die kündigungsrelevante Änderung der Beschäftigungsmöglichkeiten zulässig. Der Arbeitgeber hat dann das Vorliegen eines dauerhaften Auftragsrückganges und dessen Auswirkungen auf die Arbeitsmenge bestimmter Arbeitnehmer, also die Proportionalität der hierauf gestützten Entlassung nachzuweisen (*BAG* 15.6.1989 EzA § 1 KSchG Betriebsbedingte Kündigung Nr. 63). 1414

In Betracht kommt z. B. der Wegfall einer Planstelle durch Einstellung der Drittmittelfinanzierung (*LAG Köln* 7.4.1995 LAGE § 1 KSchG Betriebsbedingte Kündigung Nr. 33). Das *LAG Köln* (20.5.1997 LAGE § 1 KSchG Betriebsbedingte Kündigung Nr. 45) stellt im Übrigen in diesem Zusammenhang auf einen **Größenvergleich zwischen der gegebenen Arbeitskapazität und dem Volumen des Auftragsbestandes** ab; es ist eine Relation zwischen der Auftragsmenge und der zur Verfügung stehenden Arbeitszeit herzustellen.

hh) Überprüfung der organisatorischen Maßnahmen des Arbeitgebers

(1) Organisatorische Maßnahmen

Die organisatorischen Maßnahmen, die der Arbeitgeber trifft, um seinen Betrieb dem Umsatzrückgang oder der verschlechterten Ertragslage anzupassen (wozu weder der Ausspruch der Kündigung selbst [*BAG* 20.2.1986 EzA § 1 KSchG Betriebsbedingte Kündigung Nr. 37] noch der Entschluss zur Senkung von Lohnkosten [*BAG* 20.2.1986 a. a. O.] gehören), sind vom Arbeitsgericht **nicht auf ihre Notwendigkeit** 1415 und Zweckmäßigkeit, sondern nur daraufhin zu überprüfen, ob sie offenbar unsachlich, unvernünftig oder willkürlich sind (*BAG* 30.4.1987 EzA § 1 KSchG Betriebsbedingte Kündigung Nr. 47; *LAG Schleswig-Holstein* 13.10.1998 NZA 1999, 269; ausf. dazu APS/*Kiel* § 1 KSchG Rz. 463 ff.; *Romme/Pauker* NZA-RR 2000, 281 ff.; krit. *Möhn* ZTR 1995, 356; *Pauly* ZTR 1997, 113; insges. krit. zur Respr. des BAG in diesem Zusammenhang *Feudner* NZA 2000, 1136 ff.).

1416 Die Ausnahmen, bei denen die innerbetrieblichen Maßnahmen nicht bindend sind, ergeben sich aus dem allgemeinen Verbot des Rechtsmissbrauchs.
So erfüllen offensichtlich unsachliche oder willkürliche Rationalisierungsmaßnahmen den Tatbestand der unzulässigen Rechtsausübung des betrieblichen Gestaltungsrechts durch den Arbeitgeber.
Das ist jedoch nicht schon dann anzunehmen, wenn eine Maßnahme offensichtlich unzweckmäßig ist (*BAG* 30.4.1987 EzA § 1 KSchG Betriebsbedingte Kündigung Nr. 47).

1417 Entschließt sich z. B. der Arbeitgeber, der »gruppendynamische Trainingsprogramme zur zielorientierten Gewichtsabnahme« veranstaltet, sein Programm auf der Basis von sog. Partnerverträgen statt wie bisher durch Arbeitnehmer, nunmehr durch selbstständig tätig werdende Mitarbeiter auf dem Markt anzubieten, so handelt es sich um eine zum Wegfall der Arbeitsplätze führende unternehmerische Entscheidung, die vom ArbG grds. hinzunehmen ist (*BAG* 9.5.1996 EzA § 1 KSchG Betriebsbedingte Kündigung Nr. 85; s. auch unten D/Rz. 1616; abl. *Preis* NZA 1997, 1079, der darauf hinweist, dass das Beschäftigungsbedürfnis nicht entfallen ist, sodass der Arbeitgeber Änderungskündigungen hätte aussprechen müssen und ein grundlegender Unterschied zur Entscheidung vom 26.9.1996 nicht ersichtlich ist; Kündigungen zur reinen Gewinnmaximierung werden damit wohl für zulässig erachtet).

1418 Das *LAG Köln* 28.6.1996 LAGE § 1 KSchG Betriebsbedingte Kündigung Nr. 40) geht davon aus, dass der Entschluss des Arbeitgebers (Musikschule), **seine sämtlichen Arbeitnehmer** (Musikschullehrer) **zu entlassen**, um seine bisherigen betrieblichen Aktivitäten künftig und auf Dauer nur noch – in arbeitsrechtlich zulässiger Weise – mit **freien Mitarbeitern** fortzusetzen, eine gerichtlich nur eingeschränkt überprüfbare Unternehmerentscheidung darstellt, die rechtlich dem Entschluss zur Betriebsstilllegung – auch i. S. v. § 15 Abs. 4 KSchG – gleichkommt.

1419 Andererseits hat das *BAG* (26.9.1996 EzA § 1 KSchG Betriebsbedingte Kündigung Nr. 86) angenommen, dass der Entschluss, die formale Arbeitgeberstellung aufzugeben, keine die Kündigung bedingende Unternehmerentscheidung ist, wenn der Unternehmer gegenüber den Beschäftigten in wesentlichen weiterhin selbst die für die Durchführung der Arbeit erforderlichen Weisungen erteilt. In einem solchen Fall entfällt nicht die Beschäftigungsmöglichkeit im Betrieb, vielmehr sollen nur die eigenen Beschäftigten durch ausgeliehene Arbeitnehmer ersetzt werden. Eine Kündigung aus diesem Grund ist als »Austauschkündigung« gem. § 1 Abs. 1 und 2 KSchG sozial ungerechtfertigt und deshalb unwirksam.
Die Absicht des Arbeitgebers, die Lohnkosten zu senken und sich durch eine Beschäftigung von Arbeitnehmern nach ausländischem Recht von den Bindungen des deutschen Arbeits- und Sozialrechts zu lösen, rechtfertigt danach jedenfalls keine Beendigungskündigung.

D. Die Beendigung des Arbeitsverhältnisses

Das *LAG Köln* (8.5.1996 LAGE § 1 KSchG Betriebsbedingte Kündigung Nr. 38) hat angenommen, dass der Entschluss des Arbeitgebers, **die Belegschaft um eine bestimmte Zahl generell zu verkleinern,** eine unternehmerische Entscheidung im hier erörterten Sinne darstellt. Gleiches soll gelten, wenn sich der Arbeitgeber entschließt, einen **Arbeitsplatz ersatzlos einzusparen,** weil zwar nicht die Kündigung als solche eine unternehmerische Entscheidung darstellt, wohl aber der Einsparungsbeschluss (*LAG Köln* 9.8.1996 LAGE § 1 KSchG Betriebsbedingte Kündigung Nr. 41). Eine nur beschränkt überprüfbare Unternehmerentscheidung kann auch in dem Entschluss liegen, **künftig auf Dauer mit weniger Personal zu arbeiten**; eine hierdurch verursachte Leistungsverdichtung bei den verbleibenden Arbeitnehmern ist in gewissem Rahmen hinzunehmen (*BAG* 24.4.1997 EzA § 2 KSchG Nr. 26; *LAG Köln* 1.8.1997 LAGE § 1 KSchG Interessenausgleich Nr. 1; 7.11.1997 LAGE § 1 KSchG Betriebsbedingte Kündigung Nr. 50; vgl. ausf. APS/*Kiel* § 1 KSchG Rz. 539 ff.; zust. *Hümmerich/Spirolke* NZA 1998, 797 ff.; **abl.** *Thüringer LAG* 20.4.1998 DB 1998, 2474 = NZA-RR 1999, 189; *ArbG Köln* 23.9.1997 DB 1998, 626 u. *Preis* NZA 1997, 1080; vgl. auch *Feudner* DB 1999, 2566 ff.). Dringlichkeit und Erforderlichkeit i. S. v. § 1 Abs. 2 S. 1 KSchG müssen nicht die Unternehmerentscheidung bedingen, sondern im Verhältnis zwischen der grds. hinzunehmenden Unternehmerentscheidung und der ausgesprochenen Kündigung vorliegen (*LAG Köln* 15.8.1997 LAGE § 1 KSchG Betriebsbedingte Kündigung Nr. 44). Sie kann also **zum Wegfall von Arbeitsplätzen führen und den entsprechenden Beschäftigungsbedarf entfallen lassen.** Eine solche Unternehmerentscheidung – Reduzierung des Personalbestandes auf Dauer – ist allerdings hinsichtlich ihrer **Durchführbarkeit** und hinsichtlich des Begriffs **»Dauer« zu verdeutlichen,** um dem Gericht im Hinblick auf die gesetzlich dem Arbeitgeber auferlegte Darlegungslast eine **Überprüfung zu ermöglichen.** Je näher **die eigentliche Organisationsentscheidung an den Kündigungsentschluss rückt, umso mehr muss der Arbeitgeber dann durch Tatsachenvortrag verdeutlichen, dass ein Beschäftigungsbedarf für den Arbeitnehmer entfallen ist** (*BAG* 17.6.1999 EzA § 1 KSchG Betriebsbedingte Kündigung Nr. 102; *LAG Köln* 24.8.1999 ZTR 2000, 185 Ls.; erl. *Bitter* DB 2000, 1760 ff.; krit. dazu *Quacke* NZA 1999, 1247 ff. u. DB 2000, 2429 ff.; *Schrader* NZA 2000, 401 ff.; *Singer/von Finckenstein* SAE 2000, 282 ff.; *Zepter* DB 2000, 474 ff.; *Preis* DB 2000, 1122 ff.; *Boeddinghaus* ArbuR 2001, 8 ff.; *Franzen* NZA 2001, 805 ff.).

1420

Insofern gelten die Grundsätze der abgestuften Darlegungslast: Zunächst hat der Arbeitgeber darzulegen, dass und wie die von ihm getroffene Maßnahme durchgeführt werden soll. Erscheint das unternehmerische Konzept danach nicht von vornherein gesetzes-, tarif- oder vertragswidrig, ist es als geeignetes Mittel zum rationellen Einsatz der Arbeitnehmer anzusehen. Dann ist es Sache des Arbeitnehmers vorzutragen, warum die getroffene Maßnahme offensichtlich unsachlich, unvernünftig oder willkürlich sein soll. Ihm, der Einblick in die Geschehensabläufe seiner bisherigen Arbeit hat, kann die Darlegung abverlangt werden, warum die bisherigen bzw. (z. B. nach Einschaltung von Subunternehmern) verbleibenden Tätigkeiten nicht plan- und konzeptmäßig durchgeführt werden können. Ein Bestreiten mit Nichtwissen (§ 138 Abs. 4 ZPO) genügt demgegenüber nur, soweit der Arbeitnehmer über keinen Einblick in Tatsachen verfügt, die dem Arbeitgeber bekannt sind, z. B. weil er die Verträge des Arbeitgebers über die Vergabe von Arbeiten an einen Subunternehmer nicht kennt. Gelingt dem Arbeitnehmer danach der Sachvortrag, wonach eine Durchführung der neuen Arbeitsstruktur of-

1421

fenbar unsachlich, unvernünftig oder willkürlich erscheint, dann hat sich der Arbeitgeber hierauf weiter einzulassen. Es ist dann seine Sache, die prognostizierten Auswirkungen für den Beschäftigungsbedarf präzise zu erläutern und ggf. zu beweisen. Dabei bleibt es seiner Einschätzung überlassen, in welcher Zeit ein Auftrag abzuarbeiten ist (*BAG* 17.6.1999 EzA § 1 KSchG Betriebsbedingte Kündigung Nr. 101, 103; erl. *Bitter* DB 2000, 1760 ff.; APS/*Kiel* § 1 KSchG Rz. 542 f.; krit. dazu *Quacke* NZA 1999, 1247 ff. u. DB 2000, 2429 ff.; *Schrader* NZA 2000, 401 ff.; *Singer/von Finckenstein* SAE 2000, 282; *Boeddinghaus* ArbuR 2001, 8 ff.; *Franzen* NZA 2001, 805 ff.).

1422 **Tarifliche quantitative Besetzungsregeln,** wonach Fachkräften eine Hilfskraft »beizustellen« ist, bezwecken zwar keinen unmittelbaren Arbeitsplatzschutz der betreffenden Hilfskraft. Diese kann sich jedoch anlässlich einer betriebsbedingten Kündigung, die auf die unternehmerische Maßnahme zur dauerhaften Stellenreduzierung zurückgeführt wird, im Wege der **Reflexwirkung** darauf berufen, die Unternehmerentscheidung sei offensichtlich unsachlich, unvernünftig oder willkürlich, wenn die Weiterbeschäftigung der Hilfskraft die jeweilige Fachkraft vor einer physischen oder psychischen Überlastung schützt (*BAG* 17.6.1999 EzA § 1 KSchG Betriebsbedingte Kündigung Nr. 103; erl. *Bitter* DB 2000, 1760 ff.; APS/*Kiel* § 1 KSchG Rz 5422 f.; krit. dazu *Quacke* NZA 1999, 1247 ff. u. DB 2000, 2429 ff.; *Schrader* NZA 2000, 401 ff.; *Zepter* DB 2000, 474 ff.; *Preis* DB 2000, 1122 ff.; *Franzen* NZA 2001, 805 ff.).

1423 Die über eine beschlossene **Stelleneinsparung in einem Haushaltsplan** des öffentlichen Rechts – aus welchen Gründen auch immer – hinausgehende Kündigung betrifft jedenfalls die korrekte Durchführung des Haushaltsbeschlusses und damit den Kündigungsgrund, nicht jedoch die Frage nach der richtigen Sozialauswahl. Deshalb kann sich jeder von einer derartigen »Überhangkündigung« Betroffene auf die fehlerhafte Durchführung berufen; dies soll nach Auffassung des *LAG Sachsen* (12.4.1996 NZA-RR 1997, 9) auch für eine Vollbeschäftigte gelten, wenn der Haushaltsbeschluss lediglich um 0,57 Vollbeschäftigteneinheiten überschritten wird (APS/*Kiel* § 1 KSchG Rz. 533 ff.).

1424 Auch die Entscheidung des Arbeitgebers, die **Produktion ins Ausland zu verlagern,** stellt eine von den Gerichten nur eingeschränkt überprüfbare Unternehmerentscheidung dar. Dabei ist eine Kongruenz zwischen dem Umfang des Arbeitsausfalls und der Zahl der Entlassenen nicht erforderlich. Es liegt vielmehr im unternehmerischen Ermessen des Arbeitgebers, ob er im Verhältnis zu dem fehlenden Arbeitskräftebedarf Personal abbaut, oder nur einen Teil der überzähligen Arbeitnehmer entlässt und die übrigen zum Beispiel als Personalreserve behält (*BAG* 18.9.1997 EzA § 1 KSchG Betriebsbedingte Kündigung Nr. 53).

1425 Dagegen kann die Entscheidung des Arbeitgebers, nur mit **Entleiharbeitnehmern** weiterzuarbeiten, nach Auffassung des *LAG Bremen* (30.1.1998 – 4 Sa 114, 117/97 –; vgl. auch *LAG Bremen* 2.12.1997 LAGE § 1 KSchG Betriebsbedingte Kündigung Nr. 47) nicht als betriebsbedingter Kündigungsgrund akzeptiert werden, wenn die Leitungskräfte nicht entliehen sind und nach dem eigenen Vortrag des Arbeitgebers die Verleihgesellschaft nicht in der Lage ist, das Unternehmen zu führen. Hat ein Arbeitgeber sich **vertraglich** gegenüber einem Arbeitnehmer dazu verpflichtet, dessen **Arbeitsplatz** auf Dauer oder für bestimmte Zeit unverändert **aufrechtzu-**

erhalten, so beschränkt er insoweit seine unternehmerische Freiheit. Aus einer solchen vertraglichen Bindung kann er sich nicht unter Berufung auf die Unternehmerfreiheit lösen. Der Grundsatz der unternehmerischen Freiheit schränkt zwar die gerichtliche Überprüfung unternehmerischer Maßnahmen weitgehend ein. Dies gilt jedoch nicht für die Prüfung, ob sich eine unternehmerische Maßnahme mit vertraglich eingegangenen Bindungen vereinbaren lässt (*LAG Rheinland-Pfalz* 19.9.1997 LAGE § 2 KSchG Nr. 51).

Eine unternehmerische Entscheidung wird **nicht dadurch unsachlich oder willkürlich**, dass der Unternehmer auf einen Umsatzrückgang **wartend reagiert** und zunächst ein anderes Konzept ausprobiert (*LAG Nürnberg* 13.4.1999 NZA-RR 2000, 80). 1426

(2) Unternehmerentscheidung
Überprüft wird aber, ob überhaupt eine Unternehmerentscheidung vorliegt und welchen konkreten Inhalt sie hat (*BAG* 9.5.1996 EzA § 1 KSchG Betriebsbedingte Kündigung Nr. 85; vgl. auch *Preis* NZA 1997, 625 ff.). Insoweit können Inhalt und Reichweite der Unternehmerentscheidung von entscheidender Bedeutung sein für die Beantwortung der Frage, ob die Entlassung des klagenden Arbeitnehmers von ihr noch umfasst wird oder nicht. 1427

> Dringende betriebliche Erfordernisse liegen vor, wenn die Durchführung oder eingeleitete Durchführung einer unternehmerischen Entscheidung zum Wegfall einer Beschäftigungsmöglichkeit führt, d. h. wenn infolge einer unternehmerischen Maßnahme – nicht einer objektiven wirtschaftlichen Gegebenheit – die Anzahl der Arbeitnehmer, die zur Erledigung bestimmter Aufgaben verpflichtet sind, größer ist als die Menge der zu erledigenden Arbeit (*Ascheid* Kündigungsschutzrecht, Rz. 236; APS/*Kiel* § 1 KSchG Rz. 463 ff., 549 f.). 1428

Wenn der Arbeitgeber sich entscheidet, Entlassungen im Umfang eines konkret feststellbaren Auftragsrückgangs vorzunehmen, so fehlt es an einem dringenden betrieblichen Erfordernis, wenn festgestellt wird, dass die hierdurch determinierte Quote ausscheidender Arbeitnehmer im Zeitpunkt der Kündigung, gleichgültig auf welche Weise (Fluktuation, Vorruhestand usw.), bereits erfüllt ist.
In derartigen Fällen führt die Unternehmerentscheidung zu einer Selbstbindung des Arbeitgebers, die der Arbeitnehmer im Kündigungsschutzprozess mit Erfolg gegen seine Kündigung geltend machen kann (*BAG* 30.5.1985 EzA § 1 KSchG Betriebsbedingte Kündigung Nr. 36).

(3) Tatsächliche Voraussetzungen und Durchführung der Unternehmerentscheidung; Auswirkungen auf den Arbeitsanfall

> Uneingeschränkt nachprüfbar ist, ob die für die Unternehmerentscheidung maßgeblichen externen und internen Faktoren (z. B. Auftragsmangel, Rohstoffverknappung, Absatzschwierigkeiten) tatsächlich vorliegen (*BAG* 24.10.1979 EzA § 1 KSchG Betriebsbedingte Kündigung Nr. 13) sowie die tatsächliche Durchführung der beabsichtigten Maßnahme (*LAG Thüringen* 20.4.1998 NZA-RR 1999, 189). Gleiches gilt für ihre Auswirkungen auf den Arbeitsanfall, insbesondere, ob aufgrund der außer- oder innerbetrieblichen Gründe das Bedürfnis für die Weiterbeschäftigung des gekündigten Arbeitnehmers entfallen ist, d. h. ob unter 1429

D. Die Beendigung des Arbeitsverhältnisses

Respektierung einer etwa bindenden Unternehmerentscheidung mit einem geringeren oder veränderten Arbeitsanfall auch das Bedürfnis zur Weiterbeschäftigung des gekündigten Arbeitnehmers entfallen oder innerhalb einer Gruppe vergleichbarer Arbeitnehmer gesunken ist, sodass ein Überhang an Arbeitskräften entstanden ist (*BAG* 30.5.1985 EzA § 1 KSchG Betriebsbedingte Kündigung Nr. 36).

1430 Das Kündigungsschutzrecht schreibt somit dem Unternehmer nicht vor, in welcher Weise er seinen Betrieb zu organisieren hat. Es geht von der vom Unternehmer gestalteten Betriebsorganisation aus und fragt nur danach, ob auf der Grundlage dieser vorgegebenen Betriebsorganisation die Kündigung des Arbeitnehmers erforderlich ist, weil dessen Weiterbeschäftigung wegen des weggefallenen Arbeitsplatzes nicht, auch nicht in den neuen betrieblichen Verhältnissen angepasster Form, möglich ist.

1431 Hat sich der Arbeitgeber entschlossen, einen **Arbeitsplatz ersatzlos einzusparen** (s. o. D/Rz. 1415 ff.), so kann vom Arbeitgeber demgegenüber nach Auffassung des *LAG Köln* (9.8.1996 LAGE § 1 KSchG Betriebsbedingte Kündigung Nr. 41) dann, wenn er sich auf außerbetriebliche Gründe dafür beruft, nicht verlangt werden, exakt darzustellen, wie sich diese Gründe auf den konkreten Arbeitsplatz des gekündigten Arbeitnehmers auswirken und warum sie gerade die vom Arbeitgeber gewählte Anzahl von Entlassungen bedingen. Denn die mit der Prognose der erwarteten künftigen Entwicklung des Personalbestandes einhergehenden Vermutungen, Erwartungen und Einschätzungen schließen eine auch in quantitativer Hinsicht zwingende Determination des Einsparungsbeschlusses nach dieser Auffassung aus.

1432 Andererseits hat der Arbeitgeber vor dem Ausspruch einer betriebsbedingten Kündigung alle im konkreten Fall möglichen und geeigneten Maßnahmen zu ergreifen, die ohne Veränderung der von ihm vorgegebenen betrieblichen Strukturen zu einer Übereinstimmung zwischen dem Bedarf an Arbeitskräften und der vorhandenen Zahl von Arbeitnehmern führt (MünchArbR/*Berkowsky* § 138 Rz. 69 ff.; vgl. auch *Preis* NZA 1997, 625 ff.).

1433 In Betracht zu ziehen sind dabei insbesondere (vgl. APS/*Kiel* § 1 KSchG Rz. 558 ff.):
– Abbau von Überstunden;
– Ersetzung von Leiharbeitnehmern;
– Kurzarbeit (s. u. D/Rz. 1436 ff.);
– Arbeitsstreckung;
– Produktion »auf Halde«;
– Arbeitszeitverkürzung zur Vermeidung von Kündigungen.

(4) Ende des Personalabbaus aufgrund von § 2 Abs. 1 Nr. 2 SGB III?

1434 Gem. § 2 Abs. 1 SGB III haben Arbeitgeber bei ihren Entscheidungen verantwortungsvoll deren Auswirkungen auf die Beschäftigung der Arbeitnehmer und der Arbeitslosen und damit auf die Inanspruchnahme von Leistungen der Arbeitsförderung einzubeziehen. **Sie sollen dabei insbesondere vorrangig durch betriebliche Maßnahmen die Inanspruchnahme von Leistungen der Arbeitsförderung sowie Entlassungen von Arbeitnehmern vermeiden.**
Die nahe liegende Frage, wie sich diese am 1.1.1998 in Kraft getretene Vorschrift zu den Grundfragen des Rechts der betriebsbedingten Kündigung verhält, wird in der Literatur sehr unterschiedlich beantwortet:

D. Die Beendigung des Arbeitsverhältnisses

- *Schaub* (NZA 1997, 810; vgl. auch *Rolfs* NZA 1998, 18; *Löwisch* NZA 1998, 729 f., der ergänzend auf § 2 Abs. 3 SGB III hinweist; polemisch abl. dazu *Rüthers* NJW 1998, 283) entnimmt der Norm die Notwendigkeit einer **grundlegenden Neubesinnung** über die Handhabung des **ultima-ratio-Prinzips** im Recht der betriebsbedingten Kündigung, die den Teufelskreis beenden will, dass nur die Entlassung von Arbeitnehmern die zutreffende Rationalisierungsmaßnahme darstellt.
- *Kittner* (NZA 1997, 975) folgert aus § 2 SGB III, die Sphäre der rechtlich nicht überprüfbaren unternehmerischen Entscheidungen müsse mit strengeren Maßstäben durchforstet werden.
- *Fischmeier* (NZA 1997, 1091) folgt dem grundsätzlich, will aber den Vorrang kündigungsverhindernder Maßnahmen von dem jeweiligen **unternehmerischen Konzept** abhängig machen.
- *Preis* (NZA 1998, 449 ff.; zust. *Bepler* ArbuR 1999, 221 f.) geht davon aus, dass der Gesetzgeber mit § 2 Abs. 1 SGB III einen Kontrapunkt zur problematischen Praxis der betriebsbedingten Kündigung (s. o. D/Rz. 1396 ff.), zu den sozialpolitisch und sozialversicherungsrechtlich verfehlten Folgen der gegenwärtigen Kündigungspraxis setzen wollte. Er hat dem im Kündigungsrecht bereits verankerten ultima-ratio-Grundsatz bestätigt. Die Arbeitsrechtler müssen ihn nur wieder (verständiger) handhaben und sich auf die Grundlagen des Kündigungsschutzrechts besinnen. **Vorrangig vor Ausspruch einer Kündigung sind demnach kündigungsverhindernde betriebliche Maßnahmen** (z. B. Kurzarbeit; s. dazu aber unten D/Rz. 1436 ff.), **die Ausschöpfung der dem Arbeitgeber zur Verfügung stehenden Vertragsinstrumentarien** (z. B. von tarifvertraglichen Flexibilisierungsinstrumenten durch Arbeitszeitkorridore, befristete Arbeitszeitreduzierungen ohne Lohnausgleich, Entgeltkorridore, Ausnahmeregelungen bei Sonderzahlungen und Urlaubsgeldern) sowie **u. U. die Neuverhandlung von Arbeitsverträgen**. Eine striktere Handhabung des ultima-ratio-Prinzips kann danach die Krise in den sozialversicherungspflichtigen Beschäftigungsformen zwar nicht in den Griff bekommen, gleichwohl aber den Prozess des Beschäftigungsabbaus verlangsamen und zu intelligenteren Anpassungsformen anregen.
- *Bauer/Haußmann* (NZA 1997, 1102) **verneinen** demgegenüber **weitergehende Konsequenzen**, da sich das ultima-ratio-Prinzip lediglich auf die Folgen der unternehmerischen Entscheidung, nicht aber auf die Entscheidung selbst beziehe. Es sei nicht anzunehmen, dass der Gesetzgeber »auf dem Schleichweg des § 2 SGB III« die ständige Rechtsprechung des BAG zur Unternehmerentscheidung habe ablösen wollen.
- *Gagel* (BB 2001, 359 ff.) interpretiert § 2 SGB III dahingehend, dass auch die **sozialrechtlichen Möglichkeiten** des SGB III, die geeignet sind, die Entlassung zu vermeiden, vor einer Kündigung **genutzt werden müssen**.

> Der Parlamentarische Staatssekretär im Bundesministerium für Arbeit und Soziales hat aufgrund der Anfrage eines Bundestagsabgeordneten am 6.4.1998 mitgeteilt, dass es sich bei § 2 Abs. 3 SGB III um einen auf das Arbeitsförderungsrecht und die Vermeidung von Leistungen der Bundesanstalt für Arbeit zugeschnittenen Appell an die Arbeitgeber zu einem verantwortungsvollen Verhalten handeln soll. Zweck ist danach nicht, den durch arbeitsrechtliche Normen abschließend geregelten Bestandsschutz individueller Arbeitsverhältnisse zu erweitern (DB 1998, 1134; ebenso *Beckschulze* BB 1998, 791 ff.).

1435

D. Die Beendigung des Arbeitsverhältnisses

ii) Einführung von Kurzarbeit?

(1) Verpflichtung des Arbeitgebers?

1436 Fraglich ist insoweit, inwieweit der Arbeitgeber verpflichtet ist, Kurzarbeit einzuführen, um die Sanktionierung betriebsbedingter Beendigungskündigungen im Kündigungsschutzprozess als unwirksam zu vermeiden.
Ist die Einführung von Kurzarbeit rechtlich und tatsächlich möglich (sind also die Voraussetzungen für die Gewährung von Kurzarbeitergeld gem. §§ 169 ff. SGB III gegeben sowie die Bereitschaft des Betriebsrats, gem. § 87 Abs. 1 Nr. 3 BetrVG eine entsprechende Vereinbarung abzuschließen und ist der Arbeitsmangel lediglich vorübergehender Natur [*BAG* 7.2.1985 EzA § 1 KSchG Soziale Auswahl Nr. 20]), so ist das *BAG* (25.6.1964 AP Nr. 14 zu § 1 KSchG Betriebsbedingte Kündigung) zunächst davon ausgegangen, im Kündigungschutzprozess sei zu prüfen, ob der Arbeitgeber die Entlassung des Klägers durch Einführung von Kurzarbeit hätte verhindern können. Allerdings hat es die Darlegungs- und Beweislast dafür, dass die Einführung von Kurzarbeit sinnvoll und möglich gewesen wäre, dem Arbeitnehmer auferlegt.

1437 Sodann (*BAG* 7.2.1985 EzA § 1 KSchG Soziale Auswahl Nr. 20) hat das BAG offen gelassen, ob diese Grundsätze aufrecht erhalten werden können, oder ob dadurch nicht zu stark in das unternehmerische Gestaltungsrecht des Arbeitgebers eingegriffen wird.

> Schließlich (*BAG* 4.3.1986 EzA § 87 BetrVG 1972 Arbeitszeit Nr. 17, 11.9.1986 EzA § 1 KSchG Betriebsbedingte Kündigung Nr. 54; vgl. dazu APS/*Kiel* § 1 KSchG Rz. 570 ff.) sind der 1. und 2. Senat des BAG davon ausgegangen, dass die Frage, ob eine ausgesprochene Kündigung durch Kurzarbeit hätte vermieden werden können, keiner gerichtlichen Kontrolle unterliegt.

1438 In der Literatur (*Hueck/von Hoyningen-Huene* § 1 Rz. 388 a; *Denck* ZfA 1985, 261; *Hofmann* ZfA 1984, 316; *Schwerdtner* ZIP 1984, 13; *Stahlhacke* DB 1994, 1367; *Vollmer* DB 1982, 1934; *Wank* RdA 1987, 136) wird maßgeblich darauf abgestellt, ob der Arbeitgeber seine Entscheidung, Kurzarbeit nicht einzuführen, aufgrund einer **ernstlich vorgenommenen Prüfung** gewonnen hat.
Nach Auffassung von *Löwisch* (§ 1 Rz. 277 f.) ist die Frage, ob eine betriebsbedingte Kündigung durch Kurzarbeit hätte vermieden werden können, im Kündigungschutzprozess **voll nachprüfbar**. Zwar wird dadurch die Entscheidungsfreiheit des Unternehmens berührt, jedoch ist dies vertretbar, weil es sich nur um die vorübergehende Abweichung von der regelmäßigen Arbeitszeit handelt. **Die Möglichkeit, Kurzarbeit einzuführen, steht folglich einer betriebsbedingten Kündigung entgegen** (ebenso *Bepler* ArbuR 1999, 222; *Denck* ZfA 1985, 249 ff.; ErfK/*Ascheid* § 1 KSchG Rz. 429; *Hillebrecht* ZIP 1985, 260; KDZ/*Däubler* § 1 KSchG Rz. 289; KR-*Etzel* § 1 KSchG Rz. 548; *Preis* Prinzipien S. 404 ff.; ders. DB 1988, 1390; ders. NZA 1995, 247; ders. NZA 1998, 455; APS/*Kiel* § 1 KSchG Rz. 573 ff.; a. A. B. *Preis* NZA 1997, 630). Ob sich dies auch aus der ab dem 1.1.1998 neu geltenden Regelung des § 2 Abs. 1 SGB III ergibt, ist offen (s. o. D/Rz. 1434).

(2) Kündigung nach Einführung von Kurzarbeit

1439 Die Einführung von Kurzarbeit (§§ 169 ff. SGB III) spricht zunächst indiziell dafür, dass der Arbeitgeber nur von einem vorübergehenden Arbeitsmangel ausgegangen ist, der eine betriebsbedingten Kündigung nicht rechtfertigen kann. Dieses Indiz kann der gem. § 1 Abs. 2 S. 4 KSchG beweisbelastete Arbeitgeber durch konkreten Sachvortrag entkräften, wonach eine Beschäftigungsmöglichkeit für einzelne von der Kurzarbeit betroffene Arbeitnehmer auf Dauer entfallen ist (*BAG* 26.6.1997 EzA § 1 KSchG Betriebsbedingte Kündigung Nr. 93 gegen *BAG* 17.10.1981 NJW 1981, 1686; vgl. APS/*Kiel* § 1 KSchG Rz. 576).

jj) Mehrarbeit vergleichbarer Arbeitnehmer
Will der Arbeitgeber betriebsbedingte Kündigungen wegen Rückgangs der Beschäftigungsmöglichkeiten aussprechen, so fehlt es an dem Merkmal der Dringlichkeit, wenn zugleich Arbeitnehmer Mehr- Überarbeit leisten, die Verlagerung dieser Mehr-Überarbeit auf die zur Kündigung anstehenden Arbeitnehmer möglich ist und sie dadurch in vertragsgemäßem Umfang beschäftigt werden können (*Herschel/Löwisch* § 1 Rz. 190).

1440

kk) Verpflichtung zur Arbeitsstreckung oder zur dauerhaften Verkürzung der Arbeitszeit?
Fällt der Beschäftigungsbedarf für einen vollzeitbeschäftigten Arbeitnehmer teilweise weg, ist der Arbeitgeber nach dem ultima-ratio-Grundsatz verpflichtet, diesem Arbeitnehmer ein **Teilzeitarbeitsverhältnis anzubieten** (*LAG Köln* 1.2.1995 LAGE § 1 KSchG Betriebsbedingte Kündigung Nr. 29; APS/*Kiel* § 1 KSchG Rz. 578). Dagegen **steht es ihm** frei, ob er zur Vermeidung von Beendigungskündigungen eine **Mehrzahl von Änderungskündigungen** aussprechen will, um die Arbeitszeiten aller oder mehrerer Arbeitnehmer zu verkürzen (*BAG* 24.4.1997 EzA § 1 KSchG Betriebsbedingte Kündigung Nr. 73; 19.5.1993 EzA § 2 KSchG Nr. 26; *LAG Hamm* 22.3.1996 LAGE § 2 KSchG Nr. 18; APS/*Kiel* § 1 KSchG Rz. 578). Steht deshalb fest, dass die Arbeitsmenge im Umfang der Pensen der gekündigten Arbeitnehmer zurückgegangen ist, so können diese Kündigungen nicht unter Hinweis darauf für unwirksam erklärt werden, dass der Arbeitgeber das fehlende Pensum auf eine größere Anzahl von Arbeitnehmern hätte verteilen (Arbeitsstreckung) und so die Kündigungen vermeiden können.

1441

Hierzu ist der Arbeitgeber zwar **berechtigt, nicht jedoch verpflichtet,** denn er ist aufgrund des Arbeitsvertrages berechtigt (und dem Arbeitsvertragspartner gegenüber auch verpflichtet), jeden einzelnen Arbeitnehmer mit dem vereinbarten Pensum zu beschäftigen. Demgegenüber kann aus dem KSchG eine Verpflichtung des Arbeitgebers, das vereinbarte Arbeitspensum nur zum Teil abzufordern, nicht abgeleitet werden (MünchArbR/*Berkowsky* § 138 Rz. 99; APS/*Kiel* § 1 KSchG Rz. 577).

Der Arbeitgeber ist auch nicht verpflichtet, die Arbeitszeit der Arbeitnehmer auf Dauer und nicht nur vorübergehend zu verkürzen (*LAG Hamm* 15.12.1982 DB 1983, 506; a. A. *ArbG Bocholt* 22.6.1982 DB 1982, 1938; APS/*Kiel* § 1 KSchG Rz. 578).

ll) Betriebsstilllegung

(1) Begriffsbestimmung
Die Stilllegung des gesamten Betriebes ist ein dringendes betriebliches Erfordernis i. S. d. § 1 Abs. 2 KSchG.

1442

Voraussetzung ist der ernstliche und endgültige Entschluss des Unternehmers, die Produktions- und Betriebsgemeinschaft zwischen Arbeitgeber und Arbeitnehmer für einen seiner Dauer nach noch unbestimmten, wirtschaftlich nicht unerheblichen Zeitraum und damit nicht nur vorübergehend aufzugeben. Der **Entschluss** des Ar-

D. Die Beendigung des Arbeitsverhältnisses

beitgebers, z. B. **ab sofort keine neuen Aufträge mehr anzunehmen**, allen Arbeitnehmern zum nächstmöglichen Kündigungstermin zu kündigen, zur Abarbeitung der vorhandenen Aufträge eigene Arbeitnehmer nur noch während der jeweiligen Kündigungsfristen einzusetzen und so den Betrieb schnellstmöglich stillzulegen, ist als unternehmerische Entscheidung grds. **geeignet**, die entsprechenden **Kündigungen sozial zu rechtfertigen** (*BAG* 18.1.2001 EzA § 1 KSchG Betriebsbedingte Kündigung Nr. 109, 110; APS/*Kiel* § 1 KSchG Rz. 487 ff.).

> Diesen Entschluss muss der Unternehmer zum Zeitpunkt des Zugangs der Kündigung gefasst haben. Bei Vorliegen einer ernsthaft und endgültig beabsichtigten Betriebsstilllegung muss zu diesem Zeitpunkt nicht bereits mit deren Verwirklichung begonnen werden. Andererseits fehlt es an einer endgültigen Stilllegungsabsicht, wenn zum Kündigungszeitpunkt noch über eine Weiterveräußerung der Gesellschaftsanteile verhandelt wird (*BAG* 10.10.1996 EzA § 1 KSchG Betriebsbedingte Kündigung Nr. 87). Eine Betriebsstilllegung bei einer juristischen Person (z. B. einer GmbH: LAG Berlin 13.7.1999–12 Sa 890/99 –) bzw. GmbH & Co. KG bedarf im Übrigen keines Beschlusses des für die Auflösung einer Gesellschaft zuständigen Organs (*BAG* 11.3.1998 EzA § 1 KSchG Betriebsbedingte Kündigung Nr. 99 gegen *LAG Berlin* 10.8.1987 LAGE § 1 KSchG Betriebsbedingte Kündigung Nr. 13). Denn der Beschluss zur Betriebsstilllegung ist eine gerichtlich nur eingeschränkt überprüfbare Unternehmerentscheidung, die grds. an keine bestimmte Form gebunden ist. Ist deshalb aufgrund konkreter Anhaltspunkte im Kündigungszeitpunkt damit zu rechnen, dass die Betriebsstilllegung **bis zum Ablauf der Kündigungsfrist tatsächlich vollzogen sein wird**, so ist die mit der beabsichtigten Betriebsstilllegung begründete Kündigung des Arbeitsverhältnisses **nicht deshalb sozial ungerechtfertigt**, weil die unternehmerische Entscheidung zur Betriebsstilllegung an **gesellschaftsrechtlichen Mängeln** – z. B. der Alleinentscheidung des nur gemeinsam mit einem weiteren Geschäftsführer vertretungsbefugten Geschäftsführers der Alleingesellschafterin – **leidet** (*BAG* 5.4.2001 EzA § 1 KSchG Betriebsbedingte Kündigung Nr. 110; a. A. *LAG Düsseldorf* 18.10.1999 ARST 2000, 174; krit. APS/*Kiel* § 1 KSchG Rz. 492).

1443 Die Ernsthaftigkeit und Endgültigkeit dieses Entschlusses erfordert nicht, dass er dem eigenen Wunsch des Unternehmers entspricht. Sieht dieser sich zu dem Entschluss durch außerbetriebliche Umstände gezwungen, so ist es unschädlich, wenn er sich vorbehält, seinen Entschluss nicht zu verwirklichen, wenn sich die Verhältnisse wider Erwarten anders als bei vernünftiger Betrachtung vorhersehbar entwickeln (*BAG* 27.2.1987 EzA § 1 KSchG Betriebsbedingte Kündigung Nr. 46).

1444 An einem ernstlichen und endgültigen Entschluss des Unternehmers fehlt es aber jedenfalls, wenn er zum fraglichen Zeitpunkt noch in ernsthaften Verhandlungen über eine Veräußerung des Betriebes steht und deswegen nur vorsorglich mit der Begründung kündigt, der Betrieb solle zu einem späteren Zeitpunkt stillgelegt werden, falls eine Veräußerung scheitere.
Nichts anderes gilt, wenn der Arbeitgeber zum Kündigungszeitpunkt noch über eine Weiterveräußerung der Gesellschaftsanteile verhandelt hat (*BAG* 10.10.1996 EzA § 1 KSchG Betriebsbedingte Kündigung Nr. 87; s. o. D/Rz. 1442). Auch eine in einem Kündigungsschreiben variabel gehaltener Zeitraum einer geplanten Betriebsstilllegung bis zu fünf Monaten begründet keine Stilllegungsabsicht des Ar-

D. Die Beendigung des Arbeitsverhältnisses

beitgebers (*LAG Berlin* 22.4.1997 NZA-RR 1997, 471). Noch weitergehend hat das *LAG Berlin* (5.5.2001 ZTR 2001, 375 Ls.) angenommen, dass, solange **nicht auszuschließen** ist, dass es noch zu einem **Betriebs(teil)übergang kommen wird**, eine um mehrere Monate vorzeitige Kündigung wegen beabsichtigter Betriebsstilllegung oder Schließung einer Dienststelle **nicht dringend, sondern unverhältnismäßig** ist, indem es den Arbeitnehmer auf einen Wiedereinstellungsanspruch verweist, auf den § 1 Abs. 3 KSchG keine Anwendung findet.

Kommt es noch innerhalb der Kündigungsfrist zu einem **Betriebsübergang** nach § 613a Abs. 1 S. 1 BGB, so spricht eine **tatsächliche Vermutung gegen eine ernsthafte und endgültige Stilllegungsabsicht** (*BAG* 27.9.1984 EzA § 613a BGB Nr. 40; 18.5.1995 EzA § 613a BGB Nr. 139; APS/*Kiel* § 1 KSchG Rz. 490).

Beispiele:
Der Betriebsstilllegung steht die kurzfristige Weiterbeschäftigung einiger weniger Arbeitnehmer mit Abwicklungs- oder Aufräumarbeiten nicht entgegen (*BAG* 14.10.1982 EzA § 15 KSchG n. F. Nr. 29).
Ein dringendes betriebliches Erfordernis i. S. d. § 1 Abs. 2 KSchG stellt auch die Stilllegung des verbliebenen Einzelbetriebes nach Aufgabe eines Gemeinschaftsbetriebes jedenfalls im Zusammenhang mit einer Beendigung der früher gemeinsamen Leistungsstruktur (Führungsvereinbarung) dar (*BAG* 13.9.1995 EzA § 1 KSchG Nr. 48). Damit entfällt auch die Notwendigkeit einer auf den früheren Gemeinschaftsbetrieb bezogenen Sozialauswahl.
Eine von vornherein nur für begrenzte Zeit geplante Betriebsstilllegung rechtfertigt eine betriebsbedingte Kündigung dann, wenn zum Kündigungstermin nicht sicher prognostiziert werden kann, zu welchem Zeitpunkt der Betrieb seine Tätigkeit wieder aufnehmen und Beschäftigungsmöglichkeiten bieten kann. In diesem Fall ist es Sache des Arbeitgebers, eine Prognose darzulegen, nach der der Wegfall der Beschäftigungsmöglichkeit für eine nicht unerhebliche Zeit zu erwarten ist; ein Zeitraum von 6 Monaten kann dabei im Einzelfall erheblich sein (*BAG* 27.4.1995 EzA § 1 KSchG Betriebsbedingte Kündigung Nr. 83; krit. *Busemann/Schäfer* a. a. O., Rz. 226a).

1445

(2) »Greifbare Formen«; Darlegungslast

Die Kündigung aus Anlass einer geplanten Betriebsstilllegung ist sozial gerechtfertigt, wenn die betrieblichen Umstände bereits greifbare Formen angenommen haben und eine vernünftige, betriebswirtschaftliche Betrachtung die Prognose rechtfertigt, dass bis zum Ablauf der Kündigungsfrist der Arbeitnehmer entbehrt werden kann.

1446

Die »greifbaren Formen« können je nach Umständen des Einzelfalles die **Gründe für die Stilllegungsabsicht** oder auch **ihre Durchführungsformen** betreffen (*BAG* 19.6.1991 EzA § 1 KSchG Betriebsbedingte Kündigung Nr. 70; vgl. APS/*Kiel* § 1 KSchG Rz. 648).

Will der Arbeitgeber als betriebsbedingten Kündigungsgrund seinen Entschluss zur Betriebsstilllegung anführen und ist bestritten, ob dieser im Kündigungszeit-

1447

> punkt bereits gefasst gewesen sei, muss der Arbeitgeber substantiiert darlegen, dass und zu welchem Zeitpunkt er diejenigen organisatorischen Maßnahmen geplant hat, die sich als Betriebsstilllegung darstellen; außerdem muss er darlegen, dass diese Maßnahmen bereits greifbare Formen angenommen hatten (*BAG* 23.3.1984 AP Nr. 38 zu § 1 KSchG 1969 Betriebsbedingte Kündigung).

Auch dann, wenn bei einer geplanten, jedoch noch nicht durchgeführten Betriebsstilllegung während des Laufs der Kündigungsfristen Teile des Betriebs veräußert werden, beurteilt sich die Wirksamkeit der Kündigung nach den objektiven Verhältnissen im Zeitpunkt des Zugangs der Kündigung (*LAG Köln* 12.6.1997 NZA-RR 1997, 473).

1448 Auf die **Weiterbeschäftigung** eines Arbeitnehmers nach zumutbaren Umschulungs- und Fortbildungsmaßnahmen (§ 1 Abs. 2 S. 2 KSchG; vgl. *Gaul* BB 1995, 2422) kann der Arbeitgeber jedenfalls dann nicht verwiesen werden, wenn bei Ausspruch der Kündigung **kein entsprechender anderweitiger Arbeitsplatz frei ist** und auch nicht mit Sicherheit voraussehbar ist, dass nach Abschluss der Maßnahme eine Beschäftigungsmöglichkeit aufgrund der durch sie erworbenen Qualifikation besteht (*BAG* 7.2.1991 EzA § 1 KSchG Personenbedingte Kündigung Nr. 9; APS/*Kiel* § 1 KSchG Rz. 649).

mm) Abkehrwille des Arbeitnehmers

1449 Nach Auffassung des *BAG* (22.10.1964 AP Nr. 16 zu § 1 KSchG Betriebsbedingte Kündigung) ist eine betriebsbedingte Kündigung dann sozial gerechtfertigt, wenn ein Arbeitgeber einem Arbeitnehmer in einem Spezial- oder Mangelberuf kündigt, wenn er die Möglichkeit hat, für den abkehrwilligen Arbeitnehmer eine **sonst nur schwer zu findende Ersatzkraft** einzustellen.

nn) Umwandlung einer Teilzeit- in eine Ganztagsstelle

1450 Keinen Grund zur Kündigung stellt es dar, wenn der Arbeitgeber die Umwandlung einer Teilzeit- in eine Ganztagsstelle anstrebt.
Erklärt sich der Inhaber der Teilzeitstelle aus triftigen Gründen nicht mit einer Vollzeitbeschäftigung einverstanden, so muss der Arbeitgeber vor einer Kündigung versuchen, eine weitere Halbtagskraft einzustellen.
Lediglich dann, wenn dies aus nachvollziehbaren Gründen technisch, organisatorisch oder wirtschaftlich nicht möglich ist, kommt eine Kündigung der Teilzeitkraft in Betracht. Für derartige Umstände trägt der Arbeitgeber die volle Darlegungs- und Beweislast (*LAG Rheinland-Pfalz* 10.5.1988 NZA 1989, 273; vgl. auch *LAG Hamburg* 20.11.1996 LAGE § 2 KSchG Nr. 25; *ArbG Hamburg* 19.4.1996 NZA-RR 1997, 132).

oo) Auswechslung von Arbeitnehmern durch Leiharbeitnehmer

1451 Unterschreiben von 600 Arbeitnehmern eines Betriebes bis auf sieben alle einen Auflösungsvertrag und verpflichten sich gleichzeitig, in eine Beschäftigungsgesellschaft zu wechseln, die einen Teil von ihnen einer Verleihgesellschaft zur Verfügung stellt, über die sie mit schlechteren Arbeitsbedingungen wieder auf ihren alten Arbeitsplatz eingesetzt werden, ist bei der Prüfung der sozialen Rechtfertigung der Kündigung der sieben Arbeitnehmer darauf abzustellen, ob für jede einzelne Kündigung ein betriebsbedingter Kündigungsgrund gegeben ist. Der Hinweis des Arbeitgebers, die Sanierung werde sonst nicht erreicht, reicht nicht aus, wenn mehrere hundert Arbeitnehmer zu schlechteren Arbeitsbedingungen, durch die das Sanierungsziel nicht gefähr-

… det wird, eingesetzt werden und nur sieben Arbeitnehmer zu den alten Bedingungen weiterbeschäftigt werden müssten (*LAG Bremen* 30.1.1998 – 4 Sa 114, 117/97 –; vgl. auch *LAG Bremen* 18.9.1997 LAGE § 1 KSchG Betriebsbedingte Kündigung Nr. 47).

e) Öffentlicher Dienst; ausländische diplomatische Vertretungen

aa) Wegfall von Arbeitsplätzen

1452 Im öffentlichen Dienst ist eine Kündigung betriebsbedingt, wenn im Haushaltsplan bestimmte konkret bezeichnete Stellen gestrichen werden (vgl. *ArbG Marburg* 13.3.1998 NZA 1999, 1120 Ls.) oder im Zuge allgemeiner Sparmaßnahmen organisatorische oder technische Veränderungen durchgeführt werden, die den Wegfall bestimmter Arbeitsplätze bewirken (*BAG* 26.6.1975 EzA § 1 KSchG Betriebsbedingte Kündigung Nr. 1; vgl. ausf. *Lingemann/Grothe* NZA 1999, 1072 ff.; *APS/Kiel* § 1 KSchG Rz. 533 ff.).

1453 Nicht ausreichend ist es grundsätzlich, eine Stelle mit einem sog. »kw-Vermerk« (»künftig wegfallend«) zu versehen (vgl. *Lakies* NZA 1997, 745 ff.). Der kw-Vermerk ist nur dann ein betriebliches Erfordernis, wenn er den Wegfall der Stelle zu einem bestimmten oder zumindest bestimmbaren Zeitpunkt anordnet, sodass die Behörde ab diesem Zeitpunkt nicht mehr darüber verfügen kann (*BAG* 6.9.1978 EzA § 1 KSchG Betriebsbedingte Kündigung Nr. 9). Es bedarf eines auf den Stellenbedarf der jeweiligen Dienststelle zugeschnittenen **Konzepts der zuständigen Verwaltung** (*BAG* 18.11.1999 ZTR 2000, 232; vgl. dazu *Bitter* DB 2000, 1760 ff.; *APS/Kiel* § 1 KSchG Rz. 533 ff.).

Das ist nicht der Fall, wenn die Verwaltung erst noch zwischen **verschiedenen Möglichkeiten** einer Umsetzung von kw-Vermerken mit unterschiedlichen Auswirkungen auf die Dienststellen entscheiden muss (*BAG* 19.3.1998 ZTR 1998, 427 = NZA 1999, 90; vgl. auch *LAG Sachsen* 11.2.1998 NZA-RR 1999, 363; vgl. ausf. *Lingemann/Grothe* NZA 1999, 1072 ff.).

1454 Entschließt sich dagegen der **Träger einer Kinderbetreuungseinrichtung**, seinen Personalbestand entsprechend einem **geänderten landesgesetzlichen Mindestpersonalschlüssel** zu senken, bedarf es im Rechtsstreit zur Darstellung des daraus folgenden Personalüberhangs i. d. R. **keiner näheren Darlegung** der organisatorischen Durchführbarkeit und Dauerhaftigkeit der Maßnahme, solange der Arbeitnehmer nicht aufzeigt, warum die Personalreduzierung ausnahmsweise nicht durchführbar ist (*LAG Sachsen-Anhalt* 16.5.2000 ZTR 2001, 282).

bb) Stellenbesetzung mit Beamten, Soldaten

1455 Ist ein stellenplanmäßiger Beamtendienstposten mit einem Angestellten besetzt, so bewirkt die Entscheidung der Behörde, die Stelle mit einem Beamten zu besetzen, einen betriebsbedingten Kündigungsgrund (*BAG* 26.2.1957 AP Nr. 23 zu § 1 KSchG; *APS/Kiel* § 1 KSchG Rz. 536). Gleiches gilt für die **Organisationsentscheidung** des öffentlichen Arbeitgebers, eine **Angestelltenstelle**, auf der hoheitliche Aufgaben erledigt werden, **in eine Beamtenstelle umzuwandeln** und mit einem Beamten zu besetzen, wenn der bisherige angestellte Stelleninhaber die Voraussetzungen für eine Übernahme in ein Beamtenverhältnis nicht erfüllt. Erfüllt der bisherige Stelleninhaber jedoch das Anforderungsprofil der neu geschaffenen Beamtenstelle, besteht kein dringendes betriebliches Bedürfnis zur Kündigung des bisherigen Stelleninhabers.

D. Die Beendigung des Arbeitsverhältnisses

Der öffentliche Arbeitgeber kann sich dann nach dem in **§ 162 Abs. 1, 2 BGB** normierten Rechtsgedanken nicht darauf berufen, dass er die Stelle mit einem – möglicherweise aus seiner Sicht geeigneteren – externen Bewerber besetzt hat. Der Besetzung einer Stelle mit einem externen Bewerber steht es gleich, wenn der öffentliche Arbeitgeber dem bisherigen Stelleninhaber unwirksam gekündigt, dann eine Ersatzkraft eingestellt hat und diese Ersatzkraft nunmehr anstelle des bisherigen Stelleninhabers auf der neu geschaffenen Beamtenstelle zum Beamten ernennt (*BAG* 21.9.2000 EzA § 1 KSchG Betriebsbedingte Kündigung Nr. 106).

Auch die Entscheidung, eine bestimmte Stelle im militärischen Dienstbereich anstelle eines Zivilangestellten mit einem Soldaten zu besetzen, stellt ein betriebliches Erfordernis dar (*BAG* 29.1.1986 EzA § 102 BetrVG 1972 Nr. 64).

1456 Gleichermaßen handelt es sich um ein betriebliches Erfordernis, wenn sich der öffentliche Arbeitgeber entschließt, anstelle einer Lehrkraft ohne Lehrbefähigung einen ausgebildeten Lehrer mit Beamtenstatus zu beschäftigen (*BAG* 17.5.1984 EzA § 1 KSchG Betriebsbedingte Kündigung Nr. 32).

cc) Drittmittelfinanzierte Arbeitsplätze

1457 Bei drittmittelfinanzierten Arbeitsplätzen kann eine betriebsbedingte Kündigung jedoch **nicht allein** damit begründet werden, dass der Drittmittelgeber die **Zuwendung kürzt oder einstellt**.

Hinzukommen muss vielmehr der Entschluss des Drittmittelempfängers, den entsprechenden Tätigkeitsbereich auch tatsächlich einzuschränken oder einzustellen, ihn nicht etwa mit eigenen Mitteln zu finanzieren oder fortzuführen (*BAG* 20.2.1986 EzA § 1 KSchG Betriebsbedingte Kündigung Nr. 37).

Dies folgt aus dem Grundsatz, dass neben einer inner- oder außerbetrieblichen Ursache für die Kündigung stets auch der Wegfall eines Arbeitsplatzes vorliegen und im Prozess nachgewiesen werden muss (MünchArbR/*Berkowsky* § 138 Rz. 24).

dd) Ausländische diplomatische Vertretungen

1458 Eine nach deutschem Recht zu beurteilende Kündigung einer in einer diplomatischen Vertretung eines ausländischen Staates in Deutschland beschäftigten Ortskraft zum Zweck der Befristung eines bisher unbefristeten Arbeitsvertrages ist nicht allein deshalb sozial gerechtfertigt, weil das ausländische Haushaltsrecht des Arbeitgebers nur noch Stellen für eine befristete Beschäftigung vorsieht (*BAG* 20.11.1997 EzA Art. 30 EGBGB Nr. 4).

f) Insolvenzverfahren

1459 Die Eröffnung des Insolvenzverfahrens rechtfertigt **für sich allein keine betriebsbedingte Kündigung.**

Jedoch sind nach den allgemeinen Grundsätzen Maßnahmen zulässig, die zum Wegfall von Arbeitsplätzen und damit zu betriebsbedingten Kündigungen führen können (z. B. Betriebsstilllegung; *BAG* 16.9.1982 EzA § 1 KSchG Betriebsbedingte Kündigung Nr. 18). Auch im Vergleichs- (jetzt Insolvenz-)verfahren muss der Arbeitgeber aber nach Auffassung des *LAG Bremen* (30.1.1998 – 4 Sa 114, 117/97 –; vgl. auch *LAG Bremen* 18.9.1997 LAGE § 1 KSchG Betriebsbedingte Kündigung Nr. 47) vor Ausspruch der betriebsbedingten Kündigung versuchen, mit dem Betriebsrat, den Tarifvertragsparteien und ggf. den Arbeitnehmern für ihn günstigere Arbeitsbedingungen zu vereinbaren, um eine zwingend erforderliche Sanierung des Betriebes zu erreichen, bevor er allen Arbeitnehmern kündigt, oder mit ihnen Auflösungsverträge schließt, um einen Teil von ihnen dann als Leiharbeitnehmer zu 20% günstigeren Tarifen wieder zu beschäftigen und zwei Monate später zu ähnlichen, schlechteren Bedingungen wieder einzustellen.

g) Betriebs-, Unternehmensbezogenheit des Kündigungsschutzes; Konzernbezug?

Das KSchG ist in erster Linie betriebsbezogen, allenfalls unternehmensbezogen (s. o. D/Rz. 1024 zum Gemeinschaftsbetrieb mehrerer Unternehmen). Daraus folgt z. B. dann, dass, wenn ein Unternehmen A wesentliche Betriebsaufgaben auf ein Unternehmen B überträgt, mit dem es einen Gemeinschaftsbetrieb bildet und unter Berufung darauf einer ihrer, dem übergehenden Betriebsteil zuzurechnenden Arbeitnehmer betriebsbedingt wegen Wegfalls des Arbeitsplatzes kündigt, es im Kündigungsschutzprozess darzulegen hat, dass der Arbeitsplatz auch im Unternehmen B nicht fortexistiert und auch in diesem Unternehmen nicht die Möglichkeit anderweitiger Beschäftigung besteht, die einvernehmlich oder durch Änderungskündigung hätte übertragen werden können (*LAG Köln* 21.7.2000 NZA-RR 2001, 245). 1460

Das KSchG ist demgegenüber nicht konzernbezogen. Der Arbeitgeber ist daher vor Ausspruch einer betriebsbedingten Kündigung grds. nicht verpflichtet, eine anderweitige Unterbringung des Arbeitnehmers in einem Konzernbetrieb zu versuchen.

Etwas anderes kann sich allerdings aus dem Arbeitsvertrag, einer vertraglichen Absprache oder einer Selbstbindung des Arbeitgebers, etwa aufgrund einer formlosen Zusage oder eines vorangegangenen Verhaltens ergeben (*BAG* 14.10.1982 EzA § 15 KSchG n. F. Nr. 29).

Beispiele:
- Wenn Arbeitnehmer in einem Konzernunternehmen, ohne versetzt oder abgeordnet zu werden, bestimmten fachlichen Weisungen durch ein anderes Konzernunternehmen unterstellt werden und dadurch noch kein Vertrauenstatbestand begründet wird, der einem vereinbarten oder in der Vertragsabwicklung konkludent durchgeführten Versetzungsvorbehalt gleichgestellt werden kann (*BAG* 27.11.1991 EzA § 1 KSchG Betriebsbedingte Kündigung Nr. 72; vgl. dazu *Kukat* BB 2000, 1242 ff.; s. u. D/Rz. 1493). 1461
- Verpflichtet sich ein Arbeitnehmer dagegen in einem dem deutschen Recht unterliegenden Vertrag, seine Arbeitsleistung im Rahmen eines ergänzenden Dienstvertrages mit einem ausländischen, konzernzugehörigen Unternehmen zu erbringen, und behält sich der Vertragspartner vor, dem Arbeitnehmer selbst Weisungen und dienstliche Anordnungen zu erteilen und jederzeit ein neues, zum Konzern gehörendes Unternehmen für den weiteren Auslandseinsatz des Arbeitnehmers zu bestimmen, so ist der Vertragspartner selbst Arbeitgeber und bei der Kündigung des Arbeitsvertrages hat er deutsches Kündigungsschutzrecht zu beachten. Beruft sich in diesem Fall der Arbeitgeber darauf, für den Arbeitnehmer sei die bisherige Be- 1462

D. Die Beendigung des Arbeitsverhältnisses

schäftigungsmöglichkeit bei dem konzernzugehörigen Unternehmen weggefallen, hat er dies nach allgemeinen Grundsätzen im Bestreitensfall substantiiert darzulegen und ggfs. zu beweisen. Auch für fehlende Einsatzmöglichkeiten bei anderen zum Konzern gehörenden Unternehmen, bei denen der Arbeitnehmer vereinbarungsgemäß beschäftigt werden könnte, obliegt dem Arbeitgeber eine gesteigerte Darlegungslast (*BAG* 21.1.1999 EzA § 1 KSchG Nr. 51; vgl. dazu *Kraft* SAE 1999, 272 ff.; *Lingemann/von Steinau-Steinrück* DB 1999, 2161 ff.).

3. Sozialauswahl (§ 1 Abs. 3 KSchG)

a) Grundsätze

aa) Maßstab der geringsten sozialen Schutzbedürftigkeit

1463 Nach der Entscheidung des Gesetzgebers in § 1 Abs. 3 KSchG ist der Arbeitgeber nicht frei in seiner Entscheidung, welchem der betroffenen Arbeitnehmer gekündigt werden soll.

> Seine individuelle Auswahl ist vielmehr in der Weise gesetzlich determiniert, dass sie nach dem Maßstab der geringsten sozialen Schutzbedürftigkeit erfolgen soll. Die Kündigung soll mithin vorrangig denjenigen Arbeitnehmer treffen, der am wenigsten auf seinen Arbeitsplatz angewiesen ist.
> Dieses festzustellen dient eine aufzustellende soziale Rangfolge der vom vorausgesetzten Beschäftigungsrückgang betroffenen Arbeitnehmer, die vom Gesetz in der Weise vorgegeben wird, dass sie unter ausreichender Berücksichtigung bestimmter sozialer Gesichtspunkte zu erfolgen hat (vgl. ausf. APS/*Kiel* § 1 KSchG Rz. 654 ff.).

1464 Da das Gesetz bis zum 1.10.1996 (s.u. D/Rz. 1521 ff.) und ab dem 1.1.1999 wiederum weitere Kriterien zur Ausfüllung des Begriffes »sozial« nicht zur Verfügung gestellt hat/stellt und dieser nach allgemeinem Sprachgebrauch keine hinreichenden Konturen besitzt, um ihm die im Rahmen der Sozialauswahl zu berücksichtigenden Kriterien im Sinne einer logischen Deduktion zu entnehmen, handelte es sich bei der Ausgestaltung dieses Begriffes um Richterrecht.

1465 Neben der **Individualisierungsfunktion** der Sozialauswahl, nämlich den infolge dringender betrieblicher Erfordernisse zu kündigenden Arbeitnehmer namhaft zu machen, kommt ihr die weitere Funktion zu, die sozial nachrangigen, weil schutzbedürftigen Arbeitnehmer vor einer betriebsbedingten Kündigung zu schützen. Ihre Kündigung ist nämlich sozial ungerechtfertigt, solange ein vergleichbarer Arbeitnehmer im Betrieb vorhanden ist, der sozial vorrangig, also weniger schutzbedürftig ist als sie selbst es sind (MünchArbR/*Berkowsky* § 139 Rz. 7; APS/*Kiel* § 1 KSchG Rz. 703 ff.).

bb) Ausnahme bestimmter Arbeitnehmer von der Sozialauswahl

1466
> Eine Sozialauswahl erfolgt ausnahmsweise nicht, soweit betriebstechnische, wirtschaftliche oder sonstige berechtigte betriebliche Bedürfnisse die Weiterbeschäftigung eines oder mehrerer bestimmter Arbeitnehmer bedingten und damit der Auswahl nach sozialen Gesichtspunkten entgegenstehen (§ 1 Abs. 3 S. 2 KSchG; APS/*Kiel* § 1 KSchG Rz. 734 ff.).

D. Die Beendigung des Arbeitsverhältnisses

(1) Betriebstechnische Bedürfnisse
Betriebstechnische Bedürfnisse sind Umstände, die **aus Gründen der Aufrechterhal-** 1467
**tung der technischen Arbeitsabläufe des Betriebes die Weiterbeschäftigung des
konkreten Arbeitnehmers notwendig machen** (zur Regelung ab dem 1.10.1996
bis zum 31.12.1998 s. u. D/Rz. 1565 ff.).
Erforderlich ist, dass die technischen Abläufe nicht störungsfrei gesichert werden
können, wenn der betreffende Arbeitnehmer nicht mehr im Betrieb beschäftigt ist
(MünchArbR/*Berkowsky* § 139 Rz. 40 f.; APS/*Kiel* § 1 KSchG Rz. 740 ff.).

(2) Wirtschaftliche Bedürfnisse

Wirtschaftliche Bedürfnisse stellen insbesondere solche Umstände dar, die es not- 1468
wendig machen, im Interesse einer erfolgreichen Verbesserung der Ertragslage des
Betriebes bestimmte, d. h. i. d. R. leistungsstärkere, besser qualifizierte oder vielfältiger einsetzbare Arbeitnehmer weiterzubeschäftigen.

Dabei ist die jeweilige wirtschaftliche Lage des Betriebes zu beachten. Bei einer guten 1469
Ertragslage des Betriebes sind daher strengere Maßstäbe an das Vorliegen von berechtigten wirtschaftlichen Bedürfnissen zu stellen als bei einem Betrieb, der sich beispielsweise aufgrund Auftragsmangels in der Verlustzone befindet. Insbesondere
bei der zuletzt genannten Fallvariante können auch **erhebliche Leistungsunterschiede** das Weiterbeschäftigungsbedürfnis bestimmter Arbeitnehmer bedingen
(vgl. BAG 24.3.1983 EzA § 1 KSchG Betriebsbedingte Kündigung Nr. 21).

(3) Krankheitsanfälligkeit
In betrieblichen Krisensituationen kann dabei auch eine erheblich geringere Krank- 1470
heitsanfälligkeit bestimmter Arbeitnehmer ein berechtigtes wirtschaftliches Bedürfnis für deren Weiterbeschäftigung darstellen.

Nach der Rechtsprechung des *BAG* (24.3.1983 EzA § 1 KSchG Betriebsbedingte
Kündigung Nr. 21; ebenso APS/*Kiel* § 1 KSchG Rz 747; KDZ/*Kittner* § 1 KSchG
Rz. 493) gilt dies jedoch nur dann, wenn bei den krankheitsanfälligen Arbeitnehmern die Voraussetzungen vorliegen, die an die soziale Rechtfertigung der krankheitsbedingten Kündigung zu stellen sind.

Demgegenüber geht es nach Auffassung von *Etzel* (KR § 1 KSchG Rz. 676; ebenso *von* 1471
Hoyningen-Huene NZA 1994, 1010) nicht um ein dringendes betriebliches Erfordernis für eine Kündigung, das ohnehin gegeben ist, sondern nur um berechtigte betriebliche Bedürfnisse im Rahmen einer Auswahlentscheidung. Deshalb sind **keine derart
strengen Anforderungen** zu stellen. Es ist im Einzelfall aufgrund einer Prognose zu
prüfen, ob die erhöhte Krankheitsanfälligkeit eines an sich sozial schutzwürdigeren
Arbeitnehmers die Weiterbeschäftigung eines sozial stärkeren Arbeitnehmers aus
überwiegenden betriebstechnischen (z. B. Spezialberufen), wirtschaftlichen (z. B.
bei Existenzgefährdung des Arbeitgebers) oder berechtigten betrieblichen (z. B. Störung des Arbeitsablauf) Bedürfnissen bedingt.
Dies ist nur dann anzuerkennen, wenn eine objektiv begründete **Wiederholungsgefahr** bezüglich der Krankheiten besteht.

D. Die Beendigung des Arbeitsverhältnisses

(4) Berechtigte betriebliche Bedürfnisse

aaa) Aufrechterhaltung eines geordneten Betriebsablaufs

1472 Berechtigte betriebliche Bedürfnisse sind unternehmerische Belange, die im konkreten Fall der sozialen Auswahl eines bestimmten Arbeitnehmers entgegenstehen können.

In Betracht kommen insbesondere solche **Umstände, die sich auf die Aufrechterhaltung eines geordneten Betriebsablaufs beziehen.** Dazu gehören z. B. eine im Interesse des Betriebes notwendige **vielseitige Verwendbarkeit, eine erhöhte Kooperationsbereitschaft** (z. B. bei Teamaufgaben) bestimmter Arbeitnehmer, die Einplanung eines Arbeitnehmers für künftige Führungsaufgaben sowie **besondere Qualifikationen** wie Sprachen, Fachkenntnisse u. a. (*von Hoyningen-Huene* NZA 1994, 1015; APS/*Kiel* § 1 KSchG Rz. 740).

bbb) Persönliche Verbindungen

1473 Auch persönliche Verbindungen zu bestimmten Großkunden oder Lieferanten können u. U. ein berechtigtes betriebliches Bedürfnis für die Weiterbeschäftigung eines sozial stärkeren Arbeitnehmers darstellen (APS/*Kiel* § 1 KSchG Rz. 744).

ccc) Leistungsunterschiede

1474 Leistungsunterschiede können nur berücksichtigt werden, wenn sie so erheblich sind, dass auf den leistungsstärkeren Arbeitnehmer im Interesse eines geordneten Betriebsablaufs nicht verzichtet werden kann (*BAG* 18.10.1984 EzA § 1 KSchG Betriebsbedingte Kündigung Nr. 33).

Nicht erforderlich ist in diesem Zusammenhang, dass sich der Betrieb in einer Zwangslage befindet. Es reicht aus, dass die Beschäftigung eines weniger schutzbedürftigen Arbeitnehmers erforderlich ist (*BAG* 24.3.1983 EzA § 1 KSchG Betriebsbedingte Kündigung Nr. 21; APS/*Kiel* § 1 KSchG Rz. 737).

ddd) Ausgewogene Altersstruktur

1475 Fraglich ist, ob insbesondere bei Massenentlassungen die Erhaltung einer ausgewogenen Altersstruktur der Belegschaft, die für den normalen Betriebsablauf erforderlich ist, als berechtigtes betriebliches Bedürfnis anzuerkennen ist (dafür *Hueck/von Hoyningen-Huene* § 1 Rz. 476; APS/*Kiel* § 1 KSchG Rz. 749 ff.; *Bauer/Lingemann* NZA 1993, 628; *Bitter/Kiel* RdA 1994, 357; *Hanau* DB 1992, 2632; dagegen *LAG Hamm* 29.6.1995 BB 1995, 2661; KDZ/*Kittner* § 1 KSchG Rz. 495 a; *Holthöver/Rolfs* DB 1995, 1078). **Die soziale Auswahl erfolgt dann bezogen auf die jeweilige Untergruppe.** Die Altersgruppen müssen jeweils anhand abstrakter Kriterien sachgerecht gebildet werden. Daran fehlt es, wenn Anhaltspunkte die Annahme eines zielgerichteten Eingriffs zur Kündigung bestimmter unliebsamer Arbeitnehmer rechtfertigen (*Hueck/von Hoyningen-Huene* § 1 Rz. 479 e; APS/Kiel § 1 KSchG Rz. 750).

1476 Im übrigen hängt es von der **Art der im Betrieb geschuldeten Tätigkeiten** ab, in welchem Umfang ein schutzwertes betriebliches Interesse an einer ausgewogenen Altersstruktur besteht und wie die Altersgruppen zu bilden sind. In der Gruppe vergleichbarer gewerblicher Arbeitnehmer mit einfachen Tätigkeiten hat der Arbeitgeber ein Interesse an der Beschäftigung jüngerer Arbeitnehmer, weil diese

D. Die Beendigung des Arbeitsverhältnisses

i. d. R. körperlich leistungsstärker und weniger krankheitsanfällig sind. In der Gruppe vergleichbarer Mitarbeiter mit qualifizierten Tätigkeiten (z. B. Meistern, technischen oder kaufmännischen Angestellten) treten diese Gesichtspunkte in den Hintergrund. Hier beruht das betriebliche Interesse an einer ausgewogenen Altersstruktur darauf, betriebliche Erfahrungen in einem kontinuierlichen Prozess an jüngere Arbeitnehmer weiterzugeben und gleichzeitig die mit einem aktuelleren Ausbildungsstand verbundenen neuen Ideen im Betrieb zu nutzen. Eine Überalterung der Belegschaft führt dazu, dass in kurzer Zeit eine Reihe von Arbeitnehmern ausscheiden und bei der Neubesetzung einer Reihe von Stellen betriebliches Erfahrungswissen nicht kontinuierlich an die nachfolgende Generation weitergegeben werden kann (APS/*Kiel* § 1 KSchG Rz. 750).

Die Aufrechterhaltung der bisherigen Altersstruktur ist andererseits aber allenfalls dann ein die Sozialauswahl verdrängendes berechtigtes betriebliches Bedürfnis i. S. d. § 1 Abs. 3 S. 2 KSchG (a. F. seit 1.1.1999 wiederum n. F.), wenn bei einer an den Kriterien des § 1 Abs. 3 S. 1 KSchG orientierten Sozialauswahl, die insbesondere Unterhaltsverpflichtungen jüngerer Arbeitnehmer zu Lasten des Lebensalters stärker gewichtet, der Altersaufbau zugunsten der älteren so verschoben würde, dass hierdurch **der geordnete Betriebsablauf in einer im einzelnen darzulegenden Weise gefährdet würde** (*LAG Sachsen-Anhalt* 13.5.1998 – 3 Sa 694/97 –). Keinesfalls handelt es sich um ein Kriterium, das es dem Arbeitgeber im Falle einer betriebsbedingten Kündigung erlaubt, die Auswahl der zu kündigenden Arbeitnehmer auf abstrakt gebildete Altersgruppen zu beschränken (*ArbG Cottbus* 25.4.2001 NZA-RR 2001, 589). 1477

Auch kann die Herstellung einer gesunden Altersstruktur, also die Veränderung der bisherigen Altersstruktur, nicht als berechtigtes betriebliches Bedürfnis anerkannt werden, weil diese auf eine (möglicherweise verfehlte) Einstellungspolitik des Arbeitgebers zurückzuführen ist, die er nicht nachträglich zu Lasten der Arbeitnehmer korrigieren kann. Insoweit handelt es sich um reine Nützlichkeitserwägungen, denen er im Rahmen der normalen Fluktuation Rechnung tragen kann (KR-*Etzel* § 1 KSchG Rz. 678; APS/*Kiel* § 1 KSchG Rz. 753; **a. A.** *Stindt* DB 1983, 1363). Reine Nützlichkeitserwägungen reichen aber für ein berechtigtes betriebliches Bedürfnis, das der Sozialauswahl entgegenstehen könnte, nicht aus (*BAG* 24.3.1983 EzA § 1 KSchG Betriebsbedingte Kündigung Nr. 21). 1478

(5) Darlegungs- und Beweislast

Darlegungs- und beweispflichtig für das Vorliegen von betriebstechnischen, wirtschaftlichen oder sonstigen berechtigten betrieblichen Bedürfnissen ist der **Arbeitgeber** (*BAG* 25.4.1985 EzA § 1 KSchG Betriebsbedingte Kündigung Nr. 35), dies gilt auch für die Voraussetzungen für die Ausnahme bestimmter Arbeitnehmer aus der Sozialauswahl. 1479

Schlagwortartige Angaben (z. B. die Bezeichnung einer vergleichbaren Arbeitnehmerin als »Spitzenkraft« oder der pauschale Hinweis auf unterschiedliche Krankheitsquoten ohne Darlegung der betriebstechnischen, wirtschaftlichen oder betrieblichen Auswirkungen von zukünftig zu erwartenden Krankheitsfällen) reichen für einen substantiierten Sachvortrag nicht aus.

D. Die Beendigung des Arbeitsverhältnisses

1480 Bei **Massenkündigungen** (z. B. im Zusammenhang mit der Stilllegung von Betriebsabteilungen) können zwar die mit einer sozialen Auswahl bei einer Massenkündigung verbundenen Schwierigkeiten berechtigte betriebliche Bedürfnisse i. S. v. § 1 Abs. 3 S. 2 KSchG sein. Diese Schwierigkeiten erlauben es dem Arbeitgeber aber nicht, völlig von einer Auswahl nach sozialen Gesichtspunkten abzusehen.

1481 Er muss vielmehr darlegen und ggf. unter Beweis stellen, dass der Austausch einer bestimmten Anzahl von Arbeitnehmern zwischen verschiedenen Betriebsabteilungen möglich ist, ohne dass der ordnungsgemäße Betriebsablauf gestört wird. Auf diese Zahl von Arbeitnehmern beschränkt sich dann die soziale Auswahl (*BAG* 25.4.1985 EzA § 1 KSchG Betriebsbedingte Kündigung Nr. 35; vgl. APS/*Kiel* § 1 KSchG Rz. 780 ff.).

b) Vergleichbarkeit der Arbeitnehmer

aa) Arbeitsplatzbezogene Merkmale; Austauschbarkeit

1482 Die Vergleichbarkeit der in die soziale Auswahl einzubeziehenden Arbeitnehmer richtet sich in erster Linie nach **arbeitsplatzbezogenen Merkmalen und damit nach der ausgeübten Tätigkeit** (*BAG* 7.2.1985 EzA § 1 KSchG Soziale Auswahl Nr. 20).

> Es ist zu prüfen, ob der Arbeitnehmer, dessen Arbeitsplatz weggefallen ist, die Funktion eines anderen Arbeitnehmers wahrnehmen kann.

(1) Horizontale Vergleichbarkeit

1483 Das ist nicht nur bei Identität des Arbeitsplatzes, sondern auch dann der Fall, wenn der Arbeitnehmer aufgrund seiner Fähigkeiten und Ausbildung eine andersartige, aber gleichwertige Tätigkeit ausführen kann.
Der Vergleich vollzieht sich **auf derselben Ebene der Betriebshierarchie,** auf der der bisher innegehabte Arbeitsplatz seinem Arbeitsvertrag entsprechend angesiedelt war (sog. horizontale Vergleichbarkeit [*BAG* 4.2.1993 Rz. I 5 d Nr. 31; KR-*Etzel* § 1 KSchG Rz. 623 f. m. w. N.; APS/*Kiel* § 1 KSchG Rz. 672 ff.]).

(2) (Teil-)Identität der Aufgabenbereiche

1484 Bei **völliger Identität der Aufgabenbereiche** (z. B. in dem Fall der Stilllegung einer mehrfach im Betrieb vorhandenen Maschine) spielen wegen der uneingeschränkt bestehenden Austauschbarkeit qualifikationsbezogene Merkmale bei der Bestimmung des auswahlrelevanten Personenkreises keine Rolle (KR-*Etzel* 5. Aufl. § 1 KSchG Rz. 567). Bei einer nur **partiellen Identität der Aufgabenbereiche,** die durch eine funktionsbezogene Betrachtungsweise festzustellen ist, bedarf es darüber hinaus der Prüfung, ob die unmittelbar von einer betrieblichen Maßnahme oder von außerbetrieblichen Faktoren betroffenen, d. h. freigesetzten Arbeitnehmer mit solchen Arbeitnehmern, die im Betrieb eine vergleichbare Aufgabenstellung innehaben, ausgetauscht werden können (sog. subjektive Ebene).

1485 Insoweit kann einem aktuellen Stand von Fertigkeiten und Kenntnissen z. B. dann eine erhebliche Bedeutung zukommen, wenn der betroffene Arbeitnehmer sich die benötigten Kenntnisse nach seiner eigenen Einschätzung erst innerhalb eines Zeitraums von **drei Monaten** aneignen müsste.

Das *BAG* (5.5.1994 EzA § 1 KSchG Soziale Auswahl Nr. 31) geht davon aus, dass eine alsbaldige Substituierbarkeit gefordert ist, die bei diesem Zeitraum nicht gegeben ist. Andernfalls würde der aus dem Begriff »Auswahl« abgeleitete Begriff der Austauschbarkeit überdehnt.

(3) Wegfall des Aufgabenbereichs
Eine wechselseitige Austauschbarkeit ist in dem zuletzt genannten Fall nicht erforderlich, soweit der Aufgabenbereich des freigesetzten Arbeitnehmers völlig weggefallen ist. 1486
Es kommt dann vielmehr darauf an, ob derjenige Arbeitnehmer, dessen Arbeitsplatz aus betriebsbedingten Gründen ganz oder teilweise zum Fortfall gekommen ist, **aufgrund seiner beruflichen Qualifikation sowie aufgrund seiner seitherigen Tätigkeiten im Betrieb dazu in der Lage ist, die andersartige, aber gleichwertige Arbeit von anderen Arbeitnehmern auszuüben** (BAG 29.3.1990 EzA § 1 KSchG Soziale Auswahl Nr. 29). Zu berücksichtigen sind individuelle berufliche Kenntnisse und Fähigkeiten, Leistungsfähigkeiten und -bereitschaft (vgl. *Gaul* NZA 1992, 673).
Dagegen hat der arbeitsplatzbezogene **Routinevorsprung außer Betracht** zu bleiben. 1487
Allerdings muss der Arbeitnehmer, dessen Arbeitsplatz weggefallen ist, aufgrund seiner Fähigkeiten und betrieblichen Erfahrungen nach einer **kurzen Einarbeitungszeit** in der Lage sein, die für einen fortbestehenden Arbeitsplatz geforderte Tätigkeit auszuüben. Welcher Zeitraum dem Arbeitnehmer im Rahmen der Vergleichbarkeitsprüfung zuzubilligen ist, hängt von den Umständen des Einzelfalles ab. Als **äußerste Grenze** wird die **Probezeit** angesehen (vgl. *Färber* NZA 1985, 176).

Wurde einem Arbeitnehmer unter Abänderung seines Arbeitsvertrages die Leitung eines konkreten Aufgabenbereichs übertragen und kündigt der Arbeitgeber später betriebsbedingt, weil dieser Aufgabenbereich wegfällt, so sind die ehemals vergleichbaren, ohne Leitungsfunktion in anderen Abteilungsbereichen beschäftigten Arbeitnehmer i. d. R. nicht in die soziale Auswahl einzubeziehen (*BAG* 17.9.1998 EzA § 1 KSchG Soziale Auswahl Nr. 36; vgl. dazu *Langenbucher* SAE 1999, 170 ff.; *Feudner* DB 1999, 2566 ff.). 1488
Kann ein Arbeitnehmer nach dem Arbeitsvertrag **nur innerhalb eines bestimmten Arbeitsbereichs versetzt werden** (z. B. eine Layouterin/Redakteurin nur innerhalb der Redaktion ihrer Zeitschrift), so ist bei einer wegen Wegfalls dieses Arbeitsbereichs erforderlichen betriebsbedingten Kündigung **keine Sozialauswahl unter Einbeziehung der vom Tätigkeitsfeld vergleichbaren Arbeitnehmer anderer Arbeitsbereiche** (z. B. Redaktionen anderer Zeitschriften des Verlages) **vorzunehmen** (*BAG* 17.2.2000 EzA § 1 KSchG Soziale Auswahl Nr. 43).

bb) Grundsatz der Betriebs-, Dienststellenbezogenheit der Sozialauswahl; Ausnahmen
Da der konkrete Arbeitsplatz eine Funktion des Betriebes, zu dem er gehört, ist, nicht jedoch eine solche des Unternehmens, bezieht sich die Sozialauswahl auch (nur) auf den Betrieb, der vom Wegfall des Arbeitsplatzes betroffen ist, nicht auf das gesamte Unternehmen. Die Sozialauswahl erfolgt daher **betriebsbezogen** (krit. *Berkowsky* NZA 1996, 290; APS/*Kiel* § 1 KSchG Rz. 663 ff.). **Betriebsteile**, die wegen ihrer räumlich weiten Entfernung vom Hauptbetrieb nach § 4 S. 1 Nr. 1 BetrVG als selbststän- 1489

D. Die Beendigung des Arbeitsverhältnisses

dige Betriebe gelten und für die ein eigener Betriebsrat besteht, bilden i. S. d. KSchG einen **einheitlichen Betrieb mit dem Hauptbetrieb**, wenn dort **sämtliche Leitungsbefugnisse** in personeller und sozialer Hinsicht liegen. In diesem Fall ist die **Sozialauswahl** auf die Arbeitnehmer **beider Betriebsstätten** zu erstrecken (LAG Sachsen-Anhalt 11.1.2000 NZA-RR 2001, 81). Der Arbeitgeber des **öffentlichen Dienstes** muss die Sozialauswahl auf sämtliche Arbeitnehmer der Dienststelle als Einheit der Organisation, die insbesondere durch einen **einheitlichen Leitungsapparat** gekennzeichnet wird (z. B. die Oberfinanzdirektion), erstrecken und kann sie **nicht auf einzelne Abteilungen beschränken** (LAG Baden-Württemberg 30.9.1998 NZA-RR 1999, 302).

Auf die Arbeitsplätze anderer Betriebe des Unternehmens sowie auf Konzernunternehmen finden die Grundsätze der sozialen Auswahl keine Anwendung. **§ 1 Abs. 3 KSchG ist daher z. B. nicht anwendbar, wenn Arbeitnehmer eines stillgelegten Betriebes auf freie Arbeitsplätze anderer Konzernunternehmen vermittelt werden** (BAG 14.10.1982 EzA § 15 KSchG n. F. Nr. 29; 22.5.1986 EzA § 1 KSchG Soziale Auswahl Nr. 22; vgl. dazu Kukat BB 2000, 1242 ff.).

1490 Fallen jedoch in verschiedenen Betrieben eines Unternehmens Arbeitsplätze weg, und ist die Weiterbeschäftigung nur eines Arbeitnehmers auf einem freien Arbeitsplatz in einem dieser Betriebe möglich, so hat der Arbeitgeber bei der Besetzung dieses freien Arbeitsplatzes die sozialen Belange der betroffenen Arbeitnehmer zumindest nach § 315 BGB mit zu berücksichtigen (BAG 15.12.1994 EzA § 1 KSchG Betriebsbedingte Kündigung Nr. 76; 21.9.2000 EzA § 1 KSchG Betriebsbedingte Kündigung Nr. 107; krit. Schiefer NZA 1995, 662 ff. für eine analoge Anwendung von § 1 Abs. 3 KSchG Preis NZA 1997, 1081; das BAG (21.9.2000 EzA § 1 KSchG Betriebsbedingte Kündigung Nr. 107) hat sich zuletzt auf »§ 315 BGB bzw. § 1 Abs. 3 KSchG« gestützt; vgl. dazu Joussen SAE 2001, 261 ff.).

1491 Ob der Arbeitgeber bei einer derartigen Konkurrenz der Weiterbeschäftigungsansprüche von Arbeitnehmern verschiedener Betriebe des Unternehmens nach § 1 Abs. 2 S. 2 Nr. 1 b KSchG eine Sozialauswahl entsprechend § 1 Abs. 3 KSchG vorzunehmen hat, hat das BAG (15.12.1994 EzA § 1 KSchG Betriebsbedingte Kündigung Nr. 76; 21.9.2000 EzA § 1 KSchG Betriebsbedingte Kündigung Nr. 107) offen gelassen (dafür LAG Düsseldorf 9.7.1993 LAGE § 1 KSchG Soziale Auswahl Nr. 12; ErfK/ Ascheid 1 KSchG Rz. 481, 818; Berkowsky NJW 1996, 295; Bitter/Kiel RdA 1994, 351; APS/Kiel § 1 KSchG Rz. 640 ff.).

1492 Das LAG Köln (15.8.1996 NZA 1997, 887) ist davon ausgegangen, dass dann, wenn in einem Betrieb aus betrieblichen Gründen ein Arbeitsplatz wegfällt und der Arbeitgeber arbeitsvertraglich den vom Wegfall des Arbeitsplatzes betroffenen Arbeitnehmer ebenso wie einen mit diesem vergleichbaren Arbeitnehmer in einen anderen Betrieb versetzen kann, bei der Versetzungsentscheidung die Grundsätze einer sozialen Auswahl jedenfalls **entsprechend § 315 BGB** zu berücksichtigen sind.

1493 Die Sozialauswahl hat zumindest dann betriebsübergreifend zu erfolgen, wenn mehrere Unternehmen einen Gemeinschaftsbetrieb unterhalten (BAG 13.6.1985 EzA § 1 KSchG Nr. 41, 5.5.1994 EzA § 1 KSchG Soziale Auswahl Nr. 31; vgl. auch LAG Köln 19.6.1998 LAGE § 1 KSchG Soziale Auswahl Nr. 55). Wird andererseits **ein von mehreren Unternehmen unterhaltener Betrieb** endgültig eingestellt, so erstreckt sich die Sozialauswahl bei einer betriebsbedingten Kündigung von im Gemeinschaftsbetrieb beschäftigten Arbeitnehmern nicht auf die Arbeitnehmer der beteiligten Unternehmen (*LAG Köln* 26.2.1998 NZA-RR 1999, 27).

Ein ausnahmsweise kündigungsrechtlich relevanter **Konzernbezug** ist im Übrigen aber nicht bereits dann anzunehmen, wenn Arbeitnehmer in einem Konzernunternehmen, ohne versetzt oder abgeordnet zu werden, bestimmten fachlichen Weisungen durch ein anderes Konzernunternehmen unterstellt werden und dadurch noch kein Vertrauenstatbestand begründet wird, der einem vereinbarten oder in der Vertragsabwicklung konkludent durchgeführten Versetzungsvorbehalt gleichgestellt werden kann (*BAG* 27.11.1991 EzA § 1 KSchG Betriebsbedingte Kündigung Nr. 72; vgl. dazu *Kukat* BB 2000, 1242 ff.; s. o. D/Rz. 1460 ff.).

cc) **Umgestaltung des Arbeitsablaufs i. V. m. verringerten Beschäftigungsmöglichkeiten**

Gestaltet der Arbeitgeber den Arbeitsablauf um und verlagert bestimmte Arbeiten in eine andere Betriebsabteilung unter gleichzeitiger Verringerung der Anzahl der Beschäftigungsmöglichkeiten, so hat er zwischen den betroffenen Arbeitnehmern, die nach der Umgestaltung des Arbeitsablaufs für eine Weiterbeschäftigung persönlich und fachlich geeignet sind, eine Sozialauswahl nach den Grundsätzen des § 1 Abs. 3 KSchG vorzunehmen. 1494

Die danach erforderliche Sozialauswahl kann der Arbeitgeber nicht dadurch umgehen, dass er zuerst die verbleibenden Arbeitsplätze ohne Beachtung sozialer Gesichtspunkte besetzt und danach den nicht übernommenen Arbeitnehmern kündigt. 1495
Diese Grundsätze gelten auch bei einer Verlagerung von Arbeiten in einen anderen Betrieb des Unternehmens (§ 1 Abs. 2 Nr. 1 b KSchG; *BAG* 10.11.1994 EzA § 1 KSchG Betriebsbedingte Kündigung Nr. 77; krit. *Schiefer* NZA 1995, 667 ff.).

Verlagert der Arbeitgeber Beschäftigungsmöglichkeiten von einem Betrieb des Unternehmens in einen anderen, so genießt das Arbeitsverhältnis des bisherigen Arbeitsplatzinhabers auch dann Bestandsschutz gem. § 1 Abs. 2, 3 KSchG, wenn die Arbeit höher vergütet wird, sofern sie nur dieselbe oder zumindest ganz überwiegend gleich geblieben ist (*BAG* 5.10.1995 EzA § 1 KSchG Betriebsbedingte Kündigung Nr. 82; s. o. D/Rz. 1400). 1496

dd) **Vertikale Vergleichbarkeit?**
Der Grundsatz der Vergleichbarkeit auf derselben hierarchischen Ebene gilt jedoch u. U. nicht uneingeschränkt.
Zwar ist der Arbeitgeber nicht verpflichtet, von vornherein und ohne entsprechende Erklärung des Arbeitnehmers auch einen anderen Arbeitnehmer mit geringer wertiger Tätigkeit in die soziale Auswahl mit einzubeziehen. 1497

(1) **Bereitschaft des Arbeitnehmers zur Weiterbeschäftigung zu schlechteren Arbeitsbedingungen**
Fraglich ist aber, ob etwas anderes dann gilt, **wenn der betroffene Arbeitnehmer bereit ist, auch zu schlechteren Bedingungen das Arbeitsverhältnis fortzusetzen** (vgl. 1498

D. Die Beendigung des Arbeitsverhältnisses

BAG 7.2.1985 NZA 1986, 260). Zweifelhaft ist insoweit zunächst, ob eine entsprechende Erklärung des Arbeitnehmers vor Ausspruch der Kündigung erfolgen muss, oder auch noch danach erfolgen kann.

Zu beachten ist, dass dieser Fall der sog. vertikalen Vergleichbarkeit hinsichtlich der rechtlichen Beurteilung **zu unterscheiden ist von dem Fall, dass der Arbeitnehmer im Kündigungsschutzprozess geltend macht, es stehe ein freier, wenn auch schlechter bezahlter Arbeitsplatz im Betrieb des Arbeitgebers zur Verfügung.**

1499 Trifft dies tatsächlich zu, dann muss der Arbeitgeber nach dem Grundsatz der Verhältnismäßigkeit vor jeder ordentlichen Beendigungskündigung von sich aus dem Arbeitnehmer eine beiden Parteien zumutbare Weiterbeschäftigung auf einem freien Arbeitsplatz auch zu geänderten Arbeitsbedingungen anbieten. Andernfalls ist die Beendigungskündigung grds. nicht betriebsbedingt i. S. d. § 1 Abs. 2 S. 1 KSchG, wenn der Arbeitnehmer einem vor der Kündigung unterbreiteten Vorschlag zunächst unter Vorbehalt zugestimmt hätte. Insoweit handelt es sich also nicht um eine Frage der ordnungsgemäßen sozialen Auswahl.

1500 Wird demgegenüber von der Pflicht des Arbeitgebers ausgegangen, bei entsprechender Bereitschaft des Arbeitnehmers, der wegen Wegfalls der Beschäftigungsmöglichkeit in seinem bisherigen Betrieb an sich auch nach sozialen Gesichtspunkten entlassen werden müsste, einem zu anderen Bedingungen beschäftigten Arbeitnehmer zu kündigen, dann liegt für diesen Arbeitnehmer unmittelbar kein betriebsbedingter Kündigungsgrund vor. Er wird vielmehr erst durch die Möglichkeit geschaffen, seinen Arbeitsplatz für den unmittelbar von den betrieblichen Umständen betroffenen Arbeitnehmer freizumachen.

(2) Rechtsprechung des BAG

1501 Das *BAG* (7.2.1985 EzA § 1 KSchG Soziale Auswahl Nr. 20) hat zunächst offen gelassen, ob der Arbeitgeber im Rahmen der sozialen Auswahl verpflichtet ist, von sich aus einem sozial schlechter gestellten Arbeitnehmer die Weiterbeschäftigung zu geänderten (verschlechterten) Bedingungen anzubieten, um für ihn durch die Kündigung eines sozial weniger schutzwürdigen Arbeitnehmers einen Arbeitsplatz freizumachen, wenn der Arbeitnehmer vor oder unmittelbar nach der Kündigung sich zu einer solchen Weiterbeschäftigung bereit erklärt.

Für den Fall, dass eine solche **Erklärung nicht vorliegt, hat es dies abgelehnt,** weil sich mit einer derartigen vertikalen Vergleichbarkeit für den Arbeitgeber **zusätzliche Schwierigkeiten** ergeben. Denn er muss dann dem Arbeitnehmer, dessen Arbeitsplatz freigemacht werden soll, kündigen und u. U. mit diesem einen Kündigungsschutzprozess führen.

1502 Geht man weiter davon aus, dass der ursprünglich zur Kündigung anstehende Arbeitnehmer die angebotene Vertragsänderung unter Vorbehalt gem. § 2 KSchG annehmen kann, so kann sich der Arbeitgeber zur **Durchführung zweier Prozesse** gezwungen sehen.

Nimmt der unmittelbar Betroffene eine höherrangige Stelle in der Betriebshierarchie ein, so könnte es zudem zu einem **Verdrängungswettbewerb** nach unten und einer Mehrzahl von Kündigungsschutzprozessen kommen. Denn konsequenterweise muss dann auch weiteren betroffenen Arbeitnehmern das Recht eingeräumt werden, vom Arbeitgeber die Weiterbeschäftigung auf einem geringer wertigen, von einem sozial weniger schutzwürdigen Arbeitnehmer besetzten Arbeitsplatz zu fordern.

Inzwischen hat das *BAG* (4.2.1993 Rz. I 5 d Nr. 31; 29.3.1990 EzA § 1 KSchG Soziale Auswahl Nr. 29) die Frage insgesamt, also auch nach erklärtem Einverständnis des Arbeitnehmers verneint. 1503
Danach scheidet eine Vergleichbarkeit von Arbeitsplätzen in allen Fällen aus, in denen eine anderweitige Beschäftigung nur aufgrund einer Änderung der Arbeitsbedingungen und damit nur durch Vertrag oder Änderungskündigung in Betracht kommt, gleichgültig ob eine Weiterbeschäftigung zu schlechteren oder zu besseren Arbeitsbedingungen möglich ist.

Gegen die Anerkennung einer sog. vertikalen Vergleichbarkeit spricht vor allem, dass sie zur **Bestandsschutzgefährdung von Arbeitsverhältnissen führt, die nicht unmittelbar von außer- oder innerbetrieblichen Gründen betroffen sind** (KR-*Etzel* § 1 KSchG Rz. 623 f.). 1504
Der Arbeitgeber ist deshalb bei Wegfall des bisherigen Aufgabengebietes eines Arbeitnehmers auch nicht gehalten, ihm zur Vermeidung einer Beendigungskündigung eine freie »Beförderungsstelle« anzubieten.
Er ist auch nicht gem. § 1 Abs. 3 S. 1 KSchG verpflichtet, einem sozial schutzwürdigeren Arbeitnehmer eine Weiterbeschäftigung zu geänderten (günstigeren oder ungünstigeren) Arbeitsbedingungen anzubieten, um für ihn durch Kündigung eines anderen sozial besser gestellten Arbeitnehmers, mit dem der Gekündigte erst durch die Vertragsänderung vergleichbar wird, eine Beschäftigungsmöglichkeit zu schaffen (*BAG* 29.3.1990 EzA § 1 KSchG Soziale Auswahl Nr. 29; für eine vertikale Vergleichbarkeit bei einer Bereitschaft des zu kündigenden Arbeitnehmers, zu geänderten Arbeitsbedingungen weiterzuarbeiten, dagegen *Schaub* NZA 1987, 221). 1505

ee) Ordentlich »unkündbare« Arbeitnehmer
Fraglich ist, ob trotz an sich bestehender Vergleichbarkeit bei einer Sozialauswahl diejenigen Arbeitnehmer nicht einbezogen werden, **bei denen eine ordentliche Arbeitgeberkündigung** durch Gesetz, Tarifvertrag oder Einzelarbeitsvertrag **ausgeschlossen ist** (vgl. APS/*Kiel* § 1 KSchG Rz. 691 ff.). 1506

(1) Gesetzlicher Ausschluss der ordentlichen Kündigung
Normiert ein **Gesetz** einen besonderen Kündigungsschutz, in dem die ordentliche Kündigung schlechthin ausgeschlossen ist (z. B. § 15 KSchG), so ist davon auszugehen dass diese Arbeitnehmer in die Sozialauswahl **von vornherein nicht einzubeziehen** sind. 1507
Denn sie sind, da im Ergebnis nicht kündbar, mit kündbaren Arbeitnehmern nicht vergleichbar (*BAG* 8.8.1985 EzA § 1 KSchG Soziale Auswahl Nr. 21).

(2) Zustimmungserfordernis von Behörden
Fraglich ist die Rechtslage bei Arbeitnehmern, deren Kündbarkeit nicht schlechthin ausgeschlossen ist, sondern von der **Zustimmung eines Dritten,** insbesondere einer Behörde, abhängig ist (z. B. § 85 SGB IX, § 9 Abs. 3 MuSchG, § 18 BErzGG). 1508
Teilweise (KR-*Becker* 3. Aufl. § 1 KSchG Rz. 349) wird die Auffassung vertreten, dass diese Personen von der Sozialauswahl **auszuklammern** sind, es sei denn, dass die erforderliche Zustimmung vorliegt (zust. MünchArbR/*Berkowsky* § 139 Rz. 96).

D. Die Beendigung des Arbeitsverhältnisses

Teilweise (*Linck* Die soziale Auswahl bei betriebsbedingter Kündigung, 1990, S. 37) wird dagegen davon ausgegangen, dass diese Arbeitnehmer grds. in die Sozialauswahl **einzubeziehen** sind.

(3) Befristete Arbeitsverhältnisse

1509 Sind Arbeitnehmer befristet eingestellt, ohne dass die ordentliche Kündigungsmöglichkeit für die Laufzeit der Befristung ausdrücklich vorbehalten ist, sodass das Arbeitsverhältnis während dieser Zeit nicht ordentlich gekündigt werden kann, so sind sie **nicht** in die Sozialauswahl **einzubeziehen** (*BAG* 19.6.1980 EzA § 620 BGB Nr. 47; vgl. APS/*Kiel* § 1 KSchG Rz. 702).

(4) Tarif-, einzelvertraglicher Ausschluss der ordentlichen Kündigung

1510 Wohl überwiegend (*LAG Brandenburg* 29.10.1998 LAGE § 1 KSchG Soziale Auswahl Nr. 29 = NZA-RR 1999, 360; KR-*Etzel* § 1 KSchG Rz. 638; *Meisel* DB 1991, 94; *Weller* RdA 1986, 230; *Pauly* ArbuR 1999, 285 f.) wird die Auffassung vertreten, dass auch **tariflich »unkündbare« Arbeitnehmer mit den übrigen Arbeitnehmern des Betriebes nicht vergleichbar sind**. Denn diese Arbeitnehmer sind durch eine zu ihren Gunsten und deshalb zulässige Tarifnorm gegen jede ordentliche und damit auch gegen eine betriebsbedingte Kündigung durch den Arbeitgeber geschützt. Auch in einer **öffentlich-rechtlichen Vereinbarung** zwischen dem Arbeitgeber und einem Bundesland im Zusammenhang mit der Ausweitung eines Braunkohlentagebaus und einer bergrechtlichen Genehmigung, durch die die von der Ausbaggerung betroffenen Arbeitnehmer einen besonderen Kündigungsschutz erhalten, liegt nach Auffassung des *LAG Brandenburg* (29.10.1998 LAGE § 1 KSchG Soziale Auswahl Nr. 29) eine zulässige und wirksame Beschränkung des auswahlrelevanten Personenkreises nach § 1 Abs. 3 KSchG. Die gleichen Erwägungen gelten danach auch **für die einzelvertraglich vereinbarte ordentliche Unkündbarkeit** (*LAG Brandenburg* 29.10.1998 LAGE § 1 KSchG Soziale Auswahl Nr. 29).

1511 Darin liegt auch kein Verstoß gegen die zwingende Vorschrift des § 1 Abs. 3 KSchG (**a. A.** *Hueck/von Hoyningen-Huene* § 1 Rz. 456 ff.; *Ehler* BB 1994, 2068 ff.; *ArbG Cottbus* EzA § 1 KSchG Soziale Auswahl Nr. 44; vgl. dazu *Zwanziger* DB 2000, 2166 ff.), weil sich tarifliche und einzelvertragliche Kündigungsverbote nicht gegen andere Arbeitnehmer richten und deren Kündigungsschutz beschränken wollen (KR-*Etzel* § 1 KSchG Rz. 638).

Sollte im Einzelfall ein einzelvertragliches Kündigungsverbot allerdings mit dem Ziel vereinbart werden, den betreffenden Arbeitnehmer von der Sozialauswahl auszunehmen, z. B. unmittelbar vor einem geplanten Personalabbau, so wäre eine solche Vereinbarung wegen unzulässiger Umgehung des § 1 Abs. 3 KSchG unwirksam.

Davon abgesehen verfolgen tarifliche und einzelvertragliche Kündigungsverbote ausschließlich den Zweck, den Arbeitnehmer vor ordentlichen Kündigungen zu schützen. Dies sind vom Gesetz abweichende, zugunsten der Arbeitnehmer geltende Regelungen, die deshalb zulässig sind.

(5) Freigestellte Arbeitnehmer

1512 Ferner sind Arbeitnehmer, die im Zeitpunkt der Kündigung für längere Zeit von der Arbeit freigestellt sind (z. B. unbezahlter Sonderurlaub für ein Jahr), **nicht** in die soziale Auswahl **einzubeziehen**, da durch ihre Kündigung kein einziger besetzter Arbeitsplatz im Betrieb frei würde. Das gilt auch für Arbeitnehmer, die für eine Arbeitsgemeinschaft (z. B. im Baugewerbe) freigestellt sind (*BAG* 26.2.1987 EzA § 1 KSchG Soziale Auswahl Nr. 24; vgl. KR-*Etzel* § 1 KSchG Rz. 641; APS/*Kiel* § 1 KSchG Rz. 689).

D. Die Beendigung des Arbeitsverhältnisses

ff) Arbeitnehmer ohne Kündigungsschutz nach § 1 KSchG
Arbeitnehmer mit fehlendem oder eingeschränktem individuellen Kündigungsschutz sind dagegen in den auswahlrelevanten Personenkreis einzubeziehen. Zu der erstgenannten Gruppe zählen solche, denen mangels Zurücklegung der 6-monatigen Wartezeit des § 1 Abs. 1 KSchG kein allgemeiner Kündigungsschutz zusteht. 1513

Denn aus der gesetzgeberischen Wertung des § 1 Abs. 1 KSchG ergibt sich, dass diese Arbeitnehmer grds. – unabhängig von allen Sozialdaten – vorrangig vor den unter den allgemeinen Kündigungsschutz fallenden Arbeitnehmern zu entlassen sind, es sei denn, es liegen die Voraussetzungen des § 1 Abs. 3 S. 2 KSchG vor (*BAG* 25.4.1985 EzA § 1 KSchG Betriebsbedingte Kündigung Nr. 35 gegen *BAG* 20.1.1961 AP Nr. 7 zu § 1 KSchG Betriebsbedingte Kündigung; APS/*Kiel* § 1 KSchG Rz. 687 f.). 1514

gg) Leitende Angestellte; Teilzeitbeschäftigte
Die Verpflichtung zur sozialen Auswahl besteht auch gegenüber Leitenden Angestellten i. S. d. § 14 Abs. 2 KSchG sowie gegenüber Teilzeitarbeitnehmern. 1515

Fraglich ist die Rechtslage dann, wenn **sowohl Vollzeitarbeitsplätze als auch Teilzeitarbeitsplätze von den betriebsbedingten Gründen erfasst** werden. Wegen des Diskriminierungsverbots des § 4 Abs. 1 S. 1 TzBfG kann der Arbeitgeber die Teilzeitarbeitnehmer bei der sozialen Auswahl wegen ihrer Teilzeitarbeit gegenüber den vergleichbaren Vollzeitarbeitnehmern benachteiligen, indem er z. B. ausschließlich oder in einem **überproportionalen Verhältnis Teilzeitarbeitnehmer** auswählt. Liegen andererseits lediglich bei Teilzeitarbeitnehmern besondere Umstände vor, die sich auf die sozialen Auswahlkriterien auswirken, verstößt eine Berücksichtigung dieser Merkmale nicht gegen das Diskriminierungsverbot (GK-TzA/*Becker* § 2 BeschFG 1985 Rz. 265 f.; *Wank* ZIP 1986, 215). 1516

Bei der betriebsbedingten Kündigung eines Teilzeitarbeitnehmers sind in die Sozialauswahl nach Auffassung des *Hessischen LAG* (14.7.1997 LAGE § 1 KSchG Soziale Auswahl Nr. 23) jedenfalls dann auch **vollzeitbeschäftigte Arbeitnehmer** der gleichen betrieblichen Funktionsgruppe **einzubeziehen**, wenn und soweit der Teilzeitarbeitnehmer bei Kündigungsausspruch **vorbehaltlos bereit** ist, künftig einen **Vollzeitarbeitsplatz** zu übernehmen. Die fehlende Bereitschaft dazu hat danach der Arbeitgeber im Rechtsstreit darzulegen und im Streitfall zu beweisen. 1517

Demgegenüber hält es das *BAG* (3.12.1998 EzA § 1 KSchG Soziale Auswahl Nr. 37; 12.8.1999 EzA § 1 KSchG Soziale Auswahl Nr. 41; vgl. dazu APS/*Kiel* § 1 KSchG Rz. 681 ff.; *Bauer*/*Klein* BB 1999, 1162 ff.) für entscheidend, **wie sich die betriebliche Organisation gestaltet**: 1518
– Hat der Arbeitgeber eine **Organisationsentscheidung** getroffen, aufgrund derer bestimmte Arbeiten für Vollzeitkräfte vorgesehen sind, kann diese Entscheidung als sog. freie Unternehmerentscheidung nur darauf überprüft werden, ob sie offenbar unsachlich, unvernünftig oder willkürlich ist. Liegt danach eine bindende Unternehmerentscheidung vor, sind bei der Kündigung einer Teilzeitkraft die Vollzeitkräfte nicht in die Sozialauswahl einzubeziehen;
– will der Arbeitgeber in einem **bestimmten Bereich** lediglich die Zahl der insgesamt geleisteten **Arbeitsstunden abbauen**, ohne dass eine Organisationsentscheidung nach den zuvor dargestellten Kriterien vorliegt, sind sämtliche in

diesem Bereich beschäftigten Arbeitnehmer ohne Rücksicht auf ihr Arbeitszeitvolumen in die Sozialauswahl einzubeziehen (*BAG* 3.12.1998 EzA § 1 KSchG Soziale Auswahl Nr. 37; vgl. dazu *Kort* SAE 1999, 278 ff.; *Oetker* RdA 1999, 267 f.).
– Diese Grundsätze gelten **auch im öffentlichen Dienst**. Die Streichung einer Halbtagsstelle im öffentlichen Haushalt sagt danach für sich genommen noch nichts dazu aus, ob nicht lediglich eine Überkapazität im Umfang einer Halbtagsstelle abgebaut werden soll, so dass dem durch eine entsprechende Änderungskündigung gegenüber einer sozial weniger schutzbedürftigen Vollzeitkraft Rechnung getragen werden könnte (*BAG* 12.8.1999 EzA § 1 KSchG Soziale Auswahl Nr. 41).

Diese Auslegung des § 1 Abs. 3 KSchG verstößt nicht gegen Art. 2 Abs. 1 und Art. 5 Abs. 1 der RL 76/207/EWG (*EuGH* 26.9.2000 EzA § 1 KSchG Soziale Auswahl Nr. 45; vgl. dazu *Dübbers* ArbuR 2001, 23 f.).

1519 Nach Auffassung des *LAG Köln* (18.10.2000 ARST 2001, 114 Ls.) sind die Reinigungskräfte bei einem Reinigungsunternehmen dann nicht austauschbar i. S. v. § 1 Abs. 3 KSchG, wenn sie mit einem **erheblich unterschiedlichen Arbeitsumfang** beschäftigt werden, z. B. einerseits sechs, andererseits zwei Stunden pro Tag. Die Unklarheit darüber, ob in dem Unternehmen andere Reinigungskräfte mit gleichem Arbeitsumfang tätig sind, geht danach zu Lasten des Arbeitnehmers (*LAG Köln* 18.10.2000 ARST 2001, 114 Ls.; **a. A.** *LAG Köln* 21.6.2000 – 3 Sa 68/00 –).

hh) Arbeitnehmer im »Weiterbeschäftigungsverhältnis«
1520 Fraglich ist, inwieweit gekündigte Arbeitnehmer, die nach § 102 Abs. 5 BetrVG oder aufgrund des allgemeinen Weiterbeschäftigungsanspruchs oder aufgrund einer Vereinbarung mit dem Arbeitgeber bis zur Beendigung des Kündigungsschutzprozesses tatsächlich weiterbeschäftigt werden, in die Sozialauswahl einzubeziehen sind.
In der Literatur (*Hueck/von Hoyningen-Huene* § 1 Rz. 461; MünchArbR/*Berkowsky* § 139 Rz. 38; *Künzl* ZTR 1996, 387; APS/*Kiel* § 1 KSchG Rz. 690) wird davon ausgegangen, dass vorläufig weiterbeschäftigte Arbeitnehmer ebenso »Arbeitskraft« personalisieren wie vertraglich beschäftigte Arbeitnehmer, sodass sie nach den allgemeinen Grundsätzen in die Sozialauswahl **einzubeziehen sind.**
Das hat zur Folge, dass ihre bereits gekündigten, aber faktisch fortgesetzten Arbeitsverhältnisse erneut gekündigt werden können, aber auch – aus der Sicht sozial schutzwürdiger Arbeitnehmer – gekündigt werden müssen.

c) Auswahlkriterien (Rechtslage bis zum 1.10.1996; weitgehend in Kraft wiederum ab dem 1.1.1999)

aa) Fehlender Kriterienkatalog in § 1 Abs. 3 KSchG a. F.
1521 Welche Auswahlkriterien gem. § 1 Abs. 3 KSchG zu berücksichtigen sind, war wegen des Fehlens eines Kataloges in dieser Vorschrift bis zum 1.10.1996 (s. u. D/Rz. 1522 ff.) und ist ab dem 1.1.1999 wiederum sowohl vom Grund als auch von der Wertigkeit der jeweiligen Sozialdaten her nicht nach festen Maßstäben bestimmbar (vgl. APS/*Kiel* § 1 KSchG Rz. 703 ff.; *Schröder* ZTR 1995, 394 ff.).

D. Die Beendigung des Arbeitsverhältnisses

bb) Zentrale Kriterien

Zu den wichtigsten sozialen Gesichtspunkten zählen aber jedenfalls das Lebensalter, die Dauer der Betriebszugehörigkeit sowie die Zahl der unterhaltsberechtigten Personen (*BAG* 20.10.1983, 18.10.1984 EzA § 1 KSchG Betriebsbedingte Kündigung Nr. 28, 34; 8.8.1985 EzA § 1 KSchG Soziale Auswahl Nr. 21). 1522

(1) Betriebszugehörigkeit

Unter dem Begriff der Betriebszugehörigkeit ist der **rechtlich ununterbrochene Bestand des Arbeitsverhältnisses** zu verstehen; entscheidend ist die Dauer der arbeitsvertraglichen Bindung zu demselben Unternehmen. Frühere Beschäftigungen in demselben Unternehmen sind nach Maßgabe der Grundsätze für die Anrechnung von Wartezeiten nach § 1 Abs. 1 KSchG zu berücksichtigen. Unerheblich ist, ob der Arbeitnehmer in unterschiedlichen Betrieben gearbeitet hat. Auch **Berufsausbildungszeiten** erhöhen die zu berücksichtigende Betriebsseniorität (APS/*Kiel* § 1 KSchG Rz. 707; KR-*Etzel* § 1 KSchG Rz. 646). 1523

Der tragende Grund für die besondere Bedeutung dieses Kriteriums besteht darin, dass der vom Arbeitnehmer selbst erarbeitete Besitzstand Schutz verdient. Bei einem Dauerschuldverhältnis werden die Rechtsbeziehungen mit der Zeit immer enger. **Der Arbeitnehmer richtet sich zunehmend auf das Arbeitsverhältnis ein und vertraut auf dessen Fortbestand.** Wer in einem Unternehmen längere Zeit tätig war, hat sich einen Besitzstand erarbeitet, an den er die Erwartung knüpft, dass er zu seinen Gunsten Beachtung findet. Aus diesem Gesichtspunkt werden auch die gesetzlichen Kündigungsfristen in § 622 Abs. 2 BGB mit zunehmender Beschäftigungsdauer länger (*BAG* 18.10.1984 EzA § 1 KSchG Soziale Auswahl Nr. 18; 24.3.1983 EzA § 1 KSchG Betriebsbedingte Kündigung Nr. 21; ErfK/ *Ascheid* § 1 KSchG Rz. 530; *Stahlhacke/Preis/Vossen* Rz. 667 b; APS/*Kiel* § 1 KSchG Rz. 709; KR-*Etzel* § 1 KSchG Rz. 645 f.). 1524

(2) Lebensalter

Grds. **steigt** mit **zunehmendem Lebensalter die Schutzwürdigkeit** des Arbeitnehmers. Denn mit zunehmendem Alter fällt es im Allgemeinen einem Arbeitnehmer schwerer, einen neuen Arbeitsplatz zu finden und sich mit den Bedingungen eines neuen Arbeitsplatzes vertraut zu machen. 1525

Dennoch handelt es sich bei dem Lebensalter um eine **ambivalente Größe, deren sozialer Stellenwert sich weder generell noch im Einzelfall exakt festlegen lässt** (*BAG* 8.8.1985 EzA § 1 KSchG Soziale Auswahl Nr. 21; KR-*Etzel* § 1 KSchG Rz. 647; APS/*Kiel* § 1 KSchG Rz. 710). Es kommt insoweit auch auf die Qualifikation, die Berufserfahrung und den Gesundheitszustand des Arbeitnehmers sowie auf die Arbeitsmarktsituation in seiner Branche an (*BAG* 18.1.1990 EzA § 1 KSchG Soziale Auswahl Nr. 28; KR-*Etzel* § 1 KSchG Rz. 647; a. A. APS/*Kiel* § 1 KSchG Rz. 714; *Bitter/Kiel* RdA 1994, 356; *Ascheid* Kündigungsschutzrecht Rz. 330). Bei der **derzeitigen Arbeitsmarktsituation** ist davon auszugehen, **dass die Bedeutung des Lebensalters zunächst kontinuierlich ansteigt und sodann mit zeitlicher Nähe zum Renteneintritt wieder abnimmt** (APS/*Kiel* § 1 KSchG Rz. 713 f.; KR-*Etzel* § 1 KSchG Rz. 647). 1526

D. Die Beendigung des Arbeitsverhältnisses

(3) Unterhaltspflichten (§§ 1360 ff., 1569 ff., 1601 ff. BGB)

1527 Zwar ist dieser soziale Gesichtspunkt nicht ausdrücklich im KSchG erwähnt. § 1 Abs. 3 KSchG muss aber im Lichte des Art. 6 Abs. 1 GG verfassungskonform ausgelegt und angewandt werden. Der Umfang der Unterhaltspflichten stellt deshalb ein **nicht auszuschließendes Indiz für die soziale und wirtschaftliche Schutzbedürftigkeit des Arbeitnehmers** dar (*BAG* 18.1.1990 EzA § 1 KSchG Soziale Auswahl Nr. 28; *Löwisch* NZA 1996, 1010; *Preis* RdA 1999, 316). Dieses Kriterium, von dem in erster Linie **jüngere Arbeitnehmer profitieren**, bildet eine **Korrektur zur Betriebsseniorität** und dem Lebensalter, das i. d. R. den Besitzstand älterer Arbeitnehmer sichert (APS/*Kiel* § 1 KSchG Rz. 716).

1528 Unterhaltspflichten sind nur beachtlich, wenn sie im Kündigungszeitpunkt und voraussichtlich nicht nur für eine unerhebliche Zeit darüber hinaus **tatsächlich bestehen** werden oder **konkret abzusehen** sind. Unerheblich ist, ob der Arbeitnehmer seinen Unterhaltspflichten nachkommt, weil ein gesetzwidriges Verhalten keine Auswirkungen auf die Sozialauswahl haben darf (ErfK/*Ascheid* § 1 KSchG Rz. 533; *Bader* NZA 1996, 1128; *Fischermeier* NZA 1997, 1094; *von Hoyningen-Huene/Linck* DB 1997, 42; APS/*Kiel* § 1 KSchG Rz. 717). Die im Rahmen des § 1 Abs. 3 KSchG zu berücksichtigenden Unterhaltspflichten verringern sich deshalb nur, wenn andere Personen den geschuldeten Unterhalt ganz oder teilweise mit befreiender Wirkung leisten; die Angabe des Familienstandes und der bloßen Anzahl der Kinder genügen grds. nicht. Kinder mit eigenem Arbeitseinkommen sind nicht auf Unterhalt angewiesen und deshalb nicht zu berücksichtigen. In diesem Zusammenhang ist auch das Arbeitseinkommen von Ehegatten mit einzubeziehen, sofern sie ihren Lebensunterhalt damit selbst bestreiten können. Dadurch vermindert sich die Pflicht des Arbeitnehmers zu Unterhaltsleistungen nach § 1360 BGB (*BAG* 8.8.1985 EzA § 1 KSchG Soziale Auswahl Nr. 21).

1529 Dabei sind Unterhaltsleistungen, die auf einer gesetzlichen Unterhaltspflicht beruhen, nach Auffassung des *LAG Köln* (7.4.1995 LAGE § 1 KSchG Betriebsbedingte Kündigung Nr. 33) deutlich gewichtiger zu bewerten, als solche, die ohne eine Verpflichtung freiwillig erfolgen, auch wenn sie der Anstand gebietet, z. B. Leistungen an Stiefkinder.

1530 Nach Auffassung des *LAG Köln* (3.5.2000 NZA-RR 2001, 247) kann sich ein aus dringenden betrieblichen Gründen gekündigter Arbeitnehmer im Prozess nicht darauf berufen, er habe bei der im Vorfeld der Kündigung vom Arbeitgeber durchgeführten Befragung die **Einkünfte seines Ehepartners versehentlich zu hoch** angegeben. Zukünftiges Arbeitseinkommen von arbeitslosen Ehepartnern vergleichbarer Arbeitnehmer ist jedenfalls dann zu berücksichtigen, wenn die Ehepartner mit hoher Wahrscheinlichkeit alsbald eine neue Arbeit aufnehmen werden. Die Möglichkeit, dass ein Ehepartner alsbald eine Arbeit aufnimmt, bleibt bei der Bewertung der Sozialdaten vergleichbarer Arbeitnehmer außer Betracht (*LAG Köln* 3.5.2000 NZA-RR 2001, 247).

cc) Weitere Auswahlgesichtspunkte

1531 Als weitere Auswahlgesichtspunkte kamen insbesondere, im Einzelnen durchaus in der Literatur (vgl. MünchArbR/*Berkowsky* § 139 Rz. 120 ff.; APS/*Kiel* § 1 KSchG Rz. 707 ff.) umstrittene Umstände in Betracht:

D. Die Beendigung des Arbeitsverhältnisses

(1) Einkommen von Ehegatten bzw. nichtehelichen Lebenspartnern
Das Einkommen des Ehepartners ist als **eigenständiger sozialer Gesichtspunkt nicht zu berücksichtigen.** Dieses Kriterium stellt nur im Rahmen der **Unterhaltspflichten** (s. o. D/Rz. 1527) einen relevanten Bezug für die Sozialauswahl her. Es kann nicht damit argumentiert werden, ein von den betrieblichen Erfordernissen betroffener Arbeitnehmer sei über das Einkommen seines Ehepartners anderweitig versorgt und deshalb sozial weniger schutzbedürftig. Dies würde eine sachlich nicht gerechtfertigte mittelbare Diskriminierung von Frauen nach § 611 a BGB und Art. 1 der RL 76/207 EG sowie eine Verletzung der Schutzpflicht aus Art. 6 Abs. 1 GG bedeuten. Denn das Lohnniveau der Frauen liegt, statistisch gesehen, erheblich unter dem der männlichen Arbeitnehmer. Eine Folge ist, dass verheiratete Frauen sich häufiger entgegenhalten lassen müssen, sie seien durch das höhere Einkommen ihres Ehemanns versorgt und könnten auf ihr (niedrigeres) Einkommen eher verzichten (ErfK/ *Ascheid* § 1 KSchG Rz. 543; APS/*Kiel* § 1 KSchG Rz. 723; KR-*Etzel* § 1 KSchG Rz. 659; *Bitter/Kiel* RdA 1994, 356; *Künzl* ZTR 1996, 390 f.; *Preis* RdA 1999, 317; *Stahlhacke/ Preis/Vossen* Rz. 667 b; **a. A.** BAG 30.11.1956 AP Nr. 26 zu § 1 KSchG; *Hueck/von Hoyningen-Huene* § 1 KSchG Rz. 469 f.; *Schaub* NZA 1987, 222). 1532

Da zwischen Lebenspartnern nichtehelicher Lebensgemeinschaften keine gegenseitigen Unterhaltsansprüche bestehen, kann das Einkommen des Lebenspartners im Rahmen der Sozialauswahl nicht berücksichtigt werden (MünchArbR/*Berkowsky* § 139 Rz. 146; APS/*Kiel* § 1 KSchG Rz. 717). 1533

(2) Vorhandensein von Vermögen
Insoweit wird die Auffassung vertreten,, dass der **Vermögende auf seinen Arbeitsplatz weniger angewiesen ist als der Unvermögende,** wobei Vermögen eine Größenordung bezeichnet, die existenzsicheren Charakter hat (vgl. BAG 26.4.1964 AP Nr. 15 zu § 1 KSchG Betriebsbedingte Kündigung Nr. 15). 1534
Es kann nicht darum gehen, die Sparguthaben verschiedener Arbeitnehmer auszuforschen und zu einem auswahlrelevanten Kriterium zu machen.
Zu beachten sind auch etwaige Mieteinnahmen, wenn sie es dem Arbeitnehmer ermöglichen, aus einem Mietshaus den Lebensunterhalt ausreichend bestreiten zu können.
Dagegen ist es unerheblich, ob sich ein Arbeitnehmer in besseren finanziellen Verhältnissen befindet, weil er sparsam gelebt hat.
Guthaben, die sich erheblich unterhalb existenzsichernden Größenordnungen befinden, sind nicht zu berücksichtigen (MünchArbR/*Berkowsky* § 139 Rz. 70).

Generell gegen eine Berücksichtigung der Vermögenslage des Arbeitnehmers spricht aber, dass ein Arbeitsverhältnis mit **privater Lebenseinstellung und -führung in keiner rechtlichen Beziehung steht.** Nach dem Schutzzweck des KSchG ist z. B. nicht zu erklären, aus welchen Gründen der ständig über seine Verhältnisse lebende und stark verschuldete Arbeitnehmer sozial schutzwürdiger sein soll als derjenige, der sich ein solides Sparkonto erwirtschaftet hat. Es findet sich auch kein rechtliches Argument dafür, dass der vom BGB geschützte Erbe eines beachtlichen Vermögens Einbußen seines arbeitsrechtlichen Bestandsschutzes hinzunehmen hat. Diese Bewertung privaten Kapitals zu Lasten aktiver Arbeit wäre mit den Schutzpflichten aus Art. 12 Abs. 1 GG und dem Persönlichkeitsrecht aus Art. 2 Abs. 1 i. V. m. Art. 1 Abs. 2 GG unvereinbar (*Bitter/Kiel* RdA 1994, 356; *Hillebrecht* ZfA 1991, 117; *Künzl* ZTR 1996, 391; *Preis* Prinzipien S. 426; KR-*Etzel* 1535

D. Die Beendigung des Arbeitsverhältnisses

§ 1 KSchG Rz. 658; APS/*Kiel* § 1 KSchG Rz. 724; *LAG Köln* 3.5.2000 NZA-RR 2001, 247).

(3) Nebeneinkünfte

1536 Nebeneinkünfte kommen aus diesen Gründen allenfalls dann in Betracht, wenn sie **existenzsichernden Charakter ha**ben.

Das kann der Fall sein, wenn der Arbeitnehmer neben dem kündigungsbedrohten Arbeitsverhältnis ein weiteres Arbeitsverhältnis eingegangen ist, das ein Vollzeitarbeitsverhältnis oder, wenn das nicht der Fall ist, jedenfalls ein existenzsicherndes Arbeitsverhältnis mit entsprechendem Einkommen ist.

Gleiches gilt, wenn der Arbeitnehmer neben seinem Arbeitsverhältnis eine existenzsichernde selbstständige Tätigkeit ausübt oder diese mit an Sicherheit grenzender Wahrscheinlichkeit in existenzsicherndem Umfang ausüben kann (MünchArbR/*Berkowsky* § 139 Rz. 149; vgl. auch KR-*Etzel* § 1 KSchG Rz. 657).

(4) Verschuldung

1537 Als besonders schutzwürdig kann aus den oben genannten Gründen (D/Rz. 1534) ein Arbeitnehmer nicht allein deshalb angesehen werden, weil er Verbindlichkeiten wegen des Erwerbs eines Eigenheims oder einer Eigentumswohnung eingegangen ist; nach Auffassung des *LAG Köln* (12.5.1995 LAGE § 1 KSchG Betriebsbedingte Kündigung Nr. 32) fällt dies allerdings i. d. R. **nicht nennenswert ins Gewicht,** soll danach also immerhin doch einer Berücksichtigung zugänglich sein.

(5) Gesundheitszustand des Arbeitnehmers; Ursachen

1538 In Betracht gezogen werden kann auch der Gesundheitszustand des Arbeitnehmers (KR-*Etzel* § 1 KSchG Rz. 656) sowie die Ursachen einer etwaigen Gesundheitsbeeinträchtigung (z. B. Betriebsunfall oder durch die betriebliche Tätigkeit bedingte Berufskrankheit).

Gesundheitliche Beeinträchtigungen mindern die allgemeine Verwendungsfähigkeit des Arbeitnehmers auf dem Arbeitsmarkt i. d. R., **erhöhen also seine soziale Schutzbedürftigkeit,** sein Angewiesensein auf den Arbeitsplatz.

Fraglich ist aber andererseits, ob ein vergleichbarer Arbeitnehmer sich diese Gesundheitsbeeinträchtigung entgegenhalten lassen und deswegen vorrangig die Kündigung akzeptieren muss.

1539 Dies erscheint nur dann gerechtfertigt, wenn die Gesundheitsbeeinträchtigung einen **unmittelbaren betrieblichen Bezug** hat.

Dies betrifft in erster Linie Verletzungen, die auf **Betriebsunfällen** beruhen, aber auch sonstige Beeinträchtigungen, die nachweislich im Wesentlichen auf den durch die betriebliche Tätigkeit verursachten Belastungen beruhen. Voraussetzung ist aber weiterhin, dass sich der Arbeitnehmer nicht freiwillig den hieraus folgenden Gesundheitsgefahren ausgesetzt hat (MünchArbR/*Berkowsky* § 139 Rz. 75; APS/*Kiel* § 1 KSchG Rz. 722).

(6) Schwerbehinderung

1540 Als zusätzlicher zu berücksichtigender Faktor kommt die Schwerbehinderung des Arbeitnehmers in Betracht (*BAG* 18.1.1990 EzA § 1 KSchG Soziale Auswahl Nr. 28). Dies folgt aus einer **verfassungskonformen Auslegung des § 1 Abs. 3 KSchG unter**

D. Die Beendigung des Arbeitsverhältnisses

Berücksichtigung des Art. 3 Abs. 3 S. 2 GG (*BAG* 24.4.1983 EzA § 1 KSchG Betriebsbedingte Kündigung Nr. 21).

(7) Erkrankung oder Pflegebedürftigkeit von Angehörigen
Eine besondere Schutzbedürftigkeit des Arbeitnehmers kann sich aus der Erkrankung oder Pflegebedürftigkeit naher Familienangehöriger ergeben (KR-*Etzel* 4. Aufl. § 1 KSchG Rz. 581), jedenfalls dann, wenn dadurch **besondere Kosten** verursacht werden (vgl. *BAG* 18.1.1990 EzA § 1 KSchG Soziale Auswahl Nr. 28). Da freiwillige Leistungen eines Arbeitnehmers aber zu seiner nicht zu berücksichtigenden privaten Lebensführung gehören, ist ein **anerkennenswerter Bezug zum Arbeitsverhältnis nur dann gegeben, wenn der zu betreuende Verwandte von dem Arbeitnehmer gesetzliche Unterhaltsleistungen beanspruchen kann** (*Preis* Prinzipien S. 423; APS/ *Kiel* § 1 KSchG Rz. 718; KR-*Etzel* § 1 KSchG Rz. 656). Dann kann dieser Umstand zusätzlich gewürdigt werden, wenn zwei Arbeitnehmer nach den drei Grunddaten gleichermaßen schutzbedürftig sind. Der Arbeitnehmer, der seine Unterhaltsverpflichtung in Form persönlicher Pflegeleistung erfüllt, ist in seinen räumlichen Möglichkeiten, einen anderen Arbeitsplatz zu finden, beschränkt. Entschließt sich der Arbeitnehmer aber freiwillig ohne eine Unterhaltpflicht dazu, besteht kein rechtlicher Anknüpfungspunkt dafür, dass ein anderer Arbeitnehmer ihm deshalb in der Sozialauswahl nachstehen muss (APS/*Kiel* § 1 KSchG Rz. 718).

1541

(8) Arbeitsmarktpolitische Gesichtspunkte
Fraglich ist, inwieweit die Zukunftsaussichten des betroffenen Arbeitnehmers auf dem Arbeitsmarkt berücksichtigt werden können (dafür *BAG* 24.3.1983 EzA § 1 KSchG Betriebsbedingte Kündigung Nr. 21; KR-*Etzel* § 1 KSchG Rz. 657; KDZ/*Kittner* § 1 KSchG Rz. 469).
Zu berücksichtigen ist, dass dieses Kriterium als reine Prognose **schwer zu verifizieren** ist. Es ist deshalb jedenfalls als eigenständiges, neben den übrigen Kriterien anwendbares Kriterium ungeeignet (APS/*Kiel* § 1 KSchG Rz. 724; *Ascheid* RdA 1997, 337). Es bezeichnet allerdings zutreffend den Maßstab, anhand dessen die Berücksichtigungsfähigkeit und die Wertigkeit der einzelnen Kriterien der Sozialauswahl zu bemessen sind (MünchArbR/*Berkowsky* § 139 Rz. 80; jede Bedeutung der Erwerbsaussichten auf dem Arbeitsmarkt verneinen *Hueck/von Hoyningen-Huene* § 1 Rz. 472, weil dieses Kriterium nicht mit dem Arbeitsverhältnis in Verbindung steht). Nach Auffassung des *LAG Köln* (12.5.1995 LAGE § 1 KSchG Betriebsbedingte Kündigung Nr. 32) verstößt es jedenfalls gegen Art. 3 Abs. 3 GG, einen Arbeitnehmer deshalb für die Kündigung auszuwählen, weil er Deutscher und deshalb auf dem Arbeitsmarkt leichter vermittelbar ist als ein türkischer Kollege.

1542

(9) Rentenbezug
Gem. § 41 Abs. 4 S. 2 SGB VI darf die Möglichkeit, eine Rente wegen Alters vor Vollendung des 65. Lebensjahres zu beziehen, bei der Sozialauswahl nicht zum Nachteil des betroffenen Arbeitnehmers berücksichtigt werden. Diese Norm ist allerdings rückwirkend durch Gesetz vom 6.4.1998 ab dem 1.1.1998 (BGBl. I S. 688) **aufgehoben worden**. Dennoch wird insoweit die Auffassung vertreten, dass es nach wie vor nicht gerechtfertigt ist, den Umstand, dass der noch nicht 65-jährige Arbeitnehmer berechtigt ist, **vorgezogenes Altersruhegeld zu beantragen, zum Nachteil** des Arbeitnehmers **zu berücksichtigen** (KR-*Etzel* § 1 KSchG Rz. 658).

1543

D. Die Beendigung des Arbeitsverhältnisses

1544 Demgegenüber können Ansprüche des Arbeitnehmers auf Alters- und ggf. Betriebsrente **nach Vollendung des 65. Lebensjahres zu seinen Ungunsten berücksichtigt werden** (KDZ/*Kittner* § 1 KSchG Rz. 477; *Rost* ZIP 1982, 1398).

(10) Leistungsunterschiede; Belastung des Arbeitgebers mit krankheitsbedingten Fehlzeiten

1545 Betriebliche Belange, insbesondere auch Leistungsunterschiede und Belastungen des Betriebs aufgrund von krankheitsbedingten Fehlzeiten, sind nicht bei der sozialen Auswahl nach § 1 Abs. 3 S. 1 KSchG zu berücksichtigen, sondern allein im Rahmen der Prüfung nach § 1 Abs. 3 S. 2 KSchG, ob betriebliche Bedürfnisse einer sozialen Auswahl entgegenstehen (*BAG* 24.3.1983 EzA § 1 KSchG Betriebsbedingte Kündigung Nr. 21; a. A. *Zimmerling* 1995, 65 ff. für den öffentlichen Dienst, weil Art. 33 Abs. 2 GG die Berücksichtigung von Leistungsgesichtspunkten auch im Rahmen des § 1 Abs. 3 S. 1 KSchG gebietet).

dd) Umfassende Berücksichtigung aller sozialer Kriterien

(1) Gewichtung der Kriterien; Beurteilungsspielraum

1546 Nach der ständigen Rechtsprechung des *BAG* (13.6.1986 EzA § 1 KSchG Soziale Auswahl Nr. 23, 25.4.1985 EzA § 1 KSchG Betriebsbedingte Kündigung Nr. 35) hatte und hat der Arbeitgeber ab dem 1.1.1999 wiederum neben den drei unerlässlichen sozialen Grunddaten (Dauer der Betriebszugehörigkeit, Lebensalter und Unterhaltspflichten) grds. auch die übrigen sozialen Gesichtspunkte, sofern sie im Einzelfall erheblich sind, zu berücksichtigen.

1547 Dabei muss er innerhalb des ihm zustehenden Bewertungsspielraums den drei sozialen Grunddaten ein besonderes Gewicht beimessen.
Die danach erforderliche einzelfallbezogene Gesamtabwägung aller auswahlrelevanten Sozialdaten dient der Feststellung, welcher unter mehreren vergleichbaren Arbeitnehmern derjenige ist, der auf die Erhaltung des Arbeitsplatzes am wenigsten angewiesen ist.
Die Schwierigkeit einer derartigen wertenden Gesamtschau der auswahlrelevanten Sozialdaten besteht darin, dass **weder die Wertigkeit der drei unerlässlichen Auswahlgesichtspunkte noch der Stellenwert der übrigen Sozialdaten in einer allgemein gültigen Weise feststeht** (KR-*Etzel* § 1 KSchG Rz. 666; APS/*Kiel* § 1 KSchG Rz. 726 f.).

(2) Kritik

1548 Demgegenüber wird in der Literatur (MünchArbR/*Berkowsky* § 139 Rz. 56) die Auffassung vertreten, dass diese Maßstäbe aus einem vergangenheitsbezogenen Besitzstandsdenken hergeleitet werden. Zutreffend ist es danach, die Kriterien zukunftsbezogen zu bestimmen.
Denn derjenige kann am besten auf seinen Arbeitsplatz verzichten, der am schnellsten einen neuen Arbeitsplatz finden würde.

D. Die Beendigung des Arbeitsverhältnisses

ee) Ausreichende Berücksichtigung sozialer Gesichtspunkte

Ausreichend sind soziale Gesichtspunkte vom Arbeitgeber auch dann noch berücksichtigt, wenn der gekündigte Arbeitnehmer ganz geringfügig schlechter gestellt ist als ein vergleichbarer anderer Arbeitnehmer. **1549**

Insoweit steht dem Arbeitgeber ein gewisser **Beurteilungsspielraum** zu (*BAG* 20.10.1983 EzA § 1 KSchG Betriebsbedingte Kündigung Nr. 28; 18.1.1990 EzA § 1 KSchG Soziale Auswahl Nr. 28; *Preis* RdA 1999, 317; *Bader* NZA 1996, 1127; APS/ *Kiel* § 1 KSchG Rz. 726; KR-*Etzel* § 1 KSchG Rz. 666). Denn das Erfordernis der Sozialauswahl will nur verhindern, dass der sozial weniger schutzwürdige Arbeitnehmer vor dem schutzwürdigeren Arbeitnehmer entlassen wird.
Wo aber die Differenzen so gering sind, dass sie z. B. nur mit Hilfe mehrseitiger Frage- und Auswertungsbögen ermittelt werden können, ist von unterschiedlicher sozialer Schutzbedürftigkeit keine Rede mehr (MünchArbR/*Berkowsky* § 139 Rz. 88).

Eine ausreichende Berücksichtigung liegt deshalb bereits dann vor, wenn sich aufgrund der konkreten Abwägung der Sozialdaten keine erkennbar höhere Schutzbedürftigkeit eines Arbeitnehmers insbesondere im Hinblick auf die Frage, ob der Arbeitnehmer auf diesen Arbeitsplatz mehr als andere Arbeitnehmer angewiesen ist, ergibt. Denn es gibt gerade keinen allgemein verbindlichen Bewertungsmaßstab dafür, wie die einzelnen Sozialdaten zueinander im Verhältnis zu setzen sind. **In Grenzfällen können folglich mehrere Entscheidungen rechtmäßig sein.** In jedem Fall aber müssen die Arbeitsgerichte nach § 1 Abs. 3 KSchG eine uneingeschränkte Kontrolle der Sozialauswahl durch den Arbeitgeber vornehmen und dazu die sozialen Belange vergleichbarer Arbeitnehmer selbst bewerten und abwägen (APS/*Kiel* § 1 KSchG Rz.726 f.; a. A. KR-*Etzel* § 1 KSchG Rz. 666: Beschränkung der Überprüfung auf die Einhaltung des Beurteilungsspielraums durch den Arbeitgeber). Der gerichtliche Prüfungsrahmen ist nur nach § 1 Abs. 4 KSchG bei kollektiv-rechtlich legitimierten Auswahlrichtlinien auf grobe Fehlerhaftigkeit reduziert. Auch bei einer unvollständigen Erfassung der Bewertungskriterien oder deren unzutreffender Würdigung kann die soziale Auswahl andererseits bei objektiver Würdigung zutreffen (*Hueck/von Hoyningen-Huene* § 1 KSchG Rz. 475). **1550**

Der Arbeitgeber muss folglich im Rahmen seines Wertungsspielraums die **Dauer der Betriebszugehörigkeit, das Lebensalter und die Unterhaltsverpflichtungen vergleichbarer Arbeitnehmer in einem ausgewogenen Verhältnis** berücksichtigen. Diese Kriterien sind **stets zu beachten.** Fehlerhaft wäre die Sozialauswahl nur dann, wenn die ambivalenten Faktoren des Lebensalters und der Unterhaltspflichten generell höher angesetzt würden als die vom Arbeitnehmer selbst erarbeitete Betriebszugehörigkeit. **Die gleiche Bewertung der Faktoren ist nicht zu beanstanden** (*BAG* 18.1.1990 EzA § 1 KSchG Soziale Auswahl Nr. 28). **Geringfügige Unterschiede** bei gegeneinander laufenden Faktoren **fallen nicht ins Gewicht.** Im Einzelfall muss er weitere soziale Gesichtspunkte bei einer »Pattsituation« als Hilfskriterien oder bei unbilligen Härten als korrigierende Faktoren würdigen (APS/*Kiel* § 1 KSchG Rz. 727). **1551**

D. Die Beendigung des Arbeitsverhältnisses

Beispiele:

1552 Der Arbeitgeber hat dann einen Beurteilungsspielraum, wenn zwei unterhaltspflichtigen Kindern auf der einen Seite ein erheblich höheres Lebensalter (um elf Jahre) entgegensteht (*LAG Köln* 12.5.1995 LAGE § 1 KSchG Betriebsbedingte Kündigung Nr. 32).

1553 Der Arbeitgeber kann auch bei gleichen Unterhaltspflichten sowohl einem 40-jährigen Mitarbeiter kündigen, der 15 Jahre im Betrieb beschäftigt ist als auch einem 41-jährigen Mitarbeiter, der erst 14 Jahre in einem Arbeitsverhältnis steht (APS/*Kiel* § 1 KSchG Rz. 727).

Nach Auffassung von *Berkowsky* (MünchArbR § 139 Rz. 91) führt die faktische und rechtliche Unmöglichkeit, ein objektiv nachvollziehbares System der relativen Wertigkeit der Sozialdaten aufzustellen, dazu, dass Kündigungsschutzprozesse über die Sozialauswahl letztlich nur willkürlich entschieden werden können. Denn auch das Gericht kann die höhere Wertigkeit eines Gesichtspunktes gegenüber anderen und das Abwägungsergebnis letztlich nur behaupten, sie aber systembedingt niemals schlüssig darlegen und begründen.

ff) **Punktesysteme**

1554 Der Arbeitgeber kann von einem Punkteschema ausgehen, bei dem die drei sozialen Grunddaten angemessen berücksichtigt werden. Außergerichtliche Punktsysteme des Arbeitgebers konnten und können allerdings grds. nur die Funktion einer **Vorauswahl** haben (vgl. *Jobs* DB 1986, 540; *Vogt* DB 1984, 1467).

Denn die gerichtliche Überprüfung der Sozialauswahl darf nicht aufgrund eines schematischen Punktesystems erfolgen, sie hat vielmehr die **Besonderheiten des Einzelfalles zu berücksichtigen** (*BAG* 24.3.1983 EzA § 1 KSchG Betriebsbedingte Kündigung Nr. 21). Der Arbeitgeber muss nach § 1 Abs. 3 KSchG **stets eine einzelfallbezogene Abschlussprüfung** vornehmen; eine »Handsteuerung« ist unverzichtbar (*BAG* 18.1.1990, 18.10.1984 EzA § 1 KSchG Soziale Auswahl Nr. 18, 28; ErfK/*Ascheid* § 1 KSchG Rz. 534; *Hueck/von Hoyningen-Huene* § 1 KSchG Rz. 475; KR-*Etzel* § 1 KSchG Rz. 672; APS/*Kiel* § 1 KSchG Rz. 728).

1555 Das *BAG* (18.1.1990 EzA § 1 KSchG Soziale Auswahl Nr. 28) hat folgende, in einem Interessenausgleich enthaltene Punktetabelle gebilligt:
– **Dienstjahre:** Bis zu zehn Dienstjahren je Dienstjahr einen Punkt. Ab dem elften Dienstjahr je Dienstjahr zwei Punkte. Berücksichtigt werden nur Zeiten der Betriebszugehörigkeit bis zum 55. Lebensjahr, maximal sind siebzig Punkte möglich.
– **Lebensalter:** Für jedes volle Lebensjahr einen Punkt, maximal fünfundfünfzig Punkte.
– **Unterhaltspflichten:** Je unterhaltsberechtigtes Kind vier Punkte, Verheiratete acht Punkte.
– **Schwerbehinderung:** Grad der Behinderung bis 50 ergibt fünf Punkte, über 50 je Grad einen Punkt.

1556 **Die endgültige Auswahl sollte unter Berücksichtigung weiterer Gesichtspunkte erfolgen**, z. B. einer besonderen Pflegebedürftigkeit von Familienmitgliedern, besonderen Lasten aus Unterhaltsverpflichtungen sowie besonderen Behinderungen, die einer weiteren Arbeitsleistung erheblich entgegenstehen. Der Wertungsspielraum in der Sozialauswahl erlaubt es dem Arbeitgeber auch, in einem Punktesystem **Unter-**

teilungen in **Gruppen** vorzunehmen, indem er z. B. das Lebensalter (ab dem 20. Lebensjahr) im Abstand von sieben Jahren sowie die Betriebszugehörigkeit im Abstand von vier Jahren jeweils mit einem Punkt und die tatsächlichen Unterhaltspflichten mit zwei Punkten pro Person bewertet. Entscheidend ist, dass die Gruppen zueinander gemessen am Maßstab des § 1 Abs. 3 KSchG in einem ausgewogenen Verhältnis stehen (APS/*Kiel* § 1 KSchG Rz. 730; KR-*Etzel* § 1 KSchG Rz. 672)

gg) Auswahlrichtlinien

Erfolgt die Sozialauswahl aufgrund von Auswahlrichtlinien gem. § 95 BetrVG oder gem. § 112 Abs. 1 BetrVG, so ist diese grds. nur daraufhin zu überprüfen, ob die Grundwertung des § 1 Abs. 3 S. 1, 2 KSchG eingehalten ist. Das ist dann der Fall, wenn wenigstens die sozialen Gesichtspunkte Lebensalter, Betriebszugehörigkeit und Unterhaltsverpflichtungen angemessen berücksichtigt sind, auf die betrieblichen Bedürfnisse nur bei der Frage abgestellt worden ist, ob sie einer Auswahl nach sozialen Gesichtspunkten entgegensteht und schließlich zur Vermeidung von unbilligen Härten, die die Anwendung jeden Schemas mit sich bringen würde, eine individuelle Überprüfung der Auswahl stattgefunden hat (*BAG* 20.10.1983 EzA § 1 KSchG Betriebsbedingte Kündigung Nr. 28; vgl. auch *Boewer* NZA 1988, 1). 1557

Allerdings können auch Auswahlrichtlinien die gesetzlichen Mindestanforderungen an die Sozialauswahl nach § 1 Abs. 3 KSchG nicht verdrängen (*BAG* 11.3.1976 AP Nr. 1 zu § 95 BetrVG 1972; ErfK/*Ascheid* § 1 KSchG Rz. 566). 1558
Im Rahmen des Beurteilungsspielraums können zwar Erfahrungen der Betriebspartner hinsichtlich der Vergleichbarkeit der Arbeitnehmer bestimmter Arbeitsplätze einfließen (*LAG Hamm* 26.9.2001 – 3 Sa 916/01 –). Es können aber nicht von vornherein Arbeitnehmer bestimmter Abteilungen oder Arbeitsgruppen ohne ausreichende sachliche Kriterien als nicht vergleichbar eingestuft werden.

Betriebszugehörigkeit, Lebensalter und Unterhaltspflichten müssen notwendige Bestandteile der Auswahlrichtlinie sein (*Bader* NZA 1999, 69 f.; *Däubler* NJW 1999, 603; *Löwisch* BB 1999, 103). Berücksichtigt eine Auswahlrichtlinie nur die Betriebszugehörigkeit und das Lebensalter und lässt sie die Unterhaltspflichten außer acht, fehlt ein tragender Gesichtspunkt. Evident unausgewogen sind die Hauptkriterien z. B. dann, wenn die Gesichtspunkte Lebensalter und Unterhaltspflichten die Betriebszugehörigkeit deutlich in den Hintergrund drängen (APS/*Kiel* § 1 KSchG Rz. 767). Demgegenüber ist die Richtlinie zumindest nicht grob fehlerhaft, wenn darin das Lebensalter ebenso stark oder sogar geringfügig stärker gewichtet ist als die Dauer der Betriebszugehörigkeit. Eine Regelung leidet auch dann nicht an einem groben Fehler, wenn sie vorsieht, dass die Anzahl unterhaltsberechtigter Kinder nach den Angaben auf der Steuerkarte festgelegt und nicht nach den zum Zeitpunkt der beabsichtigten Kündigung tatsächlich zu erbringenden Leistungen bestimmt wird. Ebenso ist es nicht grob fehlerhaft, wenn die gesetzlichen Unterhaltspflichten unter Eheleuten unabhängig davon berücksichtigt werden, ob der andere Ehepartner tatsächlich über ein eigenes Einkommen verfügt. Das mit § 1 Abs. 4 KSchG verfolgte Ziel einer rechtssicheren Handhabung der Sozialauswahl vor allem bei Massenentlassungen rechtfertigt es, dass die Betriebsparteien bei den Unterhaltspflichten Sachverhalte pauschalie- 1559 ren. Diese Möglichkeit hat der einzelne Arbeitgeber nicht, der über die soziale Auswahl nach § 1 Abs. 3 KSchG entscheiden muss. Nach § 1 Abs. 4 KSchG können weitere Kriterien in einer Auswahlrichtlinie berücksichtigt werden, sofern dadurch die Hauptkriterien nicht völlig in den Hintergrund treten. Ergeben sich aus den Richtlinien keine weiteren sozialen Gesichtspunkte, sind sie nicht schon aus diesem Grund unwirksam (APS/*Kiel* § 1 KSchG Rz. 768).

1560 Nach Auffassung des *LAG Hamm* (26.9.2001 – 3 Sa 916/01 –) spricht der Wortlaut des § 1 Abs. 4 KSchG dafür, auch die Überprüfung, ob die Festlegung von Vergleichsgruppen der Wertung des § 1 Abs. 3 S. 1 KSchG entspricht, auf **grobe Fehlerhaftigkeit** zu beschränken. Deshalb soll eine Regelung in Auswahlrichtlinien von § 1 Abs. 3 S. 2 KSchG gedeckt sein, wonach nicht mehr als ein bestimmter Prozentsatz von Arbeitnehmern eines Arbeitsbereichs im Rahmen der Sozialauswahl ausgetauscht werden kann, wobei auch betriebliche Erfahrungen der Betriebspartner zu berücksichtigen sind.

1561 Ergibt sich aus der Auskunft des Arbeitgebers, dass er die Sozialauswahl nicht auf nach dem Sachvortrag des Arbeitnehmers vergleichbare Arbeitnehmer z. B. einer anderen Betriebsabteilung erstreckt hat und ergänzt er im Prozess seinen Vortrag nicht hinsichtlich dieser Arbeitnehmer, so ist die Behauptung des gekündigten Arbeitnehmers, der Arbeitgeber habe soziale Gesichtspunkte nicht ausreichend berücksichtigt, als unstreitig anzusehen (*BAG* 15.6.1989 EzA § 1 KSchG Soziale Auswahl Nr. 27).

hh) Interessenausgleich/Sozialplan; Arbeitsplatzverzicht des Vaters zugunsten des Sohnes

1562 Die Betriebspartner können auch in einem Interessenausgleich/Sozialplan die sozialen Gesichtspunkte bei der Vorauswahl von Arbeitnehmern mit Hilfe eines Punkteschemas bewerten. Bei der Festlegung der Punktewerte der Auswahlkriterien (insbesondere Alter, Betriebszugehörigkeit, Unterhaltsverpflichtungen) steht den Betriebspartnern zwar zur Ausfüllung des Begriffs »ausreichende soziale Gesichtspunkte« i. S. d. § 1 Abs. 3 S. 1 KSchG ein Beurteilungsspielraum zu. Dieser ist auch noch gewahrt, wenn Alter und Betriebszugehörigkeit im Wesentlichen gleich bewertet werden.

1563 **Zur Vermeidung von unbilligen Härten,** die die Anwendung jedes Schemas mit sich bringen kann, muss aber im Anschluss an die Vorauswahl aufgrund der Punktewertung eine **individuelle Abschlussprüfung** der Auswahl stattfinden (*BAG* 18.1.1990 EzA § 1 KSchG Soziale Auswahl Nr. 28).
Der Arbeitgeber, der die Auswahl der zu kündigenden Arbeitnehmer aufgrund von Auswahlrichtlinien in einem Interessenausgleich/Sozialplan nach § 112 Abs. 1 BetrVG vornahm, steht der gleiche **Beurteilungsspielraum** zu, der ihm bei der Auswahl aufgrund von Richtlinien nach § 95 BetrVG gewährt wird (*BAG* 20.10.1983 EzA § 1 KSchG Betriebsbedingte Kündigung Nr. 28).

D. Die Beendigung des Arbeitsverhältnisses

Beispiel:
Bei der individuellen Abschlussprüfung darf der Arbeitgeber das Angebot eines sozial 1564
schutzwürdigeren und deshalb nicht zur Kündigung vorgesehenen Arbeitnehmers
berücksichtigen, für den Fall der Weiterbeschäftigung seines Sohnes auf seinen Arbeitsplatz zu verzichten, weil im Verhältnis des Vaters zum Sohn letzterer vorrangig
zum Unterhalt verpflichtet ist (§ 1601 BGB). Nimmt der Arbeitgeber ein solches Angebot an, begründete die Weiterbeschäftigung des Sohnes i. d. R. nicht die Sozialwidrigkeit anderer Kündigungen aus dem Gesichtspunkt einer fehlerhaften Sozialauswahl (*BAG* 7.12.1995 EzA § 1 KSchG Soziale Auswahl Nr. 34; abl. *Keppler* BB 1996,
1994 ff.; ErfK/*Ascheid* § 1 KSchG Rz. 533; APS/*Kiel* § 1 KSchG Rz. 720; KDZ/*Kittner*
§ 1 KSchG Rz. 473; **a. A.** KR-*Etzel* § 1 KSchG Rz. 660).

ii) Änderungen durch das arbeitsrechtliche Beschäftigungsförderungsgesetz
Durch das arbeitsrechtliche Beschäftigungsförderungsgesetz sind hinsichtlich der So- 1565
zialauswahl gem. § 1 Abs. 3 KSchG mit Wirkung vom 1.10.1996 bis zur weitgehenden Aufhebung durch das KorrekturG vom 1.1.1999 Änderungen eingetreten (vgl.
dazu *Preis* RdA 1999, 311 ff.; *Däubler* NJW 1999, 601 ff.; *Schiefer* DB 1999, 48 ff.);
die nachfolgende Darstellung bleibt einstweilen – aktualisiert und gekürzt – beibehalten, soweit sie im Rahmen der weitgehend inhaltsgleichen §§ 125 ff. InsO Verwendung finden kann.

(1) Konkretisierung und Beschränkung der »sozialen Gesichtspunkte«

Gem. § 1 Abs. 3 S. 1 KSchG a. F. muss der Arbeitgeber nicht mehr »soziale Ge- 1566
sichtspunkte« berücksichtigen; dieser für viele Faktoren offene Begriff (s. o.
D/Rz. 1521 ff.) wird eingeschränkt auf die auch bereits nach bisher geltendem
Recht maßgeblichen Kriterien der Dauer der Betriebszugehörigkeit, des Lebensalters und der Unterhaltspflichten des Arbeitnehmers.

Mit dieser Neuregelung soll eine bessere Berechenbarkeit der Zulässigkeit der Kündi- 1567
gung für Arbeitgeber und Arbeitnehmer erreicht werden. Die Benennung der maßgeblichen Kriterien in § 1 Abs. 3 KSchG, aus ihrer Aufzählung in alphabetischer Reihenfolge und dem Umstand, dass sich weder aus Gesetzeswortlaut noch Entwurfsbegründung ein Vorrang für eines der genannten Kriterien entnehmen lassen, spricht
für deren **Gleichwertigkeit und Gleichrang** (*Fischermeier* NZA 1997, 1095; **a. A.**
Schiefer/Worzalla a. a. O., Rz. 48).
Daraus hat das *ArbG Passau* (18.8.1997 BB 1997, 2115) gefolgert, dass dann, wenn
ausschließlich eine Arbeitnehmerin mit einer Betriebszugehörigkeit von ca. 18 Jahren und einem Lebensalter von ca. 57 Jahren und eine Arbeitnehmerin unter 30 Jahren mit einer Betriebszugehörigkeit von ca. 1,5 Jahren und einem nichtehelichen
Kind, um welches sich der Vater nicht kümmert, miteinander vergleichbar sind, trotz
der sozialen Härte bei der ledigen Mutter die wesentlich längere Betriebszugehörigkeit und das wesentlich höhere Alter der anderen Arbeitnehmerin überwiegen müssen.
Freilich kommt nach wie vor eine **schematische Betrachtung nicht in Betracht**; erforderlich ist vielmehr jeweils eine **einzelfallbezogene – wertende – Gesamtabwägung** (*Bader* NZA 1996, 1128). Zudem weist *Leinemann* (BB 1996, 1381; s. auch
oben D/Rz. 1521 ff.) darauf hin, dass damit statt einer Generalklausel drei bestehen
und zumindest der Begriff der Unterhaltspflicht (werden nur gesetzliche oder auch

freiwillige erfasst?; bestehen in der Gewichtung zwischen diesen Unterschiede?) einer weiten Auslegung zugänglich ist. Nach Auffassung von *Löwisch* (NZA 1996, 1010) ist demgegenüber der **Begriff der gesetzlichen Unterhaltsverpflichtungen des Familienrechts** maßgeblich (§§ 1360 ff., 1569 ff., 1601 ff. BGB; ebenso *Preis* NZA 1997, 1083).

1568 Zu entscheiden ist jedenfalls, welcher der in die Sozialauswahl einzubeziehenden Arbeitnehmer am wenigsten auf die Erhaltung des Arbeitsplatzes angewiesen ist.

Dabei sind nach Auffassung von *Bader* (NZA 1996, 1128) auch die **Berufschancen auf dem Arbeitsmarkt** zu berücksichtigen; zwar kommen diese als eigenständiges Kriterium nicht in Betracht. Dies soll es jedoch nicht ausschließen, den Stellenwert der Dauer der Betriebszugehörigkeit und des Lebensalters vor dem Hintergrund der jeweiligen Arbeitsmarktchancen (und der versorgungsrechtlichen Absicherung; vgl. *Preis* NZA 1997, 1083) zu bestimmen (**a. A.** *Löwisch* NZA 1996, 101). Auch weitere, im Gesetz nicht genannte, aber mit dem Arbeitsverhältnis in Verbindung stehende und eine **besondere Schutzbedürftigkeit** des Arbeitnehmers begründende Kriterien, z. B. Berufskrankheiten, unverschuldete Betriebsunfälle, können berücksichtigt werden, wenn der Arbeitgeber die drei zwingenden Rahmendaten ausreichend berücksichtigt hat. Denn die Kündigung ist nur dann sozial ungerechtfertigt, wenn der Arbeitgeber die **Rahmendaten nicht oder nicht ausreichend berücksichtigt** (*Preis* NZA 1997, 1083, ders. NJW 1996, 3371; *Ascheid* RdA 1997, 334 ff.; *Wlotzke* BB 1997, 417; *von Hoyningen-Huene/Linck* DB 1997, 42; *Fischermeier* NZA 1997, 1094; **a. A.** offenbar *Schiefer/Worzalla* a. a. O., Rz. 47 ff.).

Dieterich (AiB 1996, 514; ebenso *Düwell* AiB 1996, 394) hat gegen die Neuregelung insoweit **verfassungsrechtliche Bedenken**, als gesetzlich besonders geschützte Personen, wie z. B. schwer behinderte Arbeitnehmer, bei der Sozialauswahl nicht mehr zu berücksichtigen sind, obwohl das *BVerfG* (24.4.1991 AP Nr. 70 zu Art. 12 GG) den besonderen Arbeitsplatzschutz z. B. von schwer behinderten Arbeitnehmern und Alleinerziehenden als unabdingbar bezeichnet hat.

Demgegenüber ist es nach Auffassung von *Löwisch* (NZA 1996, 1010) Sache des Integrationsamtes, bei ihrer Ermessensentscheidung gem. §§ 85, 88, 89 SGB IX über die Zustimmung zur Kündigung die Schwerbehinderteneigenschaft als sozialen Gesichtspunkt zur Geltung zu bringen, sodass verfassungsrechtliche Bedenken gegen die Neuregelung nicht bestehen.

(2) Ausschluss einzelner Arbeitnehmer von der Sozialauswahl

1569 Waren bislang gem. § 1 Abs. 3 S. 2 KSchG a. F. Arbeitnehmer nur dann von der Sozialauswahl ausgenommen, wenn betriebstechnische, wirtschaftliche oder sonstige berechtigte betriebliche Belange ihre Weiterbeschäftigung bedingten (s. o. D/Rz. 1466 ff.), so sind nunmehr gem. § 1 Abs. 3 S. 2 KSchG a. F. **solche Arbeitnehmer in die Sozialauswahl nicht einzubeziehen, deren Weiterbeschäftigung insbesondere wegen ihrer Kenntnisse, Fähigkeiten und Leistungen oder zur Sicherung einer ausgewogenen Personalstruktur** (vgl. ausf. *Matthießen* NZA 1998, 1153 ff. nicht aber zu deren erstmaligen Herstellung; *Bader* NZA 1996, 1129; krit. *Fischermeier* NZA 1997, 1093, denn wenn schon eine ausgewogene Personalstruktur gesichert werden kann, so muss es erst recht zulässig sein, eine weitere Verschlechterung einer schon unbefriedigenden Personalstruktur zu verhindern) **des Betriebes im berechtigten betrieblichen Interesse liegt.**

D. Die Beendigung des Arbeitsverhältnisses

Beispiel:
Die Sicherung einer ausgewogenen Altersstruktur der Erzieherinnen stellt bei einer Stadt, die zahlreiche Kindergärten, Kindertagesstätten und Internate unterhält, ein berechtigtes betriebliches Interesse dar, das bei einer erforderlich werdenden Massenkündigung einer Sozialauswahl allein nach den Kriterien des § 1 Abs. 3 S. 1 KSchG in der vom 1.10.1996 bis 31.12.1998 geltenden Fassung entgegenstehen kann (*BAG* 23.11.2000 EzA § 1 KSchG Betriebsbedingte Kündigung Nr. 110). 1570

Damit soll den einer Sozialauswahl entgegenstehenden betrieblichen Notwendigkeiten größeres Gewicht gegeben werden; *Leinemann* (BB 1996, 1381) sieht darin jedoch keine Verbesserung, weil das bisher schon vorhandene Maß an Unbestimmtheit nicht verkleinert wird (ähnlich *Löwisch* NZA 1996, 1011; *Ascheid* RdA 1997, 337 f.; *Preis* NZA 1997, 1084 hält den Begriff der ausgewogenen Personalstruktur für nicht justitiabel). Der Begriff der ausgewogenen Personalstruktur steht zudem in einem **Spannungsverhältnis zu den in § 1 Abs. 3 S. 1 KSchG positivierten Auswahlkriterien**, weil schon bisher die Überbetonung der Kriterien der Betriebszugehörigkeit und des Lebensalters bei Massenentlassungen zu einer unausgewogenen Personalstruktur geführt haben. § 1 Abs. 3 S. 1 KSchG privilegiert die Senioritätskriterien; S. 2 hebt diese Grundentscheidung durch das Merkmal der ausgewogenen Personalstruktur wieder auf. Dem Wortlaut nach beschränkt der Gesetzgeber das Merkmal der ausgewogenen Personalstruktur auch nicht auf den Bereich der Massenentlassung, obwohl die Thematik bisher nur in diesen Fällen akut geworden ist (*Preis* NZA 1997, 1085). Nach Auffassung von *Bader* (NZA 1996, 1129 f.; ähnlich *Ascheid* RdA 1997, 337 f.) **ändert sich dadurch jedoch die dreistufige Prüfungsreihenfolge:** Nach der Feststellung der vergleichbaren Arbeitnehmer ist zunächst zu klären, welche Arbeitnehmer aus betrieblichen Gründen aus diesem Kreis wieder ausscheiden. Erst in der dritten (zuvor der zweiten) Stufe ist dann die eigentliche Sozialwahl vorzunehmen. Dies soll sich, obwohl die Reihenfolge der Sätze beibehalten wurde, aus der Formulierung ergeben, dass die in S. 2 näher beschriebenen Arbeitnehmer nicht in die Sozialwahl einzubeziehen sind (nach Auffassung von *Preis* NZA 1997, 1086 ist dies nicht zwingend; a. A. auch *Preis* NJW 1996, 3370 f.; *Schwedes* BB 1996, Beil. 17, S. 3; *Kittner* ArbuR 1997, 182 ff.; eine vierstufige Prüfung hält *Fischermeier* [NZA 1997, 1092] für denkbar). 1571

Ein berechtigtes betriebliches Interesse ist z. B. dann zu bejahen, wenn der betreffende Arbeitnehmer über erheblich überdurchschnittliche oder wesentliche spezielle Kenntnisse oder Fähigkeiten verfügt bzw. erheblich überdurchschnittliche Leistungen aufweist oder überaus vielseitig und flexibel einsetzbar ist und es auf diese Kenntnisse und Fähigkeiten auch aktuell ankommt (vgl. *Schiefer/Worzalla* a. a. O., Rz. 55 ff.; *Ascheid* RdA 1997, 338 f.). 1572

Im Hinblick auf die Unbestimmtheit dieser Begriffe bedarf es **plausiblen Sachvortrags** des Arbeitgebers im Kündigungsschutzprozess (*Preis* NZA 1997, 1084). In betrieblichen Krisensituationen soll auch eine **erheblich geringere Krankheitsanfälligkeit** bestimmter Arbeitnehmer ein berechtigtes Interesse begründen, ohne dass auf die Kriterien der krankheitsbedingten Kündigung zurückgegriffen werden muss (*Bader* NZA 1996, 1129; krit. *Fischermeier* NZA 1997, 1093).
Weil die Geltendmachung des Ausnahmetatbestands des § 1 Abs. 3 S. 2 KSchG nur eine **Option für den Arbeitgeber** darstellt, kann sich ein Arbeitnehmer nicht darauf 1573

z. B. mit der Begründung, er sei wesentlich leistungsfähiger als ein älterer Arbeitnehmer, berufen (*Bader* NZA 1996, 1129; *Wlotzke* BB 1997, 419; *Schiefer/Worzalla* a. a. O., Rz. 65; **a. A.** *Buschmann* ArbuR 1996, 288).

(3) Bedeutung von Auswahlrichtlinien gem. § 95 BetrVG

1574 Gem. § 1 Abs. 4 KSchG kann im Interesse einer Vereinfachung einer Kündigung für den Arbeitgeber und ihrer besseren Berechenbarkeit bei Auswahlrichtlinien gem. § 95 BetrVG, oder bei Richtlinien über die personelle Auswahl bei Kündigungen im öffentlichen Dienst, in denen festgelegt ist, wie die sozialen Gesichtspunkte gem. § 1 Abs. 3 S. 1 KSchG im Verhältnis zueinander zu bewerten sind, die Bewertung **nur auf grobe Fehlerhaftigkeit** überprüft werden (zur Verwendung von »alten« Auswahlrichtlinien aus der Zeit vor dem 1.10.1996 vgl. *Baeck/Schuster* NZA 1998, 1250 ff.). Das ist dann der Fall, **wenn die Gewichtung** der Kriterien Alter, Betriebszugehörigkeit und Unterhaltspflichten **jede Ausgewogenheit vermissen lässt** (BAG 21.1.1999 EzA § 1 KSchG Soziale Auswahl Nr. 39). Der vom Gesetzgeber weit gefasste Beurteilungsspielraum der Betriebspartner lässt es auch zu, bei der Gewichtung der Sozialkriterien das Schwergewicht auf die Unterhaltspflichten der betroffenen Arbeitnehmer zu legen. Der Dauer der Betriebszugehörigkeit kommt unter den Sozialkriterien – im Geltungsbereich des Arbeitsrechtlichen Beschäftigungsförderungsgesetzes – keine Priorität mehr zu (BAG 2.12.1999 EzA § 1 KSchG Soziale Auswahl Nr. 41).

Nach Auffassung von *Bader* (NZA 1996, 1130 f.; vgl. auch *Ascheid* RdA 1997, 341 f.; **a. A.** *Leinemann* BB 1996, 1381; *Löwisch* NZA 1996, 1011; *Lorenz* DB 1996, 1974; krit. *Fischermeier* NZA 1997, 1096) soll eine derartige Auswahlrichtlinie aber wie nach altem Recht der Rechts- bzw. ggf. **Inhalts- oder Billigkeitskontrolle** unterliegen.

1575 Durch die Beschränkung auf »grobe Fehlerhaftigkeit« soll sich allerdings der Prüfungsmaßstab verändern: Sie ist dann gegeben, wenn bezüglich der Gewichtung der Auswahlkriterien ganz nahe liegende Gesichtspunkte nicht in die Überlegungen einbezogen wurden, womit die gebotene Ausgewogenheit evident verfehlt worden ist. Regelmäßig soll damit die bloße Umsetzung einer hinreichend differenzierten Richtlinie ausreichend sein, d. h. von dem letztlich entscheidenden Arbeitgeber ist i. d. R. keine zusätzliche Abwägung, keine individuelle Abschlussprüfung (*Preis* NZA 1997, 1805) mehr gefordert, falls nicht die Richtlinie insgesamt sich als zu pauschal und oberflächlich erweist oder gar selbst zu beanstanden ist. Ist eine Richtlinie unwirksam, so führt dies im Übrigen nicht zwangsläufig auch zur Fehlerhaftigkeit einer danach vorgenommenen Sozialauswahl. Denn die Auswahlentscheidung ist nach wie vor nur einer Ergebniskontrolle zu unterziehen; auch unrichtige Auswahlüberlegungen können zufällig zu einem zutreffenden Ergebnis führen (*Fischermeier* NZA 1997, 1096).

1576 Der Gesetzgeber hat das privilegierte Auswahlermessen **nicht auf § 1 Abs. 3 S. 2 KSchG** erstreckt, ebenso erstreckt es sich **nicht auf die Bestimmung des Kreises der in die Sozialauswahl einzubeziehenden Arbeitnehmer.** Denn beides ist eine logische Fortsetzung des Prinzips der unternehmerischen Entscheidungsfreiheit und des betriebsbedingten Kündigungsgrundes selbst. In diesen Fragen bleibt es bei der vollen gerichtlichen Überprüfbarkeit (*Preis* NZA 1997, 1085; *von Hoyningen-Huene/Link* DB 1997, 44; *Giese* ZfA 1997, 160; **a. A.** *Löwisch* RdA 1997, 81).

D. Die Beendigung des Arbeitsverhältnisses

(4) Richtlinien in Betrieben ohne Betriebsrat
S. 2. Aufl. D/Rz. 1577.   **1577**

(5) Namentliche Bezeichnung der zu kündigenden Arbeitnehmer in einem Interessenausgleich
Sind bei einer Kündigung aufgrund einer Betriebsänderung nach § 111 BetrVG die   **1578**
Arbeitnehmer, denen gekündigt werden soll, in einem Interessenausgleich zwischen
Arbeitgeber und Betriebsrat namentlich bezeichnet, **so wird vermutet, dass die Kündigung durch dringende betriebliche Erfordernisse i. S. d. § 1 Abs. 2 KSchG bedingt ist**. Die soziale Auswahl der Arbeitnehmer kann dann nur auf grobe Fehlerhaftigkeit überprüft werden (§ 1 Abs. 5 S. 1, 2 KSchG; vgl. dazu *Fischer* ArbuR 1998, 261 ff.). Das gilt dann nicht, wenn die Namensliste erst **später erstellt** worden ist (*LAG Düsseldorf* 25.2.1998 LAGE § 1 KSchG Interessenausgleich Nr. 9). Fraglich ist, ob § 1 Abs. 5 KSchG auch für eine Namensliste in einem **freiwilligen Interessenausgleich** (dafür *Kappenhagen* NZA 1998, 968 f.; *Schiefer* DB 1997, 1519; dagegen *Zwanziger* DB 1997, 2175) gilt, sowie ferner, ob rechtswirksam auch eine »**Teil-Namensliste**« vereinbart werden kann (dafür *Piehler* NZA 1998, 970 f.)

Eine grob fehlerhafte Sozialwahl liegt z. B. dann vor, wenn die Gewichtung der   **1579**
Kriterien jede Ausgewogenheit vermissen lässt (*BAG* 21.1.1999 EzA § 1 KSchG Soziale Auswahl Nr. 39) und vergleichbare Arbeitnehmer nicht in die Sozialauswahl einbezogen werden (*ArbG Stuttgart* 8.7.1997 NZA-RR 1998, 162). Das ist der Fall, wenn den Gekündigten bei gleich zu gewichtenden Unterhaltspflichten sowohl die erheblich längere Betriebszugehörigkeit als auch das erheblich längere Lebensalter als schutzwürdiger ausweisen (*LAG Düsseldorf* 25.2.1998 LAGE § 1 KSchG Interessenausgleich Nr. 9).

Durch diese Regelung soll der Kündigungsschutz des einzelnen Arbeitnehmers im Interesse eines **zwischen den Betriebspartnern abgestimmten Gesamtkonzepts** eingeschränkt werden (*Schiefer* NZA 1997, 916; vgl. ausf. dazu *Kohte* BB 1998, 946 ff.).

Die Niederschrift des Interessenausgleichs ist eine Gesamturkunde, wenn mehrere Blätter einer Urkunde **so zusammen gefasst** sind, **dass sich ihre Zusammengehörigkeit ergibt**. Die Einheitlichkeit der Urkunde kann durch zusammenheften, nummerieren der Blätter, Bezugnahme oder den eindeutigen Sachzusammenhang des fortlaufenden Textes hergestellt werden. Ist der Interessenausgleich, in der auf eine beigefügte Namensliste Bezug genommen wird, mit einer nicht unterschriebenen Namensliste der zu kündigenden Arbeitnehmer mittels Heftmaschine fest verbunden, so sind die betreffenden Arbeitnehmer in einem Interessenausgleich namentlich bezeichnet; Interessenausgleich und Namensliste bilden dann eine einheitliche Urkunde (*BAG* 7.5.1998 EzA § 1 KSchG Interessenausgleich Nr. 6; *ArbG Hannover* 23.7.1997, 22.8.1997 DB 1998, 207, 208; zust. *Baeck/Schuster* DB 1998, 1771). Auch durch eine **Inbezugnahme** wird der deutliche Sinnzusammenhang des fortlaufenden Textes hergestellt, sodass es einer mechanischen Verbindung der Blätter nicht bedarf (*LAG Schleswig-Holstein* 22.4.1998 LAGE § 1 KSchG Interessenausgleich Nr. 5 im Anschluss an *BAG* 30.10.1984 EzA § 74 HGB Nr. 44 und *BGH* 24.9.1997 NJW 1998, 58; **a. A.** *LAG Rheinland-Pfalz* 17.10.1997 9 Sa 401/97; zust. *Kohte* BB 1998, 946 ff.: die Verbindung mit einer bloßen Büroklammer genügt nicht).   **1580**

D. Die Beendigung des Arbeitsverhältnisses

1581 Nach Auffassung von *Bader* (NZA 1996, 1133; *Schiefer* NZA 1997, 916; ebenso *LAG Köln* 1.8.1997 LAGE § 1 KSchG Interessenausgleich Nr. 1; *LAG Düsseldorf* 16.2.1998 BB 1998, 1268 Ls.; *ArbG Wesel* 28.5.1997 NZA-RR 1997, 341) ist damit **§ 292 ZPO** zugunsten des Arbeitgebers anwendbar:

> Der Arbeitnehmer muss folglich das nicht wirksame Zustandekommen des Interessenausgleichs, in dem er namentlich aufgeführt ist, darlegen und beweisen, z. B. dass sein Arbeitsplatz nicht entfallen ist oder dass für ihn eine anderweitige Weiterbeschäftigung in Betrieb oder Unternehmen möglich war. Erst im Anschluss an einen diesen Anforderungen genügenden Sachvortrag des Arbeitnehmers obliegt es dem Arbeitgeber, seinerseits zur Betriebsbedingtheit Stellung zu nehmen (*Schiefer* NZA 1997, 916). Davon geht inzwischen auch das *BAG* (7.5.1998 EzA § 1 KSchG Interessenausgleich Nr. 5; vgl. dazu Büdenbender SAE 1999, 98 ff.) aus.

1582 Das *ArbG Bonn* (5.2.1997 DB 1997, 1517; ebenso *LAG Düsseldorf* 4.3.1998 LAGE § 1 KSchG Interessenausgleich Nr. 3; überw. zust. *Zwanziger* DB 1997, 2174 ff. u. 2178 ff.; abl. *Schiefer* DB 1997, 1518 ff. u. 2176 ff.) hat demgegenüber angenommen, dass der Arbeitgeber verpflichtet ist, sich – entsprechend der Verteilung der Darlegungs- und Beweislast im Rahmen der Sozialauswahl – hinreichend substantiiert zur Betriebsbedingtheit der Kündigung einzulassen und so dem gekündigten Arbeitnehmer die Möglichkeit zu bieten, hierauf sachgerecht Stellung zu nehmen und womöglich der gesetzlichen Neuverteilung der Beweislast zu entsprechen. Das *LAG Köln* (1.8.1997 LAGE § 1 KSchG Interessenausgleich Nr. 1) ist dem jedoch nicht gefolgt, weil die Darlegungslast grds. der Beweislast folgt und für die Annahme einer Ausnahme von diesem Grundsatz keine Veranlassung bestehe (vgl. dazu *Schiefer* DB 1997, 2176 ff.; *Zwanziger* DB 1997, 2174 ff.). Der sich gegen die Kündigung wehrende **Kläger** hat danach **Beweis anzubieten für die Behauptung**, die in einem Interessenausgleich vorgesehenen **Enstilllegung** wesentlicher Betriebsteile seien **nicht geplant oder durchgeführt worden** und für die Behauptung, dass die im Interessenausgleich vorgesehenen Enstilllegung **seine Kündigung nicht bedingen** (*BAG* 7.5.1998 NZA 1998, 933; zust. *Baeck/Schuster* DB 1998, 1771).

1583 Nach Auffassung von *Preis* (NZA 1997, 1086) müssen dem Arbeitnehmer aber jedenfalls die allgemeinen Betriebserleichterungen, insbesondere zur sog. sekundären Behauptungslast bei der Führung des Gegenteilsbeweises zuteil werden. Denn es ist anerkannt, dem Prozessgegner im Rahmen seiner Erklärungslast nach § 138 Abs. 2 ZPO ausnahmsweise zuzumuten, dem Beweispflichtigen eine ordnungsgemäße Darlegung durch nähere Angaben über die zu seinem Wahrnehmungsbereich gehörenden Verhältnisse zu ermöglichen (*Zöllner/Greger* Vorb. § 284 ZPO/ Rz. 34 u. § 292 ZPO/Rz. 2). Dies ist etwa der Fall, wenn eine darlegungspflichtige Partei außerhalb des von ihr darzulegenden Geschehensablauf steht und keine nähere Kenntnis der maßgeblichen Tatsachen besitzt, während der Gegner sie hat und ihm nähere Angaben zumutbar sind. Daraus folgt, dass der Arbeitgeber trotz der gesetzlichen Vermutung auf Bestreiten des Arbeitnehmers die zu seinem Wahrnehmungsbereich gehörenden Tatsachen mitzuteilen hat. Hierzu gehört
– der betriebsbedingte Kündigungsgrund,
– der Kreis der in die Sozialauswahl einzubeziehenden Arbeitnehmer ebenso wie
– die den berechtigten betrieblichen Interessen gem. § 1 Abs. 3 S. 2 KSchG zugrunde liegenden Tatsachen (ebenso *BAG* 10.2.1999 EzA § 1 KSchG Soziale

D. Die Beendigung des Arbeitsverhältnisses

Auswahl Nr. 38; *LAG Düsseldorf* 24.3.1998 LAGE § 1 KSchG Interessenausgleich Nr. 6).

Der Vorteil der gesetzlichen Vermutungsregelung liegt für den Arbeitgeber darin, dass es nicht ausreicht, die gesetzliche Vermutung zu erschüttern; vielmehr muss der **volle Beweis des Gegenteils** geführt werden (*Preis* NZA 1997, 1086). **1584**
Neef (NZA 1997, 69) weist darauf hin, dass der Interessenausgleich mit Namensliste für den Arbeitgeber nur dann interessant ist, wenn nicht nur die Gewichtung der Elemente der sozialen Auswahl mehr oder weniger festliegen, sondern auch klargestellt wird, **wer in die soziale Auswahl einzubeziehen ist**. Denn danach besteht das Hauptproblem in der Praxis nicht darin, brauchbare Kriterien für die soziale Auswahl zu finden, sondern Mitarbeiter zu behalten, die im Betrieb dringend gebraucht werden, aber bei strikter sozialer Auswahl entlassen werden müssten. Die gesetzliche Neuregelung macht danach **nur Sinn**, wenn durch eine solche Namensliste auch die Frage, wer wegen seiner Fähigkeiten, Kenntnisse, Leistungen oder wegen der **Altersstruktur aus der sozialen Auswahl herausfällt, nur auf grobe Unrichtigkeit überprüft werden kann**. Hinzuweisen ist nach seiner Auffassung in diesem Zusammenhang auf die bereits geltende Regelung des § 125 InsO.
Schiefer (NZA 1997, 917) versteht § 1 Abs. 5 KSchG a. F. schließlich dahin, dass **nicht nur der Schritt** der Sozialwahl (Bewertung der Sozialindikatoren), sondern **auch die vorangehenden Schritte** (Bildung der Gruppe der im Rahmen der Sozialauswahl vergleichbaren Arbeitnehmer; Herausnahme von Arbeitnehmern aus der Sozialwahl) **nur einer reduzierten Prüfung unterliegen sollen**; nicht erfasst ist aber jedenfalls das **Fehlen einer anderweitigen Beschäftigungsmöglichkeit in einem anderen Betrieb des Unternehmens** (*BAG* 7.5.1998 NZA 1998, 933; *Fischermeier* NZA 1997, 1096).

Die Darlegungs- und Beweislast verteilt sich danach wie folgt:
– Im Kündigungsschutzprozess ist es zunächst Aufgabe des Arbeitnehmers, die Richtigkeit der Sozialauswahl zu bestreiten. Ohne solches Bestreiten hat der Arbeitgeber keine Veranlassung, zur Sozialauswahl vorzutragen.
– Ist der Arbeitgeber hinsichtlich der Auswahlüberlegungen seiner Darlegungslast vollständig nachgekommen, so liegt die Darlegungs- und Beweislast voll beim Arbeitnehmer (§ 1 Abs. 3 S. 3 KSchG). Er muss nur darlegen und ggf. nachweisen, dass die vorliegende Sozialauswahl unter einem groben Fehler i. S. v. § 1 Abs. 5 S. 2 KSchG leidet, dass sie also jede Ausgewogenheit vermissen lässt (*Schiefer* NZA 1997, 918).

§ 1 Abs. 5 S. 1, 2 KSchG gilt aber dann nicht, wenn und soweit sich die Sachlage nach **1585**
Zustandekommen des Interessenausgleichs **wesentlich geändert hat** (vgl. dazu *Bader* NZA 1996, 1133). Das *LAG Köln* (1.8.1997 LAGE § 1 KSchG Interessenausgleich Nr. 1) verlangt insoweit eine **Änderung der Geschäftsgrundlage**; sie ist nur wesentlich, wenn die Betriebspartner den Interessenausgleich ohne ernsthaften Zweifel nicht oder in einem entscheidungserheblichen Punkt nicht so abgeschlossen hätten. Das ist dann der Fall, wenn die Betriebsänderung nicht wie geplant und im Interessenausgleich zugrunde gelegt, durchgeführt wird oder wesentlich weniger Mitarbeiter entlassen werden, als im Interessenausgleich vorgesehen (*LAG Schleswig-Holstein* 22.4.1998 LAGE § 1 KSchG Interessenausgleich Nr. 5). Davon kann z. B. keine Rede

sein, wenn die Streichung eines Arbeitsplatzes von insgesamt 36 Betroffenen nicht wie ursprünglich geplant durch Auslagerung seiner Funktion auf ein Fremdunternehmen, sondern durch Verteilung von dessen Restfunktion auf verbliebene Arbeitnehmer bewerkstelligt wird (*LAG Köln* LAGE § 1 KSchG Interessenausgleich Nr. 1).

1586 Maßgeblicher Zeitpunkt für die Beurteilung, ob sich die Sachlage nach dem Zustandekommen des Interessenausgleichs wesentlich geändert hat, ist der des **Zugangs der Kündigung**. Bei **späteren** Änderungen kommt nur ein **Wiedereinstellungsanspruch** in Betracht (*BAG* 21.2.2001 EzA § 1 KSchG Interessenausgleich Nr. 8). Der Interessenausgleich ersetzt die Stellungnahme des Betriebsrates gem. § 17 Abs. 3 S. 2 KSchG; durchzuführen ist allerdings die Anhörung des Betriebsrates gem. § 102 BetrVG (*BAG* 20.5.1999 EzA § 102 BetrVG 1972 Nr. 102; 24.2.2000 EzA § 1 KSchG Interessenausgleich Nr. 7; *LAG Düsseldorf* 21.4.1998 LAGE § 102 BetrVG 1972 Nr. 69 u. 24.3.1998, 25.2.1998 LAGE § 1 KSchG Interessenausgleich Nr. 6, 9; *Schiefer* NZA 1997, 918). Diese **Anhörung** kann der Arbeitgeber zwar **mit den Verhandlungen über den Interessenausgleich verbinden**. Sie unterliegt aber **keinen erleichterten Anforderungen**, selbst wenn ein Interessenausgleich mit Namensliste vorliegt. Soweit der Kündigungssachverhalt dem Betriebsrat allerdings schon aus den Verhandlungen über den Interessenausgleich bekannt ist, braucht er ihm bei der Anhörung nach § 102 BetrVG nicht erneut mitgeteilt werden. Solche Vorkenntnisse des Betriebsrats muss der Arbeitgeber im Prozess hinreichend konkret darlegen und ggf. beweisen (*BAG* 20.5.1999 EzA § 102 BetrVG 1972 Nr. 102).

jj) Die weitgehende Rückkehr zum alten Recht durch das »KorrekturG«

1587 Die zuvor (D/Rz. 1566 ff.) dargestellten Änderungen hat der Gesetzgeber weitgehend durch das sog. **KorrekturG** mit Wirkung vom **1.1.1999** wiederum außer Kraft gesetzt, sodass der vor dem 1.10.1996 geltende Rechtszustand (D/Rz. 1522 ff.) wiederum anzuwenden ist (vgl. dazu *B. Preis* DB 1998, 1761 ff.; APS/*Kiel* § 1 KSchG Rz. 764 ff.; KR-*Etzel* § 1 KSchG Rz. 695 ff.; *Bader* NZA 1999, 64 ff.; *Preis* RdA 1999, 311 ff.; *Däubler* NJW 1999, 601 ff.; *Schiefer* DB 1999, 48 ff.).

(1) Soziale Gesichtspunkte

1588 Gem. § 1 Abs. 3 S. 1 KSchG ist für die Durchführung der Sozialauswahl wiederum auf »soziale Gesichtspunkte« abzustellen. Die Reduzierung auf die Kriterien Dauer der Betriebszugehörigkeit, Lebensalter und die Unterhaltspflichten des Arbeitnehmers hat der Gesetzgeber mit Wirkung ab dem 1.1.1999 aufgehoben. Die damit wiederhergestellte Fassung des § 1 Abs. 3 S. 2 KSchG (»sonstige berechtigte betriebliche Bedürfnisse«) erlaubt die Erhaltung einer ausgewogenen Altersstruktur und damit die Bildung von Altersgruppen, innerhalb derer die Sozialauswahl dann vorzunehmen ist (*LAG Düsseldorf* 17.3.2000 NZA-RR 2000, 421).

(2) Ausschluss einzelner Arbeitnehmer von der Sozialauswahl

1589 Auch § 1 Abs. 3 S. 2 KSchG hat der Gesetzgeber in Abkehr vom arbeitsrechtlichen Beschäftigungsförderungsgesetz wieder wie die zuvor geltende Regelung formuliert. Es gelten auch insoweit wieder die bereits dargestellten Grundsätze (s. o. D/Rz. 1522 ff.).

(3) Bedeutung von Auswahlrichtlinien gem. § 95 BetrVG

1590 Demgegenüber ist die Bedeutung von Auswahlrichtlinien gem. § 1 Abs. 4 KSchG lediglich inhaltlich modifiziert, im Übrigen aber im Wesentlichen beibehalten worden.

D. Die Beendigung des Arbeitsverhältnisses

> Ist in einem Tarifvertrag oder einer Betriebsvereinbarung nach § 95 BetrVG bzw. einer entsprechenden Richtlinie nach den Personalvertretungsgesetzen – nicht aber nur in einer Anlage zum Interessenausgleich, der selbst keine Betriebsvereinbarung darstellt (*LAG Düsseldorf* 17.3.2000 NZA-RR 2000, 421) – festgelegt,
> – welche sozialen Gesichtspunkte nach § 1 Abs. 3 S. 1 KSchG zu berücksichtigen sind und
> – wie diese Gesichtspunkte im Verhältnis zueinander zu bewerten sind,
> so kann die soziale Auswahl der Arbeitnehmer nur auf grobe Fehlerhaftigkeit überprüft werden.

Die Erstreckung der Begrenzung der Überprüfung auf eine grobe Fehlerhaftigkeit auf den Gesichtspunkt, **welche sozialen Aspekte überhaupt zu berücksichtigen sind,** war deshalb erforderlich, weil nach § 1 Abs. 4 KSchG a. F. in der ab 1.10.1996 geltenden Fassung nur noch drei Kriterien zur Sozialauswahl überhaupt vorgesehen waren, sodass eine Auswahl von zu berücksichtigenden sozialen Gesichtspunkten nicht nur entbehrlich, sondern unzulässig war. 1591

Nach wie vor ist eine nach § 1 Abs. 3 KSchG durchzuführende Sozialauswahl dann fehlerhaft, wenn sich die Auswahlentscheidung des Arbeitgebers als **Verstoß gegen eine Auswahlrichtlinie** darstellt (*LAG Sachsen* 21.9.2000 NZA-RR 2001, 586). 1592

(4) Richtlinien in Betrieben ohne Betriebsrat
§ 1 Abs. 4 S. 2 KSchG i. d. F. mit Wirkung ab dem 1.10.1996 wurde ersatzlos gestrichen. Der Gesetzgeber ist davon ausgegangen, dass diese Regelung verfehlt war, weil sie eine rechtsstaatliche problematische Beschneidung der Arbeitnehmerrechte und einen systemwidrigen Eingriff in das Betriebsverfassungsrecht darstellte. Ferner blieb eine Vielzahl von rechtlichen Fragen, z. B. zum Abstimmungsverfahren und zur Änderung und Aufhebung der Richtlinien, offen. 1593

(5) Namentliche Bezeichnung der zu kündigenden Arbeitnehmer in einem Interessenausgleich
§ 1 Abs. 5 KSchG i. d. F. ab dem 1.10.1996 ist – im Gegensatz zu § 125 InsO – mit Wirkung vom 1.1.1999 ersatzlos aufgehoben worden. Damit besteht bei einer namentlichen Bezeichnung eines Arbeitnehmers in einem Interessenausgleich zwischen Arbeitgeber und Betriebsrat mit Wirkung ab dem 1.1.1999 keine Vermutung mehr dafür, dass die Kündigung durch dringende betriebliche Erfordernisse i. S. d. § 1 Abs. 2 KSchG bedingt ist. Die beschränkte Überprüfung der sozialen Auswahl der Arbeitnehmer – einschließlich der Bestimmung des Kreises der in die Sozialauswahl einzubeziehenden Mitarbeiter – auf grobe Fehlerhaftigkeit entfällt. Die Beurteilung von Kündigungen aus dem Zeitraum 1.10.1996 – 31.12.1998 richtet sich allerdings auch bei Entscheidungen der Arbeitsgerichte nach dem 1.1.1999 nach dem KSchG i. d. F. des Arbeitsrechtlichen Beschäftigungsförderungsgesetzes (*BAG* 21.1.1999 EzA § 1 KSchG Soziale Auswahl Nr. 39). Darüber hinaus ersetzt der Interessenausgleich auch nicht mehr die Stellungnahme des Betriebsrats gem. § 17 Abs. 3 S. 2 KSchG. 1594

d) Entbehrlichkeit der Sozialauswahl; keine Sozialauswahl bei Neueinstellungen
Bei einer betriebsbedingten Kündigung hat eine Sozialauswahl grds. dann nicht mehr stattzufinden, wenn allen Arbeitnehmern wegen der Betriebsstilllegung gekündigt, 1595

der Betrieb zum Entlassungstermin tatsächlich stillgelegt wird und danach keine Arbeitnehmer mehr beschäftigt werden (*BAG* 10.10.1996, 18.1.2001 EzA § 1 KSchG Betriebsbedingte Kündigung Nr. 87, 109, 110). Das gilt nach Auffassung des *LAG Berlin* (13.7.1999 NZA-RR 2000, 78) auch dann, wenn **sämtliche ordentlich unkündbaren Arbeitnehmer entsprechend ihrer unterschiedlichen Kündigungsfristen zu unterschiedlichen Zeitpunkten gekündigt werden** und damit innerhalb eines Zeitraums von nicht mehr als sechs Monaten ihren Arbeitsplatz verlieren. Allein die Möglichkeit, dass ein sozial schutzbedürftigerer Arbeitnehmer mit einer kürzeren Kündigungsfrist den Arbeitsplatz früher verliert als ein sozial weniger schutzbedürftigerer Arbeitnehmer mit einer längeren Kündigungsfrist, rechtfertigt danach nicht eine Auswahl nach sozialen Gesichtspunkten.

Führt eine rechtliche nicht zu beanstandende **betriebliche Organisationsänderung** dazu, dass ein in seiner Gesundheit beeinträchtigter Arbeitnehmer nur noch in einer Weise beschäftigt werden könnte, die sein **Leiden verschlimmert**, so rechtfertigt dies grds. eine ordentliche Kündigung des Arbeitsverhältnisses jedenfalls dann, wenn der Arbeitnehmer nicht auf der gesundheitsbeeinträchtigenden Beschäftigung besteht, sondern diese ablehnt. Eine **Sozialauswahl** ist auch in diesem Fall **entbehrlich**, weil der Arbeitnehmer mit weiterbeschäftigten gesunden Arbeitnehmern nicht vergleichbar ist (*BAG* 6.11.1997 EzA § 1 KSchG Betriebsbedingte Kündigung Nr. 95).

1596 Das Gebot der sozialen Auswahl gilt nicht entsprechend für die Fälle, in denen der Arbeitgeber nach einer betriebsbedingten Kündigung später wegen wieder gestiegenen Personalbedarfs nur einen Teil der Belegschaft erneut einstellt (*BAG* 15.3.1984 EzA § 611 BGB Einstellungsanspruch Nr. 2). Das gilt auch dann, wenn der Arbeitgeber, der sämtlichen Arbeitnehmern wegen »Arbeitsmangel« gekündigt hatte, aufgrund einer entsprechenden Zusage nach Ablauf der Kündigungsfrist einen Teil der Arbeitnehmer neu eingestellt (*LAG Köln* 26.3.1998 LAGE § 1 KSchG Wiedereinstellungsanspruch Nr. 1; s. aber unten D/Rz. 1603 ff.).

4. Interessenabwägung

a) Verständige Würdigung der Interessen beider Vertragsparteien?

1597 Der 7. Senat des *BAG* (7.3.1980 EzA § 1 KSchG Betriebsbedingte Kündigung Nr. 14; 17.10.1980 EzA § 1 KSchG Betriebsbedingte Kündigung Nr. 15) ist davon ausgegangen, dass auch bei Vorliegen eines betrieblichen Erfordernisses eine Kündigung nur sozial gerechtfertigt ist, wenn die betrieblichen Gründe bei verständiger Würdigung der Interessen beider Vertragsparteien die Kündigung als billigenswert und angemessen erscheinen lassen.

Das ist nicht der Fall, wenn die zu erwartenden Vorteile des Arbeitgebers zu den Nachteilen, die sich für den Arbeitnehmer daraus ergeben, in keinem vernünftigen Verhältnis stehen.

Der 7. Senat hat diese Grundsätze aber (16.1.1987 – 7 AZR 495/85 – n. v.) inzwischen aufgegeben.

b) Eingeschränkte Interessenabwägung

1598 Der 2. Senat des *BAG* (30.4.1987 EzA § 1 KSchG Betriebsbedingte Kündigung Nr. 47) geht demgegenüber davon aus, dass es dann, wenn für die Kündigung ein dringendes betriebliches Erfordernis besteht, unerheblich ist, ob die vom Ar-

D. Die Beendigung des Arbeitsverhältnisses

beitgeber aufgrund der Unternehmerentscheidung erwarteten Vorteile in einem »vernünftigen Verhältnis« zu den Nachteilen stehen, die er durch die Kündigungen bewirkt. Unerheblich ist deshalb z. B. auch, ob die Einsparung von Arbeitsplätzen den Arbeitgeber stark entlastet, weil eine so weitgehende Kontrolle der unternehmerischen Entscheidungsfreiheit nicht gerechtfertigt ist.

Danach ist davon auszugehen, dass dann, wenn eine Kündigung wegen einer bindenden Unternehmerentscheidung »an sich« betriebsbedingt und auch die Sozialauswahl nicht zu beanstanden ist, die stets notwendige umfassende Interessenabwägung sich **nur noch in seltenen Ausnahmefällen zugunsten des Arbeitnehmers auswirken kann**. Eine zumeist nur vorübergehende Weiterbeschäftigung kann dem Arbeitgeber z. B. dann zuzumuten sein, wenn der Arbeitnehmer aufgrund schwerwiegender persönlicher Umstände besonders schutzbedürftig ist (*BAG* 18.1.1990 EzA § 1 KSchG Soziale Auswahl Nr. 28; abl. *Preis* NZA 1997, 1078, wonach aufgrund der gesetzlichen Regelung in § 1 Abs. 2, 3 KSchG kein Raum mehr für eine Interessenabwägung gegeben ist). Insofern handelt es sich um eine Prüfung der **Verhältnismäßigkeit im engeren Sinne**, die als drittes Teilprinzip des Verhältnismäßigkeitsgrundsatzes stets zu prüfen ist (ErfK/*Ascheid* § 1 KSchG Rz. 462; *Wank* RdA 1987, 136; abl. APS/ *Kiel* § 1 KSchG Rz. 652). 1599

5. Maßgeblicher Zeitpunkt für die Überprüfung

a) Zeitpunkt des Zugangs der Kündigung
Entscheidender Zeitpunkt für die Überprüfung der betriebsbedingten Kündigung, die auf den Wegfall des bisherigen Arbeitsplatzes gestützt wird, ist grds. der ihres Zugangs (*BAG* 6.6.1984 AP Nr. 16 zu § 1 KSchG 1969 Betriebsbedingte Kündigung; APS/*Kiel* § 1 KSchG Rz. 453 f.; APS/*Preis* Grundlagen D Rz. 52 ff.). 1600

b) Korrektur von Fehlprognosen
Fraglich ist die Rechtslage aber dann, wenn sich nach dem Zugang der Kündigung herausstellt, dass der als langfristig angesehene Arbeitskräfteüberhang sich als doch nur vorübergehend erweist oder ob der Arbeitgeber z. B. verpflichtet ist, im Falle eines **überraschenden Auftragseingangs** von sich aus bereits wirksam ausgeschiedene Arbeitnehmer anzusprechen und ihnen die erneute Einstellung anzubieten und dabei die Grundsätze der Sozialauswahl zu beachten (dagegen MünchArbR/*Berkowsky* § 134 Rz. 90). 1601
Zu beachten ist, dass der Gesetzgeber für derartige Fälle einen Anspruch des Arbeitnehmers auf Wiedereinstellung nicht vorgesehen hat (s. o. D/Rz. 846 ff.).

aa) Sozialwidrigkeit der Kündigung
Das *LAG Berlin* (29.8.1988 NZA 1989, 274; zust. *Busch* NZA 2000, 754 ff.) geht davon aus, dass die Kündigung auch dann **sozialwidrig** ist, wenn in dem Zeitpunkt, in dem der Wegfall des bisherigen Arbeitsplatzes absehbar und damit die Kündigung als Möglichkeit erkennbar war, **ein anderer Arbeitsplatz frei war,** der vom Arbeitgeber bis zum Zugang der Kündigung durch eine Neueinstellung neu besetzt worden ist. 1602

D. Die Beendigung des Arbeitsverhältnisses

bb) **Wiedereinstellungsanspruch**

1603 Nach Auffassung des *LAG Köln* (10.1.1989 DB 1989, 1023) kommt **bei nachträglichem Wegfall des betrieblichen Erfordernisses ein Wiedereinstellungsanspruch in Betracht.**

Darüber muss aufgrund einer umfassenden Interessenabwägung unter Beachtung der Grundsätze von Treu und Glauben, der Treue- und Fürsorgepflicht unter erschöpfender Berücksichtigung aller in Betracht kommender Umstände des Einzelfalles entschieden werden (vgl. auch *Meinel/Bauer* NZA 1999, 575 ff.).

1604 Eine Verpflichtung des Arbeitgebers zur Fortsetzung des Arbeitsverhältnisses kommt insbesondere dann in Betracht, wenn die den Anspruch begründenden Tatsachen noch **während des Laufs der Kündigungsfrist** entstanden sind (vgl. *Zwanziger* BB 1997, 42 ff.).
Stehen nunmehr weniger Arbeitsplätze zur Verfügung, als zuvor Arbeitnehmer entlassen worden sind, so ist danach zwar nicht unmittelbar eine soziale Auswahl nach § 1 Abs. 3 KSchG vorzunehmen, doch müssen bei der Interessenabwägung auch die sozialen Belange der betroffenen Arbeitnehmer bei der Auswahl berücksichtigt werden.
Auch das *LAG Baden-Württemberg* (18.3.1986 DB 1987, 543) hält einen Wiedereinstellungsanspruch für denkbar, wenn sich die Umstände, die zu einer betriebsbedingten Kündigung geführt haben, nachträglich ändern und der Arbeitgeber **noch keine Dispositionen getroffen hat,** die eine Wiedereinstellung unmöglich machen. Diese Auffassung vertritt auch das *BAG* (27.2.1997, 4.12.1997 EzA § 1 KSchG Wiedereinstellungsanspruch Nr. 1, 3; abl. dazu *Ricken* NZA 1998, 460 ff.; *Kaiser* ZfA 2000, 205 ff.; krit. *Nicolai/Noack* ZfA 2000, 87 ff.; vgl. auch *LAG Bremen* 30.1.1998 – 4 Sa 114, 117/97 – u. LAGE § 1 KSchG Betriebsbedingte Kündigung Nr. 47; APS/*Kiel* § 1 KSchG Rz. 786 ff.; erläuternd dazu *Manske* FA 1998, 143 ff.; *Beckschulze* DB 1998, 417 ff.; *Boewer* NZA 1999, 1121 ff. u. 1177 ff.; *Günzel* DB 2000, 1227 ff.; *Linck* FA 2000, 334 ff.; zust. *Walker* SAE 1998, 103 ff.; *Nägele* BB 1998, 1686 ff.) für den Fall einer beabsichtigten Betriebsstilllegung, bei der es **noch während der laufenden Kündigungsfrist** zu einem **Betriebsübergang** kommt. **Das gilt generell, wenn sich zwischen dem Ausspruch der Kündigung und dem Ablauf der Kündigungsfrist unvorhergesehen eine Weiterbeschäftigungsmöglichkeit ergibt.** Hat der Arbeitgeber dann mit Rücksicht auf die Wirksamkeit der Kündigung noch keine Disposition getroffen, so hat der Arbeitnehmer Anspruch auf unveränderte **Fortsetzung des Arbeitsverhältnisses** bzw. **Wiedereinstellung** – die Bezeichnung des Anspruch ist unerheblich –, wenn dies dem Arbeitgeber **zumutbar** ist.

1605 Dem Wiedereinstellungsanspruch können aber auch berechtigte Interessen des Arbeitgebers entgegenstehen, insbesondere deshalb, weil er den in Betracht kommenden Arbeitsplatz bereits wieder besetzt hat. Der Arbeitgeber kann sich allerdings auf die **Neubesetzung** des Arbeitsplatzes **dann nicht** berufen, wenn dadurch der Wiedereinstellungsanspruch **treuwidrig vereitelt** wird. Bei der Auswahl des wiedereinzustellenden Arbeitnehmers hat der Arbeitgeber gem. **§ 242 BGB** die Umstände des Einzelfalles zu berücksichtigen. Ob ein Arbeitgeber verpflichtet ist, von sich aus einen Arbeitnehmer über eine sich unvorhergesehen ergebende Beschäftigungsmöglichkeit zu unterrichten, hängt ebenfalls gem. § 242 BGB von den Umständen des Einzelfalles ab. Auch ein Abfindungsvergleich

D. Die Beendigung des Arbeitsverhältnisses

kann dem Wiedereinstellungsanspruch entgegenstehen. Der Arbeitgeber kann ihn auch bei der Auswahl des wiedereinzustellenden Arbeitnehmers berücksichtigen (*BAG* 28.6.2000 EzA § 1 KSchG Wiedereinstellungsanspruch Nr. 5; vgl. *Raab* RdA 2000, 147 ff. u. RdA 2001, 249 ff.; *Kort* SAE 2001, 131 ff.; *Linck* FA 2000, 334 ff.).

Da die Kündigung – deren Wirksamkeit sich zum Zeitpunkt ihres Zugangs entscheidet – das Arbeitsverhältnis beendet hat, richtet sich der Wiedereinstellungsanspruch ursprünglich auf Abgabe einer Willenserklärung. Bietet der Arbeitgeber nicht von sich aus den Abschluss eines Vertrages über die Fortsetzung des Arbeitsverhältnisses nach Ablauf der Kündigungsfrist an, so kann in dem Klageantrag des Arbeitnehmers auf »Weiterbeschäftigung« bzw. »Wiedereinstellung« dessen Angebot auf Abschluss eines derartigen Vertrages gesehen werden. Der Arbeitgeber ist dann nach § 242 BGB zur Annahme verpflichtet. Verweigert er die Abgabe der entsprechenden Willenserklärung, so kann er sich nach Treu und Glauben nicht auf das eigene pflichtwidrige Verhalten berufen und den Arbeitnehmer auf den Umweg der Vollstreckung nach § 894 ZPO verweisen. Der Arbeitnehmer kann vielmehr sofort auf Erfüllung der Hauptpflichten, also auf Weiterbeschäftigung klagen (*BAG* 4.12.1997 EzA § 1 KSchG Wiedereinstellungsanspruch Nr. 3). 1606

Entscheidet sich der Arbeitgeber, eine **Betriebsabteilung stillzulegen** und kündigt er deshalb die dort beschäftigten Arbeitnehmer, so ist er regelmäßig zur Wiedereinstellung entlassener Arbeitnehmer verpflichtet, wenn er sich noch **während der Kündigungsfrist** entschließt, die Betriebsabteilung mit einer **geringeren Anzahl von Arbeitnehmern doch fortzuführen**. Bei der Auswahl der wiedereinzustellenden Arbeitnehmer hat er **soziale Gesichtspunkte** (Alter, Betriebszugehörigkeit, Unterhaltspflichten der Arbeitnehmer) zu berücksichtigen. Haben die Arbeitsvertragsparteien noch während der Kündigungsfrist durch **einen gerichtlichen Vergleich** das Arbeitsverhältnis gegen Zahlung einer Abfindung aufgehoben, so kann dieser Vergleich wegen **Wegfalls der Geschäftsgrundlage** (jetzt § 313 BGB n. F.) an die geänderte betriebliche Situation anzupassen sein, u. U. mit dem Ergebnis, dass der Arbeitnehmer wiedereinzustellen ist und die Abfindung zurückzuzahlen hat (*BAG* 4.12.1997 EzA § 1 KSchG Wiedereinstellungsanspruch Nr. 3). 1607
Ändern sich die maßgeblichen Umstände dagegen erst **nach Ablauf der Kündigungsfrist**, so steht dem Arbeitnehmer nach Auffassung des 7. Senates des *BAG* (6.8.1997 EzA § 1 KSchG Wiedereinstellungsanspruch Nr. 2; vgl. dazu APS/*Kiel* § 1 KSchG Rz. 790 ff.; *Linck* FA 2000, 334 ff.; *Boewer* NZA 1999, 1121 ff. u. 1177 ff.; *Beckschulze* DB 1998, 417 ff.; *Nägele* BB 1998, 1686 ff.; *Bartel* SAE 1998, 318 f.; *Meyer* DB 2000, 1227 ff.) **kein Wiedereinstellungsanspruch** aufgrund nachwirkender Fürsorgepflicht zu. Dies gilt selbst dann, wenn zu diesem Zeitpunkt noch ein **Kündigungsschutzverfahren** andauert. Der 2. Senat des *BAG* (4.12.1997 EzA § 1 KSchG Wiedereinstellungsanspruch Nr. 3; vgl. dazu *Beckschulze* DB 1998, 417 ff.; *Linck* FA 2000, 334 ff.; *Boewer* NZA 1999, 1121 ff. u. 1177 ff.; *Günzel* DB 2000, 1227 ff.) hat diese Rechtsfrage demgegenüber ausdrücklich offen gelassen.

Nach Auffassung des *ArbG Frankfurt/M.* (20.7.1999 NZA-RR 1999, 580) **ist** der Wiedereinstellungsanspruch nach einer betriebsbedingten Kündigung jedenfalls dann **verwirkt**, wenn er nicht unverzüglich, spätestens innerhalb von drei Wochen nach 1608

Kenntniserlangung von den anspruchsbegründenden Tatsachenänderungen geltend gemacht wird.

cc) Saisonarbeit

1609 Das *BAG* (29.1.1987 EzA § 620 BGB Nr. 87) ist, ohne dass es im entschiedenen Einzelfall darauf angekommen wäre, davon ausgegangen, ein Anspruch des betriebsbedingt entlassenen Arbeitnehmers auf Wiedereinstellung könne sich aus einem Vertrauenstatbestand ergeben, wenn der Arbeitgeber durch von ihm veranlasste Umstände gegenüber dem Arbeitnehmer zu erkennen gegeben hat, dass er dessen erneute Einstellung zu Beginn der nächsten Saison erwartet. Anspruchsgrundlage ist insoweit § 242 BGB.

dd) Ansichten in der Literatur

1610 In der Literatur (*Preis* Prinzipien des Kündigungsrechts bei Arbeitsverhältnissen, 1987, S. 355 ff.) wird die Auffassung vertreten, dass ein Anspruch des Arbeitnehmers nicht auf Wiedereinstellung, sondern auf Weiterbeschäftigung dann anzuerkennen ist, wenn sich **noch während des bestehenden Arbeitsverhältnisses** die betrieblichen Umstände so ändern, dass wieder ein Beschäftigungsbedürfnis auch für den (wirksam) gekündigten Arbeitnehmer besteht.

Nach dem Ablauf der Kündigungsfrist, aber noch während des Laufes des Kündigungsschutzprozesses, kann der Arbeitnehmer einen Anspruch auf Wiedereinstellung geltend machen, wenn er das Entstehen eines über die betriebliche Situation zur Zeit der Kündigung hinausgehenden Beschäftigungsbedarfs für Arbeitnehmer seines Leistungsprofils nachweisen kann.

1611 Nach rechtskräftiger Abweisung der Kündigungsschutzklage kommt ein Wiedereinstellungsanspruch dann in Betracht, wenn entgegen der Prognose des Arbeitgebers ein dem Leistungsprofil des ausgeschiedenen Arbeitnehmers entsprechender Arbeitskräftebedarf eingetreten ist und einer Wiedereinstellung keine schutzwürdigen Interessen des Arbeitgebers entgegenstehen.

Solche Interessen stehen aber insbesondere dann entgegen, wenn der Arbeitgeber zwischenzeitlich bereits andere Arbeitnehmer für die in Frage kommenden Arbeitsplätze eingestellt hat. Insoweit gilt das **Prioritätsprinzip**. Eine zugunsten des gekündigten Arbeitnehmers wirkende Sozialauswahl hat der Arbeitgeber nicht zu beachten, dies verhindert der Grundsatz der Vertragsfreiheit.

1612 **Die Freikündigung eines neu besetzten Arbeitsplatzes zu seinen Gunsten kann der (zunächst wirksam gekündigte) Arbeitnehmer nicht verlangen** (MünchArbR/ *Berkowsky* § 138 Rz. 129; a. A. für betriebsbedingte Kündigungen *Preis* a. a. O., S. 356).

Der Arbeitgeber ist auch nicht verpflichtet, nach einer Besserung der Auftragslage von sich aus an die bereits ausgeschiedenen Arbeitnehmer heranzutreten und ihnen die Wiedereinstellung anzubieten. Vielmehr hat der **Arbeitnehmer den Arbeitgeber zu seiner Wiedereinstellung aufzufordern** und dessen Zustimmung ggf. gerichtlich einzuklagen (MünchArbR/*Berkowsky* § 138 Rz. 130).

D. Die Beendigung des Arbeitsverhältnisses

6. Darlegungs- und Beweislast

a) Betriebsbedingtheit; Dringlichkeit

Der **Arbeitgeber** hat die Darlegungs- und Beweislast für die Kündigungstatsachen (§ 1 Abs. 2 S. 1 KSchG). Dazu gehören insbesondere die Umstände, die die Dringlichkeit von betriebsbedingten Entlassungen begründen.

1613

Er muss also die abstrakte Entwicklung der Beschäftigungsmöglichkeiten bezogen auf einen bestimmten Personenbestand darlegen, aus dem sich eine Differenz zwischen beiden Faktoren ergibt. Der Umfang der konkreten Darlegungslast richtet sich danach, welche Fallgestaltung betrieblicher Erfordernisse vorliegt (APS/ *Kiel* § 1 KSchG Rz. 648 ff.).

aa) Innerbetriebliche Umstände

Ist der Rückgang der Beschäftigungsmöglichkeit **unmittelbar auf einen organisatorischen Entschluss** des Arbeitgebers zurückzuführen (z. B. die Schließung der Abteilung), so muss der Arbeitgeber substantiiert **den Inhalt seines Entschlusses, dessen praktische Umsetzung und dessen zahlenmäßige Auswirkungen auf die Beschäftigungsmöglichkeit darlegen** (MünchArbR/*Berkowsky* § 154 Rz. 61; vgl. auch *Bitter* DB 1999, 1214 ff.).

1614

Handelt es sich, wie bei der Schließung einer Abteilung, um eine nur beschränkt überprüfbare Unternehmerentscheidung, so ist der Arbeitgeber nicht verpflichtet, die hierfür maßgeblichen Erwägungen offen zu legen.
Hingegen hat der **Arbeitnehmer** darzulegen und zu beweisen, dass die fragliche innerbetriebliche Maßnahme (z. B. eine Rationalisierungsmaßnahme) **offenbar unsachlich, unvernünftig oder willkürlich ist** (*BAG* 9.5.1996 EzA § 1 KSchG Betriebsbedingte Kündigung Nr. 85), wobei aber ggf. die Erleichterung des Anscheinsbeweises in Betracht kommt (*BAG* 24.10.1979 EzA § 1 KSchG Betriebsbedingte Kündigung Nr. 13).

1615

bb) Außerbetriebliche Faktoren

Reagiert der Arbeitgeber auf außerbetriebliche Faktoren, z. B. einen Auftragsrückgang, so muss er die **funktionale Beziehung zwischen dem außerbetrieblichen Faktor und dem Wegfall von Beschäftigungsmöglichkeiten im Betrieb** herstellen.
Er hat auch darzulegen, welcher außerbetriebliche Umstand vorliegt, welche innerbetrieblichen Maßnahmen er im Hinblick auf diesen Umstand getroffen hat und insbesondere inwieweit sich diese Maßnahmen auf den Bestand der Beschäftigungsmöglichkeiten auswirken. **Schlagwortartige Formulierungen genügen nicht** (*BAG* 7.12.1978 EzA § 1 KSchG Betriebsbedingte Kündigung Nr. 10; vgl. auch *Bitter* DB 1999, 1214 ff.).

1616

Bestreitet der Arbeitnehmer das Vorliegen dieser den Begriff der betrieblichen Erfordernisse bildenden Tatumstände, so hat sie der Arbeitgeber in vollem Umfang zu beweisen.
Dabei sind an den erforderlichen Substantiierungsgrad des Bestreitens keine hohen Anforderungen zu stellen, da der Arbeitnehmer in diese unternehmerischen Entscheidungsprozesse in aller Regel nicht eingebunden ist und er deshalb aus eigener Kenntnis substantiiert Ausführungen kaum wird machen können (MünchArbR/*Berkowsky* § 154 Rz. 63).

1617

D. Die Beendigung des Arbeitsverhältnisses

Der Arbeitgeber muss insoweit also stets eine **geschlossene Kausalkette** von den unternehmerischen Zielvorgaben über bestimmte betriebliche Organisationsmaßnahmen bis hin zum konkreten Wegfall der Beschäftigungsmöglichkeit eines Arbeitnehmers darlegen und ggf. nachweisen.

cc) Unmöglichkeit anderweitiger Beschäftigung

1618 Dafür, dass eine anderweitige Beschäftigung im Betrieb oder in einem anderen Betrieb des Unternehmens nicht möglich oder zumutbar ist, trägt der Arbeitgeber die Darlegungs- und Beweislast.
Ihr Umfang hängt davon ab, wie sich der Arbeitnehmer einlässt.

Bestreitet der Arbeitnehmer nur den Wegfall seines bisherigen Arbeitsplatzes, so genügt die allgemeine Behauptung des Arbeitgebers, wegen der betrieblichen Notwendigkeit sei eine Weiterbeschäftigung zu gleichen Bedingungen nicht möglich.
Auf die Möglichkeit einer Weiterbeschäftigung – sei es mit oder ohne Umschulung – zu geänderten Bedingungen ist erst dann einzugehen, wenn sich aus dem Vortrag des Arbeitnehmers ergibt, **an welche Art der anderweitigen Beschäftigung er denkt** (*BAG* 7.2.1991 EzA § 1 KSchG Personenbedingte Kündigung Nr. 9).
Beispiel:

1619 Dies gilt auch für Arbeitnehmer eines Großunternehmens, z. B. mit 167 000 Beschäftigten (*BAG* 25.2.1988 Rz. I 5 c Nr. 26). Deshalb muss der Arbeitnehmer den Arbeitsplatz, den er als anderweitige Beschäftigungsmöglichkeit ansieht, genau bezeichnen. Anhand des vom Arbeitgeber daraufhin darzulegenden Anforderungsprofils ist dann festzustellen, ob das Leistungsprofil des Arbeitnehmers diesem Anforderungsprofil entspricht oder ob es im Wege zumutbarer Umschulungs- oder Fortbildungsmaßnahmen dem Anforderungsprofil angepasst werden könnte (vgl. *Gaul* BB 1995, 2422).
Dabei hängt die wechselseitige Substantiierungslast davon ab, wie konkret sich die jeweils andere Seite auf den Vortrag der Gegenseite einlässt.

Erst dann, wenn der Arbeitnehmer konkret eine andere Beschäftigungsmöglichkeit geschildert hat, hat der Arbeitgeber darzulegen und zu beweisen, weshalb diese Vorstellungen nicht zu realisieren sind.

b) Sozialauswahl (§ 1 Abs. 3 S. 3 KSchG)

aa) Darlegungslast des Arbeitnehmers; Mitteilungspflicht des Arbeitgebers

1620 Ist im Einzelfall die Durchführung einer Sozialauswahl durch den Arbeitgeber erforderlich, so muss der **Arbeitnehmer** gem. § 1 Abs. 3 S. 3 KSchG **die Tatsachen beweisen, die die Kündigung als sozial ungerechtfertigt** i. S. d. § 1 Abs. 3 S. 1 KSchG (also wegen fehlerhaft erfolgter Sozialauswahl) **erscheinen lassen.**
Andererseits ist der **Arbeitgeber** gem. § 1 Abs. 3 S. 1 2. Halbs. KSchG verpflichtet, dem Arbeitnehmer **auf Verlangen die Gründe** anzugeben, **die zu der getroffenen Sozialauswahl geführt haben** (APS/*Kiel* § 1 KSchG Rz. 780 ff.).

1621 Daraus folgt, dass dann, wenn der Arbeitnehmer nicht weiß, welche Arbeitskollegen mit ihm vergleichbar sind oder er deren Sozialdaten nicht kennt, ihm die Er-

D. Die Beendigung des Arbeitsverhältnisses

füllung seiner Darlegungslast durch die prozessualen Auswirkungen der Auskunftspflicht des Arbeitgebers erleichtert wird (*BAG* 24.3.1983, 21.12.1983 EzA § 1 KSchG Betriebsbedingte Kündigung Nr. 21, 29):
Der Mitteilungspflicht des Arbeitgebers kommt auf prozessualer Ebene die Funktion einer gesetzlichen Verteilung der Darlegungslast zu.
Die dem Arbeitgeber danach obliegende Darlegungslast stimmt dem Umfang nach mit der ihm nach § 1 Abs. 1 S. 2 2. Hs. KSchG obliegenden Mitteilungspflicht überein.

bb) Bestreiten des Arbeitnehmers
Der Arbeitnehmer genügt daher zunächst seiner Darlegungslast, wenn er (i. d. R. bereits in der Klageschrift) **pauschal die soziale Auswahl beanstandet und zugleich vom Arbeitgeber die Mitteilung der Gründe verlangt,** die diesen zu seiner Entscheidung veranlasst haben. An das Auskunftsverlangen des Arbeitnehmers sind keine übertriebenen formalen Anforderungen zu stellen. Es genügt jeder Vortrag des Arbeitnehmers, der seine Erwartung erkennen lässt, zunächst möge der Arbeitgeber die von ihm für maßgeblich gehaltenen Gründe für die Auswahl nennen. In der Praxis erfolgt dies zumeist dadurch, dass der Arbeitnehmer die Ordnungsgemäßheit der Sozialauswahl mit Nichtwissen bestreitet (**§ 138 Abs. 4 ZPO**).

1622

cc) Sachvortrag des Arbeitgebers
Folge des Auskunftsverlangens ist es regelmäßig, dass der **Arbeitgeber sodann die Gründe für die von ihm getroffene Sozialauswahl vorzutragen hat.**

1623

Der Arbeitgeber hat danach insbesondere vorzutragen, welche Arbeitnehmer zum auswahlrelevanten Personenkreis gehören, unter Angabe der auswahlrelevanten Sozialdaten (Lebensalter, Dauer der Betriebszugehörigkeit, Zahl der unterhaltsberechtigten Personen), sowie nach welchen Bewertungsmaßstäben er die Sozialauswahl vorgenommen hat, insbesondere wie er die Auswahlkriterien gewichtet hat (*BAG* 21.7.1988 EzA § 1 KSchG Soziale Auswahl Nr. 26; vgl. auch *LAG Baden-Württemberg* 30.9.1998 NZA-RR 1999, 301; *Preis* DB 1986, 746; *Dudenbostel* DB 1984, 826; abl. Münch*ArbR/Berkowsky* § 154 Rz. 78 ff., wonach durch diese Verteilung der Darlegungslast das Verfahren ohne Notwendigkeit kompliziert wird und nicht immer überzeugende Ergebnisse erreicht werden).

dd) Beschränkung auf für den Arbeitgeber subjektiv maßgebliche Gründe
Der Arbeitgeber ist aufgrund der Auskunftspflicht allerdings nur verpflichtet, die Gründe anzugeben, **die ihn subjektiv zu der getroffenen Auswahl veranlasst haben.** Er erfüllt diese Pflicht deshalb auch dann, wenn er alle von ihm angestellten Auswahlüberlegungen darlegt, sich aus seiner Auskunft aber ergibt, dass er nicht alle erheblichen Sozialdaten berücksichtigt oder bei seiner Entscheidung auf ungeeignete Kriterien abgestellt hat.

1624

Ebenso wie im Rahmen des § 102 BetrVG gegenüber dem Betriebsrat ist auch bei der Erfüllung der Auskunftspflicht zwischen ihrer subjektiven Verletzung durch den Arbeitgeber und der im Ergebnis unvollständigen oder fehlerhaften Berücksichtigung der objektiv erheblichen Auswahlkriterien und Bewertungsmaßstäbe zu unterscheiden.

1625

D. Die Beendigung des Arbeitsverhältnisses

Diese Unterscheidung ist auch für die unmittelbaren Rechtsfolgen von Bedeutung, die sich aus der Verletzung der Auskunftspflicht des Arbeitgebers einerseits und aus der Unvollständigkeit oder Fehlerhaftigkeit der mitgeteilten Auswahlüberlegungen andererseits ergeben.

ee) Rechtsfolgen

1626 Wenn der Arbeitgeber die von ihm angestellten Auswahlüberlegungen **nicht oder nicht vollständig darlegt,** z. B. indem er die von ihm als vergleichbar angesehenen Arbeitnehmer nicht namentlich nennt, **dann bleibt der Arbeitnehmer von der ihm nach § 1 Abs. 3 S. 3 KSchG obliegenden Darlegungs- und Beweislast insoweit befreit, als er die Rüge der fehlerhaften Auswahl gerade und nur deswegen nicht weiter konkretisieren kann, weil der Arbeitgeber seiner Auskunftspflicht nicht nachgekommen ist.**

1627 Diese beschränkte Befreiung der Darlegungslast ist nach Auffassung des BAG (21.12.1983 EzA § 1 KSchG Betriebsbedingte Kündigung Nr. 29; 21.7.1988 EzA § 1 KSchG Soziale Auswahl Nr. 26) gerechtfertigt und geboten, weil es hinsichtlich der Umstände, die der Arbeitnehmer unabhängig von der Auskunft des Arbeitgebers bereits kennt, keiner Abstufung der Darlegungslast bedarf.

> Die in § 1 Abs. 3 S. 3 KSchG enthaltene Beweislastregel ist folglich erst dann anwendbar, wenn der Arbeitgeber im einzelnen Gründe angegeben und im Streitfall auch nachgewiesen hat, die zu der getroffenen Sozialauswahl geführt haben (vgl. KR-*Etzel* § 1 KSchG Rz. 683 ff.).

ff) Sonderfall: Vermutung für eine fehlerhafte Sozialauswahl

1628 Es spricht im Übrigen eine vom Arbeitgeber auszuräumende tatsächliche Vermutung dafür, dass eine Auswahl, bei der keine sozialen Gesichtspunkte, sondern ausschließlich betriebliche Belange berücksichtigt worden sind, auch im Ergebnis sozialwidrig ist (*BAG* 18.10.1984 EzA § 1 KSchG Betriebsbedingte Kündigung Nr. 33).

gg) Namentliche Benennung sozial weniger schutzwürdiger Arbeitnehmer

(1) Rechtsprechung des BAG

1629 Hat der Arbeitnehmer dagegen aufgrund der Auskunft Kenntnis der Namen vergleichbarer Kollegen sowie die Kenntnis von deren Sozialdaten, so muss er unter namentlicher Benennung seiner Meinung nach sozial weniger schutzbedürftiger Arbeitnehmer, dem oder denen an seiner Stelle hätte gekündigt werden müssen, substantiiert unter Angabe ihrer individuellen Sozialdaten (Alter, Betriebszugehörigkeit, Unterhaltsverpflichtungen) die Fehlerhaftigkeit der Sozialauswahl geltend machen (*BAG* 8.8.1985 EzA § 1 KSchG Soziale Auswahl Nr. 21).

1630 Die genaue und individuelle Bezeichnung weniger schutzwürdiger Arbeitnehmer ist nach Auffassung des *BAG* (8.8.1985 EzA § 1 KSchG Soziale Auswahl Nr. 21) deshalb erforderlich, weil das Gericht nicht von Amts wegen eine Auswahl treffen darf, die sonst gerade auf den Arbeitnehmer fallen könnte, den der gekündigte Arbeitnehmer keinesfalls verdrängen will.

D. Die Beendigung des Arbeitsverhältnisses

Auch wenn er die Zahl und die Namen der vergleichbaren Arbeitnehmer kennt sowie deren Sozialdaten, genügt es nicht, dass er seine Rüge nicht ordnungsgemäßer Sozialauswahl allein damit begründet, die Mehrzahl der vergleichbaren Arbeitnehmer sei hinsichtlich des Alters oder der Dauer der Betriebszugehörigkeit weniger schutzwürdig.

Allerdings ist die Berufung einer Klägerin auf eine fehlerhafte Sozialauswahl nach Auffassung des *LAG Niedersachsen* (23.2.2001–16 Sa 1427/00 –) dann mit dem **Grundsatz von Treu und Glauben nicht vereinbar**, wenn sich diese auf eine andere Mitarbeiterin beruft, mit der sie meint, vergleichbar zu sein, wenn auch diese Mitarbeiterin im Rahmen der Sozialauswahl zu kündigen gewesen wäre. **1631**

(2) Kritik
Demgegenüber genügt nach *Etzel* (KR § 1 KSchG Rz. 688; abl. auch APS/*Kiel* § 1 KSchG Rz. 784) der Arbeitnehmer der ihm obliegenden Darlegungslast dann, **wenn er die auswahlrelevanten Tatsachen vorträgt, aus denen sich ergibt, dass die vom Arbeitgeber getroffene Auswahlentscheidung objektiv fehlerhaft ist.** Das Gericht hat sodann unter Zugrundelegung des dem § 1 Abs. 3 KSchG entsprechenden Bewertungsmaßstabes zu prüfen, ob unter den vergleichbaren Arbeitnehmern weniger sozial schutzbedürftige Mitarbeiter sind.
Der gekündigte Arbeitnehmer kann insoweit zwar eine namentliche Konkretisierung vornehmen, diese stellt aber für das Gericht lediglich eine unverbindliche Rechtsmeinung dar. **1632**

Danach führt die Rechtsauffassung des *BAG* (8.8.1985 EzA § 1 KSchG Soziale Auswahl) hinsichtlich der geforderten personellen Konkretisierung eines etwaigen Auswahlfehlers durch den Arbeitnehmer im Ergebnis zu einer gesetzlich nicht vorgesehenen Beschränkung der gerichtlichen Auswahlüberprüfung. Denn bei der Frage, welcher der vergleichbaren Arbeitnehmer sozial weniger schutzbedürftig ist, handelt es sich um die allein dem Gericht vorbehaltene Anwendung des materiellen Kündigungsschutzrechts (§ 1 Abs. 3 KSchG) auf den Einzelfall. **1633**

IX. Kündigung in der Insolvenz

1. Vergleichsverfahren (bis 31.12.1998)

Siehe hierzu ausführlich die Ausführungen in der 2. Auflage unter D/Rz. 1239 f. **1634**

2. Konkursverfahren (bis 31.12.1998)

Siehe hierzu ausführlich die Ausführungen in der 2. Auflage unter D/Rz. 1241 ff. **1635**

3. Gesamtvollstreckungsverfahren (bis 31.12.1998)

Siehe hierzu ausführlich die Ausführungen in der 2. Auflage unter D/Rz. 1245. **1636**

D. Die Beendigung des Arbeitsverhältnisses

4. Insolvenzordnung (ab 1.1.1999)

1637 Mit Wirkung zum 1.1.1999 sind VglO, KO und GesVVO aufgehoben und durch die InsO ersetzt worden; die arbeitsrechtlich maßgeblichen Vorschriften insbesondere der §§ 113, 125, 126, 127 InsO waren zuvor bereits durch das arbeitsrechtliche Beschäftigungsförderungsgesetz mit Wirkung vom 1.10.1996 eingeführt worden.(vgl. *Zwanziger* BB 1997, 626 ff.; *Lakies* RdA 1997, 145 ff.; *Kocher* BB 1998, 213 ff.; *Müller* NZA 1998, 1315 ff.; *Heinze* NZA 1999, 57 ff.).

a) Kündigungsfrist

1638 Gem. § 113 InsO kann ein Arbeiterverhältnis vom Insolvenzverwalter und vom Arbeitnehmer ohne Rücksicht auf die verbleibende Vertragsdauer oder einen vereinbarten Ausschluss des Rechts zur ordentlichen Kündigung gekündigt werden. Die Kündigungsfrist beträgt drei Monate zum Monatsende, wenn nicht eine kürzere Frist maßgeblich ist. Kündigt der Verwalter, so kann der andere Teil wegen der vorzeitigen Beendigung des Dienstverhältnisses als Insolvenzgläubiger Schadensersatz verlangen. Damit ist die Frage, inwiefern verlängerte tarifliche Kündigungsfristen und Unkündbarkeitsvereinbarungen im Konkurs nach der aufgehobenen KO Bestand haben, erledigt; die **Dreimonatsfrist** gilt – auch für die Änderungskündigung – **als Spezialregelung für den Insolvenzfall**. Tarifvertragliche, gesetzliche oder einzelvertragliche Kündigungsfristen gelten nur, wenn sie kürzer als die Dreimonatsfrist sind (*BAG* 19.1.2000 EzA § 113 InsO Nr. 10 für den Ausschluss der ordentlichen Kündigung; vgl. dazu *Ettwig* SAE 2001, 235 ff.; *Schrader* NZA 1997, 70).

1639 Nach Auffassung des *ArbG Stuttgart* (4.8.1997 DB 1997, 2543; krit. auch *Lakies* RdA 1997, 146; BB 1998, 2640; **a. A.** *LAG Düsseldorf* 9.1.1998 LAGE § 113 InsO Nr. 2; *LAG Hamburg* 19.5.1998 NZA-RR 1998, 440) ist diese Regelung im Hinblick auf Art. 9 Abs. 3 GG verfassungswidrig; der Vorlagebeschluss wurde vom *BVerfG* (8.2.1999 NZA 1999, 597; ebenso *BVerfG* 21.5.1999 EzA § 113 InsO Nr. 8 zu einem Vorlagebeschluss des *ArbG München* vom 23.9.1998 NZA-RR 1999, 18 Ls. gleichen Inhalts) als unzulässig verworfen. Das *ArbG Limburg* (2.7.1997 BB 1998, 220; **a. A.** *LAG Hamm* 13.8.1997 BB 1998, 541) hat angenommen, dass für den Arbeitnehmer längere tarifvertragliche Kündigungsfristen bis zum In-Kraft-Treten der InsO am 1.1.1999 weiterhin eingehalten werden müssen. Das *LAG Köln* (26.3.1998 LAGE § 113 InsO Nr. 3; **a. A.** *LAG Hamm* 27.3.1998 NZA-RR 1998, 538) ist schließlich davon ausgegangen, dass maßgeblich i. S. d. § 113 Abs. 1 S. 2 InsO nicht die vertragliche Kündigungsfrist ist, wenn diese zwar nicht länger als drei Monate zum Monatsende andauert, aber die gesetzliche Frist überschreitet.

1640 Dem ist das *BAG* (3.12.1998 EzA § 113 InsO Nr. 6) jedoch nicht gefolgt, da **§ 22 KO vollständig durch § 113 InsO ersetzt worden ist**. Im Verhältnis zwischen den Parteien gilt die vertraglich vereinbarte Frist bis zur Höchstfrist des § 113 InsO. Diese Frist verdrängt auch eine längere tarifvertragliche Kündigungsfrist (*BAG* 16.6.1999 EzA § 113 InsO Nr. 9; vgl. dazu *Giesen* SAE 2000, 305 ff.). Ist ein Arbeitsverhältnis im Zeitpunkt der Kündigung durch den Insolvenzverwalter ohne ordentliche Kündigungsmöglichkeit noch für zumindest weitere drei Monate befristet, so gilt die gesetzliche Höchst-Kündigungsfrist von drei Monaten.

D. Die Beendigung des Arbeitsverhältnisses

Sie wird durch eine kürzere gesetzliche Kündigungsfrist verdrängt, die für das Arbeitsverhältnis auch vor Eröffnung des Insolvenzverfahrens nicht maßgeblich ist (*BAG* 6.7.2000 EzA § 113 InsO Nr. 11; krit. *Caspers* SAE 2001, 187 ff.).

§ 113 InsO enthält nur Regelungen zur Kündigung an sich und der dabei zu wahrenden Kündigungsfrist für das Insolvenzverfahren. Der allgemeine Kündigungsschutz und sonderkündigungsschutzrechtliche Bestimmungen bleiben davon unberührt (*LAG Baden-Württemberg* 9.11.1998 LAGE § 113 InsO Nr. 6). Andererseits erfasst § 113 InsO auch tarifliche Kündigungserschwerungen, die die Zulässigkeit einer ordentlichen Kündigung gegenüber ansonsten »unkündbaren« Arbeitnehmern an die Zahlung einer Sozialplanabfindung knüpfen (*LAG Hamm* 26.11.1998 BB 1999, 1333 Ls.). 1641

b) Klagefrist

Will ein Arbeitnehmer geltend machen, dass die Kündigung seines Arbeitsverhältnisses durch den Insolvenzverwalter unwirksam ist, so muss er **auch dann** innerhalb von drei Wochen nach Zugang der Kündigung Klage beim Arbeitsgericht erheben, **wenn er sich für die Unwirksamkeit der Kündigung auf andere als die in § 1 Abs. 2 und 3 KSchG bezeichneten Gründe** – insbesondere die sog. sonstigen Unwirksamkeitsgründe (Verstoß gegen § 102 BetrVG, § 613a Abs. 4 BGB usw.; *LAG Düsseldorf* 29.6.2000 NZA-RR 2001, 413; *ArbG Wuppertal* 2.2.2000 NZA-RR 2000, 243; *ArbG Aachen* 6.8.1999 NZA-RR 2000, 420; vgl. *Schrader* NZA 1997, 71; vgl. auch *Müller* NZA 1998, 1316 f.; *Heinze* NZA 1999, 59) – beruft. § 1 S. 4 und § 5 KSchG gelten entsprechend (§ 113 Abs. 2 InsO). 1642

c) Interessenausgleich mit namentlicher Bezeichnung der zu kündigenden Arbeitnehmer

Ist eine Betriebsänderung (§ 111 BetrVG) geplant und kommt zwischen Insolvenzverwalter und Betriebsrat ein Interessenausgleich zustande, in dem die Arbeitnehmer, denen gekündigt werden soll, namentlich bezeichnet sind, so ist § 1 KSchG gem. § 125 InsO – dies gilt auch bei Änderungskündigungen (*Schrader* NZA 1997, 74; vgl. auch *Müller* NZA 1998, 1319 f.) – mit folgenden Maßgaben anzuwenden (vgl. *Heinze* NZA 1999, 59 f.): 1643
1. es wird vermutet, dass die Kündigung der Arbeitsverhältnisse der bezeichneten Arbeitnehmer durch dringende betriebliche Erfordernisse, die einer Weiterbeschäftigung in diesem Betrieb oder einer Weiterbeschäftigung zu unveränderten Arbeitsbedingungen entgegenstehen, bedingt ist;
2. die soziale Auswahl der Arbeitnehmer kann nur im Hinblick auf die Dauer der Betriebszugehörigkeit, das Lebensalter und die Unterhaltspflichten und auch insoweit nur auf grobe Fehlerhaftigkeit nachgeprüft werden; sie ist nicht als grob fehlerhaft anzusetzen, wenn eine ausgewogene Personalstruktur erhalten oder geschaffen wird. Der Wortlaut der gesetzlichen Regelung spricht dafür, dass die **Überprüfung des Rechtsbegriffs der »ausgewogenen Personalstruktur«** sich nicht auf grobe Fehlerhaftigkeit beschränkt, sondern **in vollen Umfang** zu erfolgen hat.
Demgegenüber ist *Schrader* (NZA 1997, 74) der Auffassung, dass bei dieser Interpretation der Zweck der gesetzlichen Regelung vereitelt würde. Die Schaffung einer ausgewogenen Personalstruktur müsse grobe Fehler bei der Sozialauswahl, etwa bei der Berücksichtigung der Unterhaltspflichten, rechtfertigen können. Folglich komme auch insoweit nur eine Überprüfung auf grobe Fehlerhaftigkeit in Betracht.

D. Die Beendigung des Arbeitsverhältnisses

Jedenfalls enthält § 125 Abs. 1 Nr. 2 2. Hs. InsO keine Fiktion oder unwiderlegliche Vermutung, sondern erweitert allenfalls den Kreis der Berechtigten betrieblichen Belange i. S. d. § 1 Abs. 3 S. 2 KSchG. Dementsprechend genügt der Arbeitgeber der auch im Insolvenzfall geltenden Verpflichtung gem. § 1 Abs. 3 S. 1 2. Hs. KSchG, dem Arbeitnehmer auf Verlangen die von ihm getroffene Sozialauswahl mitzuteilen, nicht schon dadurch, dass er im Kündigungsschutzprozess die Bildung von Altersgruppen und die Anzahl der in den einzelnen Altersgruppen vor und nach der Betriebsänderung erfassten Arbeitnehmer gegenüberstellt. Allein die objektive Ausgewogenheit der vorgetragenen Altersstruktur macht den Vortrag nicht entbehrlich, nach welchen Gesichtspunkten die Auswahl innerhalb der gebildeten Altersgruppen erfolgt ist. Ohne entsprechende Angaben ist eine Überprüfung auf »grobe Fehlerhaftigkeit« nicht möglich (*LAG Hamm* 28.5.1998 LAGE § 125 InsO Nr. 1, 2).

Satz 1 gilt nicht, soweit sich die Sachlage nach Zustandekommen des Interessenausgleichs **wesentlich geändert** hat. Das kann z. B. dann der Fall sein, wenn ein Interessenausgleich im Hinblick auf eine Betriebsstilllegung vereinbart wurde, nach Anspruch der Kündigung aber ein Erwerber den Betrieb übernimmt (*Schrader* NZA 1997, 75).

Der Interessenausgleich nach Abs. 1 ersetzt die Stellungnahme des Betriebsrat nach § 17 Abs. 3 S. 2 KSchG; die Anhörung gem. § 102 BetrVG wird dadurch aber nicht entbehrlich.

Bei dem durch § 125 InsO vorgesehenen Interessenausgleich handelt es sich nicht um einen solchen nach § 112 BetrVG; es handelt sich vielmehr um voneinander unabhängige, losgelöste Verfahren. So ist es z. B. möglich, dass der Insolvenzverwalter die Durchführung der Betriebsänderung über § 122 InsO gerichtlich erzwingt, für die durchzuführenden Kündigungen aber mit dem Betriebsrat eine Vereinbarung gem. § 125 InsO trifft. Das kommt z. B. dann in Betracht, wenn der Betriebsrat die Schließung eines Teilbetriebes für falsch hält, andererseits aber der Auffassung ist, wenn schon Kündigungen ausgesprochen werden müssen, auf diese im Interesse der Erhaltung des Restunternehmens und der übrigen Arbeitsplätze Einfluss zu nehmen (*Warrikoff* BB 1994, 2341).

d) Vorabverfahren zur Kündigung von Arbeitnehmern

aa) Grundlagen

1644 Hat der Betrieb keinen Betriebsrat oder kommt aus anderen Gründen innerhalb von drei Wochen nach Verhandlungsbeginn oder schriftlicher Aufforderung zur Aufnahme von Verhandlungen ein Interessenausgleich nach § 125 Abs. 1 InsO nicht zustande, obwohl der Verwalter den Betriebsrat rechtzeitig und umfassend unterrichtet hat, so kann der Insolvenzverwalter gem. § 126 InsO beim Arbeitsgericht beantragen festzustellen, dass die Kündigung der Arbeitsverhältnisse bestimmter, im Antrag bezeichneter Arbeitnehmer durch dringende betriebliche Erfordernisse bedingt und sozial gerechtfertigt ist. Die soziale Auswahl der Arbeitnehmer kann nur im Hinblick auf die Dauer der Betriebszugehörigkeit, das Lebensalter und die Unterhaltspflichten nachgeprüft werden (vgl. dazu *Müller* NZA 1998, 1316 ff.). Haben die Betriebspartner einen Interessenausgleich nach § 125 InsO abgeschlossen, so ist ein **späteres Be-**

D. Die Beendigung des Arbeitsverhältnisses

schlussverfahren zum Kündigungsschutz nach § 126 InsO **gleichwohl zulässig**, wenn wegen einer weiteren Betriebsänderung ein Interessenausgleich nicht zustande kommt (*BAG* 20.1.2000 EzA § 126 InsO Nr. 1). Gleiches gilt, wenn die Kündigung der im Antrag bezeichneten Arbeitnehmer schon vor Einleitung des Verfahrens erfolgt ist (*BAG* 29.6.2000 EzA § 126 InsO Nr. 2).

bb) Verfahrensvorschriften
Die Vorschriften des Arbeitsgerichtsgesetzes über das Beschlussverfahren gelten entsprechend; Beteiligte sind der Insolvenzverwalter, der Betriebsrat und die bezeichneten Arbeitnehmer, soweit sie nicht mit der Beendigung des Arbeitsverhältnisses oder mit den geänderten Arbeitsbedingungen einverstanden sind. Die gerichtliche Prüfung im Beschwerdeverfahren erstreckt sich auch auf die **Kündigungsbefugnis** des vorläufigen Insolvenzverwalters (*BAG* 29.6.2000 EzA § 126 InsO Nr. 2). § 122 Abs. 2 S. 3, Abs. 3 InsO gilt entsprechend (zum Verfahren vgl. *Lakies* RdA 1997, 152 ff.; *Müller* NZA 1998, 1316 ff.), d. h. dass insbesondere kein Beschwerdeverfahren zum LAG vorgesehen ist, ebenso wenig eine Nichtzulassungsbeschwerde (*BAG* 24.8.2001 – 2 ABN 20/01 –). Das BAG kann entsprechend § 565 Abs. 1 S. 2 ZPO an eine andere Kammer des Arbeitsgerichts zurückverweisen; eine Zurückverweisung an das LAG ist ausgeschlossen (*BAG* 20.1.2000 EzA § 126 InsO Nr. 1).

cc) Kosten
Für die Kosten, die den Beteiligten im Verfahren des ersten Rechtszugs entstehen, gilt § 12 a Abs. 1 S. 1 und 2 ArbGG entsprechend. Im Verfahren vor dem Bundesarbeitsgericht gelten die Vorschriften der Zivilprozessordnung über die Erstattung der Kosten des Rechtsstreits entsprechend (vgl. *Schrader* NZA 1997, 76 f.)

dd) Bindungswirkung der Entscheidung
Kündigt der Insolvenzverwalter einem Arbeitnehmer, der in dem Antrag nach § 126 Abs. 1 InsO bezeichnet ist, und erhebt der Arbeitnehmer Klage auf Feststellung, dass das Arbeitsverhältnis durch die Kündigung nicht aufgelöst oder die Änderung der Arbeitsbedingungen sozial ungerechtfertigt ist, so ist die rechtskräftige Entscheidung im Verfahren nach § 126 InsO für die Parteien gem. § 127 InsO bindend. Dies gilt nicht, soweit sich die Sachlage nach dem Schluss der letzten mündlichen Verhandlung wesentlich geändert hat (vgl. *Schrader* NZA 1997, 77 f.).

ee) Einzelfragen
Hat der Arbeitnehmer schon vor der Rechtskraft der Entscheidung im Verfahren nach § 126 InsO Klage erhoben, so ist die Verhandlung über die Klage auf Antrag des Verwalters bis zu diesem Zeitpunkt auszusetzen.
Zweifelhaft ist, ob das Verfahren nach § 126 InsO auch im Betrieb mit weniger als 21 wahlberechtigten Arbeitnehmern anwendbar ist, in denen der Insolvenzverwalter selbst dann nicht über einen Interessenausgleich verhandeln müsste, wenn ein Betriebsrat besteht (dafür *Löwisch* RdA 1997, 85; *Schrader* NZA 1997, 77; *Warrikow* BB 1994, 628).
Nach Auffassung von *Fischermeier* (NZA 1997, 1099) dürfte § 126 InsO jedoch eher so zu verstehen sein, dass er an **das grundsätzliche Erfordernis von Interessenausgleichsverhandlungen** anknüpft und davon nur insoweit eine Ausnahme macht, als ein Betrieb i. S. v. § 111 S. 1 BetrVG keinen Betriebsrat hat.

D. Die Beendigung des Arbeitsverhältnisses

X. Besonderheiten bei Massenentlassungen

1. Massenentlassungen und betriebsbedingte Kündigungen

a) Geltung der allgemeinen Grundsätze

1649 Der Umstand, dass insbesondere Rationalisierungsmaßnahmen nicht nur zu einzelnen betriebsbedingten Kündigungen, sondern zu Massenentlassungen führen, führt zwar zu einem gewissen Kollektivcharakter derartiger Kündigungen.
Ihnen liegt regelmäßig ein Beschäftigungsrückgang zugrunde, der sich auf den Bestand einer Vielzahl von Arbeitsplätzen bezieht.
Dennoch gelten weder materiell-rechtlich noch hinsichtlich der Darlegungs- und Beweislast Abweichungen von den nach § 1 Abs. 2 KSchG zu stellenden Anforderungen. Denn Anhaltspunkte dafür, dass der Gesetzgeber insoweit eine Differenzierung vorgesehen hat, bestehen nicht (*BAG* 18.10.1984 EzA § 1 KSchG Betriebsbedingte Kündigung Nr. 34; 25.4.1985 EzA § 1 KSchG Betriebsbedingte Kündigung Nr. 35).

b) Praktische Probleme bei der Sozialauswahl

1650 Insbesondere im Rahmen der Sozialauswahl besteht das praktische Problem, die Vielzahl der Sozialdaten der in die Sozialauswahl einzubeziehenden Arbeitnehmer so aufzuarbeiten (und später dem Betriebsrat mitzuteilen bzw. dem ArbG vorzutragen), dass sie tatsächlich handhabbar werden.

1651 Dennoch kommt weder eine Beschränkung der notwendigen Sozialauswahl auf einzelne Betriebsabteilungen in Betracht (*BAG* 15.6.1989 EzA § 1 KSchG Soziale Auswahl Nr. 27; a. A. *Wank* Anm. zu *BAG* AR-Blattei B Kündigungsschutz Entscheidung 304), noch ist es ausgeschlossen, dass sich jeder betroffene Arbeitnehmer auf die Fehlerhaftigkeit der Sozialauswahl berufen kann, auch wenn mehreren Arbeitnehmern aus dringenden betrieblichen Gründen zur selben Zeit gekündigt wird, aber nur einem vergleichbaren Arbeitnehmer nicht, der erheblich weniger hart von der Kündigung betroffen wäre. Das *BAG* (18.10.1984 EzA § 1 KSchG Betriebsbedingte Kündigung Nr. 34) hat insoweit lediglich offen gelassen, ob der Arbeitgeber den Auswahlfehler **nachträglich** dadurch **korrigieren** kann, dass er dem weniger schutzwürdigen Arbeitnehmer kündigt und dafür einem der gekündigten Arbeitnehmer die Fortsetzung des Arbeitsverhältnisses anbietet.

c) Darlegungs- und Beweislast hinsichtlich der Sozialauswahl

1652 Der Arbeitgeber muss daher darlegen und beweisen, wie viele vergleichbare Arbeitnehmer zwischen den verschiedenen Betriebsteilen ausgetauscht werden können, ohne dass der ordnungsgemäße Betriebsablauf gestört wird.
Auf diese Zahl von Arbeitnehmern beschränkt sich dann allerdings die Sozialauswahl (*BAG* 25.4.1985 EzA § 1 KSchG Betriebsbedingte Kündigung Nr. 35).

D. Die Beendigung des Arbeitsverhältnisses

2. Formelle Besonderheiten der Massenentlassungen (§§ 17 bis 22 KSchG)

Massenentlassungen führen regelmäßig zu einer erheblich stärkeren Belastung des Arbeitsmarktes als die individuelle Kündigung. 1653
§§ 17 – 22 KSchG sehen daher für sog. anzeigepflichtige Entlassungen ein Regelungssystem von Verhaltenspflichten des Arbeitgebers und des Betriebsrats für das Einhalten verschiedener Fristen vor, dessen Nichtbeachtung zur Unwirksamkeit von Kündigungen führen kann (vgl. dazu *Opolony* NZA 1999, 791 ff.).
Trotz primär arbeitsmarkttechnischer Zielsetzung haben diese Vorschriften deshalb auch kündigungsschutzrechtliche Auswirkungen.

a) Anzeigepflicht (§ 17 KSchG)

aa) Notwendige Beschäftigtenzahl; Betriebsbegriff

Unter den in § 17 KSchG geregelten Voraussetzungen ist der Arbeitgeber verpflichtet, 1654
dem Arbeitsamt von beabsichtigten Massenentlassungen Anzeige zu erstatten.
Ausgenommen sind Saison- und Kampagnebetriebe, wenn die Entlassungen durch diese Eigenart der Betriebe bedingt ist (§ 22 Abs. 1 KSchG).
Der Betrieb muss i. d. R. **mindestens 21 Arbeitnehmer** beschäftigen.
Es kommt auf die Zahl der Beschäftigten bei regelmäßigem Geschäftsgang an, d. h. auf diejenige Personalstärke, die für den Betrieb im Allgemeinen kennzeichnend ist. Beschäftigungsspitzen bleiben ebenso außer Betracht wie Zeiten außergewöhnlich schwacher Beschäftigungslage (*BAG* 31.7.1986 EzA § 17 KSchG Nr. 3). Deshalb ist auch die Zahl der tatsächlich Beschäftigten im Zeitpunkt der Kündigung für die Beurteilung regelmäßig unerheblich.
Erforderlich ist grds. ein Rückblick auf die bisherige personelle Stärke des Betriebes und eine Einschätzung der künftigen Entwicklung. Im Falle der Betriebsstilllegung kommt jedoch nur ein Rückblick auf die bisherige Belegschaftsstärke in Frage. 1655
Entscheidend ist dann, wann der Arbeitgeber noch eine regelmäßige Betriebsstärke entwickelt und wie viele Arbeitnehmer er hierfür eingesetzt hat (*BAG* 31.7.1986 EzA § 17 KSchG Nr. 3; vgl. APS/*Moll* § 17 KSchG Rz. 17 ff.).
Hinsichtlich des Betriebsbegriffs geht der *EuGH* (7.12.1995 EzA § 17 KSchG Nr. 5; 1656
vgl. APS/*Moll* § 17 KSchG Rz. 3 ff.) für Art. 1 Abs. 1 a RL 75/129/EWG v. 17.2.1975, die durch §§ 17 ff. KSchG umgesetzt worden ist, davon aus, dass **zwei oder mehrere miteinander verbundene Unternehmen eines Konzerns,** von denen keines bestimmenden Einfluss auf das/die andere(n) Unternehmen hat, nicht daran gehindert sind, eine gemeinsame Einrichtung für Einstellungen und Entlassungen zu schaffen, sodass insbesondere Entlassungen bei einem der Unternehmen nur mit Zustimmung dieser Einrichtung erfolgen können. Betrieb ist danach eine Einheit, der die von der Entlassung betroffenen Arbeitnehmer zur Erfüllung ihrer Aufgaben angehören. Ob die fragliche Einheit eine Leitung hat, die selbstständig Massenentlassungen vornehmen kann, ist für die Definition des Begriffs »Betrieb« nicht entscheidend.

bb) Relation zwischen Gesamtbelegschaft und Entlassungen

(1) Bestimmung des Zahlenverhältnisses
Die Zahl der Entlassungen muss in einem bestimmten Verhältnis zur Gesamtbelegschaft des Betriebes stehen. 1657

D. Die Beendigung des Arbeitsverhältnisses

Besonderheiten gelten insoweit für die Ermittlung der maßgeblichen Beschäftigtenzahl für den Fall, dass der Arbeitgeber beschließt, den Betrieb zu einem bestimmten Zeitpunkt stillzulegen und anschließend **stufenweise Personal entlässt.** Denn dann stellt der im Zeitpunkt der Beschlussfassung und nicht der spätere, verringerte Personalbestand die für die Anzeigepflicht nach § 17 Abs. 1 KSchG maßgebende regelmäßige Arbeitnehmerzahl dar.
Das gilt auch dann, wenn der Arbeitgeber zunächst allen Arbeitnehmern zu dem vorgesehenen Sterminstilllegung kündigt und später er oder an seiner Stelle der Insolvenzverwalter wegen zwischenzeitlich eingetretenen Vermögensverfalls zum selben Termin vorsorglich nochmals kündigt (*BAG* 8.6.1989 EzA § 17 KSchG Nr. 4; vgl. APS/*Moll* § 17 KSchG Rz. 48 f.).

(2) Zu berücksichtigende Beendigungstatbestände

1658 **Fristlose Entlassungen** werden **nicht mitgerechnet** (§ 17 Abs. 4 KSchG). Das gilt auch dann, wenn der Arbeitgeber dem außerordentlich gekündigten Arbeitnehmer eine sog. Auslauffrist einräumt (MünchArbR/*Berkowsky* § 156 Rz. 19).
Änderungskündigungen fallen unter § 17 KSchG, wenn eine hinreichende Anzahl von Arbeitnehmern das **Änderungsangebot nicht annimmt,** es also tatsächlich zur Beendigung der Arbeitsverhältnisse kommt (*BAG* 10.3.1982 EzA § 2 KSchG Nr. 3).

1659 Den Entlassungen stehen **andere Beendigungen des Arbeitsverhältnisses** (insbesondere Aufhebungsverträge, vgl. *BAG* 11.3.1999 EzA § 17 KSchG Nr. 8, aber auch Eigenkündigungen von Arbeitnehmern) gleich, **wenn sie vom Arbeitgeber veranlasst werden** (§ 17 Abs. 1 S. 2 KSchG). Arbeitnehmer, die zwar entlassen, dann aber nach § 102 Abs. 5 BetrVG weiterbeschäftigt werden, sind mitzurechnen, da ihre Weiterbeschäftigung nur vorläufig erfolgt (KR-*Rost* § 17 KSchG Rz. 43 d; vgl. auch APS/*Moll* § 17 KSchG Rz. 35 ff.).

cc) Arbeitnehmer i. S. v. § 17 KSchG

1660 Als Arbeitnehmer i. S. v. § 17 KSchG sind alle Mitarbeiter zu berücksichtigen, die auch als Arbeitnehmer i. S. v. § 1 KSchG anzusehen sind; die Dauer der Betriebszugehörigkeit ist unerheblich (MünchArbR/*Berkowsky* § 156 Rz. 15).

dd) Entlassung innerhalb von 30 Kalendertagen

1661 Die erforderliche Mindestzahl von Entlassungen muss innerhalb von 30 Kalendertagen beabsichtigt sein. Dabei ist nicht der Tag des Ausspruchs der Kündigung, sondern der des **Ausscheidens aus dem Betrieb** maßgebend (**a. A.** *Steke* DB 1995, 674).
Ein einheitlicher Kündigungsentschluss des Arbeitgebers vor Ausspruch der Kündigungen muss nicht vorliegen.
Es genügt, wenn die erforderliche Anzahl objektiv innerhalb eines beliebig gelegenen 30-Tage-Zeitraums entlassen wird (*BAG* 29.1.1981 EzA § 15 KSchG n. F. Nr. 26).

b) Beteiligung des Betriebsrats an anzeigepflichtigen Entlassungen

aa) Unterrichtung des Betriebsrats

1662 Beabsichtigt der Arbeitgeber, nach § 17 Abs. 1 KSchG anzeigepflichtige Entlassungen vorzunehmen, so hat er dem Betriebsrat gem. **§ 17 Abs. 2 S. 1 KSchG** rechtzeitig die zweckdienlichen Auskünfte zu erteilen und ihn insbesondere schriftlich zu unterrichten (vgl. dazu *Kleinebrink* FA 2000, 366 ff.; APS/*Moll* § 17 KSchG Rz. 60 ff.) über

D. Die Beendigung des Arbeitsverhältnisses

- die Gründe für die geplanten Entlassungen,
- die Zahl und die Berufsgruppen der zu entlassenden Arbeitnehmer,
- die Zahl und die Berufsgruppen der i. d. R. beschäftigten Arbeitnehmer,
- den Zeitraum, in dem die Entlassungen vorgenommen werden sollen,
- die vorgesehenen Kriterien der Auswahl der zu entlassenden Arbeitnehmer,
- die für die Berechnung etwaiger Abfindungen vorgesehenen Kriterien.

bb) Beratung mit dem Betriebsrat
Arbeitgeber und Betriebsrat haben ferner insbesondere die Möglichkeiten zu beachten, Entlassungen zu vermeiden oder einzuschränken und ihre Folgen zu mindern (§ 17 Abs. 2 S. 3 KSchG). 1663

cc) Schriftliche Stellungnahme des Betriebsrats; Vorlage beim Arbeitsamt
Der Betriebsrat hat aufgrund der Erörterung mit dem Arbeitgeber eine schriftliche Stellungnahme zu den beabsichtigten Entlassungen abzugeben. Der Arbeitgeber hat sie seiner Anzeige an das Arbeitsamt beizufügen. Die Stellungnahme des Betriebsrats ist Bestandteil der Anzeige des Arbeitgebers und **Voraussetzung ihrer Wirksamkeit** (§ 17 Abs. 3 KSchG; MünchArbR/*Berkowsky* § 156 Rz. 23). 1664

dd) Verhältnis zu anderen Beteiligungsrechten

Neben der Beteiligung gem. § 17 Abs. 2 KSchG hat der Arbeitgeber zusätzlich die sich aus anderen Vorschriften ergebenden Beteiligungsrechte des Betriebsrats zu wahren (§§ 102, 111 ff. BetrVG). Dies kann zwar in einem Beteiligungsverfahren erfolgen, doch muss der Arbeitgeber gegenüber dem Betriebsrat deutlich machen, welchen Beteiligungspflichten er im einzelnen nachkommen will (KR-*Rost* § 17 KSchG Rz. 70). 1665

c) Anzeige an das Arbeitsamt
Gem. § 17 Abs. 3 S. 1 KSchG hat der Arbeitgeber rechtzeitig dem Arbeitsamt eine Abschrift der Mitteilung an den Betriebsrat zuzuleiten. 1666
Sie muss mindestens die für die Mitteilung an den Betriebsrat vorgeschriebenen Angaben enthalten (§ 17 Abs. 3 S. 1 KSchG). Die falsche Angabe eines Arbeitgebers über die Anzahl der i. d. R. Beschäftigten (s. o. D/Rz. 1654 ff.) ist folgenlos, wenn die Arbeitsverwaltung dadurch nicht bei ihrer sachlichen Prüfung beeinflusst wurde (*BAG* 22.3.2001 EzA Art. 101 GG Nr. 5).
Die Anzeige nach § 17 Abs. 1 KSchG ist gem. § 17 Abs. 3 S. 2 KSchG schriftlich unter Beifügung der Stellungnahme zu den Entlassungen zu erstatten.
Liegt keine Stellungnahme des Betriebsrats vor, so ist die Anzeige gleichwohl wirksam, wenn der Arbeitgeber glaubhaft macht, dass er ihn mindestens 2 Wochen vor Erstattung der Anzeige nach § 17 Abs. 2 S. 1 KSchG unterrichtet hat und er den Stand der Beratungen darlegt.
In der Zeit vom 1.10.1996 bis zum 31.12.1998 genügte die Vorlage des Interessenausgleichs, der zwischen Betriebsrat und Arbeitgeber vereinbart worden war, wenn er eine Namensliste über die zu kündigenden Arbeitnehmer enthielt (s. o. D/Rz. 1565). Diese Regelung ist allerdings mit Wirkung ab dem 1.1.1999 durch das sog. KorrekturG **ersatzlos gestrichen** worden. Für den Insolvenzfall genügt gem. § 123 InsO dagegen auch nach dem 1.1.1999 die Vorlage des Interessenausgleichs mit Namensliste.

D. Die Beendigung des Arbeitsverhältnisses

1667 Gem. § 21 KSchG ist für Betriebe, die zum Geschäftsbereich der Bundesminister für Verkehr, Post und Telekommunikation gehören, wenn mehr als 500 Arbeitnehmer entlassen werden sollen, ein Ausschuss bei der Hauptstelle der Bundesanstalt für Arbeit zu bilden. In diesem Fall ist die Massenentlassungsanzeige an die Hauptstelle der Bundesanstalt zu erstatten.

Bei der beabsichtigten Stilllegung eines privaten Luftfahrtunternehmens ist die Massenentlassungsanzeige dagegen an das örtlich zuständige Arbeitsamt (§§ 17, 18 KSchG) zu richten, weil ein derartiges Unternehmen nicht nach § 21 S. 1 KSchG »zum Geschäftsbereich des Bundesministers für Verkehr« gehört (*BAG* 4.3.1993 EzA § 21 KSchG Nr. 1).

d) Entscheidung über Massenentlassungen im Konzern

1668 Gem. § 17 Abs. 3 a KSchG gelten die Auskunfts, Beratungs- und Anzeigepflichten nach § 17 Abs. 1 bis 3 KSchG auch dann, wenn die Entscheidung über die Entlassungen von einem den Arbeitgeber beherrschenden Unternehmen getroffen wurde.

Der Arbeitgeber kann sich insoweit nicht darauf berufen, dass das für die Entlassungen verantwortliche Unternehmen die notwendigen Auskünfte nicht übermittelt hat (vgl. APS/*Moll* § 17 KSchG Rz. 136 ff.).

e) Rechtsfolgen der Massenentlassungsanzeige

aa) Unwirksamkeit der Kündigung/des Aufhebungsvertrages bei fehlender oder unwirksamer Anzeige

1669 Anzeigepflichtige Entlassungen können nur dann rechtswirksam werden, wenn der Arbeitgeber dem zuständigen Arbeitsamt eine wirksame Anzeige zugeleitet hat. **Anzeigepflichtige Entlassungen, die der Arbeitgeber nicht oder nicht rechtswirksam angezeigt hat, sind unwirksam** (*BAG* 13.4.2000 EzA § 17 KSchG Nr. 9; vgl. APS/*Moll* § 17 KSchG Rz. 42 ff.; s. u. D/Rz. 1674).

Dies gilt für alle Entlassungen, nicht etwa nur für diejenigen, die über die Mindestzahl nach § 17 Abs. 1 KSchG hinausgehen (*BAG* 17.1.1979 EzA § 15 KSchG n. F. Nr. 21; 10.3.1982 EzA § 2 KSchG Nr. 3); allerdings muss sich der Arbeitnehmer auf diesen Unwirksamkeitsgrund tatsächlich berufen.

1670 Auch die mit einem Auflösungsvertrag bezweckte Entlassung ist – bei Vorliegen der Voraussetzungen einer Massenentlassung – gem. §§ 17, 18 KSchG so lange unwirksam, als nicht eine formgerechte Massenentlassungsanzeige (§ 17 Abs. 3 KSchG) beim Arbeitsamt eingereicht und dessen Zustimmung eingeholt wird (*BAG* 11.3.1999 EzA § 17 KSchG Nr. 8; vgl. APS/*Moll* § 17 KSchG Rz. 50).

Stimmt das Landesarbeitsamt jedoch einer nach § 17 KSchG anzeigepflichtigen Entlassung zu einem bestimmten Zeitpunkt durch bestandskräftigen Verwaltungsakt zu und stellt es damit inzident fest, dass eine wirksame Massenentlassungsanzeige vorlag, so sind die Arbeitsgerichte durch die **Bestandskraft des Verwaltungsaktes** gehindert, im Kündigungsschutzprozess die Entscheidung der Arbeitsverwaltung nachzuprüfen. In dieser Entscheidung hat das *BAG* (24.10.1996 EzA § 102 BetrVG 1972 Nr. 92; vgl. auch 13.4.2000 EzA § 17 KSchG Nr. 9) allerdings ausdrücklich **offen** gelassen, ob und ggf. in welchem Umfang an der Rechtsprechung, die aus den in erster Linie **arbeitsmarktpolitischen Zwecken** dienenden §§ 17 ff. KSchG einen individuellen Kündigungsschutz herleitet, überhaupt festzuhalten ist. Andererseits ist ein **Verzicht** des Arbeitnehmers darauf, z. B. in einem **Aufhebungsvertrag**, unzulässig; möglich ist dies allenfalls nach Abschluss des Vertrages.

D. Die Beendigung des Arbeitsverhältnisses

Der Arbeitnehmer muss die Unwirksamkeit der Kündigung wegen fehlender Anzeige 1671
geltend machen, wenn er daraus Rechte herleiten möchte. Er kann die Entlassung
aber auch akzeptieren. In diesem Falle ist es dem Arbeitgeber verwehrt, sich selbst
auf die fehlende Anzeige zu berufen und vom Arbeitnehmer zu verlangen, das Arbeitsverhältnis mit ihm fortzusetzen (KR-*Weigand* § 18 KSchG Rz. 32).

Eine danach unwirksame Kündigung kann nicht dadurch nachträglich wirksam 1672
werden, dass der Arbeitgeber später die Anzeige nachholt und nunmehr die Sperrfrist abläuft oder die Genehmigung erteilt wird. Denn der kündigende Arbeitgeber hätte es sonst in der Hand, das Wirksamwerden einer Kündigung beliebig hinauszuziehen. Eine solche Ungewissheit ist aber mit dem Wesen der Kündigung
als eines einseitigen Eingriffs in Rechtsbeziehungen zu anderen Personen nicht
verträglich. Der Arbeitgeber muss folglich in solchen Fällen erneut kündigen, wobei die volle Kündigungsfrist eingehalten werden muss (von *Hoyningen-Huene*
§ 18 KSchG Rn. 32; a. A. *Bauer/Powietzka* DB 2000, 1073 ff.; offen gelassen von
BAG 13.4.2000 EzA § 17 KSchG Nr. 9).

bb) Sperrfrist
Mit Zugang der Anzeige nach § 17 Abs. 1 KSchG beim Arbeitsamt tritt eine Sperrfrist 1673
von einem Monat in Kraft, während der Entlassungen nicht wirksam werden
(§ 18 Abs. 1 KSchG).
Das Landesarbeitsamt ist jedoch berechtigt, auf **Antrag des Arbeitgebers** einem früheren Entlassungszeitraum zuzustimmen, der ggf. bis zum Zeitpunkt der Antragstellung zurückverlegt werden kann.
Die Zustimmung des Landesarbeitsamtes hat im Übrigen keinen Einfluss auf die
sonstigen Wirksamkeitsvoraussetzungen einer Kündigung, insbesondere verkürzt
sie eine über den Zustimmungszeitraum hinausreichende Kündigungsfrist nicht.
Das Landesarbeitsamt kann im Einzelfall berechtigt sein, die Sperrfrist auf längstens 2
Monate auszudehnen (§ 18 Abs. 2 KSchG).
Diese Entscheidung des Landesarbeitsamtes hat nach pflichtgemäßem Ermessen zu
erfolgen und darf ausschließlich aus arbeitsmarktpolitischen Gründen getroffen werden. Eine Verlängerung der Sperrfrist, nur um die Arbeitslosenversicherung zu entlasten, ist rechtsunwirksam (*LSG München* 4.11.1976 NJW 1977, 555; vgl. APS/*Moll*
§ 17 KSchG Rz. 4 ff.).

cc) Durchführung der Entlassungen
Die vorgesehenen und beantragten Entlassungen können sodann nur innerhalb **einer** 1674
Freifrist von einem Monat nach dem Zeitpunkt, zu dem sie nach § 18 Abs. 1 und 2
KSchG zulässig sind, durchgeführt werden.
Wird die Zustimmung zu einer Verkürzung der Sperrfrist nicht erteilt, beginnt diese
Freifrist mit Ablauf der Sperrfrist, ebenso bei ihrer Verlängerung durch das Landesarbeitsamt.
Kann der Arbeitgeber die vorgesehene Entlassung nicht innerhalb der Freifrist durchführen, weil z. B. die Kündigungsfrist über sie hinausreicht, muss er ggf. erneut eine
Anzeige nach § 17 Abs. 1 KSchG erstatten und das vorgeschriebene Verfahren erneut
in Gang setzen (vgl. APS/*Moll* § 17 KSchG Rz. 37 ff.).
Liegt bei einer nach §§ 17 ff. KSchG anzeigepflichtigen Massenentlassung im vorge- 1675
sehenen Entlassungszeitpunkt nicht die erforderliche Zustimmung der Arbeitsver-

D. Die Beendigung des Arbeitsverhältnisses

waltung vor, so darf der Arbeitgeber **trotz privatrechtlich wirksamer Kündigung** den Arbeitnehmer **so lange nicht entlassen, bis die Zustimmung erteilt ist.** Ist die Zustimmung weder vor noch nach dem vorgesehenen Entlassungszeitpunkt beantragt worden, steht damit fest, dass das Arbeitsverhältnis durch die entsprechende Kündigung nicht aufgelöst worden ist (*BAG* 13.4.2000 EzA § 17 KSchG Nr. 9).

dd) Kurzarbeit

1676 Kann der Arbeitgeber die Arbeitnehmer eines von Massenentlassungen betroffenen Betriebes wegen Arbeitsmangel nicht so lange beschäftigen, bis die Entlassungen wirksam werden, kann das Landesarbeitsamt zulassen, dass er so lange Kurzarbeit einführt, bis die angezeigten Entlassungen wirksam werden (**§ 19 Abs. 1 KSchG).**

Das Landesarbeitsamt kann den Umfang der Kurzarbeit angemessen modifizieren, und zwar hinsichtlich deren Dauer (höchstens bis zum Ablauf der Sperrfrist) sowie hinsichtlich des Kreises der hiervon betroffenen Arbeitnehmer und der Zahl der Wochenarbeitsstunden.

Lässt das Landesarbeitsamt Kurzarbeit zu, so liegt es im Ermessen des Arbeitgebers, ob und wann er (im Rahmen der Ermächtigung) die Kurzarbeit tatsächlich einführt.

1677 Ist der Arbeitgeber nicht aufgrund des Arbeitsvertrages, einer Betriebsvereinbarung oder eines Tarifvertrages berechtigt, die dem Arbeitnehmer zustehende Vergütung der Kurzarbeit entsprechend zu kürzen, so darf er die Vergütung erst zu dem Zeitpunkt herabsetzen, zu dem das Arbeitsverhältnis geendet hätte, wenn er es gekündigt hätte (§ 19 Abs. 2 KSchG).

1678 Diese fiktive Kündigungsfrist beginnt, wenn der Arbeitgeber das Arbeitsverhältnis tatsächlich gekündigt hat, die Kündigung aber wegen der Sperrfrist nicht zur tatsächlichen Beendigung führen kann, im Zeitpunkt der Kündigung. Andernfalls beginnt sie mit der Ankündigung der Kurzarbeit.

Der fiktive Beendigungszeitpunkt richtet sich nach den allgemeinen Bestimmungen, insbesondere der Kündigungsfrist des BGB, während besondere Bestimmungen etwa nach dem SGB IX oder dem MuSchG keine Anwendung finden. Jedoch geht eine einzelvertraglich verlängerte Kündigungsfrist den gesetzlichen Bestimmungen vor (MünchArbR/*Berkowsky* § 156 Rz. 41 f.; APS/*Moll* § 17 KSchG Rz. 3 ff.).

ee) Rechtsschutz gegen die Entscheidungen des Landesarbeitsamtes

1679 Die Entscheidungen des Landesarbeitsamtes nach §§ 17–19 KSchG sind **Verwaltungsakte.**

Gegen sie kann **Widerspruch** und sodann **Klage zu den Sozialgerichten** erhoben werden.

Klagebefugt ist jedoch nur der Arbeitgeber, weil die formellen Bestimmungen über Massenentlassungen primär keinen individuellen Kündigungsschutz bezwecken, sondern arbeitsmarktpolitischen Charakter tragen (KR-*Weigand* § 20 KSchG Rz. 71).

D. Die Beendigung des Arbeitsverhältnisses

XI. Die anderweitige Beschäftigungsmöglichkeit

1. Absolute Gründe der Sozialwidrigkeit

a) Allgemeine Voraussetzungen

Gem. § 1 Abs. 2 S. 2, 3 KSchG ist eine Kündigung auch sozial ungerechtfertigt, wenn 1680
ihr der Betriebsrat aus bestimmten Gründen formell widersprochen hat, weil die Kündigung gegen eine Auswahlrichtlinie nach § 95 BetrVG verstößt oder der Arbeitnehmer an einem anderen Arbeitsplatz desselben Betriebs oder eines anderen Betriebes desselben Unternehmens weiterbeschäftigt werden kann, ggf. nach zumutbaren Umschulungs- oder Fortbildungsmaßnahmen oder zu geänderten Bedingungen, falls der Arbeitnehmer hiermit sein Einverständnis erklärt hat (vgl. *Gaul* BB 1995, 2422).

Liegt ein form- und fristgerecht erhobener Widerspruch des Betriebsrats bzw. form- 1681
und fristgerecht erhobene Einwendungen der zuständigen Personalvertretung vor und ist der Widerspruch auch sachlich begründet, so liegt ein sog. **absoluter Grund der Sozialwidrigkeit** vor (*BAG* 6.6.1984 NZA 1985, 93; s. o. D/Rz. 1062).
Das bedeutet, dass eine weitergehende Abwägung der beiderseitigen Interessen nicht stattfindet. Das objektive Vorliegen der genannten Tatbestandsmerkmale führt unmittelbar zur Sozialwidrigkeit der Kündigung (vgl. APS/*Dörner* § 1 KSchG Rz. 92 ff.).

b) Fehlen eines (ordnungsgemäßen) Widerspruchs des Betriebsrats

Liegen dagegen zwar Widerspruchs- bzw. Einspruchsgründe vor, aber kein Wider- 1682
spruch bzw. Einspruch des Betriebs- bzw. Personalrats, z. B. weil ein Betriebs- oder Personalrat nicht besteht oder dieser aus einem der genannten Gründe nicht oder nicht frist- oder formgerecht widersprochen hat, so kann sich der Arbeitnehmer gleichwohl darauf, insbesondere auf eine anderweitige Beschäftigungsmöglichkeit auch berufen. Es gelten dann allerdings die **allgemeinen Regeln der relativen Sozialwidrigkeit**.

2. Pflicht zur anderweitigen Beschäftigung auch bei verhaltensbedingter Kündigung?

Die Pflicht zur anderweitigen Beschäftigung besteht dem Grunde nach bei allen Kün- 1683
digungskategorien, also bei der betriebsbedingten, der personen- und der verhaltensbedingten Kündigung.
Für den Fall der **verhaltensbedingten Kündigung** wird allerdings in Rechtsprechung und Literatur (*LAG* Düsseldorf 21.5.1976 DB 1977, 122; *LAG* Berlin 11.6.1974 BB 1974, 1024; *Herschel/Löwisch* § 1 KSchG Rz. 93) die Auffassung vertreten, dass eine anderweitige Beschäftigung **grds. nicht in Betracht kommt,** weil das Verhalten des Arbeitnehmers das Vertrauensverhältnis zum Arbeitgeber »arbeitsplatzübergreifend« zerstört hat.
Zutreffend ist insoweit zwar der Hinweis, dass im Bereich der verhaltensbedingten Kündigung eine entsprechende subjektive anderweitige Beschäftigungsmöglichkeit eher selten zu bejahen sein wird, weil die Störung des Vertrauensverhältnisses häufig arbeitsplatzübergreifend sein wird.

1684 Andererseits ist es aber nicht von vornherein ausgeschlossen, dass die maßgeblichen konkreten Umstände dann an Relevanz verlieren, wenn der Arbeitnehmer auf einen anderen Arbeitsplatz mit anderen Aufgaben, Pflichten oder Kollegen versetzt wird, insbesondere dann, wenn sein Verhalten unmittelbar durch die spezifischen Umstände des bisherigen Arbeitsplatzes hervorgerufen worden ist, solche Umstände aber an einem anderweitig verfügbaren Arbeitsplatz nicht vorhanden sind (*BAG* 30.5.1978 EzA § 626 BGB n. F. Nr. 66; 22.7.1982 EzA § 1 KSchG Verhaltensbedingte Kündigung Nr. 10; ErfK/*Ascheid* § 1 KSchG Rz. 600; APS/ *Dörner* § 1 KSchG Rz. 96).

3. Anderweitige Beschäftigungsmöglichkeit

a) Vergleichbare Arbeitsplätze; Unternehmensbezug

aa) Grundlagen

1685 Die objektive anderweitige Beschäftigungsmöglichkeit erstreckt sich nur auf **verfügbare, d. h. freie Arbeitsplätze** (*BAG* 29.3.1990 EzA § 1 KSchG Soziale Auswahl Nr. 29). Momentan besetzte, aber **vorhersehbar frei werdende Arbeitsplätze** sind jedoch gleichfalls zu berücksichtigen, weil auch sie verfügbar sind. Dies gilt jedenfalls dann, wenn der anderweitige Arbeitsplatz noch während der laufenden Kündigungsfrist frei werden wird, sodass sich dann die anderweitige Beschäftigungsmöglichkeit noch während des bestehenden Arbeitsverhältnisses realisiert.

1686 Wird der anderweitige Arbeitsplatz erst nach dem Ablauf der Kündigungsfrist frei, so kann die Frage, ob insoweit eine objektiv anderweitige Beschäftigungsmöglichkeit vorliegt, nur bejaht werden, wenn sich der mit der Kündigung verfolgte Zweck auch noch bei späterer Realisierung der anderweitigen Beschäftigung verwirklichen lässt. Keine objektive anderweitige Beschäftigungsmöglichkeit liegt dann vor, wenn lediglich nach den Erfahrungen des Betriebes mit dem Freiwerden einer geeigneten Stelle in absehbarer Zeit gerechnet werden kann (*BAG* 29.3.1990 EzA § 1 KSchG Soziale Auswahl Nr. 29).

1687 Andererseits sind solche Arbeitsplätze in die Beurteilung einzubeziehen, bei denen im Zeitpunkt der Kündigung bereits feststeht, dass sie in **absehbarer Zeit nach Ablauf der Kündigungsfrist frei werden,** sofern die Überbrückung dieses Zeitraums dem Arbeitgeber zumutbar ist. Zumutbar ist jedenfalls ein Zeitraum, den ein anderer Stellenbewerber zur Einarbeitung benötigen würde (*BAG* 15.12.1994 EzA § 1 KSchG Betriebsbedingte Kündigung Nr. 75). Nicht zumutbar ist aber die Überbrückung von sechs Monaten bei einem noch keine drei Jahre währenden Arbeitsverhältnis, wenn die Einarbeitungszeit eines neu eingestellten Mitarbeiters erheblich kürzer wäre (*LAG Köln* 7.11.1997 LAGE § 1 KSchG Betriebsbedingte Kündigung Nr. 50).

Ggf. hat der Arbeitgeber einen geeigneten Arbeitsplatz durch Ausübung seines **Direktionsrechts** frei zu machen und sich auch um die evtl. erforderliche Zustimmung des Betriebsrates zu bemühen. Zu einer weitergehenden Umorganisation oder zur Durchführung eines Zustimmungsersetzungsverfahrens gem. § 99 Abs. 4 BetrVG ist der Arbeitgeber dagegen nicht verpflichtet (*BAG* 29.1.1997 EzA § 1 KSchG Krankheit Nr. 42; vgl. dazu *Bernardi* NZA 1999, 683 ff.; *Lingemann* BB 1998, 1106 f.; *Gamillscheg* SAE 1998 17 ff.; vgl. APS/*Dörner* § 1 KSchG Rz. 98).

D. Die Beendigung des Arbeitsverhältnisses

Zu berücksichtigen ist, dass § 1 KSchG hinsichtlich der Weiterbeschäftigungspflicht unternehmensbezogen ist. Deshalb ist auch die Möglichkeit der Weiterbeschäftigung in einem anderen Betrieb des Unternehmens, einer anderen Dienststelle desselben Verwaltungszweiges an demselben Dienstort einschließlich seines Einzugsbereichs zu berücksichtigen (*BAG* 17.5.1984 EzA § 1 KSchG Betriebsbedingte Kündigung Nr. 32). **1688**

Die objektive anderweitige Beschäftigungsmöglichkeit bezieht sich grds. auf alle freien Arbeitsplätze, deren Anforderungsprofil zumindest teilweise mit dem Leistungsprofil des Arbeitnehmers übereinstimmt (MünchArbR/*Berkowsky* § 140 Rz. 26).
Zu beachten ist in diesem Zusammenhang insbesondere, dass es grds. der freien unternehmerischen Entscheidung des Arbeitgebers unterliegt, das Anforderungsprofil für einen eingerichteten Arbeitsplatz festzulegen. Dies gilt insbesondere, wenn bei drittfinanzierten Arbeitsverträgen das festgelegte Anforderungsprofil **den Vorgaben des Drittmittelgebers** entspricht (*BAG* 7.11.1996 EzA § 1 KSchG Betriebsbedingte Kündigung Nr. 88; vgl. APS/*Dörner* § 1 KSchG Rz. 99 f.).

bb) Verhältnis zu Art. 33 Abs. 2 GG im öffentlichen Dienst
§ 1 Abs. 2 S. 2 Nr. 2 KSchG geht als Konkretisierung des Sozialstaatsgebotes für den öffentlichen Dienst Art. 33 Abs. 2 GG (gleicher Zugang zum öffentlichen Dienst) nach Auffassung des *LAG Baden-Württemberg* (27.5.1993 NZA 1994, 557) vor. **1689**

b) Zumutbare Umschulungs- oder Fortbildungsmaßnahmen
Die Kündigung ist auch dann sozial ungerechtfertigt, wenn die Weiterbeschäftigung des Arbeitnehmers nach zumutbaren Umschulungs- oder Fortbildungsmaßnahmen möglich ist, wenn der Arbeitnehmer sein **vorheriges Einverständnis** erklärt hat (vgl. APS/*Dörner* § 1 KSchG Rz. 104 ff.). **1690**

aa) Beschränkung auf den ursprünglichen Vertragsinhalt?
Nach dem allgemeinen Sprachgebrauch ist unter **Fortbildung die Weiterbildung in dem bisher ausgeübten Beruf,** unter **Weiterbildung die Ausbildung in einem anderen Beruf** zu verstehen. **1691**
Während die Fortbildung somit zu einer graduellen Qualifizierung des Leistungsprofils des Arbeitnehmers im Rahmen des vorgegebenen Berufsbildes führt, hat die Umschulung die Herausbildung eines Leistungsprofils in einem anderen Berufsbild zum Ziel.
Letzteres führt nach Auffassung von *Berkowsky* (MünchArbR § 140 Rz. 31) zwangsläufig zu einer Änderung des Arbeitsvertrages, sodass der Arbeitgeber auch berechtigt ist, die gegenüber dem ursprünglichen Pflichtenkreis erweiterte Leistung des Arbeitnehmers im Wege des Direktionsrechts anzufordern (MünchArbR/*Berkowsky* a. a. O.). Eine Beschränkung der Umschulungs- und Fortbildungsmaßnahmen auf solche, die den ursprünglichen Vertragsinhalt unangetastet lassen, ist deshalb nicht möglich. **1692**

Das *BAG* (7.2.1991 EzA § 1 KSchG Personenbedingte Kündigung Nr. 9) hat zwar offen gelassen, ob der Begriff der Umschulung i. S. v. § 1 KSchG abweichend vom allgemeinen Sprachgebrauch i. S. v. Fortbildung zu definieren ist, sodass schon **1693**

> deshalb keine Vertragsänderung die notwendige Folge einer Umschulung sei. Der Gesetzgeber geht danach aber erkennbar bei der Weiterbeschäftigung an einem anderen Arbeitsplatz bzw. unter geänderten Arbeitsbedingungen i. S. v. § 1 Abs. 2 S. 1 b KSchG davon aus, dass die Bedingungen auf dem anderen Arbeitsplatz gleichwertig sind und die geänderten Arbeitsbedingungen nicht zu einer Beförderung in der Betriebshierarchie führen. Entsprechendes muss aber auch für die Weiterbeschäftigung nach einer Umschulung des Arbeitnehmers gelten.

bb) Zumutbarkeit

(1) Allgemeine Voraussetzungen

1694 Hinsichtlich der Konkretisierung des Merkmals der Zumutbarkeit ist darauf abzustellen, dass Umschulungs- oder Fortbildungsmaßnahmen des Arbeitnehmers im Unternehmen **umso nachhaltiger geeignet sein müssen, die Weiterbeschäftigung des betroffenen Arbeitnehmers zu sichern, je stärker die Maßnahme in die betrieblichen und wirtschaftlichen Belange des Arbeitgebers eingreift** (MünchArbR/*Berkowsky* § 140 Rz. 32; zur Verschaffung von Deutschkenntnissen vgl. *Hessisches LAG* 19.7.1999 ARST 2000, 125).

Danach ist die Zumutbarkeit jedenfalls dann nicht mehr gewahrt, wenn **Dauer und Kosten** der Maßnahme zu der **Restdauer des Arbeitsverhältnisses** außer Verhältnis stehen. Auch spielt der **Grad der Erfolgsaussicht** der Maßnahme eine erhebliche Rolle (vgl. APS/*Dörner* § 1 KSchG Rz. 107).

(2) Relation zwischen Kosten und Zumutbarkeit

1695 Insoweit ist aber fraglich, ob überhaupt eine Verpflichtung des Arbeitgebers besteht, entsprechende Kosten zu übernehmen. Das *BAG* (7.2.1991 EzA § 1 KSchG Personenbedingte Kündigung Nr. 9) hat offen gelassen, wie sich die zeitliche Dauer und die mit der Fortbildungs- oder Umschulungsmaßnahme verbundenen Aufwendungen des Arbeitgebers auf ihre Zumutbarkeit auswirken.

In der Literatur wird **zum Teil** (GK-BetrVG/Raab § 102 Rz. 122) die Auffassung vertreten, dass § 102 Abs. 3 Nr. 4 BetrVG keine Aussage über die Finanzierung von Fortbildung bzw. Umschulung enthält.

1696 **Soweit betriebliche Maßnahmen aureichend und zumutbar sind, treffen danach die Kosten den Arbeitgeber. Außerbetriebliche Maßnahmen sind jedoch vom Arbeitnehmer bzw. der öffentlichen Hand zu finanzieren.**

Demgegenüber wird **zum Teil** (KR-*Etzel* § 102 BetrVG Rz. 169 b; a. A. APS/*Dörner* § 1 KSchG Rz. 108) aus dem Sinn und Zweck der gesetzlichen Regelung gefolgert, dass die Kosten **stets vom Arbeitgeber bis zur Grenze der Zumutbarkeit** zu finanzieren sind. Die Frage der Zumutbarkeit von Umschulungs- oder Fortbildungsmaßnahmen hängt zwar nicht davon ab, ob der Arbeitgeber sie allein finanzieren kann. Es ist aber zu berücksichtigen, ob die zur Verfügung stehenden finanziellen Mittel (zumutbare finanzielle Beteiligung des Arbeitgebers zuzüglich öffentlicher Mittel und evtl. freiwilliger Beiträge des Arbeitnehmers) eine Umschulung oder Fortbildung ermöglichen.

(3) Freier Arbeitsplatz

1697 Zu beachten ist jedenfalls, dass der Arbeitgeber auf die Weiterbeschäftigung eines Arbeitnehmers nach zumutbaren Umschulungs- und Fortbildungsmaßnahmen dann

nicht verwiesen werden kann, wenn bei Ausspruch der Kündigung kein entsprechender anderweitiger Arbeitsplatz frei ist und **auch nicht mit hinreichender Sicherheit voraussehbar** ist, dass **nach Abschluss der Maßnahme eine Beschäftigungsmöglichkeit** aufgrund der durch die Fortbildung oder Umschulung erworbenen Qualifikation **besteht**.
Auch bei einer längeren Berufsbildungsmaßnahme (z. B. von zwei Jahren) muss mit hinreichender Wahrscheinlichkeit zu erwarten sein, dass nach deren Abschluss die Weiterbeschäftigung gewährleistet ist (*BAG* 7.2.1991 EzA § 1 KSchG Personenbedingte Kündigung Nr. 9).

cc) **Rechtsnatur der Überprüfungspflicht des Arbeitgebers**
Bei der Verpflichtung, vor dem Ausspruch einer Beendigungskündigung stets die Möglichkeit einer anderweitigen Beschäftigung des betroffenen Arbeitnehmers zu prüfen, handelt es sich um eine Obliegenheit des Arbeitgebers.
hre Nichtbeachtung führt dazu, dass die Beendigung trotz Vorliegens eines »an sich« geeigneten Kündigungsgrundes sozial ungerechtfertigt ist (MünchArbR/*Berkowsky* § 140 Rz. 60).

1698

c) **Darlegungs- und Beweislast**

aa) **Anderweitige Beschäftigungsmöglichkeit**

Hinsichtlich der Darlegungs- und Beweislast gilt auch im Bereich der anderweitigen Beschäftigungsmöglichkeit, dass ihr grds. dem Arbeitgeber obliegender Umfang wesentlich davon abhängt, wie sich der Arbeitnehmer insoweit im Prozess einlässt (vgl. APS/*Dörner* § 1 KSchG Rz. 111 ff.).

1699

Der Arbeitgeber ist nicht verpflichtet, ohne konkreten Anlass alle in seinem Unternehmen im Zeitpunkt der Kündigung freien bzw. bis zum Ablauf der Kündigungsfrist frei werdenden Stellen aufzuzeigen und für jede Stelle darzulegen, warum eine Weiterbeschäftigung des betroffenen Arbeitnehmers auf jeder dieser Stellen nicht möglich war.
Deshalb muss, um eine entsprechende Darlegungslast des Arbeitgebers auszulösen, der **Arbeitnehmer** zunächst behaupten, dass **eine seinem Leistungsprofil entsprechende Stelle** in seinem Betrieb oder in einem anderen Betrieb des Unternehmens **frei gewesen sein soll**.
Dann muss der **Arbeitgeber** darlegen, dass diese vom Arbeitnehmer konkret aufgezeigten Weiterbeschäftigungsmöglichkeit **tatsächlich nicht bestand**.

1700

Bestreitet der Arbeitnehmer diesen Vortrag lediglich, so ist Beweis nicht zu erheben, weil sich der Arbeitnehmer nicht hinreichend substantiiert auf den Vortrag des Arbeitgebers eingelassen hat.
Vielmehr muss der Arbeitnehmer nunmehr mit entsprechendem Substantiierungsgrad konkret darlegen, in welchem Betrieb und in welcher Abteilung die von ihm behauptete Weiterbeschäftigungsmöglichkeit bestehen soll. Dies gilt grds. auch dann, wenn sich der Arbeitnehmer auf einen nur ausnahmsweise anzuerkennenden Kündigungsschutz, also z. B. auf eine Weiterbeschäftigung in einem anderen Tochterunternehmen des Konzerns, beruft (*BAG* 10.1.1994 EzA § 1 KSchG Betriebsbedingte Kündigung Nr. 74).

1701

1702 Dann allerdings muss der **Arbeitgeber beweisen, dass diese Möglichkeit nicht besteht** (*BAG* 30.5.1985 EzA § 1 KSchG Betriebsbedingte Kündigung Nr. 36). Bleibt nach der Durchführung der Beweisaufnahme offen, ob die anderweitige Beschäftigungsmöglichkeit tatsächlich bestanden hat oder nicht, so ist der Kündigungsschutzklage stattzugeben, weil der Arbeitgeber seiner Beweislast nicht nachgekommen ist.

bb) Umschulungs- oder Fortbildungsmaßnahmen

1703 Der Arbeitgeber hat auch die Darlegungs- und Beweislast dafür, dass der Arbeitnehmer für die verlangten Umschulungs- oder Fortbildungsmaßnahmen **nicht geeignet** ist bzw. dass diese Maßnahmen ihm **unzumutbar** sind (MünchArbR/*Berkowsky* § 142 Rz. 41).

cc) Berufung des Arbeitnehmers auf einen absoluten Unwirksamkeitsgrund

1704 Beruft sich der **Arbeitnehmer** dagegen auf den Widerspruch des Betriebsrats mit der im Gesetz vorgesehenen Begründung (sog. absoluter Unwirksamkeitsgrund), so hat er neben der **Anwendbarkeit des KSchG das Vorhandensein eines Betriebsrats sowie dessen Widerspruch mit dem im Gesetz geforderten Inhalt darzulegen**, ferner, dass er sein vorheriges Einverständnis mit den erforderlichen rechtlichen und tatsächlichen Konsequenzen der anderweitigen Maßnahme erklärt hat.
Der **Arbeitgeber** hat sodann darzulegen und zu beweisen, dass die vom Betriebsrat behauptete anderweitige **Beschäftigungsmöglichkeit tatsächlich nicht besteht** bzw. dass sie **übervertragsmäßig wäre** (MünchArbR/*Berkowsky* § 142 Rz. 41).

XII. Die ordentliche Arbeitgeberkündigung bei mehreren Kündigungsgründen und sog. Mischtatbeständen

1705 § 1 Abs. 2 S. 1 KSchG geht davon aus, dass der jeweilige Kündigungssachverhalt entweder als betriebs-, personen- oder verhaltensbedingte Kündigung eingeordnet werden kann.
In der Praxis ist eine exakte Klassifizierung jedoch oft nur schwer möglich. Zum einen gibt es zahlreiche Kündigungssachverhalte, die zwei oder alle drei der aufgeführten Bereiche berühren. Zum anderen stützt der Arbeitgeber eine ordentliche Kündigung häufig auf verschiedene Kündigungssachverhalte.

1. Mischtatbestände

a) Begriffsbestimmung

1706 Berührt ein **einheitlicher Kündigungssachverhalt** mehrere der angeführten Bereiche (sog. **Mischtatbestand**), so richtet sich die Abgrenzung in erster Linie danach, aus welchem der im Gesetz genannten Bereiche die sich auf den Bestand des Arbeitsverhältnisses nachteilig auswirkende Störung kommt (sog. **Sphärentheorie**).
Ist z. B. eine Kündigung wegen einer zu Betriebsstörungen führenden längeren Arbeitsunfähigkeit des Arbeitnehmers ausgesprochen worden, so liegt die »Störquelle« in der persönlichen Sphäre des Arbeitnehmers. Der Umstand, dass der krankheitsbedingte Ausfall des Arbeitnehmers auch zu Störungen in der betrieblichen Sphäre führt, ändert nichts an der Qualifikation der Kündigung als personenbedingt (vgl. APS/*Dörner* § 1 KSchG Rz. 81 ff.).

D. Die Beendigung des Arbeitsverhältnisses

b) Beschränkung der Überprüfung auf die »Störquelle«
Bei einer derartigen Störung wegen eines Mischtatbestandes ist nach Auffassung des 1707
BAG (21.11.1985 EzA § 1 KSchG Nr. 42) **nur derjenige Kündigungsgrund** überhaupt daraufhin **zu untersuchen,** ob er die Kündigung des Arbeitsverhältnisses rechtfertigt, **der die »Störquelle« bildet.**

> Im angegebenen Beispiel ist deshalb die ausgesprochene ordentliche Kündigung nur daraufhin zu untersuchen, ob sie als krankheitsbedingte Kündigung gerechtfertigt ist, nicht aber auf ihre Rechtfertigung als betriebsbedingte Kündigung (abl. Preis DB 1988, 1449; Rüthers/Henssler ZfA 1988, 31; insgesamt ablehnend zuletzt auch KR-*Hillebrecht* 4. Aufl. § 626 BGB Rz. 121 c ff., wonach diese Auffassung zu **konturenlosen Billigkeitserwägungen** und zur Auflösung der Dreiteilung der Kündigungsgründe führt; ebenso Preis NZA 1997, 1078 f.; ErfK/*Ascheid* § 1 KSchG Rz. 162; KR-*Fischermeier* § 626 BGB Rz. 171 ff.; KR-*Etzel* § 1 KSchG Rz. 259).

Im Urteil vom 20.11.1997 (NJW 1998, 2156) hat das BAG die primäre Störquelle bei 1708
einer Angestellten im öffentlichen Dienst darin gesehen, dass die Klägerin über mehrere Jahre hin – etwa seit 1986 bis 1993 – aufgrund ihrer krankhaften Veranlagung, Gegenstände zu kaufen, ohne diese zu bezahlen und bezahlen zu können, im privaten – nicht im dienstlichen – Bereich straffällig (Betrügereien, Diebstähle und in einem Fall Anstiftung zur Falschaussage) geworden war. Folglich war die streitige Kündigung unter dem Gesichtspunkt verhaltensbedingter Gründe i. S. v. § 1 Abs. 2 KSchG zu prüfen, und zwar unter Einbeziehung einer verhängten Haftstrafe und ihrer Folgen.

2. Mehrere Kündigungssachverhalte

a) Begriffsbestimmung
Von dem sog. Mischtatbestand zu unterscheiden sind Kündigungen, die **auf mehrere** 1709
Kündigungssachverhalte gestützt werden, die ihrerseits verschiedenen Kategorien von Kündigungsgründen angehören (vgl. KR-*Etzel* § 1 KSchG Rz. 255 ff.). Das ist z. B. dann der Fall, wenn der Arbeitgeber eine Kündigung gleichzeitig auf Pflichtwidrigkeiten des Arbeitnehmers, häufigen krankheitsbedingten Arbeitsausfall sowie auf geringeren Arbeitsanfall infolge von Absatzschwierigkeiten stützt.

b) Vollständige Überprüfung aller Kündigungstatbestände
Im Unterschied zu den sog. Mischtatbeständen gibt es dann keine primäre »Störquelle«, 1710
die der Kündigung das Gepräge gibt.

> Eine derartige Kündigung ist daher hinsichtlich der Sozialwidrigkeit sowohl unter personen- und verhaltensbedingten Aspekten als auch unter dem Gesichtspunkt der Betriebsbedingtheit zu prüfen (vgl. APS/*Dörner* § 1 KSchG Rz. 84 ff.).

aa) Grundsatz der Einzelprüfung
Bei einer derartigen auf mehrere Kündigungsgründe gestützten Kündigung gilt zu- 1711
nächst der Grundsatz der **Einzelprüfung.**

D. Die Beendigung des Arbeitsverhältnisses

> Das zuständige Gericht hat zu prüfen, ob jeder Kündigungssachverhalt für sich allein an sich und sodann aufgrund einer umfassenden Interessenabwägung insgesamt geeignet ist, die Kündigung sozial zu rechtfertigen (*BAG* 24.3.1983 EzA § 1 KSchG Betriebsbedingte Kündigung Nr. 21).

bb) Gesamtheitliche Betrachtungsweise

1712 Erst dann, wenn nach dieser isolierten Betrachtungsweise sich nicht bereits die soziale Rechtfertigung der Kündigung ergibt, gilt eine **gesamtheitliche Betrachtungsweise** der einzelnen Kündigungsgründe.
Das setzt allerdings voraus, dass alle Kündigungsgründe nicht bereits von vornherein jeweils als an sich zur ordentlichen Kündigung geeigneter Umstand ausscheiden, d. h. dass sich die Unwirksamkeit der Kündigung bei isolierter Betrachtung allein daraus ergibt, dass das Interesse des Arbeitnehmers an der Weiterbeschäftigung das des Arbeitgebers überwiegt (**a. A.** wohl KR-*Etzel* § 1 KSchG Rz. 259, wo nicht unterschieden wird, woraus sich die Unwirksamkeit bei isolierter Betrachtungsweise ergibt).

1713 Der allgemeine Prüfungsmaßstab ist bei der gesamtheitlichen Betrachtungsweise mit der Maßgabe anzuwenden, dass in der Interessenabwägung zu prüfen ist, ob die einzelnen Kündigungssachverhalte in ihrer Gesamtheit Umstände darstellen, die bei verständiger Würdigung in Abwägung der Interessen der Vertragsparteien und des Betriebes die Kündigung als billigenswert und angemessen erscheinen lassen (KR-*Etzel* § 1 KSchG Rz. 259; a. A. *Hueck/von Hoyningen-Huene* § 1 Rz. 169 ff., die nur eine »Addition« personen- und verhaltensbedingter Kündigungsgründe zulassen), d. h., dass sie das Arbeitsverhältnis so belasten, dass dem Kündigenden die Fortsetzung nicht zuzumuten ist (insgesamt ablehnend KR-*Hillebrecht* 4. Aufl. § 626 BGB Rz. 185 ff., wonach diese Auffassung zu **konturenlosen Billigkeitserwägungen** und zur Auflösung der Dreiteilung der Kündigungsgründe führt; ebenso *Preis* NZA 1997, 1078 f.; KR-*Fischermeier* § 626 BGB Rz. 171 ff.).

XIII. Vorrang der Änderungskündigung vor der Beendigungskündigung

1. Normative Legitimation

1714 Nach der Rechtsprechung des *BAG* (27.9.1984 EzA § 2 KSchG Nr. 5; ebenso *LAG Hamm* 22.6.1998 LAGE § 1 KSchG Betriebsbedingte Kündigung Nr. 51; vgl. auch KR-*Etzel* 5. Aufl. § 1 KSchG Rz. 256) muss der Arbeitgeber nach dem Grundsatz der Verhältnismäßigkeit vor jeder ordentlichen und außerordentlichen Beendigungskündigung dem Arbeitnehmer eine mögliche und beiden Parteien zumutbare Weiterbeschäftigung auf einem anderen freien Arbeitsplatz auch zu geänderten Bedingungen anbieten.

Das gilt nach Auffassung des *LAG Berlin* (10.9.1996 LAGE § 2 KSchG Nr. 2) auch dann, wenn der Arbeitgeber sich entschließt, **statt einer Teilzeitkraft** wegen der Ausdehnung des Beschäftigungsvolumens **eine Vollzeitkraft** einzusetzen; er hat folglich der Teilzeitkraft zunächst eine Vertragsänderung zur Ausdehnung der Arbeitszeit anzubieten. Andererseits entscheidet der Unternehmer **frei**, ob er bei **verringertem Arbeitskräftebedarf statt mehrerer Änderungskündigungen** (Arbeitszeitverkürzung) **eine Beendigung**skündigung oder statt einer Beendigungskündigung **mehrere Änderungskündigungen aussprechen will** (*BAG* 19.5.1993 EzA § 1 KSchG Betriebsbedingte Kündigung Nr. 73; *Preis* NZA 1998, 457).

2. Verfahrensfragen

Der Arbeitgeber muss in einem solchen Fall bereits bei den Verhandlungen mit dem Arbeitnehmer klarstellen, dass bei Ablehnung des Änderungsangebots eine Kündigung beabsichtigt ist und ihm eine Überlegungsfrist von einer Woche einräumen. | 1715
Dieses Angebot kann der Arbeitnehmer unter einem § 2 KSchG entsprechenden Vorbehalt annehmen.
Der Arbeitgeber muss dann eine Änderungs- statt einer Beendigungskündigung aussprechen (abl. MünchArbR/*Berkowsky* § 140 Rz. 51).
Lehnt der Arbeitnehmer dagegen das Änderungsangebot vorbehaltlos und endgültig ab, so kann der Arbeitgeber eine Beendigungskündigung aussprechen (*LAG Berlin* 13.1.2000 NZA-RR 2000, 302).

Unterlässt es der Arbeitgeber, vor Ausspruch einer Beendigungskündigung ein mögliches und zumutbares Änderungsangebot zu unterbreiten, dann ist die Kündigung **sozial ungerechtfertigt,** wenn der Arbeitnehmer einem vor Ausspruch der Kündigung gemachten Vorschlag zumindest **unter Vorbehalt zugestimmt hätte.** Dies muss der Arbeitnehmer im Kündigungsschutzprozess vortragen. Hat er nach Ausspruch der Kündigung ein Änderungsangebot des Arbeitgebers abgelehnt, so bedarf es der tatsächlichen Würdigung, ob angenommen werden kann, dass er ein entsprechendes Angebot vor Ausspruch der Kündigung zumindest unter Vorbehalt angenommen hätte (abl., da sich diese Prüfung im **Bereich der Spekulation** bewegt *Preis* NZA 1997, 1077; RGRK-*Weller* Vorb. § 620 BGB/Rz. 216; KR-*Etzel* 6. Aufl. § 1 KSchG Rz. 228; KR-*Rost* § 2 KSchG Rz. 18 h; *Hueck/von Hoyningen-Huene* § 1 KSchG Rz. 150; APS/*Dörner* § 1 KSchG Rz. 91; *ArbG Gelsenkirchen* 13.11.1998 – 3 Ca 2219/98 –). Die hypothetische Zustimmung des Arbeitnehmers ist im Zweifel z. B. dann nicht anzunehmen, wenn der Arbeitnehmer die **Herabstufung** vom Verkaufsleiter zu einem – einem anderen Verkaufsleiter unterstellen – Außendienstmitarbeiter, einen Einkommensverlust von ca. 1.500 Euro monatlich, sowie einen **weiträumigen Ortswechsel** hätten hinnehmen müssen (*LAG Köln* 7.11.1997 LAGE § 1 KSchG Betriebsbedingte Kündigung Nr. 50). | 1716
Hat der Arbeitnehmer das Angebot unter Vorbehalt angenommen, erklärt der Arbeitgeber aber keine Änderungskündigung, so muss der Arbeitnehmer nach Auffassung des *LAG Köln* (27.2.1998 LAGE § 2 KSchG Nr. 33) dann, wenn der neue Vertrag gleichwohl von beiden Parteien **in Vollzug** gesetzt wird, die neuen Arbeitsbedingungen alsbald mit einer **Feststellungsklage** angreifen. Andernfalls verliert er das Recht, sich gegenüber einer wirksamen Vertragsänderung auf seinen Vorbehalt zu berufen. Ob die Frist des § 4 S. 2 KSchG einzuhalten ist, hat das *LAG Köln* (27.2.1998

D. Die Beendigung des Arbeitsverhältnisses

LAGE § 2 KSchG Nr. 33) offen gelassen. Jedenfalls kann eine Klage, die erst sechs Monate nach dem Antritt des neuen Arbeitsplatzes erhoben wird, verspätet sein.

1717 Das *LAG Berlin* (10.9.1996 LAGE § 2 KSchG Nr. 2) hat für den **Fall der Umwandlung einer Teilzeit- in eine Vollzeitstelle** darauf abgestellt, dass die Kündigung bei fehlendem Änderungsangebot nur dann nicht sozialwidrig ist, wenn eine hohe Wahrscheinlichkeit dafür besteht, dass die Teilzeitkraft dieses auch unter dem Druck der bevorstehenden Kündigung nicht angenommen hätte.

3. Möglichkeit und Zumutbarkeit der Weiterbeschäftigung

1718 Danach muss die Weiterbeschäftigung des Arbeitnehmers auf einem anderen Arbeitsplatz zu geänderten Arbeitsbedingungen sowohl dem Arbeitgeber als auch dem Arbeitnehmer **objektiv möglich und zumutbar** sein.

Das setzt auf Seiten des Arbeitnehmers nicht nur voraus, dass er über die hierfür objektiv erforderlichen **Fähigkeiten und Kenntnisse** verfügt. Die neue Tätigkeit muss für ihn auch nach den sonstigen Voraussetzungen für ihre Ausübung sowie nach ihrem sozialen und wirtschaftlichen Status, vom Standpunkt eines objektiv urteilenden Arbeitgebers gesehen, in Betracht kommen.

1719 Unzumutbarkeit kann insbesondere dann vorliegen, wenn die neue Tätigkeit eine erheblich **geringere Qualifikation** erfordert und auch entsprechend **niedriger vergütet** wird, als die bisher ausgeübte.

Als Anhaltspunkt für die Zumutbarkeit einer anderweitigen Beschäftigung können nach Auffassung des *BAG* (27.9.1984 EzA § 2 KSchG Nr. 5) die Kriterien dienen, nach denen gem. § 121 SGB III und der dazu erlassenen Anordnung des Verwaltungsrates der Bundesanstalt für Arbeit vom 16.3.1982 (Zumutbarkeitsanordnung) die Zumutbarkeit der Weiterbeschäftigung beurteilt wird, zu deren Übernahme ein Arbeitsloser bereit sein muss, um der Arbeitsvermittlung zur Verfügung zu stehen (abl. MünchArbR/*Berkowsky* § 140 Rz. 54, weil das insoweit zu bewältigende Problem darin liegt, dass der Arbeitgeber grds. nicht weiß, welche Arbeitsbedingungen sich der Arbeitnehmer zumuten will).

XIV. Die Änderungskündigung

1. Begriff und Anwendungsbereich

a) Zweck der Änderungskündigung

1720 Gem. § 2 S. 1 KSchG kann der Arbeitgeber das Arbeitsverhältnis kündigen und im Zusammenhang mit der Kündigung die unbefristete Fortsetzung des Arbeitsverhältnisses zu geänderten Bedingungen anbieten.

Die Änderungskündigung zielt darauf ab, die arbeitsvertraglichen Bedingungen des Arbeitnehmers zu ändern, ihn grds. jedoch im Betrieb zu belassen. Ihr Zweck ist also nicht die Beendigung des Arbeitsverhältnisses, sondern die Änderung der Arbeitsbedingungen.

1721 Dieser Zweck kann entweder **von der Interessenlage des Arbeitgebers oder von derjenigen des Arbeitnehmers** bestimmt sein.

D. Die Beendigung des Arbeitsverhältnisses

Von der Interessenlage des Arbeitgebers ist er dann bestimmt, wenn die Änderungskündigung dazu dienen soll, die neuen Arbeitsbedingungen einer geänderten unternehmerischen Konzeption anzupassen. Dies ist etwa dann der Fall, wenn der Arbeitgeber bezweckt, übertarifliche Leistungen abzubauen, die Arbeitszeit des Arbeitnehmers an veränderte betriebliche Bedürfnisse anzupassen oder die Vergütung zu reduzieren. Dies kann aber auch dann der Fall sein, wenn der Arbeitgeber den Arbeitnehmer aus betriebsorganisatorischen Überlegungen heraus auf einem anderen Arbeitsplatz einsetzen will, weil er der Auffassung ist, ihn dort effektiver einsetzen zu können.

Von den Interessen des Arbeitnehmers bestimmt ist der Änderungszweck, wenn er dazu dient, ihm die Weiterbeschäftigung im Betrieb zu ermöglichen, obwohl sein arbeitsvertraglicher Beschäftigungsbereich entfallen ist (MünchArbR/*Berkowsky* § 145 Rz. 7 f.; APS/*Künzl* § 2 KSchG Rz. 3).

b) Rechtsnatur; anwendbare Vorschriften

aa) Grundlagen

Nach ihrer Rechtsnatur handelt es sich um eine echte Kündigung. Deshalb muss der Arbeitgeber die Schriftform gem. § 623 BGB (s. o. D/Rz. 6), die Kündigungsfristen einhalten, die Beteiligungsrechte des Betriebsrats §§ 102, 103 BetrVG (GK-BetrVG/ *Raab* § 102 Rz. 30) und § 613 a Abs. 4 BGB beachten (MünchArbR/*Wank* § 127 Rz. 4). Zugunsten des Arbeitnehmers sind zudem alle Vorschriften über den Sonderkündigungsschutz (z. B. § 9 MuSchG, § 85 SGB IX, §§ 15, 17 ff. KSchG) anwendbar. Deshalb sind Änderungskündigungen z. B. unwirksam, wenn im Zeitpunkt ihres Zugangs ein Kündigungsverbot (z. B. gem. § 17 KSchG) besteht (*BAG* 10.3.1982 EzA § 2 KSchG Nr. 3).

Andererseits muss der Arbeitnehmer (wenn das KSchG anwendbar ist und er sich auf die Sozialwidrigkeit der Änderungskündigung berufen will) zur Geltendmachung der Sozialwidrigkeit der geänderten Arbeitsbedingungen die Dreiwochenfrist (§ 4 KSchG) einhalten.

§ 6 KSchG ist analog anzuwenden, wenn innerhalb von drei Wochen nach Zugang der Änderungskündigung Änderungsschutzklage gem. § 4 S. 2 KSchG erhoben wird und der Kläger in diesem Verfahren bis zum Schluss der mündlichen Verhandlung erster Instanz die Unwirksamkeit der Änderungskündigung gem. § 1 Abs. 2, 3 KSchG geltend macht (*BAG* 23.3.1983 EzA § 6 KSchG Nr. 1). Er kann dann auch geltend machen, die Kündigung sei als **Beendigungskündigung sozial ungerechtfertigt** (*BAG* 17.5.2001 EzA § 620 BGB Kündigung Nr. 2).

Hat der Arbeitnehmer im Übrigen das mit einer Änderungskündigung verbundene Angebot unter dem Vorbehalt des § 2 KSchG angenommen, kann er sich auf sonstige Unwirksamkeitsgründe (z. B. § 102 BetrVG) auch dann noch berufen, wenn er die Klage erst nach Ablauf der Frist des § 4 KSchG erhebt (*BAG* 28.5.1998 EzA § 2 KSchG Nr. 29; vgl. dazu *Berkowsky* BB 1999, 1266 ff.; *Künster/Steinberg* SAE 2000, 72 ff.).

bb) Verhältnis von § 102 BetrVG zu § 99 BetrVG

Beinhaltet das vom Arbeitgeber im Zusammenhang mit der Änderungskündigung ausgesprochene Änderungsangebot zudem eine Versetzung oder Umgruppierung, so besteht in Betrieben mit i. d. R. mehr als 20 wahlberechtigten Arbeitnehmern **auch ein Mitbestimmungsrecht nach § 99 BetrVG** (*BAG* 28.1.1986, 30.9.1993 EzA § 99 BetrVG 1972 Nr. 47, 118; **a. A.** *Hanau* BB 1972, 455 [nur Verfahren nach

D. Die Beendigung des Arbeitsverhältnisses

§ 99 BetrVG]). Allerdings ist es unbedenklich und zumeist sogar **zweckmäßig, beide Mitwirkungsverfahren gleichzeitig durchzuführen und miteinander zu verbinden.**

1725 Erforderlich ist dann aber, dass der Arbeitgeber gegenüber dem Betriebsrat deutlich macht, er höre ihn sowohl wegen der Änderungskündigung als auch wegen der Umgruppierung bzw. Versetzung an.
Führt der Arbeitgeber nur das Mitbestimmungsverfahren nach § 99 BetrVG durch, so liegt in einer Zustimmung des Betriebsrats zur Umgruppierung oder Versetzung noch keine Zustimmung zur Änderungskündigung, die das Anhörungsverfahren nach § 102 BetrVG entbehrlich machen könnte (*BAG* 3.11.1977 AP Nr. 1 zu § 75 BPersVG).

Denn es ist z. B. durchaus denkbar, dass der Betriebsrat zwar der Umgruppierung oder Versetzung zustimmt, aber einer Änderungskündigung widerspricht, weil er eine Umgruppierung oder Versetzung des Arbeitnehmers nur mit dessen Einverständnis hinnehmen will (APS/*Künzl* § 2 KSchG Rz. 131 f.; KR-*Rost* § 2 KSchG Rz. 131).

cc) Einzelfragen bei der Versetzung

1726 Will der Arbeitgeber mit einer fristgerechten Änderungskündigung eine Versetzung des Arbeitnehmers i. S. v. § 95 Abs. 3 BetrVG bewirken, so ist die Zustimmung des Betriebsrats nach § 99 BetrVG Wirksamkeitsvoraussetzung nur für die tatsächliche Zuweisung des neuen Arbeitsbereichs nach Ablauf der Kündigungsfrist.
Ist die Zustimmung des Betriebsrats nach § 99 BetrVG nicht erteilt oder ersetzt, so führt dies nicht zur – schwebenden – Unwirksamkeit der Änderungskündigung. Der Arbeitgeber kann nur die geänderten Vertragsbedingungen nicht durchsetzen, solange das Verfahren nach § 99 BetrVG nicht ordnungsgemäß durchgeführt ist; der Arbeitnehmer ist dann in dem alten Arbeitsbereich weiterzubeschäftigen, der ihm nicht wirksam entzogen worden ist (*BAG* 30.9.1993 EzA § 99 BetrVG 1972 Nr. 118).

dd) Abänderung einer vertraglichen Einheitsregelung (§ 87 BetrVG)
1727 Die allgemeine Abänderung einer auf einer vertraglichen Einheitsregelung beruhenden Auslösung bedarf kollektivrechtlich nach § 87 Abs. 1 Nr. 10 BetrVG der Mitbestimmung des Betriebsrats, sowie individualrechtlich der Änderungsvereinbarungen oder Änderungskündigungen. Weder das kollektivrechtliche noch das individualrechtliche Erfordernis ist vorrangig. **Eine nicht mitbestimmte, aber sozial gerechtfertigte Änderung der Vertragsbedingungen kann der Arbeitgeber lediglich nicht durchsetzen, solange die Mitbestimmung nicht durchgeführt ist** (*BAG* 17.6.1998 EzA § 2 KSchG Nr. 30; vgl. dazu *Henssler* SAE 2000, 247 ff.).

D. Die Beendigung des Arbeitsverhältnisses

c) Verknüpfung von Kündigung und Änderungsangebot

aa) Verknüpfungsmöglichkeiten

Die Verknüpfung der Kündigung mit dem Änderungsangebot kann verschieden erfolgen (APS/*Künzl* § 2 KSchG Rz. 15 ff.): | 1728
- Ausspruch einer **unbedingten Kündigung**, neben der die veränderte Fortsetzung des Arbeitsverhältnisses (nach Auffassung des *LAG Berlin* [3.7.1995 LAGE § 2 KSchG Nr. 17] auch einer nur noch befristeten Weiterbeschäftigung) **angeboten wird;**
- Ausspruch einer **bedingten Kündigung**, wobei die aufschiebende Bedingung in der Ablehnung des Änderungsangebots durch den Arbeitnehmer liegt (vgl. KR-*Rost* § 2 KSchG Rz. 8 ff.).

Ob eine Änderungskündigung oder eine Beendigungskündigung (mit dem Inaussichtstellen weiterer Vertragsverhandlungen) erklärt wurde, ist durch **Auslegung** zu ermitteln. Hat der Arbeitgeber **ersichtlich** keine von einem Änderungsangebot unabhängige **Beendigung des Arbeitsverhältnisses** gewollt, so ist die (Beendigungs-)Kündigung unwirksam, wenn ein wirksames und annahmefähiges Änderungsangebot vor oder mit der Kündigung nicht erklärt wurde (*BAG* 17.5.2001 EzA § 620 BGB Kündigung Nr. 2). | 1729

bb) Zeitlicher Zusammenhang zwischen Kündigung und Änderungsangebot

Zweifelhaft ist, ob das Änderungsangebot der Kündigung zeitlich nachgehen kann. Teilweise wird insoweit das Nachschieben eines Änderungsangebots bis zum letzten Kündigungstermin, teilweise bis zum Ablauf der Kündigungsfrist für zulässig erachtet (vgl. KR-*Rost* § 2 KSchG Rz. 20 ff. m. w. N.; APS/*Künzl* § 2 KSchG Rz. 23 ff.). | 1730

Nach Auffassung des *LAG Rheinland-Pfalz* (6.2.1987 DB 1987, 1098) enthält jedenfalls ein mit »Änderungskündigung« überschriebener Bericht des Arbeitgebers, durch den mit ordentlicher Kündigungsfrist eine Herabgruppierung bewirkt werden soll, **keine Änderungskündigung** im Rechtssinne, **wenn die angestrebte neue Vergütungsgruppe nicht angegeben ist.** Daran ändert sich nichts, wenn mehrere Tage später unter Bezugnahme auf die »Änderungskündigung« die neue Vergütungsgruppe mitgeteilt wird, da das Änderungsangebot nach Auffassung des *LAG Rheinland-Pfalz* (6.2.1987 DB 1987, 1098) gleichzeitig mit der Kündigung unterbreitet werden muss. | 1731

Teilt der Arbeitgeber im Nachgang zu der »Änderungskündigung« lediglich mit, dass nach Ablauf der Kündigungsfrist eine bestimmte Vergütungsgruppe gelte, so enthält auch dies nicht das erforderliche Änderungsangebot.

Denn der Arbeitnehmer muss seine Entscheidung für oder gegen das Änderungsangebot in Kenntnis aller wesentlichen Vertragsbedingungen treffen können; das Änderungsangebot muss gem. § 145 BGB so beschaffen sein, dass durch seine bloße Annahme ein inhaltlich bestimmter und praktisch durchführbarer Vertrag entsteht. Es genügt nicht, dass die Konkretisierung auf einen späteren Zeitpunkt verschoben wird (*Busemann/Schäfer* a. a. O., Rz. 193 a). Das Änderungsangebot muss deshalb **inhaltlich so eindeutig fixiert** sein, dass der Arbeitnehmer es mit einem einfachen »ja« annehmen kann (*LAG Berlin* 13.1.2000 NZA-RR 2000, | 1732

D. Die Beendigung des Arbeitsverhältnisses

302; vgl. auch *LAG Köln* 23.4.1999 NZA-RR 1999, 522; APS/*Künzl* § 2 KSchG Rz. 17).

2. Abgrenzung zur Ausübung des Direktionsrechts und zur Versetzung

a) Keine einseitige Zuweisung eines geringer wertigen Arbeitsplatzes

1733 Die Änderungskündigung ist abzugrenzen von der Ausübung des Direktionsrechts (Konkretisierung der Arbeitspflicht) sowie von der Versetzung. Eine Versetzung gegen den Willen des Arbeitnehmers auf einen anderen Arbeitsplatz mit geringerer Entlohnung nur aufgrund des Direktionsrechts ist, wenn keine entsprechenden einzelvertraglichen oder kollektivvertraglichen Regelungen vorliegen, nicht möglich (vgl. APS/*Künzl* § 2 KSchG Rz. 49 ff.).

1734 Das gilt auch dann, wenn das bisherige Arbeitsentgelt fortgezahlt wird (*BAG* 14.7.1965 AP Nr. 19 zu § 611 BGB Direktionsrecht; s. o. A/Rz. 650 ff.).
Selbst wenn aber einzelvertraglich ein sog. »**erweitertes Direktionsrecht**« vereinbart worden ist, hat der Arbeitgeber bei einer betriebsbedingten Umsetzung bei der Auswahl unter den betroffenen Arbeitnehmern nach Auffassung des *LAG Hamm* (12.2.1996 LAGE § 611 BGB Direktionsrecht Nr. 25) eine Sozialauswahl durchzuführen, die sich an §§ 2, 1 Abs. 2 S. 2 KSchG zu orientieren hat.

b) Weitergehende tarifliche Regelungen

1735 Etwas anderes kann nach der Rechtsprechung des *BAG* (6.9.1990 EzA § 3 TVG Bezugnahme auf Tarifvertrag Nr. 3) dann gelten, wenn dem Arbeitgeber tarifvertraglich eine **weitergehende Versetzungsbefugnis** eingeräumt wird (s. o. C/Rz. 16 ff.; A/Rz. 651, 657; vgl. APS/*Künzl* § 2 KSchG Rz. 87 ff.). Das gilt selbst dann, wenn die Anwendbarkeit der jeweiligen tariflichen Regelung nur einzelvertraglich vereinbart wird.

1736 Zwar wird im Ergebnis das Arbeitsverhältnis durch das In-Kraft-Treten eines eine derartige Befugnis neu aufnehmenden Tarifvertrages in einem wesentlichen Punkt geändert. Das ist im Individualarbeitsrecht die Wirkung einer Änderungskündigung, die an sich gerichtlich überprüfbar wäre.
Jedoch tritt anstelle des Kündigungsschutzes im kollektivrechtlich geprägten Arbeitsverhältnis der Schutz, der von der Richtigkeitsgewähr des Tarifvertrages und der Gleichgewichtigkeit der Tarifvertragsparteien ausgeht, der anders als der geringere Schutz des § 315 BGB bei einer einseitigen Leistungsbestimmung und bei einem Widerrufsvorbehalt von gleichwertiger Qualität wie der Kündigungsschutz ist (abl. MünchArbR/*Hanau* § 62 Rz. 105, weil das KSchG nicht tarifdispositiv ist; *LAG Düsseldorf* 17.3.1995 LAGE § 2 KSchG Nr. 16).

3. Abgrenzung zur Teilkündigung und zum Widerrufsrecht

a) Begriff der Teilkündigung; Abgrenzung zur Beendigungskündigung und zur ergänzenden Vertragsauslegung

1737 Eine Abgrenzung ist auch erforderlich zur sog. Teilkündigung.

D. Die Beendigung des Arbeitsverhältnisses

Sie bezieht sich nicht auf die Beendigung des Arbeitsverhältnisses insgesamt, sondern nur auf die Kündigung bestimmter Vertragsteile.
Entscheidendes Merkmal der Teilkündigung ist (wie bei jeder Kündigung des Arbeitsverhältnisses) die einseitige Änderung von Vertragsbedingungen gegen den Willen der anderen Vertragspartei.
Von der Kündigung unterscheidet sich die Teilkündigung nur dadurch, dass erstere das Arbeitsverhältnis in seinem ganzen Bestand erfasst, während sich mit letzterer eine Vertragspartei unter Aufrechterhaltung des Arbeitsverhältnisses im Übrigen **nur von einzelnen Rechten und Pflichten aus dem Arbeitsverhältnis lösen will.**
In der Äußerung einer – möglicherweise falschen – Rechtsansicht liegt im Übrigen keine Teilkündigung. 1738

Übernimmt der Arbeitnehmer eine tariflich niedriger bewertete Tätigkeit und vereinbaren die Parteien, dass dem Arbeitnehmer der Differenzbetrag zwischen den beiden Tarifgruppen in bezifferter Höhe als »nicht aufzehrbare Ausgleichszulage, die auch an Tariflohnerhöhungen teilnimmt« zusteht, so soll er damit regelmäßig so gestellt werden, wie er ohne den Stellenwechsel gestanden hätte. Eine solche Vereinbarung bezweckt i. d. R. nicht, dem Arbeitnehmer das höhere Gehalt auch für den Fall zu sichern, dass die ursprüngliche Tätigkeit tariflich später geringer bewertet wird (*BAG* 22.1.1997 EzA § 622 BGB Teilkündigung Nr. 7).

b) Grundsätzliches Verbot der Teilkündigung
Eine solche Teilkündigung ist grds. unzulässig, **weil durch sie das von den Parteien vereinbarte Äquivalenz- und Ordnungsgefüge gestört wird.** Sie nimmt nicht darauf Rücksicht, dass die Rechte und Pflichten der Parteien in vielfachen inneren Beziehungen stehen. 1739
Durch die Teilkündigung entzieht sich somit eine Vertragspartei der Vertragsbindung, ohne gleichzeitig auf ihre Rechte aus der Bindung der anderen Partei zu verzichten (*BAG* 7.10.1982 EzA § 315 BGB Nr. 28; vgl. APS/*Künzl* § 2 KSchG Rz. 73 ff.).

c) Begriff des Widerrufsvorbehaltes
Ist hingegen einer Vertragspartei das Recht eingeräumt, eine Vertragsbedingung einseitig zu ändern, so handelt es sich (unabhängig von der gewählten Bezeichnung) um einen Widerrufsvorbehalt (s. dazu oben C/Rz. 612 ff.). 1740
Dieser kann seine Rechtsgrundlage im Arbeitsvertrag selbst, aber auch in einer Betriebsvereinbarung oder in einem Tarifvertrag haben.

d) Grundsätzliche Zulässigkeit von Widerrufsvorbehalten
Die Vereinbarung eines solchen Widerrufsvorbehaltes, d. h. eines Rechts zur einseitigen Änderung der Vertragsbedingungen, ist **grds. zulässig;** die Ausübung des Widerrufsrechts im konkreten Einzelfall muss gem. § 315 BGB nach billigem Ermessen erfolgen (*BAG* 7.10.1982 EzA § 315 BGB Nr. 28; abl. *Leuchten* NZA 1994, 724 ff.). 1741
Sie ist nur dann gem. § 134 BGB nichtig, wenn sie zur Umgehung des zwingenden Kündigungsschutzes führt.
Das wird in aller Regel dann der Fall sein, **wenn wesentliche Elemente des Arbeitsvertrages einer einseitigen Änderung unterliegen sollen, durch die das Gleichgewicht zwischen Leistung und Gegenleistung grundlegend gestört wird** (*BAG* 4.2.1958 AP Nr. 1 zu § 620 BGB Teilkündigung; 7.10.1982 EzA § 315 BGB Nr. 28).

D. Die Beendigung des Arbeitsverhältnisses

1742 Der Bestandsschutz des Arbeitsverhältnisses bleibt aber nach der Rechtsprechung des *BAG* (7.1.1971 AP Nr. 12 zu § 315 BGB) auch nach erklärtem Widerruf gewahrt, wenn **mindestens das Tarifgehalt weitergezahlt wird.**

Beispiele:
1743 – Ist nach dem Arbeitsvertrag mit dem vorbehaltenen Entzug (Versetzung) einer Zusatzaufgabe (z. B. der Check-Purser-Tätigkeit bei einer Luftfahrtgesellschaft) gleichzeitig auch der Wegfall der hierfür gezahlten außertariflichen Zulage verbunden, liegt darin im Regelfall – unabhängig von der gewählten Bezeichnung – auch der Vorbehalt des Widerrufs der außertariflichen Zulage.
Eine Umgehung des Kündigungsschutzes liegt darin jedenfalls dann nicht, wenn die Zulage nur 15% der Gesamtbezüge des Arbeitnehmers ausmacht (*BAG* 15.11.1995 EzA § 315 BGB Nr. 46).
– Ein Arbeitgeber, der einem Arbeitnehmer unter dem Vorbehalt der Refinanzierbarkeit bei staatlichen Stellen einzelvertraglich unabhängig z. B. von den Arbeitsvertragsrichtlinien des Diakonischen Werkes Vergütung aus einer höheren Vergütungsgruppe zusagt, kann sich von dieser Zusage lösen, wenn der Drittmittelgeber die Finanzierung verweigert. Der Widerruf kann dann ohne Änderungskündigung erfolgen (*BAG* 6.8.1997 NZA 1998, 263; s. auch unten Rz. 1783 ff.).

e) Übertragung der für den Widerrufsvorbehalt entwickelten Grundsätze auf die vorbehaltene Teilkündigung

1744 Nach Maßgabe dieser für den Widerrufsvorbehalt entwickelten Grundsätze kommt auch eine Teilkündigung dann in Betracht, wenn das von den Parteien im Vertrag festgelegte Ordnungs- und Äquivalenzgefüge nicht gestört wird.

Das ist grds. anzunehmen, wenn für einzelne Vertragsteile eine **Teilkündigung ausdrücklich vorgesehen** ist (*BAG* 23.8.1989 EzA § 565 b BGB Nr. 3; 14.11.1990 EzA § 620 BGB Teilkündigung Nr. 5), sowie dann, wenn sich aus den Umständen ergibt, dass es sich um einen **selbstständigen Vertragsteil** handelt, der ohne Störung des Übrigen vertraglichen Äquivalenz- und Ordnungsgefüges aus dem Vertrag herausgelöst werden kann (vgl. *Hromadka* DB 1995, 1609 ff.).
1745 Das *BAG* (7.10.1982 EzA § 315 BGB Nr. 28) geht letztlich davon aus, dass der **Vorbehalt der Teilkündigung als Widerrufsvorbehalt aufzufassen ist.** Auf diesen ist § 315 BGB anwendbar, wonach die Bestimmung der Leistung durch einen der Vertragsschließenden (hier den Arbeitgeber) im Zweifel nach billigem Ermessen zu treffen ist. Das bedeutet, dass die **wesentlichen Umstände des Falles abzuwägen und die beiderseitigen Interessen zu berücksichtigen sind** (*BAG* 13.5.1987 EzA § 315 BGB Nr. 34).

f) Beispiele
1746 Bei einer **Verkleinerung des Bezirks eines Außendienstmitarbeiters** im Rahmen einer grundlegenden Neuordnung der Bezirke ist das billige Ermessen z. B. dann gewahrt, wenn dies nicht zu einer nachweislichen Verdienstminderung führt (*BAG* 7.10.1982 EzA § 315 BGB Nr. 28).
Die arbeitsvertragliche Verpflichtung zum Bewohnen einer **Werksdienstwohnung** kann dagegen nicht selbstständig unter Fortbestand des Arbeitsverhältnisses gekündigt werden (*BAG* 23.8.1989 EzA § 565 b BGB Nr. 3).

D. Die Beendigung des Arbeitsverhältnisses

Ist in einem (**Chefarzt-**)**Vertrag** die Kostenerstattung für die Leistungen des Krankenhauses niedergelegt, die der Chefarzt im Rahmen seiner Privatliquidation in Anspruch nimmt, und enthält ein Zusatzvertrag nur einen Berechnungsmodus für die Kostenerstattung, dann kann der Zusatzvertrag selbstständig durch Kündigung beendet werden, wenn ein entsprechendes Kündigungsrecht vereinbart wurde. Eine – unzulässige – Teilkündigung liegt dann nicht vor, weil die Grundlage der im Dienstvertrag geregelten Kostenerstattung unberührt bleibt (*BAG* 14.11.1990 EzA § 611 BGB Teilkündigung Nr. 5).

Eine Teilkündigung allein von **Provisionsbedingungen** ist grds. nicht zulässig (MünchArbR/*Kreßel* § 68 Rz. 66).

g) Verfahrensfragen

Spricht der Arbeitgeber eine ausnahmsweise zulässige Teilkündigung aus, kann der Arbeitnehmer deren Wirksamkeit überprüfen lassen. **§ 4 KSchG findet jedoch keine Anwendung.** Es gelten die zur Überprüfung des Widerrufsvorbehaltes bzw. der aufgrund des Direktionsrechts erteilten Weisungen entwickelten Grundsätze (§ 315 BGB; s. o. A/Rz. 650 ff.; C/Rz. 612 ff.). 1747

h) Umdeutung

Die unwirksame Teilkündigung ist grds. nicht in eine Änderungskündigung umzudeuten (KR-*Rost* § 2 KSchG Rz. 53). 1748

4. Gründe für eine sozial gerechtfertigte Änderungskündigung

a) Prüfungsmaßstab

Gem. § 2 KSchG muss die Änderung der Arbeitsbedingungen **sozial gerechtfertigt sein,** um wirksam zu werden. 1749

> Das bedeutet, dass die Änderung der Arbeitsbedingungen aus personen-, verhaltens- oder durch dringende betriebliche Erfordernisse bedingten Gründen unvermeidbar sein muss und die neuen Bedingungen für den Arbeitnehmer unter Berücksichtigung des Verhältnismäßigkeitsprinzips annehmbar sein müssen (*BAG* 6.3.1986 EzA § 15 KSchG n. F. Nr. 34; vgl. ausf. *Hromadka* NZA 1996, 1 ff.; *Fischermeier* NZA 2000, 738; APS/*Künzl* § 2 KSchG Rz. 235 ff.; krit. *Berkowsky* NZA 2000, 1131 ff.).

Die soziale Rechtfertigung ist sowohl hinsichtlich der Frage, ob **überhaupt eine Änderung der Arbeitsbedingungen erforderlich ist,** als auch hinsichtlich der Frage, **wie diese Änderung im konkreten Fall zu erfolgen hat,** zu überprüfen. Ist die Frage nach dem Ob zu bejahen, ist aber die konkrete Änderung sozial ungerechtfertigt, weil sie etwa einschneidender als erforderlich ist, so kann das Gericht nicht etwa eine Vertragsanpassung an das Erforderliche vornehmen. Insoweit ist vielmehr die Änderungskündigung insgesamt unwirksam mit der Folge, dass das Arbeitsverhältnis zu den ursprünglichen Vertragsbedingungen fortbesteht. Die beabsichtigte Änderung der Vertragsbedingungen darf stets nur so weit gehen, wie dies nach dem Zweck der Maßnahme erforderlich ist. Sie muss andererseits zur Erreichung dieses Zweckes geeignet sein (MünchArbR/*Berkowsky* § 145 Rz. 24). 1750

D. Die Beendigung des Arbeitsverhältnisses

1751 Eine betriebsbedingte Änderungskündigung ist folglich z. B. nur dann wirksam, wenn sich der Arbeitgeber bei einem an sich anerkennenswerten Anlass zur Änderungskündigung darauf beschränkt hat, nur solche Änderungen vorzunehmen, die der Arbeitnehmer billigerweise hinnehmen muss (*BAG* 15.3.1991 EzA § 2 KSchG Nr. 16).

b) Personenbedingte Gründe

1752 Eine personenbedingte Änderungskündigung kommt in Betracht, wenn der Arbeitnehmer seine vertraglich **geschuldete Arbeitsleistung** auf dem bisherigen Arbeitsplatz infolge eines in seiner Person liegenden Umstandes **nicht mehr erbringen kann,** er für einen anderen (freien) Arbeitsplatz jedoch weiterhin geeignet ist (*BAG* 3.11.1977 NJW 1978, 2168; APS/*Künzl* § 2 KSchG Rz. 229 ff.).

Beispiel; Beweislast

1753 Hat der Arbeitgeber einem mit Personenbeförderung beauftragten Kraftfahrer gegenüber eine **personenbedingte Änderungskündigung** (Versetzung in die Hofkolonne) ausgesprochen, weil der TÜV auf Grund einer medizinisch-psychologischen Untersuchung die mangelnde Eignung des Arbeitnehmers festgestellt hatte, so kann das TÜV-Gutachten durch einen **gerichtlich beauftragten Sachverständigen überprüft** werden. Erweist sich dabei, dass das erste Gutachten fehlerhaft und unbrauchbar in dem Sinne war, dass es nicht einmal als Grundlage für ernste, nicht ausräumbare Zweifel an der Eignung des Klägers herangezogen werden kann, so ist die Änderungskündigung unwirksam. Es kommt nicht darauf an, dass das gerichtlich eingeholte Gutachten positiv die Eignung des Klägers feststellt (*LAG Köln* 9.2.2000 NZA 2001, 34).

c) Verhaltensbedingte Gründe

aa) Allgemeine Voraussetzungen

1754 Auch aus verhaltensbedingten Gründen kann eine Änderungskündigung angezeigt sein, wenn etwa durch ein bestimmtes Verhalten des Arbeitnehmers **das Vertrauen des Arbeitgebers nur hinsichtlich eines abgrenzbaren Teilbereichs zerstört ist,** wie dies etwa bei Störungen der Beziehung zwischen Arbeitnehmern untereinander denkbar ist (*BAG* 21.11.1985 EzA § 1 KSchG Nr. 42; vgl. APS/*Künzl* § 2 KSchG Rz. 232 ff.). Auch für die soziale Rechtfertigung einer verhaltensbedingten Änderungskündigung bedarf es aber regelmäßig einer vorherigen einschlägigen **Abmahnung.**

bb) Politische Betätigung; öffentlicher Dienst

1755 Die ordentliche Änderungskündigung eines **Fernmeldehandwerkers bei der Deutschen Bundespost wegen seiner DKP-Zugehörigkeit und damit verbundenen Aktivitäten** ist dann durch Gründe, die im Verhalten des Arbeitnehmers liegen, bedingt, wenn eine konkrete Störung des Arbeitsverhältnisses, sei es im Leistungsbereich, im Bereich der betrieblichen Verbundenheit aller Mitarbeiter, im personalen Vertrauensbereich oder im behördlichen Aufgabenbereich eingetreten ist.

1756 Einen personenbedingten Grund wegen fehlender Eignung aufgrund von Zweifeln an der Erfüllung der einfachen politischen Loyalitätspflicht eines im öffentlichen Dienst tätigen Arbeitnehmers stellt diese politische Betätigung nur dann dar, wenn

sie in die öffentliche Dienststelle hineinwirkt und entweder den allgemeinen Aufgabenbereich des öffentlichen Arbeitgebers oder das konkrete Aufgabengebiet des Arbeitnehmers berührt (*BAG* 20.7.1989 EzA § 2 KSchG Nr. 11).
Sicherheitsbedenken, die sich aus der vom Arbeitgeber vermuteten fehlenden Verfassungstreue ergeben sollen, sind von diesem unter Berücksichtigung der einem Fernmeldehandwerker obliegenden politischen Treuepflicht bezogen auf sein Tätigkeitsgebiet und den behördlichen Aufgabenbereich konkret unter Angabe greifbarer Tatsachen darzulegen (*BAG* 20.7.1989 EzA § 2 KSchG Nr. 11).

d) Betriebsbedingte Gründe

aa) Entgeltminderung
Im Rahmen betriebsbedingter Gründe für eine Änderungskündigung stellt sich insbesondere die Frage, inwieweit eine **Entgeltminderung** nach § 2 KSchG sozial gerechtfertigt sein kann (vgl. APS/*Künzl* § 2 KSchG Rz. 244 ff.).

1757

> Denn soweit eine arbeitsvertragliche Entgeltregelung ohne Frist und Vorbehalt getroffen wurde oder, weil die Grundlagen des Arbeitsverhältnisses berührend, als getroffen gilt, ist eine Änderung nur einvernehmlich oder durch Änderungskündigung möglich. Nach der Rechtsprechung des *BAG* (20.3.1986 EzA § 2 KSchG Nr. 6; zust. *Dänzer-Vanotti/Engels* DB 1986, 1392; *Hromadka* RdA 1992, 234, 255; ebenso *LAG Berlin* 30.6.1997 NZA-RR 1998, 257; *LAG Düsseldorf* 17.2.1998 NZA-RR 1998, 534) bedarf es einer Interessenabwägung unter Berücksichtigung des Gewichts der für die Vertragsänderung sprechenden Gründe einerseits und des Grades der Schutzwürdigkeit des Arbeitnehmers andererseits. Die Entgeltminderung ist dann gerechtfertigt, wenn sie die Stilllegung des Betriebes oder die Reduzierung der Belegschaft verhindern kann (vgl. ausf. *Krause* DB 1995, 574 ff.; *Gaul* DB 1998, 1913 ff.; gänzlich ablehnend *Kittner* NZA 1997, 968 ff., weil dies Sache freier Verhandlungen sei, die für die Arbeitnehmer freilich unter der handfesten Drohung des Arbeitsplatzverlustes geführt werden müssten).

Dies gilt entsprechend auch im öffentlichen Dienst (vgl. MünchArbR/*Hanau* § 62 Rz. 113; APS/*Künzl* § 2 KSchG Rz. 264).

1758

Nach Auffassung des *LAG Köln* (15.6.1988 LAGE § 2 KSchG Nr. 8; a. A. *LAG Berlin* 30.6.1997 NZA-RR 1998, 257) ist es weitergehend ausreichend, wenn durch die Herabsetzung der finanziellen Leistungen des Arbeitgebers eine **Rentabilitätsverbesserung** erreicht werden kann. Es hat deshalb eine Massenänderungskündigung mit dem Ziel der Streichung eines monatlichen Mietkostenzuschusses in Höhe von 19 DM als Teil eines Sanierungskonzeptes für gerechtfertigt erachtet. Allerdings stand das Unternehmen unter einem erheblichen Druck, da es in früheren Jahren erhebliche Verluste erlitten hatte und die Kreditgeber unter Androhung von Kreditkürzungen konkrete Maßnahmen zur Ergebnisverbesserung gefordert hatten.

Das *LAG Baden-Württemberg* (20.3.1997 BB 1997, 1903; vgl auch *LAG Berlin* 11.5.1998 NZA-RR 1998, 498) lässt es genügen, dass **betriebliche Interessen von einigem Gewicht** diese Maßnahme – ggf. im Rahmen eines Pakets weiterer Schritte zur Kostensenkung – erforderlich machen. Andererseits stellt die Einführung einer neuen Lohnfindungsmethode (Umstellung auf leistungsbezogene Vergütung) allein keinen Grund für eine betriebsbedingte Änderungskündigung gegenüber einem Arbeitnehmer dar, dessen Lohn sich aus Grundlohn und widerruflicher Gewinnbetei-

1759

D. Die Beendigung des Arbeitsverhältnisses

ligung zusammensetzt. Auch der **Gleichbehandlungsgrundsatz** gibt in einem derartigen Fall keinen betriebsbedingten Grund zur Änderungskündigung, selbst wenn mehr als 90% der Belegschaft den geänderten Bedingungen einzelvertraglich zugestimmt hatte (*LAG Rheinland-Pfalz* 9.1.1997 NZA 1998, 598).

1760 *Löwisch/Bernards* (Anm. zu *BAG* EzA § 2 KSchG Nr. 8) lassen weitergehend bereits **jedes sachliche Interesse** als einen Grund für eine betrieblich bedingte Änderungskündigung ausreichen; für *von Hoyningen-Huene* (*Hueck/von Hoyningen-Huene* § 2 KSchG/Rz. 71) und *Stahlhacke* (DB 1994, 1368) genügt, dass das **Unternehmen mit Verlust arbeitet** (vgl. auch *Krause* a. a. O., der zumindest das Vorliegen einer **unternehmerischen Gesamtkonzeption** fordert, durch die der Betrieb oder einzelne Arbeitsplätze langfristig vor einer Stilllegung bzw. einem Abbau gesichert werden sollen). Eine Änderungskündigung allein zum Zweck der Entgeltreduzierung ist jedenfalls nicht sozial gerechtfertigt. Die Einführung einer **neuen Lohnfindungsmethode** ist ohne Hinzutreten weiterer Umstände folglich nicht ausreichend (*LAG Berlin* 21.8.1998 LAGE § 2 KSchG Nr. 34).

1761 Für eine Änderungskündigung, mit der der Arbeitgeber eine Entgeltminderung von 30% zur Vermeidung betriebsbedingter Beendigungskündigungen erreichen wollte, hat das *BAG* (12.11.1998 EzA § 2 KSchG Nr. 33; vgl. dazu *Fischermeier* NZA 2000, 742; ebenso *LAG Hamm* 27.10.1999 NZA-RR 2000, 301) folgende Grundsätze aufgestellt: Bei der Prüfung, ob ein dringendes betriebliches Erfordernis zu einer Änderung der Arbeitsbedingungen einzelner Arbeitnehmer besteht, ist auf die wirtschaftliche Situation des Gesamtbetriebes und nicht nur die eines unselbstständigen Betriebsteils abzustellen. Die Unrentabilität einer unselbstständigen Betriebsabteilung (s. u. D/Rz. 1775) stellt dann ein dringendes betriebliches Erfordernis dar, wenn sie auf das wirtschaftliche Ergebnis des Gesamtbetriebes durchschlägt und ohne Anpassung der Personalkosten Beendigungskündigungen nicht zu vermeiden wären. Eine betriebsbedingte Änderungskündigung, die eine sonst erforderlich werdende Beendigungskündigung – z. B. wegen Stilllegung des Gesamtbetriebes oder einer Betriebsabteilung – vermeidet, ist grds. möglich. Die Anforderungen an eine solche Änderungskündigung sind aber nicht geringer anzusetzen als die Anforderungen an eine Beendigungskündigung wegen beabsichtigter (Teil-)Betriebsstilllegung. Im konkret entschiedenen Einzelfall hat das *BAG* (12.11.1998 EzA § 2 KSchG Nr. 33) angenommen, dass die Beklagte diese Voraussetzungen nicht schlüssig dargelegt hatte. Es fehlten hinreichende Angaben zur wirtschaftlichen Situation des Gesamtbetriebes, zur Rentabilität der Anzeigenabteilung bzw. zu der Frage, ob und ggf. in welcher Form und mit welchen Realisierungschancen die Planungen, die Abteilung Anzeigensatz notfalls zu schließen, bereits greifbare Formen angenommen hatten.

1762 Ist allerdings nach Maßgabe dieser Grundsätze eine Entgeltkürzung mittels Änderungskündigung durch dringende betriebliche Erfordernisse gerechtfertigt, so ist der Arbeitgeber **gleichwohl** regelmäßig **nicht berechtigt, einzelne Arbeitnehmer**, auch nicht allein die Arbeitnehmer einer mit Verlust arbeitenden Abteilung, **herauszugreifen** und ihr Entgelt einschneidend zu kürzen, während das Entgelt der überwiegenden Mehrzahl der Belegschaft unangetastet bleibt (*BAG* 20.8.1998 EzA § 2 KSchG Nr. 31; vgl. dazu *Günzel* BB 1999, 905 ff.).

D. Die Beendigung des Arbeitsverhältnisses

Wird zudem eine Entgeltkürzung nur mit **vorübergehenden wirtschaftlichen Verlusten** begründet, müssen die Arbeitnehmer jedenfalls billigerweise **keine Entgeltsenkung auf Dauer** hinnehmen (*BAG* 20.8.1998 EzA § 2 KSchG Nr. 31). **Angespannte wirtschaftliche Verhältnisse** eines Unternehmens rechtfertigen auch nicht ohne weiteres eine **Urlaubskürzung** für die Mitarbeiter. Eine entsprechende Änderungskündigung ist daher nur dann sozial gerechtfertigt, wenn es für den Arbeitgeber **keine andere Möglichkeit** gibt, eventuelle finanzielle Engpässe zu überwinden. In jedem Fall müssen die betrieblichen Erfordernisse »dringend« sein (*LAG Rheinland-Pfalz* 17.5.2001 – 4 Sa 137/01 –). 1763

1764

bb) Entgeltanpassung; Einführung tariflicher Arbeitsbedingungen
Die Berufung des Arbeitgebers auf den Gleichbehandlungsgrundsatz – **Beseitigung der Besserstellung einer Arbeitnehmer-Gruppe oder einzelner Arbeitnehmer bei bestimmten freiwilligen betrieblichen Sozialleistungen** – stellt für sich allein **kein dringendes betriebliches Erfordernis** für eine Änderungskündigung dar (*BAG* 28.4.1982 EzA § 2 KSchG Nr. 4). Eine anderweitige kündigungsrechtliche Betrachtung würde die Funktion des arbeitsrechtlichen Gleichbehandlungsgrundsatzes i. S. eines in erster Linie zugunsten des ausgeschlossenen Arbeitnehmers wirkenden Gestaltungs- und Ordnungsprinzips in sein Gegenteil verkehren. Deshalb ist es dem Arbeitgeber, der mit **einzelnen Arbeitnehmern** eine **höhere Vergütung** vereinbart hat, als sie dem betrieblichen Niveau entspricht, auch verwehrt, unter Berufung auf den **Gleichbehandlungsgrundsatz** diese Vergütung dem Lohn der übrigen Arbeitnehmer anzupassen, mit denen er eine solche höhere Lohnvereinbarung nicht getroffen hat (*BAG* 1.7.1999 EzA § 2 KSchG Nr. 35; APS/*Künzl* § 2 KSchG Rz. 242). Auch dass sich der Arbeitgeber auf eine die angestrebte Neuregelung vorgebende **Gesamtbetriebsvereinbarung** berufen kann, **erleichtert die** Änderungskündigung **nicht** (*BAG* 20.1.2000 NZA 2000, 593 ff.; vgl. dazu *von Hoyningen-Huene* SAE 2000, 331 ff.). Nichts anderes gilt, wenn der Arbeitgeber **künftig alle Mitarbeiter** nach einem einschlägigen **Branchentarifvertrag** behandeln will im Verhältnis zu einem Arbeitnehmer, der günstigere Regelungen im Arbeitsvertrag vereinbart hat. Eine darauf gestützte Änderungskündigung ist regelmäßig nicht sozial gerechtfertigt; jedenfalls dann nicht, wenn weder der Arbeitgeber noch der Arbeitnehmer tarifgebunden ist und der Arbeitsvertrag daher vom Tarifvertrag abweichende Regelungen enthält (*LAG Rheinland-Pfalz* 6.8.2001 – 6 Sa 973/00 –).
Zur sozialen Rechtfertigung einer auf den Fortfall von betrieblichen Sozialleistungen gerichteten Änderungskündigung bedarf es des Vorliegens von betrieblichen Umständen, die so beschaffen sein müssen, dass sie als dringendes betriebliches Erfordernis i. S. v. § 1 Abs. 2 KSchG angesehen werden können. 1765

Als derartige Gründe kommen z. B. die folgenden Umstände in Betracht: Auftragsrückgang, Umsatzminderung, Gewinnverfall, Auslaufen einer Drittmittelfinanzierung, Betriebseinschränkungen infolge schlechter wirtschaftlicher Lage sowie wesentliche Störungen des Betriebsfriedens wegen einer Ungleichbehandlung von Arbeitnehmern (*BAG* 28.4.1982 EzA § 2 KSchG Nr. 4). 1766

D. Die Beendigung des Arbeitsverhältnisses

cc) Organisationsänderungen

1767 Die Überprüfung organisatorischer Unternehmerentscheidungen ist auch insoweit auf die **Missbrauchskontrolle** beschränkt, also darauf, ob sie offenbar unsachlich, unvernünftig oder willkürlich ist.

Eine derartige nur beschränkt überprüfbare Entscheidung ist z. B. der Entschluss des Arbeitgebers, die von ihm getragene Musikschule während der allgemeinen Schulferien geschlossen zu halten und außerhalb der Ferien einen gleichmäßigen Unterricht anzubieten (*BAG* 26.1.1995 EzA § 2 KSchG Nr. 22).

> Dagegen ist es gerichtlich zu prüfen, ob die Organisationsänderung eine Beendigungs- oder Änderungskündigung unvermeidbar macht, oder ob das geänderte unternehmerische Konzept nicht durch andere Maßnahmen verwirklicht werden kann (*BAG* 18.1.1990 EzA § 1 KSchG Betriebsbedingte Kündigung Nr. 65).

Beispiel:

1768 Dem KSchG ist nicht die Wertung zu entnehmen, der Arbeitgeber müsse aufgrund einer Rationalisierung z. B. im Dienstleistungsbereich ohne Rücksicht auf eine einschlägige Organisationsentscheidung in jedem Falle anstelle mehrerer Änderungskündigungen (z. B. zwei Änderungskündigungen mit dem Ziel von Halbtagsbeschäftigungen) eine geringere Anzahl von Beendigungskündigungen aussprechen (*BAG* 19.5.1993 EzA § 1 KSchG Betriebsbedingte Kündigung Nr. 73).

1769 Zu beachten ist, dass auch bei derartigen Organisationsänderungen der unterschiedliche Arbeitsumfang **keine arbeitsrechtliche Sonderbehandlung der Teilzeitarbeitnehmer** rechtfertigt, **wenn hierfür keine sachlichen Gründe gegeben sind.** § 2 Abs. 1 BeschFG (nunmehr § 4 Abs. 1 TzBfG) erfasst alle Arbeitsbedingungen. Das gilt auch für die Möglichkeit der Freizeitgestaltung an Wochenenden, weil die zusammenhängende Freizeit an den Wochentagen Samstag/Sonntag ganz allgemein als erstrebenswert und vorteilhaft angesehen wird. Sachliche Gründe, eine Teilzeitkraft z. B. im Rahmen einer bestimmten Arbeitszeitgestaltung davon – im Gegensatz zu den Vollzeitkräften – generell auszuschließen, sind nicht ersichtlich. Ein hierauf hinzielendes Änderungsangebot verstößt gegen § 2 BeschFG (nunmehr § 4 Abs. 1 TzBfG; *BAG* 24.4.1997 EzA § 2 KSchG Nr. 26; krit. *Weber* SAE 1997, 339 ff.; vgl. auch *Gaul* DB 1998 1913 ff.). Im konkret entschiedenen Einzelfall hat das *BAG* die Unangemessenheit des Änderungsangebots auch dadurch ergänzend als belegt angesehen, dass die Klägerin statt wie früher an drei Tagen nach dem neuen Konzept nur noch an einem Tag (freitags) pro Woche frei haben soll, während z. B. eine andere Teilzeitkraft nach wie vor zwei freie Tage (montags und freitags) hat. Zudem sollte die Klägerin anders als die anderen Teilzeitkräfte durchgehend von montags bis donnerstags in der Zeit ab 12 Uhr und in den umsatzstärksten Zeiten (einschließlich samstags) eingesetzt werden, während andere Teilzeitbeschäftigte auch vormittags ab 9.30 Uhr, wie früher auch die Klägerin, eingesetzt werden.

1770 Führt ein tarifgebundener Arbeitgeber durch einzelvertragliche Abreden mit nahezu sämtlichen Arbeitnehmern einer Abteilung dort ein vom Tarifvertrag abweichendes Arbeitszeitmodell ein (Sonnabend als Regelarbeitszeit), so ist die Änderungskündigung des einzigen Arbeitnehmers, der – selbst tarifgebunden – diese Abrede nicht akzeptiert und an seiner tariflich vorgesehenen Arbeitszeit (Montag bis Freitag) festhalten möchte, mit der ihn der Arbeitgeber in einem anderen Betrieb des Unternehmens einsetzen möchte, nicht sozial gerechtfertigt. Denn ein

D. Die Beendigung des Arbeitsverhältnisses

tarifgebundener Arbeitnehmer darf seinen – auch konkreten – Arbeitsplatz **nicht deswegen verlieren, weil er eine in seiner Person tarifwidrige Abrede mit dem Arbeitgeber verweigert** (*BAG* 18.12.1997 EzA § 2 KSchG Nr. 28; *LAG Berlin* 20.5.1996 LAGE § 611 BGB Direktionsrecht Nr. 26; vgl. dazu *Hromadka* SAE 1998, 271 ff.; *Fischermeier* NZA 2000, 740).

Entschließt sich dagegen ein **Filialunternehmen** des Einzelhandels aus wirtschaftlichen und strukturellen Gesichtspunkten u. a. zur Vermeidung von Entlassungen, eine **Teilflexibilisierung der Arbeitszeit** ihrer MitarbeiterInnen mit Zustimmung des Gesamtbetriebsrats und der örtlichen Betriebsräte in ihren Filialen einzuführen, so ist eine in diesem Zusammenhang aus dringenden betrieblichen Gründen ausgesprochene Änderungskündigung rechtswirksam (*LAG Berlin* 8.4.1998 ARST 2000, 17). **1771**

dd) Kostensenkung; Reduzierung oder Erweiterung des Arbeitsvolumens

(1) Grundsätze
Bezweckt der Arbeitgeber mit Hilfe der Änderungskündigung (nur) bestimmte Arbeitsvertragsbedingungen des Arbeitnehmers, nicht aber seinen Arbeitsbereich zu ändern, insbesondere die Kosten des Arbeitsverhältnisses zu senken, so stellt dies ebenso wenig wie die zu diesem Zweck ausgesprochene Änderungskündigung selbst eine unternehmerische Entscheidung dar, deren Überprüfung dem Arbeitsgericht verwehrt ist (*BAG* 20.3.1986 EzA § 256 ZPO Nr. 25; vgl. APS/*Künzl* § 2 KSchG Rz. 245). Das gilt z. B. für den Entschluss des Arbeitgebers, Lohnnebenkosten wie **Fahrgeldzuschüsse** (in Höhe von 1,75 Euro wöchentlich) im Hinblick auf die eingetretene schlechte wirtschaftliche Lage **einzusparen** (*LAG Baden-Württemberg* 24.4.1995 EzA § 2 KSchG Nr. 18): **1772**

> Die Änderung der Arbeitsvertragsbedingungen ist deshalb nur sozial gerechtfertigt, wenn sie in der vorgesehenen Art und Weise und in dem vorgesehenen Umfang überhaupt erforderlich und geeignet ist, das vorgegebene Unternehmensziel etwa der Kostensenkung zu erreichen. **1773**

Erforderlich ist deshalb, dass das angestrebte Unternehmensziel definiert wird. Sodann ist anhand dieses Zieles festzustellen, inwieweit die angestrebten Änderungen der Arbeitsbedingungen **geeignet, aber auch erforderlich sind,** es zu erreichen. Nach Auffassung des *LAG Baden-Württemberg* (24.4.1995 EzA § 2 KSchG Nr. 18) muss der Entschluss des Arbeitgebers in eine **betrieblich-organisatorische Maßnahme** münden.

(2) Verhältnis von Unternehmensziel und Kosteneinsparung
So sind (gemessen an dem Unternehmensziel) **marginale Kosteneinsparungen** durch Kürzungen übertariflicher Zulagen nicht geeignet, das insoweit erstrebte Ziel zu erreichen. Kürzungen übertariflicher Zulagen in einem Umfang, die die unternehmerische Zielvorgabe signifikant überschreiten, sind zu deren Erreichen nicht erforderlich (MünchArbR/*Berkowsky* § 145 Rz. 38). **1774**

D. Die Beendigung des Arbeitsverhältnisses

(3) Betriebsbezogenheit des Überprüfungsmaßstabs

1775 Das dringende Bedürfnis, eine unselbstständige Betriebsabteilung (Werkstatt) wegen hoher Kostenbelastung zu sanieren, begründet allein noch kein dringendes betriebliches Bedürfnis für eine Änderungskündigung zum Zwecke der Streichung außertariflicher Zulagen gegenüber in der Werkstatt beschäftigter Arbeitnehmer. Abzustellen ist vielmehr auf die wirtschaftlichen Verhältnisse im Bereich des Betriebes insgesamt (*BAG* 11.10.1989 EzA § 1 KSchG Betriebsbedingte Kündigung Nr. 64; 12.11.1998 EzA § 2 KSchG Nr. 33; *LAG Hamm* 27.10.1999 NZA-RR 2000, 301; s. o. D/Rz. 1761).

(4) Reduzierung des Arbeitsvolumens

1776 Verringert sich infolge einer Rationalisierungsmaßnahme das Arbeitsvolumen und entfällt damit das Bedürfnis für die weitere Beschäftigung einzelner Arbeitnehmer, kann der Arbeitgeber entscheiden, ob er die verbleibende Arbeit nur mit **Vollzeitkräften** oder auch ganz oder teilweise mit **Teilzeitkräften** durchführen will (*BAG* 19.5.1993 EzA § 1 KSchG Betriebsbedingte Kündigung Nr. 73; *LAG Chemnitz* 6.4.1993 LAGE § 2 KSchG Nr. 13; APS/*Künzl* § 2 KSchG Rz. 237). Die innerbetriebliche Organisation liegt in seinem Ermessen. Er kann den Personalbestand durch Ausspruch von Kündigungen anpassen oder die Arbeitszeit für alle oder einzelne Arbeitnehmer durch Ausspruch einer Änderungskündigung verringern. Das Gericht kann dem im Rahmen eines Kündigungsschutzverfahrens nicht entgegenhalten, der Ausspruch von Beendigungskündigungen sei zweckmäßiger, so wie es umgekehrt bei Ausspruch von Beendigungskündigungen nicht mit der Möglichkeit einer Änderungskündigung zur Arbeitszeitreduzierung mehrerer Arbeitnehmer argumentieren kann (*BAG* 19.5.1993 EzA § 1 KSchG Betriebsbedingte Kündigung Nr. 73; ErfK/*Ascheid* § 1 KSchG Rz. 55).

1777 Eine Änderung der Arbeitszeit kann durch Einführung eines **neuen Arbeitszeitsystems** bedingt sein. Dadurch ist eine Änderungskündigung gerechtfertigt, wenn die zu erledigende Arbeit nach dem neuen organisatorischen Konzept **nur bei geänderter Arbeitszeit sinnvoll erledigt werden kann** (*BAG* 19.5.1993 EzA § 1 KSchG Betriebsbedingte Kündigung Nr. 73). Eine Änderungkündigung zur Herabsetzung der Arbeitszeit ist aber dann sozialwidrig, wenn **keine Veränderung** hinsichtlich des Bedarfs an einer bestimmten Arbeitsleistung (*LAG Rheinland-Pfalz* 26.5.1981 ArbuR 1982, 91) oder durch organisatorische Veränderungen keine Veränderung von Dauer und/oder Lage der Arbeitszeit eingetreten ist (APS/*Künzl* § 2 KSchG Rz. 239).

1778 Auch eine im Jahresdurchschnitt voraussichtlich eintretende Reduzierung des Arbeitsvolumens um 20% rechtfertigt es aus betriebsbedingten Gründen nicht, ein »Normalarbeitsverhältnis« in ein sog. »flexibles Teilzeitarbeitsverhältnis« umzuwandeln, bei dem die Verkäuferin eines Filialbetriebes ohne eine vertragliche Bestimmung der monatlichen Durchschnittsleistung – nach einer kurzen Ankündigungsfrist – **monatlich variabel im Umfang von 53 bis zu 169 Stunden** vom Arbeitgeber je nach Arbeitsanfall eingesetzt werden kann. Eine derartige Einräumung eines einseitigen Leistungsbestimmungsrechts stellt sich als eine **objektive Umgehung des Kündigungsschutzrechts** dar und ist gem. § 134 BGB nichtig (*LAG Brandenburg* 24.10.1996 NZA-RR 1997, 127).

1779 Der **Beschluss des Stadtrats** einer sächsischen Stadt mit ca. 25.000 Einwohnern, die Vollzeitstelle der Gleichstellungsbeauftragten **in eine halbe Stelle umzuwandeln**, verstößt nicht gegen § 64 SächsGemO, wonach die entsprechenden Aufgaben hauptamtlich erfüllt werden sollen. Ein solcher Beschluss kann eine Änderungskündigung gegenüber der Gleichstellungsbeauftragten zur entsprechenden Reduzierung ihrer Arbeitszeit sozial rechtfertigen. Waren ihr jedoch noch **andere Aufgaben** übertragen, die ihr im Zusammenhang mit der Änderungskündigung zur Halbierung der Arbeitszeit **entzogen wurden,** so hat die beweisbelastete Arbeitgeberin im Einzelnen **darzulegen, weshalb die Änderung der Arbeitsbedingungen auch insoweit sozial gerechtfertigt sein soll** (BAG 23.11.2000 NZA 2001, 500).

(5) Erweiterung des Arbeitszeitvolumens

Soll wegen **erhöhten Produktionsaufkommens** künftig in mehreren Schichten oder in Wechselschicht gearbeitet werden, stellt dies eine im Ermessen des Arbeitgebers stehende, nur beschränkt überprüfbare Unternehmerentscheidung dar. Sofern das unternehmerische Konzept nicht in anderer Weise erreicht werden kann, ist es möglich, gegenüber denjenigen Arbeitnehmern, die **nicht freiwillig** zu einem Einsatz in Wechselschicht **bereit sind,** eine Änderungskündigung auszusprechen (BAG 18.1.1990 EzA § 1 KSchG Betriebsbedingte Kündigung Nr. 65; ErfK/*Ascheid* § 1 KSchG Rz. 61; APS/*Künzl* § 2 KSchG Rz. 238). Dasselbe gilt, wenn im Betrieb künftig auch samstags gearbeitet werden soll und der Arbeitgeber mit der Änderungskündigung die bislang fehlende Bereitschaft der Arbeitnehmer dazu erreichen will; das neue System darf allerdings keine Umgehung des Kündigungsschutzes darstellen (LAG Brandenburg 24.10.1996 NZA-RR 1997, 127; APS/*Künzl* § 2 KSchG Rz. 238). 1780

Jedenfalls ist eine Änderungskündigung, mit der der Arbeitgeber den **Abbau tariflich gesicherter Leistungen** – Erhöhung der tariflichen Arbeitszeit von 35 auf 38,5 Stunden mit einer Lohnerhöhung von 3 % – durchzusetzen versucht, gem. **§ 134 BGB i. V. m. § 4 TVG rechtsunwirksam** (BAG 10.2.1999 EzA § 2 KSchG Nr. 34; vgl. dazu *Wendeling-Schröder* ArbuR 1999, 327 f.; *Schleusener* SAE 1999, 308 ff.; *Adam* ZTR 2001, 112 ff.; krit. *Rieble* RdA 2000, 40 ff.; *Berkowsky* DB 1999, 1606 ff.; eher zust. *Quacke* NZA 2001, 812 ff.). 1781

(6) Pauschalierte Mehrarbeitsvergütung
Entschließt sich der Arbeitgeber, Mehrarbeit **verstärkt durch Freizeitausgleich** abzugelten, so kann dies je nach den Umständen eine Änderungskündigung mit dem Ziel sozial rechtfertigen, von der vereinbarten pauschalierten Mehrarbeitsvergütung zur »Spitzabrechnung« der tatsächlich geleisteten Mehrarbeit überzugehen (BAG 23.11.2000 EzA § 2 KSchG Nr. 40). 1782

ee) Korrektur unzutreffender Eingruppierung
Die irrtümliche Eingruppierung eines einzelnen Arbeitnehmers in eine zu hohe Vergütungsgruppe der für den öffentlichen Dienst geltenden Vergütungsordnung **kann zu einem dringenden betrieblichen Erfordernis** für eine Änderungskündigung zum Zwecke der Rückgruppierung in die tariflich richtige Vergütungsgruppe **führen** (BAG 15.3.1991 EzA § 2 KSchG Nr. 16; APS/*Künzl* § 2 KSchG Rz. 256 ff.; krit. *Maurer* NZA 1993, 721 ff.; abl. LAG Köln 8.4.1998 ZTR 1998, 508 = NZA-RR 1999, 108; vgl. auch *Mehlich* DB 1999, 1319 ff.). 1783

D. Die Beendigung des Arbeitsverhältnisses

1784 Da eine in Verkennung tariflicher Bestimmungen rechtsgrundlos gezahlte Vergütung jedoch ohne weiteres aufgrund einseitiger Entscheidung des Arbeitgebers berichtigt werden kann, sofern nicht zugleich ein einzelvertraglicher Vergütungsanspruch besteht (*BAG* 26.1.1994 ZTR 1994, 374; 18.2.1998 NZA 1998, 950), ist zunächst zu prüfen, ob ein einzelvertraglicher Anspruch auf Zahlung der Vergütung nach der an sich unzutreffenden Vergütungsgruppe besteht (*BAG* 16.2.2000 EzA § 4 TVG Rückgruppierung Nr. 1). In der formularmäßigen Verweisung auf eine bestimmte Vergütungsgruppe wird i. d. R. nur eine deklaratorische Erklärung gesehen, dass der Arbeitgeber dem Arbeitnehmer dasjenige zuweisen will, was ihm tariflich zusteht, hingegen nicht die konstitutive einzelvertragliche Zusage der Vergütung aus einer bestimmten Lohngruppe unabhängig von den tariflichen Voraussetzungen. Ohne Hinzutreten weiterer Umstände kann ein Arbeitnehmer des öffentlichen Dienstes der Angabe der Vergütungsgruppe folglich schon deshalb nicht eine solche Bedeutung entnehmen, **weil der Arbeitgeber des öffentlichen Dienstes grds. keine übertarifliche Vergütung bezahlen will** (*BAG* 30.5.1990 EzA § 99 BetrVG 1972 Nr. 89; 18.2.1998 NZA 1998, 950; vgl. *Wirges* ZTR 1998, 62 ff.; abl. *Otte* ZTR 1998, 241 ff.). Deshalb hat der **Arbeitnehmer** die Tatsachen **darzulegen** und zu beweisen, aus denen folgen soll, dass eine **Vergütung nach einer tariflich nicht geschuldeten Vergütungsgruppe vereinbart worden ist** (*BAG* 17.5.2000 ZTR 2001, 315 = NZA 2001, 1316). Diese Grundsätze gelten auch für die – selbst wiederholte – **Mitteilung des Arbeitgebers** über die Höhergruppierung in eine bestimmte Vergütungsgruppe (*BAG* 9.12.1999 ZTR 2000, 460). Will der Arbeitgeber in einem derartigen Fall einseitig die nach seiner Auffassung unzutreffende Eingruppierung korrigieren und beruft sich demgegenüber der Arbeitnehmer bei unveränderter Tätigkeit auf die bisherige Eingruppierung, muss er allerdings im Einzelnen vortragen, warum und inwieweit seine bisherige Bewertung der Tätigkeit fehlerhaft war und deshalb die Eingruppierung korrigiert werden muss (*BAG* 11.6.1997 ZTR 1998, 29; s. auch oben D/Rz. 1743 u. ausf. C/Rz. 730 ff.). Der Arbeitgeber genügt seiner Darlegungspflicht dann, wenn er darlegt, bei der ursprünglichen Eingruppierung sei ein Qualifikationsmerkmal als erfüllt angesehen worden, das es in der betreffenden Fallgruppe nicht gibt (*BAG* 18.2.1998 NZA 1998, 950), bzw. dass zumindest **eine tarifliche Voraussetzung der** zuvor dem Arbeitnehmer mitgeteilten Vergütungsgruppe **objektiv nicht gegeben war** (*BAG* 17.5.2000 EzA § 4 TVG Rückgruppierung Nr. 4 = ZTR 2001, 365 = NZA 2001, 1395). Gleiches gilt auch für den Fall der Verweigerung des Zeit- bzw. Bewährungsaufstiegs, soweit die Mitteilung des Arbeitgebers die für den Zeit- bzw. Bewährungsaufstieg maßgebliche Vergütungs- bzw. Fallgruppe bezeichnet (*BAG* 26.4.2000 ZTR 2001, 317 = NZA 2001, 1391; vgl. auch *LAG Köln* 20.12.2000 ARST 2001, 162 Ls.). Hat der Arbeitgeber die Voraussetzungen für die korrigierende Rückgruppierung dargelegt und ggf. bewiesen, so ist es Sache des Angestellten, die Tatsachen darzulegen und ggf. zu beweisen, aus denen folgt, dass ihm die begehrte höhere Vergütung zusteht (*BAG* 16.2.2000 NZA-RR 2001, 216).
Aus dem **NachweisG** und der EG-Nachweisrichtlinie 91/533/EWG v. 14.10.1991 ergeben sich im Rahmen des BAT für die korrigierende Rückgruppierung **weder** eine **weitergehende Darlegungs- oder Beweislast des Arbeitgebers, noch weitergehende Erleichterungen der Darlegungs- und Beweislast des Angestellten** (*BAG* 16.2.2000 NZA-RR 2001, 216; vgl. dazu *Bergwitz* ZTR 2001, 539 ff.; krit. *Friedrich/Kloppenburg* RdA 2001, 293 ff.).

D. Die Beendigung des Arbeitsverhältnisses

Liegt dagegen eine bestandsfeste einzelvertragliche Zusage vor, so kommt eine betriebsbedingte Änderungskündigung in Betracht (*BAG* 15.3.1991 EzA § 2 KSchG Nr. 16). Das gilt auch für eine größere Gruppe betroffener Arbeitnehmer, bei der das Gebot der sparsamen Haushaltsführung die richtige tarifliche Vergütung grds. dringend erforderlich macht (*BAG* 15.3.1991 EzA § 2 KSchG Nr. 16). Denn der Arbeitgeber, der alle seine Arbeitnehmer nach Tarif bezahlt, muss eine Möglichkeit haben, eine unbewusste und zu Unrecht erfolgte Höhergruppierung auf das tarifgerechte Maß zu reduzieren. 1785

Hat der Arbeitgeber (des öffentlichen Dienstes) dagegen **bewusst** einen Arbeitsvertrag mit **übertariflichem Inhalt** (Anwendung des BAT-West in den neuen Bundesländern) abgeschlossen, so stellt es **kein dringendes betriebliches Erfordernis** zur Änderung dieser Vereinbarung dar, dass nach der Verhandlungssituation vor Vertragsschluss möglicherweise eine günstigere Regelung erzielbar gewesen wäre oder dass interne Haushaltsvorgaben irrtümlich missachtet wurden, die nur eine übertarifliche Besitzstandsregelung zuließen (*LAG Sachsen-Anhalt* 29.10.1996 ZTR 1997, 231). Zu beachten ist, dass die vertragliche **Vereinbarung einer übertariflichen**, i. S. v. tariflich nicht geschuldeten, **Vergütung nicht notwendig die vertragliche Zusicherung eines Bewährungs- bzw. Zeitaufstiegs aus dieser Vergütungsgruppe beinhaltet** (*BAG* 26.4.2000 NZA 2001, 1391; vgl. dazu *Bergwitz* ZTR 2001, 539 ff.).

Die Darlegungs- und Beweislast dafür, dass bewusst eine übertarifliche Vergütung vereinbart worden ist, liegt bei dem, der daraus für sich Rechte herleitet, also dem Arbeitnehmer (*BAG* 16.2.2000 EzA § 4 TVG Rückgruppierung Nr. 1; 17.5.2000 EzA § 4 TVG Rückgruppierung Nr. 2; vgl. dazu *Bergwitz* ZTR 2001, 539 ff.). 1786

Kündigt ein öffentlicher Arbeitgeber, der Eingruppierungen nur nach dem kollektiven (Tarif-) Recht vornimmt, aber in der Übergangszeit zwischen der Vereinbarung eines neuen Tarifvertrages und der Unterschrift der Tarifvertragsparteien, von der ab Änderungen erst wirksam werden, noch eine Höhergruppierung vorgenommen hat, einem Arbeitnehmer im Wege der Änderungskündigung zur Herstellung der tariflichen Vergütung, so ist diese Kündigung im Allgemeinen sozial ungerechtfertigt (*BAG* 9.7.1997 EzA § 2 KSchG Nr. 27). 1787

ff) Änderungskündigung zur nachträglichen Befristung eines unbefristeten Arbeitsverhältnisses

Die nachträgliche Befristung eines zunächst auf unbestimmte Zeit eingegangenen Arbeitsverhältnisses kann im Wege der Änderungskündigung erfolgen (*BAG* 25.4.1996 EzA § 2 KSchG Nr. 25 gegen *BAG* 17.5.1984 NZA 1985, 489; *Fischermeier* NZA 2000, 740; abl. *Preis* NZA 1997, 1080; *Berkowsky* NZA 2000, 1135 ff.; vgl. auch *Weber* SAE 1997, 55 ff.). Die Änderung der Arbeitsbedingungen ist allerdings u. a. dann unwirksam, wenn die Befristung nicht aus sachlichen Gründen gerechtfertigt ist (*BAG* 25.4.1996 EzA § 2 KSchG Nr. 25; s. auch unten D/Rz. 2084). 1788

gg) Veränderung der Lage der Arbeitszeit

Die durch einen Interessenausgleich bzw. eine Betriebsvereinbarung kollektiv-rechtlich legitimierte Einführung eines neuen Arbeitszeitsystems (z. B. **teilflexible Arbeitszeit**) rechtfertigt i. d. R. die Veränderung der vertraglichen Arbeitsbedingungen, die der Einführung des neuen Arbeitszeitsystems entgegenstehen. Eine Änderungskündigung ist bei dieser Konstellation nur dann sozialwidrig, wenn ein **besonderes** 1789

D. Die Beendigung des Arbeitsverhältnisses

Schutzbedürfnis des Arbeitnehmers an der vertraglich vereinbarten Lage der Arbeitszeit besteht (*LAG Berlin* 31.3.1998 NZA 1998, 1061).

hh) Sozialauswahl

(1) Anwendbarkeit des § 1 Abs. 3 KSchG

1790 Im Rahmen der betriebsbedingten Änderungskündigung gilt auch das Gebot der ausreichenden Berücksichtigung sozialer Gesichtspunkte bei der Auswahl der zu kündigenden Arbeitnehmer (§ 1 Abs. 3 KSchG; *BAG* 18.10.1984 EzA § 1 KSchG Betriebsbedingte Kündigung Nr. 34; 13.6.1986 EzA § 1 KSchG Soziale Auswahl Nr. 23; vgl. ausf. *Fischermeier* NZA 2000, 738 f.; APS/*Künzl* § 2 KSchG Rz. 266 ff.).

(2) Maßstab für die Vergleichbarkeit

1791 Für die Frage der in die Sozialauswahl einzubeziehenden vergleichbaren Arbeitnehmer kommt es jedoch bei einer Änderungskündigung nicht nur darauf an, ob sie nach ihren bisherigen Tätigkeiten miteinander verglichen werden können und damit auf ihren innegehabten Arbeitsplätzen gegeneinander austauschbar sind.

1792 Hinzukommen muss, dass diese Arbeitnehmer für die Tätigkeit, die Gegenstand des Änderungsangebots ist, wenigstens annähernd gleich geeignet sind. Die Austauschbarkeit muss sich also auch auf den mit der Änderungskündigung angebotenen Arbeitsplatz beziehen. Ferner ist zu prüfen, welcher der vergleichbaren Arbeitnehmer durch die angebotenen neuen Arbeitsbedingungen schwerer belastet wird. Insoweit können unter anderem Vorbildung und persönliche Eigenschaften wie Wendigkeit, schnelle Auffassungsgabe, Anpassungsfähigkeit und Gesundheitszustand von Bedeutung sein (*BAG* 18.10.1984 EzA § 1 KSchG Betriebsbedingte Kündigung Nr. 34; 13.6.1986 EzA § 1 KSchG Soziale Auswahl Nr. 23).

Nach Auffassung von *Berkowsky* (MünchArbR § 145 Rz. 38 ff.) ist diese Konzeption abzulehnen, weil die Sozialauswahl ausgerechnet den leistungsfähigen Arbeitnehmer trifft, während das BAG ansonsten strikt die These vertritt, dass Leistungsgesichtspunkte im Rahmen der Sozialauswahl nicht berücksichtigt werden dürften, jedenfalls nicht zugunsten des Arbeitnehmers.

ii) Auswirkungen des arbeitsrechtlichen Beschäftigungsförderungsgesetzes

1793 Siehe hierzu zunächst oben D/Rz. 1565. Der Gesetzgeber hat es im arbeitsrechtlichen Beschäftigungsförderungsgesetz bei den im Rahmen des § 1 KSchG vorgenommenen Änderungen **versäumt, § 2 KSchG anzupassen.** Dadurch werden mit § 1 Abs. 3 KSchG Kriterien für die Sozialauswahl festgeschrieben, die für eine soziale Auswahl bei Änderungskündigungen wenig hergeben (s. o. D/Rz. 1793 f.). Vergessen wurde zudem, den Verweis auf die Neueinfügungen des § 1 Abs. 4, 5 KSchG in § 2 KSchG vorzunehmen. Angesichts des klaren Wortlauts des § 2 KSchG und der erkennbaren Ausrichtung des § 1 KSchG auf Beendigungskündigungen ist es problematisch, § 1 Abs. 4, 5 KSchG gleichwohl generell auf Änderungskündigungen anzuwenden (dennoch dafür *Schwedes* BB 1996 Beil. 17 S. 4; abl. *Preis* NZA 1997, 1087; *Kittner* ArbuR 1997, 190; für die Anwendbarkeit des § 1 Abs. 5 KSchG auf Änderungskündigungen *Löwisch* RdA 1997, 81; *Zwanziger* BB 1997, 626 f.; *Giesen* ZfA 1997, 161 f. u. 174 f.;

D. Die Beendigung des Arbeitsverhältnisses

dagegen *Preis* NZA 1997, 1087 wegen des eindeutigen Gesetzeswortlautes und eines nicht feststellbaren dahingehenden gesetzgeberischen Willens). Durch das KorrekturG sind § 1 Abs. 3, 4 KSchG geändert, § 1 Abs. 5 KSchG ist aufgehoben worden. Problematisch ist daher nur noch die Anwendbarkeit des § 1 Abs. 4 KSchG. Das ist deshalb nicht sachgerecht, weil **bei wörtlicher Auslegung** die Erleichterungen in der Sozialauswahl **gerade bei Änderungskündigungen nicht greifen**, obwohl dies im Interesse der Sicherung von Arbeitsplätzen läge. Für § 1 Abs. 4 KSchG fällt das erneute gesetzgeberische Versäumnis allerdings nicht sonderlich ins Gewicht, weil auch unabhängig von § 1 Abs. 4 KSchG personelle Auswahlrichtlinien nach § 95 BetrVG zulässig sind und § 1 Abs. 4 KSchG als unselbstständige Ergänzung des Grundtatbestandes nach § 1 Abs. 3 KSchG betrachtet werden kann (*Preis* RdA 1999, 321; *Künzl* ZTR 1999, 11 f.).
Anwendbar im Rahmen des § 2 KSchG sind jedenfalls die §§ 125 bis 128 InsO, ebenso § 113 Abs. 1, 2 InsO (*Fischermeier* NZA 1997, 1099 f.).

5. Ablehnung des Angebots; Annahme unter Vorbehalt

a) Vorbehaltlose Annahme
Nimmt der Arbeitnehmer das Änderungsangebot vorbehaltlos an, so liegt eine **einvernehmliche Änderung** der Vertragsbedingungen vor. Für kündigungsrechtlichen Schutz ist daneben kein Raum.

1794

b) Annahme unter Vorbehalt; Erklärungsfrist
Gem. § 2 S. 1 KSchG kann der Arbeitnehmer das Änderungsangebot aber auch unter dem Vorbehalt annehmen, dass die Änderung der Arbeitsbedingungen nicht sozial ungerechtfertigt ist. **Dieser Vorbehalt muss dem Arbeitgeber gegenüber innerhalb der Kündigungsfrist, spätestens (d. h. bei längerer Kündigungsfrist als drei Wochen), jedoch innerhalb von drei Wochen nach Zugang der Kündigung erklärt werden** (§§ 130 f., 187 f. BGB; vgl. ausf. KR-*Rost* § 2 KSchG Rz. 67 ff.; APS/*Künzl* § 2 KSchG Rz. 195 ff.).
Demgegenüber geht das *LAG Hamm* (22.8.1997 EzA § 2 KSchG Nr. 29) davon aus, dass der Zugang auch noch nach Ablauf von drei Wochen nach Zugang der Änderungskündigung ausreicht, wenn entweder die Kündigungsfrist länger ist als drei Wochen oder sich der Arbeitgeber auf den verspätet erklärten Vorbehalt einlässt.
Zweifelhaft ist, ob der Vorbehalt noch nach Erhebung der Änderungsschutzklage erklärt werden kann (verneinend KR-*Rost* § 2 KSchG Rz. 75).
Nach Erhebung der Kündigungsschutzklage gem. § 4 S. 1 KSchG ist das jedenfalls **nicht möglich,** da in dem Antrag festzustellen, dass das Arbeitsverhältnis durch die Kündigung nicht beendet worden ist, die schlüssige Ablehnung des Änderungsangebots gesehen werden muss (MünchArbR/*Berkowsky* § 145 Rz. 22).

1795

1796

In der Weiterarbeit nach Zugang der Änderungskündigung vor Ablauf der Kündigungsfrist allein liegt keine konkludente Annahme des Vertragsangebots. Nimmt der Arbeitnehmer das Angebot nicht vorbehaltlos an und erhebt er auch keine Kündigungsschutzklage, erlischt spätestens mit Ablauf der Klagefrist des § 4 KSchG das Angebot des Arbeitgebers, sodass eine spätere Annahme ausscheidet. Setzen die Vertragsparteien gleichwohl – in Verkennung der Rechtslage – das Arbeitsverhältnis über den Ablauf der Kündigungsfrist hinaus einvernehm-

1797

D. Die Beendigung des Arbeitsverhältnisses

lich fort, so kommt hierdurch keine Änderung der Vertragsbedingungen nach Maßgabe des früheren Änderungsangebotes zustande. Vielmehr besteht das Arbeitsverhältnis zu unveränderten Arbeitsbedingungen (§ 625 BGB) fort (*LAG Hamm* 30.1.1997 NZA 1997, 419).

1798 Das Angebot des Arbeitgebers **erlischt regelmäßig dann**, wenn der Arbeitnehmer innerhalb der Frist des § 2 S. 2 KSchG **überhaupt keine Erklärung abgibt** (*LAG Köln* 10.2.2000 NZA-RR 2000, 303).

c) Änderungsschutzklage als Annahme unter Vorbehalt?

1799 Die Erhebung der Änderungsschutzklage nach § 2 KSchG kann dann (aber auch nur dann) als Vorbehaltserklärung in diesem Sinne angesehen werden, wenn aus ihr **hinreichend deutlich die Bereitschaft hervorgeht, das Arbeitsverhältnis zunächst zu geänderten Bedingungen fortzusetzen** (vgl. *LAG Hamm* 13.10.1988 DB 1989, 436). Dabei ist aber zu beachten, dass § **270 Abs**. 3 ZPO (aufgehoben durch das Gesetz zur Reform des Verfahrens bei Zustellungen im gerichtlichen Verfahren vom 25.6.2001; in Kraft ab 1.7.2002) für den Vorbehalt i. S. d. § 2 KSchG **nicht anwendbar ist** (*BAG* 17.6.1998 EzA § 2 KSchG Nr. 30; *LAG Hamm* 22.8.1997 EzA § 2 KSchG Nr. 29; KR-*Rost* § 2 KSchG Rz. 71; *Henssler* SAE 2000, 247 ff.).

d) Normative Bedeutung des Vorbehalts

1800 Dem Vorbehalt wird zum Teil nur prozessuale, zum Teil dagegen eine materiell- rechtliche Bedeutung beigemessen (vgl. KR-*Rost* § 2 KSchG Rz. 56 ff.).

e) Rechtsfolgen der Annahme unter Vorbehalt

1801 Hat der Arbeitnehmer das Änderungsangebot unter Vorbehalt angenommen, so ist der Arbeitgeber **nicht** aufgrund des allgemeinen Beschäftigungsanspruchs **verpflichtet, ihn vorläufig zu den bisherigen Bedingungen weiterzubeschäftigen.**
Das *BAG* (18.1.1990 EzA § 1 KSchG Betriebsbedingte Kündigung Nr. 65) hat allerdings offen gelassen, ob **analog § 102 Abs. 5 BetrVG** ein Beschäftigungsanspruch dieses Inhalts dann besteht, wenn der Betriebsrat einer mit der Änderung der Arbeitsbedingungen verbundenen Versetzung oder Umgruppierung widersprochen hat, die Zustimmung nicht ersetzt und es dem Arbeitgeber verwehrt ist, die Maßnahme vorläufig durchzuführen.

1802 Auch bei einer **außerordentlichen Änderungskündigung** besteht bis zum Abschluss des Kündigungsschutzverfahrens einzelvertraglich **kein Anspruch auf Beschäftigung zu den bisherigen Bedingungen**, wenn der Arbeitnehmer die Kündigung unter Vorbehalt angenommen hat (*LAG Nürnberg* 13.3.2001 NZA-RR 2001, 366).
Der Arbeitgeber darf die Annahme des Angebots unter Vorbehalt nicht ablehnen. Ein einmal erklärter Vorbehalt nach § 2 KSchG kann nicht einseitig zurückgenommen werden (*LAG Hamm* 22.8.1997 EzA § 2 KSchG Nr. 29).

1803 Ein Arbeitnehmer, der bis zur rechtskräftigen Feststellung der Unwirksamkeit der auf einen Wechsel des Arbeitsortes gerichteten Änderungskündigung diese unter dem Vorbehalt ihrer sozialen Rechtfertigung angenommen hat, und deshalb pro Arbeitstag einen zeitlichen Mehraufwand für die Fahrt zum Arbeitsort und zurück von ca. zwei Stunden hat, kann dafür keinen finanziellen Ausgleich verlangen (*LAG Rheinland-Pfalz* 28.8.2000 ZTR 2001, 184).

D. Die Beendigung des Arbeitsverhältnisses

f) Ablehnung der Annahme unter Vorbehalt
Lehnt der Arbeitnehmer das Angebot überhaupt ab, so kann er die Unwirksamkeit 1804
der Kündigung geltend machen.

6. Rechtsfolgen der Entscheidung des Arbeitnehmers für die Überprüfung der sozialen Rechtfertigung der Änderungskündigung

a) Annahme unter Vorbehalt

aa) Allgemeiner Prüfungsmaßstab

> Nimmt der Arbeitnehmer das Angebot unter Vorbehalt an, so ist für diesen Fall 1805
> bei der Prüfung der Sozialwidrigkeit das Änderungsangebot in die Überprüfung
> nicht nur einzubeziehen, sondern steht in deren Mittelpunkt (*BAG* 7.6.1973 AP
> Nr. 1 zu § 626 BGB Änderungskündigung, DB 1982, 776; vgl. APS/*Künzl* § 2
> KSchG Rz. 222 f.).
> Unter Berücksichtigung dieser Kriterien ist sodann festzustellen, ob die vorgeschlagene Änderung der Arbeitsbedingungen unter Berücksichtigung von § 1 KSchG sachlich gerechtfertigt und dem Arbeitnehmer zumutbar ist.

Streiten die Parteien im Rahmen einer Änderungsschutzklage gem. § 4 S. 2 KSchG allerdings **auch um die Wirksamkeit des** vom Arbeitnehmer nach § 2 KSchG erklärten **Vorbehalts, so ist** nicht nur der Inhalt, sondern **auch der Bestand des Arbeitsverhältnisses streitig** (*BAG* 28.3.1985 EzA § 767 ZPO Nr. 1).

bb) Interessenabwägung
Dabei ist im Rahmen der Interessenabwägung zu berücksichtigen, dass nicht eine 1806
vollständige Beendigung des Arbeitsverhältnisses im Streit steht, sondern eine **Weiterbeschäftigung,** wenn auch zu geänderten Arbeitsbedingungen, **angeboten wurde.**

> Der Prüfungsmaßstab für die soziale Rechtfertigung einer Änderungskündigung ist dem gemäß zwar nicht grds. abgemildert gegenüber dem einer Beendigungskündigung. Im Rahmen der vorzunehmenden Interessenabwägung ist allerdings entscheidend zu berücksichtigen, dass die vom Arbeitgeber gewählte Maßnahme einer Änderungskündigung das mildere Mittel gegenüber dem einer Beendigungskündigung darstellt.

Es ist deshalb **abzuwägen, ob für die ordentliche Änderungskündigung Gründe** 1807
i. S. d. § 1 Abs. 2 KSchG vorliegen und andererseits die neuen Bedingungen für den Arbeitnehmer zumutbar sind.

> Die Gründe müssen unter vernünftiger Abwägung der Interessen des Arbeitgebers gegenüber denen des Arbeitnehmers an der Aufrechterhaltung seiner gegenwärtigen Vertragsbedingungen es als billig und angemessen erscheinen lassen, um der Änderung willen das Mittel der Kündigung zu gebrauchen.

D. Die Beendigung des Arbeitsverhältnisses

cc) Verhältnismäßigkeitsprinzip

1808 Zu beachten ist auch das Verhältnismäßigkeitsprinzip.
Der Arbeitgeber verstößt dagegen z. B. dann, wenn er bei einer widerruflich gewährten Sozialleistung **nicht von dem Widerrufsvorbehalt Gebrauch macht,** sondern stattdessen eine Änderungskündigung ausspricht (*BAG* 28.4.1982 EzA § 2 KSchG Nr. 4; vgl. *Zirnbauer* NZA 1995, 1074).
Gleiches gilt, wenn der Arbeitgeber eine Änderungskündigung zum Zwecke der Weiterbeschäftigung des Arbeitnehmers zu verschlechterten Arbeitsbedingungen ausspricht, obwohl ihm zulässigerweise durch Tarifvertrag die einseitige Befugnis eingeräumt worden ist, dem Arbeitnehmer eine andere, vom Arbeitsvertrag an sich nicht erfasste (ungünstigere) Arbeitstätigkeit zuzuweisen. Da er dann durch einseitige Weisung unter **Ausübung des Direktionsrechts** im Rahmen des § 315 BGB den verfolgten Zweck erreichen kann, ist die mit der Änderungskündigung stets auch verbundene Gefährdung des Bestandes des Arbeitsverhältnisses insgesamt nicht erforderlich und somit unverhältnismäßig (*BAG* 25.5.1985 AP Nr. 6 zu § 1 TVG Tarifverträge: Bundesbahn; *LAG Berlin* 29.11.1999 NZA-RR 2000, 131; nach Auffassung des *LAG Berlin* kann die unwirksame Änderungskündigung allerdings in die Ausübung des Direktionsrechts umgedeutet werden; *Düwell* NZA 1999, 293 ff.).

1809 Schließlich verstoßen die von einem kommunalen Arbeitgeber gegenüber den bei ihm (teilzeit-)beschäftigten Musikschullehrern ausgesprochenen Änderungskündigungen, die diese unter dem Vorbehalt ihrer sozialen Rechtfertigung angenommen hatten, und mit denen zum Abbau des »Ferienüberhangs« die vertraglich vereinbarte Arbeitszeit und die entsprechende Vergütung bei außerhalb der Schulferien unveränderter Zahl der Unterrichtsstunden reduziert werden sollen, i. d. R. gegen den Grundsatz der Verhältnismäßigkeit und sind deshalb sozial ungerechtfertigt, **wenn der »Ferienüberhang« auch durch volle Inanspruchnahme der vertraglichen Arbeitsleistung abgebaut werden könnte.** In Betracht kommt z. B. die Verteilung der während der Ferien ausfallenden Unterrichtsstunden auf die Zeit außerhalb der Schulferien nach Maßgabe des Direktionsrechts, weil es dann bei einer erhöhten Inanspruchnahme der Schule durch die Musikschüler auch zu einer entsprechenden Steigerung des Aufkommens der Schulgebühren kommt. Der Ferienüberhang ergibt sich daraus, dass die – gleichfalls bezahlte – unterrichtsfreie Zeit zwölf Wochen, der Urlaubsanspruch aber nur sechs Wochen beträgt (*BAG* 26.1.1995 EzA § 2 KSchG Nr. 21; vgl. ausf. APS/*Künzl* § 2 KSchG Rz. 104 ff.).

1810 Andererseits hat das *BAG* (26.1.1995 EzA § 2 KSchG Nr. 22; abl. *Busemann/Schäfer* a. a. O., Rz. 193 c; APS/*Künzl* § 2 KSchG Rz. 106 ff.; *Düwell* NZA 1999, 295 ff.; *Berkowsky* NZA 2000, 1134 ff.; erl. *Fischermeier* NZA 2000, 739) angenommen, dass, soweit arbeitsvertraglich nichts anderes vereinbart ist, der kommunale Arbeitgeber bei einer während der Schulferien geschlossenen Musikschule in den Grenzen des § 15 Abs. 1 S. 2 BAT auch durch Änderungskündigung von den Musikschullehrern die Ableistung einer solchen Gesamtzahl von Unterrichtsstunden einfordern kann, wie sie bei einem während der Schulferien durchgehenden Musikschulunterricht anfallen würden.

1811 Zum Verhältnis zwischen Änderungskündigung und Direktionsrecht hat es ausgeführt:
»Ob die Beklagte darüber hinaus die nach der arbeitsvertraglichen Vereinbarung für das Kalenderjahr geschuldete Arbeitsleistung ganz bzw. zum größten Teil im

Wege der Ausübung ihres Direktionsrechts gleichmäßig verteilt auf die Wochen außerhalb der Ferien einfordern durfte, kann dahinstehen (verneinend *BAG* 13.2.1992 EzA § 15 BAT Nr. 2). Streitgegenstand war hier von vornherein nicht eine mögliche Beendigung des Arbeitsverhältnisses, sondern dessen inhaltliche Ausgestaltung. Bei der Änderungsschutzklage nach § 2 KSchG geht es nicht um den Bestand, sondern nur um den Inhalt des Arbeitsverhältnisses. Die Änderungsschutzklage zielt auf die Feststellung, dass für das Arbeitsverhältnis nicht die Arbeitsbedingungen gelten, die in dem mit der Kündigung verbundenen Änderungsangebot des Arbeitgebers enthalten sind. Die Frage, ob diese Arbeitsbedingungen gerade infolge der mit der Änderungskündigung angebotenen Vertragsänderung gelten, ob es also zu ihrer Herbeiführung der Änderungskündigung bedurfte oder ob die angebotenen Arbeitsbedingungen bereits ohnehin Grundlage des Arbeitsverhältnisses sind, ist daher nur ein Element bei der Begründetheitsprüfung der Klage (so *BAG* 21.2.1991 RzK I 7 a Nr. 23 m. w. N.). Die unter Vorbehalt angenommene Änderungskündigung stellt die gleichen Arbeitsbedingungen her wie eine entsprechende Weisung aufgrund des Direktionsrechts des Arbeitgebers. Die Möglichkeit, eine Änderung der aktuellen Arbeitsbedingungen durch Ausübung des Direktionsrechts zu bewirken, führt deshalb bei Annahme des mit der Änderungskündigung verbundenen Angebots unter Vorbehalt nicht zur Unwirksamkeit der Änderung der Arbeitsbedingungen aus dem Gesichtspunkt der Verhältnismäßigkeit. Unverhältnismäßig wäre allenfalls das Element der Kündigung, nicht dagegen das mit der Kündigung verbundene Änderungsangebot (ebenso *LAG Chemnitz* 12.5.1993 NJ 1993, 477; vgl. auch *Herschel/Löwisch* KSchG, 6. Aufl., § 2 Rz. 71; a. A. KR-*Rost* § 2 KSchG Rz. 106 a). Infolge der seitens der Klägerin erklärten Annahme unter Vorbehalt ist jedoch die Kündigung als solche gegenstandslos. Jedenfalls wäre aber die Änderungskündigung selbst bei Wirksamkeit einer bloßen Weisung hier deshalb nicht unverhältnismäßig, weil sich die Beklagte an der bisherigen gegenteiligen Rechtsprechung des BAG orientieren durfte.«

1812 Schließlich hat es angenommen, dass dann, wenn der Widerruf einer außertariflichen Zulage im Zusammenhang mit einer Änderungskündigung erfolgt und der Arbeitnehmer das darin liegende Änderungsangebot unter Vorbehalt annimmt, auch die Änderungskündigung sozial gerechtfertigt ist, wenn die Ausübung des Widerrufsrechts billigem Ermessen entspricht (*BAG* 15.11.1995 EzA § 315 BGB Nr. 45; abl. im Hinblick auf das Verhältnismäßigkeitsprinzip *Preis* NZA 1997, 1088; *Düwell* NZA 1999, 293 ff.).

1813 Wenn ausgeführt wird, mit der Änderungskündigung sei angesichts der §§ 2, 4 S. 2, 8 KSchG keine ins Gewicht fallende Bestandsgefahr des Arbeitsverhältnisses mehr verbunden, wird **verkannt, dass die Rechtsschutzmöglichkeit die Gefahr für den Bestand des Arbeitsverhältnisses allenfalls verringert, nicht aber ausschließt**. Allein die Notwendigkeit, bei Ausspruch einer Änderungskündigung die Klagefrist des § 4 S. 2 KSchG einhalten zu müssen, stellt einen wesentlichen Unterschied zur Ausübung des Direktionsrechts dar. Versäumt der Arbeitnehmer die Frist, endet das Arbeitsverhältnis; missachtet er dagegen die erteilte Weisung des Arbeitgebers, muss dieser erst weitere arbeitsrechtliche Maßnahmen zu deren Durchsetzung (z. B. Abmahnung und nachfolgende verhaltensbedingte Kündigung) ergreifen, deren Unwirksamkeit oder Unbeachtlichkeit der Arbeitnehmer gerichtlich feststellen lassen kann, ohne

D. Die Beendigung des Arbeitsverhältnisses

an eine feste Frist gebunden zu sein (*Hueck/von Hoyningen-Huene* § 2 KSchG Rz. 32 c; APS/*Künzl* § 2 KSchG Rz. 106).

1814 Für den Ausschluss der Änderungskündigung bei gegebener einseitiger Gestaltungsmöglichkeit kommt es auch nicht darauf an, ob der Arbeitnehmer das Änderungsangebot ausgeschlagen oder unter Vorbehalt angenommen hat (*Gaul* DB 1998, 1913 ff.; *Hueck/von Hoyningen-Huene* § 2 KSchG Rz. 32 c; KR-*Rost* § 2 KSchG Rz. 106 a; APS/*Künzl* § 2 KSchG Rz. 107). Das *BAG* (26.1.1995 EzA § 2 KSchG Nr. 22) geht davon aus, nach Annahme des im Rahmen einer Änderungskündigung unterbreiteten Angebots unter Vorbehalt gehe es im nachfolgenden Rechtsstreit nicht mehr um die Beendigung des Arbeitsverhältnisses, sondern nur noch um dessen Inhalt. Es könne daher allenfalls das Kündigungselement unverhältnismäßig sein. Inwieweit die Vertragsbedingungen infolge der angebotenen Vertragsänderungen gelten oder bereits Grundlage des Arbeitsverhältnisses seien, müsse in der Begründetheit geprüft werden. Das trifft insoweit zu, als sich die Streitgegenstände der Kündigungs- und Änderungsschutzklage unterscheiden, wenn der Gekündigte das Änderungsangebot unter Vorbehalt akzeptiert hat. Wenngleich nach erfolgter Annahme unter Vorbehalt nur noch über die inhaltliche Ausgestaltung und nicht um die Beendigung des Arbeitsverhältnisses gestritten wird, führt dies **keineswegs zur Verhältnismäßigkeit einer Änderungskündigung, deren erstrebtes Ziel auch auf einfacherem Weg erreichbar gewesen wäre.** Die Annahme unter Vorbehalt bedeutet allein, dass sich das Arbeitsverhältnis zu veränderten Vertragsbedingungen fortsetzt, wenn die ausgesprochene Kündigung wirksam und die Änderung sozial gerechtfertigt ist. Deren Wirksamkeit beurteilt sich nicht nach den Verhältnissen im Zeitpunkt der Klageerhebung, sondern zum Zeitpunkt des Kündigungszugangs, zu dem Kündigung und Änderungsangebot einheitlich zu betrachten sind. War die Änderungskündigung unverhältnismäßig, weil der Arbeitgeber die Änderung des Vertragsinhalts ohne weiteres im Wege der Ausübung des Direktionsrechts oder eines vorbehaltenen Widerrufs hätte erreichen können, verbleibt dies auch nach erfolgter Annahme des Angebots unter Vorbehalt dabei (*Gaul* DB 1998, 1914; *Hueck/von Hoyningen-Huene* § 2 KSchG Rz. 32 d; *Berkowsky* NZA 1999, 295 ff.; APS/*Künzl* § 2 KSchG Rz. 108).

b) Ablehnung des Angebots

aa) Streitgegenstand

1815 Lehnt der Arbeitnehmer das Angebot ab, so ist Streitgegenstand nur die **Beendigung des Arbeitsverhältnisses insgesamt.**

bb) Prüfungsmaßstab

1816 Gleichwohl ist als Prüfungsmaßstab nicht auf die Beendigung, sondern auf das Änderungsangebot und seine soziale Rechtfertigung abzustellen (*BAG* 7.6.1973 AP Nr. 1 zu § 626 BGB Änderungskündigung). Wäre das Änderungsangebot sozial gerechtfertigt, so ist das Arbeitsverhältnis insgesamt beendet (APS/*Künzl* § 2 KSchG Rz. 179 ff.)

D. Die Beendigung des Arbeitsverhältnisses

Denn es wäre nicht gerechtfertigt, unterschiedliche Prüfungsmaßstäbe anzulegen. **Der Arbeitnehmer kann es nicht in der Hand haben, einseitig durch Annahme oder Ablehnung des Änderungsangebots den Prüfungsmaßstab zu bestimmen.** Wollte man bei Ablehnung des Änderungsangebots an die Kündigung einen anderen, insbesondere den für eine Beendigungskündigung gegebenen Maßstab anlegen, so würde das den Arbeitnehmer benachteiligen, der im Interesse der Aufrechterhaltung des Arbeitsverhältnisses den Vorbehalt ausspricht und sich mit der durch § 2 KSchG angezeigten abgewandelten Überprüfung der Änderungen zufrieden gibt. Er liefe Gefahr, dass seine Klage eher abgewiesen würde als die des bedingungslos um den Erhalt des Arbeitsplatzes kämpfenden Arbeitnehmers. Dabei wollen beide letztlich dasselbe: Den Erhalt des Arbeitsverhältnisses zu den ursprünglichen Bedingungen (vgl. ausf. KR-*Rost* § 2 KSchG Rz. 95 m. w. N.; abl. *Boewer* BB 1996, 2618 ff., wonach es für diese Differenzierung keine gesetzliche Grundlage gibt).   1817

7. § 15 KSchG

a) Ausschluss der ordentlichen Änderungskündigung
Nach Auffassung des *BAG* (6.3.1986 EzA § 15 KSchG n. F. Nr. 34; vgl. APS/*Künzl* § KSchG Rz. 184 ff.) ist eine **ordentliche Änderungskündigung gegenüber einem durch § 15 KSchG geschützten Arbeitnehmer unzulässig.**
Dies gilt auch dann, wenn der Arbeitgeber dadurch die Arbeitsbedingungen des Amtsträgers denen einer Gruppe von Arbeitnehmern anpassen will, zu der auch der Amtsträger gehört.   1818

b) Ausnahme bei Massenänderungskündigungen
In der Literatur (*Dietz/Richardi* § 103 Rz. 27; § 78 Rz. 26 ff.; *Hess/Schlochauer/Glaubitz* § 103 Rz. 20) wird die Auffassung vertreten, dass § 15 KSchG nicht bei sog. Massen- bzw. Gruppenänderungskündigungen gilt, weil das nicht dem Schutzzweck der Norm entspricht und gegen das Begünstigungsverbot des § 78 BetrVG verstößt. Danach ist eine teleologische Reduktion des § 15 KSchG gerechtfertigt.   1819

Dagegen geht das *BAG* (29.1.1981 EzA § 15 KSchG n. F. Nr. 26) davon aus, dass der Zweck der Regelung des § 15 KSchG, dem Betriebsratsmitglied eine ungestörte Amtsausübung zu ermöglichen, auch einen besonderen Kündigungsschutz bei Massenänderungskündigungen rechtfertigt, sodass auch dann eine ordentliche Änderungskündigung ausgeschlossen ist (s. o. D/Rz. 353 ff.).   1820

In einem derartigen Fall kann allerdings eine außerordentliche Änderungskündigung aus betriebsbedingten Gründen gerechtfertigt sein (s. u. D/Rz. 1821 ff.).

8. Außerordentliche Änderungskündigung

a) Anwendungsfälle

Eine außerordentliche Änderungskündigung kommt insbesondere dann in Betracht, wenn eine ordentliche Kündigung und damit auch eine ordentliche Änderungskündigung tarifvertraglich oder gesetzlich (z. B. gem. § 15 KSchG; vgl. *BAG*   1821

D. Die Beendigung des Arbeitsverhältnisses

6.3.1986, 21.6.1995 EzA § 15 KSchG n. F. Nr. 34, 43; vgl. APS/*Künzl* § 2 KSchG Rz. 184 ff., 189 f.) ausgeschlossen ist und der Arbeitgeber dadurch z. B. bei Umstrukturierungsmaßnahmen die Arbeitsbedingungen des Amtsträgers denen einer Gruppe von Arbeitnehmern anpassen will, zu der auch er gehört (abl. dazu *Preis* NZA 1997, 1080, weil eine betriebsbedingte fristlose Kündigung ausgeschlossen ist, weil andernfalls das Betriebs- und Wirtschaftsrisiko vollständig auf den Arbeitnehmer verlagert würde und die Wirksamkeit der Änderungskündigung mit Argumenten begründet wird, die allenfalls eine ordentliche, befristete betriebsbedingte Kündigung zu rechtfertigen vermögen).

§ 55 Abs. 2 BAT sieht z. B. eine befristete außerordentliche Änderungskündigung aus wichtigem Grund zum Zwecke der Herabgruppierung um eine Vergütungsgruppe für sog. »unkündbare« Angestellte vor.

b) Voraussetzungen

aa) Zweiwochenfrist

1822 Auch für die außerordentliche Änderungskündigung gilt die Ausschlussfrist des § 626 Abs. 2 BGB.

Hält der Arbeitgeber aufgrund von ihm selbst herbeigeführter betrieblicher Umstände eine außerordentliche Änderungskündigung für erforderlich, beginnt die Frist dann, wenn für den Arbeitgeber **feststeht**, dass er den **Stelleninhaber nicht mehr auf seinem bisherigen Arbeitsplatz weiterbeschäftigen** kann. Nach Fristablauf ist die außerordentliche Änderungskündigung selbst dann ausgeschlossen, wenn frühere Versuche des Arbeitgebers zur Umsetzung des Arbeitnehmers – die sich auf den Fristablauf nicht auswirken – aus Rechtsgründen gescheitert sind. Es handelt sich in dieser konkreten Situation auch jedenfalls dann nicht um einen Dauertatbestand, wenn keine neuerlichen Umstände hinzutreten, die fortlaufend Störungen in das Arbeitsverhältnis hineintragen. Denn andernfalls läge es in der Hand des Arbeitgebers, durch vertragswidrige und rechtswidrige Maßnahmen die Entscheidungsfrist des § 626 Abs. 2 BGB zu verlängern (*LAG Rheinland-Pfalz* 19.9.1997 LAGE § 2 KSchG Nr. 31).

bb) Wichtiger Grund

1823 Ein wichtiger Grund für eine außerordentliche Änderungskündigung setzt dann aber zunächst auf Seiten des Kündigenden voraus, dass für ihn die Fortsetzung derjenigen bisherigen Bedingungen, deren Änderung er anstrebt, jeweils unzumutbar geworden ist, d. h. dass die vorgesehenen Änderungen für ihn unabweisbar sind. Darüber hinaus müssen die neuen Bedingungen dem Gekündigten zumutbar sein. Beide Voraussetzungen müssen kumulativ vorliegen (*BAG* 6.3.1986 EzA § 15 KSchG n. F. Nr. 34; vgl. APS/*Künzl* § 2 KSchG Rz. 184 ff.).

c) § 2 KSchG analog

1824 § 2 KSchG ist nach Auffassung des *BAG* (19.6.1986 EzA § 2 KSchG Nr. 7; 27.3.1987 EzA § 2 KSchG Nr. 10) auf die außerordentliche Änderungskündigung **analog anwendbar.** Dies bedeutet, dass der Arbeitnehmer nach Erhalt des Änderungsangebots

unverzüglich erklären muss, ob er es ablehnt oder es mit oder ohne dem in § 2 KSchG bezeichneten Vorbehalt annimmt.
In der **widerspruchs- und vorbehaltlosen Weiterarbeit zu geänderten Arbeitsbedingungen** kann dann eine Annahme des Änderungsangebots (i. d. R. ohne Vorbehalt) gesehen werden, wenn sich die neuen Arbeitsbedingungen alsbald auf das Arbeitsverhältnis auswirken.
Das gilt aber solange nicht, wie der Arbeitnehmer noch rechtzeitig, d. h. ohne schuldhaftes Zögern (§ 121 BGB), einen Vorbehalt entsprechend § 2 KSchG erklären kann. Der Arbeitgeber ist nämlich nicht berechtigt, bei Ausspruch einer fristlosen Änderungskündigung einseitig die sich aus den Wertungen des KSchG ergebende Frist zu verkürzen, innerhalb der sich der Arbeitnehmer auf das Änderungsangebot hin abschließend erklären muss (BAG 27.3.1987 EzA § 2 KSchG Nr. 10).

1825

d) Änderungsschutzklage
Das *BAG* (17.5.1984 EzA § 1 KSchG Betriebsbedingte Kündigung Nr. 32) geht davon aus, dass eine gegen eine außerordentliche Änderungskündigung gerichtete Kündigungsschutzklage zulässig ist.
Zwar enthält § 13 Abs. 1 S. 2 KSchG nur eine Verweisung auf die das Änderungskündigungsschutzverfahren bei ordentlichen Änderungskündigungen regelnde Vorschrift des § 4 S. 2 KSchG. In dieser Norm selbst ist kein besonderes Verfahren für die Klage gegen eine außerordentliche Änderungskündigung vorgesehen. Der Gesetzgeber hat die Änderungsschutzklage in diesen Fällen aber nicht ausschließen wollen, sondern nur übersehen, § 13 Abs. 1 S. 2 KSchG ist daher an die neuen Vorschriften der §§ 2, 4 S. 2 KSchG 1969 anzupassen. Insoweit liegt lediglich ein Redaktionsversehen vor. Deshalb ist nach Auffassung des *BAG* (17.5.1984 EzA § 1 KSchG Betriebsbedingte Kündigung Nr. 32) eine **analoge Anwendung des § 4 S. 2 KSchG auf die außerordentliche Änderungskündigung** zulässig.

1826

e) Prüfungsmaßstab

> Für die Beurteilung der Rechtswirksamkeit der außerordentlichen Änderungskündigung ist grds. darauf abzustellen, ob die Fortsetzung des Arbeitsverhältnisses zu den alten Arbeitsbedingungen bis zum Ablauf der Kündigungsfrist für den Arbeitgeber unzumutbar ist (vgl. APS/*Künzl* § 2 KSchG Rz. 184 ff.).

1827

Ist eine ordentliche Kündigung, und damit auch eine ordentliche Änderungskündigung aber (z. B. gem. § 15 KSchG) ausgeschlossen, so hat das *BAG* (6.3.1986 EzA § 15 KSchG n. F. Nr. 34) zunächst die Auffassung vertreten, dass dann im Rahmen der Prüfung des § 626 BGB auf die **fiktive Kündigungsfrist abzustellen** ist, um den besonders geschützten Amtsträger nicht dadurch zu benachteiligen, dass bei ihm eine außerordentliche Änderungskündigung u. U. leichter möglich ist, als bei einem nicht besonders geschützten Arbeitnehmer.
Inzwischen (*BAG* 21.6.1995 EzA § 15 KSchG n. F. Nr. 43) hat es **diese Auffassung jedenfalls für den Fall einer außerordentlichen betriebsbedingten Änderungskündigung aufgegeben,** weil die Festlegung einer hypothetischen Kündigungsfrist für die Dauer der Zumutbarkeit der Weiterbeschäftigung durch den Schutzzweck der §§ 2, 15 KSchG nicht gefordert ist und ohnehin künstlich erscheint (s. o. D/Rz. 353 ff.).

1828

D. Die Beendigung des Arbeitsverhältnisses

Beispiel:

1829 Unzumutbar kann um des generellen Effekts einer Umstrukturierungsmaßnahme und der Gleichbehandlung willen die Weiterbeschäftigung eines teilzeitbeschäftigten Betriebsratsmitglieds zu den alten Arbeitsbedingungen als Aufsicht in einem Warenhaus mit einem Bruttoentgelt von 3 100 DM sein, deren geänderte Arbeitsbedingungen ihr zumutbar sind (Tätigkeit als Kassiererin mit einem Tarifgehalt von 2 860 DM brutto zuzüglich 240 DM brutto als übertarifliche Zulage, auf die Tariflohnerhöhungen angerechnet werden können sowie eine Teilabfindung von 6 000 DM; *BAG* 21.6.1995 EzA § 15 KSchG n. F. Nr. 43).

1830 Wird eine **Betriebsabteilung stillgelegt** und kann ein dort beschäftigtes Betriebsratsmitglied nach entsprechender Änderungskündigung zu im Übrigen unveränderten Bedingungen auf einem freien Arbeitsplatz **in einer anderen Betriebsabteilung weiterbeschäftigt werden, so ist der Arbeitgeber grds. nicht verpflichtet, einen örtlich näher gelegenen und deshalb das Betriebsratsmitglied weniger belastenden Arbeitsplatz frei zu kündigen** (*BAG* 28.10.1999 EzA § 15 KSchG n. F. Nr. 48).

9. Beteiligung des Betriebsrats

a) Inhalt der Unterrichtungspflicht gem. § 102 BetrVG

1831 Will der Arbeitgeber im Wege der Änderungskündigung die Arbeitsbedingungen einseitig ändern, so hat er dem Betriebsrat gem. § 102 BetrVG das **Änderungsangebot und die Gründe für die beabsichtigte Änderung mitzuteilen** (*BAG* 10.3.1982 EzA § 2 KSchG Nr. 3; APS/*Künzl* § 2 KSchG Rz. 118 ff.).
Will er sich eine Beendigungskündigung vorbehalten und dazu eine erneute Anhörung ersparen, muss er zugleich verdeutlichen, dass er im Falle der Ablehnung des Änderungsangebots durch den Arbeitnehmer die **Beendigungskündigung beabsichtigt.**
Bleibt für den Betriebsrat offen, ob die Ablehnung des Änderungsangebots die Beendigungskündigung zur Folge haben wird, so liegt keine ordnungsgemäße Anhörung i. S. d. § 102 Abs. 1 BetrVG zu der vom Arbeitgeber ausgesprochenen Beendigungskündigung vor (*BAG* 30.11.1989 EzA § 102 BetrVG 1972 Nr. 77; vgl. auch *LAG Hamm* 15.7.1997 DB 1997, 1722).

b) Einzelfragen

1832 Unterrichtet der Arbeitgeber den Betriebsrat bei der Änderungskündigung zum Zwecke der Streichung außertariflicher Zulagen gegenüber in einer Werkstatt beschäftigter Arbeitnehmer, die er beabsichtigt, weil die Werkstatt als unselbstständige Betriebsabteilung wegen hoher Kostenbelastung saniert werden soll, nur über die wirtschaftlichen Verhältnisse des unselbstständigen **Betriebsteils,** nicht aber zugleich auch über die Ertragslage des Betriebes, dann kann er sich im Kündigungsschutzprozess jedenfalls **nicht auf ein dringendes Sanierungsbedürfnis im Bereich des Betriebes berufen** (*BAG* 11.10.1989 EzA § 1 KSchG Betriebsbedingte Kündigung Nr. 64).

1833 Zur ordnungsgemäßen Anhörung des Betriebsrats bei einer betriebsbedingten Änderungskündigung gehört im Übrigen jedenfalls dann die Angabe der **Kündigungsfristen** der betroffenen Arbeitnehmer, wenn sich erst daraus die Tragweite der geplanten personellen Maßnahme (Reduzierung des Weihnachtsgeldes) bezogen auf das laufende oder das nachfolgende Kalenderjahr ermitteln lässt (*BAG* 29.3.1990 EzA § 102 BetrVG 1972 Nr. 79).

D. Die Beendigung des Arbeitsverhältnisses

Verlangt der Betriebsrat vom Arbeitgeber, einem bestimmten Arbeitnehmer zu kündigen bzw. ihn zu versetzen, und entschließt sich der Arbeitgeber, dem Wunsch des Betriebsrates aus den von ihm angegebenen Gründen zu entsprechen, so ist, auch wenn kein Fall des § 104 BetrVG vorliegt, eine erneute Beteiligung des Betriebsrates nach §§ 102, 103, 99 BetrVG (s. dazu oben D/Rz. 1724) nicht mehr erforderlich. In dem Kündigungs- bzw. Versetzungsverlangen des Betriebsrates liegt dann bereits dessen Zustimmung zur Kündigung bzw. Versetzung (*BAG* 15.5.1997 EzA § 102 BetrVG 1972 Nr. 99; vgl. dazu *Raab* SAE 1999, 16 ff.). 1834

Hat der Personalrat **fristgerecht Einwendungen** gegen eine beabsichtigte Änderungskündigung erhoben, so ist diese i. d. R. unwirksam, wenn der Arbeitgeber eine nach dem einschlägigen PersVG vorgeschriebene **Erörterung** mit dem Personalrat **unterlassen hat** (*BAG* 20.1.2000 EzA § 2 KSchG Nr. 39). 1835

10. »Rücknahme« der Änderungskündigung; zwischenzeitliche Vergütung

Nimmt der Arbeitgeber im Änderungsschutzprozess gem. §§ 2, 4 KSchG »die Änderungskündigung zurück« und anschließend der Arbeitnehmer vorbehaltlos die Klage, dann wird das Arbeitsverhältnis über den Kündigungstermin hinaus zu **unveränderten Bedingungen** fortgesetzt (vgl. APS/*Künzl* § 2 KSchG Rz. 318). Auch wenn die Klage nur die Änderung der Tätigkeit und nicht die angebotene (höhere) Vergütung als sozial ungerechtfertigt gerügt hat, kann es nicht stillschweigend zu einer »auflösend bedingten« vorübergehenden Änderung der Arbeitsbedingungen gekommen sein. Hat der Arbeitnehmer nach Ablauf der Kündigungsfrist die geänderte Tätigkeit ausgeübt, aber die geänderte Vergütung bis zur beiderseitigen Rücknahmeerklärung noch nicht erhalten, fehlt es nach Auffassung des *LAG Köln* (12.6.1997 NZA 1998, 767) an einer ungerechtfertigten Bereicherung des Arbeitgebers, wenn die neue Tätigkeit wegen Wegfalls der ursprünglichen Tätigkeit noch zumutbar gewesen ist. 1836

XV. Besonderheiten der Kündigung in Tendenzbetrieben und in kirchlichen Einrichtungen

1. Tendenzwidrigkeit als Kündigungsgrund

a) Anwendbarkeit des KSchG auf Tendenzbetriebe

Der sachliche Geltungsbereich des KSchG umfasst auch Tendenzbetriebe, sein persönlicher Geltungsbereich auch Tendenzträger. Lediglich dann, wenn ein Dienstleistender wegen seiner tendenzbezogenen Tätigkeit überhaupt nicht als Arbeitnehmer gilt, wie dies etwa bei Ordensschwestern, Mönchen oder Missionaren anerkannt ist (*BAG* 20.2.1986 EzA § 5 BetrVG 1972 Nr. 34), ist das KSchG, das nur für Arbeitnehmer gilt, nicht anwendbar (s. o. A/Rz. 237). 1837

b) Bedeutung des Tendenzbezuges der Tätigkeit; Tendenzgefährdung

Dennoch kann der Tendenzbezug der geschuldeten Tätigkeit des Arbeitnehmers in einem Tendenzbetrieb für die **Konkretisierung der Kündigungsgründe** i. S. v. § 1 1838

D. Die Beendigung des Arbeitsverhältnisses

Abs. 2 KSchG Bedeutung erlangen. Die Abgrenzung im Einzelfall ist allerdings problematisch.

Grds. ist eine Kündigung nach § 1 Abs. 2 S. KSchG dann wirksam, wenn eine Weiterbeschäftigung des betroffenen Arbeitnehmers auch nach Maßgabe von § 1 Abs. 2, 3 KSchG nicht möglich ist, ohne die Umsetzung der Tendenz des Unternehmens zu gefährden.

Dies kann aus verhaltens-, personen- oder betriebsbedingten Gründen der Fall sein, wenngleich die Tendenzbezogenheit des Kündigungsgrundes ihren Hauptanwendungsbereich bei der personen- oder verhaltensbedingten Kündigung haben wird (MünchArbR/*Berkowsky* § 146 Rz. 6–8; APS/*Dörner* § 1 KSchG Rz. 821 ff.). Dabei ist die **Auslegung der arbeitsrechtlichen Normen im Lichte der jeweiligen Grundrechtsnormen ebenso Sache der dafür zuständigen Arbeitsgerichte wie die Frage ihrer Anwendbarkeit.** Jedoch müssen die Gerichte die betroffenen Grundrechte interpretationsfähig berücksichtigen, damit deren maßstabsetzender Gehalt auch auf der Rechtsanwendungsebene gewahrt bleibt. Dies verlangt regelmäßig eine **einzelfallbezogene Abwägung** (*BVerfG* 18.2.2000 NZA 2000, 653).

Beispiel:
1839 Die gebotene Berücksichtigung der grundrechtlich verbürgten Kunstfreiheit (Art. 5 Abs. 3 S. 1 GG) führt aber, obwohl sie auch die subjektiv-künstlerischen Vorstellungen des Orchesterträgers bzw. -leiters umfasst, nicht dazu, dass bei einer gegenüber einem künstlerischen Tendenzträger (z. B. einem Orchestermusiker) innerhalb der die Wartefrist des § 1 KSchG übersteigenden Probezeit erklärten ordentlichen Kündigung das Erfordernis der vorherigen Abmahnung entfällt (*BAG* 15.8.1984 EzA § 1 KSchG Nr. 40).

c) Außerdienstliches Verhalten
1840 Nach Auffassung des *LAG Berlin* (6.12.1982 EzA § 1 KSchG Tendenzbetrieb Nr. 11; vgl. APS/*Dörner* § 1 KSchG Rz. 827 ff.) hat sich der Redakteur einer Tageszeitung als Tendenzträger auch außerhalb seines Dienstes jedenfalls **solcher Äußerungen weitgehend zu enthalten, durch die die publizistische Grundhaltung des Zeitungsunternehmens in Frage gestellt oder wesentlich beeinträchtigt wird.**
Fraglich ist, ob der Arbeitnehmer darüber hinaus verpflichtet ist, im Rahmen seiner Dienstaufgaben die Tendenz seines Arbeitgebers **positiv darzustellen** und zu vertreten.

1841 *Berkowsky* (MünchArbR § 146 Rz. 14) geht davon aus, dass die Konturen der tendenzbezogenen Kündigung in der Rechtsprechung recht unklar sind und für die Praxis kaum brauchbare Anhaltspunkte bieten. Danach muss das außerdienstliche Verhalten des Mitarbeiters **der Verwirklichung der Tendenz entgegenstehen.**

1842 Dabei wird ein Verhalten eher entgegenstehen, wenn es von einem Tendenzträger erfolgt. Dasselbe gilt, wenn sich dieses Verhalten innerhalb des arbeitsvertraglichen Aufgabenkreises und nicht außerhalb ereignet, es sei denn, das außerdienstliche Verhalten wirkt aufgrund besonderer Umstände so in den Betriebsablauf hinein, dass diese Einwirkung der Verwirklichung der Tendenz zuwiderläuft.
Rüthers (MünchArbR § 201 Rz. 76) geht in diesem Zusammenhang davon aus, dass Loyalitätsverstöße von Zeitschriftenredakteuren nur dann rechtlich bedeutsam werden, wenn sie zu einer **konkreten Störung des Arbeitsverhältnisses** führen.

gung in Abwägung der Interessen der Vertragsparteien nicht als billigenswert und angemessen angesehen werden kann (*BAG* 23.3.1984 EzA § 1 KSchG Tendenzbetrieb Nr. 15).

Das *BAG* (23.3.1984 EzA § 1 KSchG Tendenzbetrieb Nr. 15) hat neben dem Lebensalter und der Beschäftigungsdauer sowie der Funktion des Arbeitnehmers (die Abwicklung von internen kaufmännischen Arbeiten) darauf abgestellt, dass der Kirchenaustritt lediglich aus Verärgerung über das Verhalten der Beklagten in ihrer Eigenschaft als Arbeitgeber erfolgte, die sich durch den Verlauf des vorangegangenen Kündigungsschutzrechtsstreits im Nachhinein als berechtigt erwiesen hatte. Andere Gründe für den Kirchenaustritt (z. B. Abweichung von katholischen Glaubensgrundsätzen) lagen nicht vor. Damit waren Begleitumstände gegeben, die den Kirchenaustritt trotz seiner kirchenrechtlichen Bewertung als schwerwiegendes Vergehen in kündigungsrechtlicher Hinsicht bei der einzelfallbezogenen Interessenabwägung in einem anderen Licht erscheinen lassen. 1863

Einer bei einem katholischen Missionsgymnasium beschäftigten katholischen Lehrerin kann aus personenbedingten Gründen i. S. d. § 1 Abs. 2 KSchG ordentlich gekündigt werden, wenn sie einen **geschiedenen Mann heiratet.** 1864
Zur Beurteilung der sozialen Rechtfertigung bedarf es allerdings auch insoweit einer an den Besonderheiten des Einzelfalles orientierten umfassenden Interessenabwägung (*BAG* 31.10.1984 EzA § 1 KSchG Tendenzbetrieb Nr. 16).

XVI. Die Auflösung des Arbeitsverhältnisses durch das ArbG (§§ 9, 10 KSchG)

1. Auflösung bei sozialwidriger Kündigung auf Antrag des Arbeitnehmers

a) Unzumutbarkeit der Fortsetzung des Arbeitsverhältnisses
Gem. § 9 Abs. 1 S. 1 KSchG hat das ArbG auf Antrag des Arbeitnehmers dann, wenn es festgestellt hat, dass das Arbeitsverhältnis durch die Kündigung des Arbeitgebers nicht aufgelöst, die Fortsetzung des Arbeitsverhältnisses dem Arbeitnehmer jedoch nicht zuzumuten ist, das Arbeitsverhältnis aufzulösen und den Arbeitgeber zur Zahlung einer angemessenen Abfindung zu verurteilen. 1865

b) Sozialwidrigkeit der Kündigung
Notwendige Voraussetzung ist die Feststellung der Sozialwidrigkeit der Kündigung i. S. d. § 1 Abs. 2 KSchG. 1866
Ist die Kündigung nicht nur sozialwidrig, sondern **auch aus anderen Gründen unwirksam,** so kann vom Arbeitnehmer die Auflösung auch dann beantragt werden, wenn die Behauptung der Unwirksamkeit der Kündigung nicht ausschließlich auf die Sozialwidrigkeit gestützt wird, wenn das ArbG nur die Sozialwidrigkeit feststellt. Dies kann auch durch ein **Anerkenntnisurteil** geschehen. Bei einem Anerkenntnisurteil beispielsweise, das die Unwirksamkeit der Kündigung feststellt, ist, wenn die Unwirksamkeit der Kündigung sowohl auf die fehlende Anhörung des Betriebsrats als auch auf die Sozialwidrigkeit gestützt worden ist, durch Auslegung zu ermitteln, ob der Arbeitgeber auch die Sozialwidrigkeit der Kündigung anerkannt hat. Zur Auslegung sind ergänzend zum Tenor die Anerkenntniserklärung und das Klagevorbringen heranzuziehen (*BAG* 29.1.1981 EzA § 9 KSchG n. F. Nr. 10; vgl. APS/*Biebl* § 9 KSchG Rz. 8 ff.).

D. Die Beendigung des Arbeitsverhältnisses

c) Anforderungen an die Unzumutbarkeit

aa) Verhältnis zu § 626 BGB

1867 An die Unzumutbarkeit der Fortsetzung des Arbeitsverhältnisses sind geringere Anforderungen zu stellen, als an eine arbeitnehmerseitige fristlose Kündigung (*BAG* 26.11.1981 EzA § 9 KSchG n. F. Nr. 11 gegen *BAG* 5.11.1964 AP Nr. 20 zu § 7 KSchG).

Denn § 626 BGB schützt auch den Arbeitgeber vor einer unberechtigten außerordentlichen Kündigung des Arbeitnehmers. Die in § 9 Abs. 1 S. 1 KSchG vorgesehene Lösungsmöglichkeit dient demgegenüber **allein dem Schutz des Arbeitnehmers vor einer Weiterarbeit unter unzuträglichen Arbeitsbedingungen.** Der allein in seinem Interesse geschaffene Bestandsschutz des Arbeitsverhältnisses soll nur so lange aufrechterhalten werden, als ihm die Fortsetzung des Arbeitsverhältnisses zumutbar ist. Das Merkmal der Unzumutbarkeit bezieht sich daher nicht wie § 626 BGB auf einen zeitlich begrenzten Zeitraum, sondern auf die gesamte zukünftige Dauer des Arbeitsverhältnisses (vgl. APS/*Biebl* § 9 KSchG Rz.33 ff.).

bb) **Langfristige Prognose; Ausnahmecharakter der Auflösung des Arbeitsverhältnisses**

1868 Die Zumutbarkeitserwägungen sind im Rahmen einer langfristigen Prognose anzustellen. Gleichwohl ist stets zu beachten, dass die Auflösungsmöglichkeit durch das ArbG eine Ausnahme darstellt, weil der Zweck des KSchG grds. in der Gewährung von Bestandsschutz besteht. Deshalb kann **in einer sozialwidrigen Kündigung allein noch kein Auflösungsgrund gesehen werden.**

Als Auflösungsgründe kommen nur solche Umstände in Betracht, die in einem inneren Zusammenhang mit der vom Arbeitgeber erklärten sozialwidrigen Kündigung stehen oder die im Laufe des Kündigungsschutzrechtsstreits entstanden sind (KR-*Spilger* § 9 KSchG Rz. 41 ff.).

1869 Auch die durch Tatsachen begründete Befürchtung, dass der Arbeitnehmer im Falle einer Wiederaufnahme der Arbeit durch seine Arbeitskollegen **nicht ordnungsgemäß behandelt werden wird,** kann u. U. die Unzumutbarkeit der Weiterbeschäftigung begründen.
Dies kann z. B. dann angenommen werden, wenn der Arbeitnehmer den Kündigungsschutzrechtsstreit alleine wegen eines Fehlers bei der sozialen Auswahl gewonnen hat und wenn aufgrund dessen die durch Tatsachen begründete Besorgnis besteht, dass dies im Falle der Rückkehr in den Betrieb zu **Spannungen mit den Arbeitskollegen** führen wird (*LAG Hamm* 23.5.1975 DB 1975, 1514).

d) **Beendigungszeitpunkt**

1870 Gem. § 9 Abs. 2 KSchG hat das ArbG für die Auflösung des Arbeitsverhältnisses den Zeitpunkt festzusetzen, **an dem es bei sozial gerechtfertigter Kündigung geendet hätte.**
Obwohl das Arbeitsverhältnis aufgrund der Sozialwidrigkeit an sich bis zur Rechtskraft der Entscheidung über die Auflösung fortbesteht, ist diese Regelung trotz des damit i. d. R. gegebenen wesentlichen früheren Auflösungszeitpunkts im Hinblick

D. Die Beendigung des Arbeitsverhältnisses

auf Art. 3 Abs. 1, 14, 20 Abs. 3 GG **verfassungsgemäß**. Denn es stellt eine durch sachliche Gründe gerechtfertigte Differenzierung dar, wenn der Gesetzgeber in den Fällen, in denen Auflösungstatsachen der Fortsetzung eines Arbeitsverhältnisses entgegenstehen, dem Arbeitnehmer unter Ausschluss von an sich gegebenen Vergütungsansprüchen gem. § 615 BGB einen Anspruch auf angemessene Abfindung innerhalb der in § 10 KSchG festgesetzten Höchstgrenzen gewährt. Der Umstand, dass bei längerer Prozessdauer Auflösungstatsachen erst zu einem sehr späten Zeitpunkt entstehen können mit der Folge, dass der Arbeitnehmer nur eine weit unter dem bei Fortbestand des Arbeitsverhältnisses zu zahlenden Verzugslohn liegende Abfindung erhält, stellt eine vom Gesetzgeber in Kauf genommene Folge einer an vernünftigen Sachgründen (Einheitlichkeit des Auflösungszeitpunktes, Ausschluss von Manipulationsmöglichkeiten der Parteien auf den Auflösungszeitpunkt) orientierte Entscheidung dar (*BAG* 16.5.1984 EzA § 9 KSchG n. F Nr. 16).

e) Beurteilungszeitpunkt; zu berücksichtigende Tatsachen

Maßgeblicher Zeitpunkt für die Beurteilung der Frage, ob dem Arbeitnehmer die Fortsetzung des Arbeitsverhältnisses zuzumuten ist, ist der **Zeitpunkt der Entscheidung über den Auflösungsantrag** (*BAG* 30.9.1976 EzA § 9 KSchG n. F. Nr. 3). 1871

Dabei dürfen nur solche unstreitigen oder erwiesenen Tatsachen berücksichtigt werden, die vom Arbeitnehmer ausdrücklich zur Begründung seines Auflösungsantrages vorgetragen worden sind. Das gilt selbst dann, wenn diese Tatsachen offenkundig sind. Dies folgt aus dem im Verfahren vor dem ArbG geltenden Verhandlungsgrundsatz, wonach das Gericht nur solche Tatsachen berücksichtigen darf, die von der jeweils darlegungspflichtigen Partei vorgebracht worden sind (*BAG* 30.9.1976 EzA § 9 KSchG n. F. Nr. 3). 1872

f) Auflösungsantrag nach Betriebsübergang

Hat der Arbeitnehmer gegen den Arbeitgeber, der ihm gekündigt hat, eine Kündigungsschutzklage erhoben und wird nach deren Rechtshängigkeit der Betrieb veräußert, kann der Arbeitnehmer einen bisher nicht gestellten Auflösungsantrag mit Erfolg nur in einem Prozess gegen den ihm bekannten **Betriebserwerber** stellen (*BAG* 20.3.1997 EzA § 613 a BGB Nr. 148; vgl. APS/*Biebl* § 9 KSchG Rz. 30 ff.). 1873

2. Auflösung des Arbeitsverhältnisses auf Antrag des Arbeitgebers

a) Keine weitere gedeihliche Zusammenarbeit

Gem. § 9 Abs. 1 S. 2 KSchG hat das ArbG, wenn es festgestellt hat, dass das Arbeitsverhältnis durch die ordentliche Arbeitgeberkündigung nicht aufgelöst worden ist, auf Antrag des Arbeitgebers das Arbeitsverhältnis aufzulösen, wenn Gründe vorliegen, die eine den Betriebszwecken dienliche weitere Zusammenarbeit zwischen Arbeitgeber und Arbeitnehmer nicht erwarten lassen. Notwendige Voraussetzung ist die **Feststellung der Sozialwidrigkeit** der ausgesprochenen Kündigung (§ 1 Abs. 2 KSchG). 1874

D. Die Beendigung des Arbeitsverhältnisses

b) Sonstige Unwirksamkeitsgründe

1875 Anders als beim Auflösungsantrag des Arbeitnehmers ist nach Auffassung des *BAG* (9.10.1979 EzA § 9 KSchG n. F. Nr. 9; ebenso *LAG Köln* 11.3.1999 ZTR 1999, 478) der Auflösungsantrag des Arbeitgebers dann unzulässig, wenn die Kündigung aufgrund des **konkret geltend gemachten Kündigungssachverhalts nicht nur sozialwidrig, sondern auch aus anderen Gründen** (z. B. fehlerhafter Anhörung des Betriebs- oder Personalrats) **unwirksam ist**. Unschädlich ist es allerdings, wenn der Arbeitgeber zusätzlich weitere Kündigungssachverhalte geltend macht, die aus anderen Gründen die Unwirksamkeit der Kündigung begründen (*BAG* 21.9.2000 EzA § 9 KSchG n. F. Nr. 44).

1876 Denn die Lösungsmöglichkeit des § 9 KSchG ist eine **Vergünstigung für den Arbeitgeber, die nur bei bloßer Sozialwidrigkeit eingreift.** Da das Ziel des KSchG in erster Linie darin besteht, den Arbeitnehmer im Interesse eines wirksamen Bestandsschutzes des Arbeitsverhältnisses vor einem Verlust des Arbeitsplatzes durch sozialwidrige Kündigungen zu bewahren, ist es auch **gerechtfertigt, an den Auflösungsantrag des Arbeitgebers strengere Anforderungen zu stellen** (*BAG* 16.5.1984 EzA § 9 KSchG n. F. Nr. 16).
Beruft sich der Arbeitnehmer allerdings gegenüber einem Auflösungsantrag des Arbeitgebers auf eine Unwirksamkeit der Kündigung aus anderen Gründen als der Sozialwidrigkeit, so setzt dies voraus, dass **die Unwirksamkeit die Folge eines Verstoßes gegen eine Schutznorm zu seinen Gunsten ist.**

Beispiel:
1877 Das ist dann nicht der Fall, wenn sich die Unwirksamkeit der Kündigung aus der fehlenden, nach dem Dienstvertrag aber erforderlichen Zustimmung der Auslandsvertretung zu der Kündigung eines als Schulleiter einer deutschen Schule in Saudi-Arabien eingesetzten Angestellten ergibt. Denn der Zweck dieses Zustimmungserfordernisses bestand nicht darin, dem Arbeitnehmer einen zusätzlichen Schutz zu verschaffen, sondern der Auslandsvertretung wegen des Auslandsschuldienstes aufgrund öffentlichen Interesses ein Vetorecht einzuräumen, wenn die Kündigung seitens eines örtlichen Schulträgers der auswärtigen Kulturpolitik entgegenstand (*BAG* 10.11.1994 EzA § 9 KSchG n. F. Nr. 43).

c) Prüfungsmaßstab

1878 Daraus, dass an den Auflösungsantrag des Arbeitgebers strengere Anforderungen zu stellen sind, als an den des Arbeitnehmers, folgt andererseits nicht, dass für ihn nur solche Umstände als Auflösungsgründe in Betracht kommen, die dazu geeignet sind, eine außerordentliche Kündigung nach § 626 BGB zu rechtfertigen (KR-*Spilger* § 9 KSchG Rz. 52; APS/*Biebl* § 9 KSchG Rz. 49).

1879 Auch das **Verhalten des Prozessbevollmächtigten** des Arbeitnehmers kann die Auflösung bedingen, sofern es von ihm veranlasst worden ist (*BAG* 30.6.1959 AP Nr. 56 zu § 1 KSchG) oder gebilligt worden ist (vgl. APS/*Biebl* § 9 KSchG Rz. 67).
Auch das **Verhalten dritter Personen** ist als Grund für den Auflösungsantrag des Arbeitgebers nur dann geeignet, wenn der Arbeitnehmer dieses Verhalten durch eigenes

Tun entscheidend veranlasst hat oder es ihm zuzurechnen ist (*BAG* 14.5.1987 EzA § 9 KSchG n. F. Nr. 20).

d) Darlegungs- und Beweislast

aa) Grundsätze
Der **Arbeitgeber** ist darlegungs- und beweispflichtig für das Vorliegen der Gründe, die einer künftigen gedeihlichen Zusammenarbeit entgegenstehen (*BAG* 30.9.1976 EzA § 9 KSchG n. F. Nr. 3; vgl. APS/*Biebl* § 9 KSchG Rz. 60 f.). **Schlagwortartige Formulierungen**, etwa des Inhalts, dass die Vertrauensgrundlage entfallen sei oder keine gemeinsame Basis mehr für eine Zusammenarbeit bestehe, **reichen nicht aus** (*BAG* 16.5.1984 EzA § 9 KSchG n. F. Nr. 16). Die Berücksichtigung von **nicht erwiesenen streitigen Auflösungstatsachen ist dem** Gericht verwehrt.

1880

Nach dem Verhandlungsgrundsatz darf das Gericht zudem seiner Entscheidung nur solche Auflösungstatsachen zugrunde legen, die der darlegungspflichtige Arbeitgeber vorgebracht hat. Selbst offenkundige Tatsachen darf das Gericht nicht verwerten, wenn er sich nicht auf sie zur Begründung seines Auflösungsantrages berufen hat (*BAG* 16.5.1984 EzA § 9 KSchG n. F. Nr. 16).

1881

bb) Berücksichtigung von die Kündigung selbst nicht rechtfertigenden Tatsachen
Als Auflösungsgründe können zwar auch solche Tatsachen herangezogen werden, die die Kündigung selbst nicht rechtfertigen. Durch eine bloße Bezugnahme auf nicht ausreichende Kündigungsgründe genügt der Arbeitgeber allerdings noch nicht seiner Darlegungslast. **Er muss dann vielmehr im Einzelnen vortragen, weshalb die nicht ausreichenden Kündigungsgründe einer den Betriebszwecken dienlichen weiteren Zusammenarbeit entgegenstehen sollen.**
Nicht notwendig ist, dass es sich um neue, erst nach Ausspruch der Kündigung eingetretene Tatsachen handelt (*BAG* 16.5.1984 EzA § 9 KSchG n. F. Nr. 16; a. A. *LAG Schleswig-Holstein* 10.8.1999 ARST 2000, 10: Identität von Kündigungs- und Auflösungsgründen widerspricht dem System des Kündigungsschutzrechts).
Der Arbeitgeber muss darlegen, welche der zur Begründung der Kündigung vorgetragenen Tatsachen auch für den Auflösungsantrag herangezogen werden sollen.
Geringere Anforderungen an die Darlegungslast des Arbeitgebers können allerdings dann gestellt werden, wenn es sich um **Kündigungsgründe mit Dauerwirkung** handelt (KR-*Spilger* § 9 KSchG Rz. 58).

1882

Soweit für den Arbeitgeber hinsichtlich der ihm bei Ausspruch der Kündigung bekannten Kündigungsgründe wegen Nichtbeteiligung des Betriebsrats nach § 102 BetrVG ein Verwertungsverbot besteht, erstreckt sich dieses auch auf das Nachschieben von Auflösungstatsachen. Eine andere Betrachtungsweise würde zu einer weitgehenden Aushöhlung des Verwertungsverbotes führen mit der Folge, dass unzulässig nachgeschobene Kündigungsgründe letztlich doch zu einer Auflösung des Arbeitsverhältnisses führen könnten (KDZ/*Zwanziger* § 9 KSchG/ Rz. 23; KR-*Spilger* § 9 KSchG Rz. 58 a; **a. A.** *Hueck/von Hoyningen-Huene* § 9 KSchG Rz. 45; APS/*Biebl* § 9 KSchG Rz. 52; *Lunk* NZA 2000, 807 ff.; offen gelassen von *BAG* 18.12.1980 EzA § 102 BetrVG 1972 Nr. 44).

1883

D. Die Beendigung des Arbeitsverhältnisses

e) Leitende Angestellte (§ 14 Abs. 2 S. 2 KSchG)

1884 Gem. § 14 Abs. 2 KSchG bedarf der Antrag des Arbeitgebers auf Auflösung eines Arbeitsverhältnisses mit einem Leitenden Angestellten **keiner Begründung**. Das ArbG hat dann dem Auflösungsantrag stattzugeben, auch wenn keinerlei Auflösungsgründe vorliegen (vgl. APS/*Biebl* § 9 KSchG Rz. 68).

1885 Ein **Chefarzt** ist dann kein »ähnlicher leitender Angestellter« i. S. v. § 14 Abs. 2 S. 1 KSchG, wenn ihm nur intern, nicht aber auch im Außenverhältnis eine selbstständige Entlassungsbefugnis zusteht (*BAG* 18.11.1999 EzA § 14 KSchG Nr. 4; vgl. auch *Thüringer LAG* 6.7.2000 LAGE § 5 BetrVG 1972 Nr. 22 zu § 5 Abs. 3 BetrVG). Gleiches gilt, wenn der Arbeitnehmer nicht zur selbstständigen Einstellung oder Entlassung von Arbeitnehmern berechtigt ist oder wenn die Ausübung einer derartigen Befugnis **keinen wesentlichen Teil seiner Tätigkeit ausmacht und somit seine Stellung nicht prägt** (*BAG* 18.10.2000 EzA § 14 KSchG Nr. 5; *LAG Nürnberg* 13.10.1998 NZA-RR 1999, 238).

3. Beiderseitige Auflösungsanträge

1886 Zweifelhaft ist die Rechtslage dann, wenn sowohl der Arbeitnehmer als auch der Arbeitgeber (hilfsweise für den Fall der Feststellung der Sozialwidrigkeit) einen Auflösungsantrag gem. § 9 KSchG gestellt haben.

a) Auflösung ohne weitere Überprüfung

1887 **Überwiegend** (*Hueck/von Hoyningen-Huene* § 9 KSchG Rz. 47; ErfK/*Ascheid* § 9 KSchG Rz. 28; *Stahlhacke/Preis/Vossen* Rz. 1212; *Bauer* DB 1985, 1180; *Leisten* BB 1994, 2138 f.; APS/*Biebl* § 9 KSchG Rz. 70) wird davon ausgegangen, dass dann die **Voraussetzungen für eine gerichtliche Auflösung stets gegeben** sind.
Denn der Umstand, dass der Arbeitgeber durch seinen Auflösungsantrag den Willen zum Ausdruck bringt, sich vom Arbeitnehmer zu lösen, macht diesem die Fortsetzung des Arbeitsverhältnisses unzumutbar.
Umgekehrt steht der Auflösungsantrag des Arbeitnehmers der Erwartung einer weiteren, den Betriebszwecken dienlichen Zusammenarbeit entgegen.
Teilweise (*LAG Berlin* 8.8.1967 BB 1968, 207) wird auch aus dem Verhandlungsgrundsatz eine rechtliche Bindung des Gerichts an gegenseitig gestellte Auflösungsanträge gefolgert. Jede andere Auffassung würde zu dem nicht hinnehmbaren Ergebnis führen, dass das Arbeitsverhältnis entgegen dem Willen von Arbeitgeber und Arbeitnehmer fortzusetzen wäre, wenn weder für den Auflösungsantrag des Arbeitnehmers noch den des Arbeitgebers die gesetzlichen Voraussetzungen vorliegen.

b) Getrennte Überprüfung beider Anträge

1888 Demgegenüber entbindet nach Auffassung von *Becker* (KR, 3. Aufl., § 9 KSchG Rz. 66 m. w. N.; ebenso KR-*Spilger* § 9 KSchG Rz. 66; HK-KSchG/*Hauck* § 9 KSchG Rz. 55; KDZ/*Däubler* § 9 KSchG Rz. 29) allein der Umstand, dass beide Parteien die Auflösung des Arbeitsverhältnisses begehren, das Gericht noch nicht von der Prüfung, ob auch die gesetzlichen Voraussetzungen für eine Auflösung vorliegen.
Denn die Prozessmaxime betrifft zum einen nur die Frage, wer dafür zu sorgen hat, dass alles entscheidungserhebliches Tatsachenmaterial in den Prozess eingeführt wird. **Auf die vom Gesetz für den Erlass eines Auflösungsurteils aufgestellten Voraussetzungen kann das Gericht aber selbst dann nicht verzichten, wenn beide**

D. Die Beendigung des Arbeitsverhältnisses

Parteien die Auflösung beantragen. Allein die darin zum Ausdruck gekommene Willensübereinstimmung kann nicht die gesetzlichen Voraussetzungen für den Erlass eines Auflösungsurteils ersetzen.
Schließlich ist auch zu berücksichtigen, dass es für die Bemessung der Abfindung von Bedeutung ist, welche Partei die Auflösungstatsachen herbeigeführt hat.
Nach der Grundkonzeption des KSchG steht der Bestandsschutz und nicht der Abfindungsschutz im Vordergrund. Deshalb ist dem ArbG nur dann eine materiellrechtliche Prüfung verwehrt, wenn eine Partei den Abfindungsanspruch anerkennt und die andere Partei daraufhin den Erlass eines Anerkenntnisurteils gem. § 307 ZPO beantragt.
Schutzwürdige Interessen der Parteien werden dadurch nicht beeinträchtigt, denn sie haben jederzeit die Möglichkeit, sich sowohl gerichtlich als auch außergerichtlich auf die vergleichsweise Auflösung des Arbeitsverhältnisses gegen Zahlung einer Abfindung zu verständigen, ohne dass dafür die vom ArbG zu beachtenden gesetzlichen Voraussetzungen des § 9 KSchG gegeben sein müssen. 1889

c) Prozessuale Probleme
Haben beide Parteien einen Auflösungsantrag gestellt und löst das ArbG daraufhin das Arbeitsverhältnis auf, so ist der Arbeitnehmer, der die Höhe der festgesetzten Abfindung nicht angreift, durch dieses Urteil nicht beschwert und seine Berufung damit unzulässig, auch wenn das ArbG das Arbeitsverhältnis auf den Antrag des Arbeitgebers hin auflöst. Der Arbeitnehmer kann in einem derartigen Fall nicht allein mit dem Ziel Berufung einlegen, seinen erstinstanzlich gestellten Auflösungsantrag zurückzunehmen und eine Fortsetzung des Arbeitsverhältnisses zu erreichen (*BAG* 23.6.1993 EzA § 64 ArbGG 1979 Nr. 30; vgl. APS/*Biebl* § 9 KSchG Rz. 100 ff.). 1890

4. Auflösung bei unwirksamer außerordentlicher Kündigung

a) Grundlagen
Gem. § 13 Abs. 1 S. 3 1. Hs. KSchG hat das Gericht auf Antrag des Arbeitnehmers im Falle der Unwirksamkeit der außerordentlichen Kündigung des Arbeitgebers das Arbeitsverhältnis aufzulösen und ihn zur Zahlung einer angemessenen Abfindung zu verurteilen, wenn dem Arbeitnehmer die Fortsetzung des Arbeitsverhältnisses nicht zumutbar ist. 1891
Damit kann nur der Arbeitnehmer, nicht aber der Arbeitgeber im Falle einer von ihm erklärten unwirksamen außerordentlichen Kündigung einen Auflösungsantrag stellen. Der Gesetzgeber sieht die unberechtigte außerordentliche Kündigung als besonders schwerwiegend an und verweigert deshalb dem Arbeitgeber die Möglichkeit, seinerseits den Auflösungsantrag zu stellen; er bleibt an das Arbeitsverhältnis gebunden (vgl. KR-*Friedrich* § 13 KSchG Rz. 64 ff.; APS/*Biebl* § 13 Rz. 24 ff.). 1892

b) Einzelfragen
Nach Auffassung des *LAG Hamm* (24.11.1988 DB 1989, 685) gilt dies auch für die Auflösung des Arbeitsverhältnisses mit einem Leitenden Angestellten.
Nicht anwendbar ist § 13 Abs. 1 S. 3 KSchG dagegen bei **Berufsausbildungsverhältnissen,** weil dies mit Wesen und Zweck des Berufsausbildungsverhältnisses nicht zu vereinbaren ist (*BAG* 29.11.1984 EzA § 13 KSchG n. F. Nr. 19). 1893

D. Die Beendigung des Arbeitsverhältnisses

c) Auflösungszeitpunkt

1894 Im Hinblick auf die vorgeschriebene **entsprechende Anwendung des § 9 Abs. 2 KSchG ist Auflösungszeitpunkt** nach überwiegend vertretener Auffassung (KR-*Friedrich* § 13 KSchG Rz. 65 ff. m. w. N.; a. A. MünchArbR/*Berkowsky* § 150 Rz. 9) **der, zu dem die außerordentliche Kündigung, wenn sie berechtigt gewesen wäre, gewirkt hätte.** Das ist entweder der Tag des Zugangs oder bei außerordentlicher Kündigung mit Auslauffrist der Tag, mit dessen Ablauf das Arbeitsverhältnis enden sollte.

1895 Das Gericht kann nicht aus Billigkeitserwägungen einen Auflösungsantrag des Arbeitgebers deshalb abweisen oder einen späteren als den in § 9 Abs. 2 KSchG maßgebenden Auflösungszeitpunkt festsetzen, weil der zur Auflösung vorgebrachte Umstand erst nach längerer Prozessdauer eingetreten ist und bei rückwirkender Auflösung des Arbeitsverhältnisses der Arbeitnehmer nur eine erheblich unter dem im Falle des Fortbestehens des Arbeitsverhältnisses zu zahlenden Verzugslohn liegende Abfindung erhalten würde (*BAG* 25.11.1982 EzA § 9 KSchG n. F. Nr. 15).

1896 Allerdings hat der Arbeitnehmer dann, wenn die Umdeutung einer fristlosen Kündigung des Arbeitgebers in eine ordentliche Kündigung in Betracht kommt, grds. die Möglichkeit, die Auflösung des Arbeitsverhältnisses nach § 9 KSchG bezogen auf die fristlose Kündigung oder nur auf die umgedeutete fristgerechte Kündigung zu beantragen (*BAG* 26.8.1993 EzA § 322 ZPO Nr. 9; APS/*Biebl* § 9 KSchG Rz. 27 f.).

5. Auflösung bei Änderungskündigung

1897 Bei einer ordentlichen Änderungskündigung ist eine gerichtliche Auflösung des Arbeitsverhältnisses nur dann möglich, wenn der Arbeitnehmer die angebotenen neuen Arbeitsbedingungen nicht innerhalb der Kündigungsfrist, spätestens jedoch innerhalb von drei Wochen nach Zugang der Kündigung unter dem Vorbehalt ihrer sozialen Rechtfertigung angenommen hat (*BAG* 29.1.1981 EzA § 9 KSchG n. F. Nr. 10; vgl. APS/*Biebl* § 9 KSchG Rz. 12 ff.).

1898 Hat der Arbeitnehmer infolge einer vom Arbeitgeber erklärten Änderungskündigung das Änderungsangebot dagegen rechtzeitig unter Vorbehalt angenommen, so kommt für den Kündigungsschutzrechtsstreit über die soziale Rechtfertigung der Änderung der Arbeitsbedingungen ein Auflösungsantrag gem. § 9 KSchG nicht in Betracht (*LAG München* 29.10.1987 DB 1988, 866).

6. Auflösung wegen militärischer Interessen

1899 Für die **zivilen Arbeitnehmer bei den Alliierten Streitkräften** sah Art. 56 Abs. 2 Nr. 2 a ZA-NTS vor, dass dann, wenn ein deutsches ArbG festgestellt hatte, dass das Arbeitsverhältnis durch eine Kündigung nicht aufgelöst worden war und der Arbeitgeber im arbeitsgerichtlichen Verfahren erklärt hatte, dass der Weiterbeschäftigung besonders schutzwürdige militärische Interessen entgegenstanden, das ArbG dem Arbeitnehmer **eine Abfindung für den Fall festzusetzen hatte, dass die Fortsetzung des Arbeitsverhältnisses vom Arbeitgeber abgelehnt wurde** (vgl. KR-*Weigand* Art. 56 ZA-NTS Rz. 23 ff.). Diese Einschränkung des Kündigungsschutzes galt

D. Die Beendigung des Arbeitsverhältnisses

nicht für die Mitglieder der Betriebsvertretung bei den Stationierungsstreitkräften (Art. 56 Abs. 2 c ZA-NTS).
Da danach der bloße Hinweis auf besonders schutzwürdige militärische Interessen – die nicht näher substantiiert werden mussten – für die Auflösung des Arbeitsverhältnisses ausreichen sollte, begegnete diese Vorschrift **verfassungsrechtlichen Bedenken,** insbesondere im Hinblick auf Art. 3 Abs. 1 GG. Denn die Beendigung des Arbeitsverhältnisses eines zivilen Beschäftigten bei der Bundeswehr kann nicht allein auf die einfache Erklärung des Arbeitgebers gestützt werden (*ArbG Kaiserslautern* 15.10.1987 NZA 1988, 400; *Matissek* NZA 1988, 383). 1900

Diese Regelung ist durch **Änderungsabkommen vom 18.3.1993** (BGBl. 1994 II S. 2598; vgl. dazu KR-*Weigand* Art. 56 NATO-ZusAbk Rz. 31 ff.) dahin geändert worden, dass nunmehr § 9 Abs. 1 S. 2 KSchG mit der Maßgabe gilt, dass der Antrag des Arbeitgebers auch darauf gestützt werden kann, dass der Fortsetzung des Arbeitsverhältnisses besonders schutzwürdige militärische Interessen entgegenstehen. Die oberste Dienstbehörde kann die besonders schutzwürdigen militärischen Interessen glaubhaft machen; in diesem Falle ist die Verhandlung vor dem erkennenden Gericht nicht öffentlich. Sofern die Offenlegung der Gründe die Gefahr eines schweren Schadens für die Sicherheit des Entsendestaates oder seiner Truppe verursachen könnte, kann die oberste Dienstbehörde der Truppe (das ist die in der BRD gelegene höchste, für die Beschäftigungsdienststelle des gekündigten Arbeitnehmers verwaltungsmäßig zuständige Dienststelle) im Einvernehmen mit dem Chef des Bundeskanzleramtes die Glaubhaftmachung durch eine förmliche Erklärung bewirken. 1901

Diese Neuregelung ist am 29.03.1998 (BGBl. 1998 II S. 1691) in Kraft getreten. 1902

7. Begriff, Rechtsnatur und Höhe der Abfindung (§ 10 KSchG)

a) Sinn und Zweck der Regelung
§ 10 KSchG regelt die Höhe einer Abfindung für den Fall, dass das Arbeitsverhältnis nach Maßgabe des § 9 KSchG aufzulösen ist. 1903

b) Begriff und Rechtsnatur der Abfindung

aa) Funktionen der Abfindung
Die vom Arbeitgeber gem. §§ 9, 10 KSchG zu leistende Abfindung ist ein **Ausgleich für den Verlust des Arbeitsplatzes trotz Vorliegens einer sozialwidrigen Kündigung** (*BAG* 16.5.1984 EzA § 9 KSchG n. F. Nr. 16). Sie ist ein vermögensrechtliches Äquivalent für die Aufgabe des als »sozialer Besitzstand« anzusehenden Arbeitsplatzes und hat somit **Entschädigungsfunktion**. 1904

Der **Abgeltungscharakter** folgt daraus, dass mit der Gewährung des Abfindungsbetrages alle unmittelbar mit dem Verlust des Arbeitsplatzes verbundenen vermögensrechtlichen und immateriellen Nachteile des Arbeitnehmers abgegolten werden sollen. Die Abfindung kann allerdings teilweise auch **Entgeltcharakter** haben. Das kommt z. B. dann in Betracht, wenn die gerichtliche Auflösung des Arbeitsverhältnisses zu einem früheren Zeitpunkt als zum Ablauf der Kündigungsfrist erfolgt, z. B. in den Fällen einer unwirksamen außerordentlichen Kündigung (vgl. §§ 128 ff. SGB III; s. u. E/Rz. 44 ff.). 1905

D. Die Beendigung des Arbeitsverhältnisses

Schließlich kommt der Abfindung insofern eine **Präventivfunktion** zu, als der Arbeitgeber davon abgehalten werden soll, leichtfertig eine ordentliche Kündigung des Arbeitsverhältnisses auszusprechen (vgl. KR-*Spilger* § 10 KSchG Rz. 10 ff.).

bb) Abtretbarkeit; Pfändbarkeit
1906 Der Entschädigungscharakter steht einer Abtretung (ab Rechtskraft des Auflösungsurteils, vgl. *BAG* 13.5.1969 AP Nr. 2 zu § 8 KSchG), einer Vorausabtretung sowie einer Aufrechnung mit Gegenansprüchen grds. nicht entgegen. Allerdings greift § 395 BGB dann ein, wenn ein Teil der Abfindung gem. § 850 i ZPO vom Vollstreckungsgericht auf Antrag des Arbeitnehmers hin für unpfändbar erklärt worden ist.
1907 Die Abfindung ist **Arbeitseinkommen i. S. d. § 850 ZPO** (s. o. C/Rz. 1104), weil sie i. d. R. der Sicherung des Lebensunterhalts des Arbeitnehmers und seiner Familie dient. Ein formularmäßig erlassener Pfändungs- und Überweisungsbeschluss erfasst daher auch die Abfindung (*BAG* 13.11.1991 EzA § 850 ZPO Nr. 4). Die Pfändungsgrenzen des § 850 c ZPO gelten nicht, da es sich insoweit nicht um Arbeitseinkommen handelt, das für einen fest umrissenen Zeitraum gezahlt wird. Anwendbar ist allerdings § 850 i ZPO (*BAG* 13.11.1991 EzA § 850 ZPO Nr. 4; vgl. APS/*Biebl* § 10 KSchG Rz. 42 f.).

cc) Vererblichkeit
1908 Vererblich ist zwar nicht das Antragsrecht des Arbeitnehmers, wohl aber der sich aus der rechtskräftigen Verurteilung ergebende Abfindungsanspruch. Gleiches gilt, wenn eine Abfindung in einem Vergleich oder in einem Aufhebungsvertrag vereinbart wird (*LAG Rheinland-Pfalz* 13.11.1987 BB 1988, 140). Endet das Arbeitsverhältnis allerdings vor dem vereinbarten Aussscheidenstermin, z. B. durch den Tod des Arbeitnehmers, und ist kein früherer Entstehenszeitpunkt für den Abfindungsanspruch vereinbart, so kann der Anspruch nicht entstehen und von den Erben im Wege der Erbfolge auch nicht erworben werden (*BAG* 26.8.1997 EzA § 611 BGB Aufhebungsvertrag Nr. 29; vgl. APS/*Biebl* § 10 KSchG Rz. 44).

dd) Fälligkeit
1909 Der Anspruch wird mit der **Rechtskraft des Auflösungsurteils** fällig; von diesem Zeitpunkt an ist auch eine Verzinsung des Anspruchs möglich.
Wird eine Abfindung durch gerichtlichen oder außergerichtlichen **Vergleich** vereinbart, so tritt Fälligkeit bzw. Wirksamkeit mit dem **Wirksamwerden** der vergleichsweisen Regelung ein. Ist ein späterer Auslösungszeitpunkt für das Arbeitsverhältnis vorgesehen, so wird die Abfindung erst zu dem **vertraglich vereinbarten Beendigungszeitpunkt** fällig, es sei denn, die Parteien haben einen früheren Fälligkeitszeitpunkt im Vergleich festgelegt (*LAG Düsseldorf* 23.5.1989 LAGE § 9 KSchG Nr. 16, KR-*Spilger* § 10 KSchG Rz. 19 a; APS/*Biebl* § 10 KSchG Rz. 41; *a. A. LAG Hamm* 16.5.1991 LAGE § 9 KSchG Nr. 21; KDZ/*Zwanziger* § 10 KSchG/Rz. 27).
Der in einem Aufhebungsvertrag vereinbarte Anspruch auf eine Abfindung entsteht jedenfalls dann nicht bereits bei Vertragsabschluss, sondern erst zum vereinbarten Ausscheidenstermin, wenn es sich um eine **Frühpensionierung** handelt und im **Aufhebungsvertrag** kein früherer Entstehenszeitpunkt vereinbart ist (*BAG* 26.8.1997 EzA § 611 BGB Aufhebungsvertrag Nr. 29).

D. Die Beendigung des Arbeitsverhältnisses

ee) Insolvenz des Arbeitgebers
Nach altem Recht waren Abfindungsansprüche aus §§ 9, 10 KSchG einfache Konkursforderungen nach § 61 Abs. 1 Nr. 6 KO. Die seit dem 1.1.1999 geltende InsO kennt derartige allgemeine Forderungsvorrechte nicht mehr. Der Arbeitnehmer ist mit seinem Abfindungsanspruch **Insolvenzgläubiger nach §§ 38, 108 Abs. 2 InsO** und **nimmt damit an der (anteilsmäßigen) Befriedigung aller Insolvenzgläubiger aus der Insolvenzmasse teil.** Beruht das Auflösungsurteil auf einer **unwirksamen Kündigung des Insolvenzverwalters**, ist die Abfindung sonstige **Masseverbindlichkeit** nach § 55 Abs. 1 Nr. 1 InsO, die nach § 53 InsO aus der Insolvenzmasse **vorweg zu befriedigen** ist (APS/*Biebl* § 10 KSchG Rz. 48 f.). 1910

ff) Tarifvertragliche Ausschlussfristen
Tarifvertragliche Ausschlussfristen, nach denen Ansprüche der Vertragspartner **schriftlich geltend gemacht werden müssen,** erfassen grds. keine in gerichtlichen Vergleichen festgelegten Abfindungen nach §§ 9, 10 KSchG (*BAG* 13.1.1982 EzA § 9 KSchG n. F. Nr. 13); gleiches gilt für gerichtlich zuerkannte Abfindungen gem. §§ 9, 10 KSchG. Denn mit dem Erlass des Auflösungsurteils ist gerade hinsichtlich der Zahlungsverpflichtung des Arbeitgebers Rechtsklarheit geschaffen worden (*Spilger* § 10 KSchG Rz. 22 a; APS/*Biebl* § 10 KSchG Rz. 46). 1911

c) Höhe der Abfindung

aa) Grundsatz der Angemessenheit
Gem. § 9 Abs. 1 S. 1 KSchG hat das ArbG nach pflichtgemäßem Ermessen zu prüfen, welcher Abfindungsbetrag unter Berücksichtigung der jeweiligen Umstände des Einzelfalles angemessen ist, um die dem Arbeitnehmer durch den Verlust des Arbeitsplatzes erwachsenden Nachteile auszugleichen. 1912
Dabei ist das Gericht an die **Höchstgrenzen des § 10 Abs. 1, 2 KSchG** gebunden. Eine schematische Festsetzung der Abfindung nach bestimmten Regelsätzen kommt nicht in Betracht; erforderlich ist vielmehr eine umfassende individuelle Prüfung und Bewertung der einzelnen Bemessungsfaktoren sowie der Umstände des Einzelfalles (KR-*Spilger* § 10 KSchG Rz. 24 ff.; APS/*Biebl* § 10 KSchG Rz. 5 ff.). Im Interesse einer höchstmöglichen Flexibilität im Einzelfall hat der Gesetzgeber darauf verzichtet, feste Regelsätze für die Bemessung der Abfindung festzulegen. Innerhalb der vom Gesetzgeber festgelegten Höchstgrenzen steht die Abfindung im **richterlichen Ermessen.**
Als **Bemessungsfaktor** sieht das Gesetz neben dem **Monatsverdienst** lediglich das **Lebensalter** des Arbeitnehmers sowie die **Dauer des Arbeitsverhältnisses** vor. Daraus folgt, dass es sich insoweit i. d. R. um die **wichtigsten Bemessungsfaktoren** handelt. Ob und inwieweit weitere Umstände berücksichtigt werden dürfen, legt das Gericht nicht fest. Gleiches gilt für die Frage der Gewichtung der einzelnen Bemessungsfaktoren untereinander (krit. im Hinblick auf die dadurch vernachlässigte Rechtssicherheit und Rechtsgleichheit KR-*Spilger* § 10 KSchG Rz. 6).

bb) Begriff des Monatsverdienstes (§ 10 Abs. 3 KSchG)
Maßgeblich für die Berechnung ist der **individuelle Bruttomonatsverdienst.** Unregelmäßige Schwankungen der für den Arbeitnehmer maßgeblichen Arbeitszeit (Kurzarbeit, unregelmäßig anfallende Überstunden) sind nicht zu berücksichtigen. 1913

D. Die Beendigung des Arbeitsverhältnisses

Bemessungszeitraum ist derjenige Monat, in dem das Arbeitsverhältnis nach § 9 Abs. 2 KSchG endet.

Erfasst sind alle Grundvergütungen, Gehalt, Zeitlohn usw., weitere Zuwendungen mit Entgeltcharakter (z. B. 13. Monatsgehalt, Umsatzbeteiligung), die anteilig umzulegen sind, regelmäßig zu zahlende Zulagen (z. B. Schichtzuschläge) sowie Wege- und Fahrgelder, allerdings nur dann, wenn sie unabhängig von notwendigen Aufwendungen gezahlt werden (vgl. APS/*Biebl* § 10 KSchG Rz. 13 ff.).

1914 Zuwendungen mit **Aufwendungsersatzcharakter** (z. B. Spesen) sind nicht zu berücksichtigen, ebenso wenig Zuwendungen mit **Gratifikationscharakter** (z. B. Jubiläumsgelder; KR-*Spilger* § 10 KSchG Rz. 33; **a. A.** *Schaub* Arbeitsrechtshandbuch, § 141 VII 2). Eine anteilige Umlegung von **Urlaubsgeld** hat nur dann zu erfolgen, wenn es fest in das Vergütungsgefüge (z. B. in Gestalt eines kollektiv- oder einzelvertraglichen Anspruchs) eingebaut ist und damit **Entgeltcharakter** hat; etwas anderes gilt dann, wenn es als Gratifikation gewährt wird.

1915 Zu berücksichtigen sind auch im Auflösungsmonat dem Arbeitnehmer zustehende **Sachbezüge** (z. B. die unentgeltliche Überlassung von Wohnraum). Ihr Wert bestimmt sich nach den Kosten, die der Arbeitnehmer zur Beschaffung der Naturalien auf dem freien Markt aufwenden müsste (*BAG* 22.9.1960 AP Nr. 27 zu § 616 BGB). Maßgeblich ist folglich der Marktwert, denn § 10 Abs. 3 KSchG nimmt nicht auf die gem. § 17 SGB IV erlassene Sachbezugs VO Bezug (KR-*Spilger* § 10 KSchG Rz. 34).

cc) **Höchstgrenzen**

(1) **Allgemeine Voraussetzungen**

1916 Als normale Höchstgrenze für die Abfindung schreibt § 10 Abs. 1 KSchG einen Betrag von **zwölf Monatsverdiensten** vor, wenn der Arbeitnehmer im Auflösungszeitpunkt (*LAG Rheinland-Pfalz* 16.12.1994 NZA 1996, 94; **a.A.** *Hueck/von Hoyningen-Huene* § 10 Rn. 18: Maßgeblich ist der Auflösungstermin) noch nicht das 50. Lebensjahr vollendet und sein Arbeitsverhältnis noch nicht mindestens 15 Jahre bestanden hat. Zur Berechnung der Dauer des Arbeitsverhältnisses gelten die zur Bestimmung der sechsmonatigen Wartefrist nach § 1 Abs. 1 KSchG aufgestellten Grundsätze entsprechend.

1917 Eine Höchstgrenze von **15 Monatsverdiensten** besteht dann, wenn der Arbeitnehmer zum Zeitpunkt der Auflösung des Arbeitsverhältnisses das 50. Lebensjahr vollendet und das Arbeitsverhältnis in diesem Zeitpunkt mindestens 15 Jahre bestanden hat.

Die absolute Höchstgrenze der Abfindung beträgt **18 Monatsverdienste,** wenn der Arbeitnehmer zum Zeitpunkt der Auflösung des Arbeitsverhältnisses das 55. Lebensjahr vollendet und das Arbeitsverhältnis zu diesem Zeitpunkt mindestens zwanzig Jahre bestanden hat.

(2) **Richtlinienfunktion der gesetzlichen Staffelung**

1918 Ob das Gericht jeweils den Höchstbetrag oder einen geringeren Betrag als Abfindung festsetzt, ist eine Frage seines **Ermessens**. Erfüllt allerdings der Arbeitnehmer die Voraussetzungen für eine gesteigerte Höchstgrenze von 15 bzw. 18 Monatsverdiensten, so ist eine Unterschreitung der normalen Höchstgrenze von zwölf Monatsverdiens-

D. Die Beendigung des Arbeitsverhältnisses

ten bzw. der gesteigerten Höchstgrenze von 15 Monatsverdiensten nur ausnahmsweise, d. h. bei Vorliegen besonderer Umstände (z. B. einer besonders schwierigen wirtschaftlichen Lage des Arbeitgebers) möglich. Dies folgt aus der gesetzlichen Staffelung der Höchstgrenze, der eine Richtlinienfunktion zukommt. Das dem Gericht bei der Bemessung der Abfindungshöhe zustehende Ermessen wird dann durch die in dieser Staffelung zum Ausdruck gekommenen gesetzlichen Wertung beschränkt (KR-*Spilger* § 10 KSchG Rz. 39 ff.).

(3) Arbeitnehmer im Rentenalter

Für **Arbeitnehmer im Rentenalter** gelten die gesteigerten Höchstgrenzen von 15 bzw. 18 Monatsverdiensten nicht (§ 10 Abs. 2 S. 2 KSchG, § 35 Nr. 1 SGB VI). Maßgeblich ist, ob der Arbeitnehmer zum Zeitpunkt der Auflösung des Arbeitsverhältnisses (§ 9 Abs. 2 KSchG) bereits das 65. Lebensjahr vollendet hat.

Die für die sonstigen Renten wegen Alters (§ 33 Abs. 2 SGB VI) geltenden Altersgrenzen führen dagegen nicht zu einer Begrenzung der Abfindung auf den normalen Höchstbetrag von zwölf Monatsverdiensten.

Ob dem Arbeitnehmer aufgrund Rentenalters (65 Jahre) im Auflösungszeitpunkt ein Anspruch auf Rente wegen Alters tatsächlich zusteht, ist unbeachtlich.

1919

dd) Bemessungsfaktoren

(1) Lebensalter; Betriebszugehörigkeit

Siehe dazu die Ausführungen oben unter D/Rz. 1912.

1920

(2) Erweiterter Ermessensspielraum

Daraus folgt aber keine Verpflichtung, ausschließlich auf diese Bemessungsfaktoren abzustellen. Dem Tatsachengericht steht vielmehr ein erweiterter Ermessensspielraum zu, welche Umstände es im konkreten Einzelfall für bedeutsam erachtet, ebenso wie dafür, welcher Stellenwert dem einzelnen Bemessungsfaktor zukommt. Das ArbG hat eine Gesamtwertung aller maßgeblichen Bemessungsfaktoren zum Zeitpunkt der letzten mündlichen Verhandlung in der Tatsacheninstanz vorzunehmen.

1921

(3) Kriterien im Einzelnen

Berücksichtigt werden können folglich (vgl. ausf. KR-*Spilger* § 10 KSchG Rz. 47 ff.; APS/*Biebl* § 10 KSchG Rz. 21 ff.):
– die Dauer des Arbeitsverhältnisses,
– das Lebensalter des Arbeitnehmers,
– die Höhe des Arbeitsentgelts,
– weitere Sozialdaten des Arbeitnehmers (Familienstand, Zahl der unterhaltspflichtigen Personen, Gesundheitszustand, Vermittlungsfähigkeit auf dem Arbeitsmarkt);
– Lage auf dem Arbeitsmarkt, sofern hiervon Einflüsse auf die Vermittlungsfähigkeit des Arbeitnehmers ausgehen sowie die voraussichtliche Dauer der Arbeitslosigkeit;
– die Begründung eines neuen Arbeitsverhältnisses im unmittelbaren Anschluss

1922

Dörner

D. Die Beendigung des Arbeitsverhältnisses

an den Ablauf der Kündigungsfrist, auch wenn der Arbeitnehmer dadurch z. B. noch nicht unmittelbar Kündigungsschutz erwirbt;
- das Maß der Sozialwidrigkeit der Kündigung, z. B. dann, wenn die Kündigung auf Gründe gestützt wird, die unabhängig von den Besonderheiten des Einzelfalles nicht dazu geeignet sind, die Kündigung sozial zu rechtfertigen,
- wenn der Arbeitnehmer durch pflichtwidriges Verhalten den Kündigungssachverhalt oder den Auflösungsgrund schuldhaft herbeigeführt hat,
- Verlust einer verfallbaren Versorgungsanwartschaft;
- Ausgleich ideeller Nachteile des Arbeitnehmers (z. B. Beeinträchtigung des mit einer bestimmten Position verbundenen gesellschaftlichen Ansehens des Arbeitsnehmers, psychische Belastungen, die mit dem Verlust des Arbeitsplatzes verbunden sind);
- die wirtschaftliche Lage des Arbeitgebers (nicht dagegen die Leistungsfähigkeit eines einzelnen Betriebes).

1923 Nicht zu berücksichtigen ist dagegen die wirtschaftliche Lage des Arbeitnehmers, weil ansonsten der sparsame Arbeitnehmer bei der Bemessung der Abfindung benachteiligt würde. Auch die vereinbarungsgemäße Freistellung bis zum Ablauf der Kündigungsfrist unter Fortzahlung der Vergütung darf nicht anspruchsmindernd berücksichtigt werden (KR-*Spilger* § 10 KSchG Rz. 53; a. A. *Gerauer* BB 1993, 1945).

Andererseits ist das Gericht nicht daran gehindert, einen etwaigen Verdienstausfall des Arbeitnehmers bei der Festsetzung der Abfindung angemessen zu berücksichtigen.

(4) Ehegatten-Arbeitsverhältnisse
1924 Für die Höhe einer angemessenen Abfindung bei Auflösung eines Arbeitsverhältnisses unter Ehegatten gelten nach Auffassung des *LAG Köln* (15.9.1994 LAGE § 10 KSchG Nr. 2) folgende Grundsätze:

Die »Grundregel« von Monatsbezug pro Beschäftigungsjahr, die häufig bei Vergleichsbemühungen herangezogen wird, kann schon aus gesetzlichen Gründen nicht herangezogen werden. Im Rahmen der gesetzlichen Höchstbeträge kann eine höhere Abfindung gerechtfertigt sein, wenn ein verhaltensbedingter Kündigungsgrund schon objektiv nicht gegeben ist, der Arbeitgeber ihn selbst herbeigeführt hat, die Kündigung als Maßregelung nach § 612 a BGB wirkt, die Vertragsauflösung den Arbeitnehmer in wirtschaftliche Schwierigkeiten bringt und sowohl die Kündigung als auch die Auflösung als Kränkung des Arbeitnehmers fortwirken.

(5) Die Abfindung im arbeitsgerichtlichen Vergleich
1925 Vgl. zunächst die tabellarische Übersicht über die Praxis der bundesdeutschen Arbeits- und Landesarbeitsgerichte bei *Hümmerich* NZA 1999, 348 ff.

1926 Maßgebliche Kriterien für die Bemessung einer in einem gerichtlichen Vergleich vereinbarten Abfindung sind zunächst einmal die **Dauer der Betriebszugehörigkeit** und das **Bruttomonatseinkommen**. Davon ausgehend kann als Ausgangsrechengröße von ½ Bruttomonatsgehalt pro Beschäftigungsjahr ausgegangen werden. Die letztlich maßgebliche Abfindungshöhe hängt dann aber von Faktoren ab wie

D. Die Beendigung des Arbeitsverhältnisses

- der **Gewichtung des Prozessrisikos** durch die Parteien und das Gericht, wobei die Präzision und Qualität des jeweiligen Tatsachenvortrags mitentscheidend sind;
- die **wirtschaftliche Lage beider Parteien**;
- dem Umstand, ob der Arbeitnehmer zwischenzeitlich eine **neue Stelle** gefunden hat;
- dem **Leidensdruck des Arbeitgebers**, wenn er den Arbeitnehmer unter keinen Umständen weiterbeschäftigen möchte und
- insbesondere in der zweiten Instanz verstärkt die Höhe der etwa bei Prozessverlust drohenden Kosten wegen Ansprüchen des Arbeitnehmers aus **Annahmeverzug**.

ee) Besonderheiten bei Abfindungen wegen unwirksamer außerordentlicher Kündigung

Wird das Arbeitsverhältnis im Falle der Unwirksamkeit einer außerordentlichen Kündigung bereits zum Zeitpunkt des Zugangs der Kündigung aufgelöst, enthält die Abfindung in aller Regel das dem Arbeitnehmer in der Kündigungsfrist entgangene Arbeitsentgelt (vgl. *LAG Hamm* 5.12.1996 LAGE § 64 ArbGG Nr. 32). Dieser Gesichtspunkt scheidet allerdings dann aus, wenn der Arbeitnehmer im unmittelbaren Anschluss an die außerordentliche Kündigung einen anderen gleichwertigen Arbeitsplatz gefunden hat. 1927

Die Höchstgrenzen nach § 10 Abs. 1, 2 KSchG sind jedenfalls auch dann zu beachten, wenn in die Abfindung entgangenes Arbeitsentgelt einbezogen wird. Dies kann im Einzelfall zu Unbilligkeiten führen, etwa wenn die Entgeltansprüche den Höchstbetrag der Abfindung überschreiten, z. B. in den Fällen einer langen Kündigungsfrist. Wegen des zwingenden Charakters der Höchstgrenzen ist dem Gericht aber die Festlegung eines höheren Betrages verwehrt (KR-*Spilger* § 10 KSchG Rz. 63; APS/*Biebl* § 10 KSchG Rz. 30). 1928

8. Verfahrensfragen

Wenn die Festlegung des Abfindungsbetrages durch das Gericht erfolgt, bedarf es keines bezifferten Abfindungsantrages. **Es wird beantragt, »das Arbeitsverhältnis der Parteien zum ... aufzulösen und den Beklagten zur Zahlung einer angemessenen Abfindung zu verurteilen«.** 1929
Wird der Abfindungsantrag dagegen zulässigerweise beziffert, ohne einen Mindestbetrag anzugeben, so kann dies trotz Begründetheit des Auflösungsantrags die Folge haben, dass bei Festsetzung einer niedrigeren Abfindung dem Kläger ein **Teil der Kosten** des Rechtsstreits auferlegt werden (vgl. APS/*Biebl* § 10 KSchG Rz. 32 ff.).
Auf eine Abfindung ist selbst dann zu erkennen, wenn zwar **ein ausdrücklicher Auflösungs-, nicht aber ein ausdrücklicher Abfindungsantrag** gestellt ist. Eine Abfindung kann dagegen durch das Gericht dann nicht festgesetzt werden, wenn sich die Parteien in Form eines außergerichtlichen Vergleiches über die Unwirksamkeit einer vom Arbeitnehmer klageweise angegriffenen Arbeitgeberkündigung geeinigt haben. Die Verurteilung zur Abfindungszahlung ist im **Tenor des Auflösungsurteils** zum Ausdruck zu bringen. 1930

D. Die Beendigung des Arbeitsverhältnisses

Im Hinblick auf die notwendige Zwangsvollstreckung muss das Gericht einen **bezifferten Betrag** als Abfindung festlegen (vgl. KR-*Spilger* § 10 KSchG Rz. 64 ff.).

9. Verhältnis zu anderen Ansprüchen und zu anderen Abfindungen

a) Entgelt- und Schadensersatzansprüche

1931 Bis zum Auflösungszeitpunkt bestehende Entgeltansprüche werden durch die Abfindung nicht berührt. Eine Karenzentschädigung i. S. d. § 74 Abs. 2 HGB wird z. B. nicht durch eine Abfindung ersetzt (*BAG* 3.5.1994 EzA § 74 HGB Nr. 56). Die dem Arbeitnehmer zuerkannte Abfindung schließt einen Schadensersatzanspruch auf Zahlung des Arbeitsentgelts für eine Zeit nach Beendigung des Arbeitsverhältnisses aus (*BAG* 16.5.1984 EzA § 9 KSchG n. F. Nr. 16).

Das gilt jedoch nur für solche Schadenersatzansprüche, die sich unmittelbar auf den Verlust des Arbeitsplatzes beziehen. Nicht ausgeschlossen sind dagegen Schadensersatzansprüche wegen unrichtiger Erteilung von Auskünften oder unzutreffender Beurteilung in Zeugnissen sowie die verspätete Herausgabe der Arbeitspapiere (KR-*Spilger* § 10 KSchG Rz. 75).

b) Weitere Abfindungsansprüche

1932 §§ 9, 10 KSchG gelten nicht für einzelvertragliche vereinbarte Abfindungen (z. B. in außergerichtlichen oder gerichtlichen Vergleichen). Gleiches gilt für kollektivrechtliche Abfindungsregelungen. Insoweit ist es zudem eine Frage der Auslegung der jeweiligen Regelung, ob und inwieweit z. B. tarifliche Übergangsgelder oder sonstige Abfindungen auf die gesetzliche Abfindung nach §§ 9, 10 KSchG anzurechnen sind (*BAG* 20.6.1985 EzA § 4 KSchG n. F. Ausgleichsquittung Nr. 1). Beim Fehlen einer entsprechenden Anrechnungsregel ist i. d. R. dann eine Anrechnung vorzunehmen, wenn die kollektivrechtliche Abfindung allein zum Ausgleich der mit dem Verlust des Arbeitsplatzes verbundenen materiellen und immateriellen Nachteile gewährt wird (KR-*Spilger* § 10 KSchG Rz. 80).

Der Anspruch gem. § 113 BetrVG auf Nachteilsausgleich unterliegt (nur) insoweit den gesetzlichen Höchstgrenzen des § 10 KSchG, als es um den Ausgleich der dem Arbeitnehmer aus dem Verlust des Arbeitsplatzes entstehenden wirtschaftlichen Nachteile geht.

10. Steuerrechtliche Fragen

a) Begrenzte Steuerfreiheit; Tarifbegünstigung

1933 Gem. § 3 Nr. 9 EStG waren Abfindungen wegen einer vom Arbeitgeber veranlassten oder gerichtlich ausgesprochenen Auflösung des Dienstverhältnisses, höchstens jedoch 24.000 DM (einkommens-)steuerfrei. Hatte der Arbeitnehmer das 50. Lebensjahr vollendet und hatte das Dienstverhältnis mindestens 15 Jahre bestanden, so betrug der Höchstbetrag 30.000 DM, hat der Arbeitnehmer das 55. Lebensjahr vollendet und hatte das Dienstverhältnis mindestens 20 Jahre bestanden, so betrug der Höchstbetrag 36.000 DM.

Der über die gesetzlichen Freibeträge hinausgehende Anteil der Abfindung kann u. U. gem. §§ 24 Nr. 1 a, 34 Abs. 2 Nr. 2 EStG tarifbegünstigt sein.

D. Die Beendigung des Arbeitsverhältnisses

Durch das SteuerentlastungsG 1999/2000/2002 vom 24.3.1999 (BGBl I S. 402) sind die Freibeträge durch § 3 Nr. 9 EStG n. F. mit Wirkung vom 1.1.1999 um 1/3, also auf 16.000, 20.000 bzw. 24.000 DM verringert worden (vgl. dazu *Wisskirchen* NZA 1999, 405 ff.; *Hümmerich/Spirolke* NJW 1999, 1663 ff.). Ab 1.1.2002 gelten folgende Beträge: 8.181,– Euro, 10.226,– Euro, 12.271,– Euro. Für Abfindungsvereinbarungen, die noch in 1998 abgeschlossen wurden und bei denen die Abfindung bis zum 31.3.1999 ausgezahlt wurde, gelten die alten Steuerfreibeträge (vgl. *Wisskirchen* a. a. O.). 1934

b) Vom Arbeitgeber veranlasste Auflösung des Arbeitsverhältnisses
§ 3 Nr. 9 EStG erfasst die Fälle einer gerichtlichen Auflösung des Arbeitsverhältnisses nach §§ 9, 10 KSchG ebenso wie gerichtlich zuerkannte Abfindungsbeträge nach § 113 BetrVG. **Der gerichtlichen Auflösung steht die vom Arbeitgeber veranlasste Auflösung des Arbeitsverhältnisses gleich.** Hat deshalb der Arbeitgeber die Auflösung des Arbeitsverhältnisses veranlasst (es genügt die Mitveranlassung), so kommt es für die Frage der Steuerfreiheit nicht darauf an, mit welchen rechtlichen Gestaltungsmitteln die Auflösung herbeigeführt wird. In Betracht kommen deshalb neben außerordentlichen und ordentlichen Kündigungen durch den Arbeitgeber auch **Aufhebungsverträge** (vgl. *Bauer* NZA 1996, 729 ff.; *Hümmerich/Spirolke* NZA 1998, 225 ff.; APS/*Biebl* § 10 KSchG Rz. 50 ff.), sofern der Arbeitgeber den Abschluss zumindest mitveranlasst hat. Selbst außerordentliche oder ordentliche **Kündigungen durch den Arbeitnehmer** sind Auflösungstatbestände i. S. d. § 3 Nr. 9 EStG, sofern der Arbeitgeber hierzu Veranlassung gegeben hat. 1935

Das ist dann der Fall (*BFH* 11.1.1980 DB 1980, 906), wenn der Arbeitgeber die entscheidenden Ursachen für die Auflösung gesetzt hat und dem Arbeitnehmer im Hinblick auf dieses Verhalten eine weitere Zusammenarbeit nicht mehr zugemutet werden kann. 1936

Aufgrund welcher Rechtsgrundlagen die Abfindung gezahlt wird, ist steuerrechtlich unbeachtlich. Ausgenommen von der Steuerfreiheit sind Abfindungszahlungen an Arbeitnehmer, die von sich aus, also **ohne jegliche Veranlassung durch den Arbeitgeber,** das Arbeitsverhältnis beenden.

c) Entgangene Verdienstmöglichkeiten
Abfindungen wegen der vorzeitigen Auflösung eines Arbeitsverhältnisses durch den Arbeitgeber sind nach § 3 Nr. 9 EStG i. d. R. auch dann steuerfrei, soweit sie entgangene Verdienstmöglichkeiten für die Zeit bis zum Ende der Kündigungsfrist abgelten (*BFH* 6.10.1978 DB 1979, 726; 13.10.1978 DB 1979, 48; 10.10.1986 BB 1987, 457). Derartige Abfindungen sind auch steuerfrei, soweit sie **Ansprüche auf Arbeitslohn abgelten, die in der Zeit von der Beendigung bis zum Ablauf der ordentlichen Kündigungsfrist entstanden wären** (vgl. *Bauer* NZA 1996, 730; *Hümmerich/Spirolke* NZA 1998, 225 ff.). 1937

Bei einer vergleichsweisen Festlegung einer Abfindung wegen **unwirksamer außerordentlicher Kündigung** gelten die gleichen Grundsätze. Maßgeblicher Auflösungszeitpunkt ist derjenige, zu welchem das ArbG das Arbeitsverhältnis hätte auflösen können, auch wenn vergleichsweise ein anderer Auflösungszeitpunkt festgelegt wurde. Soweit in einem Vergleich laufende (wiederkehrende) Leistungen mit Abfindung- 1938 scharakter festgelegt sind, können auch diese nach § 3 Nr. 9 EStG steuerfrei sein (*BFH* 11.1.1980 DB 1980, 906).

d) Ausgleichszahlung bei Änderungskündigung; Versetzung

1939 Gewährt der Arbeitgeber dagegen im Zusammenhang mit einer Änderungskündigung dem Arbeitnehmer eine Ausgleichszahlung für die mit dem Änderungsangebot verbundenen finanziellen Nachteile, so sind die Voraussetzungen des § 3 Nr. 9 EStG mangels zwischenzeitlicher Auflösung des Arbeitsverhältnisses nicht gegeben (*BFH* 10.10.1986 BB 1987, 457). Bei dieser Zahlung handelt es sich um **steuer- und sozialversicherungspflichtiges Arbeitsentgelt**.

Gleiches gilt bei einer Versetzung des Arbeitnehmers (*Bauer* NZA 1996, 731).

e) Weiterbeschäftigung bei demselben Arbeitgeber

1940 Andererseits wird die Steuerfreiheit nach § 3 Nr. 9 EStG nicht dadurch beeinträchtigt, dass der Arbeitnehmer aufgrund eines nach Beendigung des Arbeitsverhältnisses abgeschlossenen neuen Arbeitsvertrages beim selben Arbeitgeber zu anderen Arbeitsbedingungen weiterbeschäftigt wird (*BFH* 10.10.1986 BB 1987, 457).

f) Abfindung bei Umsetzung im Konzern

1941 Abfindungen aus Anlass einer Umsetzung innerhalb eines Konzerns, die zur Auflösung des Arbeitsverhältnisses bei dem abgebenden Konzernunternehmen und zur Neubegründung eines Arbeitsverhältnisses bei dem aufnehmenden Konzernunternehmen führen, sind nach § 3 Nr. 9 EStG **steuerfrei, wenn keine Anhaltspunkte für die Annahme des Missbrauchs der rechtlichen Gestaltungsformen i. S. d. § 42 AO gegeben sind**. Entscheidend ist, ob nach den Verhältnissen des einzelnen Falles die Umsetzung als Fortsetzung eines einheitlichen Dienstverhältnisses zu beurteilen ist (*BFH* 21.6.1990 BStBl. II 1990, S. 1021).

g) »Brutto«, »Netto« bzw. »Brutto = Netto« Vereinbarungen

1942 Insbesondere bei Abschluss eines Vergleichs stellt sich die Frage, wer das Risiko zu tragen hat, dass eine von beiden Parteien angenommene Steuerfreiheit nach § 3 Nr. 9 EStG tatsächlich nicht gegeben ist, dass also der vereinbarte Abfindungsbetrag ganz oder zum Teil zu versteuern ist.

1943 Von erheblicher praktischer Bedeutung ist der in Vergleichen oft enthaltene »Brutto- bzw. Netto-Zusatz« bei dem Abfindungsbetrag. Bei einem Bruttozusatz hat i. d. R. der Arbeitnehmer das Risiko der Nichtanerkennung eines Betrages als steuerfreie Abfindung zu tragen. Ein Nettozusatz verlagert dagegen das steuerrechtliche Risiko i. d. R. auf den Arbeitgeber. Fehlt es dagegen an einem entsprechenden Zusatz, so handelt es sich bei einer einzelvertraglich vereinbarten Abfindung grds. um einen Bruttobetrag mit der Maßgabe, dass der Arbeitnehmer das Risiko der steuerlichen Inanspruchnahme zu tragen hat (*LAG Berlin* 21.2.1994 BB 1994, 1865).

1944 Bei einem in zahlreichen gerichtlichen Vergleichstexten enthaltenen Zusatz »**brutto = netto**« ist durch **Auslegung** zu ermitteln, ob damit die Parteien eine Netto- oder Bruttoabfindung vereinbaren wollten (vgl. KR-*Spilger* § 10 KSchG Rz. 88 a).

> Um derartige Auslegungsprobleme zu vermeiden, empfiehlt es sich, wenn schon der Zusatz brutto = netto Anwendung finden soll, im Anschluss daran unmittel-

D. Die Beendigung des Arbeitsverhältnisses

bar klarzustellen, wer für den Fall einer etwaigen von den Finanzbehörden nicht anerkannten Steuerfreiheit dann anfallende Einkommenssteuer zu tragen hat.

Wird eine den Freibetrag des § 3 Nr. 9 EStG übersteigende Abfindung in einem Vergleich »brutto = netto« vereinbart, und hat der Arbeitgeber die auf den Bruttobetrag entfallenden **Steuern an das Finanzamt abgeführt,** dann kann der Arbeitnehmer nach Auffassung des *LAG Köln* (18.12.1995 LAGE § 9 KSchG Nr. 27) nicht Auszahlung des vollen, ungekürzten Abfindungsbetrages verlangen; dies gilt insbesondere dann, wenn beide Parteien sich über die Bedeutung der Floskel »brutto ist gleich netto« keine Gedanken gemacht haben. Denn es fehlt dann an dem Willen zur entsprechenden rechtsgeschäftlichen Gestaltung ihrer Beziehungen (*LAG Baden-Württemberg* 17.4.1997 BB 1997, 1850). Auch kann er bei einer derartigen Formulierung in einem außergerichtlichen Vergleich nicht verlangen, dass der Arbeitgeber ihn über die Zahlung der vereinbarten Abfindungssumme (z. B. vom 40.000 DM) hinaus von seiner Steuerschuld befreit (*LAG Köln* 20.3.1997 LAGE § 9 KSchG Nr. 29). Der **Arbeitnehmer** trägt die **Darlegungs- und Beweislast** dafür, dass wirklich eine Nettoabfindung gewollt ist (*LAG Niedersachsen* BB 1995, 272; *LAG Bremen* NZA 1988, 433; *Bauer* NZA 1996, 737). **1945**

Selbst wenn aber in einem Aufhebungsvertrag eine Abfindung in Form monatlicher Zahlungen des Arbeitgebers von z. B. 90% des zuletzt bezogenen Nettoentgelts unter Anrechnung von Arbeitslosengeld und Arbeitslosenhilfe bis zum Erreichen eines bestimmten Lebensalters vorgesehen ist, bedeutet dies nicht zugleich die Verpflichtung, dass der Betrag dem Arbeitnehmer ohne weitere Abzüge zur Verfügung stehen muss, wenn es sich um Abzüge handelt, die sich in wesentlichen Punkten von denjenigen unterscheiden, mit denen der Arbeitgeber im Normalfall befasst ist (Lohnsteuer, Sozialabgaben). Das ist z. B. der Fall bei der durch den sog. **Progressionsvorbehalt** im Verhältnis zur Berücksichtigung der bloßen Zahlung des Arbeitgebers deutlich erhöhten Einkommensteuer, die sich daraus ergibt, dass das Arbeitslosengeld usw. zwar nicht selbst zu versteuern ist, wohl aber bei der Ermittlung der Progressionsstufe berücksichtigt wird. Denn die Progressionsstufe hängt auch von weiteren Einkünften des Arbeitnehmers, z. B. Mieteinnahmen, Einnahmen aus einem Gewerbebetrieb ab, die in keinem Bezug zum Arbeitsverhältnis stehen und für die Parteien bei Vertragsschluss nicht erkennbar und überschaubar sind (*LAG Rheinland-Pfalz* 16.12.1996 LAGE § 611 BGB Nettolohn, Lohnsteuer Nr. 6). Das gilt jedenfalls dann, wenn in dem Aufhebungsvertrag die von dem Arbeitgeber zu berücksichtigenden **Steuermerkmale** und ein bestimmter vom Arbeitgeber **monatlich zu leistender Nettobetrag einvernehmlich festgelegt werden** (*BAG* 8.9.1998 EzA § 611 BGB Aufhebungsvertrag Nr. 32). **1946**

h) Abfindungen aufgrund kollektivrechtlicher Regelungen

§ 3 Nr. 9 EStG gilt auch für Abfindungen, die aufgrund von kollektivrechtlichen Regelungen (Rationalisierungs-Schutzabkommen, Sozialpläne) an den Arbeitnehmer zum Ausgleich für mit dem Verlust des Arbeitsplatzes verbundene Nachteile gezahlt werden. **1947**

D. Die Beendigung des Arbeitsverhältnisses

i) Steuerermäßigung

aa) Entschädigung für entgangene oder entgehende Einnahmen

1948 Besteht keine Steuerfreiheit nach § 3 Nr. 9 EStG, dann kann eine Steuerermäßigung (**Versteuerung nach dem halben Satz**) u. a. aus §§ 24 Nr. 1 a, 34 Abs. 2 Nr. 2 EStG folgen. Zu den Entschädigungen für entgangene oder entgehende Einnahmen i. S. d. § 24 Nr. 1 a EStG gehören an sich zwar nur solche Fälle, in denen einem Steuerpflichtigen freiwillig, d. h. ohne oder gegen seinen Willen Einnahmen entgangen sind oder entgehen, wenn diese Entschädigung dem Ausgleich dieses Verlustes dient (*BFH* 5.5.1977 BB 1977, 1288).

1949 Die Mitwirkung des Steuerpflichtigen an dem zum Einnahmeausfall führenden Ereignis schließt die Annahme einer Entschädigung nach Maßgabe dieser Vorschrift aber dann nicht aus, wenn er unter einem nicht unerheblichen rechtlichen, wirtschaftlichen oder tatsächlichen Druck gehandelt hat. **Eine Abfindung wegen Auflösung des Arbeitsverhältnisses ist dabei grds. dann als Entschädigung anzusehen, wenn die Auflösung vom Arbeitgeber veranlasst war** (vgl. *Bauer* NZA 1996, 736).

1950 Dagegen liegt eine Entschädigung i. S. d. § 24 Nr. 1 a EStG nicht vor bei der Abgeltung von Ansprüchen, auf die der Arbeitnehmer nach dem Arbeitsvertrag einen Rechtsanspruch hat (*BFH* 20.10.1978 BB 1979, 506), z. B. auf Gehalt, Urlaubsabgeltung, Provision.

> Eine Steuerbegünstigung nach § 24 Abs. 1 a EStG tritt hinsichtlich des die Freigrenzen des § 3 Nr. 9 EStG übersteigenden Betrages (nur) dann ein, wenn die übrigen Voraussetzungen des § 24 Nr. 1 EStG erfüllt sind.

1951 Die Abfindung muss daher einen Schaden ausgleichen, der durch den **Wegfall von Einnahmen** entstanden ist (*BFH* 17.3.1978 BB 1978, 794). Es muss sich weiterhin um außerordentliche Einkünfte (§ 34 Abs. 1, 2 Nr. 2 EStG) handeln, d. h. um solche, die sich sonst auf mehrere Jahre verteilt hätten.
Das kommt z. B. dann in Betracht, wenn sich der Arbeitnehmer beim Auslaufen eines befristeten Arbeitsvertrages sich dem Verlangen des Arbeitgebers, in eine Kapitalisierung seines fortbestehenden Anspruchs auf laufende Versorgungsleistungen einzuwilligen, praktisch nicht entziehen kann (KR-*Spilger* § 10 KSchG Rz. 90).

1952 Eine Entschädigung ist aber nur dann tarifbegünstigt, wenn sie zu **einer Zusammenballung von Einkünften innerhalb eines Veranlagungszeitraums** führt. Übersteigt die anlässlich der Beendigung eines Arbeitsverhältnisses gezahlte Entschädigung die bis zum Ende des Veranlagungszeitraums eingehenden Einnahmen nicht und bezieht der Steuerpflichtige keinen weiteren Einnahmen, die er bei Fortsetzung des Arbeitsverhältnisses nicht bezogen hätte, ist das Merkmal der Zusammenballung von Einkünften nicht erfüllt (*BFH* 4.3.1998 NZA-RR 1998, 418).

bb) Entschädigung für die Aufgabe einer Tätigkeit

1953 Eine Steuerermäßigung kann sich auch aus § 24 Nr. 1 b i. V. m. § 34 Abs. 1, 2 EStG ergeben. Um eine Entschädigung für die Aufgabe einer Tätigkeit i. S. d. § 24 Nr. 1 b EStG handelt es sich dann, **wenn der Arbeitgeber den Arbeitnehmer mit der Entschädigung zur einvernehmlichen, freiwilligen Aufgabe seiner Tätigkeit veranlassen will** (*BFH* 2.4.1976 NJW 1976, 1423).
Dies ist insbesondere dann der Fall, wenn der Arbeitnehmer unkündbar ist oder wenn der Arbeitgeber bei einem kündbaren Arbeitsverhältnis durch die Zahlung

D. Die Beendigung des Arbeitsverhältnisses

einer Entschädigung Streitigkeiten über die Wirksamkeit einer Kündigung vermeiden will. Gleiches gilt dann, wenn er dem Arbeitnehmer über die bis zum normalen Kündigungstermin zustehenden Ansprüche hinaus eine Abfindung zur Abgeltung aller Ansprüche gewährt.

Auch die einem Arbeitnehmer zur Abgeltung eines Wettbewerbsverbots gezahlte Abfindung kann eine außerordentliche Einkunft i. S. v. § 34 Abs. 1, 2 i. V. m. § 24 Nr. 1 b EStG sein.

cc) Die gesetzliche Neuregelung durch das SteuerentlastungsG 1999/2000/2002

Die bisherige Regelung des § 34 EStG über »außerordentliche Einkünfte« bezieht sich nach der Neufassung durch das SteuerentlastungsG mit Wirkung vom 1.1.1999 nicht mehr auf Abfindungen. Abfindungen, die über die Freibeträge hinausgehen, sind folglich zu versteuern. Die Berechnung geht jedoch gem § 34 EStG n. F. von einer fiktiven Verteilung auf fünf Jahre aus. Zu den sonstigen Einkünften in dem Jahr, in dem die Abfindung zufließt, werden 20% des den Freibetrag übersteigenden Teils der Abfindung hinzugerechnet. Daraus wird die Gesamtsteuer nach der jeweiligen Steuertabelle ermittelt. Der sich dadurch ergebende Steuermehrbetrag, der auf den 20%igen Anteil der Abfindung entfällt, wird sodann mit fünf multipliziert und ergibt insgesamt den Betrag der Steuer, der auf die Abfindung entfällt. Die Steuer wird also im Jahr des Zuflusses voll bezahlt. Zweck dieser Regelung ist es, die Progression in der Steuertabelle bei Abfindungszahlungen abzumildern (vgl. *Hümmerich/Spirolke* NJW 1999, 1663 ff.; zur steuerlichen Optimierung vgl. *Melms/Volckens* FA 2001, 233). | **1954**

j) Lohnsteueranrufungsauskunft

Um steuerliche Nachteile zu vermeiden, kann es im Einzelfall sinnvoll sein, vor oder nach Abschluss eines Vergleichs oder eines Aufhebungsvertrages eine verbindliche Lohnsteueranrufungsauskunft gem. § 42 e EStG beim Betriebsstättenfinanzamt einzuholen, um zu erfahren, wie das Finanzamt eine Abfindung bzw. Entschädigung behandelt. Hinsichtlich des Arbeitnehmers beschränkt sich die Bindung allerdings auf das Lohnsteuerabzugsverfahren, gilt also nicht für den Lohnsteuerjahresausgleich und das Einkommensteuer-Veranlagungsverfahren (*BFH* DB 1993, 73). | **1955**

Das für den Arbeitnehmer örtlich zuständige Wohnsitzfinanzamt ist **nicht** an eine unrichtige Auskunft des Betriebsstättenfinanzamtes **gebunden**. Der Arbeitnehmer sollte deshalb sein Finanzamt um eine **Auskunft mit Bindungswirkung nach Treu und Glauben** bitten. Wird die Auskunft erteilt, auf die aber grds. kein Rechtsanspruch besteht, so tritt eine Bindungswirkung wie bei der Anrufungsauskunft nach § 42 e EStG ein (BMF-Schreiben v. 24.6.1987, DB 1987, 1465; *BFH* DB 1993, 73; vgl. *Bauer* NZA 1996, 737; *Hümmerich/Spirolke* NZA 1998. 225 ff.). | **1956**

11. Sozialversicherungsrechtliche Fragen

Soweit Abfindungen ausschließlich als Entschädigung für den Verlust des Arbeitsplatzes gezahlt werden, unterliegen sie nicht der Beitragspflicht zur Sozialversicherung. Das gilt für Abfindungen nach §§ 9, 10 KSchG auch dann, wenn für sie Einkommensteuer abzuführen ist. Gegenteiliges ergibt sich weder aus §§ 14, | **1957**

D. Die Beendigung des Arbeitsverhältnisses

17 SGB IV noch aus § 3 Nr. 9 EStG i. V. m. den Bestimmungen der Arbeitsentgeltverordnung (*BAG* 9.11.1988 EzA § 9 KSchG n. F. Nr. 24; vgl. APS/*Biebl* § 10 KSchG Rz. 53 ff.).

1958 **Allerdings darf in der Abfindung kein Arbeitsentgelt versteckt sein.** Abfindungen, die aus Anlass der Beendigung eines Kündigungsschutzprozesses vereinbart werden, sind Arbeitsentgelte i. S. d. § 14 Abs. 1 SGB IV in der Höhe, in der sie rückständiges Arbeitsentgelt enthalten (s. u. E/Rz. 44 ff.).
Die Vereinbarung im Vergleich, die Abfindung werde »für den Verlust des Arbeitsplatzes und des sozialen Besitzstandes« gezahlt, hindert die Annahme eines sozialversicherungspflichtigen Entgelts dann nicht, wenn die Umstände des Falles eine solche Auslegung des Vergleichs nicht rechtfertigen (*BSG* 21.2.1990 EzA § 9 KSchG n. F. Nr. 37).

1959 Handelt es sich bei der aus Anlass der Beendigung eines Arbeitsverhältnisses gezahlten Abfindung in Wahrheit insgesamt um »eine verdeckte Vergütung«, so ist sie in voller Höhe beitragspflichtig (*BSG* 25.10.1990 § 9 KSchG n. F. Nr. 38).

Der Entgeltanteil einer in einem außergerichtlichen oder gerichtlichen Vergleich festgelegten Abfindung ist jeweils im konkreten Einzelfall durch Auslegung zu ermitteln. **Entgegen dem Wortlaut eines Vergleichs handelt es sich dann nicht um beitragsfreie Abfindungen, wenn in Wahrheit Gehaltsansprüche (§§ 611, 615 BGB) in pauschalierter Form (z. B. als runder Gesamtbetrag) vom Arbeitgeber erfüllt werden sollen** (KR-*Spilger* § 10 KSchG Rz. 92).

1960 Zu beachten ist, dass Abfindungen, die bei Fortsetzung des versicherungspflichtigen Beschäftigungsverhältnisses nach einer **Änderungskündigung** oder nach einer **einvernehmlichen Änderung des Arbeitsvertrages** als Gegenleistung für die Verschlechterung von Arbeitsbedingungen (z. B. Rückführung auf die tarifliche Einstufung, Verringerung der Wochenarbeitszeit) gezahlt werden, Arbeitsentgelt i. S. v. § 14 Abs. 1 SGB IV und damit beitragspflichtig sind (*BSG* 28.1.1999 EzA § 14 SGB III Nr. 1 = ArbuR 1999, 287 Ls.).

XVII. Die Weiterbeschäftigung des gekündigten Arbeitnehmers

1961 Zwar kann der Arbeitnehmer grds. verlangen, im ungekündigt bestehenden Arbeitsverhältnis auch tatsächlich beschäftigt zu werden (s. o. C/Rz. 2168 ff.).
Fraglich ist aber, was dann gilt, wenn der Arbeitgeber das Arbeitsverhältnis gekündigt hat und der insoweit vorgesehene **Beendigungszeitpunkt verstrichen,** andererseits aber **(noch) nicht rechtskräftig** die Wirksamkeit/Unwirksamkeit dieser Kündigung durch das ArbG festgestellt worden ist.

D. Die Beendigung des Arbeitsverhältnisses

1. § 102 Abs. 5 BetrVG, § 79 Abs. 2 BPersVG

a) Zweck der gesetzlichen Regelung
§ 102 Abs. 5 BetrVG gewährleistet den vorläufigen Bestandsschutz des Arbeitsverhältnisses zwischen Ablauf der Kündigungsfrist und Abschluss des Kündigungsschutzprozesses. **Unter den in dieser Norm enthaltenen Voraussetzungen hat der Arbeitnehmer das Gestaltungsrecht, das Arbeitsverhältnis über den Ablauf der Kündigungsfrist hinaus zu verlängern.** Damit soll eine anderweitige Besetzung des Arbeitsplatzes des gekündigten Arbeitnehmers verhindert werden, solange die Wirksamkeit der Kündigung noch ungewiss ist. Der Arbeitnehmer soll nicht trotz Unwirksamkeit der Kündigung seinen Arbeitsplatz verlieren. § 102 Abs. 5 BetrVG verlagert das Risiko bis zum rechtskräftigen Abschluss des Kündigungsschutzrechtsstreits auf die Arbeitgeberseite.

1962

b) Zwingende Regelung
§ 102 Abs. 5 BetrVG kann weder durch Betriebsvereinbarung noch im Voraus durch eine vertragliche Vereinbarung zwischen Arbeitgeber und Arbeitnehmer abbedungen werden (MünchArbR/*Wank* § 120 Rz. 4).

1963

c) Verhältnis zu § 615 BGB
Der Arbeitnehmer, in dessen Person die Voraussetzungen für eine Weiterbeschäftigung nach § 102 Abs. 5 BetrVG, § 79 Abs. 2 BPersVG erfüllt sind, hat das Wahlrecht, ob er bis zum Abschluss des Kündigungsrechtsstreits eine Weiterbeschäftigung verlangen oder nach erfolgreichem Abschluss des Rechtsstreits Ansprüche auf Entgeltzahlung für die Dauer des Prozesses gem. § 615 BGB geltend machen will.
Zu beachten ist aber, dass der Weiterbeschäftigungsanspruch aus § 102 Abs. 5 BetrVG unabhängig von der Wirksamkeit der Kündigung besteht, der Anspruch aus § 615 BGB dagegen von der Unwirksamkeit der Kündigung abhängt (s. aber unten D/Rz. 1999 für Vergütungsansprüche bis zur Entbindungsentscheidung).

1964

> Liegen alle Voraussetzungen des § 102 Abs. 5 BetrVG vor und lehnt der Arbeitgeber gleichwohl das Verlangen des Arbeitnehmers auf vorläufige Weiterbeschäftigung ab, dann steht diesem der Anspruch auf Entgeltzahlung nach § 615 BGB unabhängig vom Ausgang des Kündigungsschutzrechtsstreits für die Prozessdauer zu. Denn dann endet das Arbeitsverhältnis erst mit dem rechtskräftigen Abschluss des Kündigungsschutzrechtsstreits, sodass sich der Arbeitgeber selbst dann im Annahmeverzug befindet, wenn die Kündigung sich als rechtswirksam erweist.

1965

Hat der Arbeitnehmer seinen Weiterbeschäftigungsanspruch dagegen durchgesetzt, der Arbeitgeber sich aber davon mittels einstweiliger Verfügung **entbinden lassen**, so hat der Arbeitnehmer nur dann einen Anspruch aus § 615 BGB, wenn er im Kündigungsschutzrechtsstreit obsiegt.

d) Voraussetzungen des Anspruchs

aa) Überblick
Der Arbeitnehmer hat einen Weiterbeschäftigungsanspruch gem. § 102 Abs. 5 BetrVG, wenn (vgl. APS/*Koch* § 102 BetrVG Rz. 185 ff.):

1966

D. Die Beendigung des Arbeitsverhältnisses

- der Arbeitgeber eine ordentliche Kündigung erklärt hat,
- ein ordnungsgemäßer Widerspruch des Betriebsrats vorliegt,
- das KSchG auf das Arbeitsverhältnis anwendbar ist,
- der Arbeitnehmer rechtzeitig Kündigungsschutzklage erhoben hat und
- er vom Arbeitgeber die Weiterbeschäftigung verlangt.

bb) Ordentliche Arbeitgeberkündigung

1967 Voraussetzung ist zunächst, dass der Arbeitgeber eine ordentliche Kündigung erklärt hat. Ob es auch ausreicht, dass neben einer außerordentlichen Kündigung zugleich (hilfsweise) eine auf den gleichen Sachverhalt gestützte ordentliche Kündigung erklärt wird, ist fraglich. Denn einerseits steht dann die **außerordentliche Kündigung im Vordergrund**, sodass die Weiterbeschäftigung als Konsequenz der nur hilfsweise ausgesprochenen ordentlichen Kündigung zurücktreten muss. Andererseits besteht die Gefahr, dass der Arbeitgeber den **Schutzzweck der Norm umgeht** und sich von der Weiterbeschäftigungspflicht selbst entbindet, indem er stets eine außerordentliche, hilfsweise verbunden mit einer ordentlichen Kündigung ausspricht. Um dem vorzubeugen, wird die Auffassung vertreten, dass der Arbeitgeber, der den gekündigten Arbeitnehmer nicht nach § 102 Abs. 5 BetrVG weiterbeschäftigen will, nur außerordentlich kündigen darf (DKK/*Kittner* § 102 Rz. 248), es sei denn, dass im Falle einer hilfsweise erklärten ordentlichen Kündigung die außerordentliche Kündigung offensichtlich unwirksam ist (KR-*Etzel* § 102 BetrVG Rz. 198).

1968 Demgegenüber kann nach Auffassung von *Wank* (MünchArbR § 121 Rz. 9; ebenso *LAG Hamm* 18.5.1982 DB 1982, 1679; *LAG Frankfurt* 28.5.1973 EzA § 102 BetrVG 1972 Beschäftigungspflicht Nr. 1; krit. GK-BetrVG/*Raab* § 102 Rz. 165 ff.) § 102 Abs. 5 BetrVG **nicht allein wegen der drohenden Missbrauchsgefahr** so ausgelegt werden, sodass ein Anspruch dann nicht gegeben ist.

1969 § 102 Abs. 5 BetrVG sieht zwar einen Weiterbeschäftigungsantrag des Arbeitnehmers ausdrücklich nur für eine ordentliche Kündigung vor. Ist aber gegenüber einem nach Gesetz, Tarifvertrag oder Einzelarbeitsvertrag **ordentlich unkündbaren Arbeitnehmer** eine außerordentliche Kündigung nur unter Einhaltung einer fiktiven Kündigungsfrist (Auslauffrist) zulässig, die ohne den besonderen Kündigungsschutz gegen ordentliche Kündigungen gelten würde, ist eine **analoge Anwendung der Regelung** geboten. Der Arbeitgeber muss eine fiktive Kündigungsfrist dann einhalten, wenn einem vergleichbaren Arbeitnehmer ohne besonderen Kündigungsschutz bei gleichem Sachverhalt nur fristgerecht gekündigt werden könnte. Es wäre eine nicht gerechtfertigte Schlechterstellung und damit ein **Wertungswiderspruch**, wenn der kündigungsrechtlich besonders geschützte Arbeitnehmer hinsichtlich des Weiterbeschäftigungsanspruchs schlechter gestellt würde als ein vergleichbarer Arbeitnehmer ohne besonderen Kündigungsschutz. Liegt ein ordnungsgemäßer Widerspruch vor und sind die übrigen Voraussetzungen des § 102 Abs. 5 S. 1 BetrVG erfüllt, hat der gekündigte Arbeitnehmer danach auch einen Weiterbeschäftigungsanspruch (*BAG* 5.2.1998 EzA § 626 BGB Unkündbarkeit Nr. 2; *Kania/Kramer* RdA 1995, 296; KR-*Etzel* § 102 BetrVG Rz. 199 f.).

D. Die Beendigung des Arbeitsverhältnisses

Lehnt der Arbeitnehmer das Änderungsangebot einer Änderungskündigung (§ 2 KSchG) ab, ohne sein Vorbehaltsrecht nach § 2 KSchG geltend zu machen, gelten die gleichen Grundsätze wie bei der ordentlichen Beendigungskündigung. **1970**

Nimmt er das Angebot dagegen unter dem Vorbehalt der sozialen Rechtfertigung der Änderung an, so besteht kein Anspruch auf vorläufige Weiterbeschäftigung zu unveränderten Arbeitsbedingungen. **1971**

Das *BAG* (18.1.1990 EzA § 1 KSchG Betriebsbedingte Kündigung Nr. 65; vgl. APS/ *Koch* § 102 BetrVG Rz. 27 f.) geht davon aus, dass dann der Arbeitgeber nicht aufgrund des allgemeinen Beschäftigungsanspruchs verpflichtet ist, den Arbeitnehmer vorläufig zu den bisherigen Bedingungen weiterzubeschäftigen.
Es hat allerdings **offen** gelassen, ob **analog § 102 Abs. 5 BetrVG** ein Beschäftigungsanspruch dieses Inhalts dann besteht, wenn der Betriebsrat einer mit der Änderung der Arbeitsbedingungen verbundenen **Versetzung oder Umgruppierung** widersprochen hat, die Zustimmung nicht ersetzt ist und es dem Arbeitgeber auch verwehrt ist, die Maßnahme vorläufig durchzuführen.
Nimmt der Arbeitnehmer das Änderungsangebot **vorbehaltlos an,** so kommt damit ein Änderungsvertrag zustande, neben dem für eine Anwendung des § 102 Abs. 5 BetrVG kein Raum mehr ist (APS/*Koch* § 102 BetrVG Rz. 27). **1972**

cc) **Ordnungsgemäßer Widerspruch des Betriebsrats**
Erforderlich ist zudem ein fristgerechter und inhaltlich ordnungsgemäßer Widerspruch des Betriebsrats (s. o. D/Rz. 953). **1973**
Fraglich ist, ob der Weiterbeschäftigungsanspruch nachträglich dann entfällt, wenn der Betriebsrat seinen zunächst erhobenen **Widerspruch zurücknimmt.** Nach Auffassung von *Wank* (MünchArbR § 121 Rz. 14; ebenso *LAG Berlin* 20.3.1978 ArbuR 1979, 253; APS/*Koch* § 102 BetrVG Rz. 150; KR-*Etzel* § 102 BetrVG Rz. 139; GK-BetrVG/*Raab* § 102 BetrVG Rz. 110; *Stahlhacke/Preis/Vossen* Rz. 1270) hängt der einmal entstandene Anspruch nur noch vom Kündigungsschutzverfahren ab und wird vom Widerspruch des Betriebsrats nur ausgelöst, sodass die Rücknahme des Widerspruchs sich insoweit nicht mehr auswirken kann (a. A. *Hanau* BB 1972, 455). Der Rücknahmebeschluss entfaltet nur **Außenwirkung**, wenn er dem Arbeitgeber oder dem betroffenen Arbeitnehmer mitgeteilt wird. Ist in diesem Zeitpunkt die **Kündigung** bereits dem Arbeitnehmer **zugegangen**, hat die Rücknahme des Widerspruchs **keinen Einfluss** mehr auf die Rechte des Arbeitnehmers nach § 102 Abs. 5 BetrVG und § 1 Abs. 2 KSchG (KR-*Etzel* § 102 BetrVG Rz. 140).

Wird der Rücknahmebeschluss **nach Absendung des Kündigungsschreibens** und **vor Zugang der Kündigung** nur dem Arbeitgeber mitgeteilt, gilt Folgendes: Hat der Arbeitgeber dem Kündigungsschreiben weder die Stellungnahme des Betriebsrats beigefügt noch die Stellungnahme erwähnt und ist der Arbeitnehmer auch nicht vom Betriebsrat über den Widerspruch unterrichtet worden, wird für den Arbeitnehmer beim Zugang des Kündigungsschreibens kein Vertrauensschutz bezüglich des Widerspruchs des Betriebsrats begründet. Er erlangt keine Rechte aus § 102 Abs. 5 BetrVG. Fügt der Arbeitgeber dagegen gem. § 102 Abs. 4 BetrVG dem Kündigungsschreiben eine Abschrift der Stellungnahme des Betriebsrats bei oder ist der Arbeitnehmer durch den Arbeitgeber oder Betriebsrat auf andere Weise über den Widerspruch unterrichtet, erlangt der Arbeitnehmer **1974**

D. Die Beendigung des Arbeitsverhältnisses

> mit Zugang der Kündigung einen Vertrauensschutz bezüglich des Widerspruchs des Betriebsrats und damit die Rechte aus § 102 Abs. 5 BetrVG. Diese Rechte können dem Arbeitnehmer durch eine nachträgliche Mitteilung des Rücknahmebeschlusses nicht mehr entzogen werden. Will der Arbeitgeber verhindern, dass der Arbeitnehmer die aufgrund des Widerspruchs des Betriebsrats begründeten Rechte aus § 102 Abs. 5 BetrVG erlangt, muss er dafür sorgen, dass dem Arbeitnehmer spätestens bei Zugang der Kündigung die Mitteilung über den Rücknahmebeschluss zugeht; unter dieser Voraussetzung erwirbt der Arbeitnehmer keinen Vertrauensschutz und keine Rechte aus § 102 Abs. 5 BetrVG (vgl. KR-*Etzel* § 102 BetrVG Rz. 141).

dd) Anwendbarkeit des KSchG

1975 Ferner muss das KSchG auf das Arbeitsverhältnis Anwendung finden (§§ 1, 23 KSchG).

ee) Rechtzeitige Erhebung der Kündigungsschutzklage

1976 Der Arbeitnehmer muss zudem rechtzeitig (§§ 4, 7 KSchG) Kündigungsschutzklage erheben.

(1) Nachträgliche Erhebung der Kündigungsschutzklage

1977 Ist die Kündigungsschutzklage verspätet erhoben, wird sie aber gem. § 5 KSchG nachträglich zugelassen, so kann der Weiterbeschäftigungsanspruch **erst ab diesem Zeitpunkt** in Betracht kommen, weil erst mit Rechtskraft des Zulassungsbeschlusses feststeht, dass die Unwirksamkeit der Kündigung nicht verspätet geltend gemacht wurde und die Fiktion des § 7 KSchG nicht eingetreten ist (KR-*Etzel* § 102 BetrVG Rz. 207; APS/*Koch* § 102 BetrVG Rz. 205; MünchArbR/*Wank* § 121 Rz. 16; GK-BetrVG/*Raab* § 102 Rz. 171).

(2) Unwirksamkeit der Kündigung aus anderen Gründen

1978 Wird die Kündigungsschutzklage zwar rechtzeitig erhoben, aber die Unwirksamkeit aus anderen Gründen als der Sozialwidrigkeit nach § 1 KSchG behauptet, besteht **kein Anspruch** auf Weiterbeschäftigung.
Es genügt aber, wenn die Sozialwidrigkeit neben anderen Gründen geltend gemacht wird; gem. § 6 KSchG kann sie bis zum Schluss der erstinstanzlichen mündlichen Verhandlung auch nachträglich geltend gemacht werden. Erst ab diesem Zeitpunkt besteht dann allerdings der Weiterbeschäftigungsanspruch gem. § 102 Abs. 5 BetrVG (MünchArbR/*Wank* § 121 Rz. 17).

(3) Klagerücknahme; Auflösungsantrag

1979 Nimmt der Arbeitnehmer die Kündigungsschutzklage zurück oder stellt er im Prozess nach § 9 KSchG den Auflösungsantrag, so entfällt ab diesem Zeitpunkt sein Weiterbeschäftigungsanspruch, weil er so sein Desinteresse am Erhalt des Arbeitsplatzes bekundet (*Galperin/Löwisch* § 102 Rz. 103).

ff) Verlangen nach Weiterbeschäftigung

1980 Erforderlich ist schließlich, dass der Arbeitnehmer **deutlich erkennbar** vom Arbeitgeber seine vorläufige Weiterbeschäftigung für die Dauer des Kündigungsschutzprozesses verlangt (APS/*Koch* § 102 BetrVG Rz. 206 f.).

D. Die Beendigung des Arbeitsverhältnisses

Dieses Verlangen ist zwar an **keine bestimmte Form** gebunden. Dennoch bedarf es im Hinblick auf den Gesetzeswortlaut eines **aktiven Tuns** des Arbeitnehmers, er muss die Weiterbeschäftigung ausdrücklich verlangen (KR-*Etzel* § 102 BetrVG Rz. 211). Z. T. (*Richardi* § 102 Rz. 209 f.) wird aber auch die Auffassung vertreten, dass ein den Annahmeverzug auslösendes Anbieten der Arbeitsleistung ausreicht, weil darin auch das Verlangen der Weiterbeschäftigung enthalten ist. Der Erhebung der **Kündigungsschutzklage** wird danach eine Doppelfunktion beigemessen, d. h. sie enthält nicht nur das Angebot des Arbeitnehmers zur Arbeitsleistung, sondern zugleich auch das Verlangen der Weiterbeschäftigung.

Nicht vorgesehen ist in § 102 Abs. 5 BetrVG eine bestimmte **Frist,** innerhalb der der Arbeitnehmer seine Weiterbeschäftigung verlangen muss (*BAG* 31.8.1978 EzA § 102 BetrVG 1972 Beschäftigungspflicht Nr. 7). Allerdings trägt der Arbeitnehmer bei später Antragstellung das **Risiko, dass der Arbeitsplatz zwischenzeitlich anderweitig besetzt ist und der Arbeitgeber ihn zu diesem Zeitpunkt nicht mehr beschäftigen kann.** 1981

Im Hinblick auf die damit gegebene Rechtsunsicherheit wird in der Literatur (KR-*Etzel* § 102 BetrVG Rz. 209; a. A. GK-BetrVG/*Raab* § 102 Rz. 173) auch die Auffassung vertreten, dass das Weiterbeschäftigungsverlangen grds. **vor Ablauf der Kündigungsfrist** bzw. dann, wenn die Kündigungsfrist kürzer als die 3-wöchige Klagefrist ist, **spätestens mit der Klageerhebung** geltend gemacht werden muss. Das *BAG* (11.5.2000 EzA § 102 BetrVG 1972 Beschäftigungspflicht Nr. 11; s. auch *BAG* 17.6.1999 EzA § 102 BetrVG 1972 Beschäftigungspflicht Nr. 10; vgl. dazu *Mareck* BB 2000, 2042 ff.; KR-*Etzel* § 102 BetrVG Rz. 209) hält jedenfalls das Weiterbeschäftigungsverlangen des Arbeitnehmers **am ersten Arbeitstag nach Ablauf der Kündigungsfrist für rechtzeitig.**

e) Inhalt des Anspruchs

aa) Fortsetzung des gekündigten Arbeitsverhältnisses

Liegen die Tatbestandsvoraussetzungen vor, so ist der Arbeitnehmer in der Zeit nach Ablauf der Kündigungsfrist bis zum rechtskräftigen Abschluss des Kündigungsschutzverfahrens zu unveränderten Arbeitsbedingungen weiterzubeschäftigen. 1982

> Der Wortlaut des § 102 Abs. 5 BetrVG spricht für eine nahtlose Fortsetzung des Arbeitsverhältnisses, wie es zwischen Arbeitgeber und Arbeitnehmer unmittelbar vor Ablauf der Kündigungsfrist bestanden hat, allerdings auflösend bedingt durch die rechtskräftige Abweisung der Kündigungsschutzklage (vgl. BT-Drucks. VI/1806 S. 9; VI/2729 S. 31, 47; *BAG* 26.5.1977 EzA § 611 BGB Beschäftigungspflicht Nr. 2; 12.9.1985 EzA § 102 BetrVG 1972 Nr. 61; 10.3.1987 EzA § 611 BGB Beschäftigungspflicht Nr. 28; vgl. ausf. zu abw. Begründungsansätzen i. d. Lit. KR-*Etzel* § 102 BetrVG Rz. 218; APS/*Koch* § 102 BetrVG Rz. 208 ff.).

bb) Der Inhalt des Weiterbeschäftigungsverhältnisses

(1) Unveränderte Arbeitsbedingungen

Dem Arbeitnehmer stehen dieselben Rechte zu, die ihm im ungekündigten Arbeitsverhältnis zugestanden haben (Vergütung, Sonderzuwendungen, Sozialleistungen, tatsächliche Beschäftigung; vgl. *BAG* 26.5.1977 EzA § 611 BGB Beschäftigungspflicht 1983

D. Die Beendigung des Arbeitsverhältnisses

Nr. 2), denn unter unveränderten Arbeitsbedingungen sind **die bei Ablauf der Kündigungsfrist bestehenden Arbeitsbedingungen** zu verstehen (KR-*Etzel* § 102 BetrVG Rz. 218).

Dies bedeutet aber andererseits, dass der Arbeitnehmer z. B. von solchen Leistungen ausgeschlossen werden kann, die Arbeitnehmern im gekündigten Arbeitsverhältnis nicht zustehen, etwa wenn der Arbeitgeber eine freiwillige Weihnachtsgratifikation nur Arbeitnehmern im ungekündigten Arbeitsverhältnis gewährt.

1984 Die **sonstigen Arbeitsbedingungen** einschließlich der Nebenleistungen (Werkdienstwohnung, Werkmietwohnung) bleiben aber **unverändert**. Der weiterbeschäftigte Arbeitnehmer kann im Übrigen nicht mehr Rechte geltend machen als der ungekündigte Arbeitnehmer. Folglich kann er im Rahmen des Direktionsrechts auf einen anderen gleichwertigen Arbeitsplatz umgesetzt werden (KR-*Etzel* § 102 BetrVG Rz. 218; APS/*Koch* § 102 BetrVG Rz. 210).

(2) Anrechnung der Dauer der Betriebszugehörigkeit?
1985 Fraglich ist, ob dann, wenn und soweit es für den Grund oder die Höhe eines Anspruchs des Arbeitnehmers auf die Dauer der Betriebszugehörigkeit ankommt (z. B. bei Ruhegeldansprüchen), die gesamte bisherige Beschäftigungszeit einschließlich der Zeit der Weiterbeschäftigung nach § 102 Abs. 5 BetrVG zugrunde zu legen ist. Dafür spricht nach Auffassung von *Etzel* (KR § 102 BetrVG/Rz. 219; APS/*Koch* § 102 BetrVG Rz. 210), dass das im Falle der Rechtswirksamkeit der Kündigung unterbrochene mit dem aufgrund des § 102 Abs. 5 BetrVG fortgesetzten Arbeitsverhältnis in einem **unmittelbaren inneren Zusammenhang** steht (a. A. *Hess/Schlochauer/Glaubitz* § 102 Rz. 164).

(3) Eintritt besonderen Kündigungsschutzes?
1986 Nach Auffassung von *Etzel* (KR § 102 BetrVG/Rz. 221) kann dem Arbeitnehmer während der Weiterbeschäftigung der besondere Kündigungsschutz (z. B. gem. § 9 MuSchG, §§ 85 ff. SGB IX) erwachsen, mit der Folge, dass **weitere Kündigungen** während der Dauer des Weiterbeschäftigungszeitraums **behördlicher Zustimmung** bedürfen (a. A. *Hess/Schlochauer/Glaubitz* § 102 Rz. 164).
Das ändert aber nichts daran, dass dann, wenn sich die den Weiterbeschäftigungsanspruch auslösende erste Kündigung als wirksam erweist, das Arbeitsverhältnis automatisch endet (auflösende Bedingung), wenn der Arbeitnehmer im Kündigungsschutzrechtsstreit wegen der ersten Kündigung unterliegt.

(4) Wahlrecht
1987 Als Arbeitnehmer des Betriebes ist der nach § 102 Abs. 5 BetrVG weiterbeschäftigte Arbeitnehmer nach wie vor bei **Betriebsratswahlen** aktiv und passiv wahlberechtigt (*LAG Berlin* 2.5.1994 BB 1994, 1857; KR-*Etzel* § 102 BetrVG Rz. 221; APS/*Koch* § 102 BetrVG Rz. 211).

f) Verhältnis zum allgemeinen Weiterbeschäftigungsanspruch; prozessuale Fragen
1988 Der Weiterbeschäftigungsanspruch gem. § 102 Abs. 5 BetrVG, § 79 Abs. 2 BPersVG wird durch den sog. allgemeinen Weiterbeschäftigungsanspruch (s. u. D/Rz. 2000 ff.) nicht berührt (*Dütz* NZA 1986, 210). Die Erfüllung seiner formalen Voraussetzungen

ist vor allem unabhängig vom Bestehen eines vertraglichen Beschäftigungsanspruchs sowie von der Feststellung der Unwirksamkeit der Kündigung.

Der Arbeitnehmer kann seine Weiterbeschäftigung klageweise neben dem Kündigungsschutzantrag und dem Vergütungsanspruch geltend machen (§ 260 ZPO). Ebenso ist bei Vorliegen der allgemeinen Voraussetzungen (§§ 935, 940 ZPO) der Erlass einer einstweiligen Verfügung möglich (vgl. dazu *Reidel* NZA 2000, 454 ff.). Das gem. § 935 ZPO erforderliche besondere Sicherungsinteresse ergibt sich schon aus der Rechtsnatur des Anspruchs, sodass die Darlegung eines besonderen Verfügungsgrundes nicht erforderlich ist (*LAG München* 16.8.1995 LAGE § 102 BetrVG 1972 Beschäftigungspflicht Nr. 22; *LAG Hamburg* 14.9.1992 NZA 1993, 140 u. 25.1.1994 LAGE § 102 BetrVG 1972 Beschäftigungspflicht Nr. 21; *LAG Hamm* 24.1.1994 ArbuR 1994, 310; *LAG Nürnberg* 27.10.1992 LAGE § 102 BetrVG 1972 Beschäftigungspflicht Nr. 11; KR-*Etzel* § 102 BetrVG Rz. 222; APS/*Koch* § 102 BetrVG Rz. 213; **a. A.** *LAG Baden-Württemberg* 30.8.1993 NZA 1995, 683; *LAG München* 17.8.1994 LAGE § 102 BetrVG Beschäftigungspflicht Nr. 18; *Schäfer* Der einstweilige Rechtsschutz im Arbeitsrecht Rz. 80). 1989

Die **Entbindung** von der Weiterbeschäftigungspflicht aus den Gründen des § 102 Abs. 5 S. 2 BetrVG (s. dazu D/Rz. 1991) hat der Arbeitgeber durch **einstweilige Verfügung** zu verfolgen (APS/*Koch* § 102 BetrVG Rz. 225). Hat der Arbeitnehmer seine Weiterbeschäftigung bereits durch Klage und einstweilige Verfügung geltend gemacht, so kann der Arbeitgeber die Gegengründe aus prozessualen Erwägungen im Wege des Einwandes im bereits anhängigen Verfahren einbringen (*Dütz* a. a. O.; **a. A.** MünchArbR/*Wank* § 121 Rz. 31 weil es sich um zwei verschiedene, voneinander zu trennende Verfahren handelt). 1990

g) Entbindung des Arbeitgebers von der Weiterbeschäftigungspflicht (§ 102 Abs. 5 S. 2 BetrVG)

aa) Überblick

Nach § 102 Abs. 5 S. 2 BetrVG kann der Arbeitgeber aufgrund einer einstweiligen Verfügung des ArbG von der Verpflichtung zur Weiterbeschäftigung entbunden werden, wenn 1991
– die Klage des Arbeitnehmers keine hinreichende Aussicht auf Erfolg bietet oder mutwillig erscheint, oder
– sie zu einer unzumutbaren wirtschaftlichen Belastung des Arbeitgebers führen würde, oder
– der Widerspruch des Betriebsrats offensichtlich unbegründet war.

Die enumerative Aufzählung der Entbindungsgründe in § 102 Abs. 5 S. 2 BetrVG ist **abschließend** (KR-*Etzel* § 102 BetrVG Rz. 232; APS/*Koch* § 102 BetrVG Rz. 219); die Berufung auf weitere Gründe ist nicht möglich. Allerdings bedarf es nach Auffassung von *Willemsen/Hohenstatt* (DB 1995, 215 ff.) bei einer **Betriebs(teil)stilllegung keiner Entbindung** des Arbeitgebers gem. § 102 Abs. 2 S. 2 BetrVG, weil dann die Beschäftigung der Arbeitnehmer gem. § 275 BGB unmöglich ist. 1992

D. Die Beendigung des Arbeitsverhältnisses

bb) Fehlende Erfolgsaussicht

1993 Die Klage bietet dann keine hinreichende Erfolgsaussicht oder erscheint mutwillig, wenn nach **summarischer Prüfung eine verständige Partei in Kenntnis der Sachlage ihr Recht nicht in dieser Weise verfolgen würde** (APS/Koch § 102 BetrVG Rz. 220).

cc) Unzumutbare wirtschaftliche Belastung des Arbeitgebers

1994 Die Weiterbeschäftigung des Arbeitnehmers darf nicht zu einer unzumutbaren wirtschaftlichen Belastung des Arbeitgebers führen. Es genügt nicht, dass der Arbeitgeber **keine Beschäftigungsmöglichkeit** mehr für den Arbeitnehmer hat. Denn auch bei der betriebsbedingten Kündigung geht das Gesetz von der Weiterbeschäftigung aus (APS/*Koch* § 102 BetrVG Rz. 221 ff.).

1995 Erforderlich ist eine **Interessenabwägung** zwischen den berechtigten Belangen des Arbeitnehmers und den wirtschaftlichen Belangen des Arbeitgebers. Entscheidend muss auf eine Gesamtbetrachtung der **finanziellen Verhältnisse des Unternehmens** abgestellt werden und der **Lohnkostenaufwand** einschließlich der Lohnnebenkosten des Gekündigten dazu in Verhältnis gesetzt werden. Die wirtschaftliche Belastung muss sich durch die Weiterbeschäftigung als **so gravierend** darstellen, dass dadurch **die Zahlungs- oder Wettbewerbsfähigkeit des Betriebes tangiert** wird.

1996 Werden in einem Betrieb **mehrere Arbeitnehmer nach § 102 Abs. 5 S. 1 BetrVG** weiterbeschäftigt, so ist eine **Gesamtbewertung** der finanziellen Verhältnisse, nicht eine jeweils nur auf einen Arbeitnehmer bezogene Einzelfallbetrachtung erforderlich (MünchArbR/*Wank* § 120 Rz. 39). Der Arbeitgeber hat dann **so viele Arbeitnehmer weiterzubeschäftigen,** wie es ihm wirtschaftlich **zumutbar ist.** Die Auswahl erfolgt nach sozialen Gesichtspunkten anhand von § 1 Abs. 3 KSchG.

dd) Offensichtlich unbegründeter Widerspruch des Betriebsrats

1997 Der Arbeitgeber kann auch dann von der Weiterbeschäftigungspflicht entbunden werden, wenn der Widerspruch des Betriebsrats offensichtlich unbegründet ist. Das ist dann der Fall, wenn er zwar ordnungsgemäß erhoben wurde, ein Widerspruchsrecht aber offensichtlich nicht bestand.
Die **Grundlosigkeit des Widerspruchs muss sich aufdrängen,** die Umstände dürfen nicht erst als Resultat eines schwierigen Beweiserhebungsverfahrens zu Tage treten.

1998 Der Widerspruch muss zum Erhebungszeitpunkt offensichtlich unbegründet gewesen sein, eine spätere eintretende Unbegründetheit genügt nicht. Ein Widerspruch ist z. B. dann offensichtlich unbegründet, wenn **Auswahlrichtlinien,** gegen die der Arbeitgeber verstoßen haben soll, **gar nicht bestehen** (KR-*Etzel* § 102 BetrVG Rz. 230 ff.; APS/*Koch* § 102 BetrVG Rz. 223 ff.).

ee) Vergütungsanspruch bis zur Entbindung

1999 Die Entbindung des Arbeitgebers gem. § 102 Abs. 5 S. 2 BetrVG durch das (Rechtsmittel-) Gericht lässt für die Zeit bis zur Entbindungsentscheidung angefallene Vergütungsansprüche des Arbeitnehmers unberührt (*BAG* 7.3.1996 EzA § 102 BetrVG Beschäftigungspflicht Nr. 9).

D. Die Beendigung des Arbeitsverhältnisses

2. Allgemeiner Weiterbeschäftigungsanspruch (Weiterbeschäftigung außerhalb des § 102 Abs. 5 BetrVG, § 79 Abs. 2 BPersVG)

a) Rechtsauffassung des BAG

aa) Die praktische Ausgangssituation nach Ausspruch der Kündigung

Nach Ablauf der Kündigungsfrist bzw. im Falle der außerordentlichen Kündigung i. d. R. sofort nach Zugang muss der Arbeitnehmer **zunächst einmal den Betrieb verlassen**, auch dann, wenn er eine Kündigungsschutzklage erhoben hat. 2000

Im Hinblick auf § 615 BGB ist für ihn ungewiss, ob sein Lebensunterhalt zwischenzeitlich gesichert ist, weil Ansprüche aus Annahmeverzug die Unwirksamkeit der Kündigung voraussetzen, hinsichtlich derer aber im laufenden Kündigungsschutzverfahren gerade Ungewissheit besteht.

Ferner besteht ein berechtigtes Interesse des Arbeitnehmers daran, die **Beeinträchtigung seines Persönlichkeitsrechts** durch die Kündigung und durch das erzwungene Nichtstun abzuwenden. Bei einer personen- oder einer verhaltensbedingten Kündigung kommt hinzu, dass er den in der Kündigung liegenden Makel durch seine Weiterarbeit im Betrieb beseitigen will. 2001

Auch kann der Arbeitnehmer ein Interesse daran haben, dass seine Fähigkeiten während der Dauer des Kündigungsschutzprozesses nicht brachliegen. Schließlich ist es für eine Bewerbung in einem neuen Betrieb vorteilhafter, wenn er auf eine ununterbrochene Beschäftigung verweisen kann. 2002

Andererseits möchte sich der Arbeitgeber nicht durch eine zwischenzeitliche Weiterbeschäftigung in Widerspruch zu der von ihm erklärten Kündigung setzen.

bb) Anerkennung eines allgemeinen Weiterbeschäftigungsanspruchs nach Ausspruch einer Kündigung

Im Hinblick auf diese wechselseitige Interessenlage vertritt das *BAG* seit der Entscheidung des Großen Senats vom 27.2.1985 (EzA § 611 BGB Beschäftigungspflicht Nr. 9; abl. hinsichtlich der Begründung z. B. ErfK/*Ascheid* § 4 KSchG Rz. 95; APS/*Koch* § 102 BetrVG Rz. 236) in ständiger Rechtsprechung die Auffassung, dass der aus §§ 611, 613 BGB i. V. m. § 242 BGB (ausgefüllt durch die Wertentscheidungen der Art. 1, 2 GG) abgeleitete Beschäftigungsanspruch, der für die Dauer des Arbeitsverhältnisses gegeben ist, grds. auch für die Dauer eines Kündigungsschutzprozesses bestehen muss, wenn die umstrittene Kündigung des Arbeitgebers unwirksam ist und das Arbeitsverhältnis deshalb auch während des Kündigungsschutzprozesses fortbesteht. 2003

Dem stehen weder § 102 Abs. 5 BetrVG, § 79 Abs. 2 BPersVG noch § 615 BGB, § 11 KSchG entgegen. Danach ist zwar nicht zu verkennen, dass bei einer im Widerspruch zur objektiven Rechtslage erfolgten Weiterbeschäftigung des gekündigten Arbeitnehmers später ein die Wirksamkeit der Kündigung ex tunc rechtskräftig feststellendes Urteil im praktischen Ergebnis die Wirkung eines ex nunc wirkenden Gestaltungsurteils hat, weil die einmal erfolgte Beschäftigung Fakten geschaffen hat, die nicht wieder rückgängig gemacht werden können. Diese Frage stellt sich aber letztlich bei der Durchsetzung jedes Leistungsanspruchs aufgrund eines vorläufig vollstreckbaren Urteils (*BAG* 27.2.1985 EzA § 611 BGB Beschäftigungspflicht Nr. 9). Allein der Umstand, dass die Kündigungsschutzklage durch das KSchG als Feststellungs- und nicht 2004

D. Die Beendigung des Arbeitsverhältnisses

als Gestaltungsklage ausgestaltet ist, kann kein Anlass sein, von der Unwirksamkeit der Kündigung abhängende Leistungsansprüche des Arbeitnehmers bis zur rechtskräftigen Entscheidung des Kündigungsschutzprozesses auszuschließen.

cc) Anspruchsvoraussetzungen

(1) Die Interessenlage hinsichtlich der tatsächlichen Beschäftigung

2005 Wird das Arbeitsverhältnis vom Arbeitgeber gekündigt und wird dadurch dessen Fortbestehen streitig, weil der gekündigte Arbeitnehmer die Kündigung für unwirksam hält und sich dagegen zur Wehr setzt, so besteht bis zur rechtskräftigen Entscheidung über die Wirksamkeit der Kündigung **Ungewissheit über die objektive Rechtslage**. Diese Ungewissheit schließt nach Auffassung des *BAG* (GS 27.2.1985 EzA § 611 BGB Beschäftigungspflicht Nr. 9) zwar den Anspruch auf tatsächliche Beschäftigung nicht aus, **verändert** aber **die maßgebliche Interessenlage**.

2006 Denn wenn der Arbeitgeber den gekündigten Arbeitnehmer während des Prozesses weiterbeschäftigt, so geht er das Risiko ein, dass er bei von ihm letztlich gewonnenem Prozess den Arbeitnehmer ohne Rechtsgrund beschäftigt und dadurch zu seinem Nachteil Fakten geschaffen hat, die nicht oder jedenfalls nicht vollständig wieder rückgängig gemacht werden können.

Beschäftigt er demgegenüber den Arbeitnehmer nicht weiter und wird sodann rechtskräftig die Unwirksamkeit der Kündigung festgestellt, so wird umgekehrt für den Arbeitnehmer das nicht wieder rückgängig zu machende Faktum geschaffen, dass er trotz seines Beschäftigungsanspruchs in der Vergangenheit dennoch nicht beschäftigt worden ist und diese Beschäftigung auch nicht mehr nachgeholt werden kann.

(2) Eigenständige Interessenabwägung

2007 Da die Vollstreckungsvorschriften von ArbGG und ZPO keine ausreichende Handhabe bieten, um den beiderseitigen Interessen der Arbeitsvertragsparteien im Hinblick auf die Weiterbeschäftigung gerecht zu werden, hat zur Bestimmung der Grenzen des allgemeinen Beschäftigungsanspruchs eine eigenständige, **nicht an vollstreckungsrechtliche Regelungen gebundene Interessenabwägung stattzufinden** (vgl. *Pallasch* BB 1993, 2225 ff.)

aaa) Offensichtlich unwirksame Kündigung

2008 Trotz Ausspruchs der Kündigung überwiegt das Interesse des Arbeitnehmers an tatsächlicher Beschäftigung dann, wenn die umstrittene Kündigung offensichtlich unwirksam ist. Das ist dann der Fall, wenn sich schon aus dem eigenen Vortrag des Arbeitgebers ohne Beweiserhebung und ohne dass ein Beurteilungsspielraum besteht, **jedem »Kundigen« die Unwirksamkeit der Kündigung geradezu aufdrängen muss** (vgl. *BAG* 26.5.1977 EzA § 611 BGB Beschäftigungspflicht Nr. 2). Denn dann besteht objektiv keine Ungewissheit über den Fortbestand des Arbeitsverhältnisses, sodass sie auch nicht zum Anlass genommen werden kann, den Arbeitnehmer vorübergehend nicht zu beschäftigen.

bbb) Überwiegen des Arbeitgeberinteresses

2009 Im Übrigen begründet die Ungewissheit über die Wirksamkeit der Kündigung und damit den Prozessausgang zunächst ein schutzwertes Interesse des Arbeitgebers, den gekündigten Arbeitnehmer für die Dauer des Kündigungsschutzprozes-

D. Die Beendigung des Arbeitsverhältnisses

ses nicht beschäftigen zu müssen. Denn durch die tatsächliche Weiterbeschäftigung können personen-, verhaltens- und betriebsbedingte Kündigungsgründe an Bedeutung verlieren.

ccc) Obsiegen des Arbeitnehmers in erster Instanz
Die Interessenlage ändert sich aber, wenn im Kündigungsschutzprozess ein die Instanz abschließendes Urteil ergeht, das die Unwirksamkeit der Kündigung und damit den Fortbestand des Arbeitsverhältnisses feststellt, ohne damit an der objektiven Rechtslage etwas zu ändern, weil es sich nicht um ein Gestaltungsurteil handelt. 2010

Durch ein derartiges, nicht rechtskräftiges Urteil wird zwar noch keine Klarheit über den Fortbestand des Arbeitsverhältnisses geschaffen. Es wirkt sich aber auf die maßgebliche Interessenlage dahin aus, dass nunmehr die Ungewissheit des endgültigen Prozessausgangs für sich allein ein überwiegendes Interesse des Arbeitgebers nicht mehr begründen kann. Es müssen dann vielmehr zusätzliche Umstände hinzukommen, aus denen sich im Einzelfall ein überwiegendes Interesse des Arbeitgebers ergibt, den Arbeitnehmer nicht zu beschäftigen.

In Betracht kommen z. B. Umstände, die auch im unstreitig bestehenden Arbeitsverhältnis den Arbeitgeber zur **vorläufigen Suspendierung** des Arbeitnehmers berechtigen (z. B. der Verdacht des Verrats von Betriebsgeheimnissen oder die Herbeiführung einer unzumutbaren wirtschaftlichen Belastung des Arbeitgebers durch die Weiterbeschäftigung [vgl. *Schukai* DB 1986, 482; abl. *Schumann* NZA 1985, 688]). 2011
Nur bei Vorliegen solcher zusätzlicher, ihn **besonders belastender Umstände** kann der Arbeitgeber also nach einem bereits ergangenen, wenn auch noch nicht rechtskräftigen gerichtlichen Urteil, das die Unwirksamkeit der Kündigung feststellt, seine Verurteilung zur Weiterbeschäftigung des gekündigten Arbeitnehmers für die Dauer des Rechtsstreits abwenden (*BAG* 27.2.1985 EzA § 611 BGB Beschäftigungspflicht Nr. 9).

dd) Prozessuale Geltendmachung des Anspruchs; einstweilige Verfügung
Der Arbeitnehmer kann den Antrag, »den Arbeitgeber zu verurteilen, ihn zu unveränderten Arbeitsbedingungen bis zum rechtskräftigen Abschluss des Kündigungsschutzrechtsstreits weiterzubeschäftigen«, als **unbedingten Hauptantrag** im Kündigungsschutzprozess stellen. Da er sich dann aber in jedem Fall – also auch bei Abweisung des Kündigungsschutzantrags – streitwerterhöhend und folglich auch kostenerhöhend auswirkt, empfiehlt es sich, den Antrag als sog. **uneigentlichen Hilfsantrag nur für den Fall zu stellen, dass der Kündigungsschutzklage stattgegeben wird.** Das ist zulässig (*BAG* 8.4.1988 EzA § 611 BGB Beschäftigungspflicht Nr. 30). 2012

Ein derartiger Antrag ist auch inhaltlich hinreichend bestimmt i. S. d. § 253 Abs. 2 Nr. 2 ZPO, wenn die »unveränderten Arbeitsbedingungen« aus der Klagebegründung ersichtlich sind. Eine nähere Präzisierung ist nur dann erforderlich, wenn in dem Rechtsstreit zwischen den Parteien Streit über einzelne Arbeitsbedingungen besteht (*Germelmann/Matthes/Prütting* § 46 Rz. 49; zum Klageantrag und prozesstaktischen Überlegungen vgl. *Growe* NZA 1996, 567 ff.). 2013

D. Die Beendigung des Arbeitsverhältnisses

2014 Der Weiterbeschäftigungsanspruch kann auch durch eine **einstweilige Verfügung** geltend gemacht werden möglich (vgl. dazu *Reidel* NZA 2000, 454 ff.; APS/*Koch* § 102 BetrVG Rz. 234). Obwohl dieser Anspruch bereits ein überwiegendes Beschäftigungsinteresse des Arbeitnehmers voraussetzt, wird dadurch nicht bereits der Verfügungsgrund indiziert (*Schäfer* Der einstweilige Rechtsschutz im Arbeitsrecht Rz. 74; a. A. *Grunsky* § 62 Rz. 24 a; APS/*Koch* § 102 BetrVG Rz. 234). Denn auch ein nach objektiven Kriterien als überwiegend einzustufendes Beschäftigungsinteresse ist im Wege des einstweiligen Rechtsschutzes nur sicherungsfähig, wenn es im Hauptsacheverfahren nicht ausreichend gesichert werden kann.

2015 Wegen der Möglichkeit, den Weiterbeschäftigungsanspruch im Kündigungsschutzverfahren zu verfolgen und der Abhängigkeit des Anspruchs vom Erfolg im Kündigungsschutzverfahren wird eine einstweilige Verfügung auf Weiterbeschäftigung i. d. R. nicht in Betracht kommen (*Schäfer* Der einstweilige Rechtsschutz im Arbeitsrecht Rz. 74 m. w. N.; ebenso *LAG Köln* 18.8.2000 NZA-RR 2001, 387).

2016 Etwas **anderes** kann gelten, wenn der Arbeitnehmer **bei Einreichung der Kündigungsschutzklage aus rechtlichen oder tatsächlichen Gründen gehindert ist, zeitgleich einen Weiterbeschäftigungsantrag anhängig zu machen.** Dies kann der Fall sein, wenn der Beschäftigung Gründe in seiner Person (z. B. Arbeitsunfähigkeit) oder im Betrieb (z. B. zeitweilige Unmöglichkeit der Beschäftigung im Betrieb) entgegenstehen. In diesen Fällen kann sich nach Behebung der Beschäftigungshindernisse ein Verfügungsgrund ergeben.
Zudem sind Fälle denkbar, in denen das Beschäftigungsinteresse des Arbeitnehmers so gewichtig ist, dass der vorläufige Rechtsschutz auch vor Erlass einer die Unwirksamkeit der Kündigung feststellenden Entscheidung erforderlich erscheint.

2017 Es muss dann genügen, dass der Arbeitnehmer den Fortbestand des Arbeitsverhältnisses glaubhaft macht und nach seinen glaubhaft gemachten Angaben die Anordnung der vorläufigen Weiterbeschäftigung zur Abwendung wesentlicher Nachteile notwendig erscheint. Eine derartige atypische Interessenlage kann dann angenommen werden, wenn dem Arbeitnehmer aus der Nichtbeschäftigung schwerwiegende Nachteile drohen und eine überwiegende Wahrscheinlichkeit – auf der Basis der glaubhaft gemachten Angaben des Antragstellers – für die Unwirksamkeit der Kündigung spricht (*Schäfer* Der einstweilige Rechtsschutz im Arbeitsrecht Rz. 75 unter Hinweis auf *LAG Berlin* 24.9.1979 EzA § 611 BGB Beschäftigungspflicht Nr. 4; *LAG Hamburg* 6.8.1985 LAGE § 611 BGB Beschäftigungspflicht Nr. 9).

ee) Entsprechende Anwendung dieser Grundsätze

2018 Diese Grundsätze gelten entsprechend für die **Änderungsschutzklage,** wenn der Arbeitnehmer das Änderungsangebot auch nicht unter Vorbehalt angenommen hat (*BAG* 28.3.1985 EzA § 767 ZPO Nr. 1).
Gleiches gilt dann, wenn die Parteien über die Rechtswirksamkeit einer vereinbarten **Befristung** oder auflösenden **Bedingung** streiten. In derartigen Fällen genügt es in prozessualer Hinsicht, wenn der Arbeitnehmer auf Weiterbeschäftigung klagt.

D. Die Beendigung des Arbeitsverhältnisses

Dann ist die Unwirksamkeit der Befristung oder der auflösenden Bedingung als Vorfrage zu klären (*BAG* 13.6.1985 EzA § 611 BGB Beschäftigungspflicht Nr. 16; 28.9.1988 EzA § 620 BGB Nr. 104).
Diese Grundsätze gelten auch für den nach einem arbeitgeberseitigen Antrag gem. **§ 9 Abs. 4 S. 1 Nr. 1 BPersVG** betreffend die Ablehnung der Übernahme eines Auszubildenden in ein unbefristetes Arbeitsverhältnis eingetretenen Ungewissheitstatbestand (*BAG* 14.5.1987 EzA § 78 a BetrVG 1972 Nr. 18).
Demgegenüber besteht bei einer **Änderungskündigung** dann **kein Anspruch auf Beschäftigung zu den bisherigen Bedingungen** (über den Zugang der Kündigung hinaus bei der außerordentlichen, über den Ablauf der Kündigungsfrist hinaus bis zum rechtskräftigen Abschluss des Kündigungsschutzverfahrens), wenn der Arbeitnehmer die Änderungskündigung **unter Vorbehalt** angenommen hat (*LAG Nürnberg* 13.3.2001 – 6 Sa 768/00 –). 2019

b) Kritik
Die Rechtsauffassung des BAG hat in Rechtsprechung und Literatur zunächst eine lebhafte Diskussion ausgelöst. Dem BAG wird insbesondere entgegengehalten, dass es sich bei dem skizzierten Weiterbeschäftigungsanspruch um eine **unzulässige richterliche Rechtsfortbildung** handele (*LAG Niedersachsen* DB 1986,1126; *LAG Köln* NZA 1987, 159; GK-BetrVG/*Raab* § 102 Rz. 186; MünchArbR/*Blomeyer* § 95 Rz. 11; MünchArbR/*Wank* § 121 Rz. 46 ff.; ErfK/*Ascheid* § 4 KSchG Rz. 95; APS/*Koch* § 102 BetrVG Rz. 234). Außerhalb von § 102 Abs. 5 BetrVG, § 79 Abs. 2 BPersVG könne dem legitimen Beschäftigungsinteresse des gekündigten Arbeitnehmers ebenso wie dem berechtigten Interesse des Arbeitgebers an der Nichtbeschäftigung für die Dauer des Kündigungsschutzprozesses durch eine Regelungsverfügung gem. § 940 ZPO Rechnung getragen werden. Es bestehe ein **Widerspruch zum Willen des Gesetzgebers**, der durch § 102 Abs. 5 BetrVG, § 79 Abs. 2 BPersVG zum Ausdruck komme. Es werde in den Aufgabenbereich der Legislative eingegriffen und damit das Gewaltenteilungsprinzip verletzt (*Barton* NZA 1985, 77). Zumindest müssten auch zugunsten des jeweiligen Arbeitgebers im Rahmen der Interessenabwägung **grundrechtlich geschützte Positionen** berücksichtigt werden (insbesondere Art. 12 Abs. 1, 2 Abs. 1 GG), sodass im Rahmen der Interessenabwägung eine **Grundrechtskollision** vorliegt, die dahin zu lösen ist, dass eine **Harmonisierung der beiderseits betroffenen Grundrechte** versucht wird (*Dütz* NZA 1986, 209). 2020
Nach Auffassung des *LAG Rheinland-Pfalz* (NZA 1987, 535) gebieten es aber jedenfalls die Prinzipien der Rechtssicherheit, Rechtseinheit und der Voraussehbarkeit des Rechts, dass die Instanzgerichte ihre Möglichkeit, von der Rechtsprechung des Großen Senats abzuweichen, nur zurückhaltend ausnutzen. 2021
Inzwischen wird die Rechtsprechung des BAG von den Instanzgerichten auch tatsächlich weitgehend befolgt (APS/*Koch* § 102 BetrVG Rz. 234).

c) Auswirkung weiterer Kündigungen; Auflösungsantrag
Zweifelhaft ist die Rechtslage dann, wenn der Arbeitgeber durch erstinstanzliches Urteil nach Feststellung der Unwirksamkeit der ausgesprochenen Kündigung zur Weiterbeschäftigung des Arbeitnehmers bis zum rechtskräftigen Abschluss des Rechtsstreits verurteilt worden ist und er weitere Kündigungen erklärt sowie dann, wenn er einen zulässigen Auflösungsantrag gem. § 9 KSchG stellt. 2022

D. Die Beendigung des Arbeitsverhältnisses

Nach der Rechtsprechung des *BAG* (19.12.1985 EzA § 611 BGB Beschäftigungspflicht Nr. 17, 16.11.1995 EzA Art. 20 EinigungsV Nr. 47) gelten folgende Grundsätze:

aa) Offensichtlich unwirksame Kündigung; Kündigung bei gleichem Lebenssachverhalt

2023 Hat ein ArbG festgestellt, dass eine bestimmte Kündigung unwirksam ist und hat es deshalb den Arbeitgeber zur Weiterbeschäftigung verurteilt, so hängt die Beantwortung der Frage, ob danach ausgesprochene Kündigungen den Weiterbeschäftigungsanspruch beenden, davon ab, ob sie zu einer **Ungewissheit über den Fortbestand des Arbeitsverhältnisses führen, die derjenigen entspricht, die vor Verkündung des Urteils bestanden hat, das die Unwirksamkeit der ersten Kündigung festgestellt hat.**

Folglich beendet eine weitere offensichtlich unwirksame Kündigung den Weiterbeschäftigungsanspruch ebenso wenig wie eine weitere Kündigung, die auf dieselben Gründe gestützt wird, die nach Auffassung des ArbG schon für die erste Kündigung nicht ausgereicht haben.

bb) Neuer Lebenssachverhalt

2024 Stützt dagegen der Arbeitgeber eine weitere Kündigung auf einen **neuen Lebenssachverhalt, der es möglich erscheinen lässt, dass die erneute Kündigung eine andere rechtliche Beurteilung erfährt, dann wird damit eine zusätzliche Ungewissheit über den Fortbestand des Arbeitsverhältnisses begründet, die das schutzwürdige Interesse des Arbeitgebers an der Nichtbeschäftigung wieder überwiegen lässt.**

Bei der Prüfung der Frage, ob es möglich ist, dass die Kündigung zu einer anderen Beurteilung führt, sind auch die Umstände zu berücksichtigen, die dafür sprechen, dass der neue Sachverhalt nur vorgeschoben ist (z. B. bei Kettenkündigungen).

cc) Geltendmachung durch den Arbeitgeber

2025 Geltend zu machen sind die entsprechenden Umstände entweder im Berufungsverfahren gegen das die Verurteilung zur Weiterbeschäftigung enthaltende arbeitsgerichtliche Urteil oder durch eine gesondert zu erhebende Vollstreckungsgegenklage (vgl. dazu *Schäfer* NZA 1986, 691).

dd) Auflösungsantrag des Arbeitgebers

2026 Die durch einen zulässigen Auflösungsantrag des Arbeitgebers nach § 9 KSchG begründete Ungewissheit über den Ausgang des Kündigungsschutzprozesses begründet ein schutzwertes Interesse des Arbeitgebers an der Nichtbeschäftigung des gekündigten Arbeitnehmers für die Prozessdauer i. S. d. Entscheidung des *BAG* (GS) vom 27.2.1985 (EzA § 611 BGB Beschäftigungspflicht Nr. 9; *BAG* 16.11.1995 EzA Art. 20 EinigungsV Nr. 47).

D. Die Beendigung des Arbeitsverhältnisses

d) Inhalt des allgemeinen Weiterbeschäftigungsanspruchs und Rechtslage nach rechtskräftiger Entscheidung über die Wirksamkeit/Unwirksamkeit der Kündigung

aa) Freiwillige Weiterbeschäftigung durch den Arbeitgeber

(1) Rechte und Pflichten während der Weiterbeschäftigung

aaa) Fortsetzung des ursprünglichen Arbeitsverhältnisses

Fordert der Arbeitgeber einen gekündigten Arbeitnehmer nach Ablauf der Kündigungsfrist auf, seine Tätigkeit bis zur Entscheidung über die Kündigungsschutzklage fortzusetzen, um das Risiko hoher Lohnnachzahlungen nach rechtskräftiger Feststellung der Unwirksamkeit der Kündigung zu vermeiden und ist der Arbeitnehmer mit der Weiterarbeit bis zur rechtskräftigen Entscheidung einverstanden, so ist nach Auffassung des *BAG* (15.1.1986 EzA § 611 BGB Beschäftigungspflicht Nr. 10; vgl. APS/*Koch* § 102 BetrVG Rz. 241 ff.) i. d. R. davon auszugehen, dass die Parteien das ursprüngliche Arbeitsverhältnis fortsetzen wollen, bis Klarheit darüber besteht, ob die Kündigung wirksam ist oder nicht (s. o. C/Rz. 1245 ff.).

2027

Zwar können die Parteien eines Arbeitsverhältnisses nach Ausspruch einer Kündigung durch den Arbeitgeber und nach Ablauf der Kündigungsfrist auch einen neuen, **befristeten Vertrag** abschließen oder vereinbaren, dass der frühere Vertrag auflösend bedingt bis zum rechtskräftigen Abschluss des Kündigungsschutzprozesses – mit allen Rechten und Pflichten aus dem Arbeitsvertrag – fortbestehen soll. Eine derartige ausdrückliche Vereinbarung wird **i. d. R. aber nicht** getroffen worden sein. Die Aufforderung des Arbeitgebers an den Arbeitnehmer, seine Tätigkeit nach Ablauf der Kündigungsfrist bis zur Entscheidung über eine laufende Kündigungsschutzklage fortzuführen, wird regelmäßig nicht auf den Vertragswillen der Beteiligten hindeuten, ein neues Arbeitsverhältnis zu begründen. Vielmehr soll das Arbeitsverhältnis, dessen Beendigung der Arbeitgeber durch die Kündigung zu erreichen sucht, fortgesetzt werden, bis endgültige Klarheit darüber besteht, ob und zu welchem Zeitpunkt die Kündigung das ursprünglich begründete Arbeitsverhältnis beendet hat.

2028

bbb) Rechte und Pflichten der Parteien

In der Zwischenzeit bestimmen sich die Rechte und Pflichten der Parteien grds. nach den Vereinbarungen des gekündigten Vertrages einschließlich der anzuwendenden arbeitsrechtlichen Schutzvorschriften, soweit diese nicht den Bestandsschutz zum Gegenstand haben (vgl. APS/*Koch* § 102 BetrVG Rz. 241 ff.; *Pallasch* BB 1993, 2225 ff.; a. A. *Barton/Hoensch* NZA 1987, 721).

2029

Deshalb stehen dem Arbeitnehmer, der während des fortgesetzten Arbeitsverhältnisses arbeitsunfähig wird, die für diesen Fall unabdingbaren gesetzlichen Ansprüche (z. B. gem. §§ 1, 3 ff. EFZG) zu.
Zu beachten ist, dass dann, wenn der Arbeitgeber einen Arbeitnehmer aufgrund einer entsprechenden Verurteilung bis zum rechtskräftigen Abschluss des Kündigungsschutzrechtsstreits weiterbeschäftigt, diese Grundsätze nicht ohne weiteres gelten, sondern **nur dann, wenn eine entsprechende Vereinbarung** zwischen den

2030

D. Die Beendigung des Arbeitsverhältnisses

Parteien zustande kommt und die Beschäftigung nicht nur infolge oder zur Abwendung der Zwangsvollstreckung erfolgt (MünchArbR/*Boewer* § 78 Rz. 41; s. u. D/Rz. 2033 ff.).

(2) Rückabwicklung

2031 Stellt sich sodann heraus, dass die **Kündigung** das ursprünglich begründete Arbeitsverhältnis **beendet hat,** so war bei der Abrede über die Weiterbeschäftigung die vertragliche Grundlage des ursprünglichen Arbeitsverhältnisses für die Einigung der Beteiligten bereits weggefallen (vgl. *Pallasch* BB 1993, 2225 ff.).

2032 In diesem Fall sind die Rechtsbeziehungen der Parteien nach den Grundsätzen des faktischen Arbeitsverhältnisses abzuwickeln, wonach es sich um ein fehlerhaftes, vollzogenes Arbeitsverhältnis handelt, das primär nach Vertrauensschutzgesichtspunkten zu behandeln ist (*BAG* 15.1.1986 EzA § 611 BGB Beschäftigungspflicht Nr. 10; 4.9.1986 EzA § 611 BGB Beschäftigungspflicht Nr. 27; 10.3.1987 EzA § 611 BGB Beschäftigungspflicht Nr. 28; 17.1.1991 EzA § 611 BGB Beschäftigungspflicht Nr. 51; 12.2.1992 EzA § 611 BGB Beschäftigungspflicht Nr. 52; abl. *Ramrath* DB 1987, 92).

Dem Arbeitnehmer verbleibt dann die für seine Arbeitsleistung gewährte Vergütung einschließlich der Ansprüche auf Krankenbezüge bei Arbeitsunfähigkeit gem. §§ 3 ff. EFZG. Eine Rückabwicklung der erbrachten Leistungen gem. §§ 812 ff. BGB kommt nicht in Betracht; es bestehen nur **Erfüllungsansprüche** (*BAG* 15.1.1986 EzA § 611 BGB Beschäftigungspflicht Nr. 10).

bb) Weiterbeschäftigung infolge oder zur Abwendung der Zwangsvollstreckung aufgrund einer entsprechenden Verurteilung durch das ArbG

(1) Rechte und Pflichten während der Weiterbeschäftigung

2033 Fraglich ist, welche Ansprüche der Arbeitnehmer bis zur rechtskräftigen Entscheidung über die Kündigung geltend machen kann, wenn der Arbeitgeber ihn nur infolge oder zur Abwendung der Zwangsvollstreckung beschäftigt.
Zum Teil (*Berkowsky* BB 1986, 795) wird die Auffassung vertreten, dass der Inhalt der Verpflichtung des Arbeitgebers zur Weiterbeschäftigung nur darin besteht, dem Arbeitnehmer einen (vertragsgerechten) Arbeitsplatz anzubieten und **(vertragsgerechte) Arbeit zuzuweisen.** Die Begründetheit aller anderen Ansprüche hänge dagegen allein davon ab, ob das ursprüngliche Arbeitsverhältnis und damit die hierdurch begründeten arbeitsvertraglichen gegenseitigen Rechte und Pflichten trotz Kündigung fortbestehen oder nicht. Entsprechende Leistungsklagen sollten gem. § 148 ZPO ausgesetzt werden. Bei Wirksamkeit der Kündigung solle Rückabwicklung gem. §§ 812 ff. BGB erfolgen; das Weiterbeschäftigungsurteil sei kein Rechtsgrund i. S. d. § 812 Abs. 1 BGB, um die vom Arbeitgeber erhaltenen Leistungen behalten zu dürfen.

2034 Zum Teil (*Färber/Kappes* NZA 1986, 215) wird demgegenüber die Auffassung vertreten, dass der Arbeitnehmer **alle,** aber auch nur diejenigen **Rechte** geltend machen könne (Vergütung, Sonderzuwendung, Sozialleistungen), **die einem Arbeitnehmer gem. § 102 Abs. 5 BetrVG** in einem gekündigten Arbeitsverhältnis zustehen. Denn unter »unveränderten Arbeitsbedingungen« seien die bei Ablauf der Kündigungsfrist bestehenden Arbeitsbedingungen zu verstehen. Folglich bestünden sowohl Urlaubs- als auch Entgeltfortzahlungsansprüche. Während der vorläufigen Weiterbeschäftigung könne der Arbeitnehmer aber **keine Rechte erwerben, die an seine Person** (z. B. § 9 MuSchG), **seine Betriebszugehörigkeit oder ein ungekündigtes Arbeitsverhältnis anknüpfen.** Entsprechende Leistungen seien dann, aber auch nur dann zu gewähren, wenn rechtskräftig feststehe, dass das Arbeitsverhältnis durch die Kündigung nicht beendet worden sei.

Demgegenüber soll sich nach *Barton/Hönsch* (NZA 1987, 724), obwohl gerade nicht feststeht, dass die Kündigung wirksam ist, der Inhalt des Rechtsverhältnisses zwischen den Parteien bereits während der Weiterbeschäftigung nach den Regeln bestimmen, die nach der Rechtsprechung des BAG auch für die **Rückabwicklung** (s. u. D/Rz. 2038 ff.) dann anzuwenden sind, wenn rechtskräftig die Wirksamkeit der Kündigung festgestellt wird. Dies entspricht auch der Praxis der Bundesanstalt für Arbeit, die insoweit weder Krankenbezüge, vermögenswirksame Leistungen, Beihilfen, Weihnachtsgeld noch Urlaubsgeld zahlt (abl. dazu *Schwerdtner* DB 1989, 878). 2035

(2) Rückabwicklung

aaa) Kein faktisches Arbeitsverhältnis
Wird rechtskräftig die Wirksamkeit der Kündigung festgestellt, so sind für die Rückabwicklung dann, wenn der Arbeitnehmer nur infolge oder zur Abwendung der Zwangsvollstreckung weiterbeschäftigt worden ist, die Grundsätze über das faktische Arbeitsverhältnis entgegen einer zum Teil in Rechtsprechung (*ArbG Hamburg* 16.11.1987 DB 1988, 135) und Literatur (*Schäfer* DB 1982, 902) vertretenen Auffassung nicht anwendbar. Das *BAG* ([GS] 27.2.1985 EzA § 611 BGB Beschäftigungspflicht Nr. 9) geht insoweit davon aus, dass ein faktisches Arbeitsverhältnis immerhin voraussetzt, dass die Beschäftigung des Arbeitnehmers zwar ohne Rechtsgrund, aber doch regelmäßig **mit Wissen und Willen des Arbeitgebers** erfolgt, während jedem Arbeitgeber aufgrund arbeitsgerichtlicher Verurteilung die Weiterbeschäftigung des Arbeitnehmers gegen seinen Willen aufgezwungen wird, was zugleich die Vertragsfreiheit beeinträchtigt. Daraus folgt nach Auffassung des *BAG* ([GS] 27.2.1985 EzA § 611 BGB Beschäftigungspflicht Nr. 9), dass die beiderseitige Interessenlage bei Durchsetzung des Weiterbeschäftigungsanspruchs mit Zwangsmitteln nicht mit der zu vergleichen ist, die entsteht, wenn der von beiden Parteien gewollte und vollzogene Arbeitsvertrag sich als von Anfang an nichtig erweist. 2036

bbb) Keine auflösend bedingte Fortsetzung des Arbeitsverhältnisses
Die Verurteilung zur Weiterbeschäftigung durch das ArbG bewirkt auch nicht, dass das ursprüngliche Arbeitsverhältnis auflösend bedingt durch die rechtskräftige Entscheidung über die Kündigungsschutzklage fortbesteht. Zahlt der Arbeitgeber in einem solchen Fall den Akkordlohn, so erfüllt er damit im Zweifel seine bei Unwirksamkeit der Kündigung bestehende Verpflichtung nach § 615 S. 1 BGB. Eine davon abweichende Vereinbarung hat der Arbeitnehmer darzulegen und zu beweisen (*BAG* 17.1.1991 EzA § 611 BGB Beschäftigungspflicht Nr. 51). 2037

ccc) Rückabwicklung gem. §§ 812 ff. BGB

aaaa) Grundlagen
Besteht im konkreten Einzelfall auch kein sonstiger Rechtsgrund für die Weiterbeschäftigung, so richten sich die Lohn- und sonstigen Ansprüche des Arbeitnehmers nach den allgemeinen Bestimmungen, insbesondere nach den §§ 812 ff. BGB. 2038

D. Die Beendigung des Arbeitsverhältnisses

2039 Da dem Arbeitgeber in diesen Fällen die Herausgabe der Arbeitsleistung des Arbeitnehmers nicht möglich ist, hat er gem. § 818 Abs. 2 BGB ihren Wert zu ersetzen. Dieser entspricht dem Tariflohn. Er kann aber auch darüber liegen. Dabei kann zunächst davon ausgegangen werden, was die Parteien als angemessen angesehen haben, als sie die Gegenleistung für den Wert der Arbeit vereinbart haben. Demgegenüber hat der Arbeitgeber darzulegen und zu beweisen, dass der Arbeitnehmer im Zeitraum der erzwungenen Weiterbeschäftigung eine niedriger zu bewertende Arbeitsleistung erbracht hat (*BAG* 12.2.1992 EzA § 611 BGB Beschäftigungspflicht Nr. 52).

§ 814 BGB (Ausschluss des Anspruchs bei Erbringung der Leistung in Kenntnis der Nichtschuld) steht dem im Zweifel nicht entgegen, weil der Ausgang eines Kündigungsschutzrechtsstreits für den Arbeitnehmer zum Zeitpunkt der Erbringung der Arbeitsleistung ungewiss ist.

bbbb) Einzelfragen

2040 Zur üblichen Vergütung in diesem Sinne gehört auch eine zeitanteilige **Jahressonderzahlung,** wenn diese nach dem Inhalt der für das beendete Arbeitsverhältnis maßgeblichen Tarifregelung als auf den Weiterbeschäftigungszeitraum entfallender Lohn anzusehen ist (*BAG* 1.3.1990 EzA § 611 BGB Beschäftigungspflicht Nr. 41).
Nicht zu ersetzen ist allerdings **Urlaub** (*BAG* 10.3.1987 EzA § 611 BGB Beschäftigungspflicht Nr. 28), der dem Arbeitnehmer nicht gewährt worden ist. Denn nach der ständigen Rechtsprechung des *BAG* (vgl. 14.5.1986 EzA § 7 BUrlG Nr. 45; s. o. C/Rz. 1708) ist der Urlaub keine Gegenleistung des Arbeitgebers für erbrachte und noch zu erbringende Arbeitsleistung, sondern eine gesetzlich oder tariflich geregelte – vertraglich bedingte – Verpflichtung des Arbeitgebers, den Arbeitnehmer von dessen Verpflichtung zur Arbeitsleistung für die Dauer des Urlaubs freizustellen.

2041 Gleichfalls entfallen Ansprüche des Arbeitnehmers aus **§ 616 BGB,** weil sich im Falle der Arbeitsverhinderung nicht der Wert der Arbeitsleistung erhöht (*BAG* 10.3.1987 EzA § 611 BGB Beschäftigungspflicht Nr. 28). Gleiches gilt dann, wenn der Arbeitnehmer aus Gründen einer **Erkrankung** oder wegen **Schwangerschaft** tatsächlich keine Arbeitsleistung erbringt (MünchArbR/*Wank* § 120 Rz. 105).
Wie der Wertausgleich dann zu bestimmen ist, wenn **Urlaub tatsächlich gewährt** worden ist, hat das *BAG* (10.3.1987 EzA § 611 BGB Beschäftigungspflicht Nr. 28) bislang offen gelassen. In der Literatur (*Barton/Hönsch* NZA 1987, 721) wird die Auffassung vertreten, dass der Arbeitnehmer dann, wenn bezahlter Urlaub gewährt worden ist, auf den er unter Berücksichtigung der Wirksamkeit der Kündigung keinen Anspruch hatte, um die entsprechenden Zahlungen bereichert ist. Sie sind daher im Rahmen der Saldierung zu seinen Lasten zu berücksichtigen, da sie vom Arbeitgeber ohne Rechtsgrund i. S. d. § 812 BGB gewährt worden sind.

2042 Daneben ist **§ 717 Abs. 2 ZPO** anwendbar (*BAG* 10.3.1987 EzA § 611 BGB Beschäftigungspflicht Nr. 28). Folglich sind vom Arbeitnehmer bei rechtskräftigem Unterliegen die Schäden zu ersetzen, in denen sich das spezifische Risiko verwirklicht, dessen Eintritt der Arbeitgeber mit seiner Kündigung für die Zukunft gerade ausschließen wollte (z. B. bei der Verzögerung oder Verhinderung von Rationalisierungsmaßnahmen wegen der Weiterbeschäftigung; vgl. *Barton/Hönsch* NZA 1987, 721).

D. Die Beendigung des Arbeitsverhältnisses

XVIII. Die Kündigung des Arbeitsverhältnisses durch den Arbeitnehmer

1. Ordentliche Kündigung

Der Arbeitnehmer kann das Arbeitsverhältnis **grds. jederzeit** ordentlich kündigen, sofern er die ordentliche Kündigungsfrist (z. B. gem. § 622 Abs. 1 BGB: vier Wochen zum 15. oder zum Ende eines Kalendermonats) einhält.

2043

Wie die Kündigung des Arbeitgebers (s. o. D/Rz. 4 ff.), kann auch die Eigenkündigung des Arbeitnehmers aufgrund der gesetzlichen **Schriftform** des § 623 BGB seit dem 1.5.2000 grds. nicht mehr durch konkludentes Verhalten, also stillschweigend erfolgen. Das ist z. B.insbesondere dann nicht der Fall, wenn der Arbeitnehmer unentschuldigt fehlt, weil es sich insoweit um ein bloßes faktisches Geschehen handelt; nichts anderes gilt i. d. R. beim kommentarlosen vorzeitigen Verlassen der Arbeitsstelle nach Streitereien zwischen den Vertragsparteien.

Verlangt der Arbeitnehmer vom Arbeitgeber schriftlich die Herausgabe der ausgefüllten **Arbeitspapiere**, kann diese Erklärung u. U. als Eigenkündigung zu qualifizieren sein (*Frölich* NZA 1997, 1275). Das gilt aber dann nicht, wenn der Arbeitnehmer dieses Verlangen mündlich an den Arbeitgeber richtet, nachdem dieser gekündigt hatte und das Herausgabeverlangen damit begründet wird, dass der Arbeitnehmer eine Arbeit antreten wolle und der bisherige Arbeitgeber eine Beschäftigung ablehnt. Denn der Arbeitnehmer kommt dann neben der Nichteinhaltung der Schriftform allein der Pflicht zur Schadensminderung durch Annahme einer anderen Arbeit nach, wozu er auch die Arbeitspapiere benötigt (*LAG Rheinland-Pfalz* 12.12.1996 ZTR 1998, 44).

2. Außerordentliche Kündigung

a) Allgemeine Voraussetzungen

Für die außerordentliche Kündigung des Arbeitnehmers **gelten die gleichen Maßstäbe und Grundsätze wie für die außerordentliche Kündigung des Arbeitgebers** (*BAG* 19.10.1967 EzA § 124 GewO Nr. 1; *LAG Berlin* 23.3.1989 BB 1989, 1121; ausf. *Busemann/Schäfer* a. a. O., Rz. 168 ff.; APS/*Dörner* § 626 BGB Rz. 394 ff.): Die Kündigung muss gem. § 623 BGB **schriftlich** erfolgen (vgl. APS/*Preis* § 623 BGB Rz. 7 ff.; KDZ/*Däubler* § 623 BGB Rz. 8 ff.), ihr muss ein **wichtiger Grund** zugrunde liegen (*LAG Köln* 2.2.2000 NZA-RR 2000, 419), ihr hat i. d. R. eine **Abmahnung** vorauszugehen (*LAG Düsseldorf* 24.11.1995 LAGE § 140 BGB Nr. 12), die Ausschlussfrist des **§ 626 Abs. 2 BGB** ist anzuwenden und es hat eine umfassende **Interessenabwägung** stattzufinden.
Für den wichtigen Grund ist der Arbeitnehmer darlegungs- und beweispflichtig.

2044

Nach Auffassung des *LAG Berlin* (23.3.1989 BB 1989, 1121; ebenso *LAG Hamm* 17.2.1995–10 Sa 1126/94 – n. v.; vgl. auch *LAG Köln* 2.2.2000 ARST 2000, 213 Ls.) ist es nicht rechtsmissbräuchlich, wenn sich der Arbeitnehmer beim Fehlen eines wichtigen Grundes später selbst auf die Unwirksamkeit der Kündigung beruft. Das *BAG* (4.12.1997 EzA § 626 BGB Eigenkündigung Nr. 1; abl. dazu *Singer* NZA 1998, 1309 ff.; vgl. auch *Bonkowski* ArbuR 1998, 423; APS/*Dörner* § 626 BGB Rz. 396) vertritt demgegenüber die gegenteilige Auffassung jedenfalls für den Fall, dass der Arbeitnehmer selbst unmissverständlich und definitiv außerordentlich gekündigt hat. Dies gilt sowohl hinsichtlich des Fehlens eines wichtigen Grundes, als auch hinsichtlich der Einhaltung einer vereinbarten Schriftform. Dies wird wohl auch für den Fall der Nichteinhaltung der nunmehr seit dem 1.5.2000 geltenden gesetzlichen Schriftform für die Arbeitnehmerkündigung gem. § 623 BGB (s. o. D/Rz. 4 ff.) gelten.

b) Beispiele

2045 Nur ausnahmsweise kann die außerordentliche Chance eines **besonderen beruflichen Fortkommens** ausreichen. Allein das Angebot wesentlich günstigerer Bedingungen (z. B. Vereinbarung eines unbefristeten an Stelle eines befristeten Arbeitsverhältnisses) reicht nicht aus (*LAG Schleswig-Holstein* 30.1.1991 LAGE § 626 BGB Nr. 59). Gleiches gilt für die Möglichkeit, ein erheblich **höheres Gehalt** zu erzielen (*BAG* 1.10.1970 EzA § 626 BGB n. F. Nr. 6).

2046 Nach erfolgloser Abmahnung kann der Arbeitnehmer wegen **Nichtzahlung des Entgelts** fristlos kündigen, wenn der Arbeitgeber entweder zeitlich oder dem Betrag nach erheblich in Verzug kommt (*LAG Hamm* 29.9.1999 NZA-RR 2000, 242). Gleiches gilt, wenn es der Arbeitgeber über einen längeren Zeitraum hinweg (z. B. länger als ein Jahr) unterlässt, die einbehaltenen **Lohnsteuer- und Sozialversicherungsbeiträge** abzuführen (*LAG Baden-Württemberg* 30.5.1968 BB 1968, 874). Die außerordentliche Kündigung des Arbeitnehmers verbunden mit **sofortiger Arbeitsniederlegung** wegen von ihm erwarteter verspäteter Gehaltszahlung ist unwirksam, wenn sie **vor Fälligkeit der Vergütung** erfolgt und keine Anhaltspunkte dafür vorliegen, dass der Arbeitgeber zahlungsunfähig ist (*LAG Hamm* 14.2.2001 – 14 Sa 1829/00 –). Gleiches gilt für eine außerordentliche Kündigung wegen **wirtschaftlicher Schwierigkeiten** des Arbeitgebers (*ArbG Frankfurt/M.* 20.4.1999 NZA-RR 2000, 82).

Wenn ein Verkaufsgebietsleiter ein berechtigtes Interesse daran hat, bis zum Ablauf der Kündigungsfrist beschäftigt zu werden, weil der weit überwiegende Teil seiner Vergütung aus Provisionen besteht, ist er bei einer **unzulässigen Suspendierung** durch den Arbeitgeber zur fristlosen Kündigung berechtigt (*BAG* 19.8.1976 EzA § 611 BGB Beschäftigungspflicht Nr. 1). Gleiches gilt bei einer **unberechtigten Teilsuspendierung**, wenn dem Arbeitnehmer wesentliche Aufgaben entzogen worden sind und die Anordnung des Arbeitgebers für ihn **kränkend** ist (*BAG* 15.6.1972 EzA § 626 BGB n. F. Nr. 14).

2047 Die im Anschluss an § 8 Abs. 2 ErsatzschulfinanzG NW arbeitsvertraglich festgelegte **Gleichstellung mit einem beamteten Lehrer** ermöglicht es einem angestellten Lehrer nicht, entgegen der vertraglich ausbedungenen ordentlichen Kündigungsfrist mit sofortiger Wirkung aus dem Arbeitsverhältnis auszuscheiden.

Das in einem solchen, auf Lebenszeit abgeschlossenen Vertrag aufgestellte Erfordernis der Einhaltung einer Kündigungsfrist von sechs Monaten verstößt nicht gegen Art. 12 GG (*BAG* 24.10.1996 EzA Art. 12 GG Nr. 29).

2048 Die auf Verlangen erfolgte **ständige und erhebliche Überschreitung der zulässigen Arbeitszeit** kann dem Arbeitnehmer auch dann einen wichtigen Grund zur fristlosen Kündigung geben, wenn er zunächst bereit war, verbotene Mehrarbeit zu leisten. Wenn der Arbeitnehmer aus dem Verhalten des Arbeitgebers schließen darf, dass dieser nicht bereit ist, die Schutzvorschriften der AZO (jetzt des ArbZG) zu beachten, dann muss er vor Ausspruch der Kündigung zunächst nicht versuchen, den Arbeit-

geber zur künftigen Einhaltung der zulässigen Arbeitszeit zu bewegen (*BAG* 28.10.1971 EzA § 626 BGB n. F. Nr. 9).
Von einem Arbeitnehmer, der nach ärztlichem Urteil wegen seines **Gesundheitszu-** 2049 **standes** auf Dauer nur noch halbtags leichte Büroarbeit verrichten kann, hat das *BAG* (2.2.1973 EzA § 626 BGB n. F. Nr. 27) verlangt, dass er, bevor er wegen Krankheit fristlos kündigt, dem Arbeitgeber Gelegenheit gibt, ihn nach Maßgabe seiner verbliebenen Arbeitskraft weiter zu beschäftigen. Ohne ein solches Angebot des Arbeitnehmers ist dessen außerordentliche Kündigung i. d. R. rechtsunwirksam.

c) Prozessuale Fragen

Der Arbeitgeber kann u. U. auf Feststellung klagen, eine außerordentliche Kündi- 2050 gung des Arbeitnehmers sei unwirksam. Er besitzt das gem. § 256 ZPO erforderliche **Feststellungsinteresse** jedenfalls dann, wenn er durch die fristlose Kündigung in seinem **Ansehen betroffen** ist (*BAG* 20.3.1986 EzA § 256 ZPO Nr. 25; vgl. auch *BAG* 24.10.1996 EzA Art. 12 GG Nr. 29; APS/*Dörner* § 626 BGB Rz. 395); in dieser Fallkonstellation sind die Voraussetzungen des § 256 ZPO ohne Einschränkungen gegeben. Das ist z. B. dann der Fall, wenn der Arbeitnehmer schwere Vorwürfe gegen den Arbeitgeber erhebt und damit seine außerordentliche Kündigung begründet, wenn diese geeignet sind, das Ansehen des Arbeitgebers zu beeinträchtigen und es in Zukunft zu erschweren, besonders geeignete und qualifizierte Arbeitnehmer vertraglich an sich zu binden.
Das gilt auch für Arbeitgeber, die im Rechtsverkehr als **juristische Person** auftreten, weil sie heute allgemein als Träger des Rechts auf Ehre (allgemeines Persönlichkeitsrecht) anerkannt sind sowie für nicht rechtsfähige Personengesamtheiten, wie z. B. Gewerkschaften.
Eine vom Arbeitnehmer bestrittene mündliche Eigenkündigung kann im Allgemei- 2051 nen nur dann als bewiesen nach Maßgabe des § 286 ZPO angenommen werden, wenn die Beweiserhebung ihre wörtliche Formulierung und deren Kontext ergeben hat, da erfahrungsgemäß Fehldeutungen durch den Erklärungsempfänger häufig vorkommen (Verwechslung von Ankündigung, Androhung und Ausspruch, Überhören einer mehr oder weniger deutlich ausgesprochenen Bedingung, Missdeutung bloßer Unmutsäußerung mit erkennbar fehlender Ernstlichkeit usw.; *LAG Köln* 9.8.1996 NZA 1997, 718 Ls.).

3. Umdeutung

Eine Umdeutung einer **unwirksamen außerordentlichen Kündigung in eine or-** 2052 **dentliche Kündigung** (§ 140 BGB) kommt in Betracht, wenn der Kündigende Tatsachen vorgetragen hat, die darauf hindeuten, dass sie nach den gegebenen Umständen seinem **mutmaßlichen Willen entsprach** und dieser Wille dem Gekündigten bei Zugang der Kündigung erkennbar geworden ist (*LAG Hamm* 17.2.1995 – 10 Sa 1126/94 – n. v.).
Eine unwirksame fristlose Eigenkündigung kann auch **in ein Vertragsangebot zur** 2053 **sofortigen einverständlichen Beendigung des Arbeitsverhältnisses** umgedeutet werden, wenn es dem mutmaßlichen Willen des Arbeitnehmers entspricht, auch beim Fehlen eines wichtigen Grundes gleichwohl unter allen Umständen das Arbeitsverhältnis sofort zu beenden. **Dies setzt aber voraus, dass der Arbeitgeber die Unwirksamkeit der fristlosen Eigenkündigung des Arbeitnehmers erkannt hat, diese**

D. Die Beendigung des Arbeitsverhältnisses

als Angebot zur Vertragsaufhebung werten kann und diesem mutmaßlichen Willen zu entsprechen bereit ist (*LAG Düsseldorf* 24.11.1995 LAGE § 140 BGB Nr. 12).

4. Anfechtung der Eigenkündigung

2054 Der Arbeitnehmer kann die von ihm erklärte Kündigung nach den allgemeinen Grundsätzen (§§ 119 ff., 123 f. BGB) anfechten. In Betracht kommt dies insbesondere dann, wenn er durch seine Kündigung einer angekündigten insbesondere fristlosen Arbeitgeberkündigung zuvorkommen will.
Insoweit gelten folgende Grundsätze:

> Die Drohung mit einer außerordentlichen Kündigung ist widerrechtlich i. S. d. § 123 Abs. 1 BGB, wenn ein verständiger Arbeitgeber eine solche Kündigung nicht ernsthaft in Erwägung ziehen durfte.
> Wenn unter Abwägung aller Umstände des Einzelfalls der Arbeitgeber davon ausgehen muss, die angedrohte Kündigung werde im Falle ihres Ausspruchs einer arbeitsgerichtlichen Überprüfung mit hoher Wahrscheinlichkeit nicht stand halten, weil eine Abmahnung als Reaktion ausreichend ist, darf er die Kündigung nicht in Aussicht stellen, um damit den Arbeitnehmer zu einer Eigenkündigung zu veranlassen (*BAG* 9.3.1995 NZA 1996, 875).

5. Rechtsmissbräuchliche Berufung auf eine Kündigung in einem emotionalen Ausnahmezustand

2055 Erklärt ein Arbeitnehmer **nach langjähriger Betriebszugehörigkeit** auf Grund unberechtigter Vorwürfe des Arbeitgebers in einem Zustand **unverkennbarer emotionaler Erregung** die außerordentliche Kündigung und liegt es für den Arbeitgeber auf der Hand, dass der Arbeitnehmer – zu Ruhe und Besinnung gekommen – voraussichtlich seine übereilte Erklärung bedauern und an dem Arbeitsverhältnis festhalten wird, so ist das Vertrauen des Arbeitgebers auf die Beendigung des Arbeitsverhältnisses nach Auffassung des *LAG Köln* (2.2.2000 NZA-RR 2000, 419) **nicht schutzwürdig**. Beruft er sich auf die Eigenkündigung, handelt er rechtsmissbräuchlich (§ 242 BGB).

XIX. Vereinbarung und Beendigung eines befristeten oder auflösend bedingten Arbeitsverhältnisses

1. Die Befristung des Arbeitsverhältnisses

a) Die Umgehungsrechtsprechung des BAG (Rechtslage bis zum 31.12.2000)

aa) Grundsatz der Vertragsfreiheit; Wertungswiderspruch zum KSchG

2056 Gem. §§ 241, 305 BGB ist die Vereinbarung befristeter Arbeitsverhältnisse unter dem Gesichtspunkt der Vertragsfreiheit zulässig. § 620 BGB lässt folglich die Zeit- und Zweckbefristung nach seinem Wortlaut ohne Einschränkung zu.

D. Die Beendigung des Arbeitsverhältnisses

Es besteht aber zum Kündigungsschutz, insbesondere nach Maßgabe des KSchG, ein Wertungswiderspruch, weil danach die Beendigung des Arbeitsverhältnisses nur bei Vorliegen besonderer Gründe möglich ist. **Deshalb ist entgegen dem Wortlaut des § 620 BGB aufgrund der nach In-Kraft-Treten des BGB entstandenen Entwicklung die Befristung von Arbeitsverhältnissen nur eingeschränkt zulässig.**

bb) Notwendigkeit eines sachlichen Grundes für die Befristung
Nach der ständigen Rechtsprechung des *BAG* (grundlegend GS 12.10.1960 AP Nr. 16 zu § 620 BGB Befristeter Arbeitsvertrag) besteht – sofern das BeschFG (jetzt: TzBfG) nicht anwendbar ist (s. u. D/Rz. 2187 ff.) ein schutzwürdiges Interesse für die Befristung eines Arbeitsvertrages nur dann, **wenn die Befristung durch sachliche Gründe gerechtfertigt ist** (vgl. *Hofmann* ZTR 1993, 399 ff.; APS/*Backhaus* § 620 BGB Rz. 39 ff.; KR-*Lipke/Bader* § 620 BGB Rz. 65 ff.). **Die Befristung ist dann unzulässig, wenn sie als rechtliche Gestaltungsmöglichkeit objektiv funktionswidrig verwendet wird.** Das ist dann der Fall, wenn der durch die Kündigungsschutzbestimmungen geleistete **Bestandsschutz des Arbeitsverhältnisses objektiv vereitelt wird und dafür kein sachlicher Grund vorliegt.** Eine Umgehungsabsicht ist nicht erforderlich (Theorie der objektiven Gesetzesumgehung).

Die befristeten Verträge müssen ihre sachliche Rechtfertigung so in sich tragen, dass sie die Kündigungsschutzvorschriften nicht beeinträchtigen.

2057

Zu prüfen ist also:
– Wird eine Kündigungsschutzvorschrift ausgeschaltet?
– wenn ja, liegt dafür ein sachlicher Grund vor?

2058

Auch die besondere Situation des öffentlichen Dienstes in den **neuen Bundesländern** rechtfertigt es nicht, an den Inhalt arbeitsgerichtlicher Befristungskontrolle geringere Anforderungen zu stellen (*BAG* 15.3.1995 EzA § 620 BGB Nr. 131).

cc) Objektive Umgehung des Bestandsschutzes

(1) Rechtslage bei Nichtanwendbarkeit des KSchG
Ein befristeter Arbeitsvertrag von **nicht mehr als sechs Monaten oder von mehr als sechs Monaten in einem Kleinbetrieb** (§ 23 Abs. 1 S. 2 KSchG) bedarf deshalb, weil das KSchG (noch) nicht anwendbar ist, nur dann eines sachlichen Grundes, wenn durch die Befristung ein besonderer gesetzlicher Bestandsschutz objektiv umgangen wird.
Das *BAG* (11.11.1982 EzA § 620 BGB Nr. 61; 17.2.1983 EzA § 620 BGB Nr. 62) hat zunächst angenommen, dass z. B. Bestimmungen im PersVG eines Bundeslandes umgangen werden, wonach die ordentliche Kündigung auch innerhalb der ersten 6 Monate der Zustimmung des Personalrats bedarf. Eine Umgehung liegt insoweit aber nur dann vor, wenn der Personalrat entweder nicht ordnungsgemäß beteiligt worden ist oder der Einstellung gerade wegen der Befristung widersprochen hat.
Inzwischen hat das *BAG* (14.2.1990 EzA § 1 BeschFG 1985 Nr. 10) diese Auffassung aber aufgegeben, da eine derartige **Mitbestimmungsregelung** für den betroffenen Arbeitnehmer **keinen gerichtlich durchsetzbaren kündigungsschutzrechtlichen Bestandsschutz** begründet.
Andererseits ist die vereinbarte Befristung aber dann **unwirksam**, wenn der Arbeitgeber gegen das z. B. durch § 78 Abs. 2 Nr. 2 LPersVG Rheinland-Pfalz begründete **Mit-**

2059

2060

D. Die Beendigung des Arbeitsverhältnisses

bestimmungsrecht des Personalrats verstößt, wonach die Zustimmung des Personalrats für eine Anschlussbefristung oder die Verlängerung einer Befristung eines Arbeitsvertrages einzuholen ist. Die Rechtsfolge der Unwirksamkeit der Befristung folgt aus der Verletzung des Mitbestimmungsrechts (*LAG Rheinland-Pfalz* 28.2.2001 ZTR 2001, 477 Ls.; s. auch unten D/Rz. 2095).

(2) Umgehung besonderen Kündigungsschutz begründender Normen

2061 In Betracht kommt aber auch vor Anwendbarkeit des KSchG z. B. die **Umgehung der § 9 MuSchG, § 18 BErzGG, §§ 85, 91 SGB IX, § 15 KSchG, § 103 BetrVG.** Wird der Arbeitnehmer erst **während des befristeten Arbeitsverhältnisses** Amtsträger i. S. d. § 15 KSchG, § 103 BetrVG, so bleibt die Befristung zwar wirksam, weil für die Beurteilung ihrer Rechtmäßigkeit auf den Zeitpunkt des Vertragsabschlusses abzustellen ist (s. u. D/Rz. 2082). Wird allerdings im Anschluss an einen befristeten Arbeitsvertrag des Amtsträgers erneut (nur) ein befristeter Arbeitsvertrag geschlossen, so sind an den Befristungsgrund besonders hohe Anforderungen zu stellen (*BAG* 17.2.1983 EzA § 620 BGB Nr. 64).

Gleiches gilt, wenn die besondere Eigenschaft (z. B. Schwangerschaft, vgl. § 9 MuSchG) zwar zum Zeitpunkt des Abschlusses des befristeten Arbeitsvertrages besteht, dem Arbeitgeber aber **(noch) nicht bekannt** ist.

2062 Auch dann ist die Befristungsabrede bei Vertragsschluss als dem für die Beurteilung der Rechtmäßigkeit maßgeblichen Zeitpunkt wirksam; durch die Kenntnis von der besonderen Eigenschaft ändert sich die Rechtslage nicht (*BAG* 23.10.1991 EzA § 9 MuSchG n. F. Nr. 29). Folglich endet das Arbeitsverhältnis einer schwanger gewordenen Arbeitnehmerin mit Ablauf der Befristung; § 9 MuSchG ist nicht anwendbar.

2063 Demgegenüber handelt es sich nach Auffassung von *Lipke* (KR 5. Aufl. § 620 BGB/Rz. 103) um einen Fall, in dem erst später erforderlich wird, dass ein z. B. auf drei Monate befristeter Vertrag, durch den zunächst keine Kündigungsschutzvorschrift umgangen worden ist, durch einen sachlichen Grund gerechtfertigt sein muss, der bereits vor Vertragsschluss vorgelegen hat.

2064 Inzwischen geht das *BAG* (6.11.1996 EzA § 620 BGB Nr. 146) davon aus, dass auch die Kenntnis des Arbeitgebers von der Schwangerschaft im Zeitpunkt des Vertragsabschlusses die Befristung eines Arbeitsvertrages nicht hindert; Art. 6 Abs. 4 GG steht dem nicht entgegen. Allerdings ist die Schwangerschaft bei der Bewertung der Interessenlage der Vertragsparteien beim Abschluss befristeter Arbeitsverträge zu berücksichtigen.

2065 Jedenfalls kann die **Berufung des Arbeitgebers auf die Befristung ausnahmsweise rechtsmissbräuchlich sein,** z. B. wenn er bei einer Arbeitnehmerin die Erwartung geweckt und bestätigt hat, er werde sie bei Eignung und Bewährung weiterbeschäftigen und sie sich im befristeten Probearbeitsverhältnis voll bewährt hat (*BAG* 16.3.1989 EzA § 1 BeschFG 1985 Nr. 7).

2066 Nach Auffassung des *ArbG Cottbus* (13.9.2000 NZA-RR 2000, 626) verwehrt es der europarechtliche Gleichbehandlungsgrundsatz einem Arbeitgeber, sich auf die Befristung eines Arbeitsvertrages zu berufen, wenn dies **ausschließlich** wegen einer in der Vertragslaufzeit auftretenden **Schwangerschaft** der Arbeitnehmerin **geschieht**.

D. Die Beendigung des Arbeitsverhältnisses

Bei **schwer behinderten Arbeitnehmern,** deren Arbeitsverhältnis auf mehr als sechs Monate befristet ist (zuvor gelten §§ 85 ff. SGB IX gem. § 90 Abs. 1 Nr. 1 SGB IX nicht) gelten dann, wenn die Schwerbehinderung während der Laufzeit des befristeten Arbeitsverhältnisses anerkannt wird, die **gleichen Grundsätze** (KR-*Lipke* § 620 BGB Rz. 107 ff.). Ist die Schwerbehinderung bis zum Auslaufen des befristeten Arbeitsverhältnisses **nicht anerkannt,** dann kann der Befristungsschutz nicht weiter reichen als der Kündigungsschutz. 2067

Soll ein Arbeitsverhältnis bis zur Einberufung zum **Wehrdienst** befristet werden, so bedarf es eines sachlichen Grundes, der sich nicht auf den Wehrdienst bezieht. Dies folgt aus der gesetzgeberischen Wertung in § 2 Abs. 2 ArbPlSchG (MünchArbR/ *Wank* § 116 Rz. 44).

Auch die Befristung eines Arbeitsvertrages, bei dem wegen der geringen Zahl der im Betrieb beschäftigten Arbeitnehmer eine Umgehung des allgemeinen Kündigungsschutzes nicht in Betracht kommt, bedarf eines sachlichen Grundes, wenn sie zur **Umgehung des Kündigungsschutzes nach § 613 a Abs. 4 BGB objektiv geeignet ist** (*BAG* 2.12.1998 EzA § 620 BGB Nr. 161). 2068

Bei befristeten Arbeitsverträgen mit **leitenden Angestellten** ist zu beachten, dass sie die Beendigung des Arbeitsverhältnisses zwar aufgrund einer sozialwidrigen Kündigung, nicht aber aufgrund einer gerichtlichen Auflösung gem. § 14 Abs. 2 S. 2 KSchG i. V. m. §§ 9, 10 KSchG verhindern können, weil ein Auflösungsantrag des Arbeitgebers dann keiner Begründung bedarf. Allerdings erfolgt die Auflösung gegen Zahlung einer Abfindung. Daraus folgt, dass auch die Befristung eines Arbeitsvertrages mit einem leitenden Angestellten dann – aber auch nur dann – **keines sachlichen Grundes bedarf**, wenn dieser wegen seines Ausscheidens einen **finanziellen Ausgleich erhält**, der einer Abfindung nach §§ 9, 10 KSchG gleichwertig ist (*BAG* 26.4.1979 EzA § 620 BGB Nr. 39; *BSG* 15.12.1999–B 11 AL 33/99 R –). 2069

(3) Sonderfall: Befristung auf einzelne Arbeitseinsätze

Nicht selten werden in der Praxis Studenten (z. B. als Nachtwachen in Krankenhäusern, Kassierer in Supermärkten) mit der Maßgabe beschäftigt, dass der jeweilige konkrete Arbeitseinsatz gesondert vereinbart wird und der Arbeitnehmer **nicht zum Arbeitseinsatz verpflichtet ist,** sondern ihn z. B. auch mit Rücksicht auf die Beanspruchung durch die Ausbildung ablehnen kann, es sei denn, er trägt sich selbst z. B. in eine dafür vorgesehene Liste ein oder stimmt einer telefonischen Anfrage jeweils zu (vgl. ausf. *Hunold* NZA 1996, 113 ff.). 2070

Nach Auffassung des *LAG Berlin* (6.10.1995 LAGE § 620 BGB Nr. 42) kann eine rechtliche Beziehung **nur dann** als **(Dauer-)Arbeitsverhältnis** mit der Folge angesehen werden, dass durch Befristungen z. B. Kündigungsschutzbestimmungen oder das BUrlG umgangen werden könnten, **wenn der eine Teil zur Leistung von Diensten über den einzelnen Einsatz hinaus verpflichtet ist.** Es stellt auch **keinen Missbrauch der Gestaltungsform** dar, wenn ein Arbeitgeber einen Studenten über längere Zeit in befristeten Aushilfsarbeitsverhältnissen beschäftigt, anstatt mit ihm Abrufarbeit gem. § 4 BeschFG (jetzt: § 12 TzBfG) zu vereinbaren, weil die damit für den Studenten verbundene Pflicht, zu den vom Arbeitgeber verlangten Zeiten tätig zu werden, nicht seinem Interesse entspricht, den wechselnden Anforderungen seines Studiums nachkommen zu können (*LAG Berlin* 6.10.1995 LAGE § 620 BGB Nr. 42). In einer anderen Entscheidung hat das *LAG Berlin* (12.1.1999 ZTR 1999, 327 Ls.) demgegenüber angenommen, dass die in einer »Rahmenvereinbarung« vorgesehene Vertragskonstruktion, wonach der flexible Einsatz studentischer Arbeitnehmer für 2071

D. Die Beendigung des Arbeitsverhältnisses

ein sog. Call-Center immer nur zu befristeten einsatzbezogenen Tagesarbeitsverhältnissen führt und kein Bedarfsarbeitsverhältnis i. S. d. § 4 BeschFG (jetzt: § 12 TzBfG) entstehen lässt, eine **objektive Umgehung des gesetzlichen Kündigungsschutzes darstellt, die deshalb eines sachlichen Grundes bedarf.** Danach ist bei einer solchen Vertragskonstruktion **ein Bedarfsarbeitsverhältnis (ohne garantiertes Arbeitsvolumen) zu fingieren mit der Folge, dass der studentische Arbeitnehmer mit mindestens zehn Stunden/Woche eingesetzt werden muss** (*LAG Berlin* 12.1.1999 ZTR 1999, 327 Ls.).

2072 Auch ein Medizinstudent, der sich in einem Klinikum als **Extrawache** in einen Dienstplan einträgt, der zum 15. des Monats für den folgenden Kalendermonat aushängt, begründet ein Arbeitsverhältnis nur für die Dauer der jeweiligen Extrawache. Ein (Teilzeit-)Arbeitsverhältnis für die Dauer der Zeit, in der Extrawachen geleistet werden, kommt grds. nicht zustande (*LAG Schleswig-Holstein* 17.5.1995 LAGE § 620 BGB Nr. 38). Das *BAG* hat in einem vergleichbaren Fall (18.8.1982 – 7 AZR 353/80 – n. v.) offen gelassen, für welche Zeiträume jeweils befristete Arbeitsverträge anzunehmen waren, aber zugleich entschieden, dass der Student jedenfalls in **keinem unbefristeten Arbeitsverhältnis** gestanden hat (vgl. auch *BAG* 13.2.1985 – 7 AZR 345/82 – n. v.; 1.4.1990 EzA § 620 BGB Nr. 107).

2073 **Andererseits** hat das *BAG* (19.1.1993 EzA § 1 BUrlG Nr. 20) angenommen, dass Studenten, die nach einer mehrwöchigen Einarbeitung als **Sitz- und Sonderwachen** in einer Intensivstation eines Universitätsklinikums für geeignet gehalten und in den Kreis der zukünftig zu Sitzwachen heranzuziehenden studentischen Hilfskräfte aufgenommen werden, in einem **dauernden Teilzeitarbeitsverhältnis** stehen. Sie haben in jedem Kalenderjahr Anspruch auf Urlaub entsprechend ihrer im Vergleich zu Vollzeitbeschäftigten jährlich zu leistenden Arbeit.

2074 Ein Dauerarbeitsverhältnis kann zudem auch dann entstehen, wenn die einzelnen Einsätze eines Rundfunkmitarbeiters **auf Abruf jeweils vorher verabredet** werden. Das setzt voraus, dass der Arbeitnehmer häufig und über einen längeren Zeitraum herangezogen wird, er von seinem Ablehnungsrecht regelmäßig keinen Gebrauch macht und er darauf vertrauen kann, auch in Zukunft herangezogen zu werden. Ein Zeitraum von bis zu sechs Monaten reicht dazu im Regelfall jedoch nicht aus (*BAG* 22.4.1998 EzA § 620 BGB Nr. 151; vgl. dazu *Buschmann* ArbuR 1998, 466).

dd) Sachlicher Grund für die Befristung

(1) Grundlagen

2075 Für die Zulässigkeit der Befristung reicht es aus, wenn **objektiv ein sachlicher Grund** für die Befristung vorliegt (vgl. *Sowka* BB 1994, 1001 ff.; APS/*Backhaus* § 620 BGB Rz. 108 ff.). Einige Gesetze und Tarifverträge erkennen demgegenüber einen sachlichen Grund nur dann an, wenn dieser Grund auch ausdrücklich zum **Inhalt des Vertrages** gemacht worden ist (vgl. SR 2 y BAT). Zu beachten ist, dass ein **Anspruch des Arbeitnehmers aus einer Zusage des Arbeitgebers auf Abschluss eines unbefristeten Arbeitsvertrages nicht zur Unwirksamkeit einer Befristung führt, die entgegen der Zusage des Arbeitgebers vereinbart wurde** (*BAG* 25.4.2001 EzA § 620 BGB Nr. 177).

(2) Tarifnormen

2076 Das **Kündigungsschutzrecht** als zwingendes Arbeitnehmerschutzrecht **ist nicht tarifdispositiv.** Deshalb bedürfen auch Tarifverträge, die eine Befristung zulassen, eines sachlichen Grundes. Dabei können sie sich allerdings auch auf die sachlichen Gründe nach § 1 BeschFG (jetzt: § 14 TzBfG) stützen. Ob das der Fall ist, ist durch Auslegung zu ermitteln. Das *BAG* (4.12.1969, 30.9.1971, AP Nr. 32, 36 zu § 620 BGB Befristeter Arbeitsvertrag) geht regelmäßig davon aus, dass die Tarifvertragsparteien das Vorliegen eines sachlichen Grundes **zutreffend überprüft** haben (»tarifdispositives Richterrecht«).

(3) Prüfungsmaßstab

Maßgeblich für die Beurteilung des Vorliegens eines sachlichen Grundes für die Befristung ist im Übrigen die Auffassung verständiger und verantwortungsbewusster Vertragspartner sowie die Üblichkeit im Arbeitsleben (*BAG* 5.3.1970 AP Nr. 34 zu § 620 BGB Befristeter Arbeitsvertrag, 22.3.1973 EzA § 620 BGB Nr. 18; vgl. KR-*Lipke* 5. Aufl. § 620 BGB Rz. 124 ff.; APS/*Backhaus* § 620 BGB Rz. 108 ff.). 2077

(4) Grund und Dauer der Befristung
Die von den Parteien vereinbarte Dauer eines Arbeitsverhältnisses ist an den Sachgründen für die Befristung zu orientieren. Es muss also im konkreten Einzelfall bereits bei Abschluss des jeweiligen Vertrages ersichtlich sein, dass **auch die gewählte Zeitdauer** des Vertrages sachlich gerechtfertigt ist (*BAG* 16.6.1976 EzA § 620 BGB Nr. 28). Nach Auffassung des 7. Senats des *BAG* (26.8.1988 EzA § 620 BGB Nr. 102) handelt es sich allerdings **nicht um eine eigenständige Wirksamkeitsvoraussetzung.** Die im Einzelfall vereinbarte Vertragsdauer hat vielmehr nur **Bedeutung im Rahmen der Prüfung des sachlichen Befristungsgrundes** selbst: 2078

Sie muss sich am Sachgrund der Befristung orientieren und so mit ihm in Einklang stehen, dass sie nicht gegen das Vorliegen des Sachgrundes spricht. Maßgeblich ist auch insoweit die Üblichkeit des Arbeitslebens, wobei die Üblichkeit nach Auffassung verständiger und verantwortungsbewusster Vertragspartner berechtigt sein muss.

Wie bei der sachlichen Berechtigung für die Befristung dem Grunde nach geht es um eine **Prognose des Arbeitgebers,** die von den ArbG überprüft werden kann (*BAG* 3.12.1982 EzA § 620 BGB Nr. 63; vgl. dazu *Oberthür* DB 2001, 2246 ff.; APS/*Backhaus* § 620 BGB Rz. 123 ff.). 2079
Das bloße **Zurückbleiben der vereinbarten Vertragsdauer hinter der bei Vertragsabschluss voraussehbaren Dauer des Befristungsgrundes** ist nicht stets und ohne weiteres geeignet, den Sachgrund für die Befristung in Frage zu stellen. Dies ist erst dann der Fall, wenn die Befristungsdauer derart hinter der voraussichtlichen Dauer des Befristungsgrundes zurückbleibt, dass eine sinnvolle, dem angegebenen Sachgrund der Befristung entsprechende Mitarbeit des Arbeitnehmers nicht mehr möglich erscheint (*BAG* 26.8.1988 EzA § 620 BGB Nr. 102).
Für die zeitliche Befristung, eines Arbeitsverhältnisses eines Lehrers zur Vertretung einer beamteten Lehrerin während deren Elternzeit besteht nach SR 2 y BAT jedenfalls ein sachlicher Grund. Das gilt auch, wenn die **Befristung nicht bis zum Ablauf der Elternzeit** vereinbart wird (*BAG* 9.7.1997 ZTR 1998, 41). 2080

D. Die Beendigung des Arbeitsverhältnisses

2081 Der befristete Einsatz **beurlaubter beamteter Lehrer** als Angestellte im **Auslandsschulwesen der BRD** bedarf nach Auffassung des *LAG Köln* (25.8.1999 NZA-RR 2000, 68) hinsichtlich der Dauer keiner sachlichen Rechtfertigung, da sich aus dem arbeitsrechtlichen Kündigungsschutzrecht allein für die »richtige« Dauer der Befristung nichts herleiten lässt.

(5) Maßgeblicher Zeitpunkt
2082 Als sachlicher Grund kommen grds. nur solche Umstände in Betracht, die im **Zeitpunkt des Abschlusses des befristeten Arbeitsvertrages** vorgelegen haben. Die Prognoseentscheidung des Arbeitgebers muss auf sachlichen Anhaltspunkten beruhen (*BAG* 29.9.1982, 3.12.1982 EzA § 620 BGB Nr. 58, 63). Bei der Befristung eines Arbeitsvertrages mit einem zur **Vertretung** eingestellten Arbeitnehmer braucht sich die Prognose des Arbeitgebers grds. nur darauf zu beziehen, **dass der zu vertretende Mitarbeiter seinen Dienst wieder antreten wird** (*BAG* 21.2.2001 EzA § 620 BGB Nr. 174 = NZA 2001, 1382), **nicht aber darauf, wann dies der Fall sein wird** und damit auch nicht auf die Dauer des Vertretungsbedarfs (*BAG* 22.11.1995 EzA § 620 BGB Nr. 138; 6.12.2000 EzA § 620 BGB Nr. 172; vgl. dazu *Vetter* ZTR 1997, 438 ff.). Die Prognose muss sich auch **nicht darauf** beziehen, ob die zu vertretende Stammkraft ihre Arbeit in **vollem Umfang wieder aufnehmen wird** (*BAG* 6.12.2000 EzA § 620 BGB Nr. 172; vgl. auch *Oberthür* DB 2001, 2246 ff.).

2083 Mit zunehmender Dauer der Beschäftigung bei demselben Arbeitgeber steigen die Anforderungen an den Grund der Befristung. Das gilt auch für die Befristung von Arbeitsverträgen aus Gründen der Vertretung. Es sind dann an die Prognose, der Vertretungsbedarf werde wegen Rückkehr des Vertretenen enden, höhere Anforderungen zu stellen (*BAG* 11.12.1991 EzA § 620 BGB Nr. 110). Bei einer bereits langjährig beschäftigten Vertretungskraft muss der Arbeitgeber besonders sorgfältig prüfen, ob noch mit einer Rückkehr des zu vertretenden Mitarbeiters zu rechnen ist. Auf den zu erwartenden Zeitpunkt der Rückkehr kommt es jedoch nicht an (*BAG* 22.11.1995 EzA § 620 BGB Nr. 138; APS/*Backhaus* § 620 BGB Rz. 134 ff.).

(6) Ablösung eines unbefristeten durch ein befristetes Arbeitsverhältnis
2084 Mit dem vorbehaltlosen Abschluss eines befristeten Arbeitsvertrages im Anschluss an ein unwirksam befristetes Arbeitsverhältnis, in dem der Arbeitnehmer die unbefristete Weiterbeschäftigung hätte verlangen können, endet das an sich gegebene unbefristete Arbeitsverhältnis. Diese Rechtsfolge tritt automatisch und unabhängig von einem auf diese rechtliche Nebenfolge gerichteten Willen der Vertragsparteien ein. Die Unkenntnis dieser Rechtsfolge berechtigt den Arbeitnehmer nicht, den von ihm abgeschlossenen befristeten Anschlussarbeitsvertrag nach § 119 Abs. 1 BGB wegen Irrtums über den Inhalt seiner Erklärung anzufechten (*BAG* 30.10.1987 EzA § 620 BGB Nr. 99).
Eines sachlichen Grundes bedarf die nachträgliche Befristung eines zunächst unbefristet abgeschlossenen Arbeitsvertrages nach Auffassung des *LAG Berlin* (12.5.1995 LAGE § 620 BGB Nr. 39, ebenso *LAG Berlin* 14.2.1997 NZA-RR 1998,4) ebenso wenig wie ein Aufhebungsvertrag (a. A. *Plander* NZA 1993, 1057 ff., wonach die allgemeinen Grundsätze einschließlich des erforderlichen sachlichen Grundes anwendbar sind).

D. Die Beendigung des Arbeitsverhältnisses

Nach Auffassung des *BAG* (24.1.1996 EzA § 620 BGB Nr. 139; so auch *LAG Berlin* 29.4.1997 ZTR 1998, 42 für ein nach § 625 BGB unbefristetes Arbeitsverhältnis, das nachträglich zur Vertretung befristet wird) bedarf demgegenüber die nachträgliche Befristung eines bereits bestehenden unbefristeten Arbeitsverhältnisses dann eines sachlichen Grundes, wenn der Arbeitgeber dem Arbeitnehmer zu erkennen gegeben hat, dass er zu einer unbefristeten Fortsetzung des Arbeitsverhältnisses nicht bereit ist. Gleiches gilt, wenn der Arbeitnehmer z. Zt. der Befristungsvereinbarung bereits einen allgemeinen Kündigungsschutz genießt und die Vereinbarung im Rahmen einer vom Arbeitgeber erklärten Änderungskündigung getroffen wird (*BAG* 8.7.1998 EzA § 620 BGB Nr. 152; APS/*Backhaus* § 620 BGB Rz. 103 ff.). 2085

In einem solchen Falle liegt der sachliche Befristungsgrund des **Vergleichs** nur vor, wenn zwischen den Parteien bereits ein **offener Streit** über den rechtlichen Fortbestand des Arbeitsverhältnisses besteht, der durch die Vereinbarung der Befristung beigelegt wird (zur Änderungskündigung in diesem Zusammenhang s. o. D/Rz. 1788). Ein sachlicher Grund für die nachträgliche Befristung eines unbefristeten Arbeitsverhältnisses liegt jedenfalls **nicht allein darin**, dass der neue befristete Arbeitsvertrag für den Arbeitnehmer **günstigere Arbeitsbedingungen** vorsieht und der Arbeitnehmer zwischen diesem neuen Arbeitsvertrag und der Fortsetzung seines bisherigen unbefristeten Arbeitsverhältnisses frei wählen konnte (*BAG* 26.8.1998 EzA § 620 BGB Nr. 154). 2086

Bei Vorliegen eines sachlichen Befristungsgrundes ist die nachträgliche Befristung eines unbefristeten Arbeitsvertrages im Übrigen auch dann rechtswirksam, wenn sich der Arbeitnehmer des Bestehens eines unbefristeten Arbeitsverhältnisses nicht bewusst war und deshalb auch nicht den Willen hatte, auf seinen Bestandsschutz nach dem KSchG zu verzichten (*BAG* 3.12.1997 EzA § 620 BGB Nr. 148). 2087

In einer Vereinbarung der Arbeitsvertragsparteien, das Arbeitsverhältnis zum Ablauf der ordentlichen Kündigungsfrist aus betrieblichen Gründen **gegen Zahlung einer Abfindung** zu beenden, liegt aber **keine nachträgliche Befristung**, des Arbeitsverhältnisses, die eines sachlichen Grundes bedarf. Das gilt auch dann, wenn die Parteien später den Beendigungstermin auf das Ende der nächsten Kündigungsfrist hinausschieben (*BAG* 13.11.1996 EzA § 112 BetrVG 1972 Nr. 90). 2088

(7) Verhältnis zu tariflichen Normen

Nach der Protokollnotiz 2 zu Nr. 1 der SR 2 y (Sonderregelungen für Zeitangestellte, Angestellte für Aufgaben von begrenzter Dauer und für Aushilfsangestellte) zum BAT ist der Abschluss eines Zeitvertrages im Anwendungsbereich dieser Normen für die Dauer von mehr als fünf Jahren unzulässig. Mit Ärzten, Zahnärzten und Tierärzten können allerdings Zeitverträge bis zur Dauer von sieben Jahren geschlossen werden, wenn sie zum Facharzt ausgebildet werden. 2089

Diese Höchstgrenze wird nach Auffassung des 2. Senates des *BAG* (26.5.1983 EzA § 620 BGB Nr. 67) dann objektiv umgangen, wenn die Gesamtdauer mehrerer aneinander gereihter befristeter Verträge diese Höchstfrist überschreitet und die einzel- 2090

D. Die Beendigung des Arbeitsverhältnisses

nen Zeitverträge nicht jeweils auf anderen, sondern auf denselben oder gleichartigen Gründen beruhen. Bei der Berechnung der Gesamtdauer der befristeten Beschäftigung im Bereich der Hochschule können auch sog. befristete Privat-Dienstverträge mit Hochschullehrern zu berücksichtigen sein.

2091 Demgegenüber ist der inzwischen allein für Befristungen zuständige 7. Senat (*BAG* 21.6.1983 EzA § 620 BGB Nr. 68; 22.3.1985 AP Nr. 89, 90 zu § 620 BGB Befristeter Arbeitsvertrag, EzA § 620 BGB Nr. 121) der Auffassung, dass diese Norm nur verbietet, einen Zeitvertrag von vornherein für die Dauer von mehr als fünf Jahren abzuschließen; mehrere aneinander gereihte Arbeitsverträge können dagegen die Dauer von fünf Jahren überschreiten.

2092 Nach der Tarifvorschrift Nr. 2 Abs. 1 SR 2 y ist im Arbeitsvertrag zu vereinbaren, ob der Angestellte als Zeitangestellter, als Angestellter für Aufgaben von begrenzter Dauer oder als Aushilfsangestellter eingestellt wird, die Frist anzugeben, mit deren Ablauf das Arbeitsverhältnis enden soll bzw. die Aufgabe zu bezeichnen. Im Arbeitsvertrag eines Aushilfsangestellten ist anzugeben, ob und für welche Dauer er zur Vertretung oder zeitweilig zur Aushilfe beschäftigt wird. Diese Vorschrift **verlangt** aber nach der Rechtsprechung des *BAG* (20.2.1991 EzA § 620 BGB Nr. 109) **nicht die Angabe des konkreten sachlichen Befristungsgrundes** im Arbeitsvertrag, sondern nur die Vereinbarung der einschlägigen tariflichen Befristungsform, also die Vereinbarung, ob der Angestellte als Zeitangestellter, als Angestellter für Aufgaben von begrenzter Dauer oder als Aushilfsangestellter eingestellt worden ist.

2093 Liegen **mehrere sachliche Gründe** für die Befristung eines Arbeitsvertrages vor, die jeweils verschiedenen tariflichen Befristungsgrundformen zuzuordnen sind, so bedarf es der Vereinbarung dieser verschiedenen tariflichen Grundformen im Arbeitsvertrag, wenn alle gegebenen Sachgründe für die Befristungskontrolle Berücksichtigung finden sollen (*BAG* 20.2.1991 EzA § 620 BGB Nr. 109).

Haben die Parteien beim Abschluss eines befristeten Arbeitsvertrages die anzugebende tarifliche Befristungsform **falsch bezeichnet,** weil sie den für die Befristung maßgebenden konkreten Sachgrund einer rechtlich unzutreffenden tariflichen Befristungsform zugeordnet haben, so hindert diese unrichtige Zuordnung den Arbeitgeber jedenfalls dann nicht, sich auf den tatsächlichen Befristungsgrund zu berufen, wenn dieser im Arbeitsvertrag schlagwortartig angegeben ist und dem Arbeitnehmer die näheren Einzelheiten bekannt sind (*BAG* 8.4.1992 EzA § 620 BGB Nr. 115).

2094 Eine Aufgabe von **begrenzter Dauer** i. S. d. Nr. 1 b SR 2 y BAT liegt nur dann vor, wenn im **Zeitpunkt des Abschlusses des befristeten Arbeitsvertrages zu erwarten ist, dass diese Aufgabe innerhalb der Frist von fünf Jahren endgültig beendet ist.**
Für eine sichere Prognose muss es ausreichend konkrete Anhaltspunkte geben (*BAG* 11.12.1991 EzA § 620 BGB Nr. 111).
Die Tarifvorschriften der SR 2 y BAT gelten nicht für die Befristung einzelner Vertragsbedingungen (*BAG* 15.4.1999 ZTR 1999, 514).

(8) Verhältnis zu personalvertretungsrechtlichen Normen

2095 Hat ein Personalrat seine Zustimmung nach § 72 Abs. 1 Nr. 1 LPVG NW für ein ein Jahr dauerndes Arbeitsverhältnis erteilt und schließen die Vertragsparteien danach einen Zeitvertrag von kürzerer Vertragsdauer, ist die Befristung des Arbeitsverhältnisses wegen der Verletzung des Mitbestimmungsrechts unwirksam (*BAG* 8.7.1998 EzA § 620 BGB Nr. 150; 13.4.1994 AP Nr. 9 zu LPVG NW). Die Zustimmung des Personalrats muss vor Abschluss der Befristungsvereinbarung vorlie-

D. Die Beendigung des Arbeitsverhältnisses

gen; es genügt nicht, dass der Personalrat nach Aufnahme der Tätigkeit vor dem vorgesehenen Befristungsende zustimmt (*LAG Köln* 1.8.2000 LAGE § 620 BGB Personalrat Nr. 2; offen gelassen von *BAG* 13.4.1994 AP Nr. 9 zu LPVG NW). Die ohne vorherige Zustimmung geschlossene Befristungsvereinbarung ist unwirksam mit der Folge, dass zwischen den Parteien ein unbefristetes Arbeitsverhältnis zustande kommt (*LAG Köln* LAGE § 620 BGB Personalrat Nr. 2; s. auch oben D/Rz. 2060).

ee) Mehrfache Befristung

Mehrere nacheinander abgeschlossene Zeitverträge dürfen rechtlich **nicht als Einheit** bewertet werden. Vielmehr muss grds. für **jeden einzelnen Vertrag** der sachliche Grund für die Befristung und deren Dauer geprüft werden (*BAG* 30.9.1981 EzA § 620 BGB Nr. 52). Wollen die Parteien im Anschluss an einen befristeten Arbeitsvertrag ihr Arbeitsverhältnis noch für eine bestimmte Zeit fortsetzen, so bringen sie damit i. d. R. allerdings zum Ausdruck, dass der neue Vertrag künftig für ihre Rechtsbeziehungen allein maßgeblich sein soll. 2096

Daher kommt es für die Frage nach der Rechtswirksamkeit der Befristung grds. auf den zuletzt abgeschlossenen befristeten Arbeitsvertrag an (*BAG* 8.5.1985 EzA § 620 BGB Nr. 76; 11.12.1985 EzA § 620 BGB Nr. 78; gegen *BAG* 7.3.1980 EzA § 4 KSchG n. F. Nr. 17; 26.7.2000 EzA § 1 BeschFG Nr. 18; APS/*Backhaus* § 620 BGB Rz. 54 ff.). Das gilt auch dann, wenn die Vertragsparteien während der Dauer des befristeten Arbeitsverhältnisses eine Änderung der geschuldeten Tätigkeit und der Vergütung vereinbaren. Insoweit ist der Änderungsvertrag als letzter Vertrag der Befristungskontrolle zu unterziehen, selbst dann, wenn die Befristungsdauer unverändert bleibt (*BAG* 21.3.1990 EzA § 620 BGB Nr. 106). 2097

Im Anschluss daran hat das *LAG Hamm* (31.10.1996 NZA-RR 1997, 422 Ls.) angenommen, dass die Befristung des gesamten Arbeitsverhältnisses dann unwirksam ist, wenn sie nicht auch durch die Änderungsvereinbarung sachlich gerechtfertigt ist. Etwas **anderes** gilt aber, wenn sich der letzte Vertrag nur als **unselbstständiger Annex des vorletzten Vertrages** darstellt (vgl. *Hunold* NZA 1997, 741 ff.; APS/*Backhaus* § 620 BGB Rz. 60 ff.). Denn dann ist anzunehmen, dass die Parteien ihr Arbeitsverhältnis mit dem Abschluss eines weiteren befristeten Vertrages nicht auf eine neue rechtliche Grundlage stellen, sondern nur das Auslaufen des bisherigen Vertrages im Sinne einer am Sachgrund für dessen Befristung orientierten nachträglichen Korrektur des ursprünglich vereinbarten Endzeitpunkts noch um eine verhältnismäßig nicht erhebliche Zeit hinausschieben wollten (*BAG* 1.12.1999 EzA § 620 BGB Hochschulen Nr. 21). 2098

Das ist etwa der Fall, wenn ein drittmittelfinanziertes Arbeitsverhältnis, das für die Dauer der erfolgten Drittmittelbewilligung befristet war, später um einen verhältnismäßig kurzen Zeitraum verlängert wird, um einen noch verbliebenen Drittmittelrest zu verbrauchen (*BAG* 21.1.1987 EzA § 620 BGB Nr. 89). 2099

Mit zunehmender Dauer der Befristung steigen die Anforderungen an den notwendigen sachlichen Grund (s. o. D/Rz. 2083). Das Arbeitsverhältnis eines Arbeitnehmers, der nahezu neun Jahre als **wissenschaftlicher Angestellter** an demselben Uni-

D. Die Beendigung des Arbeitsverhältnisses

versitätsinstitut in drittmittelfinanzierten befristeten Arbeitsverhältnissen beschäftigt war, kann aus dem Gesichtspunkt der **Drittmittelfinanzierung** deshalb nur dann nochmals befristet werden, **wenn beim Abschluss des Vertrages hinreichend sichere konkrete Anhaltspunkte für einen endgültigen Wegfall der Drittmittel mit dem Auslaufen des Vertrages vorliegen** (*BAG* 21.1.1987 EzA § 620 BGB Nr. 89).

2100 Auch bei der nochmaligen Verlängerung des Arbeitsverhältnisses eines bereits seit nahezu fünf Jahren zur Vertretung befristet beschäftigten Arbeitnehmers muss der Arbeitgeber im Zeitpunkt des Vertragsabschlusses **konkrete Anhaltspunkte** für die Prognose haben, **der Beschäftigungsbedarf für den befristet tätigen Arbeitnehmer werde entfallen.** Dabei können allerdings Anzahl und Dauer der Befristungen Indizien für das Fehlen des Sachgrundes der Vertretung sein (*BAG* 11.11.1998 EzA § 620 BGB Nr. 155).

ff) Beispiele

(1) Betriebsbedingte Befristungen

aaa) Personenbezogene Aushilfe

2101 In Betracht kommt insbesondere die personenbezogene **Aushilfe** für einen **zeitweilig** (Krankheit, Urlaub, Wehrdienst, Elternzeit oder aus ähnlichen Gründen) **verhinderten Arbeitnehmer** (*BAG* 30.9.1981, 17.2.1983, 6.6.1984, 27.6.2001 EzA § 620 BGB Nr. 54, 53, 62, 71, 178; *LAG Düsseldorf* 9.2.1999 ZTR 1999, 569 Ls.; APS/*Backhaus* § 620 BGB Rz. 333 ff., 490 ff.).

2102 Die bei der Befristung von Arbeitsverträgen zur Vertretung eines Mitarbeiters erforderliche Prognose muss sich nur auf den **Wegfall des Vertretungsbedarfs** als Teil des Sachgrundes durch die zu erwartende Rückkehr des zu vertretenden Mitarbeiters, **nicht** aber auch auf den **Zeitpunkt der Rückkehr** und damit nicht auf die Dauer des Vertretungsbedarfs erstrecken (*BAG* 6.12.2000 EzA § 620 BGB Nr. 172). Es dürfen keine konkreten Anhaltspunkte dafür vorliegen oder sich keine erheblichen Zweifel dafür aufdrängen, dass der Vertretene die Arbeit nicht wieder aufnehmen wird. Sofern nicht besondere Umstände vorliegen, kann der Arbeitgeber grds. davon ausgehen, dass die vertretene Stammkraft an den Arbeitsplatz zurückkehren will/wird (*BAG* 27.6.2001 EzA § 620 BGB Nr. 178).
Der zur Vertretung eines zeitweilig ausfallenden Mitarbeiters befristet eingestellte Arbeitnehmer braucht nicht zur Verrichtung solcher Aufgaben eingestellt zu werden, die der ausfallende Mitarbeiter auszuüben hatte (*BAG* 21.2.2001 EzA § 620 BGB Nr. 176). Erforderlich ist nur, dass durch den zeitweiligen Ausfall ein vorübergehender Beschäftigungsbedarf entstanden ist und dass die befristete Einstellung wegen dieses Bedarfs erfolgt. Zwischen dem zeitweiligen Ausfall eines Stammarbeitnehmers und der befristeten Einstellung des Vertreters muss ein Kausalzusammenhang bestehen, den der Arbeitgeber darzulegen hat (*LAG Köln* 1.9.2000 NZA-RR 2001, 234). Ausreichend ist die tatsächliche und rechtliche Möglichkeit, den ausfallenden Mitarbeiter in den Arbeitsbereich des Vertreters umzusetzen (*BAG* 21.2.2001 EzA § 620 BGB Nr. 176).

2103 Ob und inwieweit der Arbeitgeber anlässlich dieser Einstellung die Arbeitsaufgaben umverteilt, ist unerheblich (*BAG* 8.5.1985 EzA § 620 BGB Nr. 76). Maßgeblich ist z. B. die **Ersatzbedarfsprognose für Aushilfslehrkräfte** bezüglich eines Regierungsbezirks pro Schuljahr; auch insoweit besteht keine unmittelbare Verbindung zwischen Vertretungsfall und Aushilfsarbeitsverhältnis.

Auch für die sachliche Rechtfertigung der Befristung des Arbeitsverhältnisses einer **Aushilfslehrkraft** ist es nicht erforderlich, dass sie einer bestimmten beurlaubten Lehrkraft in der Weise zugeordnet wird, dass sie diese für die Dauer ihrer Beurlaubung in ihrem Aufgabengebiet an ihrer bisherigen Schule vertritt. Es genügt, wenn sich die Zahl der befristet beschäftigten Aushilfskräfte im Rahmen des beurlaubungsbedingten Gesamtvertretungsbedarfs innerhalb des Bezirks der Schulverwaltungsbehörde hält (*BAG* 3.12.1986 EzA § 620 BGB Nr. 88). Voraussetzung dafür ist, dass das beklagte Land **die planmäßigen Lehrkräfte ungeachtet ihrer Lehrbefähigung und ihres jeweiligen Status zur Abdeckung vorübergehender Bedarfslagen an allen Schulen einsetzen kann.** Schließt das Land mit Vertretungskräften zur Abdeckung eines schuljahresbezogenen Gesamtvertretungsbedarfs Zeitverträge für die Dauer eines Schuljahres, muss der Vertretungsbedarf allerdings auf einer zeitlich entsprechenden Abwesenheit planmäßiger Lehrkräfte beruhen (*BAG* 20.1.1999 EzA § 620 BGB Nr. 160). Demgegenüber ist die **überörtliche Befristungspraxis im Finanzämterbereich**, bei der zeitweilig »Pool«-Stellen verteilt werden, nach Auffassung des *LAG Hessen* (16.9.1999 NZA-RR 2000, 293) nicht mit der Lehrerbefristungspraxis vergleichbar und führt zur Unwirksamkeit einer solchen Befristung. 2104

Der für den Sachgrund der Befristung erforderliche **Kausalzusammenhang zwischen dem zeitweiligen Ausfall eines Mitarbeiters und der befristeten Einstellung einer Vertretungskraft** muss im Übrigen nicht stets durch die Schilderung des bei Abschluss des befristeten Arbeitsvertrages vorhandenen **Vertretungskonzepts** dargelegt werden, sondern kann sich auch **aus anderen Umständen** ergeben. Die Befristung des Arbeitsvertrages einer Ersatzkraft ist deshalb auch dann sachlich gerechtfertigt, wenn die Einstellung nur **mit Haushaltsmitteln möglich ist, die durch die Beurlaubung einer Stammkraft frei werden** (*BAG* 15.8.2001 EzA § 21 BErzGG Nr. 4). 2105

> Weil es dem Arbeitgeber freisteht, zu entscheiden, ob er den Arbeitsausfall überbrücken will, muss ihm auch die Entscheidung verbleiben, die Vertretung nur für eine kürzere Zeit zu regeln. Ist daher ein Mitarbeiter nur zeitweilig an seiner Tätigkeit gehindert und ist mit seiner Rückkehr zu rechnen, so lässt allein die fehlende Kongruenz zwischen der Dauer des Vertretungsbedarfs und der Dauer der Befristung nicht den Schluss auf das Fehlen eines Sachgrundes zu (*BAG* 9.7.1997 EzA § 21 BErzGG Nr. 2).
> Andererseits rechtfertigt der Sachgrund der Vertretung für sich allein in aller Regel nicht die Befristung des Arbeitsvertrages mit dem Vertreter bis zum Ausscheiden des Vertretenen aus seinem Beschäftigungsverhältnis (*BAG* 24.9.1997 EzA § 620 BGB Nr. 147; s. ausf. u. D/Rz. 2178 f.). 2106

Beabsichtigt der Arbeitgeber, einen Auszubildenden nach erfolgreichem Abschluss der Berufsausbildung in ein Arbeitsverhältnis zu übernehmen, so kann dies die Befristung des Arbeitsvertrages mit einem Arbeitnehmer sachlich **rechtfertigen,** der die für den Auszubildenden nach dessen Übernahme vorgesehenen Aufgaben bis zu diesem Zeitpunkt verrichten soll (*BAG* 6.6.1984 EzA § 620 BGB Nr. 71). Dieser Befristungsgrund setzt nicht voraus, dass der Arbeitgeber dem Auszubildenden die Übernahme bereits im Zeitpunkt des Vertragsabschlusses mit dem ersatzweise eingestellten Arbeitnehmer zugesagt hat (*BAG* 21.4.1993 EzA § 620 BGB Nr. 120). Gleiches gilt, wenn der Arbeitgeber des öffentlichen Dienste eine freie Stelle 2107

D. Die Beendigung des Arbeitsverhältnisses

vorübergehend mit einem Angestellten besetzt, bis im Wege der **Beförderung** ein bereits beschäftigter Beamter auf der Stelle eingesetzt werden kann. Dies gilt jedenfalls dann, wenn die sofortige Besetzung mit dem Beamten deshalb nicht vollzogen werden kann, weil ein für dessen Ersatz vorgesehener Nachwuchsbeamter noch seine Ausbildung abschließen muss (*LAG Köln* 13.12.1996 NZA-RR 1997, 334).

2108 Die Befristung bis zu dem Zeitpunkt, an dem ein **freier Dauerarbeitsplatz** mit einem anderen Arbeitnehmer besetzt werden soll, kann dagegen allenfalls dann sachlich gerechtfertigt sein, wenn sich der Arbeitgeber bereits im Zeitpunkt des Abschlusses des befristeten Arbeitsvertrags gegenüber einem auf unbestimmte Zeit einzustellenden Arbeitnehmer **vertraglich gebunden** hat (*BAG* 6.11.1996 EzA § 620 BGB Nr. 146). Möglich ist auch eine **aufgabenbezogene Aushilfe** (z. B. für die Erledigung von **Eil- oder besonderen Produktionsaufträgen,** vgl. APS/*Backhaus* § 620 BGB Rz. 333 ff.).

2109 Dagegen liegt eine unzulässige Daueraushilfe vor, wenn derselbe Arbeitnehmer aufgrund mehrerer aufeinander folgender Zeitverträge über einen längeren Zeitraum zur Abdeckung konkreten Vertretungsbedarfs beschäftigt wird und dies auch von Anfang an beabsichtigt war (*BAG* 7.5.1980 EzA § 611 BGB Abhängigkeit Nr. 35; 3.10.1984 EzA § 620 BGB Nr. 72). Denn der Arbeitnehmer hat dann die ständige Arbeitsaufgabe, vorübergehend ausfallende Mitarbeiter zu vertreten (sog. Springer). Handelt es sich aber um regelmäßig wiederkehrende Zusatzarbeiten oder um einen anhaltenden üblichen Mehrbedarf an Arbeitskräften, so ist die Befristung sachlich nicht mehr gerechtfertigt.

bbb) Saison-, Kampagnebetriebe

2110 Möglich sind Befristungen in Saisonbetrieben, in denen zwar das ganze Jahr hindurch gearbeitet wird, **die Beschäftigtenzahl** des Betriebes **aufgrund der Betriebsstruktur** aber nicht nur geringfügigen **saisonalen Schwankungen unterworfen ist** (z. B. Steinbrüche, Kies- und Sandgruben, Hotels und Gaststätten). Unter dem Gesichtspunkt des Vertrauensschutzes kann der Arbeitnehmer einen **Anspruch auf Wiedereinstellung** haben, wenn Jahr für Jahr alle Arbeitnehmer in der Saison wieder eingestellt werden, die dies verlangen, und der Arbeitgeber den Beginn der Saison ohne Vorbehalt am schwarzen Brett bekannt gibt oder sogar Arbeitnehmer neu einstellt (*BAG* 29.1.1987 EzA § 620 BGB Nr. 87).

2111 Die gleichen Grundsätze gelten auch für Kampagnebetriebe, in denen i. d. R. nur einige Monate im Jahr gearbeitet wird (z. B. Zuckerfabrik, Gemüse- und Obstkonservenfabrik, Freibad; vgl. APS/*Backhaus* § 620 BGB Rz. 449 ff.).

ccc) Sinkender Personalbedarf; vorübergehender Mehrbedarf

2112 Die Befristung kann im Hinblick auf einen zukünftig sinkenden Personalbedarf dann sachlich gerechtfertigt sein, wenn der Arbeitgeber eine **exakte Bedarfsprognose** erstellt. So muss z. B. bei der befristeten Einstellung von **Lehrern** die Schulverwaltung Zu- und Abgänge auf der Lehrer- und Schülerseite, Beurlaubungen und Veränderungen von Planstellen berücksichtigen (*BAG* 29.9.1982 EzA § 620 BGB Nr. 58).

2113 Dagegen rechtfertigt die Ungewissheit über die künftige wirtschaftliche Entwicklung des Betriebes eine Befristung grds. nicht, weil damit das typische Unternehmerrisiko auf den Arbeitnehmer verlagert würde (s. aber zum TzBfG unten D/Rz. 2195 ff.). Deshalb ist z. B. auch eine Befristung zu dem Zweck, sich **künf-**

D. Die Beendigung des Arbeitsverhältnisses

tige Umsetzungsmöglichkeiten offen zu halten oder zu erleichtern, sachlich nicht gerechtfertigt (*LAG Köln* 14.1.1999 ARST 1999, 213 Ls., 11.5.2000 ARST 2001, 17; vgl. APS/*Backhaus* § 620 BGB Rz. 320 ff.).

Gleiches gilt, wenn der staatlichen Schulverwaltung vorübergehend freie Haushaltsmittel zur Verfügung stehen, es sei denn, es steht bereits im Zeitpunkt des Vertragsschlusses fest, dass nach dem Ende der Befristung keine weiteren Mittel zur Verfügung stehen werden. Die **Unsicherheit zukünftiger Finanzierung** stellt keinen sachlichen Grund für die Befristung dar (*BAG* 30.9.1981 EzA § 620 BGB Nr. 54).
Ein sachlicher Grund für die Befristung ist aber dann gegeben, wenn sich der Arbeitgeber bei Vertragsabschluss zur **Schließung des Betriebes** oder der Dienststelle entschlossen hat und wenn er die Prognose stellen kann, dass auch eine Weiterbeschäftigung des Arbeitnehmers in einem anderen Betrieb bzw. in einer anderen Dienststelle nicht möglich sein wird (*BAG* 3.12.1997 EzA § 620 BGB Nr. 148).
Auch ein **vorübergehender Mehrbedarf** an Arbeitskräften kann die Befristung eines Arbeitsverhältnisses rechtfertigen, wenn im Zeitpunkt des Vertragsabschlusses zu erwarten ist, dass für eine Beschäftigung des befristet eingestellten Arbeitnehmers nach Ablauf der Vertragszeit kein Bedarf mehr besteht. Dafür hat der Arbeitgeber eine Prognose zu Umfang und Dauer des voraussichtlichen Mehrbedarfs zu erstellen. Deren Grundlage hat er offen zu legen (*BAG* 12.9.1996 EzA § 620 BGB Nr. 142; APS/*Backhaus* § 620 BGB Rz. 321 ff.).

ddd) ABM-Maßnahmen; Sozialhilfemaßnahmen

Wird dem Arbeitgeber im Rahmen einer Arbeitsbeschaffungsmaßnahme nach §§ 260 ff. SGB III ein bis dahin arbeitsloser Arbeitnehmer (§ 269 SGB III) durch bestandskräftigen Bescheid **zugewiesen,** so besteht für die Befristung des Arbeitsvertrages ein **sachlicher Grund, zumindest dann, wenn die Befristung mit der Dauer der Zuweisung übereinstimmt** (*BAG* 3.12.1982 EzA § 620 BGB Nr. 63). Die Zuweisung enthält gegenüber dem Arbeitgeber auch die bindende Feststellung, dass der zugewiesene Arbeitnehmer die persönlichen Förderungsvoraussetzungen nach § 263 SGB III (u. a. Bezug von Arbeitslosengeld/Arbeitslosenhilfe unmittelbar vor der Zuweisung; Meldung als arbeitslos für mindestens drei Monate innerhalb der letzten sechs Monate vor der Zuweisung) erfüllt (*BAG* 15.2.1995 EzA § 620 BGB Nr. 130; vgl. APS/ *Backhaus* § 620 BGB Rz. 307 ff.).
Die ArbG können, vom Ausnahmefall der Nichtigkeit abgesehen, nicht prüfen, ob die gesetzlichen Voraussetzungen einer Arbeitsbeschaffungsmaßnahme vorgelegen haben (*BAG* 12.6.1987 EzA § 620 BGB Nr. 95).

2114

Die Befristung aufgrund der Gewährung einer ABM-Maßnahme ist allerdings dann unwirksam, wenn der Arbeitgeber den Arbeitnehmer zur Beendigung seines bisherigen Arbeitsverhältnisses veranlasst hat und ihn im Rahmen der Maßnahme zur Erledigung unaufschiebbarer Daueraufgaben einsetzt, die er auf andere Arbeitnehmer nicht übertragen kann (*BAG* 20.12.1995 EzA § 620 BGB Nr. 136) sowie dann, wenn sie darauf abzielt, den durch § 613 a BGB bezweckten Bestandsschutz bei rechtsgeschäftlichen Betriebsübergängen zu vereiteln (*BAG* 15.2.1995 EzA § 620 BGB Nr. 130).

2115

D. Die Beendigung des Arbeitsverhältnisses

2116 Ähnliches gilt für Befristungen im Rahmen von **Sonderprogrammen** zur **Konjunkturbelebung**, im Rahmen von Maßnahmen **zur Berufsvorbereitung und sozialen Eingliederung** junger Ausländer (MBSE, vgl. *BAG* 28.5.1986 EzA § 620 BGB Nr. 80) sowie von **Benachteiligten-Programmen** der Bundesregierung (*BAG* 28.5.1986 EzA § 620 BGB Nr. 80). Denn es handelt sich für den einzelnen Maßnahmeträger um die Wahrnehmung von jeweils befristet (= kursjahrbezogen) übertragenen Sonderaufgaben von begrenzter Dauer. Der projektbezogene Mehrbedarf stellt wegen der weitgehend z. B. durch die Bundesanstalt für Arbeit bestimmten Personalvorgaben sowie wegen der für den einzelnen Maßnahmeträger bestehenden Unsicherheit über die Durchführung weiterer Maßnahmen einen sachlichen Grund dar, die Arbeitsverhältnisse der projektbezogen beschäftigten Arbeitnehmer (z. B. Lehrkräfte und Sozialpädagogen) für die Dauer des jeweiligen Kursjahres zu befristen. Allerdings ist auch bei der Übertragung sozialstaatlicher Aufgaben (z. B. zur Förderung behinderter Kinder) die Prognose des voraussichtlichen Beschäftigungsbedarfs Teil des Sachgrundes für die Befristung. Die bloße **Unsicherheit der künftigen Entwicklung** des Arbeitskräftebedarfs rechtfertigt folglich auch in diesem Bereich die Befristung eines Arbeitsverhältnisses nicht (*BAG* 22.3.2000 EzA § 620 BGB Nr. 170).

Die Gewährung eines **Einarbeitungszuschusses** nach § 49 AFG (jetzt § 218 SGB III: Eingliederungszuschuss bei Einarbeitung) ist demgegenüber kein sachlicher Grund für die Befristung des Arbeitsverhältnisses (*BAG* 11.12.1991 EzA § 620 BGB Nr. 111). Auch für die Befristung eines Arbeitsvertrages mit einer **Familienhelferin** gem. § 31 SGB VIII besteht aufgrund der Tätigkeit kein Sachgrund (*LAG Köln* 22.9.2000 ZTR 2001, 86 Ls.).

2117 Veranstaltet eine **Volkshochschule** Lehrgänge, die von der Bundesanstalt für Arbeit finanziert werden, und nimmt sie dabei nach weitgehend von dieser bestimmten Vorgaben jeweils befristet übertragene **sozialstaatliche Sonderaufgaben** von begrenzter Dauer wahr, so stellt zwar der projektbezogene Mehrbedarf einen sachlichen Grund dar, die Arbeitsverhältnisse der projektbezogen beschäftigen Arbeitnehmer zu befristen. Die projektbezogenen Gründe rechtfertigen aber nicht befristete Arbeitsverträge mit Arbeitnehmern, die nicht mit der Durchführung bestimmter Lehrgänge, sondern mit lehrgangsübergreifenden Verwaltungsaufgaben betraut sind (*BAG* 11.12.1991 EzA § 620 BGB Nr. 111). Wenn eine Volkshochschule mit der Durchführung von der Bundesanstalt für Arbeit finanzierten Hauptschulabschlusslehrgängen **gleichzeitig einen eigenen, zeitlich nicht begrenzten Bildungsauftrag erfüllt,** sie nach ihren Vorstellungen und Konzeptionen diese Lehrgänge ausgestaltet und ihre personelle Planungskompetenz weitgehend unberührt bleibt, handelt es sich um **keine fremdbestimmte sozialstaatliche Sonderaufgabe** von begrenzter Dauer. Die Abhängigkeit sowohl von der künftigen Nachfrage als auch von den Haushaltsmitteln, die der Bundesanstalt für Arbeit zur Finanzierung derartiger Lehrgänge zur Verfügung stehen, rechtfertigt noch nicht die Befristung des Arbeitsverhältnisses einer für solche Kurse eingestellten Lehrkraft (*BAG* 8.4.1992 EzA § 620 BGB Nr. 115).

2118 Sozialhilfemaßnahmen nach den §§ 18 ff. BSHG (Hilfe zur Arbeit) sind **i. d. R. nur vorübergehender Natur.** Daher kann die Befristung eines Arbeitsvertrages, der als Hilfe zur Arbeit abgeschlossen wird, sachlich gerechtfertigt sein, wenn dadurch für den Hilfesuchenden Gelegenheit zu gemeinnütziger und zusätzlicher Arbeit i. S. v. § 19 Abs. 2 BSHG geschaffen werden soll. Von der Gemeinnützigkeit i. S. v. § 19 Abs. 2 BSHG ist i. d. R. auszugehen, wenn die Arbeiten im Rahmen der öffentlichen Verwaltung geleistet werden. Vom Erfordernis der Zusätzlichkeit kann im Einzelfall auch abgesehen werden, wenn dadurch die Eingliederung in das Arbeitsleben besser gefördert wird (*BAG* 22.3.2000 EzA § 620 BGB Nr. 171). Stellt der Sozialhilfeträger den Hilfesuchenden allerdings **bei sich selbst ein**, kann er sich auf diese Befristungsmöglichkeit allenfalls dann berufen, wenn er die Arbeitsverhältnisse, die er in Vollzug der §§ 18 ff. BSHG als Sozialhilfemaßnahmen begründet, **deutlich gegenüber denjenigen Arbeitsverhältnissen abgrenzt**, die er in seiner Eigenschaft als Arbeitgeber des **ersten Arbeitsmarkts** zur Erledigung seiner Verwaltungsaufgaben begründet (*BAG* 7.7.1999 EzA § 620 BGB Nr. 168; APS/*Backhaus* § 620 BGB Rz. 456 a).

eee) Öffentlicher Dienst; haushaltsrechtliche Erwägungen
Haushaltsrechtliche Erwägungen sind grds. kein sachlicher Grund für die Befristung 2119
von Arbeitsverträgen im öffentlichen Dienst.

Stellt ein Haushaltsgesetzgeber zur Abdeckung des Unterrichtsbedarfs für bestimmte Wahlfächer in einem Haushaltsjahr Sondermittel für die Beschäftigung des entsprechenden Lehrpersonals zur Verfügung, ohne im Stellenplan entsprechende Lehrerstellen auszuweisen, so liegt darin keine haushaltsrechtliche Vorgabe über den künftigen Wegfall der wahrzunehmenden Lehraufgaben. Eine derartige haushaltsrechtliche Maßnahme steht auch nicht einer haushaltsrechtlichen Entscheidung gleich, durch die eine bestimmte Personalstelle gestrichen wird und anschließend entfallen soll.

Sie ist nicht dazu geeignet, die Befristung mit den betreffenden Lehrkräften aus haus- 2120
haltsrechtlichen Gründen sachlich zu rechtfertigen (*BAG* 27.1.1988 EzA § 620 BGB Nr. 97). Auch die bloße Unsicherheit, ob der nächste Haushaltsplan Mittel für eine bestimmte Stelle vorsieht, reicht nicht aus (»**kw-Vermerk**«; *BAG* 3.12.1982 EzA § 620 BGB Nr. 63; vgl. APS/*Backhaus* § 620 BGB Rz. 401 ff.).
Wird die Beschäftigung einer Lehrkraft im öffentlichen Schuldienst haushaltsrechtlich erst dadurch möglich, dass durch zeitlich begrenzte Bewilligung von Teilzeitbeschäftigung für vorhandene planmäßige Lehrkräfte (z. B. nach Maßgabe eines Landesbeamtengesetzes) entsprechende **Haushaltsmittel frei werden**, so kann dies wegen der nur vorübergehenden Verfügbarkeit dieser Mittel eine Befristung des Arbeitsverhältnisses mit der betreffenden Lehrkraft sachlich rechtfertigen.
Zur Wirksamkeit einer solchen Befristung ist es nicht erforderlich, dass die befristet 2121
eingestellte Lehrkraft bestimmten Planstellen, aus deren Mittel sie vergütet werden soll, zugeordnet wird und dass die Dauer der Befristung mit der Dauer der den Inhabern dieser Planstellen jeweils bewilligten Teilzeitbeschäftigung übereinstimmt. **Es genügt, wenn beim Abschluss des befristeten Arbeitsvertrages sichergestellt ist, dass die Vergütung der betreffenden Lehrkraft während der vereinbarten Vertragsdauer ausschließlich aus den durch vorübergehende Teilzeitbeschäftigung insgesamt anfallenden freien Planstellen erfolgt** (*BAG* 28.9.1988 EzA § 620 BGB Nr. 104; krit. *Lakies* NZA 1997, 745 ff.). Anderseits ist im Falle der **Pensionierung einer Lehrkraft** die befristete Ersatzeinstellung nicht ohne weiteres mit dem Hinweis darauf zulässig, dass eine feste Stellenbesetzung erst nach Durchführung des nächsten **regelmäßigen Auswahlverfahrens** erfolgen könne (*LAG Köln* 11.5.2000 ARST 2001, 17).

D. Die Beendigung des Arbeitsverhältnisses

2122 Ein sachlicher Grund für die Befristung eines Arbeitsvertrages liegt auch dann vor, wenn die befristete Einstellung nur auf Grund von **Haushaltsmitteln** möglich ist, die durch die **zeitweise Beurlaubung** von anderen Beschäftigten vorübergehend frei sind (*BAG* 25.4.2001 EzA § 620 BGB Nr. 177).

2123 Wird einer Angestellten im öffentlichen Dienst Elternzeit gewährt, nachdem ihr zuvor bereits Teilzeitbeschäftigung bewilligt worden war, so beeinträchtigt dies nicht den sachlichen Grund für die Befristung des Arbeitsvertrages mit einer Ersatzkraft, die aus den durch die Bewilligung der Teilzeitbeschäftigung **vorübergehend frei gewordenen Haushaltsmitteln** vergütet wird (*BAG* 12.2.1997 EzA § 620 BGB Nr. 145).

2124 Die **gesicherte Möglichkeit der Rückkehr** in ein bestehendes Beschäftigungsverhältnis (einer beurlaubten Beamtin) kann Sachgrund für die Befristung eines Arbeitsverhältnisses im Auslandsschulwesen sein (*BAG* 6.12.2000 ZTR 2001, 525).

fff) Wahrnehmung von Daueraufgaben

2125 Beschäftigt der Arbeitgeber für die Erledigung einer Daueraufgabe sowohl befristet, als auch unbefristet eingestellte Arbeitnehmer, bedarf es zur Rechtfertigung, der jeweiligen Befristung auch einer am Sachgrund der Befristung orientierten Konzeption, wonach die Zuordnung der Vertragsverhältnisse vorgenommen wird. Die selbst gewählte Konzeption muss von dem Arbeitgeber bei der Stellenbesetzung zudem auch tatsächlich befolgt werden (*BAG* 12.9.1996 EzA § 620 BGB Nr. 144; ebenso *LAG Köln* 18.10.2000, 87 Ls.).

2126 Die Durchführung eines **Modellversuchs** zur Ermittlung einer optimalen Struktur und personellen Ausstattung für die Erledigung einer Daueraufgabe ergibt jedenfalls keinen Sachgrund für die Befristung sämtlicher Arbeitsverhältnisse der dazu eingestellten Arbeitnehmer (*LAG Berlin* 26.3.1999 – 6 Sa 76/99 –).

(2) Personenbedingte Befristung

aaa) Erprobungszweck

2127 Insoweit kommt insbesondere die Erprobung des Arbeitnehmers auf seine Eignung hin, die vertraglich geschuldete Tätigkeit auszuführen, in Betracht. **Der Erprobungszweck muss Inhalt des Vertrages werden.** Es genügt nicht, dass die Erprobung nur das Motiv des Arbeitgebers ist, selbst wenn dies für den Arbeitnehmer erkennbar war (*BAG* 30.9.1981 EzA § 620 BGB Nr. 54; vgl. APS/*Backhaus* § 620 BGB Rz. 424 ff.).

2128 Die Erprobungsfrist darf eine **angemessene Zeitspanne** (bis zu 6 Monaten wegen der Regelung des § 1 S. 1 KSchG) **nicht überschreiten.** Längere Erprobungsfristen können in Tarifverträgen vereinbart werden, ferner auch im Einzelarbeitsvertrag, wenn ein sachlicher Grund für eine längere Dauer vorliegt, z. B. wenn wegen der besonderen Anforderungen des Arbeitsplatzes eine Beurteilung der Eignung und Leistung des Arbeitnehmers so schwierig ist, dass eine Probezeit von 6 Monaten nicht als ausreichend erscheint. Das kann z. B. bei Arbeitnehmern der Fall sein, die seit vielen Jahren nicht mehr in dem von ihnen erlernten Beruf tätig gewesen sind, bei Lehrern sowie bei künstlerisch und wissenschaftlich tätigen Arbeitnehmern. Mehrfach befristete Probearbeitsverhältnisse sind nicht zulässig (*BAG* 15.3.1978 EzA § 620 BGB Nr. 34).

D. Die Beendigung des Arbeitsverhältnisses

bbb) Dauer der Arbeitserlaubnis
Möglich ist auch die Befristung für die Dauer der (befristet) erteilten Arbeitserlaubnis mit ausländischen Arbeitnehmern, deren Heimatstaat nicht der EG angehört (§§ 284 ff. SGB III). Die Kopplung der arbeitsrechtlichen Befristung an die verwaltungsrechtliche Befristung stellt i. d. R. keinen sachlichen Grund dar. Dies entspricht der Rechtsprechung des BAG (s. o. D/Rz. 1219 ff.) zum Kündigungsschutzrecht. Danach berechtigt das Auslaufen der Arbeitserlaubnis nicht ohne weiteres zur Kündigung des unbefristeten Arbeitsverhältnisses. Vielmehr ist zu prüfen, ob in absehbarer Zeit mit der Wiedererteilung der Arbeitserlaubnis zu rechen ist und der Arbeitsplatz ohne erhebliche betriebliche Beeinträchtigungen bis dahin offen gehalten werden kann. Dementsprechend kann die Befristung mit einer befristeten Arbeitserlaubnis ebenso wie mit einer befristeten Aufenthaltserlaubnis **allenfalls dann** sachlich gerechtfertigt sein, **wenn im Zeitpunkt der letzten Vereinbarung des befristeten Arbeitsvertrages eine hinreichend sichere Prognose gestellt werden kann, eine Verlängerung der Aufenthaltserlaubnis (Arbeitserlaubnis) werde diesmal nicht erfolgen** (*BAG* 12.1.2000 EzA § 620 BGB Nr. 169; APS/*Backhaus* § 620 BGB Rz. 318; a. A. MünchArbR/*Wank* § 116 Rz. 92).

2129

ccc) Besonderheiten bei Rundfunk- und Fernsehanstalten, künstlerischer Tätigkeit; Spitzensport
Die den Rundfunk- und Fernsehanstalten zustehende **Rundfunkfreiheit kann die Befristung des Arbeitsverhältnisses mit einem programmgestaltenden Arbeitnehmer rechtfertigen,** sodass weitere sachliche Gründe für die Befristung nicht erforderlich sind.
Die Belange der Rundfunkanstalt und der betroffenen Arbeitnehmer sind im Einzelfall abzuwägen. Im Einzelnen gilt nach der Rechtsprechung des *BAG* (11.12.1991 EzA § 620 BGB Nr. 112; ebenso für Lokalreporter *BAG* 22.4.1998 EzA § 611 Arbeitnehmerbegriff Nr. 67: *LAG Köln* 31.8.2000 – 6 Sa 609/00 -: Autorin, Realisatorin, Interviewerin und Sprecherin; APS/*Backhaus* § 620 BGB Rz. 440 ff.):

2130

– Eine programmgestaltende Tätigkeit setzt keine schöpferische Mitwirkung an den einzelnen gesendeten Programmbeiträgen voraus. Worauf der inhaltliche Einfluss auf das Programm beruht, ist unerheblich. Auch durch die Ausarbeitung der übergeordneten Rahmenkonzeption, die Festlegung der verbindenden Leitideen, die Auswahl und Zusammenstellung der Sendungen kann der Inhalt des Programms gestaltet werden.

2131

– Die zur Erfüllung des Programmauftrags notwendige Freiheit und Flexibilität der Rundfunkanstalten wird durch ein unbefristetes Arbeitsverhältnis umso stärker berührt, je mehr der Arbeitnehmer seine eigenen Vorstellungen und seinen eigenen Stil einbringen kann.
– Die Wirksamkeit der Befristung setzt kein ausgearbeitetes Personalkonzept voraus. Vielmehr reicht es aus, dass im Einzelfall plausibel erklärt werden kann, warum der betroffene Arbeitnehmer im Gegensatz zu anderen Arbeitnehmern nur befristet beschäftigt werden kann.

2132

D. Die Beendigung des Arbeitsverhältnisses

2133 Auch die **Einführung und Erprobung neuer Programme** kann die befristete Beschäftigung programmgestaltender Mitarbeiter durch eine Rundfunkanstalt sachlich rechtfertigen (*BAG* 24.4.1996 EzA § 620 BGB Nr. 140).

Ein vorübergehender Personalaustausch zwischen Arbeitgebern kann die Befristung eines Arbeitsverhältnisses nach den für die Deutsche Welle geltenden Tarifbestimmungen rechtfertigen, wenn das bisherige Arbeitsverhältnis mit dem befristeten Arbeitsverhältnis sozial vergleichbar ist, aus Anlass der Befristung nicht beendet wird und nach Beendigung des befristeten Arbeitsverhältnisses auch unverändert fortgesetzt werden kann (*BAG* 28.8.1996 EzA § 620 BGB Nr. 141).

2134 **Aktualitätsverlust** kommt als Befristungsgrund für Rundfunkredakteure in Betracht, die als Reporter, Interviewer, Übersetzer oder Sprecher fremdsprachliche Sendungen für ihr Heimatland verbreiten und durchführen (*BAG* 25.1.1973 EzA § 620 BGB Nr. 17).

Publikumsgeschmack und **Abwechslungsbedürfnis** können eine Befristung rechtfertigen bei Verträgen im künstlerischen Bereich mit Solisten, nicht dagegen bei Chor-, Orchester- und Tanzgruppenmitgliedern (*BAG* 5.3.1970 AP Nr. 34 zu § 620 BGB Befristeter Arbeitsvertrag). Tarifliche Normen können davon allerdings Abweichungen vorsehen (*BAG* 30.9.1971 AP Nr. 36 zu § 620 BGB Befristeter Arbeitsvertrag; abl. *MünchArbR/Wank* § 116 Rz. 101).

2135 Auf den Sachgrund »Rundfunkfreiheit« kann ein Sender eine Befristung des Arbeitsvertrages einer Redakteurin dann nicht stützen, wenn er im **Regelfall seine Redakteure unbefristet beschäftigt** und nicht darlegt, warum im Einzelfall der Redakteur nur befristet beschäftigt wird, um die Rundfunkfreiheit zu wahren (*LAG Köln* 1.9.2000 NZA-RR 2001, 234).

2136 Die Befristung des Arbeitsvertrages eines **Sporttrainers** kann sachlich gerechtfertigt sein, wenn mit der Aufgabe, Spitzensportler oder besonders talentierte Nachwuchssportler zu betreuen, die **Gefahr** verbunden ist, dass die Fähigkeit des Trainers zur **weiteren Motivation** der ihm anvertrauten Sportler regelmäßig nachlässt. Das kann aber nur dann der Fall sein, wenn ein Bedürfnis besteht, während der Dauer der Betreuung derselben Sportler die Person des Trainers auszuwechseln, nicht aber dann, wenn die zu **betreuenden Sportler regelmäßig wechseln** (*BAG* 29.10.1998, 15.4.1999 EzA § 620 BGB Nr. 158, 164; vgl. *Dieterich* NZA 2000, 857 ff.; *Treber* SAE 1999, 312 ff.; APS/*Backhaus* § 620 BGB Rz. 457 ff.).

(3) Befristung auf Wunsch des Arbeitnehmers, z. B. bei Studenten; soziale Gründe

2137 Als sachlicher Grund kommt auch der besondere Wunsch des Arbeitnehmers, nur einen zeitlich befristeten Vertrag abzuschließen, in Betracht. Allein die Annahme eines entsprechenden Arbeitgeberangebots genügt allerdings nicht (*BAG* 13.5.1982 EzA § 620 BGB Nr. 59). **Der Arbeitnehmer muss den Wunsch nach einer befristeten Einstellung frei geäußert haben,** was z. B. dann in Betracht kommt, wenn er sich aus einer besonderen Interessenlage heraus nur für eine bestimmte Zeit binden will (vgl. APS/*Backhaus* § 620 BGB Rz. 453 ff.).

Beispiel:

2138 Das kann der Fall sein bei einer Angestellten, die noch einige Monate vor ihrer Heirat Geld verdienen und sich danach dem Haushalt widmen will (*BAG* 12.8.1976 EzA § 620 BGB Nr. 30).

D. Die Beendigung des Arbeitsverhältnisses

Der **Wunsch** eines ausländischen Arbeitnehmers, nach einer bestimmten Zeit in seine Heimat **zurückzukehren**, rechtfertigt eine entsprechende Befristung des Arbeitsverhältnisses (*LAG Köln* 4.4.2001 ZTR 2001, 477 Ls.). 2139
Dagegen sind **allgemeine beschäftigungs- und sozialpolitische Erwägungen** nicht geeignet, die Befristung des Arbeitsvertrages aus sozialen Gründen sachlich zu rechtfertigen (*BAG* 24.2.1988 EzA § 1 BeschFG 1985 Nr. 3).
Das *BAG* (4.4.1990 EzA § 620 BGB Nr. 107) geht davon aus, dass die Befristung von Arbeitsverhältnissen mit **Studenten,** die neben ihrem Studium bezahlte Beschäftigungsmöglichkeiten suchen, ihre Erwerbstätigkeit aber immer wieder den wechselnden Erfordernissen des Studiums anpassen müssen, **im Arbeitsleben üblich und sachlich gerechtfertigt ist** (nach *BVerfG* 24.9.1990 AP Nr. 136 a zu § 620 BGB Befristeter Arbeitsvertrag verstößt die Auffassung des BAG nicht gegen das GG; *LAG Köln* 28.1.1999 ZTR 1999, 381 Ls.; krit. aber *LAG Berlin* 12.1.1999 ZTR 1999, 327 Ls.; vgl. APS/*Backhaus* § 620 BGB Rz. 463 ff.).

Wird allerdings dem Interesse des Studenten, die von ihm zu erbringende Arbeitsleistung mit den wechselnden Erfordernissen des Studiums in Einklang zu bringen, durch eine entsprechende flexible Ausgestaltung des Arbeitsverhältnisses Rechnung getragen, ist eine Befristung unter dem Gesichtspunkt der Anpassung der Erwerbstätigkeit an die Erfordernisse des Studiums sachlich nicht gerechtfertigt (*BAG* 10.8.1994 EzA § 620 BGB Nr. 126). Maßgeblich ist insoweit auf die **Kündigungsmöglichkeiten** einerseits, sowie **Umfang und Lage der Arbeitszeit** andererseits abzustellen (*BAG* 29.10.1998 EzA § 620 BGB Nr. 159). 2140

Aus sozialen Gründen kommt eine Befristung auf Wunsch des Arbeitnehmers in Betracht, um dem Arbeitnehmer die Möglichkeit zu geben, sich (z. B nach Abschluss der Ausbildung) in Ruhe einen anderen Arbeitsplatz zu suchen oder eine noch fehlende Qualifikation zu erwerben (z. B. durch Abschluss eines Promotionsverfahrens; vgl. *BAG* 26.4.1985 EzA § 620 BGB Nr. 74; 12.12.1985 EzA § 620 BGB Nr. 77). 2141
Für einen derartigen Wunsch des Arbeitnehmers müssen aber zum Zeitpunkt des Vertragsabschlusses **objektive Anhaltspunkte** vorliegen, aus denen gefolgert werden kann, dass der Arbeitnehmer ein Interesse an einer befristeten Beschäftigung hat.

Beispiel: 2142
Wird z. B. ein Volljurist nach Ablegung der zweiten juristischen Staatsprüfung von einer Behörde im Rahmen von befristeten Arbeitsverträgen mit ständig anfallenden und nicht aufschiebbaren Sachbearbeiteraufgaben beschäftigt, z. B. mit der Bearbeitung von Widersprüchen in der Arbeitsverwaltung, so kann i. d. R. nicht angenommen werden, dass die sozialen Belange des Arbeitnehmers für den Abschluss der Zeitverträge maßgeblich gewesen sind (*BAG* 26.4.1985 EzA § 620 BGB Nr. 74).

Ferner müssen **gerade die sozialen Belange des Arbeitnehmers und nicht die Interessen des Betriebes** oder der Dienststelle auf Seiten des Arbeitgebers **im Vordergrund** der Überlegungen **gestanden haben** und für den Abschluss des Arbeitsvertrages ausschlaggebend gewesen sein (*BAG* 3.10.1984 EzA § 620 BGB Nr. 73; 7.7.1999 EzA § 620 BGB Nr. 165).

D. Die Beendigung des Arbeitsverhältnisses

2143 **Beispiele:**
Schließt ein Bundesland in sozialen Härtefällen mit Lehrern, deren Examensnote für eine Übernahme in den Schuldienst des Landes nicht ausreicht, einen befristeten Arbeitsvertrag für die Dauer eines Jahres und sagt es diesen Lehrern zu, sie nach Vertragsablauf in das Beamtenverhältnis zu übernehmen, wenn sie sich als für den Schuldienst geeignet erwiesen haben, so ist die vereinbarte Befristung des Arbeitsverhältnisses wirksam (*BAG* 31.8.1994 EzA § 620 BGB Nr. 127).

2144 Der befristete Arbeitsvertrag mit einem **vormaligen Beamten** auf Widerruf nach Abschluss seiner Ausbildung kann sachlich gerechtfertigt sein, wenn ihm damit Gelegenheit gegeben werden soll, **berufliche Erfahrungen zu sammeln**, um seine Vermittlungschancen auf dem Arbeitsmarkt zu erhöhen. Die Tatsache, dass der Arbeitnehmer auf vorübergehend unbesetzten Beamtenstellen beschäftigt wird, spricht aber gegen den Sachgrund der sozialen Überbrückung. Der Befristung können dann andere Sachgründe zugrunde liegen, auf die sich der Arbeitgeber im Geltungsbereich des BAT nur berufen kann, wenn sie nach der Nr. 1 der SR 2 y im Vertrag vereinbart worden sind (*BAG* 7.7.1999 EzA § 620 BGB Nr. 165).

2145 Nach Auffassung des *LAG Köln* (5.3.1998 NZA 1999, 321 Ls.; vgl. APS/*Backhaus* § 620 BGB Rz. 292) ist auch die Befristung eines neuen Arbeitsvertrages mit einem bei der Beendigung eines früheren Arbeitsverhältnisses **alkoholkranken Arbeitnehmers** auf zwei Jahre sachlich gerechtfertigt, wenn nach einer inzwischen abgeschlossenen Entziehungskur die **Rückfallgefahr erprobt** werden soll. Auch wenn dieser Befristungsgrund am Ende der Befristung nicht mehr vorgelegen hat, endet das Arbeitsverhältnis durch Zeitablauf, wenn die unbefristete Fortsetzung nicht vereinbart ist. War der Arbeitnehmer in diesem Fall bei Ablauf der Vertragszeit seit 18 Monaten ununterbrochen wegen Rücken- und Schulterleiden arbeitsunfähig erkrankt, ist der Arbeitgeber nach Treu und Glauben auch nicht gehindert, sich auf Befristung und Zeitablauf zu berufen und die Suche nach einem leidensgerechten Dauerarbeitsplatz abzulehnen, wenn der Arbeitnehmer geltend macht, die Erkrankung sei durch jahrelange körperlich schwere Arbeit in dem früheren Arbeitsverhältnis entscheidend verschlimmert worden und die Alkoholerkrankung sei überwunden.

(4) Vergleich

2146 **Die Vereinbarung einer Befristung in einem gerichtlichen oder außergerichtlichen Vergleich bedarf keines sachlichen Grundes** (*BAG* 22.2.1984 EzA § 620 BGB Nr. 69; ErfK/*Müller-Glöge* § 620 BGB Rz. 115 a. A. für den außergerichtlichen Vergleich *Hillebrecht* 3. Aufl., § 620 Rz. 143 a; KR-*Lipke* 5. Aufl. § 620 BGB Rz. 143 a; APS/*Backhaus* § 620 BGB Rz. 489; zur Wirksamkeit eines Vergleichs, durch den ein ursprünglich unbefristetes Arbeitsverhältnis nachträglich in ein befristetes umgewandelt wird s. o. D/Rz. 2084). Jedenfalls bei einem **gerichtlichen Vergleich** ist regelmäßig eine objektive Umgehung des Kündigungsschutzes zu Lasten des Arbeitnehmers ausgeschlossen (*BAG* 2.12.1998 EzA § 620 BGB Nr. 156).
Die Unwirksamkeit eines derartigen Vergleichs kann nur nach den Vorschriften der §§ 123, 138, 242, 779 BGB geltend gemacht werden (*BAG* 4.3.1980 EzA § 620 BGB Nr. 45).

(5) Befristung im Interesse Dritter?

2147 Fraglich ist, ob und inwieweit eine Befristung im Interesse Dritter möglich ist. Insbesondere im Zusammenhang mit der befristeten Neueinstellung von Lehrern ist zu überlegen, ob der sachliche Grund darin bestehen kann, dass bei unbefristeter Be-

D. Die Beendigung des Arbeitsverhältnisses

schäftigung **spätere Bewerbungsjahrgänge wegen der sinkenden Schülerzahlen kaum Einstellungschancen hätten**, sodass ein **gleichmäßiger Altersaufbau in der Lehrerschaft nicht gewährleistet ist.**
Nach der Rechtsprechung des *BAG* (14.1.1982, 8.9.1983 AP Nr. 64, 77 zu § 620 BGB Befristeter Arbeitsvertrag; vgl. auch APS/*Backhaus* § 620 BGB Rz. 306) ist die Berücksichtigung von Drittinteressen, die sich nicht konkret auf das Arbeitsverhältnis des befristet eingestellten Arbeitnehmers auswirken, **grds. unzulässig.** Folglich kann sich die Schulverwaltung nicht darauf berufen, die Fürsorgepflicht gebiete es ihr, die Arbeitsverträge mit Lehrern zu befristen, um nicht ganze Generationen von künftigen Bewerbern vom Schuldienst auszuschließen.

gg) Befristung bei Leitenden Angestellten
Würde man bei der Befristung von Arbeitsverträgen mit Leitenden Angestellten stets einen sachlichen Grund verlangen, so würde dies zu dem Ergebnis führen, dass bei einer unzulässigen Befristung der Leitende Angestellte vom Arbeitgeber weiterbeschäftigt werden muss, während den Arbeitgeber bei einer sozial ungerechtfertigten Kündigung gem. § 14 Abs. 2 i. V. m. § 9 KSchG lediglich eine Abfindungspflicht trifft. 2148

Das *BAG* (26.4.1979 EzA § 620 BGB Nr. 39) ist deshalb davon ausgegangen, dass bei einer Befristung von mehr als 6 Monaten dann, wenn mit dem Leitenden Angestellten gleichzeitig eine angemessene Abfindung vereinbart wird, gegen eine Befristung ohne sachlichen Grund keine Bedenken bestehen, da dann kein nach dem KSchG bestehender Schutz ausgeschaltet wird. Die Befristungsabrede ist dagegen unwirksam, wenn nicht zugleich ein angemessener finanzieller Ausgleich vereinbart wird oder der Leitende Angestellte beim Ausscheiden aus dem Betrieb keinen angemessenen finanziellen Ausgleich, der einer Abfindung nach § 9 KSchG gleichwertig ist, erhält. 2149

hh) Arbeitnehmer mit nebenberuflicher Tätigkeit; Teilzeitbeschäftigte
Allein der Umstand, dass der Arbeitnehmer mit einer sog. Nebentätigkeit nicht seinen vollen Lebensunterhalt verdient, rechtfertigt noch nicht die Befristung des Arbeitsvertrages (*BAG* 10.8.1994 EzA § 620 BGB Nr. 126; vgl APS/*Backhaus* § 620 BGB Rz. 418 ff.; für eine Einschränkung der Anforderungen an den sachlichen Grund aber MünchArbR/*Wank* § 116 Rz. 32). 2150
Ist die unfreiwillige Teilzeitbeschäftigung die **einzige Erwerbsquelle** eines im Rahmen von Lehraufträgen mit einer Wochenunterrichtszeit von 13 Stunden oder weniger beschäftigten Lehrers, so ist dieser nicht weniger schutzbedürftig als andere teilzeitbeschäftigte Lehrer, auf deren Arbeitsvertrag das BAT anzuwenden ist. Deshalb gelten für sie auch die Rechtsgrundsätze über die Befristung von Arbeitsverträgen (*BAG* 14.1.1982 AP Nr. 65 zu § 620 BGB Befristeter Arbeitsvertrag).
Stellt ein Unternehmen jährlich ein **bestimmtes Kontingent an Teilzeitarbeitsplätzen** zur Verfügung, können diese Teilzeitarbeitsplätze an interessierte vollzeitbeschäftigte Arbeitnehmer **nach sozialen Kriterien** (Alter der Kinder, Betriebszugehörigkeit) vergeben werden. Die Teilzeitarbeitsplätze können dabei wirksam befristet für ein Jahr vergeben werden mit der Folge, dass nach Ablauf dieses Jahres über die Vergabe der dann zur Verfügung stehenden Teilzeitarbeitsplätze für das Folgejahr wiederum nach sozialen Kriterien entschieden werden kann (*LAG Hessen* 8.1.2001 NZA-RR 2001, 237). 2151

D. Die Beendigung des Arbeitsverhältnisses

ii) Befristung im Hochschul- und im parlamentarischen Bereich

2152 Zur Rechtsprechung des BAG zur Auslegung der §§ 57 a ff. HRG vgl. ausf. *Hauck-Scholz/Neie* NZA-RR 1999, 169 ff.

(1) Notwendigkeit des Erwerbs einer speziellen wissenschaftlichen Qualifikation

2153 Für Verträge mit wissenschaftlichen Assistenten, Angestellten außerhalb des Anwendungsbereiches der §§ 57 a ff. HRG sowie des § 1 des Gesetzes über befristete Arbeitsverträge mit wissenschaftlichem Personal an Forschungseinrichtungen (s. u. D/Rz. 2270 ff; zur Abgrenzung von diesen Vorschriften s. u. D/Rz. 2157) bedeuten Bestimmungen in Hochschulgesetzen, z. B. § 43 Fachhochschulgesetz Rheinland-Pfalz, wonach der **wissenschaftliche Mitarbeiter** durch die Unterstützung der Professoren bei der Erfüllung ihrer Aufgaben zur Vorbereitung und Durchführung von Forschung und Lehre tätig ist, allein keinen sachlichen Grund zur Befristung. Diese Aufgaben können sowohl in befristeten als auch in unbefristeten Arbeitsverhältnissen erfüllt werden. Auch die sich aus der Tätigkeit eines wissenschaftlichen Mitarbeiters als Nebeneffekt ergebende **allgemeine Fort- und Weiterbildung** reicht nicht aus, weil dabei die Berechtigung der jeweils vereinbarten Dauer kaum nachprüfbar und nur unzureichend zu begründen ist.

2154 Dagegen sind Zeitverträge zulässig, wenn dem wissenschaftlichen Mitarbeiter neben der Erfüllung von Dienstleistungsaufgaben insbesondere die Gelegenheit zu einer speziellen wissenschaftlichen Qualifikation (Promotion) oder zu einer ähnlich qualifizierten besonderen Weiterbildung in Forschung und Lehre gegeben wird (*BAG* 19.8.1981 EzA § 620 BGB Nr. 50). Die Befristung zum Zweck seiner **wissenschaftlichen Weiterqualifizierung** (z. B. Promotion oder Habilitation) braucht nicht den gesamten zum Abschluss dieses Qualifizierungsvorhabens erforderlichen Zeitraum zu umfassen. Es genügt ein Zeitraum, in dem dieses Qualifizierungsvorhaben nachhaltig gefördert werden kann (*BAG* 27.1.1988 EzA § 620 BGB Nr. 96).
Die zeitlich begrenzte **(Mit-)Arbeit an einem Forschungsprojekt** stellt einen sachlichen Grund für die Befristung des Arbeitsvertrages mit einem wissenschaftlichen Mitarbeiter an einer Hochschule dar (*BAG* 30.9.1981 EzA § 620 BGB Nr. 52).

2155 Ein sachlicher Grund für die Befristung der Stelle eines **wissenschaftlichen Mitarbeiters** an einer Hochschule liegt auch dann vor, wenn die Hochschule den Lehrstuhl eines Hochschullehrers besetzen will und sie diese, der Ausstattung des Lehrstuhls zugeordnete Stelle dem Lehrstuhl-Bewerber zur eigenen Besetzung anbieten möchte (*ArbG Marburg* 11.6.1999 NZA-RR 2001, 108).

(2) Prüfungsmaßstab

2156 Das auch im wissenschaftlichen Bereich vorhandene **Schutzbedürfnis des einzelnen betroffenen Wissenschaftlers** ist mit seinem Interesse an der Weiterbildung gegen die **Aufgaben der Hochschule, Forschung zu betreiben und ihre Ausbildungsfunktion** zu erfüllen, abzuwägen. Es ist unerheblich, ob die der Weiterbildung dienenden Aufgaben im Bereich der Hochschule ständig anfallen. Nicht erforderlich ist für den Befristungsgrund der wissenschaftlichen Nachwuchsförderung eine von vornherein auf eine bestimmte formale wissenschaftliche Qualifikation ausgerichtete Tätigkeit (*BAG* 12.2.1986 EzA § 620 BGB Nr. 82). Entscheidend ist, ob der wissenschaftliche Angestellte in nicht unerheblichem Umfang Gelegenheit zur qualifizierten Weiterbildung im Rahmen seiner Dienstleistungen hat (*BAG* 28.7.1983 – 2 AZR 563/82 – n. v., zit. nach KR-*Hillebrecht* 3. Aufl., § 620 Rz. 177 b). Nicht ausreichend ist es aber, wenn die Weiterbildung ausschließlich in der Freizeit erfolgt.

D. Die Beendigung des Arbeitsverhältnisses

(3) Abgrenzung zu §§ 57 a ff. HRG
Diese Grundsätze gelten auch nach dem In-Kraft-Treten der §§ 57 a ff. HRG (s. u. 2157
D/Rz. 2270 ff.), **wenn die Hochschulverwaltung nicht in der Lage war, Verträge entsprechend den Voraussetzungen des HRG abzuschließen** (MünchArbR/*Wank* § 116 Rz. 104).

(4) Befristung im parlamentarischen Bereich
Die Befristung der Arbeitsverhältnisse von wissenschaftlichen Mitarbeitern einer Par- 2158
lamentsfraktion kann zur **Sicherung der verfassungsrechtlich geschützten Unabhängigkeit der freien Mandatsausübung** sachlich gerechtfertigt sein (*BAG* 28.8.1998 EzA § 620 BGB Nr. 153; krit. dazu *Dach* NZA 1999, 627).

jj) Form
Für befristete Arbeitsverträge war grds. keine Form vorgeschrieben, weder nach § 620 2159
BGB noch nach dem BeschFG. Dagegen sehen Spezialgesetze (HRG) und zum Teil Tarifverträge ein Schriftformerfordernis vor. Mit Wirkung vom 1.5.2000 ergab sich ein **konstitutives Schriftformerfordernis** für die Befristungsabrede **aus § 623 BGB** (vgl. APS/*Backhaus* § 620 BGB Rz. 246); seit dem 1.1.2001 ist sie – ohne sachliche Änderung – in **§ 14 Abs. 4 TzBfG** enthalten (s. u. D/Rz. 2220).

kk) Beendigung des befristeten Arbeitsverhältnisses

(1) Fristablauf; Fortsetzung
Ein wirksam befristetes Arbeitsverhältnis **endet mit Ablauf der Zeit, für die es einge-** 2160
gangen ist. Einer Kündigung bedarf es nicht. **Die schriftliche Mitteilung des Arbeitgebers an den Arbeitnehmer, das Arbeitsverhältnis werde aufgrund Fristablaufs an einem bestimmten Tag enden, ist deshalb regelmäßig nicht als Kündigungserklärung zu verstehen, sondern als nur klarstellender Hinweis auf die Beendigung des Arbeitsverhältnisses** (APS/*Backhaus* § 620 BGB Rz. 215). Wird das Arbeitsverhältnis mit Wissen des Arbeitgebers fortgesetzt, so gilt es gem. § 625 BGB als auf unbefristete Zeit verlängert.
Die Rechtsfolge des § 625 BGB tritt allerdings nur dann ein, wenn der Arbeitnehmer 2161
seine Tätigkeit **unmittelbar nach dem Ablauf des Arbeitsverhältnisses fortsetzt.** Erhält der Arbeitnehmer nach dem Ablauf eines befristeten Arbeitsverhältnisses **Freizeit als Überstundenausgleich** sowie Urlaub und nimmt er danach die Arbeit wieder auf, ist der Tatbestand des § 625 BGB nicht gegeben. Die Tatsachen können aber auf eine ausdrückliche oder konkludente Vereinbarung über die Fortsetzung des Arbeitsverhältnisses hindeuten (*BAG* 2.12.1998 EzA § 625 BGB Nr. 4; APS/*Backhaus* § 625 BGB Rz. 22 f.).

(2) Kündigung
Unter den Voraussetzungen des § **626 Abs. 1 BGB** ist jederzeit eine außerordentliche 2162
Kündigung möglich (*BAG* 19.6.1980 EzA § 620 BGB Nr. 47).
Dagegen ist eine **ordentliche Kündigung i. d. R. während des Laufs der Befristung ausgeschlossen.** Etwas **anderes** gilt dann, wenn die Möglichkeit der ordentlichen Kündigung ausdrücklich **vereinbart worden ist** oder ein dahingehender beiderseitiger Wille sich aus den Umständen eindeutig ergibt (*BAG* 19.6.1980 EzA § 620 BGB Nr. 47; 29.6.1989 EzA § 174 BGB Nr. 6).

D. Die Beendigung des Arbeitsverhältnisses

2163 Vereinbaren die Parteien in einem befristeten Arbeitsverhältnis beiderseits ein Kündigungsrecht aus bestimmten, als wichtig bezeichneten Gründen mit einer Kündigungsfrist, die der tariflichen bzw. gesetzlichen Kündigungsfrist entspricht oder diese übersteigt, so wird damit, falls nicht Anhaltspunkte für einen abweichenden Parteiwillen vorliegen, nicht die fristlose Kündigung nach § 626 BGB ausgeschlossen, sondern das Recht zur ordentlichen Kündigung vereinbart (*BAG* 25.2.1998 EzA § 620 BGB Kündigung Nr. 1; vgl. dazu *Benecke* SAE 1999, 90 ff.).

(3) Vertrauenstatbestand

2164 Trotz an sich wirksamer Befristung kann der Arbeitgeber verpflichtet sein, das Arbeitsverhältnis auf unbestimmte Zeit fortzusetzen, wenn er bei einem Arbeitnehmer die Erwartung geweckt und bestätigt hat, er werde bei Eignung und Befähigung unbefristet weiterbeschäftigt, und wenn der Arbeitgeber sich mit seiner Ablehnung in Widerspruch zu seinem früheren Verhalten und dem von ihm geschaffenen Vertrauenstatbestand setzt (*BAG* 16.3.1989 EzA § 1 BeschFG 1985 Nr. 7; vgl. APS/*Backhaus* § 620 BGB Rz. 222 ff.).

Gleiches gilt, wenn der Träger einer Arbeitsbeschaffungsmaßnahme bei dem Arbeitnehmer, der ihm zugewiesen worden ist, die **berechtigte Erwartung** geweckt hat, mit ihm **nach Abschluss der Maßnahme das Arbeitsverhältnis unbefristet fortzusetzen. Dagegen** reicht es nicht aus, wenn lediglich der Arbeitnehmer eine entsprechende, **nicht vom Arbeitgeber veranlasste Erwartung gehegt hat,** der der Arbeitgeber nicht entgegengetreten ist (*LAG Köln* 19.11.1999 FA 2000, 359 Ls.) Auch begründet eine **Nebenbestimmung** im Zuweisungsbescheid, die eine Förderung einer Arbeitsbeschaffungsmaßnahme von einer **späteren Übernahme** des zugewiesenen Arbeitnehmers in ein unbefristetes Arbeitsverhältnis **abhängig macht,** kein Recht des Arbeitnehmers auf Abschluss eines unbefristeten Arbeitsvertrages mit dem Maßnahmeträger (*BAG* 26.4.1995 EzA § 620 BGB Nr. 133; *LAG Düsseldorf* 19.8.1999–11 Sa 469/99 –).

2165 Ein Fortsetzungsanspruch setzt zudem ein **Verschulden** des Arbeitgebers voraus. Daran fehlt es, wenn er bei Schaffung des Vertrauenstatbestandes tatsächlich **noch eine Verlängerungsabsicht hegte.** Hat nicht der Arbeitgeber selbst, sondern z. B. ein nicht abschlussberechtigter Vorgesetzter den Vertrauenstatbestand gesetzt, muss der Arbeitgeber sich dessen Verhalten nur unter den Voraussetzungen einer **Anscheins- oder Duldungsvollmacht** zurechnen lassen (*LAG Köln* 19.11.1999 FA 2000, 359 Ls.).

ll) Rechtsfolgen der Unwirksamkeit der Befristungsabrede

2166 Ist die Befristungsabrede dem Grunde nach unwirksam, so bleibt der Arbeitsvertrag entgegen § 139 BGB im Übrigen gültig und **gilt als auf unbestimmte Zeit abgeschlossen.**

Zu beachten ist zudem, dass ein Arbeitsvertrag mit einer entsprechenden Mindestdauer dann dem mutmaßlichen Willen der Parteien eher entspricht als ein unbefristeter Vertrag, der jederzeit gekündigt werden könnte. Deshalb ist eine ordentliche Kündigung vor Ablauf der vorgesehenen Zeit sowohl durch den Arbeitgeber als auch durch den Arbeitnehmer grds. ausgeschlossen (*BAG* 19.6.1980 EzA § 620 BGB Nr. 47; vgl. APS/*Backhaus* § 620 BGB Rz. 206 ff.).

D. Die Beendigung des Arbeitsverhältnisses

Etwas **anderes** gilt, wenn die Parteien auch für die Zeit der Befristung zusätzlich die **2167**
Möglichkeit einer ordentlichen Kündigung vorgesehen haben (*BAG* 14.1.1982 AP
Nr. 64 zu § 620 BGB Befristeter Arbeitsvertrag).
Ist ein Vertrag mit einer **zu kurzen oder zu langen Frist** vereinbart worden, so kann
er grds. als Zeitvertrag **mit der sachlich gerechtfertigten kürzeren oder längeren
Frist aufrecht erhalten werden,** sodass eine inhaltliche Vertragskorrektur in Betracht
kommt. Das setzt allerdings voraus, dass z. B. die angemessene weitere Vertragsdauer
schon bei den nach Vertragsschluss erkennbaren Umständen mit einiger Sicherheit
bestimmbar ist (*BAG* 14.1.1982 AP Nr. 64 zu § 620 BGB Befristeter Arbeitsvertrag).
Ist die Befristung dagegen deshalb unwirksam, weil der Personalrat zwar seine Zustimmung für ein ein Jahr dauerndes Arbeitsverhältnis erteilt hat, die Parteien danach aber ein befristetes Arbeitsverhältnis von kürzerer Vertragsdauer vereinbart haben, dann besteht zwischen den Parteien ein **Arbeitsverhältnis auf Dauer** und nicht
nur für den zunächst geplanten Zeitraum (*BAG* 8.7.1998 EzA § 620 BGB Nr. 150).

mm) Darlegungs- und Beweislast
Die Beweislast dafür, dass der Arbeitsvertrag überhaupt befristet worden ist, trägt **2168**
derjenige, der sich auf die Befristung beruft, i. d. R. der **Arbeitgeber.** Denn unbefristete Arbeitsverträge sind die Regel, sodass er sich auf einen Ausnahmetatbestand beruft, durch den zudem u. U. der Kündigungsschutz entfällt. Bei einem **Streit über die
Dauer des befristeten Arbeitsvertrages** hat derjenige die Befristungsdauer zu beweisen, der sich auf die frühere Vertragsbeendigung beruft (*BAG* 12.10.1994 EzA § 620
BGB Nr. 128; vgl. APS/*Backhaus* § 620 BGB Rz. 276 ff.).

Dagegen muss der Arbeitnehmer darlegen und beweisen, dass für den Abschluss **2169**
des befristeten Vertrages und für die Dauer kein sachlicher Grund vorgelegen hat
(*BAG* 4.2.1971 AP Nr. 35 zu § 620 BGB Befristeter Arbeitsvertrag). Andererseits
kann dem Arbeitnehmer der Beweis des ersten Anscheins zugute kommen, sodass
der Arbeitgeber den Sachvortrag, der dem ersten Anschein nach zutreffend ist
und einen sachlichen Grund nicht erkennen lässt, durch Gegenvortrag entkräften
muss. Das ist vor allem dann der Fall, wenn der Arbeitsvertrag mehrfach befristet
worden ist (vgl. *BAG* 26.4.1979 EzA § 620 BGB Nr. 39). Zudem hat der Arbeitgeber dem Arbeitnehmer die Gründe für die Befristung anzugeben (*BAG* 11.8.1988
EzA § 620 BGB Nr. 105).

Behauptet dagegen der Arbeitgeber, die Befristung sei aus sozialen Gründen zulässi- **2170**
gerweise vereinbart worden, z. B. um dem Arbeitnehmer bei der Überwindung von
Übergangsschwierigkeiten nach Abschluss der Ausbildung zu helfen, so trägt der **Arbeitgeber** die Darlegungs- und Beweislast dafür, dass gerade die **sozialen Belange** des
Arbeitnehmers und nicht die betrieblichen Interessen **im Vordergrund gestanden
haben** und für den Abschluss des Arbeitsvertrages ausschlaggebend gewesen sind
(*BAG* 3.10.1984 EzA § 620 BGB Nr. 73; 12.12.1985 EzA § 620 BGB Nr. 77). Auch
wenn ein **Tarifvertrag sachliche Gründe zur Wirksamkeitsvoraussetzung für Befristungen** erhebt, trägt der **Arbeitgeber** die Darlegungs- und Beweislast für das Vorliegen sachlicher Gründe, denn durch eine derartige Regelung wird sie auf den Arbeitgeber verlagert. (*BAG* 11.8.1988 EzA § 620 BGB Nr. 105).

D. Die Beendigung des Arbeitsverhältnisses

nn) Befristung einzelner Bedingungen des Arbeitsvertrages

(1) Grundsätze

2171 Vereinbaren die Parteien im Rahmen eines unbefristeten Arbeitsverhältnisses die befristete Änderung einzelner Arbeitsbedingungen, so bedarf die vereinbarte Befristung nach der Rechtsprechung des *BAG* (13.6.1986 EzA § 620 BGB Nr. 85; 24.1.2001 EzA § 620 BGB Nr. 173) eines **sachlichen Grundes, wenn bei unbefristeter Änderung die neuen Arbeitsbedingungen dem Änderungsschutz des KSchG (§ 1 Abs. 1, 2, 3, §§ 2, 4 S. 2, 7, 8, 23 Abs. 1 KSchG) unterliegen würden.**

Die zur Befristung von Arbeitsverträgen aufgestellten Grundsätze können wegen der i. d. R. bestehenden geringeren sozialen Schutzbedürftigkeit der betroffenen Arbeitnehmer allerdings nicht ohne weiteres auf die Beurteilung der Befristung einzelner Vertragsbedingungen und deren Dauer übertragen werden. Es bedarf vielmehr **entsprechender Modifikationen dieser Grundsätze** unter Beachtung der spezifischen Zielsetzung des kündigungsschutzrechtlichen Vertragsinhaltsschutzes (vgl. dazu *Kania* DB 1998, 2418 ff.; APS/*Backhaus* § 620 BGB Rz. 193 ff.).

(2) Übertragung eine höherwertigen Tätigkeit

2172 Bei der Prüfung der Frage, ob die einzelvertraglich vereinbarte befristete Übertragung einer höherwertigen Tätigkeit sowie die damit verbundene befristete Höhergruppierung dem Grunde und der Dauer nach gerechtfertigt ist, kommt es, anknüpfend an die Kriterien für die Zulässigkeit einer einseitig vom Arbeitgeber vorgenommenen vorübergehenden Übertragung einer höherwertigen Tätigkeit (vgl. *BAG* 19.6.1985 AP Nr. 9 zu § 24 BAT), darauf an, ob dafür ein sachlicher Grund vorliegt.

2173 Als sachlicher Grund ist stets die **Vertretung** eines anderen Mitarbeiters anzusehen, da nach Rückkehr des vertretenen Mitarbeiters auf seinen Arbeitsplatz kein Bedürfnis für die Weiterbeschäftigung des Vertreters auf diesem Arbeitsplatz besteht. Ein sachlicher Grund besteht auch dann, wenn der Arbeitgeber eine frei gewordene Stelle zunächst nur vorübergehend besetzt, um **Zeit für Überlegungen** zu gewinnen, mit welchem Arbeitnehmer die Stelle endgültig besetzt werden soll oder wenn bestimmte Planungen des Arbeitgebers (z. B. geplante Übertragung der Lohnrechnertätigkeit auf zentrale Datenverarbeitung) vorliegen, die zu einem **Fortfall der höherwertigen Tätigkeit** führen können. Insoweit besteht ein großer Beurteilungsspielraum sowohl des Arbeitgebers als auch der Tatsacheninstanz (*BAG* 13.6.1986 EzA § 620 BGB Nr. 85; vgl. APS/*Backhaus* § 620 BGB Rz. 200 ff.). Das ist z. B. dann **nicht** der Fall, wenn die vorübergehende Übertragung nur ein **Vorwand** ist, um dem tatsächlich auf einem Dienstposten beschäftigten Angestellten die Tätigkeit nicht auf Dauer übertragen zu müssen (*BAG* 19.6.1985 AP Nr. 9 zu § 24 BAT).

2174 Der Sachgrund der **mittelbaren Vertretung** setzt einen vom Arbeitgeber darzulegenden **Kausalzusammenhang** zwischen dem zeitweiligen Ausfall eines Mitarbeiters und der befristeten Einstellung bzw. Vertragsänderung der Vertretungskraft voraus. **Haushaltsrechtliche Gründe** können die Befristung in diesem Zusammenhang dann rechtfertigen, wenn der öffentliche Arbeitgeber zum Zeitpunkt des Vertragsschlusses aufgrund konkreter Tatsachen die Prognose erstellen kann, dass für die Beschäftigung des Arbeitnehmers Haushaltsmittel nur vorübergehend zur Verfügung stehen (*BAG* 24.1.2001 EzA § 620 BGB Nr. 173).

D. Die Beendigung des Arbeitsverhältnisses

(3) Leistungsentgeltbestandteile
Die Befristung einer Leistungsentgeltabrede ist ohne sachlichen Grund **unzulässig**, 2175
wenn nach Ablauf der Befristung **keine Vergütungsvereinbarung mehr existieren würde**. Betrifft sie **dagegen nur einen zusätzlichen, zeitlich befristeten Entgeltanteil** bei einer im übrigen unbefristeten Grundvergütung, so ist eine solche Befristung grds. **wirksam**.
Sie ist immer dann zulässig, wenn im Übrigen eine übliche Vergütung i. S. v. § 612 BGB vereinbart ist. Insoweit liegt keine Umgehung von § 2 KSchG vor, weil die leistungsbezogene Zusatzvergütung ohne Rechtsbindungswillen frei widerrufbar ausgestaltet werden könnte (MünchArbR/*Kreßel* § 66 Rz. 25; APS/*Backhaus* § 620 BGB Rz. 204).

Eine objektive Umgehung des gesetzlichen Änderungskündigungsschutzes, die zu 2176
der Unwirksamkeit der Befristung einzelner Arbeitsvertragsbedingungen führt,
liegt im Übrigen nicht bereits in der Befristung einer Provisionszusage, die neben
das Tarifgehalt tritt und lediglich 15% der Gesamtvergütung ausmacht (*BAG*
21.4.1993 EzA § 2 KSchG Nr. 20).

oo) Wiedereinstellungsanspruch?
Fraglich ist, ob die Rechtsprechung des *BAG* (seit 27.2.1997 EzA § 1 KSchG Wieder- 2177
einstellungsanspruch Nr. 1) auf befristete Arbeitsverhältnisse übertragen werden
kann. Das *LAG Düsseldorf* (19.8.1999 11–Sa 469/99 –) hat dies **verneint**. Der Wegfall
des sachlichen Grundes während der Befristungsdauer und die nachträglich entstandene Möglichkeit, den Arbeitnehmer – entgegen der Prognose zum Zeitpunkt der Befristungsabrede – dauerhaft zu beschäftigen, verpflichtet den Arbeitgeber nicht, den
Arbeitnehmer **nach Ablauf der Befristungsdauer weiter zu beschäftigen**. Denn bei
wirksamer Befristungsabrede ist der gesetzliche Bestandsschutz von Anfang an
zeitlich begrenzt. Eine Prognosekorrektur kann daher dem Arbeitnehmer zu nicht
mehr als dem ursprünglich vereinbarten Rechtsstatus – zeitbefristetes Arbeitsverhältnis – verhelfen (*LAG Düsseldorf* 15.2.2000 LAGE § 620 BGB Nr. 63).

pp) Zweckbefristung

(1) Begriffsbestimmung

Bei der Zweckbefristung gem. § 620 Abs. 2 BGB ist der Eintritt des Ereignisses, zu 2178
dem das Arbeitsverhältnis enden soll (i. d. R. die Rückkunft des Arbeitnehmers,
der vom zweckbefristet Beschäftigten vertreten werden soll) zwar gewiss, ungewiss ist jedoch der Zeitpunkt (vgl. APS/*Backhaus* § 620 BGB Rz. 160 ff.).

(2) Sachlicher Grund
Auch die Vereinbarung einer Zweckbefristung im Arbeitsvertrag ist nur im Rahmen 2179
der Rechtsgrundsätze wirksam, die die höchstrichterliche Rechtsprechung zur Befristungskontrolle entwickelt hat. Voraussetzung ist daher zunächst das Vorliegen eines
die Zweckbefristung rechtfertigenden **sachlichen Grundes** (*BAG* 26.3.1986 EzA
§ 620 BGB Nr. 81; 12.6.1987 EzA § 620 BGB Nr. 90; vgl. Bauschke BB 1993, 2523 ff.;
APS/*Backhaus* § 620 BGB Rz. 173).

D. Die Beendigung des Arbeitsverhältnisses

In Betracht kommt eine Zweckbefristung z. B. für die **Vertretung** eines erkrankten oder beurlaubten Arbeitnehmers (*BAG* 26.3.1986 EzA § 620 BGB Nr. 81).

2180 Andererseits rechtfertigt der Sachgrund der Vertretung für sich allein in aller Regel nicht die Befristung des Arbeitsvertrages mit dem Vertreter bis zum Ausscheiden des Vertretenen aus seinem Beschäftigungsverhältnis (*BAG* 24.9.1997 EzA § 620 BGB Nr. 147; krit. dazu *Hunold* DB 1998, 1963 ff.). Denn allein durch das Ausscheiden wird der Bedarf des Arbeitgebers an der Verrichtung der früher vom Vertretenen und jetzt vom Vertreter ausgeübten Tätigkeit nicht zeitlich begrenzt. Allerdings können im Einzelfall weitere Gesichtspunkte hinzutreten, die mit dem Ausscheiden des Vertretenen das Interesse des Arbeitgebers an einer weiteren Verrichtung der dem Vertreter übertragenen Tätigkeiten entfallen lassen. Das kann der Fall sein, wenn sich der Arbeitgeber bereits im Zeitpunkt des Vertragsabschlusses mit dem Vertreter entschlossen hat, den Arbeitsplatz nach Ausscheiden des Vertretenen nicht mehr zu besetzen, z. B. weil mit dem Ausscheiden des Vertretenen auch der Bedarf an einer entsprechenden Arbeitsleistung der Vertretungskraft entfällt (*BAG* 8.7.1998 NZA 1998, 1279), oder zu diesem Zeitpunkt die Streichung der Stelle für den Fall des Ausscheidens haushaltsrechtlich verbindlich vorgeschrieben bzw. aufgrund konkreter Anhaltspunkte zu erwarten war. In Betracht kommt auch, dass der Arbeitgeber den Vertreter aufgrund konkreter, beim Vertragsabschluss vorliegender Anhaltspunkte zwar als zeitweilige Aushilfe, nicht aber als Dauerbesetzung für geeignet hält und deshalb den Arbeitsplatz im Falle des Ausscheidens des eigentlichen Inhabers anderweitig besetzen will (*BAG* 24.9.1997 EzA § 620 BGB Nr. 147; *LAG Düsseldorf* 9.2.1999 ZTR 1999, 569; s. auch *BAG* 6.12.2000 EzA § 620 BGB Nr. 172).

Derartige Umstände hat der Arbeitgeber darzulegen (*BAG* 8.7.1998 NZA 1998, 1279).

(3) Erkennbarkeit des Zeitpunkts der Zweckerreichung

2181 Neben dem Vorliegen eines sachlichen Grundes ist zusätzlich erforderlich, dass der Zeitpunkt der Zweckerreichung für den Arbeitnehmer frühzeitig erkennbar ist, d. h. entweder bei Vertragsschluss voraussehbar war oder vom Arbeitgeber **rechtzeitig angekündigt** wird (*BAG* 26.3.1986 EzA § 620 BGB Nr. 81; APS/*Backhaus* § 620 BGB Rz. 165 ff.).

> Denn die Vereinbarung einer Zweckbefristung, deren Ende für den Arbeitnehmer nicht voraussehbar ist oder in nicht überschaubarer Zeit liegt, kann wegen objektiver Umgehung gesetzlicher und zwingender Kündigungsfristen unwirksam sein. Eine Umgehung der Mindestkündigungsfristen liegt dann vor, wenn der Zeitpunkt des Vertragsendes für den Arbeitnehmer nicht »frühzeitig«, d. h. im Rahmen der jeweils in Betracht kommenden Kündigungsfristen erkennbar ist.

2182 Demgegenüber werden nach Auffassung des *LAG Bremen* (DB 1987, 1268) auch das KSchG und etwaige Mitbestimmungsrechte der Arbeitnehmervertretung umgangen. Für die Frage der Rechtfertigung eines zweckbefristeten Arbeitsverhältnisses ist allein auf den Zeitpunkt des Abschlusses des Vertrages abzustellen. Spätere Mitteilungen des Arbeitgebers, wann mit einer Zweckerreichung zu rechnen ist, können danach die im Zusammenhang mit dem Abschluss des Vertrages für den Arbeitnehmer bestehende Ungewissheit über den Fortfall seines Arbeitsplatzes nicht heilen.

D. Die Beendigung des Arbeitsverhältnisses

(4) Rechtsfolgen der fehlenden Erkennbarkeit des Zeitpunkts der Zweckerreichung

Die fehlende Erkennbarkeit des Zeitpunkts der Zweckerreichung führt jedoch bei Vorliegen eines sachlichen Grundes für die Zweckbefristung nicht zu einem unbefristeten Arbeitsverhältnis, sondern lediglich dazu, **dass das Arbeitsverhältnis erst mit Ablauf einer der Mindestkündigungsfrist entsprechenden Auslauffrist endet.** Denn der Bestandsschutz des befristet angestellten Arbeitnehmers kann grds. nicht weiter gehen, als er nach dem Gesetz ausgestaltet wäre, das objektiv umgangen wird. Die **Frist beginnt,** sobald der Arbeitnehmer durch eine Mitteilung des Arbeitgebers oder auf sonstige Weise von der bevorstehenden oder bereits erfolgten Zweckerreichung **Kenntnis erlangt** (*BAG* 26.3.1986 EzA § 620 BGB Nr. 81). Bedenken im Hinblick auf die objektive Umgehung der Mindestkündigungsfristen (z. B. § 622 Abs. 1, 2 BGB) betreffen nicht die Frage des Vorliegens eines sachlichen Befristungsgrundes, da sie nicht den Bestandsschutz des Arbeitsverhältnisses, sondern die Frage der rechtzeitigen Information des Arbeitnehmers über den Zeitpunkt der Beendigung berühren.

2183

(5) Verhältnis zu tariflichen Befristungsregelungen

Die Protokollnotiz Nr. 2 zu Nr. 1 SR 2 y BAT, nach der ein Zeitvertrag nicht für die Dauer von mehr als fünf Jahren abgeschlossen werden darf, gilt nicht für zweckbefristete Arbeitsverträge (*BAG* 26.3.1986 EzA § 620 BGB Nr. 81).

2184

(6) Ergänzende Vertragsauslegung

Vereinbart der Arbeitgeber mit einem zur Vertretung eingestellten Arbeitnehmer, dass das Arbeitsverhältnis mit der Wiederaufnahme der Arbeit durch den vertretenen Mitarbeiter enden soll, so liegt hierin in aller Regel nicht zugleich die Vereinbarung, dass das Arbeitsverhältnis auch dann enden soll, wenn der vertretene Mitarbeiter vor Wiederaufnahme seiner Tätigkeit aus dem Arbeitsverhältnis **ausscheidet** (*BAG* 26.6.1996 EzA § 620 BGB Bedingung, Nr. 12; vgl. dazu *Vetter* ZTR 1997, 438 ff.), oder wenn der Vertretene eine zeitlich befristete **Erwerbsunfähigkeitsrente** von der BfA erhält (*LAG Berlin* 20.5.1997, 474).

2185

Demgegenüber hat das *LAG Saarland* (26.2.1997 LAGE § 620 BGB Nr. 46) angenommen, dass dann, wenn der Beendigungstatbestand auf den Wegfall des Verhinderungsgrundes (z. B. »für die Dauer der Erkrankung des Arbeitnehmers X«) abstellt, das Arbeitsverhältnis nach vorheriger rechtzeitiger Nichtverlängerungsanzeige auch dann endet, wenn der vertretene Arbeitnehmer seinen Dienst nicht wieder antritt, sondern aus dem Arbeitsverhältnis ausscheidet und **Altersrente** in Anspruch nimmt. Vereinbart der Arbeitgeber mit dem Arbeitnehmer die Beendigung des Arbeitsverhältnisses auch für den Fall, dass das Arbeitsverhältnis mit dem erkrankten Mitarbeiter endgültig beendet wird, so ist im Falle der tatsächlich einvernehmlichen Beendigung dieses Arbeitsverhältnisses die auflösende Bedingung von vornherein wegen Umgehung des nach § 626 BGB, § 1 KSchG bestehenden Kündigungsschutzes nach Auffassung des *LAG Hamm* (10.7.1997 ZTR 1997, 474) unwirksam.

2186

D. Die Beendigung des Arbeitsverhältnisses

b) **Die Abkehr von der Umgehungsrechtsprechung; das TzBfG (ab 1.1.2001)**

aa) **Begriffsbestimmungen**

2187 § 3 TzBfG enthält eine Begriffsbestimmung hinsichtlich des kalendermäßig und zweck**befristeten Vertrages**, nicht dagegen der auflösenden Bedingung (vgl. dazu APS/*Backhaus* § 3 TzBfG Rz. 1 ff.; *Bauer* BB 2001, 2473; *Dassau* ZTR 2001, 68).

bb) **Sachgrundbefristung (§ 14 Abs. 1 TzBfG)**

(1) **Grundlagen**

2188 Die gesetzliche Regelung des § 14 Abs. 1 TzBfG geht nunmehr davon aus, dass im **Regelfall ein Sachgrund** für die Vereinbarung einer zulässigen Befristung an sich ebenso wie für ihre Dauer (vgl. MünchArbR/*Wank* Ergänzungsband § 116 Rz. 211 ff.) erforderlich ist. **Die Befristung ohne Sachgrund ist die Ausnahme** (*H. J. Dörner* ZTR 2001, 486; KDZ/*Däubler* § 14 TzBfG Rz. 6). Damit ist der Grundgedanke der objektiven Gesetzesumgehung (s. o. D/Rz. 2056) entfallen; das hat zur Folge, dass im Gegensatz zur bisherigen Rechtslage keine unbegrenzte Ausnahme mehr für die Fälle besteht, in denen keine Umgehung von Kündigungsschutz begründenden Vorschriften in Betracht kam (Arbeitsverhältnisse in Kleinbetrieben, Familienhaushalte, Arbeitsverhältnis vor Ablauf der 6-Monatsfrist des § 1 KSchG; der Arbeitnehmer ist leitender Angestellter i. S. d. § 14 Abs. 2 KSchG). Das war deshalb erforderlich, weil die umzusetzende Richlinie (RL 99/70/EG; s. o. A/Rz. 791) derartige Ausnahmen nicht vorsieht (vgl. APS/*Backhaus* § 14 TzBfG Rz. 3, 18 ff.; KR-*Lipke* § 14 TzBfG Rz. 2 ff., 21 ff.; vgl. auch *Bauer* NZA 2000, 1042; *Preis/Gotthardt* DB 2000, 2070; *Richardi/Annuß* DB 2000, 2204; *Backhaus* NZA 2001 Sonderbeilage zu Heft 24, S. 9).

2189 Für die Befristung eines Arbeitsvertrages mit einem **leitenden Angestellten** i. S. d. § 14 Abs. 2 KSchG wurde bislang angenommen, dass es dann keines sachlichen Grundes bedarf, wenn dieser beim Ausscheiden einen einer Abfindung nach §§ 9, 10 KSchG gleichwertigen finanziellen Ausgleich erhielt (MünchArbR/*Wank* § 116 Rz. 29 ff.). Nunmehr wird man in der Vereinbarung einer derartigen **Entschädigung** im Vertrag nach der Wertung des § 14 KSchG einen **sachlichen Grund sehen** können (MünchArbR/*Wank* Ergänzungsband § 116 Rz. 67) Das Sachgrunderfordernis gilt auch bei der Vereinbarung einer **nachträglichen Befristung**, sowie einer darauf gerichteten Änderungskündigung (APS/*Backhaus* § 14 TzBfG Rz. 23 f.; MünchArbR/*Wank* Ergänzungsband § 116 Rz. 63, 70, 75; KDZ/*Däubler* § 14 TzBfG Rz. 6 f., 18).

(2) **Prüfungsgegenstand**

2190 Gegenstand der Überprüfung der Rechtswirksamkeit einer vertraglich vereinbarten Befristung ist **jeder Vertrag, der unter Einhaltung der Klagefrist gem. § 17 TzBfG angegriffen worden ist** (APS/*Backhaus* § 14 TzBfG Rz. 12 f.; KR-*Lipke* § 14 TzBfG Rz. 43 ff.). Zwar wollen die Arbeitsvertragsparteien durch einen ohne Vorbehalt abgeschlossenen Folgevertrag ihre Vertragsbeziehungen regelmäßig auf eine neue Rechtsgrundlage stellen. Ein vertraglicher Verzicht, sich insbesondere im Rahmen der Überprüfung des Folgevertrages auf die Unwirksamkeit der Befristung des vorangegangenen Vertrages zu berufen, liegt darin aber regel-

D. Die Beendigung des Arbeitsverhältnisses

mäßig nicht. Dies gilt umso mehr, als der Gesetzgeber nunmehr für die Geltendmachung der Unwirksamkeit der Befristung die Klagefrist eingeführt hat. Soll gleichwohl bereits vor Ablauf dieser Frist vertraglich auf die Geltendmachung der Unwirksamkeit verzichtet werden, so muss dies in der vertraglichen Vereinbarung unmissverständlich zum Ausdruck kommen (*BAG* 26.7.2000 EzA § 1 BeschFG 1985 Nr. 18).

Etwas anderes gilt auch dann, wenn es sich um einen sog. **bloßen Annexvertrag** handelt; dieser gilt nicht als letzter Vertrag in diesem Sinne. Er ist dann gegeben, wenn lediglich der **Endzeitpunkt** des befristeten Vertrages **geringfügig korrigiert** wird, wenn sich der Vertrag am selben Sachgrund wie der Verlängerungsvertrag orientiert und wenn es nur um die Anpassung an veränderte Umstände geht. Das ist z. B. dann der Fall, wenn Drittmittel oder die Bewilligung einer ABM-Maßnahme überraschend um einige Monate verlängert werden (KR-*Lipke* 5. Aufl. § 620 BGB Rz. 125 b; KDZ/ *Däubler* § 14 TzBfG Rz. 32). 2191

(3) Prüfungszeitpunkt
Maßgeblicher Zeitpunkt für die Zulässigkeit der Befristung ist **der des Vertragsabschlusses** (*Preis/Gotthardt* DB 2000, 2071; *Bauer* BB 2001, 2526; *Dassau* ZTR 2001, 69; KR-*Lipke* § 14 TzBfG Rz. 35 ff.). Der **spätere Wegfall** des sachlichen Grundes **schadet daher grds. nicht**. Unerheblich ist es nunmehr auch, wenn zwischen Vertragsabschluss und Vertragsbeendigung **Umstände** eintreten, die einen **besonderen Kündigungsschutz** (z. B. gem. § 9 MuSchG) **begründen**. Denn das Sachgrunderfordernis ist nach der neuen gesetzlichen Regelung von der Umgehung des Kündigungsschutzes losgelöst (APS/*Backhaus* § 14 TzBfG Rz. 15; MünchArbR/*Wank* Ergänzungsband § 116 Rz. 71; KDZ/*Däubler* § 14 TzBfG Rz. 14, 21 ff.). 2192

(4) Allgemeine Kriterien des Sachgrundes

Das TzBfG definiert den Begriff des sachlichen Grundes nicht und nennt auch keine allgemeinen Kriterien; **angeknüpft wird an die Rechtsprechung des BAG** (s. o. D/Rz. 2075), so dass trotz der Aufgabe des Umgehungsgedankens die insoweit entwickelten allgemeinen Kriterien des sachlichen Grundes, des Verhältnisses von Sachgrund und Dauer, sowie der Steigerung der Anforderungen an den sachlichen Grund bei einer Vielzahl und langen Dauer von Befristungen (vgl. APS/*Backhaus* § 14 TzBfG Rz. 26 ff.; KR-*Lipke* § 14 TzBfG Rz. 30 ff.) weiterhin Anwendung finden. Hinsichtlich der auch zukünftig erforderlichen **Prognose** des Arbeitgebers und der damit verbundenen Auswirkungen auf die **Darlegungslast** gelten die Grundsätze, die das *BAG* (12.1.2000 EzA § 620 BGB Nr. 169; KR-*Lipke* § 14 TzBfG Rz. 47 ff.) zuletzt entwickelt hat: Wenn die spätere Entwicklung die Prognose des Arbeitgebers bestätigt, besteht eine ausreichende Vermutung dafür, dass sie hinreichend fundiert erstellt ist (vgl. MünchArbR/*Wank* Ergänzungsband § 116 Rz. 71 f.). Es ist dann Sache des Arbeitnehmers, Tatsachen vorzutragen, nach denen zumindest im Zeitpunkt des Vertragsabschlusses die Prognose nicht berechtigt war. Hat sich dagegen die Prognose nicht bestätigt, muss der Arbeitgeber Tatsachen vortragen, die ihm jedenfalls zum Zeitpunkt des Vertragsabschlusses den hinreichend sicheren Schluss darauf erlaubten, dass nach Ablauf der Befristung die Weiterbeschäftigung des Arbeitnehmers nicht mehr möglich sein werde. 2193

D. Die Beendigung des Arbeitsverhältnisses

2194 Die im Gesetz genannten Sachgründe **sollen den Gerichten eine Orientierung geben**; es handelt sich um **Beispiele**, die weder andere von der Rechtsprechung bereits bisher akzeptierte, noch weitere Gründe ausschließen sollen (BT-Drs. 14/4374, S. 18; vgl. *Richardi/Annuß* DB 2000, 2205).

(5) Die gesetzlichen Sachgründe

aaa) Vorübergehender Bestand des betrieblichen Bedarfs an der Arbeitsleistung (§ 14 Abs. 1 S. 1 Nr. 1 TzBfG)

2195 Dieser **sehr allgemein gehaltene Oberbegriff** möglicher Sachgründe kann in Form eines vorübergehend erhöhten oder eines zukünftig wegfallenden Arbeitskräftebedarfs bestehen (MünchArbR/*Wank* Ergänzungsband § 116 Rz. 81 ff.; KDZ/*Däubler* § 14 TzBfG Rz. 43 ff.).

2196 Erforderlich ist, dass zum Zeitpunkt des Vertragsabschlussses der Arbeitgeber aufgrund greifbarer Tatsachen mit hinreichender Sicherheit annehmen konnte, dass der Arbeitskräftebedarf in Zukunft wegfallen wird (Prognose; vgl. KR-*Lipke* § 14 TzBfG Rz. 67 ff.). Davon zu unterscheiden ist die jeder wirtschaftlichen Tätigkeit innewohnende **Unsicherheit über die zukünftige Entwicklung** und der dadurch hervorgerufene wechselnde Bedarf an Arbeitskräften; diese stellt keinen Sachgrund dar (APS/*Backhaus* § 14 TzBfG Rz. 33; MünchArbR/*Wank* Ergänzungsband § 116 Rz. 90 ff.; KDZ/*Däubler* § 14 TzBfG Rz. 39; *Preis/Gotthardt* DB 2000, 2071; *Hromadka* BB 2001, 622).

bbb) Anschluss an Ausbildung und Studium (§ 14 Abs. 1 S. 1 Nr. 2 TzBfG)

2197 Mit dieser Vorschrift soll vor allem **tariflichen Regelungen** Rechnung getragen werden, wonach der Arbeitgeber verpflichtet ist, den Auszubildenden **für eine Mindestzeit zu übernehmen**; die gesetzliche Regelung setzt allerdings keine derartige Regelung voraus und erfasst zudem auch den Anschluss an ein Studium. Da weder klar ist, was unter Ausbildung, Studium, Anschluss, noch unter Erleichterung des Übergangs gemeint ist, ist offen, ob dieser Befristungsgrund praktische Relevanz erlangen wird (vgl. APS/*Backhaus* § 14 TzBfG Rz. 34 ff.; ähnlich *Preis/Gotthardt* DB 2000, 2071; Hromadka BB 2001, 622; MünchArbR/*Wank* Ergänzungsband § 116 Rz. 99; krit. auch *Blanke* AiB 2000, 735; für eine enge Auslegung KDZ/*Däubler* § 14 TzBfG Rz. 53; optimistischer KR-*Lipke* § 14 TzBfG Rz. 84 ff.).

ccc) Vertretung (§ 14 Abs. 1 S. 1 Nr. 3 TzBfG)

2198 Die Formulierung »**Vertretung** eines anderen Arbeitnehmers« ist **nicht eng** zu verstehen; es können z. B. auch zwei Teilzeitkräfte gleichzeitig oder ein Beamter vertreten werden. Bei der ebenfalls möglichen mittelbaren Vertretung muss entweder die Vertretungskette geschlossen sein oder der Vertreter muss Aufgaben wahrnehmen, die auch dem Vertretenen aufgrund des Direktionsrechts des Arbeitgebers hätten zugewiesen werden können. Die insoweit notwendige **Kausalität** ist **dann nicht** gegeben, wenn nur mit den für den Arbeitsplatz des Vertreters vorgesehenen Finanzmitteln ein völlig **neuer Arbeitsplatz erstellt** wird, den der Vertretene aufgrund des Direktionsrechts nicht hätte einnehmen müssen und zu dem auch **keine geschlossene Vertretungskette** reicht (APS/*Backhaus* § 14 TzBfG

D. Die Beendigung des Arbeitsverhältnisses

Rz. 40 ff.; KR-*Lipke* § 14 TzBfG Rz. 98 ff.; vgl. auch *Hromadka* BB 2001, 623 f.; KDZ/*Däubler* § 14 TzBfG Rz. 58 ff.; MünchArbR/*Wank* Ergänzungsband § 116 Rz. 111 ff.).

ddd) Eigenart der Arbeitsleistung (§ 14 Abs. 1 S. 1 Nr. 4 TzBfG)
Dieser neue Sachgrund soll sich auf **Rundfunkanstalten** und die **Tätigkeit an Bühnen** beziehen; er kommt auch in Betracht in anderen Tendenzbetrieben und im Bereich des Sports (APS/*Backhaus* § 14 TzBfG Rz. 43; KR-*Lipke* § 14 TzBfG Rz. 126 ff.). Mit der Befristung kann auch der Gefahr entgegengewirkt werden, dass der für eine bestimmte Tätigkeit erforderliche **Aktualitätsbezug** (z. B. bei ausländischen Lektoren) nachlässt bzw. im künstlerischen Bereich kann dem **Abwechslungsbedürfnis** und dem **Publikumsgeschmack** Rechnung getragen werden (MünchArbR/*Wank* Ergänzungsband § 116 Rz. 118 ff.). 2199

eee) Erprobung (§ 14 Abs. 1 S. 1 Nr. 5 TzBfG)
Insoweit gelten die von der Rechtsprechung entwickelten Grundsätze (s. o. D/Rz. 2127 f.). Zu beachten ist vor allem, dass der Erprobungszweck **als Vertragsinhalt** vereinbart sein muss (s. o. D/Rz. 2127; *BAG* 31.8.1994 EzA § 620 BGB Nr. 127; KR-*Lipke* 5. Aufl. § 620 BGB Rz. 161; *Löwisch* § 1 KSchG Rz. 161; KDZ/*Däubler* § 14 TzBfG Rz. 85; MünchArbR/*Wank* Ergänzungsband § 116 Rz. 130; abl. APS/*Backhaus* § 14 TzBfG Rz. 45; *Staudinger/Preis* § 620 BGB Rz. 174). Demgegenüber wird aber auch die Auffassung vertreten, dass deshalb, weil – mit Ausnahme der Zweckbefristung und auflösenden Bedingung – gem. § 14 Abs. 4 TzBfG nur die Befristungsabrede zu treffen, **nicht** aber der **Befristungsgrund** zu benennen ist, sich **nicht mehr erklären lässt, warum an dieser bisherigen Rechtsauffassung festgehalten werden soll**. Denn das Motiv des Arbeitgebers, den Arbeitnehmer für eine in Aussicht genommene Dauerbeschäftigung zu testen, soll zwar für den Arbeitnehmer erkennbar werden (*BAG* 30.9.1981 EzA § 620 BGB Nr. 54). Ist jedoch die Befristung und ihr Sachgrund im Streit, liegt es nunmehr beim Arbeitgeber, den in Anspruch genommenen Sachgrund »Erprobung« darzulegen und zu beweisen. Von daher ist eine Angabe des Befristungsgrundes der Erprobung zu Beweisgründen sinnvoll, aber nicht mehr erforderlich (KR-*Lipke* § 14 TzBfG Rz. 164). 2200

fff) In der Person des Arbeitnehmers liegender Grund (§ 14 Abs. 1 S. 1 Nr. 6 TzBfG)
Dieser Begriff ist so weit gefasst, dass sich **zahlreiche** in der Rechtsprechung anerkannte Typen von Sachgründen darunter subsumieren lassen (z. B. soziale Überbrückung, befristete Aufenthaltserlaubnis, Altersgrenzen, Erwerbsunfähigkeit, Flugantauglichkeit, Wunsch des Arbeitnehmers; vgl. APS/*Backhaus* § 14 TzBfG Rz. 47; *Preis/Gotthardt* DB 2000, 2071; KR-*Lipke* § 14 TzBfG Rz. 182 ff.; KDZ/*Zwanziger* § 13 TzBfG Rz. 97 ff.). 2201

ggg) Haushaltsmittel (§ 14 Abs. 1 S. 1 Nr. 7 TzBfG)
Diese Regelung entspricht § 57 d Abs. 2 Nr. 2 HRG. Erforderlich ist neben einer haushaltsrechtlichen Bestimmung (Anordnung der Mittelverwendung für befristete Arbeitsverhältnisse durch den Haushaltsgesetzgeber im Haushaltsgesetz) eine bei Vertragsabschluss vereinbarte zwecksprechende Beschäftigung (KDZ/*Däubler* § 14 TzBfG Rz. 112 ff.). Damit wird aus **fiskalischen Gründen ein Sonderbefristungs-** 2202

D. Die Beendigung des Arbeitsverhältnisses

recht für den öffentlichen Dienst **geschaffen** und ein Tatbestand verwendet, der so pauschal formuliert ist, dass **Missbräuche geradezu provoziert werden** (APS/*Backhaus* § 14 TzBfG Rz. 52; ähnlich *Preis/Gotthardt* DB 2001, 2071; MünchArbR/*Wank* Ergänzungsband § 116 Rz. 157; zurückhaltender KR-*Lipke* § 14 TzBfG Rz. 211 ff.).

hhh) Gerichtlicher Vergleich (§ 14 Abs. 1 S. 1 Nr. 8 TzBfG)

2203 Mit dieser Regelung wird bestätigt, dass die Mitwirkung des Gerichts eine ausreichende Gewähr für die Wahrung der Schutzinteressen des Arbeitnehmers bietet (KR-*Lipke* § 14 TzBfG Rz. 234 ff.). Ob damit feststeht, dass ein **außergerichtlicher Vergleich** nicht mehr als Sachgrund in Betracht kommt, ist unklar (dafür APS/*Backhaus* § 14 TzBfG Rz. 53; KR-*Lipke* § 14 TzBfG Rz. 241 ff.; *Preis/Gotthardt* DB 2000, 2072; *Hromadka* BB 2001, 625; *Kliemt* NZA 2001, 298; KDZ/*Däubler* § 14 TzBfG Rz. 123). Demgegenüber wird aber auch die Auffassung vertreten, dass ein außergerichtlicher Vergleich nach wie vor dann als sachlicher Befristungsgrund in Betracht kommt, wenn zwischen den Beteiligten tatsächlich ein Streit hinsichtlich der Rechtslage des zwischen ihnen bestehenden Rechtsverhältnisses vorgelegen hat (MünchArbR/*Wank* Ergänzungsband § 116 Rz. 173

(6) Befristung einzelner Vertragsbedingungen

2204 Zwar enthält das TzBfG insoweit keine ausdrückliche Regelung; auch wird der Sachgrund nunmehr unabhängig von der Umgehung des Kündigungsschutzes gefordert. Gleichwohl ist – wie bisher (s. o. D/Rz. 2171) – eine Übertragung der gesetzlichen Maßstäbe auf die Kontrolle der Befristung einzelner Vertragsbedingungen **erforderlich**, weil sich andernfalls das Sachgrunderfordernis für die Befristung des gesamten Arbeitsvertrages einfach **umgehen ließe** (APS/*Backhaus* § 14 TzBfG Rz. 58 ff.; KDZ/*Däubler* § 14 TzBfG Rz. 139 ff.). **Demgegenüber** wird aber auch die Auffassung vertreten (KR-*Lipke* § 14 TzBfG Rz. 18 ff.), dass zwar eine Kontrolle der Befristung einzelner Arbeitsbedingungen aus den genannten Gründen geboten ist. Andererseits regelt § 14 Abs. 1 TzBfG danach den zulässigen Abschluss befristeter Arbeitsverträge, d. h. den Beginn und das Ende eines Arbeitsverhältnisses, bestimmt dagegen nicht deren inhaltliche Gestaltung. Deshalb ist eine **Inhalts- und Angemessenheitskontrolle** (§§ 242, 315 BGB) durchzuführen. Notwendig ist nur, den **Schutz des Arbeitnehmers vor einseitiger Interessendurchsetzung und Machtausübung des Arbeitgebers, nicht aber vor frei ausgehandelten Vertragsbedingungen zu gewährleisten.** Voraussetzung für eine solche Prüfung ist, dass die Vertragsparität bei Abschluss der befristeten einzelnen Arbeitsbedingung nicht bestand (**Paritätsstörung**) und deshalb wegen einer fehlenden freien Entscheidung des Arbeitnehmers ein Ausgleich über eine vom Richter vorzunehmende Inhaltskontrolle und Interessenabwägung zu erfolgen hat (KR-*Lipke* § 14 TzBfG Rz. 18). Anhaltspunkte für die anzustellende Angemessenheitskontrolle der Befristung einzelner Vertragsbedingungen sind zum einen der Umstand, dass sich der **unbefristet beschäftigte** Arbeitnehmer in einer vergleichsweise **besseren Rechtsposition** befindet, wenn ihm der Arbeitgeber die befristete Änderung einzelner Vertragsbedingungen anträgt und zum anderen die in § 4 Abs. 2 TzBfG genannten Kriterien, die Diskriminierungsverbote für den Inhalt befristeter Arbeitsverträge festlegen. Bei einer Verkürzung oder Verlängerung der Arbeitszeit sind nunmehr auch die §§ 8, 9 TzBfG zu beachten. Demzufolge ist eine zulässige schlechtere Behandlung bezüglich einzelner befristeter Vertragsbedingungen nur gerechtfertigt, wenn **sachliche Gründe für eine unterschiedliche Behandlung** ins Feld geführt werden können. Zwar zielt das Diskriminierungsverbot des § 4 Abs. 2 TzBfG allein auf befristet beschäftigte Arbeitnehmer. Der Rechtsgedanke, Schlechterstellungen im Zusammenhang mit Befristungen an sachliche Gründe zu binden, lässt sich aber auch auf das unbefristete Arbeitsverhältnis mit befristeten Arbeitsbedingungen übertragen. Die Inhaltsprüfung befristeter Vertragsänderungen ist deshalb von den bisherigen Maßstäben einer funktionswidrigen Umgehung des Änderungskündigungsschutzes abzukoppeln und in eine Angemessenheitskontrolle bei Paritätsstörungen zu überführen (KR-*Lipke* § 14 TzBfG Rz. 19).

(7) Darlegungs- und Beweislast

Aus § 14 Abs. 1, 2, 3 TzBfG folgt eindeutig das **Regel-Ausnahme-Verhältnis** zwischen befristetem und unbefristetem Arbeitsvertrag: Normalfall ist das unbefristete Arbeitsverhältnis, die Ausnahme das befristete, das eines Sachgrundes bedarf und nur ausnahmsweise ohne einen solchen vereinbart werden darf (vgl. *Preis/ Gotthardt* DB 2000, 2069; *Hromadka* BB 2001, 622). Da zudem derjenige, der sich auf das Vertragsende durch Fristablauf beruft, die Voraussetzungen des Vorliegens dieser rechtsvernichtenden Einwendung beweisen muss, muss jetzt im Gegensatz zur bisherigen Rechtslage der Arbeitgeber das Vorliegen eines Sachgrundes darlegen und beweisen (APS/*Backhaus* § 14 TzBfG Rz. 63).

2205

cc) **Erleichterte Befristung (§ 14 Abs. 2 TzBfG)**

(1) Grundlagen
§ 1 TzBfG übernimmt § 1 Abs. 1 BeschFG fast wörtlich; die weiteren Regelungen in § 14 Abs. 2 TzBfG enthalten aber gegenüber § 1 BeschFG **drei wesentliche Neuerungen** (vgl. APS/*Backhaus* § 14 TzBfG Rz. 66 ff.; KDZ/*Däubler* § 14 TzBfG Rz. 151 ff.):

2206

– Die Regelung ist nicht mehr zeitlich begrenzt, sondern als Dauerregelung ausgestaltet.
– Die großzügigen Verknüpfungsmöglichkeiten nach § 1 Abs. 3 BeschFG, der es ermöglichte, die sachgrundlose Befristung nicht nur einer durch einen Sachgrund gerechtfertigten weiteren Befristung vorausgehen zu lassen, sondern sie auch umgekehrt einer solchen nachfolgen zu lassen, sind jetzt erheblich eingeschränkt. Gem. § 14 Abs. 2 S. 2 TzBfG ist die erleichterte, sachgrundlose Befristung gänzlich unzulässig, wenn mit demselben Arbeitgeber zuvor irgendwann einmal ein befristetes, auch sachlich gerechtfertigtes, oder ein unbefristetes Arbeitsverhältnis bestanden hat. Der umgekehrte Fall des Anschlusses eines sachlich gerechtfertigten befristeten Arbeitsvertrages an einen nach § 14 Abs. 2 S. 1 TzBfG befristeten bleibt allerdings weiterhin zulässig (vgl. *Hromadka* BB 2001, 627).
– Gem. § 14 Abs. 3 S. 3, 4 TzBfG kann durch Tarifvertrag nicht nur – wie bisher – zugunsten des Arbeitnehmers von der gesetzlichen Regelung abgewichen werden, sondern (vgl. § 22 TzBfG) hinsichtlich der Anzahl der Verlängerungen und der Höchstbefristungsdauer auch zu Lasten des Arbeitnehmers.

D. Die Beendigung des Arbeitsverhältnisses

(2) Vereinbarkeit der gesetzlichen Regelung mit der RL 99/70/EG

2207 § 5 der RL 1999/70/EG vom 10.7.1999 (ABlEG Nr. L 175, S. 43, 44) hat u. a. folgenden Wortlaut:
»Um Missbrauch durch aufeinander folgende befristete Arbeitsverträge oder -verhältnisse zu vermeiden, ergreifen die Mitgliedsstaaten eine ... oder mehrere der folgenden Maßnahmen:
a) sachliche Gründe, die die Verlängerung solcher Verträge oder Verhältnisse rechtfertigen;
b) die insgesamt maximal zulässige Dauer aufeinander folgender Arbeitsverträge oder -verhältnisse;
c) die zulässige Zahl der Verlängerungen solcher Verträge oder Verhältnisse ... «.

Diesen Anforderungen genügt § 14 Abs. 2 TzBfG. Zudem darf die RL nicht als Rechtfertigung für die Senkung des allgemeinen Niveaus des Arbeitnehmerschutzes in dem von ihr erfassten Bereich dienen. Dieses Niveau bestimmte das BeschFG i. d. F. von 1996, nicht der Beschluss des Großen Senates des *BAG* (12.10.1960 AP Nr. 16 zu § 620 BGB Befristeter Arbeitsvertrag). **Es wird durch § 14 Abs. 2 TzBfG auch nicht gesenkt, sondern wegen § 14 Abs. 2 S. 2 TzBfG zugunsten der Arbeitnehmer erheblich verbessert.** Zudem wird mit der sachgrundlosen Befristung eine im Grundsatz bereits seit 15 Jahren bestehende Befristungsmöglichkeit **nur fortgeschrieben** (APS/*Backhaus* § 14 TzBfG Rz. 69; MünchArbR/*Wank* Ergänzungsband § 116 Rz. 201 ff.; *Löwisch* NZA 2000, 756 u. 1044; *Bauer* NZA 2000, 756 u. 1044; *Hanau* NZA 2000, 1045; a. A. *Schmalenberg* NZA 2000, 582 f. u. 1043 ff.; *Franzen* RdA 1999, 361 ff.; *Däubler* ZIP 2000, 1967).

(3) Tatbestandsvoraussetzungen

aaa) Persönlicher Geltungsbereich

2208 Erfasst sind alle **Arbeitnehmer**, ohne dass eine Sonderregelung für Arbeitnehmer mit besonderem Kündigungsschutz besteht (APS/*Backhaus* § 14 TzBfG Rz. 70).

bbb) Zeitliche Limitierung

2209 Die Ausnahme vom Sachgrunderfordernis bezieht sich auf **Kalenderbefristungen** mit einer zulässigen **Höchstdauer von zwei Jahren** ab dem **vereinbarten Beginn** des **Arbeitsverhältnisses**, nicht dem Vertragsabschluss, der nach §§ 187, 188 BGB zu bestimmen ist (APS/*Backhaus* § 14 TzBfG Rz. 71 f.).

ccc) Verlängerung

2210 Erforderlich ist, dass sich der Verlängerungsvertrag **nahtlos**, ohne dass auch nur ein Feiertag oder ein Wochenende dazwischen liegen, an den zu verlängernden Vertrag anschließt und vor dessen Ende in der erforderlichen Form (§ 14 Abs. 4 TzBfG) **vereinbart sein muss** (*BAG* 26.7.2000, 25.10.2000 EzA § 1 BeschFG 1985 Nr. 19, 22 – jeweils zu § 1 BeschFG; APS/*Backhaus* § 14 TzBfG Rz. 73; KR-*Lipke* § 14 TzBfG Rz. 286; MünchArbR/*Wank* Ergänzungsband § 116 Rz. 184; KDZ/*Däubler* § 14 TzBfG Rz. 163; *Richardi/Annuß* DB 2000, 2204; krit. dazu *Sowka* DB 2000, 1916). Auch müssen wohl – abgesehen vom vereinbarten Vertragsende – die **übrigen bisherigen Arbeitsbedingungen unverändert bleiben** (KR-*Lipke* § 14 TzBfG Rz. 287; KDZ/*Däubler* § 14 TzBfG Rz. 164; *BAG* 26.7.2000 EzA § 1 BeschFG 1985 Nr. 19;

25.10.2000 EzA § 1 BeschFG 1985 Nr. 22). Deshalb ist z. B. keine Vertragsverlängerung im hier maßgeblichen Sinne (gem. § 1 BeschFG) gegeben (gewesen), wenn in dem Verlängerungsvertrag **Teilzeitbeschäftigung** von 34,5 Wochenstunden statt vorheriger Vollzeit vereinbart waren.

Obwohl der Gesetzeswortlaut insoweit § 1 Abs. 1 S. 2 BeschFG entspricht, ist **2211** fraglich, ob diese Auffassung jedenfalls für den Fall der Veränderung hinsichtlich des Arbeitszeitdeputats aufrechterhalten werden kann. Denn gem. §§ 8, 9 TzBfG hat der Arbeitnehmer nunmehr einen **gerichtlich durchsetzbaren Anspruch auf eine entsprechende Änderung der vereinbarten Arbeitszeit.** Es würde aber einen **Wertungswiderspruch** bedeuten, wenn dieser erstmals gesetzlich gerade vorgesehene Wechsel zugleich die verlängerte Befristung unzulässig machte, nur weil er mit einer Verlängerung der Vertragszeit zusammenfällt (APS/*Backhaus* § 14 TzBfG Rz. 74; KR-*Lipke* § 14 TzBfG Rz. 291). Auch eine **Gehaltserhöhung** bei sonst gleich bleibenden Vertragsbedingungen **sollte unschädlich sein** (KR-*Lipke* § 14 TzBfG Rz. 290; MünchArbR/*Wank* Ergänzungsband § 116 Rz. 185; *Backhaus* NZA 2001 Sonderbeilage zu Heft 24, S. 11); gleiches gilt, wenn eine **Versetzung** aus Anlass der Verlängerung erfolgt, wenn der befristete Ursprungsvertrag eine entsprechende Versetzungsklausel enthält (*Bauer* BB 2001, 2475).

ddd) Neueinstellung
Die Befristung gem. § 14 Abs. 1 TzBfG ist gem. § 14 Abs. 2 S. 2 TzBfG nicht zulässig, **2212** wenn mit demselben Arbeitgeber (KR-*Lipke* § 14 TzBfG Rz. 301 ff.) – **wann auch immer – bereits zuvor ein befristetes oder ein unbefristetes Arbeitsverhältnis bestanden hat** (KR-*Lipke* § 14 TzBfG Rz. 291; *Hromadka* NJW 2001, 404 u. BB 2001, 627; *Preis/Gotthardt* DB 2000, 2072; *Richardi/Annuß* BB 2000, 2204; für eine teleologische Reduktion durch eine der neuen gesetzlichen Regelverjährungsfrist gem. § 195 BGB entsprechende Zeitdauer dagegen *Löwisch* BB 2001, 254 f.; ebenso *Bauer* BB 2001, 2475; *Straub* NZA 2001, 926). Diese Regelung soll der **Einschränkung von Kettenarbeitsverträgen** dienen. Tätigkeiten für **verschiedene Unternehmen desselben Konzerns fallen nicht unter § 14 Abs. 2 S. 2 TzBfG.** Das ist aber dann unbefriedigend, wenn die Personalentscheidungen bei einer Stelle konzentriert sind, da die Regelung dann leicht umgangen werden kann (für eine erweiternde Auslegung deshalb KDZ/*Däubler* § 14 TzBfG Rz. 162). Gleiches gilt dann, wenn der Arbeitnehmer aufgrund einer Konzernversetzungsklausel tatsächlich versetzt wird und das ursprüngliche Arbeitsverhältnis ruhend weiterbesteht und/oder dem Arbeitnehmer ein Rückkehrrecht eingeräumt wird (*Bauer* BB 2001, 2476).

Sonstige vorangegangene Vertragsverhältnisse (vgl. APS/*Backhaus* § 14 TzBfG **2213** Rz. 80 ff.; KR-*Lipke* § 14 TzBfG Rz. 299 f.; KDZ/*Däubler* § 14 TzBfG Rz. 180 ff.), z. B.:
– Ausbildungsverhältnis,
– sonstige berufsvorbereitende Vertragsverhältnisse, sofern sie keine Arbeitsverhältnisse sind,
– Umschulungsverträge, sofern sie keine Arbeitsverträge sind,
– Eingliederungsvertrag (§ 231 SGB III),
– Tätigkeit als Selbstständiger.

D. Die Beendigung des Arbeitsverhältnisses

– Tätigkeit als gesetzlicher Vertreter, sofern es sich nicht um ein Arbeitsverhältnis handelte,

sind **demgegenüber** in diesem Zusammenhang **unschädlich**.

(4) Abweichungen durch Tarifvertrag

2214 Gem. § 14 Abs. 2 S. 3 TzBfG kann durch Tarifvertrag die **zulässige Anzahl** der Verlängerungen oder (zu verstehen i. S. v. **und/oder**; vgl. APS/*Backhaus* § 14 TzBfG Rz. 91 unter Hinweis auf die Begründung des Gesetzentwurfs BT-Drs. 14/4374, 14, 20) die **Höchstdauer der Befristung** abweichend von § 14 Abs. 2 S. 1 TzBfG festgesetzt werden. Gem. § 22 TzBfG kann sowohl zu Gunsten als auch zu Lasten des Arbeitnehmers abgewichen werden. Damit sollen **branchenspezifische Lösungen** erleichtert werden (BT-Drs. 14/4374, 14). Möglich ist z. B., dass ein Tarifvertrag vorsieht, dass **generell ein Sachgrund erforderlich** ist; dabei ist allerdings stets zu prüfen, ob der jeweilige Tarifvertrag insoweit eine abschließende Regelung enthält, oder ob die gesetzliche Regelung neben der tariflichen Regelung anwendbar ist (vgl. APS/*Backhaus* § 1 BeschFG Rz. 66; KR-*Lipke* § 14 TzBfG Rz. 309 ff.).

Im Bereich des **öffentlichen Dienstes** kann von der **Protokollnotiz Nr. 6 zu SR 2 y**, die abweichend von der Protokollnotiz Nr. 1, die stets das Vorliegen eines sachlichen Grundes verlangt und auch keine sachgrundlose Befristung vorgesehen hat, **ab 1.1.2001 kein Gebrauch mehr gemacht werden**. Denn diese Regelung war ausdrücklich auf § 1 BeschFG bezogen; ihre Geltung war zudem wie § 1 BeschFG 1996 bis zum 31.12.2000 befristet. Ohne eine entsprechende Neuregelung durch die Tarifvertragsparteien kamen daher sachgrundlose Befristungen in diesem Bereich nicht in Betracht (APS/*Backhaus* § 14 TzBfG Rz. 95; *Pöltl* NZA 2001, 585 ff.). Diese Regelung ist durch eine Änderung der Protokollnotiz Nr. 6, die auf Grund der 77. Änderungsverfügung zum BAT vom 29.10.2001, die ausdrücklich die Anwendbarkeit des § 14 Abs. 2, 3 BAT vorsieht, inzwischen getroffen worden (vgl. *Preis/Hausch* NJW 2002, 930).

(5) Individualrechtliche Vereinbarung der abweichenden tariflichen Regelungen

2215 Im (insbesondere fachlichen und persönlichen) Geltungsbereich eines Tarifvertrages, der abweichende Regelungen i. S. d. § 14 Abs. 2 S. 3 TzBfG enthält, kann zwischen nicht tarifgebundenen Arbeitgebern und Arbeitnehmern die Anwendung der tariflichen Regelungen vereinbart werden, d. h. auch solcher, die zuungunsten des Arbeitnehmers abweichen (§ 14 Abs. 2 S. 4 i. V. m. § 22 Abs. 1 TzBfG). Da eine eindeutige Beantwortung der Frage, ob Voraussetzung dafür ist, dass die gesamten Regelungen des Tarifvertrages vereinbart werden müssen, oder ob es ausreicht, dass nur die von § 14 Abs. 2 S. 1 TzBfG abweichenden Tarifnormen vereinbart werden, nicht möglich ist, erscheint es **sinnvoll, einstweilen das gesamte Tarifwerk zu vereinbaren,** das bei beiderseitiger Tarifbindung für das Arbeitsverhältnis gelten würde (APS/*Backhaus* § 14 TzBfG Rz. 98; KR-*Lipke* § 14 TzBfG Rz. 312 f.).

2216 § 14 Abs. 2 S. 4 TzBfG sieht nicht ausdrücklich die Schriftform der Vereinbarung vor. Wegen der besonderen **Nähe** dieser Vereinbarung zur Vereinbarung der Befristung liegt es aber nahe, das **Schriftformerfordernis** des § 14 Abs. 4 TzBfG auch auf diese Vereinbarung zu erstrecken (APS/*Backhaus* § 14 TzBfG Rz. 99).

D. Die Beendigung des Arbeitsverhältnisses

(6) Darlegungs- und Beweislast

Der Arbeitgeber hat die Tatbestandsvoraussetzungen der erleichterten Befristungen darzulegen und zu beweisen (vgl. H. J. *Dörner* ZTR 2001, 486; KR-*Lipke/Bader* § 620 BGB Rz. 149 ff.). Das gilt aufgrund des **Ausnahmecharakters der Norm** für: 2217
- die Einhaltung der Höchstdauer,
- die Einhaltung der Höchstzahl der Verlängerungen,
- die Wahrung der Voraussetzungen einer Verlängerung,
- das Eingreifen großzügigerer tariflicher Vorschriften und
- die Wirksamkeit einer individualvertraglichen Vereinbarung abweichender tariflicher Regelungen (APS/*Backhaus* § 14 TzBfG Rz. 101).

Nichts anderes gilt wegen der gesetzlichen Systematik der Neuregelung – § 14 Abs. 2 TzBfG steht in einem Ausnahmeverhältnis zu § 14 Abs. 1 TzBfG – für die **negativen Voraussetzungen des § 14 Abs. 2 S. 2 TzBfG** (kein vorheriges Arbeitsverhältnis mit demselben Arbeitgeber). Dafür spricht zudem der Zweck der Regelung – die Verhinderung sozial unerwünschter Kettenverträge. Zu beachten ist allerdings, dass das BAG (28.6.2000 EzA § 1 BeschFG 1985 Nr. 15) **für das BeschFG i. d. F. von 1996 die gegenteilige Auffassung vertreten hat** (vgl. APS/*Backhaus* § 14 TzBfG Rz. 102; MünchArbR/*Wank* Ergänzungsband § 116 Rz. 295 ff.). 2218

dd) Sachgrundlose Befristung nach Vollendung des 58. Lebensjahres (§ 14 Abs. 3 TzBfG)

Gem. § 14 Abs. 3 TzBfG können ohne Rücksicht auf die Anzahl und die Höchstdauer der Verträge befristete Arbeitsverhältnisse abgeschlossen werden, ohne dass es eines sachlichen Grundes bedarf, wenn der Arbeitnehmer das 58. (statt wie zuvor das 60.) Lebensjahr vollendet hat. Damit sollen diejenigen Altersjahrgänge in die Regelung einbezogen werden, deren **Anteil am Zugang in die Arbeitslosigkeit besonders groß** ist (BT-Drs. 14/4374, 20). 2219
Ein die Vereinbarung der Befristung ausschließender enger sachlicher Zusammenhang zu einem vorhergehenden unbefristeten – nicht mehr mit einem befristeten – Arbeitsvertrag (§ 14 Abs. 3 TzBfG) liegt unwiderleglich dann vor, wenn zwischen den Arbeitsverträgen ein Zeitraum von **weniger als sechs Monaten** liegt. Zur inhaltlichen Bestimmung können die zum BeschFG entwickelten Grundsätze herangezogen werden. Ein vorhergehender unbefristeter Arbeitsvertrag kann in diesem Zusammenhang auch ein unwirksam befristeter sein (APS/*Backhaus* § 14 TzBfG Rz. 107 unter Hinweis auf BAG 22.3.2000, 28.6.2000 EzA § 1 BeschFG 1985 Nr. 14, 15).
Nach z. T. vertretener Auffassung (APS/*Backhaus* § 14 TzBfG Rz. 104; KR-*Lipke* § 14 TzBfG Rz. 324; KDZ/*Däubler* § 14 TzBfG Rz. 178 f.; *Däubler* ZIP 2000, 1967; **a. A.** *Preis/Gotthardt* DB 2000, 2073; *Bauer* BB 2001, 2477) ist dies mit § 5 der RL 99/70 unvereinbar, weil die Regelung keine der in der Richtlinie vorgesehenen Maßnahmen enthält. Demgegenüber ist darauf hinzuweisen, dass die RL 99/70 Regelungen zulässt, die für Arbeitnehmer günstiger sind. Grds. ist zwar die Argumentation, ein befristeter Arbeitsvertrag sei besser als gar kein Arbeitsvertrag, nicht zulässig, weil auf diese Weise Bestandsschutzbestimmungen umgangen werden können. Anders verhält es sich aber bei über 58-jährigen. **Denn für sie ist eine gesetzliche Regelung, die, wenn auch ohne Beschränkungen, einen befristeten Arbeitsvertrag erlaubt, güns-**

D. Die Beendigung des Arbeitsverhältnisses

tiger als die sonst allgemein zu befürchtende Arbeitslosigkeit (MünchArbR/*Wank* Ergänzungsband § 116 Rz. 211).

ee) Schriftform

2220 Gem. § 14 Abs. 4 TzBfG bedarf die Vereinbarung der Befristung eines Arbeitsvertrages – nicht die Befristung einzelner Arbeitsbedingungen (*Müller-Glöge/von Senden* AuA 2000, 200; *Richardi* NZA 2001, 61; *Däubler* AiB 2000, 189) – zu ihrer **Wirksamkeit** der Schriftform.

(1) Normzweck

2221 Der gesetzlichen Neuregelung kommt – wie bereits zuvor in § 623 BGB – eine **Klarstellungs-, Beweis- und Warnfunktion** zu. Denn dem Arbeitnehmer wird verdeutlicht, dass er **nicht den** mit einem unbefristeten Arbeitsverhältnis verbundenen **Bestandsschutz**erhält (APS/*Preis* § 623 BGB Rn. 2 f.; *Schaub* NZA 2000, 344 ff.).

2222 Der Gesetzgeber will erreichen, ein größtmögliches Maß an **Rechtssicherheit** zu gewährleisten und gleichzeitig die **Arbeitsgerichte zu entlasten.** Es sollen Rechtsstreitigkeiten darüber vermieden werden, ob überhaupt eine Befristungsabrede vorliegt bzw. die entsprechende Beweiserhebung erheblich erleichtert werden (BT-Drucks. 14/626, S. 11).

(2) Rechtsnatur und Umfang des Schriftformerfordernisses

2223 Nach dem eindeutigen Wortlaut handelt es sich um ein **konstitutives Wirksamkeitserfordernis**, das weder durch die Arbeitsvertragsparteien noch durch einen Tarifvertrag oder durch eine Betriebsvereinbarung abbedungen werden kann (*Lakies* BB 2000, 667; *Sander/Siebert* ArbuR 2000, 291). Angeordnet ist die Schriftform (§ 126 BGB) nur für die **Befristung, nicht für den befristeten Arbeitsvertrag** generell, ebenso wenig für den Befristungsgrund (MünchArbR/*Wank* Ergänzungsband § 116 Rz. 222; KR-*Spilger* § 14 TzBfG Rz. 396; *Richardi/Annuß* BB 2001, 2204; *Dassau* ZTR 2001, 70). Auch ein mündlich abgeschlossener Arbeitsvertrag kann wirksam befristet werden, wenn nur die Befristungsabrede selbst schriftlich vereinbart ist (vgl. *Hromadka* BB 2001, 674). Seit dem 1.8.2001 gilt das Gesetz zur Anpassung der Formvorschriften des Privatrechts und anderer Vorschriften an den modernen Rechtsverkehr vom 13.7.2001 (BGBl. I 2001, 1542). Damit sind nun auch die Vorschriften des Signaturgesetzes relevant, das am 22.5.2001 in Kraft getreten ist (BGBl. I 2001, 876). Gem. § 126 Abs. 3 BGB n. F. kann die schriftliche Form durch eine elektronische Form ersetzt werden, wenn sich aus dem Gesetz nichts anderes ergibt. Da § 623 BGB für Kündigungen und Aufhebungsverträge die elektronische Form ausdrücklich ausschließt, während dies in § 14 Abs. 4 TzBfG nicht der Fall ist (vgl. *Bauer* BB 2001, 2527), ist davon auszugehen, dass die Befristungsabrede § 126 Abs. 3 BGB n. F. unterliegt (KR-*Spilger* § 14 TzBfG Rz. 371).

(3) Rechtsfolgen der Nichtbeachtung der gesetzlichen Form

2224 Bei kalendermäßig begristeten Arbeitsverträgen ist neben der Befristung grds. deren Dauer schriftlich zu vereinbaren. **Der Endzeitpunkt muss eindeutig bestimmt oder

D. Die Beendigung des Arbeitsverhältnisses

bestimmbar sein (APS/*Preis* § 623 BGB Rz. 48). Bei zweckbefristeten oder auflösend bedingten Arbeitsverhältnissen ist die Vereinbarung des Zwecks bzw. des beendenden Ereignisses wesentlicher Bestandteil der Befristungsabrede, die für deren Wirksamkeit schriftlich getroffen werden muss. **Aufgrund der Vereinbarung muss das vertragsbeendende Ereignis objektiv bestimmbar sein.**

Der **Befristungsgrund** muss dagegen nicht schriftlich vereinbart werden, denn er ist nicht wesentlicher Bestandteil der Befristungsabrede (vgl. BAG 24.4.1996 AP Nr. 180 zu § 620 BGB Befristeter Arbeitsvertrag; APS/*Preis* § 623 BGB Rz. 50). Etwas anderes gilt allerdings für zweckbefristete und auflösend bedingte Arbeitsverträge, denn bei derartigen Verträgen sind Sachgrund und Zweck bzw. auflösende Bedingung identisch, so dass das vertragsbeendende Ereignis schriftlich zu vereinbaren ist. 2225

Die Nichtbeachtung der gesetzlichen Form des § 14 Abs. 4 TzBfG hat gem. **§ 125 S. 1 BGB die Nichtigkeit der Befristungsabrede** zur Folge. Die Möglichkeit einer Heilung besteht nicht. Allerdings ist diese Konsequenz durch **§ 242 BGB** eingeschränkt: Die Berufung auf die Nichteinhaltung der Form kann ausnahmsweise eine unzulässige Rechtsausübung darstellen. Deshalb ist es z. B. einem Arbeitgeber verwehrt, sich wegen **widersprüchlichen Verhaltens** auf die Unwirksamkeit der Befristung zu berufen, wenn die Parteien sich einig sind, dass das Arbeitsverhältnis enden soll, der Arbeitnehmer mit Wissen des Arbeitgebers eine neue Stelle sucht, dieser ihn für ein Vorstellungsgespräch freistellt und der Arbeitnehmer dann im Anschluss an das bisherige ein neues Arbeitsverhältnis begründet. Nichts anderes gilt, wenn der Arbeitnehmer **mehrfach zum Ausdruck bringt, er werde mit Fristablauf ausscheiden**, er habe kein Interesse an einer weiteren Beschäftigung und der Arbeitgeber daraufhin mit dessen Wissen einen **Nachfolger einstellt** (APS/*Preis* § 623 BGB Rz. 54; KR-*Spilger* § 14 TzBfG Rz. 431 ff.). 2226

Rechtsfolge einer formnichtigen Befristungsabrede ist das **Zustandekommen eines unbefristeten Arbeitsverhältnisses**. Denn der Zweck des Formzwangs besteht darin, dass der Arbeitnehmer in erster Linie von einer Abweichung vom Regelfall des unbefristeten Arbeitsverhältnisses geschützt werden soll (vgl. APS/*Preis* § 623 BGB Rz. 61; a. A. *Caspers* RdA 2001, 33). Die Formnichtigkeit muss gem. § 17 TzBfG innerhalb einer **materiellen Ausschlussfrist von drei Wochen geltend gemacht werden** (*Appel/Kaiser* ArbuR 2000, 286; KR-*Spilger* § 14 TzBfG Rz. 437 ff.; s. u. D/Rz. 2240). 2227

ff) Ende des befristeten Arbeitsvertrages (§ 15 Abs. 1, 2 TzBfG)

§ 15 Abs. 1, 2 TzBfG regeln die Beendigung des kalenderbefristeten Arbeitsvertrages – wie bisher – mit **Zeitablauf**, des zweckbefristeten Arbeitsvertrages mit Zweckerreichung, frühestens jedoch unter Einhaltung **einer zweiwöchigen** (bisher der einschlägigen Kündigungsfrist entsprechenden; krit. deshalb KDZ/*Däubler* § 15 TzBfG Rz. 9) **Ankündigungsfrist** nach schriftlicher (§ 126 BGB) Unterrichtung durch den Arbeitgeber über den (bis auf den Tag genauen) Zeitpunkt der Zweckerreichung (KR-*Lipke/Bader* § 15 TzBfG Rz. 2 ff.). Der Vertrag endet dann nicht, wenn nur ein unbestimmter Zeitraum oder ein falscher Zeitpunkt angegeben wird; eine schuldhaft falsche Unterrichtung führt zudem gem. § 15 Abs. 5 TzBfG zur Fiktion der Verlängerung des Arbeitsverhältnisses auf unbestimmte Zeit, da diese Regelung auch **jede schuldhafte Verzögerung** der Unterrichtung (§ 121 BGB) erfasst (vgl. APS/*Backhaus* § 15 TzBfG Rz. 9 f.). 2228

> Der **Arbeitgeber** trägt die **Darlegungs- und Beweislast** für die objektive Zweckerreichung, sowie für den Zugang, den richtigen Inhalt und die Form der Unterrich- 2229

D. Die Beendigung des Arbeitsverhältnisses

tung nach § 15 Abs. 2 TzBfG (APS/*Backhaus* § 15 TzBfG Rz. 12; KR-*Lipke*/*Bader* § 15 TzBfG Rz. 17 ff.).

gg) Ausschluss der ordentlichen Kündigung (§ 15 Abs. 3 TzBfG)

2230 Die gesetzliche Regelung des § 15 Abs. 3 TzBfG bestätigt die Rechtsprechung des *BAG* (19.6.1980 EzA § 620 BGB Nr. 47), wonach die ordentliche (nicht aber die stets gem. § 626 BGB mögliche und unabdingbare außerordentliche) Kündigung mangels einer anderweitigen Regelung der Parteien während der Vertragszeit des befristeten Arbeitsvertrages ausgeschlossen ist. Eine **abweichende Vereinbarung** muss eindeutig sein, bedarf allerdings **nicht der Schriftform**. Die Vereinbarung eines **Probearbeitsverhältnisses** reicht als solche grds. **nicht aus** (vgl. APS/*Backhaus* § 15 TzBfG Rz. 15; KR-*Lipke*/*Bader* § 15 TzBfG Rz. 20 ff.; KDZ/*Däubler* § 15 TzBfG Rz. 11 ff.).

hh) Fiktion eines unbefristeten Arbeitsverhältnisses (§ 15 Abs. 5 TzBfG)

(1) Grundlagen

2231 Gem. § 15 Abs. 5 TzBfG wird ein unbefristetes Arbeitsverhältnis fingiert, wenn das befristete oder auflösend bedingte Arbeitsverhältnis (nicht, wie in § 625 BGB:»durch den Verpflichteten«) mit Wissen des Arbeitgebers fortgesetzt wird. Möglich ist also auch eine Fortsetzung durch den Arbeitgeber, z. B. durch Entgeltfortzahlung bei Krankheit des Arbeitnehmers über das Vertragsende hinaus oder bei Urlaubserteilung. Auch das Wissen des Arbeitgebers muss sich auf die Fortsetzungshandlungen beziehen. Kenntnis des Arbeitgebers vom Zeitablauf ist nicht erforderlich, kann aber beim Merkmal »unverzüglich« berücksichtigt werden. (vgl. APS/*Backhaus* § 15 TzBfG Rz. 19 ff.).

2232 Die Fiktion tritt dann nicht ein, wenn der Arbeitgeber **unverzüglich widerspricht** oder dem Arbeitnehmer die Zweckerreichung unverzüglich mitteilt. Der Widerspruch bedarf nicht der Schriftform, kann also auch **konkludent**, z. B. durch das Angebot eines nur befristeten Arbeitsvertrages, erfolgen (*BAG* 26.7.2000 EzA § 1 BeschFG 1985 Nr. 19; vgl. *Nehls* DB 2001, 2718 ff.).

2233 Fraglich ist, was dann gilt, wenn eine Befristungsabrede **formunwirksam verlängert** wird, insbesondere ob sich die Rechtsfolge aus **§ 14 Abs. 4 TzBfG** ergibt, so dass ein unbefristetes Arbeitsverhältnis entsteht (§ 16 TzBfG; vgl. *Preis/Gotthardt* NZA 2000, 360 f.), oder ob **§ 15 Abs. 5 TzBfG** anzuwenden ist, so dass wegen des Vorliegens eines konkludenten Widerspruchs das Arbeitsverhältnis beendet ist (vgl. *Müller-Glöge/von Senden* AuA 2000, 203). Liegt ein **einseitiger Antrag** des Arbeitgebers auf befristete Fortsetzung des Arbeitsverhältnisses vor, so ist das Arbeitsverhältnis **beendet**. Liegt dagegen eine **abschließende Einigung** über eine befristete Fortsetzung vor, so kommt es zu einem **unbefristeten Arbeitsverhältnis** (§ 16 TzBfG). Das gilt allerdings nur dann, wenn die formlose Abrede über die befristete Fortsetzung bereits als **endgültige Willenserklärung** und Zustandekommen eines Vertrages **angesehen werden kann**. Soll die Befristungsabrede erst noch in schriftlicher Form abgefasst werden, so gilt entsprechend § 154 Abs. 2 BGB der Vertrag vor der Erfüllung der Form nicht als zustande gekommen. Der formlose Antrag behält dann seine Wirkung als Widerspruch, so dass das Arbeitsverhältnis beendet ist (APS/*Backhaus* § 15 TzBfG Rz. 27).

D. Die Beendigung des Arbeitsverhältnisses

Im Rahmen der **Zweckbefristung** ist § 15 Abs. 5 TzBfG nicht zu entnehmen, ob sich 2234
das Wissen des Arbeitgebers nur auf die Fortsetzung des Arbeitsverhältnisses oder
auch auf die **objektive Zweckerreichung** beziehen muss. Nach dem Wortlaut der
Norm liegt es nahe, das erforderliche Wissen auf die Tatsache der tatsächlichen Fortsetzung zu beschränken, während die fehlende Kenntnis von der Zweckerreichung
nur beim Tatbestandsmerkmal »unverzüglich« berücksichtigt werden kann (APS/
Backhaus § 15 TzBfG Rz. 28 f.).
Der Zeitpunkt, von dem an der Arbeitgeber nicht mehr schuldhaft die Unterrichtung 2235
über die Zweckerreichung verzögern darf, beginnt erst **mit dem objektiven Eintritt**
der Zweckerreichung. Weiß der Arbeitgeber allerdings schon vor diesem Zeitpunkt,
wann dies der Fall sein wird, dann kann ihm nur noch eine sehr kurz bemessene Frist
eingeräumt werden, die grds. nicht länger zu bemessen ist als die übliche Laufzeit
eines Briefs (APS/*Backhaus* § 15 TzBfG Rz. 30 f.).

(2) Abdingbarkeit
Zwar ist § 15 Abs. 5 TzBfG in § 22 Abs. 1 TzBfG nicht genannt, so dass vom Wortlaut 2236
her diese Regelung nicht abdingbar ist. **Andererseits entspricht die Abdingbarkeit
jedenfalls bei Vertragsende geradezu dem Normzweck.** Denn wenn schon der einseitige Widerspruch die Rechtsfolgen des § 15 Abs. 5 TzBfG beseitigt, dann muss –
weil darin zugleich konkludent ein Widerspruch enthalten ist – jedenfalls bei Vertragsende eine Abbedingung möglich sein. Demgegenüber kommt eine Abbedingung im
Ursprungsvertrag wegen des an sich eindeutigen Wortlauts des § 22 Abs. 1 TzBfG
nicht in Betracht (APS/*Backhaus* § 15 TzBfG Rz. 34 f.).

ii) Rechtsfolgen unwirksamer Befristung (§ 16 TzBfG)

§ 16 TzBfG erfasst die in § 14 TzBfG geregelten Unwirksamkeitsfälle (Fehlen eines 2237
Sachgrundes; Voraussetzungen der erleichterten Befristung, Schriftform). Danach ist nur der Arbeitgeber bei einem Verstoß gegen § 14 TzBfG, nicht aber
der Arbeitnehmer an die vereinbarte Mindestdauer gebunden. Der Arbeitnehmer
kann also den rechtsunwirksam befristeten Arbeitsvertrag im Gegensatz zum Arbeitgeber, der frühestens zum vereinbarten Ende kündigen kann, auch schon vor
dem vereinbarten Ende kündigen, dies auch dann, wenn eine Vereinbarung nach
§ 15 Abs. 3 TzBfG fehlt. Allerdings ist die Vereinbarung der vorzeitigen ordentlichen Kündigung durch den Arbeitgeber gem. § 15 Abs. 3 TzBfG nicht ausgeschlossen, diese »Sanktion« also abdingbar (APS/*Backhaus* § 15 TzBfG Rz. 2 ff.;
MünchArbR/*Wank* Ergänzungsband § 116 Rz. 275 ff.).

Der **Arbeitnehmer** kann sich bei Fehlen eines sachlichen Grundes auf den Fristablauf 2238
berufen und die Arbeit einstellen, er **muss** also **nicht** seinerseits **das Arbeitsverhältnis kündigen.** Denn die maßgeblichen gesetzlichen Bestimmungen sollen **einseitig
den Arbeitnehmer schützen.** Dem entspricht es, dass die Höchstbefristung als
von Anfang an wirksam gilt, wenn der Arbeitnehmer nicht innerhalb der dreiwöchigen Klagefrist des § 17 TzBfG Klage erhoben hat. Dann aber braucht der Arbeitnehmer den Vertrag auch nicht zu kündigen, um sich auf sein vereinbartes Ende zu berufen (APS/*Backhaus* § 16 TzBfG Rz. 10; KDZ/*Däubler* § 16 TzBfG Rz. 7; **a. A.** KR-
Lipke/Bader § 16 TzBfG Rz. 3).

2239 **Sonstige Unwirksamkeitsgründe** (unklare Zweckabrede, fehlende objektive Bestimmbarkeit des als auflösend verabredeten Ereignisses, nicht eindeutig bestimmter oder bestimmbarer Beendigungszeitpunkt bei Kalenderbefristungen) **erfasst § 16 TzBfG nicht.** Diese Fälle stehen, da das Vertragsende gerade nicht klar bestimmbar ist, der Nichtabrede einer Befristung oder auflösenden Bedingung gleich. Zwar gilt auch hier der Vertrag als auf unbestimmte Zeit geschlossen. Allerdings kann der Arbeitgeber dann nicht erst zum vereinbarten Ende kündigen, denn dieses steht nicht fest. Diese Fälle müssen daher so behandelt werden, als sei von Anfang an ein unbefristeter Arbeitsvertrag vereinbart worden (APS/*Backhaus* § 16 TzBfG Rz. 11 f.; a. A. KR-*Lipke/Bader* § 16 TzBfG Rz. 8) Dagegen ist § 16 S. 1 TzBfG analog anwendbar, wenn bei der Vereinbarung der Befristungsabrede Mitbestimmungsrechte des Betriebsrats nicht beachtet wurden (MünchArbR/*Wank* Ergänzungsband § 116 Rz. 277).

jj) **Klagefrist (§ 17 TzBfG)**

(1) **Grundlagen**

2240 § 17 TzBfG enthält insoweit eine Erweiterung seines Anwendungsbereichs, als **erstmals auch für auflösende Bedingungen eine Klagefrist** vorgesehen ist. Sie gilt im Übrigen für alle Kalender- und Zweckbefristungen, gleich welcher Rechtsgrundlage; **fraglich** ist, ob sie auch für die **Befristung einzelner Vertragsbedingungen** gilt (dafür APS/*Backhaus* § 17 TzBfG Rz. 6; dagegen *Vossen* NZA 2000, 705; KR-*Lipke/Bader* § 17 TzBfG Rz. 10). Sie erfasst **alle Unwirksamkeitsgründe** einschließlich der Unwirksamkeit der Befristung wegen Formverstoßes (*Appel/Kaiser* ArbuR 2000, 287; *Däubler* AiB 2000, 192; *Preis/Gotthardt* NZA 2000, 360; *Richardi/Annuß* NJW 2000, 1235; *Künzl* ZTR 2000, 393; **a. A.** *Bader* NZA 2000, 635). Fraglich ist aber, ob sie auch dann anwendbar ist, wenn die Befristungsabrede **nicht hinreichend bestimmt** ist; dagegen spricht, dass in derartigen Fällen die gerade an das vereinbarte Ende des Vertragsverhältnisses anknüpfende Klagefrist aus der Natur der Sache heraus nicht zum Zuge kommen kann (APS/*Backhaus* § 17 TzBfG Rz. 9; a. A. KR-*Lipke/Bader* § 17 TzBfG Rz. 5).

2241 Nichts anderes kann gelten, wenn **Streit** darüber besteht, **ob überhaupt eine Befristungsabrede getroffen wurde**, weil der Arbeitnehmer z. B. behauptet, der Arbeitgeber habe seine Unterschrift gefälscht. Schon nach dem Wortlaut des § 17 TzBfG ist die Einwendung des Arbeitnehmers, die Befristungsabrede sei überhaupt nicht getroffen worden, nicht der Klagefrist unterworfen, denn diese gilt nur für die Geltendmachung der Unwirksamkeit der Befristung, nicht aber für alle Streitigkeiten über Befristungen (APS/*Backhaus* § 17 TzBfG Rz. 10; KR-*Lipke/Bader* § 17 TzBfG Rz. 5; **a. A.** *LAG Hessen* 18.1.2000 MDR 2000, 1019; vgl. auch KDZ/*Däubler* § 17 TzBfG Rz. 3: Ausnahme bei elementaren Verstößen gegen die Rechtsordnung).

(2) **Beginn der Klagefrist**

2242 Die dreiwöchige Klagefrist (§§ 187 Abs. 1, 188 Abs. 2, 193 BGB) beginnt gem. § 17 S. 1 TzBfG bei der kalendermäßigen Befristung mit dem vereinbarten Ende des befristeten Vertrages; dies ist bei der Zweckbefristung und der auflösenden Bedingung im Hinblick auf § 15 Abs. 2 TzBfG die objektive Zweckerreichung, frühestens jedoch der Zugang der schriftlichen Unterrichtung gem. § 15 Abs. 2

D. Die Beendigung des Arbeitsverhältnisses

TzBfG (APS/*Backhaus* § 17 TzBfG Rz. 12; *Vossen* NZA 2000, 708; *Künzl* NZA 2000, 392; KR-*Lipke/Bader* § 17 TzBfG Rz. 19 ff.).

Wird das Arbeitsverhältnis nach dem vereinbarten Ende **fortgesetzt**, so beginnt die **2243** Klagefrist mit dem Zugang der **schriftlichen Erklärung** des Arbeitgebers, dass das Arbeitsverhältnis aufgrund der Befristung beendet ist. Nach dem Wortlaut der Norm wird nur der Fall erfasst, dass das Arbeitsverhältnis ohne Vereinbarung einer neuen Rechtsgrundlage, nicht aber der, dass es aufgrund eines neuen befristeten Vertrages fortgesetzt wird. Denn § 17 S. 3 TzBfG verlangt, dass das Arbeitsverhältnis fortgesetzt wird, das die Vereinbarung des Endes enthält, aufgrund deren das Arbeitsverhältnis nach der Erklärung des Arbeitgebers beendet sein soll (APS/*Backhaus* § 17 TzBfG Rz. 15 ff.; ebenso *Preis/Gotthardt* DB 2001, 151, allerdings nur für die Zweckbefristung und die auflösende Bedingung; vgl. auch KR-*Lipke/Bader* § 17 TzBfG Rz. 23 ff.).

Vereinbartes Vertragsende ist die objektive Zweckerreichung bzw. der objektive **2244** Eintritt der auflösenden Bedingung. Hat der Arbeitgeber den Arbeitnehmer gem. § 15 Abs. 2 TzBfG zwei Wochen vor Eintritt dieses Umstandes unterrichtet, beginnt die Klagefrist mit der objektiven Zweckerreichung, wenn das Arbeitsverhältnis danach nicht mehr fortgesetzt wird (§ 17 S. 1 TzBfG). Wird es fortgesetzt, gilt § 17 S. 3 TzBfG. Hat der Arbeitgeber die Unterrichtung nach dem Zweckeintritt vorgenommen und wurde das Arbeitsverhältnis bis dahin fortgesetzt, so beginnt die Klagefrist mit dem Zugang der Unterrichtung. Hat der Arbeitgeber den Arbeitnehmer zwar vor der Zweckerreichung unterrichtet, die Zwei-Wochen-Frist aber nicht eingehalten, muss er dem Arbeitnehmer zwar nicht gem. § 17 S. 3 TzBfG schriftlich erklären, dass das Arbeitsverhältnis aufgrund der Befristung beendet sei; er muss es aber über die objektive Zweckerreichung hinaus bis zum Ablauf der Zwei-Wochen-Frist fortsetzen. Die Klagefrist beginnt dann mit der Zweckerreichung; wird das Arbeitsverhältnis über den Ablauf der Zwei-Wochen-Frist hinaus fortgesetzt, greift § 17 S. 3 TzBfG ein (vgl. APS/*Backhaus* § 17 TzBfG Rz. 21 ff.).

Im Gegensatz zu § 15 Abs. 5 TzBfG (vgl. dazu oben D/Rz. 2231) verlangt § 17 S. 3 **2245** TzBfG nicht das Wissen des Arbeitgebers um die Fortsetzungshandlungen; gleichwohl darf sich der Arbeitnehmer **nicht arglistig** die Verlängerung der Klagefrist durch aufgedrängte Fortsetzungshandlungen **erschleichen** (vgl. APS/*Backhaus* § 17 TzBfG Rz. 28). Die erste Fortsetzungshandlung muss wegen der Klagefrist (§ 17 S. 1 TzBfG) innerhalb von drei Wochen nach dem vereinbarten Vertragsende erfolgen.

Dem Arbeitnehmer ist **schriftlich** (hinreichend bestimmt, deutlich, zweifelsfrei) **mit- 2246 zuteilen**, dass das Arbeitsverhältnis aufgrund der Befristung **beendet** ist. Es gilt das Recht der Stellvertretung bei einseitigen Willenserklärungen entsprechend unter Ausschluss des § 174 BGB. Mit dem notwendigen **Zugang** der Erklärung **beginnt die Klagefrist** gem. § 17 S. 1 TzBfG erneut, wenn das Arbeitsverhältnis nach dem vereinbarten Ende fortgesetzt worden ist und die schriftliche Erklärung des Arbeitgebers zugeht. Ist die mit dem vereinbarten Ende beginnende Frist gem. § 17 S. 1 TzBfG bei Eintritt der ersten Fortsetzungshandlung **noch nicht abgelaufen**, werden mit Eintritt der ersten Fortsetzungshandlung die Wirkungen des Laufs dieser Frist gänzlich besei-

D. Die Beendigung des Arbeitsverhältnisses

tigt, so dass mit Zugang der Erklärung die **volle Drei-Wochen-Frist wieder beginnt** (vgl. APS/*Backhaus* § 17 TzBfG Rz. 35 ff.).

2247 **Wird auch die Frist des § 17 S. 3 TzBfG versäumt, gilt gem. § 17 S. 2 TzBfG i. V. m. § 7 KSchG die Befristung als wirksam.** Die gleichwohl entstandene Rechtsbeziehung in der Zeit nach der Fortsetzung des befristeten Arbeitsverhältnisses über das vereinbarte Vertragsende hinaus kann sich je nach den Umständen, z. B. bei rechtzeitigem Widerspruch i. S. d. § 15 Abs. 4 TzBfG, als **faktisches Arbeitsverhältnis**, oder – bei nicht rechtzeitigem Widerspruch bzw. nicht rechtzeitiger Mitteilung der Zweckerreichung – als **Beginn eines fingierten Arbeitsverhältnisses** darstellen (vgl. APS/*Backhaus* § 17 TzBfG Rz. 38).

kk) Abweichende Vereinbarungen

2248 § 22 Abs. 1 TzBfG **differenziert nicht** zwischen Abweichungen durch Individualabrede und durch Tarifvertrag; die Regelung ist auch im Übrigen insoweit **unvollständig**, als die Abweichung von § 15 Abs. 3 TzBfG zu Ungunsten des Arbeitnehmers und die Frage, inwiefern zu Gunsten des Arbeitnehmers (vgl. z. B. § 17 TzBfG) abgewichen werden kann, nicht geregelt wird. Bei abweichenden **tariflichen Regelungen** ist zu beachten, dass dann, wenn es sich um Abschlussnormen handelt, die die Zulässigkeit der Befristung regeln, beiderseitige Tarifbindung oder Allgemeinverbindlichkeit bereits bei Vertragsabschluss gegeben sein muss; wird dagegen die Beendigung geregelt, reicht es aus, wenn vor dem nach der jeweiligen Norm maßgeblichen Zeitpunkt dieser Umstand eintritt (vgl. APS/*Backhaus* § 22 TzBfG Rz. 1 ff.; KR-*Bader* § 22 TzBfG Rz. 2 ff.). Bei **individualvertraglicher Verweisung** auf einen Tarifvertrag ist z. B. fraglich, ob mit der schriftlichen Verweisung auf den Tarifvertrag zugleich dem **Schriftformerfordernis** des § 14 Abs. 4 TzBfG genügt wird (s. o. D/Rz. 2220).

2249 Von **§ 14 Abs. 1 TzBfG** kann tariflich **nur zu Gunsten** des Arbeitnehmers abgewichen werden; zu prüfen ist dann, ob einschlägige Tarifnormen abschließenden Charakter haben. Tariflich zugelassene Befristungen haben im Übrigen jedenfalls eine indizielle Wirkung hinsichtlich ihrer Sachgerechtigkeit, so dass der Arbeitnehmer tatsächliche Umstände darlegen und beweisen muss, die dieses Indiz entkräften (APS/*Backhaus* § 22 TzBfG Rz. 12). Zugunsten des Arbeitnehmers kann mit Ausnahme von § 17 TzBfG, weil es sich hierbei um eine prozessrechtsähnliche Ordnungsvorschrift handelt, **grds. von den hier erörterten Vorschriften abgewichen werden** (a. A. wohl KDZ/*Däubler* § 22 TzBfG Rz. 4). Dies gilt für **§ 17 TzBfG** allerdings **nur insoweit**, als es um die Geltendmachung der Rechtsunwirksamkeit der Befristung geht. Sofern die Tarifvertragsparteien z. B. zusätzliche Beendigungsmodalitäten zur Vermeidung eines fingierten Anschlussvertrages regeln, können sie dafür auch besondere Modalitäten der Anrufung der Gerichte vorsehen (vgl. APS/*Backhaus* § 22 TzBfG Rz. 24).

2250 **Zu Ungunsten** der Arbeitnehmer kann von **§§ 14 Abs. 2, 15 Abs. 3, 15 Abs. 5 TzBfG** (allerdings nur bei einer Vereinbarung bei Ende des Vertrages, s. o. D/Rz. 2236; das Fehlen der Nennung in § 22 Abs. 1 TzBfG ist ein redaktionelles Versehen: vgl. APS/*Backhaus* § 22 TzBfG Rz. 19), nicht dagegen von §§ 14 Abs. 4, 15 Abs. 2, 15 Abs. 4, 16, 17 TzBfG **abgewichen werden** (vgl. APS/*Backhaus* § 22 TzBfG Rz. 11 ff.).

2251 § 22 Abs. 2 TzBfG enthält eine **Sonderregelung** insbesondere für die in Form einer GmbH organisierten, nicht tarifgebundenen Forschungseinrichtungen, wie die Fraunhofer Gesellschaft und die Max-Planck-Gesellschaft (BT-Drs. 14/4374, 22).

D. Die Beendigung des Arbeitsverhältnisses

ll) Fragen des Übergangs vom alten zum neuen Recht
Eine normative Regelung für die Probleme, die durch den Übergang vom BeschFG zum   2252
TzBfG auftreten, enthält das TzBfG **nicht**. Zu beachten ist deshalb hinsichtlich der einzelnen Vorschriften, ob es sich um **Abschlussnormen** oder **Beendigungsnormen** handelt. Denn für die Wirksamkeit eines Rechtsgeschäfts kommt es grds. auf die Rechtslage zum Zeitpunkt des Vertragsabschlusses an; soweit es dagegen um die Beendigung geht, ist grds. die Rechtslage zum Zeitpunkt der relevanten Beendigungshandlung oder sonstigen Tatbestandsvoraussetzung für die Beendigung maßgeblich (APS/*Backhaus* Art. 3, 4 TzBfG Rz. 3). Deshalb konnte bis zum 31.12.2000 ein **einheitlicher befristeter Vertrag** bis zu zwei Jahren unter den Voraussetzungen des § 1 Abs. 1, 3 BeschFG sachgrundlos abgeschlossen werden, allerdings nur wenn der **Beginn** des Arbeitsverhältnisses ebenfalls **noch im Jahre 2000 lag**, da andernfalls die für das Jahr 2001 geltenden gesetzlichen Vorschriften umgangen würden (vgl. *Bauer* BB 2001, 2529; *Kliemt* NZA 2001, 306). Ebenso kann ein Vertrag, der nur die Voraussetzungen des § 1 Abs. 3 BeschFG, nicht aber die des § 14 Abs. 2 S. 2 TzBfG einhielt, **ab dem 1.1.2001 nicht mehr sachgrundlos** bis zur Gesamthöchstdauer von zwei Jahren verlängert werden; diese Rechtsfolge kann auch nicht dadurch umgangen werden, dass bereits 2000 für einen 2001 endenden, auf § 1 Abs. 1, 3 BeschFG gestützten Vertrag noch eine Verlängerung ab dem im Jahre 2001 liegenden Endpunkt des ersten befristeten Vertrages abgeschlossen wurde. Demgegenüber ist eine **Verlängerung eines 2000 abgeschlossenen** und begonnenen, sachgrundlos befristeten Vertrages, der den Zwei-Jahres-Rahmen nicht ausschöpfte und nach dem 31.12.2000 endete, bis zum Gesamtzeitraum des § 14 Abs. 2 S. 1 TzBfG **zulässig**, wenn der erste befristete Vertrag bereits die strengen Voraussetzungen einer Neueinstellung i. S. d. § 14 Abs. 2 S. 2 TzBfG einhielt (APS/*Backhaus* Art. 3, 4 TzBfG Rz. 6 ff.; *Bauer* BB 2001, 2530; *Kliemt* NZA 2001, 306 f.).

2. Besondere gesetzliche Bestimmungen

a) BeschFG (bis 31.12.2000)

aa) Grundlagen
Besondere gesetzliche Bestimmungen über die Zulässigkeit der Vereinbarung befris-   2253
teter Arbeitsverhältnisse enthält insbesondere das BeschFG 1985. Wegen der Schranken durch das KSchG und der diese ständig ausdehnende Rechtsprechung sah der Gesetzgeber die Gefahr, dass Arbeitgeber von sonst beabsichtigten möglichen Einstellungen absehen. Wenn sie dagegen sicher sein können, dass sie sich nach kurzer Frist von dem Arbeitnehmer auch wieder trennen können, so erhöht sich – so die Auffassung des Gesetzgebers – die Einstellungsbereitschaft.

bb) Geltungsdauer; Inhalt

> Gem. § 1 Abs. 1 BeschFG ist es in der Zeit vom 1.5.1985 bis zum 1.1.1990, verlän-   2254
> gert bis zum 31.12.2000, abweichend von den von der Rechtsprechung entwickelten Grundsätzen zulässig, die einmalige Befristung des Arbeitsvertrages bis zur Dauer von 18 Monaten zu vereinbaren, wenn der Arbeitnehmer neu eingestellt wird (Nr. 1) oder im unmittelbaren Anschluss an die Berufsausbildung nur vorübergehend weiterbeschäftigt werden kann, weil kein Arbeitsplatz für einen unbefristet einzustellenden Arbeitnehmer zur Verfügung steht (Nr. 2).

D. Die Beendigung des Arbeitsverhältnisses

2255 § 1 Abs. 1 S. 2 BeschFG regelt, wann trotz Abschluss eines »neuen« Arbeitsvertrages eine Neueinstellung nicht vorliegt. Das ist dann der Fall, wenn zu einem vorhergehenden befristeten oder unbefristeten Arbeitsvertrag mit demselben Arbeitgeber ein **enger sachlicher Zusammenhang** besteht. Arbeitgeber in diesem Sinne ist der **Vertragsarbeitgeber**, d. h. die natürliche oder juristische Person, die mit dem Arbeitnehmer den befristeten Arbeitsvertrag geschlossen hat (*BAG* 25.4.2001 EzA § 1 BeschFG 1985 Nr. 25 = NZA 2001, 1384).
Die Zulassung eines befristeten Arbeitsvertrages nach § 1 Abs. 1 BeschFG unterliegt **nicht** der Einschränkung, dass tatsächlich im Zusammenhang mit der Neueinstellung des Arbeitnehmers ein **neuer Arbeitsplatz** im Betrieb geschaffen wird (*BAG* 10.6.1988 EzA § 1 BeschFG 1985 Nr. 5). Denn eine derartige Beschränkung enthält der Gesetzeswortlaut nicht. Das gilt selbst dann, wenn der Arbeitsvertrag erstmalig mit einem Arbeitnehmer abgeschlossen wird, der unmittelbar zuvor in demselben Betrieb als Leiharbeitnehmer tätig war (*BAG* 8.12.1988 EzA § 1 BeschFG 1985 Nr. 6).

2256 Liegen die formellen Voraussetzungen des BeschFG vor, ist der Arbeitgeber auch dann nicht daran gehindert, sich zur Begründung der Befristung darauf zu berufen, wenn er in seinem Betrieb in erheblichem Umfang und in angeblich Sinn und Zweck des Gesetzes verfehlender Weise von dieser Gestaltungsmöglichkeit Gebrauch macht, indem er fast ausschließlich Zeitverträge abschließt, ohne demgegenüber eine Stammbelegschaft bereitzuhalten (*LAG Köln* 12.5.1995 LAGE § 1 BeschFG 1985 Nr. 15).

2257 Bei einem zweijährigen **Redaktionsvolontariat** handelt es sich um eine »Berufsausbildung« i. S. v. § 1 Abs. 1 S. 1 Nr. 2 BeschFG, sodass ein sich unmittelbar anschließendes Arbeitsverhältnis unter den dort genannten Voraussetzungen befristet werden kann. Voraussetzung dafür ist, dass im gesamten Unternehmen kein Arbeitsplatz für einen unbefristet einzustellenden Arbeitnehmer zur Verfügung steht (*BAG* 22.6.1994 EzA § 1 BeschFG 1985 Nr. 13).
Auch im Anschluss an ein betriebliches **Umschulungsverhältnis** kann ein befristeter Arbeitsvertrag nach § 1 Abs. 1 S. 1 Nr. 2 BeschFG 1985 abgeschlossen werden (*BAG* 28.8.1996 EzA § 1 BeschFG 1985 Nr. 14).
Im Übrigen setzt die Wirksamkeit der Befristung weder das Vorliegen eines sachlichen Grundes voraus noch muss bei Vertragsschluss klargestellt werden, ob die Befristung aufgrund des BeschFG oder wegen eines sachlichen Grundes vereinbart wird (*BAG* 8.12.1988 EzA § 1 BeschFG 1985 Nr. 6; vgl. APS/*Backhaus* § 1 BeschFG Rz. 10 ff.).

cc) Verhältnis zu einzel- oder tarifvertraglichen Befristungsvorschriften

2258 Die gesetzliche Befristungsregelung des § 1 BeschFG kann **zugunsten des Arbeitnehmers** bereits im Arbeitsvertrag oder auch durch eine entsprechende nachträgliche Vereinbarung **abbedungen werden** (*BAG* 24.2.1988 EzA § 1 BeschFG 1985 Nr. 3; vgl. APS/*Backhaus* § 620 BGB Rz. 64 ff.). Auch werden weder vorgesetzliche noch nachgesetzliche **tarifvertragliche Befristungsvorschriften** verboten, die, wie z. B. die Protokollnotiz Nr. 1 zu Nr. 1 der SR II y BAT zugunsten des Arbeitnehmers von § 1 Abs. 1 BeschFG abweichen, weil sie die Zulässigkeit von Befristungen strengeren Voraussetzungen unterwerfen als das BeschFG. So verlangt z. B. die zitierte Protokollnotiz, dass Zeitangestellte nur eingestellt werden dürfen, wenn hierfür sach-

D. Die Beendigung des Arbeitsverhältnisses

liche oder in der Person des Angestellten liegende Gründe vorliegen (*BAG* 25.9.1987 EzA § 1 BeschFG 1985 Nr. 2).

Aufgrund der Rechtsprechung des *BAG* (25.9.1987 EzA § 1 BeschFG 1985 Nr. 2) war folglich im Bereich des öffentlichen Dienstes ein **sachlicher Grund** für die Befristung von Arbeitsverträgen **erforderlich**. Die Tarifvertragsparteien haben sich aber sodann am 15.12.1995 auf die ab 1.2.1996 gültige Protokollnotiz Nr. 6 geeinigt, die es den öffentlichen Arbeitgebern erlaubte, Angestellte auch **ohne sachlichen Grund** befristet zu beschäftigen. Die öffentlichen Arbeitgeber machten von der Möglichkeit einer Befristung ohne sachlichen Grund wieder Gebrauch (vgl. *Pöltl* NZA 2001, 584). 2259

Andererseits stehen die Protokollnotizen Nr. 1, 6 zu Nr. 1 SR 2 y BAT der Anwendung des § 1 BeschFG i. d. F. des Arbeitsrechtlichen Beschäftigungsförderungsgesetzes (s. u. D/Rz. 2266) auf nach dem 1.10.1996 geschlossene Arbeitsverträge nicht entgegen. Insbesondere die Protokollnotiz Nr. 6 S. 1 enthält keine eigenständige statische Verweisung auf § 1 BeschFG in der bis zum 30.9.1996 geltenden Fassung (*BAG* 27.9.2000 NZA 2001, 556). 2260

Bei **fehlender Tarifgebundenheit** des Arbeitnehmers zum Zeitpunkt des Abschlusses des Arbeitsvertrages können die Arbeitsvertragsparteien allerdings wirksam die Geltung der Protokollnotiz Nr. 1 zu Nr. 1 SR 2 y BAT ausschließen (*BAG* 27.4.1988 EzA § 1 BeschFG 1985 Nr. 4). 2261

Sind die Parteien trotz beiderseitiger Tarifbindung beim Abschluss eines befristeten Arbeitsvertrages rechtsirrtümlich davon ausgegangen, diese Protokollnotiz (oder eine inhaltlich gleiche Regelung eines anderen Tarifvertrages) könne einzelvertraglich ausgeschlossen werden, so liegt beim Fehlen der erforderlichen Einigung über die tarifvertragliche Grundform des befristeten Arbeitsverhältnisses eine **Vertragslücke** vor, die im Wege der ergänzenden Vertragsauslegung (§§ 157, 133 BGB) zu schließen ist. Im konkret entschiedenen Einzelfall hat das *BAG* (28.2.1990 EzA § 1 BeschFG 1985 Nr. 9) angenommen, dass sich die Parteien **bei Kenntnis der Unwirksamkeit der Vereinbarung über die Begründung eines befristeten Aushilfsarbeitsverhältnisses geeinigt hätten**. Denn die Beklagte hatte sich im Rechtsstreit zur sachlichen Rechtfertigung der Befristung von vornherein nur auf Vertretungsgründe berufen. Mit sonstigen Befristungsgründen, die einer anderen tarifvertraglichen Grundform des befristeten Arbeitsverhältnisses zuzuordnen sind, war die Beklagte daher aus tariflichen Gründen ausgeschlossen. 2262

dd) Mehrmalige Befristung

Dieselben Arbeitsvertragsparteien dürfen auch **mehrmals befristete Arbeitsverträge** bis zur Dauer von jeweils 18 Monaten abschließen, sofern es sich dabei jeweils um eine Neueinstellung handelt. Eine solche liegt vor, wenn zwischen den einzelnen Arbeitsverhältnissen ein Zeitraum von mindestens vier Monaten liegt und die Arbeitsverhältnisse nicht in einem engen sachlichen Zusammenhang stehen. 2263

> Dagegen lässt § 1 Abs. 1 BeschFG es nicht zu, die dort normierte Höchstdauer der Befristung auf mehrere hintereinander geschaltete, in einem engen sachlichen Zusammenhang stehende befristete Arbeitsverhältnisse aufzuteilen. Denn von der durch § 1 BeschFG geschaffenen Möglichkeit, bei Neueinstellungen das Arbeitsverhältnis auch ohne einen die Befristung sachlich rechtfertigenden Grund bis zur Dauer von 18 Monaten zu befristen, soll im Rahmen zusammenhängender Arbeitsverträge nur einmal Gebrauch gemacht werden dürfen, und zwar bei der Einstellung, also beim Abschluss des ersten der zusammenhängenden Verträge. Inso-

D. Die Beendigung des Arbeitsverhältnisses

weit soll gerade verhindert werden, dass die gesetzlichen Befristungserleichterungen den Abschluss von Kettenarbeitsverträgen begünstigen (*BAG* 6.12.1989 EzA § 1 BeschFG 1985 Nr. 11; s. aber jetzt unten D/Rz. 2266 ff.).

2264 Zu beachten ist, dass der **vorbehaltlose Abschluss eines Folgevertrages dem rechtlichen Interesse** an einer gegen den vorhergehenden befristeten Vertrag gerichteten Feststellungsklage gem. § 1 Abs. 5 S. 1 BeschFG **nicht entgegen steht.** Zwar stellen die Arbeitsvertragsparteien durch den vorbehaltlosen Abschluss eines Folgevertrages ihre Vertragsbeziehungen regelmäßig auf eine neue Rechtsgrundlage und heben ein etwa unbefristetes, früheres Arbeitsverhältnis auf. Allein dadurch verzichtet der Arbeitnehmer aber nicht darauf, sich auf die Unwirksamkeit der Befristung des vorangegangenen Vertrages zu berufen. Er kann insbesondere geltend machen, der nach § 1 BeschFG geschlossene Folgevertrag verstoße gegen das Anschlussverbot des § 1 Abs. 3 S. 1 1. Alt. BeschFG, da der vorhergehende Vertrag unwirksam befristet gewesen sei (*BAG* 26.7.2000 EzA § 1 BeschFG 1985 Nr. 18).

ee) Kleinbetriebe
2265 Gem. § 1 Abs. 2 BeschFG ist bei Neugründungen und für Kleinbetriebe i. S. d. § 1 Abs. 2 Nr. 2 BeschFG (der inhaltlich nicht mit § 23 Abs. 1 S. 2 KSchG übereinstimmt) eine Befristungsdauer von bis zu zwei Jahren möglich.

ff) Die Neuregelung durch das arbeitsrechtliche Beschäftigungsförderungsgesetz

2266 Mit Wirkung vom 1.10.1996 ist § 1 BeschFG durch das arbeitsrechtliche Beschäftigungsförderungsgesetz in erheblichem Ausmaß geändert worden.
Gem. § 1 Abs. 1 BeschFG n. F. ist die Befristung bis zur Dauer von zwei Jahren zulässig. Ein Vertrag ist dann nach § 1 BeschFG befristet, wenn die Parteien die Befristung **darauf stützen wollten.** Der entsprechende Parteiwille kann sich auch aus den Umständen ergeben (*BAG* 28.6.2000 EzA § 1 BeschFG 1985 Nr. 15). Bis zur Gesamtdauer von zwei Jahren ist auch die höchstens dreimalige Verlängerung eines befristeten Arbeitsvertrages zulässig. Eine Verlängerung i. S. d. § 1 Abs. 1 S. 2 BeschFG muss vor Ablauf des verlängernden Zeitvertrags nach dem BeschFG vereinbart werden und darf den bisherigen Vertragsinhalt **nicht ändern.** Andernfalls handelt es sich um den Neuabschluss eines Zeitvertrages nach dem BeschFG, der dem Anschlussverbot des § 1 Abs. 3 S. 1 2. Alt. BeschFG unterfällt (*BAG* 26.7.2000, 25.10.2000 EzA § 1 BeschFG 1985 Nr. 19; EzA § 14 MuSchG Nr. 15). Die Befristung ist ohne die in § 1 Abs. 1 BeschFG genannten Einschränkungen zulässig, wenn der Arbeitnehmer bei Beginn des befristeten Arbeitsverhältnisses das 60. Lebensjahr vollendet hat (§ 1 Abs. 2 BeschFG n. F.; vgl. dazu *Schiefer/Worzalla* a. a. O., Rz. 380 ff.; *Wisskirchen* DB 1998, 722 ff.).
Die Befristung nach § 1 Abs. 1, 2 BeschFG ist nicht zulässig, wenn zu einem vorhergehenden unbefristeten oder befristeten Arbeitsvertrag nach § 1 Abs. 1 BeschFG mit demselben Arbeitgeber ein enger sachlicher Zusammenhang besteht. Das ist insbesondere dann der Fall, wenn zwischen den Arbeitsverträgen ein Zeitraum von weniger als vier Monaten liegt (§ 1 Abs. 3 BeschFG). Auch wenn dieser Zeitraum überschritten ist, kann ein enger sachlicher Zusammenhang in diesem Sinne vorliegen. Es bedarf dann der **wertenden Gesamtbetrach-**

D. Die Beendigung des Arbeitsverhältnisses

tung aller Einzelumstände (*BAG* 28.6.2000 EzA § 1 BeschFG 1985 Nr. 15; vgl. dazu *Hergenröder* SAE 2001, 230 ff.). Beträgt der zeitliche Abstand zwischen zwei nach dem BeschFG befristeten Arbeitsverträgen **mehr als das Doppelte des in § 1 Abs. 3 S. 2 BeschFG** vorgesehenen Mindestzeitraums, kann ein enger sachlicher Zusammenhang aber regelmäßig nicht, sondern allenfalls beim Vorliegen besonderer Umstände angenommen werden. Die **zwischenzeitliche, auf einen Sachgrund gestützte befristete Beschäftigung** auf demselben Arbeitsplatz **genügt dafür nicht** (*BAG* 25.10.2000 EzA § 1 BeschFG 1985 Nr. 23). Ob bei einem zeitlichen Abstand von **mehr als 16 Monaten** überhaupt Fälle denkbar sind, in denen noch ein enger sachlicher Zusammenhang gesehen werden kann, hat das *BAG* (15.8.2001 EzA § 1 BeschFG 1985 Nr. 26) schließlich offen gelassen. Jedenfalls müssten hierzu **ganz besondere Umstände** vorliegen, die der Arbeitnehmer darzulegen hat. Für die Prüfung des Anschlussverbots bei einem Verlängerungsvertrag i. S. d. § 1 Abs. 1 S. 2 BeschFG ist derjenige Vertrag maßgebend, **der dem erstmals nach dem BeschFG begründeten und höchstens dreimal verlängerten Vertrag vorausgeht** (*BAG* 26.6.2000 EzA § 1 BeschFG 1985 Nr. 17). Auch ein nach **§ 625 BGB fingiertes Arbeitsverhältnis begründet ein Anschlussverbot** nach § 1 Abs. 3 S. 1 1. Alt. BeschFG (*BAG* 26.7.2000 EzA § 1 BeschFG 1985 Nr. 16). Ein Ausgangsvertrag, der wegen Verstoßes gegen das Anschlussverbot des § 1 Abs. 3 S. 1 BeschFG nicht auf § 1 Abs. 1 S. 1 BeschFG gestützt werden kann, kann auch nicht nach § 1 Abs. 1 S. 2 BeschFG wirksam verlängert werden (*BAG* 25.10.2000 EzA § 14 MuSchG Nr. 15). Die **Darlegungs- und Beweislast** für das Vorliegen der Voraussetzungen des **Anschlussverbots** des § 1 Abs. 3 S. 1 2. Alt. BeschFG trägt der **Arbeitnehmer** (*BAG* 26.6.2000 EzA § 1 BeschFG 1985 Nr. 17; vgl. dazu *Hergenröder* SAE 2001, 230 ff.).
Die Zulässigkeit der Befristung des Arbeitsvertrages aus anderen Gründen bleibt unberührt (§ 1 Abs. 4 BeschFG); diese Höchstbefristungsregelung erstreckt sich **allein auf Befristungen nach dem BeschFG** (*LAG Düsseldorf* 3.11.1998 LAGE § 1 BeschFG 1985/1996 Nr. 20); gleiches gilt für die Regelung hinsichtlich der Verlängerungsmöglichkeiten (*BAG* 22.3.2000 EzA § 1 BeschFG 1985 Klagefrist Nr. 4). Will der Arbeitnehmer geltend machen, dass die Befristung eines Arbeitsvertrages rechtsunwirksam ist, so muss er innerhalb von drei Wochen nach dem vereinbarten Ende des befristeten Arbeitsvertrages Klage beim ArbG auf Feststellung erheben, dass das Arbeitsverhältnis auf Grund der Befristung nicht beendet ist. §§ 5–7 KSchG gelten entsprechend (s. u. D/Rz. 2269).
Gem. § 1 Abs. 6 BeschFG gelten § 1 Abs. 1–4 EFZG bis zum 31.12.2000.

Durch den Verzicht auf das Merkmal der Neueinstellung ist es nunmehr möglich, mit einem Arbeitnehmer, der bislang **mit einem sachlichen Grund** (zur Aushilfe, zur Probe, zur Saisonarbeit) beschäftigt war, **ohne sachlichen Grund** eine **Anschlussbefristung** zu vereinbaren (*LAG Hamm* 27.11.1998 – 5 Sa 91/98 –; vgl. auch *Rolfs* NZA 1996, 1135 f.). **2267**
Da Übergangsvorschriften fehlen, ist zweifelhaft, ob die dreimalige Verlängerungsoption der Neuregelung auch dann in Anspruch genommen werden kann, wenn der erste Arbeitsvertrag noch **vor dem 1.10.1996** abgeschlossen wurde. *Rolfs* (NZA 1996, 1140; ebenso *Schiefer/Worzalla* a. a. O., Rz. 378 f.) hält dies im Hinblick auf Sinn und Zweck der Neuregelung – Förderung von Wachstum und Beschäftigung – für zulässig. Etwas anderes gilt danach aber dann, wenn das nach § 1 BeschFG 1985 befristete

D. Die Beendigung des Arbeitsverhältnisses

Arbeitsverhältnis bereits vor dem 1.10.1996 geendet hat. *Hunold* (NZA 1997, 743; a. A. *Schwedes* BB 1996, Beil. Nr. 17, S. 5; *Wohlleben* RdA 1998, 277 ff.) hält im Hinblick auf den Gesetzeszweck schließlich die weitere insgesamt zweijährige Befristung auch im unmittelbaren **Anschluss** an ein eines sachlichen Grundes nicht bedürfenden befristeten Arbeitsverhältnis von z. B. **fünf Monaten** für zulässig.

2268 Übersehen hat der Gesetzgeber offenbar das Spannungsverhältnis zwischen der dreimaligen Verlängerungsmöglichkeit nach § 1 Abs. 1 BeschFG zum Abschlussverbot des § 1 Abs. 3 BeschFG, das sich z. B. dann aktualisiert, wenn zunächst eine Befristung auf zwölf Monate vereinbart war, das Arbeitsverhältnis dann für einen Monat unterbrochen wurde und nunmehr für weitere sechs bzw. zwölf Monate verlängert werden soll. Nach Auffassung von *Rolfs* (NZA 1996,1137 f.) kann das Ziel des BeschFG, Kettenarbeitsverhältnisse zu verhindern, nur erreicht werden, wenn man unter Verlängerung i. S. v. § 1 Abs. 1 BeschFG nur ein unmittelbares Anschließen (das nach Auffassung von *Wohlleben* [RdA 1998, 277 f.] auch rückwirkend vereinbart werden kann) zweier befristeter Arbeitsverträge aneinander versteht. **Eine Unterbrechung von nur einem Tag führt danach zur Unwirksamkeit der Befristung und damit zu einem Dauerarbeitsverhältnis**

2269 Die neu eingeführte Klagefrist gilt für alle Befristungen, also auch für diejenigen nach § 620 BGB, §§ 57 a ff. HRG, § 21 BErzGG (*BAG* 20.1.1999 EzA § 1 BeschFG 1985 Klagefrist Nr. 1; vgl. dazu *Schmitt* SAE 2000, 23 ff.; APS/*Backhaus* § 1 BeschFG Rz. 86 ff.); mangels einer Übergangsvorschrift gilt sie ab dem 1.10.1996, ist also auch für zu diesem Zeitpunkt noch nicht beendete Altverträge zu beachten (*Rolfs* NZA 1996, 1139 [1141]; zur Auswirkung der Frist auf zuvor [unwirksam] abgeschlossene befristete Arbeitsverträge, an die sich ein gem. § 1BeschFG befristeter anschließt vgl. *Reuter* NzA 1998, 1321).
Die Klagefrist **begann für Arbeitnehmer,** deren Arbeitsverhältnis vor dem 1.10.1996 aufgrund einer Befristung enden sollte, **am 1.10.1996** (*BAG* 20.1.1999 EzA § 1 BeschFG 1985 Klagefrist Nr. 1; vgl. dazu *Schmitt* SAE 2000, 23 ff.); sie wird durch eine bereits vor dem 1.10.1996 erhobene und danach fortgeführte, auf die Feststellung des Fortbestandes des Arbeitsverhältnisses über das Fristende hinaus gerichtete Klage gewahrt (*BAG* 1.12.1999 EzA § 620 BGB Hochschulen Nr. 21). Die Wirksamkeit der Befristung kann trotz der gesetzlichen Klagefrist jedenfalls dann im Rahmen einer allgemeinen Feststellungsklage nach **§ 256 Abs. 1 ZPO** schon **vor Ablauf der vereinbarten Befristung überprüft werden**, wenn der Arbeitgeber erkennen lässt, er halte die Befristung des Arbeitsverhältnisses für wirksam (*LAG Düsseldorf* 18.11.1999 LAGE § 1 BeschFG 1985 Nr. 29).
Die Anwendung der Klagefrist ist im Gegensatz zu den sonstigen Neuregelungen nicht bis zum 31.12.2000 befristet (*Schiefer/Worzalla* a. a. O., Rz. 409).
Macht ein Arbeitnehmer nach dem vereinbarten Ablauf des befristeten Arbeitsvertrages nicht innerhalb der 3-Wochenfrist nach § 1 Abs. 5 S. 1 BeschFG geltend, dass die Befristungsabrede das Arbeitsverhältnis nicht beendet hat, so **gilt die Befristung** nach § 1 Abs. 5 S. 2 BeschFG i. V. m. § 7 KSchG **als von Anfang an wirksam.** Die Fiktion nach Maßgabe dieser Normen bewirkt, dass der Arbeitnehmer bei der gerichtlichen Überprüfung einer nachfolgenden, auf § 1 Abs. 1 BeschFG gestützten Befristung nicht einwenden kann, das Anschlussverbot des § 1 Abs. 3 BeschFG sei verletzt, weil der vorangehende Vertrag bereits ein Dauerarbeitsverhältnis begründet habe. Der vorangehende Vertrag gilt als wirksam befristeter Arbeitsvertrag (*BAG* 22.3.2000 EzA § 1 BeschFG 1985 Klagefrist 1985 Nr. 4; vgl.

dazu *Rieble* SAE 2001, 36 ff.; *Körfer* FA 2000, 302; **a. A.** *LAG Hamburg* 4.9.2000 ArbuR 2001, 111: Klagefrist beginnt erst mit Ablauf der letztmaligen Befristung zu laufen; zust. *Engel* ArbuR 2001, 113 f.). Ein vorhergehender unbefristeter Arbeitsvertrag in diesem Sinne kann auch ein unwirksam befristeter Vertrag sein (*BAG* 28.6.2000 EzA § 1 BeschFG 1985 Nr. 15). **Mit der Versäumung der Klagefrist werden insgesamt alle Voraussetzungen einer rechtswirksamen Befristung fingiert** (*BAG* 9.2.2000 EzA § 1 BeschFG Klagefrist Nr. 2; krit. dazu *Plander* RdA 2001, 46 ff.). Nach Auffassung des *Hessischen LAG* (18.1.2000 – 9 Sa 964/99 –) muss der Arbeitnehmer die 3-Wochenfrist auch dann einhalten, wenn der Arbeitnehmer geltend machen will, ein befristeter Arbeitsvertrag sei gar nicht geschlossen worden, weil **seine Unterschrift gefälscht** worden sei.
Zur Befristungsklage gem. § 1 Abs. 5 S. 1 BeschFG vgl. *Vossen* NZA 2000, 704 ff.
Die Klagefrist des § 1 Abs. 5 BeschFG gilt **nicht** für Klagen, die sich gegen die Wirksamkeit einer **auflösenden Bedingung** richten (*BAG* 23.2.2000 EzA § 1 BeschFG 1985 Klagefrist Nr. 3; *LAG Hessen* 9.7.1999 NZA-RR 2000, 380; APS/ *Backhaus* § 1 BeschFG Rz .89 ff.).

b) Wissenschaftliches Personal und Ärzte

aa) §§ 57 a ff. HRG a. F. (Rechtslage bis zum 22.2.2002)

(1) Grundlagen

Auch für befristete Arbeitsverhältnisse, die nach In-Kraft-Treten von Art. 1 des Gesetzes über befristete Arbeitsverträge mit wissenschaftlichem Personal an Hochschulen und Forschungseinrichtungen vom 14.6.1985 (BGBl. I S. 1065; zu dessen Verfassungsmäßigkeit vgl. *BVerfG* 24.4.1996 EzA Art. 9 GG Nr. 61; zust. *Hufen* SAE 1997, 137 ff.) sowie des Gesetzes über befristete Arbeitsverträge mit Ärzten in der Weiterbildung vom 15.5.1986 (BGBl. I S. 742) zustande gekommen sind, gelten von den oben skizzierten Grundsätzen (s. o. D/Rz. 2056 ff.) **abweichende Regelungen** (vgl. *Buchner* RdA 1985, 258; *Otto* NZA 1988, 830; *Lakies* NZA 1997, 751 ff.). 2270

Gem. § 57 HRG gelten für den Abschluss von Arbeitsverträgen für eine bestimmte Zeit mit wissenschaftlichen und künstlerischen Mitarbeitern, Personal mit ärztlichen Aufgaben und Lehrkräften für besondere Aufgaben sowie mit wissenschaftlichen Hilfskräften die §§ 57 b-f HRG. Die arbeitsrechtlichen Vorschriften und Grundsätze befristeter Arbeitsverhältnisse – einschließlich tarifvertraglicher Regelungen (*BAG* 30.3.1994 EzA § 620 BGB Nr. 124) – sind nur insoweit anzuwenden, als sie den Vorschriften der §§ 57 ff. HRG nicht widersprechen. 2271

§§ 57 b Abs. 2, 57 c, 57 d HRG **definieren das Vorhandensein eines sachlichen Grundes,** regeln die **Dauer der Befristung** sowie die **Möglichkeit einer Beendigung bei Wegfall von Mitteln Dritter** (ausf. zu § 57 b HRG *Zimmerling* ZTR 1998, 15 ff.). Anzuwenden sind die Vorschriften gem. § 57 f HRG erstmals auf Arbeitsverträge, die ab dem 20.6.1985 abgeschlossen worden sind.

§§ 57 a S. 2, 57 b-f HRG gelten entsprechend für den Abschluss von befristeten Arbeitsverträgen mit **wissenschaftlichem Personal und mit Personal mit ärztlichen Aufgaben an staatlichen Forschungseinrichtungen sowie an überwiegend staatlich oder auf Grundlage von Art. 91 b GG finanzierten Forschungseinrichtungen.** 2272

D. Die Beendigung des Arbeitsverhältnisses

Es handelt sich dabei um Einrichtungen, die sich ausschließlich Forschungsaufgaben widmen und im Gegensatz zur Hochschule keine Lehraufgaben wahrnehmen. Zu den staatlichen Forschungseinrichtungen gehören die Bundes- und Landesforschungsanstalten, einschließlich der Ressortforschungsanstalten. Maßgeblich ist die Trägerschaft bzw. Eigentümerstellung. Überwiegend staatlich finanzierte Einrichtungen können Stiftungen oder staatlich dominierte Einrichtungen ohne Erwerbscharakter sein. Auf der Grundlage von Art. 91 b GG finanzierte Einrichtungen sind die auf der Rechtsgrundlage der Rahmenvereinbarung Forschungsförderung zwischen Bund und Ländern vom 28.11.1975 geförderten Einrichtungen (BAnz. Nr. 240 v. 30.12.1975 S. 4; vgl. APS/*Schmidt* Art. 2 HFVG Rz. 1).

2273 Eine Befristung gem. § 57 b Abs. 5 HRG kann aber nur dann auf einen der in § 57 b Abs. 2–4 HRG normierten Tatbestände als sachlichen Befristungsgrund gestützt werden, wenn dieser **im Arbeitsvertrag angegeben** ist. Dazu genügt die Bezeichnung des einschlägigen gesetzlichen Tatbestandes, auf den die Befristung gestützt werden soll. Einer konkreten Angabe des Befristungsgrundes bedarf es nicht (*BAG* 31.1.1990 EzA § 620 BGB Nr. 108; APS/*Schmidt* § 57 b HRG Rz, 37 ff.). § 57 b Abs. 5 HRG enthält **kein Zitiergebot** des Inhalts, dass die gesetzliche Bestimmung im Arbeitsvertrag ausdrücklich genannt werden muss. Es reicht vielmehr aus, dass dem Arbeitsvertrag zu entnehmen ist, auf welche Gründe die Befristung gestützt wird und welchem Tatbestand des § 57 Abs. 2 HRG die Gründe zuzuordnen sind (*BAG* 19.8.1992 EzA § 620 BGB Nr. 114).

(2) Einzelfragen

2274 En sachlicher Grund für die Befristung eines Arbeitsverhältnisses mit einem wissenschaftlichen Mitarbeiter liegt nach § 57 b Abs. 2 Nr. 2 HRG vor, wenn der Mitarbeiter aus **Haushaltsmitteln** vergütet wird, die haushaltsrechtlich für eine befristete Beschäftigung bestimmt sind, und der Mitarbeiter zu Lasten dieser Mittel eingestellt und entsprechend beschäftigt wird.

Haushaltsmittel sind i. S. v. § 57 b Abs. 2 Nr. 2 HRG für eine befristete Beschäftigung bestimmt, wenn der Haushaltsgesetzgeber eine Mittelverwendung für befristete Arbeitsverhältnisse anordnet und mit einer konkreten Sachregelung verbindet (*BAG* 24.1.1996 EzA § 620 BGB Hochschulen Nr. 2; vgl. APS/*Schmidt* § 57 b HRG Rz, 12 ff.).

2275 Der für die Anwendbarkeit der §§ 57 a ff. HRG maßgebliche Begriff des wissenschaftlichen Mitarbeiters bestimmt sich allein nach **§§ 53 ff. HRG**. Landesrechtliche Vorschriften können ihn nicht mit Wirkung für die Anwendung der §§ 57 a ff. HRG verändern. Der wissenschaftliche Mitarbeiter i. S. d. §§ 53 HRG erbringt Dienstleistungen zur Erfüllung der Aufgaben in Forschung und Lehre. Die für die Organisation einer Hochschule oder einer ihrer Einrichtungen notwendige **Verwaltungsarbeit** gehört nicht dazu, auch wenn sie von einem wissenschaftlich ausgebildeten Mitarbeiter vorgenommen wird (*BAG* 28.1.1998 EzA § 620 BGB Hochschulen Nr. 15). Andererseits können auch **Fachhochschulassistenten** wissenschaftliche Mitarbeiter i. S. d. §§ 53, 57 b HRG sein.

§ 57 b Abs. 2 HRG enthält einen **Katalog möglicher Befristungsgründe** für die Arbeitsverhältnisse von wissenschaftlichen Mitarbeitern an Hochschulen; um eine abschließende Regelung handelt es sich dabei allerdings nicht.

2276 Nach § 57 Abs. 2 Nr. 1 HRG, der die bisher bestehenden Befristungsmöglichkeiten erweitert hat, ist **kein spezieller Fort- und Weiterbildungszweck erforderlich** (*BAG* 19.8.1992 EzA § 620 BGB Nr. 114; APS/*Schmidt* § 57 b HRG Rz, 4 ff.). Ein Ar-

D. Die Beendigung des Arbeitsverhältnisses

beitsvertrag kann nach § 57 b Abs. 2 Nr. 1 2. Alt. HRG befristet werden, wenn die von dem wissenschaftlichen oder künstlerischen Mitarbeiter zu erbringenden Dienstleistungen **seiner Weiterbildung für eine spätere Berufstätigkeit außerhalb der Hochschule dienen.** Für das Vorliegen eines Sachgrundes für die Befristung ist danach erforderlich, dass die Vertragsparteien bei Vertragsabschluss Vorstellungen über eine nach der Hochschultätigkeit auszuübende berufliche Tätigkeit des Mitarbeiters haben, dass die dafür geplante Weiterbildung für den Vertragsabschluss mitbestimmend war und wenigstens ein Teil der Dienstaufgaben auf diese Weiterbildung abgestimmt wird. Die mit jeder wissenschaftlichen oder künstlerischen Tätigkeit an einer Hochschule verbundene allgemeine Weiterbildung genügt diesen Anforderungen nicht (BAG 25.8.1999 EzA § 620 BGB Hochschulen Nr. 26).
Der Befristungsgrund des § 57 b Abs. 2 Nr. 3 1. Altern. HRG setzt voraus, dass der Arbeitnehmer **besondere Kenntnisse in der Forschungsarbeit** erwerben soll, die einer Tätigkeit außerhalb des bisherigen Arbeitsbereichs dienlich sind.
Die Befristung nach § 57 b Abs. 2 Nr. 3 2. Altern. HRG setzt voraus, dass der Mitarbeiter bereits außerhalb der jeweiligen Hochschule besondere Kenntnisse gesammelt hat, die er während seiner befristeten Beschäftigung in der Hochschule **einbringen** soll (BAG 6.11.1996, 23.2.2000 EzA § 620 BGB Hochschulen Nr. 9, 25).
Besondere Kenntnisse und Erfahrungen i. S. d. § 57 Abs. 2 Nr. 3 b HRG erwirbt ein wissenschaftlicher Mitarbeiter nicht bereits dann, wenn er seine Kenntnisse und Erfahrungen in seinem allgemeinen Forschungsgebiet fortlaufend erweitert und vertieft. Dieser Befristungsgrund setzt vielmehr voraus, dass er besondere Kenntnisse in der Forschungsarbeit erwerben soll, die einer Tätigkeit **außerhalb des bisherigen Arbeitsbereichs dienlich** sind (BAG 4.12.1996 EzA § 620 BGB Hochschulen Nr. 10; APS/*Schmidt* § 57 b HRG Rz, 16 ff.).
Mittel Dritter i. S. d. § 57 b Abs. 2 Nr. 4 HRG können auch solche Mittel sein, die der Hochschule von ihrem Unterhaltsträger aus Sondermitteln für bestimmte Forschungsprojekte zugewiesen werden, sofern es sich dabei nicht um der Hochschule zur Verfügung gestellte laufende Haushaltsmittel handelt (BAG 31.1.1990 EzA § 620 BGB Nr. 108). Ausreichend ist es, wenn bei Vertragsabschluss mit hinreichender Sicherheit davon ausgegangen werden konnte, dass seine Vergütung nur für den geringeren Teil der Vertragsdauer aus laufenden Haushaltsmitteln bestritten werden muss (BAG 22.11.1995 EzA § 620 BGB Hochschulen Nr. 3; vgl. APS/*Schmidt* § 57 b HRG Rz. 19 ff.). Der wissenschaftliche Mitarbeiter wird entsprechend der Zweckbefristung der Drittmittel beschäftigt, wenn sein bei Vertragsabschluss vorgesehener bzw. sein späterer von einem zum Vertragsabschluss Berechtigten gebilligter Einsatz die Interessen des Drittmittelgebers nicht beeinträchtigt. Eine solche Beeinträchtigung ist i. d. R. nicht bereits darin zu sehen, dass der Mitarbeiter im Austauschwege an einem Projekt eines anderen Drittmittelgebers eingesetzt wird, dass er in geringem Umfang auch allgemeine Hochschulaufgaben wahrnimmt und dass Zeiten, in denen der Mitarbeiter nicht für Drittmittelprojekte eingesetzt werden kann, durch die Zuweisung anderer Arbeiten überbrückt werden (BAG 22.11.1995 EzA § 620 BGB Hochschulen Nr. 3). Entscheidend ist dann, wenn der wissenschaftliche Mitarbeiter nicht ausschließlich in dem geförderten Projekt tätig wird, dass dadurch nach den Gesamtumständen die Interessen des Drittmittelgebers nicht beeinträchtigt werden (BAG 15.4.1999 EzA § 620 BGB Hochschulen Nr. 17).
Die Zweckbestimmung von Drittmitteln kann auch von der Hochschule vorgenommen werden, wenn es sich um Mittel handelt, die der Hochschule nach Abschluss

2277

D. Die Beendigung des Arbeitsverhältnisses

eines Drittmittelprojekts zur freien Verfügung verblieben sind (*BAG* 15.1.1997 NZA 1998, 29).

2278 Die Befristung des Arbeitsverhältnisses eines wissenschaftlichen Mitarbeiters, der **nicht in einem Forschungsvorhaben eingesetzt wird**, kann nicht auf den in § 57 Abs. 2 Nr. 4 HRG geregelten Sachgrund der Drittmittelfinanzierung gestützt werden (*BAG* 25.8.1999 EzA § 620 BGB Hochschulen Nr. 19).

2279 **ABM-Verträge** sind keine Drittmittelverträge i. S. d. § 57 b Abs. 2 Nr. 4 HRG und deshalb auch nicht auf die Höchstdauer der Befristung nach § 57 c Abs. 2 HRG anzurechnen (*BAG* 13.4.1994 EzA § 620 BGB Nr. 125).
Art. 48 Abs. 2 EWGV (jetzt Art. 39 Abs. 2 EGV) – nicht dagegen Art. 9 Abs. 3 GG (*BVerfG* 24.4.1996 EzA Art. 9 GG Nr. 61) – steht einer Auslegung von § 57 b Abs. 3 HRG a. F. entgegen, nach der die Beschäftigung von **Fremdsprachenlektoren** aus der Europäischen Union stets ein sachlicher Grund für die Befristung des Arbeitsverhältnisses ist. Erforderlich ist vielmehr, dass für die Befristung ein sachlicher Grund vorliegt. Die Sicherung eines aktualitätsbezogenen Unterrichts rechtfertigt die Befristung der Arbeitsverträge mit Fremdsprachenlektoren nicht (*BAG* 15.3.1995 EzA § 620 BGB Nr. 132; 12.2.1997 EzA § 620 BGB Hochschulen Nr. 11; 25.2.1998 EzA § 620 BGB Hochschulen Nr. 14). Die in den Verwaltungsvorschriften über die Beschäftigung von Lektoren in den Hochschulen genannte **Gewährleistung kulturellen Austauschs** und **die Gelegenheit zur Weiterqualifizierung** können Sachgründe für eine Befristung sein, nicht aber die Vermeidung der Entfremdung vom Herkunftsland (*BAG* 25.2.1998 EzA § 620 BGB Hochschulen Nr. 14; *LAG Baden-Württemberg* 3.9.1998 NZA-RR 1999, 68; vgl. APS/*Schmidt* § 57 b HRG Rz. 29 ff.).
Art. 48 Abs. 2 EWGV (jetzt Art. 39 Abs. 2 EGV) steht der Anwendung der §§ 57 a, b, c HRG auch insoweit entgegen, als danach die Stellen von **Fremdsprachenlektoren** mittels befristeter Arbeitsverträge besetzt werden können oder müssen, während der Abschluss derartiger Verträge mit sonstigen Lehrkräften für besondere Aufgaben im Einzelfall durch einen sachlichen Grund gerechtfertigt sein muss (*EuGH* 20.10.1993 NZA 1994, 115).
Unter dem Gesichtspunkt des kulturellen Austausches ist die Befristung eines Lektorenvertrages deshalb nur dann wirksam, wenn die Stelle bei einem tatsächlich praktizierten Austausch von Hochschulabsolventen vorgesehen und hierfür auch gesondert ausgewiesen ist (*BAG* 20.9.1995 EzA § 620 BGB Nr. 135).

2280 § 57 b Abs. 3 HRG wurde inzwischen durch Gesetz vom 20.8.1998 dahin **geändert**, dass Abs. 3 für die Befristung eines Arbeitsvertrages mit einer Lehrkraft für besondere Aufgaben nach § 56 HRG entsprechend gilt. Mit dieser Neufassung werden die für die befristete Beschäftigung von **wissenschaftlichen und künstlerischen Mitarbeitern geltenden sachlichen Gründe auf die befristete Beschäftigung von Lehrkräften für besondere Aufgaben erstreckt, so dass eine Sonderbehandlung von Fremdsprachenlektoren zukünftig nicht mehr stattfindet** (vgl. dazu *Hänlein* NZA 1999, 513 ff.).

2281 § 57 b Abs. 3 HRG a. F. vermochte eine dem Sinn und Zweck der Vorschrift offenkundig widersprechende Befristung nicht zu rechtfertigen. Eine objektiv funktionswidrige Verwendung dieser gesetzlichen Befristungsmöglichkeit lag insbesondere dann vor, wenn der **Fremdsprachenlektor bei Vertragsabschluss** schon **lange Zeit in Deutschland lebte** (*BAG* 1.12.1999 NZA 2000, 374). Zudem stand das **Diskriminierungsverbot** in Art. 10 Abs. 1 des Assoziationsratsbeschlusses EG-Türkei Nr. 1/80 (s. dazu B/Rz. 56) der Anwendung der alten Fassung auf den mit einer **türkischen Lek-**

D. Die Beendigung des Arbeitsverhältnisses

torin geschlossenen befristeten Arbeitsvertrag **entgegen** (*BAG* 22.3.2000 NZA 2000, 831).
Von § 57 b Abs. 2 und 3 HRG unabhängige sachliche Gründe, auf die die Befristung des Arbeitsvertrages eines Lektors gestützt werden soll, brauchen nicht gem. § 57 b Abs. 5 HRG im Arbeitsvertrag angegeben zu werden (*BAG* 24.4.1996 EzA § 620 BGB Hochschulen Nr. 7).
Auf die **Befristungshöchstgrenze** (gem. § 57 c Abs. 2 HRG bei einer Befristung gem. § 57 b Abs. 2 Nr. 1–4, Abs. 3 HRG 5 Jahre, bei einer Befristung gem. § 57 b Abs. 2 Nr. 5 HRG 2 Jahre) sind nach der ursprünglich vom *BAG* (31.1.1990 a. a. O.) vertretenen Auffassung befristete Arbeitsverträge, die vor dem In-Kraft-Treten der §§ 57 a – 57 e HRG abgeschlossen worden sind, auch dann nicht anzurechnen, wenn der sachliche Grund für die Befristung eines solchen Arbeitsvertrages mit einem der in § 57 b Abs. 2 Nr. 1–4, Abs. 3 HRG normierten sachlichen Befristungsgründen ganz oder teilweise übereinstimmt. 2282

Inzwischen geht das *BAG* (14.12.1994 EzA § 620 BGB Nr. 129; 20.10.1999 EzA § 620 BGB Hochschulen Nr. 22) davon aus, dass dann, wenn die Befristung des letzten – allein der Befristungskontrolle unterliegenden – Arbeitsvertrages nur auf die erleichterten Befristungsmöglichkeiten des § 57 Abs. 2, 3 HRG gestützt wird, in die Befristungshöchstdauer nach § 57 c Abs. 2 HRG auch solche vorangegangenen, aber nach dem 25.6.1985 (dem In-Kraft-Treten der §§ 57 a ff. HRG) abgeschlossenen Arbeitsverträge einzubeziehen sind, deren Befristung zwar nicht ausdrücklich auf einen der Befristungsgründe des § 57 b Abs. 2, 3 HRG gestützt worden war, aber hierauf hätte gestützt werden können (vgl. APS/*Schmidt* § 57 b HRG Rz, 4 ff.). 2283

Ein befristeter Arbeitsvertrag eines wissenschaftlichen Mitarbeiters an einer Hochschule ist nach § 57 c Abs. 3 HRG nur dann nicht auf die fünfjährige Befristungshöchstgrenze des § 57 c Abs. 2 HRG anzurechnen, wenn der Arbeitsvertrag dem wissenschaftlichen Mitarbeiter die Gelegenheit zur **Vorbereitung seiner Promotion** als **Teil seiner Dienstaufgaben** einräumt (*BAG* 20.9.1995 EzA § 620 BGB Hochschulen Nr. 1; 5.4.2000 EzA § 620 BGB Hochschulen Nr. 28). Promoviert der Mitarbeiter im Rahmen eines dazu befristeten Arbeitsvertrages vor Ablauf der Befristung, so werden die verbleibenden Zeiten bei der Berechnung der Fünfjahresgrenze des § 57 c Abs. 2 HRG nicht eingerechnet (*BAG* 15.1.1997 NZA 1998, 29). 2284

Zeiten einer Beschäftigung als **wissenschaftliche Hilfskraft,** d. h. mit weniger als der Hälfte der regelmäßigen tariflichen Arbeitszeit, sind auf die Höchstgrenze jedenfalls nicht anzurechnen (*BAG* 20.9.1995 EzA § 620 BGB Nr. 137; abl. *Sill-Gorny* ZTR 1997, 399 ff.). Auf Zeiten, die **Stipendiaten** ohne einen mit der Universität bzw. deren Träger geschlossenen Arbeitsvertrag an der Universität verbringen, ist § 57 Abs. 2 S. 2 HRG weder unmittelbar noch entsprechend anwendbar (*BAG* 21.2.2001 ZTR 2001, 376 Ls.). 2285

§ 57 c Abs. 6 HRG (vgl. dazu ausf. *Sill-Gorny* ZTR 2000, 103 ff.) enthält eine **abschließende Regelung derjenigen Zeiten,** die auf die Dauer eines nach § 57 b Abs. 2 HRG befristeten Arbeitsverhältnisses eines wissenschaftlichen Mitarbeiters **nicht angerechnet werden** (z. B. Wehr-, Zivildienst; Elternzeit), damit sind landesrechtliche Regelungen aus der Zeit vor In-Kraft-Treten des § 57 c HRG, die weitere Nichtanrechnungstatbestände regeln, unvereinbar und damit nichtig (*BAG* 14.2.1996 EzA § 620 BGB Hochschulen Nr. 4; vgl. APS/*Schmidt* § 57 b HRG Rz. 22 ff.). 2286

D. Die Beendigung des Arbeitsverhältnisses

2287 Der **Arbeitnehmer** hat die Voraussetzungen **darzulegen**, aus denen die Unwirksamkeit einer Befristung wegen Überschreitens der Höchstbefristungsgrenze des § 57 c Abs. 2 HRG folgt (*BAG* 20.10.1999 EzA § 620 BGB Hochschulen Nr. 22; APS/*Schmidt* § 57 b HRG Rz. 11).

bb) §§ 57 a ff. HRG n. F. (Rechtslage ab dem 23.2.2002)

(1) Grundlagen

2288 Grundgedanke der Neuregelung der §§ 57 a ff. HRG ist, dass für einen bestimmten, zeitlich eng begrenzten Zeitraum aus dem Gesichtspunkt der Sicherung der Funktions- und Innovationsfähigkeit der Hochschulen und Forschungseinrichtungen sowie insbesondere der Förderung des wissenschaftlichen Nachwuchses befristete Arbeitsverträge mit wissenschaftlichen und künstlerischen Mitarbeitern/Hilfskräften das gebotene vertragliche Gestaltungsmittel darstellen (BT-Dr. 14/6853, S. 20).

Bei diesen Personengruppen wird unterstellt, dass zum einen ihre Beschäftigung der eigenen Aus-, Fort- und Weiterbildung dient und zum anderen der regelmäßige Austausch des Personals zur Sicherung der Innovation in Forschung und Lehre an den Hochschulen notwendig ist (BT-Dr. 14/6853, S. 30).

Deshalb war es nicht gerechtfertigt, das zuvor erfasste Personal mit ärztlichen Aufgaben (§ 54 HRG a. F.) sowie die Lehrkräfte für besondere Aufgaben (§ 56 HRG) in die Neuregelung einzubeziehen. Sofern das Interesse besteht, diese Personen auch zu ihrer eigenen Qualifizierung (befristet) zu beschäftigen, haben die Dienststellen die Möglichkeit, eine Beschäftigung als wissenschaftlicher Mitarbeiter zu wählen; das HRG gibt gibt insoweit keinen Vertragstypenzwang vor (BT-Dr. 14/6853, S. 31).

(2) Systematik der Neuregelung

2288 a Gem. § 57 a Abs. 1 S. 5 HRG sind die allgemeinen arbeitsrechtlichen Vorschriften über befristete Arbeitsverträge und deren Kündigung anwendbar, soweit sie §§ 57 b – e HRG nicht widersprechen. Deshalb sind sowohl § 14 Abs. 4 TzBfG (Schriftform) als auch § 17 TzBfG (Klagefrist) zu beachten. Befristungen können auch auf die strengeren Vorschriften des TzBfG gestützt werden; allerdings werden auch diese Verträge auf die Höchstgrenzen angerechnet (§ 57 b Abs. 2 S. 2 HRG). Die Sonderregelungen der SR 2 y BAT sind dagegen innerhalb der Fristen des § 57 b Abs. 1 HRG nicht anwendbar. Die gesetzliche Neuregelung schließt es nicht aus, dass mit den von ihr erfassten Mitarbeitern unbefristete Arbeitsverträge abgeschlossen werden (vgl. *Preis/Hausch* NJW 2002, 928 [930]).

§§ 57 b ff. HRG sind gem. § 57 a Abs. 1 S. 2 HRG zweiseitig zwingendes Recht; allerdings kann gem. § 57 a Abs. 1 S. 3 HRG für bestimmte Fachrichtungen und Forschungsbereiche durch Tarifvertrag von den Fristen des § 57 b HRG abgewichen und die Anzahl der zulässigen Verlängerungen befristeter Arbeitsverträge festgelegt werden.

(3) Sachgrundlose Befristung mit Befristungshöchstgrenzen

2288 b Ein sachlicher Grund für die Befristung ist gem. § 57 a ff. HRG in Zukunft nicht mehr erforderlich. Eine Beschränkung der Verwendung befristeter Arbeitsverträge wird allein durch die Festlegung von Höchstfristen bewirkt, die auch durch

D. Die Beendigung des Arbeitsverhältnisses

wiederholte Vertragsabschlüsse nicht überschritten werden können. Bei einem Wechsel der Hochschule werden bisherige Zeiten einer Beschäftigung angerechnet. Die Befristung nach dem HRG ist zukünftig ein personenbezogener Sonderbefristungstatbestand (*Preis/Hausch* NJW 2002, 928).

Innerhalb dieses Zeitraums hat die Hochschule jede Möglichkeit, Drittmittel oder haushaltsmäßig projektgebundene Mittel einzusetzen. Die Sicherstellung der zweckentsprechenden Verwendung der Drittmittel und der zweckgebundenen Haushaltsmittel erfolgt über das Haushaltsrecht und nicht über das Recht der befristeten Arbeitsverträge (*Preis/Hausch* NJW 2002, 929).

(4) Vor Abschluss der Promotion

In der Zeit vor Abschluss der Promotion ist nach § 57 Abs. 1 S. 1 i. V. m. § 57 a Abs. 1 S. 1 HRG die Befristung von Arbeitsverträgen mit nicht promovierten Mitarbeitern bis zu einer Dauer von sechs Jahren ohne weiteren Sachgrund zulässig. 2288 c

Das Anstreben des Abschlusses einer Promotion ist dabei keine Voraussetzung (BT-Dr. 14/6853, S. 32). Innerhalb der zulässigen Befristungsdauer sind gem. § 57 Abs. 1 S. 4 HRG Verlängerungen des befristeten Arbeitsvertrages möglich. Auf die Befristungsdauer sind gem. § 57 b Abs. 2 HRG alle befristeten Arbeitsverhältnisse mit mehr als einem Viertel der regelmäßigen Arbeitszeit, die mit einer deutschen Hochschule oder einer Forschungseinrichtung i. S. d. § 57 d HRG abgeschlossen wurden, sowie entsprechende Verträge gem. § 57 c HRG anzurechnen. Bei Beschäftigungsverhältnissen mit einer geringeren Arbeitszeit ist davon auszugehen, dass diese nicht zur Qualifizierung genutzt werden können (BT-Dr. 14/6853, S. 30).
Zeiten einer Beschäftigung als studentische Hilfskraft werden gem. § 57 e S. 2 HRG nicht auf die zulässige Befristungsdauer nach § 57 b Abs. 1 HRG angerechnet. Angerechnet werden andererseits befristete Arbeitsverträge, die nach anderen Rechtsvorschriften als den §§ 57 a ff. HRG abgeschlossen wurden (§ 57 b Abs. 2 HRG). Mit wenigen Änderungen wurden die bereits bislang vorhandenen Verlängerungsmöglichkeiten der Höchstbefristungsdauer beibehalten (§ 57 b Abs. 4 HRG).

(5) Nach Abschluss der Promotion

Nach Abschluss einer Promotion ist eine Befristung gem. § 57 b Abs. 1 S. 2 HRG ebenfalls bis zu einer Dauer von sechs Jahren, im Bereich der Medizin bis zu neun Jahren möglich. Die Frist verlängert sich in dem Umfang, in dem Zeiten einer befristeten Beschäftigung nach § 57 b Abs. 1 S. 1 HRG und Promotionszeiten ohne eine solche bzw. ohne eine anrechenbare Beschäftigung zusammen weniger als sechs Jahre betragen haben (§ 57 b Abs. 1 S. 2 HRG). Auch insoweit sind die Anrechnungs- und Verlängerungsvorschriften in § 57 b Abs. 2, 4 HRG anzuwenden. 2288 d

Wann eine Promotion abgeschlossen ist, richtet sich nach den jeweiligen Promotionsordnungen der Fakultäten; maßgeblich ist i. d. R. die Verkündung des Gesamtergebnisses (vgl. *Preis/Hausch* NJW 2002, 929).
Nach Ablauf der Höchstfrist ist eine weitere Befristung nur noch nach Maßgabe des TzBfG möglich (§ 57 b Abs. 2 S. 3 HRG); im Anwendungsbereich der SR 2 y BAT mo-

D. Die Beendigung des Arbeitsverhältnisses

difiziert durch die in ihr enthaltenen Regelungen. Die Anwendbarkeit des § 14 Abs. 2, 3 TzBfG ist durch den 77. Änderungstarifvertrag zum BAT vom 29.10. 2001 ausdrücklich eröffnet worden. In der Protokollnotiz Nr. 6 der SR 2y BAT heißt es, dass abweichend von der Protokollnotiz Nr. 1 (Erfordernis des Sachgrundes) Arbeitsverträge nach Maßgabe des § 14 Abs. 2, 3 TzBfG begründet werden können.

(6) Zitiergebot

2288 e Gem. § 57b Abs. 3 S. 1 HRG ist im Arbeitsvertrag anzugeben, ob die Befristung auf den Vorschriften des HRG beruht. Andernfalls kann die Befristung darauf nicht gestützt werden (§ 57b Abs. 3 S. 2 HRG). Gem. § 57b Abs. 3 S. 3 HRG muss die Befristung kalendermäßig bestimmt oder bestimmbar sein; Zweckbefristungen und auflösende Bedingungen sind deshalb im Anwendungsbereich der §§ 57a ff. HRG nicht möglich (BT-Dr. 14/6853, S. 34).

(7) Einbeziehung der Forschungseinrichtungen und der Privatdienstverträge

2288 f Auf Privatdienstverträge sind die Befristungsvorschriften gem. § 57c HRG entsprechend anzuwenden. Gleiches gilt nach § 57d HRG für den Abschluss befristeter Arbeitsverträge mit wissenschaftlichem Personal an staatlichen oder überwiegend staatlich finanzierten Forschungseinrichtungen. Das führt dazu, dass auch derartige Verträge in die Höchstgrenzenberechnung einfließen. **Durch Wechsel der Arbeitgeber soll keine mehrfache Ausschöpfung der Befristungshöchstgrenzen möglich sein** (*Preis/Hausch* NJW 2002, 929 f.).

(8) Zeitlicher Geltungsbereich; Übergangsprobleme

2288 g § 57f HRG beinhaltet die Grundregel, dass ab dem 23.2. 2002 geschlossene Verträge nur nach den ab diesem Zeitpunkt geltenden Vorschriften des neuen HRG geschlossen werden können. Ab diesem Zeitpunkt muss bei einem Neuabschluss oder einer Verlängerung eines befristeten Vertrages im Geltungsbereich dieses Gesetzes geprüft werden, ob die neuen – personenbezogenen – Befristungshöchstgrenzen des § 57b HRG ausgeschöpft worden sind. Ist dies nicht der Fall, kann ein Vertrag auch nach dem In-Kraft-Treten des Gesetzes gem. § 57b HRG bis zu den dort geregelten Höchstfristen geschlossen werden.

Ist die Höchstdauer im Zeitpunkt der Verlängerung ausgeschöpft, ist eine weitere Befristung nur noch auf der Basis des allgemeinen Arbeitsrechts (TzBfG) möglich (vgl. *Preis/Hausch* NJW 2002, 927).

Da das HRG keine Übergangsvorschriften für etwaige Problemfälle, die sich aus der Anwendung des neuen Rechts auf »Altfälle« ergeben können, vorsieht, wird vorgeschlagen (*Preis/Hausch* NJW 2002, 934 ff.), zur Vermeidung von Härten, die damit zusammenhängen, dass bereits beschäftigte Mitarbeiter ihren Qualifizierungsweg nicht auf die Neuregelungen einstellen konnten, einige anerkannte Befristungsgründe situationsgerecht anzuwenden.

cc) Ärzte in der Weiterbildung

2289 Gem. § 1 Abs. 1 des Gesetzes über befristete Arbeitsverträge mit Ärzten in der Weiterbildung gelten auch dann weniger strenge Anforderungen, wenn die Beschäftigung

D. Die Beendigung des Arbeitsverhältnisses

des Arztes außerhalb des Regelungsbereichs des HRG erfolgt und seiner Weiterbildung zum Gebietsarzt oder dem Erwerb einer Anerkennung für ein Teilgebiet oder einer Zusatzbezeichnung dient (vgl. APS/*Schmidt* ÄArbVtrG Rz. 1 ff.).
Eine Befristung nach § 1 Abs. 1 ÄArbVtrG setzt nicht voraus, dass der Arzt ausschließlich zu seiner Weiterbildung beschäftigt wird. Es genügt, dass die Beschäftigung diesen **Zweck fördert**. 2290

§ 1 Abs. 4 ÄArbVtrG gewährt einen Anspruch auf Abschluss eines Arbeitsvertrages für die Dauer der nach dieser Vorschrift anrechenbaren Unterbrechungszeiten eines nach § 1 Abs. 3 ÄArbVtrG befristeten Arbeitsverhältnisses.
Dieser Anspruch kann auch dann bestehen, wenn der in der Weiterbildung stehende Arzt die nach der jeweiligen Weiterbildungsordnung vorgeschriebenen Beschäftigungszeiten bereits **vor Beginn des Unterbrechungszeitraums** zurückgelegt hat (*BAG* 24.4.1996 EzA § 620 BGB Hochschulen Nr. 8; vgl. APS/*Schmidt* ÄArbVtrG Rz. 22 f.).

Das *LAG Niedersachsen* (5.4.2001 ZTR 2001, 428) geht davon aus, dass Zweckbefristungen (z. B. »für die Dauer der Weiterbildung bis zur Facharztanerkennung«) **im Rahmen von § 1 Abs. 2 ÄAVtrG nicht zulässig sind**. Rechtsfolge der Vereinbarung einer Zweckbefristung ist danach das Bestehen eines unbefristeten Arbeitsverhältnisses. 2291

Nach Auffassung von *Dreher* (DB 1999, 1396 ff.; a. A. APS/*Schmidt* ÄArbVtrG Rz. 8; *LAG Köln* 2.11.2000 ARST 2001, 112 Ls.) ist das BeschFG (bzw. ab 1.1.2001 das TzBfG) nicht neben dem ÄArbVtrG anwendbar. 2292

c) § 21 BErzGG

aa) Grundlagen
Eine besondere gesetzliche Regelung der Zulässigkeit von Zweckbefristungen anlässlich von Elternzeit enthält § 21 BErzGG. 2293

> Danach liegt ein sachlicher Grund, der die Befristung eines Arbeitsverhältnisses rechtfertigt, vor, wenn ein Arbeitnehmer zur Vertretung eines anderen Arbeitnehmers für Zeiten eines Beschäftigungsverbots nach dem MuSchG, einer Elternzeit (vgl. *LAG Köln* 13.9.1995 LAGE § 620 BGB Nr. 41), einer auf Tarifvertrag, Betriebsvereinbarung oder einzelvertraglicher Vereinbarung beruhenden Arbeitsfreistellung zur Betreuung eines Kindes oder für diese Zeiten zusammen oder für Teile davon eingestellt worden ist (Abs. 1). Durch § 21 Abs. 1 BErzGG wird ein ausreichender sachlicher Grund für die Befristungsvereinbarung unwiderleglich vermutet (*LAG Köln* 24.10.1997 NZA-RR 1998, 292). Über die Dauer der Vertretung hinaus ist die Befristung für notwendige Zeiten einer Einarbeitung zulässig (Abs. 2).

Der Tatbestand des § 21 Abs. 1 BErzGG ist erfüllt, **wenn zwischen der Elternzeit und der befristeten Einstellung eine Kausalität besteht** (vgl. APS/*Backhaus* § 21 BerzGG Rz. 18 f.). 2294

> Die Kausalität wird nach Auffassung des *LAG Köln* (24.10.1997 NZA-RR 1998, 292) vermutet, wenn durch den Ausfall des Arbeitnehmers in der Elternzeit die Gesamtzahl der aktuell eingesetzten Stammbelegschaft gesunken und dieses Defizit durch den Einsatz der Ersatzkraft (teilweise) ausgeglichen wird, die Ersatz-

D. Die Beendigung des Arbeitsverhältnisses

kraft entweder auf dem vakant gewordenen Arbeitsplatz oder einem anderen Arbeitsplatz eingesetzt wird, der durch Umsetzung des Arbeitsplatzinhabers auf den vakanten Arbeitsplatz frei geworden ist (mittelbare Vertretung), und auf den vorübergehenden Ausfall des Arbeitnehmers in der Elternzeit als Grund für die Befristung im Arbeitsvertrag hingewiesen wird.

Fraglich ist, was dann gilt, wenn der Elternzeitberechtigte die Elternzeit **vorzeitig beendet** und an seinen Arbeitsplatz zurückkehren will. Der zur Vertretung zweckbefristet eingestellte Arbeitnehmer hatte u. U. mit einer wesentlich späteren Rückkehr und einem dementsprechend längeren Arbeitsverhältnis gerechnet. Da aber einer Zweckbefristung stets ein Moment der Unsicherheit innewohnt, ist auch dann die u. U. von beiden Vertragsparteien nicht erwartete frühzeitige Beendigung des Aushilfsvertrages unter Einhaltung einer der ordentlichen Kündigungsfrist entsprechenden Auslauffrist möglich (*Rolfs* NZA 1996, 1140).

2295 Der Arbeitgeber ist nach Auffassung des *LAG Köln* (13.9.1995 LAGE § 620 BGB Nr. 41) nicht verpflichtet, eine Prognose darüber anzustellen, ob und in welchem Umfang die Arbeitnehmer seines Betriebes in Zukunft Elternzeit in Anspruch nehmen werden und welcher Vertretungsbedarf sich voraussichtlich daraus ergeben wird. **Auch bei vorhersehbarem zukünftigen Bedarf muss er mit den Vertretungskräften keine unbefristeten Arbeitsverträge abschließen.**
Das *BAG* (9.7.1997 EzA § 21 BErzGG Nr. 2) hat offen gelassen, ob § 21 BErzGG auch die Einstellung eines Arbeitnehmers zur Vertretung eines **zeitweilig ausfallenden Mitarbeiters** sachlich rechtfertigt. Jedenfalls ist die zeitliche Befristung des Arbeitsverhältnisses eines Lehrers zur Vertretung einer beamteten Lehrerin während deren Elternzeit nach SR 2 y BAT sachlich gerechtfertigt. Das gilt auch, wenn die Befristung nicht bis zum Ablauf der Elternzeit vereinbart wird (*BAG* 9.7.1997 ZTR 1998, 41).

2296 Gem. § 21 Abs. 3 BErzGG a. F. musste die Dauer der Befristung des Arbeitsvertrages kalendermäßig bestimmt oder bestimmbar sein. Diese Vorschrift **verbot die Zweckbefristung eines Arbeitsvertrages, der für die Dauer der Beschäftigungsverbote nach dem MuSchG und/oder die Dauer einer Elternzeit** bis zum ungewissen Ende des Vertretungsfalles mit der Ersatzkraft abgeschlossen wurde (*BAG* 9.11.1994 EzA § 21 BErzGG Nr. 1).

bb) Das arbeitsrechtliche Beschäftigungsförderungsgesetz

2297 Durch das arbeitsrechtliche Beschäftigungsförderungsgesetz ist § 21 Abs. 3 ErzGG mit Wirkung vom 1.10.1996 dahin geändert worden, dass die Dauer der Befristung nicht mehr unbedingt kalendermäßig bestimmt oder bestimmbar sein muss, sondern dass es auch genügt, dass sie den in § 21 Abs. 1, 2 BErzGG genannten Zwecken zu entnehmen ist. Folglich ist nunmehr auch eine Zweckbefristung insoweit möglich.

Das *ArbG Bochum* (13.11.1997 DB 1998, 207) hat angenommen, dass die gesetzliche Neuregelung aufgrund der klaren gesetzgeberischen Zielsetzung des arbeitsrechtlichen Beschäftigungsförderungsgesetzes auch für **vor dem 30.9.1996** abgeschlossene Verträge anzuwenden ist. § 21 Abs. 3 BErzGG n. F. enthält damit eine verfassungsrechtlich unbedenkliche Rückanknüpfung von Rechtsfolgen an Tatbestandsmerkmale, die in der Vergangenheit erfüllt wurden.

D. Die Beendigung des Arbeitsverhältnisses

d) §§ 9 Nr. 2, 3 Abs. 1 Nr. 3 AÜG
Gem. § 9 Nr. 2 AÜG sind **wiederholte Befristungen** des Arbeitsverhältnisses zwi- 2298
schen Verleiher und Leiharbeitnehmern unwirksam, es sei denn, dass sich für die Befristung aus der Person des Leiharbeitnehmers ein **sachlicher Grund** ergibt, oder die Befristung **für einen Arbeitsvertrag vorgesehen ist, der unmittelbar an einen mit demselben Verleiher geschlossenen Arbeitsvertrag anschließt.**
Daraus wird (*Postler* NZA 1999, 179 ff.; *Düwell* BB 1997, 48; ebenso *Feuerhorn/Ha-* 2299
mann BB 1997, 2530; *Groeger* DB 1998, 472; APS/*Biebl* § 9 AÜG Rz. 6) abgeleitet, dass die Vorschriften des **BeschFG daneben nicht anwendbar sind** und dass nach den **arbeitsmarktpolitischen Motiven des Gesetzgebers** im Bereich der Arbeitnehmerüberlassung befristete Verträge zulässig sind, die weder bezüglich der Dauer noch der Anzahl einer Beschränkung unterliegen, sofern sie lückenlos aufeinander folgen.

Fraglich ist aber, ob daran für das Verhältnis zwischen § 14 Abs. 1, 2 TzBfG zu § 9 2300
Nr. 2 AÜG **festgehalten werden kann.** Dagegen spricht, dass **§ 9 Nr. 2 AÜG mit der RL 99/70 EG nicht vereinbar ist**, so dass dem **Gebot gemeinschaftskonformer Auslegung** zu folgen ist, das immer dann eingreift, wenn die Frist zur Umsetzung der betreffenden Richtlinie abgelaufen ist. Da weder § 9 AÜG noch § 14 TzBfG ausdrücklich die Frage des Vorrangcharakters einer dieser Normen regeln, ist die **Auslegung möglich**, dass auch für befristete Verträge nach § 9 Nr. 2 AÜG, die sich unmittelbar an einen mit demselben Verleiher abgeschlossenen Vertrag anschließen, die Vorschriften des **§ 14 Abs. 1, 2 TzBfG gelten.** So wird der EG-Richtlinie genügt. Die wiederholte Befristung ist folglich auch nach § 9 Nr. 2 AÜG nur dann zulässig, wenn sie sich im Rahmen zulässiger Verlängerungen nach § 14 Abs. 2 TzBfG hält oder einen Sachgrund hat. Die bloße Unsicherheit, ob der Leiharbeitnehmer im Anschluss an den abzuschließenden befristeten Vertrag erneut verliehen werden kann, kann nach den allgemeinen Grundsätzen die Befristung sachlich nicht rechtfertigen (APS/*Backhaus* § 23 TzBfG Rz. 3).

3. Prozessuale Fragen

Die Klage kann trotz des Wortlauts des § 17 S. 1 TzBfG auch **schon vor dem verein-** 2301
barten Vertragsende erhoben werden (APS/*Backhaus* § 17 TzBfG Rz. 42; ebenso zu § 1 Abs. 5 BeschFG BAG 28.6.2000 EzA § 1 BeschFG 1985 Nr. 15; *Hoß/Lohr* MDR 1998, 323; *Vossen* NZA 2000, 710; *Körfer* FA 2000, 305).

Der **Klageantrag** ist durch § 17 S. 1 TzBfG vorgegeben: 2302
»Es wird festgestellt, dass die Befristung des zwischen den Parteien abgeschlossenen Arbeitsvertrages vom ... rechtsunwirksam ist.«
Er kann aber auch lauten: »Es wird festgestellt, dass das Arbeitsverhältnis der Parteien nicht durch die Befristungsvereinbarung vom ... zum ... beendet wurde/beendet wird« (vgl. *H. J.Dörner* ZTR 2001, 486; *Bauer* BB 2001, 2528).

Es handelt sich um einen **punktuellen Streitgegenstand** (vgl. KR-*Lipke/Bader* § 17 2303
TzBfG Rz. 51 ff.). Denn der Gesetzgeber hat durch § 17 S. 1 TzBfG – zuvor schon durch § 1 Abs. 5 BeschFG – eine als materiellrechtliche Ausschlussfrist ausgestaltete Klagefrist eingeführt: Der Arbeitnehmer, der die Rechtsunwirksamkeit der Befristung des Arbeitsvertrages geltend machen will, muss innerhalb von drei Wochen

D. Die Beendigung des Arbeitsverhältnisses

nach dem vereinbarten Ende des befristeten Arbeitsvertrages Klage beim Arbeitsgericht erheben. §§ 5 bis 7 KSchG gelten entsprechend. Wie bei der Kündigungsschutzklage ist deshalb Streitgegenstand der Klage allein die **Wirksamkeit der Beendigung des befristeten Arbeitsvertrages aufgrund der Befristung**, das ist ein punktueller Streitgegenstand (so zu § 1 Abs. 5 BeschFG *LAG Berlin* 14.7.1998 NZA 1998, 1136; APS/*Backhaus* § 1 BeschFG Rz. 86, 100; *von Hoyningen-Huene/Linck* DB 1997, 41, 46; *Wisskirchen* DB 1998, 726).

2304 Sofern **neben** diesem punktuellen Streitgegenstand – aber auch nur dann – (vgl. APS/*Backhaus* § 1 BeschFG Rz. 86, 100) **der Bestand eines unbefristeten Arbeitsverhältnisses** z. B. aufgrund der Fiktion des § 15 Abs. 5 TzBfG **geltend gemacht werden soll** (Streitgegenstand ist dann gem. § 256 ZPO auch der Fortbestand des Arbeitsverhältnisses zum Zeitpunkt der letzten Verhandlung in der Tatsacheninstanz, wofür es eines Feststellungsinteresses bedarf), ist das im **Klageantrag** und den Klagegründen deutlich zu machen (APS/*Backhaus* § 17 TzBfG Rz. 43).

2305 Der Klageantrag kann dann z. B. lauten: »... und zwischen den Parteien ein unbefristetes Arbeitsverhältnis besteht/zustande gekommen ist.«
Möglich erscheint dann auch die Formulierung: »... festzustellen, dass das Arbeitsverhältnis zwischen den Parteien über den ... (Zeitpunkt des vereinbarten Endes der Befristung) hinaus fortbesteht.« (MünchArbR/*Wank* Ergänzungsband § 116 Rz. 300).

4. Auflösende Bedingung; Altersgrenzen

a) Begriffsbestimmung

2306 Gem. § 158 Abs. 2 BGB ist im Dienstvertragsrecht auch eine auflösende Bedingung zulässig, d. h., dass die rechtsgeschäftliche Regelung zunächst einmal eintritt, ihre Wirkung aber mit dem Eintritt der Bedingung endet. Das Arbeitsverhältnis ist damit von vornherein auf eine begrenzte Dauer angelegt, dieses Zeitmoment ist mit der Ungewissheit des Eintritts eines bestimmten Umstandes verbunden. Ungewiss ist schließlich, ob der Umstand, von dem die Beendigungswirkung abhängt, überhaupt eintritt (vgl. APS/*Backhaus* § 620 BGB Rz. 176 ff.).

b) Rechtslage bis zum 31.12.2000

aa) Prüfungsmaßstab; sachlicher Grund

2307 Das *BAG* (9.7.1981 EzA § 620 BGB Bedingung Nr. 1) hat zunächst – ohne dass es im konkret entschiedenen Einzelfall darauf angekommen wäre – wegen wesentlicher sachlicher Unterschiede zwischen befristetem und auflösend bedingtem Arbeitsverhältnis erwogen, die Unwirksamkeit auflösender Bedingungen künftig nicht mehr nach den für Befristungen geltenden Grundsätzen zu bestimmen, sondern sie grds. für unzulässig zu erachten, sofern sie nicht vornehmlich den Interessen des Arbeitnehmers dienen oder ihr Eintritt allein von seinem Willen abhängt.

2308 Inzwischen hat es (*BAG* 17.2.1983 EzA § 620 BGB Nr. 62) die **Festlegung der auflösenden Bedingung anerkannt, dass bei einem Widerspruch der Personalvertretung des Arbeitsverhältnis mit Ablauf des Monats endet, in dem die Nichtzustimmung wirksam wird** (vgl. *Bauschke* BB 1993, 2523 ff.; *Enderlein* RdA 1998, 90 ff.).

D. Die Beendigung des Arbeitsverhältnisses

Die Wirksamkeit der Vereinbarung einer auflösenden Bedingung bestimmt sich grds. **nach denselben Anforderungen, die an Befristungen zu stellen sind** (vgl. *LAG Köln* 22.6.1998 NZA-RR 1999, 512). Ein sie rechtfertigender sachlicher Grund ist dann erforderlich, wenn und soweit dem Arbeitnehmer durch sie der Schutz zwingender Kündigungsschutzvorschriften genommen wird (vgl. *Bauschke* a. a. O.; *van den Woldenberg* NZA 1999, 1033 ff.; APS/*Backhaus* § 620 BGB Rz. 180 ff.). Eine auflösende Bedingung unterliegt folglich nicht der arbeitsgerichtlichen Befristungskontrolle, wenn sie das Arbeitsverhältnis zu einem Zeitpunkt beendet, in dem der Arbeitnehmer **noch keinen gesetzlichen Kündigungsschutz** nach dem KSchG hat und auch keine andere Kündigungsvorschrift umgangen werden kann (*BAG* 20.10.1999 EzA § 620 BGB Bedingung Nr. 14).

Unzulässig ist andererseits eine auflösende Bedingung jedenfalls dann, **wenn auch eine Kündigung nach § 134 BGB oder nach § 138 BGB unwirksam wäre** (z. B. für den Fall der Eheschließung, *BAG* 28.11.1958 AP Nr. 3 zu Art. 6 Abs. 1 GG Ehe und Familie).

bb) Beispiele
- Unzulässig ist eine auflösende Bedingung in einem Arbeitsvertrag mit einem **Lizenz-Fußballspieler**, nach der das Arbeitsverhältnis beendet sein soll, wenn der den Spieler beschäftigende Verein der 2. Bundesliga vom DFB wegen wirtschaftlicher Leistungsunfähigkeit keine neue Lizenz erhält, weil für diese auflösende Bedingung ein sachlich gerechtfertigter Grund fehlt. Diese Vertragsgestaltung ist objektiv funktionswidrig, weil sie zur Umgehung des § 620 BGB führt und dem Arbeitnehmer einseitig und vollständig das grds. vom Arbeitgeber zu tragende Beschäftigungsrisiko aufbürdet (*BAG* 9.7.1981 EzA § 620 BGB Bedingung Nr. 1). 2309
- Eine Vereinbarung, nach der das Arbeitsverhältnis eines beurlaubten Beamten der Deutschen Bundespost mit einer **Selbsthilfeeinrichtung** der Postbediensteten (hier: Versicherungsverein) endet, wenn die bewilligte Beurlaubung beendet und nicht verlängert wird, ist sachlich nicht gerechtfertigt, wenn die weitere Beurlaubung des Beamten jeweils von einer Mitwirkung des Arbeitgebers abhängt, die in dessen Belieben steht (*BAG* 4.12.1991 EzA § 620 BGB Bedingung Nr. 10). 2310
- Gleiches gilt, wenn für den Fall einer **nicht termingerechten Rückkehr** des Arbeitnehmers aus dem Urlaub ohne weiteres das Arbeitsverhältnis beendet wäre (*BAG* 25.6.1987 EzA § 620 BGB Bedingung Nr. 8), den bloßen Ablauf einer notwendigen Arbeitserlaubnis bei einem seit längerem vollzogenen Arbeitsverhältnis (*LAG Köln* 18.4.1997 LAGE § 1 KSchG Personenbedingte Kündigung Nr. 15), sowie dann, wenn bei einer bestimmten **Zeugnisnote das Berufsausbildungsverhältnis beendet wäre,** ohne dass auf die Gründe eingegangen wird und ohne dass eine Abwägung der widerstreitenden Interessen stattfindet (*BAG* 5.12.1985 EzA § 620 BGB Bedingung Nr. 5). 2311
- Zulässig ist eine auflösende Bedingung dagegen im Zusammenhang mit Einstellungshindernissen, so wenn noch die **gesundheitliche Eignung** festgestellt werden muss (selbst wenn die Aufnahme der Tätigkeit bereits erfolgt ist *Hessisches LAG* 8.12.1994 LAGE § 620 BGB Bedingung Nr. 4; vgl. dazu *Gaul/Laghzaoui* ZTR 1996, 300 ff.), bzw. das zu erstellende **Gesundheitszeugnis Hinderungsgründe** für die vereinbarte Beschäftigung enthält. Liegen mehrere ärztliche Untersuchungen mit unterschiedlichen Ergebnissen vor, so ist für die Frage des Bedingungseintritts 2312

D. Die Beendigung des Arbeitsverhältnisses

das Attest des betriebsärztlichen oder des arbeitsmedizinischen Dienstes entscheidend. Die Arbeitnehmerin kann den Bedingungseintritt nicht durch Vorlage eines abweichenden Privatgutachtens, z. B. eines Klinikarztes, verhindern. Dies gilt insbesondere auch für Angestellte des öffentlichen Dienstes, die nach § 7 BAT ihre gesundheitliche Eignung durch das Zeugnis eines vom Arbeitgeber zu bestimmenden Arztes nachzuweisen haben (*ArbG Marburg* 11.5.2000 ZTR 2001, 76).

2313 – Gleiches gilt, wenn noch die **Zustimmung des Betriebs- oder Personalrats aussteht** (s. o. D/Rz. 2307), oder im Hinblick auf einen Streit über die Beendigung des Arbeitsvertrages, so im Falle eines gerichtlichen Vergleichs bis zur **Neubesetzung der Planstelle,** aus der der Arbeitnehmer vorübergehend bezahlt wurde (*BAG* 17.2.1983 EzA § 620 BGB Nr. 62; 9.2.1984 EzA § 620 BGB Bedingung Nr. 2).

2314 – Das Arbeitsverhältnis eines **fluguntauglichen Arbeitnehmers** nach § 20 Abs. 1 a MTV Nr. 3 b für das Bordpersonal der Dt. Lufthansa endet (erst) bei Fehlen eines zumutbaren freien Arbeitsplatzes im Bodendienst. Bei der Besetzung einer freien Stelle unterliegt die Auswahlbefugnis des Arbeitgebers Beschränkungen. Erfüllt der fluguntaugliche Arbeitnehmer die Anforderungen des freien Arbeitsplatzes, ist er bei der Besetzung dieser Stelle vorrangig zu berücksichtigen. Verneint der Arbeitgeber das Vorhandensein einer freien Stelle im Bodendienst, hat der Arbeitnehmer konkret vorzutragen, wie er sich eine Weiterbeschäftigung vorstellt. Auf freie Stellen, die ihm vom Arbeitgeber gezielt zur Kenntnis gegeben worden sind, für die er jedoch kein Interesse bekundet hat, kann er sich im Beendigungsstreit nicht berufen (*BAG* 11.10.1995 EzA § 620 BGB Bedingung Nr. 11).

2315 – Ein ausreichender sachlicher Grund für die Vereinbarung einer auflösenden Bedingung kann für die Darstellerin einer TV-Serie darin liegen, dass ihre Rolle infolge **fehlender Zuschauerakzeptanz** gestrichen wird (*LAG Köln* 22.6.1998 NZA-RR 1999, 512).

2316 – Gem. § 59 BAT endet das Arbeitsverhältnis eines **berufsunfähigen Arbeitnehmers,** wenn es an zumutbaren Weiterbeschäftigungsmöglichkeiten auf einem freien Arbeitsplatz fehlt (*BAG* 28.6.1995 EzA § 620 BGB Nr. 134). Der Arbeitgeber ist in einem derartigen Fall nicht verpflichtet, durch Umorganisation einen neuen Arbeitsplatz zu schaffen, auf dem der Arbeitnehmer trotz seiner Beeinträchtigung beschäftigt werden könnte (*LAG Niedersachsen* 1.12.2000 ZTR 2001, 523 Ls.).

2317 Eine Beendigung tritt allerdings dann nicht ein, wenn der Angestellte den Rentenantrag innerhalb der Widerspruchsfrist gegen den Rentenbescheid zurücknimmt und den Arbeitgeber darüber ebenfalls vor dem Ablauf der Widerspruchsfrist unterrichtet (BAG 11.3.1998 NZA 1998, 1180). Dies gilt insbesondere dann, wenn die Rücknahme des Rentenantrags darauf beruht,
– dass der Rentenversicherungsträger dem Antrag nicht voll entsprochen hat, z. B. wenn auf einen Antrag, gerichtet auf Erwerbsunfähigkeitsrente, tatsächlich Berufsunfähigkeitsrente bewilligt wird (*LAG Niedersachsen* 10.10.1996 ZTR 1997, 227) oder darauf,
– dass eine Reha-Maßnahme die Arbeitsfähigkeit des Angestellten wiederhergestellt hat.
In diesem Fall ist auch eine Unterrichtung des Arbeitgebers entbehrlich, wenn der Angestellte noch vor Zustellung des Rentenbescheides die Rücknahme erklärt und im Vertrauen auf die Unwirksamkeit des Bescheides seine Arbeitstätigkeit in vollem Umfang wieder aufnimmt (*LAG Niedersachsen* 23.5.1997 ZTR 1997, 273). Gleiches gilt, wenn der Angestellte Widerspruch gegen den Bescheid der BfA zur

D. Die Beendigung des Arbeitsverhältnisses

Gewährung einer Erwerbsunfähigkeitsrente mit dem Ziel einlegt, nur eine befristete Rente zu erhalten und den Arbeitgeber hierüber unverzüglich unterrichtet (*LAG Niedersachsen* 30.5.1997 ZTR 1997, 517).
Das Arbeitsverhältnis endet auch dann nicht gem. § 59 Abs. 1 BAT mit Ablauf des Monats, in dem dem Arbeitnehmer ein Bescheid eines Rentenversicherungsträgers über die Feststellung einer Berufs- oder Erwerbsunfähigkeitsrente zugeht, wenn der Angestellte den Rentenantrag bis zum Ablauf der Widerspruchsfrist des § 84 SGG auf die Gewährung einer Zeitrente nach § 102 SGB VI beschränkt (*BAG* 23.2.2000 EzA § 1 BeschFG 1985 Klagefrist Nr. 3).
Gleiches gilt, wenn der Angestellte, der eine Rente wegen Erwerbsminderung aus der gesetzlichen Rentenversicherung (§ 33 SGB VI) bezieht, nach seinem vom Rentenversicherungsträger festgestellten Leistungsvermögen noch in der Lage ist, seine nach dem Arbeitsvertrag geschuldete Leistung zu erbringen (*BAG* 9.8.2000 ZTR 2001, 270).

Setzt der Arbeitnehmer trotz der Beendigung des Arbeitsverhältnisses nach § 59 Abs. 1 BAT seine bisherige Tätigkeit fort, ohne den Arbeitgeber von der Zustellung des Rentenbescheides zu unterrichten, erfolgt die **Rückabwicklung** der rechtsgrundlos erbrachten Arbeitgeberleistungen nach Bereicherungsrecht. Die Grundsätze des faktischen Arbeitsverhältnisses sind demgegenüber nicht anwendbar (*BAG* 30.4.1997 ZTR 1997, 415).

– Die in § 25 II Abs. 1 TV Arb geregelte auflösende Bedingung, nach der das Arbeitsverhältnis bei **Bewilligung einer Versorgungsrente** aus der Versorgungsanstalt der Deutschen Bundespost (VAP) endet, **ist wirksam** (*BAG* 6.12.2000 NZA 2001, 792). 2318
– Die im Tarifvertrag für die Musiker in Kulturorchestern (§ 45 TVK) geregelte auflösende Bedingung, nach der das Arbeitsverhältnis eines Orchestermusikers auf Grund der Gewährung einer **zeitlich begrenzten Rente wegen Erwerbsunfähigkeit endet**, ist mit höherrangigem Recht **vereinbar**, weil der Arbeitgeber gem. § 45 Abs. 5 TVK den Arbeitnehmer nach Ablauf der Zeitrente wieder einzustellen hat, soweit für dessen Instrument ein freier Arbeitsplatz im Orchester vorhanden ist (*BAG* 23.2.2000 NZA 2000, 776). 2319
– Das Arbeitsverhältnis des Mitarbeiters eines Unternehmens aus dem Wach- und Sicherheitsgewerbe wird aufgrund einer tarifvertraglichen Norm, wonach das Arbeitsverhältnis mit sofortiger Wirkung endet, wenn die Erlaubnisbehörde die **Zustimmung zur Beschäftigung eines Arbeitnehmers verweigert** oder entzieht, nur zum Ablauf einer der zwingenden Mindestkündigungsfrist entsprechenden **Auslauffrist beendet**, wenn für den Arbeitnehmer keine anderweitige Beschäftigungsmöglichkeit besteht (*BAG* 25.8.1999 NZA 2000, 656). 2320

cc) Unterrichtungspflicht des Arbeitgebers; Auslauffrist
Bei Ungewissheit über den Zeitpunkt des Bedingungseintritts ist von der Verpflichtung des Arbeitgebers auszugehen, den Arbeitnehmer vom Bedingungseintritt zu unterrichten und eine Auslauffrist einzuhalten, die der sonst geltenden **Kündigungsfrist entspricht.** 2321

dd) Darlegungs- und Beweislast
Der Arbeitgeber trägt die Darlegungs- und Beweislast sowohl für die Vereinbarung als auch für den Eintritt der auflösenden Bedingung, wenn er sich zur Beendigung 2322

D. Die Beendigung des Arbeitsverhältnisses

des Arbeitsverhältnisses darauf beruft (zu letzterem *LAG Hessen* 9.7.1999 NZA-RR 2000, 380).

ee) Klagefrist?

2323 Die Klagefrist des § 1 Abs. 5 BeschFG gilt nicht für Klagen, die sich gegen die Wirksamkeit einer auflösenden Bedingung richten (*BAG* 23.2.2000 EzA § 1 BeschFG 1985 Klagefrist Nr. 3; *LAG Hessen* 9.7.1999 NZA-RR 2000, 380; s. jetzt aber § 21 TzBfG i. V. m. § 14 Abs. 4 TzBfG).

c) Rechtslage ab dem 1.1.2001: § 21 TzBfG

aa) Grundlagen

2324 Das TzBfG enthält zwar keine Begriffsbestimmung der auflösenden Bedingung; durch § 21 TzBfG hat der Gesetzgeber aber nunmehr entschieden, dass auflösende Bedingungen zwar **nicht generell unzulässig** sind, andererseits aber **zu ihrer** Wirksamkeit eines Sachgrundes bedürfen. Das gilt auch dann, wenn die Umgehung einer Kündigungsschutzbestimmung ausgeschlossen ist, also z. B. bei Eintritt der Bedingung in den ersten sechs Monaten des Arbeitsverhältnisses oder dann, wenn das Arbeitsverhältnis für einen Kleinbetrieb i. S. d. § 23 Abs. 1 KSchG abgeschlossen worden ist (vgl. APS/*Backhaus* § 21 TzBfG Rz. 4; MünchArbR/*Wank* Ergänzungsband § 116 Rz. 311 ff.).

bb) Anforderungen an den Sachgrund

(1) Grundsätze

2325 Die Anordnung der entsprechenden Anwendung des § 14 Abs. 1 TzBfG kann **nicht so verstanden werden, dass nunmehr jeder Sachgrund, der eine Befristung rechtfertigt, auch eine auflösende Bedingung rechtfertigen kann**. Denn die gesetzliche Regelung soll an die Rechtsprechung des BAG (s. o. D/Rz. 2307) anknüpfen, ihr entsprechen (BT-Drs. 14/4374, 21). Danach muss aber gerade **der höheren Ungewissheit** bei der auflösenden Bedingung bei der Prüfung des sachlichen Grundes **Rechnung getragen** werden (*BAG* 24.9.1997 EzA § 620 BGB Nr. 147; KDZ/*Däubler* § 21 TzBfG Rz. 1 ff.; a. A. für das TzBfG explizit *Hromadka* BB 2001, 625; KR-*Bader* § 21 TzBfG Rz. 17 ff.). Auch wurden auflösende Bedingungen, die an die Erwerbs-, Berufsunfähigkeit oder den Entzug einer besonderen öffentlich-rechtlichen Erlaubnis zur Beschäftigung des Arbeitnehmers anknüpfen, restriktiv dahin ausgelegt, dass sie nicht eingreifen, wenn noch eine anderweitige Beschäftigungsmöglichkeit besteht (*BAG* 9.8.2000 ZTR 2001, 270; 9.8.2000 – 7 AZR 749/98 –). Zu beachten ist zudem, dass die meisten für befristete Arbeitsverhältnisse anerkannten Sachgründe sich dadurch auszeichnen, dass sie in zeitlicher Hinsicht definiert vorübergehend sind, während gerade finanzielle und wirtschaftliche Ungewissheiten zum Risiko des Arbeitgebers gehören, das er nicht über befristete – und wegen der zusätzlichen Ungewissheit des »Wann« erst recht nicht über auflösend bedingte – Arbeitsverhältnisse auf den Arbeitnehmer abwälzen darf (APS/*Backhaus* § 21 TzBfG Rz. 6; MünchArbR/*Wank* Ergänzungsband § 116 Rz. 311 ff.).

2326 Im **Verhaltensbereich** ist desweiteren zu berücksichtigen, dass bei verhaltensbedingten Kündigungen in besonderem Maße die Umstände des konkreten Einzelfalles zu

D. Die Beendigung des Arbeitsverhältnisses

berücksichtigen sind, die angemessen nur im Rahmen einer umfassenden **Interessenabwägung** gewürdigt werden können. Diese wird abgeschnitten, wenn ein bestimmtes Verhalten des Arbeitnehmers als auflösende Bedingung vereinbart wird (APS/*Backhaus* § 21 TzBfG Rz. 8; MünchArbR/*Wank* Ergänzungsband § 116 Rz. 314).

(2) Die besonderen Sachgründe des § 14 Abs. 1 S. 1 Nr. 1 bis 8 TzBfG
In Betracht kommen insbesondere (vgl. APS/*Backhaus* § 21 TzBfG Rz. 9 ff.; KR-*Bader* § 21 TzBfG Rz. 23 ff.) 2327
– Nr. 3: Vertretungsverträge;
– Nr. 4: Eigenart der Arbeitsleistung, wenn die Rolle eines Darstellers, z. B. in einer TV-Serie, aus künstlerischen Gründen entfällt;
– Nr. 5: Erprobung, z. B. Vorspiel einer Geigerin in einem Rundfunkorchester;
– Nr. 6: Gründe in der Person des Arbeitnehmers, z. B. zur sozialen Überbrückung, wenn der Beginn einer in Aussicht genommenen Anschlussbeschäftigung als auflösende Bedingung definiert wird;
– Nr. 8: Vereinbarung im gerichtlichen Vergleich.

Nicht in Betracht kommen dagegen (vgl. APS/*Backhaus* a. a. O.; **a. A.** KR-*Bader* § 21 2328
TzBfG Rz. 23 ff.):
– Nr. 1: ungewisser vorübergehender betrieblicher Bedarf, da der Grund aus dem wirtschaftlich-finanziellen Bereich stammt;
– Nr. 2: Übergang in eine Anschlussbeschäftigung, da der Abschluss des Anschlussbeschäftigungsverhältnisses im Willen des Arbeitnehmers steht;
– Nr. 4: Eigenart der Arbeitsleistung, wenn die Rolle eines Darstellers, z. B. in einer TV-Serie, aus wirtschaftlichen oder personenbedingten, nicht-künstlerischen Gründen entfällt;
– Nr. 6: in der Person des Arbeitnehmers liegende Gründe, d. h. dann nicht, wenn es um die Dauer der Aufenthaltserlaubnis unter der Voraussetzung geht, dass hinreichend gewiss ist, dass sie verlängert wird, weil eine auflösende Bedingung sich gerade dadurch auszeichnet, dass ihr Eintritt ungewiss ist;
– Nr. 7: Vergütung aus Haushaltsmitteln, da finanzielle Unsicherheiten keinen sachlichen Grund darstellen.

cc) Weitere anzuwendende Vorschriften
Daneben gelten gem. § 21 TzBfG entsprechend: 2329
– § 14 Abs. 4 TzBfG (Schriftform),
– § 15 Abs. 2 TzBfG (schriftliche Unterrichtung über den Zeitpunkt des Eintritts der auflösenden Bedingung),
– § 15 Abs. 3 TzBfG (regelmäßiger Ausschluss der ordentlichen Kündigung),
– § 15 Abs. 5 TzBfG (Fiktion eines unbefristeten Arbeitsvertrages),
– § 16 TzBfG (Folgen unwirksamer auflösender Bedingungen),
– § 17 TzBfG (Klagefrist).

d) Altersgrenzen

aa) Begriffsbestimmung
Als auflösende Bedingung versteht das *BAG* (6.3.1986 EzA § 620 BGB Bedingung 2330
Nr. 6; 20.11.1987 EzA § 620 BGB Altersgrenze Nr. 1) vor allem in Tarifverträgen und Betriebsvereinbarungen zumeist vorgesehene Regelungen, wonach das Arbeits-

D. Die Beendigung des Arbeitsverhältnisses

verhältnis mit der Vollendung z. B. des 65. Lebensjahres endet, ohne dass es einer Kündigung bedarf (Altersgrenzen).

bb) Allgemeine Zulässigkeitsvoraussetzungen; inhaltliche Bestimmtheit

2331 Eine derartige Altersgrenze stellte jedenfalls dann keine objektiv funktionswidrige Umgehung des Kündigungsschutzes – darauf kommt es nach § 21 TzBfG ab dem 1.1.2001 ohnehin nicht mehr an (s. o. D/Rz. 2324 ff.) – und auch keinen Verstoß gegen Art. 12 Abs. 1 GG dar, wenn zum einen eine mehrmalige Verlängerungsmöglichkeit besteht und zum anderen, wenn eine betriebliche Versorgungsregelung (zum Altersruhegeld s. u. D/Rz. 2333 ff.) nach einem auf generellen Erwägungen beruhenden vorzeitigen Ausscheiden des Arbeitnehmers aus dem Arbeitsverhältnis bei Erreichen einer bestimmten Altersgrenze eine an der Dauer der Betriebszugehörigkeit ausgerichtete Versorgung gewährleistet (*BAG* 6.3.1986 EzA § 620 BGB Bedingung Nr. 6).

2332 Zwar stellt eine derartige tarifliche Regelung eine subjektive Zulassungsvoraussetzung der Berufsfreiheit dar, die sich nach dem Verhältnismäßigkeitsprinzip richten muss. Das ist aber nicht verletzt, weil der Tarifvertrag keine Zulassungsvoraussetzungen für den gesamten Beruf enthält und zudem Verlängerungsklauseln und die Absicherung in der Altersversorgung sachliche Gründe darstellen, die die Aufstellung der subjektiven Zulassungsvoraussetzung für diesen Teilbereich rechtfertigen (*Hagemeier/Kempen/Zachert/Zilius* Einl. Rz. 158, 168 b).
Eine derartige Regelung enthält **kein Verbot,** einen Arbeitnehmer **über die Altersgrenze hinaus weiterzubeschäftigen,** es sei denn, dass ein solches Verbot in der Betriebsvereinbarung deutlichen Ausdruck findet (*BAG* 10.3.1992 EzA § 99 BetrVG 1972 Nr. 104).

cc) Altersgrenzen in Betriebsvereinbarungen

2333 Ist die Bestimmung einer Betriebsvereinbarung, das Arbeitsverhältnis ende durch Eintritt der **Erwerbsunfähigkeit** des Arbeitnehmers, dahin auszulegen, es solle zu dem Zeitpunkt enden, zu dem nach den rentenrechtlichen Vorschriften (§ 1247 Abs. 2 RVO, § 44 SGB VI) die Voraussetzungen einer Erwerbsunfähigkeit vorliegen, so ist diese Beendigungsklausel wegen **nicht hinreichender Bestimmtheit des Auflösungszeitpunkts** unwirksam (*BAG* 27.10.1988 EzA § 620 BGB Bedingung Nr. 9). Ein Verstoß gegen § **75 Abs. 1 S. 2 BetrVG** liegt, soweit eine Altersgrenze in einer Betriebsvereinbarung vorgesehen ist, im Übrigen nicht vor, da diese Regelung den Arbeitnehmer vor Benachteiligungen während seines Arbeitslebens schützen, **nicht aber das Erwerbsleben verlängern soll** (*BAG* 20.11.1987 EzA § 620 BGB Altersgrenze Nr. 1).

2334 Eine Betriebsvereinbarung, nach der das Arbeitsverhältnis ohne Kündigung mit Ablauf des Monats endet, in dem der Arbeitnehmer das 65. Lebensjahr vollendet, ist dahin auszulegen, dass es bei Erreichen der vorgesehenen Altersgrenze vorbehaltlos nur enden soll, wenn der betroffene Arbeitnehmer zu diesem Zeitpunkt auch ein gesetzliches Altersruhegeld zu beanspruchen hat.

2335 Die Wirksamkeit einer Altersgrenze dieses Inhalts ist **nicht davon abhängig, ob zusätzlich eine auf die Altersgrenze abgestellte betriebliche Altersversorgung be-

D. Die Beendigung des Arbeitsverhältnisses

steht. Das *BAG* (20.11.1987 EzA § 620 BGB Altersgrenze Nr. 1) hat allerdings offen gelassen, ob im Wege der Billigkeitskontrolle **Härteklauseln** für Arbeitnehmer einzufügen sind, die durch das gesetzliche Altersruhegeld nicht ausreichend wirtschaftlich versorgt sind.

Wird eine Altersgrenze für die Beendigung von Arbeitsverhältnissen erstmals durch eine Betriebsvereinbarung eingeführt, dann wirkt sie auch zu Ungunsten der Arbeitnehmer, die auf unbestimmte Zeit eingestellt worden sind, wenn die Arbeitsverträge unter dem Vorbehalt späterer Betriebsvereinbarungen stehen, also »betriebsvereinbarungsoffen« ausgestaltet worden sind (*BAG* 20.11.1987 EzA § 620 BGB Altersgrenze Nr. 1).

dd) Tarifliche Regelungen

Weitergehend soll eine tarifliche Regelung, nach der das Arbeitsverhältnis eines Angehörigen des **Bodenpersonals einer Flugverkehrsgesellschaft** nach Vollendung des 55. Lebensjahr endet, auch bei Fehlen einer betrieblichen Übergangsversorgung jedenfalls nicht wegen Umgehung des zwingenden Bestandsschutzes unwirksam sein, weil sie angesichts der Möglichkeit, das Arbeitsverhältnis zweimal um zwei weitere Jahre zu verlängern, wovon gem. § 315 BGB Gebrauch zu machen ist, keine starre Altersgrenze enthält (*BAG* 6.3.1986 EzA § 620 BGB Bedingung Nr. 6). 2336

Im Hinblick auf die für das Cockpitpersonal eingerichtete Übergangsversorgung ist der bestimmungsberechtigte Arbeitgeber nicht regelmäßig verpflichtet, das Arbeitsverhältnis nach billigem Ermessen zu verlängern, wenn die tatbestandlichen Voraussetzungen dieser Bestimmung erfüllt sind. Er hat jedoch im Rahmen der bei der Ausübung des Bestimmungsrechts gebotenen Interessenabwägung auf besondere, gerade dem betroffenen Arbeitnehmer durch das vorzeitige Ausscheiden entstehende soziale Härten Rücksicht zu nehmen (*BAG* 6.3.1986 EzA § 620 BGB Bedingung Nr. 6). Bei der Entscheidung über die Verlängerung ist nicht darauf abzustellen, ob es sich um einen betriebsverfassungsrechtlichen Amtsträger handelt, dessen Amtszeit mit Vollendung des 55. Lebensjahres noch nicht abgelaufen ist. Die ursprünglich vertretene Auffassung (*BAG* 12.12.1968 AP Nr. 6 zu § 24 BetrVG 1952*)*, wonach der Arbeitgeber verpflichtet war, bei Betriebsratsmitgliedern von einer bestehenden Verlängerungsmöglichkeit grds. Gebrauch zu machen, hat das *BAG* inzwischen (20.12.1984 EzA § 620 BGB Bedingung Nr. 4) aufgegeben. 2337

Die Tarifvertragsparteien können auch für Angehörige des **Cockpitpersonals** eine Höchstaltersgrenze von 60 Jahren festlegen, mit deren Erreichen das Arbeitsverhältnis endet. Dies verstößt nach Auffassung des *BAG* (12.2.1992 EzA § 620 BGB Altersgrenze Nr. 2; 25.2.1998 EzA § 620 BGB Altersgrenze Nr. 9; *LAG Hessen* 4.3.1999 NZA-RR 1999, 429; vgl. dazu *Oetker* SAE 1999, 149 ff.; ebenso für eine tarifliche Altersgrenze für Cockpitpersonal von 55 Lebensjahren mit Fortsetzungsanspruch des Flugzeugführers bis zum 60. Lebensjahr bei fortbestehendem körperlichem und beruflichen Leistungsvermögen *BAG* 11.3.1998 EzA § 620 BGB Altersgrenze Nr. 8; vgl. dazu *Oetker* SAE 1999, 149 ff.; vgl. auch *LAG Hessen* 25.5.2000 NZA-RR 2001, 24; **a. A.** *LAG Düsseldorf* 31.1.2001 NZA-RR 2001, 259) weder gegen Art. 12 Abs. 1, Art. 3 Abs. 1 GG noch gegen die Empfehlung des Rates der Europäischen Gemeinschaft vom 10.12.1982 für ein gemeinsames Vorgehen betreffend die Altersgrenze (82/817/EWG), sowie gegen § 41 Abs. 4 S. 3 SGB VI (s. dazu unten D/Rz. 2339 ff.). 2338

D. Die Beendigung des Arbeitsverhältnisses

ee) § 41 Abs. 4 SGB VI a. F.

(1) Die gesetzliche Regelung

2339 Mit Wirkung vom 1.1.1992 hatte der Gesetzgeber § 41 Abs. 4 SGB VI eingeführt. Danach war eine Vereinbarung, wonach das Arbeitsverhältnis zu einem Zeitpunkt enden soll, in dem der Arbeitnehmer tatsächlich Anspruch auf Altersrente hat, nur wirksam, wenn sie innerhalb der letzten drei Jahre vor diesem Zeitpunkt geschlossen oder vom Arbeitnehmer bestätigt worden war (§ 41 Abs. 4 S. 3 SGB VI).
Durch diese Regelung sollte sichergestellt werden, dass die vom Gesetzgeber angestrebte Flexibilisierung der Lebensarbeitszeit nicht durch gegenteilige arbeitsrechtliche Vereinbarungen verhindert wird (BT-Drucks. 11/1424, S. 163).

(2) Die Rechtsprechung des BAG

2340 Das *BAG* (20.10.1993 EzA § 41 SGB VI Nr. 1; 1.12.1993 EzA § 41 SGB VI Nr. 2; a. A. *LAG Köln* 6.10.1995 LAGE § 41 SGB IV Nr. 3; *Berger-Delhey* ZTR 1994, 181) ist davon ausgegangen, dass eine generelle tarifliche Altersgrenze (gleiches gilt für Betriebsvereinbarungen, *LAG Berlin* 11.4.1996 NZA 1997, 318) von 65 Lebensjahren, mit deren Erreichen das Arbeitsverhältnis automatisch endet, gegen § 41 Abs. 4 S. 3 SGB VI verstößt.

Eine derartige Altersgrenzenregelung bedarf einer einzelvertraglichen Vereinbarung zwischen Arbeitgeber und Arbeitnehmer, die innerhalb der letzten 3 Jahre vor Erreichen der Altersgrenze geschlossen oder vom Arbeitnehmer bestätigt werden muss (vgl. zur Wirksamkeit des § 19 Abs. 3 AVR Caritas, bei der es sich nicht um eine kollektivrechtliche Vereinbarung handelt, *BAG* 11.6.1997 EzA § 620 BGB Altersgrenze Nr. 7, falls ihre Geltung im dort genannten Zeitraum vereinbart oder geändert war). Mit dieser Beschränkung der Rechtssetzungsbefugnis der Tarifvertragsparteien hat der Gesetzgeber nicht in den durch Art. 9 Abs. 3 GG geschützten Kernbereich der Tarifautonomie eingegriffen.

2341 Allerdings sprach nach Auffassung des *BAG* (1.12.1993 EzA § 41 SGB VI Nr. 2) einiges dafür, dass eine Regelung, die eine automatische Beendigung des Arbeitsverhältnisses für den Fall vorsieht, dass der Arbeitnehmer nicht nur das Rentenalter erreicht hat, sondern sich auch dazu entschließt, das Altersruhegeld in Anspruch zu nehmen, nicht gegen § 41 Abs. 4 S. 3 SGB VI verstieß.

2342 Diese Regelung ist jedenfalls dann nicht anwendbar, wenn dem Arbeitnehmer kein Anspruch aus der gesetzlichen Rentenversicherung zusteht, weil er eine befreiende Lebensversicherung abgeschlossen hatte, für die der Arbeitgeber vereinbarungsgemäß Zahlungen in Höhe des jeweiligen Rentenversicherungsbeitrages geleistet hat (*BAG* 14.10.1997 DB 1998, 583; krit. dazu *Gitter/Boerner* SAE 1998, 127 ff.).

D. Die Beendigung des Arbeitsverhältnisses

ff) § 41 Abs. 4 SGB VI n. F.

(1) Die gesetzliche Neuregelung

Im Hinblick auf die weitreichenden Auswirkungen dieser Rechtsprechung hat der Gesetzgeber § 41 Abs. 4 S. 3 SGB VI durch Gesetz vom 26.7.1994 (BGBl. I S. 1797) dahin geändert, dass eine Vereinbarung, die die Beendigung des Arbeitsverhältnisses eines Arbeitnehmers ohne Kündigung zu einem Zeitpunkt vorsieht, in dem er vor Vollendung des 65. Lebensjahres eine Rente wegen Alters beantragen kann, dem Arbeitnehmer gegenüber als auf die Vollendung des 65. Lebensjahres abgeschlossen gilt, es sei denn, dass die Vereinbarung innerhalb der letzten drei Jahre vor diesem Zeitpunkt abgeschlossen oder von dem Arbeitnehmer bestätigt worden ist.

2343

Diese Vorschrift erfasst nicht die Vereinbarung der Beendigung des Arbeitsverhältnisses zu dem Zeitpunkt, zu dem der Arbeitnehmer ihm vom Arbeitgeber zugesagte Altersversorgung nach beamtenrechtlichen Grundsätzen beanspruchen kann (*BAG* 26.4.1995 EzA 41 SGB VI Nr. 5). Denn der Gesetzeszweck des Rentenreformgesetzes (RRG) 1992 besteht in der Konsolidierung der Rentenfinanzen. Durch eine Flexibilisierung und Verlängerung der Lebensarbeitszeit soll das zahlenmäßige Verhältnis zwischen Beitragszahlenden und Rentnern verbessert werden, um damit die demographisch bedingten Belastungen zu mindern. Eine Kernvorschrift zur Verwirklichung dieses Vorhabens ist § 41 SGB VI. Diesem Gesetzeszweck widerspricht es, wenn sich kollektivrechtliche Regelungen über die Entscheidung des einzelnen Arbeitnehmers hinwegsetzen und damit in erheblichen Teilbereichen die vom RRG 1992 angestrebte Flexibilisierung der Lebensarbeitszeit verhindern können. Diese Zweckrichtung des Gesetzes betrifft aber ersichtlich nicht den Fall, in dem ein Arbeitnehmer keinen Anspruch auf Sozialversicherungsrente hat. Haben die Arbeitsvertragsparteien die Versorgung nach beamtenrechtlichen Bestimmungen vereinbart, so hat die Beendigung des Arbeitsverhältnisses grds. keinerlei Einfluss auf die Höhe und den Zeitpunkt der Inanspruchnahme einer Sozialversicherungsrente.

2344

(2) Übergangsregelung

Nach Art. 2 des Gesetzes vom 26.7.1994 gilt für die Übergangszeit dann, wenn das Arbeitsverhältnis des Arbeitnehmers wegen § 41 Abs. 4 S. 3 SGB VI in der bis zum 1.8.1994 geltenden Fassung über das 65. Lebensjahr hinaus fortgesetzt wurde, dass das Arbeitsverhältnis mit Ablauf des dritten Kalendermonats, der auf den Monat des In-Kraft-Treten dieses Gesetzes folgt, endet, es sei denn, Arbeitnehmer und Arbeitgeber vereinbaren etwas anderes (vgl. *Hanau* DB 1995, 2394 ff.; nach Auffassung von *Boerner* ZfA 1995, 537 ff. verstößt dies gegen Art. 12 Abs. 1 GG). Das *BVerfG* (8.11.1994 EzA § 41 SGB VI Nr. 3; vgl. auch *LAG Köln* 1.8.1996 NZA-RR 1997, 192) hat diese Regelung allerdings im Wege der einstweiligen Anordnung bis zum 31.3.1995 ausgesetzt, sie sodann durch Beschluss vom 30.3.1999 (EzA § 41 SGB VI Nr. 8) aber als mit dem Grundgesetz vereinbar angesehen.

2345

(3) Regelungsgehalt der Neufassung
Fraglich ist, welchen Regelungsgehalt die neue gesetzliche Regelung hat. Teilweise (*Lehmann* NJW 1994, 3054; vgl. auch *Baeck/Diller* NZA 1995, 360) wird in § 41

2346

D. Die Beendigung des Arbeitsverhältnisses

Abs. 4 SGB VI eine **prinzipielle gesetzgeberische Entscheidung zugunsten der Zulässigkeit von Altersgrenzen von 65 Jahren** gesehen. Demgegenüber wird aber auch die Auffassung vertreten (*Waltermann* NZA 1994, 822; *Boerner* ZfA 1995, 537 ff.), dass das Problem der Altersdiskriminierung durch die Neufassung nicht erledigt sei und jedenfalls **kollektivvertragliche Altersgrenzen mit Art. 12 GG prinzipiell unvereinbar, wohingegen einzelvertragliche Altersgrenzen weitgehend zu billigen seien.**

2347 Nach Auffassung von *Preis* (FS Stahlhacke, S. 417 ff.) enthält die gesetzliche Neuregelung keine grundsätzliche Entscheidung über die Zulässigkeit oder Unzulässigkeit von Altersgrenzen. Aus einer Auslegung entsprechender Vereinbarungen anhand der allgemeinen Auslegungsgrundsätze folge aber auch unter Berücksichtigung von Art. 12 GG, dass **sowohl einzelvertragliche als auch tarifvertragliche Altersgrenzen auf das 65. Lebensjahr i. d. R. als zulässig zu gelten haben** (ebenso *BAG* 11.6.1997 EzA § 620 BGB Altersgrenze Nr. 6 generell für eine Altersgrenzenregelung von 65 Lebensjahren; *LAG Köln* 6.10.1995 LAGE § 41 SGB VI Nr. 3; vgl. auch *Hanau* DB 1995, 2394 ff.).

(4) Auswirkungen der Neuregelung auf Verstöße gegen § 41 Abs. 4 S. 3 SGB VI a. F.

2348 Liegt ein Verstoß gegen § 41 Abs. 4 S. 3 SGB VI a. F. z. B. durch eine **Betriebsvereinbarung** vor, so ist die Regelung **nichtig**; eine nur schwebende Unwirksamkeit kommt demgegenüber nicht in Betracht. Eine nichtige Betriebsvereinbarung kann auch nicht mit dem Außerkrafttreten dieser Norm wieder aufleben; ihre Geltung kann auch nicht auf § 300 Abs. 1 SGB VI gestützt werden (*LAG Berlin* 11.4.1996 NZA 1997, 318; ebenso *Boecken* NZA 1995, 145; **a. A.** *Baeck/Diller* NZA 1995, 360).
Für die nicht kollektivrechtliche Regelung in **§ 19 Abs. 3 AVR Caritas** hat das *BAG* (11.6.1997 EzA § 620 BGB Altersgrenze Nr. 6; abl. dazu *Boecken* SAE 1998, 177 ff.) dagegen angenommen, dass die zunächst gem. § 41 Abs. 4 S. 2 SGB VI a. F. unwirksame Altersgrenzenvereinbarung, weil sie im fraglichen Zeitraum nicht vereinbart oder bestätigt worden war, nach In-Kraft-Treten der gesetzlichen **Neuregelung wieder wirksam ist**, wenn die betroffenen Arbeitnehmer nach dem 31.7.1994 das 65. Lebensjahr vollendet haben.
Angestellte, die wegen § 41 SGB VI a. F. über das 65. Lebensjahr hinaus beschäftigt wurden und deren Arbeitsverhältnis nach § 2 Abs. 1 SGB VI ÄndG mit dem 31.3.1995 endeten, haben jedenfalls **keinen Anspruch** auf den nach § 48 Abs. 5 BAT **erhöhten Urlaub**, der den Angestellten zusteht, die nach § 60 Abs. 1 BAT mit Erreichung des 65. Lebensjahres aus dem Arbeitsverhältnis ausscheiden (*BAG* 11.11.1997 EzA § 41 SGB VI Nr. 7; vgl. auch *LAG Köln* 1.8.1996 NZA-RR 1997, 192).

e) Besonderer Beendigungsschutz schwerbehinderter Arbeitnehmer

2349 Gem. § 92 SGB IX gelten die Vorschriften über die Zustimmung des Integrationsamtes zur ordentlichen Kündigung (§§ 85 ff. SGB IX) entsprechend für die Beendigung des Arbeitsverhältnisses ohne Kündigung, wenn Berufsunfähigkeit oder Erwerbsunfähigkeit auf Zeit (§§ 43, 44 SGB VI) gegeben ist.
Die zum Erhalt des Sonderkündigungsschutzes schwer behinderter Arbeitnehmer, deren Schwerbehindertenantrag zumindest vor Ausspruch der Kündigung gestellt und dem Arbeitgeber auch innerhalb eines Monats nach Ausspruch der Kündigung bekannt gegeben war, entwickelten Grundsätze (s. o. D/Rz. 449 ff.), gelten im Rahmen des § 92 SGB IX entsprechend (*BAG* 28.6.1995 EzA § 620 BGB Nr. 134).

XX. Aufhebungsvertrag

1. Grundlagen

a) Grundsatz der Vertragsfreiheit

Nach dem das Zivilrecht und damit auch das Arbeitsrecht beherrschenden Grundsatz der Vertragsfreiheit (§§ 305, 241 BGB; nunmehr §§ 311, 241 BGB n. F.) können die Parteien das Arbeitsverhältnis grds. jederzeit mit Wirkung für die Zukunft einvernehmlich durch Auflösungsvertrag beenden. — 2350

b) Praktische Bedeutung

In der Praxis ist der Abschluss von Aufhebungsverträgen von großer Bedeutung. Neben dem einvernehmlichen Abschluss zwischen den Parteien des Arbeitsverhältnisses, oft gerade zur Vermeidung streitiger Auseinandersetzungen über die Beendigung des Arbeitsverhältnisses, kommt es häufig auch im Rahmen eines Kündigungsschutzrechtsstreits zur vergleichsweisen Auflösung des Arbeitsverhältnisses (gerichtlicher Vergleich), aber auch vor einem oder im Anschluss an einen durch eine Arbeitgeberkündigung ausgelösten Kündigungsschutzprozess (s. o. C/Rz. 3807 ff.).
Der Auflösungsvertrag kann auch gezielt als Mittel zum Personalabbau eingesetzt werden. — 2351

c) Vorteile für den Arbeitgeber

aa) Ausschluss der Anwendbarkeit besonderen Kündigungsschutz begründender Normen

Der Auflösungsvertrag ist für den Arbeitgeber gegenüber einer Kündigung des Arbeitsverhältnisses vorteilhaft, weil **keine Bindung an Kündigungsfristen und -termine** besteht. **Neben dem allgemeinen Kündigungsschutz entfällt auch der besondere Kündigungsschutz für bestimmte Arbeitnehmergruppen** durch Ausschluss der Möglichkeit einer (ordentlichen) Kündigung und/oder die Notwendigkeit der vorherigen, teilweise langwierigen Beteiligung öffentlicher Behörden (Landesämter für Jugend und Soziales, Integrationsämter) oder der ArbG (für schwangere Frauen gem. § 9 MuSchG; für Arbeitnehmer in Elternzeit gem. § 18 BErzGG; für schwer behinderte Arbeitnehmer gem. §§ 85, 91 SGB IX; für Wehr- oder Zivildienstleistende gem. §§ 2 ArbPlSchG, 78 ZDG; für betriebsverfassungsrechtliche Mandatsträger gem. §§ 103 BetrVG, 15 KSchG; für Arbeitnehmer, deren Arbeitsverhältnis aufgrund tariflicher Regelung ordentlich nicht mehr kündbar ist sowie für von einem Betriebsübergang betroffene Arbeitnehmer gem. § 613 a Abs. 4 BGB). Auch einer **Anhörung des Betriebsrats bedarf es nicht.** — 2352

bb) Verhältnis zum allgemeinen Kündigungsschutz (§§ 620, 626 BGB, § 1 KSchG)

Im Unterschied zu einer Befristung bedarf es für den Auflösungsvertrag auch – grds. – **keines sachlichen Grundes** und im Unterschied zu einer außerordentlichen Kündigung **keines wichtigen Grundes** sowie zu einer ordentlichen Kündigung keiner sozialen Rechtfertigung. — 2353

D. Die Beendigung des Arbeitsverhältnisses

Da die Zustimmung beider Vertragspartner erforderlich ist, bedarf es nicht derselben Sicherung zum Schutz des anderen Teils, wie dies bei der einseitigen Beendigung des Arbeitsverhältnisses durch Kündigung erforderlich ist (*BAG* 25.6.1987 EzA § 620 BGB Bedingung Nr. 8; *Weber/Ehrich/Hoß* Handbuch der arbeitsrechtlichen Aufhebungsverträge Teil 1 Rz. 5 ff.). Ist ein Auflösungsvertrag seinem Regelungsgehalt nach allerdings nicht auf die alsbaldige Beendigung, sondern auf eine **befristete Fortsetzung** des Arbeitsverhältnisses (z. B. vom 7.1.1994 bis zum 31.12.1996) gerichtet, bedarf es ausnahmsweise zu seiner Wirksamkeit eines **sachlichen Grundes** i. S. d. Befristungskontrollrechts (*BAG* 12.1.2000 EzA § 611 BGB Aufhebungsvertrag Nr. 33; vgl. dazu *Reiserer* BB 2000, 1769 f.; krit. *Coester* SAE 2001, 222 ff.).

d) Vorteile für den Arbeitnehmer

2354 Der Aufhebungsvertrag kann auch dem Arbeitnehmer Vorteile bringen, da er zum Abschluss eines Aufhebungsvertrages meist nur gegen Zahlung einer – gesetzlich an sich nur ausnahmsweise (§§ 9, 10 KSchG) in Betracht kommenden – **Abfindung** bereit ist. Auch für den Arbeitnehmer ist nicht die Einhaltung von Kündigungsfristen und -terminen erforderlich. Hinzu kommt, dass **keine Publizität des Kündigungsgrundes** bei an sich möglicher personen- oder insbesondere verhaltensbedingter Kündigung droht. Häufig lässt sich wegen des meist gegebenen Prozessrisikos des Arbeitgebers für den Fall eines im Anschluss an die Erklärung einer Arbeitgeberkündigung vom Arbeitnehmer angestrengten Kündigungsschutzprozesses die Zahlung einer Abfindung durch den Arbeitgeber erreichen. Andererseits entfallen der allgemeine und der besondere Kündigungsschutz, droht zumindest der zeitweilige Verlust des Anspruchs auf Arbeitslosengeld (s. u. E/Rz. 79). Schließlich kommt auch der Verlust von Anwartschaften der betrieblichen Altersversorgung in Betracht.

e) Abwicklungsvertrag

2355 Der Aufhebungsvertrag ist abzugrenzen vom Abwicklungsvertrag. Dieser **setzt eine Kündigung des Arbeitsverhältnisses voraus und regelt im Anschluss daran lediglich die Modalitäten der Abwicklung.** Er unterliegt deshalb nicht der Schriftform des § 623 BGB. Im Abwicklungsvertrag erklärt der Arbeitnehmer, mit der Beendigung des Arbeitsverhältnisses infolge Kündigung einverstanden zu sein. Dafür und für einen ggf. vereinbarten Verzicht auf eine Klageerhebung wird die Zahlung einer Abfindung vereinbart (*Hümmerich* NZA 2001, 1280 ff.; *ders.* BB 1999, 1868; *ders.* NZA 1994, 200; *ders.* NZA 1994, 833; *Bauer* NZA 1994, 440; *Grunewald* NZA 1994, 441).

2356 Von einem Aufhebungsvertrag unterscheidet sich der Abwicklungsvertrag dadurch, dass die Beendigung des Arbeitsverhältnisses auf der Kündigung beruht, während der Aufhebungsvertrag selbst den Beendigungstatbestand bildet. Deshalb führt die **Anfechtung bzw. Nichtigkeit des Abwicklungsvertrages nicht zur Fortsetzung des Arbeitsverhältnisses.** Der Arbeitnehmer ist dann gehalten, ein Kündigungsschutzverfahren durchzuführen und ggf. einen Zulassungsantrag nach § 5 Abs. 1 KSchG zu stellen. Da § 5 KSchG im Interesse einer schnellen Klärung der arbeitsvertraglichen Beziehungen nur unter engen Voraussetzungen eine nachträgliche Klageerhebung zulässt, gehört es zu der an den Arbeitnehmer zu stellenden Sorgfaltspflicht, nach positiver Kenntnis von Anfechtungs- bzw. Nichtigkeitsgrund innerhalb der Zweiwochenfrist den Zulassungsantrag zu stellen (APS/*Schmidt* AufhebVtr Rz. 20).

Für die dem Abwicklungsvertrag vorangegangene Kündigung müssen die **sonstigen Wirksamkeitsvoraussetzungen** einer Kündigung erfüllt sein. Das ist jedoch **letztlich unerheblich**, weil sich der Arbeitnehmer entweder **verpflichtet hat, keine Kündigungsschutzklage zu erheben oder** das entsprechende Vorbringen des Arbeitgebers **nicht zu bestreiten**. Erhebt der Arbeitnehmer nach Abschluss des Abwicklungsvertrages entgegen der vertraglichen Vereinbarung eine Kündigungsschutzklage, soll das Rechtsschutzinteresse für eine darauf gerichtete Feststellung fraglich sein (APS/*Schmidt* AufhebVtr Rz. 21; zu den erheblichen sozialrechtlichen Nachteilen vgl. E/Rz. 68). 2357

Für die Praxis bietet sich im Interesse des Arbeitnehmers wegen der erheblichen sozialrechtlichen Nachteile der Abschluss eines Vergleichs im Kündigungsschutzverfahren an. Denn nach den maßgeblichen Dienstanweisungen der Bundesanstalt für Arbeit löst ein derartiger Vergleich grds. keine Sperrzeit aus (s.u. E/Rz. 68; vgl. *Weber/Ehrich/Hoß* Handbuch der arbeitsrechtlichen Aufhebungsverträge Teil D/Rz. 198 ff.). 2358

2. Abschluss des Aufhebungsvertrages

a) Schriftform (§ 623 BGB); Zustandekommen

Seit dem 1.5.2000 bedarf aufgrund der neu eingeführten Regelung des § 623 BGB auch die Beendigung des Arbeitsverhältnisses durch Aufhebungsvertrag (zum alten Recht vgl. 2. Aufl. D/Rz. 1730 ff.) zu ihrer Wirksamkeit entgegen der bisherigen Rechtslage der Schriftform (vgl. APS/*Schmidt* AufhebVtr Rz. 18 f.). 2359

aa) Normzweck

Für den Aufhebungsvertrag kommt § 623 BGB eine **Warnfunktion** zu: Arbeitgeber und Arbeitnehmer sollen nicht unüberlegt das Arbeitsverhältnis beenden. Daneben hat § 623 BGB eine **Beweisfunktion** und führt beim Aufhebungsvertrag zur **Inhaltsklarheit**, da Gewissheit darüber geschaffen wird, mit welchem Inhalt der Vertrag zustande gekommen ist (APS/*Preis* § 623 BGB Rz. 2 f.; *Richardi/Annuß* NJW 2000, 1231 ff.; KDZ/*Däubler* § 623 BGB Rz. 5 f.; *Rolfs* NJW 2000, 1227 ff.; *Trittin/Backmeister* DB 2000, 621). 2360

Der Gesetzgeber will mit der Neuregelung erreichen, ein größtmögliches Maß an Rechtssicherheit zu gewährleisten und gleichzeitig die Arbeitsgerichte entlasten. Es sollen Rechtsstreitigkeiten darüber vermieden werden, ob überhaupt ein Aufhebungsvertrag vorliegt bzw. die entsprechende Beweiserhebung erheblich erleichtert werden (BT-Drs. 14/626 S. 11). 2361

bb) Anwendungsbereich

Siehe zunächst oben D/Rz. 4. 2362

§ 623 BGB erfasst **Aufhebungsverträge**, auch auflösend bedingte, sowie die einvernehmliche Aufhebung des **Berufsausbildungsverhältnisses**, **nicht** dagegen **Abwicklungsverträge** nach einer formwirksamen, vom Arbeitnehmer hingenommenen 2363

D. Die Beendigung des Arbeitsverhältnisses

Kündigung (APS/*Preis* § 623 BGB Rz. 5 ff.; KDZ/*Däubler* § 623 BGB Rz. 8 ff.; *Schaub* NZA 2000, 344 ff.; *Sander/Siebert* ArbuR 2000, 292 ff. [330 ff.]).

cc) Inhaltliche Anforderungen an die Schriftform

2364 Für den Auflösungsvertrag als zweiseitigem Rechtsgeschäft gilt die Sonderregelung des § 126 Abs. 2 BGB, d. h. die Unterzeichnung der Parteien muss auf **derselben Urkunde** erfolgen.

(1) Grundsatz der Urkundeneinheit

2365 Der **gesamte Vertragsinhalt** muss durch die Unterschrift der Parteien gedeckt sein. Es genügt daher nicht, wenn die eine Partei das Angebot unterzeichnet, die andere Partei die Annahme (*BGH* 28.11.1993 NJW-RR 1994, 280).

2366 Dies soll selbst dann gelten, wenn beide Erklärungen sich auf einem Blatt befinden (*RG* 8.12.1925 RGZ 112, 199 f.).

2367 Des weiteren ist der Grundsatz der Urkundeneinheit zu beachten. § 126 BGB verlangt zwar **keine körperliche Verbindung** der einzelnen Blätter der Urkunde, wenn sich **deren Einheit** aus fortlaufender Paginierung, fortlaufender Nummerierung der einzelnen Bestimmungen, einheitlicher graphischer Gestaltung, inhaltlichen Zusammenhang des Textes oder vergleichbaren Merkmalen **zweifelsfrei ergibt** (*BGH* 24.9.1997 BGHZ 136, 369 f.; 21.1.1999 NJW 1999, 1105; *BAG* 7.5.1998 EzA § 1 KSchG Interessenausgleich Nr. 6).

Nehmen die Parteien aber Regelungen, die wesentliche Bestandteile des Vertrages sein sollen, nicht in den Vertrag auf, sondern lagern sie diese in andere Schriftstücke, z. B. als Anlage, aus, sodass sich der Gesamtinhalt erst aus dem Zusammenspiel der Bestimmungen ergibt, müssen sie zur Wahrung der Urkundeneinheit die Zusammengehörigkeit dieser Schriftstücke in geeigneter Weise zweifelsfrei kenntlich machen. Dies kann durch eine **körperliche Verbindung,** aber auch durch **Verweisung im Vertrag** sowie **Unterzeichnung** der Parteien auf jedem Blatt der **Anlage** geschehen (*BGH* 30.6.1999 NJW 1999, 2592; 21.1.1999 NJW 1999, 1105).

2368 Noch weitergehend erwägt der *BGH* (29.9.1999 NJW 2000, 357), die bloße **Paraphierung der Anlagen** ausreichen zu lassen.

2369 Diese Grundsätze gelten auch für arbeitsrechtliche **Aufhebungsverträge** (APS/ *Preis* § 623 BGB Rn. 37).

(2) Elektronische Form

2370 Gem. § 623 BGB ist der Abschluss eines Aufhebungsvertrages in elektronischer Form (§§ 126 Abs. 3, 126a BGB n. F. i. V. m. dem SignaturG) ausgeschlossen. Dies wird damit gerechtfertigt, dass die elektronische Form jedenfalls in der Gegenwart eine geringere »Warnfunktion« als die traditionelle Schriftform besitzt (vgl. KDZ/*Däubler* § 623 BGB Rz. 4).

(3) Mehrere Urkunden

2371 Werden über den Vertrag mehrere gleich lautende Urkunden gefertigt, lässt es § 126 Abs. 2 BGB ausreichen, wenn **jede Partei die für die andere Partei bestimmte Urkunde** – nicht unbedingt gleichzeitig oder in Anwesenheit des Vertragspartners – **unterzeichnet.**

D. Die Beendigung des Arbeitsverhältnisses

(4) Inhalt des Auflösungsvertrages

§ 623 BGB erfasst den Auflösungsvertrag insgesamt, sodass die Urkunde alle wesentlichen Bestandteile des formbedürftigen Vertrages enthalten muss. Dies gilt insbesondere für
- die **Parteien,**
- etwaige **Vertretungsverhältnisse,**
- **Nebenabreden,** ohne die die Parteien den Vertrag nicht geschlossen hätte,
- spätere **Änderungen** oder **Ergänzungen.**

2372

Wird auf einen Tarifvertrag oder eine Betriebsvereinbarung Bezug genommen, empfiehlt sich deren Einbeziehung in die Vertragsurkunde (KDZ/*Däubler* § 623 BGB Rz. 44 ff.).

Der formwirksam abgeschlossene Auflösungsvertrag kann allerdings **formlos** wieder **aufgehoben** werden (vgl. APS/*Preis* § 623 BGB Rn. 39 m.w.N. aus der Rspr.).

2373

(5) Konkludente Aufhebungsverträge

Durch die gesetzliche Neuregelung ist das praktische Problem des Auflösungsvertrages durch schlüssiges Verhalten weitgehend erledigt. In einer z.B. nur vom Arbeitnehmer unterzeichneten **Ausgleichsquittung** kann schon deshalb kein wirksamer Auflösungsvertrag gesehen werden, weil die einseitige Unterzeichnung durch den Arbeitnehmer den Anforderungen des § 126 Abs. 2 BGB nicht genügt (APS/*Preis* § 623 BGB Rz. 41; vgl. auch APS/Schmidt AufhebVtr Rz. 15 ff.). Demgegenüber sind konkludente Aufhebungsverträge mit Organmitgliedern nach wie vor möglich (*Baeck/Hopfner* DB 2000, 1914 ff.).

2374

(6) Beweislast

Wer sich nunmehr auf einen Auflösungsvertrag beruft, muss die Einhaltung des § 623 BGB beweisen (APS/*Preis* § 623 BGB Rz. 55).

2375

(7) Vollständigkeits- und Richtigkeitsvermutung

Der Inhalt einer Urkunde (vgl. § 416 ZPO) hat die Vermutung der Vollständigkeit und Richtigkeit für sich (*BGH* 14.10.1988 NJW 1989, 898). Dies ist insbesondere beim Abschluss von Aufhebungsverträgen zu beachten. Die Vermutung ist zwar **widerlegbar;** an den Beweis sind jedoch **strenge Anforderungen** zu stellen (APS/ *Preis* § 623 BGB Rz. 56).

2376

(8) Rechtsfolge der Nichteinhaltung der Schriftform

Das Arbeitsverhältnis ist durch den Aufhebungsvertrag nicht beendet worden und besteht mit allen Rechten und Pflichten fort. Die bereits zur Erfüllung des Aufhebungsvertrages erbrachten Leistungen, z.B. die Zahlung einer Abfindung, sind

2377

D. Die Beendigung des Arbeitsverhältnisses

nach bereicherungsrechtlichen Grundsätzen (§§ 812 ff. BGB) rückabzuwickeln (vgl. *Caspers* RdA 2001, 33).

(9) Durchbrechung der Formnichtigkeit in Ausnahmefällen
2378 Siehe zunächst oben D/Rz. 25 ff.

2379 Die Berufung auf einen Formmangel kann dann wegen widersprüchlichen Verhaltens unzulässig sein, wenn eine Partei über längere Zeit hinweg aus einem nichtigen Vertrag die **Vorteile gezogen** hat und sich nunmehr grundlos ihren eigenen Verpflichtungen unter Berufung auf den Formmangel entziehen will (*BGH* 14.6.1996 NJW 1996, 2504).

2380 Scheidet der Arbeitnehmer aufgrund eines mündlich abgeschlossenen Auflösungsvertrages aus, so hat er regelmäßig seine wesentliche Vertragsleistung erbracht. Akzeptiert der Arbeitgeber dies über einen längeren Zeitraum, so kann er sich nicht unter Berufung auf den Formmangel weigern, die Abfindung zu zahlen. Diese Fallgestaltung kommt dann in Betracht, wenn ein **späterer Fälligkeitstermin** oder eine länger gestreckte **Ratenzahlung** vereinbart ist. Ein Erfüllungszwang ist allerdings dann ausgeschlossen, wenn beide Parteien die Formunwirksamkeit kannten und einvernehmlich handelten (APS/*Preis* § 623 BGB Rz. 73).

2381 Zu beachten ist, dass allein das Erbringen von Leistungen in Erfüllung des formnichtigen Rechtsgeschäfts ohne das Hinzutreten weiterer Umstände nicht dazu führt, von der Nichtigkeitsfolge des Formmangels nach Treu und Glauben (§ 242 BGB) absehen zu können. Eine Heilung tritt nur in den vom Gesetz vorgesehenen Fällen ein. Selbst die **langjährige praktische Durchführung** einer formnichtigen Vereinbarung hindert die Parteien nicht, sich später auf die Formnichtigkeit zu berufen (*BAG* 9.7.1985 AP Nr. 16 zu § 75 BPersVG; *BGH* 22.6.1973 NJW 1973, 1455).

2382 Etwas anderes gilt aber dann, wenn durch die Erfüllung des Vertrages Umstände eingetreten sind, die **nicht mehr sachgerecht rückabgewickelt** werden können, oder wenn jedenfalls ein Teil unwiederbringlich Vorteil aus dem Rechtsgeschäft gezogen hat (*BGH* 30.10.1961 WM 1962, 9).

2383 Diese Voraussetzungen können z. B. dann erfüllt sein, wenn der Arbeitgeber die Stelle zwischenzeitlich **anderweitig besetzt** hat, oder sie infolge einer Umorganisation weggefallen ist, der Arbeitnehmer seinerseits eine andere Stelle angetreten hat, oder in eine weit entfernte Stadt umgezogen ist (vgl. APS/*Preis* § 623 BGB Rz. 79).
Die Parteien haben sich dann auf die vereinbarte Aufhebung eingestellt und entsprechend disponiert (vgl. *BAG* 11.12.1996 EzA § 242 BGB Rechtsmissbrauch Nr. 1).

(10) Zustandekommen des Aufhebungsvertrages
2384 Für den Aufhebungsvertrag gelten im Übrigen **§§ 145 ff. BGB** (vgl. APS/*Schmidt* AufhebVtr Rz. 4 ff.). Die Annahmefrist nach § 147 Abs. 2 BGB eines einem Abwesenden gegenüber gemachten Antrags auf Abschluss eines Aufhebungsvertrages bestimmt sich auch danach, wie der Antragende sich seinerseits hinsichtlich des Angebots verhält. Ergeben sich aus dem Verhandlungsverlauf über den Aufhebungsvertrag

D. Die Beendigung des Arbeitsverhältnisses

für eine vom Antragenden geforderte eilige Annahme des Vertrages keine Hinweise, so ist ein sich aus regelmäßigen Umständen ergebender Zeitrahmen, wie etwa eine angemessene Überlegungsfrist unter Einschluss einer anwaltlichen Beratung zugrunde zu legen (*LAG Berlin* 25.7.1996 NZA-RR 1999, 356).

b) Umdeutung einer unwirksamen (außerordentlichen oder ordentlichen) Kündigung in ein Angebot zum Abschluss eines Aufhebungsvertrages

aa) Allgemeine Voraussetzungen
Grds. kann eine wegen Fehlens eines Kündigungsgrundes unwirksame außerordentliche oder ordentliche Kündigung in ein Angebot des Arbeitgebers zum Abschluss eines Auflösungsvertrages umgedeutet werden. Das setzt zum einen voraus, dass es **dem mutmaßlichen** – dem Arbeitnehmer erkennbaren – **Willen des Kündigenden** entspricht, auch bei Fehlen eines (wichtigen) Kündigungsgrundes gleichwohl unter allen Umständen das Arbeitsverhältnis aufzulösen. Ein Aufhebungsvertrag kommt dann zustande, wenn das durch Umdeutung (§ 140 BGB) ermittelte Angebot von dem Arbeitnehmer **angenommen wird** (*BAG* 13.4.1972 EzA § 626 BGB n. F. Nr. 13). 2385

Beim Arbeitnehmer muss insbesondere das Erklärungsbewusstsein vorhanden sein, d. h. ihm muss bewusst sein, dass er noch Einfluss auf die Beendigung des Arbeitsverhältnisses hat. Dieser Erklärungswille muss erkennbar zum Ausdruck kommen, der Arbeitnehmer muss also die Unwirksamkeit der Kündigung erkannt und gleichwohl die Beendigung gewollt haben (MünchArbR/*Wank* § 115 Rz. 8 m. w. N.). 2386

Wegen der Schriftform des § 623 BGB sind derartige Fälle seit dem 1.5.2000 kaum noch vorstellbar (s. o. D/Rz. 2359 ff.). Zur Umdeutung einer unwirksamen Eigenkündigung des Arbeitnehmers s. o. D/Rz. 2052 f.

bb) Ausgleichsquittung
Im Ausstellen einer Ausgleichsquittung ist nicht gleichzeitig eine einverständliche Aufhebung des Arbeitsverhältnisses zu sehen ist (zur Ausgleichsquittung s. o. C/Rz. 3767 ff.). Etwas anderes gilt aber u. U. dann, wenn die Erklärung in der Ausgleichsquittung dahin lautet, dass das Arbeitsverhältnis zu einem festen Termin endet, wenn und soweit dieser von dem Termin abweicht, der durch eine vorgesehene Kündigung als Beendigungstermin bestimmt ist (vgl. *Bauer* Arbeitsrechtliche Aufhebungsverträge Rz. 15, 16); zu beachten ist, dass die Schriftform des § 623 BGB eingehalten werden muss (s. o. D/Rz. 2359 ff.). 2387

c) Minderjährige
Ist der Minderjährige zur Eingehung eines (Dienst- oder) Arbeitsverhältnisses ermächtigt (§ 113 Abs. 1 BGB), so ist er für solche Rechtsgeschäfte unbeschränkt geschäftsfähig, welche die Eingehung oder Aufhebung eines (Dienst- oder) Arbeitsverhältnisses der gestalteten Art oder die Erfüllung der sich aus einem solchen Verhältnis ergebenden Verpflichtung betreffen. Demnach können Minderjährige grds. auch Aufhebungsverträge und eine damit verbundene Ausgleichsquittung unterzeichnen, soweit die vertragliche Regelung keinen unzulässigen Inhalt hat. 2388

Zu berücksichtigen ist, dass dann, wenn der Inhalt der vertraglichen Regelung jedenfalls z. T. unzulässig ist, die Wirkung der Ausgleichsquittung entfällt, wenn und so- 2389

D. Die Beendigung des Arbeitsverhältnisses

weit eine eindeutige Abgrenzung zwischen zulässigem und unzulässigem Inhalt nicht möglich ist. Das wird regelmäßig der Fall sein, wenn es sich um einen Generalverzicht »auf alle gegenseitigen Ansprüche aus dem Arbeitsverhältnis« handelt (HwB-AR/ *Bürger/Oehmann* Nr. 1300 Rz. 40).
§ 113 BGB findet auf Berufsausbildungsverhältnisse keine Anwendung. Aufhebungsverträge sind insoweit zwar zulässig, der Minderjährige bedarf zum Abschluss jedoch der Einwilligung des gesetzlichen Vertreters (§ 107 BGB).

3. Inhalt des Aufhebungsvertrages

a) Grundlagen/Übersicht

2390 Da der Aufhebungsvertrag eine umfassende Beendigung des Arbeitsverhältnisses bezweckt, wird er regelmäßig die Regelung **aller noch offener, das Arbeitsverhältnis und seine Abwicklung betreffenden Fragen** enthalten (vgl. ausf. *Weber/Ehrich/Hoß* Handbuch der arbeitsrechtlichen Aufhebungsverträge Teil 1 Rz. 520 ff.).

In Betracht kommen insbesondere
- der Beendigungszeitpunkt;
- Abreden über die (bezahlte) Freistellung des Arbeitnehmers bis zum Ablauf der im Falle einer Kündigung einzuhaltenden Kündigungsfrist;
- die Gewährung von Urlaub – im Freistellungszeitraum –;
- Höhe einer zu zahlenden Abfindung;
- der Inhalt eines qualifizierten Zeugnisses;
- die Erteilung eines Zwischenzeugnisses;
- eine Vereinbarung über etwaige Ansprüche aus der betrieblichen Altersversorgung;
- Regelungen über die Weiterbenutzung oder Rückgabe eines Firmenfahrzeugs;
- die Rückzahlbarkeit einer bereits ausgezahlten (Weihnachts-)Gratifikation;
- die Vereinbarung über ein nachvertragliches Wettbewerbsverbot;
- eine allgemeine Abgeltungsklausel/Ausgleichsquittung des Inhalts, dass mit dem Aufhebungsvertrag alle wechselseitigen (finanziellen) Ansprüche aus dem zwischen den Parteien bestehenden Arbeitsverhältnis und seiner Beendigung abgegolten sind (s. o. C/Rz. 3767 ff.).

2391 Der Arbeitgeber kann mit einem Arbeitnehmer auch rechtswirksam in einem Aufhebungsvertrag vereinbaren, dass er gegen ihn einen **Anspruch auf Rückforderung einer Überbrückungszahlung hat**, soweit er Erstattungsleistungen nach § 128 AFG (jetzt: § 147 a SGB III) an das Arbeitsamt erbringt; eine solche Vereinbarung ist auch nicht nach § 32 SGB I nichtig (*BAG* 25.1.2000 EzA § 128 AFG Nr. 2; *LAG Niedersachsen* 20.1.1999 NZA-RR 1999, 294).

b) Ausgewählte Formulierungshilfen mit Erläuterungen

2392 Welchen Inhalt ein Aufhebungsvertrag haben muss, hängt letztendlich von den Umständen des jeweiligen Einzelfalls ab. Zwingender Bestandteil eines jeden Aufhebungsvertrages ist lediglich die Einigung zwischen Arbeitgeber und Arbeitnehmer über die Beendigung des Arbeitsverhältnisses und den Beendigungszeitpunkt.

D. Die Beendigung des Arbeitsverhältnisses

aa) Beendigung des Arbeitsverhältnisses

Der Aufhebungsvertrag muss zunächst regeln, dass das Arbeitsverhältnis mit sofortiger Wirkung oder zu einem im Aufhebungsvertrag definierten Zeitpunkt beendet werden soll. Eine **rückwirkende Auflösung** eines bestehenden Arbeitsverhältnisses ist grds. nicht möglich (vgl. *Hoß/Kothe-Heggemann* MDR 1997, 1077). Eine Ausnahme besteht nur in den Fällen, in denen in der Vergangenheit bereits eine Kündigung ausgesprochen worden war und sich die Parteien nunmehr – beispielsweise im Laufe eines Kündigungsschutzprozesses – darauf einigen, dass das Arbeitsverhältnis tatsächlich zum Zeitpunkt des durch die Kündigung vorgesehenen Beendigungstermins sein Ende findet – sog. Abwicklungsvertrag.

2393

Praxistipp:
In der Beendigungsklausel im Aufhebungsvertrag ist darauf zu achten, dass die Beendigung »auf Veranlassung des Arbeitgebers« erfolgt, um auf diese Weise die Voraussetzungen für die Steuerfreiheit der Abfindung im Rahmen der Freibeträge nach § 3 Ziffer 9 EStG zu sichern (siehe hierzu unten D/Rz. 2438). Im Hinblick auf eine mögliche Arbeitslosigkeit sollte die Beendigungsklausel darüber hinaus darauf hinweisen, dass das Arbeitsverhältnis »zur Vermeidung einer betriebsbedingten oder personenbedingten Kündigung unter Einhaltung der ordentlichen Kündigungsfrist« beendet wird. Die derzeitigen Dienstanweisungen der Arbeitsämter verneinen eine Sperrzeit in den Fällen, in denen neben einem personen- oder betriebsbedingten Kündigungsgrund die Kündigungsfrist eingehalten wurde und der Mitarbeiter darlegen kann, dass er durch Abschluss eines Aufhebungsvertrages berufliche Nachteile vermieden hat (siehe im Einzelnen zur Sperr- und Ruhenszeit die Ausführungen unten E/Rz. 38 ff. u. 58 ff.).

2394

Formulierungshinweis:
Ziffer 1 eines Aufhebungsvertrages kann daher beispielsweise wie folgt formuliert werden:
»Zwischen den Parteien besteht Einigkeit, dass das zwischen ihnen bestehende Arbeitsverhältnis zur Vermeidung einer ansonsten unumgänglichen ordentlichen betriebsbedingten Kündigung auf Veranlassung der Gesellschaft mit dem ... sein Ende finden wird. Hintergrund der Beendigung des Anstellungsverhältnisses ist die teilweise Schließung der Abteilung ... sowie die im Bereich der Verwaltung durchgeführte Restrukturierung, die in vielen Bereichen zum Abbau von Arbeitsplätzen geführt hat.«

Sofern **verhaltensbedingte Gründe** für die Beendigung des Arbeitsverhältnisses ausschlaggebend waren und gegebenenfalls sogar eine ordentliche oder fristlose Kündigung ausgesprochen worden ist, sollte im Rahmen des Aufhebungsvertrages bzw. eines gerichtlichen Vergleiches dafür Sorge getragen werden, dass eine Formulierung gewählt wird, die die **Verhängung einer Sperrzeit** nach § 144 SGB III vermeidet. Anerkannt ist insofern, dass eine Sperrzeit dann nicht eintritt, wenn die vom Unternehmen ursprünglich erhobenen Vorwürfe nicht mehr aufrechterhalten werden und zwischen den Parteien Einigkeit besteht, dass aufgrund der ursprünglich erhobenen Vorwürfe eine gedeihliche Zusammenarbeit nicht mehr möglich ist. Diese Klausel ist empfehlenswerter als zu versuchen, nach einer umfänglichen Auseinandersetzung über die vom Unternehmen behaupteten verhaltensbedingten Gründe plötzlich

2395

D. Die Beendigung des Arbeitsverhältnisses

die Beendigung auf betriebsbedingte Gründe zu stützen. Insbesondere dann, wenn entsprechender Schriftverkehr über die Pflichtverletzung vorliegt, droht beiden Parteien die Gefahr, dass das Arbeitsamt eine Anzeige wegen Betruges erstattet, wenn plötzlich behauptet wird, dass hier betriebsbedingte Gründe eine Rolle gespielt haben.

2396 **Formulierungshinweis:**
Daher sollte der Aufhebungsvertrag im Falle einer vom Unternehmen behaupteten Pflichtverletzung folgende Klausel enthalten:
»Zwischen den Parteien besteht Einigkeit, dass das zwischen ihnen bestehende Arbeitsverhältnis auf Veranlassung der Gesellschaft mit dem ... sein Ende finden wird, weil eine gedeihliche Zusammenarbeit zwischen den Parteien aufgrund der vom Unternehmen ursprünglich erhobenen Vorwürfe nicht mehr erwartet werden kann. Die gegen Herrn/Frau ... erhobenen Vorwürfe wegen ... werden von der Gesellschaft nicht weiter aufrechterhalten.«

2397 Weitergehende Angaben sind zum Beendigungsgrund i. d. R. im Rahmen eines Aufhebungsvertrages nicht erforderlich. Sollte es sich allerdings um die Beendigung eines Anstellungsverhältnisses mit einem **behinderten Mitarbeiter** handeln, so sollte im Interesse des schwer behinderten Mitarbeiters zuvor das Integrationsamt eingeschaltet werden. Wird der Aufhebungsvertrag dann vor dem Integrationsamt geschlossen, so führt dies aufgrund entsprechender Absprachen zwischen den einzelnen Integrationsämtern und den zuständigen Arbeitsämtern i. d. R. nicht dazu, dass dem behinderten Mitarbeiter gegenüber wegen Abschluss des Aufhebungsvertrages eine Sperrzeit verhängt wird.

2398 In diesem Fall kann Ziffer 1 eines Aufhebungsvertrages wie folgt formuliert werden:
»Zwischen den Parteien besteht Einigkeit, dass das zwischen ihnen bestehende Arbeitsverhältnis mit Zustimmung des Integrationsamtes zur Vermeidung einer ansonsten unumgänglichen ordentlichen betriebsbedingten Kündigung auf Veranlassung der Gesellschaft mit dem ... sein Ende finden wird. Wäre es nicht zu dieser einvernehmlichen Regelung gekommen, so hätte das Integrationsamt am ... der von der Gesellschaft beantragten Kündigung zugestimmt. Der Antrag auf Zustimmung zur Kündigung konnte nach Unterzeichnung dieser Aufhebungsvereinbarung unter Beteiligung des Integrationsamtes zurückgenommen werden.«

2399 Eine ähnliche Formulierung bietet sich an, wenn der Mitarbeiter bzw. die Mitarbeiterin dem **besonderen Kündigungsschutz** unterliegt, weil er/sie sich im **Erziehungsurlaub/Elternzeit** befindet. Hier ist im Hinblick auf eine Sperrzeit ebenfalls die Beteiligung des Gewerbeaufsichtsamtes zu empfehlen.

bb) Abwicklung des Anstellungsverhältnisses
2400 Die Beendigung des Arbeitsverhältnisses wird i. d. R. unter **Einhaltung der ordentlichen Kündigungsfrist** erfolgen. Dies bedeutet, dass die Beendigung zu einem mehr oder weniger weit in der Zukunft liegenden Zeitpunkt beschlossen wird. Es bietet sich daher an, im Rahmen des Aufhebungsvertrages die Abwicklung des Arbeitsverhältnisses bis zum Beendigungszeitpunkt abschließend mit zu regeln. Insbesondere gehören hierzu die **Vergütungsansprüche** des Mitarbeiters. Grds. hat ein Arbeit-

D. Die Beendigung des Arbeitsverhältnisses

nehmer Anspruch auf Fortzahlung der vertragsgemäßen Bezüge bis zum Beendigungszeitpunkt. Etwas anderes gilt unter Umständen dann, wenn der Mitarbeiter während der Auslauffrist von der Arbeitsleistung freigestellt wurde und der Aufhebungsvertrag eine allgemeine Erledigungsklausel enthält (s. u. D/Rz. 2468 ff.).

Erhält der Mitarbeiter neben seiner Grundvergütung auch eine **Provision**, so steht ihm diese auch für die Geschäfte zu, die er vor der Beendigung des Anstellungsverhältnisses abgeschlossen oder vermittelt hat, sofern ein solcher Anspruch nicht ausnahmsweise vertraglich ausgeschlossen oder abweichend geregelt ist. Wird der Mitarbeiter während der Auslauffrist von der Arbeitsleistung freigestellt, so steht ihm auch in diesem Fall eine variable Vergütung zu. Die Provision ist in diesem Fall zu schätzen. Maßstab der Schätzung kann ein vertraglich vereinbarter Provisionsvorschuss (vgl. *BAG* 11.8.1998 DB 1998, 1719) oder aber das Durchschnittsergebnis der vergangenen zwölf Monate sein. 2401

Enthält der Arbeitsvertrag eine Regelung über die Zahlung einer **Gratifikation** bzw. einer sonstigen Jahressonderzahlung, so ist vorsorglich auch dieser Punkt ausdrücklich im Arbeitsvertrag zu regeln. Ob der Mitarbeiter Anspruch auf anteilige oder vollständige Zahlung der Gratifikation/Sonderzahlung hat, hängt vom Rechtscharakter der Sonderzahlung ab (siehe hierzu oben C/Rz. 822 ff.) 2402

Steht dem Mitarbeiter kraft Vertrages eine **Tantieme** zu, so muss auch dieser Punkt im Aufhebungsvertrag geregelt werden. Zulässig ist es insofern, bereits im Rahmen der Zusage einer Tantieme zu vereinbaren, dass bei einem Ausscheiden des Arbeitnehmers vor Feststellung der Bilanz der Anspruch entfällt (vgl. *BAG* 4.9.1985 EzA § 611 BGB Gratifikation, Prämie Nr. 76; *BAG* 25.4.1991 EzA § 611 BGB Gratifikation, Prämie Nr. 84). Fehlt es an einer derartigen eindeutigen Regelung, so sollte die Höhe der Tantieme ebenfalls im Aufhebungsvertrag geregelt werden. 2403

> **Formulierungshinweis:**
> Es bietet sich beispielsweise folgende Klausel an:
> »Da zurzeit nicht abzusehen ist, in welcher Höhe Frau/Herrn ... eine Tantieme für das Geschäftsjahr 2001/2002 zusteht, wird die Tantieme hiermit in Höhe der für das vergangene Geschäftsjahr gezahlten Tantieme in Höhe von 20.000,– Euro pauschaliert. Die Tantieme wird mit der letzten Gehaltsabrechnung ausgezahlt.«

cc) Freistellung

Da das Anstellungsverhältnis bei Abschluss eines Aufhebungsvertrages i. d. R. nicht mit sofortiger Wirkung beendet wird, wird in Aufhebungsverträgen häufig vereinbart, dass der Arbeitnehmer für die Zeit bis zur tatsächlichen Beendigung des Arbeitsverhältnisses von der Arbeitsleistung freigestellt wird. Kommt es nicht zu einer Einigung über die Freistellung, so kann der Arbeitgeber im Fall der feststehenden Beendigung des Arbeitsverhältnisses den Mitarbeiter grds. auch einseitig gegen den Willen des Mitarbeiters von der Arbeitsleistung freistellen, um so zu erreichen, dass die Freistellungs- und Urlaubsansprüche des Mitarbeiters in Natura erfüllt werden können. Ein Rechtsanspruch auf tatsächliche Beschäftigung bis zum Beendigungszeitpunkt wird i. d. R. nicht anerkannt werden können. 2404

Unabhängig davon, ob die Freistellung einseitig durch bloße Erklärung des Arbeitgebers oder aber einvernehmlich im Rahmen des Aufhebungsvertrages erfolgt, sind hier eine Reihe von **Besonderheiten** sowohl auf Arbeitgeber- als auch auf Arbeitnehmer- 2405

D. Die Beendigung des Arbeitsverhältnisses

seite zu berücksichtigen, um spätere Auseinandersetzungen bzw. böse Überraschungen zu vermeiden (vgl. *Hoß* ArbRB 2001, 29).

(1) Verpflichtung zur Fortzahlung der Vergütung

2406 Inwieweit während der Freistellung ein Anspruch auf **Fortzahlung der Vergütung** besteht, hängt davon ab, in welcher Form die Freistellung erfolgt ist und ob es sich bei dem Vergütungsanspruch des Mitarbeiters um einen tarifvertraglichen oder frei ausgehandelten Vergütungsanspruch handelt.

aaa) Einseitige Freistellung durch den Arbeitgeber

2407 Die einseitige Freistellung befreit den Arbeitgeber nicht von der **Lohnzahlungspflicht**. Eine einseitige Anordnung einer unbezahlten Freistellung im Falle einer Kündigung oder eines zuvor abgeschlossenen Aufhebungsvertrages ist daher unzulässig (vgl. *Hoß/Lohr* BB 1998, 2575, 2577). Sofern ein Arbeitsvertrag eine entsprechende Möglichkeit vorsieht, ist diese Vereinbarung nach den §§ 138, 242 BGB unwirksam. Dies folgt bereits daraus, dass selbst eine Lohnreduzierung nur unter den strengen Voraussetzungen einer betriebsbedingten Änderungskündigung (§ 2 KSchG) zulässig wäre. Eine Vertragsklausel, die dem Arbeitgeber die Möglichkeit der unbezahlten Freistellung gewährt, ist daher mit dem Bestandsschutz, den das Kündigungsschutzgesetz gewährt, unvereinbar. Die unbezahlte Freistellung käme letztendlich einer fristlosen Kündigung i. S. v. § 626 BGB gleich.

bbb) Einvernehmliche Freistellung im Aufhebungsvertrag

2408 Wie oben angesprochen, enthalten Aufhebungsverträge vielfach auch eine Klausel, wonach der Arbeitnehmer bis zum Beendigungszeitpunkt von der Arbeitsleistung freigestellt wird. Gegen eine derartige Vereinbarung bestehen in rechtlicher Hinsicht keine Bedenken. Enthält die Freistellungsklausel keinen Hinweis darauf, ob während der Freistellung auch die Vergütung fortzuzahlen ist, so stellt sich die Frage, inwieweit hier ein entsprechender **Vergütungsanspruch** des Mitarbeiters auch während der Freistellung besteht.

2409 Das LAG Schleswig-Holstein vertritt insofern in ständiger Rechtsprechung die Auffassung, dass bei einer Freistellung im Rahmen einer Aufhebungsvereinbarung grds. davon auszugehen ist, dass diese unbezahlt ist (vgl. *LAG Schleswig-Holstein* 20.02.1997 NZA-RR 1997, 286). Demgegenüber ist das *LAG Hamburg* (vgl. Urteil vom 14.3.2001 – 8 Sa 3/01 –) zu dem Ergebnis gelangt, dass eine Freistellungserklärung im Aufhebungsvertrag grds. nicht dahingehend ausgelegt werden kann, dass der Vergütungsanspruch des Mitarbeiters für die Zeit der Freistellung entfällt.

2410 Gegen die Rechtsauffassung des LAG Schleswig-Holstein spricht, dass der Begriff der Freistellung sich ausschließlich auf die Aufhebung der Arbeitspflicht bezieht. Ohne eine ausdrückliche oder konkludente Erklärung des Arbeitnehmers kann nicht davon ausgegangen werden, dass der Arbeitnehmer auf seinen Lohnanspruch gleichzeitig auch verzichtet. Nicht die unbezahlte, sondern die **bezahlte Freistellung** ist daher in der Praxis der Regelfall, so dass der Arbeitgeber eine Abweichung von diesem Grundsatz darlegen und beweisen muss (vgl. *Nägele* DB 1998, 518; *Hoß/Lohr* BB 1998, 2575 [2577]). Soll die Verpflichtung zur Vergütungszahlung entfallen, bedarf es daher einer entsprechenden Vereinbarung in dem Aufhebungsvertrag.

2411 Diese Vereinbarung kann entweder ausdrücklich erfolgen, indem darauf hingewiesen wird, dass die Freistellung ohne Fortzahlung der Vergütung erfolgen soll oder aber konkludent, indem die Arbeitsvertragsparteien gleichzeitig eine allgemeine Erledi-

D. Die Beendigung des Arbeitsverhältnisses

gungsklausel in die Aufhebungsvereinbarung mit aufnehmen. Aus der allgemeinen Erledigungsklausel folgt grundsätzlich, dass hier für die Zukunft keine weiteren Vergütungsansprüche mehr bestehen (siehe zur Reichweite und Auslegung einer Erledigungsklausel unten D/2468 ff.).

(2) Gewährung von Sachleistungen während der Freistellung
Der Arbeitgeber ist während der Freistellungsphase nicht nur zur Fortzahlung der Vergütung, sondern auch weiterhin zur **Gewährung von Sachbezügen** verpflichtet, wenn keine abweichende Vereinbarung getroffen wurde. Auf die obige Problematik einer allgemeinen Erledigungsklausel kann hier verwiesen werden. Dies betrifft insbesondere die **Überlassung eines Dienstwagens** zur Privatnutzung, die Teil der arbeitsvertraglichen Vergütung ist (vgl. *BAG* 23.6.1994 BB 1994, 2278; BB 1995, 204 m. Anm. *Nägele*; *LAG Sachsen* 9.4.1997 BB 1997, 1693). Von daher ist das Unternehmen grds. verpflichtet, den Dienstwagen bis zur Beendigung des Arbeitsverhältnisses dem freigestellten Mitarbeiter im bisherigen Umfang zur Verfügung zu stellen (vgl. zum Entzug der Privatnutzung des Dienstwagens: *Meier* NZA 1997, 298 ff.).

2412

(3) Anrechnung anderweitigen Erwerbs
Wird der Mitarbeiter von der Arbeitsleistung freigestellt, so bietet sich ihm grds. die Möglichkeit, auch schon während der Freistellungsphase eine **anderweitige Beschäftigung** aufzunehmen, sofern nicht ein vertragliches oder gesetzliches (vgl. § 60 HGB) **Wettbewerbsverbot** einer derartigen Tätigkeit entgegensteht. Im Falle der bezahlten Freistellung stellt sich in diesen Fällen dann stets die Frage, inwieweit der Arbeitnehmer den anderweitigen Verdienst auf die von seinem eigentlichen Arbeitgeber geschuldete Vergütung sich anrechnen lassen muss.

2413

aaa) Einseitige Freistellung
Ordnet der Arbeitgeber rechtswidrig eine Freistellung an, folgt die Anrechnung unmittelbar aus dem Gesetz. Es ist unstreitig, dass das Unternehmen in diesem Fall selbst in **Annahmeverzug** gem. §§ 615, 293 BGB gerät (vgl. *BAG* 23.6.1994 BB 1994, 2278; 19.4.1990 AP Nr. 45 zu § 615 BGB; *LAG Hamm* 11.10.1996 NZA-RR 1997, 287 [288]). Nach § 615 S. 1 BGB kann der Arbeitnehmer die Vergütung auch dann verlangen, wenn er keine Arbeitsleistung erbracht hat, der Arbeitgeber sich jedoch in Annahmeverzug befindet. Gem. § 615 S. 2 BGB muss sich der Arbeitnehmer allerdings einen anderweitigen Verdienst anrechnen lassen.
Auch die dritte Alternative des § 615 S. 2 BGB, nach der auch ein böswillig unterlassener Erwerb zu berücksichtigen ist, findet dem Wortlaut nach Anwendung. Es ist jedoch zweifelhaft, ob diese Regelung im Falle einer bezahlten Freistellung eingreift (vgl. *Hoß/Lohr* BB 1998, 2575 [2578]). Die Freistellung soll verhindern, dass der Arbeitnehmer wirtschaftliche Nachteile erleidet, indem dieser ohne Arbeitsleistung die vertragsgemäße Vergütung erhält. Hiermit ist ein mittelbarer Zwang, eine anderweitige Beschäftigung aufzunehmen, unvereinbar. Ein derartiger Zwang würde sich aber konsequenterweise ergeben, wenn sich der Arbeitgeber auf die Regelung des § 615 S. 2 dritte Alternative BGB auch im Falle der rechtswidrigen Freistellung berufen kann.
Ist die einseitige Anordnung der Freistellung zulässig, so gerät der Arbeitgeber ebenfalls in Annahmeverzug, sofern der Arbeitnehmer in der Lage und bereit ist, die Arbeitsleistung zu erbringen. Hier gilt ebenfalls § 615 S. 1 BGB (vgl. *BAG* 2.8.1971 BB 1971, 1142). Nach der Rechtsauffassung des Dritten Senats ist **kein Angebot** des Ar-

2414

2415

2416

D. Die Beendigung des Arbeitsverhältnisses

beitnehmers i. S. d. §§ 294 ff. BGB erforderlich. Der Arbeitgeber verzichtet durch die Freistellungserklärung auf ein entsprechendes Angebot, so dass dieses nach Treu und Glauben entbehrlich ist. Daher ist auch die Regelung des § 615 S. 2 BGB unmittelbar anwendbar, so dass anderweitiger Erwerb auch ohne besondere Vereinbarung kraft Gesetzes angerechnet werden kann. Etwas anderes gilt nur dann, wenn die Arbeitsleistung unmöglich wird, da in diesem Fall ein **Annahmeverzug** nach § 297 BGB ausgeschlossen ist. Der Vergütungsanspruch richtet sich dann nach den §§ 323 ff. BGB.

bbb) Einvernehmliche Freistellung

2417 Im Fall des Aufhebungsvertrages ist stets von einer einvernehmlichen Freistellung auszugehen, da hier die Freistellung auf dem Konsens der Arbeitsvertragsparteien beruht. Ein **Annahmeverzug** kann hier also nicht vorliegen, da die Arbeitsvertragsparteien einvernehmlich die Freistellung unter Fortzahlung der Vergütung vereinbart haben. Der Arbeitgeber verzichtet insofern auf die vertraglich vom Arbeitnehmer geschuldete Arbeitsleistung und im Gegenzug der Arbeitnehmer auf seinen Beschäftigungsanspruch. Damit erlischt die Gläubigerstellung des Arbeitgebers, so dass ein Annahmeverzug i. S. d. § 293 BGB nicht eintreten kann. § 615 S. 2 BGB ist in einem solchen Fall weder unmittelbar noch analog anwendbar (vgl. *BAG* 30.9.1982 – 6 AZR 802/79 – n. v.; *LAG Hamm* 11.10.1996 NZA-RR 1997, 287 [288]; *LAG Brandenburg* 17.3.1998 LAGE § 615 BGB Nr. 56).

2418 Anderer Auffassung ist insofern lediglich das *LAG Schleswig-Holstein* (vgl. Urteil vom 20.2.1997 NZA-RR 1997, 286), nach dem die Regelung des § 615 S. 2 BGB anwendbar ist, so dass stets eine Anrechnung erfolgt, sofern die Parteien nicht die Regelung des § 615 S. 2 BGB ausdrücklich abbedungen haben.

2419 Das BAG sieht im Übrigen eine einvernehmliche Freistellung und damit eine Nichtanwendbarkeit des § 615 S. 2 BGB auch dann als gegeben an, wenn der Mitarbeiter ursprünglich das Unternehmen um eine Freistellung gebeten hat, dies vom Unternehmen allerdings abgelehnt worden war und erst zu einem späteren Zeitpunkt der Mitarbeiter dann doch einseitig freigestellt worden ist. Hier handelt es sich zwar zunächst um eine **einseitige Freistellungserklärung**, jedoch vertritt der Neunte Senat des BAG die Auffassung, dass der ursprüngliche Freistellungswunsch des Mitarbeiters als Angebot auf Abschluss einer einvernehmlichen Freistellung zu verstehen ist und die letztendlich erklärte einseitige Freistellung des Arbeitgebers als Annahme dieses fortbestehenden Freistellungswunsches (vgl. *BAG* 9.11.1999 – 9 AZR 922/98 –).

2420 **Praxistipp:**
Vor dem Hintergrund, dass das BAG also auf dem Standpunkt steht, dass eine Anwendbarkeit des § 615 S. 2 BGB bei der einvernehmlichen Freistellung im Rahmen eines Aufhebungsvertrages nicht in Betracht kommt, ist einem Arbeitgeber stets zu raten, ausdrücklich in den Aufhebungsvertrag aufzunehmen, dass anderweitiger Verdienst auf die vom Unternehmen geschuldete Vergütung angerechnet wird. Dies gilt insbesondere, weil i. d. R. weder von einer konkludenten Anrechnungsvereinbarung ausgegangen noch eine solche Anrechnungsvereinbarung im Wege der ergänzenden Vertragsauslegung in die Freistellungserklärung hineininterpretiert werden kann (vgl. *LAG Köln* 21.8.1991 NZA 1992, 12 [124]; *LAG Brandenburg* 17.3.1998 LAGE § 615 BGB Nr. 56).

D. Die Beendigung des Arbeitsverhältnisses

(4) Anrechnung des Erholungsurlaubs auf die Freistellungsphase
Es steht außer Frage, dass die Arbeitsvertragsparteien in einem Aufhebungsvertrag 2421
vereinbaren können, dass der Arbeitnehmer unter **Anrechnung des restlichen Erholungsurlaubes** von der Arbeitsleistung freigestellt wird (vgl. *LAG Bremen* 24.1.1997 MDR 1997, 753; *BAG* 9.6.1998 § 611 BGB Aufhebungsvertrag Nr. 30). Ebenso ist es im Fall der einseitigen Freistellung anerkannt, dass der Arbeitgeber, der nach Ausspruch einer Kündigung den Arbeitnehmer bis zur Beendigung des Arbeitsverhältnisses freistellt, zugleich anordnen kann, dass der Urlaubsanspruch auf die Freistellung angerechnet wird (vgl. *BAG* 25.1.1994 EzA § 7 BUrlG Nr. 92; 18.12.1986 BB 1987, 1953). Diese Befugnis des Arbeitgebers folgt bereits daraus, dass der Urlaubsanspruch nur noch in der verbleibenden Laufzeit des Vertrages gewährt werden kann und der Naturalanspruch Vorrang vor dem Abgeltungsanspruch des § 7 Abs. 4 BUrlG hat.

Die Rechtsprechung (vgl. *BAG* 9.6.1998 EzA § 7 BUrlG Nr. 106; 25.1.1994 BB 1994, 2422
1012; 31.5.1990 BB 1991, 837) und der überwiegende Teil der Literatur (vgl. *Hoß/Lohr* BB 1998, 2575 [2579] m. w. N.) gehen davon aus, dass keine Anrechnung des Resturlaubs erfolgt, wenn der Arbeitgeber dies weder ausdrücklich erklärt noch besondere Umstände vorliegen, die auf eine konkludente Urlaubsgewährung schließen lassen. Der Urlaubsanspruch ist ein »durch das Bundesurlaubsgesetz bedingter Freistellungsanspruch des Arbeitnehmers gegen den Arbeitgeber, von den nach dem Arbeitsverhältnis entstehenden Arbeitspflichten befreit zu werden, ohne dass die Pflicht zur Zahlung des Arbeitsentgeltes berührt wird« (vgl. *BAG* 25.1.1994 BB 1994, 1012). Die zur Erfüllung dieses Anspruchs erforderliche Erklärung des Arbeitgebers müsse hinreichend deutlich erkennen lassen, dass eine Befreiung von der Arbeitspflicht zur Erfüllung des Urlaubsanspruches erklärt wird. Andernfalls sei nicht erkennbar, ob der Arbeitgeber als Schuldner des Urlaubsanspruches diesen Anspruch erfüllt oder als Gläubiger der Arbeitsleistung auf deren Annahme verzichtet.

Dementsprechend reicht es nicht, dass ein Arbeitgeber einen Arbeitnehmer ohne 2423
Hinweis auf die Anrechnung von Urlaubsansprüchen freistellt und auch aus den sonstigen Umständen nicht hervorgeht, dass eine Urlaubsgewährung vorliegt (vgl. *BAG* 9.6.1998 EzA § 7 BUrlG Nr. 106).

Erforderlich ist vielmehr eine **ausdrückliche unwiderrufliche Freistellung unter** 2424
Hinweis auf die Urlaubsansprüche. Fehlt es an der Unwiderruflichkeit, so ist ebenfalls keine Anrechnung möglich, weil der Arbeitnehmer jederzeit mit einer Beendigung der Freistellung rechnen muss und somit seinen Urlaub nicht planen kann (vgl. *ArbG Wiesbaden* 16.10.2000 – 4 Ca 2256/00 –).

(5) Formulierung der Freistellung im Aufhebungsvertrag

In Anbetracht der vorstehenden Ausführungen sollte also in einem Aufhebungs- 2425
vertrag die Freistellung des Mitarbeiters im Interesse beider Parteien sorgfältig formuliert werden. Es bietet sich hier an, beispielsweise folgende Formulierung in den Aufhebungsvertrag aufzunehmen:
»Die Gesellschaft stellt den Mitarbeiter bis zur Beendigung des Arbeitsverhältnisses unter Fortzahlung der vertragsgemäßen Vergütung sowie unter Anrechnung etwaiger restlicher Urlaubsansprüche sowie sonstiger Ansprüche auf Arbeitsbefreiung (Altersfreizeit, Abbau von Überstunden, etc.) unwiderruflich von der Arbeitsleistung frei. Der Mitarbeiter ist verpflichtet, sich anderweitigen Erwerb auf die von der Gesellschaft geschuldete Vergütung anrechnen zu lassen. Insofern be-

D. Die Beendigung des Arbeitsverhältnisses

steht eine Auskunftspflicht des Mitarbeiters über die während der Freistellung erzielten Einkünfte.«

dd) Rückgabe des Dienstwagens

2426 Die Rückgabe eines dem Mitarbeiter zur Verfügung gestellten Dienstwagens stellt im Zusammenhang mit der Beendigung eines Anstellungsverhältnisses oftmals mehr ein emotionales als ein rechtliches Problem dar. Gerade bei Führungskräften hat sich der Dienstwagen zu einem wichtigen Statussymbol entwickelt.

2427 Grds. gilt: War der Dienstwagen dem Mitarbeiter **ausschließlich zu dienstlichen Zwecken** überlassen, so darf das Unternehmen beispielsweise mit der Freistellung gleichzeitig die Herausgabe des Dienstwagens verlangen. Ist der Arbeitnehmer dagegen berechtigt, den Dienstwagen **auch privat unbeschränkt** zu nutzen, so darf ihn der Arbeitgeber selbst bei der Freistellung des Arbeitnehmers nicht ohne weiteres vor dem rechtlichen Ende des Arbeitsverhältnisses heraus verlangen.

2428 Entzieht der Arbeitgeber dem Arbeitnehmer **rechtswidrig** das Fahrzeug, so ist er zum **Schadensersatz** verpflichtet. Während früher streitig war, wonach sich der Schadensersatz zu berechnen hat, hat das BAG nunmehr entschieden, dass bei der abstrakten Berechnung des Schadensersatzes nicht mehr auf die ADAC-Tabellen oder die Tabellen von Sanden-Danner abgestellt werden darf, sondern dass hier vielmehr die **1%-Regelung**, die auch für die Versteuerung der Privatnutzung herangezogen wird, maßgeblich ist (vgl. *BAG* 27.5.1999 EzA § 249 BGB Nr. 24).

2429 Wird die Nutzungsmöglichkeit des Pkw im Anstellungsvertrag geregelt, so bestehen keine Bedenken gegen eine sog. **Ersetzungsklausel**, die den Arbeitgeber dazu ermächtigt, den Pkw zurückzufordern und gleichzeitig den Nutzwert für die Zeit der Freistellung zu vergüten (vgl. *BAG* 23.6.1994 BB 1994, 2278; BB 1995, 204 m. Anm. *Nägele*; *Meier* NZA 1997, 298 [299]). Eine derartige Ersetzungsklausel kann im Übrigen auch auf die Überlassung eines anderen Fahrzeuges gerichtet sein. Nach einer Entscheidung des LAG Sachsen setzt die Wirksamkeit einer solchen Vereinbarung nicht voraus, dass das angebotene Ersatzfahrzeug mindestens gleichwertig ist (vgl. *LAG Sachsen* 9.4.1997 BB 1997, 1693). Lehnt der Arbeitnehmer das Angebot des Arbeitgebers unter Hinweis auf die Vorzüge des bisher gewährten Fahrzeuges ab, kann er nach der Auffassung des LAG Sachsen nunmehr keinen Schadensersatzanspruch geltend machen. Ein Wahlrecht steht dem Arbeitnehmer in einem solchen Fall nicht zu.

2430 Ohne eine entsprechende Ersetzungsklausel kann der Arbeitnehmer weder auf die Nutzung eines anderen Fahrzeuges noch auf die Zahlung eines Ausgleichsanspruchs verwiesen werden, da eine Ersetzungsbefugnis des Schuldners einer entsprechenden Vereinbarung bedarf.

2431 Ob auch die Vereinbarung einer **entschädigungslosen Rücknahmemöglichkeit** zulässig ist, hat das BAG bisher offen gelassen (vgl. *BAG* 23.6.1994 BB 1994, 2278). Eine solche Klausel wird als wirksam zu betrachten sein, da hierdurch die Voraussetzungen, die die Rechtsprechung an die Wirksamkeit einer Änderungskündigung zur Herabsetzung der Vergütung stellt, nicht unterlaufen werden. Anerkannt ist insofern, dass der Arbeitgeber auch Vergütungsbestandteile einem Widerrufsvorbehalt unterwerfen kann, sofern nicht der Kernbereich des kündigungsrechtlichen Änderungsschutzes beeinträchtigt wird (vgl. *BAG* 13.6.1986 AP Nr. 19 zu § 2 KSchG; *Hoß* MDR 2000, 562). Dieser Kernbereich ist im vorliegenden Fall nicht verletzt, da die Gewährung des Dienstwagens trotz des Vermögensvorteils lediglich eine zusätzliche

D. Die Beendigung des Arbeitsverhältnisses

Leistung darstellt, die im Vergleich zu dem dem Mitarbeiter i. d. R. gezahlten Vergütung nur einen geringen Bruchteil ausmacht.

Enthält der Arbeitsvertrag oder die Dienstwagenordnung keine besonderen Regelungen über die **Herausgabepflichten**, so kann der Arbeitgeber die Rückführung des Dienstwagens auch in den Fällen verlangen, in denen der Mitarbeiter über den gesetzlichen Entgeltfortzahlungszeitraum hinaus **arbeitsunfähig** ist. Da die private Nutzungsmöglichkeit des Dienstwagens als Sachbezug ein Teil der Vergütung ist, erlischt der Anspruch auf Überlassung des Dienstwagens auch zusammen mit dem übrigen Entgeltanspruch (vgl. LAG Köln 22.6.2001 NZA-RR 2001, 523). 2432

> **Formulierungshinweis:** 2433
> Zur Vermeidung einer Auseinandersetzung über die Rückgabepflicht sollte im Aufhebungsvertrag der **Übergabetermin** in örtlicher und zeitlicher Hinsicht genau festgelegt werden. Unterbleibt eine diesbezügliche Regelung, so ist **Erfüllungsort für die Rückgabeverpflichtung** nach Beendigung des Arbeitsverhältnisses grds. die Betriebsstätte des Arbeitgebers. Die Rückgabeverpflichtung kann wie folgt formuliert werden:
> »Der Mitarbeiter verpflichtet sich, den ihm überlassenen Dienstwagen der Marke ... mit dem polizeilichen Kennzeichen ... einschließlich der Wagenpapiere und sämtlicher Wagenschlüssel am ... an die Firma zurückzugeben. Der Wagen ist auf dem Firmengelände in ... abzugeben. Während der Freistellungsphase ist der Mitarbeiter berechtigt, den Dienstwagen im bisherigen Umfange auch für private Zwecke zu nutzen. Die durchschnittliche Kilometerleistung pro Monat darf danach ... km betragen. Überschreitet der Mitarbeiter diese durchschnittliche Kilometerleistung, so hat er die mehr gefahrenen Kilometer mit ... Euro je Kilometer gegenüber der Gesellschaft zu vergüten.«

Unter **steuerlichen Gesichtspunkten** sollte darauf geachtet werden, dass die Rückgabe des Dienstwagens spätestens zum Beendigungszeitpunkt erfolgt. Wird dem ausgeschiedenen Mitarbeiter der Dienstwagen aufgrund des Aufhebungsvertrages für einen längeren Zeitraum nach Beendigung des Arbeitsverhältnisses weiterhin zur privaten Nutzung überlassen, so stellt dies neben der Barabfindung einen weiteren Teil der Entschädigung für die Aufgabe des Arbeitsplatzes dar. Erstreckt sich die private Nutzung nach der Beendigung auf zwei Kalenderjahre, so kann dies zum Verlust der Steuerbegünstigung der Barabfindung (Fünftelregelung) führen, weil es nunmehr an der für die §§ 24, 34 EStG notwendigen Zusammenballung fehlt (siehe zur steuerrechtlichen Behandlung einer Abfindung/Entschädigung unter D/Rz. 1933 ff.). 2434

Soll der Dienstwagen im Zusammenhang mit der Beendigung des Arbeitsverhältnisses an den Mitarbeiter **veräußert** werden, so ist zu beachten, dass es sich hierbei einen normalen Verkauf i. S. v. §§ 433 ff. BGB handelt. Von daher gelten hier beispielsweise auch die Gewährleistungsregeln. Wie beim Gebrauchtwagenverkauf üblich sollte die **Gewährleistung** ausdrücklich ausgeschlossen werden. Dies entspricht im Übrigen auch der Billigkeit, da i. d. R. der Arbeitgeber im Gegensatz zum Mitarbeiter das Fahrzeug und eventuelle Mängel gar nicht kennt. 2435

ee) Abfindung

Da ein Arbeitnehmer i. d. R. keinen Grund hat, der Aufhebung seines Arbeitsverhältnisses ohne weiteres zuzustimmen, wird dieses Einverständnis durch Zahlung einer entsprechenden Abfindung »erkauft«. Die **Abfindungshöhe** orientiert sich zum 2436

D. Die Beendigung des Arbeitsverhältnisses

einen an dem vom Mitarbeiter erreichten sozialen Besitzstand (Einkommenshöhe und Betriebszugehörigkeit) und zum anderen an den Erfolgsaussichten einer arbeitgeberseitigen Kündigung.

2437 Eine Abfindung ist grds. **sozialversicherungsfrei**, solange in der Abfindung keine bereits erdienten Vergütungsansprüche enthalten sind.

2438 Soll die Abfindung ohne jegliche Abzüge an den Mitarbeiter ausgezahlt werden, so muss ausdrücklich eine sog. **Netto-Abfindung** vereinbart werden. In diesem Fall sind sämtliche Steuern vom Unternehmen zu tragen. Widersprüchlich ist insofern allerdings eine Vereinbarung, wonach eine Abfindung »**brutto gleich netto**« gezahlt werden soll und die Abfindungshöhe die Freibeträge des § 3 Ziffer 9 EStG übersteigt. Nach herrschender Meinung hat bei einer derartigen Formulierung der Arbeitnehmer i. d. R. die anfallende Lohnsteuer selbst zu tragen (vgl. *LAG Niedersachsen* 10.12.1984 LAGE § 10 KSchG Nr. 1; *LAG Frankfurt* 7.12.1988 NZA 1989, 850). Von einer Nettovereinbarung kann hier ausnahmsweise nur dann ausgegangen werden, wenn der Arbeitnehmer nach dem übereinstimmenden Willen beider Vertragspartner die gesamte Abfindung steuerfrei erhalten soll. Anderer Ansicht ist insofern das LAG Hamm, wonach die Klausel »brutto gleich netto« nur dann einen Sinn ergäbe, wenn man ihr die Bedeutung beimesse, dass ein an sich geschuldeter Bruttobetrag zum Nominalwert netto auszuzahlen sei (vgl. *LAG Hamm* 5.3.1980 DB 1980, 2396).

2439 **Formulierungshinweis:**
Die gebräuchliche Abfindungsvereinbarung lautet in Aufhebungsverträgen wie folgt:
»Die Firma verpflichtet sich, dem Mitarbeiter für den Verlust des Arbeitsplatzes und des sozialen Besitzstandes eine Abfindung in entsprechender Anwendung der §§ 9, 10 KSchG in Höhe von ... Euro brutto zu zahlen.«

2440 Bestehen Zweifel im Hinblick auf die steuerliche Behandlung der Abfindung bzw. die Höhe der abzuführenden Steuern, so kann beim Betriebsstättenfinanzamt des Arbeitgebers eine sog. **Lohnsteueranrufungsauskunft** gem. § 42 e EStG eingeholt werden (Musterformulierung siehe unter D/Rz. 1955). Diese Auskunft bindet allerdings nicht das für den Arbeitnehmer zuständige Wohnsitzfinanzamt im Rahmen der Einkommensteuerveranlagung (vgl. *BFH* 9.10.1992 DB 1993, 73).

ff) Betriebliche Altersversorgung

2441 Wurde dem Arbeitnehmer eine Zusage auf betriebliche Altersversorgung erteilt, so sollte im Rahmen des Aufhebungsvertrages geregelt werden, wie sich die Beendigung des Arbeitsverhältnisses auf die betriebliche Altersversorgung auswirkt. Dabei ist zwischen verfallbarer und unverfallbarer Versorgungsanwartschaft zu unterscheiden. Siehe im Einzelnen zur betrieblichen Altersversorgung oben C/Rz. 2683 ff.

gg) Zeugnis/Sprachregelung

2442 Wird über die Beendigung eines Arbeitsverhältnisses verhandelt, so kommt neben der Abfindung auch dem Zeugnis eine erhebliche Bedeutung zu. Bei Führungskräften sollte je nach Position auch eine Sprachregelung, mit der das Ausscheiden des Mitarbeiters nach Außen bekannt gegeben wird, gemeinsam erarbeitet werden.

D. Die Beendigung des Arbeitsverhältnisses

(1) Zeugnis

Gem. § 630 BGB steht einem Arbeitnehmer bei der Beendigung eines Arbeitsverhält- 2443
nisses ein schriftliches Zeugnis über das Arbeitsverhältnis und dessen Dauer zu (sog.
einfaches Zeugnis). Das Zeugnis muss sich gem. § 630 S. 2 BGB auf Verlangen des Arbeitnehmers auch auf die Beurteilung der Leistung und Führung erstrecken (sog.
qualifiziertes Zeugnis). Entsprechende Regelungen enthalten darüber hinaus die
§ 113 Abs. 1 und 2 GewO, § 73 HGB, § 8 BBiG.

Zur **äußeren Form** eines Zeugnisses hat das BAG vor wenigen Jahren ausführlich 2444
Stellung genommen:
– Das Zeugnis muss **sauber und ordentlich geschrieben** sein; es darf keine Flecken,
 Radierungen, Verbesserungen oder Ähnliches enthalten. Durch die äußere Form
 darf nicht der Eindruck erweckt werden, der Arbeitgeber distanziere sich vom
 Wortlaut seiner Erklärung. Darüber hinaus muss das Zeugnis auf **Geschäftsbogen**
 ausgefertigt werden, wenn der Arbeitgeber üblicherweise im Geschäftsverkehr spezielle Firmenbriefbögen verwendet.
– Bei der inhaltlichen Abfassung des Zeugnisses muss beachtet werden, dass das Zeug- 2445
 nis einerseits »**wohl wollend**« sein muss, um den Mitarbeiter nicht an seinem beruflichen Fortkommen zu hindern. Andererseits soll es einem künftigen Arbeitgeber
 über den Arbeitnehmer unterrichten und muss daher »**wahr**« sein. Der Arbeitgeber
 darf demnach weder bewusst falsche Angaben im Zeugnis machen noch Punkte auslassen, die ein Leser erwarten würde. Eine Ausnahme von diesem Grundsatz gilt für
 die Erwähnung einer **Betriebsratstätigkeit**; sie ist in Zeugnissen nur dann zu erwähnen, wenn dies der Mitarbeiter verlangt oder der Arbeitnehmer mehrere Jahre freigestelltes Betriebsratsmitglied war (vgl. *BAG* 19.8.1992 AP Nr. 5 zu § 8 BPersVG).
– Da die Formulierung des Zeugnisses alleine dem Arbeitgeber obliegt, empfiehlt es 2446
 sich aus Arbeitnehmersicht, **den Aufhebungsvertrag erst nach Vorlage des Zeugnisses zu unterzeichnen**. Auf diese Weise kann der Mitarbeiter beispielsweise auch
 sicherstellen, dass die in vielen Zeugnissen anzutreffende »Wunschabschiedsformel« (»Wir wünschen Herrn/Frau ... für die Zukunft alles Gute und viel Erfolg.«)
 ebenso wie der Dank des Unternehmens für die bisher geleistete Tätigkeit in das
 Zeugnis aufgenommen wird. Ohne vertragliche Vereinbarung hat der Arbeitnehmer keinen Anspruch auf Aufnahme der Wunschabschiedsformel oder der Formulierung eines besonderen Dankes für die geleistete Tätigkeit (vgl. *BAG* 20.2.2001
 EzA § 630 BGB Nr. 23).
– Liegt zwischen Abschluss des Aufhebungsvertrages und der rechtlichen Beendi- 2447
 gung des Arbeitsverhältnisses ein längerer Zeitraum, bietet es sich an, zunächst
 ein **Zwischenzeugnis** zu erteilen, das inhaltlich mit dem Schlusszeugnis überein
 zu stimmen hat, sofern während der Zeit bis zur Beendigung des Arbeitsverhältnisses keine gravierenden Punkte auftreten, die eine Abänderung des Zeugnisses erforderlich machen.

Formulierungshinweis: 2448
Im Aufhebungsvertrag kann das Zeugnis wie folgt abgesichert werden:
»Der Mitarbeiter erhält das diesem Vertrag in der Anlage beigefügte Zwischenzeugnis. Zum Beendigungszeitpunkt wird ihm ein gleich lautendes Schlusszeugnis überreicht, in dem die Schlussformel »Wir bedanken uns für die von Herrn/
Frau ... geleistete Arbeit. Wir bedauern sein Ausscheiden und wünschen ihm
für die berufliche und private Zukunft alles Gute und viel Erfolg.« lautet.«

D. Die Beendigung des Arbeitsverhältnisses

(2) Sprachregelung

2449 Gerade bei Führungskräften ist es nicht ungewöhnlich, dass sich ein neuer Arbeitgeber bei dem früheren Unternehmen über den ausgeschiedenen Mitarbeiter informiert. Da der alte Arbeitgeber diese Auskünfte grds. auch ohne Einverständnis des Arbeitnehmers erteilen kann, sollte eine Sprachregelung zwischen den Parteien erarbeitet werden, mit der das **Ausscheiden nach Außen** (potentieller neuer Arbeitgeber, Presse, etc.) bekannt gegeben wird. Der Aufhebungsvertrag kann insofern bestimmen, dass das Unternehmen nur Auskünfte i. S. d. Zeugnisses erteilen wird.

Formulierungshinweis:
In den Aufhebungsvertrag sollte dementsprechend folgende Klausel aufgenommen werden:
»Dritten gegenüber wird das Ausscheiden des Mitarbeiters ab ... mit der in der Anlage zu diesem Vertrag beigefügten Sprachregelung bekannt gegeben werden. Die Gesellschaft verpflichtet sich, Auskünfte über den Mitarbeiter nur i. S. d. Zwischenzeugnisses und der Sprachregelung zu erteilen. Bei Zuwiderhandlungen wird eine Vertragsstrafe in Höhe von 5.000,- Euro für jeden Einzelfall fällig.«

hh) Betriebsgeheimnis

2450 Ebenso wie während des Arbeitsverhältnisses ist der Arbeitnehmer auch nach dessen Beendigung verpflichtet, **Verschwiegenheit über Geschäfts- und Betriebsgeheimnisse** seines bisherigen Arbeitgebers zu bewahren (vgl. *BAG* 15.12.1987 EzA § 611 BGB Betriebsgeheimnis Nr. 1). Unter Geschäfts- und Betriebsgeheimnissen werden solche Tatsachen verstanden, die im Zusammenhang mit dem Geschäftsbetrieb stehen, nur einem eng begrenzten Personenkreis bekannt sind, nicht offenkundig sind und nach dem Willen des Arbeitgebers aufgrund eines berechtigten wirtschaftlichen Interesses geheim gehalten werden sollen (vgl. *BAG* 16.3.1982 AP Nr. 1 zu § 611 BGB Betriebsgeheimnis; 15.12.1987 EzA § 611 BGB Betriebsgeheimnis Nr. 1). Diese Verschwiegenheitspflicht verbietet dem Arbeitnehmer allerdings nicht, **Kunden** seines ehemaligen Arbeitgebers zu umwerben (vgl. *BAG* 15.12.1987 EzA § 611 BGB Betriebsgeheimnis Nr. 1).

Formulierungshinweis:
Obwohl meistens bereits im Arbeitsvertrag eine Geheimhaltungsklausel enthalten ist, sollte auch im Aufhebungsvertrag nochmals auf diese Verschwiegenheitspflicht hingewiesen werden. Dies kann beispielsweise mit folgender Klausel erfolgen:
»Der Mitarbeiter verpflichtet sich, alle ihm während seiner Tätigkeit für die Gesellschaft zur Kenntnis gelangten betriebsinternen Vorgänge – insbesondere Geschäfts- und Betriebsgeheimnisse – auch nach dem Ausscheiden geheim zu halten.«

ii) Nachvertragliches Wettbewerbsverbot

2451 Um zu verhindern, dass ein Mitarbeiter nach der Auflösung des Arbeitsverhältnisses unmittelbar zur **Konkurrenz** wechselt, muss mit dem Arbeitnehmer ein nachvertragliches Wettbewerbsverbot entsprechend den §§ 74 ff. HGB abgeschlossen werden. Die Verpflichtung zur Wahrung von Geschäfts- und Betriebsgeheimnissen reicht

D. Die Beendigung des Arbeitsverhältnisses

für sich genommen nicht aus, um eine irgendwie geartete spätere Wettbewerbstätigkeit zu unterbinden.

(1) Fortbestand eines nachvertraglichen Wettbewerbsverbotes
Enthält der Anstellungsvertrag oder eine gesonderte Vereinbarung bereits rechtswirksam ein nachvertragliches Wettbewerbsverbot, so sollte im Aufhebungsvertrag rein vorsorglich eine ausdrückliche Regelung über die Fortgeltung des nachvertraglichen Wettbewerbsverbotes aufgenommen werden, wenn das Wettbewerbsverbot aufrechterhalten bleiben soll (vgl. *Hoß* DB 1997, 1818). Durch die ausdrückliche Erwähnung des Fortbestandes des nachvertraglichen Wettbewerbsverbotes im Aufhebungsvertrag wird vermieden, dass aufgrund der i. d. R. im Aufhebungsvertrag vorhandenen allgemeinen Erledigungsklausel Streit darüber entsteht, ob das Wettbewerbsverbot gegebenenfalls durch die Erledigungsklausel erlischt. 2452

(2) Aufhebung eines nachvertraglichen Wettbewerbsverbotes
Eine allgemeine Erledigungsklausel führt alleine grds. nicht zur Beseitigung eines im Arbeitsvertrag vereinbarten nachvertraglichen Wettbewerbsverbotes (vgl. *BAG 20.10.1981 EzA § 74 HGB Nr. 39; LAG Baden-Württemberg 20.9.1995 NZA-RR 1996, 163; Hoß DB 1997, 1818; Weuster AiB 1996, 178; Bauer/Diller Wettbewerbsverbote, Rz. 496).* Die **Aufhebung** eines nachvertraglichen Wettbewerbsverbotes muss **ausdrücklich** erfolgen. 2453

Eine Klausel, wonach die Gesellschaft mit sofortiger Wirkung auf das nachvertragliche Wettbewerbsverbot verzichtet, beseitigt zwar das Wettbewerbsverbot, nicht jedoch die Pflicht des Arbeitgebers zur **Zahlung der Karenzentschädigung**. Gem. § 75 a HGB kann das Unternehmen jederzeit vor Beendigung des Arbeitsverhältnisses einseitig auf das nachvertragliche Wettbewerbsverbot verzichten. Gesetzliche Folge eines derartigen Verzichtes ist allerdings, dass der Arbeitgeber noch für ein Jahr ab Zugang der Verzichtserklärung zur Zahlung der Karenzentschädigung verpflichtet ist. 2454

> **Formulierungshinweis:** 2455
> Zur vollständigen Beseitigung eines nachvertraglichen Wettbewerbsverbotes bietet sich insofern folgende Formulierung an:
> »Das in § 13 des Arbeitsvertrages vom 1.10.1999 vereinbarte nachvertragliche Wettbewerbsverbot wird einvernehmlich aufgehoben. Eine Verpflichtung zur Zahlung einer Karenzentschädigung besteht nicht mehr.«

(3) Vereinbarung eines nachvertraglichen Wettbewerbsverbotes
Auch im Rahmen eines Aufhebungsvertrages ist es den Arbeitsvertragsparteien möglich, ein nachvertragliches Wettbewerbsverbot zu vereinbaren. Die Vorschriften der §§ 74 ff. HGB finden in diesem Fall ebenfalls Anwendung, solange das Wettbewerbsverbot noch im Zusammenhang mit dem Arbeitsverhältnis und seiner Abwicklung abgeschlossen wird (vgl. *BAG 3.5.1994 EzA § 74 HGB Nr. 56).* Demnach ist ein nachvertragliches Wettbewerbsverbot, das mehrere Monate vor Beendigung des Arbeitsverhältnisses im Rahmen eines Aufhebungsvertrages vereinbart wird, nichtig, wenn es keine Karenzentschädigung vorsieht. 2456

Die nach § 77 Abs. 2 HGB erforderliche **Karenzentschädigung** kann nicht durch eine für den Verlust des Arbeitsplatzes zugesagte Abfindung kompensiert werden 2457

D. Die Beendigung des Arbeitsverhältnisses

(vgl. *BAG* 3.5.1994 EzA § 74 HGB Nr. 56). Von daher muss neben der Abfindung auch eine Karenzentschädigung ausdrücklich im Aufhebungsvertrag vereinbart werden. In **steuerrechtlicher Hinsicht** wirkt sich die Aufteilung der Entschädigungszahlung in eine Abfindung und eine Karenzentschädigung dann nicht aus, wenn die Karenzentschädigung in Form einer **Einmalzahlung** geleistet wird. In diesem Fall unterliegt die Karenzentschädigung ebenfalls der Versteuerung mit dem **ermäßigten Steuersatz** nach § 34 EStG (vgl. *BFH* 12.6.1996 – XI R 43/94 –).

jj) Rückgabe von Unterlagen

2458 Nach der Beendigung des Arbeitsverhältnisses ist der Arbeitnehmer gem. §§ 861, 985 BGB verpflichtet, die ihm zur Verfügung gestellten Geschäftsunterlagen und Arbeitsmittel, wie beispielsweise Geschäftspapiere, Akten, Werkzeuge, Schutzkleidung sowie sonstiges Firmeneigentum (z. B. Betriebsausweis) an die Gesellschaft herauszugeben. Ein **Zurückbehaltungsrecht** nach § 273 BGB an den Geschäftsunterlagen und Arbeitsmitteln steht dem Arbeitnehmer regelmäßig nicht zu.

> **Formulierungshinweis:**
> Im Aufhebungsvertrag sollte daher folgende Formulierung aufgenommen werden:
> »Der Mitarbeiter gibt innerhalb von zwei Wochen nach Unterzeichnung dieses Vertrages sämtliche in seinem Besitz befindlichen, jedoch im Eigentum der Gesellschaft stehenden Unterlagen und Gegenstände an die Gesellschaft zurück. Dies gilt auch für eventuell angefertigte Kopien derartiger Unterlagen.«

kk) Vorzeitige Beendigung durch Tod oder Kündigung

2459 Aufgrund langer Kündigungsfristen liegen zwischen Unterzeichnung des Aufhebungsvertrages und tatsächlicher Beendigung des Arbeitsverhältnisses oftmals viele Monate. Unabhängig vom Alter des Arbeitnehmers besteht hier die Gefahr, dass er in der Zeit zwischen Unterzeichnung des Vertrages und tatsächlicher Beendigung des Arbeitsverhältnisses verstirbt. In diesem Fall stellt sich die Frage, ob das Unternehmen trotzdem zur Zahlung der im Aufhebungsvertrag vereinbarten Abfindung verpflichtet ist.

2460 Resultiert die Abfindung alleine aus einem **Sozialplan**, so besteht für die Erben kein Anspruch auf Auszahlung der Abfindung (vgl. *BAG* 25.9.1996 EzA § 112 BetrVG Nr. 89). Zur Begründung verwies der Zehnte Senat des BAG in seiner Entscheidung vom 25.9.1996 darauf, dass die Abfindung kraft Definition im Sozialplan an die Beendigung des Arbeitsverhältnisses aufgrund betriebsbedingter Kündigung anknüpft. Fehlt es an einer Regelung im Sozialplan für den Todesfall, so liegen die Voraussetzungen für die Zahlung der Abfindung nicht vor, da die Beendigung des Arbeitsverhältnisses durch Tod des Arbeitnehmers und nicht durch betriebsbedingte Kündigung des Arbeitgebers eingetreten ist. Es bleibt daher den Betriebspartnern überlassen, diesen Fall ausdrücklich im Sozialplan zu regeln.

2461 Auch eine aus dem Aufhebungsvertrag resultierende **Abfindung ist nicht vererblich**, wenn der Arbeitnehmer vor dem im Aufhebungsvertrag vorgesehenen Beendigungszeitpunkt verstirbt. Das BAG sieht beim Aufhebungsvertrag – ähnlich wie beim Sozialplan – die Beendigung des Arbeitsverhältnisses durch den Aufhebungsvertrag als zwingende Voraussetzung für die Auszahlung der Abfindung an (vgl. *BAG* 26.8.1997 EzA § 611 BGB Aufhebungsvertrag Nr. 29).

Tritt der **Tod erst nach dem Beendigungszeitpunkt**, aber vor Auszahlung der Abfin- 2462
dung ein, so steht die **Abfindung** den Erben zu. Hier ist die Beendigung des Arbeitsverhältnisses, wie vorgesehen, durch den Aufhebungsvertrag eingetreten. Dass das
Arbeitsverhältnis beispielsweise wenige Tage später aufgrund des Todes ohnehin geendet hätte, ist insofern unerheblich.

> **Formulierungshinweis:**
> Es empfiehlt sich insofern, folgende Klausel in den Aufhebungsvertrag aufzuneh-
> men:
> »Sollte der Mitarbeiter vor dem in Ziffer 1 vorgesehenen Beendigungszeitpunkt
> versterben, so stehen die aus diesem Vertrag resultierenden Leistungen – insbe-
> sondere die Abfindung – den Erben zu.«

Probleme können sich im Zusammenhang mit der im Aufhebungsvertrag vereinbar- 2463
ten Abfindung ferner dann ergeben, wenn das Arbeitsverhältnis erst längere Zeit nach
Abschluss des Aufhebungsvertrages beendet werden soll und der Arbeitgeber während
der Auslauffrist das Arbeitsverhältnis *fristlos kündigt*, weil ihm ein wichtiger Grund
i. S. v. § 626 BGB erst jetzt bekannt geworden ist. Das BAG steht hier auf dem Standpunkt, dass im Falle einer fristlosen Kündigung, die zu einer vorzeitigen Beendigung
führt, keine Abfindung mehr geschuldet wird. Fallen hingegen der Kündigungszeitpunkt und der Zeitpunkt der einvernehmlichen Aufhebung zusammen, so bleibt
der Abfindungsanspruch erhalten, wenn der Aufhebungsvertrag keine gegenteilige
Regelung enthält (vgl. *BAG* 29.1.1997 EzA § 611 BGB Aufhebungsvertrag Nr. 27).

> **Formulierungshinweis:**
> Gerade bei einer langen Kündigungs- bzw. Auslauffrist sollte daher rein vorsorg-
> lich folgende Klausel in den Aufhebungsvertrag aufgenommen werden:
> »Ein Anspruch des Arbeitnehmers auf Zahlung der Abfindung besteht nicht,
> wenn dem Arbeitgeber nach Abschluss dieser Vereinbarung bis zum Beendigungs-
> zeitpunkt ein Sachverhalt bekannt wird, der einen wichtigen Grund i. S. v. § 626
> BGB darstellt.«

ll) Hinweispflichten
Der Abschluss eines Aufhebungsvertrages kann über die bloße Beendigung des Ar- 2464
beitsverhältnisses hinaus weitreichende Folgen für den Mitarbeiter entfalten. Hier
spielen Fragen der Versteuerung der Abfindung, der Anspruch auf Arbeitslosengeld
und die betriebliche Altersversorgung eine erhebliche Rolle. Zum Umfang der vom
Arbeitgeber geforderten Aufklärung des Arbeitnehmers über die Konsequenzen einer
Aufhebungsvereinbarung siehe die Ausführungen unter D/Rz. 2350 ff.

mm) Abdingbarkeit der Hinweis- und Aufklärungspflicht
Die Hinweis- und Aufklärungspflicht ist als Nebenpflicht aus dem Arbeitsvertrag in 2465
einem gewissen Rahmen abdingbar (vgl. *Reufels* ArbRB 2001, 27; *Hoß/Ehrich* DB
1997, 625).

> **Formulierungshinweis:**
> Zur **Vermeidung etwaiger Schadensersatzansprüche** ist es daher zulässig, in den
> Aufhebungsvertrag einen Verzicht auf Hinweise des Arbeitgebers auf mögliche

D. Die Beendigung des Arbeitsverhältnisses

Konsequenzen aus der Aufhebungsvereinbarung aufzunehmen, beispielsweise mit folgendem Inhalt:
»Der Mitarbeiter verzichtet auf Hinweise des Arbeitgebers auf mögliche Konsequenzen, die sich aus diesem Aufhebungsvertrag und aus dem Zusammenhang mit der Beendigung des Arbeitsverhältnisses für den Arbeitnehmer ergeben können.«

2466 Handelt es sich um **atypische Risiken**, so ist allerdings in Anbetracht der neueren Rechtsprechung des *BAG* (17.10.2000 NZA 2001, 206) zweifelhaft, ob eine derartige Klausel ausreicht, um das Unternehmen vor eventuellen Schadensersatzansprüchen des Mitarbeiters wegen fehlender Aufklärung zu schützen. Kannte der Arbeitgeber das atypische Risiko – beispielsweise Wechsel von der Versorgungs- in die wesentlich niedrigere Versichertenrente –, so wird man auch weiterhin einen ausdrücklichen Hinweis des Arbeitgebers fordern müssen. Die Hinweispflicht soll den Arbeitnehmer gerade vor von ihm nicht bedachten Folgen seines vom Arbeitgeber gewünschten Handelns bewahren.

Formulierungshinweis:
Von daher sollte der Arbeitgeber im eigenen Interesse seiner Aufklärungspflicht nachkommen. Im Aufhebungsvertrag kann dies wie folgt dokumentiert werden:
»Der Mitarbeiter wurde auf ein mögliches Ruhen des Anspruchs auf Arbeitslosengeld und die Möglichkeit des Eintritts einer Sperrfrist sowie über den möglichen Verlust einer Versorgungsanwartschaft hingewiesen.«

2467 Beruft sich der Arbeitnehmer in einem nachfolgenden Rechtsstreit auf hiervon abweichende Angaben des Arbeitgebers (z. B. die – unrichtige – Auskunft, dass wegen des Aufhebungsvertrages nicht mit dem Eintritt einer Sperrfrist oder dem Verlust der Versorgungsanwartschaft zu rechnen sei), hat dies der Arbeitnehmer zu beweisen.

nn) Allgemeine Erledigungsklausel

2468 Sinn und Zweck eines Aufhebungsvertrages ist die **abschließende Regelung der Beendigung des Arbeitsverhältnisses**. Um zu vermeiden, dass es zwischen den Arbeitsvertragsparteien zu einem späteren Zeitpunkt doch noch zu einer gerichtlichen Auseinandersetzung über mögliche Ansprüche aus dem beendeten Arbeitsverhältnis kommt, wird in einen Aufhebungsvertrag i. d. R. eine allgemeine Erledigungsklausel aufgenommen.

Formulierungshinweis:
Die Erledigungsklausel kann im Aufhebungsvertrag wie folgt formuliert werden:
»Mit Erfüllung der Ansprüche aus dieser Vereinbarung sind sämtliche Ansprüche der Parteien aus dem Arbeitsverhältnis und seiner Beendigung – gleich aus welchem Rechtsgrund, bekannt oder unbekannt – erledigt.«

2469 Bei Aufnahme einer allgemeinen Ausgleichsklausel sollten die Vertragsparteien zum einen genau prüfen, ob sie sämtliche offenen Ansprüche im Aufhebungsvertrag ausdrücklich geregelt haben und zum anderen, welche Ansprüche im einzelnen überhaupt von einer derartigen Klausel erfasst werden können. Streitig ist insofern beispielsweise, ob ein Arbeitgeberdarlehen von einer Erledigungsklausel erfasst wird (be-

D. Die Beendigung des Arbeitsverhältnisses

jahend: *LAG München* 24.4.1997 BB 1998, 269; ablehnend: *LAG Hamm* 28.4.1995 LAGE § 794 ZPO Ausgleichsklausel; das *BAG* hat am 20.2.2001 ArbRB 2001, 44, entschieden, dass ein Arbeitgeberdarlehen von tariflichen Ausschlussfristen erfasst wird). Der Neunte Senat des *BAG* hat in einer Entscheidung vom 9.6.1998 (EzA § 611 BGB Aufhebungsvertrag Nr. 30) zur Reichweite einer Erledigungsklausel wörtlich Folgendes ausgeführt:
»*Mit der vereinbarten Erledigung aller gegenseitigen Forderungen hat der Kläger nach § 397 Abs. 2 BGB anerkannt, dass aus dem Arbeitsverhältnis keine Ansprüche mehr bestehen. Ein derartiges negatives Schuldanerkenntnis bringt alle Ansprüche, die den Erklärenden bekannt waren oder mit deren Bestehen zu rechnen war, zum Erlöschen (...). Das schließt auch den Erlass von Urlaubsansprüchen im bestehenden Arbeitsverhältnis ein, soweit sie den gesetzlichen Mindesturlaub nach §§ 1, 3 BUrlG übersteigen. Der gesetzliche Mindesturlaub ist demgegenüber nach § 13 Abs. 1 BUrlG unabdingbar (...).*«

Wie der Neunte Senat in seiner vorerwähnten Entscheidung ausführte, erfasst eine allgemeine Erledigungsklausel solche Ansprüche nicht, auf die der Arbeitnehmer nicht verzichten kann. Zu diesen Ansprüchen, die daher nicht unter eine Erledigungsklausel fallen, zählen insbesondere: **2470**
- der Anspruch auf Erteilung eines Zeugnisses;
- der Anspruch auf Herausgabe der Arbeitspapiere;
- der Anspruch auf betriebliche Altersversorgung (vgl. *BAG* 17.10.2000 NZA 2001, 203);
- Ansprüche aus einem nachvertraglichen Wettbewerbsverbot;
- Ansprüche auf Arbeitnehmererfindervergütung;
- Ansprüche aus einem Tarifvertrag (§ 4 TVG);
- Ansprüche aus Betriebsvereinbarungen (§ 77 Abs. 4 BetrVG);
- der Anspruch auf den gesetzlichen Mindesturlaub (§ 13 Abs. 1 BUrlG).

Stellt sich nach Abschluss eines Aufhebungsvertrages, der eine allgemeine Erledigungsklausel beinhaltet, heraus, dass zum Zeitpunkt des Vertragsschlusses noch **Forderungen** bestanden, die von zumindest einer Partei übersehen wurden, so können diese nun nicht mehr durchgesetzt werden, sofern es sich **nicht um unverzichtbare Ansprüche handelt**. Eine Anfechtung der allgemeinen Erledigungsklausel ist in diesem Fall i. d. R. nicht möglich, weil insoweit die Voraussetzungen der §§ 119, 123 BGB nicht gegeben sein werden (siehe zur Anfechtung unter D/Rz. 2481 ff.). **2471**

Die Einordnung einer Ausgleichsklausel als negatives Schuldanerkenntnis i. S. v. § 297 Abs. 2 BGB setzt voraus, dass die Parteien bei Unterzeichnung des Aufhebungsvertrages tatsächlich den Willen hatten, auf alle bekannten oder unbekannten Forderungen zu verzichten (vgl. *LAG Hamm* 7.12.2000 NZA-RR 2002, 15). An die Feststellung eines entsprechenden Willens sind strenge Anforderungen zu stellen, da nicht vermutet werden kann, dass eine Partei insbesondere auf bekannte Ansprüche verzichtet (vgl. *BGH* 16.11.1993 NJW 1994, 379). Von daher ist die Auslegung einer Erledigungsklausel anhand des erklärten Parteiwillens unter Berücksichtigung des Vertragszwecks, der beiderseitigen Interessenlage, der Verkehrsauffassung und aller Umstände des Vertragsschlusses zu ermitteln (vgl. *BAG* 15.12.1999 – 10 AZR 881/98 – n. v.). **2472**

Alternativ zur Erledigungsklausel bietet sich gerade bei den Sachverhalten bzw. Anspruchsgrundlagen, bei denen ein Verzicht des Arbeitnehmers unzulässig wäre, an, einen sog. Tatsachenvergleich zu schließen (vgl. *Hoß* ArbRB 2001, 123 [125]). Nach Ansicht des BAG umfasst beispielsweise § 4 Abs. 4 TVG nur die eigentliche Verzichtserklärung (*BAG* 20.8.1980 EzA § 9 LohnFG Nr. 6). Wird daher – wahrheitswid- **2473** rig – im Aufhebungsvertrag vereinbart, dass bestimmte tatsächliche Umstände vorliegen oder gerade nicht vorliegen, so kann auf diese Weise beispielsweise der Urlaubsabgeltungsanspruch ausgeschlossen werden.

> **Formulierungshinweis:**
> Formuliert werden kann ein derartiger Tatsachenvergleich wie folgt:
> »Zwischen den Parteien besteht Einigkeit, dass der dem Mitarbeiter zustehende Urlaubsanspruch in vollem Umfang in natura genommen wurde.«

oo) Salvatorische Klausel

2474 Zum Abschluss eines Aufhebungsvertrages sollte stets eine sog. **Salvatorische Klausel** aufgenommen werden, wonach die Unwirksamkeit eines Teiles des Aufhebungsvertrages die Wirksamkeit der sonstigen Abreden nicht berührt. Die Parteien dokumentieren durch diese Klausel ihren Willen, dass eine Teilnichtigkeit des Aufhebungsvertrages nicht gem. § 139 BGB zur Nichtigkeit der gesamten Aufhebungsvereinbarung führen soll. Eine Salvatorische Klausel kann allerdings dann einen Vertrag nicht retten, wenn ein wesentlicher Bestandteil des Aufhebungsvertrages nichtig ist.

2475 Zur Vermeidung der Nachteile, die sich aus der Unwirksamkeit einer Regelung des Aufhebungsvertrages für eine Seite ergeben können, sollte in der Salvatorischen Klausel gleichzeitig festgelegt werden, dass sich die Parteien verpflichten, anstelle der unwirksamen Bestimmung eine dieser Bestimmung möglichst nahe kommende wirksame Regelung zu treffen.

> **Formulierungshinweis:**
> Formuliert werden kann die Klausel wie folgt:
> »Sollte eine Bestimmung dieser Vereinbarung unwirksam sein oder werden, so wird dadurch die Wirksamkeit der anderen Bestimmungen dieser Vereinbarung nicht berührt. An die Stelle der unwirksamen Bestimmung tritt eine rechtliche zulässige, die Sinn und Zweck der unwirksamen Bestimmung so nahe wie möglich kommt.«

4. Inhaltskontrolle

2476 Nach Auffassung von *Wolf* (KR 3. Aufl. Grunds. Rz. 183, 193; abl. *Bauer* NZA 1992, 1015) kann zugunsten des oft wirtschaftlich, sozial und intellektuell unterlegenen Arbeitnehmers eine inhaltliche Kontrolle des Auflösungsvertrages erfolgen (sog. richterliche Inhaltskontrolle). Der Auflösungsvertrag kann danach auch wegen einseitiger Ausnutzung der Vertragsfreiheit unwirksam sein. Das *ArbG Hanau* (26.9.1996 NZA-RR 1997, 333) hält die analoge Anwendung des AGBG auf vorformulierte Aufhebungsverträge für geboten, weil trotz § 23 AGBG (jetzt: § 310 Abs. 4 BGB n. F.) in diesem Gesetz für alle Vertragsverhältnisse geltende Rechtsgedanken ihren Ausdruck gefunden haben. Unklare vorformulierte Klauseln (§ 5 AGBG, jetzt: § 305 c Abs. 2 BGB n. F.) gehen deshalb zu Lasten des Verwenders. Diese Rechtsfrage stellt sich auch nach dem Schuldrechtsmodernisierungsgesetz. Denn danach gelten §§ 305 ff. **BGB n. F.** zwar gem. § 310 Abs. 4 S. 2 BGB n. F. für Arbeitsverträge; **eine ausdrückliche Anwendbarkeit auf Aufhebungsverträge sieht das Gesetz aber nicht vor.**

D. Die Beendigung des Arbeitsverhältnisses

5. Rechtsmängel des Auflösungsvertrages

a) Nichtigkeit; Umgehung von Kündigungsschutzbestimmungen bei bedingten Aufhebungsverträgen

Der Auflösungsvertrag kann gem. §§ 134, 138 BGB wegen Gesetzes- und Sittenwidrigkeit nichtig sein. Zu beachten ist, dass die Nichtigkeit nicht bereits ohne weiteres aus einer Umgehung der grds. gerade nicht anwendbaren Kündigungsschutzvorschriften folgt. Allenfalls im Einzelfall kann sich aus dem Zweck einzelner gesetzlicher oder tariflicher Kündigungsverbote etwas anderes ergeben (vgl. APS/*Schmidt* AufhebVtr Rz. 44 ff.; *Weber/Ehrich/Hoß* Handbuch der arbeitsrechtlichen Aufhebungsverträge Teil 1 Rz. 648 ff.).

2477

Unzulässig ist es insbesondere, einen bedingten Aufhebungsvertrag als Ersatz für ein sonst erforderliche außerordentliche Kündigung vorzusehen. Darin liegt eine objektive Umgehung von Kündigungsschutzbestimmungen, insbesondere des § 626 BGB.

Wegen der Umgehung zwingender Kündigungsschutzbestimmungen ist deshalb z. B. ein Vertrag von Anfang an unwirksam.
- wenn ein bestimmter Grund (z. B. die nicht fristgerechte Rückkehr aus dem Urlaub) als aufschiebende Bedingung für einen Aufhebungsvertrag festgelegt und damit der Nachprüfung entzogen wird, ob er auch als wichtiger Grund für eine außerordentliche Kündigung ausreicht (*BAG* 19.12.1974 EzA § 305 BGB Nr. 6);
- durch den das Arbeitsverhältnis zum Urlaubsende aufgelöst wird, wenn dem Arbeitnehmer gleichzeitig die Wiedereinstellung bei Wahrung des Besitzstandes zugesagt und dafür nicht nur die termingerechte Rückkehr, sondern auch die Zustimmung des Betriebsrats und eine günstige Beschäftigungslage als Bedingung vereinbart wird, der Arbeitgeber aber bei Vertragsabschluss die Beschäftigung des Arbeitnehmers nach Urlaubsende aus betrieblichen Gründen für notwendig erachtet und ihm deshalb einen zusätzlichen unbezahlten Urlaub verweigert (*BAG* 13.12.1984 EzA § 620 BGB Bedingung Nr. 3);
- wenn eine einzelvertragliche Vereinbarung vorsieht, dass ein Berufsausbildungsverhältnis ohne weiteres endet, wenn das Zeugnis des Auszubildenden für das nächste Berufsschulhalbjahr in einem von bestimmten in der Vereinbarung aufgeführten Fächern die Note »Mangelhaft« aufweist (*BAG* 5.12.1985 EzA § 620 BGB Bedingung Nr. 5), ferner dann,
- wenn Gleiches beim Genuss von Alkoholika bei einem alkoholgefährdeten Arbeitnehmer (*LAG München* 29.10.1987 DB 1988, 348) oder
- bei Fehlzeiten wegen Krankheit eintreten soll (vgl. MünchArbR/*Wank* § 115 Rz. 10).

2478

Diese Bedenken greifen nur dann **nicht**, wenn die **Bedingung sachlich gerechtfertigt ist**, z. B. wenn sie darauf abstellt, dass der Arbeitnehmer für die vereinbarte Arbeitsleistung nach einem amtsärztlichen Attest untauglich ist (*LAG Berlin* 16.7.1990 LAGE § 620 BGB Bedingung Nr. 2).

2479

Die Arbeitsvertragsparteien können ihr Rechtsverhältnis **im Zusammenhang mit einem Betriebsübergang** zwar auch ohne Vorliegen eines sachlichen Grundes wirksam durch **Aufhebungsvertrag** auflösen. Voraussetzung dafür ist aber, dass die Vereinbarung **auf das endgültige Ausscheiden** des Arbeitnehmers aus dem Betrieb gerichtet ist. Das gilt sowohl für Vereinbarungen des Arbeitnehmers mit dem alten als

2480

D. Die Beendigung des Arbeitsverhältnisses

auch mit dem neuen Betriebsinhaber (*BAG* 11.12.1997 NZA 1999, 262). Demgegenüber ist ein Aufhebungsvertrag wegen **objektiver Gesetzesumgehung** (§ 613 a BGB) **nichtig, wenn er lediglich die Beseitigung der Kontinuität des Arbeitsverhältnisses bei gleichzeitigem Erhalt des Arbeitsplatzes bezweckt.** Diesem Zweck dient der Abschluss eines Aufhebungsvertrages, wenn zugleich ein neues Arbeitsverhältnis zum Betriebsübernehmer vereinbart oder zumindest verbindlich in Aussicht gestellt wird (*BAG* 10.12.1998 EzA § 613 a BGB Nr. 175; vgl. dazu *Meyer* SAE 2000, 39 ff.).
Der Aufhebungsvertrag kann auch gem. § 105 Abs. 2 BGB nichtig sein, wenn sich der Arbeitnehmer bei Abgabe der erforderlichen Willenserklärung im Zustande der Bewusstlosigkeit oder vorübergehender Störung der Geistestätigkeit befunden hat. Voraussetzung dafür ist aber, dass die freie Willensbestimmung nicht nur geschwächt und gemindert, sondern völlig ausgeschlossen ist. Eine »**hochgradige**« **alkoholbedingte Störung** reicht nicht ohne weiteres aus. Behauptet der Arbeitnehmer, die Voraussetzungen des § 105 Abs. 2 BGB hätten vorgelegen, trägt er dafür die Darlegungs- und Beweislast. Das *BAG* (14.2.1996 EzA § 611 BGB Aufhebungsvertrag Nr. 21; ebenso *LAG Mecklenburg-Vorpommern* 6.7.1995 LAGE § 611 BGB Aufhebungsvertrag Nr. 18; *LAG Köln* 13.11.1998 NZA-RR 1999, 232; vgl. APS/*Schmidt* AufhebVtr Rz. 46 ff.; *Weber/Ehrich/Hoß* Handbuch der arbeitsrechtlichen Aufhebungsverträge Teil 1 Rz. 647 a) verlangt hinreichend genaue Angaben zur Menge des genossenen Alkohols sowie zu der Menge, bei der der Betroffene üblicherweise »nicht mehr konnte«. Auch aus der Tatsache, dass er Alkoholiker ist, ergibt sich nichts anderes, denn krankhafte Trunksucht kann zwar ausnahmsweise dazu führen, dass eine freie Willensbestimmung ausgeschlossen ist; für eine solche Sachlage fehlte im konkret entschiedenen Einzelfall aber jeder Anhaltspunkt. **Starker Stress** in Verbindung mit einem hohen Motivationsdruck reicht im Übrigen jedenfalls dann nicht aus, wenn die auf ihm beruhende Entscheidung auch im Nachhinein weder krankhaft noch persönlichkeitsfremd, sondern **nachvollziehbar und verständlich** erscheint (*LAG Köln* 13.11.1998 NZA-RR 1999, 232).

b) Anfechtbarkeit

aa) Normative Grundlagen

2481 Der Auflösungsvertrag kann gem. §§ 119, 123 BGB wegen Irrtums, Täuschung oder Drohung anfechtbar sein (vgl. APS/*Schmidt* AufhebVtr Rz. 60 ff.; *Weber/Ehrich/Hoß* Handbuch der arbeitsrechtlichen Aufhebungsverträge Teil 1 Rz. 655 ff.).

bb) Irrtum über die mutterschutzrechtlichen Folgen

2482 Irrt sich eine schwangere Arbeitnehmerin über die mutterschutzrechtlichen Folgen eines Aufhebungsvertrages, so berechtigt dieser Rechtsfolgenirrtum grds. nicht zu einer Anfechtung gem. § 119 BGB. Zwar kann ausnahmsweise ein Irrtum über die Rechtsfolgen einer Willenserklärung zur Anfechtung berechtigen, wenn diese selbst Inhalt der Willenserklärung geworden sind und dem Erklärenden über diesen Inhalt ein Irrtum unterläuft. Eine auf die Beendigung des Arbeitsverhältnisses abzielende Willenserklärung einer schwangeren Arbeitnehmerin enthält aber nicht zugleich die Erklärung des Verzichts auf die mutterschutzrechtlichen Ansprüche, sodass ein Irrtum über die Folgen des Verzichts darauf zur Anfechtung gem. § 119 Abs. 1 BGB nur berechtigt, wenn ein dahingehender Verzicht ausdrücklich oder stillschweigend Inhalt der Willenserklärung war und ein Irrtum über den Inhalt des erklärten

Verzichts vorlag (*BAG* 16.2.1983 EzA § 123 BGB Nr. 21; vgl. auch *BAG* 6.2.1992 EzA § 119 BGB Nr. 16).

cc) Alternative zwischen (außerordentlicher) Kündigung, Strafanzeige und Aufhebungsvertrag

Zweifelhaft ist vor allem, unter welchen Voraussetzungen der Arbeitnehmer einen abgeschlossenen Aufhebungsvertrag wegen widerrechtlicher Drohung gem. § 123 Abs. 1 BGB anfechten kann, wenn der Arbeitgeber z. B. ein Fehlverhalten des Arbeitnehmers festgestellt hat oder festgestellt zu haben glaubt und ihn vor die Alternative einer außerordentlichen Kündigung, der Erstattung einer Strafanzeige, oder des Abschlusses eines Aufhebungsvertrages gestellt hat (vgl. APS/*Schmidt* AufhebVtr Rz. 67 ff.). 2483

(1) Inaussichtstellen einer fristlosen Kündigung als Drohung

Das Inaussichtstellen einer fristlosen Kündigung des Arbeitsverhältnisses stellt eine Drohung i. S. d. § 123 Abs. 1 BGB dar, **weil es objektiv die Ankündigung eines empfindlichen Übels bedeutet, dessen Zufügung in irgendeiner Weise von der Macht des Ankündigenden (des Arbeitgebers) abhängt und das einen besonnenen Menschen zu dem mit der Drohung bezweckten Verhalten veranlassen kann** (*Weber/Ehrich/Hoß* Handbuch der arbeitsrechtlichen Aufhebungsverträge Teil 1 Rz. 667 ff.). Die Drohung muss nicht ausdrücklich erfolgen, auch eine verdeckte Drohung kann den Tatbestand bereits erfüllen (*BAG* 22.12.1982 EzA § 123 BGB Nr. 20). 2484

Spricht der Arbeitgeber demgegenüber eine ordentliche Kündigung gegenüber dem Arbeitnehmer aus und bietet ihm in unmittelbarem Anschluss einen Aufhebungsvertrag an, den der Arbeitnehmer zunächst akzeptiert, so kommt nach Auffassung des *LAG Brandenburg* (16.10.1997 NZA-RR 1998, 248) eine Anfechtung gem. § 123 Abs. 1 BGB nicht in Betracht. Denn zum Zeitpunkt der Verhandlungen über den Aufhebungsvertrag hat nicht mehr die Gefahr bestanden, dass der Arbeitgeber das Übel der Beendigung einseitig realisieren wird, wenn der Arbeitnehmer nicht auf seine Vorstellungen eingeht. 2485

(2) Widerrechtlichkeit

Nach der Rechtsprechung des *BAG* (26.11.1969 AP Nr. 16 zu § 123 BGB; 16.11.1979 EzA § 123 BGB Nr. 19) ist die Androhung einer fristlosen Kündigung dann nicht widerrechtlich i. S. v. § 123 BGB, wenn ein verständiger – nicht ein »idealer« mit ganz hervorragenden Arbeitsrechtkenntnissen und einem hohen sozialen Engagement – Arbeitgeber eine außerordentliche Kündigung ernsthaft in Erwägung gezogen hätte; unerheblich ist demgegenüber, ob eine fristlose Kündigung letztlich wirksam gewesen wäre. Ausreichend ist es z. B., wenn der Arbeitnehmer in 3 Jahren gefälschte Arbeitsunfähigkeitsbescheinigungen vorgelegt hat (*BAG* 14.2.1996 EzA § 611 BGB Aufhebungsvertrag Nr. 21; 21.3.1996 EzA § 123 BGB Nr. 42; zust. *Lingemann* NJW 1997, 640 f.). Der kirchliche Arbeitgeber darf eine fristlose Kündigung in Erwägung ziehen, wenn ein von ihm in der **Erziehungs- und Eheberatung beschäftigter Diplom-Psychologe** sich auf eine **sexuelle Beziehung** mit einer **verheirateten Patientin einlässt**, die seine Beratung wegen ihrer Eheprobleme aufgesucht hat (*LAG Köln* 13.11.1998 NZA-RR 1999, 232). 2486

D. Die Beendigung des Arbeitsverhältnisses

2487 Der Anfechtungsprozess darf **nicht wie ein fiktiver Kündigungsschutzprozess** behandelt werden (vgl. *LAG Rheinland-Pfalz* 5.1.1999 NZA 2000, 259). Deshalb braucht die Rechtsgewissheit, die sich erst mit dem Abschluss eines Kündigungsschutzprozesses ergibt, zur Zeit der Drohung nicht vorgelegen zu haben. Zu berücksichtigen sind allerdings nicht nur die dem Arbeitgeber im Zeitpunkt der Drohung bekannten, sondern auch die z. B. erst im Prozess gewonnenen Ergebnisse weiterer Ermittlungen, die ein verständiger Arbeitgeber zur Aufklärung des Sachverhalts angestellt hätte. Maßgebend ist also der objektiv mögliche und damit hypothetische Wissensstand des Arbeitgebers.

2488 Eine widerrechtliche Drohung kommt auch dann in Betracht, wenn dem Arbeitnehmer vor Abschluss des außergerichtlichen Aufhebungsvertrages mit einer alternativen ordentlichen Kündigung gedroht worden ist (*Weber/Ehrich/Hoß* Handbuch der arbeitsrechtlichen Aufhebungsverträge Teil 1 Rz. 672 ff.). Ein verständiger Arbeitgeber darf z. B. dann eine ordentliche Kündigung nicht ernsthaft in Betracht ziehen, wenn die Beendigung des Arbeitsverhältnisses wegen Verhaltensmängeln beabsichtigt ist, aber zuvor keine Abmahnung erteilt worden und auch nicht entbehrlich ist (*BAG* 16.1.1992 EzA § 123 BGB Nr. 36; abl. *Ehrich* DB 1992, 2239; krit. *Bauer* NZA 1992, 1015).

2489 Durch Urteil vom 9.3.1995 (NZA 1996, 875) hat sich das *BAG* **letztlich doch an den an sich abgelehnten fiktiven Kündigungsschutzprozess angenähert** (krit. zur Entwicklung der Rechtsprechung des *BAG* deshalb *Weber/Ehrich* NZA 1997, 416 ff.; *Weber/Ehrich/Hoß* Handbuch der arbeitsrechtlichen Aufhebungsverträge Teil 1 Rz. 669 ff.).

Es hat angenommen, dass dann, wenn der Arbeitgeber unter Abwägung aller Umstände des Einzelfalles davon ausgehen muss, die angedrohte Kündigung werde im Falle ihres Ausspruchs einer arbeitsgerichtlichen Überprüfung mit hoher Wahrscheinlichkeit nicht standhalten, weil eine Abmahnung als Reaktion ausreichend ist, er die Kündigung nicht in Aussicht stellen darf, um damit den den Arbeitnehmer zum Abschluss eines Aufhebungsvertrages zu veranlassen.
Zudem hat es angenommen (*BAG* 21.3.1996 EzA § 123 BGB Nr. 42; zust. *Lingemann* NJW 1997, 640 f.), dass dann, wenn der Beweiswert einer ärztlichen Arbeitsunfähigkeitsbescheinigung nicht erschüttert ist, sondern lediglich ein gewisser Anfangsverdacht besteht, der Arbeitnehmer könne eine Erkrankung vorgetäuscht haben, der Arbeitgeber regelmäßig verpflichtet ist, die Verdachtsmomente (z. B. durch eine Befragung des Arbeitnehmers über die Art der Erkrankung) näher aufzuklären, ehe er mit einer fristlosen Kündigung droht und den Arbeitnehmer dadurch zum Abschluss eines Aufhebungsvertrags veranlasst.

Die Drohung mit einer außerordentlichen Kündigung und/oder einer Strafanzeige ist aber jedenfalls dann nicht widerrechtlich, wenn der Arbeitgeber einem bei sich als Gabelstaplerfahrer beschäftigten Arbeitnehmer **nach zweimonatiger ärztlich bescheinigter Arbeitsunfähigkeit** in seinem **eigenen Lokal als Kellner bei der Arbeit begegnet** und dann einen Aufhebungsvertrag mit ihm abschließt (*Hessisches LAG* 2.6.1997 LAGE § 611 BGB Aufhebungsvertrag Nr. 21).
Nach Auffassung des *LAG Brandenburg* (16.10.1997 DB 1998, 2376) liegt keine widerrechtliche Drohung vor, wenn der Arbeitgebervertreter im Rahmen von Verhandlun-

D. Die Beendigung des Arbeitsverhältnisses

gen äußert, der Arbeitnehmer erhalte eine Abfindung und ein gutes Zeugnis nur, wenn er der Kündigung zustimme. Denn dabei handle es sich um vertraglich **nicht geschuldete Leistungen**, die i. V. m. weiteren Vertragskomponenten nicht als Drohung mit einem »Übel« verstanden werden könnten.

(3) Androhung einer Strafanzeige
Die Strafanzeige ist bei bestehendem Anfangsverdacht grds. ein **rechtmäßiges Mittel zur Herbeiführung eines Aufhebungsvertrages**, solange vom drohenden Arbeitgeber **keine unwahren** oder verfälschenden Angaben gegenüber den Strafverfolgungsbehörden **in Aussicht gestellt werden.** Ein Aufhebungsvertrag oder ein diesem gleichkommendes Rechtsgeschäft (Ausgleichsquittung, Verzichtserklärung) ist auch kein rechtswidriger Zweck einer Drohung, wenn das Rechtsgeschäft weder verboten noch sittenwidrig ist. Das Fehlen eines Rechtsanspruchs auf den mit der Drohung erstrebten Zweck (Verzicht auf Kündigungsschutz) macht diese noch nicht rechtswidrig (*LAG Köln* 4.5.1998 NZA-RR 1999, 12; **a. A.** *LAG Baden-Württemberg* 6.5.1999 BB 1999, 1439; vgl. *Weber/Ehrich/Hoß* Handbuch der arbeitsrechtlichen Aufhebungsverträge Teil 1 Rz. 678). 2490

dd) Anfechtung wegen Zeitdrucks
Eine Anfechtung wegen Zeitdrucks kommt jedenfalls dann nicht in Frage, wenn der Arbeitnehmer nicht um eine Überlegungsfrist bittet. 2491

> Selbst dann, wenn der Arbeitnehmer durch den Arbeitgeber bestimmt wird, den Auflösungsvertrag ohne Bedenkzeit abzuschließen, indem eine von ihm erbetene Bedenkzeit abgelehnt wird, so ist nach der Rechtsprechung des *BAG* (16.2.1983 EzA § 123 BGB Nr. 21) auch der dahingehende Zeitdruck keine Drohung i. S. d. § 123 Abs. 1 BGB. Gleiches gilt, wenn dem Arbeitnehmer kein Rücktritts- oder Widerrufsrecht eingeräumt worden ist (*BAG* 14.2.1996 EzA § 611 BGB Aufhebungsvertrag Nr. 21).

Auch eine analoge Anwendung dieser Vorschrift im Hinblick auf den Normzweck, die freie Selbstbestimmung des Erklärenden im Rechtsverkehr zu schützen, ist grds. abzulehnen, weil nach der gesetzlichen Regelung die rechtsgeschäftliche Entscheidungsfreiheit des Einzelnen nicht allgemein gegen jede Art von Beeinträchtigung, sondern nur gegen bestimmte schwere Störungen geschützt wird. Eine Analogie ist allenfalls dann zu bejahen, wenn der Eingriff in die rechtsgeschäftliche Entscheidungsfrist an Intensität einer arglistigen Täuschung oder widerrechtlichen Drohung vergleichbar ist. **Allein das Drängen auf unverzügliche Abgabe der Willenserklärung kann** dagegen **nicht den gesetzlich normierten Anfechtungstatbeständen**, durch die die rechtsgeschäftliche Entscheidungsfreiheit wesentlich gravierender beeinträchtigt wird, **gleichgesetzt werden**. 2492

ee) Unzulässige Rechtsausübung
Nach Auffassung des *LAG Hamburg* (3.7.1991 NZA 1992, 309; abl. *Ehrich* DB 1992, 2293, NZA 1994, 438; *Boemke* NZA 1993, 532; für Sittenwidrigkeit gem. § 138 Abs. 1 BGB bei Überrumpelung des Arbeitnehmers ohne angemessenen Interessenausgleich *Zwanziger* BB 1994, 982 ff., BB 1996, 903; abl. dazu *Bengelsdorf* BB 1995, 978 ff., BB 1996, 904 f.) handelt es sich weitergehend dann um eine unzulässige Rechtsausübung (§ 242 BGB), wenn sich der Arbeitgeber gegen den unverzüglich im Anschluss 2493

D. Die Beendigung des Arbeitsverhältnisses

an den Vertragsabschluss erklärten Willen des Arbeitnehmers auf eine Auflösungsvereinbarung beruft, wenn diese so zustande gekommen ist, dass der Arbeitgeber den Arbeitnehmer **zu einem Gespräch bittet,** das Thema dieses Gesprächs jedoch zuvor nicht mitteilt, in diesem Gespräch den Arbeitnehmer zu einer Vereinbarung über die einvernehmliche Auflösung des Arbeitsverhältnisses veranlasst und ihm weder eine angemessene Bedenkzeit noch ein Rücktrittsrecht einräumt.

2494 Dem ist das *BAG* (30.9.1993 EzA § 611 BGB Aufhebungsvertrag Nr. 13; zust. *Ehrich* NZA 1994, 438; *Weber/Ehrich/Hoß* Handbuch der arbeitsrechtlichen Aufhebungsverträge Teil 1 Rz. 701 ff.) entgegengetreten. Zwar kann nicht verkannt werden, dass immer häufiger die rechtspolitische Forderung erhoben wird, der Gesetzgeber möge ein Widerrufsrecht des Arbeitnehmers bei Aufhebungsverträgen einführen. Aus dem geltenden Recht lässt sich ein solches Widerrufsrecht jedoch nicht herleiten. Denn unmittelbarer Ausdruck der privatautonomen Vertragsbeendigungsfreiheit der Arbeitsvertragsparteien ist die Freiheit zum Abschluss eines Aufhebungsvertrages.

2495 Es obliegt grds. der freien Entscheidung des Arbeitnehmers, ob er an seinem Arbeitsvertrag festhalten will und deshalb den angebotenen Auflösungsvertrag ablehnt oder ob er sich durch gute Worte oder ein lukratives Abfindungsangebot zum Abschluss des Aufhebungsvertrages bewegen lässt. Welche Entscheidung er trifft, hat er grds. selbst zu bestimmen und selbst zu verantworten. **An dem wirksam abgeschlossenen Aufhebungsvertrag muss er sich nach §§ 145 ff. BGB festhalten lassen.**

2496 Die Konstruktion eines gesetzlich nicht vorgesehenen Rücktritts- oder Widerrufsrechts durchbricht den Grundsatz »pacta sunt servanda« und lässt sich auch nicht aus § 242 BGB ableiten, weil die Regelung einer derartigen Frage Sache des Gesetzgebers ist.
Eine abweichende Rechtsfortbildung für den Fall, dass dem Arbeitnehmer weder eine Bedenkzeit noch ein Rücktritts- oder Widerrufsrecht eingeräumt worden ist, ist auch nicht mit dem Argument geboten, er sei beim Abschluss von Aufhebungsverträgen in einer Verhandlungsposition struktureller Unterlegenheit i. S. d. Rechtsprechung des *BVerfG* (19.10.1993 BVerfGE 89, 214; s. o. A/Rz. 313 ff.) gewesen, die zu einem angemessenen Ausgleich durch den Gesetzgeber oder die Rechtsprechung zwinge.
Denn dem Arbeitnehmer, der dem Ansinnen des Arbeitgebers ggf. nur ein schlichtes »Nein« entgegenzusetzen braucht, kann nicht die zur Durchsetzung seiner berechtigten Interessen erforderliche Verhandlungsmacht abgesprochen werden. Vielmehr hat er die Möglichkeit, sowohl das Ob als auch das Wie und Wann der Vertragsbeendigung von seinem vollen Konsens abhängig zu machen. **Es fehlt daher bereits an einer strukturell ungleichen Verhandlungsstärke als Voraussetzung der vom BVerfG geforderten Inhaltskontrolle** (*BAG* 14.2.1996 EzA § 611 BGB Aufhebungsvertrag Nr. 21; ebenso *LAG Köln* 6.6.1997 ARST 1998, 161 f. Ls; *Germelmann* NZA 1997, 237 ff.; *Bengelsdorf* ZfA 1995, 229 ff.; a. A. *LAG Hamm* 24.2.1995 LAGE § 611 BGB Inhaltskontrolle Nr. 2, wonach eine Inhaltskontrolle im Hinblick auf eine »strukturell ungleiche Verhandlungsstärke« möglich ist, für die allerdings der Arbeitnehmer die Darlegungs- und Beweislast trägt; *LAG Hamm* 5.6.1998 NZA-RR 1999, 126; für eine stärkere Überprüfung von Aufhebungsverträgen im Hinblick auf BVerfGE 89, 214 *Dieterich* RdA 1995, 129 ff., DB 1995, 1813; *Preis/Rolfs* DB 1994, 261; a. A. *Bauer/Diller* DB 1995, 1810). Nach Auffassung des *LAG Mecklenburg-Vorpommern* (6.7.1995 LAGE § 611 BGB Aufhebungsvertrag Nr. 18) kommt ein kor-

D. Die Beendigung des Arbeitsverhältnisses

rigierender Eingriff in die Freiheit der Vertragsgestaltung nur dann in Betracht, wenn nicht nur eine objektive Ungleichgewichtigkeit von Leistung und Gegenleistung besteht, sondern darüber hinaus die eine Partei die andere mit unlauteren Mitteln zum Abschluss des Aufhebungsvertrages bestimmt hat.

c) Anfechtung als Widerruf des Vertragsangebotes wegen Vertretungsmängeln
Die Anfechtung eines aufgrund eines vom Arbeitgeber angenommenen Angebots des Arbeitnehmers zustande gekommenen Aufhebungsvertrages gem. § 123 BGB **enthält nicht ohne weiteres einen Widerruf des entsprechenden Vertragsangebotes des anfechtenden Arbeitnehmers wegen Vertretungsmängeln** (Zuständigkeit eines Oberkreisdirektors in Niedersachsen nur für laufende Geschäfte; s. o. D/Rz. 98 ff.) bei dessen Annahme durch den Arbeitgeber als Anfechtungsgegner (*BAG* 31.1.1996 EzA § 178 BGB Nr. 1; vgl. APS/*Schmidt* AufhebVtr Rz. 71). Zwar ist bei fehlender Zuständigkeit der Arbeitnehmer bis zur Genehmigung der Annahme durch das zuständige Organ zum Widerruf seiner Erklärung gem. § 178 S. 1 BGB berechtigt, wenn er den Mangel der Vertretungsmacht bei Vertragsabschluss nicht gekannt hat. Im entschiedenen Einzelfall war aber ein Widerruf nicht gegeben, weil der Kläger zumindest bei der Anfechtungserklärung gem. § 123 BGB anwaltlich vertreten war; im Übrigen bedarf es keiner besonderen Rechtskenntnis, um den Willen zu formulieren, man widerrufe ein Rechtsgeschäft, weil aufseiten des Vertragspartners die Vertretungsmacht gefehlt habe.

2497

d) Anfechtung bei kollusivem Zusammenwirken
Handelt der zur Geschäftsführung befugte Gesellschafter einer bürgerlich-rechtlichen Gesellschaft beim Abschluss eines arbeitsrechtlichen Aufhebungsvertrages mit der Vertragspartnerin in kollusivem Zusammenwirken zu Lasten der Gesellschaft, und konnte oder musste die Vertragspartnerin dies erkennen, so kann sie sich auf die Wirksamkeit des Vertrages nicht berufen (*BAG* 29.1.1997 EzA § 123 BGB Nr. 47).

2498

e) Rücktritts-, Widerrufsrecht?
Weder § 7 Abs. 1 VerbrKrG (jetzt: § 495 BGB n. F.) noch § 1 Abs. 1 HaustürWG (jetzt: § 312 BGB n. F.) kommen für den Widerruf eines Aufhebungsvertrages – auch nicht analog – zur Anwendung.

2499

> Denn allein die Regelung von Widerrufstatbeständen in anderen als arbeitsrechtlichen Gesetzen rechtfertigt weder eine analoge Anwendung noch eine Rechtsfortbildung im Arbeitsvertragsrecht, denn sie betreffen andere Tatbestände und Personenkreise (*BAG* 30.9.1993 EzA § 611 BGB Aufhebungsvertrag Nr. 13; vgl. APS/*Schmidt* AufhebVtr Rz. 79 ff.).

Fraglich ist, ob an dieser Auffassung nach dem sog. Schuldrechtsmodernisierungsgesetz festgehalten werden kann. Denn danach sind die Verbraucherkredit-, sowie die Haustürwiderrufsvorschriften (§§ 312, 495 BGB n. F.) in das BGB übernommen worden; ihre unmittelbare Anwendung hängt damit davon ab, **ob Arbeitnehmer als Verbraucher** i. S. v. § 13 BGB anzusehen sind (dafür *Däubler* NZA 2001, 1332 f.; a. A. *Joussen* NZA 2001, 749; *Löwisch* NZA 2001, 466). Insoweit lässt sich die Auffassung vertreten (*Bauer/Kock* DB 2002, 42 ff.), dass maßgeblich dafür die **konkrete Handlungssituation** ist: Handelt der Arbeitnehmer in seiner Rolle als Arbeitnehmer,

D. Die Beendigung des Arbeitsverhältnisses

ist er kein Verbraucher, so dass keine Sonderregelungen gelten und der Arbeitnehmer kein Widerrufsrecht bei Aufhebungsverträgen besitzt. Handelt er dagegen als **Käufer, Mieter usw.**, kann Verbraucherschutzrecht Anwendung finden, allerdings nur dann, wenn das Rechtsgeschäft zu **marktüblichen Bedingungen** abgeschlossen wird (*Bauer/Kock* DB 2002, 42 ff.).

2500 Vereinzelt enthalten jedenfalls Tarifverträge ein auf einige Tage befristetes Widerrufs- oder ein Rücktrittsrecht des Arbeitnehmers, z. B. § 10 MTV Einzelhandel NRW (Widerrufsfrist von drei Werktagen, vgl. *BAG* 24.1.1985 EzA § 4 TVG Einzelhandel Nr. 2). Allerdings kann darauf nach der tariflichen Regelung auch verzichtet werden, was auch im Aufhebungsvertrag geschehen kann (*BAG* 30.9.1993 EzA § 611 BGB Aufhebungsvertrag Nr. 13).

f) Verwirkung der Geltendmachung der Rechte aus einem rechtswirksam angefochtenen Aufhebungsvertrag

2501 Hat der Arbeitnehmer einen Aufhebungsvertrag wegen widerrechtlicher Drohung seitens des Arbeitgebers nach § 123 BGB wirksam angefochten, so kann das Recht, die Nichtigkeit klageweise geltend zu machen, im Hinblick auf den eigenen Verstoß des Arbeitgebers gegen Treu und Glauben **nur unter ganz außergewöhnlichen Umständen** verwirken. Bei der Prüfung des erforderlichen Zeitmoments ist zu berücksichtigen, dass der Gesetzgeber dem Bedrohten schon für die Anfechtung in § 124 BGB eine Überlegungsfrist von einem Jahr einräumt. Der Drohende muss sich deshalb nach Treu und Glauben regelmäßig damit abfinden, dass der Bedrohte die Nichtigkeit des Rechtsgeschäfts auch noch einige Monate nach der Anfechtung und Klageandrohung klageweise geltend macht (*BAG* 6.11.1997 EzA § 242 BGB Prozessverwirkung Nr. 2).

g) Wegfall der Geschäftsgrundlage (jetzt § 313 BGB n. F.)

2502 Die Geschäftsgrundlage eines Auflösungsvertrages fällt **nicht durch die Einführung von Rentenabschlägen** bei vorzeitigen Altersrenten weg. Denn auch tiefgreifende Störungen begründen keinen Anspruch auf Vertragsanpassung, wenn sich mit ihnen **ein Risiko verwirklicht, das allein der benachteiligten Partei zuzuordnen ist**. Das gilt auch dann, wenn die Störung auf einer Gesetzesänderung beruht. Wer die Folgen einer Änderung des Gesetzes zu tragen hat, bestimmt sich unter Berücksichtigung des Vertragsinhalts nach dem mit dem Vertrag verfolgten Zweck und der gesetzlichen Risikoverteilung. Das ist bei einer Änderung des gesetzlichen Rentenrechts der Arbeitnehmer, auch wenn der Arbeitgeber das Ausscheiden aus dem Arbeitsverhältnis veranlasst hat (*BAG* 14.3.2000 ZTR 2001, 278; vgl. APS/*Schmidt* AufhebVtr Rz. 83 f.).

h) Darlegungs- und Beweislast

2503 Darlegungs- und beweispflichtig für die tatsächlichen Umstände, die zur Beseitigung des Aufhebungsvertrages führen sollen, insbesondere für die Voraussetzungen der Anfechtungsgründe i. S. d. §§ 119, 123 BGB, ist grds. der Arbeitnehmer. Er muss die tatsächlichen Umstände im Anfechtungsprozess vortragen und ggf. beweisen, aus denen sich ein Irrtum i. S. v. § 119 Abs. 1, 2 BGB bzw. eine arglistige Täuschung oder eine widerrechtliche Drohung i. S. v. § 123 Abs. 1 BGB ergeben soll. Er hat also auch die Tatsachen darzulegen und zu beweisen, die die angedrohte Kündigung als widerrechtlich erscheinen lassen (*BAG* 12.8.1999 EzA § 123 BGB Nr. 53; vgl. dazu *Adam* SAE 2000, 204 ff.).

D. Die Beendigung des Arbeitsverhältnisses

Daraus lässt sich für die Praxis der Hinweis ableiten, dass der Arbeitnehmer zu Gesprächen mit dem Arbeitgeber über eine einvernehmliche Beendigung des Arbeitsverhältnisses stets einen Zeugen hinzuziehen sollte (*Weber/Ehrich* NZA 1997, 421).

6. Hinweispflichten

a) Entscheidung nach Billigkeitsgesichtspunkten

Insbesondere dann, wenn der Arbeitnehmer aufgrund Aufhebungsvertrages mittelbar erhebliche rechtliche Nachteile erleidet, ist fraglich, ob überhaupt und ggf. welche Hinweis- und Belehrungspflichten den Arbeitgeber bei der einvernehmlichen Aufhebung des Arbeitsverhältnisses treffen (vgl. ausf. *Becker-Schaffner* BB 1993, 1281 ff.; *Hoß/Ehrich* DB 1997, 625 ff.; APS/*Schmidt* AufhebVtr Rz. 37 ff.). 2504

Nach der Rechtsprechung des *BAG* (10.3.1988 EzA § 622 BGB Aufhebungsvertrag Nr. 6; 3.7.1990 EzA § 622 BGB Aufhebungsvertrag Nr. 7; s. auch *LAG Berlin* 18.1.1999 NZA-RR 1999, 179; für eine weitergehende Hinweispflicht *ArbG Freiburg* 20.6.1991 DB 1991, 2600; *ArbG Hamburg* 10.12.1990 BB 1991, 625; *ArbG Wetzlar* 29.8.1995 NZA-RR 1996, 84) bestimmt sich die Beantwortung der Frage, ob und ggf. in welchem Umfang der Arbeitgeber einen Arbeitnehmer darüber unterrichten muss, welche Auswirkungen die einvernehmliche Auflösung des Arbeitsverhältnisses auf den Anspruch auf Arbeitslosengeld hat (z. B. Ruhen des Anspruchs wegen Nichteinhaltung der Kündigungsfrist [§ 117 Abs. 2, 3 AFG; vgl. jetzt §§ 140 ff. SGB III]) insbesondere dann, wenn die Initiative zur Beendigung des Arbeitsverhältnisses vom Arbeitgeber ausgeht, nach einer Abwägung der Interessen der Beteiligten unter Billigkeitsgesichtspunkten, wobei alle Umstände des Einzelfalles zu berücksichtigen sind; geht die Initiative vom Arbeitnehmer aus, wird dies nur ganz ausnahmsweise der Fall sein (vgl. *Weber/Ehrich/Hoß* Handbuch der arbeitsrechtlichen Aufhebungsverträge Teil 1 Rz. 63 ff.). 2505

b) Beendigung des Arbeitsverhältnisses auf Wunsch des Arbeitnehmers

Teilt der Arbeitgeber einem Arbeitnehmer, der von sich aus darum bittet, das Arbeitsverhältnis gegen Zahlung einer Abfindung aufzulösen, ohne dazu verpflichtet zu sein, mit, dass mit einer **Sperrzeit** (§ 144 SGB III) beim Bezug von Arbeitslosengeld zu rechnen ist, über deren Dauer das Arbeitsamt entscheidet, so hat er seine Unterrichtungspflicht erfüllt. Ein Arbeitnehmer, der trotz dieses Hinweises den Auflösungsvertrag schließt, ohne sich beim Arbeitsamt über die Auswirkungen zu erkundigen, die dieser Schritt nach dem Arbeitslosenversicherungsrecht hat, kann von dem Arbeitgeber keinen Schadensersatz dafür verlangen, dass der Anspruch auf Arbeitslosengeld durch die Bedingungen des Aufhebungsvertrages beeinträchtigt wird (*BAG* 10.3.1988 EzA § 622 BGB Aufhebungsvertrag Nr. 6; abl. *Weber/Ehrich/Hoß* Handbuch der arbeitsrechtlichen Aufhebungsverträge Teil 1 Rz. 66). 2506

c) Eigenverantwortung des Arbeitnehmers

Grds. muss sich der Arbeitnehmer vor Abschluss eines Aufhebungsvertrages **selbst über die Rechtsfolgen dieses Schrittes Klarheit verschaffen** (vgl. *LAG Düsseldorf* 10.7.2001 – 8 Sa 515/01 –). 2507

D. Die Beendigung des Arbeitsverhältnisses

Der Arbeitgeber ist deshalb beim Angebot eines Aufhebungsvertrages grds. nicht verpflichtet, den Arbeitnehmer von sich aus darüber aufzuklären, dass er weitere Entlassungen beabsichtigt, die unter Umständen zu einer sozialplanpflichtigen Betriebseinschränkung führen können (*BAG* 13.11.1996 EzA § 112 BetrVG 1972 Nr. 90). Scheidet der Arbeitnehmer des öffentlichen Dienstes **auf eigenen Wunsch** vor dem 31.3. des Folgejahres aus dem Arbeitsverhältnis aus, besteht für den Arbeitgeber ohne besondere Veranlassung auch **keine allgemeine Hinweis- oder Aufklärungspflicht** über die Verpflichtung zur **Rückzahlung der erhaltenen Zuwendung** (*LAG Hamm* 14.1.2000 NZA-RR 2000, 501). Die **gleichen Grundsätze** gelten **für drohende steuerrechtliche Nachteile** (*Weber/Ehrich/Hoß* Handbuch der arbeitsrechtlichen Aufhebungsverträge Teil 1 Rz. 69).

Dies gilt auch für den etwaigen Verlust einer Versorgungsanwartschaft. Ausnahmsweise kann der Arbeitgeber aber verpflichtet sein, den Arbeitnehmer über den Verlust einer Versorgungsanwartschaft zu belehren, z. B. dann, wenn er aufgrund besonderer Umstände darauf vertrauen darf, der Arbeitgeber werde bei der vorzeitigen Beendigung des Arbeitsverhältnisses auch seine Interessen wahren und ihn in redlicher Weise vor unbedachten nachteiligen Folgen des vorzeitigen Ausscheidens, insbesondere bei der Versorgung bewahren (*BAG* 3.7.1990 EzA § 611 BGB Aufhebungsvertrag Nr. 7; vgl. auch *LAG Düsseldorf* 10.7.2001 – 8 Sa 515/01 –: Aufklärungspflicht u. U. auch bei der Eigenkündigung des Arbeitnehmers).

Ein solcher Ausnahmefall besteht allerdings noch nicht allein bei zeitlicher Nähe des Aufhebungsvertrages zu dem für die Unverfallbarkeit maßgebenden Zeitpunkt (*Hoß/Ehrich* DB 1997, 625 ff.).

2508 Ein solcher Vertrauenstatbestand kann sich bei Abwägung der beiderseitigen Interessen und unter Berücksichtigung der Umstände des Einzelfalls aus vorangegangenem Tun des Arbeitgebers ergeben, insbesondere aus seinem betrieblichen Interesse, ein Arbeitsverhältnis vorzeitig zu beenden (*BAG* 3.7.1990 EzA § 611 BGB Aufhebungsvertrag Nr. 7; weitergehend *Hoß/Ehrich* DB 1997, 625 ff., wenn der Arbeitnehmer vor der Auflösung geschützt werden muss, weil er sich durch sie aus Unkenntnis selbst schädigen würde).
Weist der Arbeitgeber, der ein Pensionierungsprogramm zum Eintritt in den vorzeitigen Ruhestand bei gleichzeitigem Bezug einer gesetzlichen Rente aufgelegt hat, z. B. in einem Merkblatt darauf hin, verbindliche Auskünfte über die Voraussetzungen und die Gewährung von gesetzlichen Renten und deren Höhe erteile nur der zuständige Sozialversicherungsträger, lehnt er damit erkennbar jede Verknüpfung zwischen dem angebotenen Aufhebungsvertrag und der sozialversicherungsrechtlichen Rechtslage ab. Die Erfüllung der sozialversicherungsrechtlichen Voraussetzungen für einen Rentenbezug kann dann auch nicht als Geschäftsgrundlage (jetzt § 313 BGB n. F.) **für den Aufhebungsvertrag gewertet werden** (*LAG Köln* 13.2.1998 NZA-RR 1999, 13).
Grds. muss der Arbeitgeber den Arbeitnehmer auch im Rahmen von Aufhebungsverhandlungen, die zu dessen vorzeitigem Ausscheiden führen sollen, nicht auf die dadurch ausgelöste Kürzungsmöglichkeit nach § 2 Abs. 1 BetrAVG hinweisen (*LAG Köln* 14.7.2000 NZA-RR 2001, 546).

D. Die Beendigung des Arbeitsverhältnisses

Den Arbeitgeber (im öffentlichen Dienst) treffen **andererseits** darüber hinausgehend jedenfalls **dann erhöhte Hinweis- und Aufklärungspflichten**, wenn er **im betrieblichen Interesse** den Abschluss eines Aufhebungsvertrages **vorschlägt**, der Arbeitnehmer offensichtlich mit den Besonderheiten der ihm zugesagten Zusatzversorgung des öffentlichen Dienstes **nicht vertraut** ist, sich der **baldige Eintritt eines Versorgungsfalles** (Berufs- oder Erwerbsunfähigkeit nach längerer Krankheit) bereits **abzeichnet** und durch die vorzeitige Beendigung des Arbeitsverhältnisses **außergewöhnlich hohe Versorgungseinbußen drohen** (Versicherungsrente in Höhe von 157,31 DM/Monat statt Versorgungsrente in Höhe von 924,22 DM/Monat). Unter diesen Umständen reichen der allgemeine Hinweis auf mögliche Versorgungsnachteile und die bloße Verweisung an die Zusatzversorgungskasse unter Einräumung einer Bedenkzeit nicht aus. In einem solchen Fall ist der Arbeitnehmer darauf hinzuweisen, dass sich seine Zusatzversorgung bei Abschluss des Aufhebungsvertrages beträchtlich verringern kann. Auch über die Ursache dieses Risikos (Ausscheiden aus dem Arbeitsverhältnis vor Eintritt des Versorgungsfalles) hat der Arbeitgeber den Arbeitnehmer in groben Umrissen zu unterrichten (*BAG* 17.10.2000 EzA § 611 BGB Fürsorgepflicht Nr. 59; vgl. dazu *Blomeyer* SAE 2001, 315 ff.). 2509

d) Auskünfte des Arbeitgebers

Tritt ein Arbeitnehmer an den Arbeitgeber heran mit der Bitte um Auskunft z. B. über eine Versorgungsregelung, so muss der Arbeitgeber diese Auskunft erteilen, soweit er das zuverlässig vermag. Andernfalls muss er den Arbeitnehmer an eine dafür zuständige oder kompetente Stelle verweisen. Diese Pflicht trifft den Arbeitgeber nach Treu und Glauben als Nebenpflicht aus dem Arbeitsvertrag. Falsche oder nur scheinbar vollständige oder sonstige irreführende Auskünfte verpflichten ihn zum Schadensersatz (*BAG* 13.11.1984 EzA § 611 Fürsorgepflicht Nr. 36; vgl. auch *LAG Berlin* 7.4.2000 – 19 Sa 216/00 –; *Weber/Ehrich/Hoß* Handbuch der arbeitsrechtlichen Aufhebungsverträge Teil 1 Rz. 75 ff.). 2510

e) Rechtsfolgen der schuldhaften Verletzung von Hinweispflichten

Hat der Arbeitgeber eine ihn treffende Aufklärungspflicht schuldhaft verletzt, so steht dem Arbeitnehmer u. U. ein Schadensersatzanspruch gem. §§ 280, 286, 249 BGB gegen den Arbeitgeber zu. Zwar ist das Arbeitsverhältnis dann durch den Aufhebungsvertrag beendet (*BAG* 10.3.1988 EzA § 611 BGB Aufhebungsvertrag Nr. 6), sodass an sich Schadensersatz in Geld (§ 251 BGB) zu leisten ist (*Weber/Ehrich* NZA 1997, 420; vgl. APS/*Schmidt* AufhebVtr Rz. 42); nach Auffassung von *Ernst* (Aufhebungsverträge zur Beendigung von Arbeitsverhältnissen, 1993, S. 129; ebenso ArbG Wetzlar 7.8.1990 DB 1991, 976; ArbG Freiburg 20.6.1991 DB 1991, 2600) kann der Arbeitnehmer gem. § 249 BGB (Grundsatz der Naturalrestitution) aber verlangen, so gestellt zu werden, als habe er den Aufhebungsvertrag niemals abgeschlossen, sodass **das Arbeitsverhältnis als nicht unterbrochen fortzusetzen ist**. Dagegen spricht aber, dass es in aller Regel an der erforderlichen **Kausalität zwischen der Fürsorgepflichtverletzung und dem Schaden fehlen wird** (*Weber/Ehrich/Hoß* Handbuch der arbeitsrechtlichen Aufhebungsverträge Teil 1 Rz. 76). 2511

D. Die Beendigung des Arbeitsverhältnisses

f) Abdingbarkeit

2512 Die Hinweis- und Aufklärungspflicht ist als **Nebenpflicht aus dem Arbeitsvertrag abdingbar.** Zur Vermeidung etwaiger Schadensersatzansprüche ist es daher wohl zulässig, in den Aufhebungsvertrag einen Verzicht auf Hinweise des Arbeitgebers auf mögliche Konsequenzen aus der Aufhebungsvereinbarung aufzunehmen (s. aber oben D/Rz. 2465 ff.). Lässt sich dies im Verhandlungswege nicht durchsetzen, kann auch eine Klausel aufgenommen werden, wonach der Arbeitgeber seine Hinweis- und Aufklärungspflicht erfüllt hat (*Weber/Ehrich/Hoß* Handbuch der arbeitsrechtlichen Aufhebungsverträge Teil 1 Rz. 77 ff.).

7. Der Aufhebungsvertrag und nachfolgende Kündigungen; Erwerbsunfähigkeit

2513 Die **Geschäftsgrundlage** (jetzt: § 313 BGB n. F.) für einen betriebsbedingten Aufhebungsvertrag fällt nicht ohne weiteres weg (§ 242 BGB), wenn nach dessen Abschluss zum gleichen Auflösungszeitpunkt auch noch eine verhaltensbedingte Kündigung ausgesprochen wird. Der Aufhebungsvertrag steht jedoch i. d. R. unter der aufschiebenden Bedingung, dass das Arbeitsverhältnis bis zum vereinbarten Auflösungszeitpunkt fortgesetzt wird. Löst dann eine außerordentliche Kündigung das Arbeitsverhältnis vor dem vorgesehenen Auflösungszeitpunkt auf, wird der Aufhebungsvertrag – einschließlich der vereinbarten Abfindung – **gegenstandslos** (*BAG* 29.1.1997 EzA § 611 BGB Aufhebungsvertrag Nr. 27).

2514 Vereinbaren die Arbeitsvertragsparteien aus dem öffentlichen Dienst, auf deren Arbeitsverhältnis der BAT samt Ergänzungen anwendbar ist, in einem **gerichtlichen Vergleich** dessen **einvernehmliche Beendigung** zu einem künftigen Zeitpunkt, so kann dennoch **§ 59 Abs. 1 S. 1 BAT** (Beendigung des Arbeitsverhältnisses nach Bewilligung einer Rente wegen Erwerbsunfähigkeit) zu einer **früheren Beendigung** führen, wenn der Angestellte noch im Verlauf der vereinbarten Restzeit einen beantragten Rentenbescheid wegen Erwerbsunfähigkeit erhält; der Vergleich ist im Zweifel nicht so auszulegen, dass § 59 BAT abbedungen werden sollte. Die vorzeitige Beendigung des Arbeitsverhältnisses kann dazu führen, dass eine im Vergleich vereinbarte Abfindung nach Maßgabe eines Tarifvertrages (z. B. TV Personalabbau) nicht mehr beansprucht werden kann (*LAG Köln* 28.1.2000 ZTR 2000, 461).

8. Auswirkung des vorzeitigen Todes des Arbeitnehmers auf eine vereinbarte Abfindung

2515 Haben die Parteien im Zuge einer Personalreduzierung einen Aufhebungsvertrag geschlossen und dabei auf Leistungen eines Sozialplans verwiesen, nach dem der Arbeitnehmer Anspruch auf eine Abfindung hat, so entsteht der Anspruch auf die Abfindung nicht, wenn der Arbeitnehmer nach Abschluss des Aufhebungsvertrages, aber vor der vereinbarten Beendigung des Arbeitsverhältnisses stirbt (*BAG* 25.9.1996 EzA § 112 BetrVG 1972 Nr. 89).

2516 Ist in einem Aufhebungsvertrag vereinbart, dem Arbeitnehmer bei Inanspruchnahme des vorgezogenen Altersruhegeldes zur Milderung der Einkommenseinbuße eine Abfindung zu zahlen, so entsteht dieser Anspruch regelmäßig nur, wenn der Arbeitnehmer das **vertraglich vereinbarte Ende** des Arbeitsverhältnisses **erlebt** (*BAG* 16.5.2000 EzA § 611 BGB Aufhebungsvertrag Nr. 36).

D. Die Beendigung des Arbeitsverhältnisses

9. **Rechtsgeschäfte anlässlich von Verhandlungen und des Abschlusses von Aufhebungsverträgen**

Insbesondere dann, wenn über den Abschluss eines Aufhebungsvertrages verhandelt wird, der zu einer einer außerordentlichen Kündigung gleichkommenden sofortigen Beendigung des Arbeitsverhältnisses führen soll, weil dem Arbeitnehmer Pflichtverletzungen vorgeworfen werden, die zu einem materiellen Schaden des Arbeitgebers geführt haben (Unterschlagung, Veruntreuung, Diebstahl, Inventur- oder Kassendifferenzen), versucht der Arbeitgeber, Regelungen zu erzielen, die zu einem Ersatz dieses Schadens führen. Das ist z. B. durch die Vereinbarung eines **Schuldanerkenntnisses** möglich. Auch für eine derartige Vereinbarung gelten aber die allgemeinen Schranken (z. B. § 138 BGB). 2517

Das *Thüringer LAG* (10.9.1998 LAGE § 781 BGB Nr. 2) hat in diesem Zusammenhang folgende Grundsätze aufgestellt: 2518
– Der Arbeitgeber darf zur Beschaffung eines Schuldanerkenntnisses einer der Kassen- und Warenveruntreuung verdächtigten Angestellten diese **nicht in eine Zwangssituation bringen**, in der ihre wirtschaftliche Entscheidungsfreiheit ausgeschaltet wird.
– Bei der Anhörung der verdächtigten Angestellten muss der Arbeitgeber **rechtsstaatliche Erfordernisse einhalten**. Er darf dieser weder die Bewegungsfreiheit beschränken, noch das Recht abschneiden, den Rat einer Person des Vertrauens bzw. eines Rechtsanwalts in Anspruch zu nehmen.
– Wenn für ein Schuldanerkenntnis die Berechnung des von der Angestellten verursachten Schadens nur im Wege einer Hochrechnung erfolgen kann, muss sichergestellt werden, dass die **Hochrechnung frei von Denk- und Rechenfehlern** ist und auf hinreichend abgesicherter Grundlage beruht.
– Der Arbeitgeber darf die Gelegenheit der Aufdeckung einer Kassen- und Warenveruntreuung nicht dazu nutzen, durch ein von der Angestellten unterzeichnetes Schuldanerkenntnis auch solche **Inventurdifferenzen auszugleichen**, für die **andere Ursachen** als die aufgedeckten strafbaren Handlungen **wahrscheinlich** sind.

Das *OLG Düsseldorf* (26.2.1999 – 22 U 193/98 –) ist davon ausgegangen, dass ein notarielles Schuldanerkenntnis, durch das der Arbeitgeber sich aufgrund eines **Diebstahls** von einer 19-jährigen Auszubildenden nach einem mehr als drei Stunden dauernden intensiven Verhör durch mehrere Personen und sofort anschließender Fahrt zum Notar einen Vollstreckungstitel über 60.000 DM nebst 9 % Zinsen verschafft, nichtig ist, weil diese Summe den unmittelbaren Diebstahlsschaden von 3.499 DM und die mit 50.000 DM bezifferten Detektivkosten um mehr als 6.000 DM übersteigt, infolge Sittenwidrigkeit nichtig ist. 2519

Andererseits kann ein notarielles Schuldanerkenntnis eines Arbeitnehmers **nicht wegen der Drohung mit einer Strafanzeige nach § 123 BGB angefochten werden**, wenn die **Höhe des Schadens des Arbeitgebers feststeht** und dem Arbeitnehmer **erklärt wurde**, dass er **keinerlei Aussagen machen müsse** (*LAG Rheinland-Pfalz* 2.11.2000 – 9 Sa 826/00 –). 2520

D. Die Beendigung des Arbeitsverhältnisses

XXI. Altersteilzeit

1. Einführung

2521 Die einvernehmliche Beendigung von Arbeitsverhältnissen mit älteren Arbeitnehmern kann alternativ zum Aufhebungsvertrag auch durch Abschluss eines **Altersteilzeitvertrages** herbeigeführt werden. Im Unterschied zum Aufhebungsvertrag führt die Altersteilzeit allerdings nicht zu einer kurzfristigen Auflösung des Anstellungsverhältnisses, sondern kann die Beendigung frühestens in zwei Jahren herbeiführen. Ziel des Altersteilzeitgesetzes ist es somit, Arbeitnehmern einen gleitenden Übergang in den Ruhestand zu ermöglichen. Hierzu gewährt darüber hinaus die Bundesanstalt für Arbeit Zuschüsse, um zu vermeiden, dass wie bisher Frühpensionierungen über den Weg der Arbeitslosigkeit herbeigeführt werden.

2522 Das am 1.8.1996 in Kraft getretene Altersteilzeitgesetz war zunächst auf fünf Jahre befristet. Zwischenzeitlich wurde das Altersteilzeitgesetz mehrfach verlängert. Zuletzt erfolgte mit Gesetz vom 27.6.2000 eine Änderung und Verlängerung des Altersteilzeitgesetzes bis zum 31.12.2009. Liegen im Einzelfall am 31.12.2009 die Voraussetzungen für eine Förderung nach dem Altersteilzeitgesetz vor, so wird die Bundesanstalt für Arbeit auch bei einer Nichtverlängerung des Altersteilzeitgesetzes aufgrund der in § 16 AtG enthaltenen Übergangsregelung für die vor dem 31.12.2009 abgeschlossenen Altersteilzeitverträge weiterhin Leistungen erbringen.

2. Voraussetzungen der Altersteilzeit

2523 Die Bundesanstalt für Arbeit gewährt dem Unternehmen (nicht dem Arbeitnehmer!) Zuschüsse zur Altersteilzeit, wenn die entsprechenden Voraussetzungen des Altersteilzeitgesetzes vorliegen. Die im Gesetz vorgeschriebenen Aufstockungsbeträge werden vollumfänglich in der gesetzlichen Höhe vom Arbeitsamt übernommen.

2524 **Voraussetzungen** für **Zuschüsse des Arbeitsamtes** im Rahmen der Altersteilzeit:
 a) Arbeitnehmer ab Vollendung des 55. Lebensjahres;
 b) Verkürzung der Arbeitszeit um 50 % (Verteilzeitraum: drei Jahre ohne Tarifvertrag bzw. sechs Jahre mit Tarifvertrag);
 c) Aufstockung der Teilzeitvergütung;
 d) Einstellung eines Arbeitslosen oder Ausgebildeten.

a) Berechtigter Personenkreis

2525 Leistungen nach dem Altersteilzeitgesetz werden vom Arbeitsamt nur für diejenigen Arbeitnehmer an den Arbeitgeber gewährt, die die Voraussetzungen des § 2 Abs. 1 AtG erfüllen.

2526 Gem. § 2 Abs. 1 AtG zählen nur diejenigen Arbeitnehmer zum **begünstigten Personenkreis**, die:
 – das 55. Lebensjahr vollendet haben,
 – nach dem 14.2.1996 aufgrund einer Vereinbarung mit dem Arbeitgeber, die sich zumindest auf die Zeit erstrecken muss, bis eine Rente wegen Alters beansprucht werden kann, ihre Arbeitszeit auf die Hälfte der bisherigen wöchentlichen Arbeitszeit vermindert haben und versicherungspflichtig beschäftigt i. S. d. Dritten Buches Sozialgesetzbuch sind und

– innerhalb der letzten fünf Jahre vor Beginn der Altersteilzeit mindestens 1.080 Kalendertage in einer versicherungspflichtigen Beschäftigung nach dem Dritten Buch Sozialgesetzbuch gestanden haben. Zeiten mit Anspruch auf Arbeitslosengeld oder Arbeitslosenhilfe sowie Zeiten, in denen Versicherungspflicht nach § 26 Abs. 2 SGB III bestand, stehen der versicherungspflichtigen Beschäftigung gleich. § 427 Abs. 3 SGB III gilt entsprechend.

Erfüllt der Arbeitnehmer die vorgenannten Voraussetzungen, so kann bis zum 31.12.2009 eine Vereinbarung zwischen den Arbeitsvertragsparteien geschlossen werden, wonach sich die Arbeitszeit entsprechend den Vorgaben des Altersteilzeitgesetzes vermindert. Wie oben angesprochen, kann die Altersteilzeit bis zum 31.12.2009 auch dann noch vereinbart werden, wenn das Gesetz nicht verlängert wird. Entscheidend ist alleine, dass bis zum 31.12.2009 die im Altersteilzeitgesetz genannten Voraussetzungen bei dem betreffenden Mitarbeiter vorliegen. **2527**

b) Verkürzung der Arbeitszeit
Der Übergang in die Altersteilzeit setzt den Abschluss eines **Änderungsvertrages** zwischen Arbeitgeber und Arbeitnehmer voraus. Einen durchsetzbaren Anspruch auf einen Wechsel in die Altersteilzeit hat nach dem Altersteilzeitgesetz weder das Unternehmen, noch der Mitarbeiter. Der Gesetzgeber hat jedoch die Möglichkeit vorgesehen, dass ein **Tarifvertrag** einen derartigen Anspruch der Mitarbeiter auf Abschluss eines Altersteilzeitvertrages enthält. Hiervon haben eine Reihe von Tarifvertragsparteien bereits Gebrauch gemacht. Für diesen Fall sieht das Alterteilzeitgesetz allerdings eine sog. Überforderungsklausel in Form einer prozentuale Begrenzung der berechtigten Arbeitnehmer vor. Gem. § 3 Abs. 1 Nr. 3 AtG muss gewährleistet sein, dass nicht mehr als 5 % der Arbeitnehmer eines Betriebes Anspruch auf einen Wechsel in die Altersteilzeit haben. Bei Feststellung dieser Quote zählen sämtliche Arbeitnehmer, die sich in Altersteilzeit befinden. Eine Begrenzung der insofern zu berücksichtigenden Arbeitnehmer auf Gewerkschaftsmitglieder kommt nicht in Betracht (vgl. *BAG* 18.9.2001 DB 2002, 486). **2528**

aa) Befristung des Altersteilzeitvertrages
Der zwischen den Arbeitsvertragsparteien abzuschließende Änderungsvertrag (siehe zum Inhalt eines solchen Vertrages unten D/Rz. 2601 ff.) ist auf maximal **sechs Jahre** befristet, wenn das Unternehmen während der gesamten Laufzeit Leistungen des Arbeitsamtes sicherstellen will. Ansonsten sind auch Verträge mit einer zehnjährigen Laufzeit möglich, wenn sich ein sechsjähriger Zeitraum ergibt, in dem die Voraussetzungen des Altersteilzeitgesetzes erfüllt sind. Eine Altersteilzeit über das 65. Lebensjahr hinaus ist nicht möglich. **2529**

bb) Halbierung der Arbeitszeit
Neben der Befristung des Änderungsvertrages muss der Änderungsvertrag eine **Verkürzung der Arbeitszeit** vorsehen. Gem. § 2 Abs. 1 Nr. 2 AtG ist Voraussetzung für die Zahlung von Zuschüssen durch das Arbeitsamt, dass die Arbeitszeit des betreffenden Mitarbeiters auf die Hälfte der bisherigen wöchentlichen Arbeitszeit verringert wird. Was unter »bisheriger wöchentlicher Arbeitszeit« zu verstehen ist, hat der Gesetzgeber selbst in § 6 Abs. 2 AtG definiert. Wörtlich heißt es dort:
»(2) Als bisherige wöchentliche Arbeitszeit ist die wöchentliche Arbeitszeit zugrundezulegen, die mit dem Arbeitnehmer vor dem Übergang in die Altersteilzeit vereinbart war. Zugrunde zu legen ist höchstens die Arbeitszeit, die im Durchschnitt der letzten 24 Mo- **2530**

D. Die Beendigung des Arbeitsverhältnisses

nate vor dem Übergang in die Altersteilzeitarbeit vereinbart war. Bei der Ermittlung der durchschnittlichen Arbeitszeit nach Satz 2 bleiben Arbeitszeiten, die die tarifliche regelmäßige wöchentliche Arbeitszeit überschritten haben, außer Betracht. Die ermittelte durchschnittliche Arbeitszeit kann auf die nächste volle Stunde gerundet werden.
(3) Als tarifliche regelmäßige wöchentliche Arbeitszeit ist zugrunde zu legen,
1. wenn ein Tarifvertrag eine wöchentliche Arbeitszeit nicht oder für Teile eines Jahres eine unterschiedliche wöchentliche Arbeitszeit vorsieht, die Arbeitszeit, die sich im Jahresdurchschnitt wöchentlich ergibt; wenn ein Tarifvertrag Ober- und Untergrenzen für die Arbeitszeit vorsieht, die Arbeitszeit, die sich für den Arbeitnehmer im Jahresdurchschnitt wöchentlich ergibt,
2. wenn eine tarifliche Arbietszeit nicht besteht, die tarifliche Arbeitszeit für gleiche oder ähnliche Beschäftigungen, oder falls eine solche tarifliche Regelung nicht besteht, die für gleiche oder ähnliche Beschäftigungen übliche Arbeitszeit.«

2531 Bezüglich der Verkürzung der Arbeitszeit ist zu beachten, dass das Arbeitsamt nur dann Zuschüsse zahlt, wenn der in die Altersteilzeit wechselnde Arbeitnehmer innerhalb der letzten fünf Jahre vor Beginn der Altersteilzeit mindestens 1.080 Kalendertage versicherungspflichtig beschäftigt gewesen ist. Die im Änderungsvertrag vorzusehende Reduzierung der regelmäßigen wöchentlichen Arbeitszeit darf darüber hinaus nicht zu einer Unterschreitung der Geringfügigkeitsgrenze nach § 8 SGB IV führen und sie muss unmittelbar durch den Änderungsvertrag im Rahmen der Altersteilzeitvereinbarung erfolgen (vgl. *Bauer* NZA 1997, 401 [402]).

2532 Seit 1.1.2000 haben auch **Teilzeitkräfte** die Möglichkeit in die Altersteilzeit zu wechseln. Für sie gelten dabei die gleichen Bedingungen wie für Vollzeitkräfte. Dies bedeutet insbesondere, dass nach Halbierung der Arbeitszeit nach wie vor ein versicherungspflichtiges Beschäftigungsverhältnis vorliegen muss. Unterschreitet das Arbeitsverhältnis nach Halbierung der Arbeitszeit die Geringfügigkeitsgrenzen des § 8 SGB IV, so scheidet in diesem Fall die Möglichkeit der Altersteilzeit aus.

cc) Verteilung der reduzierten Arbeitszeit

2533 Neben der Festlegung der neuen wöchentlichen Arbeitszeit muss der Änderungsvertrag zwischen den Arbeitsvertragsparteien auch regeln, wie diese **Arbeitszeit künftig verteilt** wird. Der Gesetzgeber hat die Verteilung der Arbeitszeit grds. den Arbeitsvertragsparteien selbst überlassen. Gem. der Neufassung des § 2 Abs. 2 AtG muss allerdings im Durchschnitt eines Zeitraums von bis zu drei Jahren eine Reduzierung auf die Hälfte der bisherigen wöchentlichen Arbeitszeit erreicht werden. Arbeitgeber und Arbeitnehmer können daher innerhalb dieses dreijährigen Verteilungszeitraumes die Arbeitszeit flexibel verteilen. Denkbar ist es, dass der Mitarbeiter eineinhalb Jahre in Vollzeit tätig ist und anschließend eineinhalb Jahre freigestellt wird (sog. Blockmodell).

2534 Ist die Altersteilzeit in einem **Tarifvertrag** geregelt, so kann gem. § 2 Abs. 3 AtG dort der Verteilzeitraum auf sechs Jahre ausgedehnt werden. Dies gibt den Arbeitsvertragsparteien die Möglichkeit, den Mitarbeiter zunächst für drei Jahre wie bisher in Vollzeit weiter zu beschäftigen und ihn dann für weitere drei Jahre von der Arbeitsleistung unter Fortzahlung des Altersteilzeitentgeltes (einschließlich der Aufstockungsbeträge) freizustellen.

2535 Existiert in einem bestimmten Bezirk zwar ein entsprechender Tarifvertrag, doch ist das Unternehmen nicht Mitglied im Arbeitgeberverband, so kann die tarifvertragliche Regelung gem. § 2 Abs. 2 Satz 3 AtG entweder durch Abschluss einer entsprechenden Betriebsvereinbarung mit dem Betriebsrat oder durch eine schriftliche Ver-

D. Die Beendigung des Arbeitsverhältnisses

einbarung unmittelbar mit dem Arbeitnehmer übernommen werden. In diesem Fall muss das Unternehmen aber den gesamten Tarifvertrag – so weit er die Altersteilzeit betrifft – übernehmen; der Arbeitgeber kann nicht nur auf die Regelungen über den Verteilzeitraum Bezug nehmen und dann beispielsweise eine Nettogarantie unterhalb der Regelungen des Tarifvertrages vereinbaren.

Handelt es sich bei dem für die Altersteilzeit vorgesehenen Arbeitnehmer um einen sog. **AT-Angestellten**, so ist die Anwendbarkeit des sechsjährigen Verteilzeitraumes dann nach Auffassung der Bundesanstalt für Arbeit möglich, wenn die Tarifvertragsparteien den Personenkreis der außertariflichen Angestellten vom Geltungsbereich des Tarifvertrages nicht ausdrücklich ausgeschlossen haben. Liegt ein derartiger ausdrücklicher Ausschluss vor, so kommt nach Auffassung des Arbeitsamtes nur die dreijährige Verteilzeit in Betracht (vgl. Durchführungsanweisungen der Bundesanstalt für Arbeit zu § 2 AtG Ziff. 2.2). 2536

Die **maximale Laufzeit** der Altersteilzeit darf zehn Jahre betragen. Eine Förderung durch das Arbeitsamt ist für diesen Zeitraum allerdings nur begrenzt möglich. Liegt innerhalb dieses Zehnjahreszeitraums ein Zeitraum von höchstens sechs Jahren, in dem der Mitarbeiter seine frühere Arbeitszeit halbiert, so erfolgt eine Förderung dieses maximal sechsjährigen Zeitraums. 2537

c) Aufstockung der Teilzeitvergütung

Die Gewährung von Zuschüssen durch das Arbeitsamt ebenso wie die Anerkennung der Altersteilzeit durch die Rentenversicherungsträger setzt gem. § 3 AtG voraus, dass das Unternehmen neben der eigentlichen Teilzeitvergütung zusätzlich zum einen noch einen Aufstockungsbetrag und zum anderen einen zusätzlich Rentenversicherungsbeitrag zahlt. 2538

aa) Zusätzliche Rentenversicherungsbeiträge

Der Arbeitgeber ist nach § 3 Abs. 1 Ziff. 1 b AtG verpflichtet, für den Arbeitnehmer Beiträge zur gesetzlichen Rentenversicherung mindestens in Höhe des Beitrags zu entrichten, der auf den Unterschiedsbetrag zwischen 90 % des bisherigen Arbeitsentgelts und dem Arbeitsentgelt für die Altersteilzeit entfällt. Begrenzt wird diese Verpflichtung durch die Beitragsbemessungsgrenze in der gesetzlichen Rentenversicherung. Während Arbeitnehmer und Arbeitgeber für den Teil des der halbierten Arbeitszeit entsprechenden Bruttoarbeitsentgeltes wie bisher auch gemeinsam die Beiträge zur Rentenversicherung aufbringen, zahlt das Unternehmen den Differenzbetrag alleine; d. h. Arbeitnehmer- und Arbeitgeberanteil werden vom Unternehmen allein getragen (vgl. Durchführungsanweisungen der Bundesanstalt für Arbeit zu § 3 AtG Ziff. 3.1.2; *Diller* NZA 1996, 847 [849]). 2539

Liegt bei dem in die Altersteilzeit gewechselten Arbeitnehmer keine Versicherungspflicht in der gesetzlichen Rentenversicherung vor, weil der Arbeitnehmer beispielsweise eine befreiende Lebensversicherung abgeschlossen hatte, so muss die Erstattung bzw. Übernahme der höheren Beiträge zur Lebensversicherung ausdrücklich im Altersteilzeitvertrag geregelt werden. Die Bundesanstalt für Arbeit erstattet gem. § 4 AtG bei Vorliegen der sonstigen Voraussetzungen auch in diesem Fall die erhöhten Aufwendungen des Arbeitgebers. Begrenzt wird die Erstattungspflicht der Arbeitsverwaltung allerdings durch den fiktiven Betrag, der bei Versicherungspflicht des Arbeitnehmers zu Lasten der Bundesanstalt für Arbeit angefallen wäre. 2540

D. Die Beendigung des Arbeitsverhältnisses

2541 Was unter dem Begriff des »bisheriges Arbeitsentgelt« zu verstehen ist, definiert das Altersteilzeitgesetz selbst in § 6 Abs. 1 AtG. Als bisheriges Arbeitsentgelt ist gem. § 6 Abs. 1 AtG dasjenige Arbeitsentgelt anzusehen,
»*das der in Altersteilzeit beschäftigte Arbeitnehmer für eine Arbeitsleistung bei bisheriger wöchentlicher Arbeitszeit zu beanspruchen hätte, soweit es die Beitragsbemessungsgrenze des Dritten Buches Sozialgesetzbuch nicht überschreitet. § 134 Abs. 2 Nr. 1 des Dritten Buches Sozialgesetzbuch gilt entsprechend.*«

2542 Das bisherige Arbeitsentgelt umfasst somit das **gesamte beitragspflichtige Arbeitsentgelt**, das der Arbeitnehmer ohne Reduzierung der Arbeitszeit im Rahmen einer Vollzeitbeschäftigung erzielt hätte.

2543 Neben dem laufenden Arbeitsentgelt gehören hierzu des Weiteren:
- Vermögenswirksame Leistungen,
- Anwesenheitsprämien,
- Leistungs- und Erschwerniszulagen,
- Zulagen für Sonntags-, Feiertags- und Nachtarbeit, soweit sie steuerpflichtig nach § 3b EStG sind und damit beitragspflichtiges Entgelt darstellen,
- einmalige und wiederkehrende Zuwendungen (beispielsweise Weihnachts- und Jubiläumszuwendungen, 13. und 14. Monatsgehalt etc.), soweit dadurch unter Berücksichtigung des laufenden Arbeitsentgeltes nicht die monatliche Beitragsbemessungsgrenze überschritten wird,
- rückwirkende Lohnerhöhungen etc.

2544 Die **Vergütung für Mehrarbeitsstunden** wird nicht berücksichtigt, weil sie für Stunden außerhalb der Altersteilzeitarbeit gewährt worden ist. Darüber hinaus wird dasjenige Arbeitsentgelt nicht berücksichtigt, das oberhalb der Beitragsbemessungsgrenze liegt.

bb) Aufstockung des Teilzeitentgeltes

2545 Gem. § 3 Abs. 1 Ziff. 1a AtG muss das Unternehmen, wenn es Leistungen des Arbeitsamtes erhalten will, das Arbeitsentgelt für die Altersteilzeitarbeit um mindestens 20% aufstocken. Die Aufstockung muss so hoch sein, dass dadurch mindestens **70% des pauschalierten Netto-Vollzeitarbeitsentgeltes** erreicht wird. Aufgrund dieser Regelung im Gesetz hat das Unternehmen bei der Festlegung des endgültigen Altersteilzeitentgeltes sowohl das frühere Bruttoeinkommen als auch das frühere Nettoeinkommen – Letzteres allerdings nur bis zur Beitragsbemessungsgrenze – zu berücksichtigen.

2546 In einem ersten Schritt wird nun das halbierte, der neuen Arbeitszeit angepasste Bruttoeinkommen um 20% erhöht. Dies bedeutet, dass hier das gesamte Bruttoeinkommen des in die Altersteilzeit gewechselten Arbeitnehmers berücksichtigt wird. In einem zweiten Schritt muss das Unternehmen nunmehr eine Gegenrechnung durchführen und kontrollieren, ob aufgrund dieses 20%igen Zuschlages, der steuerfrei ist (siehe zur steuerlichen Behandlung der Altersteilzeitbeträge unten unter D/Rz. 2590 ff.), mindestens 70% des gewöhnlichen Nettoeinkommens erreicht werden. Aufgrund des Verweises auf § 6 Abs. 1 AtG zählt hier nun allerdings nicht das gesamte frühere Einkommen des nunmehr in die Altersteilzeit gewechselten Mitarbeiters, sondern es wird lediglich dasjenige Einkommen bis zur Beitragsbemessungsgrenze herangezogen (vgl. *Diller* NZA 1996, 847 [849]).

2547 Da der Gesetzgeber von den gewöhnlich anfallenden gesetzlichen Abzügen spricht, ist des Weiteren nicht auf dasjenige Nettoeinkommen abzustellen, welches der Arbeitnehmer während seiner Vollzeittätigkeit tatsächlich erreicht hat. Entscheidend

D. Die Beendigung des Arbeitsverhältnisses

ist alleine das Nettoeinkommen, welches unter normalen Voraussetzungen bei dem von dem Arbeitnehmer erzielten Bruttoeinkommen anfällt. Die insofern zu berücksichtigenden Mindestnettobeträge werden gem. § 15 AtG für jedes Kalenderjahr durch eine Rechtsverordnung des Bundesministeriums für Arbeit und Sozialordnung festgelegt. Reicht der 20 %ige Aufstockungsbetrag trotz der Steuerfreiheit nicht aus, um 70% des gewöhnlichen früheren Nettoeinkommens zu erreichen, so muss das Unternehmen die verbleibende Lücke durch Erhöhung des Aufstockungsbetrages schließen.

Beispiel: 2548
Vollzeit-Bruttoeinkommen (Steuerklasse III):	2.000,00 Euro
Teilzeit-Bruttoeinkommen:	1.000,00 Euro
= Teilzeit-Nettoeinkommen:	790,00 Euro
zzgl. Aufstockungsbetrag in Höhe von 20 %:	200,00 Euro
Gesamt-Teilzeit-Nettoeinkommen:	990,00 Euro
Gegenrechnung:	
Vollzeit-Nettoeinkommen laut Tabelle:	1.432,00 Euro
70 % des Vollzeit-Nettoeinkommens:	1.002,40 Euro

Da in diesem Beispiel der steuerfreie Aufstockungsbetrag von 200,00 Euro nicht ausreicht, um das Mindestnetto-Einkommen von 70 % zu erreichen, muss der Aufstockungsbetrag auf insgesamt 212,40 Euro (1.002,40 Euro ./. 790,00 Euro= 212,40 Euro) erhöht werden

d) Einstellung eines Arbeitslosen oder Übernahme eines Auszubildenden
Vierte und letzte Voraussetzung für die Gewährung von Zuschüssen durch das Arbeitsamt ist gem. § 3 Abs. 1 Ziff. 2 AtG, dass der Arbeitgeber aus Anlass des Übergangs des Mitarbeiters in die Altersteilzeitarbeit entweder einen Arbeitnehmer nach Abschluss der Ausbildung (siehe unten D/Rz. 2562) oder einen beim Arbeitsamt arbeitslos gemeldeten Arbeitnehmer (siehe unten D/Rz. 2569) auf dem frei gemachten oder auf einem in diesem Zusammenhang durch Umsetzung frei gewordenen Arbeitsplatz versicherungspflichtig i. S. d. SGB III beschäftigt. 2549

Für **Kleinunternehmen** (bis zu 50 Arbeitnehmer) kommt als weitere Möglichkeit die Einstellung eines Auszubildenden in Betracht (siehe unten D/Rz. 2577). 2550

aa) Wiederbesetzung des freigemachten Arbeitsplatzes
Im Hinblick auf die Wiederbesetzung des durch die Altersteilzeit freigemachten Arbeitsplatzes scheidet eine reine Arbeitszeit-Volumenbetrachtung nach dem Gesetzeswortlaut aus (vgl. Ziff. 3.1.3 der Durchführungsanweisungen der Bundesanstalt für Arbeit zu § 3 AtG). Dies bedeutet, dass es ausreicht, wenn der Arbeitgeber einen versicherungspflichtigen Teilzeitarbeitnehmer auf der freigewordenen Stelle einstellt, der bisher beispielsweise arbeitslos gewesen ist. Die **Wiederbesetzung des frei gewordenen Arbeitsplatzes** muss allerdings alleine aus Anlass des Übergangs des älteren Arbeitnehmers in die Altersteilzeitarbeit erfolgen. Ausgangspunkt für die Prüfung dieses Kriteriums ist somit stets der frei gewordene Arbeitsplatz des in die Altersteilzeit gewechselten Mitarbeiters. 2551

Der **Nachweis der Wiederbesetzung** ist unproblematisch, wenn die Neueinstellung exakt auf diesem Arbeitsplatz in seiner bisherigen Form vorgenommen wird. Soll die Neueinstellung allerdings auf einem anderen Arbeitsplatz erfolgen, weil innerhalb 2552

D. Die Beendigung des Arbeitsverhältnisses

der Abteilung Umsetzungen vorgenommen wurden, so muss dem Arbeitsamt eine **lückenlose Umsetzungskette** nachgewiesen werden.

2553 Die Anforderungen an die nachzuweisende Umsetzungskette sind seit 1.1.2000 erheblich reduziert. Die Bundesanstalt für Arbeit ist in Übereinstimmung mit dem Gesetzgeber zu einer »funktionsbezogenen Betrachtungsweise« übergegangen. Dies bedeutet, dass die erforderliche Kausalität dann vermutet wird, wenn die Einstellung bzw. Übernahme eines Arbeitnehmers **innerhalb eines Funktionsbereiches** vorgenommen wird, in dem ein Arbeitsplatz durch die Altersteilzeit frei geworden ist bzw. frei wird (vgl. *Gaul* BB 2000, 1727 [1730]). Gem. Ziff. 3.13 Abs. 5 der Dienstanweisungen ist der Nachweis einer Einzelkette nicht mehr erforderlich. Wann ein Funktionsbereich vorliegt, sagen die Dienstanweisungen nicht. Es kann sich hier allerdings ohne weiteres an der **Rechtsprechung zum Teilbetriebsübergang** nach § 613a BGB orientiert werden. Die Dienstanweisungen selbst nennen beispielsweise Herstellung von Mikro-Chips, Elektroanlagenbau, Motorenbau, Pkw-Montage, Lkw-Montage, Lackiererei etc. (zu den insofern bei Kleinunternehmen [bis zu 50 Arbeitnehmern] bestehenden weitergehenden Erleichterungen und den analogen Anwendungsmöglichkeiten dieser Erleichterungen auf Betriebsabteilungen siehe unten D/Rz. 2576).

2554 Nicht ausgeschlossen ist, dass im Rahmen des Wechsels in die Altersteilzeit sich gleichzeitig auch die **Tätigkeitsmerkmale der frei gewordenen Position ändern**. So lange nach wie vor die **gleichen Qualifikationen** auf dem frei gemachten Arbeitsplatz verlangt werden, verbleibt es dabei, dass die Bundesanstalt für Arbeit auch hier zur Gewährung von Zuschüssen verpflichtet ist. Allerdings gehen die Durchführungsanweisungen der Bundesanstalt für Arbeit insofern davon aus, dass hier zunächst eingehende Feststellungen vor Ort über die Art des verbleibenden Arbeitsplatzes durch das Arbeitsamt erfolgen müssen, bevor über die Zuschüsse entschieden werden kann. Als Beispiele für Änderungen der Tätigkeitsmerkmale ohne Auswirkungen auf die Gewährung von Zuschüssen nennen die Dienstanweisungen folgende zwei Fallkonstellationen:

2555 – Zwei Abteilungssekretärinnen gehen in Altersteilzeit; im separaten Schreibbüro wird dafür eine neue Ganztagsstelle eingerichtet. Hier steht der neue veränderte Arbeitsplatz nach wie vor in einem sachlich-funktionalen Zusammenhang mit der Altersteilzeit, weil er infolge einer innerbetrieblichen Funktionsverlagerung entstanden ist.

2556 – Das Gleiche gilt, wenn Arbeitsplätze im Unternehmen wegfallen, die unter Weiterbeschäftigung der Wiederbesetzer zeitgleich an anderer Stelle des Unternehmens im gleichen funktionalen Zusammenhang neu entstehen. Dies ist beispielsweise dann gegeben, wenn die Produktionsanlage A abgerissen wird und gleichzeitig eine technisch verbesserte Produktionsanlage B in Betrieb genommen wird. Der betriebsbedingte Wegfall des Arbeitsplatzes kann dagegen nicht mehr anerkannt werden, wenn der Betrieb A nach Ablauf der Vollarbeitsphase des älteren Arbeitnehmers (sog. Blockzeitmodell) geschlossen wird und die Wiederbesetzungen ab Beginn der Freistellungsphase im schon bestehenden Betrieb B erfolgen sollen, ohne dass ein adäquater Arbeitsplatzersatz vorliegt. Ein solcher ist hingegen förderungsrechtlich anzuerkennen, wenn unter Beibehaltung des übergeordneten arbeitstechnischen Zwecks der veränderte Arbeitsplatz von A nach B verlagert oder in B neu aufgebaut wird (vgl. Ziff. 3.1.3 (2) der Durchführungsanweisungen der Bundesanstalt für Arbeit zu § 3 AtG).

D. Die Beendigung des Arbeitsverhältnisses

Daraus, dass bei der Besetzung des frei gewordenen Arbeitsplatzes kein Arbeitszeit- 2557
Volumenvergleich erfolgt, ergibt sich, dass ein Arbeitgeber mehrere Möglichkeiten
hat, die Wiederbesetzungspflicht zu erfüllen.

Das Unternehmen kann seine **Wiederbesetzungspflicht erfüllen** durch: 2558
– die Einstellung eines beim Arbeitsamt gemeldeten Arbeitslosen auf einen Altersteilzeitplatz als Teilzeit- oder Vollzeitkraft,
– die Einstellung eines beim Arbeitsamt gemeldeten Arbeitslosen auf zwei Altersteilzeitplätzen oder
– die Einstellung bzw. Übernahme eines Arbeitnehmers nach Abschluss der Ausbildung auf dem frei gemachten Arbeitsplatz bzw. auf zwei Altersteilzeitplätzen (vgl. Ziff. 3.1.3 (7) der Durchführungsanweisungen der Bundesanstalt für Arbeit zu § 3 AtG).

Gerade die Möglichkeit, lediglich einen Arbeitslosen in Vollzeit für zwei Mitarbeiter, 2559
die innerhalb einer Abteilung in Altersteilzeit gewechselt sind, einzustellen, zeigt,
dass die Altersteilzeit zu einer **kostenneutralen Frühpensionierung** von älteren Arbeitnehmern führen kann.

Die Zuschüsse der Bundesanstalt für Arbeit werden nur dann gewährt, wenn die Neu- 2560
einstellung »*aus Anlass*« des Altersteilzeitvertrages erfolgt. Ein derartiger Zusammenhang wird in zeitlicher Hinsicht noch gegeben sein, wenn die **Wiederbesetzung innerhalb von drei Monaten** nach Eintritt in die Altersteilzeit erfolgt. Im Falle einer zeitnahen Wiederbesetzung des frei gewordenen Arbeitsplatzes ist das Arbeitsamt nach richtiger Auffassung verpflichtet, auch für die Dauer der zeitweisen Nichtbesetzung die Zuschüsse zu gewähren.

Die Wiederbesetzung der frei gewordenen Stelle muss entweder durch einen frisch 2561
Ausgebildeten oder aber durch einen Arbeitslosen erfolgen.

bb) Übernahme eines Ausgebildeten

Unter dem Begriff »**Ausbildung**« i. S. d. § 3 Abs. 1 Ziff. 2 AtG versteht die Bundesan- 2562
stalt für Arbeit nur die sog. **Erstausbildung**. Danach fallen also alle Absolventen von
anerkannten Ausbildungsberufen i. S. d. Berufsbildungsgesetzes, der Handwerksordnung sowie der Schiffsmechaniker-Ausbildungsverordnung unter den Begriff
des Ausgebildeten. Des Weiteren akzeptiert das Arbeitsamt die Absolventen einer
Erstausbildung i. S. d. bundesgesetzlichen und landesrechtlichen Ausbildungsregelungen für Berufe im Gesundheitswesen und die Ausbildungsabschlüsse nach landesrechtlichen Ausbildungsregelungen für sozialpflegerische und sozialpädagogische
Berufe als Ausgebildete i. S. d. Altersteilzeitgesetzes.

Darüber hinaus werden auch die Absolventen eines **anerkannten Studienganges** 2563
an einer Hochschule oder Fachhochschule als Ausgebildete i. S. d. § 3 AtG anerkannt (vgl. Ziff. 3.1.3.2 (1) der Durchführungsanweisungen der Bundesanstalt für
Arbeit zu § 3 AtG). Gerade die Erwähnung der Absolventen eines Studienganges
belegt, dass es sich bei den Ausgebildeten nicht um betriebseigene Auszubildende
handeln muss. Es reicht vielmehr aus, wenn das Unternehmen auf einem durch Altersteilzeit frei gewordenen Arbeitsplatz einen **betriebsfremden Ausgebildeten**
übernommen hat (vgl. *Diel* DB 1996, 1518; *Diller* NZA 1996, 847). Erforderlich
ist lediglich, dass die **Übernahme unmittelbar nach Abschluss** der Ausbildung erfolgt.

Von einer unmittelbaren Übernahme des Ausgebildeten kann in besonderen Fällen 2564
auch dann gesprochen werden, wenn es sich um einen der folgenden Zwischenzeiträume handelt:

D. Die Beendigung des Arbeitsverhältnisses

- Zeiten der krankheitsbedingten Arbeitsunfähigkeit,
- Freistellung nach dem Bundeserziehungsgeldgesetz und Zeiten während des Beschäftigungsverbots nach dem Mutterschutzgesetz,
- Zeiten des Wehr- und Ersatzdienstes aufgrund der Wehrpflicht,
- Zeiten ohne Nachweis bis zur Dauer einer Woche,
- bei Studienabsolventen die Aufnahme eines weiteren Studienganges, auch wenn am Ende die Promotion angestrebt wird; es sei denn, dass die Zeit nach Studienabschluss bis zur Promotion mit einem wissenschaftlichen Angestelltenverhältnis überbrückt wird (vgl. Ziff. 3.1.3.2 (2) der Durchführungsanweisungen der Bundesanstalt für Arbeit zu § 3 AtG).

2565 Kommt es nicht zu einer unmittelbaren Übernahme des Ausgebildeten auf den durch die Altersteilzeit frei gewordenen Arbeitsplatz, weil der ältere Arbeitnehmer erst zu einem späteren Zeitpunkt in die Altersteilzeit wechselt, so kann nach den Dienstanweisungen der Bundesanstalt für Arbeit **ausnahmsweise** dann noch von einer **unmittelbaren Übernahme** gesprochen werden,
- wenn die Ausbildung in einem Zeitraum von bis zu sechs Monaten vor dem Ausscheiden des älteren Arbeitnehmers endete,
- die Übernahme des Ausgebildeten in kausalem Zusammenhang mit dem Übergang in die Altersteilzeit steht und
- die Übernahme auf dem frei gewordenen Arbeitsplatz im unmittelbaren Anschluss an den Übergang in die Altersteilzeit erfolgte.

2566 Erfolgt die Übernahme des Ausgebildeten **nicht innerhalb von sechs Monaten**, so muss der Arbeitgeber den ursächlichen Zusammenhang zwischen Weiterbeschäftigung des Ausgebildeten und Übergang des älteren Arbeitnehmers in die Altersteilzeit darlegen und begründen. Liegen **mehr als zwölf Monate** zwischen beiden Ereignissen, so ist i. d. R. von einem kausalen Zusammenhang nicht mehr auszugehen (vgl. Ziff. 3.1.3.2 (7) der Durchführungsanweisungen der Bundesanstalt für Arbeit zu § 3 AtG).

2567 Die Dienstanweisungen der Bundesanstalt für Arbeit zur Altersteilzeit lassen im Hinblick auf die Übernahme eines Ausgebildeten auch die in verschiedenen Wirtschaftszweigen übliche Übernahme eines Mitarbeiters aus einem sog. Volontariat ausreichen. **Volontariate** sind dann einer Ausbildung gleich zu setzen, wenn
- der Abschluss des Volontariats nicht nur bei einem Unternehmen anerkannt wird;
- für eine bestimmte berufliche Tätigkeit kein vorgeschriebener oder allgemein anerkannter Ausbildungsweg existiert;
- das Volontariat – in Abgrenzung zu einem normalen Beschäftigungsverhältnis – planmäßig ausgestaltet ist und sich an einem bestimmten Ausbildungsziel orientiert. Dazu gehört, dass ein sachkundiger, verantwortlicher Ausbilder bestellt ist, der den Volontär anleitet und mit dem Ziel unterweist, ihm die für die erstrebte berufliche Tätigkeit erforderlichen Kenntnisse und Fertigkeiten zu vermitteln;
- eine Dauer von regelmäßig mindestens 24 Monaten, in Einzelfällen nicht unter 18 Monaten, vereinbart wird;
- ein schriftlicher Vertrag abgeschlossen wird, der unter anderem die Vergütung regelt und
- das Volontariat mit einer Beurteilung/Bewertung abgeschlossen wird, die Aussagen über die durchlaufenen Ausbildungsabschnitte und deren Erfolg zulässt (vgl. Ziff. 3.1.3.2 (5) der Durchführungsanweisungen der Bundesanstalt für Arbeit zu § 3 AtG).

D. Die Beendigung des Arbeitsverhältnisses

Unerheblich für die Erfüllung der Voraussetzungen des Altersteilzeitgesetzes ist im 2568
Übrigen, ob der Ausgebildete beispielsweise auf Grund eines Tarifvertrages ohnehin
einen Anspruch auf befristete Übernahme in ein Arbeitsverhältnis hatte. Auch in derartigen Fällen ist von einer Übernahme i. S. d. § 3 AtG auszugehen. Die **Motivation
zur Einstellung** ist insofern unerheblich (vgl. Ziff. 3.1.3.2 (10) der Durchführungsanweisungen der Bundesanstalt für Arbeit zu § 3 AtG).

cc) Übernahme eines Arbeitslosen

Alternativ zur Übernahme eines frisch ausgebildeten Mitarbeiters kommt auch die 2569
Übernahme eines Arbeitslosen auf der durch den Altersteilzeitvertrag frei gewordenen Stelle im Unternehmen bzw. einer durch Umorganisation frei gewordenen Stelle
in Betracht. Nach dem Wortlaut des Altersteilzeitgesetzes liegt »**Arbeitslosigkeit**« bereits dann vor, wenn der einzustellende Mitarbeiter im Zeitpunkt der Einstellung
beim Arbeitsamt arbeitslos gemeldet ist. Es ist insofern nicht erforderlich, dass bereits tatsächlich eine Beschäftigungslosigkeit des einzustellenden Arbeitnehmers vorliegt. Ausreichend ist vielmehr, wenn die Arbeitslosigkeit erst innerhalb der nächsten
zwei Monate eingetreten wäre, wenn es nicht zum Abschluss des neuen – ggf. auch
nur befristeten – Arbeitsvertrages gekommen wäre (vgl. *Nimscholz* Lohn + Gehalt
10/99, 21 [24]).

Kein Kriterium für die Definition des Arbeitslosen i. S. d. Altersteilzeitgesetzes ist der 2570
Bezug von Arbeitslosengeld (vgl. *v. Einem* BB 1996, 1883).

Nicht erforderlich ist des Weiteren, dass der eingestellte Arbeitslose bei der Bundes- 2571
anstalt für Arbeit in Deutschland **arbeitslos gemeldet** war. Ausreichend ist, dass der
Mitarbeiter in einem anderen Staat der Europäischen Union als arbeitslos gemeldeter
Arbeitnehmer anerkannt war (vgl. Ziff. 3.1.3.2 (2) der Durchführungsanweisungen
der Bundesanstalt für Arbeit zu § 3 AtG). War der Arbeitnehmer allerdings zuvor
im Ausland tätig, so muss zumindest das nunmehr neu abgeschlossene Arbeitsverhältnis der Sozialversicherungspflicht in Deutschland unterliegen.

Neben der echten Arbeitslosigkeit stellt die Bundesanstalt für Arbeit in ihren Durch- 2572
führungsanweisungen zum Altersteilzeitgesetz eine Reihe von Zeiten der Arbeitslosigkeit gleich.

Nach Ziff. 3.1.3.1 der Durchführungsanweisungen zu § 3 AtG gelten als **Zeiten** 2573
der Arbeitslosigkeit i. S. d. § 3 Abs. 1 Ziff. 2 AtG auch die
- Beschäftigung aufgrund eines Eingliederungsvertrages nach §§ 229 ff. SGB III;
- Teilnahme an Trainingsmaßnahmen nach §§ 48 ff SGB III;
- Beschäftigung in einer Arbeitsbeschaffungsmaßnahme nach §§ 260 ff. SGB III;
  das gilt nicht, wenn der Arbeitnehmer länger als zwei Jahre in solchen Maßnahmen beschäftigt und für eine Übernahme in einer Dauerbeschäftigung vorgesehen ist;
- Beschäftigungen zur Eingliederung älterer Arbeitnehmer nach §§ 217, 218
  Abs. 1 Nr. 3 SGB III;
- Beschäftigungen in einer Maßnahme zur Strukturanpassung nach §§ 272 ff.
  SGB III oder nach § 19 Bundessozialhilfegesetz;
- befristete Beschäftigungen bis zur Dauer von einem Monat;
- Teilnahme an einer beruflichen Weiterbildungsmaßnahme, wenn diese notwendig ist (§ 77 Abs. 1 Nr. 1 SGB III);
- Teilnahme an einer Maßnahme zur beruflichen Eingliederung Behinderter
  nach §§ 97 ff. SGB III;

D. Die Beendigung des Arbeitsverhältnisses

- Teilnahme an einem individuell geförderten Deutschlehrgang nach §§ 417 ff. SGB III;
- Zeiten der krankheitsbedingten Arbeitsunfähigkeit (einschließlich der Zeiten der Teilnahme an einer Kur- oder Heilmaßnahme);
- Freistellung nach dem Bundeserziehungsgeldgesetz und Zeiten während eines Beschäftigungsverbotes nach dem Mutterschutzgesetz;
- Zeiten des Wehr- und Ersatzdienstes;
- Zeiten kurzzeitig unbezahlter Ortsabwesenheit;
- Zeiten ohne Nachweis bis zur Dauer einer Woche, wenn sie sich unmittelbar an die Arbeitslosigkeit anschließen oder die Arbeitslosigkeit unterbrechen.

dd) Sonderregelung für Kleinunternehmen

2574 Seit 1.1.2000 existieren für Unternehmen mit bis zu 50 Arbeitnehmern Erleichterungen für den Nachweis der Wiederbesetzung der durch die Altersteilzeit freigewordenen Arbeitsstellen.

aaa) Vermutungsregelung

2575 Bei **Kleinunternehmen** wird unwiderleglich **vermutet**, dass der neu eingestellte Arbeitslose auf dem freigemachten oder in diesem Zusammenhang durch Umsetzung freigewordenen Arbeitsplatz beschäftigt wird. Eine Umsetzungskette braucht nicht dargelegt zu werden.

2576 Obwohl dem Wortlaut des § 3 Abs. 1 Ziff. 2 AtG nach die Vermutungsregelung nur für **Kleinunternehmen** gilt, besteht Einigkeit, dass die Regelung analog auf Funktionsbereiche größerer Unternehmen übertragen werden kann. Wird also in einem Funktionsbereich – beispielsweise Lager oder Buchhaltung – ein Arbeitsplatz durch Altersteilzeit frei, reicht es aus, wenn das Unternehmen nachweist, dass der neu eingestellte Arbeitslose oder übernommene Ausgebildete in diesem Bereich eingesetzt wird.

bbb) Einstellung eines Auszubildenden

2577 Alternativ zur Einstellung eines Arbeitslosen oder der Übernahme eines Ausgebildeten kommt für Kleinunternehmen auch die Einstellung eines Auszubildenden in Betracht. Diese Alternative kann allerdings nicht auf größere Unternehmen analog angewandt werden.

3. Leistungen des Arbeitsamtes

2578 Liegen die oben beschriebenen vier Voraussetzungen der gesetzlichen Altersteilzeit vor, so gewährt die Bundesanstalt für Arbeit gem. § 4 AtG dem Arbeitgeber (nicht dem Arbeitnehmer) für längstens sechs Jahre Zuschüsse. Erstattet werden sowohl der gesetzliche Aufstockungsbetrag in Höhe von 20% des Altersteilzeitentgeltes als auch der vom Arbeitgeber gezahlte zusätzliche Rentenversicherungsbeitrag, der auf den Unterschiedsbetrag zwischen 90% des Vollzeitarbeitsentgeltes und dem für die Altersteilzeit tatsächlich gezahlten Entgelt entfällt.

D. Die Beendigung des Arbeitsverhältnisses

a) Zeitpunkt der Förderung durch das Arbeitsamt
Der Anspruch auf die Erstattung dieser Leistungen entsteht in dem Zeitpunkt, in 2579
dem der Arbeitgeber den durch die Altersteilzeit frei gewordenen Arbeitsplatz wieder
besetzt. Erlaubt ein Tarifvertrag beispielsweise die Verteilung der Altersteilzeitarbeit
auf sechs Jahre und entscheiden sich die Arbeitsvertragsparteien für **Blockarbeit** dergestalt, dass zunächst drei Jahre voll gearbeitet wird und anschließend der Arbeitnehmer freigestellt wird, so bedeutet dies, dass das Unternehmen die Zuschüsse erst nach
Ablauf von drei Jahren erhält, wenn es einen Arbeitslosen eingestellt oder wenn es
einen Ausgebildeten auf dem nunmehr freigewordenen Arbeitsplatz übernommen
hat (vgl. Ziff. 4.1 (3) der Durchführungsanweisungen der Bundesanstalt für Arbeit
zu § 4 AtG). Die Zuschüsse werden in diesem Fall in doppelter Höhe gezahlt, um
so gleichzeitig auch die während der Arbeitsphase gezahlten Aufstockungsbeträge
in gesetzlicher Höhe zu erstatten. Da dem in die Altersteilzeit gewechselten Arbeitnehmer die Aufstockungsbeträge unabhängig von den Zuschüssen des Arbeitsamtes
zustehen, haben diese keinen Einfluss auf die Altersteilzeit auf Arbeitnehmerseite.

b) Erlöschen des Anspruchs auf Zuschüsse
Der Anspruch auf Zuschüsse durch das Arbeitsamt erlischt gem. § 5 Abs. 1 AtG mit 2580
Ablauf des Kalendermonats, in dem der Arbeitnehmer die Altersteilzeitarbeit entweder beendet oder aber das 65. Lebensjahr vollendet hat.
Dies bedeutet, dass der Anspruch auf Zuschüsse der Bundesanstalt für Arbeit insbe- 2581
sondere dann entfällt, wenn der Arbeitnehmer die **Regelaltersrente** beanspruchen
kann. Im Hinblick auf die Regelaltersrente spielt es keine Rolle, ob der Arbeitnehmer
tatsächlich Rentenleistungen bezieht.
Erfüllt der ältere Arbeitnehmer die Voraussetzungen für eine **vorgezogene Altersren-** 2582
te, so entfällt der Anspruch auf Zuschüsse nur dann, wenn der ältere Arbeitnehmer
diese Rente tatsächlich bezieht. Das Gleiche gilt im Übrigen, wenn der Mitarbeiter
von der Versicherungspflicht in der gesetzlichen Rentenversicherung befreit ist und
eine vergleichbare Leistung einer Versicherungs- oder Versorgungseinrichtung bzw.
eines privatrechtlichen Versicherungsunternehmens bezieht.
Der Anspruch auf die Zuschüsse kann auch während der Altersteilzeit entfallen. Gem. 2583
§ 5 Abs. 2 entfallen die Ansprüche, wenn der Arbeitgeber keinen Arbeitslosen oder
Ausgebildeten auf dem durch die Altersteilzeit frei gewordenen Arbeitsplatz beschäftigt. Scheidet der Arbeitslose/Ausgebildete während der Altersteilzeit aus, so muss
das Unternehmen die frei gewordene Stelle innerhalb von drei Monaten wieder
neu besetzen, wenn es den Anspruch auf die Zuschüsse der Bundesanstalt für Arbeit
nicht verlieren will. Keine Rolle spielt insofern, ob der auf dem durch die Altersteilzeit
frei gewordenen Arbeitsplatz eingestellte Mitarbeiter selbst gekündigt hat oder ob
ihm durch das Unternehmen gekündigt worden ist.
Hat das Unternehmen für den konkreten Altersteilzeitvertrag bereits für insgesamt 2584
vier Jahre Leistungen erhalten, so ist eine **Neubesetzung** des frei gewordenen Arbeitsplatzes nicht mehr erforderlich. Die Zuschüsse werden in diesem Fall trotzdem bis
zum Ende des Altersteilzeitvertrages (maximal sechs Jahre) weiter gezahlt. Im Rahmen sog. **Blockzeitmodelle** erreicht der Arbeitgeber bereits nach zweijährigem Leistungsbezug den Zeitpunkt, ab dem er keine Ersatzeinstellung mehr vornehmen muss.
Wird die Altersteilzeit in Form des Blockmodells ausgeübt, so werden die Zuschüsse 2585
des Arbeitsamtes frühestens ab dem Wechsel des Arbeitnehmers in die Freistellungsphase gezahlt, da erst jetzt eine Wiederbesetzung des frei gewordenen Arbeitsplatzes
möglich wird. In diesem Fall werden die Leistungen nun gem. § 12 Abs. 3 AtG in dop-

D. Die Beendigung des Arbeitsverhältnisses

pelter Höhe gezahlt, weil zum einen die laufenden Leistungen und zum anderen auch die Leistungen für die vergangenen drei Jahre erbracht werden müssen. Die Zuschüsse für vier Jahre, wie es § 5 Abs. 2 AtG für die Mindestbesetzung verlangt, sind somit nach zwei Jahren aufgrund der doppelten Zuschusshöhe erreicht (vgl. Ziff. 5.1 (4) der Durchführungsanweisungen der Bundesanstalt für Arbeit zu § 5 AtG).

c) Ruhen des Anspruchs auf Förderungsleistungen bei Nebentätigkeiten

2586 Gem. § 5 Abs. 3 AtG ruhen die Ansprüche auf Zuschüsse der Bundesanstalt für Arbeit während der Zeit, in der der in die Altersteilzeit gewechselte Arbeitnehmer **Nebentätigkeiten ausübt**, die die **Geringfügigkeitsgrenze** des § 8 SGB IV **überschreiten**. Hat der Anspruch wegen Nebentätigkeiten des in Altersteilzeit tätigen Mitarbeiters an mindestens 150 Kalendertagen geruht, so erlischt er endgültig. Mehrere Ruhenszeiträume sind insofern zusammenzurechnen.

2587 Für den Arbeitgeber stellt diese Regelung im Altersteilzeitgesetz ein **erhebliches Risiko** dar. Der Mitarbeiter hat es in der Hand, durch die Ausübung einer Nebentätigkeit die Voraussetzungen für Zuschüsse entfallen zu lassen. Im Hinblick auf dieses erhebliche Risiko ist es daher zulässig, wenn der Altersteilzeitvertrag eine **Klausel** enthält, wonach dem Arbeitnehmer die Aufnahme einer Nebentätigkeit im Hinblick auf § 5 Abs. 3 AtG untersagt ist. Gleichzeitig kann geregelt werden, dass der Arbeitnehmer verpflichtet ist, im Falle der Ausübung einer unzulässigen Nebentätigkeit dem Arbeitgeber die von diesem gezahlten Aufstockungsleistungen zu erstatten, wenn das Arbeitsamt wegen der Nebentätigkeit die Zuschüsse einstellt (siehe insofern unten D/Rz. 2612).

2588 Die Nebentätigkeit führt nur dann nicht zum Ruhen bzw. Erlöschen des Anspruchs auf Zuschüsse der Bundesanstalt für Arbeit, wenn der Arbeitnehmer derartige Nebentätigkeiten bereits innerhalb der letzten fünf Jahre vor Beginn der Altersteilzeit ständig ausgeübt hat. Von einer ständigen Ausübung der Nebentätigkeit kann dann gesprochen werden, wenn die Nebentätigkeit während der vergangenen fünf Jahre in einem vergleichbaren Umfang ausgeübt wurde, wie während der nunmehr bestehenden Altersteilzeit.

d) Ruhen des Anspruchs auf Förderleistungen bei Mehrarbeit

2589 Der Anspruch auf Zuschüsse des Arbeitsamtes ruht bzw. entfällt des Weiteren dann, wenn der in der Altersteilzeit tätige Mitarbeiter **Mehrarbeit** leistet, die den Umfang der **Geringfügigkeitsgrenze** des § 8 SGB IV **überschreitet**. Auch hier gilt der 150-Kalendertage-Zeitraum ebenso wie der Hinweis, dass mehrere Zeiträume addiert werden entsprechend. Mehrarbeit wird insofern der Ausübung einer für die Altersteilzeit unzulässigen Nebentätigkeit gleichgestellt.

4. Steuerliche und sozialrechtliche Behandlung der Altersteilzeit

a) Steuerliche Behandlung der Aufstockungsbeträge

2590 Die **Aufstockungsbeträge**, die der Arbeitgeber dem in die Altersteilzeit gewechselten Arbeitnehmer aufgrund des zwischen ihnen geschlossenen Altersteilzeit-Arbeitsvertrages zahlt, sind gem. § 3 Ziff. 28 EStG **steuerfrei**. Diese Steuerfreiheit bezieht sich nicht alleine auf die gesetzlichen Aufstockungsbeträge. Zahlt der Arbeitgeber höhere als die gesetzlichen Aufstockungsbeträge, so sind auch diese grds. steuerfrei.

D. Die Beendigung des Arbeitsverhältnisses

Erhält der Arbeitnehmer im Rahmen der Altersteilzeit allerdings derart hohe Aufstockungsbeträge, dass diese zusammen mit dem reduzierten Entgelt sein früheres Einkommen übersteigen, so entfällt für den überschießenden Teil der Aufstockungsbeträge unseres Erachtens die Steuerfreiheit. Bis zur Höhe des alten Nettoeinkommens haben die Finanzbehörden die Steuerfreiheit der Aufstockungsbeträge allerdings anzuerkennen. 2591

Ganz ohne Auswirkung auf die vom Arbeitnehmer zu zahlende Einkommensteuer bleiben aber auch die steuerfreien Aufstockungsbeträge nicht. Gem. § 32 b EStG unterliegen die **Aufstockungsbeträge** dem **Progressionsvorbehalt**. 2592

b) Sozialversicherungsrechtliche Behandlung der Aufstockungsbeträge
Gem. § 1 der Arbeitsentgeltverordnung führt die Steuerfreiheit dazu, dass die Aufstockungsbeträge auch sozialversicherungsfrei sind. 2593

c) Arbeitslosigkeit im Anschluss an die Altersteilzeit
Sinn und Zweck einer Altersteilzeit besteht grds. darin, dass der Arbeitnehmer in den Ruhestand wechselt. Da ein Wechsel in den Ruhestand mit Vollendung des 60. Lebensjahres gleichzeitig mit lebenslänglichen Abschlägen bei der Rente in Höhe von 18% verbunden ist, kommt alternativ zum Wechsel in den Ruhestand auch ein vorübergehender **Wechsel in die Arbeitslosigkeit** nach Beendigung der Altersteilzeit in Betracht. Der Gesetzgeber schließt den Bezug von Arbeitslosengeld im Anschluss an die Altersteilzeit nicht aus. Allerdings bemisst sich das Arbeitslosengeld nach Beendigung der Altersteilzeit nur noch nach dem **halbierten versicherungspflichtigen Bruttoteilzeiteinkommen**. Keine Rolle spielt es insofern, ob der sich in Altersteilzeit befindende Mitarbeiter selbst gekündigt hat oder ob ihm durch das Unternehmen gekündigt worden ist. 2594

Eine Ausnahme hiervon besteht gem. § 10 AtG nur in den Fällen, in denen die Altersteilzeit zu einem Zeitpunkt endet, zu dem der Arbeitnehmer noch nicht die Voraussetzungen für vorgezogenes Altersruhegeld aus der gesetzlichen Rentenversicherung erfüllt. Ähnlich wie die Arbeitslosenhilfe bzw. das Unterhaltsgeld richtet sich in diesem Fall das Arbeitslosengeld nach demjenigen Arbeitsentgelt, das der Arbeitnehmer erzielt hätte, wenn er seine Arbeitszeit nicht im Rahmen der Altersteilzeit vermindert hätte. 2595

Trotz des nach einer zweijährigen Altersteilzeit und der Vollendung des 60. Lebensjahres erheblich verminderten Arbeitslosengeldes wird zur Reduzierung der Rentenabschläge vermehrt die Arbeitslosigkeit dem unmittelbaren Wechsel in die Rente vorgeschaltet. Es wird hier vom sog. **Kombimodell** gesprochen. Das Kombimodell basiert darauf, dass die finanzielle Absicherung des Mitarbeiters nicht nur während der Altersteilzeit, sondern auch für die sich anschließende Zeit der Arbeitslosigkeit von vornherein festgelegt wird. 2596

Um das auch während der Zeit der Arbeitslosigkeit **garantierte Nettoeinkommen** beim Kombimodell abzusichern, werden die dort notwendigen Beträge entweder bereits während der Altersteilzeit im Rahmen der steuerfreien Aufstockungsbeträge gezahlt oder aber als gesonderte Abfindung nach Beendigung der Altersteilzeit, da auch hier wieder ein steuerfreier Abfindungsbetrag in Höhe von bis zu 12.271,– Euro gezahlt werden kann. Voraussetzung für die **steuerfreie Auszahlung** während der Altersteilzeit ist insofern lediglich, dass das während der Altersteilzeit garantierte Nettoeinkommen entsprechend höher – maximal 100% des alten Nettoeinkommens – vertraglich festgeschrieben wird. Es obliegt dann dem Arbeitnehmer, das Einkommen über die gesamte Laufzeit, d. h. Altersteilzeit und Arbeitslosigkeit, gleichmäßig einschließlich einer möglichen Abfindung zu verteilen. 2597

D. Die Beendigung des Arbeitsverhältnisses

2598 Das Kombimodell bietet gegenüber der herkömmlichen Altersteilzeit ebenso wie gegenüber den früheren Vorruhestandsmodellen diverse **Vorteile**. Eine Erstattungspflicht des Arbeitgebers nach § 147 a SGB III kann im Rahmen des Kombimodells nicht eintreten, da der Arbeitnehmer alternativ die Möglichkeit hat, vorgezogenes Altersruhegeld aus der gesetzlichen Rentenversicherung in Anspruch zu nehmen. Diese Möglichkeit reicht nach § 147 a SGB III aus, um eine Erstattungspflicht des Arbeitgebers auszuschließen. Wie oben angesprochen kommt des Weiteren hinzu, dass das Kombimodell die Steuerfreiheit der Altersteilzeit mit der Steuerfreiheit der regulären Abfindung kombiniert.

2599 Schließlich ist zu beachten, dass dann, wenn ein Arbeitnehmer nach vorausgegangener mindestens zweijähriger Altersteilzeit mit Vollendung des 60. Lebensjahres in den Ruhestand wechselt, er 18% Abschlag bei der gesetzlichen Rente lebenslänglich hinnehmen muss. Wechselt er zunächst in die Arbeitslosigkeit, so zögert dies den Eintritt in die Rente um maximal 27 Monate hinaus (dreimonatige Sperrzeit zuzüglich 24 Monate maximale Arbeitslosengeldbezugsdauer). Durch den um 27 Monate hinausgezögerten Eintritt in die Altersrente **vermindern sich die Rentenabschläge von maximal 18% auf maximal 9,9%.**

5. Arbeitsrechtliche Behandlung des Altersteilzeitvertrages

2600 Wie oben bereits dargestellt, setzt der Wechsel in die Altersteilzeit den Abschluss eines Änderungsvertrages voraus. Arbeitnehmer und Arbeitgeber müssen in einem gesonderten Schriftstück die Bedingungen der Altersteilzeit regeln.

2601 Im Rahmen des Alterteilzeitvertrages sollten folgende Punkte angesprochen werden:
– Beginn und Dauer der Altersteilzeit;
– Inhalt der während der Altersteilzeit geschuldeten Tätigkeit;
– Lage der Arbeitszeit;
– Vergütung während der Altersteilzeit;
– Lohnfortzahlung im Krankheitsfall;
– Urlaub;
– Verbot von Nebentätigkeiten;
– Beendigung des Arbeitsverhältnisses.

2602 Die vorbezeichneten **Eckpunkte** des Altersteilzeit-Arbeitsvertrages können zwischen den Parteien nur einvernehmlich herbeigeführt werden. Gem. § 8 AtG darf die Möglichkeit zur Inanspruchnahme von Altersteilzeitarbeit weder im Rahmen der Sozialauswahl nach § 1 Abs. 3 KSchG zum **Nachteil des Mitarbeiters** berücksichtigt werden, noch stellt die Möglichkeit der Altersteilzeit einen **Kündigungsgrund** i. S. d. Kündigungsschutzgesetzes dar. Dies bedeutet, dass das Unternehmen beispielsweise keine Änderungskündigung aussprechen kann, um einen älteren Arbeitnehmer in die Altersteilzeit zu zwingen.

2603 Unzulässig ist es, den Altersteilzeitvertrag **zurückzudatieren**, um so die in den vergangenen Monaten oder sogar Jahren erbrachte Arbeitsleistung nachträglich als Vorausarbeit für die nunmehr gewünschte Freistellungsphase zu deklarieren. Eine derartige Rückdatierung würde dazu führen, dass die Sozialversicherungsbeiträge ebenso wie die Einkommensteuer nachträglich neu berechnet werden müsste. Damit

D. Die Beendigung des Arbeitsverhältnisses

ginge die Rückdatierung sowohl zu Lasten der Sozialversicherungsträger als auch zu Lasten der Finanzverwaltung.
Die oben angesprochenen regelungsbedürftigen Punkte eines Altersteilzeitvertrages können nun im einzelnen wie folgt formuliert werden: 2604

a) Laufzeit des Altersteilzeitvertrages
In Ziff. 1 eines Altersteilzeitvertrages ist zunächst die genaue Laufzeit der Altersteilzeit festzulegen. Da es sich insofern um ein befristetes Vertragsverhältnis handelt, dass mit Ablauf der Befristung enden soll, ist für den Vertrag Schriftform erforderlich. Ziff. 1 kann wie folgt formuliert werden: 2605

> **Formulierungshinweis:**
> »Der zwischen Herrn Müller und der XYZ GmbH bestehende Anstellungsvertrag vom 15.12.1969 wird unter Abänderung und Ergänzung ab dem 1.1.2001 bis zum 31.12.2003 auf der Grundlage von Altersteilzeitarbeit fortgeführt. Sofern im Folgenden nichts anderweitiges geregelt ist, gelten die Bestimmungen des Arbeitsvertrages vom 15.12.1969.«

Obwohl § 41 S. 2 SGB VI bestimmt, dass Vertragsklauseln, die eine automatische Beendigung des Arbeitsverhältnisses vor Vollendung des 65. Lebensjahres vorsehen, nur dann wirksam sind, wenn sie innerhalb der letzten drei Jahre vor dem Beendigungszeitpunkt vereinbart oder bestätigt wurden, ist es zulässig, im Rahmen eines Altersteilzeitvertrages auch den Beendigungstermin für das Arbeitsverhältnis festzulegen. Gem. § 8 Abs. 3 AtG ist insofern lediglich erforderlich, dass der Arbeitnehmer in dem Zeitpunkt, zu dem das Arbeitsverhältnis aufgelöst werden soll, bereits Anspruch auf vorgezogenes Altersruhegeld nach § 237 SGB VI (Altersrente nach Altersteilzeit) hat. Da diese Voraussetzungen im Zeitpunkt der Vollendung des 60. Lebensjahres und nach zweijähriger Altersteilzeit vorliegen, hat der Gesetzgeber mit § 8 Abs. 3 AtG also bewusst eine Sonderregelung gegenüber § 41 Satz 2 SGB VI geschaffen (vgl. die amtliche Begründung in BT-Drs. 13/4877, S. 34). 2606

b) Verteilung der Arbeitszeit
In Ziff. 2 eines Altersteilzeitvertrages können die Arbeitsvertragsparteien nun die Verteilung der reduzierten Arbeitszeit festlegen. Haben sich die Parteien für das **Blockmodell** entschieden, so ist die Arbeits- und die Freistellungsphase genau festzuschreiben. Im Fall des sog. **Kontimodells**, d. h. tatsächliche Halbierung der täglichen Arbeitszeit ist ebenfalls genau zu bestimmen, in welcher Zeit am Tag der Mitarbeiter seine Arbeitsleistung erbringen muss. Alternativ kommt auch eine Teilnahme an der betrieblichen Gleitzeit während der Altersteilzeit in Betracht. In diesem Fall ist dann nur die durchschnittliche tägliche Arbeitsdauer festzuschreiben. 2607

> **Formulierungshinweis:**
> Im Fall der Wahl des Blockmodells bietet sich folgende Vertragsklausel an:
> »Die Arbeitszeit von Herrn Müller wird auf die Hälfte der bisherigen wöchentlichen Arbeitszeit von zurzeit ... Wochenstunden reduziert. Danach beträgt die rechnerische wöchentliche Grundarbeitszeit ... Stunden.
> Die Arbeitszeit von Herrn Müller verteilt sich im Blockmodell wie folgt: in der Zeit vom 1.1.2001 bis zum 30.6.2002 arbeitet Herr Müller wie bisher in Vollzeit 2608

D. Die Beendigung des Arbeitsverhältnisses

(Arbeitsphase); ab 1.7.2002 bis zum 31.12.2003 wird er von der Arbeitsleistung unter Fortzahlung der Vergütung freigestellt (Freistellungsphase).«

c) Tätigkeitsbeschreibung

2609 Um Missverständnisse im Rahmen der Altersteilzeit zu vermeiden, sollte der Altersteilzeitvertrag eine kurze Beschreibung der vom Mitarbeiter zu verrichtenden Tätigkeiten enthalten, wenn es hier aufgrund der reduzierten Arbeitszeit zu Veränderungen kommt. Bleibt die Tätigkeit – wie beim Blockmodell üblich – unverändert, so reicht ein diesbezüglicher Hinweis aus.

Formulierungshinweis:
»Herr Müller wird auch im Rahmen der Altersteilzeit auf seinem bisherigen Arbeitsplatz weiterbeschäftigt. Seine bisherige Tätigkeit bleibt – abgesehen von der Reduzierung der Arbeitszeit – unverändert.«

d) Vergütung

2610 Im Hinblick auf die Bezüge des in die Altersteilzeit gewechselten Arbeitnehmers ist zwischen der sich an den vertraglichen Absprachen und der reduzierten Arbeitszeit orientierenden Bruttovergütung und den Aufstockungsbeträgen zu differenzieren. Von daher sollte der Altersteilzeitvertrag zunächst das reguläre Bruttoeinkommen während der Altersteilzeit sowie die dem Arbeitnehmer zustehenden Sonderzahlungen festschreiben:

Formulierungshinweis:
»Herr Müller erhält für die Dauer der Altersteilzeitarbeit die Vergütung nach Maßgabe der gem. Ziff. 2 dieses Vertrages reduzierten Arbeitszeit. Die Vergütung ist unabhängig von der Verteilung der Arbeitszeit fortlaufend für die gesamte Dauer dieses Vertrages zu zahlen. Berechnungsgrundlage für die monatliche Vergütung ist das Verhältnis der vereinbarten wöchentlichen Grundarbeitszeit zur vertraglichen Vollarbeitszeit. Die monatliche Vollzeitvergütung beträgt zurzeit ... Euro.
Die Altersteilzeitvergütung beträgt demnach auf der Basis von 50 % ab 1.1.2001 monatlich ... Euro.
Sonstige Vergütungsbestandteile und Jahressonderzahlungen werden zeitanteilig gekürzt, sofern vertraglich nicht etwas anderes bestimmt ist.«

e) Aufstockungsbeträge

2611 Wie oben dargestellt, ist der Arbeitgeber nach dem Altersteilzeitgesetz verpflichtet, zusätzlich zum halbierten Bruttoeinkommen weitere Zahlungen an den Arbeitnehmer zu erbringen. Hierbei handelt es sich zum einen um die sog. Aufstockungsbeträge, mit denen mindestens 70% des gewöhnlichen Nettoeinkommens des Arbeitnehmers abgesichert wird und zum anderen um die zusätzlichen Rentenbeiträge (siehe hierzu oben D/Rz. 2538 ff.). Die Höhe dieser Zuzahlungen des Arbeitgebers muss ebenfalls ausdrücklich im Altersteilzeitvertrag festgeschrieben werden, da der Arbeitnehmer keinen Anspruch auf Zahlung der Aufstockungsbeträge gegenüber dem Arbeitsamt hat. Sein Anspruchsgegner ist alleine der Arbeitgeber.

D. Die Beendigung des Arbeitsverhältnisses

Es bietet sich als weitere Ziff. des Altersteilzeitvertrages folgende **Formulierung** an: 2612
»Aufstockungsbeträge
a) Zusätzlich zur Vergütung nach Ziff. 4 erhält Herr Müller während der Laufzeit der Altersteilzeitarbeit monatliche Aufstockungsleistungen. Hier werden folgende Zahlungen erbracht:
aa) Die XYZ GmbH verpflichtet sich zur Zahlung eines Aufstockungsbetrages in Höhe von 20% des für die Altersteilzeit bezahlten Entgeltes, wobei entsprechend § 3 Abs. 1 Nr. 1 a AtG mindestens 70% des gewöhnlichen Nettovollzeiteinkommens erreicht werden müssen. Maßgebend ist insofern die jährlich vom Bundesministerium für Arbeit herausgegebene Tabelle.
bb) Die XYZ GmbH verpflichtet sich des Weiteren zur Entrichtung von zusätzlichen Beiträgen zur gesetzlichen Rentenversicherung in Höhe des Beitrags, der auf den Unterschiedsbetrag zwischen 90% der Vollzeitarbeitsvergütung und der Vergütung für die Altersteilzeitarbeit entfällt, höchstens jedoch bis zur Beitragsbemessungsgrenze.
b) Die Aufstockungsbeträge beziehen sich nur auf die monatliche Vergütung. Bei Sonderleistungen bleiben die Aufstockungsbeträge außer Betracht. Die Aufstockungsbeträge werden bei der betrieblichen Altersversorgung nicht berücksichtigt.
c) Der Anspruch auf Aufstockungsleistungen ruht in der Zeit, in der Herr Müller entgegen dem in diesem Vertrag enthaltenen Nebentätigkeitsverbot eine Beschäftigung oder selbstständige Tätigkeit ausübt, welche die Geringfügigkeitsgrenze des § 8 SGB IV überschreitet. Die XYZ GmbH behält sich vor, zuviel gezahlte Aufstockungsbeträge zurückzufordern.
Der Anspruch auf die Aufstockungsleistungen entfällt vollständig, wenn die Gesamtruhenszeit einen Zeitraum von 150 Tagen überschreitet. Mehrere Ruhenszeiträume werden insofern zusammengerechnet.«

Die Ergänzung in Ziff. c) der Musterformulierung trägt dem Umstand Rechnung, 2613
dass der Mitarbeiter durch die Ausübung einer **unzulässigen Nebentätigkeit** – insbesondere während der Freistellungsphase – verhindern kann, dass der Arbeitgeber die gesetzlichen Aufstockungsbeträge von der Bundesanstalt für Arbeit erstattet erhält. Das Unternehmen ist auf eine derartige Klausel angewiesen, da es die Aufstockungsbeträge aufgrund des Altersteilzeitvertrages unabhängig von eventuellen Zuschüssen des Arbeitsamtes schuldet.
Die oben vorgeschlagene Klausel verstößt im Übrigen nicht gegen das in § 8 Abs. 2 2614
AtG enthaltene **Koppelungsverbot**. § 8 Abs. 2 AtG enthält insofern lediglich die Regelung, dass die Verpflichtung des Arbeitgebers zur Zahlung von Aufstockungsbeträgen nicht für den Fall ausgeschlossen werden kann, dass die Zuschüsse der Bundesanstalt für Arbeit nicht gezahlt werden, weil das Unternehmen den Antrag auf Gewährung von Zuschüssen nicht richtig, nicht vollständig oder nicht rechtzeitig gestellt hat. Ebensowenig kann die Verpflichtung zur Zahlung der Aufstockungsbeträge ausgeschlossen werden, wenn diese alleine deswegen nicht gewährt werden, weil das Unternehmen nicht in der Lage ist, auf dem frei gewordenen Arbeitsplatz einen Arbeitslosen oder Ausgebildeten zu beschäftigen.
Hieraus lässt sich der Umkehrschluss ziehen, dass in anderen Fällen, die zum Wegfall 2615
der Zuschüsse des Arbeitsamtes führen – beispielsweise einer unzulässigen Neben-

D. Die Beendigung des Arbeitsverhältnisses

tätigkeit des Arbeitnehmers –, eine **auflösende Bedingung** bezüglich der Aufstockungsbeträge wirksam im Anstellungsvertrag vereinbart werden kann (vgl. die amtliche Begründung zum Altersteilzeitgesetz in BT-Drs. 13/4336, S. 19). Von daher ist es zulässig, die Zahlung der Aufstockungsbeträge von der Einhaltung des Nebentätigkeitsverbotes abhängig zu machen.

f) Erkrankung während der Altersteilzeit

2616 Zu den in der Praxis am häufigsten vorkommenden Problemen bzw. Vertragsstörungen bei der Altersteilzeit, gehört die **Erkrankung des Arbeitnehmers** während der Arbeitsphase im Blockmodell für einen Zeitraum **von mehr als sechs Wochen**. Während für die Entgeltfortzahlung in der Arbeitsphase die allgemeinen Regelungen über Entgeltfortzahlung im Arbeitsverhältnis gelten, spielt die Arbeitsfähigkeit des Mitarbeiters in der Freistellungsphase im Blockmodell für den Vergütungsanspruch keine Rolle (vgl. *LAG Köln* 11.5.2001 DB 2002, 153). Die Vergütungspflicht besteht hier unabhängig von der Arbeitsfähigkeit. Eine langandauernde Erkrankung in der Arbeitsphase löst demgegenüber ohne entsprechende Korrektur sowohl auf Arbeitnehmer- als auch auf Arbeitgeberseite erhebliche Probleme aus, da es nunmehr an der notwendigen Vorarbeit für die spätere Freistellung und damit in der Freistellungsphase teilweise an einem Beschäftigungsverhältnis fehlt. Gem. § 7 Abs. 1a SGB IV wird die Freistellungsphase im Blockmodell nur dann als Beschäftigungsverhältnis angesehen, wenn während dieser Zeit Arbeitsentgelt fällig wird, das aufgrund einer schriftlichen Vereinbarung in der vorausgegangenen Arbeitsphase erwirtschaftet wurde.

2617 Vermieden werden kann dieses Ergebnis dadurch, dass sich die Arbeitsvertragsparteien darauf einigen, dass die Freistellungsphase verkürzt wird. Die Verkürzung erfolgt dergestalt, dass der Arbeitnehmer zu Beginn der eigentlichen Freistellungsphase die Hälfte der in der Arbeitsphase aufgrund von Arbeitsunfähigkeit außerhalb des gesetzlichen Entgeltfortzahlungszeitraums ausgefallenen Arbeitszeit in Vollzeitarbeit nacharbeitet. Durch diese **Nacharbeit** wird für die andere Hälfte (= Freistellungsphase) die notwendige neue Vorarbeit i. S. v. § 7 Abs. 1a SGB IV geleistet. Eine Verlängerung der Altersteilzeit insgesamt tritt hierdurch nicht ein; es verschiebt sich lediglich der Zeitpunkt des Übergangs von der Arbeits- in die Freistellungsphase nach hinten. Hierdurch entspricht dann aber letztendlich die tatsächliche Arbeitsphase (einschließlich der Zeit einer Arbeitsunfähigkeit mit gesetzlicher Entgeltfortzahlung) wieder genau der Dauer der Freistellungsphase.

2618 **Beispiel:**
Arbeitnehmer A und die XYZ-GmbH vereinbaren ab 1.1.2001 eine sechsjährige Altersteilzeit, wobei A die ersten drei Jahre in Vollzeit tätig sein soll. Vom 1.1.2004 bis 31.12.2006 soll sich dann die Freistellungsphase anschließen. Aufgrund eines Unfalls erkrankte A während der Arbeitsphase für 9,5 Monate. Dies bedeutet, dass insgesamt acht Monate außerhalb der gesetzlichen Entgeltfortzahlung liegen. Entsprechend den obigen Ausführungen haben A und die XYZ-GmbH nunmehr vereinbart, dass sich der Beginn der Freistellungsphase um vier Monate verschiebt. Die Freistellungsphase beginnt daher erst am 1.5.2004 und endet wie vorgesehen am 31.12.2006.
Die insgesamt 72-monatige Altersteilzeit enthält nun 8 Monate mit Krankengeldbezug, 32 Monaten tatsächliche Arbeitsleistung und 32 Monate bezahlte Freistellung. Die Freistellungsphase gilt daher gem. § 7 Abs. 1a SGB IV als Beschäftigungsverhältnis.

D. Die Beendigung des Arbeitsverhältnisses

Im Altersteilzeitvertrag kann die oben vorgeschlagene Nacharbeitungsverpflichtung im Rahmen der Regelung der Entgeltfortzahlung im Krankheitsfall wie folgt vereinbart werden: 2619

> **Formulierungshinweis:**
> »Wird Herr Müller während der Arbeitsphase vorübergehend arbeitsunfähig und überschreitet diese Arbeitsunfähigkeit den gesetzlichen Entgeltfortzahlungszeitraum, so verschiebt sich der Beginn der Freistellungsphase um die Hälfte der Zeit, die Herr Müller während der Arbeitsphase außerhalb des gesetzlichen Entgeltfortzahlungszeitraums arbeitsunfähig war. Während dieser Zeit arbeitet er nun die Hälfte der in der Arbeitsphase aufgrund von Arbeitsunfähigkeit außerhalb des gesetzlichen Entgeltfortzahlungszeitraums ausgefallenen Arbeitszeit in Vollzeitarbeit nach. Das oben in Ziff. 1 festgelegte Ende der Altersteilzeit bleibt von der Verkürzung der Freistellungsphase unberührt.«

Als weiteres Problem hat sich im Zusammenhang mit einer Langzeiterkrankung eines Arbeitnehmers in der Altersteilzeit die Fortzahlung der Aufstockungsbeträge während des Bezuges von **Krankengeld** herausgestellt. Da der Arbeitgeber im Fall der Arbeitsunfähigkeit des Arbeitnehmers von seiner Zahlungspflicht im Hinblick auf die Vergütung nach Ablauf von sechs Wochen frei wird, entfällt danach auch die Pflicht zur Zahlung der nach § 3 Abs. 1 AtG geschuldeten Aufstockungsbeträge. Zur Absicherung des Arbeitnehmers sieht § 10 Abs. 2 AtG für den Fall des Bezuges von Krankengeld etc. vor, dass die Bundesanstalt für Arbeit die Zahlung der gesetzlichen Aufstockungsbeträge während dieses Zeitraums übernimmt. 2620

Durch diese gesetzliche Regelung scheint der Arbeitnehmer zunächst ausreichend geschützt. Bei genauerer Prüfung des § 10 Abs. 2 AtG zeigt sich aber, dass die Übernahme der Aufstockungsbeträge durch die Bundesanstalt für Arbeit davon abhängt, dass der Arbeitgeber tatsächlich Zuschüsse zur Altersteilzeit nach § 4 AtG erhält. Hat der Arbeitgeber den Arbeitsplatz nicht – oder wie im Blockmodell zurzeit – noch nicht neu besetzt, entfällt die Zahlungsverpflichtung des Arbeitsamtes bzw. wird im Blockmodell aufgeschoben bis tatsächlich eine vollständige Wiederbesetzung erfolgt. 2621

Tatsächlich bietet die gesetzliche Regelung in § 10 AtG dem Arbeitnehmer also nur einen **unzureichenden Schutz**. Zum einen hat er keinen Einfluss auf die Wiederbesetzung und zum anderen übernimmt das Arbeitsamt nur die Aufstockungsbeträge in gesetzlicher Höhe. Sieht der Altersteilzeitvertrag eine höhere Aufstockung – wie allgemein üblich – vor, so würde der Arbeitnehmer den Differenzbetrag zwischen gesetzlicher und individualvertraglicher Aufstockung während des Krankengeldbezuges trotz Übernahme der Aufstockungszahlungen durch das Arbeitsamt verlieren. Von daher empfiehlt es sich aus Arbeitnehmersicht eine Klausel in den Altersteilzeitvertrag aufzunehmen, wonach der Arbeitgeber auch während des Bezuges von Krankengeld verpflichtet ist, an den Arbeitnehmer die Aufstockungsbeträge in voller Höhe zu zahlen. Im Gegenzug muss der Arbeitnehmer seinen aus § 10 Abs. 2 AtG bestehenden Anspruch gegen die Bundesanstalt für Arbeit an den Arbeitgeber abtreten. 2622

Es bietet sich insofern folgende **Formulierung** im Altersteilzeitvertrag als Ergänzung der oben bereits beschriebenen Regelung über die Entgeltfortzahlung bei Arbeitsunfähigkeit an: 2623

D. Die Beendigung des Arbeitsverhältnisses

»Im Falle krankheitsbedingter Arbeitsunfähigkeit erhält Herr Müller Entgeltfortzahlung nach den jeweils geltenden gesetzlichen Bestimmungen. Bei der fortzuzahlenden Vergütung werden auch die Aufstockungsbeträge berücksichtigt. Während des Bezuges von Krankengeld, Versorgungskrankengeld, Verletztengeld oder Übergangsgeld nach Ablauf des gesetzlichen Entgeltfortzahlungszeitraums leistet die XYZ-GmbH den Aufstockungsbetrag zum Teilzeitentgelt und den Zuschuss zur Rentenversicherung weiter. Herr Müller tritt insofern seine Ansprüche auf Aufstockung des Entgelts gegen die Bundesanstalt für Arbeit an die XYZ-GmbH bereits jetzt ab.

Während der Freistellungsphase erhält der Mitarbeiter das Teilzeitentgelt einschließlich der Aufstockungsbeträge unabhängig davon, ob Arbeitsfähigkeit besteht.«

g) Erholungsurlaub

2624 Hinsichtlich des dem Arbeitnehmer selbstverständlich ebenfalls zustehenden Erholungsurlaub kann entweder eine ausdrückliche Reglung im Altersteilzeitvertrag erfolgen oder insofern auf den alten, fortbestehenden Anstellungsvertrag, der durch die Altersteilzeitvereinbarung nur modifiziert wird, verwiesen werden.

2625 Es reicht daher folgende **Formulierung**:
»Herr Müller erhält dreißig Tage Erholungsurlaub, wobei von einer Fünf-Tage-Woche ausgegangen wird. Im Übrigen gelten die Bestimmungen des Anstellungsvertrages vom 15.12.1969 sowie das Bundesurlaubsgesetz.«

h) Nebentätigkeiten

2626 Wie oben bereits angesprochen, ist bei der Altersteilzeit darauf zu achten, dass der Arbeitnehmer keine Nebentätigkeiten ausübt, die dann gem. § 5 Abs. 3 AtG zum Ruhen oder sogar zum Erlöschen des Anspruchs auf Zuschüsse des Arbeitsamtes führen können.

2627 Die Verpflichtung zur Unterlassung von Nebentätigkeit ist im Altersteilzeitvertrag in Ergänzung zu der obigen Koppelungsklausel hinsichtlich der Aufstockungsbeträge (vgl. D/Rz. 2612) wie folgt zu **formulieren**:
»Herr Müller verpflichtet sich, für die Dauer der Altersteilzeit keine abhängige Beschäftigung oder selbstständige Tätigkeit auszuüben, die die Geringfügigkeitsgrenze des § 8 SGB IV überschreitet. Dies gilt ausdrücklich nicht für Beschäftigungen und selbstständige Tätigkeiten, die Herr Müller bereits innerhalb der letzten fünf Jahre vor Beginn der Altersteilzeit ständig ausgeübt hat. Herr Müller ist insofern verpflichtet, diesen Umstand unverzüglich der XYZ GmbH nachzuweisen.«

i) Mitwirkungspflichten

2628 Empfehlenswert ist es, in den Altersteilzeitvertrag eine Klausel aufzunehmen, wonach sich der Arbeitnehmer verpflichtet, Änderungen seiner persönlichen Daten etc., die für die Altersteilzeit von Bedeutung sein könnten, unverzüglich dem Arbeitgeber mitzuteilen.

D. Die Beendigung des Arbeitsverhältnisses

Es bietet sich folgende **Klausel** an: 2629
»Herr Müller hat Änderungen der ihn betreffenden Verhältnisse, die für die Aufstockungsleistungen erheblich sind, der XYZ GmbH unverzüglich mitzuteilen. Des Weiteren ist Herr Müller verpflichtet, die XYZ GmbH unverzüglich von einem Antrag auf Alters-, Berufs- oder Erwerbsunfähigkeitsrente zu benachrichtigen.«

j) Beendigung des Anstellungsverhältnisses
Regelungsbedürftig ist schließlich noch die Frage, was im Fall einer **vorzeitigen Be-** 2630
endigung des Altersteilzeitverhältnisses – beispielsweise durch Tod des Arbeitnehmers – geschieht und inwieweit der Arbeitgeber auch während der Altersteilzeit berechtigt ist, das Anstellungsverhältnis ordentlich zu kündigen.
Die vorzeitige Beendigung der Altersteilzeit aufgrund **Tod des Arbeitnehmers** oder 2631
Kündigung führt im Blockmodell dazu, dass geleistete Arbeit und gezahlte Vergütung nicht in Einklang stehen, weil der Mitarbeiter in Vorleistung getreten ist. Vor diesem Hintergrund ist eine **Neuberechnung und Nachzahlung der Vergütung** erforderlich. Der Altersteilzeitvertrag muss also eine Klausel enthalten, wonach der Arbeitnehmer bzw. seine Erben bei der vorzeitigen Beendigung der Altersteilzeit einen Anspruch auf **Auszahlung der Differenz** zwischen dem bereits gezahlten Altersteilzeitentgelt und der Vergütung für die Zeit der tatsächlichen Beschäftigung haben, die ohne Eintritt in die Altersteilzeit angefallen wäre.

Die **Formulierung** dieser Störfallregelung erfolgt wie folgt: 2632
»Das mit Herrn Müller geschlossene Anstellungsverhältnis endet, ohne dass es des Ausspruchs einer Kündigung bedarf, am 31.12.2003.
Das Recht zur vorzeitigen ordentlichen oder außerordentlichen Kündigung bleibt hiervon unberührt. Während der Freistellungsphase ist allerdings die ordentliche Kündigung ausgeschlossen.
Wird das Anstellungsverhältnis vorzeitig durch Kündigung oder Tod etc. beendet, so ist das Altersteilzeitverhältnis unter Berücksichtigung der tatsächlich geleisteten Arbeitszeit abzurechnen.«

Für die Arbeitgeberseite stellt sich die Frage, inwieweit im Blockmodell bei der vor- 2633
zeitigen Beendigung durch den Tod des Mitarbeiters oder die Kündigung noch Leistungen des Arbeitsamtes nach § 4 AtG beansprucht werden können, da grds. der Anspruch auf Zuschüsse gem. § 5 Abs. 1 Ziff. 1 AtG mit Ablauf des Kalendermonats endet, in dem der Arbeitnehmer die Altersteilzeitarbeit beendet. Ausnahmsweise bleibt der Anspruch auf Leistungen des Arbeitsamtes trotz vorzeitiger Beendigung der Altersteilzeit für zurückliegende Zeiten erhalten, wenn der Arbeitgeber im Blockmodell zum einen die von § 3 Abs. 1 Ziff. 2 AtG geforderte Wiederbesetzung noch durchführt und zum anderen ihm tatsächlich entsprechende Aufwendungen verblieben sind. Letzteres hängt davon ab, wann die vorzeitige Beendigung eingetreten ist. Verstirbt der Mitarbeiter beispielsweise während der Arbeitsphase und sieht der Vertrag eine Neuberechnung anhand der tatsächlichen Arbeitsleistung und entsprechende Nachzahlung vor, so fehlt es letztendlich an zusätzlichen Aufwendungen des Arbeitgebers. In diesem Fall besteht dann trotz eventueller Wiederbesetzung kein Anspruch des Arbeitgebers auf Leistungen der Bundesanstalt für Arbeit.

D. Die Beendigung des Arbeitsverhältnisses

k) Schlussbestimmungen

2634 Wie bei Verträgen üblich sollte dann auch die Altersteilzeitvereinbarung einen Hinweis auf das Schriftformerfordernis bezüglich Änderungen oder Ergänzungen sowie eine salvatorische Klausel enthalten.

> **Formulierungshinweis:**
> »Mündliche Nebenabreden bestehen nicht. Änderungen und Ergänzungen dieses Vertrages bedürfen der Schriftform.
> Sollte eine Vorschrift dieses Vertrages unwirksam sein oder werden, so verpflichten sich die Arbeitsvertragsparteien, den Vertrag so zu ändern, dass die Voraussetzungen des Altersteilzeitgesetzes wieder erfüllt sind. Im Übrigen gilt das Altersteilzeitgesetz in seiner jeweils geltenden Fassung.«

6. Kurzarbeit während der Altersteilzeit

2635 Die Anordnung von Kurzarbeit kann auch Arbeitnehmer betreffen, die sich in Altersteilzeit befinden. Wird die Altersteilzeit in Form des Blockmodells ausgeübt, so wirkt sich die Anordnung von Kurzarbeit nur während der Arbeitsphase aus. Wie jeder andere Arbeitnehmer hat auch der sich in Altersteilzeit befindende Mitarbeiter in diesem Fall einen Anspruch auf **Kurzarbeitergeld**, um die finanziellen Nachteile durch die Kurzarbeit bedingte weitere Arbeitszeitverkürzung einzuschränken. Dieser Anspruch ist entsprechend den Vorschriften über Kurzarbeitergeld gegenüber dem Arbeitsamt geltend zu machen.

2636 Als problematisch erweist sich während der Kurzarbeit allerdings die **Berechnung der Sozialversicherungsbeiträge**, da nunmehr nicht zweifelsfrei feststeht, von welchem Einkommen die Sozialversicherungsbeiträge und die Zuschüsse des Arbeitsamtes zur Altersteilzeit zu berechnen sind. Gem. § 10 Abs. 4 AtG ist insofern für die Berechnung der Zuschüsse ebenso wie für die Aufstockungszahlungen von dem tatsächlich während der Kurzarbeit erzielten Einkommen auszugehen.

2637 Für die **Berechnung** der vom Arbeitgeber abzuführenden Sozialversicherungsbeiträge ist hingegen von unterschiedlichen Arbeitsentgelten auszugehen. Erhält der Arbeitnehmer beispielsweise ein Vollzeitarbeitsentgelt in Höhe von 2.800 Euro brutto, so resultiert hieraus ein Altersteilzeitentgelt in Höhe von zunächst 1.400 Euro brutto. Fällt nun bei diesem Mitarbeiter eine Kurzarbeit an, die ihrerseits zum Wegfall der Hälfte der Arbeitszeit führt, so ergeben sich im Blockmodell in der Arbeitsphase folgende beitragspflichtige Arbeitsentgelte:
- **Beiträge zur Arbeitslosenversicherung** werden vom tatsächlichen Bruttolohn während der Kurzarbeit, d. h. im obigen Beispiel bei 50 % Kurzarbeit von 700 Euro brutto berechnet.
- **Beiträge zur Kranken- und Pflegeversicherung** sind vom Bruttolohn und weiteren 80 % der Differenz zwischen Ist- und Sollentgelt, d. h. hier weiteren 560 Euro, zu entrichten; insgesamt ergibt sich also in dem hier gewählten Beispiel eine Bemessungsgrundlage in Höhe von 1.260 Euro.
- Bei der **Rentenversicherung** ist in einem ersten Berechnungsschritt ebenfalls zunächst von dem für die Kranken- und Pflegeversicherung errechneten Betrag in Höhe von 1.260 Euro auszugehen. Hier muss nun aber des Weiteren die im Altersteilzeitgesetz enthaltene Sonderregelung berücksichtigt werden, wonach der Arbeitgeber verpflichtet ist, zusätzliche Beiträge in Höhe des Unterschiedsbetrages

D. Die Beendigung des Arbeitsverhältnisses

zwischen 90 % des bisherigen Arbeitsentgeltes und dem Arbeitsentgelt für die Altersteilzeit zu entrichten. Danach sind in dem hier gewählten Beispiel also zunächst die 90 % zu ermitteln; d. h. ausgehend von dem oben erwähnten Vollzeitentgelt in Höhe von 2.800 Euro ist also die Bemessungsgrenze auf 2.520 Euro in dem Beispielsfall festzusetzen. Von diesem Betrag ist jetzt das reguläre Altersteilzeitentgelt, d. h. 1.400 Euro, abzuziehen, da die zusätzlich vom Arbeitgeber alleine zu tragenden Beiträge nur für den Unterschiedsbetrag oberhalb des Altersteilzeiteinkommens abgeführt werden müssen. Als beitragspflichtiges Arbeitsentgelt ergibt sich hier somit ein Betrag in Höhe von 2.380 Euro (= 700 Euro + 560 Euro + 1.120 Euro).

7. Insolvenz des Arbeitgebers

Keine ausreichende gesetzliche Regelung gibt es bisher zum **Insolvenzschutz** in der Altersteilzeit. § 7 d SGB IV enthält insofern lediglich die Regelung, dass die Vertragsparteien im Rahmen der Altersteilzeitvereinbarung Vorkehrungen für den Fall der Insolvenz des Arbeitgebers zu treffen haben, soweit zum einen ein Anspruch auf Insolvenzgeld nicht besteht und zum anderen »*das Wertguthaben des Beschäftigten einschließlich des darauf entfallenden Arbeitgeberanteils am Gesamtsozialversicherungsbeitrag einen Betrag in Höhe des Dreifachen der monatlichen Bezugsgröße und der vereinbarte Zeitraum, in dem das Wertguthaben auszugleichen ist, 27 Kalendermonate nach der ersten Gutschrift übersteigt*«. Aufgrund eines Tarifvertrages oder einer auf einem Tarifvertrag basierenden Betriebsvereinbarung kann nach der gesetzlichen Regelung in § 7 d SGB IV auch ein von den vorerwähnten 27 Kalendermonaten abweichender Zeitraum gewählt werden. 2638

Die vorstehende gesetzliche Regelung führt dazu, dass bei einer Altersteilzeit, die maximal fünf Jahre dauert, kraft Gesetzes keine Verpflichtung des Arbeitgebers zur **Insolvenzsicherung** besteht. Da für einen Zeitraum von drei Monaten Insolvenzgeld durch das Arbeitsamt gezahlt wird, ergibt sich, dass die Freistellungsphase, während der das Wertguthaben abgebaut wird, mehr als 30 Monate betragen muss, damit überhaupt nach der vorerwähnten gesetzlichen Regelung eine Insolvenzsicherung erforderlich wird. Da bei einer fünfjährigen Altersteilzeit im Fall des Blockmodells die Freistellungsphase lediglich 30 Monate beträgt, steht also fest, dass derartige Altersteilzeitverträge nicht der Pflicht zur Insolvenzsicherung unterliegen. 2639

In vielen Tarifbezirken gibt es bereits Tarifverträge, die den Arbeitgeber auch bei Altersteilzeitverhältnissen mit einer kürzeren Laufzeit zur Insolvenzsicherung verpflichten. Diese Insolvenzsicherung kann durch Abschluss von Treuhandverträgen, Fondslösungen oder speziellen Insolvenzversicherungen erfolgen. Die mit Blick auf die Regelung in der betrieblichen Altersversorgung naheliegende Lösung, nämlich den Pensionssicherungsverein mit der Insolvenzsicherung zu beauftragen, hat der Gesetzgeber nicht ergriffen. 2640

E. Sozialrechtliche Rechtsfolgen der Kündigung/Beendigung von Arbeitsverhältnissen

Inhaltsübersicht

	Rz.
I. Bezug von Arbeitslosengeld	1–101
1. Voraussetzungen	3– 27
a) Begriff der Arbeitslosigkeit	4– 14
aa) Nebentätigkeiten/kurzzeitige Beschäftigung	5– 9
bb) Selbstständigkeit/mithelfender Familienangehöriger	10– 14
b) Definition von »Beschäftigungssuche«	15– 20
c) Erfüllung der Anwartschaftszeit	21– 23
d) Arbeitslosmeldung	24– 26
e) Antrag auf Arbeitslosengeld	27
2. Bezugsdauer	28– 32
3. Höhe des Arbeitslosengeldes	33
4. Keine Anrechnung der Abfindung auf das Arbeitslosengeld	34– 35
5. Übersicht über Ruhens- und Sperrzeiten beim Arbeitslosengeld	36
6. Ruhenszeit wegen Urlaubsabgeltung	37
7. Ruhenszeit wegen Verkürzung der Kündigungsfrist	38– 57
a) Nichteinhaltung der ordentlichen Kündigungsfrist	39– 43
b) Abfindung, Entschädigung oder ähnliche Leistungen	44– 45
c) Dauer des Ruhenszeitraums	46– 55
d) Konsequenzen des Ruhenszeitraums nach § 143 a SGB III	56– 57
8. Sperrzeit	58–101
a) Sperrzeitrelevante Beendigungstatbestände	59– 79
aa) Verhaltensbedingte Arbeitgeberkündigung	60– 61
bb) Betriebsbedingte Arbeitgeberkündigung	62– 64
cc) Personenbedingte Arbeitgeberkündigung	65
dd) Vorausgegangene Absprache über Arbeitgeberkündigung	66
ee) Nachträgliche Einigung mit vorheriger Absprache	67
ff) Arbeitsgerichtlicher Vergleich	68– 69
gg) Nichterhebung einer Kündigungsschutzklage	70
hh) Änderungskündigung	71
ii) Widerspruch nach § 613 a BGB	72
jj) Nichteinhaltung der Kündigungsfrist	73– 74
kk) Auflösungsantrag nach §§ 9, 10 KSchG	75– 78
ll) Aufhebungsvertrag	79
b) Wichtiger Grund i. S. v. § 144 SGB III	80– 98
aa) Beispiele aus der Praxis	81– 95
bb) Wichtiger Grund bei einvernehmlicher Trennung	96– 98
c) Folgen der Sperrzeit	99–101
II. Erstattung des Arbeitslosengeldes nach § 147 a SGB III	102–206
1. Erstattungspflichtiger Arbeitgeber	103–108
2. Erstattungspflicht bei vorübergehender Arbeitslosigkeit	109–110
3. Von Amts wegen zu ermittelnde Ausnahmen von der Erstattungspflicht	111–122
a) Ausscheiden vor dem 56. Lebensjahr	113–115
b) Anspruch auf andere Sozialleistungen	116–122
4. Vom Arbeitgeber darzulegende und nachzuweisende Befreiungstatbestände	123–191

E. Sozialrechtliche Rechtsfolgen bei Kündigung und Beendigung

a) Beschäftigungszeiten	124–128
b) Privilegierung kleinerer Unternehmen	129–140
c) Eigenkündigung des Arbeitnehmers	141–149
d) Sozial gerechtfertigte arbeitgeberseitige Kündigung	150–157
aa) Prüfungsmaßstab des Arbeitsamtes	151–153
bb) Bindung an Prozessvergleich	154–155
cc) Aufhebungsvertrag	156–157
e) Vorliegen eines wichtigen Grundes für eine außerordentliche Kündigung	158–160
f) Größerer Personalabbau	161–206
aa) Personalreduzierung von mehr als 3% innerhalb eines Jahres	162–179
(1) Festlegung des Jahreszeitraums	163–166
(2) Feststellung der Gesamtzahl der Belegschaft	167–173
(3) Feststellung des erstattungsfreien Anteils der älteren Arbeitnehmer	174–179
bb) Kurzfristiger Personalabbau von mindestens 20%	180–187
(1) »Kurzfristiger« Personalabbau	181–183
(2) »Erhebliche Bedeutung für den örtlichen Arbeitsmarkt«	184–186
(3) Wegfall der Erstattungspflicht nach Ziffer 7	187
cc) Vorabentscheidung des Arbeitsamtes	188–191
5. Wegfall der Erstattung wegen unzumutbarer Härte	192–203
a) Gefährdung des Fortbestandes des Unternehmens	193–195
b) Gefährdung der verbleibenden Arbeitsplätze	196–200
c) Nachweis der wirtschaftlichen Lage	201–203
6. Weiterbelastung der Erstattung an den Arbeitnehmer – sog. »§ 147a SGB IIIer-Vereinbarung«	204–206
III. Erstattung des Arbeitslosengeldes nach § 148 SGB III	207–220
1. Umfang der Erstattung	209
2. Vereinbarung eines nachvertraglichen Wettbewerbsverbotes	210–217
3. Anrechnung des Arbeitslosengeldes auf die Karenzentschädigung	218–220
IV. Krankenversicherung nach Beendigung des Arbeitsverhältnisses	221–232
1. Pflichtmitgliedschaft während des Bezuges von Arbeitslosengeld	222–226
a) Nachwirkender Krankenversicherungsschutz	223
b) Mitgliedschaft in einer Ersatzkasse	224
c) Mitglieder einer privaten Krankenversicherung	225
d) Krankenversicherungsschutz während eines Ruhenszeitraums nach § 143a SGB III	226
2. Arbeitsunfähigkeit während des Bezuges von Arbeitslosengeld	227
3. Arbeitsunfähigkeit zu Beginn der Arbeitslosigkeit	228–230
4. Krankenversicherungsschutz nach Ende der Bezugsdauer des Arbeitslosengeldes	231
5. Übernahme der Krankenversicherungsbeiträge	232
V. Leistungen der gesetzlichen Rentenversicherung	233–276
1. Regelaltersrente	234–238
2. Altersrente für langjährig Versicherte	239–244
3. Altersrente für Schwerbehinderte	245–252
4. Altersrente wegen Arbeitslosigkeit	253–260
5. Altersrente nach Altersteilzeitarbeit	261–264
6. Altersrente für langjährig unter Tage beschäftigte Bergleute	265–266
7. Altersrente für Frauen	267–271
8. Rente wegen Erwerbsminderung	272–274
9. Hinzuverdienst/Teilrente	275–276

E. Sozialrechtliche Rechtsfolgen bei Kündigung und Beendigung

I. Bezug von Arbeitslosengeld

Die Beendigung von Anstellungsverhältnissen löst nicht nur arbeits-, sondern auch 1
sozialrechtliche Fragen aus. Erfolgt nicht ein nahtloser Übergang des Arbeitnehmers
in ein neues Arbeitsverhältnis, so tritt die finanzielle Absicherung während des Bezuges von Arbeitslosengeld, der Krankenversicherungsschutz oder aber der Weg in die
Altersrente in den Vordergrund.
Die **sozialrechtlichen Konsequenzen** der Beendigung eines Anstellungsverhältnisses 2
sind jedoch nicht nur für den Arbeitnehmer von Bedeutung. Auch auf Arbeitgeberseite ist zu beachten, dass gerade bei der Trennung von älteren Mitarbeitern erhebliche Kosten auf das Unternehmen zukommen können. Liegen die Voraussetzungen
der Erstattungspflicht nach § 147 a SGB III vor, so muss das Unternehmen mit Kosten von bis zu 50.000,– Euro rechnen.

1. Voraussetzungen

Nach §§ 117, 118 SGB III hat Anspruch auf Arbeitslosengeld, 3

- wer arbeitslos ist,
- eine Beschäftigung sucht,
- die Anwartschaftszeit erfüllt,
- sich beim Arbeitsamt arbeitslos gemeldet und
- Arbeitslosengeld beantragt hat.

a) Begriff der Arbeitslosigkeit
Der Begriff der Arbeitslosigkeit wird in § 118 SGB III definiert. Danach tritt Arbeits- 4
losigkeit i. S. d. SGB III ein, wenn ein Arbeitnehmer vorübergehend nicht in einem
Beschäftigungsverhältnis steht und er eine versicherungspflichtige, mindestens 15
Wochenstunden umfassende Beschäftigung sucht.

aa) Nebentätigkeiten/kurzzeitige Beschäftigung
Vor dem Hintergrund, dass Arbeitslosigkeit kraft gesetzlicher Definition voraussetzt, 5
dass der Arbeitslose eine versicherungspflichtige, mindestens 15 Wochenstunden
umfassende Beschäftigung sucht, steht fest, dass ein im Rahmen eines 325,– Euro-Arbeitsverhältnisses beschäftigter Mitarbeiter nach § 118 Abs. 2 SGB III als beschäftigungslos und damit letztendlich arbeitslos i. S. d. SGB III anzusehen ist.
Da darüber hinaus § 118 SGB III lediglich auf die Wochenstundenzahl und im Gegen- 6
satz zu § 8 SGB IV nicht auch auf die Höhe des im Rahmen der kurzzeitigen Beschäftigung erzielten Einkommens abstellt, liegt Arbeitslosigkeit i. S. d. SGB III auch dann
vor, wenn der »Arbeitslose« im Rahmen einer wöchentlichen Tätigkeit von nicht
mehr als 15 Stunden die Geringfügigkeitsgrenze des § 8 SGB IV im Hinblick auf
den Verdienst überschreitet. In diesem Fall tritt die kuriose Situation ein, dass der
»Arbeitslose« einerseits Beiträge zur Arbeitslosenversicherung auf Grund der sozialversicherungspflichtigen Beschäftigung von maximal 15 Wochenstunden abführen
muss und andererseits Arbeitslosengeld bezieht (vgl. *Steinmeyer* in: *Gagel* SGB III,
§ 118 Rz. 66; *BSG* 17.3.1981 SozSich 1981, 281). Gem. § 141 SGB III erfolgt allerdings
eine teilweise Anrechnung des Nebenverdienstes auf das Arbeitslosengeld.

E. Sozialrechtliche Rechtsfolgen bei Kündigung und Beendigung

7 Eine kurzzeitige Beschäftigung i. S. v. § 118 SGB III liegt auch dann vor, wenn der geringfügig Beschäftigte gelegentlich die Grenze von 15 Wochenstunden überschreitet. § 118 Abs. 2 S. 1 SGB III will durch diese Regelung vermeiden, dass es zu häufigen Wechseln zwischen unschädlicher kurzzeitiger Beschäftigung und echter vollwertiger Beschäftigung kommt. Als gelegentliche Abweichung werden aber nur solche Überschreitungen der 15 Wochenstundengrenze akzeptiert, die nicht regelmäßig auftreten und die nicht vorhersehbar sind (vgl. BSG 14.7.1988 SozR 4100 § 115 Nr. 2). Als gelegentliche Abweichungen können insofern Urlaubs- oder Krankheitsvertretungen toleriert werden (vgl. *Steinmeyer* in: *Gagel* SGB III, § 118 Rz. 101).

8 Bei schwankenden Arbeitszeiten ist die durchschnittliche Arbeitszeit zu Grunde zulegen (vgl. BSG 22.8.1984 SozR 4100 § 102 Nr. 6). Nach der Kommentierung von *Gagel* ist es zulässig, die voraussichtliche Arbeitszeit der nächsten zwei Monate heran zu ziehen und so den zukünftigen Wochendurchschnitt zu ermitteln (vgl. *Steinmeyer* in: *Gagel* SGB III, § 118 Rz. 75).

9 Mehrere Beschäftigungsverhältnisse mit jeweils weniger als 15 Wochenstunden werden allerdings addiert.

bb) Selbstständigkeit/mithelfender Familienangehöriger

10 Im SGB III wird zwischen den Begriffen »Beschäftigungsverhältnis« und »Arbeitsverhältnis« differenziert. Arbeitslosigkeit setzt nicht notwendigerweise ein fehlendes Arbeitsverhältnis voraus. Entscheidend ist, ob der Mitarbeiter beschäftigungslos ist. Von daher ist grds. sowohl eine selbstständige Tätigkeit als auch eine Tätigkeit als mithelfender Familienangehöriger als Beschäftigung anzusehen (§ 118 Abs. 3 SGB III).

11 Als **selbstständige Tätigkeit** wird von den Sozialgerichten jede Tätigkeit angesehen, die nicht in einem abhängigen Beschäftigungsverhältnis ausgeübt wird (vgl. *Steinmeyer* in: *Gagel* SGB III, § 118 Rz. 122). Voraussetzung für die Annahme einer selbstständigen Tätigkeit und damit einer Beschäftigung i. S. v. § 118 SGB III ist allerdings, dass eine Gewinnerzielungsabsicht mit der Ausübung der Tätigkeit verbunden ist. An dieser **Gewinnerzielungsabsicht** fehlt es, wenn der Arbeitslose lediglich Aufwendungsersatz erhält oder wenn er nachweisen kann, dass es sich bei der Tätigkeit um bloße Liebhaberei handelt (vgl. BSG 25.2.1997 – 12 RK 33/96 –; 22.4.1986 SozR 2200 § 180 Nr. 3)

12 Als mithelfende Familienangehörige i. s. v. § 118 SGB III werden angesehen:

– Verwandte bis zum dritten Grade;
– Verschwägerte bis zum zweiten Grade;
– Pflegekinder i. S. v. § 56 Abs. 2 Nr. 2 SGB I;
– Ehegatten;
– Lebenspartner in gleichgeschlechtlichen Beziehungen gem. Gesetz vom 16.2.2001.

13 Bei der Prüfung, ob Arbeitslosigkeit vorliegt, ist daher die Zeit einer geringfügigen Beschäftigung sowie die Beschäftigungszeit im Rahmen einer selbstständigen Tätigkeit ebenfalls zu addieren. Überschreiten die addierten Zeiten mehr als 15 Wochenstunden, so liegt keine Arbeitslosigkeit vor.

14 Eine selbstständige Tätigkeit bzw. eine Tätigkeit als mithelfender Familienangehöriger bleibt bei der Feststellung der Beschäftigungslosigkeit allerdings dann außer Betracht, wenn die Tätigkeit zum einen wöchentlich nicht mehr als 18 Stunden betrug und zum anderen diese Tätigkeit innerhalb der letzten zwölf Monate vor dem Zeit-

E. Sozialrechtliche Rechtsfolgen bei Kündigung und Beendigung

punkt, in dem sämtliche Voraussetzungen für den Anspruch auf Arbeitslosengeld nach den §§ 117, 118 SGB III erfüllt sind, mindestens zehn Monate ausgeübt worden ist.

b) Definition von »Beschäftigungssuche«
Weitere Voraussetzung für den Bezug von Arbeitslosengeld ist, dass der Arbeitslose 15 eine versicherungspflichtige Beschäftigung sucht. Hierzu ist erforderlich, dass der Arbeitslose gem. § 119 SGB III zum einen **arbeitsfähig** ist und zum anderen entsprechend seiner Arbeitsfähigkeit auch **arbeitsbereit** ist.

Arbeitsbereit i. S. v. § 119 Abs. 3 SGB III ist der Arbeitslose, der 16
- eine versicherungspflichtige, mindestens 15 Stunden wöchentlich umfassende Beschäftigung unter den üblichen Bedingungen des für ihn in Betracht kommenden Arbeitsmarktes aufnehmen und ausüben,
- an Maßnahmen zur beruflichen Eingliederung in das Erwerbsleben teilnehmen und
- Vorschlägen des Arbeitsamtes zur beruflichen Eingliederung zeit- und ortsnah Folge leisten kann und darf.

Arbeitsbereitschaft bedeutet nicht, dass der Arbeitslose bereit sein muss, jede ange- 17 botene Tätigkeit anzunehmen. Arbeitsbereitschaft wird bereits dann angenommen, wenn der Arbeitslose bereit ist, unter den üblichen Bedingungen des für ihn in Betracht kommenden Arbeitsmarktes nur
- zumutbare Beschäftigungen aufzunehmen und auszuüben,
- versicherungspflichtige, mindestens 15 Stunden wöchentlich umfassende Beschäftigung mit bestimmter Dauer, Lage und Verteilung der Arbeitszeit aufzunehmen und auszuüben, wenn dies wegen der Betreuung und Erziehung eines aufsichtsbedürftigen Kindes oder Pflege eines pflegebedürftigen Angehörigen erforderlich ist,
- versicherungspflichtige, mindestens 15 Stunden wöchentlich umfassende Teilzeitbeschäftigung aufzunehmen und auszuüben, wenn er die Anwartschaftszeit durch eine Teilzeitbeschäftigung erfüllt hat und das Arbeitslosengeld nach einer Teilzeitbeschäftigung bemessen worden ist,
- Heimarbeit auszuüben, wenn er die Anwartschaftszeit durch eine Beschäftigung als Heimarbeiter erfüllt hat.

Ist ein Arbeitsloser nur bereit, eine **Teilzeitbeschäftigung** aufzunehmen bzw. nur 18 eine **Stelle in Heimarbeit** anzutreten, so darf er anderweitige Arbeitsangebote nur für einen Zeitraum von sechs Monaten ablehnen (§ 119 Abs. 4 S. 2 SGB III).
Welche **Arbeitsplätze** für einen Arbeitslosen **zumutbar** sind, regelt § 121 SGB III. Da- 19 nach sind einem Arbeitslosen alle seiner Arbeitsfähigkeit entsprechenden Beschäftigungen zumutbar, soweit allgemeine oder personenbezogene Gründe dem nicht entgegenstehen. Die **Unzumutbarkeit** kann sich insofern beispielsweise aus einer unverhältnismäßig langen Fahrtstrecke ergeben. Diese liegt beispielsweise bei täglichen Pendelzeiten von insgesamt drei Stunden vor, wenn die Arbeitszeit mehr als sechs Stunden beträgt. Liegt die Arbeitszeit unterhalb von sechs Stunden, so sind bereits Pendelzeiten von 2,5 Stunden als unzumutbar anzusehen (§ 121 Abs. 4 S. 2 SGB III). Etwas anderes gilt nur dann, wenn in der betreffenden Region längere Pendelzeiten üblich sind.
Auch die **Vergütung** des neuen Arbeitsplatzes spielt im Hinblick auf die Zumutbar- 20 keit eine entscheidende Rolle. Der Gesetzgeber hat insofern eine Abstufung vor-

E. Sozialrechtliche Rechtsfolgen bei Kündigung und Beendigung

genommen, die sich an der Dauer der Arbeitslosigkeit orientiert. Je länger die Arbeitslosigkeit dauert, je mehr Abschläge muss der Arbeitslose bei seiner Vergütung hinnehmen. Während in den ersten drei Monaten der Arbeitslosigkeit eine Beschäftigung nur dann als zumutbar anzusehen ist, wenn die Gehaltseinbuße gegenüber dem früheren Verdienst maximal 20 % beträgt, wird vom Gesetzgeber in den nächsten drei Monaten der Arbeitslosigkeit bereits eine Gehaltseinbuße von 30 % als zumutbar angesehen. Ab dem siebten Monat der Arbeitslosigkeit hat der Arbeitslose nur noch dann die Möglichkeit, eine Beschäftigung wegen der Vergütung als unzumutbar abzulehnen, wenn das dort erzielbare Nettoeinkommen unter Berücksichtigung der mit der Beschäftigung zusammenhängenden Aufwendungen niedriger ist als das dem Arbeitslosen zufließende Arbeitslosengeld.

c) Erfüllung der Anwartschaftszeit

21 Der Anspruch auf Arbeitslosengeld setzt nach § 123 SGB III des Weiteren voraus, dass der Arbeitslose innerhalb der letzten drei Jahre vor dem ersten Tag der Arbeitslosigkeit (sog. Rahmenfrist) mindestens zwölf Monate in einer beitragspflichtigen Beschäftigung gestanden hat. Zivil- und Wehrdienstleistende benötigen lediglich eine zehnmonatige und Saisonarbeiter sogar eine nur sechsmonatige versicherungspflichtige Beschäftigung innerhalb der dreijährigen Rahmenfrist.

22 Die dreijährige Rahmenfrist verlängert sich um die Zeiten,
- in denen der Arbeitslose als Pflegeperson einem der Pflegestufe I bis III i. S. d. SGB XI zugeordneten Angehörigen, der Leistungen aus der sozialen oder einer privaten Pflegeversicherung nach dem SGB XI oder Hilfe zur Pflege nach dem Bundessozialhilfegesetz oder gleichartigen Leistungen nach anderen Vorschriften bezieht, wenigstens 14 Stunden wöchentlich gepflegt hat;
- der Betreuung und Erziehung eines Kindes des Arbeitslosen, das das dritte Lebensjahr noch nicht vollendet hat;
- einer selbstständigen Tätigkeit;
- in denen der Arbeitslose Unterhaltsgeld nach dem SGB III bezogen oder nur wegen des Vorranges anderer Leistungen nicht bezogen hat;
- in denen der Arbeitslose von einem Rehabilitationsträger Übergangsgeld wegen einer berufsfördernden Maßnahme erhalten hat.

23 In den letzten drei Fällen endet die Rahmenfrist allerdings spätestens fünf Jahre nach ihrem Beginn (§ 124 Abs. 3 S. 2 SGB III).

d) Arbeitslosmeldung

24 Vierte Voraussetzung für den Bezug von Arbeitslosengeld ist, dass der Arbeitnehmer sich spätestens am ersten Tag der Arbeitslosigkeit bei dem für ihn zuständigen Arbeitsamt arbeitslos meldet (§ 122 SGB III). Die Arbeitslosmeldung darf frühestens zwei Monate vor dem tatsächlichen Eintritt der Arbeitslosigkeit erfolgen und hat persönlich durch den Arbeitslosen geschehen (vgl. BSG 14.12.1995 SozR 3 – 4100 § 105 Nr. 2). Er muss hierbei klar zu Ausdruck bringen, dass entweder die Arbeitslosigkeit bereits eingetreten ist oder aber innerhalb der nächsten zwei Monate voraussichtlich eintreten wird.

25 Eine **Rückwirkung** der Arbeitslosmeldung kommt gem. § 122 Abs. 3 SGB III nur in den Fällen in Betracht, in denen das Arbeitsamt am ersten Tag der Arbeitslosigkeit nicht dienstbereit war. In allen anderen Fällen kann für einen zurückliegenden Zeit-

E. Sozialrechtliche Rechtsfolgen bei Kündigung und Beendigung

raum kein Arbeitslosengeld mehr beantragt werden. § 28 SGB I findet auf die Arbeitslosmeldung keine Anwendung (vgl. *BSG* 19.3.1986 SozR 1300 § 28 Nr. 1) Die **Arbeitslosmeldung** muss beim zuständigen Arbeitsamt erfolgen. Zuständig ist 26 gem. § 327 SGB III dasjenige Arbeitsamt, in dessen Bezirk der Arbeitslose seinen Wohnsitz oder gewöhnlichen Aufenthalt hat. Maßgeblich für die Feststellung des Wohnsitzes oder gewöhnlichen Aufenthaltes ist der Zeitpunkt, in dem alle leistungsbegründenden Tatbestände vorliegen; d. h. Arbeitslosigkeit muss noch nicht vorliegen, aber innerhalb der nächsten zwei Monate erwartet werden.

e) Antrag auf Arbeitslosengeld

Neben der Arbeitslosmeldung muss der Arbeitnehmer/Arbeitslose auch ausdrücklich einen Antrag auf Arbeitslosengeld stellen. Die Arbeitslosmeldung setzt nicht zwingend auch einen Antrag auf Arbeitslosengeld voraus. Da beispielsweise die Bezugsdauer des Arbeitslosengeldes unter anderem vom Lebensalter des Arbeitslosen abhängt, kann es im Einzelfall ratsam sein, den Antrag auf Arbeitslosengeld nicht unmittelbar bei Eintritt der Arbeitslosigkeit zu stellen (s. zur Bezugsdauer des Arbeitslosengeldes unten E/Rz. 29 ff.). 27

2. Bezugsdauer

Bei der Anspruchsdauer des Arbeitslosengeldes ist zwischen dem Grundanspruch 28 nach § 127 SGB III und der **Minderung der Anspruchsdauer** nach § 128 SGB III zu differenzieren.

Die Dauer des Anspruchs auf Arbeitslosengeld beträgt:			29
nach Versicherungspflichtverhältnissen mit einer Dauer von insgesamt mindestens ... Monaten	und nach Vollendung des ... Lebensjahres	Monate	
12		6	
16		8	
20		10	
24		12	
28	45.	14	
32	45.	16	
36	45.	18	
40	47.	20	
44	47.	22	
48	52.	24	
52	52.	26	

Hoß

E. Sozialrechtliche Rechtsfolgen bei Kündigung und Beendigung

nach Versicherungspflichtverhältnissen mit einer Dauer von insgesamt mindestens ... Monaten	und nach Vollendung des ... Lebensjahres	Monate
56	57.	28
60	57.	32
64	57.	32

30 Ob der Arbeitslose tatsächlich den aus der oben stehenden Tabelle ersichtlichen Arbeitslosengeldanspruch hat, hängt letztendlich davon ab, inwieweit eine **Minderung der Anspruchsdauer** nach § 128 SGB III eintritt. Wichtigster Tatbestand, der eine Minderung auslöst, ist neben der Erfüllung des Arbeitslosengeldanspruches die Verhängung einer Sperrzeit. Die Anspruchsdauer mindert sich insofern gem. § 128 Abs. 1 Ziff. 3 und 4 SGB III um die Tage einer Sperrzeit nach § 144 SGB III. Wird – wie üblich – eine zwölfwöchige Sperrzeit nach § 144 Abs. 1 Nr. 1 SGB III festgesetzt, weil der Arbeitslose den Arbeitsplatzverlust entweder verschuldet oder aber daran mitgewirkt hat, so wird die aus § 127 SGB III folgende Anspruchsdauer um 25% gekürzt.

31 **Praxistipp:**
Die vorerwähnte Kürzung der Anspruchsdauer um 25% kann der Arbeitslose vermeiden, wenn er den Antrag auf Arbeitslosengeld nicht unmittelbar im zeitlichen Zusammenhang mit dem Ausscheiden aus dem Arbeitsverhältnis stellt. Gem. § 128 Abs. 2 SGB III entfällt die Kürzung im Fall einer Sperrzeit wegen Arbeitsaufgabe, wenn der Antrag auf Arbeitslosengeld erst mehr als ein Jahr nach Ausscheiden aus dem Arbeitsverhältnis gestellt wird. Diese Variante bietet sich daher gerade bei Mitarbeitern an, die im Rahmen eines Vorruhestandsmodells ausscheiden. Sofern ohnehin keine Arbeitsaufnahme mehr geplant ist, spielt es keine Rolle, ob im Rahmen des Vorruhestandsmodells das Unternehmen die wirtschaftliche Absicherung in den ersten Monaten des Vorruhestandes oder in der Phase zwischen Auslaufen des Arbeitslosengeldes und Eintritt in den gesetzlichen Ruhestand übernimmt.

32 Scheidet beispielsweise ein Arbeitnehmer auf Grund einer **Vorruhestandsvereinbarung** kurz vor Vollendung des 56. Lebensjahres aus dem Arbeitsverhältnis aus, so müsste bis zum frühestmöglichen Renteneintritt, d. h. mit Vollendung des 60. Lebensjahres, ein Zeitraum von circa 48 Monaten überbrückt werden. Stellt der Mitarbeiter im Zeitpunkt des Ausscheidens einen Antrag auf Arbeitslosengeld, so wird das Arbeitsamt eine Sperrzeit anordnen und die Anspruchsdauer wird sich in diesem Fall von 26 Monaten auf 19,5 Monate reduzieren. Für die Finanzierung des Vorruhestands bedeutet dies, dass der Arbeitgeber einen Zeitraum von 28,5 Monaten alleine finanzieren muss. Wird hingegen bei der selben Fallkonstellation der Antrag auf Arbeitslosengeld erst mit Vollendung des 57. Lebensjahres, d. h. im vorliegenden Fall nach mehr als einem Jahr, gestellt, so entfällt zum einen die Kürzung der Anspruchsdauer und zum anderen hat sich auf Grund des Lebensalters die Anspruchsdauer auf 32 Monate erhöht. In diesem Fall muss das Unternehmen den Vorruhestand nur über einen Zeitraum von 16 Monaten alleine finanzieren.

E. Sozialrechtliche Rechtsfolgen bei Kündigung und Beendigung

3. Höhe des Arbeitslosengeldes

Nach § 129 SGB III beträgt das Arbeitslosengeld grds. 60 % des pauschalierten Nettoentgelts. Ist der Arbeitslose oder sein Ehepartner für mindestens ein Kind i. S. v. § 32 EStG unterhaltspflichtig, so beträgt das Arbeitslosengeld 67 %. Berücksichtigung findet allerdings nur das Einkommen bis zur jährlich neu festzulegenden Beitragsbemessungsgrenze. Die **genaue Höhe des Arbeitslosengeldes** ergibt sich aus der vom Bundesministerium für Arbeit und Sozialordnung herausgegebenen Leistungsordnung. Diese wird jährlich überarbeitet. 33

4. Keine Anrechnung der Abfindung auf das Arbeitslosengeld

Unabhängig, in welcher Höhe ein Arbeitnehmer von seinem ehemaligen Arbeitgeber im Zusammenhang mit der Beendigung des Arbeitsverhältnisses eine Abfindung bekommt, steht fest, dass diese Abfindung **nicht auf das Arbeitslosengeld angerechnet wird**. Die ursprünglich in § 140 SGB III eingeführte Anrechnung der Abfindung auf das Arbeitslosengeld wurde vom Gesetzgeber im Jahre 1999 abgeschafft. 34

Die Höhe einer Abfindung spielt im Rahmen des Arbeitslosengeldes nur noch dann eine Rolle, wenn der Mitarbeiter das Arbeitsverhältnis unter Abkürzung der ordentlichen Kündigungsfrist gegen Zahlung einer Abfindung beendet. In diesem Fall wird zur Berechnung der Ruhenszeit nach § 143 a SGB III die Abfindung herangezogen. Es erfolgt hier allerdings weder eine Kürzung der Anspruchsdauer noch eine Kürzung des Arbeitslosengeldes. Die Höhe der Abfindung ist lediglich maßgebend für die Dauer der Ruhenszeit (s. hierzu unten E/Rz. 38 ff.). 35

5. Übersicht über Ruhens- und Sperrzeiten beim Arbeitslosengeld

Bei der Betrachtung der Konsequenzen einer Beendigung des Anstellungsverhältnisses für das Arbeitslosengeld sind eine Reihe von Tatbeständen zu berücksichtigen, die Ruhens- und Sperrzeiten auslösen. Im Einzelnen sind hier folgende Konstellationen denkbar: 36
- Betriebsbedingte Kündigung unter Einhaltung der ordentlichen Kündigungsfrist: weder Sperr- noch Ruhenszeit
- Personenbedingte Kündigung unter Einhaltung der ordentlichen Kündigungsfrist: weder Sperr- noch Ruhenszeit
- Verhaltensbedingte Kündigung unter Einhaltung der ordentlichen Kündigungsfrist: Sperrzeit nach § 144 SGB III
- Aufhebungsvertrag ohne Kündigungsgrund unter Einhaltung der Kündigungsfrist: Sperrzeit nach § 144 SGB III
- Aufhebungsvertrag mit Abfindung und Verkürzung der Kündigungsfrist: Sperrzeit nach § 144 SGB III und Ruhenszeit nach § 143 a SGB III

6. Ruhenszeit wegen Urlaubsabgeltung

Hat der Arbeitnehmer den ihm zustehenden Erholungsurlaub nicht vor Beendigung des Anstellungsverhältnisses in Natura genommen und hat stattdessen das Unter- 37

E. Sozialrechtliche Rechtsfolgen bei Kündigung und Beendigung

nehmen den Urlaub gem. § 7 Abs. 4 BUrlG abgegolten, so löst dies einen Ruhenszeitraum nach § 143 SGB III aus. Der Gesetzgeber will einen Doppelbezug von Arbeitslosengeld und Arbeitsentgelt vermeiden. Von daher ruht für die Tage, die der Mitarbeiter Urlaubsabgeltung erhalten hat, zunächst der Anspruch auf Arbeitslosengeld.

7. Ruhenszeit wegen Verkürzung der Kündigungsfrist

38 Wird das Arbeitsverhältnis ohne Einhaltung der ordentlichen Kündigungsfrist beendet und erhält der Mitarbeiter gleichzeitig eine Abfindung, Entschädigung oder ähnliche Leistung wegen der Beendigung des Arbeitsverhältnisses, so ruht der Anspruch auf Arbeitslosengeld gem. § 143 a SGB III bis zu einem Jahr.

a) Nichteinhaltung der ordentlichen Kündigungsfrist

39 Maßgebend für die Feststellung, ob die ordentliche Kündigungsfrist eingehalten wurde, ist diejenige Frist, die für den Arbeitgeber gilt. Dass der Arbeitnehmer gegebenenfalls eine kürzere Kündigungsfrist zu beachten hat, ist insofern unerheblich. Welche Frist im Einzelnen für das Unternehmen gilt, ergibt sich aus dem Arbeitsvertrag, dem zuständigen Tarifvertrag oder den gesetzlichen Kündigungsfristen. Befindet sich das Unternehmen in der **Insolvenz**, so sind die insofern verkürzten Kündigungsfristen der Insolvenzordnung zu berücksichtigen.

40 Sieht ein Tarifvertrag, das Gesetz oder eine arbeitsvertragliche Regelung vor, dass der Ausspruch einer arbeitgeberseitigen Kündigung ausgeschlossen oder zumindest für eine bestimmte Zeit unzulässig ist, so ist § 143 a Abs. 1 S. 3 SGB III zu beachten. Danach gilt bei zeitlich unbegrenztem Ausschluss eine **fiktive Kündigungsfrist** von achtzehn Monaten. Wird also mit einem ordentlich unkündbaren Mitarbeiter eine Aufhebungsvereinbarung geschlossen, so muss zwischen Unterzeichnung der Vereinbarung und dem rechtlichen Ende des Arbeitsverhältnisses ein Zeitraum von achtzehn Monaten liegen. Wird diese Frist nicht eingehalten, so ist die erste Voraussetzung für ein Ruhen des Anspruchs auf Arbeitslosengeld nach § 143 a SGB III erfüllt.

41 Eine Ausnahme von der Verpflichtung zur Einhaltung der fiktiven Kündigungsfrist von achtzehn Monaten wird vom Gesetzgeber lediglich in den Fällen gemacht, in denen der Arbeitgeber das Arbeitsverhältnis außerordentlich unter Einhaltung einer sozialen Auslauffrist, die der längsten regulären Kündigungsfrist entsprechen muss, kündigen kann. Eine derartige außerordentliche Kündigung wird vom BAG unter strengen Voraussetzungen in den Fällen der betriebsbedingten Kündigung (vgl. *BAG* 17.9.1998 EzA § 626 BGB Unkündbarkeit Nr. 3; 28.3.1985 EzA § 626 BGB n. F. Nr. 96) und in Fällen der krankheitsbedingten Kündigung (vgl. *BAG* 9.9.1992 EzA § 626 BGB n. F. Nr. 142; 12.7.1995 EzA § 626 BGB n. F. Nr. 156) zugelassen, wenn die Fortsetzung des Arbeitsverhältnisses unter Berücksichtigung aller Umstände bis zum sonst maßgeblichen Ende des Arbeitsverhältnisses für das Unternehmen unzumutbar ist (s. im Einzelnen zur außerordentlichen Kündigung gegenüber tariflich unkündbaren Mitarbeitern oben unter D/Rz. 683–685 bzw. D/Rz. 760–767).

42 Schränkt der Tarifvertrag oder der Arbeitsvertrag die Kündigungsmöglichkeit des Arbeitgebers dahin ein, dass eine ordentliche Beendigung des Arbeitsverhältnisses nur bei Zahlung einer Abfindung möglich ist, so sieht § 143 a SGB III vor, dass in diesem Fall eine fiktive Kündigungsfrist von einem Jahr einzuhalten ist. Zu beachten ist, dass

E. Sozialrechtliche Rechtsfolgen bei Kündigung und Beendigung

Ist es gar nicht erst zur Aufnahme des Arbeitsverhältnisses gekommen bzw. wurde das Arbeitsverhältnis sofort in den ersten Tagen wieder aufgelöst, ohne dass die vereinbarte Kündigungsfrist eingehalten wurde, so ist im Rahmen des § 143 a SGB III das kalendertägliche Entgelt fiktiv anhand der arbeits- oder tarifvertraglichen Regelungen zu berechnen (vgl. *BSG* 14.2.1978 BSGE 46, 20 [31]). 51

Steht das durchschnittliche Arbeitsentgelt fest, so ist nun anhand des gem. obiger Tabelle zu berücksichtigenden Teils der Bruttoabfindung zu ermitteln, wie viele Kalendertage der Arbeitnehmer fiktiv benötigt hätte, um diesen Teil der Abfindung in seinem bisherigen Arbeitsverhältnis zu verdienen. Diese Zeitspanne ruht dann der Anspruch auf Arbeitslosengeld, wenn dieser Zeitraum gegenüber den vier anderen Varianten für die Berechnung des Ruhenszeitraums (s. o. E/Rz. 46) die für den Arbeitslosen günstigste Variante ist. 52

Beispiel: 53
Das Arbeitsverhältnis wird gegen Zahlung einer Abfindung in Höhe von 80.000,– Euro am 26.9.2002 einvernehmlich zum 30.9.2002 beendet, obwohl eine ordentliche Kündigung frühestens zum 31.3.2003 möglich wäre. Die monatliche Vergütung des 56-jährigen Arbeitnehmers beträgt 6000,– Euro brutto. Die Dauer des Arbeitsverhältnisses betrug 15 Jahre.
Nach der obigen Tabelle sind in diesem Beispielsfall für die Errechnung des Ruhenszeitraums nur 25% der Abfindung zu berücksichtigen, d. h. also 20.000,– Euro. Bei einem Einkommen von 6000,– Euro im Monat beträgt das kalendertägliche Einkommen 200,– Euro. Um die zu berücksichtigenden 20.000,– Euro der Abfindung zu verdienen, müsste der Arbeitnehmer im Beispielsfall somit hypothetisch 100 Kalendertage arbeiten. Demzufolge würde in unserem Beispielsfall der Anspruch auf Arbeitslosengeld für einen Zeitraum von 100 Kalendertagen ruhen, da die Berechnung nach der Abfindungssumme für ihn in diesem Fall die günstigste der fünf Berechnungsmethoden ist.

Der sich aus § 143 a SGB III ergebende Ruhenszeitraum beginnt grds. mit dem Tag, der auf das Ende des vorzeitig beendeten Anstellungsverhältnisses folgt. Lediglich dann, wenn der Arbeitslose gleichzeitig auch eine Urlaubsabgeltung von seinem alten Arbeitgeber erhalten hat, schließt sich der Ruhenszeitraum aus § 143 a SGB III an den aus § 143 SGB III resultierenden Ruhenszeitraum an. Es findet insofern eine Addition beider Ruhenszeiträume statt. 54

Die Berechnung der Dauer eines Ruhenszeitraums anhand der Abfindung ist in der Praxis i. d. R. die Methode, die für den Mitarbeiter den kürzesten Ruhenszeitraum zur Folge hat. Problematisch ist diese Berechnung jedoch stets in den Fällen, in denen die Gesamtabfindung nicht ohne weiteres feststeht. Die Situation tritt insbesondere dann ein, wenn das Unternehmen dem Mitarbeiter laufende Zahlungen bis zum Erreichen der Rente zusagt oder aber sogar die Betriebsrente aufgestockt hat. Um hier einen Wert zur Ermittlung des Ruhenszeitraums feststellen zu können, sind die Renten bzw. rentenähnlichen Zahlungen nach der Rechtsprechung des BSG zu kapitalisieren (vgl. *BSG* NZA 1985, 438). Ist eine Kapitalisierung nicht möglich, weil der genaue Wert der Zahlungen nicht feststeht, so kommt nach den Dienstanweisungen der Bundesanstalt für Arbeit zu § 143 a SGB III eine Schätzung unter Berücksichtigung eines normalen Leistungsverlaufs in Betracht. 55

E. Sozialrechtliche Rechtsfolgen bei Kündigung und Beendigung

d) Konsequenzen des Ruhenszeitraums nach § 143 a SGB III

56 Die nach § 143 a SGB III verhängte Ruhenszeit wirkt sich nicht unmittelbar auf die Gesamtdauer des Anspruchs auf Arbeitslosengeld aus. Wie oben bereits dargestellt, erfolgt eine Kürzung der Anspruchsdauer nur nach den in § 128 SGB III genannten Vorschriften. § 143 a SGB III ist hier nicht erwähnt, sodass die Ruhenszeit nur zu einer Verzögerung des Beginns der Arbeitslosengeldzahlungen führt.

57 Ein Ruhenszeitraum nach § 143 a SGB III ist allerdings problematisch im Hinblick auf Renten- und Krankenversicherungsbeiträge. Während des Ruhenszeitraums werden keine Beiträge vom Arbeitsamt abgeführt. Im Hinblick auf die **gesetzliche Krankenversicherung** bedeutet dies, dass der Arbeitslose nach Ablauf eines eventuell nachwirkenden Krankenversicherungsschutzes (vgl. unten E/Rz. 223) selbst für ausreichenden Versicherungsschutz sorgen muss. Wird gleichzeitig eine Sperrzeit verhängt, die parallel zur Ruhenszeit nach § 143 a SGB laufen würde, so besteht während der Sperrzeit Krankenversicherungsschutz (vgl. E/Rz. 222).

8. Sperrzeit

58 In § 144 SGB III hat der Gesetzgeber **vier Tatbestände** normiert, bei denen eine Sperrzeit hinsichtlich des Anspruches auf Arbeitslosengeld von zwölf Wochen eintritt, wenn der Arbeitslose für sein Verhalten keinen wichtigen Grund anführen kann. Im Zusammenhang mit der Beendigung von Anstellungsverhältnissen ist insbesondere Ziff. 1 von Bedeutung, wonach dann eine Sperrzeit eintritt, wenn der Arbeitslose das Beschäftigungsverhältnis selbst gelöst hat oder durch ein arbeitsvertragswidriges Verhalten Anlass für die Lösung des Beschäftigungsverhältnisses gegeben hat.

a) Sperrzeitrelevante Beendigungstatbestände

59 Eine Sperrzeit tritt nicht nur im Falle einer Eigenkündigung oder einer arbeitgeberseitigen Kündigung ein, sondern auch dann, wenn die Arbeitsvertragsparteien das Anstellungsverhältnis einvernehmlich beenden, ohne dass der Arbeitnehmer hierfür einen wichtigen Grund i. S. v. § 144 SGB III vorweisen kann. Da das Gesetz im Zusammenhang mit der arbeitgeberseitigen Kündigung nur die verhaltensbedingte Kündigung als sperrzeitrelevant ansieht, ergibt sich zunächst, dass weder eine betriebs- noch eine personenbedingte Kündigung eine Sperrzeit auslöst. Die Dienstanweisungen der Bundesanstalt für Arbeit zu § 144 SGB III bestimmen allerdings auch im Hinblick auf diese beiden Kündigungsgründe, dass hier unter Umständen eine Sperrzeit eintritt.

aa) Verhaltensbedingte Arbeitgeberkündigung

60 Kündigt der Arbeitgeber das Anstellungsverhältnis wegen eines **Fehlverhaltens des Mitarbeiters** ordentlich oder außerordentlich, so löst dies eine Sperrzeit von zwölf Wochen aus (vgl. *BSG* 26.8.1965 – 7 Rar 32/64 –). Wurde das Anstellungsverhältnis zunächst verhaltensbedingt durch den Arbeitgeber gekündigt und einigen sich die Arbeitsvertragsparteien im Rahmen eines Kündigungsschutzprozesses oder außergerichtlich im Nachgang zur Kündigung, so kann der Eintritt einer Sperrzeit vermieden werden. Abzuraten ist von der **Umwandlung** der verhaltensbedingten Kündigung in eine **betriebsbedingte Kündigung**, wenn es tatsächlich an entsprechenden betriebsbedingten Kündigungsgründen fehlt.

E. Sozialrechtliche Rechtsfolgen bei Kündigung und Beendigung

Um eine Sperrzeit zu vermeiden, reicht es bereits aus, wenn in den Vergleich folgende Klausel aufgenommen wird: 61
Formulierungshinweis:
»Der Arbeitgeber hält die im Vorfeld erhobenen Vorwürfe nicht mehr aufrecht. Auf Grund der Auseinandersetzung ist eine gedeihliche Zusammenarbeit zwischen den Parteien nicht mehr zu erwarten, sodass Einigkeit besteht, dass das Anstellungsverhältnis unter Einhaltung der ordentlichen Kündigungsfrist im gegenseitigen Einvernehmen zum ... aufgelöst wird.«

bb) Betriebsbedingte Arbeitgeberkündigung

Der Ausspruch einer betriebsbedingten Kündigung löst, wie oben erwähnt, keine Sperrzeit aus, sofern tatsächlich die Voraussetzungen der betriebsbedingten Kündigung vorlagen (vgl. D/Rz. 1391). Das Arbeitsamt erwartet allerdings, dass die **Sozialauswahl korrekt** durchgeführt wurde (vgl. Dienstanweisung zu § 144 SGB III DA1.113). Eine Verpflichtung des Arbeitnehmers, dies im Einzelnen zu prüfen, sehen die Dienstanweisungen allerdings nicht vor. Nur dann, wenn die Kündigung offensichtlich rechtswidrig ist, darf der Arbeitnehmer diese nicht ohne weiteres hinnehmen. Die offensichtliche Rechtswidrigkeit muss allerdings für den Mitarbeiter offensichtlich sein. 62

Die Dienstanweisungen bestimmen insofern: 63
»Eine Kündigung ist offensichtlich rechtswidrig, wenn der Arbeitnehmer ohne weiteres erkennen musste, dass sie gegen arbeitsvertragliche, tarifvertragliche oder gesetzliche Bestimmungen verstößt. Ob die Kündigung sozial gerechtfertigt oder ungerechtfertigt ist, ist für den Arbeitnehmer nicht offensichtlich.
Offensichtlich rechtswidrig ist eine Kündigung nach den Dienstanweisungen insbesondere dann, wenn
1. die maßgebende Kündigungsfrist nicht eingehalten ist,
2. der Arbeitslose nach tarif- oder einzelvertraglichen Bestimmungen nur noch aus wichtigem Grund (§ 626 BGB) kündbar war, oder
3. der Arbeitslose besonderen Kündigungsschutz genießt und die Kündigung deshalb nichtig ist, z. B. nach
   a) § 9 MuSchG (Kündigung einer Frau während der Schwangerschaft oder bis zum Ablauf von vier Monaten nach der Entbindung),
   b) § 18 BErzGG (Kündigung bei Erziehungsurlaub ohne Zustimmung der für den Arbeitsschutz zuständigen obersten Landesbehörde),
   c) § 85 SGB IX (Kündigung eines Schwerbehinderten ohne Zustimmung des Integrationsamtes),
   d) § 15 KSchG (Kündigung des Mitglieds eines Betriebsrates, einer Jugendvertretung, u. a.).«

Vor diesem Hintergrund der Dienstanweisungen der Bundesanstalt für Arbeit ist ein Arbeitnehmer nicht verpflichtet, **Kündigungsschutzklage** gegen eine ihm gegenüber ausgesprochene betriebsbedingte Kündigung zu erheben. Dies verlangt das Arbeitsamt nur bei Vorliegen einer **offensichtlich rechtswidrigen Kündigung** (vgl. DA1.113/3). 64

cc) Personenbedingte Arbeitgeberkündigung

Der Hauptfall der personenbedingten Kündigung ist die **krankheitsbedingte Kündigung**. Ähnlich wie die betriebsbedingte Kündigung löst auch die krankheitsbedingte 65

E. Sozialrechtliche Rechtsfolgen bei Kündigung und Beendigung

Kündigung keine Sperrzeit aus. Gerade bei älteren Mitarbeitern bietet sich im Zusammenhang mit Auflösungsverträgen bzw. Vorruhestandsvereinbarungen die krankheitsbedingte Kündigung als Anhaltspunkt an. Die Arbeitsämter haben insofern spezielle Formulare, auf denen der den Arbeitnehmer behandelnde Arzt bestätigen muss, dass eine Weiterbeschäftigung nicht möglich bzw. zumutbar war. Gerade die Trennung von älteren Mitarbeitern ist i. d. R. eher über den Weg der personenbedingten als über den Weg der betriebsbedingten Kündigung zu rechtfertigen.

dd) Vorausgegangene Absprache über Arbeitgeberkündigung

66 Haben sich die Arbeitsvertragsparteien im Vorfeld einer arbeitgeberseitigen Kündigung bereits über die Beendigung des Anstellungsverhältnisses und die Modalitäten der Beendigung geeinigt, so löst eine im Anschluss ausgesprochene arbeitgeberseitige Kündigung eine Sperrzeit aus. Das Arbeitsamt spricht hier von vorausgegangener Absprache bzw. initiierter Kündigung. Die **initiierte Kündigung** wird i. d. R. dann angenommen, wenn das Unternehmen ein **abstraktes Aufhebungsangebot** in Form einer Betriebsvereinbarung, die finanzielle Vergünstigungen für den Fall des Ausscheidens vorsieht, angenommen. Existiert beispielsweise eine generelle Vorruhestandsregelung für Mitarbeiter ab Vollendung des 57. Lebensjahres und erklärt ein Arbeitnehmer, dass er mit der Beendigung zu den in der Betriebsvereinbarung genannten Konditionen einverstanden ist, so löst eine vom Arbeitgeber nunmehr ausgesprochene Kündigung eine Sperrzeit aus. Das Arbeitsamt steht hier auf dem Standpunkt, dass letztendlich dieser Sachverhalt einer einvernehmlichen Aufhebung gleichzustellen ist (vgl. DA1.113/1).

ee) Nachträgliche Einigung mit vorheriger Absprache

67 Ebenfalls den Fällen der initiierten Kündigung und dem Aufhebungsvertrag gleichzustellen sind die Fälle, in denen die Arbeitsvertragsparteien bereits vor Ausspruch der Kündigung abgesprochen haben, unmittelbar im Anschluss an die Kündigung einen sog. **Abwicklungsvertrag** zu schließen. Der Abwicklungsvertrag unterscheidet sich vom Aufhebungsvertrag dadurch, dass der Aufhebungsvertrag selbst das Anstellungsverhältnis beendet, während der Abwicklungsvertrag eine vorherige Kündigung voraussetzt. Das Arbeitsamt stellt grds. beide Verträge gleich, da es beim Abwicklungsvertrag zunächst unterstellt, dass hier entweder eine Absprache im Vorfeld erfolgte oder aber der Mitarbeiter eine rechtswidrige Kündigung akzeptierte (vgl. DA1.113/1).

ff) Arbeitsgerichtlicher Vergleich

68 Während eine nachträgliche Einigung dann eine Sperrzeit auslöst, wenn sie im Vorfeld mit dem Arbeitgeber abgesprochen war und die Kündigung rechtswidrig ist, löst der allgemein im Anschluss an eine Kündigung vereinbarte Abwicklungsvertrag nur dann eine Sperrzeit aus, wenn die Kündigung offensichtlich rechtswidrig war (s. o. E/Rz. 63). Haben sich die Arbeitsvertragsparteien erst im Rahmen eines Kündigungsschutzprozesses über den Beendigungstermin und die Modalitäten geeinigt, **so vermeidet dieser Vergleich i. d. R. eine Sperrzeit.**

69 Wörtlich heißt es insofern in den Dienstanweisungen der Bundesanstalt für Arbeit zur Sperrzeit:
»Eine nachträgliche Einigung durch arbeitsgerichtlichen Vergleich löst in aller Regel keine Sperrzeit aus, da der Arbeitslose nach aller Erfahrung nicht mehr die Möglichkeit hat, eine Fortsetzung des Beschäftigungsverhältnisses und damit eine Beendi-

gung seiner Arbeitslosigkeit durchzusetzen. Eine andere Bewertung ist geboten, wenn sich ergibt, dass der Weg über eine rechtswidrige Arbeitgeberkündigung mit anschließender Klage vor dem Arbeitsgericht einvernehmlich mit dem Ziel beschritten worden ist, durch einen arbeitsgerichtlichen Vergleich den Eintritt einer Sperrzeit zu verhindern.« (vgl. DA1.113/2[2])

gg) Nichterhebung einer Kündigungsschutzklage
Wie bereits angesprochen, ist ein Arbeitnehmer grds. nicht verpflichtet, eine Kündigungsschutzklage zu erheben (vgl. DA1.113/2[2]). Lediglich dann, wenn die oben beschriebene **offensichtliche Rechtswidrigkeit der Kündigung** für den Mitarbeiter erkennbar ist, verlangt das Arbeitsamt, dass der Mitarbeiter gegen die Kündigung gerichtlich vorgeht. Ohne erkennbare Rechtswidrigkeit liegt in der Nichterhebung der Kündigungsschutzklage insbesondere kein »stillschweigender Aufhebungsvertrag« (vgl. DA1.112[4]). 70

hh) Änderungskündigung
Hat das Unternehmen eine Änderungskündigung ausgesprochen und lehnt der Mitarbeiter die Vertragsänderung ab, so stellt dies keine vom Arbeitnehmer zu vertretene Auflösung des Beschäftigungsverhältnisses dar (vgl. *Winkler* in: *Gagel* SGB III, § 144 Rz. 60). 71

ii) Widerspruch nach § 613 a BGB
In der Rechtsprechung des Bundesarbeitsgerichtes ist anerkannt, dass ein Arbeitnehmer dem Übergang seines Arbeitsverhältnisses nach § 613 a BGB widersprechen kann (vgl. z. B. *BAG* 25.1.2001 EzA § 613 a BGB Nr. 194; 19.3.1998 EzA § 613 a BGB Nr. 163; 17.11.1977 EzA § 613 a BGB Nr. 17). Sofern das Unternehmen allerdings nicht in der Lage ist, den Mitarbeiter nach dem Widerspruch im alten Betrieb zu beschäftigen, ist der Arbeitgeber zum Ausspruch einer betriebsbedingten Kündigung berechtigt. Eine derartige betriebsbedingte Kündigung löst keine Sperrzeit nach § 144 SGB III aus. Die Kündigung beruht hier nicht auf einem arbeitsvertragswidrigen Verhalten des Mitarbeiters, sondern letztendlich auf der Geltendmachung eines vom BAG eingeräumten Widerspruchsrechtes (vgl. *Pottmeyer* NZA 1989, 521). 72

jj) Nichteinhaltung der Kündigungsfrist
Wird das Arbeitsverhältnis – i. d. R. im Rahmen eines Aufhebungsvertrages – unter Abkürzung der ordentlichen Kündigungsfrist beendet, so löst dies zum einen eine **Ruhenszeit** nach § 143 a SGB III und zum anderen eine **Sperrzeit** nach § 144 SGB III aus. Etwas anderes gilt lediglich dann, wenn der Mitarbeiter auch für die vorzeitige Beendigung des Anstellungsverhältnisses einen **wichtigen Grund** i. S. v. § 144 SGB III hatte (s. insofern unten E/Rz. 80 ff.). 73

Erfolgte die Beendigung des Anstellungsverhältnisses selbst aus betriebsbedingten oder personenbedingten Gründen bzw. hatte der Mitarbeiter für die Beendigung einen wichtigen Grund i. S. v. § 144 SGB III, so kann alleine die **Verkürzung der Kündigungsfrist** keine zwölfwöchige Sperrzeit rechtfertigen. Das Bundessozialgericht stuft insofern ab die Dauer der Sperrzeit unter Berücksichtigung der abgekürzten Kündigungsfrist ab (vgl. *BSG* 10.02.1995 – 7 Rar 34/94 –). Wird die Kündigungsfrist um bis zu sechs Wochen verkürzt, darf die Sperrzeit maximal drei Wochen betragen; wird die Kündigungsfrist um mehr als sechs Wochen verkürzt, so beträgt die Sperrzeit wegen der Verkürzung der Kündigungsfrist sechs Wochen. 74

E. Sozialrechtliche Rechtsfolgen bei Kündigung und Beendigung

kk) Auflösungsantrag nach §§ 9, 10 KSchG

75 Gem. §§ 9, 10 KSchG haben beide Arbeitsvertragsparteien die Möglichkeit, im Rahmen eines Kündigungsschutzprozesses das Anstellungsverhältnis auch durch eine Entscheidung des Arbeitsgerichtes aufzulösen. Die **Auflösung** kann **einvernehmlich** erfolgen, wenn beide Parteien dem Auflösungsantrag zustimmen. Wird der Antrag nur von einer der beiden Arbeitsvertragsparteien gestellt, so setzt dies voraus, dass eine weitere Zusammenarbeit dieser Partei unzumutbar ist. Lediglich dann, wenn es sich um einen **leitenden Angestellten** i. S. d. Kündigungsschutzgesetzes handelt, bedarf der Auflösungsantrag keiner Begründung.

76 Wird der **Auflösungsantrag** von der **Arbeitgeberseite** gestellt und dadurch das Arbeitsverhältnis durch das Arbeitsgericht aufgelöst, so löst dies keine Sperrzeit nach § 144 SGB III aus. Da Voraussetzung des Auflösungsantrags zunächst ist, dass kein Kündigungsgrund vorliegt, steht fest, dass der Arbeitnehmer die Beendigung gerade nicht verschuldet hat.

77 Stellt der **Arbeitnehmer** selbst den **Auflösungsantrag** nach gewonnenem Kündigungsschutzprozess, so löst auch dies keine Sperrzeit beim Arbeitslosengeld aus. Da der Auflösungsantrag nur dann erfolgreich ist, wenn tatsächlich dem Mitarbeiter die weitere Tätigkeit im Unternehmen unzumutbar ist, fehlt es auch hier am Verschulden.

78 Problematisch im Hinblick auf den Eintritt einer Sperrzeit ist somit lediglich der **beiderseitige einvernehmliche Auflösungsantrag**. Hier muss der Arbeitslose dem Arbeitsamt gegenüber darlegen, aus welchen Gründen für ihn eine weitere Zusammenarbeit mit seinem ehemaligen Arbeitgeber unzumutbar war.

ll) Aufhebungsvertrag

79 Wird das Arbeitsverhältnis durch Abschluss eines Aufhebungsvertrages beendet, so löst dies grds. eine Sperrzeit aus. Nur dann, wenn der Arbeitslose gegenüber dem Arbeitsamt nachweisen kann, dass ein wichtiger Grund vorlag, ist er berechtigt, einer arbeitgeberseitigen Kündigung durch Abschluss eines Aufhebungsvertrages zuvor zu kommen (vgl. DA1.73[1]). Im Hinblick auf den hier notwendigen wichtigen Grund kann auf die Ausführungen unten verwiesen werden.

b) Wichtiger Grund i. S. v. § 144 SGB III

80 Gem. § 144 Abs. 1 SGB III tritt eine Sperrzeit trotz Vorliegen eines der vier sperrzeitrelevanten Tatbestände dann nicht ein, wenn der Mitarbeiter für sein Verhalten einen wichtigen Grund i. S. dieser Vorschrift hatte. Von besonderer Bedeutung ist das Vorliegen eines wichtigen Grundes in den Fällen, in denen das Anstellungsverhältnis durch Abschluss eines Aufhebungsvertrages beendet wird.

aa) Beispiele aus der Praxis

81 Ein wichtiger Grund i. S. d. § 144 SGB III wird nach den Dienstanweisungen der Bundesanstalt für Arbeit dann angenommen, wenn der Arbeitslose **gewichtige objektive Gründe** anführen kann, die es ihm unter Berücksichtigung aller Umstände des Einzelfalles und unter Abwägung seiner Interessen mit denen der Gesamtheit der Beitragszahler **unzumutbar** macht, ein sperrzeitrelevantes Verhalten zu vermeiden. Keine Rolle spielt, ob der Arbeitslose selbst den tatsächlich vorliegenden wichtigen Grund kannte (vgl. Ziff. 1.71[1]) der Dienstanweisungen der Bundesanstalt für Arbeit zu § 144 SGB III).

E. Sozialrechtliche Rechtsfolgen bei Kündigung und Beendigung

Im Einzelnen ist bisher beispielsweise in folgenden Fällen ein wichtiger Grund für die Beendigung des Anstellungsverhältnisses angenommen worden: 82
- Die Versetzung eines Mitarbeiters auf Dauer an einen entfernten Arbeitsort berechtigt den berufstätigen Ehepartner im Interesse einer ordnungsgemäßen Aufrechterhaltung der Ehe, ebenfalls seinen Arbeitsplatz aufzugeben (vgl. *Winkler* in: *Gagel*, SGB III, § 144 Rz. 125 m. w. N.); 83
- Der **Zuzug zum nicht ehelichen Lebenspartner** an einen anderen Ort, der mit der Arbeitsplatzaufgabe am bisherigen Wohnort verbunden ist, berechtigt ohne weiteres dann zur Eigenkündigung, wenn die Hochzeit unmittelbar im Anschluss an die Beendigung des Anstellungsverhältnisses erfolgt. In einer älteren Entscheidung vom 25.8.1988 (– 7 Rar 37/87 –) vertrat das *Bundessozialgericht* die Auffassung, dass bis zur Hochzeit eine doppelte Haushaltsführung stets zumutbar ist. Dies bedeutete früher, dass ohne beabsichtigte Heirat der Zuzug zum Lebenspartner in einer nicht ehelichen Lebensgemeinschaft keinen wichtigen Grund für die Arbeitsplatzaufgabe i. S. v. § 144 SGB III darstellt (vgl. *Bay. LSG* 7.9.1995 – L 8 Al 352/94 –). Diese Rechtsprechung hat das BSG mittlerweile aufgegeben. Besteht eine nicht eheliche Lebensgemeinschaft bereits seit mindestens drei Jahren, so kann ein Partner seinen Arbeitsplatz aufgeben, um die Lebensgemeinschaft am neuen Arbeitsort des Lebenspartners fortzusetzen (vgl. BSG 29.4.1998 – B 7 AL 56/97 –; *Winkler* in: *Gagel*, SGB III, § 144 Rz. 126). Erforderlich ist allerdings, dass der Arbeitnehmer, der wegen des Wechsels des Arbeitsortes seines Partners seinen Arbeitsplatz aufgibt, dies rechtzeitig dem Arbeitsamt anzeigt, um so dem Arbeitsamt die Möglichkeit einzuräumen, dieser Person eine neue Stelle am neuen Wohnort zu vermitteln (vgl. allgemein zur Pflicht des Versicherten alles zumutbare zur Vermeidung des Eintritts eines wichtigen Grundes zu unternehmen: BSG 26.03.1998 – B 11 AL 49/97 –); 84
- Dies gilt auch für den Zuzug zu einem **gleichgeschlechtlichen Partner** (vgl. *SG Detmold* 17.7.1996 info also 1997, 9); 85
- Stimmt das **Integrationsamt** einer Aufhebung des Anstellungsverhältnisses zu bzw. liegen die Voraussetzungen vor, unter denen das Integrationsamt zustimmen müsste, so kann ein Aufhebungsvertrag keine Sperrzeit auslösen (vgl. Ziff. 1.73[4]) der Dienstanweisungen der Bundesanstalt für Arbeit zu § 144 SGB III); 86
- Wird der Arbeitsplatz wegen **Mobbing oder sonstigem psychischen Druck** aufgegeben, so stellt dies ebenfalls einen wichtigen Grund i. S. v. § 144 SGB III dar (vgl. *SG Mannheim* 9.3.1994 info also 1994, 212). Nach den Dienstanweisungen der Bundesanstalt für Arbeit muss der Arbeitslose allerdings darlegen, worin konkret die für ihn unzumutbare Situation beim alten Arbeitgeber bestand (vgl. BSG 25.4.1990 DBlR Nr. 3649 AFG § 119; Ziff. 1.72 [1]) der Dienstanweisungen der Bundesanstalt für Arbeit zu § 144 SGB III); 87
- Ausreichend für eine sperrzeitfreie Eigenkündigung ist des Weiteren der Fall, in dem der Mitarbeiter bzw. die Mitarbeiterin das Arbeitsverhältnis wegen **sexueller Belästigung** aufgegeben hat. Auch hier muss die sexuelle Belästigung vom Arbeitslosen nachgewiesen werden (vgl. Ziff. 1.72 [1] sowie Ziff. 4.1 [2] der Dienstanweisungen der Bundesanstalt für Arbeit zu § 144 SGB III); 88
- Umstritten ist, ob auch **fehlender Nichtraucherschutz** einen Grund für die Aufgabe des Arbeitsplatzes darstellen kann. Auf Grund der zunehmenden Einschränkung der Rauchbefugnisse wird man einen wichtigen Grund dann annehmen können, wenn der Arbeitnehmer zuvor erfolglos beim Arbeitgeber versucht hat, ein Rauchverbot durchzusetzen oder alternativ einen nikotinfreien Arbeitsplatz zu er- 89

E. Sozialrechtliche Rechtsfolgen bei Kündigung und Beendigung

halten (ebenso bereits *SG Duisburg* 17.5.1993 info also 1994, 130; *SG Hamburg* 14.1.1988, info also 1988, 60);

90 – Ist der Mitarbeiter gesundheitlich nicht mehr in der Lage, seine bisherige Tätigkeit auszuüben und ist dies durch ein **ärztliches Attest** bestätigt, so ist der Mitarbeiter ebenfalls berechtigt, das Anstellungsverhältnis sperrzeitfrei zu beenden (vgl. Ziff. 4.1 [92] der DA der BA zu § 144 SGB III);

91 – Verhält sich der **Arbeitgeber vertragswidrig**, indem er beispielsweise nicht die vereinbarte Vergütung trotz Abmahnung zahlt, ist der Mitarbeiter ebenfalls berechtigt, das Anstellungsverhältnis selbst zu kündigen, ohne dass dies zu einer Sperrzeit nach § 144 SGB III führt (vgl. Ziff. 1.72 [1] der DA der BA zu § 144 SGB III mit dem Hinweis, dass eine Sperrzeit stets entfällt, wenn der Mitarbeiter einen wichtigen Grund für eine außerordentliche Kündigung oder einen sonstigen Grund für eine ordentliche Kündigung hat);

92 – **Religiöse Gründe** können ebenfalls einen wichtigen Grund zur Auflösung des Anstellungsverhältnisses darstellen. Das BSG hat anerkannt, dass für einen sog. Siebenten-Tag-Adventisten Samstagsarbeit unzumutbar ist (vgl. *BSG* 10.12.1980 SozR 4100 § 119 Nr. 13). Demgegenüber hat das LSG Rheinland-Pfalz entschieden, dass Sonntagsarbeit für einen Katholiken zumutbar ist und somit keinen wichtigen Grund i. S. v. § 144 SGB III darstellt (vgl. *LSG Rheinland-Pfalz* 30.3.1993 – L 1 Ar 48/91 –);

93 – **Gewissengründe** können ebenfalls in nur eng begrenzten Ausnahmefällen einen wichtigen Grund i. S. v. § 144 SGB III zur Aufgabe des Arbeitsplatzes darstellen. Bejaht wurde die Unzumutbarkeit in einem Fall, in dem der Arbeitnehmer Waffen herstellen sollte (vgl. *BSG* 18.2.1987 SozR 4100 § 119 Nr. 30). Abgelehnt hingegen für einen Kriegsdienstverweigerer, der es für unzumutbar hielt, einen Katalog über Rüstungsgüter zu drucken (vgl. *BSG* 23.6.1982 SozR 4100 § 119 Nr. 19);

94 – Gibt ein älterer Arbeitnehmer seinen Arbeitsplatz im Rahmen einer Massenentlassung zu Gunsten eines jüngeren Arbeitnehmers auf, so kann auch dies u. U. einen wichtigen Grund darstellen, der eine Sperrzeit ausschließt (vgl. *BSG* 13.3.1997 – 11 Rar 17/96 –). Ein wichtiger Grund liegt beim Ausscheiden eines älteren Arbeitnehmers darüber hinaus auch dann vor, wenn durch Betriebsrat oder Arbeitgeber auf den Mitarbeiter erheblicher psychischer Druck im Hinblick auf das Ausscheiden zu Gunsten eines jüngeren Kollegen ausgeübt wurde und von daher ein Fortsetzen des Arbeitsverhältnisses dem älteren Arbeitnehmer nicht mehr zuzumuten war (vgl. *BSG* 25.4.1990 – 7 RAr 16/89 – DBlR Nr. 3649 zu § 119 AFG).

95 Zu beachten ist, dass die **Beweislast** dafür, dass der Arbeitnehmer/Arbeitslose keinen wichtigen Grund für die Aufgabe des Arbeitsverhältnisses hatte, nicht den Arbeitslosen, sondern das Arbeitsamt trifft. Der Arbeitslose ist lediglich zur Mitwirkung verpflichtet und muss daher die notwendigen Angaben über einen möglichen wichtigen Grund zeitnah machen.

bb) Wichtiger Grund bei einvernehmlicher Trennung

96 Wird das Arbeitsverhältnis durch Abschluss eines Aufhebungsvertrages aufgelöst, so stellt dies grds. einen sperrzeitrelevanten Tatbestand i. S. v. § 144 SGB III dar. Die Sperrzeit entfällt hier lediglich dann, wenn der Mitarbeiter einen wichtigen Grund für die Aufgabe des Anstellungsverhältnisses besaß. Nach den Dienstanweisungen der Bundesanstalt für Arbeit zu § 144 SGB III liegt ein wichtiger Grund für den Abschluss eines Aufhebungsvertrages auf Arbeitnehmerseite dann vor, wenn

E. Sozialrechtliche Rechtsfolgen bei Kündigung und Beendigung

1. eine Kündigung durch den Arbeitgeber mit Bestimmtheit in Aussicht gestellt worden war, ohne dass der Arbeitslose hierzu durch ein arbeitsvertragswidriges Verhalten Anlass gegeben hat,
2. diese Kündigung zum selben Zeitpunkt, zu dem das Anstellungsverhältnis geendet hat, wirksam geworden wäre,
3. diese Kündigung arbeitsrechtlich zulässig, d. h. insbesondere sozial gerechtfertigt i. S. v. § 1 KSchG gewesen wäre **und**
4. dem Arbeitslosen nicht zuzumuten war, den Ausspruch der arbeitgeberseitigen Kündigung abzuwarten (vgl. Ziff. 1.73 [1] der DA der BA zu § 144 SGB III).

Die vom Arbeitsamt geforderte **Unzumutbarkeit des Abwartens einer Kündigung** 97 wird in den Dienstanweisungen dann unterstellt, wenn der Arbeitslose
– objektive Nachteile aus einer arbeitgeberseitigen Kündigung für sein berufliches Fortkommen vermieden hat; oder
– sonstige gleichgewichtige Gründe darlegt, aus denen er objektive Nachteile aus einer arbeitgeberseitigen Kündigung befürchten musste.

Darauf, dass er objektive Nachteile vermieden hat, kann sich ein Arbeitsloser nicht 98 berufen, der im **Rahmen einer Vorruhestandsregelung oder einer vergleichbaren Regelung** ausscheidet. Da dieser Mitarbeiter nicht mehr dem Arbeitsmarkt zur Verfügung steht, kann nur in besonderen Ausnahmefällen davon ausgegangen werden, dass dem Mitarbeiter es unzumutbar war, eine Kündigung abzuwarten. Ein derartiger Ausnahmetatbestand ist u. E. dann anzunehmen, wenn es sich um eine **langjährige Führungskraft** des Unternehmens handelt. Von einer Führungskraft wird Loyalität zum Unternehmen verlangt. Von daher muss man einer Führungskraft zubilligen, dass diese sich im Fall des Wegfalls ihres Arbeitsplatzes einem Aufhebungsvertrag nicht verschließt. Es ist einer Führungskraft nicht zumutbar, dass das Arbeitsverhältnis durch Kündigung des Arbeitgebers beendet wird.

c) Folgen der Sperrzeit

Tritt eine Sperrzeit ein, so **ruht der Anspruch auf Arbeitslosengeld** grds. für die 99 Dauer von **zwölf Wochen**. Des Weiteren wird er um 25% gemindert, sofern nicht zwischen dem sperrzeitauslösenden Ereignis und dem Antrag auf Arbeitslosengeld mehr als ein Jahr liegt.

Gem. § 144 Abs. 3 SGB III **reduziert** sich die Ruhenszeit beim Arbeitslosengeld auf 100 **sechs Wochen**, wenn die Sperrzeit eine **besondere Härte** für den betroffenen Arbeitslosen darstellt. Entscheidend für die Anerkennung einer besonderen Härte sind alleine die Umstände, die für den Eintritt der Sperrzeit maßgebend waren. Allgemeine Lebensumstände, wie eine ungünstige wirtschaftliche Lage oder unterhaltspflichtige Familienmitglieder sind grds. nicht geeignet, eine Reduzierung der Dauer der Ruhenszeit im Fall der Sperrzeit zu rechtfertigen.

Obwohl während der zwölfwöchigen Sperrzeit der Anspruch auf Arbeitslosengeld 101 ruht und der Arbeitslose somit keine unmittelbaren Leistungen des Arbeitsamtes erhält, ist der **Krankenversicherungsschutz** zumindest zwischen der fünften und der zwölften Woche über das Arbeitsamt gem. § 5 Abs. 1 Ziff. 2 SGB V gesichert (s. im Einzelnen zum Krankenversicherungsschutz während der Arbeitslosigkeit die Ausführungen unten unter E/Rz. 221 ff.).

E. Sozialrechtliche Rechtsfolgen bei Kündigung und Beendigung

II. Erstattung des Arbeitslosengeldes nach § 147a SGB III

102 Die einvernehmliche Beendigung eines Anstellungsverhältnisses kann für den Arbeitgeber dann über die im Aufhebungsvertrag festgeschriebene Abfindung **weiter gehende finanzielle Konsequenzen** haben, wenn der ausscheidende Mitarbeiter im Zeitpunkt der Beendigung des Arbeitsverhältnisses bereits das 56. Lebensjahr vollendet hat. Dann droht dem Unternehmen die Erstattungspflicht bezüglich des Arbeitslosengeldes nach § 147a SGB III.

1. Erstattungspflichtiger Arbeitgeber

103 Nach § 147a Abs. 1 S. 1 SGB III ist der Arbeitgeber, bei dem der ältere Arbeitslose innerhalb der letzten vier Jahre mindestens 24 Monate beitragspflichtig beschäftigt war, grds. verpflichtet, der Bundesanstalt für Arbeit vierteljährlich das Arbeitslosengeld für die Zeit nach Vollendung des 58. Lebensjahres des Arbeitslosen für längstens zwei Jahre zu erstatten. Die Erstattungspflicht schließt auch die auf das Arbeitslosengeld anfallenden Beiträge zur gesetzlichen Kranken-, Pflege- und Rentenversicherung ein.

104 Erstattungsschuldner ist nach dem Wortlaut des Gesetzes derjenige Arbeitgeber, bei dem der Arbeitslose innerhalb der letzten vier Jahre mindestens 24 Monate in einem versicherungspflichtigen Verhältnis gestanden hat. Dies bedeutet, dass die Erstattungspflicht nicht notwendigerweise denjenigen Arbeitgeber treffen muss, bei dem der Arbeitslose zuletzt vor Beginn der Arbeitslosigkeit tätig war. Bestand das letzte Arbeitsverhältnis beispielsweise weniger als zwei Jahre, so trifft den vorhergehenden Arbeitgeber die Erstattungspflicht, wenn nicht zu seinen Gunsten einer der unten im Einzelnen beschriebenen **Befreiungstatbestände** (vgl. E/Rz. 111 ff.) eingreift.

105 Insbesondere in den Fällen, in denen ein älterer Mitarbeiter den Wunsch äußert, unter Abkürzung der Kündigungsfrist einvernehmlich aus dem Anstellungsverhältnis auszuscheiden, sollte daher von dem bisherigen Arbeitgeber sehr sorgfältig geprüft werden, inwieweit bei einer späteren Arbeitslosigkeit eine Erstattungspflicht eintreten kann. Hat der Mitarbeiter bereits das 56. Lebensjahr vollendet, so sollte eine einvernehmliche Aufhebung des Anstellungsverhältnisses **strikt abgelehnt** werden. In diesem Fall kommt nur eine **Eigenkündigung des Mitarbeiters** in Betracht. Akzeptiert das Unternehmen hier eine kürzere als die vertraglich oder gesetzlich vorgesehene Kündigungsfrist, so ist dies im Rahmen des § 147a SGB III nicht zu beanstanden.

106 Als Arbeitgeber, der von der Erstattungspflicht betroffen sein kann, kommen in Betracht:
- eine natürliche Person,
- eine Personengesellschaft (KG, OHG, BGB-Gesellschaft),
- eine juristische Person des Privatrechts (GmbH, AG),
- eine juristische Person des öffentlichen Rechts (Körperschaft, Anstalt, Stiftung) oder
- die Stationierungsstreitkräfte in der Bundesrepublik Deutschland für die zivilen Arbeitskräfte (Erstattungsforderungen sind an die Bundesrepublik Deutschland, Vertretung durch das örtlich zuständige Amt für Verteidigungslasten, zu richten.)

E. Sozialrechtliche Rechtsfolgen bei Kündigung und Beendigung

Eine **Besonderheit** ist zu beachten, wenn der Arbeitnehmer bei **verschiedenen Arbeitgebern** desselben Konzerns tätig war. Hier richtet sich der Erstattungsanspruch des Arbeitsamtes unabhängig davon, wie lange der Arbeitnehmer bei seinem letzten konzernangehörigen Arbeitgeber tätig war, gem. § 147 a Abs. 5 S. 2 SGB III gegen den letzten Arbeitgeber. Diese konzernbezogene Betrachtung erfolgt allerdings nur bei der Ermittlung der Beschäftigungszeiten bzw. der Dauer des Arbeitsverhältnisses. Ausgeschlossen ist eine konzernbezogene Betrachtungsweise bei den übrigen Tatbeständen des § 147 a SGB III (vgl. Dienstanweisungen der Bundesanstalt für Arbeit zu § 147 a SGB III Ziff. 1.1 Abs. 3).

107

Im Hinblick auf die 24-monatige Beschäftigung innerhalb der letzten vier Jahre ist des Weiteren der **Sonderfall des Betriebsüberganges** nach § 613 a BGB zu beachten. Endet das Beschäftigungsverhältnis nach dem Betriebsübergang, so kommt als Erstattungsschuldner nur der Betriebsübernehmer in Betracht. Es spielt hier keine Rolle, wie lange der ausscheidende Mitarbeiter tatsächlich beim Betriebsübernehmer tätig war. Dem Betriebsübernehmer werden nach der Rechtsprechung des Bundessozialgerichtes auch die Beschäftigungszeiten zugerechnet, die der Arbeitnehmer bei dem Rechtsvorgänger verbracht hat (vgl. *BSG* 18.9.1997 DBlR Nr. 4419 a AFG/§ 128).

108

2. Erstattungspflicht bei vorübergehender Arbeitslosigkeit

§ 147 a SGB III will verhindern, dass Unternehmen sich auf Kosten der finanziell ohnehin überlasteten Sozialversicherungen von älteren Arbeitnehmern im Wege der sog. **Frühverrentung** trennen. Diese Zielsetzung erfasst daher nicht diejenigen Fälle, in denen ein Unternehmen auf Grund der Eigenart seiner Tätigkeit zu bestimmten Jahreszeiten regelmäßig wiederkehrend Mitarbeiter entlässt und diese dann zu einem späteren Zeitpunkt wieder einstellt. Bei derartigen **Saisonarbeitsverhältnissen**, die mit einer Wiedereinstellungszusage verbunden werden müssen, kommt § 147 a SGB III nicht zur Anwendung, wenn der ältere Mitarbeiter tatsächlich entsprechend der Wiedereinstellungszusage zu einem späteren Zeitpunkt weiterbeschäftigt wird (vgl. Dienstanweisungen der Bundesanstalt für Arbeit zu § 147 a SGB III Nr. 1.3 Abs. 1). Die Dienstanweisungen nennen als Beispiel für derartige Wiedereinstellungszusagen Unternehmen, in denen die Arbeitnehmer aus saisonalen oder witterungsbedingten Gründen jährlich wiederkehrend vorübergehend nicht beschäftigt werden können. Von daher fallen hierunter beispielsweise auch **Bau- oder Montagebetriebe**, die regelmäßig im Winter keine oder im verminderten Umfange Bauleistungen erbringen können.

109

Kommt es trotz Wiedereinstellungszusage nicht zu einer Wiederaufnahme der Tätigkeit, so hängt die Frage der Erstattungspflicht davon ab, ob die **Nichtwiederaufnahme** des Arbeitsverhältnisses auf einer Entscheidung des Arbeitnehmers oder des Unternehmens beruht. Lehnt das Unternehmen trotz Wiedereinstellungszusage die Fortsetzung des Arbeitsverhältnisses ab, so findet § 147 a Abs. 1 S. 2 SGB III Anwendung, sofern nicht einer der unten noch näher darzulegenden Ausnahmetatbestände greift. Lehnt hingegen der Arbeitslose die Wiederaufnahme des Arbeitsverhältnisses ab, entfällt die Erstattungspflicht. Dieser Fall ist nach den Dienstanweisungen der Bundesanstalt für Arbeit wie eine Eigenkündigung des Mitarbeiters zu behandeln, sodass gem. § 147 a Abs. 1 S. 2 Nr. 3 SGB III die Erstattungspflicht entfällt

110

E. Sozialrechtliche Rechtsfolgen bei Kündigung und Beendigung

(vgl. Dienstanweisungen der Bundesanstalt für Arbeit zu § 147a SGB III Nr. 1.3 Abs. 2).

3. Von Amts wegen zu ermittelnde Ausnahmen von der Erstattungspflicht

111 Der Gesetzgeber hat in § 147a SGB III differenziert zwischen Ausnahmetatbeständen, die vom Arbeitsamt von Amts wegen zu ermitteln sind und solchen Ausnahmetatbeständen, bei denen das Arbeitsamt nur eine eingeschränkte Pflicht zur Aufklärung trifft. Bei letzteren hat der Arbeitgeber darzulegen und nachzuweisen, dass die Voraussetzungen für die Befreiung von der Erstattungspflicht vorliegen.

112 Die **uneingeschränkte Pflicht zur Sachverhaltsermittlung von Amts wegen** besteht nach dem Gesetzeswortlaut bezüglich der Ausnahmetatbestände der Vollendung des Arbeitsverhältnisses vor dem 56. Lebensjahr und der Ausnahmetatbestände, bei denen der Arbeitslose auch die Voraussetzungen für eine der in § 142 Abs. 1 Nr. 2 bis 4 SGB III genannten Leistungen bzw. die Voraussetzungen für eine Rente wegen Berufsunfähigkeit erfüllt. Die Amtsermittlungspflicht führt in diesen Ausnahmefällen dazu, dass dann, wenn sich ausnahmsweise trotz Ausschöpfens der Ermittlungsmöglichkeiten nicht aufklären lässt, ob einer der Befreiungstatbestände tatsächlich vorliegt, dies nach den allgemeinen **Beweislastregeln zu Lasten der Bundesanstalt für Arbeit** geht. Der Erstattungsanspruch nach § 147a SGB III entsteht in diesen Fällen nicht (vgl. Dienstanweisungen der Bundesanstalt für Arbeit zu § 147a SGB III Nr. 2.1 Abs. 2).

a) Ausscheiden vor dem 56. Lebensjahr

113 Die Erstattungspflicht tritt nicht ein, wenn das Arbeitsverhältnis vor Vollendung des 56. Lebensjahres des Arbeitslosen beendet wird. Entscheidend ist hier alleine das rechtliche Ende des Arbeitsverhältnisses. Wird das Arbeitsverhältnis über das 56. Lebensjahr hinaus formal fortgesetzt, der Mitarbeiter jedoch faktisch vor Vollendung des 56. Lebensjahres freigestellt, so führt dies nicht zu einer Befreiung von der Erstattungspflicht (vgl. *BSG* 18.9.1997 SozR 3–4100 § 128 Nr. 2).

114 Unerheblich ist im Übrigen auch, dass der Arbeitslose ggf. bereits vor Vollendung des 56. Lebensjahres trotz fortbestehendem Arbeitsverhältnis Arbeitslosengeld bezogen hat. Eine derartige Fallkonstellation ist in den Fällen denkbar, in denen der Mitarbeiter im Rahmen einer Langzeiterkrankung keine Leistungen von der Krankenkasse mehr erhält und von daher unter bestimmten Voraussetzungen das Arbeitsamt die soziale Absicherung des Mitarbeiters übernimmt. Auch in diesem Fall kommt es für § 147a SGB III alleine darauf an, wann das Arbeitsverhältnis in rechtlicher Form beendet worden ist. Liegt dieser Zeitpunkt nach dem 56. Lebensjahr, so sind die Voraussetzungen für eine Erstattungspflicht grds. gegeben (vgl. *Gagel* in: *Gagel*, SGB III, § 147a Rz. 38).

115 Keine Rolle spielt, wie das Arbeitsverhältnis beendet worden ist. Insbesondere ist also unerheblich, ob die Arbeitsvertragsparteien die Kündigungsfrist eingehalten haben oder ob die Kündigung sozial gerechtfertigt war.

b) Anspruch auf andere Sozialleistungen

116 Der Erstattungsanspruch nach § 147a SGB III entfällt des Weiteren dann, wenn der Arbeitslose gleichzeitig auch die Voraussetzungen für einen der in § 142 Abs. 1 Ziff. 2

E. Sozialrechtliche Rechtsfolgen bei Kündigung und Beendigung

bis 4 SGB III genannten Leistungen erfüllt. § 142 SGB III nennt insofern in Abs. 1 in den Ziff. 2 bis 4 folgende **anderweitige Sozialleistungen:**
- Krankengeld, Versorgungskrankengeld, Verletztengeld, Mutterschaftsgeld oder Übergangsgeld nach diesem oder einem anderen Gesetz,
- Rente wegen voller Erwerbsminderung aus der gesetzlichen Rentenversicherung oder
- Altersrente aus der gesetzlichen Rentenversicherung oder Knappschaftsausgleichsleistung oder ähnliche Leistungen öffentlich-rechtlicher Art.

Neben den vorerwähnten anderweitigen Sozialleistungen verweist § 147 a Abs. 1 S. 2 SGB III ausdrücklich auch auf die **Rente wegen Berufsunfähigkeit.** Die Rente wegen Berufsunfähigkeit ist allerdings zwischenzeitlich durch die **Rente wegen Erwerbsminderung** abgelöst worden. Dennoch wird man i. d. R. § 147 a SGB III auf die früheren Voraussetzungen der Berufsunfähigkeitsrente abstellen können, wenn ein Arbeitnehmer Anspruch auf eine Rente wegen Erwerbsminderung hat. Der Vollständigkeit halber soll daher hier auf das früher bestehende System zur Feststellung der Berufsunfähigkeit nochmals hingewiesen werden. 117

Die **Feststellung der Berufsunfähigkeit** vollzog sich anhand eines **starren vierstufigen Schemas**, in das sämtliche Berufe – getrennt nach Arbeiter- und Angestelltentätigkeiten – nach der Ausbildungsintensität eingeordnet sind. Im Bereich der »Arbeiterberufe« wird danach beispielsweise differenziert zwischen (1) Vorarbeiter mit Leitungs- bzw. Vorgesetztenfunktion, (2) Facharbeiter mit einer Ausbildungsdauer von mehr als zwei Jahren, (3) Anlernberufe mit einer Regelausbildungszeit von bis zu zwei Jahren und (4) ungelernte Arbeiter. Für den Bereich der Angestellten existiert ein vergleichbares vierstufiges Schema. 118

Berufsunfähigkeit i. S. d. Sozialversicherungsrechtes liegt nur dann vor, wenn der Arbeitnehmer in seinem bisherigen Beruf und in der nächstniedrigeren Gruppe aus gesundheitlichen Gründen nicht mehr beschäftigt werden kann. Ist der Arbeitnehmer nur noch zu einer Halbtagstätigkeit in der Lage, so hängt die Frage der Berufsunfähigkeit davon ab, ob das Unternehmen auf Grund seiner Organisation eine derartige Halbtagsstelle zur Verfügung stellen kann. 119

Wie dem Gesetzeswortlaut zu entnehmen ist, entfällt die Erstattungspflicht des Arbeitgebers nicht erst dann, wenn der Arbeitnehmer bzw. der nunmehr Arbeitslose eine der in § 147 a Abs. 1 S. 2 SGB III erwähnten anderweitigen Sozialleistungen tatsächlich in Anspruch nimmt. Das Gesetz spricht insoweit lediglich davon, dass die Voraussetzungen für den Bezug erfüllt sein müssen, damit die Erstattungspflicht nicht eintritt. Dies bedeutet, dass beispielsweise keine Erstattungspflicht eintritt, wenn das Unternehmen sich von einer Unternehmerin per Aufhebungsvertrag zu einem Zeitpunkt trennt, in dem die Mitarbeiterin **bereits das 60. Lebensjahr** vollendet hat. Diese Arbeitnehmerin hat die Möglichkeit, **vorgezogenes Altersruhegeld** in Anspruch zu nehmen. Ob die Mitarbeiterin in Anbetracht der erheblichen Rentenabschläge bei vorgezogener Altersrente hiervon Gebrauch macht, spielt im Rahmen des § 147 a SGB III keine Rolle. Entscheidend ist alleine, dass die Voraussetzungen vorliegen. 120

Maßgeblicher Zeitpunkt für die Feststellung der Voraussetzungen des § 147 a Abs. 1 S. 2 SGB III ist der Zeitpunkt der **Entstehung des Arbeitslosengeldanspruches.** Da allerdings immer eine quartalsweise Erstattung erfolgt, ist somit frühester Zeitpunkt für die Feststellung der Voraussetzungen einer anderweitigen Sozialleistung drei Monate nach dem Tag der Vollendung des 58. Lebensjahres des Arbeitslosen. 121

E. Sozialrechtliche Rechtsfolgen bei Kündigung und Beendigung

122 Grds. **nicht** zu den anderweitigen Sozialleistungen i. S. v. § 147 a SGB III zählen allerdings **Leistungen aus der privaten Altersversorgung**. Etwas anderes gilt allerdings nach der Rechtsprechung des BSG in den Fällen, in denen ein älterer Arbeitnehmer eine befreiende Lebensversicherung hätte in Anspruch nehmen können, und ohne die Befreiung von der Versicherungspflicht in der Angestelltenversicherung die Voraussetzungen für eine Altersrente i. S. v. § 142 Abs. 1 Nr. 4 SGB III erfüllt hätte (vgl. *BSG 22.3.2001 NZA-RR 2001, 664*). In diesem Fall vertritt das Bundessozialgericht die Auffassung, dass § 147 a Abs. 1 S. 2 SGB III entsprechend anzuwenden ist. Der Arbeitgeber ist so zu behandeln, als wäre der Arbeitnehmer weiter Mitglied der gesetzlichen Rentenversicherung geblieben und hätte die vom Arbeitgeber mitfinanzierten Beiträge nicht in die befreiende Lebensversicherung eingezahlt, sondern wären diese an die gesetzliche Rentenversicherung weitergeleitet worden. Erfüllt bei dieser hypothetischen Betrachtung der ausgeschiedene Arbeitnehmer die Voraussetzungen für eine vorgezogene Altersrente, so entfällt in entsprechender Anwendung des § 147 a Abs. 1 S. 2 SGB III auch in diesem Fall die Erstattungspflicht des Arbeitgebers.

4. Vom Arbeitgeber darzulegende und nachzuweisende Befreiungstatbestände

123 Gem. § 147 a Abs. 1 S. 2 Ziff. 1 bis 7 SGB III tritt die Erstattungspflicht dann nicht ein, wenn der Arbeitgeber einen der dort genannten Sachverhalte nachweist. Kann das Vorliegen eines Sachverhaltes nicht abschließend vom Arbeitgeber bewiesen werden, so geht hier die Nichterweislichkeit auf Grund der Beweislastverteilung zu Lasten des Arbeitgebers aus. In diesem Fall ist der Arbeitgeber dann verpflichtet, das Arbeitslosengeld, welches der ehemalige Arbeitnehmer nach dem 58. Lebensjahr bezieht, einschließlich der hierauf entfallenden Sozialversicherungsbeiträge der Bundesanstalt für Arbeit vierteljährlich für einen Zeitraum von bis zu 24 Monaten zu erstatten.

a) Beschäftigungszeiten

124 Der Gesetzgeber sieht eine Erstattungspflicht des Arbeitgebers nur dann vor, wenn den Arbeitgeber eine **Verantwortung an der Arbeitslosigkeit** des älteren Arbeitnehmers trifft. Diese Verantwortung wird dann nicht gesehen, wenn zwischen den Arbeitsvertragsparteien nicht über einen längeren Zeitraum bereits ein Arbeitsverhältnis bestanden hat.

125 Wurde das Arbeitsverhältnis mit dem älteren Arbeitnehmer vor Vollendung des 57. Lebensjahres des Arbeitnehmers beendet, so tritt eine Erstattungspflicht dann nicht ein, wenn der Arbeitslose innerhalb der letzten achtzehn Jahre vor Beginn der Arbeitslosigkeit insgesamt weniger als fünfzehn Jahre in einem Beschäftigungsverhältnis zu dem erstattungspflichtigen Arbeitgeber gestanden hat. Erfolgte die Beendigung des Arbeitsverhältnisses nach dem 57. Lebensjahr des Arbeitslosen, so entfällt die Erstattungspflicht nur dann, wenn innerhalb der letzten zwölf Jahre das Arbeitsverhältnis weniger als zehn Jahre bestanden hatte.

126 Hat der Arbeitgeber seinen **Sitz im Gebiet der ehemaligen DDR**, so bleiben Beschäftigungszeiten vor dem 3.10.1990 außer Betracht. Auf den Ort der tatsächlichen Beschäftigung bzw. Sitz des Betriebes kommt es nach den Dienstanweisungen der Bundesanstalt für Arbeit nicht an (vgl. Dienstanweisungen der Bundesanstalt für Arbeit zu § 147 a SGB III Nr. 3.2 Abs. 1).

E. Sozialrechtliche Rechtsfolgen bei Kündigung und Beendigung

Der Ausnahmetatbestand des § 147 a Abs. 1 S. 2 Nr. 1 a bzw. 1 b SGB III verlangt 127
nicht, dass das **Arbeitsverhältnis ununterbrochen** jeweils weniger als fünfzehn
bzw. zehn Jahre bestanden hat. Innerhalb der beiden Rahmenfristen, d. h. achtzehn
Jahre bzw. zwölf Jahre, werden verschiedene Arbeitsverhältnisse zum selben Arbeitgeber addiert. Erst anhand der **addierten Beschäftigungszeiten** kann geprüft werden, ob die in den beiden Ausnahmetatbeständen geforderten Mindestbeschäftigungszeiten unterschritten sind.

Wie oben bereits dargelegt, zählen bei der Feststellung der Gesamtbeschäftigungszei- 128
ten nicht nur die Zeiten, die tatsächlich bei dem für die Erstattung in Betracht kommenden Arbeitgeber verbracht wurden, sondern es werden auch die Zeiten herangezogen, die bei einem **Rechtsvorgänger** im Falle eines Betriebsüberganges nach
§ 613 a BGB verbracht wurden (vgl. *BSG* 18.9.1997 DBlR Nr. 4419 a AFG/§ 128). Zeiten, in denen ein Arbeitsverhältnis zu anderen konzernangehörigen Gesellschaften
bestand, werden gem. § 147 a Abs. 5 SGB III ebenfalls berücksichtigt. Nach dem einseitigen Wortlaut des Abs. 5 trifft die Erstattungspflicht dann den Arbeitgeber, bei
dem der Arbeitnehmer zuletzt in einem Arbeitsverhältnis gestanden hatte.

b) Privilegierung kleinerer Unternehmen

Die Vorschrift des § 147 a SGB III richtete sich nach dem Willen des Gesetzgebers in 129
erster Linie gegen die vor allem von großen Unternehmen geübte Praxis des Vorruhestandes. Von daher sah bereits die Vorgängervorschrift, d. h. § 128 AFG, vor,
dass kleinere Unternehmen von der Erstattungspflicht auszunehmen bzw. zu privilegieren sind. Ohne eine derartige Ausnahme bzw. Privilegierung wären gerade kleinere Unternehmen in der Existenz gefährdet, da die Erstattungspflicht leicht Beträge
von 40.000,– Euro umfassen kann.

Nach § 147 a Abs. 1 Ziff. 2 SGB III sind **Unternehmen, die i. d. R. nicht mehr als** 130
zwanzig Arbeitnehmer beschäftigen, von der Erstattungspflicht des Arbeitslosengeldes für ältere Arbeitnehmer ausgenommen. Ergänzt wird diese Regelung durch
§ 147 a Abs. 3 SGB III, der bestimmt, dass die **Erstattungsforderung** sich bei Unternehmen **reduziert**, die nicht mehr als vierzig bzw. nicht mehr als sechzig Arbeitnehmer beschäftigen. Beschäftigt das **Unternehmen nicht mehr als vierzig Arbeitnehmer**, so **reduziert** sich der an das Arbeitsamt zu erstattende **Betrag um 2/3**. Beschäftigt das Unternehmen **nicht mehr als 60 Arbeitnehmer**, so erfolgt eine Reduzierung
der zu erstattenden **Beträge um 1/3**.

Da sowohl § 147 a Abs. 1 S. 2 Ziff. 2 SGB III als auch § 147 a Abs. 3 SGB III an den 131
Arbeitgeber anknüpfen, steht fest, dass es hier nicht auf den Betrieb, sondern alleine
auf das Unternehmen ankommt. Von daher spielt es keine Rolle, ob die Mitarbeiter in
einem einzigen Betrieb oder in mehreren Betrieben beschäftigt werden (vgl. *BSG*
16.12.1990 SOZR 7860 § 10 Nr. 3).

Maßgeblicher Zeitpunkt zur Feststellung der Belegschaftsstärke eines Unterneh- 132
mens ist nicht der Zeitpunkt, in dem der Mitarbeiter das Arbeitsverhältnis beendet
oder der Zeitpunkt, in dem der Anspruch auf Erstattung entsteht. Entscheidend ist
vielmehr nach dem Wortlaut des Gesetzes der **regelmäßige Personalbestand** in dem
Kalenderjahr, das dem Zeitpunkt vorausgeht, an dem erstmalig für den ausgeschiedenen Mitarbeiter eine Erstattungspflicht in Betracht kommt.

Bei der Feststellung des Personalbestandes sind nach dem Wortlaut des Gesetzes alle 133
Beschäftigten mit Ausnahme der Auszubildenden und der Teilnehmer an anerkannten Berufsbildungsmaßnahmen i. S. d. SGB III zu berücksichtigen. Ebenfalls unberücksichtigt bleiben müssen jedoch die Personen, die nach Maßgabe des § 10 Abs. 2

S. 2 bis 6 Lohnfortzahlungsgesetz nicht in die Beschäftigtenzahlen mit einzubeziehen sind.
Hierbei handelt es sich um:
- schwerbehinderte Arbeitnehmer i. S. d. SGB IX;
- Beamte, Berufssoldaten, Soldaten auf Zeit, Wehrdienst- und zivilen Ersatzdienstleistende;
- Heimarbeiter und Hausgewerbetreibende;
- Teilzeitbeschäftigte, deren Arbeitszeit wöchentlich zehn Stunden bzw. monatlich 45 Stunden nicht übersteigt

134 **Sonstige Teilzeitbeschäftigte**, die wöchentlich regelmäßig nicht mehr als 20 Stunden arbeiten, werden mit 0,5 und diejenigen, die wöchentlich mehr als 20 Stunden, aber weniger als 30 Stunden arbeiten, mit 0,75 berechnet.

135 Bei der Feststellung der Belegschaftsstärke sind Arbeitnehmerinnen, die nach dem Mutterschutzgesetz nicht beschäftigt werden dürfen, sowie Mitarbeiter, die sich im Erziehungsurlaub/Elternzeit befinden, nur dann außer Betracht zu lassen, wenn für diese Mitarbeiter **Ersatzkräfte** eingestellt worden sind. In diesem Fall sind dann die Ersatzkräfte bei der Feststellung der Belegschaftsstärke zu zählen.

136 Wie oben angesprochen, ist für die Frage der Erstattungspflicht dasjenige Kalenderjahr maßgeblich, welches dem Kalenderjahr vorausgeht, für das die Erstattungspflicht erstmalig geprüft wird. Um festzustellen, welche Belegschaftsstärke in diesem der Erstattungspflicht vorausgehenden Kalenderjahr bestand, stellt die Bundesanstalt für Arbeit auf die Beschäftigtenzahlen in den einzelnen Monaten ab. Beginnt ein Mitarbeiter sein Arbeitsverhältnis im Laufe eines Monats oder endet das Arbeitsverhältnis im Laufe eines Monats, so zählt der Mitarbeiter in diesem Monat trotzdem mit. Überschreitet die Beschäftigtenzahl in mindestens acht Monaten die Obergrenze von 20 Arbeitnehmern, so scheidet eine Befreiung von der Erstattungspflicht nach § 147a Abs. 1 S. 2 Nr. 2 SGB III aus (vgl. Dienstanweisungen der Bundesanstalt für Arbeit zu § 147a SGB III Nr. 3.3 Abs. 4).

137 Die **Überprüfung der Erstattungspflicht erfolgt kalenderjährlich**. Reduziert sich während der Erstattungszeit die Belegschaft oder erhöht sich während der Erstattungszeit die Belegschaft, so wirkt sich dies auch auf die Erstattungspflicht aus. Wie oben allerdings bereits angesprochen, ist jeweils das Kalenderjahr, das dem Erstattungszeitraum vorausgeht, maßgebend. Hat sich ein Unternehmen beispielsweise von einem 57-jährigen Mitarbeiter per Aufhebungsvertrag getrennt und beträgt die Belegschaftsstärke vor Vollendung des 58. Lebensjahres des nunmehr Arbeitslosen nicht mehr als 20 Arbeitnehmer, so hat das Unternehmen für das erste Kalenderjahr auch dann das Arbeitslosengeld des nunmehr 58-jährigen nicht zu erstatten, wenn die Belegschaftsstärke mittlerweile auf mehr als 20 oder sogar mehr als 60 Arbeitnehmer angestiegen ist. Für das dann folgende Kalenderjahr kommt es allerdings auf die im Vorjahr angestiegene Belegschaftszahl entscheidend an, sodass nunmehr die Erstattungspflicht eintritt, sofern keiner der anderen Ausnahmetatbestände auf den zu prüfenden Fall zutrifft.

138 Ist das privilegierte Unternehmen Teil eines **Konzerns**, so ändert dies nichts an der Tatsache, dass Mitarbeiter, die aus dem privilegierten Kleinunternehmen ausscheiden, die Erstattungspflicht nicht auslösen können. Nach dem eindeutigen Wortlaut des Gesetzes kommt es alleine auf die Belegschaftsstärke des jeweiligen Arbeitgebers an. Da darüber hinaus § 147a Abs. 5 SGB III die Berücksichtigung anderweitiger Konzernunternehmen lediglich im Hinblick auf die Beschäftigungszeiten vorsieht, steht fest, dass unabhängig von der Art der Konzernverbindung und von der Größe

des Konzerns eine Erstattungspflicht für Mitarbeiter, die aus dem Kleinunternehmen in die Arbeitslosigkeit wechseln, nicht in Betracht kommt. Gem. § 147 a SGB III trifft die Erstattungspflicht bei konzernangehörigen Unternehmen jeweils das Unternehmen, bei dem der Mitarbeiter zuletzt beschäftigt war. Ist allerdings dieses Unternehmen auf Grund eines anderen Tatbestandes von der Erstattungspflicht befreit, so kann nunmehr nicht subsidiär auf eine der anderen Gesellschaften des Konzerns zurückgegriffen werden.

Ob von dieser Regelung gegebenenfalls dann abzuweichen ist, wenn ein Konzern diese **Lücke im Gesetz missbraucht**, ist bisher – soweit ersichtlich – noch nicht entschieden worden. Die derzeitige Gesetzeslage fordert gerade dazu auf, eigene kleine Dienstleistungsgesellschaften zu gründen und auf diese Dienstleistungsgesellschaft rechtzeitig die älteren Mitarbeiter auszugliedern. Übt der ältere Mitarbeiter nun die letzten Jahre seine Tätigkeit im Rahmen eines Arbeitsvertrages mit dem kleinen Dienstleister aus, so kann er trotzdem seinen bisherigen Arbeitsplatz weiter inne haben. In diesem Fall muss der kleinere Dienstleister den Mitarbeiter nur im Wege der Konzernüberlassung nach § 1 Abs. 3 Ziff. 2 AÜG vorübergehend an die Konzernmutter oder eine andere Konzerngesellschaft ausleihen. Da der Begriff »vorübergehend« nach der Rechtsprechung des BAG weit auszulegen ist, ist bei einem unbefristeten Arbeitsverhältnis auch eine mehrjährige »Abordnung« zu einem anderen Unternehmen innerhalb des Konzerns ohne besondere Erlaubnis der Arbeitsverwaltung möglich. Zu beachten ist lediglich, dass die Rechtsprechung das Konzernprivileg dann nicht gelten lässt, wenn ein Konzern sich eine reine »Personalführungsgesellschaft« hält. In diesem Fall müsste die **Personalführungsgesellschaft** dann eine Erlaubnis zur Arbeitnehmerüberlassung beantragen. Da nach dem derzeitigen Stand der Gesetzgebung eine Arbeitnehmerüberlassung von bis zu 24 Monaten möglich ist, dürfte damit ohne weiteres ein Unternehmen in die Lage versetzt werden, ältere Mitarbeiter im Wege der Konzernüberlassung unter der Erlaubnis der Arbeitsverwaltung an eigene Schwestergesellschaften zu verleihen. Scheidet der Mitarbeiter dann aus und hat die Dienstleistungsgesellschaft nicht mehr als zwanzig Arbeitnehmer, so kann keine Erstattungspflicht auf das Unternehmen bzw. den Konzern zukommen. Hält der Dienstleister mehr Mitarbeiter, so reduziert sich zumindest die Erstattungslast, wenn der Dienstleister nicht mehr als 60 Mitarbeiter beschäftigt.

c) Eigenkündigung des Arbeitnehmers

Wie eingangs erwähnt dient § 147 a SGB III dazu, zu verhindern, dass Arbeitgeber ältere Arbeitnehmer auf Kosten der Allgemeinheit in den Vorruhestand bzw. die Arbeitslosigkeit entlassen. Vor dem Hintergrund dieser Zielrichtung steht fest, dass eine Erstattungspflicht dann nicht eintreten darf, wenn der Arbeitnehmer das Arbeitsverhältnis selbst gekündigt hat, ohne dass der Arbeitgeber ihn zu diesem Schritt durch die Zahlung einer Abfindung oder ähnlichen Leistung bewogen hat. Obwohl der Gesetzeswortlaut in Ziff. 3 eindeutig davon spricht, dass der Arbeitnehmer das Arbeitsverhältnis selbst »kündigen« muss, ohne hierfür eine Abfindung, Entschädigung oder ähnliche Leistung zu erhalten, wird in der Literatur heftig diskutiert, inwieweit der **Eigenkündigung eines Mitarbeiters ein Aufhebungsvertrag**, der auf dem ausdrücklichen Wunsch des Arbeitnehmers beruht, und der keine Abfindung etc. enthält, **gleichgestellt** werden kann. In der Literatur wird zum großen Teil die Auffassung vertreten, dass unter verfassungsrechtlichen Gesichtspunkten eine Gleichstellung zwischen Eigenkündigung und arbeitnehmerseitig veranlasstem Aufhebungsvertrag, der keine Abfindung etc. enthält, vorzunehmen ist (vgl. *Hanau* DB

E. Sozialrechtliche Rechtsfolgen bei Kündigung und Beendigung

1992, 2625 [2629]; *Gagel/Vogt* Beendigung von Arbeitsverhältnissen, Rz. 491; *Bauer/ Diller* BB 1992, 2283 [2285]; **a. A.** *Wissing* NZA 1993, 385 [389, 390]). Die vorerwähnte Literaturmeinung hat mittelbar durch den Beschluss des *BVerfG* vom 10.11.1999 (DB 1999, 335) zu § 128 a AFG/§ 148 SGB III Unterstützung erfahren. Das Bundesverfassungsgericht hat in dem vorerwähnten Beschluss nochmals ausdrücklich hervorgehoben, dass eine Erstattungspflicht nur dort in Betracht kommt, wo eine Verantwortlichkeit des Arbeitgebers für die Arbeitslosigkeit des ehemaligen Mitarbeiters klar erkennbar ist.

143 Demgegenüber steht die Bundesanstalt für Arbeit in ihren Dienstanweisungen zu § 147 a SGB III (Ziff. 3.4) ebenso wie das Bundessozialgericht nach wie vor auf dem Standpunkt, dass eine Gleichstellung von Aufhebungsvertrag und Eigenkündigung nicht möglich ist. Dies soll nach der Rechtsprechung des Bundessozialgerichtes auch in den Fällen gelten, in denen der Aufhebungsvertrag unstreitig auf dem Willen des Arbeitnehmers beruht und der Arbeitnehmer keine Abfindung etc. im Hinblick auf die Beendigung des Anstellungsverhältnisses erhält (vgl. *BSG* 18.9.1997 SozR 3–4100 § 128 Nr. 2; 17.12.1997 SozR 3–4100 § 128 Nr. 5; 19.3.1998 EzA § 148 SGB III Nr. 1, DBlR Nr. 4451 zu § 128 AFG; 7.5.1998 SGb 1998, 364; 3.12.1998 AuA 1999, 86; 21.9.2000 EzA § 147 a SGB III Nr. 2).

144 Ebenso umstritten wie die Gleichstellung von Eigenkündigung und einem vom Arbeitnehmer veranlassten Aufhebungsvertrag ist die Frage, wie zu verfahren ist, wenn das Arbeitsverhältnis zwar formal fortbesteht, jedoch das tatsächliche Beschäftigungsverhältnis auf Dauer vom Arbeitnehmer – i. d. R. aus krankheitsbedingten Gründen – aufgegeben wurde. In diesem Fällen fehlt es an der formal von § 147 a Abs. 1 S. 2 Nr. 3 SGB III geforderten Kündigung. Dennoch wendet die Bundesanstalt für Arbeit den Ausnahmetatbestand der Ziff. 3 entsprechend auf die vorbeschriebene Fallkonstellation an (vgl. Dienstanweisungen der Bundesanstalt für Arbeit zu § 147 a SGB III Nr. 3.4 Abs. 2). Danach **entfällt** also in den Fällen einer **Langzeiterkrankung älterer Mitarbeiter** die **Erstattungspflicht** bei Aufrechterhaltung des Anstellungsverhältnisses dann, wenn die Arbeitsaufgabe alleine auf der Erkrankung des Mitarbeiters beruht und das Unternehmen dem Arbeitnehmer im Zusammenhang mit der Aufgabe seiner Tätigkeit keine Abfindung, Entschädigung oder sonstige Leistung gewährt.

145 Anknüpfungspunkt der Ziff. 3 ist neben der Eigenkündigung des Mitarbeiters die Tatsache, dass der Arbeitnehmer keine Abfindung, Entschädigung oder ähnliche Leistung wegen der Beendigung des Arbeitsverhältnisses erhalten darf. Dies bedeutet, dass zwischen der Arbeitgeberleistung und der Beendigung des Anstellungsverhältnisses durch die Eigenkündigung des Arbeitnehmers eine Kausalitätsbeziehung bestehen muss. Das *LSG Baden-Württemberg* legte die wortgleiche Vorgängervorschrift der Ziff. 3 in seiner Entscheidung vom 13.9.1988 (– L 5 Ar 1388/86 –) dahingehend aus, dass ein zweckgerichtetes Handeln des Arbeitgebers i. S. einer »finalen Verknüpfung« bestehen muss. Zahlungen, die lediglich anlässlich des Ausscheidens des Mitarbeiters an ihn vom Unternehmen erbracht werden, können daher nicht als Abfindung etc. i. S. v. Ziff. 3 angesehen werden, da sie nicht dazu bestimmt waren, den Ausspruch einer Eigenkündigung zu fördern (vgl. *Hanau* DB 1992, 2625 [2630]; *Wissing* NZA 1993, 385 [390]).

146 Die Bundesanstalt für Arbeit hat die vom LSG Baden-Württemberg vertretene Auffassung mittlerweile akzeptiert. Die zunächst gegen die Entscheidung eingelegte Revision ist von der Bundesanstalt für Arbeit zurückgenommen worden. Die Dienstanweisungen enthalten nunmehr selbst den Hinweis, dass **Treueleistungen**, die auf ar-

E. Sozialrechtliche Rechtsfolgen bei Kündigung und Beendigung

beitsvertraglichen Vereinbarungen oder betrieblicher Übung beruhen, keine die Erstattungspflicht auslösenden Leistungen sind, die einer Abfindung oder sonstigen Entschädigung gleichzustellen sind. Lediglich dann, wenn die Höhe oder der Leistungszeitpunkt der Treueleistung durch eine Vereinbarung im Zusammenhang mit der Aufhebung des Anstellungsverhältnisses verändert werden, kann eine »ähnliche Leistung« i. S. d. § 147a Abs. 1 S. 2 Ziff. 3 SGB III vorliegen.

Ziff. 3 in § 147a SGB III verweist darauf, dass nicht nur eine Abfindung im Zusammenhang mit der Eigenkündigung des Mitarbeiters die Erstattungspflicht des Arbeitgebers auslöst, sondern dass auch sonstige Entschädigungen oder ähnliche Leistungen, die wegen der Beendigung des Arbeitsverhältnisses gezahlt werden, zum Eintritt der Erstattungspflicht führen. Als **ähnliche Leistungen** werden von der Bundesanstalt für Arbeit sämtliche Vorteile angesehen, die dem Mitarbeiter alleine wegen der Beendigung des Arbeitsverhältnisses gewährt werden und auf die nicht bereits im Vorfeld ein entsprechender Anspruch erworben wurde. Als eine im Vorfeld erworbene Leistung, die nicht als ähnliche Leistung oder Entschädigung angesehen wird, sieht das Arbeitsamt die Leistung aus der betrieblichen Altersversorgung an. Dies gilt allerdings wiederum nur in den Fällen, in denen der Arbeitnehmer nur die tatsächlich regulär erworbene Betriebsrente erhält. Verbessert der Arbeitgeber im Zusammenhang mit der Beendigung des Arbeitsverhältnisses die Konditionen der Betriebsrente, so liegt auch hier wiederum eine ähnliche Leistung i. S. v. Ziff. 3 vor, die die Erstattungspflicht nach § 147a SGB III bei Vorliegen der sonstigen Voraussetzungen auslöst. 147

Zu den ähnlichen Leistungen zählen ansonsten beispielsweise die **Gewährung von Darlehen**, wenn sie zu günstigeren als den üblichen Bedingungen an den Mitarbeiter erfolgten. Ebenso zählen zu den sonstigen Leistungen **geldwerte Vorteile**, die dem Mitarbeiter über die Beendigung des Arbeitsverhältnisses hinaus auf Kosten der Gesellschaft gewährt werden. 148

In den letzten Jahren ist neben dem Aufhebungsvertrag verstärkt der sog. **Abwicklungsvertrag** ins arbeits- und sozialrechtliche Blickfeld gerückt. Der Abwicklungsvertrag unterscheidet sich vom Aufhebungsvertrag dadurch, dass der Abwicklungsvertrag die Beendigung des Arbeitsverhältnisses durch einen anderen Tatbestand, d. h. i. d. R. eine Kündigung, voraussetzt. Der Abwicklungsvertrag steht dann einer Befreiung von der Erstattungspflicht nach Ziff. 3 entgegen, wenn er selbst Leistungen des Arbeitgebers im Hinblick auf die Beendigung des Arbeitsverhältnisses enthält, die den Mitarbeiter veranlasst hatten, das Arbeitsverhältnis selbst zu kündigen. 149

d) Sozial gerechtfertigte arbeitgeberseitige Kündigung

Gem. Ziff. 4 tritt die Erstattungspflicht nach § 147a SGB III dann nicht ein, wenn der Arbeitgeber das Anstellungsverhältnis durch ordentliche, sozial gerechtfertigte Kündigung beendet hat. Unabhängig ist in diesem Fall, ob das Unternehmen dem Mitarbeiter im Rahmen eines Abwicklungsvertrages oder auf Grund eines bestehenden Sozialplanes oder einer im Betrieb geltenden Vorruhestandsregelung eine Abfindung, Entschädigung oder sonstige Leistung wegen der Beendigung des Anstellungsverhältnisses zahlt. Die Erstattungspflicht entfällt, sobald feststeht, dass eine sozial gerechtfertigte Kündigung vorliegt. Auch in diesem Fall fehlt es dann wieder an der für die Erstattungspflicht notwendigen besonderen Verantwortung des Arbeitgebers für die Arbeitslosigkeit. 150

E. Sozialrechtliche Rechtsfolgen bei Kündigung und Beendigung

aa) Prüfungsmaßstab des Arbeitsamtes

151 Gem. § 147 a Abs. 1 S. 2 Ziff. 4 SGB III ist das Arbeitsamt an eine rechtskräftige Entscheidung des Arbeitsgerichtes über das Vorliegen einer sozial gerechtfertigten Kündigung gebunden. Ausdrücklich verweist der Gesetzestext bereits darauf, dass die Bindungswirkung dann nicht eintritt, wenn sich die vom Arbeitsgericht festgestellt soziale Rechtfertigung der Kündigung alleine aus der Fiktion des § 7 KSchG wegen Versäumung der dreiwöchigen Frist zur Erhebung der Kündigungsschutzklage ergibt.

152 Neben der Fiktion nach § 7 KSchG kann sich die rechtskräftige Feststellung der sozialen Rechtfertigung einer Kündigung auch auf Grund eines **Versäumnisurteils** ergeben. Während ein Teil der Literatur die Auffassung vertritt, dass auch bei Versäumnisurteilen eine Bindungswirkung für das Arbeitsamt eintritt (vgl. *Bauer/Diller* BB 1992, 2283 [2285]), steht die Bundesanstalt für Arbeit in ihren Dienstanweisungen zu § 147 a SGB III zurecht auf dem Standpunkt, dass eine **Sachentscheidung** vorliegen muss. Ein Versäumnisurteil reicht also nicht aus, um das Arbeitsamt an die Entscheidung zu binden. Andererseits wäre Manipulationen in diesem Bereich Tür und Tor geöffnet (vgl. *Stolz* NZS 1993, 62 [64]; *Brand* ZAP 1993, 359 [369]; *Holly/Friedhofen* DB 1995, 474 [475]; *Holthöwer/Rolfs* DB 1995, 1074 [1077]).

153 Die im Gesetz vorgesehene Bindungswirkung tritt somit nur dann ein, wenn das Arbeitsgericht in der Sache selbst über die soziale Rechtfertigung der Kündigung entschieden hat. Keine Rolle spielt im Übrigen, ob die Kündigung ggf. auf Grund anderer Gründe – fehlerhafte Betriebsratsanhörung, fehlende Zustimmung des Integrationsamtes, etc. – unwirksam ist.

bb) Bindung an Prozessvergleich

154 Vor dem Hintergrund, dass die Mehrzahl der Kündigungsschutzprozesse durch einen Vergleich beendet werden, stellt sich in der Praxis die Frage, inwieweit das Arbeitsamt auch an einen vor dem Arbeitsgericht geschlossenen Vergleich gebunden ist. Die Bundesanstalt für Arbeit lehnt in Einklang mit der herrschenden Meinung in der Literatur eine Bindungswirkung des Prozessvergleiches ab (vgl. *Wissing* NZA 1993, 385 [393]). Anderer Ansicht nach soll das Arbeitsamt dann an einen rechtkräftigen vor dem Arbeitsgericht geschlossenen Vergleich gebunden sein, wenn der Vergleich zu einem Zeitpunkt geschlossen wird, in dem der Kündigungssachverhalt dem Gericht insgesamt vorgetragen worden ist und der Vergleich auf einem Vorschlag des Gerichtes beruht (vgl. *Hanau* DB 1992, 2625 [2631]).

155 Die Bundesanstalt für Arbeit lehnt, wie oben erwähnt, eine Bindungswirkung eines Vergleiches ab. Werden allerdings in dem Vergleich auch entsprechende Tatsachen, die die Kündigung rechtfertigen, mit protokolliert, so entfaltet dieser Vergleich eine starke Indizwirkung dafür, dass eine soziale Rechtfertigung der Kündigung gegeben ist. Der Arbeitgeber kann also durch einen entsprechenden Prozessvergleich mit den protokollierten die Kündigung stützenden Tatsachen seiner Darlegungs- und Beweislast im Rahmen des Anhörungsverfahrens zur Erstattungspflicht nach § 147 a SGB III nachkommen.

cc) Aufhebungsvertrag

156 Schließen die Arbeitsvertragsparteien zur Beendigung des Arbeitsverhältnisses einen Aufhebungsvertrag, so scheidet eine Befreiung von der Erstattungspflicht nach Ziff. 4 aus. Zwingende Voraussetzung der Ziff. 4 ist, dass seitens des Unternehmens tatsächlich eine Kündigung ausgesprochen wurde. In den Fällen, in denen es am Ausspruch einer Kündigung fehlt, kann sich ein Unternehmen also selbst dann nicht auf Ziff. 4

E. Sozialrechtliche Rechtsfolgen bei Kündigung und Beendigung

berufen, wenn objektiv feststeht, dass eine Kündigung sozial gerechtfertigt gewesen wäre (vgl. *Stolz* NZS 1993, 62 [64]; *Wissing* NZA 1993, 385 [391]; *Holthöwer/Rolfs* DB 1995, 1074 [1076]).

Ob allerdings diese sich am eindeutigen Wortlaut der Ziff. 4 orientierende Auffassung in Einklang mit der Rechtsprechung des Bundesverfassungsgerichtes zu § 147 a SGB III bzw. der Vorgängervorschrift (§ 128 AFG) steht, muss zumindest bezweifelt werden. Liegen die Voraussetzungen für eine ordentliche Kündigung vor, so fehlt es an der besonderen Verantwortung des Arbeitgebers für die letztendlich durch den gewählten Aufhebungsvertrag herbeigeführte Arbeitslosigkeit. Fehlt es aber an der Verantwortung für die Arbeitslosigkeit auf Seiten des Arbeitgebers, kommt nach der Rechtsprechung des Bundesverfassungsgerichtes auch keine Erstattungspflicht in Betracht. Insofern ist also der sich am Wortlaut orientierenden Rechtsprechung des Bundessozialgerichtes mit erheblichen Bedenken zu begegnen (s. zur entsprechenden Rechtsprechung des *BSG* beispielsweise Urteil vom 18.9.1997 SozR 3–4100 § 128 Nr. 2; 3.12.1998 AuA 1999, 86; 21.9.2000 EzA § 147 a SGB III Nr. 2). 157

e) Vorliegen eines wichtigen Grundes für eine außerordentliche Kündigung

Nach Ziff. 5 entfällt die Erstattungspflicht, wenn das Unternehmen im Zeitpunkt der Beendigung des Arbeitsverhältnisses berechtigt war, eine **außerordentliche Kündigung** gem. § 626 BGB auszusprechen. Im Unterschied zu den Befreiungstatbeständen der Ziff. 3 und 4 reicht es bei Ziff. 5 aus, wenn die Voraussetzungen für eine außerordentliche Kündigung vorlagen. Hier verlangt der Gesetzgeber ausdrücklich nicht, dass tatsächlich eine entsprechende außerordentliche Kündigung ausgesprochen worden ist. Haben sich die Arbeitsvertragsparteien einvernehmlich auf die Beendigung des Arbeitsverhältnisses auf Grund Vorliegen eines wichtigen Grundes geeinigt, so kann das Unternehmen die Erstattungspflicht trotzdem über § 147 a Abs. 1 S. 2 Ziff. 5 SGB III vermeiden. 158

Im Hinblick auf den Begriff des »wichtigen Grundes« stellt sowohl die Rechtsprechung als auch die Bundesanstalt für Arbeit auf die arbeitsrechtliche Rechtsprechung zu § 626 BGB ab (vgl. DA Ziff. 3.6 Abs. 3). 159

Von daher kann an dieser Stelle hier auf die obigen Ausführungen zur außerordentlichen Kündigung nach § 626 BGB und die dortige Beschreibung des wichtigen Grundes verwiesen werden (vgl. D/Rz. 679 ff.). 160

f) Größerer Personalabbau

Kommt es in einem Betrieb zu einem größeren Personalabbau, so sieht § 147 a Abs. 1 Ziff. 6 und 7 SGB III hinsichtlich der Pflicht zur Erstattung des Arbeitslosengeldes für die durch den Personalabbau betroffenen älteren Arbeitnehmer eine **Pauschalregelung** vor. Welche Voraussetzungen im Einzelnen im Rahmen eines größeren Personalabbaus gegeben sein müssen, um von der Erstattungspflicht befreit zu werden, hängt vom Umfang der Belegschaftsreduzierung und vom zeitlichen Rahmen der Maßnahme ab. Es wird insofern zwischen einem Personalabbau in Höhe von mindestens drei bzw. zehn Prozent innerhalb eines Jahres (Ziff. 6) und einem »kurzfristigen drastischen Personalabbau« in Höhe von mindestens zwanzig Prozent, der darüber hinaus für den örtlichen Arbeitsmarkt von erheblicher Bedeutung sein muss (Ziff. 7), unterschieden. 161

E. Sozialrechtliche Rechtsfolgen bei Kündigung und Beendigung

aa) Personalreduzierung von mehr als 3% innerhalb eines Jahres

162 Unabhängig davon, ob im Rahmen des Befreiungstatbestandes der Ziff. 6 auf die erste Alternative, d. h. Personalreduzierung um mehr als drei Prozent innerhalb eines Jahres, oder auf die zweite Alternative, d. h. Personalreduzierung um mindestens zehn Prozent, abgestellt wird, müssen jeweils zwei Voraussetzungen erfüllt sein, damit die Erstattungspflicht des Arbeitgebers ohne Rücksicht auf die Umstände des konkreten Einzelfalles entfällt: Neben der vorerwähnten prozentualen Reduzierung der Belegschaft muss hinzu kommen, dass der Anteil der ausscheidenden Arbeitnehmer, die das 56. Lebensjahr vollendet haben, nicht höher ist als es ihrem Anteil an der Gesamtzahl der im Betrieb Beschäftigten entspricht. Maßgebend ist insofern die Belegschaftsanzahl zu Beginn des vom Arbeitgeber frei zu bestimmenden Jahreszeitraums (s. u. E/Rz. 163 ff.).

(1) Festlegung des Jahreszeitraums

163 Die Personalreduzierung um mehr als drei Prozent bzw. mindestens zehn Prozent muss sich **innerhalb eines Jahres** ereignen. Die Dienstanweisungen der Bundesanstalt für Arbeit zu § 147 a SGB III weisen insofern richtigerweise ausdrücklich darauf hin, dass es sich bei dem Jahreszeitraum **nicht** um ein **Kalenderjahr** handeln muss (DA Ziff. 3.71 Abs. 3). Der Arbeitgeber kann vielmehr frei bestimmen, wann der für ihn maßgebliche Zwölfmonatszeitraum beginnen soll. Voraussetzung ist lediglich, dass das rechtliche Ende des Arbeitsverhältnis des zu prüfenden älteren Arbeitnehmers innerhalb des frei gewählten Jahreszeitraums liegt.

164 Der Jahreszeitraum wird also zweckmäßigerweise so gelegt, dass zu Beginn des Referenzzeitraumes eine hohe Belegschaftszahl festgestellt werden kann und am Ende der zwölf Monate eine um mehr als drei Prozent niedrigere Kopfzahl. Welche Entwicklung der Personalbestand während der zwölf Monate durchlaufen hat, ist ebenso unerheblich, wie eine unmittelbare Aufstockung des vorübergehend reduzierten Personals nach Ablauf des Jahreszeitraums.

165 Ohne weiteres zulässig ist darüber hinaus, den **Jahreszeitraum erst in der Zukunft enden zu lassen**. Das Arbeitsamt verlangt in diesem Fall – insbesondere im Rahmen eines Vorabbescheides (s. u. E/Rz. 188 ff.) –, dass der Arbeitgeber bereits jetzt konkret nachweisen kann, welche künftigen Personalreduzierungen noch innerhalb des Jahreszeitraums erfolgen werden. Notwendig ist insofern, dass diese Abbaumaßnahmen entweder bereits eingeleitet wurden oder aber zumindest ein Interessenausgleich/Sozialplan vorliegt, in dem ein entsprechender Personalabbau festgeschrieben worden ist. Letzteres muss vor dem Hintergrund ausreichen, dass die Kündigungsfristen häufig nur wenige Monate bei einem großen Teil der Belegschaft betragen werden und somit sich die notwendige Personalreduzierung durch Kündigung jüngerer Mitarbeiter kurzfristig herbeiführen lässt.

166 Als Letztes ist bei Festlegung des Jahreszeitraums schließlich zu beachten, dass dieser Jahreszeitraum sich nicht teilweise mit einem anderen vom Unternehmen für den betreffenden Betrieb bereits beim Arbeitsamt angemeldeten Jahreszeitraum überschneidet.

(2) Feststellung der Gesamtzahl der Belegschaft

167 Die Feststellung, ob die Belegschaft um mehr als drei Prozent – oder sogar um mindestens zehn Prozent im Rahmen der zweiten Alternative – reduziert wurde, hat sich alleine auf den Betrieb zu beziehen, in dem der ältere Arbeitslose zuletzt mindestens zwei Jahre beschäftigt war. Es kommt also nicht auf die Anzahl der Arbeitnehmer im

E. Sozialrechtliche Rechtsfolgen bei Kündigung und Beendigung

gesamten Unternehmen, d. h. der GmbH oder AG etc., sondern nur auf den Personalbestand im jeweiligen Betrieb an.

Hinsichtlich der **Definition des Betriebsbegriffes** orientiert sich das Arbeitsamt an 168 der Rechtsprechung des BAG. Danach ist unter einem Betrieb eine organisatorische Einheit zu verstehen, innerhalb derer der Unternehmer alleine oder zusammen mit seinen Mitarbeitern mit Hilfe sächlicher und immaterieller Mittel bestimmte arbeitstechnische Zwecke fortgesetzt verfolgt, die nicht in der Befriedigung des Eigenbedarfs bestehen dürfen (vgl. BAG 29.1.1992 EzA § 7 BetrVG 1972 Nr. 1). Für das Arbeitsamt steht hierbei die einheitliche Organisation und weniger der arbeitstechnische Zweck im Vordergrund. Werden die wesentlichen Arbeitgeberfunktionen im personellen und sozialen Bereich von derselben institutionellen Leitung ausgeübt, liegt nach der Definition der Dienstanweisungen der Bundesanstalt für Arbeit ein Betrieb vor.

Um die Gesamtzahl der Mitarbeiter eines Betriebs zu ermitteln, greifen die Arbeits- 169 ämter auch im Rahmen des Befreiungstatbestandes der Ziff. 6 im Wesentlichen auf § 10 Abs. 2 LohnFG zurück, obwohl es in Ziff. 6 im Gegensatz zur Ziff. 2 in § 147 a SGB III an einer ausdrücklichen Inbezugnahme dieser Vorschrift fehlt. Abweichend von § 10 Abs. 2 LohnFG zählt das Arbeitsamt allerdings in Ziff. 6 auch schwerbehinderte Menschen i. S. d. SGB IX mit. Auf Grund von § 10 Abs. 2 LohnFG werden bei der Ermittlung der Gesamtbelegschaft eines Betriebes also **Teilzeitkräfte** nur anteilig mit 0,5 (11 bis 20 Wochenstunden) bzw. 0,75 (21 bis 30 Wochenstunden) gezählt.

Auszubildende, die während des Jahreszeitraums ihre Ausbildung abschließen und 170 übernommen werden, zählen als Einstellung und erhöhen somit die Belegschaftszahl am Ende des Jahreszeitraums, wenn sie sich dann noch im Betrieb befinden.

Nach den Dienstanweisungen der Bundesanstalt für Arbeit zu § 147 a SGB III müssen 171 **befristet eingestellte Arbeitnehmer** bei der Berechnung der Gesamtzahl der Belegschaft unberücksichtigt bleiben, wenn die Befristung weniger als acht Monate beträgt. Unerheblich ist, wenn ein befristet eingestellter Mitarbeiter im Jahreszeitraum weniger als acht Monate für den Betrieb tätig war. Es kommt insofern für das Arbeitsamt nur auf die Gesamtdauer des Arbeitsverhältnisses an.

Sinn dieser – nicht durch den Wortlaut des Gesetzes gedeckten – Regelung ist es, Ma- 172 nipulationen durch die befristete Einstellung von Aushilfen zu vermeiden. Würde man auch kurzzeitige Aushilfen – z. B. Ferienhilfen – berücksichtigen, ließe sich die Belegschaftszahl kurzfristig leicht künstlich erhöhen. Da die Ferienaushilfen i. d. R. jung sind, ließe sich so ein erstattungsfreier Abbau älterer Arbeitnehmer bewerkstelligen, ohne dass tatsächlich eine Personalreduzierung bei der eigentlichen Stammbelegschaft durchgeführt wird.

Beispiel: 173
Werden in einem Betrieb mit 200 Arbeitnehmern sieben Aushilfen für einige Wochen eingestellt, so ergäbe ein Vergleich der Personalstärke zum Zeitpunkt der Tätigkeit der Aushilfen mit der Personalstärke ein Jahr später, dass sich die Belegschaft um mehr als drei Prozent reduziert hat. Hat sich das Unternehmen zwischenzeitlich von einem älteren Mitarbeiter getrennt, wäre dieser Fall erstattungsfrei (s. zur Befreiung bei größerem Personalabbau im Einzelnen unten E/Rz. 174 ff.). Je größer die Anzahl der Ferienaushilfen wäre, desto mehr ältere Arbeitnehmer könnten erstattungsfrei abgebaut werden.

E. Sozialrechtliche Rechtsfolgen bei Kündigung und Beendigung

(3) Feststellung des erstattungsfreien Anteils der älteren Arbeitnehmer

174 Vermindert sich die Belegschaft des Betriebes innerhalb des frei vom Arbeitgeber zu wählenden Jahreszeitraums um mehr als drei Prozent, so entfällt die Erstattungspflicht des Arbeitgebers dann, wenn der Anteil der älteren Arbeitnehmer unter den ausgeschiedenen Mitarbeitern nicht höher ist, als es dem Anteil der älteren Arbeitnehmer an der Gesamtbelegschaft des Betriebes zu Beginn des Jahreszeitraums entspricht. Beläuft sich die Personalreduzierung sogar auf mindestens zehn Prozent, so darf der Anteil der älteren Arbeitnehmer unter den ausscheidenden Mitarbeiter doppelt so hoch sein, wie ihr Anteil an der Gesamtbelegschaft zu Beginn des Jahreszeitraums.

175 Liegt ein größerer Personalabbau i. S. v. § 147a Abs. 1 S. 2 Ziff. 6 SGB III vor, so vollzieht sich die Feststellung der erstattungsfrei zu entlassenden älteren Mitarbeiter in vier Schritten:
   - im **ersten Schritt** ist der prozentuale Anteil der älteren Arbeitnehmer an der Gesamtbelegschaft des Betriebes zu Beginn des frei gewählten Jahreszeitraums festzustellen;
   - im **zweiten Schritt** lässt sich nun mittels dieses Prozentsatzes ermitteln, wie viele ältere Arbeitnehmer sich erstattungsfrei unter den im Laufe des Jahreszeitraums ausscheidenden Mitarbeitern befinden dürfen. Bei einem Personalabbau von mindestens zehn Prozent ist der doppelte Prozentsatz aus Schritt 1 heranzuziehen, um die Anzahl der erstattungsfrei zu entlassenden Mitarbeiter festzustellen;
   - im **dritten Schritt** ist der sich aus Schritt 2 ergebende Wert zu Gunsten des Arbeitgebers aufzurunden;
   - im **vierten Schritt** ist schließlich zu prüfen, ob sich unter den ausscheidenden älteren Arbeitnehmern Personen befinden, die keine Leistungen des Arbeitsamtes in Anspruch nehmen werden, weil sie unmittelbar in den gesetzlichen Ruhestand wechseln. Diese Arbeitnehmer zählen bei den erstattungsfrei zu entlassenden Mitarbeitern nicht mit, da sie die Arbeitsverwaltung nicht belasten. Notwendig ist hier allerdings eine tatsächliche Inanspruchnahme des vorzeitigen Ruhestandes ohne vorausgegangene Arbeitslosigkeit (z. B. nach Altersteilzeit, als Schwerbehinderter oder als Frau bzw. ab Vollendung des 63. Lebensjahres). Die bloße Möglichkeit statt Arbeitslosengeld zu beziehen direkt in den Ruhestand zu wechseln, reicht bei Ziff. 6 nicht aus.

176 **Beispiel:**
In einem Betrieb mit 2000 Arbeitnehmern sind 100 Mitarbeiter älter als 56 Jahre, was einer Quote von 5% entspricht. Im Rahmen einer Betriebsänderung sollen 80 Arbeitnehmer, d h. 4%, entlassen werden.
Gem. Ziff. 6 entfällt die Erstattungspflicht bei einem Personalabbau zwischen 3,1 und 9,9% der Belegschaft, wenn die Quote der zu entlassenden älteren Arbeitnehmer nicht höher ist als es ihrem Anteil an der Belegschaft entspricht. Für den vorliegenden Beispielsfall bedeutet dies, dass 5% der zu entlassenden Arbeitnehmer über 56 Jahre alt sein dürfen. Sind somit nur vier Arbeitnehmer unter den 80 zu entlassenden Mitarbeitern über 56 Jahre, so muss der Arbeitgeber kein Arbeitslosengeld erstatten.

177 Betrifft der Personalabbau innerhalb eines Jahres mindestens zehn Prozent der Belegschaft, so darf der Anteil der älteren Arbeitnehmer nach der pauschalierten Regelung

E. Sozialrechtliche Rechtsfolgen bei Kündigung und Beendigung

sogar doppelt so hoch sein wie es ihrer Quote an der Gesamtbelegschaft entsprach, ohne dass der Arbeitgeber zur Erstattung des Arbeitslosengeldes verpflichtet wäre. Überschreitet die Anzahl der im Jahreszeitraum ausscheidenden älteren Arbeitnehmer (d. h. sie müssen mindestens 56 Jahre alt sein) die nach Ziff. 6 zulässige Höchstzahl, so entfällt die Befreiung nach Ziff. 6 für sämtliche älteren Mitarbeiter. Eine Beschränkung der Befreiung auf die zulässige Quote ist in diesem Fall nicht möglich. Der Arbeitgeber muss nun prüfen, welche anderweitigen Befreiungstatbestände des § 147 a SGB III ggf. eine Erstattungspflicht im Hinblick auf den jeweiligen Einzelfall vermeiden können. Alternativ kommt eine Korrektur des Jahreszeitraumes in Betracht, sodass nur die erlaubte Anzahl älterer Arbeitnehmer innerhalb des gewählten Zeitraums das Unternehmen verlässt. 178

Im Übrigen ist darauf hinzuweisen, dass zu den zu berücksichtigenden älteren Arbeitnehmern nach einer Entscheidung des *BSG* vom 8.11.2001 – B 11 AL 45/01 R – nicht nur diejenigen Mitarbeiter zählen, von denen sich der Arbeitgeber per Kündigung oder mittels Aufhebungsvertrag trennt, sondern auch diejenigen Arbeitnehmer, die das Arbeitsverhältnis selbst kündigen. Wie oben angesprochen, entfällt bei einem Überschreiten der zulässigen Höchstzahl an älteren Arbeitnehmern nach Ziff. 6 die Befreiung unabhängig davon, ob ggf. für einzelne Mitarbeiter ein anderer Befreiungstatbestand greift. Ein zu frühes Ausschöpfen der Quote innerhalb des Jahreszeitraums birgt also erhebliche finanzielle Risiken. 179

bb) Kurzfristiger Personalabbau von mindestens 20%
Betrifft der Personalabbau innerhalb kürzester Zeit 20% der Belegschaft eines Betriebs und ist diese Entlassungswelle für den örtlichen Arbeitsmarkt von erheblicher Bedeutung, so tritt gem. Ziff. 7 unabhängig von der Höhe des Anteils der älteren Arbeitnehmer keine Erstattungspflicht ein. 180

(1) »Kurzfristiger« Personalabbau
Was unter einem »kurzfristigen Personalabbau« zu verstehen ist, sagt der Gesetzgeber nicht. Im Gegensatz zum Befreiungstatbestand der Ziff. 6 enthält Ziff. 7 keine zeitlichen Vorgaben. Die Gesetzesbegründung zur Vorgängervorschrift des § 147 a SGB III verweist darauf, dass der Personalabbau innerhalb von drei Monaten erfolgen muss (vgl. BT-Drucks 12/3423 S. 58 zu § 128 Abs. 1 S. 2 Nr. 7 AFG). Die Bundesanstalt für Arbeit verlangt ebenfalls in ihren Dienstanweisungen zu § 147 a SGB III (DA Ziff. 3.73 Abs. 2), dass das Unternehmen innerhalb von **maximal drei Monaten 20% der Belegschaft entlässt** und dabei auch die Beendigung des Arbeitsverhältnisses des älteren Arbeitnehmers in diese Zeitspanne fällt. 181

Die in der Gesetzesbegründung genannte und von den Arbeitsämtern geforderte **Frist von drei Monaten ist nicht sachgerecht**. Eine derartige Frist ist derzeit nahezu von keinem Arbeitgeber einzuhalten, da bereits die gesetzlichen Kündigungsfristen eine Spannweite von vier Wochen bis sieben Monaten aufweisen. Richtigerweise kann daher die in der Gesetzesbegründung genannte Frist nur dahin verstanden werden, dass die Entlassungen, die zu einer Belegschaftsreduzierung von mindestens zwanzig Prozent führen, innerhalb von zwei bis drei Monaten eingeleitet werden müssen. Die Umsetzung selbst kann sich dann an den gesetzlichen, tarifvertraglichen oder einzelvertraglichen Kündigungsfristen orientieren (so im Wesentlichen auch: *Gagel* in: Gagel, SGB III, § 147 a Rz. 198). 182

Für diese Interpretation des Begriffes »kurzfristiger Personalabbau« spricht im Übrigen auch die Rechtsprechung des BSG zur alten Sperrzeitregelung in § 119 AFG, die 183

E. Sozialrechtliche Rechtsfolgen bei Kündigung und Beendigung

eine krisenhafte Situation des Unternehmens bereits dann annimmt, wenn innerhalb eines Jahres 25% der Belegschaft abgebaut werden (vgl. *BSG* 29.11.1989 BSGE 66, 94 [100]). Trotz dieser Entscheidung des BSG und der Tatsache, dass der Gesetzgeber mit dem Ausnahmetatbestand der Ziff. 7 gerade existenzbedrohten Unternehmen helfen wollte, wird man in Ziff. 7 den Begriff »kurzfristig« nicht mit einem Zeitraum von zwölf Monaten gleichsetzen können. Dann hätte sich angeboten, den Fall eines 20%igen Personalabbaus ebenfalls in Ziff. 6 zu regeln.

(2) »Erhebliche Bedeutung für den örtlichen Arbeitsmarkt«

184 Die Erstattungspflicht entfällt nach Ziff. 7 nur dann, wenn die Entlassungswelle für den örtlichen Arbeitsmarkt von erheblicher Bedeutung ist. Unter »örtlichen Arbeitsmarkt« versteht die Bundesanstalt für Arbeit in ihren Dienstanweisungen zu § 147 a SGB III den Bezirk eines Arbeitsamtes oder einer Geschäftsstelle (DA Nr. 3.73 Abs. 6).

185 Ob eine Entlassungswelle für den örtlichen Arbeitsmarkt von erheblicher Bedeutung ist, wird vom Arbeitsamt selbst festgestellt. Die hierfür zuständige Abteilung AvuAB soll laut Dienstanweisungen zu § 147 a SGB III bei der Würdigung des Sachverhaltes berücksichtigen, ob in einer für den Betrieb und die Region krisenhaften Situation die Restarbeitsplätze im Betrieb über den Weg der drastischen Personalreduzierung gesichert werden konnten.

186 Des Weiteren ist die Lage auf dem Arbeitsmarkt im Gebiet des Betriebes zu beachten. Eine erhebliche Bedeutung des Personalabbaus kann laut Dienstanweisungen der Bundesanstalt für Arbeit insofern bejaht werden, wenn
– der Betrieb sich in einem anerkannten Fördergebiet der regionalen Strukturpolitik befindet oder
– in dem Bezirk, in dem der Betrieb seinen Sitz hat, die Arbeitslosenquote oder
– die Dauer der Arbeitslosigkeit über dem Bundesdurchschnitt (West) liegt.

(3) Wegfall der Erstattungspflicht nach Ziffer 7

187 Sind die vorgenannten Voraussetzungen erfüllt, d. h. es liegt ein kurzfristiger drastischer Personalabbau von mindestens 20% vor, der für den örtlichen Arbeitsmarkt von erheblicher Bedeutung ist, dann entfällt die Erstattungspflicht des Arbeitgebers hinsichtlich des an die älteren Mitarbeiter gezahlten Arbeitslosengeldes etc. Keine Rolle spielt auch hier wieder die Frage, auf welche Art und Weise die Arbeitsverhältnisse beendet werden. Selbst dann, wenn die Massenentlassung nur ältere Mitarbeiter betrifft, die auf Grund einer großzügigen Vorruhestandsregelung ausscheiden, entfällt die Erstattungspflicht des Arbeitgebers, wenn die Maßnahme kurzfristig durchgeführt wird und für den örtlichen Arbeitsmarkt von erheblicher Bedeutung ist.

cc) Vorabentscheidung des Arbeitsamtes

188 In beiden Varianten des Personalabbaus ist das Arbeitsamt gem. § 147 a Abs. 7 SGB III verpflichtet, den Arbeitgeber auf dessen Verlangen hin vor Durchführung der Entlassungen sowohl über die Voraussetzungen als auch über den Umfang der Erstattungsregelung zu beraten. Auf Antrag des Arbeitgebers entscheidet das zuständige Arbeitsamt schließlich im Voraus, ob die Voraussetzungen des § 147 a Abs. 1 S. 2 Ziff. 6 oder 7 SGB III, d. h. Fortfall der Erstattungspflicht bei größerem Personalabbau, vorliegen.

189 Der große **Vorteil einer Vorabentscheidung** besteht für den Arbeitgeber darin, dass er nun **Rechtssicherheit** für die Durchführung der Maßnahme hat. Insbesondere dann, wenn der Jahreszeitraum bei dem Befreiungstatbestand der Ziff. 6 in die Zu-

kunft reicht, lässt sich so durch Vorlage des Interessenausgleichs die notwendige **Planungssicherheit** erreichen. Die Entscheidung des Arbeitsamtes über die Befreiung von der Erstattungspflicht bleibt im Übrigen auch dann bestehen, wenn der Arbeitgeber aus von ihm nicht zu vertretenen Gründen den Personalabbau doch nicht im beabsichtigten Umfang durchführt. Bessert sich überraschend die Auftragslage können geplante Kündigungen zurückgestellt werden, ohne dass das Unternehmen nunmehr befürchten muss, dass wegen der jetzt fehlenden Voraussetzungen der Ziff. 6 das von den älteren ausgeschiedenen Mitarbeitern bezogene Arbeitslosengeld erstattet werden muss.

Die Bestandskraft der für den Arbeitgeber günstigen Vorabentscheidung entfällt nur dann, wenn die Entscheidung durch arglistige Täuschung des Arbeitsamtes, Drohung oder Bestechung herbeigeführt worden ist. War sich der Arbeitgeber bewusst, dass die dem Arbeitsamt gegenüber gemachten Angaben falsch waren oder hat er zumindest grob fahrlässig bei der Information des Arbeitsamtes gehandelt, kann der Bescheid ebenfalls aufgehoben werden.

Ein weiterer Vorteil der Vorabentscheidung besteht in der örtlichen Zuständigkeit des Arbeitsamtes. Grds. entscheidet dasjenige Arbeitsamt über die Voraussetzungen der Erstattungspflicht nach § 147 a SGB III, bei dem der Arbeitslose das Arbeitslosengeld bezieht. Sind für die Belegschaft auf Grund des großen Einzugsgebietes mehrere Arbeitsämter zuständig, muss mit jedem Arbeitsamt geklärt werden, inwieweit eine Erstattungspflicht im Einzelfall entfällt. Bei der **Vorabentscheidung** hingegen ist **dasjenige Arbeitsamt zuständig, in dessen Bezirk der Betrieb seinen Sitz hat.** Dieses Arbeitsamt entscheidet nunmehr **verbindlich** für alle anderen Arbeitsämter, ob die Voraussetzungen der Ziff. 6 oder 7 vorliegen.

5. Wegfall der Erstattung wegen unzumutbarer Härte

Nachdem das Bundesverfassungsgericht eine der Vorgängervorschriften des heutigen § 147 a SGB III u. a. deswegen für verfassungswidrig gehalten hat, weil es an einer Härtefallregelung für die Fälle fehlte, in denen die Erstattung eine unzumutbare Belastung für den Arbeitgeber darstellt (vgl. BVerfG 23.1.1990 EzA § 128 AFG Nr. 1), enthält § 147 a Abs. 2 SGB III nunmehr eine Regelung die bei entsprechenden wirtschaftlichen Schwierigkeiten des Arbeitgebers ebenfalls zum Wegfall der Erstattungspflicht führt. Die Erstattungspflicht tritt danach nicht ein, wenn das Unternehmen nachweist, dass die Erstattung eine unzumutbare Belastung bedeuten würde, weil durch sie entweder der Fortbestand des Unternehmens oder aber zumindest die nach Durchführung des Personalabbaus verbleibenden Arbeitsplätze gefährdet wären. Den Arbeitgeber trifft hier die volle Darlegungs- und Nachweispflicht (vgl. BSG 21.9.2000 SGb 2000, 623).

a) Gefährdung des Fortbestandes des Unternehmens

Anknüpfungspunkt der **Härtefallregelung** in § 147 a SGB III ist nunmehr nicht mehr der Betrieb sondern der eigentliche Arbeitgeber, d. h. beispielsweise die AG oder GmbH. Auch eine eventuelle Konzernangehörigkeit spielt keine Rolle (vgl. Wissing NZA 1993, 385 [395]); es sei denn, dass ein Gewinnabführungs- und Schuldübernahmevertrag vorliegt. In diesem Fall kann keine Gefährdung des konzernabhängigen Unternehmens eintreten, da die Muttergesellschaft eventuell auftretende Verluste ausgleichen muss.

E. Sozialrechtliche Rechtsfolgen bei Kündigung und Beendigung

194 Nach den Dienstanweisungen der Bundesanstalt für Arbeit zu § 147 a SGB III ist von einer Existenzgefährdung des Unternehmens durch die Erstattungspflicht dann auszugehen, »wenn das finanzielle Gewicht der Erstattungsforderung in Anbetracht der wirtschaftlichen Situation des Unternehmens, insbesondere seiner sonstigen Zahlungsverpflichtungen, so schwer wiegt, dass im Fall ihrer Geltendmachung die Lebens- und Leistungsfähigkeit des Unternehmens irreparabel beeinträchtigt würde. Eine derartige Überforderung wäre gegeben, wenn infolge der Erstattung die Auflösung des Unternehmens und damit verbunden der Verlust der Gesamtheit der übrigen Arbeitsplätze im Unternehmen mit an Sicherheit grenzender Wahrscheinlichkeit zu erwarten wäre. Dies kann angenommen werden, wenn das Unternehmen bereits an die Grenzen seines finanziellen Handlungsrahmens gestoßen ist und seine weitere zusätzliche Beanspruchung die Zahlungsunfähigkeit oder Überschuldung zur Folge hätte. In diesem Zusammenhang ist von Bedeutung, dass ein verantwortlich und wirtschaftlich handelnder Unternehmer angesichts der wirtschaftlichen Lage des Unternehmens und der Forderung der Erstattung von der Weiterverfolgung des Unternehmenszwecks absehen müsste.« (DA Nr. 3.82 Abs. 3)

195 Das vorstehende Zitat aus den Dienstanweisungen macht deutlich, dass der Befreiungstatbestand des § 147 a Abs. 2 SGB III nur in sehr wenigen Ausnahmefällen dem Arbeitgeber hilft eine ansonsten eintretende Erstattungspflicht zu vermeiden. Hier dürften nur die Fälle eine Rolle spielen, in denen ohnehin täglich mit der Stellung des Insolvenzantrages zu rechnen ist. Ist das Insolvenzverfahren über das Unternehmen eröffnet, oder ein entsprechender Antrag mangels Masse abgelehnt worden, so steht ohne weiteres fest, dass damit die Erstattung eine Existenzgefährdung und damit eine unzumutbare Belastung darstellt.

b) Gefährdung der verbleibenden Arbeitsplätze

196 Wesentlich praxisnäher ist die zweite Alternative in § 147 a Abs. 2 Nr. 2 SGB III. Ausreichend für die Befreiung von der Erstattungspflicht ist danach die Gefährdung der nach dem Personalabbau im Unternehmen verbleibenden Arbeitsplätze durch die Erstattungspflicht. Der Gesetzgeber hat mit dieser zweiten Alternative zur Darlegung der unzumutbaren Belastung deutlich gemacht, wo die Grenze der Härtefallklausel liegt. Sobald eine Gefährdung der verbleibenden Arbeitsplätze zu befürchten ist, beginnt letztendlich die **Existenzgefährdung** des gesamten Unternehmens. Ausreichend für die Befreiung von der Erstattungspflicht ist nach dem ausdrücklichen Willen des Gesetzgebers bereits die Gefahr, dass das Unternehmen zur Verringerung der Kostenbelastung weitere Arbeitsplätze abbaut.

197 Nicht erforderlich ist, dass tatsächlich weitere Kündigungen wegen der drohenden Erstattungspflicht ausgesprochen werden. Es reicht die bloße Gefahr derartiger Kündigungen zunächst aus. Eine derartige Gefahr sieht die Bundesanstalt für Arbeit bereits dann als gegeben an, wenn das Unternehmen sich bereits in wirtschaftlichen Schwierigkeiten befindet und die für die Erstattung notwendigen Beträge nicht aus dem Wertzuwachs des Unternehmens bzw. den laufenden Erträgen erwirtschaftet werden können (DA Nr. 3.83 Abs. 2).

198 Die Bundesanstalt für Arbeit greift zur **Beurteilung der wirtschaftlichen Leistungskraft** eines Unternehmens im Übrigen auf die Rechtsprechung des BAG zu § 16 BetrAVG zurück. Nach der früheren Fassung dieser Vorschrift war der **Arbeitgeber alle drei Jahre zur Anpassung der Betriebsrenten** verpflichtet, sofern er nicht nachweisen konnte, dass hierdurch die Substanz des Unternehmens angegriffen oder aber Arbeitsplätze gefährdet würden. Die Rechtsprechung des BAG billigt den Arbeitgebern

E. Sozialrechtliche Rechtsfolgen bei Kündigung und Beendigung

zu, dass die Anpassungspflicht nicht die »gesunde wirtschaftliche Entwicklung« des Unternehmens beeinträchtigen darf. Von daher müssen die Rentenanpassungen aus den laufenden Erträgen unter Berücksichtigung einer angemessenen Eigenkapitalverzinsung finanziert werden können.

Die aktuellen Dienstanweisungen der Bundesanstalt für Arbeit zu § 147 a SGB III verweisen insofern darauf, dass die wirtschaftliche Lage eines Unternehmens in negativer Hinsicht insbesondere »durch einen Jahresfehlbetrag, durch Bindung von Geldmitteln für notwendige Substanzerhaltung oder Betriebsfortführung, Kreditschwierigkeiten, steuerliche oder sonstige rechtliche (z. B. umweltrechtliche) Verpflichtungen, konkrete Zahlungsverpflichtungen aus laufenden Geschäften, eine ungünstige Absatzsituation, unvermeidbare künftige Kosten- und Ausgabesteigerungen, Rückgang des Eigenkapitals (Substanzverlust) oder Zugehörigkeit zu einem subventionierten Wirtschaftszweig« gekennzeichnet wird. 199

Positive Merkmale im Hinblick auf die Beurteilung der wirtschaftlichen Situation eines Unternehmens sind hingegen: Erwirtschaftung eines Jahresüberschusses, Dividenden-/Gewinnausschüttung, nicht ausgeschöpfte Kreditlinien, frei verfügbare Barreserven, gute Marktentwicklung etc. 200

c) Nachweis der wirtschaftlichen Lage

Formale Voraussetzung der Befreiung wegen unzumutbarer Härte ist, dass der Arbeitgeber die wirtschaftlichen Schwierigkeiten seines Unternehmens und die daraus resultierende Existenzgefährdung bzw. Gefährdung der verbleibenden Arbeitsplätze durch die **Stellungnahme einer fachkundigen Stelle** nachweist. Wer als fachkundige Stelle insoweit in Betracht kommt, sagt das Gesetz nicht. 201

Als **fachkundige Stellen** kommen grds. öffentlich bestellte und vereidigte Sachverständige – i. d. R. Wirtschaftsprüfer – sowie die Industrie- und Handelskammer in Betracht. In einfach gelagerten Fällen reicht nach den Dienstanweisungen auch die Stellungnahme des Steuerberaters aus, wenn dieser das Unternehmen bereits seit mehreren Jahren betreut. 202

Die **Kosten des Gutachtens** hat nach Auffassung der Bundesanstalt für Arbeit der Arbeitgeber zu tragen. Die Bundesanstalt beruft sich insofern auf den Gesetzgeber, der diese Kostentragungspflicht zwar nicht im Gesetz selbst verankert hat, jedoch in der Gesetzesbegründung zur Vorgängervorschrift § 128 AFG hierauf hingewiesen hatte (BT-Drucks. 12/3211 S. 26). Ein Teil der Literatur weist demgegenüber darauf hin, dass die Verfahren vor den Sozialleistungsträgern grds. kostenfrei sind und will daher die Gutachtenkosten dem jeweiligen Arbeitsamt auferlegen (vgl. *Brand* in: *Niesel* AFG, § 128 Rz. 90). Dieser Mindermeinung ist jedoch nicht zu folgen, da es sich bei der Stellungnahme um ein Schriftstück handelt, welches kraft Gesetz vom Arbeitgeber dem Arbeitsamt vorzulegen ist. Die Beschaffung des Gutachtens und die damit einhergehenden Kosten entstehen also nicht im Verfahren vor dem Arbeitsamt, sondern im Vorfeld. Eine Kostentragungspflicht des Arbeitsamtes scheidet daher aus (vgl. *Wissing* NZA 1993, 385 [399]). 203

6. Weiterbelastung der Erstattung an den Arbeitnehmer – sog. »147 a SGB IIIer-Vereinbarung«

Vereinbarungen zur Ausschaltung des § 147 a SGB III, wonach sich Arbeitnehmer verpflichten, kein Arbeitslosengeld zu beantragen, sind von der Rechtsprechung unter 204

E. Sozialrechtliche Rechtsfolgen bei Kündigung und Beendigung

der Geltung des früheren § 147a SGB III im Hinblick auf die Nachteile für den Arbeitslosen hinsichtlich der Kranken- und Rentenversicherung mit Hinweis auf § 32 SGB I als unwirksam angesehen worden. Auch heute dürften die Gerichte derartige Klauseln für nichtig halten.

205 Zulässig sind hingegen Vereinbarungen, wonach sich der Arbeitnehmer verpflichtet, dasjenige Arbeitslosengeld, das der Arbeitgeber nach § 147a SGB III erstatten muss, nunmehr seinerseits an das Unternehmen zurückzuzahlen (vgl. BAG 25.1.2000 EzA § 128 AFG Nr. 3; ArbG Köln 21.6.1996 BB 1996, 1614). Bei einer derartigen Vereinbarung bleibt dem Arbeitnehmer sowohl der Krankenversicherungsschutz als auch eine Anrechnung der Zeit der Arbeitslosigkeit in der gesetzlichen Rentenversicherung erhalten. Von daher ist eine solche Klausel nicht nach § 32 SGB I nichtig

206 Eine entsprechende **Rückzahlungsklausel** kann unmittelbar im Aufhebungsvertrag vereinbart werden. Inwieweit die Rückforderung vor dem Hintergrund von Pfändungsfreigrenzen tatsächlich durchsetzbar ist, ist eine andere Frage.

III. Erstattung des Arbeitslosengeldes nach § 148 SGB III

207 Unabhängig vom Alter des Arbeitslosen ist der frühere Arbeitgeber zur Erstattung von Teilen des Arbeitslosengeldes verpflichtet, wenn die Vermittlungsmöglichkeiten der Arbeitsämter durch ein nachvertragliches Wettbewerbsverbot des Arbeitslosen eingeschränkt sind.

208 Das *BVerfG* hat mit Beschluss vom 10.11.1998 (EzA § 148 SGB III Nr. 1) die Vorgängervorschrift in § 128 AFG und den zunächst wortgleichen § 148 SGB III für **verfassungswidrig** erklärt. Die damalige Regelung sah vor, dass der Arbeitgeber das volle Arbeitslosengeld im Falle des Bestehens eines nachvertraglichen Wettbewerbsverbotes nach den §§ 74 ff. HGB erstatten muss. Die **volle Erstattung des Arbeitslosengeldes** sah das Bundesverfassungsgericht als nicht gerechtfertigt an, da der Arbeitnehmer durch das Wettbewerbsverbot i. d. R. nicht vollkommen an einer anderweitigen Tätigkeit gehindert ist, sondern lediglich für ein bestimmtes Marktsegment gesperrt ist. Hieraus folgt, dass das nachvertragliche Wettbewerbsverbot nicht die alleinige Ursache für die Arbeitslosigkeit des Mitarbeiters sein kann, sondern hier offensichtlich auch andere Ursachen eine Rolle spielen.

1. Umfang der Erstattung

209 Die Neufassung des § 148 SGB III sieht nunmehr vor, dass der bisherige Arbeitgeber der Bundesanstalt für Arbeit **vierteljährlich 30% des Arbeitslosengeldes**, das dem Arbeitslosen für die Zeit der Wettbewerbsbeschränkung gezahlt wird, erstattet. Die Erstattungsverpflichtung umfasst dabei auch die anteilig auf diesen Teil des Arbeitslosengeldes entfallenden Beiträge zur Kranken-, Pflege- und Rentenversicherung. Die Neufassung des § 148 SGB III wurde mit Gesetz vom 21.12.2000 rückwirkend ab 1.1.1998 eingeführt. Durch die rückwirkende Einführung des geänderten § 148 SGB III konnten nunmehr die auf Grund der Verfassungswidrigkeit ausgesetzten Verfahren auf Erstattung des Arbeitslosengeldes aufgearbeitet werden.

E. Sozialrechtliche Rechtsfolgen bei Kündigung und Beendigung

2. Vereinbarung eines nachvertraglichen Wettbewerbsverbotes

Voraussetzung für die Erstattungspflicht nach § 148 SGB III ist, dass zwischen den Arbeitsvertragsparteien vor Beginn der Arbeitslosigkeit ein nachvertragliches Wettbewerbsverbot i. S. d. §§ 74 ff. HGB vereinbart worden ist. Ein derartiges nachvertragliches Wettbewerbsverbot darf gem. § 74 Abs. 1 S. 3 HGB **maximal für zwei Jahre ab Beendigung des Arbeitsverhältnisses** abgeschlossen werden. Zulässig ist ein nachvertragliches Wettbewerbsverbot nur dann, wenn zum einen berechtigte geschäftliche Interessen des Arbeitgebers die Beschränkung der Wettbewerbsmöglichkeiten des Arbeitnehmers in zeitlicher, räumlicher und fachlicher Hinsicht rechtfertigen und wenn andererseits das Unternehmen dem Arbeitnehmer für die Zeit der Wettbewerbsbeschränkung eine **Karenzentschädigung** in Höhe von 50% der zuletzt bezogenen Vergütung (einschließlich aller Sachbezüge) zusagt. 210

An das Vorliegen eines **berechtigten geschäftlichen Interesses** i. S. v. § 74 Abs. 1 S. 1 HGB sind **strenge Anforderungen** zu stellen. Zu beachten ist allerdings, dass dann, wenn es an dem berechtigten geschäftlichen Interesse des Arbeitgebers fehlt, das nachvertragliche Wettbewerbsverbot nicht insgesamt unwirksam, sondern lediglich **unverbindlich** wird. Unverbindlich bedeutet insofern, dass der Arbeitnehmer wählen kann, ob er sich an die Wettbewerbsbeschränkung hält und dafür die Karenzentschädigung bezieht oder ob er sich auf die Unverbindlichkeit beruft und zu einem Konkurrenzunternehmen wechselt. 211

Von der Unverbindlichkeit eines nachvertraglichen Wettbewerbsverbotes zu unterscheiden ist die **Nichtigkeit des nachvertraglichen Wettbewerbsverbotes**. Die Nichtigkeit tritt dann ein, wenn das nachvertragliche Wettbewerbsverbot nicht in der vom Gesetzgeber geforderten Schriftform vereinbart wurde. Hierbei ist es notwendig, dass das nachvertragliche Wettbewerbsverbot in einer Vereinbarung enthalten ist, die von beiden Vertragsparteien unterzeichnet ist. Der Arbeitgeber muss hierbei in gesetzlich korrekter Form vertreten worden sein (vgl. *BAG* 30.10.1984 EzA § 74 HGB Nr. 44). 212

Nichtigkeit wird des Weiteren dann angenommen, wenn das nachvertragliche Wettbewerbsverbot **keine Karenzentschädigung** enthält (vgl. *BAG* 14.7.1981 EzA § 74 HGB Nr. 38). Wurde das nachvertragliche Wettbewerbsverbot mit einem **Minderjährigen** abgeschlossen, so führt auch dies ohne weiteres zur Nichtigkeit des nachvertraglichen Wettbewerbsverbotes (§ 74 Abs. 2 S. 2 HGB). 213

Die Rechtsfolgen im Hinblick auf § 148 SGB III hängen davon ab, ob es sich um ein unverbindliches oder ein nichtiges Wettbewerbsverbot handelt. Ist das nachvertragliche Wettbewerbsverbot nichtig und wurde die Nichtigkeit von beiden Vertragsparteien erkannt, so entfällt eine Erstattungspflicht nach § 148 SGB III (vgl. *BSG* 27.4.1989 SozR 4100 § 128 a Nr. 2). War die Nichtigkeit hingegen für die Vertragsparteien nicht erkennbar – beispielsweise versteckter Formmangel –, so bleibt es bei der Erstattungspflicht, wenn beide Vertragsparteien sich an das nichtige Wettbewerbsverbot in Unkenntnis der Nichtigkeit halten (vgl. *Gagel* in: *Gagel*, SGB III, § 148 Rz. 70). 214

Ist das **nachvertragliche Wettbewerbsverbot lediglich unverbindlich**, so hängt die Erstattungspflicht davon ab, wie der Arbeitnehmer sich entscheidet. Nimmt der Arbeitnehmer das nachvertragliche Wettbewerbsverbot an, um die Karenzentschädigung zu erhalten, so bleibt es bei der Erstattungspflicht nach § 148 SGB III. Der Arbeitgeber kann in diesem Fall die Erstattungspflicht nur dadurch verhindern, dass er nunmehr nach Beendigung des Anstellungsverhältnisses gegenüber der Bundesanstalt für Arbeit auf das nachvertragliche Wettbewerbsverbot verzichtet. Dieser nachträgliche Verzicht befreit den Arbeitgeber zwar nicht von der Verpflichtung zur Zah- 215

E. Sozialrechtliche Rechtsfolgen bei Kündigung und Beendigung

lung der Karenzentschädigung, da ein derartiger Verzicht nur vor Beendigung des Arbeitsverhältnisses möglich ist; jedoch entfällt durch den Verzicht auf das nachvertragliche Wettbewerbsverbot gegenüber der Bundesanstalt für Arbeit das Vermittlungshindernis, sodass nunmehr kein Grund besteht, den Arbeitgeber zur Erstattung von 30% des Arbeitslosengeldes etc. zu zwingen.

216 Das Arbeitsamt ist verpflichtet, den Arbeitgeber darüber zu informieren, dass er durch einen Verzicht auf die Rechte aus der nachvertraglichen Wettbewerbsabrede die Erstattung des Arbeitslosengeldes nach § 148 SGB III vermeiden kann (vgl. *BSG* 16.10.1991 SozR 3-4100 § 128 a Nr. 5; 1.3.1990 BSGE 66, 250 [257]). Unterlässt das Arbeitsamt die Belehrung des Arbeitgebers über die Möglichkeit des nachträglichen Verzichtes, so entfällt die Erstattungspflicht (vgl. *BSG* 28.6.1990 SozR 3 – 4100 § 128 a Nr. 3). Diese Rechtsfolge tritt auch dann ein, wenn der Arbeitgeber im Rahmen des Erstattungsverfahrens durch einen Rechtsanwalt vertreten war (vgl. *BSG* 16.10.1991 SozR 3 – 4100 § 128 a Nr. 5). Zur Begründung dieser Rechtsfolge verweist das Bundessozialgericht darauf, dass § 148 SGB III nicht in erster Linie dazu dient, möglichst viele Erstattungsleistungen zu erhalten, sondern Ziel des Arbeitsamtes die Vermittlung von Arbeitslosen sein muss. Die Arbeitsämter müssen daher alles unternehmen, um die Vermittlungsmöglichkeiten zu sichern. Hierzu gehört die Belehrung des Arbeitgebers im Rahmen des § 148 SGB III.

217 Wie eingangs bereits erwähnt, führt § 148 SGB III dazu, dass der Arbeitgeber während der Laufzeit des nachvertraglichen Wettbewerbsverbotes 30% des vom Arbeitnehmer bezogenen Arbeitslosengeldes dem Arbeitsamt vierteljährlich erstatten muss. Diese Erstattungspflicht umfasst auch die Beiträge zur Kranken- und Pflege- und Rentenversicherungversicherung, die während einer Sperrzeit in der fünften bis zwölften Woche vom Arbeitsamt gezahlt werden.

3. Anrechnung des Arbeitslosengeldes auf die Karenzentschädigung

218 Ähnlich wie die wettbewerbsrechtlichen Vorschriften in den §§ 74 ff. HGB sieht auch § 148 Abs. 1 S. 2 SGB III vor, dass der Arbeitnehmer sich den Teil des Arbeitslosengeldes, den der Arbeitgeber erstattet, wie Arbeitsentgelt auf die Karenzentschädigung anrechnen lassen muss. Angerechnet werden darf allerdings nur das dem Arbeitnehmer tatsächlich zufließende Arbeitslosengeld (vgl. *BAG* 22.5.1990 EzA § 74 c HGB Nr. 28). Dies bedeutet, dass die vom Arbeitgeber zu erstattenden anteiligen Beiträge zur Kranken-, Pflege- und Rentenversicherung nicht auf die Karenzentschädigung angerechnet werden dürfen. Die gegenteilige Auffassung des LAG Köln, dass das Arbeitslosengeld auf einen Bruttolohn hochrechnet und dann diesen fiktiven Betrag anrechnen will, ist abwegig und fand weder in der alten Regelung des § 128 a AFG noch im heutigen Wortlaut des § 148 SGB III eine Stütze (vgl. *LAG Köln* 20.2.1991 LAGE § 5 TVG Nr. 1). Es bleibt daher dabei, dass lediglich das dem Arbeitslosen tatsächlich zufließende Arbeitslosengeld angerechnet werden darf.

219 Bei der Anrechnung ist allerdings zu berücksichtigen, dass das Arbeitslosengeld »wie Arbeitsentgelt« angerechnet werden soll. Dies bedeutet, dass die im HGB insofern gezogenen Grenzen zu beachten sind. Eine Anrechnung findet danach nur statt, wenn Karenzentschädigung und anderweitiges Einkommen 110% des früheren Einkommens des Arbeitnehmers übersteigen. Erhält der Arbeitnehmer lediglich die gesetzlich vorgeschriebene Karenzentschädigung in Höhe von 50% des letzten Bruttoeinkommens, so scheidet i. d. R. eine Anrechnungsmöglichkeit des Arbeitslosengeldes

E. Sozialrechtliche Rechtsfolgen bei Kündigung und Beendigung

aus, da das Arbeitslosengeld lediglich 60% bzw. 67% des pauschalierten Nettoentgeltes beträgt.

Zu beachten ist, dass der BGH auf dem Standpunkt steht, dass ein Geschäftsführer 220
einer GmbH, der durch ein nachvertragliches Wettbewerbsverbot nur eingeschränkt
vermittelbar ist, das von ihm bezogene Arbeitslosengeld in vollem Umfange auf die
Karenzentschädigung anrechnen lassen muss (vgl. *BGH* 15.4.1991 EzA § 128 a AFG
Nr. 1). Der BGH begründet diese Anrechnung damit, dass die Anrechnungsgrenze
von 110% des früheren Einkommens für GmbH-Geschäftsführer nicht gilt, da
§ 74 c HGB nicht auf Geschäftsführer anwendbar ist. Diese Entscheidung des BGH
ist in der Literatur allerdings zurecht auf erhebliche Kritik gestoßen (vgl. *Gagel* in:
Gagel, SGB III, § 148 Rz. 137, 138). Die Entscheidung des BGH steht insofern nicht
in Einklang mit der sonstigen Behandlung von GmbH-Geschäftsführern bei nachvertraglichen Wettbewerbsverboten. Der BGH vertritt insofern beispielsweise die Auffassung, dass eine Anrechnung nach § 74 c HGB als allgemeiner Rechtsgedanke stets
möglich ist, wenn der durch ein nachvertragliches Wettbewerbsverbot gebundene
Geschäftsführer anderweitigen Verdienst erzielt. Da die Anrechnungsvorschrift des
§ 148 SGB III an die Anrechnung anderweitigen Arbeitsentgeltes anknüpft, muss daher auch für GmbH-Geschäftsführer die gleiche Regelung gelten, wie sie für normale
Arbeitnehmer Anwendung findet.

IV. Krankenversicherung nach Beendigung des Arbeitsverhältnisses

Mit der Beendigung eines Anstellungsverhältnisses endet grds. auch die Pflichtversi- 221
cherung in der gesetzlichen Krankenversicherung. Von daher spielt die Frage, welcher
Krankenversicherungsschutz nach Beendigung des Arbeitsverhältnisses besteht, insbesondere bei Abschluss von Aufhebungsverträgen eine erhebliche Rolle. Diese Frage
betrifft jedoch nicht nur Arbeitnehmer, die unter die gesetzliche Pflichtversicherung
in der Krankenversicherung fallen, sondern auch Mitarbeiter, die freiwillig oder privat versichert sind.

1. Pflichtmitgliedschaft während des Bezuges von Arbeitslosengeld

Während im laufenden Arbeitsverhältnis eine Pflichtmitgliedschaft in der Kranken- 222
versicherung vom Bruttomonatseinkommen des Arbeitnehmers abhängig ist, besteht gem. § 5 Abs. 1 Ziff. 2 SGB V während der Zeit des Bezuges von Arbeitslosengeld eine **Pflichtversicherung des Arbeitslosen in der gesetzlichen Krankenversicherung.** Diese Pflichtmitgliedschaft entsteht auch in den Fällen, in denen der
Mitarbeiter zuvor freiwillig oder sogar privat versichert war. Gem. § 5 Abs. 1 Ziff. 2
SGB V setzt die Pflichtversicherung jedoch voraus, dass der Arbeitslose tatsächlich
Arbeitslosengeld bezieht bzw. der Bezug von Arbeitslosengeld alleine daran scheitert,
dass eine Sperrzeit nach § 144 SGB III eingetreten ist. Während der **Sperrzeit** ist der
Arbeitslose **ab Beginn des zweiten Monats bis zur zwölften Woche** ebenfalls pflichtversichert.

a) Nachwirkender Krankenversicherungsschutz
Nach § 190 Abs. 2 SGB V endet die Mitgliedschaft in der gesetzlichen Krankenversi- 223
cherung automatisch mit Ablauf des Tages, an dem das Arbeitsverhältnis tatsächlich

E. Sozialrechtliche Rechtsfolgen bei Kündigung und Beendigung

endet. Trotz Beendigung der Mitgliedschaft in der Krankenversicherung ist diese aber noch für **einen Monat nach Ausscheiden des Arbeitnehmers** gem. § 19 Abs. 2 SGB V verpflichtet, Leistungen zu erbringen.

b) Mitgliedschaft in einer Ersatzkasse

224 Arbeitnehmer, die in einer sog. Ersatzkasse krankenversichert sind, verlieren diese Mitgliedschaft nicht automatisch durch die Beendigung des Arbeitsverhältnisses. Hier endet gem. § 190 Abs. 3 SGB V die Mitgliedschaft erst dann, wenn der Mitarbeiter nach **Hinweis durch die Krankenkasse** über die Austrittsmöglichkeit **innerhalb von zwei Wochen seinen Austritt** erklärt hat. Versäumt die Ersatzkasse diesen Hinweis, so kann der Arbeitslose auch noch zu einem späteren Zeitpunkt rückwirkend austreten. Erklärt der in einer Ersatzkasse Versicherte nicht innerhalb der Zweiwochenfrist seinen Austritt, so wandelt sich das Versicherungsverhältnis in eine **freiwillige Mitgliedschaft** um. Der Arbeitslose muss nun den vollen Versicherungsbeitrag alleine aufbringen. Allerdings ist diese Verpflichtung im Regelfall nur **auf einen Monat begrenzt**. Sobald der Arbeitslose Leistungen des Arbeitsamtes bezieht bzw. die Fiktion des § 5 Abs. 1 Ziff. 2 SGB V wegen Festsetzung einer Sperrzeit eingreift, verdrängt die gesetzliche Pflichtversicherung die freiwillige Mitgliedschaft.

c) Mitglieder einer privaten Krankenversicherung

225 Von der Versicherungspflicht befreite Arbeitnehmer, die in einer privaten Krankenversicherung versichert sind, müssen während der ersten vier Wochen einer Sperrzeit selbst für ihren Krankenversicherungsschutz sorgen. Da der Beitragszuschuss des Arbeitgebers mit Beendigung des Arbeitsverhältnisses entfällt, muss der Mitarbeiter in diesem Fall den gesamten Versicherungsbeitrag alleine tragen.

d) Krankenversicherungsschutz während eines Ruhenszeitraums nach § 143 a SGB III

226 Ist wegen Nichteinhaltung der Kündigungsfrist ein Ruhenszeitraum nach § 143 a SGB III eingetreten, so ist der Arbeitslose während dieses Zeitraums nicht krankenversichert. Im Gegensatz zur Regelung für die Sperrzeit wird bei der Ruhenszeit nach § 143 a SGB III kein Arbeitslosengeldbezug fingiert. Der Arbeitslose erhält also während der Ruhenszeit nur während des ersten Monats auf Grund des nachwirkenden Krankenversicherungsschutzes nach § 19 SGB V und während der Zeit einer parallel verlaufenden Sperrzeit Krankenversicherungsschutz. Für die übrigen Zeiträume muss der **Arbeitslose** sich **freiwillig bei einer Krankenkasse versichern**. Da der Arbeitslose weder einen Anspruch auf Beitragszuschuss gegenüber dem alten Arbeitgeber noch gegenüber dem Arbeitsamt hat, muss er gem. § 250 Abs. 2 SGB V für diese Zeit die Beiträge alleine tragen.

2. Arbeitsunfähigkeit während des Bezuges von Arbeitslosengeld

227 Wird der Arbeitslose während des Bezuges von Arbeitslosengeld arbeitsunfähig, so wird ihm gem. § 126 SGB III für die Dauer von **sechs Wochen** das Arbeitslosengeld in unveränderter Höhe fortbezahlt. Überschreitet die Arbeitsunfähigkeit den Zeitraum von sechs Wochen, so erhält der Arbeitslose anschließend **Krankengeld** nach § 44 Abs. 1 SGB V von der gesetzlichen Krankenkasse. Das Krankengeld wird insofern gem. § 47 b SGB V in Höhe des zuletzt bezogenen Arbeitslosengeldes gezahlt.

Die **Bezugsdauer** des Krankengeldes ist auch im Rahmen der Arbeitslosigkeit **auf 78 Wochen beschränkt.**

3. Arbeitsunfähigkeit zu Beginn der Arbeitslosigkeit

Ist der Arbeitslose im Zeitpunkt der Beendigung des Arbeitsverhältnisses bzw. zu Beginn der Arbeitslosigkeit arbeitsunfähig erkrankt, so hängt die sozialversicherungsrechtliche Absicherung davon ab, ob die Arbeitsunfähigkeit sich nur auf die zuletzt ausgeübte Tätigkeit bezieht oder ob der Arbeitslose auch an der Ausübung anderweitiger zumutbarer Tätigkeiten durch die Erkrankung gehindert ist. Der Arbeitslose hat im Fall der **generellen Arbeitsunfähigkeit** keinen Anspruch auf Arbeitslosengeld, sondern bleibt gem. § 192 Abs. 1 Ziff. 2 SGB V weiterhin Mitglied der gesetzlichen Krankenversicherung und bezieht nunmehr Krankengeld. Der Anspruch auf Krankengeld erlischt auch in diesem Fall nach einer Bezugsdauer von 78 Wochen. 228

War der Arbeitslose nicht in der gesetzlichen Krankenversicherung, sondern bei einem **privaten Versicherungsunternehmen** versichert, so muss er nunmehr bis zur Wiedererlangung einer für die Vermittlung durch das Arbeitsamt ausreichenden Arbeitsfähigkeit die Beiträge zu seiner privaten Krankenversicherung in voller Höhe selbst tragen. 229

Im Hinblick auf eine **Langzeiterkrankung** im Zeitpunkt der Beendigung des Anstellungsverhältnisses ist § 125 SGB III zu beachten. Gem. § 125 SGB III hat ausnahmsweise auch derjenige Arbeitslose Anspruch auf Arbeitslosengeld, der nur deswegen nicht als arbeitslos i. S. v. § 118 SGB III gilt, weil er wegen einer mehr als sechsmonatigen Minderung seiner Leistungsfähigkeit nicht in der Lage ist, eine mindestens 15 Wochenstunden umfassende versicherungspflichtige Beschäftigung zu den marktüblichen Bedingungen auszuüben. Weitere Voraussetzung ist allerdings, dass der Arbeitslose noch nicht die Voraussetzungen für eine Rente wegen Erwerbsminderung erfüllt. 230

4. Krankenversicherungsschutz nach Ende der Bezugsdauer des Arbeitslosengeldes

Nach Ablauf der Bezugsdauer des Arbeitslosengeldes endet auch der aus § 5 Abs. 1 Ziff. 2 SGB V folgende Krankenversicherungsschutz. Da es sich allerdings um eine Pflichtversicherung gehandelt hat, tritt hier wieder der einmonatige nachwirkende Krankenversicherungsschutz ein. Nach Ablauf dieses einen Monats ist der Arbeitslose nur dann weiter krankenversichert, wenn er Arbeitslosenhilfe bezieht. Gem. § 5 Abs. 1 Ziff. 2 SGB V unterliegt der Arbeitslose auch während des Bezuges von Arbeitslosenhilfe dem gesetzlichen Krankenversicherungsschutz. Erfüllt er allerdings nicht die Voraussetzungen für Arbeitslosenhilfe, weil es beispielsweise an der notwendigen Bedürftigkeit fehlt, so muss er sich selbst freiwillig krankenversichern, wenn er den notwendigen Schutz sicherstellen will. 231

E. Sozialrechtliche Rechtsfolgen bei Kündigung und Beendigung

5. Übernahme der Krankenversicherungsbeiträge

232 Während der Arbeitslosigkeit werden die Krankenversicherungsbeiträge gem. § 251 Abs. 4 a SGB III vollständig **vom Arbeitsamt übernommen**. Das Arbeitsamt kann also keine Beiträge vom Arbeitslosengeld einbehalten. Ist allerdings der Arbeitgeber über § 147 a SGB III oder über § 148 SGB III zur Erstattung des Arbeitslosengeldes verpflichtet, umfasst dies auch die Sozialversicherungsbeiträge.

V. Leistungen der gesetzlichen Rentenversicherung

233 In den vergangenen Jahren hat es diverse Rentenreformgesetze gegeben, die die Möglichkeiten, vorgezogenes Altersruhegeld aus der gesetzlichen Rentenversicherung zu beziehen, immer weiter eingeschränkt haben. Das SGB VI kennt derzeit neben der Regelaltersrente ab Vollendung des 65. Lebensjahres fünf Tatbestände, bei denen ein vorzeitiger Bezug von Leistungen aus der gesetzlichen Rentenversicherung möglich ist. Im Folgenden werden die einzelnen Möglichkeiten, die insbesondere bei der Planung von Vorruhestandsmodellen von Bedeutung sind, im Einzelnen näher dargestellt:

1. Regelaltersrente

234 Die Regelaltersrente nach § 35 SGB VI kann dann von einem Versicherten beansprucht werden, wenn er das **65. Lebensjahr vollendet** hat und die **allgemeine Wartezeit von fünf Jahren erfüllt** hat. Liegen diese beiden Voraussetzungen vor, bedarf es nur noch gem. § 99 SGB VI eines Antrages. Keine Rolle spielt für die Regelaltersrente, ob der Versicherte auch über das 65. Lebensjahr hinaus eine Beschäftigung oder selbstständige Tätigkeit ausübt. Hinzuverdienstgrenzen sind bei der Regelaltersrente nach § 35 SGB VI nicht zu beachten.

235 Für die **Feststellung der Wartezeit** von fünf Jahren sind neben echten Beitragszeiten auch Zeiten aus einem Versorgungsausgleich und sog. Ersatzzeiten zu berücksichtigen. Nicht berücksichtigt werden können für die allgemeine Wartezeit von fünf Jahren sog. Anrechnungszeiten (s. unten E/Rz. 244).

236 Um die Rente ab Vollendung des 65. Lebensjahres zu erhalten, reicht es aus, wenn der **Antrag** nach § 99 SGB VI innerhalb von drei Monaten nach Erfüllung der Voraussetzungen für die Regelaltersrente gestellt wird.

237 Hat der Arbeitnehmer/Versicherte bis zur Vollendung des 65. Lebensjahres eine **Rente wegen Erwerbsminderung** bezogen, so erhält er grds. von Amts wegen mit Vollendung des 65. Lebensjahres die Altersrente (§ 115 Abs. 3 SGB VI).

238 Hat ein Arbeitnehmer zwar das 65. Lebensjahr vollendet, jedoch die allgemeine Wartezeit von fünf Jahren nicht erfüllt, so ist er berechtigt, sich die eingezahlten Beiträge erstatten zu lassen.

2. Altersrente für langjährig Versicherte

239 Stark verändert wurden in den vergangenen Jahren die Voraussetzungen für den Bezug einer vorgezogenen Altersrente für langjährig Versicherte.

E. Sozialrechtliche Rechtsfolgen bei Kündigung und Beendigung

Nach der Neufassung des § 36 SGB VI hat Anspruch auf Altersrente für langjährig Versicherte, wer
- das 62. Lebensjahr vollendet,
- die Wartezeit von 35 Jahren erfüllt und
- eine Beschäftigung oder selbstständige Tätigkeit aufgegeben hat bzw. die zulässige Hinzuverdienstgrenze nicht überschreitet.

Die im neu gefassten § 36 SGB VI festgelegte **Altersgrenze von 62 Lebensjahren** wird in zwei Schritten erreicht. Im ersten Schritt wird die bisher gültige Altersgrenze von 63 Jahren seit dem 1.1.2000 schrittweise für Arbeitnehmer, die nach dem 31.12.1936 geboren wurden, auf die Vollendung des 65. Lebensjahres angehoben. Eine vorzeitige Inanspruchnahme dieser Altersrente ist für Versicherte, die vor dem 1.1.1948 geboren wurden, wie bisher frühestens ab Vollendung des 63. Lebensjahres möglich. 240

In einem zweiten Schritt wird das Renteneintrittsalter dann für Versicherte, die nach dem 31.12.1947 geboren wurden, in zweimonatlichen Schritten von der Vollendung des 63. Lebensjahres auf die Vollendung des 62. Lebensjahres zurückgeführt. Ein Arbeitnehmer, der im November 1949 geboren wurde, kann also mit Vollendung des 62. Lebensjahres bei Vorliegen der übrigen Voraussetzungen Gebrauch davon machen, vorzeitig in Altersrente zu gehen. 241

Arbeitnehmer, die zwischen Januar 1939 und Dezember 1947 geboren sind, haben trotz Anhebung der Altersgrenze auf das 65. Lebensjahr nach wie vor die Möglichkeit, mit Vollendung des 63. Lebensjahres oder zu einem späteren Zeitpunkt Altersruhegeld für langjährig Versicherte vorzeitig in Anspruch zu nehmen. Für jeden Monat vor Vollendung des 65. Lebensjahres wird allerdings ein **lebenslänglicher Abschlag von 0,3%** erhoben. Wechselt also ein zwischen Januar 1939 und Dezember 1947 geborener Mitarbeiter mit Vollendung des 63. Lebensjahres in die Altersrente, so muss er als langjährig Versicherter einen Abschlag von 7,2% hinnehmen. 242

Um den Einschnitt im Rentenrecht für ältere Mitarbeiter abzumildern, sah das Rentenreformgesetz 1999 eine **Vertrauensschutzregelung für langjährig Versicherte** vor. Versicherte, die entweder
- vor dem 1.1.1942 geboren sind und 45 Jahre mit Pflichtbeitragszeiten für eine versicherte Beschäftigung oder Tätigkeit aufweisen können, wobei Zeiten einer Versicherungspflicht auf Grund des Bezuges von Arbeitslosengeld oder Arbeitslosenhilfe nicht berücksichtigt werden, oder
- bis zum 14.2.1941 geboren sind und am 14.2.1996 Vorruhestandsgeld oder Überbrückungsgeld der Seemannskasse bezogen haben,

gilt die ursprünglich im Rentenreformgesetz 1992 vorgesehene Anhebung ab Geburtsjahrgang 1938. Damals war die Anhebung in Vier-Monats-Schritten vorgenommen worden. Für Arbeitnehmer mit Vertrauensschutz ergeben sich die im Folgenden dargestellten Parameter für den Eintritt in die Altersrente für langjährig Versicherte:
Anhebung der Altersgrenze für die Altersrente für langjährig Versicherte mit Vertrauensschutz 243

Versicherte Geburtsjahr Geburtsmonat	Anhebung um ... Monate	auf Alter Jahr, Monat	vorzeitige Inanspruchnahme möglich ab Alter Jahr, Monat	Abschlag bei vorzeitiger Rente

E. Sozialrechtliche Rechtsfolgen bei Kündigung und Beendigung

1938					
Januar bis April	1	63, 1	63	0	0,3 %
Mai bis August	2	63, 2	63	0	0,6 %
September bis Dezember	3	63, 3	63	0	0,9 %
1939					
Januar bis April	4	63, 4	63	0	1,2 %
Mai bis August	5	63, 5	63	0	1,5 %
September bis Dezember	6	63, 6	63	0	1,8 %
1940					
Januar bis April	7	63, 7	63	0	2,1 %
Mai bis August	8	63, 8	63	0	2,4 %
September bis Dezember	9	63, 9	63	0	2,7 %
1941					
Januar bis April	10	63, 10	63	0	3,0 %
Mai bis August	11	63, 11	63	0	3,3 %
September bis Dezember	12	64, 0	63	0	3,6 %

244 Im Hinblick auf die für die Altersrente für langjährig Versicherte notwendige Wartezeit von 35 Jahren ist zu beachten, dass hier nicht nur echte Beitragszeiten zählen, sondern auch sog. Anrechnungszeiten. Anrechnungszeiten sind Zeiten, in denen keine Beiträge gezahlt wurden, die aber trotzdem bei der Rentenberechnung berücksichtigt werden. Es handelt sich hierbei beispielsweise um Zeiten,
– der Arbeitslosigkeit,
– der Arbeitsunfähigkeit,
– von Rehabilitationsmaßnahmen,
– der Schwangerschaft und des Mutterschaftsurlaubes im Rahmen des Mutterschutzgesetzes (sechs Wochen vor und acht Wochen/bei Mehrfachgeburten zwölf Wochen nach der Geburt),
– der schulischen Ausbildung bis zu acht Jahren und
– Rentenbezugszeiten vor dem 55. Lebensjahr.

E. Sozialrechtliche Rechtsfolgen bei Kündigung und Beendigung

3. Altersrente für Schwerbehinderte

Gem. §§ 37, 236 a SGB VI haben schwerbehinderte Menschen i. S. d. SGB IX die Möglichkeit, vorzeitig in den Ruhestand zu wechseln. Auf diese Altersrente hat Anspruch, wer 245
- das 60. Lebensjahr vollendet hat,
- bei Beginn der Altersrente anerkannter Schwerbehinderter i. S. d. SGB IX ist,
- die Wartezeit von 35 Jahren erfüllt und
- eine Beschäftigung oder selbstständige Tätigkeit aufgegeben hat bzw. die zulässigen Hinzuverdienstgrenzen nicht überschreitet.

Als schwerbehinderte Menschen i. S. d. SGB VI gelten Menschen, deren **Grad der Behinderung mindestens 50 GdB** beträgt. Die Anerkennung als Gleichgestellter reicht insofern nicht aus. 246

Auch diese Möglichkeit der vorzeitigen Inanspruchnahme von Altersruhegeld ist durch die Rentenreformgesetze in der Vergangenheit stark verändert worden. Verändert wurde sowohl der anspruchsberechtigte Personenkreis als auch das Eintrittsalter für den ungekürzten Bezug dieser vorgezogenen Altersrente. 247

Bis zum 31.12.2000 konnte die Altersrente für Schwerbehinderte auch von solchen Personen beantragt werden, die zwar nicht schwerbehindert, sondern stattdessen berufs- oder erwerbsunfähig waren. Diese Möglichkeit gewährt das Gesetz bis zum Jahr 2011 noch denjenigen Versicherten, die vor dem 1.1.1951 geboren wurden. Da die Kategorien der Berufs- und Erwerbsunfähigkeit im Rentenrecht abgeschafft wurden, erfolgt die Beurteilung, ob Berufs- oder Erwerbsunfähigkeit vorliegt, für diese Personen nach dem am 31.12.2000 geltenden Recht und der hierzu ergangenen Rechtsprechung. 248

Berufsunfähigkeit wird danach angenommen, wenn die Leistungsfähigkeit aus gesundheitlichen Gründen auf weniger als die Hälfte der Leistungsfähigkeit eines körperlich, geistig und seelisch gesunden Versicherten mit vergleichbarer Ausbildung, gleichwertigen Kenntnissen und Fähigkeiten, gesunken ist. 249

Erwerbsunfähigkeit liegt hingegen vor, wenn infolge von Krankheit oder anderen Gebrechen oder von Schwäche der körperlichen oder geistigen Kräfte eine dauerhafte und regelmäßige Erwerbstätigkeit nicht mehr ausgeübt oder nur noch ein geringes Arbeits-einkommen erzielt werden kann. 250

Die **Altersgrenze** für die Inanspruchnahme der Altersrente wegen Schwerbehinderung wird seit 1.1.2001 für Versicherte, die nach dem 31.12.1940 geboren wurden, in monatlichen Schritten von der Vollendung des 60. Lebensjahres auf die **Vollendung des 63. Lebensjahres** angehoben. Wer im Dezember 1942 oder später geboren wurde, kann diese Altersrente zwar nach wie vor mit Vollendung des 60. Lebensjahres in Anspruch nehmen, muss allerdings einen lebenslänglichen Abschlag von 10,8% bei der Rente hinnehmen. 251

Ähnlich wie bei der Rente für langjährig Versicherte, hat der Gesetzgeber auch bei der Rente für Schwerbehinderte eine **Vertrauensschutzregelung** in das SGB VI aufgenommen. Die Altersgrenze wird nicht angehoben für Versicherte, die entweder 252
- bis zum 16.11.1950 geboren sind und am 16.11.2000 schwerbehindert, berufsunfähig oder erwerbsunfähig nach dem bis zum 31.12.2000 geltenden Recht waren, oder
- vor dem 1.1.1942 geboren sind und 45 Jahre mit Pflichtbeiträgen für eine versicherte Beschäftigung oder Tätigkeit haben. Hierbei ist wiederum zu beachten,

dass Zeiten, in denen Versicherungspflicht nur auf Grund des Bezuges von Arbeitslosengeld oder Arbeitslosenhilfe bestand, insofern nicht berücksichtigt werden.

4. Altersrente wegen Arbeitslosigkeit

253 Einen **vorgezogenen Anspruch auf Altersruhegeld** aus der gesetzlichen Rentenversicherung haben gem. § 237 SGB VI Versicherte, die
- vor dem 1.1.1952 geboren sind,
- das 60. Lebensjahr vollendet haben,
- arbeitslos sind und nach Vollendung des 58. Lebensjahres insgesamt 52 Wochen arbeitslos waren oder Anpassungsgeld für entlassene Arbeitnehmer des Bergbaus bezogen haben,
- in den letzten zehn Jahren vor Beginn der Rente acht Jahre Pflichtbeiträge für eine versicherte Beschäftigung oder Tätigkeit haben,
- die Wartezeit von 15 Jahren erfüllt haben und
- eine Beschäftigung oder selbstständige Tätigkeit aufgegeben haben bzw. die zulässige Hinzuverdienstgrenze nicht überschreiten.

254 Arbeitnehmer, die nach dem 31.12.1951 geboren sind, können nach dem derzeitigen Stand des SGB VI nicht mehr auf Grund vorausgegangener Arbeitslosigkeit in Rente gehen. Diese Art des vorgezogenen Altersruhegeldes wurde abgeschafft.

255 Im Hinblick auf die oben erwähnte vierte Voraussetzung, d. h. acht Jahre Pflichtbeiträge in den letzten zehn Jahren vor Beginn der Rente, ist darauf hinzuweisen, dass sich dieser Zehnjahreszeitraum um den Zeitraum verlängert, in dem sog. Anrechnungszeiten vorliegen. Dies bedeutet insbesondere, dass der Zehn-Jahres-Zeitraum um die Zeit verlängert wird, in der der Mitarbeiter arbeitslos beim Arbeitsamt gemeldet ist und eine öffentlich-rechtliche Leistung, d. h. Arbeitslosengeld, Arbeitslosenhilfe oder Sozialhilfe, bezogen hat. Scheitert der Bezug von Arbeitslosenhilfe bzw. Sozialhilfe lediglich daran, dass der Arbeitslose ein zu hohes Vermögen besitzt, so werden diese Zeiten trotzdem als Anrechnungszeiten gewertet.

256 Auch bei der nur zeitlich begrenzt geltenden Altersrente wegen vorausgegangener Arbeitslosigkeit erfolgt eine Anhebung der Altersgrenze. Seit dem 1.1.1997 wurde die Altersgrenze für Versicherte, die nach dem 31.12.1936 geboren wurden, in monatlichen Schritten von der Vollendung des 60. Lebensjahres auf die Vollendung des 65. Lebensjahres angehoben. Will der Versicherte die Rente vor dem für ihn maßgebenden Renteneintrittsalter beziehen, so muss er einen Abschlag von 0,3% je Monat des vorzeitigen Bezuges lebenslänglich hinnehmen.

257 Derjenige der im Dezember 1941 oder später geboren ist, muss also bis zum 65. Lebensjahr warten, wenn er über den Weg der Arbeitslosigkeit ungekürzt Altersruhegeld aus der gesetzlichen Rentenversicherung beziehen will. Wechselt der Mitarbeiter – wie bei vielen Vorruhestandsmodellen üblich – nach vorausgegangener 52-wöchiger Arbeitslosigkeit mit Vollendung des 60. Lebensjahres in den Ruhestand, so hat dies einen lebenslänglichen Rentenabschlag in Höhe von 18% bei der gesetzlichen Rente zur Folge. Jeden Monat, den der Versicherte später die gesetzliche Rente in Anspruch nimmt, reduziert den Abschlag um 0,3%-Punkte.

258 Zum Schutz der rentennahen Jahrgänge wurde auch hier wieder eine **Vertrauensschutzregelung** in das Gesetz aufgenommen. Die Vertrauensschutzregelung gilt für Versicherte, die

E. Sozialrechtliche Rechtsfolgen bei Kündigung und Beendigung

– bis zum 14.2.1941 geboren sind und am 14.2.1996 arbeitslos waren, Anpassungsgeld für entlassende Arbeitnehmer des Bergbaus, Vorruhestandsgeld oder Überbrückungsgeld der Seemannskasse bezogen haben, oder
– das Arbeitsverhältnis auf Grund einer Kündigung oder Vereinbarung, die vor dem 14.2.1996 erfolgt ist, nach dem 13.2.1996 beendet haben, oder
– vor dem 1.1.1942 geboren sind und mindestens 45 Jahre mit Pflichtbeiträgen für eine versicherte Beschäftigung oder Tätigkeit ausgeübt haben, oder
– bis zum 14.2.1944 geboren sind und auf Grund einer vor dem 14.2.1996 genehmigten Maßnahme aus einem Betrieb der Montanindustrie ausgeschieden sind.

Im Hinblick auf die bei der zweiten Alternative notwendigen 45 Jahre mit Pflichtbeiträgen ist zu beachten, dass Zeiten, in denen der Versicherte wegen des Bezuges von Arbeitslosengeld oder Arbeitslosenhilfe versicherungspflichtig war, hier nicht eingerechnet werden können. 259

Für Mitarbeiter mit Vertrauensschutz gilt die im Folgenden abgedruckte Tabelle im Hinblick auf den vorzeitigen Bezug von Altersrente wegen vorausgegangener Arbeitslosigkeit. 260

Anhebung der Altersgrenze für die Altersrente wegen Arbeitslosigkeit – mit Vertrauensschutz				
Versicherte Geburtsjahr Geburtsmonat	Anhebung um ... Monate	auf Alter Jahr, Monat	vorzeitige Inanspruchnahme möglich ab Alter Jahr, Monat	Abschlag bei vorzeitiger Rente
vor 1941	0	60, 0	60	0 0 %
1941				
Januar bis April	1	60, 1	60	0 0,3 %
Mai bis August	2	60, 2	60	0 0,6 %
September bis Dezember	3	60, 3	60	0 0,9 %
1942				
Januar bis April	4	60, 4	60	0 1,2 %
Mai bis August	5	60, 5	60	0 1,5 %
September bis Dezember	6	60, 6	60	0 1,8 %
	7	60, 7	60	0 2,1 %
1943				
Januar bis April				
Mai bis August	8	60, 8	60	0 2,4 %
September bis Dezember	9	60, 9	60	0 2,7 %

E. Sozialrechtliche Rechtsfolgen bei Kündigung und Beendigung

Anhebung der Altersgrenze für die Altersrente wegen Arbeitslosigkeit – mit Vertrauensschutz

Versicherte Geburtsjahr Geburtsmonat	Anhebung um ... Monate	auf Alter	vorzeitige Inanspruchnahme möglich ab Alter	Abschlag bei vorzeitiger Rente
1944 Januar bis Februar	10	60, 10	60	0 3,0 %

5. Altersrente nach Altersteilzeitarbeit

261 Gem. § 237 SGB VI hat ein Versicherter Anspruch auf vorgezogenes Altersruhegeld, wenn er
- vor dem 01.01.1952 geboren ist,
- das 60. Lebensjahr vollendet hat,
- nach dem 55. Lebensjahr mindestens 24 Kalendermonate in Altersteilzeitarbeit i. S. d. §§ 2, 3 AtG beschäftigt war,
- in den letzten zehn Jahren vor Beginn der Rente acht Jahre Pflichtbeiträge für eine versicherte Beschäftigung oder Tätigkeit aufweist,
- die Wartezeit von 15 Jahren erfüllt und
- eine Beschäftigung oder selbstständige Tätigkeit aufgegeben hat bzw. die zulässige Hinzuverdienstgrenze nicht überschreitet.

262 Auch diese Form der vorzeitigen Inanspruchnahme einer Altersrente ist für Versicherte, die nach dem 31.12.1951 geboren sind, nach dem derzeitigen Stand des SGB VI abgeschafft worden.

263 Im Hinblick auf die Voraussetzungen für eine Altersteilzeit nach den §§ 2 und 3 AtG kann auf die Ausführungen oben unter D/Rz. 2521 ff. verwiesen werden.

264 Im Übrigen gelten hier die gleichen Voraussetzungen und Bedingungen wie für die Rente wegen vorausgegangener Arbeitslosigkeit, sodass auch insofern auf die obigen Ausführungen unter E/Rz. 253 ff. verwiesen werden kann. Dies bedeutet insbesondere, dass auch ein vorzeitiger Rentenbezug ab Vollendung des 60. Lebensjahres mit lebenslänglichen Rentenabschlägen in Höhe von 18% verbunden ist, sofern nicht die oben unter E/Rz. 260 beschriebene Vertrauensschutzregelung gilt.

6. Altersrente für langjährig unter Tage beschäftigte Bergleute

265 Für Mitglieder in der knappschaftlichen Rentenversicherung gibt es die Möglichkeit, vorgezogene Altersrente in Anspruch zu nehmen, wenn sie
- das 60. Lebensjahr vollendet haben,
- mindestens 25 Jahre eine Beschäftigung mit ständigen Arbeiten unter Tage ausgeübt haben und
- eine Beschäftigung oder selbstständige Tätigkeit aufgegeben haben bzw. die zulässige Hinzuverdienstgrenze nicht überschritten haben.

266 Die Altersrente für Bergleute aus der knappschaftlichen Rentenversicherung ist die einzige vorgezogene Altersrente, bei der eine Anhebung der Altersgrenze unterblieben ist. Abschläge erfolgen hier bei Inanspruchnahme ab dem 60. Lebensjahr nicht.

E. Sozialrechtliche Rechtsfolgen bei Kündigung und Beendigung

7. Altersrente für Frauen

Derzeit sieht das SGB VI in § 237 a noch die Möglichkeit vor, dass Frauen allein auf Grund ihres Geschlechtes unter bestimmten Bedingungen vorgezogenes Altersruhegeld aus der gesetzlichen Rentenversicherung in Anspruch nehmen können. Von dieser Möglichkeit kann Gebrauch machen, wer 267
- vor dem 1.1.1952 geboren ist,
- das 60. Lebensjahr vollendet hat,
- ab Vollendung des 40. Lebensjahres mehr als zehn Jahre Pflichtbeitragszeiten aufweist,
- die Wartezeit von 15 Jahren erfüllt und
- eine Beschäftigung oder selbstständige Tätigkeit aufgegeben hat bzw. die zulässige Hinzuverdienstgrenze nicht überschreitet.

Frauen, die nach dem 31.12.1951 geboren sind, können von der sich alleine am Geschlecht orientierenden Altersrente für Frauen keinen Gebrauch machen. Diese Art des vorzeitigen Bezuges von Altersruhegeld wurde abgeschafft. Frauen, die nach dem 31.12.1951 geboren sind, können dann nur unter den gleichen Voraussetzungen wie auch Männer vorgezogenes Altersruhegeld in Anspruch nehmen. 268

Ähnlich wie bei den anderen vorgezogenen Altersruhegeldern wurde auch bei der Altersrente für Frauen die Altersgrenze schrittweise seit dem 1.1.2000 für Frauen, die nach dem 31.12.1939 geboren wurden, von der Vollendung des 60. Lebensjahres in Monatsschritten auf die Vollendung des 65. Lebensjahres angehoben. Eine vorzeitige Inspruchnahme ist vor dem für den jeweiligen Geburtsmonat geltenden persönlichen Rentenalter nur noch bei Inkaufnahme von Rentenabschlägen in Höhe von 0,3 % je Monat des vorzeitigen Bezuges möglich. Im Einzelnen gelten für Frauen, die nach dem 31.12.1939 geboren sind, folgende Altersgrenzen: 269

Anhebung der Altersgrenze für die Altersrente für Frauen ohne Vertrauensschutz				
Versicherte Geburtsjahr Geburtsmonat	Anhebung um ... Monate	auf Alter Jahr, Monat	vorzeitige Inanspruchnahme möglich ab Alter Jahr, Monat	Abschlag bei vorzeitiger Rente
vor 1940	0	60, 0	60 0	0 %
1940				
Januar	1	60, 1	60 0	0,3 %
Februar	2	60, 2	60 0	0,6 %
März	3	60, 3	60 0	0,9 %
April	4	60, 4	60 0	1,2 %
Mai	5	60, 5	60 0	1,5 %
Juni	6	60, 6	60 0	1,8 %
Juli	7	60, 7	60 0	2,1 %
August	8	60, 8	60 0	2,4 %
September	9	60, 9	60 0	2,7 %
Oktober	10	60, 10	60 0	3,0 %
November	11	60, 11	60 0	3,3 %
Dezember	12	61, 0	60 0	3,6 %

E. Sozialrechtliche Rechtsfolgen bei Kündigung und Beendigung

Anhebung der Altersgrenze für die Altersrente für Frauen ohne Vertrauensschutz

Versicherte Geburtsjahr Geburtsmonat	Anhebung um ... Monate	auf Alter Jahr, Monat	vorzeitige Inanspruchnahme möglich ab Alter Jahr, Monat	Abschlag bei vorzeitiger Rente	
1941					
Januar	13	61, 1	60	0	3,9 %
Februar	14	61, 2	60	0	4,2 %
März	15	61, 3	60	0	4,5 %
April	16	61, 4	60	0	4,8 %
Mai	17	61, 5	60	0	5,1 %
Juni	18	61, 6	60	0	5,4 %
Juli	19	61, 7	60	0	5,7 %
August	20	61, 8	60	0	6,0 %
September	21	61, 9	60	0	6,3 %
Oktober	22	61, 10	60	0	6,6 %
November	23	61, 11	60	0	6,9 %
Dezember	24	62, 0	60	0	7,2 %
1942					
Januar	25	62, 1	60	0	7,5 %
Februar	26	62, 2	60	0	7,8 %
März	27	62, 3	60	0	8,1 %
April	28	62, 4	60	0	8,4 %
Mai	29	62, 5	60	0	8,7 %
Juni	30	62, 6	60	0	9,0 %
Juli	31	62, 7	60	0	9,3 %
August	32	62, 8	60	0	9,6 %
September	33	62, 9	60	0	9,9 %
Oktober	34	62, 10	60	0	10,2 %
November	35	62, 11	60	0	10,5 %
Dezember	36	63, 0	60	0	10,8 %
1943					
Januar	37	63, 1	60	0	11,1 %
Februar	38	63, 2	60	0	11,4 %
März	39	63, 3	60	0	11,7 %
April	40	63, 4	60	0	12,0 %
Mai	41	63, 5	60	0	12,3 %
Juni	42	63, 6	60	0	12,6 %
Juli	43	63, 7	60	0	12,9 %
August	44	63, 8	60	0	13,2 %
September	45	63, 9	60	0	13,5 %
Oktober	46	63, 10	60	0	13,8 %
November	47	63, 11	60	0	14,1 %
Dezember	48	64, 0	60	0	14,4 %

E. Sozialrechtliche Rechtsfolgen bei Kündigung und Beendigung

Anhebung der Altersgrenze für die Altersrente für Frauen ohne Vertrauensschutz

Versicherte Geburtsjahr Geburtsmonat	Anhebung um ... Monate	auf Alter Jahr, Monat	vorzeitige Inanspruchnahme möglich ab Alter Jahr, Monat	Abschlag bei vorzeitiger Rente
1944				
Januar	49	64, 1	60	0 14,7 %
Februar	50	64, 2	60	0 15,0 %
März	51	64, 3	60	0 15,3 %
April	52	64, 4	60	0 15,6 %
Mai	53	64, 5	60	0 15,9 %
Juni	54	64, 6	60	0 16,2 %
Juli	55	64, 7	60	0 16,5 %
August	56	64, 8	60	0 16,8 %
September	57	64, 9	60	0 17,1 %
Oktober	58	64, 10	60	0 17,4 %
November	59	64, 11	60	0 17,7 %
Dezember	60	65, 0	60	0 18,0 %
1945 bis 1951	60	65, 0	60	0 18,0 %

Auch bei der Rente für Frauen hat der Gesetzgeber eine Vertrauensschutzregelung 270 vorgesehen. Diejenigen Arbeitnehmerinnen, die zu den sog. rentennahen Jahrgängen zählen, können sich unter bestimmten Voraussetzungen auf Vertrauensschutz berufen. Vertrauensschutz besteht danach für Frauen, wenn sie
– bis zum 7. Mai 1941 geboren sind und am 7 Mai 1996 arbeitslos waren, Anpassungsgeld für entlassene Arbeitnehmer des Bergbaus, Vorruhestandsgeld oder Überbrückungsgeld der Seemannskasse bezogen haben oder das Arbeitsverhältnis auf Grund einer Kündigung oder Vereinbarung, die vor dem 7. Mai 1996 erfolgt ist, nach dem 6. Mai 1996 beendet worden ist,
– vor dem 1. Januar 1942 geboren sind und mindestens 45 Jahre mit Pflichtbeiträgen für eine versicherte Beschäftigung oder Tätigkeit ausgeübt haben oder
– bis zum 7. Mai 1944 geboren sind und auf Grund einer vor dem 7. Mai 1996 genehmigten Maßnahme aus einem Betrieb der Montanindustrie ausscheiden.
Zu beachten ist, dass bei Feststellung der 45 Jahre mit Pflichtbeiträgen Zeiten, in de- 271 nen die Versicherte wegen des Bezuges von Arbeitslosengeld oder Arbeitslosenhilfe versicherungspflichtig war, nicht mitzählen. Liegen die Voraussetzungen des Vertrauensschutzes vor, so ergibt sich folgende Anhebung der Altersgrenzen:

Anhebung der Altersgrenze für die Altersrente für Frauen – mit Vertrauensschutz

Versicherte Geburtsjahr Geburtsmonat	Anhebung um ... Monate	auf Alter Jahr, Monat	vorzeitige Inanspruchnahme möglich ab Alter Jahr, Monat	Abschlag bei vorzeitiger Rente
vor 1941	0	60, 0	60	0 0 %

E. Sozialrechtliche Rechtsfolgen bei Kündigung und Beendigung

Anhebung der Altersgrenze für die Altersrente für Frauen – mit Vertrauensschutz

Versicherte Geburtsjahr Geburtsmonat	Anhebung um ... Monate	auf Alter	vorzeitige Inanspruchnahme möglich ab Alter	Abschlag bei vorzeitiger Rente
1941				
Januar bis April	1	60, 1	60	0,3 %
Mai bis August	2	60, 2	60	0,6 %
September bis Dezember	3	60, 3	60	0,9 %
1942 Januar bis April	4	60, 4	60	1,2 %
Mai bis August	5	60, 5	60	1,5 %
September bis Dezember	6	60, 6	60	1,8 %
1943				
Januar bis April	7	60, 7	60	2,1 %
Mai bis August	8	60, 8	60	2,4 %
September bis Dezember	9	60, 9	60	2,7 %
1944				
Januar bis April	10	60, 10	60	3,0 %
Mai	11	60, 11	60	3,3 %

8. Rente wegen Erwerbsminderung

272 Nachdem die Berufs- und Erwerbsunfähigkeitsrente zum 31.12.2000 abgeschafft wurde, existiert nunmehr nur noch die Rente wegen teilweiser bzw. voller Erwerbsminderung.
Diese Rente kann beanspruchen, wer
– erwerbsgemindert ist,
– in den letzten fünf Jahren vor Eintritt der Erwerbsminderung für mindestens drei Jahre Pflichtbeiträge entrichtet hat und
– die allgemeine Wartezeit von fünf Jahren erfüllt hat.

273 Eine Erwerbsminderung i. S. d. SGB VI wird dann angenommen, wenn die Leistungsfähigkeit des Versicherten aus gesundheitlichen Gründen eingeschränkt ist. Differenziert wird hier zwischen einer teilweisen und einer vollen Erwerbsminderung. Ist der

E. Sozialrechtliche Rechtsfolgen bei Kündigung und Beendigung

Versicherte auf dem allgemeinen Arbeitsmarkt nur noch in der Lage, unter drei Stunden täglich erwerbstätig zu sein, so hat er Anspruch auf eine volle Erwerbsminderungsrente. Ist er hingegen in der Lage, noch zwischen drei und unter sechs Stunden erwerbstätig zu sein, steht ihm lediglich eine halbe Erwerbsminderungsrente zu. Besteht die Möglichkeit, noch mindestens sechs Stunden unter den üblichen Bedingungen des allgemeinen Arbeitsmarktes erwerbstätig zu sein, so besteht kein Anspruch auf Erwerbsminderungsrente.

Ähnlich wie bei den notwendigen Pflichtbeitragszeiten bei der Altersrente für Frauen und der Altersrente nach Arbeitslosigkeit oder Altersteilzeit verlängert sich der Fünf-Jahres-Zeitraum, in dem drei Jahre mit Pflichtbeiträgen liegen müssen, auch um den Zeitraum, in dem der Versicherte während der letzten fünf Jahre Anrechnungszeiten wegen Arbeitsunfähigkeit, Arbeitslosigkeit etc. vorweist. 274

9. Hinzuverdienst/Teilrente

Wie oben mehrfach angesprochen, setzen die vorgezogenen Altersrenten stets voraus, dass die Hinzuverdienstgrenzen des SGB VI nicht überschritten werden. Die Hinzuverdienstgrenze orientiert sich an der Geringfügigkeitsgrenze und beträgt somit im Jahre 2002 325,– Euro. Überschreitet der Hinzuverdienst die Geringfügigkeitsgrenze, wird statt der Vollrente lediglich noch eine Teilrente gezahlt. Seit 1.1.2000 beträgt die Hinzuverdienstgrenze nach dem im Rentenreformgesetz 1999 neu gefassten § 34 Abs. 3 SGB VI bei einer Teilrente von 275
– einem Drittel der Vollrente das 23,3 fache,
– der Hälfte der Vollrente das 17,5 fache und
– bei zwei Dritteln der Vollrente das 11,7 fache
des aktuellen Rentenwertes nach § 68 SGB VI multipliziert mit der Summe der Entgeltpunkte der letzten drei Kalenderjahre vor dem Beginn der Altersrente. Zu Grunde gelegt werden jeweils mindestens 1,5 Entgeltpunkte.

In Anbetracht der in vielen Arbeitsverhältnissen üblichen Sonderzahlungen sieht das SGB VI vor, dass die Hinzuverdienstgrenzen zweimal im Jahr bis zum Doppelten des jeweiligen Grenzwertes überschritten werden können, wenn in diesen Monaten Sonderzahlungen wie beispielsweise Urlaubsgeld oder 13. Monatsgehalt gezahlt werden. 276

F. Pflichten im Hinblick auf die Beendigung des Arbeitsverhältnisses

Inhaltsübersicht   Rz.

I. Das Arbeitszeugnis	1–75
1. Anspruchsgrundlagen	1– 3
a) Normative Regelungen; Zweck	1
b) Dauer des Arbeitsverhältnisses	2
c) Selbstständige	3
2. Zeugnisarten; Fälligkeit	4–12
a) Einfaches Zeugnis	4
b) Qualifiziertes Zeugnis	5
c) Zwischenzeugnis	6– 9
aa) Grundlagen	6
bb) Inhaltliche Bindungswirkung	7– 9
d) Kündigungsschutzprozess; Weiterbeschäftigung	10–11
e) Faktisches Arbeitsverhältnis	12
3. Inhalt des Arbeitszeugnisses	13–50
a) Grundlagen	13–17
b) Art und Dauer des Arbeitsverhältnisses	18–21
c) Leistung und Führung	22–32
aa) Grundlagen	22–24
bb) Beurteilungsspielraum des Arbeitgebers	25
cc) Vertragsbruch; Straftaten	26
dd) Prokura	27
ee) Bewertung der Leistung; Abstufungen	28
ff) Bedeutung des Gesamtzusammenhangs	29–31
gg) Außerdienstliches Verhalten des Arbeitnehmers	32
d) Gewerkschaftliche Betätigung; Betriebsratstätigkeit	33
e) Beendigungsgrund und -modalitäten	34–38
aa) Grundlagen	34–35
bb) Beendigung des Arbeitsverhältnisses auf Grund Auflösungsantrages des Arbeitnehmers	36–37
cc) Wettbewerbsabreden	38
f) Ausstellungsdatum	39
g) »Wunschformel«	40
h) Äußerliche Gestaltung	41–44
i) Beurteilungsbogen als Arbeitszeugnis	45
j) Darlegungs- und Beweislast	46–50
4. Die Zeugnissprache	51–55
5. Wechsel der Zeugnisart	56
6. Holschuld	57
7. Widerruf	58
8. Ausschlussfristen; Verwirkung	59–62
9. Rechtsfolgen der Verletzung der Zeugnispflicht	63–68
a) Erfüllungsanspruch; Schadensersatz	63
b) Darlegungs- und Beweislast bei Schadensersatzansprüchen; Inhalt des Anspruchs	64–67
c) Haftung des Arbeitgebers gegenüber Dritten	68

F. Pflichten im Hinblick auf die Beendigung des Arbeitsverhältnisses

10. Prozessuale Fragen	69– 72
11. Zwangsvollstreckung	73– 74
12. Sonstige Auskünfte des Arbeitgebers	75
II. Aufbewahrungs- und Herausgabepflichten	**76– 81**
1. Herausgabe von Arbeitspapieren; kein Zurückbehaltungsrecht	76– 77
2. Darlegungs- und Beweislast	78
3. Aufbewahrungspflichten	79
4. Sonderregelungen	80
5. Herausgabepflicht des Arbeitnehmers	81
III. Nachvertragliches Wettbewerbsverbot	**82–129**
1. Grundlagen	82– 90
a) Normative Regelungen	82
b) Ausdehnende Anwendung der §§ 74 ff. HGB; Abgrenzung zu freien Mitarbeitern	83– 84
c) Vereinbarung vor Beendigung des Arbeitsverhältnisses	85
d) Arbeitnehmer im Ruhestand	86
e) Betriebsgeheimnisse; Abgrenzung	87
f) Möglicher Inhalt von Wettbewerbsverboten	88– 90
2. Voraussetzungen	91–115
a) Schriftform	91– 92
b) Inhaltliche Voraussetzungen	93–110
aa) Berechtigtes geschäftliches Interesse des Arbeitgebers (§ 74 a Abs. 1 S. 1 HGB)	93
bb) Keine unbillige Erschwerung des Fortkommens des Arbeitnehmers	94– 95
cc) Höchstdauer von zwei Jahren	96
dd) Karenzentschädigung	97–110
(1) Grundlagen	97–101
(2) Ausnahmen	102
(3) Höhe und Berechnung der Karenzentschädigung	103–108
(4) Abweichende Vereinbarungen	109–110
c) Bedingtes Wettbewerbsverbot	111–115
3. Wegfall der Verpflichtungen	116–125
a) Verzicht des Arbeitgebers	116–117
b) Einvernehmliche Aufhebung des Wettbewerbsverbots	118
c) Kündigung vor Arbeitsbeginn; vertragswidrige Nichtaufnahme der Tätigkeit	119–120
d) Kündigung des Arbeitsverhältnisses	121–122
e) Aufhebungsvertrag	123
f) Betriebsstilllegung; Insolvenz; Gründe in der Person des Arbeitnehmers	124–125
4. Unwirksamkeit der Wettbewerbsabrede	126
5. Rechtsfolgen bei Verletzung der Pflichten aus der Wettbewerbsabrede	127–128
6. Verjährung	129
IV. Rückzahlung von Ausbildungskosten	**130–171**
1. Grundlagen	130
2. Wirksamkeitsvoraussetzungen; Inhaltskontrolle	131–141
a) Prüfungsmaßstab	131–133
b) Maßgeblicher Zeitpunkt für die Beurteilung	134–135
c) Legitimation der Inhaltskontrolle	136
d) Höhe der Forderung	137
e) Rückzahlungsverpflichtung bei Abbruch der Ausbildung	138–140

f)	Betriebsbedingte Kündigung	141
3.	Darlegungs- und Beweislast	142–145
	a) Überwiegende Wahrscheinlichkeit eines beruflichen Vorteils	146–143
	b) Beispiel aus der Praxis	144–145
4.	Unwirksamkeit der vereinbarten Bindungsdauer	146
5.	Einzelfälle	147–160
6.	Tarifliche Normen; z. B. Nr. 7 SR 2 a BAT	161–167
	a) Grundlagen	161
	b) Auf Veranlassung des Arbeitgebers	162
	c) Im Rahmen des Personalbedarfs	163
	d) Vergütungsrelevanz	164
	e) Beruflicher Vorteil des Teilnehmers	165
	f) Darlegungs- und Beweislast	166–167
7.	Vereinbarung zur Rückzahlung von Ausbildungskosten in Form einer Darlehensverpflichtung; Schuldumschaffung	168–170
8.	Der Sonderfall: Transferentschädigung in der Eishockeyliga	171

I. Das Arbeitszeugnis

1. Anspruchsgrundlagen

a) Normative Regelungen; Zweck

Alle Arbeitnehmer, aber auch arbeitnehmerähnliche Personen und Auszubildende haben einen Rechtsanspruch gegen den Arbeitgeber auf Ausstellung eines Arbeits- oder Ausbildungszeugnisses. Rechtsgrundlage ist für die gewerblichen Arbeitnehmer § 113 GewO (bis 31.12.2002), für die kaufmännischen Angestellten § 73 HGB (bis 31.12.2002), für Auszubildende § 8 BBiG, für alle Arbeitnehmer in den neuen Bundesländern sowie alle sonstigen Beschäftigten in den alten Bundesländern § 630 BGB (bis 31.12.2002); ab 1.1.2003 für alle Arbeitnehmer § 101 GewO. Daneben bestehen zahlreiche **tarifvertragliche Regelungen** (z. B. § 61 BAT). Der Arbeitnehmer kann auf Grund der **nachvertraglichen Fürsorgepflicht** des Arbeitgebers auch die **Neuausstellung** eines inhaltlich nicht beanstandeten Zeugnisses verlangen, z. B. weil es beschädigt worden oder **verloren gegangen** ist (*LAG Hamm* 17.12.1998 NZA-RR 1999, 456). Schuldner des Anspruchs kann dann auch der **Insolvenzverwalter** sein, wenn er das Arbeitsverhältnis fortgesetzt hat (*LAG Köln* 30.7.2001 – 2 Sa 1457/00 –). **Zweck des Zeugnisses ist es, dem Arbeitnehmer bei seinem beruflichen Fortkommen zu helfen.** 1

b) Dauer des Arbeitsverhältnisses

Die **Dauer des Arbeitsverhältnisses** ist für das Entstehen des Anspruchs gem. § 113 GewO (bis 31.12.2002), § 73 HGB (bis 31.12.2002), § 8 BBiG **unerheblich. Nur** gem. § 630 BGB ist der Anspruch auf Erteilung eines Zeugnisses nach dem Gesetzeswortlaut davon abhängig, ob es sich um ein **dauerndes**, d. h. auf längere Zeit angelegtes **Dienstverhältnis** handelt. **Entgegen dem Wortlaut** besteht der Anspruch jedoch bei jedem Arbeitsverhältnis unabhängig davon, ob es vertraglich auf eine längere Dauer angelegt war oder tatsächlich angedauert hat. **Allerdings richtet er sich bei tatsächlich kurzer Dauer nur auf ein einfaches, ansonsten auch auf ein qualifiziertes Zeugnis.** Im Übrigen ist es gleichgültig, ob der Beschäftigte in Vollzeit oder in Teilzeit, im Hauptberuf oder im Nebenberuf tätig war (MünchArbR/*Wank* § 128 Rz. 4, 5). 2

F. Pflichten im Hinblick auf die Beendigung des Arbeitsverhältnisses

§ 101 GewO (ab 1.1.2003) sieht keine bestimmte Mindestdauer des Arbeitsverhältnisses vor: weder für das einfache, noch für das qualifizierte Zeugnis:

c) Selbstständige
3 Nach dem Wortlaut umfasst § 630 BGB alle Dienstverhältnisse, also auch Beschäftigungsverhältnisse von Selbstständigen. Dennoch ist bei freien Dienstverhältnissen ein Zeugnis weder üblich noch geschuldet (MünchArbR/*Wank* § 128 Rz. 3; **a. A.** *Hohmeister* NZA 1998, 571 ff.). Allerdings haben nach der Rechtsprechung des *BGH* (9.11.1967 BGHZ 49, 30) jedenfalls Drittgeschäftsführer einer GmbH einen Zeugnisanspruch. Weitergehend hält *Hohmeister* (NZA 1998, 571 ff.) im Einzelfall die analoge Anwendung des § 630 BGB bei »dauernden« weisungsfreien Subunternehmerverhältnissen nach Maßgabe der konkreten Umstände des Einzelfalles für möglich. Ein Zeugnisanspruch für Werkunternehmer soll aber auch danach die Ausnahme bleiben.

2. Zeugnisarten; Fälligkeit

a) Einfaches Zeugnis
4 Der Arbeitnehmer kann ein Zeugnis über **Art und Dauer** seines Arbeitsverhältnisses (sog. einfaches Zeugnis) verlangen. Zu nennen sind die Person des Arbeitgebers, die des Arbeitnehmers mit Name, Vorname und Beruf sowie Geburtsdatum und Anschrift. Die Art der Beschäftigung muss möglichst genau beschrieben werden. Dazu gehört die detaillierte Angabe des Arbeitsplatzes und der ausgeübten Tätigkeit. Hat der Arbeitnehmer an mehreren Stellen im Betrieb oder im Unternehmen gearbeitet, so sind diese Tätigkeiten in einem einheitlichen Zeugnis zusammenzufassen (*LAG Frankfurt* 23.1.1968 AP Nr. 5 zu § 630 BGB).

b) Qualifiziertes Zeugnis
5 Nur auf Begehren des Arbeitnehmers ist das Arbeitszeugnis auf die Beurteilung seiner **Führung und Leistung** auszudehnen (sog. qualifiziertes Zeugnis).

c) Zwischenzeugnis
6 **aa) Grundlagen**
Fraglich ist, ob der Arbeitgeber dann, wenn die Beendigung des Arbeitsverhältnisses nicht bevorsteht, ein sog. Zwischenzeugnis erteilen muss. Denn nur zum Teil sehen Tarifverträge (z. B. § 61 Abs. 2 BAT »aus triftigen Gründen«) einen dahingehenden Anspruch ausdrücklich vor. Als triftiger Grund kommen in Betracht (vgl. *BAG* 21.1.1993 EzA § 630 BGB Nr. 18): Bewerbung um eine neue Stelle, Vorlage bei Behörden und Gerichten oder Stellung eines Kreditantrages, strukturelle Änderungen innerhalb des Betriebsgefüges, z. B. Betriebsübernahme durch einen neuen Arbeitgeber oder Insolvenz sowie bevorstehende persönliche Veränderungen des Arbeitnehmers, z. B. Versetzung, Fort- und Weiterbildung oder geplante längere Arbeitsunterbrechungen, etwa ab einem Jahr, oder auch Wehr- oder Zivildienst. Ein triftiger Grund liegt dagegen nicht vor, wenn der Angestellte das Zeugnis allein deshalb verlangt, weil er es in einem Rechtsstreit, in dem er seine Höhergruppierung anstrebt, als **Beweismittel** verwenden will (*BAG* 21.1.1993 EzA § 630 BGB Nr. 18), wohl aber dann, wenn **ein Vorgesetzter**, dem ein Angestellter über mehrere Jahre unmittelbar fachlich unterstellt war, **ausscheidet** (*BAG* 1.10.1998 EzA § 630 BGB Nr. 21).
Nach Auffassung von *Neumann* (Staudinger § 630 BGB Rz. 8) gelten diese Grundsätze **auch außerhalb des Anwendungsbereichs derartiger tariflicher Regelungen;**

F. Pflichten im Hinblick auf die Beendigung des Arbeitsverhältnisses

dies lässt sich mit der **Fürsorgepflicht** des Arbeitgebers begründen (vgl. BAG 21.1.1993 EzA § 630 BGB Nr. 18; *Schäfer* Die Abwicklung des beendeten Arbeitsverhältnisses, Rz. 64).

bb) Inhaltliche Bindungswirkung
Der Arbeitgeber kann **bei gleicher Beurteilungsgrundlage** nicht seine im Zwischenzeugnis zum Ausdruck gekommenen Beurteilungen ändern; bei einem fünfjährigen Arbeitsverhältnis spricht eine **Vermutung** dafür, dass die Beurteilungsgrundlage die gleiche geblieben ist, wenn bei Abfassung des Schlusszeugnisses nur 10 Monate seit dem Zwischenzeugnis vergangen sind (*LAG Köln* 22.8.1997 ARST 1998, 117 Ls.; vgl. *Hunold* NZA-RR 2001, 113 ff.). Auch bei einem qualifizierten Zeugnis nach rund achtjähriger Dauer des Arbeitsverhältnisses ist der Arbeitgeber in aller Regel an einer Leistungsbeurteilung (Zeugnisnote) festzuhalten, die noch in einem **vier Monate zuvor erteilten Zwischenzeugnis** »stets zu unserer vollen Zufriedenheit« gelautet hat (*LAG Köln* 8.7.1993 LAGE § 630 BGB Nr. 18). Deshalb kann der Arbeitgeber dazu verurteilt werden, in das Schlusszeugnis die Formulierungen des Zwischenzeugnisses zu übernehmen, vor allem dann, wenn er **Änderungsvorstellungen** hat, die in Wahrheit **Abweichungen in der Bewertung darstellen** (z. B. nur »volle Zufriedenheit« statt »vollste Zufriedenheit«). Es macht keinen Unterschied, wenn der Autor des Zwischenzeugnisses für das Schlusszeugnis nicht mehr zur Verfügung steht, sofern er im Rahmen seiner Befugnisse gehandelt hat und den Arbeitgeber wirksam vertreten konnte (*LAG Köln* 22.8.1997 NZA 1999, 771 Ls.).

Akzeptiert andererseits ein Arbeitnehmer nach einem Betriebsübergang in einem Zwischenzeugnis des Betriebsveräußerers die Formulierung »zu unserer vollen Zufriedenheit«, also die Bescheinigung befriedigender Leistungen, und verlangt er **eineinhalb Jahre** nach dem Betriebsübergang bei Beendigung des Arbeitsverhältnisses mit dem Betriebserwerber ein Zeugnis mit der Leistungsbewertung stets zu unserer vollen Zufriedenheit, also gute Leistungen, so **muss er im Einzelnen darlegen**, in welchen Bereichen und auf welche Weise sich seine Leistungen gegenüber den im Zwischenzeugnis bescheinigten **verbessert haben**. Eine erneute – bessere – Bewertung der Leistungen beim Betriebsveräußerer kann vom Betriebsübernehmer nicht verlangt werden (*LAG Bremen* 9.11.2000 NZA-RR 2001, 287).

Ein Arbeitnehmer ist aber andererseits nicht daran gehindert, geltend zu machen, das ihm erteilte Zeugnis sei nicht ordnungsgemäß unterzeichnet, weil er ein in gleicher Weise mangelhaftes Zwischenzeugnis widerspruchslos entgegengenommen hat (*BAG* 26.6.2001 EzA § 630 BGB Nr. 24 = NZA 2002, 34).

d) Kündigungsschutzprozess; Weiterbeschäftigung

Ein fristgerecht entlassener Arbeitnehmer hat spätestens mit Ablauf der Klagefrist oder bei seinem tatsächlichen Ausscheiden aus dem Betrieb Anspruch auf ein qualifiziertes Zeugnis und nicht lediglich auf ein Zwischenzeugnis, selbst dann, wenn die Parteien in einem Kündigungsschutzprozess noch über die Rechtmäßigkeit der Kündigung streiten (*BAG* 27.2.1987 EzA § 630 BGB Nr. 11).

Im Falle einer Weiterbeschäftigung des Arbeitnehmers nach **§ 102 Abs. 5 BetrVG** besteht das Arbeitsverhältnis bis zum Ablauf des Kündigungsschutzverfahrens weiter; erst dann braucht ein Zeugnis erteilt zu werden. Wird der Arbeitnehmer auf Grund des allgemeinen Weiterbeschäftigungsanspruchs weiterbeschäftigt, so braucht für

F. Pflichten im Hinblick auf die Beendigung des Arbeitsverhältnisses

den Zwischenzeitraum kein Zeugnis erteilt zu werden, in dem er entweder keinen Weiterbeschäftigungsanspruch hatte oder ihn nicht genutzt hat.

e) Faktisches Arbeitsverhältnis

12 Bei einem fehlerhaft begründeten Arbeitsverhältnis besteht ein Anspruch auf ein Zeugnis, wenn tatsächlich gearbeitet wurde, also ein faktisches Arbeitsverhältnis bestanden hat (MünchArbR/*Wank* § 128 Rz. 13).

3. Inhalt des Arbeitszeugnisses

a) Grundlagen

13 Ein qualifiziertes Arbeitszeugnis ist schriftlich zu erteilen und enthält in der Praxis meist neben den vollständigen Angaben zur Person von Arbeitgeber und Arbeitnehmer sowie Ort und Zeitpunkt der Ausstellung Angaben über die Dauer der Unternehmenszugehörigkeit, Funktionsbezeichnung und Aufgabenbeschreibung, die Beurteilung der erbrachten Leistung nach Qualität, Quantität und Einsatzbereitschaft, die Beurteilung der Führung gegenüber Vorgesetzten, Mitarbeitern, Kollegen sowie einen Schlussabsatz mit der Angabe des Grundes des Ausscheidens, einer Dankes-Bedauern-Formel (s. aber unten F/Rz. 40) und Zukunftswünschen (vgl. *Göldner* ZfA 1991, 227 f.; *Hunold* NZA-RR 2001, 115 ff.; ausf. *LAG Hamm* 27.2.1997 NZA-RR 1998, 151; *Schäfer* Die Abwicklung des beendeten Arbeitsverhältnisses, Rz. 72).

14 Gesetzliche Vorschriften über den Inhalt des Zeugnisses bestehen, abgesehen von den im Gesetz genannten Angaben über Art, Dauer, Leistungen und Führung, nicht. Deshalb ist **im Einzelnen** durchaus **streitig, welchen Inhalt ein qualifiziertes Zeugnis haben kann/muss/darf.**
Nach **§ 113 Abs. 3 GewO** (bis 31.12.2002, ab 1.1.2003 § 109 Abs. 2 GewO n. F.), der einen allgemeinen Rechtsgedanken enthält, darf es allerdings nicht mit geheimen Zeichen versehen werden, aus denen sich eine **Distanzierung des Arbeitgebers vom Arbeitnehmer** ergibt. **Es ist so zu formulieren, dass es aus sich heraus verständlich ist** (*BAG* 20.2.2001 EzA § 630 BGB Nr. 23).

15 Bei der Erteilung des qualifizierten Arbeitszeugnisses hat der Arbeitgeber sowohl das Gebot der Wahrheitspflicht einerseits als auch andererseits die Verpflichtung zu beachten, das berufliche Fortkommen des Arbeitnehmers nicht unnötig zu erschweren. Folglich gilt insoweit auch der Grundsatz der wohlwollenden Beurteilung nach dem Maßstab eines verständigen Arbeitgebers (*BAG* 29.7.1971 EzA § 630 BGB Nr. 1).

16 Dabei ist die schonungslose, gnadenlose Wahrheit, die den Ausstellenden u. U. zum Schadensersatz verpflichten kann, falls dem Arbeitnehmer mit einem derartigen Zeugnis eine berufliche Chance entgeht, ebenso verfehlt, wie die reine Wohlgefälligkeit, die ebenfalls zum Schadensersatz führen kann, wenn der neue Arbeitgeber durch die bewusste Unrichtigkeit im Zeugnis einen Schaden erleidet.
Aus beiden Anforderungen zusammen ergibt sich, dass der Arbeitgeber zwar die **Wahrheit** schreiben darf und muss, dass er sie aber bei ungünstigen Aussagen in einer

F. Pflichten im Hinblick auf die Beendigung des Arbeitsverhältnisses

schonenden Form vorbringen muss. **Die Wahrheitspflicht geht** also **dem Wohlwollen vor** (*BAG* 29.7.1971 EzA § 630 BGB Nr. 1). Dem Arbeitgeber steht bei der Abfassung des Zeugnisses ein **weiter Beurteilungsspielraum** zu. Allerdings muss er die Verkehrssitte beachten. Werden also bestimmte Angaben im Zeugnis erwartet, so hat er sie in das Zeugnis aufzunehmen, z. B. bei Kassierern die Ehrlichkeit.

Zu berücksichtigen ist, dass der Aussteller wegen des Vertrauen erweckenden Charakters des Zeugnisses eine Mindestgewähr für dessen Richtigkeit und die entsprechende Einstandspflicht übernimmt (*Schleßmann* BB 1988, 1320). 17

b) Art und Dauer des Arbeitsverhältnisses

Das Zeugnis muss ein getreues Spiegelbild aller vom Arbeitnehmer ausgeführten Tätigkeiten sein. Es muss deshalb die Tätigkeit, die ein Arbeitnehmer im Laufe des Arbeitsverhältnisses ausgeübt hat, so vollständig und genau beschreiben, dass sich künftige Arbeitgeber ein klares Bild machen können. 18

Unerwähnt dürfen solche Tätigkeiten bleiben, denen bei einer Bewerbung des Arbeitnehmers keine Bedeutung zukommt (*BAG* 12.8.1976 EzA § 847 BGB Nr. 5). Auch **Urlaubs- und krankheitsbedingte Fehlzeiten** werden nicht erwähnt (vgl. *BAG* 12.8.1976 EzA § 847 BGB Nr. 5; a. A. *Göldner* ZfA 1991, 247 f.). Nach Auffassung des *LAG Chemnitz* (30.1.1996 NZA-RR 1997, 47) dürfen krankheitsbedingte Fehlzeiten nur dann im Zeugnis erwähnt werden, wenn sie außer Verhältnis zur tatsächlichen Arbeitsleistung stehen, wenn sie also etwa die Hälfte der gesamten Beschäftigungszeit ausmachen. Der Grundsatz der Zeugniswahrheit erfordert eine Darstellung der **gesamten Tätigkeit** des Arbeitnehmers. Eine zeitliche Beschränkung bedeutet deshalb auch eine sachliche Beschränkung. Folglich ist dem Arbeitgeber auch eine solche Gestaltung des Zeugnisinhalts verboten, bei der eine vorherige Tätigkeit eines Arbeitnehmers als **freier Mitarbeiter** unerwähnt bleibt, wenn er insoweit als arbeitnehmerähnliche Person zu qualifizieren war (*LAG Frankfurt* 14.9.1984 DB 1985, 820). 19

Ungewöhnliche, länger andauernde tatsächliche Unterbrechungen des Arbeitsverhältnisses (z. B. die Verbüßung einer Freiheitsstrafe) sind dann (ohne Hinweis auf ihre Gründe) zu vermerken, wenn sie im Zeitpunkt der Zeugniserteilung die gesamte Beschäftigungszeit prägen, insbesondere wenn sie etwa die Hälfte der Beschäftigungszeit ausmachen (*Schleßmann* BB 1988, 1320). 20

Ein Arbeitnehmer kann auch für die Zeit vor Konkurseröffnung (jetzt Eröffnung des Insolvenzverfahrens) ein qualifiziertes Zeugnis vom Konkurs- (jetzt **Insolvenz-**)**verwalter** verlangen, wenn dieser den Betrieb nach Eröffnung des Insolvenzverfahrens übernimmt (*BAG* 30.1.1991 EzA § 630 BGB Nr. 13). 21

c) Leistung und Führung

aa) Grundlagen

Die Leistung ist durch die Beschreibung von Fachkenntnissen, Arbeitsqualität, -bereitschaft (Initiative) und Fleiß, die Führung durch die Beschreibung des So- 22

F. Pflichten im Hinblick auf die Beendigung des Arbeitsverhältnisses

zialverhaltens (Verhalten gegenüber Vorgesetzten und Mitarbeitern) und bei Führungskräften des Führungsverhaltens konkretisierbar (*Schmid* DB 1986, 1334; *Schleßmann* BB 1988, 1320; *Hunold* NZA-RR 2001, 119 f.).

Die Feststellung in einem Zeugnis, dass der Arbeitnehmer es **stets verstanden** habe, **seine Interessen im Betrieb durchzusetzen**, besagt z. B., dass der Arbeitnehmer seine Interessen im Betrieb stets rücksichtslos durchgesetzt hat. Eine solche Feststellung darf in ein Zeugnis nur aufgenommen werden, wenn ein derartiges Verhalten für die Führung im Arbeitsverhältnis kennzeichnend war (*Hessisches LAG* 16.6.1998 – 9 Sa 132/98 –).

23 Im Einzelnen können folgende Abstufungen des Verhaltens unterschieden werden (vgl. krit. dazu *Hunold* NZA-RR 2001, 120):
Sein/Ihr Verhalten zu Vorgesetzten, Arbeitskollegen

war stets vorbildlich	= sehr gute Führung
war vorbildlich	= gute Führung
war stets einwandfrei/korrekt	= vollbefriedigende Führung
war einwandfrei/korrekt	= befriedigende Führung
war ohne Tadel	= ausreichende Führung
gab zu keiner Klage Anlass	= mangelhafte Führung
Über ... ist uns Nachteiliges nicht bekannt geworden.	= unzureichende Führung

24 Ein Arbeitszeugnis, das sich nur auf die Leistung, **nicht auf die Führung bezieht, erfüllt den Anspruch des § 630 BGB nicht** (*LAG Köln* 30.3.2001 ARST 2001, 285 Ls.).

bb) Beurteilungsspielraum des Arbeitgebers
25 Die Formulierung des Zeugnisses obliegt dem Arbeitgeber; er ist grds. frei bei seiner Entscheidung, **welche Leistungen und Eigenschaften eines Arbeitnehmers er hervorheben oder zurücktreten** lassen will (vgl. *ArbG Bayreuth* 26.11.1991 NZA 1992, 799 zum Begriff der Pünktlichkeit).
Der Beurteilungsspielraum ist größer als bei der Tätigkeitsbeschreibung; gerichtlich überprüft werden kann an sich nur, ob **sachfremde Erwägungen eingeflossen** sind oder **allgemein gültige Bewertungsmaßstäbe** außer Acht gelassen wurden.

cc) Vertragsbruch; Straftaten
26 Nach Auffassung des *LAG Hamm* (24.9.1985 NZA 1986, 99) kann ein Vertragsbruch des Arbeitnehmers bei der Beurteilung seiner Führung Berücksichtigung finden. Demgegenüber darf der Arbeitgeber nach Auffassung des *LAG Köln* (8.11.1989 LAGE § 630 BGB Nr. 8) den Arbeitsvertragsbruch des Arbeitnehmers grds. nicht im Zeugnis ausdrücklich erwähnen.
Straftaten des Arbeitnehmers, die zugleich die Pflichten aus dem Arbeitsverhältnis verletzen können, müssen jedenfalls u. U. erwähnt werden, um eine Haftung gegenüber Dritten auszuschließen (vgl. *Becker-Schaffner* BB 1989, 2105 m. w. N.; zur Haftung des Arbeitgebers *Kölsch* NZA 1985, 382).

dd) Prokura
27 Bestand eine Prokura nicht während der gesamten Dauer des Arbeitsverhältnisses, so hat der Arbeitnehmer nur Anspruch auf einen Hinweis darauf unter exakter Zeitan-

F. Pflichten im Hinblick auf die Beendigung des Arbeitsverhältnisses

gabe, also unter Angabe von Beginn und Ende der Prokura (*LAG Baden-Württemberg* 19.6.1992 NZA 1993, 127). Da das Arbeitszeugnis die für das Arbeitsverhältnis typischen Verhältnisse nachzeichnen muss, sind andererseits **Modalitäten**, die von den Arbeitsvertragsparteien im Zusammenhang mit der **Beendigung des Arbeitsverhältnisses vereinbart werden**, z. B. der Widerruf der Prokura, **nicht zu erwähnen** (*BAG* 26.6.2001 EzA § 630 BGB Nr. 24 = NZA 2002, 34).

ee) Bewertung der Leistung; Abstufungen
Eine Leistung, die vom Arbeitgeber nicht beanstandet worden ist, muss deshalb in einem qualifizierten Zeugnis noch nicht als sehr gut bewertet werden (*LAG Düsseldorf* 26.2.1985 DB 1985, 2692). 28

> Die Leistungsbeurteilung wird i. d. R. kurz zusammengefasst wiedergegeben; der Notenskala sehr gut bis mangelhaft entsprechen in etwa folgende Formulierungen:
> - sehr gut: »Stets/jederzeit zu unserer vollsten Zufriedenheit« (*LAG Hamm* 13.2.1992 LAGE § 630 BGB Nr. 16; *Schleßmann* BB 1988, 1320; *Weuster* BB 1991, 58) oder »in jeder Hinsicht außerordentlich zufrieden stellend« (MünchArbR/*Wank* § 128 Rz. 26);
> - gut, überdurchschnittliche Leistungen: »Zur vollsten oder stets/jederzeit zur vollen Zufriedenheit« (*LAG Hamm* 13.2.1992 LAGE § 630 BGB Nr. 16; *LAG Bremen* 9.11.2000 NZA-RR 2001, 287 **a. A.** (ohne Begründung) *BAG* 23.9.1992 EzA § 630 BGB Nr. 16 »zur vollsten Zufriedenheit« bedeutet eine sehr gute Leistung) oder »voll und ganz zufrieden stellend« (MünchArbR/*Wank* § 128 Rz. 26);
> - befriedigend, durchschnittlich: »Stets zu unserer Zufriedenheit« (*LAG Köln* 2.7.1999 NZA-RR 2000, 235; *Becker-Schaffner* BB 1989, 2105; **a. A.** *Weuster* BB 1992, 59 (ausreichend) oder »zu unserer vollen Zufriedenheit« (*LAG Hamm* 13.2.1992 LAGE § 630 BGB Nr. 16; *LAG Bremen* 9.11.2000 NZA-RR 2001, 287; *ArbG Nürnberg* 2.5.2001 ARST 2001, 285 Ls.);
> - unterdurchschnittliche, aber ausreichende Leistungen: »Zu unserer Zufriedenheit« (*LAG Hamm* 13.2.1992 LAGE § 630 BGB Nr. 16; *LAG Köln* 2.7.1999 NZA-RR 2000, 235);
> - mangelhaft: »Im großen und ganzen zufrieden stellend: (MünchArbR/*Wank* § 128 Rz. 26), »insgesamt zu unserer Zufriedenheit« (*LAG Hamm* 13.2.1992 LAGE § 630 BGB Nr. 16);
> - ungenügend: »Er war bemüht, die ihm gestellten Anforderungen zu erfüllen« oder »zu unserer Zufriedenheit zu erledigen versucht« (*LAG Hamm* 13.2.1992 LAGE § 630 BGB Nr. 16).

ff) Bedeutung des Gesamtzusammenhangs
Zu berücksichtigen ist, dass neben diesen Formulierungen auch der Gesamtzusammenhang des Zeugnisses für die Feststellung der Leistungsbewertung maßgeblich sein kann. 29
So bedeutet die Formulierung, dass der Arbeitnehmer die ihm übertragenen Aufgaben mit **großem Fleiß und Interesse** durchführte, nach sechsjähriger Tätigkeit eines Physikers in der Forschungsabteilung eines großen Unternehmens neben einer sehr ausführlichen Tätigkeitsbeschreibung die Erklärung des Arbeitgebers, der Arbeitneh-

F. Pflichten im Hinblick auf die Beendigung des Arbeitsverhältnisses

mer habe sich bemüht, im Ergebnis aber nichts geleistet (*BAG* 24.3.1977 EzA § 630 BGB Nr. 9).

30 Bewertet der Arbeitgeber im Zeugnis die **einzelnen Leistungen** des Arbeitnehmers ausnahmslos mit »**sehr gut**« und die Tätigkeit darüber hinaus als »**sehr erfolgreich**«, so ist damit eine Gesamtbeurteilung mit der **Schlussfolgerung**, der Arbeitnehmer habe seine Aufgaben »immer zu unserer **vollen Zufriedenheit** gelöst«, **unvereinbar**. Der sehr guten Leistung entspricht die zusammenfassende Beurteilung »zur vollsten Zufriedenheit« (*BAG* 23.9.1992 EzA § 630 BGB Nr. 16; s. aber oben F/Rz. 28).

31 Die Formulierung im Arbeitszeugnis, der Arbeitnehmer sei »**ehrlich und pünktlich**«, **entwertet die durchschnittliche Leistungsbeurteilung** »zu unserer vollen Zufriedenheit«. Denn durch die Hervorhebung der an sich selbstverständlichen Pünktlichkeit (= zeitliche Zuverlässigkeit) und dem Weglassen des wichtigen Beurteilungskriteriums »Zuverlässigkeit« wird dem Arbeitnehmer »zwischen den Zeilen« bescheinigt, dass er im Übrigen nicht zuverlässig ist (*ArbG Nürnberg* 2.5.2001 ARST 2001, 285 Ls.).

gg) Außerdienstliches Verhalten des Arbeitnehmers

32 Im Rahmen der Führung des Arbeitnehmers ist grds. nur auf das dienstliche Verhalten und nicht auf das Privatleben abzustellen. Die »dienstliche Führung« ist aber auch dann betroffen, wenn er unbefugt ein Dienstfahrzeug seines Arbeitgebers in fahruntüchtigem Zustand zu einer Privatfahrt benutzt und deswegen strafgerichtlich verurteilt wird (*BAG* 29.1.1986 AP Nr. 2 zu § 48 TVAL II).

d) Gewerkschaftliche Betätigung; Betriebsratstätigkeit

33 Die gewerkschaftliche Tätigkeit eines Arbeitnehmers ([*LAG Hamm* 26.4.1990 DB 1990, 1527]; für Personalratstätigkeit auch *BAG* 19.8.1992 EzA § 630 BGB Nr. 14 [dienstliche Beurteilung]) oder seine Mitarbeit im Betriebsrat (*LAG Frankfurt* 10.3.1977 DB 1978, 167; GK-BetrVG/*Wiese* § 37 Rz. 14), Personalrat, in der Jugendvertretung oder als Vertrauensmann der Schwerbehinderten darf nur auf seinen **ausdrücklichen Wunsch** hin in ein qualifiziertes Zeugnis aufgenommen werden (*Schäfer* Die Abwicklung des beendeten Arbeitsverhältnisses, Rz. 72). Liegt ein dahingehender Wunsch des Arbeitnehmers nicht vor, haben auch mittelbare Aussagen, welche ein derartiges Engagement nahe legen, zu unterbleiben.
Etwas anderes kann aber u. U. dann gelten, wenn ein Arbeitnehmer über einen **längeren Zeitraum** als Betriebsratsmitglied von der Arbeit **freigestellt** war, wenn sonst Schwierigkeiten bestehen, die Art des Arbeitsverhältnisses und die Leistung zu beschreiben (MünchArbR/*Wank* § 128 Rz. 30; vgl. auch *Witt* BB 1996, 2194 ff.).

e) Beendigungsgrund und -modalitäten

aa) Grundlagen

34 Fraglich ist, ob der Kündigungsgrund (z. B. Vertragsbruch des Arbeitnehmers) sowie die Modalitäten der Kündigung (wer wie gekündigt hat) vom Arbeitgeber ohne weiteres oder aber nur auf Verlangen des Arbeitnehmers erwähnt werden dürfen.
Nach Auffassung des *LAG Hamm* (24.9.1985 NZA 1986, 99; abl. *Hunstel* DB 1993, 227) sind Beendigungsgründe nur **auf Verlangen** des Arbeitnehmers in das Zeugnis aufzunehmen. Beendigungsgrund ist die Tatsache, auf Grund derer das Arbeitsverhältnis aufgelöst wird. Umstände, »wie« das Arbeitsverhältnis aufgelöst wird, d. h. mit oder ohne Einhaltung der Kündigungsfrist, sind keine Beendigungsgründe in

diesem Sinne. Nach Auffassung des *LAG Düsseldorf* (22.1.1988 NZA 1988, 399) genügt es dann, wenn dem Arbeitnehmer zu Recht außerordentlich gekündigt wurde, diese Tatsache durch alleinige **Angabe des (ungewöhnlichen) Beendigungszeitpunkts** zum Ausdruck zu bringen.
Demgegenüber soll es nach Auffassung des *ArbG Düsseldorf* (1.10.1987 DB 1988, 508; 35 abl. *Schleßmann* BB 1988, 1320) dem **Vollständigkeitsgebot entsprechen**, in dem Zeugnis auf die zur Kündigung führenden **Gründe hinzuweisen**. Deshalb soll kein Anspruch auf die Streichung der Angabe des Beendigungstatbestandes mit der Formulierung:»Das Arbeitsverhältnis endete durch fristlose arbeitgeberseitige Kündigung« bestehen.
Popp (NZA 1997, 588 ff.) schließlich hält eine **sorgfältige Abwägung** unter Berücksichtigung aller Umstände des Einzelfalles zur Beurteilung dieser Frage für unerlässlich.

bb) Beendigung des Arbeitsverhältnisses auf Grund Auflösungsantrages des Arbeitnehmers
Ist das Arbeitsverhältnis auf den Auflösungsantrag des Arbeitnehmers gem. §§ 9, 10 36 KSchG durch Urteil aufgelöst worden, dann kann der Arbeitnehmer beanspruchen, dass der Beendigungsgrund mit der Formulierung erwähnt wird, das Arbeitsverhältnis sei »**auf seinen Wunsch beendet**« worden (*LAG Köln* 29.11.1990 LAGE § 630 BGB Nr. 11).

Das vom Arbeitgeber geschuldete Wohlwollen und die Rechtskraftbindung an die 37 festgestellte Sozialwidrigkeit der Kündigung machen es erforderlich, die (unwirksame) Kündigung und den Kündigungsschutzprozess ansonsten unerwähnt zu lassen und – ebenso wie bei einem »echten« beiderseitigen Einvernehmen nachteilige Rückschlüsse des Zeugnislesers durch eine wohlwollende Schlussformel zu vermeiden (z. B.: »Wir wünschen ... für den weiteren Berufs- und Lebensweg alles Gute«; *LAG Köln* 29.11.1990 LAGE § 630 BGB Nr. 11; s. aber unten F/Rz. 40).

cc) Wettbewerbsabreden
Wettbewerbsabreden gehören nicht zum notwendigen Inhalt eines Zeugnisses, weil 38 sie mit der Art der Beschäftigung, Leistung und Führung nicht in Zusammenhang stehen (MünchArbR/*Wank* § 128 Rz. 32).

f) Ausstellungsdatum
Auch das Ausstellungsdatum unterliegt der Wahrheitspflicht. Ausstellungsdatum ist 39 deshalb das Datum der tatsächlichen Ausfertigung des Zeugnisses. Folglich ist eine **Rückdatierung nicht zulässig**, auch dann nicht, wenn der Arbeitgeber das Zeugnis verspätet schreibt. Ein **berichtigtes Zeugnis** trägt allerdings das Datum des ursprünglich und erstmals erteilten Zeugnisses, wenn die verspätete Ausstellung nicht vom Arbeitnehmer zu vertreten ist (*BAG* 9.9.1992 EzA § 630 BGB Nr. 15). Das gilt auch dann, wenn das Zeugnis auf Grund eines gerichtlichen Vergleichs zu berichtigen ist (vgl. *ArbG Karlsruhe* 19.9.1985 NZA 1986, 169).
Fraglich ist, welches Datum dann zu verwenden ist, wenn der Arbeitnehmer über den Ablauf der Kündigungsfrist hinaus einstweilen weiterbeschäftigt, danach aber die Rechtswirksamkeit der Kündigung rechtskräftig festgestellt worden ist.

F. Pflichten im Hinblick auf die Beendigung des Arbeitsverhältnisses

Nach Auffassung von *Wank* (MünchArbR § 128 Rz. 13) ist insoweit weder das Ende der Kündigungsfrist, noch das zufällige Datum der Rechtskraft des Urteils im Kündigungsschutzprozess anzugeben, sondern vielmehr der **nächstliegende vergangene Kündigungstermin**.

g) »Wunschformel«

40 Da das Fehlen einer Schlussformulierung ein (besonders gutes) **Zeugnis entwerten kann**, kann ein Arbeitnehmer unter Umständen **einen Anspruch** darauf haben, dass im Zeugnis die Formel: »Wir wünschen Ihnen für die Zukunft alles Gute und viel Erfolg« enthalten ist (*Hessisches LAG* 17.6.1999 ZTR 2000, 88 Ls. = ARST 2000, 208; a. A. *ArbG Bremen* 11.2.1992 NZA 1992, 800; s. auch oben F/Rz. 36). Grundsätzlich ist der Arbeitgeber aber nach Auffassung des *BAG* (21.9.1999 EzA § 630 BGB Nr. 22; 20.2.2001 EzA § 630 BGB Nr. 23; ebenso *LAG Berlin* 10.12.1998 FA 1999, 271) gesetzlich **nicht verpflichtet**, das Arbeitszeugnis **mit derartigen Formulierungen abzuschließen**.

h) Äußerliche Gestaltung

41 Der Arbeitnehmer kann verlangen, dass das Zeugnis auf einem **Firmenbogen** erteilt wird, wenn der Arbeitgeber solche besitzt und im Geschäftsverkehr üblicherweise verwendet (*BAG* 3.3.1993 EzA § 630 BGB Nr. 17). Das Anschriftenfeld ist nicht auszufüllen und das Zeugnis ist nach Auffassung des *LAG Hamburg* (7.9.1993 NZA 1994, 890) in ungefaltetem Zustand auszustellen.

42 Demgegenüber geht das *BAG* (21.9.1999 EzA § 630 BGB Nr. 22) davon aus, dass der Arbeitgeber den Zeugnisanspruch auch mit einem Zeugnis erfüllt, das er zweimal faltet, um den Zeugnisbogen in einem Geschäftsumschlag üblicher Größe unterzubringen, wenn das Originalzeugnis kopierfähig ist und die Knicke im Zeugnisbogen sich nicht auf den Kopien abzeichnen, z. B. durch Schwärzungen. Ansonsten muss gutes Papier verwendet werden; das Zeugnis muss sauber, ordentlich und fehlerfrei geschrieben sein (*BAG* 3.3.1993 EzA § 630 BGB Nr. 17; *Schäfer* Die Abwicklung des beendeten Arbeitsverhältnisses, Rz. 74). Zu den Mindestanforderungen, die ein Schriftstück erfüllen muss, um als Zeugnis qualifiziert zu werden, gehört im Übrigen die persönliche **Unterschrift** des Ausstellers (*BAG* 21.9.1999 EzA § 630 BGB Nr. 22; *Hessisches LAG* 2.9.1997 ZTR 1998, 231 Ls.). Zur Erfüllung der damit notwendig einzuhaltenden Schriftform genügen weder ein Faksimile noch eine kopierte Unterschrift, sodass auch eine Zeugniserteilung per eMail oder per Telefax oder durch Übergabe einer Kopie die gesetzliche Schriftform nicht wahrt. Wie unter bestimmenden Schriftsätzen reicht auch unter einem Zeugnis eine Paraphe als Unterschrift nicht aus (*LAG Hamburg* 28.3.2000 NZA 2001, 576 Ls.). Da die bloße Unterschrift häufig nicht entzifferbar ist und das Zeugnis nicht von einem Anonymus ausgestellt werden soll, bedarf die Unterschrift des Ausstellers nach Auffassung des *LAG Hamburg* (28.3.2000 NZA 2001, 576 Ls.) des Weiteren der maschinenschriftlichen Namensangabe.

43 Lässt sich ein Arbeitgeber bei der Ausstellung des Zeugnisses durch einen Angestellten **vertreten**, ist im Arbeitszeugnis deutlich zu machen, dass dieser Vertreter dem Arbeitnehmer gegenüber **weisungsbefugt** war. Ist der Arbeitnehmer direkt der Geschäftsleitung unterstellt gewesen, so ist das Zeugnis von einem Mitglied der Ge-

F. Pflichten im Hinblick auf die Beendigung des Arbeitsverhältnisses

schäftsleitung auszustellen, das auf seine Position als Mitglied der Geschäftsleitung hinweisen muss (*BAG* 26.6.2001 EzA § 630 BGB Nr. 24 = NZA 2002, 34).
Gem. § 630 BGB n. F. ist im Übrigen die Erteilung eines Zeugnisses **in elektronischer** **Form** (§§ 126 Abs. 3, 126 a BGB n. F. i. V. m. dem SignaturG) **ausgeschlossen**. 44

i) Beurteilungsbogen als Arbeitszeugnis

Vor allem für die betriebsinterne Mitarbeiterbeurteilung werden in der Praxis vielfach 45
»Beurteilungsbögen« zu Grunde gelegt. Sie spalten z. B. die Merkmale Leistung und Führung in Einzelmerkmale auf, z. B. bei der Leistung: Arbeitsgüte/Arbeitstempo/ Arbeitsökonomie/Arbeitsbereitschaft/Belastbarkeit/Fachkenntnisse/Ausdrucksvermögen/Verhandlungsgeschick, die dann ihrerseits vorformuliert weiter untergliedert werden. Die jeweilige Einzelaussage muss nur noch angekreuzt werden. Für Beurteilungsbögen spricht die Einheitlichkeit und Nachvollziehbarkeit. Derartige Beurteilungsbögen können außerhalb des Unternehmens nach Auffassung von *Wank* (MünchArbR § 128 Rz. 33) auch **neben einem Zeugnis** vorgelegt werden. Sie können auch **an Stelle eines Zeugnisses** verwendet werden, weil der Beurteilungsbogen den gesetzlichen Anforderungen an ein Zeugnis entspricht.

j) Darlegungs- und Beweislast

Nach der Rechtsprechung des *BAG* (23.6.1960 AP Nr. 1 zu § 73 HGB) ist der Arbeitgeber für den Zugang des Zeugnisses sowie für die Tatsachen beweispflichtig, die der Zeugniserteilung und der darin enthaltenen Bewertung zu Grunde liegen. Denn die Behauptung, das erteilte Zeugnis sei ordnungsgemäß erstellt worden, bedeutet im Hinblick auf den Anspruch des Arbeitnehmers auf Erteilung eines qualifizierten Zeugnisses, dass der Arbeitgeber den Einwand der Erfüllung erhebt, für den er darlegungs- und beweispflichtig ist (vgl. *BAG* 17.2.1988 EzA § 630 BGB Nr. 12). Dies gilt grds. auch für Bewertungen, **die nicht immer objektivierbar** sind. Dem Arbeitgeber wird deshalb insoweit ein **Beurteilungsspielraum** zugestanden, der nur daraufhin gerichtlich überprüft werden kann, ob überzogene oder willkürliche Maßstäbe der Bewertung zu Grunde gelegt worden sind (*Schäfer* Die Abwicklung des beendeten Arbeitsverhältnisses, Rz. 76; s. o. F/Rz. 25). 46

Selbst wenn man danach aber von der Darlegungs- und Beweislast des Arbeitgebers 47
ausgeht, so muss der **Arbeitnehmer** nach Auffassung des *LAG Düsseldorf* (26.2.1985 DB 1985, 2692) zunächst **schlüssig einen Anspruch auf Korrektur z. B. der vom Arbeitgeber getroffenen Leistungsbeurteilung behaupten**. Ist die Tätigkeit vom Arbeitgeber nicht beanstandet worden, beurteilt dieser die Leistung mit der Bewertung »zur vollen Zufriedenheit« und begehrt der Arbeitnehmer stattdessen die Beurteilung mit der Bestnote, so muss er darlegen, warum die von ihm erbrachte Leistung einer solchen, nicht mehr steigerungsfähigen Leistungsbeurteilung entsprochen hat, denn eine allein beanstandungsfreie Leistung reicht dafür nicht aus (*LAG Düsseldorf* 26.2.1985 DB 1985, 2692; *Schäfer* Die Abwicklung des beendeten Arbeitsverhältnisses, Rz. 76).

Will der Arbeitgeber einem Arbeitnehmer, der insgesamt nur sechs Monate bei 48
ihm beschäftigt gewesen ist, im Zeugnis lediglich durchschnittliche Leistungen bescheinigen, so genügt er seiner Darlegungspflicht, wenn er sich darauf beruft, dass er gekündigt hat. Will er dagegen nur unterdurchschnittliche Leistungen be-

F. Pflichten im Hinblick auf die Beendigung des Arbeitsverhältnisses

scheinigen, so muss er darlegen und beweisen, dass der Arbeitnehmer Fehler gemacht und wegen dieser ermahnt oder abgemahnt worden ist. Will andererseits der Arbeitnehmer eine Leistungsbewertung im Zeugnis mit der Note »gut« haben, muss er darlegen und ggf. nachweisen, welche seiner Leistungen diese Anerkennung verdienen (*LAG Hamm* 13.2.1992 LAGE § 630 BGB Nr. 16; *LAG Bremen* 9.11.2000 NZA-RR 2001, 287).

49 Ob der **Arbeitnehmer** dann, wenn er zwar ein qualifiziertes Zeugnis erhalten, mit dessen Inhalt aber nicht einverstanden ist (s. u. F/Rz. 69 ff.), die **Darlegungs- und Beweislast für jede von ihm erstrebte Änderung** trägt, hat das *BAG* (23.9.1992 EzA § 630 BGB Nr. 16) offen gelassen, nachdem das *LAG Frankfurt* dies zuvor (6.9.1991 LAGE § 630 BGB Nr. 14) angenommen hatte. Demgegenüber ist das *LAG Saarland* (28.2.1990 LAGE § 630 BGB Nr. 9) davon ausgegangen, dass den Arbeitgeber auch bei einem Zeugnisberechtigungsanspruch die Darlegungs- und Beweislast für die Richtigkeit des erteilten Zeugnisses trifft.

50 Das *LAG Köln* (26.4.1996 NZA-RR 1997, 84; vgl. dazu *Hunold* NZA-RR 2001, 120) geht insoweit davon aus, dass bei Uneinigkeit der Parteien im beschreibenden Bereich der Arbeitnehmer im Zeugnisstreit die Darlegungs- und Beweislast für seine Wünsche hat, z. B. bei einem Streit darüber, ob er während des Arbeitsverhältnisses eine bestimmte (Teil-) Tätigkeit verrichtet hat. Im bewertenden Teil hat der Arbeitnehmer Anspruch auf eine gute Bewertung, wenn der Arbeitgeber Defizite nicht substantiiert darlegt und ggf. beweist (ähnlich *ArbG Nürnberg* 2.5.2001 ARST 2001, 285 Ls. für die Unzuverlässigkeit des Arbeitnehmers); fordert der Arbeitnehmer dagegen Bewertungen, die weit über das übliche Maß hinausgehen (»hoher Einsatz«, »großes Engagement«), ist der Arbeitnehmer darlegungs- und beweispflichtig. Dies gilt auch für Bewertungen, die von Dritten stammen (»Wertschätzung bei Kunden wegen seiner Fachkenntnisse und freundlichen Art«).

4. Die Zeugnissprache

51 Fraglich ist, ob bei der Erstellung von Zeugnissen in der Praxis eine spezifische Sprache Anwendung findet, die als besondere Fachsprache oder als eine **codierte Sprache** verstanden werden kann (vgl. *Schmid* DB 1982, 1111, DB 1988, 2253).

52 Nach Auffassung von *Weuster* (BB 1992, 58; vgl. auch *Göldner* ZfA 1991, 232; nach *LAG Köln* 26.4.1996 NZA-RR 1997, 84 ist die Zeugnissprache wie jede Sprache teils beschreibend und teils bewertend) werden in der Praxis **jedenfalls spezielle Techniken der Zeugnisgestaltung und -formulierung** verwendet:
– Die **Positiv-Skala-Technik**, die vor allem bei der Leistungsbeurteilung (»Zufriedenheitsskala«) Anwendung findet, transformiert das denkbare Beurteilungsspektrum positiver und negativer Aussagen verbal auf den feiner unterteilten Positivbereich. Es kommt also nicht darauf an, dass der Arbeitnehmer im Zeugnis gelobt wird, sondern in welchem Maße er gelobt wird.
– Die **Leerstellen-Technik** besteht darin, statt einer negativen Aussage gar keine Aussage zu machen.
– In den **Reihefolgen-Techniken** erfolgt eine Abwertung dadurch, dass unwichtige oder weniger wichtige Aussagen vor wichtige Aussagen gesetzt werden.

F. Pflichten im Hinblick auf die Beendigung des Arbeitsverhältnisses

- Die **Ausweich-Technik** besteht darin, Unwichtiges, weniger Wichtiges oder Selbstverständlichkeiten an Stelle von Wichtigem hervorzuheben.
- Die **Einschränkungs-Technik** besteht in einer subtilen Einschränkung der räumlichen oder zeitlichen Geltung von Aussagen.
- Bei der **Andeutungs-Technik** (Orakel-Technik) werden dem Leser negative Schlüsse nahe gelegt. Dies geschieht durch beliebig auslegbare Leerformeln und durch die Verwendung von Verben, die schon in der Alltagssprache mehrdeutig gebraucht werden (z. B. »Sie hat ihre Aufgaben mit der ihr eigenen [= geringen] Sorgfalt bearbeitet.«).
- Bei der **Knappheits-Technik** erfolgt eine Abwertung durch ein betont knappes Zeugnis oder durch lakonische Aussagen zu einzelnen Zeugniskomponenten.
- Bei der **Widerspruchs-Technik** schließlich liegen (häufig als das Ergebnis von Verhandlungen über den Zeugnisinhalt) Widersprüche und inhaltliche Brüche im Zeugnis vor. Das ist vor allem dann der Fall, wenn der Arbeitnehmer verdeckte Kritik aus Unkenntnis übersieht oder wenn er nur einige Verbesserungen durchsetzen kann. In sich widersprüchlich und daher wenig glaubwürdig wirken z. B. Aufgabenbeschreibungen, in denen neben sehr bedeutsamen und verantwortungsvollen Aufgaben einfache Arbeiten und Hilfsarbeiten aufgeführt werden. Das Gleiche gilt, wenn auf eine sehr gute oder gute Leistungs- und Verhaltensbeurteilung im Schlusssatz keine Dankes-Bedauern-Formel folgt.

Weuster (BB 1992, 58) schließt aus der faktischen Wirkung der Zeugnissprache, dass 53 es sich um einen Code handelt, der durch verschiedene Techniken das Urteil des Ausstellers gegenüber Unkundigen verschleiert. Der Unkundige, viele Arbeitnehmer, aber auch Arbeitgeber, werten viele Aussagen positiver als sie gemeint sind und vom kundigen Leser verstanden werden.

Nach Auffassung des *LAG Hamm* (28.3.2000, 27.4.2000 BB 2001, 629 Ls.; a. A. *Weus-* 54 *ter* BB 2001, 629 f.) drückt der Gebrauch des Wortes »**kennen gelernt**« stets das **Nichtvorhandensein der im Kontext aufgeführten Fähigkeit oder Eigenschaft** aus. Ist der Aussteller des Zeugnisses insoweit aber selbst unkundig, entspricht dies nicht 55 einmal seinem wahren Willen, sodass es im Einzelfall schwierig zu beurteilen ist, welches konkrete Ziel mit einer konkreten Aussage in einem Zeugnis verfolgt werden soll.

5. Wechsel der Zeugnisart

Grds. hat der Arbeitnehmer ein Wahlrecht hinsichtlich der Art des gewählten Zeug- 56 nisses. Verlangt er kein qualifiziertes Zeugnis, so erfüllt der Arbeitgeber seine Pflicht, indem er ein einfaches Zeugnis ausstellt. Umgekehrt braucht sich der Arbeitnehmer ein qualifiziertes Zeugnis nicht aufdrängen zu lassen.

Hat der Arbeitgeber daher ein einfaches Zeugnis ordnungsgemäß erstellt und verlangt dieser erst daraufhin erstmals, es auch auf Führung und Leistung auszudehnen, so ist an sich der Zeugnisanspruch bereits erfüllt (§ 362 Abs. 1 BGB). Gleichwohl ist dann aus der **Fürsorgepflicht** des Arbeitgebers ein Anspruch des Arbeitnehmers auf Erteilung eines qualifizierten Zeugnisses gegeben (*Schleßmann* BB 1988, 1320; *Schäfer* Die Abwicklung des beendeten Arbeitsverhältnisses, Rz. 69).

F. Pflichten im Hinblick auf die Beendigung des Arbeitsverhältnisses

6. Holschuld

57 Beim Zeugnis handelt es sich um eine Holschuld (*BAG* 8.3.1995 EzA § 630 BGB Nr. 19). Auch ein einfaches Zeugnis braucht der Arbeitgeber nur auszustellen und bereit zu halten, wenn der Arbeitnehmer überhaupt ein Zeugnis verlangt. Befindet sich der Arbeitgeber mit der Ausstellung in Verzug und würde die Abholung infolge dessen einen **unverhältnismäßigen Aufwand** erfordern, kann allerdings der Arbeitnehmer **ausnahmsweise Zusendung** verlangen (*BAG* 8.3.1995 EzA § 630 BGB Nr. 19).

7. Widerruf

58 Seiner Rechtsnatur nach ist das Zeugnis keine Willenserklärung, sondern eine **Wissenserklärung**. Statt einer Irrtumsanfechtung ist allenfalls ein Widerruf wegen Irrtums möglich. Voraussetzung ist eine erhebliche Unrichtigkeit des Zeugnisses. Hat der Arbeitgeber im Übrigen ein unrichtiges Zeugnis erstellt, so ist er dem Arbeitnehmer aus Gründen der Schlechterfüllung zur Berichtigung, Dritten gegenüber zum Widerruf im Falle einer Sittenwidrigkeit nach § 826 BGB verpflichtet. Hat der Arbeitgeber den Arbeitnehmer im Zeugnis gut beurteilt, kann er gegen ihn keinen Schadensersatzanspruch wegen Schlechtleistung geltend machen (*BGH* 8.2.1972 AP Nr. 7 zu § 630 BGB).
Der widerrufende Arbeitgeber kann verlangen, dass ihm das unrichtige Zeugnis Zug um Zug gegen die Erteilung eines neuen Zeugnisses herausgegeben wird. Eine Widerrufsfrist besteht nicht, es kann jedoch Verwirkung eintreten (MünchArbR/*Wank* § 128 Rz. 34; *Schäfer* Die Abwicklung des beendeten Arbeitsverhältnisses, Rz. 77).

8. Ausschlussfristen; Verwirkung

59 Ausgleichsklauseln (z. B. in Vergleichen, die einen Kündigungsschutzprozess beenden) können nicht ohne weiteres dahin ausgelegt werden, dass sie auch einen Verzicht auf ein qualifiziertes Zeugnis enthalten.

60 Das *BAG* (16.9.1974 EzA § 630 BGB Nr. 5) hat offen gelassen, ob ein anlässlich oder nach Beendigung des Arbeitsverhältnisses erklärter Verzicht des Arbeitnehmers auf ein qualifiziertes Zeugnis überhaupt rechtswirksam ist.
Nach Auffassung des *LAG Köln* (17.6.1994 LAGE § 630 BGB Nr. 22) ist dies bei **hinreichender Klarheit der gewählten Formulierung** in einer Ausgleichsquittung möglich.

61 Das *LAG Nürnberg* (18.1.1994 LAGE § 630 BGB Nr. 20) hat angenommen, dass eine bei Abschluss des Arbeitsvertrages vereinbarte einzelvertragliche Ausschlussklausel i. d. R. nicht den bei Beendigung des Arbeitsverhältnisses entstehenden Zeugnisanspruch erfasst. Eine einzelvertraglich vereinbarte **zweistufige Ausschlussklausel**, deren erste Stufe eine 2-Wochenfrist ab Fälligkeit beinhaltet, ist hinsichtlich der Geltendmachung eines Zeugnisanspruchs **unangemessen kurz und damit unwirksam** (*LAG Nürnberg* 18.1.1994 LAGE § 630 BGB Nr. 20).

62 Jedenfalls unterliegt der Anspruch auf Zeugniserteilung sowohl tariflichen Ausschlussfristen (*BAG* 23.2.1983 EzA § 70 BAT Nr. 5) als auch der Verwirkung

F. Pflichten im Hinblick auf die Beendigung des Arbeitsverhältnisses

(*BAG* 17.2.1988 EzA § 630 BGB Nr. 12; *Schäfer* Die Abwicklung des beendeten Arbeitsverhältnisses, Rz. 89).

9. Rechtsfolgen der Verletzung der Zeugnispflicht

a) Erfüllungsanspruch; Schadensersatz
Ist der Arbeitgeber mit der Erfüllung des Zeugnisses in Verzug, kann der Arbeitnehmer Erfüllung geltend machen und daneben Schadensersatz nach § 286 Abs. 1 BGB verlangen. Wird überhaupt nicht erfüllt, kann er bei Verschulden des Arbeitgebers Schadensersatz aus pFV (jetzt §§ 280 ff., 241 Abs. 2 BGB n. F.) verlangen. Im Falle der Schlechterfüllung kann er Berichtigung verlangen. Bei formellen Fehlern ist dem Arbeitnehmer ein berichtigtes Zeugnis auszustellen. Bei inhaltlichen Fehlern kann ebenfalls ein neues, richtiges Zeugnis verlangt werden. 63

b) Darlegungs- und Beweislast bei Schadensersatzansprüchen; Inhalt des Anspruchs

Macht der Arbeitnehmer Schadensersatz geltend, so muss er bei pFV (jetzt §§ 280 ff., 241 Abs. 2 BGB n. F.) die Schlechterfüllung, den Schaden und die Kausalität zwischen Schlechterfüllung und Schaden darlegen und beweisen, im Falle des § 286 BGB die Verspätung, den Schaden und die Kausalität zwischen Verspätung und Schaden. 64

Der Arbeitnehmer kann auch Schadensersatz wegen **entgangener Einkünfte** fordern. **Allerdings besteht kein Erfahrungssatz dahin, dass das Fehlen des Zeugnisses die Ursache für den Misserfolg von Bewerbungen um einen anderen Arbeitsplatz gewesen ist.** 65

Der Arbeitnehmer muss in einem derartigen Fall darlegen und im Streitfalle beweisen, dass ein bestimmter Arbeitgeber bereit gewesen ist, ihn einzustellen, sich aber wegen des fehlenden Zeugnisses davon hat abhalten lassen. Die Erleichterung des § 287 ZPO kann sich erst bei der Würdigung des Parteivortrags und etwaiger Beweise auswirken (*BAG* 25.10.1967 AP Nr. 6 zu § 73 HGB für Leitende Angestellte; *Schäfer* Die Abwicklung des beendeten Arbeitsverhältnisses, Rz. 80). 66

Zudem kommt ihm die Darlegungs- und Beweiserleichterung nach **§ 252 S. 2 BGB** für die Bestimmung der Höhe des zu ersetzenden entgangenen Gewinns zugute, wobei die Gerichte diesen nach den Maßstäben des **§ 287 Abs. 1 S. 1 ZPO** schätzen und würdigen können (*BAG* 24.3.1977 EzA § 630 BGB Nr. 9). 67

c) Haftung des Arbeitgebers gegenüber Dritten
Gegenüber Dritten kann der Arbeitgeber aus Quasi-Vertrag oder nach § 826 BGB schadensersatzpflichtig sein. Anspruchsberechtigter ist insbesondere der **neue Arbeitgeber**, der den Arbeitnehmer auf Grund des zu positiven Zeugnisses eingestellt hat. Stellt sich erst nachträglich die Unrichtigkeit des Zeugnisses heraus, ist der Arbeitgeber zur Rückforderung (Widerruf; vgl. *Schäfer* Die Abwicklung des beendeten Arbeitsverhältnisses, Rz. 77) und zur Berichtigung des Zeugnisses verpflichtet. In schwer wiegenden Fällen, z. B. bei einer **nachträglich aufgedeckten Unterschlagung** 68

F. Pflichten im Hinblick auf die Beendigung des Arbeitsverhältnisses

durch einen Buchhalter, in denen der nachfolgende Arbeitgeber Schaden zu nehmen droht, ist dieser **unverzüglich zu informieren**. Andernfalls haftet der frühere Arbeitgeber für Schäden, die entstehen, weil der Dritte die Anstellung im Vertrauen auf die Richtigkeit des Zeugnisses vorgenommen hat (*BGH* 15.5.1979 EzA § 630 BGB Nr. 10). Lagen bereits zum Zeitpunkt der Zeugnisausstellung derartige Erkenntnisse vor und sind sie in verklausulierter Form in das Zeugnis eingeflossen, muss sich der neue Arbeitgeber ein Mitverschulden nach **§ 254 Abs. 1 S. 1 BGB** anrechnen lassen, wenn er dies auf Grund der Formulierung im Zeugnis hätte erkennen können (MünchArbR/*Wank* § 128 Rz. 54; *Hunold* NZA-RR 2001, 120).

10. Prozessuale Fragen

69 Der Arbeitnehmer kann gegen den Arbeitgeber auf Erteilung eines qualifizierten Zeugnisses z. B. mit dem **Klageantrag** klagen, »die Beklagte zu verurteilen, dem Kläger ein qualifiziertes Arbeitszeugnis zu erteilen«. Auch ein Arbeitszeugnis, das sich nur auf die Leistung, nicht auf die Führung bezieht, erfüllt den Anspruch des § 630 BGB nicht. Auch in einem derartigen Fall kann der Arbeitnehmer folglich Leistungsklage erheben mit dem Antrag, ein qualifiziertes Zeugnis zu erteilen. Der gewünschte Inhalt braucht dann nicht in den Antrag aufgenommen zu werden (*LAG Köln* 30.3.2001 ARST 2001, 285 Ls.).

70 Erteilt der Arbeitgeber daraufhin ein Zeugnis, das z. B. hinsichtlich der Tätigkeitsbeschreibung oder der Führung unvollständig ist oder sonst den insoweit zu stellenden Anforderungen nicht genügt, z. B. weil der Arbeitnehmer die Leistungsbeurteilung für unzutreffend hält, so hat der Arbeitnehmer zwar **keinen sog. Zeugnisberichtigungsanspruch**. Denn ein derartiger Anspruch ist im geltenden Recht nicht vorgesehen. Wer Ergänzung oder Berichtigung eines ihm bereits ausgestellten Zeugnisses verlangt, macht damit einen **Erfüllungsanspruch** geltend, der dahin geht, ihm ein nach Form und Inhalt den gesetzlichen Vorschriften entsprechendes Zeugnis zu erteilen (*BAG* 17.2.1988 EzA § 630 BGB Nr. 12).

71 Dennoch muss der Arbeitnehmer dann, wenn er bereits ein Zeugnis erhalten hat, mit dessen Inhalt er nicht einverstanden ist, in der Klageschrift im Einzelnen die von ihm beanstandeten Passagen bezeichnen und im Klageantrag das Zeugnis insoweit formulieren, wie es nach seiner Auffassung bei ordnungsgemäßer Erfüllung der Zeugnispflicht durch den Arbeitgeber lauten müsste (*LAG Düsseldorf* 26.2.1985 DB 1985, 2692).

72 Da das Zeugnis ein einheitliches Ganzes ist und seine Teile nicht ohne die Gefahr der Sinnentstellung auseinander gerissen werden können, sind die **Gerichte befugt, das gesamte Zeugnis zu überprüfen und u. U. selbst neu zu formulieren** (*BAG* 23.6.1960 AP Nr. 1 zu § 73 HGB; *Schäfer* Die Abwicklung des beendeten Arbeitsverhältnisses, Rz. 86).

F. Pflichten im Hinblick auf die Beendigung des Arbeitsverhältnisses

11. Zwangsvollstreckung

Die Zwangsvollstreckung aus dem titulierten Anspruch auf Erteilung eines qualifizierten Zeugnisses überhaupt oder auf Erteilung eines qualifizierten Zeugnisses mit einem bestimmten Inhalt richtet sich nach § 888 ZPO. 73
Soweit ein Zeugnis **formal unvollständig** ist, weil es gar nicht oder nicht ordnungsgemäß – z. B. Paraphe statt Unterschrift – unterzeichnet ist, ist ein **Berichtigungsantrag** im Erkenntnisverfahren **unzulässig**, weil eine Änderung des Zeugnisses durch Neuausstellung **im Zwangsvollstreckungsverfahren durchgesetzt werden kann**. Insoweit stellt nämlich schon der konkrete Titel klar, wie das Zeugnis formal auszusehen hat. Ist ein Zeugnis nicht unterzeichnet, ist es formal unvollständig; eine nicht gehörige Erfüllung der Zeugniserteilungspflicht durch Ausstellung eines nicht ordnungsgemäßen Zeugnisses ist einer Nichterfüllung i. S. d. § 888 ZPO gleichzustellen (*LAG Hamburg* 28.3.2000 NZA 2001, 576 Ls.). 74
Ist der Arbeitgeber zur Erteilung eines qualifizierten Zeugnisses verurteilt worden, oder hat er sich dazu in einem gerichtlichen oder außergerichtlichen Vergleich verpflichtet und erteilt er ein Zeugnis, das den an ein qualifiziertes Zeugnis zu stellenden Anforderungen hinsichtlich Tätigkeitsbeschreibung und Leistungsbeurteilung an sich genügt, mit dessen Inhalt der Arbeitnehmer aber gleichwohl nicht einverstanden ist, weil er die Tätigkeitsbeschreibung für unvollständig und/oder die Leistungsbeurteilung für zu schlecht hält, so kann dies nicht im Zwangsvollstreckungsverfahren, sondern nur in einem **neuen Erkenntnisverfahren** geltend gemacht werden (vgl. *LAG Frankfurt* 16.6.1989 LAGE § 630 BGB Nr. 7; *Schäfer* Die Abwicklung des beendeten Arbeitsverhältnisses, Rz. 88).

12. Sonstige Auskünfte des Arbeitgebers

Siehe die Ausführungen oben bei B/Rz. 292 ff. 75

II. Aufbewahrungs- und Herausgabepflichten

1. Herausgabe von Arbeitspapieren; kein Zurückbehaltungsrecht

Der Arbeitgeber ist gem. **§ 312 SGB III** verpflichtet, dem Arbeitnehmer zur Vorlage beim Arbeitsamt alle Tatsachen zu bescheinigen, die für die Entscheidung der Arbeitsverwaltung über den Anspruch des ehemaligen Arbeitnehmers auf Arbeitslosengeld erheblich sein können. Insoweit ist der Arbeitgeber zudem verpflichtet, die Arbeitsbescheinigung bei Beendigung des Arbeitsverhältnisses neben anderen Arbeitspapieren (Zeugnis, Urlaubsbescheinigung nach **§ 6 Abs. 2 BUrlG**, die Lohnsteuerkarte, das Sozialversicherungsnachweisheft sowie eine Bescheinigung nach **§ 19 Abs. 3 BKGG**) herauszugeben (vgl. dazu ausf. *Schäfer* Die Abwicklung des beendeten Arbeitsverhältnisses, Rz. 38 ff.). 76
Der Anspruch ist fällig mit der Beendigung des Arbeitsverhältnisses; aus technischen und organisatorischen Gründen ist dem Arbeitgeber aber ein **gewisser zeitlicher Spielraum** einzuräumen.
Ein Zurückbehaltungsrecht an den Arbeitspapieren nach § 273 BGB hat der Arbeitgeber nicht (*Becker-Schaffner* DB 1983, 1306). Denn dem Arbeitgeber sollen

F. Pflichten im Hinblick auf die Beendigung des Arbeitsverhältnisses

keine Zwangsrechte zur Arbeitserfüllung eingeräumt werden; der Arbeitnehmer benötigt sie zudem wegen der öffentlich-rechtlichen Verpflichtungen und zur Wahrnehmung seiner Grundrechte aus Art. 12 GG. Dieses Ergebnis rechtfertigt sich auch daraus, dass der Arbeitgeber die Leistung der Dienste aus dem Arbeitsverhältnis nicht erzwingen kann (*Schäfer* Die Abwicklung des beendeten Arbeitsverhältnisses, Rz. 14).

77 Macht ein Arbeitnehmer gegen den Arbeitgeber neben der Herausgabe der ausgefüllten Lohnsteuerkarte zugleich für den Fall nicht fristgerechter Ausfüllung und Herausgabe uneingeschränkt eine Entschädigung gem. § 61 Abs. 2 ArbGG geltend, sind mit der Entschädigung i. d. R. sämtliche Schadensersatzansprüche wegen der Nichtherausgabe (auch wegen entgangener Lohnsteuererstattung) abgegolten (*BAG* 20.2.1997 EzA § 611 BGB Arbeitgeberhaftung Nr. 5).

2. Darlegungs- und Beweislast

78 Für die ordnungsgemäße **Erfüllung** durch Herausgabe und Bescheinigung ist der **Arbeitgeber** darlegungs- und beweispflichtig, der **Arbeitnehmer** demgegenüber im Falle von **Schadensersatzansprüchen** bei verspäteter oder unrichtiger Erfüllung (§ 286 Abs. 1 BGB, pFV, jetzt §§ 280 ff., 241 Abs. 2 BGB n. F.; *BAG* 25.10.1967 AP Nr. 6 zu § 73 HGB; *Schäfer* Die Abwicklung des beendeten Arbeitsverhältnisses, Rz. 34).

3. Aufbewahrungspflichten

79 Darüber hinaus bestehen gegenüber dem Arbeitnehmer Pflichten zur **Aufbewahrung von Unterlagen** als nachwirkende Fürsorgepflicht, allerdings in den zeitlichen Grenzen von tariflichen Verfallklauseln, Verjährungsvorschriften oder § 242 BGB. Nach Auffassung von *Wank* (MünchArbR § 129 Rz. 2) ist die Verjährungsfrist von zum Teil 30 Jahren in Bezug auf den Anspruch allerdings im Hinblick auf eine Aufbewahrung regelmäßig zu lang, sodass sich aus Gründen der Zumutbarkeit nach § 242 BGB engere Grenzen ergeben; zu beachten ist in diesem Zusammenhang allerdings, dass durch §§ 195 ff. BGB n. F. die regelmäßige Verjährungsfrist nunmehr auf drei Jahre verkürzt worden ist.

4. Sonderregelungen

80 Sonderregelungen enthalten § 257 HGB (Quittungen über Zahlung von Arbeitslohn, die unter bestimmten Voraussetzungen sechs Jahre lang aufbewahrt werden müssen), § 147 AO, § 41 Abs. 1 S. 8 EStG (Lohnkonten).

5. Herausgabepflicht des Arbeitnehmers

81 Der Arbeitnehmer ist verpflichtet, die **Arbeitsmittel** (Werkzeug, Geschäftsunterlagen) gem. § 666 BGB analog, §§ 861, 985 BGB dem Arbeitgeber **herauszugeben**.

F. Pflichten im Hinblick auf die Beendigung des Arbeitsverhältnisses

Ein Zurückbehaltungsrecht nach § 273 BGB steht dem Arbeitnehmer grds. nicht zu. Kommt er der Herausgabepflicht **verspätet** nach, weil er sich in den Eigenbesitz der Sachen gesetzt hat, so kommen Ansprüche auf **Schadensersatz** nach §§ 992, 823 BGB sowie auf **Nutzungsentschädigung** nach §§ 990, 989, 987 BGB in Betracht. Liegt keine verbotene Eigenmacht vor, können Ansprüche aus § 286 Abs. 1 BGB (Schadensersatz) und aus §§ 687 Abs. 1, 667 BGB (Nutzungsherausgabe) bestehen. Ist dem Arbeitnehmer der Anspruch auf Herausgabe schuldhaft unmöglich geworden, so ist er nach § 280 BGB dem Arbeitgeber zum Schadensersatz verpflichtet (vgl. *Busemann* Die Haftung des Arbeitnehmers gegenüber dem Arbeitgeber und Dritten, Rz. 89 ff.; *Schäfer* Die Abwicklung des beendeten Arbeitsverhältnisses, Rz. 121 ff.).
Der Arbeitnehmer trägt im Übrigen bei Rückgabe der dem Arbeitgeber gehörenden Gegenstände die **Transportgefahr**, weil der Erfüllungsort für diese Rückgabeverpflichtung die Betriebsstätte des Arbeitgebers ist. Der Arbeitnehmer handelt insoweit grob fahrlässig, sodass er Schadensersatz schuldet, wenn er schon benutzte Behältnisse nicht gesondert verschließt und verpackt, sodass der Inhalt ausläuft und die anderen Geräte unbrauchbar macht (*LAG Rheinland-Pfalz* 8.5.1996 NZA-RR 1997, 163).
Der Arbeitgeber trägt allerdings die Darlegungs- und Beweislast dafür, dass die beschädigten Gegenstände diejenigen sind, die der Arbeitnehmer verschickt hat (*LAG Rheinland-Pfalz* 8.5.1996 NZA-RR 1997, 163).

III. Nachvertragliches Wettbewerbsverbot

1. Grundlagen

a) Normative Regelungen

Nach Beendigung des Arbeitsverhältnisses besteht kein gesetzliches Wettbewerbsverbot (*BAG* 19.5.1998 EzA § 74 HGB Nr. 61). Dem Arbeitgeber kann aber gleichwohl daran gelegen sein, zu verhindern, dass der Arbeitnehmer die bei ihm erlangten Kenntnisse in einem Konkurrenzunternehmen einsetzt. **§§ 74 ff. HGB** erlauben deshalb für kaufmännische Angestellte, **§§ 133 f. GewO** für technische Angestellte (bis 31.12.2002; ab 1.1.2003 § 110 GewO für alle Arbeitsverhältnisse, mit eine Verweisung auf §§ 74 ff. HGB), **§ 5 BBiG** für Auszubildende die Vereinbarung eines nachvertraglichen Wettbewerbsverbots, binden sie aber an besondere Voraussetzungen. Die wichtigste besteht darin, dass der Arbeitgeber dem Arbeitnehmer eine sog. **Karenzentschädigung** zahlen muss, also einen Ausgleich dafür, dass er gehindert ist, in einem anderen Unternehmen in seinem Beruf seinen Lebensunterhalt zu verdienen. 82

b) Ausdehnende Anwendung der §§ 74 ff. HGB; Abgrenzung zu freien Mitarbeitern

Für andere Angestellte sowie für alle Arbeiter fehlt es zwar an einer gesetzlichen Regelung. Das *BAG* (16.5.1969, 2.5.1970 AP Nr. 23 zu § 133 f GewO; 12.11.1971 AP Nr. 26, 28 zu § 74 HGB) wendet insoweit jedoch §§ 74 ff. HGB im Wege der Rechtsfortbildung auf alle Arbeitsverhältnisse entsprechend an (vgl. *Busemann* Die Haftung des Arbeitnehmers gegenüber dem Arbeitgeber und Dritten, Rz. 93 ff.). Deshalb verweist die Neuregelung des § 110 GewO ab 1.1.2003 für alle Arbeitsverhältnisse auf §§ 74 ff. HGB. Das ist nur schwer verständlich; einleuchtend wäre es, §§ 74 ff. HGB – als überflüssige Sonderregelung – aufzuheben und gleichlautende Regelungen in die GewO aufzunehmen. 83

F. Pflichten im Hinblick auf die Beendigung des Arbeitsverhältnisses

84 Keine Anwendung finden die Vorschriften dagegen für freie Mitarbeiter, die als Selbstständige tätig sind. Für sie ergibt sich ebenso wie für Organmitglieder juristischer Personen eine Grenze für vertragliche Vereinbarungen nur aus § 138 BGB (*BGH* 26.3.1984 BGHZ 91, 1).
§§ 74 ff. HGB sind aber (**analog**) anwendbar für **freiberufliche Tätigkeiten**, die durch Angestellte ausgeübt werden, jedenfalls wenn sie wirtschaftlich abhängig sind (*BAG* 21.1.1997 EzA § 74 HGB Nr. 59), sowie nach Auffassung von *Wank* (MünchArbR § 130 Rz. 8) für angestellte GmbH-Geschäftsführer. Wird allerdings mit einem »freien Mitarbeiter« vereinbart, er dürfe nicht für ein Unternehmen tätig sein, das mit dem Vertragspartner **in Wettbewerb steht**, ist es ihm nicht verwehrt, für ein anderes Unternehmen tätig zu werden, dessen Produktions- und Dienstleistungsangebot sich nicht mit dem des Vertragspartners überschneidet (*BAG* 21.1.1997 EzA § 74 HGB Nr. 59).

c) Vereinbarung vor Beendigung des Arbeitsverhältnisses
85 §§ 74 ff. HGB gelten nur, wenn das Wettbewerbsverbot **bei der Begründung oder während des Bestehens des Arbeitsverhältnisses vereinbart wurde**, z. B. auch mehrere Monate vor Beendigung des Arbeitsverhältnisses in einem Aufhebungsvertrag (*BAG* 3.5.1994 EzA § 74 HGB Nr. 56), nicht dagegen für nach der Beendigung getroffene Vereinbarungen.

d) Arbeitnehmer im Ruhestand
86 Ein (nach)vertragliches Wettbewerbsverbot soll im Zweifel nicht mit dem Ruhestand des Arbeitnehmers außer Kraft treten. Diese Auslegungsregel gilt auch dann, wenn der Arbeitnehmer eine Betriebsrente bezieht (*BAG* 30.10.1984 EzA § 74 HGB Nr. 44).

e) Betriebsgeheimnisse; Abgrenzung
87 Zu beachten ist, dass der Arbeitnehmer Betriebsgeheimnisse auch ohne Vereinbarung und ohne Karenzentschädigung wahren muss. Der Arbeitgeber kann sich aber nicht durch einseitige Erweiterung des Begriffs Betriebsgeheimnis die Vorteile des kostenlosen Wettbewerbsverbots verschaffen. Wenn also der Arbeitgeber dem Arbeitnehmer als Betriebsgeheimnis, das zu wahren ist, die Verwendung der Kundenlisten untersagt, liegt darin ein Wettbewerbsverbot, das nur unter den Voraussetzungen der §§ 74 ff. HGB beachtlich ist (*BAG* 15.12.1987 EzA § 611 BGB Betriebsgeheimnis Nr. 1).

f) Möglicher Inhalt von Wettbewerbsverboten
88 Durch die Wettbewerbsabrede kann dem Arbeitnehmer jede Konkurrenz in einem anderen Unternehmen verboten sein (**allgemeine Konkurrenzklausel**) oder auch nur die Konkurrenztätigkeit in seinem bisherigen Arbeitsgebiet (**partielle Konkurrenzklausel**).
Ein **bedingtes Wettbewerbsverbot** liegt vor, wenn sich der Arbeitgeber die Entscheidung vorbehält, ob er das Wettbewerbsverbot in Anspruch nehmen will (s. u. F/Rz. 111 ff.).
89 Bei einer beschränkten **Mandantenschutzklausel** ist es dem Angestellten, der sich selbstständig machen will, verboten, frühere Kunden seines Arbeitgebers zu umwerben. Allgemeine Mandantenschutzklauseln enthalten ein Verbot, frühere Mandanten auch nur zu betreuen. Bei steuerberatenden Berufen sind Mandantenschutzklauseln

zulässig (*BAG* 27.9.1988 EzA § 611 BGB Konkurrenzklausel Nr. 1), bei Rechtsanwälten gem. § 3 BRAO nicht.
Eine Kundenschutzklausel, durch die sich ein Mitarbeiter, **der PC-Programmierun-** 90
gen durchführt, verpflichtet, bis zu zwei Jahre nach Beendigung der jeweiligen Projekte weder direkt noch indirekt für den jeweiligen Kunden seines Auftraggebers tätig zu werden, stellt i. d. R. eine Wettbewerbsabrede i. S. d. §§ 74 ff. HGB dar (*LAG Köln* 2.6.1999 – 2 Sa 138/99 –).
Entsprechend dem Schutzzweck der §§ 74 ff. HGB werden die verschiedensten Formen von Wettbewerbsbeschränkungen, z. B. das Verbot, in einem Konkurrenzunternehmen zu arbeiten, das Gebot der Einhaltung von Schweigepflichten sowie Rückgewährpflichten erfasst.

2. Voraussetzungen

a) Schriftform
Das Wettbewerbsverbot bedarf nach § 74 Abs. 1 HGB der Schriftform (§§ 125, 126 91
BGB); es genügt, wenn zwar die Wettbewerbsabrede nicht unterschrieben ist, sie aber fest mit dem unterschriebenen Arbeitsvertrag verbunden ist. Die Urkunde muss alle die mit der Wettbewerbsabrede getroffenen Einzelheiten enthalten, d. h. sowohl das Wettbewerbsverbot nach Ort, Zeit und Inhalt als auch die Verpflichtung des Arbeitgebers zur Zahlung der Karenzentschädigung und deren Höhe.
Die Urkunde muss dem Arbeitnehmer (auf Dauer; vgl. *LAG Nürnberg* 21.7.1994 NZA 92
1995, 532 Ls.) **ausgehändigt werden** (§ 74 Abs. 1 HGB). Die Aushändigung muss nach Auffassung des *LAG Nürnberg* (21.7.1994 NZA 1995, 532 Ls.) im unmittelbaren Zusammenhang mit dem Vertragsabschluss geschehen. Bei einer späteren Aushändigung kann das Wettbewerbsverbot nur dann noch wirksam werden, wenn der Arbeitnehmer ihr ausdrücklich oder stillschweigend zustimmt.
Der Arbeitgeber trägt die Beweislast für die Aushändigung der Urkunde (MünchArbR/*Wank* § 130 Rz. 18).

b) Inhaltliche Voraussetzungen

aa) Berechtigtes geschäftliches Interesse des Arbeitgebers (§ 74 a Abs. 1 S. 1 HGB)
Für das zunächst erforderliche berechtigte geschäftliche Interesse des Arbeitgebers 93
gem. § 74 a Abs. 1 S. 1 HGB ist ein konkreter Bezug zwischen der früheren und der vorgesehenen neuen Tätigkeit erforderlich, sodass **zu befürchten ist, dass der Arbeitnehmer Geschäftsgeheimnisse weitergibt oder den Kundenkreis des früheren Arbeitgebers umwirbt** (*BAG* 17.4.1964 AP Nr. 16 zu § 133 f GewO). Von Leitenden Angestellten abgesehen (*BAG* 16.12.1968 EzA § 133 f GewO Nr. 11), bei denen durch eine Wettbewerbsklausel die Tätigkeit in einem Konkurrenzunternehmen schlechthin, also auch eine Tätigkeit auf kaufmännischem Gebiet verboten werden kann, hat der Arbeitgeber grds. ein berechtigtes Interesse an der Unterlassung von Arbeiten im neuen Betrieb, die der **früheren Tätigkeit vergleichbar** sind.

bb) Keine unbillige Erschwerung des Fortkommens des Arbeitnehmers
Gleichwohl darf das Wettbewerbsverbot keine unbillige Erschwerung des Fortkom- 94
mens des Arbeitnehmers (§ 74 a Abs. 1 S. 2 HGB) nach Maßgabe des **Verhältnismä-**

ßigkeitsprinzips bewirken. **Das Verbot muss nach Ort, Zeit und Inhalt angemessen sein.** So kann bei einem in der gesamten BRD **in mehreren Branchen tätigen Unternehmen** ein berechtigtes Interesse an einem umfassenden Wettbewerbsverbot bestehen. Würde dadurch aber dem Arbeitnehmer jede sinnvolle Verwertung seiner Arbeitskraft unmöglich gemacht, so muss dem Arbeitnehmer jedenfalls für eine bestimmte Gegend und für bestimmte Tätigkeitsbereiche auch eine Konkurrenztätigkeit erlaubt werden. **Im Übrigen kann ein Wettbewerbsverbot umso eher als wirksam anerkannt werden, je höher die zugesagte Karenzentschädigung ist** (*BAG* 2.12.1966 AP Nr. 18 zu § 133 f GewO).

95 Das Wettbewerbsverbot ist unverbindlich, wenn der Arbeitgeber damit das Ziel verfolgt, jede Stärkung der Konkurrenz durch den Arbeitsplatzwechsel zu verhindern, ohne dass die Gefahr der Weitergabe von Geschäftsgeheimnissen oder des Einbruchs in den Kundenstamm zu besorgen ist (*BAG* 1.8.1995 EzA § 74 HGB Nr. 57).

cc) **Höchstdauer von zwei Jahren**
96 Das Wettbewerbsverbot darf nicht für eine längere Zeit als zwei Jahre vereinbart werden (§ 74 a Abs. 1 S. 3 HGB). Aber auch bei der Vereinbarung einer kürzeren Frist kann es unwirksam sein, wenn die Voraussetzungen nach § 74 a Abs. 1 S. 1, 2 HGB nicht erfüllt sind. Ein für eine längere Zeit als zwei Jahre vereinbartes Wettbewerbsverbot ist hinsichtlich des zwei Jahre überschreitenden Zeitraums unwirksam (*BAG* 2.12.1966 AP Nr. 18 zu § 133 f GewO).

dd) **Karenzentschädigung**

(1) **Grundlagen**

97 Das Wettbewerbsverbot ist grds. nur wirksam, wenn zugleich eine unbedingte Verpflichtung zur Zahlung einer Karenzentschädigung über mindestens die Hälfte des zuletzt bezogenen Entgelts vereinbart und in die Urkunde über die Wettbewerbsabrede aufgenommen wird.

98 Der Arbeitgeber muss sich **ausdrücklich** zur Zahlung der Karenzentschädigung verpflichten. Allerdings genügt auch ein Hinweis auf »die gesetzlich vorgesehene« Entschädigung (*BAG* 14.8.1975 EzA § 74 HGB Nr. 34). Fraglich ist, ob der allgemeine Hinweis auf die §§ 74 ff. HGB ausreicht. Dagegen spricht nach Auffassung von *Wank* (MünchArbR § 130 Rz. 31), dass der Arbeitnehmer dadurch nicht deutlich genug über seine Rechte aufgeklärt wird. Ein nachvertragliches Wettbewerbsverbot ist für den Arbeitnehmer **jedenfalls unverbindlich, wenn die Wettbewerbstätigkeit von der vorherigen schriftlichen Zustimmung des Arbeitgebers abhängig gemacht wird** (*BAG* 4.6.1986 EzA § 74 HGB Nr. 47).

99 Die Vereinbarung über ein nachvertragliches Wettbewerbsverbot muss so eindeutig formuliert sein, dass aus der Sicht des Arbeitnehmers kein vernünftiger Zweifel über den Anspruch auf Karenzentschädigung bestehen kann. Das gilt insbesondere dann, wenn sich der Arbeitgeber vorbehält, das Wettbewerbsverbot nachträglich örtlich und sachlich zu beschränken oder die Beschäftigung bei einem bestimmten Arbeitgeber freizugeben (*BAG* 5.9.1995 EzA § 74 HGB Nr. 57; vgl. dazu *Bauer/Diller* DB 1997, 94 ff.).

F. Pflichten im Hinblick auf die Beendigung des Arbeitsverhältnisses

Erreicht die zugesagte Entschädigung nicht mindestens die Hälfte des zuletzt bezogenen Entgelts, so ist das Wettbewerbsverbot insgesamt unwirksam. Eine für den Verlust des Arbeitsplatzes in einem Aufhebungsvertrag, in dem zugleich ein nachvertragliches Wettbewerbsverbot vereinbart wurde, ohne dass eine Karenzentschädigung vorgesehen war, zugesagte **Abfindung ist keine Karenzentschädigung** i. S. d. § 74 Abs. 2 HGB (*BAG* 3.5.1994 EzA § 74 HGB Nr. 56). 100

Vereinbaren die Parteien in einem Auflösungsvertrag zunächst die Zahlung einer Abfindung und sodann in einer gesonderten Bestimmung, dass **sie nur unter der Voraussetzung gezahlt wird, dass der Arbeitnehmer keine Tätigkeit bei einem Wettbewerber aufnimmt**, so verstößt letztere Bestimmung gegen § 74 HGB und ist **nichtig**. Sie kann auch nicht gleichzeitig als Geschäftsgrundlage (jetzt § 313 BGB n. F.) des Vergleichs angesehen werden, sodass dieser hinsichtlich der Beendigung des Arbeitsverhältnisses und der Abfindungszahlung wirksam bleibt (*LAG Bremen* 25.2.1994 NZA 1994, 889). 101

(2) Ausnahmen
Zwar sah § 75 b HGB Ausnahmen für Wettbewerbsverbote für Arbeitnehmer im außereuropäischen Ausland sowie für »Hochbesoldete« mit einer Vergütung von mehr als 8 000 DM pro Jahr vor; diese Regelung wurde durch das 4. Euro-Einführungsgesetz vom 21.12.2000 (BGBl. I S. 1983) jedoch **aufgehoben**. 102

(3) Höhe und Berechnung der Karenzentschädigung
Im Hinblick auf die Höhe der zu zahlenden Karenzentschädigung enthält **§ 74 Abs. 2 HGB** die Grundsatzregelung, dass sie **mindestens die Hälfte des zuletzt bezogenen Entgelts betragen muss**; § 74 b Abs. 2, 3 HGB enthalten Berechnungsvorschriften. **Bei der Berechnung sind alle Einkommensbestandteile zu berücksichtigen (einschließlich Leistungszulagen, Weihnachtsgeld, Urlaubsgeld, Provisionen, Gewinnbeteiligungen und Sachleistungen;** vgl. *BAG* 9.1.1990 EzA § 74 HGB Nr. 52; *Hessisches LAG* 10.2.1997 LAGE § 74 a HGB Nr. 1), **es sei denn es handelt sich um Bezüge, die zum Ersatz besonderer Auslagen dienen sollen** (§ 74 b Abs. 3 HGB). Eine Sonderregelung für Bezüge in **wechselnder Höhe** enthält § 74 Abs. 2 HGB (maßgeblich ist der Durchschnittsbetrag der letzten drei Jahre); entscheidend ist, welche Beträge in diesem Zeitraum fällig werden, nicht dagegen, ob die Entgeltbestandteile in diesem Zeitraum verdient worden sind (*BAG* 16.11.1973 AP Nr. 34 zu § 74 HGB). Der Anspruch, einen **Dienst-Pkw auch privat nutzen zu dürfen**, ist bei der Berechnung der Karenzentschädigung nach den steuerlichen Regelungen **zu bewerten** (*LAG Hamm* 30.3.2000–16 Sa 1684/99 –). 103

Die Anrechnung anderweitigen Erwerbs bestimmt sich nach § 74 c HGB. Danach ist eine anrechnungsfreie Grenze vorgesehen; die Summe der Karenzentschädigung zuzüglich des anderweitigen Erwerbs oder des böswillig unterlassenen Erwerbs darf 110% oder im Falle einer notwendigen Wohnsitzverlegung 125% der Grundbezüge nicht übersteigen 104

Eine **Abfindung**, die der Arbeitnehmer bei der Auflösung des Anschlussarbeitsverhältnisses erhält, ist im Rahmen des § 74 c Abs. 1 S. 1 HGB **nicht anrechenbar** (*LAG Hamm* 30.3.2000–16 Sa 1684/99 –). Ein Arbeitnehmer, dessen Arbeitsverhältnis nach dem Arbeitsvertrag mit **Vollendung des 63. Lebensjahres endet**, unterlässt 105

F. Pflichten im Hinblick auf die Beendigung des Arbeitsverhältnisses

nicht böswillig anderweitigen Erwerb i. S. d. § 74 c HGB, wenn er sich nicht mehr um eine weitere Beschäftigung bemüht.
Der Arbeitgeber kann auch durch das **Angebot der Weiterbeschäftigung** an den Arbeitnehmer dessen Anspruch auf Karenzentschädigung nicht beseitigen oder mindern. Lehnt er ein solches Weiterbeschäftigungsangebot ab, so unterlässt er nicht böswillig anderweitigen Erwerb i. S. d. § 74 c HGB (*BAG* 3.7.1990 EzA § 74 c HGB Nr. 29).

106 Ob ein **Studium in der Karenzzeit** ein böswilliges Unterlassen anderweitigen Erwerbs i. S. v. § 74 c Abs. 1 S. 1 HGB darstellt, ist nach den gesamten Umständen des einzelnen Falles zu entscheiden. Ein **Erfolg versprechendes Studium** wird regelmäßig kein böswilliges Unterlassen anderweitigen Erwerbs sein; anders ist die Rechtslage, wenn ein schulisch Minderbegabter studiert oder ein Studium generale oder ein sinn- oder planloses Studium betrieben wird (*BAG* 9.8.1974 EzA § 74 HGB Nr. 33). Voraussetzung für böswilliges Unterlassen ist zudem, dass der Arbeitnehmer bei Aufnahme des Studiums die **Möglichkeit hatte, eine zumutbare Arbeit mit dem im Gesetz genannten Mindestverdienst aufzunehmen**. Fehlen entsprechende Darlegungen des Arbeitgebers, kommt der Aufnahme auch eines berufsfremden Studiums keine Bedeutung zu (*BAG* 13.2.1996 EzA § 74 HGB Nr. 58; a. A. *LAG Frankfurt* 28.2.1994 NZA 1995, 632).

107 Auf die Karenzentschädigung sind **Renten** der gesetzlichen Rentenversicherung nicht anzurechnen. Ob Gleiches auch für Betriebsrenten gilt, hat das *BAG* (30.10.1984 EzA § 74 HGB Nr. 44) offen gelassen.
Gem. § 74 c Abs. 1 S. 2 HGB gilt eine **erhöhte anrechnungsfreie Grenze (125%)**, wenn der Arbeitnehmer durch das Wettbewerbsverbot **gezwungen worden ist, seinen Wohnsitz zu verlegen**. Mit der erhöhten **Anrechnungsfreigrenze** werden die **Mehraufwendungen ausgeglichen**, die der Arbeitnehmer durch den **Umzug** erleidet. Außerdem wird ein **Anreiz** geschaffen, **sich nach einer neuen Arbeit umzusehen** (vgl. *BAG* 23.2.1999 EzA § 74 c HGB Nr. 34). Das ist nur dann der Fall, wenn das Wettbewerbsverbot für einen Wohnsitzwechsel des Arbeitnehmers ursächlich war (*BAG* 8.11.1994 EzA § 74 c HGB Nr. 33), d. h. wenn er nur außerhalb seines bisherigen Wohnorts eine Tätigkeit ausüben kann, die nach Art, Vergütung und beruflichen Chancen seiner bisherigen Tätigkeit nahe kommt (*BAG* 23.2.1999 EzA § 74 c HGB Nr. 34).
Für die Annahme der Ursächlichkeit eines Wohnsitzwechsels bedarf es jedoch keiner Darlegung und auch keines Nachweises des Arbeitnehmers, dass er ohne nachvertragliches Wettbewerbsverbot bei den am Ort ansässigen Wettbewerbern tatsächlich eine Anstellung gefunden hätte. Es ist ausreichend, wenn **er darlegt, dass er mit Rücksicht auf das Wettbewerbsverbot eine seiner früheren Tätigkeit vergleichbare Beschäftigung nur bei einem branchenfremden ortsansässigen Arbeitgeber unter dem Vorbehalt der späteren Versetzung aufnehmen konnte** (*BAG* 8.11.1994 § 74 c HGB Nr. 33). Ist am **bisherigen Wohnsitz ein Unternehmen ansässig**, bei dem die Aufnahme einer Tätigkeit dem Arbeitnehmer verboten ist, so muss der Arbeitnehmer **nicht nachweisen**, dass er – das nachvertragliche Wettbewerbsverbot hinweggedacht – bei diesem auch tatsächlich eine Anstellung gefunden hätte (*BAG* 23.2.1999 EzA § 74 c HGB Nr. 34).

108 Im Übrigen ist der Arbeitgeber auch dafür darlegungspflichtig, dass sein früherer Mitarbeiter es unterlassen hat, eine mögliche, nach den gesamten Umständen zumutbare anderweitige Tätigkeit aufzunehmen, um den vom Gesetz geforderten Mindestverdienst zu erzielen (*BAG* 13.2.1996 EzA § 74 c HGB Nr. 58).

(4) Abweichende Vereinbarungen

Von §§ 74–75 c HGB abweichende Vereinbarungen **zum Nachteil** des Arbeitnehmers sind **gem. § 75 d HGB unwirksam.** Sieht eine Wettbewerbsvereinbarung z. B. keine bestimmte Entschädigung für die Karenzzeit vor, sondern nur die laufende Zahlung von Teilbeträgen während des Arbeitsverhältnisses, so ist das Wettbewerbsverbot i. d. R. unwirksam, weil die gesetzlich vorgeschriebene Mindestkarenzentschädigung (§ 74 Abs. 2 HGB) nicht gewährleistet ist (*BAG* 14.7.1981 EzA § 74 HGB Nr. 38). In einem solchen Fall kann der Arbeitgeber nicht verlangen, dass der Arbeitnehmer die im Laufe des Arbeitsverhältnisses bezogenen Entschädigungsbeträge zurückzahlt, wenn er sich auf die Unverbindlichkeit des Wettbewerbsverbotes beruft und für ein Konkurrenzunternehmen tätig wird (*BAG* 14.7.1981 EzA § 74 HGB Nr. 38).

109

Zur Frage, inwieweit durch **Tarifverträge** von den §§ 74 ff. HGB abgewichen werden kann, hat das *BAG* (12.11.1971 EzA § 75 d HGB Nr. 4) als Grundsatz zur Diskussion gestellt, dass es sich insoweit bei nicht kaufmännischen Angestellten um das Rangverhältnis zwischen Tarifvertrag und analog anzuwendendem Gesetzesrecht, mithin Richterrecht handelt und dass er dazu neigt, dem Tarifvertrag vor dem Gesetzes- oder Richterrecht, das zur Unverbindlichkeit des bedingten Wettbewerbsverbots führt, den Vorrang zuzuerkennen und nur gewisse Mindesterfordernisse für unabdingbar zu halten. Zu solchen Mindesterfordernissen gehören allerdings das Prinzip der Entschädigungspflicht sowie eine zeitliche, räumliche und sachliche Begrenzung des Wettbewerbsverbots.

110

c) Bedingtes Wettbewerbsverbot

Vereinbarungen zwischen den Parteien, wonach der Arbeitgeber erst bei Kündigung des Arbeitsverhältnisses dem Arbeitnehmer bekannt gibt, ob er ihn einem Wettbewerbsverbot unterstellt, oder ihn freigibt (sog. bedingte Wettbewerbsverbote) stellen eine unzulässige Umgehung des § 74 Abs. 2 HGB dar und sind für den Arbeitnehmer grds. unverbindlich. Er hat allerdings insoweit ein Wahlrecht. Er kann das Wettbewerbsverbot auch als wirksam betrachten und hat dann einen Anspruch auf die vorgesehene Karenzentschädigung. Betrachtet er es als unwirksam, kann er Konkurrenztätigkeit ausüben, erhält aber andererseits keine Karenzentschädigung.

111

Er muss dieses Wahlrecht zu Beginn der Verbotszeit ausüben. Für einen Anspruch auf Karenzentschädigung aus einem für den Arbeitnehmer unverbindlichen Wettbewerbsverbot **genügt es, wenn der Arbeitnehmer sich zu Beginn der Karenzzeit endgültig für das Wettbewerbsverbot entscheidet und seiner Unterlassungspflicht nachkommt. Einer darüber hinausgehenden Erklärung gegenüber dem Arbeitgeber bedarf es nicht** (*BAG* 22.5.1990 EzA § 74 HGB Nr. 53 gegen *BAG* 13.5.1985 EzA § 74 HGB Nr. 48; 16.12.1986 EzA § 74 HGB Nr. 49). Der Arbeitgeber hat in Anwendung des Rechtsgedankens aus **§ 264 Abs. 2 S. 1 BGB** allerdings das Recht, den wahlberechtigten Arbeitnehmer unter Bestimmung einer angemessenen Frist zur Vornahme der Wahl aufzufordern. Mit Ablauf der Frist geht das Wahlrecht auf den Arbeitgeber über (§ 264 Abs. 2 S. 2 BGB, *BAG* 22.5.1990 EzA § 74 HGB Nr. 53). Führen die Parteien einen **Rechtsstreit** darüber, **ob das Arbeitsverhältnis geendet hat,** so kann der Arbeitnehmer vorläufig Wettbewerb unterlassen und die Wahl nach Beendigung des Rechtsstreits ausüben (*BAG* 13.5.1986 EzA § 74 HGB Nr. 48; 16.12.1986 EzA § 74 HGB Nr. 49).

112

F. Pflichten im Hinblick auf die Beendigung des Arbeitsverhältnisses

113 Hat ein ausgeschiedener Arbeitnehmer sich für die Einhaltung eines bedingten und daher unverbindlichen Wettbewerbsverbots entschieden, so kann er sich später nicht auf die Unverbindlichkeit berufen, wenn der Arbeitgeber mit der Zahlung der Karenzentschädigung in Verzug gerät.

114 Der unterlassungspflichtige Arbeitnehmer darf nicht unter Berufung auf die Einrede des nicht erfüllten Vertrages (**§ 320 BGB**) Wettbewerb betreiben, weil der Arbeitgeber sich mit der Zahlung der Karenzentschädigung in Verzug befindet. Vielmehr muss er, wenn er sich von dem Wettbewerbsverbot lösen will, sein Rücktritts- oder Kündigungsrecht ausüben (*BAG* 5.10.1982 EzA § 74 HGB Nr. 42).

115 Unwirksam ist ein nachvertragliches Wettbewerbsverbot auch dann, wenn die Wettbewerbstätigkeit von der vorherigen schriftlichen Zustimmung des Arbeitgebers abhängig gemacht wird (*BAG* 4.6.1985 EzA § 74 HGB Nr. 47).

3. Wegfall der Verpflichtungen

a) Verzicht des Arbeitgebers

116 Gem. **§ 75 a HGB** kann der Arbeitgeber vor Beendigung des Arbeitsverhältnisses durch einseitige schriftliche Erklärung auf das Wettbewerbsverbot verzichten (gesetzlicher Fall einer Teilkündigung). **Ein nach Ablauf der Kündigungsfrist erklärter Verzicht ist unwirksam.**

117 Mit der Abgabe der Verzichtserklärung wird der Arbeitnehmer sofort von der Einhaltung des Wettbewerbsverbots befreit. Der Arbeitgeber bleibt aber gleichwohl bis zum Ablauf eines Jahres nach der Erklärung zur Karenzentschädigung verpflichtet. Diese Verpflichtung realisiert sich allerdings nur dann, wenn das Arbeitsverhältnis innerhalb eines Jahres nach dem Verzicht beendet wird. Tritt die Beendigung später ein, braucht der Arbeitgeber nicht zu zahlen.

b) Einvernehmliche Aufhebung des Wettbewerbsverbots

118 Arbeitgeber und Arbeitnehmer können vor oder nach der Beendigung des Arbeitsverhältnisses das Wettbewerbsverbot einschließlich der Entschädigungsabrede vertraglich aufheben.
Der Einhaltung einer Form bedarf es grds. nicht. Selbst wenn aber vertragliche Änderungen einem vereinbarten Schriftformerfordernis unterliegen (§ 125 BGB), sind mündlich vereinbarte Änderungen wirksam, wenn die Parteien die Maßgeblichkeit der mündlichen Vereinbarung übereinstimmend gewollt haben (*BAG* 10.1.1989 EzA § 74 HGB Nr. 51).

c) Kündigung vor Arbeitsbeginn; vertragswidrige Nichtaufnahme der Tätigkeit

119 Vereinbaren die Arbeitsvertragsparteien ein tätigkeitsbezogenes Wettbewerbsverbot, so ist im Zweifel davon auszugehen, dass es **nur dann Gültigkeit haben soll, wenn der Arbeitnehmer seine Tätigkeit aufgenommen hat**. Wird das Arbeitsverhältnis vor der Arbeitsaufnahme gekündigt und der Arbeitnehmer für die Dauer der Kündigungsfrist von der Arbeit freigestellt, besteht regelmäßig kein Anspruch auf Karenzentschädigung (*BAG* 26.5.1992 EzA § 74 HGB Nr. 54).

F. Pflichten im Hinblick auf die Beendigung des Arbeitsverhältnisses

Gleiches gilt grds. auch dann, wenn der Arbeitnehmer unter Verletzung des mit sei- **120** nem neuen Arbeitgeber abgeschlossenen Arbeitsvertrages die vorgesehene Tätigkeit **nicht aufnimmt, weil er sein vorangegangenes Arbeitsverhältnis bei einem Konkurrenzunternehmen fortsetzt**. Etwas **anderes** gilt aber dann, wenn der Arbeitnehmer bereits vor dem vorgesehenen Arbeitsbeginn **intensiv in seine neuen Aufgaben eingewiesen** wurde und dabei gerade diejenigen Informationen über geschäftliche und betriebliche Angelegenheiten erhielt, die durch das Wettbewerbsverbot geschützt werden sollten. Die Fortsetzung seines bisherigen Arbeitsverhältnisses ist dann eine verbotene Konkurrenztätigkeit (*BAG* 3.2.1987 EzA § 74 HGB Nr. 50).

d) Kündigung des Arbeitsverhältnisses
Bei einer **ordentlichen Kündigung** durch den Arbeitgeber hat der Arbeitnehmer **121** gem. § 75 Abs. 2 1. Hs. HGB ein **Wahlrecht** dahin, ob er am Wettbewerbsverbot mit Karenzentschädigung festhalten oder sich innerhalb eines Monats nach der Kündigung lossagen will mit der Folge des Wegfalls der Entschädigungspflicht. Dies gilt immer im Falle einer betriebsbedingten Kündigung, dagegen bleibt das Wettbewerbsverbot trotz der Kündigung **bestehen, wenn für sie ein erheblicher Anlass in der Person des Arbeitnehmers liegt sowie dann, wenn sich der Arbeitgeber bereit erklärt, nicht nur die vertraglich vereinbarte, sondern die volle zuletzt bezogene Vergütung als Karenzentschädigung zu zahlen**.

Das Wahlrecht besteht auch dann, wenn die **außerordentliche Kündigung** durch **122** den Arbeitgeber nicht auf einem vertragswidrigen Verhalten des Arbeitnehmers beruht, entgegen § 75 Abs. 3 HGB unabhängig davon, ob eine ordentliche oder eine außerordentliche Kündigung erklärt wird (s. auch oben D/Rz. 1299 ff.). Denn § 75 Abs. 3 HGB ist im Hinblick auf § 75 Abs. 1 HGB, Art. 3 Abs. 1 GG **verfassungswidrig** (*BAG* 23.2.1977 EzA § 75 HGB Nr. 10; 19.5.1998 EzA § 74 HGB Nr. 15); in den neuen Bundesländern ist § 75 Abs. 3 nicht anzuwenden (Einigungsvertrag BGBl. II 1990 S. 889, 1020). Sagt sich der Arbeitgeber demzufolge **vor Ablauf eines Monats** nach Ausspruch der außerordentlichen Kündigung von der Wettbewerbsvereinbarung los, so kann nach Ausspruch einer Wiederholungskündigung **eine erneute Lösungserklärung** entbehrlich sein (*BAG* 19.5.1998 EzA § 74 HGB Nr. 15).

Diese Grundsätze gelten auch dann, wenn der **Arbeitnehmer** das Arbeitsverhältnis außerordentlich wegen eines vertragswidrigen Verhaltens des Arbeitgebers **kündigt** (§ 75 Abs. 1 HGB). Bei einer außerordentlichen Kündigung, die nicht auf einem vertragswidrigen Verhalten des Arbeitgebers beruht sowie bei einer ordentlichen Kündigung durch den Arbeitnehmer bleibt das Wettbewerbsverbot bestehen (MünchArbR/*Wank* § 130 Rz. 52, 53).

e) Aufhebungsvertrag
Wird das Arbeitsverhältnis durch Aufhebungsvertrag beendet, so kommt es da- **123** rauf an, ob der Anlass dafür beim Arbeitgeber lag (dann gilt § 75 Abs. 1 HGB analog), oder beim Arbeitnehmer (dann bleibt das Wettbewerbsverbot bestehen). Bei vertragswidrigem Verhalten des Arbeitnehmers hat der Arbeitgeber ein Wahlrecht (MünchArbR/*Wank* § 130 Rz. 55; vgl. *BAG* 26.9.1963 AP Nr. 1 zu § 75 HGB; 24.9.1965 AP Nr. 3 zu § 75 HGB; 18.11.1967 AP Nr. 21 zu § 74 HGB; gegen eine analoge Anwendung des § 75 HGB *Wertheimer* NZA 1997, 522 ff.; abl. auch *Hoß* DB 1997, 1818 ff.); es muss aber für den Angestellten erkennbar sein, dass der Arbeitgeber das vertragswidrige Verhalten als wichtigen Grund für die Vertragsbeendigung für sich in Anspruch nimmt (*BAG* 18.11.1967 AP Nr. 21 zu § 74 HGB).

F. Pflichten im Hinblick auf die Beendigung des Arbeitsverhältnisses

Zutreffend hat *Hoß* (DB 1997, 1818 ff.) darauf hingewiesen, dass die Arbeitsvertragsparteien, um jegliche Unklarheiten auszuschließen, genau und unmissverständlich im Aufhebungsvertrag unter Beachtung der §§ 74 ff. HGB regeln sollten, was gewollt ist.

Zur Beendigung des Arbeitsverhältnisses durch Urteil gem. § 9 KSchG, Fristablauf oder Bedingungseintritt vgl. *Wertheimer* NZA 1997, 523 ff.

f) Betriebsstilllegung; Insolvenz; Gründe in der Person des Arbeitnehmers

124 Die Verpflichtung zur Zahlung der Karenzentschädigung entfällt nicht, weil der Arbeitgeber den Betrieb einstellt (§ 324 BGB), der Arbeitnehmer keinen Wettbewerb machen kann, weil er keine neue Stelle findet, ein Studium betreibt oder aus Alters- oder Gesundheitsgründen keinen Wettbewerb machen kann, weil er sich aus dem Arbeitsleben zurückzieht (*BAG* 9.8.1974 EzA § 74 HGB Nr. 33; 3.7.1990 EzA § 74 c HGB Nr. 29).

125 Eine Ausnahme enthält § 74 c Abs. 1 S. 3 HGB für die Dauer der Verbüßung einer **Freiheitsstrafe**. In der Insolvenz des Arbeitgebers entfällt das Wettbewerbsverbot nicht, jedenfalls solange der Betrieb nicht stillgelegt wird. Der Insolvenzverwalter hat hinsichtlich des Wettbewerbsverbots ein Wahlrecht nach § 103 InsO. Lehnt er die Erfüllung ab, so hat der Arbeitnehmer einen Schadensersatzanspruch als einfache Insolvenzforderung.

4. Unwirksamkeit der Wettbewerbsabrede

126 §§ 74 Abs. 2, 74 a Abs. 2 S. 1, 2, 3 HGB, § 133 f Abs. 2 GewO (bis 31.12.2002) enthalten ausdrückliche Regelungen von Nichtigkeitsgründen.
Bei Teilnichtigkeit (z. B. wenn die Wettbewerbsabrede eine unbillige Einschränkung des Fortkommens enthält, § 74 a Abs. 1 HGB) ist sie entgegen § 139 BGB auf denjenigen Umfang zu reduzieren, der dem Gesetz entspricht.
Zwar enthalten §§ 74 ff. HGB zwingendes Recht (§ 75 d S. 1 HGB). **Nach Beendigung des Arbeitsverhältnisses gelten die zwingenden Vorschriften des HGB aber nicht mehr.** Wird das Wettbewerbsverbot allerdings noch im Zusammenhang mit der Beendigung des Arbeitsverhältnisses vereinbart, unterliegt der Arbeitnehmer immer noch einer Abhängigkeit, sodass das zwingende Recht weiterhin gilt.

5. Rechtsfolgen bei Verletzung der Pflichten aus der Wettbewerbsabrede

127 Für die Wettbewerbsabrede gelten **§§ 320 ff. BGB**. Verletzt der Arbeitnehmer seine Unterlassungspflicht, so endet die Pflicht des Arbeitgebers zur Zahlung der Karenzentschädigung. Sie lebt aber wieder auf, wenn sich der Arbeitnehmer nunmehr an das Verbot hält (*BAG* 10.9.1985 EzA § 74 HGB Nr. 46). Bei schuldhaftem Verstoß des Arbeitnehmers geht der Anspruch auf Karenzentschädigung unter. Der Arbeitgeber kann aber auch gem. § 325 BGB von der Abrede zurücktreten, wenn er an der Einhal-

F. Pflichten im Hinblick auf die Beendigung des Arbeitsverhältnisses

tung der Wettbewerbsabrede kein Interesse mehr hat, oder Schadensersatz wegen Nichterfüllung verlangen (*BAG* 10.9.1985 EzA § 74 HGB Nr. 46).

Zahlt der Arbeitgeber die Karenzentschädigung nicht, so darf der Arbeitnehmer 128 **nicht** unter Berufung auf die Einrede des nicht erfüllten Vertrages (§ 320 BGB) **Wettbewerb betreiben**. Vielmehr muss er, wenn er sich von dem Wettbewerbsverbot lösen will, sein **Rücktritts- oder Kündigungsrecht ausüben** (*BAG* 5.10.1982 EzA § 74 HGB Nr. 42).

Gibt der Arbeitnehmer Anlass zu der Annahme, er habe das Wettbewerbsverbot verletzt, so hat der Arbeitgeber gegen ihn einen **Auskunftsanspruch** (*BAG* 22.4.1967 AP Nr. 12 zu § 242 BGB Auskunftspflicht).

6. Verjährung

Ansprüche auf Karenzentschädigung gem. § 74 HGB waren Ansprüche auf andere 129 Dienstbezüge i. S. d. § 196 Abs. 1 Nr. 8 BGB und unterlagen daher der zweijährigen Verjährung der §§ 196, 201 BGB (*BAG* 3.4.1984 EzA § 196 BGB Nr. 5); für nach dem 1.1.2002 begründete Arbeitsverhältnisse gelten §§ 195 ff. BGB n. F.

IV. Rückzahlung von Ausbildungskosten

1. Grundlagen

> Vielfach sehen Arbeitsverträge für den Fall, dass der Arbeitgeber den Arbeitnehmer durch die kostenpflichtige Teilnahme an Lehrgängen und Schulungsveranstaltungen erst in die Lage versetzt, seine vertraglichen Verpflichtungen zu erfüllen oder jedenfalls besser zu erfüllen, die Verpflichtung vor, die angefallenen Kosten ganz oder teilweise dann dem Arbeitgeber zu erstatten, wenn der Arbeitnehmer vor Ablauf eines bestimmten Bindungszeitraums aus dem Arbeitsverhältnis ausscheidet. 130

2. Wirksamkeitsvoraussetzungen; Inhaltskontrolle

a) Prüfungsmaßstab

Dem Arbeitnehmer ist eine von der Verpflichtung zur Rückzahlung von Ausbildungs- 131 kosten ausgehende Bindung an das Unternehmen des Arbeitgebers zumutbar, wenn er mit der Ausbildungsmaßnahme eine **angemessene Gegenleistung** für die Rückzahlungsverpflichtung erhalten hat (*BAG* 15.5.1985 AP Nr. 9 zu § 611 BGB Ausbildungsbeihilfe).

Im Hinblick auf Art. 12 GG kommt es darauf an, dass den möglichen Nachteilen 132 für den Arbeitnehmer (an sich ungewollte weitere Bindung an den Arbeitgeber) ein angemessener Ausgleich gegenübersteht. Die Rückzahlungspflicht muss vom Standpunkt eines verständigen Beobachters aus einem begründeten und billigenswerten Interesse des Arbeitgebers entsprechen. Insgesamt muss die Erstattungspflicht dem Arbeitnehmer nach Treu und Glauben zumutbar sein; dabei kommt es auf die Dauer der Bindung, die Höhe des Rückzahlungsbetrages und dessen Ab-

F. Pflichten im Hinblick auf die Beendigung des Arbeitsverhältnisses

wicklung an (*BAG* 11.4.1984 EzA § 611 BGB Ausbildungsbeihilfe Nr. 4; vgl. *Meier/Schulz* NZA 1996, 742 ff.; *Huber/Blömecke* BB 1998 2157 ff.).

133 Besteht die Bildungsmaßnahme aus **mehreren Unterrichtsabschnitten**, so sind die dazwischenliegenden Zeiten bei der Berechnung der Dauer der Maßnahme nicht mit zu berücksichtigen (*BAG* 6.9.1995 EzA § 611 BGB Ausbildungsbeihilfe Nr. 14).

b) Maßgeblicher Zeitpunkt für die Beurteilung

134 Maßgeblich für die Beurteilung dieser Voraussetzungen sind die Umstände im Zeitpunkt des **Vertragsabschlusses**. Die spätere Entwicklung kann dafür nur herangezogen werden, wenn sie bei Vertragsabschluss vorhersehbar war (*BAG* 24.7.1991 EzA § 611 BGB Ausbildungsbeihilfe Nr. 7).

135 Die zulässige Bindungsdauer richtet sich zudem nach Auffassung des *LAG Niedersachsen* (20.2.2001 ZTR 2001, 331) **allein nach den Ausgaben, die der Arbeitgeber getragen hat**. Dies gilt auch dann, wenn die Fortbildung bei einem Vorarbeitgeber begonnen und bei dem Arbeitgeber beendet wurde und der Arbeitgeberwechsel auf Grund der Vertragsgestaltung keine Rückzahlungspflicht ausgelöst hat (z. B. beim Beginn der Fortbildung zum gehobenen Dienst bei einer Innungskrankenkasse und dem Abschluss bei einer anderen Innungskrankenkasse).

c) Legitimation der Inhaltskontrolle

136 Die erforderliche richterliche Inhaltskontrolle einzelvertraglicher Klauseln ist nach der Rechtsprechung des *BAG* (16.3.1994 EzA § 611 BGB Ausbildungsbeihilfe Nr. 10) von Verfassung wegen geboten. § 242 BGB begründet die Befugnis zu einer richterlichen Inhaltskontrolle von Verträgen. Dabei haben die Gerichte den konkurrierenden Grundrechtspositionen des Arbeitnehmers und des Arbeitgebers ausgewogen Rechnung zu tragen.

d) Höhe der Forderung

137 Der Arbeitgeber kann im Übrigen nur den Betrag zurückverlangen, den er **tatsächlich aufgewandt** hat, höchstens jedoch den vereinbarten Betrag. Der Arbeitgeber hat substantiiert vorzutragen, wie sich die Forderung zusammensetzt. Die einverständliche Festlegung eines bestimmten Betrages ändert daran nichts (*BAG* 16.3.1994 EzA § 611 BGB Ausbildungsbeihilfe Nr. 10).

e) Rückzahlungsverpflichtung bei Abbruch der Ausbildung

138 Auch Vereinbarungen über die Beteiligung von Arbeitnehmern an Ausbildungskosten für den Fall, dass sie eine länger dauernde Ausbildung vorzeitig abbrechen, sind nur zulässig, wenn sie unter Berücksichtigung aller Umstände des Einzelfalles nach **Treu und Glauben** dem Arbeitnehmer zuzumuten sind und einem begründeten und zu billigenden Interesse des Arbeitgebers entsprechen.

139 Will ein Arbeitgeber eine solche Kostenbeteiligung vereinbaren, muss er dem Arbeitnehmer eine angemessene **Überlegungsfrist** einräumen, innerhalb derer er sich ohne Kostenrisiko entscheiden kann, ob er die Ausbildung fortsetzen oder aufgeben will (*BAG* 20.2.1975 EzA Art. 12 GG Nr. 12; vgl. *Meier/Schulz* NZA 1996, 742 ff.). Dabei verlangt das *BAG* (12.12.1979 EzA § 611 BGB Ausbildungsbeihilfe Nr. 1) nicht einmal, dass eine Rückzahlungsvereinbarung ausdrücklich für den Fall des Abbruchs

F. Pflichten im Hinblick auf die Beendigung des Arbeitsverhältnisses

der Ausbildung geschlossen wird. Sie kann sich auch aus einer ergänzenden Vertragsauslegung ergeben (*Meier/Schulz* NZA 1996, 742 ff.).

Beispiel: 140
Finanziert ein Land einem als Aushilfslehrer im Berufsschuldienst beschäftigten Sozialarbeiter eine zur ersten und zweiten Staatsprüfung für das Lehramt an berufsbildenden Schulen führende Ausbildung, so kann es damit die Verpflichtung des Studenten verbinden, die während der Dauer des Studiums gezahlten Vergütungen nach Vergütungsgruppe V b BAT zurückzuzahlen, wenn er vor Ablauf von fünf Jahren nach Erwerb der Befähigung für das Lehramt an berufsbildenden Schulen aus dem Schuldienst des Landes ausscheidet.
In einem solchen Fall entsteht die Rückzahlungsverpflichtung auch dann, wenn der Student das Studium aus von ihm zu vertretenden Gründen abbricht. Ob die für die Dauer des Studiums gezahlte Vergütung in voller Höhe zurückgefordert werden kann, hat das *BAG* (12.12.1979 EzA § 611 BGB Ausbildungsbeihilfe Nr. 1; vgl. auch *BAG* 5.7.2000 EzA § 611 BGB Ausbildungsbeihilfe Nr. 20 zur Beendigung des Arbeitsverhältnisses auf Veranlassung des Arbeitnehmers) offen gelassen.

f) Betriebsbedingte Kündigung
Einzelvertragliche Abreden über die Rückzahlung von Ausbildungskosten sind insoweit **unwirksam**, wie sie eine Erstattung auch für den Fall einer betriebsbedingten Kündigung durch den Arbeitgeber vorsehen. Denn es handelt sich nur dann um eine ausgewogene Gesamtregelung, wenn der **Arbeitnehmer es in der Hand hat**, der Rückzahlungspflicht durch eigene Betriebstreue zu entgehen (*BAG* 6.5.1998 EzA § 611 BGB Aubildungsbeihilfe Nr. 19; vgl. dazu *Zeranski* NJW 2000, 336 ff.). 141

3. Darlegungs- und Beweislast

a) Überwiegende Wahrscheinlichkeit eines beruflichen Vorteils
Das *BAG* (24.7.1991 EzA § 611 BGB Ausbildungsbeihilfe Nr. 7; 24.7.1991 EzA § 611 BGB Ausbildungsbeihilfe Nr. 8) ist zunächst davon ausgegangen, dass der Arbeitgeber substantiiert darzulegen hat, dass außerhalb des eigenen Betriebes Bedarf an aus- oder fortgebildeten Fachkräften bestanden hat und gerade durch die Bildungsmaßnahme die Berufs- und Verdienstchancen des Arbeitnehmers gesteigert worden sind. Dazu wurden konkrete Angaben über die Lage auf dem Arbeitsmarkt für Arbeitskräfte mit dem Ausbildungsstand des betreffenden Arbeitnehmers verlangt. 142

Inzwischen geht das *BAG* (30.11.1994 EzA § 611 BGB Ausbildungsbeihilfe Nr. 12) davon aus, dass es für die Annahme des geldwerten Vorteils des Arbeitnehmers ausreicht, wenn der Arbeitgeber Umstände dargelegt hat, aus denen sich ergibt, dass im Zeitpunkt der Vereinbarung der Rückzahlungsklausel durch die Aus- oder Fortbildung ein beruflicher Vorteil für den Arbeitnehmer mit überwiegender Wahrscheinlichkeit erwartet werden konnte. Dabei kann der Arbeitgeber zum einen darlegen und beweisen, dass außerhalb seines eigenen Betriebes Bedarf nach derart ausgebildeten Arbeitskräften besteht und die beruflichen Entwicklungsmöglichkeiten sowie die Verdienstchancen für diese Arbeitnehmer durch 143

F. Pflichten im Hinblick auf die Beendigung des Arbeitsverhältnisses

die von ihm finanzierte Aus- oder Fortbildung gesteigert worden sind (*BAG* 24.7.1991 EzA § 611 BGB Ausbildungsbeihilfe Nr. 8). Der Arbeitgeber genügt seiner Darlegungslast aber auch dann, wenn er substantiiert vorträgt, dass der Arbeitnehmer durch die Weiterbildung eine anerkannte Qualifikation erworben und ihm diese innerbetriebliche Vorteile gebracht hat. Dabei kann der Vorteil auch in der Einstellung selbst liegen (*BAG* 16.3.1994 EzA § 611 BGB Ausbildungsbeihilfe Nr. 10). Dem Arbeitnehmer obliegt es dann, dieses Wahrscheinlichkeitsurteil zu entkräften (*BAG* 30.11.1994 EzA § 611 BGB Ausbildungsbeihilfe Nr. 12).

b) Beispiel aus der Praxis

144 Diese Voraussetzungen waren z. B. bei einer Bürokauffrau, die als Sekretärin beschäftigt war und beim Abschluss der Rückzahlungsvereinbarung über Englischkenntnisse aus ihrer Schulausbildung (Realschulnote, Schlussnote: ausreichend) sowie aus dem Besuch der B.-Schule verfügte, gegeben. Von einem Erfolg der Fortbildungsmaßnahme (ein 6-monatiger Sprachaufenthalt und der Mitarbeit in einem Unternehmen im Ausland) durch den Aufenthalt in ihrem englischen Tochterunternehmen durfte der Arbeitgeber als überwiegend wahrscheinlich ausgehen. Die Klägerin hatte als ersten Teil ihrer Fortbildung in der englischen Sprache über etwa 1 1/2 Jahre die Abendkurse an der B.-Schule besucht. Nach dem von ihr selbst aufgestellten Ausbildungsplan wollte sie ihre Fortbildung etwa sieben bis zehn Monate nach ihrer Rückkehr aus England mit einer Prüfung zur Fremdsprachenkorrespondentin vor der Industrie- und Handelskammer beenden. Damit war ein sinnvoller, zum beruflichen Aufstieg führender Weg vorgezeichnet. Die insoweit eingeholten Auskünfte des Arbeitsamtes und der Industrie- und Handelskammer zeigten, dass die Arbeitsmarktchancen für Sekretärinnen mit derartigen Fremdsprachenkenntnissen im Raum M. im maßgeblichen Zeitpunkt besonders gut waren.

145 Diese Einschätzung wurde letztlich durch die tatsächliche berufliche Entwicklung der Klägerin bestätigt: Schon nach einem halben Jahr hat sie mit einer erheblichen Gehaltssteigerung eine anderweitige Anstellung gesucht und gefunden. Ob diese günstige Entwicklung rein oder überwiegend auf den England-Aufenthalt zurückzuführen ist, wurde zwar im Einzelnen nicht festgestellt. Es erschien jedoch nach Auffassung des *BAG* (10.11.1994 EzA § 611 BGB Ausbildungsbeihilfe Nr. 12) kaum vorstellbar, dass er sich nicht positiv ausgewirkt habe.

4. Unwirksamkeit der vereinbarten Bindungsdauer

146 Ist die vereinbarte Bindungsdauer hinsichtlich ihres Umfangs unzulässig, so ist sie entsprechend der fraglichen Regelung auf ein **angemessenes Maß** zurückzuführen (*BAG* 16.3.1994 EzA § 611 BGB Ausbildungsbeihilfe Nr. 10).

5. Einzelfälle

147 Bei einer Lehrgangsdauer von drei bis vier Monaten (z. B. beim **Verwaltungslehrgang I** der bayerischen Verwaltungsschule) ist eine Bindungsdauer von zwei Jahren jedenfalls nicht zu lang bemessen. Das *BAG* (6.9.1995 EzA § 611 BGB Ausbildungsbeihilfe Nr. 14) neigt allerdings dazu, dass eine längere Bindungsdauer in derartigen

F. Pflichten im Hinblick auf die Beendigung des Arbeitsverhältnisses

Fällen regelmäßig unzulässig ist. Einen Grundsatz, dass die Bindungsdauer höchstens sechsmal so lang sein darf wie die Dauer der Maßnahme, gibt es nicht.

Ein 3-wöchiges **allgemeines Fortbildungsseminar**, das im Wesentlichen nur dazu dient, bereits erworbene und in der praktischen Tätigkeit benötigte Kenntnisse aufzufrischen und zu vertiefen, ohne dem Arbeitnehmer neue berufliche Chancen zu eröffnen oder sonstige Vorteile einzubringen, stellt keine angemessene Gegenleistung des Arbeitgebers für die vereinbarte Rückzahlungsverpflichtung dar. Diese ist dem Arbeitnehmer im konkreten Einzelfall daher nach den Grundsätzen von Treu und Glauben nicht zumutbar (*LAG Frankfurt* 7.9.1988 NZA 1989, 392). 148

Eine **Lehrgangsdauer bis zu 12 Monaten** rechtfertigt i. d. R. nur dann eine längere Bindung als drei Jahre nach Abschluss der Ausbildung, wenn durch die Teilnahme eine besonders hohe Qualifikation, verbunden mit überdurchschnittlichen Vorteilen für den Arbeitnehmer, entsteht (*BAG* 11.4.1984 EzA § 611 BGB Ausbildungsbeihilfe Nr. 4). 149

Musterberechtigungen zum Führen von Flugzeugen sind allgemein anerkannte Qualifikationsnachweise. Wegen der Besonderheiten der Musterberechtigung (insbesondere der gegenständlichen Begrenzung auf ein bestimmtes Flugzeugmuster) ist unabhängig von deren Art und der vom Arbeitgeber aufgewandten Kosten regelmäßig nur eine Bindung von einem Jahr zulässig (*BAG* 16.3.1994 EzA § 611 BGB Ausbildungsbeihilfe Nr. 10). 150

Die Teilnahme an **mehreren Wochenendseminaren** mit einer Gesamtdauer von einem Monat rechtfertigt die Bindung eines Arbeitnehmers nicht über ein Jahr hinaus. Im Bereich sich schnell entwickelnder Technologien indizieren Kurzlehrgänge ohne qualifizierten Abschluss Zweifel an der dem Arbeitnehmer verbleibenden, seinen Marktwert erhöhenden Qualifikation und eröffnen ihm i. d. R. keine neuen Berufsfelder, da die erworbenen Kenntnisse schon nach kurzer Zeit überholt sein können (*LAG Frankfurt* 20.3.1986 NZA 1986, 753). 151

Eine **Lehrgangsdauer bis zu zwei Monaten** rechtfertigt i. d. R. nur dann eine längere Bindung als ein Jahr nach Abschluss der Ausbildung, wenn durch die Teilnahme am Lehrgang eine besonders hohe Qualifikation verbunden mit überdurchschnittlichen Vorteilen für den Arbeitnehmer entsteht oder wenn die Fortbildung besonders kostenintensiv ist (*BAG* 15.12.1993 EzA § 611 BGB Ausbildungsbeihilfe Nr. 9). 152

Die durch das Kündigungsfristengesetz (§ 622 BGB n. F.) geänderten Kündigungsfristen erfordern im Hinblick auf Rechtssicherheit und Praktikabilität **keine Änderung dieser Grundsätze** (*LAG Hamm* 14.8.1998 NZA-RR 1999, 292). 153

> **Beispiel:** 154
> Das ist bei der Weiterbildung zur Substitutin in einem Kaufhausunternehmen nicht der Fall, weil es keine anerkannte Ausbildung zum Substituten gibt. Im konkret entschiedenen Einzelfall ist die Klägerin nach dem Vortrag des Beklagten im Wissensteil in den Fächern Betriebswirtschaftslehre, Recht, integrierte Betriebs-Ergebnis-Planung, Personalplanung und Verkaufsförderung geprüft worden. Auf Grund der verhältnismäßig kurzen Dauer der Seminare können nur Grundkenntnisse vermittelt worden sein. Die Klägerin ist zwar nach den Tarifverträgen für den Einzelhandel des Landes Baden-Württemberg als Substitutin zwei Tarifgruppen höher gruppiert worden, als sie es vorher als Verkäuferin war. Das sind jedoch keine überdurchschnittlichen Vorteile. Schließlich war die Fortbildung nicht besonders kostenaufwändig. Die Beklagte hat für die Teilnahme der Klägerin an den Lehrgängen nach ihrem Vortrag insgesamt 3 974,69 DM aufgewandt.

F. Pflichten im Hinblick auf die Beendigung des Arbeitsverhältnisses

Selbst wenn man die während der Lehrgänge gezahlte Vergütung in der von der Beklagten behaupteten Höhe von 2 500 DM hinzurechnet, ergibt sich ein Betrag von lediglich 6 500 DM. Das sind nur wenig mehr als zwei Monatsverdienste der Klägerin als Substitutin (*BAG* 15.12.1993 EzA § 611 BGB Ausbildungsbeihilfe Nr. 9).

155 Eine **praktische Unterweisung** des Arbeitnehmers ist bei der Berechnung der Lehrgangsdauer nur dann (mit) zu berücksichtigen, wenn sie einen erheblichen Anteil der Arbeitszeit ausmacht und der Arbeitnehmer dadurch keine der Vergütung angemessene Arbeitsleistung erbringt (*BAG* 15.12.1993 EzA § 611 BGB Ausbildungsbeihilfe Nr. 9).

156 Eine arbeitsvertragliche Klausel, in der sich der Arbeitnehmer verpflichtet, nach gut **2-monatiger Ausbildung** nicht vor Ablauf von 36 vollen Beschäftigungsmonaten das Arbeitsverhältnis zu kündigen, ist jedenfalls dann rechtswirksam, wenn dabei zugleich eine zeitanteilige Kürzung des Rückzahlungsbetrages, je nach Dauer der Arbeitsleistung, vereinbart ist, der Arbeitnehmer durch die abgeschlossene Ausbildung in die Lage versetzt wird, seine beruflichen Chancen auf dem Arbeitsmarkt generell zu erhöhen und ein schützenswertes Interesse des Arbeitgebers an der vereinbarten Bindung infolge der aufgewandten Ausbildungskosten besteht (*ArbG Düsseldorf* 3.11.1988 DB 1989, 1295).

157 Ein **6-monatiger Sprachaufenthalt** unter Mitarbeit in einem Unternehmen im Ausland kann eine Bindung des Arbeitnehmers an den Arbeitgeber bis zu zwei Jahren rechtfertigen (*BAG* 30.11.1994 EzA § 611 BGB Ausbildungsbeihilfe Nr. 12).

158 Eine mit einem Arbeitnehmer vereinbarte Rückzahlung von Ausbildungskosten für den Besuch einer **Sparkassenschule**, die bei einer Kündigung des Arbeitnehmers vor Ablauf von drei Jahren erfolgen soll, ist nicht schon deshalb unwirksam, weil sich vertragsgemäß die Erstattungspflicht nur um jeweils 1/3 für jedes Jahr der Betriebszugehörigkeit nach Abschluss des Lehrgangs mindert und nicht für jeden Monat eine entsprechende Herabsetzung vorgesehen ist (*BAG* 23.4.1986 EzA § 611 BGB Ausbildungsbeihilfe Nr. 5).

159 Die Teilnahme an einem etwa **halbjährigen Lehrgang** für den gehobenen Sparkassendienst auf Kosten des Arbeitgebers rechtfertigt im Rahmen der Gesamtbetrachtung keine drei Jahre übersteigende Rückzahlungsverpflichtung (*BAG* 23.2.1983 EzA § 611 BGB Ausbildungsbeihilfe Nr. 3).

160 Eine Bindungsdauer von zwei Jahren nach einer 2-jährigen Weiterbildung zum **Arzt für Arbeitsmedizin** mit einer ratierlichen Minderung der Ausbildungskosten von 1/24 je Monat ist angesichts der durch die Ausbildung erlangten beruflichen Vorteile auch dann nicht zu beanstanden, wenn die theoretische Fortbildungsdauer ohne Arbeitsleistung nur drei Monate betragen hat (*LAG Köln* 15.3.1995 NZA 1995, 1201 Ls.).

6. Tarifliche Normen; z. B. Nr. 7 SR 2 a BAT

a) Grundlagen

161 Nach Nr. 7 SR 2 a BAT wird vom Arbeitgeber dann, wenn ein Angestellter im Pflegedienst, der unter Abschnitt A der Anlage 1 b zum BAT fällt, auf Veranlassung und im Rahmen des Personalbedarfs, des Arbeitgebers fort- oder weitergebildet

F. Pflichten im Hinblick auf die Beendigung des Arbeitsverhältnisses

wird, sofern keine Ansprüche gegen andere Kostenträger bestehen, soweit er freigestellt werden muss, für die notwendige Fort- oder Weiterbildungszeit die bisherige Vergütung fortgezahlt; ferner werden die Kosten der Fort- oder Weiterbildung getragen. Der Angestellte ist verpflichtet, dem Arbeitgeber die Aufwendungen dann zu ersetzen, wenn das Arbeitsverhältnis auf Wunsch des Angestellten oder aus einem von ihm zu vertretenden Grunde endet. Vorgesehen ist im Übrigen eine Staffelung der Höhe der Rückzahlung, je nach dem Zeitpunkt der Beendigung des Arbeitsverhältnisses nach Abschluss der Ausbildung (im ersten Jahr sind die vollen Aufwendungen, im zweiten Jahr 2/3 und im dritten Jahr 1/3 der Aufwendungen zurückzuzahlen).

b) Auf Veranlassung des Arbeitgebers

Das Tatbestandsmerkmal »auf Veranlassung des Arbeitgebers« bedeutet, dass die Fort- oder Weiterbildung vom Arbeitgeber **erkennbar gewollt** sein muss. Von wem die Initiative dazu ausging, ist unerheblich (*BAG* 14.6.1995 EzA § 611 BGB Ausbildungsbeihilfe Nr. 13). Denn dann, wenn er die Weiterbildung erkennbar befürwortet hat, besteht kein sachlicher Grund dafür, Angestellte, die selbst initiativ werden und eine Weiterbildung beim Arbeitgeber anregen, anders zu behandeln als Arbeitnehmer, die dazu von ihm erst aufgefordert werden mussten. Denn das würde bedeuten, dass weder die aktiven Arbeitnehmer einen tarifvertraglichen Anspruch auf Übernahme der Weiterbildungskosten, noch der Arbeitgeber ihnen gegenüber einen tariflichen Rückzahlungsanspruch hätte. 162

c) Im Rahmen des Personalbedarfs

»Im Rahmen des Personalbedarfs« setzt voraus, dass **im tariflichen Bindungszeitraum wahrscheinlich Stellen zu besetzen sind, für die die zu erwerbende Qualifikation erforderlich ist**. Zwar dürfen insoweit keine zu hohen Anforderungen gestellt werden (*BAG* 14.6.1995 EzA § 611 BGB Ausbildungsbeihilfe Nr. 13; 15.3.2000 NZA 2001, 39). Denn der Personalbedarf eines Arbeitgebers ist, zumal wenn es um längere Zeiträume geht, nicht sicher abschätzbar. Er ist von vielen Unwägbarkeiten abhängig. Für die Personalbedarfsplanung gibt es zudem keine feststehenden Grundsätze. Aktueller Personalbedarf ist daher nicht erforderlich. Andererseits kann die bloße Möglichkeit, dass beim Arbeitgeber irgendwann einmal entsprechende Stellen frei werden, nicht ausreichen. Das Merkmal »im Rahmen des Personalbedarfs des Arbeitgebers« hätte dann keine eigenständige Bedeutung mehr. Die Fort- oder Weiterbildung erfolgt vielmehr dann »im Rahmen des Personalbedarfs«, wenn beim Arbeitgeber in dem 3-jährigen Bindungszeitraum mit einiger Wahrscheinlichkeit Stellen zu besetzen sind, für die eine durch die Weiterbildung zu erwerbende Qualifikation Voraussetzung ist (*BAG* 15.3.2000 NZA 2001, 39). Ausreichend ist es auch, wenn dem Arbeitnehmer die höher gruppierte Stelle im Hinblick darauf übertragen wird, dass er anschließend die Weiterbildung durchführt (*BAG* 23.4.1997 EzA § 611 BGB Ausbildungsbeihilfe Nr. 17). Andererseits ist es dem Arbeitgeber nicht verwehrt, mehr Arbeitnehmern die Weiterbildung zu finanzieren, als Stellen frei werden (*BAG* 14.6.1995 EzA § 611 BGB Ausbildungsbeihilfe Nr. 13). Es reicht aber jedenfalls nicht aus, dass der Arbeitgeber lediglich eine **allgemeine Qualifizierung** seines Fachpersonals erreichen will (*BAG* 6.11.1996 EzA § 611 BGB Ausbildungsbeihilfe Nr. 18). 163

F. Pflichten im Hinblick auf die Beendigung des Arbeitsverhältnisses

d) Vergütungsrelevanz

164 Die inhaltsgleiche Regelung in Nr. 7 SR 2 a Berufsgenossenschafts-AngestelltenTV ist einschränkend dahin auszulegen, dass **nur vergütungsrelevante Bildungsmaßnahmen eine Rückzahlungspflicht des Arbeitnehmers auslösen können**. Die Regelung ist wirksam, obwohl sie erheblich von der Rechtsprechung des BAG (s. o. F/Rz. 131 ff.) zur Zulässigkeit einzelvertraglicher Rückzahlungsklauseln abweicht (*BAG* 6.5.1995 EzA § 611 BGB Ausbildungsbeihilfe Nr. 15). Denn Tarifverträge unterliegen nicht im selben Umfang der gerichtlichen Inhaltskontrolle wie Einzelarbeitsverträge.

Gleiches gilt im Rahmen von Nr. 7 SR 2 a BAT für die Fortbildung zur Fachkrankenschwester im Operationsdienst (*BAG* 6.9.1995 – 5 AZR 172/94 –), zum Hygienefachpfleger (*BAG* 6.9.1995 EzA § 611 BGB Ausbildungsbeihilfe Nr. 15 Ls.), bei einem 3-monatigen Lehrgang »Stationsleitung« (*BAG* 6.9.1995 – 5 AZR 618, 744/94 –) sowie für § 10 a AVR-Caritas (Kosten der Weiterbildung zum Fachkrankenpfleger *BAG* 6.11.1996 EzA § 611 BGB Ausbildungsbeihilfe Nr. 16).

e) Beruflicher Vorteil des Arbeitnehmers

165 Liegen die Voraussetzungen für einen Anspruch auf Rückzahlung nach Nr. 7 SR 2 a BAT vor, so ist nicht zusätzlich zu prüfen, ob dem Arbeitnehmer ein beruflicher Vorteil erwachsen ist (*BAG* 6.11.1996 EzA § 611 BGB Ausbildungsbeihilfe Nr. 18).

f) Darlegungs- und Beweislast

166 Der Arbeitgeber hat diese Voraussetzungen darzulegen. Er muss mindestens vortragen, dass und aus welchen Gründen er innerhalb des Bindungszeitraums wahrscheinlich Arbeitnehmer mit der zu erwerbenden Qualifikation braucht. Bestreitet der Arbeitnehmer den Vortrag, so ist Beweis zu erheben. Dabei kann es ein Indiz für die Richtigkeit der Behauptung des Arbeitgebers sein, wenn während des Bindungszeitraums tatsächlich entsprechende Stellen frei geworden sind. Diesen Anforderungen genügt es nicht, wenn der Arbeitgeber sich mit dem Sachvortrag begnügt, ein entsprechender Personalbedarf sei damals von der Pflegedienstleitung bejaht worden. Auch liege es im Interesse des Arbeitgebers, auf der Station neben der aktuell eingestellten Stationsleitung andere entsprechend qualifizierte Pflegekräfte für Vertretungsfälle zur Verfügung zu haben.

167 Das *BAG* (6.9.1995 EzA § 611 BGB Ausbildungsbeihilfe Nr. 15) hat insoweit angenommen, dass der Arbeitgeber nicht dargelegt hat, dass innerhalb der 3-jährigen Bindungsfrist wahrscheinlich mit einem Freiwerden entsprechender Stellen zu rechnen ist. Er habe noch nicht einmal vorgetragen, dass nach dem Ausscheiden der Beklagten bis zur letzten mündlichen Verhandlung in der Berufungsinstanz einige Stellen zu besetzen gewesen seien. Auf die Frage, ob die Anforderungen an die Darlegungslast der Klägerin infolge des substantiierten Vortrags der Beklagten (Arbeitgeberin) gestiegen seien, komme es daher nicht mehr an.

F. Pflichten im Hinblick auf die Beendigung des Arbeitsverhältnisses

7. Vereinbarung zur Rückzahlung von Ausbildungskosten in Form einer Darlehensverpflichtung; Schuldumschaffung

Die Grundsätze zur Zulässigkeit von Vereinbarungen über die Rückzahlung von Ausbildungskosten gelten regelmäßig auch dann, wenn vereinbart wird, dass der Rückzahlungsbetrag als Darlehen (§ 607 Abs. 2 BGB) geschuldet werden soll (*BAG* 26.10.1994 EzA § 611 BGB Ausbildungsbeihilfe Nr. 11). **168**

Ein **Schuldbestätigungsvertrag**, der unabhängig von der arbeitsvertraglichen Rückzahlungsklausel gilt und einer richterlichen Inhaltskontrolle anhand der hier erörterten Kriterien nicht unterliegen soll, kann **nur ausnahmsweise** angenommen werden. Er setzt voraus, dass die Parteien gerade den Streit über die beiderseitige Ungewissheit über die Wirksamkeit der Rückzahlungsklausel beenden wollten. Das *BAG* (26.10.1994 EzA § 611 BGB Ausbildungsbeihilfe Nr. 11) hat dem Abschluss eines Darlehensvertrages über die Rückzahlung von Ausbildungskosten nicht die Bedeutung einer formbedürftigen abstrakten Schuldumschaffung (§§ 780, 781 BGB) beigemessen, weil im Darlehensvertrag von einer Stundung der im Arbeitsvertrag vorgesehenen Rückzahlungsverpflichtung die Rede war, was gegen die Annahme sprach, dass die Parteien die alte Schuld zum Erlöschen bringen und eine neue Schuld begründen wollten. Folglich hätte es zur Annahme einer Schuldumschaffung besonderer, vom Arbeitgeber darzulegender Umstände bedurft, die er jedoch nicht vorgetragen hatte. **169**

Auch ein deklaratorisches Schuldanerkenntnis war nicht gegeben, weil es einen Streit über die Forderung dem Grunde und der Höhe nach bei Abschluss des Darlehensvertrages nicht gegeben hatte, insbesondere entsprechende Zweifel an dessen Wirksamkeit nicht bestanden hatten. Folglich hatten die Parteien mit dem Darlehensvertrag die im Arbeitsvertrag vorgesehene Rückzahlungsverpflichtung zwar in Bezug auf Fälligkeit, Verzinsung und Tilgung dem Darlehensrecht unterstellt, den Grund für die Rückzahlungsverpflichtung jedoch unberührt gelassen, sodass die Vereinbarung an den von der Rechtsprechung des *BAG* (26.10.1994 EzA § 611 BGB Ausbildungsbeihilfe Nr. 11) entwickelten Grundsätzen zu messen war. **170**

8. Der Sonderfall: Transferentschädigung in der Eishockeyliga

Unzulässig (Verstoß gegen § 138 BGB, Art. 12 GG) ist eine Regelung (z. B. in Art. 59 der Spielordnung des Deutschen Eishockeybundes), wonach beim Vereinswechsel eines Ligaspielers der abgebende Verein vom aufnehmenden Verein eine Entschädigung für Aus- und Weiterbildungskosten zu beanspruchen hat (Transferentschädigung), soweit danach eine Entschädigung auch dann verlangt werden kann, wenn das Arbeitsverhältnis bei dem abgebenden Verein bereits beendet war (*BAG* 20.11.1996 EzA § 611 BGB Berufssport Nr. 9). **171**

G. Arbeitskampfrecht

Inhaltsübersicht

	Rz.
I. Grundbegriffe	1– 2
II. Die Rechtmäßigkeitsvoraussetzungen des Arbeitskampfes	3– 78
1. Rechtsgrundlagen des Arbeitskampfrechts	3– 14
a) Einfachgesetzliche Grundlagen	3– 4
b) § 74 Abs. 2 BetrVG, § 66 Abs. 2 BPersVG	5– 7
c) Internationales Recht	8
d) Art. 9 Abs. 3 GG	9– 14
2. Der Streik	15– 49
a) Gewerkschaftliche Organisation des Streiks	15– 17
b) Beachtung der tarifvertraglichen Friedenspflicht	18– 21
c) Tariflich regelbares Kampfziel, Erfüllbarkeit der Tarifforderung durch die Gegenseite	22– 25
d) Verhältnismäßigkeitsprinzip	26– 33
aa) Geeignetheit	27
bb) Ultima-ratio-Prinzip, Erforderlichkeit	28– 31
cc) Verhältnismäßigkeit im engeren Sinne; Proportionalität	32– 33
e) Erhaltungs- und Notstandsarbeiten	34– 38
f) Persönliche Einschränkungen des Streikrechts	39– 40
g) Sonstige Streikschranken	41– 43
h) Streikexzesse	44– 47
i) Rechtmäßigkeitsvermutung gewerkschaftlicher Streiks	48– 49
3. Die Aussperrung	50– 69
a) Arten der Aussperrung	50– 51
b) Rechtliche Zulässigkeit der Aussperrung	52– 69
aa) Abwehraussperrung	52– 67
(1) Rechtsgrundlage	52– 53
(2) Voraussetzungen und Grenzen der Aussperrung	54– 65
(a) Verbandsbeschluss und dessen Mitteilung	54– 55
(b) Verhältnismäßigkeit, Proportionalität, Parität	56– 63
(aa) Begrenzung der Aussperrung auf das Tarifgebiet	58– 59
(bb) Zahlenmäßige Begrenzung der Aussperrungsbefugnis – Aussperrungsarithmetik –	60– 63
(c) Beschränkung der Aussperrungsbefugnis bezüglich einzelner Arbeitnehmer	64– 65
(3) Suspendierende und lösende Aussperrung	66– 67
bb) Angriffsaussperrung	68– 69
4. Der Boykottaufruf	70– 72
5. Massenänderungskündigungen, kollektive Ausübung von Zurückbehaltungsrechten	73– 78
III. Die Rechtsfolgen des rechtmäßigen Arbeitskampfes	79–131
1. Streik	79–120
a) Suspendierung der Hauptleistungspflichten	79– 82
b) Suspendierung und anderweitige Arbeitsbefreiung	83– 89
c) Ausschluss von Kündigungen und Abmahnungen	90– 91
d) Grundsätzlicher Ausschluss von Schadensersatz- und Unterlassungsansprüchen	92– 96
e) Suspendierung und Fristen	97– 98

G. Arbeitskampfrecht

f) Vergütungsansprüche nicht streikbeteiligter Arbeitnehmer – Arbeitskampfrisiko und suspendierende Betriebs(teil)stilllegung	99–103
aa) Arbeitskampfrisikolehre	99–101
bb) Suspendierende Betriebs(teil)stilllegung	102–103
g) Arbeitsverweigerungsrecht bei Zuweisung von Streikbrecherarbeiten	104–105
h) Beteiligungsrechte des Betriebsrats	106–113
aa) Personelle Angelegenheiten, insbes. §§ 99, 102, 103 BetrVG	107–110
bb) Soziale Angelegenheiten, insbes. Arbeitszeitregelungen	111–112
cc) Mitbestimmung in wirtschaftlichen Angelegenheiten	113
i) Zahlung von Prämien an nicht streikbeteiligte Arbeitnehmer	114–118
j) Arbeitskampf und schuldrechtliche Leistungspflichten	119–120
2. Die suspendierende Aussperrung	121–128
a) Suspendierung der Hauptleistungspflichten	121–122
b) Aussperrung und sonstige Arbeitsbefreiung	123
c) Abkehrrecht der Ausgesperrten	124
d) Suspendierung und Fristen	125
e) Mittelbare Folgen der Aussperrung – Arbeitskampfrisiko	126
f) Beteiligungsrechte des Betriebsrats	127
g) Leistungsstörungen infolge Aussperrung	128
3. Lösende Aussperrung	129–131
a) Beendigung des Arbeitsverhältnisses	129
b) Wiedereinstellungsanspruch	130–131
IV. Die Rechtsfolgen des rechtswidrigen Arbeitskampfes	**132–168**
1. Streik	132–161
a) Keine Suspendierung – Verletzung der Arbeitspflicht	132
b) Abmahnung	133
c) Kündigung	134–137
d) Schadensersatzansprüche	138–149
aa) Deliktische Ansprüche	139–146
(1) § 823 Abs. 1 BGB	139–144
(2) § 823 Abs. 2 BGB	145
(3) § 826 BGB	146
bb) Schuldrechtliche Schadensersatzansprüche	147–149
(1) §§ 280, 283 BGB	147
(2) Positive Forderungsverletzung des Tarifvertrages	148–149
e) Unterlassungsansprüche	150–154
aa) Deliktische Unterlassungsansprüche	151–152
bb) Schuldrechtliche Unterlassungsansprüche	153–154
f) Einwirkungspflichten	155
g) Fristen und Anwartschaften	156
h) Mittelbare Streikfolgen	157–158
i) Beteiligungsrechte des Betriebsrats	159
j) Folgen für einen bestehenden Tarifvertrag	160–161
2. Aussperrung	162–168
a) Keine Suspendierung – Fortbestehen der Vergütungspflicht	162
b) Kündigung	163
c) Schadensersatzansprüche	164–165
d) Unterlassungsansprüche	166–167
aa) Deliktische Unterlassungsansprüche	166
bb) Schuldrechtliche Unterlassungsansprüche	167
e) Fristen, Anwartschaften; Folgen für einen bestehenden Tarifvertrag	168

G. Arbeitskampfrecht

I. Grundbegriffe

Unter den Begriff des Arbeitskampfes fallen alle kollektiven Maßnahmen, durch die die Arbeitnehmer- oder Arbeitgeberseite auf die jeweilige Gegenseite durch Störung der Arbeitsbeziehungen Druck ausübt, um ein bestimmtes Ziel zu erreichen (*Brox/Rüthers* Rz. 16, 17). Ziel ist die Durchsetzung kollektiver Arbeitsbedingungen für die Zukunft. Aufgabe des Arbeitskampfrechts ist es, Zulässigkeit und Rechtsfolgen derartiger Kampfmaßnahmen zu bestimmen.

Ihm fällt weiter die Aufgabe zu, gleiche Verhandlungschancen der kampfbeteiligten Parteien herzustellen (*BAG* 10.6.1980 EzA Art. 9 GG Arbeitskampf Nr. 37). **Mittel des Arbeitskampfes** sind als kollektive Kampfmittel in erster Linie auf Arbeitnehmerseite der Streik und auf Arbeitgeberseite die Aussperrung. Unter **Streik** wird die Druckausübung einer größeren Anzahl von Arbeitnehmern durch die planmäßige und gemeinschaftliche Vorenthaltung einer nach individualrechtlichen Regeln an sich zu erbringenden Arbeitsleistung verstanden. **Aussperrung** ist die Druckausübung durch einen oder mehrere Arbeitgeber mittels planmäßiger Verweigerung von Beschäftigung und Lohnzahlung gegenüber einem oder mehreren Arbeitnehmern zur Erreichung bestimmter Ziele (*Brox/Rüthers* Rz. 45 ff.). Für den Arbeitskampf relevant ist auch das in der jüngeren Rechtsprechung des BAG (s. u. G/Rz. 102 f.) entwickelte Institut der **suspendierenden Betriebs(teil)stilllegung** durch den Arbeitgeber als Reaktion auf einen Streik. Hierbei handelt es sich aber um kein eigentliches Arbeitskampfmittel, da sich der Arbeitgeber lediglich den gegen ihn gerichteten Streikmaßnahmen beugt (*BAG* 22.3.1994 EzA Art. 9 GG Arbeitskampf Nr. 115). Weiteres kollektives Mittel des Arbeitskampfes ist der **Boykott** (vgl. *BAG* 19.10.1976 EzA § 2 TVG Nr. 11). Mit diesem erstrebt die kämpfende Partei, den Kampfgegner gegen rechtsgeschäftliche Kontakte abzusperren (MünchArbR/*Otto* § 281 Rz. 18), beispielsweise durch die Aufforderung, mit einem bestimmten Arbeitgeber oder mehreren Arbeitgebern keine Arbeitsverträge abzuschließen oder durch den Aufruf, durch ein bestimmtes Verhalten die berufliche oder wirtschaftliche Betätigung des Kampfgegners faktisch einzuschränken. Daneben sind auf beiden Seiten Kampfmittel denkbar, die sich bei erster Betrachtung nicht als primär im kollektiven Arbeitskampfrecht wurzelnde Maßnahmen, sondern als Ausübung individualrechtlicher Rechtspositionen darstellen (*Däubler* Arbeitskampfrecht Rz. 1380 ff.). Hierzu gehören die **Massenänderungskündigung** und die kollektive Ausübung von **Zurückbehaltungsrechten**, sofern diese ihrer rechtlichen Struktur nach zunächst individualrechtlichen Gestaltungsmittel kollektiv, also gebündelt und aufeinander abgestimmt, ausgeübt werden, um auf die Gegenseite zur Erreichung eines gemeinsamen Zieles Druck auszuüben.

II. Die Rechtmäßigkeitsvoraussetzungen des Arbeitskampfes

1. Rechtsgrundlagen des Arbeitskampfrechts

a) Einfachgesetzliche Grundlagen

Einfachgesetzliche Regelungen des Arbeitskampfrechts fehlen weitgehend. Soweit der Begriff des Arbeitskampfes in einer Reihe von Gesetzen erwähnt wird (z. B. § 2

G. Arbeitskampfrecht

> Abs. 1 Nr. 2 ArbGG, § 74 Abs. 2 BetrVG, § 66 Abs. 2 BPersVG, §§ 146, 174 SGB III, § 11 Abs. 5 AÜG, § 25 KSchG, § 91 Abs. 6 SGB IX) handelt es sich um neutrale Regelungen, die keine Grundsätze des Arbeitskampfrechts enthalten (BAG 26.4.1988 EzA Art. 9 GG Arbeitskampf Nr. 74; BAG GS 21.4.1971 EzA Art. 9 GG Nr. 6).

4   Es existiert ein Professorenentwurf zur Regelung kollektiver Arbeitskonflikte (*Birk/Konzen/Löwisch/Raiser/Seiter* Gesetz zur Regelung kollektiver Arbeitskonflikte, 1988).

b) § 74 Abs. 2 BetrVG, § 66 Abs. 2 BPersVG

5   § 74 Abs. 2 BetrVG enthält das Verbot betriebsverfassungswidriger Arbeitskämpfe (§ 66 Abs. 2 BPersVG dementsprechend das Verbot personalvertretungswidriger Arbeitskämpfe), d. h. das Verbot von Kampfmaßnahmen, um die betriebsverfassungsrechtliche Gegenseite zu irgendeinem betriebsverfassungsrechtlichen Verhalten oder zum Abschluss einer Betriebsvereinbarung zu zwingen (BAG 17.12.1976 EzA Art. 9 GG Arbeitskampf Nr. 20; 7.6.1988 EzA Art. 9 GG Arbeitskampf Nr. 80).

6   Meinungsverschiedenheiten auf der Ebene des Betriebs sind ausschließlich auf friedlichem Wege unter Inanspruchnahme der im BetrVG vorgesehenen Mittel (Einigungsstelle, Arbeitsgerichtliches Beschlussverfahren) beizulegen. Rechtswidrig und zum Schadensersatz verpflichtend ist daher beispielsweise ein Streik, durch den der Arbeitgeber veranlasst werden soll, seinen Antrag beim Arbeitsgericht auf Ersetzung der Zustimmung des Betriebsrats zur Kündigung eines Betriebsratsmitglieds zurückzunehmen (BAG 7.6.1988 EzA Art. 9 GG Arbeitskampf Nr. 80).

7   Da Arbeitskampfmaßnahmen auf dem Gebiet der Betriebsverfassung auf Arbeitnehmerseite regelmäßig eine Mehrzahl von die Arbeit niederlegenden Arbeitnehmern voraussetzen und die Gesamtheit der Arbeitnehmer der Ordnung der Betriebsverfassung unterworfen ist, betrifft die Bestimmung jedenfalls mittelbar auch den einzelnen Arbeitnehmer (BAG 17.12.1976 EzA Art. 9 GG Arbeitskampf Nr. 20; str. a. A. *Brox/Rüthers* Rz. 406). Arbeitskämpfe auf dem Gebiet der Betriebsverfassung sind ohne Rücksicht auf die Frage, wer sie organisiert, rechtswidrig. In der Betriebsverfassung scheidet der Arbeitskampf als Rechtsinstitut aus.

c) Internationales Recht

8   Zum Teil werden rechtliche Konsequenzen für das geltende Arbeitskampfrecht auch aus bestehenden internationalen Verträgen hergeleitet (vgl. *Däubler* Arbeitskampfrecht Rz. 101 ff.; *Brox/Rüthers* Rz. 123 ff.), so insbesondere aus Art. 6 Nr. 4 der Europäischen Sozialcharta (BGBl. 1964 II S. 1251; 1965 II S. 1122), Art. 11 der Europäischen Menschenrechtskonvention (BGBl. 1952 II S. 686) und ILO-Übereinkommen Nr. 87 (BGBl. 1965 II S. 2072 ff.). Das BAG (10.6.1980 EzA Art. 9 GG Arbeitskampf Nr. 37) ist der Auffassung, dass den beiden letztgenannten Bestimmungen kein über die ohnedies durch Art. 9 Abs. 3 GG gewährleisteten Grundsätze hinausgehender Regelungsgehalt zukommt. Im Hinblick auf Art. 6 ESC lässt das BAG (12.9.1984 EzA Art. 9 GG Arbeitskampf Nr. 54) offen, ob die Sozialcharta geltendes Bundesrecht ist oder der Transformation bedarf, hält aber die Gerichte im Rahmen der Rechtsfortbildung für verpflichtet, diejenige Lösung zu wählen, die auch der Gesetzgeber getrof-

fen hätte. Dieser hätte die bestehenden völkerrechtlichen Verpflichtungen erfüllt. In der bisherigen Entscheidungspraxis hat das BAG allerdings den Regelungen der ESC keinen über Art. 9 Abs. 3 GG hinausgehenden Garantiegehalt zugemessen und insbesondere daran festgehalten, dass das Streikrecht grds. nur zur Durchsetzung tariflich regelbarer Ziele besteht (vgl. zum sog. Symphatiestreik *BAG* 5.3.1985 EzA Art. 9 GG Arbeitskampf Nr. 57).

d) Art. 9 Abs. 3 GG

Art. 9 Abs. 3 S. 1 GG gewährleistet für jedermann das Recht, zur Wahrung und För- 9 derung der Arbeits- und Wirtschaftsbedingungen Vereinigungen zu bilden. Neben der individuellen Koalitionsfreiheit ist damit auch die kollektive Koalitionsfreiheit gewährleistet. Der sachliche Schutzbereich der kollektiven Koalitionsfreiheit schützt die Koalitionen selber in ihrer Bildung und ihrem Bestand (Existenzgarantie), ihrer organisatorischen Ausgestaltung (Organisationsautonomie) und als Betätigungsgarantie in ihrer Betätigung für die spezifischen Zwecke des Art. 9 Abs. 3 GG (*BVerfG* 26.6.1991 EzA Art. 9 GG Arbeitskampf Nr. 97). Dem persönlichen Schutzbereich unterfallen Arbeitnehmer und Arbeitgeber (*BVerfG* 26.6.1991 EzA Art. 9 GG Arbeitskampf Nr. 97), sowie auch eine Koalition von Koalitionen (vgl. *Rieble* Anm. zu BVerfG 26.6.1991 EzA Art. 9 GG Arbeitskampf Nr. 97). Für das Arbeitskampfrecht von Bedeutung ist die Betätigungsgarantie.

Zu der geschützten koalitionsmäßigen Betätigung gehört der Abschluss von Tarif- 10 verträgen (*BVerfG* 24.5.1977 BVerfGE 44, 322 [340 f.]; 20.10.1981 BVerfGE 50, 290 [367]). Die Betätigungsgarantie beinhaltet eine Koalitionsmittelgarantie für diejenigen Institute, die die Rechtsordnung dem Verfahren der Koalitionseinigung und des Koalitionskampfes zur Verfügung stellt und deren Verfügbarkeit für die Koalitionen unverzichtbar ist bzw. zu deren funktionstypischem Instrumentarium gehört.

Aus der Bindung an die von der Rechtsordnung zur Verfügung gestellten Institute lei- 11 tet das *BAG* (7.6.1988 EzA Art. 9 GG Arbeitskampf Nr. 80) ab, dass Arbeitskämpfe als Kampfmittel nur in einem Tarifkonflikt zugelassen sind, da eine rechtliche Regelung über die Zulässigkeit von Arbeitskämpfen nur dem die Tarifautonomie des Art. 9 Abs. 3 Satz 1 GG konkretisierenden geltenden Tarifrecht zu entnehmen sei. Soweit die Verfolgung des Vereinigungszwecks des Art. 9 Abs. 3 GG von dem Einsatz bestimmter Mittel abhängt, werden auch diese vom Schutz des Grundrechts umfasst (*BVerfG* 26.6.1991 EzA Art. 9 GG Arbeitskampf Nr. 97).

Durch die Koalitionsmittelgarantie ist damit auch die Freiheit des Arbeitskamp- 12 fes garantiert, die sich in die Freiheit des Kampfeintritts, die Freiheit der Kampfführung, die Freiheit der Wahl des Kampfmittels und die Freiheit der Kampfbeendigung aufgliedern lässt. Die Wahl der Kampfmittel, die die Koalitionen zur Erreichung des von ihnen verfolgten Zwecks einsetzen, überlässt Art. 9 Abs. 3 GG den Koalitionen selbst (*BVerfG* 26.6.1991 EzA Art. 9 GG Arbeitskampf Nr. 97).

Ein geschlossenes System allein zulässiger Arbeitskampfmittel gibt es damit nicht. Als 13 verfassungsgarantiert anerkannt ist zunächst auf Seiten der Gewerkschaften das Streikrecht. Inwieweit auch die Aussperrung als Kampfmittel den verfassungsrechtlichen Schutz genießt, wird kontrovers diskutiert (vgl. etwa *Däubler* Arbeitskampf-

G. Arbeitskampfrecht

recht Rz. 871 ff.; *Brox/Rüthers* Rz. 89 ff.). Das BVerfG (26.6.1991 EzA Art. 9 GG Arbeitskampf Nr. 97) hat diese Frage bisher nicht abschließend entschieden, unterstellt aber die suspendierende Abwehraussperrung, die zur Wiederherstellung der Verhandlungsparität eingesetzt wird und daher nicht generell geeignet ist, die durch die Anerkennung des Streikrechts angestrebte Herstellung der Verhandlungsparität zu Lasten der Arbeitnehmer zu beeinträchtigen, dem Schutz des Art. 9 Abs. 3 GG. Die verfassungsmäßige Gewährleistung richtet sich damit nach dem Kriterium der Koalitionsparität. Schranken der Koalitionsbetätigungsgarantie ergeben sich ungeachtet der vorbehaltlosen Gewährleistung in Art. 9 Abs. 3 GG aus den Grundrechten Dritter und anderen mit Verfassungsrang ausgestatteten Rechten. Ferner besteht ein gesetzgeberischer Ausgestaltungsvorbehalt i. S. einer Grundrechtsprägung durch den Gesetzgeber.

14 Im Arbeitskampf grundrechtlich gewährleistet sind die Betätigungen beider kämpfender Koalitionen, sodass Beschränkungen, die der Wiederherstellung eines Verhandlungsgleichgewichts bei Tarifauseinandersetzungen dienen, durch Art. 9 Abs. 3 GG selbst gerechtfertigt sind (*BVerfG* 26.6.1991 EzA Art. 9 GG Arbeitskampf Nr. 97).

2. Der Streik

a) Gewerkschaftliche Organisation des Streiks

15 Nach ständiger Rechtsprechung (*BAG* 7.6.1988 EzA Art. 9 GG Arbeitskampf Nr. 80) ist Rechtmäßigkeitsvoraussetzung des Streiks, dass dieser gewerkschaftlich organisiert ist. Der nicht gewerkschaftlich organisierte, sog. wilde Streik ist daher rechtswidrig.

16 Gewerkschaftlich organisiert ist ein Streik zum einen, wenn der Arbeitsniederlegung ein gewerkschaftlicher Streikaufruf zugrunde liegt und der Streikbeschluss der Arbeitgeberseite mitgeteilt wird (*BAG* 17.12.1976 EzA Art. 9 GG Arbeitskampf Nr. 19; 31.10.1995 EzA Art. 9 GG Arbeitskampf Nr. 123). Ohne Bedeutung ist, ob der Streikbeschluss gewerkschaftsintern satzungsmäßig korrekt zustande kam, etwa erst nach einer in der Satzung vorgesehenen Urabstimmung, da dies nur von verbandsinterner Bedeutung ist (*BAG* 17.12.1976 Art. 9 GG Arbeitskampf Nr. 19). Dem von vornherein gewerkschaftlichen Streik weitgehend gleichgesetzt wird der zunächst verbandsfrei geführte, dann aber von der Gewerkschaft übernommene Streik. Durch diese Übernahme wird der Mangel ursprünglich fehlender gewerkschaftlicher Organisation rückwirkend geheilt (*BAG* 20.12.1963 EzA Art. 9 GG Arbeitskampf Nr. 7; 20.12.1963 EzA Art. 9 GG Arbeitskampf Nr. 8; vgl. ausf. *Konzen* Übernahme und Unterstützung wilder Streiks durch Gewerkschaften, ZfA 1970, 159).

17 Das Erfordernis gewerkschaftlicher Organisation des Streiks bedeutet demgegenüber nicht, dass sich an dem Streik nur gewerkschaftsangehörige Arbeitnehmer beteiligen dürfen. Vielmehr können sich an einem gewerkschaftlich getragenen Streik auch die nicht organisierten und ggf. auch die anders organisierten Arbeitnehmer beteiligen, weil das Arbeitskampfsystem ohne Beteiligung der Außenseiter nicht funktionstüchtig wäre (*BAG GS* 21.4.1971 EzA Art. 9 GG Nr. 6).

G. Arbeitskampfrecht

b) Beachtung der tarifvertraglichen Friedenspflicht
Ein Arbeitskampfverbot ergibt sich aus der tarifvertraglichen Friedenspflicht (Mün- 18
chArbR/*Otto* § 285 Rz. 80 ff.) als schuldrechtliche Verpflichtung der Tarifvertragsparteien, während der Laufzeit des Tarifvertrags keine Arbeitskämpfe zu führen und die Mitglieder von Kampffaktionen abzuhalten (*BAG* 21.12.1982 EzA § 1 TVG Friedenspflicht Nr. 1). Unterschieden werden relative und absolute Friedenspflicht.

Die relative Friedenspflicht ist eine dem Tarifvertrag immanente gesetzliche 19
Pflicht, die den Tarifvertragsparteien verbietet, einen bestehenden Tarifvertrag inhaltlich dadurch in Frage zu stellen, dass sie Veränderungen oder Verbesserungen der bereits vertraglich geregelten Gegenstände mit Mitteln des Arbeitskampfes erreichen wollen (*BAG* 27.6.1989 EzA Art. 9 GG Arbeitskampf Nr. 94; 21.12.1982 EzA § 1 TVG Friedenspflicht Nr. 1).

Maßgebend ist der Inhalt und die Geltungsdauer des jeweiligen Tarifvertrags, wobei 20
der Inhalt ggf. durch Auslegung nach den für die Auslegung von Tarifverträgen geltenden Grundsätzen zu ermitteln ist (*Däubler* Arbeitskampfrecht Rz. 212).

Ferner ist es möglich, dass die Tarifvertragsparteien über die Laufzeit des Tarifvertra- 21
ges hinaus die während der Laufzeit geltende Friedenspflicht vertraglich verlängern, ein gleichwohl geführter Arbeitskampf vor Ablauf der Verlängerung ist dann unzulässig (*BAG* 12.9.1984 EzA Art. 9 GG Arbeitskampf Nr. 54).

Die absolute Friedenspflicht verbietet während der Laufzeit eines Tarifvertrags jegliche Maßnahmen des Arbeitskampfes, ungeachtet der Frage, ob die erstrebte Regelung in dem geltenden Tarifvertrag schon angesprochen ist oder nicht, also auch dann, wenn keine im Tarifvertrag geregelten Punkte berührt sind.

Die absolute Friedenspflicht bedarf besonderer und ausdrücklicher Vereinbarung (MünchArbR/*Otto* § 285 Rz. 82).

c) Tariflich regelbares Kampfziel, Erfüllbarkeit der Tarifforderung durch die Gegenseite

Nach jüngerer Rechtsprechung des *BAG* (7.6.1988 EzA Art. 9 GG Arbeitskampf 22
Nr. 80; 23.10.1984 EzA Art. 9 GG Arbeitskampf Nr. 55; 27.6.1989 EzA Art. 9 GG Arbeitskampf Nr. 94) muss der Streik zur Erreichung eines tariflich regelbaren Zieles geführt werden, d. h. es müssen Regelungen erstrebt werden, die zulässigerweise Inhalt eines Tarifvertrages sein können. Ein nicht tarifbezogener Streik ist rechtswidrig. Der Umfang tariflich regelbarer Ziele ergibt sich dabei aus § 1 TVG.

Unter dem Gesichtspunkt mangelnder Tarifvertragsbezogenheit unzulässig und 23
rechtswidrig dürfte damit zunächst der sog. **politische Streik** sein (*LAG Rheinland-Pfalz* 5.3.1986 LAGE Art. 9 Arbeitskampf Nr. 26). Der politische Streik war bisher nicht Gegenstand der *BAG*-Rechtsprechung, allerdings erwähnt das Urteil vom 27.6.1989 (EzA Art. 9 GG Arbeitskampf Nr. 94) diese Streikform als unzulässig. Eine Arbeitsniederlegung, durch die der Gesetzgeber zu einem bestimmten Verhalten veranlasst werden soll, ist folglich unzulässig. Gleiches dürfte für den sog. **Demonstrationsstreik** gelten, der kein unmittelbares Kampfziel hat, sondern Protest gegen

G. Arbeitskampfrecht

ein bestimmtes Verhalten der Arbeitgeber oder gegen politische Entscheidungen und Maßnahmen darstellt (MünchArbR/*Otto* § 285 Rz. 34). Da nicht auf den Abschluss eines Tarifvertrags bezogen, ist weiter rechtswidrig der **betriebsverfassungswidrige Arbeitskampf**, d. h. die Druckausübung, um den Arbeitgeber zu einem betriebsverfassungsrechtlichen Verhalten oder zum Abschluss einer Betriebsvereinbarung zu zwingen.

24 Unter dem Gesichtspunkt fehlender unmittelbarer Tarifvertragsbezogenheit und der damit einhergehenden Voraussetzung, dass die erhobenen Forderungen von der Gegenseite auch erfüllbar sein müssen, ist ferner auch die Zulässigkeit des sog. **Sympathiestreiks** rechtlich problematisch. Darunter wird ein Streik verstanden, mit dem ein anderer Streik, der sog. Hauptstreik, unterstützt werden soll, wobei auf Seiten der Gewerkschaft wie auch auf Seiten der betroffenen Arbeitgeber jeweils andere Parteien beteiligt sind als im Hauptkampf (*BAG* 5.3.1985 EzA Art. 9 GG Arbeitskampf Nr. 57; 12.1.1988 EzA Art. 9 GG Arbeitskampf Nr. 73). Gekennzeichnet ist diese Form des Streiks also dadurch, dass sich die Kampfmaßnahmen gegen einen Arbeitgeber richten, demgegenüber eine tarifliche Regelung nicht erstrebt wird. Der Druck auf diesen Arbeitgeber soll vielmehr mittelbaren Druck auf eine andere Tarifvertragspartei erzeugen, um diese zum Nachgeben hinsichtlich einer erhobenen Forderung zu bewegen. Den Sympathiearbeitskampf erachtet das *BAG* (5.3.1985 EzA Art. 9 GG Arbeitskampf Nr. 57; 12.1.1988 EzA Art. 9 GG Arbeitskampf Nr. 73; 9.4.1991 EzA Art. 9 GG Arbeitskampf Nr. 98) als i. d. R. unzulässig: Da der Arbeitskampf nur aufgrund seiner Hilfsfunktion für die Tarifautonomie gewährleistet und zulässig ist, darf er nur als Instrument zur Durchsetzung tariflicher Regelungen eingesetzt werden. Der Sympathiestreik dient nicht unmittelbar diesem Zweck. Der davon betroffene Unternehmer kann den Arbeitskampf nicht durch Nachgeben vermeiden oder zwischen Kampf und Nachgeben wählen, da ihm gegenüber überhaupt keine konkreten Forderungen erhoben werden. Hiervon sind Ausnahmen denkbar, etwa dann, wenn der betroffene Arbeitgeber seinerseits seine Neutralität im Hauptarbeitskampf verletzt hat, etwa durch Übernahme der Produktion eines im Hauptarbeitskampf bestreikten Betriebs oder der betroffene Arbeitgeber zwar rechtlich selbstständig ist, aber wirtschaftlich betrachtet aufgrund enger wirtschaftlicher Verflechtung mit einem im Hauptarbeitskampf betroffenen Unternehmen sich sein Betrieb als Betriebsteil dieses Unternehmens darstellt und er insoweit nicht mehr als außenstehender Dritter angesehen werden kann (*BAG* 5.3.1985 EzA Art. 9 GG Arbeitskampf Nr. 57).

25 Der Sympathiestreik ist abzugrenzen vom **Streik gegen Arbeitgeber-Außenseiter**. Bei diesem wird eine Tarifauseinandersetzung auf Verbandsebene geführt, d. h. der Streik richtet sich gegen die in einem Arbeitgeberverband zusammengeschlossenen Arbeitgeber, wird dann aber auch auf einen nicht verbandszugehörigen Arbeitgeber ausgedehnt, wobei dieser Arbeitgeber-Außenseiter aber die erhobenen Forderungen erfüllen kann, etwa durch Abschluss eines Firmentarifvertrages oder die Erklärung, dass er sich dem Ergebnis anschließt, das bei den Tarifvertragsverhandlungen zwischen Arbeitgeberverband und Gewerkschaft erreicht wird. Ein solcher Streik ist nicht unter dem Gesichtspunkt mangelnder Tarifvertragsbezogenheit oder der Nichterfüllbarkeit der erhobenen Forderungen rechtswidrig. Voraussetzung ist aber aufgrund des im Arbeitskampfrecht geltenden Verhältnismäßigkeitsprinzips, dass auch gegenüber dem Außenseiter-Arbeitgeber von der Gewerkschaft Forderungen für den Inhalt des abzuschließenden Tarifvertrags erhoben und dass i. d. R. über diese Forderungen auch Verhandlungen geführt wurden, was grds. voraussetzt, dass die

Gewerkschaft ihre Forderungen gesondert gegenüber dem jeweiligen Außenseiter erhoben hat (*BAG* 9.4.1991 EzA Art. 9 GG Arbeitskampf Nr. 98).

d) Verhältnismäßigkeitsprinzip
Als weitere Grenze der Zulässigkeit von Arbeitskampfmaßnahmen und damit auch 26
von Streiks nennt das BAG wiederholt den Grundsatz der Verhältnismäßigkeit.

> In der grundlegenden Entscheidung des *Großen Senats* vom 21.4.1971 (EzA Art. 9
> GG Nr. 6) wird insoweit ausgeführt, dass Arbeitskämpfe nur eingeleitet und
> durchgeführt werden dürfen, wenn sie zur Erreichung rechtmäßiger Kampfziele
> und des nachfolgenden Arbeitsfriedens geeignet und sachlich erforderlich sind.
> Jede Arbeitskampfmaßnahme darf ferner nur nach Ausschöpfung aller Verständigungsmöglichkeiten ergriffen werden; der Arbeitskampf muss also das letzte
> mögliche Mittel (ultima-ratio) sein. Auch bei der Durchführung des Arbeitskampfes selbst ist der Grundsatz der Verhältnismäßigkeit zu beachten, was bedeutet, dass die Mittel des Arbeitskampfes ihrer Art nach nicht über das hinausgehen
> dürfen, was zur Durchsetzung des erstrebten Zieles erforderlich ist. Ein Arbeitskampf ist nur dann und solange rechtmäßig, wie er nach den Regeln eines fairen
> Kampfes geführt wird.

Für einen Streik ergeben sich dabei insbesondere folgende Anforderungen:

aa) Geeignetheit
Das Erfordernis der Geeignetheit als Bestandteil des Verhältnismäßigkeitsgrundsat- 27
zes hat, soweit ersichtlich, in der arbeitskampfrechtlichen Entscheidungspraxis bisher keine Rolle gespielt. In der Terminologie des öffentlichen Rechts ist eine Maßnahme nur geeignet, wenn sie den erstrebten Erfolg überhaupt zu erreichen vermag,
d. h. es dürfen keine Mittel eingesetzt werden, die von vornherein ihrer Art nach den
gewünschten Erfolg nicht herbeiführen können.

bb) Ultima-ratio-Prinzip, Erforderlichkeit
Ein Streik ist erst nach Ausschöpfung aller Verständigungsmöglichkeiten zulässig. 28
Der genaue Inhalt dieses Prinzips spielt insbesondere bei der Beurteilung sog. **Warnstreiks** eine Rolle. Warnstreiks sind befristete Streiks, die der Arbeitgeberseite die
Entschlossenheit der Arbeitnehmerseite zeigen soll, tariflich regelbare Ziele notfalls
auch mit einem dauernden Arbeitskampf durchzusetzen (MünchArbR/*Otto* § 281
Rz. 25 ff.). Sie sind durch ihre zeitliche Begrenzung und dadurch gekennzeichnet,
dass sie verhandlungsbegleitend geführt werden.
Das *BAG* (12.12.1976 EzA Art. 9 GG Arbeitskampf Nr. 19; 12.9.1984 EzA Art. 9 GG 29
Arbeitskampf Nr. 54) hatte zunächst die Zulässigkeit solcher verhandlungsbegleitender Warnstreiks damit begründet, dass das ultima-ratio-Prinzip nicht kurze und zeitlich befristete Streiks verbiete, sondern in der Entscheidung des *Großen Senats* vom
21.4.1971 erkennbar ein Verbot nur für den Regelfall eines längerfristigen oder zeitlich unbegrenzten Arbeitskampfes statuiert worden sei. In der jüngeren Warnstreikentscheidung vom 21.6.1988 (*BAG* EzA Art. 9 GG Arbeitskampf Nr. 75) wird diese
rechtliche Beurteilung aufgegeben und festgestellt, dass sich kurzfristiger Warnstreik
und längerfristiger Erzwingungsstreik rechtlich relevant nicht unterscheiden und für
beide Streikformen gleichermaßen das ultima-ratio-Prinzip gilt. Gleichwohl sind
nach Auffassung des BAG Warnstreiks nicht wegen Verstoßes gegen dieses Prinzip

rechtswidrig. Zu diesem Ergebnis gelangt das Gericht durch eine Konkretisierung des Merkmals »nach Ausschöpfung aller Verständigungsmöglichkeiten«. Durch dieses Kriterium werde nur der Zeitpunkt bestimmt, von dem an Arbeitskampfmaßnahmen überhaupt zulässig sind. Zur Bestimmung dieses Zeitpunkts komme es nicht auf eine materielle Betrachtungsweise mit der Fragestellung an, ob tatsächlich alle Verhandlungsmöglichkeiten ausgeschöpft sind oder noch eine Verständigungsmöglichkeit besteht, da dies zu einer Tarifzensur führe. Vielmehr sei der Zeitpunkt des Ausschöpfens aller Verhandlungsmöglichkeiten formell zu bestimmen und dann gegeben, wenn nach eigener, inhaltlich nicht nachprüfbarer Entscheidung einer der Tarifvertragsparteien die Verhandlungen gescheitert seien. Es bedarf keiner offiziellen, förmlichen Erklärung des Scheiterns der Verhandlungen. Diejenige Tarifvertragspartei, die zu Arbeitskampfmaßnahmen greift, bringt damit nämlich zum Ausdruck, dass sie die Verhandlungsmöglichkeiten für ausgeschöpft hält und keine Möglichkeit sieht, ohne den Einsatz von Arbeitskampfmitteln zu einer Einigung zu kommen. Ob diese Einschätzung zutrifft oder nicht, ist unerheblich.

30 Findet somit eine materielle Prüfung, ob tatsächlich keine Einigungsmöglichkeit mehr ohne Arbeitskampf besteht, nicht statt, beinhaltet das ultima-ratio-Prinzip ein lediglich formales Prinzip, aus dem sich folgende Konsequenzen ergeben (*BAG* 21.6.1988 EzA Art. 9 GG Arbeitskampf Nr. 75; 9.4.1991 EzA Art. 9 GG Arbeitskampf Nr. 98):

31 Vor Arbeitskampfmaßnahmen müssen Forderungen für den Inhalt des abzuschließenden Tarifvertrags erhoben worden sein. Lehnt die andere Partei Verhandlungen nicht von vornherein ab, müssen vor Arbeitskampfmaßnahmen über diese Forderungen auch Verhandlungen geführt werden. Hat der Tarifpartner eine Forderung bereits akzeptiert, scheidet ein Arbeitskampf aus. Haben die Tarifvertragsparteien Vereinbarungen getroffen, nach denen vor Aufnahme des Arbeitskampfs bestimmte Verfahrensregeln einzuhalten sind, etwa in Form einer Schlichtungsvereinbarung, ist dieses Verfahren vor Beginn des Arbeitskampfes einzuhalten (*BAG* 21.4.1971 EzA Art. 9 GG Nr. 6; 10.6.1980 EzA Art. 9 GG Arbeitskampf Nr. 37).

cc) **Verhältnismäßigkeit im engeren Sinne; Proportionalität**

32 Der Grundsatz der Proportionalität als Verhältnismäßigkeit im engeren Sinne betrifft das Verhältnis der eingesetzten Kampfmittel zum Kampfziel und damit die Art der Durchführung des Arbeitskampfes (*Däubler* Arbeitskampfrecht Rz. 204 b). Dieser Grundsatz wird vom BAG in erster Linie bei der Beurteilung von Aussperrungen herangezogen (s. u. G/Rz. 56 ff.). In Bezug auf das Arbeitskampfmittel des Streiks hatte er bisher, soweit ersichtlich, noch keine entscheidungstragende Funktion.

Dieses Kriterium hat die Funktion, Kampfmaßnahmen auf Exzesse hin zu überprüfen, d. h. daraufhin, ob ein evidentes Missverhältnis von Kampfmaßnahme und Kampfziel besteht.

33 Als Folgerungen daraus werden genannt:
Verbot des ruinösen Arbeitskampfes mit dem Ziel der Vernichtung des Gegners (*BAG GS* 21.4.1971 EzA Art. 9 GG Nr. 6; *Däubler* Arbeitskampfrecht Rz. 204 b); Gebot fairer Kampfführung (*BAG GS* 21.4.1971 EzA Art. 9 GG Nr. 6) und damit Verbot unlau-

terer Kampfmittel (*Däubler* Arbeitskampfrecht Rz. 204 e); Regelmäßige Begrenzung des Arbeitskampfgebiets auf das Tarifgebiet (*Däubler* Arbeitskampfrecht Rz. 204 c; *BAG* 10.6.1980 EzA Art. 9 GG Arbeitskampf Nr. 37 für die Aussperrung).

e) **Erhaltungs- und Notstandsarbeiten**
Weitere Schranke des Streikrechts ist nach allgemeiner Ansicht (MünchArbR/*Otto* 34
§ 285 Rz. 138 ff.) die Sicherstellung eines Notdienstes während des Streiks.

> Unter Notdienst fallen zunächst sog. Erhaltungsarbeiten als diejenigen Arbeiten, 35
> die erforderlich sind, um die Anlagen und Betriebsmittel während des Arbeitskampfes so zu erhalten, dass nach Beendigung des Kampfes die Arbeit fortgesetzt werden kann, nicht aber Arbeiten, die lediglich sicherstellen sollen, dass arbeitswillige Arbeitnehmer weiterbeschäftigt werden können. Ein Arbeitskampf, der den erforderlichen Notdienst nicht zulässt, ist rechtswidrig.

Welche Arbeiten erforderlich sind, ist unter Berücksichtigung der Verhältnisse des 36
Einzelfalles unter Einbeziehung der allgemeinen industriellen und der speziellen betrieblichen Gegebenheiten sowie von Art, Umfang und Dauer des Arbeitskampfes zu ermitteln (*BAG* 30.3.1982 EzA Art. 9 GG Arbeitskampf Nr. 46). Ausdrücklich offen gelassen hat das *BAG* (31.5.1995 EzA Art. 9 GG Arbeitskampf Nr. 119) die Frage, wer Träger dieser Erhaltungsarbeiten ist, diese also bestimmt und leitet. Zum Teil wird diese Befugnis dem Arbeitgeber (z. B. *Schell* BB 1969, 1179 [1180]), zum Teil den Gewerkschaften (*Däubler* Arbeitskampfrecht Rz. 226) zugesprochen. Nach vermittelnder Ansicht ist die Durchführung des Notdienstes eine gemeinsame Aufgabe von Arbeitgeber und Gewerkschaft (*LAG Niedersachsen* 1.2.1980 DB 1980, 2041; *Brox/Rüthers* Rz. 293). Jedenfalls ist es Aufgabe der Arbeitskampfparteien, sich um eine Regelung des Notdienstes zu bemühen. Eine zwischen den Arbeitskampfparteien getroffene Vereinbarung zur Regelung des Notdienstes ist zulässig und dann für dessen Durchführung maßgeblich (*BAG* 31.5.1995 EzA Art. 9 GG Arbeitskampf Nr. 119).

> Entsprechendes gilt für sog. Notstandsarbeiten, also solche, die notwendig sind, 37
> um vorrangige Rechtsgüter Dritter vor den Folgen eines Streiks zu schützen, also insbesondere erforderlich sind, um die Versorgung der Bevölkerung mit lebensnotwendigen Gütern und Dienstleistungen (ärztliche Versorgung, Krankenhäuser) sicherzustellen.

Strittig ist, ob unter dem Gesichtspunkt der Meinungs- und Informationsfreiheit, 38
Art. 5 Abs. 1 GG, bei der Bestreikung von Presseunternehmen jedenfalls die Herausgabe einer Notzeitung sichergestellt sein muss oder ob dies erst dann erforderlich ist, wenn die Bevölkerung das notwendige Mindestmaß an Information auch nicht auf anderem Wege beziehen kann, etwa bei einem kumulativen Ausfall aller oder der meisten Medien (so *Däubler* Arbeitskampfrecht Rz. 225 a).

f) **Persönliche Einschränkungen des Streikrechts**
Die Treuepflicht des **Beamten** schließt eine Streikbeteiligung aus. Dies ist hergebrachter 39
ter Grundsatz des Berufsbeamtentums. Auch für **Soldaten und Richter** gilt ein Arbeitskampfverbot (*Brox/Rüthers* Rz. 499, 542, 544). Für sonstige Arbeitnehmer des öffentlichen Dienstes bestehen keine Einschränkungen. Ein Verbot des Arbeitskamp-

G. Arbeitskampfrecht

fes gilt aufgrund Art. 140 GG i. V. m. Art. 137 Abs. 3 WRV auch für **kirchliche Amtsträger und Arbeitnehmer im Kirchendienst** (*Brox/Rüthers* Rz. 546).

40 Für **Auszubildende** wird zum Teil mit Rücksicht auf den Ausbildungs- und Erziehungscharakter des Berufsausbildungsverhältnisses ein Streikrecht generell verneint (*Hromadka* DB 1972, 870 ff.), zum Teil generell bejaht (z. B. MünchArbR/*Otto* § 285 Rz. 64). Das *BAG* (12.9.1984 EzA Art. 9 GG Arbeitskampf Nr. 54) hat in diesem Zusammenhang bisher lediglich entschieden, dass die Gewerkschaft Auszubildende zur Teilnahme an einem Warnstreik jedenfalls dann aufrufen darf, wenn über die Ausbildungsvergütung verhandelt wird. Der Arbeitgeber könne nicht erwarten, dass sich Auszubildende beim Streik unsolidarisch verhalten.

g) Sonstige Streikschranken

41 Neben diesen Rechtmäßigkeitsvoraussetzungen werden in der Literatur (vgl. *Däubler* Arbeitskampfrecht Rz. 231 ff.) noch weitere Grenzen des Streikrechts genannt, die allerdings in der Praxis bisher kaum eine Rolle gespielt haben.

42 Verbot sittenwidriger Streiks, § 826 BGB: Er soll die äußerste Grenze für Kampfmaßnahmen sein, was aber voraussetzt, dass der Streik gegen das sog. Anstandsgefühl aller billig und gerecht Denkenden verstößt. Hierfür reicht der Aufruf zu einem rechtswidrigen Streik allein nicht aus. Es müssen weitere, besonders verwerfliche Umstände hinzukommen, die sich aus dem Zweck des Streiks, dem angewandten Mittel und der Verknüpfung von Mittel und Zweck ergeben können (*Brox/Rüthers* Rz. 372). In einem solchen Fall dürfte sich die Rechtswidrigkeit des Streiks aber bereits aus anderen Gesichtspunkten ergeben, etwa der Verfolgung tariflich nicht regelbarer Kampfziele oder dem Verstoß gegen das Verhältnismäßigkeitsprinzip, sodass es sich nur um einen Auffangtatbestand handelt.

43 Normen des Strafrechts (*Däubler* Arbeitskampfrecht Rz. 238 ff.): Angesprochen werden die Tatbestände der Nötigung (§ 240 StGB) und Erpressung (§ 253 StGB), wobei allerdings das den Vorschriften gemeinsame Tatbestandsmerkmal der Gewalt bzw. Drohung mit Gewalt durch den Streik an sich in aller Regel nicht erfüllt ist bzw. diese nicht rechtswidrig ist.

h) Streikexzesse

44 Ist der Streik an sich rechtmäßig, so sind in seinem Rahmen aber nicht alle Handlungen gedeckt, die zu einer Druckausübung auf den Arbeitgeber führen.

> Das Recht zum Streik beinhaltet grds. nur das Recht, die vertraglich geschuldete Arbeitsleistung zu verweigern. Gedeckt ist auch der Versuch und ggf. das Gelingen des Versuchs, Arbeitnehmer des bestreikten Betriebs oder neue, dem bestreikten Betrieb bisher nicht zugehörige Arbeitskräfte mit Mitteln des gütlichen Zuredens und des Appels an die Solidarität von der Arbeitsaufnahme abzuhalten. Handlungen, die darüber hinausgehen und evtl. strafrechtlich geschützte Interessen des Arbeitgebers oder Dritter verletzen, werden durch das Streikrecht nicht gerechtfertigt (*BAG* 21.6.1988 EzA Art. 9 GG Arbeitskampf Nr. 75; 8.11.1988 EzA Art. 9 GG Arbeitskampf Nr. 76).

45 Unzulässig ist danach etwa die Verhinderung des Zu- und Abgangs von Waren und Kunden sowie die Behinderung arbeitswilliger Arbeitnehmer am Betreten des Betriebs durch Maßnahmen, die über das bloße Zureden, sich am Streik zu beteiligen, hinausgehen, sog. Betriebsblockade (*LAG Köln* 2.7.1984 EzA Art. 9 GG Arbeitskampf

Nr. 53). In der Entscheidung vom 8.11.1988 (EzA Art. 9 GG Arbeitskampf Nr. 76) hat das *BAG* offengelassen, ob die sog. Betriebsblockade dann ein zulässiges Arbeitskampfmittel sein kann, wenn ansonsten aufgrund neuer technologischer Entwicklungen das Arbeitskampfmittel des Streiks leerläuft und zu diesem Kampfmittel gewerkschaftlich aufgerufen wurde.

Wird von der streikführenden Gewerkschaft zu solchen unzulässigen Kampfmitteln aufgerufen, so ist der Streik an sich rechtswidrig. Kommt es hingegen nur zu entsprechenden Handlungen einzelner Streikteilnehmer anlässlich des Streiks, sog. Streikexzesse, wird dadurch nicht der Streik als solcher rechtswidrig (*BAG* 8.11.1988 EzA Art. 9 GG Arbeitskampf Nr. 76). 46

Es kommen aber Schadensersatzverpflichtungen der Arbeitnehmer, die Streikexzesse begehen, und u. U. auch solche der Gewerkschaft in Betracht, wenn deren Organmitglieder trotz Kenntnis der rechtswidrigen Handlungen nicht versuchen, die streikenden Arbeitnehmer von rechtswidrigen Handlungen abzuhalten (s. u. G/Rz. 138 ff.). 47

i) Rechtmäßigkeitsvermutung gewerkschaftlicher Streiks
Nach einer älteren Entscheidung des *BAG* (19.6.1973 EzA Art. 9 GG Arbeitskampf Nr. 14) besteht bei gewerkschaftlichen Streiks eine doppelte Vermutung: Sofern eine Gewerkschaft einen Streik um die Regelung von Arbeits- und Wirtschaftsbedingungen führt, besteht eine Vermutung dafür, dass dieser Streik rechtmäßig ist. Ferner besteht eine Vermutung dafür, dass ein von einer Gewerkschaft geführter Streik die Regelung von Arbeits- und Wirtschaftsbedingungen zum Gegenstand hat. 48

Diese Aussage ist auf Kritik gestoßen (MünchArbR/*Otto* § 285 Rz. 17) und ist in einer jüngeren Entscheidung (*BAG* 29.11.1983 EzA § 626 BGB n. F. Nr. 89) dahingehend relativiert worden, dass nicht eine Rechts-, sondern nur eine eingeschränkte Tatsachenvermutung gemeint war. Der Arbeitgeber ist danach lediglich dafür beweispflichtig, dass ein unzulässiges Streikziel im Vordergrund stand. Weder Dritte noch gar die Gewerkschaft selbst dürften auf die Rechtmäßigkeit vertrauen. 49

3. Die Aussperrung

a) Arten der Aussperrung
Aussperrung ist die von einem oder mehreren Arbeitgebern planmäßig erfolgende Arbeitsausschließung mehrerer Arbeitnehmer zur Erreichung eines bestimmten Zieles. 50
Sie ist zu unterscheiden von der vorübergehenden Betriebs- oder Betriebsteilstilllegung im Umfang des Streikaufrufs, die ebenfalls auf die Lohnzahlungspflicht suspendierende Wirkung haben kann (s. u. G/Rz. 102 f.).

Nach der Art des Zieles lassen sich zunächst Angriffs- und Abwehraussperrung unterscheiden. Eine Angriffsaussperrung liegt nach der Begriffsbestimmung des *BAG* (10.6.1980 EzA Art. 9 GG Arbeitskampf Nr. 37) nur vor, wenn der oder die Arbeitgeber in einem Tarifgebiet den Arbeitskampf eröffnen und dabei ein eigenes kollektivvertragliches Regelungsziel verfolgen. Angriffsaussperrungen sind der bisherigen Arbeitskampfpraxis der Bundesrepublik fremd. Eine **Abwehraussperrung** liegt vor, wenn diese Reaktion auf Arbeitskampfmaßnahmen der Arbeitnehmerseite ist, also 51 kein eigenständiges Tarifziel verfolgt wird. Nach dem Träger der Aussperrung kann ferner zwischen Verbandsaussperrung und der Aussperrung durch einen einzelnen Arbeitgeber unterschieden werden, da nach § 2 Abs. 1 TVG auch der einzelne Arbeitgeber Tarifvertragspartei sein kann. Nach der Wirkung der Aussperrung lassen sich schließlich suspendierende und lösende Aussperrung von einander abgrenzen: Bei der **suspendierenden Aussperrung** ruhen lediglich die wechselseitigen Pflichten aus dem Arbeitsverhältnis, während bei der **lösenden Aussperrung** das Arbeitsverhältnis zunächst beendet wird, allerdings ggf. verbunden mit einem Wiedereinstellungsanspruch des Arbeitnehmers nach Beendigung des Arbeitskampfes.

b) Rechtliche Zulässigkeit der Aussperrung

aa) Abwehraussperrung

(1) Rechtsgrundlage

52 Nach Auffassung des *BAG* (*GS* 21.4.1971 EzA Art. 9 GG Arbeitskampf Nr. 37; 12.3.1985 EzA Art. 9 GG Arbeitskampf Nr. 58; 26.4.1988 EzA Art. 9 GG Arbeitskampf Nr. 74; 7.6.1988 EzA Art. 9 GG Arbeitskampf Nr. 79) sind Abwehraussperrungen grds. zulässig. Diese Aussperrungsbefugnis folgt aus der im Kern durch Art. 9 Abs. 3 GG gewährleisteten und durch § 1 Abs. 1 und § 2 Abs. 1 TVG näher konkretisierten Tarifautonomie und dem die Funktionsfähigkeit der Tarifautonomie gewährleistenden Grundsatz der Kampfparität (*BAG* 10.6.1980 EzA Art. 9 GG Arbeitskampf Nr. 37; 12.3.1985 EzA Art. 9 GG Arbeitskampf Nr. 58).

53 Das *BAG* (26.4.1988 EzA Art. 9 GG Arbeitskampf Nr. 74; 12.3.1985 EzA Art. 9 GG Arbeitskampf Nr. 58) hat bisher ausdrücklich offengelassen, ob die Befugnis zur Abwehraussperrung als notwendiger Bestandteil der im Kern durch Art. 9 Abs. 3 GG grundrechtlich geschützten Kampfordnung garantiert ist. Das *BVerfG* (26.6.1991 EzA Art. 9 GG Arbeitskampf Nr. 97) bejaht einen solchen verfassungsrechtlichen Schutz jedenfalls für suspendierende Abwehraussperrungen als Abwehrmaßnahme gegen Teil- oder Schwerpunktstreiks zur Herstellung der Verhandlungsparität. Ob und wie weit das Arbeitskampfmittel der Aussperrung allgemein verfassungsrechtlich geschützt ist, wird dabei offengelassen. Zum Teil (vgl. z. B. *Däubler* Arbeitskampfrecht Rz. 917) wird die Aussperrung als verfassungswidrig angesehen, da sie sich typischerweise auf eine Einschränkung der gewerkschaftlichen Koalitions- und Betätigungsfreiheit richte und daher eine rechtswidrige Maßnahme i. S. d. Art. 9 Abs. 3 S. 2 GG sei. Diese Ansicht ist vom *BAG* (10.6.1980 EzA Art. 9 GG Arbeitskampf Nr. 37; 12.3.1985 EzA Art. 9 GG Arbeitskampf Nr. 58) verworfen worden, da die Koalitionsfreiheit durch Art. 9 Abs. 3 S. 1 GG für jedermann und alle Berufe gewährleistet und nicht als reines Arbeitnehmer-Grundrecht ausgestaltet ist. Eine Interpretation als reines Arbeitnehmer-Grundrecht wird auch vom *BVerfG* (26.6.1991 EzA Art. 9 GG Arbeitskampf Nr. 97) abgelehnt. Das Aussperrungsverbot in Art. 29 Abs. 5 der Verfassung des Landes Hessen ist wegen Verstoßes gegen höherrangiges Bundesrecht nichtig (*BAG* 26.4.1988 EzA Art. 9 GG Arbeitskampf Nr. 74).

G. Arbeitskampfrecht

(2) Voraussetzungen und Grenzen der Aussperrung

(a) Verbandsbeschluss und dessen Mitteilung

Sofern der Arbeitskampf dem Abschluss eines Verbandstarifvertrages dient, setzt die Aussperrung einen entsprechenden Beschluss des Arbeitgeberverbandes voraus, der der Arbeitnehmerseite gegenüber hinreichend deutlich zum Ausdruck gebracht werden muss (*BAG* 31.10.1995 EzA Art. 9 GG Arbeitskampf Nr. 123). Die Aussperrung bedarf einer eindeutigen Erklärung des Arbeitgebers, die fehlt, wenn bei Schließung des Betriebs unklar bleibt, ob der Arbeitgeber nur auf eine streikbedingte Betriebsstörung reagieren oder selbst eine Kampfmaßnahme ergreifen will. 54

Fehlt es an einer solchen Erklärung gegenüber dem arbeitsbereiten Arbeitnehmer, der seine Arbeitsleistung ordnungsgemäß angeboten hat, tritt keine Suspendierung der Lohnzahlungspflicht ein und Annahmeverzugslohnansprüche bleiben bestehen (*BAG* 1.9.1994 EzA Art. 9 GG Arbeitskampf Nr. 120). 55

(b) **Verhältnismäßigkeit, Proportionalität, Parität**
Aus dem Erfordernis eines tatsächlichen Verhandlungsgleichgewichts zur Erreichung einer ausgewogenen tariflichen Regelung leiten sich die weiteren rechtlichen Grenzen der Abwehraussperrung ab. Nachdem bereits der Große Senat des *BAG* (21.4.1971 EzA Art. 9 GG Nr. 6) den allgemeinen Grundsatz formuliert hatte, dass alle Arbeitskampfmaßnahmen unter dem Gebot der Verhältnismäßigkeit stehen und dass im Rahmen der Verhältnismäßigkeit auch Aussperrungen zulässig sind, hat der Erste Senat das Verhältnismäßigkeitsprinzip in seiner die Zulässigkeit der Abwehraussperrung begrenzenden Funktion mit Hilfe des Grundsatzes der Kampfparität weiter konkretisiert. Die begrenzte Funktion und Legitimation der Abwehraussperrung als Mittel zur Wiederherstellung der Verhandlungsparität und zur Beseitigung eines Verhandlungsübergewichts der streikenden Gewerkschaft bestimmt zugleich den Inhalt des Übermaßverbots. 56

Als geeignet, erforderlich und proportional können nur solche Abwehraussperrungen gelten, die der Herstellung der Verhandlungsparität dienen (*BAG* 10.6.1980 EzA Art. 9 GG Arbeitskampf Nr. 37; 12.3.1985 EzA Art. 9 GG Arbeitskampf Nr. 58; 7.6.1988 EzA Art. 9 GG Arbeitskampf Nr. 79; 11.8.1992 EzA Art. 9 GG Arbeitskampf Nr. 105). 57

In weiterer Konkretisierung dieses Grundsatzes ergeben sich folgende Einschränkungen der Abwehraussperrung:

(aa) Begrenzung der Aussperrung auf das Tarifgebiet

Grds. ist nur eine Abwehraussperrung verhältnismäßig, die sich auf das Tarifgebiet beschränkt, also von Arbeitgebern vorgenommen wird, die dem räumlichen und fachlichen Geltungsbereich des von der kampfführenden Gewerkschaft angestrebten Tarifvertrags unterfallen würden. 58

G. Arbeitskampfrecht

59 Das Tarifgebiet ist angemessene Grenze des Kampfgebiets, da davon ausgegangen werden kann, dass die Tarifvertragsparteien bei Absprache der Tarifgebietsgrenzen die Erfordernisse der Verhandlungsparität beachtet haben (*BAG* 10.6.1980 EzA Art. 9 GG Arbeitskampf Nr. 37). Unzulässig dürfte damit eine sog. Sympathieaussperrung sein.

(bb) Zahlenmäßige Begrenzung der Aussperrungsbefugnis – Aussperrungsarithmetik –

60 Im Hinblick auf die Frage, nach welchen Kriterien zu beurteilen ist, ob eine Parität der Tarifvertragsparteien gegeben ist oder durch Kampfmaßnahmen der Arbeitgeberseite erst hergestellt werden muss, hat das *BAG* (*GS* 21.4.1971 EzA Art. 9 GG Nr. 6) zunächst auf eine materielle Paritätsbetrachtung abgestellt, die unter Berücksichtigung der konkreten wirtschaftlichen Situation danach fragt, ob eine Kampfmaßnahme nach der tatsächlichen Situation notwendig ist, um sicherzustellen, dass nicht eine Tarifvertragspartei der anderen von vornherein ihren Willen aufzwingen kann und möglichst gleiche Verhandlungschancen bestehen. Der Erste Senat (*BAG* 10.6.1980 EzA Art. 9 GG Arbeitskampf Nr. 36; 10.6.1980 EzA Art. 9 GG Arbeitskampf Nr. 37) hat es abgelehnt, die Paritätsbeurteilung unter Berücksichtigung aller die Verhandlungs- und Kampfkraft beeinflussender Faktoren politischer, wirtschaftlicher und sozialer Art vorzunehmen und damit eine Gesamtparitätsbetrachtung verworfen, da es nur um eine tarifbezogene Parität im Rahmen des Arbeitskampfes, nicht aber um den Ausgleich gesamtwirtschaftlicher Ungleichgewichte gehen könne. Erforderlich ist danach eine typisierende, abstrakt-materielle Betrachtungsweise (*BAG* 11.8.1992 EzA Art. 9 GG Arbeitskampf Nr. 105).

61 Als Kriterium der Paritätsbeurteilung hat das *BAG* (10.6.1980 EzA Art. 9 GG Arbeitskampf Nr. 37) für die suspendierende Abwehraussperrung als Reaktion auf einen eng begrenzten Teilstreik folgende, oft als Arbeitskampfarithmetik bezeichneten Maßstäbe aufgestellt: Wenn durch den Streikbeschluss weniger als 1/4 der Arbeitnehmer eines Tarifgebiets zur Arbeitsniederlegung aufgefordert werden, sog. eng geführter Teilstreik, kann die Arbeitgeberseite den Kampfrahmen erweitern und bis zu 25% der Arbeitnehmer des Tarifgebiets aussperren. Werden mehr als 1/4 der Arbeitnehmer des Tarifgebiets zum Streik aufgerufen, sei das Bedürfnis der Arbeitgeberseite nach einer Erweiterung des Kampfrahmens entsprechend geringer. Eine Störung der Kampfparität sei nicht zu befürchten, wenn etwa die Hälfte der Arbeitnehmer eines Tarifgebiets zum Streik aufgerufen werden oder von einem Aussperrungsbeschluss betroffen seien. Als denkbar bezeichnet das Gericht die Möglichkeit der Arbeitgeberseite, eine Aussperrungsbefugnis zunächst nicht voll auszunützen, dieses aber im weiteren Verlauf des Arbeitskampfes durch eine befristete Erweiterung der Aussperrung nachzuholen.

62 Diese sog. Aussperrungsarithmetik ist auf vielfältige Kritik gestoßen (vgl. *Otto* RdA 1981, 285, 292). In späteren Urteilen (*BAG* 12.3.1985 EzA Art. 9 GG Arbeitskampf Nr. 58; 7.6.1988 EzA Art. 9 GG Arbeitskampf Nr. 79) hat der Erste Senat die Anwendbarkeit starrer Zahlenverhältnisse zur Beurteilung der Parität relativiert: Ein Missverhältnis zwischen der Zahl der am Streik beteiligten und der ausgesperrten Arbeitnehmer könne ein wichtiges Indiz sein; Störungen der Kampfparität könnten aber auch andere Ursachen haben. Die Grenze sei insgesamt da zu ziehen, wo die legitime Reaktion aufhöre. Im Urteil vom 7.6.1988 (EzA Art. 9 GG Arbeitskampf Nr. 79) wird

G. Arbeitskampfrecht

dann gleichwohl auf das zahlenmäßige Verhältnis abgestellt und bei einer mehrstufigen Aussperrung die Befugnis der Arbeitgeberseite anerkannt, bei nicht vollständiger Ausschöpfung der nach der Aussperrungsarithmetik zulässigen Aussperrungsquote in der ersten Stufe dieses »Aussperrungsguthaben« in der zweiten Stufe einzusetzen. Nicht proportional ist jedenfalls eine zweitägige Aussperrung als Reaktion auf einen für eine halbe Stunde ausgerufenen Streik (*BAG* 11.8.1992 EzA Art. 9 GG Arbeitskampf Nr. 105).

Bei Beurteilung der Parität und damit der Verhältnismäßigkeit ist auf den Aussperrungsbeschluss, nicht aber darauf abzustellen, inwieweit dieser befolgt wird und wie viele Arbeitnehmer in Befolgung des Beschlusses tatsächlich ausgesperrt worden sind (*BAG* 10.6.1980 EzA Art. 9 GG Arbeitskampf Nr. 37; 12.3.1985 EzA Art. 9 GG Arbeitskampf Nr. 58; 7.6.1988 EzA Art. 9 GG Arbeitskampf Nr. 79). 63

(c) Beschränkung der Aussperrungsbefugnis bezüglich einzelner Arbeitnehmer

Ausgesperrt werden können auch nicht gewerkschaftlich organisierte und arbeitswillige Arbeitnehmer, da sich an einem gewerkschaftlich getragenen Streik auch nicht organisierte Arbeitnehmer beteiligen können. Im Gegenteil ist eine Aussperrung, die gezielt nur Mitglieder einer streikenden Gewerkschaft erfasst, nichtorganisierte Arbeitnehmer jedoch verschont, rechtswidrig, da eine solche Maßnahme gegen die positive Koalitionsfreiheit gerichtet und daher nach Art. 9 Abs. 3 S. 2 GG rechtswidrig ist (*BAG* 10.6.1980 EzA Art. 9 GG Arbeitskampf Nr. 38). 64

Auch **arbeitsunfähig erkrankte Arbeitnehmer** können ausgesperrt werden (*BAG* 7.6.1988 EzA Art. 9 GG Arbeitskampf Nr. 79). Die infolge der Aussperrung eintretende Suspendierung der arbeitsvertraglichen Pflichten (s. u. G/Rz. 121 f.) erfasst auch die Verpflichtung zur Leistung von Lohnersatzleistungen. Auch für **Schwerbehinderte** ergeben sich keine Einschränkungen (vgl. § 91 Abs. 6 SGB IX; *BAG* 7.6.1988 EzA Art. 9 GG Arbeitskampf Nr. 79). Schließlich können auch **Mitglieder des Betriebsrats** ausgesperrt werden, wobei infolge der Suspendierungswirkung der Aussperrung ein Entgeltanspruch entfällt und zwar auch dann, wenn sie während der Aussperrung Betriebsratsaufgaben wahrgenommen haben, da es sich auch bei dem Anspruch nach § 37 Abs. 2 BetrVG nur um einen über diese Vorschrift vermittelten Anspruch auf Arbeitsvergütung nach § 611 Abs. 1 BGB handelt (*BAG GS* 21.4.1971 AP Art. 9 GG Arbeitskampf Nr. 43; *BAG* 10.3.1987 EzA Art. 9 GG Arbeitskampf Nr. 89). 65

(3) Suspendierende und lösende Aussperrung

Aus dem Grundsatz der Verhältnismäßigkeit folgt, dass jede Aussperrung zunächst nur suspendierende Wirkung hat (*BAG GS* 21.4.1971 EzA Art. 9 GG Arbeitskampf Nr. 6) und nur in bestimmten Ausnahmefällen eine lösende Aussperrung in Betracht kommt. Auch in solchen Ausnahmefällen dürfen Betriebsrats- und Personalratsmitglieder, Schwerbehinderte und Schwangere immer nur mit suspendierender Wirkung ausgesperrt werden, da diese Personen unter besonderem gesetzlichen Schutz stehen. 66

G. Arbeitskampfrecht

67 **Ausnahmsweise** kann eine lösende Aussperrung nach dem Grundsatz der Verhältnismäßigkeit unter folgenden Voraussetzungen zulässig sein:
Stellt sich die Aussperrung als Gegenmaßnahme auf einen rechtmäßigen Streik dar, kann sie im Anfangsstadium des Arbeitskampfes als Warnsignal i. d. R. nur suspendierend erklärt werden. Nur bei Hinzutreten zusätzlicher Umstände im Verlaufe des Arbeitskampfes oder wenn solche Umstände ausnahmsweise schon von Anfang an vorliegen, kann nach dem Gebot der Verhältnismäßigkeit die lösende Aussperrung gerechtfertigt sein. Als solcher Umstand kann etwa die Kampfintensität auf Arbeitnehmerseite in Betracht kommen, etwa in Form eines besonders lang anhaltenden Arbeitskampfes. Liegt ein zweifelsfrei rechtswidriger, nicht nur ganz kurzfristiger Streik vor, kann die Arbeitgeberseite bei Beachtung des Grundsatzes der Verhältnismäßigkeit eher zur lösenden Aussperrung greifen, da einem kollektiven Missbrauch der Tarifautonomie und des Arbeitskampfes auch mit kollektiven Maßnahmen müsse begegnet werden können (*BAG GS* 21.4.1971 EzA Art. 9 GG Arbeitskampf Nr. 6).

bb) Angriffsaussperrung

68 Die Zulässigkeit einer Angriffsaussperrung ist umstritten. Der *Große Senat* hatte 1955 (AP Art. 9 GG Arbeitskampf Nr. 1) die Aussperrung als grds. zulässig erachtet und dabei nicht zwischen Abwehr- und Angriffsaussperrung differenziert. Der Beschluss des *Großen Senats* vom 21.4.1971 (EzA Art. 9 GG Arbeitskampf Nr. 6) geht im Rahmen der Verhältnismäßigkeit ebenfalls von der grundsätzlichen Zulässigkeit der Angriffsaussperrung aus. Nachfolgende Entscheidungen des *BAG* (10.6.1980 EzA Art. 9 GG Arbeitskampf Nr. 37; 26.4.1988 EzA Art. 9 GG Arbeitskampf Nr. 74) behandeln die Zulässigkeit der Abwehraussperrung nicht mehr, sondern lassen diese Frage ebenso offen, wie die Frage, ob die Aussperrung notwendiger Bestandteil einer im Kern durch Art. 9 Abs. 3 GG geschützten Kampfordnung ist. Auch das *BVerfG* (26.6.1991 EzA Art. 9 GG Arbeitskampf Nr. 97) lässt die Frage, inwieweit die Aussperrung allgemein verfassungsrechtlich geschützt ist, offen.

69 In der Literatur wird zum Teil (*Dütz* DB 1979, Beil. Nr. 14, S. 2; *Däubler* Arbeitskampfrecht Rz. 889i) die Ansicht vertreten, die Arbeitgeberseite benötige kein Angriffskampfmittel, sondern die individualrechtlichen Gestaltungsformen, wie z. B. Änderungskündigungen, reichten aus, um die gewünschten Regelungen in den einzelnen Arbeitsverhältnissen durchzusetzen und die zuständige Gewerkschaft verhandlungsbereit zu machen. Nach anderer Ansicht (*Rüthers/Bakker* Anm. zu BAG 26.4.1988 EzA Art. 9 GG Arbeitskampf Nr. 74; *Löwisch* RdA 1980, 1, 4) müsse der Arbeitgeberseite in Zeiten massiver gesamtwirtschaftlicher oder branchenspezifischer Rezession durch Gewährung eines arbeitskampfrechtlichen Initiativrechts die Möglichkeit zum partiellen Abbau tariflicher Leistungen zur Erhaltung der Unternehmen und Arbeitsplätze grds. gewährt werden.

4. Der Boykottaufruf

70 Als weiteres kollektives Kampfmittel wird (*BAG* 19.10.1976 EzA § 1 TVG Nr. 7) der Boykott bzw. Boykottaufruf (zum Begriff s. o. G/Rz. 2) genannt und ausgeführt, dieser sei nicht von vornherein eine rechtswidrige Kampfmaßnahme, sondern gehöre neben Streik und Aussperrung zu den geschichtlich überkommenen Arbeitskampfmaßnahmen beider Seiten. Welche Rechtmäßigkeitsvoraussetzungen hierfür gelten, lässt das Gericht offen.

G. Arbeitskampfrecht

Der Boykott hat in der arbeitskampfrechtlichen Praxis der Bundesrepublik bisher keine größere Bedeutung erlangt.

Ein Boykottaufruf ist rechtswidrig, wenn er Dritte gezielt zum Vertragsbruch auffordert, es sei denn, der Vertrag wurde gerade deshalb abgeschlossen, um einen Streik (z. B. Übernahme von Streikarbeiten) ins Leere laufen zu lassen. Zulässig ist hingegen die Aufforderung, lediglich von der Vertragsfreiheit Gebrauch zu machen, also etwa von einem Vertragsschluss abzusehen oder von einem Kündigungsrecht Gebrauch zu machen. 71

Sofern die übrigen allgemeinen Arbeitskampfregeln beachtet werden, ist ein solcher Aufruf nur rechtswidrig, wenn ein zweckwidriges oder rücksichtsloses Verhalten, d. h. ein Rechtsmissbrauch i. e. Sinne vorliegt (MünchArbR/*Otto* § 286 Rz. 116 ff.). 72

5. Massenänderungskündigungen, kollektive Ausübung von Zurückbehaltungsrechten

Neben der Arbeitsniederlegung durch Streik kann es zu einer Vorenthaltung der Arbeitsleistung als gebündelte Ausübung von Zurückbehaltungsrechten, §§ 273, 320 BGB (s. o. C/Rz. 211 ff.), kommen. 73

Erforderlich ist aber, dass die Voraussetzungen des gemeinsam ausgeübten Zurückbehaltungsrechts in der Person jeden Arbeitnehmers vorliegen und der Arbeitgeber in einer jeden Zweifel ausschließenden Weise davon in Kenntnis gesetzt wird, dass es sich um die Ausübung eines Zurückbehaltungsrechts, also um ein Mittel zur Durchsetzung einer individualrechtlichen Position handelt, ihm also insbesondere auch die Gründe mitgeteilt werden, wegen derer die Arbeitsleistung zurückgehalten wird.

Fehlt es daran, liegt ein (wilder) Streik vor. Liegen diese Voraussetzungen vor, so handelt es sich um eine individualrechtlich zulässige Maßnahme, die nicht dadurch rechtswidrig wird, dass sie kollektiv erfolgt (*BAG* 20.12.1963 EzA Art. 9 GG Arbeitskampf Nr. 7; 14.2.1978 EzA § 273 BGB Nr. 2). 74

Strittig ist die rechtliche Einordnung sog. Massenänderungskündigungen (s. o. D/Rz. 1720 ff.), also kollektiv ausgesprochener Änderungskündigungen der Arbeitnehmerseite oder gegenüber allen oder einer Vielzahl von Arbeitnehmern ausgesprochener Änderungskündigungen durch den Arbeitgeber. 75

Das *BAG* (28.4.1966 EzA § 124 a GewO Nr. 5) hat Massenänderungskündigungen der Arbeitnehmerseite als kollektiven Arbeitskampf und Form des Streiks qualifiziert. Dies entspreche natürlicher Auffassung. Massenänderungskündigungen der Arbeitgeberseite sollen demgegenüber keine kollektivrechtlich zu bewertenden Kampfmaßnahmen, sondern ausschließlich nach kündigungsrechtlichen Maßstäben (§ 2 KSchG, § 626 BGB) zu beurteilende individualrechtliche Maßnahmen sein. 76

Eine Befreiung von den Anforderungen des KSchG ergibt sich nicht aus § 25 KSchG (MünchArbR/*Otto* § 286 Rz. 124). §§ 17 ff. KSchG finden Anwendung (*BAG* 77

G. Arbeitskampfrecht

8.2.1957 AP Nr. 1 zu § 1 TVG Friedenspflicht). Gegenüber dem durch § 15 KSchG geschützten Personenkreis sind ordentliche Massenänderungskündigungen unzulässig (*BAG* 29.1.1981 EzA § 15 KSchG Nr. 26), Beteiligungsrechte des Betriebsrats nach §§ 102 ff. BetrVG sind zu beachten.

78 Diese unterschiedliche Beurteilung von Arbeitnehmer- und Arbeitgebermassenänderungskündigung ist überwiegend auf Kritik gestoßen. Nach wohl überwiegender Auffassung ist auch die arbeitnehmerseitige Massenänderungskündigung ausschließlich nach individualrechtlichen Kriterien des Kündigungsrechts zu beurteilen, da individualrechtlich zulässige Verhaltensweisen nicht dadurch rechtswidrig werden, dass sie gebündelt und kollektiv vorgenommen werden (*Brox/Rüthers* Rz. 550 ff.).

III. Die Rechtsfolgen des rechtmäßigen Arbeitskampfes

1. Streik

a) **Suspendierung der Hauptleistungspflichten**

79 Durch den rechtmäßigen Streik wird die dem Arbeitnehmer aus dem Arbeitsvertrag obliegende Hauptleistungspflicht, also die Arbeitspflicht suspendiert (*BAG* GS 21.4.1971 EzA Art. 9 GG Nr. 6; *BAG* 31.5.1988 EzA Art. 9 GG Arbeitskampf Nr. 81). Ebenso kommt es zu einer Suspendierung der Vergütungspflicht (*BAG* 1.10.1991 EzA Art. 9 GG Arbeitskampf Nr. 99).

80 Auch wenn es nach Abschluss des Arbeitskampfes zum Abschluss eines Tarifvertrages kommt, der allgemein die Maßregelung oder Schlechterstellung von streikbeteiligten Arbeitnehmern verbietet, wird hierdurch kein Anspruch auf Vergütung für Zeiten der Streikteilnahme begründet (*BAG* 17.6.1997 EzA Art. 9 GG Arbeitskampf Nr. 128). Die Suspendierung der Arbeitspflicht greift nicht ein hinsichtlich solcher Arbeitnehmer, die zur Durchführung von Erhaltungs- und Notstandsarbeiten (s. o. G/Rz. 34 ff.) verpflichtet sind (*Däubler* Arbeitskampfrecht Rz. 562 a m. w. N.). Bei Gewährung von Sachleistungen, insbesondere der Überlassung von Wohnraum, kann nach überwiegender Ansicht für die Dauer des Streiks vom Streikteilnehmer eine entsprechende Nutzungsentschädigung verlangt werden (*Däubler* Arbeitskampfrecht Rz. 567 m. w. N.).

81 Die Suspendierung der Arbeitspflicht tritt nicht schon durch den gewerkschaftlichen Streikaufruf ein, sondern erst dann, wenn der einzelne Arbeitnehmer konkludent oder ausdrücklich durch einseitige, empfangsbedürftige Willenserklärung erklärt, dass er an dem Streik teilnimmt und deshalb die Arbeitspflichten suspendiert werden. Die Erklärung erfolgt zumeist konkludent durch Niederlegung der Arbeit im Anschluss an den gewerkschaftlichen Aufruf zum Streik.

82 Der Arbeitgeber kann i. d. R. davon ausgehen, dass die Arbeitnehmer, die nach einem gewerkschaftlichen Streikaufruf nicht zur Arbeit erscheinen, von ihrem Streikrecht Gebrauch machen und damit ihre Arbeitspflichten suspendieren.
Umgekehrt endet die Streikbeteiligung und damit Suspendierung auch erst durch eine Erklärung des Arbeitnehmers, aus dem Streikgeschehen auszuscheiden, was auch vor Beendigung des Arbeitskampfes der Fall sein kann (*BAG* 31.5.1988 EzA

Art. 9 GG Arbeitskampf Nr. 81; 15.1.1991 EzA Art. 9 GG Arbeitskampf Nr. 96; 1.10.1991 EzA Art. 9 GG Arbeitskampf Nr. 99). Statt einer Erklärung des Streikenden kommt auch eine auf Beendigung des Streiks gerichtete Erklärung der Gewerkschaft gegenüber dem Arbeitgeber oder im Falle des Konflikts über einen Verbandstarifvertrag gegenüber dem Arbeitgeberverband in Betracht, ggf. auch durch öffentliche Verlautbarung in den Medien (BAG 23.10.1996 EzA Art. 9 GG Arbeitskampf Nr. 126). Im Falle einer beabsichtigten Streikbeendigung vor einem Feiertag kann eine öffentliche Verlautbarung über die Medien eine unmittelbare Mitteilung aber nur ersetzen, wenn sie vor dem Feiertag zur Kenntnis des betroffenen Arbeitgebers gelangt. Voraussetzung ist ferner, dass die Meldung hinreichend genau darüber informiert, wann, wo und inwieweit der Streik enden soll und klar zum Ausdruck bringt, dass der Beschluss von der streikführenden Gewerkschaft stammt (BAG 23.10.1996 EzA Art. 9 GG Arbeitskampf Nr. 126).

b) Suspendierung und anderweitige Arbeitsbefreiung
Mit Hilfe der Anknüpfung der Suspendierungswirkung und ihrer Beendigung an eine zumindest konkludente Erklärung des Arbeitnehmers ist auch die Frage der Vergütungspflicht in Fällen zu lösen, in denen der Arbeitnehmer während eines Streiks aus anderen Gründen von der Arbeitspflicht befreit ist: 83
Im Falle der **Arbeitsunfähigkeit** besteht grds. ein Anspruch auf Vergütungsfortzahlung nach Maßgabe des EFZG. Ein Fortzahlungsanspruch besteht nach Maßgabe des sog. Lohnausfallprinzips (s. o. C/Rz. 1497 ff.) nur dann, wenn der Arbeitnehmer, wäre er nicht erkrankt, einen Anspruch auf Vergütung gehabt hätte. Die Arbeitsunfähigkeit muss die einzige Ursache für den Ausfall der Arbeitsleistung sein. Diese Voraussetzung des Bestehens eines Vergütungsanspruchs ist problematisch, da nicht ausgeschlossen werden kann, dass sich der Arbeitnehmer, wäre er nicht erkrankt, am Streik mit der Folge der Suspendierung der Arbeitspflicht beteiligt hätte. Das BAG (1.10.1991 EzA Art. 9 GG Arbeitskampf Nr. 99) verneint die Einbeziehung eines hypothetischen Verhaltens des Arbeitnehmers im Falle des Nichtbestehens von Arbeitsunfähigkeit und stellt stattdessen auf die Erklärung der Streikteilnahme durch den Arbeitnehmer ab. Der Arbeitgeber könne jedenfalls bei solchen Arbeitnehmern, die schon **vor** Streikbeginn von der Arbeit befreit waren, nicht davon ausgehen, dass diese auch Streikteilnehmer seien. Es besteht damit hinsichtlich solcher Arbeitnehmer eine Vergütungsfortzahlungspflicht. Eine Vergütungsfortzahlungspflicht entfällt aber für die Tage, in denen streikbedingt im Betrieb überhaupt nicht gearbeitet wird (BAG 8.3.1973 EzA § 1 LohnFG Nr. 37). Beteiligt sich ein arbeitsunfähig erkrankter Arbeitnehmer aber an Streikmaßnahmen, entfällt ab diesem Zeitpunkt die Vergütungsfortzahlungspflicht (Brox/Rüthers Rz. 659, 650, 663). Höchstrichterlich noch nicht entschieden ist die Frage, ob eine Vergütungsfortzahlungspflicht auch dann besteht, wenn der Arbeitnehmer erst **während** eines laufenden Streiks erkrankt und sich am Streikgeschehen vor Erkrankung beteiligt hatte. Hier wird überwiegend ein Entfall der Fortzahlungspflicht angenommen mit der Maßgabe, dass der erkrankte Arbeitnehmer durch entsprechende Erklärung seine Streikteilnahme beenden könne (Brox/Rüthers Rz. 663; Däubler Arbeitskampfrecht Rz. 571 f.). 84
Entsprechendes gilt bei Befreiung von der Arbeitspflicht aufgrund der Vorschriften des **MuSchG**. Mutterschaftslohn (§ 11 MuSchG) und Zuschuss zum Mutterschaftsgeld (§ 14 MuSchG) sind Arbeitsentgelt. Auch hier kommt es auf die Erklärung der Streikteilnahme/tatsächliche Beteiligung am Streikgeschehen und nicht auf eine hypothetische Beteiligung am Streikgeschehen an (Däubler Arbeitskampfrecht Rz. 573). 85

G. Arbeitskampfrecht

86 Ebenso wird ein bewilligter **Urlaub** nicht dadurch unterbrochen, dass während des Urlaubs der Betrieb bestreikt wird (*BAG* 9.2.1982 EzA § 1 BUrlG Nr. 18). Der Erholungsurlaub verlängert sich nicht automatisch um die Streiktage (*Däubler* Arbeitskampfrecht Rz. 574). Ob sich der Arbeitnehmer am Streikgeschehen beteiligt hätte, wenn er keinen Urlaub gehabt hätte, ist irrelevant. Entscheidend ist die tatsächliche Streikteilnahme. Der für die Urlaubszeit begründete Anspruch auf Entgeltfortzahlung wird durch einen Streik im Betrieb solange nicht berührt, als nicht der Arbeitnehmer auch für diese Zeit seine Teilnahme am Arbeitskampf erklärt oder sich am Streikgeschehen beteiligt. Dies gilt auch bei bewilligtem und angetretenem Sonderurlaub (*LAG Berlin* 13.5.1991 LAGE Art. 9 GG Arbeitskampf Nr. 44).

87 Bei gesetzlichen **Feiertagen** entfällt die Arbeitspflicht. Da auch die Feiertagsvergütung nach § 2 EFZG Arbeitsvergütung ist, steht Streikteilnehmern kein Anspruch auf Feiertagsvergütung für Feiertage zu, die in die Zeit der Streikteilnahme fallen, da konkurrierende Ursachen des Arbeitsausfalls den Anspruch nach § 2 EFZG ausschließen (*BAG* EzA § 1 FeiertagslohnzahlungsG Nr. 26; 31.5.1988 EzA Art. 9 GG Arbeitskampf Nr. 77 für die Aussperrung). Etwas anderes gilt, wenn die Gewerkschaft einen Streik am letzten Arbeitstag vor einem gesetzlichen Feiertag für beendet erklärt und die Arbeitnehmer am Tag nach dem Feiertag die Arbeit wieder aufnehmen, selbst dann, wenn die Gewerkschaft einen Tag nach Wiederaufnahme der Arbeit erneut zu einem Streik aufruft (*BAG* 11.5.1993 EzA § 1 FeiertagslohnzahlungsG Nr. 45). Nicht ausreichend ist hingegen die Erklärung der Gewerkschaft, den Streik lediglich für Tage auszusetzen, an denen ohnehin keine Arbeitspflicht besteht, da dann das objektiv unveränderte Streikgeschehen lediglich anders benannt wird, um vertragsrechtliche Folgen herbeizuführen (*BAG* 1.3.1995 EzA Art. 9 GG Arbeitskampf Nr. 118).

88 Auch bei Teilnahme an **Betriebsratsschulungen**, für deren Dauer das Betriebsratsmitglied unter Fortzahlung der Bezüge befreit war, § 37 Abs. 2, 6 BetrVG, verliert das Betriebsratsmitglied seinen Anspruch auf Fortzahlung des Arbeitsentgelts nicht allein dadurch, dass während dieser Zeit der Betrieb bestreikt wird. Unerheblich ist, ob er sich am Streik beteiligt hätte. Erst die Erklärung der Streikteilnahme oder die tatsächliche Beteiligung am Streikgeschehen führt zum Entfall des Vergütungsfortzahlungsanspruchs (*BAG* 15.1.1991 EzA Art. 9 GG Arbeitskampf Nr. 96).

89 Bei den nach §§ 43 Abs. 1, 17 Abs. 2 BetrVG von Gesetzes wegen durchzuführenden und den gem. § 43 Abs. 3 BetrVG auf Wunsch des Arbeitgebers einzuberufenen **Betriebsversammlungen** besteht nach § 44 Abs. 1 BetrVG Arbeitsbefreiung bei bestehender Vergütungspflicht, wobei die Vergütung zu zahlen ist, die der Arbeitnehmer erzielt hätte, wenn die Betriebsversammlung nicht stattgefunden hätte. Der Vergütungsanspruch für an der Versammlung teilnehmende Arbeitnehmer besteht hier unabhängig davon, ob sie sich an dem Streik beteiligen oder nicht (*BAG* 5.5.1987 EzA § 44 BetrVG Nr. 7).

c) Ausschluss von Kündigungen und Abmahnungen

90 Die Verweigerung der Arbeitsleistung durch Teilnahme am Streik stellt sich aufgrund der Suspendierung nicht als Verletzung der Arbeitspflicht dar, sodass eine Kündigung des Arbeitsverhältnisses wegen Verletzung der Arbeitspflicht ausscheidet (*BAG* 17.12.1976 EzA Art. 9 GG Arbeitskampf Nr. 19; KR-*Weigand* § 25 KSchG Rz. 18). Gleiches gilt für auf Verletzung der Arbeitspflicht gestützte Abmahnungen (*BAG* 26.4.1988 EzA Art. 9 GG Arbeitskampf Nr. 74).

Ausgesprochene Kündigungen sind an den Maßstäben der §§ 626 BGB, 1 KSchG zu messen. § 25 KSchG schließt die Anwendbarkeit des KSchG nicht aus, vielmehr ist diese Bestimmung infolge der Entwicklung der kollektiven Arbeitskampftheorie gegenstandslos geworden. 91

d) Grundsätzlicher Ausschluss von Schadensersatz- und Unterlassungsansprüchen

Ist der Streik rechtmäßig, scheiden Unterlassungsansprüche des Arbeitgebers aus §§ 1004, 823 BGB grds. aus, da diese eine rechtswidrige Beeinträchtigung von Rechtsgütern erfordern. Gleiches gilt für Schadensersatzansprüche. 92

Wenn auch einzelne Streikexzesse (s. o. G/Rz. 44 ff.), zu denen seitens der streikführenden Gewerkschaft nicht aufgerufen wurde, grds. nicht den Streik insgesamt rechtswidrig machen, können bei Streikexzessen doch Schadensersatz- und Unterlassungsansprüche bestehen (*BAG* 8.11.1984 EzA Art. 9 GG Arbeitskampf Nr. 91; *LAG Köln* 2.7.1984 EzA Art. 9 GG Arbeitskampf Nr. 53). 93

Schadensersatzansprüche infolge von Streikexzessen kommen unter dem Gesichtspunkt des Eingriffs in den eingerichteten und ausgeübten Gewerbebetrieben in Betracht und richten sich zum einen gegen die daran beteiligten Arbeitnehmer. Zum anderen können sie sich auch gegen die streikführende Gewerkschaft richten, sofern die Voraussetzungen des § 831 oder § 31 BGB gegeben sind. 94

Eine Haftung nach § 831 BGB besteht z. B., wenn sich Streikposten aktiv an Streikexzessen beteiligen (*BAG* 8.11.1988 EzA Art. 9 GG Arbeitskampf Nr. 91). Darüber hinaus kommt eine Haftung nach § 31 BGB analog in Betracht, wenn die von der streikenden Gewerkschaft unmittelbar mit der Durchführung und Beobachtung der jeweiligen Kampfmaßnahme beauftragten Organe und Personen, etwa örtliche Streikleiter, sich entweder selbst an Streikexzessen beteiligen, dazu aufrufen oder zumindest nicht auf die Streikenden einwirken, um diese zur Einhaltung der Grenzen des rechtmäßigen Arbeitskampfes anzuhalten. Denn eine Gewerkschaft, die zum Streik aufruft, ist verpflichtet, das Kampfverhalten der Arbeitnehmer zu beobachten und ggf. auf diese einzuwirken, damit die Grenzen des Arbeitskampfes eingehalten werden (*BAG* 21.6.1988 EzA Art. 9 GG Arbeitskampf Nr. 75; 21.6.1988 EzA Art. 9 GG Arbeitskampf Nr. 76; 8.11.1988 EzA Art. 9 GG Arbeitskampf Nr. 91). 95

Unterlassungsansprüche gegen die streikführende Gewerkschaft scheiden bei einem an sich rechtmäßigen Streik aus. Ruft die Gewerkschaft zu Streikexzessen auf, ist der Streik insgesamt rechtswidrig. Liegt ein solcher Aufruf nicht vor, ist die streikführende Gewerkschaft nicht Störer i. S. d. § 1004 BGB. Für einen vorbeugenden Unterlassunganspruch fehlt es schon an der erforderlichen Wiederholungsgefahr, da von einer Gewerkschaft, die Streikexzesse weder veranlasst, noch will, nicht zu befürchten ist, dass sie demnächst Streikexzesse veranlasst oder fordert (*BAG* 8.11.1988 EzA Art. 9 GG Arbeitskampf Nr. 91). Schuldner des vorbeugenden Unterlassungsanspruchs kann aber nur derjenige sein, von dem zu befürchten ist, dass er die zu unterlassende Handlung demnächst vornehmen wird. Ein Unterlassungsanspruch, auch gerichtet auf zukünftige Unterlassung entsprechend § 1004 BGB, kann demgegenüber gegen die örtlichen Streikleiter bestehen, wenn diese selbst sich an den unzulässigen Maßnahmen beteiligt haben oder die rechtswidrigen Handlungen anderer 96

G. Arbeitskampfrecht

Streikteilnehmer kannten, ohne gegen sie einzuschreiten und Wiederholungsgefahr besteht. Auch ein Antrag, der sich gegen die örtliche Streikleitung mit dem Ziel richtet, dass diese entsprechend auf die streikbeteiligten Arbeitnehmer einwirkt, ist zulässig. Ein gegen die streikführende Gewerkschaft gerichteter Antrag auf Einwirkung auf die einzelnen Arbeitnehmer soll hingegen unbegründet sein, da zu einer solchen Einwirkung nur diejenigen verpflichtet und in der Lage seien, die unmittelbar mit der Durchführung und Beobachtung der jeweiligen Kampfmaßnahme beauftragt sind (*BAG* 21.6.1988 EzA Art. 9 GG Arbeitskampf Nr. 75).

e) Suspendierung und Fristen

97   Soweit Rechte aus dem Arbeitsverhältnis vom Ablauf bestimmter Fristen abhängen, wird die Zeit der Streikteilnahme angerechnet, soweit die Fristen lediglich auf den Bestand des Arbeitsverhältnisses abstellen, da infolge Streikteilnahme lediglich die Pflichten aus dem Arbeitsverhältnis suspendiert werden, im Übrigen aber das Arbeitsverhältnis fortbesteht (*Däubler* Arbeitskampfrecht Rz. 583).

Auf den Bestand des Arbeitsverhältnisses stellen etwa ab: § 1 Abs. 1 KSchG, § 622 Abs. 2 BGB, § 90 Abs. 1 Nr. 1 SGB IX, § 4 BUrlG, § 8 BetrVG, § 1 BetrAVG, § 13 BBiG.

98   Problematisch ist die Wirkung der Suspendierung auf vertragliche oder tarifliche Jahressonderleistungen. Hier stellt sich die Frage, ob aufgrund des Arbeitsausfalls die Jahressonderleistung zeitanteilig für die Zeit der Streikteilnahme gekürzt werden kann. Ob ein Kürzungsrecht besteht, hängt zum einen von der Fassung der tatbestandlichen Voraussetzungen der Jahressonderzahlung im Tarif- oder Arbeitsvertrag (*LAG Frankfurt/M.* 17.2.1987 LAGE Art. 9 GG Arbeitskampf Nr. 34), zum anderen aber auch davon ab, ob mit der Prämie ausschließlich die Betriebstreue belohnt werden soll oder diese zumindest auch Entgelt für geleistete Arbeit ist (s. o. C/Rz. 826 ff.). Bei Sonderleistungen mit reinem Entgeltcharakter besteht ein anteiliges Kürzungsrecht (*BAG* 15.2.1990 EzA § 611 BGB Anwesenheitsprämie Nr. 9). Bei Leistungen mit Mischcharakter, die also sowohl Betriebstreue belohnen, als auch geleistete Arbeit vergüten wollen, führt der streikbedingte Arbeitsausfall i. d. R. nicht zu einem Entfall oder zeitanteiliger Kürzung der Jahressonderleistung, da hier in streikfreien Zeiten i. d. R. Arbeitsleistung erbracht wurde und ohne ausdrückliche Kürzungsregelung die Gewährung einer Sonderzahlung nicht an die zusätzliche, ungeschriebene Voraussetzung gebunden ist, dass im Bezugszeitraum eine nicht ganz unerhebliche Arbeitsleistung erbracht wurde (*BAG* 5.8.1992 EzA § 611 BGB Gratifikation, Prämie Nr. 90). Sofern eine betriebliche Regelung besteht, nach der eine Anwesenheitsprämie nur für Monate gezahlt wird, in denen der Arbeitnehmer keinerlei unbezahlte Ausfallzeiten aufweist, führt die Streikteilnahme zum Prämienverlust. Es handelt sich insoweit nicht um eine nach § 612a BGB verbotene Maßregelung (*BAG* 31.10.1995 EzA Art. 9 GG Arbeitskampf Nr. 123). Ein an sich gegebenes anteiliges Kürzungsrecht kann aber aufgrund einer nach Beendigung des Arbeitskampfes zwischen den Tarifpartnern vereinbarten Maßregelungsklausel, nach der das Arbeitsverhältnis und die Betriebszugehörigkeit durch die Arbeitskampfmaßnahme als nicht unterbrochen gelten, soweit Ansprüche oder Anwartschaften von der ununterbrochenen Dauer des Arbeitsverhältnisses abhängen, ausgeschlossen sein (*BAG* 4.8.1987 EzA Art. 9 GG Arbeitskampf Nr. 71).

G. Arbeitskampfrecht

f) Vergütungsansprüche nicht streikbeteiligter Arbeitnehmer – Arbeitskampfrisiko und suspendierende Betriebs(teil)stilllegung

aa) Arbeitskampfrisikolehre
Infolge des Streiks, insbesondere bei Schwerpunktstreiks kann es zu Beeinträchtigungen auch in solchen Betrieben kommen, die vom Kampfgeschehen nicht unmittelbar selbst betroffen sind, etwa dadurch, dass für die Produktion benötigte Teile nicht geliefert, Zulieferprodukte nicht abgenommen oder betriebsnotwendige Transport- oder Versorgungsunternehmen bestreikt werden. Hierdurch kann es zum Wegfall wirtschaftlich sinnvoller Beschäftigungsmöglichkeiten für die in dem nur mittelbar betroffenen Betrieb beschäftigten Arbeitnehmer kommen, sodass sich die Frage stellt, wie sich die Einschränkung oder der Wegfall der Beschäftigungsmöglichkeit auf die Vergütungsansprüche der Arbeitnehmer des mittelbar betroffenen Betriebs auswirkt. Die gleiche Frage stellt sich für einen unmittelbar vom Kampfgeschehen betroffenen Betrieb- oder Betriebsteil, da bei einem Fortbestand der Vergütungsansprüche arbeitswilliger Arbeitnehmer, die arbeitskampfbedingt nicht beschäftigt werden können, dem Arbeitgeber nicht nur das Risiko des Produktionsstillstandes durch den gegen ihn gerichteten Streik, sondern zusätzlich auch das Risiko der Fortzahlung des Lohnes an die nicht am Streik beteiligten Arbeitnehmer, die infolge der Streikauswirkungen nicht beschäftigt werden können, aufgebürdet würde.

99

Im Grundsatz trägt der Arbeitgeber sowohl das Betriebs- als auch das Wirtschaftsrisiko (*BAG* 22.12.1980 EzA § 615 BGB Betriebsrisiko Nr. 7, 8; s. o. C/Rz. 1291 ff., 1310 ff.). Dies gilt aber nach Auffassung des *BAG* (22.12.1980 EzA § 615 BGB Betriebsrisiko Nr. 7; 22.12.1980 EzA § 615 BGB Betriebsrisiko Nr. 8; 14.12.1993 EzA Art. 9 GG Arbeitskampf Nr. 113; 11.7.1995 EzA Art. 9 GG Arbeitskampf Nr. 122) bei arbeitskampfbedingtem Wegfall der Beschäftigungsmöglichkeit in unmittelbar betroffenen Betrieben nicht uneingeschränkt. Unter bestimmten Voraussetzungen greifen vielmehr die Grundsätze des sog. Arbeitskampfrisikos mit der Folge des Entfalls des Vergütungsanspruchs ein: Bei einem unmittelbar streikbetroffenen Betrieb ist zunächst Voraussetzung, dass dem Arbeitgeber die Beschäftigung des Arbeitnehmers unmöglich oder unzumutbar geworden ist (*BAG* 14.12.1993 EzA Art. 9 GG Arbeitskampf Nr. 113). Dies kann etwa bei einem sog. Wellenstreik (kurzzeitiger Streik innerhalb einer Schicht) der Fall sein, wenn sich die Abwehrmaßnahmen des Arbeitgebers z. B. in Form von Produktionskürzungen, Einsatz von Aushilfskräften oder Fremdvergabe von Arbeiten nicht ohne weiteres so begrenzen lassen, dass sie sich nur während der Dauer der einzelnen Kurzstreiks auswirken (*BAG* 12.11.1996 EzA Art. 9 GG Arbeitskampf Nr. 127; 17.2.1997 EzA Art. 9 GG Arbeitskampf Nr. 129; 15.12.1998 EzA Art. 9 GG Arbeitskampf Nr. 132). Bei mittelbar betroffenen Betrieben, stellt das *BAG* (22.12.1980 EzA § 615 BGB Betriebsrisiko Nr. 7) darauf ab, ob die Fernwirkungen eines Streiks bei typisierender Betrachtungsweise das Kräfteverhältnis der kampfführenden Parteien beeinflussen (Kampfparität). Dann tragen beide Seiten das Arbeitskampfrisiko, sodass Beschäftigungs- und Vergütungsansprüche für die Dauer der Störung entfallen. Umgekehrt trägt der Arbeitgeber das Risiko des Schadens infolge Produktionsausfalls. Eine Verlagerung des Lohnrisikos auf die Arbeitnehmer aus arbeitskampfrechtlichen Gründen scheidet aber aus, wenn die Ursache der Produktionseinschränkung auf einer unternehmerischen Fehldisposition beruht. An einer solchen Fehldisposition fehlt es, wenn die Absatz-

100

G. Arbeitskampfrecht

schwierigkeiten schwerwiegend und unvermeidbar waren (*BAG* 22.12.1980 EzA § 615 BGB Betriebsrisiko Nr. 7).

101 Nach Auffassung des *LAG Berlin* (6.8.1985 LAGE Art. 9 GG Arbeitskampf Nr. 22) ist in einem arbeitsgerichtlichen Verfahren nur zu überprüfen, ob offensichtlich eine unternehmerische Fehldisposition vorliegt. Bei typisierender Betrachtungsweise ist die Kampfparität z. B. dann tangiert, wenn die für den mittelbar betroffenen Betrieb zuständigen Verbände mit den unmittelbar kampfführenden Verbänden identisch oder doch organisatorisch eng verbunden sind (*BAG* 22.12.1980 EzA § 615 BGB Betriebsrisiko Nr. 7).

bb) Suspendierende Betriebs(teil)stilllegung

102 Der Arbeitgeber kann einen Vergütungsanspruch nicht streikbeteiligter Arbeitnehmer aber auch dadurch ausschließen, dass er sich als Reaktion auf den Streik und im Umfang des Streikaufrufs entschließt, den bestreikten Betrieb oder Betriebsteil vorübergehend stillzulegen. Einer solchen Stilllegung kommt suspendierende Wirkung zu.

103 Zur Herbeiführung der suspendierenden Wirkung bedarf es neben der Stilllegung einer hinreichend eindeutigen Erklärung gegenüber den betroffenen Arbeitnehmern, nicht aber gegenüber der kampfführenden Gewerkschaft. Eine solche Erklärung kann auch stillschweigend erfolgen, wenn das gesamte Verhalten des Arbeitgebers deutlich macht, dass er sich dem Streik beugen und den Betrieb deshalb nicht weiterführen will. Hierfür reicht aber die bloße Einstellung der Beschäftigung nicht aus (*BAG* 22.3.1994 EzA Art. 9 GG Arbeitskampf Nr. 115; 31.1.1995 EzA Art. 9 GG Arbeitskampf Nr. 119; 11.7.1995 EzA Art. 9 GG Arbeitskampf Nr. 121; 11.7.1995 EzA Art. 9 GG Arbeitskampf Nr. 122; krit. *Fischer/Rüthers* Anm. zu EzA Art. 9 GG Arbeitskampf Nr. 115; *Thüsing* Anm. zu EzA Art. 9 GG Arbeitskampf Nr. 119). Stellt der Betrieb vorübergehend seine Tätigkeit ein, fehlt es aber an einer solchen Erklärung, kann ein Entfall von Vergütungsansprüchen nur unter dem Gesichtspunkt des Arbeitskampfrisikos in Betracht kommen (s. o. G/Rz. 100).

g) Arbeitsverweigerungsrecht bei Zuweisung von Streikbrecherarbeiten

104 Ein nicht streikender Arbeitnehmer kann die Übernahme direkter, nicht aber indirekter Streikarbeiten verweigern (*BAG* 25.7.1957 AP Nr. 3 zu § 615 BGB Betriebsrisiko; 10.9.1985 EzA Art. 9 GG Arbeitskampf Nr. 60). Direkte Streikarbeit liegt vor, wenn von einem Arbeitnehmer Verrichtungen gefordert werden, die bisher von den Streikenden erledigt wurden und die lediglich wegen des Streiks ihm, in dessen bisherigen Arbeitskreis sie an sich nicht fallen, übertragen werden.

105 Eine ausdrückliche Regelung enthält § 11 Abs. 5 AÜG für Leiharbeitnehmer. Diese sind nicht verpflichtet, bei einem Entleiher tätig zu sein, soweit dieser durch einen Arbeitskampf unmittelbar betroffen ist. Hierauf ist der Leiharbeitnehmer hinzuweisen. Macht der Leiharbeitnehmer von diesem Recht Gebrauch, erfüllt er seine Leistungspflicht aus dem Leiharbeitsvertrag durch bloße Arbeitsbereitschaft, soweit ihm der Verleiher keine andere Arbeit zuweist. Der Vergütungsanspruch bleibt

dann bestehen, da die Nutzbarkeit der bereitgehaltenen Arbeitskraft zum Wirtschaftsrisiko des Verleihers gehört (*BAG* 1.2.1973 EzA § 615 BGB Betriebsrisiko Nr. 2).

h) Beteiligungsrechte des Betriebsrats
Das Betriebsratsamt eines Arbeitnehmers wird durch einen Arbeitskampf nicht berührt.

106

Der Betriebsrat verliert seine Beteiligungs- und Mitbestimmungsrechte bei einem Arbeitskampf nicht generell. Diese unterliegen aber bestimmten arbeitskampfbedingten Einschränkungen (*BAG GS* 21.4.1971 EzA Art. 9 GG Nr. 6; *BAG* 22.12.1980 EzA § 615 BGB Betriebsrisiko Nr. 7; 22.12.1980 EzA § 615 BGB Betriebsrisiko Nr. 8).

aa) Personelle Angelegenheiten, insbes. §§ 99, 102, 103 BetrVG

Mitbestimmungsrechte des Betriebsrats bei personellen Einzelmaßnahmen (§ 99 Abs. 1 BetrVG) bestehen nicht, soweit sie sich auf arbeitskampfbedingte Maßnahmen beziehen (*BAG* 22.12.1980 EzA § 615 BGB Betriebsrisiko Nr. 7), mit denen der Arbeitgeber kampfbezogen agiert oder reagiert, die arbeitskampfbedingt und unmittelbar auf das Kampfgeschehen bezogen sind (*Wiese* NZA 1984, 378 [381]).

107

Hierunter fallen beispielsweise Versetzungen für die Dauer des Arbeitskampfes, um die Arbeitsplätze streikender Arbeitnehmer zu besetzen, oder Einstellungen, um streikende Arbeitnehmer zu ersetzen, nicht aber Ein- oder Umgruppierungen, da es sich hierbei nur um Vollzug tariflicher Normen ohne Arbeitskampfrelevanz handelt. Bei personellen Einzelmaßnahmen, die nur während, nicht aber wegen des Arbeitskampfes vorgenommen werden, bleibt das Mitbestimmungsrecht des Betriebsrats bestehen.

Vom Arbeitskampf unberührt bleibt das Mitbestimmungsrecht des Betriebsrats bei Versetzungen von betriebsverfassungsrechtlichen Funktionsträgern nach § 103 Abs. 3 BetrVG (s. o. I/Rz. 646 ff.).

Bei einer dauerhaften Versetzung in einen anderen Betrieb i. S. d. § 103 Abs. 3 BetrVG ist kaum denkbar, dass sie zur Abwendung von arbeitskampfbedingten Folgen notwendig ist. Bei Abwägung der beiderseitigen Interessen gebührt daher dem Schutz der Kontinuität der Amtsführung der Vorrang (GK-BetrVG/*Raab* § 103 Rz. 40).

Das in § 99 Abs. 1 BetrVG vorgesehene Informationsrecht des Betriebsrats ist hingegen arbeitskampfneutral und besteht deshalb ohne Einschränkungen auch im Arbeitskampf (GK-BetrVG/*Kraft* § 99 Rz. 15).

108

Ist arbeitskampfbedingt eine personelle Einzelmaßnahme i. S. d. § 99 Abs. 1 BetrVG zulässigerweise ohne Mitwirkung des Betriebsrats durchgeführt worden, so lebt das Mitbestimmungsrecht des Betriebsrats nach Beendigung des Arbeitskampfes hinsichtlich dieser Maßnahmen nicht wieder auf, da es dann an den tatbestandlichen

G. Arbeitskampfrecht

Voraussetzungen des Mitbestimmungsrechts fehlt (str., so GK-BetrVG/*Kraft* § 99 Rz. 16; **a. A.** *Kittner* DKK § 99 Rz. 26).

109 Die Beteiligungsrechte des Betriebsrats nach §§ 102, 103 BetrVG unterliegen im Arbeitskampf ebenfalls Einschränkungen bei arbeitskampfbedingten Kündigungen (*BAG* 14.2.1978 EzA Art. 9 GG Arbeitskampf Nr. 22; 6.3.1979 EzA § 102 BetrVG 1972 Nr. 40; **a. A.** KR-*Etzel* § 102 BetrVG Rz. 26). Bei nicht arbeitskampfbedingten Kündigungen bleiben sie dagegen unberührt. Arbeitskampfbedingt ist eine Kündigung, durch die der Arbeitgeber auf Arbeitskampfmaßnahmen reagiert, etwa Kündigungen streikender Arbeitnehmer, um deren Arbeitsplatz durch arbeitswillige Arbeitnehmer zu besetzen oder um einer durch den Arbeitskampf verursachten Einschränkung Rechnung zu tragen, soweit der Betrieb selbst bestreikt wird oder zum umkämpften Tarifgebiet gehört. Ferner arbeitskampfbedingt sind Kündigungen, die als Reaktion auf Streikexzesse oder auf Arbeitsniederlegungen im Rahmen eines rechtswidrigen Streiks erfolgen. Die Darlegungs- und Beweislast dafür, dass eine Kündigung arbeitskampfbedingt ist, trägt der Arbeitgeber (GK-BetrVG/*Raab* § 102 Rz. 17).

110 Diese Grundsätze gelten auch für Kündigungen gegenüber Mitgliedern des Betriebsrats, des Wahlvorstandes oder Wahlbewerbern. Sind diese arbeitskampfbedingt, bedürfen sie nicht der Zustimmung des Betriebsrats nach § 103 Abs. 1 BetrVG. Der Arbeitgeber hat aber in entsprechender Anwendung des § 103 Abs. 2 BetrVG alsbald die Erteilung der Zustimmung beim Arbeitsgericht zu beantragen (*BAG* 14.2.1978 EzA § 15 KSchG n. F. Nr. 19).

bb) Soziale Angelegenheiten, insbesondere Arbeitszeitregelungen

111 Während eines Arbeitskampfes besteht in unmittelbar vom Arbeitskampf betroffenen Betrieben kein Mitbestimmungsrecht des Betriebsrats nach § 87 Abs. 1 Nr. 2, 3 BetrVG hinsichtlich solcher Veränderungen der betriebsüblichen Arbeitszeit, die vom Arbeitgeber arbeitskampfbedingt und unmittelbar auf das Kampfgeschehen bezogen angeordnet werden (*BAG* 24.4.1979 EzA Art. 9 GG Arbeitskampf Nr. 34; 22.12.1980 EzA § 615 BGB Betriebsrisiko Nr. 7; 22.12.1980 EzA § 615 BGB Betriebsrisiko Nr. 8).

112 Bei der Anordnung von Kurzarbeit in nur mittelbar von Fernwirkungen des Arbeitskampfes betroffenen Betrieben, etwa infolge von Störungen der Zulieferung oder des Absatzes, unterscheidet das *BAG* (22.12.1980 EzA § 615 BGB Betriebsrisiko Nr. 7; 22.12.1980 EzA § 615 BGB Betriebsrisiko Nr. 8) danach, ob nach den Grundsätzen des Arbeitskampfrisikos (s. o. G/Rz. 99 ff.) beide Seiten, also auch die Arbeitnehmer des mittelbar betroffenen Betriebs, das Arbeitskampfrisiko zu tragen und hinzunehmen haben, dass sie für die Dauer der Störung keine oder nur eingeschränkte Beschäftigungs- und Vergütungsansprüche haben. In diesem Fall ist das »Ob«, d. h. die Voraussetzungen und der Umfang der arbeitskampfbedingten Arbeitszeitverkürzung eine mitbestimmungsfreie Rechtsfrage. Hinsichtlich des »Wie«, d. h. der konkreten Umsetzung bzw. Modalitäten der Arbeitszeitverkürzung (z. B. ab wann, für welche Arbeitnehmer und in welcher Form Kurzarbeit eingeführt werden soll) hat der Betriebsrat nach § 87 Abs. 1 Nr. 2, 3 BetrVG mitzubestimmen. Da der völlige oder teilweise Entfall der Vergütungsansprüche unmittelbare Folge des Arbeitskampfrisikos ist, ist ein Spruch der Einigungsstelle, der über die Regelung der Modalitäten der Arbeitszeitverkürzung hinaus Vergütungsansprüche begründet, rechtswidrig, da es in-

soweit an einem Mitbestimmungsrecht des Betriebsrats fehlt und daher keine Zuständigkeit der Einigungsstelle besteht (*LAG Hamm* 27.3.1985 LAGE Art. 9 GG Arbeitskampf Nr. 20). Liegt kein Fall vor, in dem die Arbeitnehmer des mittelbar betroffenen Betriebs auch ihrerseits das Arbeitskampfrisiko zu tragen haben, verbleibt es in vollem Umfang bei den Mitbestimmungsrechten des Betriebsrats. Gegebenenfalls muss die Frage im Rahmen einer einstweiligen Verfügung im Beschlussverfahren gerichtlich geklärt werden.
Diese Grundsätze gelten auch für sonstige Tatbestände der Mitbestimmung in sozialen Angelegenheiten (vgl. *BAG* 22.12.1980 EzA § 615 BGB Betriebsrisiko Nr. 7; 22.12.1980 EzA § 615 BGB Betriebsrisiko Nr. 8).

cc) **Mitbestimmung in wirtschaftlichen Angelegenheiten**

Nach überwiegender Ansicht (*Brox/Rüthers* Rz. 461–465 m. w. N.) entfallen die Rechte des Betriebsrats nach §§ 111 f. BetrVG, wenn es um arbeitskampfbedingte Betriebsänderungen oder Betriebsstilllegungen geht. 113

i) **Zahlung von Prämien an nicht streikbeteiligte Arbeitnehmer**
Werden an Arbeitnehmer, die sich nicht am Streik beteiligen, während des laufenden Streiks oder nach dessen Beendigung Sonderzahlungen geleistet oder solche zugesagt, muss der Arbeitgeber wie bei jeder freiwilligen Leistung den arbeitsrechtlichen Gleichbehandlungsgrundsatz beachten und die Leistungsvoraussetzungen so abgrenzen, dass Arbeitnehmer des Betriebs nicht aus sachfremden oder willkürlichen Gründen von der Leistung ausgeschlossen werden (*BAG* 4.8.1987 EzA Art. 9 GG Arbeitskampf Nr. 70). 114

Die Zahlung einer Zulage allein dafür, dass Arbeitnehmer sich an einem Streik nicht beteiligen, stellt nach Ansicht des *BAG* (4.8.1987 EzA Art. 9 GG Arbeitskampf Nr. 70; 28.7.1992 EzA Art. 9 GG Arbeitskampf Nr. 106; 11.8.1992 EzA Art. 9 GG Arbeitskampf Nr. 105; 13.7.1993 EzA Art. 9 GG Arbeitskampf Nr. 112) eine unzulässige Maßregelung dar, wenn die Prämie schon während des Arbeitskampfes zugesagt und gezahlt wurde (*BAG* 4.8.1987 EzA Art. 9 GG Arbeitskampf Nr. 70; 28.7.1992 EzA Art. 9 GG Arbeitskampf Nr. 106; 11.8.1992 EzA Art. 9 GG Arbeitskampf Nr. 105; 13.7.1993 EzA Art. 9 GG Arbeitskampf Nr. 112). Auch die Streikenden haben einen entsprechenden Zahlungsanspruch. 115

Nach anderer Auffassung (*Belling* NZA 1990, 214; *von Hoyningen-Huene* DB 1989, 1466) ist die Zahlung einer solchen Prämie ein zulässiges Arbeitskampfmittel. Der Arbeitgeber müsse ein Wahlrecht zwischen der Aussperrung und dem Versuch haben, durch Versprechen einer Prämie möglichst viele Arbeitnehmer von der Streikteilnahme abzuhalten. 116

Sachlich gerechtfertigt kann eine unterschiedliche Behandlung dann sein, wenn bei der Zusage der Prämie nicht nach der Streikbeteiligung differenziert wird, sondern diese als Ausgleich für Belastungen zugesagt wurde, denen die Begünstigten während des Streiks infolge einer Erschwerung der Arbeitsbedingungen ausgesetzt waren. 117

G. Arbeitskampfrecht

118 Psychische Belastungen und bei einem Streik üblicherweise auftretende Erschwerungen der Arbeit reichen jedoch nicht aus. Es muss sich um Belastungen handeln, die erheblich über das normale Maß hinausgehen, das mit jeder Streikarbeit verbunden ist (*BAG* 28.7.1992 EzA Art. 9 GG Arbeitskampf Nr. 106). Nach Auffassung des *LAG Rheinland-Pfalz* (30.5.1996 LAGE Art. 9 GG Arbeitskampf Nr. 62) soll eine besondere Belastung vorliegen, wenn der Arbeitnehmer während eines Arbeitskampfes eine Tätigkeit übernimmt, die er nach dem Arbeitsvertrag nicht schuldet.

j) Arbeitskampf und schuldrechtliche Leistungspflichten

119 Infolge des Streiks kann es dazu kommen, dass der Unternehmer vertragliche Leistungspflichten Dritten gegenüber nicht oder nicht rechtzeitig erfüllen kann.

Soweit dieses Risiko nicht bereits durch entsprechende AGB beschränkt wird (vgl. dazu mit Beispielen: *Däubler* Arbeitskampfrecht Rz. 834 g, h), scheidet nach h. M. (*Richardi* RdA 1986, 146 [154 f.]; *Colneric* a. a. O. Rz. 837 ff.) eine Haftung des Unternehmers aus Verzug oder Unmöglichkeit aus.

120 Es liegt kein Verschulden i. S. d. § 276 Abs. 1 Satz 1 BGB vor und auch eine Zurechnung nach § 278 BGB scheidet aus, gleich ob der Streik rechtmäßig ist oder nicht, da der Unternehmer zu einem Nachgeben im Arbeitskampf nicht verpflichtet ist. Entsprechendes gilt bei Leistungsstörungen infolge rechtmäßiger Aussperrung (*Richardi* a. a. O. 155; *Brox/Rüthers* Rz. 384 f.).

2. Die suspendierende Aussperrung

a) Suspendierung der Hauptleistungspflichten

121 Durch die rechtmäßige Abwehraussperrung werden die wechselseitigen Hauptpflichten aus dem Arbeitsvertrag suspendiert (*BAG GS* vom 21.4.1971 EzA Art. 9 GG Nr. 6; *BAG* 26.4.1988 EzA Art. 9 GG Arbeitskampf Nr. 74), d. h. Arbeits- und Vergütungspflicht entfallen.

122 Annahmeverzug des Arbeitgebers gem. § 615 BGB tritt nicht ein. Schadensersatz- oder Unterlassungsansprüche scheiden aus. Eine Pflicht der Arbeitnehmer zur Durchführung von Erhaltungs- oder Notstandsarbeiten besteht nicht, da es dem Arbeitgeber freisteht, solche Arbeitnehmer von der Aussperrung auszunehmen, deren Tätigkeit er als unabdingbar betrachtet (*Däubler* Arbeitskampfrecht Rz. 1054).

b) Aussperrung und sonstige Arbeitsbefreiung

123 Ein bewilligter **Urlaub** wird nicht dadurch widerrufen, dass der Arbeitgeber die Arbeitnehmer des Betriebs für eine Zeit aussperrt, in die der bewilligte Urlaub ganz oder teilweise fällt (*BAG* 31.5.1988 EzA Art. 9 GG Arbeitskampf Nr. 78), da der Widerruf eines einmal bewilligten Urlaubs und erst recht eines bereits angetretenen nur in Ausnahmefällen, an deren Vorliegen strenge Anforderungen zu stellen sind, zulässig ist und daher zumindest dem Arbeitnehmer gegenüber eindeutig erklärt werden muss. Unerheblich ist, ob der Urlaub bei Beginn der Aussperrung schon angetreten ist oder

G. Arbeitskampfrecht

erst im Laufe der Aussperrung beginnt. In den Urlaub fallende gesetzliche Feiertage sind nach § 2 EFZG zu bezahlen. Bei gesetzlichen **Feiertagen** entfällt im Übrigen die Vergütungsfortzahlungspflicht nach § 2 EFZG, da im Falle der Aussperrung der Feiertag nicht die alleinige Ursache des Arbeitsausfalls ist (*BAG* 31.5.1988 EzA Art. 9 GG Arbeitskampf Nr. 78). Auch **arbeitsunfähige Arbeitnehmer** können ausgesperrt werden mit der Folge, dass kein Lohnfortzahlungsanspruch besteht, da dann die Arbeitsunfähigkeit nicht alleinige Ursache der Arbeitsverhinderung ist (*BAG* 7.6.1988 EzA Art. 9 GG Arbeitskampf Nr. 78). Sofern **Mitglieder des Betriebsrats** ausgesperrt werden, entfällt ein Entgeltanspruch auch dann, wenn sie während der Aussperrung Betriebsratsaufgaben wahrgenommen haben, da auch der Anspruch nach § 37 Abs. 2 BetrVG nur ein über diese Vorschrift vermittelter Anspruch auf Arbeitsvergütung nach § 611 Abs. 1 BGB ist und daher infolge Suspendierung entfällt (*BAG* 10.3.1987 EzA Art. 9 GG Arbeitskampf Nr. 89).

c) Abkehrrecht der Ausgesperrten

Der suspendierend ausgesperrte Arbeitnehmer kann durch einseitige, empfangsbedürftige Willenserklärung das Arbeitsverhältnis ohne Einhaltung einer Frist endgültig lösen, um ggf. ein anderes Arbeitsverhältnis einzugehen (*BAG GS* 21.4.1971 EzA Art. 9 GG Nr. 6).   124

d) Suspendierung und Fristen
Es gelten die gleichen Grundsätze wie bei einem rechtmäßigen Streik. Insoweit wird auf die dortigen Ausführungen und Nachweise verwiesen (s. o. G/Rz. 97 f.).   125

e) Mittelbare Folgen der Aussperrung – Arbeitskampfrisiko
Es gelten die Ausführungen zum Streik entsprechend (s. o. G/Rz. 99 f.).   126

f) Beteiligungsrechte des Betriebsrats
Auch hier kann auf die entsprechenden Ausführungen zum Streik verwiesen werden (s. o. G/Rz. 106 ff.).   127

Bei unmittelbar der Durchführung der Aussperrung dienenden Maßnahmen, wie etwa der Änderung von Werksausweisen zur Unterscheidung der nicht ausgesperrten von den ausgesperrten Arbeitnehmern (*BAG* 16.12.1986 EzA Art. 9 GG Arbeitskampf Nr. 64), besteht kein Mitbestimmungsrecht des Betriebsrats.

Gleiches gilt bei sonstigen arbeitskampfrelevanten, arbeitskampfbedingten Maßnahmen.

g) Leistungsstörungen infolge Aussperrung
Die dargestellten Grundsätze (s. o. G/Rz. 119 f.) gelten auch bei Leistungsstörungen infolge rechtmäßiger Aussperrung (*Richardi* RdA 1986, 146 [155]).   128

G. Arbeitskampfrecht

3. Lösende Aussperrung

a) Beendigung des Arbeitsverhältnisses

129 Die lösende Aussperrung führt als kollektivrechtlicher Lösungstatbestand eigener Art zur Beendigung des Arbeitsverhältnisses. Allerdings vernichtet nach Auffassung des *BAG* (15.6.1964 AP Nr. 36 zu Art. 9 GG Arbeitskampf) auch die lösende Aussperrung das zwischen Arbeitgeber und Arbeitnehmer bestehende arbeitsvertragliche Band nicht völlig.

Im Falle der Wiedereinstellung bestehen erworbene Anwartschaften fort.

b) Wiedereinstellungsanspruch

130 Nach dem Ende einer lösenden Aussperrung ist der Arbeitgeber grds. verpflichtet, sich auf Verhandlungen über die Wiedereinstellung einzulassen.

Aus dem Gebot der Verhältnismäßigkeit folgt, dass ungeachtet der lösenden Wirkung der bestehende Bestandsschutz der Arbeitsverhältnisse beachtet wird. Deshalb müssen ausgesperrte Arbeitnehmer grds. wieder eingestellt werden, soweit die Arbeitsplätze noch vorhanden sind. Die Wiedereinstellungsentscheidung ist nach billigem Ermessen (§ 315 BGB) zu treffen, was arbeitsgerichtlich überprüfbar ist. Verboten sind Diskriminierungen. Berücksichtigt werden können Art des Arbeitskampfes, Erkennbarkeit der Rechtswidrigkeit eines Streiks für den Arbeitnehmer und das Ausmaß der Beteiligung sowie die anderweitige Besetzung des Arbeitsplatzes oder der endgültige Wegfall des Arbeitsplatzes während des Arbeitskampfes.

131 Sind von mehreren gleichartigen Arbeitsplätzen nur Einzelne weggefallen, ist auch die Frage sachgerechter Auswahl unter Berücksichtigung der Kriterien des § 1 Abs. 3 KSchG zu prüfen (*BAG GS* 21.4.1971 EzA Art. 9 GG Nr. 6; *BAG* 15.6.1964 AP Nr. 36 zu Art. 9 GG Arbeitskampf).

IV. Die Rechtsfolgen des rechtswidrigen Arbeitskampfes

1. Streik

a) Keine Suspendierung – Verletzung der Arbeitspflicht

132 Ist der Streik rechtswidrig, tritt keine Suspendierung der Arbeitspflicht ein (*BAG* 12.1.1988 EzA Art. 9 GG Arbeitskampf Nr. 73) und die Vorenthaltung der Arbeitsleistung ist aufgrund der darin liegenden Verletzung der Arbeitspflicht rechtswidrig.

Eine Vergütungspflicht des Arbeitgebers besteht aufgrund der Nichterbringung der geschuldeten Arbeitsleistung nicht, §§ 275 Abs. 1, 326 Abs. 1 BGB.

G. Arbeitskampfrecht

b) Abmahnung
Da keine Suspendierung der Arbeitspflicht eintritt, verletzt der Arbeitnehmer, der 133
sich an einem rechtswidrigen Streik beteiligt, die ihm obliegende Hauptpflicht aus
dem Arbeitsvertrag. Diese Pflichtverletzung kann Gegenstand einer Abmahnung
sein.

c) Kündigung
Die Arbeitspflichtverletzung durch Teilnahme an einem rechtswidrigen Streik kann 134
den Arbeitgeber ggf. zu einer fristlosen oder fristgerechten Kündigung berechtigen.

> Der Arbeitgeber hat ein Wahlrecht, ob er auf einen rechtswidrigen Streik mit kollektiv-rechtlichen Mitteln, insbesondere der suspendierenden Abwehraussperrung, oder mit Kündigungen reagiert (*BAG GS 21.4.1971 EzA Art. 9 GG Nr. 6; BAG 29.11.1983 EzA Art. 9 GG Arbeitskampf Nr. 61*).

Die Wirksamkeit der außerordentlichen Kündigung ist an § 626 BGB, die Wirksam- 135
keit einer ordentlichen Kündigung im Anwendungsbereich des KSchG an §§ 1, 2
KSchG zu messen. § 25 KSchG führt nicht zur Unanwendbarkeit des KSchG, da
der Arbeitgeber gerade nicht mit kollektiv-rechtlichen Mitteln auf den rechtswidrigen Streik reagiert (*BAG GS 21.4.1971 Art. 9 GG Nr. 6*). Der Sonderkündigungsschutz nach § 15 KSchG für betriebsverfassungsrechtliche Funktionsträger bleibt
ebenso bestehen wie der Massenkündigungsschutz nach §§ 17 ff. KSchG (KR-*Weigand* § 25 KSchG Rz. 7 m. w. N.). Beteiligungsrechte des Betriebsrats nach § 102
BetrVG bestehen nicht (*BAG 14.2.1978 EzA Art. 9 GG Arbeitskampf Nr. 22, 24*).
Bei Kündigungen gegenüber dem in § 103 Abs. 1 BetrVG genannten Personenkreis
ist in entsprechender Anwendung von § 103 Abs. 2 BetrVG alsbald die Erteilung
der Zustimmung beim Arbeitsgericht zu beantragen (*BAG 14.2.1978 EzA § 15
KSchG n. F. Nr. 19*).

Die Teilnahme an einem rechtswidrigen Streik ist Arbeitsvertragsbruch, der nach 136
§ 626 BGB ggf. nach vorheriger Abmahnung zur fristlosen Kündigung berechtigen
kann (*BAG 14.2.1978 EzA Art. 9 GG Arbeitskampf Nr. 22; 17.12.1976 EzA Art. 9
GG Arbeitskampf Nr. 20*). Bei der im Rahmen der Prüfung des § 626 Abs. 1 BGB vorzunehmenden Interessenabwägung sind alle vernünftigerweise in Betracht kommenden Umstände des Einzelfalles zu beachten und die Interessen der Parteien vollständig gegeneinander abzuwägen (s. o. D/Rz. 775 ff.). Hierbei sind insbesondere zu berücksichtigen die Erkennbarkeit der Rechtswidrigkeit des Streiks für den einzelnen
Arbeitnehmer, der Grad der Beteiligung des Arbeitnehmers am rechtswidrigen Arbeitskampf, der bestehende Solidarisierungsdruck und ein eventuelles rechtswidriges, die Arbeitsniederlegung mit auslösendes Verhalten des Arbeitgebers (*BAG
14.2.1978 EzA Art. 9 GG Arbeitskampf Nr. 22; 29.11.1983 EzA Art. 9 GG Arbeitskampf Nr. 61*). Beurteilen Gewerkschaft und Arbeitgeber die Rechtmäßigkeit des
Streiks unterschiedlich, ist zugunsten des Arbeitnehmers zu berücksichtigen, dass
er auf die Richtigkeit der Ansicht der Gewerkschaft vertraut hat. Die tatsächliche Vermutung, dass ein gewerkschaftlich getragener Streik rechtmäßig ist, bedeutet hingegen nicht, dass auch Dritte subjektiv auf die Rechtmäßigkeit des Streiks vertrauen
konnten. Diese Tatsache kann aber die Annahme rechtfertigen, dass die Rechtswidrigkeit des Streiks für den Arbeitnehmer nicht erkennbar war (*BAG 29.11.1983
EzA Art. 9 GG Arbeitskampf Nr. 61*). Auch bei einer ordentlichen Kündigung bedarf es einer einzelfallbezogenen Interessenabwägung zur Überprüfung der Frage

G. Arbeitskampfrecht

sozialer Rechtfertigung der Kündigung aus verhaltensbedingten Gründen (s. o. D/Rz. 1384 ff.). In diese Abwägung sind die bei der fristlosen Kündigung genannten Gesichtspunkte ebenfalls mit einzubeziehen (*BAG* 29.11.1983 EzA Art. 9 GG Arbeitskampf Nr. 61).

137 Nach der Rechtsprechung des *BAG* (21.10.1969 EzA § 626 BGB n. F. Nr. 1; 17.12.1976 EzA Art. 9 GG Arbeitskampf Nr. 20) ist der Gleichbehandlungsgrundsatz auf das Gestaltungsrecht der Kündigung nicht anwendbar und daher auch eine sog. herausgreifende Kündigung zulässig.

Im Schrifttum ist dies umstritten (vgl. KR-*Weigand* § 25 KSchG Rz. 22 m. w. N.).

d) Schadensersatzansprüche

138 Infolge des rechtswidrigen Streiks können sich deliktische und schuldrechtliche Schadensersatzansprüche ergeben, wobei zwischen Ansprüchen gegen die am Streikgeschehen beteiligten Arbeitnehmer und solchen gegen die Gewerkschaft zu unterscheiden ist (vgl. *Wendeling-Schröder* NZA 1993, 49 ff. zu den in Betracht kommenden Schadenspositionen).

aa) Deliktische Ansprüche

139 Deliktische Schadensersatzansprüche können sich ergeben aus §§ 823 Abs. 1, 823 Abs. 2 und 826 BGB. § 823 Abs. 2 und § 826 BGB haben in der jüngeren Rechtsprechung des BAG angesichts der Ausweitung der Haftung nach § 823 Abs. 1 BGB keine Rolle gespielt. Die Haftungstatbestände der §§ 826, 823 Abs. 2 BGB sind gegenüber einer Haftung nach § 823 Abs. 1 BGB nicht vorrangig zu prüfen (*BAG* 21.6.1988 EzA Art. 9 GG Arbeitskampf Nr. 76).

(1) § 823 Abs. 1 BGB

140 Schadensersatzansprüche aufgrund des rechtswidrigen Streiks können sich zunächst aus § 823 Abs. 1 BGB ergeben.

> Geschütztes Rechtsgut dieser Vorschrift ist auch der eingerichtete und ausgeübte Gewerbebetrieb, wobei eine Schadensersatzpflicht einen unmittelbaren Eingriff in dieses Rechtsgut voraussetzt.

141 Das Kriterium der Unmittelbarkeit ist dabei kein Tatsachenbegriff, sondern Wertungskriterium und wird dahin umschrieben, dass der Eingriff irgendwie gegen den Betrieb als solchen gerichtet, also betriebsbezogen ist und nicht nur vom Gewerbebetrieb ohne weiteres ablösbare Rechte oder Rechtsgüter betrifft. Die Rechtswidrigkeit des Eingriffs wird nicht wie bei einer Verletzung der sonstigen in § 823 Abs. 1 BGB aufgeführten Rechtsgüter durch den Eingriff selbst indiziert, sondern ist in jedem Einzelfall unter Heranziehung aller Umstände zu prüfen.

> Der rechtswidrige Streik stellt grds. einen solchen rechtswidrigen Eingriff in das Recht am eingerichteten und ausgeübten Gewerbebetrieb dar (*BAG* 9.4.1991 EzA Art. 9 GG Arbeitskampf Nr. 98; 7.6.1988 EzA Art. 9 GG Arbeitskampf Nr. 80). Gleiches gilt für anlässlich eines rechtmäßigen Streiks begangene Streikexzesse (s. o. G/Rz. 44 ff.).

G. Arbeitskampfrecht

Der Haftung unterliegen die am Streikgeschehen beteiligten Arbeitnehmer (*BAG* 142
7.6.1988 EzA Art. 9 GG Arbeitskampf Nr. 80), wobei mehrere Arbeitnehmer nach
§ 840 BGB als Gesamtschuldner haften. Ferner besteht auch eine Haftung der einen
rechtswidrigen Streik führenden Gewerkschaft (*BAG* 21.3.1978 EzA Art. 9 GG Arbeitskampf Nr. 25). An einem Verschulden kann es fehlen, wenn sich die Gewerkschaft zwar in einem vermeidbaren und damit ein Verschulden nicht ausschließenden Rechtsirrtum befand, ihr aber gleichwohl nicht zugemutet werden kann, auf die
Durchsetzung einer neuartigen, in ihrer rechtlichen Zulässigkeit jeweils mit beachtlichen Gründen kontrovers diskutierten tariflichen Regelung, hinsichtlich derer
noch keine höchstrichterliche Entscheidung vorliegt, zu verzichten, da anders
eine endgültige Klärung der Rechtsfrage nicht zu erreichen ist (*BAG* 21.3.1978
EzA Art. 9 GG Arbeitskampf Nr. 25). Im Falle von Streikexzessen kommt eine Haftung der Gewerkschaft unter den Voraussetzungen der §§ 831 bzw. 31 BGB analog
in Betracht (s. o. G/Rz. 93 ff.). Das *BAG* (20.12.1963 EzA Art. 9 GG Arbeitskampf
Nr. 8) hält weiter eine gesamtschuldnerische Haftung von Gewerkschaft und rechtswidrig streikenden Arbeitnehmern für möglich, wenn die Gewerkschaft zwar den
Streik nicht beginnt und auch nicht übernimmt, aber durch finanzielle Zuwendungen die Streikenden in ihrem Streikwillen bestärkt und deshalb Gehilfin i. S. d. § 830
Abs. 2 BGB ist.

Vereinbaren die Koalitionen nach Beendigung des Arbeitskampfes im Rahmen sog. 143
Maßregelungsverbote Schadensersatzverzichtsklauseln, kann dies nicht mit normativer Wirkung im Hinblick auf Schadensersatzansprüche des einzelnen Arbeitgebers
erfolgen. Dem steht § 4 Abs. 1 TVG entgegen (*BAG* 8.11.1988 EzA Art. 9 GG Arbeitskampf Nr. 91). Möglich ist nur ein schuldrechtlicher Verzicht, für den die Koalitionen entsprechende Vertretungsmacht ihrer Mitglieder benötigen, die aber nicht
schon durch Verbandsbeitritt begründet wird (*Brox/Rüthers* Rz. 273).

Anspruchsinhaber ist der jeweils betroffene Arbeitgeber. U. U. kann auch ein Schadensersatzanspruch des Arbeitgeberverbandes aus § 823 Abs. 1 BGB bestehen, da
das aus Art. 9 Abs. 3 GG gewährleistete Recht der Koalitionen auf Dasein und Betätigung Rechtsgutcharakter i. S. d. § 823 Abs. 1 BGB hat (*BAG* 26.4.1988 EzA
Art. 9 GG Arbeitskampf Nr. 74).

Ein Schadensersatzanspruch des Verbands wird jedoch i. d. R. am Nichteintritt eines 144
Schadens und daran scheitern, dass sich das Verhalten der Gewerkschaft nicht gerade
gegen die Existenz oder Betätigung der gegnerischen Koalition richtet (vgl. *Brox/Rüthers* Rz. 369).

(2) § 823 Abs. 2 BGB
Weiter können Schadensersatzansprüche nach § 823 Abs. 2 BGB bestehen, sofern die 145
streikbeteiligten Arbeitnehmer oder die kampfführende Gewerkschaft ein Schutzgesetz i. S. d. Vorschrift verletzen (*Brox/Rüthers* Rz. 371). Erforderlich ist der Verstoß
gegen eine Rechtsnorm, die gerade dem Schutz des Geschädigten vor Verletzung seiner Rechte, Rechtsgüter oder rechtlich geschützter Interessen dient. Als solche kommen etwa die Straftatbestände der Nötigung und Erpressung, §§ 240, 253 StGB, in
Betracht. Ob das Arbeitskampfverbot des § 74 Abs. 2 S. 1 BetrVG (entsprechend
§ 66 Abs. 2 BPersVG) Schutzgesetz zugunsten des Arbeitgebers ist, ist streitig, wird
aber überwiegend verneint, da die Norm nur betriebsverfassungsrechtliche Verpflich-

G. Arbeitskampfrecht

tungen der Betriebspartner, nicht aber individualrechtliche Verhaltenspflichten festlegt (GK-BetrVG/*Kreutz* § 74 Rz. 94 m. w. N.; a. A. *Brox/Rüthers* Rz. 371).

(3) § 826 BGB

146 Grundlage deliktischer Schadensersatzansprüche kann schließlich § 826 BGB sein, was eine vorsätzliche Schadenszufügung durch eine sittenwidrige Handlung voraussetzt. Sittenwidrig ist eine Handlung, wenn sie mit dem allgemeinen Anstands- und Billigkeitsgefühl im Zeitpunkt der Vornahme der Handlung nicht übereinstimmt, wobei die Grenzen flüssig sind und stets eine Prüfung aller Umstände des Einzelfalls erforderlich ist (*Brox/Rüthers* Rz. 372). Die Sittenwidrigkeit kann sich etwa daraus ergeben, dass der Einsatz der gewählten Kampfmittel außer Verhältnis zu dem verfolgten Ziel steht, weil die Kampfmittel beim bestreikten Unternehmen eine Begrenzung der nachteiligen Folgen über das gebotene Maß hinaus erschweren und in ungewöhnlichem Maß Unbeteiligte Nachteile und Belastungen in Kauf nehmen müssen (*BGH* 31.1.1978 AP Nr. 61 zu Art. 9 GG Arbeitskampf). Der Vorsatz muss die gesamten Schadenfolgen umfassen; einen Schaden, den der Täter nicht zumindest eventualiter gewollt hat, ist aus § 826 BGB nicht zu ersetzen.

bb) Schuldrechtliche Schadensersatzansprüche

(1) §§ 280, 283 BGB

147 Durch den rechtswidrigen Streik wird die Arbeitspflicht nicht suspendiert, sodass die Verletzung der Arbeitspflicht rechtswidrig ist. Hat der Arbeitnehmer die Nichterbringung der Arbeitsleistung zu vertreten, so besteht ein Schadensersatzanspruch aus §§ 280, 283 BGB. Zu berücksichtigen ist ein eventuelles Mitverschulden (§ 254 BGB) des Arbeitgebers, etwa dann, wenn er es unterlässt, die Arbeitnehmer auf die Unrechtmäßigkeit der Kampfhandlungen hinzuweisen (*Brox/Rüthers* Rz. 332). Überwiegend wird eine gesamtschuldnerische Haftung der streikenden Arbeitnehmer angenommen (*BAG* 17.12.1958 AP Nr. 16 zu Art. 9 GG Arbeitskampf), während nach anderer Auffassung (*Brox/Rüthers* Rz. 333; *Däubler* Arbeitskampfrecht Rz. 1141) nur eine Haftung für den vom jeweiligen Arbeitnehmer selbst verursachten Schaden und bei Fehlen eines begrenzten Teilschadens eine anteilige Haftung befürwortet wird.

(2) Positive Forderungsverletzung des Tarifvertrages

148 Eine Haftung der Gewerkschaft kann sich aus dem Rechtsinstitut der positiven Forderungsverletzung ergeben, wenn sie gegen die tarifliche Friedenspflicht durch eigene Streikführung, Unterstützung eines wilden Streiks oder Vernachlässigung ihrer Einwirkungspflicht verstoßen hat (MünchArbR/*Otto* § 289 Rz. 25).

149 Ein Verschulden ihrer Erfüllungsgehilfen bzw. Organe muss sich die Gewerkschaft nach § 278 BGB bzw. § 31 BGB zurechnen lassen. Gläubiger des Anspruchs können sowohl die betroffenen Tarifpartner als auch deren Mitglieder sein, da es sich bei der Friedenspflicht um eine Verpflichtung mit Schutzwirkung für Dritte handelt und die einzelnen Arbeitgeber als Verbandsmitglieder in deren Schutzbereich mit einbezogen sind (*Brox/Rüthers* Rz. 367; *ArbG Stuttgart* 22.3.1988 EzA § 1 TVG Friedenspflicht Nr. 5).

G. Arbeitskampfrecht

e) Unterlassungsansprüche

Der rechtswidrige Streik begründet neben Schadensersatzansprüchen auch Unterlassungsansprüche gegenüber den streikbeteiligten Arbeitnehmern und der kampfbeteiligten Gewerkschaft. Anspruchsinhaber kann der einzelne Arbeitgeber, in bestimmten Konstellationen auch der Arbeitgeberverband sein. Darüber hinaus bestehen Unterlassungsansprüche bei Exzesshandlungen anlässlich eines rechtmäßigen Streiks (s. o. G/Rz. 93 ff.). 150

aa) Deliktische Unterlassungsansprüche

Soweit ein Streik rechtswidrig ist, liegt ein Eingriff in den eingerichteten und ausgeübten Gewerbebetrieb vor. Es besteht daher auch ein quasi-negatorischer Unterlassungsanspruch entsprechend § 1004 Abs. 1 BGB. 151

Dieser kann sich gegen den einzelnen Arbeitnehmer richten, aber auch gegen die Gewerkschaft, die den rechtswidrigen Streik führt, veranlasst oder unterstützt. Anspruchsinhaber ist der betroffene Arbeitgeber. Daneben besteht gegenüber der kampfbeteiligten Gewerkschaft auch ein Unterlassungsanspruch des Arbeitgeberverbandes nach § 1004 BGB i. V. m. § 823 Abs. 1 BGB und Art. 9 GG, da durch rechtswidrige Arbeitskampfmaßnahmen das Recht auf koalitionsmäßige Betätigung des Arbeitgeberverbandes in unzulässiger Weise verletzt wird (*BAG* 8.11.1988 EzA Art. 9 GG Nr. 91; 26.4.1988 EzA Art. 9 GG Arbeitskampf Nr. 74).

Ein drohender rechtswidriger Streik kann dabei nach überwiegender Ansicht auch im Wege der einstweiligen Verfügung untersagt werden, wobei allerdings strenge Anforderungen zu stellen sind, da durch eine Unterlassungsverfügung in das Kampfgleichgewicht eingegriffen werden kann. Die Rechtswidrigkeit muss positiv festgestellt werden; eine bloße Wahrscheinlichkeit reicht nicht aus (*LAG Köln* 14.6.1996 LAGE Art. 9 GG Arbeitskampf Nr. 63; MünchArbR/*Otto* § 293 Rz. 31 ff.; *Germelmann/Matthes/Prütting* ArbGG § 62 Rz. 91 ff.). 152

bb) Schuldrechtliche Unterlassungsansprüche

Soweit ein Arbeitskampf gegen die tarifvertragliche Friedenspflicht verstößt, besteht ein Unterlassungsanspruch des Arbeitgeberverbandes gegen die Gewerkschaft als unmittelbarer tarifvertraglicher Erfüllungsanspruch. 153

Ob auch dem einzelnen Arbeitgeber aufgrund seiner Verbandsmitgliedschaft ein Unterlassungsanspruch zusteht, ist streitig (abl. *LAG Frankfurt* 23.4.1985 LAGE § 1 TVG Friedenspflicht Nr. 1; MünchArbR/*Otto* § 289 Rz. 4; bejahend *ArbG Stuttgart* 22.3.1988 EzA § 1 TVG Friedenspflicht Nr. 5). Die Beantwortung dieser Frage hängt von der rechtlichen Einordnung der Friedenspflicht ab: Qualifiziert man den Tarifvertrag insoweit als Vertrag zugunsten Dritter (so wohl *BAG* 31.10.1958, 14.11.1958 AP Nr. 2, 4 zu § 1 TVG Friedenspflicht; *ArbG Stuttgart* 22.3.1988 EzA § 1 TVG Friedenspflicht Nr. 5), auch also zugunsten der verbandszugehörigen Arbeitgeber, stehen diesen auch unmittelbar Erfüllungsansprüche aus der tarifvertraglichen Friedenspflicht zu. Geht man dagegen nur von einem Vertrag mit Schutzwirkung für Dritte aus, bestehen nur vertragliche Schadensersatzansprüche (*Brox/Rüthers* Rz. 220).

G. Arbeitskampfrecht

154 Gegenüber dem einzelnen Arbeitnehmer kommt ein vertraglicher Unterlassungsanspruch in Betracht, wenn dieser durch die Teilnahme am Arbeitskampf seine arbeitsvertragliche Nebenpflichten verletzt, etwa durch arbeitsvertragswidrigen Aufruf der Kollegen zum Arbeitskampf oder Unterstützung von rechtswidrigen Kampfhandlungen (*Brox/Rüthers* Rz. 329).

f) Einwirkungspflichten

155 Bei einem nicht gewerkschaftlich getragenen Streik kann die Arbeitgeberseite als Folge einer tarifvertraglichen Friedenspflicht von der Gewerkschaft Einwirkung auf die Streikenden verlangen, etwa in Form von Arbeitsaufrufen, Warnungen oder notfalls Verbandsausschluss (*Brox/Rüthers* Rz. 361; *Däubler* Arbeitskampfrecht Rz. 1292).

Eine entsprechende Leistungsklage muss kein bestimmtes Einwirkungsmittel angeben (*BAG* 29.4.1992 EzA § 1 TVG Durchführungspflicht Nr. 2).

g) Fristen und Anwartschaften
156 Hier kann auf die Ausführungen zu den Rechtsfolgen des rechtmäßigen Streiks verwiesen werden (s. o. G/Rz. 97 f.). Vorbehaltlich einer Kündigung bleibt auch bei einem rechtswidrigen Streik der Bestand des Arbeitsverhältnisses unberührt (*Brox/Rüthers* Rz. 325 ff.).

h) Mittelbare Streikfolgen
157 Während sich bei Fernwirkungen des rechtmäßigen Streiks das Bestehen eines Vergütungsanspruchs der Arbeitnehmer, deren Beschäftigungsmöglichkeit aufgrund der Fernwirkungen in Wegfall kommt, nach den Grundsätzen des sog. Arbeitskampfrisikos bemisst (s. o. G/Rz. 99 ff.), liegen neuere Entscheidungen des BAG zur Vergütungspflicht bei mittelbaren Auswirkungen des rechtswidrigen Streiks nicht vor. Ob auch hier die Grundsätze des Arbeitskampfrisikos eingreifen, ist streitig (bejahend *Löwisch* BB 1982, 1373 [1377]; abl. *Däubler* Arbeitskampfrecht Rz. 1196; MünchArbR/*Otto* § 290 Rz. 56 ff.) und im Hinblick darauf, dass die auf die Kampfparität bezogenen Erwägungen des BAG angesichts der zugunsten des bestreikten Arbeitgebers bestehenden Unterlassungs- und Schadensersatzansprüche nicht ohne weiteres übertragbar sind, problematisch.

158 Zumindest verlieren arbeitswillige Arbeitnehmer bei einem nicht gewerkschaftlich getragenen (wilden) Teilstreik in dem Betrieb, in dem sie beschäftigt sind, bei Wegfall einer Beschäftigungsmöglichkeit ihre Vergütungsansprüche (*BAG* 25.7.1957 AP Nr. 3 zu § 615 BGB Betriebsrisiko).

i) Beteiligungsrechte des Betriebsrats
159 Auch im Falle des rechtswidrigen Streiks bestehen Beteiligungsrechte des Betriebsrats bei arbeitskampfbedingten Maßnahmen nach überwiegender Auffassung nur eingeschränkt (s. o. G/Rz. 106 ff.; MünchArbR/*Matthes* § 331 Rz. 9 ff. m. w. N.).

G. Arbeitskampfrecht

j) Folgen für einen bestehenden Tarifvertrag
Verstößt der Streik gegen die tarifvertragliche Friedenspflicht, so kann die andere Ta- 160
rifvertragspartei die Erfüllung ihrer schuldrechtlichen Pflichten (*Däubler* Arbeitskampfrecht Rz. 1294), also auch der eigenen Friedenspflicht, gem. § 320 BGB solange
verweigern, bis die Gewerkschaft sich wieder vertragsgemäß verhält. Der Arbeitgeberverband kann also seine Einwirkung auf das Verhalten seiner Mitglieder im Interesse eines friedlichen Verhaltens beenden und ihnen auch die Vornahme tarifwidriger Kampfhandlungen freistellen (*Brox/Rüthers* Rz. 362).

Eine Beteiligung der Gewerkschaft an rechtswidrigen Streikmaßnahmen kann die an- 161
dere Tarifvertragspartei im Einzelfall berechtigen, den Tarifvertrag fristlos aus wichtigem Grund zu kündigen. Auch schwerwiegende, insbesondere grob schuldhafte
Verstöße gegen die Friedenspflicht können ein Recht zur fristlosen Kündigung geben
(*Däubler* Arbeitskampfrecht Rz. 1294; *Brox/Rüthers* Rz. 363).

2. Aussperrung

a) Keine Suspendierung – Fortbestehen der Vergütungspflicht
Die rechtswidrige Aussperrung hat keine Suspendierung der beiderseitigen Haupt- 162
leistungspflichten aus dem Arbeitsvertrag zur Folge. Die Beschäftigungspflicht des
Arbeitgebers besteht fort.

> Der Arbeitgeber, der die Arbeitsleistung nicht entgegennimmt, gerät auch ohne
> tatsächliches oder wörtliches Angebot der Arbeitsleistung in Annahmeverzug
> (§§ 293 ff. BGB) mit der Folge des § 615 BGB, d. h. er bleibt zur Zahlung der Ar-
> beitsvergütung verpflichtet (*BAG* 11.8.1992 EzA Art. 9 GG Arbeitskampf
> Nr. 105).

Die rechtswidrige lösende Aussperrung beendet das Arbeitsverhältnis nicht (*Brox/
Rüthers* Rz. 342).

b) Kündigung
Im Falle der rechtswidrigen, aber nur mit suspendierender Wirkung erklärten Aus- 163
sperrung besteht ein Abkehrrecht des Arbeitnehmers, sodass es einer ordentlichen
Kündigung des Arbeitnehmers, der sich aus dem Arbeitsverhältnis lösen will, nicht
bedarf. Stattdessen kann ggf. auch die fristlose Kündigung erklärt werden (*Brox/Rü-
thers* Rz. 347). Auch bei Ausübung des Abkehrrechts kommt ein Schadensersatzanspruch des Arbeitnehmers nach § 628 Abs. 2 BGB in Betracht, da bei § 628 Abs. 2
BGB nicht auf die Form der Vertragsbeendigung, sondern auf deren Anlass abzustellen ist und ein Schadensersatzanspruch besteht, sofern der andere Vertragsteil durch
ein vertragswidriges schuldhaftes Verhalten den Anlass für die Beendigung gegeben
hat (s. o. D/Rz. 894 ff.).

c) Schadensersatzansprüche
Auch die rechtswidrige Aussperrung kann Schadensersatzansprüche begründen. So- 164
weit es um Ansprüche des einzelnen Arbeitnehmers geht, ist sorgfältig zu prüfen, ob
überhaupt ein Schaden eingetreten ist, da der Arbeitgeber nach § 615 BGB zur Fortzahlung der Arbeitsvergütung verpflichtet bleibt. Denkbar ist z. B. ein Schaden in
Form von Kreditzinsen. Die schuldhafte Nichtbeschäftigung stellt eine Arbeitsver-

G. Arbeitskampfrecht

tragsverletzung dar, die zum Schadensersatz verpflichtet (*Brox/Rüthers* Rz. 345). Deliktische Schadensersatzansprüche können sich aus § 826 und § 823 Abs. 2 ergeben. Im Hinblick auf einen Schadensersatzanspruch des einzelnen Arbeitnehmers nach § 823 Abs. 1 BGB kontrovers beurteilt wird die Frage, ob ein Recht am Arbeitsplatz als durch § 823 Abs. 1 BGB geschütztes Rechtsgut anzuerkennen ist (so *Brox/Rüthers* Rz. 346; MünchArbR/*Otto* § 289 Rz. 56). Sofern ein solches Recht anerkannt wird, soll hier nur eine Haftung für Eingriffe Dritter, etwa des eine rechtswidrige Aussperrung anordnenden Arbeitgeberverbandes, nicht aber des Arbeitgebers bestehen, da dieser bereits aufgrund der Verletzung der arbeitsvertraglichen Pflichten hafte und die Verletzung vertraglicher Leistungspflichten eine Haftung nach § 823 Abs. 1 BGB nicht begründe (*Brox/Rüthers* Rz. 346 m. w. N.).

165 Ein Schadensersatzanspruch der Gewerkschaft kann sich aus § 823 Abs. 1 BGB ergeben, da das aus Art. 9 Abs. 3 GG gewährleistete Recht der Koalitionen auf Dasein und Betätigung Rechtsgutcharakter i. S. d. § 823 Abs. 1 BGB hat (vgl. im Zusammenhang eines Unterlassungsanspruchs BAG 26.4.1988 EzA Art. 9 GG Arbeitskampf Nr. 74). Allerdings muss sich die rechtswidrige Aussperrung gerade gegen Existenz oder Betätigung der Koalition richten, woran es zumeist fehlt (*Brox/Rüthers* Rz. 346). Wegen des durch das tarifvertragswidrige Verhalten des Tarifvertragspartners erlittenen Schadens kann die Gewerkschaft aus positiver Vertragsverletzung Schadensersatz verlangen. Dieses Recht steht auch dem gewerkschaftszugehörigen Arbeitnehmer zu, da es sich insoweit bei dem Tarifvertrag um einen Vertrag zumindest mit Schutzwirkung für Dritte handelt (*Brox/Rüthers* Rz. 377).

d) Unterlassungsansprüche

aa) Deliktische Unterlassungsansprüche

166 Ein deliktischer Unterlassungsanspruch der Gewerkschaft gegen den kampfbeteiligten Arbeitgeberverband kann sich aus § 1004 Abs. 1 BGB i. V. m. § 823 Abs. 1 BGB und Art. 9 Abs. 3 GG ergeben, da durch rechtswidrige Arbeitskampfmaßnahmen das Recht der Gewerkschaft auf koalitionsmäßige Betätigung in unzulässiger Weise verletzt wird (*BAG* 26.4.1988 EzA Art. 9 GG Arbeitskampf Nr. 74).

Ob auch dem einzelnen Arbeitnehmer ein quasi-negatorischer Unterlassungsanspruch entsprechend § 1004 Abs. 1 BGB zusteht, hängt davon ab, ob ein Recht am Arbeitsplatz anerkannt wird.

bb) Schuldrechtliche Unterlassungsansprüche

167 Verletzt der Arbeitgeberverband oder der Arbeitgeber als Partei des Tarifvertrages durch eine rechtswidrige Aussperrung die sich aus dem Vertrag ergebende Friedenspflicht, kann die Gewerkschaft als Tarifvertragspartei die Erfüllung des Tarifvertrages, also Unterlassung der Kampfmaßnahme, vom Vertragspartner verlangen.

Gegenüber dem Arbeitgeberverband kann auch geltend gemacht werden, dass er es unterlässt, seine Mitglieder zu unterstützen oder er auf seine Mitglieder einwirkt, Kampfmaßnahmen zu unterlassen (*Brox/Rüthers* Rz. 83).

e) **Fristen, Anwartschaften; Folgen für einen bestehenden Tarifvertrag**
Durch die rechtswidrige Aussperrung bleibt der rechtliche Bestand des Arbeitsver- **168**
hältnisses unberührt. Auch darf ein rechtswidriges Verhalten des Arbeitgebers nicht
dazu führen, dass vom Arbeitnehmer erworbene Anwartschaften beeinträchtigt werden (*Brox/Rüthers* Rz. 344). Die Folgen einer rechtswidrigen Aussperrung für einen
bestehenden Tarifvertrag entsprechen denjenigen des rechtswidrigen Streiks (s. o.
G/Rz. 160 f.).

H. Tarifvertragsrecht

Inhaltsübersicht   Rz.

I. **Grundlagen des Tarifvertragsrechts**   1–14
  1. Bedeutung und Funktion des Tarifvertrages   1
  2. Rechtsgrundlagen   2–11
    a) Tarifvertragsrecht und Grundgesetz   2–7
      aa) Individuelle Koalitionsfreiheit   3–6
      bb) Kollektive Koalitionsfreiheit   7
    b) Tarifvertragsgesetz und Durchführungsverordnung   8
    c) Tarifvertragsrecht in den neuen Bundesländern   9–11
  3. Begriffsbestimmung und Rechtsnatur des Tarifvertrages   12–14
    a) Definition   12
    b) Normativer Teil   13
    c) Schuldrechtlicher Teil   14

II. **Voraussetzungen für den Abschluss von Tarifverträgen**   15–48
  1. Tariffähigkeit   15–30
    a) Allgemeines   15
    b) Der Begriff der Koalition   16
    c) Tariffähigkeit von Gewerkschaften und Vereinigungen von Arbeitgebern   17–25
      aa) Freie, auf Dauer angelegte Vereinigungen   18
      bb) Die Unabhängigkeit der Vereinigung   19–21
      cc) Durchsetzungsfähigkeit   22–24
      dd) Tarifwilligkeit und Anerkennung des Tarifrechts   25
    d) Tariffähigkeit des einzelnen Arbeitgebers   26–28
    e) Tariffähigkeit der Zusammenschlüsse von Gewerkschaften und Arbeitgebervereinigungen   29
    f) Weitere tariffähige Vereinigungen auf Arbeitgeberseite   30
  2. Beginn und Ende der Tariffähigkeit   31–35
    a) Beginn der Tariffähigkeit   31–32
    b) Ende der Tariffähigkeit   33–35
  3. Tarifzuständigkeit   36–39
    a) Begriff und Bedeutung   36
    b) Bestimmung der Tarifzuständigkeit   37–39
      aa) Verbandstarifvertrag   37
      bb) Haustarifvertrag   38–39
  4. Tarifverträge tarifunzuständiger oder tarifunfähiger Parteien   40–42
  5. Gerichtliche Entscheidungen über die Tariffähigkeit und die Tarifzuständigkeit einer Vereinigung   43–48

III. **Abschluss, Beendigung und Form von Tarifverträgen**   49–65
  1. Abschluss von Tarifverträgen   49–52
  2. Beendigung von Tarifverträgen   53–59
    a) Befristung   53
    b) Auflösende Bedingung   54
    c) Aufhebungsvertrag   55
    d) Ordentliche Kündigung   56–57
    e) Außerordentliche Kündigung   58
    f) Wegfall der Geschäftsgrundlage   59
  3. Form von Tarifverträgen   60–65

H. Tarifvertragsrecht

a) Allgemeines		60– 61
b) Schriftform und Verweisung auf gesetzliche oder tarifliche Bestimmungen		62– 65
aa) Verweisung auf tarifliche Regelungen		62– 63
bb) Verweisung auf gesetzliche Bestimmungen		64– 65
IV.	**Inhalt, Auslegung und rechtliche Grenzen von Tarifverträgen**	**66–155**
1. Der Inhalt von Tarifverträgen		66–112
a) Allgemeines		66– 67
b) Normativer Teil		68–103
aa) Erfasste Rechtsverhältnisse und Personengruppen		68– 76
bb) Inhaltsnormen		77– 79
cc) Abschlussnormen		80– 84
dd) Beendigungsnormen		85– 87
ee) Betriebsnormen		88– 91
ff) Betriebsverfassungsrechtliche Normen		92– 95
gg) Gemeinsame Einrichtungen		96
hh) Sonstige normative Bestimmungen		97–103
c) Schuldrechtlicher Teil		104–112
aa) Friedenspflicht		105–107
bb) Durchführungspflicht		108–112
2. Auslegung von Tarifverträgen		113–121
a) Der schuldrechtliche Teil		113
b) Normativer Teil		114–116
c) Rechtsfolgen lückenhafter tariflicher Regelungen		117–119
d) Prozessuale Fragen		120–121
3. Grenzen der Regelungsbefugnis der Tarifvertragsparteien		122–138
a) Tarifvertrag und überstaatliches Recht		122–125
b) Tarifvertrag und Grundgesetz		126–129
c) Tarifvertrag und Gesetzesrecht/Gesetzesvertretendes Richterrecht		130–134
d) Tarifvertrag und Betriebsvereinbarungen		135–136
e) Tarifvertrag und Vertragsrecht		137–138
4. Einzelne tarifvertragliche Klauseln		139–155
a) Besetzungsregelungen		139
b) Differenzierungs-, Spannensicherungsklauseln		140
c) Absicherung übertariflicher Lohnbestandteile durch Tarifverträge		141–155
aa) Allgemeines		141–144
bb) Bestandsklauseln		145
cc) Effektivklauseln		146–151
dd) Verrechnungsklauseln		152
ee) Verdienstsicherungsklauseln		153–155
V.	**Geltungsgrund eines Tarifvertrages**	**156–201**
1. Tarifgebundenheit		156–173
a) Allgemeines		156–159
b) Beginn und Ende der Tarifgebundenheit bei Inhalts-, Abschluss- und Beendigungsnormen		160–171
aa) Beginn		160–167
bb) Ende		168–171
c) Betriebnormen und betriebsverfassungsrechtliche Normen		172
d) Gemeinsame Einrichtungen		173
2. Allgemeinverbindlichkeit		174–187
a) Allgemeines		174–175
b) Voraussetzungen		176–178
c) Verfahrensfragen		179–182

H. Tarifvertragsrecht

d) Rechtsfolgen	183–187
3. Bezugnahme auf Tarifverträge	188–201
a) Bezugnahme auf Tarifverträge in Tarifverträgen	188–189
b) Bezugnahme in Betriebsvereinbarungen auf Tarifverträge	190–191
c) Individualvertragliche Bezugnahme auf Tarifverträge	192–198
aa) Allgemeines	192
bb) Voraussetzungen und Gegenstand der Bezugnahme	193–197
cc) Rechtswirkungen	198
d) Tarifvertragsrecht und Gleichbehandlung	199–200
e) Bezugnahme auf Tarifverträge durch betriebliche Übung	201
VI. Der Geltungsbereich des normativen Teils eines Tarifvertrages	202–229
1. Allgemeines	202
2. Der zeitliche Geltungsbereich	203–213
a) In-Kraft-Treten des Tarifvertrages	205–211
aa) Regelfall	205–206
bb) Rückwirkung	207–211
b) Beendigung des Tarifvertrages	212–213
aa) Zeitkollisionsregel	212
bb) Beendigungstatbestände	213
3. Räumlicher Geltungsbereich	214–215
4. Betrieblich-fachlicher Geltungsbereich	216–219
5. Persönlicher Geltungsbereich	220–222
6. Tarifkonkurrenz und Tarifpluralität	223–229
a) Begriffe	223–226
b) Der Grundsatz der Tarifeinheit	227
c) Der Grundsatz der Spezialität	228–229
VII. Wirkungsweise des normativen Teils eines Tarifvertrages	230–256
1. Allgemeines	230
2. Unmittelbare Wirkung	231–234
3. Zwingende Wirkung	235–237
4. Günstigkeitsprinzip	238–246
a) Grundlagen	238–241
b) Günstigkeitsvergleich	242–246
5. Nachwirkung	247–256
a) Zweck der Nachwirkung	247
b) Ablauf des Tarifvertrages	248
c) Weitergeltung der Rechtsnorm	249–251
d) Andere Abmachung	252–255
e) Ausschluss der Nachwirkung	256
VIII. Der Verlust tariflicher Rechte	257–290
1. Verzicht	257–261
2. Verwirkung	262
3. Verjährung	263
4. Ausschlussfristen	264–290
a) Allgemeines	264–269
b) Auslegung einer Ausschlussfrist	270
c) Gegenstand der Ausschlussfristen	271–280
aa) Persönliche Geltung	271
bb) Sachliche Geltung	272–280
(1) Tarifliche Ansprüche	273
(2) Gesetzliche Ansprüche	274–276
(3) Betriebsvereinbarte Ansprüche	277–278

H. Tarifvertragsrecht

(4) Einzelvertragliche Ansprüche	279–280
d) Beginn der Ausschlussfrist	281–285
e) Geltendmachung	286–288
f) Einrede der Arglist und tarifliche Ausschlussfrist	289–290
IX. Bekanntgabe des Tarifvertrages	291–299
1. Grundsätzliches	291
2. Übersendungs- und Mitteilungspflichten	292–293
3. Tarifregister	294–296
4. Auslegung der Tarifverträge im Betrieb, Nachweisgesetz	297–299

I. Grundlagen des Tarifvertragsrechts

1. Bedeutung und Funktion des Tarifvertrages

1 Der Tarifvertrag verfolgt im Wesentlichen folgende vier Funktionen (*Kempen/Zachert* Grundlagen Rz. 90 ff.; *Schaub* ArbRHb § 198 I 2):
– **Schutzfunktion:** Der Tarifvertrag soll den einzelnen Arbeitnehmer davor schützen, dass der Arbeitgeber auf Grund seiner wirtschaftlichen Überlegenheit einseitig die Vertragsbedingungen festsetzt.
– **Ordnungsfunktion:** Die durch die Tarifverträge bewirkte Vereinheitlichung der Arbeitsverträge ermöglicht eine Überschaubarkeit der Personalkosten für die Laufzeit des Tarifvertrages.
– **Friedensfunktion:** Der Tarifvertrag schließt während seiner Laufzeit Arbeitskämpfe hinsichtlich der von ihm erfassten Gegenstände aus.
– **Verteilungsfunktion:** Durch die Tarifverträge nehmen die Arbeitnehmer zum einen an der Entwicklung des Sozialprodukts teil. Zum anderen ermöglichen sie eine sozialpolitische und bedürfnisgerechte Einkommensverteilung durch die Differenzierung in Lohn- und Gehaltsgruppen.

2. Rechtsgrundlagen

a) Tarifvertragsrecht und Grundgesetz

2 Nach Art. 9 Abs. 3 GG ist das Recht, zur Wahrung und Förderung der Arbeits- und Wirtschaftsbedingungen Vereinigungen zu bilden, für jedermann und für alle Berufe gewährleistet. Diese grundgesetzliche Gewährleistung beinhaltet die sog. individuelle und die kollektive Koalitionsfreiheit.

aa) Individuelle Koalitionsfreiheit

3 Art. 9 Abs. 3 GG garantiert jedem Einzelnen das Recht, eine Koalition (Gewerkschaft oder Arbeitgeberverband) zu gründen, sich an der Gründung einer Koalition zu beteiligen, einer bestehenden Koalition beizutreten, beim Beitritt zwischen mehreren Koalitionen zu wählen, in der Koalition zu verbleiben und aus ihr auszutreten (*BVerfG* 1.3.1979 EzA § 7 MitbestG Nr. 1). Diese Berechtigungen werden unter dem Oberbegriff **positive Koalitionsfreiheit** zusammengefasst.
4 Daneben ist auch das Recht des Einzelnen verfassungsrechtlich geschützt, keiner Koalition beizutreten (*BVerfG* 15.7.1980 EzA § 5 TVG Nr. 7). Diese sog. **negative Koalitionsfreiheit** ist nur dann verletzt, wenn der Arbeitnehmer zum Eintritt in eine Ver-

H. Tarifvertragsrecht

einigung gedrängt und dabei ein über den Rahmen des Sozialadäquaten hinausgehender Druck ausgeübt wird (*BAG* 21.1.1987 EzA Art. 9 GG Nr. 42). Daraus folgt, dass Ansprüche aus nicht für allgemeinverbindlich erklärten Tarifverträgen nur tarifgebundenen Arbeitnehmern zustehen. Nach der Rechtsprechung sind jedoch tarifvertragliche **Differenzierungsklauseln**, die nur organisierten Arbeitnehmern Ansprüche auf tarifliche Leistungen gewähren, unwirksam (*BAG GS* 29.11.1967 EzA Art. 9 GG Nr. 3).

Beide Aspekte dieser Koalitionsfreiheit sind allerdings nur in ihrem Kernbereich geschützt (*BVerfG* 18.11.1954 EzA Art. 9 GG Nr. 10; 26.6.1991 Art. 9 GG Arbeitskampf Nr. 97). 5

Alle Abreden, welche die individuelle Koalitionsfreiheit einschränken oder zu behindern suchen, sind nichtig, Art. 9 Abs. 3 S. 2 GG. Daneben ist beispielsweise eine Kündigung, die auf die Gewerkschaftszugehörigkeit eines Arbeitnehmers gestützt wird, unwirksam. 6

bb) Kollektive Koalitionsfreiheit
Neben der individuellen Koalitionsfreiheit gewährleistet Art. 9 Abs. 3 GG einen Bestandsschutz der Vereinigung, deren organisatorische Ausgestaltung und ihr Recht, durch spezifisch koalitionsmäßige Betätigung die in Art. 9 Abs. 3 GG genannten Zwecke zu verfolgen (*BVerfG* 4.7.1995 EzA § 116 AFG Nr. 5). Aus dem verfassungsrechtlich geschützten Betätigungsrecht der Koalitionen folgt die Befugnis, die Arbeits- und Wirtschaftsbedingungen durch den selbstverantwortlichen Abschluss von Tarifverträgen zu regeln (**Tarifautonomie**). Seit der Entscheidung des *BVerfG* vom 14.11.1995 (EzA Art. 9 GG Nr. 60) ist klargestellt, dass der Schutzbereich des Art. 9 Abs. 3 GG nicht von vornherein auf den Bereich des Unerlässlichen beschränkt ist, er erstreckt sich vielmehr auf alle Verhaltensweisen, die koalitionsspezifisch sind. 7

b) Tarifvertragsgesetz und Durchführungsverordnung
Die Reichweite der verfassungsrechtlich gewährleisteten Tarifautonomie wird durch das TVG konkretisiert. Es wird auf der Grundlage seines § 11 durch eine Durchführungsverordnung vom 16.1.1989 (BGBl. I S. 76 ff.) ergänzt, die Errichtung und Führung des Tarifregisters und des Tarifarchivs sowie das Verfahren bei der Allgemeinverbindlichkeit einschließlich des Tarifausschusses regelt. 8

c) Tarifvertragsrecht in den neuen Bundesländern
Nach Art. 8 Einigungsvertrag i. V. m. der Anlage I Kapitel VIII Sachgebiet A Abschnitt III Nr. 14 kommt das TVG seit dem 3.10.1990 auch in den neuen Bundesländern mit den folgenden Maßgaben zur Anwendung: 9

Bis zum Abschluss eines neuen Tarifvertrages ist der geltende Rahmenkollektivvertrag oder Tarifvertrag mit allen Nachträgen und Zusatzvereinbarungen weiter anzuwenden, soweit eine Registrierung entsprechend dem Arbeitsgesetzbuch erfolgt ist. Der Rahmenkollektivvertrag oder Tarifvertrag tritt ganz oder teilweise außer Kraft, wenn für denselben Geltungsbereich oder Teile desselben ein neuer Tarifvertrag in Kraft tritt. Bestimmungen bisheriger Rahmenkollektivverträge oder Tarifverträge, die in dem neuen Tarifvertrag nicht aufgehoben oder ersetzt sind, gelten weiter. 10

Rationalisierungsschutzabkommen, die vor dem 1.7.1990 abgeschlossen und registriert worden sind, treten ohne Nachwirkungen am 31.12.1990 außer Kraft; soweit Arbeitnehmer bis zum 31.12.1990 die Voraussetzungen der Rationalisierungsschutzabkommen erfüllt haben, bleiben deren Ansprüche und Rechte vorbehaltlich neuer 11

H. Tarifvertragsrecht

tarifvertraglicher Regelungen unberührt. Die Regelungen des Einigungsvertrages und der dazu ergangenen Anlagen bleiben unberührt.

3. Begriffsbestimmung und Rechtsnatur des Tarifvertrages

a) Definition

12 Tarifvertrag ist der schrifliche Vertrag zwischen einem oder mehreren Arbeitgebern oder Arbeitgeberverbänden und einer oder mehreren Gewerkschaften zur Regelung von arbeitsrechtlichen Rechten und Pflichten der Tarifvertragsparteien (**schuldrechtlicher Teil**) und zur Festsetzung von Rechtsnormen über Inhalt, Abschluss und Beendigung von Arbeitsverhältnissen sowie über betriebliche und betriebsverfassungsrechtliche Fragen und gemeinsame Einrichtungen der Vertragsparteien (**normativer Teil**; *Hueck/Nipperdey* Bd. II, S. 207).

Danach kommt dem Tarifvertrag eine rechtliche Doppelfunktion zu.

b) Normativer Teil

13 Die Rechtsnormen des Tarifvertrages gelten unmittelbar und zwingend, § 4 Abs. 1 TVG. Nach § 1 Abs. 1 TVG haben die Regelungen des Tarifvertrages den Charakter von Rechtsnormen; sie sind Gesetzen gleichgestellt (Art. 2 EGBGB, § 12 EGZPO, § 2 EGKO, § 7 EGStPO). Der Tarifvertrag ist also in seinem normativen Teil ein für Dritte rechtsverbindlicher zweiseitiger kooperativer Normenvertrag. Daraus folgt, dass die Tarifnormen von gesetzlichen Vorschriften erfasst werden (das tarifliche Schriftformgebot z. B. unterfällt § 126 BGB und nicht etwa § 127 BGB). Tarifverträge sind in ihrem normativen Teil kraft ihrer Eigenschaft als Rechtsnormen wie Gesetze auszulegen. Daraus folgt auch weiter, dass der Richter Tarifverträge von Amts wegen anwenden muss (*BAG* 29.3.1957 AP Nr. 4 zu § 4 TVG Tarifkonkurrenz).

c) Schuldrechtlicher Teil

14 Der Tarifvertrag regelt die Rechte und Pflichten der Tarifvertragsparteien, § 1 Abs. 1 TVG. Hieraus ergibt sich sein gegenseitiger schuldrechtlicher Vertragscharakter. Wie bei sonstigen schuldrechtlichen Verträgen entstehen bereits aus der Anbahnung des Tarifvertrages für die vertragsabschließenden Parteien Pflichten. Dementsprechend sind auch nachvertragliche Pflichten zu beachten. Die mit den Tarifnormen im Zusammenhang stehenden Pflichten sind die Friedens- und Durchführungspflicht (*Wiedemann* TVG § 1 Rz. 644 ff., 705 ff.). Der schuldrechtliche Teil des Tarifvertrages unterliegt auch im Übrigen den für Rechtsgeschäfte geltenden Regelungen (z. B. für die Auslegung: §§ 133, 157 BGB).

II. Voraussetzungen für den Abschluss von Tarifverträgen

1. Tariffähigkeit

a) Allgemeines

15 Tariffähigkeit ist die Fähigkeit, Partei eines Tarifvertrages zu sein (*BAG* 27.11.1964 AP Nr. 1 zu § 2 TVG Tarifzuständigkeit). Nach § 2 TVG können Tarifvertragsparteien

H. Tarifvertragsrecht

Gewerkschaften sein, einzelne Arbeitgeber und die Vereinigung von Arbeitgebern sowie die Zusammenschlüsse von Gewerkschaften und Arbeitgebervereinigungen. Welche inhaltlichen Anforderungen an die Tariffähigkeit zu stellen sind, ist gesetzlich nicht geregelt. Da das TVG eine gesetzliche Konkretisierung der den nach Art. 9 Abs. 3 GG geschützten Koalitionen obliegenden Tarifautonomie ist, sind tariffähig alle Verbände, welche die Merkmale der Koalition erfüllen.

b) Der Begriff der Koalition

Koalitionen sind Zusammenschlüsse von Arbeitnehmern oder Arbeitgebern zur Wahrung und Förderung der Arbeits- und Wirtschaftsbedingungen. Es muss sich um freiwillig gebildete, gegnerfreie, unabhängige, auf überbetrieblicher Grundlage organisierte, mit einer gewissen Mächtigkeit und Durchsetzungskraft ausgestattete Vereinigungen handeln, deren satzungsgemäße Aufgabe es ist, unter Anerkennung des geltenden Tarifrechts die Interessen ihrer Mitglieder wahrzunehmen (*BVerfG* 20.10.1981 EzA § 2 TVG Nr. 13; *BAG* 16.1.1990 EzA § 2 TVG Nr. 18; 20.11.1990 EzA § 2 TVG Nr. 20).   16

c) Tariffähigkeit von Gewerkschaften und Vereinigungen von Arbeitgebern
Danach ist die Tariffähigkeit dieser Verbände im Einzelnen wie folgt zu bewerten: 17

aa) Freie, auf Dauer angelegte Vereinigungen
Koalitionen können nur freiwillige Zusammenschlüsse von Arbeitnehmern oder Arbeitgebern sein. Koalitionen sind nur privatrechtliche Vereinigungen. Deshalb scheiden öffentlich-rechtlich organisierte Vereinigungen als Koalitionen aus. Ihre Struktur verträgt sich nicht mit dem Erfordernis der Freiwilligkeit. Eine Ausnahme besteht nur für die Innungen und Landesinnungsverbände, denen kraft Gesetzes die Tariffähigkeit zuerkannt ist (§§ 54, 82 HwO). Aus der den Koalitionen verliehenen Normsetzungsbefugnis folgt auch, dass die Koalition demokratisch organisiert sein muss (*BVerfG* 6.5.1964 EzA § 2 TVG Nr. 5; *BAG* 9.7.1968 EzA Art. 9 GG Nr. 4). Gerade im Hinblick auf die Normsetzungsbefugnis müssen die Mitglieder an der Willensbildung ihres Verbandes mitwirken können. Auf die Rechtsfähigkeit der Koalition kommt es nicht an. So sind beispielsweise Gewerkschaften aus historischen Gründen zumeist nicht rechtsfähige Vereinigungen. Eine Koalition i. S. d. Art. 9 Abs. 3 GG muss eine korporative Verfassung haben, da die in Art. 9 GG genannten Vereinigungen am Vereinsgesetz zu messen sind. Eine korporative Gliederung setzt einen Mitgliederbestand, eine vom Wechsel der Mitglieder unabhängige Organisation und nach demokratischen Grundsätzen gegliederte Organe voraus. Diese Kriterien können letztlich nur auf gewisse Dauer angelegte Vereinigungen erfüllen. Sog. ad-hoc-Vereinigungen genügen diesen Anforderungen nicht.   18

bb) Die Unabhängigkeit der Vereinigung
Die Unabhängigkeit i. S. einer Freiheit vom koalitionspolitischen Gegner bedeutet, dass in der Vereinigung nur Arbeitnehmer oder nur Arbeitgeber vertreten sind. Dieses Merkmal soll für eindeutige Vertretungsbeziehungen sorgen. »Harmonieverbände« unter Beteiligung beider Lager, wie beispielsweise der FDGB der früheren DDR, wären nicht tariffähig. Finanzielle und personelle Abhängigkeiten von Gewerkschaft und Arbeitgeberverband dürfen nicht bestehen. Unbedenklich ist es jedoch,   19

H. Tarifvertragsrecht

wenn eine Gewerkschaft es zulässt, dass der Geschäftsführer einer Bezirksverwaltung als Beisitzer von Einigungsstellen Honorare aus Arbeitgeberhand bezieht (*BAG* 14.12.1988 EzA § 76 BetrVG 1972 Nr. 47). Die Rechtswirklichkeit zeigt, dass die Gegnerfreiheit im Hinblick auf die Verwirklichung des Sozialstaates kein absolutes Kriterium sein kann. So sind gewerkschaftliche Vertreter in Unternehmen der öffentlichen Hand und bei Sozialversicherungsträgern leitend tätig; der Montan-Arbeitsdirektor hat eine Doppelstellung als Repräsentant der Arbeitnehmer und als Chef des Personalbereichs. Periphere Überschneidungen sind hinzunehmen. Entscheidend ist, ob die Leitungsstruktur einer Vereinigung autonom ist.

20 Neben der Unabhängigkeit vom koalitionspolitischen Gegner bedarf es auch einer Unabhängigkeit von dritter Seite, insbesondere vom Staat, von der Kirche und von einer politischen Partei. Eine Vereinigung, die satzungsgemäß kirchliche Interessen gegen finanzielle Unterstützung vertritt, verliert ohne besonderes Verfahren ihre Tariffähigkeit.

21 Aus dem Erfordernis der Unabhängigkeit folgt auch, dass die Vereinigung grds. überbetrieblich organisiert sein muss (*BAG* 16.1.1990 EzA § 2 TVG Nr. 18), da sonst der Bestand der Vereinigung von den Einstellungen und Entlassungen des Arbeitgebers abhängig wäre. Obwohl sich die Eisenbahngewerkschaft und die Postgewerkschaft im DGB vor deren Privatisierungen auf jeweils nur ein Unternehmen beschränkt haben, war ihre Gewerkschaftseigenschaft allgemein anerkannt. Dies ließ sich nur wegen der Größe dieser Unternehmen rechtfertigen. Seit der Postreform stellt sich für die Postgewerkschaft diese Frage nicht mehr. Entsprechendes gilt auch für die Eisenbahngewerkschaft, wenn die Bahnreform vollständig vollzogen ist. Seit dem 2.7.2001 ist die Deutsche Postgewerkschaft in der Vereinten Dienstleistungsgewerkschaft (kurz: ver.di) aufgegangen.

cc) **Durchsetzungfähigkeit**

22 Die grundgesetzlich gewährleistete Tarifautonomie kann nur dann funktionieren, wenn eine Vereinigung in der Lage ist, auf den koalitionspolitischen Gegner Druck auszuüben, um tatsächlich auch die Arbeits- und Wirtschaftsbedingungen regeln zu können.

23 Für die Tariffähigkeit von Arbeitnehmervereinigungen ist daher die Mächtigkeit und Druckfähigkeit gegenüber dem sozialen Gegenspieler notwendig (*BAG* 16.1.1990 § 2 TVG Nr. 18). Mit Beschluss vom 6.6.2000 (EzA § 2 TVG Nr. 2) hat der 1. Senat des *BAG* nochmals bekräftigt, dass für die Tariffähigkeit und damit Gewerkschaftseigenschaft einer Arbeitnehmervereingung Voraussetzung ist, dass diese ihre Aufgabe als Tarifpartnerin sinnvoll erfüllen kann. Dazu bedarf es einer entsprechenden Durchsetzungskraft gegenüber dem sozialen Gegenspieler und einer ausreichenden Leistungsfähigkeit der Organisation. Soweit eine Arbeitnehmervereinigung in der Vergangenheit bereits Tarifverhandlungen geführt und solche zum Abschluss gebracht hat, liegt die Durchsetzungsfähigkeit auf der Hand. Demgegenüber ist der Abschluss von Anschlusstarifverträgen (s. u. H/Rz. 51) lediglich ein Indiz für die Durchsetzungsfähigkeit (*BAG* 25.11.1986 EzA § 2 TVG Nr. 17).

24 Für die Tariffähigkeit eines Arbeitgeberverbandes kommt es demgegenüber nicht auf die Durchsetzungsfähigkeit an (*BAG* 20.11.1990 EzA § 2 TVG Nr. 20). Denn dem einzelnen Arbeitgeber ist die Tariffähigkeit kraft Gesetzes verliehen. Würde es auch für einen Arbeitgeberverband auf eine Durchsetzungsfähigkeit ankommen, so könnte sich der einzelne Arbeitgeber einem Tarifvertrag dadurch entziehen, dass er einem Arbeitgeberverband beitritt, dem die Durchsetzungsfähigkeit fehlt. Diese Begründung

H. Tarifvertragsrecht

veranlasste das *BAG* (20.11.1990 EzA § 2 TVG Nr. 20) einer Vereinigung von 41 Berliner Rechtsanwälten die Tariffähigkeit zuzusprechen. Mit der Entscheidung vom 22.3.2000 (EzA § 2 TVG Nr. 22) hat das *BAG* klargestellt, dass der Umstand, dass einer Vereinigung nach ihrer Satzung auch Einzelmitglieder beitreten können, ihrer Eigenschaft als Spitzenorganisation nicht entgegensteht. In einem solchen Fall kann sie sowohl nach § 2 Abs. 1 TVG tariffähig sein als auch diese Rechtsmacht durch die Eigenschaft nach § 2 Abs. 3 TVG erlangen. Sieht die Satzung einer solchen Spitzenorganisation die Wahrnehmung ihrer Aufgaben als Arbeitgeberverband durch eine in ihr gebildete tarifpolitische Arbeitsgemeinschaft vor, der nur Einzelmitglieder angehören können, gehört der Abschluss von Tarifverträgen nicht i. S. v. § 2 Abs. 3 TVG zu den satzungsgemäßen Aufgaben der Spitzenorganisation.

dd) Tarifwilligkeit und Anerkennung des Tarifrechts
Nach der Rechtsprechung des BAG müssen die Vereinigungen nach § 2 TVG zum 25
einen willens sein, Tarifverträge abzuschließen (*BAG* 16.1.1990 EzA § 2 TVG Nr. 18). Zum anderen müssen sie das geltende Tarif-, Schlichtungs- und Arbeitskampfrecht anerkennen (*BAG* 25.11.1986 EzA § 2 TVG Nr. 17).

d) Tariffähigkeit des einzelnen Arbeitgebers
Nach § 2 Abs. 1 TVG ist auch jeder einzelne Arbeitgeber tariffähig, damit den Ge- 26
werkschaften stets ein Tarifvertragspartner zur Verfügung steht. Damit wird letztlich der verfassungsrechtlich garantierten kollektiven Koalitionsfreiheit Rechnung getragen. Welche Rechtsform der Arbeitgeber hat, spielt für die Tariffähigkeit keine Rolle. Entgegen den Voraussetzungen der Verbandstariffähigkeit ist es auch unerheblich, ob er tarifwillig oder durchsetzungsfähig ist. Gleichfalls muss er keine Mindestzahl von Arbeitnehmern beschäftigen.

Der Arbeitgeber verliert seine Tariffähigkeit nicht dadurch, dass er einem Verband 27
beitritt. Unabhängig von der Mitgliedschaft des Arbeitgebers in einem Arbeitgeberverband kann die Gewerkschaft grds. von einem einzelnen Arbeitgeber den Abschluss eines Tarifvertrages verlangen.

Die Gewerkschaft kann den Abschluss eines Tarifvertrages nur dann nicht verlangen, 28
wenn noch ein Verbandstarifvertrag besteht oder der Arbeitgeber zum Austritt aus dem Arbeitgeberverband gezwungen werden soll. Der von einem einzelnen Arbeitgeber abgeschlossene Tarifvertrag heißt Firmen-, Haus- oder Werktarifvertrag. Ein Konzern ist selbst nicht tariffähig, weil dort die Arbeitnehmer regelmäßig Arbeitsverträge nur mit den rechtlich selbstständigen Konzernunternehmen haben. Um innerhalb des Konzerns einheitliche Arbeitsbedingungen sicherzustellen, können beispielsweise einheitliche Haustarifverträge abgeschlossen werden.

e) Tariffähigkeit der Zusammenschlüsse von Gewerkschaften und Arbeitgebervereinigungen
Die Spitzenorganisationen der Gewerkschaften und Arbeitgebervereinigungen sind 29
auch tariffähig. Sie können Tarifverträge im eigenen Namen abschließen, wenn der Abschluss zu ihren satzungsgemäßen Aufgaben gehört, § 2 Abs. 3 TVG. Sie können auch im Namen der ihnen angeschlossenen Verbände Tarifverträge abschließen, wenn sie eine entsprechende Vollmacht haben, § 2 Abs. 2 TVG. Die den Spitzenverbänden kraft Gesetzes übertragenen Befugnisse führen nicht dazu, dass die sonstigen

H. Tarifvertragsrecht

tariffähigen Organisationen ihre sich aus der Tariffähigkeit ergebenden Rechte verlieren. Deshalb kann eine Gewerkschaft für ihre Mitglieder durchaus Tarifverträge abschließen, auch wenn eine Spitzenorganisation schon für den gleichen Zuständigkeitsbereich durch Abschluss eines Tarifvertrages tätig geworden ist. Bei einer solchen Sachlage ist das Rangverhältnis zwischen beiden Tarifverträgen nach den Grundsätzen der Tarifkonkurrenz zu lösen (*BAG* 22.2.1957 AP Nr. 2 zu § 2 TVG; s. u. H/Rz. 223 ff.). Haben die Spitzenorganisationen einen Tarifvertrag abgeschlossen, so haften sie neben den ihnen angeschlossenen Verbänden für die Erfüllung der gegenseitigen Verpflichtungen, § 2 Abs. 4 TVG.

f) Weitere tariffähige Vereinigungen auf Arbeitgeberseite

30 Nach § 53 S. 1 HwO sind die Handwerksinnungen als ohne Beitrittszwang ausgestaltete Körperschaften des öffentlichen Rechts im Gegensatz zu Kreishandwerkerschaften und Handwerkskammern (§§ 80 ff. HwO) tariffähig (s. o. H/Rz. 18). Die Arbeitnehmerkammern in Bremen und Saarland sind dagegen nicht tariffähig. Die BRD ist als Arbeitgeber Tarifvertragspartei für die Festlegung der Arbeits- und Wirtschaftsbedingungen der bei den Alliierten Streitkräften beschäftigten zivilen Arbeitnehmer, Art. 56 Abs. 5 a ZA-NTS.

2. Beginn und Ende der Tariffähigkeit

a) Beginn der Tariffähigkeit

31 Die Tariffähigkeit von Gewerkschaften und Vereinigungen von Arbeitgebern liegt vor, sobald die von der Rechtsprechung entwickelten Voraussetzungen erfüllt sind. Da diese Verbände regelmäßig nicht rechtsfähig sind und auch nicht rechtsfähig sein müssen, kommt es z. B. auf die Eintragung als Verein nach § 21 BGB nicht an. Für den Beginn der Tariffähigkeit des einzelnen Arbeitgebers genügt es bereits, wenn er die Beschäftigung von Arbeitnehmern beabsichtigt. Daraus folgt, dass die Tariffähigkeit nicht erst ab dem Zeitpunkt des Abschlusses des ersten Arbeitsvertrages eintritt.

32 Für den Beginn der Tariffähigkeit der Spitzenorganisationen und der weiteren tariffähigen Vereinigungen auf Arbeitgeberseite kommt es allein darauf an, ob die in den einzelnen Bestimmungen aufgestellten Voraussetzungen vorliegen.

b) Ende der Tariffähigkeit

33 Die Tariffähigkeit von Gewerkschaften und Vereinigungen von Arbeitgebern endet, wenn eine ihrer Voraussetzungen wegfällt oder die Vereinigung selbst nicht mehr existiert. Beschließt beispielsweise eine Arbeitgebervereinigung, künftig keine Tarifverträge mehr abzuschließen, so fehlt es an der Tarifwilligkeit mit der Folge, dass auch die Tariffähigkeit endet.

34 Verliert der Arbeitgeber seine Arbeitgebereigenschaft, z. B. weil er keine Arbeitnehmer mehr beschäftigt, insbesondere also bei der Stilllegung des Unternehmens, so endet damit seine Tariffähigkeit. Ist der Arbeitgeber eine natürliche Person, so fällt die Tariffähigkeit mit seinem Tod nicht ersatzlos weg. An seine Stelle tritt der gesetzliche oder gewillkürte Erbe in den Tarifvertrag ein. Als juristische Person endet die Tariffähigkeit des Arbeitgebers mit ihrer Auflösung. Veränderungen im Gesellschafterbestand lassen die Arbeitgeberstellung der Personengesellschaft unberührt. Im Falle der Betriebsveräußerung endet die Tariffähigkeit des Arbeitgebers. Die Arbeitsverhält-

nisse gehen jedoch nach § 613 a Abs. 1 S. 1 BGB mit dem Betrieb auf den Erwerber über (s. o. C/Rz. 3254 ff.).
Liegen die gesetzlichen Voraussetzungen für die Tariffähigkeit der Spitzenorganisa- 35
tionen und der weiteren tariffähigen Vereinigungen von Arbeitgebern nicht mehr
vor, so endet auch deren Tariffähigkeit.

3. Tarifzuständigkeit

a) Begriff und Bedeutung

Die Tarifzuständigkeit ist die in der Satzung des Verbandes festgelegte Befugnis 36
eines tariffähigen Verbandes, Tarifverträge mit einem bestimmten räumlichen, betrieblich-fachlichen und persönlichen Geltungsbereich abzuschließen (*BAG* 24.7.1990 EzA § 2 TVG Tarifzuständigkeit Nr. 2).

Die Tarifzuständigkeit ist wie die Tariffähigkeit Voraussetzung für den Tarifvertrag (MünchArbR/*Löwisch* § 248 Rz. 61).

b) Bestimmung der Tarifzuständigkeit

aa) Verbandstarifvertrag

Die Gewerkschaft bestimmt auf Grund ihrer durch Art. 9 Abs. 3 GG geschützten **Sat-** 37
zungsautonomie selbst, welche Arbeitnehmer Mitglied werden können, für welche Arbeitnehmer sie ihre Aufgaben als Gewerkschaft – auch durch den Abschluss von Tarifverträgen – wahrnehmen und auf welche Betriebe sie ihre Tarifzuständigkeit erstrecken will. Dies gilt auch dann, wenn die entsprechende Satzungsbestimmung aus rechtlichen oder tatsächlichen Gründen dazu führen soll, dass von der Tarifzuständigkeitsregelung nur ein Unternehmen eines bestimmten Wirtschaftszweiges erfasst wird, während für die anderen Unternehmen des Wirtschaftszweiges eine andere Gewerkschaft zuständig ist. Es besteht keine Verpflichtung, den eigenen Zuständigkeitsbereich nicht auf Branchen, Gebiete oder bestimmte Arbeitnehmer zu erstrecken, die bereits von anderen Gewerkschaften erfasst werden (*BAG* 19.11.1985 EzA § 2 TVG Nr. 15). Das Industrieverbandsprinzip ist insoweit keine Rechtsnorm, welche die Satzungsautonomie einer Gewerkschaft beschränkt. Es handelt sich vielmehr um einen Organisationsgrundsatz der im DGB zusammengefassten Gewerkschaften, der im Interesse einer effektiven Gewerkschaftsarbeit sicherstellen will, dass die Arbeitnehmer eines Industriezweiges durch eine DGB-Gewerkschaft vertreten werden. Die Bestimmung der Grenze des jeweiligen Industriezweiges und damit der Zuständigkeit der jeweiligen Industriegewerkschaft liegt allein in der Satzungsautonomie der einzelnen Gewerkschaften, die lediglich intern durch die freiwillige Bindung an die Satzung des DGB beschränkt wird. Die Zuständigkeit einer DGB-Gewerkschaft für ein Unternehmen ergibt sich jedoch nicht schon daraus, dass sich die anderen in Frage kommenden Gewerkschaften für unzuständig erklären (*BAG* 22.11.1988 EzA § 2 TVG Tarifzuständigkeit Nr. 1). Überschneiden sich die Organisationsbereiche zweier DGB-Gewerkschaften, ist eine Doppelzuständigkeit nach der von den Gewerkschaften durch ihre Mitgliedschaft anerkannten Satzung des DGB im Zweifel auszuschließen. Insoweit gilt der übergeordnete Grundsatz der DGB-Satzung: Ein Betrieb, eine Gewerkschaft. Solange das zur verbindlichen Klärung einer solchen Zuständigkeits-

H. Tarifvertragsrecht

überschneidung vorgesehene Schiedsverfahren nach § 16 DGB-Satzung noch nicht durchgeführt ist, bleibt es zunächst bei der Alleinzuständigkeit derjenigen Gewerkschaft, die vor Entstehen der Konkurrenzsituation als zuständig angesehen worden war, sodass sich alle Beteiligten (Verbände, Arbeitgeber und Arbeitnehmer) darauf einstellen konnten (*BAG* 12.11.1996 EzA § 2 TVG Tarifzuständigkeit Nr. 6). Die Satzung wird im Falle einer DGB-Gewerkschaft durch einen Schiedsspruch, der im Verfahren gem. §§ 15, 16 der Satzung des DGB ergeht, authentisch und sowohl für die streitenden Gewerkschaften als auch für den Arbeitgeber verbindlich interpretiert oder ergänzt (*BAG* 17.2.1970 AP Nr. 3 zu § 2 TVG Tarifzuständigkeit; 25.9.1996 EzA § 2 TVG Tarifzuständigkeit Nr. 5). Die Schiedsstelle ist allerdings nicht berechtigt, die Satzung der obsiegenden Gewerkschaft i. S. einer Zuständigkeitserweiterung zu ergänzen. Ihr ist aber bei der Satzungsauslegung und bei der Begrenzung der Organisationsbereiche ein Beurteilungsspielraum zuzubilligen (*BAG* 25.9.1996 EzA § 2 TVG Tarifzuständigkeit Nr. 5).

bb) Haustarifvertrag

38 Aus der dem einzelnen Arbeitgeber kraft Gesetzes verliehenen Tariffähigkeit folgt, dass er für alle seine Betriebe und Arbeitnehmer tarifzuständig ist. Seine Tarifzuständigkeit ist nicht einschränkbar. Jedoch muss auch die Tarifzuständigkeit seines Tarifvertragspartners gegeben sein; diese richtet sich nach der für die Gewerkschaft maßgebenden Satzung. Der darin bestimmte fachliche Geltungsbereich richtet sich regelmäßig nach dem überwiegenden Unternehmenszweck (*BAG* 22.11.1988 EzA § 2 TVG Tarifzuständigkeit Nr. 1).

39 Dem Arbeitgeber ist es unbenommen, beispielsweise seinen Unternehmenszweck zu verändern oder aber seine Betriebsstätten zu verlegen. Die sich daraus regelmäßig ergebende Tarifunzuständigkeit der Gewerkschaft hat zur Folge, dass der Tarifvertrag seine Geltung verliert (MünchArbR/*Löwisch* § 248 Rz. 75). Nach Auffassung des BAG gilt jedoch im Fall des sog. Herauswachsens aus dem Geltungsbereich eines Tarifvertrages in entsprechender Anwendung des § 4 Abs. 5 TVG der Inhalt des Tarifvertrages kraft Nachwirkung weiter (z. B. der Arbeitgeber betreibt zunächst ein Elektro-Handwerk, entschließt sich dann aber, überwiegend Arbeitnehmerüberlassung durchzuführen; *BAG* 10.12.1997 AP Nr. 20 zu § 3 TVG im Anschluss und in Fortführung von *BAG* 18.3.1992 EzA § 4 TVG Nachwirkung Nr. 14).

4. Tarifverträge tarifunzuständiger oder tarifunfähiger Parteien

40 Der Gesetzgeber hat weder geregelt, wie zu verfahren ist, wenn ein Tarifvertrag von einer unzuständigen Tarifpartei abgeschlossen und bereits angewandt worden ist, noch was dann gilt, wenn die Tarifzuständigkeit nach Abschluss eines Tarifvertrages, z. B. wegen einer Satzungsänderung, wegfällt.

41 Nach der Rechtsprechung des *BAG* (27.11.1964 AP Nr. 1 zu § 2 TVG Tarifzuständigkeit) ist der Tarifvertrag unwirksam, wenn bei Abschluss des Tarifvertrages einer Partei die Tariffähigkeit oder die Tarifzuständigkeit fehlt. Sind die Tarifvertragsparteien für den von ihnen abgeschlossenen Tarifvertrag nur teilweise tarifzuständig, ist der von der Tarifzuständigkeit nicht getragene Teil des Tarifvertrages regelmäßig nichtig. Der Tarifvertrag ist jedoch dann im Ganzen nichtig, wenn der von der Tarifzuständigkeit gedeckte Teil keine sinnvolle Regelung mehr darstellt.

H. Tarifvertragsrecht

Fällt die Tariffähigkeit nach Abschluss des Tarifvertrages weg, so ist der Tarifvertrag 42
unwirksam, wenn nicht eine andere Tarifvertragspartei an die Stelle der tarifunfähigen Partei tritt (*BAG* 11.11.1970 AP Nr. 28 zu § 2 TVG den schuldrechtlichen Teil betreffend; 15.10.1986 EzA § 2 TVG Nr. 16 den normativen Teil betreffend). Entsprechendes gilt auch für den Wegfall der Tarifzuständigkeit (MünchArbR/*Löwisch* § 248 Rz. 77).

5. Gerichtliche Entscheidung über die Tariffähigkeit und die Tarifzuständigkeit einer Vereinigung

Nach §§ 2 a Abs. 1 Nr. 4, 97 ArbGG ist es statthaft, in einem arbeitsgerichtlichen Be- 43
schlussverfahren die Tariffähigkeit und Tarifzuständigkeit von Koalitionen klären zu lassen.

Bereits vor Abschluss eines Tarifvertrages soll eine solche Feststellung ermöglicht wer- 44
den, um nicht die Arbeitskämpfe und die Verhandlungen um den Abschluss eines Tarifvertrages mit dem Risiko fehlender Tariffähigkeit und Tarifzuständigkeit zu belasten. Die Vorabklärung führt auch dazu, dass nach § 97 Abs. 5 ArbGG das erkennende Gericht sogar die Aussetzung anderer Rechtsstreitigkeiten anzuordnen hat.

Dieses Verfahren ist nicht zu verwechseln mit der nach § 9 TVG möglichen Verbands- 45
klage. In letzterem Verfahren wird die Gültigkeit eines Tarifvertrages verbindlich festgestellt. Das Verfahren nach § 9 TVG kommt also nur dann in Betracht, wenn bereits ein Tarifvertrag abgeschlossen worden ist. Im Verfahren zur Feststellung der Tariffähigkeit und Tarifzuständigkeit geht es um die Klärung der potenziellen Normsetzungsbefugnis einer Koalition. Die Antragsbefugnis steht neben der sich über ihre eigene Tariffähigkeit oder Tarifzuständigkeit im Unklaren befindlichen Koalition auch dem möglichen tariflichen Gegenspieler und konkurrierenden Koalitionen zu (*BAG* 10.9.1985 EzA § 2 TVG Nr. 14). Darüber hinaus kann auch der einzelne Arbeitgeber im Hinblick auf einen Haustarifvertrag das Verfahren einleiten. Selbst die obersten Bundes- und Landesarbeitsbehörden sind auf Grund ihrer Befugnisse im Verfahren über die Allgemeinverbindlichkeit antragsbefugt. Auch die Parteien des nach § 97 Abs. 5 ArbGG ausgesetzten Rechtsstreits sind antragsberechtigt.

Die Entscheidung über Tariffähigkeit und Tarifzuständigkeit entfaltet gegenüber al- 46
len von den Tarifnormen Betroffenen Bindungswirkung (*BAG* 10.5.1989 EzA § 256 ZPO Nr. 32). Ist demnach rechtskräftig festgestellt, dass beispielsweise eine Gewerkschaft für ein bestimmtes Unternehmen nicht tarifzuständig ist, so steht die Entscheidung einer erneuten Entscheidung darüber nur dann nicht entgegen, wenn sich die Verhältnisse der Gewerkschaft geändert haben, z. B. bei einer Änderung der Satzung (*BAG* 19.11.1985 EzA § 2 TVG Nr. 15; 25.9.1996 EzA § 2 TVG Tarifzuständigkeit Nr. 5).

Eine Feststellungsklage über den Geltungsbereich eines Tarifvertrages ist gegenüber 47
einem einzelnen Arbeitgeber unzulässig, weil die Tarifzuständigkeit im Verfahren nach § 97 ArbGG zu klären ist (*BAG* 10.5.1989 EzA § 256 ZPO Nr. 32).

In einem Verfahren nach § 97 ArbGG hat das *BAG* (12.12.1995 EzA § 2 TVG Ta- 48
rifzuständigkeit Nr. 3) entschieden, dass die ÖTV nach ihrer Satzung i. d. F. vom 21.9.1994 für Unternehmer der Entsorgungswirtschaft tarifzuständig ist. Diese Zuständigkeit erfasst auch Unternehmen, deren betrieblicher Hauptzweck in der Vernichtung von Datenträgern aller Art besteht. Dies gilt auch dann, wenn das datenun-

H. Tarifvertragsrecht

kenntlich gemachte und zerstückelte Material Dritten zur Verwertung überlassen wird.

III. Abschluss, Beendigung und Form von Tarifverträgen

1. Abschluss von Tarifverträgen

49 Der Tarifvertrag ist dem allgemeinen Vertragsrecht zuzuordnen. Daraus folgt, dass er von den nach § 2 TVG tariffähigen Parteien nach den Vorschriften des bürgerlichen Rechts abgeschlossen wird (*BAG* 26.9.1984 EzA § 1 TVG Nr. 18).

50 Beim **Verbandstarifvertrag** erfolgt der Abschluss durch übereinstimmende Willenserklärungen der zur Vertretung befugten Organe der tariffähigen Gewerkschaft und des tariffähigen Arbeitgeberverbandes. **Haus- oder Firmentarifverträge** werden von einer Gewerkschaft mit einem einzelnen Arbeitgeber abgeschlossen. Treten die Spitzenorganisationen beider Koalitionen im eigenen Namen auf, so sind sie selbst Tarifvertragspartei, § 2 Abs. 3 TVG; treten sie dagegen als Stellvertreter nach § 2 Abs. 2 TVG auf, so sind die von ihnen vertretene Gewerkschaft und der vertretene Arbeitgeberverband selbst Partner des Tarifvertrages. § 2 Abs. 2 TVG ist Ausdruck des allgemeinen zivilrechtlichen Grundsatzes, wonach sich eine Tarifvertragspartei beim Abschluss eines Tarifvertrages vertreten lassen kann (*BAG* 12.2.1997 EzA § 2 TVG Nr. 21). Dass dies in § 2 Abs. 2 TVG besonders hervorgehoben ist, hat Bedeutung in den Fällen, in denen die Spitzenorganisation nicht rechtsfähig ist. Gäbe es § 2 Abs. 2 TVG nicht, so könnten nur rechtsfähige Personen dem allgemeinen Recht entsprechend Vollmachtsträger werden (*BAG* 12.2.1997 EzA § 2 TVG Nr. 21). Die Bevollmächtigung kann ausdrücklich oder stillschweigend ohne besondere Form erfolgen.Jedoch muss beim Abschluss des Tarifvertrages klargestellt werden, dass der Vertreter (z. B. Spitzenorganisation) im Namen der vertretenen Tarifvertragspartei handelt. Nach h. M. genügt es, wenn der Vertreter den Tarifvertrag mit seinem Namen unterzeichnet, und wenn sich zweifelsfrei aus dem Inhalt der (Tarifvertrags-) Urkunde ergibt, dass er als Vertreter handelt (*BAG* 12.2.1997 EzA § 2 TVG Nr. 21).

51 Sind auf einer oder auf beiden Seiten mehrere Tarifvertragsparteien beteiligt, so spricht man von einem **mehrgliedrigen Tarifvertrag**. Fraglich ist, ob es sich rechtlich um einen oder entsprechend der Anzahl der Beteiligten auf einer Seite um mehrere selbstständige Tarifverträge handelt. Im Zweifel ist Letzteres anzunehmen, da nicht davon ausgegangen werden kann, dass eine tariffähige Partei sich ihrer Regelungsmacht ohne weiteres entledigen will (*BAG* 8.9.1976 EzA § 2 TVG Nr. 11). Nur bei rechtlicher Eigenständigkeit kann der Tarifvertrag von jedem Beteiligten ohne Rücksicht auf den anderen gekündigt werden. Ein mehrgliedriger Tarifvertrag ist auch ein sog. **Anschlusstarifvertrag**, der dann vorliegt, wenn sich eine weitere Partei nach Vertragsschluss dem Tarifvertrag anschließt.

52 Den tariffähigen Parteien steht kein auf den Abschluss eines Tarifvertrages gerichtlich durchsetzbarer Verhandlungsanspruch gegenüber dem koalitionspolitischen Gegner zu (*BAG* 14.2.1989 EzA Art. 9 GG Nr. 44). Etwas anderes wäre mit der Tarifautonomie nicht zu vereinbaren (MünchArbR/*Löwisch* § 249 Rz. 12). Um ihre Forderungen durchsetzen zu können, steht den tariffähigen Koalitionen jedoch das Instrumentarium des Arbeitskampfrechts zur Verfügung.

H. Tarifvertragsrecht

2. Beendigung von Tarifverträgen

a) Befristung
Der Tarifvertrag kann durch Zeitablauf enden. Gegen eine **Befristung** eines Tarifvertrages bestehen keine Bedenken. Es stellt sich lediglich die Frage, ob ein befristeter Tarifvertrag vorab ordentlich gekündigt werden kann. Sofern ein ordentliches Kündigungsrecht im Tarifvertrag nicht vorgesehen ist, ist dies ausgeschlossen. 53

b) Auflösende Bedingung
Der Tarifvertrag kann auch unter einer **auflösenden Bedingung** stehen. Diese setzt jedoch im Hinblick auf die Rechtssicherheit und den Vertrauensschutz voraus, dass der Bedingungseintritt ohne weiteres bestimmbar ist. 54

c) Aufhebungsvertrag
Den Tarifvertragsparteien steht es frei, den einmal abgeschlossenen Tarifvertrag auch jederzeit durch **Aufhebungsvertrag** zu beenden. Im Abschluss eines neuen Tarifvertrages über denselben Regelungsgegenstand liegt stillschweigend die Aufhebung des vorherigen Tarifvertrages. 55

d) Ordentliche Kündigung
In der Praxis endet der Tarifvertrag regelmäßig durch **ordentliche Kündigung** einer Tarifvertragspartei. Die Einzelheiten über Form und Frist der Kündigungserklärung können die Tarifvertragsparteien selbstständig regeln. Ansonsten gelten die für einseitige Willenserklärungen maßgebenden bürgerlich-rechtlichen Kriterien. Sofern die Tarifvertragsparteien keine Kündigungsfrist vereinbart haben, soll nach einer Meinung die Drei-Monats-Frist des § 77 Abs. 5 BetrVG entsprechend angewendet werden (*Löwisch/Rieble* § 1 Rz. 306). Das *BAG* (10.11.1982 EzA § 1 TVG Nr. 16) geht davon aus, dass **allenfalls** und **längstens** die Frist des § 77 Abs. 5 BetrVG zu Grunde gelegt werden kann. 56

Eine **Teilkündigung** ist nur zulässig, soweit im Tarifvertrag die Kündigung einzelner Bestimmungen vorbehalten ist (*BAG* 3.12.1985 EzA § 1 TVG Nr. 21). 57

e) Außerordentliche Kündigung
Ein Tarifvertrag, auch ein befristeter, ist **außerordentlich** kündbar. Die Zulässigkeit der Kündigung ergibt sich aus der Rechtsnatur des Tarifvertrages als Dauerrechtsverhältnis. Es gilt der Grundsatz, dass jedes Dauerrechtsverhältnis vorzeitig aus wichtigem Grund beendet werden kann, wenn seine Fortsetzung bis zum vereinbarten Ende oder bis zum Ablauf der ordentlichen Kündigungsfrist einer Seite nicht zugemutet werden kann. Aus dem ultima-ratio-Grundsatz, der die außerordentliche Kündigung von Dauerrechtsverhältnissen prägt, folgt, dass die außerordentliche Kündigung des Tarifvertrages nur wirksam ist, wenn keine andere Möglichkeit besteht, die Unzumutbarkeit zu beseitigen. Die durch den Tarifvertrag unzumutbar belastete Partei muss daher zunächst versuchen, die Möglichkeiten der tarifautonomen Anpassung als milderes Mittel auszuschöpfen (*BAG* 18.12.1996 EzA § 1 TVG Fristlose Kündigung Nr. 2). Dies gilt insbesondere, wenn der außerordentlich gekündigte Tarifvertrag eine Nachverhandlungs- oder Revisionsklausel enthält (*BAG* 18.6.1997 EzA § 1 TVG Fristlose Kündigung Nr. 3). Aber auch ohne eine im Tarifvertrag ausdrücklich enthaltene Nachverhandlungs- oder Revisionsklausel besteht die Obliegenheit, mit der anderen Seite Verhandlungen zur Anpassung des Tarifvertrages aufzuneh- 58

H. Tarifvertragsrecht

men. Welche Umstände bei der außerordentlichen Kündigung eines Tarifvertrages als wichtiger Grund zu berücksichtigen sind, richtet sich nach dem Vorbringen des Kündigenden. Wird als Kündigungsgrund geltend gemacht, dass eine künftige wirtschaftliche Belastung die außerordentliche und fristlose Kündigung des Tarifvertrages mit dieser belastenden Tarifnorm bedinge, so muss die Unzumutbarkeit der wirtschaftlichen Belastung in dem Zeitpunkt vorliegen, in welchem die Belastung wirksam wird; dies ist vom Kündigenden vorzutragen (*BAG* 18.2.1998 EzA § 1 TVG Fristlose Kündigung Nr. 4). Eine außerordentliche Kündigung eines Tarifvertrages kann mangels eines dahingehenden mutmaßlichen Willens des Kündigenden nicht nach § 140 BGB in eine ordentliche Kündigung umgedeutet werden, wenn dieser die Beendigung des Tarifvertrages ohne Nachwirkung festgestellt wissen will (*BAG* 18.6.1997 EzA § 1 TVG Fristlose Kündigung Nr. 3). Mit der außerordentlichen Kündigung von Tarifverträgen für das Baugewerbe in den neuen Bundesländern durch einen regionalen Bauarbeitgeberverband hat sich der 4. Senat im Urteil vom 26.4.2000 (EzA § 1 TVG Nr. 42) befasst. Danach ist zur Kündigung eines Tarifvertrages nur berechtigt, wer Partei des Tarifvertrages ist. Diese Eigenschaft ist danach zu bestimmen, wer im Tarifvertrag als Partei angegeben ist. Lässt sich dem Tarifvertrag auch kein Vertretungsverhältnis entnehmen, so ergibt sich, dass der nur angeblich Vertretene zur Kündigung des Tarifvertrages nicht befugt ist.

f) Wegfall der Geschäftsgrundlage

59 Da eine richterliche Anpassung des Tarifvertrages wegen der Tarifautonomie nicht in Betracht kommt (*BAG* 10.2.1988 AP Nr. 12 zu § 33 BAT), sind die Grundsätze des Wegfalls der Geschäftsgrundlage im Tarifvertragsrecht nicht anzuwenden (*BAG* 17.1.1995 NZA 1995, 949).

3. Form von Tarifverträgen

a) Allgemeines

60 Nach § 1 Abs. 2 TVG unterliegt der Tarifvertrag der (konstitutiven) Schriftform. Ist die Schriftform nicht beachtet, so ist der abgeschlossene Tarifvertrag nichtig, § 125 BGB (*Löwisch/Rieble* § 1 Rz. 380). Der Tarifvertrag muss schriflich niedergelegt und von den Tarifvertragsparteien unterschrieben werden, § 126 BGB. Der Zweck der Schriftform besteht darin, Unklarheiten möglichst zu vermeiden und dem einzelnen Arbeitnehmer oder den Tarifvertragsparteien selbst eine sichere Grundlage für die jeweiligen Ansprüche zu verschaffen (*BAG* 9.7.1980 EzA § 1 TVG Nr. 13). Folglich kann der fehlenden Schriftform auch nicht der Einwand der Arglist entgegengehalten werden (*BAG* 21.3.1973 AP Nr. 12 zu § 4 TVG Geltungsbereich).

61 Das Schriftformgebot bezieht sich sowohl auf den normativen als auch auf den schuldrechtlichen Teil des Tarifvertrages. Ein Vorvertrag, in dem sich Tarifvertragsparteien zum Abschluss eines Tarifvertrages verpflichten, ist grds. formlos möglich, weil er kein Tarifvertrag i. S. d. TVG ist, sondern nur einen allgemeinen schuldrechtlichen Charakter hat (*BAG* 19.10.1976 EzA § 1 TVG Nr. 7; **a. A.** *Löwisch/Rieble* § 1 Rz. 375). Auch Änderungstarifverträge bedürfen der Schriftform. Ein Aufhebungsvertrag muss nach Auffassung des *BAG* jedoch nicht schriftlich abgefasst sein (8.9.1976 EzA § 2 TVG Nr. 11; **a. A.** *Löwisch/Rieble* § 1 Rz. 378).

H. Tarifvertragsrecht

b) Schriftform und Verweisung auf gesetzliche oder tarifliche Bestimmungen

aa) Verweisung auf tarifliche Regelungen

Nach der Rechtsprechung des BAG (9.7.1980 EzA § 1 TVG Nr. 13) verstößt die 62
Bezugnahme auf einen anderen Tarifvertrag dann nicht gegen § 1 Abs. 2 TVG,
wenn die in Bezug genommenen tariflichen Regelungen anderweitig schriftlich
abgefasst sind und in dem verweisenden Tarifvertrag so genau bezeichnet sind,
dass Irrtümer über Art und Ausmaß der in Bezug genommenen Regelungen ausgeschlossen sind.

Soll bei einer Verweisung des Manteltarifvertrages für Löhne und Gehälter der Lohn- 63
und Gehaltstarifvertrag in den Manteltarifvertrag konstitutiv einbezogen werden, so
muss dies deutlich zum Ausdruck kommen. Die bloße Verweisung, dass die Entlohnung aller Arbeitnehmer auf Grund des Lohn- und Gehaltstarifvertrages erfolgt,
reicht dazu nicht aus (BAG 2.3.1988 EzA § 1 TVG Form Nr. 1).

bb) Verweisung auf gesetzliche Bestimmungen
Auch die Verweisung auf gesetzliche Bestimmungen (z. B. auf das für Beamte geltende 64
Nebentätigkeitsrecht nach § 11 S. 2 BAT) genügt dem Schriftformerfordernis (MünchArbR/*Löwisch* § 249 Rz. 42).
Die Frage der Verweisung auf andere Bestimmungen bzw. der Delegation der Recht- 65
setzungsbefugnis betrifft nicht nur das Formproblem nach § 1 Abs. 2 TVG, sondern
darüber hinaus auch die weitere Frage, inwieweit solche Verweisungen bzw. Delegationen überhaupt zulässig sind (s. u. H/Rz. 188 f.).

IV. Inhalt, Auslegung und rechtliche Grenzen von Tarifverträgen

1. Der Inhalt von Tarifverträgen

a) Allgemeines
Ein Tarifvertrag besteht regelmäßig aus einem bürgerlich-rechtlichen Vertrag zwi- 66
schen den Tarifvertragsparteien (**schuldrechtlicher Teil**), sowie einem normativen
Teil, der die Arbeitsbedingungen der von ihm erfassten Arbeitnehmer mit unmittelbarer und zwingender Wirkung regelt. Das TVG ermächtigt die Tarifvertragsparteien
insoweit, Rechtsnormen zu schaffen, die den Inhalt, den Abschluss und die Beendigung des Arbeitsverhältnisses sowie betriebliche und betriebsverfassungsrechtliche
Fragen betreffen, § 1 Abs. 1 TVG.
Der normative Teil des TVG ist kein Gesetz im formellen Sinne, sodass dem Bundes- 67
verfassungsgericht auch kein Verwerfungsmonopol nach Art. 100 GG zusteht.

b) Normativer Teil

aa) Erfasste Rechtsverhältnisse und Personengruppen

Die Rechtsnormen eines Tarifvertrages wirken unmittelbar und zwingend auf be- 68
stehende Arbeitsverhältnisse ein, § 4 Abs. 1 TVG. Ob ein Arbeitsverhältnis vorliegt oder ob ein Arbeitnehmerstatus besteht, richtet sich nach den allgemeinen

H. Tarifvertragsrecht

von der Rechtsprechung hierzu entwickelten Kriterien. Innerhalb der Gruppe der Arbeitnehmer werden sowohl vollzeitbeschäftigte als auch teilzeitbeschäftigte Arbeitnehmer erfasst, soweit nicht der tarifliche Geltungsbereich etwas anderes bestimmt.

69 Nach § 12a TVG können die Rechtsverhältnisse arbeitnehmerähnlicher Personen durch Tarifvertrag geregelt werden. Damit trägt das TVG dem Umstand Rechnung, dass diesen Personen eine vergleichbare Schutzbedürftigkeit zukommt. Von dieser erweiterten Tarifmacht ist der Handelsvertreter i. S. d. § 84 HGB jedoch ausgenommen, § 12a Abs. 4 TVG.

70 Für Heimarbeiter und ihre Auftraggeber ist § 17 HAG maßgebend. Danach gelten als Tarifverträge auch schriftliche Vereinbarungen zwischen Gewerkschaften und Auftraggebern oder deren Vereinigungen über Inhalt, Abschluss oder Beendigung von Vertragsverhältnissen der in Heimarbeit Beschäftigten oder Gleichgestellten wie deren Auftraggebern. Entgeltregelungen i. S. dieses Gesetzes sind Tarifverträge, bindende Festsetzungen von Entgelten und sonstigen Vertragsbedingungen und von Mindestarbeitsbedingungen für fremde Hilfskräfte.

71 Über § 3 Abs. 2 BBiG, wonach auf den Berufsausbildungsvertrag grds. die für den Arbeitsvertrag geltenden Rechtsvorschriften und Rechtsgrundsätze anzuwenden sind, werden in einem Berufsausbildungsverhältnis stehende Personen auch den Tarifnormen unterstellt. Auch Volontäre und Praktikanten gehören dazu, § 19 BBiG. Nicht erfasst werden in einer Ausbildung stehende Personen, die auf öffentlich-rechtlicher Grundlage ihre Ausbildung erhalten (Schüler, Studenten, Referendare; *BAG* 19.6.1974 AP Nr. 3 zu § 3 BAT).

72 Da der Beamte zu seinem Dienstherrn in einem öffentlich-rechtlichen Dienstverhältnis steht, unterliegt er nicht dem Tarifvertrag.

73 Soweit es um bei den Kirchen beschäftigte Personen geht, ist danach zu unterscheiden, ob sich das Beschäftigungsverhältnis als öffentlich-rechtliches Dienstverhältnis oder als Arbeitsverhältnis darstellt. Diese Unterscheidung ist durch das den Kirchen in Art. 140 GG i. V. m. Art. 137 WRV garantierte Selbstbestimmungsrecht der Kirchen gerechtfertigt.

74 Wenn Arbeitnehmer mit ihrem Arbeitgeber neben dem Arbeitsverhältnis in einem weiteren Schuldverhältnis stehen (z. B. Darlehen, Mietvertrag), werden auch diese vertraglich begründeten Schuldverhältnisse von den Rechtsnormen eines Tarifvertrages (z. B. Ausschlussfristen) erfasst, wenn sie mit dem Arbeitsverhältnis in einem **engen Zusammenhang** stehen.

75 Davon ist dann auszugehen, wenn das Schuldverhältnis ohne das Arbeitsverhältnis gar nicht oder nicht zu den vereinbarten Konditionen abgeschlossen worden wäre. Ein mit dem Arbeitsverhältnis bestehender Zusammenhang ist anzunehmen bei Werksmietwohnungen, Mitarbeiterdarlehen (*BAG* 18.6.1980 AP Nr. 68 zu § 4 TVG Ausschlussfristen) und Jahreswagen (*BAG* 20.1.1982 EzA § 4 TVG Ausschlussfristen Nr. 48).

76 Unabhängig von der sachlichen Verknüpfung des vertraglichen oder gesetzlichen Schuldverhältnisses mit dem Arbeitsverhältnis ist stets im Wege der Auslegung zu prüfen, ob der Tarifvertrag auch das außerhalb des Arbeitsverhältnisses stehende Schuldverhältnis erfassen will (MünchArbR/*Löwisch* § 253 Rz. 27).

H. Tarifvertragsrecht

bb) Inhaltsnormen

Inhaltsnormen sind normative Bestimmungen, die den materiellen Gehalt der einzelnen Arbeitsverhältnisse regeln. Insoweit geht es insbesondere um Regelungen, die das Austauschverhältnis betreffen. 77

So enthält der Tarifvertrag Regelungen über die Arbeitspflicht des Arbeitnehmers hinsichtlich der Art der geschuldeten Tätigkeit, die Dauer und die Lage der regelmäßigen Arbeitszeit, Fragen der Mehrarbeit und Kurzarbeit. Demgegenüber betrifft die Gegenleistungspflicht des Arbeitgebers insbesondere die Höhe und Ermittlung von Lohn und Gehalt, Zuschläge und sonstige Entgelt- und Gratifikationsbestandteile. 78

Als Nebenpflichten werden regelmäßig neben Leistungspflichten (Vorschüsse, Aufwendungsersatz etc.) nicht klagbare Nebenpflichten (z. B. Ansage- und Aufklärungspflicht) und Schutzpflichten geregelt. Auch Fragen des Leistungsstörungsrechts (Sekundärpflichten) sind regelmäßig Bestandteil von Tarifverträgen. So wird z. B. der Haftungsmaßstab für vom Arbeitnehmer verursachte schädigende Handlungen bestimmt. 79

cc) Abschlussnormen

Abschlussnormen regeln den Abschluss neuer, die Wiederaufnahme alter oder Durchsetzung unterbrochener Arbeitsverhältnisse. Gegenstand können sowohl Formvorschriften als auch Abschlussverbote und Abschlussgebote sein. 80

Formvorschriften, insbesondere der Schriftform, kommt insoweit regelmäßig nur deklaratorische Bedeutung zu. Dies folgt aus dem das Arbeitsrecht tragende Arbeitnehmerschutzprinzip, da ansonsten die rechtswirksame Begründung des Arbeitsverhältnisses verhindert wird. Eine Ausnahme ist beispielsweise in § 4 Abs. 2 BAT zu sehen, wonach Nebenabreden nur wirksam sind, wenn sie schriftlich vereinbart werden (*BAG* 9.2.1972 AP Nr. 1 zu § 4 BAT). Abschlussnormen betreffen das **Wie** des Vertragsschlusses, sodass auch Regelungen über die Stellvertretung sowie über ein etwaiges Widerrufsrecht Gegenstand sein können. 81

Abschlussverbote betreffen das **Ob** des Vertragsschlusses. Sie untersagen die Beschäftigung bestimmter Arbeitnehmer auf bestimmten Arbeitsplätzen. Sie bezwecken regelmäßig den Gesundheitsschutz des Arbeitnehmers. Wird gegen ein Abschlussverbot verstoßen, so ist der Arbeitsvertrag ganz oder teilweise nichtig. Anders verhält es sich mit sog. **Beschäftigungsverboten**. Diese wollen nicht den Abschluss eines Arbeitsvertrages verhindern. Von daher gehören sie nicht zu den Abschluss-, sondern zu den Inhaltsnormen. Der Arbeitsvertrag ist wirksam, jedoch darf der Arbeitnehmer nicht beschäftigt werden. 82

Abschlussverbote bezwecken, dem Bewerber einen Arbeitsplatz zu verschaffen. Der Regelungszweck besteht aber nicht darin, dass dem Bewerber ein Anspruch auf Abschluss eines Arbeitsvertrages zukommt. Der Arbeitgeber unterliegt keinem Kontrahierungszwang. Das Abschlussgebot soll lediglich den Kreis der Bewerber bestimmen (*Löwisch/Rieble* § 1 Rz. 71). 83

Abschlussgebote können jedoch dann einen Anspruch begründen, wenn es sich um die Wiedereinstellung ausgeschiedener Arbeitnehmer geht. Ist beispielsweise dem Arbeitnehmer gekündigt worden, und fällt der Kündigungsgrund nachträglich weg, 84

H. Tarifvertragsrecht

kann in einer entsprechenden Klausel des Tarifvertrages ein Anspruch auf Wiedereinstellung gesehen werden.

dd) Beendigungsnormen

85 Beendigungsnormen regeln, ob und auf welche Art und Weise das Arbeitsverhältnis beendigt werden kann.

86 Möglich sind z. B. Regelungen über den Ausschluss oder die Einschränkung der ordentlichen Kündigung durch den Arbeitgeber. So ist in Tarifverträgen häufig eine Unkündbarkeit älterer Arbeitnehmer geregelt. Soweit dagegen durch Tarifvertrag die ordentliche Kündigung des Arbeitnehmers ausgeschlossen oder erschwert wird, die außerordentliche Kündigung für den Arbeitgeber ausgeschlossen wird oder aber der wichtige Grund nach § 626 BGB durch eine Auflistung von Kündigungsgründen abschießend bestimmt wird, handelt es sich um unzulässige Beendigungsnormen.

87 Die Art und Weise der Beendigung betreffen Formvorschriften über Ausspruch und Zugang einer Kündigung sowie über den Abschluss eines Aufhebungsvertrages. Denkbar sind auch Tarifbestimmungen über Befristungen und auflösende Bedingungen.

ee) Betriebsnormen

88 Inhalts-, Abschluss- und Beendigungsnormen wirken unmittelbar und zwingend auf das Arbeitsverhältnis der beiderseits tarifgebundenen Arbeitnehmer und Arbeitgeber ein. Betriebsnormen kommt dagegen bereits dann normative Kraft zu, wenn allein der Arbeitgeber tarifgebunden ist, § 3 Abs. 2 TVG.

89 Den Betriebsnormen unterfallen sog. **Solidar-** und sog. **Ordnungsnormen**. Bei ersteren geht es um kollektive Verpflichtungen des Arbeitgebers gegenüber der Belegschaft, deren Erfüllung der einzelne Arbeitnehmer nicht verlangen kann (Regelungen beispielsweise über Waschräume, die Einrichtung einer Kantine oder Unterstützungskasse und allgemeine Arbeitsschutzmaßnahmen). Letztere betreffen Fragen der Ordnung des Betriebes, wie Kleiderordnungen, Rauchverbote und Türkontrollen.

90 Betriebsnorm i. S. d. § 4 Abs. 1 S. 2, § 3 Abs. 2 TVG kann eine Tarifvertragsbestimmung nur sein, wenn sie eine normative und nicht nur schuldrechtliche Regelung für alle oder bestimmte Arbeitsverhältnisse enthält (*BAG* 1.8.2000 EzA § 1 TVG Betriebsnorm Nr. 2). Nach Auffassung des *BAG* (26.4.1990 EzA § 4 TVG Druckindustrie Nr. 20) liegt immer dann eine Betriebsnorm und keine Inhalts- oder Abschlussnorm vor, wenn eine Regelung nicht Inhalt eines Individualvertrages sein kann.

91 Dabei ist das Nichtkönnen nicht i. S. einer naturwissenschaftlichen Unmöglichkeit zu verstehen, sondern als evident sachlogische Unzweckmäßigkeit. Deshalb hat das *BAG* (26.4.1990 EzA § 4 TVG Druckindustrie Nr. 20) die qualitativen Besetzungsregeln der Anhänge zum Manteltarifvertrag für die gewerblichen Arbeitnehmer der Druckindustrie vom 3.3.1980 als Betriebsnormen qualifiziert. Ebenfalls ist eine Tarifnorm, die dem Arbeitgeber vorschreibt, welcher Prozentsatz der Belegschaft mit einer verlängerten regelmäßigen Arbeitszeit beschäftigt werden darf, eine Be-

H. Tarifvertragsrecht

triebsnorm, weil mit dieser Quote nicht unmittelbar die individuelle Arbeitszeit einzelner Arbeitnehmer geregelt wird, sondern sie sich vielmehr auf einen kollektiven Tatbestand, nämlich auf die Verteilung des betrieblichen Arbeitszeitvolumens, bezieht (*BAG* 17.6.1997 EzA § 99 BetrVG 1972 Einstellung Nr. 4).

ff) Betriebsverfassungsrechtliche Normen

Die Befugnis der Tarifvertragsparteien betriebsverfassungsrechtliche Fragen regeln zu können, erstreckt sich sowohl auf die Organisation der Betriebsverfassung, als auch auf die Beteiligungsrechte der Arbeitnehmervertretung (s. o. I/Rz. 1994 ff.). 92

Die Personalvertretung ist von einer tarifvertraglichen Gestaltung ausgenommen, §§ 3, 97 BPersVG.

Nach § 3 Abs. 2 TVG erfassen betriebsverfassungsrechtliche Normen auch nicht tarifgebundene Arbeitnehmer (Außenseiter). Denn nur eine einheitliche Betriebsverfassung wird der von allen Arbeitnehmern des Betriebs getragenen Regelungsmacht des Betriebsrats gerecht. Folglich sind tarifliche Normen stets daraufhin zu überprüfen, ob es sich um Inhaltsnormen handelt, die nur für die tarifgebundenen Arbeitnehmer gelten, oder aber für alle Arbeitnehmer des Betriebs geltende betriebsverfassungsrechtliche Normen vorliegen. Betriebsverfassungsrechtliche Regelungen, die verdeckte Inhaltsnormen sind oder solche enthalten, sind nicht zulässig (*BAG* 10.8.1987 EzA § 77 BetrVG 1972 Nr. 19). 93

Der organisatorische Teil der Betriebsverfassung unterliegt der Regelungskompetenz der Tarifvertragsparteien grds. nicht (s. o. I/Rz. 1994 ff.). 94

Nach der Rechtsprechung des *BAG* (18.8.1987 EzA § 77 BetrVG 1972 Nr. 18; 10.2.1988 EzA § 1 TVG Nr. 34) können die Beteiligungsrechte des Betriebsrats durch Tarifvertrag erweitert werden. Eine Einschränkung der betriebsverfassungsrechtlichen Beteiligungsrechte des Betriebsrats ist nicht möglich (s. o. I/Rz. 1995 f.). 95

gg) Gemeinsame Einrichtungen

Nach § 4 Abs. 2 TVG können die Tarifvertragsparteien in Tarifverträgen gemeinsame Einrichtungen (Lohnausgleichskassen, Urlaubskassen etc.) vorsehen und darüber Rechtsnormen setzen. Gegenstand ist zum einen das Innenrecht des Trägers der gemeinsamen Einrichtung, zum anderen aber auch die davon zu unterscheidende Rechtsbeziehung der Arbeitnehmer und des Arbeitgebers zu der gemeinsamen Einrichtung. 96

hh) Sonstige normative Bestimmungen

Nach § 48 Abs. 2 ArbGG können die Tarifvertragsparteien im Tarifvertrag die Zuständigkeit eines an sich örtlich unzuständigen Arbeitsgerichts für bestimmte Rechtsstreitigkeiten festlegen. Hiervon haben sie z. B. in § 32 des Tarifvertrages über das Sozialkassenverfahren im Baugewerbe Gebrauch gemacht. Danach ist für Ansprüche zwischen den Zusatzversorgungskassen und der Urlaubsausgleichskasse der Bauindustrie auf der einen Seite und Arbeitgebern und Arbeitnehmern auf der anderen Seite Gerichtsstand das Arbeitsgericht Wiesbaden. § 48 Abs. 2 ArbGG räumt den Tarifvertragsparteien über § 1 Abs. 1 TVG hinaus zudem die Befugnis ein, prozessuale Fragen zu regeln; auf dieser Grundlage geschaffene Vorschriften gehören zum normativen Teil des Tarifvertrages (*Germelmann/Matthes/Prütting* § 48 Rz. 99). 97

H. Tarifvertragsrecht

98 Darüber hinaus gestattet § 101 ArbGG die Zuständigkeit von **Schiedsgerichten** zu bestimmen. Gem. § 101 Abs. 1 ArbGG ist die Vereinbarung über die Errichtung eines Schiedsgerichts unter Ausschluss der Arbeitsgerichtsbarkeit zulässig. Eine solche Vereinbarung betrifft den schuldrechtlichen Teil des Tarifvertrages mit der Folge, dass lediglich die Tarifvertragsparteien schuldrechtlich gebunden sind, bei Streitigkeiten aus Tarifverträgen oder über das Bestehen oder Nichtbestehen von Tarifverträgen das Schiedsgericht anzurufen. In einer solchen Vereinbarung kann auch die Abrede zur Bildung einer gemeinsamen Einrichtung der Tarifvertragsparteien i. S. d. § 4 Abs. 2 TVG gesehen werden (*Germelmann/Matthes/Prütting* § 101 Rz. 14).

99 Davon zu unterscheiden ist die **Einzelschiedsvereinbarung** nach § 101 Abs. 2 ArbGG, mit der das Verbot von Schiedsgerichten in den Arbeitssachen des § 4 ArbGG für tarifdispositiv erklärt wird. Eine solche Einzelschiedsvereinbarung hat normative Wirkung i. S. d. § 4 Abs. 1 TVG, sodass für die abschließend aufgeführten Berufsgruppen das Schiedsgericht zuständig ist.

100 Auf eine entsprechende Einrede, die jedoch verzichtbar ist, ist im Anwendungsbereich einer Schiedsabrede eine Klage vor dem Arbeitsgericht als unzulässig abzuweisen (*Germelmann/Matthes/Prütting* § 102 Rz. 107).

101 Davon zu unterscheiden ist die den Tarifvertragsparteien nach § 76 Abs. 8 BetrVG eingeräumte Möglichkeit, durch betriebsverfassungsrechtliche Normen eine tarifliche Schlichtungsstelle an die Stelle der betriebsverfassungsrechtlichen Einigungsstelle zu setzen.

102 Sonstige normativ wirkende Regelungen in Tarifverträgen können auch Maßregelungsverbote nach Arbeitskämpfen sein, die nicht nur schuldrechtliche Bedeutung im Verhältnis der Tarifvertragsparteien zueinander haben. Ihnen kommt vielmehr eine unmittelbare und zwingende Wirkung i. S. d. § 4 Abs. 1 TVG zu (*BAG* 13.7.1993 EzA Art. 9 GG Arbeitskampf Nr. 112).

103 In Tarifverträgen sind häufig sog. **Protokollnotizen** enthalten. Ihr Rechtscharakter ist nicht einheitlich. Sie können Normcharakter, aber auch erläuternden Charakter haben. Insoweit können sie als Auslegungshilfe herangezogen werden (*BAG* 27.8.1986 EzA § 1 TVG Nr. 25).

Letzteres gilt auch für sog. **Ergebnisniederschriften**, die im Zusammenhang mit den Tarifverhandlungen oder sonstiger Zusammenkünfte der Tarifvertragsparteien zustandekommen (*BAG* 3.12.1986 EzA § 1 TVG Nr. 32).

c) Schuldrechtlicher Teil

104 Wesentliche schuldrechtliche Verpflichtungen sind die Friedenspflicht und die Durchführungspflicht.

aa) Friedenspflicht

105 Jedem Tarifvertrag ist die sog. **relative Friedenspflicht** immanent. Sie verbietet den Tarifvertragsparteien, während der Laufzeit des Tarifvertrages insoweit einen Arbeitskampf zu führen und ihre Mitglieder dazu aufzurufen (*BAG* 8.2.1957 AP Nr. 1 zu § 1 TVG Friedenspflicht).

H. Tarifvertragsrecht

Daraus folgt zum einen eine **Unterlassungspflicht** und zum anderen eine **Einwirkungspflicht**. Letztere bewirkt, dass die Tarifvertragspartei verpflichtet ist, auf die Verbandsmitglieder mit allen satzungsmäßig zulässigen Mitteln einzuwirken, wenn diese den Arbeitsfrieden zu brechen suchen oder gebrochen haben. Die auch ungeschrieben zu beachtende relative Friedenspflicht ist gegenständlich bezogen auf den Inhalt des laufenden Tarifvertrages. Eine außerhalb dieses Regelungsbereichs liegende Forderung darf also erhoben und mit den Mitteln des Arbeitskampfrechts verfolgt werden. Um dies zu verhindern, müssten die Tarifvertragsparteien die sog. **absolute Friedenspflicht** ausdrücklich vereinbaren. Die absolute Friedenspflicht verbietet jede – auch eine auf tariflich nicht geregelte Fragen bezogene – Arbeitsniederlegung. Eine solche Vereinbarung unterliegt jedoch auch Beschränkungen. Ein genereller Verzicht auf das Recht zum Arbeitskampf wäre wohl als Grundrechtsverzicht mit Art. 9 Abs. 3 GG nicht zu vereinbaren (MünchArbR/*Löwisch* § 270 Rz. 11). 106

Die Friedenspflicht endet grds. mit dem Ablauf der zwingenden Wirkung der Tarifnorm eines Tarifvertrages. Die Tarifvertragsparteien können jedoch anderweitige Regelungen treffen. Mit dem Ablauf der Friedenspflicht können die Tarifvertragsparteien Arbeitskampfmaßnahmen einleiten. 107

bb) Durchführungspflicht

Den Tarifvertragsparteien obliegt eine sog. Durchführungspflicht, die sie auch ohne ausdrückliche Vereinbarung gegenüber der anderen Tarifvertragspartei verpflichtet, auf ihre Mitglieder mit den Mitteln des Verbandsrechts einzuwirken, die Tarifnormen zu erfüllen. 108

Allerdings besteht eine Einwirkungspflicht dahin, eine bestimmte Regelung der Arbeitsbedingungen zu unterlassen, nur dann, wenn die Auslegung des Tarifvertrages eindeutig ergibt, dass die Regelung nicht dem Tarifvertrag entspricht oder ein entsprechendes rechtskräftiges Urteil bzw. eine verbindliche Entscheidung einer tariflichen Schlichtungsstelle vorliegt oder die Tarifvertragspartei selbst von der Tarifwidrigkeit der Regelung ausgeht (*BAG* 29.4.1992 EzA § 1 TVG Durchführungspflicht Nr. 2). 109

Ein Verstoß gegen die Durchführungspflicht kann ein wichtiger Grund zur fristlosen Kündigung des Tarifvertrages sein. 110

Hinsichtlich der gerichtlichen Geltendmachung ist das *BAG* (9.6.1982 EzA § 1 TVG Nr. 14) zunächst davon ausgegangen, dass nur eine Feststellungsklage in Betracht kommt, weil die Gegenpartei keine bestimmten verbandsrechtlichen Maßnahmen vorschreiben und damit auch keine Leistungsklage erheben kann. Später hat es (*BAG* 3.2.1988 EzA § 4 TVG Druckindustrie Nr. 14) angenommen, dass eine Leistungsklage dann zulässig ist, wenn ein bestimmtes Einwirkungsmittel benannt wird. Da es den Verbänden nach der Satzung regelmäßig freisteht, selbst zu entscheiden, wie sie auf ihre Mitglieder einwirken, wird eine derartige Klage aber grds. unbegründet sein. Das führte dazu, Feststellungsklage mit dem Ziel zu erheben, dass der Verband auf das Mitglied einwirkt, den Tarifvertrag tatsächlich anzuwenden (*BAG* 11.9.1991 EzA § 1 TVG Durchführungspflicht Nr. 1). 111

Nunmehr hält das *BAG* eine Klage auf Einwirkung als Leistungsklage auch dann für zulässig, wenn kein bestimmtes Einwirkungsmittel benannt wird (29.4.1992 EzA § 1 TVG Durchführungspflicht Nr. 2). 112

H. Tarifvertragsrecht

Die Zwangsvollstreckung erfolgt nach § 888 ZPO, sodass der Schuldner bei entsprechender Verurteilung die freie Wahl hat, welches Mittel der Einwirkung er wählt.

2. Auslegung von Tarifverträgen

a) Der schuldrechtliche Teil

113 Der schuldrechtliche Teil des Tarifvertrages ist nach den Regelungen des Vertragsrechts auszulegen, §§ 133, 157 BGB (*Wiedemann/Wank* TVG § 1 Rz. 768).

Danach ist nicht auf den inneren Willen des Erklärenden, sondern auf die objektive Erklärungsbedeutung abzustellen, wonach das äußere Verhalten so auszulegen ist, wie es der Erklärungsempfänger nach Treu und Glauben unter Berücksichtigung der Verkehrssitte verstehen muss. Neben dem Wortlaut sind auch die Begleitumstände, Entstehungsgeschichte, Äußerung der Parteien, Zweck und bestehende Interessenlage und die Verkehrssitte zu berücksichtigen.

b) Normativer Teil

114 Die Auslegung des normativen Teils eines Tarifvertrages folgt nach ständiger Rechtsprechung des *BAG* (12.9.1984 EzA § 1 TVG Auslegung Nr. 14) den für die Auslegung von Gesetzen geltenden Regeln.

115 Zunächst ist vom Wortlaut auszugehen. Dabei ist der maßgebliche Sinn der Erklärung zu erforschen, ohne am Buchstaben zu haften. Soweit der Tarifwortlaut nicht eindeutig ist, ist der in den tariflichen Normen zum Ausdruck kommende wirkliche Wille der Tarifvertragsparteien mit zu berücksichtigen. Abzustellen ist ferner auf den tariflichen Gesamtzusammenhang, weil dieser Anhaltspunkte für den wirklichen Willen der Tarifvertragsparteien liefert und nur so der Sinn und Zweck der Tarifnorm zutreffend ermittelt werden kann. Lässt dies zweifelsfreie Auslegungsergebnisse nicht zu, dann können ohne Bindung an eine Reihenfolge weitere Kriterien, wie die Entstehungsgeschichte des Tarifvertrages, ggf. auch die praktische Tarifübung, ergänzend herangezogen werden. Auch die Praktikabilität denkbarer Auslegungsergebnisse ist zu berücksichtigen; im Zweifel gebührt derjenigen Tarifauslegung der Vorzug, die zu einer vernünftigen, sachgerechten, zweckorientierten und praktisch brauchbaren Regelung führt (*BAG* 12.9.1984 EzA § 1 TVG Auslegung Nr. 14). Wenn die Tarifvertragsparteien ein Wort erwähnen, das in der Rechtsterminologie einen festen Inhalt hat, ist im Zweifel davon auszugehen, dass sie dies in demselben Sinn verstanden wissen wollen (*BAG* 28.1.1977 AP Nr. 1 zu § 1 TVG Tarifverträge: Ziegelindustrie).

116 Im Rahmen der Auslegung können Niederschriftserklärungen, Protokollnotizen, authentische Interpretationen der Tarifvertragsparteien, die nicht die förmlichen Voraussetzungen eines Tarifvertrages erfüllen, als Auslegungshilfe berücksichtigt werden, wenn sie den gemeinsamen Willen der Tarifvertragsparteien wiedergeben und nicht in offensichtlichem Widerspruch zum Wortlaut stehen (*BAG* 24.5.1978 EzA § 4 TVG Metallindustrie Nr. 11).

H. Tarifvertragsrecht

c) Rechtsfolgen lückenhafter tariflicher Regelungen

Tarifverträge erheben nicht den Anspruch, die Arbeitsbedingungen vollständig, umfassend und lückenlos zu regeln, auch können die Tarifvertragsparteien bewusst von einer Regelung für den fraglichen Einzelfall abgesehen haben (*BAG* 13.6.1973 AP Nr. 123 zu § 1 TVG Auslegung). 117

Eine die Tariflücke schließende Auslegung ist dann nicht möglich, wenn eine derartige Lücke bewusst und gewollt vereinbart ist. Ansonsten würde nämlich in die Tarifautonomie (Art. 9 Abs. 3 GG) eingegriffen (*BAG* 23.9.1981 AP Nr. 19 zu § 611 BGB Lehrer, Dozenten). 118

Dagegen können Lücken, die vorhanden waren, oder entstanden sind, ohne dass die Tarifvertragsparteien dies vorher gesehen haben, nach Treu und Glauben sowie nach dem in Betracht kommenden wirtschaflichen und sozialen Zweck geschlossen werden (*BAG* 13.6.1973 AP Nr. 123 zu § 1 TVG Auslegung). Etwas anderes gilt, wenn für die Schließung der Regelungslücke verschiedene Möglichkeiten in Betracht kommen. Denn dann bestehen für die Tarifvertragsparteien Gestaltungsmöglichkeiten, über die sie auf Grund der Tarifhoheit selbst entscheiden müssen. Ein Tätigwerden von dritter Seite wäre dann ein verfassungswidriger Eingriff in die Tarifautonomie (*BAG* 10.12.1986 AP Nr. 1 zu § 42 MTB II). 119

d) Prozessuale Fragen

Ergibt sich aus dem Parteivortrag, dass tarifliche Normen für die Entscheidung erheblich sein könnten, so haben die Gerichte für Arbeitssachen den Inhalt dieser Rechtsnormen nach den Grundsätzen des § 293 ZPO zu ermitteln (*BAG* 9.8.1995 EzA § 293 ZPO Nr. 1). 120

Zum Inhalt eines Tarifvertrages gehört der Zeitpunkt seines Wirksamwerdens. Eine subjektive Beweislast besteht im Anwendungsbereich des § 293 ZPO nicht. Ein Streit zwischen Arbeitgeber und Betriebsrat über die richtige Auslegung einer Tarifnorm kann grds. nicht in einem Beschlussverfahren ausgetragen werden (*BAG* 24.2.1987 EzA § 80 BetrVG 1972 Nr. 29). 121

3. Grenzen der Regelungsbefugnis der Tarifvertragsparteien

a) Tarifvertrag und überstaatliches Recht

Tarifverträge müssen mit dem unmittelbar geltenden überstaatlichen (zwischenstaatlichen) Recht vereinbar sein. Dazu gehört insbesondere die Europäische Menschenrechtskonvention, der EG-Vertrag und die Verordnungen und Richtlinien der EG (s. o. A/Rz. 748 ff.). 122

In der Praxis sehr bedeutsam ist Art. 119 Abs. 1 EG-Vertrag, wonach Männern und Frauen bei gleicher Arbeit das gleiche Entgelt zusteht (s. o. C/Rz. 623 ff.). Dabei hat das Lohngleichheitsgebot des Art. 119 Abs. 1 EG-Vertrag auch Vorrang gegenüber Tarifverträgen, wie sich aus Art. 4 der Richtlinie 75/117/EWG ergibt. Nach dieser Vor- 123

H. Tarifvertragsrecht

schrift haben die Mitgliedstaaten sicherzustellen, dass mit dem Grundsatz des gleichen Entgelts unvereinbare Bestimmungen in Tarifverträgen nichtig sind oder für nichtig erklärt werden können (*EuGH* 27.6.1990 AP Nr. 21 zu Art. 119 EWG-Vertrag).

124 Verstößt eine tarifliche Bestimmung gegen eine EG-Richtlinie, so muss beachtet werden, dass sich die Richtlinie unmittelbar nur an die Mitgliedstaaten richtet. Daraus folgt, dass die richtlinienwidrige tarifliche Bestimmung nur dann nichtig ist, wenn der Arbeitgeber dem Staat zuzurechnen ist. Anderenfalls ist die der Richtlinie zuwiderlaufende tarifliche Bestimmung gemeinschaftskonform auszulegen (*Wissmann* ZTR 1994, 223; a. A. MünchArbR/*Löwisch* § 252 Rz. 87, der die Nichtigkeit der tariflichen Regelung annimmt).

125 Eine für die Praxis wichtige Rechtsfrage hat der *EuGH* in seinem Urteil vom 15.12.1994 entschieden (EzA Art. 119 EWG-Vertrag Nr. 24). Darin hat er die ihm gestellte Frage verneint, ob tarifvertragliche Regelungen, welche Mehrarbeitszuschläge nur bei Überschreiten der tarifvertraglich für Vollzeitbeschäftigte festgelegten Regelarbeitszeiten vorsehen, im Widerspruch zu Art. 119 Abs. 1 EG-Vertrag und Art. 1 der Richtlinie 75/117/EWG stehen. Nach der Auslegung des Art. 119 Abs. 1 EG-Vertrag durch den EuGH, der sich das *BAG* anschloss (20.6.1995 EzA § 2 BeschFG 1985 Nr. 41), fehlt es bereits an einer Ungleichbehandlung hinsichtlich des Arbeitsentgelts. Sie liegt nur dann vor, wenn bei gleicher Anzahl Stunden, die auf Grund eines Arbeitsverhältnisses geleistet werden, die den Vollzeitbeschäftigten gezahlte Gesamtvergütung höher ist als die den Teilzeitbeschäftigten gezahlte. In den dem EuGH vorgelegten Fällen erhielten Teilzeitbeschäftigte für die gleiche Anzahl geleisteter Arbeitsstunden die gleiche Gesamtvergütung wie Vollzeitbeschäftigte. Nach den dort anwendbaren Tarifverträgen hat ein Teilzeitbeschäftigter, dessen vertragliche Arbeitszeit 18 Stunden beträgt, wenn er eine 19. Stunde arbeitet, Anspruch auf die gleiche Gesamtvergütung wie ein Vollzeitbeschäftigter für 19 Arbeitsstunden. Überschreitet der Teilzeitbeschäftigte die tarifvertraglich festgelegte Regelarbeitszeit, erhält er ebenfalls die gleiche Gesamtvergütung wie der Vollzeitbeschäftigte, da auch er Anspruch auf Überstundenzuschläge hat.

b) Tarifvertrag und Grundgesetz

126 Die Tarifvertragsparteien sind umfassend an die Verfassung, insbesondere an die Grundrechte gebunden. Es besteht eine unmittelbare Grundrechtsbindung (*BVerfG* 15.7.1980 EzA § 5 TVG Nr. 7). Nach Auffassung des 4. Senats des BAG unterliegen die Tarifvertragsparteien keiner unmittelbaren Grundrechtsbindung. Sie sind vielmehr wegen ihres insoweit vorrangigen Grundrechts der Koalitionsfreiheit aus Art. 9 Abs. 3 GG bis zur Grenze der Willkür frei, in eigener Selbstbestimmung Tarifregelungen festzulegen (*BAG* 30.8.2000 EzA Art. 9 GG Nr. 7). Demgegenüber vertritt wohl nach wie vor der 10. Senat des BAG eine Grundrechtsbindung (*BAG* 18.10.2000 EzA § 611 BGB Gratifikation, Prämie Nr. 161). Eine Vorlage an den Großen Senat unterblieb jeweils, weil die Frage der Grundrechtsbindung nicht entscheidungserheblich war.

Tarifnormen sind jedenfalls Gesetze im materiellen Sinne, weil sie insbesondere in ihren Regelungen der Arbeitsbedingungen objektives Recht für die Arbeitsverhältnisse setzen.

H. Tarifvertragsrecht

Daraus folgt auch, dass die Tarifverträge dem Rechtsstaatsprinzip, dem Sozialstaatsprinzip und dem Demokratieprinzip genügen müssen. Das danach zu beachtende Rechtsstaatsprinzip hat zur Folge, dass die Tarifvertragsparteien dem Gebot der Normenklarheit und auch dem Gebot des Vertrauensschutzes Rechnung tragen müssen. Die Arbeitsgerichte haben eine vollständige Überprüfungskompetenz darüber, ob und inwieweit tarifliche Normen mit dem Grundgesetz, insbesondere mit einzelnen Grundrechten unvereinbar sind, weil sie die Grenzen des Gestaltungsspielraums der Tarifvertragsparteien und damit der Tarifautonomie übersteigen (*BAG* 16.11.1982 AP Nr. 4 zu § 62 BAT [s. o. A/Rz. 418 ff.]). 127 128

Beispiel: 129

> Mit Urteil vom 25.7.1996 (EzA § 11 BAT Nr. 2) hat das BAG eine Ablieferungspflicht für Nebentätigkeitsvergütung im öffentlichen Dienst als mit Art. 12 Abs. 1 GG vereinbar angesehen. Angestellte werden durch die in § 11 BAT i. V. m. den in Bezug genommenen für Beamte geltenden Nebentätigkeitsregelungen bestimmte Ablieferungspflicht nicht in ihrem Grundrecht auf freie Berufsausübung aus Art. 12 Abs. 1 GG unzulässig beeinträchtigt. Zwar berührt die Ablieferungspflicht den Schutzbereich des Art. 12 Abs. 1 GG, da die Angestellten in ihren Verdienstmöglichkeiten durch Nebentätigkeiten beschränkt werden. Der Eingriff ist jedoch im Hinblick auf den verfolgten Zweck nicht unverhältnismäßig. Die Ablieferungspflicht soll dem Anreiz entgegenwirken, Nebentätigkeiten auszuüben, die wegen ihres zeitlichen Umfangs zur Beeinträchtigung der arbeitsvertraglich geschuldeten Haupttätigkeit führen können. Diese Beschränkung ist zumutbar, da sie sich nur auf Nebentätigkeiten im öffentlichen Dienst bezieht und einen der jeweiligen Vergütungsgruppe angemessenen Freibetrag belässt.

c) Tarifverträge und Gesetzesrecht/Gesetzesvertretendes Richterrecht

Aus der Normenhierarchie folgt (s. o. A/Rz. 298 ff.), dass das Gesetzesrecht über den Rechtsnormen des Tarifvertrages steht. Jedoch führt nicht jede tarifvertragliche Abweichung zu einem Gesetzesverstoß. 130

> Ob ein solcher vorliegt, hängt vom Charakter des Gesetzes als **zweiseitig-zwingendes, einseitig-zwingendes** oder als **dispositives Gesetz** ab. Welcher Gesetzestypus vorliegt, ist letztlich durch Auslegung zu ermitteln.

Zweiseitig-zwingende Gesetze (z. B. die Organisation der Personalvertretung und in großen Teilen auch die der Betriebsverfassung, GWB, ZPO) lassen keinerlei tarifvertragliche Abweichungen zu. 131

Einseitig-zwingende Gesetze, für deren Vorliegen eine Vermutung spricht (*BAG* 25.9.1987 EzA § 1 BeschFG 1985 Nr. 2), lassen Abweichungen nur zu Gunsten der Arbeitnehmer, nicht aber zu deren Ungunsten zu. So kann z. B. die in § 3 Abs. 1 BUrlG bestimmte Urlaubsdauer ohne weiteres verlängert werden, denn das BUrlG ist ein Schutzgesetz allein zu Gunsten der Arbeitnehmer. Auch die Befristungsregelung des BeschFG ist lediglich eine Mindestarbeitsbedingung (*BAG* 5.9.1987 EzA § 1 BeschFG 1985 Nr. 2 [s. o. D/Rz. 2258 f.]). 132

Gesetzliche Bestimmungen können auch tarifdispositiv sein, indem sie ein ausdrückliches Abweichen zu Gunsten oder zu Ungunsten sowohl des Arbeitgebers 133

H. Tarifvertragsrecht

als auch des Arbeitnehmers nur den Tarifvertragsparteien, nicht aber den Parteien von Betriebsvereinbarungen oder Einzelarbeitsvertrag gestatten (vgl. z. B. § 622 Abs. 4 BGB s. o. D/Rz. 176 ff.; § 13 BUrlG s. o. C/Rz. 1893 ff.; § 6 BeschFG s. o. D/Rz. 2258 f.; § 4 Abs. 4 EFZG s. o. C/Rz. 1530 ff.). Weil der Schutz der Arbeitnehmer insoweit im Vordergrund steht, ist der Umfang der Tarifdispositivität gesetzlicher Schutzvorschriften nicht extensiv, sondern grds. restriktiv zu bestimmen (BAG 31.1.1979 EzA § 4 TVG Bundesbahn Nr. 1). Nehmen die Tarifvertragsparteien ihre Regelungskompetenz in Anspruch, so müssen sie ihre vom Gesetzesrecht abweichende tarifliche Regelung nicht mit sachlichen und vernünftigen Gründen rechtfertigen (BAG 23.10.1993 AP Nr. 37 zu § 616 BGB).

134 Infolge der gesetzgeberischen Enthaltsamkeit im Arbeitsrecht kommt dem gesetzesvertretenden Richterrecht in manchen Bereichen des Arbeitsrechts große Bedeutung zu (Arbeitskampfrecht, Gratifikationsrecht).

Gesetzesvertretendes Richterrecht ist regelmäßig tarifdispositiv (st. Rspr. des BAG seit 31.3.1966 EzA § 611 BGB Gratifikation, Prämie Nr. 17).

d) Tarifvertrag und Betriebsvereinbarungen

135 Grds. besteht eine umfassende Regelungskompetenz der Betriebspartner (BAG GS 7.11.1989 EzA § 77 BetrVG 1972 Nr. 34). Diese haben jedoch den Tarifvorrang des § 77 Abs. 3 BetrVG und des § 87 Abs. 1 Einleitungssatz BetrVG zu beachten.

136 Zum Verhältnis beider Schranken hat der **Große Senat** des BAG in seiner Entscheidung vom 3.12.1991 nochmals ausführlich Stellung genommen (EzA § 87 BetrVG Betriebliche Lohngestaltung Nr. 30). Danach werden Betriebsvereinbarungen im Rahmen der erzwingbaren Mitbestimmung nach § 87 Abs. 1 BetrVG von der Sperre des § 77 Abs. 3 BetrVG nicht erfasst (sog. Vorrangtheorie im Gegensatz zur sog. Zwei-Schranken-Theorie; s. u. I/Rz. 1180 ff., 1301 f.).

e) Tarifvertrag und Vertragsrecht

137 Von den Rechtsnormen eines Tarifvertrages kann im Einzelarbeitsvertrag abgewichen werden, soweit dies durch den Tarifvertrag gestattet ist oder die Regelung eine Änderung zu Gunsten der Arbeitnehmer enthält (§ 4 Abs. 3 TVG).

138 Tarifvertragliche Bestimmungen gehen dem Einzelarbeitsvertrag grds. vor. Da jedoch der Tarifvertrag lediglich Mindestarbeitsbedingungen darstellt, sind günstigere arbeitsvertragliche Regelungen möglich. Dies ergibt sich aus dem in § 4 Abs. 3 TVG bestimmten Günstigkeitsprinzip (s. u. H/Rz. 238 ff.).

4. Einzelne tarifvertragliche Klauseln

a) Besetzungsregelungen

139 Ein Tarifvertrag kann für eine bestimmte Tätigkeit eine bestimmte Qualifikation verlangen. Das ist nicht zu beanstanden, wenn sie von vernünftigen Gründen getragen ist (BAG 26.4.1990 EzA § 4 TVG Druckindustrie Nr. 20), z. B. wenn es um den Schutz einzelner Arbeitnehmer vor Überforderung geht.

H. Tarifvertragsrecht

b) Differenzierungs-, Spannensicherungsklauseln

Die Tarifvertragsparteien versuchen mit sog. Differenzierungsklauseln den tarifgebundenen Arbeitgebern zu verbieten, bestimmte tariflich festgelegte Leistungen und Vergünstigungen auch den nicht bzw. anders organisierten Arbeitnehmern auf einzelvertraglicher Grundlage zu gewähren. Der weiteren Sicherung des dadurch festgelegten Abstandes der Lohnhöhe zu Gunsten tarifgebundener Arbeitnehmer dienen die Spannensicherungsklauseln, wonach der Arbeitgeber bei jeder zusätzlichen Leistung an Nichtorganisierte auch die Position der organisierten Arbeitnehmer verbessern muss. Solche Klauseln verstoßen zwar nicht gegen Art. 3 Abs. 1 GG, weil der Arbeitgeber die Arbeitnehmer je nach Tarifbindung unterschiedlich behandeln darf, sie bedeuten aber nach der Rechtsprechung des *BAG* (*GS* 29.11.1967 AP Nr. 13 zu Art. 9 GG) eine unzulässige Überschreitung der Tarifmacht und sind damit unwirksam. Diese Klauseln sind für den Arbeitgeber unzumutbar, weil ihm die Unterstützung organisationspolitischer Interessen der Gewerkschaft zugemutet wird. Außerdem stellen sie eine Art Gebühr dar, die den Außenseitern für gewerkschaftliche Tätigkeit auferlegt wird und daher ihr Gerechtigkeitsempfinden verletzen muss. Auch die negative Koalitionsfreiheit für nicht tarifgebundene Außenseiter wird verletzt, weil auf sie ein sozial inadäquater Druck ausgeübt wird, bestimmte Leistungen nur durch Gewerkschaftsbeitritt erlangen zu können. Demgegenüber sind **sog. Außenseiterklauseln** mit dem Inhalt, nicht organisierte Arbeitnehmer und Gewerkschaftsmitglieder gleich zu behandeln, als schuldrechtliche Vereinbarung zwischen den Tarifvertragsparteien zulässig.

140

c) Absicherung übertariflicher Lohnbestandteile durch Tarifverträge

aa) Allgemeines

Übertarifliche Zulagen kann der Arbeitgeber mit einer Tariflohnerhöhung verrechnen, wenn die Zulagen dem Arbeitnehmer nicht als selbstständiger und anrechnungsfester Entgeltbestandteil neben dem jeweiligen Tarifentgelt zustehen. Die Anrechnungsfestigkeit kann sich aus einer Betriebsvereinbarung (*BAG* 23.3.1993 EzA § 4 TVG Tariflohnerhöhung Nr. 24) oder einer arbeitsvertraglichen Abrede ergeben. Zur Vermeidung von Rechtsstreitigkeiten ist es für die Praxis ratsam, bei Betriebsvereinbarungen über Zulagensysteme den Vorbehalt der Anrechnung künftiger Tariflohnerhöhungen und sonstiger Tarifverbesserungen aufzunehmen. Im Arbeitsvertrag sollte beispielsweise folgende Klausel enthalten sein:

141

> »Alle außer-/übertariflichen Zulagen werden freiwillig gewährt und können jederzeit mit tariflichen Lohnerhöhungen verrechnet oder auch sonst widerrufen werden.«

Liegt ein ausdrücklicher Anrechnungsvorbehalt nicht vor, ist eine außer-/übertarifliche Zulage noch nicht ohne weiteres anrechnungsfest. Die tatsächliche Zahlung dieser Zulage beinhaltet nicht etwa einen rechtsgeschäftlichen Willen des Arbeitgebers, die Zulage abzusichern. Dies gilt selbst dann, wenn der Arbeitgeber die außer-/übertariflichen Verdienstbestandteile jahrelang vorbehaltlos geleistet und bisher niemals mit Tariflohnerhöhungen verrechnet hat. Die jahrelange Praxis der anrechnungsfreien Weitergabe von Tariflohnerhöhungen begründet keine betriebliche Übung dahingehend, dass der Tariflohn um die Zulage aufzustocken ist (*BAG* 22.9.1992 EzA § 87 BetrVG 1972 Betriebliche Lohngestaltung Nr. 35).

142

Pfeiffer

H. Tarifvertragsrecht

Wird im Arbeitsvertrag ein festes Monatsgehalt (Festbetrag) oberhalb des Tarifniveaus vereinbart, so ist dies ein Indiz für die Zulässigkeit der Anrechnung.

Für das *BAG* ergibt sich aus der getrennten Aufführung des Tariflohns und der Zulage noch nicht zwingend ein Anrechnungsverbot (22.9.1992 EzA § 87 BetrVG 1972 Betriebliche Lohngestaltung Nr. 35).

143 Ob die außer-/übertariflichen Zulagen anrechnungsfest oder aber anrechnungsfähig sind, hängt entsprechend von der mit der Leistung verfolgten Zweckbestimmung ab. Allgemeine Zulagen sind anrechenbar. Nicht anrechenbar sind demgegenüber Zulagen, die besondere Leistungen oder Erschwernisse abgelten (z. B. Zulage für Betriebstreue, Lärmzulagen, Schmutzzulagen).

Ist die außer-/übertarifliche Zulage nicht tarifbeständig, so kommt eine Anrechnung mit jeglicher tariflicher Entgelterhöhung in Betracht. Dies kann sowohl eine Entgelterhöhung auf Grund eines neu abgeschlossenen Tarifvertrages als auch die Erhöhung des Entgelts nach dem Erreichen einer bestimmten Anzahl von Berufsjahren sein. Etwas anderes gilt nur dann, wenn der Arbeitgeber ausdrücklich den Anrechnungsvorbehalt auf Entgelterhöhungen infolge von Neuabschlüssen von Tarifverträgen bezogen hat.

144 Der Arbeitgeber hat jedoch bei der Anrechnung von Zulagen stets den Gleichbehandlungsgrundsatz zu berücksichtigen (*BAG* 16.4.1980 EzA § 4 TVG Effektivklausel Nr. 1; s. o. A/Rz. 458 ff.), auch z. B. bei der rückwirkenden Erhöhung der außer-/übertariflichen Lohnbestandteile. Ferner ist das Mitbestimmungsrecht des Betriebsrats nach § 87 Abs. 1 Nr. 10 BetrVG zu beachten (s. u. I/Rz. 1470 ff.).

bb) Bestandsklauseln

145 Bestandsklauseln bestimmen, dass bisherige, günstigere Arbeitsbedingungen durch das In-Kraft-Treten des Tarifvertrages nicht berührt werden. Sie sprechen lediglich den sich aus § 4 Abs. 3 TVG ergebenden Inhalt aus. Aus ihnen kann also nicht hergeleitet werden, dass der höhere Lohn zum Tariflohn erhoben wird oder der alte Lohn neben dem Tariflohn weiterzuzahlen ist (*BAG* 11.8.1965 AP Nr. 9 zu § 4 TVG Übertariflicher Lohn und Tariflohnerhöhung).

cc) Effektivklauseln

146 Effektivklauseln lauten beispielsweise wie folgt:

»Die Tariflohnerhöhung ist effektiv zu gewähren.«
oder
»Die Tariflohnerhöhung tritt neben den tatsächlich gezahlten Lohn in jedem Fall hinzu.«

147 Mit einer sog. **Effektivgarantieklausel** soll erreicht werden, dass die bisher gezahlten Effektivlöhne in Zukunft erhöht um den im Tarifvertrag vorgesehenen Betrag und insgesamt einschließlich des zuvor übertariflichen Lohnbestandteils als unabdingbare tarifliche Mindestbedingungen zu leisten sind und nur durch einen neuen Tarifvertrag herabgesetzt werden können. Solche Regelungen sind unzulässig, weil es Aufgabe des Tarifvertrages ist, allgemeine Regelungen zu schaffen, den Mindestlohn fest-

H. Tarifvertragsrecht

zulegen. Von daher kann nicht auf individuelle Lohnfestsetzungen Bezug genommen werden. Derartige Regelungen entbehren einer Rechtsgrundlage (*BAG* 16.9.1987 EzA § 4 TVG Effektivklausel Nr. 2).

Mit der sog. **begrenzten Effektivklausel** bezwecken die Tarifvertragsparteien, dass 148 der Aufsaugungseffekt nicht eintritt, sondern eine Aufstockung erfolgt, ohne dass der übertarifliche Lohnbestandteil dadurch zum Tariflohn würde. Solche Klauseln sind unwirksam, weil es sonst zu unterschiedlichen Mindestlöhnen kommt, während die Rechtsnormen des Tarifvertrages nur eine allgemeine und gleiche Lohnerhöhung vorsehen dürfen (*BAG* 16.9.1987 EzA § 4 TVG Effektivklausel Nr. 2). Darin ist ein Verstoß gegen Art. 3 Abs. 1 GG zu sehen. Außerdem unterliegen dem Tarifvertrag gegenüber günstigere Arbeitsbedingungen der einzelvertraglichen Vereinbarung. Desweiteren wird das Schriftformerfordernis verletzt, weil sich der Tariflohn nicht aus der schriftlichen Urkunde ermitteln lässt.

Nach Auffassung des Vierten Senats des BAG führen die zum Ausgleich für die Ar- 149 beitszeitverkürzung erfolgten Tariflohnerhöhungen auch nicht zum Zwecke der Erhaltung des Arbeitsentgelts auf der Grundlage der zuvor geltenden wöchentlichen Arbeitszeit zur Erhöhung des übertariflichen Stundenlohnanteils (*BAG* 16.9.1987 EzA § 4 TVG Effektivklausel Nr. 2). Im Gegensatz zu Wochen- und Monatslöhnen sieht der Vierte Senat Stundenlöhne, die zum Ausgleich einer gleichzeitig vorgenommenen Arbeitszeitverkürzung erhöht werden, als vom allgemeinen Anrechnungsvorbehalt erfasst an (*BAG* 3.6.1987 EzA § 4 TVG Metallindustrie Nr. 31; 16.9.1987 EzA § 4 TVG Effektivklausel Nr. 2). Demgegenüber vertritt der Erste Senat des BAG die Auffassung, dass der bei übertariflichen Zulagen bestehende, sich generell auf Tariflohnerhöhungen beziehende Anrechnungsvorbehalt im Zweifel nicht den Lohnausgleich für eine tarifliche Arbeitszeitverkürzung erfasst. Dieser Rechtssatz gilt nach dem Ersten Senat sowohl für tarifliche Monatsvergütungen (*BAG* 7.2.1996 EzA § 87 BetrVG 1972 Betriebliche Lohngestaltung Nr. 55) als auch für tarifliche Stundenlöhne (*BAG* 23.10.1996 – 1 AZR 299/96 – n. v., nicht entscheidungserhebliche Divergenz zu *BAG* 3.6.1987 EzA § 4 TVG Metallindustrie Nr. 31).

In diesem Zusammenhang hat das BAG eine Tarifnorm, wonach die Verkürzung der 150 Wochenarbeitszeit keiner Arbeitsvertragspartei zusätzliche Vor- oder Nachteile bringen soll, als unzulässige Effektivklausel behandelt (*BAG* 16.9.1987 EzA § 4 TVG Effektivklausel Nr. 2).

Anderer Ansicht nach ist darin lediglich eine Verdienstsicherungsklausel zu sehen 151 (*LAG Rheinland-Pfalz* NZA 1987, 393). Tarifliche Verdienstsicherungsklauseln, die arbeitsvertraglich begründete Zulagen umfassen, sind unwirksam. Sie dürfen nicht anders behandelt werden als entsprechende Effektivklauseln (*Brox/Müller* Anm. zu *BAG* 16.9.1987 AP Nr. 15 zu § 4 TVG Effektivklausel).

dd) Verrechnungsklauseln

Die Verrechnungsklauseln bringen zum Ausdruck, dass bisherige außer-/übertarif- 152 liche Vergütungen auf die Tariferhöhung angerechnet werden und spiegeln somit lediglich die Rechtslage wider. Sofern durch sie die sich eventuell aus dem Arbeitsvertrag ergebende Verpflichtung des Arbeitgebers zur Aufstockung der Tariferhöhung auf den bisherigen Effektivlohn ausgeschlossen werden soll, ist sie unwirksam (*BAG* 26.2.1986 EzA § 4 TVG Tariflohnerhöhung Nr. 8).

H. Tarifvertragsrecht

ee) Verdienstsicherungsklauseln

153 Mit tariflichen Verdienstsicherungsklauseln soll in erster Linie älteren Arbeitnehmern, die wegen gesundheitlich bedingter Einschränkung der Leistungsfähigkeit auf dem bisherigen Arbeitsplatz nicht mehr einsetzbar sind und deshalb auf einen anderen Arbeitsplatz mit geringerer Entlohnung umgesetzt werden, das bisher zustehende Arbeitsentgelt einschließlich über- und/oder außertariflicher Zulagen zumindest für einen bestimmten Zeitraum gesichert werden.

154 Solche Klauseln lauten beispielsweise wie folgt:

> »Arbeitnehmer nach Vollendung des 53. Lebensjahres haben Anspruch auf Entgeltsicherung, wenn ...
> Für die Berechnung des bisherigen Durchschnittsverdienstes sind zu Grunde zu legen:
> Tariflohn, tarifliche Leistungszulagen, außer

155 Nach der Rechtsprechung des *BAG* (15.5.1991 EzA § 4 TVG Metallindustrie Nr. 84) liegt insoweit nur eine zulässige Berechnungsgrundlage für den verdienstgesicherten Durchschnittsverdienst und keine unzulässige Effektivklausel vor. Die übertariflichen Zulagen werden dadurch nicht mit tarifrechtlicher Wirkung abgesichert, sondern können, wie bei allen Arbeitnehmern, mit späteren Tariflohnerhöhungen nach allgemeinen arbeitsrechtlichen Grundsätzen ganz oder teilweise verrechnet werden.

V. Geltungsgrund eines Tarifvertrages

1. Tarifgebundenheit

a) Allgemeines

156 Da die Tarifvertragsparteien befugt sind, Tarifnormen zu setzen, bedarf es einer Legitimation im Verhältnis zwischen Normgeber und Normunterworfenen. Sie folgt aus der Mitgliedschaft der einzelnen Arbeitgeber und Arbeitnehmer in ihrem jeweiligen Verband und führt zur Bindung an den Tarifvertrag. Deshalb sind auch gem. § 3 Abs. 1 TVG die Mitglieder der Tarifvertragsparteien tarifgebunden und der Arbeitgeber, der selbst Partei des Tarifvertrages ist.

157 Eine Tarifbindung kraft Organisationszugehörigkeit besteht, wenn sowohl der Arbeitgeber als auch der Arbeitnehmer Mitglied derjenigen Organisation sind, die den Tarifvertrag abgeschlossen hat. Rechtsnormen von Tarifverträgen über betriebliche und betriebsverfassungsrechtliche Fragen gelten hingegen in allen Betrieben, in denen nur der Arbeitgeber tarifgebunden ist, § 3 Abs. 2 TVG, weiter sind Arbeitnehmer und Arbeitgeber tarifgebunden, die infolge Allgemeinverbindlicherklärung an den Tarifvertrag gebunden sind, § 5 TVG (s. u. H/Rz. 174 ff.).

158 Außer dem Arbeitgeber, der selbst Partei des Tarifvertrages ist, und den Mitgliedern der Tarifvertragsparteien sind darüber hinaus auch die Mitglieder der Verbände, die Spitzenorganisationen angehören, tarifgebunden, wenn die Spitzenorganisationen den Tarifvertrag im eigenen Namen abgeschlossen haben. Nach § 3 Abs. 3 TVG besteht die Tarifgebundenheit fort, bis der Tarifvertrag endet. Daraus folgt, dass sich Ar-

H. Tarifvertragsrecht

beitnehmer und Arbeitgeber durch Austritt aus ihrem Verband einem möglicherweise ungünstigen Tarifvertrag nicht entziehen können. Auch durch eine Insolvenzeröffnung über das Vermögen eines Arbeitgeberverbandes endet nicht ohne weiteres die normative Wirkung eines von dem Verband abgeschlossenen Tarifvertrages (*BAG* 27.6.2000 EzA § 3 TVG Nr. 18). Hierzu bedarf es vielmehr eines Beendigungstatbestandes.

Von der Tarifgebundenheit ist der persönliche Geltungsbereich eines bestehenden Tarifvertrages zu unterscheiden. Die Tarifbindung regelt die Frage, welche Personen überhaupt von der Normsetzungsbefugnis der Tarifpartner erfasst werden. Demgegenüber regelt der persönliche Geltungsbereich die tatsächlich von einem bestimmten Tarifvertrag erfassten Rechtsverhältnisse. 159

b) Beginn und Ende der Tarifgebundenheit bei Inhalts-, Abschluss- und Beendigungsnormen

aa) Beginn
Die Tarifgebundenheit nach § 3 Abs. 1 TVG besteht ab dem Zeitpunkt, zu dem die Tarifnormen gelten und beiderseitige Mitgliedschaft vorliegt. Bei einer schon bestehenden Mitgliedschaft und dem Neuabschluss eines Tarifvertrages tritt die Tarifgebundenheit unmittelbar mit dem In-Kraft-Treten des Tarifvertrages ein. Treten Arbeitgeber und Arbeitnehmer während der Laufzeit eines Tarifvertrages in die jeweiligen Verbände ein, so beginnt die Tarifgebundenheit mit der Begründung der Mitgliedschaft (*BAG* 4.8.1993 EzA § 3 TVG Nr. 7). Die Modalitäten der Mitgliedschaft richten sich nach der Verbandssatzung, deren Grundlage wiederum das Vereinsrecht des BGB ist. So kann z. B. in einer Verbandssatzung geregelt sein, dass die Aufnahme von der Zustimmung eines besonderen Vereinsorgans abhängt; eine Tarifgebundenheit gilt dann erst mit der Zustimmung des Organs. Eine Vereinbarung zwischen Mitglied und Verband über einen rückwirkenden Beitritt ist tarifrechtlich ohne Bedeutung. Die Tarifgebundenheit beginnt mit dem Tag des tatsächlichen Beitritts (*BAG* 20.12.1988 EzA § 87 BetrVG 1972 Nr. 12), d. h. mit der satzungsgemäß zu Stande gekommenen Mitgliedschaft. Die Vereinbarung eines rückwirkenden Beginns der Mitgliedschaft führt nicht zu einem rückwirkenden Beginn der Tarifgebundenheit (*BAG* 22.11.2000 EzA § 3 TVG Nr. 20). Die Tarifvertragsparteien können auch die Rückwirkung von Tarifnormen vereinbaren (näher unter H/Rz. 207 ff.). Die Tarifgebundenheit beurteilt sich dann danach, ob die Arbeitsvertragsparteien zum Zeitpunkt des In-Kraft-Tretens Mitglieder ihrer Organisationen waren. 160

Die Tarifgebundenheit kann von den Tarifvertragsparteien über das TVG hinaus weder erweitert noch eingeschränkt werden. Sog. **Außenseiterklauseln** stellen lediglich schuldrechtliche Verpflichtungen der Tarifvertragsparteien dar, die Tarifnormen vertragsrechtlich im Arbeitsverhältnis mit Außenseitern anzuwenden. 161

Ist Tarifvertragspartei ein Spitzenverband, muss die Mitgliedschaft der Tarifgebundenen nicht zu ihm bestehen, sondern nur zu einem Mitgliedsverband. Liegt ein **sog. Haustarifvertrag** vor, fehlt auf Arbeitgeberseite die mitgliedschaftliche Begründung der Tarifgebundenheit. Der einzelne Arbeitgeber hat eine Doppelfunktion. Er ist zugleich Normgeber wie Normadressat. 162

Arbeitgeber kann eine natürliche und eine juristische Person sein. Da beide rechtsfähig sind, ist auch ihre Mitgliedsfähigkeit in den entsprechenden Organisationen gegeben. Handelt es sich um eine Personengesellschaft des HGB (OHG, KG), genügt ebenfalls die Mitgliedschaft der Gesellschaft (*Löwisch/Rieble* § 3 Rz. 16). Anders ver- 163

Pfeiffer 1803

H. Tarifvertragsrecht

hält es sich bei einer BGB-Gesellschaft. Da Arbeitgeber die Gesellschafter sind, müssen sie gemeinschaftlich Mitglieder des Verbandes sein, um eine Tarifgebundenheit zu begründen. Auf Grund der nunmehr erfolgten Anerkennung der Rechtsfähigkeit der BGB-Gesellschaft (*BGH* 29.1.2001 EzA § 50 ZPO Nr. 4) dürfte die vorstehende Auffassung nicht mehr zutreffen.

164 Eine die Tarifgebundenheit auslösende Mitgliedschaft setzt voraus, dass dem Mitglied auch die zur Verfolgung des Satzungszwecks notwendigen Mitwirkungs- und Stimmrechte zustehen. Die Satzung einer tariffähigen Koalition kann vorsehen, dass sie neben den **Vollmitgliedern** auch den Status einer **Gastmitgliedschaft** beinhaltet. Gastmitgliedern, denen kein Stimmrecht zusteht, sind nicht Mitglieder i. S. d. § 3 Abs. 1 TVG (*BAG* 16.2.1962 AP Nr. 12 zu § 3 TVG Verbandszugehörigkeit).

165 Nichts anderes gilt für die rechtliche Beurteilung der Zulässigkeit einer über den Status einer Gastmitgliedschaft hinausgehenden **tarifbindungsfreien Mitgliedschaft** in **Arbeitgeberverbänden**. Angesichts der gegenwärtigen Wirtschaftslage versuchen insbesondere mittelständische Arbeitgeber der hohen Regelungsdichte der Flächentarifverträge zu entgehen, um am jeweiligen Betrieb orientierte Arbeitsbedingungen zu schaffen. Viele Arbeitgeber ziehen daher zumindest in Erwägung, aus dem Arbeitgeberverband auszutreten (»Flucht aus den Tarifverträgen«). Dieser Reaktion bleibt jedoch eine unmittelbare Wirkung versagt, da nach § 3 Abs. 3 TVG die Tarifgebundenheit bestehen bleibt, bis der Tarifvertrag endet. Die Arbeitgeberverbände versuchen nunmehr, Modelle zu entwickeln, nach denen eine Mitgliedschaft im Arbeitgeberverband ohne Bindung an die entsprechenden Tarifverträge möglich wird, z. B. dadurch, dass der Arbeitgeberverband seine Tariffähigkeit aufgibt und nur noch seine Dienstleistungs- und Interessenvertretungsfunktion gegenüber den Mitgliedern wahrnimmt. Parallel dazu sollen sich diejenigen Mitglieder, die weiterhin den Abschluss von Verbandstarifverträgen wünschen, innerhalb des vormaligen Arbeitgeberverbandes zu einer Tarifgemeinschaft zusammenschließen, die die tarifrechtlichen Aufgaben des Arbeitgeberverbandes fortführen.

166 Der Arbeitgeberverband kann auch seine bisherige Funktion beibehalten und parallel dazu einen Verband zur Wahrnehmung der sonstigen sozialpolitischen Interessen gründen.

167 Daneben besteht das Modell einer abgestuften Mitgliedschaft. Neben den Vollmitgliedern und den Gastmitgliedern gibt es auch sog. »OT-Mitglieder« (Mitglied ohne Tarifbindung), z. B. im Verband der Mitteldeutschen Bekleidungsindustrie und im Verband der Nordwestdeutschen Textilindustrie. Die durch Satzungsänderung vom 29.6.1990 eingeführte OT-Mitgliedschaft im Verband der Holz- und Kunststoff verarbeitenden Industrie Rheinland-Pfalz hat das *LAG Rheinland-Pfalz* mit Urteil vom 17.2.1995 (NZA 1995, 800) für zulässig gehalten. Die hiergegen eingelegte Revision brachte keine Klärung über die Frage der Zulässigkeit der OT-Mitgliedschaft, da das *BAG* das Verfahren mit Beschluss vom 23.10.1996 (EzA § 97 ArbGG 1979 Nr. 3) gem. § 97 Abs. 5 ArbGG aussetzte (das *Hessische LAG* hält in einem solchen Fall eine Aussetzung des Rechtsstreits nach § 97 Abs. 5 ArbGG für nicht geboten; 6.10.1997 LAGE § 97 ArbGG 1997 Nr. 1). Führt man jedoch die vom *BAG* (16.2.1962 AP Nr. 12 zu § 3 TVG Verbandszugehörigkeit) zur Gastmitgliedschaft aufgestellten Grundsätze weiter, so ist wohl eine »OT-Mitgliedschaft« von Rechts wegen zulässig; insoweit liegt dann keine Mitgliedschaft i. S. d. § 3 Abs. 1 TVG vor (*Hessisches LAG* 6.10.1997 LAGE § 97 ArbGG 1997 Nr. 1). Voraussetzung ist jedoch, dass die »OT-Mitglieder« auf die Tarifpolitik des Verbandes keinen direkten Einfluss nehmen dürfen. In diesem Falle begründen die von dem Verband abgeschlos-

H. Tarifvertragsrecht

senen Tarifverträge für die tarifbindungsfreien Mitglieder keine Rechte und Pflichten (für zulässig halten eine OT-Mitgliedschaft: z. B. *Buchner* NZA 1995, 761 ff.; *Reuter* RdA 1996, 201 ff.; *Thüsing* NZA 1997, 294; für unzulässig: z. B. *Däubler* ZTR 1994, 448 ff.; *ders.* NZA 1996, 225 ff.; *Röckl* DB 1993, 2382 ff.). Zu beachten ist jedoch, dass der Wechsel in die »OT-Mitgliedschaft« die Tarifbindung bis zum Ende des Tarifvertrages bestehen lässt, § 3 Abs. 3 TVG (*Buchner* NZA 1994, 2 ff.; *ders.* NZA 1995, 761 ff.; *Otto* NZA 1996, 624 ff.).

bb) Ende
Die Tarifgebundenheit des Arbeitnehmers endet selbstverständlich bei Beendigung 168 des Arbeitsverhältnisses und bei Änderungen des persönlichen (z. B. Wechsel vom Arbeiter- in den Angestelltenstatus) und räumlichen (z. B. Wegzug) Geltungsbereichs des Tarifvertrages. Auf Arbeitgeberseite tritt eine Beendigung der Tarifgebundenheit mit dem Wegfall der Tarifzuständigkeit ein. Außerdem kann sich das Gepräge des Betriebs derart verändern, dass der fachliche Geltungsbereich des Tarifvertrages nicht mehr einschlägig ist. Nach Auffassung des BAG wirkt der Tarifvertrag bei einem solchen **Herauswachsen** aus dem Tarifvertrag nicht gem. § 3 Abs. 3 TVG weiter (*BAG* 10.12.1997 EzA § 4 TVG Nachwirkung Nr. 26); der Tarifvertrag wirkt lediglich gem. § 4 Abs. 5 TVG nach. Nach § 3 Abs. 3 TVG bleibt die Tarifgebundenheit bestehen, bis der Tarifvertrag endet. Es kommt allein auf das Ende der Tarifgeltung an. Die Nachbindung (Weitergeltung/Nachgeltung) verstößt nicht gegen die Freiheit des Arbeitgebers, aus dem Arbeitgeberverband auszutreten und/oder einem anderen Arbeitgeberverband beizutreten (negative Koalitionsfreiheit; *BVerfG* 3.7.2000 EzA § 4 TVG Nachwirkung). Mit der Verbandsauflösung endet auch die Tarifbindung nach § 3 Abs. 1 TVG (*BAG* 15.10.1986 EzA § 2 TVG Nr. 16). Der Austritt einer der Arbeitsvertragsparteien aus dem jeweiligen Verband ändert an der unmittelbaren und zwingenden Wirkung des Tarifvertrages nichts (*BAG* 13.12.1995 EzA § 3 TVG Nr. 11). Dem Austritt aus dem Verband ist der Verbandsausschluss gleichzustellen. Anderenfalls könnte die Fortdauer der Tarifgebundenheit durch einen provozierten Ausschluss umgangen werden. Auch eine automatische Beendigung der Mitgliedschaft durch auflösende Bedingung unterfällt § 3 Abs. 3 TVG (*Löwisch/Rieble* § 3 Rz. 41). Nach Ablauf der Tarifgebundenheit durch Beendigung des Tarifvertrages muss das ausgetretene Verbandsmitglied die Nachwirkungsregelung des § 4 Abs. 5 TVG beachten (*BAG* 13.12.1995 EzA § 3 TVG Nr. 11). Dies gilt auch dann, wenn der Zeitpunkt der Beendigung der Mitgliedschaft mit demjenigen der Beendigung des Tarifvertrages identisch ist (*BAG* 13.12.1995 EzA § 3 TVG Nr. 11).
Im Falle eines Verbandswechsels kann eine Tarifkonkurrenz eintreten. Diese ist nach 169 den allgemeinen Grundsätzen zu lösen (s. u. H/Rz. 223 ff.).
§ 3 Abs. 3 TVG greift im Falle des Todes von Arbeitgeber oder Arbeitnehmer nicht 170 ein. Der Erbe ist also nicht mehr tarifgebunden. Entsprechendes gilt auch für die Umwandlung und Verschmelzung juristischer Personen (*BAG* 4.12.1974 AP Nr. 2 zu § 3 TVG). Im Fall des Betriebsübergangs findet § 3 Abs. 3 TVG im Hinblick auf die in § 613 a Abs. 1 S. 2 BGB bestimmte individualrechtliche Fortgeltung keine Anwendung (s. o. C/Rz. 3380 ff.). Eine Tarifgebundenheit bleibt jedoch dann bestehen, wenn zwischen Betriebserwerber und Veräußerer eine übereinstimmende Verbandsorganisation besteht. Ist der Erwerber Mitglied eines anderen Verbandes, so gelten die Tarifverträge der anderen Arbeitgeberorganisation, sofern der Arbeitnehmer der vertragsschließenden Gewerkschaft angehört, § 613 Abs. 1 S. 3 BGB. Tritt der Arbeitnehmer dieser Gewerkschaft erst später bei, gelten die Tarifverträge vom Tag der

H. Tarifvertragsrecht

Mitgliedschaft an (*BAG* 19.3.1986 EzA § 613 a BGB Nr. 51). Das Günstigkeitsprinzip findet Anwendung.

171 § 3 Abs. 3 TVG regelt lediglich die Fortdauer der Tarifgebundenheit in Bezug auf bestehende Tarifverträge. Nach dem Verbandsaustritt abgeschlossene neue Tarifverträge gelten für den Ausgetretenen nicht. Im Falle des abändernden Tarifvertrages stellt sich die Frage, ob die ungeänderten Tarifregelungen fortbestehen. Nach Auffassung des *BAG* (18.3.1992 EzA § 4 TVG Nachwirkung Nr. 14) spricht aus Gründen der Rechtsklarheit viel dafür, jede Änderung eines Tarifvertrages als Beendigung i. S. d. § 3 Abs. 3 TVG anzusehen. Mit Urteil vom 7.11.2001 (*BAG* EzA-SD 2001, Nr. 24, 3) hat der für das allgemeine Tarifrecht zuständige 4. Senat des BAG entschieden, dass die verlängerte Tarifgebundenheit (Nachgeltung/Nachbindung) nach § 3 Abs. 3 TVG endet, sobald eine Tarifnorm geändert wird.

c) Betriebsnormen und betriebsverfassungsrechtliche Normen

172 Nach § 3 Abs. 2 TVG gelten Rechtsnormen des Tarifvertrages über betriebliche und betriebsverfassungsrechtliche Fragen für alle Betriebe, deren Arbeitgeber tarifgebunden ist. Es genügt, dass lediglich der Arbeitgeber Mitglied des Arbeitgeberverbandes ist oder aber der Arbeitgeber selbst Tarifvertragspartei eines sog. Haustarifvertrages ist. Nicht einmal die Mitgliedschaft eines Belegschaftsmitglieds in einer vertragschließenden Gewerkschaft ist erforderlich (*BAG* 20.3.1991 EzA § 4 TVG Tarifkonkurrenz Nr. 7), wenn der Regelungsinhalt solcher Normen eine betriebseinheitliche Geltung erfordert. Dem steht jedoch gegenüber, dass es an einer Legitimation der Gewerkschaft jedenfalls dann fehlt, wenn kein Arbeitnehmer Mitglied der tarifschließenden Gewerkschaft ist. Dementsprechend ist die sich aus § 3 Abs. 2 TVG ergebende Anwendung von Tarifnormen auch auf Nichtorganisierte unter verfassungsrechtlichen Gesichtspunkten vielfach beanstandet worden (*Wiedemann/Oetker* TVG § 3 Rz. 133 ff.).

d) Gemeinsame Einrichtungen

173 Nach § 4 Abs. 2 TVG gelten für in einem Tarifvertrag bestimmte gemeinsame Einrichtungen der Tarifvertragsparteien (Lohnausgleichskassen, Urlaubskassen usw.) diese Regelungen auch unmittelbar und zwingend für die Satzung dieser Einrichtung und das Verhältnis der Einrichtung zu den tarifgebundenen Arbeitgebern und Arbeitnehmern. Daraus folgt, dass diese Vorschrift die Tarifgebundenheit voraussetzt. Bezweckt die gemeinsame Einrichtung z. B. die Umsetzung von Inhaltsnormen, so müssen Arbeitgeber und Arbeitnehmer Mitglied der entsprechenden Tarifvertragspartei sein. Nur in diesem Falle richtet sich die Beziehung der gemeinsamen Einrichtung zu Arbeitgeber und Arbeitnehmer nach den Tarifnormen.

2. Allgemeinverbindlichkeit

a) Allgemeines

174 Die begrenzte Geltung des Tarifvertrages kann insbesondere bei Konjunktureinbrüchen zu Nachteilen für die Tarifgebundenen führen. Den organisierten Arbeitnehmern droht der Verlust des Arbeitsplatzes, weil sie nur zu tariflichen Bedingungen zu beschäftigen sind, während nicht organisierte Arbeitnehmer ihre Arbeitskraft unter den tariflichen Arbeitsbedingungen dem Arbeitgeber anbieten können. Dem wirkt die Allgemeinverbindlichkeit entgegen, die Mindestarbeitsbedingungen

H. Tarifvertragsrecht

schützt und Wettbewerbsverzerrungen verhindert (*BVerfG* 24.5.1977 EzA § 5 TVG Nr. 5). Durch sie werden Rechtswirkungen des Tarifvertrages auch auf Nichttarifgebundene erstreckt. Damit beinhaltet die Allgemeinverbindlichkeit auch eine Ordnungsfunktion wie der Tarifvertrag, denn sie führt dazu, dass in allen Betrieben des Geltungsbereichs des Tarifvertrages dieselben Normen anzuwenden sind.
Die Allgemeinverbindlicherklärung nach § 5 TVG ist ihrer Rechtsnatur nach weder 175 ein Verwaltungsakt noch eine Rechtsverordnung, sondern ein Rechtssetzungsakt eigener Art zwischen autonomer Regelung und staatlicher Rechtssetzung, der eine eigenständige Grundlage in Art. 9 Abs. 3 GG findet (*BVerfG* 24.5.1977 EzA § 5 TVG Nr. 5). Sie ist verfassungsrechtlich nicht zu beanstanden, sie verletzt die Außenseiter insbesondere nicht in ihrem Grundrecht auf positive und negative Koalitionsfreiheit (*BVerfG* 15.7.1980 EzA § 5 TVG Nr. 7). Die allgemeinverbindlichen Tarifnormen sind gegenüber den Außenseitern durch die staatliche Mitwirkung noch ausreichend demokratisch legitimiert (*BVerfG* 24.5.1977 EzA § 5 TVG Nr. 5).

b) Voraussetzungen
Die Allgemeinverbindlicherklärung setzt einen Antrag einer Tarifvertragspartei, die 176 den Tarifvertrag abgeschlossen hat, einen rechtswirksamen Tarifvertrag, die Beschäftigung von mindestens 50% der unter den Geltungsbereich des Tarifvertrages fallenden Arbeitnehmer durch tarifvertragsgebundene Arbeitgeber und ein öffentliches Interesse an der Allgemeinverbindlicherklärung voraus. Sofern sie zur Behebung eines sozialen Notstandes erforderlich erscheint, kann von dem Vorliegen eines öffentlichen Interesses und der 50%-Regelung der unter den Geltungsbereich des Tarifvertrages fallenden Arbeitnehmer abgesehen werden. Gegenstand der Allgemeinverbindlicherklärung kann nur der normative Teil eines auch nachwirkenden rechtswirksamen Tarifvertrages sein, § 5 Abs. 4 TVG. Nicht nur der gesamte Tarifvertrag, sondern auch einzelne Normen können für allgemeinverbindlich erklärt werden. Die Rechtfertigung dieser Verfahrensweise folgt daraus, weil die zuständige Arbeitsbehörde nicht zur Allgemeinverbindlicherklärung verpflichtet ist.
Bei den tarifgebundenen Arbeitgebern müssen wenigstens 50% aller unter den Gel- 177 tungsbereich des Tarifvertrages fallenden Arbeitnehmer beschäftigt sein. Hierzu zählen sowohl die tarifgebundenen Arbeitnehmer als auch die Außenseiter. Nach Auffassung des *BAG* (24.1.1979 EzA § 5 TVG Nr. 6) genügt es auf der Grundlage des § 287 ZPO, wenn die Tatsachen zur Beschäftigtenzahl von den gerichtlichen Tatsacheninstanzen grob geschätzt sind und die Erfüllung der Voraussetzung mit hinreichender Sicherheit anzunehmen ist.
Die Allgemeinverbindlicherklärung muss im öffentlichen Interesse geboten sein. 178 Dies ist dann der Fall, wenn sie geeignet ist, drohende wesentliche Nachteile von einer beachtlichen Zahl betroffener Arbeitnehmer abzuwenden (z. B. untertarifliche Bezahlung, Verlust von Anwartschaften etwa auf Urlaub oder zusätzliche Altersversorgung bei Arbeitsstellenwechsel). Der zuständigen Arbeitsbehörde steht ein politischer Beurteilungsspielraum zu, der anhand sozialstaatlicher Kriterien wahrzunehmen ist (*BAG* 28.3.1990 EzA § 5 TVG Nr. 10).

c) Verfahrensfragen
Das Verfahren der Allgemeinverbindlicherklärung ist in § 5 TVG und in der DVO 179 i. d. F. vom 16.1.1989 (BGBl. I S. 76) geregelt. Ergänzend sind die Verwaltungsverfahrensgesetze des Bundes und der Länder hinzuzuziehen.

H. Tarifvertragsrecht

180 Für die Allgemeinverbindlicherklärung ist der BMA zuständig. Nach § 5 Abs. 6 TVG kann er der obersten Arbeitsbehörde eines Landes für einzelne Fälle das Recht zur Allgemeinverbindlicherklärung sowie zu deren Aufhebung übertragen. Liegen die Voraussetzungen für die Allgemeinverbindlicherklärung offensichtlich nicht vor, so kann der zuständige Minister den Antrag ablehnen, § 4 Abs. 2 DVO. Anderenfalls ist den Arbeitgebern und Arbeitnehmern, die von der Allgemeinverbindlicherklärung betroffen werden, den am Ausgang des Verfahrens interessierten Gewerkschaften und Vereinigungen der Arbeitgeber sowie den obersten Arbeitsbehörden der Länder, auf deren Bereich sich der Tarifvertrag erstreckt, Gelegenheit zur schriftlichen Stellungnahme sowie zur Äußerung in einer mündlichen und öffentlichen Verhandlung zu geben, § 5 Abs. 2 TVG.

181 Die Allgemeinverbindlicherklärung kann nur im Einvernehmen mit dem Tarifausschuss, der aus je drei Vertretern der Spitzenorganisationen der Arbeitgeber und der Arbeitnehmer besteht, ergehen. Besteht im Tarifausschuss eine Stimmenmehrheit für die Allgemeinverbindlicherklärung, ist der Minister nicht dazu verpflichtet. Er hat vielmehr nach pflichtgemäßem Ermessen zu entscheiden.
Die Allgemeinverbindlicherklärung wie ihre Aufhebung bedürfen der öffentlichen Bekanntmachung.

182 Für den Anspruch einer Tarifvertragspartei auf Allgemeinverbindlicherklärung ist der Rechtsweg zu den Verwaltungsgerichten gegeben. Ihr Charakter als Rechtssetzungsakt steht dem nicht entgegen (*BVerwG* 3.11.1988 EzA § 5 TVG Nr. 9).

d) Rechtsfolgen

183 Die Allgemeinverbindlicherklärung führt dazu, dass Tarifnormen entgegen § 3 Abs. 1 TVG und auch ohne Vorliegen einer entsprechenden einzelvertraglichen Vereinbarung oder betrieblichen Übung für alle Arbeitnehmer und Arbeitgeber gelten, die unter den räumlichen, betrieblich-fachlichen und persönlichen Geltungsbereich des Tarifvertrages fallen.

Dies gilt auch für den Fall der Eröffnung des Insolvenzverfahrens nach Eintritt der Allgemeinverbindlicherklärung, unabhängig davon, ob der Insolvenzverwalter die Arbeitnehmer weiter in der bisher betriebsüblichen Weise oder nur noch mit Abwicklungsarbeiten beschäftigt (*BAG* 28.1.1987 EzA § 3 TVG Nr. 5).

184 Die Erklärung wirkt nach § 7 S. 3 DVO zum TVG regelmäßig nicht vor dem Tag der Bekanntmachung des Antrags, sofern es sich nicht nur um die Erneuerung oder Änderung eines allgemeinverbindlichen Tarifvertrages handelt, weil dann durch eine **Rückwirkung** weder der Grundsatz der Rechtssicherheit noch der des Vertrauensschutzes berührt wird (*BAG* 25.9.1996 EzA § 5 TVG Nr. 12). Im Übrigen müssen bei der Rückwirkung der Erklärung die Grundsätze über die Rückwirkung von Gesetzen entsprechend angewendet werden. Voraussetzung ist deshalb, dass der Außenseiter mit einer Änderung der zuvor bestehenden Regelung rechnen konnte. Wird in einer Berufssparte erstmals ein Tarifvertrag für allgemeinverbindlich erklärt, so ist die Anordnung der Rückwirkung nur möglich, wenn auf diese Möglichkeit bereits bei der Veröffentlichung des Antrags hingewiesen worden ist. Eine Zurückverlegung der Rückwirkung auf einen Zeitpunkt vor der Veröffentlichung der Antragsstellung ist dann zulässig (*BAG* 3.11.1982 EzA § 5 TVG Nr. 8).

185 Bei einer Änderung des für allgemeinverbindlich erklärten Tarifvertrages werden die geänderten Vorschriften nur dann ihrerseits allgemeinverbindlich, wenn insoweit ein

H. Tarifvertragsrecht

neues Verfahren durchgeführt wird. Die weiterhin wirksamen Normen bleiben allgemeinverbindlich, wenn dieser Teil des Tarifvertrages auch für sich sinnvoll ist, d. h. vom Sinn und Zweck des § 5 Abs. 1 TVG nach wie vor gedeckte Regelungen enthält (*BAG* 16.11.1965 AP Nr. 30 zu § 4 TVG Ausschlussfristen).

Aus der Normerstreckungswirkung ergibt sich, dass die Allgemeinverbindlicherklärung in zeitlicher Hinsicht an den Bestand des Tarifvertrages gebunden ist. Folglich endet ihre Wirkung, wenn der Tarifvertrag endet, ohne nach § 4 Abs. 5 TVG nachzuwirken, z. B. dann, wenn der Tarifvertrag durch einen anderen ersetzt wird. Sofern der Tarifvertrag nachwirkt, gilt dies auch für die nicht organisierten Arbeitsvertragsparteien. Endet die Allgemeinverbindlichkeit vor Ablauf des Tarifvertrages, gilt er für die Tarifgebundenen weiterhin. Für die Außenseiter findet der Tarifvertrag dann kraft Nachwirkung Anwendung. Endet der Tarifvertrag und mit ihm zugleich die Allgemeinverbindlichkeit, wirkt er sowohl für die Tarifgebundenen als auch für die Außenseiter entsprechend § 4 Abs. 5 TVG nach. Ein nachfolgender, nicht für allgemeinverbindlich erklärter Tarifvertrag ersetzt für die Organisierten die nachwirkenden Tarifnormen, für die Außenseiter bleibt es hingegen bei der Geltung der bisherigen Tarifnormen kraft Nachwirkung. **186**

Für allgemeinverbindlich erklärt werden vor allem Tarifverträge des Baugewerbes, des Gerüstbaugewerbes, des Dachdeckerhandwerks, des Maler- und Lackiererhandwerks, des Gebäudereinigerhandwerks, des Einzelhandels, des Frisörhandwerks, des Hotel- und Gaststättengewerbes, des Bewachungsgewerbes und der Bekleidungsindustrie. Dabei ist aber stets zu beachten, dass auch im Rahmen eines Wirtschaftszweiges nicht jeder regional begrenzte Tarifvertrag allgemeinverbindlich ist. Außerdem erstreckt sich die Allgemeinverbindlicherklärung jeweils nur auf einen **konkreten Tarifvertrag**, nicht aber auf alle Tarifverträge des Wirtschaftszweiges. **187**

3. Bezugnahme auf Tarifverträge

a) Bezugnahme auf Tarifverträge in Tarifverträgen

Tarifvertragsparteien können auf bereits abgeschlossene fremde Tarifverträge verweisen (sog. **statische Verweisungsklauseln**). Damit wird die Tarifgebundenheit auch für den fremden Tarifvertrag hergestellt. Für den Fall einer sog. **dynamischen Verweisungsklausel** (»... in der jeweils geltenden Fassung ...«) gilt dies nicht uneingeschränkt. Hier ist zu berücksichtigen, dass im Zeitpunkt des Tarifabschlusses der dynamisch in Bezug genommene andere Tarifvertrag noch nicht vereinbart ist. Zwar wird durch diese Verweisungsklausel der Schriftform des § 1 Abs. 2 TVG Rechnung getragen, jedoch darf nicht außer Acht gelassen werden, dass die Tarifvertragsparteien eigenverantwortlich ihre Arbeits- und Wirtschaftsbedingungen innerhalb ihres Zuständigkeitsbereiches zu regeln haben. **188**

Sog. dynamische Verweisungen (Blankettverweisungen) sind daher nur ausnahmsweise dann zulässig, wenn der verweisende und der verwiesene Tarifvertrag von denselben Tarifvertragsparteien abgeschlossen worden sind oder wenn zwischen dem Geltungsbereich der verweisenden Vorschriften und dem Geltungsbereich der in Bezug genommenen Tarifregelungen ein enger Zusammenhang besteht. **189**

H. Tarifvertragsrecht

In diesem Fall kann davon ausgegangen werden, dass die sachgerechte Regelung der Arbeitsbedingungen im Geltungsbereich des in Bezug genommenen Tarifvertrages auch für den Geltungsbereich des verweisenden Tarifvertrages sachgerecht ist (*BAG* 10.11.1982 EzA § 1 TVG Nr. 16).

b) Bezugnahme in Betriebsvereinbarungen auf Tarifverträge

190 Die Verweisung auf einen bestimmten Tarifvertrag oder einzelne tarifliche Bestimmungen in einer Betriebsvereinbarung ist zulässig, jedenfalls dann, wenn der Arbeitgeber nicht tarifgebunden ist und ein bestehender Tarifvertrag die Sperrwirkung nach § 77 Abs. 3 BetrVG nicht entfalten kann. Dies ist dann gegeben, wenn der Tarifvertrag abgelaufen ist (*BAG* 23.6.1992 EzA § 611 BGB Direktionsrecht Nr. 12).

191 Mit der Aufgabenstellung des Betriebsverfassungsrechts sind jedoch sog. **dynamische Blankettverweisungen** grds. unvereinbar (*BAG* 23.6.1992 EzA § 611 BGB Direktionsrecht Nr. 12), denn damit entäußern sich die Betriebspartner ihrer gesetzlichen Normsetzungsbefugnis.

c) Individualvertragliche Bezugnahme auf Tarifverträge

aa) Allgemeines

192 Um einheitliche Arbeitsbedingungen für alle Arbeitnehmer eines Betriebes herbeizuführen, ist es in der Praxis üblich, die Arbeitsverhältnisse der nicht tarifgebundenen Arbeitnehmer durch Einzelarbeitsvertrag dem Tarifrecht zu unterstellen. Bezugnahmeklauseln haben jedoch keine Tarifgeltung i. S. d. TVG zur Folge, sondern machen den Tarifvertrag nur zum Bestandteil des Arbeitsvertrages. Es gibt drei Grundtypen von Bezugnahmeklauseln: Neben der **statischen** (Verweis auf einen konkreten, bei Vertragsabschluss geltenden Tarifvertrag) und der **kleinen dynamischen Klausel** (Verweis auf einen konkreten Tarifvertrag in seiner jeweiligen Fassung) gibt es noch die **große dynamische Klausel** (Verweis auf ein komplettes Tarifregime in der jeweiligen Fassung der einzelnen Tarifverträge). Mit diesen Klauseln soll eine möglichst große Gleichstellung aller Arbeitnehmer im Betrieb erreicht werden. Somit ist eine vertragliche Bezugnahme als Gleichstellungsabrede anzusehen, wenn die für den Betrieb fachlich und räumlich einschlägigen Tarifverträge in Bezug genommen werden (*BAG* 4.9.1996 EzA § 3 TVG Bezugnahme auf Tarifvertrag Nr. 7) und der Arbeitgeber tarifgebunden ist (*BAG* 30.8.2000 EzA § 3 TVG Bezugnahme auf Tarifvertrag Nr. 13). Dieser Zweck ist bei der Auslegung von Bezugnahmeklauseln im Zweifel anzunehmen (*BAG* 4.9.1996 EzA § 3 TVG Bezugnahme auf Tarifvertrag Nr. 7).

bb) Voraussetzungen und Gegenstand der Bezugnahme

193 Die gem. §§ 311, 241 BGB mögliche Bezugnahme auf einen Tarifvertrag muss insoweit bestimmt sein, dass erkennbar ist, ob überhaupt, auf welchen Tarifvertrag und ggf. auch auf welche Bestimmungen eines Tarifvertrages verwiesen werden soll (*BAG* 8.3.1995 EzA § 1 TVG Nr. 40).

194 In arbeitsgerichtlichen Verfahren ist häufig festzustellen, dass hierüber konkrete Angaben fehlen. Welcher Tarifvertrag zur Anwendung kommen soll, ist dann im Wege der Vertragsauslegung zu ermitteln, wobei im Zweifelsfall wohl der sog. einschlägige Tarifvertrag gemeint ist. Jedoch ist es den Arbeitsvertragsparteien im Rahmen der Vertragsfreiheit nicht verwehrt, einen branchenfremden Tarifvertrag arbeitsvertraglich

H. Tarifvertragsrecht

zu vereinbaren. Eine arbeitsvertragliche Verweisungsklausel, mit der die Geltung eines bestimmten, dort benannten Tarifvertrages oder Tarifwerkes vereinbart worden ist, kann über ihren Wortlaut hinaus nur dann als Bezugnahme auf den jeweils für den Betrieb fachlich/betrieblich geltenden Tarifvertrag ausgelegt werden, wenn sich dies aus besonderen Umständen ergibt; der bloße Umstand, dass es sich um eine Gleichstellungsabrede handelt, genügt hierfür nicht (*BAG* 30.8.2000 EzA § 3 TVG Bezugnahme auf Tarifvertrag Nr. 13). Das *BAG* hat seine gegenteilige Ansicht in der Entscheidung vom 4.9.1996 (EzA § 3 TVG Bezugnahme auf Tarifvertrag Nr. 7) aufgegeben. Wird ein branchenfremdes Tarifwerk im Arbeitsvertrag in Bezug genommen, ist eine korrigierende Auslegung der Verweisungsklausel dahin, dass eine Verweisung auf das Tarifwerk erfolgt, dem der Arbeitgeber jeweils unterliegt, nicht möglich. Der Arbeitgeber kann sich mit einer sog. **Tarifwechselklausel** vorbehalten, ein anderes Tarifwerk einzuführen (*BAG* 25.10.2000 EzA § 3 TVG Bezugnahme auf Tarifvertrag Nr. 15).

Die Arbeitsvertragsparteien können die Anwendbarkeit auch nur einzelner Tarifbestimmungen vereinbaren. Vielfach sind Verträge vorzufinden, die detaillierte einzelvertragliche Regelungen und die Klausel enthalten, im Übrigen finde ein bestimmter Tarifvertrag Anwendung. 195

In zeitlicher Hinsicht ist eine Bezugnahme nicht notwendig auf den zur Zeit der Vereinbarung bestehenden Tarifvertrag beschränkt (sog. **statische Verweisung**). 196

> Wie bereits aufgezeigt, ist auch eine **dynamische Bezugnahme** auf den jeweils geltenden Tarifvertrag möglich, sodass sich Änderungen des Tarifvertrages automatisch auch auf das betroffene Arbeitsverhältnis erstrecken. Wegen der Bedeutung einer derartigen Dynamisierung und des Umfangs der dynamischen Klausel muss sich die **Jeweiligkeitsklausel** aber eindeutig verhalten.

Nennen die Vertragsparteien einen bestimmten Tarifvertrag mit einer Datumsbezeichnung, so ist von einer **statischen Verweisung** auszugehen. Wird jedoch in einem Arbeitsvertrag ohne Datumsangabe auf einen im Übrigen genauer bezeichneten Tarifvertrag verwiesen, so ist im Zweifel anzunehmen, dieser Tarifvertrag solle in seiner jeweiligen Fassung Anwendung finden. Denn ein solcher Wille der Parteien ergibt sich zum einen aus der beabsichtigten Zukunftswirkung des Arbeitsverhältnisses, zum anderen daraus, dass die Parteien mit einer solchen Vereinbarung den nicht tarifgebundenen Arbeitnehmer ersichtlich einem tarifgebundenen Arbeitnehmer gleichstellen wollen (*BAG* 20.3.1991 EzA § 4 TVG Tarifkonkurrenz Nr. 7). 197

cc) Rechtswirkungen

Im Hinblick auf die lediglich durch Inbezugnahme vereinbarte Anwendung des Tarifrechts werden auch nur vertragsrechtliche Rechtsfolgen bewirkt. Dies hat zur Folge, dass insbesondere in gerichtlichen Verfahren auf die Rechte aus der Inbezugnahme verzichtet werden kann. Demgegenüber kann auf kraft Tarifgebundenheit entstandene tarifliche Rechte nur unter den Voraussetzungen des § 4 Abs. 1 S. 1 TVG verzichtet werden. 198

d) Tarifvertragsrecht und Gleichbehandlung

Nach dem arbeitsrechtlichen Gleichbehandlungsgrundsatz ist es dem Arbeitgeber verwehrt, bei gleichliegenden Sachverhalten in seinem Betrieb einzelne Arbeitnehmer oder einzelne Gruppen von Arbeitnehmern ohne sachlichen Grund von allge- 199

H. Tarifvertragsrecht

meinbegünstigenden Regelungen des Arbeitsverhältnisses auszunehmen und damit schlechterzustellen (z. B. *BAG* 25.4.1995 EzA § 1 BetrAVG Gleichbehandlung Nr. 8). Daraus folgt, dass der Arbeitgeber gehalten ist, auf die Arbeitsverträge aller nicht tarifgebundenen Arbeitnehmer die Tarifbestimmungen anzuwenden, wenn er das generell vereinbart (s. o. A/Rz. 458 ff., 566 f.).

200 Gewährt der Arbeitgeber lediglich den tarifgebundenen Arbeitnehmern die sich aus den Tarifnormen ergebenden Leistungen, so liegt hierin gegenüber den nicht tarifgebundenen Arbeitnehmern kein Verstoß gegen den Gleichbehandlungsgrundsatz (*BAG* 20.7.1960 AP Nr. 7 zu § 4 TVG).

e) Bezugnahme auf Tarifverträge durch betriebliche Übung

201 Insbesondere in kleineren Betrieben werden die materiellen Arbeitsbedingungen häufig nicht schriftlich vereinbart. Jedoch wendet der Arbeitgeber allein der Einfachheit halber ein tarifliches Regelwerk ganz oder aber teilweise an. Liegt darin eine mehrjährige und regelmäßige Praxis und durfte bei objektivierter Betrachtung der Arbeitnehmer diese Handlungsweise als rechtsgeschäftliche Willenserklärung mit dem Inhalt einer Inbezugnahme verstehen, so gelten die Tarifvorschriften oder der Tarifvertrag als Vertragsrecht kraft betrieblicher Übung (s. o. A/Rz. 605 f.).

VI. Der Geltungsbereich des normativen Teils eines Tarifvertrages

1. Allgemeines

202 Die Rechtsnormen eines Tarifvertrages gelten unmittelbar und zwingend zwischen den beiderseits Tarifgebundenen, die unter den Geltungsbereich des Tarifvertrages fallen, § 4 Abs. 1 TVG. Dieser wird von den Tarifvertragsparteien auf der Grundlage der Tarifzuständigkeit festgelegt. Dabei wird der zeitliche, räumliche, betrieblich-fachliche und persönliche Geltungsbereich unterschieden.

2. Der zeitliche Geltungsbereich

203 Der Tarifvertrag entfaltet seine Rechtswirkungen regelmäßig für eine bestimmte Dauer. Deshalb ist der Zeitpunkt des In-Kraft-Tretens zu bestimmen. In Tarifverträgen ist regelmäßig auch eine Regelung über seine Beendigung enthalten.

204 So bestimmt z. B. der Manteltarifvertrag des Einzelhandels für Baden-Württemberg vom 13.1.1994 in § 28:

»In-Kraft-Treten und Kündigung des Tarifvertrages
1. Dieser Tarifvertrag tritt am 1. Januar 1994 in Kraft.
2. Er kann unter Einhaltung einer Frist von drei Monaten zum Monatsende, erstmals zum 31. Dezember 1996 gekündigt werden.«

H. Tarifvertragsrecht

a) In-Kraft-Treten des Tarifvertrages

aa) Regelfall

Die Tarifvertragsparteien bestimmen regelmäßig datumsgenau den Zeitpunkt des 205
In-Kraft-Tretens. Fehlt es insoweit an einer Regelung, so tritt der Tarifvertrag mit Unterzeichnung in Kraft (*Kempen/Zachert* § 4 Rz. 31). Der Tarifvertrag erfasst die zum Zeitpunkt des In-Kraft-Tretens des Tarifvertrages bereits bestehenden Arbeitsverhältnisse.
Dies gilt nicht, soweit es um sog. Abschlussnormen (s. o. H/Rz. 80 ff.) geht, die z. B. 206
eine Schriftform für den Abschluss des bereits mündlich abgeschlossenen Arbeitsvertrages oder ein Beschäftigungsverbot nach Beendigung des 65. Lebensjahres vorsehen (*Kempen/Zachert* § 4 Rz. 32). Würde die Schriftformklausel konstitutive Bedeutung für die Begründung von Arbeitsverhältnissen haben, so würden dadurch bereits mündlich abgeschlossene Arbeitsverträge nichtig. Dies würde dem Schutzprinzip des Tarifvertrages widersprechen. Insoweit kann den Abschlussnormen nur deklaratorische Bedeutung zukommen mit der Folge, dass jeder Arbeitsvertragspartei ein Anspruch auf nachträgliche schriftliche Niederlegung des Arbeitsvertrages zusteht.

bb) Rückwirkung

Die Tarifvertragsparteien können auch die rückwirkende Geltung des Tarifvertrages 207
vereinbaren (*BAG* 23.11.1994 EzA § 1 TVG Rückwirkung Nr. 3). Dabei ist die **echte Rückwirkung** dadurch gekennzeichnet, dass sie nachträglich ändernd in bereits abgewickelte, der Vergangenheit angehörende Tatbestände eingreift. Demgegenüber betrifft die **unechte Rückwirkung** Fälle, in denen eine Norm auf gegenwärtig noch nicht abgeschlossene Sachverhalte für die Zukunft einwirkt und damit die betroffene Rechtsposition nachträglich entwertet (*BVerfG* BVerfGE 64, 87 [104]). Ob und welche Rückwirkung die Tarifvertragsparteien gewollt haben, ist im Wege der Auslegung des Tarifvertrages zu ermitteln. Hierzu bedarf es einer klaren und unmissverständlichen Vereinbarung (*BAG* 21.7.1988 EzA § 4 TVG Bauindustrie Nr. 144).
Da die Tarifnormen Gesetze im materiellen Sinne (s. o. H/Rz. 13) sind, gelten jeden- 208
falls für die echte Rückwirkung von Tarifvertragsnormen die gleichen Grundsätze wie für Gesetze, sodass sie grds. verboten ist, es sei denn, der tarifgebundene Arbeitnehmer ist nicht schutzwürdig, weil er im Zeitpunkt des In-Kraft-Tretens der Rechtsnorm mit einer Regelung rechnen musste (z. B.wegen einer gemeinsamen Erklärung der Tarifvertragsparteien oder der Aufnahme von Tarifvertragsverhandlungen wegen der auffällig schlechten Lage des Arbeitgebers; vgl. *BAG* 15.5.2000 EzA § 1 TVG Rückwirkung Nr. 5) das geltende Recht unklar und verworren war oder zwingende Gründe für eine Rückwirkung bestehen (*BVerfG* BVerfGE 19, 187 [195]).
Bereits entstandene Ansprüche aus einem Arbeitsverhältnis können als sog. wohler- 209
worbene Rechte nicht rückwirkend durch Tarifvertrag beseitigt werden (*BAG* 28.9.1983 EzA § 1 TVG Rückwirkung Nr. 2). Aus Gründen der Rechtsstaatlichkeit und der Rechtsklarheit ist es grds. auch nicht möglich, den Geltungsbereich eines bestehenden und angewendeten Tarifvertrages durch eine spätere Tarifvertragsnorm rückwirkend zu verändern. Dem steht bereits das Vertrauen der Tarifvertragsunterworfenen in die den Geltungsbereich von Tarifverträgen regelnden Tarifvertragsnormen entgegen (*BAG* 23.9.1981 AP Nr. 35 zu § 1 TVG Tarifverträge Bau).
Tarifliche Kündigungsbeschränkungen sind auf Kündigungen, die vor Beginn des 210
zeitlichen Geltungsbereichs des Tarifvertrages ausgesprochen worden sind, dann

H. Tarifvertragsrecht

nicht anwendbar, wenn sich aus dem Tarifvertrag nicht eindeutig der Wille der Tarifvertragsparteien ergibt, die neue Regelung auch auf in der Vergangenheit liegende Tatbestände zu erstrecken (*BAG* 21.7.1988 EzA § 4 TVG Bauindustrie Nr. 44). Ansonsten ist im Zweifel von den Tarifvertragsparteien gewollt, dass rückwirkende Bestimmungen auch für bereits ausgeschiedene Arbeitnehmer gelten. Dies gilt aber nur dann, wenn zum Zeitpunkt des Tarifabschlusses und des rückdatierten In-Kraft-Tretens Tarifgebundenheit des ausgeschiedenen Arbeitnehmers bestand, weil anderenfalls die Tarifvertragsparteien ihre Regelungszuständigkeit auf nicht Normunterworfene ausdehnen könnten (*BAG* 19.6.1962 AP Nr. 5 zu § 1 TVG Rückwirkung).

211 Die unechte Rückwirkung ist dagegen grds. zulässig. Jedoch unterliegt sie auch gewissen Grenzen, die sich aus dem Vertrauensschutz des Einzelnen auf den Fortbestand einer bestimmten Regelung ergeben. Es ist jeweils eine Abwägung zwischen dem Vertrauensschutz des Einzelnen und dem mit der tarifvertraglichen Regelung verfolgten Anliegen durchzuführen (*BAG* 10.10.1989 EzA § 2 VRG Bauindustrie Nr. 5).

b) Beendigung des Tarifvertrages

aa) Zeitkollisionsregel

212 Das Verhältnis von zwei aufeinander folgenden Tarifverträgen wird durch die sog. Zeitkollisionsregel (**auch vielfach Ordnungsprinzip genannt**) gelöst. Die jüngere Rechtsnorm löst die ältere Bestimmung ab (*BAG* 16.5.1995 EzA § 4 TVG Wasser- und Umwelttechniken Nr. 1). Dabei ist es unerheblich, ob die abändernde Rechtsnorm zu Gunsten oder aber zum Nachteil der tarifgebundenen Arbeitnehmer wirkt. Nachteilige, ablösende Tarifverträge unterliegen nur der Prüfung, ob sie gegen höherrangiges Recht verstoßen.

bb) Beendigungstatbestände

213 Die Geltung eines Tarifvertrages endet, wenn ein Beendigungstatbestand vorliegt. Der Tarifvertrag wird regelmäßig durch ordentliche Kündigung beendet. Das Ob und Wie der Kündigung unterliegt mangels gesetzlicher Regelungen dem Gestaltungsspielraum der Tarifvertragsparteien. Neben der ordentlichen Kündigung kommen als weitere Beendigungstatbestände die außerordentliche Kündigung, die Befristung und Bedingung sowie der Aufhebungsvertrag in Betracht (s. o. H/Rz. 53 ff.).

3. Räumlicher Geltungsbereich

214 Der räumliche Geltungsbereich bestimmt das geographische Gebiet, für das der Tarifvertrag Geltung beansprucht. Von daher gibt es Orts-, Kreis-, Stadt-, Landes- und Bundestarifverträge. Es können aber auch einzelne Tarifgebiete innerhalb eines bestimmten geographischen Gebietes ausdrücklich ausgenommen werden (*BAG* 9.11.1956 AP Nr. 1 zu § 3 TVG Verbandszugehörigkeit). Erfolgt eine Neugliederung von Verwaltungseinheiten, so bleibt hiervon der Geltungsbereich des Tarifvertrages unberührt.

215 Für die Erfassung der Arbeitsverhältnisse ist die Lage des Betriebsorts maßgeblich. Sie wird durch Arbeiten von Arbeitnehmern außerhalb des Geltungsbereichs nur in Frage gestellt, wenn an dem auswärtigen Ort eine eigene, dauerhafte Betriebsstätte besteht.

H. Tarifvertragsrecht

4. Betrieblich-fachlicher Geltungsbereich

Mit dem betrieblich-fachlichen Geltungsbereich wird die branchenmäßige Zugehörigkeit des Betriebs des Arbeitgebers bezeichnet. Da die Gewerkschaften und Arbeitgeberverbände nach dem Industrieverbandsprinzip gegliedert sind, werden die Tarifverträge regelmäßig für einen bestimmten Wirtschaftszweig abgeschlossen (z. B. für das Baugewerbe, für das Frisörgewerbe usw.). Schwierigkeiten treten aber nicht selten bei der Auslegung des Umfangs des betrieblich-fachlichen Geltungsbereichs auf. 216

In vielen Betrieben werden Tätigkeiten verschiedener Branchen verrichtet. Bei **gemischten Tätigkeiten** in einem Betrieb und der damit verbundenen möglichen Anwendbarkeit mehrerer Tarifverträge gilt grds. der Tarifvertrag für alle Arbeitnehmer, der die überwiegende Tätigkeit erfasst. Maßgebend ist also der wirtschaftliche und arbeitstechnische Hauptzweck des Betriebes, mithin die ihn prägende Tätigkeit (*BAG* 25.11.1987 EzA § 4 TVG Geltungsbereich Nr. 1). 217

Aus dem gesetzlich nicht verankerten Prinzip der Tarifeinheit ergibt sich, dass der Tarifvertrag vorbehaltlich einer ausdrücklichen abweichenden Regelung im Zweifel alle Arbeitsverhältnisse in einem Betrieb und in dazugehörigen Nebenbetrieben erfasst, auch solche, die fachfremde Beschäftigungen zum Gegenstand haben (*BAG* 20.3.1991 EzA § 4 TVG Tarifkonkurrenz Nr. 7). Handelt es sich jedoch um jeweils eigenständige Betriebe, so im Falle eines Unternehmens des Kraftfahrzeuggewerbes, das einen Autohandelsbetrieb und eine Reparaturwerkstatt betreibt, so gelten für jeden Betrieb die entsprechenden Tarifverträge. 218

Der betrieblich-fachliche Geltungsbereich darf mit dem Begriff der Tarifkonkurrenz nicht verwechselt werden. Letztere ist nur dann gegeben, wenn der Arbeitgeber für zwei Tarifverträge tarifgebunden ist. 219

5. Persönlicher Geltungsbereich

Der persönliche Geltungsbereich bestimmt, auf welche Arbeitnehmergruppen der Tarifvertrag Anwendung findet. Soweit keine Angaben gemacht werden, gilt der Tarifvertrag grds. für alle Personen, die unter den zeitlichen, räumlichen und betrieblich-fachlichen Geltungsbereich fallen. Angesichts der inzwischen zumindest als fragwürdig erkannten Unterscheidung zwischen Arbeitern und Angestellten werden zunehmend einheitliche Tarifverträge für beide Arbeitnehmergruppen abgeschlossen. Dennoch gibt es noch in vielen Bereichen eine Unterscheidung des persönlichen Geltungsbereichs nach Arbeitern und Angestellten (z. B. im öffentlichen Dienst). Im Übrigen bestehen besondere Tarifverträge vor allem für Auszubildende, Teilzeitbeschäftigte und für Arbeitnehmer, die atypische Tätigkeiten verrichten (*Kempen/Zachert* § 4 Rz. 29). 220

Insbesondere der Herausnahme von Teilzeitbeschäftigten aus dem persönlichen Geltungsbereich eines Tarifvertrages stehen häufig rechtliche Bedenken entgegen. Soweit davon in manchen Berufszweigen vorrangig Frauen betroffen werden, ist die Nichtberücksichtigung am Maßstab des mittelbaren Diskriminierungsverbotes nach Art. 119 EG-Vertrag zu messen. Darüber hinaus ist das allgemeine Verbot der unter- 221

Pfeiffer 1815

H. Tarifvertragsrecht

schiedlichen Behandlung von Teilzeitbeschäftigten nach § 2 Abs. 1 BeschFG zu beachten.

222 Beispiel:

> Das *BAG* hat mit Urteil vom 28.3.1996 (EzA Art. 3 GG Nr. 57) den Ausschluss teilzeitbeschäftigter Studenten vom Geltungsbereich des BAT nach § 3 Buchst. n als gleichheitswidrig angesehen. Der Status als Studierender und die in der Versicherungsfreiheit liegende sozialrechtliche Begünstigung sind keine sachlichen Gründe für eine arbeitsrechtliche Schlechterstellung dieser Arbeitnehmer bei der Gestaltung allgemeiner Arbeitsbedingungen.

6. Tarifkonkurrenz und Tarifpluralität

a) Begriffe

223 Gelegentlich kommt es vor, dass ein Betrieb von mehreren Tarifverträgen erfasst wird. Dies verwundert, weil die Koalitionen weitgehend nach dem Industrieverbandsprinzip organisiert sind (s. o. H/Rz. 37). Liegt ein solcher Tatbestand vor, ist zu fragen, ob alle Tarifverträge auf die Arbeitsverhältnisse der Tarifgebundenen anzuwenden sind oder ob bestimmte Kriterien die Anwendung nur eines Tarifvertrags auf die Arbeitsverhältnisse im Betrieb zulassen. Dieser Sachverhalt gibt Anlass zu unterscheiden zwischen **Tarifkonkurrenz** und **Tarifpluralität**: Eine Tarifkonkurrenz liegt vor, wenn mehrere Tarifverträge auf ein Arbeitsverhältnis in einem Betrieb anzuwenden sind und dadurch derselbe Regelungsgegenstand mehrfach tarifvertraglich geregelt ist (*Kempen/Zachert* § 4 Rz. 117). Dazu muss der Geltungsbereich der zeitgleich geltenden Tarifverträge übereinstimmen und jeweils eine beiderseitige kongruente Tarifbindung der Arbeitsvertragsparteien und/oder Allgemeinverbindlichkeit bestehen. Bis zu seiner Entscheidung vom 20.3.1991 (EzA § 4 TVG Tarifkonkurrenz Nr. 7) sprach das BAG schon dann von Tarifkonkurrenz, wenn allein der Arbeitgeber an die mehreren Tarifverträge gebunden war (*BAG* 24.9.1975 EzA § 4 TVG Tarifkonkurrenz Nr. 1). Nun bedarf es einer beidseitigen Tarifgeltung (*BAG* 20.3.1991 EzA § 4 TVG Tarifkonkurrenz Nr. 7). Um eine unerwünschte Tarifkonkurrenz zu vermeiden, vereinbaren die Tarifvertragsparteien in Bezug auf den tariflichen Geltungsbereich sog. Einschränkungsklauseln (BAG 20.3.1991 EzA § 4 TVG Tarifkonkurrenz Nr. 7). So kann z. B. eine Einschränkungsklausel den Inhalt haben, von einem anderen Tarifvertrag erfasste Betriebe von der Allgemeinverbindlichkeit auszunehmen (*BAG* 26.10.1983 EzA § 3 TVG Nr. 4). Von daher ist eine gründliche Auslegung der den Geltungsbereich des Tarifvertrages regelnden Normen vorzunehmen. Demgegenüber ist von einer Tarifpluralität auszugehen, wenn der Betrieb vom Geltungsbereich mehrerer von denselben oder verschiedenen Gewerkschaften abgeschlossenen Tarifverträgen erfasst wird, diese aber unterschiedliche Arbeitnehmer betreffen (*BAG* 28.5.1997 EzA § 4 TVG Nachwirkung Nr. 23; *Kempen/Zachert* § 4 Rz. 118). Mit anderen Worten: Der Arbeitgeber ist jeweils an die den Betrieb erfassenden Tarifverträge gebunden, während für die einzelnen Arbeitnehmer jeweils nur ein Tarifvertrag kraft Tarifbindung oder Allgemeinverbindlichkeit gilt. Nach der Rechtsprechung des für allgemeine Fragen des Tarifrechts zuständigen Vierten Senats des BAG führt nicht nur die tarifrechtliche Geltung zweier Tarifverträge zur Tarifpluralität, sondern auch die arbeitsvertragliche Inbezugnahme, weil sie die Geltung des Tarifvertrages bewirkt

H. Tarifvertragsrecht

(*BAG* 20.3.1991 EzA § 4 TVG Tarifkonkurrenz Nr. 7; 28.5.1997 EzA § 4 TVG Nachwirkung Nr. 23). Demgegenüber ist nach Ansicht des Zehnten Senats des BAG eine Tarifpluralität nur bei tarifrechtlicher (Tarifgebundenheit und/oder Allgemeinverbindlichkeit) und nicht auch bei arbeitsvertraglicher Geltung mehrerer Tarifverträge gegeben (*BAG* 22.9.1993 EzA § 4 TVG Tarifkonkurrenz Nr. 8). Ein Fall der Tarifpluralität liegt nicht vor, wenn ein gem. § 4 Abs. 5 TVG nachwirkender Tarifvertrag und ein Tarifvertrag aufeinander treffen, an den nur der Arbeitgeber nach § 3 Abs. 3 TVG gebunden ist (*BAG* 28.5.1997 EzA § 4 TVG Nachwirkung Nr. 23). § 4 Abs. 5 TVG ist eine Sonderregelung, die dem Tatbestand der Tarifpluralität vorgeht. Kommt für alle Arbeitnehmer eine andere Abmachung i. S. d. § 4 Abs. 5 TVG nicht zu Stande, so wirkt der beendete Tarifvertrag für diejenigen Arbeitnehmer weiter, für die der neue Tarifvertrag nicht gilt (z. B. Haustarifvertrag mit anderer Gewerkschaft, in der keine Mitgliedschaft besteht). Von daher kann es im Betrieb zu unterschiedlichen Arbeitsbedingungen kommen, was jedoch gesetzliche Folge der Anordnung der Nachwirkung ist.

Beispiele für Tarifkonkurrenz: 224

Für Betriebe des Schlossereihandwerks, die dem Tarifvertrag für das Schlosserhandwerk unterfallen, gilt daneben der BRTV-Bau, da er auch Montagearbeiten mit dem Werkstoff Metall erfasst (*BAG* 14.6.1989 EzA § 4 TVG Tarifkonkurrenz Nr. 4).
Das Verlegen von Glasbausteinen auf Bauten unterfällt dem Geltungsbereich des BRTV-Bau. Daneben kann der Rahmentarifvertrag des Glaserhandwerks gelten (*BAG* 29.11.1978 EzA § 4 TVG Tarifkonkurrenz Nr. 2).

Beispiele für Tarifpluralität: 225

Die Gewerkschaft ÖTV schließt mit einem Warenhausunternehmen einen Tarifvertrag ab. Daneben vereinbart das Warenhausunternehmen mit der Gewerkschaft HBV einen weiteren Tarifvertrag.

In beiden Fällen wird nach der ständigen Rechtsprechung des *BAG* (20.3.1991 EzA 226 § 4 TVG Tarifkonkurrenz Nr. 7) in Anwendung der Grundsätze der Tarifeinheit und der Tarifspezialität der sachfernere Tarifvertrag verdrängt. Denn in einem Betrieb soll nur ein Tarifvertrag einheitlich Anwendung finden (**Grundsatz der Tarifeinheit**), wobei unter mehreren Tarifverträgen nach dem Grundsatz der Spezialität dem sachnäheren Tarifvertrag der Vorzug zu geben ist.

b) Der Grundsatz der Tarifeinheit
Aus den übergeordneten Prinzipien der Rechtssicherheit und der Rechtsklarheit folgt 227 der gesetzlich nicht geregelte Grundsatz der Tarifeinheit. Er führt dazu, dass rechtliche und tatsächliche Unklarheiten, die sich aus dem Nebeneinander von verschiedenen Tarifverträgen in einem Betrieb ergeben, vermieden werden. Rechtsnormen eines Tarifvertrages über betriebliche und betriebsverfassungsrechtliche Fragen gelten nach § 3 Abs. 2 TVG für alle Betriebe, deren Arbeitgeber tarifgebunden ist. Ist dieser aber an zwei Tarifverträge gebunden, muss zumindest insoweit entschieden werden, welchem der Vorrang einzuräumen ist. Eine Abgrenzung zwischen Betriebsnor-

H. Tarifvertragsrecht

men und Inhaltsnormen bereitet oft tätsächliche Schwierigkeiten. Letztlich werden diese Schwierigkeiten nur durch die betriebseinheitliche Anwendung eines Tarifvertrages vermieden (*BAG* 20.3.1991 EzA § 4 TVG Tarifkonkurrenz Nr. 7). Dabei gewährleistet ein Anknüpfen an die Tarifbindung des Arbeitgebers einer vom Wechsel der Arbeitnehmer und vom Zufall unabhängige betriebseinheitliche Anwendung desjenigen Tarifvertrages, der den Erfordernissen des Betriebes und der dort beschäftigten Arbeitnehmer am besten gerecht wird. Für die Anwendung des Günstigkeitsprinzips ist insoweit kein Raum (*BAG* 14.6.1989 EzA § 4 TVG Tarifkonkurrenz Nr. 4).

Auch wenn nur in einem von mehreren konkurrierenden Manteltarifverträgen die Altersversorgung geregelt ist, kann nicht angenommen werden, dass die Manteltarifverträge sich insoweit ergänzen sollen (*BAG* 5.9.1990 EzA § 4 TVG Tarifkonkurrenz Nr. 5). Nach dem Grundsatz der Tarifeinheit in einem Betrieb können die durch einen speziellen Tarifvertrag verdrängten Tarifverträge auch auf solche Arbeitsverhältnisse keine Anwendung mehr finden, bei denen mangels Organisationszugehörigkeit der Arbeitnehmer keine Tarifbindung an den speziellen Tarifvertrag besteht und dieser deshalb nicht zur Anwendung gelangt. Der Grundsatz der Tarifeinheit führt also nicht dazu, dass der spezielle Tarifvertrag ohne entsprechende Tarifbindung, Allgemeinverbindlichkeit oder vertragliche Abrede sozusagen automatisch auf alle Arbeitsverhältnisse des Betriebs anzuwenden ist. Dies wäre ansonsten ein Verstoß gegen die negative Koalitionsfreiheit (*BAG* 20.3.1991 EzA § 4 TVG Tarifkonkurrenz Nr. 7).

c) Der Grundsatz der Spezialität

228 Nach diesem Grundsatz gilt der Tarifvertrag, der dem Betrieb räumlich, betrieblich-fachlich und persönlich am nächsten steht und deshalb den Erfordernissen und Eigenarten des Betriebes und der darin tätigen Arbeitnehmer am besten Rechnung trägt (*BAG* 20.1.1994 EzA § 4 TVG Tarifkonkurrenz Nr. 9). Insoweit gehen Haustarifverträge Verbandstarifverträgen als speziellere Regelungen vor. Werden beispielsweise in einem Betrieb der Unterhaltungselektronik, der aus einem Ladengeschäft und einer Kundenwerkstatt besteht, die Arbeitnehmer überwiegend im technisch-handwerklich orientierten Werkstattbereich beschäftigt, so können aus diesen Gründen die Tarifverträge für den Einzelhandel keine Anwendung finden (*BAG* 25.11.1987 EzA § 4 TVG Geltungsbereich Nr. 1).

229 Kein Fall der Tarifkonkurrenz und Tarifpluralität liegt dann vor, wenn der Arbeitgeber nicht auf Grund Verbandszugehörigkeit, sondern allein kraft einzelvertraglicher Vereinbarung an einen spezielleren Tarifvertrag gebunden ist (*BAG* 22.9.1993 EzA § 4 TVG Tarifkonkurrenz Nr. 8; a. A. der Vierte Senat des *BAG* 20.3.1991 EzA § 4 TVG Tarifkonkurrenz Nr. 7; 28.5.1997 EzA § 4 TVG Nachwirkung Nr. 23; s. o. H/Rz. 223). Durch die einzelvertragliche Vereinbarung des spezielleren Tarifvertrages wird der gleichzeitig auf den Betrieb anzuwendende allgemeinverbindliche Tarifvertrag dann nicht verdrängt (so 10. Senat des *BAG* 22.9.1993 EzA § 4 TVG Tarifkonkurrenz Nr. 8). Finden kraft arbeitsvertraglicher Verweisung die Tarifverträge eines Wirtschaftszweiges Anwendung und unterfällt das Arbeitsverhältnis auch dem fachlichen Geltungsbereich eines anderen Manteltarifvertrages, an den die Parteien kraft Allgemeinverbindlichkeit gebunden sind, so wird der vertraglich in Bezug genommene Tarifvertrag nicht verdrängt, wenn die Verweisung konstitutiv und nicht nur deklaratorisch erfolgt ist (so Vierter Senat des *BAG* 28.5.1997 EzA § 3 TVG Bezugnahme auf Tarifvertrag Nr. 8).

H. Tarifvertragsrecht

VII. Wirkungsweise des normativen Teils eines Tarifvertrages

1. Allgemeines

Die normative Wirkung des Tarifvertrages ergibt sich aus § 4 Abs. 1 S. 1 TVG (s. o. H/Rz. 13). Damit wird ein Mindestmaß an Arbeitnehmerschutz erreicht. Von diesem gesetzesgleichen Recht kann nur zu Gunsten der tarifgebundenen Arbeitnehmer oder im Falle einer ausdrücklichen Gestattung durch die Tarifvertragsparteien abgewichen werden.   **230**

2. Unmittelbare Wirkung

Die Tarifnormen wirken wie andere Rechtsnormen automatisch und ohne Rücksicht auf die Kenntnis der Arbeitsvertragsparteien von dem Bestehen oder dem Inhalt der Tarifnormen auf das Arbeitsverhältnis ein.   **231**

> Im Gegensatz zu einer einzelvertraglichen Inbezugnahme des Tarifvertrages werden die Rechtsnormen des Tarifvertrages im Falle der unmittelbaren Wirkung nicht Inhalt des Arbeitsvertrages, sondern sie überlagern arbeitsvertragliche Vereinbarungen und verdrängen dieselben, soweit sie zu ihnen im Widerspruch stehen (*Löwisch/Rieble* § 4 Rz. 52).   **232**

Setzen die Tarifvertragsparteien eigenständige Rechtsnormen, so tritt die unmittelbare Wirkung der gesetzten Rechtsnormen ein. Neben der eigenständigen Rechtsetzung verweisen die Tarifvertragsparteien im Tarifvertrag auch auf andere Rechtsnormen. Die Verweisung auf gesetzliche Regelungen ist zulässig, wenn zwischen der tariflichen Regelung und dem in Bezug genommenen Recht ein enger Sachzusammenhang besteht (*BAG* 9.7.1980 EzA § 1 TVG Nr. 13). So ist z. B. in der in § 11 S. 1 BAT enthaltenen Verweisung für die Nebentätigkeit des Angestellten auf die für die Beamten des Arbeitgebers jeweils geltenden Bestimmungen keine unzulässige Delegation der Normsetzungsbefugnis der Tarifvertragsparteien zu sehen (*BAG* 25.7.1996 EzA § 11 BAT Nr. 2). Obgleich die Verweisung als solche zulässig ist, ist aber im Einzelfall weiter zu prüfen, ob die Tarifvertragsparteien damit eine selbstständige, unabhängige und eigenständige Regelung treffen wollten. Nur dann nämlich wirkt das in Bezug genommene Regelungswerk unmittelbar auf das Arbeitsverhältnis der tarifgebundenen Parteien ein. Ergibt die Auslegung der Verweisungsnorm keine Anhaltspunkte für eine Eigenständigkeit, so ist davon auszugehen, dass kein Normsetzungswille der Tarifvertragsparteien vorliegt und die Vorschrift lediglich deklaratorischen Charakter hat (*BAG* 23.9.1992 EzA § 4 TVG Bauindustrie Nr. 65). Eine unmittelbare Geltung der in Bezug genommenen Rechtsnormen greift nicht ein.   **233**

Soweit die Tarifvertragsparteien auf andere Tarifverträge verweisen, seien es eigene oder aber von anderen Tarifvertragsparteien abgeschlossene Tarifverträge, so gelten die für die Verweisung auf Gesetze dargestellten Grundsätze entsprechend.   **234**

H. Tarifvertragsrecht

3. Zwingende Wirkung

235 Zwingende Wirkung des Tarifvertrages bedeutet, dass der Tarifvertrag als gesetzlicher Mindestarbeitsschutz schlechteren vertraglichen Absprachen vorgeht. Dem Tarifvertrag widersprechende arbeitsvertragliche Abreden sind nichtig, § 134 BGB. Daraus folgt auch, dass die zwingende Wirkung von Rechtsnormen des Tarifvertrages einem Prozessvergleich sowie einem Klageverzicht und einem Anerkenntnis nach §§ 306, 307 ZPO entgegenstehen können (s. u. H/Rz. 257 ff.).

236 Ausnahmsweise besteht die zwingende Wirkung des Tarifvertrages dann nicht, wenn er selbst eine abweichende Regelung gestattet (**Öffnungsklausel**). Außerdem tritt die zwingende Wirkung dann zurück, wenn eine vom Tarifvertrag abweichende Abmachung eine Regelung zu Gunsten des tarifgebundenen Arbeitnehmers enthält (**Günstigkeitsprinzip § 4 Abs. 3 TVG**).

237 Die Rechtsnormen eines nachwirkenden Tarifvertrages gelten zwar noch unmittelbar weiter, zwingende Wirkung kommt ihnen jedoch nicht mehr zu (*BAG* 28.1.1987 EzA § 4 TVG Nachwirkung Nr. 8).

4. Günstigkeitsprinzip

a) Grundlagen

238 Nach § 4 Abs. 3 2. Alternative TVG sind vom Tarifvertrag abweichende Abmachungen nur zulässig, soweit sie eine Änderung der Regelungen zu Gunsten des Arbeitnehmers enthalten. Das Günstigkeitsprinzip begrenzt die zwingende Wirkung der tarifvertraglichen Rechtsnormen auf Mindestarbeitsbedingungen; denn nach dem arbeitsrechtlichen Schutzgedanken ist es Aufgabe des Tarifvertrages, einen sozialen Mindestschutz zu garantieren. Durch das Günstigkeitsprinzip kommt auch zum Ausdruck, dass unterhalb des Niveaus der Rechtsnormen des Tarifvertrages liegende Vereinbarungen unzulässig sind.

239 Das Günstigkeitsprinzip selbst unterliegt nicht der Disposition der Tarifvertragsparteien. Es ist tariffest und kann von den Tarifvertragsparteien weder normativ noch schuldrechtlich abbedungen werden (*BAG* 26.2.1986 EzA § 4 TVG Tariflohnerhöhung Nr. 8).

240 Zu den abweichenden Abmachungen i. S. d. § 4 Abs. 3 TVG zählen neben vertraglichen Absprachen und Regelungsabreden grds. auch Betriebsvereinbarungen (*BAG* 14.12.1966 AP Nr. 27 zu § 59 BetrVG 1952; *Kempen/Zachert* § 4 Rz. 175). Allerdings muss bei gleichen Regelungsinhalten wegen des Vorrangs des Tarifvertrages vor betrieblichen Regelungen nach § 77 Abs. 3 BetrVG und § 87 Abs. 1 BetrVG eine Öffnungsklausel für zusätzliche Betriebsvereinbarungen aufgenommen sein (*Kempen/Zachert* § 4 Rz. 175). Ein anderer Tarifvertrag stellt jedoch keine andere Abmachung dar. Das Verhältnis von zwei Tarifverträgen ist nicht eine Frage des Günstigkeitsprinzips, sondern vielmehr eine solche der Tarifkonkurrenz (s. o. H/Rz. 223 ff.).

241 Das Günstigkeitsprinzip erfasst insbesondere die Inhalts-, Abschluss- und Beendigungsnormen des Tarifvertrages. So steht es z. B. den tarifgebundenen Arbeitsvertragsparteien frei, eine über das tarifliche Mindestentgelt hinausgehende Vergütung zu vereinbaren. Das Günstigkeitsprinzip gilt auch bei Abschluss- und Beendigungsnormen (z. B. *Schaub* ArbRHb § 204 VI 1 b; **a. A.** *Wiedemann/Wank* TVG § 4 Rz. 412–414). Eine Beschränkung nur auf Inhaltsnormen lässt sich dem Wortlaut

H. Tarifvertragsrecht

des § 4 Abs. 3 TVG nicht entnehmen. Gerade bei Beendigungsnormen, z. B. bei Erreichen eines bestimmten Lebensalters, kann sich auch die Frage einer günstigeren arbeitsvertraglichen Regelung stellen. Auch Betriebsnormen und betriebsverfassungsrechtliche Normen unterliegen dem Günstigkeitsprinzip. So kann hinsichtlich der Lage der Arbeitszeit, die tarifvertraglich wie arbeitsvertraglich geregelt sein kann, durchaus ein Günstigkeitsvergleich vorgenommen werden. Auf Grund der persönlichen Situation einzelner Arbeitnehmer oder aber auf Grund besonderer betriebstechnischer Umstände einer Abteilung des Betriebes kann es günstiger sein, statt freitags samstags zu arbeiten. Für Normen über gemeinsame Einrichtungen findet das Günstigkeitsprinzip keine Anwendung (*BAG* 5.12.1958 AP Nr. 1 zu § 4 TVG Ausgleichskassen). Gemeinsame Einrichtungen verteilen Lasten und Risiken der Inanspruchnahme der Arbeitgeber auf die Gemeinschaft aller der Einrichtung unterfallender Arbeitgeber. Dem würde es widersprechen, wenn ein besonders leistungsfähiger Arbeitgeber aus der gemeinsamen Einrichtung ausscheren und seinen Arbeitnehmern zu Lasten der anderen, in der gemeinsamen Einrichtung zusammengefassten Arbeitnehmer bessere Leistungen zusichern könnte.

b) Günstigkeitsvergleich
Spricht der Tarifvertrag dem Arbeitnehmer ein Individualrecht zu, so geht eine andere Abmachung nur vor, wenn sie eine für den Arbeitnehmer günstigere Rechtsfolge auslöst. Dieser individuelle Günstigkeitsvergleich kommt nur dann in Betracht, wenn die Tarifnorm den einzelnen Arbeitnehmer schützen will. Bezweckt sie dagegen den Schutz der Belegschaft als Ganzes oder des Arbeitgebers ist ein kollektiver Günstigkeitsvergleich vorzunehmen, so insbesondere im Verhältnis zwischen allgemeinen Arbeitsbedingungen und Betriebsvereinbarungen. Der kollektive Günstigkeitsvergleich hat seinen Anwendungsbereich vor allem im Zusammenhang mit dem Abbau von Sozialleistungen auf Grund einer Gesamtzusage oder einer arbeitsvertraglichen Einheitsregelung durch Tarifvertrag oder Betriebsvereinbarung. Nach Auffassung des *BAG* (*GS* 16.9.1986 EzA § 77 BetrVG 1972 Nr. 17; 21.9.1989 EzA § 77 BetrVG 1972 Nr. 33) hält die Umstrukturierung von Versorgungssystemen auch zum Nachteil des einzelnen Arbeitnehmers dem kollektiven Günstigkeitsvergleich stand, wenn der Gesamtdotierungsrahmen erhalten bleibt (s. o. C/Rz. 2806 ff.). 242

> Es ist ein **sog. Sachgruppenvergleich** durchzuführen. Danach sind in den Vergleich einzubeziehen alle Normen des Tarifvertrages und beispielsweise des Arbeitsvertrages, die in einem inneren Zusammenhang stehen, insbesondere denselben Gegenstand betreffen oder aber die Verkehrsanschauung eine einheitliche Betrachtung gebietet (*BAG* 23.5.1984 AP Nr. 9 zu § 339 BGB). 243

Deshalb gehören Dauer des Urlaubs, Länge der Wartezeit und Höhe des Urlaubsgeldes zusammen, ebenso tariflicher Grundlohn und tarifliche Lohnzuschläge. Demgegenüber sind die Regelungskomplexe Urlaub und tarifliche Sonderzahlung einerseits sowie Vertragsstrafen andererseits nicht miteinander vergleichbar. Steht nicht fest, ob die vom Tarifvertrag abweichende Vereinbarung für den Arbeitnehmer günstiger ist als die tarifliche Regelung, ist sie unzulässig. Der Tarifvertrag geht also vor (*BAG* 12.4.1972 AP Nr. 13 zu § 4 TVG Günstigkeitsprinzip). 244

Für die Bewertung des Günstigkeitsvergleichs kommt es nicht auf die Auffassung der Arbeitsvertragsparteien an. Entscheidend ist vielmehr ein **objektiver Vergleichsmaßstab**. Es ist auf einem verständigen Dritten bei der Bewertung zurückzugreifen (*Lö-* 245

H. Tarifvertragsrecht

wisch/Rieble § 4 Rz. 203). Eine Erhöhung der Maximalarbeitszeit oder eine Verkürzung des Urlaubs ist von daher immer ungünstiger, auch wenn eine Erhöhung des Lohnes eintritt. Problematisch ist, ob arbeitsvertraglich eine Verlängerung der Arbeitszeit über die tarifvertragliche Arbeitszeit möglich ist. Bezweckt die im Wege der Auslegung zu ermittelnde Tarifnorm über die Arbeitszeit den Arbeitnehmerschutz, so ist eine individualvertragliche Verlängerung der Arbeitszeit unwirksam. Lassen die Tarifvertragsparteien jedoch Ausnahmen von der tarifvertraglich bestimmten Wochenarbeitszeit nach oben wie nach unten zu, so dient diese Regelung erkennbar nicht mehr allein dem Arbeitnehmerschutz. Der Anwendungsbereich des Günstigkeitsprinzips ist dann eröffnet (MünchArbR/*Löwisch* § 225 Rz. 50 ff.).

246 Maßgeblicher Zeitpunkt für die Durchführung des Günstigkeitsvergleichs ist der des Abschlusses der abweichenden Vereinbarung (*BAG* 12.4.1972 AP Nr. 13 zu § 4 TVG Günstigkeitsprinzip).

5. Nachwirkung

a) Zweck der Nachwirkung

247 Gem. § 4 Abs. 5 TVG gelten nach Ablauf des Tarifvertrages seine Rechtsnormen weiter, bis sie durch eine andere Abmachung ersetzt werden. Damit wird ein tarifloser Zustand vermieden (*BAG* 27.11.1991 EzA § 4 TVG Metallindustrie Nr. 87). Der Nachwirkung kommt Schutzcharakter zu Gunsten der Arbeitnehmer i. S. einer **Überbrückungsfunktion** zu. Damit wird erreicht, dass der Tarifvertragsinhalt nicht wegfällt und durch dispositives Gesetzesrecht ersetzt wird. Aber auch zu Gunsten des Arbeitgebers macht die Fortgeltung des Tarifvertrages Sinn, da es ihm rechtlich und auch tatsächlich kaum möglich wäre, den tariflichen Regelungsbestand zu ersetzen (*BAG* 13.7.1994 EzA § 4 TVG Nachwirkung Nr. 17). Dieser Zweck wird auch dann erfüllt, wenn nicht ein neuer Tarifvertrag an die Stelle des alten tritt, sondern eine den alten Tarifvertrag ändernde sonstige Abmachung i. S. d. Gesetzes vorliegt.

b) Ablauf des Tarifvertrages

248 Ein Tarifvertrag läuft ab, wenn ein wirksamer Beendigungstatbestand vorliegt (s. o. H/Rz. 53 ff.). Das *BAG* (18.3.1992 EzA § 4 TVG Nachwirkung) wendet § 4 Abs. 5 TVG entsprechend auch auf andere Fälle an, in denen die Voraussetzungen der bisherigen Tarifgebundenheit entfallen, ohne dass der Tarifvertrag abgelaufen wäre. Dies betrifft die Auflösung des Verbandes, das Herausfallen des Arbeitnehmers aus dem Geltungsbereich des Tarifvertrages (*BAG* 2.12.1992 EzA § 3 TVG Nr. 6), das Herauswachsen des Betriebes aus dem Geltungsbereich des Tarifvertrages (*BAG* 10.12.1997 EzA § 4 TVG Nachwirkung Nr. 26) und den Wegfall der Tariffähigkeit. Diese erweiternde Auslegung des § 4 Abs. 5 TVG ist von seinem Schutzzweck her geboten. Entfällt die Tarifbindung auf Grund einer Gesamtrechtsnachfolge und besteht keine anderweitige Vereinbarung, so gilt entsprechend § 4 Abs. 5 TVG der Inhalt des Tarifvertrages kraft Nachwirkung für das Arbeitsverhältnis weiter (*BAG* 13.7.1994 EzA § 4 Nachwirkung Nr. 17). Selbst wenn die Allgemeinverbindlichkeit eines Tarifvertrages gem. § 5 Abs. 5 S. 3 TVG mit dessen Ablauf endet, wirken seine Rechtsnormen entsprechend § 4 Abs. 5 TVG auch gegenüber Nichttarifgebundenen (Außenseitern) nach. Diese Nachwirkung wird durch einen nicht für allgemeinverbindlich erklärten Folgetarifvertrag nicht beendet (*BAG* 25.10.2000 EzA § 4 TVG Nachwirkung Nr. 32).

H. Tarifvertragsrecht

c) **Weitergeltung der Rechtsnormen**
Die Nachwirkung hat zur Folge, dass zwar die unmittelbare Geltung des Tarifvertra- 249
ges erhalten bleibt, die zwingende Wirkung jedoch entfällt. Wirkt ein Tarifvertrag
nach, kann ein tarifgebundener Arbeitnehmer Leistungen beanspruchen, die erst
während des Nachwirkungszeitraums entstehen (*BAG* 16.8.1990 EzA § 4 TVG Nachwirkung Nr. 9).

Erfasst werden aber nur solche Arbeitsverhältnisse, die zum Zeitpunkt der Geltung des Tarifvertrages bereits begründet waren, nicht aber diejenigen, die erst im Nachwirkungszeitraum begründet werden (*BAG* 10.12.1997 EzA § 4 TVG Nachwirkung Nr. 26; 22.7.1998 EzA § 4 TVG Nachwirkung Nr. 27). Von der Nachwirkung erfasst werden dagegen Arbeitnehmer, die erst im Nachwirkungsstadium in die Gewerkschaft eintreten (*BAG* 4.8.1993 EzA § 3 TVG Nr. 7).

Etwas anderes gilt, wenn sich im Nachwirkungszeitraum ein Ausbildungsverhältnis 250
in ein Arbeitsverhältnis umwandelt (*BAG* 28.1.1987 EzA § 4 TVG Nachwirkung
Nr. 8). Nach Ablauf des Tarifvertrages begründete Arbeitsverhältnisse können nur
durch arbeitsvertragliche Inbezugnahme die Geltung der nachwirkenden Normen
als Arbeitsvertragsinhalt vereinbaren (*BAG* 29.1.1975 EzA § 4 TVG Nachwirkung
Nr. 3).
Der Nachwirkung unterliegen alle Rechtsnormen des Tarifvertrages. Sie endet, wenn 251
sich die Voraussetzungen des Geltungsbereichs des Tarifvertrages z. B. durch eine Verlegung des Betriebs oder Änderung des Betriebszwecks im Nachwirkungszeitraum
ändert. Von der Nachwirkung ist der Fortbestand der Tarifbindung zu unterscheiden.
So bleiben Mitglieder eines tarifschließenden Verbandes, die aus diesem ausscheiden,
nach § 3 Abs. 3 TVG an die zu diesem Zeitpunkt geltenden Tarifverträge gebunden.
Enden diese Tarifverträge, wirken sie gem. § 4 Abs. 5 TVG nach. Ihre Rechtsnormen
gelten weiter, bis sie für das einzelne Arbeitsverhältnis verbindlich durch eine andere
Abmachung ersetzt werden (*BAG* 13.12.1995 DB 1996, 1284). Dies gilt selbst dann,
wenn der Zeitpunkt der Beendigung der Mitgliedschaft mit demjenigen der Beendigung des Tarifvertrages identisch ist. Da das Gesetz allein hinsichtlich der Nachwirkung an den Ablauf des Tarifvertrages anknüpft, kommt es nicht auf die beiderseitige
Tarifgebundenheit an. Deshalb tritt die Nachwirkung auch für nicht tarifgebundene
Arbeitsvertragsparteien ein, wenn der abgelaufene Tarifvertrag für allgemeinverbindlich erklärt war (*BAG* 27.11.1991 EzA § 4 TVG Metallindustrie Nr. 87).

d) **Andere Abmachung**
Dem abgelaufenen Tarifvertrag kommt keine zwingende Wirkung mehr zu. Dies 252
folgt aus der Möglichkeit, den nachwirkenden Tarifvertrag durch eine »andere Abmachung« zu ersetzen.
Der Wortlaut »ersetzt werden« (zukunftsbezogene Fassung des Gesetzes; *Frölich* NZA 253
1992, 1105 [1110 f.]) legt nahe, dass die andere Abmachung nach Ablauf des Tarifvertrages getroffen sein muss (*Löwisch/Rieble* § 4 Rz. 234; *Wiedemann/Wank* TVG § 4
Rz. 360). Daraus folgt, dass eine frühere arbeitsvertragliche Regelung, die durch
die Bindung an einen Tarifvertrag gegenstandslos geworden ist, nach Beendigung
des Tarifvertrages nicht wieder aufleben kann (so Achter Senat des *BAG* 14.2.1991
EzA § 4 TVG Nachwirkung Nr. 10). Dagegen spricht nach dem Ersten Senat des
BAG »viel dafür, dass durch die Beendigung der zwingenden Wirkung des Tarifvertrages eine frühere vertragliche Vereinbarung wieder auflebt und damit die Nachwir-

Pfeiffer

H. Tarifvertragsrecht

kung der Tarifnorm beseitigt« (*BAG* 21.9.1989 EzA § 77 BetrVG 1972 Nr. 33). Die Beantwortung dieser Rechtsfrage hat der Vierte Senat in seiner Entscheidung vom 28.5.1997 (EzA § 4 TVG Nachwirkung Nr. 23) ausdrücklich offen gelassen. Wenn man jedoch davon ausgeht, dass ein Abweichen von den Tarifnormen schon im Vorgriff auf die Nachwirkung möglich sein soll, so kann das nur durch ausdrückliche Vereinbarung geschehen (*BAG* 28.5.1997 EzA § 4 TVG Nachwirkung Nr. 23; MünchArbR/*Löwisch* § 266 Rz. 12).

254 Als andere Abmachungen i. S. v. § 4 Abs. 5 TVG kommen neben dem Tarifvertrag der Individualvertrag und Betriebsvereinbarungen in Betracht, unabhängig davon, ob sie auf einer Vereinbarung der Betriebspartner oder auf einem Spruch der Einigungsstelle beruhen (*BAG* 28.5.1997 EzA § 4 TVG Nachwirkung Nr. 23). Eine Betriebsvereinbarung kann jedoch nur dann an die Stelle eines Tarifvertrages treten, wenn die abzuändernden Tarifnormen auch Gegenstand einer Betriebsvereinbarung sein können. Durch die Regelung des § 4 Abs. 5 TVG wird der in § 77 Abs. 3 BetrVG bestimmte Tarifvorrang nicht beseitigt.

255 Ein neuer Tarifvertrag kann nur dann eine andere Abmachung sein, wenn er auch auf das Arbeitsverhältnis anwendbar ist. Ein kraft Allgemeinverbindlicherklärung anwendbarer Tarifvertrag kann daher nur dann ersetzt werden, wenn auch der neue Tarifvertrag für allgemeinverbindlich erklärt worden ist (*BAG* 27.11.1991 EzA § 4 TVG Metallindustrie Nr. 87).

e) Ausschluss der Nachwirkung

256 Die Tarifvertragsparteien können die Nachwirkung durch Regelung im Tarifvertrag ausschließen, befristen oder inhaltlich beschränken (*BAG* 16.8.1990 EzA § 4 TVG Nachwirkung Nr. 9). Diese Regelungen über die Nachwirkung können wegen der Vertragseigenschaft des Tarifvertrages auch stillschweigend erfolgen. Eine solche stillschweigende Vereinbarung, z. B. des Ausschlusses der Nachwirkung, kann auch in der Verpflichtung liegen, während einer längeren Kündigungsfrist Verhandlungen über den Abschluss eines dem gekündigten Tarifvertrag entsprechenden neuen Tarifvertrages zu führen (*BAG* 8.10.1997 EzA § 4 TVG Nachwirkung Nr. 26).

VIII. Der Verlust tariflicher Rechte

257 Nach § 4 Abs. 4 S. 1 TVG ist ein Verzicht auf entstandene tarifliche Rechte wegen der unmittelbaren und zwingenden Wirkung des normativen Teils des Tarifvertrages nur in einem von den Tarifvertragsparteien gebilligten Vergleich zulässig. Da im Nachwirkungszeitraum die zwingende Wirkung der Tarifnormen nicht besteht, kann auf darin entstandene Ansprüche wirksam verzichtet werden. Gilt der Tarifvertrag nur kraft arbeitsvertraglicher Inbezugnahme, so liegen keine tariflichen Ansprüche vor. § 4 Abs. 4 S. 1 TVG findet also keine Anwendung.

258 Das Verbot des Verzichts auf tarifliche Rechte soll verhindern, dass der Arbeitnehmer vom Arbeitgeber dazu gedrängt wird, seine gewerkschaftlich durchgesetzten Tarifvertragsansprüche einzelvertraglich wieder aufzugeben. § 4 Abs. 4 S. 1 TVG gilt sowohl für Erlassverträge als auch negative Schuldanerkenntnisse nach § 397 BGB. Das Verzichtsverbot erfasst auch Vereinbarungen, die die Durchsetzbarkeit tarifvertraglicher Ansprüche verhindern (pactum de non petendo). Abtretung und Aufrechnung nach §§ 398, 387 BGB unterfallen dem Verzichtsverbot nicht, es sei denn, die Abtretung erfolgt an den Arbeitgeber (MünchArbR/*Löwisch* § 267 Rz. 10, 11, 12).

H. Tarifvertragsrecht

Nicht erfasst ist dagegen die vereinbarte Kürzung der Arbeitszeit (Kurzarbeit), die vorübergehende Aussetzung der Arbeitspflicht (Suspendierung) oder der Verzicht auf die Einhaltung tariflicher Kündigungsfristen durch vorzeitigen Aufhebungsvertrag *(Kempen/Zachert* § 4 Rz. 244).   259

In Prozessvergleichen und Ausgleichsquittungen sind häufig Erlassregelungen enthalten. Fehlt es an einer Billigung beider Tarifvertragsparteien, so können diese Ansprüche weiterhin geltend gemacht werden. Schließen tarifgebundene Parteien über einen tariflichen Anspruch einen Prozessvergleich, bei dem sie durch Verbandsvertreter vertreten sind, so kommt es für die Wirksamkeit des Prozessvergleichs darauf an, ob die Vertreter zugleich bevollmächtigt sind, für ihre Tarifvertragsparteien die Zustimmung des Vergleichs zu erteilen. Da nur der Verzicht auf den Tarifanspruch nichtig ist, können sich die Arbeitsvertragsparteien ohne Zustimmung der Tarifvertragsparteien über die Voraussetzungen des tariflichen Anspruchs vergleichen (**sog. Tatsachenvergleich**; *BAG* 5.2.1970 AP Nr. 7 zu § 11 BUrlG). Ein Tatsachenvergleich liegt auch dann vor, wenn die Vertragsparteien damit einen Schlussstrich über tatsächliche Voraussetzungen für den Verfall von tariflichen Rechten nach einer tarifvertraglichen Ausschlussfristenregelung beilegen (*BAG* 5.11.1997 AP Nr. 17 zu § 4 TVG).   260

Verlangt z. B. der tarifgebundene Arbeitnehmer vom tarifgebundenen Arbeitgeber den tariflichen Jahresurlaub von 25 Arbeitstagen, so kann in einem gerichtlichen Vergleich nicht etwa eine Einigung über 20 Urlaubstage getroffen werden. Dies wäre nur dann möglich, wenn die Parteien darüber gestritten hätten, ob der Arbeitgeber dem Arbeitnehmer bereits 10 Urlaubstage gewährt hat oder nicht (Streit über die tatsächlichen Grundlagen der noch bestehenden Anzahl der tarifvertraglich geregelten Urlaubstage).   261

2. Verwirkung

§ 4 Abs. 4 S. 2 TVG erfasst den Rechtsmissbrauch durch illoyal verspätete Rechtsausübung. Dadurch wird der Schutz entstandener tariflicher Rechte erweitert, indem die Verwirkung nach § 242 BGB kraft Gesetzes ausgeschlossen ist. Dagegen werden die anderen Tatbestände des § 242 BGB wie der Einwand der Arglist, das Verlangen trotz Vorliegens einer Rückgewährspflicht (dolo petit-Einrede) sowie der Einwand des widersprüchlichen Verhaltens (venire contra factum proprium) vom TVG nicht berührt (MünchArbR/*Löwisch* § 268 Rz. 20).   262

3. Verjährung

Die Einrede der Verjährung hat im TVG keine eigenständige Regelung erfahren. Von daher richtet sich die Verjährung tariflicher Zahlungsansprüche nach den allgemeinen Vorschriften des BGB. Regelmäßig kommt die kurze Verjährungsfrist des § 195 BGB n. F. zur Anwendung (s. o. C/Rz. 3618 ff.).   263

H. Tarifvertragsrecht

4. Ausschlussfristen

a) Allgemeines

264 Ausschlussfristen bewirken, dass ein Recht nach Ablauf bestimmter Zeit erlischt, wenn es nicht (rechtzeitig) geltend gemacht worden ist (s. o. C/Rz. 3652 ff.). Ausschlussfristen für die Geltendmachung tariflicher Rechte können nur im Tarifvertrag vereinbart werden, § 4 Abs. 4 S. 3 TVG.

265 Ergeben sich aus dem Parteivortrag Anhaltspunkte dafür, dass eine Ausschlussfrist anzuwenden ist, ist das Gericht nach § 293 ZPO gehalten, den entsprechenden Tarifvertrag und somit auch seine Ausschlussfrist von Amts wegen zu ermitteln (*BAG* 29.3.1957 AP Nr. 4 zu § 4 TVG Tarifkonkurrenz).

266 Demgegenüber führen Verjährungsfristen nicht zum Verlust des Anspruchs. Außerdem dürfen diese nur dann berücksichtigt werden, wenn sich der Schuldner auf die Verjährungsfrist beruft, § 214 Abs. 1 BGB. Häufig finden sich in Tarifverträgen auch Fristen für die Nachprüfung einer Auszahlung oder den Inhalt einer Abrechnung. Hierbei handelt es sich nicht um Ausschlussfristen, sondern um Regelungen, die der Beseitigung von Unklarheiten über Tatsachen dienen (*BAG* 10.10.1957 AP Nr. 12 zu § 1 TVG Auslegung).

267 Da Ausschlussfristen (Verfallfristen) für die Geltendmachung tariflicher Rechte nur im Tarifvertrag vereinbart werden können, sind in Arbeitsverträgen oder in Betriebsvereinbarungen enthaltene Ausschlussfristen für tarifliche Ansprüche unwirksam. Die Arbeitsvertragsparteien können aber vertragliche Ausschlussfristen vereinbaren. Diese erfassen neben den vertraglichen Ansprüchen auch tariflich geregelte Ansprüche, wenn die Parteien nicht tarifgebunden sind.

268 Mit den Ausschlussfristen verfolgen die Tarifvertragsparteien den Zweck, Rechtsfrieden und Rechtsklarheit zu schaffen. Das Arbeitsverhältnis ist als Dauerschuldverhältnis dadurch geprägt, dass fortwährend einseitige oder wechselseitige Ansprüche entstehen und zu erfüllen sind. Die Arbeitsvertragsparteien werden angehalten, innerhalb kurzer Fristen ihre Ansprüche zu prüfen und ggf. geltend zu machen (*BAG* 8.6.1983 EzA § 4 TVG Ausschlussfristen Nr. 55; s. o. C/Rz. 3653).

269 Eine Geltendmachung ist nicht erforderlich, wenn der Schuldner den Anspruch anerkannt hat. Eine solche Anerkennung kann bereits in der Erteilung einer Lohnabrechnung liegen (*BAG* 29.5.1985 EzA § 4 TVG Ausschlussfristen Nr. 66 [s. o. C/Rz. 3717]).

Der Lauf der Ausschlussfrist knüpft nicht an die Kenntnis der Arbeitsvertragsparteien an.

b) Auslegung einer Ausschlussfrist

270 Ausschlussfristen führen zum Erlöschen der tariflichen Ansprüche. Diese einschneidende Rechtsfolge gebietet es, Ausschlussfristen eng auszulegen (*BAG* 8.8.1985 EzA § 4 TVG Ausschlussfristen Nr. 69). Dagegen sind in der Ausschlussklausel enthaltene Ausnahmeregelungen großzügig auszulegen. Außergewöhnlich kurze Ausschlussfristen können allerdings einen Verstoß gegen das Verbot der Sittenwidrigkeit oder gegen das Gebot von Treu und Glauben darstellen (*BAG* 16.11.1965 AP Nr. 30 zu § 4 TVG Ausschlussfristen [s. o. C/Rz. 3654, 3760 f.]).

H. Tarifvertragsrecht

c) Gegenstand der Ausschlussfristen

aa) Persönliche Geltung
In Ausschlussfristen ist nicht immer klar genug geregelt, ob ihr die Ansprüche beider Arbeitsvertragsparteien unterfallen. Mangels eindeutigen Wortlaut ist im Hinblick auf eine verfassungskonforme Auslegung (Art. 3 Abs. 1 GG) i. d. R. von einer beiderseitigen Geltung auszugehen.   271

bb) Sachliche Geltung
Den Tarifvertragsparteien steht es frei, den Umfang der von der Ausschlussklausel erfassten Ansprüche zu bestimmen. Dies gilt ohne Frage für tarifliche Ansprüche. Auch außertarifliche Ansprüche (arbeitsvertragliche, betriebsverfassungsrechtliche und gesetzliche Ansprüche) können ihr unterworfen werden.   272

(1) Tarifvertragliche Ansprüche
Tarifliche Ausschlussklauseln beziehen sich grds. auf tarifliche Ansprüche.   273

(2) Gesetzliche Ansprüche
Enthält die Ausschlussklausel die Formulierung, das sämtliche beiderseitigen Ansprüche aus dem Arbeitsverhältnis und solche, die mit dem Arbeitsverhältnis in Verbindung stehen, der Ausschlussklausel unterliegen, dann erstreckt sich die Ausschlussklausel auch auf bereits entstandene gesetzliche Ansprüche (*BAG* 22.10.1980 EzA § 4 TVG Ausschlussfristen Nr. 44). Dies ist nicht zu beanstanden. Selbst dann, wenn der gesetzliche Anspruch unabdingbar ist, unterliegt er einer derart ausgestalteten Ausschlussklausel. Denn die Unabdingbarkeit beinhaltet nur die Garantie von Art und Umfang, verhindert aber nicht die der Rechtsklarheit dienende zeitliche Beschränkung (*BAG* 3.12.1970 AP Nr. 9 zu § 5 BUrlG). Demgegenüber ist jedoch einzuwenden, dass es den Tarifvertragsparteien nicht zustehen kann, über zwingendes Gesetzesrecht gleichsam zu verfügen.   274

Tariflichen Ausschlussklauseln unterfallen u. a.:   275

Ansprüche auf Rückforderung des Arbeitgebers wegen überzahlten Entgelts nach § 812 Abs. 1 BGB (*BAG* 25.10.1990 EzA § 4 TVG Ausschlussfristen Nr. 92); Annahmeverzugsansprüche aus § 615 BGB (*BAG* 27.11.1991 EzA § 4 TVG Nachwirkung Nr. 15); Auskunftsansprüche nach § 87 c HGB (*BAG* 23.3.1982 EzA § 87 c HGB Nr. 4); Feiertagslohnzahlungsansprüche (*BAG* 12.3.1971 AP Nr. 9 zu § 1 FeiertagslohnzahlungsG Berlin); Lohnfortzahlungsansprüche nach dem LohnfortzahlungsG (*BAG* 24.5.1973 AP Nr. 52 zu § 4 TVG Ausschlussfristen); Schadenersatzansprüche aus positiver Vertragsverletzung (*BAG* 16.3.1995 EzA § 4 TVG Ausschlussfristen Nr. 110); Schadenersatzansprüche aus unerlaubter Handlung nach §§ 823 ff. BGB (*BAG* 26.5.1981 EzA § 4 TVG Ausschlussfristen Nr. 47).

Dagegen können nicht Gegenstand einer Ausschlussklausel sein: 276

Beschäftigungsanspruch im bestehenden Arbeitsverhältnis (*BAG* 15.5.1991 EzA § 4 Ausschlussfristen Nr. 91); Urlaubsentgelt nach dem BUrlG (*BAG* 24.11.1992 EzA § 4 TVG Nr. 102; gegen *BAG* 28.10.1960 AP Nr. 81 zu § 611 BGB Urlaubsrecht); Urlaubsabgeltung nach dem BUrlG (*BAG* 5.4.1984 EzA § 13 BUrlG

H. Tarifvertragsrecht

Nr. 19; gegen *BAG* 3.2.1971 AP Nr. 9 zu § 7 BUrlG Abgeltung); Aufwendungsansprüche des Betriebsrats nach § 40 BetrVG (*BAG* 30.1.1973 AP Nr. 1 zu § 37 BetrVG 1972).

(3) Betriebsvereinbarte Ansprüche

277 Nach § 77 Abs. 4 S. 3 BetrVG können in einem Tarifvertrag Ausschlussfristen für die Geltendmachung von Ansprüchen aus Betriebsvereinbarungen vereinbart werden; Ausschlussfristen für Ansprüche aus Betriebsvereinbarungen können auch in Betriebsvereinbarungen geregelt werden.

278 Tarifliche Ausschlussfristen, die sich allgemein auf Ansprüche aus dem Arbeitsverhältnis erstrecken, gelten auch für einen Anspruch auf Zahlung einer einmaligen Abfindung aus einem Sozialplan anlässlich der Beendigung des Arbeitsverhältnisses (*BAG* 30.11.1994 NZA 1995, 643).

(4) Einzelvertragliche Ansprüche

279 Den tariflichen Ausschlussfristen unterliegen auch einzelvertragliche Ansprüche. Dies ergibt sich aus der unmittelbaren und zwingenden Wirkung der Ausschlussklausel, die als Inhaltsnorm auf die durch Arbeitsvertrag geschaffenen Ansprüche einwirkt. Zu beachten ist jedoch das Günstigkeitsprinzip. Haben die Arbeitsvertragsparteien abweichend von der tariflichen Ausschlussfrist eine inhaltlich anders ausgestaltete Regelung betreffend die Durchsetzung der Rechte geschaffen, so ist ein Günstigkeitsvergleich durchzuführen.

280 Einzelvertraglich begründete sog. Stammrechte, z. B. aus der betrieblichen Altersversorgung (*BAG* 27.2.1990 EzA § 4 TVG Ausschlussfrist Nr. 83) eines Arbeitnehmers, sind unverfallbar (s. o. C/Rz. 3728 ff.).

d) Beginn der Ausschlussfrist

281 Mangels gesetzlicher Regelung steht es den Tarifvertragsparteien frei, den Beginn der Ausschlussfrist zu regeln. Sie knüpfen häufig an die Entstehung des Anspruchs, seine Fälligkeit, seine Ablehnung durch den Gegner und die Beendigung des Arbeitsverhältnisses an (s. o. C/Rz. 3655 ff., 3670 ff.).

282 Im Falle regelmäßig wiederkehrender Entgeltleistungen bestimmen die Tarifvertragsparteien häufig einen bestimmten Auszahlungszeitpunkt. Damit legen sie zugleich die Fälligkeit fest. Knüpfen sie lediglich für den Beginn des Laufs der Ausschlussfrist an die Fälligkeit an, ohne einen bestimmten Auszahlungszeitpunkt zu benennen, greift § 614 S. 2 BGB ein, wonach die Vergütung nach dem Ablauf der einzelnen Zeitabschnitte zu entrichten ist, wenn sie nach Zeitabschnitten bemessen ist.

283 Schuldet der Arbeitgeber Leistungsvergütung mit der Folge, dass die Entgelte von vornherein nicht feststehen, so ist der Anspruch i. d. R. erst dann fällig, wenn die Forderungen in ihrem Bestand feststellbar sind und geltend gemacht werden können. Der Gläubiger muss seine Forderung wenigstens annähernd beziffern können (*BAG* 27.11.1984 EzA § 4 TVG Ausschlussfristen Nr. 64). Dem Gläubiger wird oft als **Hilfsrecht** ein Anspruch auf eine Abrechnung zustehen. Dieser Anspruch ist zwar häufig tarifvertraglich nicht geregelt, jedoch kann sich ein solcher als Nebenpflicht aus dem Arbeitsverhältnis ergeben. Der Vergütungsanspruch als Hauptanspruch ist dann erst fällig, wenn der Arbeitgeber die Abrechnung erteilt (*BAG* 27.11.1984 EzA § 4 TVG Ausschlussfristen Nr. 64), es sei denn, es ist dem Arbeitnehmer unschwer möglich, seine Ansprüche zu beziffern (*BAG* 8.8.1985 EzA § 4 TVG

H. Tarifvertragsrecht

Ausschlussfristen Nr. 69). Unterfällt der Abrechnungsanspruch auch der Ausschlussklausel, so beginnt die Frist für den Vergütungsanspruch spätestens mit Ablauf der Frist für den Hilfsanspruch.
Bei Schadenersatzansprüchen beginnt die Ausschlussfrist, wenn der Schaden entstan- 284 den ist und die Ansprüche fällig geworden sind (s. o. C/Rz. 3739 f.).
Knüpft die Ausschlussfrist an die Beendigung des Arbeitsverhältnisses an, so ist im 285 Zweifel nicht die tatsächliche, sondern die rechtliche Beendigung maßgebend (*BAG* 3.12.1970 AP Nr. 45 zu § 4 TVG Ausschlussfristen). Ist über die Beendigung des Arbeitsverhältnisses ein Rechtsstreit anhängig, so beginnt die Ausschlussfrist mit der Rechtskraft des Urteils.

e) Geltendmachung
Die Geltendmachung von tarifvertraglichen Ansprüchen ist häufig an die Einhaltung 286 bestimmter Modalitäten geknüpft. Zum einen ist vielfach eine Formbedürftigkeit vorgesehen. Zum anderen muss der Gläubiger z. B. mehrere Handlungen vornehmen (sog. zweistufige Ausschlussfrist; s. o. C/Rz. 3655 ff.).
Die Geltendmachung eines Anspruchs setzt voraus, dass der Gläubiger seine Forde- 287 rung nach Grund und Höhe spezifiziert (s. o. C/Rz. 3691 ff.). Dabei ist eine rechtliche Begründung nicht erforderlich. Nur im Falle der Individualisierung des Anspruchs ist nämlich der Schuldner in die Lage versetzt, die Berechtigung der Forderung zu prüfen. Eine Spezifizierung der Höhe nach ist dann entbehrlich, wenn sie dem Schuldner bekannt ist oder hätte bekannt sein müssen.
Wiederkehrende Leistungen, wie beispielsweise die monatliche Vergütung, müssen 288 immer wieder geltend gemacht werden, es sei denn, der Tarifvertrag lässt eine einmalige Geltendmachung genügen (*BAG* 5.4.1995 EzA § 4 TVG Ausschlussfristen Nr. 111).

f) Einrede der Arglist und tarifliche Ausschlussfrist
Ausnahmsweise kann der Gläubiger dem Ablauf der Ausschlussfrist mit der Einwen- 289 dung der unzulässigen Rechtsausübung begegnen.

Beispiel: 290

> Der Ablauf einer bei Fälligkeit beginnenden tariflichen Ausschlussfrist führt nach § 242 BGB nicht zum Verfall des Rückzahlungsanspruchs, wenn der Arbeitnehmer es pflichtwidrig unterlassen hat, dem Arbeitgeber Umstände mitzuteilen, die die Geltendmachung des Rückzahlungsanspruchs innerhalb der Ausschlussfrist ermöglicht hätten. Zu einer solchen Mitteilung ist der Arbeitnehmer verpflichtet, wenn er bemerkt hat, dass er eine gegenüber sonst ungewöhnlich hohe Zahlung erhalten hat, deren Grund er nicht klären kann (*BAG* 1.6.1995 EzA § 4 TVG Ausschlussfristen Nr. 114).
> Dagegen ist der Einwand der Arglist nicht gerechtfertigt, wenn der Arbeitnehmer seine Ansprüche nur mündlich geltend gemacht und der Arbeitgeber ihn auf die vorgeschriebene schriftliche Geltendmachung nicht aufmerksam gemacht hat (*BAG* 30.3.1962 AP Nr. 28 zu § 4 TVG Ausschlussfristen).

H. Tarifvertragsrecht

IX. Bekanntgabe des Tarifvertrages

1. Grundsätzliches

291 Die Veröffentlichung von Tarifverträgen ist im TVG nicht vorgesehen. Der Gesetzgeber geht davon aus, dass die Verbände im Interesse ihrer Mitglieder die Tarifverträge bekannt machen. So sehen deren Satzungen regelmäßig vor, dass die Mitglieder einen Anspruch auf Aushändigung der jeweiligen Tarifverträge haben. Das TVG sieht lediglich eine Publikation der Tatsache des Abschlusses, der Änderung und Aufhebung der Tarifverträge sowie den Beginn und die Beendigung der Allgemeinverbindlichkeit vor, § 6 TVG.

2. Übersendungs- und Mitteilungspflichten

292 Die Tarifvertragsparteien sind verpflichtet, dem BMA innerhalb eines Monats nach Abschluss kostenfrei die Urschrift oder eine beglaubigte Abschrift sowie zwei weitere Abschriften eines jeden Tarifvertrages und seiner Änderungen zu übersenden. Außerdem haben sie ihm das Außerkrafttreten eines jeden Tarifvertrages innerhalb eines Monats mitzuteilen; ferner sind sie verpflichtet, den obersten Arbeitsbehörden der Länder, auf deren Bereich sich der Tarifvertrag erstreckt, innerhalb eines Monats nach Abschluss kostenfrei je drei Abschriften des Tarifvertrages und seiner Änderungen zu übersenden und auch das Außerkrafttreten des Tarifvertrages innerhalb eines Monats mitzuteilen. Entspricht eine Tarifvertragspartei dieser Verpflichtung, so werden die übrigen Tarifvertragsparteien davon befreit.

293 Kommen die Tarifvertragsparteien diesen Pflichten nicht nach, so wird hierdurch die Rechtswirksamkeit des Tarifvertrages nicht berührt. Jedoch stellt es eine Ordnungswidrigkeit dar, wer vorsätzlich oder fahrlässig eine Übersendungs- oder Mitteilungspflicht nicht, unrichtig, nicht vollständig oder nicht rechtzeitig entspricht.

3. Tarifregister

294 Nach § 6 TVG wird bei dem Bundesminister für Arbeit und Sozialordnung ein Tarifregister geführt, in das der Abschluss, die Änderung und die Aufhebung der Tarifverträge sowie der Beginn und die Beendigung der Allgemeinverbindlichkeit eingetragen werden. Ebenso werden bei den zuständigen Landesministerien entsprechende Register geführt, wozu allerdings keine Rechtspflicht besteht (§ 6 TVG nennt nur das BMA; siehe jedoch § 7 Abs. 1 S. 2 TVG, der Übersendungs- und Mitteilungspflichten gegenüber den obersten Arbeitsbehörden der Länder vorsieht). Damit wird erreicht, dass eine lückenlose Übersicht der bestehenden Tarifverträge besteht. Das Tarifregister ist öffentlich. Jedermann kann gem. § 16 S. 1 DVO ohne Nachweis eines besonderen Interesses Einsicht in das Tarifregister und die registrierten Tarifverträge nehmen. Der Bundesminister für Arbeit und Sozialordnung erteilt auf Anfrage Auskunft über die Eintragungen (vgl. § 16 S. 2 DVO). Er ist jedoch nicht verpflichtet, über den Inhalt der Tarifverträge Auskunft zu erteilen, geschweige denn sie auf Verlangen zu kopieren. Das jedermann zustehende Einsichtsrecht bezieht sich aber auch auf den Inhalt der Tarifverträge, einschließlich des Rechts sich Notizen und Kopien fertigen zu dürfen. Die die Tarifregister führenden Stellen erteilen auch telefonische Auskünfte darüber, ob ein Tarifvertrag allgemeinverbindlich ist. Ein weiteres Ta-

H. Tarifvertragsrecht

rifregister führt das Wirtschafts- und Sozialwissenschaftliche Institut (WSI) des DGB in Düsseldorf. Einen öffentlichen Glauben wie beispielsweise das Grundbuch genießt das Tarifregister nicht. Auf eine unrichtige Eintragung einer Inhaltsnorm kann also ein Anspruch nicht gestützt werden.

Der Eintragung in das Tarifregister kommt nur deklaratorische Bedeutung zu. Die Tarifverträge treten also auch ohne ihre Eintragung in Kraft. Anders verhält es sich bei der Allgemeinverbindlicherklärung. Sie erfolgt erst nach der Eintragung in das Tarifregister. 295

Im Falle der Allgemeinverbindlichkeit eines Tarifvertrages können die davon erfassten Arbeitnehmer und Arbeitgeber gegen Erstattung der Selbstkosten eine Abschrift der Tarifverträge von den Verbänden verlangen, § 9 Abs. 1 S. 1 DVO. Selbstkosten sind die Papier- und Vervielfältigungs- oder Druckkosten sowie das Übersendungsporto, § 9 Abs. 1 S. 2 i. V. m. § 5 S. 3 DVO. 296

4. Auslegung der Tarifverträge im Betrieb, Nachweisgesetz

Die Arbeitgeber sind verpflichtet, die für ihren Betrieb maßgebenden Tarifverträge an geeigneter Stelle im Betrieb auszulegen, § 8 TVG. Diese Verpflichtung besteht jedoch nur für tarifgebundene Arbeitgeber. Eine Auslegungspflicht besteht jedoch nicht, wenn der nicht tarifgebundene Arbeitgeber die Anwendung von Tarifverträgen mit seinen Arbeitnehmern lediglich arbeitsvertraglich vereinbart hat (*Wiedemann/Oetker* § 8 Rz. 11). § 8 TVG knüpft nämlich an die Tarifbindung des § 3 TVG an. 297

Verstößt der tarifgebundene Arbeitgeber gegen die Auslegungspflicht, so enthält das TVG keine Sanktion. Denn § 8 TVG ist weder Schutzgesetz i. S. v. § 823 Abs. 2 BGB noch eine Konkretisierung der Fürsorgepflicht (*BAG* 30.9.1970 AP Nr. 2 zu § 70 BAT; s. aber o. C/Rz. 3684 f.). Daraus folgt, dass bei Verletzung der Auslegungspflicht ein tarifgebundener Arbeitnehmer nicht mit der Begründung Schadenersatz verlangen kann, er habe z. B. eine Ausschlussfrist nicht gekannt. Die Verletzung der Auslegungspflicht kann nur dann zu Schadensersatzansprüchen des Arbeitnehmers führen, wenn er die Bekanntgabe des Tarifvertrags verlangt, der Arbeitgeber diese aber abgelehnt hat (*BAG* 22.11.1963 AP Nr. 6 zu § 611 BGB Öffentlicher Dienst). Beruft sich der Arbeitgeber insoweit auf die Nichteinhaltung der Ausschlussfrist, liegt hierin kein Verstoß gegen Treu und Glauben (*BAG* 5.11.1963 AP Nr. 1 zu § 1 TVG Bezugnahme auf Tarifvertrag). Diese Bewertung wird teilweise im Schrifttum mit der Begründung kritisiert, der Gesetzeszweck des § 8 TVG wolle den Arbeitnehmer begünstigen, der Schutzgesetzcharakter sei deswegen gegeben (z. B. *Löwisch/Rieble* § 8 Rz. 10). § 8 TVG beinhalte eine Obliegenheit des Arbeitgebers, die es ihm verwehre, sich bei einem Verstoß hiergegen auf den Tarifvertrag zu berufen (*Kempen/Zachert* § 8 Rz. 6). 298

Nach § 2 Abs. 1 S. 2 Nr. 10 Nachweisgesetz vom 20.7.1995 (BGBl. I. S. 946; s. o. B/Rz. 347 ff.) ist der Arbeitgeber verpflichtet, in der Niederschrift über die wesentlichen Vertragsbedingungen einen in allgemeiner Form gehaltenen Hinweis auf die im Arbeitsverhältnis anzuwendenden Tarifverträge zu geben. Diese Vorschrift ist Schutzgesetz i. S. d. § 823 Abs. 2 BGB und verpflichtet bei Verletzung zum Schadenersatz, wenn beispielsweise der Arbeitnehmer wegen des fehlenden Hinweises auf die Geltung eines Tarifvertrags eine tarifliche Ausschlussfrist versäumt (*Dörner* HzA Gruppe 18 Rz. 433). 299

I. Betriebsverfassungsrecht

Inhaltsübersicht   Rz.

I. Der Anwendungsbereich des BetrVG   1–232
  1. Räumlicher Geltungsbereich   1– 4
  2. Persönlicher Geltungsbereich, § 5 BetrVG   5– 75
    a) Einführung   5– 6
    b) Auslandsentsendung   7
    c) Vorübergehende Beschäftigung eines Arbeitnehmers aus einem ausländischen Betrieb im Inland   8– 9
    d) Zur Berufsausbildung Beschäftigte   10– 12
    e) Heimarbeiter   13– 14
    f) Nicht-Arbeitnehmer, § 5 Abs. 2 BetrVG   15– 25
      aa) Mitglieder des Vertretungsorgans juristischer Personen   16– 18
      bb) Mitglieder von Personengesamtheiten   19– 20
      cc) Primär karitativ oder religiös motivierte Beschäftigung   21– 22
      dd) Zur Heilung, Wiedereingewöhnung, Besserung oder Erziehung Beschäftigte   23– 24
      ee) Familienangehörige des Arbeitgebers   25
    g) Leitende Angestellte, § 5 Abs. 3, Abs. 4 BetrVG   26– 75
      aa) Zweck und Bedeutung der Vorschrift   26– 28
      bb) Zwingender und abschließender Charakter der Norm   29
      cc) Gemeinsames Merkmal: Nach Arbeitsvertrag und Stellung im Unternehmen oder im Betrieb   30– 34
      dd) Die einzelnen Tatbestände   35– 69
        (1) Nr. 1: Selbstständige Einstellungs- oder Entlassungsbefugnis   35– 36
        (2) Nr. 2: Generalvollmacht oder Prokura   37– 41
        (3) Nr. 3: Funktionaler Grundtatbestand   42– 55
          aaa) Einleitung, Zweck der Vorschrift   42– 45
          bbb) Wahrnehmung bedeutsamer unternehmerischer (Teil-)Aufgaben   46– 49
          ccc) Regelmäßige Wahrnehmung   50– 51
          ddd) Besondere Erfahrungen und Kenntnisse   52
          eee) Erheblicher Handlungsspielraum   53– 55
        (4) Der Zweifelstatbestand nach § 5 Abs. 4 BetrVG   56– 69
          aaa) Zweck und Rechtsnatur, Anwendungsvoraussetzungen   56– 57
          bbb) Bestehen von Zweifeln   58– 60
          ccc) Die Einzeltatbestände des § 5Abs. 4 BetrVG   61– 69
            aaaa) Nr. 1: Frühere Zuordnung   62– 65
            bbbb) Nr. 2: Leitungsebene   66
            cccc) Nr. 3: Regelmäßiges Jahresarbeitsentgelt   67– 68
            dddd) Nr. 4: Dreifache Bezugsgröße nach § 18 SGB IV   69
      ee) Streitigkeiten   70– 75
        (1) Gerichtliche Statusklärung   70– 71
        (2) Zuordnungsverfahren anlässlich zeitgleicher Betriebsrats- und Sprecherausschusswahlen, § 18 a BetrVG   72– 73
        (3) Verhältnis von Zuordnungsverfahren nach § 18 a BetrVG und arbeitsgerichtlichem Beschlussverfahren zur Statusklärung   74– 75

I. Betriebsverfassungsrecht

3.	Gegenständlicher Geltungsbereich	76–232
a)	Einführung	76
b)	Betrieb und Unternehmen	77– 83
aa)	Begriff	77– 79
bb)	Kriterien der Abgrenzung	80– 83
c)	Betriebsteil, Zuordnung von Kleinst- und Nebenbetrieben, § 4 BetrVG	84– 99
aa)	Betriebsteil, § 4 Abs. 1 BetrVG	85– 96
(1)	Funktion der Vorschrift	85
(2)	Begriffsbestimmung	86– 87
(3)	Betriebsratsfähigkeit von Betriebsteilen	88– 95
aaa)	Räumlich weite Entfernung	89– 90
bbb)	Eigener Aufgabenbereich und Organisation	91– 95
(4)	Teilnahme an Betriebsratswahl des Hauptbetriebs	96
bb)	Kleinstbetriebe, Nebenbetriebe	97– 99
d)	Gemeinschaftsbetrieb mehrerer Unternehmen	100–107
aa)	Begriffsbestimmung	100–103
bb)	Vermutungsregelung nach § 1 Abs. 2 BetrVG	104
cc)	Praktische Bedeutung	105–107
e)	Möglichkeit abweichender Regelungen, § 3 BetrVG	108–120
aa)	Einleitung	108
bb)	Die zulässigen Regelungen	109–113
(1)	Unternehmenseinheitlicher Betriebsrat, Zusammenfassung von Betrieben, § 3 Abs. 1 Nr. 1 a, b BetrVG	109
(2)	Spartenbetriebsräte, § 3 Abs. 1 Nr. 2 BetrVG	110
(3)	Andere Arbeitnehmervertretungsstrukturen, § 3 Abs. 1 Nr. 3 BetrVG	111
(4)	Arbeitsgemeinschaften, § 3 Abs. 1 Nr. 4 BetrVG	112
(5)	Zusätzliche betriebsverfassungsrechtliche Vertretungen, § 3 Abs. 1 Nr. 5 BetrVG	113
cc)	Form der abweichenden Regelung	114–117
(1)	Tarifvertrag	115
(2)	Betriebsvereinbarung	116
(3)	Belegschaftsbeschluss	117
dd)	Geltungsbeginn einer abweichenden Regelung	118
ee)	Rechtsfolgen einer abweichenden Vereinbarung	119
ff)	Streitigkeiten	120
f)	Gerichtliche Entscheidung über Zuordnungsfragen, § 18 Abs. 2 BetrVG; Folgen fehlerhafter Zuordnung	121–129
aa)	Gerichtliches Zuordnungsverfahren, § 18 Abs. 2 BetrVG	121–126
bb)	Folgen fehlerhafter Zuordnung	127–129
g)	Sonstige Voraussetzungen der Betriebsratsfähigkeit von Betrieben	130–182
aa)	Mindestanzahl wahlberechtigter Arbeitnehmer	130–135
(1)	Arbeitnehmer	131
(2)	I. d. R. ständig beschäftigte Arbeitnehmer	132–135
bb)	Wahlberechtigung, § 7 BetrVG	136–162
(1)	Maßgeblicher Zeitpunkt	137
(2)	Wahlalter	138
(3)	Betriebszugehörigkeit	139–158
aaa)	Bestehen eines Arbeitsverhältnisses	140–143
aaaa)	Vorübergehende Arbeitsbefreiung, Suspendierung der Hauptleistungspflichten	140–141
bbbb)	Gekündigte Arbeitsverhältnisse	142
cccc)	Nichtigkeit, Anfechtbarkeit	143

I. Betriebsverfassungsrecht

		bbb)	Eingliederung in die Betriebsorganisation	144–156
		aaaa)	Entsendung ins Ausland	145
		bbbb)	Außendienstmitarbeiter	146
		cccc)	Drittbezogener Personaleinsatz	147–151
		dddd)	Mittelbares Arbeitsverhältnis	152
		eeee)	Gruppenarbeit bei Eigengruppe	153
		ffff)	Ausbildung in mehreren Betrieben	154
		gggg)	Heimarbeiter	155
		hhhh)	Telearbeit	156
	ccc)	Wahlberechtigung von Drittarbeitnehmern, § 7 S. 2 BetrVG		157–158
		aaaa)	Zweck und Anwendungsbereich	157
		bbbb)	Einbeziehung bei der Ermittlung betriebsverfassungsrechtlicher Schwellenwerte?	158
	(4)	Streitigkeiten		159–162
cc)	Wählbarkeit, § 8 BetrVG			163–182
	(1)	Wahlberechtigung		164–165
	(2)	Sechsmonatige Betriebszugehörigkeit		166–179
	aaa)	Fristberechnung, maßgeblicher Zeitpunkt		170
	bbb)	Zeiten tatsächlicher Nichtbeschäftigung		171–175
	aaaa)	Unterbrechung		172–174
	bbbb)	Wehrdienst, Zivildienst, Eignungsübungen		175
	ccc)	Anrechnungszeiten, § 8 Abs. 1 S. 2 BetrVG		176–177
	ddd)	Betriebsneugründungen, § 8 Abs. 2 BetrVG		178–179
	(3)	Streitigkeiten		180–182
h)	Wegfall der Voraussetzungen			183
i)	Tatsächliche Wahl eines Betriebsrates			184
j)	Gesetzlicher Ausschluss bestimmter Betriebe; Einschränkungen des Anwendungsbereichs			185–232
aa)	Öffentlicher Dienst, § 130 BetrVG; Zivile Beschäftigte der alliierten Streitkräfte			187–190
bb)	Religionsgemeinschaften und deren karitative oder erzieherische Einrichtungen			191–196
cc)	Seeschifffahrt, Luftfahrt (§§ 114–117 BetrVG)			197–198
dd)	Tendenzbetriebe, § 118 BetrVG			199–232
	(1)	Die Bedeutung der Gewinnerzielungsabsicht		200
	(2)	Die Tendenzeigenschaft		201–216
	aaa)	Politische Bestimmung		202–203
	bbb)	Koalitionspolitische Bestimmung		204–205
	ccc)	Konfessionelle Bestimmung		206
	ddd)	Karitative Bestimmung		207–208
	eee)	Erzieherische Bestimmung		209
	fff)	Wissenschaftliche Bestimmung		210–211
	ggg)	Künstlerische Bestimmung		212–213
	hhh)	Berichterstattung und Meinungsäußerungen		214–215
	iii)	Sonstige Bestimmungen		216
	(3)	Tendenzunternehmen und -betriebe; Mischunternehmen		217–220
	(4)	Umfang der Beschränkung der Mitbestimmungsrechte		221–232
	aaa)	Wirtschaftliche Angelegenheiten		221–223
	bbb)	Sonstige Beteiligungsrechte		224–225
	ccc)	Einzelfälle		226–232
	aaaa)	Allgemeine personelle Angelegenheiten		226
	bbbb)	Personelle Einzelmaßnahmen		227–230

I. Betriebsverfassungsrecht

	cccc)	Soziale Angelegenheiten	231–232
II. Der Betriebsrat			233–707
1.	Die Wahl des Betriebsrats		233–393
	a)	Zeitpunkt der Wahl	233–243
	aa)	Regelmäßige Betriebsratswahlen	233–235
	bb)	Außerordentliche Betriebsratswahlen, § 13 Abs. 2 BetrVG	236–242
	(1)	Nr. 1: Wesentliche Änderung der Zahl der Beschäftigten	237
	(2)	Nr. 2: Zu geringe Zahl von Betriebsratsmitgliedern	238
	(3)	Nr. 3: Rücktritt des Betriebsrats	239
	(4)	Nr. 4: Erfolgreiche Anfechtung der Betriebsratswahl	240
	(5)	Nr. 5: Auflösung durch gerichtliche Entscheidung	241
	(6)	Nr. 6: Nichtbestehen eines Betriebsrates	242
	cc)	Streitigkeiten	243
	b)	Aktives und passives Wahlrecht	244
	c)	Wahlverfahren; reguläres oder vereinfachtes Wahlverfahren	245–246
	d)	Das reguläre Wahlverfahren	247–315
	aa)	Bestellung des Wahlvorstandes	247–284
	(1)	Bei Bestehen eines Betriebsrats	247–253
	(2)	Bei betriebsratslosen Betrieben	254–259
	(3)	Bestellung des Wahlvorstandes durch das Arbeitsgericht	260–266
	aaa)	§ 16 Abs. 2 BetrVG	261–262
	bbb)	§ 17 Abs. 4 i. V. m. § 16 Abs. 2 BetrVG	263
	ccc)	§ 17 a Nr. 4 i. V. m. §§ 17 Abs. 4, 16 Abs. 2 BetrVG	264
	ddd)	§ 23 Abs. 2 i. V. m. § 16 Abs. 2 BetrVG	265
	eee)	Besonderheiten bei der arbeitsgerichtlichen Bestellung	266
	(4)	Die Rechtsstellung des Wahlvorstandes und seiner Mitglieder	267–274
	aaa)	Unentgeltliches Ehrenamt, Vergütungsfortzahlung	267–268
	bbb)	Kündigungsschutz	269
	ccc)	Schulungsveranstaltungen	270–272
	ddd)	Aufwendungen	273
	eee)	Beginn und Ende des Amtes des Wahlvorstandes und seiner Mitglieder	274
	(5)	Rechtsschutz gegen Entscheidungen des Wahlvorstandes	275–284
	aaa)	Arbeitsgerichtliches Beschlussverfahren	275–278
	bbb)	Einstweilige Verfügung im Beschlussverfahren	279–284
	aaaa)	Aussetzung der Wahl	280–281
	bbbb)	Berichtigender Eingriff in das Wahlverfahren durch Leistungsverfügung	282–284
	bb)	Einleitung der Wahl	285–300
	(1)	Ersetzung des Wahlvorstandes durch das Arbeitsgericht (§ 18 Abs. 1 S. 2 BetrVG)	286
	(2)	Das Wahlausschreiben und dessen Vorbereitung	287–300
	aaa)	Notwendiger Inhalt des Wahlausschreibens	288
	bbb)	Aufstellung der Wählerliste, Abstimmungsverfahren gem. § 18 a BetrVG, Abgrenzung der betriebsratsfähigen Einheit	289–292
	ccc)	Größe und Zusammensetzung des Betriebsrats, Schutz des Geschlechts in der Minderheit	293–300
	cc)	Entgegennahme und Prüfung von Wahlvorschlägen	301–306
	(1)	Vorschlagsberechtigung	302–304

I. Betriebsverfassungsrecht

		(2)	Prüfung der Vorschlagslisten und Beseitigung von Mängeln	305–306
	dd)		Bekanntmachung der gültigen Vorschlagslisten	307
	ee)		Vorbereitung des Wahlganges	308
	ff)		Überwachung der Stimmabgabe und Entgegennahme der Wahlumschläge	309
	gg)		Stimmauszählung, Feststellung und Bekanntgabe des Ergebnisses und Wahlniederschrift	310–311
	hh)		Benachrichtigung der Gewählten	312
	ii)		Bekanntmachung der Gewählten	313
	jj)		Übersendung der Wahlniederschrift	314
	kk)		Einberufung der konstituierenden Sitzung des Betriebsrats	315
e)	Wahlgrundsätze			316–324
	aa)		Geheime und unmittelbare Wahl	317–318
	bb)		Freie, gleiche und allgemeine Wahl	319
	cc)		Verhältnis- und Mehrheitswahl	320–324
		(1)	Verhältniswahl	321–322
		(2)	Mehrheitswahl	323–324
f)	Das vereinfachte Wahlverfahren			325–333
	aa)		Anwendungsbereich; Arten des vereinfachten Verfahrens	326–330
	bb)		Das zweistufige vereinfachte Wahlverfahren	331
	cc)		Das vereinfachte einstufige Wahlverfahren	332
	dd)		Das vereinbarte vereinfachte Wahlverfahren	333
g)	Wahlschutz und Wahlkosten			334–357
	aa)		Behinderungsverbot, § 20 Abs. 1 BetrVG	335–340
	bb)		Verbot der Wahlbeeinflussung, § 20 Abs. 2 BetrVG	341–344
	cc)		Rechtsfolge von Verstößen	345–347
	dd)		Wahlkosten und Arbeitsversäumnis, § 20 Abs. 3 BetrVG	348–357
h)	Mängel der Betriebsratswahl (§ 19 BetrVG)			358–393
	aa)		Die Wahlanfechtung	359–389
		(1)	Verstoß gegen wesentliche Wahlvorschrift	360–369
		(2)	Fehlende Berichtigung von Verstößen	370
		(3)	Kausalität des Wahlfehlers	371–372
		(4)	Anfechtungsberechtigung	373–376
		(5)	Anfechtungsfrist	377–378
		(6)	Das Anfechtungsverfahren	379–389
		aaa)	Anfechtungsantrag und Begründung	379–382
		bbb)	Beteiligungsberechtigung	383
		ccc)	Rechtsschutzinteresse	384
		ddd)	Die Entscheidung des Arbeitsgerichts und ihre Rechtsfolgen	385–389
		aaaa)	Abweisung des Antrags	385
		bbbb)	Erfolgreiche Anfechtung	386–389
	bb)		Nichtigkeit der Wahl	390–393
2. Die Amtszeit des Betriebsrats				394–445
a)	Dauer der Amtszeit			394
b)	Beginn der Amtszeit			395–398
	aa)		Betriebsratsloser Betrieb	395
	bb)		Betriebe mit Betriebsrat	396
	cc)		Wirkungen des Beginns der Amtszeit	397–398
c)	Ende der Amtszeit			399–419
	aa)		Regelmäßige Beendigung	399–401
	bb)		Abweichende Beendigung der Amtszeit	402–406

I. Betriebsverfassungsrecht

		(1)	Ablauf der nach § 21 S. 3 und 4 BetrVG verkürzten Amtszeit		402
		(2)	Ablauf der Amtszeit bei Veränderung der Belegschaftsstärke, Absinken der Zahl der Betriebsratsmitglieder und Rücktritt des Betriebsrats, Ausscheiden aller Betriebsratsmitglieder		403–404
		(3)	Anfechtung der Wahl, Auflösung des Betriebsrats		405
		(4)	Verlust der Betriebsratsfähigkeit, Ausscheiden des Betriebs aus dem Geltungsbereich des BetrVG		406
	cc)	Übergangs- und Restmandat des Betriebsrats bei organisatorischen Veränderungen, §§ 21 a, 21 b BetrVG			407–419
		(1)	Übergangsmandat, § 21 a BetrVG		408–414
		aaa)	Zweck		408
		bbb)	Voraussetzungen		409–410
		ccc)	Träger des Übergangsmandats		411
		ddd)	Inhalt des Übergangsmandats		412
		eee)	Dauer des Übergangsmandats; Konsequenzen für den Betriebsrat des Ursprungsbetriebs		413
		fff)	Kosten aus der Wahrnehmung des Übergangsmandats		414
		(2)	Restmandat, § 21 b BetrVG		415–419
		aaa)	Zweck		415
		bbb)	Voraussetzungen		416
		ccc)	Träger des Restmandats		417
		ddd)	Inhalt des Restmandats		418
		eee)	Dauer und Beendigung des Restmandats		419
	d)	Weiterführung der Geschäfte des Betriebsrats, § 22 BetrVG			420–422
	e)	Erlöschen der Mitgliedschaft im Betriebsrat, § 24 BetrVG			423–433
		aa)	Tatbestände		424–432
		bb)	Rechtsfolgen des Erlöschens der Mitgliedschaft		433
	f)	Ersatzmitglieder			434–445
		aa)	Zeitweilige Verhinderung		435–439
		bb)	Nachrücken des Ersatzmitglieds		440
		cc)	Reihenfolge des Nachrückens		441–444
		(1)	Verhältniswahl		442
		(2)	Mehrheitswahl		443
		(3)	Fehlen von Ersatzmitgliedern; Erschöpfung aller Listen		444
		dd)	Rechtsstellung der Ersatzmitglieder		445
3.	Organisation und Geschäftsführung des Betriebsrats				446–525
	a)	Vorsitzender und Stellvertreter; Vertretung des Betriebsrats nach außen (§ 26 BetrVG)			446–458
		aa)	Wahlpflicht, Bedeutung der Bestellung		446
		bb)	Durchführung der Wahl		447
		cc)	Mängel der Wahl		448–449
		dd)	Ende der Amtszeit		450
		ee)	Aufgaben und Rechtsstellung des Vorsitzenden		451–458
	b)	Der Betriebsausschuss und weitere Ausschüsse, §§ 27, 28 BetrVG			459–470
		aa)	Pflicht zur Bildung		459
		bb)	Mitglieder und Zusammensetzung, Wahlmängel		460–461
		cc)	Aufgaben		462–465
		dd)	Beendigung der Amtszeit		466
		ee)	Weitere Ausschüsse		467–468
		ff)	Gemeinsame Ausschüsse von Betriebsrat und Arbeitgeber		469–470
	c)	Die Übertragung von Aufgaben auf Arbeitsgruppen, § 28 a BetrVG			471–482
		aa)	Zweck der Bestimmung		471

I. Betriebsverfassungsrecht

	bb)	Voraussetzungen		472–476
		(1)	Erforderliche Betriebsgröße	472
		(2)	Arbeitsgruppe	473
		(3)	Zusammenhang mit Aufgaben der Arbeitsgruppe	474
		(4)	Bestehen einer Rahmenvereinbarung	475
		(5)	Qualifizierter Übertragungsbeschluss; Schriftform	476
	cc)	Rechtsfolgen; Abschluss von Gruppenvereinbarungen		477–479
	dd)	Rückfall des Beteiligungsrechts bei Nichteinigung; Widerruf der Übertragung		480–481
	ee)	Streitigkeiten		482
d)	Betriebsratssitzungen, §§ 30 ff. BetrVG			483–516
	aa)	Konstituierende Sitzung		483
	bb)	Weitere Sitzungen		484–502
		(1)	Reguläre Sitzungen	485
		(2)	Pflicht zur Einberufung	486
		(3)	Zeitpunkt der Sitzungen	487–488
		(4)	Rechtzeitige Ladung unter Mitteilung der Tagesordnung, Benachrichtigung des Arbeitgebers	489–492
		(5)	Durchführung und Leitung der Sitzungen, Teilnahmerechte	493–495
		(6)	Sitzungsniederschrift, § 34 BetrVG	496–501
		(7)	Einsichtsrecht der Betriebsratsmitglieder, § 34 Abs. 3 BetrVG	502
	cc)	Beschlüsse des Betriebsrats, §§ 33, 35 BetrVG		503–516
		(1)	Sitzungserfordernis	503
		(2)	Beschlussfähigkeit	504–505
		(3)	Stimmrecht, Abstimmungsverfahren, Mehrheiten	506–508
		(4)	Aufhebung und Änderung von Beschlüssen	509
		(5)	Unwirksamkeit von Betriebsratsbeschlüssen	510–512
		aaa)	Voraussetzungen	510–511
		bbb)	Rechtsfolgen und gerichtliche Geltendmachung	512
		(6)	Aussetzung von Beschlüssen	513–516
e)	Geschäftsordnung, § 36 BetrVG			517–519
f)	Sprechstunden und sonstige Inanspruchnahme des Betriebsrats, § 39 BetrVG			520–525
	aa)	Einrichtung der Sprechstunde		520
	bb)	Besuchsrecht der Arbeitnehmer		521–523
	cc)	Sonstige Inanspruchnahme des Betriebsrats		524–525
4.	Die Rechtsstellung der Betriebsratsmitglieder			526–671
	a)	Das Betriebsratsamt als Ehrenamt, § 37 Abs. 1 BetrVG		527–532
	b)	Arbeitsbefreiung, § 37 Abs. 2 BetrVG		533–570
		aa)	Voraussetzungen	535–542
			(1) Wahrnehmung von Aufgaben des Betriebsrates	535–537
			(2) Erforderlichkeit der Arbeitsbefreiung	538–542
		bb)	Inhalt des Anspruches	543–544
		cc)	Durchführung der Arbeitsbefreiung	545–548
		dd)	Verbot der Minderung des Arbeitsentgelts	549–551
		ee)	Freizeitausgleich und Abgeltung, § 37 Abs. 3 BetrVG	552–568
			(1) Voraussetzungen	553–562
			(2) Arbeitsbefreiung und Abgeltung	563–568
		ff)	Streitigkeiten	569–570
	c)	Freistellungen, § 38 BetrVG		571–590
		aa)	Grundzüge		571
		bb)	Zahl der freizustellenden Betriebsratsmitglieder		572–590

Wildschütz **1839**

I. Betriebsverfassungsrecht

		(1)	Gesetzlicher Regelfall	572
		(2)	Abweichende Regelungen, weitere Freistellungen, Teilfreistellungen	573–578
		(3)	Entscheidung des Betriebsrats, Verfahren	579–583
		(4)	Ausscheiden und Verhinderung freigestellter Betriebsratsmitglieder	584
		(5)	Die Rechtsstellung der freigestellten Betriebsratsmitglieder	585–588
		(6)	Beendigung der Freistellung	589
		(7)	Streitigkeiten	590
	d)	Wirtschaftliche und berufliche Sicherung der Betriebsratsmitglieder		591–609
		aa)	Entgeltschutz, § 37 Abs. 4 BetrVG	592–600
		(1)	Voraussetzungen und Inhalt	592–598
		(2)	Dauer des Schutzes	599
		(3)	Streitigkeiten, Auskunftsanspruch	600
		bb)	Tätigkeitsschutz, § 37 Abs. 5 BetrVG	601–607
		cc)	Schutz der beruflichen Entwicklung	608–609
		(1)	Besonderer Schutz freigestellter Betriebsratsmitglieder	608
		(2)	Schutz der beruflichen Entwicklung nicht freigestellter Betriebsratsmitglieder	609
	e)	Teilnahme an Schulungs- und Bildungsveranstaltungen, § 37 Abs. 6, 7 BetrVG		610–633
		aa)	Schulungs- und Bildungsveranstaltungen gem. § 37 Abs. 6 BetrVG	611–624
		(1)	Erforderlichkeit der Kenntnisse	611–618
		(2)	Umfang der Schulung	619
		(3)	Auswahlentscheidung des Betriebsrats	620–622
		(4)	Fortzahlung des Arbeitsentgelts	623
		(5)	Freizeitausgleich	624
		bb)	Schulungs- und Bildungsveranstaltungen gem. § 37 Abs. 7 BetrVG	625–629
		cc)	Die Durchführung der Freistellung nach § 37 Abs. 6 und 7 BetrVG	630–631
		dd)	Streitigkeiten	632–633
		(1)	Im Rahmen des § 37 Abs. 6 BetrVG	632
		(2)	Im Rahmen des § 37 Abs. 7 BetrVG	633
	f)	Allgemeines Behinderungs-, Benachteiligungs- und Begünstigungsverbot, § 78 BetrVG		634–644
		aa)	Zweck und Umfang der Regelung	634–635
		bb)	Behinderungsverbot	636–638
		cc)	Benachteiligungs- und Begünstigungsverbot, § 78 S. 2 BetrVG	639–644
	g)	Kündigungsschutz, Übernahme Auszubildender		645
	h)	Versetzungsschutz, § 103 Abs. 3 BetrVG		646–659
		aa)	Anwendungsbereich	647–649
		(1)	Nur Versetzungen kraft Direktionsrechts	647
		(2)	Verlust der Wählbarkeit bzw. des Amtes	648
		(3)	Kein Einverständnis des Arbeitnehmers	649
		bb)	Geschützter Personenkreis	650
		cc)	Zeitliche Dauer des Versetzungsschutzes	651
		dd)	Einholung der Zustimmung des Betriebsrats	652–655
		(1)	Information des Betriebsrats; Rechtsfolgen unvollständiger Information	653
		(2)	Entscheidung des Betriebsrats	654
		(3)	Rechtslage bei fehlendem Betriebsrat	655

I. Betriebsverfassungsrecht

		ee)	Ersetzung der Zustimmung durch das Arbeitsgericht		656–658
			(1) Dringende betriebliche Gründe		657
			(2) Mögliche Entscheidungen des Gerichts		658
		ff)	Rechtsfolgen bei fehlender Zustimmung		659
	i)	Geheimhaltungspflicht, § 79 BetrVG			660–671
		aa)	Zweck der Vorschrift, Anwendungsbereich		660
		bb)	Voraussetzungen der Geheimhaltungspflicht		661–671
			(1) Betriebs- und Geschäftsgeheimnisse		661–662
			(2) Ausdrückliche Geheimhaltungserklärung		663
			(3) Kenntniserlangung auf Grund der betriebsverfassungsrechtlichen Stellung		664
			(4) Inhalt und Dauer der Schweigepflicht		665
			(5) Ausnahmen von der Geheimhaltungspflicht		666
			(6) Sanktionen		667–668
			(7) Weitere Verschwiegenheitspflichten		669–671
5.	Kosten und Sachaufwand des Betriebsrats, § 40 BetrVG				672–707
	a)	Kosten			673–698
		aa)	Erforderlichkeit		674–689
			(1) Einzelne Kosten		676–682
			aaa) Kosten aus der Tätigkeit des Betriebsrates		676
			bbb) Kosten aus der Tätigkeit der Betriebsratsmitglieder		677
			ccc) Kosten von Rechts- und Regelungsstreitigkeiten		678–682
			(2) Schulungs- und Bildungsveranstaltungen		683–689
		bb)	Art der Kostentragung		690–692
		cc)	Nachweis und Durchsetzung der Kosten, Kostenpauschale		693–696
		dd)	Abtretbarkeit, Verjährung		697–698
	b)	Sachaufwand und Büropersonal			699–704
		aa)	Sachaufwand		701
		bb)	Insbesondere: Informations- und Kommunikationstechnik		702
		cc)	Büropersonal		703
		dd)	Eigentum und Besitz		704
	c)	Umlageverbot; Sonstige vermögensrechtliche Stellung des Betriebsrates, Haftung des Betriebsrates			705–707
III.	**Sonstige Einrichtungen der Betriebsverfassung**				**708–935**
1.	Betriebsversammlung, §§ 42 ff. BetrVG				708–747
	a)	Aufgaben, Begriff und Rechtsnatur			708–710
	b)	Ordentliche Betriebsversammlungen			711
	c)	Außerordentliche Betriebsversammlungen			712–715
		aa)	Versammlung aus besonderen Gründen		712–713
		bb)	Sonstige und auf Wunsch des Arbeitgebers einberufene Betriebsversammlungen		714
		cc)	Andere Belegschaftsversammlungen		715
	d)	Durchführung			716–727
		aa)	Voll-, Teil- und Abteilungsversammlungen		716–719
		bb)	Einberufung, Ort		720–722
		cc)	Teilnahmerechte		723–725
		dd)	Leitung, Hausrecht, Protokoll		726–727
	e)	Themen der Betriebsversammlung			728–733
		aa)	Bericht von Betriebsrat und Arbeitgeber		728–730
		bb)	Sonstige Themen		731–733
	f)	Fortzahlung des Arbeitsentgelts, Fahrtkostenerstattung			734–746

I. Betriebsverfassungsrecht

		aa)	Vergütungs- und fahrtkostenerstattungspflichtige Versammlungen	736–745
		bb)	Nur vergütungspflichtige Versammlungen und Versammlungen ohne Anspruch auf Arbeitsentgelt und Fahrtkostenerstattung	746
	g)	Streitigkeiten		747
2.	Gesamtbetriebsrat, §§ 47 ff. BetrVG			748–782
	a)	Errichtung		748–755
		aa)	Pflicht zur Errichtung, Folgen der Nichterrichtung	748–749
		bb)	Voraussetzungen der Errichtung	750–754
		cc)	Bildung	755
	b)	Größe und Zusammensetzung		756–758
	c)	Stimmengewichtung		759
	d)	Organisation und Geschäftsführung des Gesamtbetriebsrats		760–764
	e)	Rechtsstellung der Mitglieder		765–766
	f)	Amtszeit und Beendigung der Mitgliedschaft		767–768
	g)	Zuständigkeit des Gesamtbetriebsrates		769–782
		aa)	Originäre Zuständigkeit	772–775
		bb)	Einzelfälle	776–780
		cc)	Auftragszuständigkeit	781
		dd)	Gesamtbetriebsvereinbarungen	782
3.	Betriebsräteversammlung, § 53 BetrVG			783
4.	Konzernbetriebsrat, §§ 54 ff. BetrVG			784–799
	a)	Konzernbegriff		785–794
		aa)	System gesetzlicher Vermutungen	788
		bb)	Sonderfälle	789–794
			(1) Gemeinschaftsunternehmen	789–790
			(2) Konzern im Konzern	791–792
			(3) Auslandsbezug	793–794
	b)	Errichtung		795
	c)	Amtszeit		796
	d)	Geschäftsführung		797
	e)	Zuständigkeit		798
	f)	Konzernbetriebsvereinbarungen		799
5.	Jugend- und Auszubildendenvertretung (JAV), §§ 60 ff. BetrVG			800–824
	a)	Funktion und Stellung		800–801
	b)	Errichtung, Wahl, Amtszeit		802–809
	c)	Aufgaben und Rechte		810–817
		aa)	Allgemeine Aufgaben	810–811
		bb)	Informationsrechte	812
		cc)	Befugnisse im Zusammenhang mit Sitzungen des Betriebsrats	813–817
	d)	Organisation und Geschäftsführung		818
	e)	Rechtsstellung der Mitglieder		819–821
	f)	Jugend- und Auszubildendenversammlung		822
	g)	Gesamt-Jugend- und Auszubildendenvertretung, § 72 f. BetrVG		823
	h)	Konzern-Jugend- und Auszubildendenvertretung, § 73 a, b BetrVG		824
6.	Wirtschaftsausschuss (WA), §§ 106 ff. BetrVG			825–883
	a)	Funktion		825–826
	b)	Bildung und Zusammensetzung		827–838
		aa)	Pflicht zur Bildung des WA	827
		bb)	Unternehmen mit Sitz im Ausland	828
		cc)	Beschäftigtenzahl	829–830
		dd)	Errichtung	831

I. Betriebsverfassungsrecht

		ee)	Übertragung der Aufgaben auf einen Ausschuss des Betriebsrats	832
		ff)	Mitgliederzahl	833
		gg)	Persönliche Qualifikation der Mitglieder	834
		hh)	Amtszeit	835–836
		ii)	Rechtsstellung der Mitglieder	837–838
	c)	Sitzungen des WA		839–843
		aa)	Sitzungsturnus, Allgemeines	839–840
		bb)	Teilnahmepflicht des Unternehmers, sonstige Teilnahmeberechtigte	841–843
	d)	Aufgaben des WA, Beratung und Unterrichtung des Betriebsrats		844–846
	e)	Die wirtschaftlichen Angelegenheiten		847–862
		aa)	Wirtschaftliche und finanzielle Lage des Unternehmens	848
		bb)	Produktions- und Absatzlage	849–851
		cc)	Produktions- und Investitionsprogramm	852
		dd)	Rationalisierungsvorhaben	853
		ee)	Fabrikations- und Arbeitsmethoden, Einführung neuer Arbeitsmethoden	854
		ff)	Fragen des betrieblichen Umweltschutzes	855
		gg)	Einschränkung oder Stilllegung von Betrieben oder Betriebsteilen	856
		hh)	Verlegung von Betrieben oder Betriebsteilen	857
		ii)	Zusammenschluss oder Spaltung von Unternehmen oder Betrieben	858
		jj)	Änderung der Betriebsorganisation oder des Betriebszwecks	859–861
		kk)	Sonstige Vorgänge und Vorhaben, welche die Interessen der Arbeitnehmer des Unternehmens wesentlich berühren können	862
	f)	Die Unterrichtungspflicht des Unternehmers		863–872
		aa)	Rechtzeitige und umfassende Unterrichtung	864
		bb)	Vorlage der erforderlichen Unterlagen	865–866
		cc)	Zeitpunkt der Vorlage	867–868
		dd)	Gefährdung von Betriebs- oder Geschäftsgeheimnissen	869–871
		ee)	Darstellung der Auswirkungen auf die Personalplanung	872
	g)	Insbesondere: Der Jahresabschluss		873–877
	h)	Die Durchsetzung des Informations- und Einsichtsanspruchs		878–883
7.	Der Sprecherausschuss der leitenden Angestellten, SprAuG			884–935
	a)	Allgemeines		884–885
	b)	Geltungsbereich		886
	c)	Zusammenarbeit mit Arbeitgeber und Betriebsrat		887–888
	d)	Wahl, Errichtung und Amtszeit		889
	e)	Rechte und Pflichten, Rechtsstellung der Sprecherausschussmitglieder; Kosten des Sprecherausschusses		890–892
	f)	Geschäftsführung des Sprecherausschusses		893
	g)	Sonstige Einrichtungen		894–899
		aa)	Versammlung der leitenden Angestellten	894
		bb)	Gesamtsprecherausschuss	895–897
		cc)	Konzernsprecherausschuss	898
		dd)	Unternehmenssprecherausschuss	899
	h)	Allgemeine Aufgaben		900–904
		aa)	Umfassender Vertretungsauftrag	900–901
		bb)	Unterrichtungspflicht	902
		cc)	Grundsätze für die Behandlung der leitenden Angestellten	903
		dd)	Anhörungsrecht bei Betriebsvereinbarungen	904
	i)	Richtlinien und Vereinbarungen		905–915

I. Betriebsverfassungsrecht

aa) Begriff	905 –906
bb) Gesetzes- und Tarifvorrang	907
cc) Inhalt und Regelungsschranken	908 –910
dd) Wirkungen	911 –912
ee) Abschluss und Beendigung	913– 915
j) Unterstützung einzelner leitender Angestellter	916– 917
k) Arbeitsbedingungen und Beurteilungsgrundsätze	918– 921
l) Personelle Einzelmaßnahmen	922– 927
m) Wirtschaftliche Angelegenheiten	928– 931
n) Streitigkeiten und Sanktionen	932– 935

IV. Die Rechtsstellung der Koalitionen im Betrieb   936– 954
1. Zusammenwirken der Koalitionen mit Arbeitgeber und Betriebsrat   936– 940
2. Zugangsrecht der Gewerkschaften zum Betrieb, § 2 Abs. 2 BetrVG   941– 945
3. Originäre Aufgaben der Koalitionen, § 2 Abs. 3 BetrVG   946– 954

V. Rechte des einzelnen Arbeitnehmers nach dem BetrVG, §§ 81–86 BetrVG   955–1006
1. Zweck und Rechtsnatur   955– 957
2. Prozessuale Durchsetzung   958– 959
3. Schadensersatzanspruch, Zurückbehaltungsrecht   960
4. Unterrichtungs- und Erörterungspflicht, § 81 BetrVG   961– 969
   - a) Zweck der Vorschrift, Verhältnis zu anderen Regelungen   961– 963
   - b) Unterrichtung des Arbeitnehmers über seine Funktion   964
   - c) Belehrung über Unfall- und Gesundheitsgefahren   965
   - d) Unterrichtung über Veränderungen im Arbeitsbereich   966
   - e) Unterrichtung und Erörterung bei der Planung und Einführung neuer Techniken   967– 969
5. Anhörungs- und Erörterungsrecht des Arbeitnehmers, § 82 BetrVG   970– 980
   - a) Zweck der Vorschrift   970
   - b) Anhörungs- und Erörterungsrecht   971– 972
   - c) Erläuterung des Arbeitsentgelts   973– 976
   - d) Erörterung der Leistungsbeurteilung und Möglichkeiten beruflicher Entwicklung   977
   - e) Hinzuziehung eines Betriebsratsmitglieds   978– 980
6. Einsicht in Personalakten, § 83 BetrVG   981– 985
   - a) Zweck der Vorschrift   981
   - b) Begriff der Personalakte   982
   - c) Einsicht durch Arbeitnehmer   983
   - d) Hinzuziehung eines Betriebsratsmitglieds   984
   - e) Erklärungen des Arbeitnehmers zur Personalakte   985
7. Beschwerderecht, §§ 84, 85 BetrVG   986–1004
   - a) Allgemeines   986
   - b) Beschwerdegegenstand und Beschwerdeverfahren   987– 991
   - c) Benachteiligungsverbot   992– 993
   - d) Beschwerde beim Betriebsrat, § 85 BetrVG   994–1004
8. Vorschlagsrecht der Arbeitnehmer, § 86 a BetrVG   1005–1006
   - a) Zweck der Vorschrift   1005
   - b) Ausgestaltung des Vorschlagsrechts   1006

VI. Grundsätze für die Zusammenarbeit zwischen Arbeitgeber und Betriebsrat und die Durchführung der Mitwirkung   1007–1233
1. Das Gebot vertrauensvoller Zusammenarbeit, § 2 Abs. 1 BetrVG   1007–1011
   - a) Inhalt   1007–1009
   - b) Anwendungsbeispiele   1010–1011

I. Betriebsverfassungsrecht

2.	Allgemeine Grundsätze für die Zusammenarbeit zwischen Arbeitgeber und Betriebsrat, § 74 BetrVG		1012–1042
	a) Monatliche Besprechung und Verhandlungspflicht, § 74 Abs. 1 BetrVG		1013–1017
	b) Arbeitskampfverbot, § 74 Abs. 2 S. 1 BetrVG		1018–1026
		aa) Inhalt	1018–1021
		bb) Verbotsadressaten	1022
		cc) Rechtsfolgen einer Verbotsverletzung	1023–1025
		dd) Betriebsratsamt und Arbeitskampf	1026
	c) Allgemeine betriebsverfassungsrechtliche Friedenspflicht, § 74 Abs. 2 S. 2 BetrVG		1027–1031
	d) Verbot parteipolitischer Betätigung im Betrieb, § 74 Abs. 2 S. 3 BetrVG		1032–1041
		aa) Verbotszweck und Inhalt, Verbotsadressaten	1032–1034
		bb) Parteipolitische Betätigung	1035–1038
		cc) Im Betrieb	1039–1040
		dd) Rechtsfolgen	1041
	e) Gewerkschaftliche Betätigung von Funktionsträgern, § 74 Abs. 3 BetrVG		1042
3.	Grundsätze für die Behandlung von Betriebsangehörigen, § 75 BetrVG		1043–1062
	a) Überwachungspflicht		1043–1052
		aa) Inhalt	1043–1045
		bb) Anwendungsbereich	1046–1047
		cc) Grundsätze von Recht und Billigkeit	1048–1052
	b) Schutz und Förderung der freien Entfaltung der Persönlichkeit		1053–1057
		aa) Inhalt	1053–1056
		bb) Einzelfälle	1057
	c) Förderung der Selbstständigkeit und Eigeninitiative der Arbeitnehmer und Arbeitsgruppen		1058–1062
		aa) Zweck, Funktion	1059–1060
		bb) Inhalt	1061–1062
4.	Die Einigungsstelle, §§ 76, 76 a BetrVG		1063–1139
	a) Die Zuständigkeit der Einigungsstelle		1064–1068
		aa) Freiwilliges Einigungsstellenverfahren	1064–1065
		bb) Erzwingbares Einigungsstellenverfahren	1066–1068
	b) Errichtung der Einigungsstelle		1069–1082
		aa) Freiwilliges Einigungsstellenverfahren	1070
		bb) Erzwingbares Einigungsstellenverfahren	1071
		cc) Größe und Zusammensetzung	1072–1077
		dd) Arbeitsgerichtliches Bestellungsverfahren	1078–1082
	c) Die Rechtsstellung der Mitglieder		1083
	d) Das Verfahren vor der Einigungsstelle		1084–1139
		aa) Antragserfordernis	1086–1087
		bb) Rechtliches Gehör	1088
		cc) Sitzungen	1089–1092
		dd) Vertretung	1093–1095
		ee) Untersuchungsgrundsatz	1096
		ff) Beschlussfassung	1097–1107
		(1) Keine Bindung an die Anträge	1101–1102
		(2) Vorläufige Regelungen	1103
		(3) Inhaltliche Schranken des Spruchs	1104–1105
		(4) Die Wirkung des Spruchs	1106–1107
		aaa) Freiwilliges Einigungsstellenverfahren, § 76 Abs. 6 BetrVG	1106

Wildschütz   **1845**

I. Betriebsverfassungsrecht

		bbb)	Erzwingbares Einigungsstellenverfahren, § 76 Abs. 5 BetrVG	1107
		gg)	Durchsetzung der aus einem Spruch folgenden Rechte	1108
		hh)	Gerichtliche Überprüfung des Spruchs	1109–1120
	ii)		Kosten der Einigungsstelle, Vergütung der Mitglieder, § 76 a BetrVG	1121–1138
		(1)	Kosten	1122–1127
		(2)	Vergütung	1128–1136
		(3)	Kosten und Vergütung in der Insolvenz und im Konkurs	1137
		(4)	Honorardurchsetzungskosten	1138
	jj)		Tarifliche Schlichtungsstelle	1139
5.	Die betriebliche Einigung			1140–1233
	a) Allgemeines			1140–1141
	b) Durchführung betrieblicher Einigungen, § 77 Abs. 1 BetrVG; Durchsetzung vereinbarungskonformen Verhaltens; Verbot des Eingriffs in die Betriebsleitung			1142–1146
	c) Die Regelungsabrede (Betriebsabsprache)			1147–1151
	d) Die Betriebsvereinbarung			1152–1233
	aa)	Begriff und Rechtsnatur		1152
	bb)	Zustandekommen, Form		1153–1158
	cc)	Auslegung		1159–1160
	dd)	Inhalt		1161–1162
	ee)	Grenzen der Regelungsbefugnis		1163–1189
		(1)	Höherrangiges Recht	1164–1167
		(2)	Der Tarifvorbehalt, § 77 Abs. 3 BetrVG	1168–1183
		aaa)	Zweck	1168–1170
		bbb)	Rückwirkende Genehmigung durch Tariföffnungsklausel	1171
		ccc)	Voraussetzungen	1172–1179
		ddd)	Ausnahmen; Verhältnis von § 77 Abs. 3 zu § 87 Abs. 1 Eingangssatz BetrVG; tarifvertragliche Öffnungsklausel	1180–1183
		(3)	Sonstige Regelungsschranken	1184–1189
		aaa)	Gerichtliche Billigkeitskontrolle	1184–1185
		bbb)	Sonstige Grenzen, Einzelfälle	1186–1189
	ff)	Geltungsbereich		1190–1197
	gg)	Rechtswirkungen der Betriebsvereinbarung		1198–1205
		(1)	Normative Wirkung	1199
		(2)	Zwingende Wirkung	1200–1205
		aaa)	Allgemeines, Günstigkeitsprinzip	1200–1202
		bbb)	Die ablösende, umstrukturierende (verschlechternde) Betriebsvereinbarung	1203–1205
	hh)	Verzicht, Verwirkung, Ausschlussfristen		1206–1210
	ii)	Beendigung der Betriebsvereinbarung		1211–1220
		(1)	Kündigung	1211–1215
		(2)	Sonstige Beendigungsgründe; Auswirkungen betrieblicher Umstrukturierungen	1216–1220
	jj)	Nachwirkung		1221–1226
	kk)	Rechtsmängel, Streitigkeiten		1227–1233
VII.	**Überblick über die Beteiligungsrechte des Betriebsrats**			**1234–1241**
1.	Mitbestimmungsrechte			1235–1240
	a) Positives Konsensprinzip			1236
	b) Initiativrecht			1237
	c) Negatives Konsensprinzip			1238–1239

I. Betriebsverfassungsrecht

		d)	Korrigierendes Mitbestimmungsrecht	1240
	2.		Mitwirkungsrechte (Beratungs-, Anhörungs-, Informationsrechte)	1241
VIII.			**Allgemeine Aufgaben des Betriebsrats; Pflichten des Arbeitgebers**	**1242–1285**
	1.		Die allgemeinen Aufgaben des Betriebsrates nach § 80 Abs. 1 BetrVG	1243–1261
		a)	Überwachungsaufgaben	1243–1253
			aa) Inhalt	1243–1247
			bb) Durchführung	1248–1250
			cc) Gerichtliche Durchsetzung	1251–1253
		b)	Antragsrecht	1254
		c)	Förderung der Durchsetzung der Gleichstellung von Frauen und Männern	1255
		d)	Förderung der Vereinbarkeit von Familie und Erwerbstätigkeit	1256
		e)	Aufgreifen von Anregungen	1257
		f)	Wahl der JAV, Zusammenarbeit mit JAV	1258
		g)	Eingliederung schutzbedürftiger Personen	1259
		h)	Beschäftigungsförderung und –sicherung	1260
		i)	Förderung des Arbeitsschutzes und des betrieblichen Umweltschutzes	1261
	2.		Die Informationspflicht des Arbeitgebers, § 80 Abs. 2 BetrVG	1262–1268
		a)	Allgemeines	1262
		b)	Aufgabenbezug des Informationsanspruchs	1263–1265
		c)	Rechtzeitige und umfassende Unterrichtung	1266
		d)	Zur Verfügungstellung von Unterlagen	1267–1268
	3.		Einblicksrecht in Lohn- und Gehaltslisten, § 80 Abs. 2 S. 2 BetrVG	1269–1274
		a)	Einsichtsberechtigte	1271
		b)	Inhalt und Unfang des Einsichtsrechts	1272–1274
	4.		Sachkundige Arbeitnehmer als Auskunftspersonen, § 80 Abs. 2 S. 3 BetrVG	1275–1277
	5.		Hinzuziehung von Sachverständigen, § 80 Abs. 3 BetrVG	1278–1285
IX			**Mitbestimmung in sozialen Angelegenheiten, § 87 BetrVG**	**1286–1512**
	1.		Allgemeine Fragen	1286–1326
		a)	Überblick, Zweck, Annex-Regelungen	1286–1292
		b)	Allgemeine Voraussetzungen der notwendigen Mitbestimmung	1293–1297
			aa) Kollektiver Tatbestand	1293–1295
			bb) Formelle und materielle Arbeitsbedingungen	1296–1297
		c)	Grenzen der notwendigen Mitbestimmung	1298–1311
			aa) Allgemeine Grenzen	1298
			bb) Gesetzes- und Tarifvorbehalt	1299–1311
			(1) Zweck	1299–1300
			(2) Verhältnis zu § 77 Abs. 3 BetrVG	1301–1302
			(3) Voraussetzungen	1303–1311
			aaa) Bestehen einer gesetzlichen oder tariflichen Regelung	1303–1308
			bbb) Regelungsdichte; Umfang des Ausschlusses	1309–1311
		d)	Ausübung der Mitbestimmung	1312–1319
			aa) Allgemeines	1312–1314
			bb) Initiativrecht	1315–1319
		e)	Eil- und Notfälle, probeweise Maßnahmen	1320–1324
		f)	Individualrechtliche Folgen fehlender Mitbestimmung; Theorie der Wirksamkeitsvoraussetzung	1325–1326
	2.		Fragen der Ordnung des Betriebes und des Verhaltens der Arbeitnehmer im Betrieb, § 87 Abs. 1 Nr. 1 BetrVG	1327–1346
		a)	Zweck	1327–1328
		b)	Voraussetzungen des Mitbestimmungsrechts	1329–1334

Wildschütz

I. Betriebsverfassungsrecht

c) Einzelfälle		1335–1346
aa) Erfasste Regelungsgegenstände		1335
bb) Nicht erfasste Regelungsgegenstände		1336
cc) Insbesondere: Betriebsbußen		1337–1346
(1) Begriff, grundsätzliche Zulässigkeit		1337–1339
(2) Abgrenzung zu individualrechtlichen Sanktionen		1340–1342
(3) Die Beteiligung des Betriebsrats an Sanktionen		1343–1344
(4) Gerichtliche Überprüfung		1345–1346
3. Beginn und Ende der täglichen Arbeitszeit einschließlich der Pausen sowie Verteilung der Arbeitszeit auf die einzelnen Wochentage, § 87 Abs. 1 Nr. 2 BetrVG		1347–1361
a) Zweck, Inhalt des Mitbestimmungsrechts		1347–1355
aa) Verteilung der Arbeitszeit auf die Wochentage		1353
bb) Lage der täglichen Arbeitszeit		1354
cc) Pausen		1355
b) Anwendungsfälle		1356–1361
aa) Gleitende Arbeitszeit		1356
bb) Teilzeitarbeit		1357
cc) Schichtarbeit		1358–1359
dd) Bereitschaftsdienste		1360
ee) Leiharbeitnehmer		1361
4. Vorübergehende Verkürzung/Verlängerung der Arbeitszeit, § 87 Abs. 1 Nr. 3 BetrVG		1362–1372
a) Inhalt des Mitbestimmungsrechts		1362–1366
b) Kein Ausschluss des Initiativrechts		1367
c) Rückkehr zur Normalarbeitszeit		1368
d) Überstunden		1369
e) Kurzarbeit		1370
f) Mitbestimmung und Arbeitsvertrag		1371–1372
5. Auszahlung der Arbeitsentgelte, § 87 Abs. 1 Nr. 4 BetrVG		1373–1377
6. Urlaub, § 87 Abs. 1 Nr. 5 BetrVG		1378–1388
a) Zweck; Begriff des Urlaubs		1378–1379
b) Allgemeine Urlaubsgrundsätze		1380–1383
c) Urlaubsplan		1384–1385
d) Festsetzung der Lage des Urlaubs für einzelne Arbeitnehmer		1386–1388
7. Technische Überwachungseinrichtungen, § 87 Abs. 1 Nr. 6 BetrVG		1389–1411
a) Zweck, Verhältnis zum BDSG		1389–1391
b) Voraussetzungen des Mitbestimmungsrechts		1392–1405
aa) Technische Einrichtung		1393–1398
bb) Eignung zur Überwachung		1399–1402
cc) Verhaltens- oder Leistungsdaten		1403–1405
c) Umfang des Mitbestimmungsrechts		1406–1409
d) Initiativrecht		1410
e) Folgen unterbliebener Mitbestimmung		1411
8. Verhütung von Arbeitsunfällen und Berufskrankheiten, Gesundheitsschutz im Rahmen der gesetzlichen Vorschriften oder Unfallverhütungsvorschriften, § 87 Abs. 1 Nr. 7 BetrVG		1412–1423
a) Zweck, Allgemeines		1412–1414
b) Voraussetzungen des Mitbestimmungsrechts		1415–1420
c) Inhalt des Mitbestimmungsrechts		1421–1423
9. Sozialeinrichtungen, § 87 Abs. 1 Nr. 8 BetrVG		1424–1433
a) Begriff der Sozialeinrichtung		1424–1425
b) Inhalt des Mitbestimmungsrechts		1426–1432
aa) Errichtung, Auflösung, Umfang der Mittel		1426

I. Betriebsverfassungsrecht

		bb)	Form und Ausgestaltung	1427–1428
		cc)	Verwaltung	1429–1432
	c)	Folgen unterbliebener Mitbestimmung		1433
10.	Zuweisung, Kündigung und allgemeine Festlegung der Nutzungsbedingungen von Werkmietwohnungen, § 87 Abs. 1 Nr. 9 BetrVG			1436–1446
	a)	Zweck		1434–1435
	b)	Werkmietwohnungen		1436–1437
	c)	Inhalt des Mitbestimmungsrechts		1438–1446
		aa)	Mitbestimmungsfreie Entscheidungen	1438–1439
		bb)	Mitbestimmungspflichtige Regelungen	1440–1446
			(1) Allgemeine Festlegung von Nutzungsbedingungen	1440–1441
			(2) Zuweisung und Kündigung	1442–1446
11.	Betriebliche Lohngestaltung, § 87 Abs. 1 Nr. 10 BetrVG			1447–1482
	a)	Zweck der Regelung		1447–1448
	b)	Gegenstand und Grenzen des Mitbestimmungsrechts		1449–1463
		aa)	Der Lohnbegriff	1449–1451
		bb)	Kollektiver Tatbestand	1452–1454
		cc)	Betriebliche Lohngestaltung	1455–1463
			(1) Entlohnungsgrundsätze	1459–1460
			(2) Entlohnungsmethoden	1461–1463
		dd)	Besonderheiten bei freiwilligen Leistungen und im Rahmen der betrieblichen Altersversorgung	1464–1468
		ee)	Insbesondere: Anrechnung von Tariflohnerhöhungen auf übertarifliche Zulagen	1469–1482
			(1) Voraussetzungen eines Mitbestimmungsrechts	1470–1476
			(2) Individualrechtliche Voraussetzungen; Folgen der Verletzung des Mitbestimmungsrechts	1477–1480
			(3) Praktische Hinweise	1481
			(4) Initiativrecht	1482
12.	Leistungsbezogene Entgelte, § 87 Abs. 1 Nr. 11 BetrVG			1483–1488
	a)	Zweck der Regelung, Begriff des leistungsbezogenen Entgelts		1483–1486
	b)	Inhalt des Mitbestimmungsrechts		1487–1488
13.	Betriebliches Vorschlagswesen, § 87 Abs. 1 Nr. 12 BetrVG			1489–1499
	a)	Zweck des Mitbestimmungsrechts		1489–1490
	b)	Begriff, Abgrenzung zu Arbeitnehmererfindungen		1491–1496
	c)	Gegenstand der Mitbestimmung		1497–1498
	d)	Form der Mitbestimmung; Mitbestimmung und Arbeitsverhältnis		1499
14.	Grundsätze der Durchführung von Gruppenarbeit, § 87 Abs. 1 Nr. 13 BetrVG			1500–1506
	a)	Zweck des Mitbestimmungsrechts		1500
	b)	Begriff der Gruppenarbeit		1501
	c)	Inhalt des Mitbestimmungsrechts		1502–1504
		aa)	Mitbestimmungsfreie Vorgaben	1503
		bb)	Mitbestimmung bei Grundsätzen der Durchführung der Gruppenarbeit	1504
	d)	Sonstige Mitbestimmungsrechte bei Gruppenarbeit		1505
	e)	Übertragung von Betriebsratsaufgaben auf Arbeitsgruppen		1506
15.	Streitigkeiten zwischen Arbeitgeber und Betriebsrat im Rahmen des § 87 Abs. 1 BetrVG			1507–1511
	a)	Einigungsstelle		1507
	b)	Arbeitsgericht		1508–1511
16.	Freiwillige Betriebsvereinbarungen, § 88 BetrVG			1512

Wildschütz   **1849**

I. Betriebsverfassungsrecht

X.	**Mitwirkung beim Arbeitsschutz und beim betrieblichen Umweltschutz, § 89 BetrVG**	**1513–1526**
1.	Zweck der Regelung	1513
2.	Durchführung der Vorschriften über Arbeitsschutz, Unfallverhütung und betrieblichen Umweltschutz	1514–1518
	a) Arbeitsschutz, Unfallverhütung	1515–1517
	aa) Inhalt der Aufgabe	1516
	bb) In Betracht kommende Vorschriften	1517
	b) Betrieblicher Umweltschutz	1518
3.	Zusammenarbeit mit Behörden bei der Bekämpfung von Unfall- und Gesundheitsgefahren	1519
4.	Hinzuziehung des Betriebsrats	1520
5.	Mitteilung von Auflagen, Anordnungen; Unfallanzeigen	1521
6.	Beteiligung des Betriebsrats bei der Organisation des Arbeitsschutzes	1522–1526
	a) ASiG	1522–1525
	b) Sonstige Beteiligungsrechte	1526
XI	**Mitbestimmung bei der Gestaltung von Arbeitsplätzen, Arbeitsablauf und Arbeitsumgebung, §§ 90, 91 BetrVG**	**1527–1546**
1.	Allgemeines	1527–1528
2.	Beteiligungspflichtige Maßnahmen	1529–1533
3.	Unterrichtung und Beratung	1534–1538
4.	Mitbestimmung des Betriebsrates	1539–1545
	a) Korrigierendes Mitbestimmungsrecht	1539–1540
	b) Voraussetzungen des Mitbestimmungsrechts	1541–1544
	c) Korrekturmaßnahmen	1545
5.	Streitigkeiten	1546
XII.	**Mitbestimmung in personellen Angelegenheiten**	**1547–1771**
1.	Allgemeine personelle Angelegenheiten	1547–1634
	a) Personalplanung, § 92 BetrVG	1547–1560
	aa) Zweck der Vorschrift	1547
	bb) Begriff der Personalplanung	1548–1550
	cc) Unterrichtungspflicht	1551–1557
	dd) Beratungspflicht	1558
	ee) Vorschlagsrecht	1559
	ff) Entsprechende Geltung für Maßnahmen nach § 80 Abs. 1 Nr. 2 a, b BetrVG	1560
	b) Vorschläge zur Beschäftigungsförderung und -sicherung, § 92 a BetrVG	1561–1563
	aa) Zweck der Vorschrift	1561
	bb) Vorschlagsrecht des Betriebsrats	1562
	cc) Beratungspflicht des Arbeitgebers	1563
	c) Personalfragebogen, Beurteilungsgrundsätze, § 94 BetrVG	1564–1575
	aa) Zweck der Vorschrift	1564–1565
	bb) Personalfragebogen	1566–1571
	(1) Anwendungsbereich	1566–1568
	(2) Beteiligung des Betriebsrates	1569–1570
	(3) Verstoß gegen das Mitbestimmungsrecht	1571
	cc) Allgemeine Beurteilungsgrundsätze	1572–1575
	(1) Begriff	1572–1573
	(2) Beteiligung des Betriebsrates	1574
	(3) Verstoß gegen das Mitbestimmungsrecht	1575
	d) Auswahlrichtlinien, § 95 BetrVG	1576–1594
	aa) Zweck der Vorschrift	1576–1577

I. Betriebsverfassungsrecht

	bb)	Begriff der Auswahlrichtlinien		1578–1583
	cc)	Inhalt der Auswahlrichtlinien		1584–1590
		(1)	Grenzen der Regelungsbefugnis	1584
		(2)	Allgemeiner Inhalt	1585
		(3)	Einzelne Maßnahmen	1586–1590
		aaa)	Einstellung und Versetzung	1586
		bbb)	Umgruppierungen	1587
		ccc)	Kündigungen	1588–1590
	dd)	Die Beteiligung des Betriebsrates		1591–1592
	ee)	Verletzung des Beteiligungsrechts, Auswahlrichtlinien und personelle Einzelmaßnahmen		1593–1594
e)	Stellenausschreibung, § 93 BetrVG			1595–1603
	aa)	Zweck der Vorschrift		1595–1596
	bb)	Inhalt der Stellenausschreibung		1597–1599
	cc)	Die Beteiligung des Betriebsrates		1600–1603
f)	Berufsbildung, §§ 96–98 BetrVG			1604–1634
	aa)	Zweck der Vorschriften		1604–1605
	bb)	Begriff der Berufsbildung		1606–1609
	cc)	Betriebliche und außerbetriebliche Bildungsmaßnahmen		1610–1611
	dd)	Förderung und Beratung der Berufsbildung, §§ 96, 97 Abs. 1 BetrVG		1612–1614
	ee)	Anspruch des Betriebsrats auf Ermittlung des Berufsbildungsbedarfs, § 96 Abs. 1 S. 2 BetrVG		1615
	ff)	Mitbestimmung des Betriebsrats bei drohendem Qualifikationsverlust, § 97 Abs. 2 BetrVG		1616–1621
		(1)	Zweck	1616
		(2)	Voraussetzungen des Mitbestimmungsrechts	1617–1620
		aaa)	Maßnahmen des Arbeitgebers	1618
		bbb)	Änderung der Tätigkeit	1619
		ccc)	Qualifikationsverlust	1620
		(3)	Inhalt des Mitbestimmungsrechts	1621
	gg)	Durchführung betrieblicher Bildungsmaßnahmen, § 98 BetrVG		1622–1634
		(1)	Voraussetzungen des Mitbestimmungsrechts	1622–1623
		(2)	Mitbestimmung bei der Durchführung der Berufsbildung	1624–1634
		aaa)	Mitbestimmung bei der Teilnehmerauswahl	1627–1629
		bbb)	Mitbestimmung bei der Bestellung/Abberufung von Ausbildern	1630–1634
2.	Personelle Einzelmaßnahmen			1635–1771
a)	Einstellung, Versetzung, Eingruppierung, Umgruppierung, §§ 99–101 BetrVG			1635–1768
	aa)	Zweck und Geltungsbereich der Regelung		1635–1637
	bb)	Inhalt des Beteiligungsrechts		1638
	cc)	Die Maßnahmen im Einzelnen		1639–1677
		(1)	Einstellung	1639–1648
		aaa)	Begriff	1639–1641
		bbb)	Einzelfälle	1642–1648
		(2)	Versetzung	1649–1670
		aaa)	Zweck und Anwendungsbereich	1649–1651
		bbb)	Änderung des Arbeitsbereichs	1652–1665
		ccc)	Dauer der Versetzung	1666–1670
		(3)	Eingruppierung	1671–1675
		(4)	Umgruppierung	1676–1677
	dd)	Regelung der Mitbestimmung		1678–1733

Wildschütz **1851**

I. Betriebsverfassungsrecht

		(1)	Die Mitteilungspflicht des Arbeitgebers	1678–1691
		aaa)	Inhalt	1678–1689
		bbb)	Verschwiegenheitspflicht des Betriebsrats	1690
		ccc)	Zeitpunkt der Mitteilung	1691
		(2)	Zustimmungsverweigerungsgründe	1692–1715
		aaa)	Rechtsverstoß	1693–1700
		bbb)	Verstoß gegen Auswahlrichtlinien	1701–1702
		ccc)	Nachteile für andere Arbeitnehmer	1703–1709
		ddd)	Nachteil für den betroffenen Arbeitnehmer	1710–1711
		eee)	Unterbliebene Stellenausschreibung	1712–1713
		fff)	Störung des Betriebsfriedens	1714–1715
		(3)	Die Entscheidung des Betriebsrates, Form und Frist	1716–1724
		(4)	Das Zustimmungsersetzungsverfahren	1725–1730
		(5)	Individualrechtliche Wirkung der fehlenden Zustimmung	1731–1733
	ee)	Vorläufige personelle Maßnahmen, § 100 BetrVG		1734–1755
		(1)	Zweck und Anwendungsbereich	1734–1736
		(2)	Voraussetzungen	1737–1738
		(3)	Das Verfahren	1739–1755
		aaa)	Information von Arbeitnehmer und Betriebsrat	1739–1744
		bbb)	Reaktionsmöglichkeiten des Betriebsrates	1745–1747
		ccc)	Arbeitsgerichtliches Verfahren	1748–1755
		aaaa)	Antrag des Arbeitgebers	1748–1752
		bbbb)	Entscheidung des Arbeitsgerichts	1753
		cccc)	Rechtsfolgen der Entscheidung	1754–1755
	ff)	Aufhebung der Maßnahme und Zwangsgeld, § 101 BetrVG		1756–1768
		(1)	Voraussetzungen und Anwendungsbereich	1756
		(2)	Verfahren und Entscheidung des Gerichts, Festsetzung von Zwangsgeld	1757–1760
		(3)	Besonderheiten bei Ein- und Umgruppierung	1761–1763
		(4)	Sonstiger Rechtsschutz des Betriebsrates, Verhältnis zu § 23 Abs. 3 BetrVG	1764–1768
	b)	Die Beteiligung des Betriebsrates bei Kündigungen, § 102 BetrVG		1769
	c)	Kündigung und Versetzung auf Verlangen des Betriebsrates, § 104 BetrVG		1770
	d)	Mitteilungspflichten bei leitenden Angestellten, § 105 BetrVG		1771
XIII.	**Mitbestimmung in wirtschaftlichen Angelegenheiten, Betriebsänderungen, §§ 111 ff. BetrVG**			1772–1929
1.	Allgemeines			1772–1774
2.	Voraussetzungen des Beteiligungsrechtes			1775–1805
	a)	Unternehmensgröße		1776–1779
	b)	Bestehen eines Betriebsrats zum Zeitpunkt des Betriebsänderungsentschlusses		1780–1782
	c)	Betriebsänderungen		1783–1784
	d)	Die einzelnen Betriebsänderungen		1785–1805
		aa)	Einschränkungen oder Stilllegung des ganzen Betriebes oder wesentlicher Betriebsteile, § 111 S. 3 Nr. 1 BetrVG	1785–1793
		(1)	Betriebseinschränkung	1785–1789
		aaa)	Einschränkung sachlicher Betriebsmittel	1787
		bbb)	Verringerung der personellen Leistungsfähigkeit	1788–1789
		(2)	Betriebsstilllegung	1790–1791
		(3)	Wesentlicher Betriebsteil	1792–1793
		bb)	Verlegung des Betriebes, § 111 S. 3 Nr. 2 BetrVG	1794–1795

I. Betriebsverfassungsrecht

	cc)	Zusammenschluss mit anderen Betrieben, Spaltung von Betrieben, § 111 S. 3 Nr. 3 BetrVG	1796–1798
	dd)	Grundlegende Änderungen der Betriebsorganisation, des Betriebszwecks oder der Betriebsanlagen, § 111 S. 3 Nr. 4 BetrVG	1799–1803
	ee)	Einführung grundlegend neuer Arbeitsmethoden und Fertigungsverfahren, § 111 S. 3 Nr. 5 BetrVG	1804–1805
3.		Unterrichtung des Betriebsrats, Beratung der Betriebsänderung	1806–1816
	a)	Pflichten des Arbeitgebers	1806–1812
	b)	Pflichtverletzungen des Unternehmens, Streitigkeiten	1813–1816
4.		Der Interessenausgleich	1817–1841
	a)	Das Verfahren zur Herbeiführung eines Interessenausgleichs	1819–1832
		aa) Hinzuziehung eines Beraters durch den Betriebsrat	1821–1827
		(1) Erforderliche Unternehmensgröße	1822
		(2) Entscheidung des Betriebsrats	1823
		(3) Anzahl der Berater	1824
		(4) Person und Rechtsstellung des Beraters	1825
		(5) Umfang der Beratungstätigkeit	1826
		(6) Kosten des Beraters	1827
		bb) Verhandlungen zwischen Betriebsrat und Arbeitgeber	1828
		cc) Einschaltung des Präsidenten des Landesarbeitsamtes	1829
		dd) Anrufung der Einigungsstelle	1830–1832
	b)	Form und Inhalt	1833–1834
	c)	Rechtsnatur und Bindungswirkung	1835–1836
	d)	Interessenausgleich und Einzelbeteiligungsrechte des Betriebsrates; Auswirkungen des Interessenausgleichs auf Kündigungsschutzprozesse	1837
	e)	Wirksamkeit der Betriebsänderung	1838
	f)	Unterlassungsansprüche des Betriebsrats – Kündigungsverbot während der Verhandlungen?	1839–1841
5.		Der Nachteilsausgleich, § 113 BetrVG	1842–1853
	a)	Der Versuch eines Interessenausgleichs	1843–1845
	b)	Abweichung vom Interessenausgleich	1846–1847
	c)	Ansprüche auf Nachteilsausgleich	1848–1853
6.		Der Sozialplan	1854–1906
	a)	Begriff, Zweck, Voraussetzungen	1854–1856
	b)	Betriebsänderungen ohne Sozialplanpflicht	1857–1863
		aa) Personalabbau	1858–1859
		bb) Neu gegründete Unternehmen	1860–1863
	c)	Verfahren für die Aufstellung des Sozialplans	1864
	d)	Inhalt und Regelungsgrenzen	1865–1895
		aa) Freiwilliger Sozialplan	1865–1876
		(1) Grenzen der Regelungsmacht; Auslegungsfragen	1867–1869
		(2) Einzelfälle	1870–1876
		aaa) Abfindungen	1870–1871
		bbb) Kreis der Anspruchsberechtigten	1872–1873
		ccc) Stichtagsregelungen	1874
		ddd) Sonstige Regelungen	1875–1876
		bb) Erzwungener Sozialplan	1877–1895
		(1) Richtlinien nach § 112 Abs. 5 BetrVG	1877–1893
		aaa) Einzelfallorientierung	1881–1883
		bbb) Zumutbare anderweitige Beschäftigung, Arbeitsmarktaussichten	1884–1890
		ccc) Förderungsmöglichkeiten des SGB III; Transfer-Sozialplan	1891

Wildschütz **1853**

I. Betriebsverfassungsrecht

		ddd) Wirtschaftliche Vertretbarkeit für das Unternehmen	1892–1893
		(2) Sonstige Grenzen	1894–1895
	e)	Form, Rechtsnatur und Wirkungen	1896–1900
	f)	Streitigkeiten	1901–1906
		aa) Beschlussverfahren	1901–1903
		bb) Klage des einzelnen Arbeitnehmers	1904–1906
7.	Besonderheiten im Insolvenz-, Konkurs- und Vergleichsverfahren	1907–1914
8.	Zuschüsse zu Sozialplänen nach §§ 254 ff. SGB III	1915–1929
	a)	Voraussetzungen	1916–1927
		aa) Vermeidung anderer Leistungen der Bundesanstalt für Arbeit	1917
		bb) Drohende Arbeitslosigkeit	1918
		cc) Versuch eines Interessenausgleichs	1919
		dd) Vereinbarung eines Sozialplans	1920
		ee) Zweckmäßigkeit und Sparsamkeit der Maßnahme	1921
		ff) Angemessene finanzielle Beteiligung des Unternehmers	1922
		gg) Gesicherte Durchführung der Maßnahme	1923
		hh) Kein Eingreifen von Ausschlusstatbeständen	1924–1927
		(1) Verfolgung überwiegend betrieblicher Interessen	1925
		(2) Widerspruch zu den Zielen der Arbeitsförderung	1926
		(3) Einräumung eines Wahlrechts zwischen Abfindung und Eingliederung	1927
	b)	Beratungspflicht des Landesarbeitsamtes; Vorabentscheidungsverfahren; Antrag	1928
	c)	Ermessensentscheidung des Landesarbeitsamtes	1929

XIV. Sanktionen des BetrVG — 1930–1993

1.	Unmittelbare Erfüllungs- und Unterlassungsansprüche		1930–1932
2.	§ 23 Abs. 3 BetrVG		1933–1964
	a) Zweck		1933–1934
	b) Voraussetzungen		1935–1940
	c) Einzelfälle		1941–1944
		aa) Wahl des Betriebsrats, Amtsführung, Zusammenarbeit	1941
		bb) Beteiligungs- und Mitbestimmungsrechte	1942
		cc) Ständige Verletzung von Individualrechten einzelner Arbeitnehmer	1943
		dd) Gewerkschaftsrechte	1944
	d) Verfahren		1945–1964
		aa) Erkenntnisverfahren	1945–1951
		bb) Vollstreckungsverfahren	1952–1962
		(1) Ordnungsgeld	1955–1959
		(2) Zwangsgeld	1960–1962
		cc) Sicherung des Anspruchs auf einstweilige Verfügung?	1963–1964
3.	Allgemeiner betriebsverfassungsrechtlicher Unterlassungs- bzw. Beseitigungsanspruch, insbesondere im Bereich erzwingbarer Mitbestimmung		1965–1969
4.	Spezielle Sanktionen und Verfahren		1970
5.	Initiativrecht, Einigungsstelle		1971
6.	Theorie der Wirksamkeitsvoraussetzung		1972
7.	§ 23 Abs. 1 BetrVG		1973–1992
	a) Zweck und Anwendungsbereich		1973–1974
	b) Ausschluss eines Mitglieds aus dem Betriebsrat		1975–1985
		aa) Voraussetzungen	1975–1977
		bb) Einzelfälle	1978–1979
		cc) Verfahren	1980

I. Betriebsverfassungsrecht

		dd)	Einstweilige Verfügung	1981
		ee)	Wirkungen des Ausschlusses	1982
		ff)	Verhältnis zu anderen, insbesondere individualrechtlichen Sanktionsmitteln	1983–1985
	c)	Auflösung des Betriebsrats		1986–1992
		aa)	Voraussetzungen	1986–1989
		bb)	Verfahren	1990
		cc)	Wirkungen	1991
		dd)	Gerichtliche Einsetzung eines Wahlvorstandes, § 23 Abs. 2 BetrVG	1992
8.	Straf- und Bußgeldvorschriften			1993

XV. Abweichende Ausgestaltung betriebsverfassungsrechtlicher Regelungen durch Kollektivvertrag – Erweiterung von Mitwirkungs- und Mitbestimmungsrechten ... 1994–1998
1. Organisationsnormen ... 1994
2. Uneinschränkbarkeit von Beteiligungsrechten ... 1995–1996
3. Erweiterung von Beteiligungsrechten ... 1997–1998
   a) Durch Betriebsvereinbarungen ... 1997
   b) Durch Tarifvertrag ... 1998

XVI. Europäischer Betriebsrat (EBR) ... 1999–2097
1. Gesetzliche Grundlagen, Grundzüge der Regelung ... 1999–2000
2. Geltungsbereich des EBRG ... 2001–2009
   a) Räumlicher Geltungsbereich ... 2001–2004
      aa) Begriff der zentralen Leitung ... 2001
      bb) Sitz der zentralen Leitung im Inland ... 2002
      cc) Sitz der zentralen Leitung in einem Drittstaat bzw. in einem anderen Mitgliedstaat ... 2003–2004
   b) Sachlicher Geltungsbereich ... 2005–2008
   c) Weiter bestehende Vereinbarungen ... 2009
3. Das besondere Verhandlungsgremium (BVG) ... 2010–2032
   a) Die Bildung des besonderen Verhandlungsgremiums ... 2011–2016
      aa) Initiative der zentralen Leitung ... 2012
      bb) Antrag der Arbeitnehmer oder ihrer Vertretung ... 2013–2016
         (1) Gemeinschaftsweiter Antrag ... 2014
         (2) Unterrichtungs- und Auskunftsanspruch ... 2015–2016
   b) Zusammensetzung des BVG ... 2017
   c) Bestellung der Mitglieder ... 2018–2021
      aa) Inländische Mitglieder ... 2018
      bb) Vertreter aus anderen Mitgliedstaaten ... 2019
      cc) Vertreter aus Drittstaaten ... 2020
      dd) Unterrichtung der zentralen Leitung über die Mitglieder ... 2021
   d) Geschäftsführung des BVG ... 2022–2025
      aa) Sitzungen ... 2022
      bb) Geschäftsordnung ... 2023
      cc) Beschlussfassung ... 2024
      dd) Unterstützung durch Sachverständige ... 2025
   e) Amtszeit des BVG ... 2026
   f) Rechtsstellung der Mitglieder des BVG ... 2027
   g) Kosten und Sachaufwand ... 2028–2032
      aa) Grundsatz ... 2028
      bb) Umfang ... 2029–2031
      cc) Haftung ... 2032

I. Betriebsverfassungsrecht

4.	Freiwillige Vereinbarungen über eine grenzüberschreitende Unterrichtung der Arbeitnehmer oder ihrer Vertreter		2033–2051
	a) Mögliche Ergebnisse des Verhandlungsprozesses im Überblick		2033–2037
		aa) Beschluss über Beendigung der Verhandlungen	2034
		bb) Scheitern der Verhandlungen/Bildung eines EBR kraft Gesetz	2035
		cc) Vereinbartes Mitwirkungsverfahren	2036
		dd) Vereinbarter EBR:	2037
	b) Gemeinsame Mindestanforderungen einer Vereinbarung		2038–2039
	c) Keine Vereinbarung von Mitbestimmungsrechten		2040
	d) Rechtsnatur und Auslegung einer Vereinbarung		2041
	e) Fortgeltung beendeter Vereinbarungen		2042
	f) Vereinbartes Mitwirkungsverfahren		2043–2046
		aa) Form, Mindestinhalt	2044–2045
		bb) Fortgeltung beendeter Vereinbarungen	2046
	g) Europäischer Betriebsrat kraft Vereinbarung		2047–2050
		aa) Form, notwendiger Mindestinhalt der Vereinbarung	2048
		bb) Soll-Inhalt	2049
		cc) Fortgeltung beendeter Vereinbarungen	2050
	h) Rechtliche Stellung der Mitglieder; Grundsätze der Zusammenarbeit		2051
5.	Der Europäische Betriebsrat kraft Gesetz		2052–2092
	a) Rechtsnatur, Stellung im System der Betriebsverfassung		2052–2054
	b) Errichtung		2055–2060
		aa) Errichtungsvoraussetzungen	2055–2058
		(1) Verweigerung von Verhandlungen:	2056
		(2) Ausbleiben einer Verhandlungslösung:	2057
		(3) Übereinstimmende Erklärung des Scheiterns der Verhandlungen:	2058
		bb) Zusammensetzung	2059
		cc) Bestellung der inländischen Arbeitnehmervertreter	2060
	c) Amtszeit		2061–2062
	d) Dauer der Mitgliedschaft des einzelnen EBR-Mitglieds		2063
	e) Rechtsstellung der Mitglieder		2064–2065
	f) Geschäftsführung		2066–2074
		aa) Konstituierende Sitzung; Wahl von Vorsitzendem und Stellvertreter	2066
		bb) Befugnisse des Vorsitzenden/Stellvertreters	2067
		cc) Geschäftsführender Ausschuss	2068
		dd) Sitzungen	2069–2071
		(1) Interne Sitzungen	2070
		(2) Gemeinsame Sitzungen mit der zentralen Leitung	2071
		ee) Geschäftsordnung	2072
		ff) Beschlüsse	2073
		gg) Kosten und Sachaufwand; Sachverständige	2074
	g) Zuständigkeit des EBR kraft Gesetzes nur in grenzüberschreitenden Angelegenheiten		2075–2077
	h) Mitwirkungsrechte des EBR kraft Gesetzes		2078–2091
		aa) Jährliche Unterrichtung und Anhörung, § 32 EBRG	2079–2082
		(1) Gegenstand der Unterrichtung und Anhörung	2079
		(2) Der Katalog des § 32 Abs. 2 EBRG:	2080
		(3) Rechtzeitige Vorlage von Unterlagen	2081
		(4) Die gemeinsame Sitzung zwischen EBR und zentraler Leitung	2082
		bb) Zusätzliche Unterrichtung und Anhörung über außergewöhnliche Umstände, § 33 EBRG	2083–2085

I. Betriebsverfassungsrecht

(1)	Voraussetzungen	2084
(2)	Durchführung	2085
cc)	Einschränkungen bei Betriebs- oder Geschäftsgeheimnissen	2086
dd)	Einschränkungen wegen Tendenzschutzes	2087
ee)	Unterrichtung der örtlichen Arbeitnehmervertreter	2088–2091
ff)	Gebot vertrauensvoller Zusammenarbeit	2092
6.	Sanktionen	2093–2095
a)	Unmittelbare Erfüllungsansprüche	2093
b)	Rechtsfolgen der Nichtbeachtung der Mitwirkungsrechte	2094
c)	Straf- und Bußgeldvorschriften	2095
7.	Streitigkeiten	2096–2097

I. Der Anwendungsbereich des BetrVG

1. Räumlicher Geltungsbereich

Auf Grund des **Territorialitätsprinzip** (*BAG* 7.12.1989 § 102 BetrVG 1972 Nr. 74; 1
30.4.1987 EzA § 12 SchwbG Nr. 15; 9.11.1977 EzA § 102 BetrVG 1972 Nr. 31;
25.4.1978 EzA § 8 BetrVG 1972 Nr. 6) gilt das BetrVG für alle betriebsratsfähigen Betriebe in der BRD ohne Rücksicht auf die Staatsangehörigkeit des Inhabers.

Inländische Betriebe ausländischer Unternehmen unterfallen damit dem BetrVG, 2
und zwar unabhängig davon, ob für die beschäftigten Arbeitnehmer kraft Vereinbarung ausländisches Arbeitsvertragsrecht gilt (*BAG* 7.12.1989 EzA § 102 BetrVG
1972 Nr. 74; 30.4.1987 EzA § 12 SchwbG Nr. 15). In einem ausländischen Unternehmen können für die deutschen Betriebe Gesamtbetriebsräte (MünchArbR/
Hoyningen-Huene § 298 Rz. 31) und ein Wirtschaftsausschuss (*BAG* 1.10.1974
EzA § 106 BetrVG Nr. 1; 31.10.1975 EzA § 106 BetrVG Nr. 2) gebildet werden.

Strittig ist die Möglichkeit der Bildung eines **Konzernbetriebsrates** (bejahend etwa 3
MünchArbR/*v. Hoyningen-Huene* § 298 Rz. 31). Umgekehrt unterfallen **ausländische
Betriebe** eines deutschen Unternehmens nicht dem BetrVG. Dies gilt auch für nach § 4
BetrVG selbstständige Betriebsteile im Ausland (GK-BetrVG/*Kraft* § 1 Rz. 21).
Ob für im Ausland tätige Mitarbeiter eines inländischen Betriebes das BetrVG An- 4
wendung findet, ist hingegen keine Frage des räumlichen, sondern des persönlichen
Geltungsbereichs (GK-BetrVG/*Kraft* § 1 Rz. 24). Zur Anwendbarkeit des BetrVG auf
ausländische Arbeitnehmer, die vorübergehend in einem inländischen Betrieb tätig
werden s. u. I/Rz. 8 f.

2. Persönlicher Geltungsbereich, § 5 BetrVG

a) Einführung
Anwendung findet das BetrVG nur auf **Arbeitnehmer** i. S. d. BetrVG. Das BetrVG 5
geht in § 5 Abs. 1 BetrVG von dem allgemeinen arbeitsrechtlichen Begriff des
Arbeitnehmers (s. o. A/Rz. 38 ff.) unter Einbeziehung der Auszubildenden aus. Bestimmte Personen werden jedoch vom Arbeitnehmerbegriff ausgenommen, § 5
Abs. 2, Abs. 3 BetrVG. § 5 BetrVG umgrenzt damit den Personenkreis, der im Rahmen der Betriebsverfassung vom Betriebsrat repräsentiert wird.

I. Betriebsverfassungsrecht

> Der Arbeitnehmerbegriff des Gesetzes ist zwingend und kann weder durch Tarifvertrag noch durch Betriebsvereinbarung geändert werden (GK-BetrVG/*Raab* § 5 Rz. 6)

6 Nicht zu den Arbeitnehmern i. S. d. BetrVG gehören damit insbesondere **arbeitnehmerähnliche Personen** (§ 5 Abs. 1 ArbGG, § 12 a Abs. 1, 3 TVG; vgl. GK-BetrVG/ *Raab* § 5 Rz. 51; MünchArbR/*v. Hoyningen-Huene* § 299 Rz. 39), Personen, die kraft öffentlich-rechtlichen Zwangs beschäftigt werden, insbesondere im Strafvollzug (*BAG* 18.11.1986 EzA § 2 ArbGG 1979 Nr. 8), Helfer im freiwilligen sozialen Jahr (*BAG* 12.2.1992 EzA § 5 BetrVG 1972 Nr. 54), Zivildienstleistende (GK-BetrVG/ *Raab* § 5 Rz. 55) sowie Entwicklungshelfer (*BAG* 27.4.1977 EzA § 611 BGB – Arbeitnehmerbegriff – Nr. 10). Beamte sind keine Arbeitnehmer i. S. d. BetrVG und damit selbst dann nicht wahlberechtigt, wenn sie in einem von einem privaten Rechtsträger geführten Betrieb eingegliedert sind (*BAG* 28.3.2001 EzA § 7 BetrVG 1972 Nr. 2). Gem. der Klarstellung in § 5 Abs. 1 BetrVG kommt es für die Beurteilung, ob jemand Arbeitnehmer i. S. d. BetrVG ist, nicht darauf an, ob die tatsächliche Beschäftigung im Betrieb, im Außendienst oder in Telearbeit erfolgt. Die mit derartigen Beschäftigungen verbundene Lockerung der für den Arbeitnehmerstatus typischen persönlichen Abhängigkeit, die u. a. auch durch die Eingliederung in den Betrieb des Arbeitgebers gekennzeichnet wird, ist unschädlich. Ausreichend ist insoweit die Einordnung in die Organisation. Erfasst werden damit sowohl die alternierende (Arbeit teils im Betrieb, teils an einem anderen Ort), die mobile (Arbeit an verschiedenen Orten) und die häusliche Telearbeit (vgl. BT-Drs. 14/5741, S. 35). Erforderlich ist aber auch bei diesen Beschäftigungsarten, dass der Betroffene nach den allgemeinen arbeitsrechtlichen Kriterien Arbeitnehmer ist (*Hanau* NJW 2001, 2513, 2515; zur Arbeitnehmereigenschaft bei Telearbeit s. u. I/Rz. 156; s. o. A/Rz. 216). Unerheblich ist auch, ob die Arbeit haupt- oder nebenberuflich, in Voll- oder Teilzeitbeschäftigung erfolgt (MünchArbR/*v. Hoyningen-Huene* § 299 Rz. 38; GK-BetrVG/ *Raab* § 5 Rz. 28 ff.).

b) Auslandsentsendung

7 Ob die Vorschriften des BetrVG auch für solche Arbeitnehmer Anwendung finden, die von einem inländischen Betrieb ins Ausland entsandt werden, richtet sich danach, ob trotz der Entsendung die Betriebszugehörigkeit zum inländischen Betrieb bestehen bleibt; s. u. I/Rz. 145.

c) Vorübergehende Beschäftigung eines Arbeitnehmers aus einem ausländischen Betrieb im Inland

8 Im Fall der vorübergehenden Einstellung eines Arbeitnehmers eines ausländischen Betriebs in einen inländischen Betrieb, wird danach differenziert, ob sich betriebsverfassungsrechtliche Vorschriften auf das arbeitsrechtliche Grundverhältnis oder auf das sog. Durchführungsverhältnis beziehen.

9 Vorschriften, die das arbeitsvertragliche Grundverhältnis betreffen, wie z. B. § 87 Abs. 1 Nr. 4, 5, 10, 11 BetrVG (Modalitäten der Lohnzahlung, Urlaubsgewährung, betriebliche Lohngestaltung und Festsetzung von Akkord- und Prämiensätzen) sollen keine Anwendung finden. Gleiches gilt im Bereich der personellen Angelegenheiten

I. Betriebsverfassungsrecht

bei Versetzungen und Kündigungen, §§ 99, 102 BetrVG. Vorschriften des BetrVG, die sich auf das Durchführungsverhältnis beziehen, weil sie an die Eingliederung des Arbeitnehmers in die betriebliche Organisation bzw. das Verhalten des Arbeitnehmers im Betrieb anknüpfen, sollen hingegen Anwendung finden, soweit dem inländischen Betriebsinhaber gegenüber diesen Arbeitnehmern das Direktionsrecht zusteht (MünchArbR/*v. Hoyningen-Huene* § 298 Rz. 44 ff.).

d) Zur Berufsausbildung Beschäftigte

Zu den Arbeitnehmern i. S. d. BetrVG gehören auch alle zu ihrer Berufsausbildung im Betrieb Beschäftigten, § 5 Abs. 1 BetrVG. 10

Dies sind alle Personen, denen in einem geordneten Ausbildungsgang berufliche Fähigkeiten vermittelt werden (vgl. § 1 Abs. 2 BBiG), aber auch diejenigen, die im Rahmen weisungsgebundener praktischer Tätigkeit zur Erlangung im Berufsleben verwertbarer Kenntnisse und Fähigkeiten beschäftigt werden (*BAG* 25.10.1989 EzA § 5 BetrVG 1972 Nr. 48; 30.10.1991 EzA § 5 BetrVG 1972 Nr. 50).

Voraussetzung ist, dass eine Eingliederung des Auszubildenden in den Betrieb des 11 Ausbilders vorliegt und keine lediglich schulische, sondern eine zumindest auch betrieblich-praktische Unterweisung erfolgt, in der der Auszubildende auch beruflich aktiv tätig ist.

Die Berufsausbildung muss sich im Rahmen des arbeitstechnischen Zwecks eines Produktions- oder Dienstleistungsbetriebs vollziehen und die Auszubildenden in vergleichbarer Weise wie die sonstigen Arbeitnehmer in den Betrieb eingegliedert sein.

Vollzieht sich die Ausbildung in einem **reinen Ausbildungsbetrieb**, sind die Auszu- 12 bildenden keine Arbeitnehmer i. S. d. BetrVG (sog. Rehabilitanden, vgl. *BAG* 21.7.1993 EzA § 5 BetrVG 1972 Nr. 56; 20.3.1996 EzA § 5 BetrVG 1972 Nr. 59). Die nur informatorische Besichtigung des Betriebs oder das bloße Zuschauen bei der betrieblichen Arbeitsleistung anderer Arbeitnehmer des Betriebs genügen ebenfalls nicht. Auch darf es dem Betroffenen nicht völlig freigestellt sein, sich überhaupt zu betätigen. Erforderlich ist vielmehr, dass der Arbeitgeber ihm gegenständlich Aufgaben zu seiner Ausbildung zuweist. Die Zahlung eines Entgelts ist aber nicht erforderlich (*BAG* 25.10.1989 EzA § 5 BetrVG 1972 Nr. 48; GK-BetrVG/*Raab* § 5 Rz. 42). Erfasst werden demnach (vgl. GK-BetrVG/*Raab* § 5 Rz. 36) Lehrlinge, Anlernlinge, Volontäre und Praktikanten, Umschüler und Teilnehmer an berufsvorbereitenden Maßnahmen (*BAG* 25.10.1989 EzA § 5 BetrVG 1972 Nr. 48), nicht aber Helfer im freiwilligen sozialen Jahr (*BAG* 12.2.1992 EzA § 5 BetrVG 1972 Nr. 53). Personen, die im Rahmen einer (Hoch-)Schulausbildung praktische Zeiten in Betrieben verbringen, sind nur dann Arbeitnehmer des Betriebs, wenn sie in einer eigenen rechtlichen Beziehung zum Betriebsinhaber stehen, auf Grund derer sie zur Erbringung von Arbeitsleistung verpflichtet sind, nicht aber dann, wenn nur rechtliche Beziehungen zwischen dem Träger der schulischen Ausbildung und dem Betriebsinhaber bestehen (*BAG* 30.10.1991 EzA § 5 BetrVG 1972 Nr. 50). Deshalb sind auch Jugendliche, die mit einem überbetrieblichen Ausbildungszentrum einen Berufsbildungsvertrag geschlossen haben, i. d. R. keine Arbeitnehmer i. S. d. BetrVG und gehören nicht zur Belegschaft des überbetrieblichen Ausbildungszentrums (*BAG* 21.7.1993

I. Betriebsverfassungsrecht

EzA § 5 BetrVG 1972 Nr. 56; **a. A.** noch *BAG* Vorlage-Beschluss 12.6.1986 EzA § 5 BetrVG 1972 Nr. 44), und zwar auch dann nicht, wenn gelegentlich zusammen mit anderen Mitarbeitern praktische Arbeiten ausgeführt werden (*BAG* 12.9.1996 EzA § 5 BetrVG 1972 Nr. 61). Andernfalls käme es zu einer Majorisierung der Stammbelegschaft des Ausbildungsbetriebs durch eine u. U. sehr große Zahl von Auszubildenden.

e) Heimarbeiter

13 Nach § 5 Abs. 1 S. 2 BetrVG gelten auch Heimarbeiter (Heimarbeiter und Hausgewerbetreibende, vgl. § 2 Abs. 1 und 2 HAG; diese Definition gilt auch für den Heimarbeiterbegriff des BetrVG: *BAG* 25.3.1992 EzA § 6 BetrVG 1972 Nr. 3), die in der Hauptsache für den Betrieb arbeiten, als Arbeitnehmer i. S. d. BetrVG.

14 In der Hauptsache für den Betrieb arbeiten Heimarbeiter, wenn ihre Beschäftigung für den Betrieb gegenüber der Leistung von Heimarbeit für andere Auftraggeber überwiegt. Ob der Lebensunterhalt überwiegend aus der Tätigkeit für den Betrieb gewonnen wird, ist demgegenüber unerheblich (*BAG* 27.9.1974 EzA § 6 BetrVG 1972 Nr. 1; GK-BetrVG/*Kraft* 6. Auflage, § 6 Rz. 11).

f) Nicht-Arbeitnehmer, § 5 Abs. 2 BetrVG

15 Die in § 5 Abs. 2 BetrVG genannten Personen besitzen weder das aktive noch das passive Wahlrecht zum Betriebsrat. Sie bleiben außer Betracht, wenn eine Vorschrift eine bestimmte Zahl von Arbeitnehmern als Voraussetzung für ihre Anwendbarkeit verlangt (z. B. § 99 Abs. 1 BetrVG). Beteiligungsrechte, die diese Personen betreffen, stehen dem Betriebsrat nicht zu; Betriebsvereinbarungen entfalten für sie keine normative Wirkung (*BAG* 31.1.1979 EzA § 112 BetrVG 1972 Nr. 17; *BAG* 10.6.1986 EzA § 87 BetrVG 1972 Arbeitszeit Nr. 18).

aa) Mitglieder des Vertretungsorgans juristischer Personen

16 Von Nr. 1 werden nur Personen erfasst, die Mitglieder des Organs sind, das kraft Gesetz i. V. m. der Satzung zur regelmäßigen **Vertretung der juristischen Person befugt** ist. Wer kraft Gesetzes zur Vertretung befugt ist, bestimmt sich nach den maßgeblichen gesellschaftlichen Bestimmungen. Dies sind (vgl. GK-BetrVG/*Raab* § 5 Rz. 76 f.):
– Aktiengesellschaft: Die Vorstandsmitglieder (§ 78 AktG)
– Kommanditgesellschaft auf Aktien: die Komplementäre nach Maßgabe des Gesellschaftsvertrages (§ 278 Abs. 2 AktG), soweit nicht ein Komplementär vollständig von der Vertretung ausgeschlossen ist (§ 278 Abs. 2 AktG, §§ 125, 181 HGB)
– GmbH: die Geschäftsführer (§ 35 Abs. 1 GmbHG)
– Genossenschaften: Die Vorstandsmitglieder (§ 24 Abs. 1 GenG)
– rechtsfähiger Verein: Die Vorstandsmitglieder (§ 26 BGB) bzw. ein evtl. bestellter Sondervertreter nach § 30 BGB
– Versicherungsverein: Die Vorstandsmitglieder (§ 34 VAG)
– Stiftungen: die Mitglieder des nach dem Stiftungsgeschäft bestellten Vertretungsorgans. Dies ist als notwendiges Stiftungsorgan in entsprechender Anwendung des Vereinsrechts der Vorstand (§§ 86 Abs. 1, 26 BGB).

I. Betriebsverfassungsrecht

Gesellschafter einer Personen- oder Kapitalgesellschaft, die selbst in einem von der Gesellschaft geleiteten Betrieb tätig werden, können je nach Ausgestaltung im Einzelfall Arbeitnehmer der Gesellschaft sein (vgl. GK-BetrVG/*Raab* § 5 Rz. 78). 17

Sind sie Mitglieder des vertretungsberechtigten Organs oder bei einer Personengesellschaft vertretungs- oder geschäftsführungsbefugt, scheidet eine Arbeitnehmereigenschaft bereits nach § 5 Abs. 2 Nr. 1, 2 BetrVG aus. Andernfalls ist zu prüfen, ob eine abhängige Beschäftigung auf Grund eines Arbeitsvertrages vorliegt. Daran fehlt es, wenn die Beschäftigung im Betrieb Teil der gesellschaftsrechtlichen Pflichten ist, wofür spricht, dass der Gesellschafter neben der Gewinnbeteiligung kein weiteres Entgelt bezieht oder der Gesellschafter maßgeblichen Einfluss auf die Geschäftsführung hat (vgl. *BAG* 10.4.1991 EzA § 611 BGB Arbeitnehmerbegriff Nr. 39; 28.11.1990 EzA § 611 BGB Arbeitnehmerbegriff Nr. 37). 18

bb) Mitglieder von Personengesamtheiten
Nach Nr. 2 gelten nur die Mitglieder einer Personengesamtheit nicht als Arbeitnehmer, die kraft Gesetzes, Satzung oder Gesellschaftsvertrag zur Vertretung oder Geschäftsführung der Personengesamtheit berufen sind. Dies sind: 19
– BGB-Gesellschaft: alle oder einzelne Gesellschafter (§§ 709, 710, 714 BGB)
– Kommanditgesellschaft (KG): Die Komplementäre als persönlich haftende Gesellschafter (§§ 164, 170 HGB)
– Nicht rechtsfähiger Verein: Der Vorstand (§ 54 BGB i. V. m. § 26 BGB entsprechend)
– Reederei: die Mitreeder bzw. der Korrespondentreeder (§§ 489, 493, 496 HGB)
– Erbengemeinschaft: alle Miterben (§ 2038 Abs. 1 BGB)
– Eheliche Gütergemeinschaft: beide Ehegatten (§ 1421 BGB) oder einer der Ehegatten, sofern dies ausdrücklich vereinbart ist.

Bei den übrigen Mitgliedern der Personengesamtheit richtet sich die Frage der Arbeitnehmereigenschaft nach allgemeinen Grundsätzen (s. o. A/Rz. 38 ff.). Zu prüfen ist insbesondere, ob lediglich ein Gesellschafterverhältnis oder auf Grund entsprechender Weisungsgebundenheit ein Arbeitsverhältnis vorliegt. 20

cc) Primär karitativ oder religiös motivierte Beschäftigung
Durch § 5 Abs. 2 Nr. 3 BetrVG werden solche Personen aus dem Kreis der Arbeitnehmer ausgeschlossen, bei deren Beschäftigung **Erwerbsabsichten keine Rolle spielen**, da ihre Lebensversorgung durch die Gemeinschaft, der sie zugehörig sind, gesichert ist (GK-BetrVG/*Raab* § 5 Rz. 79). Nach allgemeiner Ansicht (*Trümner* DKK § 5 Rz. 143) sind daher Mönche, Ordensschwestern und Diakonissen religiöser Gemeinschaften keine Arbeitnehmer, es sei denn, diese Personen nehmen ein Beschäftigungsverhältnis auf, das in keinerlei Beziehung zu der Betätigung der religiösen Gemeinschaft steht und nicht durch eine religiöse oder karitative Motivation, sondern von einer Erwerbsabsicht getragen wird (GK-BetrVG/*Raab* § 5 Rz. 79). 21

Unerheblich ist auch, ob die in § 5 Abs. 2 Nr. 3 BetrVG genannten Personen unmittelbar in einer kirchlichen Einrichtung oder auf Grund eines Gestellungsvertrages zwischen ihrem Verband und einem anderen Betrieb in letzterem tätig werden (GK-BetrVG/*Raab* § 5 Rz. 79).

I. Betriebsverfassungsrecht

22 Kontrovers diskutiert wird die Rechtsstellung von in einem weltlichen Schwesternverband oder in freien Wohlfahrtsverbänden zusammengeschlossenen Krankenschwestern, insbesondere DRK-Schwestern:
Nach Ansicht des *BAG* (20.2.1986 EzA § 5 BetrVG 1972 Nr. 45; vgl. auch *BAG* 3.6.1975 EzA § 5 BetrVG 1972 Nr. 19) sind die Mitglieder einer DRK-Schwesternschaft auch dann keine Arbeitnehmer, wenn sie nicht in einem von der Schwesternschaft selbst getragenen, sondern auf Grund eines Gestellungsvertrages in einem von einem Dritten betriebenen Krankenhaus tätig sind, weil die Erbringung der Arbeitsleistung auf der mitgliedschaftlichen Stellung der Krankenschwester zur Schwesternschaft beruhe. Etwas anderes soll für sog. Gastschwestern, also Schwestern, die nicht mitgliedschaftlich gebunden sind, gelten (*BAG* 4.7.1979 AP Nr. 10 zu § 611 BGB Rotes Kreuz). In der Literatur (vgl. *Trümner* DKK § 5 Rz. 145 ff.) ist diese Rechtsprechung auf Kritik gestoßen.

dd) Zur Heilung, Wiedereingewöhnung, Besserung oder Erziehung Beschäftigte

23 Kennzeichnend für die unter Nr. 4 fallende Personen ist, dass ihre Beschäftigung nicht auf die Erzielung eines Erwerbs gerichtet ist, sondern in erster Linie der Behebung physischer, psychischer oder sonstiger in der Person des Beschäftigten liegender Defekte dient, die sie an der Ausfüllung eines auf dem Arbeitsmarkt angebotenen Arbeitsplatzes hindern (GK-BetrVG/*Raab* § 5 Rz. 85). Die Beschäftigung muss vorwiegend ihrer Rehabilitation oder Resozialisierung dienen.

24 Dies gilt nicht nur für die Ziele der Heilung, sittlichen Besserung oder Erziehung, sondern auch für das Ziel der Wiedereingewöhnung. Es geht hierbei um die Wiederherstellung eines normalen Verhältnisses dieser Personen zum allgemeinen Erwerbsleben. Die Wiedereingewöhnung ist darauf gerichtet, Personen, die jedweder geregelten Arbeit entwöhnt sind oder sich nie an solche Arbeit gewöhnt haben, an geregelte Arbeit heranzuführen. Davon zu unterscheiden ist die Beschäftigung zur Berufsausbildung, durch die in erster Linie berufliche Kenntnisse und Fertigkeiten vermittelt werden sollen (*BAG* 25.10.1989 EzA § 5 BetrVG 1972 Nr. 48; vgl. auch *Buchner* NZA 1989, Beil. 1, S. 2 ff.). Bei einer aus medizinischen Gründen erfolgenden Beschäftigung ist eine entsprechende ärztliche Indikation erforderlich (*Trümner* DKK § 5 Rz. 156). Im Übrigen muss der Schwerpunkt der Tätigkeit klar ersichtlich auf therapeutischem Gebiet liegen (*Trümner* DKK § 5 Rz. 158).

ee) Familienangehörige des Arbeitgebers

25 Auch bei Bestehen eines echten Arbeitsverhältnisses gelten der Ehegatte des Arbeitgebers sowie seine Eltern und Kinder (**Verwandte 1. Grades**, § 1589 BGB) und Schwiegereltern und Schwiegerkinder (**Verschwägerte 1. Grades**, § 1590 BGB) dann nicht als Arbeitnehmer i. S. d. BetrVG, wenn sie mit dem Arbeitgeber in häuslicher Gemeinschaft leben, sie also im Hausstand des Arbeitgebers ihren Lebensmittelpunkt haben (GK-BetrVG/*Raab* § 5 Rz. 88). Ist der Arbeitgeber eine Personengesamtheit, sind die mit deren vertretungsberechtigten Mitgliedern i. S. v. Nr. 5 verwandten oder verschwägerten Personen ebenfalls nicht Arbeitnehmer (*Trümner* DKK § 5 Rz. 168). Ist der Arbeitgeber eine juristische Person, ist umstritten, ob die engen Verwandten eines Mitglieds des zur Vertretung berufenen Organs von Nr. 5 erfasst werden (bejahend: GK-BetrVG/*Raab* § 5 Rz. 91; *FKHE* § 5 Rz. 112; ablehnend: *Hess* HSG § 5 Rz. 28; *Trümner* DKK § 5 Rz. 167, der eine Ausnahme im Falle der Ein-Per-

I. Betriebsverfassungsrecht

sonen-GmbH machen will, wenn ein entsprechendes Verwandtschaftsverhältnis zum Alleingesellschafter und -geschäftsführer besteht). Kontrovers diskutiert wird ferner eine analoge Anwendung des Ausschlusstatbestandes bei Bestehen einer eheähnlichen Gemeinschaft bei Zusammenleben in häuslicher Gemeinschaft (befürwortend GK-BetrVG/*Raab* § 5 Rz. 89; ablehnend *ArbG Köln* 9.6.1976 DB 1976, 2068; *Trümner* DKK § 5 Rz. 166).

g) Leitende Angestellte, § 5 Abs. 3, Abs. 4 BetrVG

aa) Zweck und Bedeutung der Vorschrift

Da der Arbeitgeber, insbesondere bei Großunternehmen darauf angewiesen ist, unternehmerische Aufgaben zu delegieren, sollen auf Grund der bestehenden Interessenpolarität zwischen Arbeitgeber und Arbeitnehmerschaft die Angestellten der Interessenvertretung durch den Betriebsrat entzogen werden, die zur Unternehmerseite gehören und in besonderer Nähe zum unternehmerischen Entscheidungsprozess stehen (GK-BetrVG/*Raab* § 5 Rz. 94). 26

Das BetrVG gilt für leitende Angestellte grds. nicht, es sei denn, das Gesetz selbst bezieht sie ausdrücklich in seinen Anwendungsbereich ein. Dies ist der Fall bei §§ 105, 107 Abs. 1 und 3 BetrVG, § 108 Abs. 2 BetrVG. Vorschriften des BetrVG die demgegenüber nur allgemein von »im Betrieb tätigen Personen« oder der »Belegschaft« sprechen, wie z. B. §§ 75 Abs. 1, 80 Abs. 1 Nr. 2 BetrVG können für leitende Angestellte keine Geltung beanspruchen (*Trümner* DKK § 5 Rz. 174; GK-BetrVG/*Kreutz* § 75 Rz. 14; a. A. für § 75 Abs. 1 BetrVG: *Hess* HSG § 75 Rz. 3; *Wlotzke* DB 1989, 111 [118]). Leitende Angestellte sind daher weder zum Betriebsrat wählbar, noch haben sie das aktive Wahlrecht; Mitwirkungs- und Mitbestimmungsrechte des Betriebsrates bestehen nicht. Betriebsvereinbarungen gelten für die leitenden Angestellten nicht. 27

Ausschließliches Repräsentationsorgan der leitenden Angestellten ist nur der Sprecherausschuss nach dem Sprecherausschussgesetz (SprAuG), s. u. I/Rz. 884 ff. 28

bb) Zwingender und abschließender Charakter der Norm

§ 5 Abs. 3 BetrVG enthält eine **abschließende Definition** des leitenden Angestellten. Ein Rückgriff auf einen bereits vorgegebenen Begriff des leitenden Angestellten, wie ihn das BAG bis 1980 zur Vorläuferregelung befürwortete (*BAG* 5.3.1974 EzA § 5 BetrVG 1972 Nr. 7; aufgegeben von *BAG* 29.1.1980 EzA § 5 BetrVG 1972 Nr. 35), ist damit nicht mehr zulässig (GK-BetrVG/*Raab* § 5 Rz. 96). Die gesetzliche Regelung ist zwingend, d. h. durch Individual- oder Kollektivrechtliche Vereinbarungen nicht abänderbar (*Trümner* DKK § 5 Rz. 187; vgl. auch: *BAG* 19.8.1975 EzA § 102 BetrVG 1972 Nr. 16; *BAG* 5.3.1974 EzA § 5 BetrVG 1972 Nr. 7). 29

cc) Gemeinsames Merkmal: Nach Arbeitsvertrag und Stellung im Unternehmen oder im Betrieb

Nach der gesetzlichen Regelung ist leitender Angestellter nur, wer die in § 5 Abs. 3 BetrVG aufgeführten Befugnisse oder Aufgaben nach Arbeitsvertrag und Stellung im Unternehmen oder im Betrieb wahrnimmt. Wird ein Arbeitnehmer in mehreren 30

I. Betriebsverfassungsrecht

Betrieben desselben Unternehmens eingesetzt, so kann die Frage, ob er leitender Angestellter ist, nur einheitlich für alle Betriebe des Unternehmens beantwortet werden (*BAG* 25.2.1997 EzA § 87 BetrVG 1972 Arbeitszeit Nr. 57).

Durch dieses Merkmal soll sichergestellt werden, dass der Angestellte die ihm vertraglich eingeräumten Befugnisse und Aufgaben auch tatsächlich ausübt, also eine Identität von vertraglichen Befugnissen und faktischer Ausübung besteht, um Manipulationen entgegenzuwirken (BT-Drs. 11/2503, S. 30; vgl. *Buchner* NZA Beil. 1/1989, S. 6; *Richardi* NZA Beil. 1/1990, S. 4; GK-BetrVG/*Raab* § 5 Rz. 101).

31 Die Identität von vertraglichen und faktischen Befugnissen erfordert keine völlige Deckungsgleichheit (strittig: vgl. *Trümner* DKK § 5 Rz. 192 f.), wenn eine solche nur in dem Bereich besteht, in dem der Angestellte die in § 5 Abs. 3 Nr. 1–3 BetrVG genannten Merkmale erfüllt (GK-BetrVG/*Raab* § 5 Rz. 101).

32 Durch das Erfordernis, dass der Angestellte die in § 5 Abs. 3 Nr. 1–3 BetrVG genannten Aufgaben nach Stellung im Unternehmen oder im Betrieb ausüben muss, soll verdeutlicht werden, dass er die nach Arbeitsvertrag zugewiesenen Aufgaben tatsächlich im Unternehmen oder Betrieb ausüben muss und diese nicht nur gelegentlich oder vertretungsweise wahrnimmt (MünchArbR/*Richardi* § 26 Rz. 27). Nach überwiegender Auffassung (GK-BetrVG/*Raab* § 5 Rz. 103 f.; *Trümner* DKK § 5 Rz. 194; a. A. *Martens* RdA 1989, 73, 77) soll durch die Aufnahme des Begriffspaares »Betrieb oder Unternehmen« in die Neufassung des § 5 Abs. 3 BetrVG die Rechtsprechung des *BAG* (23.1.1986 EzA § 5 BetrVG 1972 Nr. 42) zu § 5 Abs. 3 BetrVG a. F. präzisiert und klargestellt werden, dass eine Einstufung als leitender Angestellter nicht schon alleine daran scheitert, dass der Angestellte Funktionen nur auf Betriebs-, nicht aber auf Unternehmensebene ausübt.

33 Bei Wahrnehmung von Aufgaben nur auf Betriebsebene muss es sich aber um eine wichtige betriebsleitende Funktion mit dem Charakter einer unternehmerischen Aufgabe handeln (*BAG* 25.10.1989 EzA § 5 BetrVG 1972 Nr. 49) oder diese sich funktionsmäßig auf das Unternehmen beziehen (vgl. *BAG* 19.11.1974 EzA § 5 BetrVG 1972 Nr. 9; 19.11.1974 EzA § 5 BetrVG 1972 Nr. 10).

34 Nicht ausreichend ist deshalb, dass lediglich eine vorprogrammierte unternehmerische Entscheidung auf der betrieblich-arbeitstechnischen Ebene nachvollzogen wird (*Trümner* DKK § 5 Rz. 194; GK-BetrVG/*Raab* § 5 Rz. 104).

dd) Die einzelnen Tatbestände

(1) Nr. 1: Selbstständige Einstellungs- oder Entlassungsbefugnis

35 Ein leitender Angestellter gem. § 5 Abs. 3 Nr. 1 BetrVG muss nicht nur im Außenverhältnis befugt sein, Einstellungen und Entlassungen vorzunehmen, sondern auch im Innenverhältnis gegenüber dem Arbeitgeber eigenverantwortlich über die Einstellung **und** Entlassung einer bedeutenden Anzahl von Arbeitnehmern des Betriebes entscheiden können (*BAG* 11.3.1982 EzA § 5 BetrVG 1972 Nr. 41; GK-BetrVG/*Raab* § 5 Rz. 106).

I. Betriebsverfassungsrecht

Bereits das notwendige Zusammenwirken, z. B. des Leiters der Personalabteilung mit 36
den Leitern der Fachabteilungen, schließt die Selbstständigkeit aus (*LAG Berlin*
5.3.1990 LAGE § 5 BetrVG 1972 Nr. 18), es sei denn, der Personalleiter ist befugt,
sich in begründeten Fällen über das Votum der Fachabteilungen hinwegzusetzen
(GK-BetrVG/*Raab* § 5 Rz. 111).

(2) Nr. 2: Generalvollmacht oder Prokura
Generalvollmacht ist die Vollmacht zur Führung des gesamten Geschäftsbetriebs 37
und vermittelt die Rechtsstellung zwischen der eines Vorstandsmitglieds und der
eines Prokuristen (*BAG* 5.3.1974 EzA § 5 BetrVG 1972 Nr. 7). Der Generalbevollmächtigte ist nur dann leitender Angestellter, wenn er die auf Grund der Vollmacht
im Außenverhältnis eingeräumte Vertretungsmacht auch im Innenverhältnis ohne
jede Einschränkungen ausüben darf (*Trümner* DKK § 5 Rz. 213).
Prokura ist die handelsrechtliche und im Handelsregister einzutragende Vollmacht 38
mit gesetzlich festgelegtem, Dritten gegenüber nicht beschränkbarem Inhalt (vgl.
§§ 48–53 HGB). Eine gewöhnliche Handlungsvollmacht reicht für Nr. 2 hingegen
nicht aus (*BAG* 10.4.1991 NZA 1991, 857 [858]; GK-BetrVG/*Raab* § 5 Rz. 114).

Sofern das Gesetz verlangt, dass die Prokura auch im Verhältnis zum Arbeitgeber 39
nicht unbedeutend ist, ist damit gemeint, dass zwar keine völlige Deckungsgleichheit zwischen rechtlichem Können nach außen und rechtlichem Dürfen nach innen erforderlich ist (so vor der Neufassung des § 5 BetrVG *BAG* 27.4.1988 EzA § 5
BetrVG 1972 Nr. 47), andererseits genügt es nicht, dass es sich lediglich um einen
sog. Titularprokuristen handelt oder der Prokura nur ein unbedeutender Aufgabenbereich mit starken Einschränkungen im Innenverhältnis zu Grunde liegt
(*BAG* 11.1.1995 EzA § 5 BetrVG 1972 Nr. 58).

Zur Beurteilung, welches Maß an rechtlichem Dürfen im Innenverhältnis erforder- 40
lich ist, kann auf die Merkmale des § 5 Abs. 3 Nr. 3 BetrVG zurückgegriffen werden,
sodass die Voraussetzungen der Nr. 2 dann erfüllt sind, wenn dem Prokuristen Aufgaben zugewiesen sind, die denen nach Nr. 3 in etwa gleichwertig sind, wenn also der
Prokura ein bedeutender Aufgabenbereich mit erheblichem Entscheidungsspielraum zu Grunde liegt. Prokuristen, die ausschließlich Stabsfunktionen wahrnehmen,
sind deshalb keine leitenden Angestellten i. S. d. § 5 Abs. 3 Nr. 2 BetrVG.

Sind die formalen Voraussetzungen der Tatbestände des Abs. Nr. 2 erfüllt, ist nur 41
zu prüfen, ob die durch eine Prokuraerteilung nach außen dokumentierten unternehmerischen Befugnisse nicht so weit aufgehoben sind, dass eine erhebliche unternehmerische Entscheidungsbefugnis in Wirklichkeit nicht besteht (*BAG*
11.1.1995 EzA § 5 BetrVG 1972 Nr. 58).

(3) Nr. 3: Funktionaler Grundtatbestand

aaa) Einleitung, Zweck der Vorschrift
Nach § 5 Abs. 3 Nr. 3 ist ein Arbeitnehmer ferner dann leitender Angestellter, wenn 42
kumulativ (MünchArbR/*Richardi* § 26 Rz. 39) folgende Voraussetzungen erfüllt
sind:

I. Betriebsverfassungsrecht

- Regelmäßige Wahrnehmung sonstiger Aufgaben, die für den Bestand und die Entwicklung des Unternehmens oder eines Betriebs von Bedeutung sind;
- deren Erfüllung besondere Erfahrungen und Kenntnisse voraussetzt;
- wenn der Angestellte dabei entweder die Entscheidungen im Wesentlichen frei von Weisungen trifft oder sie maßgeblich beeinflusst.

43 Mit § 5 Abs. 3 S. 2 Nr. 3 BetrVG soll der ganz überwiegende Teil der leitenden Angestellten erfasst werden, die zwar Führungsaufgaben wahrnehmen, aber die Kriterien nach Nr. 1 und Nr. 2 nicht erfüllen (BT-Drs. 11/2503, S. 30).

44 Während Nr. 1 und Nr. 2 primär leitende Angestellte in sog. Linienfunktionen betreffen, die die maßgeblichen Entscheidungen (als Vorgesetzte) selbst treffen, werden von § 5 Abs. 3 S. 2 Nr. 3 BetrVG wesentlich auch Angestellte in sog. Stabsfunktionen erfasst, die die Entscheidungen wesentlich vorbereiten und somit planend und beratend tätig sind (GK-BetrVG/*Raab* § 5 Rz. 121 ff.; vgl. *BAG* 23.1.1986 EzA § 5 BetrVG 1972 Nr. 42; 29.1.1980 EzA § 5 BetrVG 1972 Nr. 35; 19.11.1974 EzA § 5 BetrVG 1972 Nr. 10).

45 Weil damit grds. an funktionale Merkmale zur Umschreibung der leitenden Angestellten angeknüpft wird, stellt § 5 Abs. 3 S. 2 Nr. 3 BetrVG den Grundtatbestand der leitenden Angestellten dar, der auf Nr. 1 und Nr. 2 zurückstrahlen kann, nicht jedoch umgekehrt (*Hromadka* BB 1990, 62; GK-BetrVG/*Raab* § 5 Rz. 121). Demgegenüber wird z. T. § 5 Abs. 3 S. 2 Nr. 3 BetrVG wegen des Begriffs »sonstige Aufgaben« als teilweise offener Tatbestand verstanden, sodass stets zu prüfen sein soll, ob die Aufgaben den in Nr. 1, 2 genannten Führungsaufgaben gleichwertig sind (*Richardi* NZA Beil. 1/1990, S. 4; *Wlotzke* DB 1989, 120; FKHE § 5 Rz. 158).

bbb) Wahrnehmung bedeutsamer unternehmerischer (Teil-)Aufgaben
46 Erforderlich ist, dass der Angestellte typisch unternehmerische Aufgaben wahrnimmt.

Der Angestellte muss auf Grund seiner leitenden Funktion **maßgeblichen Einfluss auf die Unternehmensführung** ausüben. Dieser Einfluss kann darin bestehen (vgl. *Trümner* DKK § 5 Rz. 218), dass er selbst die maßgeblichen Entscheidungen trifft (Vorgesetzter in Linienfunktion) oder er kraft seiner Schlüsselposition planend oder beratend Voraussetzungen schafft, an denen die Unternehmensleitung nicht vorbeigehen kann (Angestellter in Stabsfunktion).

47 Nicht ausreichend ist, dass es sich um die rein arbeitstechnisch »vorprogrammierte« Durchführung unternehmerischer Entscheidungen handelt (vgl. *BAG* 23.1.1986 EzA § 5 BetrVG 1972 Nr. 42; 17.12.1974 EzA § 5 BetrVG 1972 Nr. 11; GK-BetrVG/*Raab* § 5 Rz. 125). An der Wahrnehmung einer unternehmerischen Teilaufgabe kann es auch dann fehlen, wenn bei starker Dezentralisation der unternehmerischen Aufgaben (sog. Atomisierung) die einzelne Tätigkeit nicht mehr von Bedeutung für Bestand und Entwicklung des Unternehmens ist (*BAG* 23.1.1986 EzA § 5 BetrVG 1972 Nr. 42; 29.1.1980 EzA § 5 BetrVG 1972 Nr. 35). Bei unternehmerischen Führungsaufgaben kann es sich nach der Entwurfsbegründung u. a. um solche wirtschaftlicher, technischer, kaufmännischer, organisatorischer, personeller, rechtlicher oder wissenschaftlicher Art handeln (vgl. BT-Drs. 11/2503, S. 30). Im Rahmen einer zweckgerichteten Auslegung kann berücksichtigt werden, ob auf Grund der ausgeüb-

I. Betriebsverfassungsrecht

ten Funktion eine Interessenpolarität zur Arbeitnehmerschaft und zum Betriebsrat entsteht, sodass sich eine Unvereinbarkeit der Aufgabe mit dem aktiven und passiven Wahlrecht zum Betriebsrat ergibt (vgl. GK-BetrVG/*Raab* § 5 Rz. 129).

Die Tätigkeit muss für Bestand **und** Entwicklung des Unternehmens oder eines Betriebs von Bedeutung sein. Eine bloß bestandssichernde Tätigkeit reicht ebenso wenig wie eine nur für die Entwicklung bedeutsame Tätigkeit (MünchArbR/*Richardi* § 26 Rz. 41). 48

Die Aufgaben müssen für die Verwirklichung der unternehmerischen Zielsetzung bedeutsam (so MünchArbR/*Richardi* § 26 Rz. 41) bzw. im Hinblick auf die Gesamtheit der Unternehmensaufgaben erheblich sein, d. h. einen beachtlichen Teilbereich der unternehmerischen Aufgaben insgesamt ausmachen (so GK-BetrVG/*Raab* § 5 Rz. 126). Trotz der missverständlichen Formulierung ist auf die Bedeutung der Aufgabe für das Unternehmen abzustellen (vgl. BAG 25.10.1989 EzA § 5 BetrVG 1972 Nr. 49). Wenn das Gesetz neben der Bedeutung der Aufgabe für Bestand und Entwicklung des Unternehmens auch auf eine derartige Bedeutung für einen Betrieb abstellt, soll damit lediglich berücksichtigt werden, dass bei einem mehrbetrieblichen Unternehmen eine für die Erreichung der Unternehmensziele wichtige Aufgabe vorliegen kann, wenn sie nur für Bestand und Entwicklung eines Betriebes von Bedeutung ist (vgl. BT-Drs. 11/2503, S. 30). Damit kann auch eine wichtige betriebsleitende Funktion je nach Lage der Umstände als unternehmerische Aufgabe angesehen werden (*Trümner* DKK § 5 Rz. 222), wie z. B. die technische oder kaufmännische Leitung eines Zweigwerks in der Automobilindustrie (*Hromadka* BB 1990, 61). 49

ccc) Regelmäßige Wahrnehmung

Die Wahrnehmung von Aufgaben erfolgt regelmäßig, wenn sie nicht nur gelegentlich erfolgt (vgl. BT-Drs. 11/2503, S. 30), sondern der Tätigkeit das Gepräge (*BAG* 23.1.1986 EzA § 5 BetrVG 1972 Nr. 42) gibt, d. h. diese schwerpunktmäßig bestimmt (*BAG* 25.10.1989 EzA § 5 BetrVG 1972 Nr. 49). Nach Auffassung des BAG ist insoweit darauf abzustellen, ob ein beachtlicher Teil der Arbeitszeit von diesen Tätigkeiten beansprucht wird (*BAG* 23.1.1986 EzA § 5 BetrVG 1972 Nr. 42). 50

An dieser rein zeitanteiligen Betrachtungsweise wird in der Literatur Kritik geübt (vgl. etwa GK-BetrVG/*Raab* § 5 Rz. 125 f.: Allein maßgeblich sei, ob der Angestellte überhaupt Aufgaben wahrnehme, die qualitativ der Tätigkeit entsprechen, die ansonsten der Unternehmer selbst auszuführen hätte, die also für Bestand und Entwicklung des Unternehmens oder eines Betriebes von Bedeutung sind. Ist dies der Fall, soll es gleichgültig sein, ob hierin der [quantitative] Schwerpunkt der Arbeitszeit liegt). Bei lediglich vertretungsweiser Wahrnehmung der Aufgaben eines leitenden Angestellten kann der Vertreter nur dann selbst leitender Angestellter sein, wenn es sich um eine ständige Vertretung handelt (MünchArbR/*Richardi* § 26 Rz. 45; vgl. auch Entwurfsbegründung, BT-Drs. 11/2503, S. 30). 51

I. Betriebsverfassungsrecht

ddd) Besondere Erfahrungen und Kenntnisse

52 Die Erfüllung derartiger Aufgaben setzt besondere Erfahrungen und Kenntnisse voraus, wenn dafür eine besondere Ausbildung oder längere Berufserfahrung erforderlich ist.

> Die Art und Weise des Erwerbs der Kenntnisse ist unerheblich. Sie können auch durch längere Tätigkeit oder Selbststudium erworben werden (*BAG* 9.12.1975 EzA § 5 BetrVG 1972 Nr. 22; 10.2.1976 EzA § 5 BetrVG 1972 Nr. 24).

eee) Erheblicher Handlungsspielraum

53 Leitender Angestellter ist nur, wem ein erheblicher eigener Handlungsspielraum zusteht, wobei eine völlige Weisungsfreiheit nicht erforderlich ist (GK-BetrVG/*Raab* § 5 Rz. 132).

> Eine Bindung an Vorgaben auf Grund von Richtlinien, Rechtsvorschriften oder Plänen steht der Annahme des erforderlichen erheblichen eigenen Handlungsspielraums ebenso wenig entgegen wie die Einbindung in Teamarbeit mit anderen leitenden Angestellten. Abzustellen ist darauf, inwieweit solche Vorgaben noch einen erheblichen Entscheidungsspielraum zulassen oder aber selbst schon Entscheidungsabläufe vorprogrammieren (*Trümner* DKK § 5 Rz. 229; vgl. zum alten Recht *BAG* 9.12.1975 EzA § 5 BetrVG 1972 Nr. 22; 23.3.1976 EzA § 5 BetrVG 1972 Nr. 25).

54 Der Angestellte in Stabsfunktion muss auf Grund seiner arbeitsvertraglich geschuldeten Tätigkeit den Entscheidungsprozess wesentlich bestimmen, was anzunehmen ist, wenn er kraft seiner **Schlüsselposition** Voraussetzungen schafft, an denen die Unternehmensführung nicht vorbeigehen kann (*BAG* 29.1.1980 EzA § 5 BetrVG 1972 Nr. 35). Anhaltspunkt hierfür kann sein, ob die Unternehmensleitung im Falle des Abweichens von dem Vorschlag des Angestellten einem (internen) Begründungszwang, z. B. gegenüber einem Kontrollgremium im Unternehmen selbst unterliegt oder ob sie ihn ohne größere Argumentation ignorieren kann (GK-BetrVG/*Raab* § 5 Rz. 139). Ob auf dieses Kriterium auch bei Angestellten in Linienfunktion, die zwar selbst keine Entscheidungsbefugnis in personellen Angelegenheiten besitzen, über deren Vorschlag sich die Personalleitung aber nur mit triftiger Begründung hinwegsetzen kann, zurückgegriffen werden kann, ist streitig (dafür etwa *Buchner* NZA Beil. 1/1989, S. 8; *Hromadka* BB 1990, 61). An einem maßgeblichen Einfluss auf die Unternehmensleitung fehlt es insoweit jedenfalls, wenn der Vorgesetzte einer Fachabteilung bei Einstellungen lediglich beratend hinzugezogen und ihm ein Vorschlagsrecht eingeräumt wird (*LAG* Ba.-Wü. 25.6.1991 LAGE § 5 BetrVG 1972 Nr. 20).

55 Indiz zur Beurteilung des Entscheidungsspielraums kann die **Leitungsebene** sein, der der Angestellte zugehörig ist: Je tiefer die konkrete Entscheidungsstufe in der Unternehmenshierarchie liegt, auf der der Angestellte unternehmens- oder betriebsleitende Aufgabenstellungen erfüllt, umso größer ist die Wahrscheinlichkeit, dass wesentliche unternehmerische Entscheidungsspielräume auf den höheren Entscheidungsstufen bereits verbraucht wurden. Von welcher Delegationsstufe ab leitende Angestellte im Unternehmen nicht mehr angenommen

werden können, lässt sich allerdings nur im jeweiligen Einzelfall bestimmen (*BAG* 23.1.1986 EzA § 5 BetrVG 1972 Nr. 42).

(4) Der Zweifelstatbestand nach § 5 Abs. 4 BetrVG

aaa) Zweck und Rechtsnatur, Anwendungsvoraussetzungen
Nach der Entwurfsbegründung (BT-Drs. 11/2503, S. 30) soll in Fällen, in denen eine Zuordnung nach dem funktionalen Grundtatbestand zweifelhaft bleibt, durch Anknüpfung an schnell feststellbare, formale Merkmale eine Entscheidungshilfe gegeben werden. Welche Rechtsnatur dieser Zweifelstatbestand hat, ist umstritten. Nach überwiegender Ansicht (*Buchner* NZA 1989, Beil. Nr. 1, S. 9; *Dänzer-Vanotti* a.a.O., S. 33; *Wlotzke* DB 1989, 122; *Richardi* NZA 1990, Beil. Nr. 1, S. 9f.; GK-BetrVG/*Raab* § 5 Rz. 155 ff.) handelt es sich um einen Hilfstatbestand, der in eindeutig nachrangigem Verhältnis zum funktionalen Grundtatbestand steht. Erst wenn bei der Anwendung des § 5 Abs. 3 S. 2 Nr. 3 BetrVG Zweifel verbleiben, kann Abs. 4 dann als selbstständiger, § 5 Abs. 3 S. 2 Nr. 3 BetrVG verdrängender Spezialtatbestand eingreifen, der das Vorliegen der Voraussetzungen als gegeben annimmt. Auf Grund dieses Verhältnisses von Haupt- und Hilfstatbestand (vgl. GK-BetrVG/*Raab* § 5 Rz. 159; *Trümner* DKK § 5 Rz. 237) müssen zunächst die Voraussetzungen nach § 5 Abs. 3 S. 2 Nr. 3 BetrVG geprüft werden. Erst wenn bei dieser Prüfung Zweifel verbleiben, kann auf Abs. 4 zurückgegriffen werden.

56

Deshalb ist es nicht statthaft, auf die vorrangige Prüfung der Merkmale des § 5 Abs. 3 S. 2 Nr. 3 BetrVG zu verzichten und von vornherein i. S. e. widerlegbaren Vermutung davon auszugehen, dass ein Angestellter leitender Angestellter dann ist, wenn eine der Alternativen des Abs. 4 erfüllt ist, es sei denn, die Voraussetzungen des funktionalen Grundtatbestandes seien offensichtlich nicht erfüllt. Zuordnungen, die allein nach Abs. 4 vorgenommen werden, sind offensichtlich unwirksam (*Richardi* NZA Beil. 1/1990, S. 2 [10]; *Trümner* DKK § 5 Rz. 237).

57

bbb) Bestehen von Zweifeln

Bei den für den Rückgriff auf Abs. 4 vorausgesetzten Zweifeln muss es sich nach ganz überwiegender Ansicht (vgl. *Trümner* DKK § 5 Rz. 241; GK-BetrVG/*Raab* § 5 Rz. 161) um rechtliche, nicht tatsächliche (so aber MünchArbR/*Richardi* § 26 Rz. 50 f.) Zweifel handeln, sodass alle Tatsachen vor Heranziehung des Abs. 4 ermittelt sein müssen.

58

Erst wenn danach bei Anwendung des funktionalen Grundtatbestandes nach Ausschöpfung aller Auslegungsgrundsätze mindestens zwei Auslegungsergebnisse vertretbar erscheinen, etwa wenn sich beide auf unterschiedliche Auffassungen in der Literatur oder auf divergierende Instanzentscheidungen berufen können, kommt eine Anwendung des Zweifelstatbestandes in Betracht. Eine gefestigte höchstrichterliche Rechtsprechung zu der streitigen Frage schließt Zweifel i. S. d. Abs. 4 aus (GK-BetrVG/*Raab* § 5 Rz. 162).

59

Maßstab ist, ob die Normanwender im Betrieb verständigerweise davon ausgehen durften, dass der Grundtatbestand zu keinem eindeutigen Ergebnis führt. Kommt das Arbeitsgericht dagegen zu dem Ergebnis, dass sich die Zuordnung nach diesem

60

I. Betriebsverfassungsrecht

Maßstab bereits aus der Grundnorm ergibt oder die Beteiligten eine Anwendung dieser Vorschrift gar nicht versucht haben, so nimmt es selbst die Zuordnung auf Grund des § 5 Abs. 3 S. 2 Nr. 3 BetrVG vor (*Röder* NZA 1989, Beil. Nr. 4, S. 6). Nach Auffassung von *Raab* (GK-BetrVG § 5 Rz. 163 f.) findet § 5 Abs. 4 BetrVG im Übrigen nur dann Anwendung, wenn die betrieblichen Stellen die Norm tatsächlich unter Berufung auf Auslegungszweifel bei § 5 Abs. 3 S. 2 Nr. 3 BetrVG heranziehen. Dagegen soll sich im Wege teleologischer Reduktion die Zuordnung auch durch das Arbeitsgericht allein nach § 5 Abs. 3 BetrVG bestimmen, wenn sich die betriebliche Stelle auf die Anwendung der Grundnorm beschränkte, das Arbeitsgericht dagegen zu der Auffassung gelangt ist, dass aus Sicht der Zuordnungsstelle mehr als ein Auslegungsergebnis vertretbar gewesen wäre.

ccc) Die Einzeltatbestände des § 5 Abs. 4 BetrVG

61 Sofern es auf die Anwendung des § 5 Abs. 4 BetrVG ankommt, genügt es, dass eine der dort genannten Alternativen erfüllt ist.

aaaa) Nr. 1: Frühere Zuordnung

62 Bei der Zuordnungsentscheidung anlässlich der letzten Wahl kann es sich um eine solche des Wahlvorstandes (§ 2 WO) oder bei zeitgleicher Wahl zu Betriebsrat und Sprecherausschuss um eine solche der beteiligten Wahlvorstände (§ 18 a Abs. 1 BetrVG) bzw. des nach § 18 a Abs. 2 BetrVG einzuschaltenden Vermittlers handeln.

Maßgebend ist die jeweils letzte Wahl. Wird die Zuordnungsentscheidung nachträglich in einem gerichtlichen Verfahren (etwa Wahlanfechtungsverfahren oder in einem Verfahren über die Feststellung der Nichtwählbarkeit nach § 24 Abs. 1 Nr. 6 BetrVG) korrigiert, ist allein diese gerichtliche Entscheidung für die Zuordnung maßgeblich (MünchArbR/*Richardi* § 26 Rz. 54; GK-BetrVG/*Raab* § 5 Rz. 167 f.).

63 Soweit § 5 Abs. 4 Nr. 1 BetrVG darauf abstellt, dass der Angestellte durch rechtskräftige gerichtliche Entscheidung den leitenden Angestellten zugeordnet worden ist, wird es überwiegend (vgl. MünchArbR/*Richardi* § 26 Rz. 55) für ausreichend erachtet, dass in dem gerichtlichen Verfahren die Frage der Zuordnung lediglich als Vorfrage thematisiert wurde, etwa in einem Kündigungsschutzverfahren im Hinblick auf die Anwendbarkeit des § 105 BetrVG.

64 Da im Urteilsverfahren im Gegensatz zum Beschlussverfahren keine gerichtliche Ermittlung des Sachverhalts im Wege der Amtsermittlung greift, ist streitig, ob es sich jedenfalls dann um eine Entscheidung in einem Beschlussverfahren gehandelt haben muss (so z. B. MünchArbR/*Richardi* § 26 Rz. 55; FKHE § 5 Rz. 184; *Martens* RdA 1989, 84) oder auch eine Klärung als Vorfrage in einem Urteilsverfahren (GK-BetrVG/*Raab* § 5 Rz. 168) ausreicht. Ein Rückgriff auf das Kriterium der rechtskräftigen gerichtlichen Entscheidung scheidet aus, wenn sich die Umstände der Beschäftigung des Angestellten zwischenzeitlich verändert haben (GK-BetrVG/*Raab* § 5 Rz. 169).

65 Inwieweit gerichtliche Entscheidungen auf der Grundlage des § 5 Abs. 3, 4 BetrVG a. F. ihre bindende Wirkung behalten, erscheint fraglich (vgl. GK-BetrVG/*Raab* § 5 Rz. 170 ff.: Danach können auch Alt-Entscheidungen berücksichtigt werden, da

I. Betriebsverfassungsrecht

der Gesetzgeber mit der Novelle 1988 die Vorschrift über leitende Angestellte ohne Einengung oder Erweiterung lediglich habe präzisieren wollen).

bbbb) Nr. 2: Leitungsebene
Wesentlicher Anknüpfungspunkt für Nr. 2 ist die Leitungsebene i. S. einer hierarchischen Ebene im Unternehmen (GK-BetrVG/*Raab* § 5 Rz. 174). Diese Ebenen ergeben sich i. d. R. aus einem Organisationsplan des Unternehmens, wobei sich allerdings eine schematische Anknüpfung an diese Pläne verbietet. 66

Maßgebend ist, ob der Angestellte einer Führungsebene angehört, auf der überwiegend Personen vertreten sind, die leitende Angestellte sind (GK-BetrVG/*Raab* § 5 Rz. 174). Überwiegend bedeutet, dass mehr als 50% der auf der Leitungsebene beschäftigten Angestellten leitende Angestellte sind (h. M., vgl. MünchArbR/*Richardi* § 26 Rz. 57; GK-BetrVG/*Raab* § 5 Rz. 175; *Trümner* DKK § 5 Rz. 243).

Zu berücksichtigen sind nur solche Angestellte, die unstreitig leitende Angestellte i. S. d. § 5 Abs. 3 und 4 sind (GK-BetrVG/*Raab* § 5 Rz. 175).

cccc) Nr. 3: Regelmäßiges Jahresarbeitsentgelt

Unter Arbeitsentgelt i. S. d. Vorschrift sind in Anlehnung an § 14 SGB IV alle laufenden oder einmaligen Einnahmen aus einer Beschäftigung zu verstehen, gleichgültig ob ein Rechtsanspruch auf diese Einnahmen besteht oder in welcher Form sie geleistet werden (vgl. GK-BetrVG/*Raab* § 5 Rz. 176). 67

Neben dem Festgehalt sind daher auch Tantiemen, Gratifikationen und Sachbezüge zu berücksichtigen. Für variable Vergütungsbestandteile ist der Durchschnitt der letzten Jahre zu ermitteln. Einmalige Bezüge bleiben außer Betracht.
Aus Nr. 3 folgt die Pflicht des Arbeitgebers, dem Wahlvorstand die für den Gehaltsvergleich erforderlichen Daten im Rahmen der Erforderlichkeit zur Verfügung zu stellen (*Trümner* DKK § 5 Rz. 244). 68

dddd) Nr. 4: Dreifache Bezugsgröße nach § 18 SGB IV
Nur wenn bei der Anwendung von Nr. 3 noch Zweifel verbleiben, darf § 5 Abs. 4 Nr. 4 BetrVG herangezogen werden, also nur dann, wenn sich nicht feststellen lässt, ob der Angestellte ein für leitende Angestellte in dem Unternehmen übliches Gehalt bezieht (GK-BetrVG/*Raab* § 5 Rz. 179). Das Dreifache der Bezugsgröße betrug in 2001 in den alten Bundesländern 161 280 DM, in den neuen Bundesländern 131 040 DM. Die Bezugsgröße wird aber jährlich durch die Bezugsgrößen-VO neu festgesetzt. 69

ee) Streitigkeiten

(1) Gerichtliche Statusklärung
Sofern die Frage, ob jemand Arbeitnehmer i. S. d. BetrVG ist, als Vorfrage in einem Urteilsverfahren eine Rolle spielt (etwa zur Klärung der Anwendbarkeit von §§ 102, 105 BetrVG), ist hierüber im Urteilsverfahren inzident zu entscheiden (vgl. *BAG* 19.8.1975 EzA § 102 BetrVG 1972 Nr. 15; EzA § 102 BetrVG 1972 Nr. 16). Weiterhin kann über die Frage des betriebsverfassungsrechtlichen Arbeitnehmerstatus auch in einem arbeitsgerichtlichen Beschlussverfahren, § 2 a Abs. 1 Nr. 1 ArbGG, §§ 80 ff. 70

I. Betriebsverfassungsrecht

ArbGG) entschieden werden. **Beteiligungs- und antragsbefugt** sind der betroffene Arbeitnehmer (*BAG* 23.1.1986 EzA § 5 BetrVG 1972 Nr. 43), der Betriebsrat, auch der Gesamtbetriebsrat (so GK-BetrVG/*Raab* § 5 Rz. 205; *Trümne*r DKK § 5 Rz. 251), der Arbeitgeber (*BAG* 23.1.1986 EzA § 233 ZPO Nr. 7) und im Zusammenhang mit einer Betriebsrats- oder Sprecherausschusswahl die beiden Wahlvorstände (*BAG* 5.3.1974 EzA § 5 BetrVG 1972 Nr. 7). Überwiegend (vgl. *BAG* 5.3.1974 EzA § 5 BetrVG 1972 Nr. 7; 19.11.1974 EzA § 5 BetrVG 1972 Nr. 10, allerdings offen gelassen für den Fall einer bloß abstrakten Feststellung; *Trümner* DKK § 5 Rz. 251; *Hess* HSG § 5 Rz. 182 wird auch ein Antragsrecht einer im Betrieb vertretenen Gewerkschaft jedenfalls im Zusammenhang mit einer Betriebsratswahl angenommen. Kein Antragsrecht besteht für eine im Betriebsrat vertretene Gruppe oder Minderheitsliste (vgl. *LAG Frankfurt* 21.4.1988 DB 1989, 487; *LAG Düsseldorf* 24.10.1989 DB 1990, 283).

71 Das erforderliche **Rechtsschutzinteresse** für ein Statusfeststellungsverfahren besteht auch ohne Vorliegen eines aktuellen Streitfalles (vgl. *BAG* 19.11.1974 EzA § 5 BetrVG 1972 Nr. 9; 9.12.1975 EzA § 5 BetrVG 1972 Nr. 22; GK-BetrVG/*Raab* § 5 Rz. 206). Das Rechtsschutzbedürfnis entfällt, wenn der Arbeitnehmer aus dem Betrieb ausgeschieden ist oder im Betrieb eine andere Tätigkeit übernommen hat (*BAG* 23.1.1986 EzA § 233 ZPO Nr. 7). *Raab* (GK-BetrVG § 5 Rz. 206) nimmt bei Änderung der Tätigkeit nur dann einen Entfall des Rechtsschutzbedürfnisses an, wenn in Bezug auf die neue Tätigkeit Einigkeit über die Zuordnung besteht. Begegnen sich in einem Beschlussverfahren über die Frage, ob ein Arbeitnehmer leitender Angestellter ist, der negative Feststellungsantrag des Betriebsrats mit dem positiven Feststellungsantrag des Angestellten, so entfällt hierdurch nicht das Rechtsschutzinteresse für einen der Anträge (*BAG* 17.12.1974 EzA § 5 BetrVG 1972 Nr. 12).

(2) Zuordnungsverfahren anlässlich zeitgleicher Betriebsrat- und Sprecherausschusswahlen, § 18 a BetrVG

72 Sofern Betriebsrats- und Sprecherausschusswahl nach § 13 Abs. 1 BetrVG, § 5 Abs. 1 SprAuG gesetzlich zwingend zeitgleich einzuleiten sind oder auch ohne Bestehen einer gesetzlichen Verpflichtung zeitgleich eingeleitet werden (vgl. MünchArbR/*Joost* § 304 Rz. 178), sieht § 18 a BetrVG ein besonderes Abstimmungsverfahren zwischen den beteiligten Wahlvorständen zur Abklärung der Frage, wer leitender Angestellter ist, vor. Unverzüglich nach Aufstellung der Wählerlisten, spätestens jedoch zwei Wochen vor Einleitung der Wahl haben sich die Wahlvorstände gegenseitig darüber zu unterrichten, welche Angestellten sie den leitenden Angestellten zugeordnet haben. Im Falle von Divergenzen ist eine Einigung zu versuchen. Scheitert diese, ist ein Vermittler zu bestellen, der über die Zuordnung entscheidet (vgl. § 18 a Abs. 2, 3 BetrVG). Die Zuordnung im Verfahren nach § 18 a BetrVG ist für die Wahl verbindlich. Ein Einspruch gegen die in Übereinstimmung mit der Zuordnung aufgestellte Wählerliste ist nach § 4 Abs. 2 WahlO 1972 ausgeschlossen, es sei denn, die am Zuordnungsverfahren Beteiligten halten die Zuordnung selbst übereinstimmend für offensichtlich fehlerhaft.

73 Eine Anfechtung der Betriebsrats- bzw. Sprecherausschusswahl ist ausgeschlossen, soweit sie darauf gestützt wird, die Zuordnung sei fehlerhaft erfolgt. Etwas anderes gilt nur in Fällen offensichtlicher Fehlerhaftigkeit der Zuordnung, § 18 a Abs. 5 BetrVG. Eine solche offensichtliche Fehlerhaftigkeit liegt vor, wenn sich die Fehlerhaftigkeit dem mit den Gegebenheiten des Betriebs und Unternehmens Vertrauten geradezu aufdrängt (vgl. GK-BetrVG/*Kreutz* § 18 a Rz. 102).

I. Betriebsverfassungsrecht

(3) **Verhältnis von Zuordnungsverfahren nach § 18 a BetrVG und arbeitsgerichtlichem Beschlussverfahren zur Statusklärung**
Die Zuordnungsentscheidung nach § 18 a BetrVG entfaltet über die Wahl hinaus 74
keine Rechtswirkungen (GK-BetrVG/*Kreutz* § 18 a Rz. 96, 105), es sei denn indirekt
bei Anwendung des § 5 Abs. 4 Nr. 1 BetrVG.

Für andere Bereiche, in denen es auf die Zuordnung ankommt, ist daher die Zu- 75
ordnungsentscheidung im Verfahren nach § 18 a BetrVG nicht bindend.

Die Statusfrage kann vielmehr inzident im arbeitsgerichtlichen Urteilsverfahren oder
selbst als Streitgegenstand in einem arbeitsgerichtlichen Beschlussverfahren thematisiert werden (*LAG Berlin* 5.3.1990 NZA 1990, 577; *LAG Hamm* 24.4.1990 NZA 1990,
704). § 18 a Abs. 5 S. 1 BetrVG bestimmt insoweit, dass durch die Zuordnungsentscheidung der Rechtsweg nicht ausgeschlossen wird. Erfolgt eine rechtskräftige Zuordnungsentscheidung im Statusverfahren vor Durchführung der Wahl, so ist sie
auch für die Wahl maßgeblich (GK-BetrVG/*Kreutz* § 18 a Rz. 107).

3. Gegenständlicher Geltungsbereich

a) Einführung
Der Betrieb ist nach § 1 BetrVG Anknüpfungspunkt für die Wahl von Betriebsräten. 76
Der Betriebsbegriff legt damit die Organisationseinheit fest, innerhalb derer die Arbeitnehmer zur Wahrnehmung von Mitbestimmungs- und Mitwirkungsrechten
einen Betriebsrat wählen können (MünchArbR/*Richardi* § 31 Rz. 16). Das BetrVG
definiert den Begriff des Betriebs nicht selbst, sondern setzt diesen voraus. Probleme
der Abgrenzung können sich ergeben, wenn ein Unternehmen organisatorisch untergliedert ist und den von ihm verfolgten wirtschaftlichen Zweck unter Zuhilfenahme
mehrerer arbeitstechnischer Einrichtungen verfolgt, sodass Unternehmen und Betrieb u. U. nicht identisch sind.

b) Betrieb und Unternehmen

aa) Begriff
Nach herrschendem Verständnis ist **Betrieb** die organisatorische Einheit, innerhalb 77
derer ein Arbeitgeber allein oder mit seinen Arbeitnehmern mit Hilfe von sächlichen
und immateriellen Mitteln bestimmte arbeitstechnische Zwecke fortgesetzt verfolgt,
die sich nicht in der Befriedigung des Eigenbedarfs erschöpfen (st. Rspr., vgl. etwa
BAG 29.5.1991 EzA § 4 BetrVG 1972 Nr. 6). Durch das letztgenannte Merkmal sollen
Haushalte aus dem Betriebsbegriff ausgegrenzt werden (*BAG* 17.2.1981 EzA § 111
BetrVG 1972 Nr. 13).
Demgegenüber wird als **Unternehmen** die organisatorische Einheit definiert, mit der 78
ein Unternehmer für entferntere wirtschaftliche oder ideelle Ziele einen übergreifenden, i. d. R. wirtschaftlichen Zweck verfolgt (*Hess* HSG § 1 Rz. 24; GK-BetrVG/*Kraft*
§ 4 Rz. 7) bzw. als Organisations- und Wirkungseinheit, durch die eine unternehmerische Zwecksetzung verwirklicht wird (MünchArbR/*Richardi* § 31 Rz. 18 ff.).

Die begriffliche Unterscheidung von Betrieb und Unternehmen ist betriebsverfas- 79
sungsrechtlich damit nur von Relevanz, wenn ein Unternehmen den Unterneh-

I. Betriebsverfassungsrecht

menszweck in nach Zwecksetzung, Organisation oder räumlichen Lage unterscheidbaren Einheiten verfolgt. Nur dann kann sich die Frage stellen, ob eine Einheit einen Betrieb, Nebenbetrieb oder Betriebsteil bildet.

bb) Kriterien der Abgrenzung

80 Mangels gesetzlicher Definition des Betriebsbegriffs kann die Entscheidung, ob eine organisatorische Unterteilung eines Unternehmens zum Bestehen nur eines oder aber mehrerer Betriebe führt, nicht durch einfache Subsumtion getroffen werden. Notwendig ist vielmehr eine wertende Betrachtung, sodass den Gerichten insoweit ein weiter Beurteilungsspielraum zusteht (*BAG* 29.1.1992 EzA § 7 BetrVG 1972 Nr. 1).

81 Entscheidend ist auf den **Zweck des Betriebsbegriffs** für die Betriebsverfassung abzustellen, der darin besteht, betriebsratsfähige Einheiten im Interesse einer arbeitnehmernahen Gestaltung der Mitbestimmungsordnung abzugrenzen (MünchArbR/*Richardi* § 31 Rz. 16; GK-BetrVG/*Kraft* § 4 Rz. 13).

82 Das BAG stellt insbesondere auf das Kriterium der Einheit der Organisation ab, die voraussetzt, dass die in einer Betriebsstätte vorhandenen materiellen und immateriellen Betriebsmittel für den oder die verfolgten arbeitstechnischen Zwecke zusammengefasst, geordnet und gezielt eingesetzt werden und der Einsatz der menschlichen Arbeitskraft von einem einheitlichen Leitungsapparat gesteuert wird (*BAG* 14.9.1988 EzA § 1 BetrVG 1972 Nr. 7; 29.5.1991 EzA § 4 BetrVG 1972 Nr. 6). Für das Vorliegen eines eigenständigen Betriebs spricht es, wenn in ihm einheitlich die für die Arbeitsbedingungen der Beschäftigten maßgeblichen Entscheidungen getroffen werden, insbesondere in den wichtigsten der Mitbestimmung unterliegenden Angelegenheiten (*BAG* 29.1.1992 EzA § 7 BetrVG 1972 Nr. 1).

83 Weiter spricht für das Vorliegen nur eines Betriebes, wenn ein **einheitlicher arbeitstechnischer Zweck** unter **einheitlicher technischer Leitung** verfolgt wird (GK-BetrVG/*Kraft* § 4 Rz. 15 f.). Für das Vorliegen eines einheitlichen Betriebs kann ergänzend auch die räumliche Einheit sprechen. Dieser kommt aber, wie § 4 BetrVG zeigt, kein entscheidendes Gewicht zu.

c) Betriebsteil, Zuordnung von Kleinst- und Nebenbetrieben, § 4 BetrVG

84 § 4 Abs. 1 BetrVG stellt unter bestimmten Voraussetzungen betriebliche Untergliederungen, die nach der allgemeinen Definition des Betriebsbegriffs (s. o. I/Rz. 77) keine Betriebe sind (Betriebsteil), selbstständigen Betrieben gleich.

§ 4 Abs. 2 BetrVG ermöglicht den Arbeitnehmern eines Betriebs die Beteiligung an Betriebsratswahlen und ihre Repräsentation durch einen Betriebsrat, nämlich den des sog. Hauptbetriebs auch dann, wenn die Bildung eines eigenen Betriebsrats deshalb nicht möglich ist, weil es sich zwar um einen eigenständigen Betrieb i. S. d. BetrVG handelt, im Betrieb aber nicht die erforderliche Anzahl von Arbeitnehmern (§ 1 Abs. 1 BetrVG: fünf wahlberechtigte Arbeitnehmer, davon drei wählbar) beschäftigt wird (Kleinstbetriebe).

I. Betriebsverfassungsrecht

aa) Betriebsteil, § 4 Abs. 1 BetrVG

(1) Funktion der Vorschrift

Die Funktion der Vorschrift besteht in erster Linie darin sicherzustellen, dass trotz organisatorischer Untergliederung eines Unternehmens eine sinnvolle, arbeitnehmernahe Ausgestaltung der Mitbestimmungsordnung gewährleistet bleibt und eine relative Verselbstständigung einer Organisation von Arbeitsstätten nicht den Verlust der Betriebsratsfähigkeit nach § 1 BetrVG zur Folge hat (MünchArbR/ *Richardi* § 31 Rz. 16, 27). 85

Um dies sicherzustellen, werden durch § 4 Abs. 1 BetrVG organisatorisch relativ verselbstständigte Einheiten, die aber ihrerseits nach der allgemeinen Begriffsbestimmung keine eigenständigen Betriebe sind (Betriebsteile) und daher nach § 1 BetrVG eigentlich keinen eigenen Betriebsrat wählen könnten, unter bestimmten Voraussetzungen im Wege einer gesetzlichen Fiktion selbstständigen Betrieben gleichgestellt (Gesichtspunkt der arbeitnehmernahen Interessenvertretung).

(2) Begriffsbestimmung

Ein Betriebsteil ist in die Organisation des Hauptbetriebes eingegliedert. Er ist ihm gegenüber räumlich und organisatorisch abgrenzbar. Er ist aber nur relativ verselbstständigt und bleibt auf den Zweck des Hauptbetriebes ausgerichtet (*BAG* 29.5.1991 EzA § 5 BetrVG 1972 Nr. 6; 25.9.1986 EzA § 1 BetrVG 1972 Nr. 6). Die nur relative Verselbstständigung kommt insbesondere dadurch zum Ausdruck, dass dem Betriebsteil ein eigener Leitungsapparat, der insbesondere in personellen und sozialen Angelegenheiten wesentliche Entscheidungen selbstständig treffen kann, fehlt (*BAG* 17.2.1983 AP Nr. 4 zu § 4 BetrVG 1972; GK-BetrVG/*Kraft* § 4 Rz. 64). Andererseits erfordert die notwendige relative Selbstständigkeit jedoch, dass eine den Einsatz der Arbeitnehmer bestimmende Leitung institutionalisiert ist und von dieser das Weisungsrecht des Arbeitgebers ausgeübt wird (*BAG* 28.6.1995 EzA § 4 BetrVG 1972 Nr. 7). 86

Zur beispielhaften Verdeutlichung werden genannt: Druckerei eines Zeitungsbetriebs, Lackiererei einer Automobilfabrik, Auslieferungslager, Reparaturwerkstatt eines Spediteurs (*FKHE* § 4 Rz. 5), räumlich getrennte Stepperei eines Schuhproduzenten (*Etzel* HzA Gruppe 19 Rz. 13 unter Hinweis auf *AG Offenbach* 15.3.1972 DB 1972, 1730). Zweigniederlassungen sollen i. d. R. selbstständige Betriebe sein, weil sie keine Hilfsfunktion für einen anderen Betrieb erfüllen, während Zweigstellen (Filialen) meist Betriebsteile darstellen, weil sie organisatorisch der Zentrale zugeordnet sind (ausführlich zu Filialen: *Trümner* DKK § 4 Rz. 49 ff.). 87

(3) Betriebsratsfähigkeit von Betriebsteilen

Gem. § 4 S. 1 BetrVG können in Betriebsteilen eigene Betriebsräte gebildet werden, wenn 88
– in dem Betriebsteil i. d. R. mindestens fünf ständig wahlberechtigte (vgl. § 7 BetrVG) Arbeitnehmer (vgl. § 5 BetrVG), von denen drei wählbar sind (vgl. § 8 BetrVG), vorhanden sind
und

I. Betriebsverfassungsrecht

- der Betriebsteil räumlich weit vom Hauptbetrieb entfernt ist
  oder
- der Betriebsteil durch Aufgabenstellung und Organisation eigenständig ist.

aaa) Räumlich weite Entfernung

89 Ob zwischen Betriebsteil und Hauptbetrieb eine räumlich weite Entfernung besteht, lässt sich nicht nach starren Kriterien beurteilen.

> Entscheidend ist, ob die räumliche Entfernung einer lebendigen Gemeinschaft zwischen den Arbeitnehmern des Betriebes und des Betriebsteils entgegensteht und die Möglichkeit persönlicher Kontakte zwischen den Arbeitnehmern des Betriebsteils und dem Betriebsrat nicht mehr ausreichend gewährleistet ist und darüber hinaus auf Grund der räumlichen Entfernung auch eine ordnungsgemäße Betreuung der in dem Betriebsteil beschäftigten Arbeitnehmer durch den Betriebsrat des Hauptbetriebs nicht möglich ist (*BAG* 17.2.1983 AP Nr. 4 zu § 4 BetrVG 1972).

90 Vor diesem Hintergrund ist einerseits die Kilometerentfernung, andererseits die Leichtigkeit der Verkehrsverbindung von Bedeutung (GK-BetrVG/*Kraft* § 4 Rz. 59). Als nicht räumlich weit entfernt wurden in der Rechtsprechung Entfernungen zwischen 7 und 70 km, als räumlich weit entfernt solche zwischen 20 und 300 km angesehen (vgl. die ausf. Nachweise bei *Trümner* DKK § 4 Rz. 36, 37; GK-BetrVG/*Kraft* § 4 Rz. 61, 62).

bbb) Eigener Aufgabenbereich und Organisation

91 Ist der Betriebsteil durch Aufgabenbereich und (kumulativ, GK-BetrVG/*Kraft* § 4 Rz. 58) Organisation eigenständig, kommt es auf die Entfernung zum Hauptbetrieb nicht mehr an. Praktische Bedeutung gewinnt diese Alternative somit dann, wenn ein Betriebsteil räumlich nahe am Hauptbetrieb liegt.

92 Die Anwendung der gesetzlichen Bestimmung bereitet deshalb Schwierigkeiten, weil der Betriebsteil nach seiner Definition gerade dadurch gekennzeichnet ist, dass er keinen eigenständigen Aufgabenbereich hat, sondern nur Teilfunktionen des Hauptbetriebs erfüllt und diesem auch organisatorisch eingegliedert ist (GK-BetrVG/*Kraft* § 4 Rz. 58). Zum Teil (*Trümner* DKK § 4 Rz. 46) wird deshalb angenommen, dass die Fallgruppe des § 4 S. 1 Nr. 2 BetrVG überflüssig geworden sei, weil bei organisatorischer Selbstständigkeit und eigenem Aufgabenbereich ohnehin die Voraussetzungen für einen echten Betrieb i. S. d. § 1 BetrVG erfüllt seien. Jedenfalls ist die Abgrenzung verschwommen.

93 > Das *BAG* 29.1.1992 EzA § 7 BetrVG 1972 Nr. 1; 29.5.1991 EzA § 4 BetrVG 1972 Nr. 6) stellt deshalb nur auf eine relative Eigenständigkeit des Betriebsteils ab.

Je nach Grad der Verselbstständigung kann es sich dann aber um einen eigenen Betrieb, um einen als selbstständig geltenden Betriebsteil oder aber auch, falls der Grad der Eigenständigkeit nach Aufgabenbereich und Organisation nicht ausreicht, lediglich um einen unselbstständigen Teil eines Betriebes handeln, wobei den Gerichten ein erheblicher Beurteilungsspielraum zusteht (*BAG* 29.1.1992 EzA § 7 BetrVG 1972 Nr. 1).

Als Indizien für eine solche relative Eigenständigkeit werden genannt (vgl. GK-BetrVG/*Kraft* § 4 Rz. 59 ff.): **94**
- Bestehen einer eigenen Leitung, die für ihren Teilbereich im Wesentlichen selbstständig anordnen und entscheiden kann,
- Eigenständigkeit der Organisation insoweit, als im Betriebsteil der wesentliche Kern der der betrieblichen Mitbestimmung unterliegenden Arbeitgeberfunktionen auszuüben ist (*BAG* 29.1.1992 EzA § 7 BetrVG 1972 Nr. 1),
- eigener, vom Hauptbetrieb verschiedener, wenn auch diesem dienender, relativ eigenständiger arbeitstechnischer Zweck (*Richardi* § 4 Anm. 31 f.; GK-BetrVG/*Kraft* § 4 Rz. 60), zumeist fachfremde Hilfsfunktionen für den Gesamtbereich (*FKHE* § 4 Rz. 15),
- Geltung eines anderen Tarifvertrages als im Hauptbetrieb (GK-BetrVG/*Kraft* § 4 Rz. 61).

Bei der Auslegung der unbestimmten Rechtsbegriffe des § 4 BetrVG ist stets das Ziel des Gesetzes zu beachten, den Arbeitnehmern jeder betrieblichen Einheit die Möglichkeit zu geben, durch einen Betriebsrat repräsentiert zu werden, der mit den Besonderheiten dieser betrieblichen Einheit deshalb besonders vertraut ist, weil seine Mitglieder ihr als Arbeitnehmer angehören (*BAG* 17.2.1983 AP Nr. 4 zu § 4 BetrVG 1972; GK-BetrVG/*Kraft* § 4 Rz. 62). **95**

(4) Teilnahme an Betriebsratswahl des Hauptbetriebs

Auch wenn ein Betriebsteil die Voraussetzungen, unter denen ein eigener Betriebsrat gewählt werden kann, erfüllt, können die Arbeitnehmer des Betriebsteils mit Stimmenmehrheit beschließen, von der Bildung eines eigenen Betriebsrats abzusehen und stattdessen an der Wahl des Betriebsrats im Hauptbetrieb teilzunehmen, § 4 Abs. 1 S. 2 BetrVG. Durch Mehrheitsbeschluss kann damit die Verselbstständigung von Betriebsteilen rückgängig gemacht werden. **96**

Der Beschluss bedarf der Stimmenmehrheit der im Betriebsteil beschäftigten Arbeitnehmer. Die Initiative zu einer derartigen Abstimmung kann von drei wahlberechtigten, im Betriebsteil beschäftigten Arbeitnehmern, einer im Betrieb vertretenen Gewerkschaft (zum Begriff s. o. I/Rz. 939 f.) oder vom Betriebsrat des Hauptbetriebs ausgehen. Zu diesem Zweck bestehen auch Zutrittsrechte zum Betriebsteil (BT-Drs. 14/6352, S. 54). Der Zuordnungsbeschluss kann formlos gefasst werden. Eine Abstimmung auf einer Versammlung ist nicht erforderlich. Vielmehr reicht auch ein Beschluss im Umlaufverfahren aus (BT-Drs. 14/6352, S. 54). Ebenso wenig ist eine geheime Abstimmung notwendig. Erforderlich ist aber eine rechtzeitige Aufforderung zur Teilnahme an der Abstimmung an alle wahlberechtigten Arbeitnehmer des Betriebsteils (GK-BetrVG/*Kraft* § 4 Rz. 63). Der Zuordnungsbeschluss ist dem Betriebsrat des Hauptbetriebs spätestens 10 Wochen vor Ablauf von dessen Amtszeit mitzuteilen, damit er bei der Wahlvorbereitung berücksichtigt werden kann. Die getroffene Zuordnung gilt so lange, bis sie von den betroffenen Arbeitnehmern des Betriebsteils mit Mehrheit widerrufen wird. Wird durch Tarifvertrag oder Betriebsvereinbarung nach § 3 Abs. 1 oder 2 BetrVG (s. u. I/Rz. 108 ff.) eine andere Zuordnung des Betriebsteils geregelt, geht diese Regelung vor (BT-Drs. 14/5741, S. 35).

I. Betriebsverfassungsrecht

Folge eines Beschlusses nach § 4 Abs. 1 S. 2 BetrVG ist auch, dass – soweit es für die Anwendbarkeit von Bestimmungen des BetrVG auf die Zahl der im Betrieb beschäftigten Arbeitnehmer ankommt (z. B. §§ 9, 38 BetrVG – die Arbeitnehmer des Betriebsteils, in dem der Beschluss gefasst wurde, als Arbeitnehmer des Hauptbetriebs gelten, also dort mitzählen (vgl. *Hanau* NJW 2000, 2513 [2514]). Mängel eines zustimmenden oder ablehnenden Beschlusses der Mehrheit wegen Fehlens der gesetzlichen Voraussetzungen oder Mängeln im Wahlverfahren dürften nur im Zusammenhang mit einer Anfechtung der Wahl gem. § 19 BetrVG des Betriebsrats im Hauptbetrieb geltend gemacht werden können (*Hanau* NJW 2000, 2513 [2514]). Wird entgegen einem Beschluss nach § 4 Abs. 1 S. 2 BetrVG im Betriebsteil ein eigener Betriebsrat gewählt, ist dessen Wahl anfechtbar.

bb) Kleinstbetriebe, Nebenbetriebe

97 Nach § 4 S. 2 BetrVG in der bis zum 27.7.2001 geltenden Fassung wurden selbstständige Betriebe, in denen aber kein Betriebsrat gebildet werden konnte, weil die nach § 1 Abs. 1 BetrVG Arbeitnehmeranzahl nicht erreicht wurde, nur dann dem Hauptbetrieb zugeordnet, wenn es sich um sog. Nebenbetriebe handelte (vgl. 2. Auflage, I/Rz. 88 ff.). Als Nebenbetriebe wurden dabei nur solche arbeitstechnischen Einheiten angesehen, die alle Voraussetzungen eines Betriebes erfüllen, insbesondere über eine einheitliche Organisation und Leitung verfügen, die im Kern die Entscheidungen in personellen und wirtschaftlichen Angelegenheiten selbstständig treffen kann, in ihrer Aufgabenstellung aber auf reine Hilfeleistungen für den Hauptbetrieb ausgerichtet sind und den dort verfolgten Betriebszweck unterstützen (*BAG* 29.5.1991 EzA § 4 BetrVG 1972 Nr. 6; 25.9.1986 EzA § 1 BetrVG 1972 Nr. 6). Als Beispiele wurden etwa genannt die Produktion von Lebensmitteln in einem selbstständig organisierten Landgut zur Versorgung eines Krankenhauses, Hopfenplantage einer Bierbrauerei, Bauschreinerei eines Baubetriebs (MünchArbR/*Richardi* § 31 Rz. 24). Folge war, dass die Arbeitnehmer von Kleinstbetrieben auch in Unternehmen, die mehrere Betriebe unterhalten, vertretungslos blieben, es sei denn es handelte sich um sog. Nebenbetriebe. Dieses Ergebnis wurde überwiegend schon unter der bis zum 27.7.2001 geltenden Rechtslage als nicht interessengerecht erachtet und die Auffassung vertreten, dass dann wenn ein Arbeitgeber/Unternehmen in mehreren Betrieben den gleichen arbeitstechnischen Zweck verfolgt und einer dieser Betriebe betriebsratsfähig ist, die nicht betriebsratsfähigen Kleinbetriebe mit dem betriebsratsfähigen Betrieb einen Betrieb i. S. d. BetrVG bilden. Der nicht betriebsratsfähige Kleinbetrieb blieb daher nach h. M. nur dann vertretungslos, wenn er allein die arbeitstechnische Organisation eines Unternehmens bildete, es sich also um ein Kleinunternehmen handelt (MünchArbR/*Richardi* § 31 Rz. 36; *Trümner* DKK § 4 Rz. 67).

98 Durch § 4 Abs. 2 BetrVG in der ab 28.7.2001 geltenden Fassung sind nunmehr Kleinstbetriebe mit weniger als fünf Arbeitnehmern unter dem Gesichtspunkt der Einbeziehung möglichst aller Arbeitnehmer in die Interessenvertretung dem Hauptbetrieb zuzuordnen, ohne dass es darauf ankommt, ob es sich um Nebenbetriebe i. S. d. Wahrnehmung einer reinen Hilfsfunktion für die arbeitstechnischen Zwecke des Hauptbetriebs handelt.

99 Durch die Neuregelung kann sich nunmehr die Frage stellen, welcher Betrieb als Hauptbetrieb anzusehen ist, wenn ein Unternehmen neben Kleinstbetrieben über mehrere betriebsratsfähige Betriebe verfügt. Sofern der Kleinstbetrieb ein Nebenbe-

trieb i. S. d. bis zum 27.7.2001 geltenden Rechtslage ist (s. o. I/Rz. 97), ist – sofern betriebsratsfähig – Hauptbetrieb der Betrieb, für dessen arbeitstechnische Zwecke der Nebenbetrieb eine Hilfs- bzw. Unterstützungsfunktion hat. Andernfalls kann darauf abgestellt werden, ob in einem der Betriebe, die als Hauptbetrieb in Betracht kommen, neben der Wahrnehmung im Kleinstbetrieb selbst, auch dort für die Belegschaft des Kleinstbetriebs maßgebliche Entscheidungen getroffen werden, hinsichtlich derer Beteiligungsrechte des Betriebsrats bestehen. Ist auch in Anwendung dieses Kriteriums keine Zuordnung möglich, kann die Zuordnung zum räumlich nächstgelegenen betriebsratsfähigen Betrieb erfolgen (vgl. *Richardi* NZA 2001, 346 [349]; vgl. GK-BetrVG/ *Kraft* § 4 Rz. 48). Voraussetzung der Zuordnung ist grundsätzlich, dass beide Betriebe den gleichen Inhaber haben und demselben Unternehmen angehören. Gibt es überhaupt keinen betriebsratsfähigen Betrieb im Unternehmen (und greift auch keine Vereinbarung nach § 3 BetrVG), wird zum Teil (*Reichold* NZA 2001, 857 [858] m. w. N.) die Auffassung vertreten, dass dann in verfassungskonformer Auslegung der §§ 1, 4 BetrVG ein gemeinsamer Betriebsrat jedenfalls der räumlich oder arbeitstechnisch zusammenhängenden Betriebe im Unternehmen gebildet werden kann.
Die Arbeitnehmer des oder der Kleinstbetriebe werden durch den Betriebsrat des Hauptbetriebs repräsentiert und können diesen mitwählen und in diesen gewählt werden. Stellt das BetrVG auf eine bestimmte Anzahl von Arbeitnehmern im Betrieb ab, sind die Arbeitnehmer der Kleinstbetriebe und des betriebsratsfähigen Hauptbetriebs zusammenzurechnen (vgl. *BAG* 3.12.1985 EzA § 4 BetrVG 1972 Nr. 4).

d) Gemeinschaftsbetrieb mehrerer Unternehmen

aa) Begriffsbestimmung
Grds. ist ein Betrieb jeweils nur einem Unternehmen zugeordnet. Organisatorische Untergliederungen verschiedener Unternehmen sind daher grds. auch verschiedene Betriebe (MünchArbR/*Richardi* § 31 Rz. 38). Die Bildung eines gemeinschaftlichen, unternehmensübergreifenden Betriebsrats scheidet daher regelmäßig aus.
Dennoch ist weitgehend anerkannt, dass zwei oder mehrere Unternehmen einen gemeinsamen Betrieb bilden können mit der Folge, dass dieser Betrieb i. S. d. BetrVG auch mehreren rechtlich selbstständigen Unternehmen zugeordnet wird.

100

Nach der Rechtsprechung des *BAG* (8.4.1992 EzA § 20 BetrVG Nr. 15; 14.9.1988 EzA § 1 BetrVG 1972 Nr. 7; 29.1.1987 EzA § 1 BetrVG 1972 Nr. 5; 7.8.1986 EzA § 4 BetrVG 1972 Nr. 5) liegt ein Gemeinschaftsbetrieb dann vor, wenn die beteiligten Unternehmen sich zu gemeinsamer Führung des Betriebs rechtlich verbunden haben, d. h. auf Grund ausdrücklicher oder konkludenter Vereinbarungen ein einheitlicher Leitungsapparat in Bezug auf die Arbeitgeberfunktionen im personellen und sozialen Bereich existiert. Die Wahrnehmung auch der Funktionen im wirtschaftlichen Bereich durch diese institutionelle Leitung ist nicht erforderlich.

101

Das *BAG* (14.9.1988 EzA § 1 BetrVG 1972 Nr. 7) hält eine rechtliche Führungsvereinbarung deshalb für notwendig, weil ohne eine solche nicht gewährleistet sei, dass der Betriebsrat in Fragen der personellen und sozialen Mitbestimmung einen zu einheitlicher Willensbildung für beide Unternehmen fähigen Ansprechpartner hat. Möglich ist auch die Bildung eines Gemeinschaftsbetriebs zwischen einer juristischen Person des Privatrechts und einer Körperschaft des öffentlichen Rechts, etwa bei Zusammen-

102

arbeit zwischen einer Universität und einem Wirtschaftsunternehmen, wobei das BetrVG Anwendung findet, wenn sich die Betriebsführung auf der Grundlage einer privatrechtlichen Vereinbarung in Form einer BGB-Gesellschaft vollzieht (*BAG* 24.1.1996 EzA § 1 BetrVG 1972 Nr. 10).

103 Auf Grund des Erfordernisses einer rechtlichen Vereinbarung gemeinsamer Führung reicht zur Annahme eines gemeinschaftlichen Betriebes nicht aus, dass eine faktische Personenidentität in der Leitung der selbstständigen Unternehmen besteht. Ebenso wenig genügt allein eine rein unternehmerische Zusammenarbeit oder Verbundenheit in einem Konzern (GK-BetrVG/*Kraft* § 4 Rz. 23; MünchArbR/*Richardi* § 31 Rz. 39). Andererseits steht der Annahme einer konkludenten Führungsvereinbarung die formale Ausübung von Arbeitgeberbefugnissen durch den jeweiligen Vertragsarbeitgeber nicht entgegen (*BAG* 24.1.1996 EzA § 1 BetrVG 1972 Nr. 10).

bb) Vermutungsregelung nach § 1 Abs. 2 BetrVG

104 Durch das BetrVerf-ReformG vom 23.7.2001 (BGBl. I S. 1852 ff) wurde in Form des § 1 Abs. 2 BetrVG eine Vermutungsregelung aufgenommen. Sind die tatbestandlichen Voraussetzungen erfüllt, wird **widerlegbar** (BegrRegE, BT-Drs. 14/5741, S. 33) vermutet, dass ein gemeinsamer Betrieb vorliegt, also auch die erforderliche Leitungsvereinbarung der beteiligten Unternehmen besteht (GK-BetrVG/*Kraft* § 4 Rz. 29). Den beteiligten Unternehmen wird damit die Widerlegungslast aufgebürdet, um eine missbräuchliche Umgehung der Mitbestimmung zu erschweren (vgl. *Reichold* NZA 2001, 857, 858).

Gem. § 1 Abs. 2 Nr. 1 BetrVG wird das Vorliegen eines gemeinsamen Betriebs vermutet, wenn zur Verfolgung arbeitstechnischer Zwecke die Betriebsmittel sowie die Arbeitnehmer von den Unternehmen gemeinsam eingesetzt werden. Ob dieser Vermutungstatbestand wirklich den ihm zugedachten Zweck erfüllen kann, erscheint fraglich, weil dann, wenn der genannte gemeinsame Einsatz von Betriebsmitteln und Arbeitnehmern nachgewiesen werden kann, zugleich die Existenz eines gemeinsamen Betriebes erwiesen sein dürfte (vgl. *Richardi* NZA 2001, 346 [349]). Für das Vorliegen einer rechtlichen Vereinbarung einer einheitlichen Leitung können ferner folgende tatsächliche Umstände sprechen (vgl. *Trümner* DKK § 1 Rz. 74 c): Gemeinsame räumliche Unterbringung, personelle, technische und organisatorische Verknüpfung der Arbeitsabläufe, Vorhandensein gemeinsamer Betriebseinrichtungen (Lohnbuchhaltung, Sekretariat, Kantine, betriebliche Altersversorgung), Arbeitnehmeraustausch, Personenidentität in den Unternehmensorganen, gemeinsame Wahrnehmung von Ausbildungsaufgaben.

Gem. § 1 Abs. 2 Nr. 2 BetrVG wird ein gemeinsamer Betrieb mehrerer Unternehmen dann widerlegbar vermutet, wenn die Spaltung eines Unternehmens zur Folge hat, dass von einem Betrieb ein oder mehrere Betriebsteile einem an der Spaltung beteiligten Unternehmen zugeordnet werden, ohne dass sich dabei die Organisation des betroffenen Betriebes wesentlich ändert. Eine nur unwesentliche Änderung liegt vor, wenn auch nach der Unternehmensaufspaltung der oder die bisherigen arbeitstechnische(n) Zweck(e) in dem Betrieb verfolgt und das hierfür schon bisher bestimmte sachliche, immaterielle und personelle Substrat und die einheitliche Leitung in Bezug auf den Kern der betriebsverfassungsrechtlich relevanten Arbeitgeberfunktionen beibehalten werden (GK-BetrVG/*Kraft* § 4 Rz. 30). Unerheblich ist, ob die Spaltung nach dem UmwG erfolgte oder nach anderen Normen (GK-BetrVG/*Kraft* § 4 Rz. 30).

I. Betriebsverfassungsrecht

cc) Praktische Bedeutung

Die Frage, ob ein gemeinschaftlicher Betrieb vorliegt, ist insbesondere von Bedeutung, wenn es zu unternehmensrechtlichen Umstrukturierungen kommt. Bilden etwa bei Ausgründungen, d. h. der Aufspaltung eines einheitlichen Unternehmens in mehrere juristisch selbstständige Unternehmen, die bisher einheitlich unternehmenszugehörigen betrieblichen Einheiten einen gemeinschaftlichen Betrieb der nunmehr entstandenen mehreren Unternehmen, bleibt die bisherige betriebsverfassungsrechtliche Organisationsstruktur erhalten (vgl. *Trümner* DKK § 1 Rz. 81 ff.; GK-BetrVG/*Kraft* § 4 Rz. 27).

105

Soweit das BetrVG für das Bestehen von Rechten des Betriebsrats auf eine bestimmte Mindestanzahl von Arbeitnehmern im Betrieb abstellt (z. B. § 95 Abs. 2 BetrVG), kommt es auf die Zahl der im Gemeinschaftsbetrieb beschäftigten Arbeitnehmer an.

106

Ein Wirtschaftsausschuss muss deshalb auch dann gebildet werden, wenn ein Unternehmen allein zwar i. d. R. nicht mehr als 100 Arbeitnehmer ständig beschäftigt, aber mit einem anderen Unternehmen einen gemeinschaftlichen Betrieb unterhält und in diesem gemeinschaftlichen Betrieb mehr als 100 Arbeitnehmer beschäftigt werden, und zwar auch dann, wenn auch das andere Unternehmen für sich betrachtet weniger als die in § 106 Abs. 1 BetrVG geforderte Anzahl von Arbeitnehmern beschäftigt (BAG 1.8.1990 EzA § 106 BetrVG 1972 Nr. 16).

107

e) Möglichkeit abweichender Regelungen, § 3 BetrVG

aa) Einleitung

Die durch den Betriebsbegriff und die Sonderregelungen für Betriebsteile und Kleinstbetriebe vorgegebene betriebsverfassungsrechtliche Organisationsstruktur ist grds. zwingend und einer anderweitigen Regelung durch Tarifvertrag, Betriebsvereinbarung oder Mehrheitsbeschluss der Arbeitnehmer nur dann zugänglich, wenn dies das BetrVG selbst ausdrücklich zulässt. Durch § 3 BetrVG i. d. F. des BetrVerf-ReformG vom 23.7.2001 (BGBl. I S. 1852 ff.) wurden die Möglichkeiten abweichender Regelungen erheblich erweitert, um durch flexible Vereinbarungslösungen den Verhältnissen des jeweiligen Betriebs, Unternehmens oder Konzerns Rechnung tragen zu können (BegrRegE, BT-Drs. 14/5741, S. 33).

108

Die Möglichkeit abweichender Vereinbarungen wird in erster Linie den Tarifvertragsparteien (§ 3 Abs. 1 Nr. 1–5 BetrVG), in eingeschränktem Umfang auch den Betriebspartnern durch Betriebsvereinbarung (§ 3 Abs. 1 Nr. 1, 2, 4, 5 BetrVG) und in einem Fall (§ 3 Abs. 1 Nr. 1 a BetrVG) den Arbeitnehmern eingeräumt. Einer behördlichen Genehmigung oder Zustimmung bedürfen derartige abweichende Regelung im Gegensatz zur früheren Rechtslage nicht mehr.

I. Betriebsverfassungsrecht

bb) Die zulässigen Regelungen

(1) Unternehmenseinheitlicher Betriebsrat, Zusammenfassung von Betrieben, § 3 Abs. 1 Nr. 1 a, b BetrVG

109 Durch § 3 Abs. 1 Nr. 1 a BetrVG wird die Bildung eines für das gesamte Unternehmen zuständigen Betriebsrats ermöglicht. Gehören einem Unternehmen mehrere Betriebe an, kann an Stelle von mehreren Betriebsräten und einem Gesamtbetriebsrat dann ein unternehmenseinheitlicher Betriebsrat gewählt werden (BegrRegE, BT-Drs. 14/5741, S. 33 f.). Gem. § 3 Abs. 1 Nr. 1 b BetrVG ist die Zusammenfassung mehrerer Betriebe eines Unternehmens möglich, z. B. zu Regionalbetriebsräten bei Filialbetrieben (BegrRegE, BT-Drs. 14/5741, S. 34).

Bei Bildung eines unternehmenseinheitlichen Betriebsrats ist dieser von allen Wahlberechtigten des Unternehmens zu wählen und für alle im Unternehmen beschäftigten Arbeitnehmer i. S. d. BetrVG zuständig, unabhängig davon, ob diese in betriebsratsfähigen Betrieben beschäftigt werden. Bei der Zusammenfassung von mehreren Betrieben wird dieser von den Wahlberechtigten der zusammengefassten Betriebe gewählt und ist für alle Arbeitnehmer zuständig, die in einem der in die Zusammenfassung einbezogenen Betrieb beschäftigt sind (GK-BetrVG/*Kraft* § 3 Rz. 9).

(2) Spartenbetriebsräte, § 3 Abs. 1 Nr. 2 BetrVG

110 Soweit ein Unternehmen oder ein Konzern nach Sparten, d. h. nach produkt- oder projektbezogenen Geschäftsbereichen organisiert ist, können durch eine Vereinbarung nach § 3 Abs. 1 Nr. 2 BetrVG sog. Spartenbetriebsräte gebildet werden, wenn die Spartenleitung auch Entscheidungen in beteiligungspflichtigen Angelegenheit trifft und dies der sachgerechten Wahrnehmung der Aufgaben des Betriebsrats dient. Die Gesetzesbegründung (BT-Drs. 14/5741, S. 34) nennt beispielhaft je nach Ausgestaltung der Spartenorganisation die Bildung ein oder mehrerer Betriebsräte je Sparte, mehrere Spartenbetriebsräte für ein als Betrieb anzusehendes Werk, die Bildung unternehmensübergreifender Spartenbetriebsräte und Spartengesamtbetriebsräte. Unklar ist, ob die vereinbarten Vertretungen an Stelle der bisher bestehenden Betriebsräte treten oder zusätzlich zu ihnen gebildet werden (so *Däubler* AuR 2001, 285 [288]). Nach *Kraft* (GK-BetrVG/*Kraft* § 3 Rz. 11) ist zu differenzieren: Werden vorhandene Betriebe von der Sparte komplett umfasst, tritt der Spartenbetriebsrat an die Stelle des vorhandenen Betriebsrats. Wird nur ein Teil eines Betriebs in die Sparte einbezogen und ist der von der Sparte nicht erfasste Teil eines Betriebes betriebsratsfähig, bleibt der bestehende vorhandene Betriebsrat bestehen, ist allerdings nicht mehr für den von der Sparte erfassten Teil des Betriebs zuständig.

(3) Andere Arbeitnehmervertretungsstrukturen, § 3 Abs. 1 Nr. 3 BetrVG

111 In Form einer Generalklausel ermöglicht § 3 Abs. 1 Nr. 3 BetrVG durch Tarifvertrag die Einführung anderer Arbeitnehmervertretungsstrukturen, soweit dies insbesondere auf Grund der Betriebs-, Unternehmens- oder Konzernorganisation oder auf Grund anderer Formen der Zusammenarbeit von Unternehmen einer wirksamen und oder zweckmäßigen Interessenvertretung der Arbeitnehmer dient. Die Regelung soll es den Tarifvertragsparteien ermöglichen, unabhängig vom Gesetzgeber auch auf zukünftige neue Entwicklungen von Unternehmensstrukturen angemessen reagieren zu können (BegrRegE, BT-Drs. 14/5741, S. 34). Beispielhaft werden genannt (vgl. BegrRegE, BT-Drs. 14/5741, S. 34): Bildung einer nur ein- oder zweistufigen Interessenvertretung in einem kleinen mittelständischen Konzern; Errichtung eines Kon-

I. Betriebsverfassungsrecht

zernbetriebsrats in einem Gleichordnungskonzern; Einrichtung von Arbeitnehmervertretungsstrukturen entlang der Produktionskette.

(4) Arbeitsgemeinschaften, § 3 Abs. 1 Nr. 4 BetrVG
§ 3 Abs. 1 Nr. 4 BetrVG ermöglicht durch Kollektivvertrag die Bildung zusätzlicher 112
betriebsverfassungsrechtlicher Gremien, die der unternehmensübergreifenden Zusammenarbeit von Arbeitnehmervertretungen dienen (Arbeitsgemeinschaften). Es handelt sich um keine Mitbestimmungsorgane, sondern um Gremien zur Förderung der Zusammenarbeit zwischen Betriebsräten verschiedener Unternehmen durch Erfahrungsaustausch. Die Gesetzesbegründung (BT-Drs. 14/5741, S. 34) nennt als Anwendungsbereiche beispielhaft die Zusammenarbeit von Unternehmen in Form von just in time, fraktaler Fabrik oder shop in shop sowie die Zusammenarbeit von Betriebsräten von Unternehmen oder Konzernen einer bestimmten Region oder eines bestimmten Produktions- oder Dienstleistungsbereichs.

(5) Zusätzliche betriebsverfassungsrechtliche Vertretungen, § 3 Abs. 1 Nr. 5 BetrVG
Gem. § 3 Abs. 1 Nr. 5 BetrVG können zusätzliche betriebsverfassungsrechtliche Ver- 113
tretungen zur Erleichterung der Zusammenarbeit zwischen Betriebsrat und Arbeitnehmern errichtet werden. In Betracht kommen derartige Vertretungen insbesondere dort, wo der Kontakt zwischen Betriebsrat und den Arbeitnehmern nicht oder nicht in ausreichendem Umfang besteht, wie z. B. bei einem unternehmenseinheitlichen Betriebsrat eines bundesweit tätigen Unternehmens oder im Falle eines Regionalbetriebsrats, in denen Betriebe oder Betriebsteile nicht durch ein Betriebsratsmitglied vertreten sind (BegrRegE, BT-Drs. 14/5741, S. 34). Ferner kommen zusätzliche Vertretungen für bestimmte Arbeitnehmergruppen in Betracht, wie z. B. in Teilzeit Beschäftigte u. ä. (GK-BetrVG/*Kraft* § 3 Rz. 16). Da der Zweck derartiger Vertretungen in der Erleichterung der Zusammenarbeit zwischen Belegschaft und Betriebsrat besteht, setzt deren Errichtung die Existenz eines Betriebsrats in dem betroffenen Betrieb bzw. in der betroffenen betriebsverfassungsrechtlichen Organisationseinheit voraus (GK-BetrVG/*Kraft* § 3 Rz. 17).

cc) Form der abweichenden Regelung
Eine abweichende Regelung kann hauptsächlich durch Tarifvertrag, in eingeschränk- 114
tem Umfang durch Betriebsvereinbarung und in einem Fall durch Beschluss der Belegschaft getroffen werden.

(1) Tarifvertrag
Sämtliche Regelungen i. S. d. § 3 Abs. 1 BetrVG können durch Tarifvertrag, insbeson- 115
dere auch durch Firmentarifvertrag geschlossen werden. Ob der Abschluss eines solchen Tarifvertrags zulässiges Ziel von Arbeitskampfmaßnahmen sein kann, ist streitig (vgl. GK-BetrVG/*Kraft* § 3 Rz. 23 m. w. N; ablehnend etwa auch *Reichold* NZA 2001 857 [859]). Die tarifliche Regelung kann nur durch einen Tarifvertrag getroffen werden, in dessen Geltungsbereich die betroffenen Betriebe, Unternehmen oder Konzerne fallen und nur, wenn der betroffene Arbeitgeber tarifgebunden ist. Sind diese Voraussetzungen erfüllt, gilt die tarifliche Regelung nach §§ 3 Abs. 2, 4 Abs. 1 S. 2 TVG ohne Rücksicht auf eine Tarifbindung der Arbeitnehmer. Fälle der Tarifkonkurrenz sind nach den auch sonst geltenden Grundsätzen (s. o. H/Rz. 223 ff.) zu lösen (GK-BetrVG/*Kraft* § 3 Rz. 25).

I. Betriebsverfassungsrecht

(2) Betriebsvereinbarung

116 Eine Regelung durch Betriebsvereinbarung kommt gem. § 3 Abs. 2 BetrVG nur in den Fällen des § 3 Abs. 1 Nr. 1, 2, 4 und 5 BetrVG in Betracht und dies auch nur soweit keine tarifliche Regelung besteht und auch kein sonstiger Tarifvertrag gilt. Eine Regelungsbefugnis durch Betriebsvereinbarung scheidet damit schon dann aus, wenn auch nur ein Tarifvertrag, etwa über Entgelt oder sonstige Arbeitsbedingungen gilt (BegrRegE, BT-Drs. 14/5741 S. 34), ohne dass es auf die Zahl der von dem Tarifvertrag erfassten Arbeitnehmer ankäme (vgl. GK-BetrVG/*Kraft* § 3 Rz. 32). Problematisch ist, welche betriebsverfassungsrechtliche Vertretung (Betriebsräte, Gesamt- oder Konzernbetriebsrat) zum Abschluss einer derartigen Betriebsvereinbarung zuständig ist, wenn die Vereinbarung mehrere Betriebe erfassen soll. Eine originäre Zuständigkeit des Gesamtbetriebsrats nach § 50 Abs. 1 BetrVG bzw. des Konzernbetriebsrats nach § 58 Abs. 1 BetrVG dürfte ausscheiden, da der Abschluss einer Betriebsvereinbarung i. S. d. § 3 Abs. 2 BetrVG dazu führen kann, dass ein Betrieb bei den nächsten Betriebsratswahlen seine eigenständige Betriebsvertretung verliert (vgl. *Richardi* NZA 2001, 346 [350]).

(3) Belegschaftsbeschluss

117 Im Falle des § 3 Abs. 1 Nr. 1a BetrVG können die Arbeitnehmer mit Stimmenmehrheit die Wahl eines unternehmenseinheitlichen Betriebsrats beschließen, wenn in einem Unternehmen mit mehreren Betrieben kein Tarifvertrag über die Bildung eines unternehmenseinheitlichen Betriebsrats und auch kein Betriebsrat besteht, § 3 Abs. 3 BetrVG.

dd) Geltungsbeginn einer abweichenden Regelung

118 Den Zeitpunkt, zu dem Regelungen nach § 3 Abs. 1 Nr. 1–3 BetrVG erstmals anzuwenden sind, bestimmt sich nach der entsprechenden Regelung im Tarifvertrag bzw. in der Betriebsvereinbarung, ansonsten nach § 3 Abs. 4 BetrVG. Fehlt eine ausdrückliche Vereinbarung über die erstmalige Anwendung, so findet die Vereinbarungslösung erstmals bei der nächsten regelmäßigen Betriebsratswahl Anwendung. Besteht kein Betriebsrat oder ist aus anderen Gründen eine Neuwahl erforderlich, so gilt die kollektivvertragliche Regelung bereits bei dieser Wahl. Wird ein unternehmenseinheitlicher Betriebsrat durch Beschluss der Arbeitnehmer nach § 3 Abs. 3 geschaffen, so gilt diese Regelung, sobald das Beschlussergebnis feststeht. Der Beginn der Geltung einer Vereinbarung i. S. d. § 3 Abs. 1 Nr. 5 BetrVG richtet sich nach der kollektiven Vereinbarung. Fehlt diese beginnt die Geltung mit der Geltung der Vereinbarung (GK-BetrVG/*Kraft* § 3 Rz. 35, 30).

ee) Rechtsfolgen einer abweichenden Vereinbarung

119 Gem. § 3 Abs. 5 BetrVG gelten die auf Grund eines Tarifvertrages oder einer Betriebsvereinbarung nach § 3 Abs. 1 Nr. 1–3 BetrVG gebildeten Organisationseinheiten als Betriebe i. S. d. BetrVG. Die Verhältnisse in diesen Organisationseinheiten sind deshalb z. B. maßgeblich für die Zahl der Betriebsratsmitglieder (§ 9 BetrVG), die Größe der Ausschüsse (§§ 27, 28 BetrVG) und die Zahl der Freistellungen (§ 38 BetrVG). Die in den Organisationseinheiten gebildeten Betriebsräte treten an die Stelle der in diesen Einheiten vorhandenen oder wählbaren Betriebsräte. Gem. § 3 Abs. 5 S. 2 BetrVG finden deshalb auf die in diesen Organisationseinheiten gebildeten Arbeitnehmervertretungen die Vorschriften über die Rechte und Pflichten des Betriebsrats und die Rechtsstellung seiner Mitglieder Anwendung.

I. Betriebsverfassungsrecht

Für die Mitglieder einer nach § 3 Abs. 1 Nr. 5 BetrVG geschaffenen zusätzlichen betriebsverfassungsrechtlichen Vertretung gilt die umfassende Einbeziehung der Vorschriften über die Rechte und Pflichten des Betriebsrats und die Rechtsstellung seiner Mitglieder gem. § 3 Abs. 5 BetrVG nicht. Insbesondere können durch derartige zusätzliche Vertretungen, die nur einer Verbesserung des Informationsflusses zwischen Belegschaft und Betriebsrat dienen, keine Beteiligungsrechte ausgeübt werden. Sie haben ein Teilnahmerecht an Betriebsratssitzungen nur bei einer entsprechenden Einladung des Betriebsrats, allerdings ohne Stimmrecht (vgl. GK-BetrVG/*Kraft* § 3 Rz. 20). Die speziellen Schutzvorschriften für Betriebsratsmitglieder gelten für sie nicht. Kraft ausdrücklicher Einbeziehung gelten aber das Benachteiligungs-, Bevorzugungs- und Behinderungsverbot des § 78 BetrVG sowie nach § 79 Abs. 2 BetrVG die Geheimhaltungspflicht. Soweit Mitglieder der zusätzlichen Vertretung notwendige Tätigkeiten im Rahmen ihrer Aufgaben ausüben, dürfen sie in Anwendung von § 78 BetrVG keine Minderung ihres Arbeitsentgelts erleiden. Die Kosten für die Tätigkeit der zusätzlichen Vertretung trägt analog § 40 BetrVG der Arbeitgeber (GK-BetrVG/*Kraft* § 3 Rz. 22).

ff) Streitigkeiten

Streitigkeiten über die Zulässigkeit von kollektivvertraglichen Regelungen oder einer Regelung nach § 3 Abs. 3 BetrVG entscheiden die Arbeitsgerichte im Beschlussverfahren. Unzulässig ist aber ein Antrag mit dem Ziel festzustellen, ob die Voraussetzungen des § 3 BetrVG gegeben sind, ehe ein entsprechender Tarifvertrag oder eine Betriebsvereinbarung oder eine Abstimmung nach § 3 Abs. 3 BetrVG stattgefunden hat (GK-BetrVG/*Kraft* § 3 Rz. 39, 40).

f) Gerichtliche Entscheidung über Zuordnungsfragen, § 18 Abs. 2 BetrVG; Folgen fehlerhafter Zuordnung

aa) Gerichtliches Zuordnungsverfahren, § 18 Abs. 2 BetrVG

Ist zweifelhaft, ob eine betriebsratsfähige Organisationseinheit vorliegt, kann diese Frage auf Antrag des Arbeitgebers, jedes beteiligten Betriebsrats, jedes beteiligten Wahlvorstandes oder einer im Betrieb vertretenen Gewerkschaft gem. § 18 Abs. 2 BetrVG in einem arbeitsgerichtlichen Beschlussverfahren geklärt werden. Streitig ist, ob neben diesen Antragsberechtigten ein entsprechender Antrag auch von drei Wahlberechtigten aus dem betreffenden Haupt-, Nebenbetrieb oder Betriebsteil gestellt werden kann (abl. *Schneider* DKK § 18 Rz. 20; *FKHE* § 18 Rz. 29 a; bejahend: GK-BetrVG/*Kreutz* § 18 Rz. 58, der eine analoge Anwendung des § 19 Abs. 2 S. 1 BetrVG vor Durchführung der Wahl befürwortet, da so einer nachfolgenden Anfechtbarkeit vorgebeugt werden könne). Für das Antragsrecht der Gewerkschaften genügt es, dass diese im Hauptbetrieb, Betriebsteil oder Nebenbetrieb vertreten ist, um dessen Zuordnung es geht (GK-BetrVG/*Kreutz* § 18 Rz. 57).

Eine selbstständige Entscheidung des Arbeitsgerichts im Beschlussverfahren nach § 18 Abs. 2 BetrVG kann jederzeit und nicht nur vor einer Betriebsratswahl beantragt werden, sofern ein Rechtsschutzinteresse daran besteht (BegrRegE zum BetrVerf-ReformG vom 23.7.2001, BT-Drs. 14/5741, 38; zur früheren Rechtslage ebenso bereits *BAG* 9.4.1991 EzA § 18 BetrVG 1972 Nr. 7; 29.1.1987 EzA § 1 BetrVG 1972 Nr. 5; 25.11.1980 EzA § 18 BetrVG 1972 Nr. 4).

I. Betriebsverfassungsrecht

123 Ein Rechtsschutzinteresse besteht außerhalb einer bevorstehenden Betriebsratswahl dann, wenn der Zuordnungsstreit für zukünftige Wahlen oder die Abgrenzung der Zuständigkeitsbereiche gewählter Betriebsräte Bedeutung behält, auch wenn die Wahl nicht angefochten ist, weil der betriebsverfassungsrechtliche Umfang des Betriebes auch für den Umfang der Mitwirkungs- und Mitbestimmungsrechte des Betriebsrates von Bedeutung sein kann (*BAG* 25.11.1980 EzA § 18 BetrVG 1972 Nr. 4; 24.2.1976 EzA § 4 BetrVG 1972 Nr. 1).

124 Auch das in § 18 Abs. 2 BetrVG vorgesehene Antragsrecht der Gewerkschaften besteht unabhängig von einer bevorstehenden Betriebsratswahl (so *BAG* 25.4.1980 EzA § 18 BetrVG 1972 Nr. 4; 24.2.1976 EzA § 4 BetrVG 1972 Nr. 1; GK-BetrVG/ *Kreutz* § 18 Rz. 57).

125 Im Verfahren nach § 18 Abs. 2 BetrVG kann insbesondere geklärt werden, (vgl. Begr-RegE, BT-Drs. 14/5741, S. 38), ob ein gemeinsamer Betrieb nach § 1 Abs. 2 BetrVG, ein selbstständiger Betrieb i. S. d. § 4 Abs. 1 S. 1 BetrVG oder eine betriebsratsfähige Organisationseinheit i. S. d. § 3 Abs. 1 Nr. 1–3 BetrVG vorliegt. Durch die jetzige Fassung des § 18 Abs. 2 BetrVG (»betriebsratsfähige Organisationseinheit«) wird insoweit die schon zur früheren Fassung des § 18 Abs. 2 BetrVG ergangene Rechtsprechung des BAG festgeschrieben, nach der im Verfahren nach § 18 BetrVG alle Zweifelsfragen betrieblicher Abgrenzung geklärt werden konnten, so z. B.

– ob zwei selbstständige Betriebe vorliegen (*BAG* 17.1.1978 EzA § 1 BetrVG 1972 Nr. 1),
– ob durch die Zusammenlegung zweier Betriebe ein einheitlicher Betrieb entstanden ist (*BAG* 25.9.1986 EzA § 1 BetrVG 1972 Nr. 6),
– ob mehrere Unternehmen einen gemeinschaftlichen Betrieb bilden (*BAG* 9.4.1991 EzA § 18 BetrVG 1972 Nr. 7; 7.8.1986 EzA § 4 BetrVG 1972 Nr. 5),
– ob Hauptverwaltung und Produktionsstätte trotz räumlicher Einheit selbstständige Betriebe sind (*BAG* 23.9.1982 EzA § 1 BetrVG 1972 Nr. 3),
– ob selbstständige Kleinstbetriebe in einem Unternehmen, die keine Nebenbetriebe sind, selbst keinen Betriebsrat bilden können, aber den gleichen arbeitstechnischen Zweck wie ein anderer betriebsratsfähiger Betrieb des Arbeitgebers verfolgen, mit diesem einen Betrieb i. S. d. BetrVG bilden (*BAG* 3.12.1984 EzA § 4 BetrVG 1972 Nr. 4).

126 Die Entscheidung ist für alle am Verfahren Beteiligten und nur solange verbindlich, wie sich die rechtlichen und tatsächlichen strukturellen Voraussetzungen, die ihnen zu Grunde liegen, nicht ändern (*BAG* 29.1.1987 AP Nr. 6 zu § 1 BetrVG).

Die rechtskräftige Feststellung wirkt auch im Verhältnis zwischen dem/den beteiligten Unternehmen und seinen/ihren Arbeitnehmern (*BAG* 9.4.1991 EzA § 18 BetrVG 1972 Nr. 7; GK-BetrVG/*Kreutz* § 18 Rz. 63).

bb) Folgen fehlerhafter Zuordnung

127 Ist bei einer Wahl eine falsche Zuordnung zu Grunde gelegt worden, weil der Betriebsbegriff verkannt wurde, ist die Betriebsratswahl grds. nur anfechtbar, § 19 BetrVG, nicht aber nichtig.

I. Betriebsverfassungsrecht

Eine Betriebsratswahl kann gem. § 19 BetrVG anfechtbar sein, wenn infolge unrichtiger Betriebsabgrenzung Vorschriften über das Wahlrecht und die Wählbarkeit verletzt worden sind und dadurch das Wahlergebnis beeinflusst worden sein könnte (*BAG* 13.9.1984 EzA § 19 BetrVG 1972 Nr. 20; 7.12.1988 EzA § 19 BetrVG 1972 Nr. 25).

Ein nach Ablauf der zweiwöchigen Anfechtungsfrist unter Verkennung des Betriebsbegriffs ins Amt berufener Betriebsrat bleibt daher grds. für die Dauer seiner Amtszeit im Amt (*Trümner* DKK § 4 Rz. 71). Das Ergebnis einer gerichtlichen Zuordnungsentscheidung nach Durchführung der Wahl ist damit erst für die nächste Wahl maßgebend (vgl. *Schneider* DKK § 18 Rz. 22). **128**

Fraglich ist, welche Folgen eine fehlerhafte Zuordnung, die erst nach der Durchführung der Wahl gerichtlich festgestellt wird, für die Zuständigkeiten bestehender Betriebsräte hat: **129**
- Ist ein Betriebsteil oder Nebenbetrieb zu Unrecht einem Hauptbetrieb zugeordnet worden, ist streitig, ob der im vermeintlichen Hauptbetrieb gebildete Betriebsrat nach wie vor auch für die unrichtigerweise als Nebenbetrieb oder Betriebsteil qualifizierten selbstständigen Betriebe zuständig bleibt oder der Betrieb betriebsratslos wird und einen eigenen Betriebsrat wählen kann (für Beibehaltung der Zuständigkeit: GK-BetrVG/*Kreutz* § 18 Rz. 62; *Schneider* DKK § 18 Rz. 22; *FKHE* § 18 Rz. 30; dagegen: *Schlochauer* HSG § 18 Rz. 20).
- Wird festgestellt, dass ein bisher als selbstständig behandelter Betriebsteil oder Nebenbetrieb dem Hauptbetrieb zuzuordnen ist, so bleibt der im Betriebsteil oder Nebenbetrieb gewählte Betriebsrat bis zum Ablauf der Amtszeit im Amt (*Schneider* DKK § 18 Rz. 22; *FKHE* § 18 Rz. 30; GK-BetrVG/*Kreutz* § 18 Rz. 62; **a. A.** *Richardi* § 18 Rz. 31).
- Ist unter fehlerhafter Nichteinbeziehung der Arbeitnehmer von Nebenbetrieben, Betriebsteilen oder Kleinstbetrieben in einem Hauptbetrieb ein Betriebsrat gewählt worden, so ist dieser Betriebsrat auch für die nicht selbstständigen Betriebsteile und Betriebe zuständig (*BAG* 3.12.1985 EzA § 4 BetrVG Nr. 4; GK-BetrVG/*Kreutz* § 18 Rz. 62).
- Ist zu Unrecht ein gemeinsamer Betriebsrat für 2 oder mehr selbstständige Betriebe gewählt worden, bleibt dieser grds. für die in Wahrheit selbstständigen Betriebe zuständig. Etwas anderes gilt, wenn Teile eines bisher einheitlichen Betriebs im Wege einer Betriebs- oder Unternehmensaufspaltung auf ein anderes Unternehmen übertragen werden und die beteiligten Unternehmen keinen gemeinschaftlichen Betrieb bilden. In diesem Fall endet mit Rechtskraft der Entscheidung, dass kein gemeinschaftlicher Betrieb vorliegt, die Zuständigkeit des gewählten Betriebsrats für die abgespaltenen Teile. Die abgespaltenen Teile sind betriebsratslos. Für sie kann jederzeit nach § 13 Abs. 2 Nr. 6 BetrVG ein eigener Betriebsrat gewählt werden (GK-BetrVG/*Kreutz* § 18 Rz. 62 unter Hinweis auf *ArbG Bochum* 14.10.1986 BB 1987, 968).

I. Betriebsverfassungsrecht

g) Sonstige Voraussetzungen der Betriebsratsfähigkeit von Betrieben

aa) Mindestanzahl wahlberechtigter Arbeitnehmer

130   Gem. § 1 BetrVG ist Voraussetzung für eine Betriebsratswahl, dass es sich um einen Betrieb mit i. d. R. mindestens fünf ständigen wahlberechtigten Arbeitnehmern handelt, von denen drei wählbar sind.

(1) Arbeitnehmer

131   Es gilt der allgemeine betriebsverfassungsrechtliche Arbeitnehmerbegriff (s. o. I/Rz. 5 ff.). Auf den Umfang der Arbeitsleistung kommt es nicht an. Arbeitnehmer sind daher auch Teilzeitbeschäftigte (vgl. *BAG* 29.1.1992 EzA § 7 BetrVG Nr. 1).

(2) I. d. R. ständig beschäftigte Arbeitnehmer

132   Ein Arbeitnehmer ist dann ständig beschäftigt, wenn er nicht nur für eine von vornherein begrenzte Zeit eingestellt ist. Diese Voraussetzungen erfüllen unzweifelhaft Arbeitnehmer mit einem unbefristeten Arbeitsvertrag. Bei einer befristeten Einstellung kann der betreffende Arbeitnehmer dann ständig beschäftigt i. S. d. § 1 BetrVG sein, wenn es sich um einen Vertrag mit erheblicher Dauer handelt und solche Beschäftigungen im Betrieb üblich sind.

133   Arbeitnehmer, die in einem Probearbeitsverhältnis stehen, gehören zu den ständig Beschäftigten, wenn mit der Probezeit nur die erste Zeit eines unbefristeten oder eines langfristigen Arbeitsverhältnisses beabsichtigt ist. Nicht ständig beschäftigt sind Aushilfen (*Hess* HSG § 1 Rz. 27) und Saisonarbeiter, es sei denn, die Saison dauert das ganze Jahr oder den überwiegenden Teil des Jahres und die Arbeitnehmer sind für diese gesamte Zeit eingestellt. Bei reinen Kampagnebetrieben, d. h. solchen Betrieben, die nur während der Kampagne arbeiten und nur während dieser den Betriebszweck verfolgen, sind die Arbeitnehmer ständig beschäftigt, die für die Zeit der Kampagne eingestellt sind (GK-BetrVG/*Kraft* § 1 Rz. 67.).

134   Unechte oder echte Leiharbeitnehmer (s. u. I/Rz. 148 f.) sind bei der Feststellung der Betriebsratsfähigkeit des Entleiherbetriebs nicht mitzurechnen (*BAG* 19.1.1989 EzA § 9 BetrVG Nr. 4; 18.1.1989 EzA § 14 AÜG Nr. 1; GK-BetrVG/*Kraft* § 1 Rz. 64; a. A. *FKHE* § 5 Rz. 72 im Falle längerfristiger Eingliederung. Auch nach Einfügung des § 7 S. 2 BetrVG durch das BetrVerf-ReformG vom 23.7.2001 (BGBl. I S. 1852 ff.) wird überwiegend an der Ansicht festgehalten, dass unabhängig von der im Einzelfall gegebenen Wahlberechtigung von Leiharbeitnehmern diese bei der Ermittlung der Zahl der ständig im Betrieb beschäftigten Arbeitnehmer i. S. d. § 1 BetrVG nicht mitzählen (»Wählen, ohne zu zählen«, vgl. *Hanau* RdA 2001, 65, 68; *Löwisch* BB 2001, 1734, 1737; *Richardi* NZA 2001, 346, 350; zweifelnd *Reichold* NZA 2001, 857, 861, siehe unten I/Rz. 157 ff.). Die ständig beschäftigten Arbeitnehmer in Nebenbetrieben i. S. d. § 4 S. 2 BetrVG und die Arbeitnehmer in Kleinstbetrieben, die einem betriebsratsfähigen Betrieb zugerechnet werden können (s. o. I/Rz. 97 ff.), werden berücksichtigt.

135   Durch Verwendung des Begriffs »i. d. R.« soll sichergestellt werden, dass nicht auf die zufällige Zahl von Arbeitnehmern am Stichtag abgestellt wird. Auszugehen ist von den im Normalzustand im Betrieb vorhandenen Arbeitnehmern. Vorübergehende Zeiten außergewöhnlichen Arbeitsanfalls sind genauso außer Betracht zu

I. Betriebsverfassungsrecht

lassen wie Zeiten vorübergehenden Arbeitsrückganges (*BAG* 22.2.1983 AP Nr. 7 zu § 113 BetrVG 1972; GK-BetrVG/*Kraft* § 1 Rz. 66).

bb) Wahlberechtigung, § 7 BetrVG

Gem. § 7 S. 1 BetrVG sind alle Arbeitnehmer wahlberechtigt, die zum Zeitpunkt der Stimmabgabe dem Betrieb angehören und das 18. Lebensjahr vollendet haben. Gem. § 7 S. 2 BetrVG sind ferner Arbeitnehmer eines anderen Arbeitgebers wahlberechtigt, wenn sie länger als drei Monate im Betrieb eingesetzt werden. Die nach § 2 Abs. 3 WO erforderliche Eintragung in die Wählerliste ist hingegen nur förmliche Voraussetzung für die Ausübung des Wahlrechts, nicht aber zusätzliche materielle Voraussetzung für die Wahlberechtigung (MünchArbR/*Joost* § 304 Rz. 75). Beamte sind keine Arbeitnehmer i. S. d. BetrVG und damit selbst dann nicht wahlberechtigt, wenn sie in einem von einem privaten Rechtsträger geführten Betrieb eingegliedert sind (*BAG* 28.3.2001 EzA § 7 BetrVG 1972 Nr. 2). 136

(1) Maßgeblicher Zeitpunkt

Maßgeblicher Zeitpunkt für die Beurteilung der Wahlberechtigung ist der Zeitpunkt des Wahltags, bei mehreren Wahltagen der Zeitpunkt der Stimmabgabe (GK-BetrVG/*Kreutz* § 7 Rz. 63). 137

(2) Wahlalter

Für die Berechnung des Lebensalters gilt § 187 Abs. 2 S. 2 BGB. Der Tag der Geburt wird bei der Berechnung des Lebensalters mitgerechnet. Es genügt also, wenn der 18. Geburtstag auf den Wahltag fällt (MünchArbR/*Joost* § 304 Rz. 37). 138

(3) Betriebszugehörigkeit

Die Betriebszugehörigkeit setzt kumulativ grds. das Bestehen eines Arbeitsverhältnisses zum Betriebsinhaber und eine tatsächliche Eingliederung des Arbeitnehmers in die Betriebsorganisation voraus (*BAG* 18.11.1989 EzA § 9 BetrVG 1972 Nr. 4; 29.1.1992 EzA § 7 BetrVG 1972 Nr. 1; 25.11.1992 EzA § 9 BetrVG 1972 Nr. 5). Das Bestehen eines Arbeitsverhältnisses zum Betriebsinhaber ist jedoch im Falle des § 7 S. 2 BetrVG entbehrlich (siehe dazu unten I/Rz. 157 ff.). 139

aaa) Bestehen eines Arbeitsverhältnisses

aaaa) Vorübergehende Arbeitsbefreiung, Suspendierung der Hauptleistungspflichten

Auf das Wahlrecht ist es ohne Einfluss, wenn sich der Arbeitnehmer am Wahltag in Urlaub befindet oder infolge Krankheit die Arbeit nicht verrichten kann. Gleiches gilt für sonstige Fälle vorübergehender Arbeitsbefreiung, wie z. B. bei Bestehen gesetzlicher Beschäftigungsverbote nach §§ 3 Abs. 1, 2, 6 Abs. 1 MuSchG (GK-BetrVG/*Kreutz* § 7 Rz. 22). 140

Das Wahlrecht besteht grds. auch bei einem ruhenden Arbeitsverhältnis, insbesondere also auch während der Ableistung von Wehr- oder Zivildienst (str., so etwa *BAG* 29.3.1974 EzA § 19 BetrVG 1972 Nr. 2; **a. A.** GK-BetrVG/*Kreutz* § 7 Rz. 23), während des Erziehungsurlaubs (*BAG* 31.5.1989 EzA § 4 BetrVG 1972 Nr. 9) oder während eines rechtmäßigen Arbeitskampfes (MünchArbR/*Joost* § 304 Rz. 68). 141

I. Betriebsverfassungsrecht

bbbb) Gekündigte Arbeitsverhältnisse

142 Nach Ablauf der Kündigungsfrist ist die Wahlberechtigung anerkannt, wenn der Arbeitnehmer **Kündigungsschutzklage** erhoben hat und bis zum rechtskräftigen Abschluss des Kündigungsschutzrechtsstreits tatsächlich weiterbeschäftigt wird. Ob auch ohne tatsächliche Weiterbeschäftigung nach Ablauf der Kündigungsfrist die Wahlberechtigung erhalten bleibt, wenn der Arbeitnehmer Kündigungsschutzklage erhoben hat, ist hingegen streitig. Für das passive Wahlrecht hat das *BAG* (14.5.1997 EzA § 8 BetrVG 1972 Nr. 8) dies bejaht. Für das aktive Wahlrecht wird dies zum Teil (etwa *Schneider* DKK § 7 Rz. 13) mit der Begründung bejaht, die Ungewissheit über den Ausgang des Kündigungsschutzrechtsstreits dürfe nicht zu Lasten des Arbeitnehmers gehen. Nach wohl überwiegender Auffassung (*LAG Berlin* 2.5.1994 LAGE § 19 BetrVG 1972 Nr. 12; GK-BetrVG/*Kreutz* § 7 Rz. 29; *FKHE* § 7 Rz. 15) wird ein Fortbestand der Wahlberechtigung aber abgelehnt, da es ohne tatsächliche Weiterbeschäftigung an einer ausreichenden tatsächlichen Beziehung zum Betrieb fehle. Streitig ist, ob das Wahlrecht auch dann besteht, wenn der Arbeitnehmer nach erfolgter Kündigung zwar einen **Weiterbeschäftigungsanspruch** hat (§ 102 Abs. 5 BetrVG oder allgemeinen Weiterbeschäftigungsanspruch nach *BAG GS* 27.2.1985 EzA § 611 BGB Beschäftigungspflicht Nr. 9), diesen aber bis zur Wahl noch nicht durchgesetzt hat (dafür z. B. *Schneider* DKK § 7 Rz. 13; *Galperin/Löwisch* § 7 Rz. 19; abl. z. B. GK-BetrVG/*Kreutz* § 7 Rz. 31; MünchArbR/*Joost* § 304 Rz. 73).

cccc) Nichtigkeit, Anfechtbarkeit

143 Bei Nichtigkeit oder Anfechtbarkeit des Arbeitsvertrages bleibt die Wahlberechtigung solange bestehen, bis dieser Rechtsmangel geltend gemacht wird, sofern das Arbeitsverhältnis tatsächlich in Vollzug gesetzt wurde (GK-BetrVG/*Kreutz* § 7 Rz. 21).

bbb) Eingliederung in die Betriebsorganisation

144 Die Eingliederung in die Betriebsorganisation ist in folgenden Fällen problematisch:

aaaa) Entsendung ins Ausland

145 *Vgl. dazu ausführlich GK-BetrVG/Kreutz § 7 Rz. 33; Trümner DKK § 5 Rz. 50 ff.* Fraglich ist, ob die Betriebszugehörigkeit eines Arbeitnehmers zu einem inländischen Betrieb noch besteht, wenn der Arbeitnehmer vorübergehend oder dauerhaft ins Ausland entsandt wird. Das *BAG* (7.12.1989 EzA § 102 BetrVG 1972 Nr. 74; 30.4.1987 EzA § 12 SchwbG Nr. 15) stellt darauf ab, ob sich die Auslandstätigkeit als Ausstrahlung des Inlandsbetriebs darstellt. Eine solche Ausstrahlung soll i. d. R. bei einer nur vorübergehenden Entsendung vorliegen, bei Entsendung auf Dauer oder bei Einstellung nur für eine bestimmte Tätigkeit im Ausland ohne Tätigkeit im inländischen Betrieb hingegen fehlen. Eine wesentliche Rolle soll auch die Frage der Integration in einen ausländischen Betrieb spielen (*BAG* 7.12.1989 EzA § 102 BetrVG 1972 Nr. 74). Auch bei einer dauerhaften Entsendung ins Ausland kann aber bei fehlender Integration in einen ausländischen Betrieb eine Zugehörigkeit zum Inlandsbetrieb gegeben sein. Für eine solche Zuordnung kann sprechen, dass der Arbeitnehmer vor dem Auslandseinsatz zunächst im inländischen Betrieb eingegliedert war und sich der Arbeitgeber arbeitsvertraglich vorbehalten hat, den Arbeitnehmer auch im Inland zu beschäftigen (*BAG* 7.12.1989 EzA § 102 BetrVG 1972 Nr. 74).

I. Betriebsverfassungsrecht

bbbb) Außendienstmitarbeiter
Nur teilweise im Außendienst tätige Arbeitnehmer sind dem Betrieb zugehörig, in 146
dem sie ihre Arbeitsleistung erbringen, wenn sie nicht im Außendienst tätig sind
(MünchArbR/*Joost* § 304 Rz. 55). Fraglich ist die Betriebszugehörigkeit von ausschließlich im Außendienst tätigen Arbeitnehmern (Monteuren, Kraftfahrern, reisenden Vertretern, Auslieferungsfahrern, fliegendem Personal, Kundendienstberatern, Pharmaberatern, Service- und Wartungspersonal, Zeitungsausträgern. Zu letzteren vgl. *BAG* 29.1.1982 EzA § 7 BetrVG 1972 Nr. 1, das die Betriebszugehörigkeit bejaht. In der jüngeren Literatur wird zum einen (MünchArbR/*Joost* § 304 Rz. 56) darauf abgestellt, ob der Arbeitnehmer einen Beitrag zur Betriebsleistung erbringt, also für dessen Betriebszweck eingesetzt wird. Zum anderen (*Trümner* DKK § 5 Rz. 46 f.) wird darauf abgestellt, welche Stellung der Arbeitnehmer im betrieblichen Organisationsschema tatsächlich hat, wobei es darauf ankommen soll, wo und von wem die sozialen und personellen Mitbestimmungsangelegenheiten tatsächlich entschieden werden; das Ziel einer möglichst ortsnahen und effektiven Interessenvertretung soll berücksichtigt werden. Schließlich (GK-BetrVG/*Kreutz* § 7 Rz. 32) wird eine Bewertung in Anwendung der Kriterien des § 4 BetrVG befürwortet: Voraussetzung der Betriebszugehörigkeit ist danach, dass der einzelne oder eine Gruppe von ständigen Außendienstmitarbeitern unselbstständiger Betriebsteil sind, weil durch die ausgeübte Tätigkeit der Betriebszweck mitverfolgt wird, aber der oder die Mitarbeiter andererseits nicht nach § 4 S. 1 Nr. 1 oder 2 BetrVG als selbstständiger Betrieb gelten.

cccc) Drittbezogener Personaleinsatz
Zuordnungsprobleme können sich ferner ergeben, wenn der Arbeitnehmer auf 147
Grund des mit seinem Arbeitgeber bestehenden Arbeitsvertrages nicht in dessen Betrieb, sondern in dem Betrieb eines anderen Arbeitgebers eingesetzt wird. Es stellt sich in diesen Dreieckskonstellationen die Frage, ob der Arbeitnehmer dem Betrieb seines Arbeitgebers oder dem Betrieb, in dem die tatsächliche Beschäftigung erfolgt, zuzuordnen ist.

– Arbeitnehmerüberlassung
Für die sog. **unechte Leiharbeit**, d. h. die nach Art. 1 § 1 Abs. 1 S. 1 AÜG erlaubnis- 148
pflichtige gewerbsmäßige Arbeitnehmerüberlassung, ordnet Art. 1 § 14 Abs. 1 AÜG
für die erlaubte Arbeitnehmerüberlassung an, dass die Arbeitnehmer auch während
der Zeit ihrer Überlassung Angehörige des entsendenden Betriebs des Verleihers bleiben. Dort sind sie nach Maßgabe des § 7 S. 1 BetrVG wahlberechtigt. Gem. § 7 S. 2
BetrVG sind Leiharbeitnehmer jedoch auch im Entleiherbetrieb wahlberechtigt,
wenn sie länger als drei Monate im Entleiherbetrieb eingesetzt werden. Unter dieser
Voraussetzung steht ihnen das Wahlrecht ab dem ersten Tag der Überlassung zu (BegrRegE, BT-Drs. 14/5741, S. 36; *Schaub* NZA 2001, 364, 366; *Brors* NZA 2002, 123, 125). Ein passives Wahlrecht im Entleiherbetrieb besteht nicht, Art. 1 § 14 Abs. 2 AÜG.
Bei gewerbsmäßiger, aber nicht erlaubter Arbeitnehmerüberlassung wird nach Art. 1
§ 10 Abs. 1 AÜG ohnehin ein vollgültiges Arbeitsverhältnis zum Entleiher fingiert.
Zusammen mit der tatsächlichen Arbeitsleistung des Arbeitnehmers für den Entleiherbetrieb begründet dies die Zugehörigkeit allein zum Entleiherbetrieb (GK-BetrVG/*Kreutz* § 7 Rz. 42; MünchArbR/*Joost* § 304 Rz. 59; *Brors* NZA 2002, 125).

I. Betriebsverfassungsrecht

149 Bei der nicht gewerbsmäßigen Arbeitnehmerüberlassung, der sog. **echten Leiharbeit**, ist nach Auffassung des *BAG* (18.1.1989 EzA § 14 AÜG Nr. 1; 18.1.1989 EzA § 9 BetrVG 1972 Nr. 4) Art. 1 § 14 AÜG entsprechend mit der Folge anzuwenden, dass die überlassenen Arbeitnehmer jedenfalls zum Betrieb des Verleihers zugehörig und dort wahlberechtigt sind. Diese Grundsätze sollen auch bei einer konzerninternen Arbeitnehmerüberlassung gelten, weil es sich insoweit ebenfalls um einen Fall der nicht gewerbsmäßigen Arbeitnehmerüberlassung handelt (MünchArbR/*Joost* § 304 Rz. 62). Auch solche Drittarbeitnehmer sind unter den Voraussetzungen des § 7 S. 2 BetrVG auch im Entleiherbetrieb wahlberechtigt (*Reichold* NZA 2001, 857 [861]; *Brors* NZA 2002, 123 [125]).

– **Unternehmerarbeitnehmer, Fremdfirmenmitarbeiter**
150 Als Unternehmerarbeitnehmer bzw. Fremdfirmenmitarbeiter werden Arbeitnehmer bezeichnet, die zwar in einem fremden Betrieb tätig werden, dort aber lediglich insbesondere im Rahmen von Werk- oder Dienstverträgen als Erfüllungsgehilfen Leistungspflichten ihres Arbeitgebers (Unternehmers) erfüllen. Als Beispiele werden genannt: Montage-, Reparatur-, Wartungs- und Bauarbeiten, Gebäudereinigung, Bewachung des Betriebsgeländes. Kennzeichnend für solche Verhältnisse ist der projektbezogene Einsatz, bei dem der Arbeitnehmer allein dem Weisungsrecht seines Arbeitgebers unterliegt (GK-BetrVG/*Kreutz* § 7 Rz. 58). Solche Arbeitnehmer sind ausschließlich dem Betrieb ihres Arbeitgebers zugehörig (*BAG* 30.1.1991 EzA § 10 AÜG Nr. 3; 18.1.1989 EzA § 9 BetrVG 1972 Nr. 4; GK-BetrVG/*Kreutz* § 7 Rz. 58). Auch ein Wahlrecht nach Maßgabe des § 7 S. 2 BetrVG scheidet aus, da sie nicht dem Weisungsrecht des Betriebsinhabers unterstehen (*Reichold* NZA 2001, 857 [861]; *Schaub* NZA 2001, 364 [366]; *Brors* NZA 2002, 123 [126]).

151 Vielfach werden solche Vertragsgestaltungen aber auch gewählt, um die Bestimmungen des AÜG zu umgehen. Nach dem *BAG* (30.1.1991 EzA § 10 AÜG Nr. 3; 13.5.1992 EzA § 10 AÜG Nr. 4) unterscheiden sich drittbezogener Personaleinsatz und Arbeitnehmerüberlassung dadurch, dass beim drittbezogenen Personaleinsatz auf Grund eines Dienst- oder Werkvertrages der Unternehmer (Arbeitgeber) die zur Erreichung eines wirtschaftlichen Erfolges notwendigen Handlungen selbst organisiert und sich dabei seiner Arbeitnehmer als Erfüllungshilfen bedient; er bleibt für die Erfüllung der im Vertrag mit dem Dritten vorgesehenen Dienste oder für die Herstellung des dem Dritten vertraglich geschuldeten Werkes verantwortlich. Dagegen liegt Arbeitnehmerüberlassung vor, wenn der Arbeitgeber dem Dritten geeignete Arbeitskräfte überlässt, die der Dritte nach eigenen betrieblichen Erfordernissen in seinem Betrieb nach seinen Weisungen einsetzt. Über die rechtliche Einordnung eines Vertrages als Arbeitnehmerüberlassungsvertrag oder als Werk- oder Dienstvertrag entscheidet der Geschäftsinhalt.

dddd) Mittelbares Arbeitsverhältnis
152 Der mittelbare Arbeitnehmer ist dem Betrieb des Hauptarbeitgebers zugehörig (GK-BetrVG/*Kreutz* § 7 Rz. 57).

eeee) Gruppenarbeit bei Eigengruppe
153 Besteht der Arbeitsvertrag mit den einzelnen Gruppenmitgliedern, sind die Mitglieder der Gruppe Arbeitnehmer des Betriebs. Wird dagegen ein Arbeitsvertrag mit der Gruppe als solcher geschlossen, kann es sich je nach der Vertragsgestaltung im Einzelfall bei den Mitgliedern der Gruppe um mittelbare Arbeitnehmer, Unternehmerar-

I. Betriebsverfassungsrecht

beitnehmer oder überlassene Arbeitnehmer handeln, für die dann die jeweils aufgezeigten Grundsätze der Zuordnung gelten (MünchArbR/*Joost* § 304 Rz. 65; GK-BetrVG/*Kreutz* § 7 Rz. 56).

ffff) Ausbildung in mehreren Betrieben
Wird die betriebliche Berufsausbildung abschnittsweise in verschiedenen Betrieben 154
des Unternehmens oder eines mit ihm verbundenen Unternehmen durchgeführt, jedoch von einem der Betriebe so zentral mit bindender Wirkung auch für die anderen Betriebe geleitet, dass die wesentlichen der Beteiligung des Betriebsrats unterliegenden, das Ausbildungsverhältnis berührenden Entscheidungen dort getroffen werden, so gehört der Auszubildende während der gesamten Ausbildungszeit dem die Ausbildung leitenden Stammbetrieb an und ist dort wahlberechtigt (*BAG* 13.3.1991 EzA § 60 BetrVG 1972 Nr. 2).

gggg) Heimarbeiter
Heimarbeiter gelten als Arbeitnehmer des Betriebs, wenn sie in der Hauptsache für 155
den Betrieb arbeiten, § 6 Abs. 1, 2 BetrVG (s. o. I/Rz. 13 f.).

hhhh) Telearbeit
Vgl. *Kilian/Borsum/Hoffmeister* NZA 1987, 401; *Simon/Kuhne* BB 1987, 202; *Wedde* 156
ArbuR 1987, 325; *Kappus* NJW 1984, 2384; *Wank* AuA 1998, 192; *Hohmeister* NZA 1998, 1206.
Telearbeit liegt vor, wenn Personen unter Nutzung EDV-gestützter Informations- und Kommunikationstechnik an einem Arbeitsplatz außerhalb des eigentlichen Betriebs arbeiten (*Trümner* DKK § 5 Rz. 35). In Bezug auf die Frage, ob diese Personen Arbeitnehmer und dem Betrieb zugehörig sind, wird zwischen Beschäftigung im On-Line und Off-Line-Betrieb unterschieden. Da im On-Line-Betrieb der Arbeitgeber die jeweilige Arbeitsaufgabe zuweisen und deren Erfüllung kontrollieren kann, liegt i. d. R. sowohl die für die Arbeitnehmereigenschaft erforderliche persönliche Abhängigkeit mit Weisungsgebundenheit als auch die für die Betriebszugehörigkeit erforderliche Eingliederung in den Arbeitsprozess des Betriebes vor (GK-BetrVG/*Raab* § 5 Rz. 45). Bei einer Tätigkeit im Off-Line-Betrieb ist zunächst anhand der konkreten Ausgestaltung der Tätigkeit die Arbeitnehmereigenschaft der betroffenen Person zu prüfen, wobei das Maß der persönlichen Abhängigkeit entscheidend ist (zu den insoweit in Frage kommenden Kriterien vgl. *Trümner* DKK § 5 Rz. 38; GK-BetrVG/ *Raab* § 5 Rz. 45). Handelt es sich um Arbeitnehmer, gehört der Arbeitsplatz i. d. R. zum Hauptbetrieb. Im Einzelfall können externe Arbeitsplätze aber auch einen Nebenbetrieb, Betriebsteil oder eigenständigen Betrieb darstellen (GK-BetrVG/*Raab* § 5 Rz. 47; *Kilian/Borsum/Hoffmeister* NZA 1987, 401 [405]).

ccc) Wahlberechtigung von Drittarbeitnehmern, § 7 S. 2 BetrVG

aaaa) Zweck und Anwendungsbereich
Durch das BetrVerf-ReformG vom 23.7.2001 (BGBl. I S. 1852 ff) wurde in § 7 S. 2 157
BetrVG das aktive Wahlrecht für bestimmte Drittarbeitnehmer eingeführt. Ungeachtet dessen, dass diese Arbeitnehmer in keinem Arbeitsverhältnis zu dem Inhaber des Betriebs stehen, in dem sie eingesetzt werden, gelten sie insoweit als zum Einsatzbetrieb zugehörig.

I. Betriebsverfassungsrecht

Arbeitnehmer sind zur Arbeitsleistung i. S. d. § 7 S. 2 BetrVG überlassen, wenn sie in den Einsatzbetrieb derart eingegliedert sind, dass sie dem Weisungsrecht des Betriebsinhabers unterliegen. Das aktive Wahlrecht steht den überlassenen Arbeitnehmern unter der Voraussetzung, dass sie länger als drei Monate eingesetzt werden, ab dem ersten Arbeitstag im Einsatzbetrieb zu. Das Wahlrecht im Stammbetrieb (vgl. § 14 Abs. 1 AÜG) bleibt unberührt (BegrRegE, BT-Drs. 14/5741, S. 36).
Unter der Voraussetzung eines länger als drei Monate erfolgenden Einsatzes werden durch § 7 S. 2 BetrVG erfasst (vgl. *Brors* NZA 2002, 123, 125 f.): Die Fälle der erlaubten, gewerbsmäßigen Arbeitnehmerüberlassung sowie die nicht gewerbsmäßige Arbeitnehmerüberlassung (s. o. I/Rz. 148 f.). Nicht erfasst wird die gewerbsmäßige, unerlaubte Arbeitnehmerüberlassung (s. o. I/Rz. 148). Bei dieser wird nach Art. 1 § 10 Abs. 1 AÜG ohnehin ein vollgültiges Arbeitsverhältnis zum Entleiher fingiert. Zusammen mit der tatsächlichen Arbeitsleistung des Arbeitnehmers für den Entleiherbetrieb begründet dies die Zugehörigkeit allein zum Entleiherbetrieb. Ebenfalls nicht von § 7 S. 2 BetrVG erfasst werden Unternehmerarbeitnehmer bzw. Fremdfirmenmitarbeiter (s. o. I/Rz. 150 f.).

bbbb) Einbeziehung bei der Ermittlung betriebsverfassungsrechtlicher Schwellenwerte?

158 Kontrovers diskutiert wird die Frage, ob wahlberechtigte Drittarbeitnehmer i. S. d. § 7 S. 2 BetrVG auch zu berücksichtigen sind, wenn das BetrVG auf die Zahl der wahlberechtigten Arbeitnehmer (so §§ 1, 3 Abs. 3 S. 2, 9, 14 Abs. 4, 14 a, 16 Abs. 2, 17 Abs. 3 und 4, 47 Abs. 7, 99, 111 BetrVG) bzw. auf die Zahl der Arbeitnehmer des Betriebs oder Unternehmens (so §§ 28 Abs. 1, 28 a, 38, 86 a, 95 Abs. 2, 106 Abs. 1, 110, 112 a BetrVG) abstellt oder ob diese Drittarbeitnehmer nur »wählen, ohne zu zählen« (*Hanau* RdA 2001, 65 [68]).
Zum Teil wird die Ansicht vertreten, Arbeitnehmer i. S. d. § 7 S. 2 BetrVG zählten bei der Ermittlung betriebsverfassungsrechtlicher Schwellenwerte grds. nicht mit (so etwa *Löwisch* BB 2001, 1734 [1737], der eine Ausnahme für Vorschriften anerkennt, die die Wahl selbst betreffen, wie das Wahlvorschlagsrecht nach § 14 Abs. 3 und 4 BetrVG und bei der Wahlanfechtung nach § 19 Abs. 2 BetrVG; *Hanau* RdA 2001, 65 [68]; *Konzen* RdA 2001, 76 [83, 84]; GK-BetrVG/*Kraft* § 1 Rz. 64).
Nach anderer Auffassung zählen Arbeitnehmer i. S. d. § 7 S. 2 BetrVG bei der Ermittlung der Schwellenwerte mit (so wohl *Reichold* NZA 2001, 857 [861]; *ders.* Beilage zu NZA 24/2001, 32 [37]).
Nach *Richardi* (NZA 2001, 346 [350]) sollen derartige Arbeitnehmer zumindest im Rahmen des § 9 BetrVG mitzählen, soweit in dieser Vorschrift auf die Zahl der **wahlberechtigten** Arbeitnehmer abgestellt werde.

(4) Streitigkeiten

159 Über die Wahlberechtigung entscheidet zunächst der Wahlvorstand bei der Aufstellung der Wählerliste, § 2 Abs. 1 WO. Gegen die Richtigkeit der Wählerliste kann schriftlich Einspruch beim Wahlvorstand eingelegt werden, mit Wirkung für die laufende Betriebsratswahl allerdings nur innerhalb einer Frist von zwei Wochen nach Erlass des Wahlausschreibens, § 4 Abs. 1 WO. Einspruchsberechtigt ist jeder Arbeitnehmer, darüber hinaus auch der Arbeitgeber und jede im Betrieb vertretene Gewerkschaft (GK-BetrVG/*Kreutz/Oetker* § 4 WO Rz. 2 ff.).

Bleibt nach der Entscheidung des Wahlvorstandes über den Einspruch die Frage der Wahlberechtigung streitig, so kann die Entscheidung des Wahlvorstandes bereits vor Abschluss des Wahlverfahrens in einem arbeitsgerichtlichen Beschlussverfahren selbstständig angefochten werden. Antragsgegner ist der Wahlvorstand. Nach Abschluss des Wahlverfahrens ist über die Frage der Wahlberechtigung im Wahlanfechtungsverfahren nach § 19 BetrVG als Vorfrage zu entscheiden, wobei ein Verstoß gegen § 7 BetrVG die Anfechtbarkeit der Wahl begründen kann (GK-BetrVG/*Kreutz* § 7 Rz. 67, 70). **160**

Unabhängig von einer bevorstehenden Wahl kann in einem arbeitsgerichtlichen Beschlussverfahren über die Wahlberechtigung entschieden werden, wenn der betriebsverfassungsrechtliche Status eines Arbeitnehmers streitig ist und für die Zukunft geklärt werden soll. **161**

Das Rechtsschutzinteresse an der Entscheidung über das aktive und passive Wahlrecht eines Belegschaftsmitgliedes zu einem bestimmten Betriebsrat wird weder durch die Möglichkeit der Wahlanfechtung noch dadurch ausgeschlossen, dass gegen die Richtigkeit der Wählerliste Einspruch eingelegt werden kann (*BAG* 28.4.1964 EzA § 4 BetrVG 1952 Nr. 1; GK-BetrVG/*Kreutz* § 7 Rz. 71). **162**

cc) Wählbarkeit, § 8 BetrVG

§ 1 BetrVG verlangt für die Betriebsratsfähigkeit weiter, dass von den mindestens erforderlichen wahlberechtigten Arbeitnehmern drei auch selbst wählbar sind. Die Voraussetzungen des passiven Wahlrechts regelt § 8 BetrVG erschöpfend und zwingend. Nicht wählbar ist nach § 8 Abs. 1 S. 3 BetrVG, wer in Folge strafgerichtlicher Verurteilung die Fähigkeit, Rechte aus öffentlichen Wahlen zu erlangen, nicht besitzt. **163**

(1) Wahlberechtigung

Voraussetzung der Wählbarkeit ist zunächst die Wahlberechtigung zum Betriebsrat (s. o. I/Rz. 136 ff.). Ungeachtet ihrer Wahlberechtigung nach § 7 S. 2 BetrVG sind Leiharbeitnehmer im Entleiherbetrieb nicht in den dortigen Betriebsrat wählbar, § 14 Abs. 2 S. 1 AÜG. Gekündigte Arbeitnehmer, die Kündigungsschutzklage erhoben haben, sind nach der Rechtsprechung des *BAG* (14.5.1997 EzA § 8 BetrVG 1972 Nr. 8; so auch *Schneider* DKK § 8 Rz. 25; *FKHE* § 8 Rz. 8; *HSG* § 8 Rz. 4) ebenfalls wählbar. Hierdurch soll verhindert werden, dass der Arbeitgeber die Wahl eines ihm nicht genehmen Kandidaten durch eine Kündigung unmöglich macht. Nach anderer Auffassung (GK-BetrVG/*Kreutz* § 8 Rz. 18; MünchArbR/*Joost* § 304 Rz. 82; *Bengelsdorf* DB 1989, 2024) ist die Wählbarkeit nach Ablauf der Kündigungsfrist nur gegeben, wenn der Arbeitnehmer tatsächlich weiterbeschäftigt wird. Eine in der Absicht der Verhinderung der Wahl ausgesprochene Kündigung sei rechtsmissbräuchlich und rechtswidrig, sodass der Bewerber auch seine tatsächliche Weiterbeschäftigung ggf. im gerichtlichen Eilverfahren durchsetzen könne. Eine Unvereinbarkeit zwischen der **Mitgliedschaft im Wahlvorstand** und im Betriebsrat besteht nicht (GK-BetrVG/*Kreutz* § 8 Rz. 57; MünchArbR/*Joost* § 304 Rz. 84). **164**

Passives Wahlrecht haben nach h. M. (vgl. *Schneider* DKK § 8 Rz. 22) auch die Arbeitnehmer, die sich in einem **ruhenden Arbeitsverhältnis** befinden, also z. B. während Erziehungsurlaub, Wehr- oder Zivildienst (**a. A.** GK-BetrVG/*Kreutz* § 8 Rz. 38, der im Falle des Wehrdienstes etc. für die Wählbarkeit verlangt, dass der Betreffende spä- **165**

I. Betriebsverfassungsrecht

testens am Wahltag auch wieder in den Betrieb zurückkehrt, da sonst mangels Betriebszugehörigkeit die Wahlberechtigung als Voraussetzung der Wählbarkeit fehle).

(2) Sechsmonatige Betriebszugehörigkeit

166 Die Wählbarkeit ist nur gegeben, wenn der Arbeitnehmer dem Betrieb bereits sechs Monate angehört bzw. ein in Heimarbeit Beschäftigter bereits sechs Monate in der Hauptsache für den Betrieb gearbeitet hat. Hierdurch soll sichergestellt werden, dass der Wahlbewerber den für die Wahrnehmung des Betriebsratsamtes erforderlichen Überblick über die betrieblichen Verhältnisse erworben hat (BT-Drs. VI/1786, S. 37).

167 Nicht erforderlich ist, dass während des gesamten Zeitraums von sechs Monaten auch die Voraussetzungen der aktiven Wahlberechtigung vorgelegen haben, sodass es unschädlich ist, dass der Wahlbewerber nicht bereits bei Beginn des sechsmonatigen Zeitraums das 18. Lebensjahr vollendet hatte (allg. Auffassung, vgl. GK-BetrVG/*Kreutz* § 8 Rz. 27).

168 Streitig ist, ob Zeiten miteingerechnet werden können, in denen der jetzige Arbeitnehmer zwar zum Betrieb gehörte, aber nicht Arbeitnehmer i. S. d. BetrVG, also beispielsweise leitender Angestellter i. S. d. § 5 Abs. 3 BetrVG war. Dies wird überwiegend bejaht, weil er sich auch in diesen Zeiten mit den betrieblichen Verhältnissen vertraut machen konnte (so z. B. *Schneider* DKK § 8 Rz. 11; a. A. GK-BetrVG/*Kreutz* § 8 Rz. 28).

169 Kontrovers diskutiert wird schließlich auch die Frage, ob Zeiten, die ein Leiharbeitnehmer im Entleiherbetrieb gearbeitet hat, mit eingerechnet werden können, wenn im Anschluss an das Leiharbeitsverhältnis ein Arbeitsverhältnis mit dem Entleiher begründet oder ein Unternehmerarbeitnehmer im Anschluss in ein Arbeitsverhältnis zum Auftraggeber übernommen wird. Zum Teil (so z. B. *Schlochauer* HSG § 8 Rz. 16) wird dies bejaht, weil auch solche Zeiten zur Gewinnung des Überblicks über die betrieblichen Verhältnisse beitragen, zum Teil (z. B. GK-BetrVG/*Kreutz* § 8 Rz. 30) deshalb abgelehnt, weil während diesen Zeiten kein Arbeitsverhältnis zum Betriebsinhaber bestanden habe.

aaa) Fristberechnung, maßgeblicher Zeitpunkt

170 Die Berechnung der Frist bestimmt sich nach §§ 187 Abs. 2 S. 2, 188 Abs. 2 BGB. Wird die Wahl beispielsweise am 15.3. durchgeführt, so ist die sechsmonatige Betriebszugehörigkeit dann erfüllt, wenn der Arbeitnehmer spätestens am 15.9. des vorangegangenen Jahres betriebszugehörig geworden ist. Wird die Wahl an mehreren Tagen durchgeführt, genügt nach überwiegender Ansicht (MünchArbR/*Joost* § 304 Rz. 92; *Schlochauer* HSG § 8 Rz. 15; **a. A.** GK-BetrVG/*Kreutz* § 8 Rz. 25: entscheidend ist der erste Tag) die Erfüllung der Wartefrist am letzten Wahltag.

bbb) Zeiten tatsächlicher Nichtbeschäftigung

171 Fraglich ist, inwieweit Zeiten tatsächlicher Nichtbeschäftigung für die Erfüllung der Sechsmonatsfrist einbezogen werden können, da das Gesetz nicht ausdrücklich eine ununterbrochene Betriebszugehörigkeit verlangt.

I. Betriebsverfassungsrecht

aaaa) Unterbrechung
Nach überwiegender Ansicht ist zwischen Unterbrechung der tatsächlichen Tätigkeit 172
und Unterbrechung des rechtlichen Bestandes des Arbeitsverhältnisses zu unterscheiden.

Bei einer rechtlichen Unterbrechung des Bestands des Arbeitsverhältnisses beginnt die Sechs-Monats-Frist mit Neueinstellung grds. erneut zu laufen. Etwas anderes gilt nur, wenn zwischen den Arbeitsverhältnissen ein innerer Zusammenhang derart besteht, dass das neue Arbeitsverhältnis als Fortsetzung des früheren anzusehen und die Unterbrechung nur von kürzerer Dauer ist. Dann ist die Zeit der Unterbrechung selbst nicht mitzurechnen, wohl aber die davor liegende Zeit der Betriebszugehörigkeit (so z. B. *Schneider* DKK § 8 Rz. 15). Eine Unterbrechung nur der tatsächlichen Beschäftigung unter Fortbestand des Arbeitsverhältnisses führt hingegen grds. nur zur Hemmung der Frist, also dazu, dass lediglich die Zwischenzeiten nicht angerechnet werden.

Kurzfristige Unterbrechungen, etwa infolge von Krankheit oder Urlaub sollen gänz- 173
lich mit einbezogen werden (*FKHE* § 8 Rz. 17: Kürzer als zwei Monate; *Schlochauer* HSG § 8 Rz. 26; *Richardi* § 8 Rz. 22).
Nach anderer Ansicht (GK-BetrVG/*Kreutz* § 8 Rz. 35; MünchArbR/*Joost* § 304 174
Rz. 63) sollen alle Zeiten der Betriebszugehörigkeit zusammenzurechnen und Zeiten der Unterbrechung unberücksichtigt bleiben, also immer nur von einer Hemmung der Frist auszugehen sein.

bbbb) Wehrdienst, Zivildienst, Eignungsübungen

Zeiten der Ableistung von Wehr-, Zivildienst und Eignungsübungen werden auf 175
die Dauer der Betriebszugehörigkeit wegen gesetzlicher Sonderregelungen (§ 6 Abs. 2 ArbPlSchG, § 78 Abs. 1 ZDG, § 6 Abs. 1 EigÜbG) angerechnet. Das gilt wegen Art. 48 Abs. 2 Nr. 2 EG-Vertrag auch für entsprechende Dienstzeiten ausländischer Arbeitnehmer in ihrem Heimatland, soweit es sich um Arbeitnehmer aus EU-Mitgliedstaaten handelt (GK-BetrVG/*Kreutz* § 8 Rz. 39).

Fraglich ist, ob Entsprechendes auch für ausländische Arbeitnehmer aus anderen Staaten gilt (abl. GK-BetrVG/*Kreutz* § 8 Rz. 39; befürwortend: *Schneider* DKK § 8 Rz. 13).

ccc) Anrechnungszeiten, § 8 Abs. 1 S. 2 BetrVG
Auf die erforderliche Betriebszugehörigkeit von sechs Monaten werden Zeiten ange- 176
rechnet, in denen der Arbeitnehmer unmittelbar vorher einem anderen Betrieb des Unternehmens oder des (Unterordnungs-)Konzerns angehört hat (vgl. GK-BetrVG/ *Kreutz* § 8 Rz. 41).

Ein nahtloser zeitlicher Anschluss ist nicht erforderlich, es genügt vielmehr ein unmittelbarer zeitlicher Zusammenhang. Daran fehlt es, wenn der Arbeitnehmer zwischenzeitlich Arbeitnehmer eines Betriebes eines anderen Unternehmens oder außerhalb des Konzerns tätig oder längere Zeit arbeitslos war (*Schlochauer* HSG § 8 Rz. 18; *Schneider* DKK § 8 Rz. 9).

I. Betriebsverfassungsrecht

Im Übrigen ist es unerheblich, ob sich durch den Betriebswechsel auch der Arbeitgeber ändert (GK-BetrVG/*Kreutz* § 8 Rz. 44).

177 Bei einem **Betriebsinhaberwechsel** erfolgt eine Anrechnung der Zeiten nach § 613a BGB (*Schlochauer* HSG § 8 Rz. 19; *Schneider* DKK § 8 Rz. 8) bzw. auf Grund der Beibehaltung der Betriebsidentität (GK-BetrVG/*Kreutz* § 8 Rz. 47).

ddd) Betriebsneugründungen, § 8 Abs. 2 BetrVG

178 Besteht der Betrieb weniger als sechs Monate, so sind alle Arbeitnehmer wählbar, die im Betrieb beschäftigt sind und die übrigen Voraussetzungen für die Wählbarkeit erfüllen. Maßgeblicher Zeitpunkt für die Beurteilung der Wählbarkeit nach § 8 Abs. 2 BetrVG ist der Tag des Erlasses der Wahlausschreibung durch den Wahlvorstand (§ 3 Abs. 1 WO) als erster Schritt der Einleitung der Betriebsratswahl. Es muss sich um einen neuen Betrieb handeln. Erfasst werden auch durch Umorganisation geschaffene neue Betriebe (GK-BetrVG/*Kreutz* § 8 Rz. 61 ff.).

179 Bei Vereinigung von Betrieben oder von Betrieben und Betriebsteilen ist unter Berücksichtigung der konkreten Verhältnisse darauf abzustellen, ob eine neue Einheit geschaffen wird oder eine vorhandene ihre betriebliche Identität bewahrt (*Schneider* DKK § 8 Rz. 33).

(3) Streitigkeiten

180 Über die Wählbarkeit entscheidet zunächst der Wahlvorstand bei der Aufstellung der Wählerliste (§ 2 Abs. 1 WO) und bei der Prüfung von Wahlvorschlägen (§§ 7, 25 WO). Gegen die Richtigkeit der Wählerliste kann schriftlich Einspruch beim Wahlvorstand eingelegt werden, mit Wirkung für die laufende Betriebsratswahl allerdings nur innerhalb einer Frist von zwei Wochen nach Erlass des Wahlausschreibens, § 4 Abs. 1 WO.

181 Bleibt nach der Entscheidung des Wahlvorstandes über den Einspruch die Frage der Wahlberechtigung und damit der Wählbarkeit streitig oder wird durch den Wahlvorstand ein Wahlvorschlag mangels Wählbarkeit eines Bewerbers für ungültig erklärt oder beanstandet, so kann die Entscheidung des Wahlvorstandes bereits vor Abschluss des Wahlverfahrens in einem arbeitsgerichtlichen Beschlussverfahren selbstständig angefochten werden. Antragsgegner ist der Wahlvorstand (vgl. GK-BetrVG/*Kreutz* § 8 Rz. 65). Nach Abschluss der Wahl ist deren Anfechtung im Verfahren nach § 19 BetrVG möglich.

182 Die Wahl eines Nichtwählbaren oder die Streichung eines doch wählbaren Wahlbewerbers kommen als Anfechtungsgrund in Betracht (*BAG* 11.3.1975 EzA § 24 BetrVG 1972 Nr. 1; GK-BetrVG/*Kreutz* § 8 Rz. 66). Wird die Frist zur Anfechtung der Wahl (§ 19 Abs. 2 BetrVG) versäumt, so erlischt die Mitgliedschaft im Betriebsrat nur, wenn das Arbeitsgericht die Nichtwählbarkeit nach § 24 Abs. 1 Nr. 6 BetrVG rechtskräftig feststellt (GK-BetrVG/*Kreutz* § 8 Rz. 66).

h) Wegfall der Voraussetzungen

183 Sinkt die Zahl der ständig vorhandenen wahlberechtigten Arbeitnehmer unter die gesetzliche Mindestzahl, so endet die Betriebsratsfähigkeit des Betriebs und das

Amt des Betriebsrates. Sinkt hingegen lediglich die Zahl der wählbaren Arbeitnehmer unter die vorgesehene Mindestzahl, ist dies für das Amt des Betriebsrates ohne Bedeutung (GK-BetrVG/*Kreutz* § 21 Rz. 37, 38).

i) Tatsächliche Wahl eines Betriebsrates
Auch in betriebsratsfähigen Betrieben ist das BetrVG grds. nur anwendbar, wenn tatsächlich ein Betriebsrat gewählt worden ist. Etwas anderes gilt nur für die im BetrVG vorgesehenen Individualrechte der Arbeitnehmer nach §§ 81 ff. BetrVG (MünchArbR/*v. Hoyningen-Huene* § 303 Rz. 4; GK-BetrVG/*Kraft* § 1 Rz. 34). Voraussetzung der Anwendbarkeit ist aber hier, dass der Betrieb zumindest betriebsratsfähig ist. Zu den Individualrechten s. u. I/Rz. 995 ff. 184

j) Gesetzlicher Ausschluss bestimmter Betriebe; Einschränkungen des Anwendungsbereichs
Das BetrVG gilt insbesondere nicht 185
– für Religionsgemeinschaften und ihre karitativen und erzieherischen Einrichtungen (§ 118 Abs. 2 BetrVG),
– Betriebe der öffentlichen Hand (§ 130 BetrVG), für die die Personalvertretungsgesetze des Bundes und der Länder gelten,
– für die im Flugbetrieb beschäftigten Arbeitnehmer von Luftfahrtunternehmen, soweit nicht durch Tarifvertrag Arbeitnehmervertretungen errichtet werden (§ 117 Abs. 2 BetrVG)
– sowie für die zivilen Beschäftigten der alliierten Streitkräfte im Inland, für die eingeschränkt das BPersVG anwendbar ist (Art. 56 Abs. 9 ZA-NTS).
Mit Einschränkungen bzw. Änderungen gilt das BetrVG für Betriebe der Seeschifffahrt (§ 114 ff. BetrVG) und Tendenzbetriebe (§ 118 Abs. 1 BetrVG). 186

aa) Öffentlicher Dienst, § 130 BetrVG; Zivile Beschäftigte der alliierten Streitkräfte
Für Verwaltungen und Betriebe des Bundes, der Länder, Gemeinden und sonstigen Körperschaften, Anstalten und Stiftungen des öffentlichen Rechtes gelten die einschlägigen Personalvertretungsgesetze des Bundes und der Länder. 187

Für die Abgrenzung zwischen BetrVG und Personalvertretungsrecht kommt es ausschließlich auf die formelle Rechtsform des Betriebes oder der Verwaltung an (*BAG* 7.11.1975 EzA § 118 BetrVG 1972 Nr. 8). 188

Liegt eine privatrechtliche Organisationsform vor, findet das BetrVG Anwendung, auch wenn in privatrechtlicher Form hoheitliche oder fiskalische Angelegenheiten erledigt werden. Umgekehrt findet das BetrVG keine Anwendung bei von einer öffentlichen Körperschaft unmittelbar geführten Betrieben, wie z. B. bei kommunalen Eigenbetrieben. Möglich ist aber die Bildung eines Gemeinschaftsbetriebs zwischen einer juristischen Person des Privatrechts und einer Körperschaft des öffentlichen Rechts, etwa bei Zusammenarbeit zwischen einer Universität und einem Wirtschaftsunternehmen, wobei das BetrVG Anwendung findet, wenn sich die Betriebsführung auf der Grundlage einer privatrechtlichen Vereinbarung in Form einer BGB-Gesellschaft vollzieht (*BAG* 24.1.1996 EzA § 1 BetrVG 1972 Nr. 10). 189

I. Betriebsverfassungsrecht

190 Die Rechte der Betriebsvertretung und der zivilen Arbeitskräfte bei den in der Bundesrepublik stationierten ausländischen Streitkräften bestimmen sich nach Art. 56 Abs. 9 ZA-NTS und dem UP zu Art. 56 Abs. 9 ZA-NTS i. d. F. der am 29. März 1998 (BGBl. II S. 1691) in Kraft getretenen Änderungen nach dem Abkommen vom 18. März 1993 (BGBl. 1994 II S. 2594) sowie der am 27. März 1998 (BGBl. II S. 1165) in Kraft getretenen Änderungen nach dem Abkommen vom 16. Mai 1994 (BGBl. II S. 3710). Danach gilt grds. das BPersVG vom 15. März 1994 mit seinen späteren Änderungen bis einschließlich der Änderung vom 16. Januar 1991, Abs. 1 Satz 1 des UP zu Art. 56 Abs. 9 ZA-NTS. Die im BPersVG vorgesehenen Mitbestimmungsrechte gelten jedoch nur nach Maßgabe des Abs. 6 a des UP zu Art. 56 Abs. 9 ZA-NTS. Danach findet das im BPersVG vorgesehene Mitbestimmungsrecht mit einigen Modifikationen (vgl. Abs. 6 a ii–v UP zu Art. 56 Abs. 9 ZA-NTS) Anwendung, soweit der Mitbestimmung im Einzelfall nicht besonders schutzwürdige militärische Interessen entgegenstehen. In diesen Fällen gilt das Mitwirkungsverfahren, Abs. 6 b UP zu Art. 56 Abs. 9 ZA-NTS.

bb) Religionsgemeinschaften und deren karitative oder erzieherische Einrichtungen

191 Gem. § 118 Abs. 2 BetrVG sind Religionsgemeinschaften und deren karitative und erzieherische Einrichtungen unabhängig von ihrer Rechtsform von der Anwendung des BetrVG ausgenommen. Für die katholische und evangelische Kirche einschließlich ihrer nicht verselbstständigten Einrichtungen auch wirtschaftlicher Art (*BAG* 30.7.1987 EzA § 130 BetrVG 1972 Nr. 7; *LAG München* 9.10.1985 NZA 1986, 540 – Brauerei eines katholischen Ordens) ergibt sich auf Grund ihres öffentlich-rechtlichen Status die Nichtanwendbarkeit des BetrVG aus § 130 BetrVG. § 118 Abs. 2 BetrVG hat damit nur Bedeutung für privat-rechtlich organisierte Religionsgemeinschaften. Die beiden großen christlichen Kirchen haben allerdings für ihren Bereich ein eigenständiges Mitarbeitervertretungsrecht geschaffen. Im Bereich der katholischen Kirche handelt es sich um die Mitarbeitervertretungsordnung (MAVO, NZA 1994, 112; *Richardi* NZA 1994, 19; *Dütz* NJW 1994, 1369). Im Bereich der evangelischen Kirche existiert ein allgemeines Kirchengesetz über die Mitarbeitervertretungen bei den Dienststellen der evangelischen Kirche in Deutschland vom 5.10.1972 (EKrD) nebst entsprechenden Gesetzen in den einzelnen Landeskirchen (vgl. Nachweise bei GK-BetrVG/*Fabricius/Weber* § 118 Rz. 227 ff.).

192 Der Begriff der Religionsgemeinschaft in § 118 Abs. 2 ist ebenso zu verstehen wie der Begriff der Religionsgesellschaft i. S. d. Art. 137 Abs. 3 WRV. Es handelt sich damit um einen Verband von Angehörigen ein und desselben Glaubensbekenntnisses oder mehrerer verwandter Glaubensbekenntnisse (z. B. unierte Kirchen) zur allseitigen Erfüllung der durch das gemeinsame Bekenntnis gestellten Aufgaben (MünchArbR/*v. Hoyningen-Huene* § 298 Rz. 12).

Fraglich ist, inwieweit diese Voraussetzungen religiöse Vereine, Orden, Säkularinstitute und Weltanschauungsgemeinschaften erfüllen (vgl. GK-BetrVG/*Fabricius/Weber* § 118 Rz. 219 ff.). Das den Kirchen durch Art. 140 GG i. V. m. Art. 137 Abs. 3 WRV gewährleistete Selbstbestimmungsrecht bezieht sich dabei nicht nur auf die organisierte Kirche.

I. Betriebsverfassungsrecht

Erfasst sind alle der Kirche in bestimmter Weise zugeordneten Einrichtungen ohne Rücksicht auf ihre Rechtsform, soweit die Einrichtungen nach kirchlichem Selbstverständnis ihrem Zweck oder ihrer Aufgabe nach berufen sind, ein Stück Auftrag der Kirche in dieser Welt wahrzunehmen und zu erfüllen.   193

Da nach dem Selbstverständnis der evangelischen Kirche die Religionsausübung nicht nur die Bereiche des Glaubens und des Gottesdienstes, sondern auch die Freiheit zur Entfaltung und zur Wirksamkeit in der Welt umfasst, zählt auch die Öffentlichkeitsarbeit mit publizistischen Mitteln zur kirchlichen Mission, sodass auf einen rechtlich selbstständigen evangelischen Presseverband als Teil der evangelischen Kirche das BetrVG keine Anwendung findet (*BAG* 24.7.1991 EzA § 118 BetrVG 1972 Nr. 58).   194

Karitative und erzieherische Einrichtungen von Religionsgemeinschaften fallen unabhängig von der Rechtsform, in der sie geführt werden, nicht unter das BetrVG, wenn sie sich als Wesens- und Lebensäußerung der Kirche darstellen (*BAG* 6.12.1977 EzA § 188 BetrVG 1972 Nr. 16). Bei rechtlich selbstständigen Einrichtungen reicht nach Auffassung des BAG eine inhaltliche und organisatorische Zuordnung aus.   195

Die Einrichtung muss der Kirche so nahe stehen, dass sie teilhat an der Verwirklichung eines Stücks Auftrag der Kirche im Geist christlicher Religiosität im Einklang mit dem Bekenntnis der christlichen Kirche und in Verbindung mit den Amtsträgern der Kirche, sodass den kirchlichen Amtsträgern der entscheidende Einfluss auf die Einrichtung vorbehalten bleibt (*BAG* 6.12.1977 EzA § 118 BetrVG 1972 Nr. 16; 9.2.1988 EzA § 118 BetrVG 1972 Nr. 33). Eine erzieherische Einrichtung beispielsweise gehört dann zu einer Religionsgemeinschaft, wenn Kirche und Einrichtung die Erziehung nach Inhalt und Ziel identisch vornehmen und sichergestellt ist, dass die Kirche ihre Vorstellungen zur Gestaltung der Erziehung in der Einrichtung durchsetzen kann. Die Durchsetzungsmöglichkeiten müssen aber nicht statutenmäßig abgesichert sein. Im Einzelfall können personelle Verflechtungen zwischen den Führungsgremien der Einrichtung und Amtsinhabern der Kirche genügen (*BAG* 14.4.1988 EzA § 118 BetrVG 1972 Nr. 42). Einrichtungen dieser Art sind etwa die von der Religionsgemeinschaft selbst eingerichteten und unterhaltenen Kindergärten, Schulen, Erwachsenenbildungsstätten, Krankenhäuser, Kinderheime, Pflegeheime und Altersheime sowie die von der Kirche getragenen Institutionen des Caritas-Verbandes und des diakonischen Werkes. Fraglich ist, inwieweit auch nicht karitative und erzieherische Einrichtungen von § 118 Abs. 2 BetrVG erfasst sein können, die sich als Wesens- und Lebensäußerung der Kirche darstellen (vgl. GK-BetrVG/*Fabricius/Weber* § 118 Rz. 225).   196

cc) Seeschifffahrt, Luftfahrt (§§ 114–117 BetrVG)

Auf Seeschifffahrtsunternehmen und ihre Betriebe findet das BetrVG uneingeschränkt Anwendung für die Landbetriebe und diejenigen Schiffe, die i. d. R. binnen 24 Stunden nach dem Auslaufen an den Sitz des Landbetriebes zurückkehren. Abweichungen für den Seebetrieb ergeben sich insbesondere daraus, dass an Bord der Seeschiffe eine weitere Interessenvertretung, die Bordvertretung, errichtet werden kann. An Land vertritt der Seebetriebsrat die Interessen der Besatzungsmitglieder aller   197

I. Betriebsverfassungsrecht

Schiffe eines Seeschifffahrtsunternehmens, wobei die Abgrenzung der Zuständigkeit von Bordvertretung und Seebetriebsrat in §§ 115 Abs. 7 Nr. 1, 116 Abs. 6 Nr. 1 BetrVG geregelt ist.

198 Im Bereich der Luftfahrt findet das Betriebsverfassungsgesetz nur auf Landbetriebe von Luftfahrtunternehmen uneingeschränkt Anwendung. Es gilt nicht für die im Flugbetrieb beschäftigten Arbeitnehmer. Im Flugbetrieb beschäftigt ist ein Arbeitnehmer, dessen Tätigkeit unmittelbar der Beförderung von Personen und Gütern durch Luftfahrzeuge dient. Verrichtet er daneben auch an den Boden gebundene Verwaltungs-, Leitungs- oder Organisationsaufgaben, so ist er vom Geltungsbereich des BetrVG nicht ausgenommen, wenn diese Tätigkeiten seiner arbeitsvertraglich geschuldeten Gesamttätigkeit das Gepräge geben (*BAG* 14.10.1986 EzA § 117 BetrVG 1972 Nr. 3). Erforderlich ist ferner eine für Personal im Flugbetrieb typischerweise besonders stark ausgeprägte Ortsungebundenheit. Hieran fehlt es z. B. Hubschrauberbesatzungen der ADAC-Luftrettung, sodass für diese das BetrVG gilt (*BAG* NZA 2001, 1089–1091). Für die im Flugbetrieb beschäftigten Arbeitnehmer können durch Tarifvertrag besondere Vertretungen errichtet werden, § 117 Abs. 2 BetrVG. Ein Überblick über solche Tarifverträge findet sich bei GK-BetrVG/*Wiese* § 117 Rz. 10.

dd) Tendenzbetriebe, § 118 BetrVG

199 Zweck der Regelung des § 118 Abs. 1 BetrVG ist es, eine ausgewogene Regelung zwischen dem Sozialstaatsprinzip, in dem die Beteiligungsrechte der Arbeitnehmer ihre Grundlage haben und den Freiheitsrechten der Tendenzunternehmen zu schaffen (BT-Drs. VI/2729 S. 17; *BAG* 22.4.1975 EzA § 118 BetrVG 1972 Nr. 4).

(1) Die Bedeutung der Gewinnerzielungsabsicht

200 Nach Auffassung des *BAG* (22.5.1979 EzA § 118 BetrVG 1972 Nr. 22; 1.9.1987 EzA § 118 BetrVG 1972 Nr. 41) steht dem Tendenzcharakter eines Betriebes oder Unternehmens nicht entgegen, dass es gleichzeitig mit Gewinnerzielungsabsicht betrieben wird, es sei denn, das Unternehmen oder der Betrieb will sich auf eine karitative Bestimmung i. S. d. § 118 Abs. 1 Nr. 1 BetrVG berufen, wobei ein kostendeckendes Arbeiten jedoch die karitative Bestimmung nicht ausschließt (*BAG* 29.6.1988 EzA § 118 BetrVG 1972 Nr. 43).

(2) Die Tendenzeigenschaft

201 Geschützt sind Unternehmen und Betriebe, die unmittelbar und überwiegend den in § 118 Abs. 1 BetrVG genannten Bestimmungen dienen, wobei es möglich, aber nicht erforderlich ist, dass ein Tendenzunternehmen mehreren der genannten Bestimmungen dient (*BAG* 14.11.1975 EzA § 118 BetrVG 1972 Nr. 6).

aaa) Politische Bestimmung

202 Einer politischen Bestimmung dienen in erster Linie die politischen Parteien mit ihren Untergliederungen, wie Jugend- und Frauenorganisationen unter Einschluss der von den Parteien getragenen Stiftungen und Bildungseinrichtungen, aber auch Bürgerinitiativen und Wählervereinigungen (MünchArbR/*Matthes* § 364 Rz. 7).

Unter politischer Bestimmung ist nicht nur eine parteipolitische, sondern auch gesellschafts-, wirtschafts- oder sozialpolitische Bestimmung zu verstehen (vgl.

BAG 21.7.1998 EzA § 118 BetrVG 1972 Nr. 68; GK-BetrVG/*Fabricius/Weber* § 118 Rz. 73; enger: *Wedde* DKK § 118 Rz. 21).

Deshalb haben eine solche Bestimmung auch sonstige Zusammenschlüsse und Organisationen mit entsprechender Zielsetzung, nicht aber Vereine und Verbände, die der Interessenwahrnehmung gegenüber Dritten dienen, wie z. B. Mietervereine. Ebenfalls nicht erfasst ist die Erfüllung öffentlicher Aufgaben im Auftrag und nach Vorgaben staatlicher Stellen (*BAG* 21.7.1998 EzA § 118 BetrVG 1972 Nr. 68). Unterschiedlich beurteilt wird die Stellung von wirtschafts- und sozialpolitischen Vereinigungen, wie z. B. dem Bundesverband der deutschen Industrie, Verein der Kriegsopfer und ähnlicher Zusammenschlüsse (vgl. GK-BetrVG/*Fabricius/Weber* § 118 Rz. 73). 203

bbb) Koalitionspolitische Bestimmung

Geschützt sind Gewerkschaften und Arbeitgeberverbände, mit ihren Dachverbänden, Hauptverwaltungen und Verwaltungsstellen. Nicht ausreichend ist, dass ein Betrieb oder Unternehmen lediglich von einer Koalition getragen wird. 204

Bildungs- und Schulungseinrichtungen haben daher nur dann eine koalitionspolitische Bestimmung, wenn sie der Weiterbildung und Schulung von Gewerkschaftsmitgliedern im Hinblick auf ihre gewerkschaftliche Tätigkeit dienen (*BAG* 3.7.1990 EzA § 99 BetrVG 1972 Nr. 90; in Betracht kommt aber eine erzieherische Bestimmung). Die den Koalitionen verbundenen Erwerbsunternehmen (z. B. Wohnungsbaugesellschaften, Banken) und gemeinsame Einrichtungen der Tarifvertragsparteien, wie etwa Zusatzversorgungs-, Urlaubs- oder Lohnausgleichskassen, werden nicht erfasst (MünchArbR/*Matthes* § 364 Rz. 11). 205

ccc) Konfessionelle Bestimmung
Konfessionellen Bestimmungen dienen Unternehmen, die nicht selbst Religionsgemeinschaften i. S. d. § 118 Abs. 2 BetrVG sind, deren Zwecksetzung aber Ausdruck einer bestimmten religiösen Überzeugung ist, wie z. B. kirchliche Männer-, Frauen- und Jugendverbände, die Heilsarmee oder die Vereinigung von Freigängern von Antroposophen unter Ausschluss der Hersteller von kirchlichen Gerätschaften und Utensilien sowie der von Religionsgemeinschaften betriebenen Erwerbsunternehmen. 206

ddd) Karitative Bestimmung

Ein Unternehmen dient dann karitativen Bestimmungen, wenn es sich den sozialen Dienst am körperlich oder seelisch leidenden Menschen zum Ziel gesetzt hat, wenn es auf Heilung oder Milderung innerer oder äußerer Nöte des Einzelnen gerichtet ist, wobei gleichgültig ist, ob diese Hilfe zur Linderung und Beseitigung der Nöte oder zu deren vorbeugender Abwehr geleistet wird (*BAG* 24.5.1995 EzA § 118 BetrVG 1972 Nr. 63; 8.11.1988 EzA § 118 BetrVG 1972 Nr. 44). Eine karitative Bestimmung scheidet aus, wenn die Betätigung nicht freiwillig, sondern auf Grund gesetzlicher Verpflichtung oder in der Absicht der Gewinnerzielung erbracht wird, die nicht aber schon bei kostendeckender Arbeit vorliegt (*BAG* 29.6.1988 EzA § 118 BetrVG 1972 Nr. 43). 207

I. Betriebsverfassungsrecht

208 Bei einem in privatrechtlicher Rechtsform betriebenen Krankenhaus, dessen Anteile ausschließlich von einer Gebietskörperschaft gehalten werden, fehlt es nicht bereits deshalb an der Freiwilligkeit der Betätigung, weil die Gebietskörperschaft ihrerseits zur Sicherstellung der bedarfsgerechten Versorgung der Bevölkerung mit leistungsfähigen Krankenhäusern gesetzlich verpflichtet ist (*BAG* 22.11.1995 EzA § 118 BetrVG 1972 Nr. 65). Abzustellen ist insoweit nach dem Wortlaut des § 118 Abs. 1 S. 1 BetrVG ausschließlich auf das Unternehmen selbst und dessen Bestimmung und nicht auf die Beweggründe und Verhältnisse derer, die den Unternehmensträger gegründet haben, ihn beeinflussen oder gar beherrschen (*BAG* 24.5.1995 EzA § 118 BetrVG 1972 Nr. 63). Eine Gewinnerzielungsabsicht folgt auch nicht schon daraus, dass in einzelnen Rechnungsjahren ein Gewinn erzielt wurde, wenn nach den Regelungen des Unternehmens (z. B. Satzung) ein derartiger Gewinn wiederum nur für die karitative Bestimmung verwendet werden darf und damit lediglich den Charakter einer Rücklage hat (*BAG* 24.5.1995 EzA § 118 BetrVG 1972 Nr. 63). Solange das Unternehmen an sich privatrechtlich organisiert ist, ist unerheblich, ob Träger des Unternehmens die öffentliche Hand oder ein Sozialversicherungsträger ist (*BAG* 29.6.1988 EzA § 118 BetrVG 1972 Nr. 43). Eine karitative Bestimmung haben beispielsweise Berufsförderungswerke (*BAG* 29.6.1988 EzA § 118 BetrVG 1972 Nr. 43) und Werkstätten für Behinderte (*BAG* 7.4.1981 EzA § 118 BetrVG 1972 Nr. 26).

eee) **Erzieherische Bestimmung**

209 Eine erzieherische Bestimmung liegt vor, wenn ein Unternehmen darauf gerichtet ist, durch planmäßige und methodische Unterweisung in einer Mehrzahl allgemein bildender oder berufsbildender Fächer die Persönlichkeit eines Menschen zu formen und seine Entwicklung zu einem Glied der menschlichen Gesellschaft zu fördern, wobei eine solche Persönlichkeitsbildung nicht nur bei jungen Menschen, sondern im Rahmen der Erwachsenenbildung auch bei Erwachsenen möglich ist (*BAG* 3.7.1990 EzA § 99 BetrVG 1972 Nr. 90; *BAG* 13.1.1987 EzA § 118 BetrVG 1972 Nr. 39).

Erziehung setzt voraus, dass sie mit einer gewissen Nachhaltigkeit gegenüber dem einzelnen zu erziehenden Menschen vorgenommen wird (*BAG* 21.6.1989 EzA § 118 BetrVG 1972 Nr. 49).

fff) **Wissenschaftliche Bestimmung**

210 Auszugehen ist von einem weiten Begriff der Wissenschaft, wie er durch die Rechtsprechung des Bundesverfassungsgerichts (z. B. *BVerfG* 29.5.1973 BVerfGE 35, 79 [113]) definiert wurde.

> Wissenschaft i. S. von. § 118 Abs. 1 S. 1 Nr. 1 BetrVG ist jede Tätigkeit, die nach Inhalt und Form als ernsthafter Versuch zur Ermittlung der Wahrheit anzusehen ist. Dabei ist unerheblich, ob es sich um grundlagen- oder anwendungsorientierte Forschung handelt, es sei denn, es handelt sich nur noch um die bloße Anwendung erreichter wissenschaftlicher Erkenntnisse ohne eigenes Streben nach neuen eigenen Erkenntnissen (*BAG* 20.11.1990 EzA § 118 BetrVG 1972 Nr. 57; 21.6.1989 EzA § 118 BetrVG 1972 Nr. 48). Neben wissenschaftlicher Forschung ist auch die wissenschaftliche Lehre erfasst (*BAG* 20.11.1990 EzA § 118 BetrVG 1972 Nr. 57).

I. Betriebsverfassungsrecht

Tendenzschutz genießen daher z. B. Bibliotheken, private Forschungsinstitute, auch 211
Wirtschaftsforschungsinstitute und Museen (vgl. *Wedde* DKK § 118 Rz. 34; MünchArbR/*Matthes* § 364 Rz. 22). Umstritten ist, ob Tendenzschutz auch die rein kommerzielle Forschung von Wirtschaftsunternehmen, z. B. die Forschungsabteilung einer Arzneimittelfabrik, genießt (so *Galperin/Löwisch* § 118 Rz. 20 a; abl. etwa: *Wedde* DKK § 118 Rz. 34).

ggg) Künstlerische Bestimmung

> Künstlerischen Bestimmungen wird gedient, wenn Werke der Sprache, der Musik, 212
> der darstellenden oder bildenden Kunst hervorgebracht oder dargestellt werden,
> wobei nicht nur die eigentliche künstlerische Betätigung, der sog. Werkbereich,
> sondern darüber hinaus auch die Darbietung und Verbreitung des Kunstwerks,
> der sog. Wirkbereich, geschützt wird (*BAG* 15.2.1989 EzA § 118 BetrVG 1972
> Nr. 45).

Künstlerischen Bestimmungen können z. B. Theater (*BAG* 28.10.1986 EzA § 118 213
BetrVG 1972 Nr. 38) und Orchester (*BAG* 3.11.1982 EzA § 15 KSchG n. F. Nr. 28) dienen. Auch Verlage und Buchklubs können anders als der reine Buchhandel künstlerischen Bestimmungen dienen (*BAG* 15.2.1989 EzA § 118 BetrVG 1972 Nr. 45). Ferner werden genannt Kleinkunstbühnen, Kabaretts, Konzertagenturen, Chöre und Museen.

hhh) Berichterstattung und Meinungsäußerungen

> Berichterstattung ist die Weitergabe von Tatsachen, Meinungsäußerung die Ab- 214
> gabe einer Stellungnahme zur Beurteilung der Tatsachen (*Wedde* DKK § 118
> Rz. 41).

Tendenzschutz genießen daher in erster Linie alle Presseunternehmen, insbesondere Zeitschriften und Zeitungsverlage (*BAG* 1.9.1987 EzA § 118 BetrVG 1972 Nr. 40; 1.9.1987 EzA § 118 BetrVG 1972 Nr. 41), Presse- und Nachrichtenagenturen (MünchArbR/*Matthes* § 364 Rz. 28). Geschützt sind ferner insbesondere private Rundfunk- und Fernsehanstalten (*BAG* 11.2.1992 EzA § 118 BetrVG 1972 Nr. 60; 27.7.1993 EzA § 118 BetrVG 1972 Nr. 61). Reine Unternehmen des Handels und des Vertriebes mit Presse- und Filmerzeugnissen dienen nicht selbst der Berichterstattung und Meinungsäußerung und genießen daher ebenso wenig Tendenzschutz wie Verlage, die ohne eigenen redaktionellen Teil lediglich Anzeigenblätter, amtliche Bekanntmachungen oder Ähnliches herstellen (MünchArbR/*Matthes* § 364 Rz. 28).
Bei Druckereien von Verlags- und Presseunternehmen ist zu unterscheiden: Umfasst 215
der Verlag in einem einheitlichen Betrieb als unselbstständige Betriebsabteilung zugleich eine Druckerei, die alleine die eigenen Zeitungen oder Zeitschriften druckt, so hat auch die Druckerei Tendenzcharakter (*BAG* 9.12.1975 EzA § 118 BetrVG 1972 Nr. 10). Ist die Druckerei hingegen ein selbstständiger Betrieb, so unterliegt sie dem Tendenzschutz, wenn der Betrieb ausschließlich den Druck dieser Zeitungen oder Zeitschriften mit Tendenzcharakter zur Aufgabe hat und diese Aufgabe im Betrieb zumindest überwiegt (*BAG* 31.10.1975 EzA § 118 BetrVG 1972 Nr. 5). Ein selbstständiges Druckunternehmen ist auch dann kein Tendenzunternehmen, wenn es lediglich für ein Tendenzunternehmen tätig wird, etwa nur dessen Zeitung

Wildschütz

I. Betriebsverfassungsrecht

druckt. Dies gilt auch dann, wenn das Druckunternehmen abhängiges Unternehmen an einem sog. Tendenzkonzern ist (*BAG* 30.6.1981 EzA § 118 BetrVG 1972 Nr. 27).

iii) Sonstige Bestimmungen

216 § 118 Abs. 1 BetrVG enthält eine abschließende Aufzählung der geschützten Bestimmungen.

Eine analoge Anwendung auf Betriebe und Unternehmen mit anderer ideeller Zielsetzung scheidet nach überwiegender Ansicht aus (MünchArbR/*Matthes* § 364 Rz. 31; *Wedde* DKK § 118 Rz. 1; *Hess* HSG § 118 Rz. 12).

(3) Tendenzunternehmen und -betriebe; Mischunternehmen

217 Unternehmen bzw. Betriebe fallen nur dann unter § 118 Abs. 1 BetrVG, wenn sie unmittelbar und überwiegend den in Nr. 1 und 2 abschließend aufgeführten Zwecken dienen. Das gilt auch für Unternehmen mit wirtschaftlicher Zielsetzung, die zugleich auch nicht wirtschaftliche Zwecke und/oder weiter gehend auch mehrere der in § 118 Abs. 1 S. 1 BetrVG genannten Bestimmungen gleichzeitig verfolgen. Für die geistig-ideelle Bestimmung eines Unternehmens sind Einstellung, subjektive Absichten und Motive des Unternehmers unerheblich; entscheidend ist allein die Art des Unternehmens: Zweck der Unternehmenstätigkeit und der betrieblichen Arbeitsabläufe muss die Förderung der geistig-ideellen Bestimmung sein. Der Unternehmens- bzw. Betriebszweck muss selbst auf die Tendenz ausgerichtet sein (*BAG* 1.9.1987 EzA § 118 BetrVG 1972 Nr. 41; 14.11.1975 EzA § 118 BetrVG 1972 Nr. 6).

Unmittelbarkeit ist dann gegeben, wenn der Unternehmenszweck selbst auf die Tendenz ausgerichtet und nicht nur nach seiner wirtschaftlichen Tätigkeit geeignet ist, den eigentlichen Tendenzbetrieb zu unterstützen.

218 Eine nur wirtschaftliche Zielsetzung des Unternehmens genügt dem Erfordernis der Unmittelbarkeit auch dann nicht, wenn durch sie das eigentliche Tendenzunternehmen wirtschaftlich unterstützt werden soll oder wenn solche geistig-ideellen Aufgaben lediglich dazu dienen, einen anderen, nicht tendenzgeschützten Unternehmenszweck zu fördern (*BAG* 21.6.1989 EzA § 118 BetrVG 1972 Nr. 49). Nicht der Tendenzbestimmung unterliegen daher Unternehmen, die lediglich eine vorgegebene Tendenz technisch verarbeiten, ohne auf die Tendenz selbst Einfluss nehmen zu können.

219 Das in § 118 Abs. 1 BetrVG enthaltene Merkmal »überwiegend« hat einen quantitativen, nicht qualitativen Inhalt (*BAG* 21.6.1989 EzA § 118 BetrVG 1972 Nr. 49; anders die frühere Rechtsprechung des BAG, sog. **Geprägetheorie**, vgl. *BAG* 29.5.1970 EzA § 81 BetrVG 1952 Nr. 5).

Entscheidend ist, in welchem quantitativen Umfang das Unternehmen seine personellen und sonstigen Mittel zur Verwirklichung seiner tendenzgeschützten und in welchem Umfang zur Verwirklichung seiner anderen Bestimmungen einsetzt.

220 Bei personalintensiven Unternehmen ist in erster Linie auf den **Personaleinsatz** abzustellen, d. h. auf die Arbeitszeitmenge, die regelmäßig zur Erreichung der verschiedenen Unternehmensziele verwendet wird. Zur Ermittlung des auf die tendenzge-

I. Betriebsverfassungsrecht

schützten Bestimmungen des Unternehmens entfallenden Personaleinsatzes ist dabei nicht nur auf die sog. Tendenzträger, also auf diejenigen Mitarbeiter abzustellen, deren Aufgabe es ist, selbst inhaltlich auf die Tendenzverwirklichung Einfluss zu nehmen. Einzubeziehen sind darüber hinaus auch die Mitarbeiter, die mit ihrer Arbeit der Verwirklichung der tendenzgeschützten Bestimmungen des Unternehmens dienen, etwa indem sie die technischen Voraussetzungen für die Tendenzverwirklichung schaffen (*BAG* 21.6.1989 EzA § 118 BetrVG 1972 Nr. 49). Werden mehrere von § 118 Abs. 1 BetrVG geschützte Tendenzen verfolgt, ist der auf die Verwirklichung dieser Bestimmungen insgesamt entfallende Einsatz von Mitteln zusammenzurechnen (vgl. *BAG* 15.2.1989 EzA § 118 BetrVG 1972 Nr. 45). In Unternehmen mit mehreren Betrieben bzw. Nebenbetrieben und selbstständigen Betriebsteilen (§ 4), in denen die Tendenzbestimmung des Unternehmens nur in einzelnen Betrieben verwirklicht wird (sog. Mischunternehmen) ist zwischen dem Tendenzcharakter des Unternehmens und der einzelnen Betriebe zu unterscheiden. Eine Einschränkung von Beteiligungsrechten auf Unternehmensebene (etwa Errichtung eines Wirtschaftsausschusses) ist nur dann gegeben, wenn das Unternehmen selbst im dargelegten Sinne überwiegend Tendenzcharakter hat. Für eine eventuelle Einschränkung von Beteiligungsrechten auf Ebene des jeweiligen Betriebes ist darauf abzustellen, ob der einzelne Betrieb überwiegend Tendenzbestimmungen verfolgt. Daher wird ein Betrieb, der nicht selbst der Verwirklichung einer geschützten Bestimmung dient, nicht schon deswegen zum Tendenzbetrieb, weil er Teil eines Tendenzunternehmens ist. Ebenso wenig wird ein Unternehmen dadurch zum Tendenzunternehmen, dass es abhängiges Unternehmen in einem sog. Tendenzkonzern ist (*BAG* 30.6.1981 EzA § 118 BetrVG 1972 Nr. 27). Umgekehrt kann auch dem Betrieb eines nicht tendenzgeschützten Unternehmens Tendenzschutz zukommen, wenn dessen arbeitstechnischer Zweck der Förderung einer geschützten Bestimmung dient (MünchArbR/*Matthes* § 364 Rz. 34).

(4) Umfang der Beschränkung der Mitbestimmungsrechte

aaa) Wirtschaftliche Angelegenheiten
Auf die in § 118 Abs. 1 BetrVG genannten Tendenzunternehmen und -betriebe finden die §§ 106 bis 110 BetrVG keine Anwendung. Für die Bildung eines Wirtschaftsausschusses ist allein der unmittelbare und überwiegende Tendenzcharakter des Unternehmens entscheidend. Auf den Tendenzcharakter einzelner Betriebe oder den Tendenzcharakter des beherrschenden Konzernunternehmens kommt es nicht an (*BAG* 30.6.1981 EzA § 118 BetrVG 1972 Nr. 27). Durch den Ausschluss von § 110 BetrVG bleibt die Verpflichtung des Arbeitgebers nach § 43 Abs. 2 BetrVG, mindestens einmal im Jahr auf der Betriebsversammlung über die wirtschaftliche Lage und Entwicklung des Betriebes zu berichten, unberührt (*BAG* 8.3.1977 EzA § 43 BetrVG 1972 Nr. 1).
Die die Beteiligungsrechte des Betriebsrates bei **Betriebsänderungen** regelnden §§ 111 bis 113 BetrVG sind nach § 118 Abs. 1 BetrVG nur insoweit anzuwenden, als sie den Ausgleich oder die Milderung wirtschaftlicher Nachteile für die Arbeitnehmer infolge von Betriebsänderungen regeln.

Immer möglich bleibt damit die **Aufstellung eines Sozialplanes**, gegebenenfalls erzwungen durch Anrufung der Einigungsstelle. Da dies die umfassende und rechtzeitige Information des Betriebsrates voraussetzt, wird die Unterrichtungs-

I. Betriebsverfassungsrecht

pflicht des Unternehmers auch im Tendenzbetrieb bzw. -unternehmen nicht ausgeschlossen. Nach ganz überwiegender Ansicht ist der Unternehmer aber nicht verpflichtet, einen Interessenausgleich mit dem Betriebsrat zu versuchen (vgl. MünchArbR/*Matthes* § 365 Rz. 5, 6). Ein Anspruch auf Nachteilsausgleich nach § 113 wegen Abweichens von einem Interessenausgleich bzw. der Nichtvornahme des Versuchs der Herbeiführung eines Interessenausgleichs kommt damit nicht in Betracht. Da aber andererseits § 118 Abs. 1 S. 2 BetrVG auf § 113 BetrVG verweist, folgt nach Auffassung des *BAG* (27.10.1998 EzA § 113 BetrVG 1972 Nr. 27) aus einer harmonisierenden Auslegung, dass ein Nachteilsausgleichsanspruch dann in Betracht kommt, wenn der Arbeitgeber eine Betriebsänderung durchführt, ohne rechtzeitig seiner Unterrichtungs- und Beratungspflicht gegenüber dem Betriebsrat im Hinblick auf einen Sozialplan genügt zu haben.

223 Nach anderer Ansicht (GK-BetrVG/*Fabricius*, 6. Aufl., § 118 Rz. 533) wird durch § 118 BetrVG nur ein Beratungsrecht des Betriebsrates darüber, ob überhaupt eine Betriebsänderung stattfinden soll, nicht aber ein Beratungsrecht hinsichtlich des »wie« der Durchführung ausgeschlossen. Ein Interessenausgleich sei daher mit beschränktem Inhalt möglich, bei Abweichungen greife daher auch unter diesem Gesichtspunkt die Sanktion des § 113 BetrVG. Streitig ist weiter, ob für die Frage eines eventuellen Ausschlusses der Vorschrift über den Interessenausgleich auf den Tendenzcharakter des Betriebes abzustellen ist, da die Beteiligungsrechte im Falle der Betriebsänderung auf der Ebene des einzelnen Betriebes angesiedelt sind (*Galperin/Löwisch* § 118 Rz. 33), oder auf den Tendenzcharakter des Unternehmens, da es sich bei Entscheidungen über das ob und wie einer Betriebsänderung um unternehmerische Entscheidungen in wirtschaftlichen Angelegenheiten handelt (so MünchArbR/*Matthes* § 365 Rz. 7).

bbb) Sonstige Beteiligungsrechte

224 Im Übrigen ist das BetrVG nicht anwendbar, soweit dem die Eigenart des Unternehmens oder des Betriebes entgegensteht (sog. Eigenartsklausel). Dies ist dann der Fall, wenn durch die Ausübung von Beteiligungsrechten die geistig-ideelle Zielsetzung des Tendenzträgers ernstlich beeinträchtigt werden kann (st. Rspr., *BVerfG* 15.12.1999 EzA § 118 BetrVG 1972 Nr. 70; 15.12.1999 EzA § 118 BetrVG 1972 Nr. 71; *BAG* 22.5.1979 EzA § 118 BetrVG 1972 Nr. 22; 30.1.1990 EzA § 118 BetrVG 1972 Nr. 50).

225 Dies ist bei reinen Unterrichtungs- und Beratungsrechten des Betriebsrates, wie etwa bei Information und Beratung der Personalplanung (*BAG* 6.11.1990 EzA § 92 BetrVG 1972 Nr. 2) oder dem Einsichtsrecht des Betriebsrates in Lohnlisten (*BAG* 30.6.1981 EzA § 80 BetrVG 1972 Nr. 19) nicht der Fall. Ebenso wenig ist allein ausreichend, dass sich die Maßnahme auf einen Tendenzträger bezieht. Nach Auffassung des BAG (sog. **Maßnahmetheorie**, st. Rspr., vgl. *BAG* 21.9.1993 EzA § 118 BetrVG 1972 Nr. 62) ist vielmehr erforderlich, dass es sich um die Maßnahme gegenüber einem Tendenzträger handelt, die Maßnahme tendenzbezogen ist und die Ausübung des Beteiligungsrechtes die Tendenzverwirklichung ernstlich beeinträchtigen kann. Tendenzträger ist derjenige Arbeitnehmer, für dessen Tätigkeit die Bestimmungen und Zwecke der in § 118 Abs. 1 BetrVG genannten Unternehmen und Betriebe prä-

gend sind, wobei solche Arbeiten allerdings nicht nur in völlig unbedeutendem Umfang verrichtet werden dürfen, andererseits aber auch nicht erforderlich ist, dass diese mehr als die Hälfte der Gesamtarbeitszeit in Anspruch nimmt (*BAG* 20.11.1990 EzA § 118 BetrVG 1972 Nr. 57). Hat die jeweilige Maßnahme Auswirkungen auf die Tendenzverfolgung, folgt hieraus nicht automatisch ein völliger Ausschluss des jeweiligen Beteiligungsrechts. Dieses ist vielmehr nur insoweit eingeschränkt, als seine Wahrnehmung die Tendenzverfolgung oder Tendenzverwirklichung ernsthaft beeinträchtigen oder verhindern könnte (*BAG* 11.2.1992 EzA § 118 BetrVG 1972 Nr. 60).

ccc) **Einzelfälle**

aaaa) **Allgemeine personelle Angelegenheiten**
Die Informationspflicht des Arbeitgebers über die **Personalplanung** (§ 92 BetrVG) 226 besteht auch in einem Tendenzunternehmen (*BAG* 6.11.1990 EzA § 92 BetrVG 1972 Nr. 2). Das Recht, eine innerbetriebliche Stellenausschreibung zu verlangen (§ 93 BetrVG) wird durch § 118 BetrVG i. d. R. nicht ausgeschlossen (*BAG* 30.10.1979 EzA § 118 BetrVG 1972 Nr. 20). Eine Beteiligung bezüglich Personalfragebogen (§ 94 BetrVG) entfällt, soweit es um tendenzbezogene Fragen geht, wie z. B. bei einer wissenschaftlichen Einrichtung bei Einstellung von Wissenschaftlern die Frage einer Tätigkeit für das MfS (*BAG* 21.9.1993 EzA § 118 BetrVG 1972 Nr. 62). Ein Beteiligungsrecht bei der Aufstellung allgemeiner Beurteilungsgrundsätze entfällt in Tendenzunternehmen. Eine Mitbestimmung bei der Aufstellung von Auswahlrichtlinien (§ 95 BetrVG) scheidet aus, soweit sich die Richtlinien auf Tendenzträger beziehen. Im Bereich der Berufsbildung gelten die §§ 96, 97 BetrVG uneingeschränkt, § 98 BetrVG nur insoweit, als es nicht um die Berufsausbildung und berufliche Fortbildung der Tendenzträger geht (GK-BetrVG/*Kraft* vor § 92 Rz. 35 f.).

bbbb) **Personelle Einzelmaßnahmen**
Bei tendenzbezogenen Einstellungen oder Versetzungen hat der Betriebsrat kein Zu- 227 stimmungsverweigerungs-, sondern nur ein Informationsrecht; der Arbeitgeber hat den Betriebsrat über die personelle Einzelmaßnahme lediglich zu informieren, muss aber nicht dessen Zustimmung einholen (st. Rspr., vgl. *BAG* 27.7.1993 EzA § 118 BetrVG 1972 Nr. 61; 8.5.1990 EzA § 118 BetrVG 1972 Nr. 52). Der Tendenzschutz des BetrVG zu Gunsten erzieherischer und karitativer Ziele schließt aber nicht aus, dass dem Betriebsrat durch Tarifvertrag ein Mitbestimmungsrecht bei der Einstellung von Tendenzträgern eingeräumt wird (*BAG* 31.1.1995 EzA § 99 BetrVG 1972 Nr. 126).
Auch vor einer vorläufigen Maßnahme ist der Betriebsrat entsprechend § 100 BetrVG 228 zu unterrichten. Angesichts der Tatsache, dass eine Zustimmung des Betriebsrates nicht erforderlich ist, sondern der Arbeitgeber den Betriebsrat nur informieren und eine eventuelle Stellungnahme zur Kenntnis nehmen muss, nach Ablauf der Wochenfrist aber auf jeden Fall die Versetzung oder Einstellung durchführen kann, hat § 100 nur noch Bedeutung für Fälle, in denen der Arbeitgeber die Maßnahme vor Ablauf der Wochenfrist bzw. abschließender Stellungnahme des Betriebsrates durchführen will. Da die Maßnahme nach Ablauf der Wochenfrist auf jeden Fall durchgeführt werden kann, sind bei tendenzbezogenen personellen Einzelmaßnahmen besonders strenge Anforderungen an die Voraussetzung zu stellen, dass die vorläufige Durchführung aus sachlichen Gründen dringend erforderlich ist (*BAG* 8.5.1990 EzA § 118 BetrVG 1972 Nr. 52). Beachtet der Arbeitgeber auch dieses eingeschränkte Be-

I. Betriebsverfassungsrecht

teiligungsrecht nicht, kann der Betriebsrat bei einer unterlassenen oder nicht ordnungsgemäßen Unterrichtung nach § 101 BetrVG die Aufhebung der personellen Einzelmaßnahme verlangen (*BAG* 1.9.1987 EzA § 118 BetrVG 1972 Nr. 40). Ein Zustimmungsverweigerungsrecht besteht auch dann nicht, wenn der Betriebsrat zu einer Einstellung oder Versetzung seine Zustimmung mit einer tendenzneutralen Begründung verweigern will (*BAG* 27.7.1993 EzA § 118 BetrVG 1972 Nr. 61). Streiten Arbeitgeber und Betriebsrat anlässlich einer Einstellung oder Versetzung, zu der der Betriebsrat seine Zustimmung verweigert hat, darüber, ob die Maßnahme nach § 118 Abs. 1 BetrVG der Zustimmung des Betriebsrates bedarf oder nicht, so ist der Arbeitgeber nicht gehalten, diesen Streit in einem Zustimmungsersetzungsverfahren nach § 99 Abs. 4 BetrVG entscheiden zu lassen. Hierüber ist vielmehr im Aufhebungsverfahren nach § 101 BetrVG zu entscheiden (*BAG* 1.9.1987 EzA § 118 BetrVG 1972 Nr. 41). Der Tendenzcharakter eines Unternehmens oder Betriebes schließt das Mitbestimmungsrecht des Betriebsrates bei Ein- und Umgruppierungen nicht aus, da es um ein reines Mitbeurteilungsrecht geht (*BAG* 3.12.1985 EzA § 99 BetrVG 1972 Nr. 52; 31.5.1983 EzA § 118 BetrVG 1972 Nr. 36).

229 Bei der **Kündigung eines Tendenzträgers** in einem Tendenzunternehmen muss der Betriebsrat nach § 102 Abs. 1 BetrVG unter Mitteilung der Kündigungsgründe gehört werden, auch wenn die Kündigung aus tendenzbedingten Gründen erfolgt (*BAG* 7.11.1975 EzA § 118 BetrVG 1972 Nr. 9). Nach Auffassung des *BAG* (7.11.1975 EzA § 118 BetrVG 1972 Nr. 9; s. a. *BVerfG* 6.11.1979 EzA § 118 BetrVG 1972 Nr. 23) ist der Betriebsrat im Hinblick auf die tendenzbedingten Motive darauf beschränkt, soziale Gesichtspunkte geltend zu machen. Nach anderer Auffassung beeinträchtigt erst ein eventueller, durch den Widerspruch des Betriebsrats ausgelöster Weiterbeschäftigungsanspruch die Tendenzverwirklichung, sodass nur ein solcher, nicht aber das Widerspruchsrecht des Betriebsrates aus allen in § 102 Abs. 3 BetrVG genannten Gründen ausgeschlossen ist (MünchArbR/*Matthes* § 365 Rz. 28).

230 Inwieweit der besondere Kündigungsschutz für Betriebsratsmitglieder nach § 15 Abs. 1 KSchG, § 103 BetrVG bei einer Kündigung eines Betriebsratsmitgliedes oder sonstigen geschützten Funktionsträgers, der zugleich Tendenzträger ist, in einem Tendenzunternehmen eingeschränkt ist, wird kontrovers diskutiert. § 15 KSchG verbietet jedenfalls solche ordentlichen Kündigungen, die ein Tendenzunternehmen gegenüber einem dem Betriebsrat angehörenden Tendenzträger wegen nicht tendenzbezogener Leistungsmängel erklärt (*BAG* 3.11.1982 EzA § 15 KSchG n. F. Nr. 28). Zum Teil (KR-*Etzel* § 103 BetrVG Rz. 16 a) wird die Ansicht vertreten, dass § 15 Abs. 1 KSchG uneingeschränkt Anwendung findet, zum Teil (*Hanau* AR-Blattei Anm. zu Betriebsverfassung VIIII Entsch. 55) soll bei einer ordentlichen, auf tendenzbedingte Gründe gestützten Kündigung nur eine Anhörungsverpflichtung gegenüber dem Betriebsrat bestehen. Im Falle einer außerordentlichen Kündigung von tendenztragenden Betriebsratsmitgliedern wird ebenfalls zum Teil (MünchArbR/*Matthes* § 365 Rz. 31; *Wedde* DKK § 118 Rz. 100; *LAG Hamm* 1.7.1992 LAGE § 118 BetrVG 1972 Nr. 17) eine uneingeschränkte Anwendung von § 103 BetrVG befürwortet, zum Teil (KR-*Etzel* § 103 BetrVG Rz. 16) nur eine Anhörung des Betriebsrates, nicht aber dessen Zustimmung oder eine sie ersetzende gerichtliche Entscheidung für erforderlich gehalten. § 118 Abs. 1 BetrVG steht der Anwendung von § 78 a BetrVG grds. nicht entgegen. Sofern die Begründung eines Arbeitsverhältnisses die Tendenzverwirklichung beeinträchtigt, kann dies vom Arbeitgeber im Verfahren nach § 78 a Abs. 4 BetrVG geltend gemacht und im Rahmen der Zumutbarkeitsprüfung berücksichtigt werden (*BAG* 23.6.1983 EzA § 78 a BetrVG 1972 Nr. 11).

I. Betriebsverfassungsrecht

cccc) **Soziale Angelegenheiten**
Eine Einschränkung des Mitbestimmungsrechts in sozialen Angelegenheiten kommt 231
nur in Ausnahmefällen in Betracht, da es hier meist um den wertneutralen Arbeitsablauf des Betriebes geht (*BAG* 13.2.1990 EzA § 118 BetrVG 1972 Nr. 51). Einschränkungen können sich aber insbesondere im Hinblick auf Arbeitszeitregelungen für Tendenzträger ergeben, wenn Arbeitszeitfragen nicht nur den technisch-organisatorischen Ablauf des Arbeitsprozesses betreffen, sondern auch einen Bezug zur Tendenzverwirklichung des Unternehmens haben. § 118 Abs. 1 BetrVG steht daher einem Mitbestimmungsrecht bei der Entscheidung des Trägers einer Privatschule als Tendenzunternehmen entgegen, im Rahmen eines Ganztagsschulbetriebes Lehrer an den Nachmittagen zu Unterrichts- und Betreuungsstunden heranzuziehen (*BAG* 13.1.1987 EzA § 118 BetrVG 1972 Nr. 39). Auch die Entscheidung einer karitativen Einrichtung, etwa eines Dialysezentrums, die angebotenen Leistungen durchgehend und nicht nur zu bestimmten Zeiten anzubieten, unterliegt nicht der Mitbestimmung des Betriebsrates, anders als die Aufstellung der jeweiligen Dienstpläne (*BAG* 18.4.1989 EzA § 76 BetrVG 1972 Nr. 48). Im Bereich von Funk und Presse führt die Tatsache, dass die Aktualität einer Berichterstattung auch von der Lage der Arbeitszeit derjenigen Arbeitnehmer abhängt, die an dieser Berichterstattung mitwirken, nicht von vornherein zu einem Ausschluss des Mitbestimmungsrechts des Betriebsrates nach § 87 Abs. 1 Nr. 2 BetrVG. Erst die konkrete mitbestimmte Regelung über die Lage der Arbeitszeit, die eine aktuelle Berichterstattung ernsthaft gefährdet oder unmöglich macht, ist von diesem Mitbestimmungsrecht des Betriebsrates nicht mehr gedeckt und damit unwirksam (*BAG* 11.2.1992 EzA § 118 BetrVG 1972 Nr. 60; *BVerfG* 15.12.1999 EzA § 118 BetrVG 1972 Nr. 71). Die Aktualität der Berichterstattung wird ebenfalls nicht beeinträchtigt, wenn der Betriebsrat bei der Dauer der Arbeitszeit der Redakteure an einzelnen Arbeitstagen, nicht aber bei Beginn und Ende der Arbeitszeit und der Festlegung der einzelnen Arbeitstage mitbestimmt (*BAG* 30.10.1990 EzA § 118 BetrVG 1972 Nr. 50). Selbst wenn aber für Redakteure in einer Betriebsvereinbarung Beginn und Ende der täglichen Arbeitszeit sowie die Verteilung der Arbeitszeit auf die einzelnen Wochentage geregelt wird, steht dem § 118 Abs. 1 BetrVG dann nicht entgegen, wenn die Betriebsvereinbarung die für die Aktualität der Berichterstattung relevanten Entscheidungen des Arbeitgebers (Redaktionsschluss, Lage und Dauer von Redaktionskonferenzen, Besetzung der Redaktionen u. a.) als Vorgabe zu Grunde legt und sichergestellt ist, dass die Arbeitszeitregelung auch künftigen Tendenzentscheidungen nicht entgegensteht (*BAG* 14.1.1992 EzA § 118 BetrVG 1972 Nr. 59). Ist eine Arbeitszeitregelung mit dem Arbeitgeber vereinbart, ist diese in jedem Fall wirksam, da sie auch vom Willen des Tendenzunternehmens mitgetragen ist (MünchArbR/*Matthes* § 365 Rz. 38). Eine Einschränkung der Mitbestimmung kann sich auch bei Fragen der betrieblichen Lohngestaltung ergeben, wenn diese besonderen Tendenzbezug hat, etwa wenn eine Entgeltform gerade die Tendenz fördern soll, wie z. B. bei Zulagen für besondere Leistungen bei der Tendenzverwirklichung (*BAG* 13.2.1990 EzA § 118 BetrVG 1972 Nr. 51; 31.1.1984 EzA § 87 BetrVG 1972 Betriebliche Lohngestaltung Nr. 8).
In der Literatur wird zum Teil (*Weber* NZA-Beilage 3/1989, S. 5) eine Einschränkung 232
der Mitbestimmungsrechte des Betriebsrates bei Fragen der Ordnung des Betriebes und des Verhaltens der Arbeitnehmer (§ 87 Abs. 1 Nr. 1 BetrVG) für erforderlich gehalten, wenn tendenzbedingte Gründe ausschlaggebend sind. Beispiele werden insoweit nicht genannt.

I. Betriebsverfassungsrecht

II. Der Betriebsrat

1. Die Wahl des Betriebsrats

a) Zeitpunkt der Wahl

aa) Regelmäßige Betriebsratswahlen

233 Besteht in einem betriebsratsfähigen Betrieb noch kein Betriebsrat, so ist die Wahl jederzeit möglich, § 13 Abs. 2 Nr. 6 BetrVG. Besteht dagegen ein Betriebsrat, so finden die regelmäßigen Wahlen zwischen dem 1.3. und dem 31.5. statt, § 13 Abs. 1 BetrVG.

234 Findet eine regelmäßige Wahl vor dem 1.3. des Wahljahres statt, ohne dass ein Grund nach § 13 Abs. 2 BetrVG für vorgezogene außerordentliche Betriebsratswahlen vorliegt, ist die Wahl auf Grund eines groben und offensichtlichen Verstoßes gegen wesentliche Wahlvorschriften nichtig (*BAG* 11.4.1978 EzA § 19 BetrVG 1972 Nr. 17). Eine Wahl nach dem 31.5. berührt deren Wirksamkeit nicht.

235 Vielmehr endet die Amtszeit des bisherigen Betriebsrats mit dem 31.5., sodass der Betrieb ab diesem Zeitpunkt betriebsratslos ist. Nach § 13 Abs. 2 Nr. 6 BetrVG ist dann eine außerordentliche Betriebswahl zulässig. Die regelmäßigen Betriebsratswahlen sind nach § 13 Abs. 1 BetrVG, § 5 Abs. 1 SprAuG zeitgleich mit der Wahl des Sprecherausschusses für leitende Angestellte einzuleiten. Ein Verstoß gegen dieses Gebot zeitgleicher Wahleinleitung führt weder zur Nichtigkeit noch zur Anfechtbarkeit der Wahl (GK-BetrVG/*Kreutz* § 13 Rz. 25). Wird der andere Wahlvorstand jedoch nicht rechtzeitig bestellt oder tätig, hat die Verpflichtung zur Durchführung der eigenen Wahl Vorrang (MünchArbR/*Joost* § 304 Rz. 7),

bb) Außerordentliche Betriebsratswahlen, § 13 Abs. 2 BetrVG

236 Außerhalb des Zeitraums für regelmäßige Wahlen kann ein Betriebsrat nur in den in § 13 Abs. 2 BetrVG genannten Fällen im Rahmen einer außerordentlichen Betriebsratswahl gewählt werden. Die Regelung ist zwingend und abschließend (GK-BetrVG/*Kreutz* § 13 Rz. 8, 28).

Insbesondere folgt daraus, dass ein konstruktives Misstrauensvotum gegen den Betriebsrat durch Abwahl im Rahmen einer vorgezogenen Neuwahl nicht möglich ist (MünchArbR/*Joost* § 304 Rz. 9).

(1) Nr. 1: Wesentliche Änderung der Zahl der Beschäftigten

237 Der Betriebsrat ist neu zu wählen, wenn die Zahl der regelmäßig beschäftigten Arbeitnehmer mit Ablauf von 24 Monaten seit dem Tag der Wahl, d. h. bei mehreren Wahltagen der letzte Tag der Stimmabgabe (GK-BetrVG/*Kreutz* § 13 Rz. 39), um die Hälfte, mindestens aber um fünfzig, gestiegen oder gesunken ist. Für die Fristberechnung gelten § 187 Abs. 1, § 188 Abs. 2 BGB. Ist z. B. am 15.3. gewählt worden, so kommt es auf die Zahl der Arbeitnehmer am 15.3. des übernächsten Jahres an. Frühere, aber wie Stichtag nicht mehr vorhandene Veränderungen bleiben ebenso außer Betracht wie Veränderungen, die erst nach dem Stichtag eintreten (*Richardi* § 13 Rz. 19; GK-BetrVG/*Kreutz* § 13 Rz. 37).

I. Betriebsverfassungsrecht

(2) Nr. 2: Zu geringe Zahl von Betriebsratsmitgliedern
Der Betriebsrat ist ferner dann neu zu wählen, wenn die Gesamtzahl der Betriebsrats- 238
mitglieder nach Eintreten sämtlicher Ersatzmitglieder unter die nach §§ 9, 11 BetrVG
vorgeschriebene Zahl von Betriebsratsmitgliedern gesunken ist. Die Neuwahl ist aber
ausgeschlossen, solange noch Ersatzmitglieder in den Betriebsrat nachrücken können. Die Reihenfolge des Nachrückens richtet sich nach § 25 BetrVG. Bei Erschöpfung einer Liste ist auf ein Ersatzmitglied anderer Listen zurückzugreifen.

(3) Nr. 3: Rücktritt des Betriebsrats
Der Rücktritt setzt einen von der Mehrheit der gesetzlichen Mitglieder des Betriebs- 239
rats gefassten Beschluss voraus. Die Gründe für den Rücktritt (z. B. Herbeiführung
von Neuwahlen, Protest) sind belanglos und gerichtlich nicht überprüfbar (*BAG*
3.4.1979 EzA § 40 BetrVG 1972 Nr. 45). Der Beschluss beendet das Amt des Betriebsrates auch hinsichtlich der Mitglieder, die gegen den Beschluss gestimmt haben. Vom
Rücktritt des Betriebsrates ist daher die sog. Amtsniederlegung einzelner Betriebsratsmitglieder zu unterscheiden: Legen alle Betriebsratsmitglieder gem. § 24 Abs. 1
Nr. 2 BetrVG ihre Ämter nieder, besteht der Betriebsrat als solcher fort und es erlischt
nur das persönliche Amt der Betroffenen, für die dann Ersatzmitglieder nachrücken
(MünchArbR/*Joost* § 304 Rz. 21; GK-BetrVG/*Kreutz* § 13 Rz. 69).

(4) Nr. 4: Erfolgreiche Anfechtung der Betriebsratswahl
Bei erfolgreicher Wahlanfechtung im Verfahren nach § 19 BetrVG endet das Amt des 240
Betriebsrates mit Rechtskraft des gerichtlichen Beschlusses. Der Beschluss muss die
gesamte Betriebsratswahl für unwirksam erklären, da bei erfolgreicher Anfechtung
nur der Wahl eines oder mehrerer Betriebsratsmitglieder der Betriebsrat als solcher
im Amt bleibt. Beschließt der Betriebsrat vor Rechtskraft des Anfechtungsbeschlusses
seinen Rücktritt (§ 13 Abs. 2 Nr. 3 BetrVG), verliert er gleichwohl mit Rechtskraft des
Beschlusses die Befugnis zur vorläufigen Fortführung der Geschäfte nach § 22
BetrVG (*BAG* 29.5.1991 EzA § 4 BetrVG 1972 Nr. 6).

(5) Nr. 5: Auflösung durch gerichtliche Entscheidung
Der Betriebsrat ist ferner neu zu wählen, wenn der bisherige Betriebsrat wegen grober 241
Verletzung gesetzlicher Pflichten durch rechtskräftigen gerichtlichen Beschluss in
einem Verfahren nach § 23 Abs. 1 BetrVG aufgelöst wird. Eine Fortführung der Geschäfte bis zur Neuwahl ist nach § 22 BetrVG nicht möglich.

(6) Nr. 6: Nichtbestehen eines Betriebsrates
Ein Betriebsrat kann in einem betriebsratsfähigen Betrieb immer dann auch außer- 242
halb der regulären Wahlzeit gewählt werden, wenn ein Betriebsrat bisher nicht besteht, z. B. dann, wenn ein Betriebsteil auf einen anderen Inhaber übertragen wird,
der diesen als selbstständigen Betrieb fortführt (*BAG* 23.11.1988 EzA § 102 BetrVG
1972 Nr. 72).

cc) Streitigkeiten
Über alle sich aus § 13 BetrVG ergebenden Streitigkeiten entscheidet das Arbeitsge- 243
richt im Beschlussverfahren, §§ 2 a Abs. 1, Abs. 2, 80 ff. ArbGG.

I. Betriebsverfassungsrecht

b) Aktives und passives Wahlrecht

244 Das aktive Wahlrecht richtet sich nach § 7 BetrVG, das passive Wahlrecht nach § 8 BetrVG. Zum aktiven und passiven Wahlrecht s. o. I/Rz. 136 ff., 163 ff.

c) Wahlverfahren; reguläres oder vereinfachtes Wahlverfahren

245 Einleitung und Durchführung der Wahl und die Feststellung des Wahlergebnisses obliegen dem Wahlvorstand, § 18 Abs. 1 BetrVG.

Neben den maßgeblichen Bestimmungen des BetrVG ist das Wahlverfahren im Einzelnen in der Wahlordnung (WO) geregelt.

Seit dem BetrVerf-ReformG vom 23.7.2001 (BGBl. I S. 1852 ff.) unterscheidet das BetrVG zwischen regulärem Wahlverfahren (s. u. I/Rz. 246 ff.) und vereinfachtem Wahlverfahren (s. u. I/Rz. 325 ff.), vgl. § 14 a BetrVG.

246 Das **reguläre** Wahlverfahren findet zwingend Anwendung in Betrieben mit i. d. R. mehr als 100 wahlberechtigten Arbeitnehmern. Es ist regelmäßig auch anzuwenden in Betrieben mit i. d. R. 51–100 wahlberechtigten Arbeitnehmern. Das *vereinfachte* Wahlverfahren findet zwingend Anwendung bei Betrieben mit i. d. R. 5–50 wahlberechtigten Arbeitnehmern, § 14 a Abs. 1 S. 1 BetrVG. Es kann in Betrieben mit i. d. R. 51–100 wahlberechtigten Arbeitnehmern Anwendung finden, wenn seine Anwendung zwischen Wahlvorstand und Arbeitgeber vereinbart wird, § 14 a Abs. 5 BetrVG.

d) Das reguläre Wahlverfahren

aa) Bestellung des Wahlvorstandes

(1) Bei Bestehen eines Betriebsrates

247 Besteht in einem Betrieb bereits ein Betriebsrat, hat dieser nach § 16 Abs. 1 BetrVG spätestens zehn Wochen vor Ablauf seiner Amtszeit einen Wahlvorstand zu bestellen. Besteht acht Wochen vor Ablauf der Amtszeit des amtierenden Betriebsrats kein Wahlvorstand, so kann er auch durch den Gesamtbetriebsrat oder, falls ein solcher nicht besteht durch den Konzernbetriebsrat bestellt werden, § 16 Abs. 3 BetrVG. Ferner besteht in diesem Fall auch die Möglichkeit, dass der Wahlvorstand durch das Arbeitsgericht bestellt wird (s. u. I/Rz. 260 ff.).

248 Bestellung des Wahlvorstandes bedeutet die Entscheidung durch Beschluss des Betriebsrats (§ 33 BetrVG), dass der Wahlvorstand gebildet wird, wie viele und welche Mitglieder er haben und wer sein Vorsitzender sein soll; hinzukommen muss die Zustimmung der Betroffenen.
Bestellt werden können auch Mitglieder des noch amtierenden Betriebsrats sowie potenzielle Wahlbewerber und Unterzeichner von Wahlvorschlägen (*BAG* 12.10.1976 EzA § 8 BetrVG 1972 Nr. 2; GK-BetrVG/*Kreutz* § 16 Rz. 29). Der Wahlvorstand besteht aus zumindest drei wahlberechtigten Arbeitnehmern. Möglich ist auch die Bestellung eines stellvertretenden Vorsitzenden und von Ersatzmitgliedern (GK-BetrVG/*Kreutz* § 16 Rz. 25).

I. Betriebsverfassungsrecht

Soweit dies zur ordnungsgemäßen Durchführung der Wahl erforderlich ist, können auch mehr als drei Mitglieder, stets aber eine ungerade Zahl bestellt werden. Die Frage der Erforderlichkeit unterliegt dabei arbeitsgerichtlicher Kontrolle im Beschlussverfahren (GK-BetrVG/*Kreutz* § 16 Rz. 33; *Richardi* § 16 Rz. 8; *Schlochauer* HSG § 16 Rz. 11). Hierbei ist zu berücksichtigen, dass der Wahlvorstand nach § 1 Abs. 2 WO Wahlhelfer zu seiner Unterstützung heranziehen kann. 249

Eine Erhöhung kommt insbesondere in Betracht, wenn in größeren Betrieben die Einrichtung von mehr als drei Wahlräumen notwendig ist, in denen gleichzeitig gewählt wird, da nach § 12 Abs. 2 WO während der Stimmabgabe ständig mindestens ein Mitglied des Wahlvorstandes anwesend sein muss (GK-BetrVG/*Kreutz* § 16 Rz. 33). 250

Sinkt infolge des Ausscheidens von Mitgliedern und weil keine Ersatzmitglieder mehr vorhanden sind, die Zahl der Wahlvorstandsmitglieder unter drei, so hat der Betriebsrat unverzüglich Ersatzmitglieder zu bestellen (*BAG* 14.12.1965 AP Nr. 5 zu § 16 BetrVG). Bleibt der Beriebsrat untätig, kann eine Ergänzung durch das Arbeitsgericht in entsprechender Anwendung des § 16 Abs. 2 BetrVG vorgenommen werden (GK-BetrVG/*Kreutz* § 16 Rz. 42). Auch dürfte in entsprechender Anwendung des § 16 Abs. 3 BetrVG eine Ergänzung durch den Gesamt- bzw. Konzernbetriebsrat in Betracht kommen. 251

Gem. § 16 Abs. 1 S. 5 BetrVG sollen dem Wahlvorstand dann, wenn dem Betrieb wahlberechtigte Frauen und Männer angehören, beide Geschlechter im Wahlvorstand vertreten sein. Ein Verstoß hiergegen begründet aber nicht die Anfechtbarkeit der Wahl, da es sich nicht um eine wesentliche Vorschrift über das Wahlverfahren i. S. d. § 19 Abs. 1 BetrVG handelt (GK-BetrVG/*Kreutz* § 16 Rz. 36). 252

Nach § 16 Abs. 1 S. 6 BetrVG kann jede im Betrieb vertretene **Gewerkschaft**, die nicht bereits im Wahlvorstand durch ein Mitglied vertreten ist, ein nicht stimmberechtigtes Mitglied, das nicht Funktionsträger der Gewerkschaft (vgl. *Engels/Natter* BB Beil. 1/1989, S. 1, 20; GK-BetrVG/*Kreutz* § 16 Rz. 46), aber wahlberechtigter Arbeitnehmer des Betriebs sein muss, in den Wahlvorstand entsenden. Das Entsenderecht setzt voraus, dass der Wahlvorstand bereits bestellt ist, da nur dann feststeht, ob die Gewerkschaft bereits durch ein Mitglied vertreten ist. War zunächst kein Mitglied der Gewerkschaft in den Wahlvorstand bestellt worden, scheidet das von der Gewerkschaft nach § 16 Abs. 1 S. 6 BetrVG entsandte nicht stimmberechtigte Mitglied dann aus, wenn durch das Nachrücken eines Ersatzmitgliedes die vorher nicht vertretene Gewerkschaft nunmehr ein Mitglied im Wahlvorstand hat (GK-BetrVG/*Kreutz* § 16 Rz. 44). Das gewerkschaftliche Entsenderecht ist zwingend. § 16 Abs. 1 S. 6 BetrVG ist daher wesentliche Vorschrift über das Wahlverfahren i. S. d. § 19 Abs. 1 BetrVG. Gleichwohl ist streitig, ob die unberechtigte Zurückweisung des von einer Gewerkschaft Entsandten durch den Wahlvorstand oder eine wegen Nicht-Vorliegens der Voraussetzungen des § 16 Abs. 1 S. 6 BetrVG unberechtigte Beteiligung des gewerkschaftlich Entsandten die Anfechtbarkeit der Wahl begründen kann, weil fraglich ist, ob die Mitwirkung oder Nichtmitwirkung stimmrechtsloser Wahlvorstandsmitglieder für das Wahlergebnis kausal i. S. d. § 19 Abs. 1 BetrVG sein kann (*FKHE* § 16 Rz. 40; *Schneider* DKK § 16 Rz. 22). 253

I. Betriebsverfassungsrecht

(2) **Bei betriebsratslosen Betrieben**

254   In einem beriebsratsfähigen, aber betriebsratslosen Betrieb obliegt die Bestellung des Wahlvorstandes dem Gesamtbetriebsrat oder, wenn ein solcher nicht besteht, dem Konzernbetriebsrat., § 17 Abs. 1 BetrVG. Besteht auch kein Gesamt- oder Konzernbetriebsrat oder kommen diese Gremien ihrer Pflicht zur Bestellung des Wahlvorstandes nicht nach, wird gem. § 17 Abs. 2 BetrVG der Wahlvorstand in einer Betriebsversammlung von der Mehrheit der anwesenden Arbeitnehmer gewählt. Findet trotz Einladung keine derartige Betriebsversammlung statt oder wird auf ihr kein Wahlvorstand gewählt, kann eine arbeitsgerichtliche Einsetzung des Wahlvorstandes beantragt werden, § 17 Abs. 4 BetrVG (s. u. I/Rz. 263).

Einladungsberechtigt zu einer Betriebsversammlung nach § 17 Abs. 2 BetrVG sind nach § 17 Abs. 3 BetrVG drei wahlberechtigte Arbeitnehmer oder eine im Betrieb vertretene Gewerkschaft. Diese Aufzählung ist nicht abschließend, sodass einladungsberechtigt auch der Arbeitgeber (*BAG* 19.3.1974 EzA § 17 BetrVG 1972 Nr. 1) sowie der Betriebsrat durch die Einberufung einer Betriebsversammlung gem. § 43 Abs. 1 BetrVG zur Wahl eines Wahlvorstandes für einen Termin nach Ablauf seiner Amtszeit (GK-BetrVG/*Kreutz* § 17 Rz. 22) sind. Erfolgt die Einladung durch drei wahlberechtigte Arbeitnehmer, so besteht für diese vom Zeitpunkt der Einladung bis zur Bekanntgabe des Wahlergebnisses oder, falls ein Betriebsrat in der Folge nicht gewählt wird, für drei Monate ab Einladung ein Schutz vor ordentlichen Kündigungen nach § 15 Abs. 3 a KSchG (s. o. D/Rz. 350).

255   Eine besondere Form der Einladung sieht das Gesetz nicht vor. Sie muss aber Zeit, Ort und Gegenstand der Betriebsversammlung sowie die Einladenden angeben.

Die Einladung muss so bekannt gemacht werden, dass alle Arbeitnehmer des Betriebes hiervon Kenntnis nehmen können. Fehlt es hieran und haben die Arbeitnehmer auch nicht auf andere Weise tatsächlich hiervon erfahren und kann durch das Fernbleiben der nicht unterrichteten Arbeitnehmer das Wahlergebnis beeinflusst werden, ist die Wahl des Wahlvorstandes nichtig (*BAG* 7.5.1986 EzA § 17 BetrVG 1972 Nr. 5) und damit auch die von diesem Wahlvorstand durchgeführte Betriebsratswahl (GK-BetrVG/*Kreutz* § 17 Rz. 24).

Der Arbeitgeber ist verpflichtet, allen regelmäßig auswärts beschäftigten Arbeitnehmern eine Einladung zu einer Betriebsversammlung zum Zweck der Wahl eines Wahlvorstandes für die erstmalige Wahl eines Betriebsrats zukommen zu lassen (*BAG* 26.2.1992 EzA § 17 BetrVG 1972 Nr. 6).

256   An der Versammlung können alle im Betrieb beschäftigten Arbeitnehmer mit Ausnahme der leitenden Angestellten teilnehmen. Strittig ist, ob der Arbeitgeber ein Teilnahmerecht hat (bejahend: *LAG Berlin* 10.2.1986 LAGE § 19 BetrVG 1972 Nr. 4; ablehnend: *ArbG Bielefeld* 23.6.1982 AuR 1983, 91; *Schneider* DKK § 17 Rz. 6). Soweit dieses bejaht wird, scheidet jedenfalls eine Vertretung des Arbeitgebers durch eine betriebsfremde Person, etwa einen Rechtsanwalt aus (GK-BetrVG/*Kreutz* § 17 Rz. 28).

257   Zweckmäßig, aber nicht erforderlich ist die förmliche Wahl eines Versammlungsleiters. Es genügt, wenn einer der einladenden Arbeitnehmer oder ein Beauftragter der einladenden Gewerkschaft die Versammlung eröffnet und die Wahl leitet. Denn für die Ordnungsmäßigkeit der Wahl ist es letztlich ohne Bedeutung, wer die Versamm-

lung geleitet hat. Maßgeblich ist, dass der Wahlvorstand von der Mehrheit der anwesenden Arbeitnehmer gewählt wird (*BAG* 7.5.1986 EzA § 17 BetrVG 1972 Nr. 5).
Nähere Vorschriften über das Wahlverfahren und den Abstimmungsmodus bestehen nicht. Gewählt wird mit der einfachen Mehrheit der Stimmen der anwesenden Arbeitnehmer. Stimmberechtigt sind auch die nicht wahlberechtigten Arbeitnehmer. Die Wahl kann durch Handzeichen erfolgen; eine geheime Wahl ist nicht erforderlich (*BAG* 7.5.1986 EzA § 17 BetrVG 1972 Nr. 5).
Gewählt sind in der Gemeinschaftswahl die Bewerber in der Reihenfolge der höchsten Stimmenzahlen. Der Wahlvorstand ist bestellt, wenn die Gewählten die Annahme der Wahl erklären.

(3) Bestellung des Wahlvorstandes durch das Arbeitsgericht
Das Gesetz sieht in vier Fällen die Bestellung eines Wahlvorstandes durch das Arbeitsgericht vor:
– Nichtbestellung eines Wahlvorstandes durch den Betriebsrat acht Wochen vor Ablauf der Amtszeit des Betriebsrats auf Antrag von drei wahlberechtigten Arbeitnehmern oder einer im Betrieb vertretenen Gewerkschaft, § 16 Abs. 2 BetrVG.
– Trotz Einladung zu einer Betriebsversammlung i. S. d. § 17 Abs. 2 BetrVG zur Wahl eines Wahlvorstandes (s. o. I/Rz. 254) findet eine solche Betriebsversammlung entweder nicht statt oder auf der Versammlung wird kein Wahlvorstand gewählt, auf Antrag von drei wahlberechtigten Arbeitnehmern oder einer im Betrieb vertretenen Gewerkschaft, § 17 Abs. 4 i. V. m. § 16 Abs. 2 BetrVG.
– Nichtdurchführung einer Wahlversammlung trotz Einladung im vereinfachten Wahlverfahren oder auf der Wahlversammlung wird kein Wahlvorstand gewählt auf Antrag von drei wahlberechtigten Arbeitnehmern oder einer im Betrieb vertretenen Gewerkschaft, § 17 a Nr. 4 i. V. m. §§ 17 Abs. 4, 16 Abs. 2 BetrVG.
– Nach Auflösung des Betriebsrats wegen grober Verletzung gesetzlicher Pflichten i. S. d. § 23 Abs. 1 BetrVG von Amts wegen durch das Gericht 1. Instanz nach Rechtskraft des Auflösungsbeschlusses, § 23 Abs. 2 i. V. m. § 16 Abs. 2 BetrVG.

aaa) § 16 Abs. 2 BetrVG

Der Antrag kann erst nach Eintritt des in § 16 Abs. 2 BetrVG genannten Zeitpunkts (acht Wochen vor Ablauf der Amtszeit) gestellt werden. Zu beachten ist jedoch, dass der Betriebsrat nach diesem Zeitpunkt, jedoch noch vor Ablauf seiner Amtszeit wegen der Subsidiarität des gerichtlichen Bestellungsverfahrens den Wahlvorstand noch solange bestellen kann, bis eine eventuell beantragte Bestellung eines Wahlvorstandes durch das Arbeitsgericht gem. § 16 Abs. 2 BetrVG rechtskräftig geworden ist (vgl. *BAG* 19.3.1974 EzA § 17 BetrVG 1972 Nr. 1). Gleiches dürfte für die bei Untätigkeit des Betriebsrats nach § 16 Abs. 3 BetrVG mögliche Bestellung des Wahlvorstandes durch den Gesamt- bzw. Konzernbetriebsrat gelten.

Ist die Amtszeit des Betriebsrats allerdings abgelaufen, so besteht er nicht mehr und kann auch den Wahlvorstand nicht mehr wirksam bestellen (*BAG* 14.11.1975 EzA § 16 BetrVG 1972 Nr. 4). In diesem Fall geht die Zuständigkeit zur Bestellung des Wahlvorstandes gem. § 17 Abs. 1 BetrVG sofern vorhanden auf den Gesamt- bzw. Konzernbetriebsrat, andernfalls auf die Betriebsversammlung nach § 17 Abs. 2 BetrVG über. Das Recht zur Anrufung des Arbeitsgerichts besteht neben der Befugnis

I. Betriebsverfassungsrecht

des Gesamt- bzw. Konzernbetriebsrats zur Bestellung des Wahlvorstandes nach § 16 Abs. 3 (vgl. Begründung zum Regierungsentwurf, BT-Drs. 14/5741, S. 38).

262 Ein Antrag von mindestens drei wahlberechtigten Arbeitnehmern – dem Arbeitgeber steht insoweit ein Antragsrecht nicht zu – führt nur dann zur Bestellung eines Wahlvorstandes durch das Arbeitsgericht, wenn während der gesamten Dauer des Verfahrens drei wahlberechtigte Arbeitnehmer ihren Antrag verfolgen; nicht ausreichend ist es, dass ein Antrag einmal wirksam gestellt worden ist. Da nach der Rechtsprechung des *BAG* (14.2.1978 EzA § 19 BetrVG 1972 Nr. 16; 21.11.1975 EzA § 118 BetrVG 1972 Nr. 11) die Antragsberechtigung eine Verfahrensvoraussetzung des Beschlussverfahrens ist, ist maßgeblicher Zeitpunkt der der letzten mündlichen Anhörung in der Rechtsbeschwerdeinstanz. Scheidet einer von nur drei Antragstellern aus dem Betrieb aus oder nimmt er seinen Antrag zurück, so darf das Arbeitsgericht keinen Wahlvorstand bestellen. An seine Stelle kann aber, weil eine Anfechtungsfrist insoweit nicht besteht (anders im Verfahren nach § 19 BetrVG im Hinblick auf die dort bestehende Anfechtungsfrist, vgl. *BAG* 12.2.1985 EzA § 19 BetrVG Nr. 21), ein anderer Wahlberechtigter durch seine nachträgliche Antragstellung treten, soweit dies vor Ablauf der Amtszeit des Betriebsrats erfolgt (GK-BetrVG/*Kreutz* § 16 Rz. 63). Die Bestellung durch das Arbeitsgericht wird erst mit Rechtskraft des Beschlusses wirksam.

bbb) § 17 Abs. 4 i. V. m. § 16 Abs. 2 BetrVG

263 Die Bestellung eines Wahlvorstandes durch das Arbeitsgericht gem. § 17 Abs. 4 BetrVG hat nur subsidiäre Bedeutung. Durch die Anrufung des Arbeitsgerichts geht der Betriebsversammlung das ihr nach § 17 Abs. 2 BetrVG zustehende Recht, einen Wahlvorstand zu wählen, jedenfalls so lange nicht verlustig, als eine rechtskräftige Entscheidung noch nicht vorliegt (*BAG* 19.3.1974 EzA § 17 BetrVG 1972 Nr. 1). Entsprechendes dürfte für das Recht zur Bestellung des Wahlvorstandes durch den Gesamt- bzw. Konzernbetriebsrat nach § 17 Abs. 1 BetrVG gelten.

> Die gerichtliche Bestellung eines Wahlvorstandes für die erstmalige Wahl eines Betriebsrats nach § 17 Abs. 4 BetrVG setzt jedenfalls grds. voraus, dass zuvor eine ordnungsgemäße Einladung zu einer Betriebsversammlung nach § 17 Abs. 3 BetrVG erfolgt ist. Von dieser Voraussetzung kann auch dann nicht abgesehen werden, wenn der Arbeitgeber sich weigert, eine ihm obliegende, zur Bewirkung der Einladung notwendige Mitwirkungshandlung vorzunehmen (*BAG* 26.2.1992 EzA § 17 BetrVG 1972 Nr. 6).

ccc) § 17 a Nr. 4 BetrVG i. V. m. §§ 17 Abs. 4, 16 Abs. 2 BetrVG

264 In entsprechender Anwendung des § 17 Abs. 4 BetrVG kann der Wahlvorstand durch das Arbeitsgericht bestellt werden, wenn im vereinfachten Wahlverfahren (§ 14 a BetrVG, s. u. I/Rz. 325 ff.) trotz Einladung zur Wahlversammlung keine Wahlversammlung stattfindet oder auf dieser kein Wahlvorstand gewählt wird.

ddd) § 23 Abs. 2 i. V. m. § 16 Abs. 2 BetrVG

265 Bei Auflösung des Betriebsrat durch Beschluss des Arbeitsgerichts sind außerordentliche Betriebsratswahlen durchzuführen, § 13 Abs. 2 Nr. 5 BetrVG. Gem. § 23 Abs. 2 BetrVG hat das Arbeitsgericht unverzüglich, d. h. ohne schuldhaftes Zögern, von Amts wegen einen Wahlvorstand einzusetzen. Zuständig ist das Arbeitsgericht I. In-

stanz, das aber erst nach Rechtskraft des Auflösungsbeschlusses tätig werden kann (GK-BetrVG/*Oetker* § 23 Rz. 117).

eee) Besonderheiten bei der arbeitsgerichtlichen Bestellung
Bei mehr als 20 wahlberechtigten Arbeitnehmern dürfen betriebsfremde Mitglieder einer im Betrieb vertretenen Gewerkschaft bestellt werden, wenn dies nach den konkreten Verhältnissen des einzelnen Betriebes erforderlich ist, insbesondere wenn nicht genügend Arbeitnehmer des Betriebes zur Übernahme des Wahlvorstandsamtes bereit oder in der Lage sind (*LAG Düsseldorf* 7.11.1974 DB 75 [260]; vgl. GK-BetrVG/*Kreutz* § 16 Rz. 68). In dem Antrag können Vorschläge für die Zusammensetzung des Wahlvorstandes gemacht werden, an die das Arbeitsgericht allerdings nicht gebunden ist (*Schlochauer* HSG § 16 Rz. 25). Im Falle des § 23 Abs. 2 BetrVG steht das Vorschlagsrecht dem Antragsteller des Auflösungsverfahrens, ggf. also auch dem Arbeitgeber zu (str., so z. B. GK-BetrVG/*Oetker* § 23 Rz. 119; **a. A.** z. B. *Trittin* DKK § 23 Rz. 64). Wird der Antrag auf gerichtliche Bestellung eines Wahlvorstandes durch Arbeitnehmer des Betriebs angebracht, so besteht für die ersten drei in der Antragstellung aufgeführten Arbeitnehmer vom Zeitpunkt der Antragstellung bis zur Bekanntgabe des Wahlergebnisses oder, falls ein Betriebsrat in der Folge nicht gewählt wird, für drei Monate ab Antragstellung ein Schutz vor ordentlichen Kündigungen nach § 15 Abs. 3 a KSchG (s. o. D/Rz. 315).

(4) Die Rechtsstellung des Wahlvorstandes und seiner Mitglieder

aaa) Unentgeltliches Ehrenamt, Vergütungsfortzahlung

Die Mitgliedschaft im Wahlvorstand ist ein unentgeltliches Ehrenamt. Besondere Vergütungen sind nach § 20 Abs. 2 BetrVG verboten. Soweit dies zur Betätigung im Wahlvorstand erforderlich ist, sind Wahlvorstandsmitglieder von ihrer beruflichen Tätigkeit zu befreien. Gem. § 20 Abs. 3 S. 2 BetrVG behalten betriebsangehörige Mitglieder des Wahlvorstandes den Anspruch auf das volle Arbeitsentgelt auch insoweit, als sie in Ausübung ihres Amtes Arbeitszeit versäumen.

Für die Höhe dieses Anspruchs gilt das sog. Lohnausfallprinzip, d. h. das Arbeitsentgelt ist so zu leisten, als wäre die Arbeitszeit nicht ausgefallen. Deshalb sind z. B. Überstunden, die ein Wahlvorstandsmitglied ohne seine Betätigung im Wahlvorstand geleistet hätte, auch dann zu vergüten, wenn es sich dabei nicht um regelmäßig anfallende Überstunden handelt (*BAG* 29.6.1988 EzA § 37 BetrVG 1972 Nr. 97). Der entsprechende Anspruch ist im arbeitsgerichtlichen Urteilsverfahren geltend zu machen (*BAG* 5.3.1974 EzA § 20 BetrVG 1972 Nr. 6). Für erforderliche Wahlvorstandstätigkeit, die aus betriebsbedingten Gründen außerhalb der Arbeitszeit zu leisten war, haben Wahlvorstandsmitglieder Ausgleichsansprüche in entsprechender Anwendung des § 37 Abs. 3 BetrVG (*BAG* 26.4.1995 EzA § 20 BetrVG 1972 Nr. 17).

bbb) Kündigungsschutz

Die Mitglieder des Wahlvorstandes genießen vom Zeitpunkt ihrer Bestellung an nach § 15 Abs. 3 KSchG, § 103 BetrVG einen besonderen Kündigungsschutz (s. o. D/Rz. 333 ff.).

I. Betriebsverfassungsrecht

ccc) **Schulungsveranstaltungen**

270 Zur Betätigung im Wahlvorstand kann auch die Teilnahme an einer Schulungsveranstaltung über die Wahlvorschriften, die Einleitung und Durchführung der Betriebsratswahl gehören. Im Rahmen der Erforderlichkeit sind Wahlvorstandsmitglieder hierfür von der Arbeitspflicht zu befreien.

271 Betriebsangehörige Mitglieder des Wahlvorstandes behalten nach § 20 Abs. 3 S. 2 BetrVG ihren Vergütungsanspruch, der im arbeitsgerichtlichen Urteilsverfahren geltend zu machen ist. Die übrigen Kosten einer erforderlichen Schulungsveranstaltung trägt im Rahmen des Erforderlichen ebenfalls der Arbeitgeber, da es sich um Kosten der Wahl, § 20 Abs. 3 S. 1 BetrVG, handelt. Hierüber ist im arbeitsgerichtlichen Beschlussverfahren zu entscheiden. Der Anspruch auf Vergütungsfortzahlung nach § 20 Abs. 3 BetrVG ist hingegen im Urteilsverfahren zu verfolgen.

272 Die Erforderlichkeit ist allein am konkreten Wissensstand des einzelnen Wahlvorstandsmitglieds im Hinblick auf die zur ordnungsgemäßen eigenverantwortlichen Durchführung der Betriebsratswahl notwendigen Kenntnisse zu messen (GK-BetrVG/*Kreutz* § 20 Rz. 60). Der halbtägige Besuch einer Schulungsveranstaltung durch ein erstmals bestelltes Mitglied eines Wahlvorstands kann dabei auch ohne nähere Darlegung des Fehlens ausreichender Kenntnisse der Wahlvorschriften als erforderlich angesehen werden (*BAG* 7.6.1984 EzA § 20 BetrVG 1972 Nr. 13).

ddd) **Aufwendungen**

273 Zu Aufwendungen des Wahlvorstandes und seiner Mitglieder s. u. I/Rz. 348 ff.

eee) **Beginn und Ende des Amtes des Wahlvorstandes und seiner Mitglieder**

274 Das Amt als Mitglied des Wahlvorstandes beginnt im Fall der Bestellung durch den Betriebsrat (bzw. Gesamt- oder Konzernbetriebsrat, §§ 16 Abs. 3, 17 Abs. 1 BetrVG) mit dessen Beschlussfassung, da die Zustimmung des Bestellten entsprechend § 184 Abs. 1 BGB auf diesen Zeitpunkt zurückwirkt. Das Amt des einzelnen Mitglieds endet bei Wegfall der Wahlberechtigung, insbesondere bei Ausscheiden aus dem Betrieb sowie bei Erlöschen des Amtes des gesamten Wahlvorstandes. Jedes Mitglied kann sein Amt aber auch niederlegen, eine Abberufung einzelner Mitglieder durch den (Gesamt-/Konzern-)Betriebsrat ist nicht möglich (GK-BetrVG/*Kreutz* § 16 Rz. 83 f.). Das Amt des Wahlvorstandes insgesamt endet mit der Einberufung des neu gewählten Betriebsrats zur konstituierenden Sitzung nach § 29 Abs. 1 S. 1 BetrVG (*BAG* 14.11.1975 EzA § 16 BetrVG 1972 Nr. 4). Vorher kann der wirksam bestellte Wahlvorstand nur durch gerichtliche Entscheidung gem. § 18 Abs. 1 S. 2 BetrVG durch einen anderen Wahlvorstand ersetzt werden (GK-BetrVG/*Kreutz* § 16 Rz. 79).

(5) **Rechtsschutz gegen Entscheidungen des Wahlvorstandes**

aaa) **Arbeitsgerichtliches Beschlussverfahren**

275 Nach allgemeiner Ansicht können fehlerhafte Einzelmaßnahmen, Entscheidungen und Unterlassungen des Wahlvorstandes bereits vor Abschluss des Wahlverfahrens gesondert im Beschlussverfahren vor dem Arbeitsgericht angegriffen werden, obwohl das BetrVG ein entsprechendes Verfahren nicht vorsieht (*BAG*

3.6.1975 EzA § 5 BetrVG 1972 Nr. 19; 15.12.1972 EzA § 14 BetrVG 1972 Nr. 1; 15.12.1972 EzA § 9 BetrVG 1972 Nr. 1).

Zum Antragsgegenstand kann auch ein Leistungsbegehren gemacht werden, wie z. B. das Begehren, einen zurückgewiesenen Wahlvorschlag anzunehmen oder einen Arbeitnehmer in die Wählerliste aufzunehmen (vgl. GK-BetrVG/*Kreutz* § 18 Rz. 67 zu weiteren Beispielen). Örtlich zuständig ist das Arbeitsgericht, in dessen Bezirk der Betrieb liegt.

Antragsberechtigt sind in entsprechender Anwendung des § 19 Abs. 2 S. 1 BetrVG der Arbeitgeber, jede im Betrieb vertretene Gewerkschaft und mindestens drei wahlberechtigte Arbeitnehmer (*BAG* 5.3.1974 EzA § 5 BetrVG 1972 Nr. 7). Ein einzelner Arbeitnehmer ist antragsberechtigt, wenn er durch eine Maßnahme des Wahlvorstandes unmittelbar in seinem aktiven oder passiven Wahlrecht betroffen wird (*BAG* 15.12.1972 EzA § 14 BetrVG 1972 Nr. 1). Entsprechend § 18 Abs. 2 BetrVG ist auch der Betriebsrat antragsberechtigt.

276

Beteiligungsbefugt (§ 83 Abs. 3 ArbGG) ist neben Antragsteller und Antragsgegner immer der Arbeitgeber. Eine im Betrieb vertretene Gewerkschaft, die nicht selbst Antragsteller ist, ist hingegen nur dann beteiligungsberechtigt, wenn ihr eigenes Wahlvorschlagsrecht nach § 14 Abs. 3, 5 BetrVG berührt ist. Ebenfalls besteht kein Beteiligungsrecht von drei beliebigen Wahlberechtigten, die nicht selbst Antragsteller sind. Antrags- und Beteiligungsbefugnis sind insoweit voneinander zu unterscheiden (GK-BetrVG/*Kreutz* § 18 Rz. 69; vgl. für den Fall der Wahlanfechtung *BAG* 19.9.1985 EzA § 19 BetrVG 1972 Nr. 22).

277

Das notwendige Rechtsschutzinteresse entfällt i. d. R. mit dem Abschluss des Wahlverfahrens, weil und soweit damit einzelne Maßnahmen und Entscheidungen des Wahlvorstandes keine selbstständige Bedeutung mehr haben (*BAG* 3.6.1975 EzA § 5 BetrVG 1972 Nr. 19). Entsprechend § 264 Nr. 3 ZPO ist aber dann, wenn bei Abschluss des Wahlverfahrens noch nicht rechtskräftig über einen gegen Maßnahmen des Wahlvorstandes gerichteten Antrag entschieden ist, die Umstellung in einen Wahlanfechtungsantrag möglich, sofern der Antragsteller gem. § 19 Abs. 2 S. 1 BetrVG anfechtungsberechtigt ist (*BAG* 14.1.1983 EzA § 81 ArbGG 1979 Nr. 1).

278

bbb) Einstweilige Verfügung im Beschlussverfahren

> Da das Wahlverfahren in einem relativ kurzen Zeitraum abläuft und mit seinem Ende regelmäßig das Rechtsschutzinteresse für den Antrag entfällt, wird im Grundsatz allgemein auch die Möglichkeit des vorläufigen Rechtsschutzes im Wege einstweiliger Verfügung im Beschlussverfahren für zulässig erachtet, § 85 Abs. 2 ArbGG, §§ 935 ff. ZPO.

279

Als Antragsziel sind dabei die Aussetzung der Wahl bis zum rechtskräftigen Abschluss des Hauptsacheverfahrens, d. h. des Beschlussverfahrens gegen Maßnahmen und Entscheidungen des Wahlvorstandes sowie die sofortige Erfüllung des im Hauptsacheverfahrens geltend gemachten Leistungsanspruchs im Wege der sog. Leistungsverfügung denkbar (vgl. GK-BetrVG/*Kreutz* § 18 Rz. 74).

I. Betriebsverfassungsrecht

aaaa) Aussetzung der Wahl

280 Die Aussetzung der Wahl kommt nur unter besonderen Voraussetzungen in Betracht, da ein solcher gerichtlicher Eingriff zwar als milderes Mittel gegenüber dem Aufschub oder der Nichtigkeit der Wahl angesehen werden kann (vgl. *LAG Bremen* 27.2.1990 LAGE § 18 BetrVG 1972 Nr. 3) und den Vorteil hat, dass in Bezug auf den Steitgegenstand keine vollendeten Fakten geschaffen werden (GK-BetrVG/ *Kreutz* § 18 Rz. 75), andererseits aber für einen erheblichen Zeitraum das BetrVG in dem fraglichen Betrieb faktisch suspendiert würde (*LAG Hamm* 10.4.1975 LAGE § 18 BetrVG 1972 Nr. 1) und deshalb vorrangig versucht werden muss, im Wege der Leistungsverfügung korrigierend in den Wahlablauf einzugreifen, nicht aber diesen bis zur Entscheidung in einem Hauptsacheverfahren zu blockieren (GK-BetrVG/*Kreutz* § 18 Rz. 75).

281 Als besondere Voraussetzungen, die eine Aussetzung der Wahl bis zum rechtskräftigen Abschluss des Hauptsacheverfahrens rechtfertigen können, werden beispielsweise folgende Kriterien und Fallgruppen genannt: Sichere Nichtigkeit der durchzuführenden Wahl (*LAG Köln* 27.12.1989 LAGE § 19 BetrVG 1972 Nr. 10; *LAG Frankfurt/M.* 16.7.1992 NZA 1993, 1008; 5.6.1992 NZA 1993, 192; GK-BetrVG/*Kreutz* § 18 Rz. 77); auch sichere Anfechtbarkeit (*LAG Hamm* 14.12.1989 DB 1990, 1571; *LAG Baden-Württemberg* 16.9.1996 LAGE § 19 BetrVG 1972 Nr. 15; *Schlochauer* HSG § 18 Rz. 22), nur bei schwer wiegenden Mängeln (*LAG Nürnberg* 13.3.1991 LAGE § 18 BetrVG 1972 Nr. 4), nur bei Streit über die richtige Betriebsabgrenzung gem. § 18 Abs. 2 BetrVG (*Winterfeld* NZA Beil. 1/1990, S. 20 ff.).

bbbb) Berichtigender Eingriff in das Wahlverfahren durch Leistungsverfügung

282 Ein berichtigender Eingriff in das Wahlverfahren mittels einer einstweiligen Leistungsverfügung im Beschlussverfahren wird ganz überwiegend anerkannt. Da aber auch solche Entscheidungen einen nicht unerheblichen Eingriff in das Wahlverfahren darstellen, sind an das Vorliegen eines Verfügungsanspruchs strenge Anforderungen zu stellen.

Erforderlich ist insoweit, dass nach Maßgabe einer am materiellen Wahlrecht orientierten Schlüssigkeitsprüfung ein Verstoß gegen eine wesentliche Wahlvorschrift zur Überzeugung des Gerichts vorliegt (GK-BetrVG/*Kreutz* § 18 Rz. 77; *Hanau* DB Beil. 4/1986, S. 10).

283 In Betracht kommt, dass dem Wahlvorstand die Durchführung einzelner Maßnahmen aufgegeben oder untersagt wird, z. B. einen bestimmten Wahlvorschlag zuzulassen (*LAG Nürnberg* 13.3.1991 LAGE § 18 BetrVG 1972 Nr. 4) oder nicht zuzulassen, das Wahlausschreiben etwa hinsichtlich der Zahl der Betriebsratsmitglieder zu korrigieren (GK-BetrVG/*Kreutz* § 18 Rz. 76; a. A. *LAG München* 14.4.1987 LAGE § 18 BetrVG 1972 Nr. 2; *LAG Frankfurt/M.* 21.3.1990 DB 1991, 239) oder eine willkürlich abgebrochene Wahl weiterzuführen (*LAG Bremen* 27.2.1990 LAGE § 18 BetrVG 1972 Nr. 3).

284 Ist die Berichtigung einzelner Fehler im Wahlgang nicht mehr möglich, so kann dem Wahlvorstand aufgegeben werden, den Wahlgang abzubrechen und neu einzuleiten (*LAG Bremen* 27.2.1990 LAGE § 18 BetrVG Nr. 3; GK-BetrVG/*Kreutz* § 18 Rz. 76), wobei streitig ist, ob es sich bei den Fehlern um solche handeln muss, die ansonsten

I. Betriebsverfassungsrecht

zur Nichtigkeit oder nur zur Anfechtbarkeit der Wahl führen (*LAG München* 14.4.1987 LAGE § 18 BetrVG 1972 Nr. 2 [bei Mängeln, die zur Wahlnichtigkeit führen]; *LAG Frankfurt/M.* 21.3.1990 DB 1991, 239 [auch Anfechtungsgründe, es muss sich aber um schwer wiegende Fehler handeln]; *LAG Frankfurt/M.* 21.5.1990 BB 1991, 417 [nur bei Nichtigkeitsgründen]).

bb) Einleitung der Wahl
Der Wahlvorstand ist verpflichtet, hat aber auch das Recht, das Wahlverfahren durchzuführen und die Wahl des Betriebsrats zu leiten (§ 18 Abs. 1 S. 1 BetrVG i. V. m. § 121 BGB, § 1 Abs. 1 WO). Er ist berechtigt, Rechtshilfe und Rechtsberatung einer im Betrieb vertretenen Gewerkschaft in Anspruch zu nehmen, um das komplizierte Wahlverfahren fehlerfrei abzuwickeln. Zu diesem Zweck kann er auch beschließen, Gewerkschaftsbeauftragte zu Sitzungen einzuladen (*LAG Düsseldorf* 15.8.1980 BB 1980, 1424).

285

(1) Ersetzung des Wahlvorstandes durch das Arbeitsgericht (§ 18 Abs. 1 S. 2 BetrVG)
Kommt der gewählte oder bestellte Wahlvorstand seiner Verpflichtung gem. § 18 Abs. 1 BetrVG nicht nach, so wird auf Antrag des Betriebsrats, von mindestens drei wahlberechtigten Arbeitnehmern oder einer im Betrieb vertretenen Gewerkschaft in einem arbeitsgerichtlichen Beschlussverfahren, an dem der Wahlvorstand als Antragsgegner beteiligt ist, der Wahlvorstand insgesamt ersetzt. Die Ersetzung einzelner Mitglieder ist nicht vorgesehen und deshalb nicht zulässig. Möglich ist aber, dass ein abberufenes Mitglied in den neuen Wahlvorstand wieder bestellt wird (GK-BetrVG/*Kreutz* § 18 Rz. 50).

286

(2) Das Wahlausschreiben und dessen Vorbereitung
Die Einleitung der Wahl beginnt mit dem Erlass des Wahlausschreibens. Es muss spätestens sechs Wochen vor dem ersten Tag der Stimmabgabe mit erfolgen, § 3 Abs. 1 WO.

287

aaa) Notwendiger Inhalt des Wahlausschreibens
Das Wahlausschreiben muss gem. § 3 Abs. 2 WO folgende Angaben enthalten:
- das Datum seines Erlasses nebst Unterschrift des Vorsitzenden und mindestens eines weiteren Mitglieds (§§ 3 Abs. 1, 3 Abs. 2 Nr. 1 WO);
- die Festlegung des Orts, wo die Wählerliste und ein Abdruck der WO ausgelegt werden (§§ 2 Abs. 4, 3 Abs. 2 Nr. 2 WO) oder zur Kenntnis genommen werden können;
- den Hinweis darauf, dass nur Arbeitnehmer wählen oder gewählt werden können, die in die Wählerliste eingetragen sind und dass Einsprüche gegen die Wählerliste nur vor Ablauf von zwei Wochen seit dem Erlass des Wahlausschreibens schriftlich beim Wahlvorstand eingelegt werden können unter Angabe des letzten Tages der Frist (§ 3 Abs. 2 Nr. 3 WO);
- den Anteil der Geschlechter und den Hinweis auf die notwendige Vertretung des Minderheitsgeschlecht entsprechend seinem zahlenmäßigen Verhältnis, wenn ein zumindest dreiköpfiger Betriebsrat zu wählen ist (§ 3 Abs. 2 Nr. 4 WO; § 15 Abs. 2 BetrVG);
- die Feststellung der Zahl der zu wählenden Betriebsratsmitglieder (§§ 9, 11 BetrVG) und die Zahl des auf das Geschlecht in der Minderheit (§ 15 Abs. 2 BetrVG) entfallenden Betriebsratssitze, § 3 Abs. 2 Nr. 5 WO;

288

I. Betriebsverfassungsrecht

- die Mindestzahl von Wahlberechtigten, von denen ein Wahlvorschlag unterzeichnet sein muss (§ 14 Abs. 5 BetrVG), § 3 Abs. 2 Nr. 6 WO;
- einen Hinweis darauf, dass Wahlvorschläge von im Betrieb vertretenen Gewerkschaften von zwei Beauftragten der Gewerkschaft unterzeichnet sein muss (§ 14 Abs. 5 BetrVG), § 3 Abs. 2 Nr. 7 WO;
- einen Hinweis darauf, dass dann, wenn mehr als drei Betriebsratsmitglieder zu wählen sind, Wahlvorschläge in Form von Vorschlagslisten vor Ablauf von zwei Wochen seit dem Erlass des Wahlausschreibens beim Wahlvorstand einzureichen sind; der letzte Tag dieser Frist ist anzugeben, § 3 Abs. 2 Nr. 8 WO;
- einen Hinweis darauf, dass die Stimmabgabe an Wahlvorschläge gebunden ist und nur fristgerecht (§ 3 Abs. 2 Nr. 8 WO) eingereichte Wahlvorschläge berücksichtigt werden dürfen, § 3 Abs. 2 Nr. 9 WO;
- die Angabe des Aushangsortes gültiger Wahlvorschläge, § 3 Abs. 2 Nr. 10 WO;
- Angabe von Ort, Tag und Zeit der Stimmabgabe sowie die Betriebsteile und Kleinstbetriebe, für die schriftliche Stimmabgabe (vgl. § 24 Abs. 3 WO) durch den Wahlvorstand beschlossen worden ist, § 3 Abs. 2 Nr. 11;
- die Betriebsadresse des Wahlvorstands zur Abgabe von Wahlvorschlägen, Einsprüchen und sonstigen Erklärungen, § 3 Abs. 2 Nr. 12 WO;
- Angabe von Ort, Tag und Zeit der öffentlichen Stimmauszählung, § 3 Abs. 2 Nr. 13 WO.

bbb) Aufstellung der Wählerliste, Abstimmungsverfahren gem. § 18 a BetrVG, Abgrenzung der betriebsratsfähigen Einheit

289 Gem. § 2 Abs. 1 WO hat der Wahlvorstand zur Vorbereitung der Wahl eine Liste der Wahlberechtigten (Wählerliste), getrennt nach den Geschlechtern, aufzustellen. Dem Wahlvorstand steht gegen den Arbeitgeber ein Anspruch auf Erteilung der für die Erstellung der Wählerliste erforderlichen Auskünfte zu, § 2 Abs. 2 WO. Es kann deshalb die Mitteilung der für die Durchführung der Wahl erforderlichen Daten der Arbeitnehmer verlangt werden. Dieser Anspruch kann auch im Wege einer einstweiligen Verfügung durchgesetzt werden (*ArbG Augsburg* 27.4.1988 BB 1989, 218; GK-BetrVG/*Kreutz/Oetker* § 2 WO Rz. 10).

290 Einsprüche gegen die Wählerliste müssen spätestens vor Ablauf von zwei Wochen nach Erlass des Wahlausschreibens, außer bei Neubeitritten oder Ausscheiden aus dem Betrieb, erfolgen (§§ 4 Abs. 1, 2, 3 WO). Einspruchsberechtigt sind alle Arbeitnehmer, unabhängig davon, ob sie selbst von der Unrichtigkeit betroffen sind, nicht aber die im Betrieb vertretenen Gewerkschaften oder der Arbeitgeber (*BAG* 25.6.1974 EzA § 19 BetrVG 1972 Nr. 3; 11.3.1975 EzA § 24 BetrVG 1972 Nr. 1; a. A. GK-BetrVG/*Kreutz/Oetker* § 4 WO Rz. 3 f.). Über den Einspruch hat der Wahlvorstand unverzüglich zu entscheiden und ggf. die Wählerliste zu berichtigen. Nach Ablauf der Einspruchsfrist ist eine Änderung der Wählerliste im Übrigen nur in Ausnahmefällen möglich, vgl. § 4 Abs. 3 WO.

291 Bei Aufstellung der Wählerliste ist zu beachten, dass leitende Angestellte i. S. d. BetrVG nicht wahlberechtigt sind. Bei zeitgleicher Wahl zum Betriebsrat und zum Sprecherausschuss sieht § 18 a BetrVG ein besonderes Abstimmungsverfahren zwischen den beteiligten Wahlvorständen vor (s. o. I/Rz. 72 f.). Die Aufstellung der Wählerliste macht es u. U. erforderlich abzuklären, welche Unternehmenseinheiten als Betrieb anzusehen sind. Auszugehen ist dabei von §§ 1, 4 BetrVG (s. o. I/Rz. 76 ff.).

292 Vor der Wahl kann eine Klärung der Frage, ob ein Betriebsteil oder Kleinstbetrieb selbstständig oder dem Hauptbetrieb zuzuordnen ist, gem. § 18 Abs. 2 BetrVG

I. Betriebsverfassungsrecht

in einem arbeitsgerichtlichen Beschlussverfahren herbeigeführt werden (s. o. I/Rz. 121 ff.).

ccc) Größe und Zusammensetzung des Betriebsrats; Schutz des Geschlechts in der Minderheit

Die Größe des Betriebsrates richtet sich grds. nach § 9 BetrVG. Hervorzuheben ist, dass es in Kleinbetrieben auf die Zahl der aktiv wahlberechtigten Arbeitnehmer, in Großbetrieben auf die Zahl der betriebsangehörigen Arbeitnehmer ohne Rücksicht auf die aktive Wahlberechtigung ankommt. Als Kleinbetriebe gelten Betriebe mit 5 bis 50 wahlberechtigten Arbeitnehmer. Zu Wahlberechtigung und Betriebszugehörigkeit s. o. I/Rz. 136 ff.). 293

Maßgeblich ist die Zahl der Arbeitnehmer bzw. der wahlberechtigten Arbeitnehmer, die dem Betrieb regelmäßig, also nicht nur auf Grund vorübergehender konjunktureller Schwankungen angehören (*BAG* 25.11.1992 EzA § 9 BetrVG 1972 Nr. 5). 294

Angesichts der Arbeitnehmerfluktuation, der Notwendigkeit einer Prognose über die wirtschaftliche Entwicklung und der natürlichen Unsicherheit, z. B. festzustellen, ob i. d. R. 1 000 oder aber 1 001 Arbeitnehmer beschäftigt sind, ist dem Wahlvorstand, dem die zutreffende Bestimmung der Zahl der Betriebsratsmitglieder im Zeitpunkt des § 3 Abs. 2 Nr. 5 WO obliegt, für die Feststellung der maßgeblichen Arbeitnehmerzahl im Rahmen seines pflichtgemäßen Ermessens ein gewisser Beurteilungsspielraum einzuräumen (*BAG* 12.10.1976 EzA § 8 BetrVG 1972 Nr. 2).

Der Stichtag für die Feststellung der gesetzlichen Mitgliederzahl ist der Tag des Erlasses des Wahlausschreibens (*BAG* 12.10.1976 EzA § 8 BetrVG 1972 Nr. 2). Änderungen der so ermittelten Arbeitnehmerzahl bis zur Wahl sowie danach führen grds. zu keiner Veränderung der Zahl der zu wählenden bzw. gewählten Betriebsratsmitglieder. 295

Etwas anderes gilt nur dann, wenn der Betrieb seine Betriebsratsfähigkeit verliert. Hat ein Betrieb weniger wählbare Arbeitnehmer als nach der Staffel zu § 9 BetrVG erforderlich wäre, so ist gem. § 11 BetrVG die nächstniedrigere Betriebsgröße nach der Staffel des § 9 BetrVG zu Grunde zu legen. Diese Bestimmung ist zwingend (*MünchArbR/Joost* § 304 Rz. 106). Strittig ist, ob § 11 BetrVG analog anwendbar ist, wenn nach erfolgter Wahl nicht genügend Gewählte die Wahl annehmen oder die vorgeschriebene Mitgliederzahl nicht erreicht wird, weil die Wahlvorschläge von vornherein nicht genügend Bewerber aufweisen bzw. bei Mehrheitswahl nicht genügend Bewerber überhaupt eine Stimme erhalten haben (so z. B. *LAG Schl.-Holstein* 7.9.1988 LAGE § 11 BetrVG 1972 Nr. 1; *Richardi* § 9 Rz. 15; **a. A.** GK-BetrVG/*Kreutz* § 9 Rz. 21; § 11 Rz. 11 f.). 296

Für die Zusammensetzung des Betriebsrates ist zu beachten, dass § 15 Abs. 2 BetrVG einen besonderen Schutz für das sog. Geschlecht in der Minderheit vorsieht: Wenn der Betriebsrat aus mindestens drei Mitgliedern besteht, muss das Geschlecht, das in der Belegschaft in der Minderheit ist, mindestens entsprechend seinem zahlenmäßigen Verhältnis im Betriebsrat vertreten sein. 297

I. Betriebsverfassungsrecht

Diese durch das BetrVerf-ReformG vom 23.7.2001 (BGBl. I S. 1852 ff.) eingeführte Bestimmung soll sicherstellen, dass der Zugang von Frauen zum Betriebsrat nicht nur erleichtert, sondern tatsächlich durchgesetzt wird. Hierdurch soll dem Gleichberechtigungsgrundsatz des Art. 3 Abs. 2 Grundgesetz Rechnung getragen werden (BegrRegE, BT-Drs. 14/5741, S. 37).

298 Die Ermittlung der Anzahl der auf das Geschlecht in der Minderheit entfallenden Betriebsratssitze erfolgt gem. § 5 WO nach den Grundsätzen der Verhältniswahl in Anwendung des Höchstzahlverfahren nach d'Hondt.

Die Zahlen der am Tage des Erlasses des Wahlausschreibens im Betrieb beschäftigten Männer und Frauen werden in einer Reihe nebeneinander gestellt und jeweils durch 1, 2, 3 ,4 usw. geteilt. Die ermittelten Teilzahlen sind nacheinander reihenweise unter den Zahlen der ersten Reihe aufzuführen. Unter den so gefundenen Teilzahlen werden so viele Höchstzahlen ausgesondert und der Größe nach geordnet, wie Betriebsratsmitglieder zu wählen sind. Das Geschlecht in der Minderheit erhält so viele Sitze zugeteilt, wie Höchstzahlen auf es entfallen.

299 **Beispiel:**

In einem Betrieb sind 255 Arbeitnehmer, davon 200 Männer und 55 Frauen beschäftigt. Der Betriebsrat besteht demnach gem. § 9 BetrVG aus 9 Mitgliedern. Die Frauen stellen das Geschlecht in der Minderheit dar. Zur Ermittlung der Anzahl der Betriebsratssitze, die mit Frauen besetzt werden müssen, ist das d'Hondt'sche Höchstzahlverfahren anzuwenden:

	200 Männer		*55 Frauen*
: 1 =	200 **(1)**	: 1 =	55 **(4)**
: 2 =	100 **(2)**	: 2 =	27,5 **(9)**
: 3 =	66,7 **(3)**		
: 4 =	50 **(5)**		
: 5 =	40 **(6)**		
: 6 =	33,3 **(7)**		
: 7 =	28,8 **(8)**		
: 9 =	22,2		

Auf das Geschlecht in der Minderheit (Frauen) entfallen zwei Höchstzahlen (4, 9), sodass von den neun Betriebsratssitzen zwei mit Frauen besetzt werden müssen.

300 Gem. § 15 Abs. 1 BetrVG soll sich der Betriebsrat ferner aus Arbeitnehmern der einzelnen Organisationsbereiche und der verschiedenen Beschäftigungsarten der im Betrieb tätigen Arbeitnehmer zusammensetzen. Es handelt sich um eine bloße Soll-Vorschrift, deren Nichtbeachtung keinen Einfluss auf die Wirksamkeit der Wahl hat.

cc) Entgegennahme und Prüfung von Wahlvorschlägen

301 Die Betriebsratswahl erfolgt auf Grund von Wahlvorschlägen (§ 14 Abs. 3–5 BetrVG; §§ 6 ff., 27, 33, 36 Abs. 5 WO). Nur wer in einer entsprechenden Vorschlagsliste genannt ist, kann in den Betriebsrat gewählt werden (§§ 11, 20, 27 WO). Entsprechende

I. Betriebsverfassungsrecht

Wahlvorschläge müssen vor Ablauf von zwei Wochen nach Erlass des Wahlausschreibens dem Wahlvorstand vorgelegt werden (§ 6 Abs. 1 WO, § 27 Abs. 1 WO; vgl. *LAG Frankfurt/M.* 7.2.1991 NZA 1992, 78). Wird bis dahin keine gültige Vorschlagsliste eingereicht, so ist eine Nachfrist zu setzen (§ 9 Abs. 1 WO). Geht auch dann keine gültige Vorschlagsliste ein, ist vom Wahlvorstand sofort bekannt zu machen, dass keine Wahl stattfindet, § 9 Abs. 2 WO.

Ohne schriftlichen Wahlvorschlag kann keine wirksame Wahl stattfinden, eine dennoch durchgeführte Wahl ist vielmehr nichtig (GK-BetrVG/*Kreutz* § 14 Rz. 48).

Die Vorschlagslisten sollen gem. §§ 6 Abs. 2, 27 Abs. 1 WO mindestens doppelt so viele Bewerber aufweisen, wie in dem Wahlvorgang Betriebsratsmitglieder zu wählen sind. Ein Verstoß hiergegen ist jedoch unschädlich.

(1) Vorschlagsberechtigung

Vorschlagsberechtigt sind die wahlberechtigten Arbeitnehmer des Betriebes (§ 14 Abs. 3 BetrVG) nach Maßgabe der in § 14 Abs. 4 BetrVG vorgesehenen Unterschriftsquoten (5% der wahlberechtigten Arbeitnehmer, mindestens drei wahlberechtigte Arbeitnehmer, ausnahmsweise zwei Wahlberechtigte; immer ausreichend 50 Wahlberechtigte). Jeder Wahlberechtigte kann nur auf einer Vorschlagsliste unterzeichnen, § 6 Abs. 5 WO.   302

Die Unterschrift muss persönlich geleistet werden, eine Stellvertretung ist unzulässig (GK-BetrVG/*Kreutz* § 14 Rz. 67). Streichungen auf der Liste, die vor der Einreichung vorgenommen wurden und nicht von allen Unterzeichnern getragen werden, sind unzulässig und machen den Wahlvorschlag ungültig (*BAG* 15.12.1972 EzA § 14 BetrVG 1972 Nr. 1; GK-BetrVG/*Kreutz* § 14 Rz. 70).

Die schriftliche Zustimmung der Bewerber zur Aufnahme in die Liste ist beizufügen, § 6 Abs. 3 WO. Die Gültigkeit eines eingereichten Wahlvorschlags wird nicht dadurch berührt, dass ein Unterzeichner seine Unterschrift zurückzieht, vgl. § 8 Abs. 1 Nr. 3 S. 2 BetrVG. Nimmt ein Kandidat vor Einreichung des Wahlvorschlages seine Kandidatur zurück, so wird er von der Liste gestrichen und der Wahlvorschlag muss neu aufgestellt und nochmals unterzeichnet werden. Erfolgt die Rücknahme nach Einreichung des Wahlvorschlages, so bleibt er wirksam, wenn der Betroffene vom Wahlvorstand gestrichen wird oder die Wähler in sonstiger geeigneter Weise auf die Rücknahme hingewiesen werden (*BAG* 27.4.1976 EzA § 19 BetrVG 1972 Nr. 8). Daneben steht jeder im Betrieb vertretenen Gewerkschaft ein eigenes, allgemeines Wahlvorschlagsrecht zu (§ 14 Abs. 3, 5 BetrVG, § 27 WO). Damit soll kleineren Gewerkschaften der Zugang zur Betriebsratswahl erleichtert werden. Ausreichend ist die Unterzeichnung durch zwei Beauftragte der Gewerkschaft. Unterschriften weiterer Arbeitnehmer bedarf es nicht. Der Nachweis des Vertretenseins im Betrieb kann durch namentliche Benennung eines Mitglieds, aber auch durch mittelbare Beweismittel, z. B. durch notarielle Erklärungen geführt werden, ohne den Namen des im Betrieb des Arbeitgebers beschäftigten Mitglieds zu nennen. Ob diese Beweisführung ausreicht, ist eine Frage der freien Beweiswürdigung. Die Tatsachengerichte müssen dem geringeren Beweiswert mittelbarer Beweismittel durch besonders sorgfältige Beweiswürdigung und Begründung ihrer Entscheidung Rechnung tragen (*BAG* 25.3.1992 EzA § 2 BetrVG 1972 Nr. 14).   303

304 Zur Wahl vorgeschlagen werden kann jeder wählbare Arbeitnehmer (§ 8 BetrVG) innerhalb der Fristen der §§ 6, 9, 27 WO.

(2) Prüfung der Vorschlagslisten und Beseitigung von Mängeln
305 Unverzüglich (§ 121 BGB), möglichst aber zwei Tage nach Eingang hat der Wahlvorstand die Prüfung der Vorschlagslisten vorzunehmen und bei Ungültigkeit oder Beanstandung einer Liste den Listenvertreter (vgl. § 6 Abs. 4 WO) unverzüglich schriftlich unter Angabe der Gründe zu unterrichten, § 7 Abs. 2 S. 2 WO.

306 Welche Mängel zur Ungültigkeit der Vorschlagsliste führen, regelt im Einzelnen § 8 WO (vgl. ausführlich zu Mängeln und deren Rechtsfolgen: *Heinze* NZA 1988, 568). Die Vorschrift unterscheidet zwischen unheilbaren (Abs. 1) und heilbaren (Abs. 2) Mängeln. Letztere können noch beseitigt werden, allerdings nur innerhalb von drei Arbeitstagen nach Beanstandung durch den Wahlvorstand. § 8 WO enthält keine abschließende Aufzählung von Ungültigkeitsgründen. Als weitere Ungültigkeitsgründe werden genannt:
– Streichungen auf der Liste, die vor der Einreichung vorgenommen wurden und nicht von allen Unterzeichnern getragen werden (*BAG* 15.12.1972 EzA § 14 BetrVG 1972 Nr. 1);
– Die Vorschlagsliste enthält einen Bewerber, der am Wahltag nicht wählbar ist (*Schneider* DKK § 8 WO Rz. 3);
– Vorlage einer Vorschlagsliste durch eine nicht im Betrieb vertretene Gewerkschaft oder einer Vereinigung, die nicht Gewerkschaft ist (GK-BetrVG/*Kreutz/Oetker* § 8 WO Rz. 9).

dd) Bekanntmachung der gültigen Vorschlagslisten
307 Die gültigen Vorschlagslisten sind spätestens eine Woche vor Beginn der Stimmabgabe bekannt zu machen. Bei mehreren Listen ist durch Losentscheid die Reihenfolge der Listen festzulegen, § 10 WO.

ee) Vorbereitung des Wahlganges
308 Zur Vorbereitung des Wahlganges ist festzustellen, ob die Wahl als Verhältnis- oder Mehrheitswahl stattfindet, vgl. § 14 Abs. 2 BetrVG (s. u. I/Rz. 320). Ferner sind entsprechende Stimmzettel, Wahlumschläge, -urnen, -kabinen zu beschaffen, vgl. §§ 11, 12 WO.

ff) Überwachung der Stimmabgabe und Entgegennahme der Wahlumschläge
309 Der Wahlvorstand ist ferner verpflichtet, die Stimmabgabe zu überwachen und die Wahlumschläge entgegenzunehmen.

gg) Stimmauszählung, Feststellung und Bekanntgabe des Ergebnisses und Wahlniederschrift
310 Nach Abschluss der Wahl hat der Wahlvorstand unverzüglich (§ 121 BGB) betriebsöffentlich die verschlossenen Wahlurnen zu öffnen und die Stimmen auszuzählen (§§ 13, 21 WO). Sodann ist das sich daraus ergebende Wahlergebnis in einer Niederschrift festzustellen, also insbesondere, wer als Betriebsratsmitglied gewählt ist (§§ 16, 23). Im Anschluss ist das Ergebnis den Arbeitnehmern des Betriebes bekannt zu geben (§§ 18, 23 WO). Obwohl das Gesetz nur von einer öffentlichen Auszählung der Stimmen spricht, ist nach Sinn und Zweck der Vorschrift davon auszugehen, dass

die gesamte Ermittlung des Wahlergebnisses öffentlich vorzunehmen ist (*ArbG Bochum* 20.6.1975 DB 1975, 1898).
Der Wahlvorstand kann zur Stimmenauszählung Wahlhelfer heranziehen und sich auch technischer Hilfsmittel, insbesondere EDV (vgl. *LAG Hamm* 26.2.1976 DB 1976, 1920) bedienen. **311**

Es muss stets gewährleistet sein, dass der Wahlvorstand selbst den gesamten Vorgang der Stimmenauszählung einschließlich des Verhaltens der von ihm herangezogenen Wahlhelfer überwacht. Unzulässig ist es, einen Teil des Auszählungsvorgangs der Verantwortung anderer Personen zu überlassen.

Insbesondere auch bei Auszählung mittels EDV muss die Verantwortlichkeit des Wahlvorstandes für den Auszählungsvorgang gewahrt sein, was nicht der Fall ist, wenn sich nicht ständig Mitglieder des Wahlvorstandes im Rechenzentrum aufhalten und den Verbleib der Stimmzettel beobachten.

Der ungehinderte Zugang der Betriebsöffentlichkeit zum Ort der Stimmenauszählung ist wesentliches Merkmal für das Vorliegen einer öffentlichen Stimmenauszählung (*LAG Berlin* 16.11.1987 NZA 1988, 481).

hh) Benachrichtigung der Gewählten
Die gewählten Betriebsratsmitglieder sind unverzüglich schriftlich zu benachrichtigen (§ 17 Abs. 1 WO). Erklärt der Gewählte nicht innerhalb von drei Arbeitstagen nach Zugang der Benachrichtigung, dass er die Wahl ablehnt, so gilt sie als angenommen. **312**

ii) Bekanntmachung der Gewählten
Sobald die Namen der Gewählten endgültig feststehen, sind sie durch zweiwöchigen Aushang bekannt zu machen. Darin liegt die endgültige Feststellung des Wahlergebnisses; ggf. beginnt damit die Amtszeit des Betriebsrats nach § 21 S. 2 BetrVG (§ 18 Abs. 1 BetrVG, § 23 WO). **313**

jj) Übersendung der Wahlniederschrift
Unverzüglich nach Abschluss der Wahl hat der Wahlvorstand dem Arbeitgeber und den im Betrieb vertretenen Gewerkschaften eine Wahlniederschrift zu übersenden (§ 18 S. 2 WO). Hat der Wahlvorstand diese Pflicht nicht erfüllt, so hat der gewählte Betriebsrat die Übersendung nachzuholen. **314**

kk) Einberufung der konstituierenden Sitzung des Betriebsrats
Gem. § 29 Abs. 1 BetrVG hat der Wahlvorstand vor Ablauf von einer Woche nach dem Wahltag die gewählten Betriebsratsmitglieder zur konstituierenden Betriebsratssitzung einzuladen. **315**

e) Wahlgrundsätze
Die Betriebsratswahl findet als schriftliche Urnenwahl statt, §§ 11, 12 WO. Die Durchführung als Briefwahl ist nach Maßgabe der §§ 24–26 WO nur ausnahmsweise (vgl. *BAG* 14.2.1978 EzA § 19 BetrVG 1972 Nr. 16) möglich. **316**

I. Betriebsverfassungsrecht

aa) Geheime und unmittelbare Wahl

317 Gem. § 14 Abs. 1 BetrVG ist die Wahl als geheime Wahl durchzuführen. Unzulässig ist damit die öffentliche Stimmabgabe, z. B. in einer Betriebsversammlung. Der Wahlvorstand hat die Unverletzlichkeit des Wahlgeheimnisses durch geeignete Maßnahmen sicherzustellen und muss insbesondere die in §§ 11 Abs. 1 S. 2, 11 Abs. 2 S. 2, 11 Abs. 4, 12 Abs. 1, 25, 26 WO normierten Anforderungen erfüllen. Auf Grund der Geheimheit der Wahl ist eine Vertretung bei der Stimmabgabe nicht zulässig.

318 Aus dem Grundsatz der geheimen Wahl folgt, dass in einem gerichtlichen Verfahren eine Vernehmung von Arbeitnehmern über ihr Wahlverhalten ausgeschlossen ist, auch wenn der Arbeitnehmer auf sein Zeugnisverweigerungsrecht verzichtet (*LAG Düsseldorf* 30.10.1984 DB 1985, 1137).

bb) Freie, gleiche und allgemeine Wahl

319 Freie Wahl bedeutet, dass jeder Wahlberechtigte sein Wahlrecht ohne Zwang, Druck oder sonstige Einflussnahme auf seine Entschließungsfreiheit ausüben oder nicht ausüben kann, vgl. § 20 Abs. 2 BetrVG. Unzulässig ist es insbesondere, durch die äußere Gestaltung der Stimmzettel dem Wähler eine bestimmte Entscheidung nahe zu legen, vgl. § 11 Abs. 2 S. 2 WO (vgl. *BAG* 14.1.1969 EzA § 13 BetrVG 1952 Nr. 1). Der Wahlvorstand darf während der laufenden Betriebsratswahl Dritten keine Einsichtnahme in die mit den Stimmabgabevermerken versehenen Wählerlisten gestatten, da dies dazu führen kann, dass auf diejenigen, die ihre Stimme noch nicht abgegeben haben, Druck in Richtung auf eine Stimmabgabe ausgeübt werden könnte, was mit dem Grundsatz der freien Wahl unvereinbar ist (*BAG* 6.12.2000 EzA § 19 BetrVG 1972 Nr. 40). Gleiche Wahl bedeutet, dass jede Stimme das gleiche Gewicht hat und jeder Wahlberechtigte die gleiche Stimmenanzahl besitzt. Allgemeinheit der Wahl beinhaltet, dass jeder Wahlberechtigte sein Wahlrecht in formal gleicher Weise ausüben kann und alle wahlberechtigten Arbeitnehmer zur Wahl zugelassen sind.

cc) Verhältnis- und Mehrheitswahl

320 Ob die Wahl als Verhältnis- oder Mehrheitswahl durchzuführen ist, richtet sich nach § 14 Abs. 2 BetrVG. Danach ist die Durchführung als Verhältniswahl der Regelfall. Mehrheitswahl findet statt, wenn nur ein Wahlvorschlag eingereicht wird oder der Betriebsrat im vereinfachten Verfahren nach § 14 a BetrVG zu wählen ist.

(1) Verhältniswahl

321 Gem. § 14 Abs. 3 BetrVG erfolgt die Wahl im Regelfall nach den Grundsätzen der Verhältniswahl. Hierbei ist zunächst von dem Höchstzahlverfahren nach d'Hondt auzugehen. Sodann ist aber der zwingenden Berücksichtigung des Geschlechts in der Minderheit (§ 15 Abs. 2 BetrVG) Rechnung zu tragen, d. h. das Geschlecht in der Minderheit muss zumindest die nach § 5 WO (s. o. I/Rz. 297 ff.) ermittelte Anzahl von Mindestsitzen im Betriebsrat erhalten.

Das Verfahren der Verteilung der Betriebsratssitze ist in § 15 WO geregelt. Danach richtet sich die Verteilung der Betriebsratssitze auf die einzelnen Vorschlagslisten zunächst nach dem Höchstzahlverfahren. Die Reihenfolge der Bewerberinnen und Bewerber innerhalb der einzelnen Vorschlagslisten richtet sich dabei nach der Reihenfolge ihrer Benennung. Wird in Anwendung dieser Verteilung die Besetzung der nach § 5 WO errechneten Anzahl der Mindestsitze durch Angehörige des Geschlechts

I. Betriebsverfassungsrecht

in der Minderheit erreicht, hat es damit sein Bewenden. Findet auf diese Weise hingegen nicht die erforderliche Berücksichtigung des Geschlechts in der Minderheit statt, richtet sich die Verteilung der Betriebsratssitze nach § 15 Abs. 5 WO.

Beispiel: (nach *Schiefer/Korte* NZA 2002, 113 [114]; weitere Beispiele bei GK-BetrVG/*Kreutz* § 15 WO Rz. 7 ff.) **322**

Im Betrieb sind 100 Männer und 50 Frauen beschäftigt. Den Frauen als Geschlecht in der Minderheit stehen nach § 15 Abs. 2 BetrVG i. V. m. § 5 WO (s. o. I/Rz. 298) mindestens zwei Betriebsratssitze zu. Der Betriebsrat besteht aus sieben Mitgliedern, § 9 BetrVG. Die Wahl erbringt folgendes Ergebnis: Liste 1 erhält 70 Stimmen, Liste 2 erhält 50 Stimmen und Liste 3 erhält 30 Stimmen. Die Verteilung der Betriebsratssitze auf die einzelnen Vorschlagslisten richtet sich zunächst nach dem Höchstzahlverfahren: Jede Liste erhält so viele Sitze im Betriebsrat, wie Höchstzahlen auf sie entfallen:

Liste 1 Stimmen gesamt: 70	Liste 2 Stimmen gesamt: 50	Liste 3 Stimmen gesamt: 30
: 1 = 70 (1)	: 1 = 50 (2)	: 1 = 30 (4)
: 2 = 35 (3)	: 2 = 25 (5)	: 2 = 15 (9)
: 3 = 23 (6)	: 3 = 16 (8)	: 3 = 10 (13)
: 4 = 17,5 (7)	: 4 = 12,5 (11)	: 4 = 7,5 (14)
: 5 = 14 (10)		: 5 = 6 (15)
: 6 = 11,66 (12)		

Auf die Liste 1 entfallen damit vier Betriebsratssitze, auf Liste 2 entfallen zwei Sitze und auf Liste 3 ein Sitz. Die Verteilung der Sitze unter den Bewerbern einer Liste erfolgt grds. in der Reihenfolge, in der sie auf der Liste stehen.
Es soll unterstellt werden, dass die Listen folgende Bewerber aufweist:

Liste 1 Bewerber (Geschlecht) Höchstzahl	Liste 2 Bewerber (Geschlecht) Höchstzahl	Liste 3 Bewerber (Geschlecht) Höchstzahl
A (m) 1	G (m) 2	K (m) 4
B (m) 3	H (m) 5	L (m) 9
C (m) 6	I (m) 8	M (m) 13
D (m) 7	J (m) 11	N (m) 14
E (m) 10		O (w) 15
F (w) 12		

I. Betriebsverfassungsrecht

Käme es nur auf die ermittelten Höchstzahlen an, wären von der Liste 1 die Kandidaten A, B, C und D, von der Liste 2 die Kandidaten G und H sowie von Liste 3 der Kandidat K in den Betriebsrat gewählt. Dies würde aber dazu führen, dass nur Männer dem Betriebsrat angehören. Gem. § 15 Abs. 2 BetrVG i. V. m. § 5 WO stehen den Frauen als Geschlecht in der Minderheit jedoch zwei Sitze zu. Um dies zu erreichen, ist in einem ersten Schritt der Kandidat mit der niedrigsten berücksichtigten Höchstzahl zu ermitteln, der nicht dem Geschlecht in der Minderheit angehört. Das ist hier der D mit der Höchstzahl 17,5. An seine Stelle tritt die Kandidatin des Geschlechts in der Minderheit, die auf derselben Vorschlagsliste benannt ist. Als erste weibliche Kandidatin auf der Liste 1 ist dies die F. Entsprechend ist anschließend mit dem Bewerber mit der zweitniedrigsten berücksichtigten Höchstzahl zu verfahren. Dies ist C mit der Höchstzahl 23. Da die Liste 1 jedoch keine weiteren weiblichen Kandidaten enthält, geht dieser Sitz auf die Vorschlagsliste über, auf die die folgende, noch nicht berücksichtigte Höchstzahl entfällt und die zugleich über Kandidaten des Geschlechts in der Minderheit verfügt. Entfällt die folgende Höchstzahl auf mehrere Vorschlagslisten, entscheidet das Los, welcher Liste der Sitz zufällt (§ 15 Abs. 5 Nr. 2 WO). Da die Liste 2 nur männliche Bewerber enthält, geht der Betriebsratssitz auf Liste 3 über, und dort auf die erste weibliche Kandidatin O. In den Betriebsrat gewählt sind damit A, B, F, G, H , K und O. Die Liste 3 erhält damit einen Sitz mehr als ihr eigentlich zusteht. Im Gegenzug verliert Liste 1 einen Sitz.

Dieses Verfahren ist grds. solange fortzusetzen, bis der Mindestanteil des Geschlechts in der Minderheit erreicht ist (§ 15 Abs. 5 Nr. 3 WO). Ist auf keiner Vorschlagsliste mehr ein Kandidat des Geschlechts in der Minderheit vorhanden, bleibt der Sitz bei der Liste, die zuletzt einen Sitz zu Gunsten des Minderheitengeschlechts hatte abgeben müssen (§ 15 Abs. 5 Nr. 5 WO). Kandidieren nicht ausreichend viele Angehörige des Geschlechts in der Minderheit, verbleiben die Sitze bei den jeweiligen Vorschlagslisten mit Angehörigen des anderen Geschlechts (§ 15 Abs. 5 Nr. 5 WO).

(2) Mehrheitswahl

323 Mehrheitswahl erfolgt, wenn nur ein einziger Wahlvorschlag (Vorschlagsliste) eingereicht worden ist oder der Betriebsrat im vereinfachten Verfahren nach § 14 a BetrVG zu wählen ist, § 14 Abs. 2 BetrVG. Jeder Wähler hat dann so viele Stimmen, wie im jeweiligen Wahlgang Betriebsratsmitglieder zu wählen sind, § 20 Abs. 3. WO bzw. § 34 Abs. 1 WO, § 36 Abs. 4 i. V. m. § 34 Abs. 1 WO. Besteht der zu wählende Betriebsrat aus mindestens drei Mitgliedern, muss eine zwingende Berücksichtigung des Geschlechts in der Minderheit stattfinden, vgl. § 15 BetrVG und §§ 32, 36 Abs. 4 WO i. V. m. § 32 WO. Das Verfahren hierzu richtet sich nach § 22 WO (ggf. i. V. m. § 34 Abs. 5 WO bzw. §§ 36 Abs. 4, 34 Abs. 5 WO). Danach werden zunächst vorab die dem Geschlecht in der Minderheit zustehenden Mindestsitze in der Weise verteilt, dass die Mindestsitze mit Angehörigen dieses Geschlechts in der Reihenfolge der jeweils höchsten auf sie entfallenden Stimmenzahlen besetzt werden. Erst danach erfolgt die Verteilung der weiteren Sitze unabhängig von dem Geschlecht in der Reihenfolge der jeweils höchsten auf sie entfallenden Stimmzahlen.

324 **Beispiel:** (nach *Schiefer/Korte* NZA 2002, 113 [115]; weitere Beispiele bei GK-BetrVG/*Kreutz* § 22 WO Rz. 1 ff.)

Im Betrieb werden 30 Arbeitnehmer, davon 20 Frauen und 10 Männer beschäftigt. Der Betriebsrat besteht aus drei Mitgliedern (§ 9 BetrVG), sodass eine Berücksichtigung des Geschlechts in der Minderheit erfolgen muss (§ 15 Abs. 2 BetrVG). Den Männern als Geschlecht in der Minderheit steht ein Betriebsratssitz zu, §§ 15 Abs. 2 BetrVG i. V. m. § 5 WO. Von den fünf Wahlbewerbern der einzigen Vorschlagsliste sind A, D, und E Frauen, B und C sind Männer. Die abgegebenen Stimmen verteilen sich wie folgt:

A (w): 12 Stimmen
B (m): 0 Stimmen
C (m): 3 Stimmen
D (w): 10 Stimmen
E (w): 5 Stimmen

Zunächst ist nach § 22 Abs. 1 WO der errechnete Mindestsitz für das männliche Geschlecht zu vergeben. Hierzu werden die dem Geschlecht in der Minderheit zustehenden Sitze mit Angehörigen dieses Geschlechts in der Reihenfolge der jeweils höchsten auf sie entfallenden Stimmenzahlen besetzt. Diesen Sitz erhält damit der C als der männliche Kandidat, der unter den Angehörigen des Minderheitengeschlechts die meisten Stimmen erhalten hat. Anschließend werden die weiteren Sitze unabhängig vom Geschlecht der Bewerber nach dem Mehrheitsprinzip verteilt und entfallen im Beispiel auf A und D. Gewählt sind also A, C und D.

f) Das vereinfachte Wahlverfahren

Gem. § 14 a BetrVG findet in bestimmten Fällen die Wahl des Betriebsrats im sog. vereinfachten Verfahren statt. Durch dieses durch das BetrVerf-ReformG vom 23.7.2001 (BGBl. I S. 1852 ff) eingeführte Verfahren soll nach der Gesetzesbegründung (BT-Drs. 14/5741, S. 36 f.) erreicht werden, dass auch in Kleinbetrieben wieder vermehrt Interessenvertretungen gebildet werden. Die Wahl im vereinfachten Verfahren ist gem. § 14 Abs. 2 BetrVG stets Mehrheitswahl, sodass eine Mehrheit der Belegschaft alle Sitze besetzen kann (kritisch dazu etwa *Hanau* NJW 2001, 2513 [2517]). 325

aa) Anwendungsbereich; Arten des vereinfachten Verfahrens

Das vereinfachte Wahlverfahren gem. § 14 a BetrVG findet zwingend Anwendung bei Betrieben mit i. d. R. 5–50 wahlberechtigten Arbeitnehmern, § 14 a Abs. 1 S. 1 BetrVG. Es kann in Betrieben mit i. d. R. 51–100 wahlberechtigten Arbeitnehmern Anwendung finden, wenn seine Anwendung zwischen Wahlvorstand und Arbeitgeber vereinbart wird, § 14 a Abs. 5 BetrVG. 326

§ 14 a BetrVG unterscheidet zwischen drei Arten des vereinfachten Verfahrens. Gem. § 14 a Abs. 1 BetrVG gibt es zunächst das **einstufige** oder **zweistufige** vereinfachte Verfahren (s. u. I/Rz. 332, 331). Im einstufigen vereinfachten Verfahren erfolgt die Bestellung des Wahlvorstandes durch den (Gesamt-/Konzern-) Betriebsrat und nur die Wahl des Betriebsrats auf einer Wahlversammlung. Beim zweistufigen vereinfachten Verfahren wird in einer ersten Wahlversammlung ein Wahlvorstand gewählt (1. Stufe) und in einer zweiten Wahlversammlung sodann der Betriebsrat (2. Stufe). Welches der beiden Verfahren zur Anwendung kommt, richtet sich danach, ob im Betrieb schon ein Betriebsrat bzw. im Unternehmen ein Gesamt- oder Konzernbetriebsrat vorhanden ist. 327

I. Betriebsverfassungsrecht

328 Das **einstufige** vereinfachte Verfahren findet Anwendung, wenn der Wahlvorstand nach §§ 17 a Nr. 1, 16 BetrVG vom Betriebsrat, Gesamt- oder Konzernbetriebsrat bestellt oder gem. § 17 a Nr. 4 BetrVG vom Arbeitsgericht bestellt worden ist. Ist ein Betriebsrat vorhanden, obliegt nach § 17 a Nr. 1 i. V. m. § 16 BetrVG im vereinfachten einstufigen Verfahren in erster Linie dem Betriebsrat die Bestellung des Wahlvorstandes oder, wenn dieser bis acht Wochen vor Ablauf seiner Amtszeit untätig bleibt, sofern vorhanden dem Gesamt- bzw. Konzernbetriebsrat (§ 17 a i. V. m. § 16 Abs. 3 BetrVG). Gab es bisher keinen Betriebsrat, aber einen Gesamt- oder Konzernbetriebsrat, obliegt diesem die Bestellung des Wahlvorstandes (§ 17 a i. V. m. § 17 Abs. 2 BetrVG). Einzelheiten sind in § 36 WO geregelt.

329 Ist kein (Gesamt-/Konzern-) Betriebsrat vorhanden, kommt das **zweistufige** vereinfachte Verfahren zur Anwendung. Bei diesem wird in einer ersten Wahlversammlung ein Wahlvorstand gewählt (1. Stufe) und in einer zweiten Wahlversammlung sodann der Betriebsrat (2. Stufe). Einzelheiten des Verfahrens sind in §§ 28–35 WO geregelt. Das zweistufige Verfahren findet Anwendung, wenn im Betrieb kein Betriebsrat besteht und im Unternehmen auch kein Gesamt- oder Konzernbetriebsrat vorhanden ist.

330 Gem. § 14 a Abs. 5 BetrVG findet das vereinfachte Verfahren schließlich in Betrieben mit i. d. R. 51–100 wahlberechtigten Arbeitnehmern statt, wenn der Wahlvorstand und der Arbeitgeber dies vereinbaren (**Vereinfachtes Verfahren kraft Vereinbarung**; s. u. I/Rz. 333). Liegt eine solche Vereinbarung vor, richtet sich die Wahl des Betriebsrats nach den Bestimmungen des vereinfachten einstufigen Verfahrens, § 37 i. V. m. § 36 WO.

bb) Das zweistufige vereinfachte Wahlverfahren

331 Besteht kein Betriebsrat, Gesamt- oder Konzernbetriebsrat, von dem die Bestellung des Wahlvorstandes vorgenommen werden könnte (vgl. § 17 a Nr. 3 i. V. m. § 17 Abs. 2 BetrVG), wird der Wahlvorstand in einer ersten Wahlversammlung in Mehrheitswahl gewählt, §§ 14 a Abs. 1, 17 a Nr. 3 BetrVG, §§ 28, 29 WO. Einladungsberechtigt zu dieser Wahlversammlung sind 3 wahlberechtigte Arbeitnehmer des Betriebs oder eine im Betrieb vertretene Gewerkschaft (einladende Stelle), § 17 a Nr. 3 i. V. m. § 17 Abs. 3 BetrVG. § 28 Abs. 1 WO schreibt einen bestimmten Mindestinhalt der Einladung vor. Nach Aushang der Einladung zur Wahlversammlung hat der Arbeitgeber der einladenden Stelle alle für die Anfertigung der Wählerliste erforderlichen Unterlagen (§ 2 WO) in einem versiegelten Umschlag auszuhändigen, § 29 WO. Der auf der ersten Wahlversammlung zu wählende Wahlvorstand besteht aus drei Mitgliedern; eine Erhöhung der Anzahl der Mitglieder ist nicht möglich, § 17 a Nr. 2 BetrVG, § 29 WO. Nach seiner Wahl hat der Wahlvorstand **in** der Wahlversammlung die Wahl des Betriebsrats einzuleiten (vgl. § 30 WO) und das Wahlausschreiben mit einem bestimmten Mindestinhalt zu erlassen (§ 31 WO). Wahlvorschläge sind bis zum Ende dieser ersten Wahlversammlung einzureichen und nach Abschluss der Versammlung bekannt zu machen (§ 33 WO). Die eigentliche Wahl des Betriebsrats erfolgt auf einer zweiten Wahlversammlung. Zwischen der ersten Wahlversammlung und der zweiten Wahlversammlung muss mindestens eine Woche liegen (§ 14 a Abs. 1 S. 3 BetrVG, § 28 Abs. 1 S. 2 WO). An der Teilnahme bei der zweiten Wahlversammlung verhinderten Wahlberechtigten ist auf Antrag die nachträgliche schriftliche Stimmabgabe zu ermöglichen (§ 14 a Abs. 4 BetrVG, § 35 WO). Die Wahl und die Ermittlung des oder der Gewählten gilt § 34 WO. Hierbei ist der zwingenden Berücksichtigung des Geschlechts in der Minderheit Rechnung

zu tragen, soweit der Betriebsrat aus mindestens drei Mitgliedern besteht, § 15 Abs. 2 BetrVG, § 34 Abs. 5 i. V. m. § 22 Abs. 1 WO. Insoweit wird auf die Ausführungen oben I/Rz. 297 ff., 321 ff. verwiesen.
Findet trotz Einladung zur ersten Wahlversammlung eine solche nicht statt oder wird auf dieser kein Wahlvorstand gewählt, so kann dieser auf Antrag von mindestens drei wahlberechtigten Arbeitnehmern oder einer im Betrieb vertretenen Gewerkschaft vom Arbeitsgericht bestellt werden, §§ 17 a Nr. 4, 17 Abs. 4, 16 Abs. 2 BetrVG, vgl. oben I/Rz. 264. In diesem Fall richtet sich das weitere Wahlverfahren nach den Grundsätzen des vereinfachten einstufigen Wahlverfahrens, § 14 a Abs. 3 BetrVG.

cc) Das vereinfachte einstufige Wahlverfahren
Dieses findet statt, wenn der Wahlvorstand durch den Betriebsrat (§ 17 a Nr. 1 i. V. m. § 16 Abs. 1 BetrVG), durch den Gesamt- oder Konzernbetriebsrat (§ 17 a S. 2 i. V. m. § 16 Abs. 3 BetrVG oder § 17 a S. 2 i. V. m. § 17 Abs. 1 BetrVG) oder durch das Arbeitsgericht (§ 17 a Nr. 4 i. V. m. § 17 Abs. 4 BetrVG) bestellt wurde. Da dann der Wahlvorstand bereits existiert, bedarf es einer (ersten) Wahlversammlung zur Wahl des Wahlvorstandes nicht mehr, sondern nur einer Wahlversammlung zur Wahl des Betriebsrats, § 14 a Abs. 3 S. 1 BetrVG. Wahlvorschläge können nur bis 1 Woche vor Durchführung dieser Wahlversammlung gemacht werden, § 14 a Abs. 3 S. 2 BetrVG, § 36 Abs. V WO. Die weiteren Einzelheiten des Wahlverfahrens regelt § 36 WO. Auch bei der Wahl im vereinfachten einstufigen Wahlverfahren ist dem zwingenden Schutz des Geschlechts in der Minderheit Rechnung zu tragen, § 15 Abs. 2 BetrVG, §§ 36 Abs. 4, 32, 34 Abs. 5 i. V. m. § 22 Abs. 1 WO, s. o. I/Rz. 297 ff., 321 ff.

332

dd) Das vereinbarte vereinfachte Wahlverfahren
Gem. § 14 a Abs. 5 BetrVG kann in Betrieben mit i. d. R. 51 bis 100 wahlberechtigten Arbeitnehmern auch im vereinfachten Wahlverfahren gewählt werden, wenn der Wahlvorstand und der Arbeitgeber dies vereinbaren. Liegt eine solche Vereinbarung vor, richtet sich die Wahl nach den Grundsätzen des vereinfachten einstufigen Wahlverfahrens, § 37 WO i. V. m. § 36 WO.

333

g) Wahlschutz und Wahlkosten
Durch die in § 20 Abs. 1–3 BetrVG vorgesehenen Regelungen soll sichergestellt werden, dass die Wahl entsprechend den gesetzlichen Vorschriften frei und ungehindert durchgeführt werden kann. Flankiert werden diese Bestimmungen durch den besonderen Kündigungsschutz der Mitglieder des Wahlvorstandes und der Wahlbewerber nach § 103 BetrVG, § 15 Abs. 3 und 4 KSchG (s. o. D/Rz. 333 ff.).

334

aa) Behinderungsverbot, § 20 Abs. 1 BetrVG

> Das Behinderungsverbot nach § 20 Abs. 1 BetrVG umfasst nicht nur den eigentlichen Abstimmungsvorgang, sondern alle mit der Wahl zusammenhängenden oder ihr dienenden Maßnahmen (MünchArbR/*Joost* § 304, Rz. 233), insbesondere also auch die der Wahl vorausgehenden Abstimmungen und die sich auf die Betriebsratswahl beziehenden Beschlussfassungen der Wähler oder des Wahlvorstandes. Auch die Wahlwerbung unterliegt dem Behinderungsverbot (*BAG* 2.12.1960 AP Nr. 2 zu § 19 BetrVG; GK-BetrVG/*Kreutz* § 20 Rz. 7 f., 9).

335

I. Betriebsverfassungsrecht

336 Das Recht auf Wahlwerbung wird durch die allgemeine Meinungsfreiheit und für Gewerkschaften zusätzlich durch Art. 9 Abs. 3 GG gedeckt (*BVerfG* 30.11.1965 AP Nr. 7 zu Art. 9 GG; vgl. auch *BVerfG* 14.11.1995 EzA Art. 9 GG Nr. 60 zur Gewerkschaftswerbung eines im Betrieb beschäftigten Arbeitnehmers). Strittig ist insoweit, ob die Werbetätigkeit auch während der Arbeitszeit zulässig ist, soweit dadurch keine erhebliche Störung des betrieblichen Ablaufs eintritt (so *Schneider* DKK § 20 Rz. 19; *FKHE* § 20 Rz. 6, vgl. auch *BVerfG* 14.11.1995 EzA Art. 9 GG Nr. 60) oder sich auf Zeiten vor Beginn und nach Ende der Arbeitszeit sowie auf Pausenzeiten zu beschränken hat (so GK-BetrVG/*Kreutz* § 20 Rz. 19; *Schlochauer* HSG § 20 Rz. 9).

337 Das Verbot richtet sich gegen jedermann. Das behindernde Verhalten muss rechtswidrig, nicht aber schuldhaft sein (GK-BetrVG/*Kreutz* § 20 Rz. 12). Wahlbehinderung kann durch Unterlassen erfolgen, wenn der Arbeitgeber seinen gesetzlichen Pflichten zur Förderung der Wahl gem. § 2 Abs. 2 WO, § 20 Abs. 3 S. 1 BetrVG (Räume und Sachmittel), Abs. 3 S. 2 (Arbeitsbefreiungen) nicht nachkommt (weitere Beispiele bei *Schneider* DKK § 20 Rz. 10 f.; GK-BetrVG/*Kreutz* § 20 Rz. 11 ff.). Wahlbehinderung kann auch durch aktives Tun erfolgen z. B. bei Versetzungen und der Verweigerung des Zugangs zum Betrieb.

338 Unter das Verbot der Behinderung der Betriebsratswahl fällt auch eine Kündigung, die anlässlich der Betätigung für die Betriebsratswahl oder in Zusammenhang mit ihr gerade deshalb ausgesprochen wird, um die Wahl dieses Arbeitnehmers zu verhindern oder ihn wegen seines Einsatzes bei der Betriebsratswahl zu maßregeln (*BAG* 7.5.1986 EzA § 17 BetrVG 1972 Nr. 5; 13.10.1977 EzA § 74 BetrVG 1972 Nr. 3).

339 Die Darlegungs- und Beweislast für einen Zusammenhang zwischen Kündigung und Betriebsratswahl trifft grds. den Arbeitnehmer. Je nach den besonderen Umständen des Falles kommen diesem aber die Grundsätze des Prima-facie-Beweises zugute. Bei einem unmittelbaren zeitlichen Zusammenhang kommt auch eine Beweislastumkehr in Betracht (*LAG Hamm* 15.1.1985 LAGE § 20 BetrVG 1972 Nr. 5; 27.8.1987 LAGE § 20 BetrVG 1972 Nr. 6). Nichtig ist z. B. eine Kündigung, die der Arbeitgeber in unmittelbarem zeitlichen Zusammenhang damit erklärt, dass der Arbeitnehmer die Unterschrift unter eine vom Arbeitgeber vorgelegte Erklärung verweigert, der zufolge die Arbeitnehmer des Betriebes keinen Betriebsrat wollen (*ArbG München* 26.5.1987 DB 1987, 2662).

340 In Betracht kommt etwa auch die Anweisung, nicht als Wahlbewerber oder Mitglied des Wahlvorstandes zur Verfügung zu stehen (*Schneider* DKK § 20 Rz. 16) oder eine Mitteilung mit Anweisungscharakter des Arbeitgebers an wahlberechtigte Arbeitnehmer, dass sie leitende Angestellte und daher nicht wahlberechtigt seien (*LAG Hamm* 27.4.1972 DB 1972, 1297; *LAG Ba.-Wü* 31.5.1972 DB 1972, 1392).

bb) Verbot der Wahlbeeinflussung, § 20 Abs. 2 BetrVG

341 § 20 Abs. 2 BetrVG sichert als gegen jedermann gerichtetes Verbot die freie Willensbildung der Wahlbeteiligten gegenüber demjenigen, der bewusst die Wahl rechtswidrig durch Zufügung oder Androhung von Nachteilen oder durch Gewährung oder Versprechen von Vorteilen zu beeinflussen sucht, seien sie materieller oder immaterieller Natur (GK-BetrVG/*Kreutz* § 20 Rz. 24). Das Beeinflussungsverbot schließt zulässige Maßnahmen der Wahlwerbung nicht aus. Zur Wahlwerbung berechtigt sind

einzelne Wahlbewerber sowie auch die im Betrieb vertretenen Gewerkschaften. Stets unzulässig sind Werbemaßnahmen des Arbeitgebers.

Die tatsächliche und finanzielle Unterstützung einer Gruppe von Kandidaten bei der Herstellung einer Wahlzeitung durch den Arbeitgeber stellt einen Verstoß gegen § 20 Abs. 2 BetrVG dar, der zur Unwirksamkeit der Betriebsratswahl führt (*BAG* 4.12.1986 EzA § 19 BetrVG 1972 Nr. 24). Unzulässig ist auch die Werbung durch den Betriebsrat, da dieser hierdurch gegen seine Neutralitätspflicht nach § 75 BetrVG verstoßen würde (GK-BetrVG/*Kreutz* § 20 Rz. 30). 342

Im Rahmen der **Wahlwerbung** betriebene Propaganda, auch die sog. Propagandalüge, stellt noch keine unzulässige Beeinflussung der Wahl dar (GK-BetrVG/*Kreutz* § 20 Rz. 31; *Schneider* DKK § 20, Rz. 19). Die Grenze des Zulässigen ist aber dann überschritten, wenn es sich um diffamierende und grob wahrheitswidrige Propaganda gegen Wahlbewerber handelt, insbesondere dann, wenn konkurrierende Wahlbewerber dadurch veranlasst werden, ihre Bewerbung zurückzuziehen (GK-BetrVG/*Kreutz* § 20 Rz. 32). Kontrovers diskutiert wird, ob der diffamierte Wahlbewerber Unterlassung derartiger Werbung auch im Wege des arbeitsgerichtlichen Beschlussverfahrens (GK-BetrVG/*Kreutz* § 20 Rz. 33; *Schneider* DKK § 20 Rz. 19) oder nur in einem Verfahren vor den ordentlichen Gerichten (*Schlochauer* HSG § 20 Rz. 21) verlangen kann. 343

Da sich das Verbot der Wahlbeeinflussung gegen jedermann richtet, sind Verbotsverletzungen auch durch Gewerkschaften insbesondere dadurch möglich, dass einem Mitglied der Ausschluss aus der Gewerkschaft für den Fall angedroht wird, dass es auf einer anderen als von der jeweiligen Gewerkschaft unterstützten und gebilligten Vorschlagsliste kandidiert. Streitig (vgl. zum Meinungsstand GK-BetrVG/*Kreutz* § 20 Rz. 35 ff.) ist jedoch, unter welchen Voraussetzungen eine solche Nachteilsdrohung als rechtswidrig anzusehen ist. Nach Auffassung des *BGH* (30.5.1983 NJW 1984, 918; 19.10.1987 EzA § 25 BGB Nr. 1) ist eine Ausschlussdrohung nur dann gerechtfertigt und nicht rechtswidrig, wenn über den bloßen Wettbewerb um Stimmen hinaus ein gewerkschaftsfeindliches Verhalten vorliegt, so z. B. bei Äußerungen und Handlungen eines Mitglieds, die im Zusammenhang mit der Wahl die Gewerkschaft allgemein oder die Grundordnung, die ihre Betätigung garantiert, in Frage stellen oder sich gegen die eigene Gewerkschaft und ihre satzungsmäßigen Zielsetzungen in einer ihr die – notfalls auch kritische – Solidarität aufkündigenden, mit der Mitgliedschaft schlechterdings nicht mehr zu vereinbarenden Weise, richten (*BGH* 19.10.1987 EzA § 25 BGB Nr. 1). Ein Ausschluss lediglich auf Grund der Kandidatur auf einer konkurrierenden Liste kommt hingegen nicht in Betracht, da dies dem Grundsatz der Wahlfreiheit zuwider laufen würde (*BGH* 30.5.1983 NJW 1984, 918; 19.10.1987 EzA § 20 BGB Nr. 1). 344

cc) **Rechtsfolge von Verstößen**
Die Verbote nach § 20 Abs. 1 und 2 BetrVG sind gesetzliche Verbote i. S. d. § 134 BGB (*BAG* 7.5.1986 EzA § 17 BetrVG 1972 Nr. 5; 13.10.1977 EzA § 74 BetrVG 1972 Nr. 3) und Schutzgesetze i. S. d. § 823 Abs. 2 BGB (MünchArbR/*Joost* § 304 Rz. 246). Vorsätzliche Verbotsverletzungen werden auf Antrag bestraft, § 119 Abs. 1 Nr. 1 BetrVG. 345

Wahlbehinderungen und Wahlbeeinflussungen können schon während des Wahlverfahrens im arbeitsgerichtlichen Beschlussverfahren angegriffen werden, ggf. 346

I. Betriebsverfassungsrecht

auch im Wege einstweilige Verfügung. Nach der Wahl kann eine Wahlanfechtung nach § 19 Abs. 1 BetrVG begründet sein, da die Verbote wesentliche Vorschriften über das Wahlverfahren sind. Allerdings wird oft fraglich sein, ob hierdurch das Wahlergebnis beeinflusst werden konnte, wenn sich der Verstoß nur auf einzelne Arbeitnehmer bezogen hat (vgl. GK-BetrVG/*Kreutz* § 20 Rz. 42 ff.).

347 In besonders schwer wiegenden Fällen kann auch die Nichtigkeit der Wahl in Betracht kommen, so z. B. bei einer groben Wahlbeeinflussung, die der Abstimmung schon äußerlich den Anschein einer Wahl nimmt (MünchArbR/*Joost* § 304 Rz. 244). Als weitere Fallgruppen werden genannt: Fälle des offenen Terrors, der sich auf den eigentlichen Wahlakt erstreckt (*FKHE* § 20 Rz. 25); auf Grund gravierender Wahlbeeinflussung oder Wahlbehinderungen stand das Ergebnis der Wahl schon vorher fest (GK-BetrVG/*Kreutz* § 20 Rz. 43).

dd) Wahlkosten und Arbeitsversäumnis, § 20 Abs. 3 BetrVG

348 Der Arbeitgeber hat die Kosten der Wahl zu tragen. Hierzu gehören die eigentlichen Kosten der Wahl, die Sachkosten und die persönlichen Kosten. Der Arbeitgeber hat allerdings nur die Kosten zu tragen, die erforderlich und verhältnismäßig sind (*BAG* 3.12.1987 EzA § 20 BetrVG 1972 Nr. 14; 8.4.1992 EzA § 20 BetrVG 1972 Nr. 15).

349 Als nicht erforderlich wurden in der Rechtsprechung angesehen: Kosten, die dadurch entstanden waren, dass der Wahlvorstand beschlossen hatte, mit Lichtbildern angereicherte Vorschlagslisten anfertigen zu lassen (*BAG* 3.12.1987 EzA § 20 BetrVG 1972 Nr. 14); Arbeitsversäumnis zum Sammeln von Stützunterschriften während der Arbeitszeit (*LAG Berlin* 9.1.1979 BB 1979, 1036); Teilnahme eines Wahlbewerbers während der Arbeitszeit an der Stimmauszählung (*LAG Schleswig-Holstein* 26.7.1989 NZA 1990, 118). Der Wahlvorstand hat zur Ausfüllung des unbestimmten Rechtsbegriffs der Erforderlichkeit allerdings einen Beurteilungsspielraum wie ein Betriebsrat im Rahmen der §§ 40, 37 Abs. 2, 6 BetrVG (*BAG* 3.12.1987 EzA § 20 BetrVG 1972 Nr. 14).

350 In Betracht kommt auch, dass mehrere Arbeitgeber als Gesamtschuldner haften, so bei einem Streit über das Bestehen eines gemeinsamen Betriebes mehrerer Unternehmer und die sich daraus ergebenden Konsequenzen für die Wahl eines Betriebsrats.

351 Als kostenpflichtige Arbeitgeber sind diejenigen Unternehmer anzusehen, die Umstände gesetzt haben, die das Vorliegen eines von ihnen gemeinsam geführten Betriebes ernsthaft als möglich erscheinen lassen. Dass auch tatsächlich ein gemeinsamer Betrieb dieser Unternehmer besteht, ist nicht erforderlich (*BAG* 8.4.1992 EzA § 20 BetrVG 1972 Nr. 15).

352 Erfasst werden die Wahlkosten im weitesten Sinne, also auch die Kosten der Bestellung des Wahlvorstandes (*BAG* 26.2.1992 EzA § 17 BetrVG 1972 Nr. 6), die Kosten nicht mutwilliger gerichtlicher Verfahren zur Klärung von Streitfragen im Zusammenhang mit der Wahl (*BAG* 31.5.2000 § 20 BetrVG 1972 Nr. 19;

I. Betriebsverfassungsrecht

8.4.1992 EzA § 20 BetrVG 1972 Nr. 15) bis hin zu den Kosten einer nicht mutwilligen Wahlanfechtung (GK-BetrVG/*Kreutz* § 20 Rz. 47).

Nicht erfasst sind aber die Wahlkampf- und insbesondere die Wahlwerbungskosten (MünchArbR/*Joost* § 304 Rz. 251). Zu den Kosten der Schulung für Mitglieder des Wahlvorstandes s. o. I/Rz. 270 ff. 353

Zu den Sachkosten gehören die Kosten, die dadurch entstehen, dass der Wahlvorstand Räumlichkeiten und Sachmittel benötigt. Diese hat der Arbeitgeber zur Verfügung zu stellen. 354

Wenn der Arbeitgeber die beantragten und erforderlichen Sachmittel nicht oder nicht rechtzeitig beschafft und zur Verfügung stellt, kann der Wahlvorstand nach überwiegender Auffassung (GK-BetrVG/*Kreutz* § 20 Rz. 50; *Schneider* DKK § 20 Rz. 31; **a. A.** *Schlochauer* HSG § 20 Rz. 35) das Nötige im eigenen Namen für Rechnung des Arbeitgebers beschaffen.

Auslagen sind dann zu erstatten. Von Ansprüchen Dritter hat der Arbeitgeber den Wahlvorstand freizustellen (*BAG* 3.12.1987 EzA § 20 BetrVG 1972 Nr. 14; 8.4.1992 EzA § 20 BetrVG 1972 Nr. 15).

Der Arbeitgeber hat auch die erforderlichen persönlichen Kosten zu tragen, die bei der Betriebsratswahl entstehen, insbesondere die der Wahlvorstandsmitglieder, Wahlhelfer oder des Vermittlers nach § 18 a Abs. 2 BetrVG. Hierzu gehören u. a. notwendige Reisekosten. 355

Bei Benutzung des eigenen PKW für solche Reisen sind Unfallschäden zu ersetzen, wenn das Wahlvorstandsmitglied die Benutzung für erforderlich halten konnte oder der Arbeitgeber dies gewünscht hat (*BAG* 3.3.1983 EzA § 20 BetrVG 1972 Nr. 12; s. o. C/Rz. 2277 ff.). Auch erstinstanzliche Rechtsanwaltskosten werden bei gerichtlichen Streitigkeiten im Zusammenhang mit der Betriebsratswahl dann erfasst, wenn die Rechtsverfolgung nicht offensichtlich aussichtslos erscheint und es sich um eine schwierige Sach- und Rechtslage handelt, sodass der jeweilige Beteiligte bei verständiger Abwägung aller Umstände die Hinzuziehung des Anwalts für erforderlich halten konnte (*BAG* 8.4.1992 EzA § 20 BetrVG 1972 Nr. 5; 26.11.1974 EzA § 20 BetrVG 1972 Nr. 7). Erstattungsfähig sind auch Rechtsanwaltskosten, die ein Wahlbewerber für ein einstweiliges Verfügungsverfahren aufwenden musste, um in seinen Freischichten den Betrieb zum Sammeln von Stützunterschriften für seinen Wahlvorschlag betreten zu dürfen (*LAG Hamm* 6.2.1980 EzA § 20 BetrVG 1972 Nr. 11). Die Ansprüche auf Erstattung von Wahlkosten bzw. Zurverfügungstellung von Sachmitteln sind im arbeitsgerichtlichen Beschlussverfahren geltend zu machen. Für die wahlbedingte Arbeitsversäumnis bleibt gem. § 20 Abs. 3 S. 2 BetrVG i. V. m. § 611 BGB der im Urteilsverfahren geltend zu machende Lohnanspruch erhalten (Lohnausfallprinzip); im Übrigen gilt § 37 Abs. 2, 3 BetrVG entsprechend. Überstunden, die ein Wahlvorstandsmitglied ohne seine Betätigung im Wahlvorstand geleistet hätte, sind ihm auch dann zu vergüten, wenn es sich dabei nicht um regelmäßig anfallende Überstunden handelt (*BAG* 29.6.1988 EzA § 37 BetrVG 1972 Nr. 97). 356 357

I. Betriebsverfassungsrecht

h) Mängel der Betriebsratswahl (§ 19 BetrVG)

358 Rechtliche Mängel bei der Betriebsratswahl führen grds. nur zur Anfechtbarkeit der Betriebsratwahl in einem besonderen, fristgebundenen Anfechtungsverfahren, dessen Entscheidung nur für die Zukunft wirkt. Nur ausnahmsweise bei besonders groben offensichtlichen Rechtsverstößen ist hingegen die Wahl nichtig, d. h. von vornherein unwirksam.

aa) Die Wahlanfechtung

359 Die Wahlanfechtung dient in erster Linie der Rechtssicherheit. Es soll möglichst umgehend, fristgebunden und zuverlässig geklärt werden, ob ein Betriebsrat wirksam gewählt worden ist. Die Anfechtung richtet sich gegen das festgestellte endgültige Wahlergebnis. Ziel ist die Korrektur oder Kassation des Wahlergebnisses (GK-BetrVG/ *Kreutz* § 19 Rz. 12). Die Anfechtbarkeit der Wahl setzt nach § 19 Abs. 1 BetrVG voraus, dass
– gegen wesentliche Vorschriften über das Wahlrecht, die Wählbarkeit oder das Wahlverfahren verstoßen wurde,
– eine Berichtigung nicht erfolgt ist
– und durch den Verstoß das Wahlergebnis geändert oder beeinflusst werden konnte (Kausalität).

(1) Verstoß gegen wesentliche Wahlvorschrift

360 Unbedeutende Verstöße sollen ohne Einfluss auf die Betriebsratswahl bleiben. Ganz überwiegend wird die Unterscheidung danach vorgenommen, ob es sich bei der verletzten Norm des BetrVG oder der Wahlordnung um eine zwingende Regelung (Mussvorschrift) oder um eine bloße Ordnungsvorschrift (Sollbestimmung) handelt.

361 Bei einer Verletzung von Mussvorschriften liegt i. d. R. eine Verletzung einer wesentlichen Wahlvorschrift vor, bei der Verletzung einer Sollvorschrift dagegen i. d. R. nicht (*BAG* 14.9.1988 EzA § 16 BetrVG 1972 Nr. 6; MünchArbR/*Joost* § 304 Rz. 260).

362 In beiden Richtungen besteht aber die Möglichkeit von Ausnahmen, d. h. die gebotene Einzelfallprüfung kann ergeben, dass eine zwingende Vorschrift nicht wesentlich oder eine Sollbestimmung als wesentlich anzusehen ist (a. A. GK-BetrVG/*Kreutz* § 19 Rz. 18, 19: alle zwingenden Vorschriften sind stets wesentlich, Sollvorschriften dagegen nur dann, wenn sie im Hinblick auf das Wahlergebnis wesentlich sind). So wird z. T. (*Schlochauer* HSG § 19 Rz. 20) eine Anfechtbarkeit auch angenommen, wenn zahlreiche Sollvorschriften verletzt sind, die in ihrer Gesamtheit als wesentliche Vorschriften anzusehen sind.

363 Wesentlich ist ein Verstoß gegen Vorschriften über das Wahlrecht. Der Verstoß kann in der Wahlbeteiligung nicht Wahlberechtigter oder im Ausschluss Wahlberechtigter von der Wahl liegen, (z. B. *BAG* 29.3.1974 EzA § 19 BetrVG 1972 Nr. 2 unberechtigter Ausschluss von Wehrdienstleistenden; 18.1.1989 EzA § 9 BetrVG 1972 Nr. 4 Berücksichtigung von Leiharbeitnehmern als betriebszugehörig; Wahlbeteiligung von Jugendlichen oder leitenden Angestellten, GK-BetrVG/*Kreutz* § 19 Rz. 22). Ein Verstoß liegt auch in der Wahl eines Nichtwählbaren oder Nichtzulassung eines Wählbaren zur Wahl (vgl. z. B. *BAG* 28.11.1977 EzA § 8 BetrVG 1972 Nr. 4; 15.12.1972 EzA

I. Betriebsverfassungsrecht

§ 14 BetrVG 1972 Nr. 1; 14.5.1997 EzA § 8 BetrVG 1972 Nr. 8: Wählbarkeit eines gekündigten Arbeitnehmers, der Kündigungsschutzklage erhoben hat).
Bei unberechtigter Nichtzulassung eines Wahlberechtigten zur Wahl durch Nichtaufnahme in die Wählerliste ist fraglich, ob ein Anfechtungsrecht wahlberechtigter Arbeitnehmer dann entfällt, wenn beim Wahlvorstand kein Einspruch gegen die Richtigkeit nach § 4 WO eingelegt worden ist. Nach überwiegender Ansicht (GK-BetrVG/ *Kreutz* § 19 Rz. 59; *Schlochauer* HSG § 19 Rz. 11; *Schneider* DKK § 19 Rz. 6; **a. A.** *FKHE* § 19 Rz. 11; *LAG Frankfurt/M.* 14.7.1988 BB 1988, 2317) ist dies nicht der Fall, da die Wahlordnung nicht die vom BetrVG eingeräumte Anfechtungsbefugnis einschränken kann. Soweit die Anfechtung auf eine fehlerhafte Zuordnung zum Kreis der leitenden Angestellten gestützt werden soll, ist zu beachten, dass dann, wenn ein Zuordnungsverfahren nach § 18 a BetrVG stattgefunden hat, eine Anfechtung der Wahl nur in Betracht kommt, wenn die Zuordnung offensichtlich fehlerhaft war, § 18 a Abs. 5 BetrVG. Der Mangel der Wählbarkeit entfällt, wenn der Arbeitnehmer vor oder bis zur letzten gerichtlichen Tatsachenverhandlung wählbar wird, z. B. inzwischen die sechsmonatige Betriebszugehörigkeit erfüllt hat (GK-BetrVG/*Kreutz* § 19 Rz. 24). Der Mangel der Wählbarkeit kann im Übrigen auch außerhalb eines Wahlanfechtungsverfahrens nach § 24 Abs. 1 Nr. 6 BetrVG geltend gemacht werden. 364
Vorschriften über das Wahlverfahren enthalten §§ 9–18 BetrVG und die Vorschriften 365
der Wahlordnung. Als wesentliche Verstöße wurden beispielsweise angesehen:

– **Wahlausschreiben und Wählerliste** 366
- Fehlen oder nicht ordnungsgemäße Bekanntgabe des Wahlausschreibens, *BAG* 27.4.1976 EzA § 19 BetrVG 1972 Nr. 8; Unterrichtung nicht Deutsch sprechender ausländischer Arbeitnehmer nur in deutscher Sprache, *LAG Hamm* 27.1.1982 DB 1982, 2252.
- Falsche Angabe der Frist zur Einreichung von Wahlvorschlägen, *BAG* 9.12.1992 EzA § 19 BetrVG 1972 Nr. 38.
- Nicht ausreichende Zeit zur Einsichtnahme in die Wählerliste, *LAG Köln* 16.1.1991 § 19 BetrVG 1972 Nr. 11.
- Fehlende Angabe des Orts der Wahlräume, es sei denn, dass eine Ergänzung so rechtzeitig erfolgt, dass keine Einschränkung des Wahlrechts eintritt, *BAG* 19.9.1985 EzA § 19 BetrVG 1972 Nr. 22, oder gleichwohl alle Arbeitnehmer an der Wahl teilgenommen haben, *LAG Berlin* 10.2.1986 LAGE § 19 BetrVG 1972 Nr. 4.
- Unrichtige Angabe der Zahl der zu wählenden Betriebsratsmitglieder, *BAG* 29.5.1991 EzA § 19 BetrVG 1972 Nr. 31.
- Unrichtige Angabe der auf das Geschlecht in der Minderheit (§ 15 Abs. 2 BetrVG, s. o. I/Rz. 297 ff.) entfallenden Sitze
- Verkennung des Betriebsbegriffs, *BAG* 13.9.1984 EzA § 19 BetrVG 1972 Nr. 20; 3.12.1985 EzA § 4 BetrVG 1972 Nr. 4.

– **Mängel der Wahlvorschläge** 367
- Fehlen der schriftlichen Zustimmung von Wahlbewerbern, *BAG* 1.6.1966 AP Nr. 15 zu § 18 BetrVG; *LAG Frankfurt/M.* 14.7.1988 BB 1988, 2317.
- Fehlen des Unterschriftenquorums (§ 14 Abs. 6 BetrVG), *BAG* 10.6.1983 EzA § 19 BetrVG 1972 Nr. 19.

I. Betriebsverfassungsrecht

- Streichung von Kandidaten ohne Zustimmung der Unterzeichner der Vorschlagsliste, *BAG* 15.12.1972 EzA § 14 BetrVG 1972 Nr. 1; *LAG Düsseldorf* 18.1.1982 DB 1982, 1628.
- Nichtzulassung ordnungsgemäßer Wahlvorschläge, *LAG Hamm* 7.7.1976 EzA § 19 BetrVG 1972 Nr. 9.
- Ausschluss einer Vorschlagsliste, die von einem gekündigten Arbeitnehmer, der aber Kündigungsschutzklage erhoben hat, angeführt wird in Verkennung von dessen Wählbarkeit (*BAG* 14.5.1997 EzA § 8 BetrVG 1972 Nr. 8).
- Unzulässige Verkürzung der Frist zur Einreichung von Wahlvorschlägen, *BAG* 12.2.1960 AP Nr. 11 zu § 18 BetrVG.

368 – **Fehlerhafte Durchführung der Stimmabgabe**
- Verstöße gegen die Grundsätze geheimer, unmittelbarer, freier und allgemeiner Wahl, z. B. durch optische Hervorhebung einzelner Wahlmöglichkeiten auf Stimmzetteln, *BAG* 14.1.1969 EzA § 13 BetrVG 1952 Nr. 1; Nichtverwendung von Wahlumschlägen, *LAG Hamm* 27.1.1982 DB 1982, 2252; Tatsächliche oder finanzielle Unterstützung einer Gruppe von Kandidaten durch den Arbeitgeber (Herstellung einer Wahlzeitung), *BAG* 4.12.1986 EzA § 19 BetrVG 1972 Nr. 24; Zulassung der Einsichtnahme in die mit Stimmabgabevermerken versehenen Wählerlisten durch Dritte während der laufenden Betriebsratswahl, *BAG* 6.12.2000 EzA § 19 BetrVG 1972 Nr. 40.
- Nichtübersendung von Briefwahlunterlagen, *ArbG Bremen* 18.7.1990 AiB 1991, 125.
- Nichteinhaltung der für die Stimmabgabe im Wahlausschreiben angegebenen Zeit, *BAG* 19.9.1985 EzA § 19 BetrVG 1972 Nr. 22;
- Rechtswidrige Wahlbeeinflussung oder Wahlbehinderung, GK-BetrVG/*Kreutz* § 19 Rz. 31.

369 – **Fehlerhafte Feststellung des Wahlergebnisses**
- Feststellung einer zu großen oder zu kleinen Zahl von Betriebsratsmitgliedern, vgl. *BAG* 29.5.1991 EzA § 19 BetrVG 1972 Nr. 31.
- Unrichtige Berücksichtigung des Geschlechts in der Minderheit (§ 15 Abs. 2 BetrVG, s. o. I/Rz. 321 ff.).
- Nichtberücksichtigung ordnungsgemäß abgegebener Stimmen oder Berücksichtigung ungültiger Stimmen, GK-BetrVG/*Kreutz* § 19 Rz. 32.
- Nichtwahrung der Verantwortlichkeit des Wahlvorstandes für den Auszählungsvorgang, Nichtöffentlichkeit der Stimmenauszählung, *LAG Berlin* 16.11.1987 LAGE § 19 BetrVG 1972 Nr. 6.
- Unterlassung unverzüglicher öffentlicher Stimmenauszählung, *ArbG Bochum* 20.6.1975 DB 1975, 1898.

(2) **Fehlende Berichtigung von Verstößen**

370 Im Interesse der Vermeidung der mit einer Neuwahl verbundenen Schwierigkeiten schließt § 19 Abs. 1 BetrVG eine Anfechtung der Wahl aus, wenn eine rechtzeitige Berichtigung des Gesetzesverstoßes erfolgt ist.

> Grds. sind alle Wahlfehler reparabel, von der fehlerhaften Bestellung des Wahlvorstandes über Fehler des Wahlverfahrens bis zur Feststellung des endgültigen Wahlergebnisses (*BAG* 19.9.1985 EzA § 19 BetrVG 1972 Nr. 22). Die Berichtigung ist

I. Betriebsverfassungsrecht

rechtzeitig, wenn sie zu einem Zeitpunkt erfolgt, dass danach die Wahl noch ordnungsgemäß ablaufen kann (*BAG* 19.9.1985 EzA § 19 BetrVG 1972 Nr. 22).

Wenn erkennbar ist, dass die Rechtsverstöße das Wahlergebnis beeinflussen können und anders nicht zu beheben sind, ist ggf. der Abbruch eines eingeleiteten Wahlverfahrens in Kauf zu nehmen (GK-BetrVG/*Kreutz* § 19 Rz. 35).

(3) Kausalität des Wahlfehlers
Voraussetzung für die Wahlanfechtung ist, dass durch den Wahlverstoß das Wahlergebnis geändert oder beeinflusst werden könnte, sodass das Wahlergebnis ohne den Fehler möglicherweise anders ausgefallen wäre. Nicht entscheidend ist also, dass es tatsächlich durch den Fehler beeinflusst worden ist. 371

> Nach jüngerer Rechtsprechung des *BAG* (14.9.1988 EzA § 16 BetrVG 1972 Nr. 6) ist entscheidend, ob eine hypothetische Betrachtung (Wahl ohne den Verstoß gegen wesentliche Vorschriften) unter Berücksichtigung der konkreten Umstände zwingend zu demselben Wahlergebnis führt.

Dies ist beispielsweise der Fall, wenn ein nicht wahlberechtigter Arbeitnehmer mit gewählt hat, der Stimmenunterschied aber so groß ist, dass beim Eliminieren seiner Stimme das Wahlergebnis nicht geändert wird, sondern dieselben Personen in derselben Reihenfolge aus denselben Listen gewählt sind (*BAG* 14.9.1988 EzA § 16 BetrVG 1972 Nr. 6). Nach anderer Auffassung ist maßgeblich, ob der Wahlfehler nach der allgemeinen Lebenserfahrung und den konkreten Umständen des Falles geeignet ist, das Wahlergebnis zu beeinflussen (GK-BetrVG/*Kreutz* § 19 Rz. 45). Zum Wahlergebnis gehört nicht die Reihenfolge, in der die Ersatzmitglieder gem. § 25 BetrVG nachrücken bzw. ein verhindertes Betriebsratsmitglied vertreten. Ein Wahlverstoß, der sich lediglich auf die Reihenfolge der Ersatzmitglieder auswirkt, beeinflusst daher nicht i. S. d. § 19 Abs. 1 BetrVG das Wahlergebnis und berechtigt nicht zur Wahlanfechtung (*BAG* 21.2.2001 EzA § 19 BetrVG 1972 Nr. 41).
§ 19 Abs. 1 BetrVG hat auch Bedeutung für die objektive Beweislast. 372

> Wenn sich der Sachverhalt letztendlich nicht aufklären lässt, d. h. zur vollen Überzeugung des Arbeitsgerichts die Kausalität weder bejaht noch verneint werden kann, ist davon auszugehen, dass die Wahlanfechtung begründet ist (*BAG* 8.3.1957 AP Nr. 1 zu § 19 BetrVG; *BAG* 14.9.1988 EzA § 16 BetrVG 1972 Nr. 6).

(4) Anfechtungsberechtigung
Nach § 19 Abs. 2 BetrVG sind anfechtungsberechtigt mindestens drei Wahlberechtigte, jede im Betrieb vertretene Gewerkschaft und der Arbeitgeber. Diese Aufzählung ist abschließend (GK-BetrVG/*Kreutz* § 19 Rz. 58). Die Antragsberechtigung als Verfahrensvoraussetzung und zusätzlich als Erfordernis für eine materiell-rechtlich günstige Entscheidung muss in jedem Stadium des Verfahrens vorliegen, ist also sowohl Prozess- als auch Begründetheitsvoraussetzung (*BAG* 14.2.1978 EzA § 19 BetrVG 1972 Nr. 16; 12.2.1985 EzA § 19 BetrVG 1972 Nr. 21; 4.12.1986 EzA § 19 BetrVG 1972 Nr. 24). 373

Bei der Wahlanfechtung durch drei wahlberechtigte Arbeitnehmer muss es sich nicht um einen gemeinsamen Antrag handeln (GK-BetrVG/*Kreutz* § 19 Rz. 66). 374

I. Betriebsverfassungsrecht

> Zu beachten ist, dass nach Auffassung des *BAG* (12.2.1985 EzA § 19 BetrVG 1972 Nr. 21) diese Anfechtungsberechtigung während der gesamten Dauer des Verfahrens fortbestehen muss, wobei nicht genügt, dass überhaupt kontinuierlich drei Wahlberechtigte die Wahlanfechtung betreiben, sondern erforderlich ist, dass die Wahlanfechtung von den antragstellenden Arbeitnehmern durchgehend getragen wird.

375 Insbesondere ist es nicht möglich, dass bei Wegfall eines der ursprünglich antragstellenden Arbeitnehmer etwa infolge der Rücknahme seines Antrags an seiner Stelle ein anderer Arbeitnehmer die Anfechtung weiter betreibt. Auch eine im Betrieb vertretene Gewerkschaft kann nach Ablauf der Ausschlussfrist des § 19 Abs. 2 BetrVG einem Wahlanfechtungsverfahren nicht als Antragsteller beitreten und nach Ausscheiden eines von drei antragstellenden Arbeitnehmern das Beschlussverfahren fortsetzen (*BAG* 10.6.1983 EzA § 19 BetrVG 1972 Nr. 19). Maßgeblicher Zeitpunkt der erforderlichen Wahlberechtigung ist grds. der Zeitpunkt der Stimmabgabe (*BAG* 15.2.1989 EzA § 19 BetrVG 1972 Nr. 28; 4.12.1986 EzA § 19 BetrVG 1972 Nr. 24). Entfällt die Wahlberechtigung deshalb nach diesem Zeitpunkt, etwa infolge Ausscheidens des Arbeitnehmers aus dem Betrieb, lässt dies die Anfechtungsberechtigung grds. unberührt. Allerdings ist es notwendig, dass die Betriebszugehörigkeit bei einem der anfechtenden Arbeitnehmer fortbesteht und seine Wahlanfechtung während des Beschlussverfahrens von mindestens zwei weiteren, die Wahl ebenfalls anfechtenden wahlberechtigten Arbeitnehmern getragen wird, auch wenn diese inzwischen aus dem Betrieb ausgeschieden sind. Sind hingegen alle drei Anfechtenden aus dem Betrieb ausgeschieden, fehlt ihrem Anfechtungsantrag das Rechtsschutzbedürfnis (*BAG* 15.2.1989 EzA § 19 BetrVG 1972 Nr. 28). Keine weitere Zulässigkeitsvoraussetzung ist die Erhebung eines rechtzeitigen Einspruchs gem. § 4 WO beim Wahlvorstand.

376 Ist Arbeitgeber eine Gesellschaft, so ist nur diese, nicht aber der einzelne Gesellschafter anfechtungsberechtigt (*BAG* 28.11.1977 EzA § 19 BetrVG 1972 Nr. 14). Im Falle des Betriebsübergangs nach § 613 a BGB entfällt das Anfechtungsrecht des Veräußerers (*LAG Düsseldorf* 8.1.1979 BB 1979, 938; *MünchArbR*/*Joost* § 304 Rz. 270).

(5) Anfechtungsfrist

377 Gem. § 19 Abs. 2 S. 2 BetrVG muss die Anfechtung der Wahl innerhalb von zwei Wochen nach Bekanntgabe des Wahlergebnisses (§ 18 WO) erfolgen. Es handelt sich um eine materiell-rechtliche Ausschlussfrist. Mit ihrem Ablauf werden Mängel der Betriebsratswahl geheilt. Bei Versäumung der Frist ist der Antrag deshalb als unbegründet zurückzuweisen (GK-BetrVG/*Kreutz* § 19 Rz. 76). Eine Ausnahme gilt für den Mangel der Wählbarkeit, die nach § 24 Abs. 1 Nr. 6 BetrVG auch außerhalb dieser Frist vom Arbeitsgericht auf Antrag jederzeit festgestellt werden kann. Die Fristberechnung richtet sich nach §§ 187 Abs. 1, 188 Abs. 2, 193 BGB. Wird das Wahlergebnis an mehreren Stellen im Betrieb ausgehangen, so ist für den Beginn der Frist der letzte Tag des Aushangs maßgeblich (*Schlochauer* HSG § 19 Rz. 32).

> Ausreichend ist, dass der Antrag innerhalb dieser Frist beim Arbeitsgericht eingeht (*BAG* 25.6.1974 EzA § 19 BetrVG 1972 Nr. 3). Ausreichend ist auch der Eingang bei einem örtlich unzuständigen Arbeitsgericht (*BAG* 15.7.1960 AP Nr. 10 zu § 76 BetrVG).

I. Betriebsverfassungsrecht

Möglich ist auch bereits die Anfechtung der Wahl vor Bekanntgabe des Wahlergebnisses (str.; so z. B. *Schlochauer* HSG § 19 Rz. 32; einschränkend: GK-BetrVG/*Kreutz* § 19 Rz. 83). Bei verspäteter Anfechtung kann aber ggf. noch geprüft werden, ob die Wahl nichtig ist, da die Nichtigkeit der Wahl jederzeit geltend gemacht werden kann (GK-BetrVG/*Kreutz* § 19 Rz. 141). 378

(6) Anfechtungsverfahren

aaa) Anfechtungsantrag und Begründung
Der Anfechtungsantrag ist beim örtlich zuständigen Arbeitsgericht, d. h. dem Gericht, in dessen Bezirk der Betrieb liegt (§ 82 S. 1 ArbGG), schriftlich oder zu Protokoll der Geschäftsstelle (§ 81 Abs. 1 ArbGG) anzubringen. Entsprechend § 253 Abs. 2 ZPO ist erforderlich, dass der Antragsteller einen Sachverhalt vorträgt, der möglicherweise die Ungültigkeit der Wahl ergeben kann (*BAG* 24.5.1965 AP Nr. 14 zu § 18 BetrVG 1952). Schlüssiger oder substantiierter Vertrag ist nicht erforderlich (*BAG* 3.6.1969 AP Nr. 17 zu § 18 BetrVG; GK-BetrVG/*Kreutz* § 19 Rz. 93). 379

Das Gericht ist nicht auf die Prüfung geltend gemachter Wahlfehler beschränkt, sondern hat alle Wahlverstöße zu berücksichtigen, die sich aus dem Vortrag der Beteiligten ergeben (*BAG* 20.7.1982 EzA § 76 BetrVG 1972 Nr. 12). Geht der Antrag im Beschlussverfahren ohne Einschränkung dahin, das Wahlergebnis für unwirksam zu erklären, so ist er i. d. R. dahin auszulegen, dass die Wahl unter jedem rechtlichen Gesichtspunkt überprüft werden soll. Damit wird neben der Anfechtbarkeit in Form eines Gestaltungsantrags zugleich die Feststellung der Nichtigkeit der Wahl begehrt (*BAG* 10.6.1983 EzA § 19 BetrVG Nr. 19; 13.11.1991 EzA § 27 BetrVG 1972 Nr. 7). 380

Die Anfechtung kann aber auch auf die bloße Berichtigung des Wahlergebnisses beschränkt werden (st. Rspr. vgl. *BAG* 24.11.1981 EzA § 76 BetrVG 1952 Nr. 11), so z. B. auf die Wahl eines einzelnen Betriebsmitglieds, wenn dessen Nichtwählbarkeit geltend gemacht wird (*BAG* 28.11.1977 EzA § 8 BetrVG 1972 Nr. 4). 381
Anfechtungsgegner ist bei der Anfechtung der Gesamtwahl der Betriebsrat. Wird die Anfechtung darauf gestützt, dass unter Verkennung des Betriebsbegriffs in einem einheitlichen Betrieb mehrere Betriebsräte für jeweils einzelne Betriebsteile gewählt worden seien, so muss der Anfechtungsberechtigte die Wahl aller Betriebsräte anfechten. Die Anfechtung der Wahl nur eines dieser Betriebsräte ist unzulässig (*BAG* 7.12.1988 EzA § 19 BetrVG 1972 Nr. 25). Ist die Wahl nur eines oder mehrerer einzelner Betriebsratsmitglieder angefochten (z. B. wegen mangelnder Wählbarkeit), so sind nur diese Anfechtungsgegner (*FKHE* § 19 Rz. 29). Die unrichtige Kennzeichnung des Antragsgegners ist aber unschädlich, wenn sich dem Antrag nur entnehmen lässt, welche Wahl in welchem Umfang angefochten wird (*BAG* 20.7.1982 EzA § 76 BetrVG 1952 Nr. 12; *LAG Hamm* 27.3.1991 BB 1991, 1340). 382

bbb) Beteiligungsberechtigung
Beteiligter i. S. d. § 83 Abs. 3 BetrVG ist der Antragsteller, der Betriebsrat (*BAG* 11.4.1978 EzA § 19 BetrVG 1972 Nr. 17), nicht aber die einzelnen Mitglieder des Betriebsrats (*BAG* 14.1.1983 EzA § 81 ArbGG 1979 Nr. 1), es sei denn, gerade die Wahl eines einzelnen oder mehrerer einzelner Mitglieder ist angefochten (GK-BetrVG/*Kreutz* § 19 Rz. 96 f.) und der Arbeitgeber. Im Übrigen ist nur Beteiligter, wer in sei- 383

I. Betriebsverfassungsrecht

ner betriebsverfassungsrechtlichen Rechtsposition durch das Anfechtungsverfahren unmittelbar betroffen ist, z. B. ein in Betracht kommendes Ersatzmitglied, wenn die Wahl eines einzelnen Betriebsratsmitgliedes wegen Nichtwählbarkeit angefochten wird, weil es dann im Falle erfolgreicher Anfechtung in den Betriebsrat nachrückt (GK-BetrVG/*Kreutz* § 19 Rz. 99). Nicht beteiligt ist die nicht selbst antragstellende Gewerkschaft (*BAG* 19.9.1985 EzA § 19 BetrVG 1972 Nr. 22; 18.1.1989 EzA § 9 BetrVG 1972 Nr. 4) sowie der Wahlvorstand (*BAG* 14.1.1993 EzA § 81 ArbGG 1979 Nr. 1).

ccc) Rechtsschutzinteresse

384 Als Verfahrensvoraussetzung ist in jedem Stadium des Verfahrens das Vorliegen eines Rechtsschutzinteresses erforderlich. Dieses entfällt, wenn das Amt des Betriebsrates vor der letzten Anhörung im Beschlussverfahren endet (*BAG* 13.3.1991 EzA § 19 BetrVG 1972 Nr. 29), nicht aber dann, wenn der Betriebsrat seinen Rücktritt beschließt, weil er dann nach §§ 22, 13 Abs. 2 Nr. 3 BetrVG die Geschäfte weiterführt (*BAG* 29.5.1991 EzA § 4 BetrVG 1972 Nr. 6). Bei einem Antrag von drei wahlberechtigten Arbeitnehmern entfällt das Rechtsschutzinteresse, wenn alle drei Arbeitnehmer zwischenzeitlich aus dem Betrieb ausgeschieden sind. Zumindest bei einem der Anfechtenden muss die Betriebszugehörigkeit fortbestehen (*BAG* 15.2.1989 EzA § 19 BetrVG 1972 Nr. 28). Wird die Anfechtung auf die Unrichtigkeit der Wählerliste gestützt, entfällt das Rechtsschutzinteresse nicht deshalb, weil nicht gem. § 4 WO Einspruch beim Wahlvorstand gegen die Richtigkeit der Wählerliste erhoben wurde (str., so MünchArbR/*Joost* § 304 Rz. 278; a. A. etwa *Richardi* § 19 Rz. 10: Unzulässigkeit der Anfechtung, wenn ein nach § 4 WO Einspruchsberechtigter trotz tatsächlicher Möglichkeit des Einspruchs keinen Einspruch erhoben hat; LAG Düsseldorf 15.10.1973 DB 1974, 684; LAG Frankfurt/M. 14.7.1988 BB 1988, 2317).

ddd) Die Entscheidung des Arbeitsgerichts und ihre Rechtsfolgen

aaaa) Abweisung des Antrags

385 Wird der Antrag zurückgewiesen, so steht für alle Verfahrensbeteiligten mit Rechtskraft der Entscheidung die Wirksamkeit der Wahl fest und kann von diesen auch nicht mehr unter dem Gesichtspunkt der Nichtigkeit angegriffen werden (GK-BetrVG/*Kreutz* § 19 Rz. 113).

bbbb) Erfolgreiche Anfechtung

386 Wird die Anfechtung für begründet erachtet, so hängt der Inhalt des Beschlusses im Rahmen der gestellten Anträge (§ 83 Abs. 1 ArbGG) von der Art des festgestellten Fehlers ab:

> Soweit dies möglich ist, ist das Wahlergebnis zu korrigieren, die gerichtliche Korrektur geht der Kassation des Wahlergebnisses vor (*BAG* 29.5.1991 EzA § 19 BetrVG 1972 Nr. 31; 12.10.1976 EzA § 19 BetrVG 1972 Nr. 10).

Soweit eine Berichtigung auf Grund der Art des Verstoßes nicht in Betracht kommt, wird die Wahl für ungültig erklärt (GK-BetrVG/*Kreutz* § 19 Rz. 121). Der Beschluss

I. Betriebsverfassungsrecht

hat rechtsgestaltende Wirkung und wirkt bei Eintritt der Rechtskraft für und gegen alle, allerdings nur mit Wirkung für die Zukunft (*BAG* 29.5.1991 EzA § 19 BetrVG 1972 Nr. 31; 13.3.1991 EzA § 19 BetrVG 1972 Nr. 29).

Eine Korrektur ist möglich, wenn dem Wahlvorstand bei der Feststellung des Wahlergebnisses Fehler unterlaufen sind und somit nur der wahren Wählerentscheidung Geltung verschafft wird, so etwa bei Korrektur fehlerhafter Stimmauszählung, fehlerhafter Anwendung der Grundsätze der Verhältniswahl oder fehlerhafter Verteilung der Stimmen oder Sitze auf die einzelnen Vorschlagslisten (GK-BetrVG/*Kreutz* § 19 Rz. 120; MünchArbR/*Joost* § 304 Rz. 280). Eine Korrektur scheidet aus, wenn die Wahl auf Grund unrichtiger Berechnung der Zahl der zu wählenden Betriebsratsmitglieder erfolgt (*BAG* 18.1.1989 EzA § 9 BetrVG 1972 Nr. 4). Teilweise GK-BetrVG/*Kreutz* § 19 Rz. 120) wird für den Fall der Listenwahl (Verhältniswahl) eine Berichtigung der Betriebsratsgröße für zulässig erachtet, weil nicht davon ausgegangen werden könne, dass die Entscheidung des Wählers für eine Liste von der Anzahl der zu wählenden Betriebsratsmitglieder abhänge. Ist eine Korrektur möglich, ist das richtige Wahlergebnis im Tenor positiv festzuhalten. Mit Rechtskraft der Entscheidung gilt das richtige Wahlergebnis (GK-BetrVG/*Kreutz* § 19 Rz. 118, 123). 387

Richtet sich der Antrag auf Ungültigerklärung des Wahlergebnisses insgesamt und ist eine Korrektur des Wahlfehlers nicht möglich, hat das Gericht die Wahl für ungültig zu erklären. Im Rahmen einer solchen Gesamtanfechtung ist die Wahl allerdings dann nur teilweise für ungültig zu erklären und der Antrag im Übrigen zurückzuweisen, wenn der Wahlfehler das Wahlergebnis nur in einem abgrenzbaren und rechtlich abtrennbaren Teilbereich beeinflusst hat, z. B. wenn nur die Wahl einzelner Mitglieder des Betriebsrats fehlerhaft erfolgt ist (MünchArbR/*Joost* § 304 Rz. 280). Bei erfolgreicher Gesamtanfechtung, endet mit Rechtskraft der Entscheidung die Amtszeit des Betriebsrats. Die bisher vorgenommenen Handlungen einschließlich des Abschlusses von Betriebsvereinbarungen bleiben allerdings aus Gründen der Rechtssicherheit wirksam (*Schneider* DKK § 19 Rz. 34). Nur bis zur Rechtskraft der Entscheidung besteht für die Mitglieder des Betriebsrates der besondere Kündigungsschutz nach § 15 Abs. 1 KSchG, § 103 BetrVG. Der nachwirkende Kündigungsschutz besteht gem. § 15 Abs. 1 S. 2 KSchG nicht. 388

Ist die Wahl eines oder mehrerer Betriebsratsmitglieder wegen Nichtwählbarkeit für ungültig erklärt worden, so rückt mit Rechtskraft des Beschlusses ein Ersatzmitglied (§ 25 BetrVG) nach (*BAG* 28.11.1977 EzA § 8 BetrVG 1972 Nr. 4; 25.4.1978 EzA § 8 BetrVG 1972 Nr. 6). 389

bb) Nichtigkeit der Wahl

Von Anfang an nichtig ist die Betriebsratswahl nur in ganz besonderen Ausnahmefällen, wenn nach dem Standpunkt eines mit den betrieblichen Verhältnissen vertrauten durchschnittlichen Beobachters ein so grober und offensichtlicher Verstoß gegen wesentliche Grundsätze des gesetzlichen Wahlrechts vorliegt, dass nicht einmal der Anschein einer dem Gesetz entsprechenden Wahl vorliegt (*BAG* 29.5.1991 EzA § 19 BetrVG 1972 Nr. 31; 13.11.1991 EzA § 27 BetrVG 1972 Nr. 7). Bei mehreren Verstößen ist eine Gesamtbeurteilung vorzunehmen, wobei eine Massierung von Wahlverstößen, auch wenn jeder einzelne Verstoß für sich betrachtet nur die Anfechtbarkeit begründet, zur Nichtigkeit der Wahl 390

I. Betriebsverfassungsrecht

führen kann (*BAG* 27.4.1976 EzA § 19 BetrVG 1972 Nr. 8; *LAG Köln* 16.9.1987 LAGE § 19 BetrVG 1972 Nr. 5).

Beispiele:

391 Nichtigkeit ist bejaht worden bei Wahl eines Betriebsrates für einen nicht dem BetrVG unterliegenden Betrieb (*BAG* 9.2.1982 EzA § 118 BetrVG 1972 Nr. 33; 30.4.1997 EzA § 118 BetrVG 1972 Nr. 66), Wahl eines Betriebsrates für einen Betriebsteil, obwohl durch nicht angefochtene Wahl für diesen und andere Betriebsteile ein einheitlicher Betriebsrat gewählt wurde, der sich noch im Amt befindet (*BAG* 11.4.1978 EzA § 19 BetrVG 1972 Nr. 17), Wahl eines gemeinsamen Betriebsrats für mehrere Filialen, obwohl in einzelnen Filialen bereits ein Betriebsrat besteht (*ArbG Regensburg* 20.9.1990, 852), Wahl durch Zuruf in der Betriebsversammlung (*BAG* 12.10.1961 AP Nr. 84 zu § 611 BGB Urlaubsrecht), Wahl eines Betriebsrates außerhalb des regelmäßigen Wahlzeitraums, obwohl keiner der Ausnahmefälle des § 13 Abs. 2 BetrVG vorliegt (*BAG* 11.4.1978 EzA § 19 BetrVG 1972 Nr. 17). Nicht nichtig ist dagegen die Wahl bei nur fehlerhafter Betriebsabgrenzung unter irrtümlicher Verkennung des Betriebsbegriffs (vgl. § 18 Abs. 2 BetrVG), also weder bei fehlerhafter Zuordnung oder Nichtzuordnung von Betriebsteilen und Nebenbetrieben zum Hauptbetrieb (*BAG* 7.12.1988 EzA § 19 BetrVG 1972 Nr. 25; 13.9.1984 EzA § 19 BetrVG 1972 Nr. 20) noch bei der Wahl eines einheitlichen Betriebsrats für zwei selbstständige Betriebe (vgl. *BAG* 9.4.1991 EzA § 18 BetrVG 1972 Nr. 7), Wahl eines Betriebsrates mit zu hoher oder zu niedriger Mitgliederzahl (*BAG* 29.5.1991 EzA § 19 BetrVG 1972 Nr. 31), wenn nur bei einzelnen Mitgliedern die Wählbarkeitsvoraussetzungen nicht vorlagen (GK-BetrVG/*Kreutz* § 19 Rz. 138).

392 Ist die Wahl nichtig, ist der Betrieb rechtlich von Anfang an betriebsratslos; alle vom »Betriebsrat« getroffenen Maßnahmen sind rechtunwirksam (*BAG* 29.3.1974 EzA § 19 BetrVG 1972 Nr. 2). Die aus der nichtigen Wahl hervorgegangene Arbeitnehmervertretung hat keinerlei betriebsverfassungsrechtlichen Befugnisse (*BAG* 13.3.1991 EzA § 19 BetrVG 1972 Nr. 29).

Streitig ist, ob dem Arbeitgeber, der in Kenntnis der Nichtigkeit den aus der Wahl hervorgegangenen Betriebsrat längere Zeit als rechtmäßige Vertretung anerkannt hat und sich jetzt auf die Nichtigkeit beruft, der Einwand der Arglist (§ 242 BGB) entgegengesetzt werden kann (abl. GK-BetrVG/*Kreutz* § 19 Rz. 140; MünchArbR/*Joost* § 304 Rz. 292; *Schlochauer* HSG § 19 Rz. 16: Ein Vertrauensschutz kann aber auf individualrechtlicher Ebene bestehen; bejahend *Schneider* DKK § 19 Rz. 44; FKHE § 19 Rz. 7). Das *BAG* (27.4.1976 EzA § 19 BetrVG 1972 Nr. 8) lehnt dies ab. Der besondere Kündigungs- und Versetzungsschutz für Betriebsratsmitglieder nach § 15 KSchG, § 103 BetrVG greift nicht ein (*BAG* 29.9.1988 AP Nr. 76 zu § 613 a BGB). In Betracht kommt aber der Kündigungs- und Versetzungsschutz für Wahlbewerber nach § 15 Abs. 3 KSchG. Ferner kann ein Anspruch des nichtig gewählten Betriebsratsmitglieds auf Erstattung tatsächlicher Aufwendungen nach betriebsverfassungsrechtlichen Grundsätzen bestehen, wenn die Nichtigkeit der Wahl nicht offenkundig ist (*BAG* 29.4.1998 EzA § 40 BetrVG 1972 Nr. 82: für den Fall einer nicht offenkundigen Verkennung des Geltungsbereichs des BetrVG nach § 118 Abs. 2 BetrVG).

I. Betriebsverfassungsrecht

Die Nichtigkeit der Wahl kann jederzeit geltend gemacht werden, sei es als Vorfrage (vgl. *BAG* 27.4.1976 EzA § 19 BetrVG 1972 Nr. 8), sei es selbst als Gegenstand eines arbeitsgerichtlichen Beschlussverfahrens oder im Rahmen eines Wahlanfechtungsverfahrens (vgl. *BAG* 10.6.1983 EzA § 19 BetrVG Nr. 19; 13.11.1991 EzA § 27 BetrVG 1972 Nr. 7). 393

Die Nichtigkeit der Wahl kann von jedermann geltend gemacht werden, der ein rechtliches Interesse an dieser Feststellung hat (GK-BetrVG/*Kreutz* § 19 Rz. 145). Für die Beteiligungsberechtigung gelten die Ausführungen zur Wahlanfechtung entsprechend. Stellt das Gericht in einem arbeitsgerichtlichen Beschlussverfahren die Nichtigkeit der Wahl fest, entfaltet die Entscheidung für und gegen alle Rechtskraft (GK-BetrVG/*Kreutz* § 19 Rz. 146).

2. Die Amtszeit des Betriebsrats

a) Dauer der Amtszeit

Die regelmäßige Amtszeit des Betriebsrats beträgt nach § 21 S. 1 BetrVG vier Jahre. 394
Sie kann sich verkürzen oder verlängern. Um eine Anpassung an die einheitlichen Wahltermine zu erreichen, erfolgt eine Verkürzung der Amtszeit, wenn eine vorzeitige Neuwahl erfolgt und der Betriebsrat bereits länger als ein Jahr im Amt ist (§ 13 Abs. 2 Nr. 1, 2 i. V. m. § 21 S. 4 BetrVG). Zu einer Verkürzung kommt es auch in sonstigen Fällen der vorzeitigen Beendigung der Amtszeit. Zu einer Verlängerung der regelmäßigen Amtszeit des Betriebsrats kommt es nach §§ 13 Abs. 2 S. 3, 21 S. 5 BetrVG, wenn die Amtszeit des bestehenden Betriebsrats zu Beginn des für die regelmäßigen Betriebsratswahlen festgelegten Zeitraum noch nicht 1 Jahr betragen hat. Dann wird die Amtszeit bis zum übernächsten Zeitraum der regelmäßigen Betriebsratswahlen verlängert.

b) Beginn der Amtszeit

aa) Betriebsratsloser Betrieb
Besteht bei Bekanntgabe des Wahlergebnisses (= Aushang der Namen der neu gewählten Betriebsratsmitglieder, § 19 WO) noch kein Betriebsrat oder endete die Amtszeit des alten Betriebsrates vor Bekanntgabe des Wahlergebnisses, so beginnt die Amtszeit mit der Bekanntgabe des Wahlergebnisses, § 21 S. 2 BetrVG. 395

bb) Betriebe mit Betriebsrat
Besteht im Zeitpunkt der Bekanntgabe des Wahlergebnisses noch ein Betriebsrat, so beginnt die Amtszeit des neuen Betriebsrats mit Ablauf der Amtszeit des alten Betriebsrats. In den Fällen der §§ 13 Abs. 2 Nr. 1, 2 BetrVG (außerordentliche Wahl während der Amtszeit des alten Betriebsrats) beginnt die Amtszeit des neuen Betriebsrats mit Bekanntgabe des Wahlergebnisses. 396

cc) Wirkungen des Beginns der Amtszeit
Strittig ist, ob bereits mit Beginn der Amtszeit der Betriebsrat als Organ auch die vollen Rechte nach dem BetrVG hat, insbesondere ob bereits bei Beginn der Amtszeit die bestehenden Beteiligungs- und Mitbestimmungsrechte zu beachten sind, oder aber 397

I. Betriebsverfassungsrecht

für diese **Amtsführungsbefugnis** neben Beginn der Amtszeit erforderlich ist, dass der Betriebsrat sich in der konstituierenden Sitzung auch konstituiert hat, insbesondere auch einen Vorsitzenden gewählt hat: Nach Auffassung des 6. Senats des BAG (23.8.1984 EzA § 102 BetrVG 1972 Nr. 59) wird die Amtsausübungsbefugnis des Betriebsrats erst nach Konstituierung des Betriebsrats gem. §§ 29, 26 BetrVG begründet, sodass der Arbeitgeber zuvor Verhandlungen mit dem Betriebsrat ablehnen kann. Er ist grds. auch nicht verpflichtet, z. B. mit dem Ausspruch einer Kündigung eines Arbeitnehmers zu warten, bis sich der Betriebsrat konstituiert hat. Der 7. Senat des BAG (28.9.1983 EzA § 102 BetrVG 1972 Nr. 56) hingegen neigt zu der Ansicht, nach der der Betriebsrat auch ohne Wahl des Vorsitzenden und seines Stellvertreters funktionsfähig sei und damit wirksame Beschlüsse fassen könne.

398 Bereits mit Bekanntgabe des Wahlergebnisses, auch wenn dadurch noch nicht die Amtszeit des neu gewählten Betriebsrates beginnt, weil die Amtszeit des regulär gewählten alten Betriebsrats zu diesem Zeitpunkt noch nicht abgelaufen ist (§ 21 S. 2 2. Alt. BetrVG), besteht nach überwiegender Ansicht (vgl. GK-BetrVG/*Kreutz* § 21 Rz. 20; a. A. *Schlochauer* HSG § 21 Rz. 9) **Kündigungs- und Versetzungsschutz** wie für bereits amtierende Betriebsratsmitglieder. Insbesondere bedarf die außerordentliche Kündigung der Zustimmung des alten, noch im Amt befindlichen Betriebsrats nach § 103 BetrVG.

c) Ende der Amtszeit

aa) Regelmäßige Beendigung

399 Die regelmäßige Amtszeit des Betriebsrates endet mit Ablauf von vier Jahren seit dem Beginn der Amtszeit, § 21 S. 1 BetrVG. Für die Fristberechnung gelten die §§ 187 ff. BGB.

400 **Beispiel:**
Ist die Amtszeit des alten Betriebsrats am 23.4. erloschen, beginnt die Amtszeit des neuen Betriebsrats am 24.4. Sie endet vier Jahre später mit Ablauf des 23.4.

401 Die regelmäßige Amtszeit endet selbst dann nach Ablauf der Vierjahresfrist, wenn noch kein neuer Betriebsrat gewählt und der 31.5. noch nicht abgelaufen ist (h. M. vgl. etwa GK-BetrVG/*Kreutz* § 21 Rz. 24; *Schlochauer* HSG § 21 Rz. 13; *Buschmann* DKK § 21 Rz. 17).

bb) Abweichende Beendigung der Amtszeit

(1) Ablauf der nach § 21 S. 3 und 4 BetrVG verkürzten Amtszeit

402 Haben außerhalb des regelmäßigen Wahlzeitraums außerordentliche Betriebsratswahlen stattgefunden, so ist danach zu unterscheiden, ob der Betriebsrat zu Beginn des Zeitraums für die nächsten regelmäßigen Betriebsratswahlen (1.3. des regulären Wahljahres) bereits ein Jahr im Amt ist oder nicht: Befindet er sich bereits ein Jahr oder länger im Amt, so endet die Amtszeit des zwischenzeitlich gewählten Betriebsrats spätestens am 31.5. des Wahljahres, § 21 S. 3 BetrVG. Hat der zwischenzeitlich gewählte Betriebsrat noch keine einjährige Amtszeit aufzuweisen, ist ein neuer Betriebsrat nach §. 13 Abs. 2 S. 2 BetrVG erst bei der übernächsten regelmäßigen Wahl zu wählen. Seine Amtszeit endet dann spätestens am 31.5. dieses dann maßgeblichen Wahljahres, § 21 S. 4 BetrVG. Der jeweilige 31.5. ist jedoch nur der späteste Zeitpunkt der Beendigung der Amtszeit. Vor dem 31.5. des jeweils maßgeblichen

I. Betriebsverfassungsrecht

Wahljahres endet die Amtszeit des alten Betriebsrats mit der Bekanntgabe des Wahlergebnisses des neu gewählten Betriebsrats (*BAG* 28.9.1983 EzA § 102 BetrVG 1972 Nr. 56; GK-BetrVG/*Kreutz* § 21 Rz. 29).

(2) Ablauf der Amtszeit bei Veränderung der Belegschaftsstärke, Absinken der Zahl der Betriebsratsmitglieder und Rücktritt des Betriebsrats, Ausscheiden aller Betriebsratsmitglieder

Eine Besonderheit besteht in den Fällen vorzeitiger Neuwahl auf Grund einer Veränderung der Belegschaftsstärke (§ 13 Abs. 2 Nr. 1 BetrVG) und infolge Absinken der Mitgliederzahl des Betriebsrats unter die vorgeschriebene Größe (§ 13 Abs. 2 Nr. 3 BetrVG): In diesen Fällen endet die Amtszeit des bestehenden Betriebsrats mit Bekanntgabe des Wahlergebnisses, § 21 S. 5 BetrVG, spätestens aber mit Ablauf derjenigen Amtszeit, die ihm ohne den Eintritt der in §§ 13 Abs. 2 Nr. 1, 2 BetrVG aufgeführten Tatbestände zugestanden hätte (*LAG Düsseldorf/Köln* 20.9.1974 EzA § 22 BetrVG 1972 Nr. 1; GK-BetrVG/*Kreutz* § 21 Rz. 31). Bis zu diesem Zeitpunkt bleibt der Restbetriebsrat im Amt, auch wenn nur noch ein einziges Betriebsratsmitglied im Amt ist (*BAG* 18.8.1982 EzA § 102 BetrVG 1972 Nr. 48). Gleiches gilt für den Fall des Rücktritts des Betriebsrats insgesamt (§ 13 Abs. 2 Nr. 3 BetrVG). 403

Die Amtszeit des Betriebsrats endet ferner mit Ausscheiden aller Betriebsratsmitglieder einschließlich der Ersatzmitglieder (§ 24 Abs. 1 BetrVG). Maßgeblich ist der Zeitpunkt des Ausscheidens des letzten Mitglieds (GK-BetrVG/*Kreutz* § 21 Rz. 36). 404

(3) Anfechtung der Wahl, Auflösung des Betriebsrats

Im Falle erfolgreicher Wahlanfechtung (§ 13 Abs. 2 Nr. 4 BetrVG) oder der gerichtlichen Auflösung des Betriebsrats (§ 23 Abs. 1 BetrVG) endet die Amtszeit mit Rechtskraft des arbeitsgerichtlichen Beschlusses. 405

(4) Verlust der Betriebsratsfähigkeit, Ausscheiden des Betriebs aus dem Geltungsbereich des BetrVG

Das Amt des Betriebsrats endet ferner vorzeitig, wenn die Zahl der ständig wahlberechtigten Arbeitnehmer unter fünf sinkt oder der Betrieb nach §§ 118 Abs. 2, 130 BetrVG nicht mehr dem Geltungsbereich des BetrVG unterfällt (vgl. GK-BetrVG/*Kreutz* § 21 Rz. 37). 406

cc) Übergangs- und Restmandat des Betriebsrats bei organisatorischen Veränderungen, §§ 21 a, 21 b BetrVG

Durch das BetrVerf-ReformG vom 23.7.2001 (BGBl. I S. 1852 ff.) wurden erstmalig in das BetrVG selbst Regelungen über das sog. Übergangs- und Restmandat des Betriebsrats aufgenommen. Das Übergangsmandat war bislang nur spezialgesetzlich (insbesondere in § 321 UmwG, § 13 SpTrUG, § 6 b VermG; zur entsprechenden Anwendung in spezialgesetzlich nicht erfassten Fällen vgl. *BAG* 31.5.2000 EzA § 19 BetrVG 1972 Nr. 39) geregelt, während das Institut des Restmandats ohne gesetzliche Regelung von der Rechtsprechung entwickelt wurde (vgl. etwa *BAG* 16.6.1987 EzA § 111 BetrVG 1972 Nr. 21). Durch die Regelung des Übergangsmandats in § 21 a BetrVG wollte der Gesetzgeber insoweit die Richtlinie 2001/23/EG vom 12.3.2001 (ABl.EG Nr. L 82 S. 16) umsetzen (vgl. GK-BetrVG/*Kreutz*, § 21 a Rz. 2). 407

I. Betriebsverfassungsrecht

(1) Übergangsmandat, § 21 a BetrVG

aaa) Zweck

408 Durch das Übergangsmandat soll sichergestellt werden, dass in allen Fällen, in denen eine Änderung der Betriebsorganisation zum Verlust von Beteiligungsrechten und zum Verlust des betriebsverfassungsrechtlichen Schutzes von Arbeitnehmern führen würde, dieser Schutz zumindest für eine Übergangszeit erhalten bleibt, in der dann Betriebsräte in den geänderten Organisationsstrukturen gebildet werden können (BegrRegE, BT-Drs. 14/5741, S. 39).

bbb) Voraussetzungen

409 Ein Übergangsmandat kommt gem. § 21 a Abs. 1 S. 1, Abs. 2 S. 1 BetrVG im Falle der Spaltung eines Betriebs oder der Zusammenfassung mehrerer Betriebe oder Betriebsteile zu einem Betrieb in Betracht. Gem. § 21 a Abs. 3 BetrVG ist es dabei unerheblich, ob es sich um unternehmensinterne oder unternehmensübergreifende Spaltungen oder Zusammenfassungen im Zusammenhang mit einer Betriebsveräußerung oder einer Umwandlung nach dem UmwG handelt.

410 Eine **Betriebsspaltung** liegt vor, wenn ein bisher einheitlicher Betrieb in mehrere organisatorisch selbstständige Einheiten geteilt wird (vgl. ausführlich GK-BetrVG/*Oetker* § 111 Rz. 103; nach *Worzalla* FA 2001, 262 soll eine Spaltung ausscheiden, wenn alle Arbeitnehmer in einem Betriebsteil verbleiben, somit nur Betriebsmittel abgespalten und übertragen werden). Eine Betriebsspaltung setzt voraus, dass für den von der bisherigen Leitungsstelle konstituierten Betriebsbereich zukünftig mindestens zwei Leistungsstellen bestehen, denen jeweils für Teile der bisherigen Einheit Leitungsaufgaben und entsprechende Leitungsbefugnisse zukommen (GK-BetrVG/*Kreutz* § 21 a Rz. 21).

Eine **Zusammenfassung** von Betrieben oder Betriebsteilen zu einem Betrieb liegt vor, wenn zuvor eigenständig organisierte Betriebe oder Teile solcher Betriebe so miteinander verflochten werden, dass beide ihre bisherige Identität verlieren und ein neuer, einheitlicher Betrieb entsteht (GK-BetrVG/*Oetker* § 111 Rz. 102; FKHE § 111 Rz. 80). Kein Übergangsmandat besteht, wenn ein Betrieb lediglich in einen anderen Betrieb eingegliedert wird, in dem bereits ein Betriebsrat besteht, § 21 a Abs. 1 S. 1 BetrVG. Eine solche Eingliederung liegt in Abgrenzung zur Zusammenfassung von Betrieben vor, wenn der Betrieb, in den der abgespaltene Betriebsteil aufgenommen wird, unter gleich bleibender Leitung und mit im Wesentlichen gleichem Zweck fortgeführt wird (*Worzalla* FA 2001, 261 [263]), der aufnehmende Betrieb also in seiner Identität unverändert bleibt (GK-BetrVG/*Oetker* § 111 Rz. 102). Dies kommt insbesondere bei Betrieben mit erheblichen Größenunterschieden in Betracht, wenn der deutlich kleinere Betrieb nach dem Zusammenschluss unselbstständiger Betriebsteil des aufnehmenden größeren Betriebs wird (GK-BetrVG/*Oetker* § 111 Rz. 102). Nach GK-BetrVG/*Kreutz* (§ 21 a Rz. 62) ist zur Abgrenzung von Eingliederung und Zusammenfassung auf die Wertung des § 13 Abs. 2 Nr. 1 BetrVG abzustellen. Eine Eingliederung liegt danach vor, wenn Betriebe zusammengefasst werden, von denen der kleinere regelmäßig weniger als die Hälfte der Arbeitnehmer des größeren Betriebs hat. Im Falle einer Eingliederung in einen Betrieb, in dem kein Betriebsrat besteht, besteht ein Übergangsmandat des Betriebsrats des ursprünglichen Betriebs, und zwar auch für die Arbeitnehmer des aufnehmenden Betriebs (str., so z. B. *FKHE*

§ 21 Rz. 47; *Worzalla* FA 2001, 261 [263]; **a. A.** *Oetker/Busche* NZA Beil. 1/1991, 24; GK-BetrVG/*Kreutz* § 21 a Rz. 65).
Für die Frage, ob eine Spaltung oder ein Zusammenschluss vorliegt, ist allein die organisatorische, tatsächliche Veränderung der betrieblichen Organisationsstrukturen entscheidend. Unerheblich ist demgegenüber, auf Grund welcher dahinter stehender Rechtsvorgänge diese Veränderungen vollzogen werden, vgl. § 21 a Abs. 3 BetrVG. Ein Übergangsmandat kommt somit auch bei Spaltungen oder Zusammenfassungen als Folge rein unternehmensinterner Umstrukturierungen, in Betracht.
Ein Übergangsmandat setzt im Falle der Spaltung ferner die **Betriebsratsfähigkeit des abgespaltenen Betriebs oder Betriebsteils** voraus, § 21 a Abs. 1 S. 1 i. V. m. § 1 Abs. 1 S. 1 BetrVG. Dort müssen also mindestens fünf ständig wahlberechtigte Arbeitnehmer, von denen drei wählbar sind, beschäftigt werden.

ccc) Träger des Übergangsmandats
Im Falle der Spaltung obliegt die Wahrnehmung des Übergangsmandats dem Betriebsrat des vormals einheitlichen Betriebs. Dieser Betriebsrat bleibt in seiner vorherigen personellen Zusammensetzung bestehen, d. h. unter Einschluss der von ggf. in dem abgespaltenen Betriebsteil beschäftigten und nun übergegangenen Betriebsratsmitgliedern (*FKHE* § 21 Rz. 49), auch wenn diese nunmehr in Betrieben beschäftigt werden, die nicht betriebsratsfähig sind oder in Betriebe mit Betriebsrat eingegliedert wurden (GK-BetrVG/*Kreutz* § 21 a Rz. 34). Bei einer Zusammenfassung obliegt die Wahrnehmung des Übergangsmandats dem Betriebsrat des nach der Zahl der wahlberechtigten Arbeitnehmer (§ 7 BetrVG) größten Betriebs oder Betriebsteils. Die Betriebsräte der anderen Betriebe oder Betriebsteile, die zu einem neuen Betrieb zusammengefasst werden, verlieren mit der Zusammenfassung ihre Ämter (*Worzalla* FA 2001, 261 [263]).

411

ddd) Inhalt des Übergangsmandats
Das Übergangsmandat ist ein Vollmandat, das zur umfassenden Wahrnehmung aller Betriebsratsgeschäfte und aller Beteiligungsrechte berechtigt. Der für die Wahrnehmung des Übergangsmandats zuständige Betriebsrat hat insbesondere in den Betrieben, für die er kraft Übergangsmandat zuständig ist, unverzüglich Wahlvorstände für die Wahl eines eigenen Betriebsrats in diesen Betrieben zu bestellen. Der für die Wahrnehmung des Übergangsmandats zuständige Betriebsrat hat im Übrigen alle betriebsverfassungsrechtlichen Rechte und Pflichten in den Betrieben, in denen das Übergangsmandat besteht (*FKHE* § 21 Rz. 51; *Worzalla* FA 2001, 261 [263]). Soweit im Falle der Spaltung die Voraussetzungen eines Übergangsmandats gegeben sind, bezieht sich dieses auf die abgespaltenen Betriebsteile, aber auch auf den Restbetrieb.
Im Falle der Zusammenfassung von Betrieben oder Betriebsteilen erstreckt sich das Übergangsmandat auch auf die Arbeitnehmer der Betriebe, in denen bisher noch kein Betriebsrat bestand (*Engels/Trebinger/Löhr-Steinhaus* DB 2001, 532 [534] unter Hinweis auf *FKHE* § 21 Rz. 46; zweifelnd für den Fall, dass im größten Betrieb kein Betriebsrat besteht: *Richardi/Annuß* DB 2001 41 [44]; *Worzalla* FA 2001, 261 [263]).

412

I. Betriebsverfassungsrecht

eee) Dauer des Übergangsmandats; Konsequenzen für den Betriebsrat des Ursprungsbetriebs

413 Gem. § 21 a Abs. 1 S. 3, Abs. 2 S. 2 BetrVG endet das Übergangsmandat, sobald in den Betriebsteilen oder im aus der Zusammenfassung entstandenen neuen Betrieb ein neuer Betriebsrat gewählt und das Wahlergebnis bekannt gegeben ist, längstens aber sechs Monate nach tatsächlichem Vollzug der Spaltung oder Zusammenfassung. Ob zu diesem Zeitpunkt schon die zu Grunde liegenden gesellschaftsrechtlichen Vorgänge wie z. B. eine Umwandlung stattgefunden haben, ist unerheblich (*Worzalla* FA 2001, 261 [264]).

Die Sechsmonatsfrist kann durch Tarifvertrag oder Betriebsvereinbarung um weitere sechs Monate verlängert werden. Hierdurch soll auf langwierige Umstrukturierungsvorgänge angemessen reagiert werden können. Die Betriebsvereinbarung muss zwischen dem Unternehmen, das für den abgespaltenen Betriebsteil oder den aus der Zusammenfassung entstandenen Betrieb zuständig ist und dem Betriebsrat, dem die Ausübung des Übergangsmandats zusteht, abgeschlossen werden.

Ob und ggf. unter welchen Voraussetzungen eine Betriebsspaltung zur Folge hat, dass der Betriebsrat des Ursprungsbetriebs nur noch ein zeitlich begrenztes Übergangsmandat hat, wird kontrovers diskutiert. Nach bisher überwiegender Auffassung bleibt der bisherige Betriebsrat bis zum Ablauf seiner regulären Amtszeit und nicht nur für die Dauer des Übergangsmandats im Amt, wenn von einem Betrieb nur ein Teil abgespalten wird, hierdurch aber die Identität des Betriebs nicht berührt wird (Betriebsteilabspaltung). Zu einem vorzeitigen Ende der Amtszeit sollte es hingegen kommen, wenn der Betrieb unter Beseitigung seiner Identität in neue selbstständige Betriebe aufgespalten wird und untergeht (vgl. zum Meinungsstand GK-BetrVG/*Kreutz* § 21 a Rz. 19). Da im Falle der Betriebsteilabspaltung der ursprüngliche Betriebsrat im Amt bleibt, bedarf es nach GK-BetrVG/*Kreutz* (§ 21 a Rz. 19) keines Übergangsmandats für den Ursprungsbetrieb, da dessen Arbeitnehmer ja durch den regulären Betriebsrat vertreten werden.

fff) Kosten aus der Wahrnehmung des Übergangsmandats

414 Für die Kosten aus der Wahrnehmung des Übergangsmandats gilt § 40 BetrVG. Erfasst das Übergangsmandat einen Betrieb oder Betriebsteil, der zu einem anderen Unternehmen gehört, haften die beteiligten Unternehmen (Arbeitgeber) in entsprechender Anwendung der §§ 421 ff. BGB als Gesamtschuldner (vgl. *Worzalla* FA 2001, 261 [264]).

(2) Restmandat, § 21 b BetrVG

aaa) Zweck

415 Das Restmandat soll die Wahrnehmung der sich infolge eines Betriebsuntergangs stellenden Aufgaben des Betriebsrats, insbesondere nach §§ 111 ff. BetrVG sicherstellen, auch über den Zeitpunkt der Einstellung der Betriebsaktivität hinaus (BegrRegE, BT-Drs. 14/5741, S. 39; *BAG* 16.6.1987 EzA § 111 BetrVG 1972 Nr. 21). Sachlich erstreckt es sich aber nur auf die Aufgaben des Betriebsrats im Zusammenhang mit dem Betriebsuntergang.

bbb) Voraussetzungen

Der Betrieb muss durch Stilllegung, Spaltung oder Zusammenlegung untergegangen sein. Der Betrieb ist untergegangen, wenn es ihn als organisatorische Einheit nicht mehr gibt (*Worzalla* FA 2001, 261 [265]).   416

ccc) Träger des Restmandats

Das Restmandat ist von dem Betriebsrat auszuüben, der bei Beendigung des Vollmandats im Amt war. Maßgeblich für Größe und Zusammensetzung des das Restmandat ausübenden Betriebsrats ist also der Zeitpunkt, an dem das originäre Mandat endet und an seine Stelle das Restmandat tritt. Waren es zu diesem Zeitpunkt bereits weniger Mitglieder als in § 9 BetrVG vorgesehen, so steht diesen verbliebenen Mitgliedern das Restmandat zu (*BAG* 12.1.2000 EzA § 24 BetrVG 1972 Nr. 2).   417

ddd) Inhalt des Restmandats

Das Restmandat berechtigt zur Wahrnehmung aller mit dem Untergang des Betriebs in Zusammenhang stehenden Beteiligungsrechten, insbesondere bei Kündigungen (§ 102 BetrVG) und im Zusammenhang mit der Aufstellung eines Interessenausgleichs und ggf. Sozialplans (§§ 111 ff. BetrVG, vgl. *BAG* 5.10.2000 EzA § 112 BetrVG 1972 Nr. 107). Dazu gehört auch die Änderung eines bereits geltenden Sozialplans, solange dieser nicht vollständig abgewickelt ist (*BAG* 5.10.2000 EzA § 112 BetrVG 1972 Nr. 107). Weiter gehend wird z. T. (*Richardi/Annuß* DB 2001, 41 [44]; *Däubler* AuR 2001, 1 ff.; ablehnend GK-BetrVG/*Kreutz* § 21 b Rz. 13; *Worzalla* FA 2001, 261 [265]) die Auffassung vertreten, dass Restmandat erstrecke sich auch auf noch unerledigte Betriebsratsaufgaben, die nicht mit dem Untergang des Betriebs in Zusammenhang stehen.   418

eee) Dauer und Beendigung des Restmandats

Eine feste zeitliche Begrenzung des Restmandats ist nicht vorgesehen. Es besteht solange, wie noch Beteiligungsrechte auf Grund des Untergangs des Betriebs in Betracht kommen und ein mindestens einköpfiger Betriebsrat existiert, der willens ist, das Restmandat wahrzunehmen (*BAG* 12.1.2000 EzA § 24 BetrVG 1972 Nr. 2). Die das Restmandat ausübenden Betriebsratsmitglieder können ihr Amt niederlegen. Besteht der Betriebsrat nur noch aus einem Mitglied und ist eine Belegschaft nicht vorhanden, so kann die Amtsniederlegung dem Arbeitgeber gegenüber erklärt werden (*BAG* 12.1.2000 EzA § 24 BetrVG 1972 Nr. 2).   419

d) Weiterführung der Geschäfte des Betriebsrats, § 22 BetrVG

Mit Beendigung der Amtszeit verliert der Betriebsrat grds. alle Befugnisse. Eine Weiterführung der Geschäfte über diesen Zeitpunkt hinaus ist nach § 22 BetrVG nur in den Fällen des § 13 Abs. 2 Nr. 1–3 BetrVG vorgesehen. Beschließt der Betriebsrat nicht seinen Rücktritt, sondern treten ohne entsprechenden Beschluss alle Betriebsratsmitglieder und Ersatzmitglieder in einer gleichzeitigen und abgestimmten Aktion zurück, so ist fraglich, ob in entsprechender Anwendung des § 22 BetrVG eine Weiterführung der Geschäfte in Betracht kommt (bejahend etwa: *FKHE* § 13 Rz. 38; abl. z. B. GK-BetrVG/*Wiese/Kreutz* § 22 Rz. 12). § 22 BetrVG ist nicht anwendbar, wenn der amtierende Betriebsrat erst zurücktritt und bereits ein neuer Betriebsrat gewählt und das Wahlergebnis bekannt gemacht worden ist. Vielmehr beginnt dann sofort die Amtszeit des neuen Betriebsrats (GK-BetrVG/*Kreutz* § 22 Rz. 11).   420

I. Betriebsverfassungsrecht

421 § 22 BetrVG ist analog anwendbar, wenn der Betriebsrat vorübergehend beschlussunfähig ist, weil Betriebsratsmitglieder zeitweilig verhindert sind und nicht durch Ersatzmitglieder vertreten werden können (*BAG* 18.8.1982 EzA § 102 BetrVG 1972 Nr. 48). Für die Feststellung der Beschlussfähigkeit ist dann von der Zahl der nicht verhinderten Betriebsratsmitglieder auszugehen.

422 Die durch § 22 BetrVG eingeräumte Befugnis erstreckt sich auf alle Rechte und Pflichten eines ordnungsgemäß gewählten und zusammengesetzten Betriebsrats mit der zusätzlichen Verpflichtung, eine Neuwahl des Betriebsrats (vgl. § 13 Abs. 2 BetrVG) einzuleiten (*LAG Düsseldorf* 16.10.1986 DB 1987, 177).

Während der Zeit der berechtigten Weiterführung der Geschäfte behalten die Betriebsratsmitglieder ihre persönliche Rechtsstellung weiter. Der nachwirkende Kündigungsschutz nach § 15 Abs. 1 S. 2 KSchG beginnt erst mit Beendigung der Befugnis zur Weiterführung der Geschäfte (GK-BetrVG/*Kreutz* § 22 Rz. 23). Die Geschäftsführungsbefugnis endet mit der Bekanntgabe des Wahlergebnisses sowie dann, wenn kein neuer Betriebsrat gewählt wird oder die Wahl nichtig ist, mit Ablauf der Amtszeit, die dem Betriebsrat ohne den Eintritt der Voraussetzungen gem. § 13 Abs. 2 Nr. 3 BetrVG zugestanden hätte, also nach Ablauf der regelmäßigen vierjährigen Amtszeit (vgl. GK-BetrVG/*Kreutz* § 22 Rz. 19 ff.).

e) Erlöschen der Mitgliedschaft im Betriebsrat, § 24 BetrVG

423 § 24 BetrVG regelt das Erlöschen der Mitgliedschaft des einzelnen Betriebsratsmitglieds, nicht die Auflösung des Betriebsrats als solchen. Die Vorschrift gilt entsprechend auch für Ersatzmitglieder, auch soweit sie noch nicht nachgerückt sind (GK-BetrVG/*Oetker* § 24 Rz. 58).

aa) Tatbestände

424 Die Mitgliedschaft im Betriebsrat endet immer mit **Ablauf der Amtszeit des Betriebsrats** (§ 24 Abs. 1 Nr. 1 BetrVG), auch bei deren vorzeitiger Beendigung. Eine darüber hinausgehende persönliche Amtszeit gibt es nicht.

425 Sie endet ferner mit **Niederlegung des Amtes** (§ 24 Abs. 1 Nr. 2 BetrVG). Diese ist jederzeit und ohne Angabe von Gründen auch schon vor Beginn der Amtszeit durch formlose, einseitige empfangsbedürftige, unwiderrufliche (vgl. *BVerwG* 9.10.1959 AP Nr. 2 zu § 27 BPersVG) Willenserklärung gegenüber dem Betriebsrat mit sofortiger Wirkung oder mit Wirkung für einen späteren Zeitpunkt möglich (GK-BetrVG/*Oetker* § 24 Rz. 9 ff., 14). Die Amtsniederlegung unter einer Bedingung ist nur als Ankündigung der Niederlegung zu werten (*Buschmann* DKK § 24 Rz. 9). Die Anfechtung der Erklärung ist nach h. M. außer im Falle widerrechtlicher Drohung ausgeschlossen (*LAG Frankfurt/M.* 8.10.1992 LAGE § 24 BetrVG 1972 Nr. 1; *Schlochauer* HSG § 24 Rz. 7; *Buschmann* DKK § 24 Rz. 9; a. A. FKHE § 24 Rz. 10 a: Anfechtung ist immer ausgeschlossen; ebenso GK-BetrVG/*Oetker* § 24 Rz. 12).

426 Für das Erlöschen der Mitgliedschaft infolge **Beendigung des Arbeitsverhältnisses** (§ 24 Abs. 1 Nr. 3 BetrVG) ist die rechtliche Beendigung des Arbeitsverhältnisses maßgeblich. Ein Ruhen des Arbeitsverhältnisses (z. B. Wehr- und Zivildienst) reicht nicht aus, vielmehr rückt für die Dauer der Verhinderung ein Ersatzmitglied nach (GK-BetrVG/*Oetker* § 24 Rz. 19).

427 Soweit durch Tarifvertrag oder Betriebsvereinbarung die Beendigung des Arbeitsverhältnisses bei Erreichung einer Altersgrenze bestimmt wird, endet auch das Arbeits-

I. Betriebsverfassungsrecht

verhältnis von Betriebsratsmitgliedern ohne Kündigung (*BAG* 25.3.1971 EzA § 620 BGB Nr. 15). Sieht die Betriebsvereinbarung Ausnahmen von der Beendigung des Arbeitsverhältnisses vor, muss der Arbeitgeber von dieser Befugnis nicht zu Gunsten des Betriebsratsmitglieds Gebrauch machen (*BAG* 20.12.1984 EzA § 620 BGB Bedingung Nr. 4).

Bei Nichtigkeit oder Anfechtbarkeit des Arbeitsvertrages endet das Betriebsratsamt zu dem Zeitpunkt, zu dem sich ein Vertragspartner auf die Nichtigkeit beruft oder zu dem die Anfechtung erklärt und wirksam geworden ist (*FKHE* § 24 Rz. 17). 428

Erhebt das Betriebsratsmitglied gegen eine mit Zustimmung des Betriebsrats oder nach deren Ersetzung durch das Arbeitsgericht ausgesprochene außerordentliche Kündigung Kündigungsschutzklage, so bleibt bis zur rechtskräftigen Entscheidung des Arbeitsgerichts offen, ob das Arbeitsverhältnis rechtlich beendet ist. Deshalb ist das Betriebsratsmitglied grds. bis zur rechtskräftigen Entscheidung an der Amtsausübung zeitweilig verhindert (*LAG Schleswig-Holstein* 2.9.1976 DB 1976, 1974; MünchArbR/*Joost* § 305 Rz. 26). Inwieweit die Möglichkeit besteht im Wege der einstweiligen Verfügung die weitere Amtsausübung durchzusetzen, ist streitig, wird aber überwiegend (vgl. *LAG Nürnberg* 10.10.1985 LAGE § 25 BetrVG 1972 Nr. 2; *LAG Düsseldorf/Köln* 27.2.1975 EzA § 25 BetrVG 1972 Nr. 1; MünchArbR/ *Joost* § 305 Rz. 26) nur für den Fall bejaht, dass die Kündigung offensichtlich unwirksam (z. B. fehlende Zustimmung des Betriebsrats) ist oder der von der Rechtsprechung des *BAG* (GS 27.2.1985 EzA § 611 BGB Beschäftigungspflicht Nr. 9) entwickelte allgemeine Weiterbeschäftigungsanspruch besteht (**a. A.** für den Fall des Bestehens eines allgemeinen Weiterbeschäftigungsanspruchs: GK-BetrVG/*Oetker* § 25 Rz. 29). 429

Verlust der Wählbarkeit (§ 24 Abs. 1 Nr. 4 BetrVG) tritt u. a. ein bei Ausscheiden aus der Belegschaft des Betriebs, z. B. bei Versetzung in einen anderen Betrieb des Arbeitgebers (*LAG Hamm* 11.1.1989 DB 1989, 1732) oder Verlust der Eigenschaft als Arbeitnehmer i. S. d. BetrVG (vgl. MünchArbR/*Joost* § 305 Rz. 30, 31). 430

Bei gerichtlichem **Ausschluss eines Mitglieds aus dem Betriebsrat oder der Auflösung des Betriebsrats** (§ 21 Abs. 1 Nr. 5 BetrVG) in einem Verfahren nach § 23 Abs. 1 BetrVG endet die Mitgliedschaft mit Rechtskraft der arbeitsgerichtlichen Entscheidung. 431

Mit rechtskräftiger **gerichtlicher Feststellung der Nichtwählbarkeit** (§ 24 Abs. 1 Nr. 6 BetrVG) erlischt die Mitgliedschaft im Betriebsrat für die Zukunft, der Beschluss wirkt insoweit nicht feststellend, sondern rechtsgestaltend (*BAG* 29.9.1983 EzA § 15 KSchG n. F. Nr. 32). Da der nachträgliche Wegfall der Wählbarkeit bereits durch § 24 Abs. 1 Nr. 4 BetrVG geregelt ist, erfasst § 24 Abs. 1 Nr. 6 BetrVG nur die Fallgruppe der bereits zum Zeitpunkt der Wahl fehlenden Wählbarkeit. Es handelt sich um ein selbstständiges arbeitsgerichtliches Beschlussverfahren. Antragsberechtigt sind diejenigen, die auch eine Betriebsratswahl nach § 19 Abs. 2 BetrVG (s. o. I/Rz. 373 ff.) anfechten können; der Antrag ist jederzeit möglich, solange das betreffende Betriebsratsmitglied dem Betriebsrat noch angehört und der Mangel nicht geheilt ist, wobei es unerheblich ist, ob der Mangel der Nichtwählbarkeit schon vor Ablauf der Wahlanfechtungsfrist bekannt war oder erst später erkannt worden ist (*BAG* 11.3.1975 EzA § 24 BetrVG 1972 Nr. 1). 432

bb) Rechtsfolgen des Erlöschens der Mitgliedschaft

In den Fällen des § 24 Abs. 1 Nr. 1–6 BetrVG endet das Betriebsratsamt mit Wirkung für die Zukunft und alle anderen Ämter, die das Betriebsratsmitglied als solches in- 433

I. Betriebsverfassungsrecht

nehatte, z. B. die Mitgliedschaft im Gesamtbetriebsrat. Es endet zugleich die besondere persönliche Rechtsstellung. Der nachwirkende Kündigungsschutz nach § 15 Abs. 1 S. 1 KSchG gilt auch in den Fällen des § 24 Abs. 1 Nr. 2, 4 BetrVG (für den Fall der Amtsniederlegung ausdrücklich *BAG* 5.7.1979 EzA § 15 KSchG n. F. Nr. 22; vgl. im Übrigen GK-BetrVG/*Oetker* § 24 Rz. 56). Fraglich ist, ob § 24 Abs. 1 Nr. 6 BetrVG als ein Fall der Beendigung der Mitgliedschaft auf Grund einer gerichtlichen Entscheidung i. S. d. § 15 Abs. 1 S. 2 a. E. KSchG anzusehen ist (abl. GK-BetrVG/*Oetker* § 24 Rz. 55; bejahend KR-*Etzel* § 15 KSchG Rz. 66).

f) Ersatzmitglieder

434 § 25 BetrVG soll die Kontinuität der Arbeit des Betriebsrats und seine Beschlussfähigkeit (§ 33 Abs. 2 BetrVG) dadurch gewährleisten, dass bei Ausscheiden oder Verhinderung von Betriebsratsmitgliedern Ersatzmitglieder vorübergehend oder endgültig nachrücken. Bei einer Beendigung der Amtszeit des Betriebsrates als Kollektivorgan ist hingegen eine Neuwahl durchzuführen.

aa) Zeitweilige Verhinderung

435 Ein Betriebsratsmitglied ist zeitweilig verhindert, wenn es unabhängig von der Vorhersehbarkeit der Verhinderung und deren Dauer aus tatsächlichen (insbesondere Urlaub, Krankheit, Dienstreisen) oder rechtlichen Gründen seine amtlichen Funktionen nicht oder z. B. bei einer Betriebsratssitzung nur teilweise ausüben kann, oder wenn dies unzumutbar ist (*BAG* 23.8.1984 EzA § 103 BetrVG 1972 Nr. 30; 15.11.1984 EzA § 102 BetrVG 1972 Nr. 58).

> Voraussetzung ist eine objektive Verhinderung, die ausscheidet, wenn das Betriebsratsmitglied lediglich nicht teilnehmen will, da dies auf eine gewillkürte Stellvertretung hinausliefe (*BAG* 5.9.1986 EzA § 15 KSchG n. F. Nr. 36).

436 Ein Betriebsratsmitglied ist insbesondere dann zeitweise verhindert, an einer Betriebsratssitzung teilzunehmen, wenn dort über seine eigenen Angelegenheiten, von denen es unmittelbar betroffen ist, beraten und entschieden wird. Dies ist z. B. bei der Kündigung (vgl. z. B. *BAG* 23.8.1984 EzA § 103 BetrVG 1972 Nr. 30; *LAG Nürnberg* 10.10.1985 LAGE § 25 BetrVG 1972 Nr. 2) seines Arbeitsverhältnisses, einem Antrag gem. § 23 Abs. 1 S. 2 BetrVG oder bei der Entscheidung über die eigene Umgruppierung (*BAG* 3.8.1999 EzA § 33 BetrVG 1972 Nr. 1), nicht aber bei organisatorischen Akten des Betriebsrats wie z. B. Wahlen innerhalb des Betriebsrats (vgl. § 26 Abs. 1, 2 BetrVG) oder der Abberufung aus entsprechenden Funktionen der Fall (GK-BetrVG/*Wiese/Raab* § 33 Rz. 26). Steht die Beendigung des Arbeitsverhältnisses eines Betriebsratsmitglieds im Streit und ist hierüber noch nicht rechtskräftig arbeitsgerichtlich entschieden, ist streitig, ob und unter welchen Voraussetzungen das dann verhinderte betroffene Betriebsratsmitglied im Wege der einstweiligen Verfügung einen Anspruch auf vorübergehende Fortführung des Amtes geltend machen kann. Überwiegend wird ein solcher Anspruch bejaht, wenn die Kündigung offensichtlich unbegründet ist oder dem Betriebsratsmitglied ein allgemeiner Weiterbeschäftigungsanspruch zusteht (s. o. I/Rz. 429).

437 Liegt eine Betroffenheit in einer persönlichen Angelegenheit vor, darf das Betriebsratsmitglied weder an der Beratung noch an der Abstimmung teilnehmen. Weil in Anwesenheit des Betroffenen eine unbefangene Beratung der Angelegen-

heit nicht möglich ist, besteht während der Verhandlung der Angelegenheit und der Abstimmung auch kein Anwesenheitsrecht (*BAG* 23.8.1984 EzA § 103 BetrVG 1972 Nr. 30; 26.8.1981 EzA § 103 BetrVG 1972 Nr. 27).

Der Vorsitzende, dem das verhinderte Betriebsratsmitglied die Gründe der Verhinderung unverzüglich mitteilen muss, hat jeweils zu prüfen, ob eine Verhinderung tatsächlich vorliegt und darf nicht einfach von einer Verhinderung ausgehen. **438**

Hat sich ein Betriebsratsmitglied krankgemeldet, spricht allerdings eine Vermutung dafür, dass es tatsächlich arbeitsunfähig erkrankt und daher verhindert ist (*BAG* 5.9.1986 EzA § 15 KSchG n. F. Nr. 36). Hat der Arbeitgeber aber z. B. einen arbeitsunfähig erkrankten Betriebsobmann, dessen Stellvertreter zurückgetreten ist, außerhalb des Betriebes in einer Personalangelegenheit beteiligt, so muss er diesen trotz der Arbeitsunfähigkeit auch zu einer wenige Tage später beabsichtigten Kündigung desselben Arbeitnehmers gem. § 102 BetrVG anhören (*BAG* 15.11.1984 EzA § 102 BetrVG 1972 Nr. 58).

Liegt eine Verhinderung vor, hat der Betriebsratsvorsitzende rechtzeitig ein Ersatzmitglied zu laden. Unterlässt er das, so ist z. B. ein Zustimmungsbeschluss nach § 103 BetrVG nichtig (*BAG* 23.8.1984 EzA § 103 BetrVG 1972 Nr. 30). **439**

bb) Nachrücken des Ersatzmitglieds

Sobald die gesetzlichen Voraussetzungen vorliegen, rückt das Ersatzmitglied kraft Gesetzes zum Zeitpunkt des Ausscheidens des Betriebsratsmitglieds aus dem Betriebsrat bzw. mit dem Beginn der Verhinderung in den Betriebsrat nach. Das gilt selbst dann, wenn es selbst z. B. wegen Krankheit zeitweilig verhindert ist, weil es dann seinerseits gem. § 25 Abs. 1 BetrVG von dem nächsten Ersatzmitglied für die Dauer seiner Verhinderung vertreten wird (GK-BetrVG/*Oetker* § 25 Rz. 32). **440**

Nach h. M. (*BAG* 5.9.1986 EzA § 15 KSchG n. F. Nr. 36; GK-BetrVG/*Oetker* § 25 Rz. 30; **a. A.** MünchArbR/*Joost* § 305 Rz. 55 f.: auch das Ersatzmitglied müsse eine Annahmeerklärung abgeben) ist weder ein konstitutiver Beschluss des Betriebsrats, noch eine Annahmeerklärung des Ersatzmitglieds erforderlich. Die Vertretung endet bei vorübergehender Verhinderung, wenn das ordentliche Mitglied seine Tätigkeit im Betrieb wieder aufnehmen kann oder das Ersatzmitglied selbst für eine längere Zeit als die voraussichtliche Vertretungsdauer verhindert sein wird (GK-BetrVG/*Oetker* § 25 Rz 33).

cc) Reihenfolge des Nachrückens

Die Reihenfolge des Nachrückens bestimmt sich nach § 25 Abs. 2 BetrVG danach, ob der Betriebsrat in Verhältniswahl (Listenwahl) oder Mehrheitswahl (Personenwahl) gewählt wurde. **441**

(1) Verhältniswahl

Bei einer Verhältniswahl bleibt jeder Liste gem. § 25 Abs. 2 S. 1 BetrVG die Zahl der auf sie entfallenden Sitze grds. erhalten, sodass grds. der auf dieser Liste vorhandene nicht gewählte Bewerber nachrückt. Dies gilt aber nicht, wenn das Nachrücken des **442**

I. Betriebsverfassungsrecht

nächsten Bewerbers dazu führen würde, dass das Minderheitengeschlecht nicht mehr mindestens entsprechend seinem Verhältnis unter den wahlberechtigten Arbeitnehmern des im Betriebsrat vertreten wäre. In diesem Fall rückt derjenige nichtgewählte Bewerber auf der Liste nach, dessen Geschlecht dem des bisherigen Mitglieds entspricht. Fehlt eine entsprechende Person auf der Liste, ist die Liste erschöpft.

Die Folgen einer Listenerschöpfung regelt § 25 Abs. 2 S. 2 BetrVG: Im Falle der Listenerschöpfung ist das Ersatzmitglied derjenigen Vorschlagsliste zu entnehmen, auf die nach den Grundsätzen der Verhältniswahl der nächste Sitz entfallen würde. Die Vertretung des Minderheitengeschlechts nach § 15 Abs. 2 BetrVG ist zwingend zu beachten.

(2) Mehrheitswahl

443 Bei **Mehrheitswahl** (nur eine Vorschlagsliste, Wahl im vereinfachten Verfahren nach § 14a BetrVG) rückt das Ersatzmitglied mit der nächsthöheren Stimmenzahl nach, § 25 Abs. 2 S. 3 BetrVG. Eine Ausnahme gilt, wenn dies dazu führen würde, dass die Mindestrepräsentanz des Minderheitengeschlechts nicht mehr gewahrt wäre. Dann muss das Ersatzmitglied demselben Geschlecht angehören wie das zu ersetzende Mitglied.

(3) Fehlen von Ersatzmitgliedern; Erschöpfung aller Listen

444 Kann ein ausgeschiedenes Mitglied des Betriebsrats nicht mehr nach § 25 Abs. 2 BetrVG durch ein Ersatzmitglied ersetzt werden, so ist bei einem dauerhaften Ausscheiden eines Betriebsratsmitglieds unter den Voraussetzungen des § 13 Abs. 2 Nr. 2 BetrVG eine Neuwahl des Betriebsrats durchzuführen. Der bisherige Betriebsrat führt nach Maßgabe des § 22 BetrVG die Geschäfte vorläufig weiter.

dd) Rechtsstellung der Ersatzmitglieder

445 Mit dem Ausscheiden eines Betriebsratsmitglieds oder im Falle zeitweiliger Verhinderung wird das Ersatzmitglied auf Dauer oder zeitweilig ordentliches Betriebsratsmitglied mit allen entsprechenden Rechten und Pflichten. Es übernimmt aber nicht kraft Gesetzes weiter gehende Funktionen des ausgeschiedenen oder verhinderten Mitglieds (Vorsitzender oder stellvertretender Vorsitzender des Betriebsrat, Mitgliedschaft in Ausschüssen usw.).

Darüber muss vielmehr der Betriebsrat sodann erneut entscheiden (*BAG* 6.9.1979 EzA § 15 KSchG n. F. Nr. 23; GK-BetrVG/*Oetker* § 25 Rz. 52). Das Ersatzmitglied genießt mit Amtsbeginn den besonderen Kündigungs- und Versetzungsschutz nach § 103 BetrVG, § 15 KSchG, insbesondere auch den nachwirkenden Kündigungsschutz selbst bei nur kurzzeitiger Vertretung, wobei dieser Kündigungsschutz im Einzelfall auch vor Eintritt der eigentlichen Verhinderung eingreifen kann (s. o. D/Rz. 333 ff.). Die Kündigung eines Ersatzmitglieds mit dem Ziel, seine Amtstätigkeit zu verhindern, ist wegen Verstoßes gegen § 78 BetrVG nach § 134 BGB nichtig (GK-BetrVG/*Oetker* § 25 Rz. 54). Zur Schulung von Ersatzmitgliedern s. u. I/Rz. 622.

I. Betriebsverfassungsrecht

3. Organisation und Geschäftsführung des Betriebsrats

a) Vorsitzender und Stellvertreter; Vertretung des Betriebsrats nach außen (§ 26 BetrVG)

aa) Wahlpflicht, Bedeutung der Bestellung

Sofern der Betriebsrat aus mehreren Personen besteht, ist er kraft Gesetzes verpflichtet, einen Vorsitzenden und dessen Stellvertreter zu wählen. Bei Verletzung dieser Pflicht kann die Auflösung des Betriebsrates im Verfahren nach § 23 Abs. 1 BetrVG in Betracht kommen (*Wedde* DKK § 26 Rz. 3). **446**

Sofern der Betriebsrat keinen Vorsitzenden gewählt hat, ist fraglich, ob der Betriebsrat bereits funktionsfähig und amtsausübungsbefugt ist (s. o. I/Rz. 397 f.).

bb) Durchführung der Wahl

Für die Durchführung der Wahl gem. § 26 BetrVG gelten §§ 33, 34 BetrVG. Mangels **447** besonderer gesetzlicher Regelungen muss mindestens die Hälfte der Betriebsratsmitglieder an der Wahl teilnehmen, die formlos erfolgen kann und keine Auswahlmöglichkeiten zwischen mehreren Kandidaten erfordert. Die Wahl von Vorsitzendem und Stellvertreter erfolgt in zwei getrennten Wahlgängen; gewählt ist, wer die meisten Stimmen erhält (relative Mehrheit).

cc) Mängel der Wahl

Die Wahl ist nur bei besonders groben Rechtsverstößen nichtig, was ohne Einhaltung einer Frist geltend gemacht werden kann (*BAG* 13.11.1991 EzA § 26 BetrVG 1972 Nr. 5), sonstige Rechtsverstöße berechtigen hingegen in entsprechender Anwendung des § 19 BetrVG nur zur Anfechtung der Wahl (*BAG* 8.4.1992 EzA § 26 BetrVG 1972 Nr. 6; 13.11.1991 EzA § 26 BetrVG 1972 Nr. 5; 11.3.1992 EzA § 38 BetrVG 1972 Nr. 12). **448**

Die Anfechtung muss daher unter Wahrung der in § 19 Abs. 2 BetrVG vorgesehenen **449** Zweiwochenfrist erfolgen. Anfechtungsberechtigt sind jedes Betriebsratsmitglied (*BAG* 13.11.1991 EzA § 26 BetrVG 1972 Nr. 5) und die im Betrieb vertretenen Gewerkschaften (*BAG* 13.10.1976 EzA § 26 BetrVG 1972 Nr. 2). Ein Anfechtungsrecht des Arbeitgebers und der wahlberechtigten Arbeitnehmer wird ganz überwiegend (vgl. GK-BetrVG/*Wiese/Raab* § 26 Rz. 19; MünchArbR/*Joost* § 306 Rz. 13; *Glaubitz* HSG § 26 Rz. 30 a; offen gelassen von *BAG* 12.10.1976 EzA § 26 BetrVG 1972 Nr. 2) abgelehnt, da es sich anders als bei der Betriebsratswahl selbst um einen internen Vorgang des Betriebsrats handelt. Die gerichtliche Entscheidung hat rechtsgestaltenden Charakter und wirkt nur für die Zukunft (*BAG* 13.11.1991 EzA § 26 BetrVG 1972 Nr. 5).

dd) Ende der Amtszeit

Der Vorsitzende und sein Stellvertreter können ihre Ämter jederzeit niederlegen. Der **450** Betriebsrat kann sie auch jederzeit durch Beschluss mit einfacher Mehrheit abberufen, ohne dass besondere Gründe vorliegen müssten, wenn dieser Beschluss nicht for-

I. Betriebsverfassungsrecht

mell mangelhaft oder willkürlich ist oder gegen die guten Sitten verstößt (*BAG* 1.6.1966 EzA § 27 BetrVG 1952 Nr. 1; GK-BetrVG/*Wiese/Raab* § 26 Rz. 26).

ee) Aufgaben und Rechtsstellung des Vorsitzenden

451 Soweit der Betriebsratsvorsitzende die ihm allein obliegenden Amtspflichten wahrnimmt (§ 27 Abs. 1 S. 2, Abs. 4, § 29 Abs. 2, 3, § 34 Abs. 1 S. 2; § 42 Abs. 1 S. 1 BetrVG), handelt er im eigenen Namen.

452 Im Übrigen vertritt gem. § 26 Abs. 3 BetrVG der Vorsitzende den Betriebsrat nur im Rahmen der von diesem gefassten Beschlüsse.

> Der Vorsitzende hat lediglich den vom Betriebsrat gebildeten Willen nach außen zu erklären, ist also nur Vertreter in der Erklärung, nicht aber echter Vertreter im Willen (*BAG* 17.2.1981 EzA § 112 BetrVG 1972 Nr. 21). Dies bedeutet, dass der Betriebsrat grds. seine Befugnisse, insbesondere Mitbestimmungsrechte selbst auszuüben hat (MünchArbR/*Joost* § 306 Rz. 16).

453 Soweit dies gesetzlich nicht ausdrücklich vorgesehen ist (vgl. z. B. § 27 Abs. 3 BetrVG), kann der Betriebsrat seine Befugnisse auch nicht auf den Vorsitzenden übertragen oder diesen zur Ausübung ermächtigen (*BAG* 28.2.1974 EzA § 102 BetrVG 1972 Nr. 8; GK-BetrVG/*Wiese/Raab* § 26 Rz. 34). Überwiegend (GK-BetrVG/*Wiese/Raab* § 26 Rz. 35; MünchArbR/*Joost* § 306 Rz. 17; a. A. *Glaubitz* HSG § 26 Rz. 42) wird es als zulässig erachtet, dass der Betriebsrat lediglich einen Grundsatzbeschluss oder Alternativbeschlüsse fasst und den Vorsitzenden ermächtigt, im Rahmen dieser Weisungen und Richtlinien die endgültige Entscheidung selbst zu treffen, sofern die Entscheidung im Grundsatz vom Betriebsrat selbst getroffen wurde und der Vorsitzende deshalb nur einen eingeschränkten Handlungsspielraum hat. Ferner ist es zulässig, dass der Betriebsrat im Einzelfall andere Betriebsratsmitglieder mit der Ausführung von Beschlüssen und Befugnissen betraut (GK-BetrVG/*Wiese/Raab* § 26 Rz. 70).

454 Liegt ein Beschluss des Betriebsrats nicht vor oder hält sich der Vorsitzende nicht an den Beschluss, ist die Erklärung schwebend unwirksam, d. h. nach § 177 Abs. 1 BGB durch den Betriebsrat genehmigungsfähig (*BAG* 15.12.1961 EzA § 615 BGB Nr. 4). Die Genehmigung soll nach einer Entscheidung des BAG aus 1961 (*BAG* 15.12.1961 EzA § 615 BGB Nr. 4) auch durch stillschweigende Billigung, nach überwiegender Literaturansicht (GK-BetrVG/*Wiese/Raab* § 26 Rz. 40; *Wedde* DKK § 26 Rz. 36) nur durch ausdrücklichen Beschluss erfolgen können. Ein Handeln ohne Vertretungsmacht kann eine Schadensersatzpflicht des Vorsitzenden aus § 179 BGB begründen (GK-BetrVG/*Wiese/Raab* § 26 Rz. 41; *FKHE* § 26 Rz. 38; a. A. *Wedde* DKK § 26 Rz. 22) und ggf. zum Ausschluss nach § 23 Abs. 1 BetrVG führen (vgl. *Wedde* DKK § 26 Rz. 22).

455 Ein Anspruch des Arbeitgebers auf Vorlage und Prüfung des einer Erklärung des Vorsitzenden zu Grunde liegenden Beschlusses besteht nur insoweit, als berechtigte Zweifel bestehen (GK-BetrVG/*Wiese/Raab* § 26 Rz. 42; MünchArbR/*Joost* § 306 Rz. 19), da eine gesetzliche, wenn auch jederzeit widerlegbare Vermutung dafür besteht, dass der Vorsitzende im Rahmen eines ordnungsgemäßen Beschlusses handelt (*BAG* 17.2.1981 EzA § 112 BetrVG 1972 Nr. 21).

I. Betriebsverfassungsrecht

Strittig ist, inwieweit der gute Glaube des Arbeitgebers an die Vertretungsmacht des Vorsitzenden, d. h. daran, dass dessen Erklärung ein ordnungsgemäßer Beschluss des Betriebsrats zu Grunde liegt, geschützt wird (vgl. dazu ausführlich GK-BetrVG/*Wiese/Raab* § 26 Rz. 44 ff.). Zum Teil (GK-BetrVG/*Wiese/Raab* § 26 Rz. 46) wird dies nur bejaht, wenn der Betriebsrat das Auftreten des Vorsitzenden für den Betriebsrat kennt, hätte erkennen müssen und hätte verhindern können und der Arbeitgeber auf den so gesetzten Rechtsschein vertraut hat und nach Treu und Glauben auch darauf vertrauen durfte. Zum Teil (*Glaubitz* HSG § 26 Rz. 47) wird ein solcher Vertrauensschutz abgelehnt. Schließlich (MünchArbR/*Joost* § 306 Rz. 22) wird die Ansicht vertreten, der Arbeitgeber könne stets davon ausgehen, dass das Handeln des Vorsitzenden von einem Beschluss gedeckt sei, es sei denn, er weiß oder hätte wissen müssen, dass ein Beschluss nicht gefasst wurde oder ein bestehender Beschluss unwirksam ist. Besonderheiten gelten nach Auffassung des BAG für das Anhörungsverfahren bei Kündigungen, § 102 BetrVG (vgl. z. B. *BAG* 2.4.1976 EzA § 102 BetrVG 1972 Nr. 21; s. o. D/Rz. 302 ff.) und die Beschlussfassung des Betriebsrates bei Kündigungen von Betriebsratsmitgliedern, § 103 BetrVG (*BAG* 23.8.1984 EzA § 103 BetrVG 1972 Nr. 30; s. o. D/Rz. 384 ff.).

456

Der Vorsitzende ist ferner nach § 26 Abs. 3 S. 2 BetrVG zur Entgegennahme von Erklärungen für den Betriebsrat befugt. Fristen beginnen nach Erklärungen des Arbeitgebers gegenüber dem Betriebsrat daher entsprechend § 130 BGB nur und frühestens bei Erklärung gegenüber dem Betriebsratsvorsitzenden oder im Falle seiner Verhinderung gegenüber seinem Stellvertreter oder bei Erklärungen gegenüber anderen Betriebsratsmitgliedern erst dann, wenn der Vorsitzende oder im Falle seiner Verhinderung sein Stellvertreter die Erklärung erhalten haben (vgl. *BAG* 27.6.1985 EzA § 102 BetrVG 1972 Nr. 60).

457

Fraglich ist der Zeitpunkt des Zugangs dann, wenn beide verhindert sind und für diesen Fall z. B. keinen Empfangsbevollmächtigten bestimmt haben. Dann ist jedes Betriebsratsmitglied zur Entgegennahme von Erklärungen berechtigt und verpflichtet (*BAG* 27.6.1985 EzA § 102 BetrVG 1972 Nr. 60).

Ist der Vorsitzende verhindert (§ 25 Abs. 1 S. 2 BetrVG), so nimmt sein Stellvertreter nur die Funktionen des Betriebsratsvorsitzenden, die diesem kraft Amtes zustehen, wahr. Als schlichtes Mitglied des Betriebsrats wird der Vorsitzende hingegen durch ein Ersatzmitglied vertreten (GK-BetrVG/*Wiese/Raab* § 26 Rz. 66).

458

b) Der Betriebsausschuss und weitere Ausschüsse, §§ 27, 28 BetrVG

aa) Pflicht zur Bildung

Die nur ab einer Betriebsratsgröße von neun Mitgliedern nach § 27 Abs. 1 BetrVG mögliche, dann aber obligatorische Bildung eines Betriebsausschusses (BA) dient der Straffung der Betriebsratsarbeit. Kleinere Betriebsräte sind zur Bildung eines derartigen Ausschusses nicht berechtigt. Für sie besteht nur die Möglichkeit, die laufenden Geschäfte durch Beschluss auf den Vorsitzenden zu übertragen, § 27 Abs. 3 BetrVG, oder, sofern es sich um einen Betrieb mit zumindest mehr als 100 Arbeitnehmern handelt, der Übertragung von Aufgaben auf Ausschüsse (§ 28 BetrVG; s. u. I/Rz. 467 f.) oder Arbeitsgruppen (§ 28 a BetrVG; s. u. I/Rz. 471 ff.). Die Verletzung der Pflicht zur Bildung eines BA kann zu einer Auflösung des Betriebsrats im Verfahren nach § 23 Abs. 1 BetrVG führen (GK-BetrVG/*Wiese/Raab* § 27 Rz. 10). Der Ar-

459

I. Betriebsverfassungsrecht

beitgeber kann im Weigerungsfalle allerdings nicht die Zusammenarbeit mit dem Betriebsrat und auch nicht die Entgeltzahlung (§ 37 Abs. 2 BetrVG) wegen mangelnder Erforderlichkeit verweigern (GK-BetrVG/*Wiese/Raab* § 27 Rz. 12; *Wedde* DKK § 27 Rz. 3).

bb) Mitglieder und Zusammensetzung, Wahlmängel

460 Geborene Mitglieder sind der Betriebsratsvorsitzende und sein Stellvertreter. Die Anzahl der übrigen Mitglieder hängt von der Größe des Betriebsrats ab (vgl. § 27 Abs. 1 BetrVG). Die Wahl der übrigen Mitglieder erfolgt in geheimer Wahl und grds. als Verhältniswahl (Listenwahl) nach dem Höchstzahlverfahren. Mehrheitswahl (Personenwahl) findet nur statt, wenn nur ein Wahlvorschlag gemacht ist, § 27 Abs. 1 S. 3, 4 BetrVG. Entsprechend § 33 Abs. 2 BetrVG ist die Wahl nur wirksam, wenn mindestens die Hälfte der Betriebsratsmitglieder an der Wahl teilnimmt (GK-BetrVG/*Wiese/Raab* § 27 Rz. 17).

461 Wahlmängel müssen grds. in einem Wahlanfechtungsverfahren in entsprechender Anwendung des § 19 BetrVG geltend gemacht werden, wobei an die Stelle der Anfechtungsbefugnis von drei Wahlberechtigten die eines einzelnen Betriebsratsmitglieds tritt und die Anfechtungsfrist von zwei Wochen analog § 19 Abs. 3 S. 2 BetrVG zu beachten ist. Eine Nichtigkeit der Wahl liegt nur vor, wenn so schwer wiegende und offensichtliche Gesetzesverstöße vorliegen, dass nicht einmal der Anschein einer dem Gesetz entsprechenden Wahl vorliegt (*BAG* 13.11.1991 EzA § 27 BetrVG 1972 Nr. 7).

cc) Aufgaben

462 Gem. § 27 Abs. 2 S. 1 BetrVG führt der Betriebsausschuss die laufenden Geschäfte in eigener Zuständigkeit, innerhalb derer er an die Stelle des Betriebsrates tritt. Für die Geschäftsführung des BA gelten daher grds. die Vorschriften der §§ 29 ff. BetrVG entsprechend (GK-BetrVG/*Wiese/Raab* § 27 Rz. 52 ff.). Der Betriebsrat kann nicht generell die laufenden Geschäfte selbst wahrnehmen, ist aber nicht gehindert, einzelne laufende Geschäfte durch Beschluss an sich zu ziehen oder Beschlüsse des BA aufzuheben, soweit sie noch nicht nach außen wirksam geworden sind (GK-BetrVG/*Wiese/Raab* § 27 Rz. 62).

463 Laufende Geschäfte sind (GK-BetrVG/*Wiese/Raab* § 27 Rz. 64; *Wedde* DKK § 27 Rz. 33) nur interne organisatorische und verwaltungsmäßige Aufgaben, die keiner Beschlussfassung durch den Betriebsrat bedürfen und i. d. R. wiederkehrend anfallen.

Hierzu gehören z. B. die Vorbereitung von Betriebsratssitzungen, die Fertigung von Entwürfen für Betriebsvereinbarungen, die Erteilung von Auskünften, nicht aber die Ausübung der materiellen Mitbestimmungs- und Mitwirkungsrechte des Betriebsrates, auch nicht, wenn es sich um die routinemäßige Erledigung von Einzelfällen handelt (**a. A.** *Richardi* § 27 Rz. 74; MünchArbR/*Joost* § 306 Rz. 43), da andernfalls die in Abgrenzung zur Führung der laufenden Geschäfte in § 27 Abs. 2 S. 2 BetrVG ebenfalls vorgesehene Möglichkeit der Übertragung weiterer Aufgaben zur selbstständigen Erledigung nicht nachvollziehbar wäre.

I. Betriebsverfassungsrecht

Dem Betriebsausschuss können nach § 27 Abs. 2 S. 2 BetrVG auch weitere Aufgaben zur selbstständigen Erledigung oder deren Vorbereitung übertragen werden, auch die Ausübung von Mitbestimmungs- und Mitwirkungsrechten, allerdings mit Ausschluss des Abschlusses von Betriebsvereinbarungen und der vom Betriebsrat selbst durchzuführenden Wahlen (GK-BetrVG/*Wiese/Raab* § 27 Rz. 68). Unzulässig ist es aber, dem Betriebsausschuss alle wesentlichen Aufgaben des Betriebsrats zu übertragen, sodass dieser i. d. R. nicht mehr als Plenum entscheidet und die vom Gesetzgeber gewollte Mitwirkung aller Betriebsratsmitglieder an der Willensbildung des Betriebsrats aufgehoben würde. **464**

Der Betriebsrat muss daher in einem Kernbereich der gesetzlichen Befugnisse als Gesamtorgan zuständig bleiben (*BAG* 1.6.1976 EzA § 28 BetrVG 1972 Nr. 3).

Im Falle der Übertragung zur selbstständigen Erledigung ist der Betriebsausschuss ein verkleinerter Betriebsrat und tritt an dessen Stelle. Zur Übertragung bedarf es der Mehrheit der Stimmen der Mitglieder des Betriebsrates und der Schriftform des Beschlusses (§ 27 Abs. 2 S. 3 BetrVG), d. h. der Beschluss muss in einer vom Vorsitzenden unterzeichneten Urkunde niedergelegt werden, § 126 Abs. 1 BGB. Durch die Übertragung der Aufgaben wird die originäre Zuständigkeit des Betriebsrats nicht beseitigt. Er kann deshalb auch einen einzelnen Beschluss des Betriebsausschusses mit absoluter Mehrheit der Betriebsratsmitglieder aufheben oder ändern, solange der Beschluss Dritten gegenüber noch nicht wirksam geworden ist. Er kann ferner die Übertragung insgesamt oder teilweise widerrufen (§ 27 Abs. 2 S. 4 BetrVG). **465**

dd) Beendigung der Amtszeit
Der BA wird grds. für die Amtszeit des Betriebsrats gebildet. Die Mitgliedschaft im BA endet daher jedenfalls mit Ende der Amtszeit des Betriebsrats (§ 21 BetrVG) oder dessen Auflösung (§ 23 Abs. 1 BetrVG). Möglich ist auch eine Abberufung der weiteren Mitglieder des BA. Diese bedarf nach § 21 Abs. 1 S. 5, Abs. 2 S. 5 BetrVG geheimer Abstimmung mit qualifizierten Mehrheiten. Dieses Erfordernis ist nach Auffassung des *BAG* (29.4.1992 EzA § 38 BetrVG 1972 Nr. 13) nur zu beachten, wenn einzelne Mitglieder abberufen werden sollen, nicht aber dann, wenn die Ausschussmitglieder insgesamt neu gewählt werden, da dann die Neugewählten ohne weiteres an die Stelle der früher Gewählten treten. Möglich ist auch eine jederzeitige Amtsniederlegung, bei Vorsitzenden und Stellvertreter aber nur unter gleichzeitiger Niederlegung der Betriebsratsämter, da sie kraft Gesetzes geborene Mitglieder im BA sind (GK-BetrVG/ *Wiese/Raab* § 27 Rz. 29). **466**

ee) Weitere Ausschüsse

Im Interesse der weiteren Erleichterung und Beschleunigung der Betriebsratsarbeit kann der Betriebsrat in Betrieben mit mehr als 100 Arbeitnehmern weitere Ausschüsse einrichten. Die Möglichkeit, derartigen Ausschüssen Aufgaben zur selbstständigen Erledigung zu übertragen, besteht hingegen nur dann, wenn auch ein Betriebsausschuss gebildet ist, § 28 Abs. 1 BetrVG. **467**

Ist kein Betriebsausschuss gebildet, können die Ausschüsse nur mit vorbereitenden Handlungen betraut werden. Ist hingegen ein Betriebsausschuss gebildet, können weiteren Ausschüssen mit Ausnahme der laufenden Geschäfte, des Abschlusses

I. Betriebsverfassungsrecht

von Betriebsvereinbarungen und der Befugnisse des Vorsitzenden grds. alle Aufgaben nicht nur zur Vorbereitung, sondern auch zur selbstständigen Entscheidung zugewiesen werden, die der Zuständigkeit des Betriebsrats unterliegen. Zur selbstständigen Erledigung können insbesondere auch Mitbestimmungs- und Mitwirkungsrechte übertragen werden, die der Ausschuss dann an Stelle des Betriebsrats ausübt, wie z. B. Beteiligungsbefugnisse in personellen Angelegenheiten (vgl. *BAG* 1.6.1976 EzA § 28 BetrVG 1972 Nr. 3).

> Auch hier gilt aber, dass sich der Betriebsrat durch Übertragung von Aufgaben nicht jedweder eigener Entscheidungskompetenz begeben darf, sondern für einen Kernbereich der Mitbestimmungskompetenzen zuständig bleiben muss (*BAG* 20.10.1993 EzA § 28 BetrVG 1972 Nr. 4).

468 Die Übertragung erfolgt durch Beschluss, bei Übertragung zur selbstständigen Erledigung gilt nach § 28 Abs. 1 S. 3, § 27 Abs. 2 S. 2–4 BetrVG Schriftformerfordernis und die Notwendigkeit der Mehrarbeit der Stimmen der Mitglieder des Betriebsrats. Anzahl der Mitglieder und die Zusammensetzung des Ausschusses bestimmt der Betriebsrat nach pflichtgemäßem Ermessen (GK-BetrVG/*Wiese/Raab* § 28 Rz. 30).

ff) Gemeinsame Ausschüsse von Betriebsrat und Arbeitgeber

469 Möglich ist ferner die Bildung gemeinsamer Ausschüsse von Arbeitgeber und Betriebsrat als eigenständige Einrichtung der Betriebsverfassung, z. B. im sozialen Bereich, für die Verhängung von Betriebsbußen, die Verwaltung von Sozialeinrichtungen. § 28 Abs. 2 BetrVG betrifft dabei nur Ausschüsse mit Entscheidungsbefugnis. Gemeinsame Ausschüsse mit nur beratender Funktion unterliegen nicht den Voraussetzungen des § 28 Abs. 2 BetrVG und können daher auch in Betrieben ohne Betriebsausschuss gebildet werden.

470 Die Bildung gemeinsamer Ausschüsse mit Entscheidungsbefugnis ist nur möglich, sofern ein Betriebsausschuss besteht. Arbeitgeber und Betriebsrat müssen sich über die Zahl der von jeder Seite zu benennenden Mitglieder einigen. Für die Bestellung der Mitglieder des Betriebsrats gelten die Vorschriften für die Bildung weiterer Ausschüsse entsprechend, § 28 Abs. 2 BetrVG. Strittig (offen gelassen von *BAG* 12.7.1984 EzA § 102 BetrVG Nr. 57) ist, inwieweit bei Übertragung von Aufgaben zur selbstständigen Entscheidung auf gemeinsame Ausschüsse die Entscheidung des an sich zuständigen Betriebsrats durch Mehrheitsentscheidung des gemeinsamen Ausschusses ersetzt wird, was problematisch ist, wenn insbesondere in mitbestimmungs- oder mitwirkungspflichtigen Angelegenheiten die arbeitgeberseitigen Mitglieder die Vertreter des Betriebsrats überstimmen. Zum Teil (*Richardi* § 28 Rz. 44; MünchArbR/*Joost* § 306 Rz. 65) wird deshalb die Ansicht vertreten, dass, soweit eine Mitwirkung des Betriebsrats erforderlich ist, es stets der Zustimmung der Mehrheit der Mitglieder des Repräsentationsorgans der Arbeitnehmer, also eines Mehrheitsbeschlusses der entsandten Betriebsratsmitglieder bedürfe. Überwiegend (etwa GK-BetrVG/*Wiese/Raab* § 28 Rz. 41; *Glaubitz* HSG § 28 Rz. 33) wird hingegen vertreten, dass die Beschlussfassung durch einfache Mehrheitsentscheidung erfolgen kann, z. T. allerdings mit der Einschränkung, dass der Betriebsrat bei Besetzung des Ausschusses keine unterparitätische Besetzung vereinbaren dürfe, weil dies auf einen unzulässigen Verzicht auf Beteiligungsrechte hinausliefe (GK-BetrVG/*Wiese/Raab* § 28 Rz. 41; FKHE § 28 Rz. 34).

I. Betriebsverfassungsrecht

c) Die Übertragung von Aufgaben auf Arbeitsgruppen, § 28 a BetrVG

aa) Zweck der Bestimmung

Durch die durch das BetrVerf-ReformG vom 23.7.2001 (BGBl. I S. 1852 ff.) eingefügte Bestimmung des § 28 a BetrVG wird in Betrieben mit mehr als 100 Arbeitnehmern die Möglichkeit eröffnet, Arbeitsgruppen Beteiligungsrechte zur selbstständigen Wahrnehmung zu übertragen. Hierdurch soll den Bedürfnissen der Praxis und dem Wunsch der Arbeitnehmer nach mehr unmittelbarer Beteiligung Rechnung getragen werden (BegrRegE BT Dr. 14/5741, S. 40).   471

Die Bestimmung steht in Zusammenhang mit § 75 Abs. 2 S. 2 BetrVG (s. o. I/Rz. 1058 ff.), wonach Arbeitgeber und Betriebsrat verpflichtet sind, die Selbstständigkeit und Eigeninitiative der Arbeitnehmer und Arbeitsgruppen zu fördern. Bei einer Arbeitsgruppe i. S. d. § 28 a BetrVG handelt es sich nicht um Organe des Betriebsrats. § 28 a BetrVG weist der Arbeitsgruppe vielmehr eine selbstständige betriebsverfassungsrechtliche Stellung zu (*Löwisch* Beil. zu NZA 24/2001, S. 40 [43]; BB 2001, 1734 [1741]).

bb) Voraussetzungen

(1) Erforderliche Betriebsgröße
Eine Übertragung von Aufgaben auf eine Arbeitsgruppe ist gem. § 28 Abs. 1 S. 1 BetrVG nur in Betrieben mit mehr als 100 Arbeitnehmern (§ 5 BetrVG, vgl. oben I/Rz. 5 ff.) möglich. Obwohl in der Norm nicht auf die Anzahl der »i. d. R.« beschäftigten Arbeitnehmer abgestellt wird, dürfte auch hier nicht die zufällige effektive Zahl der zum Zeitpunkt der Übertragung betriebszugehörigen Arbeitnehmer maßgeblich sein, sondern die Zahl der Arbeitnehmer, auf die der Betrieb ohne Berücksichtigung einer vorübergehenden Erhöhung oder Verringerung der Arbeitsplätze ausgerichtet ist.   472

(2) Arbeitsgruppe
Eine Delegation von Beteiligungsrechten nach § 28 a BetrVG kommt nur auf Arbeitsgruppen in Betracht. Mit dem Begriff der Arbeitsgruppe ist jede Zusammenfassung von Arbeitnehmern zur Erledigung bestimmter Arbeitsaufgaben gemeint. Erfasst ist nicht nur die sog. teilautonome Gruppenarbeit i. S. d. § 87 Abs. 1 Nr. 13 BetrVG (s. o. I/Rz. 1500 ff.), sondern auch sonstige Team- oder Projektarbeiten (BegrRegE, BT-Drs. 14/5741, S. 40; *Löwisch* BB 2001, 1734 [1740]). Nach der Begründung zum Regierungsentwurf (BT-Drs. 14/5741, S. 40) können auch Arbeitnehmer eine Arbeitsgruppe bilden, die nebeneinander innerhalb einer bestimmten Beschäftigungsart oder Arbeitsbereichen gleich geartete Arbeitsaufgaben erfüllen. Eine Arbeitsgruppe kann somit jede organisatorisch oder sonst abgrenzbare Mehrheit von Arbeitnehmern bilden, gegenüber der der Arbeitgeber Leitungsfunktionen ausübt (*Natzel* DB 2001, 1362).   473

(3) Zusammenhang mit Aufgaben der Arbeitsgruppe
Gem. § 28 a Abs. 1 S. 2 BetrVG müssen die vom Betriebsrat zu delegierenden Aufgaben in Zusammenhang mit den von der Arbeitsgruppe zu erledigenden Tätigkeiten stehen. Die Delegationsbefugnis bezieht sich damit auf Beteiligungsrechte hinsicht-   474

I. Betriebsverfassungsrecht

lich tätigkeits- und aufgabenbezogener Sachverhalte (BegrRegE, BT-Drs. 14/5741, S. 40). Die zu delegierenden Mitwirkungs- und Mitbestimmungsrechte müssen die Arbeitstätigkeit der Gruppenmitglieder betreffen. In Betracht kommen insbesondere Tatbestände der Mitbestimmung in sozialen Angelegenheiten (§ 87 BetrVG), wie z. B. Arbeitzeit- und Pausenregelungen, Urlaubsplanung und Entgeltfragen (BegrRegE, BT-Drs. 14/5741, S. 40). Nach *Löwisch* (BB 2001, 1734 [1740]) sollen personelle Einzelmaßnahmen (§ 99 BetrVG) nicht erfasst sein. Nach der Begründung zum Regierungsentwurf (BT-Drs. 14/5741, S. 40) scheidet auch in wirtschaftlichen Angelegenheiten eine Delegation aus (ebenso *Löwisch* BB 2001, 1734 [1740]; *Engels/Trebinger/Löhr-Steinhaus* DB 2001, 532, 537; a. A. *Annuß* NZA 2001, 367 [370, Fn. 25]).

(4) Bestehen einer Rahmenvereinbarung
475 Die Delegation von Beteiligungsrechten an eine Arbeitsgruppe ist gem. § 28 a S. 1 BetrVG nur nach Maßgabe einer mit dem Arbeitgeber abzuschließenden Rahmenvereinbarung möglich. In der Rahmenvereinbarung ist zu regeln, welche Aufgaben und Beteiligungsrechte in welchem Umfang auf die Arbeitsgruppe übertragen werden sollen (BegrRegE, BT-Drs. 14/5741, S. 40). Die Rahmenvereinbarung kann sowohl als formlose Regelungsabrede (*Natzel* DB 2001, 1362 [1363]; a. A. *Löwisch* BB 2001, 1734 [1740]) als auch als Betriebsvereinbarung abgeschlossen werden. Der Abschluss einer solchen Vereinbarung ist aber nicht erzwingbar; eine Zuständigkeit der Einigungsstelle besteht insoweit nicht (*Löwisch* BB 2001, 1734 [1740]; *Natzel* DB 2001, 1362 [1363]; *Konzen* RdA 2001, 85; *Reichold* NZA 2001, 857 [862]; *Annuß* NZA 2001, 367 [370]). Soweit nichts anderes vereinbart ist, kann die Rahmenvereinbarung nach § 77 Abs. 5 BetrVG (entsprechend) gekündigt werden. Als freiwillige Vereinbarung entfaltet sie keine Nachwirkung (*Natzel* DB 2001, 1362 [1363]).

(5) Qualifizierter Übertragungsbeschluss; Schriftform
476 Auf Grund der Rahmenvereinbarung erfolgt die eigentliche Übertragung von Aufgaben auf die Gruppe durch Beschluss des Betriebsrats mit der Mehrheit der Stimmen seiner Mitglieder. Die Übertragung bedarf der Schriftform.

cc) Rechtsfolgen; Abschluss von Gruppenvereinbarungen
477 Soweit der Arbeitsgruppe Aufgaben wirksam übertragen sind, tritt sie an die Stelle des Betriebsrats und nimmt die übertragenen Beteiligungsrechte wahr. Gem. § 28 a Abs. 2 BetrVG kann die Arbeitsgruppe im Rahmen der ihr übertragenen Aufgaben mit dem Arbeitgeber Vereinbarungen schließen (sog. Gruppenvereinbarungen). Eine solche Vereinbarung bedarf der Mehrheit der Stimmen der Gruppenmitglieder. Als speziellere Regelung geht sie einer zum gleichen Sachverhalt gültigen generellen Betriebsvereinbarung vor (*Natzel* DB 2001, 1362 [1363]; *Neef* NZA 2001, 361 [363]).
478 Für derartige Gruppenvereinbarungen gilt gem. § 28 a Abs. 2 S. 2 BetrVG die Bestimmung des § 77 BetrVG entsprechend: Ihnen kommt damit die Wirkung von Betriebsvereinbarungen zu (vgl. *Natzel* DB 2001, 1362 [1363]; *Löwisch* BB 2001, 1734 [1741]). Sie gelten unmittelbar und zwingend (s. o. I/Rz. 1198 ff.) für die Gruppenmitglieder (§ 77 Abs. 4). Mangels abweichender Vereinbarung sind sie mit einer Frist von drei Monaten kündbar (§ 77 Abs. 5). In mitbestimmungspflichtigen Angelegenheiten (s. o. I/Rz. 1221 ff.) wirken derartige Vereinbarungen entsprechend § 77 Abs. 6 BetrVG nach. Ob eine Nachwirkung dann entfällt, wenn die Arbeitsgruppe ihre betriebsverfassungsrechtliche Funktion durch ein Absinken der Arbeitnehmerzahl unter 100, Widerruf der Übertragung durch den Betriebsrat oder Kündigung der Rah-

I. Betriebsverfassungsrecht

menvereinbarung durch Betriebsrat oder Arbeitgeber verliert (so *Löwisch* BB 2001, 1734 [1741]; ders. Sonderbeil. NZA Heft 24/2001, 40 [43]; **a. A.** *Neef* NZA 2001, 361 [363]) erscheint unter Berücksichtigung des Zwecks der Nachwirkung, einen ungeregelten Zustand zu vermeiden, fraglich. Vielmehr dürfte auch hier eine Nachwirkung bestehen. Eine neue Regelung kann dann entweder vom Betriebsrat oder auf Initiative des Arbeitgebers gegenüber dem Betriebsrat, jeweils ggf. unter Anrufung der Einigungsstelle, herbeigeführt werden.
Eine Anrufung der Einigungsstelle durch die Arbeitsgruppe kommt nicht in Betracht. 479
Die Einigungsstelle kann in Angelegenheiten, in denen ein Spruch der Einigungsstelle die Einigung zwischen Betriebsrat und Arbeitgeber ersetzt, vielmehr nur vom Betriebsrat angerufen werden, an den das delegierte Mitbestimmungsrecht bei einer Nicht-Einigung zwischen Arbeitgeber und Arbeitsgruppe nach § 28 a Abs. 2 S. 3 BetrVG wieder zurückfällt.

dd) Rückfall des Beteiligungsrechts bei Nichteinigung; Widerruf der Übertragung
Können sich Arbeitgeber und Arbeitsgruppe in einer bestimmten Angelegenheit, de- 480
ren Wahrnehmung an die Arbeitsgruppe delegiert wurde, nicht einigen, fällt das Beteiligungsrecht in dieser Angelegenheit wieder an den Betriebsrat zurück. Soweit es sich um eine Angelegenheit handelt, die der erzwingbaren Mitbestimmung unterliegt, können dann sowohl Betriebsrat als auch Arbeitgeber ggf. die Einigungsstelle anrufen, § 76 Abs. 5 BetrVG.
Gem. § 28 a Abs. 1 S. 4 BetrVG kann der Betriebsrat die Übertragung von Befugnis- 481
sen jederzeit widerrufen. Dies setzt einen mit der Mehrheit der Stimmen der Mitglieder des Betriebsrats gefassten Beschluss, der der Schriftform bedarf, voraus. Von der Arbeitsgruppe zwischenzeitlich geschlossene Gruppenvereinbarungen (s. o. I/Rz. 477 ff.) bleiben auch nach Widerruf der Delegation durch den Betriebsrat wirksam (vgl. *Neef* NZA 2001, 361 [363]), können aber dann durch den Betriebsrat gekündigt werden (*Engels/Trebinger/Löhr-Steinhaus* DB 2001, 532 [537]; *Natzel* DB 2001 1362 [1363]).

ee) Streitigkeiten
Über Streitigkeiten im Zusammenhang mit der Übertragung von Aufgaben entschei- 482
det gem. § 2 a Abs. 1 Nr. 1 ArbGG das Arbeitsgericht im Beschlussverfahren. Beteiligungsfähig und antragsbefugt soll auf Grund ihrer selbstständigen betriebsverfassungsrechtlichen Stellung auch die Arbeitsgruppe selbst sein (so *Löwisch* BB 2001, 1734 [1741]).

d) Betriebsratssitzungen, §§ 30 ff. BetrVG

aa) Konstituierende Sitzung
Nach der bloßen Ordnungsvorschrift (GK-BetrVG/*Wiese/Raab* § 29 Rz. 12) des § 29 483
Abs. 1 BetrVG hat der Wahlvorstand die erste Sitzung des neugewählten Betriebsrates zur Wahl von Vorsitzenden und Stellvertretern vor Ablauf einer Woche nach dem Wahltag einzuberufen. Einzuladen sind alle als Betriebsratsmitglied gewählten Arbeitnehmer, bei Verhinderung ihre Ersatzmitglieder. Es besteht ein bis zur Bestellung des Wahlleiters für die Wahl des Vorsitzenden und Stellvertreters befristetes Teilnahmerecht des Vorsitzenden des Wahlvorstandes. Arbeitgeber und Gewerkschaftsbeauftragte haben hingegen kein Teilnahmerecht (*Glaubitz* HSG § 29 Rz. 10; GK-BetrVG/

I. Betriebsverfassungsrecht

Wiese/Raab § 29 Rz. 17; ein Teilnahmerecht unter den Voraussetzungen des § 31 BetrVG bejaht demgegenüber *Wedde* DKK § 29 Rz. 10). Kommt der Wahlvorstand seiner Verpflichtung zur Einberufung der konstituierenden Sitzung nicht rechtzeitig nach, soll nach einer Entscheidung des *BAG* (23.8.1984 EzA § 102 BetrVG 1972 Nr. 59) kein Selbstversammlungsrecht der Betriebsratsmitglieder bestehen. In der Literatur wird demgegenüber ein Selbstversammlungsrecht überwiegend bejaht, und zwar entweder unter der Voraussetzung des Ablaufes der in § 29 Abs. 1 BetrVG vorgesehenen Wochenfrist (GK-BetrVG/*Wiese/Raab* § 29 Rz. 13; *Wedde* DKK § 29 Rz. 7) oder dann, wenn der Wahlvorstand seiner Verpflichtung nicht innerhalb eines angemessenen Zeitraumes nachkommt (MünchArbR/*Joost* § 307 Rz. 4). Um übergangslos die Existenz eines funktionsfähigen Betriebsrates sicherzustellen, kann die konstituierende Sitzung auch vor Beendigung der Amtszeit des bisherigen Betriebsrates einberufen werden (*BAG* 23.8.1984 EzA § 102 BetrVG 1972 Nr. 59). Ob der Betriebsrat vor Durchführung der konstituierenden Sitzung, d. h. vor Wahl des Vorsitzenden und dessen Stellvertreters amtsausübungsbefugt ist und der Arbeitgeber bereits vor diesem Zeitpunkt etwaige Beteiligungsrechte des Betriebsrates beachten muss, ist umstritten (s. o. I/Rz. 397 f.).

bb) Weitere Sitzungen

484 Beschlüsse des Betriebsrates können nur in förmlichen Sitzungen gefasst werden. Um eine Sitzung des Betriebsrates handelt es sich dabei nur dann, wenn die Mitglieder sich unter der Leitung des Vorsitzenden oder dessen Stellvertreters oder eines anderen Mitgliedes entsprechend der Geschäftsordnung nach entsprechender ordnungsgemäßer Einberufung zusammenfinden, um gemeinsam zu beraten und gegebenenfalls zu beschließen (*BAG* 23.8.1984 EzA § 102 BetrVG 1972 Nr. 59).

(1) Reguläre Sitzungen

485 Für die Einberufung der weiteren Sitzungen des Betriebsrates ist der Vorsitzende zuständig. Er beraumt die Sitzungen nach pflichtgemäßen Ermessen, insbesondere unter Berücksichtigung des Arbeitsanfalles an. Durch entsprechende Regelung in der Geschäftsordnung oder durch sonstigen Beschluss des Betriebsrates können regelmäßig wiederkehrende Sitzungen vorgesehen werden. Ein Selbstversammlungsrecht des Betriebsrates ohne entsprechende Einladung des Vorsitzenden zur Durchführung einer Sitzung besteht nur dann, wenn sich sämtliche Mitglieder des Betriebsrates versammeln und einstimmig erklären, eine Betriebsratssitzung abhalten zu wollen (GK-BetrVG/*Wiese/Raab* § 29 Rz. 25), da sich in diesem Fall die Schutzfunktion einer ordnungsgemäßen Einberufung erübrigt. Liegen diese Voraussetzungen nicht vor, besteht für Betriebsratsmitglieder gegen den Willen des Vorsitzenden nur die Möglichkeit, die Einberufung einer Sitzung nach § 29 Abs. 3 BetrVG zu erzwingen.

(2) Pflicht zur Einberufung

486 Da wirksame Beschlüsse des Betriebsrates nur auf einer ordnungsgemäß einberufenen Sitzung gefasst werden können, sieht § 29 Abs. 3 BetrVG im Interesse des Minderheitsschutzes vor, dass der Vorsitzende dann eine Sitzung einzuberufen und den Gegenstand, dessen Beratung beantragt ist, auf die Tagesordnung zu setzen hat, wenn dies von einem Viertel der Mitglieder des Betriebsrates oder vom Arbeitgeber bean-

tragt wird. Der Antrag kann formlos an den Vorsitzenden des Betriebsrates gerichtet werden, muss aber den Gegenstand bezeichnen, dessen Beratung beantragt wird. Beruft der Vorsitzende trotz eines entsprechenden Antrages keine Sitzung ein, handelt er pflichtwidrig. Ein Selbsteinberufungsrecht des Antragstellers besteht in diesem Falle allerdings nicht (allg. Ansicht: vgl. *Wedde* DKK § 29 Rz. 32; GK-BetrVG/*Wiese/ Raab* § 29 Rz. 31). Verstößt der Vorsitzende gegen seine Verpflichtung, so kann er gem. § 23 Abs. 1 BetrVG aus dem Betriebsrat ausgeschlossen werden. Ferner besteht die Möglichkeit, den Betriebsratsvorsitzenden abzuwählen (s. o. I/Rz. 450).

(3) Zeitpunkt der Sitzungen
Der Betriebsrat bzw. dessen Vorsitzender bestimmen auch den Zeitpunkt und die Dauer der Sitzungen (vgl. BAG 3.6.1969 EzA § 37 BetrVG 1952 Nr. 3). Gem. § 30 BetrVG finden die Sitzungen i. d. R. während der Arbeitszeit unter Berücksichtigung der betrieblichen Notwendigkeiten statt. Nicht jedes betriebliche Interesse stellt aber eine betriebliche Notwendigkeit dar. Bloße Erschwerungen des Betriebsablaufes reichen nicht aus. Es müssen vielmehr dringende betriebliche Gründe gegeben sein, die zwingenden Vorrang gegenüber dem Interesse des Betriebsrates haben, die Sitzung zu dem für zweckmäßig gehaltenen Zeitpunkt anzusetzen (GK-BetrVG/*Wiese/Raab* § 30 Rz. 7; *Glaubitz* HSG § 30 Rz. 5).

487

Eine generelle Verpflichtung, Sitzungen nur zu Beginn oder Ende der Arbeitszeit durchzuführen, besteht nicht (*Wedde* DKK § 30 Rz. 7; GK-BetrVG/*Wiese/Raab* § 30 Rz. 8; a. A. *Glaubitz* HSG § 30 Rz. 7). Die Nichtbeachtung eventueller betrieblicher Notwendigkeiten hat auf die Wirksamkeit der vom Betriebsrat gefassten Beschlüsse keinen Einfluss. Auch das Arbeitsentgelt ist ungekürzt weiterzuzahlen.

Die wiederholte Verletzung der Pflicht zur Berücksichtigung betrieblicher Notwendigkeiten kann nach § 23 Abs. 1 BetrVG zum Ausschluss aus dem Betriebsrat oder zur Auflösung des Betriebsrates führen (GK-BetrVG/*Wiese/Raab* § 30 Rz. 10).

488

(4) Rechtzeitige Ladung unter Mitteilung der Tagesordnung, Benachrichtigung des Arbeitgebers
Die Einberufung der Sitzungen erfolgt durch formlos mögliche Ladung des Vorsitzenden, aus der zumindest Tag, Uhrzeit, Ort der Sitzung und die Tagesordnung hervorgehen müssen. Zu laden sind sämtliche Betriebsratsmitglieder, bei Verhinderung Ersatzmitglieder, die Schwerbehindertenvertretung (§ 29 Abs. 2 S. 4 BetrVG), bei Bestehen eines Teilnahmerechtes auch die Jugend- und Auszubildendenvertretung (§ 29 Abs. 2 S. 4, § 67 BetrVG), ggf. der Vertrauensmann der Zivildienstleistenden (vgl. § 3 Abs. 1 ZDVG) und bei Vorliegen eines ordnungsgemäßen Teilnahmeantrages nach § 31 BetrVG auch die Beauftragten der im Betriebsrat vertretenen Gewerkschaften. Der Arbeitgeber ist nur dann einzuladen, wenn eine Sitzung auf sein Verlangen anberaumt worden ist oder er ausdrücklich eingeladen werden soll, § 29 Abs. 4 BetrVG. Im Übrigen ist er gem. § 30 BetrVG nur vom Zeitpunkt der Sitzung jeweils vorher zu verständigen, damit er dem sitzungsbedingten Arbeitsausfall durch organisatorische Vorkehrungen Rechnung tragen kann. Ein Anspruch des Arbeitgebers auf Mitteilung der Tagesordnung folgt aus der Unterrichtungspflicht des § 30 BetrVG nicht (vgl. nur GK-BetrVG/*Wiese/Raab* § 30 Rz. 16).

489

I. Betriebsverfassungsrecht

490 Die Ladung muss nach § 29 Abs. 2 S. 3 BetrVG rechtzeitig und unter Mitteilung der Tagesordnung erfolgen. Diese Vorschrift gehört zu den wesentlichen und unverzichtbaren Verfahrensvorschriften, von deren Beachtung die Rechtswirksamkeit der Betriebsratsbeschlüsse abhängt. Dieser Mangel kann nur durch einstimmigen Beschluss der vollzählig versammelten Betriebsratsmitglieder geheilt werden (*BAG* 28.4.1988 EzA § 29 BetrVG 1972 Nr. 1).

491 Rechtzeitig bedeutet, dass die Einladung so zeitig erfolgen muss, dass die Teilnehmer sich auf die Sitzung einstellen, sich ausreichend auf die Sitzung vorbereiten und dem Vorsitzenden eine eventuelle Verhinderung mitteilen können (GK-BetrVG/*Wiese/Raab* § 29 Rz. 35). Maßgeblich sind jeweils die Umstände des Einzelfalles. Es empfiehlt sich, Ladungsfristen in der Geschäftsordnung festzulegen.

492 Die Ladung muss unter Mitteilung der Tagesordnung erfolgen. Diese legt der Vorsitzende nach pflichtgemäßem Ermessen unter Berücksichtigung der anstehenden Beratungsgegenstände fest. Die Tagesordnung muss die zu behandelnden Punkte möglichst konkret bezeichnen, damit sich alle Sitzungsteilnehmer darauf einstellen und ausreichend vorbereiten können (*Wedde* DKK § 29 Rz. 21).

Deshalb reichen pauschale Sammelbezeichnungen, wie z. B. »Verschiedenes«, nicht aus. Eine Beschlussfassung über Punkte, die nur in dieser Form in der Tagesordnung kenntlich gemacht wurden, ist nur möglich, wenn der Betriebsrat vollzählig versammelt ist und kein Betriebsratsmitglied der Beschlussfassung widerspricht (*BAG* 28.10.1992 EzA § 29 BetrVG 1972 Nr. 2).

(5) Durchführung und Leitung der Sitzungen, Teilnahmerechte

493 Die Leitung der Betriebsratssitzungen obliegt dem Vorsitzenden, bei dessen Verhinderung dem Stellvertreter. Dem Vorsitzenden steht auch das Hausrecht im Sitzungsraum zu (GK-BetrVG/*Wiese/Raab* § 29 Rz. 59).

494 Gem. § 30 BetrVG sind die Sitzungen des Betriebsrates nicht öffentlich. Teilnahmeberechtigt sind sämtliche Betriebsratsmitglieder, bei Verhinderung die Ersatzmitglieder, die Jugend- und Auszubildendenvertretung (§ 67 Abs. 1 BetrVG), die Schwerbehindertenvertretung (§ 32 BetrVG), der Vertrauensmann der Zivildienstleistenden (§ 3 Abs. 1 ZDVG), bei entsprechendem Beschluss des Betriebsrates der Sprecherausschuss, einzelne seiner Mitglieder oder auch der Unternehmenssprecherausschuss bzw. einzelne seiner Mitglieder (§§ 2 Abs. 2, 20 Abs. 4 SprAuG). Ein Teilnahmerecht der Beauftragten der im Betriebsrat vertretenen Gewerkschaften besteht nur nach Maßgabe des § 31 BetrVG. Der demnach erforderliche Antrag kann formlos gestellt werden. Nach Auffassung des *BAG* (28.2.1990 EzA § 31 BetrVG 1972 Nr. 1) kann der Betriebsrat in seiner Geschäftsordnung ein generelles Teilnahmerecht an den Betriebsratssitzungen für die im Betriebsrat vertretenen Gewerkschaften vorsehen. Die Gewerkschaft bestimmt allein die Person des Beauftragten. Eine Pflicht zur Entsendung besteht nicht. § 31 BetrVG ist entsprechend anwendbar für die Hinzuziehung von Gewerkschaftsbeauftragten zu Sitzungen der Ausschüsse, auch des Wirtschaftsausschusses (vgl. *BAG* 25.6.1987 EzA § 108 BetrVG 1972 Nr. 7; 18.11.1980 EzA § 108 BetrVG 1972 Nr. 4). Ein allgemeines Teilnahmerecht des Arbeitgebers besteht nicht. Teilnahmeberechtigt ist er nur hinsichtlich der Sitzungen, die auf sein Verlangen anberaumt worden sind oder zu denen er ausdrücklich eingeladen worden ist (vgl. § 29 Abs. 3, 4 BetrVG), wobei im ersten Fall sich das Teilnahmerecht auf die Ver-

I. Betriebsverfassungsrecht

handlung derjenigen Gegenstände beschränkt, deren Beratung er beantragt hat (h. M. vgl. *Wedde* DKK § 29 Rz. 34; **a. A.** *Glaubitz* HSG § 29 Rz. 41). Unter Beachtung des Gebotes zur vertrauensvollen Zusammenarbeit besteht eine Verpflichtung des Arbeitgebers zur Teilnahme (MünchArbR/*Joost* § 307 Rz. 28), wobei sich der Arbeitgeber allerdings vertreten lassen kann, sofern der Vertreter eine an der Leitung des Betriebs verantwortlich beteiligte Person ist und im Hinblick auf den Verhandlungsgegenstand kompetent ist (MünchArbR/*Joost* § 307 Rz. 29; GK-BetrVG/*Wiese/Raab* § 29 Rz. 65; BAG 11.12.1991 EzA § 90 BetrVG 1972 Nr. 2). Eine Vertretung durch Betriebsfremde ist unzulässig. Nach § 29 Abs. 4 BetrVG kann der Arbeitgeber einen Vertreter seines Arbeitgeberverbandes hinzuziehen.

Ein Teilnahmerecht anderer Personen ist auf Grund der Nichtöffentlichkeit der Betriebsratssitzungen grds. nicht gegeben. Auch die Protokollführung muss durch ein Mitglied des Betriebsrates selbst erfolgen (*BAG* 17.10.1990 EzA § 40 BetrVG 1972 Nr. 65). Kontrovers diskutiert wird, ob es zulässig ist, zur Unterstützung des Protokollführers eine nicht dem Betriebsrat angehörende Schreibkraft hinzuziehen (so *FKHE* § 34 Rz. 9; *Wedde* DKK § 30 Rz. 12; **a. A.** GK-BetrVG/*Wiese/Raab* § 30 Rz. 22; *Glaubitz* HSG § 30 Rz. 23). Der Betriebsrat kann unter den Voraussetzungen des § 80 Abs. 3 BetrVG Sachverständige zu den Sitzungen hinzuziehen, soweit dies zur ordnungsgemäßen Erfüllung seiner Aufgaben erforderlich ist. Durch den Grundsatz der Nichtöffentlichkeit ist es nach überwiegender Ansicht (*Wedde* DKK § 30 Rz. 12; GK-BetrVG/*Wiese/Raab* § 30 Rz. 20; **a. A.** *Glaubitz* HSG § 30 Rz. 21: nur soweit sich die Zulässigkeit der Teilnahme aus dem Gesetz ergibt, wie z. B. bei § 102 Abs. 4 S. 2 für den von einer Kündigung betroffenen Arbeitnehmer) nicht ausgeschlossen, dass der Betriebsrat zu einzelnen Punkten der Tagesordnung auch sonstige Auskunftspersonen hinzuzieht, um sich deren Sachkunde nutzbar zu machen (vgl. auch § 80 Abs. 2 S. 3 BetrVG).

495

(6) Sitzungsniederschrift, § 34 BetrVG
Über jede förmliche (GK-BetrVG/*Wiese/Raab* Rz. 6) Sitzung des Betriebsrates ist eine Sitzungsniederschrift aufzunehmen und zwar auch dann, wenn in der Sitzung keine Beschlüsse gefasst werden. § 34 BetrVG findet entsprechende Anwendung für förmliche Sitzungen des Betriebsausschusses und weitere Ausschüsse.

496

§ 34 BetrVG ist bloße Ordnungsvorschrift, deren Verletzung die Wirksamkeit etwaiger Beschlüsse unberührt lässt, aber im Wiederholungsfall zu Sanktionen nach § 23 Abs. 1 BetrVG führen kann. Ausnahmsweise können einzelne Beschlüsse des Betriebsrates wegen fehlender Aufnahme in die Sitzungsniederschrift dann nach § 125 BGB nichtig sein, wenn für sie Schriftform vorgesehen ist (vgl. § 36, § 27 Abs. 3, § 28 Abs. 1 und 3, § 50 Abs. 2 BetrVG) und auch nicht auf andere Weise das Erfordernis der Schriftlichkeit gewahrt wird (MünchArbR/*Joost* § 307 Rz. 81; GK-BetrVG/*Wiese/Raab* § 34 Rz. 9, 10).

Die Verpflichtung zur Anfertigung einer Sitzungsniederschrift trifft den Betriebsrat, verantwortlich für ihre Ausführung ist der Vorsitzende, bei Verhinderung sein Stellvertreter. Der Betriebsrat kann aus dem Kreis der Betriebsratsmitglieder einen Schriftführer bestellen. Ob der Betriebsrat berechtigt ist, die Protokollführung einer Schreibkraft zu übertragen oder insoweit darauf beschränkt ist, eine Schreibkraft erst zur Ausarbeitung der von einem Betriebsratsmitglied als Protokollführer gefertigten Protokollnotizen hinzuziehen, ist umstritten (vgl. oben; für die Protokollführung im

497

I. Betriebsverfassungsrecht

Wirtschaftsausschuss hält das *BAG* 17.10.1990 EzA § 40 BetrVG 1972 Nr. 65 die Hinzuziehung einer nicht dem Betriebsrat angehörigen Person als Protokollführer für zulässig). Tonbandaufnahmen als Grundlage der Protokollerstellung sind unter Berücksichtigung des Persönlichkeitsrechts der Anwesenden nur zulässig, wenn alle Anwesenden damit einverstanden sind (MünchArbR/*Joost* § 307 Rz. 70).

498 Das Sitzungsprotokoll ist vom Vorsitzenden und einem weiteren Mitglied des Betriebsrates zu unterzeichnen und muss den in § 34 Abs. 1 BetrVG aufgeführten Mindestinhalt aufweisen. Da die Beschlussfassung des Betriebsrates i. d. R. auf Grund entsprechender Anträge erfolgt, ist dringend zu empfehlen, den genauen Wortlaut des jeweils zur Abstimmung gestellten Antrags zu fixieren. Aufzunehmen ist der Wortlaut eines Antrages auch dann, wenn er abgelehnt wird, weil auch dann ein Beschluss des Betriebsrates vorliegt (MünchArbR/*Joost* § 307 Rz. 73). Die Angabe des Stimmenverhältnisses, mit dem Beschlüsse gefasst wurden, erfordert die Niederlegung der Zahl der Ja- und Nein-Stimmen, der Stimmenthaltungen und der zwar anwesenden, aber nicht an der Abstimmung teilnehmenden Betriebsratsmitglieder. Angaben dazu, wie jedes Betriebsratsmitglied gestimmt hat, sind möglich, aber nicht zwingend vorgeschrieben, es sei denn, der Betriebsrat hat namentliche Abstimmung beschlossen (*Wedde* DKK § 34 Rz. 3; *FKHE* § 34 Rz. 12). In der selbstständig neben der Niederschrift zu führenden Anwesenheitsliste haben sich alle Teilnehmer an der Sitzung einzutragen. Eine vom Vorsitzenden geführte Teilnehmerliste reicht nicht. Der Vorsitzende oder der Schriftführer hat jedoch im Protokoll oder in der Anwesenheitsliste Anfang und Ende der Teilnahme eines Betriebsratsmitgliedes an der Sitzung zu vermerken, falls dieses nicht während der gesamten Sitzung anwesend ist (GK-BetrVG/*Wiese/Raab* § 34 Rz. 20).

499 Bei Teilnahme eines Gewerkschaftsbeauftragten oder des Arbeitgebers an der Sitzung, ist diesen gem. § 34 Abs. 2 BetrVG eine Abschrift der Niederschrift auszuhändigen, allerdings nur über den Teil der Sitzung, an dem der Betreffende tatsächlich teilgenommen hat.

500 Nach der Ordnungsvorschrift des § 34 Abs. 2 S. 2 BetrVG sind Einwendungen gegen die Niederschrift unverzüglich (d. h. ohne schuldhaftes Zögern, § 121 BGB) schriftlich zu erheben und dann der Niederschrift beizufügen. Sinn der Vorschrift ist es, Zweifel an der Richtigkeit der Niederschrift möglichst umgehend auszuräumen. Erhobene Einwendungen gegen die Niederschrift berühren die Wirksamkeit von Betriebsratsbeschlüssen nicht (GK-BetrVG/*Wiese/Raab* § 34 Rz. 26), mindern aber gegebenenfalls den Beweiswert der Niederschrift. Die Sitzungsniederschrift ist im Übrigen lediglich Privaturkunde i. S. d. § 416 ZPO und erbringt damit lediglich vollen Beweis dafür, dass die in ihr enthaltenen Erklärungen über den Ablauf der Betriebsratssitzung von dem Vorsitzenden und dem weiteren Betriebsratsmitglied abgegeben worden sind, nicht aber für die inhaltliche Richtigkeit des Protokolls (MünchArbR/ *Joost* § 307 Rz. 69). Die Niederschrift ist im Übrigen auch Urkunde i. S. d. §§ 267 ff. StGB und kann damit Gegenstand einer Urkundenfälschung sein (GK-BetrVG/*Wiese/Raab* § 34 Rz. 13).

501 Die Niederschriften sind jedenfalls für die Amtszeit des Betriebsrates und darüber hinaus solange aufzubewahren, wie dies z. B. für den Nachweis fortwirkender Beschlüsse des Betriebsrates erforderlich ist (*Wedde* DKK § 34 Rz. 12). Ob Eigentümer der Niederschriften der Betriebsrat (so z. B. *Wedde* DKK § 34 Rz. 12) oder aber der Arbeitgeber (so z. B. GK-BetrVG/*Weber* § 40 Rz. 180) ist, ist umstritten. Auch soweit diese Unterlagen dem Eigentum des Arbeitgebers zugeordnet werden, ist aber die daraus resultierende Rechtsposition durch die Zweckbestimmung der Niederschrift be-

schränkt. Der Arbeitgeber kann auf Grund seines Eigentums deshalb auch nach Ablauf der Amtszeit des Betriebsrates weder die Akten herausverlangen, noch in sie Einsicht nehmen. Wird nach Beendigung der Amtszeit des alten kein neuer Betriebsrat gewählt, muss der Arbeitgeber die Akten vorläufig unter Verschluss nehmen und einem später gewählten Betriebsrat zur Verfügung stellten (*Glaubitz* HSG § 34 Rz. 15).

(7) Einsichtsrecht der Betriebsratsmitglieder, § 34 Abs. 3 BetrVG
Durch das in § 34 Abs. 3 BetrVG vorgesehene Einsichtsrecht der Betriebsratsmitglieder soll sichergestellt werden, dass sich jedes Betriebsratsmitglied über die Vorgänge im Betriebsrat informieren kann. Es erfasst alle Unterlagen des Betriebsrates und der Ausschüsse. Zulässig ist die Anfertigung von Notizen. Ein Anspruch auf Überlassung der Unterlagen besteht dagegen nicht. Nach Auffassung des *BAG* (27.5.1982 EzA § 34 BetrVG 1972 Nr. 1; a. A. GK-BetrVG/*Wiese/Raab* § 34 Rz. 31) beinhaltet das Einsichtsrecht nicht zugleich auch die Befugnis, Fotokopien dieser Unterlagen zu fertigen.

502

cc) Beschlüsse des Betriebsrates, §§ 33, 35 BetrVG

(1) Sitzungserfordernis
Beschlüsse dienen der förmlichen internen Willensbildung des Betriebsrates und können nur in einer förmlichen Sitzung nach ordnungsgemäßer Ladung und Mitteilung der Tagesordnung gefasst werden.

503

> Eine Beschlussfassung im sog. Umlaufverfahren, durch telegrafische oder telefonische Umfrage oder nacheinander geführte Gespräche des Betriebsratsvorsitzenden mit den einzelnen Betriebsratsmitgliedern ist unzulässig, und zwar auch dann, wenn sich sämtliche Betriebsratsmitglieder mit diesem Verfahren einverstanden erklärt haben (*BAG* 4.8.1975 EzA § 102 BetrVG 1972 Nr. 14; GK-BetrVG/ *Wiese/Raab* § 33 Rz. 11).

(2) Beschlussfähigkeit
Beschlüsse können nur gefasst werden, soweit der Betriebsrat beschlussfähig ist. Dies setzt gem. § 33 Abs. 2 BetrVG voraus, dass mindestens die Hälfte der Betriebsratsmitglieder an der Beschlussfassung teilnimmt. Es genügt also nicht, dass lediglich die Hälfte der Betriebsratsmitglieder im Sitzungssaal anwesend ist. Eine Teilnahme an der Abstimmung erfolgt durch Abgabe der Stimme und jedenfalls auch durch ausdrücklich erklärte Stimmenthaltung. Fraglich ist, wie das Verhalten eines Betriebsratsmitglieds zu bewerten ist, das weder mit ja, noch mit nein stimmt und auch nicht ausdrücklich seine Nichtteilnahme an der Abstimmung erklärt. Zum Teil (etwa *Wedde* DKK § 33 Rz. 6) wird die Ansicht vertreten, dass bei nicht ausdrücklich erklärter Nichtteilnahme an der Abstimmung eine Vermutung dafür spreche, dass eine Stimmenthaltung und damit eine Teilnahme an der Abstimmung vorliege. Nach anderer Auffassung (GK-BetrVG/*Wiese/Raab* § 33 Rz. 16) beteiligen sich nicht abstimmende Betriebsratsmitglieder nicht an der Abstimmung. Da die Beschlussfähigkeit Wirksamkeitsvoraussetzung eines Betriebsratsbeschlusses ist, sollten in der Sitzungsniederschrift nicht nur die Ja- und Nein-Stimmen, sondern auch die Stimmenthaltungen ausdrücklich aufgenommen werden. Bei der Feststellung der Beschlussfähig-

504

I. Betriebsverfassungsrecht

keit sind Personen, die Stimmrecht haben, aber kein Betriebsratsmitglied sind, insbesondere Jugend- und Auszubildendenvertreter, nicht zu berücksichtigen.

505 Wenn infolge einer vorübergehenden Verhinderung von Betriebsratsmitgliedern der Betriebsrat auch nach Einrücken von Ersatzmitgliedern nicht mehr mit der vorgeschriebenen Zahl besetzt ist, so nimmt der Restbetriebsrat in entsprechender Anwendung des § 22 BetrVG etwaige Beteiligungsrechte des Betriebsrates wahr.

Zur Feststellung der Beschlussfähigkeit ist dann von der Zahl der tatsächlich noch vorhandenen Betriebsratsmitglieder einschließlich der nachgerückten Ersatzmitglieder auszugehen (*BAG* 18.8.1982 EzA § 102 BetrVG 1972 Nr. 48).

(3) Stimmrecht, Abstimmungsverfahren, Mehrheiten
506 Stimmrecht haben grds. nur Betriebsratsmitglieder. Gesetzlich vorgesehen ist darüber hinaus ein Stimmrecht der Jugend- und Auszubildendenvertreter nach § 67 Abs. 2 BetrVG, soweit die zu fassenden Beschlüsse des Betriebsrates überwiegend Arbeitnehmer unter 18 Jahren oder die zu ihrer Berufsausbildung Beschäftigten unter 25 Jahren betreffen. Für andere an der Sitzung Teilnahmeberechtigte besteht ein Stimmrecht nicht.

507 Das Abstimmungsverfahren ist gesetzlich nicht geregelt und kann vom Betriebsrat im Einzelfall oder durch generelle Regelung in der Geschäftsordnung festgelegt werden. Sinnvoll sind Regelungen über offene oder geheime Abstimmung und die Reihenfolge der Stimmabgabe.

508 Betriebsratsbeschlüsse unterliegen nach § 33 Abs. 1 BetrVG dem Grundsatz der einfachen Simmenmehrheit. Diese liegt vor, wenn der Beschluss mit der Mehrheit der Stimmen der anwesenden Mitglieder gefasst wird. Stimmengleichheit bedeutet Ablehnung des Antrages. Enthaltungen oder die Stimmen der an der Beschlussfassung nicht teilnehmenden Stimmberechtigten wirken also wie Gegenstimmen. Abweichend vom Grundsatz der einfachen Mehrheit ist in den gesetzlich ausdrücklich geregelten Fällen eine qualifizierte Mehrheit notwendig. Absolute Mehrheit der Stimmen der Betriebsratsmitglieder verlangen die § 13 Abs. 2 Nr. 3, § 27 Abs. 2, § 28 Abs. 1 S. 4, Abs. 2, § 28a Abs. 1, § 36, § 50 Abs. 2 S. 1, § 107 Abs. 3 S. 1 BetrVG. Eine absolute Mehrheit der Stimmen der Gruppenangehörigen erfordern §§ 31, 35 BetrVG. Soweit gesetzlich nichts anderes vorgesehen ist (vgl. z. B. § 27 Abs. 2 S. 3 BetrVG) erfolgt die Abstimmung ungeachtet der Gruppenzugehörigkeit gemeinsam.

Die Abstimmung kann grds. formlos erfolgen, sodass eine Abstimmung auch durch schlüssiges Verhalten möglich ist. Eine stillschweigende Beschlussfassung etwa derart, dass die Untätigkeit des Betriebsrates einen Beschluss erzeugen könnte, gibt es nicht (*BAG* 7.10.1980 EzA § 27 BetrVG 1972 Nr. 6; 13.11.1991 § 27 BetrVG 1972 Nr. 7).

(4) Aufhebung und Änderung von Beschlüssen
509 Beschlüsse können jederzeit durch einen neuen ordnungsgemäß zustandegekommenen Betriebsratsbeschluss aufgehoben oder abgeändert werden, solange sie noch nicht Dritten gegenüber wirksam geworden sind, insbesondere dem Arbeitgeber die Entscheidung des Betriebsrates noch nicht durch den Betriebsratsvorsitzenden

mitgeteilt worden ist (*LAG Hamm* 22.10.1991 LAGE § 611 BGB Direktionsrecht Nr. 11). Hat der Beschluss des Betriebsrates allerdings zum Abschluss einer Betriebsvereinbarung geführt, kommt eine Aufhebung des Beschlusses nicht mehr in Betracht. Es besteht lediglich die Möglichkeit, die Betriebsvereinbarung zu kündigen (*Wedde* DKK § 33 Rz. 22).

(5) Unwirksamkeit von Betriebsratsbeschlüssen

aaa) Voraussetzungen

Auf Grund seines Inhaltes ist ein Betriebsratsbeschluss unwirksam, wenn er gegen ein gesetzliches Verbot (§ 134 BGB), die guten Sitten (§ 138 BGB), gegen höherrangiges Recht verstößt oder eine Regelungszuständigkeit des Betriebsrates nicht bestand (vgl. GK-BetrVG/*Wiese/Raab* § 33 Rz. 50 ff.; *Wedde* DKK § 33 Rz. 24). Ein Betriebsratsbeschluss ist ferner dann nichtig, wenn ein grober Verstoß gegen Vorschriften und Grundsätze, deren Beachtung unerlässliche Voraussetzung einer Beschlussfassung ist, vorliegt (vgl. *BAG* 28.10.1992 EzA § 29 BetrVG Nr. 2; 23.8.1984 EzA § 103 BetrVG 1972 Nr. 30; 28.4.1988 EzA § 29 BetrVG 1972 Nr. 1).

510

Eine Nichtigkeit in diesem Sinne liegt beispielsweise vor bei
– Beschlussfassung in einer Sitzung, zu der nicht ordnungsgemäß unter Mitteilung der Tagesordnung eingeladen wurde oder die Beschlussfassung unter dem Tagesordnungspunkt »Verschiedenes« erfolgte, ohne diesen Punkt näher zu konkretisieren (*BAG* 28.4.1988 EzA § 29 BetrVG 1972 Nr. 1; 28.10.1992 EzA § 29 BetrVG 1972 Nr. 2);
– fehlender Beschlussfähigkeit des Betriebsrates;
– Beschlussfassung außerhalb von Sitzungen des Betriebsrates;
– Nichterreichen der erforderlichen Mehrheit;
– Beteiligung eines wegen Interessenkollision eigentlich verhinderten Betriebsratsmitglieds, obwohl ein Ersatzmitglied hätte geladen werden müssen (*BAG* 3.8.1999 EzA § 33 BetrVG 1972 Nr. 1);
– Nichtbeachtung einer eventuell zu wahrenden Schriftform des Beschlusses (vgl. z. B. § 27 Abs. 2, § 28 Abs. 1, § 28 a Abs. 1, § 36 BetrVG);
– Beschlussfassung über Gegenstände, die nicht in die Zuständigkeit des Betriebsrates fallen, z. B. weil eine Zuständigkeit des Gesamtbetriebsrats gegeben war;
– Beteiligung von nicht Stimmberechtigten an der Beschlussfassung, es sei denn, die Stimmabgabe Nichtberechtigter war offensichtlich ohne Einfluss auf das Abstimmungsergebnis;
– Nichtbeteiligung der Mitglieder der Jugend- und Auszubildendenvertreter an der Abstimmung entgegen § 67 Abs. 2 BetrVG, wenn durch deren Stimme die Beschlussfassung hätte beeinflusst werden können;
– Mitwirken von nicht teilnahmeberechtigten Personen an der Betriebsratssitzung, wenn diese die Willensbildung des Betriebsrates beeinflusst haben (*BAG* 24.3.1977 EzA § 102 BetrVG 1972 Nr. 28; MünchArbR/*Joost* § 307 Rz. 54; GK-BetrVG/*Wiese/Raab* § 33 Rz. 56).

511

bbb) Rechtsfolgen und gerichtliche Geltendmachung

Liegt ein Unwirksamkeitsgrund vor, so ist der Beschluss nichtig. Dies führt grds. auch zur Nichtigkeit der darauf beruhenden Maßnahmen. Ist beispielsweise der Beschluss,

512

I. Betriebsverfassungsrecht

ein Betriebsratsmitglied zu einer Schulungsveranstaltung zu entsenden, unwirksam, hat das entsandte Betriebsratsmitglied keinen Anspruch auf Zahlung des Lohnes für die Zeit der Teilnahme an der Schulungsveranstaltung (*BAG* 28.4.1988 EzA § 29 BetrVG 1972 Nr. 1).

> Ist der Vorsitzenden des Betriebsrates auf der Grundlage eines nichtigen Beschlusses gegenüber dem Arbeitgeber tätig geworden, kommt unter Umständen ein Schutz des guten Glaubens des Arbeitgebers in Betracht, wenn er die Nichtigkeit des Beschlusses weder kannte noch kennen musste (s. o. I/Rz. 456).

Die gerichtliche Geltendmachung der Nichtigkeit eines Beschlusses kann jederzeit in jedem Verfahren erfolgen, und zwar entweder als Vorfrage in einem Verfahren, in dem es auf die Wirksamkeit des Beschlusses ankommt, oder im Rahmen eines arbeitsgerichtlichen Beschlussverfahrens, in welchem die Feststellung der Unwirksamkeit beantragt werden kann.

(6) Aussetzung von Beschlüssen

513 Die in § 35 BetrVG vorgesehene Aussetzung eines Beschlusses des Betriebsrates auf Grund eines entsprechenden Antrages der Jugend- und Auszubildendenvertretung oder der Schwerbehindertenvertretung soll den Beteiligten die Möglichkeit geben, die Angelegenheit noch einmal zu überdenken, um eine angemessenere Regelung zu finden (GK-BetrVG/*Wiese/Raab* § 35 Rz. 9). Sofern in der Geschäftsordnung nicht Schriftform vorgesehen ist, kann der Antrag formlos gestellt werden. Außerhalb einer Sitzung des Betriebsrates ist er an den Vorsitzenden des Betriebsrates zu richten. Ein Antragsrecht der Schwerbehindertenvertretung besteht dann nicht, wenn etwaige Bedenken bereits bei der Beschlussfassung berücksichtigt wurden (str., so z. B. GK-BetrVG/*Wiese/Raab* § 35 Rz. 14; a. A. *Glaubitz* HSG § 35 Rz. 11). Der Antrag ist nur gegenüber Beschlüssen des Betriebsrates, nicht aber bei vom Betriebsrat durchzuführenden Wahlen zulässig. Er muss so gefasst sein, dass ihm zu entnehmen ist, gegen welchen Beschluss er sich im Einzelnen richtet. Eine Frist ist gesetzlich nicht vorgesehen. Da aber eine Aussetzung nur für eine Woche seit der Beschlussfassung möglich ist, muss der Antrag faktisch innerhalb dieser Wochenfrist gestellt werden. Die Aussetzung kann nicht mehr beantragt werden, wenn der Beschluss bereits durchgeführt wurde (GK-BetrVG/*Wiese/Raab* § 35 Rz. 17).

514 Liegt ein ordnungsgemäßer Antrag vor, muss der Vorsitzende ihm entsprechen. Streitig ist, ob der Vorsitzende die Aussetzung des Beschlusses ablehnen kann, wenn der Antrag nach eigenem Vortrag der Antragsteller offensichtlich unbegründet ist (so GK-BetrVG/*Wiese/Raab* § 35 Rz. 20; a. A. *Wedde* DKK § 35 Rz. 10: nur wenn sich die Ausübung des Antragsrechts als Rechtsmissbrauch darstellt; *Glaubitz* HSG § 35 Rz. 17: kein formelles Prüfungsrecht des Vorsitzenden). Durch die Aussetzung werden Bestand und Wirksamkeit des Beschlusses nicht berührt. Dieser wird lediglich suspendiert und darf vom Vorsitzenden nicht vollzogen werden. Geschieht dies dennoch, ändert das nichts an der Wirksamkeit der auf dem Beschluss beruhenden Maßnahme. Allerdings kann hierin eine grobe Pflichtverletzung des § 23 Abs. 1 BetrVG liegen (GK-BetrVG/*Wiese/Raab* § 35 Rz. 20, 21).

> Durch den Antrag verlängern sich betriebsverfassungsrechtliche Fristen, nach deren Ablauf ein Schweigen des Betriebsrates als Zustimmung gewertet wird (z. B. § 99 Abs. 3, § 102 Abs. 2 BetrVG) nicht, da § 35 BetrVG lediglich eine interne

I. Betriebsverfassungsrecht

Ordnungsvorschrift für die Geschäftsführung des Betriebsrates ist (GK-BetrVG/ *Wiese/Raab* § 35 Rz. 22 f.).

Bei der nach Fristablauf notwendigen erneuten Beschlussfassung kann der Betriebsrat den früheren Beschluss bestätigen, abändern oder aufheben. Wird ein inhaltlich veränderter Beschluss gefasst, kommt ein erneuter Aussetzungsantrag im Hinblick auf diesen Beschluss dann nicht in Betracht, wenn der erste Beschluss nur unerheblich geändert wird, § 35 Abs. 2 BetrVG. Eine nur unerhebliche Änderung liegt vor, wenn der ausgesetzte Beschluss bei objektiver Gesamtwürdigung in seinem sachlichen Kern erhalten bleibt (*Glaubitz* HSG § 35 Rz. 31). 515

§ 35 BetrVG ist entsprechend anwendbar für Beschlüsse des Betriebsausschusses und Beschlüsse weiterer Ausschüsse, soweit ihnen nach §§ 27 Abs. 2, 28 Abs. 1, 28 a Abs. 1 BetrVG Aufgaben zur selbstständigen Erledigung übertragen worden sind, wobei der Antrag an den Betriebsratsvorsitzenden, nicht an den Ausschussvorsitzenden zu richten ist. Auf Beschlüsse des Wirtschaftsausschusses ist die Vorschrift nicht anwendbar, da dieser keine originären Betriebsratsaufgaben, sondern ihm selbst gesetzlich zugewiesene Aufgaben zu erfüllen hat (GK-BetrVG/*Wiese/Raab* § 35 Rz. 6; MünchArbR/ *Joost* § 307 Rz. 63). 516

e) Geschäftsordnung, § 36 BetrVG

Der Erlass einer Geschäftsordnung ist dem Betriebsrat wegen ihrer Bedeutung für einen ordnungsgemäßen Ablauf der Betriebsratstätigkeit durch Sollvorschrift aufgegeben, deren Verletzung keine Auswirkungen auf die Wirksamkeit der Handlungen des Betriebsrates hat. 517

Da die Geschäftsordnung nur interne Bedeutung hat, ist strittig, ob ein unter Verstoß gegen Bestimmungen der Geschäftsordnung zustandegekommener Beschluss unwirksam ist. Zum Teil wird angenommen, dass ein Beschluss, der unter Verstoß gegen ihre Vorschriften zustandekommt, gleichwohl wirksam ist, soweit er nicht im Übrigen gegen zwingende gesetzliche Bestimmungen verstößt (z. B. *Wedde* DKK § 36 Rz. 10) Nach anderer Ansicht kommt eine Unwirksamkeit jedenfalls bei Verstößen gegen Bestimmungen in Betracht, die nach ihrem erkennbaren Zweck für das Zustandekommen des Beschlusses und für den Schutz der Betriebsratsmitglieder als so wesentlich anzusehen sind, dass von ihrer Beachtung die Wirksamkeit des Beschlusses abhängen soll (so GK-BetrVG/*Wiese/Raab* § 36 Rz. 18; vgl. auch *Richardi* § 36 Rz. 12: sofern es sich nicht lediglich um einen Verstoß gegen eine Ordnungsvorschrift handelt; MünchArbR/*Joost* § 307 Rz. 89).

Die Verletzung der Geschäftsordnung kann jedoch jedenfalls im Wiederholungsfalle eine Amtspflichtverletzung i. S. d. § 23 Abs. 1 BetrVG darstellen (*Wedde* DKK § 36 Rz. 10).

Erforderlich ist ein Beschluss des Betriebsrates (§ 33 BetrVG), der ebenso wie Änderungen, Ergänzungen und ihre Aufhebung der Schriftform (§§ 125, 126 BGB) und der Mehrheit der Stimmen des Betriebsrates bedarf. Im Einzelfall kann mit der Mehrheit der Stimmen des Betriebsrates von der Geschäftsordnung abgewichen werden (GK-BetrVG/*Wiese* § 36 Rz. 10; *Glaubitz* HSG § 36 Rz. 13; **a. A.** *Richardi* § 36 Rz. 13: erforderlich sei das Einverständnis aller Betriebsratsmitglieder). 518

I. Betriebsverfassungsrecht

519 Die Geschäftsordnung kann nur die gesetzlichen Regelungen ergänzende Bestimmungen über die Geschäftsführung des Betriebsrates enthalten. Die gesetzlichen Bestimmungen über die Geschäftsführung in § 26 ff. BetrVG sind daher zu beachten und können nur ausgestaltet und ergänzt, nicht aber geändert werden (allg. Ansicht, vgl. nur GK-BetrVG/*Wiese/Raab* § 36 Rz. 11). Zur Geschäftsführung des Betriebsrates gehört alles, was sich auf die Durchführung der ihm durch das Betriebsverfassungsgesetz übertragenen Aufgaben bezieht. Möglich sind z. B. Regelungen über die Zuständigkeit der betriebsverfassungsrechtlichen Gremien, insbesondere der Ausschüsse durch Festlegung, was zu den laufenden Geschäften gehört, Regelungen über die Formalien der Sitzungen (z. B. Termine, Form und Frist für Ladungen, Tagesordnung, Rederecht, Abstimmungsverfahren, Abmeldepflicht bei Verhinderungen etc.). Nicht geregelt werden können einseitig Fragen, die Gegenstand einer Vereinbarung mit dem Arbeitgeber sein müssen, wie z. B. die Abhaltung von Sprechstunden. Umgekehrt können Regelungen, die in eine Geschäftsordnung gehören, nicht Gegenstand einer Betriebsvereinbarung sein (ausführlich *Wedde* DKK § 36 Rz. 4). Die Geschäftsordnung gilt nur für die Dauer der Amtszeit des Betriebsrates, der sie erlassen hat (vgl. nur GK-BetrVG/*Wiese/Raab* § 36 Rz. 17 m. w. N.). § 36 BetrVG gilt entsprechend für den Betriebsausschuss und weitere Ausschüsse des Betriebsrats, es sei denn, dass der Betriebsrat selbst in seiner Geschäftsordnung das Verfahren der Ausschüsse mitgeregelt oder ihnen eine eigene Geschäftsordnung gegeben hat (*Wedde* DKK § 36 Rz. 2).

f) Sprechstunden und sonstige Inanspruchnahme des Betriebsrates, § 39 BetrVG

aa) Einrichtung der Sprechstunde

520 Der Betriebsrat entscheidet alleine nach pflichtgemäßem Ermessen darüber, ob er Sprechstunden einrichtet, in welcher Weise die Sprechstunden durchgeführt und welche Betriebsratsmitglieder hiermit betraut werden. Soweit ein Betriebsausschuss besteht, gehört die Durchführung der Sprechstunden zu den von diesem wahrzunehmenden laufenden Geschäften (GK-BetrVG/*Wiese* § 39 Rz. 9, 14). Für Sprechstunden während der Arbeitszeit sind hingegen Zeit und Ort mit dem Arbeitgeber zu vereinbaren, § 39 Abs. 1 BetrVG. Erforderlich ist eine Einigung über die zeitliche Lage der Sprechstunden, d. h. Zeitpunkt und Häufigkeit sowie Dauer sowie über den Ort, an dem die Sprechstunden abgehalten werden sollen. Kommt eine Einigung zwischen Arbeitgeber und Betriebsrat nicht zu Stande, so entscheidet die Einigungsstelle über diese Fragen verbindlich unter Berücksichtigung der Belange des Betriebes und der Arbeitnehmer (§ 39 Abs. 1 S. 3 und 4, § 76 Abs. 5 S. 3 BetrVG). Keiner Vereinbarung mit dem Arbeitgeber bedarf es über Sprechstunden außerhalb der Arbeitszeit und außerhalb des Betriebes oder bei Abhaltung von Sprechstunden innerhalb des Betriebes, aber außerhalb der Arbeitszeit, wenn die betrieblichen Öffnungszeiten beachtet und die Sprechstunde innerhalb der dem Betriebsrat ohnehin zustehenden Räume durchgeführt wird (GK-BetrVG/*Wiese* § 39 Rz. 11; *Glaubitz* HSG § 39 Rz. 6). Um eine ordnungsgemäße Beratung der Arbeitnehmer sicherzustellen, kann der Betriebsrat im Rahmen der Erforderlichkeit gem. § 80 Abs. 3 BetrVG nach näherer Vereinbarung mit dem Arbeitgeber Sachverständige hinzuziehen (GK-BetrVG/*Wiese* § 39 Rz. 16). Die Hinzuziehung von Gewerkschaftsbeauftragten ist gem. § 2 Abs. 1 und 2 BetrVG möglich. Der Arbeitgeber ist hiervon zu unterrichten, seiner Zustimmung bedarf es aber nicht (GK-BetrVG/*Wiese* § 39 Rz. 16).

I. Betriebsverfassungsrecht

bb) Besuchsrecht der Arbeitnehmer

Die Arbeitnehmer können die Sprechstunde des Betriebsrates zur Erörterung aller Angelegenheiten aufsuchen, die Gegenstand der Sprechstunde sein können, d. h. in allen Angelegenheiten, die mit ihrem individuellen Arbeitsverhältnis und ihrer Stellung im Betrieb zusammenhängen und in den Aufgabenbereich des Betriebsrates fallen (MünchArbR/*Joost* § 307 Rz. 99). Der Besuch muss erforderlich sein (*LAG Berlin* 3.11.1980 EzA § 39 BetrVG 1972; *LAG Niedersachsen* 1.7.1986 NZA 1987, 33; GK-BetrVG/*Wiese*/*Weber* § 39 Rz. 24). Daran fehlt es, wenn er nur erfolgt, um sich über eine Frage kollektiver Bedeutung, wie z. B. die Arbeitszeit für alle Arbeitnehmer, zu informieren, da hierfür geeignetere Hilfsmittel, wie z. B. das Schwarze Brett, schriftliche Informationen oder die Betriebsversammlung zur Verfügung stehen (*LAG Niedersachsen* 1.7.1986 NZA 1987, 33). 521

Liegt eine Erforderlichkeit vor, muss sich der Arbeitnehmer vor dem Besuch der Sprechstunde bei seinem Vorgesetzten ordnungsgemäß abmelden und nach seiner Rückkehr wieder zurückmelden (*LAG Düsseldorf* 9.8.1985 DB 1985, 2463; *Wedde* DKK § 39 Rz. 24). Der Anlass für das Aufsuchen des Betriebsrates braucht nicht angegeben zu werden (GK-BetrVG/*Wiese* § 39 Rz. 27). 522

Der Arbeitnehmer kann den Arbeitsplatz nur dann gegen den Willen des Arbeitgebers verlassen, wenn ihm ohne triftigen Grund der Besuch der Sprechstunde verweigert wird (*Wedde* DKK § 39 Rz. 24; *FKHE* § 39 Rz. 24 a; a. A. GK-BetrVG/*Wiese*/*Weber* § 39 Rz. 31). Soweit der Besuch der Sprechstunde erforderlich war, ist nach § 39 Abs. 3 BetrVG das Arbeitsentgelt nach dem Lohnausfallprinzip fortzuzahlen. 523

cc) Sonstige Inanspruchnahme des Betriebsrates

Durch die Einrichtung von Sprechstunden bleibt das Recht des Arbeitnehmers unberührt, den Betriebsrat während der Arbeitszeit im Rahmen der Erforderlichkeit auch außerhalb der Sprechstunden aufzusuchen. Betriebsratsmitglieder sind nicht verpflichtet, Arbeitnehmer generell auf die Sprechstunde des Betriebsrates zu verweisen (*BAG* 23.6.1983 EzA § 37 BetrVG 1972 Nr. 78). Eine sonstige Inanspruchnahme liegt auch vor, wenn der Betriebsrat seinerseits den Arbeitnehmer in Wahrnehmung von dessen Interessen aufsucht, z. B. weil er den Arbeitnehmer über den Stand und das Ergebnis von Verhandlungen mit dem Arbeitgeber unterrichten will (*LAG Berlin* 3.11.1980 EzA § 39 BetrVG 1972 Nr. 1). Auch bei einer sonstigen erforderlichen Inanspruchnahme des Betriebsrates ist das Arbeitsentgelt nach Maßgabe des Lohnausfallprinzips weiterzuzahlen. 524

Eine Haftung der Betriebsratsmitglieder wegen der im Rahmen von Sprechstunden oder sonst gegebenen Auskünfte besteht nur im Falle der unerlaubten Handlung (§ 676 BGB). Da i. d. R. nur allgemeine Vermögensschäden in Betracht kommen, besteht damit ein Schadensersatzanspruch nur unter den Voraussetzungen des § 826 BGB, d. h. nur bei sittenwidriger vorsätzlicher Schädigung (*Glaubitz* HSG § 39 Rz. 28; GK-BetrVG/*Wiese*/*Weber* § 39 Rz. 33). 525

4. Die Rechtsstellung der Betriebsratsmitglieder

Die Rechtsstellung der Betriebsratsmitglieder regelnden §§ 37, 38, 40, 78 BetrVG, ergänzt durch §§ 15, 16 KSchG, § 103 BetrVG (s. o. D/Rz. 326 ff.) und § 78 a BetrVG 526

I. Betriebsverfassungsrecht

(s. o. B/Rz. 72 ff.) dienen dazu, die innere und äußere Unabhängigkeit der betriebsverfassungsrechtlichen Mandatsträger und damit eine ordnungsgemäße Durchführung ihrer Aufgaben zu gewährleisten. Die auf das Betriebsratsamt bezogenen Sonderregelungen modifizieren die Stellung des Betriebsratsmitglieds als Arbeitnehmer; im Übrigen bleiben die Rechte und Pflichten aus dem Arbeitsverhältnis unberührt (GK-BetrVG/*Wiese* § 37 Rz. 6).

a) Das Betriebsratsamt als Ehrenamt, § 37 Abs. 1 BetrVG

527 Das Amt des Betriebsrats ist als unentgeltliches, privates Ehrenamt auszuüben. § 37 Abs. 1 BetrVG dient der Wahrung der Unabhängigkeit und Überparteilichkeit der Tätigkeit der Betriebsratsmitglieder. An den Begriff der Unentgeltlichkeit ist daher im Interesse der Unabhängigkeit der Betriebsratsmitglieder ein strenger Maßstab anzulegen (*Wedde* DKK § 37 Rz. 3; GK-BetrVG/*Wiese/Weber* § 37 Rz. 8).

528 Dem Betriebsratsmitglied dürfen wegen seiner Amtsführung weder vom Arbeitgeber noch von anderen Personen eine besondere Vergütung oder sonstige geldwerte Vorteile gewährt oder versprochen werden, soweit sie das Amt nicht kraft Gesetzes mit sich bringt (GK-BetrVG/*Wiese* § 37 Rz. 9). Verboten ist damit jede materielle Besserstellung. Die Gewährung immaterieller Vorteile wegen des Amtes ist nach § 78 S. 2 BetrVG unzulässig.

529 Unzulässig ist daher z. B. die Zahlung einer pauschalen Ausgleichszulage für Betriebsratsmitglieder, die Zahlung eines höheren Arbeitsentgeltes als an vergleichbare Arbeitnehmer, die Zahlung zusätzlicher Sitzungsgelder neben § 37 Abs. 2 und 3 BetrVG, die Ausnahme von nachteiligen Regelungen eines Tarifvertrages oder einer Betriebsvereinbarung ohne sachlichen Grund oder die nach den Maßstäben des § 37 Abs. 2, 3 BetrVG nicht erforderliche oder über § 38 Abs. 1 BetrVG hinausgehende, sachlich nicht gebotene Freistellung. Auch die Gewährung verbilligter Werkswohnungen, die Gewährung von Arbeitgeberdarlehen zu günstigeren Bedingungen als bei anderen Arbeitnehmern, die kostenlose Überlassung ansonsten kostenpflichtiger Parkplätze, die Gewährung eines längeren Urlaubes oder die nicht leistungsgerechte und auch nicht durch § 37 Abs. 4 BetrVG gebotene Beförderung stellen einen Verstoß gegen das Begünstigungsverbot dar.

530 Muss das Betriebsratsmitglied hingegen infolge seiner Amtstätigkeit eine minderentlohnte Tätigkeit verrichten, so hat der Arbeitgeber das bisherige Arbeitsentgelt weiterzuzahlen. Erfolgt die Beschäftigung mit einer geringer vergüteten Tätigkeit aber nicht auf Grund des Amtes, sondern aus in der Person des Betriebsratsmitglieds liegenden Gründen, z. B. weil es infolge von Krankheit nicht mehr in der Lage ist, die ursprüngliche Tätigkeit zu verrichten, hat auch das Betriebsratsmitglied eine Lohnminderung hinzunehmen, weil in der Fortzahlung des bisherigen Arbeitsentgelts die Gewährung eines unzulässigen Vorteils läge (GK-BetrVG/*Wiese* § 37 Rz. 10; *Wedde* DKK § 37 Rz. 5).

531 Da die Betriebsratstätigkeit nicht mit der nach dem Arbeitsvertrag zu erbringenden Arbeitsleistung identisch ist, ist sie in einem Arbeitszeugnis grds. nicht zu erwähnen, es sei denn, der Arbeitnehmer wünscht dies (vgl. zum BPersVG: *BAG* 19.8.1992 EzA § 630 BGB Nr. 14; *LAG Hamm* 6.3.1991 DB 1991, 1527).

I. Betriebsverfassungsrecht

Gegen das Verbot des § 37 Abs. 1 BetrVG verstoßende Rechtsgeschäfte einschließlich 532
Regelungen eines Tarifvertrages oder einer Betriebsvereinbarung sind nach § 134
BGB nichtig (GK-BetrVG/*Wiese* § 37 Rz. 15). Inwieweit verbotswidrige Zuwendungen nach § 812 BGB vom Arbeitgeber zurückgefordert werden können oder einer solchen Rückforderung § 817 S. 2 BGB entgegensteht, ist streitig (für eine Rückforderung z. B. GK-BetrVG/*Wiese/Weber* § 37 Rz. 15; *Glaubitz* HSG § 37 Rz. 14; dagegen z. B. *FKHE* § 37 Rz. 9). Die Annahme unzulässiger Vorteile durch das Betriebsratsmitglied kann eine grobe Verletzung seiner gesetzlichen Pflichten darstellen und nach § 23 Abs. 1 BetrVG den Ausschluss aus dem Betriebsrat rechtfertigen (*Wedde* DKK § 37 Rz. 7). Die vorsätzliche Begünstigung oder Benachteiligung eines Betriebsratsmitglieds durch den Arbeitgeber ist nach § 119 Abs. 1 Nr. 3 BetrVG strafbar.

b) Arbeitsbefreiung, § 37 Abs. 2 BetrVG

Betriebsratsmitglieder bleiben ungeachtet ihrer Tätigkeit Arbeitnehmer des Betriebes 533
und sind als solche grds. auch verpflichtet, ihren arbeitsvertraglichen Pflichten nachzukommen. Andererseits sollen sie jedoch wegen der Inanspruchnahme durch die zusätzlichen betriebsverfassungsrechtlichen Aufgaben nicht benachteiligt werden, wobei das Gesetz davon ausgeht, dass die Amtstätigkeit grds. während der Arbeitszeit auszuüben ist.

§ 37 Abs. 2 BetrVG will die Durchführung der Betriebsratsaufgaben durch Beschränkung der Verpflichtung zur beruflichen Arbeitsleistung sichern. Erforderliche Betriebsratsarbeit soll Vorrang vor der vertraglich geschuldeten Arbeitsleistung haben (*BAG* 27.6.1990 EzA § 37 BetrVG 1972 Nr. 104; 27.6.1990 EzA § 37 BetrVG 1972 Nr. 105). 534

aa) Voraussetzungen

(1) Wahrnehmung von Aufgaben des Betriebsrates

Der Anspruch auf konkrete Arbeitsbefreiung setzt voraus, dass die Arbeitsbefreiung 535
der Durchführung von Aufgaben des Betriebsrates dient.

> Hierzu zählen alle dem Betriebsrat nach dem BetrVG, Tarifverträgen, Betriebsvereinbarungen sowie anderen Gesetzen obliegenden Aufgaben (vgl. GK-BetrVG/*Wiese/Weber* § 37 Rz. 23 ff.)

Zu nennen sind insbesondere die Teilnahme an Sitzungen des (Gesamt-, Konzern-) Betriebsrats, des Betriebsausschusses und der weiteren Ausschüsse, der (Gesamt-)Jugend- und Auszubildendenvertretung, des Wirtschaftsausschusses, die Wahrnehmung von Sprechstunden, die Teilnahme an Betriebs- und Abteilungsversammlungen, Betriebsräteversammlungen, die Teilnahme an Besprechungen mit dem Arbeitgeber und die Durchführung sonstiger Verhandlungen mit diesem, die Teilnahme an Betriebsbesichtigungen durch Gewerbeaufsichtsbeamte oder Vertreter der Berufsgenossenschaften sowie an Unfalluntersuchungen, Rundgänge durch den Betrieb in Erfüllung der Aufgaben nach § 80 Abs. 1 Nr. 1 BetrVG, die Betreuung einzelner Arbeitnehmer bei der Verwirklichung von Individualrechten (§§ 81 ff. BetrVG) oder sonstige Gespräche mit ihnen im Rahmen der Zuständigkeit des Betriebsrates, die

I. Betriebsverfassungsrecht

Teilnahme an Einigungsstellenverfahren sowie insbesondere auch die Verwirklichung der Beteiligungsrechte.

536 Nicht zu den Aufgaben des Betriebsrates gehören die Teilnahme an Gerichtsverhandlungen, es sei denn, der Betriebsrat oder ein Betriebsratsmitglied selbst ist Beteiligter eines arbeitsgerichtlichen Beschlussverfahrens (vgl. *BAG* 19.5.1983 EzA § 37 BetrVG 1972 Nr. 77). Führt ein Betriebsratsmitglied einen Rechtsstreit gegen seinen Arbeitgeber über Vergütungsansprüche für Zeiten seiner Betriebsratstätigkeit, handelt es sich also nicht um die Durchführung von Betriebsratsaufgaben (*LAG Düsseldorf* 4.9.1990 LAGE § 37 BetrVG 1972 Nr. 34). Die Teilnahme als Zuhörer in einem Prozess ist nach Auffassung des *BAG* (19.5.1983 EzA § 37 BetrVG 1972 Nr. 77) auch nicht erforderlich, wenn es sich um einen grundsätzlichen Rechtsstreit von allgemeiner Bedeutung über eine für die Arbeit des Betriebsrates wesentliche Frage handelt (a. A. *LAG Bremen* 28.6.1989 DB 1990, 742; *LAG München* 14.1.1987 NZA 1987, 428; *Wedde* DKK § 37 Rz. 22). Nicht erforderlich ist außer im Rahmen des § 37 Abs. 6, 7 BetrVG die Teilnahme an gewerkschaftlichen Veranstaltungen, an Tarifverhandlungen oder Informationsgesprächen mit Betriebsräten anderer Betriebe, sofern nicht die Voraussetzungen des §§ 53 BetrVG vorliegen oder ein konkreter betrieblicher Anlass dafür besteht (vgl. GK-BetrVG/*Wiese/Weber* § 37 Rz. 29 ff.).

537 Ob eine Aufgabe zu der betriebsverfassungsrechtlichen Kompetenz des Betriebsrates gehört, ist objektiv zu beurteilen. Streitig ist, ob ein Anspruch auf Fortzahlung des Arbeitsentgeltes zumindest dann besteht, wenn das Betriebsratsmitglied in einem entschuldbaren Irrtum davon ausgegangen ist, Betriebsratstätigkeit auszuüben (bejahend *LAG Bremen* 28.6.1989 DB 1990, 742; *Wedde* DKK § 37 Rz. 25; FKHE § 37 Rz. 30; abl. GK-BetrVG/*Wiese/Weber* § 37 Rz. 21; *Glaubitz* HSG § 37 Rz. 25; vgl. auch *BAG* 31.8.1994 EzA § 611 BGB Abmahnung Nr. 33).

(2) Erforderlichkeit der Arbeitsbefreiung

538 Ein Anspruch auf Arbeitsbefreiung besteht nur dann und nur insoweit, als es nach Umfang und Art des Betriebes zur ordnungsgemäßen Amtsausübung erforderlich ist. Was im Einzelfall als erforderlich anzusehen ist, kann nur anhand der konkreten Umstände beurteilt werden, und zwar sowohl im Hinblick auf die Zahl der Betriebsratsmitglieder als auch für die Dauer der Arbeitsbefreiung des einzelnen Mitgliedes. Deshalb kann der erforderliche Umfang der Freistellung nicht nach Richtwerten in Anlehnung an die Freistellungsstaffel des § 38 Abs. 1 BetrVG oder aus Erfahrungswerten vergleichbarer anderer Betriebsräte bestimmt werden (*BAG* 21.11.1978 EzA § 37 BetrVG 1972 Nr. 63; GK-BetrVG/*Wiese/Weber* § 37 Rz. 36).

539 Erforderlich ist die Arbeitsbefreiung dann, wenn das oder die Betriebsratsmitglieder nach dem Urteil eines vernünftigen Dritten bei gewissenhafter Überlegung und unter Abwägung der Interessen des Betriebs, des Betriebsrats und der Belegschaft im Zeitpunkt der Inanspruchnahme der Arbeitsbefreiung diese zur ordnungsgemäßen Wahrnehmung der Aufgaben des Betriebsrates für erforderlich halten durften (*BAG* 6.8.1981 EzA § 37 BetrVG 1972 Nr. 74). Maßgeblich sind damit weder ausschließlich objektive noch ausschließlich subjektive Gesichtspunkte.

540 Vielmehr gilt ein verobjektivierter Beurteilungsmaßstab. Es besteht insoweit ein gewisser Beurteilungsspielraum des Betriebsrates (*BAG* 3.12.1987 EzA § 20 BetrVG 1972 Nr. 14; 16.10.1986 EzA § 37 BetrVG 1972 Nr. 87). Ein Beschluss des Betriebsra-

tes über die Freistellung alleine genügt nicht, um die Voraussetzungen des § 37 Abs. 2 BetrVG zu bejahen (*BAG* 6.8.1981 EzA § 37 BetrVG 1972 Nr. 73).

Der Umfang der Arbeitsbefreiung hängt auch davon ab, welche Stellung das Betriebsratsmitglied innerhalb des Betriebsrates bekleidet bzw. welche Aufgaben ihm durch den Betriebsrat übertragen wurden, wobei es allerdings alleinige Sache des Betriebsrates ist, diese Aufgabenverteilung festzulegen (vgl. *Wedde* DKK § 37 Rz. 27). Der Betriebsrat muss seine Aufgaben, soweit das möglich und zumutbar ist, von den nach § 38 BetrVG freigestellten Betriebsratsmitgliedern wahrnehmen lassen. Er kann jedoch nicht generell darauf verwiesen werden, Betriebsratstätigkeit nur von freigestellten Betriebsratsmitgliedern ausüben zu lassen (*BAG* 6.8.1981 EzA § 37 BetrVG 1972 Nr. 74). 541

Erforderlich ist die Arbeitsbefreiung z. B. für die Vorbereitung und Teilnahme an Betriebsrats- und Ausschusssitzungen, Betriebsversammlungen sowie für Wege- und Reisezeiten bei der notwendigen Wahrnehmung von Aufgaben des Betriebsrates außerhalb des Betriebes (vgl. *BAG* 15.2.1989 EzA § 37 BetrVG 1972 Nr. 101; 10.2.1988 EzA § 37 BetrVG 1972 Nr. 91). 542

bb) Inhalt des Anspruches

Der Anspruch ist darauf gerichtet, von Fall zu Fall von der Verpflichtung der Arbeitsleistung entbunden zu werden. Darüber hinaus muss der Arbeitgeber auch bei der Zuteilung des Arbeitspensums auf die Inanspruchnahme des Betriebsratsmitgliedes durch seine Tätigkeit angemessen Rücksicht nehmen, was aber neben einer pauschalen Arbeitsherabsetzung bei schwankender Arbeitsbelastung auch dadurch erfolgen kann, dass der Arbeitgeber für eine nachträgliche Entlastung Sorge trägt (*BAG* 27.6.1990 EzA § 37 BetrVG 1972 Nr. 105). 543

§ 37 Abs. 2 BetrVG ermöglicht auch die Befreiung von einer bestimmten Art der Arbeit, wenn dies zur ordnungsgemäßen Wahrnehmung der Aufgaben eines Betriebsratsmitgliedes erforderlich ist (GK-BetrVG/*Wiese* § 37 Rz. 19). In Betracht kommt etwa eine Versetzung von der Nacht- in die Tagschicht (vgl. *LAG Düsseldorf* 22.7.1974 DB 1975, 311), oder ein Wechsel vom Außen- in den Innendienst. Bei einem im Schichtbetrieb tätigen Betriebsratsmitglied kann § 37 Abs. 2 BetrVG auch zu einer Arbeitsbefreiung außerhalb des eigentlichen Anlasses der Betriebsratstätigkeit führen. So ist z. B. ein im Dreischichtbetrieb tätiges Betriebsratsmitglied, das an einer ganztätigen Betriebsratssitzung teilnimmt, nicht verpflichtet, die dem Sitzungstag vorangehende und ihm nachfolgende Nachtschicht zu arbeiten, soweit ihm eine Teilnahme an der Nachtschicht vor oder nach der Betriebsratssitzung nicht zumutbar ist (*LAG Baden-Württemberg* 26.8.1988 NZA 1989, 567). In Anwendung von § 37 Abs. 2 BetrVG kann, auch ohne dass die Voraussetzungen des § 38 BetrVG vorliegen, die völlige oder teilweise pauschale Freistellung eines Betriebsratsmitgliedes zur ordnungsgemäßen Durchführung der Betriebsratsaufgaben erforderlich sein (vgl. *BAG* 13.11.1991 EzA § 37 BetrVG 1972 Nr. 106). Gleiches gilt für eine über § 38 BetrVG hinausgehende Freistellung für weitere Betriebsratsmitglieder (GK-BetrVG/*Wiese* § 37 Rz. 18). 544

cc) Durchführung der Arbeitsbefreiung

Nach Auffassung des *BAG* (15.7.1992 EzA BGB § 611 Abmahnung Nr. 26; 6.8.1981 EzA § 37 BetrVG 1972 Nr. 73; 19.6.1979 EzA § 37 BetrVG 1972 Nr. 65) 545

I. Betriebsverfassungsrecht

muss der Arbeitgeber der Arbeitsbefreiung nicht zustimmen. Das Betriebsratsmitglied ist aber verpflichtet, sich bei seinem Vorgesetzten abzumelden (*BAG* 15.7.1992 EzA BGB § 611 Abmahnung Nr. 26). Bei der Abmeldung für die Erledigung von Betriebsratsaufgaben hat das Betriebsratsmitglied dem Arbeitgeber Ort und voraussichtliche Dauer der beabsichtigten Betriebsratstätigkeit mitzuteilen. Angaben auch zur Art der Betriebsratstätigkeit können nicht verlangt werden (*BAG* 15.3.1995 EzA § 37 BetrVG 1972 Nr. 124).

Inhalt dieser Verpflichtung ist nur die ordnungsgemäße Unterrichtung. Wie diese bewirkt wird, steht dem Betriebsratsmitglied frei. Eine persönliche Meldung kann der Arbeitgeber nicht erwarten (*BAG* 13.5.1997 EzA § 37 BetrVG 1972 Nr. 135).

546 Die Abmeldepflicht beruht jedenfalls auch auf dem Arbeitsvertrag, sodass ihre Verletzung Gegenstand und Inhalt einer entsprechenden Abmahnung des Arbeitgebers sein kann (*BAG* 15.7.1992 EzA § 611 BGB Abmahnung Nr. 26). Ihre Verletzung kann u. U. auch eine grobe Pflichtverletzung nach § 23 Abs. 1 BetrVG sein (GK-BetrVG/*Wiese* § 37 Rz. 50).

547 Das Betriebsratsmitglied ist ferner auch zur Rückmeldung bei seinem Vorgesetzten nach Beendigung der Betriebsrats-tätigkeit verpflichtet (*BAG* 15.7.1992 EzA § 611 BGB Abmahnung Nr. 26). Eine Verpflichtung der Betriebsratsmitglieder, die von ihnen jeweils aufgewendete Zeit schriftlich aufzuzeichnen, besteht nicht (*BAG* 14.2.1990 BB 1990, 1625).

548 Da der Arbeitgeber kein Weisungsrecht hinsichtlich der Ausübung der Betriebsratstätigkeit hat, unterliegt das Verfahren bei der Ab- und Rückmeldung von Betriebsratsmitgliedern bei Wahrnehmung von Betriebsratsaufgaben während der Arbeitszeit nicht der Mitbestimmung nach § 87 Abs. 1 Nr. 1 BetrVG (*BAG* 23.6.1983 EzA § 37 BetrVG 1972 Nr. 78). Ebenfalls besteht kein Mitbestimmungsrecht des Betriebsrats nach § 87 Abs. 1 Nr. 1 BetrVG, wenn der Arbeitgeber regelt, wie Vorgesetzte verfahren sollen, wenn sich ihnen unterstellte Betriebsratsmitglieder ab- oder rückmelden, weil eine solche Regelung nur die Arbeitspflicht der Vorgesetzten konkretisiert (*BAG* 13.5.1997 EzA § 37 BetrVG 1972 Nr. 135).

dd) Verbot der Minderung des Arbeitsentgelts

549 § 37 Abs. 2 BetrVG verbietet die Entgeltminderung während der Arbeitsbefreiung.

Anspruchsgrundlage für den Entgeltanspruch bleibt aber der Arbeitsvertrag i. V. m. § 611 Abs. 1 BGB (*BAG* 22.8.1985 EzA § 37 BetrVG 1972 Nr. 82). Als arbeitsvertraglicher Anspruch unterliegt er daher auch einer hierauf bezogenen tariflichen Ausschlussfrist (*LAG München* 11.2.1987 DB 1987, 1156). Hinsichtlich der Lohnhöhe gilt das Lohnausfallprinzip, sodass das Entgelt einschließlich Zuschlägen, Zulagen und allgemeiner Zuwendungen zu zahlen ist, das das Betriebsratsmitglied ohne die Arbeitsbefreiung verdient hätte.

Deshalb besteht z. B. für ausgesperrte Betriebsratsmitglieder kein Lohnanspruch für die während der Aussperrung geleistete Betriebsratstätigkeit (*BAG* 25.10.1988 EzA Art. 9 GG Arbeitskampf Nr. 89). Aus dem Lohnausfallprinzip folgt auch, dass dem Betriebsratsmitglied ein Anspruch auf Vergütung für einen an sich in die Arbeitszeit fallenden Schulungstag dann nicht zusteht, wenn der betreffende Tag auf Grund einer Betriebsvereinbarung arbeitsfrei war und die dadurch ausgefallene Arbeitszeit vor-

I. Betriebsverfassungsrecht

bzw. nachgearbeitet werden muss (*BAG* 27.6.1990 EzA § 37 BetrVG 1972 Nr. 104). Auf der anderen Seite ist bei der Berechnung des fortzuzahlenden Entgelts in Bezug auf leistungs- oder erfolgsabhängige Zahlungen die Betriebsratsarbeit zu berücksichtigen. Für monatliche Zuwendungen dieser Art ist der Durchschnittswert der an vergleichbare Arbeitnehmer gezahlten Leistungslöhne zu Grunde zu legen. Bei der Berechnung von Jahressonderleistungen, die an eine bestimmte Zielvorgabe anknüpfen, ist dann, wenn der Umsatz allein vom Mitarbeiter beeinflusst ist, die Vorgabe entsprechend dem Verhältnis der Betriebsratsarbeit zur insgesamt verfügbaren Arbeitszeit zu kürzen. Hängt der Umsatz auch von anderen Maßnahmen des Arbeitgebers ab (z. B. Marketing-Maßnahmen des Unternehmens), wofür der Arbeitgeber darlegungs- und beweispflichtig ist, kann eine Festlegung der neuen Umsatzvorgabe auf der Grundlage einer Schätzung nach § 287 ZPO erfolgen. Je größer dabei der Anteil am Umsatz ist, der durch den Mitarbeiter selbst beeinflussbar ist, desto stärker wirkt sich die Betriebsratsarbeit in Form einer Verringerung der Umsatzvorgabe aus (vgl. *Gaul* BB 1998, 101 ff. mit Berechnungsbeispielen).

Nicht zum fortzuzahlenden Entgelt gehören finanzielle Leistungen des Arbeitgebers, die ausschließlich als Ersatz für besondere, im Zusammenhang mit der Arbeitsleistung stehende Aufwendungen gezahlt werden, wie z. B. Kilometergeld für Monteure (*BAG* 14.9.1988 NZA 1989, 856), Aufwandsentschädigungen, wie z. B. Fernauslösungen (*BAG* 18.9.1991 EzA § 37 BetrVG 1972 Nr. 109). Als Indiz dafür, dass typischerweise entsprechende Mehraufwendungen anfallen, kann auf die Festsetzung steuerfreier Pauschbeträge durch die Finanzverwaltung zurückgegriffen werden (*BAG* 5.4.2000 EzA § 37 BetrVG 1972 Nr. 141). 550

Etwas anderes gilt jedoch dann, wenn im Einzelfall eine als Aufwendungsersatz gekennzeichnete Leistung tatsächlich der Verbesserung des Lebensstandards des Arbeitnehmers dient und daher als Arbeitsentgelt anzusehen ist (*BAG* 5.4.2000 EzA § 37 BetrVG 1972 Nr. 141), wie z. B. der steuerpflichtige Teil der Nahauslösung nach § 7 des Bundesmontage-TV Metall (*BAG* 10.2.1988 EzA § 37 BetrVG 1972 Nr. 91). Hat ein Betriebsratsmitglied vor seiner Freistellung steuerfrei (z. B. Nachtarbeits-) Zuschläge zum Lohn erhalten, so kann es nach seiner Freistellung vom Arbeitgeber nicht deren unversteuerte Auszahlung verlangen, weil nach dem EStG nur die tatsächlich geleisteten erschwerten Arbeitsstunden steuerfrei sind, sodass die Steuerfreiheit den Anspruch nach § 37 Abs. 2 BetrVG nicht erfasst. Der Arbeitgeber ist auch nicht zur Zahlung der sich aus der eingetretenen Steuerpflichtigkeit ergebenden Differenz zum Nettolohn verpflichtet (*BAG* 22.8.1985 EzA § 37 BetrVG 1972 Nr. 82).

Der Begriff des fortzuzahlenden Arbeitsentgelts i. S. d. § 37 Abs. 2 BetrVG kann mangels einer Tariföffnungsklausel nicht in Tarifverträgen modifiziert werden (*BAG* 28.8.1991 EzA § 37 BetrVG 1972 Nr. 107). 551

ee) Freizeitausgleich und Abgeltung, § 37 Abs. 3 BetrVG

Der Arbeitgeber hat grds. durch organisatorische Vorkehrungen dafür zu sorgen, dass die Betriebsratsmitglieder ihre Aufgaben während der Arbeitszeit erfüllen können. Soweit dies ausnahmsweise aus betriebsbedingten Gründen nicht möglich ist, soll das Betriebsratsmitglied jedenfalls einen Ausgleich für die ihm auferlegte Belastung erhalten, und zwar primär in Form des Freizeitausgleichs und nur sekundär durch Gewährung eines Vergütungszuschlages. 552

I. Betriebsverfassungsrecht

(1) Voraussetzungen

553 Es muss objektiv eine Betriebsratstätigkeit vorliegen, deren Durchführung aus betriebsbedingten Gründen außerhalb der Arbeitszeit erfolgte. Die zur ordnungsgemäßen Durchführung der Amtsaufgabe erforderliche Tätigkeit muss außerhalb der Arbeitszeit verrichtet worden sein.

554 Maßgeblich ist nicht die betriebsübliche, sondern die individuelle Arbeitszeit des Betriebsratsmitglieds (*BAG* 3.12.1987 EzA § 37 BetrVG 1972 Nr. 89). Dies gilt auch für Teilzeitbeschäftigte und andere Formen flexibler Arbeitszeitgestaltung (GK-BetrVG/*Wiese* § 37 Rz. 82).

555 Ist die Arbeitsleistung hinsichtlich der zeitlichen Lage, des zeitlichen Umfanges und z. T. auch des Ortes ganz oder teilweise selbst bestimmbar und nicht innerhalb eines Betriebes zu erbringen, wie z. B. bei einem Lehrer, ist nach Auffassung des *BAG* (3.12.1987 EzA § 37 BetrVG 1972 Nr. 89) i. d. R. ohne nähere Darlegung und Nachweis davon auszugehen, dass außerhalb des Betriebes erbrachte Betriebsratstätigkeit außerhalb der individuellen Arbeitszeit geleistet wurde.

556 Betriebsbedingt sind alle Umstände, die auf die Eigenart des Betriebes, die Gestaltung des Arbeitsablaufes oder die Beschäftigungslage zurückzuführen sind sowie weiter solche, die vom Arbeitgeber veranlasst werden, also dem Arbeitgeberbereich zuzuordnen sind.

557 Der Gestaltung des Arbeitsablaufes in diesem Sinne zurechenbar ist z. B. die Teilnahme an einer Betriebsratssitzung außerhalb der Schicht des Betriebsratsmitglieds (GK-BetrVG/*Wiese* § 37 Rz. 73). Erforderlich ist, dass bestimmte Gegebenheiten und Sachzwänge des Betriebes die Undurchführbarkeit der Betriebsratstätigkeit während der Arbeitszeit bedingen (*BAG* 7.6.1979 EzA § 87 BetrVG 1972 Nr. 102; 3.12.1987 EzA § 37 BetrVG 1972 Nr. 89). Gleiches gilt für Tätigkeiten, die zwar für sich alleine keine Betriebsratstätigkeit darstellen, aber in einem notwendigen sachlichen Zusammenhang mit der Durchführung einer Betriebsratstätigkeit stehen, wie z. B. Reisezeiten oder zusätzliche Wegezeiten, die ein Betriebsratsmitglied zur Erfüllung notwendiger Aufgaben aufwendet, wenn die Reise aus betriebsbedingten Gründen außerhalb der Arbeitszeit durchgeführt worden ist (*BAG* 15.2.1989 EzA § 37 BetrVG 1972 Nr. 101).

558 Wäre eine Durchführung der Betriebsratstätigkeit auch während der Arbeitszeit in Betracht gekommen, beruht die Durchführung dieser Aufgabe außerhalb der Arbeitszeit nur dann auf betriebsbedingten Gründen, wenn der Arbeitgeber zumindest darauf Einfluss genommen hat, dass sie nicht während der Arbeitszeit verrichtet werden soll (*BAG* 26.1.1994 EzA § 37 BetrVG 1972 Nr. 118).

559 Betriebsbedingte Gründe können sich auch aus der Arbeitszeitgestaltung ergeben. Gem. § 37 Abs. 3 S. 2 BetrVG (eingefügt durch das BetrVerf-ReformG vom 23.7.2001 BGBl. I S. 1852 ff.) liegen betriebsbedingte Gründe auch vor, wenn die Betriebsratstätigkeit wegen der unterschiedlichen Arbeitszeiten der Betriebsratsmitglieder nicht innerhalb der persönlichen Arbeitszeit erfolgen kann. Ohne das Hinzutreten weiterer Umstände ist dies der Fall, wenn es keinen Zeitraum gibt, in dem sich die Arbeitszeiten der einzelnen Betriebsratsmitglieder überschneiden. Gibt es hingegen einen Zeit-

I. Betriebsverfassungsrecht

raum sich überschneidender Arbeitszeiten der Betriebsratsmitglieder, müssen dann, wenn die Betriebsratstätigkeit gleichwohl außerhalb dieses Zeitraums durchgeführt werden soll, noch weitere Gründe, die dann die Betriebsbedingtheit i. S. d. § 37 Abs. 3 BetrVG ergeben, vorliegen, um einen Ausgleichsanspruch zu begründen (GK-BetrVG/*Wiese/Weber* § 37 Rz. 82, 83). Kein Fall des § 37 Abs. 3 S. 2 BetrVG liegt z. B. vor, wenn der Betriebsrat eine Sitzung in die arbeitsfreie Zeit eines teilzeitbeschäftigten Betriebsratsmitgliedes legt, obwohl die Sitzung auch während dessen Arbeitszeit hätte stattfinden können. Angesichts dessen, dass der Gesetzgeber nur den Fall der Erledigung von Betriebsratstätigkeit außerhalb der Arbeitszeit wegen der unterschiedlichen Arbeitszeitgestaltung der Betriebsratsmitglieder erfasst hat, dürfte die früher diskutierte Streitfrage, ob bei teilzeitbeschäftigten Betriebsratsmitgliedern oder bei solchen, die nach anderen flexiblen Arbeitszeitformen, wie z. B. kapazitätsorientierte variable Arbeitszeit (vgl. § 12 TzBfG, s. o. C/Rz. 3423 ff.) oder in einem Jobsharing-Arbeitsverhältnis (vgl. § 13 TzBfG, s. o. C/Rz. 3435 ff.) beschäftigt werden, betriebsbedingte Gründe i. S. d. § 37 Abs. 3 BetrVG immer schon dann anzunehmen sind, wenn das Betriebsratsmitglied außerhalb seiner individuellen Arbeitszeit, aber innerhalb der betriebsüblichen Arbeitszeit Betriebsratstätigkeit entfaltet, nicht gegenstandslos geworden sein. Zum Teil (z. B. *LAG Frankfurt* 3.3.1988 LAGE § 37 BetrVG 1972 Nr. 26; *LAG Berlin* 30.1.1990 LAGE § 37 BetrVG Nr. 32; *Wedde* DKK § 37 Rz. 62) wird dies mit der Begründung bejaht, dass die Festlegung der Teilzeitarbeit Teil der betrieblichen Organisation sei. Nach anderer Auffassung (z. B. *LAG Baden-Württemberg* 14.10.1997 LAGE § 37 BetrVG 1972 Nr. 51; *ArbG Gießen* 26.2.1986 NZA 1986, 614; *Bengelsdorf* NZA 1989, 905 [909 ff.]; GK-BetrVG/*Wiese/Weber* § 37 Rz. 80 ff.; vermittelnd *LAG Düsseldorf* 19.5.1993 LAGE § 37 BetrVG 1972 Nr. 41) bedarf es auch für die Betriebsratstätigkeit teilzeitbeschäftigter Betriebsratsmitglieder außerhalb ihrer persönlichen Arbeitszeit der gesonderten Prüfung betriebsbedingter Gründe.

Eine geplante Betriebsratstätigkeit außerhalb der individuellen Arbeitszeit ist dem Arbeitgeber mitzuteilen, damit dieser gegebenenfalls die Entscheidung darüber treffen kann, ob durch eine Änderung des Betriebsablaufes die Wahrnehmung der Aufgabe während der individuellen Arbeitszeit ermöglicht wird (*BAG* 3.12.1987 EzA § 37 BetrVG 1972 Nr. 89; 31.10.1985 EzA § 37 BetrVG 1972 Nr. 83). Einer Anzeige bedarf es nur dann nicht, wenn entsprechende Dispositionen des Arbeitgebers ohnehin nicht in Betracht kommen oder der Arbeitgeber eine Befreiung von der Arbeitspflicht während der Arbeitszeit auch für zukünftige Fälle bereits endgültig verweigert hat (*BAG* 3.12.1987 EzA § 37 BetrVG 1972 Nr. 89). 560

Nicht erfasst sind betriebsratsbedingte Gründe, d. h. solche Umstände, die sich aus der Gestaltung der Betriebsratstätigkeit durch den Betriebsrat ergeben und dem Einfluss des Arbeitgebers entzogen sind (*BAG* 19.7.1977 EzA § 37 BetrVG 1972 Nr. 57). 561

Die Teilnahme an Schulungs- und Bildungsveranstaltungen nach § 37 Abs. 6 und 7 BetrVG begründet hingegen keine Ausgleichsansprüche, weil § 37 Abs. 6 BetrVG nur auf die Vorschrift des § 37 Abs. 2 BetrVG verweist und die zeitliche Lage der Schulungsveranstaltung vom Schulungsträger festgelegt wird (*BAG* 19.6.1977 EzA § 37 562

I. Betriebsverfassungsrecht

BetrVG 1972 Nr. 57). Ein Anspruch nach § 37 Abs. 3 BetrVG besteht selbst dann nicht, wenn das Betriebsratsmitglied außerhalb seiner persönlichen Arbeitszeit an einer Schulungsveranstaltung nach § 37 Abs. 6 BetrVG teilgenommen hat und der an sich in die Arbeitszeit fallende Schulungstag lediglich auf Grund einer Betriebsvereinbarung arbeitsfrei war und die dadurch ausgefallene Arbeitszeit vor- bzw. nachgearbeitet werden muss (*BAG* 27.6.1990 EzA § 37 BetrVG 1972 Nr. 104).

(2) Arbeitsbefreiung und Abgeltung

563 Liegen die Voraussetzungen des § 37 Abs. 3 BetrVG vor, so besteht primär ein Anspruch auf Ausgleich durch Nachgewährung entsprechender Arbeitsbefreiung unter Fortzahlung des Arbeitsentgelts. Nur wenn dieser Anspruch aus betriebsbedingten Gründen nicht vor Ablauf eines Monates erfüllt werden konnte, besteht hilfsweise ein Abgeltungsanspruch auf Vergütung der aufgewendeten Zeit wie Mehrarbeit. Die Rangordnung der Ansprüche ist zwingend (*Wedde* DKK § 37 Rz. 65). Insbesondere wandelt sich der Anspruch auf Freizeitausgleich weder durch bloßen Ablauf der Monatsfrist des § 37 Abs. 3 BetrVG noch dadurch in einen Vergütungsanspruch um, dass der Arbeitgeber den Freizeitausgleich nicht von sich aus gewährt (*BAG* 25.8.1999 EzA § 37 BetrVG 1972 Nr. 140).

564 Der Anspruch auf Arbeitsbefreiung ist von dem einzelnen Betriebsratsmitglied unverzüglich (§§ 121, 242 BGB) geltend zu machen. Sein Umfang entspricht dem Zeitaufwand der geleisteten Betriebsratstätigkeit. Ein Anspruch auf einen Freizeitzuschlag – entsprechend dem Mehrarbeitszuschlag – besteht nicht (*BAG* 19.7.1977 EzA § 37 BetrVG 1972 Nr. 55; **a.A.** *Wedde* DKK § 37 Rz. 68). Das Arbeitsentgelt ist für die Zeit der Arbeitsbefreiung ungeschmälert weiterzuzahlen. Auch insoweit gibt es keinen Zuschlag (*BAG* 19.7.1977 EzA § 37 BetrVG 1972 Nr. 55).

565 Über die zeitliche Lage der Arbeitsbefreiung hat der Arbeitgeber nach billigem Ermessen (§ 315 Abs. 1 BGB) zu entscheiden, wobei den Vorstellungen des Betriebsratsmitglieds zu entsprechen ist, sofern nicht betriebliche Gründe entgegenstehen (GK-BetrVG/*Wiese* § 37 Rz. 88). Er darf den Anspruch grds. nicht eigenmächtig durchsetzen und von sich aus der Arbeit fernbleiben (GK-BetrVG/*Wiese* § 37 Rz. 89; MünchArbR/*Joost* § 308 Rz. 44). Zum Teil wird eine eigenmächtige Inanspruchnahme des Freizeitausgleiches dann als zulässig erachtet, wenn der Arbeitgeber den Ausgleichsanspruch nicht innerhalb eines Monats erfüllt und keine erkennbaren Gründe, die der Gewährung des Ausgleichsanspruches entgegenstehen, vorhanden sind (so *Wedde* DKK § 37 Rz. 66).

566 Nach ganz überwiegender Meinung (GK-BetrVG/*Wiese/Weber* § 37 Rz. 91; **a.A.** MünchArbR/*Joost* § 300 Rz. 43 f.) handelt es sich bei der in § 37 Abs. 3 BetrVG vorgesehenen Monatsfrist nicht um eine Ausschlussfrist, sodass der Anspruch auf Arbeitsbefreiung bestehen bleibt und der regulären Verjährung unterliegt, wenn die Arbeitsbefreiung aus anderen als betriebsbedingten Gründen nicht vor Ablauf eines Monates gewährt wird. Vor Ablauf der Verjährungsfrist kann jedoch eine Verwirkung des Anspruches eintreten, wenn der Arbeitnehmer den Anspruch unverhältnismäßig spät geltend macht (GK-BetrVG/*Wiese* § 37 Rz. 92).

567 Ein Anspruch auf Abgeltung setzt nach § 37 Abs. 3 BetrVG voraus, dass die nachträgliche Arbeitsbefreiung aus betriebsbedingten Gründen vor Ablauf eines Monates nicht gewährt werden konnte.

Der Arbeitgeber hat kein Wahlrecht zwischen Arbeitsbefreiung und Abgeltung; die Arbeitsbefreiung hat vielmehr Vorrang. Betriebsbedingte Gründe i. S. d.

I. Betriebsverfassungsrecht

> § 37 Abs. 3 S. 2 BetrVG sind deshalb nur solche, die die Arbeitsbefreiung aus objektiven, in den betrieblichen Verhältnissen liegenden Gründen als nicht zumutbar erscheinen lassen. Hiervon kann das Betriebsratsmitglied ausgehen, wenn der Arbeitgeber unter Berufung auf solche Gründe den Freizeitausgleich verweigert. Fehlt es hieran, kann das Betriebsratsmitglied nur einen Anspruch auf Freizeitausgleich geltend machen (*BAG* 25.8.1999 EzA § 37 BetrVG 1972 Nr. 140).

Streitig ist, ob die Regelungen des § 37 Abs. 3 S. 2 BetrVG, derzufolge die abzugeltende Zeit wie Mehrarbeit zu vergüten ist, bedeutet, dass stets auch ein tarifvertraglich, durch Betriebsvereinbarung, Arbeitsvertrag oder gesetzlich vorgesehener Mehrarbeitszuschlag zu zahlen ist. Nach überwiegender Auffassung besteht ein solcher Anspruch nur, wenn ein Mehrarbeitszuschlag auch dann zu zahlen gewesen wäre, wenn durch die Tätigkeit, wäre sie als berufliche Tätigkeit erfolgt, ebenfalls ein Anspruch auf Mehrarbeitsvergütung ausgelöst worden wäre (*Richardi* § 37 Rz. 60; *BAG* 7.2.1985 EzA § 37 BetrVG 1972 Nr. 81). Deshalb ist nach Auffassung des *BAG* (7.2.1985 EzA § 37 BetrVG 1972 Nr. 81) für die Tätigkeit eines in Teilzeit beschäftigten Betriebsratsmitglieds, das außerhalb seiner individuellen Arbeitszeit Betriebsratstätigkeit durchgeführt hat, bis zur Grenze der von einem vollbeschäftigten Arbeitnehmer zu leistenden Tätigkeit der Ausgleichsanspruch nach der für die regelmäßige Arbeitszeit in Ansatz zu bringenden Vergütung zu berechnen. 568

ff) Streitigkeiten

Bei Streitigkeiten zwischen dem Betriebsrat und dem Arbeitgeber im Zusammenhang mit der vorübergehenden Arbeitsbefreiung nach § 37 Abs. 2, 3 BetrVG ist zwischen individualrechtlichen und betriebsverfassungsrechtlichen Streitigkeiten zu unterscheiden. Soweit es allein um die Frage geht, ob und inwieweit eine Arbeitsbefreiung zur Durchführung von Betriebsratsaufgaben erforderlich ist, ob Betriebsratstätigkeit aus betriebsbedingten Gründen außerhalb der Arbeitszeit durchzuführen ist oder die Arbeitsbefreiung aus betriebsbedingten Gründen nicht vor Ablauf eines Monates gewährt werden kann, findet das arbeitsgerichtliche Beschlussverfahren statt (*BAG* 27.6.1990 EzA § 37 BetrVG 1972 Nr. 105). Antragsberechtigt sind der Betriebsrat und der Arbeitgeber, ein einzelnes Betriebsratsmitglied dann, wenn es um seinen eigenen Anspruch auf Arbeitsbefreiung geht. Ansprüche auf Fortzahlung des Arbeitsentgelts, auf Freizeitausgleich unter Fortzahlung des Arbeitsentgelts sowie auf Mehrarbeitsvergütung sind hingegen im arbeitsgerichtlichen Urteilsverfahren geltend zu machen (*BAG* 21.5.1974 EzA § 37 BetrVG 1972 Nr. 24). 569

> Die Darlegungslast verteilt sich wie folgt: Für die gesetzlichen Voraussetzungen des Entgeltfortzahlungsanspruchs nach § 37 Abs. 2 BetrVG i. V. m. § 611 BGB ist das Betriebsratsmitglied darlegungspflichtig. Es besteht aber eine abgestufte Darlegungslast (*BAG* 15.3.1995 EzA § 37 BetrVG 1972 Nr. 124). Das Betriebsratsmitglied hat zunächst stichwortartig zur Art der Betriebsratstätigkeit und deren Dauer vorzutragen. Das folgt schon aus dem allgemeinen Grundsatz, wonach der Antragsteller die anspruchsbegründenden Tatsachen darzulegen und im Bestreitensfall auch zu beweisen hat. Angaben zu Art und Umfang der Betriebsratstätigkeit sind an sich schon geeignet, das Vorliegen der gesetzlichen Voraussetzungen des Lohnfortzahlungsanspruchs nachzuvollziehen. Es ist sodann Sache des Arbeitgebers, seinerseits darzulegen, aus welchen Gründen unter Berücksichti- 570

I. Betriebsverfassungsrecht

> gung der stichwortartigen Angaben des Betriebsratsmitglieds sich begründete Zweifel an der Erforderlichkeit der angegebenen Tätigkeit ergeben. Erst dann hat das Betriebsratsmitglied substantiiert darzulegen, auf Grund welcher Umstände es die Betriebsratstätigkeit für erforderlich halten durfte.

c) Freistellungen, § 38 BetrVG

aa) Grundzüge

571 § 38 BetrVG enthält keine § 37 Abs. 2 BetrVG verdrängende Sonderregelung, sondern pauschaliert lediglich den Anspruch des Betriebsrats auf Freistellung von Betriebsratsmitgliedern von ihrer beruflichen Tätigkeit, ohne dass jeweils der Nachweis geführt werden müsste, dass sie nach Größe und Art des Betriebes zur ordnungsgemäßen Durchführung der Betriebsratstätigkeit notwendig ist (*BAG* 19.5.1983 EzA § 37 BetrVG 1972 Nr. 77). Durch die Vorschrift sollen die sachgerechte Wahrnehmung der Betriebsratsaufgaben sichergestellt und Streitigkeiten über die Erforderlichkeit der Betriebsratstätigkeit vermieden werden (*BAG* 19.5.1983 EzA § 37 BetrVG 1972 Nr. 77). Durch Konzentration und Rationalisierung der Betriebsratstätigkeit soll zudem der Kostenaufwand für den Arbeitgeber verringert werden (MünchArbR/*Joost* § 308 Rz. 54). Der Freistellungsanspruch ist zunächst ein kollektiver Anspruch des Betriebsrats, der sich erst durch die Einigung zwischen Arbeitgeber und Betriebsrat in einen individuellen Anspruch des benannten Betriebsratsmitglieds auf Freistellung gegen den Arbeitgeber umwandelt (GK-BetrVG/*Wiese/Weber* § 38 Rz. 9).

bb) Zahl der freizustellenden Betriebsratsmitglieder

(1) Gesetzlicher Regelfall

572 Die Zahl der freizustellenden Betriebsratsmitglieder ergibt sich unmittelbar aus der Tabelle nach § 38 Abs. 1 BetrVG. Für die Anwendung der Zahlenstaffel ist die individuelle Arbeitszeit des freizustellenden Betriebsratsmitglieds zunächst ohne Bedeutung: Wird ein teilzeitbeschäftigtes Betriebsratsmitglied vollständig freigestellt, wird diese Freistellung auf das Gesamtfreistellungsvolumen nach § 38 Abs. 1 BetrVG angerechnet. Der Betriebsrat kann grds. nicht mehr Freistellungen als gesetzlich vorgesehen beschließen. Stimmt der Arbeitgeber aber einer größeren als im Gesetz vorgesehenen Zahl von Freistellungen zu, sind diese zusammen mit den Mindestfreistellungen in einem Wahlgang vorzunehmen (*LAG Frankfurt/M.* 1.8.1991 DB 1991, 2494). Zur Feststellung der Zahl der i. d. R. beschäftigten Arbeitnehmer ist auf den Zeitpunkt der Beschlussfassung des Betriebsrates abzustellen (*BAG* 26.7.1989 EzA § 38 BetrVG 1972 Nr. 11). Ändert sich die Zahl der Beschäftigten nicht vorübergehend dergestalt, dass in Anwendung der Tabelle eine höhere oder niedrigere Zahl von Freistellungen vorzunehmen wäre, hat der Betriebsrat hierüber erneut zu beschließen. Gegebenenfalls kann der Arbeitgeber eine Entscheidung im Beschlussverfahren herbeiführen (vgl. MünchArbR/*Joost* § 308 Rz. 58; GK-BetrVG/*Wiese/Weber* § 38 Rz. 13, 14, 103).

(2) Abweichende Regelungen, weitere Freistellungen, Teilfreistellungen

573 Gem. § 38 Abs. 1 S. 4 BetrVG können durch Tarifvertrag oder freiwillige Betriebsvereinbarung anderweitige Regelungen über die Freistellung vereinbart werden. Neben einer Erhöhung der Anzahl der freizustellenden Betriebsratsmitglieder kommt auch

I. Betriebsverfassungsrecht

die Vereinbarung einer geringeren als nach der gesetzlichen Mindeststaffel vorgesehenen Anzahl freizustellender Betriebsratsmitglieder in Betracht. Durch einseitigen Beschluss des Betriebsrats oder entsprechender Regelung in der Geschäftsordnung des Betriebsrats kann dieser nicht einseitig eine abweichende Regelung herbeiführen (*BAG* 28.7.1989 EzA § 38 BetrVG 1972 Nr. 11).

Gem. § 38 Abs. 1 S. 3, 4 BetrVG, eingefügt durch das BetrVerf-ReformG vom 23.7.2001 (BGBl. I S. 1852 ff.), ist nunmehr gesetzlich klargestellt, dass der Betriebsrat berechtigt ist, statt der Freistellung eines Betriebsratsmitglieds die teilweise Freistellung mehrerer Betriebsratsmitglieder zu beschließen, was allerdings nicht zu einer zusätzlichen arbeitszeitmäßigen Belastung des Arbeitgebers führen darf (zur früheren Rechtslage vgl. *BAG* 26.6.1996 EzA § 38 BetrVG 1972 Nr. 15). 574

Wie eine solche Teilfreistellung umgesetzt wird (Aufteilung der täglichen Arbeitszeit, tageweise vollständige Freistellung), obliegt grds. der freien Organisationsentscheidung des Betriebsrats. Hält der Arbeitgeber die Teilfreistellung eines bestimmten Betriebsratsmitglieds generell oder in der vom Betriebsrat vorgesehenen Form für sachlich nicht vertretbar, kann er gem. § 38 Abs. 2 S. 4–7 BetrVG die Einigungsstelle anrufen (s. u. I/Rz. 582 ff.).

Werden Teilfreistellungen vorgenommen, so dürfen diese zusammengenommen nicht den Umfang der Freistellungen nach § 38 Abs. 1 S. 1, 2 BetrVG überschreiten. Aufteilbar ist nur das konkrete Arbeitszeitvolumen der Betriebsratsmitglieder, die freigestellt werden sollen: Wird z. B. ein mit der Hälfte der betriebsüblichen Arbeitszeit teilzeitbeschäftigtes Betriebsratsmitglied zur Hälfte freigestellt, so beträgt das nicht in Anspruch genommene Freistellungspotenzial nur ein Viertel der betriebsüblichen Arbeitszeit (GK-BetrVG/*Wiese/Weber* § 38 Rz. 30; *Löwisch* DB 2001, 1734 [1743]). 575

Da die Freistellungen nach der Tabelle gem. § 38 Abs. 1 BetrVG nur mindestens vorzunehmen sind, können im Einzelfall nach den Verhältnissen des konkreten Betriebes zur ordnungsgemäßen Durchführung der Betriebsratsaufgaben gem. § 37 Abs. 2 BetrVG weitere Freistellungen für Stunden, Tage oder für die gesamte Arbeitszeit erforderlich sein (*BAG* 26.7.1989 EzA § 38 BetrVG 1972 Nr. 11). 576

Der Betriebsrat muss hierzu darlegen, dass nach Art und Umfang des Betriebes die zusätzliche Freistellung zur ordnungsgemäßen Durchführung der ihm obliegenden Aufgaben erforderlich ist und dartun, auf Grund welcher Tatsachen seine Arbeitsbelastung in zeitlicher Hinsicht derart erhöht ist, dass eine zusätzliche Freistellung erforderlich ist und weshalb auch nicht zeitweilig durch Ausschöpfung seiner sonstigen personellen Möglichkeiten die anfallenden notwendigen Betriebsratsarbeiten verrichtet werden können. Dabei ist zu berücksichtigen, dass für den Regelfall der Bedarf an Freistellungen bereits durch § 38 BetrVG abgedeckt ist (*BAG* 26.7.1989 EzA § 38 BetrVG 1972 Nr. 11; *BAG* 12.2.1997 EzA § 38 BetrVG 1972 Nr. 16). Diese Grundsätze gelten entsprechend für die gänzliche oder teilweise Freistellung eines oder mehrerer Betriebsratsmitglieder in Betrieben mit i. d. R. weniger als 200 Arbeitnehmern. Auch insoweit bestimmt sich der erforderliche Umfang der generellen Freistellung nach den konkreten Verhältnissen im Betrieb und kann nicht nach Richtwerten in Anlehnung an die Freistellungsstaffel des § 38 Abs. 1 BetrVG bestimmt werden. Erforderlich ist, dass regelmäßig Betriebsratstätigkeit in einem bestimmten, einer Pauschalie- 577

I. Betriebsverfassungsrecht

rung zugänglichen Mindestumfang anfällt (*BAG* 13.11.1991 EzA § 37 BetrVG 1972 Nr. 106). Ist ein Betriebsratsmitglied durch die Wahrnehmung einer Funktion in einem anderen betriebsverfassungsrechtlichen Organ, wie z. B. zum Gesamtbetriebsrat in einem zeitlich feststehenden Umfang an der Erledigung von Betriebsratsaufgaben verhindert, folgt hieraus nicht automatisch die Notwendigkeit einer entsprechenden weiteren Freistellung eines anderen Betriebsratsmitglieds. Die weitere Freistellung ist vielmehr nur dann erforderlich, wenn auch nach einer zumutbaren betriebsratsinternen Umverteilung die Aufgaben des Betriebsrats durch die anderen Betriebsratsmitglieder nicht erledigt werden können und deshalb eine weitere Freistellung unumgänglich ist (*BAG* 12.2.1997 EzA § 38 BetrVG 1972 Nr. 16). Gleiches gilt im Falle einer urlaubs-, krankheits- oder schulungsbedingte Verhinderung eines nach § 38 Abs. 1 BetrVG freigestellten Betriebsratsmitglieds (*BAG* 9.7.1997 EzA § 37 BetrVG 1972 Nr. 137). Die Einrichtung einer Betriebsratssprechstunde bedingt dies z. B. nicht, sondern hat nur zur Folge, dass vor Abhaltung der Sprechstunde im jeweils erforderlichen Umfang ein Betriebsratsmitglied gem. § 37 Abs. 2 BetrVG konkret von seiner Arbeitspflicht befreit wird (*BAG* 13.11.1991 EzA § 37 BetrVG 1972 Nr. 106). Eine zusätzliche Freistellung kann insbesondere in Betracht kommen, wenn ein teilzeitbeschäftigtes Betriebsratsmitglied freigestellt worden ist, da der Gesetzgeber bei der Aufstellung der Freistellungsstaffel vollzeitbeschäftigter Arbeitnehmer ausgegangen ist (vgl. *LAG Düsseldorf* 26.9.1989 LAGE § 38 BetrVG 1972 Nr. 4; GK-BetrVG/*Wiese/Weber* § 38 Rz. 21).

578 Über zusätzlich erforderliche Freistellung hat der Betriebsrat zunächst eine Einigung mit dem Arbeitgeber anzustreben. Kommt eine solche nicht zu Stande, entscheidet das Arbeitsgericht im Beschlussverfahren (*BAG* 22.5.1973 EzA § 38 BetrVG 1972 Nr. 5; 16.1.1979 EzA § 38 BetrVG 1972 Nr. 9).

(3) Entscheidung des Betriebsrates, Verfahren

579 Die freizustellenden Betriebsratsmitglieder werden vom Betriebsrat aus seiner Mitte nach vorheriger Beratung mit dem Arbeitgeber gewählt. Die vorgesehene Beratung mit dem Arbeitgeber hat mit dem gesamten Betriebsrat zu erfolgen (*BAG* 26.7.1993 EzA § 38 BetrVG 1972 Nr. 13). Wird sie unterlassen, so hat dies nach überwiegender Auffassung (GK-BetrVG/*Wiese/Weber* § 38 Rz. 45; *Berg* DKK § 38 Rz. 38; a. A. etwa: *ArbG Hagen* 20.12.1972 DB 1973, 191; *Richardi* § 38 Rz. 30) auf die Wirksamkeit der Wahl keinen Einfluss. Ein ausreichender Schutz des Arbeitgebers ist durch die Möglichkeit der Anrufung der Einigungsstelle bei Bedenken gegen den Freistellungsbeschluss gewährleistet.

580 Für die Durchführung der Wahl gilt folgendes (*BAG* 11.3.1992 EzA § 38 BetrVG 1972 Nr. 12):
Werden mehrere Vorschlagslisten eingereicht, so gelten die Grundsätze der Verhältniswahl, sodass die gewählten Betriebsratsmitglieder nach dem Höchstzahlensystem zu bestimmen sind. Liegt nur eine Vorschlagsliste vor, so gelten die Grundsätze der Mehrheitswahl. Die Personen mit den meisten Stimmen sind gewählt. Ist nur ein Betriebsratsmitglied freizustellen, so wird dieses mit einfacher Stimmenmehrheit gewählt.

581 Mängel der Wahl müssen grds. entsprechend § 19 BetrVG innerhalb der dort vorgesehenen Frist von zwei Wochen nach Abschluss der Wahl im Rahmen eines Wahlanfechtungsverfahrens geltend gemacht werden (*BAG* 15.1.1992 EzA § 19 BetrVG 1972 Nr. 37; 11.3.1992 EzA § 38 BetrVG 1972 Nr. 12). Eine Nichtigkeit

I. Betriebsverfassungsrecht

der Wahl liegt nur bei ganz groben, offensichtlichen Rechtsverstößen vor, z. B. bei Verstoß gegen die Grundsätze der geheimen Wahl (vgl. GK-BetrVG/*Wiese/Weber* § 38 Rz. 50).

Nach Durchführung der Wahl ist das Ergebnis dem Arbeitgeber bekannt zu geben. Er 582
kann sein Einverständnis erklären und damit die Freistellung vornehmen.

Hält der Arbeitgeber eine oder mehrere Freistellungen für sachlich nicht vertretbar, so kann er innerhalb einer Frist von zwei Wochen nach der Bekanntgabe die Einigungsstelle anrufen. Unterbleibt dies, gilt das Einverständnis des Arbeitgebers als erteilt.

Es handelt sich um eine Ausschlussfrist, die bei Bestehen einer ständigen Einigungs- 583
stelle dann gewahrt ist, wenn vor ihrem Ablauf der Antrag des Arbeitgebers beim Einigungsstellenvorsitzenden eingegangen ist, andernfalls dann, wenn innerhalb der Frist beim Vorsitzenden des Betriebsrates ein Antrag des Arbeitgebers auf Bildung einer Einigungsstelle eingegangen ist (GK-BetrVG/*Wiese/Weber* § 38 Rz. 57; vgl. auch *Berg* DKK § 38 Rz. 48, der verlangt, dass der Antrag auch einen Vorschlag für den Vorsitzenden der Einigungsstelle und die Zahl der Beisitzer enthält). Die Einigungsstelle hat zu überprüfen, ob die betreffende Freistellung sachlich vertretbar ist. Sachlich nicht vertretbar ist die Auswahlentscheidung des Betriebsrates nur dann, wenn ihr betriebliche Notwendigkeit i. S. v. dringenden betrieblichen Gründen entgegenstehen, wenn diese Gründe zwingenden Vorrang vor dem Interesse des Betriebsrates an der Freistellung gerade dieses Betriebsratsmitglieds haben (GK-BetrVG/*Wiese/Weber* § 38 Rz. 59). Bloße Erschwerungen des Betriebsablaufes oder sonstige Unannehmlichkeiten reichen nicht aus (*Berg* DKK § 38 Rz. 46). Die Entscheidung des Betriebsrates hat grds. Vorrang und kann nur in engen Grenzen korrigiert werden (MünchArbR/*Joost* § 308 Rz. 74). Sachlich nicht vertretbar kann die Auswahl eines Betriebsratsmitglieds sein, das nicht oder nur mit unverhältnismäßigem Aufwand an seinem Arbeitsplatz zu ersetzen ist oder wenn durch die Freistellung mehrerer Betriebsratsmitglieder einer Arbeitsgruppe oder Abteilung entsprechende Schwierigkeiten entstehen (vgl. GK-BetrVG/*Wiese/Weber* § 38 Rz. 59). Hält die Einigungsstelle die Freistellung für sachlich nicht vertretbar, so hat sie selbst ein anderes Betriebsratsmitglied freizustellen. Dabei hat sie nach § 38 Abs. 2 S. 6 BetrVG auch den Minderheitenschutz i. S. d. Satzes 1 zu beachten: Im Falle der Verhältniswahl ist dann, wenn ein Repräsentant einer im Betriebsrat vertretenen Minderheitsliste infolge sachlicher Unvertretbarkeit seiner Freistellung zu ersetzen ist, vorrangig zu prüfen, ob nicht ein anderes Mitglied dieser Liste freigestellt werden kann. Zwingend muss dies allerdings nicht geschehen (GK-BetrVG/*Wiese/Weber* § 38 Rz. 63).

(4) Ausscheiden und Verhinderung freigestellter Betriebsratsmitglieder
Bei Ausscheiden eines freigestellten Betriebsratsmitgliedes rückt das Ersatzmitglied 584
(§ 25 Abs. 1 BetrVG) nur in die Rechtsstellung als Betriebsmitglied nach, sodass die Freistellung nicht automatisch für das Ersatzmitglied gilt. Bei zeitweiser Verhinderung behält das Mitglied seine Rechtsstellung als freigestelltes Betriebsratsmitglied; bei Verhinderung für längere Zeit hat aber der Betriebsrat unter Umständen gem. §§ 37 Abs. 2, 38 Abs. 1 BetrVG einen Anspruch auf zusätzliche zeitweise Freistellung eines seiner Mitglieder. Verhinderungen von kurzer Dauer werden allerdings durch

I. Betriebsverfassungsrecht

die gesetzliche Pauschalierung der Freistellungen ausgeglichen und begründen keinen Anspruch auf eine Ersatzfreistellung (*BAG* 22.5.1973 EzA § 38 BetrVG 1972 Nr. 4). Endet die Freistellung eines Betriebsratsmitglieds oder ist wegen einer Erhöhung der Beschäftigtenzahl eine weitere Freistellung vorzunehmen, stellt sich die Frage, in welcher Weise die Ersatzfreistellung oder Nachwahl zu erfolgen hat. Überwiegend wird es zunächst für zulässig gehalten, dass der Betriebsrat vorsorglich ersatzweise freizustellende Betriebsratsmitglieder wählt oder analog § 25 BetrVG beschließt, dass im Falle der Verhinderung oder des Ausscheidens des freigestellten Betriebsratsmitgliedes noch vorhandene, aber nicht gewählte Listenkandidaten freigestellt sind (GK-BetrVG/*Wiese*/*Weber* § 38 Rz. 72; *Berg* DKK § 38 Rz. 57; offen gelassen in *BAG* 28.10.1992 EzA § 38 BetrVG 1972 Nr. 14 – abl. *LAG Berlin* 9.6.1995 LAGE § 38 BetrVG 1972 Nr. 7). Fehlt eine solche vorsorgliche Wahl ist im Falle der Mehrheitswahl auch die Nachwahl im Wege der Mehrheitswahl vorzunehmen. Wurden die Freigestellten in Verhältniswahl gewählt, ist das ersatzweise freizustellende Betriebsratsmitglied in entsprechender Anwendung des § 25 Abs. 2 BetrVG der Vorschlagsliste zu entnehmen, der das zu ersetzende Mitglied angehörte. Bei Listenerschöpfung ist das ersatzweise freizustellende Mitglied im Wege der Mehrheitswahl zu wählen (*BAG* 25.4.2001 – 7 ABR 26/00 –; GK-BetrVG/*Wiese*/*Weber* § 38 Rz. 74, 75).

(5) Die Rechtsstellung der freigestellten Betriebsratsmitglieder

585 Mit der Freistellung ist das Betriebsratsmitglied allein von der Arbeitspflicht entbunden, die übrigen Pflichten aus dem Arbeitsverhältnis bleiben bestehen. Es ist an die betriebsüblichen Arbeitszeiten gebunden und hat sich während der Arbeitszeit ausschließlich Betriebsratsaufgaben zu widmen oder sich für solche bereitzuhalten. Andere Tätigkeiten dürfen nicht ausgeübt werden (*BAG* 31.5.1989 EzA § 37 BetrVG 1972 Nr. 100; 17.10.1990 EzA § 40 BetrVG 1972 Nr. 65).

586 Das freigestellte Betriebsratsmitglied hat sich grds. am Sitz des Betriebsrats für die Betriebsratstätigkeiten bereitzuhalten. Das gilt auch dann, wenn es vor der Freistellung seine Tätigkeit außerhalb des Betriebes zu leisten hatte. Die Freistellung führt dann zu einer Veränderung des Leistungsortes (*BAG* 28.8.1991 EzA § 40 BetrVG 1972 Nr. 66). Maßnahmen zur Anwesenheitskontrolle sind in gleicher Weise wie für andere Arbeitnehmer verbindlich. Zeiterfassungsgeräte sind auch von ihnen zu benutzen (GK-BetrVG/*Wiese*/*Weber* § 38 Rz. 77). Wird die Anwesenheitspflicht missachtet, verletzt das Betriebsratsmitglied nicht nur seine Amtspflicht, sondern zugleich auch arbeitsvertragliche Pflichten und verliert für diese Zeit seinen Anspruch auf das Arbeitsentgelt (*BAG* 22.8.1974 EzA § 103 BetrVG 1972 Nr. 6; 21.7.1978 EzA § 37 BetrVG 1972 Nr. 60). Es besteht eine widerlegbare Vermutung dafür, dass das freigestellte Mitglied während der Arbeitszeit ausschließlich sein Amt ausübt. Nimmt es hingegen keine erforderlichen Betriebsratsaufgaben wahr, entfällt auch ein Vergütungsanspruch (*BAG* 19.5.1983 EzA § 37 BetrVG 1972 Nr. 77; 31.5.1989 EzA § 37 BetrVG 1972 Nr. 100). Der Arbeitgeber kann zwar verlangen, dass das Betriebsratsmitglied während der Freistellung keiner anderen Tätigkeit nachgeht. Das Betriebsratsmitglied ist aber nicht verpflichtet, laufend Rechenschaft über seine Tätigkeit abzugeben (GK-BetrVG/*Wiese*/*Weber* § 38 Rz. 83).

587 Ist außerhalb des Betriebes eine Betriebsratstätigkeit erforderlich, so hat sich das Betriebsratsmitglied bei der zuständigen betrieblichen Stelle abzumelden (*Wedde* DKK § 38 Rz. 65). Für Betriebsratstätigkeit außerhalb der Dienstzeit hat das Betriebsrats-

mitglied Ausgleichsansprüche in Anwendung von § 37 Abs. 3 BetrVG nur dann, wenn die außerhalb der Dienstzeit liegende Tätigkeit durch betriebsbedingte Gründe (z. B. Betriebsratssitzungen im Mehrschichtbetrieb) außerhalb der Dienstzeit erfolgen musste (vgl. *BAG* 21.5.1974 EzA § 37 BetrVG 1972 Nr. 25; GK-BetrVG/*Wiese*/*Weber* § 38 Rz. 87).

Wird ein freigestelltes Betriebsratsmitglied an bestimmten Tagen aus betriebsbedingten Gründen in besonderem Maße zeitlich beansprucht, so besteht kein Anspruch auf Freizeitausgleich, da der Gesetzgeber gewisse Mehr- und Mindertätigkeiten bezogen auf die betriebliche Arbeitszeit auf Grund der pauschalen Regelung der Freistellung in § 38 Abs. 1 BetrVG in Kauf nimmt (*BAG* 21.5.1974 EzA § 37 BetrVG 1972 Nr. 25). 588

(6) Beendigung der Freistellung
Die Freistellung endet in den Fällen der § 21, § 23 Abs. 1 S. 1, § 24 BetrVG sowie mit dem Ende der Amtszeit des Betriebsrats. Möglich ist auch die Abberufung. Diese erfolgt gem. § 38 Abs. 2 S. 8 i. V. m. § 27 Abs. 1 S. 5 BetrVG: Wurde über die Freistellung in Verhältniswahl entschieden, so bedarf die Abberufung einer Mehrheit von drei Vierteln der Stimmen des Betriebsrats in geheimer Abstimmung. Werden die freizustellenden Betriebsratsmitglieder insgesamt neu gewählt, so treten die neu Gewählten an die Stelle der früher Gewählten, ohne dass diese erst mit qualifizierter Mehrheit des Betriebsrats abberufen werden müssten (*BAG* 29.4.1992 EzA § 38 BetrVG 1972 Nr. 13). Bei Mehrheitswahl genügt für die Abberufung ein Betriebsratsbeschluss mit einfacher Mehrheit. Das freigestellte Betriebsratsmitglied kann weiter jederzeit seine Zustimmung zur Freistellung widerrufen, um seine berufliche Tätigkeit wieder aufzunehmen. Fraglich ist, ob der Arbeitgeber nach Maßgabe von § 2 Abs. 1 BetrVG verlangen kann, dass die Freistellung eines bestimmten Betriebsratsmitgliedes aufgehoben und stattdessen ein anderes Betriebsratsmitglied freigestellt wird (abl. *LAG Düsseldorf* 26.3.1989 LAGE § 38 Nr. 4; bejahend GK-BetrVG/*Wiese*/ *Weber* § 38 Rz. 69). 589

(7) Streitigkeiten
Meinungsverschiedenheiten über die Zahl der Freistellungen und die Wahl der freizustellenden Betriebsratsmitglieder sind im arbeitsgerichtlichen Beschlussverfahren auszutragen. Antragsberechtigt sind der Betriebsrat, der Arbeitgeber und gegebenenfalls ein einzelnes Betriebsratsmitglied, wenn es selbst unmittelbar betroffen ist (GK-BetrVG/*Wiese*/*Weber* § 38 Rz. 103). Ein Antragsrecht der im Betrieb vertretenen Gewerkschaften besteht nicht (MünchArbR/*Joost* § 308 Rz. 90). Bei Streitigkeiten zwischen Arbeitgeber und Betriebsratsmitglied über die Fortzahlung des Arbeitsentgelts, über arbeitsvertragliche Pflichten während der Freistellung und über Ansprüche nach § 38 Abs. 3 und 4 BetrVG ist im Urteilsverfahren zu entscheiden (GK-BetrVG/*Wiese*/*Weber* § 38 Rz. 105). 590

d) Wirtschaftliche und berufliche Sicherung der Betriebsratsmitglieder
Durch § 37 Abs. 4, 5 BetrVG soll sichergestellt werden, dass die Betriebsratsmitglieder weder in wirtschaftlicher noch in beruflicher Hinsicht gegenüber vergleichbaren Arbeitnehmern mit betriebsüblicher Entwicklung Nachteile erleiden. 591

I. Betriebsverfassungsrecht

aa) Entgeltschutz, § 37 Abs. 4 BetrVG

(1) Voraussetzungen und Inhalt

592 In Ergänzung zu § 37 Abs. 2 BetrVG, der zunächst nur die Weiterzahlung des bisherigen Arbeitsentgelts nach dem Lohnausfallprinzip sicherstellt, verbietet § 37 Abs. 4 BetrVG, das Arbeitsentgelt des Betriebsratsmitglieds geringer zu bemessen als das vergleichbarer Arbeitnehmer mit betriebsüblicher beruflicher Entwicklung. Es soll so gestellt werden, als ob es im Betrieb weitergearbeitet und keine Amtstätigkeit wahrgenommen hätte (*BAG* 11.5.1988 EzA § 4 TVG Tariflohnerhöhung Nr. 1). Maßgebend ist das Arbeitsentgelt vergleichbarer Arbeitnehmer mit betriebsüblicher, regelmäßiger beruflicher Entwicklung. Das Gesetz stellt damit auf eine hypothetische Betrachtung ab. Welche individuelle berufliche Entwicklung das Betriebsratsmitglied ohne das Amt mutmaßlich genommen hätte, ist unerheblich.

593 Vergleichbar sind Arbeitnehmer des Betriebes, die im Zeitpunkt der Übernahme des Amtes, bei Ersatzmitgliedern im Zeitpunkt des Nachrückens, eine im Wesentlichen gleich qualifizierte Tätigkeit wie das Betriebsratsmitglied ausgeübt haben und auch hinsichtlich Persönlichkeit, Qualifikation und Leistung vergleichbar sind (*BAG* 15.1.1992 EzA § 37 BetrVG 1972 Nr. 110; 21.4.1983 EzA § 37 BetrVG 1972 Nr. 79).

594 Strittig ist, inwieweit persönliche Umstände in der Entwicklung des Betriebsratsmitglieds selbst bei der hypothetisch ausgerichteten Betrachtung Berücksichtigung finden können, z. B. dann, wenn das Betriebsratsmitglied durch längere Erkrankung an einer entsprechenden beruflichen Weiterentwicklung gehindert worden ist oder an einer betriebsüblichen Weiterbildungsmaßnahme ohne Erfolg teilgenommen hat. Zum Teil wird eine solche Berücksichtigung befürwortet, da anderenfalls eine Begünstigung wegen des Amtes vorläge (GK-BetrVG/*Wiese/Weber* § 37 Rz. 114). Nach anderer Auffassung haben derartige persönliche Umstände außer Betracht zu bleiben, da das Gesetz gerade auf eine hypothetische Betrachtung nur unter Berücksichtigung der Verhältnisse vergleichbarer Arbeitnehmer und deren betriebsüblicher Entwicklung abstelle (*Wedde* DKK § 37 Rz. 76). Ist der Arbeitsplatz eines freigestellten Betriebsratsmitgliedes ersatzlos weggefallen, so bemisst sich das Arbeitsentgelt nach der Tätigkeit, die ihm nach dem Arbeitsvertrag übertragen werden müsste, wenn es nicht freigestellt worden wäre (*BAG* 17.5.1977 EzA § 37 BetrVG 1972 Nr. 54).

595 Betriebsüblich ist die Entwicklung, die bei objektiv vergleichbarer Tätigkeit Arbeitnehmer mit vergleichbarer fachlicher und persönlicher Qualifikation bei Berücksichtigung der normalen betrieblichen und personellen Entwicklung in beruflicher Hinsicht genommen haben (*BAG* 15.1.1992 EzA § 37 BetrVG 1972 Nr. 110; 13.11.1987 EzA § 37 BetrVG 1972 Nr. 88).

596 Der Geschehensablauf muss so typisch sein, dass auf Grund der betrieblichen Gegebenheiten und Gesetzmäßigkeiten grundsätzlich, d. h. wenigsten in der überwiegenden Mehrzahl der vergleichbaren Fälle, damit gerechnet werden kann. Beförderungen sind deshalb nur dann betriebsüblich, wenn nach den betrieblichen Gepflogenheiten das Betriebsratsmitglied befördert worden wäre oder wenigstens die überwiegende Mehrheit der vergleichbaren Arbeitnehmer des Betriebes einen derartigen Aufstieg erreicht haben (*BAG* 15.1.1992 EzA § 37 BetrVG 1972 Nr. 110). Be-

I. Betriebsverfassungsrecht

wirbt sich ein Betriebsratsmitglied um einen höher dotierten Arbeitsplatz, besteht ein Anspruch des nicht berücksichtigten Betriebsratsmitgliedes auf das höhere Arbeitsentgelt deshalb nur dann, wenn eine personelle Auswahl im Rahmen der betriebsüblichen beruflichen Entwicklung zu einer Beförderung geführt hätte (*BAG* 13.11.1987 EzA § 37 BetrVG 1972 Nr. 88). Zur Beurteilung der betriebsüblichen Entwicklung sind auch Maßnahmen der beruflicher Fortbildung, an denen generell vergleichbare Arbeitnehmer teilgenommen haben und deshalb höher vergütet werden, zu berücksichtigen, wenn das betreffende Betriebsratsmitglied wegen der Betriebsratstätigkeit an solchen Maßnahmen nicht teilnehmen konnte (GK-BetrVG/*Wiese/Weber* § 37 Rz. 117; *Wedde* DKK § 37 Rz. 78).

Der Arbeitgeber hat das Arbeitsentgelt von sich aus laufend an das vergleichbarer Arbeitnehmer anzupassen (*BAG* 21.4.1983 EzA § 37 BetrVG 1972 Nr. 79). **597**

Es dürfen keine finanziellen Nachteile daraus entstehen, dass das Betriebsratsmitglied wegen seiner Amtstätigkeit eine geringer entlohnte Tätigkeit hat übernehmen müssen, so z. B. Zeit- statt Akkordarbeit, Tages- statt Wechselschicht oder Aufgabe einer Tätigkeit als Schichtführer (*LAG Köln* 13.9.1984 DB 1985, 394; GK-BetrVG/*Wiese*/Weber § 37 Rz. 119). Die Steigerungen des Arbeitsentgelts auf Grund betriebsüblicher Entwicklung sind jeweils zu berücksichtigen (GK-BetrVG/*Wiese/Weber* § 37 Rz. 120). Lohnzuschläge, die vergleichbaren Arbeitnehmern zur Abgeltung besonderer persönlicher Leistungen (z. B. für Nachtarbeit) gewährt werden, bleiben außer Betracht, es sei denn, das Betriebsratsmitglied hätte diese Zuschläge ohne Freistellung verdient (*BAG* 17.5.1977 EzA § 37 BetrVG 1972 Nr. 54).

Der Anspruch umfasst nach § 37 Abs. 4 S. 2 auch allgemeine Zuwendungen des Arbeitgebers an vergleichbare Arbeitnehmer. Erfasst werden Zuwendungen, auch freiwillige widerrufliche, die neben dem eigentlichen Arbeitsentgelt generell allen, einer Gruppe vergleichbarer Arbeitnehmer oder auch einzelnen Arbeitnehmern nach objektiven Kriterien unabhängig von der persönlichen Leistung des einzelnen Arbeitnehmers gewährt werden (*BAG* 21.4.1983 EzA § 37 BetrVG 1972 Nr. 79). **598**

(2) Dauer des Schutzes
Das Verbot der geringeren Entlohnung gilt ab Beginn der Mitgliedschaft im Betriebsrat bis zu einem Jahr nach Beendigung der individuellen Amtszeit im Betriebsrat. Für vollständig freigestellte Betriebsratsmitglieder erhöht sich der Zeitraum für den Entgeltschutz auf zwei Jahre nach Ablauf ihrer Amtszeit im Betriebsrat, wenn das Mitglied drei volle aufeinander folgende Amtszeiten von der beruflichen Tätigkeit, also i. d. R. zwölf Jahre freigestellt war, § 38 Abs. 3 BetrVG. **599**

(3) Streitigkeiten, Auskunftsanspruch
Die aus § 37 Abs. 4 BetrVG resultierenden Ansprüche sind individualrechtliche Ansprüche und daher im arbeitsgerichtlichen Urteilsverfahren geltend zu machen. Dem Betriebsratsmitglied steht gegen den Arbeitgeber ein Auskunftsanspruch über das Arbeitsentgelt einschließlich etwaiger Zuwendungen vergleichbarer Arbeitnehmer zu (*Wedde* DKK § 37 Rz. 83). **600**

bb) Tätigkeitsschutz, § 37 Abs. 5 BetrVG
§ 37 Abs. 5 BetrVG dient in Ergänzung des Entgeltschutzes dem Schutz der ideellen, langfristig auch den materiellen Interessen der Betriebsratsmitglieder, insbesondere **601**

I. Betriebsverfassungsrecht

davor, nicht mit geringerwertiger Tätigkeit als vergleichbare Arbeitnehmer beschäftigt zu werden. Auf ständig freigestellte Betriebsratsmitglieder findet die Bestimmung nur Anwendung, wenn diese nur teilweise freigestellt sind, im Übrigen erst nach Beendigung der Freistellung (GK-BetrVG/*Wiese/Weber* § 37 Rz. 127).

602 Das Gebot gleichwertiger Beschäftigung begründet einen Anspruch darauf, nicht mit geringerwertigen Tätigkeiten als vor Amtsantritt beschäftigt zu werden.

§ 37 Abs. 5 BetrVG enthält damit zu Gunsten des nicht freigestellten Betriebsratsmitgliedes eine partielle Versetzungssperre. Geringerwertige Tätigkeiten dürfen nur zugewiesen werden, wenn dies einzelvertraglich zulässig und durch zwingende betriebliche Notwendigkeiten geboten ist (*LAG Frankfurt/M.* 14.8.1986 LAGE § 37 BetrVG 1972 Nr. 21). Außerdem besteht ein Anspruch darauf, entsprechend der betriebsüblichen beruflichen Entwicklung vergleichbarer Arbeitnehmer diesen hinsichtlich ihrer Tätigkeit fortlaufend angeglichen zu werden, sofern das Betriebsratsmitglied eine entsprechende Qualifikation aufweist.

603 Es besteht ein Anspruch auf Teilnahme an Maßnahmen der Berufsbildung, der aus dem allgemeinen Benachteiligungsverbot nach § 78 S. 2 BetrVG resultiert (GK-BetrVG/*Wiese/Weber* § 37 Rz. 129; *Wedde* DKK § 37 Rz. 89).

604 Das Betriebsratsmitglied hat nach § 37 Abs. 5 BetrVG keinen Anspruch auf eine gleiche, sondern nur auf eine gleichwertige Beschäftigung. Gleichwertig ist die tatsächliche Beschäftigung dann, wenn sie unter Berücksichtigung aller Umstände nicht nur wie die vergleichbarer Arbeitnehmer vergütet, sondern auch ihrer Bedeutung nach entsprechend anerkannt wird. Streitig ist im Hinblick auf die erforderliche Anerkennung, ob insoweit auf die Anschauung der im Betrieb Beschäftigten (GK-BetrVG/*Wiese/Weber* § 37 Rz. 128) oder auf die in der betreffenden Berufssparte vorherrschende Verkehrsauffassung (*Wedde* DKK § 37 Rz. 86; *LAG Frankfurt/M.* 14.8.1986 LAGE § 37 BetrVG 1972 Nr. 21) abzustellen ist.

605 Ein Anspruch auf Beschäftigung mit gleichwertiger Tätigkeit besteht dann nicht, wenn der Beschäftigung unter Anlegung eines strengen Maßstabes zwingende betriebliche Notwendigkeiten entgegenstehen was nur der Fall ist, wenn die betrieblichen Gegebenheiten zwingenden Vorrang gegenüber dem Interesse des Betriebsratsmitglieds an gleichwertiger Beschäftigung haben (MünchArbR/*Joost* § 308 Rz. 168). Der Tätigkeitsschutz setzt vorhandene Möglichkeiten der Beschäftigung voraus. Eine Verpflichtung zur Schaffung neuer Arbeitsplätze für Betriebsratsmitglieder besteht nicht (GK-BetrVG/*Wiese/Weber* § 37 Rz. 131).

606 Eine zwingende Notwendigkeit liegt etwa vor, wenn ein entsprechender Arbeitsplatz fehlt und für einen solchen auch kein Bedürfnis besteht, dem Betriebsratsmitglied die erforderliche Qualifikation fehlt oder die in Frage kommende Tätigkeit mit Unterbrechungen, wie sie das Amt des Betriebsratsmitglieds zwangsläufig mit sich bringt, nicht vereinbar ist, es sei denn, die Arbeit kann in Unterbrechungszeiten ohne weiteres durch einen anderen Arbeitnehmer verrichtet werden (*Wedde* DKK § 37 Rz. 88; GK-BetrVG/*Wiese/Weber* § 37 Rz. 131.).

607 Für die Dauer des Schutzes gelten die gleichen Grundsätze wie für den Entgeltschutz (s. o. I/Rz. 599). Auch bei den Ansprüchen aus § 37 Abs. 5 BetrVG handelt es sich um individualrechtliche Ansprüche, die im arbeitsgerichtlichen Urteilsverfahren vom Betriebsratsmitglied geltend zu machen sind.

I. Betriebsverfassungsrecht

cc) Schutz der beruflichen Entwicklung

(1) Besonderer Schutz freigestellter Betriebsratsmitglieder
§ 38 Abs. 4 BetrVG sieht im Interesse der späteren Wiederaufnahme der beruflichen 608
Tätigkeit und zur Gewährleistung des beruflichen Anschlusses an frühere Arbeitskollegen vor, dass freigestellte Betriebsratsmitglieder von inner- und außerbetrieblichen Maßnahmen der Berufsbildung nicht ausgeschlossen werden dürfen. Als gezielte Förderungsmaßnahmen nach Beendigung der Freistellung ist dem Betriebsratsmitglied im Rahmen der Möglichkeiten des Betriebes Gelegenheit zur Nachholung einer betriebsüblichen beruflichen Entwicklung zu geben, z. B. durch Umschulungs- oder Fortbildungsmaßnahmen. Voraussetzung für einen solchen Anspruch ist, dass die unterbliebene berufliche Entwicklung durch die Amtstätigkeit des Betriebsrats und nicht von diesem selbst, z. B. aus Nachlässigkeit, verursacht wurde (GK-BetrVG/*Wiese/Weber* § 38 Rz. 98). Die Verpflichtung des Arbeitgebers besteht nur im Rahmen der Möglichkeiten des Betriebes, sodass die entsprechende Schulung für den Betrieb hinsichtlich Art, Dauer und des finanziellen Aufwandes vertretbar sein muss, woran es nicht bereits deshalb fehlt, weil innerbetrieblich nach Beendigung der Freistellung keine Schulungsmöglichkeiten angeboten werden. Gegebenenfalls ist dann auf außerbetriebliche Fortbildungsmöglichkeiten zurückzugreifen (*Berg* DKK § 38 Rz. 78).

(2) Schutz der beruflichen Entwicklung nicht freigestellter Betriebsratsmitglieder
Obwohl eine spezielle und ausdrückliche gesetzliche Regelung in § 38 Abs. 4 S. 1 609
BetrVG nur für freigestellte Betriebsratsmitglieder existiert, haben auch nicht freigestellte Betriebsratsmitglieder einen Anspruch auf Teilnahme an Maßnahmen der Berufsbildung, der aus § 78 S. 2 BetrVG folgt. Hat das Betriebsratsmitglied an beruflichen Entwicklungen und Fortbildungen wegen seiner Tätigkeit zunächst nicht teilnehmen können, so muss ihm dazu vom Arbeitgeber nach Beendigung der Mitgliedschaft im Betriebsrat nachträglich Gelegenheit gegeben werden (GK-BetrVG/*Wiese/Weber* § 37 Rz. 129; MünchArbR/*Joost* § 308 Rz. 174).

e) Teilnahme an Schulungs- und Bildungsveranstaltungen, § 37 Abs. 6, 7 BetrVG
§ 37 Abs. 6, 7 BetrVG trägt der Tatsache Rechnung, dass Betriebsratsmitglieder stän- 610
dig steigenden Anforderungen ausgesetzt sind und deshalb einer entsprechenden Qualifikation bedürfen (BR-Drs. 715/70, S. 40 f.). § 37 Abs. 7 BetrVG gewährt dabei jedem Betriebsratsmitglied einen individuellen Anspruch auf bezahlte Freistellung zur Teilnahme an geeigneten Veranstaltungen, der auf der Vorstellung beruht, dass die Betriebsratsmitglieder zur sachgerechten Ausübung ihres Amtes ein ausreichendes Maß an sozialpolitischen, wirtschaftlichen, rechtlichen und technischen Kenntnissen haben müssten (BT-Ausschuss für Arbeit und Sozialordnung, BT-Drs. VI/2729, S. 14). § 37 Abs. 6 BetrVG enthält demgegenüber einen kollektiven Anspruch des Betriebsrates zur gleichmäßigen individuellen Schulung und Bildung aller Betriebsratsmitglieder im Rahmen der Erforderlichkeit. Der Anspruch steht daher dem Betriebsrat als solchem zu. Ein eigener Anspruch des Betriebsratsmitglieds i. S. e. abgeleiteten individuellen Anspruches entsteht erst dann, wenn der Betriebsrat durch Beschluss zu Gunsten des betreffenden Betriebsratsmitglieds eine entsprechende Auswahlentscheidung getroffen hat (*BAG* 15.5.1986 EzA § 37 BetrVG 1972 Nr. 84; 5.4.1984 EzA § 37 BetrVG 1972 Nr. 80). Beide Ansprüche stehen nebeneinander. Insbesondere besteht keine gesetzliche Verpflichtung, zunächst den Anspruch

I. Betriebsverfassungsrecht

nach § 37 Abs. 7 BetrVG auszuschöpfen, bevor der Betriebsrat eine Freistellung nach § 37 Abs. 6 BetrVG verlangen kann (*BAG* 5.4.1984 EzA § 37 BetrVG 1972 Nr. 80). Hat ein Betriebsratsmitglied in einer Schulung nach § 37 Abs. 7 BetrVG allerdings bereits die notwendigen Kenntnisse erworben, ist eine Arbeitsbefreiung über den gleichen Gegenstand nach § 37 Abs. 6 BetrVG nicht mehr erforderlich (GK-BetrVG/*Wiese/Weber* § 37 Rz. 179).

aa) Schulungs- und Bildungsveranstaltungen gem. § 37 Abs. 6 BetrVG

(1) Erforderlichkeit der Kenntnisse

611 Erforderlich i. S. d. § 37 Abs. 6 BetrVG ist die Vermittlung von Kenntnissen nur dann für die Betriebsratsarbeit, wenn sie unter Berücksichtigung der konkreten Situation im Betrieb und im Betriebsrat benötigt werden, damit die Betriebsratsmitglieder ihre derzeitigen oder demnächst anfallenden gesetzlichen Aufgaben wahrnehmen können. Dabei ist darauf abzustellen, ob nach den Verhältnissen des einzelnen Betriebes Fragen anstehen oder absehbar in naher Zukunft anstehen werden, die der Beteiligung des Betriebsrates unterliegen und für die im Hinblick auf den Wissensstand des Betriebsrates eine Schulung des betreffenden Mitgliedes, gegebenenfalls unter Berücksichtigung der Aufgabenverteilung im Betriebsrat, erforderlich ist, damit er seine Beteiligungsrechte sach- und fachgerecht ausüben kann (st. Rspr., *BAG* 10.11.1993 EzA § 611 BGB Abmahnung Nr. 29; 15.5.1986 EzA § 37 BetrVG 1972 Nr. 85).

612 Von der Prüfung der Erforderlichkeit kann nicht deshalb abgesehen werden, weil der Arbeitgeber auf eine Mitteilung des Betriebsrats, ein bestimmtes Mitglied zu einer Schulungsveranstaltung entsenden zu wollen, geschwiegen hat (BAG 24.5.1995 EzA § 37 BetrVG 1972 Nr. 127).

613 Das *BAG* (z. B. 10.11.1993 EzA § 611 BGB Abmahnung Nr. 29) unterscheidet zwischen Veranstaltungen, die der Vermittlung von Grundkenntnissen dienen und solchen, die Spezialkenntnisse vermitteln.

> Grds. ist die Vermittlung von Grundkenntnissen im Betriebsverfassungs- und Arbeitsrecht für jedes Betriebsratsmitglied erforderlich. Dies gilt jedenfalls für erstmals gewählte Mitglieder ohne besondere Erfahrungen auf diesen Gebieten.

614 Handelt es sich um ein Betriebsratsmitglied mit bereits langjähriger Tätigkeit im Betriebsrat, so werden derartige Kenntnisse allerdings im Regelfall durch die langjährige Erfahrung erworben. In einem solchen Fall muss das Betriebsratsmitglied näher darlegen, weshalb trotzdem die entsprechenden Kenntnisse nicht vorhanden sind (*BAG* 16.10.1986 EzA § 37 BetrVG 1972 Nr. 87). Einer entsprechenden Darlegung bedarf es daher auch dann, wenn die Schulung erst kurz vor dem Ende der Amtszeit des Betriebsrates stattfinden soll (*BAG* 7.6.1989 EzA § 37 BetrVG 1972 Nr. 98; 9.9.1992 EzA § 37 BetrVG 1972 Nr. 113). Unter Berücksichtigung dieser Einschränkungen sind auch Schulungsveranstaltungen über Arbeitsschutz und Unfallverhütung als erforderlich anzusehen. Da jedes Betriebsratsmitglied sein Amt in eigener Verantwortung führen muss, ist es auch grds. ohne Bedeutung, ob ein oder mehrere andere Betriebsratsmitglieder bereits an einer Schulungsveranstaltung dieser Art teilgenommen haben, sodass es nicht auf den Kenntnisstand des Betriebsrates insgesamt,

I. Betriebsverfassungsrecht

sondern auf den des betroffenen Betriebsratsmitglieds ankommt (*BAG* 15.5.1986 EzA § 37 BetrVG 1972 Nr. 85). In Betracht kommen auch Wiederholungs- und Vertiefungsveranstaltungen, insbesondere bei einer Änderung der betrieblichen Verhältnisse oder der Rechtslage durch Gesetzgebung oder Rechtsprechung (GK-BetrVG/ *Wiese/Weber* § 37 Rz. 194).

Handelt es sich um die Vermittlung von Kenntnissen in speziellen Themenbereichen, ist eine Erforderlichkeit nur dann gegeben, wenn ein aktueller, betriebsbezogener Anlass für die Annahme besteht, dass die auf der Schulungsveranstaltung zu erwerbenden Kenntnisse derzeit oder in naher Zukunft von dem zu schulenden Betriebsratsmitglied benötigt werden, damit der Betriebsrat seine Beteiligungsrechte sach- und fachgerecht ausüben kann (*BAG* 10.11.1993 EzA § 611 BGB Abmahnung Nr. 29; 7.6.1989 EzA § 37 BetrVG 1972 Nr. 98). Im Gegensatz zur Vermittlung von Grundkenntnissen ist insoweit also auch darauf abzustellen, ob das betreffende Betriebsratsmitglied nach der internen Organisation des Betriebsrates mit der jeweiligen Aufgabe betraut ist (*BAG* 29.4.1992 EzA § 37 BetrVG 1972 Nr. 111). 615

Immer Voraussetzung ist, dass die vermittelten Kenntnisse sich auf die Aufgaben des konkreten Betriebsrates und deren Durchführung im Betrieb beziehen. Nicht erforderlich ist die Vermittlung lediglich nützlicher Kenntnisse, wie z. B. eine Schulung in Gesprächsführung und Rhetorik (*BAG* 20.10.1993 EzA § 37 BetrVG 1972 Nr. 116; a. A. LAG *Schleswig-Holstein* 4.12.1990 LAGE § 37 BetrVG 1972 Nr. 35), es sei denn, dass der Betriebsrat darlegen kann, dass er seine gesetzlichen Aufgaben nur sachgerecht erfüllen kann, wenn die rhetorischen Fähigkeiten bestimmter Mitglieder durch eine Schulungsveranstaltung verbessert werden. In Betracht kommen z. B. Schulungsveranstaltungen über Diskussionsleitung für Betriebsratsvorsitzende und ihre Stellvertreter (*BAG* 15.2.1995 EzA § 37 BetrVG 1972 Nr. 125; 24.5.1994 EzA § 37 BetrVG 1972 Nr. 127). Nur unter diesen Voraussetzungen ist auch eine Schulung zum Thema »Schriftliche Kommunikation im Betrieb« erforderlich (*BAG* 15.2.1995 EzA § 37 BetrVG 1972 Nr. 125). Erforderlich kann z. B. auch eine Veranstaltung zur Erläuterung der aktuellen betriebsverfassungsrechtlichen Rechtsprechung des BAG und deren Umsetzung in die betriebliche Praxis sein. Hierfür muss sich der Betriebsrat nicht auf ein Selbststudium anhand von zur Verfügung gestellten Fachzeitschriften verweisen lassen (*BAG* 20.12.1995 EzA § 37 BetrVG 1972 Nr. 130). Die Teilnahme an einer Schulungsveranstaltung zum Thema »Mobbing« kann erforderlich sein, wenn der Betriebsrat etwa auf Grund bereits eingegangener Beschwerden von durch Mobbing betroffener Arbeitnehmer (§ 85 BetrVG) eine betriebliche Konfliktlage darlegen kann, aus der sich für ihn ein Handlungsbedarf zur Wahrnehmung seiner gesetzlichen Aufgabenstellung ergibt und zu deren Erledigung er das auf der Schulung vermittelte Wissen benötigt (*BAG* 15.1.1997 EzA § 37 BetrVG 1972 Nr. 133). 616

Bei dem Begriff der Erforderlichkeit handelt es sich um einen unbestimmten Rechtsbegriff, der dem Betriebsrat einen gewissen Beurteilungsspielraum belässt. Maßgeblich ist der Standpunkt eines vernünftigen Dritten, der die Interessen des Betriebes einerseits und die des Betriebsrates und der Arbeitnehmerschaft andererseits gegeneinander abwägt. Maßgeblich ist der Zeitpunkt der Beschlussfassung des Betriebsrats (*BAG* 10.11.1993 EzA § 611 BGB Abmahnung Nr. 29; 617

I. Betriebsverfassungsrecht

7.6.1989 EzA § 37 BetrVG 1972 Nr. 98).

618 Vermittelt eine Veranstaltung Kenntnisse, die nur zum Teil erforderlich sind und ist sie derart teilbar, dass die Themen klar voneinander abgegrenzt sind und zeitlich so behandelt werden, dass ein zeitweiser Besuch sinnvoll und möglich ist, so besteht der Anspruch gem. § 37 Abs. 6 BetrVG nur für diesen Teil der Veranstaltung. Ist die Veranstaltung dagegen nicht teilbar, so ist sie aus Praktikabilitätsgründen insgesamt als erforderlich anzusehen, wenn die erforderlichen Themen hinsichtlich des Zeitaufwandes mit mehr als 50% überwiegen (*BAG* 28.5.1976 EzA § 37 BetrVG 1972 Nr. 49).

(2) Umfang der Schulung
619 Sowohl die Dauer der Schulung als auch die Zahl der entsandten Betriebsratsmitglieder muss verhältnismäßig sein (vgl. GK-BetrVG/*Wiese/Weber* § 37 Rz. 185 ff.). Weil insbesondere Betriebsräte größerer Betriebe eine Aufgabenverteilung vornehmen müssen, genügt es bei der Vermittlung von Spezialkenntnissen oder vertieften Kenntnissen zu Einzelfragen dieser Rechtsgebiete, wenn nur diejenigen Betriebsratsmitglieder geschult werden, denen die Wahrnehmung dieser Aufgaben obliegt (*BAG* 29.4.1992 EzA § 37 BetrVG 1972 Nr. 111). Die zulässige Dauer hängt vom Wissensstand des zu schulenden Betriebsratsmitglieds und dem Umfang und der Schwierigkeit der zu erwerbenden Kenntnisse ab (GK-BetrVG/*Wiese/Weber* § 37 Rz. 192).

(3) Auswahlentscheidung des Betriebsrats
620 Die Auswahl der Betriebsratsmitglieder trifft der Betriebsrat durch Beschluss (*BAG* 16.10.1986 EzA § 37 BetrVG 1972 Nr. 87). Erst auf Grund eines solchen Beschlusses entsteht ein abgeleiteter individueller Anspruch des Betriebsratsmitglieds auf Schulung (BAG 15.5.1986 EzA § 37 BetrVG 1972 Nr. 84; 5.4.1984 EzA § 37 BetrVG 1972 Nr. 80). Die Auswahlentscheidung ist nach pflichtgemäßem Ermessen unter Berücksichtigung der Geschäftsbedürfnisse des Betriebsrates einerseits und der betrieblichen Notwendigkeiten andererseits unter Berücksichtigung der Grundsätze des § 75 Abs. 1 BetrVG zu treffen (GK-BetrVG/*Wiese/Weber* § 37 Rz. 256). Inwieweit ein Anspruch des Betriebsratsmitglieds gegenüber dem Betriebsrat auf Schulung nach § 37 Abs. 6, insbesondere zur Vermittlung von Grundkenntnissen besteht, wird kontrovers diskutiert (bejahend *FKHE* § 37 Rz. 190; abl. GK-BetrVG/*Wiese/Weber* § 37 Rz. 260).

621 Der Entsendungsbeschluss ist unwirksam, wenn er nicht in einer ordnungsgemäß einberufenen Sitzung (s. o. I/Rz. 490 ff.) gefasst wird, sodass dann kein Anspruch auf Vergütungsfortzahlung und keine Verpflichtung des Arbeitgebers zur Kostentragung nach § 40 BetrVG besteht (*BAG* 28.10.1992 EzA § 29 BetrVG 1972 Nr. 2; 28.4.1988 EzA § 29 BetrVG 1972 Nr. 1). Es muss ein wirksamer Beschluss vor Beginn der Veranstaltung vorliegen. Fehlt es hieran, kann dieser Mangel nicht durch einen nachträglichen Beschluss des Betriebsrats, durch den die Teilnahme gebilligt wird, geheilt werden (*BAG* 8.3.2000 EzA § 40 BetrVG 1972 Nr. 90).

622 Da der Beschluss eine organisatorische Angelegenheit betrifft, kann sich das zur Auswahl anstehende Betriebsratsmitglied an der Beschlussfassung beteiligen (MünchArbR/*Joost* § 308 Rz. 109). Zur Teilnahme kann jedes Betriebsratsmitglied bestimmt werden, ein Ersatzmitglied erst ab dem Zeitpunkt seines Nachrückens. Bei

I. Betriebsverfassungsrecht

nur zeitweiliger Vertretung ist im Regelfall die Schulung des Ersatzmitgliedes nicht notwendig. Etwas anderes gilt aber dann, wenn es häufig zur Vertretung herangezogen wird und eine Schulung für die Gewährleistung der Arbeitsfähigkeit des Betriebsrates erforderlich ist. Zu berücksichtigen sind insoweit neben der Vermittlung eines sachbezogenen Wissens u. a. die im Zeitpunkt der Beschlussfassung zu erwartende Dauer und Häufigkeit künftiger Vertretungsfälle und die noch verbleibende Amtszeit des Betriebsrates (*BAG* 15.5.1986 EzA § 37 BetrVG 1972 Nr. 84). Diesbezüglich muss der Betriebsrat eine auf Tatsachen gegründete Prognose über die künftige Häufigkeit und Dauer der Heranziehung des Ersatzmitglieds anstellen. Ihm steht hierbei ein nur eingeschränkt arbeitsgerichtlich überprüfbarer Prognose- und Beurteilungsspielraum zu (*BAG* 19.9.2001 EzA § 37 BetrVG 1972 Nr. 142).
Hingegen besteht für Ersatzmitglieder, solange sie nicht gem. § 25 Abs. 1 S. 1 BetrVG für ein ausgeschiedenes Betriebsratsmitglied in den Betriebsrat nachgerückt sind, kein Anspruch auf bezahlte Freistellung für Schulungsveranstaltungen nach § 37 Abs. 7 BetrVG (*BAG* 31.8.1994 EzA § 37 BetrVG 1972 Nr. 122).

(4) Fortzahlung des Arbeitsentgelts
Das Arbeitsentgelt ist ohne Minderung fortzuzahlen, § 37 Abs. 6 S. 1 i. V. m. Abs. 2 BetrVG. Die für die allgemeine Arbeitsbefreiung geltenden Grundsätze sind entsprechend anzuwenden (s. o. I/Rz. 549 ff.). 623

(5) Freizeitausgleich
Soweit die Teilnahme an einer Schulung außerhalb der Arbeitszeit stattfindet, kommt ein Anspruch auf Freizeitausgleich nach § 37 Abs. 6 i. V. m. § 37 Abs. 3 BetrVG (§ 37 Abs. 6 BetrVG wurde entsprechend geändert durch das BetrVerf-ReformG vom 23.7.2001 BGBl. I S. 1852 ff.) in Betracht. 624
Ein Anspruch auf Freizeitausgleich setzt voraus, dass die die Schulungsteilnahme außerhalb der persönlichen Arbeitszeit aus betriebsbedingten Gründen erfolgte. Erforderlich ist ein betrieblicher Grund mit Ursache in der Sphäre des Arbeitgebers, so etwa, wenn die Veranstaltung auf Grund eines Einwands des Arbeitgebers nach § 37 Abs. 6 S. 5 BetrVG oder sonst auf seinen Wunsch oder auf Grund einer Entscheidung der Einigungsstelle nach § 37 Abs. 6 S. 6 BetrVG in eine Zeit außerhalb der betrieblichen Arbeitszeit, etwa in Abendstunden oder auf das Wochenende verlegt wird, oder wenn das Betriebsratsmitglied aus Rücksicht auf seine Unabkömmlichkeit an einer Schulungsveranstaltung außerhalb seiner Arbeitszeit teilnimmt (*Löwisch* BB 2001, 1734 [1742]).
Nach § 37 Abs. 6 S. 2 BetrVG liegen betriebsbedingte Gründe auch vor, wenn wegen Besonderheiten der betrieblichen Arbeitszeitgestaltung die Schulung des Betriebsratsmitglieds außerhalb seiner Arbeitszeit erfolgt. Nach der Gesetzesbegründung (BT-Drs. 14/5741, S. 41) wird hiervon insbesondere auch die Beschäftigung von Teilzeitbeschäftigten und sonstige Fälle eines besonderen Umfangs der Arbeitszeit (z. B. Abrufarbeit, Jobsharing) erfasst, wobei unerheblich ist, auf wessen Initiative das Betriebsratsmitglied eine Teilzeitbeschäftigung ausübt (GK-BetrVG/*Wiese*/*Weber* § 37 Rz. 212; a. A. *Löwisch* BB 2001, 1734 [1742]). Damit ist die früher bestehende Kontroverse zwischen BAG und EuGH (vgl. *EuGH* 6.2.1996 EzA § 37 BetrVG 1972 Nr. 129; vgl. auch 7.3.1996 EzA Art. 119 EWG-Vertrag Nr. 36; *BAG* 5.3.1997 EzA § 37 BetrVG 1972 Nr. 136) einer gesetzlichen Regelung zugeführt worden.
Besonderheiten der betrieblichen Arbeitszeitgestaltung sollen ferner z. B. bestehen, wenn ein in einem rollierenden Arbeitszeitsystem arbeitendes Betriebsratsmitglied an einem diesem System entsprechenden arbeitsfreien Tag an einer Schulung teil-

I. Betriebsverfassungsrecht

nimmt oder wenn ein an sich in die Arbeitszeit fallender Schulungstag auf Grund einer Betriebsvereinbarung unter gleichzeitiger Anordnung von Vor- oder Nacharbeit arbeitsfrei ist (Begründung zum RegE, BT-Drs. 14/5741, S. 41), wenn also eine von der üblichen Normalarbeitszeit abweichende Arbeitszeitgestaltung vorliegt (*Löwisch* BB 2001, 1734 [1742]). Kein Ausgleichsanspruch besteht daher, wenn z. B. die Schulung eines vollzeitbeschäftigten Betriebsratsmitglieds an einem Schulungstag einmal länger dauert als die betriebliche Arbeitszeit dauert oder wenn ein Betriebsratsmitglied eines von Montag bis Freitag arbeitenden Betriebs an einem arbeitsfreien Samstag an einer Schulung teilnimmt (Begründung zum RegE, BT-Drs. 14/5741, S. 41).

Liegen die genannten Voraussetzungen vor, so besteht ein Anspruch auf Freizeitausgleich (s. o. I/Rz. 552 ff.), dem Umfang nach begrenzt allerdings pro Schulungstag auf die Arbeitszeit eines vollzeitbeschäftigten Arbeitnehmers.

bb) Schulungs- und Bildungsveranstaltungen gem. § 37 Abs. 7 BetrVG

625 Der Anspruch nach § 37 Abs. 7 BetrVG ist ein individueller Anspruch des einzelnen Betriebsratsmitgliedes (*BAG* 18.12.1973 EzA § 37 BetrVG 1972 Nr. 20), der selbstständig neben dem Anspruch aus § 37 Abs. 6 BetrVG besteht (*BAG* 5.4.1984 EzA § 37 BetrVG 1972 Nr. 80), allerdings aber die Festlegung der zeitlichen Lage durch den Betriebsrat voraussetzt. Ein Anspruch von Ersatzmitgliedern besteht erst dann, wenn sie für ein ausgeschiedenes Betriebsratsmitglied in den Betriebsrat nachgerückt sind (*BAG* 14.12.1994 EzA § 37 BetrVG 1972 Nr. 122).

626 Der Anspruch besteht nur hinsichtlich solcher Schulungs- und Bildungsveranstaltungen, die von der zuständigen obersten Arbeitsbehörde des Landes nach Beratung mit den Spitzenorganisationen der Gewerkschaften und der Arbeitgeberverbände als geeignet anerkannt sind. Eine Erforderlichkeit i. S. d. § 37 Abs. 6 BetrVG ist hingegen nicht Voraussetzung. Eine Eignung liegt bei Veranstaltungen vor, die nach Zweck und Inhalt auf die ordnungsgemäße Durchführung der Aufgaben des Betriebsrates bezogen und diese zu fördern geeignet sind, ohne dass die vermittelten Kenntnisse für die konkrete Arbeit im konkreten Betrieb benötigt werden müssten. Ausreichend ist ein weiter Zusammenhang zur Betriebsratstätigkeit, der aber fehlt, wenn eine Veranstaltung i. S. e. Bildungsurlaubes nur der Allgemeinbildung des Betriebsratsmitglieds dient (*BAG* 11.8.1993 EzA § 37 BetrVG 1972 Nr. 117). Ungeeignet sind deshalb allgemeinpolitische, parteipolitische, rein gewerkschaftspolitische, allgemein gesellschaftspolitische, allgemein wirtschaftspolitische und kirchliche Themen (*BAG* 6.4.1976 EzA § 37 BetrVG 1972 Nr. 48). Inhaltlich muss jedes einzelne Thema geeignet sein. Anderenfalls muss die Anerkennung entweder verweigert oder durch entsprechende Nebenbestimmungen sichergestellt werden, dass die Veranstaltung in vollem Umfang geeignet ist (*BAG* 11.8.1993 EzA § 37 BetrVG 1972 Nr. 117). Ferner ist Voraussetzung der Anerkennung als geeignet, dass der Träger der Veranstaltung nach Zweckbestimmung und Organisation die Gewähr dafür bietet, dass eine nach ihrem Inhalt geeignete Veranstaltung auch ordnungsgemäß durchgeführt wird (*BAG* 6.4.1976 EzA § 37 BetrVG 1972 Nr. 48). Zuständig für die Anerkennung ist die Oberste Arbeitsbehörde des Landes, in dem der Veranstalter seinen Sitz hat (*BAG* 30.8.1989 EzA § 37 BetrVG 1972 Nr. 103). Für die vorgesehene Beratung in Form einer mündlichen Erörterung mit den Spitzenorganisationen sind die jeweiligen Organisationen auf Landesebene zuständig (GK-BetrVG/*Wiese*/*Weber* § 37

I. Betriebsverfassungsrecht

Rz. 232). Über einen rechtzeitig gestellten Antrag auf Anerkennung einer Schulungs- und Bildungsveranstaltung kann die zuständige Behörde auch noch nach Veranstaltungsbeginn entscheiden (*BAG* 11.10.1995 EzA § 37 BetrVG 1972 Nr. 131).

Ist die Veranstaltung als geeignet anerkannt, so kann der Arbeitgeber gegen den Zahlungsanspruch nicht einwenden, ihr fehle die Eignung gem. § 37 Abs. 7 BetrVG (*BAG* 17.12.1981 EzA § 37 BetrVG 1972 Nr. 75). **627**

Der Anspruch auf bezahlte Freistellung besteht für die Dauer von insgesamt drei Wochen, für Arbeitnehmer, die erstmals das Amt eines Betriebsmitglieds übernehmen und zuvor nicht Jugend- und Auszubildendenvertreter gewesen waren, für vier Wochen. Der normale Anspruch von drei Wochen beläuft sich also auf 15 Arbeitstage bei der Fünftagewoche oder 18 Arbeitstage bei der Sechstagewoche, wobei die Arbeitszeit des konkreten Betriebsratsmitglieds maßgeblich ist. Tage, an denen für das Betriebsratsmitglied keine Arbeitspflicht besteht, sind ebenso wenig anzurechnen, wie Schulungstage, an denen es erkrankt ist (GK-BetrVG/*Wiese/Weber* § 37 Rz. 238). Verlängert oder verkürzt sich die Amtszeit des Betriebsrats, so ist der Freistellungsanspruch entsprechend der Verlängerung zu erhöhen bzw. entsprechend der Dauer der noch vor dem Betriebsrat liegenden Amtszeit zu reduzieren, da der dreiwöchige Anspruch auf die regelmäßige Amtszeit bezogen ist. Für Erstmitglieder im Betriebsrat besteht ein besonderes Schulungsbedürfnis, sodass sie ohne Rücksicht auf die Dauer der verkürzten Amtszeit und den dadurch verkürzten Freistellungsanspruch jedenfalls den Anspruch auf eine zusätzliche Woche Schulungsdauer haben (*BAG* 19.4.1989 EzA § 37 BetrVG 1972 Nr. 99). Wird der Anspruch während der Amtszeit nicht ausgeschöpft, so erlischt er. Eine Übertragung auf die nächste Amtsperiode findet nicht statt (GK-BetrVG/*Wiese/Weber* § 37 Rz. 244). Nimmt ein Betriebsratsmitglied erst unmittelbar vor Ende seiner Amtszeit an einer als geeignet anerkannten Schulungsveranstaltung teil, so muss es darlegen, auf Grund welcher besonderer Umstände des Einzelfalles eine solche Festlegung des Zeitpunktes der Schulungsteilnahme durch den Betriebsrat noch pflichtgemäßem Ermessen entsprochen hat (*BAG* 9.9.1992 EzA § 37 BetrVG 1972 Nr. 113; 20.8.1996 EzA § 37 BetrVG 1972 Nr. 132). **628**

Da es sich bei dem Anspruch nach § 37 Abs. 7 BetrVG um einen individuellen Anspruch des einzelnen Betriebsratsmitglieds handelt, hat der Betriebsrat keine Auswahlentscheidung zu treffen. In Betracht kommt nur eine mittelbare Beeinflussung dadurch, dass der Betriebsrat bei der Festlegung des Zeitpunkts der Teilnahme die betrieblichen Notwendigkeiten berücksichtigen muss und im Rahmen einer Interessenabwägung seine eigenen Geschäftsbedürfnisse berücksichtigen darf (GK-BetrVG/*Wiese/Weber* § 37 Rz. 263). Einer Entscheidung des Betriebsrates durch Beschluss bedarf es allerdings hinsichtlich der zeitlichen Lage (Beginn, Dauer) der Teilnahme (GK-BetrVG/*Wiese/Weber* § 37 Rz. 264). Das Betriebsratsmitglied ist an die Entscheidung des Betriebsrats gebunden. Ohne dessen Zustimmung ist es nicht berechtigt, an der Veranstaltung teilzunehmen. Nimmt es trotzdem teil, so entfallen die Ansprüche gem. §§ 37 Abs. 2, 40 Abs. 1 BetrVG (GK-BetrVG/*Wiese/Weber* § 37 Rz. 264). **629**

cc) Die Durchführung der Freistellung nach § 37 Abs. 6 und 7 BetrVG
Nach überwiegender Auffassung (*BAG* 27.6.1990 7–AZR 348/89 –; *LAG Düsseldorf* 6.9.1995, LAGE § 37 BetrVG 1972 Nr. 44; *Wedde* DKK § 37 Rz. 134 m. w. N.; **a. A.** etwa GK-BetrVG/*Wiese/Weber* § 37 Rz. 278 ff.) bedarf das Betriebsratsmitglied nicht der Zustimmung des Arbeitgebers zur Teilnahme an der Schulungsveranstaltung. **630**

I. Betriebsverfassungsrecht

631 Der Betriebsrat hat dem Arbeitgeber die Teilnahme und die zeitliche Lage der Veranstaltung rechtzeitig bekannt zu geben. Die Unterrichtung ist nur dann rechtzeitig, wenn der Arbeitgeber die wegen der Teilnahme des Mitgliedes notwendigen Dispositionen angemessene Zeit vorher treffen und gegebenenfalls das Verfahren vor der Einigungsstelle einleiten kann (*BAG* 18.3.1977 EzA § 37 BetrVG 1972 Nr. 53). Die Veranstaltung muss nach Gegenstand, Zeitpunkt, Dauer und Ort und unter Benennung des Veranstalters mitgeteilt werden (GK-BetrVG/*Wiese/Weber* § 37 Rz. 268 ff.). Streitig ist, ob die unterlassene oder nicht rechtzeitige Unterrichtung des Arbeitgebers lediglich eine Pflichtwidrigkeit des Betriebsrates i. S. v. § 23 Abs. 1 BetrVG darstellt, oder aber auch den Anspruch auf Zahlung des Arbeitsentgelts und auf Kostentragung nach § 40 Abs. 1 BetrVG ausschließt (für letzteres MünchArbR/*Joost* § 308 Rz. 119; dagegen *Wedde* DKK § 37 Rz. 130; GK-BetrVG/*Wiese/Weber* § 37 Rz. 270). Hält der Arbeitgeber betriebliche Notwendigkeiten bei der Bestimmung der zeitlichen Lage der Veranstaltung für nicht ausreichend berücksichtigt, so kann er die Einigungsstelle anrufen. Deren Spruch ersetzt die Einigung zwischen Arbeitgeber und Betriebsrat. Hat der Arbeitgeber der Teilnahme eines Betriebsratsmitglieds an einer Schulungsveranstaltung widersprochen, so muss der Betriebsrat die Entsendung zur Schulung bis zu einer Klärung der Streitfrage zurückstellen (*BAG* 18.3.1977 EzA § 37 BetrVG 1972 Nr. 53).

dd) Streitigkeiten

(1) Im Rahmen des § 37 Abs. 6 BetrVG

632 Über die Frage der Erforderlichkeit ist auf Antrag von Betriebsrat oder Arbeitgeber im arbeitsgerichtlichen Beschlussverfahren zu entscheiden. Das einzelne Betriebsratsmitglied ist nur antragsbefugt, wenn es durch einen entsprechenden Betriebsratsbeschluss einen Anspruch auf Arbeitsbefreiung erlangt hat oder es selbst Meinungsverschiedenheiten mit dem Betriebsrat über seine Teilnahme an einer Veranstaltung hat (MünchArbR/*Joost* § 308 Rz. 127). Ein Antragsrecht der Gewerkschaft besteht auch dann nicht, wenn sie Träger der Veranstaltung ist (*BAG* 28.1.1975 EzA § 37 BetrVG 1972 Nr. 37). Ist es nicht zumutbar, eine rechtskräftige Entscheidung in der Hauptsache abzuwarten, weil etwa dadurch die Teilnahme an einer erforderlichen Schulungsmaßnahme vereitelt wird und auch nicht nachholbar ist, so kann auf Antrag des Betriebsrats oder des betroffenen Betriebsratsmitglieds eine einstweilige Verfügung erwirkt werden (vgl. GK-BetrVG/*Wiese/Weber* § 37 Rz. 282; **a. A.** etwa *LAG Düsseldorf* 6.9.1995 LAGE § 37 BetrVG 1972 Nr. 44). Hinsichtlich der ausreichenden Berücksichtigung betrieblicher Notwendigkeiten besteht zunächst eine primäre Entscheidungszuständigkeit der Einigungsstelle, § 36 Abs. 6 S. 4 BetrVG. Kommt eine Entscheidung der Einigungsstelle nicht rechtzeitig vor Beginn der Schulungsveranstaltung zu Stande und droht dadurch die Teilnahme an einer erforderlichen Schulungsmaßnahme vereitelt zu werden, so kommt auch hier der Erlass einer einstweiligen Verfügung in Betracht, durch die dem Betriebsratsmitglied die Teilnahme an der Veranstaltung gestattet wird (GK-BetrVG/*Wiese/Weber* § 37 Rz. 277; *Wedde* DKK § 37 Rz. 132 m. w. N.; **a. A.** etwa *Glaubitz* HSG § 37 Rz. 146 a). Ansprüche des Betriebsratsmitglieds auf Fortzahlung des Arbeitsentgelts für die Zeit der Teilnahme an der Veranstaltung sind im arbeitsgerichtlichen Urteilsverfahren geltend zu machen (*BAG* 19.7.1977 EzA § 37 BetrVG 1972 Nr. 57).

I. Betriebsverfassungsrecht

(2) **Im Rahmen des § 37 Abs. 7 BetrVG**
Der Anspruch des Betriebsratsmitgliedes auf Fortzahlung des Arbeitsentgelts ist im Urteilsverfahren geltend zu machen. Streitigkeiten, die alleine den Umfang der Freistellung oder die Frage, ob eine Veranstaltung als geeignet anerkannt worden ist, sind im arbeitsgerichtlichen Beschlussverfahren auszutragen. Dies gilt auch für Streitigkeiten über die Rechtmäßigkeit der Anerkennung einer Veranstaltung, obwohl der Anerkennungsbescheid oder dessen Versagung VA i. S. d. § 35 S. 1 VwVfG ist, da es sich um eine Angelegenheit aus dem Betriebsverfassungsgesetz i. S. d. § 2 a Abs. 1 Nr. 1 ArbGG handelt und damit eine spezielle anderweitige Zuweisung i. S. d. § 40 Abs. 1 S. 1 VwGO erfolgt ist (*BAG* 30.8.1989 EzA § 37 BetrVG 1972 Nr. 103). Der Antrag ist analog § 42 Abs. 1 VwGO entweder auf Aufhebung des Bescheides oder auf Verpflichtung der obersten Arbeitsbehörde zur Anerkennung zu richten. Eines Vorverfahrens nach §§ 68 ff. VwGO bedarf es nicht, da der Anerkennungsbescheid von einer Obersten Landesbehörde erlassen wird, § 68 Abs. 1 Nr. 1, Abs. 2 VwGO. Eine Klagefrist ist nicht zu beachten, da eine solche im ArbGG nicht vorgesehen ist. Die Anfechtung des Anerkennungsbescheides durch Einleitung eines Beschlussverfahrens hat aufschiebende Wirkung, § 80 Abs. 1 VwGO analog (vgl. GK-BetrVG/ *Wiese/Weber* § 37 Rz. 308). Antragsberechtigt sind die Spitzenorganisationen der Gewerkschaften und der Arbeitgeberverbände (*BAG* 30.8.1989 EzA § 37 BetrVG 1972 Nr. 103). Eine Antragsberechtigung des einzelnen Arbeitgebers, dessen Arbeitnehmer an der Veranstaltung teilnimmt, ist bisher vom *BAG* (25.6.1981 EzA § 37 BetrVG1972 Nr. 71) auch dann abgelehnt worden, wenn er auf Grund der Anerkennung einer Schulungs- und Bildungsveranstaltung auf Lohnzahlung in Anspruch genommen wird. Auch im Rahmen einer Klage des Betriebsratsmitglieds auf Fortzahlung des Entgelts soll der Arbeitgeber nicht einwenden können, die Veranstaltung sei nicht i. S. d. § 37 Abs. 7 BetrVG geeignet gewesen (*BAG* 17.12.1981 EzA § 37 BetrVG 1972 Nr. 75). Überwiegend wird in der Literatur dies im Hinblick auf Art. 19 Abs. 4 GG für bedenklich gehalten (vgl. etwa *Glaubitz* HSG § 37 Rz. 190; GK-BetrVG/*Wiese/Weber* § 37 Rz. 306). In einer jüngeren Entscheidung hat das *BAG* (30.8.1989 EzA § 37 BetrVG 1972 Nr. 103) diese Frage offen gelassen.

633

f) Allgemeines Behinderungs-, Benachteiligungs- und Begünstigungsverbot, § 78 BetrVG

aa) Zweck und Umfang der Regelung

> Zweck der Vorschrift ist es, den Betriebsverfassungsorganen und ihren Mitgliedern durch Sicherung eines Mindestmaßes an rechtlicher und faktischer Unabhängigkeit eine ungestörte und unbeeinflusste Amtsausübung zu gewährleisten, indem sie vor persönlichen Nachteilen, auch in ihrer beruflichen Entwicklung geschützt werden und auch die Beeinflussung ihrer Amtstätigkeit durch Begünstigung ausgeschlossen wird.

634

Die speziellen Schutzregelungen der §§ 37, 38, 78 a, 103 BetrVG, § 15 KSchG gehen der allgemeinen Regelung des § 78 BetrVG vor (*Hess* HSG § 78 Rz. 16). Neben dem im Gesetz ausdrücklich aufgeführten Organen und Personen erstreckt sich der Schutz der Vorschrift auch auf Arbeitnehmervertreter im Aufsichtsrat nach dem BetrVG 1952 (§ 76 Abs. 2 S. 2 BetrVG 1952 i. V. m. § 129 BetrVG), auf Ersatzmitglieder, soweit sie im Betriebsrat oder in anderen Institutionen für ein verhindertes Mitglied

635

I. Betriebsverfassungsrecht

vorübergehend oder endgültig nachrücken, sowie in entsprechender Anwendung auch auf Mitglieder des Wahlvorstandes und Wahlbewerber, nicht aber auf gewerkschaftliche Vertrauensleute (GK-BetrVG/*Kreutz* § 78 Rz. 10 ff.). Die in der Bestimmung enthaltenen Verbote richten sich nicht nur gegen den Arbeitgeber, sondern gegen jedermann (*Buschmann* DKK § 78 Rz. 4).

bb) Behinderungsverbot

636   Eine Behinderung i. S. d. Vorschrift liegt vor, wenn durch ein positives rechtswidriges Tun oder bei bestehender Handlungspflicht, auch durch ein Unterlassen, eine gesetzmäßige Tätigkeit der Funktionsträger erschwert oder unmöglich gemacht wird.

Wegen des Zweckes der gesetzlichen Regelung, die Funktionsfähigkeit der betriebsverfassungsrechtlichen Institutionen zu sichern, ist nach allerdings bestrittener Auffassung weder ein Verschulden noch eine Behinderungsabsicht des Arbeitgebers erforderlich (so z. B. MünchArbR/*Joost* § 308 Rz. 144; GK-BetrVG/*Kreutz* § 78 Rz. 29; *LAG Köln* 23.10.1985 LAGE § 44 BetrVG 1972 Nr. 3; a. A. z. B. *Hess* HSG § 78 Rz. 8). Die Nichtbeachtung einzelner Beteiligungsbefugnisse, insbesondere gem. § 87 Abs. 1 BetrVG, stellt jedenfalls dann eine pflichtwidrige Unterlassung i. S. e. Behinderung dar, wenn der Arbeitgeber wiederholt, beharrlich oder grds. Mitwirkungs- und Mitbestimmungsrecht des Betriebsrats missachtet oder die Zusammenarbeit mit anderen betriebsverfassungsrechtlichen Institutionen verweigert (GK-BetrVG/*Kreutz* § 78 Rz. 31).

637   Rechtsgeschäfte, die gegen das Behinderungsverbot verstoßen, sind nach § 134 BGB nichtig. Das Behinderungsverbot ist Schutzgesetz i. S. d. § 823 Abs. 2 BGB (MünchArbR/*Joost* § 308 Rz. 145; GK-BetrVG/*Kreutz* § 78 Rz. 23). Grobe Verstöße des Arbeitgebers können Sanktionen nach § 23 Abs. 3 BetrVG auslösen.

638   Aus § 78 S. 1 BetrVG folgt ein unmittelbarer Unterlassungsanspruch (GK-BetrVG/*Kreutz* § 78 Rz. 38), der bei begangener Verbotsverletzung unter der Voraussetzung einer Wiederholungsgefahr im arbeitsgerichtlichen Beschlussverfahren, gegebenenfalls auch im Wege der einstweiligen Verfügung (vgl. *LAG Köln* 23.10.1985 LAGE § 44 BetrVG 1972 Nr. 3) geltend gemacht werden kann.

Die vorsätzliche Behinderung stellt nach § 119 Abs. 1 Nr. 2 BetrVG eine Straftat dar, die aber gem. § 119 Abs. 2 BetrVG nur auf Antrag verfolgt wird.

cc) Benachteiligungs- und Begünstigungsverbot, § 78 S. 2 BetrVG

639   Im Interesse der Unabhängigkeit der Mitglieder betriebsverfassungsrechtlicher Organe ist jede Handlung untersagt, die im Hinblick auf die Amtsstellung im Allgemeinen oder in Bezug auf konkrete Tätigkeiten der Funktionsträger unmittelbar oder mittelbar zu Vor- oder Nachteilen materieller oder immaterieller Art führt.

> Die Funktionsträger müssen so behandelt werden, wie sie ohne ihre Amtsstellung und ohne ihre Amtsausübung im Hinblick auf vergleichbare Arbeitnehmer bzw. Arbeitnehmergruppen zu behandeln wären (MünchArbR/*Joost* § 308 Rz. 146).

I. Betriebsverfassungsrecht

Verboten ist jede objektive Benachteiligung oder Begünstigung der Funktionsträger wegen ihrer Amtstätigkeit. Eine Benachteiligungs- oder Begünstigungsabsicht ist nicht erforderlich (GK-BetrVG/*Kreutz* § 78 Rz. 46). Der demnach erforderliche objektive Kausalzusammenhang besteht, wenn ein Funktionsträger bei einem Vergleich mit anderen Arbeitnehmern objektiv besser oder schlechter gestellt ist, soweit dies nicht aus sachlichen oder in der Person des Betroffenen liegenden Gründen bedingt ist (*BAG* 23.6.1975 § 40 BetrVG 1972 Nr. 21; 29.1.1974 EzA § 40 BetrVG 1972 Nr. 14). 640

Das Verbot richtet sich gegen jedermann und gilt nicht nur für die Dauer der Amtszeit des Betriebsratsmitglieds, sondern auch vor deren Beginn (a. A. GK-BetrVG/*Kreutz* § 78 Rz. 47) und nach deren Ende, soweit Handlungen wegen der späteren, gegenwärtigen oder früheren Amtstätigkeit vorgenommen werden (MünchArbR/*Joost* § 308 Rz. 149). 641

Als Benachteiligungen kommen insbesondere in Betracht die Zuweisung minderbezahlter härterer, unangenehmerer, zeitlich oder örtlich ungünstiger liegender Arbeit (*LAG Düsseldorf* 30.7.1970 DB 1970, 2035), Versetzungen mit Verschlechterung des Arbeitsgebiets (*LAG Berlin* 31.1.1983 AuR 1984, 54; *LAG Bremen* 12.8.1982 AP Nr. 15 zu § 99 BetrVG 1972), nicht aber Versetzungen auf einen gleichwertigen Arbeitsplatz (*BAG* 9.6.1982 AP Nr. 1 zu § 107 BPersVG) oder Kündigung wegen rechtmäßiger Amtstätigkeit. § 78 S. 2 verbietet es auch, das kündigungsbegründende Verhalten deshalb als besonders schwer wiegend zu bewerten, weil es von einem Betriebsratsmitglied begangen wurde (*BAG* 22.2.1979 EzA § 103 BetrVG 1972 Nr. 23). Verboten sind auch Benachteiligungen im Hinblick auf die weitere berufliche Entwicklung (vgl. GK-BetrVG/*Kreutz* § 78 Rz. 54). Deshalb darf gegen den Willen des Arbeitnehmers dessen Betriebstätigkeit im Zeugnis keine Erwähnung finden (*LAG Frankfurt/M.* 2.12.1983 AuR 1984, 287; *ArbG Ludwigshafen* 18.3.1987 DB 1987, 1364; zum BPersVG: *BAVG* 19.8.1992 EzA § 630 BGB Nr. 14; s. o. F/Rz. 33). Keine Benachteiligung stellen allgemeine Maßnahmen dar, durch die die Lage aller Arbeitnehmer oder bestimmter Gruppen von Arbeitnehmern verschlechtert wird, da es dann an einem ursächlichen Zusammenhang mit der Amtstätigkeit fehlt (MünchArbR/*Joost* § 308 Rz. 147). 642

Begünstigungen sind alle Verbesserungen der Stellung des Betriebsratsmitglieds. In Betracht kommen etwa Geldleistungen, Beförderungen, Lohn- oder Gehaltserhöhungen, Versetzungen auf einen bevorzugten Arbeitsplatz, die Gewährung zusätzlichen Sonderurlaubes, die Zahlung von Sitzungsgeldern oder überhöhte Aufwandsentschädigungen, die Besserstellung bei Reisekostenabrechnungen gegenüber einer einschlägigen betrieblichen Reisekostenregelung (*BAG* 23.6.1975 EzA § 40 BetrVG 1972 Nr. 21; 29.1.1974 EzA § 40 BetrVG 1972 Nr. 14). 643

Rechtsfolge einer Verbotsverletzung ist zum einen die Nichtigkeit der gegen § 78 S. 2 BetrVG verstoßenden Geschäfte nach § 134 BGB. Inwieweit eine Rückforderung einer Begünstigung durch § 817 S. 2 BGB ausgeschlossen ist, ist streitig (gegen die Anwendung von § 817 S. 2 BGB MünchArbR/*Joost* § 308 Rz. 154; nunmehr auch GK-BetrVG/*Kreutz* § 78 Rz. 73 m. w. N. auch zur Gegenansicht). Bei verbotswidriger Benachteiligung besteht ein Schadensersatzanspruch nach § 823 Abs. 2 BGB, da das Benachteiligungsverbot Schutzgesetz ist, daneben aber auch ein Schadensersatzanspruch aus pVV (§§ 280 Abs. 1, 241 Abs. 2 BGB). Schadensersatzansprüche sind im arbeitsgerichtlichen Urteilsverfahren geltend zu machen (GK-BetrVG/*Kreutz* § 78 Rz. 72). Grobe Verstöße des Arbeitgebers rechtfertigen Sanktionen nach § 23 Abs. 3 BetrVG. Aus § 78 S. 2 BetrVG folgt ferner ein im Beschlussverfahren, ggf. auch im Wege der einstweiligen Verfügung geltend zu machender Unterlassungsan- 644

I. Betriebsverfassungsrecht

spruch (*Hess* HSG § 78 Rz. 13). Dieser Unterlassungsanspruch kann vom betroffenen Funktionsträger (z. B. Betriebsratsmitglied), aber auch durch seine Institution (z. B. Betriebsrat) geltend gemacht werden. (GK-BetrVG/*Kreutz* § 78 Rz. 38). Die vorsätzliche Verletzung ist Straftat, die auf Antrag verfolgt wird, § 119 Abs. 1 Nr. 3, Abs. 2 BetrVG.

g) Kündigungsschutz, Übernahme Auszubildender

645 Zum besonderen Kündigungsschutz betriebsverfassungsrechtlicher Funktionsträger, s. o. B/Rz. 72 ff.; D/Rz. 326 ff.

h) Versetzungsschutz, § 103 Abs. 3 BetrVG

646 Der durch das BetrVerf-Reformgesetz vom 23.7.2001 (BGBl. I S. 1852 ff.) neu eingeführte § 103 Abs. 3 BetrVG sieht einen Schutz betriebsverfassungsrechtlicher Funktionsträger vor Versetzungen gegen den Willen des Funktionsträgers, die zu einem Verlust des Amtes oder der Wählbarkeit führen würden, dadurch vor, dass solche Versetzungen an die Zustimmung des Betriebsrats gebunden werden. Wird die Zustimmung verweigert, kommt nur deren Ersetzung durch das Arbeitsgericht in Betracht. Hierdurch soll verhindert werden, dass der Arbeitgeber durch solche Versetzungen auf die betriebsverfassungsrechtliche Stellung Einfluss nehmen oder die Unabhängigkeit der Amtsführung beeinträchtigen kann (BT-Drs. 14/5741, S. 50 f.; zur früheren Rechtslage vgl. *BAG* 21.9.1989 EzA § 99 BetrVG 1972 Nr. 76).

aa) Anwendungsbereich

(1) Nur Versetzungen kraft Direktionsrechts

647 Der Schutz des § 103 Abs. 3 BetrVG bezieht sich nur auf Versetzungen i. S. d. § 95 Abs. 3 BetrVG (s. u. I/Rz. 1649 ff.), die der Arbeitgeber kraft seines arbeitsvertraglichen Direktionsrechts vornehmen kann.

> Bei Versetzungen, die individualrechtlich nicht kraft Direktionsrechts angeordnet werden können, sondern einer Änderungskündigung bedürfen, greift hingegen bereits der besondere Kündigungsschutz für Funktionsträger (s. o. D/Rz. 326 ff.).

(2) Verlust der Wählbarkeit bzw. des Amtes

648 Ferner erfasst § 103 Abs. 3 BetrVG nur Versetzungen, die zum Verlust des Amtes oder der Wählbarkeit führen. Für derartige Versetzungen ist § 103 Abs. 3 BetrVG lex specialis zu § 99 BetrVG. Für andere Versetzungen, d. h. solchen, die nicht zum Verlust des Amtes oder der Wählbarkeit führen, verbleibt es hingegen lediglich bei dem Beteiligungsrecht des Betriebsrats nach § 99 BetrVG (s. o. I/Rz. 1649 ff.).

Ein Verlust der Wählbarkeit wegen Verlustes der Betriebszugehörigkeit tritt zunächst in den Fällen einer auf Dauer angelegten Versetzung in einen anderen Betrieb ein. Unschädlich ist eine lediglich vorübergehende Abordnung (GK-BetrVG/*Raab* § 103 Rz. 33). Von einer nur vorübergehenden Abordnung ist auszugehen, wenn ein Einsatz des Arbeitnehmers in einem anderen Betrieb von vornherein nur für einen kurzen, zeitlich nicht erheblichen Zeitraum geplant ist oder dem Arbeitnehmer auch im entsendenden Betrieb nach wie vor ein Arbeitsbereich zugewiesen ist. Zur Beantwortung der Frage, ob eine Versetzung auf Dauer angelegt ist oder nicht, kann als Indiz auch darauf abgestellt werden, ob der Arbeitsplatz des Arbeitnehmers im entsenden-

den Betrieb während seiner Abwesenheit befristet oder auf Dauer mit einem anderen Arbeitnehmer besetzt wird (GK-BetrVG/*Raab* § 103 Rz. 33).
Sofern eine Versetzung unter dem Gesichtspunkt der Veränderung des Arbeitsortes (s. u. I/Rz. 1653 ff.) auf Grund einer mit einer örtlichen Verlegung verbundenen Ausgliederung eines Betriebsteils erfolgt und dem Betriebsrat ein Übergangsmandat nach § 21 a BetrVG (s. o. I/Rz. 408 ff.) zusteht, soll nach einer Ansicht (GK-BetrVG/*Raab* § 103 Rz. 35) § 103 BetrVG keine Anwendung finden, da durch § 21 a BetrVG ja gerade die Kontinuität der Amtsführung sichergestellt werde und es auch zu einem Wertungswiderspruch mit § 111 S. 3 Nr. 3 BetrVG käme, demzufolge die Entscheidung über das »Ob« der Durchführung einer Betriebsspaltung gerade mitbestimmungsfrei sei. Diese Ansicht erscheint fraglich. Es geht auch um die Frage, ob durch die räumliche Entfernung des im Rahmen der Ausgliederung Versetzten die Funktionsfähigkeit des Betriebsrats, der nach § 21 a BetrVG das Übergangsmandat wahrnimmt, beeinträchtigt wird. Der unternehmerischen Entscheidung über das »Ob« der Betriebsspaltung kann im Rahmen der arbeitsgerichtlichen Zustimmungsersetzungsentscheidung ausreichend Rechnung getragen werden.

(3) Kein Einverständnis des Arbeitnehmers
Eine Zustimmung des Betriebsrats zu einer Versetzung i. S. d. § 103 Abs. 3 BetrVG ist **649** nicht erforderlich, wenn der betroffene Arbeitnehmer einverstanden ist.
Ein die Zustimmungserforderlichkeit ausschließendes Einverständnis des Arbeitnehmers liegt vor, wenn die Versetzung auf seinen eigenen Wunsch hin erfolgt oder seine Zustimmung Ergebnis einer freien Entscheidung ist (vgl. *BAG* 20.9.1990 EzA § 99 BetrVG 1972 Nr. 95).
Im Prozess trägt der Arbeitgeber die objektive Beweislast für ein Einverständnis des Arbeitnehmers (GK-BetrVG/*Raab* § 103 Rz. 37).

bb) Geschützter Personenkreis
Dem Versetzungsschutz des § 103 Abs. 3 BetrVG unterfallen Betriebsratsmitglie- **650** der, Ersatzmitglieder während und solange ein Verhinderungsfall vorliegt (s. o. I/Rz. 435 ff.), Mitglieder von nach § 3 Abs. 1 Nr. 1–3 BetrVG gebildeten Vertretungen (§ 3 Abs. 5 S. 2 BetrVG), Mitglieder der Jugend- und Auszubildendenvertretung, des Bord- und Seebetriebsrats, die Mitglieder des Wahlvorstands und die Wahlbewerber zu einem der genannten Gremien, Mitglieder eines Europäischen Betriebsrats sowie Mitglieder des Besonderen Verhandlungsgremiums und die Arbeitnehmervertreter im Rahmen eines Verfahrens zur Unterrichtung und Anhörung der Arbeitnehmer nach dem EBRG (§ 40 EBRG), Vertrauensmänner der Schwerbehinderten und Gesamtschwerbehindertenvertretung (§§ 96 Abs. 3, 97 Abs. 7 SGB IX), Wahlbewerber für das Amt der Schwerbehindertenvertreter (GK-BetrVG/*Raab* § 103 Rz. 7).
Die gesetzlichen Bestimmungen über den geschützten Personenkreis sind abschließend. Andere Personen, die diesem Personenkreis nicht unterfallen haben ggf. auf Grund der Wahrnehmung betriebsverfassungsrechtlicher Funktionen einen relativen Schutz nach § 78 BetrVG (Benachteiligungsverbot, s. o. I/Rz. 639 ff.).
Eine Versetzung ist danach unzulässig, wenn hierdurch die Tätigkeit des Organs, dem der Arbeitnehmer angehört (z. B. Wirtschaftsausschuss, Einigungsstelle), in rechtswidriger Weise beeinträchtigt wird oder wenn die Versetzung den betroffenen Arbeitnehmer wegen der Amtstätigkeit benachteiligt (GK-BetrVG/*Raab* § 103 Rz. 10).

I. Betriebsverfassungsrecht

cc) Zeitliche Dauer des Versetzungsschutzes

651 Für **Mitglieder des Betriebsrats** besteht der Schutz nach § 103 Abs. 3 BetrVG für die Dauer ihrer Amtszeit (zu Beginn und Ende der Amtszeit s. o. I/Rz. 395 ff.); während der Amtszeit des Betriebsrats endet der Schutz des einzelnen Mitglieds mit dem Verlust der Mitgliedschaft im Betriebsrat (siehe dazu oben I/Rz. 423 ff.). Nach Sinn und Zweck des mit § 103 Abs. 3 BetrVG beabsichtigten Schutzes kommt dieser auch bereits gewählten, aber noch nicht amtierenden Betriebsratsmitgliedern zugute (h. M., vgl. nur *Kittner*/DKK § 103 Rz. 15 m. w. N.). Der Schutz besteht auch für Mitglieder eines Betriebsrats, der nach § 22 BetrVG die Geschäfte weiterführt und in den Fällen eines Übergangs- bzw. Restmandates nach §§ 21 a, 21 b BetrVG (GK-BetrVG/*Raab* § 103 Rz. 14). **Ersatzmitglieder** genießen den Versetzungsschutz sobald und solange sie für ein ausgeschiedenes Betriebsratsmitglied nachrücken oder ein zeitweilig verhindertes Mitglied vertreten. Fällt in den Verhinderungszeitraum eine Betriebsratssitzung, so beginnt der Schutz des Ersatzmitglieds bereits vor dem eigentlichen Verhinderungsfall, da sich das Ersatzmitglied auf die Sitzung vorbereiten muss. Dieser (vorgezogene) Schutz beginnt i. d. R. mit Zugang der Ladung zur Sitzung, längstens aber drei Arbeitstage vorher (GK-BetrVG/*Raab* § 103 Rz. 15; für den Kündigungsschutz vgl. BAG 17.1.1979 EzA § 15 KSchG. F. Nr. 21). Bei Mitgliedern des Wahlvorstandes besteht der Schutz vom Zeitpunkt der Bestellung an bis zur Bekanntgabe des endgültigen Wahlergebnisses. Bei Wahlbewerbern besteht der Schutz von der Aufstellung des Wahlvorschlages an bis zur Bekanntgabe des Wahlergebnisses. Insoweit gelten die gleichen Grundsätze wie beim Kündigungsschutz (siehe dazu oben D/Rz. 333 ff.).

dd) Einholung der Zustimmung des Betriebsrats

652 Bei einer dem Anwendungsbereich des § 103 Abs. 3 BetrVG unterfallende Versetzung ist der Arbeitgeber erst befugt, dem Arbeitnehmer einen anderen Arbeitsbereich zuzuweisen, wenn der Betriebsrat der Maßnahme zugestimmt hat.

(1) Information des Betriebsrats; Rechtsfolgen unvollständiger Information

653 Der Arbeitgeber hat den Betriebsrat zunächst über die beabsichtigte Versetzung zu unterrichten. Der Umfang der Unterrichtungspflicht richtet sich nach § 99 Abs. 1 BetrVG (zur Unterrichtungspflicht nach § 99 Abs. 1 BetrVG s. o. I/Rz. 1678 ff.). Ist die Unterrichtung nur mangelhaft, ist eine vom Betriebsrat erteilte Zustimmung unwirksam und der Betriebsrat kann trotz der Zustimmung die Aufhebung der Maßnahme (§ 101 BetrVG analog, s. u. I/Rz. 1756 ff.) verlangen (GK-BetrVG/*Raab* § 103 Rz. 48, 58).

(2) Entscheidung des Betriebsrats

654 Die Entscheidung darüber, ob die Zustimmung erteilt wird, erfolgt durch Beschluss des Betriebsrats oder eines hierzu ordnungsgemäß beauftragten Ausschusses nach §§ 27, 28 BetrVG (s. o. I/Rz. 459 ff.).

Grds. muss die Zustimmung des Betriebsrats vor der Versetzung vorliegen. Da die Versetzung ein Vorgang mit gewisser Dauerwirkung ist, ist aber auch eine nachträgliche Zustimmung möglich, die dann die weitere Beschäftigung auf dem veränderten Arbeitsplatz legitimiert (GK-BetrVG/*Raab* § 103 Rz. 47).

Ist der Beschluss des Betriebsrats unwirksam, fehlt es an einer wirksamen Zustimmung. In Betracht kommt aber ein Schutz des Arbeitgebers unter dem Gesichtspunkt des Vertrauensschutzes: Der Arbeitgeber darf grds. auf die Wirksamkeit eines Zustimmungsbeschlusses nach § 103 BetrVG vertrauen, wenn ihm der Betriebsratsvorsit-

I. Betriebsverfassungsrecht

zende oder sein Vertreter mitteilt, der Betriebsrat habe die beantragte Zustimmung erteilt. Das gilt aber dann nicht, wenn der Arbeitgeber die Tatsachen kennt oder kennen muss, aus denen die Unwirksamkeit des Beschlusses folgt. Eine Erkundigungspflicht des Arbeitgebers besteht insoweit allerdings nicht (*BAG* 23.8.1984 EzA § 103 BetrVG 1972 Nr. 30 zur Zustimmung zur außerordentlichen Kündigung). Die Entscheidung des Betriebsrats ist an keine Form gebunden, bedarf keiner Begründung und ist nicht fristgebunden.

(3) Rechtslage bei fehlendem Betriebsrat
Soll in einem (noch oder wieder) betriebsratslosen Betrieb ein Mitglied des Wahlvorstandes oder ein Wahlbewerber oder ein Mitglied der Schwerbehindertenvertretung versetzt werden, ist kein Betriebsrat vorhanden, dessen Zustimmung eingeholt werden könnte. Um zu verhindern, dass in dieser Konstellation der durch § 103 Abs. 3 BetrVG beabsichtigte Schutz leer läuft, wird ganz überwiegend (vgl. nur GK-BetrVG/*Raab* § 103 Rz. 41 m. w. N.) eine Schließung dieser planwidrigen Regelungslücke dadurch befürwortet, dass die § 103 Abs. 3 BetrVG unterfallende Versetzung erst zulässig ist, wenn das Arbeitsgericht die Zustimmung rechtskräftig ersetzt hat (so für die Kündigung *BAG* 16.12.1982 EzA § 103 BetrVG 1972 Nr. 29; *BAG* 30.5.1978 EzA § 102 BetrVG 1972 Nr. 34). 655

ee) Ersetzung der Zustimmung durch das Arbeitsgericht
Erklärt der Betriebsrat nicht innerhalb einer Woche (§ 99 Abs. 3 BetrVG analog, vgl. GK-BetrVG/*Raab* § 103 Rz. 57) seit Unterrichtung die Zustimmung zur Versetzung, hat der Arbeitgeber die Möglichkeit, diese in einem arbeitsgerichtlichen Beschlussverfahren, an dem der von der beabsichtigten Versetzung betroffene Arbeitnehmer Beteiligter ist, ersetzen zu lassen. Der Antrag soll nach GK-BetrVG/*Raab* (§ 103 Rz. 60) auch dann noch statthaft sein, wenn der Arbeitnehmer (insoweit ohne Zustimmung) bereits auf dem neuen Arbeitsplatz beschäftigt wird. 656

(1) Dringende betriebliche Gründe
Gem. § 103 Abs. 3 S. 2 BetrVG hat das Arbeitsgericht die Zustimmung zu ersetzen, wenn die Versetzung auch unter Berücksichtigung der betriebsverfassungsrechtlichen Stellung des betroffenen Arbeitnehmers aus dringenden betrieblichen Gründen notwendig ist. 657

> An solchen dringenden betrieblichen Gründen fehlt es von vornherein, wenn die Versetzung individualrechtlich im Wege der Ausübung des Direktionsrechts nicht zulässig ist oder ein Grund vorliegt, der den Betriebsrat bereits im Rahmen der in § 99 Abs. 2 BetrVG genannten Gründe berechtigt hätte, der Versetzung – würde es sich um die Versetzung eines »normalen« Arbeitnehmers handeln – die Zustimmung zu verweigern. Im Übrigen ist eine Interessenabwägung vorzunehmen, innerhalb derer die individuellen Interessen des betroffenen Arbeitnehmers sowie das kollektive Interesse an der Kontinuität der Amtsführung gerade durch den betroffenen Amtsträger einerseits gegen die geltend gemachten betrieblichen Interessen des Arbeitgebers andererseits abzuwägen sind (GK-BetrVG/*Raab* § 103 Rz. 65, 66).

I. Betriebsverfassungsrecht

(2) Mögliche Entscheidungen des Gerichts

658 Liegen dringende betriebliche Gründe vor, ist die Zustimmung des Betriebsrats zur Versetzung zu ersetzen. Mit Rechtskraft der Entscheidung kann diese durchgeführt werden. Fehlt es an dringenden betrieblichen Gründen, ist der Antrag zurückzuweisen. Ist eine Zustimmung des Betriebsrats zur Versetzung nicht erforderlich, weil es sich nicht um eine Versetzung i. S. d. § 103 BetrVG handelt, ist der Antrag als unbegründet zurückzuweisen und gleichzeitig festzustellen, dass die Versetzung nicht nach § 103 BetrVG zustimmungspflichtig ist (GK-BetrVG/*Raab* § 103 Rz. 74). Tritt eine Erledigung des Verfahrens z. B. dadurch ein, dass der Betriebsrat die zunächst verweigerte Zustimmung erteilt oder die Versetzung nicht mehr zustimmungspflichtig ist (z. B. Ausscheiden des Arbeitnehmers; Arbeitnehmer stimmt (freiwillig, s. o. I/Rz. 649 nunmehr der Versetzung zu), ist das Verfahren durch Beschluss nach § 83 a Abs. 2 ArbGG einzustellen, auch wenn ein Beteiligter widerspricht (vgl. GK-BetrVG/*Raab* § 103 Rz. 70, 71).

ff) Rechtsfolgen bei fehlender Zustimmung

659 Liegt weder eine Zustimmung noch eine rechtskräftige arbeitsgerichtliche Zustimmungsersetzungsentscheidung vor, so ist die Maßnahme nicht nur betriebsverfassungsrechtlich, sondern auch individualrechtlich unwirksam; die entsprechende Weisung des Arbeitgebers ist unverbindlich und braucht nicht befolgt werden (vgl. für Versetzungen nach § 99 BetrVG: BAG 26.1.1988 EzA § 99 BetrVG 1972 Nr. 58 und I/Rz. 1731 ff.). Die wiederholte Durchführung von Versetzungen, die dem Anwendungsbereich des § 103 BetrVG unterfallen, ohne Zustimmung des Betriebsrats und ohne gerichtliche Zustimmungsersetzungsentscheidung kann ferner ein grober Verstoß i. S. d. § 23 Abs. 3 BetrVG sein (s. u. I/Rz. 1933 ff.).

Der Betriebsrat hat ferner in analoger Anwendung des § 101 BetrVG die Möglichkeit, beim Arbeitsgericht die Aufhebung bzw. Rückgängigmachung der Versetzung zu beantragen (zum Verfahren nach § 101 BetrVG s. o. I/Rz. 1756 ff.). Die Analogie ist gerechtfertigt, weil der Zweck des Zustimmungserfordernisses im Falle einer betriebsverfassungsrechtlich unzulässigen Versetzung in gleicher Weise gefährdet oder vereitelt wird wie bei § 99 BetrVG (GK-BetrVG/*Raab* § 103 Rz. 47).

i) Geheimhaltungspflicht, § 79 BetrVG

aa) Zweck der Vorschrift, Anwendungsbereich

660 Die in § 79 BetrVG vorgesehene Geheimhaltungspflicht ist Gegenstück und Sicherungsmittel zu den gesetzlichen Informationsrechten des Betriebsrats und anderer betriebsverfassungsrechtlicher Organe und trägt der Tatsache Rechnung, dass Funktionsträger auf Grund ihrer Amtsausübung und der ihnen zustehenden Informationsrechte wesentlich besser über geheimhaltungsbedürftige Umstände unterrichtet sind, als sie es ohne ihre Tätigkeit wären (*Buschmann* DKK § 79 Rz. 1). Zweck der Geheimhaltung ist es, die auf Grund der Betriebs- und Geschäftsgeheimnisse bestehende Wettbewerbslage gegenüber den anderen Mitbewerbern zu sichern (BAG 26.2.1987 EzA § 79 BetrVG 1972 Nr. 1). Die Pflicht trifft sämtliche Mitglieder des Betriebsrates und die Ersatzmitglieder sowie die in Abs. 2 genannten Funktionsträger. Über den Wortlaut hinaus ist neben seinen Mitgliedern auch der Betriebsrat selbst als Organ zur Verschwiegenheit verpflichtet (BAG 26.2.1987 EzA § 79 BetrVG 1972 Nr. 1). In Bezug genommen wird § 79 für die Verschwiegenheitspflicht von Sachverständigen und für vom Betriebsrat herangezogene Arbeitnehmer als Auskunftsperso-

nen (§ 80 Abs. 4, § 108 Abs. 2, § 109 S. 3 BetrVG) und für Mitglieder des Wirtschaftsausschusses (§ 107 Abs. 3 BetrVG).

bb) Voraussetzungen der Geheimhaltungspflicht

(1) Betriebs- und Geschäftsgeheimnisse

Betriebs- oder Geschäftsgeheimnis ist jede im Zusammenhang mit einem Betrieb stehende Tatsache, die nicht offenkundig, sondern nur einem eng begrenzten Personenkreis bekannt ist und nach dem bekundeten Willen des Betriebsinhabers auf Grund eines berechtigten wirtschaftlichen Interesses geheim gehalten werden soll. 661

Eine Tatsache ist offenkundig, wenn sich jeder Interessierte ohne besondere Mühe Kenntnis verschaffen kann (*BAG* 26.2.1987 EzA § 79 BetrVG 1972 Nr. 1). Es kommt außer auf den subjektiven Willen des Unternehmers auf die objektive Geheimhaltungsbedürftigkeit i. S. e. berechtigten wirtschaftlichen Interesses an, sog. objektiver, materieller Geheimnisbegriff (vgl. GK-BetrVG/*Oetker* § 79 Rz. 8). In Betracht kommen etwa: Herstellungsverfahren, Konstruktionszeichnungen, Rezepturen (*BAG* 16.3.1982 EzA § 242 BGB Nachvertragliche Treuepflicht Nr. 1), Lohn- und Gehaltslisten (*BAG* 26.2.1987 EzA § 79 BetrVG 1972 Nr. 1), Personalkostenstruktur, Kalkulationsunterlagen, Kundenlisten und sonstige Tatsachen oder Kenntnisse von wirtschaftlicher und kaufmännischer Bedeutung. 662

(2) Ausdrückliche Geheimhaltungserklärung

Die Geheimhaltungspflicht betrifft nur Tatsachen, die vom Arbeitgeber ausdrücklich als geheimhaltungsbedürftig bezeichnet worden sind. Die Erklärung muss klar und eindeutig sein, bedarf aber keiner bestimmten Form. 663

(3) Kenntniserlangung auf Grund der betriebsverfassungsrechtlichen Stellung
Die besondere betriebsverfassungsrechtliche Schweigepflicht bezieht sich nur auf solche Betriebs- und Geschäftsgeheimnisse, die den verpflichteten Personen wegen ihrer Zugehörigkeit zum Betriebsrat bzw. der in Abs. 2 genannten Einrichtungen bekannt geworden sind. Für anderweitig erlangte Kenntnisse ohne Zusammenhang mit der Amtstätigkeit gelten nur die allgemeinen Geheimhaltungspflichten (s. u. I/Rz. 669 ff.; s. o. C/Rz. 328 ff.). 664

(4) Inhalt und Dauer der Schweigepflicht
Verboten ist die Offenbarung, also die Weitergabe des Geheimnisses an andere und die Verwertung des Geheimnisses, d. h. dessen wirtschaftliche Ausnutzung zum Zwecke der Gewinnerzielung. Die Geheimhaltungspflicht besteht ab Beginn der Amtstätigkeit. Sie besteht auch nach dem Ausscheiden aus dem Betrieb unbeschränkt weiter und erlischt erst dann, wenn das Geheimnis allgemein bekannt ist oder der Arbeitgeber es als nicht mehr geheimhaltungsbedürftig bezeichnet. 665

(5) Ausnahmen von der Geheimhaltungspflicht
Zulässig ist die Offenbarung von Geheimnissen an Mitglieder desselben Organs oder an die Mitglieder einer der in Abs. 1 S. 4 angeführten Vertretungen und Stellen, da 666

I. Betriebsverfassungsrecht

diese ihrerseits einer gleichartigen Geheimhaltungspflicht unterliegen. Das Betriebsratsmitglied muss aber bei einer solchen Weitergabe auf die vom Arbeitgeber erklärte Geheimhaltungsbedürftigkeit hinweisen. Die Geheimhaltungspflicht entfällt ferner dann, wenn und soweit eine gesetzliche Offenbarungspflicht, etwa gegenüber Behörden und Gerichten besteht (MünchArbR/*Joost* § 308 Rz. 190).

(6) Sanktionen

667 Bei groben Verstößen kommt ein Ausschluss des Betriebsratsmitglieds aus dem Betriebsrat oder dessen Auflösung nach § 23 Abs. 1 BetrVG in Betracht. Aus § 79 Abs. 1 S. 1 BetrVG folgt ferner ein im Beschlussverfahren durchzusetzender Unterlassungsanspruch gegenüber Betriebsrat und seinen Mitgliedern (*BAG* 26.2.1987 EzA § 79 BetrVG Nr. 1).

668 § 79 BetrVG ist Schutzgesetz zu Gunsten des Arbeitgebers i. S. d. § 823 Abs. 2 BGB. Die unbefugte Offenbarung oder Verwertung eines Geheimnisses ist zugleich eine Verletzung von Pflichten aus dem Arbeitsverhältnis und kann daher eine Kündigung aus wichtigem Grund gem. § 15 KSchG, § 626 BGB rechtfertigen (GK-BetrVG/*Oetker* § 79 Rz. 46). Die vorsätzliche Verletzung der Geheimhaltungspflicht ist nach § 120 Abs. 1, 3, 4 BetrVG auf Antrag als Straftat verfolgbar.

(7) Weitere Verschwiegenheitspflichten

669 Neben § 79 BetrVG gibt es zum Schutz von Geheimnissen, die zum persönlichen Lebensbereich eines Arbeitnehmers gehören, spezielle betriebsverfassungsrechtliche Schweigepflichten, insbesondere im Bereich personeller Angelegenheiten (vgl. § 99 Abs. 1 S. 3, § 102 Abs. 2 S. 5 BetrVG) und im Zusammenhang mit der Hinzuziehung bei der Erläuterung des Arbeitsentgelts oder bei Einsichtnahme in die Personalakte (§ 82 Abs. 2, § 83 Abs. 1 BetrVG). Auch die Verletzung dieser Verschwiegenheitspflichten ist als Antragsdelikt strafbewährt, § 120 Abs. 2, Abs. 5 BetrVG.

670 Darüber hinaus besteht auch eine allgemeine arbeitsvertragliche Schweigepflicht (s. o. C/Rz. 328 ff.). Diese besteht gegenüber jedermann und bezieht sich inhaltlich auf alle Geheimnisse und vertraulichen Angelegenheiten, also auch auf solche, die nicht Betriebs- und Geschäftsgeheimnisse sind (vgl. *BAG* 15.12.1987 EzA § 611 BGB Betriebsgeheimnis Nr. 1; 16.3.1982 EzA § 242 BGB Nachvertragliche Treuepflicht Nr. 1). Auf welche Weise Kenntnis erlangt wurde, ist unerheblich, auch eine ausdrückliche Anordnung von vertraulicher Behandlung ist nicht erforderlich (GK-BetrVG/*Oetker* § 79 Rz. 54). Betriebs- und Geschäftsgeheimnisse unterliegen dem besonderen strafrechtlichen Schutz nach §§ 17 ff. UWG, ergänzt durch die Schadensersatzpflicht nach § 19 UWG. Eine Schadensersatzpflicht kann insoweit ferner aus § 823 Abs. 1 BGB unter dem Gesichtspunkte des Eingriffs in den eingerichteten ausgeübten Gewerbebetrieb resultieren (GK-BetrVG/*Oetker* § 79 Rz. 55). Ein besonderes Datengeheimnis besteht für Personen, die bei der Datenverarbeitung beschäftigt werden. Die unbefugte Verarbeitung oder Nutzung personenbezogener Daten ist untersagt und mit Strafe bedroht, §§ 5, 43 BDSG. Die speziellen betriebsverfassungsrechtlichen Geheimhaltungspflichten gehen der Regelung des § 5 BDSG vor (GK-BetrVG/*Oetker* § 79 Rz. 59).

671 Eine allgemeine Schweigepflicht der Betriebsratsmitglieder über Interna des Betriebsrates ist gesetzlich nicht vorgesehen und ergibt sich auch nicht aus dem Grundsatz der Nichtöffentlichkeit der Betriebsratssitzungen (*BAG* 5.9.1967 AP Nr. 8 zu § 23

I. Betriebsverfassungsrecht

BetrVG). Allerdings darf durch die Weitergabe von Informationen die Funktionsfähigkeit des Betriebsrates nicht ersichtlich gefährdet werden, da hierin ein Verstoß gegen Amtspflichten i. S. d. § 23 BetrVG liegt (*BAG* 21.2.1978 AP Nr. 1 zu § 74 BetrVG 1972; GK-BetrVG/*Oetker* § 79 Rz. 52).

5. Kosten und Sachaufwand des Betriebsrates, § 40 BetrVG

Kosten und Sachaufwand des Betriebsrats trägt im Rahmen der Erforderlichkeit der Arbeitgeber. Dies gilt auch dann, wenn die Betriebsratswahl nichtig ist, der Nichtigkeitsgrund aber nicht offenkundig ist (*BAG* 29.4.1998 EzA § 40 BetrVG 1972 Nr. 82). 672

a) Kosten

Durch die Tätigkeit des Betriebsrates entstehen zwangsläufig Kosten, die nicht durch die Erhebung und Leistung von Beiträgen der Arbeitnehmer und Dritter für Zwecke des Betriebsrates ausgeglichen werden können (sog. Umlageverbot, § 41 BetrVG). Gem. § 40 Abs. 1 BetrVG trägt die Kosten vielmehr der Arbeitgeber. Von § 40 BetrVG werden die tatsächlich entstandenen erforderlichen und verhältnismäßigen Kosten erfasst, die nicht durch § 37 Abs. 2, 6, 7 BetrVG abgedeckt sind. Kosten in diesem Sinne sind die durch die Tätigkeit des Betriebsrates und seiner Ausschüsse, insbesondere die ordnungsgemäß laufende Geschäftsführung des Betriebsrates oder die amtliche Tätigkeit einzelner Betriebsratsmitglieder entstandenen Kosten, sofern sie objektiv der Durchführung von Aufgaben des Betriebsrats dienen. Die Kostentragungspflicht des Arbeitgebers besteht auch für einen Betriebsrat, dessen Wahl angefochten ist (GK-BetrVG/*Weber* § 40 Rz. 7). Im Falle der Nichtigkeit der Wahl besteht sie dann, wenn die Nichtigkeit der Wahl für die handelnden Scheinbetriebsratsmitglieder nicht offenkundig war (GK-BetrVG/*Weber* § 40 Rz. 7). So besteht z. B. bei einer wegen Verkennung des Geltungsbereichs des BetrVG nichtigen Betriebsratswahl gleichwohl ein Anspruch des nichtig gewählten Betriebsratsmitglieds auf Erstattung tatsächlicher Aufwendungen nach betriebsverfassungsrechtlichen Grundsätzen, wenn die Nichtgeltung des BetrVG nicht offenkundig war (*BAG* 29.4.1998 EzA § 40 BetrVG 1972 Nr. 82). Ebenso sind die Kosten eines Betriebsrates, der nach Stilllegung des Betriebes ein Restmandat wahrnimmt, vom Arbeitgeber zu tragen (*LAG Hamm* 5.1.1979 EzA § 40 BetrVG 1972 Nr. 42). 673

aa) Erforderlichkeit

Erforderlich sind alle Kosten, die im Zeitpunkt der Verursachung bei gewissenhafter Abwägung aller Umstände unter Berücksichtigung des Grundsatzes der vertrauensvollen Zusammenarbeit (§ 2 Abs. 1 BetrVG) und damit auch der betrieblichen Belange für erforderlich gehalten werden durften, wobei es nicht auf die subjektive Einschätzung des einzelnen Betriebsrates, sondern auf das Urteil eines vernünftigen Dritten ankommt (GK-BetrVG/*Wiese*/*Weber* § 40 Rz. 11). Dem Betriebsrat steht allerdings ein gewisser Beurteilungsspielraum zu (*BAG* 3.10.1978 EzA § 40 BetrVG 1972 Nr. 37). 674

Bei außergewöhnlichen Aufwendungen und Kosten ist eine vorherige Information des Arbeitgebers und Beratung mit ihm geboten (*BAG* 18.4.1967 EzA § 39 BetrVG 1952 Nr. 1; *LAG Frankfurt/M.* 26.11.1987 NZA 1988, 441). Die Unterlassung dieser 675

I. Betriebsverfassungsrecht

Verpflichtung führt aber nicht zum Wegfall des Anspruches auf Kostenerstattung, wenn im Übrigen dessen Voraussetzungen gegeben sind.

(1) Einzelne Kosten

aaa) Kosten aus der Tätigkeit des Betriebsrates

676 Kosten aus der Tätigkeit des Betriebsrates sind z.B. die Kosten für die Anfertigung der Sitzungsniederschrift, in Betrieben mit ausländischen Arbeitnehmern gegebenenfalls auch Übersetzungskosten (*LAG Düsseldorf/Köln* 30.1.1981 DB 1981, 1093). Inwieweit der Arbeitgeber Kosten für ein vom Betriebsrat herausgegebenes Mitteilungsblatt zu tragen hat, richtet sich nach den konkreten Verhältnissen des einzelnen Betriebes. Abzuwägen sind die Dringlichkeit der Unterrichtung vor der nächsten ordentlichen Betriebsversammlung und die etwaige Unzulänglichkeit anderer Informationsmittel einerseits sowie die Kostenbelastung für den Arbeitgeber andererseits (*BAG* 21.11.1978 EzA § 40 BetrVG 1972 Nr. 40). Allein daraus, dass der Arbeitgeber seine Arbeitnehmer durch ein elektronisches Kommunikationssystem unter Benutzung eines sonst gesperrten Schlüssels »an Alle« informiert, folgt nicht, dass dem Betriebsrat dasselbe Informationssystem mit demselben Schlüssel uneingeschränkt zur Verfügung gestellt werden müsste (*BAG* 17.2.1993 EzA § 40 BetrVG 1972 Nr. 69). Kosten aus der Tätigkeit des Betriebsrats sind auch die Kosten für Vorbereitungsmaßnahmen zur Bildung des besonderen Verhandlungsgremiums nach dem EBRG (*FKHE* § 40 BetrVG Rz. 40; *Klebe* DKK, § 16 EBRG Rz. 1; s. u. I/Rz. 2011 ff. zu § 16 EBRG).

bbb) Kosten aus der Tätigkeit der Betriebsratsmitglieder

677 Zu den Kosten für die Tätigkeit einzelner Betriebsratsmitglieder gehören vor allem Reisekosten (Fahrt, Unterkunft, Verpflegung) für das notwendige Aufsuchen auswärtiger Betriebe, Betriebsteile oder die Teilnahme an Sitzungen des Gesamt-, Konzernbetriebsrats oder des Wirtschaftsausschusses, nicht aber Reisekosten vom auswärtigen Schulungsort zum Betrieb zur Teilnahme an einer Betriebsratssitzung (*BAG* 24.6.1969 EzA § 39 BetrVG 1952 Nr. 3) oder die Fahrten eines freigestellten Betriebsratsmitglieds für regelmäßige Fahrten zwischen Wohnung und Betrieb (*BAG* 28.8.1991 EzA § 40 BetrVG 1972 Nr. 66). Bei einer gemeinsamen Reise mehrerer Betriebsratsmitglieder können diese auf die Mitfahrmöglichkeit im PKW eines anderen Betriebsratsmitgliedes verwiesen werden, es sei denn, die Mitfahrt erscheint unzumutbar (*BAG* 28.10.1992 ArbuR 1993, 120; *LAG Hamm* 13.11.1991 LAGE § 40 BetrVG 1972 Nr. 32). Besteht im Betrieb eine für die Arbeitnehmer verbindliche Reisekostenregelung, gilt dies grds. auch für Reisen von Betriebsratsmitgliedern im Rahmen ihrer Betriebsratstätigkeit (*BAG* 23.6.1975 EzA § 40 BetrVG 1972 Nr. 21). Erforderliche höhere Kosten, die vom Betriebsratsmitglied nicht beeinflussbar sind, sind aber ebenfalls zu erstatten (*BAG* 7.6.1984 EzA § 40 BetrVG 1972 Nr. 57). Ein Ersatz von Unfallschäden am eigenen PKW des Betriebsratsmitgliedes kommt in Betracht, wenn der Arbeitgeber die Benutzung ausdrücklich gewünscht oder diese zur Wahrnehmung gesetzlicher Aufgaben erforderlich war (vgl. *BAG* 3.3.1983 EzA § 20 BetrVG 1972 Nr. 12). Die Erstattung grenzüberschreitender Reisekosten kommt in Betracht, wenn der Arbeitgeber grenzüberschreitend ein mitbestimmungspflichtiges EDV-System einführen will und der zuständige Gesamtbetriebsrat daher mit betroffenen ausländischen Betriebsvertretungen Kontakt aufnehmen und sich mit diesen treffen will (*ArbG München* 29.8.1991 DB 1991, 2295). Zu ersetzen sind ferner Auf-

wendungen für Ferngespräche, Briefporto oder Aufwendungen zur Wiederherstellung der Gesundheit oder von Sachen, soweit die Schäden in Ausübung der Betriebsratstätigkeit entstanden sind. Bei Personenschäden ist der Haftungsausschluss der §§ 104 ff. SGB VII zu beachten (GK-BetrVG/*Wiese*/*Weber* § 40 Rz. 80; s. o. C/Rz. 2292 f.).

ccc) **Kosten von Rechts- und Regelungsstreitigkeiten**
Erstattungspflichtig sind auch erforderliche und verhältnismäßige Kosten von 678
Rechtsstreitigkeiten, die der Betriebsrat in amtlicher Eigenschaft in betriebsverfassungsrechtlichen Angelegenheiten führt sowie die Kosten für Rechtsstreitigkeiten des einzelnen Betriebsratsmitglieds aus ihrer amtlichen Tätigkeit (*BAG* 14.10.1982 EzA § 40 BetrVG 1972 Nr. 52; 19.4.1989 EzA § 40 BetrVG 1972 Nr. 62; 31.1.1990 EzA § 40 BetrVG 1972 Nr. 64). Zur Tätigkeit des Betriebsrates gehört insoweit nämlich auch die Wahrnehmung seiner Rechte und die seiner Mitglieder gegenüber dem Arbeitgeber sowie allgemein die Befugnis zur Klärung betriebsverfassungsrechtlicher Streitfragen (*BAG* 3.10.1978 EzA § 40 BetrVG 1972 Nr. 37). Nicht erstattungsfähig sind Kosten des Rechtsstreites eines Betriebsratsmitgliedes, in welchem dieses individualrechtliche Ansprüche, wie z. B. den Anspruch auf Lohnfortzahlung wegen betriebsratsbedingter Arbeitsversäumnis geltend macht (*BAG* 14.10.1982 EzA § 40 BetrVG 1972 Nr. 52). Unerheblich ist der Ausgang des Verfahrens (GK-BetrVG/*Wiese*/*Weber* § 40 Rz. 85). Kosten der Rechtsverfolgung sind dann nicht erforderlich, wenn das Verfahren ohne hinreichenden Anlass eingeleitet und ohne Aussicht auf Erfolg mutwillig durchgeführt wird oder der Grundsatz der Verhältnismäßigkeit missachtet ist. Bei der Beurteilung der Erforderlichkeit hat der Betriebsrat die Maßstäbe einzuhalten, die er gegebenenfalls anwenden würde, wenn er selbst bzw. seine Mitglieder die Kosten zu tragen hätten (*BAG* 28.8.1991 EzA § 113 BetrVG 1972 Nr. 21). Nicht erforderlich sind auch die Kosten eines Beschlussverfahrens, das erst so spät bei Gericht eingeleitet wird, dass ein sachgerechter Beschluss schon aus Zeitgründen nicht mehr getroffen werden kann (*LAG Frankfurt/M.* 15.10.1992 DB 1993, 1096). Strittig ist die Erforderlichkeit der Kosten eines Rechtsstreites über vom BAG bereits entschiedene Rechtsfragen (keine Erforderlichkeit: *LAG Hamm* 4.12.1985 DB 1986, 88; GK-BetrVG/*Wiese*/*Weber* § 40 Rz. 86; **a. A.** *Wedde* DKK § 40 Rz. 25).

Kosten für die Hinzuziehung eines Rechtsanwaltes, den der Betriebsrat auf 679
Grund ordnungsgemäßen Beschlusses, der für jede Instanz gesondert zu erfolgen hat (*LAG Berlin* 26.1.1987 NZA 1987, 645; *LAG Schleswig-Holstein* 19.4.1983 DB 1984, 533), beauftragt hat, sind auch dann, wenn die Hinzuziehung eines Rechtsanwaltes vom Gesetz – z. B. im erstinstanzlichen arbeitsgerichtlichen Verfahren – nicht zwingend vorgeschrieben ist, zu erstatten, wenn der Betriebsrat sie nach pflichtgemäßer, verständiger Würdigung aller Umstände für erforderlich halten durfte, die Rechtsverfolgung insbesondere nicht aussichtslos erscheint und nicht rechtsmissbräuchlich erfolgt (*BAG* 19.4.1989 EzA § 40 BetrVG 1972 Nr. 62).

Nach anderer, strengerer Auffassung (so noch *BAG* 26.11.1974 EzA § 20 BetrVG 1972; 680
Glaubitz HSG § 40 Rz. 22) ist maßgebend, dass die Rechtsverfolgung wegen der Sach- und Rechtslage für den Betriebsrat Schwierigkeiten aufweist. Maßgeblich für die Beurteilung der Frage der Erforderlichkeit ist der Zeitpunkt der Beschlussfassung des Betriebsrats (*BAG* 19.4.1989 EzA § 40 BetrVG 1972 Nr. 62). Nach der Rechtspre-

chung des Bundesarbeitsgerichts (*BAG* 3.10.1978EzA § 40 BetrVG 1972 Nr. 37; 4.12.1979 EzA § 40 BetrVG 1972 Nr. 47; einschränkender noch *BAG* 26.11.1974 EzA § 20 BetrVG 1972 Nr. 7) braucht der Betriebsrat die Möglichkeit gewerkschaftlichen Rechtsschutzes im Interesse der Kostenverringerung nicht in Anspruch zu nehmen (**a. A.** GK-BetrVG/*Weber* § 40 Rz. 105; *Glaubitz* HSG § 40 Rz. 24; MünchArbR/*Joost* § 309 Rz. 21). In einem Ausschlussverfahren nach § 23 Abs. 1 BetrVG kann das betroffene Betriebsratsmitglied bei vernünftiger Betrachtung die Hinzuziehung eines Rechtsanwaltes dann nicht für erforderlich halten, wenn es das ihm vorgeworfene Verhalten nicht ernsthaft bestreiten kann und die rechtliche Würdigung dieses Verhaltens unzweifelhaft eine zum Ausschluss aus dem Betriebsrat führende grobe Pflichtverletzung i. S. d. § 23 Abs. 1 BetrVG ergibt (*BAG* 19.4.1989 EzA § 40 BetrVG 1972 Nr. 62). Liegen die Voraussetzungen der Erstattung von Rechtsanwaltskosten vor, ist der Betriebsrat gleichwohl nicht berechtigt, dem beauftragten Rechtsanwalt eine atypisch hohe Honorarzusage zu erteilen. Nicht erstattet werden müssen Fahrtkosten des Rechtsanwaltes für auswärtige Terminwahrnehmungen, wenn er keine besonderen, über das normale Maß hinausgehende Sachkompetenz in den für den Rechtsstreit maßgeblichen Rechtsfragen hat und am Gerichtsort sachkundige Anwaltsbüros ansässig sind (*BAG* 16.10.1986 AP Nr. 31 zu § 40 BetrVG 1972). Grds. kann nur Honorar nach Maßgabe der BRAGO zugesagt werden (*BAG* 20.10.1999 EzA § 40 BetrVG 1972 Nr. 89). Die Zusage eines darüber hinausgehenden Honorars bedarf der vorherigen Vereinbarung mit dem Arbeitgeber (*LAG Frankfurt/M.* 26.11.1987 NZA 1988, 441; 13.8.1987 DB 1988, 971). Beauftragt der Betriebsrat einen Rechtsanwalt mit der Wahrnehmung seiner Interessen in einem Einigungsstellenverfahren, sind die Kosten zu erstatten, wenn der Regelungsgegenstand der Einigungsstelle schwierige Rechtsfragen aufwirft, die zwischen den Betriebspartnern umstritten sind und kein Betriebsratsmitglied über den zur sachgerechten Interessenwahrnehmung notwendigen juristischen Sachverstand verfügt (*BAG* 21.6.1989 EzA § 40 BetrVG 1972 Nr. 61).

681 Nach Auffassung des *LAG Rheinland-Pfalz* (4.5.1990 NZA 1991, 32) ist der Betriebsrat unter den Voraussetzungen des § 116 Nr. 2 ZPO prozesskostenhilfeberechtigt, wenn bei gegebener hinreichender Erfolgsaussicht der Arbeitgeber nicht in der Lage wäre, gem. § 40 Abs. 1 BetrVG die Prozesskosten aufzubringen.

682 Wird ein Rechtsanwalt nicht im Rahmen eines gerichtlichen Verfahrens, sondern zur sonstigen Beratung des Betriebsrates, etwa über eine vom Arbeitgeber vorgeschlagene Betriebsvereinbarung hinzugezogen, wird er als Sachverständiger tätig, sodass sich die Frage der Kostentragungspflicht nach §§ 40 Abs. 1, 80 Abs. 3 BetrVG bemisst. Neben der Erforderlichkeit der Hinzuziehung ist also weitere Voraussetzung, dass es i. S. d. § 80 Abs. 3 BetrVG zuvor zu einer näheren Vereinbarung mit dem Arbeitgeber oder deren Ersetzung durch Entscheidung des Arbeitsgerichts gekommen ist (s. u. I/Rz. 1278 ff.; *BAG* 25.4.1978 EzA § 80 BetrVG 1972 Nr. 15).

Auch für die Hinzuziehung sonstiger Sachverständiger ist Rechtsgrundlage allein § 80 Abs. 3 S. 1 BetrVG (*BAG* 26.2.1992 EzA § 80 BetrVG 1972 Nr. 40).

(2) Schulungs- und Bildungsveranstaltungen

683 Vgl. dazu zunächst oben I/Rz. 610 ff., insbesondere auch zur Erforderlichkeit einzelner Veranstaltungen.

Der Arbeitgeber hat auch die Kosten (Fahrt, Unterkunft, Verpflegung) für die Teilnahme an Schulungs- und Bildungsveranstaltungen gem. § 37 Abs. 6 BetrVG zu tragen, soweit sie erforderlich sind (*BAG* 7.6.1984 EzA § 40 BetrVG 1972 Nr. 57; zum Begriff der Erforderlichkeit s. o. I/Rz. 611 ff.). **684**

Ein Anspruch auf Kostenerstattung setzt stets einen wirksamen Entsendebeschluss des Betriebsrats vor Beginn der Veranstaltung voraus. Ein Beschluss des Betriebsrats, der erst nach dem Besuch der Veranstaltung gefasst wird und in dem die Teilnahme des Betriebsratsmitglieds gebilligt wird, begründet keinen Anspruch des Betriebsrats auf Kostentragung nach § 40 BetrVG (*BAG* 8.3.2000 EzA § 40 BetrVG 1972 Nr. 90; a. A. etwa *Reitze* NZA 2002, 492, 493).

Bei Schulungs- und Bildungsveranstaltungen nach § 37 Abs. 7 BetrVG besteht grds. keine Kostentragungspflicht des Arbeitgebers, es sei denn, die Veranstaltung vermittelt zugleich für die Betriebsratsarbeit erforderliche Kenntnisse i. S. d. § 37 Abs. 6 BetrVG (*BAG* 21.7.1978 AP Nr. 4 zu § 38 BetrVG 1972; GK-BetrVG/*Wiese*/ *Weber* § 40 Rz. 74). **685**

Bei gewerkschaftlichen Veranstaltungen ist es unzulässig, dass die Gewerkschaft aus der Veranstaltung einen finanziellen Gewinn erwirtschaftet (*BAG* 28.6.1995 EzA § 40 BetrVG 1972 Nr. 74). Dies gilt auch dann, wenn die Veranstaltung von einem gemeinnützigen Verein durchgeführt wird, wenn der Vereinsvorstand von der Gewerkschaft gestellt wird und diese über ihn Inhalt, Durchführung und Finanzierung solcher Veranstaltungen maßgebend bestimmt (*BAG* 28.6.1995 EzA § 40 BetrVG 1972 Nr. 75). Erfasst sind bei Gewerkschaftsveranstaltungen daher nur klar abgrenzbare Teilnehmergebühren, die dem Veranstalter durch die konkrete Veranstaltung entstanden sind, nicht dagegen die Vorhaltekosten einer Schulungsstätte, weil die Einrichtung in erster Linie den eigenen Interessen der Koalition dient (*BAG* 3.4.1979EzA § 40 BetrVG 1972 Nr. 44; 15.1.1992 EzA § 40 BetrVG 1972 Nr. 68). Honoraraufwendungen für eigene Referenten oder die des DGB können deshalb nur dann anteilig auf die Schulungsteilnehmer umgelegt werden, wenn eine entsprechende Lehrtätigkeit weder zu den Haupt- noch zu den Nebenpflichten des Referenten aus dessen Arbeitsverhältnis gehört (*BAG* 3.4.1979 EzA § 40 BetrVG 1972 Nr. 44). Das Fehlen eines Gewinns ergibt sich nicht schon daraus, dass der für die Unterbringung in Rechnung gestellte Tagessatz den steuerlichen Pauschalbeträgen entspricht. Jedenfalls wenn die Gewerkschaft den ihr abgetretenen Kostenerstattungsanspruch geltend macht, hat sie ihre erstattungsfähigen Kosten im Einzelnen anzugeben (*BAG* 15.1.1992 EzA § 40 BetrVG 1972 Nr. 68). **686**

Soweit in einer Schulungs- und Bildungsveranstaltung nur teilweise erforderliche Kenntnisse vermittelt werden, so sind bei Teilbarkeit der Veranstaltung nur die auf den erforderlichen Teil entfallenden Kosten zu zahlen (GK-BetrVG/*Wiese*/*Weber* § 40 Rz. 57). Überwiegt die nicht erforderliche Themenbehandlung, so entfällt der Anspruch insgesamt (*BAG* 28.5.1976 EzA § 37 BetrVG 1972 Nr. 49). **687**

Bei mehreren qualitativ gleichwertigen Veranstaltungen ist der Betriebsrat im Rahmen seines Beurteilungsspielraums nach pflichtgemäßem Ermessen nicht verpflichtet, die Maßnahme auszuwählen, die für den Arbeitgeber mit den geringsten Kosten **688**

I. Betriebsverfassungsrecht

verbunden ist (*BAG* 28.6.1995 EzA § 40 BetrVG 1972 Nr. 74; **a. A.** etwa GK-BetrVG/ *Wiese/Weber* § 40 Rz. 58). Die Kosten einer teureren Veranstaltung hat der Arbeitgeber jedenfalls dann zu tragen, wenn diese qualitativ besser ist und die dadurch bedingten höheren Kosten verhältnismäßig sind (*BAG* 15.5.1986 EzA § 37 BetrVG 1972 Nr. 85). Der Betriebsrat ist aber nicht gehalten, an Hand einer umfassenden Marktanalyse den günstigsten Anbieter zu ermitteln. Bei vergleichbaren Seminarinhalten kann er seine Auswahlentscheidung auch von dem Veranstalter selbst abhängig machen und beispielsweise dabei berücksichtigen, dass gewerkschaftliche oder gewerkschaftsnahe Anbieter eine an den praktischen Bedürfnissen der Betriebsratsarbeit ausgerichtete Wissensvermittlung erwarten lassen (*BAG* 28.6.1995 EzA § 40 BetrVG 1972 Nr. 74). Entsprechendes gilt auch für die Wahl des Ortes der Schulungsveranstaltung, sodass Reisekosten zu einer weiter entfernt liegenden Schulungsstätte jedenfalls dann zu erstatten sind, wenn diese Schulung eine effektivere Ausbildung ermöglicht (*Wedde* DKK § 40 Rz. 61).

689 Erstattungsfähig sind neben Reise- und Unterbringungskosten auch Verpflegungskosten. Unter dem Gesichtspunkt ersparter Eigenaufwendungen kann der Arbeitgeber ein Fünftel der tatsächlichen Verpflegungsaufwendungen in Abzug bringen (*BAG* 28.6.1995 EzA § 40 BetrVG 1972 Nr. 74).

bb) Art der Kostentragung

690 Aus Rechtsgeschäften des Betriebsrates wird der Arbeitgeber mangels Vertretungsmacht des Betriebsrates für den Arbeitgeber nicht unmittelbar verpflichtet. Durch § 40 BetrVG wird vielmehr ein gesetzliches Schuldverhältnis begründet, aus dem sich unmittelbar Ansprüche des Betriebsrates oder der Betriebsratsmitglieder auf Leistungen des Arbeitgebers ergeben (GK-BetrVG/*Wiese/Weber* § 40 Rz. 16). Soweit Verpflichtungen eingegangen wurden, besteht ein Freistellungsanspruch gegen den Arbeitgeber, der auf Befreiung von der Verbindlichkeit gerichtet ist (*BAG* 19.4.1989 EzA § 40 BetrVG 1972 Nr. 62). Er steht dem Betriebsrat, aus abgeleitetem Recht aber auch dem Betriebsratsmitglied zu, das die Verbindlichkeit eingegangen ist (*BAG* 21.11.1978 EzA § 37 BetrVG 1972 Nr. 62).

691 Ist die Forderung des Dritten durch ein Betriebsratsmitglied erfüllt worden, so verwandelt sich der Freistellungs- in einen Zahlungsanspruch gegen den Arbeitgeber, der bei Verzug oder nach Eintritt der Rechtshängigkeit zu verzinsen ist (*BAG* 18.1.1989 EzA § 40 BetrVG 1972 Nr. 60). Der Betriebsrat bzw. das einzelne Mitglied kann für voraussichtliche Aufwendungen einen angemessenen Vorschuss verlangen. Insoweit kann auch ein Dispositionsfonds eingerichtet werden, im Hinblick auf das Begünstigungsverbot (§§ 37 Abs. 1, 78 S. 2 BetrVG) jedoch nur in angemessener Höhe und bei regelmäßiger Abrechnung in angemessenen Zeitabständen (GK-BetrVG/*Wiese/Weber* § 40 Rz. 24). Wird von mehreren Arbeitgebern ein gemeinsamer Betrieb geführt, so tragen sie die Kosten gem. § 421 BGB als Gesamtschuldner (*BAG* 19.4.1989 EzA § 40 BetrVG 1972 Nr. 62).

692 In der Insolvenz sind Kostenerstattungsansprüche aus § 40 BetrVG grds. einfache Insolvenzforderungen, es sei denn, es geht um Aufwendungsersatz für Betriebsratstätigkeit nach Insolvenzeröffnung. Im Konkurs des Arbeitgebers sind Kostenerstattungsansprüche aus § 40 Abs. 1 BetrVG keine Masseschulden, sofern es sich nicht um Rückstände für die letzten sechs Monate handelt (*BAG* 14.11.1978 EzA § 40 BetrVG 1972 Nr. 39) oder es um Aufwendungsersatz für Betriebsratstätigkeit nach Konkurseröffnung geht (*LAG Hamm* 5.1.1979 EzA § 40 BetrVG 1972 Nr. 42). Als nicht bevorrechtigte Konkursforderungen nehmen sie am gerichtlichen Vergleichsverfahren teil.

I. Betriebsverfassungsrecht

Der Betriebsrat ist insoweit Vergleichsgläubiger, § 25 VglO (*BAG* 16.10.1986 AP Nr. 26 zu § 40 BetrVG 1972).

cc) Nachweis und Durchsetzung der Kosten, Kostenpauschale

Die entstandenen Kosten sind im Einzelnen nachzuweisen. Dies gilt auch für die erstattungsfähigen Kosten bei Teilnahme an einer Schulungsveranstaltung, wobei der Veranstalter dem teilnehmenden Betriebsratsmitglied gegenüber verpflichtet ist, die zur Aufschlüsselung der Kosten notwendigen Angaben zu machen (*BAG* 28.6.1995 EzA § 40 BetrVG 1972 Nr. 74). 693

Bei gewerkschaftlichen Schulungsveranstaltungen darf es nicht zu einer Gegnerfinanzierung durch den Arbeitgeber kommen. Es gelten insoweit koalitionsrechtliche Besonderheiten. Es ist deshalb nachzuweisen, dass die Berechnung pauschaler Schulungsgebühren exakt anhand von Einzelpositionen dargelegt wird, um überprüfen zu können, dass die enthaltenen Einzelposten auf der Durchführung der Veranstaltung beruhen. Ist der Schulungsbereich nach § 37 Abs. 6 BetrVG dabei von den übrigen Seminarveranstaltungen organisatorisch, personell und finanziell getrennt, ist auch eine Darlegung der Kosten auf Grund einer Mischkalkulation zulässig, indem die Kosten aller betriebsverfassungsrechtlichen Seminare gemeinsam ermittelt und anteilig den einzelnen Schulungsveranstaltungen zugeordnet werden (*BAG* 28.6.1995 EzA § 40 BetrVG 1972 Nr. 74). Voraussetzung der Aufschlüsselungspflicht unter dem Gesichtspunkt gewerkschaftlicher Schulungsveranstaltungen ist aber, dass tatsächlich hinreichend gesicherte satzungsmäßige oder personelle Möglichkeiten gewerkschaftlicher Einflussnahme bei der Verwendung der eingenommenen Beträge bestehen (*BAG* 17.6.1998 EzA § 40 BetrVG 1972 Nr. 83). Besteht eine Aufschlüsselungspflicht, kann diese auch durch Vorlage eines Gutachtens einer unabhängigen Wirtschaftsprüfungsgesellschaft, welches die schulungsbedingt angefallenen Selbstkosten des Schulungsträgers nach anerkannten kaufmännischen Grundsätzen ermittelt und testiert, erfüllt werden. Der Arbeitgeber kann zur Prüfung seiner Kostentragungspflicht nur solche Auskünfte verlangen, die zur Nachprüfung der Angaben des Veranstalters geeignet und erforderlich sind (*BAG* 17.6.1998 EzA § 40 BetrVG 1972 Nr. 84). Beschränkt sich ein in der Rechtsform des gemeinnützigen Vereins geführter gewerkschaftlicher Schulungsveranstalter auf die Durchführung betriebsverfassungsrechtlicher Schulungen, kommt eine Aufschlüsselungspflicht pauschaler Schulungsgebühren erst bei Vorliegen konkreter Anhaltspunkte für eine Gegnerfinanzierung in Betracht (*BAG* 17.6.1998 EzA § 40 BetrVG 1972 Nr. 85). 694

Möglich ist die Regulierung von Kosten in Anwendung einer Kostenpauschale, wenn sie nicht zu einer unzulässigen versteckten Vergütung der Betriebsratsmitglieder führt. Die Kostenpauschale muss sich daher im Rahmen der üblichen regelmäßig wiederkehrenden Aufwendungen halten (GK-BetrVG/*Weber* § 40 Rz. 21; *Wedde* DKK § 40 Rz. 11). 695

Die Ansprüche des Betriebsrates oder auch des einzelnen Betriebsratsmitglieds sind im arbeitsgerichtlichen Beschlussverfahren durchzusetzen (*BAG* 18.1.1989 EzA § 40 BetrVG 1972 Nr. 60). Der Betriebsrat ist befugt, Kostenfreistellungs- und Auslagenerstattungsansprüche seiner Mitglieder im eigenen Namen geltend zu machen, kann aber nur die Erstattung an das jeweilige Betriebsratsmitglied verlangen (*BAG* 15.1.1992 EzA § 40 BetrVG 1972 Nr. 68). 696

I. Betriebsverfassungsrecht

dd) Abtretbarkeit, Verjährung

697 Der Kostenerstattungsanspruch ist wie ein gewöhnlicher vermögensrechtlicher Anspruch abtretbar (*BAG* 25.4.1978 EzA § 37 BetrVG 1972 Nr. 59). Der Freistellungsanspruch ist nur an den Gläubiger der Forderung abtretbar und wandelt sich dann in einen Zahlungsanspruch um. Die Abtretung bedarf eines ordnungsgemäßen Beschlusses des Betriebsrats. Fehlt ein solcher Beschluss, erwirbt der Gläubiger keine unmittelbar gegen den Arbeitgeber durchsetzbare Forderung (*BAG* 13.5.1998 EzA § 80 BetrVG 1972 Nr. 42 zum Anspruch auf Freistellung von den Kosten aus der Hinzuziehung eines Sachverständigen). Der Anspruch auf Leistung eines Vorschusses ist auf Grund seiner Zweckbindung nicht abtretbar, § 399 BGB (MünchArbR/*Joost* § 309 Rz. 32).

698 Es gilt die reguläre Verjährung. Tarifliche Ausschlussfristen sind auf den Anspruch nicht anwendbar (*BAG* 30.1.1973 EzA § 40 BetrVG 1972 Nr. 4). Er kann aber nach § 242 BGB der Verwirkung unterliegen, wenn seine verspätete Geltendmachung Treu und Glauben widerspricht (*BAG* 14.11.1978 EzA § 40 BetrVG 1972 Nr. 38).

b) Sachaufwand und Büropersonal

699 § 40 Abs. 2 BetrVG begründet als Sonderregelung zu § 40 Abs. 1 BetrVG im Hinblick auf die zur Betriebsratsarbeit erforderlichen räumlichen, sachlichen und personellen Mittel einen Überlassungsanspruch gegen den Arbeitgeber, sodass der Betriebsrat nicht berechtigt ist, auf Kosten des Arbeitgebers selbst Personal- oder Sachmittel zu beschaffen (*BAG* 21.4.1983 EzA § 40 BetrVG 1972 Nr. 53). Der Arbeitgeber hat deshalb unter Berücksichtigung der betrieblichen Belange grds. die Wahl hinsichtlich der zur Verfügung zu stellenden Mittel (*BAG* 17.10.1990 EzA § 40 BetrVG 1972 Nr. 65).

700 Die Erforderlichkeit einzelner Mittel richtet sich nach den Verhältnissen des Einzelfalles unter Berücksichtigung von Größe des Betriebs, des Betriebsrates sowie dem Umfang der Geschäftstätigkeit des Betriebsrates. Im Einzelfall genügt die Ermöglichung der Mitbenutzung von Sachmitteln, wenn dies für die Tätigkeit des Betriebsrates ausreichend ist (MünchArbR/*Joost* § 309 Rz. 35).

aa) Sachaufwand

701 Zu den zur Verfügung zu stellenden Mitteln gehören z. B.:
– geeignete, beheizte und beleuchtete Räume grds. innerhalb des Betriebes. Je nach Umfang der Aufgaben des Betriebsrates muss der Arbeitgeber einen oder mehrere verschließbare (*ArbG Heilbronn* 17.2.1984 BB 1984, 982) Räume ständig oder zeitweise zur Verfügung stellen. Begrenzt durch das Kriterium der Rechtsmissbräuchlichkeit kann der Arbeitgeber eine Änderung der Raumzuweisung vornehmen. In der Zeit der Nutzung durch den Betriebsrat übt dieser das Hausrecht aus. Es steht dem Betriebsrat allerdings nur insoweit zu, wie dies zur Erfüllung seiner gesetzlichen Aufgaben erforderlich ist. Nur in diesem Umfang braucht der Arbeitgeber den Zugang vom Betriebsrat eingeladener Medienvertreter zum Betriebsratsbüro zu dulden (*BAG* 18.9.1991 EzA § 40 BetrVG 1972 Nr. 67). Der Raum muss grds. verschließbar und optisch und akustisch so weit abgeschirmt sein, dass ihn Zufallszeugen von außen nicht einsehen oder abhören können, ohne besonderen Aufwand zu betreiben. Er muss den Anforderungen an eine Arbeitsstätte entsprechen (*LAG Köln* 19.1.2001 NZA-RR 2001, 482).

I. Betriebsverfassungsrecht

– Büromöbel einschließlich verschließbarer Vorrichtungen zur Aufbewahrung der Akten und sonstiger wichtiger Gegenstände, Schreibmaschinen, Diktiergeräte, Schreib- und sonstiges Büromaterial. Mitbenutzung oder zur Verfügungstellung eines Kopiergerätes, je nach Größe des Betriebes. Das Fotokopieren einer gewerkschaftlichen Druckschrift mit eindeutigen gewerkschaftspolitischen Zielsetzungen muss der Arbeitgeber nicht dulden (*LAG Frankfurt/M.* 20.8.1987 LAGE § 40 BetrVG 1972 Nr. 23).
– Fachliteratur (Arbeits- und sozialrechtliche Gesetzessammlungen [z. B. »Arbeits- und Sozialordnung«]) in der neuesten Auflage. Bei Wahrnehmung des Auswahlrechts hinsichtlich der zur Verfügung zu stellenden Gesetzestexte braucht sich der Betriebsrat nicht ausschließlich vom Interesse des Arbeitgebers an einer möglichst geringen Kostenbelastung leiten zu lassen (*BAG* 24.1.1996 EzA § 40 BetrVG 1972 Nr. 77). Ferner Kommentare (auf dem neuesten Stand, *BAG* 26.10.1994 EzA § 40 BetrVG 1972 Nr. 72), Unfallverhütungsvorschriften, Tarifverträge, Fachzeitschriften (z. B. »Arbeitsrecht im Betrieb«, *BAG* 21.4.1983 EzA § 40 BetrVG 1972 Nr. 53; »Arbeit und Ökologiebriefe«, *LAG Frankfurt/M.* 21.3.1991 NZA 1991, 859; nicht verlangt werden kann die zur Verfügungstellung einer Tageszeitung, wie z. B. des Handelsblatts: *BAG* 29.11.1989 EzA § 40 BetrVG 1972 Nr. 63), Entscheidungssammlungen, wobei der Umfang von den Geschäftsbedürfnissen des konkreten Betriebsrates abhängig und das Verhältnismäßigkeitsprinzip zu wahren ist. Im Rahmen des Erforderlichen kann der Betriebsrat die ihm zu überlassende und vom Arbeitgeber zu beschaffende Literatur selbst auswählen und hat dabei einen gerichtlich beschränkt nachprüfbaren Ermessensspielraum (*BAG* 21.4.1983 EzA § 40 BetrVG 1972 Nr. 53).
– Schwarzes Brett für Bekanntmachungen des Betriebsrates (*BAG* 21.11.1978 EzA § 40 BetrVG 1972 Nr. 41). Über den Inhalt entscheidet der Betriebsrat grds. allein, muss sich aber im Rahmen seiner Aufgaben halten, sodass z. B. parteipolitische Propaganda (vgl. § 74 Abs. 2 S. 3 BetrVG) unzulässig ist (GK-BetrVG/*Wiese/Weber* § 40 Rz. 142). Bei unzulässigen Aushängen kann der Arbeitgeber vom Betriebsrat die Entfernung verlangen (vgl. ausf. GK-BetrVG/*Wiese/Weber* § 40 Rz. 144). Ein regelmäßig oder in unregelmäßigen Abständen erscheinendes Informationsblatt darf dann herausgegeben werden, wenn ein dringendes Informationsbedürfnis besteht, anderweitige Informationsmittel unzugänglich sind und die Kostenbelastung dem Arbeitgeber zumutbar ist (*BAG* 21.11.1978 EzA § 40 BetrVG 1972 Nr. 41; *LAG Berlin* 28.6.1984 NZA 1984, 405). Der Gesamtbetriebsrat ist nicht berechtigt, auf Kosten des Arbeitgebers ein Informationsblatt herauszugeben, da die Informationen der Belegschaft über die Tätigkeit des Gesamtbetriebsrats durch die einzelnen Betriebsräte ausreichend ist (*BAG* 21.11.1978 EzA § 40 BetrVG 1972 Nr. 41). In Betracht kommt auch die Durchführung von Fragebogenaktionen, soweit sich die Fragen im Rahmen der gesetzlichen Aufgaben halten und Betriebsablauf und Betriebfrieden hierdurch nicht gestört werden (*BAG* 8.2.1977 EzA § 70 BetrVG 1972 Nr. 1).

bb) Insbesondere: Informations- und Kommunikationstechnik

Durch das BetrVerf-ReformG vom 23.7.2001 (BGBl. I S. 1852 ff.) wurde in § 40 Abs. 2 BetrVG eine ausdrückliche Erwähnung der Informations- und Kommunikationstechnik in § 40 Abs. 2 BetrVG eingeführt. Hierdurch soll klargestellt werden, »dass der Arbeitgeber verpflichtet ist, dem Betriebsrat auch Informations- und Kommunikationstechnik als moderne Sachmittel zur Verfügung zu stellen. Dazu gehören

702

I. Betriebsverfassungsrecht

vor allem Computer mit der entsprechenden Software, aber auch die Nutzung im Betrieb oder Unternehmen vorhandener moderner Kommunikationsmöglichkeiten.« (so BegrRegE BT-Drs. 5741, S. 41). Ungeachtet dieser gesetzlichen Änderung verbleibt es aber dabei, dass auch diese Sachmittel »in erforderlichem Umfang« zur Verfügung zu stellen sind, sodass ein vom Merkmal der Erforderlichkeit unabhängiger Überlassungsanspruch des Betriebsrats nicht besteht, sondern es auf die konkreten Verhältnisse des einzelnen Betriebs und die Arbeit des einzelnen Betriebsrats ankommt. Für die Interpretation des Merkmals der Erforderlichkeit ist aber zu berücksichtigen, dass der Gesetzgeber in dem Bestreben um eine Verbesserung der Arbeitsbedingungen der Betriebsräte ein Signal zu Gunsten der Teilhabe des Betriebsrats an den Errungenschaften des technischen Fortschritts im Bereich der Informations- und Kommunikationstechnik gesetzt hat (GK-BetrVG/*Weber* § 40 Rz. 151).

– **Telefon/Fax:** Der Betriebsrat hat Anspruch auf einen Telefonanschluss, wobei der Arbeitgeber nur die Kosten für erforderliche und verhältnismäßige Telefongespräche trägt (vgl. *BAG* 27.5.1986 EzA § 87 BetrVG 1972 Kontrolleinrichtung Nr. 16).

Ein Anspruch auf einen Telefonhauptanschluss besteht dann nicht, wenn der Betriebsrat eine betriebliche Nebenstellenanlage ohne Empfänger- und Inhaltskontrolle benutzen kann, wobei die Mitbenutzung der betrieblichen Fernsprechanlage für den Betriebsrat eines Kleinbetriebes i. d. R. ausreichend und zumutbar ist (*LAG Rheinland-Pfalz* 9.12.1991 NZA 1993, 426). Eine Telefonanlage muss so geschaltet werden, dass der Betriebsrat von sich aus die Arbeitnehmer weit verstreuter Filialen anrufen kann; die bloße telefonische Erreichbarkeit des Betriebsrats für die Mitarbeiter ist nicht ausreichend (*BAG* 9.6.1999 EzA § 40 BetrVG 1972 Nr. 88; *BAG* 8.3.2000 – 7 ABR 73/98 n. v. –). Strittig ist die Zulässigkeit des Anschlusses des Betriebsratstelefons an einen automatischen Gebührenzähler (abl. *Berg* DKK § 40 Rz. 111; bejahend GK-BetrVG/*Wiese/Weber* § 40 Rz. 161). Soweit die Zulässigkeit einer Telefondatenerfassung bejaht wird, bleibt problematisch, inwieweit neben Zeitpunkt und Dauer des Gespräches auch die Zielnummer erfasst werden darf, da dies zu einer unzulässigen Überwachung der Betriebsratstätigkeit führen kann (vgl. *BAG* 27.5.1986 EzA § 87 BetrVG 1972 Kontrolleinrichtung Nr. 16; im B. v. 18.1.1989 – 7 ABR 38/87 – n. v. wird eine Erfassung der Zielnummer bei Ferngesprächen, nicht aber bei Haus-, Orts- und Nahbereichsgesprächen für zulässig erachtet; vgl. auch *BAG* 1.8.1990 NZA 1991, 316). Die Bereitstellung von Mobiltelefonen kann nur in besonderen Fällen verlangt werden, etwa wenn ein regelmäßig im Außendienst beschäftigter Betriebsratsvorsitzender auf Grund seiner Funktion ständig erreichbar sein muss (vgl. GK-BetrVG/*Wiese/Weber* § 40 Rz. 58). Auch ein Anrufbeantworter kann erforderlich sein, etwa um die telefonische Erreichbarkeit eines Betriebsrats eines Betriebs mit räumlich voneinander entfernten Verkaufsstellen mit unterschiedlichen Öffnungszeiten und überwiegend teilzeitbeschäftigten Arbeitnehmern sicherzustellen (*BAG* 15.11.2000 – 7 ABR 9/99 – n. v.). Auch kann ein Anspruch auf Bereitstellung eines Telefaxgeräts bestehen, wenn dies zur Aufrechterhaltung des Kontakts zwischen Betriebsrat und Arbeitnehmern und Betriebsrat und Arbeitgeber erforderlich ist (*BAG* 15.11.2000 – 7 ABR 9/99 – n. v.). Ein Anspruch auf ein eigenes Telefaxgerät besteht jedenfalls dann nicht, wenn der Betriebsrat die betrieblichen Telefaxgeräte und den täglichen Kurierdienst zwischen den Betriebsteilen mitbenutzen kann (*LAG Düsseldorf* 24.6.1993 BB 1993, 1873). Nach Auffassung des *LAG Hamm* (14.5.1997 LAGE § 40 BetrVG 1972 Nr. 59) kann ein aus mehreren Mitgliedern bestehender Betriebsrat in der heutigen Zeit ohne konkrete Darlegung der Erforderlichkeit verlangen, dass ein Te-

lefaxgerät zur Verfügung gestellt wird, wenn dem Betriebsrat die Mitbenutzung der Geräte des Arbeitgebers nicht zumutbar ist.
- **Neue Kommunikationsmittel:** Während das *BAG* im Beschluss vom 17.2.1993 (EzA § 40 BetrVG 1972 Nr. 69) davon ausging, dass die Erforderlichkeit der Überlassung eines elektronischen Kommunikationssystems mit Mailbox nicht alleine daraus folge, dass der Arbeitgeber die Arbeitnehmer durch dieses Kommunikationssystem informiert, wird demgegenüber ganz überwiegend angenommen, dass ein Anspruch des Betriebsrats auf Mitbenutzung eines vom Arbeitgeber eingerichteten E-Mail-Systems besteht, wenn es sich um eine betriebsübliche Kommunikationsform handelt oder viele Telearbeitsplätze oder Arbeitsplätze im Außendienst vorhanden sind (vgl. GK-BetrVG/*Wiese/Weber* § 40 Rz. 64, 65 m. w. N.). Kein Anspruch besteht auf Einrichtung einer allgemein abrufbaren Internet-Homepage des Betriebsrats. Wickelt der Arbeitgeber die betriebsinterne Kommunikation aber unter Zuhilfenahme von modernsten elektronischen Medien ab, soll nach Auffassung des *ArbG Paderborn* (29.1.1998 EzA-SD 6/1998, S. 14 ff. = DB 1998, 678) ein Anspruch auf Zurverfügung-Stellung einer Homepage im betriebseigenen Intranet bestehen.
- **Informationstechnik:** Je nach Inhalt und Umfang der wahrzunehmenden Aufgaben kann auch die Überlassung oder Mitbenutzung eines PC erforderlich sein (vgl. *BAG* 12.5.1999 EzA § 40 BetrVG 1972 Nr. 87; 11.3.1998 EzA § 40 BetrVG 1972 Nr. 81; 11.11.1998 EzA § 40 BetrVG 1972 Nr. 86; *LAG Düsseldorf* 6.1.1995 LAGE § 40 BetrVG 1972 Nr. 45; *LAG Köln* 10.1.1992 NZA 1992, 519; *Klebe/Kunz* NZA 1990, 257; *Krichel* NZA 1989, 668; zur Frage datenschutzrechtlicher Beschränkungen bei der Verarbeitung von Arbeitnehmerdaten vgl. *Gola/Wronka* NZA 1991, 790). Hierzu muss allerdings die konkrete Erforderlichkeit im Einzelnen dargelegt werden. Je größer der Betrieb ist, desto eher wird ein PC erforderlich sein (*BAG* 12.5.1999 EzA § 40 BetrVG 1972 Nr. 87), allerdings kann auch bei größeren Betrieben nicht auf die Darlegung der Erforderlichkeit verzichtet werden. Die Erforderlichkeit ist z. B. zu bejahen, wenn die Aufgaben der laufenden Geschäftsführung qualitativ und quantitativ so anwachsen, dass sie mit den bisherigen Sachmitteln nur unter Vernachlässigung anderer Rechte und Pflichten nach dem BetrVG bewältigt werden können. Die Beurteilung, ob die Benutzung eines PC erforderlich ist, obliegt dabei dem Betriebsrat, der bei seiner Entscheidung eine umfassende Interessenabwägung unter Berücksichtigung aller Umstände des Einzelfalles vorzunehmen hat. In diesem Rahmen steht dem Betriebsrat ein Beurteilungsspielraum zu, den die Gerichte zu beachten haben. Sie können die Entscheidung des Betriebsrats nur daraufhin überprüfen, ob das verlangte Sachmittel der Wahrnehmung gesetzlicher Aufgaben des Betriebsrats dienen soll und der Betriebsrat bei seiner Entscheidung den berechtigten Interessen des Arbeitgebers und der Belegschaft angemessen Rechnung getragen hat (*BAG* 12.5.1999 EzA § 40 BetrVG 1972 Nr. 87). Diese Maßstäbe gelten auch für die Frage der Erforderlichkeit von Software (*BAG* 11.3.1998 EzA § 40 BetrVG 1972 Nr. 81). Ein Anschluss des Betriebsrats an juristische Datenbanken (z. B. Juris) oder sonstige online verfügbare, kostenpflichtige juristische Fachmodule wird i. d. R. nicht erforderlich sein (GK-BetrVG/*Wiese/Weber* § 40 Rz. 167).

cc) Büropersonal
Ausmaß und Umfang des vom Arbeitgeber zur Verfügung zu stellenden Büropersonals, also in erster Linie Schreibkräfte, aber auch sonstige Hilfskräfte, z. B. für Verviel-

I. Betriebsverfassungsrecht

fältigungsarbeiten und Botengänge (*LAG Baden-Württemberg* 25.11.1987 AuR 1989, 93), hängt vom Arbeitsanfall des Betriebsrates ab. Der Betriebsrat hat kein eigenes Auswahlrecht hinsichtlich der in Betracht kommenden Personen (*BAG* 17.10.1990 EzA § 40 BetrVG 1972 Nr. 65). Der Arbeitgeber muss aber nach dem Grundsatz vertrauensvoller Zusammenarbeit auf die berechtigten Interessen des Betriebsrates Rücksicht nehmen, sodass der Betriebsrat z. B. eine Schreibkraft ablehnen kann, die sein Vertrauen nicht genießt (GK-BetrVG/*Wiese*/*Weber* § 40 Rz. 170; offen gelassen in *BAG* 17.10.1990 EzA § 40 BetrVG 1972 Nr. 65; vgl. auch *BAG* 15.1.1997 EzA § 40 BetrVG 1972 Nr. 79). Das Büropersonal ist auf Grund seiner arbeitsvertraglichen Treuepflicht zur Verschwiegenheit über Betriebs- und Geschäftsgeheimnisse verpflichtet (*BAG* 17.10.1990 EzA § 40 BetrVG 1972 Nr. 65). Die Verpflichtung des Büropersonals, auch über Betriebsratsangelegenheiten Stillschweigen zu wahren, folgt aus dem Störungs- und Behinderungsverbot in § 78 BetrVG (*Glaubitz* HSG § 40 Rz. 103).

dd) Eigentum und Besitz

704 Die dem Betriebsrat vom Arbeitgeber überlassenen Sachen bleiben Eigentum des Arbeitgebers, wobei die Eigentümerbefugnisse aber durch die Zweckbindung der überlassenen Sachen beschränkt ist. Der Arbeitgeber kann deshalb die Herausgabe einer dem Betriebsrat überlassenen Sache verlangen, wenn er ein gleichwertiges Ersatzstück zur Verfügung stellt (GK-BetrVG/*Wiese*/*Weber* § 40 Rz. 178). Strittig ist, ob der Arbeitgeber auch Eigentümer neuer Sachen wird, die durch Verarbeitung (§ 950 BGB) der dem Betriebsrat überlassenen Sachen entsteht, wie z. B. Betriebsratsakten oder Protokollbücher. Der Arbeitgeber kann jedenfalls auf Grund seines Eigentums vom Betriebsrat auch nach Ablauf von dessen Amtszeit die Akten weder herausverlangen noch in sie Einsicht nehmen und muss für den Betriebsrat die Herausgabe an diesen verlangen, wenn derartige Unterlagen von einem Dritten entzogen werden (GK-BetrVG/*Wiese*/*Weber* § 40 Rz. 182; *Glaubitz* HSG § 40 Rz. 100 a). In Bezug auf den Besitz an überlassenen Gegenständen besteht Einigkeit dahingehend, dass sich der Betriebsrat gegenüber Dritten verbotener Eigenmacht entsprechend § 860 BGB erwehren kann. Der Betriebsrat ist nicht berechtigt, Akten nach Beendigung seiner Amtszeit zu vernichten. Wird nach Beendigung der Amtszeit kein neuer Betriebsrat gewählt, sind die Akten nach § 2 Abs. 1 BetrVG vom Arbeitgeber vorläufig unter Verschluss zu nehmen und einem später gewählten Betriebsrat zur Verfügung zu stellen (GK-BetrVG/*Wiese*/*Weber* § 40 Rz. 182). Soweit dem Betriebsrat ein Vorschuss für die Bestreitung der erforderlichen Kosten, z. B. in Form eines Dispositionsfonds, zur Verfügung gestellt wird, verbleiben die zur Verfügung gestellten Mittel im Eigentum des Arbeitgebers, der Betriebsrat hat lediglich die Verfügungsbefugnis (§ 185 BGB) darüber (GK-BetrVG/*Wiese*/*Weber* § 40 Rz. 177).

c) Umlageverbot; Sonstige vermögensrechtliche Stellung des Betriebsrates, Haftung des Betriebsrates

705 Die Erhebung und Leistung von Beiträgen der Arbeitnehmer für Zwecke des Betriebsrates ist unzulässig, § 41 BetrVG. Vereinbarungen oder Beschlüsse über die Erhebung solcher Leistungen sind nach § 134 BGB nichtig. Um verbotene Beiträge handelt es sich allerdings nur dann, wenn diese aus dem Vermögen der Arbeitnehmer fließen, entweder durch direkte Abführung der Beiträge oder durch Kürzung ihrer Ansprüche. Betriebliche Einnahmen, die Eigentum des Arbeitgebers werden und

I. Betriebsverfassungsrecht

den Arbeitnehmern nur mittelbar zufließen, wie z. B. Tronc-Einnahmen einer Spielbank (vgl. *BAG* 24.7.1991 EzA § 41 BetrVG 1972 Nr. 1), dürfen daher für Betriebsratstätigkeiten verwendet werden. Sammlungen für andere Zwecke, wie z. B. für gemeinschaftliche Feste, sind zulässig. Streitig ist, inwieweit einer Rückforderung verbotswidriger Beiträge § 817 S. 2 BGB entgegensteht (für eine Rückforderung GK-BetrVG/*Wiese/Weber* § 41 Rz. 9; dagegen *Berg* DKK § 41 Rz. 2). Obwohl das Umlageverbot unmittelbar nur Beiträge der Arbeitnehmer an den Betriebsrat betrifft, sind in entsprechender Anwendung auch Leistungen anderer (z. B. von Gewerkschaften oder politischen Parteien) für Zwecke des Betriebsrates unzulässig (GK-BetrVG/ *Wiese/Weber* § 41 Rz. 7; *Berg* DKK § 41 Rz. 2).

Der Betriebsrat ist weder rechts- noch vermögensfähig (*BAG* 24.4.1986 EzA § 1   **706** BetrVG 1972 Nr. 4). Eine Vermögensfähigkeit besteht jedoch i. S. e. partiellen betriebsverfassungsrechtlichen Rechtsfähigkeit insoweit, als der Betriebsrat im Rahmen des BetrVG im Verhältnis zum Arbeitgeber Träger vermögensrechtlicher Ansprüche und Rechtspositionen sein kann, wie sie sich auf Grund des durch § 40 BetrVG begründeten gesetzlichen Schuldverhältnisse ergeben. Überwiegend (*Schneider/Wedde* DKK Einl. Rz. 121 f.) wird dem Betriebsrat ungeachtet der fehlenden Rechts- und Vermögensfähigkeit die Befugnis zugesprochen, im Rahmen seiner betriebsverfassungsrechtlichen Kompetenzen auch Verträge mit Dritten zu schließen (a. A. MünchArbR/*v. Hoyningen-Huene* § 299 Rz. 21). Aus derartigen Verträgen wird allerdings der Arbeitgeber nicht unmittelbar verpflichtet, es sei denn, er hat eine entsprechende Vollmacht erteilt. Eine persönliche Verpflichtung der einzelnen Betriebsratsmitglieder aus Rechtsgeschäften, die sie im Namen des Betriebsrates abschließen, besteht dann, wenn sich das Geschäft außerhalb des betriebsverfassungsrechtlichen Wirkungskreises des Betriebsrates bewegt oder aber ohne Vertretungsmacht für den Arbeitgeber getätigt wurde (MünchArbR/*v. Hoyningen-Huene* § 299 Rz. 25; GK-BetrVG/*Kraft* § 1 Rz. 80; a. A. *Schneider/Wedde* DKK Einl. Rz. 125). Geht es um ein Rechtsgeschäft im Rahmen des betriebsverfassungsrechtlichen Wirkungskreises, hat das Betriebsratsmitglied dann, soweit die Kostentragungspflicht des Arbeitgebers nach § 40 Abs. 1 BetrVG oder anderen betriebsverfassungsrechtlichen Vorschriften reicht, gegen diesen einen Freistellungs- oder Erstattungsanspruch (GK-BetrVG/ *Kraft* § 1 Rz. 76). Beruht der Abschluss des Rechtsgeschäfts mit Dritten auf einem Beschluss des Betriebsrats, so haften die Betriebsratsmitglieder, die dem Beschluss zugestimmt haben, als Gesamtschuldner (GK-BetrVG/*Kraft* § 1 Rz. 80). Fraglich ist allerdings, inwieweit der Betriebsrat insoweit Vollstreckungsschuldner sein kann (vgl. *Rudolf* NZA 1988, 423 f.).

Der Betriebsrat kann als Gremium nicht Schuldner von Schadensersatzansprüchen sein, weil er selbst kein Vermögen hat und das BetrVG ihn nicht als Träger von Schadensersatzpflichten nennt (GK-BetrVG/*Kraft* § 1 Rz. 78). In Betracht kommt nur eine Haftung der einzelnen Mitglieder.

Eine vertragliche oder deliktische Haftung Einzelner kann bestehen, wenn sie bei   **707** Ausübung der Betriebsratstätigkeit gleichzeitig arbeitsvertragliche Pflichten verletzen, den Tatbestand einer unerlaubten Handlung erfüllen oder Schutzgesetze i. S. d. § 823 Abs. 2 BGB verletzen (GK-BetrVG/*Kraft* § 1 Rz. 80 ff.; MünchArbR/*v. Hoyningen-Huene* § 299 Rz. 25). Eine Haftung für die Erteilung unrichtiger Auskünfte oder Empfehlungen kommt nur bei Vorliegen einer unerlaubten Handlung (vgl. § 676

I. Betriebsverfassungsrecht

BGB), und, da es um allgemeine Vermögensschäden geht, also nur unter den Voraussetzungen des § 826 in Betracht (GK-BetrVG/*Wiese/Weber* § 39 Rz. 39).

III. Sonstige Einrichtungen der Betriebsverfassung

1. Betriebsversammlung, §§ 42 ff. BetrVG

a) Aufgaben, Begriff und Rechtsnatur

708 Die Betriebsversammlung ist ein Organ der Betriebsverfassung (*BAG* 27.5.1982 EzA § 42 BetrVG 1972 Nr. 3; 27.6.1989 EzA § 42 BetrVG 1972 Nr. 4), was aber insoweit missverständlich ist, als die Betriebsversammlung keine eigenen Entscheidungskompetenzen hat (*BAG* 27.6.1989 EzA § 42 BetrVG 1972 Nr. 4).

709 Ihrer Funktion nach ist sie lediglich ein Forum der Aussprache zwischen Belegschaft und Betriebsrat, ohne eigene Kontroll- und Entscheidungsbefugnisse.

710 Die Betriebsversammlung kann den Betriebsrat nicht abwählen, mangels Vertretungsbefugnis auch keine Vereinbarung mit dem Arbeitgeber treffen, sondern lediglich Entschließungen in Form von Beschlüssen und Stellungnahmen verabschieden, die für den Betriebsrat aber unverbindlich sind (GK-BetrVG/*Fabricius/Weber* § 45 Rz. 33). Sie kann nur in Betrieben mit einem gewählten Betriebsrat zusammentreten; sie besteht aus den Arbeitnehmern (§§ 5, 6 BetrVG) des Betriebs.

b) Ordentliche Betriebsversammlungen

711 Ordentliche Betriebsversammlungen haben gem. § 43 Abs. 1 BetrVG einmal in jedem Kalendervierteljahr, also viermal im Kalenderjahr stattzufinden, wobei zwei der ordentlichen Versammlungen als Abteilungsversammlungen durchzuführen sind, sofern die Voraussetzungen des § 42 Abs. 2 BetrVG vorliegen, vgl. § 43 Abs. 1 BetrVG. Es besteht eine gesetzliche Verpflichtung zur Einberufung. Die Unterlassung kann nach den Umständen des Einzelfalles eine grobe Pflichtverletzung i. S. d. § 23 Abs. 1 BetrVG sein (MünchArbR/*Joost* § 311 Rz. 8). Zur Absicherung der Durchführung der Betriebsversammlungen sieht § 43 Abs. 4 BetrVG unter bestimmten Voraussetzungen ein Antragsrecht der im Betrieb vertretenen Gewerkschaften vor. Kommt der Betriebsrat einem begründeten Antrag nicht nach, stellt die Unterlassung der Einberufung grds. eine grobe Pflichtverletzung dar (*Berg* DKK § 43 Rz. 34).

c) Außerordentliche Betriebsversammlungen

aa) Versammlung aus besonderen Gründen

712 Der Betriebsrat kann in jedem Kalendervierteljahr zusätzlich eine weitere Betriebsversammlung oder unter den Voraussetzungen des § 42 Abs. 2 BetrVG einmal weitere Abteilungsversammlungen durchführen, wenn dies aus besonderen Gründen zweckmäßig erscheint. Bei der Beurteilung der Zweckmäßigkeit hat er einen weiten, gerichtlich eingeschränkt kontrollierbaren Ermessensspielraum.

Aus dem Erfordernis, dass »besondere Gründe« vorliegen müssen, ergibt sich aber, dass weitere Betriebsversammlungen auf Ausnahmetatbestände beschränkt bleiben sollen. Es muss sich um eine wichtige Angelegenheit mit aktuellem Informationsbedarf und zusätzlichem Bedürfnis nach Meinungsaustausch handeln, dem durch eine Erörterung der Angelegenheit erst in der nächsten regelmäßigen ordentlichen Betriebsversammlung nicht ausreichend Rechnung getragen werden könnte.

Bestehen für aktuelle Betriebsänderungen nur planerische Zielvorstellungen des Arbeitgebers ohne konkrete Konzeptionen, gibt es noch keinen Grund für eine zusätzliche Betriebsversammlung (*BAG* 23.10.1991 EzA § 43 BetrVG 1972 Nr. 2). 713

bb) Sonstige und auf Wunsch des Arbeitgebers einberufene Betriebsversammlungen
Eine weitere zusätzliche Betriebsversammlung kann nach § 43 Abs. 3 BetrVG durchgeführt werden, wenn entweder der Betriebsrat dies für erforderlich erachtet oder dies von einem Viertel der wahlberechtigten Arbeitnehmer des Betriebes oder vom Arbeitgeber beantragt wird. In den beiden letztgenannten Fällen ist der Betriebsrat verpflichtet, eine Betriebsversammlung einzuberufen und den beantragten Beratungsgegenstand auf die Tagesordnung zu setzen. Streitig ist, ob es im Hinblick auf eine vom Betriebsrat ohne das Vorliegen eines Antrages von einem Viertel der wahlberechtigten Arbeitnehmer oder des Arbeitgebers einberufenen Betriebsversammlung erforderlich ist, dass für diese außerordentliche Versammlung ein besonderer Grund gegeben ist (so *Richardi* § 43 Rz. 26; *FKHE* § 43 Rz. 38). Dagegen spricht, dass das Gesetz ein solches Erfordernis nicht aufweist und eine solche Betriebsversammlung auch außerhalb der Arbeitszeit und ohne Lohnfortzahlungsansprüche stattfindet (§ 44 Abs. 2 BetrVG), der Arbeitgeber also nicht überbelastet wird (so GK-BetrVG/*Fabricius/Weber* § 43 Rz. 44; MünchArbR/*Joost* § 311 Rz. 11). 714

cc) Andere Belegschaftsversammlungen
Der Arbeitgeber ist auf Grund seines Direktionsrechts berechtigt, auf von ihm einberufenen Mitarbeiterversammlungen über betriebliche Belange zu informieren, auch wenn Fragen berührt werden, für die der Betriebsrat zuständig ist. Diese Veranstaltungen dürfen aber nicht dazu missbraucht werden, um die betriebsverfassungsrechtliche Ordnung durch die Abhaltung einer Gegenveranstaltung zur Betriebsversammlung zu stören (*BAG* 27.6.1989 EzA § 42 BetrVG 1972 Nr. 4). Außerhalb von Betriebsversammlungen können sich die Arbeitnehmer eines Betriebes im Rahmen des allgemeinen Versammlungsrechts (Art. 8 Abs. 1 GG) auf Grund eigener Initiative außerhalb der Arbeitszeit oder mit Einwilligung des Arbeitgebers während der Arbeitszeit versammeln (MünchArbR/*Joost* § 311 Rz. 19). 715

d) Durchführung

aa) Voll-, Teil- und Abteilungsversammlungen
Die Betriebsversammlung ist grds. als Vollversammlung durchzuführen. Teilversammlungen sind ausnahmsweise nur dann zulässig, wenn eine Versammlung aller Arbeitnehmer zu demselben Zeitpunkt wegen der Eigenart des Betriebes nicht stattfinden kann, § 42 Abs. 1 S. 3 BetrVG. Soweit diese Voraussetzungen vorliegen, muss die Betriebsversammlung als Teilversammlung durchgeführt werden. 716

I. Betriebsverfassungsrecht

717 Auf Grund der Eigenart des Betriebes nicht möglich ist die Einberufung einer Vollversammlung dann, wenn technische und organisatorische Besonderheiten des Arbeitsablaufs die Durchführung von Teilversammlungen erfordern oder die Vollversammlung zu nicht vertretbaren Nachteilen für den Betrieb oder seine Belegschaft führen würde (MünchArbR/*Joost* § 312 Rz. 2, 3). Auf wirtschaftliche Zumutbarkeitserwägungen kommt es nicht an, es sei denn, es liegt ein Fall einer absoluten wirtschaftlichen Unzumutbarkeit vor (*BAG* 27.11.1987 EzA § 44 BetrVG 1972 Nr. 8; 9.3.1976 EzA § 44 BetrVG 1972 Nr. 4).

718 Dies ist z. B. der Fall, wenn der technische Funktionsablauf im Betrieb die Anwesenheit eines Teils der Arbeitnehmer ganztägig über 24 Stunden oder auch nur während des Tages in begrenzten Bereichen erfordert. Nicht ausreichend ist die Notwendigkeit, ein Verkaufgeschäft wegen der Durchführung der Versammlung für einen Teil des Tages zu schließen (*BAG* 9.3.1976 EzA § 44 BetrVG 1972 Nr. 4; vgl. auch *LAG Köln* 19.4.1988 DB 1988, 1400). Über die Aufteilung der Arbeitnehmer in Teilversammlungen entscheidet der Betriebsrat; die Teilversammlung soll einen annähernd repräsentativen Querschnitt der Arbeitnehmerschaft darstellen (GK-BetrVG/*Fabricius/Weber* § 42 Rz. 64). Unzulässig sind Teilversammlungen im Ausland für vorübergehend ins Ausland entsandte, aber einem inländischen Betrieb zugehörige Arbeitnehmer, da dem der auf Deutschland beschränkte territoriale Anwendungsbereich des BetrVG entgegensteht (*BAG* 27.5.1982 EzA § 42 BetrVG 1972 Nr. 3).

719 Die in § 42 Abs. 2 BetrVG vorgesehenen Abteilungsversammlungen sollen die Erörterung der Angelegenheiten in den einzelnen Abteilungen ermöglichen, die in der großen Betriebsversammlung häufig nicht angesprochen werden können. Die organisatorische Abgrenzung kann sich dabei aus der Zuständigkeitsverteilung für die Zweckverfolgung des Betriebes, aus räumlicher Sicht oder auch vom Gegenstand her ergeben. Außer der Abgegrenztheit des Betriebsteils setzt die Durchführung einer Abteilungsversammlung voraus, dass sie für die Erörterung der besonderen Belange der Arbeitnehmer erforderlich ist. Es muss um besondere, gleich gelagerte Interessen der in dem organisatorisch oder räumlich abgegrenzten Betriebsteil beschäftigten Arbeitnehmer gehen, die sich von dem gemeinsamen Interesse der Arbeitnehmer des ganzen Betriebes im Übrigen unterscheiden. Dem Betriebsrat steht bei der Überprüfung dieser Voraussetzungen ein Beurteilungsspielraum zu (MünchArbR/*Joost* § 312 Rz. 13).

bb) Einberufung, Ort

720 Die Einberufung der Betriebs- bzw. Abteilungsversammlung erfolgt durch den Betriebsrat, der auch Veranstalter der Betriebsversammlung ist. Er bestimmt durch Beschluss Zeitpunkt, Raum und Tagesordnung. Hinsichtlich des Zeitpunktes und der sonstigen Modalitäten ist im Hinblick auf das Gebot vertrauensvoller Zusammenarbeit eine weitestgehende Verständigung mit dem Arbeitgeber geboten. Der Beschluss ist von dem Vorsitzenden des Betriebsrates auszuführen. Hierzu sind die Arbeitnehmer in geeigneter Form unter Mitteilung der Tagesordnung einzuladen. Zu den regelmäßigen ordentlichen Betriebs- und Abteilungsversammlungen ist stets auch der Arbeitgeber unter Mitteilung der Tagesordnung einzuladen, § 43 Abs. 2 S. 1, Abs. 3 S. 2 BetrVG. Eine Unterrichtung des Arbeitgebers ist auf Grund des Gebots vertrauensvoller Zusammenarbeit auch bei weiteren, vom Betriebsrat oder auf Antrag der Arbeitnehmer nach § 43 Abs. 3 BetrVG einberufenen Betriebsversammlungen geboten

I. Betriebsverfassungsrecht

(GK-BetrVG/*Fabricius/Weber* § 42 Rz. 28). Zeitpunkt und Tagesordnung der Versammlung sind auch den im Betrieb vertretenen Gewerkschaften rechtzeitig schriftlich mitzuteilen, § 46 Abs. 2 BetrVG.
Bei der Festsetzung des Zeitpunktes der Versammlung ist zu berücksichtigen, dass 721 die ordentlichen, die außerordentlichen kalenderhalbjährlichen, die auf Wunsch des Arbeitgebers einberufenen Versammlungen sowie die Betriebsversammlung zur Einsetzung eines Wahlvorstandes (§ 17 BetrVG) gem. § 44 Abs. 1 BetrVG grds. während der Arbeitszeit stattzufinden haben. Nach Auffassung des *BAG* (27.11.1987EzA § 44 BetrVG 1972 Nr. 8; 5.5.1987 EzA § 44 BetrVG 1972 Nr. 7) kommt es auf die betriebliche Arbeitszeit, nicht auf die persönliche Arbeitszeit des einzelnen Arbeitnehmers an. Haben diese unterschiedliche persönliche Arbeitszeiten, ist der Zeitpunkt der Versammlung so zu legen, dass möglichst viele Arbeitnehmer während ihrer persönlichen Arbeitszeit daran teilnehmen können (*BAG* 27.11.1987 EzA § 44 BetrVG 1972 Nr. 8). In mehrschichtigen Betrieben ist daher die Versammlung auf die Schnittstelle zwischen beiden Schichten anzuberaumen und zwar so, dass sowohl die Arbeitnehmer der ersten, als auch die Arbeitnehmer der zweiten Schicht zumindest mit einem Teil ihrer Arbeitszeit an der Versammlung teilnehmen können (*LAG Schleswig-Holstein* 30.5.1991 LAGE § 44 BetrVG 1972 Nr. 8). Eine Ausnahme vom Gebot der Durchführung während der Arbeitszeit besteht nur für den Fall, dass die Eigenart des Betriebes eine andere Regelung zwingend erfordert. Darunter ist in erster Linie die organisatorisch-technische Besonderheit des konkreten Einzelbetriebes zu verstehen, während wirtschaftliche Zumutbarkeitserwägungen grds. keine zwingenden Erfordernisse i. S. d. § 44 Abs. 1 S. 1 BetrVG darstellen, es sei denn, es liegt eine absolute wirtschaftliche Unzumutbarkeit vor (*BAG* 27.11.1987 EzA § 44 BetrVG 1972 Nr. 8; a. A. MünchArbR/*Joost* § 312 Rz. 22). Besonderheiten der betrieblichen Arbeitszeitgestaltung (z. B. Mehrschichtbetrieb) gehören nur dann zur Eigenart des Betriebes i. S. der. Ausnahmeregelung, wenn kein Zeitpunkt gefunden werden kann, der innerhalb der Arbeitszeit eines wesentlichen Teils der Belegschaft liegt (*BAG* 27.11.1987 EzA § 44 BetrVG 1972 Nr. 8). Streitig ist, ob dann, wenn die Besonderheiten der betrieblichen Arbeitszeitgestaltung im Einzelfall zur Eigenart des Betriebes i. S. d. § 44 Abs. 1 BetrVG gehören, in erster Linie eine Vollversammlung außerhalb der Arbeitszeit anzuberaumen ist oder der Betriebsrat Teilversammlungen während der Arbeitszeit (§ 42 Abs. 1 S. 2 BetrVG) in Erwägung zu ziehen hat, ob also dem Grundsatz der Vollversammlung oder dem Grundsatz der Versammlung während der Arbeitszeit Vorrang gebührt (für ersteres *LAG Schleswig-Holstein* 30.5.1991 LAGE § 44 BetrVG 1972 Nr. 8; für letzteres GK-BetrVG/*Fabricius/Weber* § 44 Rz. 10 ff.). Nach einer weiteren Auffassung sind beide Gesichtspunkte gleichwertig, sodass der Betriebsrat die Entscheidung nach seinem Ermessen treffen kann (MünchArbR/*Joost* § 312 Rz. 20).
Die Betriebsversammlung muss grds. im Betriebsgebäude stattfinden. Steht kein ge- 722 eigneter Raum zur Verfügung, ist ein außerhalb des Betriebes gelegener Versammlungsraum auf Kosten des Arbeitgebers (GK-BetrVG/*Fabricius/Weber* § 42 Rz. 30) anzumieten, wobei allerdings streitig ist, inwieweit der Betriebsrat selbst die Anmietung vornehmen kann oder diese vom Arbeitgeber vorgenommen werden muss (MünchArbR/*Joost* § 312 Rz. 26). Der Arbeitgeber ist auch zur Bereitstellung der sonstigen erforderlichen Mittel verpflichtet. Bei einer größeren Anzahl ausländischer Arbeitnehmer sind deshalb auch Dolmetscher für die wichtigsten Sprachen zu stellen (*LAG Düsseldorf* 30.1.1981 EzA § 40 BetrVG 1972 Nr. 49).

I. Betriebsverfassungsrecht

cc) Teilnahmerechte

723 Die Betriebsversammlung ist unter Ausschluss der Öffentlichkeit durchzuführen, § 42 Abs. 1 BetrVG. Teilnahmeberechtigt sind alle betriebszugehörigen Arbeitnehmer i. S. d. Betriebsverfassungsrechts. Ein Teilnahmerecht besteht auch während des Urlaubes oder Erziehungsurlaubes (*BAG* 31.5.1989 EzA § 44 BetrVG 1972 Nr. 9) oder während eines Streiks (*BAG* 5.5.1987 EzA § 44 BetrVG 1972 Nr. 7). Ein Teilnahmerecht des Arbeitgebers besteht bei den nach § 43 Abs. 1 BetrVG vorgesehenen Versammlungen, und bei solchen nach § 43 Abs. 3 BetrVG, die auf Wunsch des Arbeitgebers durchgeführt werden. Bei sonstigen Betriebsversammlungen besteht ein Teilnahmerecht nicht, es sei denn, der Arbeitgeber ist vom Betriebsrat zur Teilnahme eingeladen worden (h. M. *Glaubitz* HSG § 43 Rz. 43; **a. A.** GK-BetrVG/*Fabricius*/*Weber* § 43 Rz. 49: Teilnahme nur bei Zustimmung der Betriebsversammlung). Der Arbeitgeber ist nach § 46 Abs. 1 BetrVG berechtigt, bei Versammlungen, an denen er teilnimmt, einen Beauftragten der Arbeitgebervereinigung, der er angehört, hinzuziehen. In diesem Fall kann der Arbeitgeber vom Leiter der Betriebsversammlung verlangen, dass dem Beauftragten zu bestimmten Einzelthemen an seiner Stelle und für ihn das Wort erteilt wird (*BAG* 19.5.1978 EzA § 46 BetrVG 1972 Nr. 2). Die Vertretung des Arbeitgebers durch betriebsangehörige Personen ist zulässig, soweit diese bezüglich der zu erörternden Fragen die notwendige Kompetenz aufweisen (GK-BetrVG/*Fabricius*/*Weber* § 43 Rz. 51 ff.?). Zum Teil weiter gehend wird die Hinzuziehung eines Rechtsanwaltes dann für zulässig erachtet, wenn der Arbeitgeber seinerseits nicht in einem Arbeitgeberverband organisiert ist und an der Versammlung auch ein Gewerkschaftsfunktionär teilnimmt (*Bauer* NJW 1988, 1130 f.). Nach noch weiter gehender Auffassung soll generell eine Vertretung durch betriebsfremde Personen zulässig sein (MünchArbR/*Joost* § 312 Rz. 35). Soweit *Joost* allerdings der Auffassung ist, dass die Ansicht, die eine Vertretung durch Betriebsfremde nicht zulässt, im Gesetz keine Stütze findet, ist darauf hinzuweisen, dass nach § 42 Abs. 1 S. 2 BetrVG die Betriebsversammlung nicht öffentlich ist.

724 Teilnahmeberechtigt mit beratender Funktion sind Beauftragte der im Betrieb vertretenen Gewerkschaften, § 46 Abs. 1 BetrVG. Hierdurch wird ein eigenes Zutritts- und Teilnahmerecht des von der jeweiligen Gewerkschaft bestimmten Beauftragten begründet. Der Arbeitgeber kann die Teilnahme eines bestimmten Gewerkschaftsvertreters nur dann untersagen, wenn durch die Entsendung gerade dieses Vertreters Störungen im Bereich des Betriebsgeschehens ernstlich zu befürchten sind (*BAG* 14.2.1967 EzA § 45 BetrVG 1952 Nr. 1).

725 Die Zulassung anderer Personen wird durch den Grundsatz der Nichtöffentlichkeit nicht prinzipiell ausgeschlossen. Immer möglich ist eine Teilnahme von Personen ohne eigenes Teilnahmerecht, wenn sämtliche nach dem Gesetz Teilnahmeberechtigten der Anwesenheit, etwa von Pressevertretern zustimmen (GK-BetrVG/*Fabricius*/ *Weber* § 42 Rz. 48; **a. A.** *Berg* DKK § 42 Rz. 15: Teilnahmerecht von Pressevertretern, sofern der Betriebsrat dies erlaubt). Ohne Zustimmung des Arbeitgebers, aber nur auf Grund einer Einladung des Betriebsrates teilnahmeberechtigt sind ferner Personen, die entweder zu den Arbeitnehmern eine besondere Beziehung haben oder aus anderen sachlichen Gründen innerhalb der funktionalen Zuständigkeit der Betriebsversammlung hinzugezogen werden (MünchArbR/*Joost* § 312 Rz. 40), so z. B. bei Hinzuziehung eines betriebsfremden Referenten zur Abhaltung eines Kurzreferates zu einem sozialpolitischen Thema von unmittelbarem Interesse für den Betrieb und seine Arbeitnehmer, sofern es dadurch nicht zu einer unzulässigen parteipolitischen Betätigung kommt (*BAG* 13.9.1977 EzA § 45 BetrVG 1972 Nr. 1) oder bei Hin-

I. Betriebsverfassungsrecht

zuziehung von zum Unternehmen oder Konzern gehörenden, aber betriebsfremden Mitgliedern des Gesamt- oder Konzernbetriebsrats oder des Wirtschaftsausschusses (vgl. *BAG* 28.11.1978 AP Nr. 2 zu § 42 BetrVG 1972; GK-BetrVG/*Fabricius*/*Weber* § 42 Rz. 49). Einen gegen Vergütung tätigen Sachverständigen kann der Betriebsrat nur unter den engen Voraussetzungen des § 80 Abs. 3 BetrVG, d. h. nur auf Grund einer Vereinbarung mit dem Arbeitgeber hinzuziehen (*BAG* 19.4.1989 EzA § 80 BetrVG 1972 Nr. 35; s. u. I/Rz. 1278 ff.).

dd) Leitung, Hausrecht, Protokoll

Die Betriebsversammlung wird vom Betriebsratsvorsitzenden geleitet. Dieser hat die Einhaltung der Tagesordnung sowie einer gegebenenfalls durch die Betriebsversammlung beschlossenen Geschäftsordnung zu überwachen. Er erteilt und entzieht das Wort und führt eine Rednerliste. Eventuelle Abstimmungen erfolgen formlos unter seiner Leitung. Der Betriebsratsvorsitzende bzw. sein Stellvertreter übt während der Versammlung das Hausrecht aus, wobei das Hausrecht des Arbeitgebers aber dann wieder auflebt, wenn die Betriebsversammlung durch nachhaltige grobe Verstöße gegen die Befugnisse ihren Charakter als Betriebsversammlung verliert und der Versammlungsleiter den gesetzmäßigen Ablauf der Versammlung nicht mehr sicherstellen kann oder will (*BAG* 13.9.1977 EzA § 45 BetrVG 1972 Nr. 1; 28.11.1978 AP Nr. 2 zu § 42 BetrVG 1972; *Berg* DKK § 42 Rz. 9). 726

Die Erstellung eines Protokolls über die Betriebsversammlung ist gesetzlich nicht vorgesehen. Der Arbeitgeber darf ohne Einwilligung des Betriebsrates keine Wortprotokolle von der Betriebsversammlung anfertigen lassen (*LAG Hamm* 9.7.1986 NZA 1986, 842). Der Betriebsrat muss allerdings stichwortartige Aufzeichnungen über den Inhalt von Betriebsversammlungen durch den Arbeitgeber dulden, wenn darin keine Namen von Mitarbeitern vermerkt werden (*LAG Düsseldorf* 4.9.1991 LAGE § 43 BetrVG 1972 Nr. 1). Tonbandaufzeichnungen von Äußerungen in der Betriebsversammlung sind jedenfalls dann unzulässig, wenn sie ohne Wissen des Redners erfolgen. Der Versammlungsleiter ist daher verpflichtet, die Teilnehmer auf die Aufzeichnung ausdrücklich hinzuweisen (*LAG Düsseldorf* 28.3.1980 DB 1980, 2396; *LAG München* 15.11.1977 BB 1979, 732). Wer die grundsätzliche Befugnis zur Aufnahme erteilen kann, ist im Einzelnen umstritten (das Spektrum der Meinungen reicht insoweit vom Versammlungsleiter, der Versammlung selbst – einstimmig oder durch Mehrheitsbeschluss – bis hin zum Redner, vgl. MünchArbR/*Joost* § 312 Rz. 46). Zum Schutze des Persönlichkeitsrechts kann jedenfalls jeder Redner verlangen, dass für die Dauer seines Beitrages das Aufnahmegerät abgeschaltet wird (*Berg* DKK § 42 Rz. 14; **a. A.** MünchArbR/*Joost* § 312 Rz. 46, der die Zustimmung jeder einzelnen Person für notwendig erachtet). 727

e) Themen der Betriebsversammlung

aa) Bericht von Betriebsrat und Arbeitgeber

Auf jeder ordentlichen Betriebsversammlung, d. h. einmal im Kalendervierteljahr, hat der Betriebsrat mündlich einen Tätigkeitsbericht zu erstatten (§ 43 Abs. 1 BetrVG), über dessen Inhalt zuvor im Betriebsrat ein Beschluss herbeizuführen ist (MünchArbR/*Joost* § 312 Rz. 54). Gegenstand der Information können nur die in § 45 BetrVG genannten Angelegenheiten sein. Insbesondere ist ein Überblick über die Tätigkeit des Betriebsrates und der Ausschüsse in der Zeit seit der letzten Berichterstattung bzw. der Konstituierung, über einzelne Aktivitäten, alle Maßnahmen, die der 728

I. Betriebsverfassungsrecht

Betriebsrat getroffen hat, gegebenenfalls auch Überlegungen und Pläne sowie die allgemeine Lage des Betriebes zu geben. Soweit sie von Bedeutung für den Betrieb sind, ist im Tätigkeitsbericht auch über alle Vorgänge und Planungen des Gesamt- und Konzernbetriebsrates zu berichten. Strittig ist im Hinblick auf die Unterrichtungspflicht des Arbeitgebers in Abstimmung mit dem Wirtschaftsausschuss über die wirtschaftliche Lage und Entwicklung des Unternehmens nach § 110 BetrVG, ob im Tätigkeitsbericht auch über die Tätigkeit des Wirtschaftsausschusses zu berichten ist (abl. GK-BetrVG/*Fabricius/Weber* § 43 Rz. 5 ff.; *Glaubitz* HSG § 43 Rz. 14; bejahend *Berg* DKK § 43 Rz. 7; *FKHE* § 43 Rz. 13; MünchArbR/*Joost* § 312 Rz. 52). Nicht berichtet werden kann über die Tätigkeit der Arbeitnehmervertreter im Aufsichtsrat, da es sich insoweit nicht um Tätigkeit des Betriebsrates handelt (*BAG* 1.3.1966 EzA § 69 BetrVG 1952 Nr. 1). Betriebsverfassungsrechtliche Geheimhaltungspflichten (s. o. I/Rz. 660 ff.) sind auch im Rahmen des Tätigkeitsberichtes zu beachten (GK-BetrVG/*Fabricius/Weber* § 43 Rz. 7).

729 Einmal in jedem Kalenderjahr hat der Arbeitgeber in einer der vorgeschriebenen Betriebsversammlungen einen Jahresbericht über das Personal- und Sozialwesen einschließlich des Stands der Gleichstellung von Frauen und Männern im Betrieb sowie der Integration der im Betrieb beschäftigten ausländischen Arbeitnehmer, über die wirtschaftliche Lage und Entwicklung des Betriebs sowie über den betrieblichen Umweltschutz (Legaldefinition in § 89 Abs. 3 BetrVG, vgl. unten I/Rz. 1518) zu erstatten, § 43 Abs. 2 BetrVG, wobei die Wahl der Versammlung ihm freisteht. Der Bericht ist mündlich (h. M. *FKHE* § 43 Rz. 20, GK-BetrVG/*Fabricius/Weber* § 43 Rz. 5; **a. A.** MünchArbR/*Joost* § 312 Rz. 63: Verteilung eines schriftlichen Berichts reicht) und auch in etwaigen Teilversammlungen ungekürzt zu erstatten. Die Pflicht zur Berichterstattung besteht nur insoweit, als dadurch Betriebs- oder Geschäftsgeheimnisse (s. o. I/Rz. 661 f.) nicht gefährdet werden, § 43 Abs. 2 S. 3 BetrVG. Der Bericht ist vom Arbeitgeber zu erstatten, der sich jedoch eines Vertreters bedienen kann, wobei der Vertreter mit den zu berichtenden Vorgängen und Umständen hinreichend vertraut sein muss (GK-BetrVG/*Fabricius/Weber* § 43 Rz. 52). Zum Personalwesen gehören die Personalbedarfsplanung, Personalbeschaffung und -organisation sowie die Personalführung, soweit kollektive Belange betroffen sind (GK-BetrVG/*Fabricius/Weber* § 43 Rz. 9 ff.). Unter Sozialwesen fällt insbesondere der Bericht über betriebliche Sozialeinrichtungen und sonstige Sozialleistungen des Betriebes (GK-BetrVG/*Fabricius/Weber* § 43 Rz. 11 f.). Zur wirtschaftlichen Lage und Entwicklung des Betriebes gehören beispielsweise die finanzielle Situation, die Produktions-, Absatz und Marktlage, Investitionsvorhaben, Planung von Betriebsänderungen, die Grundlinien der betrieblichen Entwicklung einschließlich der Einschätzung zukünftiger Tendenzen sowie alle sonstigen Vorgänge und Daten, die für die Interessen der Belegschaft von Bedeutung sind (MünchArbR/*Joost* § 312 Rz. 58 f.). Einzubeziehen sind auch die den Betrieb berührenden Entwicklungen des Unternehmens (GK-BetrVG/*Fabricius/Weber* § 43 Rz. 15).

730 Unzulässig ist die Offenlegung von Betriebsratskosten durch den Arbeitgeber auf einer Betriebsversammlung im Rahmen der Darstellung des Betriebsergebnisses, wenn nur die betriebsratsbezogenen Kosten gesondert benannt und die übrigen Kosten global und zusammengefasst ausgewiesen werden, sodass sich die Arbeitnehmer kein zuverlässiges und aussagekräftiges Bild von allen kostenverursachenden und ertragsmindernden Faktoren machen können, da durch eine solche Informationsgestaltung der Betriebsrat in seiner Amtsführung beeinträchtigt werden kann (*BAG*

19.7.1995 EzA § 43 BetrVG 1972 Nr. 3). Die Berichtspflicht besteht unabhängig von der Verpflichtung zur Berichterstattung nach § 110 BetrVG.

bb) Sonstige Themen
Neben diesen Berichten können auf der Betriebsversammlung gem. § 45 BetrVG alle Angelegenheiten einschließlich solcher tarifpolitischer, sozialpolitischer, umweltpolitischer und wirtschaftlicher Art sowie Fragen der Förderung der Gleichstellung von Frauen und Männern und der Vereinbarkeit von Familie und Beruf sowie der Integration im Betrieb beschäftigter ausländischer Arbeitnehmer erörtert werden, die den Betrieb oder seine Arbeitnehmer unmittelbar betreffen. Bei der Hervorhebung einzelner Themen handelt es sich um keine abschließende Regelung. Behandelt werden können auch wirtschaftspolitische oder allgemein-politische Themen, soweit sie unmittelbare Auswirkungen auf den Betrieb und seine Arbeitnehmer haben können (MünchArbR/*Joost* § 312 Rz. 64). Unmittelbar betroffen sind Betrieb und Arbeitnehmer von innerbetrieblichen Vorgängen auch dann, wenn sie sich der Mitbestimmung und Mitwirkung durch den Betriebsrat entziehen, z. B. das Betriebsklima, ein Betriebsinhaberwechsel, die allgemeinen Aufgaben des Betriebsrates, die Tarifsituation und Tarifpolitik hinsichtlich einschlägiger im Betrieb angewandter Tarifverträge, u. U. auch Gesetze und Gesetzesentwürfe, nicht aber allgemeine (interne oder gewerkschaftspolitische) gewerkschaftliche Angelegenheiten betreffen. Für die Erörterung von Angelegenheiten auf einer Betriebsversammlung gelten nach §§ 45, 74, Abs. 2 BetrVG das Verbot von Arbeitskampfmaßnahmen, der Beeinträchtigung des Arbeitsablaufes und des Friedens des Betriebes sowie das Verbot parteipolitischer Betätigung. Den Betrieb betreffende Arbeitskämpfe dürfen auf einer Betriebsversammlung weder geplant, durchgeführt noch unterstützt werden (GK-BetrVG/*Fabricius/Weber* § 45 Rz. 26). Durch das Verbot der Beeinträchtigung des Betriebsfriedens wird nicht ausgeschlossen, Kritik am Betriebsrat, dem Arbeitgeber oder den betrieblichen Zuständen zu äußern. Die Kritik muss jedoch das erforderliche Maß an Rücksichtnahme einhalten und darf insbesondere nicht verletzend oder persönlich werden (*BAG* 22.10.1964 EzA § 44 BetrVG 1952 Nr. 1). Das absolute Verbot parteipolitischer Betätigung bezweckt neben der Wahrung des Betriebsfriedens, die Arbeitnehmer in ihrer Wahlfreiheit als Staatsbürger zu schützen (*BAG* 13.9.1977 EzA § 45 BetrVG 1972 Nr. 1). Soweit nach § 45 BetrVG zulässige Themen behandelt werden, ist es unschädlich, dass diese Themen auch im parteipolitischen Bereich diskutiert werden. Auf der Betriebsversammlung dürfen die parteipolitischen Vorstellungen, Stellungnahmen und Diskussionen dann aber nicht in Erscheinung treten. Ein Verstoß liegt beispielsweise vor, wenn ein sonst als Referent für Sachfragen nicht auftretender Politiker als Teil seiner Wahlkampfstrategie im Rahmen einer Betriebsversammlung über ein sachlich zulässiges Thema spricht (*BAG* 13.9.1977 EzA § 45 BetrVG 1972 Nr. 1).

Bei Verstößen gegen die gesetzliche Themenbeschränkung besteht eine Pflicht des Versammlungsleiters zum Einschreiten, deren Verletzung zu einem Ausschluss nach § 23 Abs. 1 BetrVG führen kann. Für teilnehmende Arbeitnehmer kann bei einem Fehlverhalten eine ordentliche oder außerordentliche Kündigung in Betracht kommen (*BAG* 22.10.1964 EzA § 44 BetrVG 1952 Nr. 1), bei einem unzulässigen Diskussionsbeitrag allerdings nur dann, wenn der Betriebsrat als Versammlungsleiter zuvor versucht hat, die Fortsetzung des Diskussionsbeitrages zu verhindern (*FKHE* § 45 Rz. 28).

731

732

I. Betriebsverfassungsrecht

733 Die Betriebsversammlung kann dem Betriebsrat Anträge unterbreiten und zu seinen Beschlüssen Stellung nehmen. Diese kollektive Meinungsäußerung erfolgt im Wege der Beschlussfassung nach vorheriger, formlos möglicher Abstimmung, wobei die von der Versammlung gefassten Beschlüsse für den Betriebsrat nicht verbindlich sind.

f) Fortzahlung des Arbeitsentgelts, Fahrtkostenerstattung

734 Die Zeit der Teilnahme an Versammlungen, die regelmäßig während der Arbeitszeit stattzufinden haben, ist den Arbeitnehmern einschließlich der zusätzlichen Wegezeiten wie Arbeitszeit zu vergüten, § 44 Abs. 1 S. 2 BetrVG. Gleiches gilt, wenn die Versammlung wegen der Eigenart des Betriebes außerhalb der Arbeitszeit stattfindet, wobei dann den Arbeitnehmern auch zusätzliche Fahrtkosten zu erstatten sind, § 44 Abs. 1 S. 3 BetrVG. Bei sonstigen Betriebsversammlungen besteht grds. kein Vergütungsanspruch, es sei denn, sie werden im Einvernehmen mit dem Arbeitgeber während der Arbeitszeit durchgeführt. Dann darf der Arbeitgeber das Arbeitsentgelt nicht mindern, § 44 Abs. 2 S. 2 BetrVG.

735 Das Gesetz differenziert damit nach vergütungs- und fahrtkostenerstattungspflichtigen, nur vergütungspflichtigen Versammlungen und Versammlungen ohne Anspruch auf Arbeitsentgelt und Fahrtkostenerstattung.

aa) Vergütungs- und fahrtkostenerstattungspflichtige Versammlungen

736 Gem. § 44 Abs. 1 BetrVG ist die Zeit der Teilnahme an
– den Wahlversammlungen im vereinfachten Wahlverfahren (§ 14 a BetrVG),
– der Betriebsversammlung zur Bestellung des Wahlvorstandes (§ 17 Abs. 1 BetrVG),
– den regelmäßigen Betriebs- oder Abteilungsversammlungen (§ 43 Abs. 1 S. 1 und 2 BetrVG),
– der in jedem Kalenderhalbjahr möglichen zusätzlichen Betriebs- oder Abteilungsversammlungen (§ 43 Abs. 1 S. 4 BetrVG) und
– den auf Antrag des Arbeitgebers einberufenen außerordentlichen Betriebs- oder Abteilungsversammlungen (§ 43 Abs. 3 BetrVG)
den Arbeitnehmern einschließlich zusätzlicher Wegezeiten wie Arbeitszeit zu vergüten. Diese Vergütungsregelung gilt auch dann, wenn diese Versammlungen, die im Grundsatz während der Arbeitszeit stattzufinden haben, zulässigerweise wegen der Eigenart des Betriebes außerhalb der Arbeitszeit durchgeführt werden, wobei bei zulässiger Durchführung außerhalb der Arbeitszeit sich noch ein Anspruch auf Fahrtkostenersatz ergibt.

737 Bei dem Vergütungsanspruch nach § 44 Abs. 1 S. 2 und 3 BetrVG handelt es sich dabei nach Auffassung des *BGH* (31.5.1989 EzA § 44 BetrVG 1972 Nr. 9) um einen selbstständigen gesetzlichen Vergütungsanspruch, der nur davon abhängig ist, dass der betreffende Arbeitnehmer an einer der genannten Versammlungen teilgenommen hat. Nicht zu prüfen ist hingegen, ob der Arbeitnehmer, hätte er nicht an der Versammlung teilgenommen, einen Lohnanspruch erworben hätte, oder ob und inwieweit er ohne die Vergütung nach § 44 Abs. 1 S. 2 BetrVG einen Lohnverlust erleiden würde. Das Lohnausfallprinzip gilt nicht.

738 Der Anspruch besteht daher z. B. auch bei Teilnahme während des Erholungs- (*BAG* 5.5.1987, EzA § 44 BetrVG 1972 Nr. 5) oder Erziehungsurlaubs (*BAG* 31.5.1989 EzA

I. Betriebsverfassungsrecht

§ 44 BetrVG 1972 Nr. 9), bei Kurzarbeit (*BAG* 5.5.1987 EzA § 44 BetrVG 1972 Nr. 6) und bei Teilnahme während eines Arbeitskampfes, unabhängig davon, ob sich die betroffenen Arbeitnehmer am Streik beteiligen oder nicht (*BAG* 5.5.1987 EzA § 44 BetrVG 1972 Nr. 7).

Findet eine der genannten Versammlungen außerhalb der betrieblichen Arbeitszeit statt, besteht der Anspruch nur dann, wenn die Versammlung wegen der Eigenart des Betriebes außerhalb der Arbeitszeit stattfindet. Fehlt es daran, kommt jedoch eine Haftung des Arbeitgebers gegenüber den Arbeitnehmern unter dem Gesichtspunkt der Vertrauenshaftung in Betracht, wenn der Arbeitgeber durch ihm objektiv zurechenbare Umstände den Eindruck erweckt, dass er bereit sei, die Teilnahme zu vergüten. Darlegungs- und beweispflichtig für solche Umstände ist der Arbeitnehmer. Eine Vertrauenshaftung scheidet jedenfalls dann aus, wenn der Arbeitgeber vorher der Belegschaft gegenüber der Einberufung der Betriebsversammlung außerhalb der Arbeitszeit widersprochen hatte (*BAG* 27.11.1987 EzA § 44 BetrVG 1972 Nr. 8). Ferner kommt ein Schadensersatzanspruch des Arbeitnehmers gegen den Arbeitgeber in Betracht, wenn der Arbeitgeber es schuldhaft unterlassen hat, die Belegschaft auf die Rechtswidrigkeit der vom Betriebsrat außerhalb der Arbeitszeit einberufenen Betriebsversammlung hinzuweisen (*BAG* 27.11.1987 EzA § 44 BetrVG 1972 Nr. 8).

Bei den nach § 43 Abs. 1 S. 4 BetrVG unter der Voraussetzung, dass dies aus besonderen Gründen geboten erscheint, möglichen zusätzlichen Betriebs- oder Abteilungsversammlungen, hängt die Vergütungspflicht des Arbeitgebers nach § 44 Abs. 1 BetrVG ausschließlich davon ab, ob solche besonderen Gründe für die Versammlung vorlagen, nicht aber davon, ob solche Gründe offensichtlich oder nicht offensichtlich waren. Wird sie ohne das Vorliegen besonderer Gründe durchgeführt, kommt demnach nur eine Haftung des Arbeitgebers unter dem Gesichtspunkt der Vertrauenshaftung oder der Verletzung vertraglicher Nebenpflichten in Betracht, die aber ausscheidet, wenn der Arbeitgeber die Belegschaft darauf hinweist, dass die Voraussetzungen für eine weitere Betriebsversammlung nach § 43 Abs. 1 S. 4 BetrVG nicht erfüllt sind (*BAG* 23.10.1991 EzA § 43 BetrVG 1972 Nr. 2).

Die Anspruchshöhe richtet sich nach dem individuellen Lohn des Arbeitnehmers. Soweit sich betriebliche und persönliche Arbeitszeit decken, erhält der Arbeitnehmer statt des vertraglichen Entgeltanspruchs den gesetzlichen Vergütungsanspruch in gleicher Höhe. Soweit die Betriebsversammlung außerhalb der persönlichen Arbeitszeit liegt, hat der Arbeitnehmer den gesetzlichen Vergütungsanspruch zusätzlich zu dem vertraglichen Anspruch (*BAG* 5.5.1987 EzA § 44 BetrVG 1972 Nr. 5; 5.5.1987 EzA § 44 BetrVG 1972 Nr. 6; 5.5.1987 EzA § 44 BetrVG 1972 Nr. 7).

Auch normalerweise geleistete besondere Zulagen sind zu zahlen (*FKHE* § 44 Rz. 31). Auf der anderen Seite besteht grds. kein Anspruch auf Mehrarbeitsvergütung oder entsprechende Zuschläge (*BAG* 5.5.1987 EzA § 44 BetrVG 1972 Nr. 5), es sei denn, es handelt sich um einen Arbeitnehmer, der während der Zeit der Betriebsversammlung tatsächliche Mehrarbeit geleistet hätte (*BAG* 18.9.1973 EzA § 44 BetrVG 1972 Nr. 2; GK-BetrVG/*Fabricius/Weber* § 44 Rz. 42; a. A. etwa *Berg* DKK § 44 Rz. 15). Kontrovers diskutiert wird, inwieweit der Anspruch entfällt, wenn in der Versammlung in erheblichem Umfang unzulässige Themen erörtert werden (vgl. GK-BetrVG/*Fabricius/Weber* § 45 Rz. 71 ff.; MünchArbR/*Joost* § 312 Rz. 91 ff.). Einigkeit besteht darüber, dass jedenfalls unwesentliche Verstöße § 45 BetrVG außer Betracht bleiben.

Bei wesentlichen Verstößen wird z. T. (*LAG Düsseldorf* 22.1.1963 AP Nr. 7 zu § 43 BetrVG) für die Zeit unzulässiger Beiträge ein Entfallen des Lohnzahlungsanspruches angenommen. Unterlässt der an der Versammlung teilnehmende Arbeitgeber einen Hinweis auf die Unzulässigkeit bestimmter Themen und den damit einhergehenden Wegfall der Vergütungspflicht, behalten die Arbeitnehmer den Vergütungsanspruch unter dem Gesichtspunkt des Vertrauensschutzes (*LAG Baden-Württemberg* 17.2.1987 DB 1987, 1441; *LAG Bremen* 5.3.1982 DB 1982, 1573; MünchArbR/*Joost* § 312 Rz. 93).

743 Der Vergütungsanspruch umfasst auch zusätzliche Wegezeiten, die Arbeitnehmer aufbringen müssen, um die Betriebsversammlung besuchen zu können. Zusätzlich sind nur Wegezeiten, die über die Wegezeit hinaus aufgewendet werden müssen, die zur Erfüllung der Arbeitspflicht benötigt wird (*BAG* 5.5.1987 EzA § 44 BetrVG 1972 Nr. 7).

744 Ein Anspruch auf Erstattung von Fahrtkosten besteht, wenn die Versammlung wegen der Eigenart des Betriebes außerhalb der Arbeitszeit stattfindet und dem Arbeitnehmer deshalb Fahrtkosten entstanden sind. Analog § 44 Abs. 1 S. 3 BetrVG besteht ein Fahrtkostenersatzanspruch auch dann, wenn die Versammlung zwar während der betrieblichen Arbeitszeit, jedoch außerhalb der persönlichen Arbeitszeit des Arbeitnehmers stattfindet, sodass dem Arbeitnehmer durch die Teilnahme an der Versammlung zusätzliche Fahrtkosten entstanden sind (*BAG* 5.5.1987 EzA § 44 BetrVG 1972 Nr. 7).

745 Streitig ist, inwieweit ein arbeitsvertraglicher Vergütungsanspruch hinsichtlich der Arbeitnehmer besteht, die nicht an der Versammlung teilnehmen, wenn auf Grund der Betriebsversammlung eine tatsächliche Beschäftigungsmöglichkeit nicht besteht. Z. T. (vgl. GK-BetrVG/*Fabricius/Weber* § 44 Rz. 64 ff.) wird vertreten, dass ein Vergütungsanspruch wegen Unmöglichkeit bzw. Unvermögen ausscheide, z. T. (MünchArbR/*Joost* § 312 Rz. 103; *FKHE* § 44 Rz. 35) werden Vergütungsansprüche unter dem Gesichtspunkt des Annahmeverzuges bzw. in Anwendung der Grundsätze über die Betriebsrisikolehre bejaht.

bb) Nur vergütungspflichtige Versammlungen und Versammlungen ohne Anspruch auf Arbeitsentgelt und Fahrtkostenerstattung

746 Die vom Betriebsrat auf Grund eines eigenen Entschlusses oder auf Antrag von einem Viertel der wahlberechtigten Arbeitnehmer einberufenen außerordentlichen Betriebsversammlungen nach § 43 Abs. 3 BetrVG finden i. d. R. außerhalb der Arbeitszeit statt und begründen grds. keine Ansprüche wegen Vergütung, Wegezeiten oder Fahrtkosten. Werden sie während der Arbeitszeit durchgeführt, besteht ebenfalls kein Anspruch auf Zahlung der vertraglichen Vergütung. In Betracht kommen lediglich Ansprüche unter dem Gesichtspunkt der Vertrauenshaftung oder der Verletzung der Fürsorgepflicht, wenn der Arbeitgeber den Eindruck erweckt, mit der Durchführung einer solchen Versammlung während der Arbeitszeit einverstanden zu sein oder er, obwohl ihm dies möglich wäre, die Arbeitnehmer nicht darauf hinweist, dass er zur Entgeltfortzahlung nicht bereit ist (MünchArbR/*Joost* § 312 Rz. 106). Werden derartige Versammlungen im Einvernehmen mit dem Arbeitgeber während der Arbeitszeit durchgeführt, ist dieser nach § 44 Abs. 2 BetrVG nicht zur Minderung des Arbeitsentgelts berechtigt. Die Arbeitnehmer behalten also hier ihren vertraglichen Entgeltanspruch nach Maßgabe des sog. Lohnausfallprinzips. Ein Arbeitnehmer, der außerhalb seiner persönlichen Arbeitszeit an einer solchen Versammlung teil-

I. Betriebsverfassungsrecht

nimmt, hat demgemäß keinen Vergütungsanspruch. Ein Anspruch auf Vergütung zusätzlicher Wegezeit oder Erstattung von Fahrtkosten besteht nicht.

g) Streitigkeiten
Über Streitigkeiten im Zusammenhang mit der Einberufung und Durchführung von 747
Betriebs- oder Abteilungsversammlungen ist im arbeitsgerichtlichen Beschlussverfahren zu entscheiden. Die Ansprüche der Arbeitnehmer auf Vergütung von Zeiten der Teilnahme an einer Betriebsversammlung, der zusätzlichen Wegezeiten und auf Erstattung von Fahrtkosten und auf Fortzahlung des Arbeitsentgelts sind im arbeitsgerichtlichen Urteilsverfahren geltend zu machen.

2. Gesamtbetriebsrat, §§ 47 ff. BetrVG

a) Errichtung

aa) Pflicht zur Errichtung, Folgen der Nichterrichtung
Gem. § 47 Abs. 1 BetrVG ist ein Gesamtbetriebsrat zu errichten, wenn in einem Un- 748
ternehmen mehrere Betriebsräte bestehen. Liegen diese Voraussetzungen vor, ist die Errichtung eines Gesamtbetriebsrats zwingend vorgeschrieben. Die Verletzung der den einzelnen Betriebsräten auferlegten Verpflichtung, an der Errichtung des Gesamtbetriebsrates mitzuwirken, kann nach § 23 Abs. 1 BetrVG die Auflösung des untätigen Betriebsrates rechtfertigen (GK-BetrVG/*Kreutz* § 47 Rz. 29).

Soweit gesetzwidrig kein Gesamtbetriebsrat gebildet wird, hat dies zur Konse- 749
quenz, dass Beteiligungsrechte hinsichtlich solcher Angelegenheiten entfallen, die nach § 50 Abs. 1 BetrVG in den originären Zuständigkeitsbereich des Gesamtbetriebsrates (s. u. I/Rz. 769 ff.) fallen würden (GK-BetrVG/*Kreutz* § 50 Rz. 18).

bb) Voraussetzungen der Errichtung
Voraussetzung der Errichtung eines Gesamtbetriebsrates ist, dass in einem Unterneh- 750
men mehrere Betriebsräte bestehen, § 47 Abs. 1 BetrVG.
Der Unternehmensbegriff ist gesetzlich nicht definiert und daher im Einzelnen strei- 751
tig. Überwiegend wird als Unternehmen die organisatorische Einheit definiert, mit der ein Unternehmer für entferntere wirtschaftliche oder ideelle Ziele einen übergreifenden, i. d. R. wirtschaftlichen Zweck verfolgt bzw. als Organisations- und Wirkungseinheit, durch die eine unternehmerische Zwecksetzung verwirklicht wird (MünchArbR/*Richardi* § 31 Rz. 20 ff.; *Hess* HSG § 1 Rz. 24). Ein Unternehmen muss daher eine einheitliche und selbstständige Organisation sowie eine einheitliche Rechtspersönlichkeit aufweisen.

Deshalb können Betriebsräte von Betrieben verschiedener Rechtsträger auch 752
dann keinen Gesamtbetriebsrat errichten, wenn die verschiedenen Rechtsträger wirtschaftlich verflochten sind oder die jeweilige Unternehmensleitung von denselben Personen ausgeübt wird (*BAG* 29.11.1989 EzA § 47 BetrVG 1972 Nr. 6; 11.12.1987 EzA § 47 BetrVG 1972 Nr. 5).

I. Betriebsverfassungsrecht

753 Bei der GmbH & Co. KG kommt deshalb die Bildung eines Gesamtbetriebsrates nur in Betracht, wenn die KG mehrere Betriebe hat. Hat zugleich auch die GmbH mehrere selbstständige Betriebe, kommt auch dort ein Gesamtbetriebsrat, im Übrigen aber wegen der fehlenden rechtlichen Identität beider Unternehmen nur die Bildung eines Konzernbetriebsrates nach § 54 in Betracht (*Glaubitz* HSG § 47 Rz. 12; GK-BetrVG/*Kreutz* § 47 Rz. 20).

Der gemeinsame Betrieb mehrerer Unternehmen bildet hinsichtlich der Errichtung eines Gesamtbetriebsrats mit den beteiligten Trägerunternehmen jeweils eine Unternehmenseinheit. Diese Frage war früher streitig (vgl. GK-BetrVG/*Kreutz* 6. Aufl. § 47 Rz. 16 m. w. N.). Durch Einfügung des § 47 Abs. 9 BetrVG durch das BetrVerf-ReformG hat der Gesetzgeber diese Frage aber nunmehr mitentschieden (vgl. GK-BetrVG/*Kreutz* § 47 Rz. 21). Mitglieder des Betriebsrats des gemeinsamen Betriebs sind demnach in den Gesamtbetriebsrat zu entsenden. Der Betriebsrat des gemeinsamen Betriebs hat sich an der Errichtung des Gesamtbetriebsrats in den einzelnen Trägerunternehmen zu beteiligen, wenn dort jeweils zumindest noch ein Betriebsrat besteht, bzw. Mitglieder in die dort schon bestehenden Gesamtbetriebsräte zu entsenden. Konsequenz ist, dass für den gemeinsamen Betrieb mehrere Gesamtbetriebsräte zuständig sein können (vgl. GK-BetrVG/*Kreutz* § 47 R. 21 und zur Abgrenzung der Zuständigkeiten mehrerer Gesamtbetriebsräte GK-BetrVG/*Kreutz* § 50 Rz. 76).

Entsteht bei einem Zusammenschluss von Rechtsträgern von Unternehmen ein neuer, eigener Unternehmensträger, etwa durch Gründung einer GmbH durch zwei AGen, ist auf den Geschäftsbereich der GmbH abzustellen, d. h. ein Gesamtbetriebsrat kann nur gebildet werden, wenn im Geschäftsbereich der GmbH zumindest zwei Betriebsräte bestehen. Entsteht durch den Zusammenschluss hingegen keine Kapital-, sondern nur eine Personenhandelsgesellschaft oder eine BGB-Gesellschaft, ist maßgeblich auf die Arbeitgeberstellung abzustellen. Nur wenn ein neuer Unternehmensträger in seinem Geschäftsbereich als Arbeitgeber Arbeitnehmer beschäftigt, kommt bei Bestehen mindestens zweier Betriebsräte die Errichtung eines Gesamtbetriebsrates in Betracht (GK-BetrVG/*Kreutz* § 47 Rz. 23). Bilden zwei oder mehrere Unternehmen eine Gesellschaft zur Führung von vorhandenen Betrieben (Betriebsführungsgesellschaft), ist kein Gesamtbetriebsrat zu errichten, wenn die Eigentümer-Gesellschafter Arbeitgeber des Betriebes bleiben, der Betrieb also nicht der Betriebsführungsgesellschaft übertragen wird (GK-BetrVG/*Kreutz* § 47 Rz. 24; *Trittin* DKK § 47 Rz. 18). Nach herrschender Meinung (*FKHE* § 47 Rz. 11; *Trittin* DKK § 47 Rz. 17) können damit also natürliche Personen nur ausnahmsweise auch Träger mehrerer Unternehmen sein, wenn diese durch Leitung und Organisation völlig voneinander getrennt sind (**a. A.** MünchArbR/*Joost* § 313 Rz. 19 f.; GK-BetrVG/*Kreutz* § 47 Rz. 19: der gesamte Geschäftsbereich eines Einzelunternehmers, in dem er als Arbeitgeber Arbeitnehmer beschäftigt, bildet stets ein Unternehmen i. S. d. § 47 BetrVG).

754 Hat das Unternehmen seinen Sitz im Ausland, bestehen aber im Inland zwei Betriebsräte, ist für die inländischen Betriebe ein Gesamtbetriebsrat zu errichten, während Arbeitnehmervertretungen ausländischer Betriebe nicht an der Bildung des inländischen Gesamtbetriebsrates beteiligt werden können (GK-BetrVG/*Kreutz* § 47 Rz. 7, 8).

cc) Bildung

755 Die Bildung des Gesamtbetriebsrates erfolgt durch die Entsendung von Betriebsratsmitgliedern. Er ist daher kein gewähltes, sondern ein aus – auf Grund ordnungsgemä-

ßer Betriebsratsbeschlüsse – entsandten Betriebsratsmitgliedern bestehendes Organ der Betriebsverfassung (*LAG Frankfurt/M.* 21.12.1976 DB 1977, 2056). Der Gesamtbetriebsrat entsteht durch die Entsendung der Betriebsratsmitglieder zur konstituierenden Sitzung und Wahl des Vorsitzenden und seines Stellvertreters. Die Zuständigkeit für die Einladung der Betriebsräte zur konstituierenden Sitzung richtet sich nach § 51 Abs. 2 S. 1 BetrVG. Wird die Einladung pflichtwidrig unterlassen, ist streitig, ob die bereits bestimmten Gesamtbetriebsratsmitglieder oder einige von ihnen selbst die Initiative ergreifen und zur konstituierenden Sitzung einladen können (vgl. GK-BetrVG/*Kreutz* § 51 Rz. 15).

b) Größe und Zusammensetzung
Gem. § 47 Abs. 2 BetrVG entsendet jeder Betriebsrat mit bis zu drei Mitgliedern eines seiner Mitglieder und Betriebsräte mit mehr als drei Mitgliedern zwei seiner Mitglieder. Der Gesamtbetriebsrat hat damit also höchstens doppelt so viele Mitglieder wie Betriebsräte vorhanden sind. 756

Von der gesetzlichen Pauschalierung der Mitgliederzahl kann durch Tarifvertrag oder Betriebsvereinbarung abgewichen werden, § 47 Abs. 4, 5 BetrVG (vgl. *Klaasen* DB 1993, 2180 ff.). Für den Abschluss des Tarifvertrages genügt die Tarifbindung des Arbeitgebers, da der Vertrag eine betriebsverfassungsrechtliche Regelung enthält, § 3 Abs. 2 TVG. Für den Abschluss der Betriebsvereinbarung ist der Gesamtbetriebsrat in der gesetzlichen Größe zuständig (*BAG* 15.8.1978 EzA § 47 BetrVG 1972 Nr. 2). Grds. handelt es sich um eine freiwillige Betriebsvereinbarung. Gehören dem Gesamtbetriebsrat allerdings mehr als 40 Mitglieder an und besteht keine von der gesetzlichen Pauschalierung abweichende tarifliche Regelung, ist der Abschluss einer solchen Betriebsvereinbarung obligatorisch und mittels Einigungsstellenverfahrens erzwingbar, § 47 Abs. 6 BetrVG. 757

Über die zu entsendenden Mitglieder entscheidet der Betriebsrat durch Beschluss. Soweit zwei Mitglieder zu entsenden sind, sollen die Geschlechter angemessen berücksichtigt werden. Für jedes Mitglied des Gesamtbetriebsrates ist vom Betriebsrat mindestens ein Ersatzmitglied zu bestellen und die Reihenfolge des Nachrückens festzulegen, § 47 Abs. 3 BetrVG. 758

c) Stimmengewichtung
Da dem Gesamtbetriebsrat Vertreter unterschiedlich große Betriebe angehören können, sieht § 47 Abs. 7 und 8 BetrVG eine spezielle Stimmengewichtung vor. Jedes Gesamtbetriebsratsmitglied hat so viele Stimmen, wie wahlberechtigte Arbeitnehmer in der Wählerliste desjenigen Betriebs eingetragen sind, in dem es gewählt worden ist. Sind zwei Mitglieder in den Gesamtbetriebsrat zu entsenden, stehen diesen die genannten Stimmen anteilig zu. 759

Gem. § 47 Abs. 9 BetrVG können für Mitglieder des Gesamtbetriebsrats, die aus einem gemeinsamen Betrieb mehrerer Unternehmen entsandt worden sind, durch Tarifvertrag oder Betriebsvereinbarung eine andere Stimmengewichtung vereinbart werden. Hierdurch soll es beispielsweise ermöglicht werden, eine Regelung zu treffen, dass dann, wenn im Gesamtbetriebsrat eines der beteiligten Unternehmen über eine Angelegenheit beschlossen werden soll, die nur dieses Unternehmen betrifft, den Vertretern der Arbeitnehmer des gemeinsamen Betriebs nur die Stimmen der Arbeitnehmer, die in dem von der Regelung betroffenen Unternehmen beschäftigt sind, zustehen (BegrRegE zum BetrVerf-ReformG, BT-Drs. 14/5741, S. 42).

I. Betriebsverfassungsrecht

d) Organisation und Geschäftsführung des Gesamtbetriebsrats

760 Gem. § 51 Abs. 1 BetrVG gelten für Organisation und Geschäftsführung des Gesamtbetriebsrates weitgehend die für den Betriebsrat geltenden Vorschriften entsprechend. Folglich wählt der Gesamtbetriebsrat unter der Leitung des aus seiner Mitte bestellten Wahlleiters einen Vorsitzenden und einen stellvertretenden Vorsitzenden (§ 51 Abs. 1, Abs. 2, § 26 Abs. 1 BetrVG). Die Aufgaben von Vorsitzendem und stellvertretendem Vorsitzenden entsprechen denen von Vorsitzendem und stellvertretendem Vorsitzenden eines Betriebsrats. Besteht der Gesamtbetriebsrat aus weniger als neun Mitgliedern, können die laufenden Geschäfte auf den Vorsitzenden oder andere Gesamtbetriebsratsmitglieder übertragen werden, §§ 51 Abs. 1, 27 Abs. 3 BetrVG. Der Vorsitzende wird grds. für eine unbefristete Amtszeit gewählt. Weil die Mitgliedschaft im Gesamtbetriebsrat mit dem Erlöschen der Mitgliedschaft im Betriebsrat entfällt, endet das Amt des Gesamtbetriebsratsvorsitzenden mit der Amtszeit des Betriebsrats, der ihn entsandt hat. Deshalb ist regelmäßig eine Neuwahl des Vorsitzenden alle vier Jahre erforderlich. Das Amt endet außerdem in allen anderen Fällen des Erlöschens der Mitgliedschaft des Vorsitzenden im Gesamtbetriebsrat. Der Vorsitzende und sein Stellvertreter können jederzeit abgewählt werden und ihr Amt niederlegen.

761 Hat der Gesamtbetriebsrat neun oder mehr Mitglieder, ist ein Gesamtbetriebsausschuss zur Führung der laufenden Geschäfte zu bilden, dem der Vorsitzende und sein Stellvertreter kraft Amtes angehören und dessen weitere Größe sich nach der Staffel des § 51 Abs. 1 S. 2 richtet. Neben der dem Gesamtbetriebsausschuss obliegenden Führung der laufenden Geschäfte können ihm Aufgaben zur selbstständigen Erledigung übertragen werden, §§ 51 Abs. 1, 27 Abs. 2 BetrVG. Seine Beschlüsse werden mit der Mehrheit der Stimmen der anwesenden Mitglieder gefasst, §§ 51 Abs. 5, 33 Abs. 1 BetrVG. Möglich ist auch die Bildung weiterer Ausschüsse, § 51 Abs. 1 i. V. m. § 28 BetrVG.

762 Für die Einberufung der Sitzungen des Gesamtbetriebsrates gilt § 29 Abs. 2–4 BetrVG entsprechend, § 51 Abs. 2 S. 3 BetrVG. Die Einzelbetriebsräte können eine Gesamtsbetriebsratssitzung nicht erzwingen. Entsprechend anwendbar ist gem. § 51 Abs. 2 BetrVG jedoch § 29 Abs. 3 BetrVG, sodass eine Sitzung anzuberaumen und ein Gegenstand auf die Tagesordnung zu setzen ist, wenn dies von einem Viertel der Mitglieder des Gesamtbetriebsrats beantragt wird. Sitzungen können auch in Einzelbetrieben des Unternehmens durchgeführt werden, in denen Betriebsräte gebildet sind (*BAG* 24.7.1979 EzA § 40 BetrVG 1972 Nr. 46). Ein Teilnahmerecht des Arbeitgebers besteht nach Maßgabe von § 29 Abs. 4 BetrVG. Zu beachten sind ferner die Teilnahmerechte der Gesamt-Jugend- und Auzubildendenvertretung (§§ 73 Abs. 2, 67 Abs. 1 BetrVG) und der Gesamtschwerbehindertenvertretung (§ 52 BetrVG). Das Teilnahmerecht von Gewerkschaftsbeauftragten richtet sich nach §§ 51 Abs. 1, 31 BetrVG. Nach überwiegender Auffassung (GK-BetrVG/*Kreutz* § 51 Rz. 59; MünchArbR/*Joost* § 312 Rz. 96; a. A. *Trittin* DKK § 51 Rz. 45) ist es nicht ausreichend, dass die Gewerkschaft nur in einem Betriebsrat vertreten ist. Sie muss vielmehr im Gesamtbetriebsrat selbst vertreten sein. Das für den Antrag auf Teilnahme des Gewerkschaftsbeauftragten erforderliche Quorum von einem Viertel der Mitglieder des Gesamtbetriebsrats bezieht sich nach überwiegender Auffassung (GK-BetrVG/*Kreutz* § 51 Rz. 59; *Glaubitz* HSG § 51 Rz. 29; a. A. *FKHE* § 51 Rz. 43) auf das Stimmgewicht der Gesamtbetriebsratsmitglieder nach § 47 Abs. 7, 8 BetrVG.

763 Beschlüsse des Gesamtbetriebsrates werden mit der Mehrheit der Stimmen der anwesenden Mitglieder gefasst, wobei die Zahl der Stimmen maßgeblich ist, die jedem Ge-

I. Betriebsverfassungsrecht

samtbetriebsratsmitglied infolge der Stimmengewichtung zusteht. Beschlussfähigkeit ist gegeben, wenn mindestens die Hälfte der Mitglieder an der Beschlussfassung teilnimmt und die Teilnehmenden nach dem Grundsatz der Stimmengewichtung (§ 47 Abs. 7, 8 BetrVG) mindestens die Hälfte aller Stimmen vertreten, § 51 Abs. 3 BetrVG. Die Mitglieder des Gesamtbetriebsrates üben trotz ihrer Entsendung durch die Einzelbetriebsräte ein freies Mandat aus und sind nicht an Weisungen der Einzelbetriebsräte gebunden.

Hinsichtlich Kosten, Sachaufwand und Personal findet die Vorschrift des § 40 BetrVG entsprechende Anwendung, § 51 Abs. 1 BetrVG. Ein eigenes, an alle Arbeitnehmer herausgegebenes Informationsblatt ist nicht erforderlich, da in aller Regel ausreicht, dass der einzelne Betriebsrat den Arbeitnehmern mit Hilfe seiner Informationsmittel die Ergebnisse der Tätigkeit auch des Gesamtbetriebsrates übermittelt (*BAG* 21.11.1978 EzA § 40 BetrVG 1972 Nr. 40). 764

e) Rechtsstellung der Mitglieder
Für die Mitglieder des Gesamtbetriebsrates ist § 37 Abs. 1–3 BetrVG entsprechend anwendbar, § 51 Abs. 1 BetrVG. Der Gesamtbetriebsrat hat kein Recht auf volle Freistellung eines seiner Mitglieder nach § 38 BetrVG, jedoch einen Anspruch auf zeitweise zusätzliche Freistellung nach § 37 Abs. 2 BetrVG, soweit dies zur ordnungsgemäßen Durchführung der Aufgaben erforderlich ist (*LAG München* 19.7.1990 NZA 1991, 905). Ist im Rahmen der Arbeitsbefreiung nach § 37 Abs. 2 BetrVG eine vollständige Arbeitsbefreiung erforderlich, ist streitig, ob das formelle Freistellungsverfahren nach § 38 Abs. 2 BetrVG entsprechend anzuwenden ist (abl. MünchArbR/ *Joost* § 312 Rz. 108; GK-BetrVG/*Kreutz* § 51 Rz. 55; bejahend *Trittin* DKK § 51 Rz. 51). 765

Anspruch auf Arbeitsbefreiung zur Teilnahme an Schulungs- und Bildungsveranstaltungen haben Gesamtbetriebsratsmitglieder nur in ihrer Eigenschaft als Betriebsratsmitglieder, wobei die Tätigkeit im Gesamtbetriebsrat bei der Feststellung der Erforderlichkeit einer Veranstaltung mit zu berücksichtigen ist. Zur Beschlussfassung über die Entsendung ist aber in jedem Falle der Betriebsrat, nicht der Gesamtbetriebsrat berufen (*BAG* 10.6.1975 EzA § 37 BetrVG 1972 Nr. 42). Die besonderen Schutzbestimmungen nach §§ 37 Abs. 4, 5, 38 Abs. 4 BetrVG und der besondere Kündigungsschutz (§ 15 KSchG, § 103 BetrVG) finden auf die Gesamtbetriebsratsmitglieder als solche keine Anwendung, gelten für sie aber in ihrer Eigenschaft als Mitglieder des Betriebsrates. Auch die Mitglieder des Gesamtbetriebsrates unterliegen der Geheimhaltungspflicht, § 79 Abs. 2 BetrVG. 766

f) Amtszeit und Beendigung der Mitgliedschaft
Für den einmal gebildeten Gesamtbetriebsrat sieht das Gesetz keine begrenzte Amtszeit vor. Es handelt sich vielmehr um eine betriebsverfassungsrechtliche Dauereinrichtung mit wechselnder Mitgliedschaft. Sein Amt endet immer dann, wenn die Voraussetzungen für seine Errichtung weggefallen sind, er kein Mitglied mehr hat oder das Unternehmen, für das er errichtet ist, rechtlich untergeht (vgl. GK-BetrVG/ *Kreutz* § 47 Rz. 50). Anders als beim Betriebsrat (§ 23 Abs. 1 BetrVG) ist die Möglichkeit der gerichtlichen Auflösung des Gesamtbetriebsrats nicht vorgesehen. 767

Die Beendigung der Mitgliedschaft des einzelnen Mitglieds richtet sich nach § 49 BetrVG. Das gerichtliche Ausschlussverfahren nach § 48 BetrVG entspricht dem Verfahren nach § 23 Abs. 1 BetrVG. Die Pflichtverletzung muss sich auf die Tätigkeit im Gesamtbetriebsrat beziehen. Das ausgeschlossene Mitglied kann während der Amts- 768

I. Betriebsverfassungsrecht

zeit des entsendenden Betriebsrates nicht erneut entsandt werden (GK-BetrVG/ *Kreutz* § 48 Rz. 18 ff., 24).

g) Zuständigkeit des Gesamtbetriebsrates

769 § 50 BetrVG regelt die Zuständigkeitsabgrenzung zwischen dem Gesamtbetriebsrat und Einzelbetriebsräten zwingend (*BAG* 28.4.1992 EzA § 50 BetrVG 1972 Nr. 10). Sie kann durch Tarifvertrag, Betriebsvereinbarung oder Vereinbarung zwischen Gesamtbetriebsrat und Einzelbetriebsräten nicht abgeändert werden (GK-BetrVG/ *Kreutz* § 50 Rz. 5; zur Unabänderbarkeit durch Tarifvertrag vgl. *BAG* 11.11.1998 EzA § 50 BetrVG 1972 Nr. 16). Nach Auffassung des *BAG* (28.4.1992 EzA § 50 BetrVG 1972 Nr. 10) räumt § 50 Abs. 1 BetrVG dem Gesamtbetriebsrat insoweit eine originäre Zuständigkeit für überbetriebliche Angelegenheiten des Unternehmens oder Gesamtunternehmens und für Angelegenheiten mehrerer Betriebe ein.

770 Im Verhältnis zu den Einzelbetriebsräten gilt der Grundsatz der Zuständigkeitstrennung. Ein originäres Mitbestimmungsrecht des Gesamtbetriebsrates und entsprechende Mitbestimmungsrechte der Einzelbetriebe schließen sich gegenseitig aus (*BAG* 5.12.1975 EzA § 47 BetrVG 1972 Nr. 1; 6.4.1976 EzA § 50 BetrVG 1972 Nr. 2; 3.5.1984 EzA § 81 ArbGG 1979 Nr. 6; *LAG Düsseldorf* 6.2.1991 LAGE § 50 BetrVG 1972 Nr. 4).

771 Nach anderer Auffassung bleibt eine Zuständigkeit der Einzelbetriebsräte auch bei einer an sich in den Zuständigkeitsbereich des Gesamtbetriebsrates fallenden Angelegenheit jedenfalls solange bestehen, wie dieser von seiner Zuständigkeit keinen Gebrauch macht (*LAG Nürnberg* 21.9.1992 NZA 1993, 281; *Trittin* DKK § 50 Rz. 13).

aa) Originäre Zuständigkeit

772 Eine originäre Zuständigkeit des Gesamtbetriebsrates besteht, wenn es um die Behandlung überbetrieblicher Angelegenheiten, also solcher geht, die das Gesamtunternehmen oder mehrere (zumindest also zwei) Betriebe betreffen und nicht durch die einzelnen Betriebsräte innerhalb ihrer Betriebe geregelt werden können. Ein Nicht-Regeln-Können durch die einzelnen Betriebsräte liegt dabei vor, wenn der einzelne Betriebsrat objektiv oder subjektiv außer Stande ist, das Mitbestimmungsrecht auszuüben, aber auch dann, wenn ein zwingendes Erfordernis für eine unternehmenseinheitliche oder jedenfalls betriebsübergreifende Regelung besteht, wobei auf die Verhältnisse des einzelnen konkreten Unternehmens abzustellen ist. Ein zwingendes Erfordernis folgt allerdings nicht bereits aus der Zweckmäßigkeit einer einheitlichen Regelung oder allein aus dem Koordinationsinteresse des Arbeitgebers (*BAG* 28.4.1992 EzA § 50 BetrVG 1972 Nr. 10; 26.1.1993 EzA § 99 BetrVG 1972 Nr. 109).

773 Eine objektive Unmöglichkeit liegt vor, wenn eine Maßnahme ihrem Gegenstand nach ausschließlich unternehmensbezogen ist und auch gedanklich nicht in Teilakte zerlegt werden kann, wie insbesondere bei der Errichtung und Verwaltung unternehmensbezogener Sozialeinrichtungen (GK-BetrVG/*Kreutz* § 50 Rz. 27 ff.). Eine subjektive Unmöglichkeit liegt insbesondere im Bereich freiwilliger Betriebsvereinbarungen dann vor, wenn der Arbeitgeber nur auf überbetrieblicher Ebene zu einer Regelung bereit ist (*BAG* 28.4.1992 EzA § 50 BetrVG 1972 Nr. 10) oder es um die

I. Betriebsverfassungsrecht

Gewährung freiwilliger Leistungen geht, da hier ein Mitbestimmungsrecht des Betriebsrates nur hinsichtlich der Frage der Verteilung der Leistungen besteht, der Arbeitgeber aber mitbestimmungsfrei u. a. darüber entscheidet, an welchen Adressatenkreis er das Gesamtvolumen verteilen will. Erklärt der Arbeitgeber diesbezüglich, er wolle die zusätzliche Leistung nur erbringen, wenn eine einheitliche Regelung für das Gesamtunternehmen zustandekomme, ist den einzelnen Betriebsräten die Wahrnehmung des Mitbestimmungsrechts nach § 87 Abs. 1 Nr. 10 BetrVG subjektiv unmöglich (*BAG* 11.2.1992 EzA § 76 BetrVG 1972 Nr. 60).

Ein zwingendes Erfordernis für eine unternehmenseinheitliche oder jedenfalls betriebsübergreifende Regelung kann sich aus tatsächlichen, produktionstechnischen Notwendigkeiten oder aus Rechtsgründen, insbesondere der Notwendigkeit der Gleichbehandlung der Arbeitnehmer eines Unternehmens (*BAG* 23.9.1975 EzA § 50 BetrVG 1972 Nr. 1) oder daraus ergeben, dass die finanziellen Auswirkungen einer Vereinbarung nur für das Unternehmen insgesamt beurteilt werden können (*BAG* 29.3.1977 EzA § 87 BetrVG 1972 Leistungslohn Nr. 2; *LAG Düsseldorf* 6.2.1991 LAGE § 50 BetrVG 1972 Nr. 4). Nach *Kreutz* (GK-BetrVG § 50 Rz. 36) soll ein zwingendes Erfordernis dann gegeben sein, wenn eine betriebliche Regelung einer Angelegenheit notwendig die Entscheidung dieser Angelegenheit in anderen Betrieben präjudizieren müsste oder die Einzelbetriebsräte nach den konkreten Umständen in überbetrieblichen Angelegenheiten divergierende Interessen verfolgen, sodass dem Arbeitgeber etwa durch mehrere Einigungsstellen unterschiedliche Regelungen aufgezwungen werden könnten, die mit der vorgegebenen, nicht der Mitbestimmung unterliegenden Struktur des Unternehmens in Widerspruch stünden. Soweit danach eine Zuständigkeit des Gesamtbetriebsrates besteht, ist weiter zu prüfen, inwieweit eine einheitliche Regelung erforderlich ist. Möglich ist, dass sich die Zuständigkeit des Gesamtbetriebsrats auf Rahmenvorschriften beschränkt, die durch die Einzelbetriebsräte durch detaillierte betriebsspezifische Einzelregelungen zu ergänzen oder auszufüllen sind (*Trittin* DKK § 50 Rz. 15).

Soweit eine originäre Zuständigkeit des Gesamtbetriebsrats besteht, erstreckt sich diese gem. § 50 Abs. 1 S. 1 2. Halbsatz BetrVG (eingefügt durch das BetrVerf-ReformG vom 23.7.2001 BGBl. I S. 1852 ff.) auch auf Betriebe, in denen kein Betriebsrat besteht. Der Gesamtbetriebsrat kann dann seine Beteiligungsrechte auch für die davon betroffenen betriebsratslosen Betriebe wahrnehmen. Hierdurch soll erreicht werden, dass die dort beschäftigten Arbeitnehmer in überbetrieblichen Angelegenheiten mit Arbeitnehmern aus Betrieben mit einem Betriebsrat gleichbehandelt werden. Die Zuständigkeitserstreckung gilt nur im originären Zuständigkeitsbereich des Gesamtbetriebsrats. Dieser ist nicht berechtigt, in betriebsratslosen Betrieben die Rolle des örtlichen Betriebsrats zu übernehmen und rein betriebsbezogene Angelegenheiten zu regeln (BegrRegE, BT-Drs. 14/5741, S. 42 f.). Durch diese gesetzliche Regelung ist eine zum früheren Recht bestehende Streitfrage entschieden worden (vgl. zum früheren Recht *BAG* 16.8.1983 EzA § 50 BetrVG 1972 Nr. 9).

bb) Einzelfälle

In sozialen Angelegenheiten ist eine Zuständigkeit des Gesamtbetriebsrates i. d. R. nur gegeben, wenn es um Regelungen geht, die wegen einer arbeitstechnischen Verbundenheit mehrerer Betriebe oder ihrer übergreifenden wirtschaftlichen Auswirkungen unternehmenseinheitlich beurteilt werden müssen (MünchArbR/*Joost* § 312 Rz. 55), wie z. B. bei unternehmenseinheitlicher Altersversorgung (*BAG* 8.12.1981 EzA § 242 BGB Ruhegeld Nr. 96), freiwilligen Leistungen, die der Arbeit-

I. Betriebsverfassungsrecht

geber nur unternehmenseinheitlich gewähren will, wie z. B. Jahressondervergütung (*BAG* 11.2.1992 EzA § 76 BetrVG 1972 Nr. 60) oder freiwillige Provisionszahlungen (*LAG Düsseldorf* 5.7.1991 LAGE § 50 BetrVG 1972 Nr. 6), Richtlinien zur Darlehensgewährung beim Eigenheimbau (*BAG* 6.4.1976 EzA § 50 BetrVG 1972 Nr. 2), Regelung eines unternehmenseinheitlichen Entgeltsystems für alle Vertriebsbeauftragten (*BAG* 6.12.1988 EzA § 87 BetrVG 1972 Betriebliche Lohngestaltung Nr. 23), Regelung der ergebnisabhängigen Bezahlung der Abteilungsleiter im Verkauf (*BAG* 31.1.1989 EzA § 81 ArbGG 1979 Nr. 14), unternehmenseinheitliches Vergütungssystem für AT-Angestellte (*LAG Düsseldorf* 4.3.1992 NZA 1992, 613), der tarifersetzenden Regelung der Vergütung der Beschäftigten einer Gewerkschaft (*BAG* 14.12.1999 EzA § 87 BetrVG 1972 Betriebliche Lohngestaltung Nr. 68), Einführung und Nutzung einer unternehmenseinheitlichen Telefonvermittlungsanlage (*BAG* 11.11.1998 EzA § 50 BetrVG 1972 Nr. 17), Einführung eines EDV-Systems mit unternehmenseinheitlichen Standards bei Hard- und Software (*LAG Düsseldorf* 21.8.1987 NZA 1988, 211), Einführung eines Personaldatenverarbeitungssystems im Unternehmen (*LAG Köln* 3.7.1987 DB 1987, 2107), Erlass verbindlicher Arbeits- und Sicherheitsanweisungen zur Unfallverhütung betreffend unternehmensweit einheitliche Montagearbeiten im Außendienst (*BAG* 16.6.1998 EzA § 87 BetrVG 1972 Arbeitssicherheit Nr. 3).

777 Abgelehnt wurde eine Zuständigkeit des Gesamtbetriebsrates bei der Aufstellung von Urlaubsplänen (*BAG* 5.2.1965 AP Nr. 1 zu § 56 BetrVG Urlaubsplan), Arbeitszeitregelungen (*BAG* 23.9.1975 EzA § 50 BetrVG 1972 Nr. 1), der Einführung von Kurzarbeit (*BAG* 29.11.1978 AP Nr. 18 zu § 611 BGB Bergbau), der Einführung einer Telefonanlage, wenn deren jeweilige Ausgestaltung in den einzelnen Betrieben offen bleibt und sich die Regelung schwerpunktmäßig auf die Nutzung bezieht (*LAG Düsseldorf* 30.6.1997 LAGE § 50 BetrVG 1972 Nr. 7).

778 Im Bereich der Mitbestimmung bei der Gestaltung von Arbeitsplatz, Arbeitsablauf und Arbeitsumgebung (§§ 90, 91 BetrVG) besteht i. d. R. keine Zuständigkeit des Gesamtbetriebsrates, es sei denn, die Planungen und Änderungsmaßnahmen werden wegen der Gleichartigkeit der Betriebe bzw. ihrer arbeitstechnischen Verflochtenheit unternehmenszentral durchgeführt, sodass überbetriebliche Aspekte berücksichtigt werden müssen (MünchArbR/*Joost* § 312 Rz. 59).

779 Die Mitbestimmung in personellen Angelegenheiten (§§ 92 ff. BetrVG) obliegt bei personellen Einzelmaßnahmen den jeweiligen Betriebsräten, insbesondere auch bei einer Versetzung in einen anderen Betrieb des Unternehmens (*BAG* 26.1.1993 EzA BetrVG 1972 Nr. 109). Eine Zuständigkeit des Gesamtbetriebsrates kommt in Betracht für unternehmenseinheitliche allgemeine Planungen und Maßnahmen, insbesondere Personalplanung nach § 92 BetrVG, aber auch bei der unternehmenseinheitlichen Einführung von Anforderungsprofilen (*BAG* 31.1.1984 EzA § 95 BetrVG 1972 Nr. 7; 31.5.1983 EzA § 95 BetrVG 1972 Nr. 6), bei einer sich von vorneherein auf mehrere Betriebe erstreckenden Berufsbildungsmaßnahme (*BAG* 12.11.1991 EzA § 98 BetrVG 1972 Nr. 8).

780 Im Bereich der wirtschaftlichen Angelegenheiten weist das Gesetz dem Gesamtbetriebsrat ausdrücklich Zuständigkeiten im Zusammenhang mit der Errichtung und der Wahrnehmung und der Aufgaben des Wirtschaftsausschusses zu (§§ 107, 108 Abs. 6, § 109 S. 4 BetrVG). Die Wahrnehmung der Beteiligungsrechte bei Betriebsänderungen fällt grds. in die Zuständigkeit der einzelnen Betriebsräte, es sei denn, die Maßnahme betrifft mehrere oder sogar alle Betriebe des Unternehmens, so z. B. bei der Stilllegung aller Betriebe (*BAG* 17.2.1981 EzA § 112 BetrVG 1972 Nr. 21). Plant ein Arbeitgeber die Verlegung eines Betriebes und dessen Zusammen-

I. Betriebsverfassungsrecht

legung mit einem anderen seiner Betriebe, so ist der Gesamtbetriebsrat für Verhandlungen über einen Interessenausgleich zuständig (*BAG* 24.1.1996 EzA § 50 BetrVG 1972 Nr. 14).

cc) Auftragszuständigkeit

Neben der originären Zuständigkeit hat der Gesamtbetriebsrat gem. § 50 Abs. 2 BetrVG eine vor Abschluss einer verbindlichen Regelung jederzeit widerrufbare Auftragszuständigkeit, die auch den Abschluss von Betriebsvereinbarungen, nicht aber die generelle Übertragung ganzer Zuständigkeitsbereiche vorsehen kann. Die Beauftragung muss schriftlich erfolgen. Der Beschluss bedarf der Mehrheit der Stimmen der Mitglieder des Betriebsrates. Die Verhandlungs- und auch die Entscheidungsbefugnis geht dann auf den Gesamtbetriebsrat über, wenn der Einzelbetriebsrat sie sich nicht vorbehält. Der Gesamtbetriebsrat kann immer nur insoweit handeln, als dies rechtlich auch dem Betriebsrat möglich wäre. Neben der Übertragung von materiellen Mitbestimmungsbefugnissen kommt nach § 50 Abs. 2 BetrVG auch die Ermächtigung in Betracht, ein Beteiligungsrecht des Einzelbetriebsrats im eigenen Namen, z. B. kraft Prozessstandschaft in einem Beschlussverfahren auszuüben (*BAG* 6.4.1976 EzA § 50 BetrVG 1972 Nr. 2).

781

dd) Gesamtbetriebsvereinbarungen

Im Rahmen seiner Zuständigkeit kann der Gesamtbetriebsrat Gesamtbetriebsvereinbarungen abschließen, die unmittelbar für alle Arbeitnehmer gelten, die ihm unterfallen und durch den Gesamtbetriebsrat repräsentiert werden, §§ 51 Abs. 5, 77 Abs. 4 BetrVG. Dies sind zum einen Betriebe, deren Betriebsräte Mitglieder in den Gesamtbetriebsrat entsandt haben. Ferner gem. § 50 Abs. 1 S. 1 2. Hs. BetrVG Betriebe, in denen kein Betriebsrat besteht, wenn es um die Regelung einer Angelegenheit geht, die in den originären Zuständigkeitsbereich des Gesamtbetriebsrats fällt (s. o. I/Rz. 772 ff.). Soweit der Unternehmensträger einen neuen Betrieb errichtet oder einen bestehenden Betrieb erwirbt, gelten bereits bestehende Gesamtbetriebsvereinbarungen nicht ohne weiteres auch für die dort beschäftigten Arbeitnehmer. Vielmehr ist ggf. eine neue Gesamtbetriebsvereinbarung abzuschließen (MünchArbR/ *Joost* § 312 Rz. 49).

782

3. Betriebsräteversammlung, § 53 BetrVG

Die mindestens einmal in jedem Kalenderjahr durch den Gesamtbetriebsrat unter Einhaltung einer ordnungsgemäßen Ladungsfrist einzuberufende Betriebsräteversammlung ist auf Unternehmensebene Ersatz dafür, dass eine Unternehmensbelegschaftsversammlung praktisch nur schwer durchführbar wäre. Gegenstand der Versammlung sind der Tätigkeitsbericht des Gesamtbetriebsrates, der Lagebericht des Unternehmens über das Personal- und Sozialwesen unter Einschluss der in § 53 Abs. 2 Nr. 2 BetrVG genannten Themenbereiche (Gleichstellung, Integration, Umweltschutz) sowie weitere unmittelbar das Unternehmen betreffende Angelegenheiten. Leitung, Durchführung, Teilnahmeberechtigung und -verpflichtung sind gesetzlich nicht geregelt. Insoweit gelten die Grundsätze über die Durchführung der Betriebsversammlung (s. o. I/Rz. 716 ff.) entsprechend. Eine Entscheidungskompetenz oder verbindliche Weisungsbefugnis gegenüber dem Gesamtbetriebsrat besteht nicht. Die Betriebsräteversammlung kann vielmehr nur Anregungen und Empfehlungen beschließen.

783

I. Betriebsverfassungsrecht

4. Konzernbetriebsrat, §§ 54 ff. BetrVG

784 Für sog. Unterordnungskonzerne (§ 18 Abs. 1 AktG) ist fakultativ die Errichtung eines Konzernbetriebsrates bei der Konzernspitze, also auf Ebene des herrschenden Unternehmens (§ 17 AktG) vorgesehen. Dadurch soll einer Aushöhlung betriebsverfassungsrechtlicher Beteiligungsrechte auf Unternehmensebene begegnet werden (GK-BetrVG/*Kreutz* § 54 Rz. 4).

a) Konzernbegriff

785 Die Errichtung eines Konzernbetriebsrates ist nur bei einem sog. Unterordnungskonzern möglich (§ 54 Abs. 1 BetrVG, § 18 Abs. 1 AktG).

> Ein Unterordnungskonzern liegt vor, wenn ein oder mehrere abhängige Unternehmen unter der einheitlichen Leitung eines herrschenden Unternehmens zusammengefasst sind. Unternehmen im konzernrechtlichen Sinne ist unabhängig von der jeweiligen Rechtsform jeder Rechtsträger, der außerhalb einer Gesellschaft noch andere unternehmerische Interessen hat und selbst verfolgt, sodass es zu den Interessenkonflikten kommen kann, die das Konzernrecht regelt (*BGH* 16.2.1981 BGHZ 80, 72; 16.9.1985 BGHZ 95, 337).

786 Rechtsträger eines Konzernunternehmens können daher alle Personenvereinigungen des Privatrechts, Kapitalgesellschaften, ein Einzelkaufmann oder auch eine sonstige natürliche Person sein (*BAG* 22.11.1995 EzA § 54 BetrVG 1972 Nr. 5). Bei Unternehmensträgerschaft von Bund, Länder, Gemeinden, sonstigen Körperschaften, Anstalten und Stiftungen des öffentlichen Rechts kommt die Bildung eines Konzernbetriebsrats nach § 130 BetrVG nicht in Betracht. Abhängige Unternehmen sind rechtlich selbstständige Unternehmen, auf die ein anderes Unternehmen (herrschendes Unternehmen) unmittelbar oder mittelbar einen beherrschenden Einfluss ausüben kann (§ 17 Abs. 1 AktG), sodass die Möglichkeit beherrschenden Einflusses ausreicht (*BAG* 22.11.1995 EzA § 54 BetrVG 1972 Nr. 5). Der beherrschende Einfluss muss zumindest gesellschaftsrechtlich, also rechtlich abgesichert vermittelt sein, sodass eine Abhängigkeit als Folge von Rechtsbeziehungen zu Lieferanten, Abnehmern oder Kreditgebern nicht ausreicht (*BGH* 26.3.1984 BGHZ 90, 381 [395 ff.]; GK-BetrVG/*Kreutz* § 54 Rz. 19; a. A. *Trittin* DKK § 54 Rz. 17). Als Mittel der Beherrschung (vgl. ausf. GK-BetrVG/*Kreutz* § 54 Rz. 18) kommen insbesondere Stimmrechte in Betracht, durch die in den Willensbildungsorganen der beherrschten Unternehmen Einfluss genommen werden kann (Mehrheitsbeteiligung, Minderheitsbeteiligung bei im Übrigen zersplitterten Anteilsbesitz, Stimmbindungsverträge, Treuhandverhältnisse), Beherrschungsverträge (§ 291 AktG), Eingliederung (§ 319 AktG), Entsendungsrechte des herrschenden Unternehmens in Verwaltungs-, Leitungs- und Aufsichtsorgane der beherrschten Unternehmen. Eine Mehrheitsbeteiligung an Personengesellschaften führt zur erforderlichen Abhängigkeit erst dann, wenn im Gesellschaftsvertrag in wichtigen Fragen der Geschäftspolitik das Einstimmigkeitsprinzip des § 119 Abs. 1 HGB abbedungen ist. Bei der GmbH & Co. KG, die nur einen einzigen Komplementär hat, genügt für die Begründung der Abhängigkeit die mehrheitliche Beteiligung an der Komplementär-GmbH (*BAG* 22.11.1995 EzA § 54 BetrVG 1972 Nr. 5).

787 Das für einen Unterordnungskonzern über die Möglichkeit beherrschender Einflussnahme hinausgehende Erfordernis der Zusammenfassung der rechtlich selbststän-

… gen Unternehmen unter einheitlicher Leitung ist erfüllt, wenn wesentliche Vorgaben, etwa im finanziellen Bereich oder im Bereich der Produktplanung und -herstellung für die Konzernunternehmen nach einem einheitlichen Plan gemacht werden (MünchArbR/*Joost* § 315 Rz. 11 f.).

aa) System gesetzlicher Vermutungen
Zur Feststellung von Abhängigkeit und einheitlicher Leitung enthält das AktG gesetzliche Vermutungen. Von einem abhängigen Unternehmen wird widerleglich vermutet, dass es mit dem herrschenden Unternehmen einen Konzern bildet, wobei die erforderliche Abhängigkeit ihrerseits widerleglich vermutet wird, wenn an dem Unternehmen ein anderes Unternehmen mit Mehrheit beteiligt ist, §§ 18 Abs. 1 S. 3, 17 Abs. 2 AktG. Wann eine Mehrheitsbeteiligung vorliegt, regelt § 16 Abs. 1, Abs. 4 AktG. Zur Errichtung eines Konzernbetriebsrates genügt daher zunächst die Feststellung, dass die beteiligten Unternehmen im Mehrheitsbesitz eines anderen Unternehmens stehen. Besteht zwischen Unternehmen ein Beherrschungsvertrag (§ 291 AktG) oder ist ein Unternehmen in das andere eingegliedert (§ 319 AktG) wird das Bestehen eines Unterordnungskonzerns unwiderleglich vermutet, § 18 Abs. 1 S. 2 AktG. 788

bb) Sonderfälle

(1) Gemeinschaftsunternehmen
Gemeinschaftsunternehmen sind dadurch gekennzeichnet, dass zwei oder mehr Unternehmen (»Mütter«) gemeinsam an einem anderen Unternehmen (»Tochter«) dergestalt beteiligt sind, dass sie auf Grund gemeinsamer Willensbildung Einfluss auf das Gemeinschaftsunternehmen nehmen, etwa zur Durchführung gemeinsamer Forschungsvorhaben oder der Absatzkoordination (GK-BetrVG/*Kreutz* § 54 Rz. 38 ff.). Nach der Rechtsprechung des *BAG* (30.10.1986 EzA § 54 BetrVG 1972 Nr. 3) kann ein Unternehmen auch von mehreren anderen Unternehmen abhängig i. S. d. § 17 Abs. 1 AktG sein, sofern die anderen Unternehmen die Möglichkeit gemeinsamer Herrschaftsausübung vereinbart haben, d. h. die Beherrschungsmöglichkeit durch vertragliche oder organisatorische Bindungen verfestigt ist, z. B. durch Stimmrechtspoolung, Konsortialverträge, Schaffung besonderer Leitungsorgane oder vertragliche Koordinierung der Willensbildung (MünchArbR/*Joost* § 315 Rz. 27). 789

Wird von den »Müttern« des Gemeinschaftsunternehmens die einheitliche Leitung über dieses tatsächlich gemeinsam ausgeübt, so weist das Gemeinschaftsunternehmen eine mehrfache Konzernzugehörigkeit zu allen Mutterunternehmen auf. Deshalb kann bei jedem der herrschenden Mutterunternehmen unter Beteiligung des Gesamtbetriebsrates (bzw. des Betriebsrates) des Gemeinschaftsunternehmen ein Konzernbetriebsrat gebildet werden (*BAG* 30.10.1986 EzA § 54 BetrVG 1972 Nr. 3). 790

(2) Konzern im Konzern
Bei einem mehrstufigen, vertikal gegliederten Unterordnungskonzern kann auch bei einem Tochterunternehmen dieses Konzerns ein Konzernbetriebsrat gebildet werden, wenn der Tochtergesellschaft ein betriebsverfassungsrechtlich relevanter Spielraum 791

I. Betriebsverfassungsrecht

für die bei ihm und für die von ihm abhängigen Unternehmen zu treffenden Entscheidungen verbleibt.

792 Es kann damit zum Bestehen eines Konzernbetriebsrat nicht nur bei der Konzernspitze, sondern zusätzlich auch bei Teilkonzernspitzen kommen (*BAG* 21.10.1980 EzA § 54 BetrVG 1972 Nr. 1; GK-BetrVG/*Kreutz* § 54 Rz. 37; a. A. MünchArbR/ *Joost* § 315 Rz. 16).

(3) Auslandsbezug

793 Liegen abhängige Konzernunternehmen im Ausland, findet auf sie das BetrVG auf Grund des Territorialitätsprinzips (s. o. I/Rz. 1 ff.) keine Anwendung, sodass sie sich an der Bildung eines Konzernbetriebsrats nicht beteiligen können (GK-BetrVG/ *Kreutz* § 54 Rz. 42), es sei denn, das abhängige Unternehmen mit Sitz im Ausland unterhält seinerseits einen Betrieb mit Betriebsrat im Inland. In diesem Fall kann sich der Betriebsrat des inländischen Betriebes an der Errichtung des Konzernbetriebsrates bei der inländischen Konzernspitze beteiligen (MünchArbR/*Joost* § 315 Rz. 39).

794 Hat das herrschende Unternehmen eines Unterordnungskonzerns seinen Sitz im Ausland, kann auf Grund des Territorialitätsprinzips ein Konzernbetriebsrat am Sitz des herrschenden Unternehmens nicht gebildet werden. Nach ganz überwiegender Auffassung (*Glaubitz* HSG § 54 Rz. 19; *Trittin* DKK § 54 Rz. 32) kann jedenfalls dann nach der Lehre vom Konzern im Konzern ein Konzernbetriebsrat gebildet werden, wenn die inländische Konzerngruppe unter selbstständiger einheitlicher Leitung einer Unterkonzernspitze zusammengefasst ist und dieser ein betriebsverfassungsrechtlicher relevanter Spielraum für Entscheidungen verbleibt. Ob auch ohne diese Voraussetzungen ein inländischer Konzernbetriebsrat gebildet werden kann, wird kontrovers diskutiert (bejahend MünchArbR/*Joost* § 315 Rz. 35 f.; *Trittin* DKK § 54 Rz. 29; abl. GK-BetrVG/*Kreutz* § 54 Rz. 43; FKHE § 54 Rz. 23).

b) Errichtung

795 Die Errichtung eines Konzernbetriebsrates ist nach § 54 BetrVG möglich, wenn in einem Unterordnungskonzern für die Konzernunternehmen mindestens zwei Gesamtbetriebsräte gebildet worden sind. Besteht nur ein Betriebsrat, so tritt dieser an die Stelle des Gesamtbetriebsrates und zwar auch dann, wenn ein Unternehmen mehrere Betriebe hat, aber nur in einem von ihnen ein Betriebsrat gebildet worden ist (MünchArbR/*Joost* § 315 Rz. 41). Für die Errichtung genügt es, wenn ein Gesamtbetriebsrat bzw. Betriebsrat, der 50 % der Arbeitnehmer sämtlicher Konzernunternehmen repräsentiert, der Errichtung zustimmt. Abzustellen ist damit auf die Zahl der Arbeitnehmer aller Konzernunternehmen, gleichgültig, inwieweit dort (Gesamt-)Betriebsräte bestehen oder nicht (*BAG* 11.8.1993 EzA § 54 BetrVG 1972 Nr. 4; a. A. *Behrens/Schaude* DB 1991, 278). Jeder Gesamtbetriebsrat entsendet zwei Mitglieder, § 55 Abs. 1 BetrVG, wobei die Geschlechter angemessen berücksichtigt werden sollen. Jedem der beiden Mitglieder stehen die Stimmen der Mitglieder des entsendenden Gesamtbetriebsrats je zur Hälfte zu, § 55 Abs. 3 BetrVG. Durch Betriebsvereinbarung oder Tarifvertrag kann die Mitgliederzahl abweichend bestimmt werden, § 55 Abs. 4 BetrVG. Die Beschlussfassung des Gesamtbetriebsrats über die zu entsendenden Mitglieder erfolgt einheitlich. Die Zuständigkeit zur Einberufung der konstituierenden Sitzung richtet sich nach § 59 Abs. 2 BetrVG.

I. Betriebsverfassungsrecht

c) **Amtszeit**
Der Konzernbetriebsrat ist ebenso wie der Gesamtbetriebsrat eine Dauereinrichtung 796
und hat keine feste Amtszeit. Er findet sein Ende, wenn die Voraussetzungen für die
Zulässigkeit seiner Entrichtung entfallen. Die Gesamtbetriebsräte können ferner
durch Mehrheitsbeschluss den Konzernbetriebsrat auflösen. Die Mitgliedschaft des
einzelnen Mitglieds im Konzernbetriebsrat erlischt bei Abberufung durch den Gesamtbetriebsrat, dem Erlöschen der Mitgliedschaft im Gesamtbetriebsrat, Amtsniederlegung oder Ausschluss durch gerichtliche Entscheidung, § 57 BetrVG.

d) **Geschäftsführung**
Für die Geschäftsführung des Konzernbetriebsrates gilt § 59 Abs. 1 BetrVG mit den 797
dort enthaltenen Verweisungen. Die Errichtung eines Wirtschaftsausschusses durch
den Konzernbetriebsrat auf Konzernebene ist nicht möglich (*BAG* 23.8.1989 EzA
§ 106 BetrVG 1972 Nr. 9; GK-BetrVG/*Fabricius/Oetker* § 106 Rz. 16).

e) **Zuständigkeit**
Ebenso wie bei Regelung der Zuständigkeit des Gesamtbetriebsrates unterscheidet 798
das Gesetz zwischen originärer und Auftragszuständigkeit, § 58 BetrVG. Eine originäre Zuständigkeit besteht für die Behandlung von Angelegenheiten, die den Konzern oder mehrere Konzernunternehmen betreffen und nicht durch die einzelnen
Gesamtbetriebsräte innerhalb ihrer Unternehmen geregelt werden können. Hinsichtlich der Nichtregelbarkeit gelten die Grundsätze über die Zuständigkeit des Gesamtbetriebsrates entsprechend (s. o. I/Rz. 772 ff.). So besteht z. B. eine originäre Zuständigkeit des Konzernbetriebsrats für den Abschluss einer Konzernbetriebsvereinbarung über den Austausch von Mitarbeiterdaten zwischen Konzernunternehmen
(*BAG* 20.12.1995 EzA § 58 BetrVG 1972 Nr. 1).
Besteht eine originäre Zuständigkeit des Konzernbetriebsrats in diesem Sinne, so erstreckt sich diese gem. § 58 Abs. 1 S. 1 2. Halbsatz BetrVG (eingefügt durch das BetrVerf-ReformG vom 23.7.2001, BGBl. I S. 1852 ff.) auch auf konzernzugehörige Unternehmen, die einen Gesamtbetriebsrat nicht gebildet haben, sowie auf Betriebe der
Konzernunternehmen ohne Betriebsrat.

f) **Konzernbetriebsvereinbarungen**
Der Konzernbetriebsrat kann Betriebsvereinbarungen abschließen. Fraglich ist, in- 799
wieweit dann, wenn solche Vereinbarungen zwischen Konzernbetriebsrat und dem
herrschenden Unternehmen abgeschlossen werden, sie auch normative Wirkung
im Verhältnis der beherrschten Unternehmen zu den dort beschäftigten Arbeitnehmern hat. Dieses Problem ergibt sich, weil der Konzern als solcher keine Rechtspersönlichkeit ist, noch Arbeitgebereigenschaft im Bezug auf die in den beherrschten Unternehmen beschäftigten Arbeitnehmer hat (vgl. GK-BetrVG/*Kreutz* § 58
Rz. 11 ff.). Zum Teil (MünchArbR/*Joost* § 315 Rz. 82 ff.) wird eine solche Wirkung
der Konzernbetriebsvereinbarung für die Arbeitsverhältnisse in allen Konzernunternehmen abgelehnt, es sei denn, die Konzernunternehmen haben die Vereinbarung
entweder selbst mit abgeschlossen oder dem herrschenden Unternehmen eine Abschlussvollmacht erteilt. Im Übrigen soll das herrschende Unternehmen lediglich betriebsverfassungsrechtlich verpflichtet sein, die von ihm abgeschlossene Betriebsvereinbarung in dem betroffenen Konzernunternehmen durchzusetzen. Nach überwiegender Auffassung ist eine Wirkung von Konzernbetriebsvereinbarungen für die im
Konzern beschäftigten Arbeitnehmer zu bejahen, weil dem Konzern im Zuständig-

I. Betriebsverfassungsrecht

keitsbereich des Konzernbetriebsrates selbst Arbeitgeberstellung i. S. einer betriebsverfassungsrechtlichen Teilrechtsfähigkeit zukomme (GK-BetrVG/*Kreutz* § 58 Rz. 11 ff.; *Trittin* DKK § 58 Rz. 9 ff.; *FKHE* § 58 Rz. 18 f.). Ein Konzernbetriebsrat hat eine Auftragsangelegenheit nach § 58 Abs. 2 BetrVG zur Regelung des Mitbestimmungsrechts nach § 87 Abs. 1 Nr. 4 BetrVG mit den jeweiligen Konzernunternehmen zu verhandeln. Die Leitung der herrschenden Konzerngesellschaft kann in diesen Fällen nicht zum Abschluss einer Konzernbetriebsvereinbarung verpflichtet werden (*BAG* 12.11.1997 EzA § 58 BetrVG 1972 Nr. 2).

5. Jugend- und Auszubildendenvertretung (JAV), §§ 60 ff. BetrVG

a) Funktion und Stellung

800 Die in einem Betrieb bestehende JAV ist kein gleichberechtigt neben dem Betriebsrat bestehendes Organ der Betriebsverfassung. Vielmehr obliegt dem Betriebsrat die Wahrnehmung der Interessen aller Arbeitnehmer des Betriebes gegenüber dem Arbeitgeber, damit auch solcher, die in § 60 Abs. 1 BetrVG aufgezählt sind (*BAG* 13.3.1991 EzA § 60 BetrVG 1972 Nr. 2). Der JAV stehen gegenüber dem Arbeitgeber keine eigenen Mitbestimmungsrechte zu.

801 Sie ist daher nur ein relativ selbstständiges Organ der Betriebsverfassung und nimmt eine Hilfsfunktion für den Betriebsrat wahr (GK-BetrVG/*Oetker* vor § 60 Rz. 30). In dieser Funktion soll sie darauf hinwirken, dass der Betriebsrat seine Beteiligungsbefugnisse im Interesse der von ihr vertretenen jugendlichen und der zu ihrer Berufsausbildung beschäftigten Arbeitnehmer wahrnimmt.

b) Errichtung, Wahl, Amtszeit

802 In Betrieben (§§ 1, 4 BetrVG, s. o. I/Rz. 77 ff.) mit i. d. R. mindestens 5 Arbeitnehmern unter 18 Jahren oder zu ihrer Berufsausbildung beschäftigten Arbeitnehmern (§ 5 Abs. 1 BetrVG) ist die Errichtung einer JAV durch vom Betriebsrat vorzubereitende und durchzuführende Wahl (§§ 60 Abs. 1, 80 Abs. 1 Nr. 5 BetrVG) zwingend vorgeschrieben.

803 Da die JAV bloßes Hilfsorgan für den Betriebsrat ist, ist umstritten, ob ihre Errichtung die Existenz eines Betriebsrates im jeweiligen Betrieb voraussetzt (so GK-BetrVG/*Oetker* § 60 Rz. 38; **a. A.** etwa: *Trittin* DKK § 60 Rz. 26). Soweit die Existenz eines Betriebsrates vorausgesetzt wird, soll gleichwohl ein nur kurzzeitiger, vorübergehender oder zeitweiliger betriebsratsloser Zustand (z. B. durch nicht rechtzeitige Neuwahl des Betriebsrates) ohne Einfluss auf den rechtlichen Bestand einer rechtmäßig amtierenden JAV sein (vgl. GK-BetrVG/*Oetker* § 60 Rz. 43: längstens sechs Monate).

804 Wahlberechtigt sind alle Arbeitnehmer, die das 18. Lebensjahr noch nicht vollendet haben, sowie die zu ihrer Berufsausbildung beschäftigten Arbeitnehmer unter 25 Jahren. Letztere können damit sowohl an der Wahl des Betriebsrates als auch an der Wahl zur JAV teilnehmen. Voraussetzung der Wahlberechtigung ist weiter ebenso wie bei der Betriebsratswahl die Betriebszugehörigkeit (s. o. I/Rz. 139 ff.). Die formelle Ausübung des Wahlrechts setzt ferner die Eintragung in die Wählerliste voraus (§§ 30, 2 Abs. 3 WahlO). Wählbar sind alle Arbeitnehmer des Betriebes, die das 25. Lebensjahr zu Beginn der Amtszeit noch nicht vollendet haben (§§ 61 Abs. 2, 64 Abs. 3 BetrVG).

I. Betriebsverfassungsrecht

Einer Zustimmung des gesetzlichen Vertreters zur Kandidatur für minderjährige Arbeitnehmer bedarf es nicht (§ 113 BGB). Eine Doppelmitgliedschaft im Betriebsrat und in der JAV ist unzulässig, § 61 Abs. 2 BetrVG. Das passive Wahlrecht setzt die Eintragung in die Wählerliste voraus (§§ 30, 2 Abs. 3 Wahlordnung). Arbeitnehmer des Betriebes im Alter von 18 bis 25 Jahren, die nicht zur ihrer Berufsausbildung, sondern regulär als Arbeitnehmer beschäftigt werden und damit nicht aktiv wahlberechtigt sind, sind aber auch ohne Eintragung in die Wählerliste wählbar (MünchArbR/*Joost* § 317 Rz. 17).

Die Größe der JAV hängt von der Zahl der im Betrieb beschäftigten jugendlichen und auszubildenden Arbeitnehmer ab, § 62 Abs. 1 BetrVG. Für die Zusammensetzung der JAV gilt zunächst die Soll-Vorschrift des § 62 Abs. 2 BetrVG, deren Nichtbeachtung aber nicht zur Nichtigkeit oder Anfechtbarkeit der Wahl führt (GK-BetrVG/*Oetker* § 62 Rz. 25). Ferner ist die Muss-Vorschrift des § 62 Abs. 3 BetrVG (Berücksichtigung des Geschlechts) zu beachten (zur Berechnung vgl. GK-BetrVG/*Oetker* § 62 Rz. 28 ff.). Stehen bei der Wahl nicht genügend wählbare Arbeitnehmer der Minderheitsgruppe zur Verfügung, entfällt der freibleibende Sitz auf die andere Arbeitnehmergruppe. Verstößt der Wahlvorstand bei der Aufteilung der Sitze gegen § 62 Abs. 3 BetrVG, führt dies zwar nicht zur Nichtigkeit der Wahl, aber zu deren Anfechtbarkeit (GK-BetrVG/*Oetker* § 62 Rz. 32, 33).

Regelmäßige Wahlen finden alle zwei Jahre in der Zeit vom 1.10. bis 30.11. statt, wobei die erstmaligen Wahlen im Jahre 1988 stattzufinden hatten (vgl. §§ 64 Abs. 1, 125 Abs. 2 BetrVG). Bei einer außerordentlichen Wahl wird die Amtszeit der JAV mit dem regelmäßigen Wahlzeitraum harmonisiert, vgl. § 64 Abs. 2 BetrVG. Eine außerordentliche Wahl ist unter den gleichen Voraussetzungen durchzuführen wie eine außerordentliche Betriebsratswahl (§ 64 Abs. 1 i. V. m. § 13 Abs. 2 BetrVG; s. o. I/Rz. 236 ff.) mit Ausnahme des außerordentlichen Wahlgrundes eines Anstieges oder Absinkens der Arbeitnehmerzahl. Vorbereitung und Durchführung der Wahl obliegen dem vom amtierenden Betriebsrat zu bestellenden Wahlvorstand (§ 63 Abs. 2 BetrVG). Eine eventuell amtierende JAV hat bei der diesbezüglichen Beschlussfassung des Betriebsrates ein Stimmrecht, § 67 Abs. 2 BetrVG. Die Pflicht zur Bestellung des Wahlvorstandes ist gesetzliche Pflicht i. S. d. § 23 Abs. 1 BetrVG. Der Wahlvorstand muss mindestens aus drei Mitgliedern bestehen. Die Bestellung eines größeren Wahlvorstandes kommt in Betracht, wenn dies zur ordnungsgemäßen Durchführung der Wahl erforderlich ist (GK-BetrVG/*Oetker* § 63 Rz. 18, 19; a. A. *Schlochauer* HSG § 63 Rz. 14). Mitglieder des Wahlvorstandes kann jeder Arbeitnehmer des Betriebes sein. Die Bestellung von Ersatzmitgliedern ist zulässig. Gehörte dem Wahlvorstand nicht bereits ein stimmberechtigtes Mitglied der Gewerkschaft an, kann jede im Betrieb vertretene Gewerkschaft einen betriebsangehörigen Beauftragten in den Wahlvorstand entsenden, §§ 63 Abs. 2, 16 Abs. 1 BetrVG. Kommt der Betriebsrat seiner Verpflichtung zur Bestellung des Wahlvorstandes nicht oder nicht rechtzeitig nach, kann dieser auf Antrag von mindestens drei zum Betriebsrat wahlberechtigten Arbeitnehmern oder jugendlichen Arbeitnehmern sowie jeder im Betrieb vertretenen Gewerkschaft durch das Arbeitsgericht bestellt werden, §§ 63 Abs. 3, 16 Abs. 2 BetrVG. Eine arbeitsgerichtliche Ersetzung des Wahlvorstandes auf Antrag kommt in Betracht, wenn die Wahl vom Wahlvorstand nicht unverzüglich eingeleitet, durchgeführt und das Wahlergebnis festgestellt wird, §§ 63 Abs. 3, 18 Abs. 1 BetrVG. Eine Ersatzbestellung des Wahlvorstandes kommt auch durch den Gesamtbetriebsrat oder, falls ein solcher nicht besteht, durch den Konzernbetriebsrat in

I. Betriebsverfassungsrecht

Betracht, wenn 8 Wochen vor Ablauf der Amtszeit des Betriebsrats noch kein Wahlvorstand besteht, §§ 63 Abs. 3, 16 Abs. 3 BetrVG.
In kleineren Betrieben mit i. d. R. fünf bis 50 der in § 60 Abs. 1 BetrVG genannten Arbeitnehmer findet die Wahl der JAV im vereinfachten Wahlverfahren nach § 14 a BetrVG statt, § 63 Abs. 4 BetrVG. In Betrieben mit i. d. R. 51 bis 100 der in § 60 Abs. 1 BetrVG genannten Arbeitnehmer kann die Durchführung des vereinfachten Wahlverfahrens zwischen Wahlvorstand und Arbeitgeber vereinbart werden.

807 Hinsichtlich Durchführung, Wahlgrundsätze und Wahlschutz verweist § 63 Abs. 2 BetrVG im Wesentlichen auf die für die Betriebswahl geltenden Grundsätze. Neben dem besonderen Kündigungsschutz für Mitglieder des Wahlvorstandes und Wahlbewerber gem. § 15 Abs. 3 KSchG, § 103 BetrVG greift der besondere Schutz nach § 78 a BetrVG nach Ansicht des *BAG* (22.9.1983 EzA § 78 a BetrVG 1972 Nr. 1) nicht erst mit Beginn der Amtszeit, sondern bei einem gewählten Bewerber bereits dann, wenn das Ergebnis der Wahl auf Grund der öffentlichen Stimmauszählung feststeht, damit noch vor der Bekanntgabe des Wahlergebnisses durch den Wahlvorstand.

808 Die Wahlanfechtung erfolgt im Verfahren nach §§ 19, 63 Abs. 2 BetrVG. Der Betriebsrat ist im entsprechenden Beschlussverfahren Beteiligter (*BAG* 20.2.1986 EzA § 64 BetrVG 1972 Nr. 2).

809 Die regelmäßige Amtszeit beträgt zwei Jahre (§ 64 Abs. 2 BetrVG) und beginnt mit der Bekanntgabe des Wahlergebnisses. Sie endet regelmäßig zwei Jahre nach ihrem Beginn. Eine Ausnahme hiervon enthält § 64 Abs. 2 S. 3 BetrVG für den Fall, dass die Amtszeit einer JAV zum Beginn des für die regelmäßigen Neuwahlen festgelegten Zeitraumes noch nicht ein Jahr betragen hat. In diesem Fall erfolgt die Neuwahl erst im übernächsten Zeitraum der regelmäßigen Wahlen. Die Mitgliedschaft in der JAV endet in den gleichen Fällen, wie die Mitgliedschaft im Betriebsrat, §§ 65 Abs. 1, 24 Abs. 1 BetrVG, also durch Ablauf der Amtszeit, Niederlegung des Amtes, Beendigung des Arbeitsverhältnisses, Verlust der Wählbarkeit, Ausschluss aus der JAV oder Auflösung derselben auf Grund einer gerichtlichen Entscheidung und durch gerichtliche Entscheidung über die Feststellung der Nichtwählbarkeit nach Ablauf der Anfechtungsfrist. Ein Verlust der Wählbarkeit alleine infolge des Überschreitens der Altersgrenze im Laufe der Amtszeit ist unschädlich, § 64 Abs. 3 BetrVG. Auf Grund der Unzulässigkeit einer Doppelmitgliedschaft in Betriebsrat und JAV (§ 61 Abs. 2 BetrVG) führt die Wahl eines JAV-Vertreters in den Betriebsrat mit der Annahme der Wahl zum Verlust der Wählbarkeit und damit zur Beendigung der Mitgliedschaft in der JAV (§§ 65 Abs. 1, 24 Abs. 1 Nr. 4 BetrVG). Nach Auffassung des *BAG* (21.8.1979 EzA § 78 a BetrVG 1972 Nr. 6) endet die Mitgliedschaft in der JAV eines Jugendvertreters auch dann endgültig, wenn der Jugendvertreter, der zugleich Ersatzmitglied des Betriebsrates ist, nur für ein zeitweilig verhindertes Mitglied hinzugezogen wird.

c) Aufgaben und Rechte

aa) Allgemeine Aufgaben

810 Die JAV nimmt die besonderen Belange der Arbeitnehmer i. S. von. § 60 Abs. 1 BetrVG wahr, § 60 Abs. 2 BetrVG. Sie soll deren Interessen gegenüber dem Betriebsrat artikulieren und dafür sorgen, dass die Belange dieser Arbeitnehmer im Rahmen der Betriebsratsarbeit angemessen berücksichtigt werden. Zu diesem Zweck werden ihr besondere Befugnisse gegenüber dem Betriebsrat verliehen; Mitwirkungs- und Mitbestimmungsrechte stehen aber ausschließlich dem Betriebsrat zu (*BAG* 10.6.1975 EzA § 65 BetrVG 1972 Nr. 6).

I. Betriebsverfassungsrecht

Die allgemeinen Aufgaben regelt § 70 BetrVG. Das dort vorgesehene Antragsrecht bezieht sich auf alle Maßnahmen, die in den Aufgabenbereich des Betriebsrates fallen (GK-BetrVG/*Oetker* § 70 Rz. 13). Ihm korrespondiert die Verpflichtung des Betriebsrats nach § 80 Abs. 1 Nr. 3 BetrVG, Anregungen entgegenzunehmen und, falls sie berechtigt erscheinen, durch Verhandlung mit dem Arbeitgeber auf eine Erledigung hinzuwirken. Über die Berechtigung entscheidet der Betriebsrat jedoch nach freiem Ermessen. Die in § 70 Abs. 1 Nr. 2 BetrVG normierte Überwachungsaufgabe erstreckt sich nicht nur auf solche Vorschriften, die ausschließlich die in § 60 Abs. 1 BetrVG genannten Arbeitnehmer betreffen, sondern gilt für alle Normen, die auf diesen Personenkreis anwendbar sind. Überwiegend wird angenommen, dass eine beabsichtigte Überwachungsmaßnahme unter dem Vorbehalt einer Zustimmung durch den Betriebsrat steht und der Arbeitgeber nur unter dieser Voraussetzung zur Duldung entsprechender Maßnahmen verpflichtet ist. Mit Zustimmung des Betriebsrates kann die Jugendvertretung z. B. die Arbeitsplätze jugendlicher Arbeitnehmer aufsuchen, um zu prüfen, ob die zu Gunsten dieser Arbeitnehmer geltenden Bestimmungen eingehalten werden, ohne dass es eines konkreten Verdachtes eines Verstoßes gegen diese Vorschriften bedürfte (*BAG* 21.1.1982 EzA § 70 BetrVG 1972 Nr. 2). Mit Zustimmung des Betriebsrates ist auch die Durchführung einer Fragebogenaktion unter jugendlichen Arbeitnehmern zulässig, soweit sich die Fragen im Rahmen der gesetzlichen Aufgaben der Jugendvertretung und des Betriebsrates halten und Betriebsablauf und Betriebsfrieden nicht gestört werden (*BAG* 8.2.1977 EzA § 70 BetrVG 1972 Nr. 1). Die Jugendvertretung hat ferner Anregungen der in § 60 Abs. 1 BetrVG genannten Arbeitnehmer entgegenzunehmen und gegebenenfalls dem Betriebsrat zu unterbreiten und dort auf eine Erledigung hinzuwirken. Hiervon unberührt bleibt das Recht der Arbeitnehmer, sich unmittelbar an den Betriebsrat zu wenden, § 80 Abs. 1 Nr. 3 BetrVG. 811

bb) Informationsrechte
§ 70 Abs. 2 BetrVG normiert einen umfassenden, auf alle für die Erfüllung ihrer Aufgaben relevanten Angaben in tatsächlicher und rechtlicher Hinsicht gerichteten Unterrichtungsanspruch der JAV. Dieser Anspruch besteht ausschließlich gegenüber dem Betriebsrat, nicht unmittelbar gegenüber dem Arbeitgeber. Der Betriebsrat hat von sich aus eine entsprechende Unterrichtungspflicht. Zur Weitergabe von Betriebs- und Geschäftsgeheimnissen i. S. des. § 79 Abs. 1 BetrVG an die JAV ist der Betriebsrat nicht berechtigt, da seine Geheimhaltungspflicht ihr gegenüber in § 79 Abs. 1 S. 4 BetrVG nicht aufgehoben worden ist. Die JAV kann verlangen, dass der Betriebsrat die zur Durchführung ihrer Aufgaben erforderlichen Unterlagen zur Verfügung stellt. Inhalt des Anspruches ist die Überlassung, nicht die bloße Einsichtnahme. Verlangt werden kann nur die Vorlage solcher Unterlagen, die der Betriebsrat hat oder nach § 80 Abs. 2 BetrVG seinerseits vom Arbeitgeber beanspruchen kann. Soweit daher auch der Betriebsrat im Einzelfall seinerseits nur ein Einsichtsrecht hat (z. B. Einsichtnahme in die Bruttolohn- und Gehaltslisten, § 80 Abs. 2 S. 2 BetrVG), besteht keine Vorlagepflicht des Betriebsrates. Kein Anspruch besteht auf die Vorlage von Unterlagen, die Angaben enthalten, die nach §§ 79 BetrVG oder 99 Abs. 1 S. 3 BetrVG geheim zu halten sind (GK-BetrVG/*Oetker* § 70 Rz. 64, 65). 812

cc) Befugnisse im Zusammenhang mit Sitzungen des Betriebsrates
Der Betriebsrat soll Angelegenheiten, die besonders die in § 60 Abs. 1 genannten Arbeitnehmer betreffen, der JAV zur Beratung zuleiten, § 67 Abs. 3 BetrVG, damit diese 813

I. Betriebsverfassungsrecht

sich angemessen auf die entsprechende Sitzung des Betriebsrates vorbereiten kann. Bei dieser Verpflichtung des Betriebsrates handelt es sich um eine gesetzliche Pflicht i. S. d. § 23 Abs. 1 BetrVG. Nach erfolgter Vorberatung kann die JAV beim Betriebsrat beantragen, Angelegenheiten, die besonders die zu ihr wahlberechtigten Arbeitnehmer betreffen, auf die Tagesordnung der nächsten Betriebsratssitzung zu setzen, § 67 Abs. 3 BetrVG.

814 Es besteht ferner ein durch § 67 Abs. 1 BetrVG geregeltes Teilnahmerecht: Zu jeder Betriebsratssitzung kann immer ein Vertreter der JAV entsandt werden. Diese ist zu jeder Sitzung rechtzeitig unter Mitteilung der Tagesordnung zu laden, § 29 Abs. 2 BetrVG. Ein Teilnahmerecht der gesamten JAV besteht dann, wenn Angelegenheiten behandelt werden, die besonders die in § 60 Abs. 1 BetrVG genannten Arbeitnehmer betreffen. Das Teilnahmerecht beschränkt sich auf den entsprechenden Tagesordnungspunkt. Im Hinblick darauf, dass § 67 Abs. 1 BetrVG ein allgemeines Teilnahmerecht vorsieht bei einer »besonderen Betroffenheit«, andererseits § 67 Abs. 2 BetrVG das Bestehen eines Stimmrechts davon abhängig macht, dass die zu fassenden Beschlüsse des Betriebsrates »überwiegend« die in § 60 Abs. 1 genannten Arbeitnehmer betreffen, ist streitig, ob der Begriff der »besonderen Betroffenheit« ausschließlich qualitativ oder aber daneben auch quantitativ zu verstehen ist (vgl. GK-BetrVG/*Oetker* § 67 Rz. 25.). Ein allgemeines Teilnahmerecht besteht jedenfalls auf Grund qualitativer Betrachtung bei jugendspezifischen Angelegenheiten, die für jugendliche oder auszubildende Arbeitnehmer des Betriebes in dieser Eigenschaft von spezieller Bedeutung sind. Soweit angenommen wird, dass die besondere Betroffenheit auch durch quantitative Aspekte vermittelt werden kann (GK-BetrVG/*Oetker* § 67 Rz. 26; *Trittin* DKK § 67 Rz. 13), liegt eine besondere Betroffenheit dann vor, wenn es um Angelegenheiten geht, die zahlenmäßig mehr die in § 60 Abs. 1 BetrVG genannten Arbeitnehmer als die anderen Arbeitnehmer betrifft. Strittig ist ferner, ob die betreffende Angelegenheit kollektiven Charakter haben muss, insbesondere bei personellen Einzelmaßnahmen gegenüber jugendlichen bzw. auszubildenden Arbeitnehmern unter 25 Jahren. Z. T. (GK-BetrVG/*Oetker* § 67 Rz. 27) wird bei Fehlen eines kollektiven Bezuges, ein Teilnahmerecht generell verneint, z. T. (*Trittin* DKK § 67 Rz. 15) generell bejaht, nach noch anderer Auffassung (*FKHE* § 67 Rz. 11) dann angenommen, wenn bei einer personellen Einzelmaßnahme besondere jugend- oder ausbildungsspezifische Gesichtspunkte eine Rolle spielen oder wenn sie von präjudizieller Bedeutung für die jugendlichen oder auszubildenden Arbeitnehmer ist. Besteht ein Teilnahmerecht, beinhaltet dies ein Rederecht in der betreffenden Sitzung des Betriebsrates.

815 Ein Stimmrecht bei der Beschlussfassung des Betriebsrates besteht nach § 67 Abs. 2 BetrVG dann, wenn der Beschluss »überwiegend« die in § 60 Abs. 1 BetrVG genannten Arbeitnehmer betrifft, was dann der Fall ist, wenn der Beschluss zahlenmäßig mehr jugendliche oder auszubildenden Arbeitnehmer als andere Arbeitnehmer betrifft. Teilnahme- und Stimmrecht sind damit nicht deckungsgleich.

> Wird ein Beschluss des Betriebsrates ohne die notwendige Beteiligung der JAV an der Abstimmung gefasst, ist der Beschluss des Betriebsrates jedenfalls dann unwirksam, wenn die Beteiligung der JAV auf das Abstimmungsergebnis rechnerisch einen Einfluss haben konnte (*BAG* 6.5.1975 EzA § 65 BetrVG 1972 Nr. 5).

816 Obwohl gesetzlich nicht ausdrücklich geregelt, wird überwiegend (vgl. GK-BetrVG/*Oetker* § 67 Rz. 30 ff. m. w. N.) unter den Voraussetzungen des § 67 Abs. 1, Abs. 2

I. Betriebsverfassungsrecht

BetrVG ein Teilnahme- bzw. Stimmrecht der JAV bei Sitzungen von Ausschüssen des Betriebsrates anerkannt. Damit sich das Stimmverhältnis zwischen Betriebsrat und JAV nicht verschiebt, muss das zahlenmäßige Verhältnis zwischen Betriebsratsmitgliedern und Mitgliedern der JAV gewahrt werden. Es dürfen daher nur so viele Vertreter entsandt werden, dass das Verhältnis im Ausschluss dem Verhältnis im Betriebsrat gleicht.

Gem. §§ 35, 66 BetrVG hat die JAV die Möglichkeit, beim Betriebsrat einen Antrag auf Aussetzung eines Betriebsratsbeschlusses (s. o. I/Rz. 513 ff.) zu stellen, wenn sie eine erhebliche Beeinträchtigung wichtiger Interessen der zu ihr wahlberechtigten Arbeitnehmer als gegeben erachtet. Der Beschluss ist von der JAV als Organ mit der Mehrheit ihrer Mitglieder und nicht nur der Mehrheit ihrer bei der Beschlussfassung anwesenden Mitglieder zu fassen. Ferner besteht ein Teilnahmerecht der JAV bei allen offiziellen Besprechungen zwischen Arbeitgeber und Betriebsrat, in denen Angelegenheiten behandelt werden, die besonders die in § 60 Abs. 1 genannten Arbeitnehmer betreffen. Der Begriff der »besonderen Betroffenheit« deckt sich mit dem in § 67 Abs. 1 BetrVG (s. o. I/Rz. 814). Das Teilnahmerecht besteht unstreitig auch bei Besprechungen zwischen Arbeitgeber und Ausschüssen des Betriebsrates. Streitig ist, ob auch Besprechungen zwischen Arbeitgeber und Betriebsratsvorsitzenden erfasst sind (bejahend GK-BetrVG/*Oetker* § 68 Rz. 7; *Trittin* DKK § 68 Rz. 2; a. A. z. B. FKHE § 68 Rz. 5). Nach überwiegender Auffassung (z. B. MünchArbR/*Joost* § 316 Rz. 71; *Trittin* DKK § 68 Rz. 8) besteht bei einem Teilnahmerecht auch ein Rederecht (a. A. GK-BetrVG/*Oetker* § 68 Rz. 17: nur Anwesenheitsrecht). 817

d) Organisation und Geschäftsführung

Bezüglich der Organisation und Geschäftsführung verweist § 65 Abs. 1 BetrVG überwiegend auf die für den Betriebsrat geltenden Bestimmungen. 818
Hinsichtlich des Rechts zur Bildung von Ausschüssen (§ 65 BetrVG i. V. m. § 28 Abs. 1 S. 1, 2 BetrVG) ist fraglich, ob die Bildung von Ausschüssen voraussetzt, dass mehr als 100 der in § 60 Abs. 1 BetrVG genannten Arbeitnehmer im Betrieb beschäftigt werden (so GK-BetrVG/*Oetker* § 65 Rz. 29) oder ausreicht, dass unabhängig von der Zahl Jugendlicher oder zur Berufsausbildung Beschäftigter im Betrieb überhaupt mehr als 100 Arbeitnehmer beschäftigt werden.
Die Einrichtung von Sprechstunden setzt voraus, dass i. d. R. mehr als 50 Arbeitnehmer i. S. d. § 60 Abs. 1 BetrVG beschäftigt werden, § 69 BetrVG. Über die Einrichtung entscheidet die JAV nach Ermessen durch Mehrheitsbeschluss, während Zeit und Ort der Sprechstunden zwischen Betriebsrat und Arbeitgeber zu vereinbaren sind. Kommt eine Einigung nicht zu Stande, so entscheidet die Einigungsstelle, deren Anrufung aber alleine dem Betriebsrat oder dem Arbeitgeber obliegt. An den Sprechstunden kann der Betriebsratsvorsitzende oder ein vom Betriebsrat beauftragtes Betriebsratsmitglied beratend teilnehmen.

e) Rechtsstellung der Mitglieder

§ 65 BetrVG verweist auf die für die Mitglieder des Betriebsrates geltenden Bestimmungen, insbesondere auf die Regelungen des § 37 BetrVG (s. o. I/Rz. 526 ff.). 819
Auch für die Schulung von Jugendvertretern nach § 37 Abs. 6 und 7 BetrVG gilt daher im Grundsatz das Gleiche wie für die Betriebsratsschulung. Erforderlich ist sie, wenn sie zur ordnungsgemäßen Durchführung des ihr nach dem BetrVG obliegenden Aufgaben- und Wirkungskreises notwendig ist. Dabei ist zu berücksichtigen, dass ihr Aufgabenkreis gegenüber dem des Betriebsrates kleiner ist (BAG 6.5.1975 EzA § 65 820

I. Betriebsverfassungsrecht

BetrVG 1972 Nr. 5). Erforderlich kann die Vermittlung von Kenntnissen der der JAV zugewiesenen Aufgaben und der ihr gegenüber dem Betriebsrat eingeräumten Rechte sein (*BAG* 6.5.1975 EzA § 65 BetrVG 1972 Nr. 5.). Kenntnisse über Aufgaben und Befugnisse der Gesamt-JAV sind in gewissem Umfange für die Arbeit erforderlich, da die JAV auf eine enge Zusammenarbeit mit der Gesamt-JAV angewiesen ist (*BAG* 10.6.1975 EzA § 37 BetrVG 1972 Nr. 42). Gesundheitsschutz im Betrieb kann auf einer Schulungsveranstaltung dann thematisiert werden, wenn der Jugendschutz im Mittelpunkt der Schulung steht, nicht aber die in § 87 Abs. 1 Nr. 7 BetrVG genannten Mitbestimmungsrechte, weil diese nur vom Betriebsrat wahrgenommen werden können (*BAG* 10.6.1975 EzA § 37 BetrVG 1972 Nr. 42). Diese bisherige, eher restriktive Rechtsprechung des BAG ist auf Kritik gestoßen. Weiter gehend werden daher zum Teil auch Schulungsveranstaltungen als erforderlich angesehen, wenn sie Kenntnisse zum allgemeinen Arbeitsrecht und allgemein betriebsverfassungsrechtliche Kenntnisse einschließlich der Mitbestimmungsrechte vermitteln (*Trittin* DKK § 65 Rz. 22).

821 Für die JAV-Vertreter gilt in gleicher Weise wie für die Mitglieder des Betriebsrates das Benachteiligungs- und Begünstigungsverbot, § 78 BetrVG (s. o. I/Rz. 634 ff.). Neben dem besonderen Kündigungsschutz (§ 15 Abs. 1 KSchG, § 103 BetrVG, s. o. D/Rz. 349, 333 ff.) und Versetzungsschutz (§ 103 Abs. 3 BetrVG, s. o. I/Rz. 646 ff.) besteht bei Auszubildenden, die Mitglied der JAV sind, im Falle der Beendigung des Berufsausbildungsverhälnisses der besondere Schutz des § 78 a BetrVG (s. o. B/Rz. 72 ff.).

f) Jugend- und Auszubildendenversammlung

822 Die JAV kann im Einvernehmen mit dem Betriebsrat vor oder nach jeder Betriebsversammlung, im Einvernehmen mit Betriebsrat und Arbeitgeber auch zu einem anderen Zeitpunkt eine Jugend- und Auzubildendenversammlung einberufen. Eine Rechtspflicht zur Durchführung besteht nicht. Teilnahmeberechtigt sind alle zur JAV aktiv wahlberechtigten Arbeitnehmer, die JAV-Vertreter selbst, der Betriebsratsvorsitzende oder ein vom Betriebsrat beauftragtes Betriebsratsmitglied, der Arbeitgeber sowie die Beauftragten der Gewerkschaften und Arbeitgebervereinigungen unter den gleichen Voraussetzungen wie bei einer Betriebsversammlung. Der Arbeitgeber hat Rederecht. Hinsichtlich der Vergütung der teilnahmeberechtigten Arbeitnehmer, dem Zuständigkeitsbereich der Jugend- und Auszubildendenversammlung gelten die entsprechenden Vorschriften für Betriebsversammlungen, § 71 S. 3 i. V. m. §§ 44–46 BetrVG (s. o. I/Rz. 708 ff.).

g) Gesamt-Jugend- und Auszubildendenvertretung, §§ 72 f. BetrVG

823 Bestehen in einem Unternehmen mehrere JAV, so ist eine Gesamt-Jugend- und Auszubildendenvertretung zu errichten, in die jede JAV grds. ein Mitglied entsendet. Die Gesamt-JAV soll bei Bestehen eines Gesamtbetriebsrates bei diesem die überbetrieblichen Interessen der in § 60 Abs. 1 BetrVG genannten Arbeitnehmer zur Geltung bringen. Sie ist insofern Hilfsorgan für den Gesamtbetriebsrat. Streitig ist deshalb, ob dann, wenn entgegen § 47 BetrVG kein Gesamtbetriebsrat errichtet ist, auch die Bildung einer Gesamt-JAV ausscheidet (so MünchArbR/*Joost* § 318 Rz. 4; **a. A.** GK-BetrVG/*Oetker* § 72 Rz. 11). Ihre Zuständigkeit im Verhältnis zu den einzelnen JAV entspricht derjenigen zwischen Gesamtbetriebsrat und den einzelnen Betriebsräten (s. o. I/Rz. 769 ff.).

I. Betriebsverfassungsrecht

h) Konzern-Jugend- und Auszubildendenvertretung, §§ 73 a, b BetrVG
Bestehen in einem Konzern (§ 18 Abs. 1 AktG, s. o. I/Rz. 785 ff.) mehrere Gesamt-Jugend- und Auszubildendenvertretungen, kann gem. § 73 a BetrVG durch Beschluss einer qualifizierten Mehrheit der Gesamt-Jugend- und Auszubildendenvertretungen (Zustimmung der Gesamt-JAV's der Konzernunternhmen, in denen insgesamt mindestens 75 % der in § 60 Abs. 1 BetrVG genannten Arbeitnehmer beschäftigt sind) eine Konzern–JAV errichtet werden. Bei dieser handelt es sich um ein Hilfsorgan für den Konzernbetriebsrat. Ihre Zuständigkeit erstreckt sich nach § 73 b Abs. 2 BetrVG i. V. m. § 58 Abs. 1 BetrVG auf solche Angelegenheiten, die den Konzern oder mehrere Konzernunternehmen betreffen und nicht durch die Gesamt-Jugend- und Auszubildendenvertretungen geregelt werden können (s. o. I/Rz. 798). Ferner besteht die Möglichkeit der Beauftragung der Konzern-JAV durch eine Gesamt-JAV, § 73 b Abs. 2 BetrVG i. V. m. § 58 Abs. 2 BetrVG. Die Vorschriften über die Entsendung der Mitglieder und die Bestellung von Ersatzmitgliedern (§ 73 a Abs. 2 BetrVG) und die Stimmengewichtung (§ 73 a Abs. 3, 4 BetrVG) entsprechen den Regelungen für den Gesamt- und Konzernbetriebsrat (s. o. I/Rz. 756 ff.). 824

6. Wirtschaftsausschuss (WA), §§ 106 ff. BetrVG

a) Funktion

Der WA ist ein Hilfsorgan des Betriebsrats bzw. Gesamtbetriebsrats und dient letztlich der Erfüllung von Betriebsratsaufgaben (*BAG* 8.3.1983 EzA § 118 BetrVG 1972 Nr. 34). Träger der eigentlichen Mitbestimmungsrechte, insbesondere nach §§ 111–113 BetrVG bleibt der Betriebsrat. 825

Seiner Struktur nach ist der WA damit Beratungsorgan und Informationsquelle für den Betriebsrat, vgl. § 106 Abs. 1 BetrVG und hat die Aufgabe, die Zusammenarbeit und Information zwischen Unternehmer (Arbeitgeber) und (Gesamt-)Betriebsrat zu fördern. Der WA soll den wirtschaftlich ungeschulten Betriebsrat unterstützen (*BAG* 23.8.1989 EzA § 106 BetrVG Nr. 9). Die Fragen der Unternehmenspolitik sollen frühzeitig vorbesprochen und abgeklärt werden, bevor auf Grund konkreter Planung die speziellen Unterrichtungsrechts-, Beratungs- und Mitbestimmungsrechte des Betriebsrats eingreifen. 826

b) Bildung und Zusammensetzung

aa) Pflicht zur Bildung des WA
In Unternehmen mit i. d. R. mehr als 100 Beschäftigten besteht eine Pflicht zur Bildung des WA. Unternehmen ist die organisatorische Einheit, mit der der Unternehmer seine wirtschaftlichen oder ideellen Zwecke verfolgt (*BAG* 7.8.1986 AP Nr. 5 zu § 1 BetrVG). Ein Unternehmen setzt einen einheitlichen Rechtsträger voraus. Es kann mit dem Betrieb identisch sein, aber auch mehrere Betriebe erfassen. Kein WA kann gebildet werden auf Ebene des Konzernbetriebsrats (*BAG* 23.8.1989 EzA § 106 BetrVG Nr. 9); eine analoge Anwendung des § 106 BetrVG scheidet aus. 827

I. Betriebsverfassungsrecht

bb) Unternehmen mit Sitz im Ausland

828 Bei Unternehmen mit Sitz im Ausland ist bei Vorliegen der sonstigen gesetzlichen Voraussetzungen für die inländischen Unternehmensteile ebenfalls ein WA zu bilden, wenn für diese ein über die einzelnen Betriebszwecke hinausgehender Unternehmenszweck und eine übergeordnete einheitliche Organisation besteht und dabei auch ein nach äußen zum Ausdruck kommender, auf Einheit bedachter Organisationswille des oder der Eigentümer festzustellen ist (*BAG* 1.10.1974 EzA § 106 BetrVG 1972 Nr. 1). Damit ist unerheblich, ob die Unternehmensleitung vom Inland oder Ausland her erfolgt (*BAG* 31.10.1975 EzA § 106 BetrVG 1972 Nr. 2).

cc) Beschäftigtenzahl

829 Bei der Ermittlung der Beschäftigtenzahl i. S. v. § 106 Abs. 1 BetrVG ist auf die normale Beschäftigtenzahl abzustellen. Dazu bedarf es eines Rückblicks und einer Einschätzung der nahen zukünftigen Entwicklung der Personalstärke (*LAG Berlin* 25.4.1988 EzA § 106 BetrVG Nr. 7). In Unternehmen mit weniger als 101 Arbeitnehmern stehen die Unterrichtungsrechte des WA nicht unmittelbar dem Betriebsrat zu (*BAG* 5.2.1991 EzA § 106 BetrVG Nr. 10; 5.2.1991 EzA § 106 BetrVG Nr. 15).

830 Bei einem Gemeinschaftsbetrieb mehrerer Unternehmen (enge, räumliche, personelle und organisatorische Verknüpfung und einheitlicher Leitungsapparat, s. o. I/Rz. 100 ff.) mit i. d. R. mehr als 100 ständig beschäftigten Arbeitnehmern, ist ein WA auch dann zu bilden, wenn keines der beteiligten Unternehmen für sich allein diese Beschäftigtenzahl erreicht (*BAG* 1.8.1990 EzA § 106 BetrVG Nr. 16).

dd) Errichtung

831 Zur Errichtung des WA ist, wenn im Unternehmen nur ein Betriebsrat besteht, dieser berufen. Besteht ein Gesamtbetriebsrat, ist der WA auf Ebene des Gesamtbetriebsrats zu bilden, § 107 BetrVG. Streitig ist, ob ein WA durch Wahl einzelner Betriebsräte gebildet werden kann, wenn die einzelnen Betriebsräte des Unternehmens ihrer Verpflichtung zur Errichtung eines Gesamtbetriebsrats nicht nachkommen. Dies wird nahezu einhellig verneint (GK-BetrVG/*Fabricius*/*Oetker* § 107 Rz. 22; *Däubler* DKK § 107 Rz. 16; FKHE § 107 Rz. 16; MünchArbR/*Joost* § 319 Rz. 14), da nur die Errichtung eines einzigen WA in Betracht kommt und die einzelnen Betriebsräte für die Errichtung keine konkurrierende Kompetenz haben können.

ee) Übertragung der Aufgaben auf einen Ausschuss des Betriebsrats

832 Nach § 107 Abs. 3 BetrVG ist unter bestimmten Voraussetzungen die Übertragung der Aufgaben des WA auf einen Ausschuss des Betriebsrats möglich. Da der Betriebsrat nur Ausschüsse bilden kann, wenn auch ein Betriebsausschuss gebildet ist (vgl. § 28 BetrVG), ein Betriebsausschuss aber nur gebildet werden kann, wenn der Betriebsrat 9 oder mehrere Mitglieder hat (vgl. § 27 BetrVG), besteht diese Möglichkeit nur in Betrieben mit i. d. R. mindestens 301 beschäftigten Arbeitnehmern (vgl. § 9 BetrVG). Die Zahl der Mitglieder darf die Zahl der Mitglieder des Betriebsausschusses nicht übersteigen (vgl. dazu § 27 BetrVG). In gleicher Anzahl wie der Ausschuss Mitglieder hat, können weitere Arbeitnehmer einschließlich leitender Angestellter berufen werden. Die maximale Zahl der Ausschussmitglieder beträgt damit 22. Entsprechendes gilt für die Übertragung auf einen Ausschuss des Gesamtbetriebsrats.

I. Betriebsverfassungsrecht

ff) Mitgliederzahl
Die Mitgliederzahl des WA beträgt mindestens drei und höchstens sieben Mitglieder, 833
§ 107 Abs. 1 BetrVG, wobei über die Größe innerhalb dieses Rahmens der (Gesamt-) Betriebsrat durch Mehrheitsbeschluss bestimmt. Eine Staffelung nach Größe des Unternehmens gibt es nicht. Es muss mindestens 1 Betriebsratsmitglied im WA sein, nicht aber notwendigerweise ein Mitglied des Gesamtbetriebsrats (MünchArbR/ *Joost* § 319 Rz. 19; GK-BetrVG/*Fabricius/Oetker* § 107 Rz. 12). Die Mitglieder müssen im Übrigen dem Unternehmen angehören. Auch leitende Angestellte i. S. d. § 5 Abs. 3 BetrVG können als Mitglied bestimmt werden, § 107 Abs. 1 BetrVG. Sind leitende Angestellte berufen worden, stehen sie dem Arbeitgeber nicht mehr zu dessen Unterstützung in den Sitzungen des WA (vgl. § 108 Abs. 2 BetrVG) zur Verfügung (GK-BetrVG/*Fabricius/Oetker*§ 107 Rz. 10).

gg) Persönliche Qualifikation der Mitglieder
Nach § 107 Abs. 1 BetrVG sollen die Mitglieder die erforderliche persönliche und 834
fachliche Eignung besitzen. Eignung erfordert, dass – zumindest nach angemessener Einarbeitung unter Inanspruchnahme der gesetzlich zulässigen Schulungsveranstaltungen – betriebswirtschaftliche Grundkenntnisse und die Fähigkeit vorhanden sind, z. B. den Jahresabschluss anhand von Erläuterungen zu verstehen und gezielte Fragen zu stellen (vgl. *BAG* 18.7.1978 AP Nr. 1 zu § 108 BetrVG 1972). Persönliche Eignung verlangt, dass sich das Mitglied bei der Beratung von sachlichen Erwägungen leiten lässt und die Verschwiegenheitspflicht einhält (GK-BetrVG/*Fabricius/Oetker* § 107 Rz. 18). Zum Teil (*FKHE* § 107 Rz. 8) wird die persönliche Eignung umschrieben mit: Gesunder Menschenverstand, Anständigkeit und Zuverlässigkeit. Ob diese Voraussetzungen gerichtlich überprüfbar sind, ist umstritten, aber wohl zu verneinen (vgl. GK-BetrVG/ *Fabricius/Oetker* § 107 Rz. 19).

hh) Amtszeit
Gem. § 107 Abs. 2 BetrVG werden die Mitglieder des WA vom Betriebsrat für die 835
Dauer seiner Amtszeit bestellt. Besteht ein Gesamtbetriebsrat, sodass die Mitglieder des WA von diesem bestimmt wurden, richtet sich die Amtszeit der Mitglieder des WA nach der Mehrheit der Mitglieder des Gesamtbetriebsrates, § 107 Abs. 2 BetrVG.

Beispiel:
Besteht der Gesamtbetriebsrat aus zwölf Personen (je ein Arbeiter und ein Angestell- 836
ter aus sechs Betrieben), so beginnt die Amtszeit der Mitglieder des WA am Tag des Beschlusses über ihre Bestellung. Sie endet, wenn die Amtszeit der Betriebsräte von vier Betrieben abgelaufen ist. Die Mitglieder des WA können jederzeit abberufen werden, § 107 Abs. 2 BetrVG. Ferner besteht die Möglichkeit der Amtsniederlegung.

ii) Rechtsstellung der Mitglieder
Die Rechtsstellung der Mitglieder des WA ist im Gesetz nicht näher geregelt. 837

Sofern das Mitglied des WA Betriebsratsmitglied ist, genießt es als solches den vollen gesetzlichen Schutz. Für die Mitglieder des WA, die nicht zugleich Betriebsratsmitglied sind, wird z. T. (vgl. zum Meinungsstand GK-BetrVG/*Fabricius/Oetker* § 107 Rz. 36 ff.) eine analoge Anwendung der für Betriebsratsmitglieder geltenden Vorschriften befürwortet.

I. Betriebsverfassungsrecht

838 Analog anwendbar sind nach allgemeiner Ansicht jedenfalls § 37 Abs. 1 (unentgeltliches Ehrenamt), § 37 Abs. 2 (Arbeitsbefreiung unter Vergütungsfortzahlung), § 37 Abs. 3 (Freizeitausgleich) und § 40 Abs. 1 und 2 (Kostenersatz und Sachaufwand, *BAG* 17.10.1990 EzA § 40 BetrVG 1972 Nr. 65). Unterschiedliche Auffassungen bestehen hinsichtlich der Frage, ob auch § 37 Abs. 4 (keine geringere Bemessung des Arbeitsentgelts) und § 37 Abs. 5 (Beschäftigung mit gleichwertigen Tätigkeiten) analoge Anwendung finden (so z. B. *Däubler* DKK § 107 Rz. 30) oder insoweit nur das Benachteiligungsverbot des § 78 S. 2 BetrVG (so z. B. GK-BetrVG/*Fabricius*/*Oetker* § 107 Rz. 40). Ebenso wird kontrovers beurteilt, ob § 15 KSchG entsprechend gilt (so GK-BetrVG/*Fabricius* 6. Aufl. § 107 Rz. 50 ff.) oder nur ein relativer, aus dem Benachteiligungsverbot des § 78 BetrVG folgender Kündigungsschutz besteht (so die ganz h. M.; z. B. MünchArbR/*Joost* § 319 Rz. 114; GK-BetrVG/*Fabricius*/*Oetker* § 107 Rz. 41). Nach bisheriger, stark kritisierter (vgl. GK-BetrVG/*Fabricius*, 6. Aufl., § 107 Rz. 44 ff. m. w. N.; *Däubler* DKK § 107 Rz. 33; *FKHE* § 107 Rz. 19 a) Auffassung des *BAG* (6.11.1973 EzA § 37 BetrVG 1972 Nr. 16; zustimmend etwa GK-BetrVG/*Fabricius*/*Oetker* § 107 Rz. 37) kommt eine Anwendung des § 37 Abs. 6 BetrVG 1972 auf Mitglieder eines Wirtschaftsausschusses nur in ihrer Eigenschaft als Betriebsratsmitglied auf Grund eines Beschlusses des einzelnen Betriebsrats in Betracht. Im Regelfall sei dabei davon auszugehen, dass Mitglieder des Wirtschaftsausschusses die zur Erfüllung ihrer Aufgaben erforderlichen Kenntnisse besitzen. Etwas anderes soll nur in Ausnahmefällen gelten, wenn die Mitglieder des WA die vom Arbeitgeber kraft Gesetzes zu gebenden Informationen nicht verstehen (*BAG* 11.11.1998 EzA § 37 BetrVG 1972 Nr. 139; 28.4.1988 NZA 1989, 221). Die Mitglieder des Wirtschaftsausschusses unterliegen der gleichen Geheimhaltungspflicht wie Betriebsratsmitglieder, § 79 Abs. 2 BetrVG.

c) Sitzungen des WA

aa) Sitzungsturnus, Allgemeines

839 Als Sitzungsturnus bestimmt § 108 Abs. 1 BetrVG, dass die Sitzungen des WA einmal im Monat stattfinden sollen. Hiervon kann abgewichen werden, wenn nicht genügend Beratungsgegenstände vorhanden sind oder wegen dringender wirtschaftlicher Entscheidungen zwischenzeitlich eine Sitzung erforderlich ist. Zeit und Ort der Sitzung sind mit dem Unternehmer abzustimmen. Der WA kann zur Vorbereitung der Sitzung mit dem Unternehmer auch ohne diesen zu einer Sitzung zusammentreten (*BAG* 16.3.1982 EzA § 108 BetrVG 1972 Nr. 5). Zweckmäßig ist die schriftliche Niederlegung einer Tagesordnung, die Bestimmung eines Vorsitzenden, der den Kontakt mit dem Unternehmer hält und die Sitzung vorbereitet sowie die Erstellung einer Geschäftsordnung (*Däubler* DKK § 108 Rz. 4). Die Sitzungen sind nicht öffentlich.

840 Die Tagesordnung wird weitgehend bestimmt durch die in § 106 Abs. 2 und 3 BetrVG genannten Gegenstände. Aus dem Gebot vertrauensvoller Zusammenarbeit folgt, dass der Unternehmer von sich aus verpflichtet ist, im Vorfeld von Sitzungen von sich aus die als Gegenstand einer Beratung in Betracht kommenden Gegenstände mitzuteilen.

bb) Teilnahmepflicht des Unternehmers, sonstige Teilnahmeberechtigte

841 Grds. besteht eine Teilnahmepflicht des Unternehmens an den Sitzungen, § 108 Abs. 2 BetrVG. Unternehmer ist bei Einzelfirmen der Inhaber, bei juristischen Personen oder anderen Personengesamtheiten mindestens ein Mitglied des gesetzlichen

I. Betriebsverfassungsrecht

Vertretungsorgans bzw. eine zur Vertretung oder Geschäftsführung berufene Person. Statt des Unternehmers kann ein Vertreter des Unternehmers teilnehmen. Vertreter ist nicht irgendeine vom Unternehmer bestellte Person, sondern nur diejenige, die ihn in seinen unternehmerischen Funktionen vertritt, also insbesondere ein leitender Angestellter, der Generalvollmacht oder Prokura hat (vgl. GK-BetrVG/*Fabricius*/*Oetker* § 108 Rz. 21). Der Unternehmer kann sachverständige Arbeitnehmer zu seiner Unterstützung heranziehen, § 108 Abs. 2 BetrVG.

Sonstige Teilnahmeberechtigte sind analog § 31 BetrVG auch Beauftragte einer im Unternehmen vertretenen Gesellschaft. Allerdings kann die Teilnahme jeweils nur für eine konkret bestimmte Sitzung des WA beschlossen werden (*BAG* 25.6.1987 EzA § 108 BetrVG 1972 Nr. 7). Auch die Schwerbehindertenvertretung (§ 95 SGB IX) ist berechtigt, an den Sitzungen beratend teilzunehmen (*BAG* 4.6.1987 EzA § 108 BetrVG 1972 Nr. 6). **842**

Die Hinzuziehung von Sachverständigen zur Vermittlung von fehlenden fachlichen oder rechtlichen Kenntnissen zur Beurteilung einer konkreten aktuellen Frage ist sowohl auf Initiative des WA als auch auf Initiative des Unternehmers möglich, § 108 Abs. 2 BetrVG. Dies setzt aber eine Einigung mit dem Partner voraus, § 108 Abs. 2 i. V. m. § 80 Abs. 3 BetrVG. **843**

> Hinsichtlich der Erforderlichkeit der Hinzuziehung eines Sachverständigen ist zu berücksichtigen, dass der WA nach Auffassung des *BAG* (18.7.1978 EzA § 108 BetrVG Nr. 3) grds. selbst die erforderlichen Kenntnisse für seine Tätigkeit hat.

Kommt eine Einigung über die Hinzuziehung nicht zu Stande, muss der Betriebsrat ein arbeitsgerichtliches Beschlussverfahren einleiten (*BAG* 25.4.1978 EzA § 80 BetrVG 1972 Nr. 15, s. u. I/Rz. 1278 ff.).

d) Aufgaben des WA, Beratung und Unterrichtung des Betriebsrates

Der WA hat die Aufgabe, wirtschaftliche Angelegenheiten mit dem Unternehmer zu beraten und den Betriebsrat zu unterrichten, § 106 Abs. 1 BetrVG. Beratungen dienen der Vorbereitung einer Entscheidung und setzen einen Meinungsaustausch über das Für und Wider der zu treffenden Entscheidung, also eine Diskussion, voraus. **844**

> Der WA braucht nicht abzuwarten, bis der Unternehmer bestimmte wirtschaftliche Angelegenheiten in seine Überlegungen einbezogen hat, sondern kann seinerseits initiativ werden und die Beratung über von ihm erwogene wirtschaftliche Angelegenheiten des Unternehmens verlangen; eine Vorlage von Unterlagen kann er jedoch erst dann verlangen, wenn der Unternehmer sich die vom WA vorgeschlagenen Beratungsgegenstände zu Eigen gemacht hat (vgl. GK-BetrVG/*Fabricius*, 6. Aufl., § 106 Rz. 56). **845**

Die Unterrichtung des Betriebsrats hat gem. § 108 Abs. 4 BetrVG unverzüglich, d. h. so bald wie möglich nach jeder Sitzung und vollständig zu erfolgen. Eine ausschließlich schriftliche Information, etwa durch Übersendung des Sitzungsprotokolls reicht nur, wenn der Betriebsrat sich damit einverstanden erklärt hat, da der Betriebsrat seinerseits ein Interesse daran haben kann, Fragen an den WA zu richten (*Däubler* DKK § 108 Rz. 29). Zu empfehlen ist die Abfassung eines schiftlichen Berichts und dessen mündliche Erläuterung. **846**

I. Betriebsverfassungsrecht

e) Die wirtschaftlichen Angelegenheiten

847 Wirtschaftliche Angelegenheiten i. S. d. § 106 BetrVG sind grds. nicht solche, die sich nur auf einzelne Geschäftsvorfälle beziehen. Einzelne Geschäfte und Maßnahmen der laufenden Geschäftsführung können aber dann wirtschaftliche Angelegenheit sein, wenn sie für das Unternehmen von besonderer Bedeutung sind (GK-BetrVG/*Fabricius*/*Oetker* § 106 Rz. 40).

Der Katalog in § 106 Abs. 3 BetrVG enthält nur eine beispielhafte, nicht abschließende Aufzählung der wirtschaftlichen Angelegenheiten.

aa) Wirtschaftliche und finanzielle Lage des Unternehmens

848 Gemeint ist die konkrete wirtschaftliche Situation des Unternehmens. Hierzu gehören alle auf das Unternehmen einwirkenden Gegebenheiten, die für die unternehmerische Planung von Bedeutung sind, insbesondere Verluste, Gewinne, Risikolage, Versorgungslage mit Rohstoffen und Energie, Konjunktur, Konkurrenz, Entwicklung der Branche, Auftragsbestand, Lieferzeiten, Exportabhängigkeit. Die finanzielle Lage umfasst insbesondere die Liquidität (Fähigkeit des Unternehmens, seine finanziellen Verpflichtungen erfüllen zu können), Kreditkosten, Schwierigkeiten bei der Kreditbeschaffung, Preisgestaltung und deren Kalkulationsgrundlagen. Zu berichten ist auch über einen beabsichtigten oder bereits gestellten Antrag auf Eröffnung des Insolvenzverfahrens bzw. über einen Konkurs- oder Vergleichsantrag.

bb) Produktions- und Absatzlage

849 Die Absatzlage wird durch die Faktoren gekennzeichnet, die für den Absatz (Vertrieb, Umsatz, Verkauf) der Erzeugnisse oder Dienstleistungen des Unternehmens bestimmend sind, insbesondere durch die binnen- und außenwirtschaftliche Marktlage. Die Darstellung durch den Unternehmer hat anhand der Verkaufs- und Umsatzstatistiken des Unternehmens und der Unterlagen der Marktforschung zu erfolgen. Es sollte über die Kundenstruktur und über evtl. Abhängigkeiten von Großkunden unterrichtet werden.

850 Produktionslage meint das Verhältnis der Gütermenge und -art, die erzeugt werden könnte, zur tatsächlichen Erzeugung, aufgegliedert nach Typen und Warenarten. Die Unterrichtung hat sich zu beziehen auf mögliche Produktionskapazität und tatsächliche Kapazitätsauslastung, Daten bezüglich Arbeitszeit und Überstunden.

851 Hier zeigen sich besonders deutlich die Auswirkungen auf die Personalplanung: Sind die Kapazitäten nicht ausgelastet, ist mit Kurzarbeit oder Entlassungen zu rechnen. Reicht umgekehrt die normale Kapazität nicht aus, sind Mehrarbeit und/oder Einstellungen zu erwarten.

cc) Produktions- und Investitionsprogramm

852 Produktionsprogramm ist der Plan über die Erzeugung von Gütern in einem bestimmten Zeitraum nach Zahl der herzustellenden Erzeugnisse, Zahl der Varianten der Erzeugnisse und Anzahl der Fertigungsstufen. Durch das Produktionsprogramm wird die zu erbringende Leistung der Betriebe festgelegt. Das Investitionsprogramm enthält die Planung über die lang- und mittelfristige Anlage von Kapital zur Veränderung der Sachgüterbestände. Hier ist besonders auch auf die Auswirkungen auf die Personalplanung einzugehen, da das Investitionsprogramm sowohl zu Entlassun-

I. Betriebsverfassungsrecht

gen, Neueinstellungen und Umschulungen führen kann, so insbesondere bei Rationalisierungsinvestitionen.

dd) Rationalisierungsvorhaben
Unter Rationalisierung werden Maßnahmen zur Steigerung des wirtschaftlichen Erfolgs, zur Vereinfachung des Fertigungs- und Verteilungsprozesses, insbesondere durch Einsatz technischer Hilfsmittel, verstanden. Es werden alle Vorhaben erfasst, die die Leistungen des Betriebes verbessern, insbesondere den Aufwand an menschlicher Arbeit, aber auch an Zeit, Energie und Material herabsetzen. Hierunter fällt beispielsweise auch die Entscheidung, bisher selbst produzierte Teile nunmehr von einer Drittfirma zuzukaufen. 853

ee) Fabrikations- und Arbeitsmethoden, Einführung neuer Arbeitsmethoden
Unter Fabrikationsmethoden sind die technischen Abläufe im weitesten Sinne zu verstehen. Arbeitsmethoden beziehen sich auf die Bedingungen, unter denen die Arbeit zu erbringen ist. Beispiele: Einführung neuer Technologien, Fließbandarbeit, Einzel- oder Gruppenarbeit, Schichtarbeit, Einsatz von EDV (CAD, CNC), gleitende Arbeitszeit. 854

ff) Fragen des betrieblichen Umweltschutzes
Zu unterrichten ist nur über Fragen des *betrieblichen* Umweltschutzes. Hierfür gilt die Legaldefinition des § 89 Abs. 3 BetrVG (s. o. I/Rz. 1518). 855

gg) Einschränkung oder Stilllegung von Betrieben oder Betriebsteilen
Unter Stilllegung ist die Aufgabe des Betriebszwecks unter gleichzeitiger Auflösung der Betriebsorganisation auf Grund eines ernsthaften Willensentschlusses des Unternehmers für unbestimmte nicht nur vorübergehende Zeit zu verstehen. Bei der Betriebseinschränkung wird der Betriebszweck weiter verfolgt, aber die Leistung der Betriebsanlagen herabgesetzt. § 106 Abs. 3 Nr. 6 BetrVG entspricht insoweit weitgehend § 111 Nr. 1 BetrVG, allerdings kommt es für die Unterrichtung des WA auf Größe und Bedeutung der Betriebsteile nicht an. Auch die Einschränkung oder Stilllegung nicht wesentlicher Betriebsteile unterliegt der Informationspflicht. Zu unterrichten ist der WA auch über die Stilllegung von Betrieben, für die kein Betriebsrat gebildet worden ist (*BAG* 9.5.1995 EzA § 106 BetrVG 1972 Nr. 18). 856

hh) Verlegung von Betrieben oder Betriebsteilen
Verlegung ist jede wesentliche Veränderung der örtlichen Lage des Betriebs. Entspricht § 111 Nr. 2 BetrVG. 857

ii) Zusammenschluss oder Spaltung von Unternehmen oder Betrieben
Ein Zusammenschluss liegt vor, wenn aus mehreren bisher selbstständigen Betrieben ein neuer Betrieb gebildet wird oder wenn ein bestehender Betrieb unter Aufgabe seiner arbeitstechnischen Selbstständigkeit in einen anderen Betrieb aufgeht. Durch die Einbeziehung der Spaltung sollte der durch das UmwG eröffneten Möglichkeit, Rechtsträger durch Spaltung real zu teilen, Rechnung getragen werden, da eine solche Spaltung auch zur Teilung von Betrieben i. S. des. BetrVG führen kann. Im Falle der Unternehmensspaltung sollte dem besonderen Informationsinteresse der Arbeitnehmer Rechnung getragen werden (vgl. GK-BetrVG/*Fabricius*/*Oetker* § 106 Rz. 65 ff.). 858

I. Betriebsverfassungsrecht

jj) Änderung der Betriebsorganisation oder des Betriebszwecks

859 Im Gegensatz zu § 111 Nr. 4 BetrVG ist hier jede vom Unternehmer in Betracht gezogene Änderung gemeint und nicht nur grundlegende Änderungen.

860 Betriebsorganisation ist das bestehende Ordnungsgefüge für die Verbindung von Betriebszweck, im Betrieb arbeitenden Menschen und Betriebsanlagen mit dem Ziel der bestmöglichen Erfüllung der Betriebsaufgaben. Eine Änderung ist insbesondere eine weit gehende Änderung des Betriebsaufbaus oder der Zuständigkeiten, Ausgliederung von wesentlichen Betriebsteilen, Änderung der Unterstellungsverhältnisse.

861 Mit Betriebszweck i. S. v. § 111 S. 2 Nr. 4 BetrVG ist der arbeitstechnische Zweck eines Betriebs gemeint, nicht der wirtschaftliche. Der Betriebszweck kann sich dadurch ändern, dass dem bisherigen Betrieb eine weitere Abteilung mit einem weiteren arbeitstechnischen Betriebszweck hinzugefügt wird (*BAG* 17.12.1985 EzA § 111 BetrVG 1972 Nr. 17).

kk) Sonstige Vorgänge und Vorhaben, welche die Interessen der Arbeitnehmer des Unternehmens wesentlich berühren können

862 Es handelt sich um eine Generalklausel und damit um einen Auffangtatbestand. In Betracht kommen: Kooperationen, gesellschaftsrechtliche Zusammenschlüsse mit anderen Unternehmen, allgemeine wirtschaftliche Lage der Branche, Verlagerung der Produktion ins Ausland, Veräußerung von Geschäftsanteilen einer GmbH, behördliche Umweltschutzauflagen, die Einfluss auf die Produktion oder die Arbeitsbedingungen haben, Rechtsstreitigkeiten, deren Ausgang erheblichen Einfluss auf die finanzielle Lage des Unternehmens haben.

f) Die Unterrichtungspflicht des Unternehmers

863 Gem. § 106 Abs. 2 BetrVG hat der Unternehmer den WA über die wirtschaftlichen Angelegenheiten rechtzeitig, umfassend und unter Vorlage der erforderlichen Unterlagen zu unterrichten, soweit nicht dadurch Betriebs- oder Geschäftsgeheimnisse des Unternehmens gefährdet werden. Ferner sind die sich daraus ergebenden Auswirkungen auf die Personalplanung darzustellen.

aa) Rechtzeitige und umfassende Unterrichtung

864 Rechtzeitig bedeutet, dass der WA von geplanten unternehmerischen Entscheidungen und sonstigen Vorfällen so frühzeitig unterrichtet wird, dass der WA sein Beratungsrecht betriebswirtschaftlich sinnvoll ausüben kann. Er muss eine eigene Stellungnahme und eigene Vorschläge erarbeiten und in die Diskussion mit dem Unternehmer einbringen können. Das einzelne WA-Mitglied muss so viel Zeit haben, dass es in die Lage versetzt wird, aktiv an der Beratung teilzunehmen (GK-BetrVG/*Fabricius/Oetker* § 106 Rz. 78 ff.). Umfassend ist die Unterrichtung dann, wenn die für die Beratung anstehenden wirtschaftlichen Angelegenheiten dem Umfang nach unter Angabe der Gründe, der Tatsachen und Auswirkungen den Mitgliedern des WA erschöpfend zur Kenntnis gebracht werden, und diese dadurch in die Lage versetzt werden, sich ein eigenes Urteil zu bilden, um über den Gegenstand beraten zu können (GK-BetrVG/*Fabricius/Oetker* § 106 Rz. 83).

bb) Vorlage der erforderlichen Unterlagen

Vorlage bedeutet, dass dem WA die Unterlagen derart zugänglich gemacht werden, dass es von seinem Willen abhängt, ob er davon Kenntnis nimmt. Als Unterlagen kommen alle der unternehmerischen Planung und Entscheidung zu Grunde liegenden Materialien wie z. B. Berichte, Pläne, Statistiken, Schaubilder, Bedarfsanalysen, Organisationsmodelle, Rentabilitätsberechnungen, Marktanalysen, Bilanzen, Gewinn- und Verlustrechnungen in Betracht. Welche Unterlagen erforderlich sind, bestimmt sich danach, inwieweit sie für das Verständnis der und Diskussion über die zu beratenden wirtschaftlichen Angelegenheiten notwendig sind (vgl. GK-BetrVG/*Fabricius/Oetker* § 106 Rz. 90 ff.). 865

Der Wirtschaftsprüfungsbericht nach § 321 HGB ist eine Unterlage, die eine wirtschaftliche Angelegenheit des Unternehmens betrifft (*BAG* 8.8.1989 EzA § 106 BetrVG Nr. 8). Keine vorzulegende Unterlage ist der Veräußerungsvertrag bei Übertragung sämtlicher Geschäftsanteile einer GmbH auf einen neuen Gesellschafter. Hier besteht lediglich ein Unterrichtungsanspruch darüber, dass eine Übertragung stattfindet, wer der Erwerber ist und darüber, ob anlässlich der Veräußerung Absprachen über die künftige Unternehmenspolitik getroffen wurden, nicht aber über den Veräußerungspreis (*BAG* 22.1.1991 EzA § 106 BetrVG Nr. 14). Monatliche Erfolgsrechnungen für einzelne Filialen oder Betriebe haben einen Bezug zu wirtschaftlichen Angelegenheiten. Fraglich kann aber sein, ob die regelmäßige Vorlage dieser Unterlagen erforderlich ist. Hierüber entscheidet die Einigungsstelle (*BAG* 17.9.1991 EzA § 106 BetrVG Nr. 17). Zu den vorzulegenden Unterlagen dürfte im Falle einer Umwandlung nach dem UmwG auch der Umwandlungsbericht gehören (vgl. §§ 8 Abs. 1, 36 Abs. 1, 127, 135 Abs. 1, 162, 192 i. V. m. §§ 176, 178, 177, 179 UmwG), den die Vertretungsorgane der beteiligten Rechtsträger grds. zu erstellen haben und in dem das jeweilige Umwandlungsvorhaben rechtlich und wirtschaftlich zu erläutern und zu begründen ist (*Willemsen* RdA 1998, 23 [31]). 866

cc) Zeitpunkt der Vorlage

Nach Auffassung des *BAG* (20.11.1984 EzA § 106 BetrVG Nr. 6) müssen die Mitglieder des WA die Möglichkeit haben, sich gründlich auf die Sitzungen vorzubereiten, wobei der Umfang der erforderlichen Vorbereitung von den zu beratenden Angelegenheiten abhängt. 867

> Der Unternehmer kann verpflichtet sein, Unterlagen den Mitgliedern des WA schon vor der Sitzung zeitweise zur Sitzungsvorbereitung zu überlassen und aus der Hand zu geben. Bei Beendigung der Sitzung sind diese Unterlagen wieder zurückzugeben. Die Mitglieder des WA können sich Notizen machen. Die Anfertigung von Kopien bedarf der Zustimmung des Unternehmers (*BAG* 20.11.1984 EzA § 106 BetrVG Nr. 6). 868

dd) Gefährdung von Betriebs- oder Geschäftsgeheimnissen

Sowohl der Umfang der Unterrichtung und Beratung als auch die Heranziehung von Unterlagen wird beschränkt durch das Recht des Unternehmers, die Auskunfterteilung zu verweigern, soweit dadurch Betriebs- oder Geschäftsgeheimnisse gefährdet werden. 869

I. Betriebsverfassungsrecht

870 Betriebs- oder Geschäftsgeheimnisse sind Tatsachen, die im Zusammenhang mit dem technischen Betrieb oder der wirtschaftlichen Betätigung des Unternehmens stehen, nur einem eng begrenzten Personenkreis bekannt, also nicht offenkundig sind, nach dem bekundeten Willen des Unternehmers geheim gehalten werden sollen, und deren Geheimhaltung für den Betrieb oder das Unternehmen wichtig ist.

871 Betriebsgeheimnisse können z. B. sein: technische Geräte und Maschinen, Herstellungsverfahren, Konstruktionszeichnungen, Versuchsprotokolle, Modelle, Schablonen, Schnitte, Rezepturen. Geschäftsgeheimnisse betreffen demgegenüber Tatsachen und Erkenntnisse von wirtschaftlicher, kaufmännischer Bedeutung, z. B. Kalkulationsunterlagen, Kundenlisten, Bezugsquellen, beabsichtigte oder eingeleitete Verhandlungen. Ob eine Gefährdung vorliegt, hängt von der Zuverlässigkeit der Mitglieder des WA einerseits und/oder der Höhe des Geheimhaltungsgrades andererseits ab.

ee) Darstellung der Auswirkungen auf die Personalplanung

872 Bei der Unterrichtung sind die Auswirkungen auf die Personalplanung darzustellen. Dies betrifft nur die Auswirkungen bestimmter wirtschaftlicher Angelegenheiten auf die Personalplanung, nicht diese selbst, da die Mitbestimmung insoweit dem Betriebsrat, nicht aber dem WA obliegt, §§ 92 ff. BetrVG (GK-BetrVG/*Fabricius/Oetker* § 106 Rz. 48).

g) Insbesondere: Der Jahresabschluss

873 Gem. § 108 Abs. 5 BetrVG ist vom Unternehmer dem WA unter Beteiligung des Betriebsrats der Jahresabschluss zu erläutern.
Unter Jahresabschluss ist die Jahresbilanz (Handelsbilanz) und die Gewinn- und Verlustrechnung zu verstehen, § 242 HGB, sowie bei Kapitalgesellschaften der als ergänzende Erläuterung aufzustellende Anhang (§§ 264–288 HGB).
Sehr streitig ist, ob der Jahresabschluss und die darauf bezüglichen Unterlagen vorzulegen sind (so GK-BetrVG/*Fabricius/Oetker* § 108 Rz. 63; *FKHE* § 106 Rz. 23; *Däubler* DKK § 108 Rz. 34, 35; abl. *Hess* HSG § 108 Rz. 17). Da es sich hierbei wohl in jedem Fall um Unterlagen handelt, die einen Bezug zu wirtschaftlichen Angelegenheiten haben, kann hier nur die Geheimhaltungsbedürftigkeit problematisch sein.

874 Die Bilanz ist zu erläutern. Der Unternehmer muss deshalb die einzelnen Bilanzposten erklären und ihre Zusammenhänge darstellen, wobei auf Fragen der Beteiligten einzugehen ist und diese zu beantworten sind (*BAG* 18.7.1978 EzA § 108 BetrVG 1972 Nr. 3).

875 Der Zeitpunkt der Unterrichtung hängt von den rechtlichen Bestimmungen über den Zeitpunkt der Aufstellung des Jahresabschlusses ab: § 243 Abs. 3 HGB, Kaufleute allgemein: innerhalb der einem ordnungsgemäßen Geschäftsgang entsprechenden Zeit § 264 Abs. 1 HGB, Kapitalgesellschaften: kleine Kapitalgesellschaften innerhalb der ersten sechs Monate des Geschäftsjahres, große und mittelgroße Kapitalgesellschaften innerhalb der ersten drei Monate (vgl. GK-BetrVG/*Fabricius/Oetker* § 108 Rz. 65).

I. Betriebsverfassungsrecht

Bei großen und mittelgroßen Kapitalgesellschaften ist der Jahresabschluss und der Lagebericht von einem Abschlussprüfer zu prüfen (§ 316 HGB). Auch der Prüfungsbericht gem. § 321 HGB ist eine Unterlage, die sich auf wirtschaftliche Angelegenheiten bezieht (*BAG* 8.8.1989 EzA § 106 Nr. 8). 876

Bei Kapitalgesellschaften ist streitig, ob die Unterrichtung des WA bereits bei Aufstellung des Jahresabschlusses oder erst nach Abschlussprüfung oder gar erst nach Feststellung des Ausschlusses durch Vorstand und Aufsichtsrat bzw. Hauptversammlung zu erfolgen hat (vgl. GK-BetrVG/*Fabricius* 6. Aufl. § 108 Rz. 85 ff. bereits nach Aufstellung des Jahresabschlusses durch den Vorstand; a. A. MünchArbR/*Joost* § 319 Rz. 45: erst nach Feststellung des Jahresabschlusses durch Vorstand und Aufsichtsrat oder die Hauptversammlung bzw. bei der GmbH nach Feststellung durch die Gesellschafter; vgl. zum Meinungsstand GK-BetrVG/*Fabricius/Oetker* § 108 Rz. 65). 877

h) Die Durchsetzung des Informations- und Einsichtsanspruchs
Gem. § 109 BetrVG entscheidet die Einigungsstelle, wenn eine Auskunft über wirtschaftliche Angelegenheiten i. S. d. § 106 BetrVG entgegen dem Verlangen des WA nicht, nicht rechtzeitig oder nur ungenügend erteilt wird und hierüber zwischen Unternehmer und Betriebsrat (nicht WA) eine Einigung nicht zu Stande kommt. Der Spruch der Einigungsstelle ersetzt die Einigung zwischen Arbeitgeber und Betriebsrat. 878

Sofern eine (freiwillige) Einigung zwischen Arbeitgeber und Betriebsrat zustandekommt, ist der Unternehmer in dem Umfang der Einigung zur Unterrichtung/Vorlage verpflichtet. Kommt er dieser Verpflichtung nicht nach, so kann der Betriebsrat ein arbeitsgerichtliches Beschlussverfahren einleiten. Nach Rechtskraft des entsprechenden Beschlusses ist die Zwangsvollstreckung möglich. 879

Sofern eine Einigung zwischen Unternehmer und Betriebsrat nicht zustandekommt, haben beide Beteiligten die Möglichkeit die Einigungsstelle anzurufen. 880

Die Einigungsstelle ist nach *BAG* (11.7.2000 EzA § 109 BetrVG 1972 Nr. 2; 17.9.1991 EzA § 106 BetrVG Nr. 17) zuständig, wenn die geforderte Unterrichtung eine wirtschaftliche Angelegenheit i. S. des § 106 BetrVG betrifft bzw. die geforderten Unterlagen einen Bezug zu solchen Angelegenheiten haben. Ob die Vorlage der Unterlagen erforderlich ist oder ob durch ihre Vorlage bzw. die gewünschte Unterrichtung Betriebs- oder Geschäftsgeheimnisse gefährdet werden, entscheidet zunächst die Einigungsstelle.

Nach Auffassung des *BAG* (17.9.1991 EzA § 106 BetrVG Nr. 17) wird es angesichts des weit gefassten und nicht abschließenden Katalogs des § 106 Abs. 3 BetrVG eine seltene Ausnahme darstellen, dass im Unternehmen erstellte, vorhandene und benutzte Unterlagen keinen solchen Bezug aufweisen. 881

Das Bestellverfahren (§ 98 ArbGG) bzw. das Verfahren vor der Einigungsstelle und ein arbeitsgerichtliches Beschlussverfahren, in welchem die Feststellung der Zuständigkeit oder Unzuständigkeit der Einigungsstelle beantragt wird (sog. Vorabentscheidungsverfahren) können gleichzeitig betrieben werden. Das Einigungsstellen- bzw. Bestellungsverfahren kann nicht mit Rücksicht auf das laufende Vorabentscheidungsverfahren ausgesetzt werden. Erst die rechtskräftige Entscheidung im Vorab- 882

I. Betriebsverfassungsrecht

entscheidungsverfahren bindet die Beteiligten sowohl im Bestellungs- als auch im Einigungsstellenverfahren (*BAG* 17.9.1991 EzA § 106 BetrVG Nr. 17).

883 Der Spruch der Einigungsstelle unterliegt nach nunmehriger Auffassung des *BAG* (11.7.2000 EzA § 109 BetrVG 1972 Nr. 2) der vollen Rechtskontrolle durch die Arbeitsgerichte. Insbesondere handelt es sich auch bei der Entscheidung der Einigungsstelle, ob der Unternehmer die Unterrichtung unter Berufung auf Betriebs- oder Geschäftsgeheimnisse verweigern kann, um eine Rechtsentscheidung, die der vollen Rechtskontrolle durch die Gerichte und nicht nur einer nach § 76 Abs. 5 BetrVG eingeschränkten Ermessenskontrolle unterliegt (*BAG* 11.7.2000 EzA § 109 BetrVG 1972 Nr. 2; **a. A.** noch *BAG* 8.8.1989 EzA § 106 BetrVG Nr. 8; 17.9.1991 EzA § 106 BetrVG Nr. 17).

Konsequenz ist u. a., dass die Unwirksamkeit des Spruchs ohne Einhaltung einer Frist geltend gemacht werden kann, da nach § 76 Abs. 5 ArbGG nur eine behauptete Fehlerhaftigkeit einer von der Einigungsstelle getroffenen Ermessensentscheidung innerhalb von zwei Wochen gerichtlich geltend gemacht werden muss, nicht aber Fehler über die Entscheidung in Rechtsfragen.

7. Der Sprecherausschuss der leitenden Angestellten, SprAuG

a) Allgemeines

884 Gem. § 5 Abs. 3 BetrVG sind leitende Angestellte keine Arbeitnehmer i. S. d. BetrVG (s. o. I/Rz. 26 ff.). Da gleichwohl auch für sie ein Bedürfnis nach kollektiver Interessenvertretung besteht, sieht das SprAuG die Einführung von Sprecherausschüssen der leitenden Angestellten vor. Das Gesetz gilt auch in den neuen Bundesländern ab 3.10.1990 (Art. 8 Anlage I Kap. VIII Sachgebiet A Abschn. 3 Nr. 13 Einigungsvertrag).

885 Im Gegensatz zum BetrVG sieht das SprAuG keine eigenen Mitbestimmungsrechte vor, sondern normiert in erster Linie Mitwirkungsrechte in Form von Informations- und Beratungsrechten. Durch die Mitwirkung des Sprecherausschusses sollen angemessene Arbeitsbedingungen für leitende Angestellte und deren Information auch über ihren Tätigkeitsbereich hinaus gewährleistet werden. Ferner sollen die besonderen Kenntnisse der leitenden Angestellten in Entscheidungsprozesse des Unternehmens eingebracht werden (BT-Drs. 11/2503, S. 26).

b) Geltungsbereich

886 Das SprAuG gilt für alle leitenden Angestellten. Sein räumlicher Geltungsbereich entspricht dem des BetrVG (s. o. I/Rz. 1 ff.). Der sachliche Geltungsbereich ergibt sich aus § 1 Abs. 3 SprAuG. Demnach gilt das Gesetz nicht für den Bereich des öffentlichen Dienstes (s. o. I/Rz. 187 ff.) und für Religionsgemeinschaften und ihre karitativen und erzieherischen Einrichtungen unbeschadet deren Rechtsform (s. o. I/Rz. 191 ff.). Eine § 118 BetrVG entsprechende Regelung fehlt. Bei Tendenzbetrieben und -unternehmen (s. o. I/Rz. 199 ff.) sieht § 32 Abs. 1 S. 2 SprAuG lediglich einen Ausschluss des Mitwirkungsrechts in wirtschaftlichen Angelegenheiten vor. Zur Abgrenzung der leitenden Angestellten von Arbeitnehmern i. S. d. BetrVG sieht § 18 a BetrVG bei zeitgleichen Betriebsrats- und Sprecherausschusswahlen ein beson-

deres innerbetriebliches Zuordnungsverfahren unter Beteiligung beider Wahlvorstände vor (s. o. I/Rz. 72 f.).

c) Zusammenarbeit mit Arbeitgeber und Betriebsrat
§ 2 Abs. 1 SprAuG normiert ebenso wie § 2 BetrVG das Gebot vertrauensvoller Zusammenarbeit mit dem Arbeitgeber (s. u. I/Rz. 1007 ff.). Nicht einbezogen in die Zusammenarbeit sind die Verbände der leitenden Angestellten, sodass das Sprecherausschussmitglied außerhalb des Betriebes den Kontakt zu seiner Koalition suchen muss. Unberührt bleiben die originären Aufgaben der Koalitionen nach Art. 9 Abs. 3 GG (s. u. I/Rz. 946 ff.). Gem. § 2 Abs. 1 SprAuG hat der Arbeitgeber vor Abschluss einer Betriebsvereinbarung oder einer sonstigen Vereinbarung mit dem Betriebsrat, die rechtliche Interessen der leitenden Angestellten berührt, den Sprecherausschuss rechtzeitig zu hören. Die Verletzung der Anhörungsverpflichtung ist für die Wirksamkeit von Betriebs- und sonstigen Vereinbarungen ohne Bedeutung. Bei nachhaltiger Nichtbeteiligung kann eine strafbewerte Behinderung i. S. d. § 34 Abs. 1 S. 2 SprAuG vorliegen. 887

> Die Interessen der leitenden Angestellten werden berührt, wenn die Vereinbarung Regelung enthält, die auf die leitenden Angestellten zurückwirken, wie z. B. bei betriebseinheitlichen Regelungen über die Einführung von Betriebsurlaub oder die Einführung von für alle Arbeitnehmer geltenden Sozialleistungen.

§ 2 Abs. 4 SprAuG normiert ebenso wie § 74 Abs. 2 BetrVG eine betriebliche Friedenspflicht und das Verbot parteipolitischer Betätigung im Betrieb (s. u. I/Rz. 1027 ff.). Für die Zusammenarbeit zwischen Betriebsrat und Sprecherausschuss sieht § 2 Abs. 2 SprAuG lediglich die Berechtigung des jeweiligen Organes vor, Vertretern des anderen Organes das Recht zur Sitzungsteilnahme einzuräumen. Ferner soll einmal jährlich eine gemeinsame Sitzung beider Organe stattfinden. Gemeinsame Besprechungen beider Organe mit dem Arbeitgeber sind gesetzlich nicht vorgesehen, aber zulässig. 888

d) Wahl, Errichtung und Amtszeit
In welchen Betrieben Sprecherausschüsse errichtet werden können, ist in § 1 Abs. 1, 2 SprAuG geregelt. Der dort verwendete Betriebsbegriff entspricht dem des BetrVG (s. o. I/Rz. 77 ff.). Betriebsteile werden dem Hauptbetrieb zugerechnet; strittig ist, ob Nebenbetriebe sprecherausschussfähig sind (abl. MünchArbR/*Joost* § 322 Rz. 16; dafür *Oetker* ZfA 1990, 43 ff. [47]). In Unternehmen mit mehreren Betrieben, von denen keiner oder nur einzelne die Voraussetzungen eines Sprecherausschusses nach § 1 Abs. 1, 2 SprAuG erfüllen, kann nach § 20 Abs. 1 SprAuG ein Unternehmenssprecherausschuss gewählt werden, wenn im Unternehmen insgesamt mindestens zehn leitende Angestellte beschäftigt werden und dies die Mehrheit der leitenden Angestellten des Unternehmens verlangt. Die Wahl ist von einem Wahlvorstand (§ 7 SprAuG) vorzubereiten und durchzuführen, der entweder von einem schon bestehenden Sprecherausschuss bestellt oder – falls ein solcher noch nicht vorhanden ist – in einer Versammlung von der Mehrheit der anwesenden leitenden Angestellten des Betriebes zu wählen ist. Einladungsberechtigt sind 3 leitende Angestellte. Die Teilnahmeberechtigung an der Versammlung ergibt sich aus § 7 Abs. 3 SprAuG. Gem. § 5 SprAuG finden die regelmäßigen Wahlen alle vier Jahre in der Zeit vom 1.3. bis 31.5. statt und sind zeitgleich mit den regelmäßigen Betriebsratswahlen einzuleiten. Au- 889

ßerordentliche Sprecherausschusswahlen finden in den Fällen des § 5 Abs. 2 SprAuG statt, wobei § 5 Abs. 2 der Regelung des § 13 Abs. 2 Nr. 6, 5, 4 und 3 BetrVG (s. o. I/Rz. 236 ff.) entspricht. Wahlberechtigung und Wählbarkeit sind in § 3 SprAuG geregelt. Die allgemeinen Wahlvorschriften regelt § 6 SprAuG, der weitgehend § 14 BetrVG entspricht. Die Größe des Sprecherausschusses richtet sich nach der Zahl der im Betrieb beschäftigten leitenden Angestellten, § 4 SprAuG. Wahlschutz und Wahlkosten sind in § 8 SprAuG entsprechend § 20 BetrVG geregelt (s. o. I/Rz. 334 ff.). Die Regelung der Wahlanfechtung in § 8 SprAuG entspricht der Regelung des § 19 BetrVG (s. o. I/Rz. 359 ff.). Allerdings besteht bei der Wahlanfechtung kein Antragsrecht der Gewerkschaften. Das Amt des Sprecherausschusses erlischt unter den Voraussetzungen des § 9 Abs. 2 SprAuG, der § 24 BetrVG entspricht (s. o. I/Rz. 423 ff.). Ferner sieht § 9 Abs. 1 SprAuG ein § 23 Abs. 1 BetrVG nachgebildetes Verfahren zum Ausschluss eines Mitglieds oder zur Auflösung des Ausschlusses insgesamt wegen grober Verletzung von gesetzlichen Pflichten vor (s. u. I/Rz. 1973 ff.). Ein Antragsrecht der Gewerkschaften besteht jedoch nicht.

e) Rechte und Pflichten, Rechtsstellung der Sprecherausschussmitglieder; Kosten des Sprecherausschusses

890 § 14 Abs. 1 SprAuG regelt die Arbeitsbefreiung für die Wahrnehmung von gesetzlichen Aufgaben. Die Vorschrift entspricht weitgehend § 37 Abs. 2 BetrVG (s. o. I/Rz. 533 ff.). Eine § 37 Abs. 3 BetrVG (Freizeitausgleich und Abgeltung) entsprechende Vorschrift fehlt. Eine spezielle wirtschaftliche und berufliche Absicherung der Ausschussmitglieder ist im Gegensatz zum BetrVG (vgl. § 37 Abs. 4, 5 BetrVG) nicht ausdrücklich geregelt. Für sie gilt jedoch gem. § 2 Abs. 3 das allgemeine Behinderungs-, Benachteiligungs- und Begünstigungsverbot, das § 78 BetrVG entspricht (s. o. I/Rz. 634 ff.) und insbesondere auch ein Benachteiligungsverbot hinsichtlich der beruflichen Entwicklung beinhaltet. Eine Freistellung für Schulungs- und Bildungsveranstaltungen sieht das SprAuG nicht vor. Gleichfalls fehlt eine spezielle Regelung des Kündigungsschutzes.

891 Sprecherausschussmitglieder genießen aber einen relativen Kündigungsschutz: Eine Kündigung, die wegen der Tätigkeit im Sprecherausschuss erfolgt, ist wegen Verstoßes gegen § 2 Abs. 3 SprAuG unwirksam, § 134 BGB. Das Ausschussmitglied ist für den Kausalzusammenhang zwischen Tätigkeit und Kündigung darlegungs- und beweispflichtig, kann sich jedoch auf die Grundsätze des Beweises des ersten Anscheines berufen (MünchArbR/*Joost* § 323 Rz. 96).

892 Die Ausschussmitglieder trifft eine Geheimhaltungspflicht, § 29 SprAuG. Die Vorschrift entspricht § 79 BetrVG (s. o. I/Rz. 660 ff.).
Kosten und Sachaufwand des Sprecherausschusses trägt § 14 Abs. 2 SprAuG der Arbeitgeber. Es gelten die betriebsverfassungsrechtlichen Grundsätze (s. o. I/Rz. 672 ff.).

f) Geschäftsführung des Sprecherausschusses

893 Entsprechend § 26 Abs. 1 BetrVG (s. o. I/Rz. 446 ff.) ist vom Sprecherausschuss in der konstituierenden Sitzung ein Vorsitzender und dessen Stellvertreter zu wählen, §§ 11 Abs. 1, 12 Abs. 1 SprAuG. Vorsitzender und Stellvertreter können durch Mehrheitsbeschluss des Sprecherausschusses abberufen werden. Der Vorsitzende vertritt den Ausschuss im Rahmen der gefassten Beschlüsse und ist auch zur passiven Vertre-

tung des Ausschusses berufen. Der Ausschuss kann die laufenden Geschäfte auf den Vorsitzenden oder andere Mitglieder des Sprecherausschusses übertragen, § 11 Abs. 2, 3 SprAuG. §§ 12 und 13 SprAuG, die die Einberufung und Durchführung der Sitzungen näher regeln, sind § 29 BetrVG nachgebildet (s. o. I/Rz. 483 ff.).

g) Sonstige Einrichtungen

aa) Versammlung der leitenden Angestellten
Gem. § 15 Abs. 1 SprAuG soll der Sprecherausschuss einmal im Kalenderjahr eine 894 Versammlung der leitenden Angestellten einberufen und in dieser einen Tätigkeitsbericht erstatten. Eine außerordentliche Versammlung hat der Sprecherausschuss einzuberufen und den beantragten Beratungsgegenstand auf die Tagesordnung zu setzen, wenn dies der Arbeitgeber oder ein Viertel der leitenden Angestellten beantragen. Die Versammlung soll während der Arbeitszeit stattfinden (§ 15 Abs. 2 SprAuG), sodass für die Zeit der Teilnahme das Arbeitsentgelt fortzuzahlen ist. Sie ist nicht öffentlich. Ein Teilnahmerecht für Gewerkschaftsvertreter oder Vertreter des Arbeitgeberverbandes ist nicht vorgesehen. Die Versammlungsleitung obliegt dem Vorsitzenden des Sprecherausschusses bzw. seinem Vertreter. Zu der Versammlung ist gem. § 15 Abs. 3 SprAuG der Arbeitgeber unter Mitteilung der Tagesordnung einzuladen. Er hat dort ein Rederecht und ist verpflichtet, einen Bericht über Angelegenheiten der leitenden Angestellten und die wirtschaftliche Lage und Entwicklung des Betriebes zu erstatten, soweit hierdurch nicht Betriebs- oder Geschäftsgeheimnisse gefährdet werden.

bb) Gesamtsprecherausschuss
Ein Gesamtsprecherausschuss ist zu errichten, wenn in einem Unternehmen mehrere 895 Sprecherausschüsse bestehen. Jeder Sprecherausschuss entsendet eines seiner Mitglieder, wobei der jeweilige Sprecherausschuss befugt ist, das entsandte Mitglied wieder abzuberufen. Die Mitgliederzahl des Gesamtsprecherausschusses kann durch Vereinbarung mit dem Arbeitgeber abweichend geregelt werden, vgl. § 16 Abs. 1, 2 SprAuG. Die Geschäftsführung des Gesamtsprecherausschusses ist in § 19 SprAuG geregelt. Beschlussfähigkeit besteht, wenn mindestens die Hälfte der Mitglieder an der Beschlussfassung teilnimmt und die Teilnehmenden mindestens die Hälfte aller Stimmen vertreten. Stellvertretung durch Ersatzmitglieder ist zulässig, § 19 Abs. 3 SprAuG. Die Stimmengewichtung richtet sich nach der Zahl der leitenden Angestellten in dem Betrieb, dessen Sprecherausschuss das Mitglied entsandt hat, vgl. § 16 Abs. 4 SprAuG.

Die Zuständigkeitsregelung des § 18 SprAuG entspricht der Regelung über die 896 Zuständigkeit des Gesamtbetriebsrats (§ 51 BetrVG, s. o. I/Rz. 769 ff.).

Die Beendigung der Mitgliedschaft ist in § 17 Abs. 2 SprAuG abschließend geregelt. 897 Gem. § 17 Abs. 1 SprAuG besteht ferner auf Antrag von einem Viertel der Leitenden Angestellten des Unternehmens, des Gesamtsprecherausschusses oder des Arbeitgebers die Möglichkeit, arbeitsgerichtlich den Ausschluss eines Mitglieds aus dem Gesamtsprecherausschuss wegen grober Verletzung seiner gesetzlichen Pflichten zu beantragen. Die Vorschrift entspricht § 48 BetrVG, der seinerseits § 23 Abs. 1 BetrVG nachgebildet ist (s. u. I/Rz. 1973 ff.).

I. Betriebsverfassungsrecht

cc) Konzernsprecherausschuss

898 Für einen Konzern (s. o. I/Rz. 785 ff.) kann nach § 21 SprAuG durch Beschlüsse der einzelnen Gesamtsprecherausschüsse ein Konzernsprecherausschuss errichtet werden, sofern die zustimmenden Sprecherausschüsse insgesamt 75% der leitenden Angestellten der Konzernunternehmen repräsentieren. Sofern in einem Konzernunternehmen nur ein Sprecherausschuss oder ein Unternehmenssprecherausschuss besteht, tritt er an die Stelle des Gesamtsprecherausschusses und nimmt dessen Funktion wahr. Die Stimmengewichtung richtet sich nach § 21 Abs. 4 SprAuG. Für die Geschäftsführung, den Ausschluss das Erlöschen der Mitgliedschaft verweist § 24 SprAuG auf die entsprechenden Regelungen für den Gesamtsprecherausschuss. Die Zuständigkeitsregelung des § 23 SprAuG entspricht § 58 BetrVG (s. o. I/Rz. 798).

dd) Unternehmenssprecherausschuss

899 In Unternehmen mit mehreren Betrieben, von denen keiner oder nur einzelne die Voraussetzungen eines Sprecherausschusses erfüllen, ermöglicht § 20 SprAuG die Errichtung eines Unternehmenssprecherausschusses, wenn in dem Unternehmen insgesamt mindestens zehn leitende Angestellte beschäftigt werden, vgl. § 20 SprAuG.

h) Allgemeine Aufgaben

aa) Umfassender Vertretungsauftrag

900 Gem. § 25 Abs. 1 SprAuG vertritt der Sprecherausschuss die kollektiven Interessen der leitenden Angestellten.

> Es besteht eine umfassende Vertretungskompetenz, sodass der Sprecherausschuss ungeachtet der Regelung einzelner Mitwirkungsrechte in allen kollektiven Angelegenheiten der leitenden Angestellten tätig werden kann. Aus der Generalkompetenz folgen allerdings keine besonderen Mitwirkungsrechte.

901 Eine Angelegenheit hat kollektiven Charakter, wenn sie ihrer Art nach (potenziell) eine allgemeine ist, mag sie auch zunächst nur einen einzelnen leitenden Angestellten betreffen (MünchArbR/*Joost* § 324 Rz. 49). Ein Initiativrecht besteht dergestalt, dass der Sprecherausschuss in allen Fragen kollektiver Interessenwahrnehmung an den Arbeitgeber herantreten und bestimmte Maßnahmen bei ihm beantragen kann. Dem korrespondiert die Verpflichtung des Arbeitgebers, Anträge entgegenzunehmen und sich mit ihnen zu befassen und ggf. die Angelegenheit mit dem Sprecherausschuss zu erörtern.

bb) Unterrichtungspflicht

902 Gem. § 25 Abs. 2 SprAuG besteht ein § 80 Abs. 2 BetrVG (s. u. I/Rz. 1262 ff.) nachgebildetes Unterrichtungsrecht des Sprecherausschusses unter Einschluss des Rechts, die Vorlage erforderlicher Unterlagen verlangen zu können.

> Im Gegensatz zu § 80 Abs. 2 S. 2 BetrVG ist ein Einblicksrecht in Lohn- und Gehaltslisten nicht vorgesehen, wird aber überwiegend unter dem Gesichtspunkt des allgemeinen Informationsrechts angenommen (MünchArbR/*Joost* § 324 Rz. 53). Die Hinzuziehung von Sachverständigen sieht das SprAuG im Gegensatz zum BetrVG nicht vor.

I. Betriebsverfassungsrecht

cc) **Grundsätze für die Behandlung der leitenden Angestellten**
Gem. § 27 SprAuG haben Arbeitgeber und Sprecherausschuss darüber zu wachen, dass alle leitenden Angestellten des Betriebs nach den Grundsätzen von Recht und Billigkeit behandelt werden. Die Vorschrift entspricht wörtlich § 75 BetrVG (s. u. I/Rz. 1043 ff.). 903

dd) **Anhörungsrecht bei Betriebsvereinbarungen**
Vor Abschluss von Betriebsvereinbarungen oder sonstigen Vereinbarungen mit dem Betriebsrat, die rechtliche Interessen der leitenden Angestellten berühren, ist der Sprecherausschuss rechtzeitig anzuhören, § 2 Abs. 1 SprAuG. Dieses Anhörungsrecht dient der Wahrung der Interessen der leitenden Angestellten bei Vereinbarungen mit dem Betriebsrat, die aus tatsächlichen Gründen nicht ohne Auswirkungen auf die Rechtsstellung der leitenden Angestellten bleiben können (BT-Drs. XI/2503, S. 43), wie etwa dann, wenn die abzuschließende Vereinbarung eine notwendig betriebseinheitliche Regelung enthält, bei der einheitlichen Gewährung freiwilliger Leistungen für alle Arbeitnehmer, bei Gesamtvereinbarungen über die Ordnung des Betriebes, Urlaubsplänen oder die Lage der Arbeitszeit. 904

Die Verletzung der Anhörungspflicht ist auf die Wirksamkeit der mit dem Betriebsrat getroffenen Vereinbarungen ohne Einfluss (MünchArbR/*Joost* § 324 Rz. 58).

i) **Richtlinien und Vereinbarungen**

aa) **Begriff**
Gem. § 28 Abs. 1 BetrVG können Arbeitgeber und Sprecherausschuss Richtlinien über den Inhalt, den Abschluss oder die Beendigung von Arbeitsverhältnissen der leitenden Angestellten schriftlich vereinbaren. 905

Eine unmittelbare und zwingende Wirkung kommt einer Richtlinie nur zu, wenn dies zwischen Arbeitgeber und Sprecherausschuss vereinbart ist (§ 28 Abs. 2 SprAuG).

Obwohl somit formal zwischen Richtlinie und Vereinbarung unterschieden wird, lassen sich die Vereinbarungen nach § 28 SprAuG unter dem Begriff der Sprecherausschussvereinbarung zusammenfassen. Eine solche Vereinbarung ist eine bloße Richtlinie, wenn die normative Wirkung für die Arbeitsverhältnisse nicht vereinbart wird (MünchArbR/*Joost* § 324 Rz. 6). Die Sprecherausschussvereinbarung ist damit ebenso wie Betriebsvereinbarung und Tarifvertrag ein Kollektivvertrag, dem allerdings nicht kraft Gesetzes, sondern nur kraft Vereinbarung normative Wirkung zukommen kann. 906

bb) **Gesetzes- und Tarifvorrang**
Sprecherausschussvereinbarungen dürfen nicht gegen höherrangiges Recht verstoßen. Bei einem Gesetzesverstoß sind derartige Vereinbarungen nichtig. Höherrangiges Recht sind auch evtl. für leitende Angestellte geltende Tarifverträge, die aber gem. § 4 Abs. 3 TVG (Günstigkeitsprinzip) nur einseitig zwingend sind. Im Gegensatz zur Betriebsvereinbarung (vgl. §§ 77 Abs. 3, 87 Abs. 1 BetrVG) ist ein gesetzlicher Tarif- 907

I. Betriebsverfassungsrecht

vorbehalt bzw. -vorrang für die Sprecherausschussvereinbarung gesetzlich nicht geregelt. Teilweise (z. B. MünchArbR/*Joost* § 324 Rz. 10) wird unter dem Gesichtspunkt des Schutzes der Tarifautonomie gleichwohl auch ungeschrieben ein Tarifvorbehalt angenommen.

cc) Inhalt und Regelungsschranken

908 Gem. § 28 Abs. 1 SprAuG haben Arbeitgeber und Sprecherausschuss grds. eine umfassende Regelungskompetenz hinsichtlich Inhalt (z. B. Grundsätze über das Gehaltssystem und die Gehaltshöhe, Tantiemen, Sachleistungen), Abschluss (z. B. Formvorschriften, Auswahlrichtlinien, Abschlusse- und -verbote) und Beendigung (z. B. Schriftform der Kündigung, Kündigungsfristen) von Arbeitsverhältnissen. Die Formulierung des § 28 Abs. 1 SprAuG entspricht der des § 1 Abs. 1 TVG.

909 Da eine Richtlinie nur vorliegt, wenn sie für eine unbestimmte Vielzahl künftiger Fälle gelten soll, erstreckt sich die Mitwirkung des Sprecherausschusses nur auf kollektive Sachverhalte, nicht aber auf Bestimmungen, die nur für einzelne Arbeitsverhältnisse gelten sollen (MünchArbR/*Joost* § 324 Rz. 23).

910 Die vereinbarten Richtlinien müssen sich im Rahmen der dem Sprecherausschuss zugewiesenen Kompetenzen halten, ferner dürfen sie nicht gegen höherrangiges Recht verstoßen.

Insbesondere müssen die Grundsätze für die Behandlung der leitenden Angestellten nach § 27 SprAuG berücksichtigt werden. Richtlinien unterliegen ebenso wie Betriebsvereinbarungen (s. u. I/Rz. 1184 f.) einer gerichtlichen Billigkeitskontrolle, insbesondere daraufhin, ob der Gleichbehandlungsgrundsatz und das Prinzip des Vertrauensschutzes gewahrt ist.

dd) Wirkungen

911 Im Gegensatz zu Betriebsvereinbarungen (§ 77 Abs. 4 BetrVG) haben Richtlinien nur dann unmittelbare und zwingende Wirkung (s. u. I/Rz. 1198 ff.), wenn dies Arbeitgeber und Sprecherausschuss vereinbaren, § 28 Abs. 2 SprAuG. Gem. § 28 Abs. 2 S. 2 SprAuG gilt im Verhältnis von Richtlinie zu Arbeitsvertrag das Günstigkeitsprinzip. Für die Beurteilung der Günstigkeit gelten die für die Betriebsvereinbarung entwickelten Gründsätze entsprechend (s. u. I/Rz. 1200 ff.). Ebenso wie bei der Betriebsvereinbarung (§ 77 Abs. 4 BetrVG, s. u. I/Rz. 1206) ist gem. § 28 Abs. 2 SprAuG ein Verzicht auf die Rechte aus einer Richtlinie nur mit Zustimmung des Sprecherausschusses zulässig.

912 Soweit Sprecherausschuss und Arbeitgeber nicht vereinbaren, dass die Richtlinie unmittelbare und zwingende Wirkung haben soll, kann die Richtlinie Wirkungen nur im Verhältnis zwischen Sprecherausschuss und Arbeitgeber entfalten. Ein Richtlinienverstoß ist hingegen für die Wirksamkeit richtlinienwidriger Arbeitsverträge ohne rechtliche Bedeutung. Richtlinienverstöße berechtigen den Sprecherausschuss, im arbeitsgerichtlichen Beschlussverfahren (§ 2 a ArbGG) die Einhaltung der Richtlinie gegenüber dem Arbeitgeber durchzusetzen bzw. feststellen zu lassen, dass der Arbeitgeber nicht berechtigt war, von der Richtlinie abzuweichen. Im Einzelfall ist dabei im Wege der Auslegung zu ermitteln, ob der Arbeitgeber berechtigt sein sollte, bei Vorliegen besonderer Gründe in Einzelfällen von der Richtlinie abzuweichen oder

I. Betriebsverfassungsrecht

aber verpflichtet ist, die Richtlinie ohne die Möglichkeit von Ausnahmen einzuhalten (MünchArbR/*Joost* § 324 Rz. 28, 29).

ee) Abschluss und Beendigung

Der Abschluss von Sprecherausschussvereinbarungen unterliegt gem. § 28 Abs. 1 SprAuG dem Freiwilligkeitsprinzip. Der Sprecherausschuss hat nicht die Möglichkeit, den Abschluss einer Vereinbarung zu erzwingen. 913

Die Sprecherausschussvereinbarung kommt durch übereinstimmende Willenserklärungen von Sprecherausschuss und Arbeitgeber zu Stande. Der Arbeitgeber kann sich vertreten lassen. Für den Sprecherausschuss handelt dessen Vorsitzender auf Grund eines entsprechenden Beschlusses des Sprecherausschusses. Gem. § 28 Abs. 1 SprAuG muss die Vereinbarung zwingend schriftlich abgeschlossen werden, andernfalls tritt Nichtigkeit ein (§ 125 S. 1 BGB). Die für Betriebsvereinbarungen geltenden Regeln gelten entsprechend (s. u. I/Rz. 1153 ff.).

Eine unmittelbar und zwingend geltende Sprecherausschussvereinbarung kann gem. § 28 Abs. 2 SprAuG vorbehaltlich einer anderweitigen Vereinbarung mit einer Frist von 3 Monaten gekündigt werden. Aus wichtigem Grund kann eine Vereinbarung jederzeit ohne Einhaltung einer Kündigungsfrist gekündigt werden. Zulässig ist auch die Vereinbarung einer Befristung. Für Richtlinien ohne unmittelbare und zwingende Wirkung enthält das Gesetz keine Regelung. Sind solche Richtlinien auf Dauer angelegt, können sie jederzeit ohne Einhaltung einer Frist gekündigt werden (MünchArbR/*Joost* § 324 Rz. 40). 914

Eine Nachwirkung gekündigter Richtlinien ist gesetzlich nicht vorgesehen. Sie tritt daher nur ein, wenn dies zwischen Sprecherausschuss und Arbeitgeber vereinbart worden ist (MünchArbR/*Joost* § 324 Rz. 42).

Eine Richtlinie tritt ferner außer Kraft durch einvernehmliche Aufhebung oder Ablösung durch eine zeitlich nachfolgende Richtlinie gleichen Regelungsgegenstandes. Im Falle des Betriebsübergangs gilt § 613 a Abs. 1 S. 2 BGB für Sprecherausschussvereinbarungen entsprechend (MünchArbR/*Joost* § 324 Rz. 44). 915

j) Unterstützung einzelner leitender Angestellter
Gem. § 26 Abs. 1 SprAuG kann der leitende Angestellte bei der Wahrnehmung seiner Belange gegenüber dem Arbeitgeber ein Mitglied des Sprecherausschusses zur Unterstützung und Vermittlung hinzuziehen. In Betracht kommen alle rechtlichen und sonstigen Belange des leitenden Angestellten in seiner Eigenschaft als Arbeitnehmer. Das Sprecherausschussmitglied ist in entsprechender Anwendung des § 82 Abs. 2 S. 3 BetrVG zur Verschwiegenheit über den Inhalt der Verhandlungen verpflichtet (MünchArbR/*Joost* § 324 Rz. 64). 916

Gem. § 26 Abs. 2 SprAuG besteht für den leitenden Angestellten das Recht, in die über ihn geführten Personalakten Einsicht zu nehmen und Erklärungen zu deren Inhalt abzugeben, die auf sein Verlangen den Personalakten beizufügen sind. Bei Einsichtnahme kann ein Mitglied des Sprecherausschusses hinzugezogen werden. Es gilt der materielle Personalaktenbegriff (s. u. I/Rz. 982). Das hinzugezogene Sprecherausschussmitglied hat über den Inhalt der Personalakte Stillschweigen zu bewahren, sofern es nicht durch den leitenden Angestellten hiervon entbunden wird. Die 917

I. Betriebsverfassungsrecht

Verletzung der Schweigepflicht ist nach § 35 Abs. 2 SprAuG strafbewehrt und kann zu Schadenersatzansprüchen führen.

k) Arbeitsbedingungen und Beurteilungsgrundsätze

918 § 30 SprAuG normiert eine Unterrichtungs- und Beratungspflicht des Arbeitgebers bei einer Änderung der Gehaltsgestaltung und sonstiger allgemeiner Arbeitsbedingungen sowie bei Einführung oder Änderung allgemeiner Beurteilungsgrundsätze. Hierdurch soll der Sprecherausschuss von vornherein in die Entscheidungsprozesse eingebunden werden. Die Gehaltsgestaltung erfasst die Festlegung genereller Regelungen der Gehaltsfindung, nicht aber die Höhe des Gehalts selbst.

919 Der Begriff des Gehalts umfasst ebenso wie bei § 87 Abs. 1 Nr. 10 BetrVG (s. u. I/Rz. 1449 ff.) außer dem unmittelbaren Arbeitsentgelt alle geldwerten Leistungen mit Entgeltcharakter, die im Hinblick auf die Arbeitsleistung erbracht werden. Sonstige allgemeine Arbeitsbedingungen sind alle formellen oder materiellen kollektiven Regelungen, die für das Arbeitsverhältnis gelten, wie z. B. alle sozialen Angelegenheiten i. S. d. § 87 Abs. 1 BetrVG, aber auch Regelungen über Dienstfahrzeuge, Wettbewerbsverbote, Verschwiegenheitspflichten oder Reisekostenregelungen (MünchArbR/*Joost* § 324 Rz. 70).

920 Über den Wortlaut hinaus erfasst § 30 SprAuG nicht nur die Änderung allgemeiner Arbeitsbedingungen, sondern auch deren erstmalige Einführung (MünchArbR/*Joost* § 324 Rz. 71). Die Mitwirkung des Sprecherausschusses bei der Einführung oder Änderung allgemeiner Beurteilungsgrundsätze entspricht dem entsprechenden Beteiligungsrecht des Betriebsrats nach § 94 Abs. 2 BetrVG (s. u. I/Rz. 1572 ff.).

921 Die Unterrichtung hat rechtzeitig zu erfolgen, d. h. zu einem Zeitpunkt, in dem der Sprecherausschuss noch die Möglichkeit hat, auf die Entscheidung des Arbeitgebers Einfluss zu nehmen. Auf Verlangen des Sprecherausschusses hat die Unterrichtung anhand der erforderlichen Unterlagen zu erfolgen (vgl. § 25 Abs. 2 SprAuG).

l) Personelle Einzelmaßnahmen

922 Gem. § 31 SprAuG hat der Arbeitgeber dem Sprecherausschuss jede beabsichtigte Einstellung oder personelle Veränderung eines leitenden Angestellten rechtzeitig mitzuteilen. Ferner besteht eine Anhörungspflicht vor Ausspruch einer Kündigung eines leitenden Angestellten.

923 Der Begriff der Einstellung entspricht dem in § 99 Abs. 1 BetrVG verwendeten (s. u. I/Rz. 1639 ff.). Ferner liegt eine Einstellung i. S. d. Vorschrift vor, wenn ein im Betrieb bereits beschäftigter Arbeitnehmer erstmalig die Funktion eines leitenden Angestellten übernimmt (MünchArbR/*Joost* § 324 Rz. 76). Sonstige personelle Veränderungen sind bspw. eine beabsichtigte Umgruppierung oder Versetzung, insbesondere aber auch jede Veränderung der bisherigen Leitungsaufgabe des leitenden Angestellten, wie z. B. der Widerruf von Vollmachten. Ferner liegt eine personelle Veränderung vor, wenn der leitende Angestellte aus eigenem Entschluss den Betrieb verlässt, z. B. durch Eigenkündigung oder Übernahme von Funktionen in einem anderen Betrieb desselben Unternehmens oder einem anderen Unternehmen desselben Konzerns. Da bereits die bloße Absicht mitteilungspflichtig ist, muss die Unterrichtung so rechtzei-

tig erfolgen, dass der Sprecherausschuss auf die Entscheidung des Arbeitgebers noch einwirken kann (MünchArbR/*Joost* § 324 Rz. 78). Obwohl § 31 SprAuG nur eine Unterrichtungspflicht normiert, ist der Arbeitgeber auf Grund des allgemeinen Gebots der vertrauensvollen Zusammenarbeit (§ 2 Abs. 1 SprAuG) auf Wunsch des Sprecherausschusses verpflichtet, die Maßnahme mit dem Sprecherausschuss zu erörtern.

Die Verletzung der Mitteilungspflicht hat keine Auswirkungen auf die Wirksamkeit der personellen Maßnahme, ist jedoch Ordnungswidrigkeit nach § 36 SprAuG. 924

Im Rahmen des Beteiligungsrechts obliegt den Mitgliedern des Sprecherausschusses nach § 31 Abs. 3 SprAuG eine Verschwiegenheitspflicht.

Vor Ausspruch einer Kündigung eines leitenden Angestellten hat der Arbeitgeber den Sprecherausschuss gem. § 31 Abs. 2 SprAuG zu hören und diesem die Gründe für die Kündigung mitzuteilen. Eine ohne vorherige Anhörung ausgesprochene Kündigung ist rechtlich unwirksam. 925

Der Sprecherausschuss hat im Falle der ordentlichen Kündigung die Möglichkeit innerhalb einer Woche, bei einer außerordentlichen Kündigung unverzüglich (ohne schuldhaftes Zögern), spätestens jedoch innerhalb von 3 Tagen unter Angabe von Gründen eventuelle Bedenken schriftlich mitzuteilen. Äußert er sich innerhalb der maßgebenden Frist nicht, so gilt dies als Einverständnis des Sprecherausschusses mit der Kündigung. 926

Sofern die Zuordnung eines zu kündigenden Angestellten zum Kreis der leitenden Angestellten zweifelhaft ist, sollte vorsorglich sowohl der Betriebsrat als auch der Sprecherausschuss zur Kündigung angehört werden, da bei Anhörung des falschen Repräsentationsorgans die Kündigung unwirksam ist (MünchArbR/ *Joost* § 324 Rz. 82). 927

m) Wirtschaftliche Angelegenheiten
Der Unternehmer hat den Sprecherausschuss mindestens einmal im Kalenderhalbjahr über die wirtschaftlichen Angelegenheiten des Betriebs und des Unternehmens i. S. d. § 106 Abs. 3 BetrVG (s. o. I/Rz. 847 ff.) zu unterrichten, soweit dadurch nicht Betriebs- oder Geschäftsgeheimnisse des Unternehmens (s. o. I/Rz. 869 ff.) gefährdet werden. Ausgenommen sind Tendenzunternehmen bzw. -betriebe i. S. des. § 118 Abs. 1 BetrVG (s. o. I/Rz. 199 ff.). § 32 Abs. 1 SprAuG verpflichtet anders als § 106 BetrVG nicht zur Vorlage von Unterlagen. Zum Teil (z. B. MünchArbR/*Joost* § 324 Rz. 99) wird eine analoge Anwendung des § 106 Abs. 2 BetrVG befürwortet. Zum anderen wird die Ansicht vertreten, die Vorlage von Unterlagen könne nur im Rahmen der allgemeinen Unterrichtungspflicht nach § 25 SprAuG verlangt werden (so z. B. *Schaub* ArbRHb § 254 I 2 d). Verstöße gegen die Unterrichtungspflicht können gem. § 36 SprAuG als Ordnungswidrigkeit zu ahnden sein. 928

Gem. § 31 Abs. 2 SprAuG hat der Unternehmer den Sprecherausschuss über geplante Betriebsänderungen i. S. d. § 111 BetrVG (s. u. I/Rz. 1783 ff.), die auch wesentliche Nachteile für leitende Angestellte zur Folge haben können, rechtzeitig und umfassend zu unterrichten und bei zu befürchtenden wirtschaftlichen Nachteilen für die 929

I. Betriebsverfassungsrecht

leitenden Angestellten mit dem Sprecherausschuss über Maßnahmen zum Ausgleich oder zur Milderung dieser Nachteile zu beraten. Anders als bei § 111 BetrVG, in dessen Rahmen dann, wenn eine der dort aufgeführten Betriebsänderungen geplant ist, vermutet wird, dass diese auch wesentliche Nachteile für die Belegschaft oder erhebliche Teile der Belegschaft zur Folge haben kann, greift im Rahmen des § 32 Abs. 2 SprAuG eine entsprechende Vermutung nicht (MünchArbR/*Joost* § 324 Rz. 107).

930 Im Gegensatz zu § 111 BetrVG, sieht § 32 SprAuG keine Beratungspflicht des Arbeitgebers mit dem Sprecherausschuss über die geplante Betriebsänderung an sich, sondern nur über den Ausgleich oder die Milderung zu erwartender Nachteile vor.

931 Ein Sozialplan kann nicht erzwungen werden. Möglich ist nur der Abschluss freiwilliger Vereinbarungen gem. § 28 SprAuG.

n) Streitigkeiten und Sanktionen

932 Streitigkeiten über das Bestehen, den Umfang und die ordnungsgemäße Erfüllung von Mitwirkungsansprüchen zwischen Arbeitgeber und Sprecherausschuss sind im arbeitsgerichtlichen Beschlussverfahren zu entscheiden. Individualrechtliche Ansprüche der leitenden Angestellten nach § 26 SprAuG und Ansprüche aus Sprecherausschussvereinbarungen gem. § 28 Abs. 2 SprAuG sind im arbeitsgerichtlichen Urteilsverfahren zu verfolgen.

933 Bei einer Verletzung von Mitwirkungsrechten kann der Sprecherausschuss die ihm eingeräumten Rechte im Rahmen eines arbeitsgerichtlichen Beschlussverfahrens, ggf. auch im Wege der einstweiligen Verfügung (§ 85 Abs. 2 ArbGG) durchsetzen. Da nach dem SprAuG allerdings nur Unterrichtungs-, Anhörungs- und Beratungsrechte bestehen, können auch nur diese Ansprüche im Wege der einstweiligen Verfügung durchgesetzt werden. Ein Anspruch auf Unterlassung der Maßnahme besteht nach überwiegender Ansicht nicht (vgl. MünchArbR/*Joost* § 324 Rz. 45, 46).

934 Eine Unwirksamkeit der Maßnahme bei Verletzung von Mitwirkungsrechten sieht § 31 Abs. 2 SprAuG nur für den Ausspruch von Kündigungen ohne vorherige Anhörung des Sprecherausschusses vor.

935 Die Nichterfüllung von Unterrichtungs- oder Mitteilungspflichten gem. §§ 30 S. 1, 31 Abs. 1, 32 Abs. 1, Abs. 2 S. 1 SprAuG kann Ordnungswidrigkeit nach § 36 SprAuG sein. Die vorsätzliche und nachhaltige Missachtung von Mitwirkungsrechten kann darüber hinaus den Straftatbestand der Behinderung der Amtsausübung gem. § 34 SprAuG erfüllen.

IV. Die Rechtsstellung der Koalitionen im Betrieb

1. Zusammenwirkung der Koalitionen mit Arbeitgeber und Betriebsrat

936 Dem BetrVG liegt der Gedanke der Aufgabentrennung und Unabhängigkeit der Betriebspartner von den Koalitionen zu Grunde (BR-Drs. 715/70, S. 35). Ihre Verpflichtung zum Zusammenwirken mit den im Betrieb vertretenen Koalitionen nach § 2 Abs. 1 BetrVG begründet kein selbstständiges Recht der Koalitionen, sich in das betriebliche Geschehen einzuschalten.

I. Betriebsverfassungsrecht

Den Koalitionen steht kein allgemeines Kontrollrecht über alle betriebsverfas- 937
sungsrechtlichen Aktivitäten zu (*BAG* 30.10.1986 EzA § 47 BetrVG 1972 Nr. 4).
Eine Antragsbefugnis im arbeitsgerichtlichen Beschlussverfahren, die Vereinbarkeit von Betriebsvereinbarungen mit tarifvertraglichen Regelungen überprüfen
zu lassen, besteht daher ebenso wenig wie ein Anspruch einer Gewerkschaft gegen
den Arbeitgeber, die Anwendung einer Betriebsvereinbarung zu unterlassen, weil
diese gegen zwingende tarifliche Vorgaben verstößt (*BAG* 23.2.1988 EzA § 81
ArbGG 1979 Nr. 13; 20.8.1991 EzA Art. 9 GG Nr. 54).

Die Verpflichtung zum Zusammenwirken mit den Koalitionen erstreckt sich auf den 938
gesamten Bereich der Zusammenarbeit von Arbeitgeber und Betriebsrat, wobei allerdings die Beiziehung der Koalitionen nach pflichtgemäßen Ermessen vom Willen der
Betriebspartner abhängt. Eine Pflicht der Koalitionen zur Zusammenarbeit besteht
hingegen nicht (GK-BetrVG/*Kraft* § 2 Rz. 25, 26).
Die Pflicht zum Zusammenwirken bezieht sich nur auf im Betrieb vertretene Gewerk- 939
schaften und Arbeitgebervereinigungen. Arbeitgebervereinigungen sind vertreten,
wenn der Arbeitgeber Mitglied ist. Gewerkschaften sind vertreten, wenn ihnen mindestens ein Arbeitnehmer des Betriebes angehört, der nicht zu den leitenden Angestellten i. S. d. § 5 Abs. 3 BetrVG zählt (*BAG* 25.3.1992 EzA § 2 BetrVG 1972 Nr. 14).

Im Streitfall obliegt der Gewerkschaft der Beweis, dass sie im Betrieb vertreten ist 940
(GK-BetrVG/*Kraft* § 2 Rz. 27). Der Beweis braucht nicht durch namentliche Nennung des gewerkschaftszugehörigen Arbeitnehmers erfolgen, sondern kann auch
durch mittelbare Beweismittel, z. B. durch notarielle Erklärungen oder die Aussage eines Sekretärs der betreffenden Gewerkschaft erbracht werden. Ob diese Beweisführung im Einzelfall ausreicht, ist eine Frage der Beweiswürdigung (*BAG*
25.3.1992 EzA § 2 BetrVG 1972 Nr. 14).

2. Zugangsrecht der Gewerkschaften zum Betrieb, § 2 Abs. 2 BetrVG

Als Unterstützungsrecht zur Realisierung der im BetrVG genannten Aufgaben ge- 941
währt § 2 Abs. 2 BetrVG den im Betrieb vertretenen Gewerkschaften ein Zutrittsrecht
zum Betrieb. Es ist grds. an die im BetrVG geregelten Aufgaben und Befugnisse gebunden und gewährt damit keinen allgemeinen Zugang. Ausreichend sind aber
auch Aufgaben der Gewerkschaften, wenn sie in einem inneren Zusammenhang
mit dem BetrVG stehen und die Gewerkschaft an deren Lösung ein berechtigtes Interesse hat (*BAG* 26.6.1973 EzA § 2 BetrVG 1972 Nr. 5; abl. GK-BetrVG/*Kraft* § 2
Rz. 51).
Ausdrücklich im BetrVG geregelte Aufgaben, die ein Zutrittsrecht begründen können, 942
sind:
– Befugnisse im Zusammenhang mit Betriebsratswahlen (§ 14 Abs. 5, 8, § 16 Abs. 2,
§ 17 Abs. 2 und 3, 18 Abs. 1 und 2)
– Teilnahmerechte an (Gesamt-, Konzern-)Betriebsratssitzungen, der (Gesamt-)Ju-
gend- und Auszubildendenvertretung (§§ 31, 51 Abs. 1, § 59 Abs. 1, § 65 Abs. 1,
§ 73 Abs. 2)
– Recht zur Teilnahme an einer Sitzung des Wirtschaftsausschusses analog § 31
BetrVG (*BAG* 25.6.1987 EzA § 108 BetrVG 1972 Nr. 7)

I. Betriebsverfassungsrecht

- Teilnahmerecht an Betriebs- und Abteilungsversammlungen, Betriebsräteversammlungen, Jugend- und Auszubildendenversammlungen (§§ 46, 53 Abs. 2, § 71)
- Mitgliedschaft des Gewerkschaftsvertreters in einer tariflichen Schlichtungsstelle nach § 76 Abs. 8 BetrVG.

943 Darüber hinaus besteht ein akzessorisches Zugangsrecht dann, wenn der Betriebsrat oder ein von ihm gebildeter Ausschuss im Rahmen der ihm zugewiesenen Aufgaben die Unterstützung der Gewerkschaft an Ort und Stelle wünscht (vgl. *BAG* 17.1.1989 EzA § 2 BetrVG 1972 Nr. 12). Dies erfordert einen entsprechenden Beschluss des Betriebsrats oder des Ausschusses (GK-BetrVG/*Kraft* § 2 Rz. 61; a. A. *Berg* DKK § 2 Rz. 33: ausreichend sei der Ausspruch einer Einladung durch den BR-Vorsitzenden oder einen Ausschussvorsitzenden). Nicht zu den Aufgaben der Gewerkschaft gehört ein allgemeines Ermittlungs-, Kontroll- oder Überwachungsrecht, sodass auch aus dem in § 23 BetrVG normierten Antragsrecht der Gewerkschaft selbst dann kein Zutrittsrecht folgt, wenn konkrete Anhaltspunkte für grobe Pflichtverstöße der Betriebspartner vorliegen (MünchArbR/*v. Hoyningen-Huene* § 302 Rz. 14). Das Zugangsrecht ist nicht von vornherein auf bestimmte Betriebsbereiche, wie etwa das BR-Zimmer oder die Betriebsversammlung, beschränkt, sondern kann im Einzelfall auch zum Besuch einzelner Arbeitnehmer an ihrem Arbeitsplatz berechtigen, insbesondere dann, wenn der Betriebsrat im Rahmen seiner Aufgaben einzelne Arbeitsplätze aufsuchen kann und hierzu die Hinzuziehung eines Gewerkschaftsbeauftragten beschlossen hat (*BAG* 17.1.1989 EzA § 2 BetrVG 1972 Nr. 12). Sofern dies nicht zur Erfüllung konkreter Aufgaben und Befugnisse notwendig ist, besteht allerdings kein allgemeines Zugangsrecht zu allen Betriebsteilen und Arbeitsplätzen (GK-BetrVG/*Kraft* § 2 Rz. 63).

944 § 2 Abs. 2 BetrVG begründet einen Rechtsanspruch auf Zutritt; der Arbeitgeber ist zur Duldung gesetzlich verpflichtet.

> Das Zutrittsrecht darf jedoch nicht gegen den Willen des Arbeitgebers im Wege der Selbsthilfe durchgesetzt werden, sofern nicht die engen Voraussetzungen der §§ 229 ff. BGB vorliegen, sondern muss vielmehr gegebenenfalls im arbeitsgerichtlichen Beschlussverfahren, auch im Rahmen der einstweiligen Verfügung erstritten werden (vgl. *LAG Hamm* 9.3.1972 EzA § 2 BetrVG 1972 Nr. 1). Vor Aufsuchen des Betriebes ist der Arbeitgeber oder sein Vertreter rechtzeitig, in Eilfällen auch unmittelbar vor dem Besuch über die Gründe, aus denen Zugang begehrt wird, die Stellen und Personen, die besucht werden sollen und die Person des Beauftragten zu unterrichten (GK-BetrVG/*Kraft* § 2 Rz. 65).

945 Der Arbeitgeber kann den Zutritt zum einen verweigern, wenn die gesetzlichen Voraussetzungen nach § 2 Abs. 2 BetrVG nicht erfüllt sind, also der Zugang nicht der Wahrnehmung betriebsverfassungsrechtlicher Aufgaben oder Befugnisse dient oder wenn er nicht rechtzeitig unterrichtet wurde. Ferner kann er den Zutritt verweigern, wenn unumgängliche Notwendigkeiten des Betriebsablaufs, zwingende Sicherheitsvorschriften oder der Schutz von Betriebsgeheimnissen entgegenstehen. Eine unumgängliche Notwendigkeit des Betriebsablaufs liegt vor, wenn der Zugang zu einer schwer wiegenden, für den Arbeitgeber unzumutbaren Störung des Betriebsablaufes führt (GK-BetrVG/*Kraft* § 2 Rz. 71 ff.). Zwingende Sicherheitsvorschriften können nur eingreifen, wenn sie das Betreten bestimmter Räumlichkeiten allgemein für alle dort nicht beschäftigten Personen verbieten (*Berg* DKK § 2 Rz. 40).

I. Betriebsverfassungsrecht

Der Schutz von Betriebsgeheimnissen steht dem Zugangsrecht nur entgegen, wenn es sich um lebensnotwendige Betriebsgeheimnisse handelt oder wenn gegenüber dem zutrittfordernden Gewerkschaftsfunktionär konkret der Verdacht besteht, er werde Geheimnisse verraten, da auch Gewerkschaftsvertretern nach § 79 Abs. 2 BetrVG eine strafbewehrte (§ 120 Abs. 1 BetrVG) Geheimhaltungspflicht auferlegt ist (GK-BetrVG/*Kraft* § 2 Rz. 73). Einem bestimmten Gewerkschaftsbeauftragten kann der Zutritt nur verweigert werden, wenn die Ausübung des Zutrittsrechts gerade durch ihn rechtsmissbräuchlich erscheint, so etwa dann, wenn der Beauftragte den Betriebsfrieden bei früheren Besuchen gestört, sich nicht an den Themenkatalog des § 45 BetrVG gehalten oder strafbare Handlungen gegen den Arbeitgeber begangen hat und Wiederholungsgefahr besteht (GK-BetrVG/*Kraft* § 2 Rz. 74). Streitig ist, ob während oder unmittelbar vor einem Arbeitskampf ein Zugangsrecht von Vertretern kampfbeteiligter oder kampfvorbereitender Gewerkschaften ausscheidet. Z. T. (*Berg* DKK § 2 Rz. 38 a; *FKHE* § 2 Rz. 51) wird ein Zugangsrecht uneingeschränkt bejaht, z. T. (*Hess* HSG § 2 Rz. 114; GK-BetrVG/*Kraft* § 2 Rz. 76) generell verneint.

3. Originäre Aufgaben der Koalitionen, § 2 Abs. 3 BetrVG

Gem. § 2 Abs. 3 BetrVG werden die Aufgaben der arbeitsrechtlichen Koalitionen, insbesondere die Förderung der Arbeits- und Wirtschaftsbedingungen durch den Abschluss von Tarifverträgen, nicht berührt. 946

Aus Art. 9 Abs. 3 GG folgt eine verfassungsrechtliche Garantie der koalitionsmäßigen Betätigung sowohl für die Koalition selbst als auch für ihre Mitglieder, die auch das Recht zur Werbung neuer Mitglieder beinhaltet (*BAG* 23.9.1986 EzA Art. 9 GG Nr. 40; *BVerfG* 14.11.1995 EzA Art. 9 GG Nr. 60). 947

Die Werbung ist nur durch betriebsangehörige Mitglieder der werbenden Gewerkschaft zulässig. Allein die Mitgliedschaft im Betriebsrat schließt eine Werbung durch ein einzelnes Betriebsratsmitglied nicht aus (vgl. § 74 Abs. 3 BetrVG); allerdings darf die Werbung nicht unter Ausnutzung der Amtsautorität als Betriebsratsmitglied erfolgen, da dies dem Grundsatz der gewerkschaftsneutralen Amtsführung zuwiderlaufen würde (vgl. zu Personalratswahlen: *BVerwG* 22.8.1991 EzA § 23 BetrVG 1972 Nr. 30). 948

Die Mitgliederwerbung ist grundrechtlich nicht nur in dem Maße geschützt, wie sie für die Erhaltung und die Sicherung des Bestandes der Gewerkschaften unerlässlich ist. Sofern während der Arbeitszeit Mitgliederwerbung betrieben wird, sind für die Frage, ob hierin eine Verletzung arbeitsvertraglicher Pflichten liegt, deshalb der Schutz nach Art. 9 Abs. 3 GG und die durch Art. 2 Abs. 1 GG geschützte wirtschaftliche Betätigungsfreiheit des Arbeitgebers, die insbesondere bei einer Störung des Betriebsfriedens und des Arbeitsablaufs berührt wird, gegeneinander abzuwägen (*BVerfG* 14.11.1995 EzA Art. 9 GG Nr. 60). 949

Die Werbung darf nicht grob unwahr oder hetzerisch sein, die negative Koalitionsfreiheit nicht verletzen und muss sich auf die koalitionsspezifischen Argumente ohne parteipolitischen Inhalt beschränken. Auch darf der Arbeitgeber nicht unsachlich angegriffen werden (GK-BetrVG/*Kraft* § 2 Rz. 87). 950

I. Betriebsverfassungsrecht

951 Das Werberecht begründet lediglich einen Duldungsanspruch gegen den Arbeitgeber, nicht aber das Recht, hierbei auf das Eigentum, Betriebsmittel, organisatorische Einrichtungen oder personelle Mittel des Arbeitgebers zuzugreifen.

952 Nicht zu dulden braucht der Arbeitgeber daher die Anbringung von Aufklebern mit Gewerkschaftsemblemen auf in seinem Eigentum stehenden Schutzhelmen (*BAG* 23.2.1979 EzA Art. 9 GG Nr. 29) oder die Verteilung gewerkschaftlichen Werbe- und Informationsmaterials über ein hausinternes Postverteilungssystem für dienstliche Zwecke (*BAG* 23.9.1986 EzA Art. 9 GG Nr. 40). Hinzunehmen ist hingegen die Plakatwerbung von Gewerkschaften und die Anbringung von Schriftgut zur Selbstdarstellung der Gewerkschaften an Anschlagtafeln des Betriebes (*BAG* 14.2.1978 EzA Art. 9 GG Nr. 25; 30.8.1983 EzA Art. 9 GG Nr. 37).

953 Soweit eine Gewerkschaft im Betrieb vertreten ist und Werbetätigkeiten deshalb durch betriebsangehörige Gewerkschaftsmitglieder durchführen lassen kann, folgt aus der koalitionsrechtlichen Betätigungsgarantie kein Zutrittsrecht betriebsfremder Gewerkschaftsmitglieder zum Zwecke der Werbung (*BAG* 19.1.1982 EzA Art. 9 GG Nr. 34 im Anschluss an *BVerfG* 17.2.1981 EzA Art. 9 GG Nr. 32).

954 Aus Art. 9 Abs. 3 GG folgt keine besondere Stellung gewerkschaftlicher Vertrauensleute im Betrieb. Diese haben keinerlei betriebsverfassungsrechtliche Funktion und deshalb auch keinen Anspruch auf Durchführung ihrer Wahl im Betrieb, auch nicht außerhalb der Arbeitszeit (*BAG* 8.12.1978 EzA Art. 9 GG Nr. 28). Ihnen kommt kein besonderer individualarbeitsrechtlicher Status etwa i. S. eines. besonderen Kündigungsschutzes oder eines Rechts auf bezahlte Freistellung zur Wahrnehmung gewerkschaftlicher Aufgaben zu. Verboten ist eine Benachteiligung wegen der gewerkschaftlichen Tätigkeit, § 75 BetrVG.

V. Rechte des einzelnen Arbeitnehmers nach dem BetrVG, §§ 81–86 BetrVG

1. Zweck und Rechtsnatur

955 §§ 81–86 BetrVG gewähren dem einzelnen Arbeitnehmer Mitwirkungs- und Beschwerderechte, die als Ergänzung zu den kollektiven Beteiligungsrechten des Betriebsrats dem einzelnen Arbeitnehmer ein Mitsprache- und Mitwirkungsrecht »rund um seinen Arbeitsplatz« einräumen sollen (vgl. Begr. zum Reg.-Entw., BR-Drs. 715/70, S. 47).

956 Es handelt sich um Individualrechte, die für alle Arbeitnehmer i. S. d. BetrVG gelten, die in einem betriebsratsfähigen Betrieb beschäftigt werden. Unerheblich ist, ob ein Betriebsrat existiert oder nicht (GK-BetrVG/*Wiese* Vor § 81 Rz. 21), es sei denn, die jeweilige Bestimmung setzt die Existenz eines Betriebsrates voraus, wie insbesondere § 85 Abs. 2 BetrVG (MünchArbR/*v. Hoyningen-Huene* § 303 Rz. 4).

957 Für Arbeitnehmer, die nicht dem BetrVG unterfallen oder in einem nicht betriebsratsfähigen Betrieb beschäftigt werden, folgen inhaltlich entsprechende Rechte aus der allgemeinen Fürsorgepflicht des Arbeitgebers (GK-BetrVG/*Wiese* Vor § 81 Rz. 18).

I. Betriebsverfassungsrecht

2. Prozessuale Durchsetzung

Auf Grund ihres Charakters als Individualrechte erfolgt die Durchsetzung der in §§ 81–86 BetrVG vorgesehenen Rechte nicht im Beschluss-, sondern im arbeitsgerichtlichen Urteilsverfahren (*BAG* 24.4.1979 EzA § 82 BetrVG 1972 Nr. 1; GK-BetrVG/*Wiese* Vor § 81 Rz. 41). 958

Das gilt auch, soweit es um die Befugnis des Arbeitnehmers nach §§ 82 Abs. 2, 83 Abs. 1, 84 Abs. 1 BetrVG geht, in den dort genannten Angelegenheiten ein Mitglied des Betriebsrates hinzuzuziehen (*BAG* 24.4.1979 EzA § 82 BetrVG 1972 Nr. 1). Bei Streitigkeiten aus der Hinzuziehung eines Betriebsratsmitglieds zwischen Betriebsrat und Arbeitgeber handelt es sich hingegen um eine kollektivrechtliche Angelegenheit, über die im Beschlussverfahren zu entscheiden ist (*Hess* HSG Vor § 81 Rz. 14). Der Befugnis des Arbeitnehmers, ein Betriebsratsmitglied hinzuzuziehen, entspricht allerdings kein eigener Anspruch des hinzugezogenen Betriebsratsmitglieds gegenüber dem Arbeitgeber, der von dem Betriebsmitglied selbstständig geltend gemacht werden könnte (*BAG* 23.2.1984 EzA § 82 BetrVG 1972 Nr. 2). 959

3. Schadensersatzanspruch, Zurückbehaltungsrecht

Erfüllt der Arbeitgeber die ihm nach §§ 81–86 BetrVG gegenüber dem einzelnen Arbeitnehmer obliegenden Verpflichtungen nicht, kommt neben dem im Urteilsverfahren durchzusetzenden Anspruch auf Erfüllung auch ein Schadensersatzanspruch aus pVV (§§ 280, 241 BGB) oder aus § 823 Abs. 2 BGB in Betracht (vgl. ausf. GK-BetrVG/*Wiese* Vor § 81 Rz. 37, 39). Ebenfalls besteht ein Zurückbehaltungsrecht, wobei allerdings umstritten ist, ob dies nur in schwer wiegenden Fällen anzunehmen ist (vgl. GK-BetrVG/*Wiese* Vor § 81 Rz. 37). 960

4. Unterrichtungs- und Erörterungspflicht, § 81 BetrVG

a) Zweck der Vorschrift, Verhältnis zu anderen Regelungen

Durch die in § 81 BetrVG vorgesehene Unterrichtungs- und Erörterungspflicht des Arbeitgebers soll die Einarbeitung des Arbeitnehmers erleichtert, seine Integration gefördert, das betriebliche Geschehen in seinen Zusammenhängen transparenter und von der Arbeit und dem Betrieb ausgehende Gefahren vorsorglich abgewendet werden (GK-BetrVG/*Wiese* § 81 Rz. 1). Die ordnungsgemäße Erbringung der Arbeitsleistung soll ermöglicht werden und der Arbeitnehmer die Möglichkeit erhalten, sich über die Gesamtzusammenhänge des Arbeitsablaufs zu informieren (MünchArbR/*v. Hoyningen-Huene* § 303 Rz. 8). 961

§ 81 BetrVG verdrängt nicht ggf. nach anderen Vorschriften bestehende Rechte des Betriebsrats. Unberührt bleibt insbesondere die Unterrichtungspflicht des Arbeitgebers, § 90 BetrVG (*Buschmann* DKK § 81 Rz. 2). Problematisch kann die Abgrenzung der Unterrichtung nach § 81 BetrVG zu den nach § 98 BetrVG der Mitbestimmung des Betriebsrats unterliegenden betrieblichen Bildungsmaßnahmen sein. 962

I. Betriebsverfassungsrecht

963 Nach Auffassung des *BAG* (23.4.1991 EzA § 98 BetrVG 1972 Nr. 7) umfasst der Begriff der Berufsbildung i. S. d. § 98 Abs. 1 BetrVG zumindest alle Maßnahmen der Berufsbildung i. S. d. BBiG also Berufsausbildung, berufliche Fortbildung und berufliche Umschulung, während sich mitbestimmungsfreie Maßnahmen der Unterrichtung nach § 81 BetrVG in der Einweisung eines Arbeitnehmers an einem konkreten Arbeitsplatz erschöpfen und voraussetzen, dass der Arbeitnehmer die für die Ausübung der Tätigkeit an diesem Arbeitsplatz erforderlichen beruflichen Kenntnisse und Erfahrungen besitzt (*BAG* 10.2.1988 EzA § 98 BetrVG 1972 Nr. 4).

b) Unterrichtung des Arbeitnehmers über seine Funktion

964 Die vorgeschriebene Unterrichtung des Arbeitnehmers hat unaufgefordert vor der Arbeitsaufnahme zu erfolgen (*Buschmann* DKK § 81 Rz. 5) und muss so konkret und eingehend erfolgen, dass er die übernommene Funktion wahrnehmen kann (GK-BetrVG/*Wiese* § 81 Rz. 5). Eine allgemeine Darstellung während eines Vorstellungsgespräches dürfte hierzu nicht ausreichend sein (*Hess* HSG § 81 Rz. 1). Ausländische Arbeitnehmer müssen ggf. in ihrer Heimatsprache unterrichtet werden (GK-BetrVG/*Wiese* § 81 Rz. 10; LAG Ba.-Wü. 1.12.1989 AiB 1990, 313). Eine bestimmte Form der Unterrichtung ist nicht vorgeschrieben. Schriftliche Hinweise (Stellen- oder Arbeitsplatzbeschreibungen) sind i. d. R. nur Hilfsmittel, durch die die mündliche Erörterung ergänzt, nicht aber ersetzt werden kann (GK-BetrVG/*Wiese* § 81 Rz. 9). Der Arbeitgeber muss die Unterrichtungspflicht nicht höchstpersönlich erfüllen, sondern kann sie auf zuständige Personen (z. B. Meister) delegieren (MünchArbR/*v. Hoyningen-Huene* § 303 Rz. 12). Die Unterrichtung hat sich insbesondere zu beziehen auf Arbeitsplatz und Arbeitsgerät, Art der Tätigkeit und Zusammenhang mit dem Endprodukt, Bedienung und Wartung von Maschinen und Gerät, Beschaffenheit der Arbeitsstoffe, Einordnung der Arbeitsaufgabe in die Arbeitsorganisation. Bei kaufmännischen Tätigkeiten kann hierzu auch die Unterrichtung über die bei der Tätigkeit zu beachtenden rechtlichen Vorgaben, wie z. B. Zollbestimmungen gehören (*Buschmann* DKK § 81 Rz. 8 a).

c) Belehrung über Unfall- und Gesundheitsgefahren

965 Diese vor Beginn der erstmaligen Beschäftigung durchzuführende Belehrung dient dem vorbeugenden Gesundheits- und Unfallschutz. Unfall- und Gesundheitsgefahren sind im Einzelnen darzulegen und der Arbeitnehmer ist über die Einrichtungen der Gefahrenabwehr, insbesondere über vorhandene Sicherheitseinrichtungen nebst zu benutzender Schutzausrüstung zu informieren und zu deren Benutzung anzuhalten. Erforderlichenfalls ist das Funktionieren der Sicherheitseinrichtungen und das Tragen von Schutzausrüstungen zu demonstrieren (GK-BetrVG/*Wiese* § 81 Rz. 14).

d) Unterrichtung über Veränderungen im Arbeitsbereich

966 Eine Unterrichtung hat nach § 81 Abs. 2 BetrVG ferner dann zu erfolgen, wenn sich der Arbeitsbereich des Arbeitnehmers im Laufe seiner Beschäftigung ändert. Sie hat so rechtzeitig zu erfolgen, dass der Arbeitnehmer ausreichend Gelegenheit hat, sich mit den Veränderungen vertraut machen und sich auf sie einstellen (*Buschmann* DKK § 81 Rz. 11) und ggf. seine Rechte aus § 82 BetrVG wahrnehmen zu können (GK-BetrVG/*Wiese* § 81 Rz. 7). Arbeitsbereich ist der Bereich, in dem sich die Arbeit des Arbeitnehmers vollzieht. Dazu gehören nicht nur der Arbeitsplatz und dessen un-

I. Betriebsverfassungsrecht

mittelbare Arbeitsumgebung, sondern bei einer nicht an einen festen Arbeitsplatz gebundenen Tätigkeit auch deren gesamter Wirkungsbereich (*Buschmann* DKK § 81 Rz. 10). Entscheidend ist, ob durch die Veränderung ein erneutes Unterrichtungsbedürfnis in Bezug auf die in Abs. 1 genannten Gegenstände ergibt (GK-BetrVG/*Wiese* § 81 Rz. 8).

e) Unterrichtung und Erörterung bei der Planung und Einführung neuer Techniken

§ 81 Abs. 4 BetrVG betrifft die Planung von technischen Anlagen, Arbeitsverfahren und Arbeitsabläufen sowie von Arbeitsplätzen. Der Arbeitnehmer soll in Ergänzung der nach § 90 BetrVG gegenüber dem Betriebsrat bestehenden Informationspflicht selbst in den Informationsprozess bei der Planung und Einführung neuer Technologien einbezogen werden (BT-Drs. 11/3618, S. 28). Durch die Information sollen Ängste abgebaut und die Bereitschaft erhöht werden, sich auf andere Anforderungen einzustellen (BT-Drs. 11/2503, S. 35). Die Unterrichtung hat zu erfolgen, sobald sich konkrete Maßnahmen abzeichnen, die den Arbeitnehmer in den vom Gesetz genannten Bereichen betreffen (BT-Drs. 11/2503, S. 35). Sie hat sich auf alle Gesichtspunkte zu erstrecken, die für den Arbeitnehmer von Bedeutung sein können (*Buschmann* DKK § 81 Rz. 12). 967

Sobald feststeht, dass sich die Tätigkeit des Arbeitnehmers ändern wird und die bisherigen beruflichen Kenntnisse und Fähigkeiten hierfür nicht ausreichen, hat der Arbeitgeber mit dem Arbeitnehmer zu erörtern, welche Qualifizierungsmaßnahmen ergriffen werden können. Die Erörterungspflicht ist umfassend und muss ggf. auch außerbetriebliche Bildungsmaßnahmen mit einbeziehen (GK-BetrVG/*Wiese* § 81 Rz. 21). Der Arbeitnehmer kann zu der Erörterung ein ausschließlich von ihm zu bestimmendes (*Buschmann* DKK § 81 Rz. 14) Betriebsratsmitglied hinzuziehen. Dieses kann sich aktiv durch Fragen oder Vorschläge an der Besprechung beteiligen (GK-BetrVG/*Wiese* § 81 Rz. 24). 968

§ 81 Abs. 4 BetrVG begründet keinen Rechtsanspruch des Arbeitnehmers auf Umschulung oder Weiterbildung (GK-BetrVG/*Wiese* § 81 Rz. 21). Unterlässt der Arbeitgeber die gebotene Erörterung kann dies aber zur Folge haben, dass der für den Erwerb der erforderlichen Kenntnisse einzuräumende Anpassungszeitraum vor Ausspruch etwa einer personenbedingten Kündigung länger zu bemessen ist (*Löwisch* BB 1988, 1954; FKHE § 81 Rz. 25). 969

5. Anhörungs- und Erörterungsrecht des Arbeitnehmers, § 82 BetrVG

a) Zweck der Vorschrift

In Ergänzung zu § 81 BetrVG gibt die Vorschrift dem Arbeitnehmer die Möglichkeit, von sich aus die Initiative zu ergreifen, um für ihn wichtige Informationen einzuholen und durch eigene Stellungnahmen oder Vorschläge an der Meinungsbildung im Betrieb mitzuwirken. Sie ist damit Ausdruck des Demokratie- und Selbstbestimmungsgedankens (MünchArbR/*v. Hoyningen-Huene* § 303 Rz. 14). Die Eigeninitiative und die Mitarbeit sollen gefördert werden (*Hess* HSG § 82 Rz. 1). 970

I. Betriebsverfassungsrecht

b) Anhörungs- und Erörterungsrecht

971 Der Arbeitnehmer kann das Anhörungs- und Erörterungsrecht grds. während der Arbeitszeit ausüben. Das Arbeitsentgelt ist für diese Zeit weiterzuzahlen (GK-BetrVG/*Wiese* § 82 Rz. 3). Das Anhörungs- und Erörterungsrecht besteht hinsichtlich aller betrieblichen, nicht aber in rein persönlichen-privaten Angelegenheiten, die den Arbeitnehmer selbst betreffen (MünchArbR/*v. Hoyningen-Huene* § 303 Rz. 14).

972 Zuständig ist auf Arbeitgeberseite der unmittelbare Vorgesetzte (GK-BetrVG/*Wiese* § 82 Rz. 7) bzw. diejenigen, die nach Maßgabe der organisatorischen Gliederung des Betriebs für die betreffenden Maßnahmen zuständig sind (*Hess* HSG § 82 Rz. 2).

c) Erläuterung des Arbeitsentgelts

973 Der Anspruch auf Erläuterung von Berechnung und Zusammensetzung des Arbeitsentgelts kann ohne konkreten Anlass jederzeit geltend gemacht werden. Der Begriff des Arbeitsentgelts umfasst alle dem Arbeitnehmer zufließenden Bezüge, neben dem Lohn oder Gehalt also auch Zulagen, Prämien, Provisionen, Auslösungen, Gratifikationen und Betriebsrenten (GK-BetrVG/*Wiese* § 82 Rz. 12). Zu erläutern sind die Zusammensetzung als auch die Höhe.

974 Eine bloß pauschale Lohnbescheinigung genügt nicht, wohl aber eine detaillierte Lohn- und Gehaltsabrechnung, die die Zusammensetzung des Bruttoverdienstes sowie die Berechnung des Nettoverdienstes klar und verständlich ausweist und bei eventuellen Rückfragen weiter erläutert wird (*Hess* HSG § 82 Rz. 4).

975 Nach Ansicht von *Wiese* (GK-BetrVG § 82 Rz. 13) sind dem Arbeitnehmer auch die für die Berechnung des Arbeitentgelts maßgeblichen Rechtsgrundlagen (Gesetz, Tarifvertrag, Betriebsvereinbarung, Arbeitsvertrag, Freiwilligkeit) zugänglich zu machen bzw. zu erläutern.

976 Das Recht des Betriebsrats nach Maßgabe von § 80 Abs. 2 BetrVG Einsicht in die Listen der Bruttolöhne und -gehälter zu nehmen, bleibt unberührt (*BAG* 18.9.1973 EzA § 80 BetrVG 1972 Nr. 5).

d) Erörterung der Leistungsbeurteilung und Möglichkeiten beruflicher Entwicklung

977 Durch den Anspruch auf sog. Beurteilungsgespräche soll dem Arbeitnehmer die Möglichkeit gegeben werden, seine Position im Betrieb und seine Aufstiegschancen realistisch einzuschätzen (*Hess* HSG § 82 Rz. 5). Fehlbeurteilungen sollen vermieden werden. Beurteilungen sind dem Arbeitnehmer zur Kenntnis zu bringen und ihm gegenüber zu erläutern. Ein Anspruch auf Aushändigung einer schriftlichen Leistungsbeurteilung besteht nicht (GK-BetrVG/*Wiese* § 82 Rz. 16). Schriftliche Beurteilungen kann der Arbeitnehmer aber nach § 83 BetrVG einsehen und schriftlich dazu Stellung nehmen.

e) Hinzuziehung eines Betriebsratsmitglieds

978 Der Arbeitnehmer kann zu der Erörterung ein ausschließlich von ihm zu bestimmendes (*Buschmann* DKK § 82 Rz. 13) Betriebsratsmitglied hinzuziehen. Dieses kann sich aktiv durch Fragen oder Vorschläge an der Besprechung beteiligen (GK-BetrVG/*Wiese* § 82 Rz. 21). Strittig ist, ob sich das Hinzuziehungsrecht nur auf Erörterungen

I. Betriebsverfassungsrecht

der in Abs. 2 (so GK-BetrVG/*Wiese* § 82 Rz. 20; *FKHE* § 82 Rz. 11) oder auch der in Abs. 1 (so *Buschmann* DKK § 82 Rz. 12) genannten Angelegenheiten bezieht. Das Betriebsratsmitglied unterliegt nach § 82 Abs. 2 S. 3 BetrVG einer Schweigepflicht, die auch gegenüber anderen Betriebsratsmitgliedern einzuhalten ist (*Buschmann* DKK § 82 Rz. 13). 979

Unerheblich für das Hinzuziehungsrecht ist, auf wessen Initiative ein Gespräch in Angelegenheiten des Abs. 2 stattfindet. Es besteht auch bei Beratungs- und Förderungsgesprächen auf Veranlassung des Arbeitgebers und auch dann, wenn über die in § 82 Abs. 2 S. 1 BetrVG genannten Themen hinausgehende Einzelpunkte erörtert werden (*BAG* 24.4.1979 EzA § 82 BetrVG 1972 Nr. 1; GK-BetrVG/*Wiese* § 82 Rz. 20). 980

6. Einsicht in Personalakten, § 83 BetrVG

a) Zweck der Vorschrift
Das Einsichtsrecht dient der innerbetrieblichen Transparenz und soll eine Kontrolle des Arbeitgeberverhaltens ermöglichen. Ferner soll der Arbeitnehmer nachvollziehen können, wie sich von ihm wahrgenommene Erörterungs-, Anhörungs- und Beschwerderechte ausgewirkt haben (MünchArbR/*v. Hoyningen-Huene* § 303 Rz. 37). 981

b) Begriff der Personalakte
Es gilt der sog. materielle Personalaktenbegriff. Danach ist Personalakte jede Sammlung von Unterlagen über einen bestimmten Arbeitnehmer des Betriebs, unabhängig davon, wo und in welcher Form diese Angaben über den Arbeitnehmer gesammelt werden (s. o. C/Rz. 2360 ff.). 982

c) Einsicht durch Arbeitnehmer
Der Arbeitnehmer kann das Einsichtsrecht jederzeit auch ohne besonderen Anlass geltend machen (GK-BetrVG/*Wiese* § 83 Rz. 33; MünchArbR/*v. Hoyningen-Huene* § 303 Rz. 41; a. A. *Hess* HSG § 83 Rz. 17: nur aus besonderem Anlass, sonst in angemessenen zeitlichen Abständen). Die Einsichtnahme erfolgt unter Vergütungsfortzahlung während der Arbeitszeit (*Hess* HSG § 83 Rz. 17; a. A. *Stege/Weinspach* § 83 Rz. 9). Hierbei ist aber auf die betrieblichen Verhältnisse Rücksicht zu nehmen (MünchArbR/*v. Hoyningen-Huene* § 303 Rz. 41). Angaben auf elektronischen Datenträgern oder in sonst verschlüsselter Form sind lesbar zu machen und ggf. zu erläutern (GK-BetrVG/*Wiese* § 83 Rz. 34). Der Arbeitnehmer ist berechtigt, sich Notizen und Kopien auf eigene Kosten zu machen (*Buschmann* DKK § 83 Rz. 6). Umstritten ist, ob das Einsichtsrecht ein höchstpersönliches Recht ist oder ob der Arbeitnehmer dieses auch durch einen Bevollmächtigten ausüben lassen kann (dafür ArbG Reutlingen 8.5.1981 BB 1981, 1092; *Hess* HSG § 83 Rz. 18; dagegen GK-BetrVG/*Wiese* § 83 Rz. 37). Für den Bereich des öffentlichen Dienstes ist nach § 13 BAT die Einsichtnahme durch einen schriftlich Bevollmächtigten zulässig. Einzelheiten des Einsichtsrechts (Häufigkeit, Ort, Voranmeldung etc.) können durch eine nach § 87 Abs. 1 Nr. 1 BetrVG erzwingbare Betriebsvereinbarung geregelt werden (*Buschmann* DKK § 83 Rz. 7; GK-BetrVG/*Wiese* § 83 Rz. 33). 983

I. Betriebsverfassungsrecht

d) Hinzuziehung eines Betriebsratsmitglieds

984 Der Arbeitnehmer kann ein Betriebsratsmitglied seiner Wahl hinzuziehen, das in demselben Umfang zur Einsicht berechtigt ist, wie der Arbeitnehmer selbst (*FKHE* § 83 Rz. 39). Über den Inhalt der Personalakte hat das Betriebsratsmitglied vorbehaltlich einer Entbindung von der Schweigepflicht durch den Arbeitnehmer Stillschweigen, auch anderen Betriebsratsmitgliedern (GK-BetrVG/*Wiese* § 83 Rz. 43) gegenüber zu wahren. Schwerbehinderte Arbeitnehmer sind außerdem berechtigt, die Schwerbehindertenvertretung hinzuzuziehen, § 95 Abs. 3 SGB IX.

e) Erklärungen des Arbeitnehmers zur Personalakte

985 Durch die Möglichkeit, Erklärungen zur Personalakte abzugeben, erhält der Arbeitnehmer die Möglichkeit, den Inhalt der Personalakte zu ergänzen oder die Beifügung von Richtigstellungen und Gegenvorstellungen zu erreichen. Die Erklärung ist auch dann zu den Akten zu nehmen, wenn der Arbeitgeber sie für unzutreffend hält (*FKHE* § 83 Rz. 14; einschränkend für Unterlagen, die nicht in eine Personalakte gehören [Formelles Prüfungsrecht des Arbeitgebers]: GK-BetrVG/*Wiese* § 83 Rz. 60). Die Erklärungen sind in räumlichen Zusammenhang mit den Inhalten der Personalakte, auf die sie sich beziehen, zu bringen (*Hess HSG* § 83 Rz. 23). Neben diesem Gegendarstellungsrecht kann der Arbeitnehmer die Entfernung und Beseitigung von rechtswidrigen, beeinträchtigenden Angaben aus den Personalakten verlangen (vgl. z. B. BAG 5.8.1992 EzA § 611 BGB Abmahnung Nr. 25; s. o. C/Rz. 2382 ff.).

7. Beschwerderecht, §§ 84, 85 BetrVG

a) Allgemeines

986 §§ 84, 85 BetrVG eröffnen für den Arbeitnehmer zwei Möglichkeiten der innerbetrieblichen Beschwerde, nämlich entweder die Beschwerde bei den zuständigen Stellen des Betriebs (§ 84 Abs. 1 BetrVG) oder die Beschwerde beim Betriebsrat (§ 85 Abs. 1 BetrVG). Der Arbeitnehmer hat insoweit ein Wahlrecht (*Buschmann* DKK § 84 Rz. 3). Das Beschwerderecht besteht unabhängig von einem eventuellen Klagerecht vor dem ArbG. Allerdings werden durch das innerbetriebliche Beschwerdeverfahren gesetzliche Fristen nicht gehemmt, wohl aber tarifliche Ausschlussfristen, die lediglich eine schlichte Geltendmachung vorschreiben (MünchArbR/*v. Hoyningen-Huene* § 303 Rz. 24). Überwiegend (GK-BetrVG/*Wiese* § 84 Rz. 9; a. A. *Buschmann* DKK § 84 Rz. 3) wird die Ansicht vertreten, dass der Arbeitnehmer den innerbetrieblichen Beschwerdeweg ausgeschöpft haben muss, bevor er sich an außerbetriebliche Stellen wendet.

b) Beschwerdegegenstand und Beschwerdeverfahren

987 Unter Beschwerde ist jedes Vorbringen des Arbeitnehmers zu verstehen, mit dem er darauf hinweist, dass er sich entweder vom Arbeitgeber oder von Arbeitnehmern des Betriebs benachteiligt, ungerecht behandelt oder in sonstiger Weise beeinträchtigt fühlt (GK-BetrVG/*Wiese* § 84 Rz. 7). Der Kreis der beschwerdefähigen Angelegenheiten ist umfassend (*Buschmann* DKK § 84 Rz. 6).

988 Es kann sich um tatsächliche oder rechtliche Beeinträchtigungen handeln (*LAG Frankfurt* 10.2.1987 DB 1987, 223 [227]). Es kommt auf den subjektiven Standpunkt

I. Betriebsverfassungsrecht

des Arbeitnehmers an (GK-BetrVG/*Wiese* § 84 Rz. 8). Notwendig ist allerdings, dass ein Zusammenhang mit dem Arbeitsverhältnis besteht (*Buschmann* DKK § 84 Rz. 6) und der Arbeitnehmer sich selbst beeinträchtigt fühlt. § 84 BetrVG begründet insoweit kein Recht zur Popularbeschwerde (*LAG Schleswig-Holstein* 21.12.1989 NZA 1990, 703 f.; GK-BetrVG/*Wiese* § 84 Rz. 11).

Die Beschwerde, die weder form- noch fristgebunden ist (MünchArbR/*v. Hoyningen-Huene* § 303 Rz. 20), ist bei der zuständigen Stelle des Betriebs einzulegen, wobei sich die Zuständigkeit nach dem organisatorischen Aufbau des Betriebs bestimmt. Regelmäßig zuständig ist der unmittelbare Vorgesetzte (GK-BetrVG/*Wiese* § 84 Rz. 16). Durch Tarifvertrag oder Betriebsvereinbarung können die Einzelheiten des Beschwerdeverfahrens geregelt werden, § 86 BetrVG. Aufschiebende Wirkung hat die Beschwerde nicht (GK-BetrVG/*Wiese* § 84 Rz. 18). Zur Unterstützung oder Vermittlung im Rahmen der Beschwerdeeinlegung und des weiteren Beschwerdeverfahrens kann der Arbeitnehmer ein beliebiges Mitglied des Betriebsrates hinzuziehen, § 84 Abs. 1 S. 2 BetrVG. Eine besondere betriebsverfassungsrechtliche Schweigepflicht ist nicht vorgesehen. Betriebsratsmitglied und Arbeitgeber dürfen jedoch das allgemeine Persönlichkeitsrecht des Arbeitnehmers nicht verletzen (*Buschmann* DKK § 84 Rz. 14). Insoweit besteht kein Anspruch auf anonyme (GK-BetrVG/*Wiese* § 84 Rz. 23), wohl aber vertrauliche (*v. Hoyningen-Huene* BB 1991, 2215) Behandlung der Beschwerde. **989**

Der Arbeitgeber hat zu prüfen, ob die Beschwerde berechtigt ist und das Ergebnis dieser Überprüfung dem Arbeitnehmer mündlich oder schriftlich mitzuteilen. Bei längerer Überprüfungsdauer besteht ein Anspruch auf Zwischenbescheid. Zum Bescheid gehört – jedenfalls im Falle der Ablehnung der Beschwerde – die Mitteilung der wesentlichen Gründe (GK-BetrVG/*Wiese* § 84 Rz. 27). **990**

Erkennt der Arbeitgeber die Beschwerde als berechtigt an, hat er ihr abzuhelfen. Soweit Beschwerdegegenstand nicht ein Rechtsanspruch des Arbeitnehmers ist, liegt es im Ermessen des Arbeitgebers, wie er im Rahmen des Möglichen und Zumutbaren Abhilfe schafft (MünchArbR/*v. Hoyningen-Huene* § 303 Rz. 21). Bei Anerkennung der Beschwerde als berechtigt, soll nach einer Auffassung (*FKHE* § 84 Rz. 18; *Richardi* § 84 Rz. 24 ff.) stets eine Selbstbindung des Arbeitgebers mit der Folge eines Rechtsanspruchs des Arbeitnehmers auf Abhilfe resultieren, nach anderer Auffassung (GK-BetrVG/*Wiese* § 84 Rz. 26) nur dann, wenn die Auslegung der Erklärung des Arbeitgebers ergibt, dass er nicht nur deklaratorisch die nach § 84 Abs. 2 BetrVG bestehende Abhilfeverpflichtung bestätigen, sondern sich zusätzlich rechtsgeschäftlich hat binden wollen. **991**

c) Benachteiligungsverbot

Dem Arbeitnehmer dürfen wegen der Beschwerde selbst keine Nachteile entstehen, § 84 Abs. 3 BetrVG. Maßnahmen des Arbeitgebers, die gegen dieses Benachteiligungsverbot verstoßen, wie z. B. Kündigungen, Versetzungen oder Kürzung von Lohnzahlungen sind nichtig, § 134 BGB (*FKHE* § 84 Rz. 21; MünchArbR/*v. Hoyningen-Huene* § 303 Rz. 22). In Betracht kommt ferner ein Schadensersatzanspruch, da § 84 Abs. 3 BetrVG Schutzgesetz i. S. d. § 823 Abs. 2 BGB ist (GK-BetrVG/*Wiese* § 84 Rz. 35). **992**

Sanktionen auf Grund des Inhalts oder der Begleitumstände der Beschwerde sind aber dann zulässig, wenn etwa völlig haltlos schwere Anschuldigungen gegen den Arbeitgeber bzw. Arbeitskollegen erhoben werden oder die wiederholte Einlegung **993**

I. Betriebsverfassungsrecht

grundloser Beschwerden den Arbeitnehmer als Querulanten ausweist oder auf Grund der Beschwerde auch ein Fehlverhalten des sich beschwerenden Arbeitnehmers aufgedeckt wird (*BAG* 11.3.1982 – 2 AZR 798/79 – n. v.; GK-BetrVG/*Wiese* § 84 Rz. 34).

d) Beschwerde beim Betriebsrat, § 85 BetrVG

994 Der Arbeitnehmer kann vor, nach oder auch gleichzeitig (vgl. GK-BetrVG/*Wiese* § 84 Rz. 31) zur Beschwerde nach § 84 Abs. 1 BetrVG auch Beschwerde zum Betriebsrat erheben. Der Kreis der beschwerdefähigen Angelegenheiten ist identisch (*Buschmann* DKK § 85 Rz. 2). Das Benachteiligungsverbot des § 84 Abs. 3 BetrVG gilt auch im Rahmen des Beschwerdeverfahrens beim Betriebsrat.

995 Der Betriebsrat bzw. der Betriebsausschuss (§ 27 Abs. 3 S. 2 BetrVG) oder ein für die Behandlung von Beschwerden nach § 28 BetrVG gebildeter Ausschuss haben die Beschwerde entgegenzunehmen und über die Frage der Berechtigung nach pflichtgemäßem Ermessen durch Beschluss zu entscheiden (MünchArbR/v. *Hoyningen-Huene* § 303 Rz. 28). Bei negativer Entscheidung besteht eine Begründungspflicht gegenüber dem Arbeitnehmer (GK-BetrVG/*Wiese* § 85 Rz. 6). Hält der Betriebsrat die Beschwerde für begründet, so ist er verpflichtet, beim Arbeitgeber auf Abhilfe hinzuwirken. Ziel der Verhandlungen mit dem Arbeitgeber ist es, die Berechtigung der Beschwerde festzustellen. Wird hierüber übereinstimmend entschieden, ist das Beschwerdeverfahren nach § 85 BetrVG beendet. Wird die Beschwerde übereinstimmend für begründet erachtet, hat der Arbeitgeber für Abhilfe zu sorgen. Hierauf hat der Arbeitnehmer einen Rechtsanspruch (GK-BetrVG/*Wiese* § 85 Rz. 8).

996 Kommt eine Einigung zwischen Betriebsrat und Arbeitgeber über die Berechtigung der Beschwerde nicht zu Stande, so kann ausschließlich der Betriebsrat (nicht auch der einzelne sich beschwerende Arbeitnehmer, vgl. *BAG* 28.6.1984 EzA § 85 BetrVG 1972 Nr. 1 und auch nicht der Arbeitgeber, vgl. z. B. *Buschmann* DKK § 85 Rz. 8) die Einigungsstelle anrufen.

997 In Anwendung von § 85 Abs. 2 S. 3 BetrVG besteht nach h. M. (*BAG* 28.6.1984 EzA § 85 BetrVG 1972 Nr. 1; GK-BetrVG/*Wiese* § 85 Rz. 10 ff.) eine Zuständigkeit der Einigungsstelle nur, wenn Gegenstand der Beschwerde kein Rechtsanspruch ist, es sich also um eine sog. Regelungsstreitigkeit nicht-kollektiver Art handelt.

998 Nach a. A. (*Buschmann* DKK § 85 Rz. 10) ist die Einigungsstelle lediglich an einer verbindlichen Entscheidung gehindert, ein Tätigwerden der Einigungsstelle könne aber auf jeden Fall beantragt werden. Immer möglich ist auch bei Rechtsansprüchen die Durchführung eines freiwilligen Einigungsstellenverfahrens (*BAG* 28.6.1984 EzA § 85 BetrVG 1972 Nr. 1).

999 Eine Regelungsstreitigkeit nicht-kollektiver Art liegt vor, wenn nur einzelne Arbeitsverhältnisse betroffen sind und vor allem rein tatsächliche Beeinträchtigungen in Rede stehen, aus denen (noch) keine Rechtsansprüche des einzelnen Arbeitnehmers erwachsen, über die im arbeitsgerichtlichen Urteilsverfahren zu entscheiden wäre (*FKHE* § 85 Rz. 4).

1000 Da ein Rechtsanspruch des Arbeitnehmers auch aus einer Verletzung der arbeitgeberseitigen Fürsorgepflicht bzw. des Gleichbehandlungsgrundsatzes folgen kann, ist eine

I. Betriebsverfassungsrecht

Zuständigkeit der Einigungsstelle nur selten gegeben (GK-BetrVG/*Wiese* § 85 Rz. 11; *Nebendahl/Lunk* NZA 1990, 678). Nach *FKHE* (§ 85 Rz. 4) und *Buschmann* (DKK § 85 Rz. 15) besteht eine Zuständigkeit der Einigungsstelle dann, wenn es um aus Fürsorgepflichten ableitbare Nebenansprüche geht, die nicht klar gegeben, nicht allgemein anerkannt und nicht oder nur schwer konkretisierbar sind und sich somit nicht in rechtlichen Abwehransprüchen verdichten können (ebenso *Hunold* DB 1993, 2282 [2284]). Als Beispiele werden genannt: Ständige Eingriffe von Vorgesetzten oder Kollegen in den Aufgabenbereich des Arbeitnehmers, mangelnde Information und Zielsetzung, unsachgemäße Kritik oder Kontrolle, ständiger Einsatz als Springer unter Verschonung anderer Arbeitnehmer, Beschwer durch eine kollektive Regelung, etwa der Arbeitszeit mit dem Ziel der Beschwerde, für sich persönlich eine abweichende Regelung zu erreichen (GK-BetrVG/*Wiese* § 85 Rz. 18).

Auf die Herausnahme einer Abmahnung aus der Personalakte besteht hingegen ein Rechtsanspruch, sodass nach h. M. (*LAG Berlin* 19.8.1988 LAGE § 98 ArbGG 1979 Nr. 11; GK-BetrVG/*Wiese* § 85 Rz. 15; a. A. *LAG Köln* 16.11.1984 NZA 1985, 191) keine Zuständigkeit der Einigungsstelle gegeben ist. **1001**

Die Einigungsstelle kann durch ihren Spruch nur die Berechtigung der Beschwerde und nicht die Verpflichtung des Arbeitgebers zu bestimmten konkreten Abhilfemaßnahmen feststellen (*Hunold* DB 1993, 2283; GK-BetrVG/*Wiese* § 85 Rz. 24). Auch zusätzliche Leistungspflichten des Arbeitgebers können durch einen Spruch der Einigungsstelle nicht begründet werden (*BAG* 28.6.1984 EzA § 85 BetrVG 1972 Nr. 1). **1002**

Das über § 85 Abs. 2 BetrVG dem Betriebsrat eingeräumte Mitbestimmungsrecht mit der Möglichkeit zur Erzwingung einer Regelung darf schließlich nicht dazu führen, dass die Mitbestimmung des Betriebsrats erweitert oder das abgestufte System der Beteiligungsrechte durchbrochen wird (*LAG Hamm* 16.4.1986 BB 1986, 1359; MünchArbR/*v. Hoyningen-Huene* § 303 Rz. 34). **1003**

Streitigkeiten über die Zuständigkeit der Einigungsstelle sind im Beschlussverfahren, Ansprüche des Arbeitnehmers auf Abhilfe nach Feststellung der Berechtigung der Beschwerde im Urteilsverfahren geltend zu machen (GK-BetrVG/*Wiese* § 85 Rz. 31 ff.). **1004**

8. Vorschlagsrecht der Arbeitnehmer, § 86 a BetrVG

a) Zweck der Vorschrift

Durch die durch das BetrV-ReformG vom 23.7.2001 (BGBl. I S. 1852 ff.) eingefügte Bestimmung soll das demokratische Engagement der Arbeitnehmer dadurch stärken, dass ihnen die Möglichkeit eröffnet wird, stärker Einfluss auf die Betriebsratsarbeit nehmen und ihre Ideen und Sichtweisen im Interesse einer Belebung und Bereicherung der innerbetrieblichen Diskussion einbringen zu können (BegrRegE BT-Drs. 14/5741, S. 47). **1005**

I. Betriebsverfassungsrecht

b) Ausgestaltung des Vorschlagsrechts

1006 Das Vorschlagsrecht ist an keine besonderen Voraussetzungen gebunden und kann form- und fristfrei von jedem Arbeitnehmer ausgeübt werden. Gegenstand des Vorschlagsrechts kann jedes Thema sein, das in die Zuständigkeit des Betriebsrats fällt. Wird der Vorschlag von mindestens 5% der Arbeitnehmer des Betriebs unterstützt, hat der Betriebsrat diesen innerhalb von zwei Monaten auf die Tagesordnung einer Betriebsratssitzung zu setzen. Wie der Betriebrsat den Vorschlag behandelt, obliegt allein seiner Entscheidung. Einen Anspruch darauf, dass der Betriebsrat auf Grund des Vorschlags in bestimmter Weise tätig wird, besteht nicht (BegrRegE, BT-Drs. 14/5741, S. 47). So steht es dem Betriebsrat frei, den Vorschlag lediglich zur Kenntnis zu nehmen oder diesen zunächst zurückzustellen oder ihn nach § 80 Abs. 1 Nr. 2 oder 3 BetrVG zum Gegenstand von Verhandlungen mit dem Arbeitgeber zu machen. Nach GK-BetrVG/*Wiese* (§ 86 a Rz. 11) hat der Arbeitnehmer in entsprechender Anwendung des § 80 Abs. 1 Nr. 3 BetrVG einen Anspruch auf Unterrichtung über die Behandlung seines Vorschlags. Dies beinhaltet ggf. auch die Verpflichtung, dem Arbeitnehmer nach angemessener Zeit einen Zwischenbescheid zu geben. Sofern der vorschlagende Arbeitnehmer bei Äußerung seines Vorschlags gegenüber dem Betriebsrat verlangt, dass sein Name bei einer eventuellen Weiterverfolgung des Vorschlags durch den Betriebsrat nicht genannt wird, ist vom Betriebsrat diese Anonymität zu wahren. Dem Arbeitnehmer dürfen aus der Ausübung des Vorschlagsrechts keine Nachteile erwachsen, § 612 a BGB (GK-BetrVG/*Wiese* § 86 a Rz. 12).

VI. Grundsätze für die Zusammenarbeit zwischen Arbeitgeber und Betriebsrat und die Durchführung der Mitwirkung

1. Das Gebot vertrauensvoller Zusammenarbeit, § 2 Abs. 1 BetrVG

a) Inhalt

1007 Unter Anerkennung der Interessengegensätze zwischen Arbeitgeber und Betriebsrat wird durch § 2 Abs. 1 BetrVG in Form einer Generalklausel das betriebsverfassungsrechtliche Kooperationsgebot normiert.

> § 2 Abs. 1 BetrVG ist bei der Auslegung aller Bestimmungen des BetrVG zu beachten und insoweit mit § 242 BGB vergleichbar (GK-BetrVG/*Kraft* § 2 Rz. 13). Insbesondere dürfen Rechte nach der Betriebsverfassung nicht mutwillig oder rechtsmissbräuchlich ausgeübt werden (*BAG* 3.10.1978 EzA § 40 BetrVG 1972 Nr. 37).

1008 Trotz bestehender Interessengegensätze sollen Arbeitgeber und Betriebsrat sich bei der Verfolgung ihrer Interessen am Wohl der Belegschaft und des Betriebs orientieren. Die Zusammenarbeit zum Ausgleich der Interessengegensätze soll in gegenseitiger Ehrlichkeit und Offenheit erfolgen.

1009 Das Gebot vertrauensvoller Zusammenarbeit gilt nicht nur für den Betriebsrat als Gremium, sondern auch für einzelne Betriebsratsmitglieder und sonstige betriebsverfassungsrechtliche Einrichtungen der Arbeitnehmer bei der Wahrnehmung betriebsverfassungsrechtlicher Aufgaben, nicht jedoch für das Verhältnis der Betriebsratsmitglieder oder einzelner Arbeitnehmer untereinander. Das Gebot richtet sich neben dem Arbeitgeber auch an die von ihm mit der Wahrnehmung betriebsverfassungsrechtlicher Aufgaben betrauten Personen. Die Pflicht vertrauensvoller Zusam-

I. Betriebsverfassungsrecht

menarbeit gilt auch für die Koalitionen, soweit sie im Rahmen der Betriebsverfassung tätig werden, sodass bei Wahrnehmung betriebsverfassungsrechtlicher Befugnisse auch gewerkschaftliche Beauftragte an diesen Grundsatz gebunden sind (GK-BetrVG/*Kraft* § 2 Rz. 12).

b) Anwendungsbeispiele

Wenn auch § 2 Abs. 1 BetrVG nicht dazu führt, über die im Gesetz bestimmten Fälle hinaus weitere Mitbestimmungsrechte zu begründen, können im Einzelfall aus der Bestimmung doch unmittelbar Rechte und Pflichten folgen. 1010

Beispiele:
Unzulässig ist z. B. 1011
- die betriebsöffentliche Bekanntgabe des Arbeitgebers, wegen der personellen Zusammensetzung des Betriebsrats nicht mehr zu einer Zusammenarbeit mit diesem bereit zu sein (*Berg* DKK § 2 Rz. 6 unter Hinweis auf *ArbG Bremen* 4.7.1991 – 4 A BVGa 12/91 –);
- der Aushang von Schriftverkehr zwischen Arbeitgeber und Betriebsrat am schwarzen Brett ohne Zustimmung des Verhandlungspartners (*LAG Düsseldorf* 25.5.1976 BB 1977, 294);
- die Versendung eines Schreibens des Arbeitgebers an den Betriebsrat an zahlreiche Betriebsangehörige, in denen der Verhandlungspartner mit ehrverletzenden Vorwürfen angegriffen wird (*LAG Köln* 16.11.1990 BB 1991, 1191);
- die Offenlegung von Betriebsratskosten durch den Arbeitgeber auf einer Betriebsversammlung im Rahmen der Darstellung des Betriebsergebnisses, wenn nur die betriebsratsbezogenen Kosten gesondert benannt und die übrigen Kosten global und zusammengefasst ausgewiesen werden, sodass sich die Arbeitnehmer kein zuverlässiges und aussagekräftiges Bild von allen kostenverursachenden und ertragsmindernden Faktoren machen können (*BAG* 19.7.1995 EzA § 43 BetrVG 1972 Nr. 3; *BAG* 12.11.1997 EzA § 23 BetrVG 1972 Nr. 38);
- das Öffnen der an den Betriebsrat gerichteten Post (*ArbG Wesel* 23.1.1992 AiB 1993, 43);
- die Verwehrung des Zutritts zum Betrieb oder einzelnen Betriebsteilen oder Arbeitsplätzen für Betriebsratsmitglieder (*ArbG Elmshorn* 5.12.1990 AiB 1991, 56);
- die Unterstützung von gegen den Arbeitgeber gerichteter Propaganda durch den Betriebsrat (GK-BetrVG/*Kraft* § 2 Rz. 44);
- bei einer vom Arbeitgeber beabsichtigten nicht vollständigen Anrechnung einer Tariflohnerhöhung auf übertarifliche Zulagen die Vorgabe eigener Verteilungsgrundsätze durch den Arbeitgeber, über die dieser keine Verhandlungen zulässt, sondern für den Fall abweichender Vorstellungen des Betriebsrats von vornherein eine mitbestimmungsfreie Vollanrechnung vorsieht (*BAG* 26.5.1998 EzA § 87 BetrVG 1972 Betriebliche Lohngestaltung Nr. 65).

2. Allgemeine Grundsätze für die Zusammenarbeit zwischen Arbeitgeber und Betriebsrat, § 74 BetrVG

§ 74 BetrVG konkretisiert (neben §§ 75, 76 Abs. 5, § 112 Abs. 5 BetrVG) das Gebot vertrauensvoller Zusammenarbeit. 1012

I. Betriebsverfassungsrecht

a) Monatliche Besprechung und Verhandlungspflicht, § 74 Abs. 1 BetrVG

1013 § 74 Abs. 1 BetrVG soll einen regelmäßigen persönlichen Kontakt zwischen Arbeitgeber und Betriebsrat sicherstellen. Trotz der Formulierung als Sollvorschrift handelt es sich um eine betriebsverfassungsrechtliche Pflicht, die zwar keinen unmittelbaren Erfüllungsanspruch begründet, aber Sanktionen nach § 23 Abs. 1 bzw. Abs. 3 BetrVG rechtfertigen kann, wenn sich eine Seite generell oder wiederholt ohne sachlichen Grund weigert, an vom anderen Teil gewünschten Besprechungen teilzunehmen (GK-BetrVG/*Kreutz* § 74 Rz. 12).

1014 Teilnehmer sind
- alle Betriebsratsmitglieder; sie sind teilnahmeberechtigt, aber auch teilnahmeverpflichtet. Die Monatsbesprechungen gehören nicht zu den laufenden Geschäften i. S. v. § 27 Abs. 3, 4 BetrVG. Die regelmäßige Monatsbesprechung kann nicht einem Betriebsratsausschuss oder einem gemeinsamen Ausschuss zwischen Betriebsrat und Arbeitgeber übertragen werden (GK-BetrVG/*Kreutz* § 74 Rz. 14);
- der Arbeitgeber bzw. nach dem Gesetz vertretungsberechtigte Personen, in Einzelfällen auch solche Personen, die Arbeitgeberfunktionen wahrnehmen, für die Betriebsleitung zu sprechen befugt und dazu auch aus eigener Sachkunde auch in der Lage sind (vgl. *BAG* 11.12.1991 EzA § 90 BetrVG 1972 Nr. 2); immer möglich ist die Hinzuziehung weiterer betriebsangehöriger Personen zur Berichterstattung oder als Sachverständiger (GK-BetrVG/*Kreutz* § 74 Rz. 15);
- die Schwerbehindertenvertretung (§ 95 Abs. 5 SGB IX);
- unter den Voraussetzungen des § 68 BetrVG die Jugend- und Auszubildendenvertretung.

1015 Nach ganz überwiegender Auffassung (vgl. GK-BetrVG/*Kreutz* § 74 Rz. 18; a. A. *Berg* DKK § 74 Rz. 6) können Beauftragte der im Betrieb vertretenen Gewerkschaften oder des Arbeitgeberverbandes nur mit Einverständnis der Betriebspartner teilnehmen.

1016 Nähere Modalitäten der Besprechung sind gesetzlich nicht geregelt, sodass sich die Betriebspartner hierüber, etwa in Form einer allgemeinen Verfahrensordnung, einigen müssen. Die gemeinsame Besprechung kann in zeitlichem Zusammenhang mit einer Betriebsratssitzung durchgeführt werden, allerdings nicht mit einer solchen Sitzung verbunden und nicht dadurch ersetzt werden, dass der Arbeitgeber monatlich einmal an einer Sitzung des Betriebsrats teilnimmt. In einer solchen gemeinsamen Sitzung können auch keine Betriebsratsbeschlüsse gefasst werden (GK-BetrVG/*Kreutz* § 74 Rz. 23).

1017 § 74 Abs. 1 S. 2 BetrVG begründet lediglich eine Einlassungs- und Erörterungspflicht: die wechselseitigen Standpunkte sind darzulegen und gegebenenfalls zu diskutieren. Unbenommen bleibt das Recht, auf dem jeweiligen Standpunkt zu beharren. Die Einlassungs- und Erörterungspflicht besteht auch dann, wenn der Betriebsrat eine Regelung in einer nicht mitbestimmungspflichtigen Angelegenheit anstrebt (*BAG* 13.10.1987 EzA § 87 BetrVG 1972 Arbeitszeit Nr. 25) sowie dann, wenn für die Beilegung einer Streitigkeit letztlich die Einigungsstelle zuständig ist.

b) Arbeitskampfverbot, § 74 Abs. 2 S. 1 BetrVG

aa) Inhalt

1018 Meinungsverschiedenheiten über die Regelung oder Durchsetzung betriebsverfassungsrechtlicher Streitigkeiten sollen ausschließlich in den gesetzlich dafür vorgesehenen Verfahren (Einigungsstelle, Beschlussverfahren) ausgetragen werden.

I. Betriebsverfassungsrecht

Keine Seite darf Arbeitskampfmaßnahmen durchführen, um den anderen Teil zu einem bestimmten betriebsverfassungsrechtlichen Verhalten oder zum Abschluss einer Betriebsvereinbarung zu zwingen. Verbotsadressaten sind neben Arbeitgeber und dem Betriebsrat als Organ auch die einzelnen Betriebsratsmitglieder in ihrer Eigenschaft als Amtsträger, weil der Betriebsrat nur durch seine Mitglieder handlungsfähig ist (*BAG* 21.2.1978 EzA § 74 BetrVG 1972 Nr. 4; *BAG* 5.12.1975 EzA § 87 BetrVG 1972 Betriebliche Ordnung Nr. 1). 1019

Aus § 74 Abs. 3 BetrVG folgt, dass auch Betriebsratsmitglieder in ihrer Eigenschaft als Arbeitnehmer sich an rechtmäßigen Arbeitskämpfen beteiligen können. Hierbei müssen sie aber jede zusätzliche Bezugnahme und jeden ausdrücklichen Hinweis auf die Amtsstellung unterlassen und dürfen diese nicht besonders hervorheben (*Wiese* NZA 1984, 378 [379]). 1020

Maßnahmen des Arbeitskampfs sind alle Entscheidungen und Ausführungsakte, die auf Druckausübung mittels kollektiver Störung der Arbeitsbeziehungen durch Kampfmittel (Streik, Aussperrung, kollektive Ausübung von Individualrechten, Boykott, Betriebsbesetzung) gerichtet sind, um ein bestimmtes Ziel zu erreichen, wobei auch Leitungs-, Organisations-, Einleitungs-, Vorbereitungs- und Unterstützungsmaßnahmen einschließlich der Drohung mit Arbeitskampfmaßnahmen erfasst sind (*Wiese* NZA 1984, 378). 1021

bb) Verbotsadressaten

Für den Betriebsrat als Organ gilt das Arbeitskampfverbot strikt und beinhaltet die Verpflichtung zur Unterlassung aller Unterstützungsmaßnahmen für den von einer tariffähigen Gewerkschaft organisierten Arbeitskampf, durch die der Arbeitgeber als Tarifpartei unmittelbar oder mittelbar betroffen wird; der Betriebsrat hat sich insoweit neutral zu verhalten (*BAG* 22.12.1980 EzA § 615 BGB Betriebsrisiko Nr. 8). Es besteht allerdings keine Einwirkungspflicht des Betriebsrats auf die Belegschaft dahingehend, sich nicht am Streik zu beteiligen (vgl. *Wiese* NZA 1984, 383 m. w. N.). Das Kampfverbot gilt auch für andere betriebsverfassungsrechtliche Funktionsträger, insbesondere die Jugend- und Auszubildendenvertretung und ihre Mitglieder, die Schwerbehindertenvertretung sowie für Mitglieder des Wirtschaftsausschusses und der Einigungsstelle (GK-BetrVG/*Kreutz* § 74 Rz. 39). Das Verbot soll sich nach Auffassung des *BAG* (17.12.1976 EzA Art. 9 GG Arbeitskampf Nr. 20) jedenfalls mittelbar auch an einzelne Arbeitnehmer bzw. die Belegschaft mit der Folge richten, dass auch ohne entsprechenden Aufruf durch den Betriebsrat Arbeitsniederlegungen zur Durchsetzung betriebsverfassungsrechtlicher Regelungen bereits aus diesem Grunde rechtswidrig sind. Nach anderer, überwiegender Auffassung (vgl. GK-BetrVG/*Kreutz* § 74 Rz. 40) gehören der einzelne Arbeitnehmer bzw. die Belegschaft nicht zum Kreis der Normadressaten. Derartige Maßnahmen einzelner Arbeitnehmer oder der Belegschaft sind rechtswidrig, da es sich nach allgemeinen Arbeitskampfgrundsätzen um die Teilnahme an einem rechtswidrigen, da nicht gewerkschaftlich getragenen Arbeitskampf handelt. An den Arbeitgeber richtet sich das Arbeitskampfverbot nur in seiner betriebsverfassungsrechtlichen Funktion. Zulässig bleibt die Teilnahme an Arbeitskampfmaßnahmen der Tarifpartner zur Regelung eines tarifrechtlichen Zieles. Unberührt vom Verbot bleiben Arbeitskämpfe tariffähiger Parteien und zwar auch dann, wenn der Arbeitskampf lediglich zum Abschluss eines Firmentarifvertra- 1022

I. Betriebsverfassungsrecht

ges oder zur Durchsetzung betrieblicher oder betriebsverfassungsrechtlicher Regelungen gem. §§ 1, 3 Abs. 2 TVG geführt wird (GK-BetrVG/*Kreutz* § 74 Rz. 43).

cc) Rechtsfolgen einer Verbotsverletzung

1023 § 74 Abs. 2 S. 1 BetrVG räumt den Verbotsadressaten gegenseitige selbstständige, von § 23 BetrVG unabhängige Unterlassungsansprüche ein (*BAG* 22.7.1980 EzA § 74 BetrVG 1972 Nr. 5). Bei bestehender Wiederholungsgefahr bzw. bei bereits konkret bevorstehenden Verbotsverletzungen kann ein Unterlassungsanspruch auch im Wege des vorbeugenden Rechtsschutzes im arbeitsgerichtlichen Beschlussverfahren, gegebenenfalls auch im Wege der einstweiligen Verfügung (§ 85 Abs. 2 ArbGG, §§ 935 ff. ZPO) geltend gemacht werden.

1024 Der Antrag muss dabei bestimmt und auf einzelne konkrete Handlungen gerichtet sein. Bei fortdauernd widerrechtlichen Kampfmaßnahmen kann der Beeinträchtigte analog § 1004 BGB einen Beseitigungsanspruch gegen den Störer geltend machen (*Wiese* NZA 1984, 378 [383]), etwa dahingehend, dass vom Betriebsrat oder von Betriebsratsmitgliedern, die einen rechtswidrigen Arbeitskampf der Belegschaft initiiert haben, verlangt wird, auf die Belegschaft mit dem Ziel der Beendigung der Kampfmaßnahme einzuwirken (GK-BetrVG/*Kreutz* § 74 Rz. 89). Verstöße gegen das Verbot stellen eine Verletzung gesetzlicher Pflichten i. S. d. § 23 BetrVG dar.

1025 Das Arbeitskampfverbot legt grds. nur betriebsverfassungsrechtliche Verpflichtungen für die Betriebspartner fest, schafft aber keine individualrechtlichen Verhaltenspflichten, sodass ein Verstoß für sich genommen keine individualrechtlichen Rechtsfolgen nach sich zieht. Individualrechtliche Konsequenzen können sich ergeben, wenn der Verstoß gegen das Verbot zugleich auch ein Verstoß gegen einzelvertragliche Pflichten ist (GK-BetrVG/*Kreutz* § 74 Rz. 93 ff.). § 74 Abs. 2 S. 1 BetrVG ist kein Schutzgesetz i. S. d. § 823 Abs. 2 BGB zu Gunsten des Arbeitgebers gegenüber den Betriebsratsmitgliedern (str., vgl. GK-BetrVG/*Kreutz* § 74 Rz. 94 m. w. N.).

dd) Betriebsratsamt und Arbeitskampf

1026 Das Betriebsratsamt besteht auch während eines Arbeitskampfes grds. mit allen Rechten und Pflichten weiter (*BAG* 25.10.1988 EzA Art. 9 GG Arbeitskampf Nr. 89). Mitwirkungsrechte des Betriebsrats können aber arbeitskampfbedingt eingeschränkt sein. Die Arbeitsverhältnisse der Betriebsratsmitglieder können daher nur suspendiert, nicht aber durch lösende Aussperrung gelöst werden (*BAG GS* 21.4.1971 EzA Art. 9 GG Nr. 6; *BVerfG* 19.2.1975 EzA Art. 9 GG Arbeitskampf Nr. 16). Zu arbeitskampfbedingten Einschränkungen von Rechten des Betriebsrats s. o. G/Rz. 106 ff., 159.

c) Allgemeine betriebsverfassungsrechtliche Friedenspflicht, § 74 Abs. 2 S. 2 BetrVG

1027 Nach Maßgabe der in § 74 Abs. 2 S. 2 BetrVG normierten allgemeinen Friedenspflicht haben Arbeitgeber und Betriebsrat alle Betätigungen zu unterlassen, durch die der Arbeitsablauf oder der Betriebsfrieden beeinträchtigt werden. Das Verbot richtet sich auch an die einzelnen Betriebsratsmitglieder in dieser Eigenschaft. Arbeitsablauf ist die tatsächliche Verrichtung der Arbeit gem. der im Betrieb geltenden und gehandhabten organisatorischen, räumlichen und zeitlichen Gestaltung der Arbeitsprozesse. Der Begriff des Betriebsfriedens kennzeichnet den Zustand friedlichen

21.2.1978 EzA § 74 BetrVG 1972 Nr. 4) oder die Einladung von Parteipolitikern in Wahlkampfzeiten als Referenten in einer Betriebsversammlung (*BAG* 13.9.1977 EzA § 42 BetrVG 1972 Nr. 1).
Verboten sind nur aktive Tätigkeiten; eine Einwirkungspflicht von Arbeitgeber und Betriebsrat gegen parteipolitische Aktivitäten von Belegschaftsmitgliedern besteht hingegen nicht (GK-BetrVG/*Kreutz* § 74 Rz. 114).

cc) Im Betrieb

Das Verbot parteipolitischer Betätigung gilt auf dem gesamten Betriebsgelände unter Einschluss sämtlicher Betriebseinrichtungen und auch für Betätigungen in unmittelbarer Betriebsnähe, sofern diese objektiv in den Betrieb hineinwirken (z. B. das Verteilen von Flugschriften parteipolitischen Inhalts vor dem Fabriktor, *BAG* 21.2.1978 EzA § 74 BetrVG 1972 Nr. 4). 1039

Nicht verboten sind persönliche Gespräche über parteipolitische Fragen zwischen Betriebsratsmitglieder und dem Arbeitgeber, zwischen einzelnen Betriebsratsmitgliedern und zwischen einzelnen Arbeitnehmern (GK-BetrVG/*Kreutz* § 74 Rz. 116). Während z. T. (MünchArbR/*v. Hoyningen-Huene* § 301 Rz. 61) die Auffassung vertreten wird, dass über den Wortlaut hinaus jede parteipolitische Aktivität des Arbeitgebers, des Betriebsrats oder einzelner Betriebsratsmitglieder in ihrer Funktion als Organ der Betriebsverfassung verboten sei, ist nach anderer, wohl überwiegender Auffassung (vgl. GK-BetrVG/*Kreutz* § 74 Rz. 117 m. w. N.) die räumliche Begrenzung des Verbots strikt zu beachten, sodass beispielsweise Betriebsratsmitglieder bei parteipolitischer Betätigung außerhalb des Betriebes auch ihre Funktion angeben und hervorheben können. 1040

dd) Rechtsfolgen

Verstöße gegen die Friedenspflicht begründen einen eigenständigen, von § 23 Abs. 1, 3 BetrVG unabhängigen, auf ein zukünftiges Verhalten gerichteten Unterlassungsanspruch der jeweils anderen Seite (*BAG* 22.7.1980 EzA § 74 BetrVG 1972 Nr. 5; 12.6.1986 EzA § 74 BetrVG 1972 Nr. 7), der im arbeitsgerichtlichen Beschlussverfahren geltend gemacht werden kann. 1041

Ferner kommt ein Vorgehen nach § 23 BetrVG in Betracht. Individualrechtliche Konsequenzen können nur ergriffen werden, wenn der Verstoß gegen das betriebsverfassungsrechtliche Verbot zugleich eine Verletzung individualvertraglicher Pflichten ist (vgl. GK-BetrVG/*Kreutz* § 74 Rz. 126 f.).

e) Gewerkschaftliche Betätigung von Funktionsträgern, § 74 Abs. 3 BetrVG

§ 74 Abs. 3 BetrVG sichert die gewerkschaftliche Betätigung betriebsverfassungsrechtlicher Funktionsträger in der Rolle als Arbeitnehmer und Gewerkschaftsmitglied, ohne allerdings die Funktionsträger von den sich aus §§ 2 Abs. 1, 74 Abs. 2, 75, 79 BetrVG ergebenden Amtspflichten zu entbinden. Insbesondere ist das Gebot gewerkschaftsneutraler Amtsführung (§ 75 Abs. 1 BetrVG) zu beachten, sodass der Funktionsträger auch in herausgehobener Funktion zwar nicht ausdrücklich darauf hinweisen muss, nicht in Amtseigenschaft, sondern als Gewerkschaftsmitglied zu handeln, er andererseits aber bei gewerkschaftlicher Betätigung (z. B. Werbung) die 1042

I. Betriebsverfassungsrecht

Amtsstellung auch nicht besonders hervorheben oder das Amt nicht dadurch ausnutzen darf, dass Mittel und Räumlichkeiten, die dem Betriebsrat zur Verfügung stehen, für Gewerkschaftszwecke eingesetzt werden (vgl. GK-BetrVG/*Kreutz* § 74 Rz. 148 m. w. N.).

3. Grundsätze für die Behandlung von Betriebsangehörigen, § 75 BetrVG

a) Überwachungspflicht

aa) Inhalt

1043 § 75 Abs. 1 BetrVG begründet eine kollektivrechtliche Überwachungspflicht von Arbeitgeber, Betriebsrat und Betriebsratsmitgliedern, der im Sinne einer gegenseitigen Kontrollpflicht für die Einhaltung der Grundsätze von Recht und Billigkeit bei der Behandlung von im Betrieb tätigen Personen ein Überwachungsrecht korrespondiert. Die Vorschrift begründet keine eigenständigen subjektiven Rechte der geschützten Arbeitnehmer gegen Arbeitgeber oder Betriebsrat, sodass auf sie auch nicht entsprechende Beseitigungs- oder Unterlassungsansprüche einzelner Arbeitnehmer gestützt werden können. Allerdings werden arbeitsvertragliche Schutz- und Fürsorgepflichten des Arbeitgebers und der arbeitsrechtliche Gleichbehandlungsgrundsatz inhaltlich von den Grundsätzen des § 75 BetrVG mitgeprägt (GK-BetrVG/*Kreutz* § 75 Rz. 24, 25).

1044 Bei Verstößen gegen die Grundsätze des § 75 BetrVG besteht ein eigenständiger Unterlassungs- oder Beseitigungsanspruch des jeweiligen Betriebspartners gegen den anderen, der im arbeitsgerichtlichen Beschlussverfahren, gegebenenfalls auch im Wege der einstweiligen Verfügung, geltend gemacht werden kann. Möglich ist auch ein entsprechender Feststellungsantrag (GK-BetrVG/*Kreutz* § 75 Rz. 27), wobei aber das beanstandete Verhalten genau angegeben werden muss, damit der Antrag nicht als zu weit gefasster, sog. Globalantrag, als unbegründet zurückgewiesen wird (*BAG* 11.12.1991 EzA § 90 BetrVG 1972 Nr. 2).

Bei groben Pflichtverletzungen kommen Sanktionen nach § 23 Abs. 1, 3 BetrVG in Betracht.

1045 Umstritten ist, ob § 75 BetrVG Schutzgesetz i. S. v. § 823 Abs. 2 BGB ist und Verstöße des Arbeitgebers Schadensersatzansprüche zu Gunsten des betroffenen Arbeitnehmers auslösen können (bejahend *BAG* 5.4.1984 EzA § 17 BBiG Nr. 1 (obiter dictum); abl. die h. M., vgl. GK-BetrVG/*Kreutz* § 75 Rz. 138 m. w. N.). § 75 BetrVG ist Verbotsgesetz i. S. v. § 134 BGB, wobei auf Grund des kollektivrechtlichen Charakters der Norm ein Verstoß gegen § 75 BetrVG nur die Nichtigkeit von Rechtsgeschäften auf betriebsverfassungsrechtlich-kollektiver Ebene zur Folge hat. Insoweit ist § 75 BetrVG hauptsächlich Kontrollnorm für Betriebsvereinbarungen, insbesondere Sozialpläne und sonstige betriebliche Einigungen (s. u. I/Rz. 1184 f.; 1867 ff.).

bb) Anwendungsbereich

1046 Neben dem Betriebsrat als Kollektivorgan verpflichtet § 75 BetrVG auch jedes einzelne Betriebsratsmitglied. Der Arbeitgeber hat die Pflichten aus § 75 BetrVG in jedem betriebsratsfähigen Betrieb unabhängig von der Errichtung eines Betriebsrats zu beachten. Das Verbot richtet sich nicht unmittelbar an den einzelnen, im Betrieb

I. Betriebsverfassungsrecht

tätigen Arbeitnehmer, der aber zu einem entsprechenden Verhalten gegebenenfalls arbeitsvertraglich verpflichtet ist. Arbeitnehmer, die Arbeitskollegen wegen ihrer Abstammung, Religion, Nationalität etc. diskriminieren, können dadurch auch ihre Friedenspflicht aus dem Arbeitsverhältnis verletzen und deliktisch rechtswidrig handeln. Arbeitgeber und Betriebsrat haben darüber hinaus gem. §§ 75, 80 Abs. 1 Nr. 1 BetrVG einzugreifen (GK-BetrVG/*Kreutz* § 75 Rz. 12).

Der Schutz der Vorschrift erstreckt sich auf alle im Betrieb tätigen Personen. Deshalb werden in den Schutzbereich überwiegend auch nicht betriebsangehörige Arbeitnehmer (z. B. nicht betriebsangehörige Monteure, Bauarbeiter, Leiharbeitnehmer) einbezogen (MünchArbR/*v. Hoyningen-Huene* § 301 Rz. 69; **a. A.** GK-BetrVG/*Kreutz* § 75 Rz. 13). Für leitende Angestellte gilt die spezielle Vorschrift des § 27 SprAuG. Nicht erfasst werden die noch nicht im Betrieb beschäftigten und die bereits ausgeschiedenen Arbeitnehmer, soweit nicht im Rahmen betriebsverfassungsrechtlicher Aufgaben Regelungen getroffen werden, die gerade die Pensionäre betreffen (Altersversorgung, sonstige Sozialleistungen, vgl. *Berg* DKK § 75 Rz. 7). **1047**

cc) Grundsätze von Recht und Billigkeit

Unter Grundsätzen des Rechts ist die geltende, für das Arbeitsverhältnis maßgebliche Rechtsordnung unter Einschluss der positiv gesetzlichen Regelungen, des arbeitsrechtlichen Gewohnheitsrechts, des Richterrechts, der tarifvertraglichen Regelungen und der Regelungen in den maßgeblichen Betriebsvereinbarungen zu verstehen. Die Behandlung in Entsprechung dieser Grundsätze erfordert, dass das geltende Recht im Betrieb beachtet wird und insbesondere alle Rechtsansprüche der Arbeitnehmer anerkannt und erfüllt werden (GK-BetrVG/*Kreutz* § 75 Rz. 29). Durch die Beachtung der Grundsätze der Billigkeit soll bei Einzelentscheidungen Gerechtigkeit hergestellt werden. **1048**

Der Grundsatz kommt insbesondere dann zum Tragen, wenn einem Vertragspartner das Recht zur einseitigen Leistungsbestimmung nach billigem Ermessen zusteht (vgl. §§ 315 ff. BGB), beispielsweise bei der Ausübung des Direktionsrechts (s. o. A/Rz. 640 ff.). Nach ständiger, allerdings umstrittener Rechtsprechung des BAG unterliegen auch Betriebsvereinbarungen unter Einschluss von Sozialplänen einer allgemeinen gerichtlichen Billigkeitskontrolle (s. u. I/Rz. 1184 f.; grundlegend *BAG* 30.1.1970 EzA § 242 BGB Nr. 31; vgl. auch *BAG* 25.4.1991 EzA § 611 BGB Gratifikation, Prämie Nr. 85). **1049**

Besondere Bedeutung hinsichtlich der zu beachtenden Grundsätze des Rechts haben Art. 3 Abs. 1 GG sowie der allgemeine arbeitsrechtliche Gleichbehandlungsgrundsatz (s. o. A/Rz. 458 ff.), wobei § 75 Abs. 1 in Form einer nicht abschließenden Aufzählung absolute Differenzierungsverbote enthält. Abstammung ist die bluts- oder volksmäßige Herkunft einschließlich der Rassenzugehörigkeit, sodass insbesondere jede unterschiedliche Behandlung wegen der Herkunft aus einer bestimmten Familie, der Zugehörigkeit zu einer ethnischen Minderheit oder wegen der Hautfarbe unzulässig ist. Religion erfasst die Zugehörigkeit zu einer Kirche oder Glaubensgemeinschaft sowie auch das Bekenntnis zu einer nicht religions-orientierten Weltanschauung. Unter Nationalität ist die Staatsangehörigkeit zu verstehen, sodass ausländische oder staatenlose Arbeitnehmer im Betrieb nicht anders behandelt werden dürfen als deutsche Arbeitnehmer. Die Pflicht zur Beachtung ausländerrechtlicher Bestimmungen (z. B. Arbeitserlaubnis nach § 284 SGB III) bleibt indessen unberührt. Unter Her- **1050**

I. Betriebsverfassungsrecht

kunft ist das Herkommen aus einem bestimmten Gebiet sowie aus einer bestimmten sozialen oder gesellschaftlichen Schicht zu verstehen. Die politische Betätigung und Einstellung betrifft jedes politische Denken und Handeln. Das politische Verhalten eines Arbeitnehmer rechtfertigt erst dann arbeitsrechtliche Konsequenzen, wenn es zugleich konkrete betriebliche oder arbeitsvertragliche Pflichten verletzt (vgl. *BAG* 15.7.1971 EzA § 1 KSchG Nr. 19). Weiter darf die bereits durch Art. 9 Abs. 3 GG geschützte gewerkschaftliche Betätigung und Einstellung grds. nicht zur Grundlage von Differenzierungen gemacht werden, wobei aber auf Grund der Freiwilligkeit des Verbandsbeitritts und der Beschränkung der Verbandsmacht auf die Mitglieder die sich aus §§ 3, 4 TVG ergebende Ungleichbehandlung von gewerkschaftlich organisierten und nicht organisierten Arbeitnehmern bei der Gewährung (günstigerer) tariflicher Leistungen zulässig bleibt (vgl. *BAG* 21.1.1987 EzA Art. 9 GG Nr. 42). Unzulässig ist/sind beispielsweise, die Einstellung eines Arbeitnehmers von dessen Austritt aus der Gewerkschaft abhängig zu machen (*BAG* 2.6.1987 EzA Art. 9 GG Nr. 43), die Zahlung sog. Streikbruchprämien (*BAG* 11.8.1992 EzA Art. 9 GG Arbeitskampf Nr. 105; 13.7.1993 EzA Art. 9 GG Arbeitskampf Nr. 112) oder die Verletzung der den Betriebsrat und seine Mitglieder treffenden Neutralitätspflicht im Sinne strikter gewerkschaftlicher Unparteilichkeit der Amtsausübung, etwa durch Ausübung von Druck auf Arbeitnehmer zum Eintritt oder Nichteintritt in eine bestimmte Gewerkschaft (vgl. GK-BetrVG/*Kreutz* § 75 Rz. 58 f.).

1051 Das Verbot der Benachteiligung wegen Geschlechtszugehörigkeit soll die Gleichberechtigung der Geschlechter sichern und verbietet so die unmittelbare wie auch die mittelbare Ungleichbehandlung wegen des Geschlechts.
Zur teilweisen Umsetzung der Richtlinie 2000/78/EG vom 27.11.2000 (ABlEG L 303, S. 16) ist durch das BetrVerf-ReformG vom 23.7.2001 (BGBl. I S. 1852 ff.) als absolutes Diskriminierungsverbot ferner das Verbot der unterschiedlichen Behandlung von Personen wegen ihrer sexuellen Identität aufgenommen worden. Sexuelle Identität ist die sexuelle Orientierung, in der eine Person sich selbst erlebt. In Betracht kommen neben der Heterosexualität insbesondere die Homo- und Bisexualität, nicht aber krankhafte Ausprägungen sexueller Neigungen wie z. B. Exhibitionismus, Fetischismus, Voyeurismus, Pädophilie, Sadismus. Auch die Neigung, die für das andere Geschlecht typische Kleidung zu tragen (Transvestismus), ist nicht geschützt (GK-BetrVG/*Kreutz* § 75 Rz. 76).

1052 Durch § 75 Abs. 1 S. 2 BetrVG soll der Schutz älterer Arbeitnehmer sichergestellt werden. Die Vorschrift verbietet jede objektive Benachteiligung wegen der Überschreitung bestimmter Altersstufen, ohne selbst an konkrete Altersstufen anzuknüpfen; die Berücksichtigung tatsächlicher Unterschiede und für die jeweilige Maßnahme erheblicher Sachgesichtspunkte, z. B. bei altersbedingtem Nachlassen körperlicher oder geistiger Kräfte im Einzelfall, bleibt aber möglich (vgl. für Sozialplanregelung *BAG* 14.2.1984 EzA § 112 BetrVG 1972 Nr. 30). Bei jeder schematisierten Bildung von Altersstufen ist eine besonders sorgfältige Überprüfung des Vorliegens sachlicher Gründe notwendig (*BAG* 14.1.1986 EzA § 1 BetrVG Nr. 40).

b) Schutz und Förderung der freien Entfaltung der Persönlichkeit

aa) Inhalt

1053 § 75 Abs. 2 S. 1BetrVG knüpft an Art. 2 GG an. Durch die Vorschrift soll der allgemeinen Forderung nach einer verstärkten Berücksichtigung der Persönlichkeitsrechte auch im Arbeitsleben dadurch Rechnung getragen werden, dass Arbeitgeber und Be-

I. Betriebsverfassungsrecht

triebsrat auf den Schutz der Persönlichkeit des einzelnen Arbeitnehmers und der freien Entfaltung seiner Persönlichkeit verpflichtet werden (vgl. BT-Drs. VI/1786, S. 46). Die Vorschrift wird durch die §§ 80–86, 90–91, und 96–98 BetrVG konkretisiert und ergänzt.

§ 75 Abs. 2 BetrVG begründet nur Amtspflichten für die Normadressaten, nicht aber subjektive Rechte für die geschützten Arbeitnehmer. Die Regelung dient insbesondere als Auslegungsregel, begründet aber keine neuen Beteiligungsrechte des Betriebsrats in Angelegenheiten, in denen sie das BetrVG nicht vorsieht (GK-BetrVG/ *Kreutz* § 75 Rz. 120 f.). § 75 Abs. 2 BetrVG begrenzt darüber hinaus die Regelungsmacht der Betriebspartner und ist insoweit Kontrollnorm für die Überprüfung der Rechtmäßigkeit von Betriebsvereinbarungen, Betriebsabsprachen und sonstigen betrieblichen Einigungen zwischen Arbeitgeber und Betriebsrat. § 75 Abs. 2 BetrVG ist insoweit Verbotsgesetz (§ 134 BGB); ein Verstoß hat die Nichtigkeit der zwischen Arbeitgeber und Betriebsrat getroffenen betrieblichen Regelung zur Folge (*BAG* 11.3.1986 EzA § 87 BetrVG 1972 Kontrolleinrichtung Nr. 15; GK-BetrVG/*Kreutz* § 75 Rz. 139). 1054

Inhalt der Schutzpflicht ist insbesondere, rechtswidrige Verletzungen des Persönlichkeitsrechts der Arbeitnehmer zu unterbinden. Zum Persönlichkeitsrecht gehören (vgl. GK-BetrVG/*Kreutz* § 75 Rz. 97 ff.) das Recht am eigenen Bild und an der eigenen Stimme, das Recht am Charakterbild, das Recht an der Ehre und das Recht auf Achtung des Privatlebens und der Intimsphäre sowie das Recht auf informationelle Selbstbestimmung (vgl. *BVerfG* 15.12.1983 BVerfGE 65, 1 [41 ff.]). 1055

Bestimmung von Inhalt und Grenzen dieser Rechte im Einzelnen sowie die Feststellung der Rechtswidrigkeit einer Persönlichkeitsverletzung setzen eine einzelfallbezogene Güter- und Interessenabwägung voraus. Demnach ist eine Einschränkung einzelner Persönlichkeitsrechte des Arbeitnehmers nur zulässig, soweit dies auf Grund überwiegender betrieblicher Interessen, insbesondere im Interesse eines ungestörten Arbeitsablaufes erforderlich ist und hierbei die Einschränkung nur so gering und schonend erfolgt, wie dies zur Erreichung des rechtlich zulässigen Zweckes geboten ist (GK-BetrVG/*Kreutz* § 75 Rz. 96). 1056

bb) Einzelfälle
Wegen einer Verletzung des Persönlichkeitsrechts unzulässig ist/sind z. B.: 1057
– Die Überwachung des Arbeitnehmers durch heimliche oder offene optische Überwachung, z. B. durch Einwegscheiben oder durch den Einsatz von Videokameras (vgl. *BAG* 26.2.1992 EzA § 1004 BGB Nr. 4; s. o. A/Rz. 329 ff.), es sei denn, der Einsatz derartiger Mittel dient in erster Linie der Kontrolle beobachtungsbedürftiger Arbeitsvorgänge (Walzstraßen, Hochöfen), oder der Kontrolle aus Sicherheitsgründen (Bankschalter, Warenhäuser) und der einzelne Arbeitnehmer wurde über diese Maßnahme informiert (GK-BetrVG/*Kreutz* § 75 Rz. 97).
– Die offene oder heimliche akustische Überwachung durch Abhörgeräte sowie das Abhören dienstlicher oder privater Telefongespräche (*BAG* 1.3.1973 EzA § 611 BGB Nr. 10; *BVerfG* 19.12.1991 EzA § 611 BGB Persönlichkeitsrecht Nr. 10; s. o. C/Rz. 2313 ff.). Die Erfassung von Telefondaten ist bei entsprechender Regelung in einer Betriebsvereinbarung jedenfalls dann zulässig, wenn nur die Daten von Dienst- oder dienstlich veranlassten Privatgesprächen, nicht aber die von reinen

I. Betriebsverfassungsrecht

Privatgesprächen aufgezeichnet werden (*BAG* 27.5.1986 EzA § 87 BetrVG 1972 Kontrolleinrichtung Nr. 16).
– Die Einholung graphologischer Gutachten und die Durchführung psychologischer Tests und Eignungsuntersuchungen ohne Einwilligung des Arbeitnehmers.
– Persönlichkeitsrechtsverletzende Fragen des Arbeitgebers bei der Einstellung (s. o. B/Rz. 211 ff.).

c) Förderung der Selbstständigkeit und Eigeninitiative der Arbeitnehmer und Arbeitsgruppen

1058 Durch das BetrVerf-ReformG vom 23.7.2001 (BGBl. I S. 1852 ff.) wurde eine Betriebsrat und Arbeitgeber gemeinsam treffende Förderungspflicht der Selbstständigkeit und Eigeninitiative der Arbeitnehmer und der Arbeitsgruppen in § 75 Abs. 2 S. 2 BetrVG aufgenommen.

aa) Zweck, Funktion

1059 Die Förderungspflicht soll einen Beitrag zu mehr Demokratie im Betrieb leisten, insbesondere durch eine entsprechende Gestaltung der Betriebsorganisation und der Arbeit, die Freiräume für Entscheidungen, Eigenverantwortung und Kreativität der Arbeitnehmer und der Arbeitsgruppen schafft. Hierdurch soll zugleich eine wesentliche Grundlage für die Beteiligungsrechte der einzelnen Arbeitnehmer (§§ 81–86a BetrVG, s. o. I/Rz. 955 ff.) und der Arbeitsgruppen (§ 28a BetrVG, s. o. I/Rz. 471 ff.) geschaffen und deren Bedeutung in der Betriebsverfassung hervorgehoben werden (BegrRegE, BT-Drs. 14/5741, S. 45).

1060 § 75 Abs. 2 S. 2 BetrVG begründet nur Amtspflichten für die Normadressaten, nicht aber subjektive Rechte für die Arbeitnehmer oder Arbeitsgruppen. Die Förderungspflicht prägt aber die Schutz- und Fürsorgepflicht des Arbeitgebers im Arbeitsverhältnis, begründet aber keine neuen Beteiligungsrechte des Betriebsrats in Angelegenheiten, in denen sie das BetrVG nicht vorsieht (GK-BetrVG/*Kreutz* § 75 Rz. 125, 126). Im Sinne einer Leitlinie wird zum Ausdruck gebracht, dass betriebliche Regelungen, die im Rahmen des rechtlich Zulässigen die Selbstständigkeit und Eigeninitiative der Arbeitnehmer oder der Arbeitsgruppen verstärken, gesetzgeberisch gewünscht sind und solche Regelungen dem Wohl des Betriebs und seiner Arbeitnehmer i. S. d. § 2 Abs. 1 BetrVG entsprechen (GK-BetrVG/*Kreutz* § 75 Rz. 127). In Bezug auf die Förderung der Selbstständigkeit und Eigeninitiative von Arbeitsgruppen beinhaltet § 75 Abs. 2 S. 2 BetrVG eine Leitlinie für die Ermessensausübung der Einigungsstelle bei der Aufstellung von Regelungen nach § 87 Abs. 1 Nr. 13 BetrVG (*Löwisch* NZA Sonderbeilage zu NZA Heft 24/2001, S. 40, 43; zur Mitbestimmung hinsichtlich der Grundsätze über die Durchführung von Gruppenarbeit nach § 87 Abs. 1 Nr. 13 BetrVG s. u. I/Rz. 1500 ff.).

bb) Inhalt

1061 Die Förderung einzelner Arbeitnehmer kann z. B. durch die Eröffnung von Handlungs- und Entscheidungsspielräumen, den Abbau organisatorischer Zwänge und die aktive Unterstützung bei der Wahrnehmung und Ausübung eigener betriebsverfassungsrechtlicher Beteiligungsrechte der Arbeitnehmer erfolgen (GK-BetrVG/*Kreutz* § 75 Rz. 128, 129).

1062 Die Förderungspflicht hinsichtlich Arbeitsgruppen i. S. d. § 75 Abs. 2 S. 2 BetrVG bezieht sich auf alle Arten von Arbeitsgruppen, wie z. B. teilautonome Arbeitsgruppen (vgl. § 87 Abs. 1 Nr. 13 BetrVG, s. u. I/Rz. 1500 ff.) oder Team- oder Projektgruppen

(GK-BetrVG/*Kreutz* § 75 Rz. 131). Sie besteht nur hinsichtlich bestehender Arbeitsgruppen; eine Verpflichtung des Arbeitgebers zur Einführung von Gruppenarbeit folgt aus § 75 Abs. 2 S. 2 BetrVG nicht (GK-BetrVG/*Kreutz* § 75 Rz. 133). Die Förderung kann beispielsweise dadurch erfolgen, dass der Gruppe für die Erledigung ihrer Aufgaben Eigenverantwortung eingeräumt und der Arbeitsgruppe nach § 28 a BetrVG (s. o. I/Rz. 471 ff.) betriebsverfassungsrechtliche Entscheidungsbefugnisse übertragen werden (vgl. GK-BetrVG/*Kreutz* § 75 Rz. 135; nach *Löwisch* Sonderbeilage zu NZA Heft 24/2001, S. 40, 43 soll aus § 75 Abs. 2 S. 2 BetrVG die Verpflichtung folgen, von der Übertragungsbefugnis des § 28 a BetrVG Gebrauch zu machen, soweit keine sachlichen Gründe entgegenstehen).

4. Die Einigungsstelle, §§ 76, 76 a BetrVG

Die Einigungsstelle ist ein institutionalisiertes betriebsverfassungsrechtliches Schlichtungs- und Entscheidungsorgan. Sie dient der Beilegung von Meinungsverschiedenheiten durch verbindliche Entscheidung als betriebliche Zwangsschlichtung (*BVerfG* 18.10.1986 EzA § 76 BetrVG 1972 Nr. 38) und dem vorgelagert der Hilfestellung zu einer Einigung der Betriebspartner (GK-BetrVG/*Kreutz* § 76 Rz. 6).

a) Die Zuständigkeit der Einigungsstelle

aa) Freiwilliges Einigungsstellenverfahren

§ 76 Abs. 1, 6 BetrVG eröffnet den Betriebspartnern auf übereinstimmenden Antrag den Weg zur Einigungsstelle zur Beilegung sämtlicher Meinungsverschiedenheiten in Regelungs- und auch Rechtsstreitigkeiten (*BAG* 20.11.1990 EzA § 76 BetrVG 1972 Nr. 55).

Rechtsstreitigkeiten betreffen das Bestehen, den Inhalt oder Umfang gesetzlicher oder vertraglicher Ansprüche. Regelungsstreitigkeiten betreffen Differenzen der Betriebspartner über die Gestaltung einer betrieblichen Regelung. Geht es um Rechtsstreitigkeiten, führt die Tatsache, dass die Betriebspartner über den Gegenstand der Rechtsstreitigkeit nicht verfügen können, nicht zur Unzuständigkeit der freiwillig errichteten Einigungsstelle, sondern nur dazu, dass der Spruch der Einigungsstelle für die Betriebspartner nicht verbindlich ist und gegebenenfalls in einem nachfolgenden arbeitsgerichtlichen Beschlussverfahren aufzuheben ist (GK-BetrVG/*Kreutz* § 76 Rz. 21).

Haben die Betriebsparteien daher vereinbart, dass zunächst die Einigungsstelle entscheiden soll, ist ein vorher eingeleitetes arbeitsgerichtliches Beschlussverfahren unzulässig (*BAG* 20.11.1990 EzA § 76 BetrVG 1972 Nr. 55). In Regelungsstreitigkeiten ist bei einem freiwilligen Einigungsstellenverfahren die Zuständigkeit der Einigungsstelle unbeschränkt. Es kann daher auch durchgeführt werden in Angelegenheiten, in denen dem Betriebsrat kein Mitbestimmungs- oder Mitwirkungsrecht zusteht (GK-BetrVG/*Kreutz* § 76 Rz. 23).

I. Betriebsverfassungsrecht

bb) Erzwingbares Einigungsstellenverfahren

1066 Die Einigungsstelle ist in allen gesetzlich bestimmten Fällen zuständig, in denen ihr Spruch die Einigung von Arbeitgeber und Betriebsrat ersetzt und sie deshalb bereits auf Antrag von nur einer Seite tätig werden kann, § 76 Abs. 5 BetrVG.

1067 Solche kompetenzzuweisenden Einzelvorschriften sind insbesondere: § 37 Abs. 6, 7; § 38 Abs. 2; § 39 Abs. 1; § 47 Abs. 6; § 55 Abs. 4 i. V. m. § 47 Abs. 6; § 65 i. V. m. § 37 Abs. 6 und 7; § 69 i. V. m. § 39 Abs. 1; § 72 Abs. 6; § 85 Abs. 2; § 87 Abs. 2; § 91; § 94 Abs. 1, 2; § 95 Abs. 1, 2; § 98 Abs. 4, 6; § 102 Abs. 6; § 109; § 112 Abs. 4; § 116 Abs. 3 Nr. 2, 4, 8 BetrVG. In diesem gesetzlichen Rahmen kann die Einigungsstelle angerufen werden, nachdem zuvor erfolglose Verhandlungen stattgefunden haben (vgl. *Berenz* NZA Beil. 2/1991, S. 23 ff.) oder sich eine Seite auf Verhandlungen überhaupt nicht einlässt (*LAG Baden-Württemberg* 16.10.1991 NZA 1992, 186). Ob die Verhandlungen zwischen Arbeitgeber und Betriebsrat als gescheitert zu betrachten sind, steht im Beurteilungsermessen der Betriebspartner, sodass dann, wenn diese Annahme nicht ohne jeglichen Anlass erfolgt, die Bildung der Einigungsstelle betrieben werden kann (*LAG Frankfurt/M.* 12.11.1991 NZA 1992, 853).

1068 Der Anwendungsbereich der erzwingbaren Einigungsstellenverfahrens kann durch Tarifvertrag erweitert werden, sofern dieser festlegt, dass der Spruch der Einigungsstelle die Einigung zwischen Arbeitgeber und Betriebsrat in einer Angelegenheit, in der nach dem BetrVG an sich kein Mitbestimmungsrecht besteht, die Einigung zwischen Betriebsrat und Arbeitgeber ersetzt (*BAG* 18.8.1987 EzA § 77 BetrVG 1972 Nr. 18).

b) Errichtung der Einigungsstelle

1069 Die Einigungsstelle ist grds. nicht eine ständige Einrichtung, sondern wird vielmehr in jedem Einzelfall neu gebildet. Durch freiwillige, nicht erzwingbare Betriebsvereinbarung kann aber auch eine ständige Einigungsstelle errichtet werden (§ 76 Abs. 1 S. 2 BetrVG).

aa) Freiwilliges Einigungsstellenverfahren

1070 Die Einigungsstelle kann hier nur im jederzeit widerruflichen (GK-BetrVG/*Kreutz* § 76 Rz. 33) Einverständnis beider Parteien errichtet und tätig werden. Sind beide Parteien zwar mit der Verhandlung ihrer Meinungsverschiedenheiten vor der Einigungsstelle einverstanden, können sich aber nicht auf eine bestimmte Anzahl von Beisitzern sowie den Vorsitzenden einigen, kann das arbeitsgerichtliche Bestellungsverfahren nach §§ 76 Abs. 2 BetrVG, 98 ArbGG durchgeführt werden, was aber ebenfalls das unwiderrufene Einverständnis beider Teile zur Durchführung des freiwilligen Verfahrens und damit einen Antrag beider Parteien voraussetzt (GK-BetrVG/ *Kreutz* § 76 Rz. 33).

bb) Erzwingbares Einigungsstellenverfahren

1071 In den Fällen, in denen der Spruch der Einigungsstelle die Einigung zwischen Arbeitgeber und Betriebsrat ersetzt, kann die Einigungsstelle auch gegen den Willen der anderen Partei auf Antrag nur einer Partei tätig werden. Kommt zwischen den Betriebspartnern eine Einigung über die Anzahl der Beisitzer und über die Person des Vorsitzenden zu Stande, ist damit die Einigungsstelle errichtet und kann ihre Tätigkeit aufnehmen. Kommt eine solche Einigung nicht zu Stande, so wird der Vorsitzende und die Anzahl der Beisitzer jeder Seite auf Antrag einer Partei vom Arbeitsgericht

I. Betriebsverfassungsrecht

bestimmt, § 76 Abs. 2 BetrVG, § 98 ArbGG (s. u. I/Rz. 1078 ff.). Ist der Vorsitzende bestellt, steht weiter die Anzahl der Beisitzer fest und hat eine Seite ihre Beisitzer benannt, ist die Einigungsstelle auch dann errichtet, wenn die andere Partei noch keine Beisitzer bestellt hat, § 76 Abs. 5 S. 1 BetrVG.

cc) Größe und Zusammensetzung

Die Einigungsstelle besteht aus einer gleichen Anzahl von Beisitzern für jede Seite und einem unparteiischen Vorsitzenden. Über beide Fragen sollen sich die Betriebspartner einigen. Kommt eine Einigung nicht zu Stande, so entscheidet das ArbG abschließend über die Zahl der Beisitzer und/oder über die Person des Vorsitzenden, § 76 Abs. 2 S. 2 BetrVG. Maßgeblich sind insoweit Größe und Art des Betriebes sowie die Schwierigkeit der zu behandelnden Angelegenheit. Eine gesetzliche Regelung der Anzahl der Beisitzer fehlt. 1072

Für den Regelfall werden in der Rechtsprechung je zwei Beisitzer (*LAG Hamm* 20.6.1975 DB 1975, 2452; *LAG München* 15.7.1991 NZA 1992, 185; *LAG Frankfurt* 29.9.1992 NZA 1993, 1008) oder je ein Beisitzer (*LAG Schleswig-Holstein* 28.1.1993 DB 1993, 1591; *LAG Hamm* 8.4.1987 NZA 1988, 210) als angemessen und ausreichend angesehen. 1073

Die Bestellung von mehr als drei Beisitzern soll in aller Regel nicht vertretbar sein (*LAG München* 31.1.1989 NZA 1989, 525). Bei der Auswahl der Beisitzer, die von der Seite, die sie bestellt hat, jederzeit wieder abberufen werden können, sind die Beteiligten grds. frei. Es können auch betriebsfremde Personen und auch der Arbeitgeber selbst bzw. Betriebsratsmitglieder bestellt werden (*BAG* 14.1.1983 EzA § 79 BetrVG 1972 Nr. 34; 6.5.1986 EzA § 112 BetrVG 1972 Nr. 39). Ebenso können Vertreter der Gewerkschaften (*BAG* 14.12.1988 EzA § 76 BetrVG 1972 Nr. 47) oder der Arbeitgebervereinigungen und auch Rechtsanwälte benannt werden. Eine Ablehnung der von einer Seite bestellten Beisitzer durch die andere wegen Befangenheit oder ein Stimmrechtsausschluss bei persönlicher Betroffenheit kommt nach h. M. nicht in Betracht (GK-BetrVG/*Kreutz* § 76 Rz. 48; a. A. *Schmitt* NZA 1987, 78 [82 f.]). Zulässig ist auch die Bestellung von stellvertretenden Beisitzern. 1074

Können sich die Parteien nicht auf die Person des Vorsitzenden einigen, so wird dieser auf Antrag einer Seite durch das ArbG bestellt. Der Vorsitzende muss unparteiisch sein. Sofern Berufsrichter bestellt werden, bedürfen sie zur Übernahme des Amtes einer Nebentätigkeitsgenehmigung, § 40 DRiG. 1075

Der bestellte Vorsitzende kann in analoger Anwendung von § 1032 Abs. 1 ZPO wegen der Besorgnis der Befangenheit abgelehnt werden (*BAG* 11.9.2001 EzA § 76 BetrVG 1972 Nr. 68). Das Ablehnungsrecht verliert allerdings nach § 43 ZPO analog, wer sich auf die Verhandlung vor der Einigungsstelle in Kenntnis der Ablehnungsgründe rügelos einlässt (*BAG* 9.5.1995 EzA § 76 BetrVG 1972 Nr. 66). 1076

Im Hinblick auf das Verfahren gilt Folgendes (*BAG* 11.9.2001 EzA § 76 BetrVG 1972 Nr. 68): Wird ein Ablehnungsgesuch gestellt, so befindet über die Ablehnung die Einigungsstelle, allerdings unter Ausschluss des abgelehnten Vorsitzenden. An der Abstimmung können sich somit nur die Beisitzer der Betriebsparteien beteiligen. Findet der Ablehnungsantrag keine Mehrheit, ist er abgelehnt. Wird der Ablehnungsantrag von der Einigungsstelle zurückgewiesen, kann der Beteiligte, der den Antrag gestellt 1077

I. Betriebsverfassungsrecht

hatte, entsprechend § 1037 Abs. 3 ZPO innerhalb einer Frist von einem Monat eine arbeitsgerichtliche Entscheidung beantragen. Bis zur Einreichung eines solchen Antrags und während eines anhängigen Verfahrens kann das Einigungsstellenverfahren entsprechend § 1037 Abs. 3 S. 2 ZPO fortgesetzt und ggf. durch Spruch abgeschlossen werden. Darüber, ob das Verfahren trotz eines angekündigten oder gestellten Antrags auf gerichtliche Klärung der Befangenheitsgründe fortgesetzt oder ausgesetzt wird, entscheidet die Einigungsstelle nach freiem Ermessen. Wird das Einigungsstellenverfahren fortgesetzt und abgeschlossen und ist deshalb die betroffene Partei gehindert, eine Überprüfung ihres Ablehnungsgesuchs durch ein staatliches Gericht zu erlangen, ist über das Vorliegen von Befangenheitsgründen ausnahmsweise im Verfahren über die Anfechtung des Einigungsstellenspruchs zu befinden.

dd) Arbeitsgerichtliches Bestellungsverfahren

1078 Kommt eine Einigung der Betriebspartner über die Anzahl der Beisitzer und/oder über die Person des Vorsitzenden nicht zu Stande, so entscheidet hierüber gem. § 76 Abs. 2 BetrVG, § 98 ArbGG das ArbG im Beschlussverfahren (s. u. M/Rz. 1099 ff.). Beteiligte sind Arbeitgeber und Betriebsrat. Die Entscheidung erfolgt erst- und zweitinstanzlich durch den Vorsitzenden der Kammer, § 98 Abs. 1, Abs. 2 ArbGG. Die Beteiligten sind zu hören; ohne mündliche Anhörung kann nur mit Einverständnis der Beteiligten entschieden werden, §§ 98, 83 Abs. 4 ArbGG. Die Ladungs- und Einlassungsfristen betragen 48 Stunden. Der Beschluss soll den Beteiligten innerhalb von zwei Wochen nach Antragseingang zugestellt werden und ist spätestens innerhalb von vier Wochen nach Antragseingang zuzustellen, § 98 Abs. 1 ArbGG. Nach überwiegender Auffassung (GK-BetrVG/*Kreutz* § 76 Rz. 63; a. A. *LAG Düsseldorf* 8.2.1991 LAGE § 98 ArbGG 1979 Nr. 19) kann das Bestellungsverfahren nicht im Wege des vorläufigen Rechtsschutzes betrieben werden. Der Antrag ist zu begründen, wobei nicht nur die mangelnde Einigung der Parteien, sondern auch der Gegenstand der Meinungsverschiedenheit, über den die zu errichtende Einigungsstelle einen Spruch fällen soll, anzugeben ist.

1079 Der Antrag darf nur dann als unbegründet abgewiesen werden, wenn die Einigungsstelle offensichtlich unzuständig ist, d. h., wenn ihre Zuständigkeit im konkreten Streitfall nach den zur Antragsbegründung vorgetragenen Tatsachen auf den ersten Blick unter keinem denkbaren rechtlichen Gesichtspunkt als möglich erscheint bzw. wenn sich die Streitigkeit sofort erkennbar nicht unter einen mitbestimmungspflichtigen Tatbestand des Betriebsverfassungsgesetzes subsumieren lässt (GK-BetrVG/*Kreutz* § 76 Rz. 66 m. w. N.).

1080 Soweit der Vorsitzende das Amt nicht annimmt, hat das Gericht einen anderen Vorsitzenden zu bestellen. Fraglich ist, ob dies im selben Verfahren geschehen kann oder ein neuer Antrag nach § 98 ArbGG zu stellen ist (so *Germelmann/Matthes/Prütting* ArbGG § 98 Rz. 28). Durch die gerichtliche Entscheidung sind die Parteien nicht gehindert, sich auf einen anderen Vorsitzenden zu einigen. Die Entscheidung des ArbG wird in diesem Fall gegenstandslos (GK-BetrVG/*Kreutz* § 76 Rz. 74).

1081 Die für die Zuständigkeit der Einigungsstelle maßgebliche Frage des Bestehens oder Nichtbestehens eines Mitbestimmungsrechts kann unabhängig von dem Errichtungsverfahren zum Gegenstand eines auf die Feststellung des Bestehens oder Nichtbestehens des entsprechenden Mitbestimmungsrechts gerichteten selbstständigen arbeitsgerichtlichen Beschlussverfahrens gemacht werden (*BAG* 25.4.1989 EzA § 98 ArbGG 1979 Nr. 6). Ist ein sog. Vorabentscheidungsverfahren anhängig, darf aber das Bestellungsverfahren nicht bis zu dessen Abschluss ausgesetzt werden (*BAG* 24.11.1981 EzA § 76 BetrVG 1972 Nr. 33; **a. A.** *LAG Rheinland-Pfalz* 29.7.1985 LAGE § 98 ArbGG 1979 Nr. 9).

Hierdurch würde der Zweck des Bestellungsverfahrens, möglichst rasch eine formal funktionsfähige Einigungsstelle, die über ihre Zuständigkeit primär selbst zu entscheiden hat, zur Verfügung zu stellen, vereitelt. Umgekehrt hat die Inzidententscheidung des Arbeitsgerichts im Bestellungsverfahren darüber, ob ein Mitbestimmungsrecht besteht oder nicht, keine Bindungswirkung für ein Vorabentscheidungsverfahren, da diese Frage im Bestellungsverfahren nur Vorfrage, aber nicht Streitgegenstand ist. Die rechtskräftige Abweisung des Antrages des Betriebsrates auf Bestellung eines Einigungsstellenvorsitzenden mit der Begründung, die Einigungsstelle sei offensichtlich unzuständig, lässt daher nicht des Rechtsschutzinteresse des Betriebsrates an der Feststellung des umstrittenen Mitbestimmungsrechtes entfallen. Der Betriebsrat kann erneut die Bestellung eines Einigungsstellenvorsitzenden beantragen, wenn das geltend gemachte Mitbestimmungsrecht im Vorabentscheidungsverfahren unter den Beteiligten rechtskräftig festgestellt worden ist (*BAG* 25.4.1989 EzA § 98 ArbGG 1979 Nr. 6). **1082**

c) Die Rechtsstellung der Mitglieder
Die Mitgliedschaft in der Einigungsstelle wird erst durch die Annahme des Amtes durch die bestellte Person begründet; eine Pflicht dazu besteht nicht. Berufsrichter dürfen nur den Vorsitz in Einigungsstellen übernehmen und bedürfen hierzu einer Nebentätigkeitsgenehmigung, die zu versagen ist, wenn der Richter nach der Geschäftsverteilung mit der Angelegenheit befasst werden kann, §§ 4 Abs. 2 Nr. 5, 40 DRiG. Die Einigungsstellenbeisitzer sind an Weisungen der sie bestellenden Seite nicht gebunden. Ihre Bestellung kann jedoch von der jeweiligen Seite widerrufen werden (GK-BetrVG/*Kreutz* § 76 Rz. 91). Mitglieder der Einigungsstelle dürfen gem. § 78 BetrVG in der Ausübung ihrer Tätigkeit nicht gestört oder behindert oder wegen ihrer Tätigkeit benachteiligt oder begünstigt werden. Verstöße hiergegen sind unter Strafe gestellt, § 119 BetrVG. Ein besonderer Kündigungsschutz besteht nicht; eine Kündigung wegen der Tätigkeit als Mitglied der Einigungsstelle verstößt aber gegen § 78 BetrVG und ist deshalb nach § 134 BGB nichtig. Es besteht nach § 79 Abs. 2 BetrVG zudem eine strafbewehrte (§ 120 Abs. 1 Nr. 1 BetrVG) Geheimhaltungspflicht. **1083**

d) Das Verfahren vor der Einigungsstelle
Mit Ausnahme der Regelungen über die Beschlussfassung und dem Gebot, unverzüglich tätig zu werden (§ 76 Abs. 3 BetrVG), gibt es keine gesetzlich geregelte Verfahrensordnung. Eine solche kann durch freiwillige Betriebsvereinbarung geregelt werden (§ 76 Abs. 4 BetrVG). Aus der Stellung des Vorsitzenden folgt, dass er die Sitzungen der Einigungsstelle einberuft, leitet und sonstige verfahrensleitende Maßnahmen trifft. **1084**

Die Ausgestaltung des Verfahrens liegt weitgehend im Ermessen der Einigungsstelle, wobei dieses Ermessen durch allgemein anerkannte elementare Verfahrens- **1085**

I. Betriebsverfassungsrecht

grundsätze begrenzt ist (*BAG* 18.4.1989 EzA § 76 BetrVG 1972 Nr. 48; 18.1.1994 EzA § 76 BetrVG 1972 Nr. 63).

aa) Antragserfordernis

1086 Die errichtete Einigungsstelle wird nur auf Antrag tätig. Der Antrag muss erkennen lassen, in welcher Meinungsverschiedenheit und in welchem Umfang ein Spruch der Einigungsstelle ergehen soll. Ein bestimmter Sachantrag ist nicht notwendig.

1087 Anträge können im Laufe des Verfahrens geändert oder erweitert werden (*BAG* 28.7.1981 EzA § 87 BetrVG 1972 Urlaub Nr. 4; 30.1.1990 EzA § 87 BetrVG 1972 Betriebliche Lohngestaltung Nr. 27). Im Gegensatz zum gerichtlichen Verfahren hat der Antrag nur verfahrenseinleitende Funktion. Eine strikte Bindung der Einigungsstelle an die von den Beteiligten gestellten Anträge besteht nicht. Sie muss sich lediglich in dem Entscheidungsrahmen halten, der durch die konkrete Meinungsverschiedenheit, soweit diese in den Anträgen Ausdruck findet und zu deren Beilegung sie angerufen wurde, vorgegeben wird (*BAG* 30.1.1990 EzA § 87 BetrVG 1972 Betriebliche Lohngestaltung Nr. 27). Der Streitgegenstand wird damit nicht durch die Fassung der Anträge begrenzt und bestimmt, sondern durch den in den Anträgen zum Ausdruck kommenden Regelungsgegenstand. Neben der verfahrenseinleitenden Funktion haben damit Anträge nur den Zweck, die regelungsbedürftige Angelegenheit zu umschreiben und Vorschläge für deren Lösung zu machen.

bb) Rechtliches Gehör

1088 Die Einigungsstelle muss beiden Parteien rechtliches Gehör gewähren (Art. 103 Abs. 1 GG), wobei streitig ist, ob dies notwendig eine mündliche Verhandlung bedingt (dafür *Pünnel* Die Einigungsstelle des Betriebsverfassungsgesetzes 1972, 3. Aufl., Rz. 52; *Heinze* RdA 1990, 262 [266, 271]; dagegen GK-BetrVG/*Kreutz* § 76 Rz. 101; MünchArbR/*Joost* § 320 Rz. 35). Nach Auffassung des 1. Senates des *BAG* (11.2.1992 EzA § 76 BetrVG 1972 Nr. 60) ist rechtliches Gehör nur den Mitgliedern der Einigungsstelle, nicht jedoch den Betriebspartnern zu gewähren, da diese gerade durch ihre Beisitzer in der Einigungsstelle vertreten werden. Diese Aussage wird überwiegend kritisiert und der Anspruch auf rechtliches Gehör den Betriebspartnern selbst zugeordnet (vgl. etwa GK-BetrVG/*Kreutz* § 76 Rz. 100; MünchArbR/*Joost* § 320 Rz. 35; *Berg* DKK § 76 Rz. 62).

cc) Sitzungen

1089 Die Einigungsstelle hat zwingend zumindest eine Sitzung abzuhalten, da sie ihre Beschlüsse nach mündlicher Beratung fasst (§ 76 Abs. 3 BetrVG). Die Durchführung weiterer Sitzungen liegt in ihrem Ermessen. Die Einladung erlässt der Vorsitzende. Die Sitzungen sind nicht öffentlich, auch nicht betriebsöffentlich, aber soweit mündliche Erörterung stattfindet, beteiligtenöffentlich (GK-BetrVG/*Kreutz* § 76 Rz. 106).

1090 Die abschließende mündliche Beratung und Beschlussfassung muss auf jeden Fall in Abwesenheit der Betriebsparteien erfolgen, da ein Verstoß gegen diesen Verfahrensgrundsatz zur Unwirksamkeit des Einigungsstellenspruches führt (*BAG* 18.1.1994 EzA § 76 BetrVG 1972 Nr. 63).

Zulässig bleibt trotz des Grundsatzes der Nichtöffentlichkeit die Hinzuziehung eines Protokollführers (GK-BetrVG/*Kreutz* § 76 Rz. 106).

Werden Ort und Zeit einer Sitzung der Einigungsstelle nicht zwischen allen Mitgliedern abgesprochen, so hat der Vorsitzende für die Einladung der Beisitzer zu sorgen. Bedient er sich dazu einzelner Beisitzer und leiten diese die Einladung nicht weiter, so fehlt es an einer ordnungsgemäßen Einladung. Zwar kann vereinbart werden, dass ein Beisitzer als Ladungsbevollmächtigter eines anderen Beisitzers gelten soll, eine solche Ausnahmeregelung ist jedoch im Zweifel nicht anzunehmen. 1091

Haben nicht alle Beisitzer an der Sitzung der Einigungsstelle teilgenommen, weil sie nicht ordnungsgemäß eingeladen wurden, und ergeht dennoch ein Einigungsstellenspruch, so ist dieser unwirksam (*BAG* 27.6.1995 EzA § 76 BetrVG 1972 Nr. 65). Mängel der Einladung können durch rügelose Einlassung geheilt werden. 1092

dd) Vertretung
Die Parteien können sich im Verfahren vor der Einigungsstelle durch Bevollmächtigte unterstützen oder vertreten lassen, auch durch Rechtsanwälte (*BAG* 21.6.1989 EzA § 40 BetrVG Nr. 61). Die Kosten eines vom Betriebsrat beauftragten Rechtsanwaltes hat der Arbeitgeber nur nach Maßgabe und in den Grenzen des § 40 Abs. 1 BetrVG zu tragen (*BAG* 14.2.1996 EzA § 40 BetrVG 1972 Nr. 76; s. o. I/Rz. 678 ff.). 1093

Für die Beantwortung der Frage, ob die Hinzuziehung eines anwaltlichen Verfahrensbevollmächtigten vor der Einigungsstelle zur Vertretung des Betriebsrats pflichtgemäßem Ermessen entspricht, ist in erster Linie maßgebend, ob zwischen den Betriebsparteien schwierige Rechtsfragen streitig sind. Hierfür kann von indizieller Bedeutung sein, ob auch der Arbeitgeber sich durch einen Verfahrensbevollmächtigten hat vertreten lassen. Nicht berücksichtigt werden darf bei der Entscheidung des Betriebsrats das Gebühreninteresse des Anwalts, auch wenn dieser den Betriebsrat bereits vor Durchführung des Einigungsstellenverfahrens beraten hat (*BAG* 14.2.1996 EzA § 40 BetrVG 1972 Nr. 76). 1094

Das anwaltliche Honorar richtet sich nach § 65 BRAGO. Wenn bei Sozialplanverhandlungen des Volumens des Sozialplans streitig ist, bemisst sich der Gegenstandswert aus der Differenz des jeweils vorgeschlagenen Sozialplanvolumens (*BAG* 14.2.1996 EzA § 40 BetrVG 1972 Nr. 76). 1095

ee) Untersuchungsgrundsatz
Nach ganz überwiegender Auffassung (vgl. GK-BetrVG/*Kreutz* § 76 Rz. 103; a. A. *Heinze* RdA 1990, 262 [265, 270]; MünchArbR/*Joost* § 320 Rz. 41) gilt für das Einigungsstellenverfahren der Untersuchungsgrundsatz, sodass die Einigungsstelle ihrer Entscheidung nicht nur die Tatsachen zu Grunde legen darf und über diese Beweis erheben kann, die von den Parteien vorgebracht worden sind, sondern vielmehr auch selbst Ermittlungen anstellen, Zeugen und Sachverständige hören, Gutachten einholen und Ortsbesichtigungen durchführen kann. Eine selbstständige Anfechtung eines Beweisbeschlusses der Einigungsstelle ist nicht statthaft (*BAG* 4.7.1989 EzA § 87 BetrVG 1972 Betriebliche Lohngestaltung Nr. 24). Zwangsmittel zur Durchführung von Ermittlungen stehen der Einigungsstelle weder gegen die Beteiligten 1096

I. Betriebsverfassungsrecht

noch gegen Zeugen und Sachverständige zu; eine Vereidigung ist ausgeschlossen (GK-BetrVG/*Kreutz* § 76 Rz. 104).

ff) Beschlussfassung

1097 Die Einigungsstelle trifft ihre Entscheidungen durch Beschluss. Für die eigentliche, sachentscheidende Beschlussfassung sieht § 76 Abs. 3 S. 2 BetrVG ein zweistufiges Verfahren vor: Zunächst stimmen die Beisitzer alleine ab. Findet demnach eine Entscheidung keine Mehrheit, so ist nach weiterer Beratung erneut, diesmal unter Beteiligung des Vorsitzenden abzustimmen, sodass letztendlich die Stimme des Vorsitzenden den Ausschlag gibt. Dieses zweistufige Verfahren gilt nur für die eigentliche Sachentscheidung, nicht aber für verfahrensleitende Beschlüsse (MünchArbR/*Joost* § 320 Rz. 44). Die Beschlüsse sind nach mündlicher Beratung zu fassen, was gleichzeitige Anwesenheit der an der Beschlussfassung Mitwirkenden voraussetzt und eine Beschlussfassung im Umlaufverfahren oder durch schriftliches Votum ausschließt. Die abschließende mündliche Beratung und Beschlussfassung muss zur Vermeidung der Unwirksamkeit des Einigungsstellenspruchs nicht-öffentlich, insbesondere in Abwesenheit der Betriebsparteien erfolgen (*BAG* 18.1.1994 EzA § 76 BetrVG 1972 Nr. 63).

1098 Im erzwingbaren Einigungsstellenverfahren ist Beschlussfähigkeit auch dann gegeben, wenn die von einer Seite bestellten Mitglieder trotz rechtzeitiger Einladung der Sitzung fernbleiben oder eine Seite keine Beisitzer bestellt hat, § 76 Abs. 5 S. 2 BetrVG. Die Beschlüsse werden mit Stimmenmehrheit gefasst. Besteht eine zur Entscheidung anstehende Gesamtregelung aus Einzelbestimmungen, muss sich die Beschlussfassung mit Stimmenmehrheit grds. auf diese Gesamtregelung und nicht auf die Einzelbestimmungen mit möglicherweise wechselnden Mehrheiten beziehen. Dass die Gesamtregelung von der Mehrheit der Einigungsstellenmitglieder getragen ist, kann sich aber außer aus einer förmlichen Schlussabstimmung auch aus den Umständen, z. B. wenn die Einzelregelungen übereinstimmend oder jeweils mit der gleichen Mehrheit beschlossen worden sind, ergeben (*BAG* 18.4.1989 EzA § 76 BetrVG 1972 Nr. 48). Streitig ist, wie eine Stimmenthaltung von Beisitzern zu werten ist: Nach einer Auffassung (vgl. etwa *LAG Frankfurt/M.* 25.9.1990 LAGE § 76 BetrVG 1972 Nr. 37; *Berg* DKK § 76 Rz. 78) sind Stimmenthaltungen nicht mitzuzählen und ein Spruch dementsprechend schon dann beschlossen, wenn die Zahl der Ja-Stimmen größer als die der Nein-Stimmen ist. Dies gilt nach Auffassung des *BAG* (17.9.1991 EzA § 112 BetrVG 1972 Nr. 58) jedenfalls für die Fälle, in denen der Spruch der Einigungsstelle die Einigung zwischen den Betriebspartnern ersetzt. Nach anderer Auffassung (GK-BetrVG/*Kreutz* § 76 Rz. 111) kommt es auf die Mehrheit der Mitgliederstimmen an, sodass Enthaltungen wie Nein-Stimmen wirken.

1099 Ergibt sich bei der ersten Abstimmung Stimmengleichheit, ist erneut zu beraten und dann erneut unter Mitwirkung des Vorsitzenden abzustimmen. Ergibt sich bereits bei der ersten Abstimmung der Beisitzer eine Mehrheit gegen den Beschlussantrag, findet grds. kein zweiter Abstimmungsvorgang statt, sondern die Einigungsstelle hat die Beratung fortzusetzen und nach einer anderweitigen Lösung zu suchen (GK-BetrVG/*Kreutz* § 76 Rz. 113; **a. A.** *Berg* DKK § 76 Rz. 77). Etwas anderes soll gelten, wenn ein Vermittlungsvorschlag des Vorsitzenden abgelehnt wurde (*LAG Baden-Württemberg* 8.10.1986 NZA 1988, 214).

1100 Der verfahrensabschließende Beschluss ist schriftlich niederzulegen, vom Vorsitzenden zu unterschreiben und Arbeitgeber und Betriebsrat zuzuleiten, § 76 Abs. 3 S. 3 BetrVG. Der Spruch muss nicht begründet werden. Eine fehlende Begründung führt nicht zur Unwirksamkeit (*BAG* 30.10.1979 EzA § 76 BetrVG 1972 Nr. 26; GK-BetrVG/*Kreutz* § 76 Rz. 116).

(1) Keine Bindung an die Anträge
Die Einigungsstelle ist an die Anträge der Parteien nicht gebunden, muss sich jedoch in dem Entscheidungsrahmen halten, der durch die konkrete Meinungsverschiedenheit, soweit diese in den Anträgen Ausdruck findet und zu deren Beilegung sie angerufen wurde, vorgegeben wird (*BAG* 30.1.1990 EzA § 87 BetrVG 1972 Betriebliche Lohngestaltung Nr. 27). Innerhalb dieses Rahmens ist es daher möglich, dass die Einigungsstelle eine von den Parteien nicht beantragte, nicht einmal erwogene Lösung beschließt (GK-BetrVG/*Kreutz* § 76 Rz. 114). Diesem gesetzlichen Entscheidungsfreiraum entspricht aber auch eine Entscheidungspflicht. 1101

Die Einigungsstelle muss den Konflikt vollständig lösen und den ihr vorgelegten Sachverhalt insgesamt und umfassend vollständig einer Entscheidung zuführen (*BAG* 30.1.1990 EzA § 87 BetrVG 1972 Betriebliche Lohngestaltung Nr. 27). Sie darf sich daher nicht lediglich auf die Zurückweisung eines Antrages, für den sich keine Mehrheit findet, beschränken. 1102

(2) Vorläufige Regelungen

Die Einigungsstelle insgesamt, nicht der Vorsitzende allein, kann, wenn ihr das sachlich geboten erscheint, auch eine vorläufige Regelung bis zur endgültigen Entscheidung beschließen (GK-BetrVG/*Kreutz* § 76 Rz. 115 m. w. N.). 1103

(3) Inhaltliche Schranken des Spruchs
Die Einigungsstelle kann nur im Rahmen ihrer Zuständigkeit tätig werden, worüber sie zunächst selbst zu entscheiden hat. Hält sie sich für unzuständig, ist dies durch Beschluss festzustellen. Damit ist das Einigungsstellenverfahren beendet (*BAG* 30.1.1990 EzA § 87 BetrVG 1972 Betriebliche Lohngestaltung Nr. 27). Diese Entscheidung unterliegt der vollen, nicht fristgebundenen Nachprüfung durch das ArbG im Beschlussverfahren. Bejaht das ArbG die Zuständigkeit, so stellt es die Unwirksamkeit des Spruchs der Einigungsstelle fest. Das Einigungsstellenverfahren ist dann fortzusetzen, wobei streitig ist, ob dann eine neue Einigungsstelle errichtet werden muss oder das Verfahren vor der ursprünglichen Einigungsstelle fortgeführt wird (vgl. GK-BetrVG/*Kreutz* § 76 Rz. 174). 1104
Bejaht die Einigungsstelle ihre Zuständigkeit, muss sie bei ihrer Entscheidung zwingendes Recht beachten. Im Bereich des erzwingbaren Einigungsstellenverfahrens ersetzt der Spruch der Einigungsstelle die Einigung zwischen Arbeitgeber und Betriebsrat, sodass sie die Regelungsschranken zu beachten hat, die auch Arbeitgeber und Betriebsrat bei einer freiwilligen Einigung hätten beachten müssen, wie z. B. die Grenzen der Regelungsmacht nach § 77 Abs. 3, § 87 Abs. 1 BetrVG (s. u. I/Rz. 1163 ff.). Die Einigungsstelle hat ferner gem. § 76 Abs. 5 S. 3 BetrVG ihre Beschlüsse immer unter angemessener Berücksichtigung der Belange des Betriebs und der betroffenen Arbeitnehmer nach billigem Ermessen zu fassen. Für die Entscheidung über einen Sozialplan gilt die speziellere Regelung des § 112 Abs. 5 BetrVG (s. u. I/Rz. 1877 ff.). Der Einigungsstelle wird insoweit ein Regelungsermessen eingeräumt, welches durch die angemessene Berücksichtigung der betroffenen Belange bzw. der Billigkeit lediglich 1105

eingeengt wird. Gerichtlich überprüfbar ist lediglich, ob die Grenzen dieses Ermessens überschritten werden. Innerhalb dieser Grenzen besteht ein gerichtlich nicht überprüfbarer Gestaltungsspielraum (*BAG* 28.9.1988 EzA § 112 BetrVG 1972 Nr. 49).

(4) Die Wirkung des Spruchs

aaa) Freiwilliges Einigungsstellenverfahren, § 76 Abs. 6 BetrVG

1106 Soweit die Betriebspartner lediglich mit dem Tätigwerden der Einigungsstelle einverstanden gewesen sind und sich nicht im Voraus dem Spruch der Einigungsstelle unterworfen haben, ist ein derartiger Spruch lediglich ein unverbindlicher Einigungsvorschlag. Akzeptiert diesen eine Seite nicht, ist das freiwillige Einigungsstellenverfahren gescheitert und die Betriebspartner müssen selbst weiterverhandeln. Wird der Spruch angenommen, kann die Rechtmäßigkeit gleichwohl durch das ArbG geklärt werden (GK-BetrVG/*Kreutz* § 76 Rz. 133). Haben sich beide Seiten im Voraus dem Spruch unterworfen, so ersetzt der Spruch der Einigungsstelle die Einigung zwischen Arbeitgeber und Betriebsrat und hat die Wirkung, die diese Einigung hätte und hat also je nach seinem Inhalt die Wirkung einer Betriebsvereinbarung oder einer (bloßen) betrieblichen Einigung. Rechtsfehler können ohne Bindung an eine Frist arbeitsgerichtlich geltend gemacht werden (GK-BetrVG/*Kreutz* § 76 Rz. 132). Haben die Betriebspartner den Spruch nachträglich angenommen, so kommt hierdurch eine Betriebsvereinbarung oder eine betriebliche Einigung mit dem Inhalt des Spruchs der Einigungsstelle zu Stande. Der Spruch selbst verliert jede eigenständige Bedeutung.

bbb) Erzwingbares Einigungsstellenverfahren, § 76 Abs. 5 BetrVG

1107 Hier ersetzt der Spruch der Einigungsstelle die Einigung zwischen Arbeitgeber und Betriebsrat kraft Gesetz und hat die Wirkungen, die eine unmittelbare Einigung zwischen den Betriebspartner auch hätte, häufig also die einer Betriebsvereinbarung; in Rechtsfragen hat der Spruch streitentscheidende, rechtsfeststellende Bedeutung. Rechtsfehlerhafte Sprüche sind unwirksam; diese Unwirksamkeit kann unbefristet arbeitsgerichtlich geltend gemacht werden. Eine Überschreitung der Grenzen des Ermessens kann allerdings nur innerhalb einer Frist von zwei Wochen arbeitsgerichtlich geltend gemacht werden, § 76 Abs. 5 S. 4 BetrVG. Soweit der Spruch der Einigungsstelle die Einigung der Betriebspartner über den Abschluss einer Betriebsvereinbarung ersetzt, ist er qualitativ Betriebsvereinbarung, sodass die für Betriebsvereinbarungen geltenden Regelungen (§ 77 Abs. 4–6 BetrVG) Anwendung finden (s. u. I/Rz. 1198 ff.). Es ist zulässig, dass die Einigungsstelle im Rahmen des ihr zustehenden Ermessens eine Kündigungsfrist in den Spruch aufnimmt (*BAG* 28.7.1981 EzA § 87 BetrVG 1972 Urlaub Nr. 4; *BAG* 8.3.1977 EzA § 87 BetrVG 1972 Lohn- und Arbeitsentgelt Nr. 6).

gg) Durchsetzung der aus einem Spruch folgenden Rechte

1108 Ein verbindlicher Spruch der Einigungsstelle ist selbst kein Vollstreckungstitel. Es ist Sache des Arbeitgebers, den Spruch der Einigungsstelle durchzuführen, § 77 Abs. 1 BetrVG. Die sich aus dem Spruch ergebenden Rechte und Pflichten der Betriebspartner untereinander können im arbeitsgerichtlichen Beschlussverfahren geltend gemacht werden. Gegebenenfalls ist der arbeitsgerichtliche Beschluss dann Vollstreckungstitel nach § 85 Abs. 1 ArbGG. Folgen aus dem Spruch auf Grund

I. Betriebsverfassungsrecht

der normativen Wirkungen gem. § 77 Abs. 4 BetrVG Rechte der Arbeitnehmer gegen den Arbeitgeber oder umgekehrt, so sind diese im Urteilsverfahren vor dem Arbeitsgericht geltend zu machen, in welchem die Rechtswirksamkeit des Spruchs als Vorfrage zu prüfen ist. Dies gilt aber nur für Rechtsfehler, nicht für Ermessensüberschreitungen i. S. d. § 76 Abs. 5 BetrVG, da solche nur vom Arbeitgeber oder Betriebsrat im Beschlussverfahren innerhalb der Ausschlussfrist von zwei Wochen geltend gemacht werden können. Ist bei Einleitung des Urteilsverfahrens ein Beschlussverfahren über die Wirksamkeit des Einigungsstellenspruches anhängig, so ist das Urteilsverfahren gem. § 148 ZPO auszusetzen (GK-BetrVG/*Kreutz* § 76 Rz. 139).

hh) Gerichtliche Überprüfung des Spruchs

Der Spruch der Einigungsstelle kann auf seine Rechtmäßigkeit zum einen inzident in einem anderen arbeitsgerichtlichen Beschluss- oder Urteilsverfahren geprüft werden, sofern die Entscheidung in diesem Verfahren von der Rechtswirksamkeit des Spruchs abhängt. Zu beachten ist aber, dass eine Überschreitung der Grenzen des Ermessens nur von Arbeitgeber und Betriebsrat in einem Beschlussverfahren und unter Wahrung der Ausschlussfrist von zwei Wochen geltend gemacht werden kann und somit nicht Gegenstand einer Inzidentprüfung sein kann. 1109

Zum anderen kann die Frage der Rechtswirksamkeit des Einigungsstellenspruches auch selbst zum Verfahrensgegenstand eines arbeitsgerichtlichen Beschlussverfahrens gemacht werden. Der Antrag ist auf die Feststellung zu richten, dass der Spruch (ganz oder teilweise) rechtsunwirksam ist, da die gerichtliche Entscheidung nur feststellende, keine rechtsgestaltende Wirkung hat (st. Rspr., *BAG* 21.9.1993 EzA § 87 BetrVG 1972 Nr. 19). 1110

Antragsbefugt sind Betriebsrat und Arbeitgeber, nicht aber Gewerkschaften und Arbeitgeberverbände (*BAG* 18.8.1987 EzA § 81 ArbGG 1979 Nr. 13; 23.2.1988 EzA § 81 ArbGG 1979 Nr. 11) und die Einigungsstelle selbst (*BAG* 28.6.1984 EzA § 85 BetrVG 1972 Nr. 1). Auch der Betriebsrat kann den Antrag auf Feststellung der Unwirksamkeit zulässigerweise darauf stützen, dass die Einigungsstelle zu Unrecht vom Bestehen eines Mitbestimmungsrechts ausgegangen sei (*BAG* 20.7.1999 EzA § 87 BetrVG 1972 Betriebliche Lohngestaltung Nr. 67). Einzelne Arbeitnehmer können beteiligungsbefugt sein, wenn sie durch die Feststellung der Unwirksamkeit des Spruchs der Einigungsstelle unmittelbar betroffen werden, wie z. B. Betriebsratsmitglieder in den Fällen der §§ 37 Abs. 6 und 38 Abs. 2 BetrVG oder Arbeitnehmer in den Fällen des § 87 Abs. 1 Nr. 5, 9 BetrVG (GK-BetrVG/*Kreutz* § 76 Rz. 149). Im Verfahren der Überprüfung eines Spruchs der Einigungsstelle im Beschwerdeverfahren nach § 85 Abs. 2 BetrVG ist der beschwerdeführende Arbeitnehmer nicht Beteiligter (*BAG* 28.6.1984 EzA § 85 BetrVG 1972 Nr. 1). 1111

Eine Frist zur Überprüfung der Rechtmäßigkeit eines Einigungsstellenspruchs besteht grds. nicht. Uneingeschränkt gilt dies aber nur für reine Rechtsfehler des Beschlusses (z. B. fehlende Zuständigkeit der Einigungsstelle, Verletzung grundlegender Verfahrensanforderungen, Verstoß gegen höherrangiges Recht). 1112

I. Betriebsverfassungsrecht

1113 Die Überschreitung der Grenzen des Ermessens muss hingegen binnen einer Frist von 2 Wochen, deren Nichteinhaltung von Amts wegen zu berücksichtigen ist und die mit Zuleitung des Spruchs beginnt (§§ 187 ff. BGB), beim Arbeitsgericht geltend gemacht werden. Es handelt sich nicht um eine prozessuale, sondern um eine materiellrechtliche Ausschlussfrist, die nicht verlängert werden kann. Ihre Versäumung führt dazu, dass die Überschreitung der Grenzen des Ermessens gerichtlich nicht mehr, auch nicht in einem anderen Verfahren, in dem die Frage der Wirksamkeit des Spruchs Vorfrage ist, geprüft werden kann. Zur Wahrung der Frist ist es erforderlich, dass der Antrag auch entsprechend begründet wird. Eine nach Ablauf der Frist nachgeschobene Begründung für den Feststellungsantrag heilt den Mangel nicht (*BAG* 26.5.1988 EzA § 76 BetrVG 1972 Nr. 41).

1114 Wird eine Ermessensüberschreitung rechtzeitig geltend gemacht, unterliegt arbeitsgerichtlicher Überprüfung nur die Frage, ob die Grenzen des Ermessens überschritten sind. Eine Zweckmäßigkeitskontrolle findet nicht statt (*BAG* 31.8.1982 EzA § 87 BetrVG 1972 Arbeitszeit Nr. 13). Als Rechtsfrage ist die Einhaltung der Grenzen des Ermessens auch durch das Rechtsbeschwerdegericht uneingeschränkt überprüfbar; ein Beurteilungsspielraum der Tatsacheninstanzen besteht insoweit nicht (*BAG* 11.3.1986 EzA § 87 BetrVG 1972 Kontrolleinrichtung Nr. 15). Maßgeblich ist dabei allein, ob die getroffene Regelung die Belange des Betriebes und der betroffenen Arbeitnehmer angemessen berücksichtigt und billigem Ermessen entspricht, nicht aber, welche Überlegungen die Einigungsstelle selbst angestellt hat und von welchen Tatumständen sie sich bei ihrer Entscheidung hat leiten lassen. Beurteilungszeitpunkt ist der Zeitpunkt der Beschlussfassung der Einigungsstelle (*BAG* 31.8.1982 EzA § 87 BetrVG 1972 Arbeitszeit Nr. 13).

1115 Die Grenzen des Ermessens sind gewahrt, wenn der Spruch einmal die Belange des Betriebs und der getroffenen Arbeitnehmer angemessen berücksichtigt hat und er zum anderen der Billigkeit entspricht. Bei der Überprüfung ist der Zweck des jeweiligen Mitbestimmungsrechts zu beachten: Die von der Einigungsstelle getroffene Regelung muss auch denjenigen Interessen Rechnung tragen, um deren Willen dem Betriebsrat ein Mitbestimmungsrecht zusteht; die getroffene Regelung muss sich als Wahrnehmung dieses Mitbestimmungsrechts darstellen (*BAG* 17.10.1989 EzA § 76 BetrVG 1972 Nr. 54).

1116 Deshalb muss z. B. ein Spruch der Einigungsstelle die Frage, in welchem Verhältnis die Provisionssätze der einzelnen Vertriebsrepräsentanten zueinander stehen sollen, jedenfalls insoweit selbst regeln, als die Festsetzung unterschiedlicher Provisionssätze sich an bestimmten Kriterien zu orientieren hat. Er darf die Festlegung nicht ohne solche Kriterien dem Arbeitgeber allein überlassen (*BAG* 17.10.1989 EzA § 76 BetrVG 1972 Nr. 54). Ein Spruch über die Regelung einer zusätzlichen Jahressondervergütung muss die Frage, in welchem Verhältnis die Vergütungen der einzelnen Arbeitnehmer zueinander stehen sollen, jedenfalls insoweit selbst regeln, als die Festsetzung unterschiedlich hoher Jahressondervergütungen sich an bestimmten Kriterien zu orientieren hat (*BAG* 11.2.1992 EzA § 76 BetrVG 1972 Nr. 60).

1117 Im Rahmen der gerichtlichen Überprüfung sind die Belange des Betriebes, der betroffenen Arbeitnehmer und die tatsächlichen Umstände, die das für die Abwägung maßgebliche jeweilige Gewicht dieser Belange begründen, gegebenenfalls im Rahmen der

Amtsermittlung (§ 83 Abs. 1 ArbGG) durch Beweisaufnahme festzustellen, unabhängig davon, ob sie von den Betriebspartnern im Einigungsstellenverfahren vorgetragen worden sind (*BAG* 31.8.1982 EzA § 87 BetrVG 1972 Arbeitszeit Nr. 8).

Das Arbeitsgericht stellt entweder die Unwirksamkeit des Einigungsstellenspruches fest oder weist den Antrag zurück, kann aber den Spruch weder abändern noch die Meinungsverschiedenheit durch eine eigene Regelung beilegen. Bei einer Entscheidung der Einigungsstelle in einer reinen Rechtsfrage stellt hingegen das Arbeitsgericht nicht nur die Unwirksamkeit des rechtsfehlerhaften Spruches fest, sondern entscheidet die Rechtsfrage selbst abschließend (GK-BetrVG/*Kreutz* § 76 Rz. 173). 1118

Sind bei einer Gesamtregelung nur einzelne Teile des Spruches unwirksam, führt entgegen § 139 BGB die Teilunwirksamkeit nicht zur Unwirksamkeit des gesamten Spruchs, wenn der wirksame Teil auch ohne die unwirksame Bestimmung eine sinnvolle und in sich geschlossene Regelung enthält (*BAG* 28.4.1981 EzA § 87 BetrVG 1972 Vorschlagswesen Nr. 2; 28.7.1981 EzA § 87 BetrVG 1972 Urlaub Nr. 4). 1119

Ist der Spruch unwirksam und beruht diese Unwirksamkeit nicht darauf, dass die Einigungsstelle unzuständig war, sondern beispielsweise auf einer Überschreitung des Ermessens, ist nach überwiegender Ansicht (vgl. *BAG* 30.1.1990 EzA § 87 BetrVG Betriebliche Lohngestaltung Nr. 27) das Verfahren vor der bereits bestehenden Einigungsstelle fortzusetzen; der Bildung einer neuen Einigungsstelle bedarf es nicht. 1120

ii) **Kosten der Einigungsstelle, Vergütung der Mitglieder, § 76 a BetrVG**
Gem. § 76 a BetrVG trägt der Arbeitgeber die Kosten der Einigungsstelle, betriebsfremde Beisitzer und der Vorsitzende der Einigungsstelle haben einen gesetzlichen Vergütungsanspruch nach § 76 a Abs. 3 BetrVG. Betriebsangehörige Beisitzer einer Einigungsstelle erhalten keine gesonderte Vergütung, sondern nur Entgeltfortzahlung nach Maßgabe der für die Betriebsratstätigkeit geltenden Bestimmungen, § 76 a Abs. 2 BetrVG. 1121

(1) **Kosten**
Gem. § 76 a Abs. 1 BetrVG trägt die Kosten der Einigungsstelle der Arbeitgeber. Hierzu gehören die aus der Anrufung und Errichtung der Einigungsstelle, deren Tätigkeit sowie der ihrer Mitglieder entstehenden Sachkosten (Geschäftsaufwand) und persönliche Kosten der Mitglieder. Vom Arbeitgeber sind im erforderlichen Umfange Räumlichkeiten, Büromaterial und auch eine Schreibkraft zur Verfügung zu stellen. Ferner zählen zu den Kosten die Auslagen bzw. Aufwendungen der Mitglieder der Einigungsstelle, wie z. B. Reise-, Übernachtungs- und Verpflegungskosten, Auslagen für Telefon, Porto und Fotokopien. Die Vereinbarung einer Pauschalierung ist zulässig. 1122

Erfasst sind auch die Kosten eines von der Einigungsstelle hinzugezogenen Sachverständigen. Eine Vereinbarung über die Bestellung des Sachverständigen mit dem Arbeitgeber ist nicht erforderlich. Sachverständigenkosten sind als Kosten der Einigungsstelle aber nur dann vom Arbeitgeber zu tragen, wenn die Hinzuziehung erforderlich ist und die damit verbundenen Kosten verhältnismäßig sind. Für die Beurteilung der Erforderlichkeit und der Verhältnismäßigkeit gelten dieselben Maßstäbe wie für die Erforderlichkeit der Kosten des Betriebsrates i. S. des, § 40 Abs. 1 BetrVG (*BAG* 13.11.1991 EzA § 76 a BetrVG 1972 Nr. 1; s. o. I/Rz. 674 ff.). 1123

I. Betriebsverfassungsrecht

1124 Auch im Übrigen gilt der Grundsatz der Erforderlichkeit und Verhältnismäßigkeit, da es sich insoweit um einen das gesamte Betriebsverfassungsrecht beherrschenden Grundsatz handelt (GK-BetrVG/*Kreutz* § 76a Rz. 9). Die Erforderlichkeit der Kostenverursachung ist dabei nicht rückblickend nach einem reinen objektiven Maßstab, sondern vom Zeitpunkt der Entscheidung der Einigungsstelle aus zu beurteilen. Grds. ist die Erforderlichkeit zu bejahen, wenn die Einigungsstelle wie ein vernünftiger Dritter bei gewissenhafter Überlegung und verständiger und ruhiger Abwägung aller Umstände zur Zeit ihres Beschlusses zu dem Ergebnis gelangen durfte, der noch zu verursachende Kostenaufwand sei für ihre Tätigkeit erforderlich. Die Grenzen der Erforderlichkeit sind überschritten, wenn Kosten ohne hinreichenden Anlass veranlasst oder mutwillig herbeigeführt werden oder der Grundsatz der Verhältnismäßigkeit missachtet wird. Insoweit steht der Einigungsstelle ein gewisser Beurteilungsspielraum zu (*BAG* 13.11.1991 EzA § 76a BetrVG 1972 Nr. 1).

1125 Nicht zu den Kosten der Einigungsstelle zählen die Kosten eines vom Betriebsrat zu seiner Vertretung vor der Einigungsstelle herangezogenen Rechtsanwaltes; eine Kostenerstattungspflicht kommt hier nur nach § 40 Abs. 1 BetrVG in Betracht (*BAG* 21.6.1989 EzA § 40 BetrVG 1972 Nr. 61). Die im Rahmen des § 40 Abs. 1 BetrVG zu wahrende Erforderlichkeit der Hinzuziehung ist nicht bereits deshalb zu bejahen, weil der Vorsitzende der Einigungsstelle die schriftliche Vorbereitung und die Darlegung der Standpunkte der Beteiligten vor der Einigungsstelle verlangt hat.

1126 Als erforderlich kann ein Betriebsrat die Hinzuziehung eines Rechtsanwaltes grds. nur dann ansehen, wenn der Regelungsgegenstand des Einigungsstellenverfahrens schwierige Rechtsfragen aufwirft, die zwischen den Betriebspartnern umstritten sind, und kein Betriebsratsmitglied über den zur sachgerechten Interessenwahrnehmung notwendigen juristischen Sachverstand verfügt, wobei dem Betriebsrat ein Beurteilungsspielraum zusteht (*BAG* 21.6.1989 EzA § 40 BetrVG 1972 Nr. 61). Der Betriebsrat braucht sich dann nicht auf die Vertretung seiner Interessen durch einen von ihm benannten betriebsfremden anwaltlichen Beisitzer verweisen lassen (*BAG* 14.2.1996 EzA § 40 BetrVG 1972 Nr. 76).

1127 Die Vergütung des Rechtsanwalt für seine Tätigkeit vor der Einigungsstelle bestimmt sich nach § 65 BRAGO. Vor Inkrafttreten des § 76a BetrVG hat das *BAG* (21.6.1989 EzA § 40 BetrVG 1972 Nr. 61) die Auffassung vertreten, der Betriebsrat sei berechtigt, einem Rechtsanwalt für die Wahrnehmung seiner Interessen vor der Einigungsstelle ein Honorar in Höhe der Vergütung eines betriebsfremden Beisitzers zuzusagen, wenn dieser nur gegen eine derartige Honorarzahlung zur Mandatsübernahme bereit ist und sich das Erfordernis einer Honorarvereinbarung daraus ergibt, dass der Gegenstandswert der anwaltlichen Tätigkeit nach billigem Ermessen zu bestimmen wäre. Ob hieran festzuhalten ist, ist fraglich (bejahend etwa *Berg* DKK § 76a Rz. 13; abl. *Ziege* NZA 1990, 926 [930]; GK-BetrVG/*Kreutz* § 76a Rz. 19; MünchArbR/*Joost* § 320 Rz. 105). Honorardurchsetzungskosten zählen ebenfalls nicht zu den vom Arbeitgeber nach § 76a Abs. 1 BetrVG zu tragenden Kosten, können aber ein nach § 286 Abs. 1 BGB zu ersetzender Verzugsschaden sein, wobei zum Schaden auch die Anwaltskosten des sich selbst vertretenden Rechtsanwaltes gehören können (*BAG* 27.7.1994 EzA § 76a BetrVG 1972 Nr. 8).

I. Betriebsverfassungsrecht

(2) Vergütung

Betriebsangehörige Beisitzer haben keinen gesonderten Vergütungsanspruch, sondern Anspruch auf Arbeitsbefreiung entsprechend der für ein Betriebsratsmitglied geltenden Vorschriften, § 76 a Abs. 2 BetrVG. Nach überwiegender Ansicht (vgl. GK-BetrVG/*Kreutz* § 76 a Rz. 63) darf den betriebsangehörigen Beisitzern keine darüber hinausgehende, besondere Vergütung zugesagt werden, weil dies ein Verstoß gegen das allgemeine Begünstigungsverbot (§ 78 S. 2 BetrVG) wäre. 1128

Betriebsfremde Beisitzer und der Vorsitzende der Einigungsstelle haben gem. § 76 a Abs. 3, 4 BetrVG einen gesetzlichen Vergütungsanspruch. Strittig ist, ob aus dem Grundsatz der Verhältnismäßigkeit und Erforderlichkeit folgt, dass der Betriebsrat betriebsfremde Personen mit Vergütungsanspruch nur dann zu Beisitzern bestellen darf, wenn dies erforderlich ist, weil betriebsangehörige Personen mit entsprechender Sachkunde, die das Vertrauen des Betriebsrates genießen, nicht zur Verfügung stehen (so vor Inkrafttreten des § 76 a BetrVG *BAG* 14.12.1988 EzA § 76 BetrVG 1972 Nr. 47; zum Streitstand: GK-BetrVG/*Kreutz* § 76 a Rz. 30). 1129

Nach neuerer Rechtsprechung (*BAG* 24.4.1996 EzA § 76 a BetrVG 1972 Nr. 10) entzieht es sich jedenfalls gerichtlicher Überprüfung, ob tatsächlich keine betriebsangehörigen Personen vorhanden sind, die das Vertrauen des Betriebsrats genießen. Es reicht insoweit die entsprechende Behauptung des Betriebsrats, die in der Auswahlentscheidung konkludent zum Ausdruck kommt.

Der gesetzliche Vergütungsanspruch eines vom Betriebsrat bestellten Beisitzers setzt voraus, dass dieser durch einen wirksamen Betriebsratsbeschluss bestellt worden ist (*BAG* 19.8.1992 EzA § 76 a BetrVG 1972 Nr. 7). Dem Vergütungsanspruch eines Gewerkschaftsfunktionärs steht nicht entgegen, dass dieser verpflichtet ist, das Honorar ganz oder zu einem Teil einer Stiftung der Gewerkschaft zur Verfügung zu stellen (*BAG* 14.12.1988 EzA § 76 a BetrVG 1972 Nr. 47). 1130

Sofern ein Rechtsanwalt als betriebsfremder Beisitzer oder Vorsitzender einer Einigungsstelle tätig geworden ist, richtet sich dessen Vergütungsanspruch ausschließlich nach § 76 a BetrVG, nicht aber nach der BRAGO (*BAG* 20.2.1991 EzA § 76 BetrVG 1972 Nr. 56). 1131

Das Gesetz regelt die Höhe der Vergütung von Vorsitzenden und betriebsfremden Beisitzern nicht selbst, sondern ermächtigt in § 76 a Abs. 4 BetrVG den Bundesminister für Arbeit- und Sozialordnung zum Erlass einer entsprechenden Rechtsverordnung, die bisher nicht erlassen wurde. Es existiert bisher lediglich ein Verordnungsentwurf vom 13.6.1990 (zum Inhalt vgl. MünchArbR/*Joost* § 320 Rz. 113). Solange es an der in § 76 a Abs. 4 BetrVG vorgesehenen Rechtsverordnung fehlt, richtet sich nach Auffassung des *BAG* (12.2.1992 EzA § 76 a BetrVG 1972 Nr. 6; 28.8.1996 EzA § 76 a BetrVG 1972 Nr. 11) die Höhe des geschuldeten Honorars grds. nach einer zwischen Arbeitgeber und Vorsitzendem/betriebsfremden Beisitzer getroffenen Vergütungsvereinbarung. Besteht eine solche nicht, bedarf es einer Bestimmung der Vergütungshöhe durch das anspruchsberechtigte Einigungsstellenmitglied nach billigem Ermessen gem. den §§ 316, 315 BGB unter Beachtung der Grundsätze des § 76 a Abs. 4 S. 3–5 BetrVG. 1132

I. Betriebsverfassungsrecht

1133 Unabhängig von der Betonung des erforderlichen Zeitaufwandes in § 76 a Abs. 4 BetrVG ist die Vereinbarung eines zeitunabhängigen Pauschalhonorars zulässig. Liegt eine Vereinbarung über die Vergütungshöhe zwischen Arbeitgeber und Vorsitzendem der Einigungsstelle vor, entspricht es i. d. R. billigem Ermessen, wenn das betriebsfremde Einigungsstellenmitglied im Rahmen der von ihm zu treffenden Leistungsbestimmungen einen Honoraranspruch in Höhe von 7/10 der Vorsitzendenvergütung geltend macht, sofern keine Anhaltspunkte dafür bestehen, dass die Vorsitzendenvergütung ihrerseits nicht billigem Ermessen entspricht und nicht durch besondere, individuelle Umstände geprägt ist (*BAG* 14.2.1996 EzA § 76 a BetrVG 1972 Nr. 9).

1134 Sofern das anspruchstellende Einigungsstellenmitglied umsatzsteuerpflichtig ist, umfasst der gesetzliche Vergütungsanspruch auch ohne gesonderte Vereinbarung mit dem Arbeitgeber die hierauf entfallende Mehrwertsteuer (*BAG* 14.2.1996 EzA § 76 a BetrVG 1972 Nr. 9).

1135 Bei Abrechnung nach Stundensätzen werden in der Literatur Höchststundensätze zwischen 140 DM (ca. 70 EURO, so z. B. GK-BetrVG/*Kreutz* § 76 a Rz. 33 m. w. N. in Anlehnung an § 3 ZSEG) und 500 DM (ca. 250 EURO, so z. B. *Berg* DKK § 76 a Rz. 23; *Pünnel* Die Einigungsstelle Rz. 174) vorgeschlagen, sodass sich für eine Streitigkeit mit durchschnittlichem Schwierigkeitsgrad und Umfang ein mittlerer Stundensatz von 325 DM ergibt, der nicht nur für die eigentliche Sitzungszeit, sondern auch für Zeiten der Vor- und Nachbereitung der Sitzungen zu veranschlagen ist (*Berg* DKK § 76 a Rz. 22).

1136 Gem. § 76 a Abs. 5 BetrVG kann durch Tarifvertrag oder freiwillige Betriebsvereinbarung eine abweichende Regelung getroffen werden. Nach ganz überwiegender Ansicht (vgl. GK-BetrVG/*Kreutz* § 76 a Rz. 60) kann der Arbeitgeber mit dem Vergütungsberechtigten einzelvertraglich auch höhere Vergütungen vereinbaren als diejenigen, die sich aus § 76 a Abs. 4 BetrVG ergeben. Fraglich ist, ob die Vereinbarung einer höheren Vergütung mit den externen Beisitzern der Arbeitgeberseite auch einen erhöhten Anspruch der Beisitzer der Betriebsratsseite begründet (vgl. *Bauer/Röder* DB 1989, 224; *Löwisch* DB 1989, 223; *Schäfer* NZA 1991, 836; *Kamphausen* NZA 1992, 55).

(3) Kosten und Vergütung in der Insolvenz und im Konkurs
1137 In der Insolvenz sind die Kosten der Einigungsstelle einschließlich der Vergütungsansprüche Masseschulden, wenn das Verfahren von dem Insolvenzverwalter oder gegen ihn betrieben wird, hingegen einfache, nicht bevorrechtigte Insolvenzforderungen, wenn die Einigungsstelle ihre Tätigkeit bereits vor Insolvenzeröffnung beendet hat und damit der die Kostenerstattung verursachende Vorgang zum Zeitpunkt der Eröffnung bereits völlig abgeschlossen ist. Entsprechendes gilt für noch nach Maßgabe der Konkursordnung abzuwickelnde Verfahren: die Kosten der Einigungsstelle einschließlich der Vergütungsansprüche sind dann Masseschulden gem. § 59 Abs. 1 Nr. 1 KO, wenn das Verfahren von dem Konkursverwalter oder gegen ihn betrieben wird, hingegen einfache, nicht bevorrechtigte Konkursforderungen, wenn die Einigungsstelle ihre Tätigkeit bereits vor Konkurseröffnung beendet hat und damit der

I. Betriebsverfassungsrecht

die Kostenerstattung verursachende Vorgang zum Zeitpunkt der Konkurseröffnung bereits völlig abgeschlossen ist (*BAG* 25.8.1983 EzA § 49 KO Nr. 11).

(4) Honorardurchsetzungskosten
Die Kosten der Durchsetzung des Honoraranspruchs des anspruchsberechtigten Einigungsstellenmitglieds sind im arbeitsgerichtlichen Beschlussverfahren geltend zu machen. Solche Honorardurchsetzungskosten zählen nicht zu den vom Arbeitgeber nach § 76 a Abs. 1 BetrVG zu tragenden Kosten der Einigungsstelle. Sie können aber ein nach § 286 Abs. 1 BGB zu ersetzender Verzugsschaden sein, wobei zum Schaden auch die im Beschlussverfahren entstehenden Anwaltskosten anzusehen sein können, auch soweit das Einigungsstellenmitglied Rechtsanwalt ist und das Beschlussverfahren selbst führt (*BAG* 27.7.1994 EzA § 76 a BetrVG 1972 Nr. 8). 1138

jj) Tarifliche Schlichtungsstelle
Gem. § 76 Abs. 8 BetrVG kann durch Tarifvertrag bestimmt werden, dass die Einigungsstelle durch eine tarifliche Schlichtungsstelle ersetzt wird. Eine solche Regelung gilt gem. § 3 Abs. 2 TVG für alle Betriebe, deren Arbeitgeber tarifgebunden sind. Für das Verfahren der tariflichen Schlichtungsstelle gelten die zwingenden gesetzlichen Vorschriften über das Verfahren der Einigungsstelle. Der Spruch der tariflichen Schlichtungsstelle unterliegt daher im selben Umfang der arbeitsgerichtlichen Überprüfung, in dem auch der Spruch der Einigungsstelle der gerichtlichen Nachprüfung unterliegen würde (*BAG* 18.8.1987 EzA § 77 BetrVG 1972 Nr. 18). 1139

5. Die betriebliche Einigung

a) Allgemeines
§ 77 Abs. 1 BetrVG spricht allgemein von Vereinbarungen zwischen Betriebsrat und Arbeitgeber. 1140

> Vereinbarung ist der Oberbegriff für Regelungsabreden (auch Betriebsabsprache, Betriebsabrede oder formlose betriebliche Einigung genannt) und die in § 77 Abs. 1–6 BetrVG näher geregelte, förmliche Betriebsvereinbarung.

Regelungsabrede und Betriebsvereinbarung sind Ausübungsformen der Mitbestimmung, aber auch Instrumente der sonstigen Zusammenarbeit zwischen Arbeitgeber und Betriebsrat (§ 2 Abs. 1 BetrVG) und die Mittel zur Beilegung von Meinungsverschiedenheiten (§ 74 Abs. 1 BetrVG; GK-BetrVG/*Kreutz* § 77 Rz. 6). 1141

b) Durchführung betrieblicher Einigungen, § 77 Abs. 1 BetrVG; Durchsetzung vereinbarungskonformen Verhaltens; Verbot des Eingriffs in die Betriebsleitung
Gem. § 77 Abs. 1 BetrVG sind Vereinbarungen zwischen den Betriebspartnern, auch soweit sie auf einem Spruch der Einigungsstelle beruhen, vom Arbeitgeber durchzuführen. 1142

I. Betriebsverfassungsrecht

> Es besteht eine Durchführungspflicht des Arbeitgebers für betriebliche Einigungen, der auf Seiten des Betriebsrats ein im arbeitsgerichtlichen Beschlussverfahren (§§ 2a, 80 ff. ArbGG) durchsetzbarer Durchführungsanspruch entspricht.

1143 Unabhängig von der Frage, ob sich dieser Durchführungsanspruch aus § 77 Abs. 1 oder aus der Vereinbarung selbst ergibt, erfasst er die Durchführung aller getroffenen Vereinbarungen (st. Rspr., vgl. etwa *BAG* 23.6.1992 EzA § 87 BetrVG 1972 Arbeitszeit Nr. 51).

1144 Ferner hat der Betriebsrat einen im arbeitsgerichtlichen Beschlussverfahren unabhängig von den Voraussetzungen des § 23 Abs. 3 BetrVG durchsetzbaren Unterlassungsanspruch bezüglich vereinbarungswidriger Maßnahmen (*BAG* 10.11.1987 EzA § 77 BetrVG 1972 Nr. 19). Andererseits räumt der Durchführungsanspruch dem Betriebsrat nicht das Recht ein, vom Arbeitgeber die Erfüllung von Ansprüchen der Arbeitnehmer aus diesen Betriebsvereinbarungen verlangen zu können (*BAG* 17.10.1989 EzA § 112 BetrVG 1972 Nr. 54).

1145 Dem Betriebsrat sind nach § 77 Abs. 1 S. 2 BetrVG einseitige Eingriffe in die Betriebsführung außer beim Vollzug von Betriebsratsbeschlüssen und soweit ein Vollzugsrecht im Gesetz (§§ 39 Abs. 1, 44 Abs. 2, 37 Abs. 6, 38 Abs. 2 BetrVG) selbst vorgesehen ist oder soweit der Arbeitgeber die Durchführung betrieblicher Einigungen durch Vereinbarung auf den Betriebsrat überträgt, verboten. Ein unberechtigter Eingriff ist eine Verletzung von Amtspflichten i. S. des. § 23 Abs. 1 BetrVG und kann das handelnde Betriebsratsmitglied zum Schadensersatz unter dem Gesichtspunkt des Eingriffs in den eingerichteten ausgeübten Gewerbebetrieb nach §§ 823, 826 BGB verpflichten (GK-BetrVG/*Kreutz* § 77 Rz. 27).

1146 Auch dann, wenn der Arbeitgeber betriebliche Einigungen nicht durchführt oder unter Verletzung von Mitwirkungs- oder Mitbestimmungsrechten des Betriebsrats handelt, besteht kein Selbsthilferecht des Betriebsrats. Dieser muss vielmehr seine Ansprüche auf dem Rechtsweg durchsetzen.

c) Die Regelungsabrede (Betriebsabsprache)

1147 Regelungsabrede ist jede verbindliche Einigung von Arbeitgeber und Betriebsrat, die nicht Betriebsvereinbarung ist. § 77 Abs. 2, 3, 4 BetrVG sind auf Regelungsabreden nicht anwendbar. Der Abschluss ist formfrei möglich.

1148 Ihnen kommt keine normative Wirkung (s. u. I/Rz. 1199) zu. Der Tarifvorrang nach § 77 Abs. 3 BetrVG gilt für sie nach herrschender Meinung (*BAG* 20.4.1999 EzA Art. 9 GG Nr. 65; GK-BetrVG/*Kreutz* § 77 Rz. 135 m. w. N.; **a. A.** MünchArbR/*Matthes* § 327 Rz. 73) nicht. Zielt eine Regelungsabrede allerdings darauf ab, einen normativ geltenden Tarifvertrag als kollektive Ordnung zu verdrängen, kann dies nach Auffassung des BAG einen Unterlassungsanspruch der betroffenen Gewerkschaft entsprechend § 1004 BGB begründen (*BAG* 20.4.1999 EzA Art. 9 GG Nr. 65), der im Beschlussverfahren geltend zu machen ist (*BAG* 13.3.2001 EzA § 17a GVG Nr. 13). Als Vertrag kann die Regelungsabrede auch durch schlüssiges Verhalten zustande kommen, wobei jedoch auf Seiten des Betriebsrats ein Beschluss erforderlich ist (MünchArbR/*Matthes* § 329 Rz. 102).

I. Betriebsverfassungsrecht

Durch Regelungsabreden können zum einen im Rahmen der funktionellen Zuständigkeit des Betriebsrats schuldrechtliche Verpflichtungen der Betriebspartner begründet werden. So kann z. B. der Arbeitgeber die Verpflichtung eingehen, eine geplante personelle Maßnahme nicht oder anders als vorgesehen durchzuführen. Regelungsabreden dienen ferner als Instrument der Wahrnehmung der Beteiligung des Betriebsrats, insbesondere bei der Regelung von Einzelfällen und Angelegenheiten, die keine Dauerwirkung haben (z. B. Einigungen zwischen Arbeitgeber und Betriebsrat im Rahmen der §§ 37 Abs. 6, 7, 38 Abs. 2 BetrVG oder im Rahmen der §§ 98, 99, 100, 102, 111 BetrVG) oder bei der Festlegung der Lage des Urlaubes einzelner Arbeitnehmer, der Zuweisung einer Werkswohnung oder bei der Anordnung konkreter Überstunden für einzelne Arbeitnehmer, §§ 87 Abs. 1 Nr. 5, Nr. 9, Nr. 3 BetrVG). Insbesondere kann der Betriebsrat auch dort sein Einverständnis durch formlose Regelungsabrede erteilen, wo das Gesetz seine Mitbestimmung verlangt, so z. B. bei sozialen Angelegenheiten nach § 87 Abs. 1 BetrVG (*BAG* 14.1.1991 EzA § 87 BetrVG 1972 Kurzarbeit Nr. 1). 1149

Eine Regelungsabrede endet durch Zweckerreichung bei Vollzug der geregelten Maßnahme, durch einverständliche Aufhebung oder Ersetzung durch eine andere Absprache, nicht aber durch Widerruf, Rücktritt oder Rücknahme der Zustimmung. Auf Dauer angelegte Regelungen können aus wichtigem Grund gekündigt werden. 1150

Wird durch sie eine mitbestimmungspflichtige Angelegenheit i. S. von § 87 Abs. 1 BetrVG geregelt, gilt eine Kündigungsfrist von 3 Monaten entsprechend § 77 Abs. 5 BetrVG (*BAG* 10.3.1992 EzA § 77 BetrVG 1972 Nr. 47). Fraglich ist, ob analog § 77 Abs. 6 BetrVG eine Nachwirkung einer gekündigten Regelungsabrede in Betracht kommt (vgl. GK-BetrVG/*Kreutz* § 77 Rz. 22). Nach Auffassung des *BAG* (23.6.1992 EzA § 87 BetrVG 1972 Arbeitszeit Nr. 50) ist das jedenfalls dann der Fall, wenn Gegenstand der Regelungsabrede eine mitbestimmungspflichtige Angelegenheit ist. 1151

d) Die Betriebsvereinbarung

aa) Begriff und Rechtsnatur

Die Betriebsvereinbarung ist ein formgebundener, zweiseitiger kollektiver Normenvertrag zwischen Arbeitgeber und Betriebsrat, den diese im Rahmen ihrer gesetzlichen Aufgaben abschließen (so die herrschende Vertragstheorie, vgl. GK-BetrVG/*Kreutz* § 77 Rz. 35). 1152

Sie ist ein eigenständiges betriebsverfassungsrechtliches Rechtsinstitut, das vor allem in § 77 Abs. 2–6 BetrVG geregelt ist und Regelungen enthält, die für den einzelnen Arbeitnehmer im Betrieb unmittelbar und zwingend gelten (§ 77 Abs. 4 S. 1 BetrVG). Ein Unterschied zwischen freiwilligen (§ 88 BetrVG) und erzwingbaren (z. B. § 87 BetrVG) Betriebsvereinbarungen besteht lediglich im Hinblick auf die in § 77 Abs. 6 BetrVG vorgesehene Nachwirkung, die nur erzwingbaren Betriebsvereinbarungen zukommt, im Übrigen dagegen nicht eingreift (*BAG* GS 16.9.1986 EzA § 77 BetrVG 1972 Nr. 17). Die Betriebsvereinbarung steht im Rangverhältnis zwischen Arbeitsvertrag und Tarifvertrag.

I. Betriebsverfassungsrecht

bb) Zustandekommen, Form

1153 Nach § 77 Abs. 2 BetrVG sind Betriebsvereinbarungen von Betriebsrat und Arbeitgeber gemeinsam zu beschließen und schriftlich niederzulegen. Das Erfordernis eines gemeinsamen Beschlusses bedeutet nicht, dass dies in einer gemeinsamen Sitzung zu erfolgen hat.

Die Betriebsvereinbarung kommt vielmehr wie ein Vertrag durch Angebot und Annahme, also durch übereinstimmende Willenserklärung der Betriebspartner, zu Stande. Die Erklärung des Betriebsrats muss auf einem ordnungsgemäßen Beschluss des Betriebsrats beruhen.

1154 Eine Übertragung der Befugnis zum Abschluss von Betriebsvereinbarungen auf den Betriebsausschuss oder sonstige Ausschüsse ist ebenso wenig möglich (vgl. §§ 27 Abs. 2, 28 Abs. 1 BetrVG) wie eine Bevollmächtigung des Vorsitzenden. Möglich ist jedoch die nachträgliche Genehmigung einer vom Betriebsratsvorsitzenden abgeschlossenen Betriebsvereinbarung durch entsprechenden Beschluss des Betriebsrats (MünchArbR/*Matthes* § 328 Rz. 9). Im Rahmen ihrer Zuständigkeiten können auch Gesamt- und Konzernbetriebsrat, nicht aber die JAV, die Gesamt-JAV, der Wirtschaftsausschuss oder die Betriebsversammlung Betriebsvereinbarungen abschließen. Für den Sprecherausschuss kommt nach § 28 SprAuG nur die Vereinbarung von Richtlinien in Betracht, die aber nur Normcharakter haben, wenn dies Arbeitgeber und Sprecherausschuss schriftlich vereinbaren (§ 28 Abs. 2 S. 1 SprAuG).

In Angelegenheiten der erzwingbaren Mitbestimmung können Betriebsvereinbarungen weiter auch durch den Spruch der Einigungsstelle zustandekommen (vgl. oben I/Rz. 1106 f.).

1155 Die Betriebsvereinbarung bedarf zwingend der Schriftform (§ 77 Abs. 2 BetrVG i. V. m. §§ 125, 126 Abs. 1, 2 BGB), was erfordert, dass beide Seiten auf Grund eines wirksamen Betriebsratsbeschlusses ihre Unterschrift auf derselben Urkunde leisten; der Austausch gleich lautender, jeweils nur von einer Seite unterzeichneter Urkunden genügt nicht (*BAG* 14.2.1978 AP Nr. 60 zu Art. 9 GG Arbeitskampf).

1156 Anlagen, auf die die Betriebsvereinbarung Bezug nimmt und die mit der Betriebsvereinbarung zu einer einheitlichen Urkunde verbunden sind, müssen nicht gesondert unterzeichnet werden (*BAG* 11.11.1986 EzA § 1 BetrAVG Gleichberechtigung Nr. 2). Zur Wahrung der Schriftform ausreichend ist es auch, wenn die Betriebsvereinbarung auf eine andere schriftliche Regelung, z. B. einen Tarifvertrag oder eine fremde Betriebsvereinbarung, verweist, auch wenn der jeweilige Inhalt nicht besonders wiedergegeben wird (*BAG* 23.6.1992 EzA § 77 BetrVG 1972 Nr. 49). Unzulässig ist dagegen die dynamische Verweisung auf den jeweils geltenden Tarifvertrag, weil es sich dabei um einen unzulässigen Verzicht auf eine vorhersehbare und bestimmbare eigene inhaltliche Gestaltung durch den Betriebsrat handelt und dies in Widerspruch zum Grundsatz der höchstpersönlichen Mandatsausübung stünde. Folge einer solchen sog. dynamischen Verweisung ist aber nicht die Unwirksamkeit der Betriebsvereinbarung insgesamt. Vielmehr bezieht sich die Verweisung dann auf den Tarifver-

I. Betriebsverfassungsrecht

trag, der zum Zeitpunkt des Abschlusses der Betriebsvereinbarung galt (*BAG* 23.6.1992 EzA § 77 BetrVG 1972 Nr. 49).

Ist eine als Betriebsvereinbarung vorgesehene Abmachung wegen Formmangels als Betriebsvereinbarung unwirksam, kann sie gegebenenfalls als formlose Regelungsabrede aufrechterhalten werden (*Etzel* HzA Gruppe 19 Rz. 983). 1157

Die Auslegungspflicht nach § 77 Abs. 2 S. 3 BetrVG ist keine Wirksamkeitsvoraussetzung (GK-BetrVG/*Kreutz* § 77 Rz. 50 m. w. N.). Ob sich der Arbeitgeber unter Umständen schadensersatzpflichtig macht, wenn Arbeitnehmern dadurch ein Schaden entsteht, dass sie von einer Betriebsvereinbarung keine Kenntnis hatten, wird ohne nähere Argumente kontrovers beurteilt (abl. GK-BetrVG/*Kreutz* § 77 Rz. 52; bejahend *Berg* DKK § 77 Rz. 33). Für die entsprechende Ordnungsvorschrift des § 8 TVG hat das *BAG* (6.7.1972 EzA § 4 TVG Ausschlussfristen Nr. 11) die Entstehung von Schadensersatzansprüchen verneint. 1158

cc) Auslegung

Die allgemeinen Auslegungsgrundsätze der §§ 133, 157 BGB gelten für die Betriebsvereinbarung nur insoweit, als es sich um den schuldrechtlichen Teil, also um die Regelungen handelt, die das Verhältnis Betriebsrat/Arbeitgeber regeln. Da der normative Teil der Betriebsvereinbarung die Arbeitsverhältnisse des Betriebs unmittelbar wie ein Gesetz gestaltet (§ 77 Abs. 4 S. 1 BetrVG), gelten für die Auslegung des normativen Teils grds. die für die Auslegung von Gesetzesnormen maßgeblichen Regeln. 1159

Es kommt auf den objektiven Erklärungswert der Norm an, wie er sich aus Wortlaut, Zweck der Regelung sowie dem Gesamtzusammenhang der einzelnen Bestimmungen ergibt. Der wirkliche Wille der Betriebsparteien kann nur berücksichtigt werden, sofern dieser im Wortlaut der Regelung der Betriebsvereinbarung seinen Ausdruck gefunden hat (*BAG* 11.6.1975 EzA § 77 BetrVG 1972 Nr. 1). Hilfsweise sind bei der Auslegung weiter die Entstehungsgeschichte und die bisherige tatsächliche betriebliche Handhabung zu berücksichtigen, wobei eine betriebliche Handhabung unbeachtlich ist, soweit sie zum klaren Inhalt der Betriebsvereinbarung in Widerspruch steht (MünchArbR/*Matthes* § 328 Rz. 6). Die Betriebspartner können die Betriebsvereinbarung selbst durch schriftlich fixierte und unterzeichnete ergänzende Betriebsvereinbarungen und Protokollnotizen, die der Betriebsvereinbarung beigefügt und in dieser ausdrücklich in Bezug genommen sind, interpretieren, sofern sie mit der Betriebsvereinbarung eine Gesamturkunde bilden, also insbesondere zusammengeheftet sind (GK-BetrVG/*Kreutz* § 77 Rz. 67). Enthält die Betriebsvereinbarung planwidrige Regelungslücken, kommt eine ergänzende Auslegung in Betracht, wobei der hypothetische Wille der Betriebspartner maßgeblich und zu fragen ist, wie die Betriebspartner als vernünftige, redliche Partner nach Treu und Glauben die Lücke geschlossen hätten (GK-BetrVG/*Kreutz* § 77 Rz. 70). 1160

dd) Inhalt

Betriebsvereinbarungen können zum einen das Verhältnis Arbeitgeber-Betriebsrat durch Begründung wechselseitiger Rechte und Pflichten regeln, sog. schuldrechtlicher Teil (MünchArbR/*Matthes* § 328 Rz. 2). Im sog. normativen Teil können durch 1161

I. Betriebsverfassungsrecht

Betriebsvereinbarungen grds. alle formellen und materiellen Arbeitsbedingungen geregelt werden (*BAG* 6.8.1991 EzA § 77 BetrVG 1972 Nr. 40), soweit die Angelegenheiten zum Aufgabenbereich des Betriebsrats gehören.

1162 Es können daher umfassend Regelungen getroffen werden, die unmittelbar Inhalt, Abschluss oder die Beendigung von Arbeitsverhältnissen bzw. betriebliche oder betriebsverfassungsrechtliche Fragen regeln, soweit nicht ein Vorrang gesetzlicher oder tariflicher Regelungen besteht (*Berg* DKK § 77 Rz. 37; a. A. hinsichtlich betriebsverfassungsrechtlicher Regelungen [nur soweit das BetrVG solche zulässt, z. B. § 38 Abs. 1 S. 3 BetrVG] GK-BetrVG/*Kreutz* § 77 Rz. 93, 187 ff.).

ee) Grenzen der Regelungsbefugnis
1163 Die Regelungsbefugnis (Betriebsautonomie) besteht nicht schrankenlos. Vielmehr sind bestimmte Grenzen zu beachten.

(1) Höherrangiges Recht
1164 Betriebsvereinbarungen dürfen grds. nicht gegen höherrangiges, zwingendes staatliches Recht verstoßen. Insbesondere sind neben §§ 134, 138 BGB die in §§ 2 Abs. 1, 75 BetrVG normierten Grundsätze zu beachten.

1165 Von gesetzlichen Bestimmungen, die zum Schutz bzw. zu Gunsten der Arbeitnehmer geschaffen wurden und daher nur einseitig zwingend sind, kann durch Betriebsvereinbarung zu Gunsten der Arbeitnehmer abgewichen werden, sodass im Verhältnis zwischen Gesetz und Betriebsvereinbarung das Günstigkeitsprinzip gilt. Zu Ungunsten der Arbeitnehmer kann durch Betriebsvereinbarung von gesetzlichen Bestimmungen nur abgewichen werden, wenn dies die entsprechende gesetzliche Bestimmung ausdrücklich vorsieht.

1166 Hierzu reicht nicht aus, dass die gesetzliche Bestimmung tarifdispositiv ausgestaltet ist. Ebenso wenig kann durch Betriebsvereinbarung zu Ungunsten der Arbeitnehmer von tarifdispositivem Richterrecht abgewichen werden (*Berg* DKK § 77 Rz. 10), da im ersteren Fall nur eine Regelungszuständigkeit der Tarifvertragsparteien besteht und im letzteren Fall der Betriebsrat nicht das gleiche Verhandlungsgewicht wie eine Gewerkschaft in Tarifverhandlungen hat, sodass die Gefahr unausgewogener Regelungen besteht.

1167 Als privatrechtlicher Normenvertrag besteht keine unmittelbare Bindung der Betriebsvereinbarung an die Grundrechte. Über die dem Grundrechtsschutz der Arbeitnehmer dienenden Grundsätze für die Behandlung der Betriebsangehörigen gem. § 75 BetrVG besteht jedoch eine mittelbare Grundrechtsbindung, sodass ein Eingriff in den grundrechtlich geschützten Bereich der Arbeitnehmer durch Betriebsvereinbarung unzulässig ist (*BAG GS* 7.11.1989 EzA § 77 BetrVG 1972 Nr. 34; GK-BetrVG/*Kreutz* § 77 Rz. 293).

(2) Der Tarifvorbehalt, § 77 Abs. 3 BetrVG

aaa) Zweck
1168 § 77 Abs. 3 BetrVG räumt den Tarifvertragsparteien eine Vorrangkompetenz ein.

I. Betriebsverfassungsrecht

Zweck der Regelung ist die Sicherung der ausgeübten und aktualisierten Tarifautonomie vor Aushöhlung und Bedeutungsminderung durch Betriebsvereinbarungen (*BAG* 1.12.1992 EzA § 77 BetrVG 1972 Nr. 50). Die Normsetzungsbefugnis der Tarifvertragsparteien soll nicht dadurch ausgehöhlt werden, dass die Betriebspartner ergänzende oder abweichende Regelungen vereinbaren.

Der Tarifvorbehalt gilt für materielle aber auch formelle (z. B. Ausschlussfristen) Arbeitsbedingungen (*BAG* 9.4.1991 EzA § 77 BetrVG 1972 Nr. 39). **1169**

Betriebsvereinbarungen, die gegen § 77 Abs. 3 BetrVG verstoßen, sind unwirksam (*BAG* 20.4.1999 EzA § 77 BetrVG 1972 Nr. 64; *BAG* 13.8.1980 EzA § 77 BetrVG 1972 Nr. 8). Dies gilt auch für vortarifliche Betriebsvereinbarungen, d. h. solche, die schon bestehen, wenn ein Tarifvertrag in Kraft tritt, der den gleichen Gegenstand regelt (GK-BetrVG/*Kreutz* § 77 Rz. 132).

Der Tarifvorbehalt verbietet jede betriebliche Regelung über die tariflich geregelte Angelegenheit und damit auch eine günstigere Betriebsvereinbarung. Unzulässig ist auch die vollständige Übernahme der tariflichen Regelung für alle Arbeitnehmer des Betriebs (MünchArbR/*Matthes* § 327 Rz. 65). **1170**

bbb) Rückwirkende Genehmigung durch Tariföffnungsklausel
Die Tarifvertragsparteien können eine gegen den Tarifvorbehalt des § 77 Abs. 3 S. 1 BetrVG verstoßende und deshalb zunächst unwirksame Betriebsvereinbarung durch die nachträgliche tarifliche Vereinbarung einer Tariföffnungsklausel i. S. d. § 77 Abs. 3 S. 2 BetrVG genehmigen. Eine rückwirkende Genehmigung ist aber nicht unbegrenzt möglich, sondern nur unter Berücksichtigung der Grundsätze des Vertrauensschutzes (*BAG* 20.4.1999 EzA § 77 BetrVG 1972 Nr. 64). Insoweit gelten die allgemeinen Grundsätze, die für eine Rückwirkung von Tarifverträgen gelten (s. o. H/Rz. 207 ff.). **1171**

ccc) Voraussetzungen

Es kommt für den Tarifvorrang nicht darauf an, ob im Betrieb tatsächlich Tarifbindung besteht. Ausreichend ist vielmehr, dass der Betrieb, unabhängig von der persönlichen Tarifbindung, unter den räumlichen, betrieblichen, fachlichen und zeitlichen Geltungsbereich des Tarifvertrages fällt (*BAG* 27.1.1987 EzA § 99 BetrVG 1972 Nr. 55). **1172**

Die Sperrwirkung greift auch ein bei Firmentarifverträgen (h. M., vgl. GK-BetrVG/*Kreutz* § 77 Rz. 103), nicht aber bei einem nur noch kraft Nachwirkung (§ 4 Abs. 5 TVG) geltenden Tarifvertrag, es sei denn, dass die Regelung zugleich tarifüblich i. S. d. § 77 Abs. 3 BetrVG ist (GK-BetrVG/*Kreutz* § 77 Rz. 105). § 77 Abs. 3 BetrVG greift ferner nicht ein, wenn ein vom Geltungsbereich des Tarifvertrages nicht erfasster Arbeitgeber diesen einzelvertraglich durch Inbezugnahme mit seinen Arbeitnehmern vereinbart (*BAG* 27.1.1987 EzA § 99 BetrVG 1972 Nr. 55). Der Tarifvorrang gilt schließlich nicht für Regelungsabreden (h. M. vgl. GK-BetrVG/*Kreutz* § 77 Rz. 135). **1173**

I. Betriebsverfassungsrecht

1174 Geregelt ist eine Angelegenheit durch Tarifvertrag, wenn ein gegenwärtig in Kraft befindlicher Tarifvertrag bestimmte Arbeitsbedingungen tatsächlich regelt. Die Sperrwirkung greift nur insoweit, als der Tarifvertrag selbst eine Regelung enthält, wobei die Reichweite einer tarifvertraglichen Regelung durch Auslegung zu ermitteln ist.

1175 Eine reine Negativregelung in Form eines ausdrücklichen Verzichts auf eine Regelung oder die tarifvertragliche Bestimmung, dass die Gestaltung bestimmter Arbeitsbedingungen einer einzelvertraglichen Regelung vorbehalten bleiben soll, begründen keine Sperrwirkung, da sie nur den nicht schützenswerten Zweck verfolgen, eine Gestaltung durch Betriebsvereinbarung zu verhindern (*BAG* 1.12.1992 EzA § 77 BetrVG 1972 Nr. 50). Gleiches gilt auch, wenn sich Tarifvertragsparteien trotz entsprechender Tarifforderungen letztlich über eine bestimmte Regelung nicht einigen konnten (*BAG* 23.10.1985 EzA § 4 TVG Metallindustrie Nr. 21). Bei Teilregelungen ist fraglich, inwieweit die positive Regelung zugleich den Willen der Tarifvertragsparteien zum Ausdruck bringt, hinsichtlich des nicht geregelten Teils, weiter gehende Ansprüche auszuschließen.

1176 Maßgeblich ist, ob die tarifliche Regelung die mitbestimmungspflichtige Angelegenheit selbst abschließend und zwingend regelt und damit schon selbst dem Schutzzweck des sonst gegebenen Mitbestimmungsrechts Genüge tut (*BAG* 17.12.1985 EzA § 87 BetrVG 1972 Lohngestaltung Nr. 11).

1177 Gewährt z. B. ein einschlägiger Tarifvertrag einen Nachtarbeitszuschlag, schließt dies eine Betriebsvereinbarung über die Zahlung einer Wechselschichtprämie nicht aus; eine tarifliche Wechselschichtzulage für die zweite und dritte Schicht enthält aber die Negativregelung, dass für die erste Schicht keine Zulage zu zahlen ist, sodass insoweit die Sperrwirkung greift (GK-BetrVG/*Kreutz* § 77 Rz. 111). Trifft ein Tarifvertrag eine bestimmte Entgeltregelung zur Vergütung der geschuldeten Arbeitsleistung, sind damit Regelungen in Betriebsvereinbarungen, die weitere Leistungen mit Entgeltcharakter (Gratifikationen, Zuschläge) vorsehen, grds. nicht ausgeschlossen, es sei denn, durch eine Zulage wird das tarifliche Entgelt schlicht und für alle Arbeitnehmer gleichmäßig erhöht (*BAG* 17.12.1985 EzA § 87 BetrVG 1972 Lohngestaltung Nr. 11). Entscheidend ist, ob die in der Betriebsvereinbarung vorgesehenen Leistungen zweckidentisch mit der tariflichen Grundvergütung sind. Hiervon ist bei allgemeinen, nicht an besondere Voraussetzungen gebundenen außertariflichen Zulagen auszugehen (*BAG* 9.12.1997 EzA § 77 BetrVG 1972 Nr. 61).

1178 Arbeitsbedingungen werden i. S. d. § 77 Abs. 3 S. 1 2. Alt. BetrVG dann üblicherweise durch Tarifvertrag geregelt, wenn zwar gegenwärtig eine tarifliche Regelung nicht besteht, etwa weil der Tarifvertrag gekündigt ist und lediglich nachwirkt, die bisherige Tarifpraxis und das Verhalten der Tarifvertragsparteien aber erkennen lässt, dass die Angelegenheit auch künftig wieder tarifvertraglich geregelt werden soll.

1179 Auch ein längerer Zeitraum, in dem es an einer bestehenden tariflichen Regelung fehlt, schließt nicht die Annahme aus, dass die Regelung der Angelegenheit gleichwohl tarifüblich ist (MünchArbR/*Matthes* § 327 Rz. 67). Sperrwirkung tritt nur im

I. Betriebsverfassungsrecht

Geltungsbereich des abgelaufenen Tarifvertrages und nur in dem Umfang ein, in dem der abgelaufene Tarifvertrag bestimmte Arbeitsbedingungen sachlich geregelt hat (GK-BetrVG/*Kreutz* § 77 Rz. 119, 121).

ddd) Ausnahmen; Verhältnis von § 77 Abs. 3 zu § 87 Abs. 1 Eingangssatz BetrVG; tarifvertragliche Öffnungsklausel

Gem. § 112 Abs. 1 S. 4 BetrVG gilt § 77 Abs. 3 BetrVG nicht für den Sozialplan. § 77 Abs. 3 BetrVG greift nach Auffassung des *BAG* (*GS* 3.12.1991 EzA § 87 BetrVG 1972 Betriebliche Lohngestaltung Nr. 30) nicht ein im Anwendungsbereich des § 87 Abs. 1 BetrVG. 1180

Im Bereich der erzwingbaren Mitbestimmung ist damit ein Mitbestimmungsrecht nur dann ausgeschlossen, wenn die betreffende Angelegenheit auch für den Betrieb tatsächlich tariflich geregelt ist, was insbesondere eine Tarifbindung des Arbeitgebers voraussetzt. 1181

Hiermit hat sich das BAG für die sog. Vorrangtheorie im Gegensatz zu der in der Literatur stark vertretenen (vgl. GK-BetrVG/*Kreutz* § 77 Rz. 139) Zweischranken-Theorie ausgesprochen, die die Sperrwirkung des § 77 Abs. 3 BetrVG auch im Anwendungsbereich des § 87 Abs. 1 BetrVG eingreifen lassen will.

Die Sperrwirkung kann ferner durch eine tarifvertragliche Öffnungsklausel ausgeschlossen werden, § 77 Abs. 3 S. 2 BetrVG. Der Tarifvertrag muss die Zulässigkeit der Betriebsvereinbarung klar zum Ausdruck bringen, ohne dass allerdings der Begriff Betriebsvereinbarung verwendet werden muss (vgl. *BAG* 20.2.2001 EzA § 77 BetrVG 1972 Nr. 65; *BAG* 20.12.1961 AP Nr. 7 zu § 59 BetrVG; st. Rspr., vgl. GK-BetrVG/*Kreutz* § 77 Rz. 150). 1182

Der Tarifvertrag kann dabei nicht nur ergänzende, sondern auch abweichende Regelungen zulassen (*BAG* 18.8.1987 EzA § 77 BetrVG 1972 Nr. 18). Problematisch unter dem Gesichtspunkt der Verletzung von Grundsätzen der Tarifautonomie ist ein Verzicht auf eigene tarifvertragliche Regelungen in größerem Umfang (*BAG* 18.8.1987 EzA § 77 BetrVG 1972 Nr. 18; GK-BetrVG/*Kreutz* § 77 Rz. 156). Eine gem. § 77 Abs. 3 S. 2 BetrVG abgeschlossene Betriebsvereinbarung ist grds. in ihrer Laufzeit auf die Dauer des Tarifvertrages sowie gegebenenfalls dessen Nachwirkungszeitraum beschränkt (*BAG* 25.8.1983 EzA § 77 BetrVG 1972 Nr. 12). Keine Öffnungsklauseln sind sog. tarifvertragliche Bestimmungsklauseln. Diese bestimmen Personen oder Stellen zur Konkretisierung der im Tarifvertrag nur rahmenmäßig festgelegten Arbeitsbedingungen (GK-BetrVG/*Kreutz* § 77 Rz. 160). Erfolgt eine solche Konkretisierung durch die Betriebspartner, so geht die normative Wirkung allein von der tariflichen Norm aus und erfasst damit nur die tarifgebundenen Arbeitsverhältnisse (*BAG* 28.11.1984 EzA § 4 TVG Rundfunk Nr. 12). Ob eine Öffnungsklausel oder eine Bestimmungsklausel gewollt ist, ist durch Auslegung zu ermitteln. Bei Verwendung des Begriffs »Betriebsvereinbarung« im Tarifvertrag handelt es sich jedenfalls aber um eine Öffnungsklausel (GK-BetrVG/*Kreutz* § 77 Rz. 160). 1183

I. Betriebsverfassungsrecht

(3) Sonstige Regelungsschranken

aaa) Gerichtliche Billigkeitskontrolle

1184 Nach ständiger Rechtsprechung (*BAG* 1.12.1992 EzA § 77 BetrVG 1972 Nr. 50) unterliegen Betriebsvereinbarungen einer gerichtlichen Billigkeitskontrolle.

> Die Einhaltung der Grenzen der Billigkeit ist als weitere Grenze der Regelungsbefugnis zu beachten. Maßstab der gerichtlichen Prüfung ist dabei die Bindung der Betriebspartner an die Zielbestimmungen des BetrVG, wie sie insbesondere in § 75 BetrVG umschrieben sind. Es geht darum, ob die von den Betriebspartnern vereinbarte Regelung in sich der Billigkeit entspricht oder ob einzelne Arbeitnehmer oder Gruppen in unbilliger Weise benachteiligt werden (*BAG* 1.12.1992 EzA § 77 BetrVG 1972 Nr. 50).

1185 Begründet wird diese Auffassung im Wesentlichen damit, dass zwischen Arbeitgeber und Betriebsrat keine Verhandlungsparität bestehe, sodass nicht wie bei einem Tarifvertrag die Gewähr dafür gegeben sei, dass eine Betriebsvereinbarung einen billigen Ausgleich der widerstreitenden Interessen der Arbeitnehmer und des Betriebs beinhalte (*BAG* 30.1.1970 EzA § 242 BGB Nr. 31). Das Gericht soll, auch wenn die Voraussetzungen der §§ 134, 138 BGB nicht erfüllt sind, korrigierend eingreifen können, wenn der Inhalt der Betriebsvereinbarung unbillig oder unangemessen ist. In der Literatur wird diese Auffassung ganz überwiegend abgelehnt (vgl. GK-BetrVG/*Kreutz* § 77 Rz. 300 ff. m. w. N.). Insbesondere wird geltend gemacht, dass sich die unter dem Gesichtspunkt der Billigkeitskontrolle in Anspruch genommenen Grenzen der Regelungsbefugnis bereits unmittelbar aus §§ 75 Abs. 1, 2 Abs. 1 BetrVG ergeben und insbesondere ein Verstoß gegen den Gleichbehandlungsgrundsatz oder gegen bestehende Diskriminierungsverbote bereits als unmittelbarer Verstoß gegen höherrangiges Recht der Regelungsbefugnis Grenzen setzen (z. B. MünchArbR/*Matthes* § 328 Rz. 86 f.). Die gerichtliche Billigkeitskontrolle ist insbesondere bei Sozialplänen von Bedeutung (s. u. I/Rz. 1865 ff.).

bbb) Sonstige Grenzen, Einzelfälle

1186 Unter dem Gesichtspunkt des Schutzes der Individualsphäre des Arbeitnehmers bzw. unter dem Gesichtspunkt des Schutzzweckes von Betriebsvereinbarungen (Arbeitnehmerschutz) werden weitere Schranken der Regelungsbefugnis diskutiert (vgl. GK-BetrVG/*Kreutz* § 77 Rz. 307 ff.), ohne dass sich bisher eine einheitliche dogmatische Begründung hat durchsetzen können. Als unzulässig werden etwa Betriebsvereinbarungen angesehen, die lediglich einzelne konkrete Arbeitsverhältnisse betreffen (*Berg* DKK § 77 Rz. 38). Unter dem Gesichtspunkt eines unzulässigen Eingriffs in den durch § 75 Abs. 2 geschützten Persönlichkeitsbereich der einzelnen Arbeitnehmer werden beispielsweise Regelungen als unzulässig angesehen, die die Gestaltung der arbeitsfreien Zeit (GK-BetrVG/*Kreutz* § 77 Rz. 331) oder die Verwendung des verdienten Arbeitsentgelts (*BAG* 11.7.2000 EzA § 87 BetrVG 1972 Sozialeinrichtung Nr. 17; 1.12.1992 EzA § 87 BetrVG 1972 Betriebliche Lohngestaltung Nr. 20), Nebenbeschäftigungsverbote (GK-BetrVG/*Kreutz* § 77 Rz. 335) oder die Verpflichtung zur Teilnahme an Betriebsfeiern oder Ausflügen (*Berg* DKK § 77 Rz. 38) betreffen.

1187 In bereits entstandene fällige Ansprüche und Anwartschaften der Arbeitnehmer kann durch Betriebsvereinbarung grds. nicht durch Erlass, Herabsetzung oder

I. Betriebsverfassungsrecht

Stundung eingegriffen werden (GK-BetrVG/*Kreutz* § 77 Rz. 321 ff.). Besonderheiten gelten insoweit für auf Grund vertraglicher Einheitsregelung, Gesamtzusage oder betrieblicher Übung entstandene Ansprüche (vgl. unten I/Rz. 1203 ff.).

Zulässig sind dagegen die Festlegung von Kostenpauschalen für die Bearbeitung von Lohnpfändungen sowie die Festlegung von Lohn- und Gehaltsabtretungsverboten (*Berg* DKK § 77 Rz. 39). Einschränkungen ergeben sich auch bei Eingriffen in den Bestand des Arbeitsverhältnisses. So können vertragliche Kündigungsbeschränkungen nicht durch Betriebsvereinbarung aufgehoben oder zwingende gesetzliche Kündigungsschutzbestimmungen abgeändert oder umgangen werden (GK-BetrVG/ *Kreutz* § 77 Rz. 338). Beispielsweise darf in einem Sozialplan die Zahlung von Abfindungen nicht davon abhängig gemacht werden, dass die betroffenen Arbeitnehmer keine gerichtlichen Schritte gegen die Kündigung unternehmen (*BAG* 20.6.1985 EzA § 4 KSchG Ausgleichsquittung Nr. 1). Auch kann eine Betriebsvereinbarung grds. das Arbeitsverhältnis weder auflösen noch eigenständige Möglichkeiten der Auflösung des Arbeitsverhältnisses, z. B. als Disziplinarmaßnahme schaffen (*BAG* 28.4.1982 EzA § 87 BetrVG 1972 Betriebsbuße Nr. 5). Problematisch ist ferner die Möglichkeit der Einführung von Altersgrenzen, bei deren Erreichen die betroffenen Arbeitsverhältnisse ohne weiteres enden (s. o. D/Rz. 2330 ff.). Die Vereinbarung einer Altersgrenze bedarf stets besonderer Gründe und ist nur in den Grenzen von Recht und Billigkeit zulässig, wobei auf Seiten der Arbeitnehmer insbesondere das Recht auf freie Entfaltung der Persönlichkeit und ihre Berufsfreiheit zu berücksichtigen sind. Die Betriebsvereinbarung darf nicht zu einer Umgehung zwingender kündigungsschutzrechtlicher Vorschriften verstoßen und muss Raum für eine individuelle Beurteilung lassen. Sie muss in Übereinstimmung mit den Grundsätzen des *BAG* zur Befristung von Arbeitsverhältnissen stehen und inhaltlich so gestaltet sein, dass dem Arbeitnehmer der Kündigungsschutz ohne sachlichen Grund weder verkürzt noch genommen wird (*BAG* GS 7.11.1989 EzA § 77 BetrVG 1972 Nr. 34). Auf Seiten des Arbeitgebers muss eine derartige Vereinbarung zur Sicherung einer ausgewogenen Altersstruktur sowie einer angemessenen Personal- und Nachwuchsplanung geboten sein. Zu seinen Gunsten können auch die Interessen der übrigen Arbeitnehmer berücksichtigt werden, denen durch ein vorhersehbares Ausscheiden älterer Arbeitnehmer der Einstieg in die berufliche Tätigkeit oder der berufliche Aufstieg ermöglicht wird. Zu Gunsten des Arbeitgebers kann berücksichtigt werden, dass die betroffenen Arbeitnehmer die Möglichkeit des Bezuges eines angemessenen Altersruhegeldes haben (*FKHE* § 77 Rz. 57). Im Verhältnis zu einer einzelvertraglichen Vereinbarung über eine Altersgrenze gilt das Günstigkeitsprinzip; günstiger ist z. B. eine Regelung, die dem Arbeitnehmer länger die Wahlmöglichkeit zwischen Arbeit und Ruhestand einräumt (*BAG* GS 7.11.1989 EzA § 77 BetrVG 1972 Nr. 34). **1188**

Betriebsvereinbarungen können nur in bestimmten Grenzen auch Regelungen zu Ungunsten der Arbeitnehmer enthalten und diesen unter Wahrung ihrer Persönlichkeitsrechte bestimmte Pflichten auferlegen. Zulässig sind belastende Regelungen, die in sachgerechter Weise der Ordnung des Betriebes dienen, wie beispielsweise Rauchverbot oder Torkontrollen (*Berg* DKK § 77 Rz. 40). Zulässig sind auch Regelungen über die Kleidung der Arbeitnehmer, wobei aber die Kostentragungspflicht des Arbeitgebers für von ihm zu stellende Arbeits- und Schutzkleidung nicht auf die Arbeit- **1189**

I. Betriebsverfassungsrecht

nehmer abgewälzt werden darf (*BAG* 1.12.1992 EzA § 87 BetrVG 1972 Betriebliche Ordnung Nr. 20). Unzulässig sind dagegen Betriebsvereinbarungen, durch die materielle Arbeitsbedingungen ausschließlich zu Ungunsten der Arbeitnehmer gestaltet werden (*BAG* 1.12.1992 EzA § 87 BetrVG 1972 Betriebliche Ordnung Nr. 20). Unwirksam ist beispielsweise eine Betriebsvereinbarung, die materiell nur in einem Haftungsausschluss zu Gunsten des Arbeitgebers besteht (vgl. *BAG* 5.3.1959 AP Nr. 26 zu § 611 BGB Fürsorgepflicht; GK-BetrVG/*Kreutz* § 77 Rz. 346). Eine ausschließliche Belastung der Arbeitnehmer dürfte aber dann nicht vorliegen, wenn der Arbeitgeber im Hinblick auf den Haftungsausschluss eine zusätzliche Leistung erbringt, etwa den Arbeitnehmern einen eigenen Parkplatz zur Verfügung stellt oder zur Sicherung des Eigentums der Arbeitnehmer besondere Einrichtungen überlässt und die Haftung nur für den Fall ausschließt, dass ein Arbeitnehmer hiervon keinen Gebrauch macht (GK-BetrVG/*Kreutz* § 77 Rz. 347).

ff) Geltungsbereich

1190 Die Betriebsvereinbarung gilt räumlich für den Betrieb, dessen Betriebsrat sie abgeschlossen hat.

Bei Betriebsvereinbarungen des Gesamt- oder Konzernbetriebsrats, die dieser auf Grund eines konkreten Auftrages einzelner Betriebsräte bzw. des Betriebsrats (§§ 50 Abs. 2, 58 Abs. 2 BetrVG) abgeschlossen hat, ist der Geltungsbereich ebenfalls auf die konkreten Betriebe begrenzt (*Berg* DKK § 77 Rz. 34). Gesamt- oder Konzernbetriebsvereinbarungen, die vom Gesamt- oder Konzernbetriebsrat im Rahmen der originären Zuständigkeiten abgeschlossen werden, erstrecken sich nach nunmehr ausdrücklicher gesetzlicher Regelung in §§ 50 Abs. 1, 58 Abs. 1 BetrVG auch auf die Betriebe des Unternehmens bzw. Konzerns ohne Betriebsrat bzw. Gesamtbetriebsrat.

1191 Der persönliche Geltungsbereich erstreckt sich auf alle Arbeitnehmer i. S. d. BetrVG des jeweiligen Betriebes einschließlich solcher Arbeitnehmer, die erst nach ihrem Abschluss in den Betrieb eintreten (*Berg* DKK § 77 Rz. 35).

1192 Für zum Zeitpunkt des Abschlusses der Betriebsvereinbarung aus dem Betrieb bereits ausgeschiedene Arbeitnehmer gelten Betriebsvereinbarungen grds. nicht (*BAG* 25.10.1988 EzA § 77 BetrVG 1972 Nr. 26). Überwiegend werden allerdings Ausnahmen für zulässig erachtet, so z. B. Sozialplanregelungen, die Leistungen für solche Arbeitnehmer vorsehen, die bei Abschluss des Sozialplan bereits aus dem Betrieb ausgeschieden waren (*FKHE* § 77 Rz. 35). In der Literatur wird kontrovers diskutiert, inwieweit sich der Geltungsbereich einer Betriebsvereinbarung z. B. bei einer betrieblichen Ruhegeldregelung oder über die Nutzung von Werkmietwohnungen auch auf die aus dem Betrieb bereits ausgeschiedenen Ruheständler oder Pensionäre erstrecken kann (vgl. *FKHE* § 77 Rz. 36). Nach Auffassung des *BAG* (25.10.1988 EzA § 77 BetrVG 1972 Nr. 26) wirkt eine Betriebsvereinbarung über betriebliche Ruhegelder, die Einschränkungen der betrieblichen Leistungen vorsieht, nicht hinsichtlich derjenigen früheren Arbeitnehmer, die bei Inkrafttreten der neuen Betriebsvereinbarung bereits im Ruhestand leben und Bezüge nach einer früheren Regelung erhalten. Diese erwerben bei Eintritt in den Ruhestand einen entsprechenden Individualanspruch, der betrieblicher Gestaltung gundsätzlich nicht zugänglich ist. Auch ein all-

I. Betriebsverfassungsrecht

gemeiner Vorbehalt späterer Änderung in der Betriebsvereinbarung ändert hieran nichts. Etwas anderes kann gelten für Leistungen, die sowohl aktiven Arbeitnehmern als auch den Ruheständlern erbracht werden, wie z. B. Unterstützungsleistungen zur Ergänzung der Krankenversicherungsleistungen, da der erkennbare Sinn einer solchen Betriebsvereinbarung gerade darin besteht, aktive Beschäftigte und Ruheständler gleichzustellen. Derartige Leistungen können auch für Ruheständler durch neue Betriebsvereinbarung insoweit gekürzt werden, als auch die aktive Belegschaft Kürzungen hinnehmen muss (*BAG* 13.5.1997 EzA § 77 BetrVG 1972 Ruhestand Nr. 1).

Der Geltungsbereich einer Betriebsvereinbarung kann von den Betriebspartnern zumindest nicht mit normativer Wirkung auf andere, vom Betriebsrat nicht repräsentierte Arbeitnehmer erstreckt werden. Erfolgt eine solche Einbeziehung, kann die entsprechende Vereinbarung aber als Vertrag zu Gunsten Dritter, § 328 BGB, anzusehen sein (*BAG* 31.1.1979 EzA § 112 BetrVG 1972 Nr. 17). 1193

Möglich ist dies aber nur, wenn die Betriebsvereinbarung Regelungen zu Gunsten dieser einbezogenen Arbeitnehmer enthält; Verpflichtungen können für diese Personen aber nicht begründet werden (MünchArbR/*Matthes* § 328 Rz. 23).

In zeitlicher Hinsicht gelten Betriebsvereinbarungen grds. von ihrem förmlichen Abschluss an. Bei einer auf einem Spruch der Einigungsstelle beruhenden Betriebsvereinbarung richtet sich der Zeitpunkt des Inkrafttretens im Bereich der erzwingbaren Mitbestimmung und bei freiwilliger im Voraus erklärter Unterwerfung unter den Spruch der Einigungsstelle nach dem Zeitpunkt der letzten Zustellung des Beschlusses, § 76 Abs. 3 S. 3 BetrVG. 1194

Grds. können die Betriebsparteien den zeitlichen Geltungsbereich einer Betriebsvereinbarung auch ausdrücklich festlegen. Der zeitliche Geltungsbereich kann dabei rückwirkend auch auf bereits abgeschlossenen Lebenssachverhalte erstreckt werden (*BAG* 8.3.1977 EzA § 87 BetrVG 1972 Entgelt Nr. 6). Rückwirkende Regelungen sind aber nicht unbeschränkt möglich (vgl. GK-BetrVG/*Kreutz* § 77 Rz. 197, 198). Unbeschränkt zulässig sind nur Regelungen, die vom Arbeitgeber selbst abgeschlossen wurden und die Arbeitnehmer ausschließlich begünstigen. Soweit eine rückwirkende Begünstigung der Arbeitnehmer durch bindenden Spruch der Einigungsstelle erfolgt, ist auf Seiten des Arbeitgebers der Grundsatz des Vertrauensschutzes zu beachten. 1195

Rückwirkende Regelungen, die zu Lasten der Arbeitnehmer getroffen werden, sind dann unzulässig, wenn die Arbeitnehmer mit rückwirkender Verschlechterung nicht zu rechnen brauchten. 1196

Soweit die für die Arbeitnehmer günstigere Regelung auf einer einzelvertraglichen Vereinbarung beruht, gilt insoweit ohnehin das Günstigkeitsprinzip. Bei einer rückwirkenden Ablösung einer bestehenden Betriebsvereinbarung durch eine für die Arbeitnehmer ungünstigere können die Arbeitnehmer dann nicht auf einen Fortbestand der bisherigen Regelung vertrauen, wenn die bisher bestehende Betriebsvereinbarung gekündigt worden oder sonst abgelaufen ist, die bisherigen Regelungen nunmehr kraft Nachwirkung oder nur noch rein faktisch angewendet werden und die Arbeitnehmer (insbesondere bei entsprechender Mitteilung des Arbeitgebers 1197

I. Betriebsverfassungsrecht

oder bei langwierigen Verhandlungen) erkennen müssen, dass mit einer Änderung zu rechnen ist (GK-BetrVG/*Kreutz* § 77 Rz. 198; *FKHE* § 77 Rz. 41).

gg) Rechtswirkungen der Betriebsvereinbarung

1198 Gem. § 77 Abs. 4 S. 1 BetrVG gelten die normativen Regelungen einer Betriebsvereinbarung ebenso wie Tarifnormen gem. § 4 Abs. 1 und 3 TVG unmittelbar und zwingend.

(1) Normative Wirkung

1199 Betriebsvereinbarungen kommt kraft Gesetzes unmittelbare Geltung zu, d. h. ihre normativen Regelungen wirken als Gesetz des Betriebes unabhängig vom Willen und der Kenntnis der Vertragspartner von außen auf die Arbeitsverhältnisse ein, ohne zum Bestandteil des Arbeitsvertrages zu werden (*BAG* 21.9.1989 EzA § 77 BetrVG 1972 Nr. 33).

(2) Zwingende Wirkung

aaa) Allgemeines, Günstigkeitsprinzip

1200 Von den Regelungen einer Betriebsvereinbarung kann nicht zu Ungunsten der Arbeitnehmer durch anderweitige Absprachen der Arbeitsvertragsparteien abgewichen werden, sofern nicht solche belastende Abweichungen durch die Betriebsvereinbarung ausdrücklich zugelassen werden (MünchArbR/*Matthes* § 328 Rz. 26). Arbeitsvertragliche Abweichungen zu Gunsten der Arbeitnehmer sind jederzeit möglich. Insoweit gilt das Günstigkeitsprinzip (*BAG GS* 16.9.1986 EzA § 77 BetrVG 1972 Nr. 17).

1201 Der demnach erforderliche Günstigkeitsvergleich ist als Sachgruppenvergleich vorzunehmen, d. h. es sind die in einem inneren Zusammenhang stehenden Teilkomplexe der Regelungen zu vergleichen (*BAG* 19.12.1958 AP Nr. 1 zu § 4 TVG Sozialzulagen; GK-BetrVG/*Kreutz* § 77 Rz. 245). Der Günstigkeitsvergleich ist an einem objektiven Beurteilungsmaßstab, nicht nach der subjektiven Einschätzung des jeweiligen Arbeitnehmers durchzuführen (GK-BetrVG/*Kreutz* § 77 Rz. 246).

1202 Das Günstigkeitsprinzip gilt nicht bei sog. betriebsvereinbarungsoffenen arbeitsvertraglichen Regelungen.

Dies sind Regelungen, die von vornherein unter dem Vorbehalt einer Regelung durch Betriebsvereinbarung stehen, etwa indem auf bestehende oder die jeweilige Betriebsvereinbarung verwiesen wird (*BAG* 12.8.1982 EzA § 77 BetrVG 1972 Nr. 9).

bbb) Die ablösende, umstrukturierende (verschlechternde) Betriebsvereinbarung

1203 Das Günstigkeitsprinzip gilt grds. auch im Verhältnis Betriebsvereinbarung zu allgemeinen Arbeitsbedingungen auf Grund arbeitsvertraglicher Einheitsregelungen, Gesamtzusagen oder betrieblicher Übungen, sodass auch hier ein individueller Günstig-

I. Betriebsverfassungsrecht

keitsvergleich vorzunehmen ist (*BAG* 21.9.1989 EzA § 77 BetrVG 1972 Nr. 33; *BAG GS* 7.11.1989 EzA § 77 BetrVG 1972 Nr. 34).

Besonderheiten gelten nach Auffassung des Großen Senats des *BAG* (*GS* 16.9.1986 EzA § 77 BetrVG 1972 Nr. 17) für Ansprüche der Arbeitnehmer auf Sozialleistungen (Gratifikationen, Jubiläumszuwendungen), soweit diese auf einer betrieblichen Einheitsregelung beruhen: Eine Betriebsvereinbarung verdrängt schlechtere Arbeitsbedingungen, unerheblich, ob es sich um Einzel- oder Gesamtzusagen handelt (Günstigkeitsprinzip). Wirkt sich die Regelung der Betriebsvereinbarung nicht bei allen Arbeitnehmern günstiger aus, erfolgt kein individueller, sondern ein kollektiver Günstigkeitsvergleich, bei dem die Gesamtheit der Sozialleistungen des Arbeitgebers, die aus einem bestimmten Anlass oder zu einem bestimmten Zweck gewährt werden, vor und nach Abschluss der Betriebsvereinbarung vergleichsweise gegenüberzustellen sind. Liegt insgesamt keine Verschlechterung vor, so können Ansprüche der Arbeitnehmer in den Grenzen von Recht und Billigkeit durch eine sog. umstrukturierende Betriebsvereinbarung beschränkt werden. Handelt es sich hingegen auch bei Durchführung eines nur kollektiven Günstigkeitsvergleichs um eine verschlechternde Betriebsvereinbarung, etwa deshalb, weil der Arbeitgeber seine Aufwendungen für die zugesagten Sozialleistungen reduzieren will, kann die Betriebsvereinbarung die vertraglichen Ansprüche der Arbeitnehmer nicht verdrängen. Die Verschlechterung kann hier nur im Wege der individualrechtlichen Änderungskündigung, der Ausübung eines vorbehaltenen Widerrufsrechts oder durch Anpassung wegen Wegfalls der Geschäftsgrundlage (vgl. *BAG* 9.7.1985 EzA § 1 BetrVG Nr. 37) durchgesetzt werden (*BAG GS* 16.9.1986 EzA § 77 BetrVG 1972 Nr. 17), wobei dann aber das Mitbestimmungsrecht des Betriebsrats nach § 87 Abs. 1 Nr. 10 BetrVG zu beachten ist. 1204

Eine Ablösung durch eine umstrukturierende Betriebsvereinbarung kommt nur hinsichtlich solcher Ansprüche der Arbeitnehmer in Betracht, die in einem entsprechenden Bezugssystem zueinander stehen und damit einen kollektiven Bezug zueinander aufweisen. Eine Ablösung anderer Ansprüche kommt nicht in Betracht. Regelt eine Betriebsvereinbarung die bisher auf arbeitsvertraglicher Einheitsregelung beruhenden wesentlichen Arbeitsbedingungen insgesamt neu, also auch hinsichtlich nicht ablösbarer Ansprüche, scheidet wegen des inneren und nicht trennbaren Gestaltungszusammenhang zwischen ablösbaren und nicht ablösbaren Ansprüchen ein kollektiver Günstigkeitsvergleich und damit eine Ablösung aus (*BAG* 28.3.2000 EzA§ 77 BetrVG 1972 Ablösung Nr. 1). 1205

Zur Geltendmachung des Wegfalls der Geschäftsgrundlage bei einer durch Gesamtzusage errichteten betrieblichen Altersversorgung hat das *BAG* (23.9.1997 EzA § 77 BetrVG 1972 Nr. 60) folgende Grundsätze aufgestellt: Wenn ein Arbeitgeber wegen des von ihm behaupteten Wegfalls der Geschäftsgrundlage eines durch Gesamtzusage errichteten Versorgungswerks eine verschlechternde Neuregelung schaffen will, ist die Einigungsstelle zuständig, falls sich Arbeitgeber und Betriebsrat nicht einigen. Der Betriebsrat darf seine Mitwirkung an einer Neuregelung nicht verweigern. Er muss mit dem Arbeitgeber notfalls unter dem Vorbehalt der vertragsrechtlich zulässigen Umsetzung der Regelung verhandeln (im Anschluss an *BAG GS*, Beschluss vom 16.9.1986 EzA § 77 BetrVG 1972 Nr. 17). Die Frage, ob die Geschäftsgrundlage einer Gesamtzusage über betriebliche Altersversorgung weggefallen ist, ist entscheidend für den Umfang der der Einigungsstelle zustehenden Regelungsbefugnis. Ist die Geschäftsgrundlage weggefallen, kann die Einigungsstelle eine vorbehaltlose Neuregelung treffen. Die Geschäftsgrundlage einer Versorgungszusage ist weggefallen, wenn sich die zu Grunde gelegte Rechtslage nach Erteilung der Zusage ganz wesentlich und unerwartet geändert hat, und dies beim Arbeitgeber zu erheblichen Mehrbelastungen geführt hat. Die Geschäftsgrundlage ist auch weggefallen, wenn der bei der Versorgungszusage erkennbare Versorgungszweck dadurch verfehlt wird, dass die unveränderte Anwendung der Versorgungszusage zu einer gegenüber dem ursprünglichen Versorgungsziel planwidrig eintretenden Überversorgung führen würde. Ist die Geschäftsgrundlage weggefallen, kann die anpassende Neuregelung auch in zeitanteilig erdiente Besitzstände eingreifen. Sie muss sich dabei an den Zielen der ursprünglichen Regelung orientieren, auf deren Einhaltung die Arbeitnehmer vertrauen durften.

hh) Verzicht, Verwirkung, Ausschlussfristen

1206 Durch § 77 Abs. 1 S. 2–4 BetrVG werden die Rechte der Arbeitnehmer aus einer Betriebsvereinbarung zusätzlich dadurch abgesichert, dass die Dispositionsbefugnis der Arbeitnehmer über diese Rechte eingeschränkt wird. Ein Verzicht auf Rechte der Arbeitnehmer aus einer Betriebsvereinbarung ist nur mit Zustimmung (vorherige Einwilligung, nachträgliche Genehmigung, §§ 182 ff. BGB) des Betriebsrats zulässig. Dies gilt insbesondere auch bei einem Anspruchsverzicht durch Ausgleichsquittung (s. o. C/Rz. 3767 ff.).

1207 Grds. ist auch die Wirksamkeit des Verzichts im Rahmen eines (gerichtlichen) Vergleichs von der Zustimmung des Betriebsrats abhängig, es sei denn, es handelt sich um einen reinen Tatsachenvergleich, durch den lediglich die Ungewissheit über die tatsächlichen Voraussetzungen eines Anspruchs aus einer Betriebsvereinbarung beseitigt wird, z. B. über die Zahl der geleisteten Überstunden (*BAG* 31.7.1996 EzA § 112 BetrVG 1972 Nr. 88; *FKHE* § 77 Rz. 120; **a. A.** GK-BetrVG/ *Kreutz* § 77 Rz. 278).

1208 Die bloße Klagerücknahme (§ 269 ZPO) ist im Gegensatz zum prozessualen Anspruchsverzicht (§ 306 ZPO) kein Verzicht (*FKHE* § 77 Rz. 120). Das Verzichtsverbot besteht auch nach Beendigung des Arbeitsverhältnisses. Im Gegensatz zum Arbeitgeber kann der Arbeitnehmer Ansprüche aus einer Betriebsvereinbarung auch nicht verwirken. Hierdurch wird allerdings nur die Berufung des Arbeitgebers auf eine sog. »illoyale Verspätung«, nicht aber der Einwand unzulässiger Rechtsausübung ausgeschlossen, wenn sich die Unzulässigkeit aus anderen Umständen als der Verspätung ergibt (GK-BetrVG/*Kreutz* § 77 Rz. 282, 283).

1209 Ausschlussfristen für Rechte der Arbeitnehmer aus einer Betriebsvereinbarung können nur durch die Betriebsvereinbarung selbst oder durch einen Tarifvertrag geregelt werden. Unzulässig ist damit eine ungünstigere einzelvertragliche Vereinbarung von Ausschlussfristen.

1210 Das Gleiche gilt für die Abkürzung von Verjährungsfristen. Ob eine tarifvertragliche Ausschluss- oder Verjährungsfrist auch Ansprüche aus einer Betriebsvereinbarung erfasst, ist eine Frage der Auslegung der tarifvertraglichen Bestimmung. Sofern die entsprechende Betriebsvereinbarung selbst Ausschlussfristen normiert, darf die Rege-

I. Betriebsverfassungsrecht

lung nicht in Widerspruch zu einer denselben Anspruch erfassenden tarifvertraglichen Ausschlussfrist stehen (*BAG* 9.4.1991 EzA § 77 BetrVG 1972 Nr. 39).

ii) Beendigung der Betriebsvereinbarung

(1) Kündigung

Gem. § 77 Abs. 5 BetrVG kann jede Seite die Betriebsvereinbarung mit einer Frist von 1211
drei Monaten kündigen, sofern die Betriebsvereinbarung selbst keine abweichenden Vorschriften über Kündigungsfristen enthält. Im **Insolvenz- bzw. Konkursverfahren** können Betriebsvereinbarungen, die Leistungen vorsehen, die die Masse belasten, auch dann mit einer Frist von drei Monaten gekündigt werden, wenn eine längere Kündigungsfrist vereinbart ist (§ 120 Abs. 1 InsO, für noch nach Maßgabe der Konkursordnung abzuwickelnde Verfahren gilt diese Vorschrift ebenfalls auf Grund der vorzeitigen Inkraftsetzung durch das Arbeitsrechtliche Beschäftigungsförderungsgesetzes vom 13.9.1996).

Die ordentliche Kündigung bedarf keines sachlichen Kündigungsgrundes und 1212
unterliegt keiner gerichtlichen Billigkeits- oder Inhaltskontrolle (*BAG* 26.4.1990 EzA § 77 BetrVG 1972 Nr. 35). Die Möglichkeit der ordentlichen Kündbarkeit kann in der Betriebsvereinbarung ausgeschlossen werden (*BAG* 10.3.1992 EzA § 77 BetrVG 1972 Nr. 46).

Ferner kann sich der Ausschluss der ordentlichen Kündbarkeit auch aus Inhalt und 1213
Zweck der Betriebsvereinbarung ergeben, etwa bei Vereinbarungen zur Regelung einer einmaligen Angelegenheit, weil eine Kündigung dem Zweck der Regelung widersprechen würde (MünchArbR/*Matthes* § 328 Rz. 39). Besonderheiten gelten bei Betriebsvereinbarungen im Bereich der betrieblichen Altersversorgung. Auch solche Vereinbarungen sind kündbar und wirken nicht nach. Die auf Grund der Betriebsvereinbarung erworbenen Besitzstände der betroffenen Arbeitnehmer werden aber kraft Gesetzes nach den Grundsätzen der Verhältnismäßigkeit und des Vertrauensschutzes geschützt. Je stärker in Besitzstände eingegriffen wird, desto gewichtiger müssen die Änderungsgründe sein (*BAG* 11.5.1999 EzA § 1 BetrAVG Betriebsvereinbarung Nr. 1; *BAG* 17.2.1992 § 77 EzA BetrVG 1972 Nr. 46; 18.4.1989 EzA § 77 BetrVG 1972 Nr. 28).

Eine Betriebsvereinbarung kann ferner auch fristlos aus wichtigem Grund gekün- 1214
digt werden, wenn Tatsachen vorliegen, auf Grund derer dem Kündigenden die Bindung an die Betriebsvereinbarung selbst bis zum Ablauf der Kündigungsfrist nicht zugemutet werden kann (*BAG* 28.4.1992 EzA § 50 BetrVG 1972 Nr. 10).

Ein wichtiger Grund kann insbesondere in der Veränderung wirtschaftlicher Verhält- 1215
nisse und in einer Änderung der Rechtslage, nicht aber in einer beabsichtigten Betriebsveräußerung bestehen (GK-BetrVG/*Kreutz* § 77 Rz. 366). Eine Teilkündigung kommt, soweit sie in der Betriebsvereinbarung nicht ausdrücklich vorgesehen ist, nur dann in Betracht, wenn sie sich auf einen selbstständigen, mit dem weiteren Inhalt sachlich nicht zusammenhängenden Komplex bezieht und Anhaltspunkte dafür vorliegen, dass die Betriebspartner davon ausgegangen sind, dass dieser Teil ein selbstständiges Schicksal haben sollte oder konnte (*BAG* 29.5.1964 AP Nr. 24 zu § 59 BetrVG; GK-BetrVG/*Kreutz* § 77 Rz. 365).

I. Betriebsverfassungsrecht

(2) Sonstige Beendigungsgründe; Auswirkungen betrieblicher Umstrukturierungen

1216 Eine Betriebsvereinbarung endet mit **Ablauf der Zeit oder Erreichung des Zwecks**, für die sie abgeschlossen wurde (*Berg* DKK § 77 Rz. 45). Ferner beendet auch das Außerkrafttreten eines Tarifvertrages, der eine ergänzende Betriebsvereinbarung gestattet, die Betriebsvereinbarung (*BAG* 25.8.1983 EzA § 77 BetrVG 1972 Nr. 12). Weiter können Arbeitgeber und Betriebsrat eine Betriebsvereinbarung jederzeit durch schriftlichen (§ 77 Abs. 2 BetrVG) **Aufhebungsvertrag** aufheben oder durch eine **neue Betriebsvereinbarung** ablösen, wobei die Aufhebung der alten Betriebsvereinbarung nicht ausdrücklich erfolgen muss, wenn die neue Betriebsvereinbarung denselben Gegenstand regelt (MünchArbR/*Matthes* § 328 Rz. 37). Hingegen wird eine Betriebsvereinbarung nicht durch eine Regelungsabrede abgelöst (*BAG* 20.11.1990 EzA § 77 BetrVG 1972 Nr. 37). Das *BAG* (20.11.1990 EzA § 77 BetrVG 1972 Nr. 37) hat insoweit offen gelassen, ob in einer entsprechenden formlosen Regelungsabrede zugleich ein Aufhebungsvertrag hinsichtlich der entgegenstehenden Betriebsvereinbarung gesehen werden kann. Fraglich ist dies, weil nach überwiegender Auffassung (vgl. *FKHE* § 77 Rz. 128) der Aufhebungsvertrag der Schriftform bedarf. Die Betriebsvereinbarung endet ferner mit **Stilllegung des Betriebs** mit Ausnahme von Vereinbarungen, die im Zusammenhang mit der Betriebsstilllegung abgeschlossen wurden (Sozialplan) oder unabhängig vom Untergang des Betriebs die Arbeitsbedingungen gestalten sollen, wie z. B. Regelungen über die betriebliche Altersversorgung (vgl. GK-BetrVG/*Kreutz* § 77 Rz. 374).

Im Falle der **Eingliederung eines Betriebs** als unselbstständiger Betriebsteil in einen anderen Betrieb oder wenn ein als selbstständig geltender Betriebsteil oder ein Nebenbetrieb (§ 4 BetrVG, s. o. I/Rz. 85 ff.) ihre betriebsverfassungsrechtliche Selbstständigkeit verlieren, gelten die Betriebsvereinbarungen des aufnehmenden Betriebes weiter, während die Betriebsvereinbarungen des eingegliederten Betriebs mit Ausnahme solcher Vereinbarungen, die im Hinblick auf die Eingliederung abgeschlossen wurden (Sozialplan) oder Regelungsgegenstände betreffen, für die es im aufnehmenden Betrieb keine Betriebsvereinbarungen gibt und deren weitere Anwendung im aufnehmenden Betrieb möglich und sinnvoll ist, im Zeitpunkt der Eingliederung enden (*FKHE* § 77 Rz. 141; a. A. GK-BetrVG/*Kreutz* § 77 Rz. 377). Bei **Zusammenfassung mehrerer Betriebe** unter Bildung eines neuen Betriebs bleiben die Betriebsvereinbarungen der Ursprungsbetriebe solange bestehen, wie ihre Anwendung im neuen Betrieb möglich und sinnvoll ist und nicht neue Regelungen für den neuen Betrieb geschaffen sind (*Berg* DKK § 77 Rz. 49; *FKHE* § 77 Rz. 142).

1217 Bei einem **rechtsgeschäftlichen Betriebsinhaberwechsel** (Betriebsübergang oder Betriebsteilübergang, s. o. C/Rz. 3254 ff.) wird danach differenziert, ob der Wechsel zu einer Änderung der bisherigen Betriebsidentität führt oder nicht (vgl. *Berg* DKK § 77 Rz. 50, 51; GK-BetrVG/*Kreutz* § 77 Rz. 389 ff.).

1218 Bleibt die bisherige Betriebsidentität erhalten, gelten die Betriebsvereinbarungen uneingeschränkt fort (*BAG* 27.7.1994 EzA § 613 a BGB Nr. 123). Das gilt auch für die im übergehenden Betrieb geltenden Gesamt- und Konzernbetriebsvereinbarungen, es sei denn, im Unternehmen des Erwerbers bestehen kollidierende Gesamt- bzw. Konzernbetriebsvereinbarungen. Dann kommen diese zur Anwendung (*BAG* 27.6.1985 EzA § 77 BetrVG 1972 Nr. 16). Bleibt die Betriebsidentität nicht erhalten, gelten die Betriebsvereinbarungen im verbleibenden Restbetrieb unverändert weiter. Im übergegangenen Betriebsteil gelten sie bis zum Abschluss neuer Betriebsvereinbarungen dann weiter, wenn der übergegangene Betriebsteil als neu entstandener Betrieb oder als selbstständiger Betrieb geltender Betriebsteil (§ 4 BetrVG) fortgeführt wird. Verliert hingegen der übergegangene Betriebsteil oder Betrieb seine Selbstständigkeit durch Eingliederung in einen bereits bestehenden Betrieb, gelten bestehende (Gesamt-, Konzern-) Betriebsvereinbarungen nicht kollektivrechtlich weiter. Gem. § 613a Abs. 1 S. 2 BGB erfolgt vielmehr eine Transformation der Rechtsnormen der Betriebsvereinbarungen des übergegangenen Betriebs in Individualrecht mit einjähriger Veränderungssperre, sofern sie nicht bereits unmittelbar durch im neuen Betrieb bestehende (Gesamt-, Konzern-) Betriebsvereinbarung nach § 613a Abs. 1 S. 3 BGB ersetzt werden. Soweit Betriebsvereinbarungsregelungen individualrechtlich fortwirken, wird dieser individualrechtliche Bestandsschutz durch eine neue Betriebsvereinbarung mit entsprechendem Regelungsgegenstand nach § 613a Abs. 1 S. 3 BGB verdrängt (s. o. C/Rz. 3380ff.).

Die Grundsätze über das **Fehlen oder den Wegfall der Geschäftsgrundlage** können auch bei Betriebsvereinbarungen zur Anwendung kommen. Sofern eine Anpassung an die veränderten Verhältnisse in Betracht kommt und hierüber keine Einigung der Betriebspartner erzielt werden kann, entscheidet im Bereich der Zuständigkeit der Einigungsstelle die Einigungsstelle verbindlich (*BAG* 10.8.1994 EzA § 112 BetrVG 1972 Nr. 76). Kommt eine Anpassung an die veränderten Umstände nicht in Betracht, kann sich eine Partei von der Betriebsvereinbarung lossagen, was in der Wirkung einer außerordentlichen Kündigung gleichkommt (GK-BetrVG/*Kreutz* § 77 Rz. 384). Ferner ist auch die Anfechtung einer Betriebsvereinbarung wegen Irrtum, arglistiger Täuschung oder Drohung möglich, allerdings nur mit Wirkung für die Zukunft (*BAG* 15.12.1961 EzA § 615 BGB Nr. 4). 1219

Kein Beendigungsgrund ist der **Tod des Betriebsinhabers** oder die **Neuwahl** eines Betriebsrats. Wird ein Betrieb betriebsratslos oder verliert er seine Betriebsratsfähigkeit, bleiben bestehende Betriebsratsvereinbarungen zunächst wirksam, sind aber vom Arbeitgeber durch entsprechende Erklärung gegenüber den betroffenen Arbeitnehmern kündbar (GK-BetrVG/*Kreutz* § 77 Rz. 383; *Berg* DKK § 77 Rz. 52). 1220

jj) Nachwirkung

Gem. § 77 Abs. 6 BetrVG gelten Regelungen einer Betriebsvereinbarung in Angelegenheiten, in denen ein Spruch der Einigungsstelle die Einigung zwischen Arbeitgeber und Betriebsrat ersetzen kann, weiter, bis sie durch eine andere Abmachung ersetzt werden. 1221

Durch diese Nachwirkung soll verhindert werden, dass sich in Mitbestimmungsangelegenheiten, in denen sich durch Abschluss einer Betriebsvereinbarung eine gewisse Regelungsnotwendigkeit erwiesen hat, zeitliche Regelungslücken zwischen der abgelaufenen und einer neuen Betriebsvereinbarung auftun. Die Bestimmung gilt nicht für freiwillige Betriebsvereinbarungen (*BAG* 26.4.1990 EzA § 77 BetrVG 1972 Nr. 35). 1222

Strittig ist, ob die Betriebspartner bei freiwilligen Betriebsvereinbarungen eine Nachwirkung vereinbaren können. Dies wird z.T. mit der Begründung verneint, dass solche Vereinbarungen dann ständig nachwirken könnten, wenn ein Betriebspartner zur Ablösung nicht bereit ist. Etwas anderes soll nur für die Vereinbarung einer zeitlich befristeten Nachwirkung gelten (vgl. GK-BetrVG/*Kreutz* § 77 Rz. 410ff. m.w.N.). 1223

I. Betriebsverfassungsrecht

Nach Auffassung des *BAG* (28.4.1998 EzA § 77 BetrVG 1972 Nachwirkung Nr. 1; so auch *LAG Frankfurt/M.* 22.3.1994 LAGE § 77 BetrVG 1972 Nr 17; 5.5.1994 LAGE § 77 BetrVG 1972 Nr 18; *LAG Düsseldorf* 20.5.1997 LAGE § 77 BetrVG 1972 Nachwirkung Nr. 4) ist die Vereinbarung einer Nachwirkung möglich. Eine solche Vereinbarung ist dahin auszulegen, dass die Nachwirkung auch gegen den Willen einer Seite beendet werden kann. Scheitern die Bemühungen um eine einvernehmliche Neuregelung, kann also von jedem Betriebspartner analog § 76 Abs. 6 BetrVG die Einigungsstelle angerufen werden, die dann eine verbindliche Entscheidung trifft.

Die Nachwirkung einer Betriebsvereinbarung gem. § 77 Abs. 6 BetrVG ist dispositiv und kann von den Betriebspartnern abbedungen werden (*BAG* 17.1.1995 EzA § 77 BetrVG 1972 Nr. 54).

1224 Enthält eine Betriebsvereinbarung sowohl mitbestimmungspflichtige als auch freiwillige Regelungen nebeneinander, so erstreckt sich die Nachwirkung grds. nur auf die Bestimmungen über mitbestimmungspflichtige Angelegenheiten, sofern sie eine aus sich heraus handhabbare Regelung enthalten (*BAG* 23.6.1992 EzA § 77 BetrVG 1972 Nr. 49). Hiervon sind Fallgestaltungen zu unterscheiden, die Regelungen betreffen, deren Regelungsgegenstand selbst teils mitbestimmungspflichtige, teils jedoch mitbestimmungsfreie Elemente enthält. Dies ist insbesondere bei betrieblichen Sozialleistungen der Fall, da bei diesen nach der Rechtsprechung des BAG nach § 87 Abs. 1 Nr. 10 BetrVG kein Mitbestimmungsrecht darüber besteht, ob, in welchem Umfang (Dotierungsrahmen) und an welchen Personenkreis Leistungen gewährt werden sollen, während die Regelung des Verteilungsschlüssels mitbestimmungspflichtig ist. Beabsichtigt der Arbeitgeber mit der Kündigung einer bestehenden Betriebsvereinbarung eine Änderung der nicht der Mitbestimmung unterliegenden Umstände (Erbringung der zusätzlichen Leistung überhaupt, Dotierungsrahmen), scheidet eine Nachwirkung aus (*BAG* 17.1.1995 EzA § 77 BetrVG 1972 Nr. 54). Will der Arbeitgeber hingegen mit der Kündigung eine Änderung des derzeitigen Verteilungs- und Leistungsplans erreichen, wirkt die gekündigte Betriebsvereinbarung solange nach, bis sie durch eine andere ersetzt ist (*BAG* 26.10.1993 EzA § 77 BetrVG 1972 Nr. 53). Ist mit einer Herabsetzung des Dotierungsrahmens eine Änderung des Leistungsplans verbunden, was dann nicht der Fall ist, wenn jede Leistung im gleichen Verhältnis gekürzt wird, besteht eine Nachwirkung, sodass der Arbeitgeber das Leistungsvolumen nur in der Weise ohne Eintritt der Nachwirkung kürzen kann, dass er jede einzelne Leistung im gleichen Verhältnis kürzt, sodass der Leistungsplan unverändert bleibt (vgl. für übertarifliche Zulagen *BAG* 3.12.1991 EzA § 87 BetrVG 1972 Betriebliche Lohngestaltung Nr. 30; s. u. I/Rz. 1469 ff.).

1225 Die Nachwirkung setzt voraus, dass die zeitliche Geltung der Betriebsvereinbarung als solche z. B. durch Ablauf der Befristung oder durch Kündigung der Betriebsvereinbarung nach Ablauf der Kündigungsfrist beendet ist. Nachwirkung tritt auch ein bei einer fristlosen Kündigung (*BAG* 10.8.1994 EzA § 112 BetrVG 1972 Nr. 76).

1226 Nachwirkung bedeutet, dass die Regelungen der Betriebsvereinbarung auch nach ihrer Beendigung mit unmittelbarer, allerdings nicht mehr mit zwingender Wirkung fortgelten und zwar auch für Arbeitnehmer, die erst im Nachwir- kungszeitraum in den Betrieb eintreten (GK-BetrVG/*Kreutz* § 77 Rz. 413). Die Nachwirkung endet durch jede im Nachwirkungszeitraum getroffene andere Abmachung (Tarifvertrag,

Betriebsvereinbarung, Arbeitsvertrag) über denselben Regelungsgegenstand (GK-BetrVG/*Kreutz* § 77 Rz. 417).

kk) **Rechtsmängel, Streitigkeiten**

Die Unwirksamkeit einer Betriebsvereinbarung kann sich insbesondere daraus ergeben, dass die notwendige Schriftform nicht gewahrt wurde, ein wirksamer Betriebsratsbeschluss nicht vorliegt, die Betriebsvereinbarung durch einen unzuständigen Betriebsrat (z. B. Gesamt- statt Einzelbetriebsrat) abgeschlossen wurde, die Betriebsvereinbarung gegen höherrangiges Recht oder den Tarifvorbehalt verstößt, den Maßstäben gerichtlicher Billigkeitskontrolle nicht gerecht wird oder sonstige Grenzen der Regelungsbefugnis missachtet. 1227

Einigungsstellensprüche sind darüber hinaus unwirksam, wenn die getroffene Regelung der erzwingbaren Mitbestimmung der Betriebspartner nicht unterlag und es damit an der Zuständigkeit der Einigungsstelle fehlte, sofern die Betriebspartner sich nicht dem Spruch der Einigungsstelle im Voraus unterworfen haben oder diesen nachträglich annehmen. Ferner ist der Spruch der Einigungsstelle dann unwirksam, wenn er die Grenzen des Ermessens überschreitet und dieser Mangel rechtzeitig von einem der Betriebspartner gerichtlich geltend gemacht wird (s. o. I/Rz. 1109 ff.). 1228

Liegt ein Unwirksamkeitsgrund vor, ist die Betriebsvereinbarung grds. insgesamt nichtig. Eine bloße Teilnichtigkeit liegt vor, wenn lediglich einzelne Bestimmungen unwirksam sind und der von der Unwirksamkeit nicht betroffene Teil noch eine in sich geschlossene und für sich allein handhabbare Regelung enthält (*BAG* 23.6.1992 EzA § 77 BetrVG 1972 Nr. 49). 1229

Eine Umdeutung (§ 140 BGB; vgl. *Belling/Hartmann* NZA 1998, 673 ff.) einer unwirksamen Betriebsvereinbarung in ein individualrechtliches Rechtsgeschäft, z. B. einen Vertrag zu Gunsten Dritter mit der Folge, dass die Betriebsvereinbarung zum Inhalt der Einzelverträge der Arbeitnehmer wird, kommt dann in Betracht, wenn besondere tatsächliche Umstände vorliegen, aus denen die Arbeitnehmer nach Treu und Glauben schließen durften, dass der Arbeitgeber über die betriebsverfassungsrechtliche Verpflichtung hinaus sich für eine bestimmte Leistung binden wollte (*BAG* 24.1.1996 EzA § 77 BetrVG 1972 Nr. 55; 23.8.1989 EzA § 77 BetrVG 1972 Nr. 29). So kommt etwa eine Umdeutung einer unwirksamen Betriebsvereinbarung in eine vertragliche Einheitsregelung nur in Betracht, wenn und soweit besondere Umstände die Annahme rechtfertigen, der Arbeitgeber habe sich unabhängig von der Betriebsvereinbarung auf jeden Fall verpflichten wollen, die in der Betriebsvereinbarung vorgesehenen Leistungen zu erbringen (*BAG* 5.3.1997 EzA § 77 BetrVG 1972 Nr. 58). Vollzieht der Arbeitgeber in Kenntnis der Unwirksamkeit einer Betriebsvereinbarung deren Regelungen gleichwohl, können aus diesem Verhalten individualrechtliche Ansprüche unter dem Gesichtspunkt der Gesamtzusage oder der betrieblichen Übung entstehen (*BAG* 13.8.1980 EzA § 77 BetrVG 1972 Nr. 8; s. o. A/Rz. 584 ff.). Eine unwirksame Betriebsvereinbarung wird auch nicht dadurch zum Inhalt des Einzelarbeitsvertrages, dass in diesem auf die im Betrieb geltenden Betriebsvereinbarungen Bezug genommen wird, da bei solchen Inbezugnahmen regelmäßig davon auszugehen sein wird, dass nur gültige Betriebsvereinbarungen gemeint sind (MünchArbR/*Matthes* § 319 Rz. 91). In Betracht kommt ferner die Um- 1230

I. Betriebsverfassungsrecht

deutung einer unwirksamen Betriebsvereinbarung in eine Regelungsabrede; der Rückforderung bereits an die Arbeitnehmer auf Grund der unwirksamen Betriebsvereinbarung erbrachter Leistungen steht dann der Arglisteinwand (§ 242 BGB) entgegen, da die Regelungsabrede den Arbeitgeber dem Betriebsrat gegenüber verpflichtet, im Verhältnis zu den Arbeitnehmern einen individualrechtlichen Rechtsgrund für die Leistungen zu schaffen und der Arbeitgeber sich widersprüchlich verhalten würde, wenn er sich auf die Rechtsgrundlosigkeit der Leistung berufen würde (*Belling/Hartmann* NZA 1998, 673 ff.).

1231 Streitigkeiten zwischen Arbeitgeber und Betriebsrat darüber, ob und wie eine getroffene Vereinbarung auszuführen ist und über das Bestehen, Nichtbestehen einer Betriebsvereinbarung, über deren Zulässigkeit und Rechtswirksamkeit, über deren Inhalt, Nachwirkung und Auslegung entscheidet das Arbeitsgericht auf Antrag im Beschlussverfahren, § 2a Abs. 1 Nr. 1, Abs. 2 §§ 80 ff. ArbGG. Bei Betriebsvereinbarungen, die auf verbindlichem Spruch der Einigungsstelle beruhen, ist die Ausschlussfrist des § 76 Abs. 5 S. 4 BetrVG für die Geltendmachung von Ermessensfehlern zu beachten.

1232 Soweit in Frage steht, ob eine Betriebsvereinbarung wegen Verstoß gegen den Tarifvorbehalt nach § 77 Abs. 3 BetrVG unwirksam ist, besteht für einen auf Feststellung der Unwirksamkeit gerichteten Antrag im Beschlussverfahren keine Antragsbefugnis der betroffenen Gewerkschaft (*BAG* 23.2.1988 EzA § 81 ArbGG 1979 Nr. 13) oder des betroffenen Arbeitgeberverbandes (*LAG Hamm* 21.12.1988 LAGE § 76 BetrVG 1972 Nr. 33). Zulässig ist dagegen ein auf Unterlassung der Anwendung einer Betriebsvereinbarung gerichteter Antrag einer im Betrieb vertretenen Gewerkschaft nach § 23 Abs. 3 BetrVG gegen den Arbeitgeber oder ein entsprechender Antrag nach § 23 Abs. 1 BetrVG gegen den Betriebsrat (*BAG* 20.8.1991 EzA § 77 BetrVG 1972 Nr. 41; 22.6.1993 EzA § 23 BetrVG 1972 Nr. 35).

1233 Streitigkeiten über Ansprüche einzelner Arbeitnehmer auf Grund einer Betriebsvereinbarung sind im arbeitsgerichtlichen Urteilsverfahren zu entscheiden, wobei das Bestehen oder die Wirksamkeit oder der Inhalt der Betriebsvereinbarung als Vorfrage zu entscheiden sein kann.

VII. Überblick über die Beteiligungsrechte des Betriebsrats

1234 Das BetrVG sieht unterschiedliche Beteiligungsformen vor, die unter dem Oberbegriff Beteiligungsrechte als Mitbestimmungsrechte und als Mitwirkungsrechte unterschieden werden.

1. Mitbestimmungsrechte

1235 Die Mitbestimmung ist die stärkste Form der – gleichberechtigten – Beteiligung des Betriebsrates und bedeutet, dass eine Angelegenheit nicht einseitig durch den Arbeitgeber gegen den Willen des Betriebsrats geregelt werden kann. Der Betriebsrat muss entweder positiv mitwirken, z. B. durch vertragliche Einigung oder durch Zustimmung

I. Betriebsverfassungsrecht

(positives Konsensprinzip) oder er kann durch eine negative Stellungnahme (Widerspruch) zu Regelungen, die der Arbeitgeber getroffen hat, deren Wirksamwerden verhindern bzw. ihre Unwirksamkeit herbeiführen (negatives Konsensprinzip).

a) Positives Konsensprinzip
Dem positiven Konsensprinzip unterliegen insbesondere **1236**
- soziale Angelegenheiten, § 87 BetrVG (s. u. I/Rz. 1286 ff.),
- Personalfragebogen und die Aufstellung von Beurteilungsgrundsätzen, § 94 BetrVG (s. u. I/Rz. 1564 ff.),
- die Aufstellung von Auswahlrichtlinien über die personelle Auswahl, § 95 BetrVG (s. u. I/Rz. 1576 ff.),
- Regelungen über Bildungs- und Berufsbildungsmaßnahmen, § 97 Abs. 2, § 98 Abs. 1 BetrVG (s. u. I/Rz. 1604 ff.),
- die Einstellung, Ein- und Umgruppierung, Versetzung von Arbeitnehmern in Unternehmen mit mehr als 20 Arbeitnehmern vorbehaltlich der vorläufigen Durchführung der Maßnahme, §§ 99, 100 BetrVG (s. u. I/Rz. 1635 ff.),
- die außerordentliche Kündigung von betriebsverfassungsrechtlichen Mandatsträgern, insbesondere von Betriebsratsmitgliedern, § 103 BetrVG, § 15 KSchG (s. o. D/Rz. 326 ff.) und die amtsbeendende Versetzung von BR-Mitgliedern, § 103 (s. o. I/Rz. 646 ff.),
- nur bei Vorliegen einer entsprechenden Betriebsvereinbarung die ordentliche Kündigung eines Arbeitnehmers, § 102 Abs. 6 BetrVG (s. o. D/Rz. 322 ff.),
- die Aufstellung eines Sozialplans bei Betriebsänderungen, §§ 111, 112 Abs. 1 S. 2 BetrVG (s. u. I/Rz. 1854 ff.).

b) Initiativrecht
Sofern das BetrVG zu Gunsten des Betriebsrats Mitbestimmungsrechte normiert, besteht überwiegend auch ein Initiativrecht des Betriebsrats als durchsetzbares Recht, eine Entscheidung über seinen Antrag, eine betriebliche Angelegenheit zu regeln, zu erzwingen, in dem der Betriebsrat die Einigungsstelle (z. B. §§ 87 Abs. 2, 91, 95 Abs. 2, 112 Abs. 1 S. 2, Abs. 4 BetrVG) oder das Arbeitsgericht (z. B. §§ 98 Abs. 5, 104 BetrVG) anruft. **1237**

c) Negatives Konsensprinzip
Mitbestimmungsrechte in Ausgestaltung des reinen negativen Konsensprinzips sieht **1238** das BetrVG nicht vor. Der Betriebsrat kann nicht allein durch einen Einspruch einer Maßnahme des Arbeitgebers die Wirksamkeit nehmen. Das BetrVG enthält aber Regelungen, die einem modifiziertem negativen Konsensprinzip unterliegen, in dem bei fehlendem Konsens ein Verfahren vor dem Arbeitsgericht vorgesehen ist. Diesem modifizierten negativen Konsensprinzip unterliegen insbesondere
- der Widerspruch gegen die Bestellung und die Forderung nach Abberufung eines Ausbilders, § 98 Abs. 2, Abs. 5 BetrVG (s. u. I/Rz. 1630 ff.),
- das Bestreiten der Erforderlichkeit der vorläufigen Durchführung einer personellen Maßnahme, § 100 Abs. 1 BetrVG (s. u. I/Rz. 1745 ff.).

Angelehnt an das negative Konsensprinzip ist der Widerspruch des Betriebsrats bei **1239** ordentlichen Kündigungen von Arbeitnehmern (§ 102 Abs. 3 BetrVG i. V. m. § 1 Abs. 2 S. 2 KSchG, s. o. D/Rz. 952 ff.), weil auch insoweit der Widerspruch des Betriebsrats allein die Kündigung des Arbeitsverhältnisses durch den Arbeitgeber nicht verhindern kann.

I. Betriebsverfassungsrecht

d) Korrigierendes Mitbestimmungsrecht

1240 § 91 BetrVG sieht das Recht des Betriebsrats vor, unter bestimmten Voraussetzungen bei der Änderung der Arbeitsplätze, des Arbeitsablaufs oder der Arbeitsumgebung eine Korrektur durch Erzwingung von Ausgleichsmaßnahmen zu erzwingen, das eingeschränkt als Mitbestimmungsrecht qualifiziert werden kann (s. u. I/Rz. 1539 f.).

2. Mitwirkungsrechte (Beratungs-, Anhörungs-, Informationsrechte)

1241 Ein bloßes Mitwirkungsrecht liegt vor, wenn der Arbeitgeber alle Entscheidungen treffen und ausführen kann, ohne dass ihn ein entgegenstehender oder abweichender Wille des Betriebsrats rechtlich daran hindert, dem Betriebsrat aber die Möglichkeit eingeräumt wird, durch Vorbringen von Tatsachen und Argumenten die betriebsleitenden Entschließungen des Arbeitgebers vor allem im personellen und wirtschaftlichen Bereich zu beeinflussen. Beratungsrechte (§§ 38 Abs. 2, 90, 92, 92 a, 96, 97, 111 BetrVG) verpflichten den Arbeitgeber, bevor er eine Entscheidung trifft, diese zuvor mit dem Betriebsrat zu beraten. Ein Beratungsrecht ist auch für den Wirtschaftsausschuss vorgesehen, § 106 Abs. 1 BetrVG. Eine gegenüber der Beratung schwächere Form der Mitwirkung ist die Anhörung des Betriebsrats, § 102 Abs. 1 BetrVG. Als weitere Form der Beteiligung sieht das BetrVG Unterrichtungs- und Informationsrechte des Betriebsrats vor, und zwar in Form eines allgemeinen Informationsanspruchs (§ 80 Abs. 2 BetrVG) und durch Einräumung spezieller Informationsrechte (§§ 89 Abs. 2, 90, 92 Abs. 1, 99 Abs. 1, 102 Abs. 1 S. 2, 111, 105 BetrVG).

VIII. Allgemeine Aufgaben des Betriebsrats; Pflichten des Arbeitgebers

1242 Allgemeine Aufgabe des Betriebsrates ist die Vertretung der Interessen der Arbeitnehmer des Betriebes gegenüber dem Arbeitgeber. Neben der Wahrnehmung der im BetrVG geregelten Beteiligungsrechte, der dem Betriebsrat innerhalb der Organisation der Betriebsverfassung zugewiesenen Aufgaben (vgl. §§ 16 Abs. 1, 22, 43, 47 Abs. 2, 63 Abs. 2. 80 Abs. 1 Nr. 5 BetrVG) und der Beachtung der Grundsätze für die Behandlung von Betriebsangehörigen nach § 75 BetrVG, weisen auch andere Gesetze dem Betriebsrat bestimmte Aufgaben zu (z. B. §§ 3, 17, 20 KSchG, §§ 85 Abs. 2, 93 SGB IX, §§ 9, 11, 12 ASiG, 21, 22 MitbestG, 89 Abs. 2, 104 AktG; vgl. MünchArbR/ Matthes § 3325 Rz. 4). Weiter weist § 80 BetrVG dem Betriebsrat eine Reihe allgemeiner Aufgaben zu.

1. Die allgemeinen Aufgaben des Betriebsrates nach § 80 Abs. 1 BetrVG

a) Überwachungsaufgaben

aa) Inhalt

1243 Die Überwachungsaufgabe nach § 80 Abs. 1 Nr. 1 BetrVG erstreckt sich auf alle Rechtsvorschriften, die sich zu Gunsten der im Betrieb tätigen Arbeitnehmer auswirken, und damit nicht nur auf die allgemeinen Arbeitnehmerschutzgesetze, sondern auf alle Rechtsvorschriften, die zumindest auch einen Schutz des Arbeitnehmers bezwecken.

Erfasst sind z. B. Grundrechte der Arbeitnehmer, europarechtliche Vorschriften, wie insbesondere Art. 39, 95, 138, 141 EGV, Gesetze und Verordnungen zum Arbeitsschutz (z. B. Arbeitszeitbestimmungen, MuSchG, UVV der Berufsgenossenschaften), sonstige zu Gunsten der Arbeitnehmer geltende Gesetze und Vorschriften des Arbeitsrechts (z. B. KSchG, BUrlG, EFZG, AÜG, NachwG, vgl. *BAG* 19.10.1999 EzA § 80 BetrVG 1972 Nr. 45), Gesetze und Vorschriften der Sozialversicherung. Auch das BDSG ist ein zu Gunsten der Arbeitnehmer geltendes Gesetz (*BAG* 17.3.1987 EzA § 80 BetrVG 1972 Nr. 30), wobei die Überwachungsaufgabe des Betriebsrats nicht durch die identische Überwachungsaufgabe des Datenschutzbeauftragten nach § 37 BDSG eingeschränkt wird (GK-BetrVG/*Kraft* § 80 Rz. 14). Ferner gehören hierzu die individualrechtlichen Vorschriften des BetrVG (§§ 81–85 BetrVG) sowie die ungeschriebenen arbeitsrechtlichen Grundsätze (Gleichbehandlungsgrundsatz, Behandlung nach Recht und Billigkeit, Fürsorgepflicht). 1244

Die Überwachungspflicht bezüglich der Einhaltung von Tarifverträgen erstreckt sich auf normative, aber auch schuldrechtliche Bestimmungen, sofern sie zgunsten der Arbeitnehmer wirken (*BAG* 11.7.1972 EzA § 80 BetrVG 1972 Nr. 1) und auch auf betriebsverfassungsrechtliche Bestimmungen des Tarifvertrages (*Hess* HSG § 80 Rz. 13). Gleichgültig ist, ob tarifvertragliche Vorschriften kraft Tarifbindung oder nur auf Grund einzelvertraglicher Vereinbarung Anwendung finden (*BAG* 18.9.1973 EzA § 80 BetrVG 1972 Nr. 5). Tarifvertraglichen Regelungen stehen bindende Festsetzungen nach §§ 19, 22 HAG gleich. 1245

Ein Überwachungsrecht besteht weiter im Hinblick auf die Einhaltung von Betriebsvereinbarungen, auch Gesamt- oder Konzernvereinbarungen (*BAG* 20.12.1988 EzA § 80 BetrVG 1972 Nr. 33) und Regelungsabreden. Einigungsstellensprüche stehen Betriebsvereinbarungen gleich. 1246

Die Überwachungspflicht des Betriebsrats erstreckt sich nicht auf die Einhaltung individueller arbeitsvertraglicher Vereinbarungen, aber auf arbeitsvertragliche Einheitsregelungen, auch wenn sie auf betrieblicher Übung beruhen (GK-BetrVG/*Kraft* § 80 Rz. 17), wobei sich die Prüfung nicht darauf zu beschränken hat, ob diese Regelungen überhaupt betrieblich angewandt werden, sondern auch das Recht zur Überprüfung der Einhaltung im Einzelfall umfasst (GK-BetrVG/*Kraft* § 80 Rz. 18). Erfasst sind auch die Arbeitsbedingungen der übertariflich bezahlten Arbeitnehmer (*BAG* 30.6.1981 EzA § 80 BetrVG 1972 Nr. 19) sowie von außertariflichen Angestellten jedenfalls dann, wenn im Einzelfall eine vertragliche Einheitsregelung oder eine sonstige kollektive Regelung zu Grunde liegt (*BAG* 20.12.1988 DB 1989, 1032). Das ist bereits dann der Fall, wenn fraglich ist, ob überhaupt nach generalisierenden Grundsätzen verfahren wird (*BAG* 19.3.1981 EzA § 80 BetrVG 1972 Nr. 18; 17.12.1980 EzA § 80 BetrVG 1972 Nr. 16). 1247

bb) Durchführung

Der Betriebsrat kann auch ohne das Bestehen eines Verdachts eines Verstoßes gegen die genannten Rechtsvorschriften tätig werden und insoweit ohne konkreten Anlass Stichproben machen. Er bestimmt nach pflichtgemäßen Ermessen, ob er tätig wird. Er muss aber bekannt gewordenen Hinweisen und Verdachtsmomenten nachgehen, wenn sie die Möglichkeit eines Rechtsverstoßes nahe legen (GK-BetrVG/*Kraft* § 80 1248

I. Betriebsverfassungsrecht

Rz. 26). Beschränkt ist die Befugnis des Betriebsrats durch das Verbot, durch einseitige Handlungen in die Leitung des Betriebs und der Betriebsabläufe einzugreifen (vgl. § 77 Abs. 1 S. 2 BetrVG) und das allgemeine Verbot des Rechtsmissbrauchs (*BAG* 11.7.1972 EzA § 80 BetrVG 1972 Nr. 1). Stellt der Betriebsrat Rechtsverstöße fest, so hat er den Arbeitgeber auf sie hinzuweisen und auf Abhilfe zu drängen; zu einer umfassenden Rechtsberatung der Arbeitnehmer ist er weder verpflichtet noch berechtigt (vgl. *BAG* 11.12.1973 EzA § 37 BetrVG 1972 Nr. 19). Soweit ein Rechtsverstoß die Rechte von Arbeitnehmern beeinträchtigt, hat der Betriebsrat diese zu informieren und sie auf die Möglichkeiten gerichtlicher Maßnahmen hinzuweisen (*Buschmann* DKK § 80 Rz. 12). Bei Verstößen gegen Unfallverhütungsvorschriften kann auch der Träger der Unfallversicherung oder die zuständige Gewerbeaufsichtsbehörde informiert werden, wenn der Arbeitgeber keine Abhilfe schafft. Sonstige Anzeigen bei Behörden oder die Informierung der Öffentlichkeit sind nur zulässig, wenn alle innerbetrieblichen Bemühungen ohne Erfolg geblieben sind (*MünchArbR/Matthes* § 325 Rz. 24).

1249 Zur Prüfung der Einhaltung der genannten Vorschriften hat der Betriebsrat ein eigenes, von der Zustimmung des Arbeitgebers unabhängiges Zugangsrecht zum Arbeitsplatz von Belegschaftsangehörigen und kann auch ohne konkreten Verdacht Betriebsbegehungen durchführen (*BAG* 17.1.1989 EzA § 2 BetrVG 1972 Nr. 12; 13.6.1989 EzA § 80 BetrVG 1972 Nr. 36).

1250 Der Betriebsrat kann auch Belegschaftsangehörige, die in einem fremden Betrieb eingesetzt werden, aufsuchen, allerdings nicht, wenn der Inhaber des Fremdbetriebes den Zugang verbietet (*BAG* 13.6.1989 EzA § 80 BetrVG 1972 Nr. 36).

cc) Gerichtliche Durchsetzung
1251 Streitigkeiten zwischen Betriebsrat und Arbeitgeber darüber, ob hinsichtlich einer Angelegenheit überhaupt ein Überwachungsrecht besteht oder hinsichtlich der Durchführung, können im arbeitsgerichtlichen Beschlussverfahren geklärt werden.

1252 Hingegen ist es Sache des einzelnen Arbeitnehmers, die ihm zustehenden Ansprüche gerichtlich geltend zu machen; ein gerichtlich durchsetzbarer Anspruch des Betriebsrats darauf, dass der Arbeitgeber die zu Gunsten der Arbeitnehmer geltenden Regelung tatsächlich durchführt oder einhält, besteht nicht. Der Betriebsrat hat auch nicht die Möglichkeit, im Beschlussverfahren feststellen zu lassen, der Arbeitgeber sei verpflichtet, eine zu Gunsten der Arbeitnehmer bestehende allgemeine Regelung in bestimmter Weise durchzuführen (*BAG* 10.6.1986 EzA § 80 BetrVG 1972 Nr. 26).

1253 Unberührt hiervon bleibt die Befugnis des Betriebsrats nach § 77 Abs. 1 S. 1 BetrVG, vom Arbeitgeber zu verlangen, Betriebsvereinbarungen so, wie sie abgeschlossen sind, durchzuführen. Auch hieraus folgt aber nicht die Befugnis des Betriebsrats, vom Arbeitgeber aus eigenem Recht die Erfüllung von Ansprüchen der Arbeitnehmer aus dieser Betriebsvereinbarung zu verlangen (*BAG* 17.10.1989 EzA § 112 BetrVG 1972 Nr. 54).

I. Betriebsverfassungsrecht

b) Antragsrecht
Das Antragsrecht nach § 80 Abs. 1 Nr. 2 BetrVG kann sich auf alle Maßnahmen sozialer, personeller oder wirtschaftlicher Art beziehen, soweit es sich um Angelegenheiten handelt, die einen konkreten Bezug zum Betrieb, seine Arbeitnehmer sowie zur Zuständigkeit des Betriebsrats haben und es nicht nur um rein individuelle Belange einzelner Arbeitnehmer geht (GK-BetrVG/*Kraft* § 80 Rz. 31, 32). Die Vorschrift verpflichtet den Arbeitgeber grds. nur, mit dem Betriebsrat über den Antrag zu verhandeln und eine Lösung zu suchen; die Herbeiführung einer Entscheidung über einen Antrag auch gegen den Willen des Arbeitgebers ist hingegen nur möglich, soweit nach anderen Vorschriften ein echtes Initiativrecht des Betriebsrats gegeben ist, insbesondere in den Fällen, in denen die Einigungsstelle gem. § 76 Abs. 5 BetrVG eine verbindliche Entscheidung herbeiführen kann. **1254**

c) Förderung der Durchsetzung der Gleichstellung von Frauen und Männern
Auf Grund der Vorschrift ist der Betriebsrat über § 75 BetrVG hinaus selbst verpflichtet, die Gleichberechtigung zu fördern, indem er auf den Arbeitgeber durch entsprechende Anregungen, Anträge und Vorschläge einwirkt (vgl. §§ 92 Abs. 3, 96 Abs. 2 S. 2 BetrVG). **1255**

d) Förderung der Vereinbarkeit von Familie und Erwerbstätigkeit
Die dem Betriebsrat durch das BetrV-ReformG vom 23.7.2001 (BGBl. I S. 1852 ff.) neu zugewiesene Aufgabe nach § 80 Abs. 1 Nr. 2 b BetrVG soll es Arbeitnehmern mit Familienpflichten erleichtern, eine Berufstätigkeit auszuüben. Gedacht ist insbesondere an Vorschläge des Betriebsrats zur familienfreundlichen Gestaltung der betrieblichen Arbeitszeit (so BegrRegE BT-Drs. 14/5741, S. 46). **1256**

e) Aufgreifen von Anregungen
§ 80 Abs. 1 Nr. 3 BetrVG begründet eine Verpflichtung des Betriebsrats, sich mit den ihm vorgetragenen Anregungen zu befassen und hierüber in einer nächsten Sitzung zu beraten und über deren weitere Behandlung einen Beschluss herbeizuführen. Bei entsprechender Beschlussfassung muss er in Verhandlungen mit dem Arbeitgeber eintreten und ist ferner verpflichtet, die Arbeitnehmer oder die JAV, die die Anregungen gegeben haben, über den Stand und das Ergebnis der Verhandlungen mit dem Arbeitgeber zu unterrichten (GK-BetrVG/*Kraft* § 80 Rz. 37). Soweit es sich bei einer Anregung zugleich um eine Beschwerde eines Arbeitnehmers handelt, ist diese nach § 85 BetrVG zu behandeln (s. o. I/Rz. 986 ff.). Für die Abgrenzung von Anregung und Beschwerde ist entscheidend, ob ein Arbeitnehmer sich in seinen bestehenden Rechten beeinträchtigt fühlt oder ob er den gegebenen Zustand zwar für rechtmäßig, aber für änderungsbedürftig hält (GK-BetrVG/*Kraft* § 80 Rz. 36). **1257**

f) Wahl der JAV, Zusammenarbeit mit JAV
Der Betriebsrat hat durch Information der Betroffenen, die Vermittlung von Kenntnissen und Erfahrungen und die Bereitstellung der sächlichen Mittel nach Kräften dafür zu sorgen, dass eine JAV gewählt wird. Die Pflicht zur Zusammenarbeit, die organisatorisch durch §§ 67, 68 BetrVG abgesichert ist, beinhaltet, dass der Betriebsrat die JAV in allen Angelegenheiten jugendlicher Arbeitnehmer und Auszubildender zu beraten und ihr die zur sachgerechten Wahrnehmung ihrer Aufgaben notwendigen Hilfen zu geben hat (GK-BetrVG/*Kraft* § 80 Rz. 45). Zur JAV s. o. I/Rz. 800 ff. **1258**

I. Betriebsverfassungsrecht

g) Eingliederung schutzbedürftiger Personen

1259 Neben der Überwachung der für den jeweiligen Personenkreis geltenden Vorschriften (z. B. SGB IX) soll der Betriebsrat nach § 80 Abs. 1 Nr. 4, 6, 7 BetrVG aktiv werden, um diesen Personen eine Beschäfigungsmöglichkeit im Betrieb zu verschaffen, zu verbessern oder zu erhalten. Der Betriebsrat soll sich der schutzbedürftigen Personen bei der Durchführung personeller Einzelmaßnahmen annehmen und besondere Anstrengungen unternehmen, um den Schutzbedürftigen angemessene Arbeitsplätze zukommen zu lassen und dafür zu sorgen, dass die genannten Personen im Betrieb nicht abseits stehen. In Bezug auf ausländische Arbeitnehmer (Nr. 7, modifiziert durch das BetrV-ReformG vom 23.7.2001, BGBl. I S. 1852 ff.) soll der Betriebsrat das wechselseitige Verständnis fördern und Rassismus und Fremdenfeindlichkeit im Betrieb bekämpfen (vgl. BegrRegE BT-Drs. 14/ 5741, S. 46).

h) Beschäftigungsförderung und -sicherung

1260 Gem. § 80 Abs. 1 Nr. 8 BetrVG (eingefügt durch das BetrV-ReformG vom 23.7.2001, BGBl. I S. 1852 ff.) obliegt es dem Betriebsrat, die Beschäftigung im Betrieb zu sichern und zu fördern, um den Arbeitnehmern in Anbetracht häufiger Umstrukturierungen und Fusionen die Arbeitsplätze zu erhalten (vgl. BegrRegE BT-Drs. 14/5741, S. 46). Der Erfüllung dieses Zwecks dienen die dem Betriebsrat nach §§ 92 a, 96, 97, 111, 112 BetrVG eingeräumten Befugnisse.

i) Förderung des Arbeitsschutzes und des betrieblichen Umweltschutzes

1261 § 80 Abs. 1 Nr. 9 BetrVG wurde durch das BetrVerf-ReformG vom 23.7.2001 (BGBl. I S. 1852 ff.) eingefügt. Eine Überwachungsaufgabe hinsichtlich der Bestimmungen des Arbeitsschutzes folgt bereits aus § 80 Abs. 1 Nr. 1 BetrVG, wobei diese Aufgabe durch § 89 BetrVG und § 87 Abs. 1 Nr. 7 BetrVG konkretisiert wird.

Die Förderung des betrieblichen Umweltschutzes (zum Begriff vgl. § 89 Abs. 3 BetrVG, s. u. I/Rz. 1518) soll die besondere Bedeutung dieses Leitzieles betonen (vgl. BegrRegE BT-Drs. 14/5741, S. 46). Konkretisiert wird diese Aufgabe durch § 89 BetrVG (s. u. I/Rz. 1513 ff.).

2. Die Informationspflicht des Arbeitgebers, § 80 Abs. 2 BetrVG

a) Allgemeines

1262 § 80 Abs. 2 S. 1 BetrVG, dem als Spezialregelungen §§ 89 Abs. 2 S. 2, 90 Abs. 1. 92, 99 Abs. 1, 102 Abs. 1 BetrVG vorgehen, begründet eine vom Betriebsrat im Beschlussverfahren einklagbare (vgl. BAG 17.5.1983 EzA § 80 BetrVG 1972 Nr. 27) Rechtspflicht des Arbeitgebers zu unaufgeforderter, rechtzeitiger und umfassender Information gegenüber dem Betriebsrat. Der Arbeitgeber muss die Unterrichtung nicht persönlich vornehmen, sondern kann sich vertreten lassen und bestimmen, welche konkreten Personen Informationen an den Betriebsrat geben dürfen (GK-BetrVG/*Kraft* § 80 Rz. 55). Da § 80 Abs. 2 BetrVG dem Betriebsrat das Recht einräumt, sich zur Informationserlangung jederzeit an den Arbeitgeber oder die von ihm beauftragten Personen zu wenden, ist der Arbeitgeber sogar berechtigt, Arbeitnehmern zu untersagen, dem Betriebsrat Auskunft über betriebliche Angelegenheiten zu geben, die diese nur auf Grund ihrer Tätigkeit und Stellung im Betrieb und zur Erfüllung ihrer Arbeitsaufgaben selbst haben (MünchArbR/*Matthes* § 326 Rz. 6). Aus § 80 Abs. 2 BetrVG folgt deshalb auch keine Pflicht eines Arbeitnehmers, Fragen des Betriebsrats zu beantworten (GK-BetrVG/*Kraft* § 80 Rz. 58). Andererseits wird durch § 80 Abs. 2 BetrVG nicht eine anderweitige Informationsbeschaffung durch den Betriebsrat, etwa durch Aufsuchen der Arbeitnehmer an ihrem Arbeitsplatz (vgl. *BAG* 13.6.1989 EzA § 80 BetrVG 1972 Nr. 36) oder durch Durchführung einer Fragebogenaktion im Rahmen der gesetzlichen Aufgaben und ohne Störung des Betriebsablaufes und des Betriebsfriedens (*BAG* 8.2.1977 EzA § 70 BetrVG 1972 Nr. 1) ausgeschlossen (*Buschmann* DKK § 80 Rz. 52 ff.). Der Informationsanspruch wird weder durch das BDSG (*BAG* 17.3.1983 EzA § 80 BetrVG 1972 Nr. 24) noch durch ein Geheimhaltungsinteresse des Arbeitgebers beschränkt (*BAG* 5.2.1991 EzA § 106 BetrVG 1972 Nr. 15). Soweit über persönliche Umstände und Verhältnisse einzelner Arbeitnehmer zu unterrichten ist, ergibt sich auch unter dem Gesichtspunkt des Persönlichkeitsrechts der betroffenen Arbeitnehmer keine Einschränkung des Unterrichtungsrechts, da das Persönlichkeitsrecht hinreichend dadurch geschützt ist, dass die Mitglieder des Betriebsrats gem. § 79 BetrVG zur Verschwiegenheit verpflichtet sind und das Individualinteresse gegenüber dem kollektivrechtlich begründeten Einsichtsrechts zurücktreten muss (*BAG* 20.12.1988 EzA § 80 BetrVG 1972 Nr. 33).

b) Aufgabenbezug des Informationsanspruchs
Der Informationsanspruch besteht nur zur Durchführung der Aufgaben des Betriebsrats nach dem BetrVG und hat damit Hilfsfunktion im Verhältnis zu der gesetzlichen Aufgabe. 1263

> Der Aufgabenbezug begrenzt Inhalt und Umfang des Informationsrechts (*BAG* 20.9.1990 EzA § 80 BetrVG 1972 Nr. 39). Nicht erforderlich ist aber, dass bereits feststeht, dass sich für den Betriebsrat Aufgaben stellen. Für den Auskunftsanspruch genügt es, dass der Betriebsrat die Auskunft benötigt, um überhaupt feststellen zu können, ob ihm ein Mitbestimmungsrecht zusteht und ob er davon Gebrauch machen soll, sofern nicht ein Mitbestimmungsrecht offensichtlich nicht in Betracht kommt (*BAG* 26.1.1988 EzA § 80 BetrVG 1972 Nr. 32; 30.1.1989 EzA § 80 BetrVG 1972 Nr. 34). Ferner sind die Informationen zu erteilen, die der Betriebsrat benötigt, um prüfen zu können, ob er von einem ihm nach § 87 Abs. 1 BetrVG zustehenden Initiativrecht Gebrauch machen soll (*BAG* 20.9.1990 EzA § 80 BetrVG 1972 Nr. 39).

So kann der Betriebsrat z. B. Auskunft über die Auswertung einer im Betrieb durchgeführten Umfrage bereits verlangen, wenn eine hinreichende Wahrscheinlichkeit dafür besteht, dass die gewonnenen Erkenntnisse Aufgaben des Betriebsrats betreffen, wobei für den erforderlichen Grad der Wahrscheinlichkeit der jeweilige Kenntnisstand des Betriebsrats maßgeblich ist. Die Anforderungen sind umso niedriger, je weniger der Betriebsrat auf Grund der ihm bereits zugänglichen Informationen beurteilen kann, ob die begehrten Auskünfte tatsächlich zur Durchführung seiner Aufgaben erforderlich sind. Über je weiter gehende Informationen der Betriebsrat verfügt, desto mehr muss er zur Erlangung weiter gehender Informationen darlegen, zur Ausübung welcher Rechte er seine Kenntnisse als nicht ausreichend ansieht, und welche Erkenntnisse er sich aus den weiter gehenden Informationen verspricht (*BAG* 8.6.1999 EzA § 80 BetrVG 1972 Nr 44). Verwendet der Arbeitgeber mit dem Betriebsrat abgestimmte Formulararbeitsverträge, hat dieser nur dann einen Anspruch auf Vorlage der ausgefüllten Arbeitsverträge, um die Einhaltung des Nachweisgesetzes 1264

I. Betriebsverfassungsrecht

zu überwachen, wenn er konkrete Anhaltspunkte für die Erforderlichkeit weiterer Informationen darlegt (*BAG* 19.10.1999 EzA § 80 BetrVG 1972 Nr. 45). Soweit sich für den Betriebsrat Aufgaben allerdings erst dann stellen, wenn der Arbeitgeber eine Maßnahme ergreift oder plant, die Beteiligungsrechte des Betriebsrats auslöst, kann dieser Auskünfte, die zur Erfüllung dieser Aufgaben erforderlich sind, auch erst dann verlangen, wenn der Arbeitgeber tätig wird und damit Aufgaben des Betriebsrats auslöst (*BAG* 27.6.1989 EzA § 80 BetrVG 1972 Nr. 37). Bei wirtschaftlichen Angelegenheiten besteht ein Informationsrecht des Betriebsrats nur dann, soweit sie unmittelbar Aufgaben des Betriebsrats selbst betreffen, wie dies etwa bei einer Betriebsänderung der Fall ist. Hingegen stehen dann, wenn in einem Unternehmen ein Wirtschaftsausschuss nicht zu errichten ist, die allgemeinen Unterrichtungsansprüche des Wirtschaftausschusses über wirtschaftliche Angelegenheiten nicht dem Betriebsrat zu (*BAG* 5.2.1991 EzA § 106 BetrVG 1972 Nr. 15).

1265 Durch den durch das BetrVerf-ReformG vom 23.7.2001 (BGBl. I S. 1852 ff.) eingefügten 2. Halbsatz des § 80 Abs. 2 S. 1 BetrVG wurde klargestellt, dass Gegenstand der vom Arbeitgeber geschuldeten Unterrichtung auch die Beschäftigung von Personen ist, die in keinem Arbeitsverhältnis zum Arbeitgeber stehen, wie insbesondere Leiharbeitnehmer, Fremdfirmenmitarbeiter oder freie Mitarbeiter, mit Ausnahme von Personen, die nur kurzfristig im Betrieb eingesetzt werden, wie z. B. der Elektriker, der eine defekte Stromleitung zu reparieren hat (BegrRegE BT-Drs. 14/5741, S. 46). Hierdurch soll dem Betriebsrat ein besserer Überblick über die neuen Beschäftigungsformen gegeben werden (BegrRegE BT-Drs. 14/5741., S. 28). Der erforderliche Aufgabenbezug hinsichtlich dieser Informationen ergibt sich aus § 80 Abs. 1 Nr. 8 und § 92 a BetrVG (GK-BetrVG/*Kraft* § 80 Rz. 63). Ein dementsprechender Auskunftsanspruch war bezüglich freier Mitarbeiter auch nach bisheriger Rechtslage anerkannt (*BAG* 15.12.1998 EzA § 80 BetrVG 1972 Nr. 43). Prozessual muss der Betriebsrat sein Auskunftsbegehren nach Art und Umfang konkretisieren. Ist dies wegen der großen Zahl freier Mitarbeiter und der Vielzahl von Beschäftigungsmodalitäten nicht möglich, kann er zunächst eine Gesamtübersicht zu einem von ihm bestimmten Stichtag verlangen (*BAG* 15.12.1998 EzA § 80 BetrVG 1972 Nr. 43).

c) Rechtzeitige und umfassende Unterrichtung

1266 Grds. hat der Arbeitgeber den Betriebsrat unaufgefordert von sich aus zu unterrichten und muss prüfen, ob er über eine Information verfügt, die für den Betriebsrat zur Erfüllung seiner gesetzlichen Aufgaben notwendig ist. Rechtzeitig ist die Information dann, wenn sie so frühzeitig erfolgt, dass der Betriebsrat die entsprechende gesetzliche Aufgabe ordnungsgemäß erfüllen kann (GK-BetrVG/*Kraft* § 80 Rz. 68). Sie ist umfassend, wenn sie unter Einbeziehung auch der Einzelheiten und in verständlicher Form alle Angaben enthält, die der Betriebsrat benötigt, um seine Entscheidung ordnungsgemäß treffen zu können, wobei allerdings nur diejenigen Tatsachen und Umstände mitzuteilen sind, die der Arbeitgeber selbst kennt. Der Arbeitgeber ist insoweit nicht verpflichtet, sich weitere Informationen zu beschaffen (GK-BetrVG/*Kraft* § 80 Rz. 69, 70).

d) Zur Verfügungstellung von Unterlagen

1267 Die Pflicht zur Vorlage von Unterlagen besteht nur bei entsprechendem Verlangen des Betriebsrats und nur dann, wenn die Vorlage zur Durchführung von Aufgaben des Betriebsrats erforderlich ist. Das ist schon dann der Fall, wenn erst die Prüfung dieser Unterlagen ergeben kann, ob der Betriebsrat aus eigener Initiative tätig werden

I. Betriebsverfassungsrecht

soll oder kann, sofern nur wahrscheinlich ist, dass die geforderten Unterlagen eine solche Prüfung überhaupt ermöglichen (*BAG* 20.9.1990 EzA § 80 BetrVG 1972 Nr. 39). Zur Verfügung zu stellen sind alle Unterlagen, die der Arbeitgeber im Besitz hat und die Angaben enthalten, die für die Aufgabe des Betriebsrats, zu deren Durchführung sie verlangt werden, von Belang sind. Verlangt werden kann lediglich die Überlassung vorhandener oder jederzeit erstellbarer Unterlagen, nicht aber die Installation von Anlagen, die die geforderten Unterlagen erst erstellen sollen (*BAG* 7.8.1986 EzA § 80 BetrVG 1972 Nr. 27). Sind erforderliche Daten elektronisch gespeichert und mit einem vorhandenen Programm jederzeit abrufbar, sind sie auszudrucken (vgl. *BAG* 17.3.1983 EzA § 80 BetrVG 1972 Nr. 24). Da nach § 83 Abs. 1 BetrVG das Einsichtsrecht in Personalakten ausschließlich dem Arbeitnehmer zusteht, dürfen Personalakten nicht auf Grund von § 80 Abs. 2 BetrVG dem Betriebsrat überlassen werden, was aber nicht ausschließt, dass der Betriebsrat Einzelinformationen oder Abschriften bestimmter Schriftstücke aus der Personalakte verlangen kann, wenn diese zur Durchführung einer konkreten gesetzlichen Aufgabe benötigt werden (*BAG* 20.12.1988 EzA § 80 BetrVG 1972 Nr. 33).

Die Unterlagen sind zur Verfügung zu stellen. Dies beinhaltet die Aushändigung und Überlassung für angemessene Zeit im Original oder in Kopie. Ein Anspruch auf Überlassung auf Dauer kann bestehen, wenn der Betriebsrat die Unterlagen nachweislich für seine Aufgabenerfüllung auf Dauer benötigt (GK-BetrVG/*Kraft* § 80 Rz. 86). Streitig ist, ob der Betriebsrat berechtigt ist, von Unterlagen, die ihm nicht auf Dauer zu überlassen sind, ohne Zustimmung des Arbeitgebers Abschriften oder Kopien zu fertigen (abl. GK-BetrVG/*Kraft* § 80 Rz. 86; MünchArbR/*Matthes* § 326 Rz. 21; bejahend *Buschmann* DKK § 80 Rz. 50). 1268

3. Einblicksrecht in Lohn- und Gehaltslisten, § 80 Abs. 2 S. 2 BetrVG

Obwohl § 80 Abs. 2 S. 2 BetrVG das Recht auf Einsichtnahme in Lohn- und Gehaltslisten davon abhängig macht, dass sie zur Erfüllung von Aufgaben des Betriebsrats erforderlich ist, besteht ein jederzeitiges Einsichtsrecht, ohne dass die zuständigen Betriebsratsmitglieder hierfür einen schlüssigen Anlass nennen müssten (*BAG* 18.9.1973 EzA § 80 BetrVG 1972 Nr. 4). 1269

Dies gilt auch bei außertariflichen Angestellten, da der Betriebsrat ein berechtigtes Interesse an der Prüfung hat, ob mit den gewährten Vergütungen eine innerbetriebliche Lohngerechtigkeit erreicht ist oder ob er in Wahrnehmung seines Initiativrechts nach § 87 Abs. 1 Nr. 10, 11 BetrVG eine andere Regelung anstreben soll (*BAG* 30.6.1981 EzA § 80 BetrVG 1972 Nr. 19; 3.12.1981 EzA § 80 BetrVG 1972 Nr. 21). Gleiches gilt, wenn für die Arbeitsverhältnisse in einem Betrieb überhaupt kein Tarifvertrag existiert (*BAG* 30.4.1981 EzA § 80 BetrVG 1972 Nr. 17). Kein Einsichtsrecht besteht hinsichtlich der Gehälter der leitenden Angestellten i. S. v. § 5 Abs. 3, 4 BetrVG. Das Einblicksrecht darf nicht rechtsmissbräuchlich ausgeübt werden, besteht im Übrigen aber unabhängig vom Willen einzelner Arbeitnehmer, gegebenenfalls auch gegen deren Willen (GK-BetrVG/*Kraft* § 80 Rz. 93) und wird auch durch Vorschriften des BDSG nicht beschränkt (*BAG* 17.3.1983 EzA § 80 BetrVG 1972 Nr. 24). 1270

I. Betriebsverfassungsrecht

a) Einsichtsberechtigte

1271 Für Betriebsräte mit weniger als neun Mitgliedern, die demzufolge keinen Betriebsausschuss oder sonstigen Ausschuss bilden können (vgl. §§ 27 Abs. 1, 28 Abs. 1 BetrVG) steht das Einsichtsrecht dem mit der Führung der laufenden Geschäfte beauftragten Betriebsratsvorsitzenden oder einem anderen damit beauftragten Betriebsratsmitglied zu (*BAG* 18.9.1973 EzA § 80 BetrVG 1972 Nr. 4; *BAG* 10.2.1987 EzA § 80 BetrVG 1972 Nr. 28).

b) Inhalt und Umfang des Einsichtsrechts

1272 Die Listen sind lediglich zur Einsicht vorzulegen, nicht aber dem Betriebsrat zu überlassen. Sofern die erforderlichen Daten in EDV-Anlagen gespeichert sind, kann der Betriebsrat verlangen, dass Bruttolohn- und Gehaltslisten ausgedruckt und ihm zur Einsicht vorgelegt werden (*BAG* 17.3.1983 EzA § 80 BetrVG 1972 Nr. 24). Der Betriebsrat ist nicht befugt, Listen zu fotokopieren, sondern hat nur das Recht, sich einzelne Notizen zu machen (*BAG* 15.6.1976 EzA § 80 BetrVG 1972 Nr. 14).

1273 Es besteht kein Anspruch darauf, in derartige Listen ohne Anwesenheit anderer Personen Einsicht zu nehmen. Bei der Einsichtnahme dürfen aber keine Personen anwesend sein, die den Betriebsrat überwachen oder mit seiner Überwachung beauftragt sind (*BAG* 16.8.1995 EzA § 80 BetrVG 1972 Nr. 41).

1274 Das Einsichtsrecht erstreckt sich auf die effektiven Bruttobezüge. Die Lohnlisten müssen alle Lohnbestandteile enthalten einschließlich übertariflicher Zulagen und solcher Zahlungen, die individuell unter Berücksichtigung verschiedener Umstände ausgehandelt und gezahlt werden (*BAG* 10.2.1987 EzA § 80 BetrVG 1972 Nr. 28). Auch freiwillig gewährte Prämien gehören als Gehaltsbestandteile zu den Bruttobezügen (*BAG* 17.3.1983 EzA § 80 BetrVG 1972 Nr. 24). Das Einsichtsrecht erstreckt sich nicht auf die Gehälter der leitenden Angestellten i. S. v. § 5 Abs. 3, 4 BetrVG (GK-BetrVG/*Kraft* § 80 Rz. 89). Es besteht aber auch hinsichtlich der Gehaltslisten der Tendenzträger in einem Tendenzunternehmen (*BAG* 30.6.1981 EzA § 80 BetrVG 1972 Nr. 19). Der Anspruch kann im arbeitsgerichtlichen Beschlussverfahren geltend gemacht werden. Die Vollstreckung richtet sich nach § 888 ZPO.

4. Sachkundige Arbeitnehmer als Auskunftspersonen, § 80 Abs. 2 S. 3 BetrVG

1275 Nach dem durch das BetrVerf-ReformG vom 23.7.2001 (BGBl. I S. 1852 ff.) eingefügten Satz 3 in § 80 Abs. 2 BetrVG ist der Arbeitgeber verpflichtet, dem Betriebsrat sachkundige Arbeitnehmer als Auskunftspersonen zur Verfügung zu stellen, soweit es zur ordnungsgemäßen Erfüllung der Aufgaben des Betriebsrats erforderlich ist. Soweit betriebliche Notwendigkeiten nicht entgegenstehen, hat der Arbeitgeber dabei die personellen Wünsche des Betriebsrats zu berücksichtigen. Hierdurch soll der intern vorhandene Sachverstand der Arbeitnehmer für den Betriebsrat nutzbar gemacht und bei Problemlösungen einbezogen werden (BegrRegE BT-Drs. 14/5741, S. 46 f.).

1276 Die Voraussetzungen, unter denen eine Inanspruchnahme von Arbeitnehmern als Auskunftspersonen möglich ist, sind denen der Inanspruchnahme eines Sachverständigen nachgebildet. Auf die hierzu entwickelten Grundsätze wird weitgehend zurückgegriffen werden können. Die Zur-Verfügung-Stellung von Arbeitnehmern als Auskunftspersonen muss zur Erfüllung von Aufgaben des Betriebsrats erforderlich und verhältnismäßig sein. Der Betriebsrat muss hierzu darlegen können, dass er ohne die Hinzuziehung sachkundiger Arbeitnehmer die von ihm anlässlich eines konkreten Sachverhalts zu bewältigenden Aufgaben wegen fehlender Fachkenntnis oder mangelnder Kenntnis tatsächlicher Umstände nicht erfüllen kann und ihm auch sonst kein anderes, kostengünstigeres Mittel zur Erlangung der für seine Tätigkeit erforderlichen Information zur Verfügung steht. Eine bloße Sachdienlichkeit ist hierfür nicht ausreichend (vgl. *Natzel* NZA 2001, 872 [873]). Die Hinzuziehung muss ferner auf der Grundlage eines ordnungsgemäßen Betriebsratsbeschlusses gefordert werden.

Die Auswahlentscheidung, wer als sachkundiger Arbeitnehmer zur Verfügung gestellt wird, obliegt dem Arbeitgeber, der aber – soweit nicht betriebliche Notwendigkeiten entgegenstehen – die Vorschläge des Betriebsrats zu berücksichtigen hat. Entgegenstehende betriebliche Notwendigkeiten sind anzunehmen, wenn die Heranziehung des sachkundigen Arbeitnehmers die Organisation, den Arbeitsablauf oder die Sicherheit im Betrieb beeinträchtigen oder unverhältnismäßig hohe Kosten verursachen würde (*Natzel* NZA 2001, 872 [873]). Streitigkeiten sind im arbeitsgerichtlichen Beschlussverfahren auszutragen. 1277

Die als Auskunftspersonen herangezogenen Arbeitnehmer unterliegen einer Geheimhaltungspflicht nach § 80 Abs. 4 i. V. m. § 79 BetrVG (s. o I/660 ff.) und unterfallen dem Benachteiligungs- und Begünstigungsverbot des § 78 BetrVG (s. o. I/634 ff.).

5. Hinzuziehung von Sachverständigen, § 80 Abs. 3 BetrVG

Aufgabe eines Sachverständigen ist es, dem Betriebsrat fehlende Sachkenntnisse zu vermitteln, die dieser zur Wahrnehmung einer konkreten Aufgabe nach dem BetrVG benötigt. Seine Aufgabe ist es hingegen nicht, dem Betriebsrat fehlende Sachkenntnisse in bestimmten Angelegenheiten generell und auf Vorrat zu vermitteln. Dem Erwerb solcher Kenntnisse dienen vielmehr die Schulungsansprüche des Betriebsrats nach § 37 Abs. 6, Abs. 7 BetrVG (*BAG* 25.7.1989 EzA § 80 BetrVG 1972 Nr. 38). 1278

> Grds. kommt damit die Hinzuziehung eines Sachverständigen nur in Betracht, wenn sich dem Betriebsrat eine bestimmte Aufgabe stellt, für deren Erfüllung Kenntnisse und Erfahrungen erforderlich sind, über die er nicht verfügt.

Offen gelassen hat das *BAG* (17.3.1987 EzA § 80 BetrVG 1972 Nr. 30) die Frage, ob die Hinzuziehung eines Sachverständigen bereits zu einem Zeitpunkt in Betracht kommen kann, in dem noch nicht feststeht, ob sich eine Aufgabe für den Betriebsrat stellt, dass Fachwissen des Sachverständigen vielmehr erst die Beantwortung der Frage ermöglichen kann, ob sich für den Betriebsrat eine Aufgabe stellt (bejahend *Buschmann* DKK § 80 Rz. 69; abl. GK-BetrVG/*Kraft* § 80 Rz. 109). 1279

> Die Hinzuziehung des Sachverständigen muss ferner erforderlich und verhältnismäßig sein. Dies setzt voraus, dass der Betriebsrat zunächst seinen Informationsanspruch nach § 80 Abs. 2 BetrVG gegenüber dem Arbeitgeber ausschöpft und gegebenenfalls noch ergänzende Informationen unter Vorlage entsprechender

1280

I. Betriebsverfassungsrecht

Unterlagen anfordert (*BAG* 4.6.1987 EzA § 80 BetrVG 1972 Nr. 31). Auch muss der Betriebsrat zunächst andere, kostengünstigere Möglichkeiten ausschöpfen, um sich die erforderlichen Kenntnisse zu verschaffen. Hierzu kann auch die Hinzuziehung sachkundiger Arbeitnehmer als Auskunftspersonen nach § 80 Abs. 2 S. 3 BetrVG gehören (vgl. *Natzel* NZA 2001, 872).

1281 Dies können etwa Auskünfte durch die Gewerkschaft, das Studium der Fachliteratur, aber auch eine vom Arbeitgeber angebotene Unterrichtung durch Fachkräfte des Betriebs oder (bei EDV-Einführung) durch Vertreter des Systemherstellers oder des Systemverkäufers sein (*BAG* 4.6.1987 EzA § 80 BetrVG 1972 Nr. 31; 26.2.1992 EzA § 80 BetrVG 1972 Nr. 40). Sachverständiger kann auch ein Rechtsanwalt sein, der von einem Betriebsrat lediglich zur Beratung über eine vom Arbeitgeber vorgeschlagene Betriebsvereinbarung hinzugezogen wird (*BAG* 25.4.1978 EzA § 80 BetrVG 1972 Nr. 15). Wird ein Rechtsanwalt hingegen mit der Vertretung in einem gerichtlichen Verfahren oder in einem Verfahren vor der Einigungsstelle beauftragt, richtet sich die Kostentragungspflicht ausschließlich nach § 40 BetrVG (s. o. I/Rz. 678 ff.).

1282 Die Hinzuziehung eines Sachverständigen erfordert einen ordnungsgemäßen Beschluss des Betriebsrats, der möglichst genau bezeichnen muss, für welche Aufgabe und zu welchem Thema ihm fachliche und/oder rechtliche Kenntnisse fehlen, die die Hinzuziehung erforderlich machen (*BAG* 4.6.1987 EzA § 80 BetrVG 1972 Nr. 31). Ferner ist erforderlich, dass über die Zuziehung eines Sachverständigen entsprechend dem gefassten Beschluss eine auch formlos mögliche Vereinbarung mit dem Arbeitgeber herbeigeführt wird, in welcher die Person des Sachverständigen, sein Honorar und der Gegenstand der Tätigkeit festzulegen sind (GK-BetrVG/*Kraft* § 80 Rz. 111).

1283 Das bloße Schweigen des Arbeitgebers auf ein entsprechendes Schreiben des Betriebsrats kann nicht als Zustimmung zur näheren Vereinbarung i. S. d. § 80 Abs. 3 BetrVG gewertet werden (*BAG* 19.4.1989 EzA § 80 BetrVG 1972 Nr. 35). Sofern eine solche Vereinbarung zustandekommt, kann der Betriebsrat nach ihrer Maßgabe den Sachverständigen beauftragen.

1284 Kommt eine Vereinbarung nicht zu Stande, kann der Betriebsrat im arbeitsgerichtlichen Beschlussverfahren beantragen, die vom Arbeitgeber verweigerte Zustimmung zu der vorgeschlagenen Vereinbarung zu ersetzen. Entspricht das Gericht dem Antrag, gilt gem. § 894 ZPO das Vereinbarungsangebot des Betriebsrats als durch den Arbeitgeber angenommen (*BAG* 19.4.1989 EzA § 80 BetrVG 1972 Nr. 35; 26.2.1992 EzA § 80 BetrVG 1972 Nr. 40).

1285 Strittig ist, ob das Gericht auch einen vom Antrag des Betriebsrats abweichenden Inhalt der Vereinbarung beschließen kann (abl. GK-BetrVG/*Kraft* § 80 Rz. 113; bejahend MünchArbR/*Matthes* § 327 Rz. 37). Strittig ist weiter, ob eine Kostentragungspflicht des Arbeitgebers auch dann besteht, wenn der Betriebsrat den Sachverständigen beauftragt, bevor eine rechtskräftige Entscheidung vorliegt, später dann aber rechtskräftig arbeitsgerichtlich festgestellt wird, dass die Hinzuziehung des Sachverständigen erforderlich war (so *LAG Frankfurt* 11.11.1986 DB 1987, 614; *Buschmann* DKK § 80 Rz. 67; GK-BetrVG/*Kraft* § 80 Rz. 113). Unter dem Gesichtspunkt der Vor-

I. Betriebsverfassungsrecht

wegnahme der Hauptsache wird die Frage kontrovers beurteilt, ob gegebenenfalls die Bestellung eines Gutachters im Wege der einstweiligen Verfügung in Betracht kommt (abl. *LAG Köln* 5.3.1986 LAGE § 80 BetrVG 1972 Nr. 5; bejahend *LAG Hamm* 15.3.1994 LAGE § 80 BetrVG 1972 Nr. 12).

IX. Mitbestimmung in sozialen Angelegenheiten, § 87 BetrVG

1. Allgemeine Fragen

a) Überblick, Zweck, Annex-Regelungen
Im Bereich der sozialen Angelegenheiten sieht das BetrVG eine echte Mitbestimmung des Betriebsrats als stärkste Form der Beteiligung vor. Hierdurch wird eine gleichberechtigte Teilhabe der durch den Betriebsrat repräsentierten Arbeitnehmer an den sie betreffenden Entscheidungen gewährleistet. 1286

Die in § 87 BetrVG aufgeführten Angelegenheiten können von Arbeitgeber und Betriebsrat nur gemeinsam geregelt werden. Die fehlende Zustimmung des Betriebsrats kann auch nicht (wie etwa bei § 99 BetrVG) durch eine gerichtliche Entscheidung überwunden werden. Die Mitbestimmung ist insoweit notwendig, als es ohne Beteiligung beider Seiten und ohne Konsens zu keiner Regelung kommt, es sei denn, die Einigungsstelle trifft auf Initiative einer Seite eine Regelung, §§ 87 Abs. 2, 76 BetrVG. 1287

Die Mitbestimmung hat im Bereich der sozialen Angelegenheiten auch nicht nur korrigierende Funktion dergestalt, dass sich Aufgaben für den Betriebsrat erst dann stellen, wenn der Arbeitgeber eine bestimmte Angelegenheit regeln oder Maßnahmen durchführen will. Vielmehr kann der Betriebsrat auch von sich aus initiativ werden und – ggf. durch Anrufung der Einigungsstelle – die Regelung einer Angelegenheit auch gegen den Willen des Arbeitgebers anstreben und durchsetzen. 1288

Die Mitbestimmung des Betriebsrats ist in sozialen Angelegenheiten kraft Gesetzes auf die in § 87 Abs. 1 Nr. 1–12 BetrVG erschöpfend aufgezählten Möglichkeiten beschränkt; in anderen sozialen Angelegenheiten sind grds. nur freiwillige Betriebsvereinbarungen gem. § 88 BetrVG möglich (GK-BetrVG/*Wiese* § 87 Rz. 4). Kontrovers diskutiert wird, ob es dann zu einer unzulässigen Erweiterung der Mitbestimmungsrechte über den gesetzlich vorgegebenen Rahmen hinaus kommt, wenn im Zusammenhang mit der Regelung einer unzweifelhaft der Mitbestimmung des Betriebsrats unterliegenden Angelegenheit auch eine sog. Annex-Regelung, d. h. eine Regelung, ohne die eine mitbestimmungspflichtige Angelegenheit nicht sinnvoll geordnet werden kann, weil die davon betroffenen Fragen in einem unmittelbaren Zusammenhang mit der beteiligungspflichtigen Angelegenheit selbst stehen, getroffen wird. In der Praxis hat sich diese Frage vor allem im Hinblick darauf gestellt, ob anlässlich der Regelung einer mitbestimmungspflichtigen Angelegenheit auch eine Regelung über die hierdurch verursachten Kosten getroffen werden kann, so z. B. die Regelung der Kostentragungspflicht bei bargeldloser Lohnzahlung, § 87 Abs. 1 Nr. 4 BetrVG (vgl. *BAG* 8.3.1977 EzA § 87 BetrVG 1972 Lohn- und Arbeitsentgelt Nr. 6; 10.8.1993 EzA § 87 BetrVG 1972 Lohn- und Arbeitsentgelt Nr. 16). Sofern eine solche Annex-Regelung unmittelbar zwischen den Betriebspartnern vereinbart wird, hat diese Frage keine Bedeutung, da freiwillige Vereinbarungen unter Berücksichtigung der all- 1289

I. Betriebsverfassungsrecht

gemeinen Grenzen der Regelungsbefugnis stets zulässig sind. Praktisch relevant wird sie dann, wenn es zu einer entsprechenden Regelung durch Spruch der Einigungsstelle kommt, da im erzwingbaren Einigungsstellenverfahren die Regelungskompetenz der Einigungsstelle durch die Reichweite des jeweiligen Mitbestimmungsrechts beschränkt ist.

1290 Überwiegend (*BAG* 8.3.1977 EzA § 87 BetrVG 1972 Lohn- und Arbeitsentgelt Nr. 6) werden Annex-Regelungen dann für zulässig erachtet, wenn ohne sie eine mitbestimmungspflichtige Angelegenheit nicht sinnvoll geordnet werden kann, da sie dann zum Inhalt des einzelnen Mitbestimmungstatbestands selbst gehörten (MünchArbR/*Matthes* § 332 Rz. 4).

1291 Nach anderer Auffassung (GK-BetrVG/*Wiese* § 87 Rz. 39 ff.) sind derartige Regelungen nicht mehr vom jeweiligen Mitbestimmungsrecht gedeckt, sodass eine Zuständigkeit der Einigungsstelle zu einer ausdrücklichen Regelung der Kostenfrage nicht besteht und durch einen entsprechenden Spruch nicht selbstständige Nebenleistungspflichten begründet werden können.

1292 Wenn auch der Katalog des § 87 Abs. 1 BetrVG abschließend ist, ist doch nach überwiegender Ansicht eine Erweiterung von Mitbestimmungsrechten durch Tarifvertrag oder Betriebsvereinbarung zulässig, während umgekehrt eine Einschränkung nicht in Betracht kommt (s. u. I/Rz. 1995 ff.).

b) Allgemeine Voraussetzungen der notwendigen Mitbestimmung

aa) Kollektiver Tatbestand

1293 Die Mitbestimmungsrechte des Betriebsrats nach § 87 Abs. 1 BetrVG erstrecken sich grds. nur auf generelle, kollektive Tatbestände im Gegensatz zu mitbestimmungsfreien Individualmaßnahmen bzw. Einzelfallregelungen (*BAG* 18.10.1994 EzA § 87 BetrVG 1972 Betriebliche Lohngestaltung Nr. 47; 22.10.1991 EzA § 87 BetrVG 1972 Arbeitszeit Nr. 49). Eine Ausnahme gilt nur für § 87 Abs. 1 Nr. 5 BetrVG (Festlegung des Urlaubs einzelner Arbeitnehmer) und für § 87 Abs. 1 Nr. 9 BetrVG (Zuweisung/Kündigung von Werkmietwohnungen).

1294 Ein kollektiver Tatbestand liegt immer dann vor, wenn sich eine Regelungsfrage stellt, die kollektive Interessen der Arbeitnehmer des Betriebes berührt. Dies ist dann der Fall, wenn eine Angelegenheit der gesamten oder jedenfalls einer durch besondere Merkmale bestimmten Gruppe der Belegschaft zu regeln ist oder eine Regelung für mehrere oder auch nur für einen bestimmtenArbeitsplatz nach funktionsbezogenen, d. h. von der Person des jeweiligen Inhabers unabhängigen Merkmals zu treffen ist, weil hiervon potenziell jeder Inhaber des Arbeitsplatzes betroffen ist. Ein kollektiver Bezug in diesem Sinne kann auch bei der Regelung einer einmaligen Angelegenheit vorliegen (vgl. z. B. *BAG* 14.6.1994 EzA § 87 BetrVG 1972 Betriebliche Lohngestaltung Nr. 45; *BAG* 22.10.1991 EzA § 87 BetrVG 1972 Arbeitszeit Nr. 49).

1295 Maßgeblich ist damit eine qualitative, nicht quantitative Betrachtung. Die Tatsache, dass von einer Regelung mehrere Arbeitnehmer betroffen sind, kann lediglich ein Indiz dafür sein, dass ein kollektiver Tatbestand vorliegt (vgl. *BAG* 5.11.1986 EzA § 87 BetrVG 1972 Arbeitszeit Nr. 21). Eine mitbestimmungsfreie Individualmaßnahme bzw. Einzelfallregelung liegt daher nur dann vor, wenn ausschließlich die Besonderheiten des konkreten Arbeitsverhältnisses im Hinblick auf gerade den Einzelarbeitnehmer betreffende Umstände Maßnahmen erfordern und bei einander ähnlichen Maßnahmen gegenüber mehreren Arbeitnehmern kein innerer Zusammenhang besteht (vgl. z. B. *BAG GS* 3.12.1991 EzA § 87 BetrVG 1972 Betriebliche Lohngestaltung Nr. 30; *BAG* 14.6.1994 EzA § 87 BetrVG 1972 Betriebliche Lohngestaltung Nr. 45). Mitbestimmungsfrei ist beispielsweise die Vereinbarung einer individuellen Arbeitszeit, wenn dies vom Arbeitnehmer auf Grund besonderer familiärer Umstände gewünscht wird (MünchArbR/*Matthes* § 332 Rz. 26) oder die Anrechnung einer Tariflohnerhöhung auf eine übertarifliche Zulage auf Wunsch des Arbeitnehmers, um steuerliche Nachteile zu vermeiden (*BAG* 27.10.1992 EzA § 87 BetrVG 1972 Betriebliche Lohngestaltung Nr. 40). Bei Einzelregelungen liegt ein kollektiver Tatbestand vor, wenn sich bei einem Austausch der Person des betroffenen Arbeitnehmers das gleiche Regelungsbedürfnis ergibt (*Klebe* DKK § 87 Rz. 16).

bb) Formelle und materielle Arbeitsbedingungen
§ 56 BetrVG 1952 beschränkte die notwendige Mitbestimmung des Betriebsrats auf formelle Arbeitsbedingungen, insbesondere die betriebliche Ordnung unter Ausschluss der materiellen Arbeitsbedingungen, d. h. das Verhältnis von arbeitsvertraglicher Leistung und Gegenleistung bzw. allem, was den Umfang der Leistungspflichten von Arbeitgeber und Arbeitnehmer beeinflusst (vgl. GK-BetrVG/*Wiese* § 87 Rz. 34). Demgegenüber erstreckt § 87 Abs. 1 BetrVG 1972 die Mitbestimmung zum Teil auch auf sog. materielle Arbeitsbedingungen, wie z. B. bei der vorübergehenden Verkürzung oder Verlängerung der betriebsüblichen Arbeitszeit (§ 87 Abs. 1 Nr. 3 BetrVG) oder der Mitbestimmung hinsichtlich der geltenden Faktoren bei der Festsetzung der Akkord- und Prämiensätze sowie vergleichbarer leistungsbezogener Entgelte (§ 87 Abs. 1 Nr. 11 BetrVG), sodass nach ganz überwiegender Auffassung (z. B. MünchArbR/*Matthes* § 332 Rz. 3; *Klebe* DKK § 87 Rz. 17) diese Unterscheidung nunmehr ohne praktische Bedeutung ist. 1296

Es gibt daher weder eine Begrenzung des Mitbestimmungsrechts auf die Regelung formeller Arbeitsbedingungen noch einen generellen Grundsatz dahingehend, dass durch die Ausübung von Mitbestimmungsrechten nicht in die unternehmerische Entscheidungsfreiheit eingegriffen werden dürfe (vgl. *BAG* 18.4.1989 EzA § 87 BetrVG 1972 Nr. 13; 16.7.1991 EzA § 87 BetrVG 1972 Betriebliche Lohngestaltung Nr. 28). 1297

c) Grenzen der notwendigen Mitbestimmung

aa) Allgemeine Grenzen
Die notwendige Mitbestimmung unterliegt den allgemeinen Grenzen der Regelungsbefugnis (s. o. I/Rz. 1164 ff., 1184 f.), nicht aber dem allgemeinen Tarifvorbehalt nach § 77 Abs. 3 BetrVG (s. u. I/Rz. 1180 ff.). Gem. § 87 Abs. 1 Eingangssatz BetrVG hat der Betriebsrat darüber hinaus nur mitzubestimmen, soweit keine gesetzliche oder tarifliche Regelung besteht. 1298

I. Betriebsverfassungsrecht

bb) Gesetzes- und Tarifvorbehalt

(1) Zweck

1299 Ein Mitbestimmungsrecht entfällt, wenn eine gesetzliche oder tarifliche Regelung eine der in § 87 Abs. 1 BetrVG genannten Angelegenheiten besteht, da dann ein ausreichender Schutz der Arbeitnehmer bereits auf übergeordneter Ebene sichergestellt ist (z. B. *BAG* 18.4.1989 EzA § 87 BetrVG 1972 Nr. 13; 4.7.1989 EzA § 87 BetrVG 1972 Betriebliche Lohngestaltung Nr. 24).

1300 Unerheblich ist, ob die gesetzliche oder tarifliche Regelung tatsächlich die Interessen der Arbeitnehmer angemessen wahrt und effektiven Schutz bietet (MünchArbR/ *Matthes* § 332 Rz. 11).

(2) Verhältnis zu § 77 Abs. 3 BetrVG

1301 Nach Auffassung des *BAG* (*GS* 3.12.1991 EzA § 87 BetrVG 1972 Betriebliche Lohngestaltung Nr. 30) richtet sich im Bereich des § 87 BetrVG die Frage des Tarifvorrangs ausschließlich nach § 87 Abs. 1 Eingangssatz BetrVG und nicht zusätzlich auch nach § 77 Abs. 3 BetrVG.

1302 Im Bereich der erzwingbaren Mitbestimmung ist damit ein Mitbestimmungsrecht nur dann ausgeschlossen, wenn die betreffende Angelegenheit auch für den Betrieb tatsächlich tariflich geregelt ist, sog. Vorrangtheorie (s. o. I/Rz. 1180 ff.).

(3) Voraussetzungen

aaa) Bestehen einer gesetzlichen oder tariflichen Regelung

1303 Durch eine gesetzliche Regelung wird das Mitbestimmungsrecht nur dann ausgeschlossen, wenn es sich um zwingendes, nicht lediglich dispositives Recht handelt (*BAG* 13.3.1973 EzA § 87 BetrVG 1972 Werkwohnung Nr. 2; 29.3.1977 EzA § 87 BetrVG 1972 Leistungslohn Nr. 2). Ausreichend ist, dass es sich um ein Gesetz im materiellen Sinne handelt.

1304 Ein Ausschluss der Mitbestimmung greift daher auch bei einer Regelung durch Rechtsverordnung, Unfallverhütungsvorschriften oder autonomes Satzungsrecht öffentlich-rechtlicher Körperschaften ein (*FKHE* § 77 Rz. 48). Zwingend ist auch eine lediglich tarifdispositive gesetzliche Regelung, da eine solche nur einer abweichenden Regelung durch die Tarifvertragsparteien, nicht aber durch die Betriebspartner offen steht (GK-BetrVG/*Wiese* § 87 Rz. 60). Gesetzesvertretendes Richterrecht wird weitgehend einer gesetzlichen Regelung gleichgestellt, soweit es zwingendem Recht gleichkommt (GK-BetrVG/*Wiese* § 87 Rz. 58; MünchArbR/*Matthes* § 332 Rz. 13). Soweit dies abgelehnt wird (*FKHE* § 87 Rz. 29; *Klebe* DKK § 87 Rz. 26) wird darauf verwiesen, dass Richterrecht nicht in gleicher Weise wie Gesetze durch ein förmliches Verfahren gegen Veränderungen abgesichert sei (Rechtssicherheit).

1305 Ein Verwaltungsakt steht einer gesetzlichen Regelung nicht gleich; allerdings scheidet nach Auffassung des *BAG* ein Mitbestimmungsrecht aber dann aus,

I. Betriebsverfassungsrecht

wenn der Arbeitgeber auf Grund verbindlicher Vorgaben keinen Regelungsspielraum mehr hat (vgl. *BAG* 8.8.1989 EzA § 87 BetrVG 1972 Initiativrecht Nr. 5; 27.1.1987 EzA § 99 BetrVG 1972 Nr. 55; 26.5.1988 EzA § 87 BetrVG 1972 Nr. 11; 9.7.1991 EzA § 87 BetrVG 1972 Betriebliche Ordnung Nr. 18).

Fraglich ist, inwieweit der Arbeitgeber bei noch nicht bestandskräftigen Verwaltungsakten gem. § 2 Abs. 1 BetrVG verpflichtet sein kann, ggf. Widerspruch und Anfechtungsklage gegen den Verwaltungsakt zu erheben (dafür *Dörner/Wildschütz* AiB 1995, 257 ff.; vgl. auch *Klebe* DKK § 87 Rz. 34). 1306

Das Vorliegen einer tariflichen Regelung setzt voraus, dass Tarifbindung des Arbeitgebers auf Grund Mitgliedschaft in der Tarifvertragspartei oder auf Grund Allgemeinverbindlichkeitserklärung besteht (*BAG GS* 3.12.1991 EzA § 87 BetrVG 1972 Betriebliche Lohngestaltung Nr. 30; 24.2.1987 EzA § 87 BetrVG 1972 Nr. 10). Eine Tarifbindung auch von Arbeitnehmern des Betriebes ist demgegenüber nicht erforderlich. 1307

Der Arbeitnehmer kann sich durch Beitritt zur Tarifvertragspartei jederzeit den tarifvertraglichen Schutz verschaffen (MünchArbR/*Matthes* § 332 Rz. 16). Die Sperrwirkung der tariflichen Regelung beginnt mit dem tatsächlichen Beitritt des Arbeitgebers zum Arbeitgeberverband (*BAG* 20.12.1988 EzA § 87 BetrVG 1972 Nr. 12). Einem lediglich nachwirkenden Tarifvertrag kommt eine zwingende Wirkung nicht zu (*BAG* 14.2.1989 EzA § 87 BetrVG 1972 Leistungslohn Nr. 17; 24.2.1987 EzA § 87 BetrVG 1972 Nr. 10). 1308

Tritt eine gesetzliche oder tarifliche Regelung erst später in Kraft, so wird eine getroffene, entgegenstehende mitbestimmte Regelung unwirksam (GK-BetrVG/*Wiese* § 87 Rz. 82).

bbb) Regelungsdichte; Umfang des Ausschlusses
Ein Mitbestimmungsrecht entfällt nur, soweit die tarifliche oder gesetzliche Regelung die Angelegenheit selbst abschließend regelt, sodass keine weitere Regelungsmöglichkeit besteht. Der durch die notwendige Mitbestimmung angestrebte Schutz ist dann substanziell bereits verwirklicht worden, das einseitige Bestimmungsrecht des Arbeitgebers beseitigt und zusätzliche betriebliche Regelungen sind nicht erforderlich, weil der Arbeitgeber nur die Tarif- oder Gesetzesnorm zu vollziehen hat. 1309

Soweit ungeachtet der gesetzlichen und tariflichen Regelung noch ein Regelungsspielraum verbleibt, besteht insoweit auch ein Mitbestimmungsrecht (*BAG GS* 2.12.1991 EzA § 87 BetrVG 1972 Betriebliche Lohngestaltung Nr. 30; *BAG* 21.9.1993 EzA § 87 BetrVG 1972 Nr. 19). 1310

Möglich ist auch, dass die gesetzliche oder tarifliche Regelung die nähere Ausgestaltung der Angelegenheit den Betriebspartnern überlässt oder ausdrücklich abweichende oder ergänzende betriebliche Regelungen zulässt. Im Rahmen einer solchen Öffnungsklausel bleibt das Mitbestimmungsrecht dann bestehen (*BAG* 28.2.1984 EzA § 87 BetrVG 1972 Leistungslohn Nr. 9; MünchArbR/*Matthes* § 332 Rz. 18, 19). Eine tarifliche Regelung, die das einseitige Bestimmungsrecht des Arbeitgebers wie- 1311

I. Betriebsverfassungsrecht

der herstellt, ist keine Tarifnorm i. S. d. § 87 Abs. 1 Eingangssatz BetrVG, weil hierdurch gegen den Schutzzweck des § 87 Abs. 1 BetrVG verstoßen würde. Das Mitbestimmungsrecht des Betriebsrats bleibt dann bestehen (*BAG* 18.4.1989 EzA § 87 BetrVG 1972 Nr. 13; *BAG* 17.11.1998 EzA § 87 BetrVG 1972 Arbeitszeit Nr. 59). Zulässig ist aber eine tarifliche Regelung, die dem Arbeitgeber für einen zeitlich eng begrenzten Zeitraum die einseitige Anordnung von Überstunden gestattet, wenn er die Zustimmung des Betriebsrats zu kurzfristig notwendigen und unaufschiebbaren Überstunden nicht erreichen kann (*BAG* 17.11.1998 EzA § 87 BetrVG 1972 Arbeitszeit Nr. 59). Die Reichweite einer tariflichen Regelung ist stets durch Auslegung zu ermitteln. Dies gilt auch für die Frage, ob die Tarifpartner eine von ihnen getroffene Regelung als abschließend in dem Sinne verstanden haben, dass eine bestimmte Frage nicht geregelt werden sollte (vgl. GK-BetrVG/*Wiese* § 87 Rz. 70). Allein aus dem Umstand, dass ein Tarifvertrag Arbeitsbedingungen für außertarifliche Angestellte nicht regelt, folgt kein Ausschluss von Mitbestimmungsrechten des Betriebsrates für diesen Personenkreis (vgl. *BAG* 22.1.1980 EzA § 87 BetrVG 1972 Lohn- und Arbeitsentgelt Nr. 11).

d) Ausübung der Mitbestimmung

aa) Allgemeines

1312 Die Mitbestimmungsrechte gem. § 87 Abs. 1 BetrVG stehen dem Betriebsrat als solchem zu. Es handelt sich nicht um laufende Geschäfte gem. § 27 Abs. 3 S. 1 BetrVG (GK-BetrVG/*Wiese* § 87 Rz. 83). Die Wahrnehmung kann gem. §§ 27 Abs. 3, 28 Abs. 1 BetrVG auf Ausschüsse übertragen werden. Dies gilt aber nicht für den Abschluss von Betriebsvereinbarungen, § 27 Abs. 3 S. 2 BetrVG. Zum Abschluss von Betriebsvereinbarungen durch Arbeitsgruppen nach § 28 a Abs. 2 BetrVG siehe oben I/Rz. 471 ff. Der Betriebsrat kann nicht im Vorhinein auf Mitbestimmungsrechte verzichten (GK-BetrVG/*Wiese* § 87 Rz. 5). Die Frage, ob statt des Betriebsrats der Gesamt- oder Konzernbetriebsrat zuständig ist, richtet sich nach §§ 50 Abs. 1, 58 Abs. 1 BetrVG (s. o. I/Rz. 769 ff.; 798). Die Wahrnehmung der Mitbestimmungsrechte erfolgt durch formlose Regelungsabrede oder förmliche Betriebsvereinbarung (s. o. I/Rz. 1140 ff.), wobei Betriebsvereinbarungen insbesondere bei Dauerregelungen in Betracht kommen werden.

1313 Wird in einem Betrieb erstmalig ein Betriebsrat gewählt, treten die zuvor mitbestimmungsfrei getroffenen Maßnahmen nicht von selbst außer Kraft. Der Betriebsrat kann vielmehr auf Grund seines Initiativrechts (vgl. sogleich unten) ihre Änderung verlangen und nach §§ 87 Abs. 2, 76 Abs. 5 BetrVG durchsetzen (GK-BetrVG/*Wiese* § 87 Rz. 85).

1314 Nach anderer Auffassung obliegt es dem Arbeitgeber, unverzüglich nach Wahl des Betriebsrats die Initiative zu ergreifen, um dessen Zustimmung zu erhalten (*Klebe* DKK § 87 Rz. 8).

bb) Initiativrecht

1315 Nach ständiger Rechtsprechung des *BAG* (14.11.1974 EzA § 87 BetrVG 1972 Initiativrecht Nr. 2; 8.8.1989 EzA § 87 BetrVG 1972 Initiativrecht Nr. 5) schließt ein Mitbestimmungsrecht nach § 87 Abs. 1 BetrVG grds. auch ein Initiativrecht des Betriebsrats ein, da Mitbestimmung gleiche Rechte für beide Teile mit der Folge bedeutet, dass sowohl der Arbeitgeber als auch der Betriebsrat die Initiative für eine erstrebte Regelung ergreifen und zu deren Herbeiführung erforderlichenfalls die Einigungsstelle anrufen können. Ein Initiativrecht besteht auch dann, wenn in einer mitbestimmungspflichtigen Angelegenheit lediglich die bisherige betriebliche Praxis zum Inhalt einer Betriebsvereinbarung gemacht werden soll (*BAG* 8.8.1989 EzA § 87 BetrVG 1972 Initiativrecht Nr. 5).

Der Betriebsrat ist also nicht darauf beschränkt, einer vom Arbeitgeber geplanten Regelung zuzustimmen oder die Zustimmung hierzu zu verweigern. Er kann vielmehr auch von sich aus die Regelung einer Angelegenheit anstreben. Das Initiativrecht des Betriebsrates reicht grds. ebenso weit wie sein entsprechendes Mitbestimmungsrecht. **1316**

Das Mitbestimmungsrecht steht insoweit nicht unter dem allgemeinen Vorbehalt, dass durch seine Ausübung nicht in die unternehmerische Entscheidungsfreiheit eingegriffen werden dürfte (*BAG* 31.8.1982 EzA § 87 BetrVG 1972 Arbeitszeit Nr. 13; 4.3.1986 EzA § 87 BetrVG 1972 Nr. 17; 16.7.1991 EzA § 87 BetrVG 1972 Nr. 28). **1317**

Eine Einschränkung kann sich nur aus dem Zweck des Mitbestimmungsrechtes selbst ergeben, nämlich dann, wenn die Wahrnehmung des Initiativrechts gerade dem Sinn des Mitbestimmungsrechts und der mit ihm verfolgten Schutzfunktion dadurch widersprechen würde, dass durch die Regelung erst Gefahren geschaffen werden, deren Vermeidung das Mitbestimmungsrecht dient. **1318**

So soll z. B. das Mitbestimmungsrecht nach § 87 Abs. 1 Nr. 6 BetrVG dazu dienen, technischen Kontrolldruck von den Arbeitnehmern möglichst fern zu halten, sodass kein Initiativrecht des Betriebsrates dahingehend besteht, die Einführung solcher Kontrolleinrichtungen, etwa von Zeiterfassungsgeräten verlangen zu können (*BAG* 28.11.1989 EzA § 87 BetrVG 1972 Kontrolleinrichtung Nr. 18). **1319**

e) Eil- und Notfälle, probeweise Maßnahmen

Das Mitbestimmungsrecht besteht auch in sog. Eilfällen, also Situationen, in denen möglichst umgehend eine Regelung erfolgen muss (*BAG* 2.3.1982 EzA § 87 BetrVG 1972 Arbeitszeit Nr. 11; 19.2.1991 EzA § 87 BetrVG 1972 Arbeitszeit Nr. 46; 17.11.1998 EzA § 87 BetrVG 1972 Arbeitszeit Nr. 59). **1320**

Der Gesetzgeber hat im Gegensatz zu anderen Konstellationen (vgl. § 100 BetrVG) keinen Anlass gesehen, für Eilfälle eine Ausnahme vom Mitbestimmungsrecht zu normieren. Die Betriebspartner können dem Auftreten von Eilfällen durch eine vorweggenommene Regelung Rechnung tragen. Eine solche Regelung kann auch zum Inhalt haben, dass der Arbeitgeber bei kurzfristig notwendig werdenden Maßnahmen, z. B. der Änderung eines Dienstplanes, eine – ggf. vorläufige – einseitige Regelung treffen kann, wobei auch mit einer derartigen Regelung dem Mitbestimmungsrecht des Betriebsrats Rechnung getragen wird (*BAG* 12.1.1988 EzA § 87 BetrVG 1972 Arbeitszeit Nr. 26; 8.8.1989 EzA § 23 BetrVG 1972 Nr. 27). Besteht keine vorsorgliche Regelung, ist der Betriebsrat nach § 2 Abs. 1 BetrVG verpflichtet, eine dringende Eilentscheidung zu ermöglichen (GK-BetrVG/*Wiese* § 87 Rz. 160). Eine einstweilige Regelung einer mitbestimmungspflichtigen Angelegenheit durch eine einstweilige Ver- **1321**

I. Betriebsverfassungsrecht

fügung des Arbeitsgerichts kommt nach ganz überwiegender Auffassung nicht in Betracht, da es an einer Zuständigkeit der Arbeitsgerichte für eine Entscheidung in Regelungsstreitigkeiten fehlt (GK-BetrVG/*Wiese* § 87 Rz. 161 m. w. N auch zur abweichenden Absicht; MünchArbR/*Matthes* § 332 Rz. 28).

1322 Einseitige Maßnahmen des Arbeitgebers sind nur ausnahmsweise in Notfällen zulässig, d. h. in plötzlichen, nicht vorhersehbaren Situationen, die zur Verhinderung nicht wieder gutzumachender Schäden zu unaufschiebbaren Maßnahmen zwingen.

1323 Aus dem Gebot der vertrauensvollen Zusammenarbeit (§ 2 Abs. 1 BetrVG) ergibt sich, dass in solchen extremen Notsituationen der Arbeitgeber das Recht hat, vorläufig zur Abwendung akuter Gefahren oder Schäden eine Maßnahme durchzuführen, wenn er unverzüglich die Beteiligung des Betriebsrats nachholt (*BAG* 19.2.1991 EzA § 87 BetrVG 1972 Arbeitszeit Nr. 46), d. h. den Betriebsrat unverzüglich nachträglich unterrichtet (vgl. GK-BetrVG/*Wiese* § 87 Rz. 162 ff.).

1324 Ein Mitbestimmungsrecht des Betriebsrats besteht schließlich auch dann, wenn der Arbeitgeber mitbestimmungspflichtige Maßnahmen zunächst nur probeweise durchführen will (*Klebe* DKK § 87 Rz. 24).

f) Individualrechtliche Folgen fehlender Mitbestimmung; Theorie der Wirksamkeitsvoraussetzung

1325 Die Beachtung bestehender Mitbestimmungsrechte ist Wirksamkeitsvoraussetzung für solche Maßnahmen des Arbeitgebers, die den Arbeitnehmer belasten, sog. Theorie der Wirksamkeitsvoraussetzung (*BAG* GS 3.12.1991 EzA § 87 BetrVG 1972 Betriebliche Lohngestaltung Nr. 30; *BAG* 3.5.1994 EzA § 23 BetrVG 1972 Nr. 36). Nicht mitbestimmte, den Arbeitnehmer belastende, einseitige rechtsgeschäftliche Maßnahmen oder vertragliche Vereinbarungen sind unwirksam.

1326 Der Arbeitnehmer braucht entsprechenden Anweisungen keine Folge zu leisten. Maßnahmen, die dem Arbeitnehmer günstig sind, bleiben aber trotz einer Verletzung von Mitbestimmungsrechten wirksam (MünchArbR/*Matthes* § 330 Rz. 7). Andererseits folgt allein aus der Verletzung von Mitbestimmungsrechten kein Anspruch der Arbeitnehmer; dem Grundsatz der Wirksamkeitsvoraussetzung kann i. d. R. nicht entnommen werden, dass bei Verletzung eines Mitbestimmungsrechts Zahlungsansprüche entstehen, die bisher nicht bestanden haben (*BAG* 20.8.1991 EzA § 87 BetrVG 1972 Betriebliche Lohngestaltung Nr. 29). Eine Heilung der Unwirksamkeit für die Vergangenheit durch nachträgliche Zustimmung ist ausgeschlossen (MünchArbR/*Matthes* § 330 Rz. 17 m. w. N.). Rechtsgeschäfte des Arbeitgebers mit Dritten bleiben unbeschadet einer Verletzung von Mitbestimmungsrechten wirksam (*BAG* 22.10.1985 EzA § 87 BetrVG 1972 Werkwohnung Nr. 7).

I. Betriebsverfassungsrecht

2. Fragen der Ordnung des Betriebes und des Verhaltens der Arbeitnehmer im Betrieb, § 87 Abs. 1 Nr. 1 BetrVG

a) Zweck

Das Verhalten der Arbeitnehmer im Betrieb unterliegt grds. dem Direktionsrecht des Arbeitgebers. Zweck des Mitbestimmungsrechts ist es, die gleichberechtigte Beteiligung der Arbeitnehmer an der Gestaltung der Arbeitsbedingungen und der Zusammenarbeit von Arbeitgeber und Arbeitnehmer sowie der Arbeitnehmer untereinander zu gewährleisten. 1327

Es soll sichergestellt werden, dass bei Ausübung des Direktionsrechts auch die Interessen der Arbeitnehmer berücksichtigt werden. Das Direktionsrecht des Arbeitgebers soll eingeschränkt und seine Vormachtstellung durch die gleichberechtigte Teilhabe der Arbeitnehmerseite an der Gestaltung der betrieblichen Ordnung ersetzt werden (*BAG* 14.1.1986 EzA § 87 BetrVG 1972 Betriebliche Ordnung Nr. 11). 1328

Zweck ist damit auch der Schutz der Persönlichkeit des einzelnen Arbeitnehmers (*FKHE* § 87 Rz. 63).

b) Voraussetzungen des Mitbestimmungsrechts

Nach ständiger Rechtsprechung des *BAG* (8.8.1989 EzA § 87 BetrVG 1972 Betriebliche Ordnung Nr. 13; 8.11.1994 EzA § 87 BetrVG 1972 Betriebliche Ordnung Nr. 21) unterfallen dem Mitbestimmungstatbestand alle Maßnahmen, die darauf gerichtet sind, die Ordnung des Betriebes zu gewährleisten oder aufrechtzuerhalten. Gegenstand der Mitbestimmung ist danach die Gestaltung des Zusammenlebens und des Zusammenwirkens der Arbeitnehmer im Betrieb. 1329

Das Mitbestimmungsrecht betrifft die Gestaltung der Ordnung des Betriebs durch die Schaffung allgemein gültiger, verbindlicher Verhaltensregeln und sonstiger Maßnahmen, durch die das Verhalten der Arbeitnehmer in Bezug auf die betriebliche Ordnung beeinflusst werden soll. 1330

Ordnung des Betriebes ist dabei die Sicherung eines ungestörten Arbeitsablaufs und des reibungslosen Zusammenlebens/Zusammenwirkens der Arbeitnehmer im Betrieb. Es geht damit um Maßnahmen, die das sog. Ordnungsverhalten der Arbeitnehmer betreffen.

Hiervon abzugrenzen sind Maßnahmen, die das reine Arbeitsverhalten betreffen. Auf das Arbeitsverhalten beziehen sich alle Regeln und Weisungen, die bei der unmittelbaren Erbringung der Arbeitsleistung zu beachten sind. Bezüglich solcher Maßnahmen besteht kein Mitbestimmungsrecht. 1331

Lediglich das Arbeitsverhalten wird berührt, wenn der Arbeitgeber kraft seiner Organisations- und Leistungsmacht näher bestimmt, welche Arbeiten in welcher Weise auszuführen sind. Nicht mitbestimmungspflichtig sind danach Anordnungen, mit denen die Arbeitspflicht unmittelbar konkretisiert wird (*BAG* 1.12.1992 EzA § 87 BetrVG 1972 Betriebliche Ordnung Nr. 20; 8.11.1994 EzA § 87 BetrVG 1972 Betriebliche Ordnung Nr. 21; 8.6.1999 EzA § 87 BetrVG 1972 Betriebliche Ordnung Nr. 25). 1332

I. Betriebsverfassungsrecht

Sofern das Ordnungsverhalten betroffen ist, unterliegen nicht nur Maßnahmen, durch die eine verbindliche Verhaltenspflicht begründet werden soll, der Mitbestimmung. Vielmehr ist ausreichend, dass Anreize zur Befolgung der Ordnung gegeben oder Sanktionen für Verstöße gegen diese Ordnung angedroht oder ergriffen werden sollen (MünchArbR/*Matthes* § 333 Rz. 3).

1333 Auf Grund seines Mitbestimmungsrechts kann der Betriebsrat stets nur eine Regelung verlangen, die dem Arbeitgeber rechtlich möglich ist.

1334 Macht etwa die Genehmigungsbehörde dem Betreiber einer kerntechnischen Anlage zur Auflage, dass Personen nur nach Durchführung einer Sicherheitsprüfung durch die Genehmigungsbehörde eingestellt und weiterbeschäftigt werden dürfen, so kann der Betriebsrat keine abweichende Regelung verlangen (*BAG* 9.7.1991 EzA BetrVG 1972 § 87 Betriebliche Ordnung Nr. 18). Gleiches gilt für sonstige durch bindenden Verwaltungsakt getroffene Anordnungen (s. o. I/Rz. 1305 f.; *BAG* 26.5.1988 EzA § 87 BetrVG 1972 Nr. 11).

c) Einzelfälle

aa) Erfasste Regelungsgegenstände
1335 Von § 87 Abs. 1 Nr. 1 BetrVG erfasst ist/sind:
- Rauch- und Alkoholverbote, sofern ein solches Verbot nicht auf Grund bestehender Sicherheitsvorschriften, behördlicher Anweisungen oder in sonstiger Weise arbeitsnotwendig ist (*BAG* 23.9.1986 EzA § 87 BetrVG 1972 Betriebliche Ordnung Nr. 12; *BAG* 10.11.1987 EzA § 77 BetrVG 1972 Nr. 19); zu den Grenzen einer Betriebsvereinbarung über ein Rauchverbot vgl. BAG 19.1.1999 EzA § 87 BetrVG 1972 Betriebliche Ordnung Nr. 24.
- Verbot des Radiohörens während der Arbeitszeit (*BAG* 14.1.1986 EzA § 87 BetrVG 1972 Betriebliche Ordnung Nr. 11);
- Maßnahmen zur Kontrolle des Ordnungsverhaltens der Arbeitnehmer, wie z. B. Regelungen über Anwesenheits-, Pünktlichkeits-, Tor- und sonstige Verhaltenskontrollen, soweit sie nicht nur auf die Arbeitsleistung bezogen sind. Einführung, Ausgestaltung und Nutzung von Passierscheinen oder Werksausweisen, Einführung eines Verfahrens bei Krankmeldung oder Abmeldung beim Verlassen des Arbeitsplatzes (GK-BetrVG/*Wiese* § 87 Rz. 213);
- Fragen der Arbeitskleidung, sofern eine bestimmte Kleidung nicht arbeitsnotwendig ist, etwa aus hygienischen Gründen (*BAG* 8.8.1989 EzA § 87 BetrVG 1972 Betriebliche Ordnung Nr. 13);
- die Anweisung des Arbeitgebers, Verkäuferinnen dürfen sich im Geschäftslokal nur stehend aufhalten (*ArbG Köln* 13.7.1989 EzA § 87 BetrVG 1972 Betriebliche Ordnung Nr. 14);
- Benutzungsregelungen für zur Verfügung gestellte Wasch- und Umkleideräume, Fahrradstellplätze, Parkplätze (GK-BetrVG/*Wiese* § 87 Rz. 219);
- Regelungen über die Sicherung der vom Arbeitnehmer eingebrachten Sachen (*BAG* 1.7.1965 EzA § 611 BGB Fürsorgepflicht Nr. 5);
- das Verbot, während der gesetzlich vorgeschriebenen Mittagspause den Betrieb zu verlassen (*BAG* 21.8.1990 EzA § 87 BetrVG 1972 Betriebliche Ordnung Nr. 16);

I. Betriebsverfassungsrecht

- Benutzung des Telefons oder firmeneigener Kraftfahrzeuge für private Zwecke, soweit dies vom Arbeitgeber grds. gestattet wurde (*LAG Nürnberg* 29.1.1987 NZA 1987, 572);
- formalisierte Krankengespräche, die der Aufklärung eines überdurchschnittlichen Krankenstandes durch Befragung einer nach abstrakten Kriterien ermittelten Mehrzahl von Arbeitnehmern dienen (*BAG* 8.11.1994 EzA § 87 BetrVG 1972 Betriebliche Ordnung Nr. 21);
- Regelungen über die Mitnahme von Arbeitsunterlagen nach Hause (*Klebe* DKK § 87 Rz. 50);
- die Anordnung des Arbeitgebers, bereits vom ersten Tag der Erkrankung an eine Arbeitsunfähigkeitsbescheinigung vorzulegen (*BAG* 5.5.1992 EzA § 87 Betriebliche Ordnung Nr. 19). Dies gilt auch unter Geltung des EFZG für eine nach § 5 Abs. 1 S. 3 EFZG zulässige Anweisung des Arbeitgebers, Zeiten der Arbeitsunfähigkeit unabhängig von deren Dauer generell durch eine vor Ablauf des dritten Kalendertages nach Beginn der Arbeitsunfähigkeit vorzulegende Bescheinigung nachzuweisen (*BAG* 25.1.2000 EzA § 87 BetrVG 1972 Betriebliche Ordnung Nr. 26);
- die Anordnung des Arbeitgebers, dass im Falle eines Arztbesuches in der Arbeitszeit die Notwendigkeit hierzu vom behandelnden Arzt auf einem vom Arbeitgeber entwickelten Formular bescheinigt werden soll (*BAG* 21.1.1997 EzA § 87 BetrVG 1972 Betriebliche Ordnung Nr. 22).

bb) Nicht erfasste Regelungsgegenstände
Nicht von § 87 Abs. 1 Nr. 1 BetrVG erfasst ist/sind: **1336**

- Abmahnungen wegen Verletzung arbeitsvertraglicher Pflichten (*BAG* 30.1.1979 EzA § 87 BetrVG 1972 Betriebsbuße Nr. 3);
- Maßnahmen, zu deren Durchführung der Arbeitgeber auf Grund behördlicher Anordnungen verpflichtet ist (*BAG* 9.7.1991 EzA § 87 BetrVG 1972 Betriebliche Ordnung Nr. 18), wie z. B. die Durchführung von Sicherheitsüberprüfungen in einer kerntechnischen Anlage auf Grund entsprechender behördlicher Auflage;
- die Installation eines Zugangssicherungssystems, wenn durch den Einsatz codierter Ausweiskarten lediglich der Ein- oder Ausgang zu Betriebsräumen freigegeben wird, ohne festzuhalten, wer wann in welcher Richtung den Zugang benutzt (*BAG* 10.4.1984 EzA § 87 BetrVG 1972 Betriebliche Ordnung Nr. 10);
- Maßnahmen und Anordnungen zur Unterstützung polizeilicher Ermittlungen (*BAG* 17.8.1982 EzA § 87 BetrVG 1972 Betriebliche Ordnung Nr. 9);
- Erlass einer Dienstreiseordnung (*BAG* 8.12.1991 EzA § 87 BetrVG 1972 Betriebliche Ordnung Nr. 8);
- Die Einführung arbeitsbegleitender Papiere, wie z. B. Tätigkeitsberichte, Tagesnotizen, Arbeitsberichte (*BAG* 9.12.1980 EzA § 87 BetrVG 1972 Betriebliche Ordnung Nr. 3; 24.11.1981 EzA § 87 BetrVG 1972 Betriebliche Ordnung Nr. 7);
- der Einsatz von Privatdetektiven zur Überwachung von Arbeitnehmern bei der Erfüllung ihrer Arbeitspflicht (*BAG* 26.3.1991 EzA § 87 BetrVG 1972 Überwachung Nr. 1);
- die Einführung von Führungsrichtlinien, die regeln, in welcher Weise Mitarbeiter allgemein ihre Arbeitsaufgaben und Führungskräfte ihre Führungsaufgaben zu erledigen haben (*BAG* 23.10.1984 EzA § 94 BetrVG 1972 Nr. 1);
- die Anordnung einer außerplanmäßigen Dienstreise außerhalb der normalen Arbeitszeit, wenn während der Reisezeit keine Arbeitsleistung zu erbringen ist (*BAG* 23.7.1996 EzA § 87 BetrVG 1972 Arbeitszeit Nr. 55).

I. Betriebsverfassungsrecht

- die Regelung, wie Vorgesetzte verfahren sollen, wenn sich ihnen unterstellte Betriebsratsmitglieder ab- oder rückmelden, da insoweit nur die Arbeitspflicht der Vorgesetzten konkretisiert wird (*BAG* 13.5.1997 EzA § 37 BetrVG 1972 Nr. 135);
- allgemein alle Anordnungen des Arbeitgebers, die sich auf die Arbeitspflicht des Arbeitnehmers beziehen, insbesondere Gegenstand, Ort, Zeit, Reihenfolge, Art und Weise der Erledigung der Arbeit regeln, wie z. B. die Anordnung, in Geschäftsbriefen auch den Vornamen anzugeben (*BAG* 8.6.1999 EzA § 87 BetrVG 1972 Betriebliche Ordnung Nr. 25).

cc) Insbesondere: Betriebsbußen

(1) Begriff, grundsätzliche Zulässigkeit

1337 Die Betriebsbuße ist eine Sanktion bei Verstößen des Arbeitnehmers gegen die kollektive betriebliche Ordnung und damit eine Sanktion mit Strafcharakter, die über die individualrechtlich zulässigen Reaktionsmöglichkeiten hinausgeht (*BAG* 17.10.1989 EzA § 87 BetrVG 1972 Betriebsbuße Nr. 8).

1338 Der Erlass einer Betriebsbußordnung, also eines Regelwerks mit Beschreibung der einzelnen Verletzungshandlungen und ihrer Folgen ist zulässig, unterliegt aber nach § 87 Abs. 1 Nr. 1 BetrVG der Mitbestimmung des Betriebsrats (*BAG* 17.10.1989 EzA § 87 BetrVG 1972 Betriebsbuße Nr. 8).

1339 Maßnahmen, die als Betriebsbußen zu qualifizieren sind, können nur auf Grund einer zwischen den Betriebspartnern vereinbarten Betriebsbußordnung und nur für Verstöße gegen die Regeln über das Ordnungsverhalten verhängt werden; fehlt eine solche mitbestimmte Betriebsbußordnung, sind gleichwohl vom Arbeitgeber verhängte Maßnahmen unwirksam (*BAG* 17.10.1989 EzA § 87 BetrVG 1972 Betriebsbuße Nr. 8).

In der Praxis besteht daher das Hauptproblem darin, Maßnahmen mit Betriebsbußcharakter von mitbestimmungsfrei möglichen individualrechtlichen Sanktionen abzugrenzen.

(2) Abgrenzung zu individualrechtlichen Sanktionen

1340 Auf Verstöße des Arbeitnehmers gegen arbeitsvertragliche Pflichten kann der Arbeitgeber mit individualrechtlichen Mitteln, insbesondere einer Abmahnung, einer Versetzung, einer Kündigung oder der Einforderung einer vereinbarten Vertragsstrafe reagieren. Hinsichtlich solcher Maßnahmen besteht kein Mitbestimmungsrecht des Betriebsrats nach § 87 Abs. 1 Nr. 1 BetrVG, und zwar auch dann nicht, wenn der Arbeitgeber zu derartigen Maßnahmen als Reaktion auf Verstöße gegen die kollektive betriebliche Ordnung greift (*BAG* 17.10.1989 EzA § 87 BetrVG 1972 Betriebsbuße Nr. 8). Soweit Versetzungen oder Kündigungen ausgesprochen werden, beschränken sich die Rechte des Betriebsrats auf eine Beteiligung nach §§ 99, 102 BetrVG.

1341 Eine Betriebsbuße liegt demgegenüber vor, wenn der Arbeitgeber zu Maßnahmen greift, die über die individualrechtlichen Möglichkeiten des Arbeitgebers hinausgehen, wie etwa der Entzug von Vergünstigungen (*BAG* 22.10.1985 EzA § 87

BetrVG 1972 Betriebliche Lohngestaltung Nr. 10), eine Abmahnung, die einen über den Warnzweck hinausgehenden Sanktionscharakter hat, etwa indem sie ein Unwerturteil über die Person des Arbeitnehmers beinhaltet oder formalisierte Sanktionen in der Stufenfolge Verwarnung, Verweisung, Versetzung, Entlassung (*BAG* 7.11.1979 EzA § 87 BetrVG 1972 Betriebsbuße Nr. 4) sowie beförderungshemmende Missbilligungen (*BAG* 17.10.1989 EzA § 87 BetrVG 1972 Betriebsbuße Nr. 8).

Bei Bestehen einer Betriebsbußordnung ist der Arbeitgeber nicht auf die Verhängung einer Betriebsbuße beschränkt, sondern kann auch mit rein individualrechtlichen Sanktionen reagieren (*BAG* 17.10.1989 EzA § 87 BetrVG 1972 Betriebsbuße Nr. 8). 1342

(3) Die Beteiligung des Betriebsrats an Sanktionen

Besteht eine Betriebsbußordnung, ist auch die Festsetzung einer Buße im Einzelfall mitbestimmungspflichtig. Fehlt es an einer solchen Bußordnung, hat der Betriebsrat kein Mitbestimmungsrecht im Einzelfall bei der Festsetzung arbeitgeberseitiger Maßnahmen mit Bußcharakter; derartige Maßnahmen sind vielmehr unwirksam (*BAG* 17.10.1989 EzA § 87 BetrVG 1972 Betriebsbuße Nr. 8). Die Einführung und die Verhängung müssen rechtsstaatlichen Grundsätzen genügen, was voraussetzt, dass die Bußtatbestände eindeutig festgelegt, die Art der Bußen bestimmt sowie die zulässige Höhe und die Verwendung von Geldbußen geregelt ist. Insbesondere muss die Gewährung rechtlichen Gehörs sichergestellt sein (*Klebe* DKK § 87 Rz. 59 ff.). 1343

Die Festsetzung der Buße im Einzelfall innerhalb des gesetzten Rahmens muss nach Art und Höhe angemessen sein und darf nicht Persönlichkeitsrechte des Arbeitnehmers verletzen, sodass z. B. eine Anprangerung durch Namensnennung am Schwarzen Brett unzulässig ist (*FKHE* § 87 Rz. 90). Eine Kündigung oder Rückgruppierung kann in der Bußordnung als Disziplinarmaßnahme nicht vorgesehen werden, da diese Maßnahme mit dem zwingenden Kündigungsschutzrecht nicht vereinbar ist (*BAG* 28.4.1982 EzA § 87 BetrVG 1972 Betriebsbuße Nr. 5; *Klebe* DKK § 87 Rz. 57). 1344

(4) Gerichtliche Überprüfung

Die Verhängung einer Betriebsbuße unterliegt in vollem Umfang der arbeitsgerichtlichen Kontrolle in einem von dem betroffenen Arbeitnehmer angestrengten Urteilsverfahren, § 2 ArbGG. Die Arbeitsgerichte sind befugt, alle mit der Verhängung einer Betriebsbuße zusammenhängenden Fragen nachzuprüfen. 1345

Das Prüfungsrecht bezieht sich damit insbesondere auch auf die Frage, ob die Bußordnung wirksam erlassen worden ist, ob der Arbeitnehmer die ihm zur Last gelegte Handlung tatsächlich begangen hat, ob die Grundsätze eines rechtsstaatlichen, ordnungsgemäßen Verfahrens beachtet worden sind, ob die verhängte Buße nach der Bußordnung zulässig ist und schließlich auch darauf, ob sie im Einzelfall angemessen ist (GK-BetrVG/*Wiese* § 87 Rz. 266). 1346

I. Betriebsverfassungsrecht

3. Beginn und Ende der täglichen Arbeitszeit einschließlich der Pausen sowie Verteilung der Arbeitszeit auf die einzelnen Wochentage, § 87 Abs. 1 Nr. 2 BetrVG

a) Zweck, Inhalt des Mitbestimmungsrechts

1347 Zweck des Mitbestimmungsrechts ist es, die Interessen der Arbeitnehmer an der Lage ihrer Arbeitszeit und damit zugleich der Freizeit für die Gestaltung ihres Privatlebens zur Geltung zu bringen (*BAG* 21.12.1982 EzA § 87 BetrVG 1972 Arbeitszeit Nr. 16). Das Mitbestimmungsrecht bezieht sich nur auf die Verteilung, d. h. die zeitliche Lage, nicht jedoch auf die Dauer der wöchentlichen Arbeitszeit.

1348 Diese ist vielmehr tarifvertraglich oder einzelvertraglich vorgegeben (*BAG* 13.7.1987 EzA § 87 BetrVG 1972 Arbeitszeit Nr. 22). Arbeitszeit ist dabei nicht nur die Zeit, die von der Arbeitsleistung ausgefüllt wird, sondern diejenige, in der der Arbeitnehmer dem Arbeitgeber seine Arbeitskraft zur Verfügung stellt, sodass hierzu auch Arbeitsbereitschaft, Bereitschaftsdienst und Zeiten einer Rufbereitschaft gehören (*BAG* 21.12.1982 EzA § 87 BetrVG 1972 Arbeitszeit Nr. 16; s. o. C/Rz. 30 ff.).

1349 Tarifverträge, die die wöchentliche Arbeitszeit verkürzen oder Möglichkeiten zur Flexibilisierung der Arbeitszeit vorsehen, ohne die näheren Einzelheiten der Umsetzung selbst abschließend zu regeln, lassen das Mitbestimmungsrecht im Rahmen der tarifvertraglichen Vorgaben unberührt (vgl. GK-BetrVG/*Wiese* § 87 Rz. 280 ff.).

1350 Sofern eine Einigung der Betriebspartner über die Umsetzung einer tariflichen Arbeitszeitverkürzung nicht erreicht wird, ist der Arbeitgeber nicht berechtigt, Anfang und Ende der täglichen Arbeitszeit einschließlich der Pausen sowie der Verteilung der wöchentlichen Arbeitszeit auf die einzelnen Wochentage ohne Zustimmung des Betriebsrates einseitig festzulegen, solange die bisherige Verteilung der Arbeitszeit nach dem neuen Tarifvertrag beibehalten werden kann (*BAG* 19.2.1991 EzA § 87 BetrVG 1972 Arbeitszeit Nr. 46).

1351 Das Mitbestimmungsrecht bezieht sich nicht auf die Öffnungszeiten des Betriebes oder Betriebsnutzungszeiten. Gleichwohl wird z. B. in einem Kaufhaus vom Mitbestimmungsrecht auch eine Arbeitszeitregelung gedeckt, die die Ausschöpfung der gesetzlichen Ladenöffnungszeiten unmöglich macht (*BAG* 31.8.1982 EzA § 87 BetrVG 1972 Arbeitszeit Nr. 1).

1352 Wenn auch die Dauer der wöchentlichen Arbeitszeit nicht der Mitbestimmung des Betriebsrats unterliegt (*BAG* 22.6.1993 EzA § 23 BetrVG 1972 Nr. 35), werden hierdurch Regelungen über die tägliche Arbeitszeit nicht ausgeschlossen, die mittelbar auch die Dauer der Wochenarbeitszeit berühren, wie etwa die Festlegung der Höchstzahl von Tagen in der Woche, an denen Teilzeitbeschäftigte Arbeitnehmer beschäftigt werden sollen oder die Festlegung der Mindestdauer der täglichen Arbeitszeit (*BAG* 13.10.1987 EzA § 87 BetrVG 1972 Arbeitszeit Nr. 25; 28.9.1988 EzA § 87 BetrVG 1972 Arbeitszeit Nr. 30; 16.7.1991 EzA § 87 BetrVG 1972 Arbeitszeit Nr. 48).

Das Mitbestimmungsrecht besteht nur bei Vorliegen eines kollektiven Tatbestands (vgl. oben I/Rz. 1293 ff.).

I. Betriebsverfassungsrecht

aa) Verteilung der Arbeitszeit auf die Wochentage
Das Mitbestimmungsrecht erstreckt sich auf die Frage, wie eine vorgegebene Arbeits- 1353
zeit auf die einzelnen Wochentage verteilt wird, d. h. an wie vielen Tagen der Woche
gearbeitet und an welchen Tagen länger und an welchen Tagen kürzer gearbeitet wird
(*Klebe* DKK § 87 Rz. 78). Auch die Frage, ob zu festen Zeiten oder mit variabler Arbeitszeit gearbeitet wird, unterliegt der Mitbestimmung.

bb) Lage der täglichen Arbeitszeit
Das Mitbestimmungsrecht besteht nicht nur bei Dauerregelungen, sondern auch bei 1354
einer nur vorübergehenden Änderung der Lage der Arbeitszeit, so z. B. bei Verlegung
von Arbeitszeiten bei sog. Brückentagen (*BAG* 13.7.1977 EzA § 87 BetrVG 1972 Arbeitszeit Nr. 3; *Klebe* DKK § 87 Rz. 75). Eine Änderung der Arbeitszeitlage unterliegt
ebenfalls der Mitbestimmung. Mangels kollektiven Tatbestands nicht mitbestimmungspflichtig sind Vereinbarungen zwischen Arbeitgeber und Arbeitnehmer über
die Lage der Arbeitszeit, die nur durch individuelle Umstände bedingt sind, wie
z. B. zeitliche Notwendigkeiten infolge Kinderbetreuung.

cc) Pausen
Mitbestimmungspflichtig ist weiter die Lage der Pausen. Pausen sind im Voraus fest- 1355
gelegte Unterbrechungen der Arbeitszeit, in denen der Arbeitnehmer weder Arbeit
zu leisten noch sich dafür bereit zu halten hat, sondern frei darüber entscheiden
kann, wo und wie er diese Zeit verbringen will (*BAG* 23.9.1992 EzA § 12 AZO Nr. 6;
s. o. C/Rz. 51 ff.). Eine Pause i. S. d. § 87 Abs. 1 Nr. 3 BetrVG liegt damit nur vor bei
Ruhepausen, durch die die Arbeitszeit unterbrochen wird, die also selbst nicht zur
Arbeitszeit gehören und deshalb auch nicht vergütet werden müssen. Nicht erfasst
sind daher bezahlte Lernpausen (*BAG* 28.7.1981 EzA § 87 BetrVG 1972 Arbeitszeit
Nr. 9) oder tarifvertraglich vorgeschriebene Unterbrechungen der Arbeit an Bildschirmgeräten, während deren eine anderweitige Beschäftigung zulässig ist (*BAG*
6.12.1983 EzA § 87 BetrVG 1972 Bildschirmarbeit Nr. 1). Für Teilzeitkräfte unterliegt
bspw. die Frage, ob deren kurze Arbeitszeit noch durch gesetzlich nicht erforderliche
Pausen verlängert wird, der Mitbestimmung (*BAG* 13.10.1987 EzA § 87 BetrVG 1972
Nr. 25).

b) Anwendungsfälle

aa) Gleitende Arbeitszeit
Mitbestimmungspflichtig ist die Einführung und Änderung gleitender Arbeitszeit 1356
(*BAG* 18.4.1989 EzA § 87 BetrVG 1972 Arbeitszeit Nr. 35). Dies gilt für die Regelung
der täglichen Arbeitszeit, der Kernzeit, der Gleitzeit und Regelungen über die Möglichkeit der Ansammlung von Gleitzeitguthaben bzw. Gleitzeitsalden und der entsprechenden Ausgleichszeiträume (*Klebe* DKK § 87 Rz. 80).

bb) Teilzeitarbeit
Die Einführung von Teilzeitarbeit selbst ist mitbestimmungsfrei, weil es insoweit um 1357
die Dauer der wöchentlichen Arbeitszeit geht. Mitbestimmungspflichtig sind aber generelle Regelungen über die Lage der Teilzeitarbeit einschließlich der Regelung der
Frage, ob Teilzeitkräfte zu festen Zeiten oder nach Bedarf beschäftigt werden sollen
(*BAG* 13.10.1987 EzA § 87 BetrVG 1972 Arbeitszeit Nr. 25; 28.9.1988 EzA § 87
BetrVG 1972 Arbeitszeit Nr. 30). Dem Mitbestimmungsrecht unterliegt die Festle-

gung der Mindestdauer der täglichen Arbeitszeit, der Höchstzahl von Tagen in der Woche, an denen teilzeitbeschäftigte Arbeitnehmer beschäftigt werden sollen, die Mindestzahl arbeitsfreier Samstage, die Dauer der Pausen und auch die Frage, inwieweit die tägliche Arbeitszeit in einer oder mehreren Schichten geleistet werden soll und ob und in welchem Umfang sich die Arbeitszeit der teilzeitbeschäftigten Arbeitnehmer mit den Ladenöffnungszeiten decken soll oder nicht (*BAG* 13.10.1987 EzA § 87 BetrVG 1972 Arbeitszeit Nr. 25; 28.9.1988 EzA § 87 BetrVG 1972 Arbeitszeit Nr. 30).

cc) Schichtarbeit

1358 Die Einführung von Schichtarbeit, die Festlegung und Änderung der Anzahl der Schichten sowie ihre Modalitäten, d. h. die Abgrenzung des Personenkreises, der Schichtarbeit zu leisten hat, und die Aufstellung der konkreten Schichtpläne als Zuordnung der Arbeitnehmer zu einzelnen Schichten einschließlich der Regelung der Frage, ob und unter welchen Voraussetzungen Arbeitnehmer von einer Schicht in eine andere umgesetzt werden können, unterliegt der Mitbestimmung (*BAG* 27.6.1989 EzA § 87 BetrVG 1972 Arbeitszeit Nr. 36; *BAG* 19.2.1991 EzA § 95 BetrVG 1972 Nr. 23). Erfasst ist auch der einzelne Schicht- oder Dienstplan selbst (*BAG* 28.10.1986 EzA § 87 BetrVG 1972 Arbeitszeit Nr. 20). Möglich ist aber auch eine Regelung, die sich auf die Festlegung von Grundsätzen beschränkt, denen die einzelnen Schichtpläne entsprechen müssen und die Aufstellung der einzelnen Schichtpläne entsprechend diesen Grundsätzen dem Arbeitgeber überlässt (*BAG* 28.10.1986 EzA § 87 BetrVG 1972 Arbeitszeit Nr. 20).

1359 Ein Mitbestimmungsrecht besteht auch bei sog. Rollierregelungen, die bei einem an allen sechs Werktagen der Woche geöffneten Betrieb regeln, an welchem der sechs Werktage die einzelnen Arbeitnehmer nicht arbeiten müssen, wenn sie nur zur Arbeitsleistung an fünf Tagen verpflichtet sind. Mitbestimmungspflichtig ist damit die Entscheidung, ob es sich um ein vorwärts rollierendes System handeln soll, welche Rolliergruppen aufgestellt werden, welche Arbeitnehmer einer Rolliergruppe zugeordnet werden sollen und ob für die einzelnen Rolliergruppen Freizeitkalender zu führen sind (*BAG* 31.1.1989 EzA § 87 BetrVG 1972 Arbeitszeit Nr. 32).

dd) Bereitschaftsdienste

1360 Rufbereitschaft als Verpflichtung des Arbeitnehmers, sich an einem von ihm selbst gewählten, dem Arbeitgeber mitzuteilenden Ort aufzuhalten, um auf Abruf die Arbeit i. d. R. unverzüglich aufnehmen zu können, unterliegt der Mitbestimmung des Betriebsrats (*BAG* 21.12.1982 EzA § 87 BetrVG 1972 Arbeitszeit Nr. 16) ebenso wie die Einführung und nähere Ausgestaltung von Bereitschaftsdiensten, d. h. der Bestimmung des Aufenthaltsorts, an dem sich der Arbeitnehmer für die jederzeitige Arbeitsaufnahme bereit zu halten hat (*Klebe* DKK § 87 Rz. 83 m. w. N.). Bei Bereitschaftsdiensten außerhalb der regelmäßigen Arbeitszeit besteht ein Mitbestimmungsrecht auch nach § 87 Abs. 1 Nr. 3 BetrVG. Dieses erstreckt sich auch auf die Frage, ob der entsprechende Arbeitsanfall überhaupt durch Einrichtung eines Bereitschaftsdienstes abgedeckt werden soll (*BAG* 28.2.2000 EzA § 87 BetrVG 1972 Arbeitszeit Nr. 61).

ee) Leiharbeitnehmer

1361 Der Betriebsrat des Entleiherbetriebs hat über die Arbeitszeit der Leiharbeitnehmer, die in diesem Betrieb arbeiten, mitzubestimmen. § 14 AÜG steht dem nicht entgegen.

I. Betriebsverfassungsrecht

Die Einbeziehung der Leiharbeitnehmer folgt aus dem Schutzzweck der Norm, da diese Personen wie Arbeitnehmer im Betrieb tätig werden (*BAG* 15.12.1992 EzA § 14 AÜG Nr. 3).

4. Vorübergehende Verkürzung/Verlängerung der Arbeitszeit, § 87 Abs. 1 Nr. 3 BetrVG

a) Inhalt des Mitbestimmungsrechts

§ 87 Abs. 1 Nr. 3 BetrVG ist ein Unterfall des Mitbestimmungsrechts nach § 87 Abs. 1 Nr. 2 BetrVG. **1362**

Verkürzung der betriebsüblichen Arbeitszeit bedeutet Kurzarbeit, eine Verlängerung liegt im Falle von Überstunden vor. Unter betriebsüblicher Arbeitszeit ist die regelmäßige betriebliche Arbeitszeit zu verstehen. Bei unterschiedlichen Arbeitszeiten im Betrieb ist jedoch nicht auf die im Betrieb häufigste Arbeitszeit, sondern auf die für bestimmte Arbeitsplätze und Arbeitnehmergruppen geltenden Arbeitszeiten abzustellen, sodass es in ein und demselben Betrieb mehrere betriebsübliche Arbeitszeiten geben kann (*BAG* 21.11.1978 EzA § 87 BetrVG 1972 Arbeitszeit Nr. 7; 16.7.1991 EzA § 87 BetrVG 1972 Arbeitszeit Nr. 48). **1363**

Betriebsübliche Arbeitszeiten sind insoweit alle Arbeitszeiten, die die Arbeitnehmer, ein Teil von ihnen oder auch ein einzelner Arbeitnehmer jeweils individualrechtlich dem Arbeitgeber schulden, sodass der Betriebsrat auch bei der vorübergehenden Verlängerung der Arbeitszeit von Teilzeitbeschäftigten selbst dann mitzubestimmen hat, wenn für diese unterschiedliche Wochenarbeitszeiten gelten (*BAG* 16.7.1991 EzA § 87 BetrVG 1972 Arbeitszeit Nr. 48; *BAG* 23.6.1996 EzA § 87 BetrVG 1972 Arbeitszeit Nr. 56). Ebenso besteht ein Mitbestimmungsrecht des Betriebsrats nach § 87 Abs. 1 Nr. 3 BetrVG bei der Einführung eines Bereitschaftsdienstes außerhalb der regelmäßigen Arbeitszeit. Dieses erstreckt sich auch auf die Frage, ob der entsprechende Arbeitsanfall überhaupt durch Einrichtung eines Bereitschaftsdienstes abgedeckt werden soll (*BAG* 28.2.2000 EzA § 87 BetrVG 1972 Arbeitszeit Nr. 61). Keine Verlängerung der betriebsüblichen Arbeitszeit liegt nach Auffassung des *BAG* (23.7.1996 EzA § 87 BetrVG 1972 Arbeitszeit Nr. 55) vor, wenn der Arbeitgeber eine außerplanmäßige Dienstreise anordnet, die Reisezeiten außerhalb der normalen Arbeitszeit erforderlich macht, wenn während der Reisezeit keine Arbeitsleistung zu erbringen ist. Beschäftigt der Arbeitgeber für einen Sonntagsverkauf Arbeitnehmer eines anderen Betriebs für lediglich einen Tag, besteht kein Mitbestimmungsrecht des Betriebsrats des Betriebs, in dem der Sonntagsverkauf durchgeführt wird, nach § 87 Abs. 1 Nr. 3 BetrVG, da für diese Arbeitnehmer bisher im Betrieb noch überhaupt keine übliche Arbeitszeit bestand. In Betracht kommen hier aber Mitbestimmungsrechte nach § 87 Abs. 1 Nr. 2 und nach § 99 BetrVG (*BAG* 25.2.1997 EzA § 87 BetrVG 1972 Arbeitszeit Nr. 57). Mitbestimmungspflichtig nach § 87 Abs. 1 Nr. 3 BetrVG ist auch die Durchführung einer Mitarbeiterversammlung außerhalb der betriebsüblichen Arbeitszeit, wenn eine Teilnahmeverpflichtung der Arbeitnehmer besteht (*BAG* 13.3.2001 EzA § 87 BetrVG 1972 Arbeitszeit Nr. 62). Für Leiharbeitnehmer besteht im Verleiherbetrieb eine betriebsübliche Arbeitszeit nach Maßgabe des mit dem Verleiher vereinbarten Stundenkontingents. Werden Leiharbeitnehmer in einen Betrieb entsandt, dessen betriebsüb- **1364**

I. Betriebsverfassungsrecht

liche Arbeitszeit die vom Leiharbeitnehmer dem Verleiher geschuldete vertragliche Arbeitszeit übersteigt, liegt eine Verlängerung der betriebsüblichen Arbeitszeit gem. § 87 Abs. 1 Nr. 3 BetrVG vor. Das Mitbestimmungsrecht steht dem beim Verleiher gebildeten Betriebsrat zu (*BAG* 19.6.2001 EzA §87 BetrVG 1972 Arbeitszeit Nr. 63).

1365 Eine vorübergehende Verkürzung oder Verlängerung der Arbeitszeit liegt vor, wenn diese lediglich einen überschaubaren Zeitraum betrifft und nicht auf Dauer erfolgen soll.

Dies gilt auch dann, wenn der Endzeitpunkt noch nicht feststeht, aber die Absicht besteht, nach Fortfall des Anlasses zur bisherigen Arbeitszeit zurückzukehren (GK-BetrVG/*Wiese* § 87 Rz. 384). Erfasst wird jede Form von vorübergehender Verkürzung oder Verlängerung (*Klebe* DKK § 87 Rz. 88). Der Arbeitgeber kann das Mitbestimmungsrecht bei der Anordnung von Überstunden nicht dadurch umgehen, dass er die Arbeiten auf eine geschäftlich nicht tätige Firma »überträgt«, die von denselben Geschäftsführern wie der Arbeitgeber geführt wird und die Arbeiten im Betrieb des Arbeitgebers, auf seinen Betriebsanlagen sowie gerade mit den Arbeitnehmern ausführt, die vom Arbeitgeber zu den Überstunden herangezogen werden sollten (*BAG* 22.10.1991 EzA § 87 BetrVG Arbeitszeit Nr. 49).

1366 Bei arbeitskampfbedingten Veränderungen der betriebsüblichen Arbeitszeit bestehen nur eingeschränkte Beteiligungsrechte des Betriebsrats (s. o. G/Rz. 106 ff.).

b) Kein Ausschluss des Initiativrechts

1367 Nach der Rechtsprechung des *BAG* (4.3.1986 EzA § 87 BetrVG 1972 Arbeitszeit Nr. 17) beinhaltet § 87 Abs. 1 Nr. 3 BetrVG auch ein Initiativrecht des Betriebsrats zur Einführung von Kurzarbeit. Streitig ist, ob Entsprechendes auch für die Einführung von Überstunden gilt (so *Klebe* DKK § 87 Rz. 89; *FKHE* § 87 Rz. 154), was fraglich erscheint, da das Mitbestimmungsrecht bei Überstunden gerade dem Schutz der Arbeitnehmer vor den Gefahren einer Mehrarbeit und dem Schutz der Freizeit vor Beeinträchtigung dient (MünchArbR/*Matthes* § 335 Rz. 43).

c) Rückkehr zur Normalarbeitszeit

1368 Kehrt der Betrieb nach Durchführung von Überstunden über längere Zeit oder nach Vereinbarung von Kurzarbeit früher als zunächst vorgesehen zur betriebsüblichen Arbeitszeit zurück, besteht kein Mitbestimmungsrecht, da die betriebsübliche Arbeitszeit nicht verändert, sondern lediglich wieder hergestellt wird (*BAG* 11.7.1990 EzA § 615 BGB Betriebsrisiko Nr. 11).

d) Überstunden

1369 Ein Mitbestimmungsrecht bei Überstunden setzt das Vorliegen eines kollektiven Tatbestandes voraus (s. o. I/Rz. 1293 ff.), der vorliegt, wenn Regelungsfragen auftreten, die die kollektiven Interessen der Arbeitnehmer betreffen, sodass ein Mitbestimmungsrecht ausscheidet, wenn es lediglich um individuelle Besonderheiten und Wünsche einzelner Arbeitnehmer geht. Ein kollektiver Tatbestand scheidet aber nicht schon deshalb aus, weil nur ein einzelner Arbeitnehmer betroffen ist, da auch in einem solchen Fall zu klären sein kann, wie viele Überstunden, wann und von wem zu leisten sind (*BAG* 16.7.1991 EzA § 87 BetrVG 1972 Arbeitszeit Nr. 48). Unerheblich ist, ob die Überstunden freiwillig geleistet werden (*BAG* 11.11.1986 EzA

I. Betriebsverfassungsrecht

§ 87 BetrVG 1972 Arbeitszeit Nr. 21) und ob der Arbeitgeber die Überstunden ausdrücklich anordnet oder lediglich duldet (*BAG* 27.11.1990 EzA § 87 BetrVG 1972 Arbeitszeit Nr. 40). Das Vorliegen eines bloßen Eilfalles schließt das Mitbestimmungsrecht des Betriebsrats nicht aus (s. o. I/Rz. 1320 ff.).

e) Kurzarbeit

Kurzarbeit liegt vor, wenn die betriebsübliche Arbeitszeit durch Arbeitsausfall von Stunden, bestimmten Wochentagen oder ganzen Wochen herabgesetzt wird. Der Mitbestimmung unterliegt die Regelung der Frage, ob überhaupt in welchem Rahmen Kurzarbeit eingeführt wird und wie die Verteilung der geänderten Arbeitszeit auf die einzelnen Wochentage zu erfolgen hat (*Klebe* DKK § 87 Rz. 101). Strittig ist, ob sich das Mitbestimmungsrecht auch auf die finanzielle Milderung der Folgen der Kurzarbeit erstreckt. Zum Teil wird dies mit der Begründung angenommen, dass Zweck des Mitbestimmungsrechts gerade der Schutz vor Entgeltverlusten infolge Kurzarbeit sei (*Klebe* DKK § 87 Rz. 102; MünchArbR/*Matthes* § 335 Rz. 37). Dagegen wird geltend gemacht, das Mitbestimmungsrecht erstrecke sich nach dem Wortlaut des § 87 Abs. 1 Nr. 2 BetrVG nur auf die Arbeitszeit (*LAG Köln* 14.6.1989 NZA 1989, 939; *Glaubitz* HSG § 87, Rz. 197). 1370

f) Mitbestimmung und Arbeitsvertrag

Die Beachtung des Mitbestimmungsrechts ist Wirksamkeitsvoraussetzung (s. o. I/Rz. 1325 f.) für alle Maßnahmen zur vorübergehenden Verkürzung der Arbeitszeit. Wird ohne Beachtung des Mitbestimmungsrechts Kurzarbeit angeordnet, ist das volle Arbeitsentgelt nach § 615 BGB fortzuzahlen (*BAG* 14.2.1991 EzA § 87 BetrVG 1972 Kurzarbeit Nr. 1). 1371

Sofern Kurzarbeit in einer Betriebsvereinbarung vereinbart wird, wirken deren Regelungen gem. § 77 Abs. 4 BetrVG unmittelbar und zwingend, sodass die Vereinbarung unmittelbar den entsprechenden Verlust des Entgeltanspruches bewirkt (*BAG* 14.2.1991 EzA § 87 BetrVG 1972 Kurzarbeit Nr. 1; *BAG* 9.5.1984 EzA § 1 LFZG Nr. 71).

Sofern die Betriebspartner Mehrarbeit in einer Betriebsvereinbarung vereinbart haben, wirkt auch diese Regelung unmittelbar und zwingend auf die Arbeitsverhältnisse ein und die Arbeitnehmer sind zur Leistung der vereinbarten Mehrarbeit verpflichtet (*Richardi* § 87 Rz. 396 f.; MünchArbR/*Matthes* § 335 Rz. 49). 1372

5. Auszahlung der Arbeitsentgelte, § 87 Abs. 1 Nr. 4 BetrVG

Arbeitsentgelt sind die vom Arbeitgeber zu erbringenden Vergütungsleistungen, also neben Lohn oder Gehalt i. e. Sinne auch Zulagen, Gratifikationen, Provisionen, Gewinnbeteiligungen, zusätzliches Urlaubsentgelt, vermögenswirksame Leistungen, Auslösungen, Sachleistungen, Reisekosten, Wegegelder oder Spesen (GK-BetrVG/ *Wiese* § 87 Rz. 425). Ein Mitbestimmungsrecht besteht nicht hinsichtlich der Höhe der jeweils zu zahlenden Vergütung. 1373

Das Mitbestimmungsrecht bezieht sich auf die Zeit der Auszahlung i. S. d. Festlegung der Entgeltzahlungszeiträume (monatlich/wöchentlich) und die Festlegung 1374

I. Betriebsverfassungsrecht

des Zahlungszeitpunkts (Tag, Stunde) sowie die Leistung von Abschlagszahlungen (*Klebe* DKK § 87 Rz. 106).

1375 Ort der Entgeltleistung ist regelmäßig der Betrieb des Arbeitgebers (§ 269 Abs. 1, 2 BGB). § 269 BGB ist dispositiv, sodass abweichende Regelungen getroffen werden können, die allerdings nicht gegen § 35 Abs. 2 SeemG und § 115a GewO (Verbot der Auszahlung des Entgelts in Gast- oder Schankwirtschaften und Verkaufsstellen) verstoßen dürfen. Sofern Deputate geschuldet werden, ist mitbestimmungspflichtig, ob diese anzuliefern oder vom Arbeitnehmer abzuholen sind (MünchArbR/*Matthes* § 336 Rz. 8).

1376 Zur Art der Auszahlung des Arbeitsentgelts gehört vor allem die Entscheidung, ob das Entgelt in bar oder bargeldlos gezahlt werden soll. Nach ständiger Rechtsprechung des *BAG* (8.3.1977 EzA § 87 BetrVG 1972 Lohn und Arbeitsentgelt Nr. 6; 10.8.1993 EzA § 87 BetrVG 1972 Lohn und Arbeitsentgelt Nr. 16) kann zur Regelung der bargeldlosen Auszahlung des Arbeitsentgelts als notwendiger Annex auch eine solche über die Zahlung von Kontoführungsgebühren oder die Einführung einer Kontostunde (Freistellung von der Arbeitspflicht) gehören.

1377 Nicht zu beanstanden ist etwa die Einführung einer Kontoführungspauschale in Höhe von monatlich 3,50 DM (*BAG* 5.3.1991 EzA § 87 BetrVG 1972 Lohn und Arbeitsentgelt Nr. 15). Solche Annex-Regelungen sind aber nur insoweit möglich, als hierdurch die durch die bargeldlose Überweisung anfallenden Kosten oder der erforderliche Zeitaufwand unvermeidlich anfallen. So ist etwa der Spruch einer Einigungsstelle, der den Arbeitgeber verpflichtet, alle Arbeitnehmer monatlich eine Stunde zum Ausgleich des Aufwands, der mit der bargeldlosen Auszahlung des Arbeitsentgelts verbunden ist, freizustellen, ermessensfehlerhaft, wenn die bargeldlose Auszahlung des Arbeitsentgelts nicht notwendigerweise zur Inanspruchnahme von Freizeit führt, weil z. B. der Arbeitgeber angeboten hat, bei Bedarf Bargeld während der Arbeitszeit kostenlos gegen Scheck auszuzahlen (*BAG* 18.8.1993 EzA § 87 BetrVG 1972 Lohn und Arbeitsentgelt Nr. 16). Lässt ein Tarifvertrag die Einführung der bargeldlosen Entgeltzahlung zu, ohne die Frage der Kostentragung zu regeln, ist es eine Frage der Auslegung, ob insoweit eine abschließende tarifliche Regelung oder aber Raum für ergänzende betriebliche Regelungen besteht (vgl. einerseits *BAG* 31.8.1982 EzA § 87 BetrVG 1972 Nr. 9, andererseits *BAG* 5.3.1991 EzA § 87 BetrVG 1972 Lohn und Arbeitsentgelt Nr. 15).

6. Urlaub, § 87 Abs. 1 Nr. 5 BetrVG

a) Zweck; Begriff des Urlaubs

1378 Durch das Mitbestimmungsrecht sollen die Urlaubswünsche einzelner Arbeitnehmer und die betrieblichen Interessen an der Kontinuität des Betriebsablaufs sinnvoll aufeinander abgestimmt werden (*BAG* 18.6.1974 EzA § 87 BetrVG 1972 Urlaub Nr. 1). Die zwingenden Vorschriften des BUrlG und einschlägiger Tarifverträge sind zu beachten. Das Mitbestimmungsrecht erstreckt sich nicht auf die Dauer des Urlaubs sowie das Urlaubsentgelt und die Zahlung eines zusätzlichen Urlaubsgeldes (GK-BetrVG/*Wiese* § 87 Rz. 446 f.).

I. Betriebsverfassungsrecht

Der Mitbestimmungstatbestand bezieht sich auf jede Form des Urlaubs, also nicht **1379**
nur Erholungsurlaub, sondern auch Bildungs- und Sonderurlaub, Zusatzurlaub
für Schwerbehinderte sowie jede andere Form bezahlter oder unbezahlter Freistellung (*BAG* 17.11.1977 EzA § 9 BUrlG Nr. 9; GK-BetrVG/*Wiese* § 87 Rz. 444).

b) Allgemeine Urlaubsgrundsätze

Allgemeine Urlaubsgrundsätze sind betriebliche Richtlinien, nach denen Urlaub **1380**
im Einzelfall gewährt oder – z. B. in Saisonbetrieben – nicht gewährt werden
darf oder soll (*BAG* 18.6.1974 EzA § 87 BetrVG 1972 Urlaub Nr. 1). Der Mitbestimmung unterliegt insbesondere die Einführung von Betriebsferien.

Hierbei kann auch eine Regelung für mehrere aufeinander folgende Jahre getroffen **1381**
werden (*BAG* 28.7.1981 EzA § 87 BetrVG 1972 Urlaub Nr. 4). Soweit Arbeitnehmer
zum Zeitpunkt der Betriebsferien noch keinen Urlaubsanspruch erworben haben
und nicht im Betrieb beschäftigt werden, behalten sie ihren vollen Lohnanspruch.
Die Einführung von Betriebsferien begründet dringende betriebliche Belange i. S. d.
§ 7 Abs. 1 BUrlG, hinter denen abweichende Urlaubswünsche des einzelnen Arbeitnehmers zurücktreten müssen (*BAG* 28.7.1981 EzA § 87 BetrVG 1972 Urlaub Nr. 4).
Unter Berücksichtigung der Wertungen des BUrlG dürften aber Regelungen über Betriebsferien unzulässig sein, die dem Arbeitnehmer keinerlei individuellen Spielraum
für die Urlaubsplanung belassen.

In Betracht kommen weiter Regelungen einschließlich ihrer späteren Änderungen und Aufhebung über Urlaubszeiten für bestimmte Betriebsabteilungen **1382**
oder Gruppen von Arbeitnehmern, befristete Urlaubssperren, die Verteilung
auf das laufende und die Übertragung auf das nächste Urlaubsjahr, die Berücksichtigung persönlicher Umstände (z. B. schulpflichtige Kinder) sowie das Verfahren für die Beantragung und die Gewährung (z. B. durch Urlaubslisten) von Urlaub (GK-BetrVG/*Wiese* § 87 Rz. 453, 454; *Klebe* DKK § 87 Rz. 113).

Der Betriebsrat kann im Wege des Initiativrechts die Aufstellung von Urlaubsgrundsätzen verlangen, wobei allerdings streitig ist, ob er über die Einigungsstelle auch ggf. **1383**
die Schließung des Betriebs zur Einführung von Betriebsferien durchsetzen kann.
Zum Teil (GK-BetrVG/*Wiese* § 87 Rz. 463) wird dies unter Hinweis darauf, dass
die Schließung des Betriebes eine allein dem Arbeitgeber zustehende Entscheidung
im unternehmerischen Bereich sei, abgelehnt. Nach anderer Auffassung erstreckt
sich das Initiativrecht auch auf die Einführung von Betriebsferien, da die Frage, ob
in unangemessener Weise die Belange des Betriebs beeinträchtigt werden, lediglich
eine Frage des Inhalts der Regelung und der Ermessensentscheidung der Einigungsstelle, nicht aber eine solche nach dem Bestehen eines entsprechenden Initiativrechts
sei (MünchArbR/*Matthes* § 337 Rz. 22; *Klebe* DKK § 87 Rz. 114; FKHE § 87 Rz. 193).

c) Urlaubsplan

Ein Urlaubsplan ist die genaue Festlegung der zeitlichen Lage des Urlaubs der einzelnen Arbeitnehmer im Urlaubsjahr einschließlich der Regelung der Urlaubsvertretung, bei Betriebsferien die Festlegung deren zeitlicher Lage (GK-BetrVG/ **1384**
Wiese § 87 Rz. 460).

I. Betriebsverfassungsrecht

1385 Mitbestimmungspflichtig ist auch die Änderung des Urlaubsplans (*Klebe* DKK § 87 Rz. 117). Sofern ein Urlaubsplan vereinbart ist, wird hierdurch der Urlaubsanspruch der einzelnen Arbeitnehmer konkretisiert, sodass sie zum bezeichneten Zeitpunkt den Urlaub ohne besondere Urlaubsgewährung durch den Arbeitgeber antreten können und sich lediglich abmelden müssen (*Klebe* DKK § 87 Rz. 115). Vom Urlaubsplan abzugrenzen ist die Urlaubsliste, bei der es sich lediglich um ein Verzeichnis der von den Arbeitnehmern geäußerten Urlaubswünsche handelt. Ihre Führung betrifft das Verfahren der Urlaubsgewährung und ist deshalb als Urlaubsgrundsatz mitbestimmungspflichtig (GK-BetrVG/*Wiese* § 87 Rz. 465). Durch bloße Eintragung in die Urlaubsliste wird noch kein Anspruch des einzelnen Arbeitnehmers begründet, den Urlaub zu einem bestimmten Zeitpunkt antreten zu können. Bei Fehlen eines Urlaubsplans kann aber durch die Eintragung in die Urlaubsliste der Urlaub festgelegt werden, wenn der Arbeitgeber dem Wunsch eines Arbeitnehmers nicht innerhalb angemessener Frist widerspricht (*LAG Düsseldorf* 8.5.1970 DB 1970, 1136).

d) Festsetzung der Lage des Urlaubs für einzelne Arbeitnehmer

1386 Soweit der einzelne Arbeitnehmer mit der zeitlichen Festlegung seines Urlaubs nicht einverstanden ist, besteht nach § 87 Abs. 1 Nr. 5 BetrVG ein Mitbestimmungsrecht des Betriebsrats im Einzelfall, sofern zwischen dem einzelnen Arbeitnehmer und dem Arbeitgeber keine Einigung über die zeitliche Lage zu Stande kommt. Das Vorliegen eines sog. kollektiven Tatbestandes ist demnach hier nach überwiegender Ansicht nicht erforderlich (*Klebe* DKK § 87 Rz. 118; FKHE § 87 Rz. 201; **a. A.** GK-BetrVG/*Wiese* § 87 Rz 470, 471; MünchArbR/*Matthes* § 337 Rz. 20, die auch hier einen kollektiven Tatbestand verlangen, sodass nach dieser Auffassung mindestens die Abstimmung der zeitlichen Lage des Urlaubs von 2 Arbeitnehmern erforderlich sein soll). Kommt keine Einigung zwischen den Betriebspartnern zu Stande, entscheidet die Einigungsstelle.

1387 Die zwischen Betriebsrat und Arbeitgeber erzielte Einigung oder die Entscheidung der Einigungsstelle schließen nicht aus, dass der betroffene Arbeitnehmer auf Erteilung des Urlaubs für einen bestimmten anderen Zeitraum unter Berufung auf § 7 Abs. 1 BUrlG im Urteilsverfahren klagt (*FKHE* § 87 Rz. 206; *Klebe* DKK § 87 Rz. 119).

1388 Streitig ist, ob für die Klage dann das Rechtsschutzbedürfnis fehlt, wenn sich der Arbeitnehmer zuvor nicht mit dem Ziel der Einleitung des Mitbestimmungsverfahrens an den Betriebsrat gewendet hat (so etwa *FKHE* § 87 Rz. 206; **a. A.** etwa *Klebe* DKK § 87 Rz. 119).

7. Technische Überwachungseinrichtungen, § 87 Abs. 1 Nr. 6 BetrVG

a) Zweck, Verhältnis zum BDSG

1389 Das Mitbestimmungsrecht dient dem Persönlichkeitsschutz der Arbeitnehmer. Technische Kontrolleinrichtungen greifen stark in den persönlichen Bereich der Arbeitnehmer ein, wobei es zu einer Gefährdung des Persönlichkeitsrechts der Arbeitnehmer dadurch kommen kann, dass durch die technische Ermittlung von Verhaltens- und Leistungsdaten eine wesentlich größere Anzahl von Daten ununterbrochen erhoben werden kann als bei der Überwachung durch Menschen, und die Abläufe der Datenermittlung und -verwertung für den Arbeitnehmer nicht durchschaubar sind.

Die ununterbrochene Ermittlung und jederzeitige Abrufbarkeit von Informationen kann den Arbeitnehmer zum Objekt einer anonymen Kontrolle machen, der er sich nicht entziehen kann (*BAG* 8.11.1994 EzA § 87 BetrVG 1972 Kontrolleinrichtung Nr. 20; BT-Drs. VI/1786, S. 49). Das Mitbestimmungsrecht des Betriebsrats soll insoweit einen präventiven Schutz der Persönlichkeitssphäre der betroffenen Arbeitnehmer sicherstellen (GK-BetrVG/*Wiese* § 87 Rz. 484). 1390

Die Erhebung, Speicherung und Verarbeitung von Daten unterliegt Beschränkungen nach dem Bundesdatenschutzgesetz (BDSG, s. o. C/Rz. 2397 ff.). 1391

Nach Auffassung des *BAG* (27.5.1986 EzA § 87 BetrVG 1972 Kontrolleinrichtung Nr. 16) ergeben sich aus den Bestimmungen des BDSG aber keine zusätzlichen Beschränkungen für Regelungen der Betriebspartner: Die Verarbeitung personenbezogener Daten ist datenschutzrechtlich schon dann zulässig, wenn sie durch eine Betriebsvereinbarung oder durch einen Spruch der Einigungsstelle erlaubt wird, sofern den Grundsätzen über den Persönlichkeitsschutz der Arbeitnehmer (§ 75 Abs. 2 BetrVG) ausreichend Rechnung getragen wird.

Dies setzt eine Abwägung der wechselseitigen schutzwerten Interessen voraus.

b) Voraussetzungen des Mitbestimmungsrechts
Der Mitbestimmung des Betriebsrats nach § 87 Abs. 1 Nr. 6 BetrVG unterliegt nur die Überwachung der Arbeitnehmer hinsichtlich ihres Verhaltens und ihrer Leistung durch technische Einrichtungen. 1392

aa) Technische Einrichtung
Ein Mitbestimmungsrecht besteht nicht bei der bloßen Überwachung durch Personen (z. B. Vorgesetzte, Inspektoren, Privatdetektive oder Werkschutz), sondern setzt voraus, dass die Überwachung mittels einer technischen Einrichtung erfolgt. Eine technische Einrichtung liegt nur dann vor, wenn durch ein technisches Gerät eine gewisse eigenständige Leistung im Zuge der Überwachung erbracht wird, indem das Gerät oder die Anlage selbst Tätigkeiten verrichtet, die sonst der überwachende Mensch wahrnehmen muss, da Zweck des Mitbestimmungsrechts gerade der Schutz vor der Ersetzung der menschlichen Kontrolle durch technische Einrichtungen ist. 1393

Erfasst sind damit nur technische Einrichtungen, die selbst eine eigenständige Kontrollwirkung haben, indem sie zumindest zum Teil von Menschen unabhängig Leistungs- oder Verhaltensdaten erfassen oder auswerten, nicht hingegen bloße technische Hilfsmittel einer Überwachung durch Menschen (*BAG* 8.11.1994 EzA § 87 BetrVG 1972 Nr. 20), wie z. B. beim Einsatz einer Stoppuhr, Lupe, Rechenmaschine oder herkömmlicher Schreibgeräte, mit denen der Arbeitnehmer selbst seine Arbeitsleistung auf Papier aufschreibt (vgl. *BAG* 24.11.1981 EzA § 87 BetrVG 1972 Betriebliche Ordnung Nr. 7). 1394

Auf die Modalitäten der technischen Überwachung kommt es ebenso wenig an wie auf deren zeitliche Dauer. Technische Überwachungseinrichtungen sind bspw. Film- 1395

I. Betriebsverfassungsrecht

und Videokameras, Produktographen, Tachographen, Abhörvorrichtungen, Zeiterfassungsgeräte, und alle Geräte und Systeme der elektronischen Datenverarbeitung (*BAG* 14.9.1984 EzA § 87 BetrVG 1972 Kontrolleinrichtung Nr. 11; 23.4.1985 EzA § 87 BetrVG 1972 Kontrolleinrichtung Nr. 13; 11.3.1986 EzA § 87 BetrVG 1972 Kontrolleinrichtung Nr. 15). Bei Computersystemen hängt die Beurteilung maßgeblich von der eingesetzten Software ab, sodass die Einheit von Rechner und Programm technische Einrichtung i. S. v. § 87 Abs. 1 Nr. 6 BetrVG sein kann (vgl. *BAG* 26.7.1994 EzA § 87 BetrVG 1972 Kontrolleinrichtung Nr. 19). Nicht erforderlich ist, dass bereits die Erhebung von leistungs- oder verhaltensbezogenen Daten durch die technische Einrichtung selbst erfolgt.

1396 Bei EDV-Einsatz ist ausreichend, dass Daten einem System zum Zwecke der Speicherung und Verarbeitung manuell eingegeben werden müssen, da schon das Verarbeiten von Informationen für sich allein als Überwachung zu verstehen sein kann, nämlich dann, wenn solche Daten programmgemäß zu Aussagen über Verhalten oder Leistung einzelner Arbeitnehmer verarbeitet werden (*BAG* 14.9.1984 EzA § 87 BetrVG 1972 Kontrolleinrichtung Nr. 11; 26.7.1994 EzA § 87 BetrVG 1972 Kontrolleinrichtung Nr. 19).

1397 Nicht erfasst sind technische Einrichtungen, die ausschließlich zur Kontrolle von Maschinen oder technischen Vorgängen geeignet sind, ohne dass daraus Rückschlüsse auf das Verhalten oder die Leistung des Arbeitnehmers gezogen werden können (*BAG* 9.9.1975 EzA § 87 BetrVG 1972 Kontrolleinrichtung Nr. 2). Ein Mitbestimmungsrecht scheidet aus, wenn die Einführung bestimmter Kontrollgeräte gesetzlich oder tariflich vorgeschrieben ist, wie z. B. bei Fahrtenschreibern gem. § 57 a StVZO (*BAG* 10.7.1979 EzA § 87 BetrVG 1972 Kontrolleinrichtung Nr. 6).

1398 Erfasst sind beispielsweise Personalinformationssysteme, ISDN-Telefonanlagen und Systeme der Betriebsdatenerfassung (vgl. GK-BetrVG/*Wiese* § 87 Rz. 551 ff.; *Klebe* DKK § 87 Rz. 164–166 zu weiteren Einzelfällen).

bb) Eignung zur Überwachung

1399 Ungeachtet des Wortlauts erfasst § 87 Abs. 1, 6 BetrVG nicht nur technische Einrichtungen, die dazu bestimmt sind, Verhalten oder Leistung von Arbeitnehmern zu überwachen, sondern vielmehr auch solche Anlagen, die auf Grund ihrer Konstruktion oder Verwendung im konkreten Fall objektiv zur Überwachung geeignet sind, indem sie dem Arbeitgeber Daten über das Verhalten oder die Leistung der Arbeitnehmer zur Verfügung stellt und es somit ausschließlich von seinem Willen abhängt, ob er von der Möglichkeit ihrer Verwendung zu Kontrollzwecken Gebrauch macht (*BAG* 9.9.1975 EzA § 87 BetrVG 1972 Kontrolleinrichtung Nr. 2; 23.4.1985 EzA § 87 BetrVG 1972 Kontrolleinrichtung Nr. 12).

1400 Auf die Absicht des Arbeitgebers, die Einrichtung auch zur Überwachung zu verwenden, kommt es nicht an. Unerheblich ist auch, ob die Überwachung primärer Zweck oder bloße Nebenwirkung des Einsatzes der technischen Einrichtung ist (*BAG* 10.7.1979 EzA § 87 BetrVG 1972 Kontrolleinrichtung Nr. 6). Eine objektive Eignung zur Überwachung der Arbeitnehmer ist zum einen zu bejahen, wenn auf Grund der verwendeten technischen Einrichtung bzw. des verwendeten Programms unmittelbar Verhaltens- und Leistungsdaten erfasst und aufgezeichnet werden (*BAG*

I. Betriebsverfassungsrecht

6.12.1983 EzA § 87 BetrVG 1972 Bildschirmarbeit Nr. 1), zum anderen aber auch dann, wenn mittels der technischen Einrichtung, etwa des verwendeten Programms, auf anderem Wege gewonnene Verhaltens- und Leistungsdaten ausgewertet werden können, sodass eine Überwachung allein schon durch die technische Verarbeitung anderweitig gewonnener Informationen vorliegt (*BAG* 26.7.1994 § 87 BetrVG 1972 Kontrolleinrichtung Nr. 19) und generell dann, wenn durch die Verarbeitung gleich welcher Daten Aussagen über Verhalten und Leistung der Arbeitnehmer gewonnen werden können, z. B. durch Einsatz von Personalinformationssystemen (*BAG* 11.3.1986 EzA § 87 BetrVG 1972 Kontrolleinrichtung Nr. 15).

Überwachung setzt voraus, dass erhobene Leistungs- bzw. Verhaltensdaten einzelnen Arbeitnehmern zugeordnet werden können, die betroffenen Arbeitnehmer also identifizierbar, die gewonnenen Daten individualisiert oder individualisierbar sind. Hierfür reicht grds. nicht aus, dass lediglich auf einer Gruppe von Arbeitnehmern bezogene Daten erhoben oder verarbeitet werden. Etwas anderes gilt aber dann, wenn der von der technischen Einrichtung auf die Gruppe ausgehende Überwachungsdruck auf die einzelnen Gruppenmitglieder durchschlägt. **1401**

Das ist dann der Fall, wenn es sich um eine kleine überschaubare Gruppe von Arbeitnehmern handelt und sich für das einzelne Gruppenmitglied infolge der Größe und Organisation der Gruppe sowie der Art ihrer Tätigkeit entsprechende Anpassungszwänge ergeben, so etwa, wenn die Arbeitnehmer der Gruppe im Gruppenakkord arbeiten (*BAG* 18.2.1986 EzA § 87 BetrVG 1972 Kontrolleinrichtung Nr. 14) oder die Gruppe in ihrer Gesamtheit für ihr Arbeitsergebnis verantwortlich gemacht wird und schlechte Leistungen einzelner für die übrigen Gruppenmitglieder bestimmbar bleiben (*BAG* 26.7.1994 EzA § 87 BetrVG 1972 Kontrolleinrichtung Nr. 19). **1402**

cc) Verhaltens- oder Leistungsdaten
Erforderlich ist weiter, dass sich die technische Überwachung auf Verhalten oder Leistung der Arbeitnehmer bezieht. **1403**

Leistung i. S. d. Bestimmung ist die vom Arbeitnehmer in Erfüllung seiner vertraglichen Pflicht geleistete Arbeit, nicht im naturwissenschaftlich-technischen Sinne die Arbeit pro Zeiteinheit. Ein Leistungsdatum ist bereits die Anzahl der gefertigten Stücke, auch wenn kein Bezug zur für die Erstellung der Stücke verbrauchten Zeit hergestellt wird (*BAG* 18.2.1986 EzA § 87 BetrVG 1972 Kontrolleinrichtung Nr. 14).

Die Leistung kann auch in einem Unterlassen bestehen, sodass auch Daten über Krankheitszeiten und sonstige Ausfallzeiten Leistungsdaten sind (*Klebe* DKK § 87 Rz. 148).

Verhalten i. S. d. Vorschrift ist jedes vom Arbeitnehmer willentlich gesteuerte Tun oder Unterlassen, das sich auf die Arbeitsleistung oder die betriebliche Ordnung bezieht (*BAG* 11.3.1986 EzA § 87 BetrVG 1972 Kontrolleinrichtung Nr. 15), nach weit gehender, überwiegender Auffassung jedes für die Beurteilung des Arbeitnehmers relevante Tun oder Unterlassen (GK-BetrVG/*Wiese* § 87 Rz. 537). **1404**

I. Betriebsverfassungsrecht

1405 Verhaltens- oder leistungserheblich sind bspw. Daten über Beginn und Ende der täglichen Arbeitszeit, Einzelheiten der Vertragserfüllung, Überstunden, Streikbeteiligung, krankheitsbedingte Fehlzeiten, attestfreie Krankheitszeiten und unentschuldigte Fehlzeiten (vgl. BAG 11.3.1986 EzA § 87 BetrVG 1972 Kontrolleinrichtung Nr. 15), krankhafte Trunk- oder Drogensucht, Abrechnung des Kantinenessens, des Werkbusverkehrs, von Belegschaftseinkäufen oder die Inanspruchnahme betrieblicher Darlehen (GK-BetrVG/*Wiese* § 87 Rz. 544).

c) Umfang des Mitbestimmungsrechts

1406 Das Mitbestimmungsrecht erstreckt sich auf Einführung und Anwendung der Einrichtung.

> Einführung der technischen Einrichtung ist die Entscheidung, ob, für welchen Zeitraum, an welchem Ort, mit welcher Zweckbestimmung und Wirkungsweise sie betrieben werden soll unter Einschluss der Auswahl von Programmen für eine EDV-Anlage. Anwendung ist die Entscheidung über den Einsatz der Überwachungseinrichtung und die dadurch bewirkten Überwachungsmaßnahmen im Einzelnen, wie z. B. die Entscheidung über Einschaltzeiten, die generell oder auf bestimmte Gruppen von Arbeitnehmern bzw. Arbeitsplätze begrenzte Verwendung der Einrichtung, Art und Umfang der Datenverarbeitung (GK-BetrVG/*Wiese* § 87 Rz. 568 f.).

1407 Erfasst ist auch jede Veränderung der technischen Einrichtung, die zugleich zu einer Änderung der vereinbarten Verwendung führt (*Klebe* DKK § 87 Rz. 156, 157). Bei einer bereits bestehenden Überwachungseinrichtung hat der Betriebsrat auch dann über die Anwendung mitzubestimmen, wenn er bei der Einführung der Einrichtung noch nicht zu beteiligen war (GK-BetrVG/*Wiese* § 87 Rz. 569). Da Zweck des Mitbestimmungsrechts ist, technischen Kontrolldruck von den Arbeitnehmern möglichst fern zu halten, unterliegt die Abschaffung von Überwachungstechnik nicht der Mitbestimmung des Betriebsrats (*BAG* 28.11.1989 EzA § 87 BetrVG 1972 Kontrolleinrichtung Nr. 18).

1408 Der Mitbestimmung unterliegt insbesondere die Regelung der Frage, welche Daten überhaupt erhoben und gespeichert werden, die Verwendung der Daten, die Regelung des Zugriffs auf die Daten und die Speicherungsdauer der Daten (*Klebe* DKK § 87 Rz. 158).

1409 Nicht vom Mitbestimmungsrecht gedeckt sind Regelungen, die dem Betriebsrat über seine gesetzlichen Befugnisse nach § 80 Abs. 1 Nr. 1 und § 75 Abs. 1 BetrVG hinaus zusätzliche Kontrollbefugnisse einräumen (*BAG* 6.12.1983 EzA § 87 BetrVG 1972 Bildschirmarbeit Nr. 1; GK-BetrVG/*Wiese* § 87 Rz. 570; a. A. *Klebe* DKK § 87 Rz. 161). Ebenfalls nicht der Mitbestimmung unterliegen die Maßnahmen des Arbeitgebers, die er auf Grund des Überwachungsergebnisses trifft (z. B. Abmahnung, Versetzung, Kündigung). Hier greifen nur spezielle Beteiligungsrechte, z. B. nach §§ 99 ff., 102 ff. BetrVG (GK-BetrVG/*Wiese* § 87 Rz. 535). Mitbestimmungspflichtig sind aber Folgeregelungen, mit denen Maßnahmen des Arbeitgebers beschränkt werden, um Belastungen der Arbeitnehmer durch die technische Überwachung entgegenzuwirken. Die Einigungsstelle kann deshalb auch Regelungen über die Verwendung der durch die technische Überwachung gewonnenen Aussagen und zur Begren-

I. Betriebsverfassungsrecht

zung der Auswertung treffen (*BAG* 11.3.1986 EzA § 87 BetrVG 1972 Kontrolleinrichtung Nr. 15; 27.5.1986 EzA § 87 BetrVG 1972 Kontrolleinrichtung Nr. 16).

d) Initiativrecht
Im Rahmen des Mitbestimmungsrechts hat der Betriebsrat auch ein Initiativrecht, das er insbesondere auch zu einer Änderung der Anwendung, ihrer Einschränkung oder Abschaffung einsetzen kann (GK-BetrVG/*Wiese* § 87 Rz. 572, 574). Da das Mitbestimmungsrecht dazu dient, technischen Kontrolldruck von den Arbeitnehmern möglichst fern zu halten, bezieht es sich nach Auffassung des *BAG* (28.11.1989 EzA § 87 BetrVG 1972 Kontrolleinrichtung Nr. 18) aber nicht darauf, dass der Betriebsrat auch die Einführung einer technischen Kontrolleinrichtung verlangen kann.

1410

e) Folgen unterbliebener Mitbestimmung
Wird das Mitbestimmungsrecht des Betriebsrats nicht beachtet, so kann dieser die Beseitigung des rechtswidrigen Zustands bzw. die Unterlassung der rechtswidrigen Verwendung der Kontrolleinrichtung im arbeitsgerichtlichen Beschlussverfahren, ggf. auch im Wege der einstweiligen Verfügung verlangen (GK-BetrVG/*Wiese* § 87 Rz. 579, s. u. I/Rz. 1965 ff.). Der einzelne Arbeitnehmer braucht eine rechtswidrig eingeführte oder angewendete Kontrolleinrichtung weder zu bedienen noch zu nutzen und hat ein Leistungsverweigerungsrecht unter Beibehaltung des Vergütungsanspruchs, wenn die Erbringung der geschuldeten Arbeitsleistung nicht möglich ist, ohne dass die Kontrolleinrichtung Leistung oder Verhalten festhält (GK-BetrVG/ *Wiese* § 87 Rz. 580). Der Arbeitnehmer kann die Löschung betriebsverfassungswidrig erhobener Daten verlangen (GK-BetrVG/*Wiese* § 87 Rz. 581; MünchArbR/*Matthes* § 338 Rz. 56).

1411

8. Verhütung von Arbeitsunfällen und Berufskrankheiten, Gesundheitsschutz im Rahmen der gesetzlichen Vorschriften oder Unfallverhütungsvorschriften, § 87 Abs. 1 Nr. 7 BetrVG

a) Zweck, Allgemeines
§ 87 Abs. 1 Nr. 7 BetrVG dient der Vorbeugung von Arbeitsunfällen (§ 8 SGB VII) und Berufskrankheiten (§ 9 SGB VII) sowie dem Gesundheitsschutz im Rahmen der gesetzlichen Vorschriften oder der Unfallverhütungsvorschriften. Zweck des Mitbestimmungsrechts ist es, das Interesse der Arbeitnehmer am Arbeitsschutz zu stärken und die Erfahrungen und Kenntnisse des Betriebsrats für eine Effektivierung des Arbeitsschutzes nutzbar zu machen (MünchArbR/*Matthes* § 343 Rz. 2).

1412

Da Normen des Arbeitsschutzrechts oft lediglich Rahmenvorschriften enthalten, die Verwirklichung des konkreten Sicherheitsziels im Interesse der Berücksichtigung der besonderen betrieblichen Gegebenheiten und der technischen Entwicklung der pflichtgemäßen Entscheidung des Arbeitgebers überlassen, sodass eine Auswahl unter mehreren Möglichkeiten besteht, soll der Betriebsrat bei der Auswahl unter mehreren möglichen Maßnahmen durch Wahrnehmung des Mitbestimmungsrechts die Interessen der Arbeitnehmer zur Geltung bringen (GK-BetrVG/*Wiese* § 87 Rz. 586).

1413

I. Betriebsverfassungsrecht

1414 § 87 Abs. 1 Nr. 7 BetrVG wird ergänzt durch §§ 80 Abs. 1 Nr. 1, 88 Nr. 1 und 89 BetrVG sowie eine Reihe anderer Vorschriften, insbesondere des ASiG (vgl. s. u. I/Rz. 1521 ff.; s. o. C/Rz. 2194 ff.). Eine Neuregelung des Arbeitsschutzes ist in Form des Arbeitsschutzgesetzes vom 7.8.1996 (ArbSchG, BGBl. I S. 1246) erfolgt, wobei dieses Gesetz die bisher verstreuten arbeitsschutzrechtlichen Bestimmungen integriert. Das Arbeitsschutzrecht wird in besonderer Weise durch europäisches Arbeitsschutzrecht in Form europäischer Richtlinien geprägt (z. B. EG-Bildschirmrichtlinie). Vor ihrer Umsetzung in nationales Recht und bereits vor Ablauf der Umsetzungsfrist kommt solchen Richtlinien insbesondere die Bedeutung zu, dass Vorschriften des nationalen Rechts, etwa arbeitsschutzrechtliche Generalklauseln richtlinienkonform auszulegen sind (*BAG* 2.4.1996 EzA § 87 BetrVG 1972 Bildschirmarbeit Nr. 1; *EuGH* 13.5.1986 NJW 1986, 3020).

b) Voraussetzungen des Mitbestimmungsrechts

1415 Das Mitbestimmungsrecht des Betriebsrats besteht nur im Rahmen der gesetzlichen Vorschriften oder der Unfallverhütungsvorschriften.

> Voraussetzung ist, dass überhaupt eine Regelung durch gesetzliche Vorschriften oder Unfallverhütungsvorschriften besteht und diese vorgegebene Regelung durch konkrete Maßnahmen noch ausfüllungsbedürftig ist.

1416 Fehlt es daher für einen bestimmten Bereich überhaupt an gesetzlichen Vorgaben oder an Vorgaben durch Unfallverhütungsvorschriften, scheidet ein erzwingbares Mitbestimmungsrecht aus, da hier überhaupt kein ausfüllungsbedürftiger Rahmen gegeben ist. Ist die gesetzliche Regelung oder die Regelung durch Unfallverhütungsvorschriften selbst bereits abschließend und daher nicht mehr ausfüllungsbedürftig, scheidet ein erzwingbares Mitbestimmungsrecht schon nach § 87 Abs. 1 Eingangssatz BetrVG (Bestehen einer gesetzlichen Regelung) aus. Möglich ist dann nur der Abschluss freiwilliger Betriebsvereinbarungen, vgl. § 88 BetrVG. Erforderlich ist damit immer das Bestehen eines Regelungsspielraums für den Arbeitgeber (*BAG* 28.7.1981 EzA § 87 BetrVG 1972 Arbeitszeit Nr. 9).

1417 Ein Entscheidungsspielraum besteht auch dann, wenn eine Vorschrift des Arbeitsschutzes zwar eine bestimmte Maßnahme vorschreibt, jedoch die Möglichkeit der Beantragung einer Ausnahmegenehmigung enthält, da der Arbeitgeber dann zwischen der angeordneten Maßnahme und der gestatteten Abweichung entscheiden kann (GK-BetrVG/*Wiese* § 87 Rz. 606).

1418 Kontrovers diskutiert wird, ob ein Regelungsspielraum auch dann besteht, wenn eine Norm dem Arbeitgeber einen Beurteilungsspielraum einräumt, ob die Voraussetzungen der Norm erfüllt sind (abl. *BAG* 6.12.1983 EzA § 87 BetrVG 1972 Bildschirmarbeit Nr. 1, zu C III 3 b; GK-BetrVG/*Wiese* § 87 Rz. 597; bejahend *FKHE* § 87 Rz. 267). Zu den gesetzlichen Vorschriften i. S. d. Bestimmung zählen auch Rechtsverordnungen (*Klebe* DKK § 87 Rz. 174). Tarifvertragliche Vorschriften reichen ebenso wenig wie gesetzliche Bestimmungen, die ausschließlich dem Schutz Dritter oder der Allgemeinheit dienen (GK-BetrVG/*Wiese* § 87 Rz. 592). Umstritten ist, ob Generalklauseln des öffentlich-rechtlichen Arbeitsschutzrechts (vor allem § 62 HGB, § 3 ArbStättV, § 2 Abs. 1 VBG 1; jetzt auch § 3 ArbSchG) gesetzliche Vorschriften i. S. v. § 87 Abs. 1 Nr. 1 BetrVG sind. Damit § 87 Abs. 1 Nr. 7 BetrVG nicht zum Einfallstor

I. Betriebsverfassungsrecht

für Rechtspolitik des Betriebsrats wird, wird dies zum Teil (GK-BetrVG/*Wiese* § 87 Rz. 604; MünchArbR/*Matthes* § 343 Rz. 16; **a. A.** *Klebe* DKK § 87 Rz. 181; *FKHE* § 87 Rz. 268) nur unter der Voraussetzung angenommen, dass eine konkrete, objektiv feststellbare Gefahr für Leben oder Gesundheit der Arbeitnehmer und nicht nur eine Belästigung besteht. Nach Auffassung des *BAG* (16.6.1998 EzA § 87 BetrVG 1972 Arbeitssicherheit Nr. 3) stellt § 2 Abs. 1 VBG 1 jedenfalls dann eine ausfüllungsbedürftige Rahmenvorschrift dar, wenn der Arbeitgeber umfassende Arbeits- und Sicherheitsanweisungen erlässt.

Nach jüngerer Rechtsprechung des *BAG* (2.4.1996 EzA § 87 BetrVG 1972 Bildschirmarbeit Nr. 1) sind Generalklauseln des öffentlich-rechtlichen Arbeitsschutzrechts im Licht der europäischen Arbeitsschutzrechte zu sehen und richtlinienkonform auszulegen, sodass sie dann, wenn europäische Arbeitsschutzrichtlinien bestehen, die noch nicht in nationales Recht umgesetzt sind, als Einfallstor für eine richtlinienkonforme Auslegung nationalen Rechts dienen können und dann unter diesem Gesichtspunkt als ausfüllungsbedürftige Rahmenbestimmungen anzusehen sind. **1419**

Unter diesem Gesichtspunkt hat das *BAG* (2.4.1996 EzA § 87 BetrVG 1972 Bildschirmarbeit Nr. 1) ein Mitbestimmungsrecht des Betriebsrats nach § 87 Abs. 1 Nr. 7 BetrVG i. V. m. § 120 a GewO und Art. 7 der EG-Bildschirmrichtlinie (90/270/EWG) hinsichtlich betrieblicher Regelungen über die Unterbrechung von Bildschirmarbeit durch andere Tätigkeiten oder Pausen, nicht jedoch hinsichtlich Augenuntersuchungen der am Bildschirm beschäftigten Arbeitnehmer bejaht (zum Teil anders noch *BAG* 6.12.1983 EzA § 87 BetrVG 1972 Bildschirmarbeit Nr. 1). Zwischenzeitlich ist die EG-Bildschirmrichtlinie in Form der BildscharbV in nationales Recht umgesetzt worden, die ihrerseits eine Reihe von ausfüllungsbedürftigen Rahmenvorschriften enthält (vgl. *Klebe* DKK § 87 Rz. 200 ff. m. w. N.). Ausfüllungsbedürftige Normen enthalten z. B. das AsiG, das ArbSchG (s. u. I/Rz. 1521 ff.; s. o. C/Rz. 2194 ff.), die GefStV, die ArbStV (vgl. den Überblick bei *Klebe* DKK § 87 Rz. 188 ff.), die BildschirmarbV (vgl. *Siemes* NZA 1998, 232 ff.) sowie § 2 Abs. 1 VBG 1 (Unfallverhütungsvorschriften- allgemeine Vorschriften, vgl. *BAG* 16.6.1998 EzA § 87 BetrVG 1972 Arbeitssicherheit Nr. 3). Auch § 6 Abs. 5 ArbZG enthält einen ausfüllungsbedürftigen Regelungsspielraum hinsichtlich der Frage, ob als Ausgleich für Nachtarbeit bezahlte freie Tage oder ein Entgeltzuschlag gewährt wird. Ein Mitbestimmungsrecht besteht aber nicht hinsichtlich der Zahl der freien Tage und der Höhe des Zuschlags (*BAG* 26.8.1997 EzA § 87 BetrVG 1972 Gesundheitsschutz Nr. 1). **1420**

c) Inhalt des Mitbestimmungsrechts

Soweit ein Mitbestimmungsrecht besteht, kommen Regelungen über technische Maßnahmen, Sicherheitsanlagen, die Organisation des Arbeitsschutzes im Betrieb oder bezüglich des Verhaltens der Arbeitnehmer zur Vermeidung von Arbeitsunfällen und Gesundheitsgefahren in Betracht, wobei sie sich stets im Rahmen der normativen Vorgaben halten müssen. Nicht gedeckt sind Regelungen über die Folgen eingetretener Gesundheitsschäden, etwa über Schadensersatzleistungen u. ä. (MünchArbR/*Matthes* § 343 Rz. 24). **1421**

I. Betriebsverfassungsrecht

1422 Die Kosten gesetzlich notwendiger Schutzkleidung hat stets der Arbeitgeber zu tragen; ein Mitbestimmungsrecht insoweit besteht daher nicht. In einer freiwilligen Betriebsvereinbarung nach § 88 BetrVG kann eine Kostenbeteiligung der Arbeitnehmer vorgesehen werden, falls die Schutzkleidung den Arbeitnehmern zum privaten Gebrauch überlassen und dieser Gebrauchsvorteil auch in Anspruch genommen wird (*BAG* 18.8.1982 EzA § 618 BGB Nr. 4). Insoweit kommt auch ein Mitbestimmungsrecht des Betriebsrats nach § 87 Abs. 1 Nr. 10 BetrVG in Betracht (MünchArbR/*Matthes* § 343 Rz. 27).

1423 Das im Rahmen des Mitbestimmungsrechts bestehende Initiativrecht des Betriebsrats bezieht sich nicht nur auf die Einführung von Regelungen über den Arbeitsschutz, sondern auch auf die Änderung bestehender Regelungen. Es wird nicht dadurch eingeschränkt, dass die vom Betriebsrat angestrebte Regelung höhere Kosten verursacht als die vom Arbeitgeber bereits getroffene oder geplante Regelung (MünchArbR/*Matthes* § 343 Rz. 30, 31).

9. Sozialeinrichtungen, § 87 Abs. 1 Nr. 8 BetrVG

a) Begriff der Sozialeinrichtung

1424 Sozialeinrichtungen sind alle Einrichtungen des Betriebs, Unternehmens oder Konzerns, durch die den Arbeitnehmern zusätzliche Vorteile gewährt werden, wobei der Begriff der Einrichtung erfordert, dass eine gewisse Institutionalisierung, d. h. eine gewisse, auf längeren Bestand ausgerichtete Organisation mit einer abgesonderten Vermögensmasse vorhanden ist. Es muss sich um ein zweckgebundenes Sondervermögen mit abgrenzbarer, auf Dauer gerichteter besonderer Organisation, das eine rechtliche und tatsächliche Verwaltung verlangt, handeln (*BAG* 15.9.1987 EzA § 87 BetrVG 1972 Sozialeinrichtung Nr. 15).

1425 Sofern es an dieser Verselbstständigung fehlt, können soziale Leistungen an die Arbeitnehmer dem Mitbestimmungsrecht des Betriebsrats nach § 87 Abs. 1 Nr. 10 BetrVG unterfallen. Als Sozialeinrichtungen kommen etwa in Betracht Kantinen (*BAG* 15.9.1987 EzA § 87 BetrVG 1972 Sozialeinrichtung Nr. 15), Erholungsräume, Kindergärten, Pensions- und Unterstützungskassen (*BAG* 10.3.1992 EzA § 87 BetrVG 1972 Altersversorgung Nr. 4), Fortbildungseinrichtungen, u. U. auch Werkmietwohnungen (vgl. GK-BetrVG/*Wiese* § 87 Rz. 693). Mangels einer Organisation sind keine Sozialeinrichtungen in der Bilanz ausgewiesene Rückstellungen für soziale Zwecke, Sozialleistungen, betriebliche Altersversorgungsleistungen durch generelle Direktzusagen (*BAG* 12.6.1975 EzA § 87 BetrVG 1972 Lohn und Arbeitsentgelt Nr. 3), sowie nicht aus einem Sondervermögen geleistete Arbeitgeberdarlehen (*BAG* 9.12.1980 EzA § 87 BetrVG 1972 Betriebliche Lohngestaltung Nr. 1).

b) Inhalt des Mitbestimmungsrechts

aa) Errichtung, Auflösung, Umfang der Mittel

1426 Ein Mitbestimmungsrecht des Betriebsrats besteht nicht hinsichtlich der Frage, ob überhaupt eine Sozialeinrichtung errichtet wird, hinsichtlich der Zweckbestimmung einer solchen Einrichtung und der Abgrenzung des begünstigten Personenkreises sowie hinsichtlich der Ausstattung der Einrichtung mit finanziellen Mitteln (*BAG* 15.9.1987 EzA § 87 BetrVG 1972 Sozialeinrichtung Nr. 15; 10.3.1992 EzA § 87 BetrVG 1972 Altersversorgung Nr. 4). Auch die Auflösung einer sozialen Einrichtung kann ebenso mitbestimmungsfrei erfolgen wie eine Kürzung der Mittel durch den Arbeitgeber.Im letzteren Fall besteht allerdings bei der Neuverteilung der reduzierten Mittel ein Mitbestimmungsrecht (*BAG* 10.3.1992 EzA § 87 BetrVG 1972 Altersversorgung Nr. 4).

bb) Form und Ausgestaltung

Mitbestimmungspflichtig ist dagegen die Rechtsform der Einrichtung oder deren Änderung, nachdem der Arbeitgeber sich für eine Sozialeinrichtung entschieden hat, z. B. die Regelung der Frage, ob die Einrichtung ohne eigene Rechtsfähigkeit, als juristische Person, von einem selbstständigen fremden Unternehmen oder als unselbstständige Betriebsabteilung betrieben werden soll (GK-BetrVG/*Wiese* § 87 Rz. 719 ff.). Mitbestimmungspflichtig ist ferner die Ausgestaltung der Sozialeinrichtung, d. h. die Festlegung allgemeiner Grundsätze in Bezug auf die Arbeitsweise der Einrichtung insbesondere durch Aufstellung allgemeiner Grundsätze über die Benutzung und Verwaltung (*Klebe* DKK § 87 Rz. 216). 1427

Bei der Ausgestaltung handelt es sich damit um Maßnahmen, die gem. ihrer Bedeutung und ihrer zeitlichen Reihenfolge nach der grundsätzlichen Entscheidung über die Errichtung zwischen der Bestimmung der Form und der laufenden Verwaltung der Sozialeinrichtung liegen (*BAG* 13.3.1973 EzA § 87 BetrVG 1972 Werkwohnung Nr. 2). Hierzu gehören Regelungen über die Ausgestaltung der Satzung, bei unselbstständigen Einrichtungen die Bildung eines Verwaltungsgremiums, die Aufstellung einer Geschäftsordnung oder von Benutzungsrichtlinien, die Konkretisierung der allgemeinen Zweckbestimmung, die Aufstellung von Grundsätzen über die Verwendung der finanziellen Mittel in dem durch die Entscheidung des Arbeitgebers über die Errichtung vorgegebenen Rahmen, etwa durch Aufstellung eines Leistungsplans oder einer Versorgungsrichtlinie (*BAG* 26.4.1988 EzA § 87 BetrVG 1972 Altersversorgung Nr. 2; GK-BetrVG/*Wiese* § 87 Rz. 726–733). 1428

cc) Verwaltung
Mitbestimmungspflichtig ist auch die Verwaltung der Sozialeinrichtung. 1429

Das Mitbestimmungsrecht erstreckt sich nicht nur auf die Aufstellung allgemeiner Verwaltungsrichtlinien, sondern auch auf einzelne Verwaltungsmaßnahmen (*BAG* 16.3.1982 EzA § 87 BetrVG 1972 Vorschlagswesen Nr. 3).

Hierzu gehören alle auf die Geschäftsführung, Nutzung und Erhaltung der Sozialeinrichtung bezogenen Maßnahmen, soweit sie nicht zur mitbestimmungsfreien Errichtung gehören, wie z. B. Entscheidungen über die Personaleinteilung, die Leistungen der Sozialeinrichtung im Einzelnen und die Nutzungsentgelte (GK-BetrVG/*Wiese* § 87 Rz. 736). 1430

I. Betriebsverfassungsrecht

1431 Jede Regelung der Verwaltung muss sicherstellen, dass der gleichberechtigte Einfluss des Betriebsrats gewährleistet ist (GK-BetrVG/*Wiese* § 87 Rz. 742).

1432 Bei unselbstständigen Einrichtungen kommt die Bildung eines gemeinsamen Ausschusses nach § 28 Abs. 3 BetrVG oder die Errichtung eines anderen, gemeinsamen Verwaltungsgremiums in Betracht; möglich ist auch die völlige oder teilweise Übertragung der Verwaltung auf den Betriebsrat (*BAG* 24.4.1986 EzA § 1 BetrVG 1972 Nr. 4). Bei einer Verpachtung einer Sozialeinrichtung bestehen Mitbestimmungsrechte nur in dem Umfang, wie dem Arbeitgeber Befugnisse gegenüber dem Pächter zustehen, wobei der Arbeitgeber verpflichtet ist, seine Befugnisse nur in Übereinstimmung mit dem Betriebsrat auszuüben (GK-BetrVG/*Wiese* § 87 Rz. 746). Bei rechtlich selbstständigen Einrichtungen kann die Mitbestimmung des Betriebsrats zunächst durch eine zweistufige Lösung sichergestellt werden: Mitbestimmungspflichtige Fragen sind zunächst zwischen Arbeitgeber und Betriebsrat auszuhandeln. Die gefundene Einigung ist dann vom Arbeitgeber gegenüber der juristischen Person durchzusetzen. Möglich ist aber auch eine einstufige, organschaftliche Lösung, indem die satzungsmäßigen Organe der juristischen Person von Arbeitgeber und Betriebsrat gleichberechtigt bestimmt werden, wobei entweder Arbeitgeber und Betriebsrat getrennt die gleiche Anzahl von Vertretern in das jeweilige Organ entsenden (*BAG* 13.7.1978 EzA § 87 BetrVG 1972 Sozialeinrichtung Nr. 10) oder die Organpersonen gleichberechtigt bestimmt werden, sodass gewährleistet ist, dass der Betriebsrat in diesen einen gleichberechtigten Einfluss auf die Verwaltung hat (GK-BetrVG/*Wiese* § 87 Rz. 751). Die mitbestimmungspflichtigen Angelegenheiten sind dann nur noch von den zuständigen Organen der Sozialeinrichtung selbst zu entscheiden (*BAG* 13.7.1978 EzA § 87 BetrVG 1972 Sozialeinrichtung Nr. 10).

c) Folgen unterbliebener Mitbestimmung

1433 Maßnahmen zum Nachteil der Arbeitnehmer, die unter Verstoß gegen das Mitbestimmungsrecht zustandegekommen sind, sind individualrechtlich unwirksam.

Dies gilt insbesondere für den Widerruf von Leistungen oder Anwartschaften der betrieblichen Altersversorgung zur Durchsetzung eines neuen Leistungsplanes, sofern der Widerruf zu einer Änderung des bisherigen Leistungsplanes führt und es nicht ausahmsweise an einem Regelungsspielraum für die Verteilung der verbleibenden Mittel fehlt (*BAG* 10.3.1992 EzA § 87 BetrVG 1972 Altersversorgung Nr. 4; 9.5.1989 EzA § 87 BetrVG 1972 Altersversorgung Nr. 3). Allein aus der Verletzung des Mitbestimmungsrechts entstehen aber keine Zahlungsansprüche, die bisher nicht bestanden haben (*BAG* 20.8.1991 EzA § 87 BetrVG 1972 Betriebliche Lohngestaltung Nr. 29).

10. Zuweisung, Kündigung und allgemeine Festlegung der Nutzungsbedingungen von Werkmietwohnungen, § 87 Abs. 1 Nr. 9 BetrVG

a) Zweck

1434 Soweit Arbeitnehmern mit Rücksicht auf das Bestehen eines Arbeitsverhältnisses Wohnräume vermietet werden, ist der einzelne Arbeitnehmer über die bloße arbeitsrechtliche Bindung hinaus zusätzlich bei der Gestaltung seines außerdienstlichen Lebensbereiches vom Arbeitgeber abhängig.

Da der mietrechtliche Kündigungsschutz bei Werkmietwohnungen geringer als bei sonstigen Mietwohnungen ist, soll durch die Mitbestimmung des Betriebsrats dieses gesteigerte Schutzbedürfnis, aber auch das kollektive Interesse der Belegschaft an einer gerechten Auswahl und Gleichbehandlung bei der Gestaltung der Mietbedingungen berücksichtigt werden (GK-BetrVG/*Wiese* § 87 Rz. 761). 1435

b) Werkmietwohnungen
Nur die sog. Werkmietwohnung, nicht hingegen Werkdienstwohnungen unterfallen § 87 Abs. 1 Nr. 9 BetrVG (*BAG* 28.7.1992 EzA § 87 BetrVG 1972 Werkwohnung Nr. 8). 1436

Für die Werkmietwohnung ist kennzeichnend, dass sie mit Rücksicht auf das Bestehen eines Dienstverhältnisses vermietet wird (§ 576 BGB), sodass also neben dem Arbeitsvertrag ein Mietvertrag abgeschlossen wird. Eine Werkdienstwohnung liegt demgegenüber vor, wenn dem Arbeitnehmer Wohnräume im Rahmen seines Arbeitsverhältnisses aus dienstlichen Gründen überlassen werden (z. B. Pförtner, Kraftfahrer, Hausmeister, vgl. § 576 b BGB).

Ihre Überlassung ist unmittelbarer Bestandteil des Arbeitsvertrages und regelmäßig Teil der Vergütung, sodass kein selbstständiger Mietvertrag vorliegt (*BAG* 28.7.1992 EzA § 87 BetrVG 1972 Werkwohnung Nr. 8). Unerheblich ist demgegenüber, ob die Wohnung unter dem marktüblichen Preis und auf Dauer oder nur vorübergehend vermietet wird (MünchArbR/*Matthes* § 340 Rz. 5). Unerheblich ist weiter, wer Eigentümer bzw. Vermieter der Wohnräume ist. Ist ein Dritter Eigentümer/Vermieter, besteht das Mitbestimmungsrecht nur im Rahmen der rechtlichen Einflussmöglichkeiten des Arbeitgebers auf den Dritten, z. B. in Form eines Belegungs- oder Vorschlagsrechts (*BAG* 18.7.1978 EzA § 87 BetrVG 1972 Werkwohnung Nr. 6). Bei Gewährung bloßer Mietzuschüsse kommt lediglich ein Mitbestimmungsrecht nach § 87 Abs. 1 Nr. 10 BetrVG in Betracht. Bei Wohnräumen im Eigentum einer selbstständigen juristischen Person kommt darüber hinaus eine Mitbestimmung unter dem Gesichtspunkt des § 87 Abs. 1 Nr. 8 BetrVG (Sozialeinrichtung) in Frage. Sofern der notwendige Zusammenhang mit dem Arbeitsverhältnis besteht, werden Räume jeder Art, also auch Behelfsheime, transportable Baracken, Wohnwagen oder andere Schlafstätten erfasst (*Klebe* DKK § 87 Rz. 229). 1437

c) Inhalt des Mitbestimmungsrechts

aa) Mitbestimmungsfreie Entscheidungen

Ob der Arbeitgeber überhaupt Wohnräume zur Verfügung stellt, unterliegt ebenso wenig dem Mitbestimmungsrecht wie die spätere Entwidmung, der Umfang der zur Verfügung gestellten finanziellen Mittel (Dotierungsrahmen) und die Festlegung des begünstigten Personenkreises (vgl. *BAG* 23.3.1993 EzA § 87 BetrVG 1972 Werkwohnung Nr. 9). 1438

I. Betriebsverfassungsrecht

1439 Das Mitbestimmungsrecht beschränkt sich grds. auf Arbeitnehmer i. S. d. § 5 Abs. 1 BetrVG, sodass Wohnungen, die ihrer Bestimmung nach von vornherein nicht nur für Arbeitnehmer in diesem Sinne, sondern nur für Leitende Angestellte bestimmt sind, nicht unter das Mitbestimmungsrecht fallen (*BAG* 23.3.1993 EzA § 87 BetrVG 1972 Werkwohnung Nr. 9). Werden jedoch aus einem einheitlichen Bestand Wohnungen sowohl an vom Betriebsrat repräsentierte Arbeitnehmer als auch an Personen vergeben, die nicht vom Betriebsrat repräsentiert werden, erstreckt sich das Mitbestimmungsrecht auch auf die Zuweisung und Kündigung, nicht jedoch auf die Festlegung der Nutzungsbedingungen derjenigen Wohnungen, die nicht an vom Betriebsrat repräsentierte Arbeitnehmer vermietet werden (*BAG* 28.7.1992 EzA § 87 BetrVG 1972 Werkwohnung Nr. 8).

bb) Mitbestimmungspflichtige Regelungen

(1) Allgemeine Festlegung von Nutzungsbedingungen

1440 Die allgemeine Festlegung von Nutzungsbedingungen erfasst generelle Regelungen, die für die Nutzung der Wohnungsräume maßgeblich sein sollen, z. B. durch Hausordnungen, Aufstellung eines Mustermietvertrages, Regelungen über Schönheitsreparaturen etc. unter Einschluss der Regelungen darüber, ob neben der Miete Nebenkosten gesondert erhoben und abgerechnet werden sollen. Ferner erfasst sind Regelungen darüber, ob und ggf. wie lange die Wohnung noch nach einer Beendigung des Arbeitsverhältnisses bewohnt werden darf, insbesondere auch bei Pensionären (MünchArbR/*Matthes* § 340 Rz. 11). Nach Auffassung des *BAG* (28.7.1992 EzA § 87 BetrVG 1972 Werkwohnung Nr. 8) gehören zu den allgemeinen Nutzungsbedingungen auch die Grundsätze der Mietzinsbildung, allerdings nur im Rahmen der vom Arbeitgeber eingeräumten finanziellen Grundausstattung (Dotierung).

1441 Zu diesem mitbestimmungsfreien Dotierungsrahmen gehört jedenfalls derjenige Teil der Kosten der Werkmietwohnungen, den der Arbeitgeber nicht auf die Mieten umlegen, sondern zur Verbilligung der Mieten selbst tragen will, sodass Mieterhöhungen zur Deckung gestiegener Kosten nicht der Mitbestimmung des Betriebsrates unterliegen, weil dies zu einer höheren Belastung des Arbeitgebers als gewollt führen könnte (*BAG* 13.3.1873 EzA § 87 BetrVG 1972 Werkwohnung Nr. 2). weiter gehend wird zum Teil (MünchArbR/*Matthes* § 340 Rz. 17 ff.) die Ansicht vertreten, dass sich das Mitbestimmungsrecht hinsichtlich der Höhe des Mietzinses nur auf die Frage erstrecke, ob der von den Arbeitnehmern als Mieter aufzubringende Teil der Kosten und des Gewinns von allen Arbeitnehmern gleichmäßig nach Größe und Ausstattung der Wohnung aufgebracht werden soll oder ob die Mieten unterschiedlich nach sozialen Kriterien erbracht werden sollen. Mitbestimmungsfrei ist die Festsetzung der jeweiligen Mieten für eine bestimmte Wohnung im Einzelfall, und zwar auch dann, wenn Grundsätze der Mietzinsbildung zwischen den Betriebspartnern vereinbart sind. Mitbestimmte Nutzungsbedingungen sind für die Begründung und Abänderung des Mietvertrages verbindlich; unter Verstoß gegen die Mitbestimmung getroffene Vereinbarungen sind unwirksam (GK-BetrVG/*Wiese* § 87 Rz. 799).

I. Betriebsverfassungsrecht

(2) Zuweisung und Kündigung

Zuweisung ist die Entscheidung über die Person des Begünstigten. Werden Werkmietwohnungen aus einem einheitlichen Bestand ohne feste Zuordnung sowohl an Arbeitnehmer des Betriebs als auch an Personen vergeben, die nicht vom Betriebsrat repräsentiert werden (z. B. Leitende Angestellte), erstreckt sich das Mitbestimmungsrecht bei der Zuweisung und Kündigung auch auf die Zuweisung und Kündigung von Wohnungen, die Dritten überlassen wurde, da jede Wohnung, die einem Dritten zugewiesen wird, für einen Arbeitnehmer nicht mehr in Betracht kommt (*BAG* 28.7.1992 EzA § 87 BetrVG 1972 Werkwohnung Nr. 8). 1442

Strittig ist, ob die Mitbestimmung Wirksamkeitsvoraussetzung für den Abschluss des Mietvertrages ist. Zum Teil (*FKHE* § 87 Rz. 387; *Klebe* DKK § 87 Rz. 235) wird dies mit der Begründung angenommen, dass andernfalls das Mitbestimmungsrecht ausgehöhlt werden könnte. Nach anderer Auffassung (GK-BetrVG/*Wiese* § 87 Rz. 781; MünchArbR/*Matthes* § 340 Rz. 40) ist die Nichtwahrung des Mitbestimmungsrechts für die Wirksamkeit des Mietvertrages ohne Belang. Der Betriebsrat soll nur nach allgemeinen Grundsätzen die Beseitigung der Folgen der unzulässigen Zuweisung, d. h. ggf. die Kündigung des Mietverhältnisses, verlangen können, während der von der Kündigung betroffene Arbeitnehmer ggf. nur einen Schadensersatzanspruch gegen den Arbeitgeber hat. Das Mitbestimmungsrecht besteht grds. in jedem Einzelfall, es sei denn, die Betriebspartner hätten allgemein, etwa durch generelle Belegungsgrundsätze oder Erstellung einer Anwärterliste geregelt, nach welchen Gesichtspunkten in welcher Reihenfolge die Wohnungen vergeben werden sollen (GK-BetrVG/*Wiese* § 87 Rz. 783). 1443

Mitbestimmungspflichtig ist auch die ordentliche oder außerordentliche Kündigung des Mietverhältnisses. Eine unter Missachtung des Mitbestimmungsrechts ausgesprochene Kündigung ist unwirksam (GK-BetrVG/*Wiese* § 87 Rz. 787). Da das Mitbestimmungsrecht primär objektiv- und nicht personenbezogen ist, bleibt es auch dann bestehen, wenn zum Zeitpunkt der Kündigung das Arbeitsverhältnis bereits beendet worden ist (*BAG* 28.7.1992 EzA § 87 BetrVG 1972 Werkwohnung Nr. 8). Die mietrechtlichen Kündigungsvorschriften bleiben unberührt. Eine vertragliche Koppelung zwischen Beendigung des Arbeitsverhältnisses und der des Mietverhältnisses ist nach § 565 a Abs. 2 BGB unzulässig. 1444

Ist Vermieter nicht der Arbeitgeber, sondern ein Dritter, so bestehen diesem gegenüber keine Mitbestimmungsrechte. Mitbestimmungspflichtig ist nur die Entscheidung des Arbeitgebers, den Dritten zur Kündigung zu bestimmen (GK-BetrVG/*Wiese* § 87 Rz. 788). Soweit der Vermieter eine rechtlich selbstständige Sozialeinrichtung i. S. v. § 87 Abs. 1 Nr. 8 BetrVG ist, unterliegt die Kündigung als Verwaltungsmaßnahme schon nach § 87 Abs. 1 Nr. 8 BetrVG der Mitbestimmung MünchArbR/*Matthes* § 340 Rz. 28). 1445

Wird die Kündigung mit Zustimmung des Betriebsrats oder mit die Zustimmung des Betriebsrats ersetzender Entscheidung der Einigungsstelle ausgesprochen, so ist sie unwirksam, wenn der Arbeitgeber zusammen mit der Kündigung nicht auch die Zustimmungserklärung des Betriebsrats oder der Einigungsstelle schriftlich vorlegt und der Arbeitnehmer die Kündigung aus diesem Grunde unverzüg- 1446

I. Betriebsverfassungsrecht

lich zurückweist, es sei denn, der Betriebsrat hätte den Arbeitnehmer von der Einwilligung in Kenntnis gesetzt, § 182 Abs. 3, § 111 S. 2 und 3 BGB (GK-BetrVG/ *Wiese* § 87 Rz. 787).

11. Betriebliche Lohngestaltung, § 87 Abs. 1 Nr. 10 BetrVG

a) Zweck der Regelung

1447 § 87 Abs. 1 Nr. 10 BetrVG gibt dem Betriebsrat ein umfassendes Mitbestimmungsrecht in nahezu allen Fragen der betrieblichen Lohngestaltung. Zweck ist es, die Arbeitnehmer vor einer einseitig an den Interessen des Unternehmens orientierten oder willkürlichen Lohngestaltung zu schützen. Die Angemessenheit und Durchsichtigkeit des innerbetrieblichen Lohngefüges und die Wahrung der innerbetrieblichen Lohngerechtigkeit sollen gesichert werden (*BAG* 19.9.1995 EzA § 87 BetrVG 1972 Betriebliche Lohngestaltung Nr. 53; *BAG GS* 3.12.1991 EzA § 87 BetrVG 1972 Betriebliche Lohngestaltung Nr. 30). Es geht damit um die Angemessenheit und Durchsichtigkeit des innerbetrieblichen Lohngefüges und die innerbetriebliche Lohngerechtigkeit.

1448 Immer dann, wenn es darum geht, eine betriebliche Lohnform einsichtig und durchschaubar zu machen, wenn es darauf ankommt, das Verhältnis der den einzelnen Arbeitnehmern zufließenden Leistungen zueinander zu bestimmen, greift das Mitbestimmungsrecht des Betriebsrats ein (*BAG* 19.7.1991 EzA § 87 BetrVG 1972 Betriebliche Lohngestaltung Nr. 28). Sofern ein kollektiver Schutz auf tariflicher Ebene nicht bereits verwirklicht ist, soll ein solcher auf betrieblicher Ebene gewährt werden. Bedeutung hat dieses Mitbestimmungsrecht insbesondere dann, wenn eine tarifliche Lohnregelung überhaupt fehlt, wenn bei Bestehen einer tariflichen Regelung Arbeitnehmer vom persönlichen Geltungsbereich des Tarifvertrages nicht erfasst werden oder es um Leistungen geht, die tariflich nicht – oder nicht vollständig – geregelt sind.

b) Gegenstand und Grenzen des Mitbestimmungsrechts

aa) Der Lohnbegriff

1449 Der Begriff des Lohnes in § 87 Abs. 1 Nr. 10 BetrVG ist in einem weiten Sinne zu verstehen.

Zum Lohn i. S. d. Bestimmung gehören alle geld- oder geldwerten Leistungen des Arbeitgebers, sofern sie im Hinblick auf die erbrachte oder zu erbringende Arbeitsleistung des Arbeitnehmers im Arbeitsverhältnis gewährt werden, und zwar unabhängig davon, wie sie bezeichnet werden (*BAG* 10.6.1986 EzA § 87 BetrVG 1972 Betriebliche Lohngestaltung Nr. 12).

1450 Hierzu gehören etwa zinsgünstige Arbeitgeberdarlehen (*BAG* 9.12.1980 EzA § 87 BetrVG 1972 Betriebliche Lohngestaltung Nr. 1; wenn ein Sonderfonds gebildet wurde, greift § 87 Abs. 1 Nr. 8, s. o. I/Rz. 1424 ff.), Mietzuschüsse und Kosten für Familienheimfahrten (*BAG* 10.6.1986 EzA § 87 BetrVG 1972 Betriebliche Lohngestaltung Nr. 12), Leistungen der betrieblichen Altersversorgung, soweit nicht § 87 Abs. 1 Nr. 8 BetrVG eingreift (*BAG* 4.5.1982 EzA § 87 BetrVG 1972 Lohn- und Arbeitsentgelt Nr. 13), übertarifliche Zulagen jeder Art (*BAG GS* 3.12.1991 EzA § 87 BetrVG 1972 Betriebliche Lohngestaltung Nr. 30), Möglichkeiten zum verbilligten Bezug von Produkten oder Dienstleistungen (*BAG* 22.10.1985 EzA § 87 BetrVG 1972 Betriebliche Lohngestaltung Nr. 10), Prämien, Ergebnisbeteiligungen, vermögenswirksame Leistungen, Investivlohn (*Klebe* DKK § 87 Rz. 243). Auch eine Zeitgutschrift anlässlich der Teilnahme an einem Betriebsausflug kann Vergütungscharakter haben, wenn der Zweck der Gewährung eines Betriebsausflugs mit Zeitgutschrift dem Zweck einer Erfolgsprämie entsprach (*BAG* 27.1.1998 EzA § 87 BetrVG 1972 Arbeitszeit Nr. 58).

1451 Unerheblich ist, ob es sich um Einmalzahlungen oder laufende Leistungen handelt oder ob die Leistung freiwillig erbracht wird (*BAG* 26.1.1988 EzA § 80 BetrVG 1972 Nr. 32). Nicht erfasst sind hingegen Leistungen, die keinen Vergütungscharakter haben, sondern sich als reiner Aufwendungsersatz darstellen (*BAG* 10.6.1986 EzA § 87 BetrVG 1972 Betriebliche Lohngestaltung Nr. 12; 30.1.1990 EzA § 87 BetrVG 1972 Betriebliche Lohngestaltung Nr. 27), wie z. B. der Ersatz von Reisekosten (*BAG* 8.12.1981 EzA § 87 BetrVG 1972 Betriebliche Ordnung Nr. 8) oder angemessener, pauschalierter Ersatz von Aufwendungen bei Geschäftsreisen (*BAG* 27.10.1998 EzA § 87 BetrVG 1972 Betriebliche Lohngestaltung Nr. 66).

bb) Kollektiver Tatbestand

1452 Das Mitbestimmungsrecht besteht nur bei kollektiven Tatbeständen. Ausgenommen sind individuelle Lohnvereinbarungen, d. h. Regelungen, die nur mit Rücksicht auf den Einzelfall auf Grund besonderer Umstände des einzelnen Arbeitnehmers und ohne inneren Zusammenhang mit Leistungen an andere Arbeitnehmer getroffen wurden (*BAG GS* 3.12.1991 EzA § 87 BetrVG Betriebliche Lohngestaltung Nr. 30).

1453 Ein kollektiver Tatbestand liegt unabhängig von der Zahl der betroffenen Arbeitnehmer dann vor, wenn Grund und/oder Höhe der Leistungen von allgemeinen Merkmalen abhängig gemacht werden, die von einer Mehrzahl der Arbeitnehmer des Betriebes erfüllt werden können (*FKHE* § 87 Rz. 412), so etwa dann, wenn an die Arbeitsleistung selbst (*BAG* 27.10.1992 EzA § 87 BetrVG 1972 Betriebliche Lohngestaltung Nr. 40; 14.6.1994 EzA § 87 BetrVG 1972 Betriebliche Lohngestaltung Nr. 45), an Leistungsgesichtspunkte (*BAG* 29.2.2000 EzA § 87 Betriebliche Lohngestaltung Nr. 69), an die Dauer der Betriebszugehörigkeit oder Gehaltserhöhungen in der zurückliegenden Zeit (*BAG* 27.10.1992 EzA § 87 BetrVG 1972 Betriebliche Lohngestaltung Nr. 40), an das Vorhandensein oder Nichtvorhandensein von Fehlzeiten (*BAG* 22.9.1992 EzA § 87 BetrVG 1972 Betriebliche Lohngestaltung Nr. 37), an die Inanspruchnahme von tariflicher Alterssicherung (*BAG* 23.3.1993 EzA § 87 BetrVG 1972 Betriebliche Lohngestaltung Nr. 37) oder an allgemeine Erwägungen sozialer Art (*BAG* 14.6.1994 EzA § 87 BetrVG 1972 Betriebliche Lohngestaltung Nr. 45) angeknüpft wird.

1454 Kein kollektiver Tatbestand liegt vor, wenn die gewählte Regelung auf Wunsch des Arbeitnehmers zur Vermeidung steuerlicher Nachteile getroffen wird (*BAG* 27.10.1992 EzA § 87 BetrVG 1972 Betriebliche Lohngestaltung Nr. 40), wenn gegenüber einem einzelnen Arbeitnehmer eine Tariflohnerhöhung auf eine übertarifliche Zulage deshalb angerechnet wird, weil dieser trotz Umsetzung auf einen tariflich niedriger bewerteten Arbeitsplatz unverändert die bisherige Vergütung erhält (*BAG* 22.9.1992 EzA § 87 BetrVG 1972 Betriebliche Lohngestaltung Nr. 37) oder der Arbeitgeber individuell bedingt auf Gegebenheiten des Arbeitsmarktes reagiert, etwa dann, wenn ein Arbeitnehmer nur gegen ein Gehalt, das über demjenigen vergleichbarer Arbeitskollegen liegt, zum Eintritt in den Betrieb oder zum Verbleib im Betrieb bereit ist (*BAG* 14.6.1994 EzA § 87 BetrVG 1972 Betriebliche Lohngestaltung Nr. 45).

cc) Betriebliche Lohngestaltung

1455 § 87 Abs. 1 Nr. 10 BetrVG eröffnet ein umfassendes Mitbestimmungsrecht hinsichtlich aller Fragen der betrieblichen Lohngestaltung. Entlohnungsgrundsätze und Entlohnungsmethoden sind lediglich Unterfälle der umfassenden betrieblichen Lohngestaltung, also nur beispielhaft angeführt (*BAG* 22.1.1980 EzA § 87 BetrVG 1972 Lohn- und Arbeitsentgelt Nr. 11).

1456 Die betriebliche Lohngestaltung betrifft die Festlegung abstrakt-genereller Regelungen zur Lohnfindung, wie z. B. die Schaffung von Lohn- und Gehaltsgruppen. Es geht um die Strukturformen des Entgelts und die Grundlagen der Lohnfindung, um die Ausformung des jeweiligen Entlohnungssystems und damit um die Festlegung derjenigen Elemente, die dieses System im Einzelnen ausgestalten und zu einem in sich geschlossenen machen.

1457 Kein Mitbestimmungsrecht besteht unmittelbar hinsichtlich der Höhe des Lohnes (*BAG* 22.1.1980 EzA § 87 BetrVG 1972 Lohn- und Arbeitsentgelt Nr. 11; 14.12.1993 EzA § 87 BetrVG 1972 Betriebliche Lohngestaltung Nr. 43). Dennoch wird ein Mitbestimmungsrecht nicht dadurch ausgeschlossen, dass beispielsweise Regelungen über die Grundlage der Entgeltfindung, etwa in Form der isolierten Festsetzung von Wertunterschieden nach Prozentsätzen oder sonstigen Bezugsgrößen bei der Bildung von Gehaltsgruppen mittelbar Auswirkungen auf die Entgelthöhe haben können (*BAG* 14.12.1993 EzA § 87 BetrVG 1972 Betriebliche Lohngestaltung Nr. 43). Das Mitbestimmungsrecht des Betriebsrats setzt erst ein, wenn es um die Festlegung der betrieblichen Lohngestaltung selbst geht, nicht aber schon dann, wenn der Arbeitgeber vorbereitende Maßnahmen ergreift, wie etwa Zeitstudien vor Festlegung eines Zeitfaktors (*BAG* 24.11.1981 EzA § 87 BetrVG 1972 Betriebliche Ordnung Nr. 7).

1458 Mitbestimmungspflichtig ist nicht nur die Aufstellung, Einführung und Anwendung bestimmter Entlohnungsgrundsätze bzw. -methoden, sondern auch deren Änderung, wie z. B. der Übergang von Akkord- auf Zeitlohn (*BAG* 17.12.1968 EzA § 56 BetrVG Nr. 16; *LAG Düsseldorf* 23.12.1988 NZA 1989, 404) oder der Wechsel eines Prämiensystems (GK-BetrVG/*Wiese* § 87 Rz. 935).

(1) Entlohnungsgrundsätze

1459 Entlohnungsgrundsätze betreffen die Primärentscheidung über das System, nach denen das Arbeitsentgelt bemessen werden soll und die Ausformung dieses Systems (*BAG* 6.12.1988 EzA § 87 BetrVG 1972 Betriebliche Lohngestaltung Nr. 23).

I. Betriebsverfassungsrecht

Mitbestimmungspflichtig ist/sind beispielsweise: **1460**
- die Entscheidung über die Frage, nach welchem Entlohnungssystem im Betrieb oder in einzelnen Abteilungen vergütet werden soll (Zeitlohn/Leistungslohn, *BAG* 20.11.1990 EzA § 77 BetrVG 1972 Nr. 37);
- die nähere Ausgestaltung des gewählten Systems, so etwa beim Zeitlohn die Festlegung des Zeitraums der Lohnfindung, die Entscheidung darüber, ob im Einzel- oder Gruppenakkord gearbeitet wird, ob und welche Prämien eingeführt werden sollen und für welche Leistungen Prämien gewährt werden, die Festlegung der Prämienentgeltkurve (GK-BetrVG/*Wiese* § 87 Rz. 904–909);
- die Entscheidung darüber, ob und für welche Leistungen Provisionen gezahlt, welches Provisionssystem angewandt wird, die Arten der Provision und wie die einzelnen Provisionsformen ausgestaltet werden sollen, die Anrechenbarkeit der Provision auf das Lohnfixum, das Verhältnis der Provisionen zueinander, die Festsetzung der Bezugsgrößen (z. B. ob bei Erreichen einer bestimmten Provisionshöhe diese und/oder eine andere Provision progressiv oder degressiv beeinflusst werden, ob also auch eine Provision ganz oder teilweise entfällt), die Festlegung der Punktezahl für jedes Geschäft eines Punktesystems; das Verhältnis von festen und variablen Einkommensbestandteilen, das Verhältnis der variablen Einkommensbestandteile zueinander sowie die abstrakte Staffelung der Provisionssätze (*BAG* 6.12.1988 EzA § 87 BetrVG 1972 Betriebliche Lohngestaltung Nr. 23);
- die Einführung und Ausgestaltung von Zulagen; bei Erschwerniszulagen z. B. die Erstellung eines Katalogs zuschlagspflichtiger Arbeiten, die Festlegung des Zeitraums, für den eine zuschlagspflichtige Gefährdung anzunehmen ist, die Zuordnung der einzelnen zuschlagspflichtigen Arbeitsleistungen zu bestimmten Lästigkeitsgruppen und die Festlegung des Verhältnisses der für die Arbeiten der einzelnen Lästigkeitsgruppen zu zahlenden Erschwerniszuschläge zueinander (*BAG* 4.7.1989 EzA § 87 BetrVG 1972 Betriebliche Lohngestaltung Nr. 24). Erfasst ist auch die Regelung von Zulagen von vorübergehend ins Ausland entsandter Mitarbeiter (*BAG* 30.1.1990 EzA § 87 BetrVG 1972 Betriebliche Lohngestaltung Nr. 27);
- die Einführung eines sonstigen Systems erfolgsabhängiger Vergütung und seiner näheren Ausgestaltung, wie die Regelung von Vorgaben, Optionsklassen, Vorgabenbemessungsgrundlagen für die Elemente der einzelnen Optionsklassen, Gewichtungsfaktoren und Provisionsstufen (GK-BetrVG/*Wiese* § 87 Rz. 918);
- Bildung von Gehaltsgruppen nach bestimmten Kriterien einschließlich der isolierten Festsetzung der Wertunterschiede nach Prozentsätzen oder sonstigen Bezugsgrößen (*BAG* 27.10.1992 EzA § 87 BetrVG 1972 Betriebliche Lohngestaltung Nr. 40; 14.12.1993 EzA § 87 BetrVG 1972 Betriebliche Lohngestaltung Nr. 43). Dies gilt auch für AT-Angestellte (*BAG* 27.10.1992 EzA § 87 BetrVG 1972 Betriebliche Lohngestaltung Nr. 40; GK-BetrVG/*Wiese* § 87 Rz. 923 ff.). Auch bei der Änderung eines derartigen Eingruppierungsschemas ist der Betriebsrat zu beteiligen (*BAG* 13.3.2001 EzA § 87 BetrVG 1972 Betriebliche Lohngestaltung Nr. 72). Mitbestimmungsfrei ist jedoch die Festsetzung der Gehaltshöhe, z. B. die Festlegung des Wertunterschieds zwischen der letzten Tarifgruppe und der ersten AT-Gruppe sowie die Entscheidung über individuelle Gehaltserhöhungen (*BAG* 21.8.1990 NZA 1991, 434). Bestehen jedoch für Teile der Belegschaft verschiedenartige Entgeltsysteme, die durch Unterschiede der Tätigkeiten bedingt sind, so erstreckt sich das Mitbestimmungsrecht nicht auf das Verhältnis der einzelnen Entgeltsysteme zueinander. Hieraus folgt, dass eine Entgelterhöhung bei Angestellten in Leitungspositionen, deren Gehälter auf Grund einer betrieblichen Regelung nicht unerheb-

I. Betriebsverfassungsrecht

lich oberhalb der höchsten Tarifgruppe liegen, außer Betracht zu bleiben hat, soweit es um die Frage geht, ob die gleichzeitig bei anderen Arbeitnehmern vorgenommene Anrechnung einer Tariferhöhung auf übertarifliche Zulagen einen Gestaltungsspielraum offen lässt und deshalb der Mitbestimmung des Betriebsrats unterliegt (*BAG* 19.9.1995 EzA § 87 BetrVG 1972 Betriebliche Lohngestaltung Nr. 53).
- Ein Mitbestimmungsrecht nach § 87 Abs. 1 Nr. 10 BetrVG (i. V. m. § 87 Abs. 1 Nr. 7 BetrVG) besteht auch hinsichtlich der Frage, ob als Ausgleich für Nachtarbeit i. S. des. § 6 Abs. 5 ArbZG bezahlte freie Tage oder ein Entgeltzuschlag gewährt wird. Ein Mitbestimmungsrecht besteht aber nicht hinsichtlich der Zahl der freien Tage und der Höhe des Zuschlags (*BAG* 26.8.1997 EzA § 87 BetrVG 1972 Gesundheitsschutz Nr. 1).

(2) Entlohnungsmethoden

1461 Entlohnungsmethode ist das Verfahren zur Durchführung der Entlohnungsgrundsätze, insbesondere zur Bewertung der Arbeitsleistung für die Lohngestaltung im Rahmen der vorher festgelegten Entlohnungsgrundsätze (*BAG* 16.7.1991 EzA § 87 Betriebliche Lohngestaltung Nr. 28).

1462 Mitbestimmungspflichtig sind daher alle Entscheidungen über das im Hinblick auf die Lohngestaltung für die Bewertung der Arbeitsleistung anzuwendende Verfahren, insbesondere (GK-BetrVG/*Wiese* § 87 Rz. 923 ff.):
- beim Zeitlohn die Zahl, die Art und die Tatbestandsmerkmale der Vergütungsgruppen (*BAG* 14.12.1993 EzA § 87 BetrVG 1972 Betriebliche Lohngestaltung Nr. 43);
- beim Akkordlohn die Entscheidung darüber, ob die Akkordvorgabe z. B. geschätzt, ausgehandelt oder nach arbeitswissenschaftlichen Grundsätzen ermittelt werden soll unter Einfluss der Methode selbst;
- bei der Prämienvergütung die Entscheidung darüber, wie Bezugs- bzw. Ausgangsleistung, auf die der Prämiengrundlohn bezogen ist, festgelegt werden soll, wobei sich bei der Anwendung arbeitswissenschaftlicher Grundsätze das Mitbestimmungsrecht auch auf die zur Anwendung kommende Methode selbst bezieht.

1463 Nicht mitbestimmungspflichtig sind lediglich vorbereitende Maßnahmen im Vorfeld der Entscheidung über Entlohnungsgrundsätze bzw. -methoden, wie z. B. die Durchführung von Zeitstudien (*BAG* 24.11.1981 EzA § 87 BetrVG 1972 Betriebliche Ordnung Nr. 7).

Nicht mitbestimmungspflichtig ist auch die Festsetzung der Fließbandgeschwindigkeit, weil sie nicht die Entlohnung, sondern den Arbeitsablauf betrifft (GK-BetrVG/*Wiese* § 87 Rz. 931) sowie die Ein- und Zuteilung der Bearbeitungsgebiete von Außendienstangestellten (*BAG* 16.7.1991 EzA § 87 BetrVG 1972 Betriebliche Lohngestaltung Nr. 28), da auch diese Zuteilung nicht unmittelbar die Entlohnung, sondern den Umfang der Arbeitsleistung und die Bedingungen, unter denen die Arbeit zu verrichten ist, betrifft.

dd) Besonderheiten bei freiwilligen Leistungen und im Rahmen der betrieblichen Altersversorgung

Bei freiwilligen Leistungen des Arbeitgebers erstreckt sich das Mitbestimmungsrecht nicht darauf, ob überhaupt eine Leistung erbracht wird, welche finanziellen Mittel hierfür zur Verfügung gestellt werden, welcher Zweck mit der Leistung verfolgt werden soll und wie der begünstigte Personenkreis abstrakt einzugrenzen ist (*BAG GS* 3.12.1991 EzA § 87 BetrVG 1972 Betriebliche Lohngestaltung Nr. 30; *BAG* 14.6.1994 EzA § 87 BetrVG 1972 Betriebliche Lohngestaltung Nr. 45; 27.10.1992 EzA § 87 BetrVG 1972 Betriebliche Lohngestaltung Nr. 40). Gleiches gilt für eine betriebliche Altersversorgung. Auch hier entscheidet der Arbeitgeber frei darüber, ob und in welchem Umfang er finanzielle Mittel zur Verfügung stellen will, welcher Arbeitnehmerkreis begünstigt werden soll und in welcher Versorgungsform und mit welchem Versicherungsunternehmen ggf. die betriebliche Altersversorgung gewährt werden soll (*BAG* 16.2.1993 EzA § 87 BetrVG 1972 Betriebliche Lohngestaltung Nr. 41). 1464

Dem Betriebsrat steht hinsichtlich dieser Entscheidungen auch kein Initiativrecht zu, insbesondere kann er nicht die Einführung zusätzlicher, freiwilliger Leistungen des Arbeitgebers erzwingen. Überwiegend wird aber angenommen, dass aus dem Mitbestimmungsrecht des Betriebsrats ein Zustimmungsverweigerungsrecht folgt, wenn der Betriebsrat die Einführung einer freiwilligen Leistung mit bestimmter Zwecksetzung verhindern will (GK-BetrVG/*Wiese* § 87 Rz. 864 m. w. N.; so für eine Prämie *BAG* 10.2.1988 EzA § 87 BetrVG 1972 Betriebliche Lohngestaltung Nr. 18). 1465

Der Mitbestimmung unterliegt hingegen die Aufstellung von Verteilungsgrundsätzen, d. h. die Regelung der Frage, wie die zur Verfügung gestellten Mittel unter Berücksichtigung der vom Arbeitgeber mitbestimmungsfrei getroffenen Entscheidungen verteilt werden sollen (*BAG GS* 3.12.1991 EzA § 87 BetrVG 1972 Betriebliche Lohngestaltung Nr. 30). 1466

Das Mitbestimmungsrecht greift damit nur, wenn der Arbeitgeber überhaupt Mittel zur Verteilung zur Verfügung stellt. Dies setzt allerdings nicht voraus, dass er auf Grund einer einheitlichen Entscheidung eine bestimmte Vermögensmasse zur Verfügung stellt. Ausreichend ist vielmehr, dass sich ein zur Verteilung anstehendes finanzielles Volumen daraus ergibt, dass der Arbeitgeber allgemein betriebliche Zulagen auf Grund einer individuellen Entscheidung erbringt. Die Höhe des vorgegebenen Dotierungsrahmens ergibt sich dann aus der Addition der individuell gewährten Zulagen (*BAG* 17.12.1985 EzA § 87 BetrVG 1972 Betriebliche Lohngestaltung Nr. 11; 14.6.1994 EzA § 87 BetrVG 1972 Betriebliche Lohngestaltung Nr. 45). Gleiches gilt für Leistungen der betrieblichen Altersversorgung. Ein Mitbestimmungsrecht des Betriebsrats besteht hier hinsichtlich der Leistungsordnung, also über die Voraussetzungen für die Entstehung und das Erlöschen von Anwartschaften und Ansprüchen (*BAG* 16.2.1993 EzA § 87 BetrVG 1972 Betriebliche Lohngestaltung Nr. 41). 1467

Da der Arbeitgeber in der Entscheidung frei ist, ob er überhaupt zusätzliche freiwillige Leistungen erbringt, unterliegt auch die Entscheidung, freiwillige Leistungen wieder einzustellen, nicht der Mitbestimmung des Betriebsrats (*BAG* 10.2.1988 EzA § 87 BetrVG 1972 Betriebliche Lohngestaltung Nr. 18). Gleiches 1468

I. Betriebsverfassungsrecht

gilt im Grundsatz auch bei der Kürzung freiwilliger Leistungen. Ein Mitbestimmungsrecht besteht hier aber dann, wenn sich infolge der Kürzung die Verteilungsgrundsätze hinsichtlich der verbleibenden freiwilligen Leistungen ändern (*BAG GS* 3.12.1991 EzA § 87 BetrVG 1972 Betriebliche Lohngestaltung Nr. 30; *BAG* 31.10.1995 EzA § 87 BetrVG 1972 Betriebliche Lohngestaltung Nr. 54).

ee) Insbesondere: Anrechnung von Tariflohnerhöhungen auf übertarifliche Zulagen

1469 Die genannten Grundsätze bei der Kürzung freiwilliger Leistungen gelten insbesondere auch bei einer Anrechnung von Tariflohnerhöhungen auf übertarifliche Zulagen (vgl. *BAG GS* 3.12.1991 EzA § 87 BetrVG 1972 Betriebliche Lohngestaltung Nr. 30; *BAG* 31.10.1995 EzA § 87 BetrVG 1972 Betriebliche Lohngestaltung Nr. 54).

(1) Voraussetzungen eines Mitbestimmungsrechts

1470 Ein Mitbestimmungsrecht besteht, wenn sich durch die Anrechnung oder den Widerruf von freiwilligen Zulagen die Verteilungsgrundsätze ändern und ein Regelungsspielraum für eine anderweitige Anrechnung verbleibt. Die Verteilungsgrundsätze ändern sich dann, wenn sich das Verhältis der Zulagen untereinander ändert.

Beispiel (Nach *BAG GS* 3.12.1991 EzA § 87 BetrVG 1972 Betriebliche Lohngestaltung Nr. 30):

1471 Beträgt das Tarifentgelt für A, B und C bisher 3 000 € und erhielt A eine Zulage in Höhe von 100 €, B in Höhe von 200 € und C in Höhe von 400 € (Verhältnis 1:2:4), betragen die Effektiventgelte nach einer vollständigen Anrechnung einer Tariflohnerhöhung von 3% zwar nach wie vor bei A 3 100 €, bei B 3 200 € und bei C 3 400 €. Die Zulagen haben sich jedoch bei A auf 10 €, bei B auf 110 € und bei C auf 310 € verringert. Dies beinhaltet auch eine Veränderung des Verhältnisses der Zulagen zueinander von 1:2:4 auf 1:11:31.

1472 Auch bei einer prozentual gleichen Anrechnung können sich damit die Verteilungsgrundsätze ändern. Ein Mitbestimmungsrecht entfällt nur dann, wenn auch nach der Anrechnung das Verhältnis der Zulagen zueinander unverändert bleibt. Bei einer Kürzung von Zulagen um den gleichen Prozentsatz ändert sich im Allgemeinen der Verteilungsgrundsatz nicht. Etwas anderes gilt aber dann, wenn die Arbeitnehmer nach der bisherigen Regelung einen bestimmten Sockelbetrag als Zulage erhalten und die prozentual gleichmäßige Anrechnung dazu führt, dass die Zulage bei einzelnen Arbeitnehmern nicht mehr erreicht wird.

1473 Auch bei einer Veränderung der Verteilungsgrundsätze entfällt ein Mitbestimmungsrecht dann, wenn die Anrechnung bzw. der Widerruf zum vollständigen Wegfall aller Zulagen führt oder der Änderung der Verteilungs-grundsätze rechtliche Hindernisse entgegenstehen. Rechtliche Hindernisse bestehen bei einer vollständigen und gleichmäßigen Verrechnung der Tariflohnerhöhung auf alle Zulagen, da der Arbeitgeber nicht mehr als die Tariflohnerhöhung anrechnen kann und ihm insoweit also jede weitere Gestaltungsmöglichkeit fehlt.

Dies gilt auch dann, wenn der Arbeitgeber die Anrechnung bei wenigen Arbeitneh- 1474
mern irrtümlich unterlässt, die betroffenen Arbeitnehmer aber unmittelbar nach
Feststellung seines Irrtums über die nunmehrige Anrechnung informiert (*BAG*
31.10.1995 EzA § 87 BetrVG 1972 Betriebliche Lohngestaltung Nr. 54). Bei einer vollständigen Anrechnung besteht ausnahmsweise ein Mitbestimmungsrecht, wenn
trotz der vollen Anrechnung noch ein Regelungsspielraum verbleibt. Will ein Arbeitgeber übertarifliche Zulagen, die er in unterschiedlicher Höhe gewährt, voll auf eine
neu geschaffene tarifliche Zulage anrechnen, so bleibt ausnahmsweise noch ein Regelungsspielraum bestehen, wenn gleichzeitig mit der Einführung der neuen Tarifzulage auch die Tarifgehälter linear erhöht werden und der Arbeitgeber nicht nur die
Tarifgehälter entsprechend anhebt, sondern auch – ohne Rechtspflicht – seine übertariflichen Zulagen (*BAG* 14.2.1995 EzA § 87 BetrVG 1972 Betriebliche Lohngestaltung Nr. 50).

Führt der Arbeitgeber eine Anrechnung einer Tariflohnerhöhung in mehreren 1475
Stufen durch, die – für sich betrachtet – ganz oder teilweise mitbestimmungsfrei
sind, kann gleichwohl ein Mitbestimmungsrecht bestehen, wenn der mehrstufigen Anrechnung ein einheitliches Konzept des Arbeitgebers zu Grunde liegt
und sich bei Gesamtbetrachtung des Vorgangs eine Veränderung der Verteilungsgrundsätze ergibt (*BAG* 14.2.1995 EzA § 87 BetrVG 1972 Betriebliche Lohngestaltung Nr. 49). Gleiches gilt, wenn der Arbeitgeber auf Grund eines einheitlichen
Konzepts – eine für sich betrachtet – mitbestimmungsfreie Anrechnung vornimmt, im Zusammenhang damit aber neue Zulagen gewährt, sodass in Wirklichkeit nur das Zulagenvolumen zum Teil umverteilt wird. Ein derartiges einheitliches Konzept liegt vor, wenn der Arbeitgeber durch die Anrechnung Spielräume
schaffen und für neue Leistungen nutzen will (*BAG* 26.5.1998 EzA § 87 BetrVG
1972 Betriebliche Lohngestaltung Nr. 65).

Gleiches gilt, wenn der Arbeitgeber auf Grund einer einheitlichen Konzeption zu- 1476
nächst eine Tariflohnerhöhung voll auf übertarifliche Zulagen anrechnet und wenig
später eine neue übertarifliche Zulage zusagt, wobei der Annahme einer einheitlichen
Konzeption nicht entgegensteht, dass der Arbeitgeber zum Zeitpunkt der Anrechnung noch nicht im Einzelnen und abschließend entschieden hat, wem und in welcher Höhe neue übertarifliche Leistungen gewährt werden sollen (*BAG* 17.1.1995
EzA § 87 BetrVG 1972 Betriebliche Lohngestaltung Nr. 48).

(2) Individualrechtliche Voraussetzungen; Folgen der Verletzung des Mitbestimmungsrechts

Neben der Wahrung des Mitbestimmungsrechts des Betriebsrats setzt die Wirk- 1477
samkeit einer Verrechnung übertariflicher Zulagen auch die individualrechtliche
Zulässigkeit der Verrechnung voraus (*BAG* 7.2.1996 EzA § 87 Betriebliche Lohngestaltung Nr. 55).

Individualrechtlich zulässig ist eine Verrechnung zunächst, wenn der Arbeitsvertrag 1478
bereits eine entsprechende Vereinbarung enthält. Ohne entsprechende Vereinbarung
muss der Vertrag ausgelegt werden. Soll dem Arbeitnehmer auf Grund einer vertraglichen Abrede die Zulage als selbstständiger Lohnbestandteil neben dem jeweiligen
Tariflohn zustehen, scheidet eine Anrechnung aus. Indiz hierfür kann die Ausweisung

der Zulage als selbstständiger Lohnbestandteil sein (*BAG* 7.2.1995 EzA§ 4 TVG Tariflohnerhöhung Nr. 30). Wird eine Zulage zum Ausgleich besonderer Belastungen gewährt, spricht dies gegen ein Kürzungsrecht des Arbeitgebers (*BAG* 23.3.1993 EzA § 4 TVG Tariflohnerhöhung Nr. 24). Ist kein besonderer Zweck zu ermitteln und enthält auch der Arbeitsvertrag keine abweichende Vereinbarung, ist nach Auffassung des *BAG* (z. B. 7.2.1995 EzA§ 4 TVG Tariflohnerhöhung Nr. 30) eine Anrechnung individualrechtlich selbst dann nicht ausgeschlossen, wenn die Zahlung jahrelang vorbehaltlos geleistet wurde und bisher nie mit Tariflohnerhöhungen verrechnet wurde. Ist eine übertarifliche Zulage (stillschweigend oder ausdrücklich) mit einem Anrechnungsvorbehalt verbunden, der sich generell auf Tariflohnerhöhungen bezieht, so erfasst dieser Vorbehalt aber im Zweifel nicht den Lohnausgleich für eine tarifliche Arbeitszeitverkürzung (*BAG* 7.2.1996 EzA § 87 BetrVG 1972 Betriebliche Lohngestaltung Nr. 55; *BAG* 23.10.1996 EzA § 87 BetrVG 1972 Betriebliche Lohngestaltung Nr. 58).

1479 Nimmt der Arbeitgeber mitbestimmungspflichtige Anrechnungen ohne Zustimmung des Betriebsrats oder einer sie ersetzenden Entscheidung der Einigungsstelle vor, sind die Anrechnungen in vollem Umfang unwirksam (*BAG GS* 3.12.1991 EzA § 87 BetrVG 1972 Betriebliche Lohngestaltung Nr. 30; *BAG* 23.10.1996 EzA § 87 BetrVG 1972 Betriebliche Lohngestaltung Nr. 58), sodass die Ansprüche uneingeschränkt fortbestehen.

1480 Ansprüche, die unter Verletzung des Mitbestimmungsrechts begründet werden, sind wirksam (*Klebe* DKK § 87 Rz. 260). Eine Verletzung des Mitbestimmungsrechts führt hingegen nicht dazu, dass Ansprüche der Arbeitnehmer begründet werden, die vor der mitbestimmungspflichtigen Maßnahme nicht bestanden und bei Beachten des Mitbestimmungsrechts nicht entstanden wären (*BAG* 28.9.1994 EzA § 87 BetrVG 1972 Betriebliche Lohngestaltung Nr. 44).

(3) Praktische Hinweise

1481 Aus der dargelegten Rechtsprechung des BAG folgt für die Praxis, dass der Arbeitgeber eine Anrechnung mitbestimmungsfrei nur vornehmen kann, wenn sich durch die Anrechnung die bisherigen Verteilungsgrundsätze nicht ändern oder der Widerruf zum vollständigen Wegfall aller Zulagen führt oder die Tariflohnerhöhung vollständig und gleichmäßig auf alle Zulagen verrechnet wird. Beabsichtigt der Arbeitgeber eine anderweitige Anrechnung, insbesondere eine solche, die zu einer Veränderung der bisherigen Verteilungsgrundsätze führt, muss er das Mitbestimmungsrecht des Betriebsrats beachten. Dies kann zu zeitlichen Problemen führen, da ein evtl. erforderliches Einigungsstellenverfahren erhebliche Zeit in Anspruch nehmen kann. Diesem zeitlichen Problem trägt das *BAG* (19.9.1995 EzA § 76 BetrVG 1972 Nr. 67) dadurch Rechnung, dass es – auch durch Spruch der Einigungsstelle – eine auf den Zeitpunkt der Tariferhöhung zurückwirkende Betriebsvereinbarung dann für zulässig erachtet, wenn der Arbeitgeber zunächst mitbestimmungsfrei das Zulagenvolumen und – unter Beibehaltung der bisherigen Verteilungsrelation – auch die einzelnen Zulagen kürzt, zugleich aber bekannt gibt, dass er eine Änderung der Verteilungsrelationen erreichen will und dem Betriebsrat eine entsprechende rückwirkende Betriebsvereinbarung vorschlägt. Ob durch eine solche rückwirkende Betriebsvereinbarung auch eine zunächst mitbestimmungswidrig vorgenommene Anrechnung nachträglich geheilt werden kann, hat das *BAG* (19.9.1995 EzA § 76 BetrVG 1972 Nr. 67) offen

I. Betriebsverfassungsrecht

gelassen, aber als zweifelhaft bezeichnet, sodass von dieser Möglichkeit abgesehen werden sollte. Bei einer beabsichtigten nicht vollständigen Anrechnung einer Tariflohnerhöhung auf übertarifliche Zulagen muss auch davor gewarnt werden zu versuchen, den Betriebsrat dadurch unter Druck zu setzen, dass für den Fall der Nichtzustimmung zu der beabsichtigten Anrechnung angekündigt wird, dann eine nicht mitbestimmungspflichtige Vollanrechnung vorzunehmen. Ein derartiges Vorgehen verletzt das Mitbestimmungsrecht aus § 87 Abs. 1 Nr. 10 BetrVG und stellt einen Verstoß gegen das Gebot vertrauensvoller Zusammenarbeit dar (*BAG* 26.5.1998 EzA § 87 BetrVG 1972 Betriebliche Lohngestaltung Nr. 65). Eine deartige Reaktion des Arbeitgebers ist aber dann nicht zu beanstanden, wenn der Betriebsrat nicht den vorgeschlagenen Verteilungsgrundsätzen, sondern der (nicht mitbestimmungspflichtigen) Kürzung des Leistungsvolumens widerspricht.

(4) Initiativrecht
Nur im Rahmen des Mitbestimmungsrechts besteht auch ein Initiativrecht des Betriebsrats. Es besteht daher nicht hinsichtlich der mitbestimmungsfrei vom Arbeitgeber zu treffenden Entscheidungen bei freiwilligen Leistungen (s. o. I/Rz. 1464 ff.). Das Initiativrecht erstreckt sich insbesondere auch auf eine Änderung der bisher praktizierten Entlohnungsgrundsätze, und zwar auch dann, wenn mit der Umstellung des Entlohnungssystems für den Arbeitgeber höhere finanzielle Aufwendungen verbunden sind (GK-BetrVG/*Wiese* § 87 Rz. 951 ff.). 1482

12. Leistungsbezogene Entgelte, § 87 Abs. 1 Nr. 11 BetrVG

a) Zweck der Regelung, Begriff des leistungsbezogenen Entgelts

Leistungslöhne bedeuten für den Arbeitnehmer einerseits einen Anreiz, andererseits aber auch eine besondere Belastung. Zum einen dient das Mitbestimmungsrecht dem Schutz der Arbeitnehmer vor diesen Belastungen. Zum anderen soll das Mitbestimmungsrecht der innerbetrieblichen Lohngerechtigkeit dienen, da bei der Bewertung von Leistungen ein Beurteilungsspielraum gegeben ist (GK-BetrVG/*Wiese* § 87 Rz. 962). 1483

Leistungsbezogene Entgelte sind kraft ausdrücklicher Nennung zunächst Akkord- und Prämienlohn (zu den Begriffen s. o. C/Rz. 760 ff.; 773 ff.), darüber hinaus auch andere, vergleichbare leistungsbezogene Entgelte. 1484

Erfasst sind nicht alle leistungsbezogenen Entgelte, sondern nur solche, die mit Akkord- oder Prämienlohn vergleichbar sind. Voraussetzung ist also, dass der Arbeitnehmer das Arbeitsergebnis mit seiner Leistung beeinflussen kann. Eine Vergleichbarkeit mit Akkord oder Prämie ist gegeben, wenn eine Leistung gemessen und mit einer Bezugs-/Normalleistung verglichen wird (*BAG* 22.10.1985 EzA § 87 BetrVG 1972 Leistungslohn Nr. 11). 1485

An einer Vergleichbarkeit fehlt es deshalb bei tariflichen oder betrieblich festen Leistungszulagen, bei gleich bleibenden übertariflichen Zulagen, die der Arbeitgeber in Erwartung besonderer Leistungen den Arbeitnehmern gewährt, bei betrieblichen Erfolgs- oder Gewinnbeteiligungen, Jahresabschlussvergütungen, Gratifikationen, 1486

I. Betriebsverfassungsrecht

Treue- oder Umsatzprämien und bei Anwesenheits- und Pünktlichkeitsprämien (GK-BetrVG/*Wiese* § 87 Rz. 967–969). Nach Auffassung des *BAG* (28.7.1981 EzA § 87 BetrVG 1972 Leistungslohn Nr. 4; 13.3.1984 EzA § 87 BetrVG 1972 Leistungslohn Nr. 10; 26.7.1988 EzA § 87 BetrVG 1972 Leistungslohn Nr. 16; a. A. *Klebe* DKK § 87 Rz. 282 für Abschlussprovisionen) fehlt es an einer Vergleichbarkeit auch bei Anteils-, Leitungs- und Abschlussprovisionen. Ein Mitbestimmungsrecht bei Provisionen ergibt sich aber nach Maßgabe des § 87 Abs. 1 Nr. 10 BetrVG hinsichtlich der Wahl der Entgeltformen und insbesondere auch der Provisionsarten. Ebenso kein vergleichbares leistungsbezogenes Entgelt ist eine Leistungsprämie, bei der allein die in einem Beurteilungszeitraum von drei Monaten erbrachte Leistung die Höhe der Vergütung in den folgenden zwölf Monaten bestimmt (*BAG* 15.5.2001 EzA § 87 BetrVG 1972 Leistungslohn Nr. 18).

b) Inhalt des Mitbestimmungsrechts

1487 Das Mitbestimmungsrecht erstreckt sich auf die Festlegung aller Bezugsgrößen für den Leistungslohn, d. h. auf alle Ansätze für die Bewertung der Leistung (*BAG* 28.7.1981 EzA § 87 BetrVG 1972 Leistungslohn Nr. 4), so auf die Vorgabezeit, die Festsetzung des Zeit- oder Geldfaktors (*BAG* 13.9.1983 EzA § 87 BetrVG 1972 Leistungslohn Nr. 8; 16.12.1986 EzA § 87 BetrVG 1972 Leistungslohn Nr. 14), die Festlegung der Dauer und zeitlichen Lage von Erholungszeiten als Bestandteil der Vorgabezeit unter Einschluss der Frage, ob innerhalb eines Akkordlohnsystems die in der Vorgabezeit enthaltene Erholungszeit zu feststehenden Kurzpausen zusammengefasst werden soll (*BAG* 24.11.1987 EzA § 87 BetrVG 1972 Leistungslohn Nr. 15). Da sich die Mitbestimmung auch auf den Zeit- und Geldfaktor bezieht, besteht hier im Gegensatz zu § 87 Abs. 1 Nr. 10 BetrVG ein Mitbestimmungsrecht auch hinsichtlich der Lohnhöhe (*BAG* 16.12.1986 EzA § 87 BetrVG 1972 Leistungslohn Nr. 14).

1488 Im Rahmen des Mitbestimmungsrechts hat der Betriebsrat auch ein Initiativrecht, das sich auch auf die Geldfaktoren erstreckt (*BAG* 20.9.1990 EzA § 80 BetrVG 1972 Nr. 39).

13. Betriebliches Vorschlagswesen, § 87 Abs. 1 Nr. 12 BetrVG

a) Zweck des Mitbestimmungsrechts

1489 § 87 Abs. 1 Nr. 12 BetrVG dient in erster Linie dem Schutz und der Förderung der freien Entfaltung der Persönlichkeit der Arbeitnehmer und ihrer damit zusammenhängenden Interessen (*BAG* 16.3.1982 EzA § 87 BetrVG 1972 Vorschlagswesen Nr. 3), indem die Behandlung betrieblicher Verbesserungsvorschläge für die Arbeitnehmer durchschaubar gestaltet wird.

1490 Es soll sichergestellt werden, dass die Arbeitnehmer des Betriebes gleichmäßig nach den Grudsätzen von Recht und Billigkeit behandelt werden. Eine derartige Ausgestaltung liegt dabei auch im Interesse des jeweiligen Betriebes, das innerbetrieblich vorhandene Verbesserungspotenzial zu aktivieren (GK-BetrVG/*Wiese* § 87 Rz. 1017).

I. Betriebsverfassungsrecht

b) Begriff, Abgrenzung zu Arbeitnehmererfindungen

Die Vorschrift erfasst alle Systeme und Methoden, durch die Vorschläge von Arbeitnehmern, die sie außerhalb ihres eigentlichen Pflichtenkreises freiwillig zur Vereinfachung, Erleichterung, Beschleunigung und sicheren Gestaltung der betrieblichen Arbeit machen, angeregt und gesammelt, ausgewertet und bewertet werden (*FKHE* § 87 Rz. 526). 1491

Auf welchem Gebiet der Vorschlag erfolgt, ist unerheblich. Es kann sich um Vorschläge zur Verbesserung auf organisatorischem oder technischem Gebiet oder im Verwaltungsablauf, aber auch um Verbesserungen im Arbeits- und Gesundheitsschutz im Interesse der weiteren Humanisierung der Arbeit im Betrieb handeln (MüchArbR/*Matthes* § 334 Rz. 3). Ein Verbesserungsvorschlag liegt nur dann vor, wenn es sich um eine Anregung handelt, die im Falle ihrer Berücksichtigung zu einer Verbesserung gegenüber dem Ist-Zustand führen würde. Bloße Kritik fällt nicht hierunter (GK-BetrVG/*Wiese* § 87 Rz. 1012). 1492

Erfasst werden nur sog. freie Verbesserungsvorschläge, d. h. solche, bei denen es sich um eine zusätzliche Leistung der Arbeitnehmer handelt, zu deren Erbringung sie nicht ohnehin bereits arbeitsvertraglich verpflichtet sind (*Klebe* DKK § 87 Rz. 293). 1493

Unter diesem Gesichtspunkt problematisch ist die Einordnung sog. Qualitätszirkel. Zum Teil (z. B. GK-BetrVG/*Wiese* § 87 Rz. 1014; MünchArbR/*Matthes* § 342 Rz. 6) werden Verbesserungsvorschläge aus sog. Qualitätszirkeln dem Bereich der Diensterfindungen zugerechnet, soweit sie im betrieblichen Interesse eingerichtet und während der Arbeitszeit unter Leitung von Vorgesetzten durchgeführt werden, da dies im Rahmen der arbeitsvertraglichen Verpflichtungen geschehe. Nach anderer Auffassung (z. B. *Klebe* DKK § 87 Rz. 293) sollen auch solche Verbesserungsvorschläge von § 87 Abs. 1 Nr. 12 BetrVG erfasst sein. Entscheidend dürfte auch insoweit sein, ob die Arbeitnehmer inner- oder außerhalb ihrer arbeitsvertraglich geschuldeten Arbeitsleistung in solchen Zirkeln zusammengefasst werden (*FKHE* § 87 Rz. 534). Bei Qualitätszirkeln kommt darüber hinaus auch ein Mitbestimmungsrecht nach §§ 96 ff. BetrVG in Betracht, wenn Ziel des Arbeitskreises auch die über die Einweisung in den Arbeitsbereich hinausgehende Fortbildung und weitere Qualifikation der Arbeitnehmer ist (*FKHE* § 87 Rz. 535). 1494

Ein Mitbestimmungsrecht besteht nicht hinsichtlich technischer Erfindungen i. S. v. § 2 ArbnErfG, also solchen die patent- oder gebrauchsmusterfähig sind, da das ArbnErfG insoweit eine abschließende Regelung enthält (GK-BetrVG/*Wiese* § 87 Rz. 1011; s. o. C/Rz. 2477 ff.). 1495

Für sog. qualifizierte technische Verbesserungsvorschläge (§ 3 ArbnErfG) ist ein Mitbestimmungsrecht nur hinsichtlich Vergütung und Durchsetzung von Ansprüchen ausgeschlossen, da nur diese Fragen durch § 20 Abs. 1 i. V. m. §§ 9, 12 ArbnErfG geregelt sind, sodass alle über den Vergütungsanspruch hinausgehenden regelungsbedürftigen Fragen, die für die Behandlung technischer Verbesserungsvorschläge von Bedeutung sein können, der Mitbestimmung des Betriebsrats unterliegen (GK-BetrVG/*Wiese* § 87 Rz. 1016; *Klebe* DKK § 87 Rz. 291). 1496

I. Betriebsverfassungsrecht

c) Gegenstand der Mitbestimmung

1497 Die Mitbestimmung bezieht sich nur auf die Grundsätze über das betriebliche Vorschlagswesen und damit allein auf generelle Regelungen, nicht aber Regelungen im Einzelfall (*BAG* 28.4.1981 EzA § 87 BetrVG 1972 Vorschlagswesen Nr. 2).

1498 Es besteht keine Verpflichtung des Arbeitgebers, einen Verbesserungsvorschlag anzunehmen. Annahme und Verwertung sind daher mitbestimmungsfrei (vgl. *BAG* 28.4.1981 EzA § 87 BetrVG 1972 Vorschlagswesen Nr. 2). Ebenso kann der Arbeitgeber mitbestimmungsfrei darüber entscheiden, ob und welche Mittel er zur Vergütung von Verbesserungsvorschlägen zur Verfügung stellt, sodass eine Regelung, wonach der Arbeitgeber auch für nicht verwertete Verbesserungsvorschläge eine Anerkennungsprämie zu zahlen hat, nicht mehr vom Mitbestimmungsrecht gedeckt ist (*BAG* 28.4.1981 EzA § 87 BetrVG 1972 Vorschlagswesen Nr. 2). Allerdings kann nach anderen Vorschriften ein individualrechtlicher Vergütungsanspruch des Arbeitnehmers entstehen (*BAG* 30.4.1965 AP Nr. 1 zu § 20 ArbnErfG; 28.4.1981 EzA § 87 BetrVG 1972 Vorschlagswesen Nr. 2). Die Mitbestimmung bei der Einführung eines betrieblichen Vorschlagswesens bezieht sich auf die Frage, ob für die Behandlung und Bewertung von Verbesserungsvorschlägen im Betrieb überhaupt Grundsätze i. S. einer allgemeinen Regelung geschaffen werden sollen oder nicht (MünchArbR/*Matthes* § 342 Rz. 10, 11). Die Einführung einer solchen Regelung kann daher nur mit Zustimmung des Betriebsrats oder unter Einschaltung der Einigungsstelle erfolgen. Der Betriebsrat seinerseits hat ein Initiativrecht und kann die Schaffung einer solchen Regelung notfalls über einen Spruch der Einigungsstelle erzwingen. Nach Auffassung des *BAG* (28.4.1991 EzA § 87 BetrVG 1972 Vorschlagswesen Nr. 2) kann das Initiativrecht nur ausgeübt werden, wenn ein Bedürfnis für die Regelung des Vorschlagswesens besteht, nicht aber, wenn auf Grund der konkreten betrieblichen Situation keinerlei Regelungsbedürfnis erkennbar ist. Diese Ansicht wird in der Literatur (GK-BetrVG/*Wiese* § 87 Rz. 1025; MüchArbR/*Matthes* § 334 Rz. 12) überwiegend abgelehnt. Danach grenzt das Fehlen eines Regelungsbedürfnisses lediglich den Ermessensspielraum der Einigungsstelle ein. Dass die Schaffung einer Organisation für das betriebliche Vorschlagswesen Kosten verursacht, steht einem Initiativrecht des Betriebsrats nicht entgegen (*BAG* 28.4.1981 EzA § 87 BetrVG 1972 Vorschlagswesen Nr. 2). Das Mitbestimmungsrecht des Betriebsrats bei der Ausgestaltung des betrieblichen Vorschlagswesens bezieht sich auf die generelle Ausgestaltung, die Organisation, das Verfahren des Vorschlagswesens sowie die Änderung derartiger Regelungen, die Definition des Verbesserungsvorschlages, Festlegung des begünstigten Personenkreises sowie generelle Regelungen über die zu gewährende Prämie (GK-BetrVG/*Wiese* § 87 Rz. 1028 ff.). Im Rahmen der Regelung der Organisation ist zu entscheiden, ob besondere Organe (Beauftragter für das betriebliche Vorschlagswesen, Prüfungs- und Bewertungsausschuss) eingesetzt werden, wobei eine paritätische Zusammensetzung der Prüfungsausschüsse nicht erforderlich ist (*BAG* 28.4.1981 EzA § 87 BetrVG 1972 Vorschlagswesen Nr. 2; **a. A.** *Klebe* DKK § 87 Rz. 297). Ferner sollten Regelungen über die Einreichungsmodalitäten, die Behandlung und Durchführung der angenommenen Vorschläge sowie über deren Bewertung getroffen werden (*Klebe* DKK § 87 Rz. 300). Die Bewertung und die Festsetzung der Prämienhöhe im Einzelfall anhand der festgelegten Grundsätze unterliegt nicht der Mitbestimmung (*BAG* 16.3.1982 EzA § 87 BetrVG 1972 Vorschlagswesen Nr. 3), sondern nur die Festlegung derjenigen Faktoren, nach denen sich die Prämie bemessen soll. Dabei dürfen Faktoren für die Bemessung der Prämie jedoch nicht in der Weise festgelegt werden, dass sie zwingend eine Prämie von bestimmter Höhe, etwa eines bestimmten Prozentsatzes vom Nutzen des Verbesserungsvorschlags, ergeben (*BAG* 28.4.1981 EzA § 87 BetrVG 1972 Vorschlagswesen Nr. 2).

d) Form der Mitbestimmung; Mitbestimmung und Arbeitsverhältnis
Regelungen über das betriebliche Vorschlagswesen erfolgen zweckmäßigerweise in einer Betriebsvereinbarung (Beispiel bei *Heilmann/Taeger* BB 1990, 1969 [1974 f.]), ausreichend ist aber auch eine bloße Regelungsabrede (GK-BetrVG/*Wiese* § 87 Rz. 1037). Die Wahrung des Mitbestimmungsrechts ist nicht Voraussetzung für einen eventuellen individualrechtlichen Vergütungsanspruch des Arbeitnehmers, sodass auch kein Rückzahlungsanspruch des Arbeitgebers in Bezug auf Prämien besteht, die er unter Missachtung des Mitbestimmungsrechts des Betriebsrats gezahlt hat (GK-BetrVG/*Wiese* § 87 Rz. 1038). Besteht eine mitbestimmte Regelung, so hat der Arbeitnehmer Anspruch auf Bemessung seiner Prämie unter Beachtung der in dieser Regelung festgelegten Grundsätze. Entspricht die Prämie dem nicht, besteht ein Anspruch auf Neufestsetzung. Eine unter Verstoß gegen die vereinbarten Grundsätze festgesetzte Prämie wird in aller Regel nicht billigem Ermessen i. S. v. § 315 BGB entsprechen und daher unwirksam sein (MünchArbR/*Matthes* § 342 Rz. 24).

1499

14. Grundsätze über die Durchführung von Gruppenarbeit, § 87 Abs. 1 Nr. 13 BetrVG
a) Zweck des Mitbestimmungsrechts
Das durch das BetrV-ReformG vom 23.7.2001 (BGBl. I S. 1852 ff.) eingeführte Mitbestimmungsrecht bezüglich der Grundsätze der Gruppenarbeit soll bei der sog. teilautonomen Gruppenarbeit (s. u. I/Rz. 1501) der Gefahr vorbeugen, dass der Gruppendruck zu einer »Selbstausbeutung« der Gruppenmitglieder und zu einer Ausgrenzung leistungsschwächerer Gruppenmitglieder führen kann (BegrRegE BT-Drs. 14/5741, S. 47).

1500

b) Begriff der Gruppenarbeit
§ 87 Abs. 1 Nr. 13 2. Hs. BetrVG definiert den Begriff der vom Mitbestimmungsrecht erfassten Gruppenarbeit.
§ 87 Abs. 1 Nr. 13 BetrVG betrifft nur die sog. teilautonome Gruppenarbeit. Diese liegt vor, wenn einer vom Arbeitgeber zusammengefassten Gruppe aus mehreren Arbeitnehmern (sog. Betriebsgruppe im Gegensatz zur Eigengruppe) eine Gesamtaufgabe von gewisser Dauer zur im Wesentlichen eigenverantwortlichen Erledigung übertragen wird, sodass die Gruppe in diesem Rahmen die Durchführung der ihr übertragenen Aufgabe planend gestalten kann und die Gruppe in den betrieblichen Ablauf eingegliedert ist (vgl. GK-BetrVG/*Wiese* § 87 Rz. 1040–1042).
Nicht erfasst werden Gruppen, die sich in dem reinen Organisationsakt der Zusammenfassung mehrerer Arbeitnehmer erschöpfen, ohne diesen zugleich Entscheidungskompetenzen für die Gestaltung planender und ausführender Tätigkeiten zuzubilligen (*Preis/Elert* NZA 2001, 371 [372]). Mangels Eingliederung in den Betriebsablauf nicht erfasst werden Arbeitsgruppen, die nur parallel zur Arbeitsorganisation bestehen, wie z. B. Projekt- oder Steuerungsgruppen (BegrReg-E BT-Drs. 14/5741, S. 48).

1501

I. Betriebsverfassungsrecht

c) Inhalt des Mitbestimmungsrechts

1502 Ein Mitstimmungsrecht besteht nur hinsichtlich der Durchführung, nicht aber hinsichtlich der Einführung und Beendigung von Gruppenarbeit. In diesem Rahmen besteht ein Mitbestimmungsrecht unter Einschluss eines Initiativrechts des Betriebsrats aber nur hinsichtlich der **Grundsätze** der Durchführung der Gruppenarbeit.

aa) Mitbestimmungsfreie Vorgaben

1503 Die Einführung und Beendigung von Gruppenarbeit ist mitbestimmungsfrei. Unberührt bleiben die Beteiligungsrechte des Betriebsrats nach § 90 BetrVG (s. u. I/Rz. 1527 ff.) und § 111 BetrVG (BegrRegE BT-Drs. 14/5741 S. 47, s. u. I/Rz. 1772 ff.), insbesondere stellt die Einführung von Gruppenarbeit die Einführung grundlegend neuer Arbeitsmethoden i. S. d. § 111 S. 3 Nr. 5 BetrVG dar. Ebenso nach § 87 Abs. 1 Nr. 13 BetrVG mitbestimmungsfrei ist die Bestimmung der der Gruppe übertragenen Gesamtaufgabe, die Festlegung des Maßes der Eigenverantwortlichkeit sowie Bestimmung von Größe und personeller Zusammensetzung der Gruppe (GK-BetrVG/*Wiese* § 87 Rz. 1046, 1047).

bb) Mitbestimmung bei Grundsätzen der Durchführung der Gruppenarbeit

1504 Ein Mitbestimmungsrecht im Rahmen der arbeitgeberseitigen Vorgaben besteht nur hinsichtlich der *Grundsätze* der Durchführung der Gruppenarbeit. Dies sind generelle Regelungen z. B. darüber, wie die der Arbeitsgruppe übertragene Eigenverantwortlichkeit ausgeübt werden soll (GK-BetrVG/*Wiese* § 87 Rz. 1050). Die Gesetzesbegründung (BegrReg-E BT-Drs. 14/5741, S. 47) nennt ferner Regelungen zu Fragen wie Wahl eines Gruppensprechers, dessen Stellung und Aufgaben, Abhalten von Gruppengesprächen zwecks Meinungsaustauschs und -bildung in der Gruppe, Zusammenarbeit in der Gruppe und mit anderen Gruppen, Berücksichtigung von leistungsschwächeren Arbeitnehmern, Konfliktlösung in der Gruppe. Ferner werden folgende Angelegenheiten genannt (GK-BetrVG/*Wiese* § 87 Rz. 1054): Arbeitssicherheit, Arbeitsvorbereitung, Aufgabenverteilung innerhalb der Gruppe, Information der Gruppenmitglieder über die Gesamtaufgabe, Kommunikation mit dem Betriebsrat, Kontrollmaßnahmen, Materialbeschaffung, Planung der Gesamtaufgabe, Pflege und Instandhaltung von Arbeitsmaterial und -mitteln, Qualifizierung der Gruppenmitglieder, Qualitätssicherung, Übergabe bei Schichtwechsel, Urlaubsplanung (soweit die Arbeitsgruppe dafür zuständig sein soll), Festlegung der Vorgesetzten und deren Kompetenzen. § 75 Abs. 2 S. 2 BetrVG verpflichtet im Sinne einer Leitlinie Betriebsrat und Arbeitgeber, ggf. auch die Einigungsstelle dazu, die Selbstständigkeit und Eigeninitiative der Arbeitsgruppe zu stärken (*Löwisch* Sonderbeilage zu NZA Heft 24/2001, S. 40, 43; s. o. I/Rz. 1058 ff.).

d) Sonstige Mitbestimmungsrechte bei Gruppenarbeit

1505 Soweit Angelegenheiten in Zusammenhang mit Gruppenarbeit nicht dem Mitbestimmungsrecht nach § 87 Abs. 1 Nr. 13 BetrVG unterfallen, kommen Mitbestimmungs- oder Beteiligungsrechte nach anderen Tatbeständen in Betracht (vgl. *Preis/Elert* NZA 2001, 371 [373 f.]), so z. B. hinsichtlich der Einführung von Gruppenarbeit nach §§ 90 Abs. 2, 111 BetrVG, der Aufstellung von Verhaltensregeln innerhalb der Gruppe nach § 87 Abs. 1 Nr. 1 BetrVG, der Aufstellung von Arbeitszeitplänen, Mehrarbeitsregelungen, Urlaubsgrundsätze nach § 87 Abs. 1 Nr. 2, 3 und 5 BetrVG, der Lohn- und Gehaltsgestaltung (z. B. Einführung oder Änderung eines 3-gliedrigen gruppenbezogenen Entgeltsystems mit den Vergütungsbestandteilen Grundlohn, individueller Leistungsbonus, Gruppenprämie) nach § 87 Abs. 1 Nr. 10, 11 BetrVG, der Gruppenüberwachung nach § 87 Abs. 1 Nr. 6 BetrVG.

e) Übertragung von Betriebsratsaufgaben auf Arbeitsgruppen

§ 28 a BetrVG sieht in Betrieben mit mehr als 100 Arbeitnehmern die Möglichkeit der Übertragung von Aufgaben des Betriebsrats auf Arbeitsgruppen vor (s. o. I/Rz. 471 ff.), sodass einzelne die Gruppe betreffende Mitbestimmungsrechte auf diese übertragen werden können und auch der Abschluss von Betriebsvereinbarungen ggf. durch die Arbeitsgruppe erfolgen kann. 1506

15. Streitigkeiten zwischen Arbeitgeber und Betriebsrat im Rahmen des § 87 Abs. 1 BetrVG

a) Einigungsstelle

Kann in mitbestimmungspflichtigen Angelegenheiten eine Übereinstimmung zwischen Arbeitgeber und Betriebsrat nicht erzielt werden, entscheidet nach § 87 Abs. 2 S. 1 BetrVG die Einigungsstelle bzw. eine tarifliche Schlichtungsstelle (vgl. § 76 Abs. 8 BetrVG). Die Zuständigkeit der Einigungsstelle entspricht dem Umfang des Mitbestimmungsrechts. Der Betriebsrat ist zur Anrufung der Einigungsstelle dann und so weit berechtigt, als ihm ein Initiativrecht zusteht. Das Antragsrecht ist insoweit die verfahrensrechtliche Seite des Initiativrechts. Zum Einigungsstellenverfahren s. o. I/Rz. 1063 ff. 1507

b) Arbeitsgericht

Über Rechtsstreitigkeiten aus der Anwendung des § 87 BetrVG entscheiden die Arbeitsgerichte im Beschlussverfahren. Dies gilt vor allem für Streitigkeiten darüber, ob, mit welchem Inhalt und Umfang in einer bestimmten Angelegenheit ein Mitbestimmungsrecht besteht, aber auch für sämtliche anderen Rechtsstreitigkeiten zwischen Arbeitgeber und Betriebsrat im Rahmen der notwendigen Mitbestimmung, wie z. B. Streitigkeiten über die Frage, ob das Mitbestimmungsrecht wirksam ausgeübt worden ist, über das Bestehen, den Inhalt oder die Durchführung einer Betriebsvereinbarung, über die Einhaltung von Verpflichtungen aus Betriebsvereinbarungen und Betriebsabsprachen und über die Rückgängigmachung von Maßnahmen des Arbeitgebers bei Verletzung von Mitbestimmungsrechten (GK-BetrVG/ *Wiese* § 87 Rz. 1060). Gleiches gilt für Ansprüche des Betriebsrats auf Unterlassung mitbestimmungswidrigen Verhaltens und Anträge nach § 23 Abs. 3 BetrVG (s. u. I/Rz. 1933 ff.). 1508

Sofern im sog. Vorabentscheidungsverfahren hinsichtlich einer bestimmten Angelegenheit das Bestehen oder Nichtbestehen eines Mitbestimmungsrechts festgestellt werden soll, ist bei Formulierung des Antrags darauf zu achten, dass nach der Rechtsprechung des *BAG* (11.12.1991 EzA § 90 BetrVG 1972 Nr. 2) ein sog. Globalantrag zwar nicht unzulässig, aber unbegründet ist, wenn er auch nur einen Sachverhalt mitumfasst, in dem das behauptete Mitbestimmungsrecht nicht besteht bzw. das geleugnete Mitbestimmungsrecht besteht. 1509

So sollte beispielsweise nicht formuliert werden: »Es wird festgestellt, dass dem Betriebsrat bei der Anordnung oder Duldung von Mehrarbeit ein Mitbestimmungs- 1510

I. Betriebsverfassungsrecht

recht zusteht«. Dieser Antrag würde nämlich auch ein Mitbestimmungsrecht in Anspruch nehmen, wenn es sich um einen Notfall (s. o. I/Rz. 1320 ff.) oder eine Maßnahme ohne kollektiven Bezug (s. o. I/Rz. 1293 ff.) handelt und damit Fallgruppen erfassen, in denen kein Mitbestimmungsrecht besteht. Stattdessen könnte formuliert werden: »Es wird festgestellt, dass dem Betriebsrat bei der Anordnung oder Duldung von Mehrarbeit in der Abteilung »Lagerhaltung« anlässlich der jährlich stattfindenden Inventur ein Mitbestimmungsrecht zusteht, es sei denn, es handelt sich um einen Einzel- oder Notfall.« Ferner setzen Feststellungsanträge gem. § 256 Abs. 1 ZPO ein Rechtsschutzinteresse voraus, das auch noch im Zeitpunkt der letzten mündlichen Anhörung über die Anträge gegeben sein muss. Es fehlt, wenn eine abstrakte Rechtsfrage geklärt und damit praktisch ein Rechtsgutachten erstattet werden soll. Es entfällt ferner dann, wenn ein konkreter, in der Vergangenheit liegender Vorgang, der zum Verfahren geführt hat, zum Zeitpunkt der gerichtlichen Entscheidung bereits abgeschlossen ist, ohne dass auch nur eine geringe Wahrscheinlichkeit besteht, dass sich ein gleichartiger Vorgang wiederholen wird, sodass die begehrte Entscheidung keinen der Beteiligten in einem betriebsverfassungsrechtlichen Recht oder Rechtsverhältnis mehr betreffen kann.

1511 Für negative, auf Leugnung eines Mitbestimmungsrechts gerichtete Feststellungsanträge des Arbeitgebers besteht ein Rechtsschutzinteresse nur dann, wenn der Betriebsrat sich in einer bestimmten Angelegenheit eines Mitbestimmungsrechts ernsthaft berühmt (GK-BetrVG/*Wiese* § 87 Rz. 1064).

16. Freiwillige Betriebsvereinbarungen, § 88 BetrVG

1512 § 88 BetrVG eröffnet die Möglichkeit, Betriebsvereinbarungen auch über Angelegenheiten zu schließen, die nicht mitbestimmungspflichtig sind. Die Vorschrift enthält keine abschließende Aufzählung der regelbaren Gegenstände, sondern begründet vielmehr eine umfassende Regelungskompetenz (*BAG GS* 7.11.1989 EzA 77 BetrVG 1972 Nr. 34). Für freiwillige Betriebsvereinbarungen nach § 88 BetrVG gelten die allgemeinen Vorschriften des § 77 BetrVG über Zustandekommen, Wirkung und Kündbarkeit (s. o. I/Rz. 1152 ff.). Ein Initiativrecht besteht nicht. Freiwillige Betriebsvereinbarungen wirken nicht nach (GK-BetrVG/*Wiese* § 88 Rz. 5). Eine Zuständigkeit der Einigungsstelle zur Entscheidung von Regelungsstreitigkeiten besteht nicht kraft Gesetzes, sondern nur nach Maßgabe des § 76 Abs. 6 BetrVG im freiwilligen Einigungsstellenverfahren, (s. o. I/Rz. 1064 f.).

X. Mitwirkung beim Arbeitsschutz und beim betrieblichen Umweltschutz, § 89 BetrVG

1. Zweck der Regelung

1513 § 89 BetrVG stellt klar, dass nicht nur der Arbeitgeber, sondern auch die mit dem Unfallschutz befassten sonstigen Stellen verpflichtet sind, den Betriebsrat in allen Fragen des Arbeitsschutzes zu beteiligen. Die Zusammenarbeit zwischen Betriebsrat und Arbeitgeber sowie den jeweils zuständigen Behörden bei der tatsächlichen Durchführung des Arbeitsschutzes soll durch die Regelung durch Einbeziehung der Kenntnisse und Interessen der Arbeitnehmer intensiviert werden. Durch das BetrV-Reformge-

I. Betriebsverfassungsrecht

setz vom 23.7.2001 (BGBl. I S. 1852 ff.) wurde die Zuständigkeit des Betriebsrats auf den betrieblichen Umweltschutz erstreckt: Der Betriebsrat soll danach wegen der Wechselwirkung von Arbeits- und Umweltschutz die gleiche Rechtsstellung im betrieblichen Umweltschutz erhalten, wie er sie im Arbeitsschutz innehat. Ein generelles umweltpolitisches Mandat des Betriebsrats zu Gunsten Dritter oder der Allgemeinheit ohne Bezug zum Betrieb wird aber nicht begründet (Gesetzesbegründung, BT-Drs. 14/5741, S. 48).

2. Durchführung der Vorschriften über Arbeitsschutz, Unfallverhütung und betrieblichen Umweltschutz

§ 89 Abs. 1 S. 1 BetrVG ergänzt die allgemeine Überwachungsaufgabe des Betriebsrats nach § 80 Abs. 1, Nr. 1, 2, 9 BetrVG. **1514**

a) Arbeitsschutz, Unfallverhütung
Der Betriebsrat hat sich dafür einzusetzen, dass die Vorschriften über den Arbeitsschutz und die Unfallverhütung durchgeführt werden. **1515**

aa) Inhalt der Aufgabe
Der Betriebsrat kann alle ihm erforderlich erscheinenden Maßnahmen ergreifen. Eines konkreten Anlasses bedarf es nicht. Der Betriebsrat soll gerade präventiv tätig werden und auf den innerbetrieblichen Entscheidungsprozess Einfluss nehmen können (GK-BetrVG/*Wiese* § 89 Rz. 10). Dies beinhaltet die Berechtigung und Verpflichtung, Maßnahmen des Arbeitsschutzs anzuregen, bei Verstößen beim Arbeitgeber auf Abhilfe zu drängen, sich an die zuständigen Stellen zu wenden und darauf hinzuwirken, dass auch Verstöße der Arbeitnehmer gegen derartige Vorschriften unterbleiben. Die Überwachungsaufgabe beinhaltet das Recht, auch nicht allgemein zugängliche, insbesondere nach den einschlägigen Arbeitsschutz- und Unfallverhütungsvorschriften mit dem Verbotsschild »Unbefugten ist der Zutritt verboten« gekennzeichnete Anlagen zu betreten. Einer Genehmigung des Arbeitgebers bedarf es hierzu nicht; allerdings ist eine Anmeldung bei der zuständigen aufsichtsführenden Stelle des Betriebes erforderlich (GK-BetrVG/*Wiese* § 89 Rz. 10, 11). **1516**

bb) In Betracht kommende Vorschriften
Der Begriff des Arbeitsschutzes i. S. d. § 89 BetrVG ist weit zu verstehen. Zu den Vorschriften des Arbeitsschutzes gehören die staatlichen Arbeitsschutzvorschriften (Übersicht bei MünchArbR/*Wlotzke* §§ 207, 210 ff.), einschließlich der allgemein anerkannten Regeln der Technik, des Standes von Wissenschaft und Technik (vgl. z. B. § 3 Abs. 1 GerSiG, § 3 Abs. 1 ArbStättVO und GK-BetrVG/*Wiese* § 89 Rz. 16 ff.), die Unfallverhütungsvorschriften der Berufsgenossenschaften (vgl. GK-BetrVG/ *Wiese* § 89 Rz. 20), einschlägige Bestimmungen in Tarifverträgen oder Betriebsvereinbarungen im Rahmen des § 87 Abs. 1 Nr. 7 BetrVG (s. o. I/Rz. 1412 ff.) oder nach § 88 Nr. 1 BetrVG. Einen guten Überblick über die geltenden Arbeitsschutz- und Unfallverhütungsvorschriften enthält der jährliche Bericht der Bundesregierung (Bundesarbeitsministerium) nach § 25 SGB VII (vgl. BT-Drs. 14/2471, abrufbar z. B. über www.bundestag.de->Datenbanken->Drucksachen). Der Betriebsrat hat gem. § 40 Abs. 2 BetrVG einen Anspruch darauf, dass ihm die maßgeblichen Bestimmungen vom Arbeitgeber zur Verfügung gestellt werden. **1517**

I. Betriebsverfassungsrecht

b) Betrieblicher Umweltschutz

1518 § 89 Abs. 3 BetrVG enthält eine Legaldefinition des Begriffs »Betrieblicher Umweltschutz«, ohne allerdings den Begriff »Umweltschutz« selbst zu definieren. Hierunter kann der Schutz der natürlichen Lebensgrundlagen für den Menschen (u. a. Tiere, Pflanzen, Luft, Wasser, Boden) vor schädlichen Einwirkungen verstanden werden. Unter betrieblichem Umweltschutz kann damit die Einflussnahme auf umweltgerechte und umweltschützende Arbeits- und Betriebsbedingungen verstanden werden (GK-BetrVG/*Wiese* § 89 Rz. 25). Ein generelles umweltpolitisches Mandat des Betriebsrats zu Gunsten Dritter oder der Allgemeinheit ohne Bezug zum Betrieb besteht nicht (Gesetzesbegründung, BT-Drs. 14/5741, S. 48).

3. Zusammenarbeit mit Behörden bei der Bekämpfung von Unfall- und Gesundheitsgefahren

1519 § 89 Abs. 1 S. 2 BetrVG begründet eine Pflicht des Betriebsrats zur Unterstützung der zuständigen Behörden und Stellen durch Beratung und Anregung für Maßnahmen des Arbeitsschutzes. Ein Mandat des Betriebsrats zur Zusammenarbeit mit den für den Umweltschutz zuständigen Behörden besteht hingegen nicht. Die Pflicht zur Zusammenarbeit mit den zuständigen Behörden im Rahmen des Arbeitsschutzes beinhaltet eine Auskunftspflicht, die durch die Verschwiegenheitspflicht nach § 79 BetrVG nicht eingeschränkt ist (GK-BetrVG/*Wiese* § 89 Rz. 43). Bei Verstößen des Arbeitgebers gegen Vorschriften des Arbeitsschutzes muss der Betriebsrat sich zunächst an den Arbeitgeber wenden, um eine Beseitigung der Mängel herbeizuführen. Bleibt dies ohne Erfolg, kann er sich an die zuständigen Stellen wenden und entsprechende Kontrollen veranlassen (GK-BetrVG/*Wiese* § 89 Rz. 41). Die für den Arbeitsschutz zuständigen Stellen sind ihrerseits verpflichtet, bei Fragen des Arbeitsschutzes und der Unfallverhütung den Betriebsrat zu beteiligen und ihn insbesondere zu Betriebsbesichtigungen und zu Untersuchungen von Arbeitsunfällen unter Einschluss aller Ermittlungen hinzuzuziehen. Für den Arbeitsschutz zuständige Behörden sind insbesondere die Gewerbeaufsichtsämter, Gesundheitsämter, Emissionsschutz- und Bauaufsichtsbehörden; Träger der gesetzlichen Unfallversicherung sind insbesondere die Berufsgenossenschaften. Sonstige in Betracht kommende Stellen sind z. B. Betriebsärzte, Sicherheitsbeauftragte oder die Fachkräfte für Arbeitssicherheit (vgl. die Aufstellung bei GK-BetrVG/*Wiese* § 89 Rz. 44, 45, 48).
Die Zusammenarbeit zwischen technischen Aufsichtsbeamten der Berufsgenossenschaften und der Behörden des Arbeitsschutzes mit den Betriebsräten ist Gegenstand bundes- und landesrechtlicher Regelungen durch Verwaltungsvorschriften und Dienstanweisungen (vgl. die Aufstellung bei GK-BetrVG/*Wiese* § 89 Rz. 50, 51).

4. Hinzuziehung des Betriebsrats

1520 Gem. § 89 Abs. 2 S. 1 BetrVG sind der Arbeitgeber und die in § 89 Abs. 1 S. 2 BetrVG genannten Behörden/Stellen (s. o. I/Rz. 1519) verpflichtet, den Betriebsrat oder von ihm bestellte Mitglieder bei allen im Zusammenhang mit dem Arbeits- und betrieblichen Umweltschutz oder der Unfallverhütung stehenden Besichtigungen und Fragen und bei der Unfalluntersuchung hinzuzuziehen. Der Arbeitgeber hat den Betriebsrat auch bei allen in Zusammenhang mit dem betrieblichen Umweltschutz stehenden Fragen und Besichtigungen hinzuzuziehen. Vorher ist der Betriebsrat gem. § 80 Abs. 2 BetrVG (s. o. I/1262 ff.) ggf. unter Vorlage erforderlicher Unterlagen zu unterrichten. Die Ergebnisse sind mit dem Betriebsrat nach § 89 Abs. 1 S. 2 BetrVG zu beraten. Gem. § 89 Abs. 5 BetrVG erhält der Betriebsrat vom Arbeitgeber Niederschriften über alle Untersuchungen, Besichtigungen und Besprechungen, zu denen der Betriebsrat hinzuziehen war, unabhängig davon, ob er tatsächlich hinzugezogen worden ist oder trotz Hinzuziehung nicht teilgenommen hat. Ein Anspruch auf Fertigung derartiger Niederschriften wird hierdurch nicht begründet (GK-BetrVG/ Wiese § 89 Rz. 54, 55).

5. Mitteilung von Auflagen, Anordnungen; Unfallanzeigen

Der Arbeitgeber ist nach § 89 Abs. 2 S. 2 BetrVG ferner verpflichtet, dem Betriebsrat **1521** unverzüglich die den Arbeitsschutz, die Unfallverhütung oder den betrieblichen Umweltschutz betreffenden Auflagen und Anordnungen der zuständigen Stellen mitzuteilen und ihm nach § 89 Abs. 6 BetrVG eine Durchschrift der vom Betriebsrat zu unterschreibenden Unfallanzeige auszuhändigen. Unterrichtungspflichten anderer Stellen bestehen z. B. nach §§ 9 Abs. 2, 12 Abs. 4 ASiG, § 54 Abs. 1 Nr. 4 BImSchG. Diese speziellen Unterrichtungspflichten lassen den allgemeinen Unterrichtungsanspruch nach § 80 Abs. 2 BetrVG unberührt.

6. Beteiligung des Betriebsrats bei der Organisation des Arbeitsschutzes

a) ASiG

Unter den Voraussetzungen der §§ 2, 5 ASiG hat der Arbeitgeber Betriebsärzte bzw. **1522** Fachkräfte für Arbeitssicherheit zu bestellen, die ihn beim Arbeitsschutz und bei der Unfallverhütung zwecks Verwirklichung der gesetzlichen Sicherheitsziele unterstützen sollen. Der Arbeitgeber hat den Betriebsärzten bzw. den Fachkräften für Arbeitssicherheit die in §§ 3, 6 ASiG genannten Aufgaben zu übertragen. Soweit eine Verpflichtung zur Bestellung besteht, kann der Arbeitgeber diese Personen als voll- oder teilzeitbeschäftigte Arbeitnehmer oder als freiberufliche Kräfte beschäftigen oder aber auch einen überbetrieblichen Dienst verpflichten (vgl. §§ 2 Abs. 3 S. 2, 4, 5 Abs. 3 S. 2, 4, 9 Abs. 3 S. 3, 19 ASiG). Die Entscheidung darüber, welche dieser Möglichkeiten realisiert wird, unterliegt der Mitbestimmung des Betriebsrats nach § 87 Abs. 1 Nr. 7 BetrVG (*BAG* 10.4.1979 EzA § 87 BetrVG 1972 Arbeitssicherheit Nr. 2). Dieses Mitbestimmungsrecht ist auch dann gegeben, wenn die Berufsgenossenschaft gem. § 24 SGB VII einen überbetrieblichen Dienst mit Anschlusszwang eingerichtet hat, da von diesem unter den im Gesetz genannten Voraussetzungen eine Befreiung möglich ist und damit nach erfolgreichem Antrag eine Wahlfreiheit des Arbeitgebers besteht (GK-BetrVG/*Wiese* § 87 Rz. 652). Sofern Betriebsärzte oder Fachkräfte für Arbeitssicherheit als Arbeitnehmer beschäftigt werden sollen, bedarf deren Bestellung nach § 9 Abs. 3 ASiG der Zustimmung des Betriebsrats. § 9 Abs. 3 ASiG verweist insoweit auf § 87 i. V. m. § 76 BetrVG, sodass anders als nach § 99 BetrVG zum einen der Betriebsrat aus jedem ihm erheblich erscheinenden Grund die Zustimmung verweigern kann und zum anderen über die Berechtigung der Zustimmungsverweigerung nicht das Arbeitsgericht, sondern die Einigungsstelle nach billigem Ermessen zu entscheiden hat. Unter Bestellung ist dabei die Einweisung in die Funktion zu ver-

I. Betriebsverfassungsrecht

stehen (GK-BetrVG/*Wiese* § 87 Rz. 654). Die Zustimmung des Betriebsrats ist Wirksamkeitsvoraussetzung der Bestellung. Z. T. (MünchArbR/*Matthes* § 344 Rz. 30) wird die Ansicht vertreten, bei einer Bestellung ohne Zustimmung des Betriebsrats könne dieser in entsprechender Anwendung des § 101 BetrVG arbeitsgerichtlich die Aufhebung der Bestellung beantragen.

1523 Auch die Abberufung eines als Arbeitnehmer beschäftigten Betriebsarztes oder einer Fachkraft für Arbeitssicherheit bedarf der Zustimmung des Betriebsrates. Die fehlende und auch nicht durch die Einigungsstelle ersetzte Zustimmung des Betriebsrats zur Abberufung führt zumindest dann zur Unwirksamkeit einer ausgesprochenen Beendigungskündigung, wenn diese auf Gründe gestützt wird, die sachlich mit der Tätigkeit eines Betriebsarztes im untrennbaren Zusammenhang stehen (*BAG* 24.3.1988 EzA § 9 ASiG Nr. 1; s. o. D/Rz. 504 ff.). Ob die fehlende Zustimmung im Übrigen, d. h. dann, wenn die Kündigung nicht auf Gründe gestützt wird, die sachlich mit der Tätigkeit zusammenhängen, zur Unwirksamkeit der Kündigung führt (MünchArbR/*Matthes* § 344 Rz. 31) oder nur bei der Prüfung der sozialen Rechtfertigung der Kündigung zu berücksichtigen ist (GK-BetrVG/*Wiese* § 87 Rz. 655), ist strittig. Unberührt bleibt das bei jeder Kündigung zu beachtende Beteiligungsrecht des Betriebsrats nach § 102 BetrVG.

1524 Mitbestimmungspflichtig ist nach § 9 Abs. 3 ASiG auch der Umfang der den Betriebsärzten oder Fachkräften für Arbeitssicherheit zu übertragenden Aufgaben sowie deren Einschränkung und Erweiterung (GK-BetrVG/*Wiese* § 87 Rz. 661). Allerdings führt dieses Mitbestimmungsrecht nicht dazu, dass dem Arbeitgeber eine Pflicht zur Durchführung von Untersuchungen auferlegt werden könnte, zu deren Vornahme er auf Grund anderer Vorschriften des Arbeitsschutzes nicht verpflichtet ist (*BAG* 6.12.1983 EzA § 87 BetrVG 1972 Bildschirmarbeit Nr. 1). Das Mitbestimmungsrecht besteht nur bei als Arbeitnehmern beschäftigten Kräften; die freiberuflich tätigen Betriebsärzte oder Fachkräfte für Arbeitssicherheit oder bei Anschluss an einen überbetrieblichen Dienst besteht lediglich die Verpflichtung, den Betriebsrat zu hören.

1525 Inwieweit den im Rahmen des ASiG bestehenden Mitbestimmungsrechten des Betriebsrats zugleich ein Initiativrecht korrespondiert, ist im Einzelnen streitig. Ganz überwiegend wird ein Initiativrecht gerichtet auf Abberufung eines angestellten Betriebsarztes oder einer Fachkraft für Arbeitssicherheit anerkannt (GK-BetrVG/*Wiese* § 87 Rz. 674), sowie auch dahingehend, einen Wechsel hinsichtlich der Form der Organisation des Arbeitsschutzes verlangen und notfalls durch Anrufung der Einigungsstelle durchsetzen zu können, soweit der Betriebsrat nicht an eine früher getroffene Einigung noch gebunden ist (MünchArbR/*Matthes* § 344 Rz. 38). Auf Grund des Initiativrechts kann der Betriebsrat auch verlangen, dass die Aufgaben der Betriebsärzte bzw. der Fachkräfte für Arbeitssicherheit erweitert oder entzogen werden (MünchArbR/*Matthes* § 344 Rz. 51).

b) Sonstige Beteiligungsrechte

1526 Nach § 22 SGB VII hat der Unternehmer in Unternehmen mit regelmäßig mehr als 20 Beschäftigten unter Beteiligung des Betriebsrats Sicherheitsbeauftragte zu bestellen, die die Aufgabe haben, den Unternehmer bei der Durchführung von Maßnahmen zur Verhütung von Arbeitsunfällen und Berufskrankheiten zu unterstützen und sich insbesondere vom Vorhandensein und der Benutzung von vorgeschriebenen Schutzeinrichtungen und -ausrüstungen zu überzeugen und auf Gefahren aufmerksam zu machen. Die Bestellung eines oder mehrerer Sicherheitsbeauftragter hat unter Mitwirkung des Betriebsrats zu erfolgen. Es besteht ein Anhörungs- und Beratungsrecht; die Bestellung bedarf aber nicht der Zustimmung des Betriebsrats. Gleiches gilt für die Abberufung eines Sicherheitsbeauftragten (GK-BetrVG/*Wiese* § 89 Rz. 59). In Betrieben mit mehr als 20 Beschäftigten ist ein Arbeitsschutzausschuss zu bilden (§ 11 ASiG), dem auch zwei Betriebsratsmitglieder angehören müssen. Hinsichtlich der Zahl der im Arbeitsschutzausschuss vertretenen Betriebsärzte, Fachkräfte für Arbeitssicherheit und Sicherheitsbeauftragten enthält § 11 ASiG keine Regelung, sodass der Betriebsrat hierüber nach § 87 Abs. 1 Nr. 7 BetrVG mitzubestimmen hat, wobei auch Regelungen über das Auswahlverfahren getroffen werden können. Die Berufung der einzelnen Mitglieder auf der Grundlage der vereinbarten Regelung sowie deren Abberufung ist nicht mitbestimmungspflichtig und obliegt allein dem Arbeitgeber. Ein Mitbestimmungsrecht besteht aber hinsichtlich von Regelungen über die Geschäftsführung des Arbeitsschutzausschusses (GK-BetrVG/*Wiese* § 87 Rz. 670 ff.).

XI. Mitbestimmung bei der Gestaltung von Arbeitsplätzen, Arbeitsablauf und Arbeitsumgebung, §§ 90, 91 BetrVG

1. Allgemeines

Durch §§ 90, 91 BetrVG soll ein Bereich erfasst werden, der zwar nicht durch arbeitsschutzrechtliche Bestimmungen geregelt ist, dem aber im Vorfeld des Arbeitsschutzes erhebliche Bedeutung für die Erhaltung der Gesundheit der Arbeitnehmer zukommt. Durch die Orientierung der Beteiligungsrechte an den arbeitswissenschaftlichen Kenntnissen über die menschengerechte Gestaltung der Arbeit sind auch die arbeitspsychologischen und betriebssoziologischen Bezüge der Arbeit zu berücksichtigen. Ziel der Regelung ist die Humanisierung der Arbeit bei der Gestaltung von Arbeitsplatz, Arbeitsablauf und Arbeitsumgebung.

1527

> Werden die Arbeitnehmer durch Änderungen, die den gesicherten arbeitswissenschaftlichen Erkenntnissen widersprechen, in besonderer Weise belastet, so hat der Betriebsrat ein korrigierendes Mitbestimmungsrecht, mit dem er angemessene Maßnahmen zur Abwendung, Milderung oder zum Ausgleich der Belastung verlangen kann.

1528

2. Beteiligungspflichtige Maßnahmen

§ 90 Abs. 1 Nr. 1 BetrVG bezieht sich auf alle der betrieblichen Zweckbestimmung dienenden Räume, in denen Arbeitnehmer tätig sind. Nicht erfasst werden Reparatur- oder Renovierungsarbeiten, die aber z. B. bei neuer Farbgebung von Räumen im Rahmen von § 90 Abs. 1 Nr. 4 BetrVG Bedeutung erlangen können sowie bei geplanten Abbrucharbeiten (GK-BetrVG/*Wiese* § 90 Rz. 8 f.). Hinsichtlich der Gestaltung der betrieblichen Räume können sich für den Betriebsrat weiter gehende Mitbestimmungsrechte unter Einschluss eines entsprechenden Initiativrechts nach § 87 Abs. 1Nr. 7 BetrVG ergeben, da hierbei die Bestimmungen der Arbeitsstättenverordnung zu beachten sind und diese weitgehend Regelungsspielräume der Betriebspartner belässt (GK-BetrVG/*Wiese* § 90 Rz. 11, § 87 Rz. 616 ff.).

1529

I. Betriebsverfassungsrecht

1530 Technische Anlagen i. S. d. § 90 Abs. 1 Nr. 2 BetrVG sind alle technischen Einrichtungen, die die Arbeit und den Aufenthalt im Betrieb erst ermöglichen, vor allem also Produktionsanlagen, Maschinen, Computeranlagen und Bildschirmgeräte, aber auch Klima- und Beleuchtungsanlagen, nicht aber bloßes Handwerkszeug und Büromittel. Nicht erfasst ist die bloße Reparatur oder Ersatzbeschaffung von technischen Anlagen, es sei denn, dass sich daraus andersartige Auswirkungen auf die Arbeitsbedingungen ergeben können (GK-BetrVG/*Wiese* § 90 Rz. 15).

1531 Arbeitsablauf und Arbeitsverfahren i. S. v. § 90 Abs. 1 Nr. 3 BetrVG hängen miteinander zusammen, sodass eine genaue Abgrenzung schwierig ist. Gemeint ist die Gesamtheit der Planung der Arbeit, wie sie im Betrieb im Zusammenwirken aller sächlichen und personellen Mittel erbracht werden soll (MünchArbR/*Matthes* § 345 Rz. 9). Arbeitsablauf ist die organisatorische, räumliche und zeitliche Gestaltung des Arbeitsprozesses im Zusammenwirken von Menschen und Betriebsmitteln (*Etzel* HzA Gruppe 19 Rz. 563). Hierzu gehört die Entscheidung über den Ort der Arbeit, die Arbeitszeitgestaltung (z. B. Ein- oder Mehrschichtbetrieb) und die Gestaltung der Arbeit im Übrigen (z. B. Einzel- oder Gruppenarbeit) und über den Arbeitsrhythmus (z. B. Einführung von Fließbandarbeit, Bandgeschwindigkeit bei Fließbandarbeit.

1532 Arbeitsverfahren ist die Technologie zur Veränderung des Arbeitsgegenstandes i. S. d. Arbeitsaufgabe, z. B. die Verwendung technischer Hilfsmittel, von Automaten oder EDV-Anlagen (GK-BetrVG/*Wiese* § 90 Rz. 19). Nicht unter die Gestaltung von Arbeitsverfahren und Arbeitsablauf fällt die Vergabe eines Teiles der Buchungsarbeiten an eine Firma, um aufgelaufene Buchungsrückstände aufzuarbeiten (*LAG Hamm* 3.12.1976 EzA § 90 BetrVG 1972 Nr. 1).

1533 Arbeitsplatz i. S. d. § 90 Abs. 1 Nr. 4 ist der für den einzelnen Arbeitnehmer in der Planung vorgesehene Tätigkeitsbereich im räumlich-funktionalen Sinne (GK-BetrVG/ *Wiese* § 90 Rz. 21). Die Planung betrifft die Ausgestaltung der einzelnen Arbeitsplätze hinsichtlich ihrer räumlichen Unterbringung, Ausstattung mit Geräten, Beleuchtung, Belüftung, Beheizung und ihrer Abschirmung vor schädlichen Umwelteinflüssen.

3. Unterrichtung und Beratung

1534 Der Arbeitgeber hat den Betriebsrat über die geplante Maßnahme zu unterrichten und diese mit ihm zu beraten. Er bleibt aber in seiner Entscheidung frei und braucht auf Grund der Vorschläge des Betriebsrats eine Planung nicht zu ändern (GK-BetrVG/*Wiese* § 90 Rz. 32).

1535 Der Arbeitgeber kann mit der Unterrichtung und Beratung einen mit der Aufgabe betrauten, sachkundigen Arbeitnehmer beauftragen (vgl. *BAG* 11.12.1991 EzA § 90 BetrVG 1972 Nr. 2). Ein Initiativrecht des Betriebsrats dahingehend, selbst Pläne für eine Änderung der in Nr. 1–4 genannten Gegenstände vorzulegen und deren Erörterung erzwingen zu können, besteht nicht (GK-BetrVG/*Wiese* § 90 Rz. 23).

1536 Der Betriebsrat ist vom Arbeitgeber über die Planung, nicht erst über den fertigen Plan der genannten Maßnahmen und damit dann zu unterrichten, wenn das Stadium der Vorüberlegungen abgeschlossen ist. Nach dem Zweck der Vorschrift soll er so rechtzeitig unterrichtet werden, dass ihm Zeit bleibt, sich selbst über die Auswir-

I. Betriebsverfassungsrecht

kungen der genannten Maßnahmen auf die Arbeitnehmer ein eigenes Urteil zu bilden, sich mit dem Arbeitgeber zu beraten und damit auf dessen Willensbildung Einfluss zu nehmen (*BAG* 11.12.1991 EzA § 90 BetrVG 1972 Nr. 2). Rechtzeitig ist die Unterrichtung daher dann, wenn sie möglichst frühzeitig erfolgt, sobald feststeht, dass Maßnahmen getroffen werden sollen oder doch ernsthaft erwogen werden und erste Überlegungen über die Möglichkeiten ihrer Durchführung angestellt werden (GK-BetrVG/*Wiese* § 90 Rz. 6). Das Recht auf Unterrichtung bezieht sich nur auf zukünftige Maßnahmen, nicht auf Maßnahmen, deren Planung bereits abgeschlossen ist. Für die Unterrichtung ist keine bestimmte Form vorgeschrieben. Der Arbeitgeber hat die geplanten Maßnahmen hinsichtlich Gegenstand, Ziel und Durchführung unter Aufzeigung der Auswirkungen für die Arbeitnehmer und die Möglichkeiten zur Berücksichtigung ihrer Interessen umfassend zu erläutern. Hierbei muss er von sich aus alle notwendigen Unterlagen (z. B. Baupläne, technische Zeichnungen) vorlegen und bei umfangreichem Unterlagenmaterial dieses dem Betriebsrat zeitweilig überlassen.

Die Pflicht zur Beratung der vorgesehenen Maßnahmen beinhaltet, dass der Arbeitgeber nach der Information dem Betriebsrat angemessene Zeit lässt, sich als Gremium mit der Angelegenheit zu befassen, sich mit den Argumenten des Betriebsrats auseinander zu setzen und sich um eine für beide Seiten angemessene Lösung zu bemühen. Der Betriebsrat kann in der Beratung alle Gesichtspunkte einbringen, die aus seiner Sicht für die Planung im Hinblick auf die Arbeitsbedingungen bedeutsam sind (GK-BetrVG/*Wiese* § 90 Rz. 29).

Bei der Beratung sollen auch die gesicherten arbeitswissenschaftlichen Erkenntnisse über die menschengerechte Gestaltung der Arbeit berücksichtigt werden. Vgl. zum Begriff der gesicherten arbeitswissenschaftlichen Erkenntnisse unten I/Rz. 1542 ff.

4. Mitbestimmung des Betriebsrates

a) Korrigierendes Mitbestimmungsrecht

Wenn Arbeitnehmer durch Änderungen der Arbeitsplätze, des Arbeitsablaufes oder der Arbeitsumgebung, die den gesicherten arbeitswissenschaftlichen Erkenntnissen über die menschengerechte Gestaltung der Arbeit offensichtlich widersprechen, in besonderer Weise belastet werden, gewährt § 91 BetrVG ein sog. korrigierendes, ein Initiativrecht beinhaltendes Mibestimmungsrecht (GK-BetrVG/*Wiese* § 91 Rz. 1).

Durch dieses Mitbestimmungsrecht kann lediglich die Korrektur von Zuständen an konkreten Arbeitsplätzen, nicht aber generell eine bestimmte menschengerechte Gestaltung der Arbeitsplätze und Arbeitsabläufe erzwungen werden (*BAG* 6.12.1983 EzA § 87 BetrVG 1972 Bildschirmarbeit Nr. 1).

Es greift aber nicht erst bei Abschluss der Planung, sondern schon während des Planungsstadiums selbst ein (*BAG* 6.12.1983 EzA § 87 BetrVG 1972 Bildschirmarbeit Nr. 1; a. A. GK-BetrVG/*Wiese* § 91 Rz. 8).

b) Voraussetzungen des Mitbestimmungsrechts

Das Mitbestimmungsrecht des Betriebsrats dient nicht der Verbesserung bestehender Zustände. Es ist nur gegeben, wenn die in § 91 BetrVG genannte besondere Belastung

I. Betriebsverfassungsrecht

der Arbeitnehmer auf einer Änderung von Arbeitsplätzen, des Arbeitsablaufes oder der Arbeitsumgebung beruht und erstreckt sich damit nicht auf Fälle, in denen schon bestehende Verhältnisse den gesicherten arbeitswissenschaftlichen Erkenntnissen über die menschengerechte Gestaltung der Arbeit offensichtlich widersprechen (*BAG* 28.7.1981 EzA § 87 BetrVG 1972 Arbeitszeit Nr. 9). Andererseits ist unerheblich, ob die Änderung auf einer Planung des Arbeitgebers beruht oder ad hoc vorgenommen wird oder unbeabsichtigt eintritt oder ob sie zuvor mit dem Betriebsrat beraten wurde. Entscheidend ist allein die Änderung an sich (GK-BetrVG/*Wiese* § 91 Rz. 7).

1542 Es muss ferner ein Verstoß gegen gesicherte arbeitswissenschaftliche Erkenntnisse über die menschengerechte Gestaltung der Arbeit vorliegen.

> Gesicherte arbeitswissenschaftliche Erkenntnisse sind solche, die nach dem derzeitigen Stand der Arbeitswissenschaft bei den Fachleuten allgemein Anerkennung gefunden haben (GK-BetrVG/*Wiese* § 90 Rz. 36). In gesetzlichen Vorschriften in Bezug genommene Regelwerke, Richtlinien, Fachnormen u. ä. Werke (z. B. DIN-Normen, technische Normen des VDE, VDI, Sicherheitsregeln der Berufsgenossenschaften) enthalten i. d. R. gesicherte arbeitswissenschaftliche Erkenntnisse. Gleiches gilt für tarifvertragliche Regelungen innerhalb ihres Geltungsbereiches (MünchArbR/*Matthes* § 345 Rz. 35). Ein offensichtlicher Widerspruch liegt vor, wenn er eindeutig, d. h. ohne weiteres für den sachkundigen Betriebspraktiker erkennbar ist (GK-BetrVG/*Wiese* § 91 Rz. 13).

1543 Durch den Verstoß müssen die betroffenen Arbeitnehmer in besonderer Weise belastet werden. Eine besondere Belastung liegt vor, wenn sie objektiv das für die konkrete Tätigkeit sich aus den gesicherten arbeitswissenschaftlichen Erkenntnissen ergebende Maß überschreitet. Ausreichend ist die Belastung einzelner Arbeitnehmer, wenn durch die Änderung generell jeder an einem bestimmten Arbeitsplatz eingesetzte Arbeitnehmer ungeachtet seiner persönlichen Konstitution besonders belastet wird (GK-BetrVG/*Wiese* § 91 Rz. 20).

1544 Der Einsatz von Bildschirmgeräten an Arbeitsplätzen widerspricht nicht generell gesicherten arbeitswissenschaftlichen Erkenntnissen, sodass der Betriebsrat nicht in Anwendung von § 91 BetrVG generalpräventiv bestimmte Ausgleichsmaßnahmen verlangen kann (GK-BetrVG/*Wiese* § 91 Rz. 21). Zwischenzeitlich ist die EG-Bildschirmrichtlinie (90/270/EWG) in Form der BildscharbV in nationales Recht umgesetzt worden, die ihrerseits eine Reihe von ausfüllungsbedürftigen Rahmenvorschriften enthält, sodass umfangreiche Mitbestimmungsrechte des Betriebsrats nach § 87 Abs. 1 Nr. 7 BetrVG bestehen (vgl. *Klebe* DKK § 87 Rz. 200 ff. m. w. N.). Dadurch ist in diesem Bereich die Rechtsprechung des *BAG* (2.4.1996 EzA § 87 BetrVG 1972 Bildschirmarbeit Nr. 1), die ebenfalls ein Mitbestimmungsrecht des Betriebsrats in richtlinienkonformer Auslegung des § 120 a GewO annahm, überholt.

c) Korrekturmaßnahmen

1545 Für die korrigierenden Maßnahmen sieht das Gesetz eine Rangfolge vor. In erster Linie soll die völlige Beseitigung der Belastung erreicht werden, nur wenn auch dies nicht möglich ist, soll zumindest ein Ausgleich für die besondere Belastung gewährt werden. Angemessen sind Maßnahmen, wenn sie unter Berücksichtigung der Belastung des Betriebes, des Standes der Technik sowie der betrieblichen Möglichkeiten durchführbar, geeignet, erforderlich und für den Betrieb vertretbar sind (GK-

BetrVG/*Wiese* § 91 Rz. 27). Maßnahmen zur Milderung sind etwa die Gewährung von Hilfs- und Schutzmitteln, Arbeitsunterbrechungen oder die Zuweisung von Ausgleichstätigkeiten. Zusätzliche Leistungen können etwa Getränke, Verpflegung, Reinigungsmittel, bezahlte Freistellung oder die Zahlung von Zuschlägen sein (MünchArbR/*Matthes* § 345 Rz. 43, 44).

5. Streitigkeiten

Kommt eine Einigung zwischen Arbeitgeber und Betriebsrat über die Art und die Angemessenheit der Maßnahmen nicht zu Stande, so entscheidet die Einigungsstelle, die auch die Frage ihrer Zuständigkeit und damit zu prüfen hat, ob die Voraussetzungen der Mitbestimmung des Betriebsrats vorliegen. Ferner kann durch ein arbeitsgerichtliches Beschlussverfahren die Rechtsfrage geklärt werden, ob im Einzelfall ein Mitbestimmungsrecht des Betriebsrats nach § 91 BetrVG besteht. Erforderlich ist, dass der diesbezügliche Feststellungsantrag ganz konkret den Sachverhalt, für den ein Mitbestimmungsrecht in Anspruch genommen wird, umschreibt, da ein zu weit gefasster, sog. Globalantrag, zwar nicht unzulässig, aber dann unbegründet ist, wenn auch nur eine Fallkonstellation denkbar ist, in der ein Mitbestimmungsrecht nicht besteht, die aber vom Wortlaut des Antrages mit umfasst ist. Werden durch den Spruch der Einigungsstelle Individualansprüche einzelner Arbeitnehmer begründet, sind sie im Urteilsverfahren einklagbar. Gegebenenfalls besteht auch ein Zurückbehaltungsrecht des Arbeitnehmers (vgl. GK-BetrVG/*Wiese* § 91 Rz. 37). 1546

XII. Mitbestimmung in personellen Angelegenheiten

1. Allgemeine personelle Angelegenheiten

a) Personalplanung, § 92 BetrVG

aa) Zweck der Vorschrift

Zweck der Regelung ist es, eine Objektivierung und bessere Durchschaubarkeit sowohl der allgemeinen Personalwirtschaft als auch der personellen Einzelentscheidungen zu erreichen (BR-Drs. 715/70, S. 50). Durch rechtzeitige und umfassende Information bereits in diesem Stadium soll der Betriebsrat in die Lage versetzt werden, bei eventuell auf der Planung aufbauenden personellen Einzelmaßnahmen sachgerecht mitwirken zu können. Abs. 3 bezweckt, Frauenförderung ausdrücklich zum Gegenstand der Personalplanung zu machen und den Arbeitgeber zu verpflichten, bereits bei der Personalplanung die Frauenförderung von sich aus zu berücksichtigen (BT-Drs. 14/5741, S. 48). 1547

bb) Begriff der Personalplanung

Von der Personalplanung i. S. v. § 92 BetrVG werden alle diejenigen Überlegungen und Entscheidungen erfasst, die die Grundlage für nachfolgende personelle Einzelmaßnahmen, Einstellungen, Versetzungen, Fortbildung, Entlassung u. ä. sein können (MünchArbR/*Matthes* § 346 Rz. 4). Eine Planung setzt nicht voraus, dass sie sich auf den gesamten Betrieb bezieht. Sie liegt auch dann vor, wenn es 1548

I. Betriebsverfassungsrecht

um einzelne Betriebsteile oder bestimmte Projekte geht (*BAG* 6.11.1990 EzA § 92 BetrVG 1972 Nr. 2).

1549 Dem Begriff der Personalplanung unterfällt damit jede Planung, die sich auf den gegenwärtigen und zukünftigen Personalbedarf in quantitativer und qualitativer Hinsicht, auf dessen Deckung im weitesten Sinne und auf den abstrakten Einsatz der personellen Kapazität bezieht. Hierzu gehört zunächst die Personalbedarfsplanung, nicht aber die dieser Bedarfsplanung vorgelagerte weitere unternehmerische Planung, wie etwa Produktions-, Investitions- und Rationalisierungsplanung (*LAG Berlin* 13.6.1988 LAGE § 92 BetrVG 1972 Nr. 2). Erst wenn und soweit der Arbeitgeber Ergebnisse aus anderen Bereichen zur Grundlage seiner Personalplanung macht, hat er auch über diese Ergebnisse im Rahmen des § 92 BetrVG zu unterrichten (*BAG* 19.6.1984 EzA § 92 BetrVG 1972 Nr. 1). Diese vorgelagerten unternehmerischen Planungen und Entscheidungen können aber Gegenstand der Unterrichtungspflicht gegenüber dem Wirtschaftsausschuss, § 106 Abs. 2 BetrVG, sein, da im Rahmen dieser Unterrichtung auch über die Auswirkungen für die Personalplanung zu informieren ist. Zur Personalplanung gehört ferner die Personaldeckungsplanung, also die Planung der Maßnahmen, mit denen ein festgestellter künftiger Personalbedarf gedeckt werden soll. Weiter zählt hierzu die Personalabbauplanung, wenn der gegenwärtige Personalbestand reduziert werden soll. Ebenfalls erfasst ist die Personalentwicklungsplanung als Planung der Deckung des Personalbedarfs mit schon vorhandenen Arbeitnehmern. Schließlich unterfällt § 92 BetrVG auch die Personaleinsatzplanung, die sich mit der Frage beschäftigt, wo und wie die Arbeitnehmer im Betrieb eingesetzt werden sollen. Nicht erfasst werden die Personalkostenplanung sowie Maßnahmen der Planungskontrolle (GK-BetrVG/*Kraft* § 92 Rz. 17 f.) und die Planung der Personalorganisation (Organisation des Personalwesens oder innere hierarchische Struktur des im Betrieb vorhandenen Personals), es sei denn, es geht um deren Einrichtung und damit um deren Personalbedarf und dessen Deckung (*Hunold* DB 1989, 1335). Eine Planung, die sich lediglich auf die berufliche Entwicklung oder den konkreten Arbeitseinsatz einzelner Arbeitnehmer bezieht, unterfällt ebenfalls nicht dem Anwendungsbereich des § 92 BetrVG. Gleiches gilt für die Planung künftiger Beschäftigungsbedingungen (z. B. Arbeitszeit, Entgelt, Arbeitsplatzgestaltung). Diesbezüglich können spezielle Mitbestimmungstatbestände (§§ 87, 88, 90, 91 BetrVG) berührt sein.

1550 Nach überwiegender Ansicht (GK-BetrVG/*Kraft* § 92 Rz. 5; a. A. *Klebe* DKK § 92 Rz. 42) bezieht sich § 92 BetrVG nicht auf leitende Angestellte i. S. v. § 5 Abs. 3, 4 BetrVG, es sei denn, die Personalplanung befasst sich damit, wie Arbeitnehmer die Qualifikation zum leitenden Angestellten erreichen können, sofern es im Rahmen der Personalentwicklungsplanung darum geht, welcher Bedarf an leitenden Angestellten besteht und wie dieser eventuell mit Arbeitnehmern des Betriebes gedeckt werden kann (GK-BetrVG/*Kraft* § 92 Rz. 5).

cc) Unterrichtungspflicht

1551 Die Unterrichtungspflicht besteht nur, wenn und soweit eine Personalplanung vorhanden ist. Über Überlegungen im Vorstadium der Planung ist noch nicht zu unterrichten. Solange der Arbeitgeber deshalb nur Handlungsspielräume auslotet, etwa Möglichkeiten einer Personalreduzierung erkundet, diese Möglichkei-

I. Betriebsverfassungsrecht

ten aber ersichtlich noch nicht nutzen will, besteht keine Unterrichtungspflicht (*BAG* 19.6.1984 EzA § 92 BetrVG 1972 Nr. 1).Unberührt bleibt der Anspruch des Betriebsrats auf Ermittlung des Berufsbildungsbedarfs nach § 96 BetrVG (s. u. I/Rz. 1615).

Die Unterrichtung muss rechtzeitig erfolgen. Welcher Zeitpunkt hierfür maßgeblich ist, wird kontrovers diskutiert: Zum Teil (z. B. GK-BetrVG/*Kraft* § 92 Rz. 22) wird es als ausreichend erachtet, wenn der Unternehmer nach Abschluss der Planung unterrichtet, wenn bis zur Realisierung durch Einzelmaßnahmen noch so viel Zeit verbleibt, dass der Betriebsrat vorher gegebenenfalls Änderungen erreichen kann. Begründet wird dies damit, dass der Betriebsrat nur über die Planung zu unterrichten, nicht aber in die Planung einzuschalten sei. Nach anderer Auffassung setzt die Unterrichtungspflicht bereits in der Phase der Entscheidungsfindung (z. B. *Klebe* DKK § 92 Rz. 36) ein. Zum Teil (MünchArbR/*Matthes* § 346 Rz. 13) wird der Zeitpunkt als maßgeblich angesehen, in welchem konkrete Vorstellungen über mögliche Maßnahmen zur Erreichung des vorgegebenen Ziels entwickelt werden sollen, was i. d. R. mit Abschluss der Personalbedarfsplanung angenommen werden könne. Ergeben sich gegenüber der bisherigen, dem Betriebsrat mitgeteilten Planung Änderungen und Neuerungen, ist hierüber ebenfalls zu unterrichten. 1552

Umfassend ist die Unterrichtung, wenn der Arbeitgeber dem Betriebsrat alle Tatsachen mitteilt, auf die er die jeweilige Personalplanung stützt (*BAG* 19.6.1984 EzA § 92 BetrVG 1972 Nr. 1), die also für seine Personalplanung relevant sind. Die Unterrichtung muss sich auch auf die Wege und Methoden erstrecken, auf denen die Personalplanung zu bestimmten Annahmen und Folgerungen gekommen ist (MünchArbR/*Matthes* § 346, Rz. 12). 1553

Bei Einsatz organisatorischer und technischer Hilfsmittel (Assessment-Center, Personalinformationssysteme) sind die mit deren Hilfe gewonnenen Unterlagen, soweit sie Planungsgrundlage sind, vorzulegen. Streitig ist, ob neben der Unterrichtung über gewonnene Ergebnisse auch über die technischen Einzelheiten des eingesetzten Hilfsmittels, etwa vorhandene Programme, zu unterrichten ist (abl. GK-BetrVG/*Kraft* § 92 Rz. 21; bejahend *FKHE* § 92 Rz. 26.). 1554

Die Unterrichtung hat anhand von Unterlagen zu erfolgen. Dies bedeutet jedenfalls, dass dem Betriebsrat die Unterlagen zur Einsicht vorzulegen sind. Ob darüber hinaus eine Verpflichtung des Arbeitgebers besteht, dem Betriebsrat die Unterlagen zeitweilig zu überlassen, ist strittig (abl. GK-BetrVG/*Kraft* § 92 Rz. 26; MünchArbR/*Matthes* § 346 Rz. 15; bejahend *Klebe* DKK § 92 Rz. 40; *Jedzig* DB 1989, 978 [981]; *Hunold* DB 1989, 1336; *LAG München* 6.8.1986 LAGE § 92 BetrVG 1972 Nr. 1). Zweck der Zugänglichmachung der Unterlagen ist es, dem Betriebsrat die Möglichkeit zu geben, zu überprüfen, ob die vom Arbeitgeber zur Personalplanung gemachten Angaben auch tatsächlich zutreffen (*BAG* 19.6.1984 EzA § 92 BetrVG 1972 Nr. 1). 1555

Zur Einsicht vorzulegen sind alle Unterlagen, die der Arbeitgeber selbst zur Grundlage seiner Planung gemacht hat. Dazu können auch Unterlagen gehören, die in anderem Zusammenhang erarbeitet wurden, wenn sich der Betriebsrat nur anhand dieser Unterlagen ein verlässliches Bild von der Personalplanung machen kann (*BAG* 19.6.1984 EzA § 92 BetrVG 1972 Nr. 1). 1556

I. Betriebsverfassungsrecht

1557 In Betracht kommen z. B. Personalstatistiken, Übersichten, Bedarfsberechnungen, aber auch die Erstellung von Anforderungsprofilen (*BAG* 31.5.1983 EzA § 95 BetrVG 1972 Nr. 6) und Stellenbeschreibungen (*BAG* 31.1.1984 EzA § 95 BetrVG 1972 Nr. 7), da die Gesamtheit der Stellenbeschreibungen ausweist, wie viel Personal benötigt wird. Das Einsichtrecht besteht nur hinsichtlich vorhandener Unterlagen. Ein Anspruch auf zusätzliche Erstellung nicht vorhandener Unterlagen besteht nicht (GK-BetrVG/*Kraft* § 92 Rz. 27). Die wahrheitswidrige, unvollständige oder verspätete Unterrichtung des Betriebsrates im Rahmen der Personalplanung ist Ordnungswidrigkeit gem. § 121 BetrVG.

dd) Beratungspflicht

1558 Der Arbeitgeber hat mit dem Betriebsrat über Art und Umfang der erforderlichen Maßnahmen und über die Vermeidung von Härten zu beraten. Das Beratungsrecht ist damit enger als das von § 92 Abs. 1 S. 1 BetrVG eingeräumte Informationsrecht und besteht nur hinsichtlich der mit der Personalplanung verbundenen personellen Maßnahmen. Der Beratungspflicht unterliegt damit nicht die Personalbedarfsplanung, sondern nur die aus ihr im Rahmen der Personaldeckungsplanung folgenden konkreten Maßnahmen (*BAG* 6.11.1990 EzA § 92 BetrVG 1972 Nr. 2). Zu beraten ist auch, ob ein Personalbedarf durch Einstellung eigener Arbeitnehmer, durch Leiharbeitnehmer oder durch Fremdfirmenarbeiter gedeckt werden soll oder ob ein Personalabbau durch die Einschränkung von Leiharbeit und Fremdfirmenarbeit vermieden werden kann (*BAG* 31.1.1989 EzA § 80 BetrVG 1972 Nr. 34). Inhalt der Beratungspflicht ist es auf Seiten des Arbeitgebers, Anregungen und Bedenken des Betriebsrates entgegenzunehmen und mit diesem zu erörtern. Eine Verpflichtung, die Vorstellungen des Betriebsrates zu berücksichtigen, besteht nicht.

ee) Vorschlagsrecht

1559 Der Betriebsrat kann dem Arbeitgeber Vorschläge für die Einführung und Durchführung einer Personalplanung machen. Soweit eine Personalplanung nicht besteht, kann deren Einführung vom Betriebsrat jedoch nicht erzwungen werden. Der Arbeitgeber ist lediglich verpflichtet, sich mit den Vorschlägen des Betriebsrates ernsthaft zu befassen.

ff) Entsprechende Geltung für Maßnahmen nach § 80 Abs. 1 Nr. 2 a, b BetrVG

1560 Nach dem durch das BetrVerf-ReformG vom 23.7.2001 (BGBl. I S. 1852 ff.) eingefügten § 92 Abs. 3 BetrVG gelten die Absätze 1 und 2 des § 92 entsprechend für Maßnahmen i. S. d. § 80 Abs. 1 Nr. 2 a, b BetrVG, d. h. für Maßnahmen der Durchsetzung der tatsächlichen Gleichstellung von Frauen und Männern und für Maßnahmen zur Förderung der Vereinbarkeit von Familie und Erwerbstätigkeit, insbesondere für die Aufstellung und Durchführung von Maßnahmen zur Förderung der Gleichstellung von Frauen und Männern. Der Arbeitgeber soll hierdurch verpflichtet werden, bereits von sich aus bei der Personalplanung die Frauenförderung zu berücksichtigen, seine Vorstellungen hierzu, insbesondere die damit verbundenen personellen Maßnahmen und erforderlichen Berufsbildungsmaßnahmen, dem Betriebsrat anhand von Unterlagen zu unterbreiten und mit ihm zu beraten (BegrRegE BT-Drs. 14/5741, S. 48). Neben der Pflicht zur Unterrichtung und Beratung derartiger Maßnahmen besteht auch ein entsprechendes Vorschlagsrecht des Betriebsrats. Nach GK-BetrVG/*Kraft* (§ 92 Rz. 32) sollen die in Absatz 3 genannten Maßnahmen nur dann dem § 92 BetrVG unterfallen, wenn sie Teil der Personalplanung sind.

… I. Betriebsverfassungsrecht

b) **Vorschläge zur Beschäftigungsförderung und -sicherung, § 92 a BetrVG**

aa) **Zweck der Vorschrift**
Das durch das BetrV-Reformgesetz vom 23.7.2001 (BGBl. I S. 1852 ff.) eingefügte Beteiligungsrecht des Betriebsrats nach § 92 a BetrVG soll nach der Gesetzesbegründung (BT-Drs. 14/5741, S. 49) dazu beitragen, dass der Meinungsbildungsprozess im Betrieb zu Fragen der Sicherung und Förderung von Beschäftigung in Gang gehalten wird und der Arbeitgeber sich den Vorschlägen des Betriebsrats stellen muss, auch wenn sie den Bereich der Unternehmensführung betreffen. Die Regelung wird zum Teil als überflüssig kritisiert (GK-BetrVG/*Kraft* § 92 a Rz. 1, 7). 1561

bb) **Vorschlagsrecht des Betriebsrats**
Gem. § 92 a Abs. 1 BetrVG kann der Betriebsrat dem Arbeitgeber Vorschläge zur Sicherung und Förderung der Beschäftigung machen. Die beispielhafte Aufzählung möglicher Vorschlagsthemen ist nicht abschließend. Eine Verpflichtung des Arbeitgebers entsprechend den Vorschlägen des Betriebsrats zu verfahren besteht nicht. 1562

cc) **Beratungspflicht des Arbeitgebers**
Der Arbeitgeber ist nach Abs. 2 verpflichtet, mit dem Betriebsrat dessen Vorschläge zu beraten. Beratung bedeutet, dass der Arbeitgeber Vorschläge des Betriebsrats entgegen nimmt, mit diesem erörtert und sich argumentativ mit den Vorschlägen auseinander setzt. Hält er die Vorschläge für ungeeignet, hat der Arbeitgeber dies gegenüber dem Betriebsrat zu begründen. In Betrieben mit mehr als 100 Arbeitnehmern muss die Begründung schriftlich erfolgen. Erfüllt der Arbeitgeber seine Pflicht zur schriftlichen Ablehnungsbegründung nicht, besteht ein im Beschlussverfahren durchsetzbarer Erfüllungsanspruch des Betriebsrats. Bei wiederholtern Verstößen kommt auch ein Vorgehen nach § 23 Abs. 3 BetrVG in Betracht (GK-BetrVG/*Kraft* § 92 a Rz. 4). 1563
Arbeitgeber oder Betriebsrat können zu den Beratungen einen Vertreter des (Landes-)Arbeitsamtes hinzuziehen. Hierdurch soll nach der Gesetzesbegründung (BT-Drs. 14/5741, S. 49) erreicht werden,»dass zu dem Potenzial an innerbetrieblichen Wissen über Sicherung und Ausbau der Beschäftigung überbetriebliche Kenntnisse und Erfahrungen insbesondere über Fortbildungs- und Umschulungsmaßnahmen sowie deren Unterstützung durch die Arbeitsverwaltung hinzukommen.«

c) **Personalfragebogen, Beurteilungsgrundsätze, § 94 BetrVG**

aa) **Zweck der Vorschrift**

> Das durch § 94 BetrVG eingeräumte Mitbestimmungsrecht soll im Interesse eines präventiven Schutzes des Persönlichkeitsrechts des Arbeitnehmers sicherstellen, dass Fragen des Arbeitgebers auf die Gegenstände und den Umfang beschränkt bleiben, für die ein berechtigtes Auskunftsbedürfnis besteht. Die Mitbestimmung bei der Aufstellung von Beurteilungsgrundsätzen soll der Objektivierung solcher Grundsätze im Interesse der Arbeitnehmer dienen (BR-Drs. 715/70, S. 50 zu § 94).

1564

I. Betriebsverfassungsrecht

1565 Durch die Aufstellung von Beurteilungsgrundsätzen soll ein einheitliches Vorgehen bei der Beurteilung und ein Bewerten nach einheitlichen Maßstäben ermöglicht und so erreicht werden, dass die Beurteilungsergebnisse miteinander vorgleichbar sind (*BAG* 23.10.1984 EzA § 94 BetrVG 1972 Nr. 1).

bb) Personalfragebogen

(1) Anwendungsbereich

1566 § 94 BetrVG gilt für jede systematische und generelle, d. h. auf alle Arbeitnehmer oder bestimmte Arbeitnehmergruppen bezogene Erhebung von persönlichen Angaben (MünchArbR/*Matthes* § 347 Rz. 7) und erfasst damit nicht nur die systematische, schriftliche Zusammenstellung von Fragen.

1567 Erfasst werden vielmehr auch standardisierte Fragen in Tests oder Interviews, z. B. auch Fragen des Arbeitgebers aus einer formularmäßigen Zusammenfassung von Fragen über die persönlichen Verhältnisse, die dem Bewerber mündlich gestellt und die Antworten vom Arbeitgeber selbst vermerkt werden (*BAG* 21.9.1993 EzA § 118 BetrVG 1972 Nr. 62). Unerheblich ist, ob die Fragen im Hinblick auf eine beabsichtigte Einstellung oder schon beschäftigten Arbeitnehmern gestellt werden (GK-BetrVG/*Kraft* § 94 Rz. 8). Unerheblich ist ferner, ob sie vom Arbeitgeber selbst oder durch einen von diesem beauftragten Dritten, etwa einem Beratungsunternehmen gestellt werden, sofern von diesem nicht nur eine allgemeine Beurteilung abgegeben wird, sondern die einzelnen Antworten dem Arbeitgeber zur Kenntnis gebracht werden (MünchArbR/*Matthes* § 347 Rz. 10). Gem. § 94 Abs. 2 BetrVG besteht das Mitbestimmungsrecht auch für persönliche Angaben in schriftlichen Formulararbeitsverträgen. Hierdurch soll verhindert werden, dass die Beteiligung des Betriebsrates bei der Verwendung von Personalfragebögen umgangen wird. Nicht erfasst (vgl. GK-BetrVG/*Kraft* § 94 Rz. 11 ff.) sind: Nicht standardisierte Fragen im Rahmen eines Vorstellungsgespräches, ärztliche Fragebogen für Einstellungsuntersuchungen, es sei denn, der Arbeitnehmer muss den Werksarzt von der Schweigepflicht entbinden, um überhaupt eingestellt zu werden und die Einholung von Auskünften über Arbeitnehmer oder Bewerber bei Dritten. Strittig ist, ob auch die Art und Weise der Verarbeitung der gewonnenen Daten und deren Verwendung der Mitbestimmung des Betriebsrats nach § 94 BetrVG unterliegt (so z. B. *FKHE* § 94 Rz. 7; *Klebe* DKK § 94 Rz. 7). Dies erscheint angesichts des Wortlauts der Bestimmung und des speziellen Mitbestimmungsrechts des Betriebsrats nach § 87 Abs. 1 Nr. 6 BetrVG bei elektronischer Weiterverarbeitung der erhobenen Daten fraglich (ablehnend deshalb z. B. GK-BetrVG/*Kraft* § 94 Rz. 15 f.; MünchArbR/*Matthes* § 347 Rz. 27 f.).

1568 In zeitlicher Hinsicht ist die Zustimmung des Betriebsrates erforderlich bei der Neueinführung, aber auch bei der Änderung bestehender Fragebogen. Auch die Weiterverwendung mitbestimmungsfrei eingeführter Fragebögen bedarf der Zustimmung des Betriebsrates, so etwa vor Inkrafttreten des BetrVG 1972 eingeführte Personalfragebogen (GK-BetrVG/*Kraft* § 94 Rz. 4) oder die Weiterverwendung von vor der Wahl eines Betriebsrates eingeführten (vgl. für Beurteilungsrichtlinien: *LAG Frankfurt* 6.3.1990 DB 1991, 1027). Der Arbeitgeber kann aber in dieser Konstellation von der Zustimmung des Betriebsrates ausgehen, wenn dieser der Weiterverwendung nicht widersprochen hat (GK-BetrVG/*Kraft* § 94 Rz. 4).

I. Betriebsverfassungsrecht

(2) Beteiligung des Betriebsrates

Personalfragebögen bedürfen der Zustimmung des Betriebsrates. Das Mitbestimmungsrecht greift damit erst dann, wenn der Arbeitgeber sich entschlossen hat, überhaupt Personalfragebögen einzusetzen. Ein Initiativrecht des Betriebsrates besteht nicht, sodass der Betriebsrat die Einführung von Fragebögen nicht erzwingen kann (*LAG Düsseldorf* 24.7.1984 DB 1985, 134; GK-BetrVG/*Kraft* § 94 Rz. 3). **1569**

Das Einigungsstellenverfahren kann nur vom Arbeitgeber betrieben werden. Arbeitgeber und Betriebsrat haben ebenso wie die Einigungsstelle bei ihrer Entscheidung zu berücksichtigen, dass nur zulässige Fragen in den Fragenkatalog aufgenommen werden. Welche Fragen zulässig sind, richtet sich allein nach individualrechtlichen Grundsätzen (s. o. B/Rz. 209 ff.). Fragen, die nach diesen Grundsätzen unzulässig sind, werden nicht durch Zustimmung des Betriebsrates zulässig. Die Einigung zwischen Arbeitgeber und Betriebsrat bzw. der Spruch der Einigungsstelle sind in entsprechender Anwendung des § 77 Abs. 5 BetrVG für beide Seiten kündbar (GK-BetrVG/*Kraft* § 94 Rz. 6). Eine Nachwirkung i. S. d. § 77 Abs. 6 BetrVG tritt nach h. M. nicht ein, da dies zu einem Leerlaufen des Mitbestimmungsrechts nach § 94 BetrVG führen würde. Da nur der Arbeitgeber die Einigungsstelle anrufen kann, hieran aber bei Eingreifen einer Nachwirkung kein Interesse haben wird, liefe dies auf eine zeitlich nicht begrenzte Weiterverwendungsmöglichkeit von Personalfragebogen hinaus, zu denen nach Ablauf der Kündigungsfrist eine Zustimmung des Betriebsrates nicht mehr vorliegt (MünchArbR/*Matthes* § 347 Rz. 23). Nach Ablauf der Kündigungsfrist werden daher die entsprechenden Fragestellungen unzulässig. **1570**

(3) Verstoß gegen das Mitbestimmungsrecht

Fehlt es an der Zustimmung des Betriebsrates, so verletzt der Arbeitgeber betriebsverfassungsrechtliche Pflichten. In Betracht kommt insoweit ein Vorgehen nach § 23 Abs. 3 BetrVG. Unter den Voraussetzungen dieser Norm steht dem Betriebsrat ein Anspruch auf Unterlassung der unzulässigen Datenerhebung oder ein Anspruch auf Löschung unzulässig erhobener Daten zu. Ob neben dem Arbeitnehmer auch dem Betriebsrat ein Löschungsanspruch nach § 35 Abs. 2 BDSG zusteht, ist streitig (*FKHE* § 94 Rz. 14). Streitig ist, ob der Arbeitnehmer Fragen, die zwar individualrechtlich zulässig sind, hinsichtlich derer aber die Zustimmung des Betriebsrates fehlt, gleichwohl wahrheitsgemäß beantworten muss und ob die wahrheitswidrige Beantwortung solcher Fragen den Arbeitgeber zur Anfechtung des Arbeitsvertrages nach § 123 BGB berechtigt. Z. T. (GK-BetrVG/*Kraft* § 94 Rz. 33) wird einem Verstoß gegen das Beteiligungsrecht jede individualrechtliche Wirkung mit der Begründung abgesprochen, dass es sich bei § 94 BetrVG um eine rein betriebsverfassungsrechtliche Norm handele. Nach anderer Auffassung (z. B. *Klebe* DKK § 94 Rz. 25; *Richardi* § 94 Rz. 46; MünchArbR/*Matthes* § 347 Rz. 31) wird aus dem Schutzzweck des § 94 BetrVG gefolgert, dass die wahrheitswidrige Beantwortung individualrechtlich zulässiger, aber nicht mitbestimmter Fragen den Arbeitgeber nicht zur Anfechtung des Arbeitsvertrages berechtigt. Der Arbeitnehmer kann ferner die Löschung unzulässig erhobener und anschließend gespeicherter Daten verlangen (*BAG* 22.10.1986 AP Nr. 2 zu § 23 BDSG; s. o. C/Rz. 2442 ff.). **1571**

I. Betriebsverfassungsrecht

cc) Allgemeine Beurteilungsgrundsätze

(1) Begriff

1572 Allgemeine Beurteilungsgrundsätze sind für alle Arbeitnehmer oder für abstrakt beschriebene Gruppen von Arbeitnehmern des Betriebes geltende Grundsätze, die verfestigt und schriftlich fixiert sind und der Beurteilung von Leistung und Verhalten des Arbeitnehmers nach einer bestimmten Verfahrensweise zu Grunde gelegt werden (*BAG* 23.10.1984 EzA § 94 BetrVG 1972 Nr. 1). Erfasst ist auch die Aufstellung allgemeiner Beurteilungsgrundsätze für Bewerber, insbesondere in Form der Erstellung von Systemen zur Auswertung der Bewerbungsunterlagen, Einstellungsprüfungen und psychologischen Testverfahren (*Galperin/Löwisch* § 94 Rz. 29).

1573 Eine Beurteilung i. S. d. § 94 BetrVG liegt nur vor, wenn sie sich auf die Person eines oder mehrerer bestimmter Arbeitnehmer und nicht nur auf einen Arbeitsplatz bezieht. Keine Beurteilungsgrundsätze sind daher Arbeitsplatzbewertungen, Arbeitsplatzbeschreibungen, Funktionsbeschreibungen (*BAG* 14.1.1986 EzA § 95 BetrVG 1972 Nr. 11). Führungsrichtlinien, die lediglich regeln, dass Vorgesetzte nachgeordnete Mitarbeiter unter bestimmten Voraussetzung auf die Erfüllung ihrer Arbeitsaufgaben zu kontrollieren haben, sind grds. keine Beurteilungsgrundsätze, auch wenn das Ergebnis der Kontrolle Grundlage für die Beurteilung und Förderung des Mitarbeiters sein soll, es sei denn, es werden darüber hinaus allgemeine Grundsätze aufgestellt, die diese Beurteilung näher regeln und gestalten (*BAG* 23.10.1984 EzA § 94 BetrVG 1972 Nr. 1). Gegenstand von Beurteilungsgrundsätzen kann die Frage sein, hinsichtlich welcher Aspekte der Arbeitnehmer beurteilt werden soll, nach welchen Merkmalen und Kriterien und mit welchem Gewicht der einzelnen Kriterien die Bewertung erfolgt und welche Verfahren mit welchen Methoden hierbei zum Einsatz kommen (MünchArbR/*Matthes* § 348 Rz. 6). Beurteilungsgrundsätze liegen auch bei Anwendung eines wenig ausdifferenzierten Systems vor, das nur Teilaspekte der Tätigkeit berücksichtigt, solange die Beurteilung im Hinblick auf die – wenn auch wenigen – Kriterien noch generellen Charakter hat (*LAG Berlin* 22.4.1987 LAGE § 23 BetrVG 1972 Nr. 8). Das Mitbestimmungsrecht besteht auch, wenn die Beurteilungsgrundsätze in Form eines Programms zur Verwendung im Rahmen einer Datenverarbeitungsanlage erstellt werden (GK-BetrVG/*Kraft* § 94 Rz. 27).

(2) Beteiligung des Betriebsrates

1574 Ein Zustimmungserfordernis besteht nur, wenn der Arbeitgeber die Entscheidung getroffen hat, Mitarbeiter überhaupt nach festen Regeln zu beurteilen. Ein Initiativrecht des Betriebsrates gerichtet auf die Aufstellung und Anwendung allgemeiner Beurteilungsgrundsätze besteht nicht. Besteht Zustimmungspflicht, bezieht sich diese nicht nur auf die Einführung solcher Grundsätze, sondern auch auf deren nähere inhaltliche Ausgestaltung (MünchArbR/*Matthes* § 348 Rz. 10).

(3) Verstoß gegen das Mitbestimmungsrecht

1575 Mitbestimmte Beurteilungsgrundsätze sind vom Arbeitgeber anzuwenden. Die Verwendung ohne Zustimmung des Betriebsrates ist unzulässig und berechtigt diesen unter den Voraussetzungen des § 23 Abs. 3 BetrVG zur Geltendmachung eines Unterlassungsanspruches gegenüber dem Arbeitgeber. Gegenüber dem Arbeitnehmer ist

I. Betriebsverfassungsrecht

eine Beurteilung auf Grund von nicht mitbestimmten Beurteilungsgrundsätzen unzulässig. Er kann verlangen, dass solche Beurteilungen nicht verwendet und aus seiner Personalakte entfernt werden (*BAG* 28.3.1979 AP Nr. 3 zu § 75 BPersVG). Die Durchführung psychologischer Tests und graphologischer Gutachten bedarf in jedem Fall auch der Zustimmung des betroffenen Arbeitgebers bzw. Bewerbers (GK-BetrVG/*Kraft* § 94 Rz. 31; s. o. C/Rz. 2322).

d) Auswahlrichtlinien, § 95 BetrVG

aa) Zweck der Vorschrift

Durch das Beteiligungsrecht im Vorfeld personeller Einzelmaßnahmen sollen die erforderlichen personellen Entscheidungen im Interesse des Betriebsfriedens und einer gerechteren Behandlung der Arbeitnehmer durchschaubarer gemacht und an objektive Kriterien gebunden werden (BR-Drs. 715/70, S. 32, 50). Auswahlrichtlinien sollen die Entscheidung des Arbeitgebers nicht ersetzen, sondern sie an objektive Kriterien binden (GK-BetrVG/*Kraft* § 95 Rz. 1). 1576

Soweit § 95 Abs. 2 BetrVG vorsieht, dass in Betrieben mit mehr als 500 Arbeitnehmern der Betriebsrat die Aufstellung von Auswahlrichtlinien verlangen kann, wird diese Bestimmung überwiegend trotz z. T. geäußerter Bedenken für verfassungsmäßig gehalten (vgl. GK-BetrVG/*Kraft* § 95 Rz. 25 ff.). 1577

bb) Begriff der Auswahlrichtlinien

Auswahlrichtlinien sind nach ganz überwiegender Ansicht (MünchArbR/*Matthes* § 349 Rz. 3 f.) abstrakt formulierte Präferenzregeln bei personellen Auswahlentscheidungen, wenn für die jeweilige personelle Einzelmaßnahme mehrere Arbeitnehmer in Betracht kommen. Es handelt sich um abstrakt generell formulierte Grundsätze zur Entscheidung der Frage, welchen von mehreren in Betracht kommenden Arbeitnehmern oder Bewerbern gegenüber eine anstehende personelle Einzelmaßnahme vorgenommen werden soll. 1578

Die abstrakte Festlegung, welche Aufgaben in einer bestimmten betrieblichen Funktion zu verrichten sind und welche Anforderungen ein Stelleninhaber erfüllen soll, ist eine der Personalauswahlentscheidung vorgelagerte Festlegung. § 95 BetrVG erfasst deshalb weder Anforderungsprofile, in denen für einen bestimmten Arbeitsplatz die fachlichen, persönlichen und sonstigen Voraussetzungen abstrakt festgelegt werden, die ein Stelleninhaber erfüllen soll (*BAG* 31.5.1983 EzA § 95 BetrVG 1972 Nr. 6) noch Stellenbeschreibungen (*BAG* 31.1.1984 EzA § 95 BetrVG 1972 Nr. 7) oder Funktionsbeschreibungen (*BAG* 14.1.1986 EzA § 95 BetrVG 1972 Nr. 11). Soweit der Arbeitgeber Anforderungsprofile erstellt, bedeutet dies nicht, dass die dort festgelegten fachlichen und persönlichen Anforderungen in dem Sinne verbindlich sind, dass Auswahlrichtlinien nur festlegen könnten, dass der Arbeitnehmer jeweils diese Anforderungen erfüllen muss, da dann das Mitbestimmungsrecht nach § 95 BetrVG faktisch leer laufen würde. Inwieweit die vom Arbeitnehmer nach dem Inhalt der Auswahlrichtlinien zu erfüllenden fachlichen und persönlichen Voraussetzungen von denjenigen Anforderungen generell oder in Ausnahmefällen abweichen dürfen, die der Arbeitgeber in Anforderungsprofilen gesetzt hat, bleibt damit eine Frage der 1579

I. Betriebsverfassungsrecht

betrieblichen Einigung bzw. im Falle eines Spruches der Einigungsstelle eine solche der Wahrung der Grenzen des der Einigungsstelle eingeräumten Ermessens (*BAG* 31.5.1983 EzA § 95 BetrVG 1972 Nr. 6).

1580 Strittig ist, ob Auswahlrichtlinien dem Arbeitgeber stets noch einen durch seine Entscheidung auszufüllenden Ermessensspielraum belassen müssen oder aber auch so konkret gefasst sein können, dass sich aus ihrer Anwendung die jeweilige personelle Einzelmaßnahme von selbst ergibt. Z. T. (vgl. z. B. GK-BetrVG/*Kraft* § 95 Rz. 2; *Richardi* § 95 Rz. 7) wird unter Hinweis auf die Verwendung des Begriffes »Richtlinien« und die Gesetzesmaterialien (vgl. Bericht 10. Ausschuss zu BT-Drs. VII/2779, S. 5) die Ansicht vertreten, dass Auswahlrichtlinien in jedem Fall dem Arbeitgeber noch einen durch seine eigene Entscheidung auszufüllenden Ermessensspielraum belassen müssten. Nach anderer Auffassung (z. B. MünchArbR/*Matthes* § 349 Rz. 6; *Klebe* DKK § 95 Rz. 23) liegen unter Berücksichtigung des Zwecks des Beteiligungsrechts Auswahlrichtlinien auch dann vor, wenn diese selbst die Entscheidung des Arbeitgebers binden. Das *BAG* (27.10.1992 EzA § 95 BetrVG 1972 Nr. 26) hat diese Frage bisher offen gelassen.

1581 Unerheblich für den Begriff der Auswahlrichtlinien ist es, in welcher Form die in ihr enthaltenen Grundsätze zur Auswahlentscheidung festgelegt werden. Insbesondere ist keine Schriftform erforderlich.

1582 Soweit personelle Auswahlentscheidungen mittels Datenverarbeitungsanlagen (Personalinformationssysteme) erarbeitet werden und hierbei nach abstrakt-generellen Regeln selektiert wird, enthalten diese Auswahlrichtlinien und bedürfen daher insoweit der Zustimmung des Betriebsrates (GK-BetrVG/*Kraft* § 95 Rz. 5). Umgekehrt müssen Auswahlprogramme einer mitbestimmten Auswahlrichtlinie entsprechen, da ansonsten die erarbeitete Auswahlentscheidung einen Verstoß gegen die Auswahlrichtlinie darstellen würde (MünchArbR/*Matthes* § 349 Rz. 7).

1583 Umstritten ist, inwieweit auch Verfahrensregeln zur Feststellung der laut Auswahlrichtlinien zu beachtenden Gesichtspunkte, etwa die Festlegung der verwertbaren Unterlagen, dem Mitbestimmungsrecht unterliegen. Da es sich um Fragen der Datenerhebung und der Beurteilung von Arbeitnehmern handelt und insoweit spezielle Beteiligungsrechte (Personalfragebogen, Beurteilungsgrundsätze, § 94 BetrVG) existieren, wird dies weitgehend abgelehnt (GK-BetrVG/*Kraft* § 95 Rz. 14 ff; MünchArbR/ *Matthes* § 349 Rz. 15; **a. A.** FKHE § 95 Rz. 22; *Klebe* DKK § 95 Rz. 26).

cc) Inhalt der Auswahlrichtlinien

(1) Grenzen der Regelungsbefugnis

1584 Auswahlrichtlinien dürfen nicht gegen höherrangiges Recht, insbesondere gegen gesetzliche Diskriminierungsverbote (Art. 3 Abs. 3 GG, § 75 Abs. 1 BetrVG, § 611a BGB) verstoßen. Notwendige Differenzierungen müssen daher durch die Anforderungen des Arbeitsplatzes und der Arbeitsaufgabe oder durch berechtigte Interessen des Betriebes oder der Arbeitnehmer gerechtfertigt sein (MünchArbR/*Matthes* § 349 Rz. 16). Z. T. (s. o. I/Rz. 1580) wird als weitere Grenze angesehen, dass dem Arbeitgeber jedenfalls ein Entscheidungsspielraum verbleiben muss.

I. Betriebsverfassungsrecht

(2) Allgemeiner Inhalt

Auswahlrichtlinien müssen auch bei Erstellung aus einem konkreten Anlass (z. B. Betriebseinschränkung, -erweiterung) abstrakt-generell formulierte, in die Zukunft wirkende arbeitsplatzbezogene Kriterien enthalten, die sich mit fachlichen persönlichen und sozialen Merkmalen des Arbeitnehmers befassen, die für die Besetzung des in Aussicht genommenen Arbeitsplatzes von Bedeutung sein können. Als fachliche Voraussetzung kommen etwa Ausbildung, Erfahrungen, besondere Kenntnisse, körperliche und charakterliche Eigenschaften des Arbeitnehmers oder Bewerbers, in Betracht. Persönliche Voraussetzungen sind etwa Alter oder körperliche Leistungsfähigkeit. Soziale Gesichtspunkte sind alle Umstände, durch die der von einer personellen Einzelmaßnahme betroffene Arbeitnehmer besonders belastet wird oder die es gerechtfertigt erscheinen lassen, gerade diesem Arbeitnehmer den Vorzug zu geben, wie etwa Dauer der Betriebszugehörigkeit, Alter, Gesundheitszustand, besondere Schutzbedürftigkeit als Schwerbehinderter oder infolge von Schwangerschaft (vgl. MünchArbR/*Matthes* § 349 Rz. 9, 12). Neben der Normierung der Kriterien kann auch deren Gewichtung geregelt werden (*Hunold* DB 1989, 1338). Möglich sind auch Regelungen über die Zusammensetzung der Belegschaft nach gewissen Merkmalen durch Festlegung von Quoten (vgl. MünchArbR/*Matthes* § 349 Rz. 14).

1585

(3) Einzelne Maßnahmen

aaa) Einstellung und Versetzung

Im Rahmen des § 95 BetrVG gilt der allgemeine betriebsverfassungsrechtliche Einstellungs- und Versetzungsbegriff (s. u. I/Rz. 1639 ff.). Im Vordergrund stehen bei diesen Maßnahmen fachliche und persönliche Auswahlkriterien, bei der Einstellung z. B. Altersgrenzen, die Eigenschaft als Jugendlicher oder weibliche Arbeitnehmer oder Regelung über die anteilsmäßige Zusammensetzung der Belegschaft nach gewissen Merkmalen. Geregelt werden kann auch die bevorzugte Berücksichtigung interner gegenüber externen Bewerbern. Bei einer Versetzung mit Ortsveränderung oder Veränderung der betrieblichen Position können soziale Gesichtspunkte, z. B. Alter, Familienstand, Dauer der Betriebszugehörigkeit eine Rolle spielen. Die Einigungsstelle kann für Versetzungen insoweit eine Bewertung in Form eines Punkteschemas beschließen. Dabei muss allerdings dem Arbeitgeber ein Entscheidungsspielraum verbleiben, der umso größer sein muss, desto weniger differenziert das Punktesystem ausgestaltet ist. Andernfalls hält sich der Spruch der Einigungsstelle nicht mehr in den Grenzen billigen Ermessens i. S. d. § 76 Abs. 5 BetrVG (*BAG* 27.10.1992 EzA § 95 BetrVG 1972 Nr. 26).

1586

bbb) Umgruppierungen

Da die Eingruppierungsmerkmale bereits durch Tarifvertrag oder Betriebsvereinbarung geregelt sind, besteht bei einer Umgruppierung i. d. R. keine Auswahlmöglichkeit für den Arbeitgeber, sodass Auswahlrichtlinien für Umgruppierungen keinen Sinn machen (MünchArbR/*Matthes* § 349 Rz. 21; GK-BetrVG/*Kraft* § 95 Rz. 34).

1587

ccc) Kündigungen

Strittig ist, ob Auswahlrichtlinien immer nur für Fälle betriebsbedingter Kündigungen zur Konkretisierung der hierbei nach § 1 Abs. 3 S. 1 KSchG vorzunehmenden Sozialauswahl aufgestellt werden können oder auch für Kündigungen aus personen- oder verhaltensbedingten Gründen in Betracht kommen. Z. T. (*FKHE* § 95 Rz. 20;

1588

I. Betriebsverfassungsrecht

Klebe DKK § 95 Rz. 24) wird die Ansicht vertreten, auch bei personen- oder verhaltensbedingten Kündigungen komme die Aufstellung von Auswahlrichtlinien etwa in Form der Normierung des Erfordernisses einer bestimmten Anzahl von Abmahnungen oder einer bestimmten vorauszusetzenden Krankheitsdauer in Betracht. Nach anderer Auffassung (GK-BetrVG/*Kraft* § 95 Rz. 36; MünchArbR/*Matthes* § 349 Rz. 23; *Schlochauer* HSG § 95 Rz. 29) kommt bei personen- bzw. verhaltensbedingten Kündigungen eine Auswahlentscheidung nicht in Betracht, sodass auch keine Auswahlrichtlinien erstellt werden können. Es handelt sich dann vielmehr um Beschränkungen des Kündigungsrechts.

1589 Bei der betriebsbedingten Kündigung können sich Auswahlrichtlinien auf die vom Arbeitgeber vorzunehmende Sozialauswahl erstrecken. Sie müssen dabei der Wertung in § 1 Abs. 3 S. 1 KSchG entsprechen (BAG 20.10.1983 EzA § 1 KSchG Betriebsbedingte Kündigung Nr. 28). Dies bedeutet zum einen, dass nur soziale Gesichtspunkte berücksichtigt werden können. Zum anderen müssen zumindest die Grunddaten Dauer der Betriebszugehörigkeit, Alter und bestehende Unterhaltsverpflichtungen berücksichtigt werden (BAG 11.3.1976 AP Nr. 1 zu § 95 BetrVG 1972). Die Gewichtung dieser Kriterien darf nicht so fixiert sein, dass dem Arbeitgeber kein Entscheidungsspielraum mehr verbleibt. Zur Vermeidung unbilliger Härten muss ein individueller Entscheidungsspielraum des Arbeitgebers offen bleiben (BAG 20.10.1983 EzA § 1 KSchG Betriebsbedingte Kündigung Nr. 28). Möglich ist auch die Bewertung sozialer Gesichtspunkte mit Hilfe eines Punkteschemas. Bei der Festlegung der Punktewerte der einzelnen Auswahlkriterien (Alter, Betriebszugehörigkeit, Unterhaltsverpflichtungen) steht den Betriebspartnern zur Ausfüllung des Begriffes »ausreichende soziale Gesichtspunkte« i. S. d. § 1 Abs. 3 S. 1 KSchG ein vom Arbeitsgericht im Rahmen eines Prozesses eines betroffenen Arbeitnehmers zu respektierender Beurteilungsspielraum zu, der noch gewahrt ist, wenn Alter und Betriebszugehörigkeit im Wesentlichen gleich bewertet werden. Zur Vermeidung unbilliger Härten muss aber auch bei einem Punkteschema eine individuelle Letztentscheidungsmöglichkeit offen bleiben (BAG 18.1.1990 EzA § 1 KSchG Soziale Auswahl Nr. 28; s. o. D/Rz. 1554 f.).

1590 Da Auswahlrichtlinien die gesetzlichen Mindestanforderungen an die Sozialauswahl nach § 1 Abs. 3 KSchG nicht verdrängen können, können nicht von vorneherein Arbeitnehmer bestimmter Abteilungen oder Arbeitsgruppen ohne ausreichende sachliche Kriterien als nicht vergleichbar eingestuft werden (BAG 15.6.1989 EzA § 1 KSchG Soziale Auswahl Nr. 27).

dd) Die Beteiligung des Betriebsrates

1591 Sofern der Arbeitgeber Auswahlrichtlinien einführen will, bedürfen diese nach § 95 Abs. 1 BetrVG der Zustimmung des Betriebsrats sowohl hinsichtlich ihrer Einführung überhaupt als auch hinsichtlich ihres Inhaltes. Kommt eine Einigung nicht zu Stande, so kann in Betrieben mit weniger als 500 Arbeitnehmern nur der Arbeitgeber die Einigungsstelle anrufen. Ein Initiativrecht des Betriebsrates besteht dann nicht. Die Zustimmung des Betriebsrates bedarf keiner besonderen Form. Nur in Betrieben mit mehr als 500 Arbeitnehmern steht nach § 95 Abs. 2 BetrVG dem Betriebsrat ein Initiativrecht zu, d. h., er kann gegebenenfalls unter Anrufung der Einigungsstelle die Aufstellung von Auswahlrichtlinien verlangen.

1592 Ungeachtet der im Einzelnen streitigen Rechtsnatur von Auswahlrichtlinien (vgl. GK-BetrVG/*Kraft* § 95 Rz. 3 ff.) besteht Einigkeit, dass auch bei formloser Erteilung der Zustimmung des Betriebsrates (Regelungsabrede) dieser seine Zustimmung nicht einseitig widerrufen kann, sondern nur analog § 77 Abs. 5 BetrVG kündigen kann, mit der Folge, dass der Arbeitgeber nach Ablauf der Kündigungsfrist nicht mehr berechtigt ist, diese Richtlinien weiter anzuwenden. Der Arbeitgeber muss sich in diesem Fall vielmehr um die erneute Zustimmung des Betriebsrates bemühen oder einen Spruch der Einigungsstelle herbeiführen. Der Arbeitgeber hat seinerseits die Möglichkeit, von der Verwendung der Auswahlrichtlinien abzusehen. Eine Nachwirkung gem. § 77 Abs. 6 BetrVG kommt für Auswahlrichtlinien i. S. d. § 95 Abs. 1 BetrVG nicht in Betracht, weil danach nur der Arbeitgeber die Einigungsstelle anrufen kann, sodass er die Auswahlrichtlinien weiterverwenden könnte, obwohl der Betriebsrat seine Zustimmung wirksam gekündigt und damit beseitigt hat. Ob Richtlinien, deren Aufstellung der Betriebsrat nach § 95 Abs. 2 BetrVG erzwingen kann, nachwirken, wird kontrovers diskutiert. Im Hinblick darauf, dass nach § 95 Abs. 2 BetrVG im Gegensatz zu § 95 Abs. 1 BetrVG auch der Betriebsrat ein Initiativrecht hat und somit beide Betriebspartner eine neue Abmachung erzwingen können, wird eine Nachwirkung überwiegend bejaht (vgl. ausf. GK-BetrVG/*Kraft* § 95 Rz. 9).

ee) Verletzung des Beteiligungsrechts, Auswahlrichtlinien und personelle Einzelmaßnahmen

1593 Die Verwendung von Auswahlrichtlinien ohne Zustimmung des Betriebsrates durch den Arbeitgeber ist eine Verletzung betriebsverfassungsrechtlicher Pflichten und rechtfertigt unter den weiteren Voraussetzungen des § 23 Abs. 3 BetrVG einen Unterlassungsanspruch des Betriebsrates (GK-BetrVG/*Kraft* § 95 Rz. 20).

1594 Verstößt eine Einstellung oder Versetzung gegen eine rechtswirksam vereinbarte Auswahlrichtlinie, so kann der Betriebsrat nach § 99 Abs. 2 Nr. 2 BetrVG seine Zustimmung zur Maßnahme verweigern (s. u. I/Rz. 1701 f.). Gleiches gilt für eine vom Arbeitgeber selbst gesetzte, nicht mitbestimmte Auswahlrichtlinie (*Richardi* § 95 Rz. 71; MünchArbR/*Matthes* § 349 Rz. 38). Gegen Auswahlrichtlinien verstoßende Kündigungen berechtigen den Betriebsrat nach § 102 Abs. 3 Nr. 2 BetrVG zum Kündigungswiderspruch. Dieser führt nach § 1 Abs. 2 S. 2 Nr. 1 a KSchG zur Sozialwidrigkeit der Kündigung und löst den Weiterbeschäftigungsanspruch des Arbeitnehmers nach § 102 Abs. 5 BetrVG aus (s. o. D/Rz. 1961 ff.). Im Übrigen ist der Verstoß gegen Auswahlrichtlinien für die Rechtswirksamkeit der den personellen Maßnahmen zu Grunde liegenden Rechtsgeschäfte, wie etwa den Abschluss oder die Änderung des Arbeitsvertrages oder die Zuweisung eines anderen Arbeitsbereiches, ohne Bedeutung und führt nicht zu deren Unwirksamkeit (MünchArbR/*Matthes* § 349 Rz. 39).

d) Stellenausschreibung, § 93 BetrVG

aa) Zweck der Vorschrift

1595 Die Vorschrift soll den innerbetrieblichen Arbeitsmarkt erschließen und im Betrieb selbst vorhandene Möglichkeiten des Personaleinsatzes aktivieren (BR-Drs. 715/70, S. 32, 50).

1596 Innerbetrieblichen Bewerbern soll Kenntnis von einer freien Stelle vermittelt und ihnen die Möglichkeit gegeben werden, ihr Interesse an dieser Stelle kundzutun. Außerdem sollen Verstimmungen und Beunruhigungen in der Belegschaft über die Hereinnahme Außenstehender trotz eines möglicherweise im Betrieb vorhandenen qualifizierten Arbeitnehmerpotenzials vermieden werden (*BAG* 23.2.1988 EzA § 93 BetrVG 1972 Nr. 3).

bb) Inhalt der Stellenausschreibung

1597 Eine Stellenausschreibung muss als Mindestinhalt angeben, um welchen Arbeitsplatz es sich handelt und welche Anforderungen ein Bewerber erfüllen muss. Fehlt es an diesem Mindestinhalt, liegt keine Stellenausschreibung i. S. d. Gesetzes vor (*BAG* 23.2.1988 EzA § 93 BetrVG 1972 Nr. 3). Sie soll die mögliche Vergütung angeben. Auch die Angabe einer Bewerbungsfrist ist zweckmäßig.

1598 Legt eine Betriebsvereinbarung für den Aushang innerbetrieblicher Stellenbeschreibung einen Fristrahmen fest und schreibt sie vor, dass der letzte Tag der Aushangfrist in der Stellenausschreibung anzugeben ist, so liegt allerdings darin allein noch keine Beschränkung der Auswahl des Arbeitgebers auf den Kreis derjenigen Betriebsangehörigen, die sich innerhalb der Aushangfrist beworben haben (*BAG* 18.11.1980 EzA § 93 BetrVG 1972 Nr. 1).

1599 Nach § 611 b BGB soll auch die innerbetriebliche Stellenausschreibung geschlechtsneutral erfolgen. Im Übrigen bestimmt der Arbeitgeber den Inhalt der Stellenausschreibung, insbesondere der persönlichen und fachlichen Mindestvoraussetzungen allein. Bei den in einer Stellenbeschreibung genannten Mindestvoraussetzungen handelt es sich nicht um Auswahlrichtlinien i. S. v. § 95 BetrVG (s. o. I/Rz. 1579). Der Arbeitgeber genügt allerdings nicht der vom Betriebsrat geforderten innerbetrieblichen Stellenausschreibung, wenn er eine bestimmte Stelle im Betrieb zwar ausschreibt, in einer Stellenanzeige in der Tagespresse dann aber geringere Anforderungen für eine Bewerbung um diese Stelle nennt. Er schließt damit nämlich diejenigen innerbetrieblichen Bewerber von einer Bewerbung um die Stelle aus, die diese geringen Anforderungen erfüllen und sich nur deswegen nicht beworben haben, weil sie die innerbetrieblich geforderten höheren Anforderungen nicht erfüllen. Dies widerspricht Sinn und Zweck der Vorschrift, den innerbetrieblichen Bewerbern zumindest die gleichen Chancen für die Besetzung der freien Stelle einzuräumen wie den außerbetrieblichen Bewerbern (*BAG* 23.2.1988 EzA § 93 BetrVG 1972 Nr. 3).

cc) Die Beteiligung des Betriebsrates

1600 Der Betriebsrat kann nach § 93 BetrVG verlangen, dass Arbeitsplätze, die besetzt werden sollen, allgemein oder für bestimmte Arten von Tätigkeit vor ihrer Besetzung innerhalb des Betriebes ausgeschrieben werden. Nicht aber kann der Betriebsrat die innerbetriebliche Ausschreibung für einzelne, konkrete Arbeitsplätze fordern (*LAG Köln* 1.4.1993 LAGE § 93 BetrVG 1972 Nr. 2).

1601 Die Ausschreibung der Stellen für leitende Angestellte kann nach herrschender Meinung nicht gefordert werden (vgl. GK-BetrVG/*Kraft* § 93 Rz. 5). Die Eigenart eines Tendenzbetriebes (§ 118 Abs. 1 BetrVG, s. o. I/Rz. 199 ff.) steht in aller Regel dem Ausschreibungsverlangen auch dann nicht entgegen, wenn sich die Ausschreibung auf sog. Tendenzträger erstrecken soll. Die Frage der Tendenzbeeinträchtigung stellt sich nämlich erst, wenn der Betriebsrat wegen einer unterbliebenen Ausschreibung seine Zustimmung zur personellen Einzelmaßnahme verweigern will (*BAG* 30.1.1979 EzA § 118 BetrVG 1972 Nr. 20). Ein überbetriebliches, unternehmens-

I. Betriebsverfassungsrecht

weites Ausschreibungsverlangen durch den Gesamtbetriebsrat kommt in Betracht, wenn eine unternehmenseinheitliche Personalplanung betrieben wird (MünchArbR/ *Matthes* § 350 Rz. 7). Kontrovers beurteilt wird, ob ein Mitbestimmungsrecht des Betriebsrates auch hinsichtlich der Art und Weise der Ausschreibung (Aushang, Rundschreiben o. ä.) besteht. Z. T. (z. B. *Buschmann* DKK § 93 Rz. 4; *FKHE* § 93 Rz. 4) wird dies mit der Begründung angenommen, dass erst diese Einzelheiten die Anwendung der Vorschrift ermöglichen. Überwiegend wird demgegenüber ein so weit gehendes Mitbestimmungsrecht abgelehnt, da § 93 BetrVG im Gegensatz zu §§ 94, 95 BetrVG nicht die Einschaltung der Einigungsstelle vorsehe und eine Vereinbarung mit dem Arbeitgeber insoweit jedenfalls nicht erzwungen werden könne (*BAG* 27.10.1992 EzA § 95 BetrVG 1972 Nr. 26; GK-BetrVG/*Kraft* § 93 Rz. 11). Jedenfalls können derartige Regelungen in einer freiwilligen Betriebsvereinbarung vereinbart werden.

Sofern ein Ausschreibungsverlangen gestellt ist, ist der Arbeitgeber dem Betriebsrat gegenüber zur Erfüllung dieses Verlangens verpflichtet, allerdings nicht hinsichtlich solcher Arbeitsplätze, für deren Besetzung das Verfahren nach § 99 BetrVG bereits eingeleitet wurde (GK-BetrVG/*Kraft* § 93 Rz. 3). 1602

Durch § 93 BetrVG ist der Arbeitgeber nicht gezwungen, einen Bewerber aus dem Betrieb auch tatsächlich zu berücksichtigen, es sei denn, dass Auswahlrichtlinien gem. § 95 BetrVG dies vorsehen. Auch ist der Arbeitgeber nicht gehindert, neben der innerbetrieblichen Ausschreibung gleichzeitig außerhalb des Betriebes, etwa durch Anzeigen, nach geeigneten Bewerbern zu suchen (GK-BetrVG/*Kraft* § 93 Rz. 12). 1603

f) Berufsbildung, §§ 96–98 BetrVG

aa) Zweck der Vorschriften

Unter Berücksichtigung der technischen und wirtschaftlichen Entwicklung kommt der Möglichkeit der Teilnahme an berufsbildenden Maßnahmen für die Arbeitnehmer entscheidende Bedeutung zu. Häufig entscheidet die Teilnahme an Maßnahmen der betrieblichen Berufsbildung darüber, ob der Arbeitnehmer seinen Arbeitsplatz behalten oder an einem beruflichen Aufstieg teilnehmen kann (*BAG* 5.11.1985 EzA § 98 BetrVG 1972 Nr. 2). 1604

> Die Beteiligung des Betriebsrates soll insbesondere eine ordnungsgemäße Durchführung der Bildungsmaßnahmen sowie eine gerechte Beteiligung der Arbeitnehmer an den bestehenden Bildungsmöglichkeiten gewährleisten. 1605

Arbeitgeber und Betriebsrat werden daher verpflichtet, sich der Berufsbildung der Arbeitnehmer als besondere Aufgabe anzunehmen (BR-Drs. 715/70, S. 51).

bb) Begriff der Berufsbildung

> Die in § 96 Abs. 1 BetrVG statuierte Förderungspflicht bezieht sich auf die Berufsbildung insgesamt unter Einschluss außerbetrieblicher Maßnahmen, damit insbesondere auf die Berufsausbildung, die berufliche Fortbildung und die berufliche Umschulung (vgl. § 1 BBiG, § 35 Abs. 1 SGB VII), aber auch auf andere Maßnahmen, bei denen dem Betreffenden in systematischer Form Fähigkeiten vermittelt werden, die ihn zur Ausfüllung seines Arbeitsplatzes und für seine berufliche Tätigkeit qualifizieren, sofern solchen Maßnahmen ein gewisser Plan zu 1606

I. Betriebsverfassungsrecht

Grunde liegt (*BAG* 5.11.1985 EzA § 98 BetrVG Nr. 2; 23.4.1991 EzA § 98 BetrVG Nr. 7).

1607 Auf die Dauer der Maßnahme kommt es nicht an. Maßnahmen der Berufsbildung sind auch kürzere Seminare und Kurse sowie Vorträge zu einzelnen Themen, nicht aber bloße Informationsveranstaltungen wie der Besuch von Messen und Ausstellungen oder reiner Erfahrungsaustausch (MünchArbR/*Matthes* § 351 Rz. 14). Nicht zur Berufsbildung i. S. d. § 96 ff. BetrVG gehört die arbeitsplatzbezogene Unterrichtung des Arbeitnehmers nach § 81 Abs. 1, 2 BetrVG (s. o. I/Rz. 961 ff.).

Maßnahmen, die ausschließlich der Arbeitsunterweisung dienen, unterfallen nicht dem Begriff der Berufsbildung i. S. d. §§ 96 ff. BetrVG.

1608 Die Abgrenzung von Maßnahmen der Berufsbildung zu solchen der Arbeitsunterweisung wird im Einzelnen kontrovers diskutiert (vgl. GK-BetrVG/*Raab* § 96 Rz. 12 ff.). Nach Auffassung des *BAG* (23.4.1991 EzA § 98 BetrVG 1972 Nr. 7; 28.1.1992 EzA § 96 BetrVG 1972 Nr. 1) gehören zur betrieblichen Berufsbildung alle Maßnahmen, die über die mitbestimmungsfreie Unterrichtung des Arbeitnehmers hinsichtlich seiner Aufgaben und Verantwortung, über die Art seiner Tätigkeit und ihrer Einordnung in den Arbeitsablauf des Betriebes sowie über die Unfall- und Gesundheitsgefahren und die Maßnahmen und Einrichtungen zur Abwendung dieser Gefahren i. S. v. § 81 BetrVG hinausgehen, in dem sie dem Arbeitnehmer gezielt Kenntnisse oder Erfahrungen vermitteln, die ihn zur Ausübung einer bestimmten Tätigkeit erst befähigen. Die Unterrichtungspflicht des Arbeitgebers nach § 81 BetrVG erschöpfe sich dagegen in der Einweisung an einem konkreten Arbeitsplatz, wobei dieser Einsatz voraussetze, dass der Arbeitnehmer die für die Ausübung seiner Tätigkeit an diesem Arbeitsplatz erforderlichen beruflichen Kenntnisse und Erfahrungen schon besitze. Bei § 81 BetrVG geht es damit um die konkrete Ausübung der Tätigkeit unter Einsatz der bereits gewonnenen Kenntnisse und Erfahrungen (GK-BetrVG/*Raab* § 96 Rz. 17). Keine Maßnahmen der Berufsbildung sind folglich Veranstaltungen, die durchgeführt werden, nachdem eine Befragung von Kunden eines Selbstbedienungswarenhauses ergeben hat, dass Kunden das Verhalten und die Leistung der Arbeitnehmer in einzelnen Abteilungen als wenig freundlich, hilfsbereit und oder fachkundig bewertet haben, um diese Mängel abzustellen (*BAG* 28.1.1992 EzA § 96 BetrVG 1972 Nr. 1). Unterschiedlich beurteilt wird die Bildung sog. Qualitätszirkel, das sind Arbeitskreise, die i. d. R. von Arbeitnehmern unterschiedlicher Abteilungen auf Veranlassung des Arbeitgebers zum gegenseitigen Erfahrungs- und Informationsaustausches gebildet werden. Z. T. (GK-BetrVG/*Raab* § 96 Rz. 18) werden diese Zirkel nicht den Berufsbildungsmaßnahmen zugeordnet, da es an einer systematischen Kenntnisvermittlung fehle und der berufspraktische Bezug im Vordergrund stehe. Z. T. (*FKHE* § 96 Rz. 30; *Buschmann* DKK § 96 Rz. 9) werden auch solche Arbeitskreise § 96 ff. BetrVG zugeordnet.

1609 Im Gegensatz zu §§ 96, 97 BetrVG beziehen sich die Mitbestimmungsrechte nach § 98 Abs. 6 BetrVG auch auf sonstige Bildungsmaßnahmen, die dem Arbeitnehmer Kenntnisse, Erfahrungen und Einsichten auf Gebieten außerhalb seines Berufes in einem planmäßigen Ausbildungsgang vermitteln, wie etwa Sprachkurse, Lehrgänge in erster Hilfe, Seminare über Arbeitsrecht oder Informatikkurse, und die nicht nur der bloßen Freizeitbeschäftigung oder Unterhaltung dienen (GK-BetrVG/*Raab* § 98 Rz. 38 f.).

cc) Betriebliche und außerbetriebliche Bildungsmaßnahmen
Soweit das Gesetz zwischen betrieblichen und außerbetrieblichen Maßnahmen der Berufsbildung unterscheidet, ist der Begriff der betrieblichen Berufsbildungsmaßnahme funktional zu verstehen, sodass es nicht darauf ankommt, an welchem Ort die Maßnahme durchgeführt wird. Eine betriebliche Berufsbildungsmaßnahme liegt vielmehr vor, wenn der Arbeitgeber Träger bzw. Veranstalter der Maßnahme ist und die Berufsbildungsmaßnahme für seine Arbeitnehmer durchführt. 1610

Für die Trägerschaft des Arbeitgebers reicht es aus, wenn der Arbeitgeber auf Inhalt und Organisation der Berufsbildung rechtlich oder tatsächlich einen beherrschenden Einfluss hat, auch wenn die Maßnahme von einem Dritten durchgeführt wird (*BAG* 4.12.1990 EzA § 98 BetrVG 1972 Nr. 6; 12.11.1991 EzA § 98 BetrVG 1972 Nr. 8; 18.4.2000 EzA § 98 BetrVG 1972 Nr. 9). 1611

Vereinbaren mehrere Arbeitgeber die gemeinsame Durchführung von Maßnahmen der Berufsbildung, ohne dass einzelne Arbeitgeber einen beherrschenden Einfluss hätten, scheidet ein Mitbestimmungsrecht des Betriebsrats nach § 98 Abs. 1 BetrVG bei Durchführung der Bildungsmaßnahme aus. Das Mitbestimmungsrecht verlagert sich jedoch auf den Abschluss der Vereinbarung vor, auf welcher die gemeinsame Ausbildung beruht: In entsprechender Anwendung des § 98 Abs. 1 BetrVG haben die Betriebsräte dann bereits bei Abschluss der Vereinbarung über die Zusammenarbeit der Arbeitgeber mitzubestimmen, als Regelungen über die spätere Durchführung der Bildungsmaßnahmen getroffen werden (*BAG* 18.4.2000 EzA § 98 BetrVG 1972 Nr. 9).

dd) Förderung und Beratung der Berufsbildung, §§ 96, 97 Abs. 1 BetrVG
Die in § 96 Abs. 1 S. 1 BetrVG vorgesehene Förderungspflicht der Betriebspartner hat programmatischen Charakter, ohne konkrete Verpflichtungen des Arbeitgebers, etwa zur Einrichtung von Berufsbildungsmaßnahmen zu begründen (GK-BetrVG/*Raab* § 96 Rz. 22). Dabei sind die bestehenden gesetzlichen Bestimmungen, insbesondere das BBiG und die dazu erlassenen Ausbildungsordnungen (vgl. die Aufstellung bei *Schaub* Arbeitsrechts-Handbuch § 174 II, 8), das SGB III (§§ 59 ff.) und die Vorschriften über die Berufsschulpflicht (vgl. z. B. § 9 JArbSchG; § 6 Abs. 1 Nr. 4 BBiG) zu beachten (GK-BetrVG/*Raab* § 96 Rz. 24). Zuständige Stellen für die in § 96 Abs. 1 BetrVG erwähnte Zusammenarbeit sind insbesondere Handwerks-, Industrie- und Handelskammern, Landwirtschafts-, Rechtsanwalts- und Notarkammern, Wirtschaftsprüferkammern, Ärzte- und Apothekerkammern (§§ 74, 75, 79, 87, 89, 91 BBiG), die nach § 97 BBiG durch Rechtsverordnung bestimmten Stellen, die jeweiligen Landesausschüsse und der Berufsbildungsausschuss (§§ 55 ff. BBiG), die Bundesanstalt für Arbeit nebst Landesarbeits- und Arbeitsämter sowie die Berufs- und weiterbildenden Schulen. Auch eine Zusammenarbeit mit Gewerkschaften und Arbeitgeberverbänden ist sinnvoll. 1612

§§ 96 Abs. 1 und 97 Abs. 1 BetrVG begründen eine Verpflichtung des Arbeitgebers, alle Fragen der Berufsbildung auf Verlangen des Betriebsrats und in den Fällen des § 97 Abs. 1 BetrVG auch von sich aus mit diesem zu beraten. Er bleibt aber 1613 grds. frei in seiner Entscheidung, ob er Maßnahmen der Berufsbildung für seine Arbeitnehmer ergreifen will oder nicht.

Ohne Verlangen des Betriebsrates besteht eine Unterrichtungs- und Beratungspflicht des Arbeitgebers nach § 97 Abs. 1 BetrVG dann, wenn der Arbeitgeber betriebliche Einrichtungen zur Berufsbildung schaffen, betriebliche Berufsbildungsmaßnahmen durchführen oder Arbeitnehmer an außerbetrieblichen Berufsbildungsmaßnahmen teilnehmen lassen will (MünchArbR/*Matthes* § 351 Rz. 8). Beratungsgegenstand ist die Art und Form der Einrichtung, ihre sachliche und personelle Ausstattung, die Einführung von betrieblichen Berufsbildungsmaßnahmen nach Art und Zielsetzung sowie die Frage, ob der Arbeitgeber sich an außerbetrieblichen Berufsbildungsmaßnahmen beteiligen soll und welche Arbeitnehmer wann und wie lange an welchen außerbetrieblichen Berufsbildungsmaßnahmen teilnehmen sollen (GK-BetrVG/*Raab* § 97 Rz. 5–9).

1614 §§ 96 Abs. 1, 97 BetrVG geben dem Betriebsrat einen durchsetzbaren Anspruch auf Beratung und entsprechende Unterrichtung, der im arbeitsgerichtlichen Beschlussverfahren geltend gemacht werden kann (GK-BetrVG/*Raab* § 96 Rz. 36). Soweit der Arbeitgeber die ihm obliegenden Beratungspflichten grob verletzt, so etwa, wenn er ständig jegliche Gespräche mit dem Betriebsrat über berufliche Bildungsmaßnahmen verweigert, kommt ein Antrag gem. § 23 Abs. 3 BetrVG in Betracht (GK-BetrVG/*Raab* § 96 Rz. 37).

ee) Anspruch des Betriebsrats auf Ermittlung des Berufsbildungsbedarfs, § 96 Abs. 1 S. 2 BetrVG

1615 § 96 Abs. 1 S. 2 BetrVG verpflichtet den Arbeitgeber, auf Verlangen des Betriebsrats den Berufsbildungsbedarf für den Betrieb zu ermitteln. Hierdurch soll der Betriebsrat insbesondere bei Fehlen einer Personalentwicklungsplanung in die Lage versetzt werden, seine für die Qualifizierung der Arbeitnehmer bedeutsamen Beteiligungsrechte bei der Berufsbildung wirksam ausüben zu können (Begr. RegE BT-Drs. 14/5741, S. 49).

Die Ermittlung des Berufsbildungsbedarfs bedingt eine Ist-Analyse (Erfassung der beschäftigten Arbeitnehmer und deren beruflicher Qualifikation) und die Erstellung eines Soll-Konzepts (Wie viele Arbeitnehmer mit welcher Qualifikation sind in Zukunft zur Erreichung des Betriebszwecks erforderlich?). Schließlich ist ein Vergleich zwischen Ist- und Sollzustand vorzunehmen, um unter Berücksichtigung der betrieblichen Bildungsinteressen der Arbeitnehmer im Betrieb den Bedarf an Ausbildungs- und Qualifizierungsmaßnahmen zu ermitteln (vgl. Begr. RegE BT-Drs. 14/5741, S. 49; GK-BetrVG/*Raab* § 96 Rz. 30).

ff) Mitbestimmung des Betriebsrats bei drohendem Qualifikationsverlust, § 97 Abs. 2 BetrVG

(1) Zweck

1616 Grds. hat der Betriebsrat im Bereich der betrieblichen Berufsbildung echte Mitbestimmungsrechte nur hinsichtlich der *Durchführung* von Maßnahmen, zu denen sich der Arbeitgeber bereits entschlossen hat (§ 98 BetrVG, s. u. I/Rz. 1622 ff.). Unter den Voraussetzungen des § 97 Abs. 2 BetrVG besteht hingegen ein echtes,

I. Betriebsverfassungsrecht

> ggf. über die Einigungsstelle durchsetzbares Mitbestimmungsrecht des Betriebsrats auch bei der **Einführung** von betrieblichen Berufsbildungsmaßnahmen. Bei einem drohenden Qualifikationsverlust in Folge der in § 97 Abs. 2 BetrVG genannten Planungen des Arbeitgebers sollen durch präventive Qualifizierungsmaßnahmen spätere Entlassungen verhindert werden (Begr. RegE BT-Drs. 14/5741, S. 50). Dies beinhaltet ein Initiativrecht des Betriebsrats.

(2) Voraussetzungen des Mitbestimmungsrechts
Das Mitbestimmungsrecht besteht, wenn der Arbeitgeber Maßnahmen plant oder durchgeführt hat, die dazu führen, dass sich die Tätigkeit der betroffenen Arbeitnehmer ändert und ihre (bisherigen) beruflichen Kenntnisse und Fertigkeiten zur Erfüllung der (neuen) Aufgaben nicht mehr ausreichen. 1617

aaa) Maßnahmen des Arbeitgebers
Als Maßnahmen, die zu einer Änderung der Tätigkeit der Arbeitnehmer führen können, kommen insbesondere eine (durchgeführte oder geplante) Änderung der Arbeitsabläufe, Arbeitsverfahren, der technischen Anlagen oder der Arbeitsplätze in Betracht. Aber auch andere Maßnahmen sind erfasst. Der ursprüngliche Gesetzentwurf der Bundesregierung (BT-Drs. 14/5741, S. 15) sah ein Mitbestimmungsrecht nur bei der Planung technischer Anlagen, Arbeitsverfahren und Arbeitsabläufen oder Arbeitsplätzen mit drohendem Qualifikationsverlust vor. Auf Anregung des Ausschusses für Arbeit und Sozialordnung (BT-Drs. 14/6352, S. 55) wurde an dieser Einschränkung nicht festgehalten. Durch die Erstreckung auf sämtliche Maßnahmen, die zu einer Tätigkeit mit drohendem Qualifikationsdefizit führen, soll das Mitbestimmungsrecht des Betriebsrats generell bei derartigen geplanten oder auch schon durchgeführten Maßnahmen greifen (vgl. Begr. des Ausschusses für Arbeit und Sozialordnung, BT-Drs. 14/6352, S. 55). 1618
Erforderlich ist aber, dass es sich um eine oder mehrere Maßnahmen handelt, die über bloße Einzelfallmaßnahmen hinausgehen, die lediglich von § 81 Abs. 4 BetrVG erfasst werden (vgl. *Reichold* NZA 2001, 857 [864]). Zur Abgrenzung von derartigen bloßen Einzelmaßnahmen kann nach hier vertretener Auffassung darauf abgestellt werden, ob die Maßnahme ungeachtet der Tatsache, dass sie sich möglicherweise nur auf einen Arbeitnehmer bezieht, einen kollektiven Bezug aufweist, wie dies als Voraussetzung der Mitbestimmung nach § 87 BetrVG erforderlich ist (s. o. I/Rz. 1293 ff.). Eine Maßnahme, die auch im Übrigen die Voraussetzungen des § 97 Abs. 2 BetrVG erfüllt (Änderung der Tätigkeit, Qualifikationsdefizit, s. u. I/Rz. 1620 f.), unterläge danach der Mitbestimmung nach § 97 Abs. 2 BetrVG, wenn ihre Planung oder Durchführung funktionsbezogen, d. h. von der Person des jeweiligen Arbeitsplatzinhabers unabhängigen Merkmalen erfolgt ist.

bbb) Änderung der Tätigkeit
Die geplante oder durchgeführte Maßnahme des Arbeitgebers muss zu einer Änderung der Tätigkeit führen. Hierfür ist eine inhaltliche Änderung notwendig, die zu einer Änderung des Anforderungsprofils führt; bloß äußerliche Veränderungen reichen nicht aus (GK-BetrVG/*Raab* § 97 Rz. 13). 1619

ccc) Qualifikationsverlust

1620 Die Änderung der Tätigkeit muss dazu führen, dass die beruflichen Kenntnisse und Fähigkeiten der Arbeitnehmer zur Erfüllung der Aufgaben nicht mehr ausreichen oder bei geplanten Maßnahmen nicht mehr ausreichen werden. Hierfür ist nicht der Stand der Kenntnisse und Fähigkeiten des konkreten Arbeitsplatzinhabers maßgeblich. Vielmehr ist entscheidend, ob ein Arbeitnehmer, der die für die bisherige Tätigkeit erforderlichen Voraussetzungen erfüllt, ohne Zusatzqualifikationen auch die neue Tätigkeit verrichten kann oder nicht (GK-BetrVG/*Raab* § 97 Rz. 15).

(3) Inhalt des Mitbestimmungsrechts

1621 Liegen die Voraussetzungen nach § 97 Abs. 2 S. 1 BetrVG vor und können sich Betriebsrat und Arbeitgeber nicht über die Durchführung von Maßnahmen der beruflichen Fortbildung zur Vermeidung eines Qualifikationsdefizits einigen, entscheidet gem. § 97 Abs. 2 S. 2 und 3 BetrVG die Einigungsstelle verbindlich, ob und welche Bildungsmaßnahme(n) durchgeführt werden. Hinsichtlich des »Wie« der Durchführung besteht ein Mitbestimmungsrecht des Betriebsrats nach § 98 BetrVG (s. u. I/Rz. 1622 ff.).
Bei ihrer Ermessensentscheidung hat die Einigungsstelle insbesondere die Kosten der Bildungsmaßnahme einerseits und das Bestandschutzinteresse der betroffenen Arbeitnehmer andererseits zu berücksichtigen, wobei unter Kostengesichtspunkten ein überwiegendes Interesse des Arbeitgebers an der Nichtdurchführung der Bildungsmaßnahme erst dann angenommen werden kann, wenn sich die Anforderungen an den neuen Arbeitsplatz so sehr verändern, dass eine Weiterbildung der betroffenen Arbeitnehmer keinen Erfolg verspricht oder einen unverhältnismäßigen Aufwand in dem Sinne verursachen würde, dass die Kosten der Bildungsmaßnahme die Kosten für andere Arbeitskräfte mit der erforderlichen Qualifikation erheblich übersteigt oder wegen der zu erwartenden Kosten die Umsetzung der geplanten Maßnahme insgesamt in Frage stellen würde (GK-BetrVG/*Raab* § 97 Rz. 19, 20).

gg) Durchführung betrieblicher Bildungsmaßnahmen, § 98 BetrVG

(1) Voraussetzungen des Mitbestimmungsrechts

1622 Ein Mitbestimmungsrecht des Betriebsrates besteht erst dann, wenn der Arbeitgeber sich überhaupt entschließt, eine betriebliche Bildungsmaßnahme durchzuführen. § 98 BetrVG erfasst daher weder die Entscheidung, ob die Maßnahme durchgeführt wird, noch das mit ihr verfolgte Ziel, die generelle Festlegung der Gruppe der Teilnehmer einschließlich deren Zahl noch den Umfang der finanziellen Aufwendungen (*BAG* 8.12.1987 EzA § 98 BetrVG 1972 Nr. 3; GK-BetrVG/*Raab* § 98 Rz. 9).

1623 Der Arbeitgeber kann eine einmal geplante Bildungsmaßnahme auch wieder absagen, selbst dann, wenn Grund der Absage ist, dass mit dem Betriebsrat keine Einigung bezüglich der Teilnehmer erzielt werden konnte (*LAG Rheinland-Pfalz* 12.12.1988 NZA 1989, 943).

(2) Mitbestimmung bei der Durchführung der Berufsbildung

Der Mitbestimmung des Betriebsrates unterliegt die Durchführung aller betrieblichen Berufsbildungsmaßnahmen (zum Begriff s. o. I/Rz. 1606 ff.). Sie bezieht sich nur auf generelle, abstrakte Maßnahmen der Durchführung, nicht auf konkrete Einzelmaßnahmen im Rahmen der Ausbildung des einzelnen Arbeitnehmers.

1624

Ziel ist die Anpassung der bestehenden gesetzlichen Regelungen (insbesondere des BBiG) an die Verhältnisse des Betriebes und die Aufstellung allgemeiner Ordnungsvorschriften, wie z. B. Pläne für die Reihenfolge der zu durchlaufenden Stationen, Zeit und Ort der Veranstaltung, Führung und Überwachung von Berichtsheften, Aufstellung von Lehrplänen (GK-BetrVG/*Raab* § 98 Rz. 10) oder die Einführung von regelmäßigen Beurteilungen und Kontrollen des Ausbildungsstandes (*LAG Köln* 12.4.1983 EzA § 98 BetrVG 1972 Nr. 1). Der Mitbestimmung unterfallen daher Inhalt und Umfang der zu vermittelnden Kenntnisse und Fertigkeiten, die Methoden der Kenntnisvermittlung, die Gestaltung der Ausbildungsmaßnahme als Seminar- oder Vortragsveranstaltung, Ort, Zeit und Dauer der Maßnahme sowie Fragen der Leistungskontrolle durch Prüfungen und das Prüfungsverfahren selbst (*BAG* 5.11.1985 EzA § 98 BetrVG 1972 Nr. 2; MünchArbR/*Matthes* § 351 Rz. 22). Ein Mitbestimmungsrecht entfällt allerdings, soweit dem Arbeitgeber hinsichtlich der Durchführung auf Grund bestehender gesetzlicher Vorschriften kein Gestaltungsspielraum mehr verbleibt (*BAG* 5.11.1985 EzA § 98 BetrVG 1972 Nr. 2). Nicht der Mitbestimmung unterfällt die Ausgestaltung der der Ausbildung zu Grunde liegenden vertraglichen Vereinbarungen. Mitbestimmungsfrei ist daher beispielsweise die Ausgestaltung von Rückzahlungsklauseln hinsichtlich der Ausbildungskosten (h. M., vgl. GK-BetrVG/*Raab* § 98 Rz. 12; MünchArbR/*Matthes* § 351 Rz. 26; a. A. Buschmann DKK § 98 Rz. 4; zur individualrechtlichen Zulässigkeit solcher Klauseln s. o. F/Rz. 130 ff.). Zur eventuellen Vorverlagerung der Mitbestimmung bei Vereinbarung der gemeinsamen Durchführung von Maßnahmen der Berufsbildung durch mehrere Arbeitgeber, s. o. I/Rz. 1611.

1625

Das Mitbestimmungsrecht kann durch Betriebsvereinbarung oder durch Regelungsabrede ausgeübt werden. Kommt eine Einigung nicht zu Stande, so entscheidet auf Antrag von Arbeitgeber oder Betriebsrat die Einigungsstelle, § 96 Abs. 4 BetrVG. Auch nach einem Spruch der Einigungsstelle kann der Arbeitgeber von der Durchführung der Maßnahme noch absehen (*LAG Rheinland-Pfalz* 12.12.1988 NZA 1989, 943). Eine Zuständigkeit des Gesamtbetriebsrates kommt in Betracht, wenn die Maßnahme überbetrieblich und unternehmenseinheitlich durchgeführt wird. Zu beachten ist ein eventuelles Stimmrecht der Jugend- und Auszubildendenvertretung nach § 67 Abs. 2 BetrVG bei der entsprechenden Beschlussfassung des Betriebsrates, sofern die Berufsbildungsmaßnahme Jugendliche oder zu ihrer Berufsausbildung beschäftigte Arbeitnehmer betrifft.

1626

aaa) Mitbestimmung bei der Teilnehmerauswahl

Das Vorschlagsrecht des Betriebsrates nach § 98 Abs. 3 BetrVG setzt voraus, dass der Arbeitgeber überhaupt betriebliche Maßnahmen der Berufsbildung selbst durchführt oder für außerbetriebliche Maßnahmen der Berufsbildung Arbeitnehmer freistellt oder die durch die Teilnahme von Arbeitnehmern entstehenden Kosten ganz oder teilweise trägt. Unerheblich ist, ob die Freistellung bezahlt oder unbezahlt erfolgt

1627

I. Betriebsverfassungsrecht

(MünchArbR/*Matthes* § 351 Rz. 30). Unter diesen Voraussetzungen besteht das Vorschlagsrecht auch dann, wenn der Arbeitgeber die Teilnahme an sonstigen Bildungsmaßnahmen i. S. d. § 98 Abs. 6 BetrVG durch Freistellung oder zumindest teilweise Kostenübernahme fördert (*Richardi* § 98 Rz. 54; GK-BetrVG/*Raab* § 98 Rz. 21). Nicht der Mitbestimmung des Betriebsrates unterliegt die Entscheidung des Arbeitgebers, ob er überhaupt Bildungsveranstaltungen fördern will, welche persönlichen und fachlichen Voraussetzungen erfüllt sein müssen und wie viele Teilnehmer gefördert werden sollen (MünchArbR/*Matthes* § 351 Rz. 34).

1628 Innerhalb dieser Vorgaben soll das Vorschlagsrecht nach § 98 Abs. 3 BetrVG für eine Gleichbehandlung der Arbeitnehmer sorgen.

> Der Betriebsrat kann deshalb nur einzelne Arbeitnehmer oder bestimmte Arbeitnehmergruppen für eine Teilnahme vorschlagen, nicht aber lediglich einfach die vom Arbeitgeber vorgesehenen Teilnehmer ablehnen.

1629 Eine Einigungspflicht besteht nur hinsichtlich der vom Betriebsrat vorgeschlagenen Teilnehmer. Schlagen Arbeitgeber und Betriebsrat insgesamt mehr Arbeitnehmer vor, als Teilnehmerplätze vorhanden sind, so müssen alle vorgeschlagenen Arbeitnehmer in die Auswahl einbezogen werden, was auch im Falle der Teilnahmeentscheidung durch die Einigungsstelle gilt (*BAG* 8.12.1987 EzA § 98 BetrVG 1972 Nr. 3), da ansonsten die Beteiligung des Betriebsrates bei der Verteilungsentscheidung dadurch vereitelt werden könnte, dass bereits der Arbeitgeber so viele Teilnehmer benennt, wie Plätze vorhanden sind. Hat der Betriebsrat seinerseits Teilnehmer vorgeschlagen und kommt über diese von ihm vorgeschlagenen Teilnehmer eine Einigung mit dem Arbeitgeber nicht zu Stande, so entscheidet über die Teilnehmenden nach § 98 Abs. 4 BetrVG verbindlich die Einigungsstelle.

bbb) Mitbestimmung bei der Bestellung/Abberufung von Ausbildern

1630 Durch das Widerspruchs- bzw. Abberufungsrecht nach § 98 Abs. 2 BetrVG soll der Betriebsrat neben den nach §§ 24, 47 Abs. 4 BBiG zuständigen Stellen als eine Art Überwachungsorgan bezüglich der mit der betrieblichen Berufsbildung beauftragten Personen etabliert werden, um sicherzustellen, dass die Berufsausbildung durch geeignete Personen erfolgt, die ihrer Ausbildungspflicht auch nachkommen. Hierzu hat der Arbeitgeber den Betriebsrat nach § 80 Abs. 2 BetrVG rechtzeitig vor der Bestellung eines Ausbilders zu unterrichten (GK-BetrVG/*Raab* § 98 Rz. 15). Bestellung bedeutet die Übertragung bestimmter Aufgaben und Kompetenzen; Abberufung ist deren Entzug (*Buschmann* DKK § 98 Rz. 15).

1631 Widerspruchs- und Abberufungsrecht bestehen nicht nur bei den eigentlichen Maßnahmen der Berufsbildung i. S. d. § 1 BBiG (Berufsausbildung, berufliche Fortbildung, berufliche Umschulung), sondern nach § 98 Abs. 6 BetrVG auch bei sonstigen betrieblichen Bildungsmaßnahmen unabhängig davon, ob es sich beim bestellten Ausbilder um einen Arbeitnehmer des Betriebes, einen Betriebsfremden oder leitenden Angestellten handelt. Ein Mitbestimmungsrecht scheidet nur aus, wenn der Arbeitgeber selbst die Ausbildung durchführt (GK-BetrVG/*Raab* § 98 Rz. 16). Für den Bereich der eigentlichen Berufsbildung ergeben sich die Anforderungen an die erforderliche persönliche oder fachliche Eignung aus §§ 20, 21 BBiG bzw. §§ 21, 22 HandwO, die für den Bereich der gewerblichen Wirtschaft in der Ausbilder-Eignungsverordnung Gewerbliche Wirtschaft (vom 20.4.1972, BGBl. I S. 707, zuletzt geändert durch Verordnung vom 12.11.1991, BGBl. I S. 2110) präzisiert werden. Für

I. Betriebsverfassungsrecht

sonstige betriebliche Bildungsmaßnahmen braucht der Betriebsrat die Bestellung der mit der Durchführung beauftragten Personen nicht hinzunehmen, wenn diese nach allgemeinen Maßstäben ungeeignet sind (*Buschmann* DKK § 98 Rz. 12). Eine Vernachlässigung der Aufgaben liegt vor, wenn der Ausbilder die Ausbildung nicht mit der erforderlichen Gründlichkeit und Gewissenhaftigkeit ausführt, sodass befürchtet werden muss, dass die Auszubildenden das Ziel der Ausbildung nicht erreichen. Erforderlich sind schwer wiegende, vom Betriebsrat durch Tatsachen zu belegende Gründe. Ein geringfügiges oder einmaliges Fehlverhalten genügt nicht (GK-BetrVG/*Raab* § 98 Rz. 19). Widerspruchs- bzw. Abberufungsantrag des Betriebsrates setzen einen ordnungsgemäßen Beschluss voraus, der gegebenenfalls (vgl. § 67 Abs. 1, 2 BetrVG) unter Beteiligung der Jugend- und Auszubildendenvertretung zu fassen ist.

Einigen sich Arbeitgeber und Betriebsrat über Bestellung oder Abberufung nicht, so hat der Betriebsrat das Recht, beim Arbeitsgericht einen im Beschlussverfahren zu entscheidenden Antrag zu stellen, dem Arbeitgeber aufzugeben, eine bestimmte Person nicht zu bestellen oder abzuberufen, § 98 Abs. 5 BetrVG. Liegt eine rechtskräftige Entscheidung vor und befolgt der Arbeitgeber diese nicht, so kann im Falle der Bestellung auf Antrag des Betriebsrates nach vorheriger Androhung, die bereits auf Antrag des Betriebsrates im Untersagungsbeschluss enthalten sein kann, ein Ordnungsgeld bis zu 10 000 € festgesetzt werden, sofern der Arbeitgeber schuldhaft handelt. Beruft der Arbeitgeber entgegen einer rechtskräftigen Entscheidung eine bestellte Person nicht ab, setzt das Arbeitsgericht auf Antrag des Betriebsrates auch ohne Verschulden des Arbeitgebers Zwangsgeld bis zu 250 € für jeden Tag der Zuwiderhandlung fest, wobei die Festsetzung oder Vollstreckung allerdings ausscheidet, sobald der Arbeitgeber die Anordnung befolgt. **1632**

Durch eine rechtskräftige gerichtliche Abberufungsentscheidung wird eine eventuell notwendige Kündigung des Vertragsverhältnisses mit dem Ausbilder nicht ersetzt; sie lässt auch das Mitbestimmungsrecht des Betriebsrates nach § 102 BetrVG unberührt. Ein Weiterbeschäftigungsanspruch als Ausbilder nach § 102 Abs. 5 BetrVG kommt nicht in Betracht, da dies im Gegensatz zur gerichtlichen Entscheidung über die Abberufung stehen würde (GK-BetrVG/*Raab* § 98 Rz. 37). Sofern die Bestellung zum Ausbilder mit einer Einstellung oder Versetzung i. S. d. § 99 Abs. 1 BetrVG verbunden ist, ist grds. das Mitbestimmungsrecht des Betriebsrates nach § 99 BetrVG zu beachten. Der Betriebsrat kann allerdings die Zustimmung nicht mit der Begründung verweigern, die Bestellung verstoße deshalb gegen ein Gesetz i. S. d. § 99 Abs. 2 Nr. 1 BetrVG, da der Ausbilder ungeeignet i. S. d. § 98 Abs. 2 BetrVG sei. §§ 98 Abs. 2 und 5 BetrVG sind insoweit Sonderregelungen gegenüber § 99 BetrVG (GK-BetrVG/ *Raab* § 98 Rz. 36). Im Verhältnis zu § 23 Abs. 3 BetrVG geht § 98 Abs. 5 BetrVG in seinem Anwendungsbereich, also für den Fall, dass nach Beteiligung des Betriebsrates keine Übereinkunft erzielt werden kann, als lex specialis vor. Ein Anwendungsbereich für § 23 Abs. 3 BetrVG verbleibt damit nur für einen eventuellen Antrag des Betriebsrates, dem Arbeitgeber aufzugeben, für die Zukunft in vergleichbaren Fällen die Berufung ungeeigneter Personen zu unterlassen bzw. Bestellungen ohne Beteiligung des Betriebsrates zukünftig zu unterlassen (so GK-BetrVG/*Raab* § 98 Rz. 33). **1633**

Kontrovers diskutiert wird, ob die Bestellung des Ausbilders unwirksam ist, wenn der Betriebsrat ihr widersprochen hat und ob deshalb auch ein Antragsrecht des Arbeitgebers besteht, vom Arbeitsgericht klären zu lassen, ob der Widerspruch des Betriebsrates begründet ist (dafür *Richardi* § 98 Rz. 35; *Buschmann* DKK § 98 Rz. 16; dagegen GK-BetrVG/*Raab* § 98 Rz. 29, 30; MünchArbR/*Matthes* § 351 Rz. 42). **1634**

I. Betriebsverfassungsrecht

2. Personelle Einzelmaßnahmen

a) Einstellung, Versetzung, Eingruppierung, Umgruppierung, §§ 99–101 BetrVG

aa) Zweck und Geltungsbereich der Regelung

1635 Zweck der Beteiligung des Betriebsrates ist der Schutz der vorhandenen Belegschaft vor Veränderungen und der Schutz des von der personellen Einzelmaßnahme betroffenen Arbeitnehmers (GK-BetrVG/*Kraft* § 99 Rz. 6). §§ 99–101 BetrVG gelten nur in Unternehmen, in denen i. d. R. mehr als 20 wahlberechtigte Arbeitnehmer beschäftigt sind und in denen ein Betriebsrat konstituiert ist (*BAG* 23.8.1984 EzA § 102 BetrVG 1972 Nr. 59).

1636 Entscheidend ist die regelmäßige Beschäftigtenzahl im Zeitpunkt der Vornahme der personellen Einzelmaßnahmen, nicht die zufällige effektive Zahl der wahlberechtigten Arbeitnehmer zu diesem Zeitpunkt, d. h. es kommt ohne Berücksichtigung einer vorübergehenden Erhöhung oder Verringerung der Personalstärke auf die Zahl der Arbeitsplätze an, auf die das Unternehmen ausgerichtet ist (vgl. *BAG* 31.7.1986 EzA § 17 KSchG Nr. 3).

1637 Einzubeziehen sind dabei die Arbeitnehmer der Betriebe des konkreten Unternehmens unter Einbeziehung etwa vorhandener nicht betriebsratsfähiger Betriebsteile und Nebenbetriebe sowie nicht betriebsratsfähiger Kleinbetriebe (vgl. so schon zur Rechtslage vor Inkrafttreten des BetrVG-Reformgesetzes vom 23.7.2001: *BAG* 3.12.1985 EzA § 4 BetrVG 1972 Nr. 4). Der Einzustellende zählt nicht mit (h. M. vgl. GK-BetrVG/*Kraft* § 99 Rz. 7; a. A. MünchArbR/*Matthes* § 352 Rz. 5).

bb) Inhalt des Beteiligungsrechts

1638 Die Beteiligung des Betriebsrates bei personellen Einzelmaßnahmen ist i. S. d. positiven Konsensprinzips ausgestaltet: Die in § 99 Abs. 1 BetrVG erwähnten Maßnahmen bedürfen zu ihrer betriebsverfassungsrechtlichen Wirksamkeit der Zustimmung des Betriebsrates. Diese muss entweder ausdrücklich erteilt sein oder infolge Fristablaufs fiktiv als erteilt gelten (vgl. § 99 Abs. 3 S. 2 BetrVG) oder arbeitsgerichtlich ersetzt sein (vgl. § 99 Abs. 4 BetrVG). Das Beteiligungsrecht des Betriebsrates greift erst, wenn sich der Arbeitgeber entschlossen hat, eine personelle Einzelmaßnahme durchzuführen. Der Betriebsrat seinerseits kann die Durchführung einer Maßnahme oder einer anderen als vom Arbeitgeber geplanten Maßnahme nicht erzwingen. Es besteht damit kein Initiativrecht. Der Betriebsrat kann lediglich personelle Einzelmaßnahmen anregen und beispielsweise andere Bewerber zur Einstellung vorschlagen. Unter dem Gesichtspunkt der vertrauensvollen Zusammenarbeit (§ 2 Abs. 1 BetrVG) ist der Arbeitgeber jedoch lediglich verpflichtet, die Anregungen und Argumente des Betriebsrates ernsthaft in Erwägung zu ziehen (*BAG* 3.12.1985 EzA § 99 BetrVG 1972 Nr. 46).

I. Betriebsverfassungsrecht

cc) Die Maßnahmen im Einzelnen

(1) Einstellung

aaa) Begriff
Das BetrVG definiert den Begriff der Einstellung nicht selbst. Während z. T. (z. B. **1639** *Schlochauer* HSG § 99 Rz. 15) hierunter der Abschluss des Arbeitsvertrages, z. T. (z. B. *Dietz/Richardi* § 99 Rz. 25) die tatsächliche Eingliederung in den Betrieb verstanden wurde, hat das *BAG* (14.5.1974 EzA § 99 BetrVG 1972 Nr. 6) zunächst hierunter sowohl die Begründung des Arbeitsverhältnisses als auch die zeitlich damit zusammenfallende, vorhergehende oder auch nachfolgende tatsächliche Arbeitsaufnahme verstanden, wobei das Mitbestimmungsrecht jeweils dem zeitlich ersten Vorgang zugeordnet wurde.

Nach neuerer Rechtsprechung des *BAG* (28.4.1992 EzA § 99 BetrVG 1972 Nr. 106; **1640** 30.8.1994 EzA § 99 BetrVG 1972 Nr. 125) liegt eine mitbestimmungspflichtige Einstellung dann vor, wenn Personen in den Betrieb eingegliedert werden, um zusammen mit den dort schon beschäftigten Arbeitnehmern den arbeitstechnischen Zweck des Betriebes durch weisungsgebundene Tätigkeit zu verwirklichen.Beruht die tatsächliche Beschäftigung auf dem Abschluss eines Arbeitsvertrages, ist der Betriebsrat jedoch nicht erst vor Aufnahme der tatsächlichen Beschäftigung, sondern vor Abschluss des Vertrages, der zur Einstellung führt, zu beteiligen (*BAG* 28.4.1992 EzA § 99 BetrVG 1972 Nr. 106; 19.6.2001 EzA § 99 BetrVG 1972 Einstellung Nr. 9). Auf das Rechtsverhältnis, in dem die tatsächlich beschäftigte Person zum Arbeitgeber als Betriebsinhaber steht, kommt es nicht entscheidend an.

Maßgebend ist das Merkmal der Eingliederung, das dann erfüllt ist, wenn die zu ver- **1641** richtende Tätigkeit ihrer Art nach eine weisungsgebundene Tätigkeit ist, die der Verwirklichung des arbeitstechnischen Zwecks des Betriebes zu dienen bestimmt ist und daher vom Arbeitgeber organisiert werden muss (*BAG* 30.8.1994 EzA § 99 BetrVG 1972 Nr. 125). Unerheblich ist die voraussichtliche Dauer der Beschäftigung, sodass auch Einstellungen für nur wenige Tage der Zustimmung des Betriebsrates bedürfen (*BAG* 16.12.1986 EzA § 99 BetrVG 1972 Nr. 54).

bbb) Einzelfälle
Der Mitbestimmung des Betriebsrates unterliegt immer die Neueinstellung von Ar- **1642** beitnehmern auf der Grundlage eines Arbeitsvertrages, wobei es nicht darauf ankommt, ob dieser fehlerfrei geschlossen ist oder an Mängeln leidet, sodass auch die Aufnahme eines faktischen Arbeitsverhältnisses ausreicht (GK-BetrVG/*Kraft* § 99 Rz. 24). Ausreichend ist auch die Beschäftigung in Vollzug eines mittelbaren Arbeitsverhältnisses (*BAG* 18.4.1989 EzA § 99 BetrVG 1972 Nr. 73). Gleiches für die Begründung eines Ausbildungsverhältnisses, auch im Rahmen eines Praktikums oder Volontariats (MünchArbR/*Matthes* § 352 Rz. 12), nicht aber bei der Beschäftigung von Schülerpraktikanten, da diese nicht der Verwirklichung des Betriebszweckes dient, sondern Teil der schulischen Ausbildung ist (*BAG* 8.5.1990 EzA § 99 BetrVG 1972 Nr. 88). Hingegen liegt eine Einstellung auch dann vor, wenn Personen für eine in Aussicht genommene Beschäftigung eine Ausbildung erhalten, ohne die eine solche Beschäftigung nicht möglich wäre, wobei es keinen Unterschied macht,

I. Betriebsverfassungsrecht

ob diese nach der Ausbildung in einem Arbeitsverhältnis oder als freie Mitarbeiter beschäftigt werden sollen (*BAG* 20.4.1993 EzA § 99 BetrVG 1972 Nr. 114; 3.10.1989 79). Eine Einstellung liegt auch vor, wenn eine Arbeitnehmerin während des Erziehungsurlaubs mit Zustimmung des Arbeitgebers ihre ursprüngliche Tätigkeit mit verringerter Stundenzahl wieder aufnimmt. Hierdurch werden nämlich die Interessen der Belegschaft in gleicher Weise berührt wie bei einer Neueinstellung, da sich für die bisher zur Vertretung herangezogenen Mitarbeiter neue Auswahlfragen ergeben können (*BAG* 28.4.1998 EzA § 99 BetrVG 1972 Einstellung Nr. 5). Ebenfalls Einstellung ist die Beschäftigung von Rote-Kreuz-Pflegekräften in einem Krankenhaus auf Grund eines Gestellungsvertrages, wenn die Pflegekräfte in den Betrieb eingegliedert sind, was anzunehmen ist, wenn der Träger des Krankenhauses auch ihnen gegenüber die für ein Arbeitsverhältnis typischen Weisungsbefugnisse hinsichtlich des Arbeitseinsatzes hat (*BAG* 22.4.1997 EzA § 99 BetrVG Einstellung Nr. 3).

1643 Die Verlängerung eines befristeten Arbeitsverhältnisses oder dessen Umwandlung in ein unbefristetes ist ebenfalls Einstellung, es sei denn, es handelt sich um ein befristetes Probearbeitsverhältnis, sofern dem Betriebsrat vor der Einstellung zur Probe mitgeteilt wurde, der Arbeitnehmer solle bei Bewährung auf unbestimmte Zeit weiterbeschäftigt werden (*BAG* 7.8.1990 EzA § 99 BetrVG 1972 Nr. 91). Gleiches soll gelten, wenn die Verlängerung darauf beruht, dass sich eine vereinbarte Befristung als rechtsunwirksam erweist oder ein Leiharbeitnehmer länger als ursprünglich vorgesehen beschäftigt werden soll (MünchArbR/*Matthes* § 352 Rz. 16, 24). Um die Verlängerung eines befristeten Vertragsverhältnisses in diesem Sinne handelt es sich auch bei der Übernahme eines Auszubildenden (GK-BetrVG/*Kraft* § 99 Rz. 27 m. w. N.), nicht aber bei der Begründung eines unbefristeten Arbeitsverhältnisses im Anschluss an die Ausbildung in Anwendung des § 78 a BetrVG (h. M. GK-BetrVG/*Kraft* § 99 Rz. 31 m. w. N.; **a. A.** MünchArbR/*Matthes* § 352 Rz. 18). Ebenso soll eine Einstellung vorliegen, wenn ein Arbeitsverhältnis über eine tarifliche Altersgrenze hinaus verlängert wird (*BAG* 12.7.1988 EzA § 99 BetrVG 1972 Nr. 59; **a. A.** etwa GK-BetrVG/*Kraft* § 99 Rz. 26). Eine Altersgrenze in einer Betriebsvereinbarung enthält i. d. R. kein Verbot einer Beschäftigung des Arbeitnehmers über die Altersgrenze hinaus, es sei denn, dass ein solches Verbot in der Betriebsvereinbarung deutlichen Ausdruck findet. Deshalb ist der Betriebsrat i. d. R. nicht berechtigt, seine Zustimmung zur Weiterbeschäftigung dieses Arbeitnehmers zu verweigern (*BAG* 10.3.1992 EzA § 99 BetrVG 1972 Nr. 104). Ferner liegt eine Einstellung auch bei der erstmaligen Ausgabe von Arbeit an Heimarbeiter, die in der Hauptsache für den Betrieb arbeiten, vor (vgl. MünchArbR/*Matthes* § 352 Rz. 17). Da kein Betriebsfremder neu in den Betrieb kommt, liegt keine Einstellung vor, wenn ein Arbeitnehmer nach einem Ruhen des Arbeitsverhältnisses (z. B. Wehrdienst, Erziehungsurlaub, suspendierende Aussperrung) seine Beschäftigung wieder aufnimmt (GK-BetrVG/*Kraft* § 99 Rz. 33). Um eine Einstellung handelt es sich aber, wenn mit einem Arbeitnehmer oder einer Arbeitnehmerin nach Antritt des Erziehungsurlaubs vereinbart wird, dass sie auf ihrem bisherigen Arbeitsplatz hilfsweise eine befristete Teilzeitbeschäftigung aufnehmen sollen (*BAG* 28.4.1998 EzA § 99 BetrVG 1972 Einstellung Nr. 5). Keine Einstellung liegt vor bei einvernehmlicher Fortsetzung des Arbeitsverhältnisses nach Ausspruch einer Kündigung vor Ablauf der Kündigungsfrist, der Kündigungsrücknahme oder der Anerkennung des Klageanspruches in einem Kündigungsschutzprozess sowie bei einer tatsächlichen Beschäftigung während des Kündigungsschutzprozesses auf Grund des betriebsverfassungsrechtlichen (§ 102 Abs. 5 BetrVG) oder allgemeinen (s. o. D/Rz. 1961 ff.) Weiterbeschäftigungsanspruches (*LAG Frankfurt/M.* 12.5.1987 LAGE § 101 BetrVG 1972 Nr. 2; GK-BetrVG/*Kraft* § 99 Rz. 32).

I. Betriebsverfassungsrecht

Die Versetzung eines Arbeitnehmers von einem Betrieb in einen anderen Betrieb des **1644**
Unternehmens ist für den aufnehmenden Betrieb grds. Einstellung i. S. d. § 99
BetrVG (*BAG* 16.12.1986 EzA § 99 BetrVG 1972 Nr. 54). Die Rückkehr eines solchen
Arbeitnehmers in den Betrieb, in dem er ursprünglich beschäftigt war, ist keine Einstellung, wenn bei Durchführung der Versetzung von vorneherein feststand, dass der
Mitarbeiter zurückkehrt. Die vorübergehende Entsendung und die anschließende
Rückkehr ist vielmehr eine einheitliche Maßnahme, die gegebenenfalls nur unter
dem Gesichtspunkt der Versetzung der Zustimmung des Betriebsrates des abgebenden Betriebes bedarf (*BAG* 14.11.1989 EzA § 99 BetrVG 1972 Nr. 85).

Da es nach der Rechtsprechung des *BAG* (s. o. I/Rz. 1640) auf die tatsächliche Eingliederung in den Betrieb, nicht aber darauf ankommt, in welchem Rechtsverhältnis die eingegliederten Personen zum Arbeitgeber als Betriebsinhaber stehen, **1645**
kann eine Einstellung auch vorliegen, wenn die beschäftigten Personen nicht
auf Grund eines Arbeitsverhältnisses zum Betriebsinhaber, sondern auf Grund
eines anderen Rechtsverhältnisses im Betrieb beschäftigt werden.

Kraft ausdrücklicher gesetzlicher Regelung in Art. 1 § 14 Abs. 3 AÜG ist der Betriebs- **1646**
rat des Entleiherbetriebes vor der Übernahme eines Leiharbeitnehmers zur Arbeitsleistung nach § 99 BetrVG zu beteiligen. Diese Vorschrift ist wegen gleicher Interessenlage und der Betroffenheit der Belegschaft des aufnehmenden Betriebes auch auf
die nicht gewerbsmäßige und die unerlaubte gewerbsmäßige Arbeitnehmerüberlassung entsprechend anzuwenden (*BAG* 28.9.1988 EzA § 99 BetrVG 1972 Nr. 68).
Für die Beurteilung der Frage, ob der Einsatz sog. Fremdfirmenmitarbeiter, d. h. von **1647**
Personen, die im Betrieb tätig werden, weil sie auf Grund eines Werk- oder Dienstvertrages selbst oder als Arbeitnehmer eines Dritten verpflichtet sind, bestimmte Arbeitsleistungen im Betrieb zu erbringen, Einstellung i. S. d. § 99 BetrVG ist, kommt es
nach der Rechtsprechung des *BAG* (5.3.1991 EzA § 99 BetrVG 1972 Nr. 99; 1.12.1992
EzA § 99 BetrVG 1972 Nr. 110; 18.10.1994 EzA § 99 BetrVG 1972 Nr. 124) nicht nur
darauf an, ob die von ihnen zu erbringende Dienstleistung oder das von ihnen zu erstellende Werk hinsichtlich Art, Umfang, Güte, Zeit und Ort in den betrieblichen Arbeitsprozess eingeplant ist. Hinzukommen muss vielmehr, dass diese Personen selbst
in die Arbeitsorganisation des Arbeitgebers eingegliedert werden, sodass dieser die
für ein Arbeitsverhältnis typische Entscheidung über deren Arbeitseinsatz auch
nach Zeit und Ort zu treffen hat, er also die Personalhoheit über diese Personen besitzt und damit wenigstens einen Teil der Arbeitgeberstellung übernimmt (*BAG*
13.3.2001 EzA § 99 BetrVG 1972 Einstellung Nr. 8). Dies kann nicht bereits deshalb
angenommen werden, weil die zu erbringende Dienstleistung oder das zu erstellende
Werk vertraglich hinsichtlich aller Einzelheiten zwischen Dienst- oder Werknehmer
und Unternehmer so detailliert geregelt ist, dass dem Dienst- oder Werknehmer hinsichtlich der Erbringung der Dienstleistung bzw. der Erstellung des Werkes kein eigener Entscheidungsspielraum verbleibt (*BAG* 1.12.1992 EzA § 99 BetrVG 1972
Nr. 110). Soweit keine Einstellung i. S. d. § 99 BetrVG vorliegt, kann die Übertragung
von Aufgaben, die bislang im Betrieb verrichtet wurden, auf Dritte eine Betriebsänderung sein, an der der Betriebsrat nach näherer Maßgabe der §§ 111 f. BetrVG zu
beteiligen ist (vgl. *BAG* 5.3.1991 EzA § 99 BetrVG 1972 Nr. 99).
Die Beschäftigung freier Mitarbeiter ist nach neuerer Rechtsprechung des *BAG* **1648**
(30.8.1994 EzA § 99 BetrVG 1972 Nr. 125) keine mitbestimmungspflichtige Einstellung, da die für die Eingliederung in eine fremde Arbeitsorganisation charakteristi-

sche Unterwerfung unter die Organisationsgewalt und damit auch unter Weisungen des Betriebsinhabers i. d. R. nicht im erforderlichen Umfang gegeben ist, da beim freien Mitarbeiter i. d. R. gerade die durch Weisungsgebundenheit und Eingliederung bestimmte persönliche Abhängigkeit fehlt. Ein Mitbestimmungsrecht des Betriebsrates kommt daher nur bei atypischen Sachverhalten in Frage (zu solchen Sachverhalten vgl.: *BAG* 15.4.1986 EzA § 99 BetrVG 1972 Nr. 50; 3.7.1990 EzA § 99 BetrVG 1972 Nr. 90; 20.4.1993 EzA § 99 BetrVG 1972 Nr. 114). Ein atypischer Sachverhalt soll nach Auffassung des *BAG* (30.8.1994 EzA § 99 BetrVG 1972 Nr. 125) vorliegen, wenn eine Abweichung von der normalen Beschäftigungssituation eines freien Mitarbeiters deshalb vorliegt, weil sich die Tätigkeit nicht nennenswert von der weisungsabhängigen Tätigkeit vergleichbarer Arbeitnehmer desselben Betriebes unterscheidet.

(2) Versetzung

aaa) Zweck und Anwendungsbereich

1649 § 95 Abs. 3 BetrVG enthält eine eigenständige, betriebsverfassungsrechtliche Definition des Versetzungsbegriffs, mit der gegenüber der Regelung in § 60 Abs. 3 BetrVG 1952 erreicht werden sollte, den Mitbestimmungsbereich des Betriebsrates zu erweitern. Insbesondere sollten auch sog. Umsetzungen, d. h. Versetzungen innerhalb des gleichen Betriebes oder der gleichen Betriebsabteilung, erfasst werden (BR-Drs. 715/70, S. 50). Versetzung ist danach die Zuweisung eines anderen Arbeitsbereiches, die die voraussichtliche Dauer von einem Monat überschreitet oder mit einer erheblichen Änderung der Umstände verbunden ist, unter denen die Arbeit zu leisten ist, soweit nicht der Arbeitnehmer nach der Eigenart des Arbeitsverhältnisses üblicherweise nicht ständig an einem bestimmten Arbeitsplatz beschäftigt wird. Das Beteiligungsrecht besteht bei Arbeitnehmern und Auszubildenden (*BAG* 3.12.1985 EzA § 95 BetrVG 1972 Nr. 10). Zustimmungspflichtig ist auch die Versetzung anderer Personen, die im Betrieb zusammen mit den Arbeitnehmern dessen arbeitstechnischen Zweck durch weisungsgebundene Tätigkeit verwirklichen, so etwa, wenn Leiharbeitnehmern im Entleiherbetrieb ein anderer Arbeitsbereich zugewiesen wird, es sei denn, der Leiharbeitnehmer ist von vorneherein zur Vertretung von Arbeitnehmern auf verschiedenen Arbeitsplätzen entliehen worden (vgl. MünchArbR/*Matthes* § 353 Rz. 29).

1650 Nach der Eigenart des Arbeitsverhältnisses liegt üblicherweise ein Wechsel der Arbeitsbereiche vor bei Montagekolonnen, Springern, Arbeitnehmern, die innerhalb des Betriebes üblicherweise an wechselnden Arbeitsplätzen eingesetzt werden oder bei Auszubildenden, denen planmäßig unterschiedliche Ausbildungsplätze zugewiesen werden (*BAG* 3.12.1985 EzA § 95 BetrVG 1972 Nr. 10).

1651 Ein solcher Wechsel des Arbeitsortes muss dabei charakteristisch für das Arbeitsverhältnis sein (GK-BetrVG/*Kraft* § 99 Rz. 73). Hierfür genügt nicht, dass dem Arbeitgeber die arbeitsvertragliche Befugnis zusteht, dem Arbeitnehmer unterschiedliche Arbeitsplätze zuzuweisen (*BAG* 18.12.1986 EzA § 95 BetrVG 1972 Nr. 12). Andererseits kommt es auf die Häufigkeit des Wechsels nicht an (MünchArbR/*Matthes* § 353 Rz. 26).
Zur Versetzung von Betriebsratsmitgliedern s. o. I/Rz. 646 ff.

bbb) Änderung des Arbeitsbereiches

1652 Der Begriff des Arbeitsbereiches ist funktional zu verstehen und umfasst mehr als den Ort der Arbeitsleistung, nämlich die Art der Tätigkeit, wie sie sich aus der geschuldeten Arbeitsleistung und dem Inhalt der Arbeitsaufgabe ergibt und die Einordnung des Arbeitnehmers in die betriebliche Organisation (*BAG* 10.4.1984 EzA § 95 BetrVG 1972 Nr. 8).

Eine Änderung des Arbeitsbereiches liegt damit vor, wenn dem Arbeitnehmer ein neuer Tätigkeitsbereich zugewiesen wird oder wenn der Arbeitnehmer seine bisherige Stellung in der betrieblichen Organisation verändern muss, ohne dass es auf eine rein örtliche Veränderung des Arbeitsplatzes ankäme (GK-BetrVG/*Kraft* § 99 Rz. 61). Nach Ansicht des *BAG* (18.2.1986 EzA § 95 BetrVG 1972 Nr. 12; 1.8.1989 EzA § 95 BetrVG 1972 Nr. 16; 8.8.1989 EzA § 95 BetrVG 1972 Nr. 18) liegt eine Versetzung darüber hinaus auch bei einer bloßen Veränderung des Arbeitsortes vor, selbst wenn sich Arbeitsaufgabe oder Einordnung in die betriebliche Organisation nicht ändern. 1653

Auszugrenzen sind bloße Bagatellfälle örtlicher Veränderung, wobei allerdings die Kriterien, wann eine örtliche Veränderung relevant ist, unterschiedlich beurteilt werden (vgl. GK-BetrVG/*Kraft* § 99 Rz. 64). 1654

Unerheblich ist, ob der neu zugewiesene Arbeitsbereich höher-, nieder- oder gleichwertig ist. Keine Zuweisung eines neuen Arbeitsbereiches liegt vor, wenn sich die zugewiesene Tätigkeit innerhalb der normalen Schwankungsbreite der dem Arbeitnehmer obliegenden Tätigkeit hält. 1655

Eine Änderung des Arbeitsbereiches liegt nur dann vor, wenn der Gegenstand der geschuldeten Arbeitsleistung, der Inhalt der Arbeitsaufgabe, ein anderer wird und sich deshalb das Gesamtbild der Tätigkeit des Arbeitnehmers ändert (*BAG* 10.4.1984 EzA § 95 BetrVG 1972 Nr. 8; 30.9.1993 EzA § 99 BetrVG 1972 Nr. 118). Keine Zuweisung eines anderen Arbeitsbereichs ist der vollständige Entzug der Arbeitsaufgaben, etwa bei einer Freistellung innerhalb der Kündigungsfrist (*BAG* 28.3.2000 EzA § 95 BetrVG 1972 Nr. 33). 1656

Bei einem Entzug von Teilaufgaben bei im Übrigen gleich bleibender Tätigkeit liegt eine Versetzung deshalb nur dann vor, wenn durch den Entzug ein von dem bisherigen grundlegend abweichender neuer Arbeitsbereich entsteht (*BAG* 2.4.1996 EzA § 99 BetrVG 1972 Nr. 29). 1657

Eine Änderung des Arbeitsbereiches durch eine Änderung der organisatorischen Eingliederung liegt vor, wenn der Arbeitnehmer aus einer betrieblichen Einheit herausgenommen und einer anderen Einheit zugewiesen wird (*BAG* 29.2.2000 EzA § 95 BetrVG 1972 Nr. 31; 10.4.1984 EzA § 95 BetrVG 1972 Nr. 8). Erfasst ist der Wechsel aus einer betrieblichen Einheit, an deren Spitze ein auch zu Personalentscheidungen befugter Vorgesetzter steht, wie z. B. aus einer Betriebsabteilung in eine andere. 1658

Eine Änderung des Arbeitsbereichs kann auch beim Wechsel des Arbeitnehmers vom Einzel- in den Gruppenakkord vorliegen. Insoweit sind auch die durch die Einbindung in die Gruppe entstehenden Abhängigkeiten und die Notwendigkeit der Zusammenarbeit mit den anderen Gruppenmitgliedern zu berücksichtigen (*BAG* 22.4.1997 EzA § 99 BetrVG Versetzung Nr. 2). Der bloße Vorgesetztenwechsel ohne Änderung der Einordnung in die betriebliche Organisation ist hingegen ebenso we- 1659

I. Betriebsverfassungsrecht

nig Versetzung (GK-BetrVG/*Kraft* § 99 Rz. 67) wie die Zuordnung der betrieblichen Einheit zu einer anderen Leitungsstelle (*BAG* 10.4.1984 EzA § 95 BetrVG 1972 Nr. 8).

1660 Problematisch ist die betriebsverfassungsrechtliche Beurteilung zumindest der dauerhaften Versetzung eines Arbeitnehmers in einen anderen Betrieb des Unternehmens oder in den Betrieb eines Tochterunternehmens. Einigkeit besteht dahingehend, dass jedenfalls ein Mitbestimmungsrecht unter dem Gesichtspunkt der Einstellung des Betriebsrates des aufnehmenden Betriebes besteht. Ob darüber hinaus auch ein Zustimmungserfordernis unter dem Gesichtspunkt der Versetzung des Betriebsrates des abgebenden Betriebes besteht, wird kontrovers diskutiert. Zum Teil (vgl. GK-BetrVG/*Kraft* § 99 Rz. 99 ff.) wird dies mit der Begründung verneint, dass sich aus der Sicht des abgebenden Betriebes der Wechsel des Arbeitnehmers als Ausscheiden darstelle und ein solches Ausscheiden abgesehen vom Beteiligungsrecht des Betriebsrates bei Kündigung nach § 102 BetrVG nicht der Beteiligung des Betriebsrates unterfalle.

1661 Bei einer Versetzung in einen anderen Betrieb desselben Unternehmens bejaht das *BAG* (19.2.1991 EzA § 95 BetrVG 1972 Nr. 24; 20.9.1990 EzA § 99 BetrVG 1972 Nr. 95; 26.1.1993 EzA § 99 BetrVG 1972 Nr. 109) ein Mitbestimmungsrecht des Betriebsrates des entsendenden Betriebes sowohl bei einer Versetzung des Arbeitnehmers auf Dauer als auch bei einer nur vorübergehenden Entsendung. Bei einer Versetzung auf Dauer entfällt das Mitbestimmungsrecht jedoch dann, wenn der Arbeitnehmer mit ihr einverstanden ist, sie selbst gewünscht hat oder sie jedenfalls seinen Wünschen und seiner freien Entscheidung entspricht (*BAG* 20.9.1990 EzA § 99 BetrVG 1972 Nr. 95).

1662 In diesem Fall erfordert der Gesichtspunkt des Schutzes des betroffenen Arbeitnehmers kein Mitbestimmungsrecht. Aber auch der weiter beabsichtigte Schutz der verbleibenden Belegschaft kann nicht erreicht werden. Bei Einverständnis zwischen Arbeitgeber und zu versetzendem Arbeitgeber kann das Ziel der Versetzung nämlich auf jeden Fall erreicht werden, etwa durch den mitbestimmungsfreien Abschluss eines Auflösungsvertrages und die Neubegründung eines Arbeitsverhältnisses mit dem aufnehmenden Betrieb oder Eigenkündigung des Arbeitnehmers und anschließender Neubegründung des Arbeitsverhältnisses, sodass der Betriebsrat des abgebenden Betriebes das Ausscheiden eines versetzungswilligen Arbeitnehmers letztlich nicht verhindern kann.

1663 Ob der Arbeitsbereich i. S. v. § 95 Abs. 3 BetrVG auch durch die Umstände, unter denen die Arbeit zu leisten ist, gekennzeichnet werden kann, ist angesichts der Tatsache, dass eine solche erhebliche Änderung der Umstände weitere, nach dem Wortlaut des Gesetzes zusätzliche Voraussetzung zur Änderung des Arbeitsbereiches ist, streitig (vgl. MünchArbR/*Matthes* § 353 Rz. 13; GK-BetrVG/*Kraft* § 99 Rz. 59 ff).

1664 Das *BAG* (16.7.1991 EzA § 95 BetrVG 1972 Nr. 25) steht nunmehr (anders noch *BAG* 26.5.1988 EzA § 95 BetrVG 1972 Nr. 13) auf dem Standpunkt, dass abgesehen vom Wechsel des Arbeitsortes (s. o. I/Rz. 1653) eine erhebliche Änderung der Umstände, unter denen die Arbeit zu leisten ist, nicht auch zu einer Änderung des Arbeitsbereiches führt.

1665 Die Verlängerung oder Verkürzung der Wochenarbeitszeit, auch hinsichtlich der Mindestwochenarbeitszeit von Teilzeitkräften mit variabler Arbeitszeit, stellt für sich alleine daher ebenso wenig eine Versetzung dar wie die Veränderung der Lage der Arbeitszeit (*BAG* 19.2.1991 EzA § 95 BetrVG 1972 Nr. 23; 16.7.1991 EzA § 95 BetrVG 1972 Nr. 25; 23.11.1993 EzA § 95 BetrVG 1972 Nr. 28).

ccc) **Dauer der Versetzung**
Liegt eine Änderung des Arbeitsbereiches vor, handelt es sich jedenfalls um eine zustimmungspflichtige Versetzung, wenn die Maßnahme von vorneherein auf eine Dauer von mehr als einem Monat angelegt ist. Bei kürzeren Maßnahmen muss eine erhebliche Änderung der Umstände, unter denen die Arbeit zu leisten ist, hinzutreten. 1666

Ist bei Zuweisung des anderen Arbeitsbereiches eine Überschreitung der Dauer von einem Monat weder beabsichtigt noch vorhersehbar, so besteht grds. kein Mitbestimmungsrecht. Kürzere Überschreitungen der Frist sind unschädlich (GK-BetrVG/*Kraft* § 99 Rz. 74). Umstritten ist, ob und unter welchen Voraussetzungen die Zustimmung des Betriebsrates zu einem späteren Zeitpunkt einzuholen ist, wenn sich im Laufe der Maßnahme herausstellt, dass die Monatsfrist wesentlich überschritten werden wird. 1667

Zum Teil (GK-BetrVG/*Kraft* § 99 Rz. 74; *Kittner* DKK § 99 Rz. 108) wird das Zustimmungserfordernis generell bejaht, zum Teil (*Schlochauer* HSG/Rz. 52; FKHE § 99 Rz. 121) wird die Ansicht vertreten, das Zustimmungserfordernis bestehe nur dann, wenn sich später herausstelle, dass zum einen die Monatsfrist überschritten wird und diese Überschreitung ihrerseits auch selbst die Dauer von einem Monat überschreiten wird. Nach noch anderer Ansicht (MünchArbR/*Matthes* § 353 Rz. 20) besteht das Zustimmungserfordernis dann, wenn neue Tatsachen bekannt werden, die eine neue Entscheidung erforderlich machen, ob die bisherige Vertretungsregelung beibehalten oder durch eine andere ersetzt werden soll, wenn die Beibehaltung der Regelung ihrerseits die voraussichtliche Dauer eines Monats überschreitet. 1668

Kommt es wegen Unterschreitung der Monatsfrist auf eine erhebliche Änderung der Umstände an, sind mit solchen Umständen die äußeren Arbeitsbedingungen für die Gestaltung des Arbeitsplatzes, die Ausstattung mit technischen Hilfsmitteln, Mitarbeitern und Vorgesetzten, die Entfernung zur Wohnung (*BAG* 1.8.1989 EzA § 95 BetrVG 1972 Nr. 16) und zu den Sozialeinrichtungen, die Lage der Arbeitszeit, Lärm, Schmutz, Hitze oder Nässe gemeint. Es muss sich um den Arbeitnehmer belastende Umstände handeln (*BAG* 28.9.1988 EzA § 95 BetrVG 1972 Nr. 14). Erheblich ist eine Änderung dieser Umstände dann, wenn sie nach Auffassung eines vernünftigen Arbeitnehmers als bedeutsam im Vergleich zur bisherigen Situation betrachtet werden (GK-BetrVG/*Kraft* § 99 Rz. 76). 1669

Normale, mit jeder Zuweisung eines anderen Arbeitsbereichs verbundene Belastungen, wie das Zusammenwirken mit anderen Arbeitnehmern und in ungewohnter Arbeitsumgebung, reichen hierzu nicht aus (*BAG* 28.9.1988 EzA § 95 BetrVG 1972 Nr. 14; 19.2.1991 EzA § 95 BetrVG 1972 Nr. 24). Bei einer (Auslands-) Dienstreise kann nicht generell aus der Notwendigkeit einer auswärtigen Übernachtung auf eine erhebliche Änderung der Arbeitsumstände i. S. d. § 95 Abs. 3 BetrVG geschlossen werden (*BAG* 21.9.1999 EzA § 95 BetrVG 1972 Nr. 30). 1670

I. Betriebsverfassungsrecht

(3) Eingruppierung

1671 Eingruppierung i. S. v. § 99 Abs. 1 BetrVG ist die Zuordnung eines Arbeitnehmers auf Grund der von ihm vertragsgemäß auszuübenden Tätigkeit zu einer bestimmten Vergütungsgruppe einer im Betrieb geltenden Vergütungsordnung. Eine Eingruppierung ist vorzunehmen, wenn im Betrieb ein allgemein angewandtes Entgeltschema existiert, unabhängig davon, ob diese Vergütungsordnung kraft Tarifbindung wirkt, auf einer Betriebsvereinbarung beruht oder auf Grund einzelvertraglicher Inbezugnahme oder auf Grund einer betrieblichen Übung zur Anwendung kommt oder vom Arbeitgeber einseitig geschaffen wurde (*BAG* 23.11.1993 EzA § 99 BetrVG 1972 Nr. 119; *BAG* 3.12.1985 EzA § 118 BetrVG 1972 Nr. 37).

1672 Das Mitbestimmungsrecht erstreckt sich bei einer nach Lohn- und Fallgruppen aufgebauten tariflichen Vergütungsordnung dabei nicht nur auf die Bestimmung der Lohngruppe, sondern auch auf die der richtigen Fallgruppe dieser Lohngruppe, wenn damit unterschiedliche Rechtsfolgewirkungen verbunden sein können, wie etwa bei Fallgruppen, aus denen ein sog. Bewährungsaufstieg vorgesehen ist (*BAG* 27.7.1993 EzA § 99 BetrVG 1972 Nr. 116).

1673 Die Eingruppierung eines Arbeitnehmers ist keine nach außen wirkende konstitutive Maßnahme des Arbeitgebers, sondern lediglich Rechtsanwendung, da eine bestehende Gehaltsgruppenordnung regelmäßig einen Anspruch des Arbeitnehmers unmittelbar auf Vergütung entsprechend dieser Ordnung begründet. Sie ist eine lediglich deklaratorische Feststellung, dass die Tätigkeit des Arbeitnehmers einer bestimmten Lohn- oder Gehaltsgruppe entspricht. Die Beteiligung des Betriebsrates soll sicherstellen, dass die angesichts der allgemein und weit gehaltenen Fassung der Tätigkeitsmerkmale schwierige Prüfung, welche Vergütungsgruppe der Tätigkeit des Arbeitnehmers entspricht, möglichst zutreffend erfolgt. Sie dient damit der einheitlichen und gleichmäßigen Anwendung der Lohn- und Gehaltsgruppenordnung und damit der innerbetrieblichen Lohngerechtigkeit und Transparenz der vorgenommenen Eingruppierungen (*BAG* 23.11.1993 EzA § 99 BetrVG 1972 Nr. 119). Aus dieser Rechtsnatur der Eingruppierungsentscheidung ergeben sich Besonderheiten bei der Durchsetzung des Beteiligungsrechts des Betriebsrats (s. u. I/Rz. 1761 ff.). Eine Verpflichtung des Arbeitgebers, eine Eingruppierungsentscheidung zu treffen, besteht nur, wenn er anlässlich der Einstellung oder Versetzung des Arbeitnehmers diesem erstmals eine Tätigkeit oder eine andere Tätigkeit zuweist oder sich die anzuwendende Vergütungsgruppenordnung ändert. Ist dies nicht der Fall, kann der Betriebsrat vom Arbeitgeber nicht verlangen, dass dieser eine erneute Eingruppierungsentscheidung unter seiner Beteiligung trifft, nur weil er eine mit seiner erklärten oder ersetzten Zustimmung erfolgte Eingruppierung nicht oder nicht mehr für zutreffend hält (*BAG* 18.6.1991 EzA § 99 BetrVG 1972 Nr. 100).

1674 Wird die Tätigkeit eines Arbeitnehmers von einer Vergütungsordnung nicht erfasst, sondern unterliegt sie der freien Vereinbarung, ist die Mitteilung des Arbeitgebers, dass solche Arbeitnehmer nicht in das Vergütungsgruppenschema eingeordnet werden, sondern als außertarifliche Angestellte frei vereinbarte Vergütungen erhalten, keine mitbestimmungspflichtige Eingruppierung (*BAG* 31.5.1983 EzA § 118 BetrVG 1972 Nr. 36). Umgekehrt stellt sich die Einstufung eines bisher außertariflich vergüteten Angestellten in die höchste tarifliche Vergütungsgruppe hingegen als Eingruppierung dar (*BAG* 28.1.1986 EzA § 99 BetrVG 1972 Nr. 47). Die Zuordnung zu einer

I. Betriebsverfassungsrecht

allein für freiwillige betriebliche Sozialleistungen gebildeten Gruppe ist nicht Eingruppierung (GK-BetrVG/*Kraft* § 99 Rz. 38), während eine Eingruppierung aber dann vorliegt, wenn nach einer Zulagenregelung Arbeitnehmern einer bestimmten Vergütungsgruppe eine Zulage gewährt wird, die an Tätigkeitsmerkmale anknüpft, die für die Eingruppierung in die Vergütungsgruppe nicht maßgebend waren (*BAG* 24.6.1986 EzA § 99 BetrVG 1972 Nr. 51). Die Vereinbarung eines Nettolohnes mit geringfügig beschäftigten Arbeitnehmern entbindet den Arbeitgeber nicht von der Verpflichtung, diese unter Beteiligung des Betriebsrates in einer auch für die geringfügig beschäftigten Arbeitnehmer geltenden Vergütungsgruppenordnung einzugruppieren, auch wenn diese Bruttovergütungen vorsieht (*BAG* 18.6.1991 EzA § 99 BetrVG 1972 Nr. 101). Ferner stellt die Zuordnung der verschiedenen Arbeitsgänge in der Heimarbeit in die auf Grund der bindenden Festsetzung nach § 19 HAG vorgegebenen Entgeltgruppen und die Zuweisung der Tätigkeiten an die Heimarbeiter eine mitbestimmungspflichtige Eingruppierung dar (*BAG* 20.9.1990 EzA § 99 BetrVG 1972 Nr. 96). Keine erneute Eingruppierung ist erforderlich, wenn sich unmittelbar an ein befristetes Arbeitsverhältnis ein weiteres Arbeitsverhältnis anschließt, wenn sich weder die Tätigkeit noch das maßgebliche Entgeltgruppenschema ändern (*BAG* 11.11.1997 EzA § 99 BetrVG 1972 Eingruppierung Nr. 1).

Obwohl die erstmalige Eingruppierung regelmäßig mit der Einstellung des Arbeitnehmers zusammenfällt, sind Einstellung und Eingruppierung jeweils selbständige betriebsverfassungsrechtliche Vorgänge, die beide der Zustimmung des Betriebsrates bedürfen. Möglich ist daher die Zustimmungserteilung zur Einstellung unter gleichzeitiger Zustimmungsverweigerung zur vorgesehenen Eingruppierung. Nicht möglich ist aber die Verweigerung der Zustimmung zur Einstellung wegen einer vermeintlich unzutreffenden Eingruppierung, da tarifliche Eingruppierungsvorschriften nicht gerade der Einstellung entgegenstehen (s. u. I/Rz. 1693 ff.). 1675

(4) Umgruppierung

Umgruppierung bedeutet die Änderung der Zuordnung eines Arbeitnehmers innerhalb des für ihn maßgebenden tariflichen oder betrieblichen Entgeltschemas einschließlich der Berichtigung einer bislang unrichtigen Eingruppierung (*BAG* 30.5.1990 EzA § 99 BetrVG 1972 Nr. 89) sowie der bei einer durch die Veränderung der Vergütungsgruppenmerkmale notwendig werdenden neuen Zuweisung einer bestimmten Vergütungsgruppe. 1676

Eine solche Änderung des Vergütungsschemas liegt auch vor, wenn ein nachfolgender Tarifvertrag zwar sowohl die Zahl der Gehaltsgruppen als auch die abstrakten Tätigkeitsmerkmale übernimmt, für die Gehaltsgruppe jedoch auf andere Kriterien (z. B. statt Lebensalter nunmehr auf Tätigkeitsjahre in der Gehaltsgruppe) abgestellt wird (*BAG* 3.10.1989 EzA § 99 BetrVG 1972 Nr. 83). Eine neue Eingruppierungsentscheidung ist auch zu treffen, wenn ein Arbeitnehmer versetzt wird, auch wenn trotz der Versetzung die bisherige Eingruppierung beibehalten wird (*BAG* 18.6.1991 EzA § 99 BetrVG 1972 Nr. 100). Keine Umgruppierung liegt in der Änderung des Entgelts auf individualvertraglicher Basis, auch nicht in Form der bewussten, freiwilligen Gewährung einer höheren Tarifgruppe (GK-BetrVG/*Kraft* § 99 Rz. 50). 1677

I. Betriebsverfassungsrecht

dd) Regelung der Mitbestimmung

(1) Die Mitteilungspflicht des Arbeitgebers

aaa) Inhalt

1678 § 99 Abs. 1 BetrVG regelt die den Arbeitgeber treffenden Pflichten einheitlich für sämtliche der in der Vorschrift genannten personellen Einzelmaßnahmen.

> Als Mindestbestandteil einer Arbeitgeberinformation ist erforderlich, dass die Natur der geplanten Maßnahme, die Person der Beteiligten, die vorgesehene Eingruppierung und die Auswirkungen der Maßnahme mitgeteilt, Bewerbungsunterlagen vorgelegt werden und um Zustimmung zur geplanten Maßnahme gebeten wird. Eine bestimmte Form der Unterrichtung ist nicht vorgesehen. Aus Beweisgründen sollte diese schriftlich erfolgen.

1679 Empfangsberechtigt auf Seiten des Betriebsrates ist gem. § 26 Abs. 3 S. 2 BetrVG der Betriebsratsvorsitzende, im Falle seiner Verhinderung der stellvertretende Betriebsratsvorsitzende. Die Unterrichtung eines nicht bevollmächtigten Betriebsratsmitgliedes setzt die Wochenfrist nicht in Gang. In diesem Fall beginnt sie erst mit tatsächlicher Kenntnisnahme des Vorsitzenden (s. o. I/Rz. 457 f.).

1680 Bei der Einstellung ist unter Vorlage der Bewerbungsunterlagen über sämtliche inner- oder außerbetriebliche Bewerber zu unterrichten (*BAG* 10.11.1992 EzA § 99 BetrVG 1972 Nr. 108). Ausgenommen sind Bewerber, die ihre Bewerbung zurückgezogen haben und nach allerdings umstrittener Ansicht (vgl. GK-BetrVG/ *Kraft* § 99 Rz. 85 m. w. N.) solche Bewerber, die offensichtlich für die Besetzung des Arbeitsplatzes nicht in Betracht kommen.

1681 Sofern ein Personalberatungsunternehmen mit der Personalsuche beauftragt wurde, und dieses dem Arbeitgeber aus einem etwa in einer Kartei vorhandenen Bestand Einstellungsvorschläge unterbreitet, ist der Arbeitgeber nach Ansicht des *BAG* (18.12.1990 EzA § 99 BetrVG 1972 Nr. 97) nur zur Unterrichtung unter Vorlage der Bewerbungsunterlagen der vom Beratungsunternehmen vorgeschlagenen Bewerber verpflichtet. Das BAG hat offen gelassen, ob dann, wenn das Beratungsunternehmen nicht auf einen vorhandenen Bestand zurückgreift, sondern selbst mittels Annonce nach Interessenten sucht, der Arbeitgeber verpflichtet ist, vom Beratungsunternehmen alle Bewerbungsunterlagen herauszuverlangen und den Betriebsrat mittels dieser zu unterrichten. Hierfür spricht die Verpflichtung des Arbeitgebers zur Vorlage der Unterlagen aller Bewerber. Nach Ansicht des *BAG* (3.12.1985 EzA § 99 BetrVG 1972 Nr. 46) besteht die Vorlagepflicht stets hinsichtlich sämtlicher Bewerber. Nach anderer Auffassung (GK-BetrVG/*Kraft* § 99 Rz. 85, 87; MünchArbR/ *Matthes* § 352 Rz. 38) besteht hingegen grds. nur eine Vorlagepflicht hinsichtlich des Bewerbers, der eingestellt werden soll, es sei denn, im Betrieb existiert eine Auswahlrichtlinie i. S. d. § 95 BetrVG, die einen Vergleich zwischen mehreren Bewerbern vorsieht und deshalb der Betriebsrat die Unterlagen benötigt, um festzustellen, ob gegen die Richtlinien verstoßen wurde.

1682 Zu den vorzulegenden Unterlagen gehören die vom Bewerber selbst eingereichten (Zeugnis, Lebenslauf), aber auch vom Arbeitgeber anlässlich von Vorstellungsge-

I. Betriebsverfassungsrecht

sprächen gefertigten Unterlagen wie Personalfragebögen, Prüfungs- und Testergebnisse, nicht aber bei internen Bewerbern ohne deren Zustimmung die Personalakte (*Kittner* DKK § 99 Rz. 144). Nicht vorzulegen ist ein bereits abgeschlossener oder entworfener Arbeitsvertrag (*BAG* 18.10.1988 EzA § 99 BetrVG 1972 Nr. 69).

Die Unterrichtungspflicht bezieht sich mit Ausnahme der vorgesehenen Eingruppierung und des in Aussicht genommenen Arbeitsplatzes auch nicht auf den sonstigen Inhalt des Arbeitsvertrages, insbesondere nicht auf die Höhe der Vergütung (*BAG* 3.10.1989 EzA § 99 BetrVG 1972 Nr. 77). Bei der Einstellung von Leiharbeitnehmern muss dem Betriebsrat Einsicht in die Arbeitnehmerüberlassungsverträge gewährt werden; eine Verpflichtung, dem Betriebsrat Auskunft über die Arbeitsverträge der Leiharbeitnehmer mit dem Verleiher zu geben, besteht hingegen nicht (*BAG* 6.6.1978 EzA § 99 BetrVG 1972 Nr. 19). Die Pflicht zur Vorlage der Unterlagen beinhaltet die Verpflichtung des Arbeitgebers, dem Betriebsrat diese Unterlagen auszuhändigen und bis zur Beschlussfassung über den Antrag auf Zustimmung, längstens also für eine Woche, zu überlassen (*BAG* 3.12.1985 EzA § 99 BetrVG 1972 Nr. 46; **a. A.** GK-BetrVG/*Kraft* § 99 Rz. 93). Ein Anspruch auf persönliche Vorstellung des Bewerbers beim Betriebsrat besteht ebenso wenig wie ein Anspruch auf Teilnahme an den Einstellungsgesprächen (GK-BetrVG/*Kraft* § 99 Rz. 95). 1683

Die Auskunft über den in Aussicht genommenen Arbeitsplatz muss die Stelle, die der Arbeitnehmer einnehmen soll, aber auch die zu übernehmende Funktion, also seine Stellung im Betrieb angeben. 1684

Zu unterrichten ist ferner unter Vorlage der erforderlichen Unterlagen über die Auswirkungen der geplanten Maßnahme auf die vorhandene Belegschaft, wie etwa der Hinweis auf den Abbau von Überstunden durch Neueinstellungen, Kündigungen oder Versetzungen oder Nachteile sonstiger Art. Als erforderliche Unterlagen kommen hier solche nach § 92 BetrVG (Personalplanung) in Betracht, wie etwa Organisations-, Beschäftigungs- oder Stellenpläne. 1685

Ferner ist die vorgesehene Eingruppierung mitzuteilen. Die Unterrichtung hierüber hat zu erfolgen, obwohl die Eingruppierung selbst ebenfalls der Mitbestimmung nach § 99 Abs. 1 BetrVG unterliegt. 1686

Bei der Versetzung gelten hinsichtlich der Unterrichtungspflicht die gleichen Grundsätze wie bei der Einstellung. Mitzuteilen sind neben dem innegehabten und dem in Aussicht genommenen Arbeitsplatz nebst der beabsichtigten Eingruppierung die vorgesehene Dauer der Maßnahme. 1687

Mitgeteilt werden sollte, ob die Versetzung mit Einverständnis des Arbeitnehmers erfolgt. Zur Unterrichtung über die Auswirkungen der geplanten Versetzung gehört die Mitteilung einer eventuellen Änderung sowohl der materiellen Arbeitsbedingungen als auch der äußeren Umstände, unter denen die neu zugewiesene Arbeit zu leisten ist. Sind etwa bei einer geplanten dauerhaften Zuweisung einer Beförderungsstelle mehrere Bewerber vorhanden, so ist über diese unter Vorlage der Bewerbungsunterlagen zu unterrichten. 1688

Bei der Ein- oder Umgruppierung hat der Arbeitgeber die in Aussicht genommene Lohn- oder Gehaltsgruppe anzugeben und die Tätigkeit des Arbeitgebers 1689

I. Betriebsverfassungsrecht

zu beschreiben. Der Arbeitgeber hat den Betriebsrat über die Tatsachen zu unterrichten, die ihn zu der geplanten Eingruppierung veranlassen (*ArbG Regensburg* 15.7.1992 EzA § 99 BetrVG 1972 Nr. 107; GK-BetrVG/*Kraft* § 99 Rz. 96).

Als vorzulegende Unterlagen kommen hier etwa Stellenbeschreibungen oder Aufgabenkataloge in Betracht (MünchArbR/*Matthes* § 355 Rz. 17).

bbb) Verschwiegenheitspflicht des Betriebsrates

1690 Zum Schutz der Intimsphäre der betroffenen Arbeitnehmer sieht § 99 Abs. 1 S. 3 i. V. m. § 79 Abs. 1 S. 2–4 BetrVG eine Verschwiegenheitspflicht für sämtliche Mitglieder des Betriebsrates vor, die sich auf alle persönlichen Verhältnisse und Angelegenheiten der Arbeitnehmer, die einer vertraulichen Behandlung bedürfen, erstreckt. Soweit nach § 79 Abs. 1 S. 4 BetrVG eine Verschwiegenheitspflicht nicht gegenüber Mitgliedern des Gesamt- oder Konzernbetriebsrates oder dem Arbeitnehmervertreter des Aufsichtsrats besteht, wird zum Teil (GK-BetrVG/*Kraft* § 99 Rz. 109) im Hinblick auf den Persönlichkeitsschutz des Arbeitnehmers dennoch eine Schweigepflicht befürwortet. Die Verletzung der Verschwiegenheitspflicht begründet einen Schadensersatzanspruch nach § 823 Abs. 2 BGB und ist auf Antrag des betroffenen Arbeitnehmers strafrechtlich verfolgbar, § 120 BetrVG.

ccc) Zeitpunkt der Mitteilung

1691 Die oben näher dargestellten Mitteilungspflichten hat der Arbeitgeber vor der Durchführung der personellen Maßnahme zu erfüllen.

Da der Betriebsrat nach § 99 Abs. 3 BetrVG eine Woche Zeit zur Äußerung hat, muss die Unterrichtung mindestens eine Woche, ehe die Maßnahme durchgeführt werden soll, erfolgen. Soll bei einer Einstellung die Beschäftigung im Betrieb auf Grund eines Arbeitsvertrages erfolgen, so ist der Betriebsrat bereits vor Abschluss des Arbeitsvertrages und nicht erst vor Arbeitsaufnahme zu unterrichten (*BAG* 28.4.1992 EzA § 99 BetrVG 1972 Nr. 106).

(2) Zustimmungsverweigerungsgründe

1692 Der Betriebsrat kann seine Zustimmung nur aus den in § 99 Abs. 2 BetrVG abschließend aufgezählten Gründen verweigern (GK-BetrVG/*Kraft* § 99 Rz. 127). Möglich ist eine Erweiterung der Zustimmungsverweigerungsgründe durch Tarifvertrag (*BAG* 1.8.1989 EzA § 99 BetrVG 1972 Nr. 75). Ferner ist durch Tarifvertrag die Einräumung eines echten Mitbestimmungsrechts bei der Frage, welcher Bewerber einzustellen ist, möglich (*BAG* 10.2.1988 EzA § 1 TVG Nr. 34).

aaa) Rechtsverstoß

1693 Ein Gesetzes- oder Verordnungsverstoß ist Zustimmungsverweigerungsgrund nur dann, wenn die gesetzliche Bestimmung gerade der personellen Einzelmaßnahme entgegensteht; die Maßnahme als solche muss gesetzeswidrig sein (*BAG* 16.7.1985 EzA § 99 BetrVG 1972 Nr. 40). Andererseits ist nicht erforderlich, dass sie gegen ein gesetzliches Verbot im technischen Sinne (§ 134 BGB) verstößt (*BAG* 18.10.1988 EzA § 99 BetrVG 1972 Nr. 68).

I. Betriebsverfassungsrecht

Neben einem Verstoß gegen Arbeitsschutzbestimmungen, wie z. B. gesetzliche 1694
Einstellungs- oder Beschäftigungsverbote (z. B. § 4 MuSchG, §§ 22 ff. JArbSchG,
§§ 284 ff. SGB III) liegt ein Gesetzesverstoß z. B. auch dann vor, wenn die Übernahme
eines Leiharbeitnehmers zur Arbeitsleistung im Entleiherbetrieb auf längere Dauer
als für neun Monate angelegt ist und daher gegen Art. 1 § 3 Abs. 1 Nr. 6 AÜG verstößt (*BAG* 28.9.1988 EzA § 99 BetrVG 1972 Nr. 68). Nach Auffassung des *BAG*
(14.11.1989 EzA § 99 BetrVG 1972 Nr. 84) verstößt ferner die Einstellung eines nicht
schwerbehinderten Arbeitnehmers gegen eine gesetzliche Vorschrift, wenn der Arbeitgeber vor der Einstellung nicht gem. § 81 SGB IX geprüft hat, ob der freie Arbeitsplatz mit einem schwerbehinderten Arbeitnehmer besetzt werden kann. Einer Einstellung oder Versetzung kann der Betriebsrat zudem dann die Zustimmung verweigern, wenn der Arbeitgeber hierbei gegen § 9 TzBfG verstoßen hat (*Kleimt* NZA 2001,
63 [70]; GK-BetrVG/*Kraft* § 99 Rz. 129). Wenn der Arbeitgeber die Einstellung davon
abhängig macht, ob dieser Gewerkschaftsmitglied ist, kann der Betzriebsrat wegen
des hierin liegenden Verstoßes gegen Art. 9 Abs. 3 GG die Zustimmung verweigern
(vgl. *BAG* 28.3.2000 EzA § 99 BetrVG 1972 Einstellung Nr. 6). Ein Zustimmungsverweigerungsrecht besteht bei Einstellung eines Arbeitnehmers als Datenschutzbeauftragter auch dann, wenn der Bewerber nicht die nach § 36 Abs. 2 BDSG erforderliche
Qualifikation besitzt (h. M., vgl. *Kittner* DKK § 99 Rz. 175 a). Mit dieser Begründung
kann der Betriebsrat auch der beabsichtigten Versetzung eines Arbeitnehmers auf
einen Arbeitsplatz als Datenschutzbeauftragter die Zustimmung verweigern (*BAG*
22.3.1994 EzA § 99 BetrVG 1972 Nr. 121). Im Hinblick darauf, dass ein Verstoß gegen
§ 611 a BGB bei einer Einstellung dem Benachteiligten nur einen Schadensersatzanspruch zugesteht, ist umstritten, ob ein Verstoß gegen die Vorschrift Zustimmungsverweigerungsgrund im Hinblick auf die Einstellung ist (abl. GK-BetrVG/*Kraft* § 99
Rz. 129; bejahend *Kittner* DKK § 99 Rz. 175). Bei Versetzung, Eingruppierung und
Umgruppierung wird demgegenüber allgemein ein Verstoß gegen § 611 a BGB als
Zustimmungsverweigerungsgrund angesehen, wenn diese Maßnahmen selbst diskriminierend sind, d. h. den diskriminierten Arbeitnehmer betreffen (vgl. GK-BetrVG/
Kraft § 99 Rz. 130).

Da in diesen Fällen nicht die personelle Maßnahme selbst gegen eine Rechtsvorschrift 1695
verstößt, liegt kein Zustimmungsverweigerungsgrund vor bei Verletzung der in § 99
Abs. 1 BetrVG normierten Unterrichtungspflicht des Arbeitgebers (*BAG* 28.1.1986
EzA § 99 BetrVG 1972 Nr. 48) oder einem Verstoß bloß einzelner Bestimmungen
des Arbeitsvertrages gegen Rechtsvorschriften, etwa bei einer unzulässigen Befristung (*BAG* 16.7.1985 EzA § 99 BetrVG 1972 Nr. 40) oder der Vereinbarung einer untertariflichen Vergütung (MünchArbR/*Matthes* § 352 Rz. 66; zur untertariflichen
Vergütung: *BAG* 28.3.2000 EzA § 99 BetrVG 1972 Einstellung Nr. 6).

Unfallverhütungsvorschriften sind (über Gesetze und Verordnungen hinaus) vor al- 1696
lem die auf Grund von § 15 SGB VII von den Berufsgenossenschaften erlassenen Vorschriften. Als Verstoß gegen eine UVV kommt etwa die Versetzung einer Person ohne
die nötige Qualifikation in die Position einer Aufsichtsperson in Betracht (*Kittner*
DKK § 99 Rz. 176 unter Hinweis auf *ArbG Berlin* 15.3.1988 AiB 1988, 292).

Ein Verstoß gegen Inhaltsnormen eines Tarifvertrages setzt voraus, dass der betrof- 1697
fene Arbeitnehmer tarifgebunden ist, wobei Tarifbindung auch aus der einzelvertraglichen Inbezugnahme oder unter dem Gesichtspunkt der betrieblichen Übung ergeben kann. Kein auf § 99 Abs. 2 Nr. 1 BetrVG stützbares Zustimmungsverweigerungsrecht des Betriebsrats besteht, wenn der Arbeitgeber nach der Kündigung des
maßgeblichen Tarifvertrags im Nachwirkungszeitraum des § 4 Abs. 5 TVG einen Ar-

beitnehmer zu untertariflichen Bedingungen einstellt (*BAG* 9.7.1996 EzA § 99 BetrVG 1972 Nr. 139). Hauptanwendungsbereich dieses Zustimmungsverweigerungsgrundes sind Eingruppierung und Umgruppierung. Einer beabsichtigten Eingruppierung kann der Betriebsrat die Zustimmung nicht nur mit der Begründung verweigern, der betroffene Arbeitnehmer erfülle die Voraussetzungen einer höheren Vergütungsgruppe, sondern auch mit der Begründung, der Arbeitnehmer erfülle lediglich die Voraussetzungen einer niedrigeren Gruppe, da das Mitbestimmungsrecht der innerbetrieblichen Lohngerechtigkeit und Transparenz bei Eingruppierungen dient und es letztlich zu einer zutreffenden Eingruppierung kommen soll (*BAG* 28.4.1998 EzA § 99 BetrVG 1972 Eingruppierung Nr. 2). Einer geplanten Eingruppierung kann der Betriebsrat die Zustimmung auch mit der Begründung verweigern, dass die vom Arbeitgeber angewandte Vergütungsgruppenordnung nicht diejenige sei, die im Betrieb zur Anwendung kommen müsse (*BAG* 27.6.2000 EzA § 99 BetrVG 1972 Eingruppierung Nr. 3; 27.1.1987 EzA § 99 BetrVG 1972 Nr. 55). Wird eine tarifliche Gehaltsgruppenordnung nur teilweise dahin geändert, dass eine Gehaltsgruppe durch 2 neue Gehaltsgruppen ersetzt wird, während die anderen Gehaltsgruppen unverändert bleiben, ist eine Verweigerung der Zustimmung des Betriebsrates zu der vom Arbeitgeber beabsichtigten Neueingruppierung eines bisher mit Zustimmung des Betriebsrates in die abgelöste Gehaltsgruppe eingruppierten Arbeitnehmers unbeachtlich, mit der der Betriebsrat lediglich geltend macht, der Arbeitnehmer erfülle – bei gleich bleibender Tätigkeit – die Voraussetzungen einer höheren (unveränderten) Gehaltsgruppe (*BAG* 18.1.1994 EzA § 99 BetrVG 1972 Nr. 120). Bei Einstellungen kommen Verstöße gegen tarifvertragliche Abschlussverbote und -gebote in Betracht. So kann der Betriebsrat beispielsweise die Zustimmung dann verweigern, wenn für den Arbeitnehmer eine Wochenarbeitszeit von weniger als 20 Wochenstunden vorgesehen ist, ein Tarifvertrag die Beschäftigung von Arbeitnehmer mit einer Arbeitszeit von weniger als 20 Wochenarbeitsstunden aber untersagt (*BAG* 28.1.1992 EzA § 99 BetrVG 1972 Nr. 103). Ferner ist hier zu denken an sog. Besetzungsregeln (vgl. *BAG* 26.4.1990 EzA § 4 TVG Druckindustrie Nr. 20) oder tarifliche Wiedereinstellungsklauseln. In Betracht kommt auch ein Verstoß gegen Betriebsnormen eines Tarifvertrages. Verlangt eine Betriebsnorm die Einhaltung bestimmter Quoten hinsichtlich des Prozentsatzes der Belegschaft mit einer verlängerten regelmäßigen Arbeitszeit zu bestimmten, etwa halbjährlichen Stichtagen, so kann der Betriebsrat einer Einstellung nicht mit der Begründung widersprechen, die vereinbarte Arbeitszeit verstoße gegen den Tarifvertrag, weil es durch die Neueinstellung zu einer Überschreitung der Quote käme, da es die Tarifbestimmung dem Arbeitgeber überlässt, wie er die vorgesehene Quote, etwa durch einvernehmliche Kürzung der Arbeitszeit anderer Arbeitnehmer erreichen will (*BAG* 17.6.1997 EzA § 99 BetrVG 1972 Einstellung Nr. 4).

1698 Auch eine Verletzung von Bestimmungen einer Betriebsvereinbarung über personelle Maßnahmen kann zur Verweigerung der Zustimmung berechtigen, soweit die Betriebsvereinbarung gem. §§ 77 Abs. 3 und 87 Abs. 1 Eingangssatz zulässig ist (*Kittner* DKK § 99 Rz. 178). Zu denken ist hier insbesondere an Regelungen in einem Interessenausgleich oder Sozialplan. Verpflichtet sich der Arbeitgeber in einem Sozialplan, die auf Grund Betriebsänderung ausgeschiedenen Arbeitnehmer ein Jahr lang bei gleicher Qualifikation bevorzugt gegenüber anderen Arbeitnehmern einzustellen und ihnen die Bewerbung dadurch zu ermöglichen, dass er sie von freigewordenen Stellen unterrichtet, so kann der Betriebsrat bei Verstoß gegen diese Verpflichtung die Zustimmung zur Einstellung eines anderen Bewerbers verweigern (*BAG*

18.12.1990 EzA § 99 BetrVG 1972 Nr. 97). Ferner ist zu denken an Vereinbarungen über soziale Angelegenheiten, wie über die Nichtverwendung von aus technischen Überwachungseinrichtungen gewonnenen Daten zu Personalentscheidungen, Festlegungen über die Personalplanung und zur Durchführung der beruflichen Bildung sowie zur Erweiterung des Mitbestimmungsrechts bei personellen Einzelmaßnahmen, wie der vereinbarten Beteiligung des Betriebsrates an Einstellungsgesprächen (*LAG Berlin* 11.2.1985 NZA 1985, 604; *Kittner* DKK § 99 Rz. 178). Ist durch Betriebsvereinbarung die Beschäftigung über eine Altersgrenze von 65 Jahren hinaus verboten und bringt diese Betriebsvereinbarung dies deutlich zum Ausdruck, so kann der Betriebsrat unter Berufung auf Weiterbeschäftigung über die Altersgrenze hinaus die Zustimmung verweigern (vgl. *BAG* 10.3.1992 EzA § 99 BetrVG 1972 Nr. 104).

Als gerichtliche Entscheidungen kommen insbesondere rechtskräftige Entscheidungen nach §§ 100 Abs. 3, 101 BetrVG oder strafgerichtliche Berufsverbote (§ 70 StGB) in Betracht. Nach überwiegender Ansicht (vgl. *Kittner* DKK § 99 Rz. 179; **a. A.** GK-BetrVG/*Kraft* § 99 Rz. 134) kann der Einstellung eines Kraftfahrers nach Ausspruch eines Fahrverbotes nach § 44 StGB oder nach Entzug der Fahrerlaubnis gem. § 69 ff. StGB die Zustimmung verweigert werden. **1699**

Behördliche Anordnungen können sich z. B. ergeben aus §§ 22, 24 BBiG, §§ 23, 24 HandwO, § 27 JArbSchG, Anordnungen gem. § 120b GewO oder § 35 GefStoffV (vgl. *Kittner* DKK § 99 Rz. 180). **1700**

bbb) Verstoß gegen Auswahlrichtlinien
Dieser Zustimmungsverweigerungsgrund kommt nur bei Einstellung oder Versetzung in Frage. Unerheblich ist, ob der Betriebsrat die Aufstellung der Richtlinien verlangen konnte (§ 95 Abs. 2 BetrVG) oder die Maßnahme auf Grund freiwilliger Einführung seiner Mitbestimmung unterlag (§ 95 Abs. 1 BetrVG). Strittig ist, ob auch ein Verstoß gegen vom Arbeitgeber selbst gesetzte, vom Betriebsrat aber noch nicht mitbestimmte Auswahlrichtlinien die Zustimmungsverweigerung rechtfertigt (abl. *LAG Frankfurt/M.* 16.10.1984 DB 1985, 1534). Nach *Kittner* (DKK § 99 Rz. 181) kommen dann aber die Zustimmungsverweigerungsgründe nach § 99 Abs. 2 Nr. 3 oder 4 BetrVG zur Anwendung, da der Arbeitgeber an eigenen Vorgaben festgehalten werden müsse. **1701**

Beruht die Richtlinie auf einem Spruch der Einigungsstelle, kann in einem eventuellen Zustimmungsersetzungsverfahren eine Ermessensüberschreitung des Spruchs der Einigungsstelle nicht mehr geltend gemacht werden. Im Zustimmungsersetzungsverfahren kann nur geprüft werden, ob die Richtlinie wegen Verstoß gegen zwingendes Recht nichtig ist, nicht aber, ob die Einigungsstelle ihr Ermessen überschritten hat. Dies ist im Verfahren nach § 76 Abs. 5 BetrVG innerhalb der dort vorgesehenen 2-Wochen-Frist geltend zu machen (GK-BetrVG/*Kraft* § 99 Rz. 137; s. o. I/Rz. 1109 ff.). **1702**

ccc) Nachteile für andere Arbeitnehmer
Der Zustimmungsverweigerungsgrund nach § 99 Abs. 2 Nr. 3 BetrVG dient dem Schutz vor Nichtbeachtung berechtigter Belange von im Betrieb beschäftigten Arbeitnehmern, die von einer personellen Maßnahme betroffen werden können (BR-Drs. 715/70, S. 51) und hat Bedeutung nur für Einstellungen und Versetzungen. Der Zustimmungsverweigerungsgrund setzt 4 Tatbestandselemente voraus, die kumulativ vorliegen müssen. **1703**

I. Betriebsverfassungsrecht

1704 Erforderlich ist die durch Tatsachen begründbare Besorgung von Nachteilen, die Kausalität zwischen Maßnahme und Nachteilen, das Vorliegen von Nachteilen und schließlich die fehlende Rechtfertigung der Nachteile. Im Rahmen der auch unter Berücksichtigung des Amtsermittlungsgrundsatzes im Beschlussverfahren bestehenden Mitwirkungspflicht der Beteiligten trägt der Arbeitgeber die Darlegungs- und Beweislast dafür, dass trotz eines gegebenen Nachteiles die Maßnahme aus betrieblichen oder persönlichen Gründen gerechtfertigt ist. Im Übrigen trägt die Darlegungslast der Betriebsrat (*Kittner* DKK § 99 Rz. 182).

1705 Durch Tatsachen begründet ist eine Besorgnis eventueller Nachteile, wenn sie auf Grund der vorgetragenen konkreten Fakten objektiv als begründet erscheint. Bloße Vermutungen reichen nicht aus. Die vorgetragenen Tatsachen müssen die geäußerten Befürchtungen rechtfertigen (GK-BetrVG/*Kraft* § 99 Rz. 138). Erforderlich ist ein Ursachenzusammenhang zwischen der Maßnahme und dem befürchteten Nachteil. Der Nachteil muss unmittelbare Folge der Maßnahme in dem Sinne sein, dass Nachteile, die erst durch weitere, zusätzliche Umstände eintreten (etwa durch eine sich möglicherweise verschlechternde Konjunktur (*BAG* 7.11.1977 EzA § 100 BetrVG 1972 Nr. 1), nicht ausreichen. Eine Mitursächlichkeit der Maßnahme reicht aus. Sie muss weder die einzige noch die maßgebliche Ursache sein (GK-BetrVG/*Kraft* § 99 Rz. 139). Ein Nachteil kann zunächst in der Kündigung eines anderen Arbeitnehmers bestehen, z. B. wenn Neueinstellungen angesichts der bestehenden wirtschaftlichen Lage des Betriebes über kurz oder lang zu Kündigungen vorhandener Arbeitnehmer führen können (*Hanau* BB 1972, 452). Die Vorschrift will den Kündigungsschutz der im Betrieb beschäftigten Arbeitnehmer faktisch verstärken. Unnötige Kündigungen sollen durch das Zustimmungsverweigerungsrecht des Betriebsrats vermieden werden. Der Arbeitgeber soll die von ihm geplante Kündigung nicht allein mit der Situation rechtfertigen können, die sich aus der Einstellung oder Versetzung anderer Arbeitnehmer ergibt (*BAG* 15.9.1987 EzA § 99 BetrVG 1972 Nr. 56). So begründet die Versetzung eines Arbeitnehmers, dessen Arbeitsplatz entfällt, auf einen noch besetzten Arbeitsplatz die Besorgnis, dass dem Arbeitsplatzinhaber gekündigt wird. Eine vom Betriebsrat mit dieser Begründung verweigerte Zustimmung kann allerdings durch das Gericht ersetzt werden, wenn nach den Grundsätzen für eine soziale Auswahl die betriebsbedingte Kündigung gerade gegenüber demjenigen Arbeitnehmer auszusprechen ist, auf dessen Arbeitsplatz die Versetzung erfolgen soll (*BAG* 15.9.1987 EzA § 99 BetrVG 1972 Nr. 56). Fallen die Arbeitsplätze mehrerer vergleichbarer Arbeitnehmer weg und stehen nur für einen Teil dieser Arbeitnehmer andere Beschäftigungsmöglichkeiten zur Verfügung, sodass eine Sozialauswahl vorzunehmen ist (§ 1 Abs. 3 KSchG), begründet die Versetzung eines Arbeitnehmers auf einen der freien Arbeitsplätze i. S. d. § 99 Abs. 2 Nr. 3 BetrVG die Besorgnis, dass einem anderen Arbeitnehmer infolge dieser Maßnahme gekündigt wird. Der Betriebsrat kann die Zustimmung zu dieser Versetzung mit der Begründung verweigern, der Arbeitgeber habe soziale Auswahlkriterien nicht berücksichtigt (*BAG* 30.8.1995 EzA § 99 BetrVG 1972 Nr. 130; 2.4.1996 EzA § 99 BetrVG 1972 Versetzung Nr. 1). Streitig ist die Behandlung einer Ersatzeinstellung während eines Kündigungsschutzprozesses (vgl. *Schmidt* ArbuR 1986, 97). Zum Teil (GK-BetrVG/*Kraft* § 99 Rz. 140) wird die Einstellung eines Arbeitnehmers, der den Arbeitsplatz des gekündigten Arbeitnehmers einnehmen soll, nur dann als Nachteil i. S. v. § 99 Abs. 2 Nr. 3 BetrVG aufgefasst, wenn die Kündigung wegen Wegfall des Arbeitsplatzes aus-

I. Betriebsverfassungsrecht

gesprochen wurde. Zum Teil (*Kittner* DKK § 99 Rz. 190; MünchArbR/*Matthes* § 352 Rz. 76) wird dies weiter gehend auch im Falle einer personen- oder verhaltensbedingten Kündigung angenommen, da sich die Position des gekündigten Arbeitnehmers durch die Neueinstellung wenn auch nicht rechtlich, so doch faktisch verschlechtere.

Durch das BetrVG-Reformgesetz vom 23.7.2001 (BGBl. I S. 1852 ff.) wurde § 92 Abs. 2 Nr. 3 BetrVG dahingehend ergänzt, dass bei einer unbefristeten Einstellung als Nachteil auch die Nicht-Berücksichtigung eines gleichgeeigneten befristet Beschäftigten gilt. Hierdurch soll es nach der Gesetzesbegründung dem Betriebsrat ermöglicht werden, im Rahmen der Personalpolitik des Arbeitgebers auf die Übernahme befristet Beschäftigter in ein unbefristetes Arbeitsverhältnis hinzuwirken (vgl. BT-Drs. 14/5741, S. 50). **1706**

Nach GK-BetrVG/*Kraft* (§ 99 Rz. 142) soll eine auf diesen Zustimmungsverweigerungsgrund gestützte Zustimmungsverweigerung des Betriebsrats nur wirksam sein, wenn sich ein befristet Beschäftigter auch tatsächlich auf die zu besetzende Stelle beworben hat. Diese Ansicht erscheint fraglich und findet im Gesetzeswortlaut keine Stütze. Wenn der vom Betriebsrat für die Besetzung der unbefristeten Stelle in Blick genommene derzeit befristet Beschäftigte sich nicht für eine unbefristete Beschäftigung interessiert, ist dies im Rahmen des Zustimmungsersetzungsverfahrens zu berücksichtigen. In einer derartigen Konstellation liegt der vom Betriebsrat geltend gemachte Nachteil nicht vor, sodass dann – wenn der Betriebsrat zwischenzeitlich nicht ohnehin seine Zustimmung erteilt – die verweigerte Zustimmung zu ersetzen ist.

Ein sonstiger Nachteil liegt in der Verschlechterung der faktischen und rechtlichen Stellung der Arbeitnehmer des Betriebes. Ein tatsächlicher Nachteil kann im Falle der Versetzung etwa für die in der Abteilung verbleibenden Arbeitnehmer auch die auf der Versetzung beruhenden tatsächlichen Erschwerungen der Arbeit von nicht unerheblichen Gewicht sein (*BAG* 15.9.1987 EzA § 99 BetrVG 1972 Nr. 56). **1707**

Die Vereitelung bloßer Beförderungschancen genügt nicht, es sei denn, sie haben sich zu einer rechtlich gesicherten Anwartschaft verdichtet (*BAG* 13.6.1989 EzA § 99 BetrVG 1972 Nr. 74). Als weitere Nachteile kommen wirtschaftliche Nachteile in Betracht, die auf einer Einstellung oder Versetzung beruhende Nichtverlängerung befristeter Arbeitsverhältnisse oder die Nichtübernahme von Auszubildenden, Kurzarbeit wegen Einstellungen oder Überstunden der verbleibenden Arbeitnehmer wegen Versetzungen, nicht aber der Abbau von Überstunden auf Grund von Neueinstellungen (*Kittner* DKK § 99 Rz. 188 f.; **a. A.** für den Abbau von Überstunden GK-BetrVG/*Kraft* § 99 Rz. 143). **1708**

Trotz zu befürchtenden Nachteils entfällt ein Zustimmungsverweigerungsrecht dann, wenn die Maßnahme aus betrieblichen oder persönlichen, vom Arbeitgeber im Einzelnen darzulegenden Gründen gerechtfertigt ist. Die Formulierung bezieht sich dabei offensichtlich auf § 1 Abs. 1 KSchG. Einigkeit besteht aber dahingegend, dass die verlangten Gründe nicht so schwer wiegend sein müssen, um eine Kündigung zu rechtfertigen. Andererseits müssen aber doch erhebliche Rechtfertigungsgünde vorliegen (GK-BetrVG/*Kraft* § 99 Rz. 143). Als betriebliche oder persönliche Gründe werden z. B. die Notwendigkeit, einen besonders qualifizierten Arbeitnehmer, auch **1709**

I. Betriebsverfassungsrecht

gegen höheren Lohn, zu gewinnen oder zu versetzen oder die Ungeeignetheit des bisherigen Arbeitsplatzinhabers genannt (*Richardi* § 99 Rz. 215).

ddd) Nachteil für den betroffenen Arbeitnehmer

1710   Dieser Zustimmungsverweigerungsgrund dient der Wahrung der Individualinteressen des Arbeitnehmers, den die personelle Maßnahme selbst betrifft (*BAG* 6.10.1978 EzA § 99 BetrVG 1972 Nr. 24). Der Begriff des Nachteils entspricht dem in § 99 Abs. 2 Nr. 3 (s. o. I/Rz. 1704 ff.). Nach überwiegender Ansicht besteht ein Zustimmungsverweigerungsrecht dann nicht, wenn der Arbeitnehmer mit der Veränderung seiner gegenwärtigen Lage aus freien Stücken einverstanden ist (*BAG* 20.9.1990 EzA § 99 BetrVG 1972 Nr. 95; GK-BetrVG/*Kraft* § 99 Rz. 145; a. A. *Kittner* DKK § 99 Rz. 194).

1711   Umstritten ist, ob der Zustimmungsverweigerungsgrund auch bei Neueinstellungen in Betracht kommt. Zum Teil (GK-BetrVG/*Kraft* § 99 Rz. 146; MünchArbR/*Matthes* § 352 Rz. 80) wird dies mit der Begründung verneint, dass die Einstellung notwendigerweise die Zustimmung des Arbeitnehmers voraussetze. Die Vereinbarung schlechterer Arbeitsbedingungen als mit vergleichbaren vorhandenen Arbeitnehmern oder die befristete Einstellung auf eine Dauerstelle sollen deshalb kein Zustimmungsverweigerungsrecht begründen. Nach anderer Auffassung (*Kittner* DKK § 99 Rz. 193; *FKHE* § 99 Rz. 179) sind auch bei Neueinstellungen Benachteiligungen im genannten Sinne möglich. Der Zustimmungsverweigerungsgrund kommt insbesondere bei Versetzungen in Betracht. Nachteile können hier die Änderung der materiellen Arbeitsbedingungen, die Verschlechterung der Umstände, unter denen die Arbeit zu leisten ist, oder auch eine Erschwernis beim Erreichen des Arbeitsplatzes sein. Fallen mehrere vergleichbare Arbeitsplätze weg und stehen lediglich für einen Teil der betroffenen Arbeitnehmer gleichwertige Arbeitsplätze zur Verfügung, so kann der Betriebsrat die Zustimmung zur Versetzung eines Arbeitnehmers auf einen niedriger einzustufenden Arbeitsplatz gem. § 99 Abs. 2 Nr. 4 BetrVG mit der Begründung verweigern, der Arbeitgeber habe soziale Auswahlkriterien nicht berücksichtigt (*BAG* 2.4.1996 EzA § 99 BetrVG 1972 Versetzung Nr. 1). Sofern der Arbeitnehmer die Versetzung selbst gewünscht hat oder diese seinen Wünschen und seiner freien Entscheidung entspricht, liegt ein in das Mitbestimmungsrecht des Betriebsrats ausschließendes Einverständnis vor (*BAG* 20.9.1990 EzA § 99 BetrVG 1972 Nr. 95). Allein der Verzicht auf die Erhebung einer Klage gegen eine entsprechende Änderungskündigung genügt jedoch nicht, um auf einen solchen Wunsch schließen zu können (*BAG* 2.4.1996 EzA § 99 BetrVG 1972 Versetzung Nr. 1). Auch dieses Zustimmungsverweigerungsrecht entfällt, wenn die Versetzung und die damit verbundenen Nachteile durch betriebliche oder in der Person des Arbeitnehmers liegende Gründe gerechtfertigt sind (s. o. I/Rz. 1709).

eee) Unterbliebene Stellenausschreibung

1712   Die Ausschreibung muss verlangt worden sein, bevor der Arbeitgeber sich zur Einstellung oder Versetzung entschlossen hat. Eine Ausschreibung ist auch dann vorzunehmen, wenn nach Ansicht des Arbeitgebers kein betriebsangehöriger Arbeitnehmer für die zu besetzende Stelle in Betracht kommt. Umstritten ist, ob in einem solchen Fall die Berufung des Betriebsrates auf den Zustimmungsverweigerungsgrund rechtsmissbräuchlich sein kann (bejahend *LAG Hessen* AP Nr. 7 zu § 93 BetrVG 1972; GK-BetrVG/*Kraft* § 99 Rz. 150; abl. MünchArbR/*Matthes* § 352 Rz. 85).

Das Zustimmungsverweigerungsrecht besteht nicht nur dann, wenn eine vom Betriebsrat verlangte Stellenausschreibung gänzlich unterblieben ist, sondern auch dann, wenn diese nicht ordnungsgemäß erfolgt ist, so z. B. wenn nicht alle Arbeitnehmer von ihr Kenntnis nehmen konnten (MünchArbR/*Matthes* § 352 Rz. 86) oder die mit dem Betriebsrat vereinbarte Form nicht eingehalten wurde (GK-BetrVG/*Kraft* § 99 Rz. 150) oder der Arbeitgeber in einer externen Ausschreibung geringere Anforderungen für eine Bewerbung als in der innerbetrieblichen Ausschreibung nennt (*BAG* 23.2.1988 EzA § 93 BetrVG 1972 Nr. 3). 1713

fff) Störung des Betriebsfriedens

Voraussetzung ist die durch Tatsachen objektiv begründete Besorgnis, dass der Betreffende den Betriebsfrieden dort, wo er tatsächlich eingesetzt werden soll, durch gesetzeswidriges Verhalten oder durch eine Verletzung des Diskriminierungsverbotes (§ 75 Abs. 1 BetrVG), insbesondere durch rassistische oder fremdenfeindliche Betätigung stört, d. h. wenn ein Verhalten zu besorgen ist, das in besonders schwer wiegender Weise gegen die Voraussetzungen verstößt, die an die Art des Umganges zwischen Arbeitnehmern gestellt werden müssen. 1714

Es sind strenge Anforderungen zu stellen. In Betracht kommen (vgl. MünchArbR/ *Matthes* § 352 Rz. 88): Strafbare Handlungen, wie Diebstähle, Belästigungen und Beleidigungen von Mitarbeitern, unsittliches Verhalten, Streitigkeiten und Schlägereien, körperliche Züchtigungen von Jugendlichen, Denunziationen und üble Nachreden sowie unterschiedliche und schikanöse Behandlung von Untergebenen. Mit dem vom Gesetz besonders hervorgehobenen rassisitischen oder fremdenfeindlichen Betätigungen ist ein (verbales oder sonstiges) Verhalten gemeint, das andere Menschen wegen ihrer Zugehörigkeit zu einer bestimmten Rasse oder wegen ihrer Herkunft in ihrer Würde herabsetzt, verächtlich macht oder eine feindliche, aggressiv ablehnende Haltung zum Ausdruck bringt (vgl. GK-BetrVG/*Raab* § 104 Rz. 7). 1715

(3) Die Entscheidung des Betriebsrates, Form und Frist
Will der Betriebsrat seine Zustimmung verweigern, so hat er dies dem Arbeitgeber unter Angabe von Gründen innerhalb einer Woche schriftlich mitzuteilen. Wird die Form oder die Frist nicht gewahrt, gilt die Zustimmung als erteilt, § 99 Abs. 3 BetrVG. Die Wochenfrist beginnt grds. erst mit vollständiger und ordnungsgemäßer Unterrichtung des Betriebsrates durch den Arbeitgeber. 1716

Unter dem Gesichtspunkt des Gebotes der vertrauensvollen Zusammenarbeit ist der Betriebsrat im Falle nicht vollständiger Unterrichtung aber verpflichtet, den Arbeitgeber schriftlich darauf hinzuweisen, dass er für eine abschließende Stellungnahme ergänzende Auskünfte benötigt. Bleibt dieser untätig, so beginnt die Frist nicht zu laufen. Holt er die fehlenden Informationen nach, beginnt ab diesem Zeitpunkt die Wochenfrist. Unterlässt der Betriebsrat einen solchen Hinweis, gilt nach Ablauf der Woche die Zustimmung als erteilt (*BAG* 14.3.1989 EzA § 99 BetrVG 1972 Nr. 71). Auf einen derartigen Hinweis kann der Betriebsrat al- 1717

I. Betriebsverfassungsrecht

lerdings dann verzichten, wenn die Unterrichtung durch den Arbeitgeber ohne jeden Zweifel offensichtlich unzureichend ist (*Schüren* Anm. zu *BAG* 14.3.1989 EzA § 99 BetrVG 1972 Nr. 71).

1718 Hat der Betriebsrat bereits auf eine unvollständige Unterrichtung hin die Zustimmung verweigert, so kann der Arbeitgeber noch im Zustimmungsersetzungsverfahren die fehlende Unterrichtung nachholen. Der Betriebsrat kann dann innerhalb einer Woche weitere, sich aus der nachgeschobenen Unterrichtung ergebende Zustimmungsverweigerungsgründe geltend machen. Die Entscheidung über den Zustimmungsersetzungsantrag steht dann die zunächst unvollständige Unterrichtung des Betriebsrates nicht mehr entgegen (*BAG* 20.12.1988 EzA § 99 BetrVG 1972 Nr. 70).

1719 Nach Auffassung des *BAG* (15.4.1986 EzA § 99 BetrVG 1972 Nr. 49) muss der Betriebsrat alle Gründe, mit denen er seine Zustimmung zu einer personellen Einzelmaßnahme verweigern will, innerhalb der Wochenfrist dem Arbeitgeber mitteilen. Er kann im arbeitsgerichtlichen Beschlussverfahren keine neuen Gründe nachschieben.

1720 Vor Fristablauf ist eine Fristverlängerung sowohl durch Vereinbarung zwischen Arbeitgeber und Betriebsrat (*BAG* 17.5.1983 EzA § 99 BetrVG 1972 Nr. 36) als auch durch Tarifvertrag (*BAG* 22.10.1985 EzA § 99 BetrVG 1972 Nr. 44) möglich. Die Fristberechnung erfolgt nach §§ 187 ff. BGB. Die Zustimmungsverweigerung muss auf einem wirksam gefassten Beschluss des Betriebsrates beruhen. Die Zustimmungsverweigerung als solche und auch die dafür angeführten Gründe müssen schriftlich niedergelegt werden. Sie muss einschließlich der Gründe vom Betriebsratsvorsitzenden oder im Falle der Verhinderung von seinem Stellvertreter unterzeichnet werden. Die gesetzliche Schriftform ist nicht gewahrt, wenn die schriftlich niedergelegten Gründe nicht unterzeichnet sind (*BAG* 24.7.1979 EzA § 99 BetrVG 1972 Nr. 26). Die Begründung darf sich nicht auf die Wiederholung des oder auf pauschale, formelhafte Bezugnahme auf den Gesetzeswortlaut beschränken (*BAG* 16.7.1985 EzA § 99 BetrVG 1972 Nr. 40). Unbeachtlich ist die Begründung auch dann, wenn die Gründe völlig sachfremd oder willkürlich sind oder offensichtlich auf keinen der Verweigerungsgründe Bezug nehmen (vgl. *Dannhäuser* NZA 1989, 617).

1721 Erforderlich, aber auch ausreichend ist es, wenn die vom Betriebsrat für die Verweigerung seiner Zustimmung vorgetragene Begründung es als möglich erscheinen lässt, dass ein Zustimmungsverweigerungsgrund des § 99 Abs. 2 BetrVG geltend gemacht wird. Nur eine Begründung, die offensichtlich auf keinen der Verweigerungsgründe Bezug nimmt, ist unbeachtlich mit der Folge, dass die Zustimmung des Betriebsrates als erteilt gilt (*BAG* 26.1.1988 EzA § 99 BetrVG 1972 Nr. 58).

1722 Auch unter diesen Voraussetzungen kann im Einzelfall die Zustimmungsverweigerung rechtsmissbräuchlich sein, wenn der Betriebsrat in gleich gelagerten Fällen die Zustimmung aus Gründen verweigert, von denen allgemein anerkannt ist, dass sie ein Zustimmungsverweigerungsrecht nicht tragen (*BAG* 16.7.1985 EzA § 99 BetrVG 1972 Nr. 40). Da das *BAG* (10.2.1988 EzA § 72 a ArbGG 1979 Nr. 50) festge-

I. Betriebsverfassungsrecht

stellt hat, dass der Verstoß einzelner Bestimmungen des Arbeitsvertrages gegen höherrangige Bestimmungen nicht zu einer Zustimmungsverweigerung bei einer Einstellung berechtigen, ist nach Auffassung von *Kraft* (GK-BetrVG § 99 Rz. 117) eine Zustimmungsverweigerung mit dieser Begründung in Zukunft unbeachtlich.

Genügt die Begründung der Substantiierungspflicht, so ist die Zustimmungsverweigerung wirksam und kann nur im arbeitsgerichtlichen Zustimmungsersetzungsverfahren gem. § 99 Abs. 4 BetrVG ersetzt werden. 1723

Die wirksam erteilte Zustimmung kann nicht nachträglich widerrufen werden (GK-BetrVG/*Kraft* § 99 Rz. 154). Umgekehrt ist der Betriebsrat nicht gehindert, einen Zustimmungsverweigerungsbeschluss nachträglich wieder aufzuheben, da dadurch nicht in fremde schutzwürdige Rechtspositionen eingegriffen wird. 1724

(4) Das Zustimmungsersetzungsverfahren

Nach wirksamer Zustimmungsverweigerung kann der Arbeitgeber gem. § 99 Abs. 4 BetrVG im arbeitsgerichtlichen Beschlussverfahren die Ersetzung der Zustimmung des Betriebsrates beantragen. 1725

Der Antrag lautet auf Ersetzung der verweigerten Zustimmung. Sofern der Arbeitgeber auch der Auffassung ist, die Zustimmung gelte – etwa wegen unzureichender Begründung – als erteilt, kann er dem durch einen entsprechenden Hilfsantrag, gerichtet auf Feststellung, dass die Zustimmung als erteilt gilt, Rechnung tragen. Notwendig ist eine solche doppelte Antragstellung nicht, da nach Auffassung des *BAG* (18.10.1988 EzA § 99 BetrVG 1972 Nr. 69) das Gericht auch ohne ausdrücklich darauf gerichteten Antrag festzustellen hat, dass die Zustimmung als erteilt gilt, wenn der Arbeitgeber die Ersetzung einer vom Betriebsrat verweigerten Zustimmung beantragt hat und sich im Verfahren herausstellt, dass die Zustimmung bereits als erteilt gilt. 1726

Beantragt der Arbeitgeber nur die Feststellung, dass die Zustimmung als erteilt gilt, so ist dieser Feststellungsantrag als unbegründet abzuweisen, wenn sich ergibt, dass der Betriebsrat noch nicht vollständig unterrichtet ist und der Betriebsrat dies – sofern keine offensichtlich unvollständige Unterrichtung vorlag – innerhalb der Wochenfrist gerügt hat (s. o. I/Rz. 1717; *BAG* 28.1.1986 EzA § 99 BetrVG 1972 Nr. 48). 1727

Streitgegenstand des Zustimmungsersetzungsverfahrens ist, ob die vom Betriebsrat rechtzeitig geltend gemachten Zustimmungsverweigerungsgründe tatsächlich gegeben sind. Der Betriebsrat kann im Zustimmungsersetzungsverfahren keine weiteren Zustimmungsverweigerungsgründe nachschieben. 1728

Die Darlegungs- und Beweislast für das Nichtvorliegen eines Verweigerungsgrundes trägt nach h. M. (GK-BetrVG/*Kraft* § 99 Rz. 162 m. w. N.; a. A. *Galperin/Löwisch* § 99 Rz. 116; MünchArbR/*Matthes* § 352 Rz. 119) der Arbeitgeber, ebenso wie für die rechtzeitige und vollständige Unterrichtung des Betriebsrates (*BAG* 28.1.1986 EzA § 99 BetrVG 1972 Nr. 48). 1729

Soweit bei einer Ein- oder Umgruppierung im Zustimmungsersetzungsverfahren eine bestimmte Entgeltgruppe als zutreffend ermittelt oder als unzutreffend ausgeschlossen wurde, kann nach Auffassung des *BAG* (3.5.1994 EzA § 99 BetrVG 1972 Nr. 122) der Arbeitnehmer seinen Entgeltanspruch unmittelbar auf die gerichtliche Entscheidung stützen. Insoweit ist ein Anspruch nicht von einer weite- 1730

I. Betriebsverfassungsrecht

ren Prüfung der tariflichen Eingruppierungsvoraussetzung abhängig. Der Arbeitnehmer ist aber nicht gehindert, gegenüber dem Arbeitgeber eine günstigere als die im Beschlussverfahren angenommene Eingruppierung geltend zu machen.

(5) Individualrechtliche Wirkung der fehlenden Zustimmung

1731 Führt der Arbeitgeber eine Einstellung ohne Zustimmung des Betriebsrates durch, so ist dies auf die Wirksamkeit des Arbeitsvertrages ohne Einfluss, allerdings darf der Arbeitgeber den betriebsverfassungswidrig eingestellten Arbeitnehmer nicht beschäftigen, wobei der Arbeitnehmer jedoch den Entgeltanspruch auch für die Zeit der Nichtbeschäftigung behält (*BAG* 2.7.1980 EzA § 99 BetrVG 1972 Nr. 28). Es ist zulässig (*BAG* 17.2.1983 EzA § 620 BGB Nr. 62) und zu empfehlen, den Arbeitsvertrag unter der auflösenden Bedingung abzuschließen, dass er mit Ablauf von zwei Wochen nach Rechtskraft einer die Zustimmung ablehnenden gerichtlichen Entscheidung endet. Eine ohne Zustimmung des Betriebsrats angeordnete Versetzung ist nach Auffassung des *BAG* (26.1.1988 EzA § 99 BetrVG 1972 Nr. 58) entsprechend § 134 BGB dem Arbeitnehmer gegenüber unwirksam.

1732 Er kann verlangen, unverändert weiterbeschäftigt zu werden. Die Weigerung, einer ohne Zustimmung des Betriebsrates erklärten Versetzung zu folgen, stellt daher keine Verletzung arbeitsvertraglicher Pflichten dar, auch wenn die Maßnahme individualrechtlich, etwa auf Grund rechtmäßiger Ausübung des Direktionsrechts, zulässig war. Begründet wird dies damit, dass der Arbeitgeber betriebsverfassungsrechtlich rechtswidrig handele und § 99 BetrVG gerade auch dem Schutz des betroffenen Arbeitnehmers diene. Muss der Arbeitgeber, da vom Direktionsrecht nicht mehr gedeckt, eine Versetzung individualrechtlich durch Änderungskündigung durchsetzen, so ist die Zustimmung des Betriebsrates zur Versetzung nach § 99 BetrVG nicht Wirksamkeitsvoraussetzung der Änderungskündigung, sondern nur Wirksamkeitsvoraussetzung für die tatsächliche Zuweisung des neuen Arbeitsbereiches nach Ablauf der Kündigungsfrist. Der Arbeitgeber kann die geänderten Vertragsbedingungen solange nicht durchsetzen, wie das Verfahren nach § 99 BetrVG nicht ordnungsgemäß durchgeführt ist. Der Arbeitnehmer ist insoweit in dem alten Arbeitsbereich weiterzubeschäftigen, der ihm nicht wirksam entzogen worden ist (*BAG* 30.9.1993 EzA § 99 BetrVG 1972 Nr. 118). Das Beteiligungsrecht des Betriebsrats nach § 102 BetrVG (s. o. D/Rz. 922 ff.) ist vor Ausspruch einer solchen Änderungskündigung zu beachten.

1733 Bei der Ein- oder Umgruppierung bleibt ein Verstoß gegen das Mitbestimmungsrecht des Betriebsrates individualrechtlich ohne Auswirkungen (*BAG* 30.9.1983 EzA § 99 BetrVG 1972 Nr. 118).

ee) Vorläufige personelle Maßnahmen, § 100 BetrVG

(1) Zweck und Anwendungsbereich

1734 Im Hinblick auf die bei Einhaltung des regulären Verfahrens nach § 99 BetrVG bestehende Gefahr, dass auch dringende personelle Maßnahmen aus betrieblicher Sicht nicht mehr rechtzeitig durchgeführt werden können, will § 100 BetrVG das grundsätzliche Zustimmungserfordernis vor Durchführung der Maßnahme

I. Betriebsverfassungsrecht

für solche Maßnahmen mildern, die aus sachlichen Gründen nicht aufgeschoben werden können, sondern sofort vorgenommen werden müssen (BR-Drs. 715/70, S. 52). Neben dem Verfahren nach § 100 BetrVG scheidet ein Antrag auf Erlass einer einstweiligen Anordnung im arbeitsgerichtlichen Beschlussverfahren, gerichtet auf Ersetzung der Zustimmung, aus (GK-BetrVG/*Kraft* § 100 Rz. 3).

Hauptanwendungsbereich des Verfahrens nach § 100 BetrVG sind Einstellungen und Versetzungen. Nach überwiegender Ansicht (vgl. MünchArbR/*Matthes* § 355 Rz. 22; offen gelassen von *BAG* 27.1.1987 EzA § 99 BetrVG 1972 Nr. 55; a. A. GK-BetrVG/ *Kraft* § 100 Rz. 6) kommt eine Anwendung des § 100 BetrVG bei Ein- und Umgruppierungen nicht in Betracht, da es sich bei diesen Maßnahmen lediglich um Akte der Rechtsanwendung bzw. um die Kundgabe des bei dieser Rechtsanwendung gefundenen Ergebnisses, und um keine nach außen wirkende Maßnahme, die vorläufig durchgeführt werden könne, handelt. **1735**

Ein Vorgehen nach § 100 BetrVG kommt immer dann in Betracht, wenn die Zustimmung des Betriebsrates nicht oder noch nicht erteilt ist und auch nicht als erteilt gilt. **1736**

Überwiegend (GK-BetrVG/*Kraft* § 100 Rz. 16 m. w. N.; **a. A.** *Kittner* DKK § 100 Rz. 12) wird angenommen, dass die vorläufige Durchführung einer Maßnahme auch dann in Betracht kommt, wenn der Betriebsrat über die beabsichtigte endgültige Maßnahme gem. § 99 Abs. 1 BetrVG noch nicht ordnungsgemäß unterrichtet wurde.

(2) Voraussetzungen

Die vorläufige Maßnahme muss aus sachlichen Gründen dringend erforderlich sein. Dies setzt voraus, dass ohne die sofortige Durchführung der Maßnahme spürbare Nachteile für den Betrieb eintreten oder ihm spürbare Vorteile verloren gehen, wenn also die Maßnahme im Interesse des Betriebes keinen Aufschub duldet (GK-BetrVG/*Kraft* § 100 Rz. 9). Abzustellen ist auf den Zeitpunkt der Durchführung der Maßnahme. Ein dauernder Missbrauch der Möglichkeit zur vorläufigen Durchführung personeller Maßnahmen kann zu Maßnahmen gegen den Arbeitgeber nach § 23 Abs. 3 BetrVG berechtigen (*FKHE* § 100 Rz. 3 a). **1737**

Entfällt der dringende betriebliche Grund nachträglich, muss die vorläufige Maßnahme nicht aufgehoben werden (*BAG* 6.10.1978 EzA § 99 BetrVG 1972 Nr. 24). Unerheblich sind soziale Belange des betroffenen Arbeitnehmers und die Frage, ob noch andere Arbeitnehmer für die Maßnahme in Frage gekommen wären (*BAG* 7.11.1977 EzA § 100 BetrVG 1972 Nr. 1; GK-BetrVG/*Kraft* § 100 Rz. 9). Kontrovers diskutiert wird, ob ein Organisationsverschulden des Arbeitgebers, der einer vorhersehbaren betrieblichen Situation, die den sachlichen Grund abgeben soll, nicht durch rechtzeitige andere Maßnahmen Rechnung getragen hat, eine Dringlichkeit ausschließt (abl. MünchArbR/*Matthes* § 352 Rz. 124; GK-BetrVG/*Kraft* § 100 Rz. 11; bejahend *Kittner* DKK § 100 Rz. 3; *FKHE* § 100 Rz. 3). Eine Einstellung ist dringlich, wenn das längere Freibleiben des Arbeitsplatzes mit dem ordnungsgemäßen, geregelten Ablauf des Betriebes unvereinbar ist, so z. B. dann, wenn eine Stelle unvorhergesehen frei **1738**

I. Betriebsverfassungsrecht

wird, die Einarbeitung nur durch den unvorhergesehen ausscheidenden Stelleninhaber erfolgen kann oder nur so ein Bewerber, der die für den Betrieb entscheidende Qualifikation besitzt, gewonnen werden kann. Eine Versetzung ist dringlich, wenn ohne sie der betriebliche Arbeitsablauf ernsthaft gefährdet wäre, so etwa bei einem momentanen besonderen Arbeitskräftebedarf in einem Bereich (GK-BetrVG/*Kraft* § 100 Rz. 12, 14).

(3) Das Verfahren

aaa) Information von Arbeitnehmer und Betriebsrat

1739 Gem. § 100 Abs. 1 S. 2 BetrVG ist der Arbeitgeber verpflichtet, den betroffenen Arbeitnehmer über die Sach- und Rechtslage, d. h. über die Vorläufigkeit der Maßnahme und die Möglichkeit, sie später rückgängig zu machen, zu unterrichten.

> Die Unterrichtung des Arbeitnehmers ist keine Wirksamkeitsvoraussetzung für die vorläufige Durchführung der Maßnahme.

1740 Die Verletzung der Aufklärungspflicht kann aber den Arbeitgeber aus culpa in contrahendo oder unter dem Gesichtspunkt der Verletzung der Fürsorgepflicht zum Schadensersatz verpflichten (vgl. GK-BetrVG/*Kraft* § 100 Rz. 20).

1741 Bei vorläufigen Einstellungen ist der Abschluss eines unter der auflösenden Bedingung der Nichterteilung der Zustimmung des Betriebsrates bzw. der rechtskräftigen Abweisung des Zustimmungsersetzungsantrages stehenden Arbeitsvertrages zu empfehlen (zur Zulässigkeit vgl. BAG 17.2.1983 EzA 620 BGB Nr. 62).

1742 Ferner hat der Arbeitgeber den Betriebsrat unverzüglich (ohne schuldhaftes Zögern, § 121 Abs. 1 BGB) von der vorläufigen personellen Maßnahme zu unterrichten.

> Die Unterrichtung des Betriebsrats kann sowohl vor als notfalls auch unmittelbar nach Durchführung der Maßnahme erfolgen (*BAG* 7.11.1977 EzA § 100 BetrVG 1972 Nr. 1). Sie muss sich auf die vorläufige Maßnahme und auf die sachlichen Gründe, die die vorläufige Durchführung dringend erforderlich machen, beziehen, ist aber an keine Form gebunden.

1743 Die Vorlage von Unterlagen ist nicht vorgesehen. Diese Unterrichtung ist nicht identisch mit der nach § 99 Abs. 1 BetrVG vor der endgültigen Durchführung der personellen Maßnahme erforderlichen Unterrichtung des Betriebsrates. Beide können jedoch gleichzeitig und in einem Schriftstück vorgenommen werden.

1744 Verletzt der Arbeitgeber seine Informationspflicht, so ist die Maßnahme nach überwiegender Ansicht (GK-BetrVG/*Kraft* § 100 Rz. 23; *Kittner* DKK § 100 Rz. 16; **a. A.** *Schlochauer* HSG § 100 Rz. 16) in entsprechender Anwendung des § 101 BetrVG auf Antrag des Betriebsrates rückgängig zu machen.

bbb) Reaktionsmöglichkeiten des Betriebsrates

1745 Stimmt der Betriebsrat der vorläufigen Durchführung zu, kann die Maßnahme vom Arbeitgeber aufrechterhalten werden, bis das nach § 99 BetrVG zu wahrende reguläre

I. Betriebsverfassungsrecht

Verfahren abgeschlossen ist. Schweigt der Betriebsrat auf die Arbeitgeberinformation über die vorläufige Maßnahme oder bestreitet er verspätet die Dringlichkeit, gilt die Maßnahme als vorläufig gebilligt (GK-BetrVG/*Kraft* § 100 Rz. 27).
Sofern der Betriebsrat die Dringlichkeit der Maßnahme bestreiten will, hat er dies gem. § 100 Abs. 2 BetrVG dem Arbeitgeber unverzüglich (§ 121 BGB) mitzuteilen. Bei regelmäßigem, wöchentlichen Turnus der Betriebsratssitzungen ist hierüber auf der dem Eingang der Mitteilung des Arbeitgebers nachfolgenden Sitzung zu beschließen (*Kittner* DKK § 100 Rz. 21). Der Einberufung einer Sondersitzung bedarf es nicht (MünchArbR/*Matthes* § 352 Rz. 129). Der Beschluss, der keiner Begründung bedarf, ist dem Arbeitgeber sodann mitzuteilen, was auch formlos möglich ist.
Liegt ein rechtzeitiges Bestreiten vor, darf der Arbeitgeber die vorläufige personelle Maßnahme nur aufrechterhalten, wenn er innerhalb von 3 Tagen das Arbeitsgericht mit dem sog. Doppelantrag nach § 100 Abs. 2 BetrVG anruft. Das Bestreiten der Dringlichkeit bezüglich der vorläufigen Maßnahme ist allerdings nicht identisch mit der Verweigerung der Zustimmung zur endgültigen Durchführung der Maßnahme i. S. d. § 99 Abs. 3 BetrVG: Stimmt der Betriebsrat der endgültigen Maßnahme nach ordnungsgemäßer Unterrichtung durch den Arbeitgeber nach § 99 Abs. 1 BetrVG zu oder gilt seine Zustimmung zur endgültigen Maßnahme nach § 99 Abs. 3 S. 2 BetrVG als erteilt, so kann die Maßnahme als endgültige vorgenommen werden. Ein bereits nach § 100 Abs. 2 BetrVG anhängiges arbeitsgerichtliches Verfahren ist dann erledigt und einzustellen (*BAG* 18.10.1988 EzA § 100 BetrVG 1972 Nr. 4).

ccc) Arbeitsgerichtliches Verfahren

aaaa) Antrag des Arbeitgebers
Bestreitet der Betriebsrat rechtzeitig die Notwendigkeit der vorläufigen Maßnahme, so muss der Arbeitgeber, wenn er die Maßnahme gleichwohl aufrechterhalten will, innerhalb einer Ausschlussfrist (GK-BetrVG/*Kraft* § 100 Rz. 34 m. w. N., a. A. *Schlicht* BB 1980, 632: Wiedereinsetzung bei Fristversäumung möglich) von drei Kalendertagen nach Zugang der Mitteilung das Arbeitsgericht anrufen.

> In Form des sog. Doppelantrags ist zu beantragen, die Zustimmung des Betriebsrats zu ersetzen **und** festzustellen, dass die Maßnahme aus sachlichen Gründen dringend erforderlich war.

Streitig ist, ob der Antrag auch innerhalb der 3-Tages-Frist ordnungsgemäß begründet werden muss (so *Kittner* DKK § 100 Rz. 30 unter Hinweis auf *LAG Frankfurt* 13.9.1988 DB 1990, 1092; a. A. *Schlochauer* HSG § 100 Rz. 30). Der betroffene Arbeitnehmer ist nicht Beteiligter dieses Beschlussverfahrens (GK-BetrVG/*Kraft* § 100 Rz. 39). Nach ganz überwiegender Auffassung ist Streitgegenstand des Verfahrens, soweit es sich auf die Ersetzung der Zustimmung des Betriebsrats bezieht, die Zustimmung zur endgültigen, nicht nur zur vorläufigen Durchführung der Maßnahme, sodass das Verfahren nach § 100 Abs. 2 und 3 BetrVG die Verfahren nach § 99 Abs. 4 BetrVG und § 100 BetrVG miteinander verbindet (*Richardi* § 100 Rz. 24; MünchArbR/*Matthes* § 352 Rz. 133; *Kittner* DKK § 100 Rz. 27; a. A. GK-BetrVG/*Kraft* § 100 Rz. 36).
§ 100 Abs. 2 BetrVG erfasst nur den Regelfall, dass der Betriebsrat sowohl die Dringlichkeit der vorläufigen Maßnahme bestreitet als auch die Zustimmung zur endgül-

I. Betriebsverfassungsrecht

tigen Maßnahme bereits verweigert hat. In diesem Regelfall sind beide Anträge miteinander zu verbinden. Stellt der Arbeitgeber innerhalb der Frist lediglich den Feststellungsantrag, ist dieser unzulässig (*BAG* 15.9.1987 EzA § 99 BetrVG 1972 Nr. 57).

1751 Wurde hingegen vom Betriebsrat zunächst nur die Dringlichkeit der vorläufigen Maßnahme bestritten und läuft die Frist für die Zustimmungsverweigerung zur endgültigen Maßnahme noch, wäre ein jetzt schon gestellter Antrag auf Ersetzung der Zustimmung sinnlos. Gleichwohl muss der Arbeitgeber die Dreitagesfrist beachten, kann sich aber dann zunächst auf den auf Feststellung der Dringlichkeit gerichteten Antrag beschränken. Der Zustimmungsersetzungsantrag ist dann nach erfolgter Zustimmungsverweigerung unverzüglich (*Kittner* DKK § 100 Rz. 28), nach anderer Auffassung innerhalb von drei Tagen nach Zustimmungsverweigerung (MünchArbR/*Matthes* § 352 Rz. 137) in das Verfahren einzuführen.

1752 Noch weiter gehend will *Matthes* (MünchArbR § 352 Rz. 138, abl. *Kittner* DKK § 100 Rz. 28) auch den Feststellungsantrag noch innerhalb von drei Tagen nach Zustimmungsverweigerung zulassen. Hat der Arbeitgeber nach Verweigerung der Zustimmung das reguläre Zustimmungsersetzungsverfahren nach § 99 Abs. 4 BetrVG eingeleitet und tritt erst dann eine Situation ein, die ihn zur vorläufigen Durchführung der Maßnahme veranlasst, kann der Arbeitgeber, soweit der Betriebsrat die Dringlichkeit bestritten hat, den auf Feststellung der Dringlichkeit gerichteten Antrag in das schon schwebende Zustimmungsersetzungsverfahren einbringen (*Schlochauer* HSG § 100 Rz. 29; *Kittner* DKK § 100 Rz. 29).

bbbb) Entscheidung des Arbeitsgerichts

1753 Folgende Entscheidungen des Arbeitsgerichts sind denkbar (vgl. *Schlochauer* HSG § 100 Rz. 33 ff.; *Kittner* DKK § 100 Rz. 34 ff.):
– Wird die Zustimmung ersetzt und die Feststellung getroffen, dass die vorläufige Maßnahme dringend erforderlich war, kann der Arbeitgeber die Maßnahme endgültig durchführen.
– Unterliegt der Arbeitgeber mit beiden Anträgen, so endet die Maßnahme mit Ablauf von zwei Wochen nach Rechtskraft der Entscheidung (vgl. unten I/Rz. 1754 ff.). Das Gericht darf den Feststellungsantrag des Arbeitgebers allerdings nur dann abweisen, wenn die Maßnahme »offensichtlich« nicht dringend war (vgl. § 100 Abs. 3 S. 1 BetrVG). § 100 Abs. 3 BetrVG fordert damit eine Entscheidung des Gerichts, die formell weder vom Arbeitgeber noch vom Betriebsrat beantragt worden ist (MünchArbR/*Matthes* § 352 Rz. 141). Fehlt es an der offensichtlichen Nichtdringlichkeit, so ist dem Feststellungsantrag des Arbeitgebers stattzugeben (MünchArbR/*Matthes* § 352 Rz. 141). Will das Gericht den Feststellungsantrag zurückweisen, darf es sich damit nicht auf die bloße Abweisung des Feststellungsantrages beschränken, sondern muss im Tenor seiner Entscheidung feststellen, dass offensichtlich die vorläufige Maßnahme aus sachlichen Gründen nicht dringend erforderlich war (*BAG* 18.10.1988 EzA § 100 BetrVG 1972 Nr. 4).

Eine »offensichtliche« Nichtdringlichkeit liegt nur vor, wenn der Arbeitgeber die Situation grob verkannt hat und die vorläufige Durchführung der Maßnahme leichtfertig war (*BAG* 7.11.1977 EzA § 100 BetrVG 1972 Nr. 1).

I. Betriebsverfassungsrecht

- Sofern das Arbeitsgericht die Feststellung der dringenden Erforderlichkeit trifft, die Zustimmung jedoch nicht ersetzt, endet die vorläufige Maßnahme gem. § 100 Abs. 3 BetrVG.
- Soweit das Arbeitsgericht die Zustimmung ersetzt, aber die vorläufige Durchführung für offensichtlich sachlich nicht dringend erfoderlich hält, kann die Maßnahme nach Rechtskraft der Entscheidung endgültig aufrechterhalten bleiben (GK-BetrVG/*Kraft* § 100 Rz. 42). Mit Rechtskraft dieser Entscheidung endet die Rechtshängigkeit des Feststellungsantrages, das Verfahren ist einzustellen (*BAG* 18.10.1988 EzA § 100 BetrVG 1972 Nr. 4).

cccc) **Rechtsfolgen der Entscheidung**
Gem. § 100 Abs. 3 BetrVG endet die vorläufige personelle Maßnahme zwei Wochen nach Rechtskraft einer Entscheidung, durch die entweder die Zustimmung des Betriebsrates nicht ersetzt wird oder/und sie feststellt, dass die Maßnahme offensichtlich aus sachlichen Gründen nicht dringend erforderlich war. Kontrovers diskutiert wird, ob hieraus folgt, dass der zu Grunde liegende individualrechtliche Vorgang (etwa der Abschluss des Arbeitsvertrages) automatisch aufgehoben ist oder es noch einer individualrechtlichen Gestaltungserklärung (z. B. einer Kündigung) bedarf. Überwiegend (GK-BetrVG/*Kraft* § 100 Rz. 46; *Schlochauer* HSG § 100 Rz. 40) wird angenommen, dass der Arbeitgeber nur die Berechtigung verliert, die Maßnahme weiterhin aufrechtzuerhalten, ohne jedoch der rechtskräftigen gerichtlichen Entscheidung selbst bereits unmittelbar rechtsgestaltende Wirkung zuzuerkennen. Nach anderer Auffassung (*FKHE* § 100 Rz. 10) wirkt die rechtskräftige gerichtliche Entscheidung selbst rechtsgestaltend. Soweit eine rechtsgestaltende Wirkung nicht angenommen wird, ist der Arbeitgeber auch – sofern nicht von vornherein der Arbeitsvertrag unter einer auflösenden Bedingung geschlossen wurde – zur Kündigung des Arbeitsverhältnisses berechtigt, wobei z. T. (GK-BetrVG/*Kraft* § 100 Rz. 47) grds. nur die Möglichkeit der ordentlichen Kündigung bestehen soll, nach anderer Ansicht (*Kittner* DKK § 100 Rz. 41) auch eine fristlose Kündigung dann in Betracht kommen soll, wenn der Arbeitnehmer beim Abschluss des Arbeitsvertrages über die Bedenken des Betriebsrates unterrichtet wurde. Soweit eine ordentliche Kündigung in Betracht kommt, ist der Arbeitgeber zur Beschäftigung des Arbeitnehmers bis zum Ablauf der Kündigungsfrist nicht berechtigt; der Arbeitnehmer behält bis zur Beendigung des Arbeitsvertrages seinen Entgeltanspruch nach § 615 BGB (*Kittner* DKK § 100 Rz. 40).
Bei einer vorläufigen Versetzung darf der Arbeitnehmer nach Ablauf von zwei Wochen nach Rechtskraft der Entscheidung nicht mehr an dem neuen Arbeitsplatz beschäftigt werden, sodass der betroffene Arbeitnehmer nicht mehr zur Durchführung der ihm zugewiesenen Arbeit verpflichtet ist. Bei Versetzungen in Ausübung des Direktionsrechts ist die Versetzungsanweisung zurückzunehmen, bei Versetzungen im Wege der Änderungkündigung ist diese im Einvernehmen mit dem Arbeitnehmer oder durch weitere Änderungskündigung rückgängig zu machen. Erhält der Arbeitgeber zwei Wochen nach Rechtskraft die Maßnahme weiterhin aufrecht, kann der Betriebsrat das Verfahren gem. § 101 BetrVG betreiben.

ff) Aufhebung der Maßnahme und Zwangsgeld, § 101 BetrVG

(1) Voraussetzungen und Anwendungsbereich

1756 Unmittelbar Anwendung findet § 101 BetrVG auf Einstellungen und Versetzungen. Für Ein- und Umgruppierungen gelten Besonderheiten (s. u. I/Rz. 1761 ff.). Ein Aufhebungsanspruch des Betriebsrates besteht, wenn eine Einstellung oder Versetzung ohne Zustimmung des Betriebsrates endgültig durchgeführt wird, wenn der Arbeitgeber eine vorläufige personelle Maßnahme trotz Bestreitens der Dringlichkeit durch den Betriebsrat aufrechterhält und nicht innerhalb von drei Tagen das Arbeitsgericht angerufen wurde (§ 100 Abs. 2 BetrVG) oder wenn der Arbeitgeber eine vorläufige personelle Maßnahme länger als zwei Wochen aufrechterhält, nachdem eine rechtskräftige Entscheidung gem. § 100 Abs. 3 BetrVG vorliegt. Über den unmittelbaren Anwendungsbereich hinaus besteht ein Aufhebungsanspruch auch dann, wenn auf Grund einer tariflichen Regelung die Einstellung der vollen Mitbestimmung des Betriebsrates unterlag und dieses Mitbestimmungsrecht nicht beachtet worden ist (*BAG* 1.8.1989 EzA § 99 BetrVG 1972 Nr. 75). Ferner besteht ein Aufhebungsanspruch, wenn der Arbeitgeber eine vorläufige Maßnahme ohne Unterrichtung des Betriebsrates i. S. v. § 100 Abs. 2 S. 1 durchgeführt hat (GK-BetrVG/*Kraft* § 101 Rz. 4).

(2) Verfahren und Entscheidung des Gerichts, Festsetzung von Zwangsgeld

1757 Der Antrag setzt einen entsprechenden Betriebsratsbeschluss voraus. Der Antrag ist nicht fristgebunden, das Antragsrecht kann aber verwirkt werden, wenn der Betriebsrat längere Zeit in Kenntnis der Maßnahme vom Arbeitgeber nicht die Aufhebung verlangt und auch sonst nichts unternommen hat (MünchArbR/*Matthes* § 354 Rz. 8). Der betroffene Arbeitnehmer ist nicht Beteiligter des Verfahrens (GK-BetrVG/*Kraft* § 101 Rz. 11). Für die gerichtliche Entscheidung ist unerheblich, ob der Betriebsrat die Zustimmung zu Recht verweigert hat oder ob der Zustimmungsverweigerungsgrund nachträglich wegfällt (*BAG* 20.11.1990 EzA § 118 BetrVG 1972 Nr. 57).

1758 Nach Auffassung des *BAG* (18.7.1978 EzA § 99 BetrVG 1972 Nr. 23; 21.11.1978 EzA § 101 BetrVG 1972 Nr. 3) kann der Arbeitgeber im Aufhebungsverfahren nicht hilfsweise den Antrag auf gerichtliche Ersetzung der Zustimmung des Betriebsrats stellen (zust. GK-BetrVG/*Kraft* § 101 Rz. 10; **a. A.** MünchArbR/*Matthes* § 354 Rz. 11).

1759 Wenn der Arbeitgeber seinerseits ein Verfahren nach § 100 Abs. 2 S. 3 BetrVG eingeleitet hat, kann der Antrag vom Betriebsrat bereits in diesem Verfahren vorsorglich für den Fall gestellt werden, dass das Arbeitsgericht dem Antrag des Arbeitgebers nicht entspricht (MünchArbR/*Matthes* § 354 Rz. 9; GK-BetrVG/*Kraft* § 101 Rz. 9). Aufhebung der Maßnahme bedeutet die Beseitigung der tatsächlichen Situation durch Nichtbeschäftigung des betriebsverfassungswidrig eingestellten Arbeitnehmers bzw. Nichtbeschäftigung des Arbeitnehmers im neuen Arbeitsbereich bei der betriebsverfassungswidrigen Versetzung.

1760 Hebt der Arbeitgeber die Maßnahme während des Verfahrens nach § 101 BetrVG auf oder endet sie auf andere Weise und liegt keine Erledigungserklärung vor, so ist der Antrag als unbegründet abzuweisen (*Matthes* DB 1989, 1285, 1289). Kommt der Arbeitgeber der Verpflichtung zur Aufhebung einer personellen Maßnahme trotz rechtskräftiger Entscheidung nicht nach, kann der Betriebsrat beantragen, ihn zur

Aufhebung der Maßnahme durch Zwangsgeld anzuhalten. Nach überwiegender Ansicht (GK-BetrVG/*Kraft* § 101 Rz. 12 m. w. N.) wird dem Arbeitgeber zur Aufhebung der Maßnahme in entsprechender Anwendung des § 100 Abs. 3 BetrVG eine Frist von zwei Wochen nach Rechtskraft der Entscheidung zugebilligt. Nach anderer Ansicht (z. B. *Kittner* DKK § 101 Rz. 13; MünchArbR/*Matthes* § 354 Rz. 20) ist hingegen die Verpflichtung unverzüglich nach Rechtskraft zu erfüllen. Nach ganz überwiegender Ansicht ist die Festsetzung des Zwangsgeldes eine Zwangsvollstrekkungsmaßnahme zur Erzwingung einer unvertretbaren Handlung i. S. v. § 888 ZPO, sodass das Zwangsgeld nur solange festgesetzt oder vollstreckt werden kann, als der Arbeitgeber die personelle Maßnahme und der Betriebsrat seinen Antrag aufrechterhalten. Andererseits kommt es aber auf ein Verschulden des Arbeitgebers nicht an (GK-BetrVG/*Kraft* § 101 Rz. 14). Da das Verfahren ein spezielles Zwangsvollstreckungsverfahren ist, sind nach § 85 Abs. 2 ArbGG die Vorschriften der ZPO über die Zwangsvollstreckung entsprechend anzuwenden. Gem. § 891 ZPO kann daher die Entscheidung nach Anhörung des Arbeitgebers ohne mündliche Verhandlung durch den Vorsitzenden allein ergehen.

(3) Besonderheiten bei Ein- und Umgruppierung
Die für den Vergütungsanspruch maßgebliche Eingruppierung ist keine nach außen wirkende konstitutive Maßnahme des Arbeitgebers, sondern lediglich Rechtsanwendung. Ein- oder Umgruppierung i. S. v. § 99 BetrVG ist danach die Kundgabe des vom Arbeitgeber bei der Anwendung der Vergütungsordnung gefundenen Ergebnisses. 1761

Nach Ansicht des *BAG* (3.5.1994 EzA § 99 BetrVG 1972 Nr. 122; 9.3.1993 EzA § 99 BetrVG 1972 Nr. 113) kann der Betriebsrat im Verfahren nach § 101 BetrVG nicht die Aufhebung einer unzutreffenden Ein- und Umgruppierung verlangen, da es an einer Maßnahme fehlt, deren Aufhebung vom Gericht aufgegeben werden könnte. Er kann aber nach § 101 BetrVG stattdessen beantragen, dem Arbeitgeber aufzugeben, die Zustimmung des Betriebsrates einzuholen bzw. – falls der Betriebsrat diese nicht erteilt – das Zustimmungsersetzungsverfahren nach § 99 Abs. 4 BetrVG durchzuführen. 1762

Bleibt der Arbeitgeber im Zustimmungsersetzungsverfahren erfolglos, bedeutet dies praktisch, dass er seinen Antrag auf Zustimmung des Betriebsrates zur Eingruppierung wiederholen muss. Dieser Antrag kann aber nur eine andere Entgeltgruppe als diejenige zum Gegenstand haben, zu der das Gericht bereits rechtskräftig die Ersetzung der Zustimmung versagt hat. Der Betriebsrat kann die Fortsetzung des Beteiligungsverfahrens dadurch erzwingen, dass er dem Arbeitgeber nach § 101 BetrVG aufgeben lässt, nunmehr eine andere als die ursprünglich beabsichtigte Eingruppierung vorzunehmen und hierzu die Zustimmung des Betriebsrates einzuholen. 1763

(4) Sonstiger Rechtsschutz des Betriebsrates, Verhältnis zu § 23 Abs. 3 BetrVG
§ 101 BetrVG gibt dem Betriebsrat lediglich das Recht, die Aufhebung gerade derjenigen konkreten personellen Einzelmaßnahmen zu verlangen, die der Arbeitgeber mitbestimmungswidrig tatsächlich durchgeführt hat. Nur insoweit, als es um die Beseitigung eines bereits eingetretenen mitbestimmungswidrigen Zustandes geht, enthält § 101 BetrVG eine Sonderregelung, die einem aus § 23 Abs. 3 BetrVG etwa sich ergebenden Anspruch auf Aufhebung dieser personellen Maßnahme vorgeht. 1764

I. Betriebsverfassungsrecht

1765 Ein Anspruch aus § 23 Abs. 3 BetrVG auf künftige Beachtung der Mitbestimmungsrechte des Betriebsrates wird durch § 101 BetrVG nicht ausgeschlossen (*BAG* 17.3.1987 EzA § 23 BetrVG 1972 Nr. 16).

1766 Im Hinblick darauf, dass ein Beschlussverfahren nach § 101 BetrVG oft nicht vor Beendigung der personellen Maßnahme zum Abschluss kommt, wird die Möglichkeit einer auf Aufhebung der Maßnahme gerichteten einstweiligen Verfügung kontrovers beurteilt (ablehnend etwa GK-BetrVG/*Kraft* § 101 Rz. 17; *LAG Frankfurt/M.* 15.12.1987 NZA 1989, 232; bejahend etwa *Kittner* DKK § 101 Rz. 26 m. w. N.; *LAG Frankfurt/M.* 19.4.1988 LAGE § 99 BetrVG 1972 Nr. 17). Das *BAG* (3.5.1994 EzA § 23 BetrVG 1972 Nr. 36) hat die Frage, ob auch bei personellen Einzelmaßnahmen ähnlich wie im Bereich der sozialen Angelegenheiten ein allgemeiner Unterlassungsanspruch besteht, offen gelassen (s. u. I/Rz. 1965 ff., 1968).
Ein Anspruch des Betriebsrats gegen den Arbeitgeber, bei einer unterlassenen Beteiligung die Zustimmung des Betriebsrats zu einer Einstellung nachträglich einzuholen, besteht nicht. Ein hierauf gerichteter Antrag ist im Hinblick auf die Möglichkeit, nach § 101 BetrVG vorzugehen, unzulässig (*BAG* 20.2.2001 EzA § 99 BetrVG 1972 Einstellung Nr. 7).

1767 Besteht zwischen Arbeitgeber und Betriebsrat Streit über die Mitbestimmungspflichtigkeit einer bestimmten Maßnahme oder über die Reichweite der gegenseitigen Rechte und Pflichten anlässlich der Vornahme solcher Maßnahmen, kann die jeweilige Frage zum Gegenstand eines im arbeitsgerichtlichen Beschlussverfahren zu verfolgenden Feststellungsantrages gemacht werden.

1768 Dies gilt etwa hinsichtlich der Frage über die Verpflichtung zur Vorlage bestimmter Unterlagen im Rahmen der Unterrichtung des Betriebsrates nach § 99 Abs. 1 BetrVG (*BAG* 3.12.1985 EzA § 99 BetrVG 1972 Nr. 46) oder hinsichtlich der Frage, ob der Betriebsrat mit einer bestimmten Begründung die Zustimmung verweigern kann (*BAG* 16.7.1985 EzA § 99 BetrVG 1972 Nr. 40) oder ob eine bestimmte Maßnahme der Zustimmung des Betriebsrates bedarf (*BAG* 28.10.1986 EzA § 118 BetrVG 1972 Nr. 38).

b) Die Beteiligung des Betriebsrates bei Kündigungen, § 102 BetrVG
1769 Näheres siehe oben unter D/Rz. 243 ff., 922 ff.

c) Kündigung und Versetzung auf Verlangen des Betriebsrates, § 104 BetrVG
1770 Näheres siehe oben unter D/Rz. 863 ff.

d) Mitteilungspflichten bei leitenden Angestellten, § 105 BetrVG
1771 Da auch personelle Veränderungen im Bereich der leitenden Angestellten für die Belegschaft von Bedeutung sein können und der Betriebsrat für eine effiziente Arbeit auf die Kenntnis der Funktionsaufteilung in Unternehmen und Betrieb angewiesen ist, sieht § 105 BetrVG für Arbeitnehmer, die leitende Angestellte sind (§ 5 Abs. 3–5 BetrVG), die Pflicht des Arbeitgebers vor, deren Einstellung und sonstige vom Arbeitgeber ausgehende personelle Veränderungen, wie z. B. Versetzungen, Änderungen in den Funktionen, dem Betriebsrat rechtzeitig mitzuteilen. Rechtzeitig ist die Information, wenn sie so frühzeitig vor Durchführung der personellen Maßnahme erfolgt, dass der Betriebsrat Bedenken geltend machen und der Arbeitgeber diese berücksich-

tigen kann. Ein Verstoß gegen § 105 BetrVG führt nicht zur Unwirksamkeit der Maßnahme gegenüber dem leitenden Angestellten. Bei einem groben, nicht nur einmaligen Verstoß des Arbeitgebers gegen § 105 kommt gegebenenfalls ein Verfahren nach § 23 Abs. 3 BetrVG in Betracht (GK-BetrVG/*Raab* § 105 Rz. 15).

XIII. Mitbestimmung in wirtschaftlichen Angelegenheiten, Betriebsänderungen, §§ 111 ff. BetrVG

1. Allgemeines

In wirtschaftlichen Angelegenheiten besteht zunächst ein Unterrichtungs- und Beratungsanspruch des Wirtschaftsausschusses nach Maßgabe von §§ 106 ff. BetrVG (s. o. I/Rz. 844 ff.). 1772

§§ 111–113 BetrVG normieren darüber hinaus eine abgestufte Beteiligung des Betriebsrates bei Betriebsänderungen. Die Betriebsänderung als solche unterliegt nicht der Mitbestimmung des Betriebsrates. 1773

Der Unternehmer ist verpflichtet, den Betriebsrat über eine geplante Betriebsänderung zu unterrichten und diese mit ihm zu beraten mit dem Ziel, einen Interessenausgleich, also eine Einigung über die Betriebsänderung herbeizuführen. Auch ohne eine solche Einigung kann der Unternehmer die Betriebsänderung jedoch wie geplant durchführen. Erzwingbare Rechte hat der Betriebsrat nur im Interesse des Ausgleichs bzw. Abmilderung der durch die Betriebsänderung entstehenden wirtschaftlichen Nachteile der Arbeitnehmer.

Diesbezüglich kann er – abgesehen von der Ausnahmeregelung des § 112 a BetrVG – notfalls über einen Spruch der Einigungsstelle die Aufstellung eines Sozialplanes erzwingen. Der in § 113 BetrVG vorgesehene Anspruch auf Nachteilsausgleich dient u. a. der Sicherung der Mitwirkungsrechte des Betriebsrates gem. §§ 111, 112 BetrVG. 1774

2. Voraussetzungen des Beteiligungsrechtes

Ein Beteiligungsrecht nach §§ 111 ff. BetrVG setzt voraus, dass im jeweiligen Unternehmen i. d. R. mehr als 20 wahlberechtigte Arbeitnehmer beschäftigt werden, ein Betriebsrat existiert und sich die geplante Maßnahme als Betriebsänderung i. S. d. § 111 BetrVG darstellt. 1775

a) Unternehmensgröße

Ein Beteiligungsrecht des Betriebsrats nach §§ 111 ff. BetrVG setzt voraus, dass im Unternehmen mehr als 20 wahlberechtigte Arbeitnehmer beschäftigt werden. 1776

Der Schwellenwert des § 111 BetrVG i. d. F. des BetrVerf-Reformgesetzes stellt nicht mehr auf die Anzahl der im Betrieb regelmäßig beschäftigten Arbeitnehmer ab. Maßgeblich ist nunmehr die Zahl der im Unternehmen regelmäßig beschäftigten, wahlberechtigten Arbeitnehmer.

I. Betriebsverfassungsrecht

Die frühere Anknüpfung an die Zahl der regelmäßig im Betrieb beschäftigten Arbeitnehmer konnte dazu führen, dass auch große, aber stark untergliederte Unternehmen Betriebsänderungen ohne Sozialplanpflicht durchführen konnten. Durch die Neuregelung soll sichergestellt werden, dass der Schutzzweck des Schwellenwertes, kleinere Unternehmen vor zu starker finanzieller Belastung durch Sozialpläne zu schützen, tatsächlich nur solchen Unternehmen zugute kommt (BT-Drs. 14/5741, S. 51). Die Neuregelung kann dazu führen, dass es auch in absoluten Kleinbetrieben, in denen ein Betriebsrat besteht, zu sozialplanpflichtigen Betriebsänderungen kommen kann (vgl. *Annuß* NZA 2001, 367 [369]).

Unternehmen i. S. d. § 111 BetrVG ist der Rechtsträger des Betriebs, in dem die Betriebsänderung durchgeführt werden soll. Ob das Unternehmens seinen Sitz im In- oder Ausland hat, ist unerheblich, wenn sich der von einer geplanten Betriebsänderung betroffene Betrieb im Inland befindet (GK-BetrVG/*Fabricius/Oetker* § 111 Rz. 10).

Im Hinblick auf die Frage, ob der Schwellenwert erreicht ist, kann die Bestimmung des maßgeblichen Unternehmens bei sog. Gemeinschaftsbetrieben (s. o. I/Rz. 100 ff.) problematisch sein. Wurde für den Gemeinschaftsbetrieb als Träger zugleich auch ein eigenständiges Gemeinschaftsunternehmen geschaffen, ist allein dieses für die Berechnung des Schwellenwerts maßgeblich (GK-BetrVG/*Fabricius/Oetker* § 111 Rz. 11). Fehlt es hieran, ist streitig, ob dann in jedem der am Gemeinschaftsbetrieb beteiligten Unternehmen der Schwellenwert erreicht sein muss (so *Annuß* NZA 2001, 367 [369]) oder jedenfalls ausreicht, dass in einem der beteiligten Unternehmen der Schwellenwert erreicht wird (so GK-BetrVG/*Fabricius/Oetker* § 111 Rz. 11). Wird der Schwellenwert rechnerisch nur erreicht, wenn die Zahl der Arbeitnehmer der am Gemeinschaftsbetrieb beteiligten Unternehmen addiert wird, wird dies z. T. (GK-BetrVG/*Fabricius/Oetker* § 111 Rz. 11) im Hinblick auf den Zweck des Schwellenwertes jedenfalls dann für ausreichend erachtet, wenn in dem Gemeinschaftsbetrieb selbst der Schwellenwert überschritten wird.

Zum Arbeitnehmerbegriff s. o. I/Rz. 5 ff. Zur Wahlberechtigung s. o. I/Rz. 136 ff.

1777 Ist der unternehmensbezogene Schwellenwert erreicht, ist die Beurteilung, ob eine Betriebsänderung vorliegt oder nicht, nach wie vor betriebsbezogen vorzunehmen. Hierfür gilt der allgemeine Betriebsbegriff des BetrVG (s. o. I/Rz. 77 ff.). Zu beachten ist, dass dann, wenn von der durch § 3 Abs. 1 Nr. 1 bis 3 BetrVG eröffneten Möglichkeit Gebrauch gemacht wurde, durch Tarifvertrag oder Betriebsvereinbarung vom BetrVG abweichende betriebsverfassungsrechtliche Organisationseinheiten zu bilden (s. o. I/Rz. 108 ff.), diese gem. § 3 Abs. 5 S. 1 BetrVG als Betriebe i. S. d. BetrVG gelten. Dies gilt auch im Rahmen der § 111 ff. BetrVG.

Dies ist insbesondere für die Beurteilung der Frage von Bedeutung, ob eine Betriebsänderung i. S. d. § 111 BetrVG vorliegt: Wurde eine Vereinbarung i. S. d. § 3 Abs. 1 Nr. 1 bis 3 BetrVG getroffen, beurteilt sich die Stilllegung oder Einschränkung eines Betriebs bzw. Betriebsteils ausschließlich nach den Verhältnissen in der per Tarifvertrag oder Betriebsvereinbarung geschaffenen betriebsverfassungsrechtlichen Organisationseinheit (GK-BetrVG/*Fabricius/Oetker* § 111 Rz. 14).

1778 Bei der Ermittlung der regelmäßigen Beschäftigtenzahl des Unternehmens ist auf den Zeitpunkt abzustellen, in dem die Beteiligungsrechte des Betriebsrats nach den §§ 111, 112 BetrVG entstehen.

I. Betriebsverfassungsrecht

Maßgeblich ist dabei nicht die zufällige tatsächliche Beschäftigtenzahl zu diesem Zeitpunkt, sondern die normale Beschäftigtenzahl des Unternehmens, d. h. diejenige Personalstärke, die für das Unternehmen im Allgemeinen kennzeichnend ist.

Dies erfordert regelmäßig sowohl einen Rückblick als auch eine Prognose, im Falle einer Betriebsänderung durch Betriebsstilllegung kann allerdings nur ein Rückblick auf die bisherige Belegschaftsstärke in Frage kommen (*BAG* 9.5.1995 EzA § 111 BetrVG 1972 Nr. 30). Gleiches gilt, wenn die Betriebsänderung gerade in einer Reduzierung des Personalbestandes besteht. Wieweit in die Vergangenheit zurückzublicken ist, wenn sich die Verringerung der Belegschaftsstärke in mehreren Schritten vollzieht, hängt auch von den personalwirtschaftlichen Entscheidungen des Arbeitgebers ab. Dienten die Reduzierungen letztlich einer beabsichtigten Stilllegung, ist auf die Belegschaftsstärke vor der ersten Verringerung abzustellen. Diente dagegen eine Verringerung der Rationalisierung, um den Betrieb in eingeschränktem Umfang fortführen zu können und stabilisiert sich der Personalbestand zunächst auf niedrigerem Niveau, so ergibt sich daraus eine neue, das Unternehmen kennzeichnende Personalstärke. Von dieser ist auszugehen, wenn es später dann doch zu weiteren Einschränkungen oder gar zur Stilllegung kommt, weil sich die an die Rationalisierung geknüpften Erwartungen nicht erfüllt haben (vgl. zu § 111 BetrVG a. F. *BAG* 10.12.1996 EzA § 111 BetrVG 1972 Nr. 33).

1779

b) Bestehen eines Betriebsrates zum Zeitpunkt des Betriebsänderungsentschlusses

Die Wahrnehmung der Beteiligungsrechte setzt voraus, dass der Betriebsrat bereits in dem Zeitpunkt besteht, in dem der Arbeitgeber auf Grund abgeschlossener Prüfungen und Vorüberlegungen grds. zu einer Betriebsänderung entschlossen ist. Einem erst später gewählten Betriebsrat stehen selbst dann keine Beteiligungsrechte zu, wenn dem Unternehmer zum Zeitpunkt des Abschlusses einer Planung bekannt war, dass im Betrieb ein Betriebsrat gewählt werden soll (*BAG* 28.10.1992 EzA § 112 BetrVG 1972 Nr. 60).

1780

Bestand zu dem genannten Zeitpunkt ein Betriebsrat, kann er den Abschluss eines Sozialplans auch dann noch verlangen und gegebenenfalls durch Anrufung der Einigungsstelle erzwingen, wenn die Betriebsänderung schon ohne seine Beteiligung durchgeführt worden ist (*BAG* 15.10.1979 EzA § 111 BetrVG 1972 Nr. 8). Der für einen angeblichen Betriebsteil (§ 4 BetrVG) gewählte Betriebsrat hat die sich aus § 111 BetrVG ergebenden Beteiligungsrechte auch dann, wenn es sich tatsächlich nicht um einen Betriebsteil handelt, die Wahl des Betriebsrats aber nicht im Verfahren nach § 19 BetrVG angefochten wurde (*BAG* 27.6.1995 EzA § 111 BetrVG 1972 Nr. 31).
Handelt es sich um eine betriebsübergreifende Betriebsänderung, die zu einer originären Zuständigkeit des Gesamtbetriebsrats nach § 50 Abs. 1 BetrVG (s. o. I/Rz. 772 ff.) führt, besteht eine Zuständigkeit des Gesamtbetriebsrats auch für betriebsratslose Betriebe. Dies ist nunmehr in § 50 Abs. 1 BetrVG i. d. F. des BetrVG-Reformgesetzes ausdrücklich geregelt und der hierüber unter Geltung des § 50 BetrVG a. F. bestehende Streit (vgl. einerseits *BAG* 16.8.1983 EzA § 50 BetrVG 1972 Nr. 9; an-

1781

I. Betriebsverfassungsrecht

dererseits *BAG* 8.6.1999 EzA § 111 BetrVG 1972 Nr. 37) einer gesetzlichen Regelung zugeführt worden.

1782 Besteht zu dem in I/Rz. 1780 genannten Zeitpunkt ein Betriebsrat, behält dieser bei organisatorischen Veränderungen gem. §§ 21 a, b BetrVG ein Übergangs- und ggf. Restmandat (s. o. I/Rz. 407 ff.). Das Restmandat berechtigt zur Wahrnehmung der Beteiligungsrechte nach §§ 111, 112 BetrVG trotz Betriebsuntergangs. Das Übergangsmandat nach § 21 a BetrVG ist insbesondere von Bedeutung, wenn durch Abspaltung oder Ausgliederung ein eigenständiger Betrieb entsteht und der neue Rechtsträger anschließend in diesem eine Betriebsänderung durchführen will. Streitig ist hierbei, ob zur Ermittlung des Schwellenwerts auf die Zahl der Arbeitnehmer in dem übertragenen Unternehmen (so GK-BetrVG/*Fabricius*/*Oetker* § 111 Rz. 25) oder die vorherige Arbeitnehmerzahl des nunmehr gespalteten Unternehmers (so *Richardi* § 111 Rz. 21) abzustellen ist.

c) **Betriebsänderungen**

1783 § 111 S. 3 Nr. 1 bis 5 BetrVG zählt enumerativ eine Reihe von Maßnahmen auf, die als Betriebsänderung gelten. Bei diesen Maßnahmen wird gesetzlich fingiert, dass sie zugleich wesentliche Nachteile für die Belegschaft oder erhebliche Teile der Belegschaft zur Folge haben können, sodass das Vorliegen dieser Voraussetzungen bei diesen Betriebsänderungen nicht gesondert zu prüfen ist. Die Beteiligungsrechte des Betriebsrates entfallen daher nicht deshalb, weil im Einzelfall solche wesentlichen Nachteile nicht zu befürchten sind. Ob ausgleichs- oder milderungswürdige Nachteile entstehen oder entstanden sind, ist lediglich bei der Aufstellung des Sozialplanes zu prüfen und notfalls von der Einigungsstelle nach billigem Ermessen zu entscheiden (*BAG* 17.8.1982 17.12.1985 EzA § 111 BetrVG 1972 Nr. 14; 17.12.1985 EzA § 111 BetrVG 1972 Nr. 17).
Soweit die Tatbestände des § 111 S. 3 Nr. 1–5 BetrVG auf den Betrieb abstellen, gilt der allgemeine betriebsverfassungsrechtliche Betriebsbegriff (s. o. I/Rz. 77 ff.). Zu beachten ist, dass dann, wenn von der durch § 3 Abs. 1 Nr. 1 bis 3 BetrVG eröffneten Möglichkeit der Schaffung abweichender betriebsverfassungsrechtlicher Organisationseinheiten durch Tarifvertrag oder Betriebsvereinbarung (s. o. I/Rz. 108 ff.) Gebrauch gemacht wurde, diese Einheiten gem. § 3 Abs. 5 S. 1 BetrVG als Betriebe gelten. Dies gilt auch im Rahmen des § 111 BetrVG.

Dies ist insbesondere für die Beurteilung der Frage von Bedeutung, ob eine Betriebsänderung i. S. d. § 111 BetrVG vorliegt: Wurde eine Vereinbarung i. S. d. § 3 Abs. 1 Nr. 1 bis 3 BetrVG getroffen, beurteilt sich die Stilllegung oder Einschränkung eines Betriebs bzw. Betriebsteils ausschließlich nach den Verhältnissen in der per Tarifvertrag oder Betriebsvereinbarung geschaffenen betriebsverfassungsrechtlichen Organisationseinheit (GK-BetrVG/*Fabricius*/*Oetker* § 111 Rz. 14).

1784 Umstritten ist, ob der Katalog gesetzlich erfasster Betriebsänderungen in § 111 S. 3 BetrVG erschöpfend ist (so etwa *Richardi* § 111 Rz. 40; *Hess* HSG § 111 Rz. 15 ff.; **a. A.** etwa GK-BetrVG/*Fabricius*/*Oetker* § 111 Rz. 36; *Däubler* DKK § 111 Rz. 33; *LAG Baden-Württemberg* 16.6.1987 LAGE § 111 BetrVG 1972 Nr. 6). Das *BAG* (17.8.1982 EzA § 111 BetrVG 1972 Nr. 14) hat diese Frage bisher ausdrücklich offen gelassen.

I. Betriebsverfassungsrecht

d) Die einzelnen Betriebsänderungen

aa) Einschränkungen oder Stilllegung des ganzen Betriebes oder wesentlicher Betriebsteile, § 111 S. 3 Nr. 1 BetrVG

(1) Betriebseinschränkung

Eine Betriebseinschränkung ist eine erhebliche, ungewöhnliche und nicht nur vorübergehende Herabsetzung der Leistungsfähigkeit des Betriebes, gleichgültig ob sie durch Außerbetriebsetzung von Betriebsanlagen oder durch Personalreduzierung erfolgt (*BAG* 22.5.1979 EzA § 111 BetrVG 1972 Nr. 7; 7.8.1990 EzA § 111 BetrVG 1972 Nr. 27). 1785

Keine Betriebseinschränkung liegt vor, wenn die Betriebsleistungen dieselben bleiben, jedoch in einer geringeren Zahl von Stunden erbracht werden sollen (*LAG Baden-Württemberg* 16.6.1987 LAGE § 111 BetrVG 1972 Nr. 6; *Däubler* DKK § 111 Rz. 42). Bei der Überprüfung ist von dem regelmäßigen Erscheinungsbild des Betriebes auszugehen. Gewöhnliche Schwankungen der Betriebstätigkeit, die mit der Eigenart des jeweiligen Betriebes zusammenhängen, sind keine Betriebsänderungen (*BAG* 22.5.1979 EzA § 111 BetrVG 1972 Nr. 7). 1786

aaa) Einschränkung sachlicher Betriebsmittel
Eine Herabsetzung der Leistungsfähigkeit des Betriebes durch Einschränkung sachlicher Betriebsmittel ist z. B. gegeben bei der Stilllegung oder Veräußerung von Betriebsanlagen, nicht aber dann, wenn Betriebsmittel lediglich in einem geringeren Umfang als bisher genutzt werden, wie z. B. bei der Einführung von Kurzarbeit oder bei Herabsetzung der Zahl der Arbeitsschichten (GK-BetrVG/*Fabricius*/*Oetker* § 111 Rz. 63 m. w. N.). 1787

bbb) Verringerung der personellen Leistungsfähigkeit
Nach ständiger Rechtsprechung des *BAG* (22.5.1979 EzA § 111 BetrVG 1972 Nr. 7; 7.8.1990 EzA § 111 BetrVG 1972 Nr. 27) kann eine Betriebseinschränkung auch in der Weise erfolgen, dass die sächlichen Betriebsmittel als solche unverändert bleiben, jedoch in erheblichem Umfang Personal abgebaut wird. 1788

Richtschnur für die Feststellung der Erheblichkeit des Personalabbaues sind die Zahlen- und Prozentangaben gem. § 17 Abs. 1 KSchG mit der Maßgabe, dass von dem Personalabbau mindestens 5% der Belegschaft des Betriebes betroffen sein müssen.

Dies bedeutet:
Betriebsgröße	beabsichtigter Personalabbau
21–59 AN	mehr als 5 AN
60–499 AN	mehr als 25 AN oder 10%
500–600 AN	mindestens 30 AN
ab 601 AN	mindestens 5%

Dabei sind auch die Arbeitsverhältnisse mitzuzählen, die nur deshalb gekündigt werden, weil die Arbeitnehmer dem Übergang auf einen Teilbetriebserwerber (§ 613 a

I. Betriebsverfassungsrecht

BGB) widersprochen haben und eine Beschäftigungsmöglichkeit im Restbetrieb nicht mehr besteht (*BAG* 10.12.1996 EzA § 111 BetrVG 1972 Nr. 34).

1789 Unerheblich ist, innerhalb welcher Zeit der Personalabbau erfolgt, sofern er Folge einer einheitlichen unternehmerischen Planung ist (*BAG* 2.8.1983 EzA § 111 BetrVG 1972 Nr. 16).

Für eine einheitliche Planung wird vielfach ein Beweis des ersten Anscheins sprechen, sodass dem Arbeitgeber der Beweis dafür obliegt, dass eine weitere Personalreduzierung auf einer neuen Planung beruht (MünchArbR/*Matthes* § 360 Rz. 32). Einzubeziehen sind nicht nur Arbeitnehmer, die aus betrieblichen Gründen entlassen werden. Gleichgestellt sind mit Rücksicht auf § 112a Abs. 1 S. 2 BetrVG Arbeitnehmer, die im Hinblick auf die geplante Personalreduzierung vom Arbeitgeber zum Abschluss eines Aufhebungsvertrages oder zu einer Eigenkündigung veranlasst werden (*BAG* 4.7.1989 EzA § 111 BetrVG 1972 Nr. 24). Einzubeziehen sind nach ganz überwiegender Ansicht auch Versetzungen in andere Betriebe des Unternehmens oder in andere Unternehmen des Konzerns, da auch dies zu einer Verringerung der Betriebsgröße führt (*Richardi* NZA 1984, 179; *Däubler* DKK § 111 Rz. 56). Nicht mitzurechnen sind nach Auffassung des *BAG* (2.8.1983 EzA § 111 BetrVG 1972 Nr. 16; str., a. A. MünchArbR/*Matthes* § 360 Rz. 35; *Däubler* DKK § 111 Rz. 57) Arbeitnehmer, deren Arbeitsverhältnis infolge verhaltens- oder personenbedingter Kündigung oder durch Fristablauf endet.

(2) Betriebsstilllegung

1790 Eine Betriebsstilllegung liegt vor, wenn die Betriebs- und Produktionsgemeinschaft zwischen Arbeitgebern und Arbeitnehmern für einen seiner Dauer nach unbestimmten, wirtschaftlich nicht unerheblichen Zeitraum aufgegeben wird (*BAG* 27.9.1984 EzA § 613a BGB Nr. 40; s. o. D/Rz. 1442 ff.).

1791 Nach Auffassung des *LAG München* (15.2.1989 NZA 1990, 288) liegt keine beteiligungspflichtige Betriebsstilllegung vor, wenn ein Betrieb geschlossen wird, der von vornherein und für die Arbeitnehmer erkennbar nur für einen zeitlich begrenzten Betriebszweck errichtet worden ist und nunmehr wegen Zweckerreichung geschlossen wird. Um eine Betriebsstilllegung und nicht nur um eine Betriebsverlegung handelt es sich hingegen, wenn im Rahmen einer Betriebsveräußerung eine nicht unerhebliche räumliche Verlegung des Betriebes vorgenommen, die alte Betriebsgemeinschaft tatsächlich und rechtsbeständig aufgelöst und der Betrieb an dem neuen Ort mit einer wesentlichen neuen Belegschaft fortgeführt wird (*BAG* 12.2.1987 EzA § 613a BGB Nr. 64). Auch die Verpachtung eines Betriebes zum Zwecke der Stilllegung durch den Pächter kann eine dem Verpächter zuzurechnende Betriebsstilllegung darstellen (*BAG* 17.3.1987 EzA § 111 BetrVG 1972 Nr. 19).

(3) Wesentlicher Betriebsteil

1792 Das *BAG* (7.8.1990 EzA § 111 BetrVG 1972 Nr. 27) hat das Vorliegen eines wesentlichen Betriebsteils im Rahmen einer quantitativen Betrachtung bislang nur bejaht, wenn in dem fraglichen Betriebsteil ein erheblicher Teil der Gesamtbelegschaft beschäftigt ist und hierbei wiederum auf die Zahlenwerte nach § 17 Abs. 1

KSchG abstellt (s. o. I/Rz. 1788). Es hat offen gelassen, ob ein Betriebsteil auch dadurch zu einem wesentlichen wird, dass ihm eine erhebliche wirtschaftliche Bedeutung zukommt. Jedenfalls ist ein Betriebsteil nicht allein deswegen ein wesentlicher Betriebsteil, weil in ihm ein notwendiges Vorprodukt gefertigt wird (*BAG* 7.8.1990 EzA § 111 BetrVG 1972 Nr. 27)

In der Literatur wird weitgehend demgegenüber eine qualitative Betrachtungsweise befürwortet, wonach ein wesentlicher Betriebsteil dann vorliegen soll, wenn er wirtschaftlich oder von seiner Funktion her von wesentlicher oder erheblicher Bedeutung für den ganzen Betrieb ist (so *Hess* HSG § 111 Rz. 61; *Hunold* BB 1984, 2278; *Jaeger* BB 1988, 1038) oder wenn dessen Stilllegung, Einschränkung oder Verlegung wesentliche Nachteile für die Belegschaft oder erhebliche Teile der Belegschaft i. S. v. § 17 KSchG zur Folge haben kann (so MünchArbR/*Matthes* § 360 Rz. 50). 1793

bb) Verlegung des Betriebes, § 111 S. 3 Nr. 2 BetrVG

Verlegung eines Betriebes oder eines Betriebsteiles ist jede nicht nur geringfügige Veränderung der örtlichen Lage des Betriebes oder Betriebsteiles (*BAG* 17.8.1982 EzA § 111 BetrVG 1972 Nr. 14). 1794

Werden nur die sachlichen Betriebsmittel verlegt, der Betrieb aber an dem neuen Ort mit einer im Wesentlichen neuen Belegschaft fortgeführt, weil sich ein erheblicher Teil der Arbeitnehmer weigert, am neuen Ort weiterzuarbeiten, so liegt keine Betriebsverlegung, sondern eine Stilllegung vor (*BAG* 12.2.1987 EzA § 613 a BGB Nr. 64). 1795

cc) Zusammenschluss mit anderen Betrieben, Spaltung von Betrieben, § 111 S. 3 Nr. 3 BetrVG

Ein Zusammenschluss liegt vor, wenn zuvor relativ selbstständige organisatorische Einheiten zu einer einzigen organisatorischen Einheit zur technischen Durchführung der Aufgaben bzw. Gegenstände und Zwecke eines Unternehmens zusammengeschlossen werden und unter einheitlicher Leitung stehen (GK-BetrVG/*Fabricius/Oetker* § 111 Rz. 102). Auch Betriebe verschiedener Unternehmen können zu einem Gemeinschaftsbetrieb (s. o. I/Rz. 100 ff.) zusammengeschlossen werden (GK-BetrVG/*Fabricius/Oetker* § 111 Rz. 104). Bei einer geplanten Zusammenlegung mit einem anderen Betrieb des Arbeitgebers besteht für die Verhandlungen über einen Interessenausgleich eine Zuständigkeit des Gesamtbetriebsrats (*BAG* 24.1.1996 EzA § 50 BetrVG 1972 Nr. 14). 1796

Spaltung ist die Teilung eines bisher einheitlichen Betriebes in mehrere neue organisatorisch selbstständige Einheiten durch gesellschaftsrechtliche Spaltungsvorgänge (§ 123 UmwG) oder auch rechtsgeschäftliche Übertragungsakte. Entscheidend ist, ob sich durch die Maßnahme die bisherige Betriebsstruktur derart verändert, dass Teile des Betriebs von diesem getrennt werden (GK-BetrVG/*Fabricius/Oetker* § 111 Rz. 103). Eine Spaltung i. S. d. § 111 S. 3 Nr. 3 BetrVG liegt etwa vor, wenn der Arbeitgeber einen Betriebsteil ausgliedert, um ihn auf ein anderes Unternehmen zu übertragen (*BAG* 10.12.1996 EzA § 111 BetrVG 1972 Nr. 35). 1797

I. Betriebsverfassungsrecht

> Zuständig für die Wahrnehmung der Beteiligungsrechte anlässlich einer solchen Betriebsänderung sind die Betriebsräte der betroffenen Betriebe oder des betroffenen Betriebes auch dann, wenn infolge der Betriebsänderung ein neuer Betriebsrat zu wählen ist. Insoweit besteht ein Rest- ggf. auch Übergangsmandat (s. o. I/Rz. 407 ff.).

1798 Keine Betriebsspaltung liegt vor bei der Aufspaltung eines Unternehmens in je eine rechtlich selbstständige Besitz- und Produktionsgesellschaft derart, dass die Produktionsgesellschaft die Betriebsmittel von der Betriebsgesellschaft pachtet und die Arbeitnehmer übernimmt, da der Betrieb als organisatorische Einheit unberührt bleibt (*BAG* 17.2.1981 EzA § 111 BetrVG 1972 Nr. 13). Fraglich ist, ob im Falle einer Spaltung bzw. Ausgliederung nach Maßgabe des UmwG allein in der umwandlungsbedingten vermögensrechtlichen Neuzuordnung zugleich die Einleitung einer Betriebsspaltung i. S. d. § 111 S. 2 Nr. 3 BetrVG liegt. Dies dürfte nicht der Fall sein, da § 111 S. 2 Nr. 3 BetrVG nicht auf die vermögensrechtliche Zuordnung, sondern auf die organisatorische Aufspaltung des Ausgangsbetriebs abstellt und damit eine auf die Betriebsorganisation abzielende Veränderung voraussetzt (vgl. *Willemsen* RdA 1998, 23 [30]).

dd) Grundlegende Änderungen der Betriebsorganisation, des Betriebszwecks oder der Betriebsanlagen, § 111 S. 3 Nr. 4 BetrVG

1799 Eine Änderung der Betriebsorganisation liegt vor, wenn sich die Gliederung des Betriebes, die Zuständigkeitsbereiche und die Unterstellungsverhältnisse ändern, der Leitungsapparat des Betriebes eine andere Struktur erhält (MünchArbR/*Matthes* § 360 Rz. 64) wie etwa bei Dezentralisierung oder Zentralisierung, Änderung der Unterstellungsverhältnisse, Übergang zu einer Organisation nach Sparten bzw. Geschäftsbereichen oder einer Änderung von Zahl, Zuschnitt oder innerer Struktur von Betriebsabteilungen.

1800 Ferner werden genannt die Einführung von Großraumbüros, der Anschluss an Rechenzentren, die Schaffung von Telearbeitsplätzen, die Umstellung auf ein In-house-Netz sowie der Übergang zur Gruppenarbeit oder zu einer Organsation nach Sparten oder Geschäftsbereichen (vgl. *Däubler* DKK § 111 Rz. 82).

1801 Betriebszweck i. S. d. Regelung ist der arbeitstechnische, nicht der wirtschaftliche Zweck (*BAG* 17.12.1985 EzA § 111 BetrVG 1972 Nr. 17).

Eine Änderung liegt jedenfalls dann vor, wenn ein anderes Produkt oder eine Dienstleistung mit anderem Inhalt angeboten wird, kann aber auch dann gegeben sein, wenn dem bisherigen Betrieb eine weitere Abteilung mit einem weiteren arbeitstechnischen Betriebszweck hinzugefügt wird (*BAG* 17.12.1985 EzA § 111 BetrVG 1972 Nr. 17) oder eine bisher erbrachte Leistung oder ein bisher hergestelltes Produkt in Wegfall gerät, d. h. wesentliche arbeitstechnische Zwecke nicht weiterverfolgt werden (*BAG* 16.6.1987 EzA § 111 BetrVG 1972 Nr. 20; 28.4.1993 EzA § 111 BetrVG 1972 Nr. 28).

1802 Betriebsanlagen sind allgemein solche, die dem arbeitstechnischen Produktions- und Leistungsprozess dienen (*BAG* 26.10.1982 EzA § 111 BetrVG 1972 Nr. 15), wie Gebäude, technische Vorrichtungen, Maschinen und Werkzeuge.

Nicht nur die Änderung sämtlicher Anlagen, sondern auch die Änderung einzelner Anlagen kann relevant sein, wenn es sich um solche handelt, die in der Gesamtschau von erheblicher Bedeutung für den Gesamtbetriebsablauf sind. Bleibt dies zweifelhaft, so hat die Zahl der von der Änderung betroffenen Arbeitnehmer – wie auch im Rahmen des § 111 S. 2 Nr. 1 BetrVG (s. o. I/Rz. 1788) – indizielle Bedeutung (*BAG* 26.10.1982 EzA § 111 BetrVG 1972 Nr. 15).

Die genannten Änderungen müssen grundlegend sein. Maßgeblich ist zunächst eine qualitative Betrachtung, d. h. in erster Linie ist auf den Grad der Veränderung und die technische Neuheit abzustellen, ergänzend darauf, ob die jeweilige Änderung wesentliche Nachteile für die von der Änderung betroffenen Arbeitnehmer zur Folge haben kann. Ergänzend ist in quantitativer Betrachtung darauf abzustellen, ob ein erheblicher Teil der Belegschaft von der Änderung betroffen ist. **1803**

Dabei kann auf die Sätze des § 17 Abs. 1 KSchG als Richtschnur zurückgegriffen werden (*BAG* 26.10.1982 EzA § 111 BetrVG 1972 Nr. 15). Erfolgt die Änderung in mehreren Schritten, ist gegebenenfalls eine Gesamtbetrachtung geboten, wenn sie auf einem einheitlichen Plan beruht (MünchArbR/*Matthes* § 360 Rz. 65).

ee) **Einführung grundlegend neuer Arbeitsmethoden und Fertigungsverfahren, § 111 S. 3 Nr. 5 BetrVG**
Dieser Tatbestand überschneidet sich mit § 111 S. 2 Nr. 4, stellt aber im Gegensatz zu diesem nicht in erster Linie auf die Arbeitsmittel, sondern auf die Art der Verwertung der menschlichen Arbeitskraft ab. I. d. R. werden die Voraussetzungen beider Bestimmungen erfüllt oder nicht erfüllt sein, da eine Änderung des Betriebszweckes oder der Betriebsanlagen vielfach auch neue Fertigungsverfahren und diese wiederum neue Arbeitsmethoden bedingen (*Däubler* DKK § 111 Rz. 89). Erfasst sind beispielsweise der Übergang zur Gruppenarbeit und die Umstellung auf EDV-Anlagen. Strittig ist, ob eine Änderung der Arbeitsmethode auch dann vorliegt, wenn die Arbeitsleistung der Arbeitnehmer nur noch in Teilzeitarbeit, in variabler Arbeitszeit oder in anderen Schichten in Anspruch genommen wird (vgl. MünchArbR/*Matthes* § 360 Rz. 71 m. w. N.). In der Aufgabe der Eigenfertigung eines notwendigen Vorproduktes kann die Einführung einer grundlegend neuen Arbeitsmethode oder eines grundlegend neuen Fertigungsverfahrens liegen (*BAG* 7.8.1990 EzA § 111 BetrVG 1972 Nr. 27). **1804**

Für die Beurteilung der Neuheit kommt es auf die Neuheit für den Betrieb, nicht auf die technische Neuheit im Allgemeinen an (GK-BetrVG/*Fabricius*/*Oetker* § 111 Rz. 126). Durch das Merkmal »grundlegend« sollen rein routinemäßige Verbesserungen ausgegrenzt werden. **1805**

Auch hier kann im Übrigen ergänzend darauf abgestellt werden, ob durch die neue Arbeitsmethode oder das neue Fertigungsverfahren eine erhebliche Zahl von Arbeitnehmern betroffen ist, wobei die Werte des § 17 Abs. 1 KSchG als Richtschnur dienen können (*BAG* 7.8.1990 EzA § 111 BetrVG 1972 Nr. 27).

I. Betriebsverfassungsrecht

3. Unterrichtung des Betriebsrats, Beratung der Betriebsänderung

a) Pflichten des Arbeitgebers

1806 Über eine geplante Betriebsänderung hat der Unternehmer den Betriebsrat rechtzeitig und umfassend zu unterrichten.

> Da § 111 BetrVG nach seinem Schutzzweck alle dort aufgezählten, für die Arbeitnehmer nachteiligen Maßnahmen erfassen will, die dem Verantwortungsbereich des Unternehmers zuzurechnen sind, besteht die Unterrichtungspflicht auch für solche Maßnahmen, die mehr oder minder durch die wirtschaftliche Situation diktiert werden.

Das Merkmal der Planung hat nach Auffassung des *BAG* (18.12.1984 EzA § 113 BetrVG 1972 Nr. 12) damit nur Bedeutung für den Zeitpunkt, zu dem der Unternehmer den Betriebsrat zu unterrichten und mit ihm zu beraten hat.

1807 Unternehmer i. S. d. Vorschrift ist diejenige Rechtsperson, die Inhaber des Betriebes, für den eine Betriebsänderung geplant wird, und Arbeitgeber der in diesem Betrieb beschäftigten Arbeitnehmer ist (*BAG* 15.1.1991 EzA § 303 AktG Nr. 1). Dies gilt auch dann, wenn es sich um ein von einem anderen Unternehmen beherrschtes Konzernunternehmen handelt (MünchArbR/*Matthes* § 361 Rz. 5). Im Falle der Insolvenz trifft die Informationspflicht den Insolvenzverwalter.

1808 Rechtzeitig ist die Unterrichtung, wenn sie in einem Stadium erfolgt, in dem der Plan zur Betriebsänderung noch nicht, und zwar auch noch nicht teilweise verwirklicht ist. Der Unternehmer muss den Betriebsrat unterrichten, bevor er darüber entschieden hat, ob und inwieweit die Betriebsänderung erfolgt (*BAG* 14.9.1976 EzA § 113 BetrVG 1972 Nr. 2). An bloßen Vorüberlegungen ist der Betriebsrat nicht zu beteiligen (*LAG Düsseldorf* 27.8.1985 NZA 1986, 371).

1809 Die Unterrichtungspflicht des Unternehmers besteht somit dann, wenn er ein bestimmtes Konzept zur Betriebsänderung entwickelt hat, das er zu verwirklichen beabsichtigt. An den Tatbestandsmerkmalen der Planung fehlt es nicht deshalb, weil die beabsichtigte Maßnahme eine spontane Reaktion auf plötzlich eintretende besondere Umstände, etwa eine wirtschaftliche Notlage, ist.

> Eine umfassende Unterrichtung erfordert die Mitteilung über Inhalt, Umfang und Auswirkungen der geplanten Betriebsänderung auf die Arbeitnehmerschaft. Erforderliche Unterlagen sind nach § 80 Abs. 2 BetrVG vorzulegen.

1810 Nicht mitzuteilen sind Daten, die für die Planung keine Rolle gespielt haben (*LAG Hamm* 5.3.1986 BB 1986, 1291). Die Unterrichtungspflicht entfällt nicht deshalb, weil ein zeitlich unbefristeter Sozialplan mit dem Betriebsrat vereinbart wurde (*BAG* 29.11.1983 EzA § 113 BetrVG 1972 Nr. 11). Zu unterrichten ist grds. der Betriebsrat des Betriebes, in dem die Betriebsänderung stattfinden soll. Eine Zuständigkeit des Gesamtbetriebsrates kann ausnahmsweise dann bestehen, wenn eine Betriebsänderung sich als einheitliche Maßnahme auf mehrere Betriebe erstreckt und nur einheitlich durchgeführt werden kann (MünchArbR/*Matthes* § 361 Rz. 6), wie etwa bei der Stilllegung sämtlicher Betriebe eines Unternehmens (*BAG* 17.2.1983 EzA § 112 BetrVG 1972 Nr. 21). Eine solche Zuständigkeit des Gesamtbetriebsrats besteht auch dann, wenn der Arbeitgeber bei einem notwendig werdenden Personalabbau in einer ersten Stufe zunächst nur die Entlassung älterer Arbeitnehmer ohne Rücksicht auf betriebliche oder sonstige Besonderheiten in den einzelnen Betrieben beabsichtigt (*BAG* 20.4.1994 EzA § 113 BetrVG 1972 Nr. 22). Möglich bleibt immer die Übertragung von Zuständigkeiten durch Einzelbetriebsräte auf den Gesamtbetriebsrat nach § 50 Abs. 2 BetrVG.

Die gesetzlich vorgesehene Beratung mit dem Betriebsrat soll dazu dienen, die widerstreitenden Interessen der Arbeitnehmer und des Unternehmers gegeneinander abzuwägen und zu einer Einigung zu gelangen, sei es in Form eines Interessenausgleichs oder eines Sozialplans. Zu beraten ist darüber, ob und gegebenenfalls wann und in welcher Weise die beabsichtigte Betriebsänderung durchgeführt werden soll (*BAG* 14.9.1976 EzA § 113 BetrVG 1972 Nr. 2). 1811

Die Beratungspflicht besteht auch dann, wenn der Betriebsrat anlässlich einer geplanten Betriebsänderung nach § 112 a BetrVG einen Sozialplan nicht erzwingen kann (*BAG* 8.11.1988 EzA § 113 BetrVG 1972 Nr. 18) sowie dann, wenn zwischen den Betriebspartnern für eventuelle künftige Betriebsänderungen bereits ein zeitlich unbefristeter Sozialplan vereinbart wurde (*BAG* 29.11.1983 EzA § 113 BetrVG 1972 Nr. 11). 1812

b) Pflichtverletzungen des Unternehmers, Streitigkeiten

Verstöße gegen die Verpflichtungen aus § 111 BetrVG machen die unternehmerischen Maßnahmen zur Durchführung der Betriebsänderung nicht unwirksam, soweit die sonstigen einschlägigen Vorschriften (§§ 99, 100, 102 BetrVG, § 17 KSchG) beachtet worden sind (GK-BetrVG/*Fabricius/Oetker* § 111 Rz. 185). Erfüllt der Unternehmer seine Unterrichtungs- und Beratungspflicht nicht, so kann der Betriebsrat seine Ansprüche im Beschlussverfahren, den Informationsanspruch gegebenenfalls auch im Wege der einstweiligen Verfügung durchsetzen. 1813

Zur Frage, ob ein ggf. im Wege der einstweiligen Verfügung durchsetzbarer Anspruch auf Unterlassung der Betriebs-änderung und des Ausspruchs von Kündigungen bis zur Beratung derselben mit dem Betriebsrat und Abschluss des Verfahrens zur Herbeiführung eines Interessenausgleichs besteht s. u. I/Rz. 1839 ff. Die Verletzung der Informationspflicht kann eine Ordnungswidrigkeit nach § 121 BetrVG sein. Bei schweren Verstößen kommt auch ein Verfahren nach § 23 Abs. 3 BetrVG in Betracht. Die Ansprüche auf Unterrichtung und Beratung erlöschen mit Durchführung der Betriebsänderung. 1814

Der Betriebsrat kann auch noch nach Durchführung der Betriebsänderung einen Sozialplan verlangen und über die Anrufung der Einigungsstelle erzwingen, auch wenn er vorher nicht unterrichtet und die Betriebsänderung mit ihm nicht beraten wurde (*BAG* 15.10.1979 EzA § 111 BetrVG 1972 Nr. 8). 1815

Streitigkeiten darüber, ob eine Unterrichtungs- oder Beratungspflicht gem. § 111 BetrVG besteht oder ob sie verletzt worden ist, kann das Arbeitsgericht vorab im Beschlussverfahren entscheiden. Stellt das Gericht fest, dass die Maßnahme keine Beteiligungsrechte auslöst, so sind die Gerichte daran in einem späteren Verfahren nach 1816

I. Betriebsverfassungsrecht

§ 113 Abs. 3 BetrVG ebenso gebunden, wie an die umgekehrte Feststellung, dass die Maßnahme Beteiligungsrechte des Betriebsrats auslöst (*BAG* 10.11.1987 EzA 113 BetrVG 1972 Nr. 16). Ist die Betriebsänderung abgeschlossen, so besteht für einen auf die Feststellung der Beteiligungspflichtigkeit des Betriebsrats gerichteten Feststellungsantrag nur dann das erforderliche Rechtsschutzinteresse, wenn die nachträgliche Entscheidung der Wiederherstellung des Betriebsfriedens dient oder ähnliche Fälle im Betrieb unmittelbar zur Entscheidung anstehen oder sich schon einmal ereignet haben und eine Wiederholung zu erwarten ist (*BAG* 18.3.1975 EzA § 80 ArbGG 1953 Nr. 7).

4. Der Interessenausgleich

1817 Nach der Unterrichtung des Betriebsrates über eine geplante Betriebsänderung müssen Beratungen über einen Interessenausgleich und einen Sozialplan stattfinden. Beides erfolgt in einem gleichförmigen Verfahren: Die Betriebspartner sollen Vorschläge zur Beilegung von Meinungsverschiedenheiten machen, sie können den Präsidenten des Landesarbeitsamtes um Vermittlung ersuchen und schließlich die Einigungsstelle anrufen. Der entscheidende Unterschied besteht allerdings darin, dass die Einigungsstelle im Rahmen des Verfahrens zur Herbeiführung eines Interessenausgleichs nur vermittelnde Funktion hat, aber gegen den Willen eines der Betriebspartner nicht selbt einen Interessenausgleich beschließen kann.

1818 Im Gegensatz zum Sozialplan ist damit ein Interessenausgleich über die Einigungsstelle nicht erzwingbar. Sie kann daher in einem von ihr zu beschließenden Sozialplan keine Bestimmungen aufnehmen, die nur Gegenstand eines Interessenausgleichs sein können. Ein Spruch der Einigungsstelle, der solche Maßnahmen zum Inhalt hat, ist unwirksam (*BAG* 17.9.1991 EzA § 112 BetrVG 1972 Nr. 58).

a) Das Verfahren zur Herbeiführung eines Interessenausgleichs

1819 Die Verhandlungen über einen Interessenausgleich sind auch dann durchzuführen, wenn nach § 112a BetrVG ein Sozialplan nicht erzwungen werden kann (*BAG* 8.11.1988 EzA § 113 BetrVG 1972 Nr. 18) sowie auch dann, wenn die Betriebspartner zu einem früheren Zeitpunkt bereits einen Rahmensozialplan für zukünftige Betriebsänderungen vereinbart haben (*BAG* 29.11.1983 EzA § 113 BetrVG 1972 Nr. 11).

1820 Die Verhandlungen müssen mit dem zuständigen Betriebsrat geführt werden. Dies kann auch der Gesamtbetriebsrat sein, z. B. bei einer geplanten Zusammenlegung mit einem anderen Betrieb des Unternehmers. Bei Zweifeln über den zuständigen Verhandlungspartner muss der Arbeitgeber die in Betracht kommenden Arbeitnehmervertretungen zur Klärung der Zuständigkeitsfrage auffordern. Weist er hingegen ohne weiteres einen der möglichen Verhandlungspartner zurück, so trägt er im Rahmen des § 113 Abs. 3 BetrVG das Risiko, dass sein Verhandlungsversuch als unzureichend gewertet wird, wenn dieser zuständig gewesen wäre (*BAG* 24.1.1996 EzA § 50 BetrVG 1972 Nr. 14).

I. Betriebsverfassungsrecht

aa) Hinzuziehung eines Beraters durch den Betriebsrat
In Unternehmen mit mehr als 300 Arbeitnehmern kann der Betriebsrat zusätzlich zu den Möglichkeiten nach § 80 Abs. 2 und 3 BetrVG gem. § 111 S. 2 BetrVG zu seiner Unterstützung einen Berater hinzuziehen. Hierdurch soll der Betriebsrat in die Lage versetzt werden, die Auswirkungen einer geplanten Betriebsänderung rasch zu erfassen und in kurzer Zeit mit Hilfe eines externen Sachverstands fundierte Alternativvorschläge vor allem für eine Beschäftigungssicherung so rechtzeitig zu erarbeiten, dass er auf die Entscheidung des Arbeitgebers noch Einfluss nehmen kann (BT-Drs. 14/5741, S. 52). Im Interesse der Beschleunigung des Verfahrens bedarf es keiner vorherigen Vereinbarung mit dem Unternehmer.

1821

(1) Erforderliche Unternehmensgröße
Das Recht zur Hinzuziehung eines Beraters besteht im Hinblick auf die Kostenbelastung des Unternehmens (vgl. BT-Drs. 14/5741, S. 52) nur in Unternehmen, die mehr als 300 Arbeitnehmer beschäftigen. In kleineren Unternehmen kann der Betriebsrat nur seine Rechte aus § 80 Abs. 2 und 3 BetrVG wahrnehmen. Für den Unternehmensbegriff gelten dieselben Grundsätze wie bei § 111 S. 1 BetrVG (s. o. I/Rz. 1776). Es gilt der Arbeitnehmerbegriff des § 5 BetrVG (s. o. I/Rz. 5 ff.). Unerheblich ist, ob die Arbeitnehmer wahlberechtigt sind oder im Ausland beschäftigt sind (GK-BetrVG/*Fabricius/Oetker* § 111 Rz. 158).

1822

(2) Entscheidung des Betriebsrats
Die Entscheidung, ob ein Berater hinzugezogen wird, obliegt nach pflichtgemäßem Ermessen dem Betriebsrat durch Beschluss. Eine Vereinbarung mit dem Unternehmer ist nicht erforderlich, im Hinblick auf die Kostentragung des Unternehmers aber zweckmäßig. Im Rahmen der Ermessensentscheidung muss der Betriebsrat berücksichtigen, ob die Hinzuziehung eines Beraters erforderlich ist. Dies hängt zum einen davon ab, ob zu erwarten ist, dass der Berater unter Berücksichtigung der beim Betriebsrat schon vorhandenen Kenntnisse und Qualifikationen dem Betriebsrat zusätzliche Kenntnisse vermitteln kann. Nach GK-BetrVG/*Fabricius/Oetker* (§ 111 Rz. 160) ist der Betriebsrat auch verpflichtet zu prüfen, ob andere, kostengünstigere Möglichkeiten zur Verschaffung der erforderlichen Kenntnisse zur Verfügung stehen. Jedenfalls kann der Betriebsrat aber nicht generell darauf verwiesen werden, es stünden in ausreichendem Maße betriebs- oder unternehmensinterne Berater zur Verfügung (GK-BetrVG/*Fabricius/Oetker* § 111 Rz. 160; *Annuß* NZA 2001, 367 [369]); die Hinzuziehung eines externen Beraters ist vielmehr der vom Gesetzgeber gewollte Regelfall (vgl. BT-Drs. 14/5741, S. 52).

1823

(3) Anzahl der Berater
Grds. ist der Betriebsrat auf die Hinzuziehung eines Beraters beschränkt. Etwas anderes gilt, wenn die Betriebsänderung unterschiedliche Teilaspekte umfasst, bei deren Beratung verschiedene Qualifikationen erforderlich sind, die durch einen Berater nicht abgedeckt werden können (GK-BetrVG/*Fabricius/Oetker* § 111 Rz. 155).

1824

(4) Person und Rechtsstellung des Beraters
Die Hinzuziehung eines *externen* Beraters ist der gesetzlich gewollte Regelfall (BT-Drs. 14/5741, S. 52). Der Berater muss auf Grund seiner Qualifikation geeignet sein, den Betriebsrat im Hinblick auf die Auswirkungen der geplanten Betriebsänderung

1825

Wildschütz 2287

I. Betriebsverfassungsrecht

und die Erarbeitung von Alternativen zu beraten, was i. d. R. betriebswirtschaftliche und technische Kenntnisse voraussetzt (GK-BetrVG/*Fabricius/Oetker* § 111 Rz. 153). Die Hinzuziehung eines rechtlichen Beraters richtet sich im Regelfall hingegen nach § 80 Abs. 3 BetrVG (s. o. I/Rz. 1278 ff.; GK-BetrVG/*Fabricius/Oetker* § 111 Rz. 153), es sei denn, die Erarbeitung eines Alternativkonzepts wirft auch rechtliche Fragestellungen auf. In Betracht kommt nicht nur die Hinzuziehung einer natürlichen Person, sondern auch eines Beratungsunternehmens (GK-BetrVG/*Fabricius/Oetker* § 111 Rz. 154).

Der Beschluss des Betriebsrats, einen Berater hinzuziehen, berechtigt diesen, das Betriebsgelände zur Wahrnehmung seiner Beratungstätigkeit zu betreten (GK-BetrVG/*Fabricius/Oetker* § 111 Rz. 165). Wenn der Betriebsrat dies will, ist der Berater berechtigt, an den Beratungen zwischen Betriebsrat und Unternehmer über die beabsichtige Betriebsänderung teilzunehmen; ein eigenes Informationsrecht gegenüber dem Unternehmer hat der Berater aber nicht (GK-BetrVG/*Fabricius/Oetker* § 111 Rz. 181, 182).

Der Berater unterliegt nach §§ 111 S. 2, 80 Abs. 4, 79 BetrVG einer strafbewehrten (vgl. § 120 Abs. 1 Nr. 3 a BetrVG) Verschwiegenheitspflicht hinsichtlich ihm bekannt gewordener Betriebs- und Geschäftsgeheimnisse (s. o. I/660 ff.).

(5) Umfang der Beratungstätigkeit

1826 Zweck des dem Betriebsrat eingeräumten Rechts der Hinzuziehung eines Beraters ist die schnelle Erfassung der Auswirkungen einer geplanten Betriebsänderung und die Unterstützung bei der Erarbeitung von Alternativkonzepten (BT-Drs. 14/5741, S. 52). Im Rahmen der Beratungen mit dem Unternehmer soll der Betriebsrat argumentativ Einfluss auf das »Ob« und »Wie« der geplanten Betriebsänderung nehmen können. Aus diesem Gesetzeszweck folgt, dass die Beratungstätigkeit des Beraters auf das Verfahren zur Herbeiführung eines Interessenausgleichs beschränkt ist und sich nicht auch auf das Sozialplanverfahren bezieht. Nach Ansicht von *Oetker* (GK-BetrVG § 111 Rz. 161) soll sich die Hinzuziehung eines Beraters sogar nur auf die erste Phase der unmittelbaren Beratung zwischen Betriebsrat und Unternehmer beschränken, also nicht mehr die Phasen einer evtl. Hinzuziehung des Präsidenten des Landesarbeitsamtes (s. u. I/Rz. 1829) oder des Versuchs der Herbeiführung eines Interessenausgleichs vor der Einigungsstelle (s. u. I/Rz. 1830 ff.) umfassen. Diese einengende Betrachtung erscheint unter Berücksichtigung des Gesetzeszwecks nicht angebracht, da sich ein Beratungsbedarf für Alternativkonzepte in jeder Phase des Verfahrens zur Herbeiführung eines Interessenausgleichs stellen kann.

(6) Kosten des Beraters

1827 Die Kostentragungspflicht für die Hinzuziehung eines Beraters richtet sich nach § 40 BetrVG und damit nach dem Grundsatz der Erforderlichkeit (s. o. I/Rz. 674 ff.). Existieren für die Beratungstätigkeit Gebührenordnungen, so sind nur die sich in diesem Rahmen bewegenden Honorare verhältnismäßig. Ansonsten kann auf den Maßstab der üblichen Vergütung i. S. d. § 612 BGB abgestellt werden (GK-BetrVG/*Fabricius/Oetker* § 111 Rz. 164).

bb) Verhandlungen zwischen Betriebsrat und Arbeitgeber

1828 Gegenstand der Verhandlungen ist die geplante Betriebsänderung als solche, d. h. die Frage, ob sie überhaupt vorgenommen werden soll oder ob Gegeninteressen der Arbeitnehmer überwiegen. Weiter kann es um den Umfang der beabsichtigten Maß-

I. Betriebsverfassungsrecht

nahme (z. B. die Zahl der geplanten Kündigungen) sowie darum gehen, mit welchen Mitteln (Ausnutzung der Fluktuation, Aufhebungsverträge, Änderungskündigungen usw.) sie realisiert werden soll. Auch der Zeitpunkt der Vornahme kann von wesentlicher Bedeutung sein. Bei Betriebseinschränkungen oder Stilllegungen ist die Möglichkeit alternativer Produktion zu erörtern, oder zu fragen, ob die Möglichkeiten der Kurzarbeit effektiv erschöpft sind. Gegebenenfalls sollte auch über sonstige Umschulungs- und Weiterbildungsmöglichkeiten – z. B. unter Einschaltung von Vertretern des Arbeitsamtes – verhandelt werden. Bei Betriebsänderungen nach § 111 S. 2 Nr. 4, 5 BetrVG sind auch die Nachteile neuer Techniken unter Einschluss etwaiger Gesundheitsfragen zu erörtern. Der Betriebsrat kann auch vorschlagen, zunächst nur Probeläufe durchzuführen, um die wirtschaftlichen und sozialen Auswirkungen besser beurteilen zu können oder ein Gutachten einzuholen (*Däubler* DKK §§ 112, 112 a Rz. 3).

cc) Einschaltung des Präsidenten des Landesarbeitsamtes
Kommt eine Einigung zwischen den Betriebspartnern nicht zu Stande, kann jede Seite nach § 112 Abs. 2 BetrVG den Präsidenten des Landesarbeitsamtes, in dessen Bezirk der Betrieb liegt, um Vermittlung ersuchen, wobei es insbesondere um die Frage gehen wird, welche Umschulungs- und Weiterbildungsmaßnahmen das Arbeitsamt anbieten kann und inwieweit andere Förderungsmittel, wie z. B. ABM-Stellen zur Verfügung stehen (*Däubler* DKK §§ 112, 112 a Rz. 4). Bei einem Ersuchen eines der Betriebspartner ist der andere Betriebspartner verpflichtet, an dem Vermittlungsversuch teilzunehmen (GK-BetrVG/*Fabricius/Oetker* §§ 112, 112 a Rz. 19). In der **Insolvenz** geht gem. § 121 InsO dem Verfahren vor der Einigungsstelle (s. u. I/Rz. 1830 ff.) nur dann ein Vermittlungsversuch des Präsidenten des Landesarbeitsamtes voraus, wenn der Betriebsrat und der Insolvenzverwalter gemeinsam um eine solche Vermittlung ersuchen. 1829

Der Präsident des Landesarbeitsamtes bzw. sein Vertreter kann nur Einigungsvorschläge unterbreiten, die abgelehnt werden können. Ob eine Vereinbarung zulässig ist, in der sich die Betriebspartner im Vorhinein einem etwaigen Vorschlag unterwerfen, ist streitig (str., vgl. GK-BetrVG/*Fabricius/Oetker* §§ 112, 112 a Rz. 204).

dd) Anrufung der Einigungsstelle
Bleibt auch der Vermittlungsversuch des Landesarbeitsamtspräsidenten erfolglos oder wird dieser nicht eingeschaltet, so können der Unternehmer oder der Betriebsrat die Einigungsstelle anrufen, § 112 Abs. 2 BetrVG. Eine betriebsverfassungsrechtliche Pflicht des Unternehmers zur Anrufung der Einigungsstelle besteht nicht, es handelt sich vielmehr um eine bloße Obliegenheit (vgl. MünchArbR/*Matthes* § 361 Rz. 26). 1830

> Allerdings muss der Arbeitgeber faktisch die Einigungsstelle anrufen, da er andernfalls wegen Nichtausschöpfung des Verfahrens zur Herbeiführung eines Interessenausgleichs mit Nachteilsausgleichsansprüchen der betroffenen Arbeitnehmer nach § 113 BetrVG konfrontiert ist (*BAG* 18.12.1984 EzA § 113 BetrVG 1972 Nr. 12; zum Nachteilsausgleich s. u. I/Rz. 1842 ff.). 1831

Der Interessenausgleich ist nicht erzwingbar. Kommt eine Einigung nicht zu Stande, so hat die Einigungsstelle das Scheitern des Versuches, einen Interessenausgleich herbeizuführen, festzustellen und das Verfahren einzustellen. Für die Errichtung und Zu- 1832

I. Betriebsverfassungsrecht

sammensetzung der Einigungsstelle gilt § 76 Abs. 2 BetrVG (s. o. I/Rz. 1069 ff.), sodass der Vorsitzende und die Zahl der Beisitzer auf Antrag einer Seite notfalls gem. § 98 ArbGG durch das Arbeitsgericht bestimmt werden können. Der Vorsitzende der Einigungsstelle kann ohne Zustimmung der Beisitzer den Präsidenten des Landesarbeitsamtes zur Aufbereitung des bisherigen Streitstandes und Einbeziehung etwaiger Maßnahmen nach dem SGB III laden. Kommt eine Einigung zu Stande, ist sie schriftlich niederzulegen und vom Vorsitzenden der Einigungsstelle und den Betriebspartnern zu unterschreiben.

b) Form und Inhalt

1833 Gem. § 112 Abs. 1 BetrVG muss der Interessenausgleich schriftlich niedergelegt und von den Betriebspartnern unterschrieben werden. Bei Zustandekommen erst in der Einigungsstelle hat nach Abs. 3 S. 3 zusätzlich auch der Vorsitzende zu unterschreiben. Ein nur mündlich vereinbarter Interessenausgleich ist unwirksam (*BAG* 9.7.1985 EzA § 113 BetrVG 1972 Nr. 13). An einer wirksamen Einigung fehlt es auch dann, wenn der Betriebsrat gegen die Betriebsänderung von vornherein keinerlei Einwände erhebt und ausschließlich den Abschluss eines Sozialplanes verlangt (*LAG Berlin* 9.8.1987 LAGE § 112 a BetrVG Nr. 2). Die Schriftform ist nicht dadurch gewahrt, dass Unternehmer und Betriebsrat eine an das Arbeitsamt gerichtete Massenentlassungsanzeige gemeinsam unterzeichnen. Erst recht reicht nicht das bloße Schweigen des Betriebsrats nach Unterrichtung durch den Arbeitgeber über die beabsichtigte Betriebsänderung.

1834 Gegenstand des Interessenausgleichs kann alles sein, was nicht Gegenstand des Sozialplans gem. § 112 Abs. 1 S. 2 BetrVG ist (*BAG* 17.9.1991 EzA § 112 BetrVG 1972 Nr. 58), z. B. Regelungen darüber, ob, wann und in welcher Form die geplante unternehmerische Maßnahme durchgeführt wird (*BAG* 27.10.1987 EzA § 112 BetrVG 1972 Nr. 41), nicht jedoch Regelungen zum Ausgleich oder zur Milderung wirtschaftlicher Nachteile, die dem Sozialplan vorbehalten sind. Bei Massenentlassungen kommen Auswahlrichtlinien in Betracht (*BAG* 20.10.1983 EzA § 1 KSchG Betriebsbedingte Kündigung Nr. 28). Die Auswahlrichtlinien können in gleichem Umfang von den Grundsätzen über die soziale Auswahl nach § 1 Abs. 3 KSchG abweichen, wie Personalrichtlinien i. S. v. § 95 Abs. 1, 2 BetrVG (*BAG* 18.1.1990 EzA § 1 KSchG Soziale Auswahl Nr. 28). Im Interessenausgleich können auch Maßnahmen vereinbart werden, durch die wirtschaftliche Nachteile für die von der Betriebsänderung betroffenen Arbeitnehmer nach Möglichkeit verhindert werden, wie z. B. Kündigungsverbote, Versetzungs- und Umschulungspflichten (*BAG* 17.9.1991 EzA § 112 BetrVG 1972 Nr. 58). Inhalt kann auch die vorbehaltlose Zustimmung des Betriebsrats zur geplanten Maßnahme sein. Vereinbaren Arbeitgeber und Betriebsrat vor Durchführung einer Maßnahme schriftlich, in welcher Weise die wirtschaftlichen Nachteile der von dieser Maßnahme betroffenen Arbeitnehmer ausgeglichen oder gemildert werden sollen, so kann darin auch eine solche Einigung der Betriebspartner darüber liegen, dass diese Maßnahme so wie geplant durchgeführt werden soll (*BAG* 20.4.1994 EzA § 113 BetrVG 1972 Nr. 22).

c) Rechtsnatur und Bindungswirkung

1835 Nach Auffassung des *BAG* (28.8.1991 EzA § 113 BetrVG 1972 Nr. 21) erzeugt ein Interessenausgleich keinen Anspruch des Betriebsrates auf dessen Einhaltung.

Dementsprechend wird in der Literatur überwiegend (vgl. GK-BetrVG/*Fabricius*/ *Oetker* §§ 112, 112a Rz. 60, 61) der Interessenausgleich als besondere Vereinbarung kollektiver Art ohne Bindungswirkung angesehen. Nach anderer Auffassung (Münch-ArbR/*Matthes* § 361 Rz. 28) ist ein vereinbarter Interessenausgleich mit der Folge eines Durchführungsanspruches des Betriebsrates bindend, es sei denn, zwingende Gründe i. S. d. § 113 Abs. 1 BetrVG rechtfertigen eine Abweichung vom Interessenausgleich.

Soweit demnach nach überwiegender Auffassung ein vereinbarter Interessenausgleich keine bindende Wirkung erzeugt und somit nicht echte Betriebsvereinbarung ist, steht es den Betriebspartnern doch frei, anlässlich einer geplanten Betriebsänderung bestimmte Fragen durch freiwillige Betriebsvereinbarung zu regeln. Ist zweifelhaft, ob eine (verbindliche) Betriebsvereinbarung oder ein Interessenausgleich abgeschlossen wurde, muss im Wege der Auslegung geklärt werden, ob eine gerichtlich erzwingbare Regelung gewollt war (*Däubler* DKK §§ 112, 112a Rz. 19, 21). 1836

d) Interessenausgleich und Einzelbeteiligungsrechte des Betriebsrates; Auswirkungen des Interessenausgleichs auf Kündigungsschutzprozesse

Ein gefundener Interessenausgleich lässt grds. alle Einzelbeteiligungsrechte des Betriebsrates (z. B. §§ 99, 102 BetrVG) unberührt. Er kann allerdings bereits so konkret und detailliert gefasst sein, dass damit der Betriebsrat seine einzelnen Beteiligungsrechte schon wahrgenommen hat. 1837

Ob dies der Fall ist, ist eine Auslegungsfrage (MünchArbR/*Matthes* § 361 Rz. 16). Bei personellen Einzelmaßnahmen ist eine solche Auslegung jedenfalls nur dann gerechtfertigt, wenn die betroffenen Arbeitnehmer, die gekündigt, versetzt, umgruppiert oder fortgebildet werden sollen, feststehen und der Interessenausgleich erkennen lässt, dass damit auch diesen konkreten Einzelmaßnahmen zugestimmt wird (Münch-ArbR/*Matthes* § 361 Rz. 16). Für vor dem 1.1.1999 abgeschlossene Interessenausgleiche, in denen die zu kündigenden Arbeitnehmer namentlich bezeichnet werden, hatte dies nach § 1 Abs. 5 KSchG in der bis zum 31.12.1998 geltenden Fassung zur Konsequenz, dass vermutet wird, dass die Kündigung durch dringende betriebliche Erfordernisse bedingt ist. Die soziale Auswahl kann dann nur auf grobe Fehlerhaftigkeit überprüft werden. Dies gilt nicht, soweit sich die Sachlage nach Zustandekommen des Interessenausgleichs wesentlich geändert hat. Gem. § 1 Abs. 5 KSchG in der bis zum 31.12.1998 geltenden Fassung ersetzt ein Interessenausgleich, in dem die zu kündigenden Arbeitnehmer namentlich genannt sind, ferner die Stellungnahme des Betriebsrats nach § 17 Abs. 3 S. 2 KSchG (s. o. D/Rz. 1578 ff.). § 1 Abs. 5 KSchG wurde durch das Gesetz zu Korrekturen in der Sozialversicherung und zur Sicherung von Arbeitnehmerrechten (BGBl. I S. 3843) mit Wirkung zum 1.1.1999 aufgehoben. Nach Maßgabe der am 1.1.1999 in Kraft getretenen Insolvenzordnung gelten aber entsprechende Regelungen im Insolvenzverfahren (s. o. D/Rz. 1643 ff.)

e) Wirksamkeit der Betriebsänderung

Soweit der Unternehmer vor Durchführung der Betriebsänderung nicht versucht hat, einen Interessenausgleich mit dem Betriebsrat herbeizuführen, ist dies für die Wirksamkeit der Betriebsänderung ohne Bedeutung. 1838

I. Betriebsverfassungsrecht

Folge eines unterlassenen Versuchs des Interessenausgleichs ist das Entstehen von Nachteilsausgleichsansprüchen der betroffenen Arbeitnehmer § 113 BetrVG (s. u. I/Rz. 1842 ff.).

f) Unterlassungsansprüche des Betriebsrats – Kündigungsverbot während der Verhandlungen?

1839 Umstritten (vgl. *Ehrich* BB 1993, 356) ist, ob der Betriebsrat einen im Wege der einstweiligen Verfügung (§ 85 Abs. 2 ArbGG, §§ 935, 940 ZPO) durchsetzbaren Anspruch darauf hat, dass der Unternehmer eine geplante Betriebsänderung und die zu ihrer Durchführung notwendigen Maßnahmen (z. B. Kündigungen) solange unterlässt, bis die Betriebsänderung mit dem Betriebsrat beraten worden und das Verfahren zur Herbeiführung eines Interessenausgleichs abgeschlossen worden ist.

1840 Zum Teil wird ein solcher Anspruch unter Hinweis darauf, dass § 113 BetrVG eine spezielle Sanktion bei Nichteinhalten des vorgeschriebenen Verfahrens zur Herbeiführung eines Interessenausgleiches enthält, abgelehnt (*LAG Rheinland-Pfalz* 28.3.1989 LAGE § 111 BetrVG 1972 Nr. 10; *LAG Schleswig-Holstein* 13.1.1992 LAGE § 111 BetrVG 1972 Nr. 11; *LAG Baden-Württemberg* 28.8.1985 DB 1986, 805; *LAG Düsseldorf* 19.11.1996 LAGE § 111 BetrVG 1972 Nr. 14; *Etzel* HzA Gruppe 19 Rz. 908; *Heinze* DB Beil. 9/1983, S. 20; *Bengelsdorf* DB 1990, 1233).

1841 Nach überwiegender Ansicht wird eine derartige einstweilige Verfügung unter Hinweis darauf, dass ansonsten die Rechte des Betriebsrats leer laufen würden, für zulässig gehalten, zeitlich befristet allerdings durch die Beratungen über einen Interessenausgleich (*LAG Berlin* 7.9.1995 LAGE § 111 BetrVG 1972 Nr. 13; *LAG Frankfurt/M.* 6.4.1993 LAGE § 111 BetrVG 1972 Nr. 12; *LAG Hamburg* 5.2.1986 LAGE § 23 BetrVG 1972 Nr. 5; *LAG Hamm* 23.3.1983 ArbuR 1984, 54; *Däubler* DKK §§ 112, 112a Rz. 23). § 113 Abs. 3 S. 2 und 3 BetrVG in der bis zum 31.12.1998 geltenden Fassung sah eine zeitliche Grenze von zwei Monaten (bzw. bei Anrufung der Einigungsstelle innerhalb der Zweimonatsfrist nach Ablauf von einem Monat nach Anrufung der Einigungsstelle, wenn dadurch insgesamt die Zweimonatsfrist überschritten wird) vor, nach deren Überschreitung der Versuch eines Interessenausgleichs als unternommen galt. Unter Geltung dieser mit Wirkung zum 1.1.1999 aufgehobenen Regelung war streitig, ob jedenfalls eine Untersagung der zur Durchführung der Betriebsänderung notwendigen Maßnahmen durch einstweilige Verfügung maximal bis zu dieser zeitlichen Grenze in Betracht kommt. Zum Teil (*LAG Hamburg* NZA-RR 1997, 296; *LAG Düsseldorf* DB 1997, 1286; *Löwisch* NZA 1996, 1016; *Schiefer* DB 1998, 925 [929]; *Roeder/Baeck* BB Beil. 17/1996, 24; *Schwedes* BB Beil. 17/1996, 7; *Meinel* DB 1997, 170 [171]) wurde dies mit der Begründung angenommen, dass der Arbeitgeber nach Ablauf der in § 113 Abs. 3 a. F. BetrVG geregelten Fristen seine Verhandlungspflichten gegenüber dem Betriebsrat erfüllt habe. Nach anderer Ansicht (*Däubler* DKK 6. Aufl. §§ 112, 112a Rz. 23a; *Klebe* AiB 1996, 721; *Nielebock* AiB 1997, 97; *Dütz* ArbuR 1998, 181 ff.; *ArbG Hamburg* NZA-RR 1997, 296) regelte § 113 Abs. 3 a. F. BetrVG nur die individualrechtliche Frage des Bestehens von Nachteilsausgleichsansprüchen. Deshalb komme eine Untersagungsverfügung auch nach Ablauf der in § 113 Abs. 3 a. F. BetrVG geregelten Fristen in Betracht, wenn der Arbeitgeber das in § 112 BetrVG geregelte Verfahren nicht voll ausschöpfe, sodass er zur Wahrung der Rechte des Betriebsrats auch nach Ablauf der genannten Fristen ggf. das Einigungsstellenverfahren einleiten müsse. Bei Betriebsänderungen, die sich im Rahmen von Umwandlungen nach dem UmwG vollziehen, ist fraglich, ob ein Unterlassungsanspruch des Betriebsrats gerichtet darauf besteht, dass den beteiligten Rechtsträgern die Zuleitung der umwandlungsrechtlichen Verträge bzw. ihre Entwürfe an das Registergericht zum Zwecke der Eintragung bis zum Abschluss des Interessenausgleichsverfahrens untersagt wird (so *Bachner/Köstler/Trittin/Trümner* Arbeitsrecht bei Umwandlungen, 1997, S. 100 f.; ablehnend: *Willemsen* RdA 1998, 23 [29 f.]).

5. Der Nachteilsausgleich, § 113 BetrVG

§ 113 BetrVG hat eine Sanktions- und Ausgleichsfunktion: Zum einen soll für die Arbeitnehmer die Einhaltung der Beteiligung des Betriebsrats bei unternehmerischen Maßnahmen abgesichert werden, zum anderen soll sichergestellt werden, dass Arbeitnehmer, die von ohne Beachtung der Mitbestimmungsrechte durchgeführten Maßnahmen nachteilig betroffen sind, einen Ausgleich erhalten (BR-Drs. 715/70, S. 55). Der Nachteilsausgleichsanspruch setzt kein Verschulden des Arbeitgebers voraus (*BAG* 13.6.1989 EzA § 113 BetrVG 1972 Nr. 19). Der Anspruch setzt voraus, dass der Unternehmer eine Betriebsänderung durchführt, ohne zuvor einen Interessenausgleich mit dem Betriebsrat versucht zu haben, oder von einem vereinbarten Interessenausgleich ohne zwingenden Grund abweicht. 1842

a) Der Versuch eines Interessenausgleichs

Der Unternehmer, der Ansprüche auf Nachteilsausgleich vermeiden will, muss das für den Versuch einer Einigung über den Interessenausgleich vorgesehene Verfahren voll ausschöpfen. Er muss, falls keine Einigung mit dem Betriebsrat möglich ist und dieser nicht selbst die Initiative ergreift, die Einigungsstelle anrufen, um dort einen Interessenausgleich zu versuchen (*BAG* 18.12.1984 EzA § 113 BetrVG 1972 Nr. 12). Ruft der Betriebsrat die Einigungsstelle an, muss sich der Unternehmer auf das Verfahren vor der Einigungsstelle einlassen (MünchArbR/ *Matthes* § 361 Rz. 26, 35). 1843

Unschädlich ist allerdings der Verzicht auf die Einschaltung des Präsidenten des Landesarbeitsamtes (*Däubler* DKK § 113 Rz. 11). Der Versuch bis hin vor die Einigungsstelle muss auch in den Fällen des § 112 a BetrVG (*BAG* 8.11.1988 EzA § 113 BetrVG 1972 Nr. 18) sowie auch bei Vereinbarung eines vorsorglichen Sozialplanes (*BAG* 29.11.1983 EzA § 113 BetrVG 1972 Nr. 11) unternommen werden.

Der Versuch eines Interessenausgleichs ist auch erfüllt, wenn der Betriebsrat sich auf eine Verhandlung vor der vom Unternehmer angerufenen Einigungsstelle überhaupt nicht einlässt oder beide Betriebspartner übereinkommen, dass ein Einigungsversuch vor der Einigungsstelle zwecklos ist und deshalb von der Anrufung der Einigungsstelle abgesehen wird. 1844

Nach § 113 Abs. 3 S. 2, 3 BetrVG in der bis zum 31.12.1998 geltenden Fassung galt ferner der Versuch eines Interessenausgleichs als erfüllt, wenn der Unternehmer den Betriebsrat ordnungsgemäß unterrichtet hat und nicht innerhalb von zwei Monaten nach Beginn der Beratungen oder schriftlicher Aufforderung zur Aufnahme

I. Betriebsverfassungsrecht

der Beratungen ein Interessenausgleich zu Stande gekommen ist. Wurde innerhalb der Zweimonatsfrist die Einigungsstelle angerufen, so endete die Frist einen Monat nach Anrufung der Einigungsstelle, wenn durch die Anrufung die Zweimonatsfrist überschritten wird.

> In der **Insolvenz** besteht darüber hinaus für den Insolvenzverwalter nach § 122 InsO die Möglichkeit, beim Arbeitsgericht die Zustimmung dazu zu beantragen, dass die Betriebsänderung ohne das in § 112 Abs. 2 BetrVG vorgesehene Verfahren (also ohne Anrufung der Einigungsstelle) durchgeführt wird, wenn er den Betriebsrat rechtzeitig und umfassend unterrichtet hat (s. o. I/Rz. 1806 ff.) und innerhalb von drei Wochen nach Aufnahme der Verhandlungen über einen Interessenausgleich oder nach Aufforderung zur Verhandlungsaufnahme ein Interessenausgleich noch nicht zu Stande gekommen ist. Soweit ein solches Verfahren eingeleitet wird, scheiden Ansprüche auf Nachteilsausgleich aus. Die Zustimmung ist nach § 122 Abs. 2 InsO durch das Arbeitsgericht zu erteilen, wenn die wirtschaftliche Lage des Unternehmens auch unter Berücksichtigung der sozialen Belange der Arbeitnehmer erfordert, dass die Betriebsänderung ohne vorheriges Verfahren nach § 112 Abs. 2 BetrVG durchgeführt wird.

1845 Hat der Unternehmer die Betriebsänderung ohne Ausschöpfung des Verfahrens durchgeführt, also z. B. eine Betriebsstilllegung und die Kündigungen der Arbeitnehmer endgültig beschlossen, ohne vorher bis vor die Einigungsstelle den Versuch zur Herbeiführung eines Interessenausgleichs unternommen zu haben, kann das in § 112 Abs. 2 BetrVG vorgesehene Einigungsverfahren nicht mehr nachgeholt werden. Selbst die nachträgliche Erklärung des Betriebsrats, er wolle keine rechtlichen Schritte wegen des unterbliebenen Versuchs eines Interessenausgleichs unternehmen, ändert nichts an dem Bestehen des Anspruchs auf Nachteilsausgleich (*BAG* 14.9.1976 EzA § 113 BetrVG 1972 Nr. 2). Die Notwendigkeit der Anrufung der Einigungsstelle auf Grund eigener Initiative des Unternehmers entfällt auch nicht deshalb, weil zwingende Gründe die Betriebsänderung erforderlich machen. Allerdings kann vom Unternehmer nicht ein offensichtlich sinnloser Versuch eines Interessenausgleichs verlangt werden, z. B. dann, wenn das völlig überschuldete Unternehmen illiquide und auch bezüglich der Lohnzahlung völlig abhängig von Krediten einer Sparkasse ist, deren Gewährung wiederum abhängig ist vom Erfolg der Verhandlungen über eine Betriebsübernahme mit einem Dritten. Denn dann ist der Versuch eines Interessenausgleichs nur leere Formalität, hat jeden Sinn verloren, erfüllt nicht mehr den sozialen Schutzzweck, dem er dienen soll, sondern wirkt sich eher nachteilig für die betroffenen Arbeitnehmer aus (*BAG* 23.1.1979 EzA § 113 BetrVG 1972 Nr. 9).

b) Abweichung vom Interessenausgleich

1846 Ein Nachteilsausgleichsanspruch entsteht auch dann, wenn der Unternehmer von einem mit dem Betriebsrat vereinbarten Interessenausgleich abweicht, es sei denn, dass zwingende Gründe die Änderung erforderlich gemacht haben.

> Eine Abweichung rechtfertigen nur Gründe, die beim Abschluss des Interessenausgleichs nicht bekannt waren oder erst danach eingetreten sind und dem Unternehmer ein Festhalten am Interessenausgleich unzumutbar machen (*Däubler* DKK § 113 Rz. 4). Es sind strenge Anforderungen i. S. d. Grundsätze vom

Wegfall der Geschäftsgrundlage zu stellen (GK-BetrVG/*Fabricius/Oetker* § 113 Rz. 25).

Nicht ausreichend ist, dass der Unternehmer sich an einen »Interessenausgleich« hält, der mit dem Betriebsrat zu einem Zeitpunkt vereinbart wurde, zu welchem die Maßnahme noch so unklar war, dass vernünftigerweise eine Einigung über das Ob und Wie der Maßnahme noch nicht möglich war. Die Aufstellung eines solchen, vorsorglichen Interessenausgleichs ist nicht möglich (*BAG* 19.1.1999 EzA § 113 BetrVG 1972 Nr. 28).

Ob diese Voraussetzungen erfüllt sind, kann nur in dem vom Arbeitnehmer eingeleiteten Prozess auf Zahlung einer Abfindung bzw. auf Nachteilsausgleich geklärt werden, nicht aber zum Gegenstand eines gesonderten Beschlussverfahrens gemacht werden (*BAG* 18.3.1975 EzA § 112 BetrVG 1972 Nr. 7). **1847**

c) Ansprüche auf Nachteilsausgleich

Kommt es auf Grund von Abweichungen vom Interessenausgleich oder infolge der ohne den Versuch eines Interessenausgleichs durchgeführten Betriebsänderung zu Entlassungen, so besteht für die betroffenen Arbeitnehmer nach § 113 Abs. 1 und 3 BetrVG ein individualrechtlicher Anspruch auf Zahlung einer Abfindung entsprechend § 10 KSchG. Auch Arbeitnehmer, denen im Falle einer Teilbetriebsveräußerung (§ 613 a BGB) ausschließlich deshalb gekündigt wird, weil sie einem Übergang des Arbeitsverhältnisses auf den Erwerber widersprochen haben und eine Beschäftigungsmöglichkeit im Restbetrieb nicht mehr besteht, haben einen Anspruch auf Nachteilsausgleich (*BAG* 10.12.1996 EzA § 111 BetrVG 1972 Nr. 34). In der **Insolvenz** besteht ein Anspruch nicht, wenn der Insolvenzverwalter von der Möglichkeit des § 122 InsO Gebrauch gemacht hat (s. o. I/Rz. 1844). Entlassung bedeutet die tatsächliche Beendigung des Arbeitsverhältnisses, unabhängig davon, ob die Beendigung auf wirksamen oder unwirksamen rechtlichen Willenserklärungen (Kündigungen, Änderungskündigungen nach Ablehnung des Änderungsangebots oder einer sonstigen einseitigen Maßnahme) beruht. Einer betriebsbedingten Kündigung steht entsprechend § 112 a Abs. 1 S. 2 BetrVG gleich, wenn der Arbeitnehmer auf Grund eines Aufhebungsvertrages ausscheidet. Gleiches gilt für eine Eigenkündigung, die vom Unternehmer aus Gründen der Betriebsänderung veranlasst worden ist (*BAG* 23.8.1988 EzA § 113 BetrVG 1972 Nr. 17; 8.11.1988 EzA § 113 BetrVG 1972 Nr. 18). Werden Arbeitnehmer durch Nichtzahlung des Lohnes zur Kündigung veranlasst, liegt darin nur dann eine Entlassung infolge einer Betriebsänderung, wenn der Arbeitgeber mit Rücksicht auf eine von ihm geplante Betriebsstilllegung durch die Nichtzahlung des Lohnes die Arbeitnehmer zu Eigenkündigungen veranlassen will (*BAG* 4.7.1989 EzA § 112 BetrVG 1972 Nr. 24). Ob eine ausgesprochene Kündigung wirksam ist oder nicht, ist unerheblich (str., so GK-BetrVG/*Fabricius/Oetker* § 113 Rz. 46; *Däubler* DKK § 113 Rz. 14), da sich der Arbeitgeber bei Berufung auf die Unwirksamkeit der Kündigung zu seinem eigenen Verhalten in Widerspruch setzen würde. **1848**

Über die Höhe der Abfindung entscheidet das Arbeitsgericht entsprechend § 287 Abs. 1 ZPO unter Würdigung aller Umstände nach freier Überzeugung unter Berücksichtigung der Grenzen des § 10 Abs. 2 KSchG (s. o. D/Rz. 1912 ff.). Zu berücksichtigen sind Lebensalter und Betriebszugehörigkeit (*BAG* 13.6.1989 EzA § 113 BetrVG 1972 Nr. 19). Berücksichtigt werden kann auch, ob dem Ausscheiden aus dem Be- **1849**

I. Betriebsverfassungsrecht

trieb eine längere Arbeitslosigkeit folgte und ob gewachsene soziale Bindungen zerstört wurden (vgl. *BAG* 9.7.1985 EzA § 113 BetrVG 1972 Nr. 13) sowie der Grad der Zuwiderhandlung gegen betriebsverfassungsrechtliche Pflichten (GK-BetrVG/ *Fabricius/Oetker* § 113 Rz. 62). Bei der Festsetzung des Nachteilsausgleichs ist das Gericht hingegen nicht an § 112 Abs. 5 S. 2 Nr. 2 BetrVG gebunden, sodass auch Arbeitnehmern ein Nachteilsausgleich zugesprochen werden kann, die nur deshalb entlassen werden, weil sie einem Teilbetriebsübergang widersprochen haben und im Restbetrieb für sie keine Beschäftigungsmöglichkeit mehr besteht (*BAG* 10.12.1996 EzA § 111 BetrVG 1972 Nr. 34).

1850 Der Anspruch auf eine Abfindung besteht unabhängig davon, ob noch ein Sozialplananspruch besteht. Die Abfindungsansprüche aus dem Sozialplan und solche nach § 113 BetrVG sind miteinander derart zu verrechnen, dass dem Arbeitnehmer der höhere Anspruch zusteht, unabhängig davon, ob eine solche Anrechnung im Sozialplan vorgesehen ist oder nicht (*BAG* 13.6.1989 EzA § 113 BetrVG 1972 Nr. 19; 18.12.1984 EzA § 113 BetrVG 1972 Nr. 12).

1851 Wendet sich der Arbeitnehmer gerichtlich gegen die Wirksamkeit der Kündigung, kann er den Anspruch auf Nachteilsausgleich hilfsweise für den Fall geltend machen, dass seine Kündigungsschutzklage abgewiesen werden sollte.

Der Klageantrag des Arbeitnehmers im Urteilsverfahren geht dahin, »die Beklagte zur Zahlung einer Abfindung zu verurteilen, deren Höhe das Gericht gem. § 10 KSchG festsetzt«. Ein Antrag auf eine bestimmte Abfindungssumme ist entbehrlich, allerdings müssen die für die Bemessung der Abfindung maßgebenden Umstände in der Klageschrift mitgeteilt werden (*BAG* 22.2.1983 EzA § 4 TVG Ausschlussfristen Nr. 54).

1852 Der Abfindungsanspruch wird von tariflichen Ausschlussfristen erfasst (*BAG* 3.8.1982 EzA § 113 BetrVG 1972 Nr. 10; 29.11.1983 EzA § 113 BetrVG 1972 Nr. 11; s. o. C/Rz. 3735 ff.). Die Fälligkeit des Abfindungsanspruches tritt mit Ausscheiden des entlassenen Arbeitnehmers ein.

1853 Gem. § 113 Abs. 2 BetrVG sind andere wirtschaftliche Nachteile zeitlich begrenzt auf zwölf Monate vom Arbeitgeber auszugleichen. Diese können z. B. in einer geringeren Vergütung, höheren Fahrtkosten oder in einem größeren Verschleiß von Arbeitskleidung bestehen. Immaterielle Nachteile bleiben unberücksichtigt.

6. Der Sozialplan

a) Begriff, Zweck, Voraussetzungen

1854 Sozialplan ist die Einigung zwischen Unternehmer und Betriebsrat über den Ausgleich und die Milderung der wirtschaftlichen Nachteile, die den betroffenen Arbeitnehmern durch die geplante Betriebsänderung entstehen, § 112 Abs. 1 S. 2 BetrVG. Der Sozialplan hat in erster Linie eine Überleitungs- und Vorsorgefunktion; ob er daneben auch eine Entschädigungsfunktion für den Verlust des Arbeitsplatzes als solchen hat, wird kontrovers diskutiert: Nachdem der Große Senat des *BAG* (13.12.1978 EzA § 112 BetrVG 1972 Nr. 15) ausgeführt hat, dass in Sozialplänen pauschaliert und unter Umständen gestaffelt Abfindungen gewährt werden können, die einen Aus-

I. Betriebsverfassungsrecht

gleich für den Verlust des Arbeitsplatzes darstellen sollen, und zwar ohne Rücksicht darauf, ob der einzelne Arbeitnehmer tatsächlich einen wirtschaftlichen Nachteil erlitten hat, was als Entscheidung zu Gunsten der sog. Entschädigungstheorie angesehen wurde, ist diese Entscheidung des *Großen Senates* nach Ansicht des 1. Senats (23.4.1985 EzA § 112 BetrVG 1972 Nr. 34) nicht als Entscheidung für die Entschädigungstheorie zu werten. Durch das Abstellen auf Alter und Dauer der Betriebszugehörigkeit bei Berechnung der Abfindungen werde auf Kriterien abgestellt, die bei der gebotenen pauschalierenden und vorausschauenden Betrachtungsweise eine Aussage darüber erlauben, welche wirtschaftlichen Nachteile für den infolge der Betriebsänderung ausscheidenden Arbeitnehmer zu erwarten seien, sodass letztendlich auch insoweit die Überbrückungsfunktion im Vordergrund stehe. Auch nach dem nunmehr zuständigen 10. Senat (*BAG* 9.11.1994 EzA § 112 BetrVG 1972 Nr. 78) sind Sozialplanansprüche ihrem Zweck nach keine abstrakte Entschädigung für den Verlust des Arbeitsplatzes, sondern Ausgleich für konkrete wirtschaftliche Nachteile.

Voraussetzung für die Verpflichtung des Unternehmers zu Beratungen über einen Sozialplan bzw. für das Recht des Betriebsrats, vom Unternehmer die Aufstellung eines Sozialplanes zu verlangen, sind das Vorliegen einer geplanten Betriebsänderung (s. o. I/Rz. 1783 ff.) und das Bestehen eines Betriebsrats zu diesem Zeitpunkt (s. o. I/Rz. 1780 ff.). **1855**

Ggf. behält der Betriebsrat ein Restmandat (s. o. I/Rz. 415 ff.) zur Aufstellung des Sozialplanes (*BAG* 16.6.1987 EzA § 111 BetrVG 1972 Nr. 20). Zuständig ist jeweils der Betriebsrat des Betriebes, in dem die Betriebsänderung durchgeführt werden soll. Im Falle eines rechtsgeschäftlichen Übergangs eines Betriebsteils auf ein anderes Unternehmen besteht eine Zuständigkeit des Betriebsrats des Unternehmens, das die Betriebsänderung herbeigeführt hat, und zwar nicht nur für die im bisherigen Betrieb verbliebene Belegschaft, sondern auch für die im abgetrennten Betriebsteil tätigen Arbeitnehmer. Unabhängig von einer konkret geplanten Betriebsänderung können die Betriebspartner – allerdings nur im Wege der freiwilligen Einigung – für noch nicht geplante, aber in groben Umrissen schon abschätzbare Betriebsänderungen einen Sozialplan vereinbaren. Soweit ein solcher vorsorglicher Sozialplan wirksame Regelungen enthält, ist das Mitbestimmungsrecht des Betriebsrats nach § 112 BetrVG verbraucht, falls eine entsprechende Betriebsänderung später tatsächlich vorgenommen wird. Hierin liegt noch kein (unzulässiger) Verzicht auf künftige Mitbestimmungsrechte (*BAG* 26.8.1997 EzA § 112 BetrVG 1972 Nr. 96). Ein vorsorglicher Sozialplan kann auch abgeschlossen werden, wenn ungewiss ist, ob ein bestimmter Vorgang überhaupt eine Betriebsänderung ist, etwa bei Ungewissheit darüber, ob bei Kündigung eines Dienstleistungsauftrags und dessen anschließender Neuvergabe an einen anderen Auftragnehmer ein Betriebsübergang vorliegt. Die streitige Frage, ob von einer Betriebsstilllegung oder von einem Betriebsübergang auszugehen ist, können die Betriebspartner in einem Rechtsstreit über die Wirksamkeit des Sozialplans zur Entscheidung stellen (*BAG* 1.4.1998 EzA § 112 BetrVG 1972 Nr. 99). Unberührt bleibt die Verpflichtung des Unternehmers, die Betriebsänderung mit dem Betriebsrat zu beraten und einen Interessenausgleich zu versuchen. Ein vorsorglicher Sozialplan wirkt im Falle seiner Kündigung nicht nach (MünchArbR/*Matthes* § 362 Rz. 7). **1856**

I. Betriebsverfassungsrecht

b) Betriebsänderungen ohne Sozialplanpflicht

1857 Gem. § 112 a BetrVG können bestimmte Betriebsänderungen ohne Sozialplanpflicht durchgeführt werden. Möglich bleibt dann nur der freiwillige Abschluss eines Sozialplans. Andere Beteiligungsrechte des Betriebsrats, insbesondere die den Unternehmer treffenden Pflichten zur Herbeiführung eines Interessenausgleichs, bleiben unberührt (*BAG* 8.11.1988 EzA § 113 BetrVG 1972 Nr. 18).

aa) Personalabbau

1858 Eine Ausnahme von der Sozialplanpflicht besteht nach § 112 a BetrVG zunächst dann, wenn die geplante Betriebsänderung lediglich in einem Personalabbau besteht und die in der Staffel des § 112 a Abs. 1 BetrVG aufgeführte Mindestzahl von entlassenen Arbeitnehmern nicht überschritten wird. Zu beachten ist, dass die Zahlen des § 112 a Abs. 1 BetrVG nicht maßgeblich für die Beurteilung der Frage sind, ob ein reiner Personalabbau überhaupt eine Betriebsänderung ist. Hierzu stellt die Rechtsprechung vielmehr auf die geringeren Zahlen des § 17 KSchG ab (s. o. I/Rz. 1788).

> Auch wenn daher keine Sozialplanpflicht besteht, kann der Unternehmer zur Vermeidung von Ansprüchen auf Nachteilsausgleich nach § 113 Abs. 3 BetrVG verpflichtet sein, einen Interessenausgleich bis hin vor die Einigungsstelle zu versuchen.

1859 Zur Bestimmung der Anzahl der entlassenen Arbeitnehmer ist auf die Anzahl der aus betriebsbedingten Gründen entlassenen Arbeitnehmer abzustellen. Das Gesetz stellt der Entlassung auch Aufhebungsverträge gleich, die vom Arbeitgeber aus Gründen der Betriebsänderung veranlasst werden. Gleiches gilt für vom Arbeitgeber im Hinblick auf die geplante Betriebsstilllegung veranlassten Eigenkündigungen von Arbeitnehmern (*BAG* 23.8.1988 EzA § 113 BetrVG 1972 Nr. 17).

bb) Neu gegründete Unternehmen

1860 Um Unternehmen die schwierige Anfangsphase des Aufbaus zu erleichtern, besteht bei Neugründungen in den ersten vier Jahren bei geplanten Betriebsänderungen keine Sozialplanpflicht, es sei denn, die Neugründung steht im Zusammenhang mit der rechtlichen Umstrukturierung von Unternehmen und Konzernen (z. B. Verschmelzung von Unternehmen, Umwandlung, Auflösung mit anschließender Neugründung, Aufspaltung in mehrere neu gegründete Unternehmen oder die Abspaltung von Unternehmensteilen auf neu gegründete Tochtergesellschaften, vgl. BT-Drs. 10/2102, S. 28).

1861 Voraussetzung für eine rechtliche Umstrukturierung von Unternehmen in diesem Sinne ist nicht, dass schon bestehende Unternehmen dabei in ihrer rechtlichen Struktur geändert werden. Gerade die auch genannte Abspaltung von bestehenden Unternehmensteilen auf neugegründete Tochtergesellschaften macht deutlich, dass der Gesetzgeber auch Fälle erfassen wollte, in denen bestehende Unternehmen in ihrer rechtlichen Struktur und ihrem Bestand unverändert bleiben. Die Abspaltung von bestehenden Unternehmensteilen bezieht sich daher nicht auf bestehende rechtliche Einheiten, sondern auf abgrenzbare unternehmerische Aktivitäten, deren Wahrnehmung von einer rechtlichen Einheit auf eine andere verlagert wird. Es geht nicht um die Änderung bestehender rechtlicher Strukturen, d. h. von bestehenden Unternehmen als juristischen Personen, sondern darum, dass bestehende unternehmerische Aktivitäten innerhalb von rechtlichen Strukturen wahrgenommen werden, die sich

I. Betriebsverfassungsrecht

von den bisher bestehenden unterscheiden (*BAG* 22.2.1995 EzA § 112 a BetrVG 1972 Nr. 8).

Maßgebend ist alleine das Alter des Unternehmens, nicht das Alter des Betriebes. 1862
Eine Sozialplanpflicht besteht deshalb auch dann nicht, wenn ein neu gegründetes Unternehmen einen Betrieb übernimmt, der selbst schon länger als vier Jahre besteht (*BAG* 13.6.1989 EzA § 112 a BetrVG 1972 Nr. 4).

Die Vorschrift ist nur auf Betriebsänderungen anzuwenden, die in den ersten vier Jahren nach der Neugründung auch durchgeführt werden, sodass es weder auf den Zeitpunkt der Unterrichtung des Betriebsrates über die geplante Betriebsänderung, noch auf den Zeitpunkt des Zuganges von Kündigungen, sondern ausschließlich auf den Termin ankommt, zu dem Arbeitnehmer entlassen werden sollen (*Etzel* HzA Gruppe 19 Rz. 961). 1863

c) Verfahren für die Aufstellung des Sozialplans
Für die Aufstellung eines Sozialplans gilt grds. dasselbe Verfahren wie zur Herbeiführung des Interessenausgleichs (s. o. I/Rz. 1819 ff.). Kommt eine Einigung zwischen den Betriebspartnern nicht zu Stande, können sie den Präsidenten des Landesarbeitsamtes um Vermittlung ersuchen oder sofort die Einigungsstelle anrufen. Diese hat eine Einigung der Betriebspartner zu versuchen. Gelingt dies nicht, so hat die Einigungsstelle – anders als im Verfahren zur Erreichung eines Interessenausgleichs – über die Aufstellung eines Sozialplans zu entscheiden. 1864

d) Inhalt und Regelungsgrenzen

aa) Freiwilliger Sozialplan

Bei einem Sozialplan, der nicht auf einem Spruch der Einigungsstelle beruht, sondern zwischen den Betriebspartnern ausgehandelt und vereinbart wurde (freiwilliger Sozialplan), sind diese grds. frei in der Entscheidung, welche wirtschaftlichen Nachteile der von einer Betriebsänderung betroffenen Arbeitnehmer durch welche Leistungen ausgeglichen oder gemildert werden sollen (*BAG* 11.8.1993 EzA § 112 BetrVG 1972 Nr. 70; 19.7.1995 EzA § 112 BetrVG 1972 Nr. 82). 1865

Sie können bei ihrer Regelung von einem Nachteilsausgleich auch gänzlich absehen und nach der Vermeidbarkeit von Nachteilen unterscheiden (*BAG* 30.11.1994 EzA § 112 BetrVG 1972 Nr. 80). Welche Leistungen zum Ausgleich oder zur Milderung von Nachteilen vorgesehen werden sollten, hängt von der Art der Betriebsänderung und den tatsächlich entstehenden Nachteilen ab. In Betracht kommen materielle Regelungen in Form finanzieller Leistungen, wie etwa Abfindungen, Erstattung von Umzugskosten, Zahlung von Wegegeld, Lohnausgleichszahlungen, Ergänzung von Arbeitslosengeld und -hilfe, Ausgleich für Rentenminderung, Übernahme von Kosten für Umschulungsmaßnahmen, Weitergewährung von Gratifikationen oder Werkswohnungen, Regelung der Rückzahlung von Arbeitgeberdarlehen, Ausgleich für den Verlust von Anwartschaften aus der betrieblichen Altersversorgung oder die Bildung eines Sozialfonds für Härtefälle. Darüber hinaus können formelle Regelungen, wie z. B. die Festlegung des Kreises der Anspruchsberechtigten sowie verfahrensmäßige Regelungen, z. B. die Festlegung von Stichtagen für die Berechnung von 1866

I. Betriebsverfassungsrecht

Beschäftigungsjahren oder Fälligkeitstermine in den Sozialplan aufgenommen werden. Die Betriebspartner sind aus Praktikabilitätsgründen auch befugt, die Zahlung eines Abfindungszuschlages für unterhaltsberechtigte Kinder davon abhängig zu machen, dass diese auf der Lohnsteuerkarte eingetragen sind (*BAG* 12.3.1997 EzA § 112 BetrVG 1972 Nr. 92).

(1) Grenzen der Regelungsmacht; Auslegungsfragen

1867 Bei Vereinbarung eines freiwilligen Sozialplanes müssen die Betriebspartner die sich aus höherrangigem Recht ergebenden Schranken der Regelungsbefugnis beachten. Ein freiwilliger Sozialplan darf insbesondere nicht gegen den Gleichbehandlungsgrundsatz und gegen die Grundsätze des § 75 BetrVG verstoßen. Die Maßstäbe des § 112 Abs. 5 BetrVG gelten jedoch für den freiwilligen Sozialplan nicht.

1868 Der Gleichbehandlungsgrundsatz verbietet eine sachfremde Schlechterstellung einzelner Arbeitnehmer oder einzelner Arbeitnehmergruppen gegenüber anderen Arbeitnehmern oder Arbeitnehmergruppen in vergleichbarer Lage. Eine Differenzierung ist sachfremd, wenn es für sie keine sachlichen und billigenswerten Gründe gibt, die unterschiedliche Behandlung sich vielmehr als sachwidrig und willkürlich erweist (*BAG* 9.11.1994 EzA § 112 BetrVG 1972 Nr. 78; s. o. A/Rz. 458 ff.). Die Regelungen eines Sozialplanes müssen damit billigem Ermessen entsprechen.

1869 Keine Regelungsgrenze ergibt sich unter dem Gesichtspunkt des Tarifvorranges. Nach § 112 Abs. 1 S. 4 BetrVG ist § 77 Abs. 3 BetrVG auf Sozialpläne nicht anzuwenden, sodass Sozialpläne auch Leistungen für Betriebsänderungen vorsehen können, die bereits tariflich geregelt worden sind, etwa in Rationalisierungsschutzabkommen. Ist der Sozialplan ungünstiger als eine auf das Arbeitsverhältnis anwendbare tarifliche Regelung, geht die günstigere tarifliche Regelung nach § 4 Abs. 3 TVG vor. Ob die Leistungen aus dem Sozialplan und dem Tarifvertrag aufeinander anzurechnen sind, bestimmt sich nach der jeweils getroffenen Regelung (MünchArbR/*Matthes* § 362 Rz. 22). Keine Regelungskompetenz besteht für leitende Angestellte. Insoweit besteht nach § 32 Abs. 2 SprAuG nur eine Beratungspflicht mit dem Sprecherausschuss (s. o. I/Rz. 928 ff.). Zulässig dürfte es jedoch sein, dass die Betriebspartner durch Vertrag zu Gunsten Dritter (§ 328 BGB) die leitenden Angestellten in den Kreis der aus dem Sozialplan Berechtigten einbeziehen (*BAG* 31.1.1979 EzA § 112 BetrVG 1972 Nr. 17, insoweit nicht aufgegeben durch *BAG* 16.7.1985 EzA § 112 BetrVG 1972 Nr. 38). Fehlt es an einer solchen Einbeziehung, ist der Arbeitgeber auch nach dem arbeitsrechtlichen Gleichbehandlungsgrundsatz nicht verpflichtet, den leitenden Angestellten ebenso wie den von einem Sozialplan begünstigten Arbeitnehmern eine Abfindung für den Verlust ihres Arbeitsplatzes zu zahlen (*BAG* 16.7.1985 EzA § 112 BetrVG 1972 Nr. 38).

(2) Einzelfälle

aaa) Abfindungen

1870 Für die Bemessungen von Abfindungen müssen nicht die Höchstgrenzen nach § 113 BetrVG i. V. m. § 10 KSchG beachtet werden (*BAG* 27.10.1987 EzA § 112 BetrVG 1972 Nr. 41). Möglich ist sowohl die Bemessung der Abfindung nach einer bestimmten, insbesondere die Dauer der Betriebszugehörigkeit, Lebensalter und Unterhalts-

I. Betriebsverfassungsrecht

pflichten berücksichtigenden Formel, als auch die Festsetzung individueller Abfindungsbeträge (*BAG* 12.2.1985 EzA § 112 BetrVG 1972 Nr. 33; 28.10.1992 EzA § 112 BetrVG 1972 Nr. 66) sowie die Festsetzung von Ausgleichsleistungen für ältere Arbeitnehmer nach den zu erwartenden tatsächlichen Nachteilen bis zum Eintritt in den Ruhestand bei gleichzeitiger Festsetzung von an der Dauer der Betriebszugehörigkeit orientierten Pauschalabfindungen für jüngere Arbeitnehmer (*BAG* 14.2.1984 EzA § 112 BetrVG 1972 Nr. 30). Auch die Berechnung von Abfindungsansprüchen teilzeitbeschäftiger Arbeitnehmer entsprechend der persönlichen Arbeitszeit im Verhältnis zur tariflichen Arbeitszeit ist nicht zu beanstanden (*BAG* 28.10.1992 EzA § 112 BetrVG 1972 Nr. 65). Nicht zu beanstanden ist auch die Festsetzung geringerer Abfindungen für Arbeitnehmer, die im Zusammenhang mit einer Betriebsstilllegung vorzeitig durch Eigenkündigung ausscheiden (*BAG* 11.8.1993 EzA § 112 BetrVG 1972 Nr. 70). Möglich ist die Festsetzung von Höchstbeträgen oder Höchstbegrenzungsklauseln (*BAG* 19.10.1999 EzA § 112 BetrVG 1972 Nr. 104; 23.8.1988 EzA § 112 BetrVG 1972 Nr. 44). In einem Sozialplan kann vereinbart werden, dass eine zu gewährende Abfindung zeitanteilig zurückzuerstatten ist, wenn der Arbeitnehmer ein Folgearbeitsverhältnis bei einem anderen Arbeitgeber zu einem bestimmten Stichtag durch Eigenkündigung beendet (*BAG* 9.11.1994 EzA § 112 BetrVG 1972 Nr. 81). Ebenfalls zulässig ist es, zu vereinbaren, dass Arbeitnehmer, die nach Bekanntwerden eines vom Arbeitgeber zunächst geplanten Personalabbaues einen Aufhebungsvertrag vereinbart haben, eine geringere Abfindung erhalten, als diejenigen, welche eine solche Beendigungsvereinbarung erst nach der später erfolgten Mitteilung des Arbeitgebers geschlossen haben, er beabsichtige, den Betrieb stillzulegen (*BAG* 24.11.1993 EzA § 112 BetrVG 1972 Nr. 71). Ferner kann in einem Sozialplan vorgesehen werden, dass Arbeitnehmer keine Abfindung erhalten, wenn sie durch »Vermittlung« des Arbeitgebers einen neuen Arbeitsplatz erhalten. Dabei kann der Sozialplan unter »Vermittlung« jeden Beitrag des Arbeitgebers verstehen, der das neue Arbeitsverhältnis erst möglich machte (*BAG* 19.6.1996 EzA § 112 BetrVG 1972 Nr. 85). Kein Verstoß gegen § 75 BetrVG liegt vor, wenn der Sozialplan für Arbeitnehmer, die ohne Einhaltung einer Kündigungsfrist ausscheiden, eine höhere Abfindung vorsieht (*BAG* 11.2.1998 EzA § 112 BetrVG 1972 Nr. 97).

Wird in einem Sozialplan für die Berechnung der Abfindung an das Durchschnittsentgelt »vor dem Kündigungstermin« abgestellt, so soll im Zweifel entsprechend dem allgemeinen arbeitsrechtlichen Sprachgebrauch der Tag des Ablaufs der Kündigungsfrist und nicht der Tag der Kündigungserklärung maßgebend sein (*BAG* 17.11.1998 EzA § 102 BetrVG 1972 Nr. 102).

Wird ein Sozialplan erst geraume Zeit nach der Durchführung der Betriebsstilllegung aufgestellt, ist es zulässig, bei der Bemessung der Sozialplanleistungen auf die wirtschaftlichen Nachteile der entlassenen Arbeitnehmer abzustellen, mit denen zum Zeitpunkt der Betriebsstilllegung typischerweise zu rechnen war, ohne zu berücksichtigen, dass einzelne Arbeitnehmer diese Nachteile tatsächlich nicht erlitten haben (*BAG* 23.4.1985 EzA § 112 BetrVG 1972 Nr. 34). Die Fälligkeit der Abfindung kann auf den Zeitpunkt des rechtskräftigen Abschlusses eines Kündigungsschutzprozesses hinausgeschoben und dabei bestimmt werden, dass eine Abfindung gem. §§ 9, 10 KSchG auf die Sozialplanabfindung anzurechnen ist (*BAG* 20.6.1985 EzA § 4 KSchG Ausgleichsquittung Nr. 1).

1871

bbb) Kreis der Anspruchsberechtigten

1872 Es verstößt grds. nicht gegen den arbeitsrechtlichen Gleichbehandlungsgrundsatz, wenn bei der Zuerkennung von Ansprüchen auf eine Abfindung in einem Sozialplan nach der Art der Beendigung des Arbeitsverhältnisses, also zwischen Arbeitnehmern, denen infolge der Betriebsänderung gekündigt worden ist und solchen, die ihr Arbeitsverhältnis durch eine Eigenkündigung oder einen Aufhebungsvertrag beendet haben, unterschieden wird. Eine Ausnahme gilt dann, wenn Eigenkündigung oder Aufhebungsvertrag vom Arbeitgeber veranlasst worden ist. Eine Veranlassung liegt vor, wenn der Arbeitgeber den Arbeitnehmer im Hinblick auf eine konkret geplante Betriebsänderung bestimmt, selbst zu kündigen oder einen Aufhebungsvertrag zu schließen, um so eine sonst notwendig werdende Kündigung zu vermeiden. Ein bloßer Hinweis auf eine unsichere Lage des Unternehmens, auf notwendig werdende Betriebsänderungen oder der Rat, sich eine neue Stelle zu suchen, genügen nicht. Liegt eine Veranlassung vor, sind gekündigte Arbeitnehmer und solche, die auf Grund einer Eigenkündigung oder eines Aufhebungsvertrages ausgeschieden sind, gleich zu behandeln. Nicht zu beanstanden ist auch die Unterscheidung zwischen Arbeitnehmern, die ihr Arbeitsverhältnis selbst kündigen und solchen, die auf Grund eines von ihnen gewünschten Aufhebungsvertrages ausscheiden. Der Arbeitgeber kann so entscheiden, ob er den Arbeitnehmer für die ordnungsgemäße Durchführung der Betriebsänderung oder noch darüber hinaus benötigt oder ob ihm das freiwillige Ausscheiden des Arbeitnehmers nur eine ohnehin notwendig werdende Kündigung erspart (*BAG* 19.7.1995 EzA § 112 BetrVG 1972 Nr. 82). Zulässig ist damit auch der Ausschluss von Arbeitnehmern, die das Arbeitsverhältnis vorzeitig durch Aufhebungsvertrag aufgelöst haben, nachdem sie eine neue Beschäftigung gefunden haben (*BAG* 25.11.1993 EzA § 242 BGB Gleichbehandlung Nr. 58). Nimmt ein Sozialplan von seinem Geltungsbereich solche Arbeitnehmer aus, die einen angebotenen zumutbaren Arbeitsplatz ablehnen, gilt dies auch für den Fall, dass Arbeitnehmer dem Übergang ihres Arbeitsverhältnisses im Wege eines Betriebsübergangs nach § 613 a BGB widersprechen. Die Weiterarbeit beim Betriebserwerber ist i. d. R. zumutbar, auch wenn beim Betriebserwerber die Arbeitsverhältnisse durch einen anderen – ungünstigeren – Tarifvertrag i. S. d. § 613 a Abs. 1 S. 3 BGB geregelt sind (*BAG* 5.2.1997 EzA § 112 BetrVG 1972 Nr. 92). Sieht hingegen ein Sozialplan Abfindungen ohne nähere Einschränkungen bei betriebsbedingten Kündigungen vor, so haben mangels entgegenstehender Anhaltspunkte auch solche Arbeitnehmer einen Anspruch, die deshalb entlassen werden, weil sie dem Übergang ihres Arbeitsverhältnisses auf den Erwerber widersprochen haben (*BAG* 15.12.1998 EzA § 112 BetrVG 1972 Nr. 103). Macht der Sozialplan den Anspruch davon abhängig, dass das Arbeitsverhältnis durch arbeitgeberseitige Kündigung oder durch den vom Arbeitgeber veranlassten Abschluss eines Aufhebungsvertrages endet, entsteht der Anspruch auf Sozialplanabfindung nicht, wenn der Arbeitnehmer nach Abschluss des Aufhebungsvertrages, aber vor der vereinbarten Beendigung des Arbeitsverhältnisses stirbt (*BAG* 25.9.1996 EzA § 112 BetrVG 1972 Nr. 89).

1873 Möglich ist es auch, Arbeitnehmer von Leistungen des Sozialplanes auszuschließen, die vorgezogenes Altersruhegeld in Anspruch nehmen können (*BAG* 26.7.1988 EzA § 112 BetrVG 1972 Nr. 43) oder die zum Zeitpunkt der Auflösung des Arbeitsverhältnisses die Voraussetzungen für den übergangslosen Rentenbezug nach Beendigung des Anspruchs auf Arbeitslosengeld erfüllen (*BAG* 31.7.1996 EzA § 112 BetrVG 1972 Nr. 86).

I. Betriebsverfassungsrecht

ccc) Stichtagsregelungen
In einem Sozialplan können grds. Stichtagsregelungen vorgesehen werden, die einen Abfindungsanspruch davon abhängig machen, dass der Arbeitnehmer nach einem bestimmten Stichtag ausscheidet, sodass Arbeitnehmer ausgeschlossen werden, die vor diesem Stichtag durch eine Eigenkündigung ausscheiden. Die Wahl des Stichtages muss allerdings sachlich gerechtfertigt sein. Das ist z. B. dann der Fall, wenn ein Sozialplan Arbeitnehmer von seinem Geltungsbereich ausnimmt, die vor dem Scheitern des Interessenausgleichs ihr Arbeitsverhältnis im Hinblick auf die vom Arbeitgeber angekündigte Betriebsstilllegung selbst kündigen (*BAG* 24.1.1996 EzA § 112 BetrVG 1972 Nr. 83; 30.11.1994 EzA § 112 BetrVG 1972 Nr. 80) und auch dann, wenn Arbeitnehmer vom Geltungsbereich des Sozialplanes ausgenommen werden, die im Zeitpunkt des Inkrafttretens des Sozialplanes, der in einem zeitlich nahen Zusammenhang zum Abschluss des Interessenausgleichs steht, ihr Arbeitsverhältnis im Hinblick auf die angekündigte Betriebsstilllegung selbst beendigt haben (*BAG* 24.1.1996 EzA § 112 BetrVG 1972 Nr. 83). Die sachliche Rechtfertigung ergibt sich daraus, dass in beiden Fällen auf einen Zeitpunkt abgestellt wird, zu dem endgültig feststeht, wie die bislang geplante Betriebsänderung im Einzelnen durchgeführt werden soll. **1874**

ddd) Sonstige Regelungen
Unzulässig ist eine Sozialplanregelung, nach der die Erstattungsansprüche der Bundesanstalt für Arbeit gegen den Arbeitgeber nach § 128 AFG (jetzt § 147 a SGB III) allein auf die Abfindung der Arbeitnehmer angerechnet werden, für die der Arbeitgeber das Arbeitslosengeld zu erstatten hat (*BAG* 26.6.1990 EzA § 112 BetrVG 1972 Nr. 55). Möglich ist hingegen eine Regelung darüber, wer das Risiko zu tragen hat, wenn das Arbeitsamt nach Abschluss eines Aufhebungsvertrages eine Sperrfrist verhängt (*BAG* 27.10.1987 EzA § 112 BetrVG 1972 Nr. 41). Nicht zulässig ist eine Sozialplanvereinbarung, die beinhaltet, dass Meinungsverschiedenheiten zwischen Arbeitgeber und Arbeitnehmern aus der Anwendung des Sozialplanes durch einen verbindlichen Spruch einer Einigungsstelle entschieden werden sollen, da es sich um eine unzulässige Schiedsabrede handelt (*BAG* 27.10.1987 EzA § 76 BetrVG 1972 Nr. 37). **1875**

Zulässig ist eine Vereinbarung, dass für die Bemessung der Abfindung nur die Betriebszugehörigkeit beim Arbeitgeber und seinem Rechtsvorgänger, nicht aber die in einem Überleitungsvertrag vom Arbeitgeber anerkannte Betriebszugehörigkeit bei einem früheren Arbeitgeber zu berücksichtigen ist (*BAG* 16.3.1994 EzA § 112 BetrVG 1972 Nr. 73). Gleiches gilt für eine Regelung, dass bei der Berechnung nur die tatsächliche Betriebszugehörigkeit zu Grunde gelegt wird und Dienstjahre bei der NVA der ehemaligen DDR außer Betracht bleiben, obwohl diese nach der Förderungsverordnung auf die Betriebszugehörigkeit angerechnet worden waren (*BAG* 30.3.1994 EzA § 112 BetrVG 1972 Nr. 74). Auch ist es zulässig, den Anspruch auf eine Abfindung von einer entsprechenden Zweckzuwendung der Treuhandanstalt abhängig zu machen (*BAG* 11.8.1993 EzA § 112 BetrVG 1972 Nr. 69; 16.3.1994 EzA § 112 BetrVG 1972 Nr. 72). **1876**

I. Betriebsverfassungsrecht

bb) Erzwungener Sozialplan

(1) Richtlinien nach § 112 Abs. 5 BetrVG

1877 Kommt eine Einigung der Betriebspartner nicht zu Stande, so entscheidet nach § 112 Abs. 4 BetrVG die Einigungsstelle. Ihr Spruch ersetzt die Einigung zwischen Betriebsrat und Unternehmer.

1878 Auch die Einigungsstelle hat zunächst die allgemeinen Grenzen der Regelungsbefugnis zu beachten, die auch für den freiwillig vereinbarten Sozialplan gelten. Insbesondere sind die Grundsätze des § 75 BetrVG und der arbeitsrechtliche Gleichbehandlungsgrundsatz zu beachten (s. o. I/Rz. 1867 ff.). Darüber hinaus hat sie bei ihrer Ermessensentscheidung die Grenzen des § 112 Abs. 5 BetrVG zu beachten. § 112 Abs. 5 BetrVG ist insoweit Spezialregelung zu § 76 Abs. 5 S. 3 BetrVG.

1879 Die Einigungsstelle hat demnach bei einem Beschluss über einen Sozialplan nicht nur die sozialen Belange der betroffenen Arbeitnehmer zu berücksichtigen und auf die wirtschaftliche Vertretbarkeit ihrer Entscheidung für das Unternehmen zu achten. Sie muss insbesondere den Gegebenheiten des konkreten Einzelfalles Rechnung tragen, die Aussichten der betroffenen Arbeitnehmer auf dem Arbeitsmarkt berücksichtigen und diejenigen Arbeitnehmer, die eine zumutbare Weiterbeschäftigung ablehnen, von Leistungen aus dem Sozialplan ausschließen. Ferner hat sie bei der Bemessung des Gesamtbetrages der Sozialplanleistungen darauf zu achten, dass der Fortbestand des Unternehmens oder die nach Durchführung der Betriebsänderung verbleibenden Arbeitsplätze nicht gefährdet werden.

1880 Ein Verstoß gegen diese Richtlinien stellt einen Ermessensfehler dar, der nach § 76 Abs. 5 S. 4 BetrVG nur fristgebunden (Zweiwochenfrist!) gerichtlich geltend gemacht werden kann (*BAG* 26.5.1988 EzA § 76 BetrVG 1972 Nr. 41; s. o. I/Rz. 1109 ff.).

aaa) Einzelfallorientierung

1881 Soweit § 112 Abs. 5 Nr. 1 BetrVG der Einigungsstelle auferlegt, beim Ausgleich oder bei der Milderung wirtschaftlicher Nachteile i. d. R. den Gegebenheiten des Einzelfalles Rechnung zu tragen, bedeutet dies nach der Gesetzesbegründung (BT-Drs. 10/2102, S. 17), dass sie sich insbesondere um den Ausgleich feststellbarer oder zu erwartender materieller Einbußen des Arbeitnehmers im Einzelfall bemühen und weniger generell pauschale Abfindungssummen festsetzen soll.

1882 Der Ausgleich der durch die Betriebsänderung entstehenden Nachteile soll möglichst konkret vorgenommen werden. Diese Regelung schließt nicht aus, dass Sozialplanleistungen gleichwohl pauschaliert werden, insbesondere wenn die konkreten Nachteile der Arbeitnehmer nicht prognostiziert werden können (MünchArbR/*Matthes* § 362 Rz. 25).

1883 Es kann damit zunächst an die Dauer der Betriebszugehörigkeit, das Lebensalter und an Unterhaltsverpflichtungen des Arbeitnehmers angeknüpft werden, jedoch ist die Einigungsstelle grds. verpflichtet, auch die weiteren vom Gesetz genannten Gesichtspunkte als Faktoren bei der Bemessung der – ggf. pauschalierten – Abfindung zu berücksichtigen (*Etzel* HzA Gruppe 19 Rz. 943). Ermessensfehlerhaft ist daher ein Spruch der Einigungsstelle, der allen Arbeitnehmern gleichmäßig eine pauschale Abfindung zuspricht, deren Berechnung allein an die Dauer der Betriebszugehörigkeit anknüpft, ohne weitere individuelle Umstände, wie insbesondere die Aussichten auf dem Arbeitsmarkt zu berücksichtigen (*BAG* 14.9.1994 EzA § 112 BetrVG 1972 Nr. 77). Maßgebend sind die Verhältnisse im Zeitpunkt ihrer Entscheidung (*Etzel* HzA Gruppe 19 Rz. 946). Ausgeglichen werden können nur wirtschaftliche, nicht aber ideelle oder sonstige Nachteile (MünchArbR/*Matthes* § 362 Rz. 26). Der Verlust des Arbeitsplatzes an sich wird überwiegend (*BAG* 27.10.1987 EzA § 112 BetrVG 1972 Nr. 41; MünchArbR/*Matthes* § 362 Rz. 26; *Hess* § 112 Rz. 34) als wirtschaftlicher Nachteil angesehen, da auch bei sofortiger Aufnahme einer anderweitigen Tätigkeit der in diesem neuen Arbeitsverhältnis bestehende geringere Bestandsschutz wirtschaftlicher Nachteil ist. Zu den berücksichtigungsfähigen Nachteilsfolgen gehört im Falle der Betriebsänderung durch Spaltung nicht eine etwaige Verringerung der Haftungsmasse bei dem Betriebserwerber sowie dessen befristete Befreiung von der Sozialplanpflicht nach § 112 a Abs. 2 BetrVG (*BAG* 10.12.1996 EzA § 111 BetrVG 1972 Nr. 35). Fällt ein Betriebsübergang mit einer Betriebsänderung zusammen, können deshalb in einem von der Einigungsstelle aufgestellten Sozialplan nur diejenigen Nachteile ausgeglichen bzw. gemildert werden, die die Betriebsänderung selbst verursacht (*BAG* 25.1.2000 EzA § 112 BetrVG 1972 Nr. 106).

bbb) Zumutbare anderweitige Beschäftigung, Arbeitsmarktaussichten
Die Berücksichtigung der Aussichten auf dem Arbeitsmarkt bedeutet, dass die Einigungsstelle bei der Festsetzung von Abfindungen eine Prognose darüber zu treffen hat, ob Arbeitnehmer auf dem Arbeitsmarkt gut vermittelbar sind oder aber für längere Zeit arbeitslos sein werden. Dies erfordert im Allgemeinen die Einholung einer Auskunft beim zuständigen Arbeitsamt. Die Einigungsstelle kann dann nach pflichtgemäßem Ermessen Gruppen mit unterschiedlichen Berufsaussichten bilden und entsprechend differenziert Abfindungen festsetzen (*Etzel* HzA Gruppe 19 Rz. 945). 1884

Die Einigungsstelle soll Arbeitnehmer von Leistungen ausschließen, die einen angebotenen zumutbaren Arbeitsplatz im Betrieb, Unternehmen oder Konzern ablehnen. Zur Bestimmung des Begriffs der Zumutbarkeit wird überwiegend auf eine Gleichwertigkeit der Arbeitsbedingungen zwischen altem und neuen Arbeitsverhältnis in finanzieller und beruflicher Hinsicht abgestellt. 1885

Zumutbar sind die neuen Arbeitsbedingungen nur, wenn sie der Ausbildung und den Fähigkeiten des Arbeitnehmers entsprechen und auch wirtschaftlich gleichwertig sind (GK-BetrVG/*Fabricius*/*Oetker* §§ 112, 112 a Rz. 324). 1886

Nicht zumutbar sind Arbeitsbedingungen insbesondere dann, wenn dem Arbeitnehmer eine erheblich geringere Vergütung angeboten wird als bisher, sofern der wirtschaftliche Verlust nicht ausgeglichen wird (MünchArbR/*Matthes* § 362 Rz. 30). Zum Teil wird vorgeschlagen, die Zumutbarkeitskriterien des § 121 SGB III unmittelbar (*Löwisch* BB 1985, 1205) oder als Auslegungshilfe (MünchArbR/*Matthes* § 362 Rz. 30) heranzuziehen (ablehnend z. B. GK-BetrVG/*Fabricius*/*Oetker* §§ 112, 112 a Rz. 326 m. w. N.). 1887

Der Sozialplan kann selbst Regelungen darüber treffen, unter welchen Voraussetzungen das Angebot eines anderen Arbeitsplatzes für den betroffenen Arbeitnehmer zu- 1888 mutbar ist (*BAG* 27.10.1987 EzA § 112 BetrVG 1972 Nr. 41) oder auch bestimmen, dass eine paritätische Kommission über die Zumutbarkeit eines Arbeitsplatzes entscheiden soll (vgl. *BAG* 8.12.1976 EzA § 112 BetrVG 1972 Nr. 11). Es ist auch vom Regelungsermessen der Einigungsstelle gedeckt, wenn sie abschließend regelt, unter welchen persönlichen Voraussetzungen Arbeitnehmer einen nach Art der Tätigkeit entsprechenden und in der Vergütung möglichst gleichwertigen Arbeitsplatz ablehnen können, ohne den Anspruch auf Abfindung zu verlieren (*BAG* 28.9.1988 EzA § 112 BetrVG 1972 Nr. 49).

1889 Keine Unzumutbarkeit wird allein dadurch begründet, dass der Betrieb, in dem der Arbeitnehmer weiterbeschäftigt werden kann, außerhalb des bisherigen Beschäftigungsortes gelegen ist. Durch diese Bestimmung wird nicht ausgeschlossen, dass die Einigungsstelle auch an sich wirtschaftlich gleichwertige Arbeitsplätze als unzumutbar erachtet, wenn diese aus anderen besonderen Umständen (z. B. relativ hohes Lebensalter, pflegebedürftige Familienangehörige, Berufstätigkeit des Ehegatten, Schwerbehinderteneigenschaft, schulpflichtige Kinder) folgt (*Däubler* DKK §§ 112, 112 a Rz. 76). Andererseits liegt kein Ermessensfehler vor, wenn die Einigungsstelle auf solche besonderen persönlichen Umstände keine Rücksicht nimmt (*BAG* 25.10.1983 EzA § 112 BetrVG 1972 Nr. 28).

1890 Durch § 112 Abs. 5 Nr. 2 BetrVG wird nicht ausgeschlossen, dass die Einigungsstelle im Rahmen des billigen Ermessens auch denjenigen keine oder nur eine geringere Abfindung zuerkennen kann, die einen unzumutbaren Arbeitsplatz ablehnen (*BAG* 28.9.1988 EzA § 112 BetrVG 1972 Nr. 49). Sofern Arbeitnehmer ein unzumutbares Weiterbeschäftigungsgebot annehmen, sollten sie indessen nicht völlig von den Leistungen des Sozialplanes ausgeschlossen werden, sondern die Abfindungen auf die Höhe der Einkommensminderung begrenzt werden oder sonstige Nachteile (z. B. Ausgleich verfallbarer Versorgungsanwartschaften) vorgesehen werden (*Etzel* HzA Gruppe 19 Rz. 951, 952).

ccc) Förderungsmöglichkeiten des SGB III; Transfer-Sozialplan

1891 Gem. § 112 Abs. 5 Nr. 2 a BetrVG soll die Einigungsstelle insbesondere die im SGB III vorgesehenen Förderungsmöglichkeiten zur Vermeidung von Arbeitslosigkeit berücksichtigen.

> Hierdurch soll erreicht werden, dass die Sozialplanmittel nicht ausschließlich für die Zahlung von Abfindungen verwendet werden, sondern verstärkt auch für Maßnahmen eingesetzt werden, die den von einer Betriebsänderung betroffenen Arbeitnehmern nach Möglichkeit zu einer Anschlussbeschäftigung verhelfen oder zumindest neue Beschäftigungsperspektiven schaffen (BT-Drs. 14/5471, S. 52). Sozialpläne, die einen derartigen Inhalt aufweisen, werden in der Praxis auch Transfer-Sozialpläne genannt.

Beispiele: Zu den von dem SGB III geförderten Maßnahmen der sog. aktiven Arbeitsförderung gehören insbesondere Maßnahmen der inner- und ausserbetrieblichen Qualifizierung, der Förderung der Anschlusstätigkeit bei einem anderen Arbeitgeber bis hin zu Leistungen, die der Vorbereitung einer selbstständigen wirtschaftlichen Existenz des Arbeitnehmers dienen (BT-Drs. 14/5471, S. 52). In Betracht kommen z. B. die Bereitstellung von Sozialplanmitteln für Weiterbildungs- und Trainingsmaßnahmen (§§ 48, 77 SGB III), für Bewerbungskosten (§§ 45 f. SGB III), Maßnahmen zum Abschluss einer Berufsausbildung, Fort- und Weiterbildungsmaßnahmen sowie

Zuschüsse zur Aufnahme einer anderweitigen Beschäftigung (z. B. Überbrückungsgelder bis zur Aufnahme einer selbstständigen Tätigkeit (§ 57 SGB III), ferner z. B. Umzugskosten-, Fahrtkosten- und Einstellungszuschüsse; GK-BetrVG/*Fabricius/ Oetker* §§ 112, 112 a Rz. 384) oder für Mobilitätshilfen (§ 53 SGB III).
Die Einigungsstelle hat die genannten Maßnahmen lediglich »zu berücksichtigen«. Sie ist damit nicht verpflichtet, derartige Maßnahmen vorzusehen. Sie ist lediglich verpflichtet, die Aufnahme entsprechender Regelungen in den Sozialplan zu prüfen. Erscheint die Aufnahme derartiger Maßnahmen in den Sozialplan nicht zweckdienlich, liegt bei ihrer Nicht-Aufnahme kein Ermessensfehler vor (GK-BetrVG/*Fabricius/Oetker* §§ 112, 112 a Rz. 331).
Werden in einem Sozialplan derartige Maßnahmen zur Vermeidung von Arbeitslosigkeit vorgesehen, können diese nach Maßgabe der §§ 254 ff. SGB III von der Budesanstalt für Arbeit bezuschusst werden, was dazu führt, dass neben den Sozialplanmitteln weitere Mittel für Maßnahmen zur Vermeidung der Arbeitslosigkeit zur Verfügung stehen können. Zu den Voraussetzungen einer solchen Förderung siehe unten I/Rz. 1915 ff. Soll eine Bezuschussung beantragt werden, ist insbesondere beachten, dass der Sozialplan kein Wahlrecht der Arbeitnehmer zwischen Abfindung und Wiedereingliederungsmaßnahme vorsehen darf, da dies eine Förderung ausschließt (§ 255 Abs. 2 Nr. 3 SGB III, s. u. I/Rz. 1927).

ddd) Wirtschaftliche Vertretbarkeit für das Unternehmen

Die Einigungsstelle ist ferner verpflichtet, auf die wirtschaftliche Vertretbarkeit ihrer Entscheidung für das Unternehmen zu achten. Der Gesamtbetrag der Sozialplanleistungen darf nicht so bestimmt werden, dass der Fortbestand des Unternehmens oder die verbleibenden Arbeitsplätze gefährdet werden. Liquidität, Rentabilität und Wettbewerbsfähigkeit des Unternehmens müssen erhalten bleiben (MünchArbR/*Matthes* § 362 Rz. 32). Maßgeblich ist nicht die Situation des Betriebes, sondern die des Unternehmens, bei dem von mehreren Unternehmen geleiteten Gemeinschaftsbetrieb die wirtschaftliche Lage aller beteiligten Unternehmen (*Däubler* DKK §§ 112, 112 a Rz. 85). 1892

Zur Ermittlung der wirtschaftlichen Vertretbarkeit kann auf verschiedene Anhaltspunkte abgestellt werden (vgl. *Däubler* DKK §§ 112, 112 a Rz. 87 ff.; GK-BetrVG/*Fabricius/Oetker* §§ 112, 112 a Rz. 309 ff.; *v. Hoyningen-Huene* RdA 1986, 104): Eine Gegenüberstellung zwischen Sozialplankosten und den durch die Betriebsänderung erzielten Einsparungen, die Selbsteinschätzung des Unternehmens hinsichtlich seiner Belastbarkeit durch einen Sozialplan, insbesondere bei Bildung von in der Steuer- bzw. Handelsbilanz aufgeführten Rückstellungen, der allgemeine Liquiditäts- und Kreditstatus. Bleiben Zweifel hinsichtlich der wirtschaftlichen Vertretbarkeit, ist von der Einigungsstelle ein betriebswirtschaftlicher Sachverständiger beizuziehen (*v. Hoyningen-Huene* RdA 1986, 110). 1893

(2) Sonstige Grenzen

Die Einigungsstelle kann keine Bestimmungen treffen, die das ob und wie der Betriebsänderung selbst betreffen, da solche Regelungen nur Gegenstand eines freiwillig vereinbarten Interessenausgleichs sein können (BAG 17.9.1991 EzA § 112 BetrVG 1972 Nr. 58). 1894

1895 Unzulässig sind daher Versetzungsgebote, die Begründung einer Wiedereinstellungs- oder Umschulungspflicht, die Aufhebung von Wettbewerbsverboten und das Verbot der Anordnung von Überstunden oder der Beschäftigung von Fremdfirmenmitarbeitern (vgl. MünchArbR/*Matthes* § 362 Rz. 35 m. w. N.).

e) **Form, Rechtsnatur und Wirkungen**

1896 Der Sozialplan hat gem. § 112 Abs. 1 S. 3 BetrVG die Wirkung einer Betriebsvereinbarung (s. o. I/Rz. 1152 ff.). Er ist eine Betriebsvereinbarung besonderer Art (*BAG* 27.8.1975 EzA § 4 TVG Bergbau Nr. 4). Gem. § 77 Abs. 1 BetrVG bedarf er daher der Schriftform (§§ 125, 126 BGB); seine Regelungen gelten nach § 77 Abs. 4 BetrVG unmittelbar und zwingend und begründen unmittelbar Ansprüche der Arbeitnehmer auf die im Sozialplan geregelten Leistungen (*BAG* 17.10.1989 EzA § 112 BetrVG 1972 Nr. 54). Ein Verzicht auf solche Ansprüche ist nur mit Zustimmung der Betriebspartner möglich.

1897 Die Betriebspartner können einen abgeschlossenen Sozialplan einvernehmlich aufheben und mit Wirkung für die Zukunft durch einen neuen Sozialplan ersetzen. Ein Eingriff in die auf der Grundlage des bisherigen Sozialplans bereits begründeten Ansprüche ist nur unter Beachtung der Grundsätze des Vertrauensschutzes und der Verhältnismäßigkeit möglich. Demnach ist eine Verschlechterung der bestehenden Regelung z. B. zulässig, wenn die Arbeitnehmer mit einer rückwirkenden Verschlechterung rechnen mussten, die Rechtslage auf Grund der bisherigen Regelung unklar und verworren war, wenn die bisherige Regelung abgelaufen oder wenn eine Anpassung an die geänderten tatsächlichen Verhältnisse wegen Wegfalls der Geschäftsgrundlage erforderlich ist. Allerdings müssen auch dann die Eingriffe, am Zweck der Maßnahme gemessen, verhältnismäßig (geeignet, erforderlich und proportional) sein (*BAG* 5.10.2000 EzA § 112 BetrVG 1972 Nr. 107; 10.8.1994 EzA § 112 BetrVG 1972 Nr. 76).

1898 Liegen die Voraussetzungen eines Wegfalls der Geschäftsgrundlage vor, dann können die Betriebspartner die Regelungen des Sozialplanes den veränderten tatsächlichen Umständen anpassen. Der Betriebspartner, der sich auf den Wegfall der Geschäftsgrundlage beruft, hat dann gegenüber dem anderen einen Anspruch auf Aufnahme von Verhandlungen über die Anpassung der im Sozialplan getroffenen Regelung. Verweigert der andere Betriebspartner eine solche Anpassung oder kommt es nicht zu einem Einvernehmen, kann er die Einigungsstelle anrufen, die verbindlich entscheidet. Die anpassende Regelung kann auf Grund des anzupassenden Sozialplanes schon entstandene Ansprüche der Arbeitnehmer auch zu deren Ungunsten abändern, ohne dass dem der Vertrauensschutz der Arbeitnehmer entgegensteht (*BAG* 10.8.1994 EzA § 112 BetrVG 1972 Nr. 76).

1899 Vereinbaren Arbeitgeber und Betriebsrat einen Interessenausgleich und Sozialplan im Hinblick auf eine geplante Betriebsstilllegung, entfällt die Geschäftsgrundlage des Sozialplans, wenn alsbald nach Ausspruch der Kündigungen der Betrieb von einem Dritten übernommen wird, der sich bereit erklärt, alle Arbeitsverhältnisse zu den bisherigen Bedingungen fortzuführen (*BAG* 28.8.1996 EzA § 112 BetrVG 1972 Nr. 87).

Sofern der Sozialplan dies nicht selbst vorsieht, ist er grds. weder ordentlich noch **1900**
außerordentlich kündbar. Eine Ausnahme gilt nur für sog. Dauerregelungen.

Solche Dauerregelungen liegen nur dann vor, wenn ein einmal entstandener wirtschaftlicher Nachteil der Arbeitnehmer nicht durch eine einmalige Leistung, sondern durch auf bestimmte oder unbestimmte Zeit laufende Leistungen ausgeglichen oder gemildert werden soll. Gekündigte Dauerregelungen wirken aber bis zu einer Neuregelung nach. Die ersetzende Regelung kann Ansprüche der Arbeitnehmer, die vor dem Wirksamwerden der Kündigung entstanden sind, nicht zu Ungunsten der Arbeitnehmer abändern, und zwar auch dann nicht, wenn die Arbeitnehmer auf Grund bestimmter Umstände nicht mehr auf den unveränderten Fortbestand des Sozialplanes vertrauen konnten (*BAG* 10.8.1994 EzA § 112 BetrVG 1972 Nr. 76).

f) Streitigkeiten

aa) Beschlussverfahren

Arbeitgeber und Betriebsrat können im Beschlussverfahren klären lassen, ob über- **1901**
haupt eine Betriebsänderung vorliegt und deshalb eine Pflicht zur Verhandlung über Interessenausgleich und Sozialplan besteht, wobei eine rechtskräftige Entscheidung auch für eine noch tagende Einigungsstelle verbindlich ist (*BAG* 22.1.1980 EzA § 111 BetrVG 1972 Nr. 11; 15.10.1979 EzA § 111 BetrVG 1972 Nr. 8). Wird ein solches Verfahren nicht betrieben oder ist noch nicht rechtskräftig abgeschlossen, hat die Einigungsstelle ihre Zuständigkeit selbst zu prüfen.

Die Unwirksamkeit eines von der Einigungsstelle verabschiedeten Sozialplanes **1902**
wegen Überschreitung der Grenzen des Ermessens ist arbeitsgerichtlich unter Berücksichtigung der Anfechtungsfrist von zwei Wochen gem. § 76 Abs. 5 BetrVG geltend zu machen. Der Antrag im Beschlussverfahren ist auf die Feststellung der Unwirksamkeit des Sozialplanes zu richten. Der für die Anwaltsgebühren maßgebende Gegenstandswert bestimmt sich dabei i. d. R. nach der Differenz zwischen den Vorstellungen beider Seiten in der Einigungsstelle über das Sozialplanvolumen (*LAG Düsseldorf* 29.11.1994 DB 1995, 52; *LAG Hamm* 13.10.1988 DB 1989, 52), darf jedoch 1 Mio. DM nicht übersteigen (so *LAG Düsseldorf* 29.11.1994 DB 1995, 52; kritisch *Däubler* DKK §§ 112, 112 a Rz. 151).

Der Anspruch des Betriebsrats auf Durchführung einer Betriebsvereinbarung hat **1903**
nicht die Befugnis zum Inhalt, vom Arbeitgeber aus eigenem Recht die Erfüllung von Ansprüchen der Arbeitnehmer aus dieser Betriebsvereinbarung zu verlangen. Ein dahingehender Antrag des Betriebsrates ist unzulässig (*BAG* 17.10.1989 EzA § 112 BetrVG 1972 Nr. 54).

bb) Klage des einzelnen Arbeitnehmers

Der einzelne betroffene Arbeitnehmer kann ihm aus dem Sozialplan erwachsende **1904**
Ansprüche im arbeitsgerichtlichen Urteilsverfahren einklagen, hierbei aber nicht geltend machen, die Festlegung des Gesamtvolumens des Sozialplanes sei ermessensmissbräuchlich (*BAG* 17.2.1981 EzA § 112 BetrVG 1972 Nr. 21; 26.7.1988 EzA § 112 BetrVG 1972 Nr. 43). Hat der Sozialplan den klagenden Arbeitnehmer aber

> unter Verletzung der Grundsätze des § 75 BetrVG oder des allgemeinen arbeitsrechtlichen Gleichbehandlungsgrundsatzes schlechter behandelt oder von jeder Leistung ausgeschlossen, kann dieser verlangen, so gestellt zu werden, wie er stehen würde, wenn die Parteien des Sozialplanes Recht und Billigkeit beachtet hätten.

1905 Da ein neuer Sozialplan, der diese Grundsätze zu beachten hätte, i. d. R. nicht mehr zustandekommen kann, muss das Arbeitsgericht die Billigkeitskontrolle ersetzen und den Betrag bestimmen, der dem Kläger bei Beachtung dieser Grundsätze zugestanden hätte, auch wenn dies mittelbar zu einer Erweiterung des Sozialplanvolumens führt, sofern die Mehrbelastung des Arbeitgebers durch die Korrektur im Verhältnis zum Gesamtvolumen des Sozialplanes nicht ins Gewicht fällt (*BAG* 26.6.1990 EzA § 112 BetrVG 1972 Nr. 55).

> Zu beachten ist, dass Sozialplanansprüche tariflichen Ausschlussfristen unterfallen können.

1906 Erfasst eine tarifliche Ausschlussfrist allgemeine Ansprüche aus dem Arbeitsverhältnis, so gilt sie auch für einen Anspruch auf Zahlung einer einmaligen Abfindung aus einem Sozialplan anlässlich der Beendigung des Arbeitsverhältnisses (*BAG* 30.11.1994 EzA § 4 TVG Ausschlussfristen Nr. 10). Ansprüche, die erst nach Beendigung des Arbeitsverhältnisses fällig werden, werden nur dann von einer tariflichen Ausschlussklausel erfasst, wenn dies in dem Tarifvertrag deutlich zum Ausdruck kommt (*BAG* 3.4.1990 EzA § 4 TVG Ausschlussfristen Nr. 94).

7. Besonderheiten im Insolvenz-, Konkurs- und Vergleichsverfahren

1907 Die Vorschriften über die Beteiligung des Betriebsrates bei Betriebsänderungen gelten grds. auch in der Insolvenz bzw. bei Verfahren, die noch nach Maßgabe der Konkursordnung abzuwickeln sind (= Verfahren, die vor dem 1.1.1999 beantragt wurden, Art. 103 EGInsO) auch im Konkurs- und Vergleichsverfahren. Besonderheiten ergeben sich in der Insolvenz aus §§ 121–128 der Insolvenzordnung (InsO). Diese Vorschriften gelten auch für Konkursverfahren nach Maßgabe der Konkursordnung auf Grund deren vorzeitiger Inkraftsetzung durch das Arbeitsrechtliche Beschäftigungsförderungsgesetz vom 13.9.1996.

> Im Insolvenz- bzw. Konkursverfahren tritt der Insolvenz- bzw. Konkursverwalter auch hinsichtlich der betriebsverfassungsrechtlichen Pflichten im Zusammenhang mit einer Betriebsänderung an die Stelle des Unternehmers (*BAG* 6.5.1986 EzA § 112 BetrVG 1972 Nr. 39) und hat daher den Betriebsrat über eine geplante Betriebsänderung zu unterrichten und den Versuch eines Interessenausgleichs zu unternehmen, wobei es gleichgültig ist, ob das Insolvenz- bzw. Konkursverfahren erst während einer schon vom Unternehmer begonnenen Betriebsänderung eröffnet wird oder eine Betriebsänderung erst vom Insolvenz- bzw. Konkursverwalter selbst geplant und durchgeführt wird.

I. Betriebsverfassungsrecht

Wird nach § 21 Abs. 2 InsO nach Beantragung aber vor Eröffnung des Insolvenzverfahrens ein vorläufiger Insolvenzverwalter durch das Insolvenzgericht bestellt *und* dem Schuldner ein allgemeines Verfügungsverbot nach §§ 21 Abs. 2 Nr. 2, 22 Abs. 1 InsO auferlegt, geht die Arbeitgeberfunktion auf den vorläufigen Insolvenzverwalter über, da dann nur dieser eine Verwaltungs- und Verfügungsbefugnis über das Vermögen des Schuldners hat. Bei Bestellung eines vorläufigen Insolvenzverwalters ohne gleichzeitige Anordnung eines allgemeinen Verfügungsverbots verbleibt die Arbeitgeberfunktion beim Schuldner, es sei denn das Insolvenzgericht trifft hierüber im Bestellungsbeschluss gem. § 22 Abs. 2 InsO ausdrücklich eine andere Anordnung (*Lakies* BB 1998, 2638 [2639]). Bei der der Eröffnung eines Konkursverfahrens vorhergehenden Anordnung von Sequestration steht der Sequestor dem Verwalter nicht gleich, sodass die Beachtung der Beteiligungsrechte des Betriebsrats – ebenso wie im Vergleichsverfahren – dem Arbeitgeber obliegt (MünchArbR/*Matthes* 1. Aufl., § 355 Rz. 6, 19).

Auch die Zuständigkeit der Einigungsstelle zur verbindlichen Entscheidung über einen Sozialplan wird nicht berührt.

Hierbei ist nicht erforderlich, dass der Insolvenz- bzw. Konkursverwalter selbst oder ein Insolvenz- bzw. Konkursgläubiger zum Beisitzer der Einigungsstelle bestellt wird (*BAG* 6.5.1986 EzA § 112 BetrVG 1972 Nr. 39). Die Einigungsstelle hat aber einen Vertreter des Gläubigerausschusses anzuhören (*FKHE* 19. Aufl., § 1 SozplKonkG Rz. 12 b).

Besonderheiten gelten im Insolvenz- bzw. Konkursverfahren hinsichtlich des Verfahrens zur Aufstellung eines Interessenausgleichs und wegen der Möglichkeit eines besonderen Beschlussverfahrens zum Kündigungsschutz.

1908

§§ 121–128 InsO, die auf Grund ihrer vorzeitigen Inkraftsetzung durch das arbeitsrechtliche Beschäftigungsförderungsgesetz vom 13.9.1996 nicht nur im Insolvenzverfahren, sondern auch im Konkursverfahren gelten, regeln für das Gesamtvollstreckungsverfahren Besonderheiten. Dies gilt zunächst hinsichtlich des Verfahrens zur Aufstellung eines Interessenausgleichs und möglichen Ansprüchen auf Nachteilsausgleich bei Nichtausschöpfung des Verfahrens zur Herbeiführung eines Interessenausgleichs (s. o. I/Rz. 1829, 1837 a. E., 1844 a. E., 1848). Weiter kann der Insolvenz- bzw. Konkursverwalter ein besonderes, kündigungsschutzrechtlich relevantes Beschlussverfahren nach § 126 InsO einleiten, wenn innerhalb von drei Wochen nach Verhandlungsbeginn oder schriftlicher Aufforderung zu Verhandlungen ein Interessenausgleich, der die zu kündigenden Arbeitnehmer namentlich benennt, nicht zu Stande gekommen ist, obwohl der Verwalter den Betriebsrat über die beabsichtigte Betriebsänderung rechtzeitig und umfassend unterrichtet hat. Inhalt des Antrags ist die begehrte Feststellung, dass die Kündigung der Arbeitsverhältnisse der im Antrag namentlich bezeichneten Arbeitnehmer durch dringende betriebliche Erfordernisse bedingt und sozial gerechtfertigt ist. Die soziale Auswahl der Arbeitnehmer kann gerichtlich nur im Hinblick auf die Dauer der Betriebszugehörigkeit, das Lebensalter und die Unterhaltspflichten nachgeprüft werden. Beteiligte des Beschlussverfahrens sind der Verwalter, der Betriebsrat und die bezeichneten Arbeitnehmer, die nicht mit der Beendigung des Arbeitsverhältnisses oder im Falle der Änderungskündigung mit den veränderten Arbeitsbedingungen einverstanden sind. Die Entscheidung des Ar-

I. Betriebsverfassungsrecht

beitsgerichts ist gem. § 127 InsO für einen nachfolgenden Kündigungsschutzprozess bindend; ein ggf. vorher eingeleitetes Kündigungsschutzverfahren ist auszusetzen. Gem. § 128 InsO kann dieses Beschlussverfahren auch durchgeführt werden, wenn die Betriebsänderung erst nach einer Betriebsveräußerung vom Erwerber durchgeführt werden soll. Die gerichtliche Feststellung erstreckt sich dann auch darauf, dass die Kündigung der Arbeitsverhältnisse nicht wegen des Betriebsübergangs erfolgt (vgl. zum kündigungsschutzrechtlichen Beschlussverfahren o. D/Rz. 1644 ff.).

1909 Auch in der Insolvenz bzw. im Konkurs des Unternehmens ist bei Betriebsänderungen grds. ein Sozialplan aufzustellen, selbst wenn der Geschäftsbetrieb bereits vollständig eingestellt ist.

Von der Aufstellung eines Sozialplanes kann abgesehen werden, wenn keine Mittel aus der Masse für Leistungen aus dem Sozialplan zur Verfügung stehen (*LAG Köln* 30.1.1986 LAGE § 112 BetrVG 1972 Nr. 9).

Befriedigung und Umfang der in einem Sozialplan festgelegten Ansprüche werden für Verfahren, die noch nach der Konkursordnung abzuwickeln sind, durch das SozplKonkG und für Verfahren nach Maßgabe der InsO durch §§ 123, 124 InsO geregelt.

Für das **Insolvenzverfahren** ist zwischen Sozialplänen vor und nach Eröffnung des Insolvenzverfahrens zu unterscheiden.

1910 Für einen *nach* Eröffnung des Insolvenzverfahrens aufgestellten Sozialplan kann nach § 123 Abs. 1 InsO für Leistungen an Arbeitnehmer höchstens ein Gesamtbetrag von bis zu 2 1/2 Monatsverdiensten der von einer Entlassung betroffenen Arbeitnehmer vorgesehen werden, wobei zur Bestimmung des Monatsverdienstes auf § 10 Abs. 3 KSchG verwiesen wird (vgl. o. D/Rz. 1913 ff.). Bemessungszeitraum ist der Monat, in dem das Arbeitsverhältnis der Mehrzahl der betroffenen Arbeitnehmer endet. Für diesen Monat ist der Arbeitsverdienst aller von der Entlassung betroffenen Arbeitnehmer zu berechnen und sodann mit 2,5 zu multiplizieren (*FKHE* 19. Aufl., § 2 SozplKonkG Rz. 13, 17 zur entsprechenden Regelung des SozplKonkG). Über die Umlegung des so ermittelten Gesamtbetrages entscheiden die Betriebspartner oder die Einigungsstelle nach billigem Ermessen. Der in § 123 Abs. 1 InsO genannte Höchstbetrag stellt eine absolute Höchstgrenze dar, die nicht überschritten werden darf. Ein Überschreiten der Höchstgrenze führt grds. zur Rechtsunwirksamkeit des Sozialplans. Lässt der Sozialplan allerdings die ihm zu Grunde liegenden Verteilungsmaßstäbe erkennen, kommt eine anteilige Kürzung aller Ansprüche bis zur Erreichung des zulässigen Volumens in Betracht (FK-InsO/*Eisenbeis* § 123 InsO Rz. 12). Sofern der Sozialplan nichtig ist, muss ein neuer Sozialplan vereinbart oder das Einigungsstellenverfahren initiiert werden. Gem. § 123 Abs. 2 InsO sind Verbindlichkeiten aus einem derartigen Sozialplan Masseverbindlichkeiten. Es darf für die Berichtigung dieser Sozialplanforderungen aber nicht mehr als ein Drittel der Masse verwendet werden, die ohne Sozialplanforderungen für die Verteilung an die Insolvenzgläubiger zur Verfügung stünde. Bei Übersteigung dieser Grenze sind die einzelnen Sozialplanforderungen anteilig zu kürzen. Der gekürzte, nicht berücksichtigte Teil der Forderung ist dann einfache Insolvenzforderung. Gem. § 123 Abs. 3 InsO sollen vom Insolvenzverwalter mit Zustimmung des Insolvenzgerichts Abschlagszahlungen auf die Sozialplanforderungen geleistet werden, so oft hinreichende Barmittel in der Masse vorhanden sind. Eine Zwangsvollstreckung in die Masse wegen einer Sozialplanforderung ist unzulässig.

Ein Sozialplan, der *vor* Eröffnung des Insolvenzverfahrens, aber nicht früher als drei Monate vor dem Eröffnungsantrag aufgestellt wurde, kann gem. § 124 InsO sowohl vom Insolvenzverwalter als auch vom Betriebsrat widerrufen werden. Erfolgt ein solcher Widerruf, ist ggf. ein neuer Sozialplan aufzustellen, für den dann die Regelungen des § 123 InsO gelten. Gem. § 124 Abs. 2 InsO sind dann im Rahmen dieses Sozialplans auch die Arbeitnehmer zu berücksichtigen, denen Forderungen aus dem widerrufenen Sozialplan zustanden. Haben Arbeitnehmer aus dem widerrufenen Sozialplan bereits vor Eröffnung des Insolvenzverfahrens Leistungen erhalten, können diese nach § 124 Abs. 3 InsO nicht wegen des Widerrufs zurückgefordert werden. Bei der Aufstellung eines neuen Sozialplans sind dann aber deratige Leistungen bei der Berechnung des Gesamtbetrags der Sozialplanforderungen nach § 123 Abs. 1 InsO bis zur Höhe von zweieinhalb Monatsverdiensten abzusetzen. Ansprüche aus Sozialplänen, die früher als drei Monate vor Antrag auf Insolvenzeröffnung aufgestellt wurden, sind einfache Insolvenzforderungen (FK-InsO/*Eisenbeis* § 124 InsO, Rz. 3). Für die entsprechende Fallgestaltung im Rahmen eines Konkursverfahrens wird zum Teil (*FKHE* 19. Aufl., § 4 SozplKonkG Rz. 21) die Ansicht vertreten, dass der Betriebsrat nach den Grundsätzen über den Wegfall der Geschäftsgrundlage den Abschluss eines neuen Sozialplanes verlangen könne, für den dann – als Sozialplan im Konkurs – die Maßstäbe des § 2 SozplKonkG gelten. Dies ist auch unter Geltung der InsO zu erwägen, ggf. mit der Folge, dass der Betriebsrat dann die Aufstellung eines neuen Sozialplans nach Maßgabe des § 123 InsO verlangen kann.

Für noch nach Maßgabe der Konkursordnung abzuwickelnde **Konkursverfahren** gelten entsprechende Regelungen: Nach § 2 SozplKonkG können in einem Sozialplan, der nach Eröffnung des Konkursverfahrens aufgestellt wird, für Leistungen an Arbeitnehmer höchstens ein Gesamtbetrag bis zu $2^{1}/_{2}$ Monatsverdiensten der von der Entlassung betroffenen Arbeitnehmer vorgesehen werden. Zur Bestimmung des Monatsverdienstes verweist auch § 2 SozplKonkG auf § 10 Abs. 3 KSchG (s. o. D/Rz. 1913 ff.). Über die Umlegung des so ermittelten Gesamtbetrages entscheiden die Betriebspartner oder die Einigungsstelle nach billigem Ermessen. Strittig sind die Rechtsfolgen für die Wirksamkeit eines Sozialplanes, der den höchstzulässigen Gesamtbetrag überschreitet (vgl *FKHE*, 19. Aufl., § 2 SozplKonkG/Rz. 18 ff). Grds. ist ein solcher Sozialplan nichtig. Er kann teilweise durch anteilige Kürzung aller Ansprüche bis zum Erreichen des zulässigen Volumens aufrechterhalten werden, wenn die Verteilungsmaßstäbe eindeutig erkennbar sind und durch eine anteilige Kürzung nicht berührt werden. Die Befriedigung von Ansprüchen der Arbeitnehmer aus einem Sozialplan im Konkurs wird durch die §§ 2 ff. SozplKonkG geregelt. Zum Teil (MünchArbR/*Matthes* 1. Aufl., § 355 Rz. 7) wird die Ansicht vertreten, dass durch das Sozialplankonkursgesetz nur die Befriedigung von Abfindungsansprüchen entlassener Arbeitnehmer, nicht jedoch die Befriedigung anderer Ansprüche, die sich aus einem Sozialplan ergeben können, geregelt würden. Nach anderer Ansicht (GK-BetrVG/*Fabricius* 6. Aufl., §§ 112, 112 a Rz. 161 ff.) gelten die beschränkten Befriedigungsmöglichkeiten für alle Ansprüche aus einem Sozialplan. Ansprüche aus einem nach Konkurseröffnung aufgestellten Sozialplan sind – soweit das nach § 2 SozplKonkG zulässige Gesamtvolumen eingehalten wurde – bevorrechtigte Konkursforderungen mit dem Rang des § 61 Abs. 1 Nr. 1 KO. Für die Berichtigung dieser Forderung darf jedoch nicht mehr als ein Drittel der für Verteilung an die Konkursgläubiger zur Verfügung stehenden Konkursmasse verwendet werden, § 4 SozplKonkG.

I. Betriebsverfassungsrecht

Reicht dieses Drittel zur Befriedigung der Ansprüche nicht aus, so werden diese für das Vorrecht nach § 61 Abs. 1 Nr. 1 KO verhältnismäßig gekürzt. Der nicht bevorrechtigte Teil der Forderung ist einfache Konkursforderung nach § 61 Abs. 1 Nr. 6 KO und kann nach Beendigung des Konkursverfahrens gegen den Gemeinschuldner geltend gemacht werden. Der Konkursverwalter ist nicht berechtigt, die Sozialplanforderung im Prüfungstermin allein deshalb zu bestreiten, weil noch nicht feststeht, wie hoch die zur Verteilung kommende Konkursmasse sein wird (*BAG* 10.8.1988 EzA § 146 KO Nr. 2). Eine weitere Kürzung auch des bevorrechtigten Teils der Sozialplanforderung müssen die Arbeitnehmer gegebenenfalls hinnehmen, wenn die Konkursmasse nicht zur Befriedigung aller nach § 61 Abs. 1 Nr. 1 KO bevorrechtigten Forderungen ausreicht.

1913 Für Sozialpläne, die vor der Eröffnung des Konkursverfahrens oder eines Vergleichsverfahrens, nicht aber früher als drei Monate vor dem Antrag auf Eröffnung eines solchen Verfahrens aufgestellt worden sind, führt die Nichtbeachtung der Obergrenze des Gesamtvolumens nach § 2 SozplKonkG nicht zur Unwirksamkeit des Sozialplans. Ansprüche aus einem solchen Sozialplan können jedoch nur in der Höhe geltend gemacht werden, wie sie in Sozialplänen nach Eröffnung des Verfahrens hätten vereinbart werden können. In dieser Höhe sind sie bevorrechtigte Konkursforderungen, § 4 SozplKonkG. Ansprüche aus Sozialplänen, die früher als drei Monate vor Antrag auf Konkurs- oder Vergleichseröffnung abgeschlossen wurden, sind keine bevorrechtigten Forderungen und können daher nur als einfache Konkursforderung nach § 61 Abs. 1 Nr. 6 KO geltend gemacht werden. Zum Teil (*FKHE* 19. Aufl., § 4 SozplKonkG Rz. 21; a. A. MünchArbR/*Matthes* 1. Aufl., § 355 Rz. 13) wird die Ansicht vertreten, dass der Betriebsrat nach den Grundsätzen über den Wegfall der Geschäftsgrundlage den Abschluss eines neuen Sozialplanes verlangen könne, für den dann – als Sozialplan im Konkurs – die Maßstäbe des § 2 SozplKonkG gelten. Soweit Ansprüche der Arbeitnehmer aus Sozialplänen im Konkursverfahren geltend gemacht werden können und nach Maßgabe des SozplKonkG dort ein Vorrecht genießen, nehmen sie am Vergleichsverfahren nicht teil, § 5 SozplKonkG. Insoweit bleiben ihre Ansprüche in voller Höhe erhalten, während sie hinsichtlich anderer Ansprüche Vergleichsgläubiger sind. Hinsichtlich des über die im Konkursverfahren geltenden Grenzen hinausgehenden Abfindungsanspruchs müssen die Arbeitnehmer dann eine Kürzung von weiter gehenden Sozialplanansprüchen nach Maßgabe des Vergleichs hinnehmen.

1914 Der **Anspruch auf Nachteilsausgleich in der Insolvenz** ist, wenn er vor Verfahrenseröffnung entstanden ist, Insolvenzforderung nach § 38 InsO. Ist er nach Verfahrenseröffnung entstanden, beruht er auf einer Handlung des Insolvenzverwalters und ist daher Masseverbindlichkeit nach § 55 Abs. 1 Nr. 1 InsO. Für Verfahren, die noch nach Maßgabe der **Konkursordnung** abzuwickeln sind, gilt: Wenn die Betriebsänderung nach Eröffnung des Konkursverfahrens vom Konkursverwalter oder dem Versuch eines Interessenausgleichs oder in Abweichung von einem Interessenausgleich durchgeführt wurde, handelt es sich um Masseschulden nach § 59 Abs. 1 Nr. 1 KO, da der Nachteilsausgleichsanspruch dann ein Anspruch aus Handlungen des Konkursverwalters ist, im Übrigen handelt es sich um einfache Konkursforderungen nach § 61 Abs. 1 Nr. 6 KO, und zwar selbst dann, wenn das Arbeitsverhältnis erst durch eine vom Konkursverwalter in Ausführung der begonnenen Betriebsänderung ausgesprochene Kündigung beendet wird (*BAG* 3.4.1990 EzA § 113 BetrVG 1972 Nr. 20; *BAG* 27.10.1998 EzA § 112 BetrVG 1972 Nr. 102).

I. Betriebsverfassungsrecht

8. Zuschüsse zu Sozialplänen nach §§ 254 ff. SGB III

Nach Maßgabe der §§ 254 ff. SGB III können als Instrument der aktiven Arbeitsförderung an Träger von Arbeitsförderungsmaßnahmen Zuschüsse zu Eingliederungsmaßnahmen auf Grund eines Sozialplans geleistet werden (vgl. ausführlich Meyer NZA 1998, 403 ff. [513 ff.]), wenn hierdurch andernfalls eintretende Arbeitslosigkeit verhindert werden kann, eine Vermittlung in den ersten Arbeitsmarkt ausgeschlossen ist, der Unternehmer selbst in angemessenem Umfang Eigenmittel zur Finanzierung der Eingliederungsmaßnahme bereitstellt und die Durchführung der Wiedereingliederungsmaßnahme gesichert ist. Die Einigungsstelle hat gem. § 112 Abs. 5 Nr. 2 a BetrVG diese Förderungsmöglichkeiten im Rahmen ihrer Ermessensentscheidung zu berücksichtigen (s. o. I/Rz. 1891). 1915

a) Voraussetzungen
Die Voraussetzungen einer Förderungsfähigkeit der in einem Sozialplan vorgesehenen Maßnahmen zur Vermeidung von Arbeitslosigkeit ergeben sich im Einzelnen aus §§ 254, 255 SGB III. 1916

aa) Vermeidung anderer Leistungen der Bundesanstalt für Arbeit
Gem. § 254 SGB III ist Voraussetzung für eine Förderung zunächst die Prognose, dass ohne die vom Unternehmer gem. Sozialplan zu tragenden Eingliederungsmaßnahmen die BfA voraussichtlich andere Maßnahmen der aktiven Arbeitsförderung (vgl. § 3 Abs. 4 SGB III) erbringen müsste. 1917

bb) Drohende Arbeitslosigkeit
Eine Eingliederungsmaßnahme ist nur förderungsfähig, wenn die durch sie geförderten Arbeitnehmer von Arbeitslosigkeit bedroht sind und dies auf die Betriebsänderung zurückzuführen ist, § 255 Abs. 1 Nr. 1 SGB III. Gem. § 17 SGB III sind von Arbeitslosigkeit bedrohte Arbeitnehmer solche, die versicherungspflichtig beschäftigt sind, alsbald mit der Beendigung der Beschäftigung rechnen müssen und danach voraussichtlich arbeitslos werden. Mit einer Beendigung des Arbeitsverhältnisses ist zu rechnen, wenn der Arbeitgeber die Beendigung des Arbeitsverhältnisses aus betriebsbedingten Gründen angekündigt hat, wobei die Art und Weise der Beendigung (Kündigung, Aufhebungsvertrag, Veranlassung zur Eigenkündigung) ebenso unerheblich ist, wie die Rechtswirksamkeit der Beendigung (GK-BetrVG/*Fabricius/Oetker* §§ 112, 112 a Rz. 372, 373). 1918

Wenn auch außerhalb des Insolvenzverfahrens die Aufnahme einer Liste der zu kündigenden Arbeitnehmer in den Interessenausgleich keine kündigungsrechtliche Privilegierung mehr bedingt, kann es sich zur Dokumentation der drohenden Arbeitslosigkeit im Rahmen der Zuschussbeantragung empfehlen, eine solche Liste in den Interessenausgleich aufzunehmen.

Die Gefahr einer Arbeitslosigkeit i. S. d. § 17 SGB III besteht nicht bei einer bestehenden Weiterbeschäftigungsmöglichkeit beim bisherigen Arbeitgeber oder bei einem Dritten. Voraussetzung ist allerdings, dass ein entsprechender Arbeitsplatz angeboten wurde und dem Arbeitnehmer zumutbar ist, wobei sich die Zumutbarkeit nach den Kriterien des § 112 Abs. 5 S. 2 Nr. 2 BetrVG (s. o. I/Rz. 1884 ff.) richtet (GK-BetrVG/

I. Betriebsverfassungsrecht

Fabricius/Oetker §§ 112, 112a Rz. 375; **a. A.** *Löwisch* RdA 1997, 287 [289]: Zumutbarkeit richtet sich nach § 121 SGB III). Die Bedrohung mit Arbeitslosigkeit muss ursächlich auf eine Betriebsänderung i. S. d. § 111 BetrVG (s. o. I/Rz. 1783 ff.) zurückzuführen sein; droht die Beendigung des Arbeitsverhältnisses aus anderen Gründen oder ist die Maßnahme des Unternehmers keine Betriebsänderung i. S. d. § 111 BetrVG, scheidet eine Förderung aus.

cc) Versuch eines Interessenausgleichs

1919 Eine Förderung kommt nur in Betracht, wenn über die Betriebsänderung der Versuch der Herbeiführung eines Interessenausgleichs unternommen wurde, § 255 Abs. 1 Nr. 2 SGB III. Ein ausreichender Versuch zur Herbeiführung eines Interessenausgleichs liegt erst vor, wenn der Unternehmer das Verfahren bis vor die Einigungsstelle durchgeführt hat, vgl. § 112 Abs. 2 BetrVG (s. o. I/Rz. 1819 ff., 1843 ff.), es sei denn, die Durchführung eines Interessenausgleichsverfahrens ist wie bei Tendenzbetrieben (s. o. I/Rz. 221 ff.) rechtlich nicht geboten (GK-BetrVG/*Fabricius/Oetker* §§ 112, 112a Rz. 379).

> Zur Dokumentation des Versuchs der Herbeiführung eines Interessenausgleichs im Rahmen der Beantragung der Förderung empfiehlt es sich, das Scheitern der Verhandlungen über einen Interessenausgleich durch die Einigungsstelle ausdrücklich feststellen zu lassen.

dd) Vereinbarung eines Sozialplans

1920 Die zu fördernden Maßnahmen müssen in einem Sozialplan vereinbart sein, § 255 Abs. 1 Nr. 3 SGB III. Dieser Sozialplan muss rechtswirksam sein und den zu fördernden Arbeitnehmern einen Anspruch auf Teilnahme an den zu fördernden Maßnahmen einräumen (GK-BetrVG/*Fabricius/Oetker* §§ 112, 112a Rz. 383).

ee) Zeckmäßigkeit und Sparsamkeit der Maßnahme

1921 §§ 254 ff. SGB III legt den Kreis möglicher förderungswürdiger Maßnahmen nicht fest. § 255 Abs. 1 Nr. 4 SGB III statuiert insoweit nur die Voraussetzung, dass die Maßnahme zur Eingliederung des Arbeitnehmers in den Arbeitsmarkt zweckmäßig sein muss. In Betracht kommen z. B. die Bereitstellung von Sozialplanmitteln für Weiterbildungs- und Trainingsmaßnahmen (§§ 48, 77 SGB III), für Bewerbungskosten (§§ 45 f. SGB III), Maßnahmen zum Abschluss einer Berufsausbildung, Fort- und Weiterbildungsmaßnahmen sowie Zuschüsse zur Aufnahme einer anderweitigen Beschäftigung (z. B. Überbrückungsgelder bis zur Aufnahme einer selbstständigen Tätigkeit (§ 57 SGB III), ferner z. B. Umzugskosten-, Fahrtkosten- und Einstellungszuschüsse; GK-BetrVG/*Fabricius/Oetker* §§ 112, 112a Rz. 384) oder für Mobilitätshilfen (§ 53 SGB III).

Durch das Gebot der Sparsamkeit und Wirtschaftlichkeit soll ein vertretbares Preis-Leistungs-Verhältnis der Maßnahme sichergestellt werden. Der Gesamtaufwand der Maßnahme sowie die für den einzelnen Arbeitnehmer aufzuwendenden Mittel müssen angemessen sein (GK-BetrVG/*Fabricius/Oetker* §§ 112, 112a Rz. 386).

ff) Angemessene finanzielle Beteiligung des Unternehmers

1922 Gem. § 255 Abs. 1 Nr. 5 SGB III muss der Unternehmer im Rahmen des Sozialplans in angemessenem Umfang Mittel zur Finanzierung der Eingliederungsmaßnahme zur Verfügung stellen. Der Zuschuss der BfA soll sich auf eine Mitfinanzierung beschränken und der Arbeitgeber nicht aus seiner Verantwortung für die Finanzierung des Sozialplans entlassen werden (BT-Drs. 13/4940, S. 198). Die Prüfung, ob eine angemessene finanzielle Beteiligung vorliegt, bedingt eine wertende Betrachtungsweise. Zunächst sind die Kosten der im Sozialplan vorgesehenen Eingliederungsmaßnahmen zu ermitteln und mit denjenigen finanziellen Mitteln in ein Verhältnis zu setzen, die der Sozialplan für diese Maßnahmen vorsieht. Im Rahmen der wertenden Betrachtung können sodann u. a. die wirtschaftliche Lage (Leistungsfähigkeit) des Unternehmers, die Zahl der von einer Entlassung bedrohten Arbeitnehmer, Art und Dauer der Maßnahmen sowie die durch die Betriebsänderung ggf. beabsichtigten Einsparungen berücksichtigt werden (GK-BetrVG/*Fabricius*/*Oetker* §§ 112, 112 a Rz. 389).

gg) Gesicherte Durchführung der Maßnahme
Die von § 255 Abs. 1 Nr. 6 SGB III geforderte gesicherte Durchführung der Maßnahme erfordert zum einen, dass die Bereitstellung der vom Unternehmer zugesagten finanziellen Mittel sichergestellt ist. Dies kann ggf. auch die Absicherung durch Sicherheiten (z. B. Bürgschaft) bedingen (*Däubler* DKK §§ 112, 112 a Rz. 167). Zum anderen muss in organisatorischer Hinsicht die tatsächliche Durchführung der Maßnahme während der gesamten vorgesehenen Dauer sichergestellt sein. Erhöhte Anforderungen hieran sind bei Durchführung durch den Arbeitgeber selbst zu stellen (*Däubler* DKK §§ 112, 112 a Rz. 167).

1923

hh) Kein Eingreifen von Ausschlusstatbeständen
§ 255 Abs. 2 Nr. 1–3 SGB III enthält Ausschlusstatbestände. Liegt einer dieser Tatbestände vor, kann eine Förderung nicht erfolgen.

1924

(1) Verfolgung überwiegend betrieblicher Interessen
Werden mit den im Sozialplan vorgesehenen Maßnahmen überwiegend betriebliche Interessen verfolgt, scheidet gem. § 255 Abs. 2 Nr. 1 SGB III eine Förderung aus. Überwiegend betriebliche Interessen werden verfolgt, wenn die Eingliederungsmaßnahme vorwiegend den Zweck verfolgt, den Arbeitnehmer nach der Teilnahme auf einem anderen Arbeitsplatz im selben Betrieb oder in einem anderen Betrieb desselben Unternehmens einzusetzen (BT-Drs. 13/4941, S. 198). Ob dies auch für einen anderen Arbeitsplatz in einem anderen Konzernunternehmen gilt, ist angesichts des Wortlauts der Bestimmung fraglich (bejahend etwa: *Däubler* DKK §§ 112, 112 a Rz. 168; für zumindest analoge Anwendung GK-BetrVG/*Fabricius*/*Oetker* §§ 112, 112 a Rz. 393).

1925

(2) Widerspruch zu den Zielen der Arbeitsförderung
Die Förderung einer Maßnahme scheidet aus, wenn sie mit den Zielen der Arbeitsförderung nicht vereinbar ist, § 255 Abs. 2 Nr. 2 SGB III. Die Ziele der Arbeitsförderung sind insbesondere den §§ 1–11 SGB III zu entnehmen. Unter diesem Gesichtspunkt ist insbesondere die Förderung von Vorruhestandsmaßnahmen oder anderer Formen einer Frühverrentung (BT-Drs. 13/4941, S. 198) oder der Aufstockung von gesetzlichen Leistungen der Arbeitsförderung ausgeschlossen (GK-BetrVG/*Fabricius*/*Oetker* §§ 112, 112 a Rz. 394).

1926

I. Betriebsverfassungsrecht

(3) Einräumung eines Wahlrechts zwischen Abfindung und Eingliederung

1927 Eingliederungsmaßnahmen werden nicht gefördert, wenn der Sozialplan für den einzelnen Arbeitnehmer ein Wahlrecht zwischen Eingliederungsmaßnahme und Abfindung vorsieht, § 255 Abs. 2 Nr. 3 SGB III. Förderungsschädlich ist nur die Einräumung eines solchen Wahlrechts. Die Zusage einer zusätzlichen Abfindung neben der Teilnahme an einer Eingliederungsmaßnahme ist unschädlich (*Däubler* DKK §§ 112, 112 a Rz. 169).

b) Beratungspflicht des Landesarbeitsamtes; Vorabentscheidungsverfahren; Antrag

1928 Gem. § 256 Abs. 1 SGB III ist das Landesarbeitsamt auf Verlangen verpflichtet, den Unternehmer und den Betriebsrat über die Förderungsmöglichkeiten von Eingliederungsmaßnahmen im Rahmen der Sozialplanverhandlungen zu beraten. Zudem können der Unternehmer oder die Einigungsstelle gem. § 256 Abs. 2 SGB III beantragen, dass das Landesarbeitsamt im Voraus, d. h. vor der verbindlichen Festlegung derartiger Maßnahmen im Sozialplan, darüber entscheidet, ob und unter welchen Voraussetzungen eine Maßnahme gefördert werden kann. Von dieser Beratungs- und Vorabentscheidungsmöglichkeit sollte im Rahmen des Einigungsstellenverfahrens oder der sonstigen Sozialplanverhandlungen Gebrauch gemacht werden, da hierdurch vor rechtsverbindlicher Festlegung die Förderungsmöglichkeit angedachter Eingliederungsmaßnahmen abgeklärt werden kann.

Der Antrag auf Bezuschussung selbst kann nur vom Unternehmer gestellt werden (GK-BetrVG/*Fabricius/Oetker* §§ 112, 112 a Rz. 397.

c) Ermessensentscheidung des Landesarbeitsamtes

1929 Auch wenn die genannten Voraussetzungen einer Förderung vorliegen, besteht grds. kein Rechtsanspruch auf die Förderung. Die Entscheidung hinsichtlich des »Ob« steht im pflichtgemäßen Ermessen des Landesarbeitsamtes. Ob dies auch dann gilt, wenn eine positive Vorabentscheidung nach § 256 Abs. 2 SGB III getroffen wurde, ist streitig (so z. B. GK-BetrVG/*Fabricius/Oetker* §§ 112, 112 a Rz. 399; a. A. z. B. FKHE §§ 112, 112 a Rz. 111 e). Auch die Höhe eines eventuellen Zuschusses steht im Ermessen des Landesarbeitsamtes. Ein absolute Obergrenze ergibt sich lediglich aus § 257 Abs. 2 SGB III. Zur Entscheidung über die Höhe ist eine Angemessenheitsprüfung anzustellen, vgl. § 257 Abs. 1 SGB III (zu Einzelheiten vgl. etwa GK-BetrVG/*Fabricius/Oetker* §§ 112, 112 a Rz. 400 ff.).

XIV. Sanktionen des BetrVG

1. Unmittelbare Erfüllungs- und Unterlassungsansprüche

1930 Vorschriften des BetrVG, die eine Verpflichtung zur Leistung von Geld und Sachen, zur Unterrichtung des Betriebsrats oder zur Vorlage von Unterlagen normieren, gewähren dem Betriebsrat einen Anspruch (§ 194 BGB) auf Erfüllung dieser Verpflichtungen, ohne dass solche Ansprüche durch § 23 Abs. 3 BetrVG auf den Fall beschränkt wären, dass die Nichterfüllung der Verpflichtung sich zugleich als grober Pflichtverstoß des Arbeitgebers darstellt (*BAG* 17.5.1983 EzA § 80 BetrVG 1972 Nr. 25; 22.2.1983 EzA § 23 BetrVG 1972 Nr. 9).

Mittels Leistungsantrags kann ein solcher Anspruch im arbeitsgerichtlichen Beschlussverfahren geltend gemacht und nach Maßgabe von § 85 Abs. 1 ArbGG ohne die Beschränkungen nach § 23 Abs. 3 S. 2–5 BetrVG vollstreckt werden. Informations- und Einsichtsrechte ergeben sich bspw. aus §§ 80 Abs. 2 (*BAG* 17.5.1983 EzA § 80 BetrVG 1972 Nr. 25), 89 Abs. 2 S. 2 (*BAG* 22.2.1983 EzA § 23 BetrVG 1972 Nr. 9) 90 S. 1 (GK-BetrVG/*Oetker* § 23 Rz. 144), 92 Abs. 1 S. 1 und 99 Abs. 1 S. 1 (GK-BetrVG/*Oetker* § 23 Rz. 147), 111 Abs. 1 S. 1 BetrVG (*BAG* 22.2.1983 EzA § 23 BetrVG 1972 Nr. 9). Besonderheiten gelten im Hinblick auf das Informations- und Einsichtsrecht des Wirtschaftsausschusses nach § 106 Abs. 2 BetrVG. Bei Streit über den Umfang der Information und die Erforderlichkeit der Vorlage von Unterlagen entscheidet hier primär nach § 109 BetrVG die Einigungsstelle (s. o. I/Rz. 880 ff.). Sachleistungs- bzw. Geldansprüche ergeben sich z. B. aus §§ 20 Abs. 3, 40, 44 BetrVG (vgl. *BAG* 22.2.1983 EzA § 23 BetrVG 1972 Nr. 9). Einen unmittelbar mittels Leistungsantrag im arbeitsgerichtlichen Beschlussverfahren geltend zu machenden Anspruch enthalten ferner § 37 Abs. 2 und 3 BetrVG, soweit es allein um die Frage der Arbeitsbefreiung eines Betriebsratsmitglieds geht bzw. um die Frage, ob die Betriebsratstätigkeit außerhalb der Arbeitszeit durchzuführen ist (*BAG* 27.6.1990 EzA § 37 BetrVG 1972 Nr. 105). Einen unmittelbaren Anspruch auf Durchführung einer geforderten Stellenausschreibung gibt auch § 93 BetrVG (GK-BetrVG/*Oetker* § 23 Rz. 147).

Wechselseitige Unterlassungsansprüche werden durch § 74 Abs. 2 S. 2, 3 BetrVG (Verbot der Beeinträchtigung von Arbeitsablauf und Betriebsfrieden, Verbot parteipolitischer Betätigung) begründet (*BAG* 12.6.1986 EzA § 74 BetrVG 1972 Nr. 7). Nach Auffassung des *BAG* (26.2.1987 EzA § 79 BetrVG 1972 Nr. 1) normiert auch § 79 Abs. 1 BetrVG (Wahrung von Betriebs- oder Geschäftsgeheimnissen) einen unmittelbaren Unterlassungsanspruch des Arbeitgebers gegen den Betriebsrat und einzelne Betriebsratsmitglieder. Demgegenüber wird für § 77 Abs. 1 S. 2 BetrVG (Verbot des Eingriffs in die Betriebsleitung) überwiegend die Ansicht vertreten, dass hier Unterlassungsansprüche des Arbeitgebers nur nach Maßgabe des § 23 Abs. 1 BetrVG in Betracht kommen (GK-BetrVG/*Kreutz* § 77 Rz. 27). Soweit Unterlassungsansprüche des Arbeitgebers bestehen, schließt deren Geltendmachung die Einleitung eines Verfahrens nach § 23 Abs. 1 BetrVG nicht aus, da Unterlassungsansprüche einerseits und das Amtsenthebungsverfahren andererseits unterschiedliche Rechtsfolgen auslösen (*BAG* 22.7.1980 EzA § 74 BetrVG 1972 Nr. 5).

2. § 23 Abs. 3 BetrVG

a) Zweck

§ 23 Abs. 3 BetrVG gibt dem Betriebsrat oder einer im Betrieb vertretenen Gewerkschaft die Möglichkeit, bei groben Verstößen des Arbeitgebers gegen seine Verpflichtungen aus dem BetrVG beim Arbeitsgericht ein Zwangsverfahren einzuleiten. Die Regelung ist im Hinblick auf die Sanktionsregelungen gegen den Betriebsrat in Abs. 1

I. Betriebsverfassungsrecht

aus Gründen der Gleichgewichtigkeit geschaffen worden (Bericht 10. Ausschuss zu BT-Drs. VI/2729, S. 21). Der Antrag kann sich auf Unterlassung, Duldung oder Vornahme einer Handlung richten. Eine Zuwiderhandlung kann bei Unterlassungs- und Duldungsverpflichtung zu einer Ordnungsgeld- und bei Vornahmeverpflichtung zur Zwangsgeldfestsetzung führen. Das Verfahren gliedert sich demnach zweistufig in Erkenntnis- und Vollstreckungsverfahren.

1934 Zweck der Vorschrift ist es, ein Mindestmaß gesetzmäßigen Verhaltens des Arbeitgebers im Rahmen der betriebsverfassungsrechtlichen Ordnung für die Zukunft sicherzustellen (*BAG* 20.8.1991 EzA § 77 BetrVG 1972 Nr. 41).

b) Voraussetzungen

1935 Erforderlich ist ein grober Verstoß des Arbeitgebers gegen betriebsverfassungsrechtliche Pflichten. Die Begriffe »Verpflichtungen aus diesem Gesetz« i. S. d. Abs. 3 und »gesetzliche Pflichten« i. S. d. Abs. 1 (s. u. I/Rz. 1975 ff.) entsprechen sich weitgehend (*FKHE* § 23 Rz. 59), sodass zu den Pflichten auch solche betriebsverfassungsrechtlichen Verpflichtungen des Arbeitgebers gehören, die in anderen Gesetzen normiert sind, wie z. B. in § 17 Abs. 2 KSchG, § 9 Abs. 3 ASiG, §§ 95–99 SGB IX (*Trittin* DKK § 23 Rz. 69). Verpflichtungen aus Tarifverträgen werden nur erfasst, soweit sie die betriebsverfassungsrechtliche Rechtsstellung des Arbeitgebers konkretisieren (*LAG Baden-Württemberg* 29.10.1990 LAGE § 77 BetrVG 1972 Nr. 10; GK-BetrVG/*Oetker* § 23 Rz. 165). Ebenso sind Verpflichtungen aus Betriebsvereinbarungen, auch soweit sie auf einem Spruch der Einigungsstelle beruhen, und aus Regelungsabreden Verpflichtungen i. S. d. § 23 Abs. 3 BetrVG, da sie ihre Grundlage im BetrVG haben (*LAG Baden-Württemberg* 29.10.1990 LAGE § 77 BetrVG 1972 Nr. 10; GK-BetrVG/ *Oetker* § 23 Rz. 166).

1936 Es werden grds. sämtliche Verstöße des Arbeitgebers gegen seine betriebsverfassungsrechtlichen Pflichten unabhängig davon erfasst, ob sich deren Vollstreckung nach §§ 887, 888 und 890 ZPO richten würde, sodass auch die Verletzung von Zahlungspflichten, der Pflicht zur Herausgabe bestimmter Sachen oder zur Abgabe einer Willenserklärung – sofern betriebsverfassungsrechtlich geschuldet – als Pflichtverstoß in Betracht kommt (str. so GK-BetrVG/*Oetker* § 23 Rz. 171; *Trittin* DKK § 23 Rz. 71; a. A. *FKHE* § 23 Rz. 56).

1937 Nicht erfasst werden Verstöße gegen sonstige arbeitsrechtliche Gesetze und den Arbeitsvertrag; in Betracht kommen aber Verstöße gegen die Rechte einzelner Arbeitnehmer nach Maßgabe der §§ 81 ff. BetrVG (GK-BetrVG/*Oetker* § 23 Rz. 167).

1938 Eine grobe Pflichtverletzung setzt nicht ein Verschulden des Arbeitgebers voraus; entscheidend ist vielmehr, ob der Verstoß so erheblich war, dass unter Berücksichtigung des Gebots zur vertrauensvollen Zusammenarbeit die Anrufung des Arbeitsgerichts gerechtfertigt erscheint (*BAG* 16.7.1991 EzA § 87 BetrVG 1972 Arbeitszeit Nr. 48). Unerheblich ist auch, ob es sich um einen erstmaligen oder wiederholten Verstoß handelt; objektiv erheblich kann auch ein einmaliger schwer wiegender Pflichtverstoß sein (*BAG* 14.11.1989 EzA § 99 BetrVG 1972 Nr. 85).

I. Betriebsverfassungsrecht

Leichtere Verstöße können bei Fortsetzung oder Wiederholung zu einem groben Verstoß werden (*BAG* 16.7.1991 EzA § 87 BetrVG 1972 Arbeitszeit Nr. 48). Ein grober Verstoß scheidet aus, wenn der Arbeitgeber in einer schwierigen und ungeklärten Rechtsfrage eine bestimmte Meinung vertritt und nach dieser handelt (*BAG* 14.11.1989 EzA § 99 BetrVG 1972 Nr. 85; 16.7.1991 EzA § 87 BetrVG 1972 Arbeitszeit Nr. 48). Strittig ist, ob der Unterlassungsanspruch nach § 23 Abs. 3 BetrVG eine Wiederholungsgefahr oder das Andauern des rechtswidrigen Zustandes voraussetzt (so *BAG* 27.11.1990 EzA § 87 BetrVG 1972 Arbeitszeit Nr. 40, wobei eine Vielzahl von Verstößen die Wiederholungsgefahr indiziert; GK-BetrVG/*Oetker* § 23 Rz. 176; a. A. *BAG* 18.4.1985 EzA § 23 BetrVG 1972 Nr. 10; *Trittin* DKK § 23 Rz. 78; FKHE § 23 Rz. 65). Nach überwiegender Auffassung ist ferner Voraussetzung, dass der grobe Pflichtverstoß bereits begangen wurde. **1939**

Nicht ausreichend ist die bloße, konkrete Befürchtung eines bevorstehenden groben Pflichtverstoßes (*BAG* 18.4.1985 EzA § 23 BetrVG 1972 Nr. 10; a. A. GK-BetrVG/*Oetker* § 23 Rz. 174; *Trittin* DKK § 23 Rz. 78). **1940**

c) Einzelfälle

aa) Wahl des Betriebsrats, Amtsführung, Zusammenarbeit

Schwere oder fortgesetzt leichtere Verstöße gegen das Gebot vertrauensvoller Zusammenarbeit; Wahlbehinderung und Wahlbeeinflussung; Öffnen von Betriebsratspost oder Nichtweiterleitung derselben an den Betriebsrat; Verhinderung einer Betriebsversammlung; Verstöße gegen die betriebliche Friedenspflicht; Verstöße gegen das Verbot der parteipolitischen Betätigung; schwer wiegende Verstöße gegen das Behinderungs- und Benachteiligungsverbot; Diskriminierung der Betriebsratsarbeit durch Veröffentlichung des Schriftwechsels während laufender Verhandlungen oder plakative Veröffentlichung der betriebsratsbedingten Fehlzeiten oder undifferenzierte plakative Heraushebung von Betriebsratskosten (*BAG* 12.11.1997 EzA § 23 BetrVG 1972 Nr. 38); Nichtdurchführung von Vereinbarungen mit dem Betriebsrat, auch soweit sie auf einem Spruch der Einigungsstelle beruhen (GK-BetrVG/*Oetker* § 23 Rz. 178; *Trittin* DKK § 23 Rz. 80). **1941**

bb) Beteiligungs- und Mitbestimmungsrechte

Eine Verletzung der sich aus dem BetrVG ergebenden Pflichten des Arbeitgebers liegt insbesondere auch dann vor, wenn er Unterrichtungs-, Mitwirkungs- oder Mitbestimmungsrechte des Betriebsrats missachtet (*BAG* 16.7.1991 EzA § 87 BetrVG 1972 Arbeitszeit Nr. 48; 17.3.1987 EzA § 23 BetrVG 1972 Nr. 16). **1942**

cc) Ständige Verletzung von Individualrechten einzelner Arbeitnehmer

Beharrliche Verletzung der Beschwerderechte einzelner Arbeitnehmer gem. §§ 81 ff. BetrVG bzw. die beharrliche Weigerung des Arbeitgebers, ein Betriebsratsmitglied auf Verlangen eines Arbeitnehmers in den Fällen der §§ 82 Abs. 2, 83 Abs. 1 bzw. 84 Abs. 1 BetrVG hinzuzuziehen oder die willkürliche Ungleichbehandlung einzelner Arbeitnehmer bzw. Verletzung von Persönlichkeitsrechten gem. § 75 BetrVG (vgl. *Trittin* DKK § 23 Rz. 83). **1943**

I. Betriebsverfassungsrecht

dd) Gewerkschaftsrechte
1944 Versagung des Zutritts von Gewerkschaftsbeauftragten zum Betrieb gem. § 2 Abs. 2 BetrVG; Abschluss von Betriebsvereinbarungen entgegen § 77 Abs. 3 BetrVG (*BAG* 20.8.1991 EzA § 77 BetrVG 1972 Nr. 41).

d) Verfahren

aa) Erkenntnisverfahren
1945 Für das Erkenntnisverfahren ist das Arbeitsgericht zuständig, das gem. §§ 2 a Abs. 1 Nr. 1, Abs. 2, 80 ff. ArbGG im Beschlussverfahren entscheidet. Das Verfahren setzt einen den Verfahrensgegenstand bestimmenden Antrag voraus.

1946 Bei Antragstellung ist zu beachten, dass der Antrag so konkret wie möglich gefasst und sich auf einzelne, tatbestandlich umschriebene Handlungen beziehen sollte. Ein sog. Globalantrag ist zwar nicht unzulässig (so die frühere Rechtsprechung des *BAG* (8.11.1983 EzA § 81 ArbGG 1979 Nr. 4), aber unbegründet, wenn eine Fallkonstellation denkbar ist, in der die in Anspruch genommene Unterlassungs-, Vornahme- oder Duldungspflicht des Arbeitgebers nicht besteht (*BAG* 3.5.1994 EzA § 23 BetrVG 1972 Nr. 36; 6.12.1994 EzA § 23 BetrVG 1972 Nr. 37).

1947 So ist bspw. ein Antrag des Betriebsrats auf Unterlassung mitbestimmungswidriger Versetzungen dann insgesamt unbegründet, wenn er so global gefasst ist, dass er Fallgestaltungen umfasst, in denen der Arbeitgeber nach § 100 Abs. 1 BetrVG Personalmaßnahmen vorläufig ohne Zustimmung des Betriebsrats durchführen kann (*BAG* 6.12.1994 EzA § 23 BetrVG 1972 Nr. 37). Ein weitgefasster Antrag (Globalantrag) des Betriebsrats auf Unterlassung der Anordnung von Mehrarbeit, ohne die erforderliche Mitbestimmung des Betriebsrats ist zulässig, aber unbegründet, wenn der Arbeitgeber praktisch auftretende Fallgruppen aufzeigt, in denen ein in einer Betriebsvereinbarung geregeltes einseitiges Anordnungsrecht des Arbeitgebers bei nicht planbarer Mehrarbeit in Betracht kommt (*LAG* Köln AP Nr. 85 zu § 87 BetrVG 1972 Arbeitszeit).

1948 Antragsberechtigt sind der Betriebsrat und eine im Betrieb vertretene Gewerkschaft, auch wenn sie nicht Gläubiger der Verpflichtung sind, gegen die der Arbeitgeber grob verstoßen hat; insoweit handelt es sich um einen Fall gesetzlicher Prozessstandschaft (GK-BetrVG/*Oetker* § 23 Rz. 187).

1949 Mit dem Antrag kann zugleich der Antrag, dem Arbeitgeber für den Fall der Zuwiderhandlung Ordnungsgeld anzudrohen, verbunden werden (*LAG* Bremen 12.4.1989 LAGE § 23 BetrVG 1972 Nr. 19; GK-BetrVG/*Oetker* § 23 Rz. 185).

1950 Beide Anträge können in erster Instanz einseitig und in den Rechtsmittelinstanzen mit Zustimmung der anderen Beteiligten zurückgenommen werden, vgl. §§ 81 Abs. 2 S. 1, 87 Abs. 2 S. 3, 92 Abs. 2 S. 3 ArbGG.

1951 Antragsbeispiel: Unter Berücksichtigung der Rechtsprechung des BAG zum Globalantrag kommt etwa für einen auf die Unterlassung der Anordnung von Mehrarbeit gerichteten Unterlassungsantrag folgende Formulierung in Betracht (vgl. *Fiebig* NZA 1993, 58):
1. Dem Antragsgegner wird aufgegeben, zu leistende Überstunden in einem Betrieb nur mit Zustimmung des Betriebsrats anzuordnen oder zu dulden, es sei denn, es

handelt sich um eine Maßnahme in einem Einzel- oder Notfall, um eine tendenz- oder arbeitskampfbezogene Maßnahme.
2. Für jeden Fall der Zuwiderhandlung gegen die Verpflichtung aus Nr. 1 wird dem Antragsgegner – bezogen auf jeden Tag und jeden Arbeitnehmer – ein Ordnungsgeld, dessen Höhe in das Ermessen des Gerichts gestellt wird, ersatzweise Ordnungshaft, angedroht.

bb) Vollstreckungsverfahren

Zwangsmittel ist im Fall des § 23 Abs. 3 S. 2 BetrVG (Unterlassung oder Duldung einer Handlung) Ordnungsgeld, im Fall des § 23 Abs. 3 S. 3 BetrVG (Vornahme einer Handlung) Zwangsgeld, wobei das Höchstmaß des Ordnungs- bzw. Zwangsgeldes auf 10 000 € begrenzt ist. Ordnungs- oder Zwangshaft sind ausgeschlossen, § 85 Abs. 1 S. 3 ArbGG. Zuständig für das Vollstreckungsverfahren ist das Arbeitsgericht. 1952

Erforderlich ist ein neuer Antrag, der erst gestellt werden kann, wenn der Beschluss im Erkenntnisverfahren rechtskräftig geworden ist (GK-BetrVG/*Oetker* § 23 Rz. 196). 1953

Ob insoweit auch ein gerichtlicher Vergleich als Grundlage des Vollstreckungsverfahrens in Betracht kommt, wird kontrovers diskutiert (so *LAG Bremen* 12.4.1989 LAGE § 23 BetrVG 1972 Nr. 19; *Trittin* DKK § 23 Rz. 97; a. A. *LAG Düsseldorf* 26.4.1993 LAGE § 23 BetrVG 1972 Nr. 30). Die ablehnende Ansicht verweist darauf, dass § 23 BetrVG eine gerichtliche Entscheidung voraussetze und im Übrigen die Frage, ob ein grober Verstoß vorliege, nicht der Disposition der Beteiligten unterliege. 1954

(1) Ordnungsgeld

Neben der Rechtskraft der Entscheidung im Erkenntnisverfahren ist Voraussetzung der Festsetzung von Ordnungsgeld dessen vorherige Androhung, wobei strittig ist, ob zusätzlich erforderlich ist, dass auch der Androhungsbeschluss rechtskräftig ist (so z. B. *FKHE* § 23 Rz. 79; a. A. GK-BetrVG/*Oetker* § 23 Rz. 202; *Trittin* DKK § 23 Rz. 104). 1955

Sofern die Androhung nicht bereits in dem die Unterlassungs- oder Duldungsverpflichtung aussprechenden Beschluss des Erkenntnisverfahrens enthalten ist, muss sie durch gesonderten Beschluss erfolgen, für den antragsberechtigt nicht nur der Antragsteller des Erkenntnisverfahrens ist, sondern jeder nach § 23 Abs. 3 S. 4 BetrVG Antragsberechtigte (GK-BetrVG/*Oetker* Abs. 23 Rz. 204). Die Androhung muss nicht bereits die Festsetzung der Höhe, aber die Angabe des gesetzlichen Höchstmaßes enthalten (*LAG Düsseldorf* 13.8.1987 LAGE § 23 BetrVG 1972 Nr. 10). 1956

Ist im Beschluss ein der Höhe nach bestimmtes Ordnungsgeld angedroht worden, kann kein höheres verhängt werden (GK-BetrVG/*Oetker* § 23 Rz. 205). Der Androhungsbeschluss kann ohne mündliche Verhandlung, aber nur nach Anhörung des Arbeitgebers ergehen, § 85 Abs. 1 ArbGG, § 891 ZPO. In diesem Fall entscheidet der Vorsitzende allein, § 53 Abs. 1 ArbGG. Gegen den gesonderten Androhungsbeschluss ist das Rechtsmittel der sofortigen Beschwerde gegeben, § 85 Abs. 1 S. 3 ArbGG, §§ 891 S. 1, 793, 577 ZPO, § 78 Abs. 1 ArbGG. 1957

I. Betriebsverfassungsrecht

1958 Die Festsetzung des Zwangsmittels setzt ferner voraus, dass der Arbeitgeber nach Rechtskraft der Entscheidung im Erkenntnisverfahren und nach erfolgter Androhung gegen die ihm auferlegte Verpflichtung schuldhaft verstoßen hat, da das Ordnungsgeld nicht nur bloßes Beugemittel ist (*BAG* 18.4.1985 EzA § 23 BetrVG 1972 Nr. 10).

1959 Die Festsetzung des Zwangsmittels erfolgt durch Beschluss, der ohne mündliche Verhandlung, aber nur nach Anhörung des Arbeitgebers ergehen kann, § 85 Abs. 1 ArbGG, § 891 ZPO. Wird ohne mündliche Verhandlung entschieden, entscheidet der Vorsitzende der zuständigen Kammer allein, § 53 Abs. 1 ArbGG. Gegen den Beschluss ist das Rechtsmittel der sofortigen Beschwerde gegeben, § 85 Abs. 1 S. 3 ArbGG, §§ 891 S. 1, 793, 577 ZPO, § 78 Abs. 1 ArbGG.

(2) Zwangsgeld

1960 Zwangsgeld wird auf Antrag festgesetzt, wenn der Arbeitgeber nach Rechtskraft der Entscheidung im Erkenntnisverfahren die ihm auferlegte und noch mögliche (GK-BetrVG/*Oetker* § 23 Rz. 217) Handlung nicht vornimmt, wobei unerheblich ist, ob es sich um eine vertretbare oder unvertretbare Handlung handelt (*Trittin* DKK § 23 Rz. 108).

1961 Da das Zwangsgeld nur Beugemittel ohne repressiven Charakter ist, ist ein Verschulden nicht erforderlich (GK-BetrVG/*Oetker* § 23 Rz. 218). Eine vorherige Androhung ist entbehrlich, aber auf Antrag möglich (GK-BetrVG/*Oetker* § 23 Rz. 215, 216).

1962 Die Festsetzung erfolgt durch Beschluss, der gem. § 85 Abs. 1 ArbGG i. V. m. § 891 ZPO ohne mündliche Verhandlung (Alleinentscheidung des Vorsitzenden, § 53 Abs. 1 ArbGG), aber nur nach Anhörung des Arbeitgebers ergehen kann. Rechtsmittel ist die sofortige Beschwerde nach § 85 Abs. 1 S. 3 ArbGG, §§ 891 S. 1, 793, 577 ZPO, § 78 Abs. 1 ArbGG.

cc) Sicherung des Anspruchs auf einstweilige Verfügung?

1963 Kontrovers diskutiert wird, ob der sich aus § 23 Abs. 3 BetrVG selbst ergebende Anspruch auch im Wege der einstweiligen Verfügung (§ 85 Abs. ArbGG, § 935 ZPO) geltend gemacht werden kann. Hiervon ist die Frage zu unterscheiden, ob ggf. § 23 Abs. 3 BetrVG eine abschließende Regelung des betriebsverfassungsrechtlichen Unterlassungsanspruchs beinhaltet oder ob daneben weitere Unterlassungsansprüche bestehen und diese ggf. durch einstweilige Verfügung sicherungsfähig sind (s. u. I/Rz. 1965 ff.).

1964 Nach überwiegender Ansicht ist die Sicherung des sich aus § 23 Abs. 3 BetrVG ergebenden Anspruchs durch einstweilige Verfügung möglich.

Begründet wird dies damit, dass hierfür die vom Gesetzgeber angestrebte Gleichgewichtigkeit des § 23 Abs. 3 BetrVG mit dem Verfahren nach § 23 Abs. 1 BetrVG, in welchem die Möglichkeit der Untersagung der Amtsausübung bis zur Entscheidung in der Hauptsache durch einstweilige Verfügung zugelassen werde, spreche und § 23 Abs. 3 BetrVG auch nicht Sanktionsnormen, sondern Mittel zur Gewährleistung eines Mindestmaßes gesetzmäßigen Verhaltens des Arbeitgebers sei und durch § 85 Abs. 1 S. 3 BetrVG die Zwangsvollstreckung im Verfahren nach § 23 Abs. 3 BetrVG eingeschränkt werde, während für den Erlass einer einstweiligen Verfügung nach § 85 Abs. 2 BetrVG keine Einschränkungen vorgesehen seien (*LAG Köln* 22.4.1985 NZA 1985, 634; *LAG Düsseldorf* 16.5.1990 NZA 1991, 29; *Trittin* DKK § 23 Rz. 95; GK-BetrVG/*Oetker* § 23 Rz. 189 ff.). Sofern die Möglichkeit einer einstweiligen Verfügung abgelehnt wird (*LAG Niedersachsen* 5.6.1987 LAGE § 23 BetrVG 1972 Nr. 11; *LAG Köln* 21.2.1989 LAGE § 23 BetrVG 1972 Nr. 20; *Richardi* § 23 Rz. 103; *Schlochauer* HSG § 23 Rz. 74) wird zur Begründung geltend gemacht, dass durch § 23 Abs. 3 S. 2–5 BetrVG das Vollstreckungsverfahren für die Ansprüche nach § 23 Abs. 1 S. 1 BetrVG speziell geregelt sei und bei Anwendung der allgemeinen Vollstreckungsregelung diese Spezialregelungen unterlaufen würden. Insbesondere könnte im Rahmen einer einstweiligen Verfügung bereits vor Rechtskraft der Entscheidung Ordnungs- bzw. Zwangsgeld in Höhe von bis zu 250 000 € und Ordnungs- bzw. Zwangshaft verhängt werden, während nach § 23 Abs. 3 S. 2–5 BetrVG die Verhängung von Zwangsmitteln erst nach Rechtskraft der Entscheidung unter Begrenzung der Höhe von Ordnungs- und Zwangsgeld auf höchstens 10 000 € und unter Ausschluss von Ordnungs- und Zwangshaft (vgl. § 85 Abs. 1 S. 3 ArbGG) möglich sei. Auch könne eine Sanktion nicht auf Grund bloßer Glaubhaftmachung der Anspruchsgrundlage ausgesprochen werden.

3. Allgemeiner betriebsverfassungsrechtlicher Unterlassungs- bzw. Beseitigungsanspruch, insbesondere im Bereich erzwingbarer Mitbestimmung

Seit langem kontrovers diskutiert wird die Frage, ob dem Betriebsrat neben dem Unterlassungsanspruch aus § 23 Abs. 3 BetrVG ein allgemeiner Unterlassungsanspruch hinsichtlich solcher Maßnahmen des Arbeitgebers zusteht, die dieser mitbestimmungswidrig durchführt. Von Bedeutung ist diese Frage vor allem dafür, ob ein Unterlassungsanspruch nur unter der Voraussetzung eines groben Verstoßes gegen betriebsverfassungsrechtliche Pflichten besteht und sich in der Zwangsvollstreckung ausschließlich nach § 23 Abs. 3 S. 2–5 BetrVG richtet. Zum Teil (so z. B. noch *BAG* 22.2.1983 EzA § 23 BetrVG 1972 Nr. 9; *LAG Niedersachsen* 5.6.1987 LAGE § 23 BetrVG 1972 Nr. 11; *LAG Baden-Württemberg* 28.8.1985 DB 1986, 805; *LAG Berlin* 17.5.1984 BB 1984, 1551) wurde ein derartiger allgemeiner Unterlassungsanspruch unter Behauptung des abschließenden Charakters des § 23 Abs. 3 abgelehnt, zum Teil (so z. B. bereits *BAG* 18.4.1985 EzA § 23 BetrVG 1972 Nr. 10 [6. Senat]; *LAG Hamburg* 9.5.1989 LAGE § 23 BetrVG 1972 Nr. 26; *LAG Frankfurt/M.* 11.8.1987 LAGE § 23 BetrVG 1972 Nr. 12) befürwortet.

1965

Der 1. Senat des *BAG* (3.5.1994 EzA § 23 BetrVG 1972 Nr. 36) hat einen allgemeinen Unterlassungsanspruch des Betriebsrats bei Verletzung von Mitbestimmungsrechten aus § 87 BetrVG bejaht, da ohne Anerkennung eines solchen Anspruchs eine hinreichende Sicherung des erzwingbaren Mitbestimmungsrechts bis zum ordnungsgemäßen Abschluss des Mitbestimmungsverfahrens auf anderem Wege nicht gewährleistet sei. Die genannte Entscheidung hält dabei auch die Durchsetzung eines solchen Anspruchs im Wege der einstweiligen Verfügung für grds. möglich.

1966

I. Betriebsverfassungsrecht

1967 Den sich aus dem nur summarischen Charakter eines Eilverfahrens ergebenden Problemen könne dadurch Rechnung getragen werden, dass bei den Anforderungen, die an den Verfügungsgrund zu stellen sind, das Gewicht des drohenden Verstoßes und die Bedeutung der umstrittenen Maßnahme einerseits für den Arbeitgeber und andererseits die Belegschaft angemessen berücksichtigt würden.

> Der allgemeine Unterlassungsanspruch wegen Verletzung von Mitbestimmungsrechten nach § 87 BetrVG setzt eine Wiederholungsgefahr voraus. Für diese besteht bei bereits erfolgter Verletzung des Mitbestimmungsrechts eine tatsächliche Vermutung, es sei denn, dass besondere Umstände einen neuen Eingriff unwahrscheinlich machen (*BAG* 29.2.2000 EzA § 87 BetrV 1972 Betriebliche Lohngestaltung Nr. 69).

Die genannte Rechtsprechung des 1. Senats bezieht sich nur auf die Verletzung von Mitbestimmungsrechten nach § 87 BetrVG. Ob der Gesichtspunkt der ansonsten nicht gegebenen hinreichenden Sicherung des Mitbestimmungsrechts auch im Bereich der personellen Einzelmaßnahmen (§ 99 BetrVG) unter Berücksichtigung der speziellen Sanktionsmöglichkeiten nach §§ 100, 101 BetrVG die Annahme eines allgemeinen Unterlassungsanspruchs rechtfertigt, hat das *BAG* sowohl im Beschluss vom 3.5.1994 (EzA § 23 BetrVG 1972 Nr. 36) als auch im Beschluss vom 6.12.1994 (EzA § 23 BetrVG 1972 Nr. 37) offen gelassen. Es hat allerdings darauf hingewiesen, dass die Reichweite der speziellen Regelungen der §§ 100, 101 BetrVG begrenzt sei, da der Aufhebungsanspruch nach § 101 BetrVG nur im Nachhinein wirke und daher bei vorübergehenden Maßnahmen, die sich vor Rechtskraft der Gerichtsentscheidung erledigen, ins Leere ginge, während ein allgemeiner Unterlassungsanspruch dem Betriebsrat die weiter gehende Möglichkeit bieten würde, mitbestimmungswidrige Personalmaßnahmen von vornherein zu verhindern.

1968 Inwieweit in anderen Angelegenheiten ein allgemeiner Unterlassungsanspruch anzuerkennen ist, wird nach wie vor kontrovers diskutiert.

So wird etwa für die Gestaltung von Arbeitsplatz, Arbeitsablauf und Arbeitsumgebung zum Teil (*Trittin* DKK § 23 Rz. 131) die Ansicht vertreten, dem Betriebsrat stehe ein Anspruch auf Unterlassung der genannten Maßnahmen zu, bis der Arbeitgeber seine Unterrichtungs- und Beratungspflicht erfüllt habe. Zum Teil (GK-BetrVG/*Oetker* § 23 Rz. 145) wird die Ansicht vertreten, dass ein solcher Anspruch deshalb ausscheide, da der Arbeitgeber in seiner unternehmerischen Entscheidung ungeachtet des Beteiligungsrechts nach § 90 BetrVG frei bleibe, die Maßnahme durchzuführen oder nicht. Im Bereich der wirtschaftlichen Angelegenheiten schließlich ist streitig, ob dem Betriebsrat ein Unterlassungsanspruch bezüglich der geplanten Betriebsänderung wenigstens solange zusteht, bis der Unternehmer die ihm nach §§ 111, 112 BetrVG obliegenden Pflichten erfüllt hat (vgl. dazu oben I/Rz. 1839 ff.).

1969 Soweit demnach ein allgemeiner Unterlassungsanspruch in Betracht kommt, kann dieser ggf. auch im Wege der einstweiligen Verfügung durchgesetzt werden (*BAG* 3.5.1994 EzA § 23 BetrVG 1972 Nr. 36), wobei bei Prüfung des Verfügungsgrundes das Gewicht des drohenden Verstoßes und die Bedeutung der umstrittenen Maßnahmen einerseits für den Arbeitgeber und andererseits für die Belegschaft angemessen zu berücksichtigen sind. Auch hier ist auf eine möglichst präzise Antragsfassung zu achten, da ein sog. Globalantrag der Gefahr der Abweisung als unbegründet dann unterliegt, wenn nur eine Fallgestaltung denkbar ist, in der kein Mitbestimmungsrecht des Betriebsrats und damit keine Unterlassungspflicht des Arbeitgebers besteht (vgl. oben I/Rz. 1945 ff.).

Als Gegenstück zum betriebsverfassungsrechtlichen Unterlassungsanspruch hat das BAG (16.6.1998 EzA § 87 BetrVG 1972 Arbeitssicherheit Nr. 3) auch einen Beseitigungsanspruch anerkannt, falls das mitbestimmungswidrige Verhalten bereits vollzogen ist. Hat etwa der Arbeitgeber unter Verletzung des Mitbestimmungsrechts nach § 87 Abs. 1 Nr. 7 BetrVG verbindliche Arbeits- und Sicherheitsanweisungen durch Aufnahme in ein Handbuch bekannt gegeben, kann der Betriebsrat die Beseitigung des betriebsverfassungswidrigen Zustandes durch Herausnahme aus dem Handbuch verlangen.

4. Spezielle Sanktionen und Verfahren

Das BetrVG enthält darüber hinaus Spezialvorschriften, die ein gesetzmäßiges Verhalten des Arbeitgebers erzwingen sollen. Hierzu zählen zunächst die von der Normstruktur ähnlich ausgestalteten Verfahren nach §§ 101, 98 Abs. 5 BetrVG. In Bezug auf § 101 BetrVG ist das BAG (17.3.1987 EzA § 23 BetrVG 1972 Nr. 16) der Ansicht, dass diese Bestimmung einen Anspruch des Betriebsrats auf künftige Beachtung seiner Mitbestimmungsrechte nach § 23 Abs. 3 BetrVG nicht ausschließt, sondern nur eine abschließende Regelung in Bezug auf die Beseitigung eines bereits eingetretenen mitbestimmungswidrigen Zustandes enthalte und durch bloße Aufhebung der mitbestimmungswidrigen Maßnahme der Anspruch auf künftige Beachtung der Mitbestimmungsrechte nicht erfüllt werde. Ob diese Erwägungen auch auf § 98 Abs. 5 BetrVG zutreffen, soweit es um die zukünftige Beachtung von Mitbestimmungsrechten geht, wird unterschiedlich beurteilt (bejahend GK-BetrVG/*Oetker* § 23 Rz. 148, 150, 159 m. w. N.). Eine spezielle Sanktion enthält weiter § 102 Abs. 1 S. 2 BetrVG, demzufolge eine ohne oder ohne ordnungsgemäße Anhörung des Betriebsrats ausgesprochene Kündigung unwirksam ist. Auch hier soll die Beachtung der Unterrichtungspflichten für die Zukunft mittels eines Antrags nach § 23 Abs. 3 BetrVG geltend gemacht werden können (GK-BetrVG/*Oetker* § 23 Rz. 150). Ferner enthält § 113 BetrVG eine spezielle Sanktionsregelung, aus der zum Teil gefolgert wird, dass ein Anspruch des Betriebsrats auf Unterlassung der Betriebsänderung bis zum Versuch der Herbeiführung eines Interessenausgleichs nicht besteht. Schließlich enthält § 104 BetrVG eine spezielle Regelung zur Entfernung betriebsstörender Arbeitnehmer.

5. Initiativrecht, Einigungsstelle

Im Bereich erzwingbarer Mitbestimmung, also bei Angelegenheiten, die dem positiven Konsensprinzip unterliegen, können Regelungen weiter durch Einschaltung der Einigungsstelle erzwungen werden, und zwar auf Grund des bestehenden Initiativrechts auch vom Betriebsrat (s. o. I/Rz. 1315 ff.).

I. Betriebsverfassungsrecht

6. Theorie der Wirksamkeitsvoraussetzung

1972 Eine mittelbare Sanktion für die Nichteinhaltung erzwingbarer Mitbestimmungsrechte des Betriebsrats ergibt sich auch daraus, dass die Verletzung von Mitbestimmungsrechten des Betriebsrats im Verhältnis zwischen Arbeitgeber und Arbeitnehmer nach der sog. Theorie der Wirksamkeitsvoraussetzung (s. o. I/Rz. 1325 f.) jedenfalls zur Unwirksamkeit solcher Maßnahmen oder Rechtsgeschäfte führt, die den Arbeitnehmer belasten.

7. § 23 Abs. 1 BetrVG

a) Zweck und Anwendungsbereich

1973 § 23 Abs. 1 BetrVG regelt sowohl die Amtsenthebung des Betriebsratsmitglieds als auch die Auflösung des Betriebsrats insgesamt.

> Die Bestimmung ist Mittel zur Sicherstellung eines Mindestmaßes an gesetzmäßiger Amtsausübung des Betriebsrats für die Zukunft (*BAG* 22.2.1983 EzA § 23 BetrVG 1972 Nr. 9). § 23 Abs. 1 BetrVG regelt den Ausschluss aus dem und die Auflösung des Betriebsrats abschließend.

1974 Einen Ausschluss infolge einer Mehrheitsentscheidung des Betriebsrats oder der Betriebsversammlung gibt es daneben nicht (*Trittin* DKK § 23 Rz. 2). Im Bereich des Gesamt- und Konzernbetriebsrats wird § 23 Abs. 1 BetrVG durch die Sonderregelungen der §§ 48, 56 BetrVG verdrängt: In Betracht kommt hier nur ein Ausschluss einzelner Mitglieder, nicht jedoch die Auflösung des Gremiums an sich (GK-BetrVG/*Oetker* § 23 Rz. 4). Auf die JAV findet gem. § 65 Abs. 1 BetrVG lediglich § 23 Abs. 1 BetrVG, nicht aber Abs. 2, 3 Anwendung, sodass die Bestellung eines Wahlvorstandes nicht dem Arbeitsgericht, sondern dem Betriebsrat nach Maßgabe von § 63 Abs. 2 und 3 BetrVG obliegt (GK-BetrVG/*Oetker* § 23 Rz. 5).

b) Ausschluss eines Mitglieds aus dem Betriebsrat

aa) Voraussetzungen

1975 Der Ausschluss eines Betriebsratsmitglieds aus dem Betriebsrat kann wegen grober Verletzung von gesetzlichen Pflichten beim Arbeitsgericht beantragt werden. Entscheidend ist damit die Verletzung gesetzlicher Pflichten.

> Gesetzliche Pflichten i. S. d. Vorschriften sind sämtliche Pflichten eines Betriebsratsmitglieds, die sich gerade aus seiner Amtsstellung und seinem konkreten Aufgabenkreis ergeben ohne Rücksicht darauf, wem gegenüber sie bestehen (GK-BetrVG/*Oetker* § 23 Rz. 14, 15). Eine bloße Verletzung arbeitsvertraglicher Pflichten reicht nicht (*Trittin* DKK § 23 Rz. 8).

1976 Erforderlich ist eine grobe Verletzung der Pflichten.

> Eine grobe Pflichtverletzung liegt vor, wenn der Verstoß objektiv erheblich und offensichtlich schwer wiegend ist (*BAG* 22.6.1993 EzA § 23 BetrVG 1972 Nr. 35), also besonders schwer wiegend gegen Sinn und Zweck des Gesetzes verstößt (GK-

BetrVG/*Oetker* § 23 Rz. 35). Die konkrete Pflichtverletzung muss unter Berücksichtigung aller Umstände, insbesondere der betrieblichen Gegebenheiten, des Anlasses und der Persönlichkeit des Betriebsratsmitglieds so erheblich sein, dass für die Zukunft nicht mehr auf eine pflichtgemäße Erfüllung der Amtsausübung vertraut werden kann (so für das BPersVG *BVerwG* 22.8.1991 EzA § 23 BetrVG 1972 Nr. 30).

Auch ein einmaliger schwerer Verstoß kann ausreichen (GK-BetrVG/*Oetker* § 23 Rz. 36). Überwiegend (so für das BPersVG *BVerwG* 22.8.1991 EzA § 23 BetrVG 1972 Nr. 30; *Trittin* DKK § 23 Rz. 13; *FKHE* § 23 Rz. 16; *LAG Düsseldorf* 15.10.1992 LAGE § 611 BGB Abmahnung Nr. 33; **a. A.** GK-BetrVG/*Oetker* § 23 Rz. 37; MünchArbR/*Joost* § 310 Rz. 8) wird auch ein Verschulden für erforderlich gehalten. Bei dem Begriff der groben Verletzung gesetzlicher Pflichten handelt es sich um einen unbestimmten Rechtsbegriff, der in der Rechtsbeschwerdeinstanz nur eingeschränkt daraufhin nachprüfbar ist, ob das Landesarbeitsgericht den unbestimmten Rechtsbegriff selbst verkannt hat, ob bei der Anwendung Denkgesetze oder allgemeine Erfahrungsgesetze verletzt sind, oder ob wesentliche Umstände nicht berücksichtigt wurden (*BAG* 21.2.1978 EzA § 74 BetrVG 1972 Nr. 4; GK-BetrVG/*Oetker* § 23 Rz. 34). 1977

bb) Einzelfälle

Zu den gesetzlichen Pflichten zählen zunächst alle sich aus dem BetrVG ergebenden Pflichten. 1978

Dies sind z. B. die Pflicht zur vertrauensvollen Zusammenarbeit nach § 2 Abs. 1 BetrVG (*BAG* 21.2.1978 EzA § 74 BetrVG 1972 Nr. 4; zu Einzelfällen GK-BetrVG/*Oetker* § 23 Rz. 47; s. o. I/Rz. 1007 ff.), Friedenspflicht und Verbot parteipolitischer Betätigung im Betrieb nach § 74 Abs. 2 BetrVG (vgl. GK-BetrVG/*Oetker* § 23 Rz. 49, 50; s. o. I/Rz. 1027 ff.), Pflicht zur Unterlassung von Kampfmaßnahmen zwischen Arbeitgeber und Betriebsrat gem. § 74 Abs. 2 S. 1 BetrVG (s. o. I/Rz. 1018 ff.), Pflicht zur Behandlung aller im Betrieb tätigen Personen nach den Grundsätzen von Recht und Billigkeit gem. § 75 Abs. 1 BetrVG (vgl. GK-BetrVG/*Oetker* § 23 Rz. 51; s. o. I/Rz. 1043 ff.), Schweigepflicht gem. §§ 79, 82 Abs. 2, 83 Abs. 1, 99 Abs. 1, 102 Abs. 2 BetrVG (GK-BetrVG/*Oetker* § 23 Rz. 52; s. o. I/Rz. 660 ff.), Pflicht zur Berücksichtigung betrieblicher Notwendigkeit bei der Ansetzung von Betriebsratssitzungen gem. § 30 S. 2 BetrVG (*LAG Hamm* 8.6.1978 EzA § 37 BetrVG 1972 Nr. 58), Pflicht zur Wahrnehmung betriebsverfassungsrechtlicher Befugnisse (GK-BetrVG/*Oetker* § 23 Rz. 53) oder Pflicht zur Mitarbeit bei der Ausübung von Aufgaben des Betriebsrats (*Schlochauer* HSG § 23 Rz. 29).

Zu den gesetzlichen Amtspflichten zählen auch die, die sich aus einer besonderen Stellung innerhalb des Betriebsrats ergeben, etwa aus der Stellung als Vorsitzender oder dessen Stellvertreter (*FKHE* § 23 Rz. 15). Weiter zählen hierzu die in Tarifverträgen oder Betriebsvereinbarungen enthaltenen Pflichten, soweit durch sie die nach dem BetrVG bestehenden Pflichten konkretisiert werden (GK-BetrVG/*Oetker* § 23 Rz. 16). 1979

I. Betriebsverfassungsrecht

Zum Anlass für ein Ausschlussverfahren können nur Amtspflichtverletzungen aus der laufenden Amtsperiode genommen werden (*BAG* 29.4.1969 AP Nr. 9 zu § 23 BetrVG; *LAG Bremen* 27.10.1987 DB 1988, 136; *Trittin* DKK § 23 Rz. 14; **a. A.** GK-BetrVG/*Oetker* § 23 Rz. 43: Auch Amtspflichtverletzungen aus der abgelaufenen Amtszeit, sofern die Amtspflichtverletzung für die Amtsausübung dieses Betriebsratsmitglieds belastend fortwirkt).

cc) Verfahren

1980 Über den Antrag, der nur von den in § 23 Abs. 1 BetrVG aufgeführten Antragsberechtigten gestellt werden kann, entscheidet das Arbeitsgericht im Beschlussverfahren, §§ 2 a Abs. 1 Nr. 1, Abs. 2, 80 ff. ArbGG. Der Antrag kann zunächst von einem Viertel der wahlberechtigten Arbeitnehmer (vgl. § 7 BetrVG) des Betriebs gestellt werden, wobei die Mindestzahl nach dem regelmäßigen Stand der Belegschaft ermittelt werden und während des gesamten Verfahrens vorliegen muss (GK-BetrVG/*Oetker* § 23 Rz. 63 m. w. N.). Streitig ist, ob für aus dem Verfahren ausscheidende andere wahlberechtigte Arbeitnehmer als Antragsteller dem Verfahren beitreten und so ein Absinken unter die Mindestzahl verhindern können (*FKHE* § 23 Rz. 9; abl. GK-BetrVG/ *Oetker* § 23 Rz. 64; *Trittin* DKK § 23 Rz. 25; abl. für das entsprechende Quorum bei der Anfechtung der Betriebsratswahl *BAG* 12.2.1985 EzA § 19 BetrVG 1972 Nr. 21). Antragsberechtigt ist ferner der Arbeitgeber, allerdings nur hinsichtlich solcher Pflichtverletzungen, die das Verhältnis des Betriebsratsmitglieds zum Arbeitgeber betreffen, da er nicht Interessenwahrer der Belegschaft oder des Betriebsrats ist (GK-BetrVG/*Oetker* § 23 Rz. 65). Antragsberechtigt ist ferner jede im Betrieb vertretene Gewerkschaft unabhängig davon, ob das betroffene Betriebsratsmitglied der antragstellenden Gewerkschaft angehört oder nicht (GK-BetrVG/*Oetker* § 23 Rz. 66). Antragsberechtigt ist schließlich auch der Betriebsrat selbst. Bei dem erforderlichen Beschluss, der nach § 33 BetrVG mit einfacher Mehrheit zu fassen ist, wirkt das auszuschließende Mitglied nicht mit (*FKHE* § 23 Rz. 13). Scheidet das Betriebsratsmitglied nach Antragstellung aus anderen Gründen aus dem Betriebsrat aus, tritt Erledigung ein. Bei entsprechender Erklärung ist das Verfahren nach § 83 a ArbGG einzustellen. Fehlt es an übereinstimmenden Erklärungen, ist bei entsprechender Umstellung des Antrags die Erledigung festzustellen, ansonsten der Antrag wegen Fehlens des Rechtsschutzinteresses abzuweisen (GK-BetrVG/*Oetker* § 23 Rz. 77, 78).

dd) Einstweilige Verfügung

1981 In klarliegenden, dringenden und äußerst schwer wiegenden Fällen kann durch einstweilige Verfügung im Beschlussverfahren das Arbeitsgericht die weitere Amtsausübung eines Betriebsratsmitglieds bis zur Entscheidung in der Hauptsache untersagen, wenn die weitere Zusammenarbeit mit dem Betriebsratsmitglied unter Anlegung eines strengen Maßstabes nicht einmal mehr vorübergehend zumutbar erscheint (*BAG* 29.4.1969 AP Nr. 9 zu § 23 BetrVG; *LAG Hamm* 18.9.1975 EzA § 23 BetrVG 1972 Nr. 2; *Trittin* DKK § 23 Rz. 37; GK-BetrVG/*Oetker* § 23 Rz. 82).

Wird dem Antrag stattgegeben, wird das Betriebsratsmitglied durch ein Ersatzmitglied vertreten, § 25 Abs. 1 BetrVG. Ein Ausschluss aus dem Betriebsrat durch einstweilige Verfügung ist nicht möglich.

I. Betriebsverfassungsrecht

ee) Wirkungen des Ausschlusses
Der Ausschluss wird mit Rechtskraft des arbeitsgerichtlichen Beschlusses wirksam und führt unmittelbar zum Verlust des Amtes und der damit verbundenen Rechte und Pflichten (GK-BetrVG/*Oetker* § 23 Rz. 85). Der besondere Kündigungsschutz besteht nicht mehr. Dies gilt auch für den nachwirkenden Kündigungsschutz nach § 15 Abs. 1 S. 2 KSchG. Gem. § 25 BetrVG rückt ein Ersatzmitglied in den Betriebsrat nach. Das ausgeschlossene Mitglied kann erneut in den Betriebsrat gewählt werden. Dies gilt auch bei vorzeitiger Neuwahl nach § 13 Abs. 2 BetrVG (GK-BetrVG/*Oetker* § 23 Rz. 91; a. A. *Schlochauer* HSG § 23 Rz. 38). **1982**

ff) Verhältnis zu anderen, insbesondere individualrechtlichen Sanktionsmitteln
Durch § 23 Abs. 1 BetrVG werden Unterlassungsansprüche des Arbeitgebers gegen den Betriebsrat bzw. einzelne Betriebsratsmitglieder nicht ausgeschlossen; er ist nicht verpflichtet, den Ausschluss aus dem Betriebsrat vorrangig zu betreiben (*BAG* 22.7.1980 EzA § 74 BetrVG 1972 Nr. 5). **1983**

Bei reinen Amtspflichtverletzungen ist nur eine Amtsenthebung nach § 23 Abs. 1 BetrVG, nicht aber eine außerordentliche Kündigung möglich. Stellt sich die Pflichtverletzung aber gleichzeitig als Verletzung der Amts- und arbeitsvertraglichen Pflichten dar (z. B. wenn ein Betriebsratsmitglied eine Arbeitsbefreiung nach § 37 Abs. 2 BetrVG in Anspruch nimmt, obwohl es weiß, dass deren Voraussetzungen nicht vorliegen), schließen sich die Möglichkeiten außerordentlicher Kündigung gem. § 626 BGB, § 15 Abs. 1 KSchG und die der Amtsenthebung nach § 23 Abs. 1 BetrVG nach der herrschenden sog. Simultantheorie nicht aus (s. o. D/Rz. 351 ff.). Gleiches gilt für Abmahnungen. **1984**

Da aber eine wirksame außerordentliche Kündigung zum Erlöschen der Mitgliedschaft im Betriebsrat führt (§ 24 Abs. 1 Nr. 3 BetrVG), sind die Anforderungen an die Kündigung strenger als gegenüber anderen Arbeitnehmern. Die Kündigung ist nur gerechtfertigt, wenn unter Anlegung eines besonders strengen Maßstabs das pflichtwidrige Verhalten als schwerer Verstoß gegen die Pflichten aus dem Arbeitsverhältnis zu werten ist (*BAG* 16.10.1986 AP Nr. 95 zu § 626 BGB; *BAG* 15.7.1992 EzA § 611 BGB Abmahnung Nr. 26). Entsprechendes gilt für Abmahnungen, da es sich hierbei um die i. d. R. notwendige Vorstufe zur Kündigung handelt (*BAG* 10.11.1993 EzA § 611 BGB Abmahnung Nr. 29). Hält ein Betriebsratsmitglied sein Verhalten irrig für rechtmäßig, schließt dies allein eine Abmahnung nicht aus. Abzustellen ist vielmehr darauf, ob für einen objektiv urteilenden Dritten ohne weiteres der Pflichtverstoß erkennbar war (*BAG* 10.11.1993 EzA § 611 BGB Abmahnung Nr. 29). Stellt sich ein Verhalten sowohl als Verstoß gegen arbeitsvertragliche Pflichten als auch gegen Amtspflichten dar, hat der Arbeitgeber die Wahl zwischen Amtsenthebungsverfahren und außerordentlicher Kündigung/Abmahnung (GK-BetrVG/*Oetker* § 23 Rz. 32). **1985**

c) Auflösung des Betriebsrats

aa) Voraussetzungen
Nach § 23 Abs. 1 BetrVG kann ferner der Betriebsrat insgesamt wegen grober Verletzung seiner gesetzlichen Pflichten aufgelöst werden, wobei auch hier gesetzliche Pflichten alle Amtspflichten sind, die dem Betriebsrat als solchem obliegen. Es gel- **1986**

I. Betriebsverfassungsrecht

ten daher grds. die gleichen Voraussetzungen wie für den Ausschluss eines einzelnen Betriebsratsmitglieds (GK-BetrVG/*Oetker* § 23 Rz. 95). Neben den oben (s. o. I/Rz. 1975 ff.) dargestellten Pflichten kommt insbesondere die Vernachlässigung der gesetzlichen Aufgaben und Befugnisse, die der Betriebsrat im Rahmen der Mitbestimmungsordnung hat, in Betracht (vgl. GK-BetrVG/*Oetker* § 23 Rz. 101 m. w. N.).

Erforderlich ist stets, dass die gesetzlichen Pflichten vom Betriebsrat als solchem, d. h. als Kollektivorgan, verletzt werden. Nicht ausreichend ist daher, dass sämtliche Betriebsratsmitglieder als einzelne, sei es auch gleichzeitig und gemeinsam, eine Amtspflichtverletzung begehen.

1987 Im Falle einer gesetzwidrigen Beschlussfassung reichen aber Mehrheitsbeschlüsse gem. § 33 BetrVG aus (*Trittin* DKK § 23 Rz. 49). Gleichzeitige, jedoch einzelne Pflichtverletzungen mehrerer oder aller Betriebsratsmitglieder rechtfertigen nur eine Amtsenthebung der einzelnen Mitglieder mit der Folge, dass der Betriebsrat als solcher unter Nachrücken der Ersatzmitglieder bestehen bleibt (GK-BetrVG/*Oetker* § 23 Rz. 96).

1988 Eine grobe Verletzung liegt vor, wenn der Verstoß objektiv erheblich ist; ein Verschulden ist nach allgemeiner Meinung nicht Tatbestandsvoraussetzung, da der Betriebsrat als Gremium nicht schuldhaft handeln kann (vgl. GK-BetrVG/*Oetker* § 23 Rz. 100 m. w. N.).

1989 Berücksichtigt werden können nur Pflichtverletzungen aus der laufenden, nicht aus der vorangegangenen Amtsperiode, auch wenn der Betriebsrat in gleicher Zusammensetzung wieder gewählt wird (h. M., GK-BetrVG/*Oetker* § 23 Rz. 98; *Trittin* DKK § 23 Rz. 56; a. A. *Schlochauer* HSG § 23 Rz. 44).

bb) Verfahren

1990 Über den Antrag entscheidet das Arbeitsgericht im Beschlussverfahren, §§ 2 a Abs. 1 Nr. 1, Abs. 2, 80 ff. ArbGG. Antragsberechtigt sind ein Viertel der wahlberechtigten Arbeitnehmer, der Arbeitgeber und eine im Betrieb vertretene Gewerkschaft. Beschließt der Betriebsrat nach Einleitung des Verfahrens seinen Rücktritt (§ 13 Abs. 2 Nr. 3 BetrVG), entfällt hierdurch nicht das Rechtsschutzbedürfnis für den Auflösungsantrag bis zur Neuwahl des Betriebsrats und Bekanntgabe des Wahlergebnisses, da der Betriebsrat sonst durch Verzögerung der Bestellung des Wahlvorstandes die Neuwahl verzögern könnte. Etwas anderes kann nur dann gelten, wenn sämtliche Betriebsratsmitglieder und auch die Ersatzmitglieder ihr Amt niederlegen, §§ 24 Abs. 1 Nr. 2 BetrVG, 13 Abs. 2 Nr. 2 BetrVG (vgl. GK-BetrVG/*Oetker* § 23 Rz. 104).

cc) Wirkungen

1991 Die Auflösung wird mit Rechtskraft des arbeitsgerichtlichen Beschlusses mit der Folge der sofortigen Beendigung der Amtszeit des Betriebsrats wirksam. Eine Berechtigung des aufgelösten Betriebsrats zur Fortführung der Geschäfte bis zur Neuwahl eines neuen Betriebsrats besteht nicht, vgl. §§ 13 Abs. 2 Nr. 5, 22 BetrVG. Der besondere Kündigungsschutz der Betriebsratsmitglieder nach § 15 Abs. 1 KSchG, § 103 BetrVG endet (GK-BetrVG/*Oetker* § 23 Rz. 114).

I. Betriebsverfassungsrecht

dd) Gerichtliche Einsetzung eines Wahlvorstandes, § 23 Abs. 2 BetrVG
Im Falle der gerichtlichen Auflösung des Betriebsrats hat gem. § 23 Abs. 2 BetrVG das **1992**
Arbeitsgericht unverzüglich einen Wahlvorstand für die Neuwahl des Betriebsrats einzusetzen. Strittig ist, ob die Einsetzung des Wahlvorstandes erst nach Rechtskraft des Auflösungsbeschlusses möglich ist (so GK-BetrVG/*Oetker* § 23 Rz. 117) oder aber bereits mit dem Auflösungsbeschluss verbunden werden kann (so *FKHE* § 23 Rz. 46). Die Einsetzung erfolgt auch ohne Antrag von Amts wegen durch das Gericht erster Instanz, auch wenn das Auflösungsverfahren im höheren Rechtszug abgeschlossen wird (GK-BetrVG/*Oetker* § 23 Rz. 118). § 23 Abs. 2 S. 2 verweist ergänzend auf § 16 Abs. 2 BetrVG (s. o. I/Rz. 261 f.).

8. Straf- und Bußgeldvorschriften

§§ 119–121 BetrVG stellen bestimmte Verhaltensweisen unter Strafe oder bedrohen **1993**
diese mit Geldbuße.

XV. Abweichende Ausgestaltung betriebsverfassungsrechtlicher Regelungen durch Kollektivvertrag – Erweiterung von Mitwirkungs- und Mitbestimmungsrechten

1. Organisationsnormen

Bestimmungen des BetrVG, die Wahl und Organisation des Betriebsrats betreffen, **1994**
sind zweiseitig zwingend, d. h. grds. nicht durch abweichende Regelungen in Tarifverträgen oder Betriebsvereinbarungen abänderbar (*BAG* 10.2.1988 EzA § 1 TVG Nr. 34; 11.11.1998 EzA § 50 BetrVG 1972 Nr. 16), es sei denn, das BetrVG selbst lässt abweichende Regelungen ausdrücklich zu, wie z. B. in §§ 3, 21a, 38 Abs. 1, 47 Abs. 4, 55 Abs. 4, 72 Abs. 4 und 8, 76 Abs. 5, 86, 117 Abs. 2 BetrVG.

2. Uneinschränkbarkeit von Beteiligungsrechten

Die Regelungen des BetrVG über die Beteiligungsrechte des Betriebsrats sind einseitig zwingend und damit Mindestbestimmungen. Sie sind nicht zu Lasten des **1995**
Betriebsrats durch Tarifvertrag oder Betriebsvereinbarungen einschränkbar.

Der Betriebsrat kann auf gesetzliche Beteiligungsrechte grds. auch nicht verzichten **1996**
(vgl. *BAG* 29.11.1983 EzA § 113 BetrVG 1972 Nr. 11; *Klebe* DKK § 87 Rz. 39). Sofern eine Betriebsvereinbarung Befugnisse auf den Arbeitgeber oder eine paritätische Kommission überträgt, darf das Mitbestimmungsrecht des Betriebsrats nicht in seiner Substanz beeinträchtigt werden, da der Betriebsrat seine Befugnisse eigenverantwortlich wahrnehmen muss (*BAG* 26.7.1988 EzA § 87 BetrVG 1972 Leistungslohn Nr. 16; 11.2.1992 EzA § 76 BetrVG 1972 Nr. 60).

I. Betriebsverfassungsrecht

3. Erweiterung von Beteiligungsrechten

a) Durch Betriebsvereinbarungen

1997 Die Möglichkeit einer Erweiterung von Beteiligungsrechten des Betriebsrats durch Betriebsvereinbarung ist im BetrVG ausdrücklich nur in § 102 Abs. 6 BetrVG vorgesehen, wonach durch Betriebsvereinbarung Kündigungen an eine Zustimmung des Betriebsrats gebunden und im Falle der Nichteinigung die Zuständigkeit der Einigungsstelle begründet werden kann. Im Hinblick auf die Freiwilligkeit einer solchen Regelung wird aber auch darüber hinaus die Möglichkeit einer Erweiterung von Beteiligungsrechten durch freiwillige Betriebsvereinbarung ganz überwiegend anerkannt (vgl. z. B. GK-BetrVG/*Wiese* § 87 Rz. 7 ff.; *FKHE* § 1 Rz. 221 ff.).

b) Durch Tarifvertrag

1998 Nach Auffassung des *BAG* (10.2.1988 EzA § 1 TVG Nr. 34 betr. Einstellungen; 18.8.1987 EzA § 77 BetrVG 1972 Nr. 18 betr. Dauer der Arbeitszeit; 22.10.1985 EzA § 99 BetrVG 1972 Nr. 44 betr. Verlängerung der Frist des § 99 Abs. 3 BetrVG; a. A. *Richardi* NZA 1988, 674 ff.) ist eine Erweiterung betriebsverfassungsrechtlicher Beteiligungsrechte durch Tarifvertrag zulässig. Zur Begründung wird auf die umfassende Regelungskompetenz der Tarifvertragsparteien nach § 1 TVG auch für betriebsverfassungsrechtliche Fragen und darauf verwiesen, dass trotz Streits über diese Frage bereits unter Geltung des BetrVG 1952 bei Schaffung des BetrVG 1972 durch den Gesetzgeber nicht klar zum Ausdruck gebracht worden sei, dass eine Erweiterung von Mitwirkungsrechten habe untersagt werden sollen. Danach sind die Regelungen des BetrVG als Arbeitnehmerschutzbestimmungen nur einseitig zwingender Natur und enthalten lediglich Mindeststandards.

XVI. Europäischer Betriebsrat (EBR)

1. Gesetzliche Grundlagen, Grundzüge der Regelung

1999 Durch das Gesetz über Europäische Betriebsräte – EBRG – vom 28.10.1996 (BGBl. I S. 1548, 2022) hat die Bundesrepublik die »Richtlinie 94/45/EG des Rates vom 22.9.1994 über die Einsetzung eines Europäischen Betriebsrats oder die Schaffung eines Verfahrens zur Unterrichtung und Anhörung der Arbeitnehmer in gemeinschaftsweit operierenden Unternehmen und Unternehmensgruppen« (ABlEG Nr. L 254 vom 30.9.1994, S. 64 ff.) in nationales Recht umgesetzt.

> Soweit das EBRG auslegungsbedürftig ist, sind die Grundsätze richtlinienkonformer Auslegung zu berücksichtigen (*Däubler* DKK Vor § 1 EBRG Rz. 14; zur richtlinienkonformen Auslegung vgl. etwa BAG 2.4.1996 EzA § 87 BetrVG 1972 Bildschirmarbeit Nr. 1; *EuGH* 14.7.1994 – Faccini Dori – EzA Art. 189 EWG-Vertrag Nr. 1).

2000 Die Richtlinie gibt zur Erreichung des Ziels der Anhörung und Unterrichtung der Vertreter der Arbeitnehmer von in mehreren Mitgliedstaaten tätigen Unternehmen und Unternehmensgruppen keine verbindliche Organisationsstruktur vor. Dementsprechend überlässt das EBRG den Sozialpartner die autonome Organisation:

I. Betriebsverfassungsrecht

Es soll ein Aushandlungsprozess zwischen dem sog. besonderen Verhandlungsgremium und der sog. zentralen Leitung mit dem Ziel des Abschlusses einer Vereinbarung (§ 17 EBRG) stattfinden. Inhaltlich kann diese Vereinbarung die Ausgestaltung eines Verfahrens zur Unterrichtung und Anhörung der Arbeitnehmervertreter auf nationaler Ebene oder die Errichtung eines oder mehrerer EBR regeln. Kommt eine derartige Vereinbarung nicht zu Stande, ist innerhalb bestimmter Fristen ein EBR kraft Gesetzes zu errichten (§ 21 EBRG).

Das EBRG lässt die Organisationsstrukturen des BetrVG unberührt. Bei dem EBR handelt es sich insbesondere nicht um eine vierte Ebene der Betriebsverfassung neben Einzel-, Gesamt- und Konzernbetriebsrat. Seiner Funktion nach ähnelt er dem betriebsverfassungsrechtlichen Wirtschaftsausschuss. Die Rechte des EBR sind als Mitwirkungs-, nicht aber als echte Mitbestimmungsrechte ausgestaltet.

2. Geltungsbereich des EBRG

a) Räumlicher Geltungsbereich

aa) Begriff der zentralen Leitung

Das EBRG knüpft zur Bestimmung seines räumlichen Geltungsbereichs an den Sitz der sog. zentralen Leitung an. 2001

> Zentrale Leitung ist das Leitungsorgan, dem die Geschäftsführung und die Vertretung für das Unternehmen zustehen (MünchArbR/*Joost* § 366 Rz. 28).

Maßgeblich ist grds. der tatsächliche (MünchArbR/*Joost* § 366 Rz. 11) Sitz der zentralen Leitung im Inland.

bb) Sitz der zentralen Leitung im Inland

> Das EBRG gilt zunächst für gemeinschaftsweit tätige Unternehmen mit Sitz im Inland und für gemeinschaftsweit tätige Unternehmensgruppen mit Sitz des herrschenden Unternehmens im Inland (§ 2 Abs. 1 EBRG).

2002

cc) Sitz der zentralen Leitung in einem Drittstaat bzw. in einem anderen Mitgliedstaat

> Befindet sich der **Sitz der zentralen Leitung in einem Drittstaat**, also einem Staat, der nicht Mitgliedsstaat der Europäischen Union oder Vertragsstaat des Abkommens über den europäischen Wirtschaftsraum ist (vgl. § 2 Abs. 3 EBRG), findet das EBRG nach § 2 Abs. 2 nur unter bestimmten Voraussetzungen Anwendung.

2003

Anwendung findet das EBRG, wenn
– sich eine für in Mitgliedstaaten liegende Betriebe oder Unternehmen zuständige »nachgeordnete Leitung« im Inland befindet (z. B. »Europadirektion«, vgl. *Däubler* DKK § 2 EBRG Rz. 3),

I. Betriebsverfassungsrecht

- oder bei Fehlen einer solchen nachgeordneten Leitung die zentrale Leitung einen Betrieb oder ein Unternehmen mit Sitz im Inland als Vertreter benennt,
- oder bei Nichtbenennung eines derartigen Vertreters der im Inland liegende Betrieb bzw. das im Inland liegende Unternehmen verglichen mit den in anderen Mitgliedstaaten liegenden Betrieben des Unternehmens oder der Unternehmensgruppe die meisten Arbeitnehmer beschäftigt. Diese Regelung findet entsprechende Anwendung, wenn in verschiedenen Mitgliedstaaten »nachgeordnete Leitungen« existieren (*Däubler* DKK § 2 EBRG Rz. 4). Das EBRG ist anwendbar, wenn im Einzugsbereich der in Deutschland liegenden nachgeordneten Leitung der höchste Prozentsatz der in der Gemeinschaft tätigen Arbeitnehmer beschäftigt ist. Entsprechendes gilt für den Fall, dass ein Unternehmen in einem Mitgliedsstaat mehrere Betriebe bzw. eine Unternehmensgruppe mehrere Unternehmen besitzt: Das EBRG ist anwendbar, wenn im Inland der höchste Prozentsatz der in der Gemeinschaft tätigen Arbeitnehmer beschäftigt wird (*Däubler* DKK § 2 EBRG Rz. 4).

2004 Befindet sich der **Sitz der zentralen Leitung in einem anderen Mitgliedstaat**, ist das EBRG grds. nicht anzuwenden. Maßgeblich ist dann vielmehr das jeweilige nationale Ausführungsgesetz zur Richtlinie 94/45/EG. Gem. § 2 Abs. 4 EBRG finden jedoch bestimmte Normen des EBRG Anwendung, die im Inland stattfindende Vorgänge regeln, z. B. Auskunftsanspruch, Bestellung der auf das Inland entfallenden Arbeitnehmervertreter, Berichtspflicht gegenüber inländischen Arbeitnehmervertretungen, Pflicht zur Weiterleitung eines im Inland gestellten Antrags auf Bildung des besonderen Verhandlungsgremiums an die zentrale Leitung.

b) Sachlicher Geltungsbereich

2005 Das EBRG findet gem. § 3 EBRG nur auf gemeinschaftsweit tätige Unternehmen oder Unternehmensgruppen Anwendung. Dies sind Unternehmen und Unternehmensgruppen aller Rechtsformen, die in den Mitgliedstaaten (§ 2 Abs. 3 EBRG) mindestens 1000 Arbeitnehmer beschäftigen, davon in mindestens zwei Mitgliedstaaten jeweils mindestens 150 Arbeitnehmer.

Mitgliedstaaten i. S. d. § 2 Abs. 3 EBRG sind Belgien, Dänemark, Deutschland, Finnland, Frankreich, Griechenland, Großbritannien, Irland, Italien, Luxemburg, Niederlande, Österreich, Portugal, Schweden, Spanien sowie die Mitgliedstaaten des Europäischen Wirtschaftsraums Island, Liechtenstein und Norwegen.

2006 Als **Unternehmen** ist unabhängig von der Rechtsform der jeweilige Rechtsträger i. S. d. betreibenden Rechtssubjekts zu verstehen (MünchArbR/*Joost* § 366 Rz. 15).

Es gilt der gemeinschaftsrechtliche Unternehmensbegriff, der auch die Erbringung von Dienstleistungen durch die öffentliche Hand erfassen kann (*Däubler* DKK § 2 EBRG Rz. 2). Erfasst werden auch **Tendenzunternehmen**. Für diese sieht § 34 EBRG lediglich bestimmte Einschränkungen der Mitwirkungsrechte des EBR kraft Gesetz vor.

2007 Eine **Unternehmensgruppe** ist eine Gruppe, die aus einem herrschenden Unternehmen und den von diesem abhängigen Unternehmen besteht (Art. 2 Abs. 1 lit. b) der Richtlinie 94/45/EG. Der Begriff der Unternehmensgruppe wird unter Verzicht auf die tatsächliche Ausübung einheitlicher Leitungsmacht durch die bloße Abhängigkeit bestimmt, sodass die **Möglichkeit** des beherrschenden Einflusses ausreicht. Gleichgeordnete Unternehmen unter einheitlicher Leitung werden nicht erfasst. § 6 Abs. 2 EBRG enthält verschiedene – widerlegbare – Vermutungstatbestände für einen beherrschenden Einfluss.

Der Begriff der Unternehmensgruppe i. S. d. EBRG knüpft nicht an die nationalen Regelungen über den Konzern an. Insbesondere ist der Begriff des »herrschenden Unternehmens« weiter als der Abhängigkeitsbegriff des § 17 AktG und wird durch § 6 EBRG eigenständig bestimmt (vgl. *Kittner* DKK § 6 EBRG Rz. 4 mit Beispielen von Abhängigkeitstatbeständen). Gemeinschaftsunternehmen (»joint ventures«) sind abhängige Unternehmen aller Muttergesellschaften (str., so z. B. MünchArbR/*Joost* § 366 Rz. 18; *Kittner* DKK § 6 EBRG Rz. 7; **a. A.** *FKHE* Anhang 4 a Rz. 18).

Die Berechnung der Arbeitnehmeranzahl richtet sich nach § 4 EBRG. Es gilt der betriebsverfassungsrechtliche Arbeitnehmerbegriff (s. o. I/Rz. 5 ff.). Leitende Angestellte i. S. d. § 5 Abs. 3 BetrVG zählen trotz Verweises des § 4 nur auf § 5 Abs. 1 BetrVG nicht mit (»Redaktionsversehen«, vgl. MünchArbR/*Joost* § 366 Rz. 24; *FKHE* Anhang 4 a Rz. 10). 2008

Wer Arbeitnehmer unter denen in einem anderen Mitgliedstaat Beschäftigten ist, richtet sich nach dem Recht des jeweiligen Mitgliedstaates.
Bei der Feststellung der nach § 3 EBRG erforderlichen Arbeitnehmerzahlen kommt es gem. § 4 EBRG auf die Anzahl der im Durchschnitt der letzten zwei Jahre vor Initiative der zentralen Leitung zur Bildung des besonderen Verhandlungsgremiums (§ 9 Abs. 1 EBRG) oder dem Eingang des Antrags der Arbeitnehmer oder ihrer Vertreter auf Bildung des besonderen Verhandlungsgremiums (§ 9 Abs. 2 EBRG) beschäftigten Arbeitnehmer an. Diese Zahl wird ermittelt, indem die Beschäftigtenzahl pro Tag der letzten 730 Tage durch die Zahl 730 geteilt wird.
§ 4 EBRG stellt dem Wortlaut nach auf die tatsächliche Beschäftigtenzahl, nicht auf die Zahl der i. d. R. beschäftigten Arbeitnehmer ab. Umstritten ist deshalb, ob vergangene und zukünftige Entwicklungen der Beschäftigtenzahl berücksichtigt werden können, etwa bei bereits feststehender zukünftiger Herabsetzung der Beschäftigtenzahl (abl. etwa MünchArbR/*Joost* § 366 Rz. 25; **a. A.** etwa *FKHE* Anhang 4 a Rz. 9).

c) **Weiter bestehende Vereinbarungen**
Bestand in einem gemeinschaftsweit tätigen Unternehmen oder einer Unternehmensgruppe bereits vor dem 22. September 1996 eine Vereinbarung über eine grenzüberschreitende Unterrichtung und Anhörung der Arbeitnehmer, ist das EBRG nach § 41 EBRG nicht anwendbar, wenn diese Vereinbarung dem in § 41 EBRG normierten Mindestinhalt entspricht (vgl. im Einzelnen *Däubler* DKK § 41 EBRG Rz. 4 ff.). 2009

I. Betriebsverfassungsrecht

3. Das besondere Verhandlungsgremium (BVG)

2010 Das EBRG sieht primär eine Ausgestaltung des Verfahrens zur grenzüberschreitenden Unterrichtung und Anhörung durch Abschluss einer entsprechenden Vereinbarung der Sozialpartner vor. Hierzu gibt das EBRG ein Verhandlungsverfahren vor. Danach finden die Verhandlungen zwischen der zentralen Leitung und auf Arbeitnehmerseite dem sog. besonderen Verhandlungsgremium (BVG) statt (§ 8 EBRG). Das BVG hat die Aufgabe, in vertrauensvoller Zusammenarbeit mit der zentralen Leitung eine Vereinbarung über die grenzüberschreitende Unterrichtung und Anhörung auszuhandeln und abzuschließen (§ 8 Abs. 1 EBRG).

a) Die Bildung des besonderen Verhandlungsgremiums

2011 Das BVG kann auf Initiative der zentralen Leitung oder aber auf entsprechenden Antrag der Arbeitnehmer oder ihrer Vertreter gebildet werden (§ 9 Abs. 1 EBRG).

aa) Initiative der zentralen Leitung
2012 Eine Initiative zur Bildung des BVG durch die zentrale Leitung erfolgt dadurch, dass sie dieses Vorhaben derjenigen Arbeitnehmervertretung mitteilt, die für die Bestellung der Mitglieder des BVG nach § 1 EBRG zuständig ist (s. u. I/Rz. 2018).

bb) Antrag der Arbeitnehmer oder ihrer Vertretung
2013 Gem. § 9 Abs. 1 EBRG kann die Bildung des BVG auch von den Arbeitnehmern oder ihren Vertretern schriftlich bei der zentralen Leitung beantragt werden

(1) Gemeinschaftsweiter Antrag

2014 Wirksam ist nur ein gemeinschaftsweiter Antrag.

Er muss gem. § 9 Abs. 2 EBRG von mindestens 100 Arbeitnehmern oder ihren Vertretern aus mindestens zwei Betrieben oder Unternehmen, die in verschiedenen Mitgliedstaaten liegen, unterzeichnet sein. Bei Stellung mehrerer Anträge sind die Unterschriften zu addieren. Der Antrag kann bei einer im Inland liegenden Betriebs- oder Unternehmensleitung eingereicht werden. Diese hat ihn unverzüglich an die zentrale Leitung weiterzuleiten und die Antragsteller hierüber zu unterrichten.

(2) Unterrichtungs- und Auskunftsanspruch
2015 Gem. § 9 Abs. 3 EBRG hat die zentrale Leitung die Antragsteller, die örtlichen Betriebs- oder Unternehmensleitungen sowie die in inländischen Betrieben vertretenen Gewerkschaften über die Bildung eines BVG und seine Zusammensetzung zu unterrichten. Hierdurch sollen sich alle Betroffenen frühzeitig auf das Verfahren einstellen und die Mitglieder des BVG bestellen können (BT-Drucks. 13/4520, S. 21). Insbesondere ist darüber zu unterrichten, ob ein BVG zu bilden ist und wie viele Sitze auf die jeweiligen Mitgliedstaaten entfallen.
§ 5 EBRG sieht einen Auskunftsanspruch der Arbeitnehmervertretungen hinsichtlich bestimmter Tatsachen (Anzahl der Arbeitnehmer, Verteilung auf die Mitgliedstaaten, Struktur des Unternehmens bzw. der Unternehmensgruppe) vor.

I. Betriebsverfassungsrecht

Über den Wortlaut hinaus besteht der Auskunftsanspruch aber auch dann, wenn die Auskünfte benötigt werden, um überhaupt festzustellen, ob die Anwendungsvoraussetzungen des EBRG vorliegen und beinhaltet auch einen Anspruch auf Vorlage von Unterlagen (MünchArbR/*Joost* § 366 Rz. 44, 45; *FKHE* Anhang 4 a Rz. 21; *Kittner* DKK § 5 Rz. 3; *LAG Düsseldorf* 21.1.1999 LAGE § 5 EBRG Nr. 1; *EuGH* 29.3.2001 EzA Richtlinie 94/45/EG EG-Vertrag 1999 Nr. 2).

Auskunftsberechtigt ist jede betriebliche Arbeitnehmervertretung im Inland (Betriebsrat, Gesamt-/Konzernbetriebsrat sowie jedes bei einer ausländischen Niederlassung nach dortigem Recht als Arbeitnehmervertretung geltendes Vertretungsgremium. **Auskunftsverpflichtet** ist die zentrale Leitung mit Sitz im Inland. Wird das Auskunftsverlangen von einem (Gesamt-)Betriebsrat gestellt, kann er auch gegenüber der örtlichen Betriebs- oder Unternehmensleitung geltend gemacht werden, die dann die für die Auskünfte erforderlichen Informationen und Unterlagen bei der zentralen Leitung einzuholen hat, § 5 Abs. 2 EBRG. Dies gilt auch dann, wenn die zentrale Leitung ihren Sitz nicht im Inland hat, § 2 Abs. 4 EBRG.

2016

b) Zusammensetzung des BVG

Die Zusammensetzung des BVG regelt § 10 EBRG. Ihm gehören aus jedem Mitgliedstaat, in dem das Unternehmen oder die Unternehmensgruppe einen Betrieb hat, ein Mitglied an (Grundsatz der Repräsentativität). § 10 Abs. 2 EBRG sieht eine Erhöhung der Mitgliederzahlen für Mitgliedstaaten vor, in denen verhältnismäßig viele Arbeitnehmer des Unternehmens oder der Unternehmensgruppe beschäftigt sind (Grundsatz der Proportionalität).

2017

Im Hinblick darauf, dass Art. 5 Abs. 2 lit. b der Richtlinie 94/45/EG eine Höchstzahl von 17 Mitgliedern für das BVG vorsieht, § 10 Abs. 2 EBRG aber zu einer höheren Mitgliederzahl führen kann, wird kontrovers diskutiert, ob entsprechend der Anzahl der Mitgliedstaaten das BVG auf maximal 18 Mitglieder zu begrenzen ist (so MünchArbR/*Joost* § 366 Rz. 51; abl. *FKHE* Anhang 4 a Rz. 28). Gem. § 10 Abs. 3 EBRG können Ersatzmitglieder bestellt werden, die die Hauptmitglieder bei Verhinderung oder bei deren Ausscheiden vertreten.

c) Bestellung der Mitglieder

aa) Inländische Mitglieder

Die Bestellung der deutschen Mitglieder bestimmt sich nach § 11 EBRG, und zwar auch dann, wenn sich die zentrale Leitung nicht im Inland befindet. Die Bestellung erfolgt grds. durch die betriebsverfassungsrechtlichen Repräsentationsorgane; gibt es im inländischen Unternehmen solche nicht, können keine Mitglieder bestellt werden.

2018

§ 11 Abs. 2, 3 EBRG enthält umfangreiche Regelungen darüber, welches betriebsverfassungsrechtliche Repräsentationsorgan zur Bestellung zuständig ist.

I. Betriebsverfassungsrecht

bb) Vertreter aus anderen Mitgliedstaaten

2019 Die Bestellung der Mitglieder des BVG aus anderen Mitgliedstaaten bei Sitz der zentralen Leitung im Inland bestimmt sich nach dem jeweiligen nationalen Recht.

cc) Vertreter aus Drittstaaten

2020 Unter den Voraussetzungen des § 14 EBRG, können zentrale Leitung und BVG vereinbaren, dass Arbeitnehmervertreter aus Drittstaaten in das BVG einbezogen werden und dabei deren Anzahl und Rechtsstellung durch Vereinbarung festlegen.

dd) Unterrichtung der zentralen Leitung über die Mitglieder

2021 Nach der Beschlussfassung der für die Bestellung nach § 11 EBRG zuständigen Gremien sind der zentralen Leitung die Namen, Anschriften und die Betriebszugehörigkeit der Mitglieder des BVG mitzuteilen, die ihrerseits wiederum die örtlichen Betriebs- und Unternehmensleitungen, die dort bestehenden Arbeitnehmervertretungen sowie die in inländischen Betrieben vertretenen Gewerkschaften hiervon unterrichten, damit alle Beteiligten sich ein Bild über die personelle Zusammensetzung des BVG machen können.

d) Geschäftsführung des BVG

aa) Sitzungen

2022 Unverzüglich nach der Unterrichtung über die Zusammensetzung des BVG hat die zentrale Leitung gem. § 13 Abs. 1 EBRG die Mitglieder zur **konstituierenden Sitzung** einzuladen und hiervon die örtlichen Betriebs- und Unternehmensleitungen zu unterrichten. Unterlässt sie dies, kann sie hierzu im arbeitsgerichtlichen Beschlussverfahren verpflichtet werden. Daneben dürfte auch das Recht bestehen, selbst zusammenzutreten (MünchArbR/*Joost* § 366 Rz. 69; vgl. zur entsprechenden Problematik bei der konstitutiven Betriebsratssitzung oben I/Rz. 483). In der konstituierenden Sitzung wählt das Gremium aus seiner Mitte einen Vorsitzenden. Obwohl gesetzlich nicht geregelt, ist auch die Wahl eines Stellvertreters möglich.
Gem. § 13 Abs. 2 EBRG hat das BVG das Recht, vor jeder Sitzung mit der zentralen Leitung eine **weitere, interne Sitzung** durchzuführen, zu der der Vorsitzende einlädt. Dabei ist nach § 13 Abs. 2 Satz 2 i. V. m. § 8 Abs. 3 EBRG Häufigkeit und Ort mit der zentralen Leitung einvernehmlich festzulegen. Nach *Klebe* DKK (§ 13 EBRG Rz. 8) sollen aber diesbezügliche Vorschläge des BVG im Hinblick auf dessen Rolle und die vorgesehene eigenverantwortliche Wahrnehmung seiner Aufgaben nur abgelehnt werden können, wenn nachvollziehbare, erhebliche Gründe dagegen sprechen. Fehlt es hieran, soll eine Ablehnung der zentralen Leitung unerheblich sein. Des Weiteren kommt es zu **Sitzungen mit der zentralen Leitung,** in denen die Verhandlungen über die Ausgestaltung der grenzüberschreitenden Information und Anhörung ausgehandelt werden sollen. Gem. § 8 Abs. 3 EBRG sind Zeitpunkt, Häufigkeit und Ort dieser Verhandlungen einvernehmlich festzulegen.

bb) Geschäftsordnung

2023 Das BVG kann sich gem. § 13 Abs. 1 EBRG eine Geschäftsordnung durch entsprechenden Beschluss geben, in der beispielsweise die Bildung eines Vorstandes oder eines Verhandlungsausschusses, die Einladungsfristen zu den internen Sitzungen, das Verfahren zur Aufstellung der Tagesordnung, das Abstimmungsverfahren, das

I. Betriebsverfassungsrecht

Anwesenheitsrecht Dritter oder die Grundsätze der internen Kommunikation der Mitglieder zwischen den Sitzungen geregelt werden können.

cc) Beschlussfassung

> Beschlüsse des BVG bedürfen der Mehrheit der Stimmen seiner Mitglieder (§ 13 Abs. 3 EBRG), d. h. die Mehrheit nur der anwesenden Mitglieder reicht nicht aus.

2024

Stimmenthaltungen und die Nichtteilnahme wirken sich als Nein-Stimmen aus. Jedes Mitglied hat eine Stimme. Die Beschlüsse sind in Sitzungen zu fassen; eine Beschlussfassung in anderer Weise, etwa im Umlaufverfahren ist unzulässig (*Klebe* DKK § 13 EBRG Rz. 9). Grds. reicht die einfache Mehrheit der Stimmen aus. Der nach § 15 Abs. 1 EBRG mögliche Beschluss, keine Verhandlungen aufzunehmen oder sie zu beenden (s. u. I/Rz. 2034), bedarf einer qualifizierten Mehrheit von zwei Dritteln der Stimmen.

dd) Unterstützung durch Sachverständige
Das BVG kann sich gem. § 13 Abs. 4 EBRG durch Sachverständige seiner Wahl unterstützen lassen, soweit dies zur ordnungsgemäßen Erfüllung seiner Aufgaben erforderlich ist. Sachverständige können auch Beauftragte von Gewerkschaften sein.

2025

> Die Kostentragungspflicht der zentralen Leitung beschränkt sich gem. § 16 Abs. 1 EBRG auf die Hinzuziehung **eines** Sachverständigen. Ob die Einschränkung durch das Kriterium der Erforderlichkeit in § 13 Abs. 4 EBRG richtlinienkonform ist, ist streitig.

Zum Teil (so etwa *Klebe* DKK § 13 EBRG Rz. 11; *Bachner/Nielebock* AuR 1997, 131) wird die Richtlinienkonformität unter Hinweis darauf verneint, dass Art. 5 Abs. 4 Satz 3 der Richtlinie 94/45/EG eine entsprechende Einschränkung nicht vorsieht. Grenze der Hinzuziehung ist danach nur der Grundsatz vertrauensvoller Zusammenarbeit nach § 8 Abs. 3 EBRG. Nach anderer Auffassung (MünchArbR/*Joost*, § 366 Rz. 84 m. w. N.; wohl auch *FKHE* Anh. 4 a Rz. 38) handelt es sich nur um eine Klarstellung i. S. d. selbstverständlichen Grundsatzes der Erforderlichkeit des Betriebsverfassungsrechts.

e) Amtszeit des BVG
Das EBRG enthält keine ausdrückliche Regelung über die Amtszeit des BVG. Die Amtszeit des BVG endet unter dem Gesichtspunkt der Erfüllung seiner Aufgaben, wenn es zum Abschluss einer Vereinbarung über die grenzüberschreitende Unterrichtung und Anhörung kommt oder das BVG beschließt, keine Verhandlungen aufzunehmen bzw. diese zu beenden (§ 15 EBRG), oder wenn es nicht zu Verhandlungen bzw. zum Abschluss einer Vereinbarung kommt (vgl. § 21 EBRG).

2026

f) Rechtsstellung der Mitglieder des BVG
Die Rechtsstellung inländischer Mitglieder des BVG entspricht gem. § 40 Abs. 2 EBRG der der Mitglieder des EBR (vgl. unten I/Rz. 2064 ff.).

2027

I. Betriebsverfassungsrecht

g) Kosten und Sachaufwand

aa) Grundsatz

2028 Gem. § 16 Abs. 1 EBRG hat die zentrale Leitung die durch die Bildung und Tätigkeit des BVG entstehenden Kosten zu tragen und die erforderlichen Sach- und Personalmittel zur Verfügung zu stellen.

> Obwohl die Bestimmung missverständlich nur hinsichtlich einzelner Kosten auf das Merkmal der Erforderlichkeit abstellt, gilt der Grundsatz der Erforderlichkeit hinsichtlich aller Kosten (MünchArbR/*Joost* § 366 Rz. 80 m. w. N.). Die zu § 40 BetrVG entwickelten Grundsätze können herangezogen werden (*Klebe* DKK § 16 EBRG Rz. 1; s. o. I/Rz. 674 ff.).

Kosten für Vorbereitungsmaßnahmen zur Bildung des BVG werden auch durch § 40 BetrVG direkt erfasst (*FKHE* § 40 BetrVG Rz. 40).

bb) Umfang

2029 Erfasst werden die Kosten der Bildung und Tätigkeit des BVG.

2030 **Kosten der Bildung des BVG** sind etwa:
Aufwendungen für Auslandsreisen, die zur Vorbereitung des Antrags nach § 9 EBRG gemacht *werden* (*ArbG Hamburg* 17.4.1997 AuR 1998, 42); Kosten, die durch den Auskunftsanspruch nach § 5 EBRG (s. o. I/Rz. 2015 f.) entstehen (MünchArbR/*Joost* § 366 Rz. 81); Wahlkosten.

2031 **Kosten der Tätigkeit des BVG** sind etwa:
Durch die Geschäftsführung entstehende Kosten, insbesondere Kosten der Sitzungen (s. o. I/Rz. 2022), wie z. B. Kosten der Einladungen, Übersetzungskosten, die erforderlichen Reise-, Aufenthalts- und Verpflegungskosten der Mitglieder; Außerhalb der Sitzungen anfallende Kosten, wie z. B. Kosten von Telefonaten unter den Mitgliedern, Übersetzungen von Unterlagen, Kosten eines erforderlichen Kontakts unter den Mitgliedern zwischen den Treffen des BVG; Kosten aus Streitigkeiten, die im Zusammenhang mit der Bildung/Tätigkeit des BVG stehen unter Einschluss der erforderlichen Hinzuziehung eines Rechtsanwalts *Klebe* DKK § 16 EBRG Rz. 2 ff.; zur Erforderlichkeit der Hinzuziehung eines Rechtsanwalts s. o. I/Rz. 678 ff.).
Die Kostentragungspflicht bei **Hinzuziehung eines Sachverständigen** (s. o. I/Rz. 2025) ist gem. § 16 Abs. 1 Satz 2 EBRG auf die Hinzuziehung **eines** Sachverständigen begrenzt. Hierbei ist streitig, ob das BVG auf Kosten der zentralen Leitung einen (weiteren) Sachverständigen dann hinzuziehen kann, wenn der zuerst zugezogene seine Tätigkeit beendet hat (so *Klebe* DKK § 16 EBRG Rz. 7; noch weiter gehender *Bachner/Nielebock* AuR 1997, 131) oder es aber auch in diesem Fall bei der Hinzuziehung nur insgesamt eines Sachverständigen zu verbleiben hat (so etwa MünchArbR/*Joost* § 366 Rz. 84).
Die erforderlichen **Sach- und Personalmittel** sind von der zentralen Leitung zur Verfügung zu stellen. Es handelt sich um einen Anspruch des BVG auf Überlassung (MünchArbR/*Joost* § 366 Rz. 87; s. o. I/Rz. 699 ff.). Erfasst sind z. B. Räume, sachliche Mittel (z. B. Telefon, Telefax, Gesetzestexte einschl. der erforderlichen Übersetzungen), Büropersonal, Dolmetscher.

I. Betriebsverfassungsrecht

cc) Haftung
Kostentragungspflichtig ist die zentrale Leitung. Gem. § 16 Abs. 2 EBRG besteht aber eine gesamtschuldnerische Haftung des deutschen Arbeitgebers für Kostenerstattungsansprüche, damit das inländische Mitglied des BVG im Streitfall die Kosten vor einem deutschen Gericht durchsetzen kann (BT-Drucks. 13/4529, S. 22). Von Relevanz ist dies insbesondere, wenn sich die zentrale Leitung nicht im Inland befindet (vgl. § 2 Abs. 4 EBRG). 2032

4. Freiwillige Vereinbarungen über eine grenzüberschreitende Unterrichtung der Arbeitnehmer oder ihrer Vertreter

a) Mögliche Ergebnisse des Verhandlungsprozesses im Überblick
Ist das BVG gebildet, hat dieses gem. § 8 EBRG die Aufgabe, mit der zentralen Leitung eine Vereinbarung über eine grenzüberschreitenden Unterrichtung und Anhörung zu treffen, wobei Inhalt und organisatorische Ausgestaltung eines solchen Verfahrens weitgehend der Disposition der Beteiligten überlassen bleiben (Grundsatz der Gestaltungsfreiheit, § 17 EBRG). Für das Ergebnis der Verhandlungen gibt es vier Möglichkeiten: 2033

aa) Beschluss über Beendigung der Verhandlungen
Das BVG kann gem. § 15 EBRG mit einer Mehrheit von mindestens zwei Dritteln seiner Mitglieder beschließen, keine Verhandlungen mit der zentralen Leitung aufzunehmen oder bereits begonnene Verhandlungen zu beenden. In diesem Fall ist das Verfahren zur Herbeiführung einer grenzüberschreitenden Unterrichtung und Anhörung beendet. Es kommt dann weder zum Abschluss einer entsprechenden Vereinbarung noch zur Errichtung eines EBR kraft Gesetz. Ein neuer Antrag auf Bildung eines BVG kann vorbehaltlich einer anderen Vereinbarung mit der zentralen Leitung frühestens nach Ablauf von zwei Jahren nach dem Beschluss gestellt werden. Es handelt sich damit um einen zumindest zeitweisen Verzicht der Arbeitnehmer auf eine grenzüberschreitende Unterrichtung und Anhörung. 2034

bb) Scheitern der Verhandlungen/Bildung eines EBR kraft Gesetz
Verweigert die zentrale Leitung die Aufnahme von Verhandlungen innerhalb von sechs Monaten nach Stellung des Antrags auf Bildung des BVG (s. o. I/Rz. 2014) oder kommt innerhalb von drei Jahren nach Antragstellung keine Vereinbarung über eine grenzüberschreitende Unterrichtung und Anhörung zu Stande oder erklären das BVG und die zentrale Leitung die Verhandlungen vorzeitig für gescheitert, ist gem. § 21 Abs. 1 EBRG ein EBR kraft Gesetz zu bilden (zum EBR kraft Gesetz s. u. I/Rz. 2052 ff.). 2035

cc) Vereinbartes Mitwirkungsverfahren
BVG und zentrale Leitung können eine Vereinbarung über das Verfahren der grenzübergreifenden Unterrichtung und Anhörung schließen. Die Vereinbarung muss nur bestimmte Mindestvoraussetzungen erfüllen (s. u. I/Rz. 2038 ff.). Im Übrigen gilt der Grundsatz der Gestaltungsfreiheit (§ 17 EBRG). Zu beachten sind lediglich die inhaltlichen Vorgaben des § 19 EBRG (s. u. I/Rz. 2044 f.). 2036

I. Betriebsverfassungsrecht

dd) Vereinbarter EBR:
2037 BVG und zentrale Leitung können auch die Errichtung eines oder mehrerer EBR vereinbaren (s. u. I/Rz. 2047 ff.). Auch die inhaltliche Ausgestaltung einer solchen Vereinbarung unterliegt nur bestimmten Mindestanforderungen (s. u. I/Rz. 2048). § 18 EBRG regelt lediglich als Soll-Vorschrift, welche Angelegenheiten in einer solchen Vereinbarung geregelt werden sollen.

b) Gemeinsame Mindestanforderungen einer Vereinbarung
2038 Bei Abschluss einer Vereinbarung über ein Verfahren zur grenzüberschreitenden Unterrichtung und Anhörung bzw. über die Errichtung eines oder mehrerer EBR sind nach § 17 EBRG bestimmte Mindestanforderungen zu beachten.

> Werden diese Mindestanforderungen nicht beachtet, handelt es sich nicht um eine Vereinbarung nach § 17 EBRG. Die Folge davon ist, dass das BVG weiter existiert und spätestens nach drei Jahren ein EBR kraft Gesetzes zu errichten ist. Derartige Mängel können aber durch nachträgliche Ergänzung der Vereinbarung geheilt werden (*Däubler* DKK § 17 Rz. 16).

Demgegenüber vertritt *Joost* (MünchArbR § 366 Rz. 106) für die Vereinbarung eines EBR die Auffassung, dass dann, wenn die Vereinbarung an dem Mangel leidet, dass sie sich nicht auf alle Unternehmen, Betriebe und Arbeitnehmer erstreckt, dies nicht zur Unwirksamkeit der Vereinbarung, sondern dazu führt, dass sich die Vereinbarung kraft Gesetzes entsprechend weit erstreckt (anders aber MünchArbR/*Joost* § 366 Rz. 99).

2039 **Grenzüberschreitende Ausgestaltung:** Die zu vereinbarende Unterrichtung und Anhörung muss sich auf grenzübergreifende Vorgänge beziehen, d. h. Vorgänge, die sich in mindestens zwei Mitgliedstaaten auswirken.
Erfassung aller Arbeitnehmer: Gem. § 17 S. 2 EBRG muss sich die Vereinbarung auf alle in den Mitgliedstaaten beschäftigten Arbeitnehmer erstrecken, in denen das Unternehmen oder die Unternehmensgruppe einen Betrieb hat.
Anhörung: Es muss eine Anhörung vereinbart werden, die den Anforderungen des § 1 Abs. 4 EBRG genügt. Die Vereinbarung muss daher den Arbeitnehmervertretern das Recht einräumen, in eine Beratung mit der zentralen Leitung oder einer anderen geeigneten Leitungsebene einzutreten. Dies setzt voraus, dass in einem kommunikativen Prozess Gründe und Gegengründe ausgetauscht und abgewogen werden können (*Däubler* DKK § 1 EBRG Rz. 7; MünchArbR/*Joost* § 366 Rz. 102).
Unterrichtung: Die Vereinbarung muss eine Unterrichtung der Arbeitnehmer i. S. einer Informationsübermittlung über grenzübergreifende Vorgänge vorsehen. Die Unterrichtung soll die Arbeitnehmervertreter in die Lage versetzen, die Angelegenheit ohne weitere Nachforschungen beurteilen und erörtern zu können (MünchArbR/*Joost* § 366 Rz. 101).
Schriftform: Eine Vereinbarung bedarf zu ihrer Wirksamkeit nach §§ 18 Abs. 1, 19 Abs. 1 EBRG der Schriftform.

c) Keine Vereinbarung von Mitbestimmungsrechten
2040 Über die Unterrichtung und Anhörung hinausgehende echte Mitbestimmungsrechte der Arbeitnehmervertreter können zwischen BVG und zentraler Leitung nicht vereinbart werden. Hierzu fehlt es an einem entsprechenden Mandat (*Däubler* DKK § 18 EBRG Rz. 13; MünchArbR/*Joost* § 366 Rz. 103).

I. Betriebsverfassungsrecht

d) Rechtsnatur und Auslegung einer Vereinbarung
Kommt es zum Abschluss einer Vereinbarung, handelt es sich um einen Kollektivvertrag mit normativer Wirkung eigener Art, für dessen Auslegung die Grundsätze der Auslegung von Tarifverträgen (s. o. H/Rz. 113 ff.) bzw. Betriebsvereinbarungen (s. o. I/Rz. 1159 f.) gelten (*Däubler* DKK § 17 EBRG Rz. 11, 17).

2041

e) Fortgeltung beendeter Vereinbarungen
Sowohl die Vereinbarung über ein Mitwirkungsverfahren als auch die Vereinbarung eines EBR können auf bestimmte oder unbestimmte Zeit geschlossen sein. Im ersten Fall enden sie nach Zeitablauf, im zweiten durch Kündigung. Soweit die jeweilige Vereinbarung selbst eine Übergangsregelung enthält (vgl. § 18 Abs. 1 Nr. 6 EBRG), ist diese maßgeblich. Denkbar sind z. B. Regelungen, die einen ersatzlosen Wegfall des Gremiums oder die Fortwirkung der Vereinbarung für eine bestimmte Dauer oder die Errichtung eines EBR kraft Gesetz vorsehen (vgl. zu weiteren Gestaltungsmöglichkeiten *Däubler* DKK § 20 Rz. 2).

2042

Fehlt es an einer entsprechenden Übergangsregelung in der Vereinbarung selbst, sieht § 20 EBRG eine Fortgeltung der jeweiligen Vereinbarung vor, wenn vor Beendigung der Vereinbarung das Antrags- oder Initiativrecht zur Schaffung eines BVG ausgeübt worden ist, wobei das Antragsrecht auch einem auf Grund der Vereinbarung geschaffenen Arbeitnehmervertretungsgremium, wie z. B. dem EBR, zusteht.

Die Fortgeltung endet, wenn eine neue Vereinbarung geschlossen oder ein EBR kraft Gesetzes errichtet ist oder wenn das nunmehr installierte BVG einen Beschluss nach § 15 EBRG (s. o. I/Rz. 2034) fasst.

f) Vereinbartes Mitwirkungsverfahren
Zentrale Leitung und BVG können unter Verzicht auf eine organisatorisch verfestigte Institution ein selbst entwickeltes Verfahren zur Unterrichtung und Anhörung der Arbeitnehmer vereinbaren, das auf die besonderen Verhältnisse des Unternehmens bzw. der Unternehmensgruppe zugeschnitten ist.

2043

aa) Form, Mindestinhalt

Die Vereinbarung bedarf der Schriftform (§ 19 EBRG). Über die für jede Vereinbarung geltenden Mindestanforderungen (s. o. I/Rz. 2038 f.) hinaus, muss eine derartige Vereinbarung die inhaltlichen Anforderungen des § 19 EBRG beachten. Andernfalls fehlt es an einer wirksamen Vereinbarung.

2044

Unterrichtung über grenzüberschreitende Angelegenheiten mit erheblichen Auswirkungen: Die Vereinbarung muss eine Unterrichtung über grenzüberschreitende Angelegenheiten mit erheblichen Auswirkungen auf die Arbeitnehmer vorsehen. Dies sind zum einen die im Katalog des § 33 Abs. 1 EBRG genannten Angelegenheiten, darüber hinaus dürften hierzu auch die im Katalog des § 32 Abs. 2 EBRG aufgeführten Angelegenheiten zählen (MünchArbR/*Joost* § 366 Rz. 126; *Däubler* DKK § 19 EBRG Rz. 2). Auf welchem Weg die Unterrichtung erfolgt, unterliegt der freien Vereinbarung. Vorgesehen werden kann z. B. die Unterrichtung durch die örtlichen Unternehmens- oder Betriebsleitungen.

2045

Wildschütz 2345

I. Betriebsverfassungsrecht

Regelung der gemeinsamen Beratung der Vertretungen und Anhörung: Die Vereinbarung muss regeln, unter welchen Voraussetzungen die nationalen Interessenvertretungen das Recht haben, die ihnen übermittelten Informationen gemeinsam zu beraten und wie diese ihre Vorschläge oder Bedenken mit der zentralen Leitung oder einer anderen geeigneten Leitungsebene erörtern können.

bb) Fortgeltung beendeter Vereinbarungen
2046 Wenn die Vereinbarung über den EBR beendet ist, so gilt sie nach Maßgabe des § 20 EBRG fort (s. o. I/Rz. 2042).

g) Europäischer Betriebsrat kraft Vereinbarung
2047 BVG und zentrale Leitung können auch die Errichtung eines oder mehrerer (z. B. spartenbezogener) EBR vereinbaren. Auch hier gilt der Grundsatz der Gestaltungsfreiheit; insbesondere sind zentrale Leitung und BVG nicht an die Bestimmungen über den EBR kraft Gesetzes gebunden.

aa) Form, notwendiger Mindestinhalt der Vereinbarung

2048 Die Vereinbarung bedarf der Schriftform (§ 18 Abs. 1 EBRG) und muss den bereits genannten Mindestanforderungen genügen (s. o. I/Rz. 2038 f.).

bb) Soll-Inhalt
2049 In Form einer bloßen Soll-Vorschrift, deren Nichtbeachtung die Wirksamkeit der Vereinbarung unberührt lässt, sieht § 18 Abs. 1 EBRG bestimmte Regelungsbereiche vor, die in der Vereinbarung geregelt werden sollen. Es handelt sich hierbei um
– Beschreibung des Geltungsbereichs (Nr. 1) in Form der Bezeichnung der erfassten Betriebe und Unternehmen;
– Organisatorische Regelungen (Nr. 2) über die Zusammensetzung des EBR, Anzahl der Mitglieder, Ersatzmitglieder und Mandatsdauer. Hierbei kann eine unterschiedliche Gewichtung hinsichtlich der Betriebe/Unternehmen bzw. der Mitgliedstaaten vereinbart werden. Eine Entsendung eines Mitglieds aus jedem Mitgliedstaat braucht nicht vorgesehen werden. Ebenso ist es zulässig, die Entsendung von betriebsfremden Personen (z. B. Gewerkschaftsfunktionären) oder Nicht-Arbeitnehmern vorzusehen. Soweit die Entsendung inländischer Arbeitnehmervertreter vorgesehen ist, richtet sich die Zuständigkeit hierzu gem. § 18 Abs. 2 EBRG nach § 23 EBRG;
– Kompetenzregelungen, Regelung des Anhörungs- und Beratungsverfahrens (Nr. 3): Die Vereinbarung kann die Gegenstände festlegen, über die der EBR zu unterrichten ist. Soweit die erfassten Vorgänge noch eine grenzüberschreitende Dimension haben, kann hierbei der Katalog des § 32 EBRG auch erheblich überschritten werden (*Däubler* DKK § 18 EBRG Rz. 10). Ebenso können Zeitpunkt und Verfahren der Unterrichtung und Anhörung ausgestaltet werden. Nach *Däubler* (DKK § 18 EBRG Rz. 12, 13) ist es auch möglich, dem EBR das Recht einzuräumen, die Unterlassung geplanter Maßnahmen vor Durchführung der Unterrichtung/Anhörung zu verlangen;
– Regelungen über die Einzelheiten der Sitzungen (Nr. 4);
– Regelungen über Kosten- und Sachaufwand (Nr. 5);

I. Betriebsverfassungsrecht

– Anpassungsklausel (Nr. 6): Die Vereinbarung soll eine Klausel zur Anpassung an Strukturveränderungen (z. B. Vergrößerung oder Verkleinerung der Unternehmensgruppe), eine Regelung der Geltungsdauer (feste Laufzeit oder Kündigung) und das bei ihrer Neuverhandlung anzuwendende Verfahren sowie eine Übergangsregelung (Erhaltung der Kontinuität bis zum Abschluss einer neuen Vereinbarung) enthalten (vgl. im Einzelnen *Däubler* DKK § 18 EBRG Rz. 17 ff.).

cc) Fortgeltung beendeter Vereinbarungen
Wenn die Vereinbarung über den EBR beendet ist, so gilt sie nach Maßgabe des § 20 EBRG fort (s. o. I/Rz. 2042). 2050

h) Rechtliche Stellung der Mitglieder; Grundsätze der Zusammenarbeit
Für die Rechtsstellung der Mitglieder des EBR kraft Vereinbarung bzw. der Arbeitnehmervertreter im Rahmen des vereinbarten Verfahrens grenzüberschreitender Unterrichtung und Anhörung gelten gem. § 40 Abs. 1, 2 EBRG die für die Mitglieder eines EBR kraft Gesetzes geltenden Bestimmungen (s. u. I/Rz. 2064). Entsprechendes gilt für die Verschwiegenheitspflicht (§ 39 Abs. 2, 3, 4 EBRG (s. u. I/Rz. 2064). Für die Zusammenarbeit zwischen den Arbeitnehmervertretungen und der zentralen Leitung gilt gem. § 38 Satz 2 EBRG der Grundsatz der vertrauensvollen Zusammenarbeit (s. u. I/Rz. 2092). 2051

5. Der Europäische Betriebsrat kraft Gesetz

a) Rechtsnatur, Stellung im System der Betriebsverfassung
Kommt es zu keiner freiwilligen Vereinbarung über eine grenzüberschreitende Unterrichtung und Anhörung der Arbeitnehmer oder ihrer Vertreter, ist der EBR gem. § 21 EBRG kraft Gesetzes zu bilden. 2052

Beim EBR kraft Gesetzes handelt es sich um ein transnational ausschließlich mit Arbeitnehmervertretern besetztes besonderes Organ der Betriebsverfassung, das den sonstigen Organen der Betriebsverfassung (Betriebsrat, Gesamt-/Konzernbetriebsrat) weder über- noch untergeordnet ist. 2053

Ihm sind lediglich Unterrichtungs- und Anhörungs-, nicht aber echte Mitbestimmungsrechte zugewiesen. Sein Aufgabenbereich ähnelt dem des Wirtschaftsausschusses (MünchArbR/*Joost* § 366 Rz. 1). 2054

b) Errichtung

aa) Errichtungsvoraussetzungen

Sofern nicht das BVG nach § 15 EBRG beschlossen hat, keine Verhandlungen aufzunehmen oder begonnene Verhandlungen zu beenden, kommt es zur Errichtung eines EBR kraft Gesetzes nach § 21 EBRG in drei Konstellationen: 2055

I. Betriebsverfassungsrecht

(1) Verweigerung von Verhandlungen:

2056 Verweigert die zentrale Leitung innerhalb von sechs Monaten nach Eingang des Antrags auf Bildung des BVG (§ 9 EBRG, s. o. I/Rz. 2013 f.) die Aufnahme von Verhandlungen mit dem BVG über eine freiwillige Vereinbarung über die grenzüberschreitende Unterrichtung und Anhörung, gilt eine Verhandlungslösung als gescheitert und es kommt zur Errichtung des EBR kraft Gesetzes. Ging die Initiative zur Bildung des BVG von der zentralen Leitung aus (s. o. I/Rz. 2012), beginnt die Sechsmonatsfrist nach einer Auffassung (*Kittner* DKK § 21 EBRG Rz. 5) mit dem Tag, an dem die zentrale Leitung über eine Initiative i. S. d. § 9 EBRG beschließt, nach anderer Auffassung (MünchArbR/*Joost* § 367 Rz. 3) mit der Bildung des BVG. Eine Verweigerung von Verhandlungen liegt auch dann vor, wenn die zentrale Leitung keinen Zweifel daran lässt, dass sie eine freiwillige Vereinbarung oder die Bildung eines EBR ablehnt oder keinen vom gesetzlichen Modell abweichenden EBR zu akzeptieren gedenkt (*Kittner* DKK § 21 EBRG Rz. 3)

(2) Ausbleiben einer Verhandlungslösung:

2057 Ein EBR kraft Gesetzes ist weiter zu errichten, wenn es innerhalb von drei Jahren nach Eingang des Antrags auf Errichtung des BVG oder einer Initiative der zentralen Leitung (s. o. I/Rz. 2012) nicht zum Abschluss einer freiwilligen Vereinbarung (s. o. I/Rz. 2033 ff.) kommt. Bis zur tatsächlichen Errichtung des EBR kraft Gesetzes dürften BVG und zentrale Leitung auch noch nach Ablauf der Frist eine Verhandlungslösung vereinbaren können (MünchArbR/*Joost* § 367 Rz. 4).

(3) Übereinstimmende Erklärung des Scheiterns der Verhandlungen:

2058 Ein EBR kraft Gesetzes ist ferner zu errichten, wenn BVG und zentrale Leitung übereinstimmend die Verhandlungen über eine freiwillige Vereinbarung (s. o. I/Rz. 2033 ff.) für gescheitert erklären. Vorzeitig ist das Scheitern, wenn die Erklärung vor Ablauf von drei Jahren (s. o. I/Rz. 2057) erfolgt. Es reicht aus, wenn zunächst eine Seite das Scheitern erklärt und die andere Seite sich dieser Erklärung anschließt (*Kittner* DKK § 21 EBRG Rz. 6).

bb) Zusammensetzung

2059 Der EBR kraft Gesetzes besteht gem. § 22 Abs. 1 EBRG ausschließlich aus Arbeitnehmern des gemeinschaftsweit tätigen Unternehmens bzw. der Unternehmensgruppe. Es können Ersatzmitglieder bestellt werden.

Leitende Angestellte können dem EBR kraft Gesetzes nicht angehören. Unter den Voraussetzungen des § 22 Abs. 6 EBRG kann das zuständige Sprecherausschussgremium eines gemeinschaftsweit tätigen Unternehmens/einer Unternehmensgruppe mit Sitz der zentralen Leitung im Inland lediglich einen leitenden Angestellten bestimmen, der mit Rederecht an den Sitzungen zur Unterrichtung und Anhörung des EBR teilnimmt.

Die Zahl der Mitglieder ergibt sich aus § 22 Abs. 2–4 EBRG. Neben der Entsendung eines Vertreters aus jedem Mitgliedstaat in dem sich ein Betrieb befindet (Grundsatz der Repräsentativität) kommt es zu einer Erhöhung nach der Zahl der vertretenen Arbeitnehmer (Grundsatz der Proportionalität).

I. Betriebsverfassungsrecht

Ändert sich die Zahl der Arbeitnehmer nach Errichtung des EBR oder ist nach Errichtung ein weiterer Mitgliedstaat zu berücksichtigen, sieht § 36 Abs. 2 EBRG ein spezielles Verfahren zur Anpassung der Zusammensetzung des EBR vor (s. u. I/Rz. 2063).

cc) Bestellung der inländischen Arbeitnehmervertreter

Die Bestellung der inländischen Arbeitnehmervertreter richtet sich immer nach § 23 EBRG, unabhängig davon, ob sich auch die Errichtung des EBR kraft Gesetzes nach dem EBRG oder nach dem Recht eines anderen Mitgliedstaates richtet (§ 2 Abs. 4 EBRG). 2060

Die Bestellung obliegt nach Maßgabe von § 23 Abs. 1–5 EBRG den betriebsverfassungsrechtlichen Repräsentationsorganen. Das jeweilige Bestellungsorgan hat die zentrale Leitung über die bestellten Mitglieder zu unterrichten. Die zentrale Leitung ihrerseits unterrichtet ihrerseits die örtlichen Betriebs-/Unternehmensleitungen, die dort bestehenden Arbeitnehmervertretungen sowie die in inländischen Betrieben vertretenen Gewerkschaften, § 24 EBRG.

c) Amtszeit

Der EBR ist gesetzlich als Dauereinrichtung konzipiert. Er endet kraft Gesetzes nur, wenn die zwingenden gesetzlichen Voraussetzungen seiner Errichtung dauerhaft wegfallen oder es zum Abschluss einer Vereinbarung nach § 17 EBRG (s. o. I/Rz. 2033 ff.) kommt. 2061

Die gesetzlichen Voraussetzungen der Errichtung eines EBR entfallen, wenn das Unternehmen bzw. die Unternehmensgruppe nicht mehr gemeinschaftsweit tätig ist oder die nach § 3 EBRG erforderlichen Mindestarbeitnehmerzahlen nicht mehr erreicht werden (MünchArbR/*Joost* § 367 Rz. 79; s. o. I/Rz. 2005 ff.).

Die Bildung eines EBR kraft Gesetzes erfolgt nur subsidiär, wenn es nicht zum Abschluss einer freiwilligen Vereinbarung über eine grenzüberschreitende Anhörung und Unterrichtung gekommen ist (s. o. I/Rz. 2033 ff.). Auch nach Errichtung des EBR kraft Gesetzes ist der Abschluss einer derartigen Vereinbarung möglich. 2062

Gem. § 37 EBRG hat der EBR spätestens (vgl. *Gaul* NJW 1996, 3378 [3383]; MünchArbR/*Joost* § 367 Rz. 83) vier Jahre nach seiner konstituierenden Sitzung mit der Mehrheit der Stimmen seiner Mitglieder einen Beschluss darüber zu fassen, ob mit der zentralen Leitung eine freiwillige Vereinbarung über eine grenzüberschreitende Unterrichtung und Anhörung ausgehandelt werden soll.

Wird ein entsprechender Beschluss gefasst, hat der EBR die Rechte und Pflichten des besonderen Verhandlungsgremiums (s. o. I/Rz. 2010) und die gleiche Gestaltungsfreiheit (s. o. I/Rz. 2033 ff.).

Kommt eine Verhandlungslösung zu Stande, endet das Amt des EBR, § 37 Satz 3 EBRG.

I. Betriebsverfassungsrecht

d) Dauer der Mitgliedschaft des einzelnen EBR-Mitglieds

2063 Die Dauer der Mitgliedschaft des einzelnen Mitglieds im EBR beträgt vier Jahre nach Bestellung durch das Bestellungsorgan, § 36 Abs. 1 EBRG. Nach dem Ablauf der Mitgliedschaft hat das Bestellungsorgan (s. o. I/Rz. 2060) über die Neubestellung zu befinden.

Vor Ablauf der Dauer der Mitgliedschaft kann das Amt des einzelnen EBR-Mitglieds durch Abberufung durch das Bestellungsorgan, Amtsniederlegung oder Entfall der Voraussetzungen für eine Mitgliedschaft enden. Wurden Ersatzmitglieder bestellt, rücken diese nach; andernfalls hat das Bestellungsorgan ein neues Mitglied zu bestellen. Zu einer Beendigung der Amtszeit kommt es gem. § 36 Abs. 2 EBRG ferner dann, wenn sich auf Grund einer Änderung der Arbeitnehmerzahl eine Änderung der Zusammensetzung des EBR nach § 22 Abs. 2–4 EBRG ergibt (s. o. I/Rz. 2059). Dies hat die zentrale Leitung alle zwei Jahre zu überprüfen und dem EBR mitzuteilen. Ergibt sich eine andere Zusammensetzung, hat der EBR bei den nationalen Bestellungsorganen (s. o. I/Rz. 2060) zu veranlassen, dass die Mitglieder des EBR in den Mitgliedstaaten neu bestellt werden, in denen sich gegenüber dem vorherigen Zeitraum abweichende Anzahl der Arbeitnehmervertreter ergibt. Für diese Mitgliedstaaten sind **sämtliche** Mitglieder des EBR neu zu bestellen. Mit der Neubestellung endet die Mitgliedschaft der bisher aus diesen Mitgliedstaaten stammenden Mitglieder des EBR.

e) Rechtsstellung der Mitglieder

2064 Die Rechtsstellung und den Schutz der **inländischen Mitglieder** eines EBR regelt § 40 Abs. 1 EBRG unabhängig davon, ob der EBR im Inland oder in einem anderen Mitgliedstaat gebildet ist (§ 2 Abs. 4 EBRG) durch einen Verweis auf die für Betriebsratsmitglieder geltenden Bestimmungen der §§ 37 Abs. 1–5 BetrVG (Ehrenamt, s. o. I/Rz. 527 ff.; Arbeitsbefreiung, Entgeltfortzahlung, Freizeitausgleich, s. o. I/Rz. 533 ff.; wirtschaftliche und berufliche Sicherung, s. o. I/Rz. 591 ff.), 78 BetrVG (Behinderungs-, Benachteiligungs- und Begünstigungsverbot, s. o. I/Rz. 634 ff.); § 103 BetrVG, § 15 KSchG (Kündigungsschutz, s. o. B/Rz.72 ff.; D/Rz. 326 ff.; Versetzungsschutz s. o. I/Rz. 646 ff.).

Eine Verweisung auf § 37 Abs. 6 und 7 BetrVG fehlt. Problematisch ist deshalb, ob und in welchem Rahmen ein Anspruch auf Teilnahme an Schulungsveranstaltungen besteht. Zum Teil (*Bachner/Nielebock* AuR 1997, 129 [132]; *Kittner* DKK § 40 EBRG Rz. 2) wird einem Mitglied des EBR, das zugleich Mitglied eines Betriebsrats ist, ein Schulungsanspruch nach Maßgabe der §§ 37 Abs. 6, 7 BetrVG zugebilligt, zum Teil (MünchArbR/*Joost* § 367 Rz. 92; *Gaul* NJW 1996, 3378 [3384]) unter Hinweis auf eine fehlende Regelung im EBRG abgelehnt. Auch nach dieser Ansicht bleibt aber nach § 40 Abs. 1 EBRG i. V. m. § 37 Abs. 2 BetrVG die Arbeitsbefreiung unter Entgeltfortzahlung zwecks Teilnahme an einer Schulungsveranstaltung möglich (vgl. MünchArbR/*Joost* § 367 Rz. 92).

§ 39 Abs. 2 EBRG sieht eine Geheimhaltungspflicht für Mitglieder und Ersatzmitglieder des EBR hinsichtlich von Betriebs- und Geschäftsgeheimnissen vor, die im Wesentlichen den für Betriebsratsmitglieder geltenden Regelungen (s. o. I/Rz. 660 ff.) entspricht. Diese gilt nicht gegenüber den in § 39 Abs. 2 Satz 3 EBRG aufgeführten Stellen und Personen.

2065 Die rechtliche Stellung der **Mitglieder aus anderen Mitgliedstaaten** eines im Inland gebildeten EBR richtet sich grds. nach dem nationalen Recht des Entsendestaates. Die Geheimhaltungspflicht nach § 39 Abs. 2 EBRG gilt aber auch für sie. Durch die Straf-

I. Betriebsverfassungsrecht

vorschrift des § 44 EBRG i. V. m. § 42 EBRG ist auch ihnen gegenüber jede Behinderung, Störung, Benachteiligung oder Begünstigung verboten.

f) Geschäftsführung

aa) Konstituierende Sitzung; Wahl von Vorsitzendem und Stellvertreter
Nach Benennung der bestellten Mitglieder, hat die zentrale Leitung gem. § 25 Abs. 1 EBRG die benannten Mitglieder des EBR zur konstituierenden Sitzung einzuladen. 2066

Unterbleibt die Einladung, besteht ein Selbsteinladungsrecht der EBR-Mitglieder (MünchArbR/*Joost* § 367 Rz. 14).

Die Mitglieder des EBR wählen aus ihrer Mitte einen Vorsitzenden und einen Stellvertreter. Die Wahl bedarf der Mehrheit der Stimmen der anwesenden Mitglieder (§ 28 Satz 2 EBRG analog). Das EBRG enthält keine etwa § 33 Abs. 2 BetrVG entsprechende Regelung über die Beschlussfähigkeit. Zum Teil (MünchArbR/*Joost* § 367 Rz. 15, 29 m. w. N.) wird die Ansicht vertreten, dass eine Beschlussfähigkeit nur vorliege, wenn mindestens die Hälfte der Mitglieder des EBR anwesend sind. Dies erscheint im Hinblick auf das Fehlen einer gesetzlichen Regelung zumindest als fraglich. Mit der Mehrheit der Stimmen der anwesenden Mitglieder ist auch eine Abwahl des Vorsitzenden möglich.

bb) Befugnisse des Vorsitzenden/Stellvertreters
Der Vorsitzende und im Falle seiner Verhinderung sein Stellvertreter vertritt den EBR im Rahmen der von ihm gefassten Beschlüsse und ist zur Entgegennahme von Erklärungen befugt, die dem EBR gegenüber abzugeben sind, § 25 Abs. 2 EBRG. Die Bestimmung entspricht § 26 Abs. 3 BetrVG (s. o. I/Rz. 451 ff.). Er ist Ansprechpartner der zentralen Leitung und außerdem geborenes Mitglied des geschäftsführenden Ausschusses (s. u. I/Rz. 2068). Kann ein solcher Ausschuss nicht errichtet werden, kann dem Vorsitzenden die Führung der laufenden Geschäfte übertragen werden (s. u. I/Rz. 2068). 2067

cc) Geschäftsführender Ausschuss
Besteht der EBR aus neun oder mehr Mitgliedern, hat er gem. § 26 Abs. 1 EBRG einen geschäftsführenden Ausschuss zu bilden, der die laufenden Geschäfte (zum Begriff s. o. I/Rz.462 ff.) führt. Besteht der EBR aus weniger als neun Mitgliedern, so kann die Führung der laufenden Geschäfte durch Beschluss des EBR dem Vorsitzenden oder einem anderen Mitglied des EBR übertragen werden. 2068
Neben der Führung der laufenden Geschäfte handelt der geschäftsführende Ausschuss gem. § 33 Abs. 2 EBRG an Stelle des EBR, wenn die zentrale Leitung über außergewöhnliche Umstände (§ 33 Abs. 1 EBRG, s. u. I/Rz. 2083 ff.) unterrichtet.
Der geschäftsführende Ausschuss besteht aus dem Vorsitzenden des EBR als geborenem Mitglied und zwei weiteren, vom EBR zu wählenden Mitgliedern, die unterschiedlichen Mitgliedstaaten angehören sollen, § 26 Abs. 1 EBRG.
Für die Sitzungen des geschäftsführenden Ausschusses gelten gem. § 27 Abs. 2 EBRG die für die Sitzungen des EBR geltenden Regelungen (s. u. I/Rz. 2069 ff.) entsprechend, sodass er für weitere Sitzungen außerhalb der Unterrichtung nach § 33 EBRG des Einverständnisses der zentralen Leitung bedarf. Der Ausschuss kann sich wie der EBR durch Sachverständige unterstützen lassen (§ 29 EBRG, s. u. I/Rz. 2074).

I. Betriebsverfassungsrecht

dd) Sitzungen

2069 Ein unbeschränktes Recht des EBR zur Einberufung von Sitzungen nach pflichtgemäßem Ermessen besteht nicht. Das Recht zur Abhaltung von Sitzungen ist vielmehr durch das EBRG begrenzt.

(1) Interne Sitzungen

2070 Gem. § 27 Abs. 1 EBRG besteht das Recht zur Einberufung interner, nicht-öffentlicher Sitzungen des EBR grds. nur in Abhängigkeit mit der Unterrichtung der zentralen Leitung gem. §§ 32 oder 33 EBRG.

Im Zusammenhang mit derartigen Unterrichtungen hat der EBR das Recht, eine interne Sitzung durchzuführen. Weitere interne Sitzungen bedürfen gem. § 27 Abs. 1 EBRG des Einverständnisses der zentralen Leitung. Ob diese Einschränkung richtlinienkonform ist und der Eigenständigkeit und Eigenverantwortung des EBR gerecht wird, wird unterschiedlich beurteilt (bejahend etwa: MünchArbR/*Joost* § 367 Rz. 24; abl. etwa *Oetker* EAS B 8300 Rz. 164; *Gaul* NJW 1996, 3382).

Die zentrale Leitung hat ihr Einverständnis zu weiteren Sitzungen unter Beachtung des Gebots vertrauensvoller Zusammenarbeit (§ 38 EBRG) zu erteilen, wenn sie zum Wohl der Arbeitnehmer erforderlich erscheint (MünchArbR/*Joost* § 367 Rz. 24).

Die Einberufung zu internen Sitzungen erfolgt durch den Vorsitzenden. Zeitpunkt und Ort sind mit der zentralen Leitung abzustimmen. Dies dient lediglich der Sicherstellung der erforderlichen technischen und logistischen Unterstützung, sodass der EBR bei seiner Entscheidung im Rahmen des Erforderlichen frei bleibt (*Kittner* DKK § 27 EBRG Rz. 4). Entsprechendes gilt für interne Sitzungen des geschäftsführenden Ausschusses (§ 27 Abs. 2 EBRG), sodass dieser gem. §§ 33 Abs. 2, 27 Abs. 2 EBRG ein Recht zur Durchführung einer internen Sitzung ohne Einverständnis der zentralen Leitung hat, wenn es zu einer Unterrichtung über außergewöhnliche Umstände nach § 33 Abs. 1 EBRG kommt. Zu dieser Sitzung des Ausschusses sind nach Maßgabe des § 33 Abs. 2 EBRG weitere Mitglieder des EBR einzuladen, die dann ebenfalls als Ausschussmitglieder gelten und Stimmrecht haben.

(2) Gemeinsame Sitzungen mit der zentralen Leitung

2071 In richtlinienkonformer Auslegung (vgl. Nr. 2 und 4 des Anhangs zur Richtlinie 94/45/EG) des § 32 EBRG besteht ein Recht des EBR, zumindest einmal jährlich im Rahmen einer Unterrichtung nach § 32 Abs. 1 EBRG zu einer gemeinsamen Sitzung mit der zentralen Leitung zusammenzutreten (MünchArbR/*Joost* § 367 Rz. 23; s. u. I/Rz. 2079 ff.). Gleiches gilt bei einer Unterrichtung über außergewöhnliche Umstände nach § 33 Abs. 1 EBRG, sofern kein geschäftsführender Ausschuss besteht (vgl. § 33 Abs. 2 EBRG).

Besteht ein geschäftsführender Ausschuss, so hat dieser das Recht, eine gemeinsame Sitzung zu verlangen (vgl. Nr. 3 des Anhangs zur Richtlinie 94/45/EG), zu der dann auch die Mitglieder des EBR zu laden sind, die für Betriebe oder Unternehmen bestellt worden sind, die unmittelbar von den geplanten Maßnahmen betroffen sind; sie gelten dann als Ausschussmitglieder. Zu den gemeinsamen Sitzungen hat die zentrale Leitung, ggf. auf Antrag des EBR einzuladen.

ee) Geschäftsordnung
Gem. § 28 EBRG soll sich der EBR eine schriftliche Geschäftsordnung geben. Der Beschluss hierüber bedarf der Mehrheit der Stimmen der Mitglieder des EBR (absolute Mehrheit). Neben den üblichen Regularien können beispielsweise die Grundsätze für die Information der örtlichen Arbeitnehmervertretungen gem. § 35 EBRG festgelegt werden (*Kittner* DKK § 28 Rz. 2).

2072

ff) Beschlüsse
Gem. § 28 Satz 1 EBRG werden Beschlüsse grds. mit der Mehrheit der Stimmen der anwesenden Mitglieder gefasst. Etwas anderes gilt für Beschlüsse über die Geschäftsordnung (§ 28 Satz 2 EBRG) und Beschlüsse über die Aufnahme von Verhandlungen mit der zentralen Leitung gem. § 37 EBRG (s. u. I/Rz. 2072, 2062). Diese bedürfen der Mehrheit der Stimmen aller Mitglieder des EBR (absolute Mehrheit). Zum Teil (MünchArbR/*Joost* § 367 Rz. 15, 29 m. w. N.) wird für die Wirksamkeit gefasster Beschlüsse das Vorliegen einer Beschlussfähigkeit gefordert und die Ansicht vertreten, dass diese in entsprechender Anwendung des § 33 Abs. 2 BetrVG nur vorliege, wenn mindestens die Hälfte der Mitglieder des EBR anwesend sind. Dies erscheint im Hinblick auf das Fehlen einer gesetzlichen Regelung zumindest als fraglich.

2073

gg) Kosten und Sachaufwand; Sachverständige
Die Regelung des § 30 EBRG über Kosten und Sachaufwand entspricht der Regelung des § 16 EBRG für das BVG (s. o. I/Rz. 2028 ff.). Hierauf wird auch wegen der gesamtschuldnerischen Haftung des inländischen Arbeitgebers verwiesen.

2074

Die vorgesehene Begrenzung der Kostentragungspflicht auf die Kosten nur *eines* Sachverständigen bedeutet, dass für eine Angelegenheit/Aufgabe auf Kosten der zentralen Leitung nicht mehr als ein Sachverständiger beauftragt werden kann.

Für unterschiedliche, wechselnde Aufgaben können nacheinander mehrere Sachverständigenaufträge erteilt werden (*Kittner* DKK § 30 Rz. 2; MünchArbR/*Joost* § 367 Rz. 31).

g) Zuständigkeit des EBR kraft Gesetzes nur in grenzüberschreitenden Angelegenheiten

2075

§§ 32 und 33 EBRG weisen dem EBR hinsichtlich bestimmter Angelegenheiten Zuständigkeiten zu. Gem. § 31 EBRG ist aber Grundvoraussetzung einer Zuständigkeit des EBR für die Angelegenheiten nach §§ 32, 33 EBRG, dass es sich um eine grenzüberschreitende Angelegenheit handelt.

Gem. § 31 Abs. 1 EBRG liegt bei Sitz der zentralen Leitung in Deutschland eine grenzüberschreitende Angelegenheit dann vor, wenn die der Mitwirkung unterliegende

2076

I. Betriebsverfassungsrecht

Angelegenheit mindestens zwei Betriebe oder Unternehmen in verschiedenen Mitgliedstaaten betrifft. Nicht erforderlich ist, dass sich die von der zentralen Leitung beabsichtigte Maßnahme gleichzeitig auf die verschiedenen Betriebe oder Unternehmen auswirkt, sofern sie auf einer einheitlichen Planung beruht (MünchArbR/*Joost* § 367 Rz. 35). Liegt die zentrale Leitung in Deutschland, liegt eine grenzüberschreitende Angelegenheit auch dann vor, wenn eine Maßnahme geplant ist, die sich lediglich in einem anderen Mitgliedstaat auswirkt.

> **Beispiel** (nach *Kittner* DKK § 31 Rz. 3):
> Plant die zentrale Leitung in Deutschland die Stilllegung eines Betriebs in Belgien, betrifft die Angelegenheit ein Unternehmen in einem Mitgliedstaat (= das herrschende Unternehmen in Deutschland) und einen Betrieb in einem anderen Mitgliedstaat (= den zu schließenden in Belgien).

Nach *Joost* (MünchArbR § 367 Rz. 35; vgl. auch *FKHE* Anhang 4 a Rz. 65) folgt der grenzüberschreitende Charakter hier daraus, dass für die geplante Rationalisierungsmaßnahme Betriebe in mehreren Mitgliedstaaten in Betracht kommen, letztlich aber nur ein Betrieb ausgewählt wird. Von einer grenzüberschreitenden Angelegenheit kann danach auch dann ausgegangen werden, wenn letztlich nur ein Betrieb betroffen sein wird, die Maßnahme aber unter Berücksichtigung der Verhältnisse des ganzen grenzübergreifenden Unternehmens/Unternehmensgruppe getroffen wird.

2077 Liegt die zentrale Leitung nicht in einem Mitgliedstaat, ist aber ein EBR nach § 2 Abs. 2 EBRG gebildet worden (s. o. I/Rz. 2003), handelt es sich nach § 31 Abs. 2 EBRG nur dann um eine grenzüberschreitende Angelegenheit, wenn sie sich auf das Hoheitsgebiet der Mitgliedstaaten erstreckt und mindestens zwei Betriebe oder zwei Unternehmen in verschiedenen Mitgliedstaaten betrifft.

> **Beispiel** (nach *Kittner* DKK § 31 Rz. 3):
> Die zentrale Leitung in der Schweiz plant die Stilllegung eines Betriebs in Belgien; ihr Tochterunternehmen in Deutschland gilt gem. § 2 Abs. 2 EBRG als zentrale Leitung, hat aber mit dem Vorgang nichts zu tun: Die Angelegenheit betrifft nur einen Betrieb in einem Mitgliedstaat; der EBR braucht gem. § 31 Abs. 2 EBRG nicht unterrichtet zu werden.

Anders dürfte dieser Fall dann zu beurteilen sein, wenn die zentrale Leitung über weitere Betriebe in weiteren Mitgliedstaaten verfügt, die potenziell ebenfalls für die geplante Rationalisierungsmaßnahme in Betracht kommen, sodass bei der Entscheidung über die Maßnahme die Umstände mehrerer Betriebe zu berücksichtigen sind, sofern diese in verschiedenen Mitgliedstaaten liegen (z. B. wenn es neben dem Betrieb in Belgien noch einen in Frankreich gibt und eine Entscheidung zu treffen ist, welcher der beiden Betriebe stillgelegt werden soll.).

h) Mitwirkungsrechte des EBR kraft Gesetzes

2078 Dem EBR stehen nach §§ 32, 33 EBRG lediglich Unterrichtungs- und Anhörungsrechte, nicht aber echte Mitbestimmungsrechte zu. Seine Rechte bleiben daher weit hinter den Beteiligungsrechten der Interessenvertretungen nach dem BetrVG zurück. Andererseits werden die Mitwirkungs- und Mitbestimmungsrechte der Organe nach dem BetrVG von der Mitwirkung auf europäischer Ebene nicht berührt.

I. Betriebsverfassungsrecht

aa) Jährliche Unterrichtung und Anhörung, § 32 EBRG

(1) Gegenstand der Unterrichtung und Anhörung
Die zentrale Leitung hat gem. § 32 Abs. 1 EBRG den EBR einmal im Kalenderjahr über die Entwicklung der Geschäftslage und die Perspektiven des gemeinschaftsweit tätigen Unternehmens/der Unternehmensgruppe unter rechtzeitiger Vorlage der erforderlichen Unterlagen zu unterrichten und ihn anzuhören.

2079

(2) Der Katalog des § 32 Abs. 2 EBRG:

§ 32 Abs. 2 EBRG enthält einen nur **beispielhaften** Katalog dessen, was zur Entwicklung der Geschäftslage und den Perspektiven gehört, der den §§ 106 Abs. 3, 111 Satz 2 BetrVG nachgebildet ist. Es muss sich immer um eine grenzüberschreitende Angelegenheit handeln (s. o. I/Rz. 2075 ff.).

2080

- § 32 Abs. 2 Nr. 1 EBRG: Zur Struktur des Unternehmens/Unternehmensgruppe gehören insbesondere dessen Organisationsstrukturen und die Verteilung der betrieblichen Aktivitäten auf die Mitgliedstaaten. Die Unterrichtung über die wirtschaftliche und finanzielle Lage entspricht § 106 Abs. 3 Nr. 1 BetrVG (s. o. I/Rz. 848);
- § 32 Abs. 2 Nr. 2 EBRG: Der Begriff der Produktions- und Absatzlage entspricht § 106 Abs. 3 Nr. 2 BetrVG (s. o. I/Rz. 849 ff.). Die weiter genannte Geschäftslage kennzeichnet die Situation des Unternehmens im Gemeinschaftsmarkt (MünchArbR/*Joost* § 367 Rz. 41);
- § 32 Abs. 2 Nr. 3 EBRG: Die Beschäftigungslage bezieht sich auf den Stand der Beschäftigung im Unternehmen bzw. in der Unternehmensgruppe unter Einschluss des Umfangs der Beschäftigung (z. B. Kurzarbeit). Zur Unterrichtung über die voraussichtliche Entwicklung der Beschäftigungslage ist die Personalplanung einschließlich konkret bevorstehender Veränderungen einzubeziehen (MünchArbR/*Joost* § 367 Rz. 42);
- § 32 Abs. 2 Nr. 4 EBRG: Zu Investitionsprogrammen vgl. § 106 Abs. 3 Nr. 3 BetrVG (s. o. I/Rz. 852). Zu unterrichten ist insbesondere über Vorgaben zur Erneuerung oder Neuanschaffung von Produktionsanlagen, Schaffung neuer Fertigungsbereiche, Entwicklung neuer Technologien (MünchArbR/*Joost* § 367 Rz. 43);
- § 32 Abs. 2 Nr. 5 EBRG: Grundlegende Änderung der Organisation sind weit reichende Veränderungen der Unternehmensstruktur, z. B. hinsichtlich der Leitungs- oder Entscheidungsstruktur oder der sonstigen Tätigkeitsorganisation (MünchArbR/*Joost* § 367 Rz. 44; vgl. auch § 106 Abs. 3 Nr. 9 und § 111 Satz 3 Nr. 4 BetrVG, s. o. I/Rz. 821 ff., 1799 ff.);
- § 32 Abs. 2 Nr. 6 EBRG: Ein Arbeitsverfahren kennzeichnet den Einsatz menschlicher Arbeitskraft (z. B. Gruppen-, Fließbandarbeit). Fertigungsverfahren sind die technischen Herstellungsverfahren für die Güterproduktion. Vgl. auch § 111 Satz 3 Nr. 5 BetrVG (s. o. I/Rz.1804 f.);
- § 32 Abs. 2 Nr. 7 EBRG: Hierbei handelt es sich um die Veränderung ganzer Produktionsstandorte oder die räumliche oder betriebliche Verlegung von wesentlichen Betriebsteilen. Zur Frage, wann ein wesentlicher Betriebsteil vorliegt s. o. I/Rz. 1792 f.;

I. Betriebsverfassungsrecht

- § 32 Abs. 2 Nr. 8 EBRG: Zum Zusammenschluss/Spaltung von Betrieben s. o. I/Rz 1796 ff. Auf Unternehmensebene werden neben der Verschmelzung/Spaltung von Unternehmen nach dem UmwG (§§ 2 ff., 123 ff. UmwG) auch entsprechende Vorgänge durch Einzelrechtsübertragungen, wie z. B. die Aufspaltung in eine Anlage- und Betriebsgesellschaft erfasst (MünchArbR/*Joost* § 367 Rz. 47);
- § 32 Abs. 2 Nr. 9 EBRG: Entspricht weitgehend § 111 Satz 3 Nr. 1 BetrVG, s. o. I/Rz. 1785 ff.;
- § 32 Abs. 2 Nr. 10 EBRG: Der Begriff der Massenentlassung ist weder im EBRG noch in der Richtlinie 94/45/EG definiert. Nach *Joost* (MünchArbR § 367 Rz. 49) kann auf die in § 17 KSchG vorgesehenen Zahlen zurückgegriffen werden.

(3) Rechtzeitige Vorlage von Unterlagen

2081 Die jährliche Unterrichtung muss gem. § 32 Abs. 1 EBRG unter rechtzeitiger Vorlage der erforderlichen Unterlagen erfolgen.

> Diese Verpflichtung ist der entsprechenden Verpflichtung im Rahmen der Unterrichtung des Wirtschaftsausschusses nachgebildet. Die hierzu entwickelten Grundsätze (s. o. I/Rz. 863 ff.) können herangezogen werden. Da Nr. 2 S. 1 des Anhangs der Richtlinie 94/45/EG vorsieht, dass der EBR und die zentrale Leitung einmal jährlich zur Unterrichtung und Anhörung **auf der Grundlage eines von der zentralen Leitung vorgelegten Berichts** zusammentreten, ist § 32 Abs. 1 EBRG richtlinienkonform dahin auszulegen, dass zu den erforderlichen Unterlagen auch ein, ggf. eigens zu fertigender, schriftlicher Bericht der zentralen Leitung über die Geschäftslage und die Perspektiven des gemeinschaftsweit tätigen Unternehmens/der Unternehmensgruppe gehört (MünchArbR/*Joost* § 367 Rz. 51).

Rechtzeitige Vorlage bedeutet, dass sie so zeitig erfolgt, dass sich die Mitglieder des EBR auf die gemeinsame Sitzung mit der zentralen Leitung, ggf. unter Hinzuziehung eines Sachverständigen, (s. o. I/Rz. 2074), vorbereiten können.

(4) Die gemeinsame Sitzung zwischen EBR und zentraler Leitung

2082 Unterrichtung und Anhörung des EBR durch die zentrale Leitung erfolgen gem. § 27 Abs. 1 EBRG in einer gemeinsamen Sitzung (s. o. I/Rz. 2071). Nach Maßgabe des § 23 Abs. 6 EBRG können vom zuständigen Sprecherausschuss benannte leitende Angestellte mit Rederecht, nicht aber mit Stimmrecht, an den Sitzungen teilnehmen. Zeitpunkt und Ort der Sitzung sind mit der zentralen Leitung zu vereinbaren, § 27 Abs. 1 Satz 3 EBRG.

> Da der EBR im Rahmen der Anhörung argumentativ Einfluss auf die Entscheidungen der zentralen Leitung nehmen können soll, hat er einen Anspruch darauf, dass die Sitzung rechtzeitig vor der endgültigen Entscheidung der zentralen Leitung stattfindet (MünchArbR/*Joost* § 367 Rz. 55).

Die Unterrichtung durch die zentrale Leitung in der Sitzung erfolgt auf der Grundlage der vorzulegenden Unterlagen (s. o. I/Rz. 2081) mündlich. Es besteht ein Fragerecht der Mitglieder des EBR.

Anhörung bedeutet, dass ein Meinungsaustausch zwischen EBR und zentraler Leitung stattfindet, innerhalb dessen der EBR seine Vorstellungen einbringen kann,

I. Betriebsverfassungsrecht

die von der zentralen Leitung zu erwägen sind. Die zentrale Leitung bleibt aber in ihrer Entscheidung frei.

bb) Zusätzliche Unterrichtung und Anhörung über außergewöhnliche Umstände, § 33 EBRG

Um eine Anhörung des EBR auch dann sicherzustellen, wenn zwischen den jährlichen gemeinsamen Sitzungen Entscheidungen in grenzüberschreitenden Angelegenheiten mit erheblichen Auswirkungen anstehen, sieht § 33 EBRG unter bestimmten Voraussetzungen eine zusätzliche Unterrichtung und ggf. Anhörung vor. 2083

(1) Voraussetzungen

Gem. § 33 Abs. 1 EBRG ist eine zusätzliche Unterrichtung und ggf. Anhörung über außergewöhnliche Umstände vorzunehmen, die erhebliche Auswirkungen auf die Interessen der Arbeitnehmer haben. 2084
Als nicht abschließende Regelbeispiele nennt § 33 Abs. 1 EBRG i. S. v. unwiderleglichen Vermutungstatbeständen die Verlegung bzw. Stilllegung von Unternehmen, Betrieben oder wesentlichen Betriebsteilen und Massenentlassungen (zu diesen Tatbeständen s. o. I/Rz. 2080).

Bei anderen Gegenständen kommt es zur Beurteilung der Frage, ob sie erhebliche Auswirkungen auf die Interessen der Arbeitnehmer haben, darauf an, inwieweit Auswirkungen auf die Arbeitnehmer zu erwarten sind und wie schwer wiegend sie sich darstellen. Es kann darauf abgestellt werden, ob die Auswirkungen den Auswirkungen der in den Regelbeispielen genannten Tatbestände gleichkommen.

Derartige Auswirkungen können etwa die Gefährdung von Arbeitsplätzen, Umgestaltungen der Arbeitsmethoden, Arbeitsumgebung oder Arbeitsbedingungen und Rationalisierungsvorhaben sein (MünchArbR/*Joost* § 367 Rz. 60).

Außergewöhnlich sind Umstände, über die nach der zeitlichen Planung der zentralen Leitung zwischen den kalenderjährlichen Sitzungen entschieden werden soll.

(2) Durchführung

Über außergewöhnliche Umstände hat die zentrale Leitung stets rechtzeitig und unter Vorlage der erforderlichen Unterlagen (s. o. I/Rz. 2081) schriftlich zu unterrichten. Zu einer Anhörung im Rahmen einer gemeinsamen Sitzung kommt es hingegen nur auf eine entsprechende Initiative des EBR bzw. des geschäftsführenden Ausschusses. 2085

Besteht ein geschäftsführender Ausschuss (§ 26 Abs. 1 EBRG, s. o. I/Rz. 2068), so ist dieser gem. § 33 Abs. 2 EBRG an Stelle des EBR zu beteiligen. Die Unterrichtung hat ihm gegenüber zu erfolgen. Der Ausschuss entscheidet darüber, ob er eine gemeinsame Sitzung mit der zentralen Leitung verlangen soll. Er hat hinsichtlich der Sitzungen die gleichen Rechte wie der EBR nach § 27 Abs. 1 S. 2–5 EBRG (s. o. I/Rz. 2069 ff.), insbesondere das Recht zur Durchführung einer vorbereitenden Sitzung (s. o. I/Rz. 2070).

I. Betriebsverfassungsrecht

cc) Einschränkungen bei Betriebs- oder Geschäftsgeheimnissen

2086 Gem. § 39 Abs. 1 EBRG bestehen die Unterrichtungspflichten der zentralen Leitung insoweit nicht, als dadurch Betriebs- oder Geschäftsgeheimnisse (zum Begriff s. o. I/Rz. 661 f.) gefährdet würden. Eine Gefährdung liegt nur vor, wenn trotz der Geheimhaltungspflicht der Mitglieder des EBR bzw. des geschäftsführenden Ausschusses eine Offenbarung des Geheimnisses droht.

dd) Einschränkungen wegen Tendenzschutzes

2087 Nach § 34 EBRG sind die Mitwirkungsrechte des EBR bei Unternehmen und herrschenden Unternehmensgruppen, die unmittelbar und überwiegend (s. o. I/Rz. 217–220) den in § 118 Abs. 1 S. 1 Nr. 1 und 2 BetrVG genannten Zwecken oder Bestimmungen (s. o. I/Rz. 202 ff.) dienen, dergestalt eingeschränkt, dass sich die Pflicht zur Unterrichtung und Anhörung nur auf Gegenstände nach §§ 32 Abs. 2 Nr. 5–10 (s. o. I/Rz. 2080), 33 EBRG (s. o. I/Rz. 2083 f.) bezieht, und sich inhaltlich auf den Ausgleich oder die Milderung der wirtschaftlichen Nachteile beschränkt, die den Arbeitnehmern infolge der Unternehmens- oder Betriebsänderungen entstehen.

Stark umstritten ist, ob die durch § 34 EBRG vorgesehenen Einschränkungen richtlinienkonform sind.

Art. 8 Abs. 3 der Richtlinie 94/45/EG sieht Ausnahmen i. S. eines Tendenzschutzes nur für Unternehmen vor, »die in Bezug auf Berichterstattung und Meinungsäußerung unmittelbar und überwiegend eine bestimmte weltanschauliche Tendenz verfolgen«. Die Richtlinie zieht somit den Kreis der in Betracht kommenden Tendenzeigenschaft enger als § 34 EBRG i. V. m. § 118 Abs. 1 BetrVG: Die Richtlinie bezieht sich nur auf sog. Medienunternehmen und dies auch nur dann, wenn diese eine bestimmte weltanschauliche Tendenz verfolgen (vgl. zum Meinungsstand ausführlich *Kittner* DKK § 34 EBRG Rz. 4; MünchArbR/*Joost* § 367 Rz. 75, jeweils m. w. N.).

ee) Unterrichtung der örtlichen Arbeitnehmervertreter

2088 Der EBR oder im Falle des § 33 Abs. 2 EBRG (s. o. I/Rz. 2084 f.) der Ausschuss haben gem. § 35 Abs. 1 EBRG den örtlichen Arbeitnehmervertretern über alle Unterrichtungen und Anhörungen zu berichten.

Die Unterrichtung obliegt dem Vorsitzenden des EBR bzw. einem oder mehreren vom EBR beauftragten Mitgliedern bzw. im Falle des § 33 Abs. 2 EBRG dem Ausschuss bzw. dem Vorsitzenden oder einem beauftragten Mitglied. Welchen betriebsverfassungsrechtlichen Organen (Betriebsrat, Gesamt- bzw. Konzernbetriebsrat) gegenüber zu berichten ist, ist gesetzlich nicht geregelt. Zum Teil wird dies in das Ermessen des EBR bzw. des Ausschusses gestellt (so wohl *Kittner* DKK § 35 Rz. 2), zum Teil (so etwa MünchArbR/*Joost* § 367 Rz. 64 m. w. N.) wird angenommen, dass der Bericht gegenüber der jeweils höchsten Arbeitnehmervertretung zu erfolgen hat, gegenüber anderen Vertretungsorganen nur, wenn sie in dem Gremium auf höherer Ebene nicht vertreten sind. In betriebsratslosen Betrieben/Unternehmen ist der Bericht unmittelbar gegenüber den Arbeitnehmern zu erstatten, etwa mündlich in einer Belegschaftsversammlung oder durch Aushang eines schriftlichen Berichts am Schwarzen Brett.

I. Betriebsverfassungsrecht

Die leitenden Angestellten sind, sofern ein Sprecherausschuss existiert, nach Maßgabe des § 35 Abs. 2 EBRG gesondert zu informieren. 2089

Eine bestimmte Form ist für den Bericht nicht vorgesehen. Er kann schriftlich, mündlich oder in Kombination beider Formen erstattet werden. 2090

Soweit der Bericht gegenüber betriebsverfassungsrechtlichen Organen zu erstatten ist, ist auch über Betriebs- oder Geschäftsgeheimnisse zu berichten. Eine Geheimhaltungspflicht besteht insoweit nicht, vgl. § 39 Abs. 2 Satz 3 EBRG. Vielmehr sieht § 39 Abs. 3 Nr. 4 EBRG eine Geheimhaltungspflicht der örtlichen Arbeitnehmervertreter vor. Diese Grundsätze gelten auch bei dem Bericht gegenüber den bestehenden Sprecherausschüssen der leitenden Angestellten (vgl. MünchArbR/*Joost* § 367 Rz. 71). Soweit in betriebsratslosen Betrieben/Unternehmen der Bericht gegenüber den Arbeitnehmern zu erstatten ist, gilt hingegen hinsichtlich von Betriebs- und Geschäftsgeheimnissen eine Verschwiegenheitspflicht, § 39 Abs. 2 S. 1 EBRG. 2091

ff) Gebot vertrauensvoller Zusammenarbeit

§ 38 EBRG sieht das Gebot vertrauensvoller Zusammenarbeit zwischen EBR und zentraler Leitung vor. Dieses entspricht dem entsprechenden Gebot im Rahmen des BetrVG (s. o. I/Rz.1007 ff.). 2092

6. Sanktionen

a) Unmittelbare Erfüllungsansprüche

Soweit das EBRG eine Verpflichtung zur Leistung von Geld und Sachen, zur Unterrichtung oder zur Vorlage von Unterlagen vorsieht, handelt es sich um Ansprüche, die arbeitsgerichtlich geltend gemacht werden können (s. u. I/Rz. 1930 ff.). Dies gilt beispielsweise für den Auskunftsanspruch nach § 5 EBRG (*Däubler* DKK § 5 EBRG Rz. 6). 2093

b) Rechtsfolgen der Nichtbeachtung der Mitwirkungsrechte

Entsprechend dem betriebsverfassungsrechtlichen Streit über die Anerkennung eines allgemeinen Unterlassungsanspruchs bei Nichtbeachtung von Beteiligungsrechten (s. o. I/Rz. 1965 ff.), besteht auch im Rahmen des EBRG Streit darüber, ob der EBR oder ein vereinbartes Gremium zur Unterrichtung und Anhörung die Unterlassung einer der Beteiligung unterliegenden Maßnahme, ggf. im Wege der einstweiligen Verfügung, verlangen kann. Zum Teil (etwa MünchArbR/*Joost* § 367 Rz. 73; *Hromadka* DB 1995, 1125 [1130]) wird dies mit der Begründung abgelehnt, ein derartiger Anspruch gehe über das dem EBR eingeräumte, bloße Beteiligungsrecht (Unterrichtung/Anhörung) hinaus. Zum Teil (etwa *Däubler* DKK Vor § 1 EBRG Rz. 20 unter Hinweis auch auf französische Rechtsprechung) wird ein solcher Anspruch mit der Begründung bejaht, andernfalls sei die Sicherstellung der Beteiligungsrechte nicht ausreichend gewährleistet. 2094

c) Straf- und Bußgeldvorschriften

§§ 43–45 EBRG bedrohen bestimmte Verhaltensweisen mit Strafe oder Bußgeldverhängung, so insbesondere die Offenbarung von Betriebs- oder Geschäftsgeheimnissen, Behinderung oder Begünstigung, unzureichende oder verspätete Unterrichtung. 2095

I. Betriebsverfassungsrecht

7. Streitigkeiten

2096 Über Streitigkeiten über Angelegenheiten aus dem EBRG entscheidet gem. § 2 a Abs. 2 Nr. 3 b ArbGG das Arbeitsgericht im Beschlussverfahren. Dies gilt etwa für Streitigkeiten über den Auskunftsanspruch nach § 5 EBRG, die Bildung des BVG, die Kostentragungspflicht nach § 16 EBRG sowie für Streitigkeiten im Zusammenhang mit einer Vereinbarung über die Ausgestaltung einer grenzüberschreitenden Unterrichtung und Anhörung oder im Zusammenhang mit der Errichtung oder Tätigkeit eines EBR kraft Gesetzes. EBR, BVG oder kraft freiwilliger Vereinbarung geschaffene Einrichtungen sind beteiligtenfähig (*Däubler* DKK Vor § 1 EBRG Rz. 15). Örtlich zuständig ist das Arbeitsgericht, in dessen Bezirk das Unternehmen bzw. das herrschende Unternehmen seinen Sitz hat, § 82 S. 4 ArbGG.

2097 Über individualrechtliche Ansprüche der Mitglieder des EBR, BVG bzw. kraft Vereinbarung errichteter Einrichtungen, wie insbesondere Ansprüche auf Weiterzahlung des Arbeitsentgelts, ist gem. § 2 Abs. 1 Nr. 3 a ArbGG im arbeitsgerichtlichen Urteilsverfahren zu entscheiden. Die örtliche Zuständigkeit richtet sich nach den allgemeinen Bestimmungen.

K. Gerichtsorganisation und Zuständigkeit

Inhaltsübersicht Rz.

I. **Gerichtsorganisation** 1–183
  1. Arbeitsgerichtsbarkeit als Sonderzivilgerichtsbarkeit 1– 5
  2. Aufbau der Arbeitsgerichtsbarkeit 6– 39
    a) Instanzenzug 6– 8
    b) Ressortierung der Arbeitsgerichtsbarkeit 9
    c) Einrichtung der Gerichte 10– 24
      aa) Form 10– 11
      bb) Verfahren und Zuständigkeiten 12– 16
      cc) Gerichtstage und auswärtige Kammern 17– 22
      dd) Fachkammern 23– 24
    d) Verwaltung und Dienstaufsicht der Gerichte 25– 34
      aa) Zuständigkeiten 25– 29
      bb) Dienstaufsicht 30– 32
      cc) Beteiligung der Gewerkschaften und Arbeitgeberverbände 33– 34
    e) Zusammensetzung der Kammern des ArbG und des LAG, sowie der Senate beim BAG 35– 39
  3. Gerichtspersonen 40–157
    a) Berufsrichter 40– 62
      aa) Ausbildung und Befähigkeitsvoraussetzungen 40– 42
      bb) Ernennung/Berufung 43– 57
        (1) Ernennung der am ArbG tätigen Richter 45– 48
        (2) Ernennung der Vorsitzenden Richter am LAG 49– 51
        (3) Ernennung der beim BAG tätigen Richter 52– 57
      cc) Statusrechtliche Rechte und Pflichten der Berufsrichter 58– 62
    b) Ehrenamtliche Richter 63–129
      aa) Aufgaben allgemein 63– 65
      bb) Verfahren und Voraussetzungen der Berufung der ehrenamtlichen Richter 66– 88
        (1) Berufungsverfahren 66– 71
        (2) Auswahl aus Listenvorschlägen 72– 75
        (3) Dauer der Amtszeit 76– 78
        (4) Persönliche Voraussetzungen für eine Berufung 79– 88
      cc) Mitwirkung der ehrenamtlichen Richter an der Rechtsprechung ihres Spruchkörpers 89–106
        (1) Zuteilung der ehrenamtlichen Richter zu den Spruchkörpern des Gerichts 89– 96
        (2) Informations- und Unterrichtungsrecht 97– 99
        (3) Teilnahme an den Kammer-Senatssitzungen 100–102
        (4) Abgrenzung der Zuständigkeit des Vorsitzenden und der vollbesetzten Kammer/des Senats 103–106
      dd) Statusrechtliche Rechte und Pflichten 107–123
        (1) Ablehnung der Berufung/Niederlegung des Amtes 107–109
        (2) Ehrenamt 110
        (3) Schutz der ehrenamtlichen Richter 111–115
        (4) Sachliche Unabhängigkeit 116
        (5) Geheimhaltungspflicht 117
        (6) Disziplinarmaßnahmen gegen ehrenamtliche Richter 118–123
      ee) Beendigung des Amtes des ehrenamtlichen Richters 124–126

K. Gerichtsorganisation und Zuständigkeit

	ff)	Ausschuss der ehrenamtlichen Richter	127–129
c)		Rechtspfleger	130–135
	aa)	Aufgaben	131–134
	bb)	Rechtsbehelfe gegen Entscheidungen	135
d)		Urkundsbeamte der Geschäftsstelle	136–138
	a)	Aufgaben	137
	b)	Ausbildung und Bestellung	138
e)		Ausschluss und Ablehnung von Gerichtspersonen	139–157
	aa)	Verfahren	139–151
	bb)	Gründe für die Ausschließung/Ablehnung von Richtern	152–154
	cc)	Rechtsfolge des wirksamen Ausschlusses einer Gerichtsperson	155–157
4. Geschäftsverteilung			158–183
a)		Sinn und Zweck	158–159
b)		Aufstellung des Geschäftsverteilungsplanes	160–167
c)		Inhalt des Geschäftsverteilungsplanes	168–175
	aa)	Verteilung der anfallenden Geschäfte	169–173
	bb)	Verteilung der Richter auf die Spruchkörper	174–175
d)		Änderung des Geschäftsverteilungsplanes	176
e)		Mitwirkung des Ausschusses der ehrenamtlichen Richter	177
f)		Rechtsbehelfe gegen den Geschäftsverteilungsplan	178–181
	aa)	Rechtsbehelfe der Prozessparteien	178–179
	bb)	Rechtsbehelfe der Richter	180–181
g)		Die Geschäftsverteilung in den einzelnen Spruchkörpern	182–183

II. Zuständigkeit — 184–348

1. Internationale Zuständigkeit			184–193
a)		Begriff	184
b)		Bestimmung der internationalen Zuständigkeit deutscher ArbG	185–192
c)		Entscheidung über die internationale Zuständigkeit	193
2. Rechtswegzuständigkeit			194–214
a)		Verhältnis der Arbeitsgerichtsbarkeit zu anderen Gerichtsbarkeiten	194–198
b)		Entscheidung über die Zulässigkeit des Rechtswegs	199–214
	aa)	Vorabentscheidungsverfahren	200–206
	bb)	Teilverweisung	207
	cc)	Bindung an die Anträge	208
	dd)	Rechtsmittel gegen den Verweisungsbeschluss	209–212
	ee)	Bindungswirkung des Verweisungsbeschlusses	213–214
3. Sachliche Zuständigkeit			215–311
a)		Zuständigkeit im Urteilsverfahren	219–287
	aa)	Streitigkeiten aus/über das Bestehen von Tarifverträgen	220–227
	bb)	Arbeitskampfstreitigkeiten, § 2 Abs. 1 Nr. 2 ArbGG	228–233
	cc)	Bürgerliche Rechtsstreitigkeiten zwischen Arbeitnehmern und Arbeitgebern, § 2 Abs. 1 Nr. 3 a ArbGG)	234–248
		(1) Arbeitnehmerbegriff	235–239
		(2) Arbeitgeberbegriff	240–241
		(3) Streitigkeiten aus dem Arbeitsverhältnis	242–248
	dd)	Streitigkeiten über das Bestehen oder Nichtbestehen eines Arbeitsverhältnisses	249–251
	ee)	Verhandlungen über und Nachwirkungen aus Arbeitsverträgen, § 2 Abs. 1 Nr. 3 c ArbGG	252–253
	ff)	Ansprüche aus unerlaubter Handlung, § 2 Abs. 1 Nr. 3 d ArbGG	254–256
	gg)	Streitigkeiten über Arbeitspapiere, § 2 Abs. 1 Nr. 3 e ArbGG	257–258
	hh)	Ansprüche aus rechtlichem oder wirtschaftlichem Zusammenhang, § 2 Abs. 1 Nr. 4 a ArbGG	259

	ii)	Streitigkeiten mit Einrichtungen der Tarifvertragsparteien oder Sozialeinrichtungen, § 2 Abs. 1 Nr. 4 b und 6 ArbGG	260
	kk)	Streitigkeiten mit Insolvenzversicherungen, § 2 Abs. 1 Nr. 5 ArbGG	261
	ll)	Streitigkeiten nach dem Entwicklungshilfegesetz, § 2 Abs. 1 Nr. 7 ArbGG	262–263
	mm)	Streitigkeiten anlässlich »freiwilligem sozialen Jahr« § 2 Abs. 1 Nr. 8 ArbGG	264
	nn)	Streitigkeiten aus gemeinsamer Arbeit und unerlaubter Handlung, § 2 Abs. 1 Nr. 9 ArbGG	265–266
	oo)	Streitigkeiten in Behindertenwerkstätten, § 2 Abs. 1 Nr. 10 ArbGG	267
	pp)	Zuständigkeit bei Erfinder- und Urheberstreitigkeiten, § 2 Abs. 2 ArbGG	268–271
	qq)	Zusammenhangsklagen, § 2 Abs. 3 ArbGG	272–282
	rr)	Streitigkeiten mit Organmitgliedern, § 2 Abs. 4 ArbGG	283–287
b)	Sachliche Zuständigkeit im Beschlussverfahren		288–306
	aa)	Angelegenheiten aus dem Betriebsverfassungsgesetz, § 2 a Abs. 1 Nr. 1 ArbGG	290–293
	bb)	Angelegenheiten aus dem SprAuG, § 2 a Abs. 1 Nr. 2 ArbGG	294–295
	cc)	Mitbestimmungsangelegenheiten, § 2 a Abs. 1 Nr. 3 ArbGG	296–299
	dd)	Angelegenheiten aus den §§ 94, 95 139 SGB IX, § 2 a Abs. 1 Nr. 3 a ArbGG	300–301
	ee)	Angelegenheiten aus dem Gesetz über Europäische Betriebsräte, § 2 Abs. 1 Nr. 3 b ArbGG	302
	ff)	Entscheidung über die Tariffähigkeit und Tarifzuständigkeit	303–306
c)	Sachliche Zuständigkeit in sonstigen Fällen, § 3 ArbGG		307–310
d)	Entscheidung über die sachliche Zuständigkeit		311
4. Örtliche Zuständigkeit			312–339
a)	Urteilsverfahren		312–334
	aa)	Allgemeiner Gerichtsstand	313–315
	bb)	Gerichtsstand des Erfüllungsortes	316–321
	cc)	Gerichtsstand der Niederlassung	322–323
	dd)	Gerichtsstand der unerlaubten Handlung	324
	ee)	Weitere besondere Gerichtsstände	325
	ff)	Gerichtsstandsvereinbarung	326–333
		(1) § 38 ZPO	326–330
		(2) § 48 Abs. 2 ArbGG	331–333
	gg)	Gerichtsstand der rügelosen Einlassung	334
b)	Beschlussverfahren		335–337
c)	Entscheidungen über die örtliche Zuständigkeit		338–339
5. Ausschluss der Arbeitsgerichtsbarkeit			340–343
6. Bestimmung des zuständigen Gerichts			344–347
7. Funktionelle Zuständigkeit			348

I. Gerichtsorganisation

1. Arbeitsgerichtsbarkeit als Sonderzivilgerichtsbarkeit

Bei der Arbeitsgerichtsbarkeit handelt es sich um eine der fünf Gerichtsbarkeiten, die **1** im GG in Art. 95 aufgezählt sind. Sie gehört zu den vier Sondergerichtsbarkeiten – Verwaltungs-, Finanz-, Arbeits- und Sozialgerichtsbarkeit –, die sich im Verfahren

K. Gerichtsorganisation und Zuständigkeit

und der zu bearbeitenden Rechtsmaterie von der ordentlichen Gerichtsbarkeit – Zivil- und Strafgerichtsbarkeit – unterscheiden.

2 Es besteht allerdings eine **Verwandtschaft zur ordentlichen Zivilgerichtsbarkeit.** Von der zu bearbeitenden Materie ist der weit überwiegende Teil **Sonderzivilrecht.** Insofern lässt sich das Arbeitsrecht als Sonderrecht der abhängigen Arbeit charakterisieren. Soweit Individualstreitigkeiten zwischen Arbeitgebern und Arbeitnehmern ausgetragen werden, handelt es sich um Zivilrecht, welches seine Wurzeln in den §§ 611 ff. BGB hat, und lediglich durch Sondergesetze, z. B. das KSchG, modifiziert und weiterentwickelt wird. Das arbeitsrechtliche Urteilsverfahren ist denn auch dem Zivilprozessverfahren angenähert, welches gem. § 46 Abs. 2 ArbGG dann Anwendung findet, wenn keine besonderen Verfahrensvorschriften im ArbGG festgeschrieben worden sind.

3 Abweichungen und Unterschiede zum zivilprozessualen Charakter finden sich im arbeitsgerichtlichen Beschlussverfahren, §§ 80 ff. ArbGG, welches in den in § 2 a ArbGG enumerativ aufgezählten Fällen zur Anwendung kommt. In diesen Verfahren wird die grds. weiterbestehende Parteienherrschaft, § 83 ArbGG, beschränkt durch den aus dem Verwaltungsprozess stammenden – allerdings nur eingeschränkt geltenden – Untersuchungsgrundsatz, § 83 Abs. 1 ArbGG (vgl. *Schaub* ArbGVerf § 58 Rz. 48 ff.).

4 Im Verhältnis zur ordentlichen Gerichtsbarkeit bestand vor dem Inkrafttreten des 4. Gesetzes zur Änderung der VwGO vom 17.12.1990 (BGBl. I S. 2809) am 1.1.1991 Streit darüber, ob es sich um eine Frage der sachlichen Zuständigkeit oder um eine solche des richtigen Rechtsweges handelte. Die h. M. ging davon aus, dass es sich bei der Abgrenzung lediglich um eine Frage der sachlichen Zuständigkeit handelte (*BAG* 20.12.1990 EzA § 48 ArbGG 1979 Nr. 1).

5 Aufgrund dieses Gesetzes wurden der § 48 ArbGG und die §§ 17 bis 17 b GVG neu gefasst, die Überschriften des § 2 ArbGG geändert und § 48 a ArbGG a. F. gestrichen. Wegen dieser Änderungen geht die heute h. M. davon aus, dass der Gesetzgeber die Gleichwertigkeit aller Gerichtszweige betonen wollte und deswegen **es sich bei der Zuständigkeit der ArbG gegenüber den ordentlichen Gerichten um eine Frage der Rechtswegzuständigkeit und nicht der sachlichen Zuständigkeit handelt** (vgl. *BAG* 26.3.1992 EzA § 48 ArbGG 1979 Nr. 5; **a. A.** *Schwab* NZA 1991, 657 ff.).

2. Aufbau der Arbeitsgerichtsbarkeit

a) Instanzenzug

6 Die Arbeitsgerichtsbarkeit ist dreistufig aufgebaut, § 1 ArbGG. Es gibt auf Landesebene die Arbeitsgerichte (ArbG), §§ 14 ff. ArbGG, als **Eingangsgerichte aller arbeitsgerichtlichen Verfahren, unabhängig vom Streitwert, der Verfahrensart** oder des Schwierigkeitsgrades der zu behandelnden Materie.

7 Als zweite Instanz werden ebenfalls von den Ländern die Landesarbeitsgerichte (LAG) eingerichtet, §§ 33 ff. ArbGG. Sie sind **obere Landesgerichte** und stehen damit dem Rang nach den OLG und OVG gleich. Aufgabe des LAG ist es, über Berufungen gegen die Urteile, §§ 64 ff. ArbGG, und Beschwerden gegen die Beschlüsse des ArbG im Beschlussverfahren, §§ 87 ff. ArbGG, zu entscheiden. Außerdem sind sie gem. § 78 Abs. 1 ArbGG das Beschwerdegericht i. S. d. §§ 567 ff. ZPO. **Eine erstinstanzliche Zuständigkeit kommt dem LAG nur bei der Amtsenthebung und Ver-**

K. Gerichtsorganisation und Zuständigkeit

dd) Fachkammern
Gemäß § 17 Abs. 2, Abs. 3 ArbGG sollen die Landesregierung oder die ermächtigte 23 oberste Landesbehörde, soweit ein sachliches Bedürfnis besteht, berechtigt sein, bei einzelnen ArbG oder LAG **Fachkammern für bestimmte Berufe, Gewerbe und Gruppen von** Arbeitnehmern zu bilden, die auch gerichtsübergreifend zuständig sein sollen, § 35 Abs. 1 S. 2 i. V. m. § 17 Abs. 2 ArbGG. Soweit diese Bestimmung von § 14 Abs. 2 Nr. 4 und Nr. 6 ArbGG abweicht, wonach für diese Gerichtsorganisationsakte ein förmliches Gesetz notwendig ist, bestehen erhebliche Bedenken an der Wirksamkeit dieser Ermächtigungsnorm. Nach twA (vgl. *GMP* § 17 Rz. 16) ist § 17 Abs. 2 S. 2 und 3 ArbGG insofern nicht anwendbar.

Der Sinn der Bildung von Fachkammern liegt darin, notwendiges Fachwissen der 24 Kammervorsitzenden und der ehrenamtlichen Richter zu konzentrieren und effektiv einzusetzen. Die ehrenamtlichen Richter sind deswegen aus den Kreisen der Arbeitnehmer und Arbeitgeber zu entnehmen, für die die Fachkammer gebildet wurde, § 30 ArbGG. **Sind Fachkammern errichtet, sind sie für alle Streitigkeiten der ihnen aufgrund ihrer Berufe oder Gewerbe oder Gruppenzugehörigkeit zugewiesenen Parteien zuständig.** Fachkammern für bestimmte Streitgegenstände können nicht gebildet werden. Eine derartige Spezialisierung bestimmter Kammern kann lediglich im Rahmen der Erstellung des Geschäftsverteilungsplanes des betreffenden Gerichts herbeigeführt werden.

d) Verwaltung und Dienstaufsicht der Gerichte

aa) Zuständigkeiten
Die Geschäfte der Verwaltung und Dienstaufsicht führt die zuständige oberste Lan- 25 desbehörde, also je nach Landesgerichtsorganisationsgesetz das Justiz- oder das Arbeitsministerium, §§ 15 Abs. 1 S. 1, 34 ArbGG.

Beim BAG ist gem. § 40 Abs. 2 ArbGG grds. der Bundesminister für Arbeit und So- 26 zialordnung im Einvernehmen mit dem Bundesminister der Justiz zuständig. Dieser kann allerdings gem. § 40 Abs. 2 S. 2 ArbGG diese Geschäfte ganz oder teilweise auf den Präsidenten des BAG übertragen, was er auch getan hat. In der Geschäftsordnung des BAG (vgl. Abdruck bei *GMP* § 44 Rz. 10) sind in § 3 ArbGG die wahrzunehmenden und übertragenen Aufgaben zusammengefasst.

Unter Gerichts- und Justizverwaltung (vgl. Begriffe bei *Kissel* § 12 Rz. 85, 112) ver- 27 steht man die gesamte verwaltende Tätigkeit bei den Gerichten, die nicht selbst Rechtsprechung ist. Sie schafft für diese die notwendigen materiellen und personellen Voraussetzungen. Hierzu gehört die Bereitstellung der erforderlichen Räume, der Einrichtungen und Arbeitsmittel sowie die Ausstattung der Gerichte mit Personal und die damit zusammenhängenden Fragen der Ernennung, Einstellung, Entlassung, Beförderung und Dienstaufsicht. Weiterhin gehören hierzu die Regelungen bezüglich der konkreten Ausstattung und Durchführung des Dienstbetriebes sowohl der Richter als auch des nichtrichterlichen Personals, sowie des Haushalts-, Kassen- und Berichtswesen.

Die Zuständigkeiten innerhalb der Gerichtsverwaltung liegen nicht immer, wie es 28 § 15 Abs. 1 ArbGG vermuten ließe, bei der zuständigen obersten Landesbehörde. Vielmehr sind sie je nach der zu regelnden Materie unterschiedlich verteilt. Zum Teil liegen sie direkt beim Gesetzgeber, so z. B. bezüglich des Haushaltes und der Bereitstellung der erforderlichen Geldmittel. Andere Bereiche werden von der Regierung bzw. dem zuständigen Minister selbst durchgeführt, z. B. die Ernennung von

K. Gerichtsorganisation und Zuständigkeit

Richtern. Wieder andere Bereiche sind kraft Delegation nachgeordneten Behörden übertragen worden. Die meisten Aufgaben sind in der Praxis von den zuständigen obersten Dienstbehörden, an die Präsidenten der LAG bzw. des BAG deligiert worden (vgl. z. B. für Rheinland-Pfalz: Landesverordnung über Beamte und arbeitsrechtliche Zuständigkeit im Geschäftsbereich des Ministeriums der Justiz vom 14.8.1991, GVBl S. 224 i. d. F. vom 2.11.1992, GVBl S. 41; §§ 15 Abs. 2, 34 Abs. 2, 40 Abs. 2 S. 2 ArbGG).

29 Die Verteilung der richterlichen Geschäfte erfolgt durch den Geschäftsverteilungsplan im Wege der richterlichen Selbstverwaltung (§ 6 a ArbGG i. V. m. §§ 21 a ff. GVG).

bb) Dienstaufsicht

30 Als Teil der Gerichtsverwaltung ist auch die Dienstaufsicht zu verstehen (vgl. *GMP* § 15 Rz. 15). Dabei handelt es sich um die Überwachung der ordnungsgemäßen Ausführung der Dienstgeschäfte durch die bei den Gerichten tätigen Arbeiter, Angestellten, Beamte und Richter. Hinsichtlich der Richter ist eine Dienstaufsicht jedoch nur insoweit zulässig, als sie nicht die richterliche Unabhängigkeit beeinträchtigt, § 26 DRiG.

31 Gegenstand der Dienstaufsicht bei den Richtern sind jedenfalls diejenigen Angelegenheiten der Gerichtsorganisation, die ihnen gem. §§ 15 Abs. 2, 34 Abs. 2, 40 Abs. 2 ArbGG durch die zuständige Behörde übertragen worden sind. Hier besteht eine Weisungsgebundenheit und Berichtspflicht der Richter. Die übertragenen Aufgaben können wieder eingeschränkt oder rückgängig gemacht werden.

32 **Im Rahmen der richterlichen Tätigkeit, der eigentlichen »Rechtsprechung«, ist eine Dienstaufsicht unzulässig**, soweit sie mittelbar oder unmittelbar Einfluss auf die eigentliche Entscheidungsfindung nehmen könnte. Sie ist allerdings zulässig, soweit es die ordnungsgemäße Erledigung der Dienstgeschäfte überhaupt und den ordnungsgemäßen Geschäftsablauf, sowie den äußeren Rahmen, in dem die Rechtsprechungstätigkeit zu erbringen ist, betrifft (vgl. z. B. zur Pflicht zum Tragen der Amtstracht *BVerfG* 22.10.1974 BVerfGE 38, 139).

cc) Beteiligung von Gewerkschaften und Arbeitgeberverbänden

33 Die Gewerkschaften und Arbeitgeberverbände sind gem. §§ 15 Abs. 1 S. 2, 34 Abs. 1 ArbGG in die Verwaltung und Dienstaufsicht insoweit integriert, als sie vor dem Erlass allgemeiner Anordnungen ein Anhörungsrecht haben. Das Anhörungsrecht setzt voraus, dass es sich um allgemeine Anordnungen, also nicht um einzelfallbezogene Entscheidungen handelt. Die Pflicht zur Anhörung besteht daher bei abstrakt generellen Regelungen, z. B. vor dem Erlass von Rechtsverordnungen oder Verwaltungsvorschriften. Sie besteht nur dann, wenn diese Regelungen nicht nur rein technischer Art sind, da die Interessen der beteiligten Verbände i. d. R. nicht berührt werden können.

34 **Eine ohne Anhörung der Verbände erlassene Rechtsverordnung oder Verwaltungsvorschrift ist nichtig** (*BVerfG* 17.11.1959 BVerfGE 10, 227; *GMP* § 15 Rz. 20, 21). Inwieweit den Anregungen der angehörten Verbände Rechnung getragen wird, steht im Ermessen der zuständigen befassten Verwaltungsbehörde.

e) Zusammensetzung der Kammern des ArbG und des LAG, sowie der Senate beim BAG

35 Bei den Gerichten für Arbeitssachen handelt es sich in allen Instanzen um Kollegialgerichte. Beim ArbG und beim LAG werden die Kammern in der Besetzung mit je

K. Gerichtsorganisation und Zuständigkeit

einem Berufsrichter und zwei ehrenamtlichen Richtern (§ 45 a DRiG), jeweils einem von Seiten der Arbeitnehmer und einem von Seiten der Arbeitgeber, tätig, §§ 16 Abs. 1, Abs. 2, 35 Abs. 1, Abs. 2 ArbGG. Die Kammern in der ersten und zweiten Instanz entscheiden also in derselben numerischen Besetzung.

Die Zahl der erforderlichen Kammervorsitzenden und ehrenamtlichen Richter richtet sich nach dem Arbeitsanfall. Die oberste Landesbehörde bestimmt nach Anhörung der in § 14 Abs. 5 ArbGG genannten Verbände die Zahl der zu errichtenden Kammern, § 17 Abs. 1, § 35 Abs. 3 ArbGG. 36

Beim BAG werden die Senate in der Besetzung mit je drei Berufsrichtern und zwei ehrenamtlichen Richtern tätig. Der nur in den Fällen des § 45 Abs. 2 ArbGG außerhalb des normalen Instanzenzugs tätig werdende Große Senat setzt sich zusammen aus dem Präsidenten, je einem Berufsrichter der Senate, in denen der Präsident nicht den Vorsitz führt, und je drei ehrenamtlichen Richtern aus den Kreisen der Arbeitnehmer und der Arbeitgeber § 45 Abs. 5 ArbGG (zur Zuständigkeit und zu den Aufgaben vgl. *Ascheid* Rz. 141 ff.). 37

Der Vorsitz der Spruchkörper ist den Berufsrichtern übertragen. Es muss sich in der ersten Instanz nicht um bereits auf Lebenszeit angestellte Richter handeln und auch nicht um Richter, die ständiges Mitglied des Gerichts sind. Es können auch Richter auf Probe oder kraft Auftrags, § 18 Abs. 7 ArbGG, oder abgeordnete Richter anderer Gerichte mit dem Kammervorsitz betraut werden. Bei den Rechtsmittelinstanzen können jedoch nur Richter auf Lebenszeit eingesetzt werden. 38

Bei den LAG kann auch ein Richter am ArbG im Rahmen einer Abordnung einen Kammervorsitz für einen beschränkten Zeitraum wahrnehmen. Eine Abordnung kann der Erprobung für eine spätere Ernennung zum Vorsitzenden Richter am LAG dienen oder auch der Besetzung einer Hilfskammer, die wegen Überlastung des LAG für einen überschaubaren Zeitraum eingerichtet worden ist (*Schaub* ArbGVerf § 3 Rz. 14). 39

3. Gerichtspersonen

a) Berufsrichter

aa) Ausbildung und Befähigungsvoraussetzungen

Die persönlichen Voraussetzungen zur Ernennung zum Berufsrichter in der Arbeitsgerichtsbarkeit entsprechen denen anderer Gerichtszweige (vgl. §§ 5 ff. DRiG). 40

Zurzeit noch nicht erforderlich ist eine besondere Qualifikation im Arbeitsrecht oder das Vorhandensein von Erfahrungen im Arbeitsleben (anders noch § 18 Abs. 3 ArbGG 1953). Spezialkenntnisse im Arbeitsrecht können zwar sowohl an den Universitäten als auch in besonderen Arbeitsgemeinschaften im Rahmen der Wahlfächer im ersten und zweiten Staatsexamen erworben werden, sind jedoch nach den gesetzlichen Grundlagen keine Einstellungsvoraussetzung. 41

Diskutiert wird, ob dieses Manko durch berufsbegleitende Praktika der Berufsrichter in der Arbeitsgerichtbarkeit ausgeglichen werden sollte (vgl. Beschluss der 53. LAG-Präsidenten Konferenz vom 29.5.1991, Anlage 7 zum Konferenzprotokoll; *Zitscher* NZA 1990, 55). Dies dürfte jedoch ohne eine Änderung der §§ 5 ff. DRiG nach Ernennung zum Richter nur auf freiwilliger Basis möglich sein (vgl. *Schmidt* Rheinland-Pfälzische Arbeitsrichter im Betriebspraktikum in: Arbeitsrecht und Arbeitsgerichtsbarkeit, Festschrift, S. 717 ff.). 42

K. Gerichtsorganisation und Zuständigkeit

bb) Ernennung/Berufung

43 Als Berufsrichter werden am ArbG Richter auf Probe, Richter kraft Auftrags, § 18 Abs. 7 ArbGG, und Richter auf Lebenszeit eingesetzt. Der Richter auf Probe führt die Amtsbezeichnung »Richter«, der Richter kraft Auftrags und der Richter auf Lebenszeit führen die Amtsbezeichnung »Richter am Arbeitsgericht«.

44 Daneben sind am ArbG noch der Direktor bzw. Präsident des ArbG tätig. Sie sind am ArbG tätige Berufsrichter auf Lebenszeit, denen zusätzlich die Behördenleiterfunktion übertragen worden ist.

(1) Ernennung der am ArbG tätigen Richter

45 Die Berufsrichter führen den Vorsitz der am ArbG eingerichteten Kammern. Sie werden auf Vorschlag der zuständigen obersten Landesbehörde nach Beratungen eines zu bildenden Ausschusses, bestehend aus Vertretern der Gewerkschaften und Vereinigungen von Arbeitgebern, die für das Arbeitsleben im Landesgebiet wesentliche Bedeutung haben, ernannt, § 18 Abs. 1, Abs. 2 ArbGG.

46 Sofern in einigen Ländern Richter auf Probe ernannt werden, ohne dass zuvor der gem. § 18 Abs. 2 ArbGG einzubeziehende Ausschuss angehört worden ist (vgl. *Schmidt/Luczak* FS Arbeitsgerichtsbarkeit S. 227), bestehen hiergegen Bedenken. § 18 Abs. 7 ArbGG, der die Verwendung von Richtern auf Probe und Richtern kraft Auftrags als Vorsitzende an den ArbG vorsieht, enthält keine Ausnahme von dem bestehenden Anhörungsrecht gem. § 18 Abs. 2 ArbGG. Auch diese Richter üben i. d. R. eine mehrjährige Tätigkeit an einem ArbG aus, sodass die Interessen der beteiligten Gewerkschaften und Arbeitgeberverbänden an einer Mitwirkung bei deren Ernennung die Gleichen sind wie bei der Ernennung von Richtern auf Lebenszeit.

47 **Eine Verletzung des Anhörungsrechts der Verbände führt allerdings nicht zur Unwirksamkeit der Ernennung oder zu einer Pflicht, die Ernennung rückgängig zu machen.** Weder in § 18 ArbGG, noch in den §§ 18, 19 DRiG ist die nicht erfolgte Anhörung als Unwirksamkeitsgrund einer Ernennung eines Richters auf Probe aufgeführt.

48 Zum Direktor/Präsidenten des ArbG sind Berufsrichter zu bestellen, die hierfür geeignet sind, Art. 33 Abs. 2 GG. Sie müssen neben ihrer Rechtsprechungstätigkeit als Vorsitzender einer Kammer auch Verwaltungs- und Repäsentationsaufgaben durchführen, sowie die Dienstaufsicht über die ihnen unterstellten Beamten und Angestellten ausüben können. Besondere gesetzliche Vorschriften für das Ernennungsverfahren bzw. für Befähigungsvoraussetzungen sind nicht bestimmt. In einzelnen Bundesländern ist allerdings durch Verwaltungsvorschriften geregelt, dass vor der Einweisung in Beförderungsposten und entsprechender Ernennung eine Erprobung beim LAG zu erfolgen hat (vgl. für Rheinland-Pfalz Besetzungs-VV, 25.6.1990, Justizbl. 1990, 120 ff.).

(2) Ernennung der Vorsitzenden Richter am LAG

49 Berufsrichter am LAG werden auf Vorschlag der zuständigen obersten Landesbehörde nach Anhörung der im Landesgebiet tätigen Gewerkschaften und Vereinigungen von Arbeitgebern, die für das Arbeitsleben im Landesgebiet wesentliche Bedeutung haben, vom Ministerpräsidenten des Landes ernannt.

50 Besondere Qualifizierungs- und Ernennungsvoraussetzungen sind im Gesetz nicht vorgesehen. Sie ergeben sich aus Art. 33 Abs. 2 GG und der auszuübenden Tätigkeit. Der »einfache« Richter am LAG ist Vorsitzender und alleiniger Berufsrichter der im Arbeitsgerichtsverfahren vorgesehenen letzten Tatsacheninstanz. Wegen der im Ar-

K. Gerichtsorganisation und Zuständigkeit

beitsgerichtsverfahren ausschließlich gegebenen Zulassungsrevision (s. u. L/Rz. 676) findet daher spätestens am LAG die überwiegende Mehrzahl der Verfahren seine Beendigung. Der Vorsitzende am LAG sollte besondere Erfahrungen und Kenntnisse im Bereich des Arbeitsrechts besitzen. Ergänzend gibt es in den Ländern teilweise Verwaltungsvorschriften (vgl. für Rheinland-Pfalz Besetzung-VV, 25.6.1990, Justizbl. 1990, 120 ff.), die weitere Auswahlkriterien, z. B. eine Erprobung, enthalten.

Der Präsident des LAG hat neben seiner Rechtsprechungstätigkeit überwiegend die 51 Aufgabe, als Behördenleiter des LAG tätig zu sein. Er übt gleichzeitig unmittelbar oder mittelbar die Dienstaufsicht über alle Richter, Beamten und Angestellten des entsprechenden LAG-Bezirks aus. Neben besonderen Kenntnissen im Bereich des Rechts muss ein LAG-Präsident daher auch geeignet sein, Personal-, Haushalts-, Verwaltungs-, Fortbildungs- und Repräsentationsaufgaben zu erfüllen.

(3) Ernennung der beim BAG tätigen Richter
Beim BAG sind Richter am BAG, Vorsitzende Richter am BAG und der Präsident des 52 BAG tätig. Die Voraussetzungen des Verfahrens für die Ernennung sind in § 42 ArbGG und im Richterwahlgesetz des Bundes geregelt (i. d. Bekanntmachung vom 19.4.1972 BGBl. I S. 713, zuletzt geändert durch Gesetz v. 16.7.1998 BGBl. I S. 1826). Sie müssen gem. § 42 Abs. 2 ArbGG das 35. Lebensjahr vollendet haben und gem. § 11 53 Richterwahlgesetz »die sachlichen und persönlichen Voraussetzungen für dieses Amt besitzen«. Worin diese genau bestehen, ist nicht gesetzlich festgelegt, sodass wieder auf Art. 33 GG zurückzugreifen ist.

Hierbei ist von besonderer Bedeutung, dass das BAG in hohem Maße rechtschöpfend 54 tätig wird, da es eine einheitliche Kodifizierung des Arbeitsrechts bislang nicht gibt. Neben umfangreichen Kenntnissen im Arbeitsrecht ist daher auch eine gewisse Fähigkeit zum wissenschaftlichen und analytischen Denken und Arbeiten notwendig. Ernannt werden die Richter am BAG gem. § 1 Richterwahlgesetz i. V. m. § 42 Abs. 1 55 ArbGG vom Bundesminister für Arbeit und Sozialordnung (zur Mitwirkung des Richterwahlausschusses vgl. *Schmidt/Luczak* FS Arbeitsgerichtsbarkeit S. 231).

Vorsitzende Richter am BAG (VRBAG) sind die Vorsitzenden der einzelnen am BAG 56 eingerichteten Senate. Sie werden i. d. R. aus dem Kreis der beisitzenden BAG-Richter ernannt. Bei der Ernennung zum VRBAG wirkt der Richterwahlausschuss nicht mehr mit. Die Entscheidung und Ernennung obliegt allein dem Bundesminister für Arbeit und Sozialordnung (vgl. *Schmidt/Räntsch* Richterwahlgesetz § 10 Rz. 1, § 11 Rz. 1).

Der Präsident des BAG ist Vorsitzender eines Senats und gleichzeitig der Behörden- 57 leiter des BAG. Das Ernennungsverfahren ist das Gleiche wie das der Vorsitzenden Richter am BAG. Der Bundesminister für Arbeit und Sozialordnung entscheidet, nachdem er sich mit dem Bundesminister der Justiz ins Benehmen gesetzt hat. Der Ernennungsakt wird vom Bundespräsidenten vollzogen.

cc) Statusrechtliche Rechte und Pflichten der Berufsrichter
Die statusrechtlichen Rechte und Pflichten der Berufsrichter in der Arbeitsgerichts- 58 barkeit sind die Gleichen wie die der Richter in der ordentlichen Gerichtsbarkeit. Sie ergeben sich aus der Verfassung, Art. 97 GG und dem DRiG, welches für die Berufsrichter aller Gerichtszweige gilt (*Schmidt/Luczak* FS Arbeitsgerichtsbarkeit S. 232 ff.). **Hervorzuheben ist die richterliche Unabhängigkeit, die sowohl sachlich als auch** 59 **persönlich gewährleistet sein muss**, Art. 97 Abs. 1 GG, § 25 DRiG. Die Weisungsfreiheit umfasst nicht nur die Ungebundenheit an Weisungen der Dienstvorgesetzten,

K. Gerichtsorganisation und Zuständigkeit

sondern auch eine Ungebundenheit bezüglich Empfehlungen und Vorgaben der Exekutive.

60 **Sie besteht allerdings nur hinsichtlich der Rechtsprechungstätigkeit.** Wird diese nicht berührt, untersteht auch der Berufsrichter der Dienstaufsicht, § 26 DRiG (s. o. K/Rz. 30 ff.). Besteht ein Streit darüber, ob eine Maßnahme der Dienstaufsicht die richterliche Unabhängigkeit verletzt oder nicht, entscheidet das mit Berufsrichtern besetzte Richterdienstgericht, §§ 26 Abs. 3, 61 ff. DRiG.

61 Die persönliche Unabhängigkeit des Arbeitsrichters ist zum einen durch seine grundsätzliche Unabsetzbarkeit gewährleistet, zum anderen ist sie durch eine angemessene Besoldung durch die Anstellungskörperschaft, welche gesetzlich normiert sein muss, zu sichern. Schließlich dient ihr auch das Spruchrichterprivileg des § 839 Abs. 2 BGB.

62 Nach einer Entscheidung des *BAG* vom 20.4.1961 (AP Nr. 1 zu § 41 ZPO) wird die persönliche Unabhängigkeit der Richter durch die Mitwirkung der Arbeitgeberverbände und Gewerkschaften bei der Bestellung der Richter nicht angetastet. **Fraglich erscheint dies allerdings dann, wenn nach den landesgesetzlichen Vorschriften den Verbänden nicht nur lediglich ein Anhörungsrecht, sondern etwa in Richterwahlausschüssen auch ein Mitbestimmungsrecht eingeräumt wird.** Zumindest bei der Ernennung in Beförderungsämter muss sichergestellt werden, dass den Verbänden keine Stimmenmehrheit zukommt. **Ansonsten besteht die Gefahr der Beeinflussung und Abhängigkeit der Richter.** Es ist nämlich zu bedenken, dass die Verbände als Parteivertreter in den einzelnen Verfahren vor den Arbeitsgerichten auftreten und sie deswegen naturgemäß ein gewisses Interesse an einer bestimmten Ausrichtung eines Richters haben (vgl. allgemein zur Problematik der Besetzung von Richterwahlausschüssen *Kissel* § 1 Rz. 37 m. w. N.).

b) Ehrenamtliche Richter

aa) Aufgaben allgemein

63 In der Arbeitsgerichtsbarkeit sind die Spruchkörper der Gerichte in allen drei Instanzen mit ehrenamtlichen Richtern besetzt. **In der ersten und zweiten Instanz stellen sie die Mehrheit der im Spruchkörper rechtsprechenden Richter.**

64 Ihre Mitwirkung an der Rechtsprechung im Arbeitsrecht beruht auf zwei wesentlichen Aspekten. Zum einen sollen sie evtl. fehlende Kenntnisse der Vielfalt des Arbeitslebens und der Arbeitswirklichkeit bei den Berufsrichtern ausgleichen und ihre besondere Sachkenntnis in den Entscheidungsprozess einbringen.

65 Daneben soll das Mitwirken der Repräsentanten der im Arbeitsleben beteiligten sozialen Gruppen an der Rechtsprechung eine **höhere Akzeptanz** der zu treffenden arbeitsgerichtlichen Entscheidungen bei den Prozessbeteiligten mit sich bringen.

bb) Verfahren und Voraussetzungen der Berufung der ehrenamtlichen Richter

(1) Berufungsverfahren

66 Die ehrenamtlichen Richter werden von der zuständigen Stelle (§ 20 Abs. 1 ArbGG) für die Dauer von fünf Jahren berufen. Sie sind Vorschlagslisten zu entnehmen, die von den im Gerichtsbezirk bestehenden Gewerkschaften, sonstigen selbstständigen Vereinigungen von Arbeitnehmern mit sozial- oder berufspolitischer Zwecksetzung und den Arbeitgeberverbänden sowie von den in § 22 Abs. 2 Nr. 3 ArbGG genannten Körperschaften aufgestellt und der obersten Landesbehörde zugeleitet worden sind.

K. Gerichtsorganisation und Zuständigkeit

Bei der Berufung handelt es sich um einen **Verwaltungsakt**, der mit der Zustellung des Berufungsschreibens erlassen wird (vgl. *BAG* 11.3.1965 AP Nr. 28 zu § 2 ArbGG 1953 Zuständigkeitsprüfung). Darüber hinaus sehen die Richtergesetze i. d. R. vor, dass dem ehrenamtlichen Richter noch eine Ernennungsurkunde ausgehändigt wird, der allerdings nur deklaratorische Bedeutung zukommt. 67

Kommt es zum Streit über die Rechtmäßigkeit oder gar Nichtigkeit einer Berufung bzw. Nichtberufung, handelt es sich um eine öffentlich-rechtliche Streitigkeit, die gem. § 40 Abs. 1 S. 1 VwGO von den Verwaltungsgerichten zu entscheiden ist (vgl. *GMP* § 20 Rz. 38). Klagebefugt sind die vorschlagsberechtigten Vereinigungen und Verbände, sofern sie der Ansicht sind, in ihrem Vorschlagsrecht durch Nichtbeachtung durch die oberste Landesbehörde oder durch willkürliche Auswahl aus der Liste nachteilig betroffen zu sein, der einzelne berufene ehrenamtliche Richter, sofern er der Ansicht ist, er sei zu Unrecht ernannt worden, sowie die Prozessparteien, wenn sie die ordnungsgemäße Besetzung der Richterbank rügen und eine Verletzung von Art. 101 Abs. 2 GG für gegeben erachten (vgl. *GMP* § 20 Rz. 41, 42). 68

Ob ein einzelner nicht berücksichtigter Bewerber, der der Ansicht ist, er hätte vor einem ernannten ehrenamtlichen Richter berücksichtigt werden müssen, ein Klagerecht hat, ist strittig (so wohl *Grunsky* § 20 Rz. 3). Dagegen spricht, dass es **kein subjektives Recht** auf Ernennung gibt und somit auch keine Rechtsbeeinträchtigung durch die Ernennung eines anderen Bewerbers (*GMP* § 20 Rz. 40). 69

Die Prozessparteien können Rechtsmittel gegen Entscheidungen der Tatsachengerichte nicht auf Verfahrensfehler bei der Berufung der ehrenamtlichen Richter stützen, §§ 65, 88 ArbGG. 70

Bevor die ehrenamtlichen Richter in der Rechtsprechung tätig werden können, sind sie gem. § 45 Abs. 2 DRiG zu vereidigen. Die Vereidigung muss nicht vor jeder Amtsperiode neu erfolgen, sie gilt für die gesamte Dauer der Ausübung des Amtes (*GMP* § 20 Rz. 10). 71

(2) Auswahl aus Listenvorschlägen
Das Gesetz schreibt nur vor, dass die ehrenamtlichen Richter aus den Listenvorschlägen auszuwählen sind und dabei in angemessenem Verhältnis unter billiger Berücksichtigung der Minderheiten vorzugehen ist. Ob darüber hinaus eine Bindung der obersten Landesbehörde bzw. des BMA an die Reihenfolge der Listen der ehrenamtlichen Richter besteht, ist in der Literatur umstritten (so die h. M. *GMP* § 20 Rz. 26 ff. m. w. N.). 72

Jedenfalls ist die zuständige Stelle (§ 20 Abs. 1 ArbGG) berechtigt zu überprüfen, ob die gesetzlichen Voraussetzungen für die Berufung eines vorgeschlagenen Kandidaten gegeben sind, § 21 ArbGG, und ob ein »angemessenes Verhältnis« zwischen den die verschiedenen Listen einreichenden Vereinigungen gewahrt bleibt. Für die Ansicht, dass es keine Bindung der zuständigen Stelle an die Reihenfolge der eingereichten Listen gibt, spricht neben dem Wortlaut des § 20 ArbGG auch der Umstand, dass es sich bei den ehrenamtlichen Richtern um Träger der dritten Staatsgewalt handelt. Für ihre Ernennung dürfen die zuständigen Stellen daher grds. nicht an Vorschläge außerstaatlicher Gruppen gebunden sein (vgl. *BVerfG* 9.12.1985 NZA 1986, 201). 73

K. Gerichtsorganisation und Zuständigkeit

74 **Die eingereichten Listen beziehen sich jeweils auf einen Gerichtsbezirk.** Die vorschlagsberechtigten Vereinigungen können dabei selbstständig die Initiative ergreifen und Listen bei der zuständigen obersten Landesbehörde oder dem BMA einreichen. Diese muss allerdings die vorschlagsberechtigten Vereinigungen auch von sich aus zur Einreichung entsprechender Listen auffordern. Eine Verletzung dieser Aufforderungspflicht führt nicht zur Rechtswidrigkeit der Berufung der einzelnen ehrenamtlichen Richter. Allerdings können die übergangenen Vereinigungen vor den Verwaltungsgerichten auf Berücksichtigung klagen.

75 Die einzelnen Vorschlagslisten gelten für das ArbG insgesamt. Welchen Kammern die ehrenamtlichen Richter dann zugeordnet werden, ist eine Frage des Geschäftsverteilungsplanes. Etwas anderes gilt nur für die ehrenamtlichen Richter, die für spezielle Fachkammern vorgesehen sind, §§ 17 Abs. 2, 35 Abs. 3 ArbGG. Diese werden auf einer besonderen Vorschlagsliste vorgeschlagen und für eine bestimmte Kammer von der zuständigen Stelle ernannt.

Die ehrenamtlichen Richter beim BAG werden vom BMA berufen, § 43 ArbGG.

(3) Dauer der Amtszeit

76 Die Dauer einer Amtszeit beträgt gem. § 20 Abs. 1 ArbGG fünf Jahre. Ein ehrenamtlicher Richter kann allerdings mehrmals nacheinander berufen werden.

77 Im Falle des Ausscheidens vor Ablauf der Fünf-Jahres-Frist kann ein anderer ehrenamtlicher Richter ergänzend berufen werden. Dies ist allerdings nur dann notwendig, wenn die Zahl der verbliebenen ehrenamtlichen Richter an einem Gericht nicht mehr zur ordnungsgemäßen Wahrnehmung der Rechtsprechung ausreicht (*Grunsky* § 20 Rz. 15).

78 Diese im Wege der »Ergänzungsberufung« neu ernannten ehrenamtlichen Richter werden nach dem Gesetzeswortlaut dann auch für eine Amtszeit von fünf Jahren berufen (**a. A.** *Grunsky* a. a. O.).

(4) Persönliche Voraussetzungen für eine Berufung

79 Die persönlichen Voraussetzungen für die Berufung sind in den §§ 21, 37, 43 ArbGG geregelt. Bei ArbG können Personen ernannt werden, die das 25. Lebensjahr vollendet haben, bei den LAG das 30. und bei dem BAG das 35. Lebensjahr. Eine Berufung beim LAG oder BAG setzt voraus, dass die ehrenamtlichen Richter zumindest eine Amtsperiode bei einem ArbG tätig waren.

80 Ausschlussgründe, die einer Person das Amt des ehrenamtlichen Richters verwehren, sind in § 21 Abs. 2 bis 4 ArbGG grds. abschließend aufgezählt (*GMP* § 21 Rz. 7 ff.; *BVerfG* 17.12.1969 BVerfGE 27, 322).

81 **Etwas anderes gilt nur für die Berufung von Anwälten und Notaren,** sofern sie im selben Arbeitsgerichtsbezirk, in dem sie berufen werden sollen, ihrem Beruf nachgehen. Zwar enthält das ArbGG, anders als die VwGO (vgl. §§ 22 Nr. 5, 24 VwGO) und die FGO (vgl. § 21 FGO) keine Vorschrift, die es den Anwälten und Notaren grds. verbietet, als ehrenamtliche Richter tätig zu werden. Dennoch muss aus dem Gesichtspunkt der möglichen Befangenheit heraus zur Wahrung der Unparteilichkeit des Richters gefordert werden, dass zumindest an den Gerichten, an denen ein Anwalt oder Notar regelmäßig tätig wird, die Ausübung eines ehrenamtlichen Richteramtes nicht möglich ist (vgl. *BAG* 22.10.1975 AP Nr. 4 zu § 43 ArbGG). Insofern besteht eine objektive Gefahr der Interessenkollision.

82 Mit dieser Einschränkung können Anwälte und Notare zum ehrenamtlichen Richter in der Arbeitsgerichtsbarkeit ernannt werden. Hierfür spricht der Umstand, dass

K. Gerichtsorganisation und Zuständigkeit

auch Verbandsvertreter, welche wie Anwälte als Parteivertreter auftreten, ehrenamtliche Richter nach dem ArbGG sein können.

Zu berufen sind nur Personen, die im Bezirk des ArbG bzw. des LAG als Arbeitnehmer oder Arbeitgeber tätig sind. Wer alles unter diesen Personenkreis fällt, ist für die Arbeitgeber in § 22 ArbGG und für die Arbeitnehmer in § 23 ArbGG festgesetzt. 83

Ehrenamtliche Richter aus den Kreisen der Arbeitgeber können auch Personen sein, die regelmäßig zu gewissen Zeiten des Jahres keine Arbeitnehmer beschäftigen, § 23 Abs. 1, 2. Alt. ArbGG. Hierunter fallen z. B. Arbeitgeber, die nur Saison- oder Kampagnebetriebe haben. 84

Hierbei kommt es nicht auf einen genau fixierten Zeitraum an, welcher als »vorübergehend« zu verstehen ist. Entscheidend ist lediglich, dass der Arbeitgeber nicht endgültig darauf verzichten will, zukünftig Arbeitnehmer zu beschäftigen, etwa weil er seinen Betrieb aufgeben will. 85

§ 22 Abs. 2 ArbGG stellt gewisse Personengruppen den Arbeitgebern gleich, auch wenn sie im Normalfall selbst nicht die Eigenschaft eines Arbeitgebers haben. Hierzu gehören **die zur Vertretung berechtigten Organe bzw. Organmitglieder von juristischen Personen, Geschäftsführer, Betriebs- oder Personalleiter, soweit sie zur Einstellung von Arbeitnehmern in dem Betrieb berechtigt sind oder Personen, denen Prokura- oder Generalvollmacht erteilt ist** (vgl. Besonderheiten bei Fachkammern, § 30), **und Beamte sowie Angestellte – nicht Arbeiter! – die bei einer juristischen Person des öffentlichen Rechts beschäftigt sind.** Die h. M. geht davon aus, dass nur Beamte und Angestellte in leitender Stellung zu den ehrenamtlichen Richtern berufen werden dürfen. Auch wenn dies nicht ausdrücklich in § 22 Abs. 2 Nr. 3 ArbGG so formuliert ist, ergibt sich dies doch aus dem Gesamtgefüge des § 22 Abs. 2 ArbGG. Die Nr. 1, 2 und 4 setzen **arbeitgeberähnliche Funktionen der zu berufenden ehrenamtlichen Richter voraus**, sodass dies nach Sinn und Zweck der Vorschrift auch für die Nr. 3 gelten muss. 86

Schließlich können gem. § 22 Abs. 2 Nr. 4 ArbGG auch **Mitglieder und Angestellte von Vereinigungen von Arbeitgebern und Zusammenschlüssen solcher Vereinigungen** zu ehrenamtlichen Richtern auf der Arbeitgeberseite berufen werden, sofern die Personen kraft Satzung oder Vollmacht zur Vertretung berufen sind. 87

Ehrenamtliche Richter aus Kreisen der Arbeitnehmer können alle Arbeitnehmer oder arbeitnehmerähnliche Personen i. S. d. § 5 ArbGG sein. Darüber hinaus können gem. § 23 Abs. 1 ArbGG **auch Arbeitnehmer, die derzeit arbeitslos sind, als ehrenamtliche Richter berufen werden**. Nach § 23 Abs. 2 ArbGG können schließlich auch **Mitglieder und Angestellte von Gewerkschaften, von selbstständigen Vereinigungen von Arbeitnehmern mit sozial- oder berufspolitischer Zwecksetzung oder Vorstandsmitglieder und Angestellte von Zusammenschlüssen von Gewerkschaften als ehrenamtliche Richter der Arbeitnehmerseite** berufen werden, wenn diese Personen kraft Satzung oder Vollmacht zur Vertretung befugt sind. Diese ehrenamtlichen Richter können auch dann in einem konkreten Prozess einem Spruchkörper angehören, wenn ihre Gewerkschaft als Prozessbevollmächtigte des Arbeitnehmers beteiligt ist (*BAG* 18.10.1977 EzA § 42 ZPO Nr. 1). 88

K. Gerichtsorganisation und Zuständigkeit

cc) Mitwirkung der ehrenamtlichen Richter an der Rechtsprechung ihres Spruchkörpers

(1) Zuteilung der ehrenamtlichen Richter zu den Spruchkörpern des Gerichts

89 Gemäß § 6 a Nr. 4 ArbGG können die ehrenamtlichen Richter mehreren Spruchkörpern ihres Gerichts angehören. Aus den §§ 31, 39, 43 ArbGG ergibt sich allerdings, dass sie nicht willkürlich zu bestimmten Sitzungstagen herangezogen werden können. Grds. hat jeder Vorsitzende für die seiner Kammer zugeteilten ehrenamtlichen Richter eine Liste aufzustellen, und die ehrenamtlichen Richter nach der Reihenfolge dieser Liste zu den Sitzungstagen heranzuziehen. **Die Aufstellung einer solchen Liste ist zwingend** (*BAG* 30.1.1963 AP Nr. 2 zu § 39 ArbGG 1953). **Damit soll sichergestellt werden, dass der gesetzliche Richter i. S. d. Art. 101 Abs. 1 S. 2 GG gewährleistet ist.** Die Aufstellung der Liste hat im Voraus für ein Geschäftsjahr zu erfolgen und vor Beginn der Amtszeit eines neu zu berufenden ehrenamtlichen Richters. Die Liste muss allerdings nicht immer vom Vorsitzenden der betreffenden Kammer selbst aufgestellt werden. Es genügt, wenn das Präsidium des Gerichts bei der Zuteilung der ehrenamtlichen Richter an die einzelnen Spruchkörper eine entsprechende Liste aufstellt, die sich der Vorsitzende stillschweigend zu Eigen macht (*BAG* 30.1.1963 a. a. O.).

90 Das Gesetz geht in den §§ 31, 39, 43 ArbGG davon aus, dass die verschiedenen Kammern des Arbeitsgerichts eigene Listen aufstellen. **In der Praxis kommt es allerdings auch vor, dass nur eine einzige allgemeine Liste für alle Kammern erstellt wird.** Ob dieses Verfahren zulässig ist, ist streitig (dafür *BAG* 7.5.1998 EzA § 551 Nr. 6 ZPO; dagegen wegen des Wortlauts des Gesetzes die wohl h. M. vgl. *GMP* § 31 Rz. 8; vgl. MünchArbR/*Brehm* § 388 Rz. 72).

91 Die Auffassung der h. M. ist nicht zwingend. §§ 31, 39 ArbGG stellen lediglich Sollvorschriften auf. Aus § 6 a Ziff. 4 ArbGG ergibt sich hingegen, dass ehrenamtliche Richter auch mehreren Spruchkörpern angehören können. **Insofern ist der gesetzliche Richter i. S. d. Art. 101 Abs. 1 S. 2 GG auch dann gewährleistet, wenn für mehrere Kammern eines Gerichts nur eine gemeinsame Liste aufgestellt wird.** Die ehrenamtlichen Richter sind in diesem Fall der Reihenfolge der Liste nach auf die einzelnen Sitzungstage der Kammern zu verteilen. Haben mehrere Kammern am selben Tag Sitzungstermine, ist im Voraus festzulegen, welcher Kammer zuerst die nach der Liste als nächstes heranzuziehenden ehrenamtlichen Richter zuzuordnen sind.

92 Bei der Aufstellung der Listen ist auf eine gleichmäßige Heranziehung zu achten. Hierbei steht es grds. im Ermessen des Präsidiums bzw. des Vorsitzenden, welches System er dabei verwendet. Sinnvoll ist eine alphabetische Heranziehung oder eine Heranziehung entsprechend den Berufungsdaten. Da die Heranziehung der Richter nach Aufstellung der Liste zwingend der Reihenfolge nach erfolgt, es sich daher um eine rotierende Liste handelt, ist gewährleistet, dass alle einer Kammer bzw. den Kammern des Gerichts zugewiesenen Richter an der Spruchrichtertätigkeit gleichmäßig teilhaben.

93 Bei der Erstellung der gemeinsamen Liste bzw. der Einzellisten für die einzelnen Kammern ist der Ausschuss der ehrenamtlichen Richter gem. § 29 ArbGG zu beteiligen.

94 Die ehrenamtlichen Richter sind nach den gesetzlichen Bestimmungen zu den einzelnen »Sitzungen« heranzuziehen. **Unter einer Sitzung ist dabei nur der Einzelsitzungstag zu verstehen, nicht hingegen die Verhandlung einer bestimmten Sache insgesamt** (*BVerfG* 6.2.1989 NZA 1998, 445). Allerdings ist es nach der Rechtspre-

K. Gerichtsorganisation und Zuständigkeit

chung des BAG zulässig, im Falle der Verlegung oder Vertagung einer Verhandlung auf einen anderen Termin oder bei einem zweiten Verhandlungstag wieder die gleichen ehrenamtlichen Richter des ersten Verhandlungstages zu laden, auch wenn dies nicht der Reihenfolge der Liste entspricht, sofern dies im Geschäftsverteilungsplan ausdrücklich für jeden Fall so vorgesehen ist (*BAG* 16.11.1995 EzA Art. 20 EinigungsV Nr. 47; 26.9.1996 EzA § 39 ArbGG 1979 Nr. 5) **oder im Einverständnis mit allen beteiligten Parteien geschieht** (*BAG* 19.6.1973 EzA Art. 9 GG Nr. 8; vgl. *LAG Köln* 12.4.1985 LAGE § 87 BetrVG 1972 Kontrolleinrichtungen Nr. 6).

Ein vorsätzliches Abweichen von der Liste durch den Vorsitzenden oder den zur Ladung berufenen Urkundsbeamten stellt eine Amtspflichtverletzung dar und einen Verstoß gegen Art. 101 Abs. 2 GG. Ein solcher Verstoß kann sowohl mit der Berufung als auch mit der Revision angegriffen werden, § 551 Nr. 1 ZPO, nach Erschöpfung des Rechtswegs auch mit der Verfassungsbeschwerde. Geschah die Abweichung von der Liste hingegen nicht willkürlich, sondern versehentlich, wird aus dem Charakter der Sollvorschrift des § 31 Abs. 1 ArbGG abgeleitet, dass eine verfahrensrechtliche Rüge darauf nicht gestützt werden kann (*BAG* 30.1.1963 AP Nr. 2 zu § 39 ArbGG 1953). Eine fehlerhafte Heranziehung eines ehrenamtlichen Richters führt nicht im Wege des Domino Effektes dazu, dass in den folgenden Terminen in allen anderen Verfahren der gesetzliche Richter nicht gewahrt ist (*BAG* 7.5.1998 EzA § 551 Nr. 6 ZPO). 95

Die ehrenamtlichen Richter sind rechtzeitig zu den einzelnen Sitzungen zu laden. Sie haben dieser Ladung grds. Folge zu leisten. Entsprechend haben sie einen Anspruch darauf, gem. der Reihenfolge der Liste auch geladen zu werden. Sind sie an einem bestimmten Terminstag verhindert, müssen sie sich entschuldigen. In diesem Fall ist nach der Liste der nächste ehrenamtliche Richter zu laden. Geht dies, etwa aus Zeitgründen, nicht mehr, wird in der Praxis z. T. ein anderer erreichbarer ehrenamtlicher Richter geladen, auch wenn er nicht der nächste in der Liste ist. Dies erscheint im Hinblick auf Art. 101 GG bedenklich. § 31 Abs. 2 ArbGG empfiehlt in einer »Kannvorschrift«, für diese Fälle der unvorhergesehenen Verhinderung eine Hilfsliste für die Heranziehung aufzustellen. In dieser sind nicht alle ehrenamtlichen Richter aufzunehmen. **Sie kann sich auf die Richter beschränken, die am Gerichtssitz oder in seiner Nähe wohnen oder arbeiten.** 96

(2) Informations- und Unterrichtungsrecht
Der Kammer- bzw. Anhörungstermin ist regelmäßig bereits durch schriftsätzliches Vorbringen der Parteien bzw. Verfahrensbeteiligten vorbereitet. Die ehrenamtlichen Richter können ihrer Aufgabe nur dann nachkommen, wenn sie vor Durchführung der Verhandlung vom Vorsitzenden über den Sach- und Streitstand der zu verhandelnden Rechtsfälle informiert worden sind. Dies ergibt sich zwar nicht unmittelbar aus dem Gesetz, folgt jedoch aus der Stellung der ehrenamtlichen Richter, die als vollwertige und voll stimmberechtigte Mitglieder des Spruchkörpers anzusehen sind, § 53 Abs. 2 ArbGG i. V. m. §§ 128 ff., 253 ff. ZPO. Wie diese Information vom Vorsitzenden durchgeführt wird, ob durch vorherige Akten- oder vorherige Aktenauszugsversendung oder durch mündliche Information vor dem Termin, steht im erstinstanzlichen Verfahren im pflichtgemäßen Ermessen des Vorsitzenden (*Ostheimer/ Wiegand/Hohmann* S. 55). **Regelmäßig wird eine mündliche Information kurz vor dem Kammertermin durchgeführt.** 97

K. Gerichtsorganisation und Zuständigkeit

98 Darüber hinaus steht den ehrenamtlichen Richtern das Recht zu, **ab der Ladung zum Gerichtstermin in die Akten Einsicht zu nehmen, sofern eine Verzögerung des Verfahrens damit nicht einhergeht** (vgl. *Schaub* ArbGVerf § 3 Rz. 52). Ein Anspruch auf Entschädigung für die verwendete Zeit steht ihnen allerdings nur dann zu, wenn die Akteneinsicht vom Vorsitzenden angeordnet worden ist (*LAG Bremen* 25.7.1988 LAGE § 26 ArbGG 1979 Nr. 1).

99 Bei den LAG hat sich die Übung entwickelt, den ehrenamtlichen Richtern vor dem Kammertermin Kopien des angefochtenen Urteils der ersten Instanz sowie der wesentlichen Schriftsätze zu übersenden. Eine Verpflichtung der Parteien, entsprechende Doppel ihrer Schriftsätze dem LAG zu übersenden, besteht nicht, ist aber üblich und hilfreich. Für die Revisionsinstanz ist dies in § 8 Abs. 3 GO des BAG vorgeschrieben.

(3) Teilnahme an den Kammer-Senatssitzungen

100 Bei der Teilnahme an den Gerichtssitzungen stehen den ehrenamtlichen Richtern dieselben Rechte und Befugnisse wie den beisitzenden Richtern bei den Landgerichten zu, §§ 53 Abs. 2, 64 Abs. 5, 72 Abs. 5 ArbGG. Sie können daher nach Erteilung des Wortes durch den Vorsitzenden selbstständig Fragen an die Parteien, Prozessbevollmächtigten, Zeugen und Sachverständigen stellen, §§ 136 Abs. 2, 396 Abs. 3, 402 ZPO, ohne sie vorher dem Vorsitzenden vorzulegen oder seine Zustimmung einzuholen. Sie haben in der mündlichen Verhandlung an allen Entscheidungen mitzuwirken, sofern es sich nicht um prozessleitende Verfügungen handelt. Hiervon ausgenommen sind die in dem Katalog des § 55 Abs. 1 ArbGG aufgeführten Entscheidungen (s. u. K/Rz. 105).

101 Für die Beratung und Abstimmung gelten die §§ 192 ff. GVG. Den ehrenamtlichen Richtern kommt volles Stimmrecht zu. Sie können daher den Vorsitzenden bei der Entscheidungsfindung überstimmen.

102 Zu fällende Urteile oder Beschlüsse sind nach Absetzung in der 2. und 3. Instanz auch von den ehrenamtlichen Richtern mit zu unterschreiben, §§ 69, 75 Abs. 2, 87 Abs. 2, 92 Abs. 2 ArbGG. In der ersten Instanz ist dies gesetzlich nicht vorgeschrieben. Es ist allerdings üblich, dass die ehrenamtlichen Richter den unmittelbar nach Urteilsfindung vom Vorsitzenden zu fertigenden handschriftlichen Urteilstenor mit unterschreiben. Gezwungen werden können sie hierzu nicht.

(4) Abgrenzung der Zuständigkeit des Vorsitzenden und der vollbesetzten Kammer/des Senats

103 Die funktionelle Zuständigkeit im Spruchkörper wird in den §§ 53, 55, 56, 58, 60 Abs. 3, Abs. 4 ArbGG geregelt. **Dem Vorsitzenden sind zum einen die prozessleitenden Maßnahmen und die zur Prozessdurchführung notwendigen Anordnungen alleine übertragen worden**, z. B. nach § 56 ArbGG die zur Durchführung der streitigen Verhandlung notwendigen Anordnungen gegenüber den Verfahrensbeteiligten zu treffen. Gemäß § 53 Abs. 2 ArbGG i. V. m. § 216 Abs. 2 ZPO bestimmt der Vorsitzende allein den Termin zur mündlichen Verhandlung, leitet diese, § 53 Abs. 2 ArbGG i. V. m. § 136 ZPO, und verkündet die von der Kammer getroffene Entscheidung, § 136 Abs. 4 ZPO.

104 **Daneben hat der Gesetzgeber dem Vorsitzenden auch einige materiellrechtliche Entscheidungen allein überantwortet.** Gemäß § 53 Abs. 1 ArbGG erlässt er die nicht aufgrund einer mündlichen Verhandlung zu fassenden Beschlüsse und Verfügungen grds. selbst, soweit nichts anderes gesetzlich bestimmt ist. **Unter Beschlüssen i. S. d.**

K. Gerichtsorganisation und Zuständigkeit

§ 53 Abs. 1 ArbGG sind dabei Entscheidungen zu verstehen, die ohne oder nur aufgrund freigestellter mündlicher Verhandlung zu erlassen sind. Sofern ein solcher Beschluss ohne mündliche Verhandlung ergeht, hat der Vorsitzende ihn alleine zu erlassen, ergeht er in der freigestellten, dennoch vor der Kammer durchgeführten mündlichen Verhandlung, hat ihn allerdings die Kammer im Ganzen zu treffen (vgl. z. B. §§ 37, 91 a Abs. 1, 118 148, 225 f., 248 ZPO; weitere Bsp. bei *GMP* § 53 Rz. 7).

Darüber hinaus postuliert § 55 Abs. 1 ArbGG in bestimmten Fällen ein Alleinent- 105 **scheidungsrecht des Vorsitzenden in materiellrechtlichen Fragen in der mündlichen Verhandlung.** Streitig ist, ob eine Verpflichtung in diesen Fällen zur Alleinentscheidung besteht (so *GMP* § 55 Rz. 20) oder der Vorsitzende auch die Kammer die Rechtsfrage entscheiden lassen kann (so *Grunsky* § 55 Rz. 1; *Schaub* ArbGVerf § 29 Rz. 2). Für die erste Ansicht spricht der Wortlaut der Vorschrift und der Umstand, dass ansonsten der gesetzliche Richter nicht feststehen würde (vgl. u. L/Rz. 417).

Bei diesen zu treffenden Entscheidungen handelt es sich im Wesentlichen um formal- 106 juristisch zu treffende Entscheidungen. Die praktischen Erfahrungen der ehrenamtlichen Richter sind hier nicht nötig und die Interessen der hinter den ehrenamtlichen Richter stehenden Gruppierungen nicht tangiert. Andererseits kann durch das Alleinentscheidungsrecht des Vorsitzenden eine wesentliche Straffung des Verfahrens erreicht werden.

dd) Statusrechtliche Rechte und Pflichten

(1) Ablehnung der Berufung/Niederlegung des Amtes
Bei der Berufung zum ehrenamtlichen Richter handelt es sich um ein staatsbürger- 107 liches Ehrenamt und damit um eine staatsbürgerliche Pflicht, das Amt zu übernehmen. Eine Ablehnung oder Niederlegung ist grds. nur in den in § 24 ArbGG aufgezählten Fällen zulässig. Nach ganz h. M. (vgl. *GMP* § 24 Rz. 6 m. w. N.) ist der Katalog des § 24 ArbGG allerdings nicht abschließend, wie sich aus der Generalklausel in § 24 Abs. 1 Nr. 5 ArbGG ergibt. Im Einvernehmen mit der obersten zuständigen Landesbehörde kann auf Antrag des ehrenamtlichen Richters auch eine einvernehmliche Entbindung von der staatsbürgerlichen Pflicht erfolgen.

Niederlegen kann das Amt zum einen, wer einen Ablehnungsgrund i. S. d. § 24 108 ArbGG geltend machen kann oder wer die Muss- oder Sollvorschriften zur Berufung zum ehrenamtlichen Richter nicht oder nicht mehr erfüllt, §§ 20, 21 ArbGG.

Über die Berechtigung der Ablehnung bzw. Niederlegung des Amtes entscheidet gem. 109 § 24 Abs. 2 ArbGG die zuständige Stelle. Auch wenn § 24 Abs. 2 S. 2 ArbGG vorschreibt, dass diese Entscheidung endgültig sei, wird aus verfassungsrechtlichen Gründen gem. Art. 19 Abs. 4 GG der Rechtsweg zu den Verwaltungsgerichten eröffnet sein (vgl. zur Verfassungsmäßigkeit des § 24 Abs. 2 S. 2 ArbGG *GMP* § 24 Rz. 18, 19 m. w. N.).

(2) Ehrenamt
Weil es sich um ein Ehrenamt handelt, erhalten die ehrenamtlichen Richter keine Ver- 110 gütung, sondern lediglich eine Entschädigung für Zeitversäumnis, Wegegeld und sonstigen Aufwand. Einzelheiten sind im Gesetz über die Entschädigung der ehrenamtlichen Richter i. d. F. vom 1.10.1969 (BGBl. I S. 1753), zuletzt geändert am 9.12.1986 (BGBl. I S. 2326) geregelt. Ehrenamtliche Richter unterliegen dem gesetzlichen Unfallschutz, § 529 Abs. 1 Nr. 13 RVO.

K. Gerichtsorganisation und Zuständigkeit

(3) Schutz der ehrenamtlichen Richter

111 Gemäß § 26 ArbGG darf niemand in der Übernahme oder Ausübung des Amtes als ehrenamtlicher Richter beschränkt oder deswegen benachteiligt werden.

112 Geschützt ist ein ehrenamtlicher Richter sowohl gegen berufliche Benachteiligung, z. B. Zuweisung einer geringer bezahlten Beschäftigung, Übergehen bei Beförderungen etc., als auch gegen Maßnahmen Dritter. Hier kommt z. B. in Betracht, dass ein von einer Gewerkschaft entsandter ehrenamtlicher Richter an einer Entscheidung mitgewirkt hat, die nicht den Verbandsinteressen konform erscheint.

113 Maßnahmen, die auf die Benachteiligung hinauslaufen, sind gem. § 134 BGB i. V. m. § 26 Abs. 1 ArbGG nichtig. Daneben stellt § 26 Abs. 1 ArbGG ein Schutzgesetz i. S. d. § 823 Abs. 2 BGB dar. Das Spruchrichterprivileg des § 839 Abs. 3 BGB gilt auch für ehrenamtliche Richter.

114 Eine Verdienstkürzung für die Zeit, in der Amtsgeschäften als ehrenamtlicher Richter nachgegangen wird, soll allerdings nach einer Meinung zulässig sein. Dies folge bereits daraus, dass es sich um ein Ehrenamt handelt (*GMP* § 26 Rz. 17). Gerade hierfür sehe das Gesetz für die Entschädigung ehrenamtlicher Richter eine Ausgleichszahlung vor. Nach anderer Ansicht habe ein Arbeitgeber über § 616 BGB zumindest den Teil des Arbeitsentgeltes zu zahlen, der durch die Entschädigungsregelung des ehrenamtlichen Richterentschädigungsgesetzes nicht gedeckt wird (GK-ArbGG/*Dörner* § 26 Rz. 7). Das BAG ist der Auffassung, es sei allein Sache des Staates, die Entschädigung festzusetzen (*BAG* 25.8.1982 EzA § 26 ArbGG 1979 Nr. 1).

115 Gemäß § 26 Abs. 2 ArbGG wird mit Freiheitsstrafe bis zu einem Jahr oder mit Geldstrafe bestraft, wer einen anderen in der Übernahme oder in der Ausübung seines Amtes als ehrenamtlicher Richter beschränkt oder wegen der Übernahme oder Ausübung des Amtes benachteiligt.

(4) Sachliche Unabhängigkeit

116 Die ehrenamtlichen Richter sind bei ihrer Rechtsprechungstätigkeit sachlich unabhängig und an keine Weisungen gebunden, § 45 DRiG, **insbesondere nicht an solche der sie vorschlagenden Verbände**. Sie haben ihre Entscheidungen getreu dem GG für die Bundesrepublik Deutschland, den Landesverfassungen und dem Gesetz zu treffen, nach bestem Gewissen und Wissen ohne Ansehen der Person zu urteilen und nur der Wahrheit und Gerechtigkeit zu dienen. **Ehrenamtliche Richter sollen nicht Amtswalter bestimmter Arbeitnehmer- oder Arbeitgeberinteressen sein**, sondern als unabhängige Richter ihre Erfahrungen als Arbeitgeber oder Arbeitnehmer in die Rechtsprechung der ArbG einbringen.

(5) Geheimhaltungspflicht

117 Ehrenamtliche Richter haben, ebenso wie Berufsrichter, das Beratungsgeheimnis zu wahren, § 45 DRiG, und unterliegen insofern den einschlägigen Strafbestimmungen, § 353 b StGB.

(6) Disziplinarmaßnahmen gegen ehrenamtliche Richter

118 Kommt ein ehrenamtlicher Richter seinen Verpflichtungen nicht nach, insbesondere erscheint er nicht oder öfters zu spät ohne genügende Entschuldigung zu den Termin-

K. Gerichtsorganisation und Zuständigkeit

sitzungen, kann gegen ihn gem. § 28 ArbGG auf Antrag des Vorsitzenden der Kammer ein Ordnungsgeld verhängt werden.

Weitere, ein Ordnungsgeld rechtfertigende Pflichtverstöße können z. B. darin liegen, 119 dass ein ehrenamtlicher Richter der zweiten Instanz die Unterschriftsleistung unter ein Urteil verweigert, fortgesetzt die Verhandlungsleitung des Vorsitzenden stört, sich einer Abstimmung verweigert oder seine Pflicht zur Amtsverschwiegenheit missachtet.

Das Ordnungsgeld verhängt eine Kammer des LAG, welche zu Beginn jedes Ge- 120 schäftsjahres vom Präsidenten des LAG bestimmt wird. Es wird ohne mündliche Verhandlung durch Beschluss verhängt. Der ehrenamtliche Richter ist zuvor anzuhören. Die Entscheidung ist gem. § 28 S. 3 ArbGG endgültig (bzgl. des Verfahrens vgl. *GMP* § 28 Rz. 8 ff.).

Bei schwer wiegenden oder wiederholten Pflichtverstößen kommt eine Amtsent- 121 hebung in Betracht, § 27 ArbGG. Diese erfolgt auf Antrag der zuständigen Stelle, beim BAG auf Antrag des Bundesministers für Arbeit und Sozialordnung und wird durch die vom Präsidium des LAG zu Beginn des Geschäftsjahres bestimmte Kammer dieses Gerichts, beim BAG durch den vom Präsidium des BAG bestimmten Senat, nach Anhörung des ehrenamtlichen Richters entschieden. Die Entscheidung ist unanfechtbar. Gemäß §§ 27 S. 2, 21 Abs. 5 ArbGG kann die entscheidende Kammer anordnen, dass der ehrenamtliche Richter bis zur Entscheidung nicht mehr zu Sitzungen heranzuziehen ist. Mit der Entscheidung über die Amtsenthebung erlischt das Amt.

Eine Amtspflichtverletzung, die eine Amtsenthebung rechtfertigt, muss von erheb- 122 lichem Ausmaß sein, damit sie als »grob« i. S. d. § 27 ArbGG eingestuft werden kann. Dies erfordert in objektiver Hinsicht einen Pflichtverstoß von erheblichem Gewicht, **in subjektiver Hinsicht ein Verschulden.** Darunter fallen zum einen Verstöße gegen die gesetzlich vorgeschriebenen Pflichten im Zusammenhang mit der richterlichen Tätigkeit (s. o. K/Rz. 100–102, 117). Daneben kann aber auch ein außeramtliches Verhalten Umstände mit sich bringen, die eine Amtsenthebung rechtfertigen. Hierbei sind dieselben Maßstäbe anzusetzen wie bei Berufsrichtern.

Grds. ist es einem ehrenamtlichen Richter selbstverständlich unbenommen, seine po- 123 litischen, gewerkschaftlichen, religiösen oder sozialpolitischen Ansichten nach außen hin zu äußern und sich entsprechend zu betätigen. Etwas anderes gilt aber dann, wenn er sich mit verfassungswidrigen Zielen und Tendenzen identifiziert und entsprechend nach außen hin tätig wird (vgl. *LAG Hamm* 25.8.1993 LAGE § 27 ArbGG 1979 Nr. 4).

ee) Beendigung des Amtes des ehrenamtlichen Richters

Das Amt des ehrenamtlichen Richters endet mit seinem Tod oder mit Ablauf der 124 Amtsperiode, für die er berufen worden ist.

Vorzeitig endet das Amt aufgrund einer Amtsenthebung nach § 27 ArbGG, einer 125 Amtsniederlegung nach § 24 ArbGG oder einer Amtsentbindung gem. § 21 Abs. 5 ArbGG. Eine solche erfolgt auf Antrag der zuständigen Stelle oder auf eigenen Antrag des ehrenamtlichen Richters, wenn das Fehlen einer Mussvoraussetzung für die Berufung nachträglich bekannt wird oder eine solche Voraussetzung nachträglich fortfällt, § 21 Abs. 5 S. 1 ArbGG. Auch in diesem Fall entscheidet die zuständige Kammer/ Senat beim LAG/BAG durch Beschluss nach Anhörung des ehrenamtlichen Richters.

K. Gerichtsorganisation und Zuständigkeit

126 Verliert der ehrenamtliche Richter seine Eigenschaft als Arbeitnehmer oder Arbeitgeber allein wegen Erreichens der Altersgrenze, findet eine Amtsentbindung nur auf seinen Antrag hin statt, § 21 Abs. 6 ArbGG.

ff) Ausschuss der ehrenamtlichen Richter

127 Bei den ArbG mit mehr als einer Kammer und bei den LAG wird ein Ausschuss der ehrenamtlichen Richter gebildet, §§ 29 Abs. 1, 38 ArbGG. Er besteht aus mindestens je drei ehrenamtlichen Richtern aus den Kreisen der Arbeitnehmer und Arbeitgeber, die von den ehrenamtlichen Richtern in getrennter Wahl bestimmt werden. Die ehrenamtlichen Richter können die Zahl der Mitglieder des Ausschusses selbst festlegen, sofern Landesrecht nicht etwas anderes bestimmt. Beim BAG wird kein Ausschuss der ehrenamtlichen Richter gebildet. Dort werden die Aufgaben, die ansonsten dem Ausschuss zufallen, von den beiden lebensältesten ehrenamtlichen Richtern aus den Kreisen der Arbeitnehmer und Arbeitgeber wahrgenommen, § 44 Abs. 1 ArbGG.

128 Der Ausschuss soll die Interessen der ehrenamtlichen Richter wahren. Er ist in den in § 29 Abs. 2 ArbGG aufgezählten Fällen zu beteiligen, z. B. bei Aufstellung des Geschäftsverteilungsplanes des Gerichtes. Ihm stehen insofern Anhörungsrechte zu. Daneben kann er dem Direktor/Präsidenten des Gerichtes und den die Verwaltung und Dienstaufsicht führenden Stellen Wünsche der ehrenamtlichen Richter vortragen.

129 Der Ausschuss tagt unter der Leitung des Direktors/Präsidenten des Gerichts, wenn ein solcher nicht vorhanden oder verhindert ist, unter der Leitung des dienstältesten Vorsitzenden, §§ 29 Abs. 1 S. 3, 38 ArbGG. Der Vorsitzende ist auch für die Einberufung der Sitzung und Ladung der Ausschussmitglieder zuständig. Wann er hierzu verpflichtet ist, ergibt sich nicht aus dem Gesetz, ist aber jedenfalls anzunehmen, wenn die Mehrheit der Ausschussmitglieder dies beantragt (MünchArbR/*Brehm* § 389 Rz. 88).

c) Rechtspfleger

130 Nach § 9 Abs. 3 ArbGG gelten die Vorschriften über die Wahrnehmung der Geschäfte bei den ordentlichen Gerichten durch Rechtspfleger in allen Rechtszügen entsprechend (zur Ausbildung und den Befähigungsvoraussetzungen vgl. *Hermann* FS Arbeitsgerichtsbarkeit S. 278 ff.).

aa) Aufgaben

131 Zu den dem Rechtspfleger in der Arbeitsgerichtsbarkeit übertragenen Aufgaben zählen insbesondere:
 – die Durchführung des Mahnverfahrens, § 20 Nr. 1 RPflG, § 46 a ArbGG;
 – im Verfahren über die Gewährung von Prozesskostenhilfe die dem Rechtspfleger nach § 118 Abs. 3 ZPO vom Richter übertragenen Aufgaben, sowie die Bestimmung des Zeitpunktes der Einstellung, der Abänderung oder Wiederaufnahme von Ratenzahlungen, §§ 120, 124 ZPO;
 – die Erteilung von Vollstreckungsklauseln nach den §§ 726, 727–729, 733 und 794 ZPO;
 – die Durchführung des Kostenfestsetzungsverfahrens gem. den §§ 103 ff. ZPO gegen die unterlegene Partei, sowie die Festsetzung der Vergütung des Rechtsanwaltes gegen die eigene Partei nach § 19 BRAGO, § 21 RPflG;
 – die Besetzung der Rechtsantragsstelle.

Die Rechtsantragsstellen sind Teil der Geschäftsstelle, § 7 ArbGG. Sie dienen dazu, die 132
oftmals rechtsunkundigen Parteien bei der Aufnahme von Klagen, Anträgen und Erklärungen zu unterstützen, damit diese den gesetzlichen Erfordernissen, z. B. für Schriftsätze, § 130 ZPO, oder für eine Klageerhebung, § 253 ZPO, entsprechen.
Die Rechtspfleger in der Rechtsantragsstelle dürfen dabei allerdings keine rechts- 133
beratende Tätigkeit ausüben, § 2 Abs. 1 Nr. 1 BeratungshilfeG. Ihre Aufgabe besteht allein darin, darauf hinzuwirken, dass die antragstellende Partei sich über die für ihre Anträge erheblichen Tatsachen vollständig erklärt.
Nach § 27 RPflG können darüber hinaus einem Rechtspfleger auch andere Dienstge- 134
schäfte, einschließlich der Geschäfte eines Urkundsbeamten der Geschäftsstelle, übertragen werden (*Hermann* FS Arbeitsgerichtsbarkeit S. 269 ff.).

bb) Rechtsbehelfe gegen Entscheidungen
Entscheidungen des Rechtspflegers können nach § 11 RPflG überprüft werden. Nach 135
§ 11 Abs. 1 RPflG ist grds. die sofortige Beschwerde einzulegen. Eine Ausnahme besteht für den Fall, dass – falls ein Richter die Entscheidung getroffen hätte – nach den allgemeinen verfahrensrechtlichen Vorschriften ein Rechtsmittel nicht gegeben wäre, z. B. falls der Beschwerdewert nach § 567 Abs. 2 S. 2 ZPO nicht erreicht werden würde. In diesem Fall ist die »sofortige Erinnerung« nach § 11 Abs. 2 RPflG einzulegen (vgl. *Baumbach/Hartmann* § 104 Rz. 42 ff).

d) Urkundsbeamte der Geschäftsstelle
Bei jedem ArbG, LAG und beim BAG ist eine Geschäftsstelle gem. § 7 ArbGG einge- 136
richtet. Sie ist mit Urkundsbeamten, sowie bei Bedarf mit Schreibkräften besetzt. Bei den Urkundsbeamten handelt es sich um selbstständige Organe der Rechtspflege, die einen ihnen bestimmt zugewiesenen Bereich betreuen (*BAG* 11.2.1985 EzA § 317 ZPO Nr. 1).

aa) Aufgaben
Zu den wesentlichen Aufgaben der Geschäftsstelle gehören: 137
– die Aktenführung;
– die Führung der Termin- und Geschäftskalender;
– die Erteilung und Versagung von Zwangsvollstreckungsklauseln, soweit nicht der Rechtspfleger zuständig ist, §§ 724 Abs. 2, 725 Abs. 2 ZPO;
– die Aufnahme und Beurkundung des Sitzungsprotokolls, § 159 ZPO, sowie die Erteilung von Abschriften, Ausfertigung von Auszügen aus den Prozessakten;
– die Erteilung des Rechtskraftzeugnisses und der Notfristatteste, § 706 ZPO;
– die Bewirkung der von Amts wegen vorzunehmenden Zustellungen und Ladungen, § 209 ZPO;
– die Vermittlung von Zustellungen im Parteibetrieb, § 166 Abs. 2 ZPO;
– die Entgegennahme von Einsprüchen gegen ein Versäumnisurteil, § 59 ArbGG;
– die Entgegennahme eines Antrags auf Einleitung eines Beschlussverfahrens bzw. dessen Rücknahme, § 81 Abs. 1, Abs. 2 ArbGG;
– die Entgegennahme von Erklärungen der Beteiligten im Beschwerdeverfahren und Rechtsbeschwerdeverfahren, §§ 90, 95 ArbGG;
– sowie sonstige Aufgaben, wie sie auch den Geschäftsstellen der ordentlichen Justiz obliegen, §§ 46 Abs. 2, 62 Abs. 2, 64 Abs. 6, 72 Abs. 5 ArbGG i. V. m. den einzelnen Vorschriften der ZPO (*Kissel* § 153 Rz. 7).

K. Gerichtsorganisation und Zuständigkeit

bb) Ausbildung und Bestellung

138 Die persönlichen Voraussetzungen für eine Bestellung zum Urkundsbeamten ergeben sich aus § 143 Abs. 2 bis 5 GVG.
Der Urkundsbeamte der Geschäftsstelle ist als selbstständiges Organ der Rechtspflege **im Rahmen seines Aufgabenbereiches keinen Weisungen, auch nicht denen der Richter unterworfen.** So kann ein Richter z. B. nicht gegen den Willen des Urkundsbeamten, der ein Sitzungsprotokoll aufgenommen hat, dieses berichtigen.

e) Ausschluss und Ablehnung von Gerichtspersonen

aa) Verfahren

139 Hinsichtlich der inhaltlichen Voraussetzungen für die Ablehnung von Gerichtspersonen finden sich im ArbGG keine Sondervorschriften. Es gelten daher die §§ 41 ff. ZPO für Richter und ehrenamtliche Richter, sowie Urkundsbeamten der Geschäftsstelle und für Rechtspfleger i. V. m. § 10 RPflG, für Sachverständige § 406 ZPO, für Dolmetscher § 191 GVG.

140 **Verfahrensmäßig enthält das ArbGG hingegen in § 49 ArbGG eine von den Vorschriften der ZPO abweichende Sondervorschrift.**

141 Über ein Ablehnungsgesuch eines Richters entscheidet nach § 49 ArbGG i. d. R. ohne mündliche Verhandlung die vollbesetzte Kammer der ArbG, beim LAG die Kammer des LAG §§ 49, 64 Abs. 7 ArbGG, wobei anstelle des abgelehnten Richters – sei es ein ehrenamtlicher oder ein Berufsrichter – der geschäftsplanmäßig bestellte Vertreter hinzuzuziehen ist. Teilweise ist in den Geschäftsverteilungsplänen der Gerichte vorgesehen, dass der zweite Vertreter über den Ablehnungsantrag zu befinden hat.

142 Eine Ausnahme besteht bei Ablehnungsgesuchen, die rechtsmissbräuchlich, lediglich mit der Intention der Prozessverschleppung gestellt werden. Über deren Unzulässigkeit kann der Spruchkörper unter Einschluss des abgelehnten Richters befinden (*GMP* § 49 Rz. 32).

143 Falls das ArbG oder das LAG aufgrund mehrerer Ablehnungen beschlussunfähig geworden ist, entscheidet über die Ablehnung beim ArbG das LAG durch die vollbesetzte Kammer, beim LAG das BAG (BAG 7.2.1968 AP Nr. 3 zu § 41 ZPO). Zur Entscheidung über ein Ablehnungsgesuch sind die Richter heranzuziehen, die im Zeitpunkt der Anbringung eines Ablehnungsgesuches zum Spruchkörper gehören.

144 Die Vorschrift gilt in allen Verfahrensarten und für alle Gerichtspersonen, d. h. auch für Urkundsbeamten der Geschäftsstelle sowie Rechtspfleger. § 49 ArbGG geht insofern § 10 Abs. 2 RPflG vor (*GMP* § 49 Rz. 3).

145 Ein Ablehnungsgesuch kann von jeder Partei, jedem Nebenintervenienten und über die Selbstanzeige auch von dem Betroffenen selbst, § 48 ZPO, oder von Amts wegen erfolgen.

146 Inhalt und Form des Ablehnungsgesuches richten sich nach den §§ 44, 48 ZPO. **Eine besondere Form ist demnach nicht vorgeschrieben, das Ablehnungsgesuch kann mündlich, schriftlich oder zu Protokoll der Geschäftsstelle erklärt werden.** Ferner ist die konkret abgelehnte Person zu benennen. In dem Ablehnungsgesuch sind die die Ablehnung begründenden Tatsachen anzugeben und glaubhaft zu machen.

147 **Ein Ablehnungsgesuch ist unzulässig, wenn pauschal das ganze Gericht abgelehnt wird** (GK-ArbGG/*Dörner* § 49 Rz. 27). Es gilt der Grundsatz der Individualablehnung. Allerdings können auch mehrere Richter aus den gleichen Gründen einzeln abgelehnt werden. Weiterhin ist ein Ablehnungsgesuch unzulässig, wenn sich die das Gesuch stellende Partei auf eine Verhandlung vor dem Richter nach Entstehung

K. Gerichtsorganisation und Zuständigkeit

des Ablehnungsgrundes eingelassen hat oder Anträge gestellt hat, §§ 43, 44 Abs. 4 ZPO.

Schließlich ist das Gesuch unzulässig, wenn es lediglich der Prozessverschleppung 148 dient oder rechtsmissbräuchlich ist (*Schaub* ArbGVerf § 6 Rz. 14) oder eine Ablehnung erst nach Beendigung einer Instanz eingebracht wird (*BAG* 18.3.1964 AP Nr. 112 zu § 43 ZPO).

Über das Ablehnungsgesuch wird durch Beschluss entschieden. Den beteiligten Parteien 149 oder Verfahrensbeteiligten ist vor Beschlussfassung rechtliches Gehör zu gewähren. Dies gilt auch im Falle der **Selbstablehnung eines Richters** (*BVerfG* 8.6.1993 NJW 1993, 2229).

Der Beschluss enthält keine Kostenentscheidung, da die Entscheidung Teil des 150 Hauptverfahrens ist und Gerichtsgebühren nicht erwachsen (*Zöller/Vollkommer* § 46 Rz. 23).

Gegen ihn ist **kein Rechtsmittel** gegeben, § 49 Abs. 3 ArbGG. Diese Vorschrift ist im 151 Interesse der Beschleunigung des arbeitsgerichtlichen Verfahrens gerechtfertigt (vgl. *LAG Rheinland-Pfalz* 17.11.1981 EzA § 49 ArbGG 1979 Nr. 1; *BAG* 27.7. 1998 NZA 1999, 335). Dies soll selbst dann gelten, wenn der Beschluss unter Mitwirkung des abgelehnten Richters gefasst wird und eine Zurückweisung des Antrags wegen Rechtsmissbrauchs erfolgt (vgl. *LAG Rheinland-Pfalz* 10.3.1982 EzA § 49 ArbGG 1979 Nr. 2). Hingegen soll ein Beschluss, wenn der Kammervorsitzende ihn entgegen § 49 Abs. 1 ArbGG allein erlassen hat, wegen greifbarer Gesetzeswidrigkeit anfechtbar sein (*LAG Köln* 18.8.1992 LAGE § 49 ArbGG 1979 Nr. 6).

bb) Gründe für die Ausschließung/Ablehnung von Richtern

Kraft Gesetzes ist ein Richter bei Vorliegen einer der sich aus § 41 ZPO erschöpfend 152 aufgezählten Gründe zur Behandlung einer Rechtssache ausgeschlossen. Darüber hinaus kann er gem. § 42 ZPO wegen **Besorgnis der Befangenheit** abgelehnt werden. Eine solche ist nach § 42 Abs. 2 ZPO dann gegeben, wenn Gründe vorliegen, die geeignet sind, Misstrauen gegen die Unparteilichkeit eines Richters zu rechtfertigen. **Hierbei kommt es nicht darauf an, ob der Richter tatsächlich befangen ist, vielmehr ist entscheidend, ob es den objektiven Anschein hat, dass der Richter befangen sein könnte** (*BAG* 29.10.1992 EzA § 42 ZPO Nr. 3).

Dies ist allerdings noch nicht der Fall, wenn der Richter im Rahmen seiner ihm ob- 153 liegenden Aufklärungspflicht gem. § 139 ZPO gewisse Rechtsansichten äußert oder sich zu Prozessrisiken einer Partei einlässt. Der Vorsitzende hat gem. § 57 Abs. 2 ArbGG die gütliche Erledigung des Rechtsstreits in jeder Lage des Verfahrens anzustreben. Daraus ergibt sich zwangsläufig, die Parteien über Prozessrisiken und ggf. rechtliche Aspekte zu informieren, um eine gütliche Einigung überhaupt herbeiführen zu können.

Beispiele für mögliche Ablehnungsgründe: 154
– Freundschaftliche oder feindselige Beziehungen zu einer Partei oder ihrem Prozessbevollmächtigten;
– Gutachterliche Tätigkeit für eine Prozesspartei im vorgerichtlichen Stadium (*ArbG München* 27.6.1978 AP Nr. 4 zu § 42 ZPO);
– Unsachliche Äußerung oder Verfahrensleitung, aus der sich die Bevorzugung einer Partei ergibt;

K. Gerichtsorganisation und Zuständigkeit

> **Beispiele, die grds. keinen Ablehnungsgrund darstellen:**
> – Persönliche Angriffe einer Partei oder ihres Prozessbevollmächtigten gegen einen Richter;
> – Zughörigkeit zu einer Partei, Gewerkschaft oder eines Arbeitgeberverbandes (*BAG* 6.8.1997 EzA § 49 ArbGG 1979 Nr. 5);
> – Äußerung von Rechtsansichten in wissenschaftlichen Veröffentlichungen oder in früheren Verfahren (*BSG* 1.3.1993 NZA 1993, 621; *BAG* 29.10.1992 NZA 1993, 238).

cc) Rechtsfolge des wirksamen Ausschlusses einer Gerichtsperson

155 Ein ausgeschlossener Richter darf sich nicht mehr an der Entscheidung dieses Falles beteiligen. Geschieht dies doch, ist das Richterkollegium nicht an seine Amtshandlungen gebunden, ein gefälltes Urteil ist mit der Berufung oder der Revision angreifbar, § 547 Ziff. 3 ZPO, im Falle der Rechtskraft eines Urteils besteht die Möglichkeit der Nichtigkeitsklage, § 579 Abs. 1 Ziff. 2, 3 ZPO.

156 Nach Eingang eines Ablehnungsgesuches darf der abgelehnte Richter vor dessen Bescheidung nur unaufschiebbare Amtshandlungen durchführen, § 47 ZPO. Kraft Gesetzes gem. § 41 ZPO ausgeschlossene Gerichtspersonen müssen sich jeglicher Tätigkeit enthalten. Sie können auch nicht unaufschiebbare Tätigkeiten verrichten.

157 Bei anderen Gerichtspersonen gelten die gleichen Grundsätze. Unzulässigerweise erfolgte Amtshandlungen sind mit den jeweils hierfür vorgesehenen Rechtsmitteln anfechtbar.

4. Geschäftsverteilung

a) Sinn und Zweck

158 Bei der Geschäftsverteilung handelt es sich um eine **gerichtliche Selbstverwaltungsangelegenheit, zur Bestimmung des gesetzlichen Richters i. S. d. Art. 101 GG**. Sie erfolgt in richterlicher Unabhängigkeit und darf nicht durch Weisungen vorgesetzter Stellen, insbesondere der Exekutivorgane oder der Arbeitnehmer- oder Arbeitgeberkoalitionen beeinflusst werden.

159 Sinn und Zweck der Geschäftsverteilung, die durch den Geschäftsverteilungsplan erfasst wird, ist es, die anfallenden Rechtsstreitigkeiten vorab nach objektiv nachprüfbaren Kriterien auf die einzelnen Kammern und Richter zu verteilen. Der Geschäftsverteilungsplan muss eindeutig die Geschäfte jeweils einer bestimmten Kammer und einem bestimmten Richter zuweisen (*BAG* 14.4.1961 AP Nr. 10 zu Art. 101 GG).

b) Aufstellung des Geschäftsverteilungsplanes

160 Der Geschäftsverteilungsplan wird durch das Präsidium des Gerichts aufgestellt. Gemäß § 6a ArbGG finden dabei die §§ 21a bis i GVG entsprechend Anwendung, sofern in § 6a ArbGG keine Abweichungen bestimmt sind.

161 Nach § 21a GVG wird bei jedem Gericht ein Präsidium gebildet. Dieses besteht aus dem Präsidenten/Direktor oder Aufsicht führenden Richter und einer gewissen Zahl gewählter Richter, die von der Größe des Gerichts abhängig ist. Entscheidend ist die Zahl der Richterplanstellen am Ablauf des Tages, der dem Tage, an dem das Geschäftsjahr beginnt, um 6 Monate vorhergeht, § 21d GVG. Nicht entscheidend ist die Zahl

K. Gerichtsorganisation und Zuständigkeit

der tatsächlich an einem Gericht tätigen Richter, sondern die Anzahl der Richterplanstellen (*Kissel* § 21 d Rz. 1 ff., § 21 a Rz. 7 ff.).
In Abweichung zu § 21 a GVG sieht § 6 a ArbGG vor, dass bei Plenarpräsidien, d. h. 162
bei Präsidien, die aufgrund ihrer geringen Anzahl von Planstellen nicht gewählt, sondern gesetzlich bestimmt sind, § 21 Abs. 2 Ziffer 3 GVG, die Aufgaben des Präsidiums gem. § 6 a Nr. 1 ArbGG durch den Vorsitzenden, bei mehreren Vorsitzenden einvernehmlich, wahrgenommen werden. Der Unterschied zu § 21 a Abs. 2 Nr. 3 GVG liegt darin, dass es nicht auf die Wählbarkeit des Richters i. S. d. § 21 b GVG ankommt. Es können daher entsprechend § 18 Abs. 7 ArbGG auch Richter auf Probe und Richter kraft Auftrags, welche bei den ArbG als Vorsitzende eingesetzt werden können (s. o. K/Rz. 38), Präsidiumsaufgaben wahrnehmen. In der ordentlichen Gerichtsbarkeit ist dies nicht möglich, da den Richtern auf Probe und Richtern kraft Auftrags ein passives Wahlrecht nicht zukommt, §§ 71 b Abs. 1 S. 2, 71 a Abs. 2 S. 1 Nr. 3 GVG.
Die Aufgabenwahrnehmung muss bei einem aus zwei Vorsitzenden bestehenden Prä- 163
sidium des ArbG einvernehmlich erfolgen, d. h. im Konsens der beiden Vorsitzenden.
Einigen sich die Vorsitzenden nicht, so entscheidet das Präsidium des LAG oder, soweit ein solches nicht besteht, der Präsident dieses Gerichtes.
Hiervon abweichend gilt für LAG mit weniger als drei Richterplanstellen gem. § 6 a 164
Nr. 2 ArbGG, dass die Wahrnehmung der Präsidiumsaufgaben durch den Präsidenten des LAG im Benehmen mit einem evtl. vorhandenen zweiten Vorsitzenden erfolgt. »Benehmen« bedeutet, dass ein Konsens nicht notwendig ist, der Präsident vielmehr den zweiten Vorsitzenden lediglich anzuhören und dieser ein Recht zur Stellungnahme hat.
Bei einem Wahlpräsidium bestimmen sich die Wahlmodalitäten nach § 21 b GVG. 165
Aktives Wahlrecht kommt dabei allen Berufsrichtern zu, d. h. neben den Richtern auf Lebenszeit auch den Richtern auf Zeit, kraft Auftrags oder auf Probe. Passives Wahlrecht genießen allerdings nur die Richter auf Lebenszeit und auf Zeit (*Kissel* § 21 b Rz. 1–11).
Für die Wahl zu den Präsidien der Gerichte besteht Wahlpflicht (*GMP* § 6 a Rz. 16 166
m. w. N.), denn das Wahlrecht dient nicht der Sicherung und Wahrung eigener Belange, sondern der Wahrung der richterlichen Aufgaben des Gerichts insgesamt. Nehmen wahlberechtigte Richter dennoch nicht an der Wahl teil, so können gegen sie Maßnahmen im Rahmen der Dienstaufsicht nach § 26 DRiG eingeleitet werden.
Eine Nichtbeteiligung von wahlberechtigten Richtern hat allerdings keinen Einfluss 167
auf die Wirksamkeit der Wahl (*Kissel* § 21 b Rz. 16). Wer gewählt worden ist, ist verpflichtet, das Amt auszuüben. Dies ergibt sich aus den gleichen Erwägungen, wie sie der Wahlpflicht zugrunde liegen. Auch eine Niederlegung des Amtes während der Amtszeit ist gesetzlich nicht vorgesehen.

c) Inhalt des Geschäftsverteilungsplanes

Der Geschäftsverteilungsplan regelt die Verteilung der Geschäfte auf die einzelnen 168
Kammern, jeweils für ein Jahr. In ihm werden die Vorsitzenden und ehrenamtlichen Richter den einzelnen Kammern zugewiesen und deren Vertretung geregelt, § 21 e GVG. Die Bestimmung der Verteilung der Aufgaben obliegt grds. dem Präsidium. Lediglich der Präsident oder Aufsicht führende Vorsitzende bestimmt selbst, welche richterlichen Aufgaben er wahrnimmt, § 6 a Nr. 3 ArbGG. Es obliegt seinem pflichtgemäßen Ermessen, welche richterlichen Tätigkeiten er sich neben seinen Verwaltungstätigkeiten zuweist.

K. Gerichtsorganisation und Zuständigkeit

aa) Verteilung der anfallenden Geschäfte

169 Die Verteilung der anfallenden Geschäfte muss vollständig sein (*GMP* § 6 a Rz. 48) und nach objektiven allgemeinen und nachprüfbaren Merkmalen erfolgen. Insbesondere dürfen nicht einzelne bestimmte Geschäfte einem bestimmten Richter zugewiesen werden.

170 Für die Zuteilung der Geschäfte gibt es keine gesetzlich vorgeschriebenen zwingenden Verfahrensgrundsätze. Die Geschäftsverteilung kann daher nach folgenden Kriterien erfolgen:
- Verteilung nach **räumlichen Gesichtspunkten**, d. h. Zuweisung bestimmter Unterbezirke des Gerichtsbezirkes an einzelne Kammern;
- Zuweisung nach **sachlichen Gesichtspunkten**, d. h. nach den Gegenständen der Prozesse, z. B. Zuweisung aller Kündigungsschutzverfahren der Kammer 1, Zuweisung aller betriebsverfassungsrechtlichen Streitigkeiten der Kammer 2, etc.;
- Zuweisung der Geschäfte **nach den Anfangsbuchstaben des Namens des/der Beklagten**, z. B. Kammer 1 Verfahren A bis H, Kammer 2 Verfahren I bis M .... Streitig ist dabei, ob die Geschäftsverteilung auch nach den Anfangsbuchstaben des Klägers erfolgen kann (vgl. *Schaub* ArbGVerf § 5 Rz. 14);
- Nach dem **zeitlichen Eingang der Rechtsstreitigkeiten**, z. B. jede 1. und 7. Sache Kammer 1, jede 2. und 6. Sache Kammer 2, etc. Dieses Verfahren eignet sich am besten für eine gleichmäßige Verteilung der anfallenden Geschäfte auf die einzelnen Kammern. **Es besteht allerdings keine Verpflichtung, alle Kammern mit der gleichen Anzahl von Verfahren zu belasten.** Liegen besondere Belastungen bei einem Kammervorsitzenden vor, z. B. durch Prüfungstätigkeit oder Referendarausbildung etc., ist auch eine ungleichmäßige Verteilung der Anzahl der eingehenden Rechtsstreitigkeiten auf die einzelnen Kammern zulässig. **Es muss nur gewährleistet sein, dass jede Kammer überhaupt an der Rechtsprechungstätigkeit des Gerichts teilnimmt.**

171 Bei der Gliederung nach dem zeitlichen Eingang der Rechtsstreitigkeiten ist sicherzustellen, dass **Manipulationen möglichst ausgeschlossen werden, insbesondere dass solche nicht in der Geschäftsstelle vorgenommen werden können.** Es empfiehlt sich daher, zunächst alle eingehenden Klagen eines Tages am folgenden Tag nach den Anfangsbuchstaben des Klägers oder des Beklagten zu ordnen und sie dann nach einem Zahlenschlüssel den einzelnen Kammern zuzuordnen.

172 Unzulässig ist es hingegen, Rechtsstreitigkeiten nach der Organisationszugehörigkeit der Parteien oder nach dem Umfang oder dem Schwierigkeitsgrad zu verteilen. Hierbei handelt es sich nicht um objektiv nachprüfbare Kriterien.

173 Sachzusammenhangsregelungen im Geschäftsverteilungsplan, wonach die grundsätzliche Zuordnung von Rechtsstreitigkeiten an die einzelnen Kammern durchbrochen wird, sind zulässig, um eine effiziente Rechtsprechung zu gewährleisten. Jedoch müssen auch bei diesen Sachzusammenhangsregelungen objektiv bestimmte Merkmale gegeben sein, wonach ein Sachzusammenhang festzustellen ist, z. B. dass Rechtsstreitigkeiten zwischen Parteien, die bereits ein anderes anhängiges Verfahren beim gleichen Gericht haben, derselben Kammer zuzuweisen sind. Hingegen sind Sachzusammenhangsregelungen, die nur ausfüllungsbedürftige unbestimmte Zuordnungskriterien enthalten, z. B. »Fälle mit ähnlicher Rechtsproblematik«, als unzulässig anzusehen(vgl. *BAG* 22.3.2001 – 8 AZR 565/00 –).

K. Gerichtsorganisation und Zuständigkeit

bb) Verteilung der Richter auf die Spruchkörper
Im Geschäftsverteilungsplan ist ferner die Zuweisung der Vorsitzenden und der ehrenamtlichen Richter auf die einzelnen Kammern zu regeln. Hierbei können sowohl die Vorsitzenden als auch die ehrenamtlichen Richter mehreren Kammern zugeteilt werden, § 21 e Abs. 1 S. 4 GVG, § 6 a Nr. 4 ArbGG (s. o. K/Rz. 89 ff.). 174

Sind die ehrenamtlichen Richter auf bestimmte einzelne Kammern verteilt, so hat jeder Vorsitzende zu Beginn des Geschäftsjahres eine Beisitzerliste aufzustellen, nach deren Reihenfolge die Beisitzer zu den einzelnen Sitzungen heranzuziehen sind (s. o. K/Rz. 89). 175

d) Änderung des Geschäftsverteilungsplanes
Grds. soll und darf ein Geschäftsverteilungsplan während des Geschäftsjahres nicht geändert werden, damit der gesetzliche Richter gewährleistet bleibt, Art. 101 GG. Lediglich unter den Voraussetzungen des § 21 e GVG ist eine Änderung durch das Präsidium zulässig, d. h. insbesondere im Falle der Überlastung oder ungenügenden Auslastung eines Richters oder Spruchkörpers, sowie im Falle des Wechsels oder dauernden Verhinderung einzelner Richter. Der Geschäftsverteilungsplan darf nicht geändert werden, um willkürlich bestimmte Fälle bestimmten Kammern oder Richtern zuzuweisen. Eine Ergänzung des Geschäftsverteilungsplanes, bei einer versehentlich nicht bemerkten Lücke, ist hingegen zulässig (*GMP* § 6 a Rz. 50). 176

e) Mitwirkung des Ausschusses der ehrenamtlichen Richter
Siehe oben K/Rz. 127 ff. 177

f) Rechtsbehelfe gegen den Geschäftsverteilungsplan

aa) Rechtsbehelfe der Prozessparteien
Die Prozessparteien und sonstigen Beteiligten in den Verfahren vor den Gerichten für Arbeitssachen haben keine Möglichkeit, den Geschäftsverteilungsplan im Ganzen oder wegen einzelner Bestimmungen isoliert anzufechten oder gerichtlich überprüfen zu lassen (*Kissel* § 21 e Rz. 120 ff.). Dies folgt aus seiner Rechtsnatur als innergerichtlicher Organisationsakt, dessen Erlass weder einen Justizverwaltungsakt darstellt, noch den Erlass einer Rechtsnorm, die in einem Normenkontrollverfahren nach § 47 VwGO überprüfbar wäre (*Kissel* § 21 e Rz. 102 ff.). 178

Die Prozessbeteiligten können ihn allerdings bei einer fehlerhaften Geschäftsverteilung, die eine nicht ordnungsgemäße Besetzung des Gerichts zur Folge hat, **inzident im Verfahren mit dem allgemeinen Rechtsmittel der Besetzungsgründe überprüfen lassen, §§ 528, 547, 579 ZPO**. Das Rechtsmittelgericht muss dann die Gesetzmäßigkeit des Geschäftsverteilungsplanes überprüfen. Daneben steht den Parteien nach Erschöpfung des Rechtsweges die Möglichkeit der Erhebung einer Verfassungsbeschwerde nach Art. 93 GG wegen Verletzung des gesetzlichen Richters offen, Art. 101 Abs. 1 S. 2 GG. 179

bb) Rechtsbehelfe der Richter
Nach Ansicht des *BVerwG* (28.11.1975 NJW 1976, 1224; zust. *BGH* 31.1.1984 NJW 1984, 2531), können Richter durch die Geschäftsverteilung in ihrer Rechtsstellung betroffen werden. Zur Klärung dieser Frage sei danach der Verwaltungsrechtsweg gegeben, da es sich um eine öffentlich-rechtliche Streitigkeit nicht verfassungsrechtlicher Art i. S. d. § 40 VwGO handele (*BVerfG* 9.6.1983 NJW 1983, 2589). Die richtige 180

K. Gerichtsorganisation und Zuständigkeit

Klageart sei dabei die Feststellungsklage gem. § 43 VwGO. Nach **a. A.** sollen die Richterdienstgerichte zuständig sein, über mögliche Rechtsbeeinträchtigung der einzelnen Richter zu befinden (so z. B. *GMP* § 6 a Rz. 53 m. w. N.).

181 Um eine mögliche Verletzung gesetzlicher Vorschriften durch den Geschäftsverteilungsplan zu bemerken und diesen einer Überprüfung zugänglich zu machen, haben die Prozessparteien und sonstigen Beteiligten das Recht, den Geschäftsverteilungsplan einzusehen. Er ist gem. § 21 e Abs. 8 GVG im Gericht zur Einsichtnahme auszulegen.

g) Die Geschäftsverteilung in den einzelnen Spruchkörpern

182 Da bei den ArbG und LAG die einzelnen Spruchkörper nur mit einem Vorsitzenden und den ehrenamtlichen Richtern besetzt sind, bedarf es einer gesonderten Geschäftsverteilung innerhalb der Kammern nicht. Den ehrenamtlichen Richtern dürfen keine Geschäfte zur eigenen Wahrnehmung übertragen werden, sodass der Vorsitzende alle anfallenden Geschäfte zu erledigen hat. Die Beteiligung der ehrenamtlichen Richter richtet sich nach den Vorschriften der §§ 31, 53, 55 ArbGG.

183 Bezüglich der Verteilung der Geschäfte beim BAG gilt § 21 g GVG entsprechend (Einzelheiten vgl. bei *Ascheid* Rz. 207–812).

II. Zuständigkeit

1. Internationale Zuständigkeit

a) Begriff

184 Die internationale Zuständigkeit bestimmt die staatliche Zuständigkeit für die Entscheidung eines bestimmten Rechtsstreits.

b) Bestimmung der internationalen Zuständigkeit deutscher ArbG

185 Voraussetzung der internationalen Zuständigkeit deutscher ArbG ist, dass für den jeweiligen Rechtsstreit die deutsche Gerichtsbarkeit gegeben ist. Dieser unterfallen grds. alle Personen, die sich im Geltungsbereich des ArbGG aufhalten. Ausgenommen sind gem. den §§ 18 bis 20 GVG in erster Linie Mitglieder diplomatischer Missionen, konsularischer Vertretungen (*BAG* 3.7.1996 EzA § 20 GVG Nr. 1), ihre Familienmitglieder und Hausangestellten (vgl. *Kissel* §§ 18 Rz. 10 ff., 19 Rz. 1 ff.) sowie Personen, die aufgrund völkerrechtlicher Vereinbarungen oder sonstiger Rechtsvorschriften des Völkerrechts von der deutschen Gerichtsbarkeit befreit sind (vgl. *Schaub* ArbGVerf § 8 Rz. 1 ff.).

186 Unterliegen Personen nicht der deutschen Gerichtsbarkeit, sind bereits verfahrensrechtliche Anordnungen ihnen gegenüber unwirksam, wie z. B. die Ladung als Zeuge, Partei oder Sachverständiger. Zustellungen in Bereichen, die der deutschen Gerichtsbarkeit nicht unterliegen, sind unzulässig. Erst recht gilt dies für materiellrechtliche gerichtliche Entscheidungen.

187 Soweit Personen der deutschen Gerichtsbarkeit nicht unterliegen, können sie sich ihr allerdings freiwillig unterwerfen; für bestimmte Ausnahmefälle kann dies in völkerrechtlichen Verträgen vereinbart werden. So unterliegen z. B. **Individualstreitigkeiten ziviler Arbeitnehmer der Nato-Stationierungstruppen** gem. Art. 56 Abs. 8 ZA-

K. Gerichtsorganisation und Zuständigkeit

NTS der deutschen Gerichtsbarkeit. Die BRD tritt für den jeweiligen Entsendestaat, welcher als Arbeitgeber anzusehen ist (vgl. *BAG* 14.1.1993 – 2 AZR 387/92 – n. v.) im Prozess als **Prozessstandschafter** auf. Streitigkeiten im Personalvertretungsrecht werden gem. Art. 56 Abs. 9 ZA-NTS i. V. m. Art. 9 des hierzu ergangenen Unterzeichnungsprotokolls ebenfalls vor den deutschen ArbG ausgetragen, wobei die BRD hier lediglich **als Vertreterin** des Entsendestaates tätig wird.

Beispiel für das Beklagtenrubrum: 188
a) im Individualprozess: BRD, vertreten durch den Bundesminister der Finanzen, dieser vertreten durch das Ministerium des Innern und Sport Rh. Pf., dieser vertreten durch die Aufsichts- und Dienstleistungsdirektion (Verteidigungslastenverwaltung), Kaiserslautern,
b) im personalvertretungsrechtlichen Beschlussverfahren: BRD, vertreten durch den Bundesminister der Finanzen, dieser vertreten durch das Ministerium des Inneren und Sport Rh. Pf., dieser vertreten durch die Aufsichts- und Dienstleistungsdirektion (Verteidigungslastenverwaltung), Kaiserslautern, für die Dienststelle US 6540 th CSG Kaiserslautern.

Ist festgestellt, dass die Parteien eines Rechtsstreits grds. der deutschen Gerichtsbar- 189 keit unterliegen, ist als nächster Schritt zu prüfen, ob auch im Übrigen die internationale Zuständigkeit der deutschen ArbG gegeben ist.
Hierbei gilt der Grundsatz, dass sich die internationale Zuständigkeit nach der ört- 190 lichen Zuständigkeit, mithin nach den §§ 12 ff. ZPO richtet (vgl. *BAG* 27.1.1983 – 2 AZR 188/81 – n. v.; *BAG* 17.7.1997 EzA § 23 ZPO Nr. 1).
Sie kann sich daher aus dem Gerichtsstand des Erfüllungsortes, § 29 ZPO, einer wirk- 191 samen Gerichtsstandsvereinbarung gem. § 38 ZPO oder infolge von rügelosem Verhandeln der beklagten Partei gem. § 39 ZPO ergeben. Im letzteren Fall ist allerdings Voraussetzung, dass zuvor ein Hinweis gem. § 504 ZPO ergangen ist. Sofern die Prozessparteien gem. § 38 ZPO einen ausländischen Gerichtsstand vereinbart haben, ist diese Vereinbarung nur dann wirksam, wenn neben den Voraussetzungen des § 38 ZPO zumindest auch eine **Auslandsberührung des Arbeitsverhältnisses** besteht, d. h. eine Partei dem Gerichtsstandsstaat angehört (*Schaub* ArbGVerf § 8 Rz. 23), vor dem ausländischen Gericht ein rechtsstaatliches Verfahren gewährleistet ist, nicht aus tatsächlichen oder rechtlichen Gründen eine Rechtsverfolgung im Ausland praktisch unmöglich ist, z. B. im Falle eines Bürgerkriegs (*BAG* 20.7.1970 AP Nr. 4 zu § 38 ZPO Internationale Zuständigkeit) und nicht durch die Gerichtsstandsvereinbarung gegen grundlegende Schutzprinzipien des Arbeitsrechts verstoßen wird (*BAG* 5.9.1972 AP Nr. 159 zu § 242 BGB Ruhegehalt).
Beim Gerichtsstand des Vermögens, § 23 ZPO, ist weiter Voraussetzung, dass der Rechtsstand einen hinreichenden Bezug zum Inland hat. Dies ist nicht der Fall, wenn beide Parteien ihren Wohnsitz oder Sitz im Ausland haben, sich dort gewöhnlich aufhalten, eine fremde Staatsangehörigkeit besitzen, das streitige Rechtsverhältnis materiell nach ausländischem Recht zu entscheiden ist, der Erfüllungsort sich im Ausland befindet und das Vorhandensein von Vermögen in Deutschland keine erkennbare Bedeutung für die Führung des Rechtsstreits hat (*BAG* 17.7.1997 NZA 1997, 1183).
Als lex specialis gehen den Vorschriften der ZPO über die örtliche Zuständigkeit 192 **internationale Vereinbarungen vor.** Für die ursprünglichen Gründungsmitglieder der EWG (Belgien, BRD, Frankreich, Italien, Luxemburg, und Niederlande), sowie

K. Gerichtsorganisation und Zuständigkeit

den inzwischen beigetretenen Mitgliedsländern Dänemark (ohne Grönland), Irland, Großbritannien, Portugal, Spanien, Nordirland sowie Griechenland (GK-ArbGG/ *Wenzel* § 2 Rz. 259), galt insofern das europäische Gerichtsstandübereinkommen vom 27.9.1968 in Zivil und Handelssachen – für Dänemark gilt es immer noch –, das auch das Arbeitsvertragsrecht erfasst (*BAG* 12.6.1986 EzA § 269 BGB Nr. 2). Für die übrigen EU-Mitgliedstaaten wurde das EuGVÜ mit Wirkung zum 1.3.2002 durch die EuGVVO ersetzt. Die Regelung der Art. 2 ff. EuGVÜ/EuGVVO finden Anwendung auf Parteien, die in einem der Vertragsstaaten ihren Wohnsitz haben, Art. 2 EuGVÜ/EuGVVO. **Es kommt also nicht auf die Staatsangehörigkeit, sondern auf den Wohnsitz der Partei an.** Besonders hervorzuhebende Bestimmungen finden sich in Art. 5 Nr. 1 EuGVÜ/EuGVVO, Gerichtsstand des Erfüllungsortes, Art. 17 EuGVÜ/Art. 23 EuGVVO, Gerichtsstandvereinbarung, welche weniger strenge Anforderungen als § 38 ZPO hat und Art. 18 EuGVÜ/Art. 24 EuGVVO, wonach auch durch rügelose Einlassung ein Gerichtsstand begründet werden kann (s. o. A/Rz. 941 ff.; *Maurer* FA 2002, 130 ff.).

c) Entscheidungen über die internationale Zuständigkeit

193 Das Vorliegen der internationalen Zuständigkeit ist Sachurteilsvoraussetzung und daher vom Gericht in jeder Lage des Verfahrens von Amts wegen zu prüfen. **Die die internationale Zuständigkeit begründenden Umstände müssen am Ende der mündlichen Verhandlung in der letzten Tatsacheninstanz vorliegen.** Ist dies nicht der Fall, ist die Klage als unzulässig abzuweisen. Eine Verweisung an ein anderes ausländisches Gericht gem. den § 48 ArbGG, § 17 GVG ist nicht möglich. Diese Vorschriften setzen bereits die Zuständigkeit deutscher Gerichte voraus, regeln lediglich die Frage der Zulässigkeit des richtigen, vor deutschen Gerichten möglichen Rechtsweges, der richtigen Verfahrensart sowie der richtigen sachlichen und örtlichen Zuständigkeit (*LAG Rheinland-Pfalz* 15.10.1991 NZA 1992, 138). Wird das Fehlen der internationalen Zuständigkeit vom Gericht nicht erkannt, ergeht mithin kein Prozessurteil, sondern erlässt das Gericht ein Sachurteil, wird der Mangel der fehlenden internationalen Zuständigkeit durch den Eintritt der Rechtskraft geheilt (*LAG Rheinland-Pfalz* 15.10.1991 a. a. O.).

2. Rechtswegzuständigkeit

a) Verhältnis der Arbeitsgerichtsbarkeit zu anderen Gerichtsbarkeiten

194 Das Verhältnis der ArbG zu den ordentlichen Gerichten ist eine Frage der Rechtswegzuständigkeit (s. o. K/Rz. 4 f.).

195 Der Rechtsweg zu den ArbG ist ausschließlich in den in §§ 2 bis 3 ArbGG aufgeführten Streitigkeiten gegeben. Hierbei ist bestimmend der Streitgegenstand des Verfahrens, welcher im Urteilsverfahren durch die Klageschrift, im Beschlussverfahren durch den Antrag des Antragstellers und den jeweils dahinter stehenden Lebenssachverhalt bestimmt wird. Eine Zuständigkeit durch rügeloses Einlassen der Parteien oder durch eine Gerichtsstandsvereinbarung für Streitgegenstände, die nicht in den §§ 2, 2 a ArbGG aufgeführt sind, lässt sich nicht begründen (vgl. *BAG* 28.10.1997 – 9 AZB 35/97 –, bzgl. der Verneinung der Zuständigkeit für anwaltliche Gebührenklagen).

K. Gerichtsorganisation und Zuständigkeit

Für andere Streitigkeiten als für Arbeitssachen sind die ArbG nur dann zuständig, **196** wenn eine Zusammenhangsklage gem. § 2 Abs. 3 ArbGG vorliegt, eine Rechtsstreitigkeit zwischen einer juristischen Person und ihrem gesetzlichen Vertreter gem. § 2 Abs. 4 ArbGG aufgrund einer Vereinbarung zwischen den Parteien vor die ArbG gebracht wird oder der Rechtsstreit zwar eigentlich zur Zuständigkeit einer anderen Gerichtsbarkeit gehört, jedoch aufgrund einer fehlerhaften, aber bindenden Verweisung an die Arbeitsgerichtsbarkeit gelangt ist.

Daneben sollte nach der bisher h. M. mit einer **rechtswegfremden Forderung** seitens **197** des Beklagten **aufgerechnet werden können** (*LAG München* 10.3.1998 LAGE § 17 GVG Nr. 1; ausführlich *Grunsky* § 2 Rz. 11 ff.; *GMP* Einl. Rz. 43 ff.; GK-ArbGG/*Wenzel* § 2 Rz. 27 ff.; a. A. *Zöller/Gummer* § 17 GVG/Rz. 10). Begründet wurde dies mit der Neufassung des § 17 Abs. 2 GVG, wonach das Gericht des zulässigen Rechtsweges den Rechtsstreit unter allen in Betracht kommenden rechtlichen Gesichtspunkten zu entscheiden hat. **Das BAG (23.8.2001 NZA 2001, 1158) hat nunmehr allerdings eine Zuständigkeit für die Entscheidung über eine zur Aufrechnung gestellten rechtswegfremden Gegenforderung verneint.** Die Aufrechnung sei kein »rechtlicher Gesichtspunkt« i. S. d. § 17 Abs. 2 GVG, sondern ein selbstständiges Gegenrecht. Das Arbeitsgericht müsse daher in einem solchen Fall ein Vorbehaltsurteil nach § 302 ZPO erlassen und im Übrigen das Verfahren bis zur Entscheidung über die einem anderen Rechtsweg zugewiesene Gegenforderung aussetzen, § 148 ZPO.

Für die Erhebung einer Widerklage, auch einer hilfsweisen, gelten die allgemeinen **198** Zuständigkeitsvoraussetzungen, d. h. die Arbeitsgerichtsbarkeit muss für die Widerklageforderung gem. den §§ 2, 2 a ArbGG zuständig sein und sei es auch nur unter den Voraussetzungen einer Zusammenhangsklage gem. § 2 Abs. 3 ArbGG.

b) Entscheidung über die Zulässigkeit des Rechtswegs

Das ArbG hat in jeder Lage des Verfahrens von Amts wegen über die Zulässigkeit des **199** zu ihm beschrittenen Rechtswegs zu befinden; es handelt sich um eine Prozessvoraussetzung.

aa) Vorabentscheidungsverfahren

Hält das ArbG den Rechtsweg für zulässig und rügt ihn keine der Parteien, wird über **200** ihn i. d. R. konkludent in der Entscheidung mitentschieden. Hält es das Gericht für prozessökonomisch, kann es auch gem. § 17 a Abs. 3 S. 1 GVG eine Vorabentscheidung außerhalb der Hauptsacheentscheidung treffen.

Eine Vorabentscheidung ist durchzuführen, wenn eine Partei die Zulässigkeit des **201** **Rechtswegs rügt, § 17 a Abs. 3 S. 2 GVG.** Diese Rüge kann bis zur Beendigung der mündlichen Verhandlung zur Hauptsache 1. Instanz erhoben werden (*Kissel* NJW 1991, 945 [948]). Dies gilt selbst dann, wenn das Gericht in einer Vorabentscheidung bereits einmal konkludent die Zulässigkeit des Rechtswegs bejaht hat, z. B. bei einem stattgebenden Versäumnisurteil, über das nach eingelegtem Einspruch nunmehr im Hauptsacheverfahren zu befinden ist. Eine Bindungswirkung an dieses Versäumnisurteil gem. § 318 ZPO bezüglich der Zulässigkeit des Rechtswegs besteht nach § 343 ZPO nicht.

Der Gegenpartei ist vor der Vorabentscheidung rechtliches Gehör zu gewähren. Die **202** Anhörung kann schriftlich erfolgen, da gem. § 17 a Abs. 4 S. 1 GVG die Entscheidung über die Rüge außerhalb der mündlichen Verhandlung durch Beschluss ergehen kann. Diese Entscheidung hat in Abweichung zu § 53 ArbGG stets durch die vollbesetzte Kammer des ArbG zu erfolgen, § 48 Abs. 1 Nr. 2 ArbGG. Die Anwendung die-

K. Gerichtsorganisation und Zuständigkeit

ser Bestimmung ist in der Praxis Zeit raubend und unbefriedigend, da die ehrenamtlichen Richter in aller Regel weder Interesse noch Kenntnisse für diese rein juristisch zu klärenden Verfahrensfragen mitbringen. Alleine darf der Vorsitzende nur unter den Voraussetzungen des § 944 ZPO im einstweiligen Rechtschutzverfahren entscheiden.

203 **Geht das Gericht von der Unzulässigkeit des zu ihm beschrittenen Rechtswegs aus, ist das Vorabentscheidungsverfahren gem. § 17 a Abs. 4 GVG zwingend durchzuführen.** Eine Entscheidung im Hauptsacheverfahren, insbesondere eine Abweisung der Klage oder des Antrags als unzulässig, ist nach der Neufassung des § 17 GVG nicht mehr möglich. Der Rechtsstreit ist vielmehr von Amts wegen an das zuständige Gericht des zuständigen Rechtswegs zu verweisen. Auch in diesem Fall ist den Parteien vor der Entscheidung des ArbG rechtliches Gehör zu gewähren.

204 Kann die vor dem ArbG in einer bürgerlich-rechtlichen Streitigkeit erhobene Klage nur dann Erfolg haben, wenn der Kläger Arbeitnehmer ist (**sic-non-Fall**), z. B. bei Kündigungsschutzklagen nach §§ 4, 13 KSchG, reicht nach Ansicht des 5. Senats des *BAG* (24.4.1996 EzA § 2 ArbGG 1979 Nr. 31) allerdings die bloße Rechtsansicht des Klägers, er sei Arbeitnehmer, zur Bejahung der arbeitsgerichtlichen Zuständigkeit aus. Ist er es tatsächlich nicht, ist die Klage vom ArbG nicht an das Gericht eines anderen Rechtswegs zu verweisen, sondern als unbegründet abzuweisen.

Kann der Klageanspruch sowohl auf eine arbeitsrechtliche Rechtsgrundlage gestützt werden als auch auf eine zivil- oder öffentlich-rechtliche, ist das Arbeitsgericht zuständig, wenn es als erstes Gericht angegangen wird. Dies ergibt sich aus § 17 Abs. 2 GVG (**et-et-Fall**).

Beispiel: Es wird ein Zahlungsanspruch nach Ausbleiben der erhofften Erbeinsetzung auf den Gesichtspunkt der fehlgegangenen Vergütungserwartung gestützt und auf ein testamentarisches Vermächtnis.

Wird ein Klageanspruch auf sich ausschließende Anspruchsgrundlagen gestützt (**aut-aut-Fall**) und ist der Rechtsweg zur Arbeitsgerichtsbarkeit nur bei Vorliegen einer Anspruchsgrundlage gegeben, sind die zuständigkeitsbegründenden Tatsachen notfalls im Wege der Beweisaufnahme zu klären. Liegen sie nicht vor, ist der Rechtsstreit an die zuständige Gerichtsbarkeit zu verweisen (GK-ArbGG/ *Wenzel* § 2 Rz. 279 ff.).

Beispiel: Vergütungsanspruch aus einem freien Dienstverhältnis oder Tariflohnanspruch aus einem Arbeitsverhältnis.

205 Die Entscheidung ergeht durch Beschluss in voller Kammerbesetzung. Der Tenor des Beschlusses setzt sich dabei aus zwei Teilen zusammen. Zunächst wird die Unzulässigkeit des beschrittenen Rechtswegs ausgesprochen und sodann der Rechtsstreit an das zuständige Gericht verwiesen. Im Verweisungsbeschluss wird nicht nur der richtige Rechtsweg aufgezeigt, sondern es muss auch das örtliche und funktionell zuständige Gericht bestimmt werden.

206 **Beispiel:**
Das ArbG Kaiserslautern erklärt sich für unzuständig und verweist den Rechtsstreit an das zuständige Landgericht Kaiserslautern.

K. Gerichtsorganisation und Zuständigkeit

bb) Teilverweisung
Eine Teilverweisung des Rechtsstreits ist grds. nicht möglich. Etwas anderes gilt nur 207
bei einer objektiven Klagehäufung, wenn einzelne geltend gemachte Ansprüche nicht
zur Zuständigkeit der Arbeitsgerichtsbarkeit gehören. In diesem Falle ist nach Abtrennung der zu verweisenden Ansprüche gem. § 145 ZPO eine Teilverweisung möglich (*GMP* § 48 Rz. 35).

cc) Bindung an die Anträge
Da die Bestimmung des zuständigen Gerichts von Amts wegen erfolgt, ist das Gericht 208
grds. nicht an die Anträge der Parteien gebunden. **Etwas anderes gilt nur dann, wenn den Parteien ein Bestimmungsrecht innerhalb des Rechtswegs zukommt,** an den der Rechtsstreit verwiesen wird, z. B. bei mehreren örtlich zuständigen Gerichten, und der Kläger ein solches Wahlrecht zumindest hilfsweise vor der Entscheidung gegenüber dem Gericht ausgeübt hat.

dd) Rechtsmittel gegen den Verweisungsbeschluss
Sowohl die positive als auch die negative Rechtswegentscheidung des ArbG ist mit 209
der sofortigen Beschwerde gem. § 17 a Abs. 4 S. 3 GVG anfechtbar. Deshalb ist der Verweisungsbeschluss zu begründen. Er wird, wenn er in mündlicher Verhandlung ergeht, mit seiner Verkündung, ansonsten mit Zustellung gem. § 329 Abs. 3 ZPO wirksam.
Entscheidet das ArbG über die Zulässigkeit des Rechtswegs in der Hauptsacheent- 210
scheidung selbst, da keine der Parteien die Rechtswegzuständigkeit vorab gerügt
hat, tritt die Bindungswirkung unmittelbar ein, da eine erstmalige Rüge erst in der
Rechtsmittelinstanz gem. § 17 a Abs. 5 GVG nicht möglich ist (*BAG* 9.7.1996 EzA
§ 65 ArbGG Nr. 3; 14.12.1998 NZA 1999, 391).
Lediglich wenn das ArbG entgegen § 48 Abs. 1 ArbGG i. V. m. § 17 a Abs. 3 S. 2 GVG 211
trotz der Rüge einer Partei erst in der Hauptsacheentscheidung über die Rechtswegzuständigkeit befindet, ohne zuvor ein Vorabentscheidungsverfahren durchzuführen,
gilt der **Meistbegünstigungsgrundsatz**. Die beschwerte Partei kann dann wahlweise
sofortige Beschwerde gem. § 17 a Abs. 4 S. 2 GVG oder das Rechtsmittel einlegen, das
gegen die Hauptsacheentscheidung gegeben wäre (*BAG* 26.3.1992 EzA § 48 ArbGG
1979 Nr. 5).
Gegen die Entscheidung des LAG ist unter den Voraussetzungen des § 17 a Abs. 4 212
GVG die weitere Beschwerde möglich. Die Nichtzulassung der weiteren Beschwerde
ist grds. nicht anfechtbar (*BAG* 22.10.1999 NZA 2000, 503).

ee) Bindungswirkung des Verweisungsbeschlusses
Erwächst ein die Unzulässigkeit des Rechtswegs aussprechender Beschluss in Rechts- 213
kraft, hat dieser eine **aufdrängende Wirkung** für das Gericht, an das der Rechtsstreit
verwiesen worden ist, § 17 a Abs. 2 S. 3 GVG. Insbesondere ist eine Zurückverweisung
ausgeschlossen, selbst wenn die Verweisung fehlerhaft erfolgt sein sollte. Allerdings
bindet der Verweisungsbeschluss lediglich hinsichtlich des Rechtswegs, d. h. eine Weiterverweisung innerhalb des Rechtswegs an ein anderes, z. B. örtlich zuständiges Gericht bleibt möglich (*BAG* 1.7.1992 EzA § 17 a GVG Nr. 1).
Lediglich in Ausnahmefällen, bei offensichtlicher Gesetzeswidrigkeit, kommt einem 214
Verweisungsbeschluss für das Gericht, an den der Rechtsstreit verwiesen wird, keine
Bindungswirkung zu (vgl. *BAG* 1.7.1992 EzA § 17 a GVG Nr. 1).

K. Gerichtsorganisation und Zuständigkeit

3. Sachliche Zuständigkeit

215 Die sachliche Zuständigkeit der ArbG, d. h. die Zuständigkeit nach der Art der Angelegenheit, ergibt sich aus den §§ 2 bis 4 ArbGG, wobei § 2 ArbGG die Zuständigkeit im Urteilsverfahren, § 2 a ArbGG im Beschlussverfahren, § 3 ArbGG die im Falle der Rechtsnachfolgeschaft oder der gesetzlichen Prozessstandschaft und § 4 ArbGG die Möglichkeit des Ausschlusses der Arbeitsgerichtsbarkeit regelt.

216 §§ 2 ff. ArbGG knüpfen dabei hinsichtlich der sachlichen Zuständigkeit an die Parteien des Streitverhältnisses sowie an die Art des Rechtsverhältnisses an. Auszugehen ist dabei vom durch den Klage- bzw. Beschlussantrag bestimmten Streitgegenstand bzw. Verfahrensgegenstand (*BAG* 27.3.1990 EzA § 2 ArbGG 1979 Nr. 18).

217 Ist die sachliche Zuständigkeit der ArbG gegeben, haben sie den Rechtsstreit unter allen in Betracht kommenden rechtlichen Gesichtspunkten zu überprüfen, § 17 Abs. 2 GVG, auch wenn dabei ggf. auch über miteinander konkurrierende Ansprüche zu entscheiden ist, für die eigentlich ein anderes Gericht zuständig wäre (s. o. K/Rz. 196 ff.).

218 Das ArbG erster Instanz hat die sachliche Zuständigkeit von Amts wegen in jeder Phase des Verfahrens zu prüfen. Es hat darüber entweder konkludent bei Bejahung der Zuständigkeit in seiner Entscheidung, ansonsten entsprechend der Verfahrensvorschriften der §§ 17 ff. GVG zu entscheiden (s. o. K/Rz. 200 ff.). Eine erneute Prüfung der sachlichen Zuständigkeit in der Berufungsinstanz findet hingegen nicht statt, § 65 ArbGG.

a) Zuständigkeit im Urteilsverfahren

219 Gemeinsame Voraussetzung aller enumerativ aufgezählten Zuständigkeitsregelungen ist, dass es sich bei dem Streitverhältnis um eine **bürgerliche Rechtsstreitigkeit** handelt, d. h. die beteiligten Parteien auf der Ebene der Gleichordnung sich gegenüber stehen und über Rechtsfolgen oder Rechtsverhältnisse streiten, die dem Privatrecht angehören (*Kissel* § 13 Rz. 9 ff.).

aa) Streitigkeiten aus/über das Bestehen von Tarifverträgen

220 Nach § 2 Abs. 1 Nr. 1 ArbGG sind die ArbG zuständig für bürgerliche Rechtsstreitigkeiten zwischen Tarifvertragsparteien oder zwischen diesen und Dritten aus Tarifverträgen oder über deren Bestehen oder Nichtbestehen.

221 **Eine der Parteien muss eine Tarifvertragspartei sein** (zum Begriff § 2 TVG). Auf der anderen Seite des Rechtsstreits kann ebenfalls eine Tarifvertragspartei stehen, wobei es nicht ausgeschlossen ist, dass auf beiden Seiten Arbeitgeber oder Gewerkschaften sich gegenüberstehen, oder aber ein Dritter. **Dritter ist dabei jeder, der nicht selbst Partei des Tarifvertrages ist**, insbesondere Mitglieder der tarifvertragsschließenden Koalitionen.

222 Der Streitgegenstand muss entweder seine Grundlage in einem Tarifvertrag haben, weil ein Anspruch aus einem Tarifvertrag geltend gemacht wird, oder dieser muss selbst Gegenstand eines Feststellungsstreits sein.

223 Es sind dabei sowohl Streitigkeiten hinsichtlich des obligatorischen, als auch des normativen Teils eines Tarifvertrags denkbar.

224 **Beispiele:**
– Streitigkeiten auf Durchführung des Tarifvertrages, z. B. auf Einwirkung auf die Verbandsmitglieder der gegnerischen Tarifvertragspartei (*BAG* 29.4.1992 EzA § 1 TVG Durchführungspflicht Nr. 2);

K. Gerichtsorganisation und Zuständigkeit

- Geltendmachung eines Anspruchs auf Wahrung der Friedenspflicht und damit Unterlassung von Arbeitskampfmaßnahmen (*BAG* 21.12.1982 EzA § 1 TVG Friedenspflicht Nr. 1);
- Ansprüche auf Führung von Tarifverhandlungen gegen die gegnerische Tarifvertragspartei (*GMP* § 2 Rz. 12);
- Streitigkeiten hinsichtlich des normativen Teils eines Tarifvertrages können z. B. die Wirksamkeit des Tarifvertrags, seinen Bestand, seinen Fortbestand, seinen zeitlichen, räumlichen und beruflichen Geltungsbereich oder seine Auslegung betreffen (MünchArbR/*Brehm* § 389 Rz. 17).

Die ArbG haben ferner darüber zu entscheiden, wenn der Streit darum geht, ob ein Tarifvertrag besteht oder nicht. Darunter fallen Streitigkeiten über seinen wirksamen Abschluss, seine Gültigkeit oder die Wirksamkeit seiner Kündigung (*BAG* 26.9.1984 EzA § 1 TVG Nr. 18). 225

Erforderlich ist dabei nicht, dass der gesamte Tarifvertrag im Streit steht. Es genügt, wenn nur über die Wirksamkeit oder den Inhalt einer oder mehrerer Normen gestritten wird (*BAG* 28.9.1977 EzA § 9 TVG Nr. 2). Schließlich fällt auch der Streit über den Umfang oder über die Wirksamkeit einer Allgemeinverbindlicherklärung eines Tarifvertrages unter § 2 Abs. 1 Nr. 1 ArbGG (*GMP* § 2 Rz. 18). 226

Rechtskräftigen Entscheidungen in Rechtsstreitigkeiten zwischen Tarifvertragsparteien kommt gem. § 9 TVG Bindungswirkung für Verfahren zwischen tarifgebundenen Parteien sowie zwischen diesen und Dritten zu (*Wiedemann* § 9 Rz. 34 ff.). 227

bb) Arbeitskampfstreitigkeiten, § 2 Abs. 1 Nr. 2 ArbGG

Nach § 2 Abs. 1 Nr. 2 ArbGG sind die ArbG für Rechtsstreitigkeiten zwischen tariffähigen Parteien oder zwischen diesen und Dritten aus unerlaubten Handlungen zuständig, soweit es sich **um Maßnahmen zum Zwecke des Arbeitskampfes oder um Fragen der Vereinigungsfreiheit einschließlich des hiermit im Zusammenhang stehenden Betätigungsrechts der Vereinigung handelt.** 228

Beispiele: 229
- Betätigungsrecht einer Vereinigung,
- Zutrittsrecht einer Gewerkschaft zu einem Betrieb,
- Wahl der Vertrauensleute im Betrieb (*BAG* 8.12.1978 EzA Art. 9 GG Nr. 28),
- Fragen der Mitgliederwerbung (vgl. zum Aushängen von Plakaten *BAG* 30.8.1983 EzA Art. 9 GG Nr. 37; zum Verteilen von Zeitungen im Betrieb *BAG* 23.2.1979 EzA Art. 9 GG Nr. 30),
- Ehrenrührige Äußerungen eines Gewerkschaftssekretärs (Vorwurf mangelnder Tariftreue) gegenüber dem Arbeitgeber (*BAG* 29.10.2001 – 5 AZB 44/00 –).

Auf einer Seite des Rechtsstreits muss eine tatsächlich tariffähige Partei stehen. Insofern unterscheidet sich der Wortlaut des § 2 Abs. 1 Nr. 2 ArbGG von dem der Nr. 1. In der Literatur wird allerdings vertreten, dass die Partei nur grds. tariffähig sein muss, jedoch noch nicht alle Merkmale einer tatsächlich tariffähigen Partei aufweisen muss, z. B. wenn die »Mächtigkeit« noch fehlt (GK-ArbGG/*Wenzel* § 2 Rz. 91; vgl. *BAG* 17.2.1998 EzA Art. 9 GG Nr. 63). Die andere Partei des Rechtsstreits kann ebenfalls eine tariffähige Partei sein, z. B. bei einem Streit konkurrierender Gewerkschaften 230

Luczak   2397

hinsichtlich Maßnahmen eines Arbeitskampfes. Die Gegenpartei kann aber auch ein einzelner Arbeitgeber oder ein unabhängiger Dritter sein.

231 Streitgegenstand muss ein Anspruch aus unerlaubter Handlung zum Zwecke der Durchführung eines Arbeitskampfes sein oder er muss Fragen der Vereinigungsfreiheit berühren. Der Begriff der unerlaubten Handlung ist dabei weit auszulegen und ist nicht an die Voraussetzungen der §§ 823 ff. BGB gebunden (*BAG* 18.8.1987 EzA § 72 a ArbGG 1979 Nr. 49). Erfasst werden sollen alle Rechtsstreitigkeiten aus der Beteiligung der Koalition am Arbeitskampf oder hinsichtlich möglicher Eingriffe in die Vereinigungsfreiheit, deren Zulässigkeit oder Rechtmäßigkeit umstritten ist, soweit es sich um eine bürgerlich-rechtliche Streitigkeit handelt.

232 Maßnahmen zum Zwecke des Arbeitskampfes liegen vor, sobald eine kollektive Druckausübung durch Arbeitnehmer oder Arbeitgeber gegeben ist, durch die das Arbeitsverhältnis berührt wird. Der Begriff geht daher über die herkömmlichen Arbeitskampfmittel wie Streik, Aussperrung und Boykott hinaus (*BAG* 31.10.1958 AP Nr. 2 zu § 1 TVG Friedenspflicht). **Eine Zuständigkeit ist nur gegeben, wenn unerlaubte Handlungen als Maßnahme zum Zwecke des Arbeitskampfes begangen werden, nicht lediglich anlässlich eines Arbeitskampfes.** Streitig ist, ob arbeitskampfübliche Maßnahmen, z. B. ein Streik, auch dann die Zuständigkeit der ArbG begründen, wenn es sich tatsächlich um politische Kampfmaßnahmen handelt (so *GMP* § 2 Rz. 36; a. A. MünchArbR/*Brehm* § 378 Rz. 23).

233 Bei Rechtsstreitigkeiten zwischen Koalitionen und ihren Mitgliedern kommt es auf die Art des Rechtsstreits an. Handelt es sich lediglich um Streitigkeiten aus der vereinsrechtlichen Zugehörigkeit, gehören sie vor die ordentlichen Gerichte. Fragen wie die Pflicht zur Aufnahme eines Bewerbers oder seines Ausschlusses sind vom ArbG zu entscheiden (MünchArbR/*Brehm* § 389 Rz. 23).

cc) Bürgerliche Rechtsstreitigkeiten zwischen Arbeitnehmern und Arbeitgebern, § 2 Abs. 1 Nr. 3 a ArbGG

234 § 2 Abs. 1 Nr. 3 a ArbGG begründet eine umfassende Zuständigkeit der ArbG für bürgerliche Rechtsstreitigkeiten zwischen Arbeitnehmern und Arbeitgebern aus den zwischen ihnen bestehenden Arbeitsverhältnissen.

(1) Arbeitnehmerbegriff

235 Der Arbeitnehmerbegriff bestimmt sich nach § 5 ArbGG. Darunter fallen Arbeiter, Angestellte und zu ihrer Berufsausbildung Beschäftigte. Es gilt auch hier die allgemeine Definition des »Arbeitnehmerbegriffs« (s. o. A/Rz. 40 ff.), d. h. es handelt sich um Personen, die aufgrund privatrechtlichen Vertrages in persönlicher Abhängigkeit weisungsgebundene und fremdbestimmte Arbeit für einen anderen entgeltlich erbringen. Unwesentlich ist es, ob auch eine wirtschaftliche Abhängigkeit besteht (*BAG* 13.5.1996 EzA § 5 ArbGG 1979 Nr. 14).

Nicht als Arbeitnehmer i. S. d. ArbGG **gelten** nach § 5 Abs. 1 S. 3 ArbGG Personen in Personengesamtheiten und juristischen Personen, die diese kraft Gesetzes, Satzung oder Gesellschaftsvertrag – nicht kraft rechtsgeschäftlicher Vollmacht! (*BAG* 5.5.1997 EzA § 5 ArbGG 1979 Nr. 21) – allein oder als Mitglied des Vertretungsorgans vertreten. Dies gilt auch für den Geschäftsführer einer Vor-GmbH (*BAG* 13.5.1996 EzA § 5 ArbGG 1979 Nr. 4).

Ein Dienstnehmer, der zum Geschäftsführer einer GmbH bestellt werden soll, wird auch nicht dadurch zum Arbeitnehmer, dass die Bestellung zum Geschäftsführer unterbleibt (*BAG* 25.6.1997 EzA § 2 ArbGG 1979 Nr. 37).

K. Gerichtsorganisation und Zuständigkeit

Für Klagen eines Geschäftsführers einer GmbH gegen die Kündigung seines Anstel- 236
lungsverhältnisses sind die ArbG wegen § 5 Abs. 1 S. 3 ArbGG selbst dann nicht zuständig, wenn aufgrund interner Weisungsgebundenheit das Anstellungsverhältnis materiell als Arbeitsverhältnis anzusehen ist (*BAG* 6.5.1999 EzA § 5 ArbGG 1979 Nr. 33; vgl. *BAG* 23.8.2001 – 5 AZB 9/01 –).

Bei »zur Berufsausbildung Beschäftigten« ist unerheblich, ob sie ein Entgelt erhalten 237
und ob es sich um eine Grundausbildung oder eine Fortbildung handelt (*BAG* 10.2.1981 EzA § 5 BetrVG 1972 Nr. 37). Unter diese Gruppe fallen auch Umschüler, Volontäre und Praktikanten. Notwendig ist allerdings, dass die Ausbildung aufgrund privatrechtlichen Vertrages erfolgt (*BAG* 21.5.1997, 24.2.1999 EzA § 5 ArbGG 1979 Nr. 22, 32).

Den Arbeitnehmern gleichgestellt sind Heimarbeiter und solche Personen, die wegen 238
ihrer **wirtschaftlichen Abhängigkeit** als arbeitnehmerähnliche Personen anzusehen sind, § 5 Abs. 1 S. 2 ArbGG (s. o. A/Rz. 207 ff.; *BAG* 14.1.1997 EzA § 5 ArbGG 1979 Nr. 16).

Für die Frage der Zuständigkeit der Arbeitsgerichtsbarkeit ist hierbei eine Wahlfeststellung zulässig (*BAG* 14.1.1997 EzA § 5 ArbGG 1979 Nr. 16; vgl. zum Franchisenehmer *BAG* 16.7.1997 EzA § 5 ArbGG 1979 Nr. 16, 24).

Nach § 5 Abs. 3 ArbGG sind schließlich Handelsvertreter Arbeitnehmer i. S. d. 239
ArbGG, wenn sie die in der Vorschrift genannte Verdienstgrenze nicht überschreiten und wenn sie vertraglich nicht für weitere Unternehmen tätig werden dürfen oder dies aufgrund Art und Umfang der Tätigkeit gar nicht möglich ist (zur Abgrenzung von Handelsvertretern zu kaufmännischen Angestellten vgl. *BAG* 21.2.1990 EzA § 611 BGB Arbeitnehmerbegriff Nr. 32). Maßgeblich sind dabei die tatsächlich verdienten Entgelte, nicht die gezahlten Vorschüsse. § 5 Abs. 3 ArbGG stellt eine abschließende Regelung für Handelsvertreter i. S. d. § 84 HGB dar, ein Rückgriff auf § 5 Abs. 1 S. 2 ArbGG, etwa ob es sich auch um arbeitnehmerähnliche Personen handelt, ist unzulässig (*BAG* 6.5.1999 EzA § 5 ArbGG 1979 Nr. 33).

(2) Arbeitgeberbegriff

Arbeitgeber ist jede natürliche oder juristische Person, die einen Arbeitnehmer be- 240
schäftigt. Bei einer Personengesellschaft sind neben der Gesellschaft auch die persönlich haftenden Gesellschafter Arbeitgeber i. S. d. § 2 ArbGG (*BAG* 13.6.1997 NZA 1997, 1128), z. B. bei einer GmbH & Co KG auch die Komplementär GmbH.

Im Leiharbeitsverhältnis ist die Arbeitgeberfunktion zwischen dem Verleiher und 241
Entleiher aufgeteilt (s. o. C/Rz. 3466, 3505, 3508 ff.). Soweit Ansprüche des Leiharbeitnehmers gegen den Entleiher geltend gemacht werden, mit dem er keinen eigenen Arbeitsvertrag hat, auf den jedoch Arbeitgeberrechte kraft Vertrages mit dem Entleiher übergegangen sind, ist auch dieser Arbeitgeber i. S. d. § 2 Abs. 1 Nr. 3 ArbGG (*GMP* § 2 Rz. 52).

(3) Streitigkeiten aus dem Arbeitsverhältnis

Die Zuständigkeit besteht bei Streitigkeiten aus dem Arbeitsverhältnis. Ob ein Ar- 242
beitsverhältnis dabei rechtswirksam begründet worden ist oder noch fortbesteht oder bereits beendet ist, ist für die Frage der sachlichen Zuständigkeit unerheblich. Entscheidend ist allein, dass ein solches bestanden hat oder begründet werden sollte (*LAG Hessen* 12.8.1997 LAGE § 2 ArbGG 1979 Nr. 27).

K. Gerichtsorganisation und Zuständigkeit

243 Darunter fallen z. B. auch Streitigkeiten aus faktischen Arbeitsverhältnissen (s. o. B/Rz. 435 ff.), aus unzulässiger Schwarzarbeit, aus fingierten Arbeitsverhältnissen zwischen Entleiher und Leiharbeitnehmer gem. § 10 AÜG, sowie aus dem Arbeitsverhältnis mit zugewiesenen Arbeitslosen gem. § 260 SGB III, nicht jedoch Klagen ehemaliger Zwangsarbeiter (*BAG* 16.2.2000 – 5 AZB 71/99 –).

244 Unerheblich ist aufgrund welcher Anspruchsgrundlage Ansprüche aus dem Arbeitsverhältnis geltend gemacht werden: ob aus dem Arbeitsvertrag, aus Gesetzen, Tarifverträgen oder Betriebsvereinbarungen.

245 Ein Anspruch aus einem Arbeitsverhältnis liegt auch dann vor, wenn er durch Vergleich oder Schuldanerkenntnis umgestaltet worden ist. Bei gemischten Verträgen kommt es darauf an, aus welchem Teil des Vertrages der Streitgegenstand hergeleitet wird. Geht es um Streitigkeiten hinsichtlich des gesamten Vertrages, sind grds. die Gerichte für Arbeitssachen zuständig (MünchArbR/*Brehm* § 389 Rz. 34). Streitigkeiten hinsichtlich Werkmietwohnungen nach § 565 b BGB gehören zur Zuständigkeit der Amtsgerichte, § 29 a ZPO; hinsichtlich Werkdienstwohnungen gem. § 565 e BGB zur Zuständigkeit der Arbeitsgerichte (*BAG* 2.11.1999 NZA 2000, 277).

246 Bei Ansprüchen aus dem BetrVG ist zu differenzieren: Hat der Anspruch seine Grundlage im Arbeitsverhältnis und ist er nur durch betriebsverfassungsrechtliche Vorschriften, z. B. im Umfang, beeinflusst, ist er im Urteilsverfahren nach § 2 Abs. 1 Nr. 3 a) ArbGG geltend zu machen. Hat er hingegen seine Grundlage direkt im BetrVG, ist er im Beschlussverfahren nach § 2 a Abs. 1 Ziff. 1 ArbGG geltend zu machen.

247 **Beispiele für im Urteilsverfahren geltend zu machende Ansprüche:**
– Anspruch eines Auszubildenden auf Weiterbeschäftigung gem. § 78 a BetrVG (*BAG* 15.12.1983 EzA § 78 a BetrVG 1972 Nr. 13);
– Ansprüche des Arbeitnehmers gem. § 102 Abs. 5 BetrVG;
– Ansprüche der Arbeitnehmer auf Nachteilsausgleich gem. § 113 Abs. 3 BetrVG (*BAG* 28.6.1978 EzA § 4 TVG Ausschlussfristen Nr. 34);
– Vergütungsansprüche von Betriebsratsmitgliedern während Betriebsratstätigkeit oder bei Besuch von Schulungsveranstaltungen (*BAG* 30.1.1973 EzA § 37 BetrVG 1972 Nr. 5), nicht aber Ansprüche auf Ersatz der Schulungskosten und Fahrtkosten, die ihre Grundlage in § 40 Abs. 1 BetrVG haben und deswegen im Beschlussverfahren nach § 2 a Abs. 1 Nr. 1 ArbGG geltend zu machen sind;
– Geltendmachung von Lohnansprüchen durch den Wahlvorstand gem. § 20 Abs. 3 S. 2 BetrVG (*BAG* 11.5.1973 EzA § 20 BetrVG 1972 Nr. 2);
– Geltendmachung von Freizeitausgleich durch ein Betriebsratsmitglied nach § 37 Abs. 3 BetrVG (*BAG* 21.5.1974 EzA § 37 BetrVG 1972 Nr. 24);
– Zahlung von Arbeitsentgelt für Zeiten der Teilnahme an einer Betriebsversammlung nach §§ 20 Abs. 3, 44 Abs. 1 BetrVG (*BAG* 1.10.1974 EzA § 44 BetrVG 1972 Nr. 3);
– Ansprüche der Arbeitnehmer nach den §§ 81 ff. BetrVG bzgl. Anhörungs-, Erörterungs- und Unterrichtungsrechte;
– Schadensersatzanspruch eines Betriebsratsmitgliedes wegen Benachteiligung bei einer Beförderung (*BAG* 31.10.1985 AP Nr. 5 zu § 46 BPersVG).

K. Gerichtsorganisation und Zuständigkeit

Im Mittelpunkt stehen in der Praxis Vergütungs- oder Zeugnisansprüche des Arbeitnehmers und Ansprüche des Arbeitgebers auf Arbeitsleistung oder Schadenersatzansprüche wegen Verletzung arbeitsvertraglicher Haupt- oder Nebenpflichten. 248

dd) Streitigkeiten über das Bestehen oder Nichtbestehen eines Arbeitsverhältnisses
Unter die Zuständigkeitsnorm des § 2 Abs. 1 Nr. 3 b ArbGG fallen der überwiegende Teil der bei den ArbG anhängigen Prozesse, nämlich die Kündigungsschutzverfahren. Daneben fallen hierunter Streitverfahren über die Frage der Wirksamkeit einer vereinbarten Befristung, einer erklärten Anfechtung des Arbeitsvertrages oder auch der Wirksamkeit oder der tatsächlichen Erklärung einer behaupteten Eigenkündigung des Arbeitnehmers, die Frage, ob zwischen Entleiher und Leiharbeitnehmer ein Arbeitsverhältnis nach § 10 AÜG zustande gekommen ist und ob zwischen Auszubildenden und Ausbilder ein Arbeitsverhältnis nach § 78 a BetrVG bzw. § 9 BPersVG zustande gekommen ist, sowie auch Streitigkeiten über den Inhalt eines Arbeitsverhältnisses, z. B. Statusklagen von freien Mitarbeitern (*BAG* 22.6.1977 EzA § 611 BGB Abhängigkeit Nr. 24). 249

Kann die erhobene Klage nur dann Erfolg haben, wenn der Kläger Arbeitnehmer ist (sic-non-Fall), reicht die bloße Rechtsansicht des Klägers, er sei Arbeitnehmer, zur Begründung der arbeitsgerichtlichen Zuständigkeit aus (*BAG* 24.4.1996 EzA § 2 ArbGG 1979 Nr. 31; 10.12.1996 NZA 1997, 674; zu den aut-aut und et-et-Fällen s. o. K/Rz. 204; vgl. *Schliemann* FA 1998, 173 ff.). 250
Ein sic-non-Fall liegt dabei bereits dann vor, wenn der Antrag lautet:»... dass das Arbeitsverhältnis durch die Kündigung vom ... nicht beendet wird.« Auf die Wirksamkeit der Kündigung, auch zum ausgesprochenen Zeitpunkt, kommt es dabei nicht an. In dem Antrag ist der Streitgegenstand enthalten, dass das Vertragsverhältnis ein Arbeitsverhältnis ist. Der Klageerfolg hängt damit unabhängig von der Wirksamkeit der Kündigung auch von Tatsachen ab, die für die Bestimmung des Rechtswegs entscheidend sind. Konsequenz dieser Antragstellung ist es, dass die Klage bereits dann als unbegründet abzuweisen ist, wenn kein Arbeitsverhältnis vorliegt, ohne dass dabei über die Wirksamkeit der Kündigung des Vertragsverhältnisses an sich eine Entscheidung ergeht (*BAG* 19.12.2000 NZA 2001, 285).

Soll auch darüber eine Entscheidung ergehen, ist es sachdienlich, einen entsprechenden eigenständigen Antrag zu stellen, ggf. als Hilfsantrag. Bevor über diesen Antrag entschieden werden kann, ist auch diesbezüglich über die Zuständigkeit zu befinden. Sie kann sich aus § 5 Abs. 1 Nr. 2 ArbGG ergeben oder aus § 2 Abs. 3 ArbGG. Gegen Letzteres bestehen allerdings Bedenken wegen Erschleichung des Rechtswegs. Ist für den Hilfsantrag der Rechtsweg zu den Gerichten für Arbeitssachen nicht gegeben, ist das Verfahren insofern abzutrennen und an die ordentliche Gerichtsbarkeit zu verweisen (*BAG* 19.12.2000 a. a. O.). 251

ee) Verhandlungen über und Nachwirkungen aus Arbeitsverträgen, § 2 Abs. 1 Nr. 3 c ArbGG
Hierunter fallen Schadensersatzansprüche im Rahmen von Vorverhandlungen über die Eingehung eines Arbeitsverhältnisses, insbesondere Fragen des Ersatzes von Vorstellungskosten oder Ansprüche gem. § 611 a BGB wegen Verstoßes gegen das Be- 252

K. Gerichtsorganisation und Zuständigkeit

nachteiligungsverbot, Ansprüche auf Rückgabe eingesandter Bewerbungsunterlagen, auf Mitteilung von Ergebnissen durchgeführter Tests oder auf Löschung gespeicherter persönlicher Daten (*BAG* 6.6.1984 EzA Art. 2 GG Nr. 2).

253 Ansprüche aufgrund des Nachwirkens eines Arbeitsverhältnisses kommen in Betracht bei Verstößen gegen Wettbewerbsverbote, bei Ansprüchen auf Gewährung von Ruhegeldern (*BAG* 22.10.1990 NZA 1991, 935), auf Erteilung von Zeugnissen oder Auskünfte, bei der Geltendmachung von Schadensersatzansprüchen wegen falscher Auskünfte. Auf Arbeitgeberseite kommen Klagen auf Rückgabe von Arbeitsunterlagen oder Arbeitsgerät und auf Rückzahlung von Arbeitgeberdarlehen oder Gratifikationen oder Ausbildungskosten bei vorzeitiger Lösung eines Arbeitsverhältnisses vor.

ff) Ansprüche aus unerlaubter Handlung, § 2 Abs. 1 Nr. 3 d ArbGG

254 **§ 2 Abs. 1 Nr. 3 d ArbGG setzt voraus,** dass die behauptete unerlaubte Handlung mit dem Arbeitsverhältnis im Zusammenhang steht, d. h. eine Verletzung arbeitsvertraglicher Pflichten mit sich bringt oder zumindest durch das Arbeitsverhältnis die tatsächlichen Voraussetzungen für die Begehung der unerlaubten Handlung geschaffen wurden.

255 Der Begriff der unerlaubten Handlung ist dabei weit auszulegen und umfasst auch Tatbestände der reinen Gefährdungshaftung (*GMP* § 2 Rz. 73). Der Tatbestand muss entweder zwischen den Arbeitsvertragsparteien verübt worden sein oder der Arbeitgeber muss in den Fällen der §§ 31, 831 BGB als gesetzlicher Vertreter oder für seinen Erfüllungsgehilfen in Anspruch genommen werden.
Die ArbG sind analog § 2 Abs. 1 Nr. 3 d ArbGG zuständig, wenn ein Arbeitnehmer einer juristischen Person deren Geschäftsführer wegen unerlaubter Handlung verklagt (*BAG* 24.6.1996 EzA § 2 ArbGG 1979 Nr. 32).

256 Der Zeitpunkt der Tatbegehung ist unmaßgeblich. Er kann sowohl vor Beginn, während oder auch nach Beendigung des Arbeitsverhältnisses begangen worden sein (vgl. *OLG Frankfurt* 15.8.1991 DB 1991, 2680).

gg) Streitigkeiten über Arbeitspapiere, § 2 Abs. 1 Nr. 3 e ArbGG

257 **Die ArbG sind zuständig** für die Ansprüche auf Ausstellung und Herausgabe von Arbeitspapieren, hingegen nicht auf ordnungsgemäße Ausfüllung und Berichtigung z. B. der Lohnsteuerkarten, des Sozialversicherungsnachweisheftes oder der Arbeitsbescheinigung nach § 312 SGB III. Insoweit sind die Finanz- bzw. Sozialgerichte zuständig (*BAG* 15.1.1992 EzA § 133 AFG Nr. 5; 30.8.2000 – 5 AZB 12/00 –; a. A. *GMP* § 2 Rz. 77), da es sich hierbei um Streitfragen öffentlich-rechtlicher Art handelt.

258 Unter Arbeitspapieren sind sämtliche Papiere zu verstehen, die der Arbeitgeber dem Arbeitnehmer zu erteilen hat, oder die er vom Arbeitnehmer zur Erfüllung steuer- oder sozialversicherungsrechtlicher Obliegenheiten überlassen bekommen hat, z. B. Lohnsteuerkarte, Versicherungskarte oder Versicherungsnachweisheft, Arbeitsbescheinigungen nach § 312 SGB III, Entgeltbelege nach § 9 HAG, die Urlaubsbescheinigung nach § 6 BUrlG, Verdienstbescheinigungen, Zeugnisse etc.

hh) Ansprüche aus rechtlichem oder wirtschaftlichem Zusammenhang, § 2 Abs. 1 Nr. 4 a ArbGG

259 **§ 2 Abs. 1 Nr. 4 a ArbGG erfasst Streitigkeiten** bürgerlich-rechtlicher Art zwischen Arbeitnehmern oder deren Hinterbliebenen und Arbeitgebern über Ansprüche, die

mit dem Arbeitsverhältnis in rechtlichem oder unmittelbar wirtschaftlichem Zusammenhang stehen, z. B. Schadenersatzansprüche nach den §§ 844, 845 BGB, bestehende Ansprüche des Arbeitgebers auf Bezahlung von bezogenen Waren des Verblichenen, dem Recht des verbilligten Einkaufs, der Nutzung von betriebseigenen Parkplätzen oder Sporteinrichtungen (vgl. weitere Einzelfälle bei *GMP* § 2 Rz. 83 ff.). Ein rechtlicher Zusammenhang ist gegeben, wenn der Anspruch auf dem Arbeitsverhältnis beruht oder durch es bedingt ist, ein wirtschaftlicher, sofern er seine Grundlage im Austauschverhältnis Arbeitsleistung – Entgelt hat.

ii) Streitigkeiten mit Einrichtungen der Tarifvertragsparteien oder Sozialeinrichtungen, § 2 Abs. 1 Nr. 4 b und 6 ArbGG
Diese Vorschriften begründen die Zuständigkeit der ArbG für Streitigkeiten zwischen Arbeitnehmern oder ihren Hinterbliebenen und gemeinsamen Einrichtungen der Tarifvertragsparteien oder Sozialeinrichtungen des privaten Rechts, z. B. mit Lohnausgleichskassen oder Urlaubskassen des Baugewerbes, mit Zusatzversorgungs-, Unterstützungs- und Ausgleichskassen für Vorruhestandsleistungen nach § 8 VRG oder Leistungen nach dem Altersteilzeitgesetz, § 9 AltTzG (*GMP* § 2 Rz. 89 ff.). Klagen von Arbeitgebern gegen von ihnen selbst finanzierte Beschäftigungsgesellschaften fallen unter diese Zuständigkeitsnorm. Bei einer Beschäftigungs- und Qualifizierungsgesellschaft handelt es sich um eine Sozialeinrichtung i. S. d. § 2 Abs. 1 Nr. 4 b ArbGG (*BAG* 23.8.2001 NZA 2002, 230). Sie sollen analog auch die Zuständigkeit für Klagen einer gemeinsamen Einrichtung der Tarifvertragsparteien gegen den Geschäftsführer einer GmbH auf Schadensersatz eröffnen (*LAG Berlin* 24.6.1999 FA 2000, 28).

260

kk) Streitigkeiten mit Insolvenzversicherungen, § 2 Abs. 1 Nr. 5 ArbGG
§ 2 Abs. 1 Nr. 5 ArbGG erfasst Ansprüche von Arbeitnehmern oder ihren Hinterbliebenen auf Leistungen der Insolvenzversicherung nach den §§ 7 ff. BetrAVG, d. h. Versorgungsansprüche im Falle der Insolvenz des Arbeitgebers oder gleichgestellte Sachverhalte.

261

ll) Streitigkeiten nach dem Entwicklungshilfegesetz, § 2 Abs. 1 Nr. 7 ArbGG
Bürgerlich-rechtliche Rechtsstreitigkeiten zwischen Entwicklungshelfern und Trägern des Entwicklungsdienstes nach dem Entwicklungshelfergesetz vom 18.6.1979 (BGBl. I S. 549) sind ebenfalls bei den ArbG auszutragen, § 19 Abs. 1 EhfG.
Für die öffentlich-rechtlichen Streitigkeiten gem. § 19 Abs. 2 EhfG ist der Rechtsweg zu den Sozialgerichten gegeben.

262

263

mm) Streitigkeiten anlässlich »freiwilligem sozialen Jahr«, § 2 Abs. 1 Nr. 8 ArbGG
Streitigkeiten im oder aufgrund der Absolvierung eines freiwilligen sozialen oder ökologischen Jahres sind vor den ArbG auszutragen. Auch wenn die **Helfer keine Arbeitnehmer** sind (*BAG* 12.2.1992 EzA § 5 BetrVG 1972 Nr. 53), sieht sie der Gesetzgeber dennoch wie Arbeitnehmer als schutzwürdig an (vgl. Gesetz zur Förderung eines freiwilligen ökologischen Jahres vom 17.12.1993 BGBl. I S. 2118). Für ihre Tätigkeit finden die Arbeitsschutzbestimmungen und das BUrlG Anwendung.

264

K. Gerichtsorganisation und Zuständigkeit

nn) Streitigkeiten aus gemeinsamer Arbeit und unerlaubter Handlung, § 2 Abs. 1 Nr. 9 ArbGG

265 Die ArbG sind ferner zuständig für bürgerliche Rechtsstreitigkeiten zwischen Arbeitnehmern aus gemeinsamer Arbeit und aus unerlaubten Handlungen, soweit diese mit dem Arbeitsverhältnis im Zusammenhang stehen. Hier geht es insbesondere um Streitigkeiten von Mitgliedern einer Arbeitsgruppe, z. B. über die Verteilung gemeinsamen Lohnes oder darüber, wie Schadenersatzansprüche untereinander aufgeteilt werden sollen oder wie bei Fahrgemeinschaften abzurechnen ist. Die notwendige Verknüpfung zwischen unerlaubter Handlung und dem Arbeitsverhältnis besteht dann, wenn es zur unerlaubten Handlung nicht gekommen wäre, hätte kein gemeinsames Arbeitsverhältnis bestanden (*BAG* 11.7.1995 EzA § 2 ArbGG 1979 Nr. 30).

266 Auch hier ist der Begriff der unerlaubten Handlung weit auszulegen. Ein schuldhaftes Handeln ist nicht erforderlich, sodass auch Ansprüche aus Gefährdungshaftung erfasst sind.

oo) Streitigkeiten in Behindertenwerkstätten, § 2 Abs. 1 Nr. 10 ArbGG

267 Die wenig praxisrelevante Vorschrift wurde durch Änderungsgesetz vom 23.7.1996 (BGBl. I S. 1088) in das ArbGG eingeführt (vgl. Einzelheiten GK-ArbGG/*Wenzel* § 2 Rz. 186 f.).

pp) Zuständigkeit bei Erfinder- und Urheberstreitigkeiten, § 2 Abs. 2 ArbGG

268 Bürgerliche Rechtsstreitigkeiten zwischen Arbeitnehmern und Arbeitgebern, bei denen es **ausschließlich** um Ansprüche auf Leistungen aus einer festgestellten oder festgesetzten Vergütung für eine Arbeitnehmererfindung oder für einen technischen Verbesserungsvorschlag nach § 20 Abs. 1 ArbnErfG geht oder die als Urheberrechtsstreitigkeiten aus Arbeitsverhältnissen **ausschließlich** Ansprüche auf Leistung einer vereinbarten Vergütung zum Gegenstand haben, sind vor den ArbG auszutragen, § 2 Abs. 2 ArbGG. Soweit die Streitigkeit über die Erfindung des Arbeitnehmers selbst geht, ist gem. § 39 Abs. 1 ArbnErfG i. V. m. § 143 PatentG der Streit vor den Landgerichten auszutragen (*BAG* 21.8.1996 – 5 AZR 1011/94 –; 9.7.1997 EzA § 2 ArbGG 1979 Nr. 39; zum Verfahren und dem vorgeschalteten Schiedsverfahren nach § 28 ArbnErfG vgl. MünchArbR/*Sack* § 99 Rz. 149 ff.).

269 »Ausschließlich« um Ansprüche auf Leistungen einer festgesetzten oder vereinbarten Vergütung geht es auch noch, wenn auf Auskunfts- und Rechnungslegung geklagt wird, um Vergütungsansprüche geltend zu machen (*Kissel* § 13 Rz. 167).

270 Soweit gleichzeitig mit dem Vergütungsanspruch andere Ansprüche aus dem Rechtsverhältnis geltend gemacht werden, ist der Rechtsstreit gem. § 17 a GVG an das Landgericht zu verweisen. Soweit zunächst Vergütungsansprüche, später weitere Ansprüche geltend gemacht werden, wird hingegen die einmal begründete Zuständigkeit beim ArbG gem. § 261 Abs. 3 Nr. 2 ZPO nicht berührt. Lediglich die später geltend gemachten Ansprüche sind nach § 145 ZPO abzutrennen und gem. § 17 a Abs. 2 GVG zu verweisen.

271 **§ 2 Abs. 2 ArbGG begründet, anders als § 2 Abs. 1 ArbGG, keine ausschließliche Zuständigkeit der ArbG.** Die Parteien können daher diese Rechtsstreitigkeiten auch z. B. kraft Gerichtsstandsvereinbarung vor die ordentlichen Gerichte bringen und damit die Zuständigkeit der ArbG ausschließen. Ausgenommen hiervon sind die Ansprüche aus einem technischen Verbesserungsvorschlag (*GMP* § 2 Rz. 116).

qq) Zusammenhangsklagen, § 2 Abs. 3 ArbGG

§ 2 Abs. 3 ArbGG begründet eine fakultative Zuständigkeit der ArbG. Auch nicht unter § 2 Abs. 1, 2 ArbGG fallende Rechtsstreitigkeiten können vor die ArbG gebracht werden, wenn der Anspruch mit einer bei einem ArbG anhängigen oder gleichzeitig anhängig werdenden bürgerlichen Rechtsstreitigkeit der in den Abs. 1 und 2 bezeichneten Art **in rechtlichem oder unmittelbar wirtschaftlichem Zusammenhang steht und für seine Geltendmachung nicht die ausschließliche Zuständigkeit eines anderen Gerichts gegeben ist** (*BAG* 23.8.2001 NZA 2001, 1158). 272

Die umgekehrte Möglichkeit, arbeitsrechtliche Streitigkeiten im Zusammenhang mit einer bürgerlichen Rechtsstreitigkeit vor den ordentlichen Gerichten zu verhandeln, besteht nicht. 273

Ein **unmittelbarer wirtschaftlicher Zusammenhang** besteht dann, wenn die arbeitsrechtliche Streitigkeit und die Streitigkeit der Zusammenhangsklage aus einem einheitlichen Lebenssachverhalt entspringen und nicht nur rein zufällig in Verbindung zueinander stehen. 274

Beispiele: 275
- Bürgschaftsklagen bei Klage gegen Schuldner und Bürge;
- Klage auf Schadenersatz aus unerlaubter Handlung gegen einen Mittäter, auch wenn dieser nicht Arbeitnehmer oder Arbeitgeber ist;
- Klagen des Lohnpfändungsgläubigers gegen den Drittschuldner auf Erfüllung der gepfändeten Lohnforderung und auf Schadenersatz nach § 840 Abs. 2 ZPO (*BAG* 23.9.1960 AP Nr. 3 zu § 61 ArbGG 1953 Kosten).

Ein **rechtlicher Zusammenhang** besteht, wenn die Ansprüche der Haupt- und der Zusammenhangsklage aus demselben Tatbestand abgeleitet werden. 276

Beispiel: 277
Ansprüche aus einer Hauptverbindlichkeit gegen den Arbeitgeber und aus einer Sicherheitsverbindlichkeit gegen die ihn stützende Bank (*Schaub* ArbGVerf § 10 Rz. 113).

Voraussetzung ist, dass die Hauptklage in die Zuständigkeit der Arbeitsgerichtsbarkeit gehört. Unwesentlich ist, ob diese zuerst, gleichzeitig oder nach der Zusammenhangsklage erhoben wird (*GMP* § 2 Rz. 122). Die ggf. zunächst fehlende Zuständigkeit für die Zusammenhangsklage wird durch späteres Anbringen der Hauptklage geheilt (*Kissel* § 13 Rz. 169). Fällt die Hauptklage später wieder weg, verbleibt es bezüglich der Zusammenhangsklage bei der einmal begründeten Zuständigkeit der Arbeitsgerichtsbarkeit, § 261 Abs. 3 Nr. 2 ZPO. Die Hauptklage muss allerdings zumindest einmal zulässig gewesen sein. Hierbei ist es ausreichend, wenn die Hauptklage nur deswegen zulässig ist, weil ein sic-non-Fall vorliegt (*LAG Hessen* 20.1.2000 NZA 2000, 1304; *LAG München* 28.2.1998 LAGE § 2 ArbGG 1979 Nr. 28). 278

Haupt- und Zusammenhangsklage müssen zwar nicht das gleiche Begehren haben, jedoch in der gleichen Verfahrensart erhoben sein. Nur dann ist eine einheitliche Entscheidung über den gleichen Lebenssachverhalt, der sowohl der Haupt- als auch der Zusammenhangsklage zugrunde liegt, möglich. Die Parteien der Zusammenhangs- 279

K. Gerichtsorganisation und Zuständigkeit

klage müssen nicht die gleichen sein, wie die Parteien der Hauptklage. **Allerdings muss eine Partei der Hauptklage auch Partei der Zusammenhangsklage sein.**

280 Eine Zuständigkeit besteht dann nicht, wenn die ausschließliche Zuständigkeit eines anderen Gerichts für die Zusammenhangsklage gegeben ist (*BAG* 28.8.2001 NZA 2001, 1158).

281 **Beispiele:**
Keine Zusammenhangsklage bei Rechtsstreitigkeiten über
- Mietverhältnisse, § 29 a ZPO, sofern es sich um Werkmietwohnungen handelt, sofern der Arbeitnehmer sie ganz oder überwiegend mit eigenen Einrichtungsgegenstände möbliert hat oder
- in ihr mit eigener Familie einen eigenen Hausstand führt, § 565 a BGB (*GMP* § 2 Rz. 61);
- bei dinglichen Streitigkeiten, § 24 ZPO;
- bei Erfinderrechtsstreitigkeiten, § 39 Abs. 1 ArbnErfG, § 104 UrheberrechtsG.

282 Besteht Streit zwischen den Parteien über die Zulässigkeit der Erhebung einer Zusammenhangsklage, ist entsprechend den §§ 17 a ff. GVG vorab zu verhandeln und zu entscheiden (K/Rz. 200 ff.).

rr) Streitigkeiten mit Organmitgliedern, § 2 Abs. 4 ArbGG

283 Gem. § 2 Abs. 4 ArbGG können auch bürgerliche Rechtsstreitigkeiten zwischen juristischen Personen des Privatrechts und Personen, die kraft Gesetzes allein oder als Mitglieder des Vertretungsorgans der juristischen Person zu deren Vertretung befugt sind, vor die Gerichte für Arbeitssachen gebracht werden, **wenn eine entsprechende Gerichtsstandsvereinbarung vorliegt.**

284 Sinn und Zweck dieser Vorschrift ist es, diesem Personenkreis, der gem. § 5 Abs. 1 S. 3 ArbGG nicht als Arbeitnehmer i. S. d. ArbGG anzusehen ist, zu ermöglichen, ihre Streitigkeiten aus ihren Anstellungsverhältnissen vor die ArbG bringen zu können.

285 § 2 Abs. 4 ArbGG stellt gegenüber § 38 ZPO eine verdrängende Sonderregelung dar, sodass dessen Voraussetzungen nicht gegeben sein müssen. **Die Zuständigkeit des ArbG kann daher auch mündlich vereinbart oder** – zumindest nach richterlichem Hinweis gem. § 504 ZPO – **durch rügelose Einlassung begründet werden** (Letzteres ist str. GK-ArbGG/*Wenzel* § 2 Rz. 222).

286 Unabhängig von § 2 Abs. 4 ArbGG können Organvertreter, die vor Bestellung zum Organ bereits Arbeitnehmer der juristischen Person waren, Rechtsstreitigkeiten vor den ArbG gem. § 2 Abs. 1 Nr. 3 ArbGG austragen, nachdem ihre Organstellung etwa durch Abruf oder Widerruf geendet hat. Im Zweifel ist anzunehmen, dass das zugrunde liegende Arbeitsverhältnis nur geruht hat und wieder auflebt (*BAG* 9.5.1985 EzA § 5 ArbGG 1979 Nr. 3; vgl. auch *BAG* 21.2.1994 EzA § 2 ArbGG Nr. 28). Etwas anderes kann gelten, wenn ein neuer Dienstvertrag mit verbesserten Arbeitsbedingungen abgeschlossen wurde. In diesem Fall geht das *BAG* (vgl. 28.9.1995 EzA § 5 ArbGG 1979 Nr. 12; 18.12.1996 EzA § 2 ArbGG 1979 Nr. 35) davon aus, dass das Arbeitsverhältnis beendet wurde.

287 Im Falle der rügelosen Einlassung wird eine Zuständigkeit nur dann begründet, wenn das ArbG hierauf gem. § 504 ZPO hingewiesen hat.

K. Gerichtsorganisation und Zuständigkeit

b) Sachliche Zuständigkeit im Beschlussverfahren
In den in § 2 a Abs. 1 ArbGG genannten Fällen ist das ArbG ausschließlich zuständig, wobei gem. § 2 a Abs. 2 ArbGG das Beschlussverfahren Anwendung findet.
§ 2 a ArbGG setzt nicht das Vorliegen einer bürgerlichen Rechtsstreitigkeit voraus.

aa) Angelegenheiten aus dem Betriebsverfassungsgesetz, § 2 a Abs. 1 Nr. 1 ArbGG
§ 2 a Abs. 1 Nr. 1 ArbGG begründet eine umfassende Zuständigkeit der ArbG für alle Streitigkeiten aus dem BetrVG, soweit nicht nach den Straf- und Ordnungsvorschriften der §§ 119 bis 121 BetrVG die Zuständigkeit der ordentlichen Gerichte gegeben ist (GK-ArbGG/*Leinemann* § 2 a Rz. 61). Auch Unterlassungsklagen von Gewerkschaften gegen die Durchführung tarifwidriger Vereinbarungen zwischen den Betriebspartnern sind im Beschlussverfahren geltend zu machen (*BAG* 13.3.2001 – 1 AZB 19/00 –).

Über den Wortlaut des § 2 a Abs. 1 Nr. 1 ArbGG hinaus, in dem nur von »Angelegenheiten aus dem BetrVG« die Rede ist, werden von der Rechtsprechung auch sonstige betriebsverfassungsrechtliche Streitigkeiten aufgrund von Vorschriften in anderen Gesetzen mit betriebsverfassungsrechtlichem Inhalt unter diese Zuständigkeitsnorm subsumiert, z. B. Streitigkeiten gem. § 17 Abs. 2 KSchG, § 9 ASG, § 21 a JArbSchG, § 14 AÜG. Als Angelegenheiten aus dem BetrVG sind danach auch Streitigkeiten aus einer durch Tarifvertrag geregelten Betriebsverfassung gem. §§ 3 Abs. 1 und 117 Abs. 2 BetrVG anzusehen (*BAG* 5.11.1985 EzA § 117 BetrVG 1972 Nr. 2).

Individualansprüche von Arbeitnehmern oder Organmitgliedern der Betriebsverfassung, deren Anspruchsgrundlage sich in den Individualarbeitsverträgen befindet und die nur durch betriebsverfassungsrechtliche Normen im Umfang oder Art ausgeformt worden sind, sind hingegen nicht in Beschlussverfahren, sondern im Urteilsverfahren geltend zu machen (s. o. K/Rz. 246 f.).

Neben § 2 a Abs. 1 Nr. 1 ArbGG ergibt sich eine Zuständigkeit der ArbG für die Entscheidung materiellen Betriebsverfassungsrechts aus der **Ziffer 9 des Unterzeichnungsprotokolls zu Art. 56 Abs. 9 ZA-NTS**. Danach sind die deutschen Gerichte für Arbeitssachen im Beschlussverfahren für Streitigkeiten der Betriebsvertretungen der bei den Stationierungsstreitkräften beschäftigten zivilen Arbeitskräfte mit ihren Dienststellen zuständig, auch wenn für diese über Art. 56 Abs. 9 ZA-NTS mit einigen Abweichungen das deutsche BPersVG anstatt des BetrVG Anwendung findet.

bb) Angelegenheiten aus dem SprAuG, § 2 a Abs. 1 Nr. 2 ArbGG
Nach § 2 a Abs. 1 Nr. 2 ArbGG werden alle Angelegenheiten aus dem SprAuG den ArbG zugewiesen, es sei denn, es handelt sich um Streitigkeiten in Bußgeld oder Strafsachen nach den §§ 35, 36 SprAuG. Die Vorschrift entspricht inhaltlich der des § 2 a Abs. 1 Nr. 1 ArbGG.
Ist streitig, ob ein Arbeitnehmer leitender Angestellter i. S. d. § 5 Abs. 3 BetrVG ist, handelt es sich um eine Frage aus dem BetrVG, sodass sich die Zuständigkeit aus § 2 a Abs. 1 Nr. 1 ArbGG und nicht aus § 2 a Abs. 1 Nr. 2 ArbGG ergibt (*BAG* 5.3.1974 EzA § 5 BetrVG 1972 Nr. 7).

cc) Mitbestimmungsangelegenheiten, § 2 a Abs. 1 Nr. 3 ArbGG
Nach § 2 a Abs. 1 Nr. 3 ArbGG sind die ArbG für Streitigkeiten aus den Gesetzen, in denen Mitbestimmungsrechte der Arbeitnehmerschaft gegenüber den Arbeitgebern geregelt sind, zuständig, soweit es um die Wahl von Vertretern der Arbeitnehmer in

K. Gerichtsorganisation und Zuständigkeit

den Aufsichtsrat und ihre Abberufung geht, mit Ausnahme der Abberufung nach § 103 Abs. 3 des AktienG. **Die Zuständigkeit bezieht sich auf die Bestimmungen des MitbestG, des MitbestErgG und des BetrVG 1952, jedoch nicht auf die des Montan-MitbestG.** Für Streitigkeiten anlässlich der Wahl der Arbeitnehmervertreter im Aufsichtsrat nach dem Montan-MitbestG, nach dem die Arbeitnehmervertreter von der Hauptversammlung der Anteilseigner gewählt werden, sind die ordentlichen Gerichte zuständig.

297 Materiell geht es in diesen Streitigkeiten um Fragen der Anfechtung und Nichtigkeit der Wahl gem. §§ 21, 22 **MitbestG**, §§ 10, 10 k **MitbestErgG** sowie den §§ 76 ff. BetrVG 1952 i. V. m. § 19 BetrVG 1972 (*BAG* 20.7.1982 EzA § 76 BetrVG 1952 Nr. 12). Daneben sind Streitigkeiten, die sich anlässlich der Wahl von Arbeitnehmervertretern ergeben, ebenfalls von den ArbG zu entscheiden (*GMP* § 2 a Rz. 57, 58).

298 Für Streitigkeiten aus dem Abberufungsverfahren sind die ArbG insofern zuständig, als sie darüber zu befinden haben, ob das Abberufungsverfahren ordnungsgemäß durchgeführt worden ist und ob die Voraussetzungen für ein solches Verfahren vorliegen, nicht jedoch ob ein Abberufungsgrund gegeben ist, § 76 Abs. 5 BetrVG 1952, § 23 MitbestG, § 10 m MitbestErgG.

299 Nicht von § 2 a Abs. 1 Nr. 3 ArbGG erfasst sind Streitigkeiten über das Erlöschen eines Aufsichtsratsamtes nach § 24 Abs. 1 MitbestG und § 10 n MitbestErgG, da es sich nicht um eine Frage der Wahl oder Abberufung handelt.

dd) Angelegenheiten aus den §§ 94, 95, 139 SGB IX, § 2 a Abs. 1 Nr. 3 a ArbGG

300 Streitigkeiten bezüglich der Wahl, der Amtszeit und der Aufgaben der Schwerbehindertenvertretung sind nun auch kraft gesetzlicher Bestimmung den ArbG zugewiesen. Bereits vor Inkrafttreten dieser Bestimmung am 1.7.2001 nahm das BAG eine Zuständigkeit für diese Angelegenheiten nach § 2 a Abs. 1 Nr. 1 ArbGG an (*BAG* 21.9.1989 EzA § 14 SchwbG Nr. 2).

301 Daneben enthält § 2 a Abs. 1 Nr. 3 a ArbGG eine Zuständigkeitsregelung zugunsten der Arbeitsgerichte bezüglich Angelegenheiten und Streitigkeiten des Werkstattrates, § 139 SGB IX (vgl. Einzelheiten GK- ArbGG/*Leinemann* § 2 a Rz. 74 f.).

ee) Angelegenheiten aus dem Gesetz über Europäische Betriebsräte, § 2 Abs. 1 Nr. 3 b ArbGG

302 Die Zuständigkeit besteht nur, sofern die §§ 43–45 dieses Gesetztes keine anderen Gerichte für zuständig erklären (Einzelheiten vgl. GK-ArbGG/*Leinemann* § 2 a Rz. 76).

ff) Entscheidung über die Tariffähigkeit und Tarifzuständigkeit

303 Nach § 2 a Abs. 1 Nr. 4 ArbGG haben die ArbG über Streitigkeiten hinsichtlich der Tariffähigkeit und der Tarifzuständigkeit einer Vereinigung zu befinden.

304 Unter **Tariffähigkeit** versteht man die Fähigkeit, Partei eines Tarifvertrages zu sein. Hierfür kommen gem. § 2 Abs. 1 TVG der einzelne Arbeitgeber, Gewerkschaften sowie Vereinigungen von Arbeitgebern in Frage. Obwohl nicht vom Wortlaut der Vorschrift umfasst, der von »Vereinigungen« ausgeht, soll auch der Streit um die Tariffähigkeit eines einzelnen Arbeitgebers gem. § 2 a Abs. 1 Nr. 4 ArbGG im Beschlussverfahren entschieden werden (*Schaub* ArbGVerf Rz. 101).

305 **Tarifzuständigkeit** ist die Fähigkeit einer tariffähigen Vereinigung, Tarifverträge mit einem bestimmten Geltungsbereich abschließen zu können (*Wiedemann* § 2 Rz. 47).

306 Die Fragen der Tariffähigkeit und Tarifzuständigkeit können nicht inzident als Vorfrage in einem anderen Prozess geklärt werden. Kommt es auf eine solche Streitfrage

in einem anderen anhängigen Verfahren an, ist das Verfahren auszusetzen, bis hierüber in dem vor dem ArbG durchzuführenden Beschlussverfahren gem. § 97 ArbGG eine Entscheidung ergangen ist.

c) Sachliche Zuständigkeit in sonstigen Fällen, § 3 ArbGG

Die gem. §§ 2 und 2 a ArbGG begründete Zuständigkeit besteht auch dann, wenn ein Rechtsstreit durch einen Rechtsnachfolger oder durch eine Person geführt wird, die kraft Gesetzes oder kraft Vereinbarung anstelle des sachlich Berechtigten oder Verpflichteten hierzu befugt ist. Gleichgültig ist, auf welcher Seite des Rechtsstreits ein Rechtsnachfolger oder eine sonstwie zur Prozessführung befugte Person auftritt. Es können z. B. auch auf beiden Seiten des Rechtsstreits Rechtsnachfolger den Rechtsstreit führen. 307

Der Begriff »Rechtsnachfolge« ist dabei im weitesten Sinne zu verstehen. Er erfasst auch die Sachverhalte, in denen ein Dritter aufgrund seiner gesellschaftsrechtlichen Stellung als Inhaber in Anspruch genommen wird (BAG 13.6.1997 EzA § 3 ArbGG 1979 Nr. 1; 15.3.2000 EzA § 3 ArbGG 1979 Nr. 2 hinsichtlich der Inanspruchnahme einer Konzernobergesellschaft).

> **Beispiel:**
> Ein Arbeitnehmer nimmt die Gesellschafter seiner Arbeitgeberin, einer GmbH, im Wege des Durchgriffs in Anspruch (BAG 13.6.1997 EzA § 3 ArbGG 1979 Nr. 1).

§ 3 ArbGG knüpft an eine Rechtsnachfolge oder einen Übergang der Verfügungsgewalt vor Einleitung des Streitverfahrens an. **Eine erst im Laufe eines bereits anhängigen Rechtsstreits eintretende Rechtsnachfolge oder Prozessführungsbefugnis berührt die einmal gegebene Zuständigkeit des ArbG nach den §§ 2 und 2 a ArbGG nicht mehr, § 261 Abs. 3 Nr. 2 ZPO.** Für Unterbrechungen und Fortsetzungen des Verfahrens gelten die §§ 239 ff. ZPO. § 3 ArbGG begründet wie die §§ 2, 2 a ArbGG eine ausschließliche, einer Parteivereinbarung entzogene Zuständigkeit der ArbG. 308

Unter Rechtsnachfolge ist sowohl die Universal- als auch eine Singularsukzession kraft Gesetzes zu verstehen (BAG 7.10.1981 EzA § 48 ArbGG Nr. 1), als auch die Rechtsnachfolge kraft Rechtsgeschäft. Auch im Fall der Durchgriffshaftung (BAG 11.11.1989 EzA § 2 ArbGG 1979 Nr. 10) und im Fall der Inanspruchnahme der Konzernobergesellschaft wendet das BAG § 3 ArbGG an (BAG 15.3.2000 EzA § 3 ArbGG 1979 Nr. 2). 309

> **Beispiele für gesetzliche Universalsukzession:**
> – Erbfall, § 1922 BGB;
> – Verschmelzung von Kapitalgesellschaften, §§ 339 ff. AktG;
> – Umwandlung einer Kapitalgesellschaft in eine Personengesellschaft, § 1 UmwG.
>
> **Beispiele für gesetzliche Singularsukzession:**
> – Gesetzlicher Forderungsübergang gem. § 426 Abs. 2 BGB, § 774 BGB, § 6 EFZG, § 187 SGB III oder § 115 SGB X (BAG 12.6.1997 EzA § 2 ArbGG 1979 Nr. 38).
>
> **Beispiele für rechtsgeschäftliche Rechtsnachfolge:**
> – Abtretung von Forderungen, §§ 398 ff. BGB;
> – Eintritt eines Gesellschafters in das Geschäft eines Einzelhandelskaufmanns, §§ 25, 28 HGB;
> – Schuldübernahme oder Schuldbeitritt, §§ 414 ff. BGB.

310

K. Gerichtsorganisation und Zuständigkeit

> **Beispiele für gesetzliche Prozessführungsbefugnis:**
> – Verfügungsrecht des Insolvenzverwalters gem. § 80 InsO;
> – des Testamentsvollstreckers, §§ 2212 f. BGB;
> – der BRD für die NATO-Stationierungsstreitkräfte, Art. 56 Abs. 8 des ZA-NTS.

d) Entscheidung über die sachliche Zuständigkeit

311 Für das Vorabentscheidungsverfahren gelten die oben unter K/Rz. 200 ff. gemachten Ausführungen entsprechend. Bei fehlender sachlicher Zuständigkeit ist die Klage nicht als unzulässig abzuweisen, sondern gem. den § 48 ArbGG i. V. m. §§ 17 ff. GVG an das zuständige Gericht zu verweisen.

4. Örtliche Zuständigkeit

a) Urteilsverfahren

312 Für das Urteilsverfahren enthält das ArbGG keine eigenständigen Regelungen. Über § 46 Abs. 2 ArbGG finden die §§ 12 ff. ZPO entsprechend Anwendung.

aa) Allgemeiner Gerichtsstand

313 Der allgemeine Gerichtsstand natürlicher Personen bestimmt sich gem. § 13 ZPO, §§ 7 ff. BGB nach ihrem Wohnsitz. Dies gilt auch für Parteien kraft Amtes, z. B. den Insolvenzverwalter. Für exterritoriale Deutsche bestimmt sich der allgemeine Gerichtsstand nach § 15 ZPO und für wohnsitzlose Personen ist der Gerichtsstand ihres Aufenthaltsortes gem. § 16 ZPO einschlägig.

314 Der allgemeine Gerichtsstand juristischer Personen des privaten und öffentlichen Rechts wird durch ihren Sitz bestimmt, § 17 ZPO. Sofern sich aus den Umständen des Einzelfalls nichts anderes ergibt, ist dies der Sitz an dem Ort, von dem aus die Verwaltung geführt wird. § 17 ZPO ist entsprechend auf parteifähige Prozesssubjekte anzuwenden, die nicht den juristischen Personen zuzurechnen sind, z. B. die OHG oder KG oder die in § 10 ArbGG genannten Gewerkschaften und Arbeitgebervereinigungen.

315 Der allgemeine Gerichtsstand des Fiskus bestimmt sich gem. § 18 ZPO nach dem Sitz der Behörde, die ihn in einem Rechtsstreit vertritt.

bb) Gerichtsstand des Erfüllungsortes

316 Im Arbeitsgerichtsverfahren kommt dem Gerichtsstand des Erfüllungsortes nach § 29 Abs. 1 ZPO, d. h. an dem die streitige Verpflichtung aus dem Arbeitsvertrag zu erfüllen ist, eine besondere Bedeutung zu. § 29 Abs. 1 ZPO gilt auch für Rechtsstreitigkeiten aus einem vertragsähnlichen Vertrauensverhältnis oder aufgrund Nachwirkens eines Vertragsverhältnisses. Wo eine streitige Verpflichtung zu erfüllen ist, richtet sich nach materiellem Recht, §§ 269, 270 BGB.

317 Streitig ist, ob die Arbeitsvertragsparteien gem. § 269 BGB hinsichtlich der Erfüllungspflichten aus dem Arbeitsvertrag materiell-rechtlich frei einen Erfüllungsort vereinbaren können, der über § 29 Abs. 1 ZPO dann prozessrechtliche Zuständigkeiten begründet, wenn es sich bei den Arbeitsvertragsparteien nicht um Vollkaufleute, juristische Personen des öffentlichen Rechts oder öffentlich-rechtliches Sondervermögen handelt, sodass § 38 Abs. 1 ZPO grds. eine Gerichtsstandsvereinbarung nicht zulassen würde (bejahend *Schaub* ArbGVerf § 9 Rz. 14; **a. A.** GMP § 2 Rz. 162).

Germelmann ist darin zuzustimmen, dass willkürliche materiell-rechtliche Erfüllungsortsvereinbarungen die prozessuale Zuständigkeitsbestimmung des § 29 Abs. 1, Abs. 2 ZPO nicht missbrauchen dürfen. **Materiell-rechtliche Erfüllungsortvereinbarungen sind daher nur dann gem. § 29 Abs. 1 ZPO auch prozessual zuständigkeitsbegründend, wenn sie sich an den tatsächlichen Leistungserbringungsorten nach den konkreten Umständen des Arbeitsverhältnisses orientieren.**
Fehlt es an einer materiell-rechtlichen Vereinbarung, bestimmt sich der Erfüllungsort gem. § 29 Abs. 1 ZPO nach den Umständen und der Natur des Arbeitsverhältnisses. Dabei ist vom Grundsatz her für jede Vertragsleistung der Erfüllungsort gesondert zu bestimmen, z. B. kann der Ort der Beschäftigungspflicht vom Ort der Lohnzahlungspflicht differieren. 318

I. d. R. werden die Arbeitsvertragsparteien allerdings einen einheitlichen Erfüllungsort für alle gegenseitigen Ansprüche **aus dem Dauerschuldverhältnis »Arbeitsverhältnis«** gewollt haben. **Er liegt am Sitz des Betriebes**, sofern der Arbeitnehmer dort ständig beschäftigt wird *(BAG 3.12.1985 EzA § 269 ZPO Nr. 1)*. **Ansonsten kommt es auf den Schwerpunkt des Arbeitsverhältnisses an.** Dies gilt insbesondere in den Fällen, in denen Arbeitnehmer an verschiedenen Orten beschäftigt werden, wie z. B. Außendienstmitarbeiter oder Montagearbeiter. **Entscheidungserhebliche Momente sind dabei, wo der Arbeitsvertrag geschlossen wurde, von wo Einsätze gesteuert und Weisungen gegeben werden, von wo aus Berichtspflichten bestehen und wo Zahlungsverpflichtungen erfüllt werden** *(LAG Rheinland-Pfalz 29.11.1984 NZA 1985, 540)*. 319

Am Gerichtsstand des Erfüllungsortes können dann alle Streitigkeiten aus dem Vertragsverhältnis gerichtlich ausgetragen werden, seien es Erfüllungsklagen, Bestandsstreitigkeiten oder Feststellungsklagen hinsichtlich der Aufhebung, Umgestaltung oder Inhaltsänderung des Vertragsverhältnisses. **Der Gerichtsstand des Erfüllungsortes bleibt auch nach Beendigung des Arbeitsverhältnisses für Streitigkeiten wegen rückständiger Verpflichtungen maßgeblich** *(GMP § 2 Rz. 164)*, auch wenn dem in der gerichtlichen Praxis nicht immer Rechnung getragen wird. 320

Heftig umstritten ist, wo der Erfüllungsort von Arbeitsverhältnissen bei Arbeitnehmern im Außendienst und bei Reisetätigkeit ist, die ihre Tätigkeit von zu Hause aus antreten. In der gerichtlichen Praxis wird teilweise vom Wohnsitz des Arbeitnehmers als Erfüllungsort ausgegangen *(BAG 12.6.1986 EzA § 269 BGB Nr. 2)*, zunehmend ein einheitlicher Erfüllungsort i. S. d. § 29 ZPO überhaupt abgelehnt *(ArbG Elmshorn 13.2.2002 – 4 Ca 2624 e/01 –; ArbG Kaiserslautern 4.12.1997 – 7 Ca 2541/97 –; ArbG Mannheim 20.3.1997 – 2 Ca 11/97 –; ArbG Karlsruhe 5.12.1995 – 2 Ca 505/95 –; ArbG Krefeld 11.7.1997 – 5 Ca 168/97 –; ArbG Regensburg 16.3.1994 NZA 1995, 96; ArbG Bamberg 8.11.1994 NZA 1995, 864;* vgl. zum Meinungsstand *Ostrop/Zumkeller* NZA 1994, 644; *dies.* NZA 1995, 16; *Schulz* NZA 1995, 14 f.). 321

cc) Gerichtsstand der Niederlassung

§ 21 ZPO begründet einen besonderen Gerichtsstand der Niederlassung im Gerichtsbezirk des ArbG der Niederlassung nur dann, wenn dort auch Arbeitsverträge abgeschlossen werden *(Schaub ArbGVerf § 9 Rz. 10)*. Der Gerichtsstand setzt voraus, dass die Niederlassung die eines Erwerbsunternehmers ist, von gewisser Dauer angelegt ist, einen gewissen sächlichen Bestand aufweist, unter einer selbstständigen Leitung 322 besteht, dass selbstständig Arbeitsverträge abgeschlossen werden dürfen und die Klage einen Bezug zum Geschäftsbetrieb der Niederlassung hat (*GMP* § 2 Rz. 166). Strittig ist, ob darüber hinaus auch der Arbeitsvertrag des konkret klagenden Arbeitnehmers in der Niederlassung abgeschlossen worden sein muss. Ausreichend ist dabei, dass die materielle Entscheidung in der Niederlassung getroffen wird, auch wenn ggf. der formale Akt einer Arbeitsvertragsunterzeichnung in der Hauptniederlassung erfolgt *(ArbG Kaiserslautern* 12.8.1999 – 7 Ca 2184/98 –; str. vgl. GK-ArbGG/*Wenzel* § 2 Rz. 236).

323 Der Gerichtsstand muss zum Zeitpunkt der Klageerhebung bestehen (*Stein-Jonas/Schumann* § 21 Rz. 13).

dd) Gerichtsstand der unerlaubten Handlung

324 Bei Klagen aus unerlaubter Handlung ist das Gericht zuständig, in dessen Bezirk die unerlaubte Handlung begangen worden ist, § 32 ZPO. Der Begriff ist weit zu verstehen und umfasst auch Tatbestände der Gefährdungshaftung. Relevant wird dieser Gerichtsstand insbesondere bei Klagen des Arbeitgebers hinsichtlich Arbeitskampfmaßnahmen gem. § 2 Abs. 1 Nr. 2 ArbGG.

ee) Weitere besondere Gerichtsstände

325 Weitere besondere Gerichtsstände ergeben sich aus dem Gerichtsstand der Widerklage, § 33 ZPO, der Vermögensverwaltung, § 31 ZPO und des Vermögens, § 23 ZPO (vgl. *Schaub* ArbGVerf § 9 Rz. 22 ff.), sowie bei Klagen wegen Verstoßes gegen das Benachteiligungsverbot nach § 611 a BGB (s. o. B/Rz. 145 ff.) aus § 61 b Abs. 2 ArbGG.

ff) Gerichtsstandsvereinbarung

(1) § 38 ZPO

326 Gem. § 38 Abs. 1, 2, 3 ZPO kann ein an sich örtlich unzuständiges Gericht kraft Gerichtsstandsvereinbarung zwischen den Streitparteien **vor dem Entstehen der Rechtsstreitigkeit** als zuständig vereinbart werden. Dies gilt nach § 46 Abs. 2 ArbGG auch für arbeitsrechtliche Streitigkeiten (*BAG* 15.11.1972 EzA § 38 ZPO Nr. 1).

327 Nach § 38 Abs. 2 ZPO darf eine der beiden Parteien im Inland keinen allgemeinen Gerichtsstand haben, und die Vereinbarung muss schriftlich abgeschlossen worden sein. Hat eine der beiden Parteien einen inländischen allgemeinen Gerichtsstand, so kann für das Inland nur ein Gericht gewählt werden, bei dem diese Partei ihren allgemeinen oder aber auch einen besonderen Gerichtsstand hat.

328 Für Angehörige der dem EUGVÜ beigetretenen Länder (s. o. K/Rz. 192) bestehen gem. Art. 17 EUGVÜ vereinfachte Möglichkeiten der Vereinbarung eines örtlich zuständigen Gerichtes, die § 38 Abs. 2 ZPO vorgehen.

329 **Nach dem Entstehen einer Streitigkeit – jedoch vor Rechtshängigkeit, § 261 Abs. 3 Nr. 2 ZPO** – ist eine ausdrücklich schriftlich vereinbarte Gerichtsstandsvereinbarung gem. § 38 Abs. 3 Nr. 1 ZPO ohne die strengen Voraussetzungen des Abs. 2 zulässig.

330 Schließlich ist eine Gerichtsstandsvereinbarung gem. § 38 Abs. 3 Nr. 2 ZPO im Falle der nachträglichen Erschwerung der Rechtsverfolgung möglich. Diese liegt dann vor, wenn die mit der Klage in Anspruch zu nehmende Partei nach Vertragsschluss ihren Wohnsitz oder gewöhnlichen Aufenthaltsort aus dem Geltungsbereich deutscher Gesetze verlegt hat oder ihren Wohnsitz oder gewöhnlichen Aufenthalt im Zeitpunkt der Klageerhebung nicht bekannt ist. Auch diese Gerichtsstandsvereinbarung muss schriftlich abgefasst werden.

(2) § 48 Abs. 2 ArbGG
Gem. § 48 Abs. 2 ArbGG können die Tarifvertragsparteien darüber hinaus die Zuständigkeit eines an sich örtlich unzuständigen ArbG festlegen, sofern es sich um eine bürgerliche Rechtsstreitigkeit zwischen Arbeitnehmer und Arbeitgeber aus einem Arbeitsverhältnis oder aus Verhandlungen über die Eingehung eines solchen handelt, wenn sich dieses nach einem Tarifvertrag bestimmt oder über bürgerliche Rechtsstreitigkeiten aus dem Verhältnis einer gemeinsamen Einrichtung der Tarifvertragsparteien zu den Arbeitnehmern und Arbeitgebern. **Sinn und Zweck dieser Gerichtsstandsvereinbarung ist es, eine einheitliche Auslegung von Tarifverträgen zu gewährleisten.** Der tariflich vereinbarte Gerichtsstand ist daher, sofern nichts anderes vereinbart ist, regelmäßig ein ausschließlicher. 331

Die Gerichtsstandsvereinbarung gilt nur für tarifgebundene Parteien, § 3 TVG, oder im Falle der Allgemeinverbindlicherklärung des Tarifvertrages (*BAG* 19.3.1975 EzA § 5 TVG Nr. 3). Nach § 48 Abs. 2 S. 2 ArbGG können sich auch nicht tarifgebundene Arbeitsvertragsparteien einer solchen Gerichtsstandsvereinbarung der Tarifvertragsparteien anschließen, wenn sie ihren Arbeitsvertrag voll umfänglich dem Tarifvertrag unterstellen. 332

Streitig ist, ob auch solche Streitigkeiten von der tariflichen Gerichtsstandsvereinbarung erfasst werden, die lediglich aufgrund von Nachwirkungen aus einem Arbeitsverhältnis erwachsen, welches dem einschlägigen Tarifvertrag unterlag, z. B. im Fall von Ruhegeldstreitigkeiten (dafür *Schaub* ArbGVerf § 9 Rz. 29; **a. A.** GK-ArbGG/*Bader* § 48 Rz. 95; *GMP* § 48 Rz. 102). Gegen eine Einbeziehung spricht insbesondere der Wortlaut des § 48 Abs. 2 Nr. 1 ArbGG. 333

gg) Gerichtsstand der rügelosen Einlassung
Ein an sich örtlich nicht zuständiges ArbG wird infolge rügeloser Einlassung des Beklagten zuständig, wenn er zur Hauptsache mündlich verhandelt, § 39 ZPO. Er muss jedoch zuvor gem. § 504 ZPO belehrt worden sein. Allein ein Verhandeln im Gütetermin ist noch nicht als rügelose Einlassung zu werten, § 54 Abs. 2 S. 3 ArbGG. 334

b) Beschlussverfahren
Im Beschlussverfahren regelt sich die örtliche Zuständigkeit in betriebsverfassungsrechtlichen Streitigkeiten nach § 82 ArbGG. Danach ist das ArbG zuständig, in dessen Bezirk der Betrieb liegt. § 82 Abs. 1 ArbGG knüpft an den im BetrVG verwendeten Betriebsbegriff (s. o. I/Rz. 77 ff.) an. Soweit ein Betriebsteil nach § 4 BetrVG als selbstständiger Betrieb gilt, ist das ArbG zuständig, in dessen Bezirk der Betriebsteil liegt. Nicht auf den Sitz des Betriebes, sondern des Unternehmens kommt es für die Zuständigkeit in Angelegenheiten des Gesamtbetriebsrats, des Konzernbetriebsrats, der Gesamtjugendvertretung, des Wirtschaftsausschusses und der Vertretung der Arbeitnehmer im Aufsichtsrat an (MünchArbR/*Brehm* § 389 Rz. 82). 335

Bei § 82 ArbGG handelt es sich um eine ausschließliche Zuständigkeitsregelung, die von den Verfahrensbeteiligten nicht abbedungen werden kann. 336

Bei Streitigkeiten über die Tariffähigkeit einer Vereinigung oder die Tarifzuständigkeit gem. § 2a Abs. 1 Nr. 3 ArbGG richtet sich die örtliche Zuständigkeit nach dem Sitz der Vereinigung, § 17 ZPO, um deren Tariffähigkeit oder Tarifzuständigkeit es geht. 337

K. Gerichtsorganisation und Zuständigkeit

c) Entscheidungen über die örtliche Zuständigkeit

338 Die ArbG haben über die örtliche Zuständigkeit in beiden Verfahrensarten, Urteils- und Beschlussverfahren, gem. § 48 ArbGG i. V. m. §§ 17 ff. GVG bzw. § 80 Abs. 3 ArbGG i. V. m. § 48 Abs. 1 ArbGG i. V. m. §§ 17 ff. GVG von Amts wegen zu befinden (s. o. K/Rz. 199 ff.). Besteht Streit über die örtliche Zuständigkeit oder geht das ArbG von einer örtlichen Unzuständigkeit aus, wird über diese Frage im Vorabentscheidungsverfahren gem. § 17 a Abs. 2, Abs. 3, Abs. 4 GVG befunden. Eine Abweisung der Klage als unzulässig wegen fehlender örtlicher Zuständigkeit ist nicht möglich. Der Rechtsstreit ist an das zuständige örtliche ArbG von Amts wegen zu verweisen. Dies gilt auch im Beschlussverfahren nach § 80 Abs. 3 ArbGG, der auf § 48 ArbGG und damit auf die §§ 17 ff. GVG verweist (a. A. *Schaub* ArbGVerf § 9 Rz. 39; wie hier *GMP* § 82 Rz. 4).

339 Der Beschluss kann vom Vorsitzenden allein erlassen werden, §§ 48 Abs. 1 Nr. 2, 55 Abs. 1 Nr. 7 ArbGG. Er ist unanfechtbar, § 48 Abs. 1 Nr. 1 ArbGG.

5. Ausschluss der Arbeitsgerichtsbarkeit

340 Nach § 4 ArbGG kann die sachliche Zuständigkeit der ArbG im Urteilsverfahren gem. § 2 Abs. 1, 2 ArbGG – **nicht jedoch gem. Abs. 3 und Abs. 4** – nach Maßgabe der §§ 101 bis 110 ArbGG ausgeschlossen werden. Eine Durchbrechung der ausschließlichen Zuständigkeit ist nach dem eindeutigen Wortlaut nur im Urteils- und nicht im Beschlussverfahren möglich.

341 Dem widerspricht auch nicht, dass nach § 76 BetrVG bei Meinungsverschiedenheiten zwischen Arbeitgeber und Betriebsrat eine Einigungsstelle angerufen werden kann bzw. nach Maßgabe der einzelnen gesetzlichen Bestimmungen im BetrVG angerufen werden muss. Bei dem Verfahren vor der Einigungsstelle handelt es sich lediglich um ein innerbetriebliches Vorverfahren, das die staatliche Gerichtsbarkeit nicht verdrängt, § 76 Abs. 7 BetrVG. Entscheidungen der Einigungsstelle unterliegen der gerichtlichen Kontrolle. Für Regelungsstreitigkeiten ist dies in § 76 Abs. 5 BetrVG ausdrücklich festgeschrieben. Sofern Arbeitgeber und Betriebsrat im Rahmen des § 76 Abs. 6 BetrVG darüber hinaus vereinbaren, dass eine Einigungsstelle über Rechtsfragen entscheiden soll, ist eine solche Abrede nur dann zulässig, wenn gegen die Entscheidung der Einigungsstelle die Anrufung des ArbG möglich sein soll. Ansonsten würde es sich um eine unzulässige Vereinbarung eines Schiedsgerichts handeln (vgl. BAG 20.11.1990 EzA § 76 BetrVG 1972 Nr. 55).

342 **Im Bereich des Handwerks** können die Handwerksinnungen für Streitigkeiten zwischen Ausbildenden und Auszubildenden Ausschüsse bilden, vor denen ein Vorverfahren durchzuführen ist, § 111 Abs. 2 ArbGG, bevor Klage beim ArbG erhoben werden kann (s. u. M/Rz. 29 ff.). Die Durchführung dieses Vorverfahrens ist Prozessvoraussetzung für eine Verhandlung vor dem ArbG. Im Übrigen wird die Zuständigkeit der Arbeitsgerichtsbarkeit jedoch nicht berührt. In anderen Bereichen können die zuständigen Stellen i. S. d. BBiG Ausschüsse bilden, § 111 Abs. 2 S. 1 ArbGG (s. u. M/Rz. 30).

343 § 111 Abs. 1 ArbGG enthält eine abdrängende Sonderzuständigkeit der Seemannsämter nach dem SeemannsG.

6. Bestimmung des zuständigen Gerichts

Kommt es zwischen verschiedenen Gerichten zum Streit über die Zuständigkeit, ist 344
das zuständige Gericht gem. den §§ 36, 37 ZPO zu bestimmen. Für die Entscheidung zuständig ist das im Rechtszug nächst höhere Gericht, d. h. bei ArbG des gleichen Landesarbeitsgerichtsbezirks das LAG. Streiten zwei Arbeitsgerichte verschiedener LAG-Bezirke um die Frage der örtlichen Zuständigkeit, § 36 Abs. 1 Nr. 6 ZPO, entscheidet nach § 36 Abs. 2 ZPO das LAG, zu dessen Bezirk das zuerst mit der Sache befasste Gericht gehört. Im Fall des § 36 Abs. 1 Nr. 3 ZPO ist § 36 Abs. 2 ZPO dahingehend entsprechend auszulegen, dass das LAG, zu dessen Bezirk das zuerst angegangene ArbG gehört, für die Entscheidung zuständig ist (*Reinecke* FA 1998, 210). Bei Kompetenzkonflikten zwischen ArbG und ordentlichen Gerichten ist nach Ansicht des BAG das oberste Bundesgericht zuständig, das als Erstes angegangen wird (*BAG* 6.1.1971 AP Nr. 8 zu § 36 ZPO; 22.7.1998 EzA § 36 ZPO Nr. 28).
In der Praxis der häufigste Fall der Gerichtsbestimmung ist der sog. negative Kompe- 345
tenzkonflikt, d. h. wenn sich verschiedene Gerichte, von denen eines für den Rechtsstreit tatsächlich zuständig ist, rechtskräftig für unzuständig erklärt haben, § 36 Nr. 6 ZPO.
Die Entscheidung des bestimmenden Gerichts ergeht durch Beschluss, § 329 ZPO. 346
Das Gericht hat grds. die bindende Wirkung eines Verweisungsbeschlusses gem. § 17a GVG zu beachten und darf nur bei **offensichtlich rechtsfehlerhafter Gesetzesanwendung** dem Verweisungsbeschluss entgegentreten.

Beispiele: 347
- Der Grundsatz der Gewährung des rechtlichen Gehörs wurde vor der Verweisung missachtet (*BAG* 27.10.1992 EzA § 17a GVG Nr. 2);
- der Verweisungsbeschluss erging offensichtlich gesetzwidrig, da sich das weiter verweisende Gericht über die vom Kläger oder vom verweisenden Gericht nach § 17a Abs. 2 S. 2 GVG unter mehreren zuständigen Gerichten getroffene Wahl hinweggesetzt hat (*BAG* 14.1.1994 EzA § 36 ZPO Nr. 19);
- das ArbG hat nicht in voller Besetzung unter Hinzuziehung der ehrenamtlichen Richter gem. § 48 Abs. 1 S. 2 ArbGG, sondern durch den Vorsitzenden allein den Verweisungsbeschluss erlassen;
- das Arbeitsgericht hat aufgrund falscher Angaben des Klägers über den (Wohn)Sitz des Beklagten geirrt (*BAG* 11.11.1996 EzA § 36 ZPO Nr. 25).

7. Funktionelle Zuständigkeit

Die funktionelle Zuständigkeit regelt, wer an einem ArbG welche Tätigkeiten zu 348
erledigen hat. In der Arbeitsgerichtsbarkeit ist dabei die Abgrenzung der Befugnisse des Vorsitzenden gegenüber der Kammer (s. o. K/Rz. 103 ff.), die Abgrenzung einzelner Kammern untereinander, insbesondere von Fachkammern (s. o. K/Rz. 23 f.) und die Abgrenzung der Kompetenzen zwischen Richtern und Rechtspflegern und den Urkundsbeamten von Bedeutung.

L. Urteils- und Beschlussverfahren

Inhaltsübersicht

	Rz.
I. Urteilsverfahren	1–883
1. Rechtsnatur	1– 2
2. Die Parteien	3– 62
a) Parteifähigkeit	3– 46
aa) Allgemeines	3– 4
bb) Begriff	5– 6
cc) Probleme	7– 44
aaa) Richtiger Kläger/richtiger Beklagter	7– 36
(1) Gesellschaft bürgerlichen Rechts – Passivrubrum	10
(2) OHG/KG – Passivrubrum	11
(3) GmbH – Passivrubrum	12– 13
(4) GmbH & Co. KG – Passivrubrum	14– 15
(5) AG – Passivrubrum	16
(6) Genossenschaft – Passivrubrum	17
(7) Nato-Truppen – Passivrubrum	18
(8) Fiskus – Passivrubrum	19
(9) Bundesanstalt für Arbeit – Passivrubrum	20
(10) Insolvenzverwalter – Passivrubrum	21– 23
(11) Ausländische Kapitalgesellschaften	24
(12) Arbeitnehmerüberlassung/Leiharbeit	25
(13) Betriebsübergang	26– 35
(14) Wiedereinstellungsanspruch	36
bbb) Parteiberichtigung oder Parteiwechsel	37– 44
(1) Allgemeines	37
(2) Einzelfälle	38– 44
dd) Beschlussverfahren	45– 46
aaa) Beteiligte	45
bbb) Beteiligtenfähigkeit	46
b) Die Prozessfähigkeit	47– 62
aa) Begriff	47
bb) Abgrenzung	48– 49
cc) Probleme	50– 56
aaa) Natürliche Personen	50– 52
(1) Minderjähriger Arbeitgeber	50
(2) Minderjähriger Arbeitnehmer	51– 52
bbb) Juristische Personen	53– 55
(1) Gesetzliche Vertreter juristischer Personen	53
(2) Vertreter der Sozialversicherungsträger	54
(3) Vertreter des Fiskus	55
ccc) Versäumnisurteil	56
c) Die Prozessführungsbefugnis	57– 62
aa) Begriff	57
bb) Prozessstandschaft	58– 62
aaa) Gesetzliche Prozessstandschaft	59– 60
bbb) Gewillkürte Prozessstandschaft	61– 62
3. Die Vertreter	63–127
a) Rechtsanwälte	63–123
aa) Mandatsübernahme	63– 78

L. Urteils- und Beschlussverfahren

aaa) Checklisten	64– 76	
bbb) Gesetzliche Belehrungspflicht über Selbstkostentragung	77	
ccc) Erörterung der Höhe der Prozesskosten	78	
bb) Prozesskostenhilfe (PKH)	79– 91	
aaa) Aufklärungspflicht gegenüber Mandant	79	
bbb) Bewilligung grundsätzlich	80– 81	
ccc) Ausschluss der Bewilligung	82– 84	
ddd) Persönliche Voraussetzungen	85– 87	
eee) Zeitpunkt der Antragstellung	88– 89	
fff) Erweiterung des PKH-Gesuchs	90	
ggg) Rechtsbehelf	91	
cc) Beiordnung	92– 98	
aaa) Gegenrechtsanwalt	93	
bbb) Ausschluss der Beiordnung	94	
ccc) Persönliche Voraussetzungen	95	
ddd) Doppelte Antragstellung	96	
eee) Rechtswirkungen der Beiordnung nach § 11a ArbGG	97	
fff) Rechtsbehelf	98	
dd) PKH/§ 11a ArbGG im Beschlussverfahren/Checkliste	99–100	
ee) Rechtsschutzversicherung	101–110	
ff) Prozessvertretung vor den ArbG	111–119	
aaa) Urteilsverfahren	111–117	
(1) Allgemeines zivilprozessuales Vertretungsrecht	111	
(2) Freie Rechtsanwaltswahl	112	
(3) Ausländische Rechtsanwälte	113	
(4) Unterbevollmächtigte	114–117	
bbb) Beschlussverfahren	118–119	
gg) Prozessvertretung vor den LAG	120–121	
aaa) Urteilsverfahren	120	
bbb) Beschlussverfahren	121	
hh) Prozessvertretung vor dem BAG	122–123	
aaa) Urteilsverfahren	122	
bbb) Beschlussverfahren	123	
b) Verbandsvertreter oder sonstige Dritte	124–127	
aa) Prozessvertretung vor den ArbG	124–125	
bb) LAG	126	
cc) BAG	127	
4. Verfahrensgrundsätze	128–152	
a) Dispositionsgrundsatz	128–129	
b) Verhandlungsgrundsatz	130–133	
c) Grundsatz der Mündlichkeit	134–137	
d) Grundsatz der Unmittelbarkeit	138	
e) Grundsatz der Öffentlichkeit der Verhandlung	139–149	
f) Der Beschleunigungsgrundsatz	150–152	
5. Gegenüber dem ordentlichen Zivilprozess ausgenommene Verfahrensarten	153–155	
6. Einleitung des Urteilsverfahrens	156–217	
a) Allgemeines	156	
b) Mahnverfahren	157–161	
c) Klagearten	162–207	
aa) Leistungsklagen	163–180	
aaa) Vergütungsansprüche	166–172	
bbb) Klagen auf Erteilung oder Berichtigung eines Zeugnisses	173–174	
ccc) Klage gegen eine Abmahnung	175–176	

L. Urteils- und Beschlussverfahren

ddd) Geltendmachung von Weiterbeschäftigungsansprüchen		177–178
eee) Unterlassungsanträge		179–180
bb) Feststellungsklagen		181–206
aaa) Einzelfragen zum Feststellungsinteresse		189–193
bbb) Kündigungsschutzklagen bei Beendigungskündigung		194–205
ccc) Kündigungsschutzklagen bei Änderungskündigungen		206
cc) Gestaltungsklagen		207
d) Klageerhebung		208–217
aa) Einreichung bei Gericht		208–211
bb) Weiterer Verfahrensablauf		212–215
cc) Ladungsfrist		216
dd) Rechtswirkung der Klageerhebung		217
7. Vorbereitung des Gütetermins		218–244
a) Aufforderung an den Beklagten, sich auf die Klage einzulassen		218–222
b) Anordnung des persönlichen Erscheinens einer Partei		223–244
aa) Anordnungsbeschluss		223–231
bb) Folgen der Missachtung der Anordnung des persönlichen Erscheinens		232–244
aaa) Ordnungsgeld		232–240
bbb) Zurückweisung des Prozessbevollmächtigten		241–244
8. Die Güteverhandlung		245–295
a) Sinn und Zweck		245–246
b) Entbehrlichkeit der Güteverhandlung		247–251
c) Ablauf der Güteverhandlung		252–261
d) Ergebnisse der Güteverhandlung		262–292
aa) Vergleich		262–273
aaa) Form		263–265
bbb) Inhalt		266–267
ccc) Rechtsnatur		268–270
ddd) Kosten/Gebühren		271–273
bb) Klagerücknahme		274–276
cc) Übereinstimmende Erledigungserklärung		277–278
dd) Anerkenntnis, Verzicht		279–282
ee) Säumnis einer Partei		283–285
ff) Ruhen des Verfahrens		286
gg) Erfolglosigkeit des Gütetermins/Entscheidung durch den Vorsitzenden		287–292
e) Sitzungsprotokoll		293
f) Anwaltsgebühren		294–295
9. Vorbereitung der streitigen Verhandlung vor der Kammer durch den Vorsitzenden		296–360
a) Bestimmung des Kammertermins		296
b) Erlassen eines Beweisbeschlusses nach § 55 Abs. 4 ArbGG		297–305
c) Maßnahmen nach §§ 56, 61a ArbGG		306–338
aa) Erteilung von Auflagen unter Fristsetzung		309–313
bb) Folgen der Fristversäumung		314–323
cc) Einholung von amtlichen Auskünften und Urkunden		324
dd) Anordnung des persönlichen Erscheinens		325
ee) Vorsorgliche Ladung von Zeugen und Sachverständigen		326–331
aaa) Anordnung der Ladung		326–330
bbb) Folgen des Nichterscheinens eines Zeugen oder Sachverständigen		331
ff) Sonstige Maßnahmen		332–338
d) Aussetzung des Verfahrens		339–354

L. Urteils- und Beschlussverfahren

aa) Aussetzung gem. § 148 ZPO		339–348
aaa) Voraussetzungen		339–341
bbb) Verfahren		342
ccc) Aussetzung bei Klage auf Weiterbeschäftigung		343–344
ddd) Aussetzung von Vergütungsklagen		345–347
eee) Aussetzung bei Massenverfahren		348
bb) Aussetzung gem. § 149 ZPO		349–351
cc) Aussetzung aus verfassungs- oder europarechtlichen Gründen		352–354
e) Prozessverbindung und Prozesstrennung		355
f) Akteneinsicht		356–359
g) Information der ehrenamtlichen Richter		360
10. Der Kammertermin		361–431
a) Ablauf		361–373
aa) Allgemeines		362–365
bb) Verhandlung zur Sache		366–367
cc) Vertagung des Kammertermins		368–372
dd) Beweisaufnahme		373
b) Zurückweisung von verspätetem Parteivorbringen		374–378
aa) Zurückweisung gem. §§ 56 Abs. 2, 61a Abs. 5 ArbGG		374
bb) Zurückweisung gem. § 296 ZPO		375–378
c) Besonderheiten des Beweisverfahrens im Arbeitsgerichtsprozess		379–409
aa) Stellung der Beweisanträge		380–382
bb) Anordnung der Beweisaufnahme		383–384
cc) Durchführung der Beweisaufnahme		385–388
aaa) Kein Kostenvorschuss		385
bbb) Unmittelbarkeit der Beweisaufnahme		386
ccc) Vereidigung von Zeugen und Sachverständigen		387–388
dd) Einzelfälle zum Anscheinsbeweis		389–392
ee) Darlegungs- und Beweislastverteilung		393–409
aaa) Beispiele aus dem Individualarbeitsrecht		399–408
(1) Inhalt der arbeitsvertraglichen Vereinbarung		399
(2) Entlohnung		400
(3) Abmahnung		401
(4) Betriebsrente		402
(5) Diskriminierung		403
(6) Haftung des Arbeitnehmers		404
(7) Kündigung des Arbeitsverhältnisses		405
(8) Entgeltfortzahlung im Krankheitsfall		406
(9) Urlaub		407
(10) Zeugnis		408
bbb) Beispiele aus dem Betriebsverfassungsrecht		409
d) Schließung und Wiedereröffnung der mündlichen Verhandlung		410–416
aa) Schließung		410–412
bb) Wiedereröffnung		413–416
e) Ergebnisse des Kammertermins		417–431
aa) Verzichts-, Anerkenntnis-, Versäumnisurteil, Klagerücknahme, Vergleich		417
bb) Vertagung des Rechtsstreits		418
cc) Verkündigung eines Urteils		419–422
dd) Festsetzung eines Verkündungstermins		423–431
11. Das Urteil		432–519
a) Urteilsarten		432–436
b) Inhalt des Urteils		437–485
aa) §§ 313 ff. ZPO		438–441

L. Urteils- und Beschlussverfahren

	bb)	Die Streitwertfestsetzung		442–454
		aaa) Bedeutung		442–449
		bbb) Anfechtbarkeit		450
		ccc) Unterbliebene Streitwertfestsetzung		451
		ddd) Berechnung des Streitwerts		452–454
	cc)	Zulassung der Berufung		455–465
		aaa) Allgemeines		455–459
		bbb) Zulassungsgründe		460–463
		ccc) Bindungswirkung		464–465
	dd)	Rechtsmittelbelehrung		466–474
	ee)	Festsetzung einer Entschädigung, § 61 Abs. 2 ArbGG		475–485
		aaa) Antragstellung		475–477
		bbb) Fristsetzung		478
		ccc) Höhe der Entschädigungszahlung		479
		ddd) Folgen der Fristversäumung		480–483
		eee) Streitwert		484
		fff) Einzelfälle		485
c)	Mitteilungspflicht in Tarifsachen			486–487
d)	Zustellung des Urteils			488–496
	aa)	Allgemeines		488
	bb)	Zustellungsfrist		489
	cc)	§ 50 Abs. 2 ArbGG		490–491
	dd)	Amts-, Parteizustellung		492–496
e)	Urteilsberichtigung, Urteilsergänzung			497–503
	aa)	Urteilsberichtigung		497–500
	bb)	Urteilsergänzung		501–503
f)	Zwangsvollstreckung aus arbeitsgerichtlichen Urteilen			504–519
	aa)	Vorläufige Vollstreckbarkeit		504–512
		aaa) Grds. von Gesetzes wegen		504–507
		bbb) Aufhebung des Urteils		508
		ccc) Ausschluss der vorläufigen Vollstreckbarkeit		509–512
	bb)	Die Einstellung der Zwangsvollstreckung		513–517
	cc)	Einstellung nach § 769 ZPO		518–519
12. Das Vollstreckungsverfahren				520–538
a)	Vollstreckung durch den Gerichtsvollzieher			521–522
b)	Vollstreckung durch das Amtsgericht			523–524
c)	Vollstreckung durch das ArbG			525–536
	aa)	§ 887 ZPO		526–528
	bb)	§ 888 ZPO		529–533
	cc)	§ 890 ZPO		534–535
	dd)	§ 796b ZPO		536
d)	Rechtsbehelfe			537–538
13. Kosten und Gebühren des erstinstanzlichen Verfahrens				539–564
a)	Gerichtskosten und -gebühren			539–549
	aa)	Allgemeines		539–540
	bb)	Kostenprivilegierungen		541–546
	cc)	Selbstständige Gebühren		547
	dd)	Kostenvorschüsse/Fälligkeit der Gebühren		548–549
b)	Außergerichtliche Kosten			550–564
	aa)	Grds. keine Kostenerstattung		550–552
	bb)	Ausnahme: § 840 Abs. 2 ZPO		553
	cc)	Umfang des Kostenerstattungsausschlusses		554–563
		aaa) Anwaltskosten und Zeitversäumnis		554–556
		bbb) Notwendige Kosten der Rechtsverfolgung		557–559

L. Urteils- und Beschlussverfahren

		ccc)	Kostenerstattung bei Anrufung eines unzuständigen Gerichts	560–562
		ddd)	Vergleichsweise abändernde Regelungen	563
	dd)	Hinweispflicht		564
14.	Das Berufungsverfahren			565–700
a)	Rechtsgrundlagen			565–566
b)	Zulässigkeit der Berufung			567–623
	aa)	Statthaftigkeit		567–589
		aaa)	Grundsätze	569–576
		bbb)	Beschwerdewert	577–589
	bb)	Form und Frist der Berufungseinlegung		590–610
		aaa)	Form	590–600
		(1)	Unterschriebene Berufungsschrift	590–594
		(2)	Notwendiger Inhalt	595–600
		bbb)	Frist	601–607
		ccc)	Folgen bei Formfehler oder Fristüberschreitung	608–610
	cc)	Form, Frist und Inhalt der Berufungsbegründung		611–623
		aaa)	Frist	611–617
		bbb)	Form und Inhalt	618–621
		ccc)	Folgen fehlerhafter Berufungsbegründung	622–623
c)	Vorbereitung der mündlichen Verhandlung			624–630
	aa)	Terminanberaumung		624–628
	bb)	Anordnung des persönlichen Erscheinens		629
	cc)	Prozessleitende Anordnungen		630
d)	Anschlussberufung, Berufungsrücknahme und Berufungsverzicht			631–635
	aa)	Anschlussberufung		631–632
	bb)	Berufungsrücknahme		633
	cc)	Berufungsverzicht		634–635
e)	Die mündliche Verhandlung			636–649
	aa)	Allgemeines		636
	bb)	Besonderheiten bezüglich der Zurückweisung von Parteivorbringen		637–647
		aaa)	Zurückweisung von bereits in der ersten Instanz verspätet vorgebrachten Angriffs- und Verteidigungsmitteln	639–642
		bbb)	Zurückweisung von in der zweiten Instanz verspätetem Vorbringen	643–647
	cc)	Besonderheiten bei der Beweisaufnahme		648–649
f)	Beschränkung der Zurückweisung des Verfahrens an die erste Instanz			650–657
	aa)	Grundsatz		650–651
	bb)	Ausnahmen		652–657
g)	Das zweitinstanzliche Urteil			658–693
	aa)	Allgemeines		658–660
	bb)	Verkündung und Abfassung des zweitinstanzlichen Urteils		661–667
	cc)	Inhalt		668
	dd)	Beschränkter Prüfungsumfang		669–675
	ee)	Zulassung der Revision		676–691
		aaa)	Form	677–680
		bbb)	Zulassungsgründe	681–689
		ccc)	Beschränkte Zulassung	690–691
	ff)	Vollstreckbarkeit		692
	gg)	Mitteilungspflicht von Urteilen in Tarifvertragssachen		693
h)	Kosten des Berufungsverfahrens			694–700
15.	Das Revisionsverfahren			701–877
a)	Allgemeines			701–704

L. Urteils- und Beschlussverfahren

```
        aa) Sinn und Zweck                                              701
        bb) Ausgestaltung als Zulassungsrevision                        702
        cc) Verfahrensvorschriften                                      703–704
     b) Revisible Entscheidungen der Tatsacheninstanz                   705–707
     c) Statthaftigkeit der Revision                                    708–778
        aa) Die Zulassung der Revision durch das LAG                    710
        bb) Die Zulassung der Revision durch das BAG aufgrund einer
            Nichtzulassungsbeschwerde                                   711–757
            aaa) Allgemeines                                            711–715
            bbb) Nichtzulassungsbeschwerde wegen grundsätzlicher
                 Bedeutung der Rechtssache                              716–727
                 (1) § 72a Abs. 1 Nr. 1 ArbGG                           720
                 (2) § 72a Abs. 1 Nr. 2 ArbGG                           721–726
                 (3) § 72a Abs. 1 Nr. 3 ArbGG                           727
            ccc) Nichtzulassungsbeschwerde wegen Divergenz              728–731
            ddd) Form und Fristen der Einlegung                         732–736
            eee) Fristen und Inhalt der Begründung                      737–746
            fff) Rechtswirkungen der Einlegung                          747–748
            ggg) Entscheidung über die Nichtzulassungsbeschwerde        749–755
            hhh) Kosten und Gebühren                                    756–757
        cc) Die Zulassung der Revision durch das ArbG                   758–778
            aaa) Sinn und Zweck                                         758
            bbb) Formale Voraussetzungen                                759–763
            ccc) Materielle Voraussetzungen                             764–766
            ddd) Die Entscheidung des ArbG                              767–770
            eee) Wirkungen der Entscheidung                             771–776
            fff) Ausschluss von Verfahrensrügen                         777
            ggg) Entscheidung des BAG auf die Sprungrevision            778
     d) Die Einlegung und Begründung der Revision                       779–801
        aa) Form und Frist der Einlegung                                779–787
            aaa) Frist zur Einlegung der Revision                       779–782
            bbb) Form                                                   783–787
        bb) Frist und Inhalt der Revisionsbegründung                    788–801
            aaa) Frist                                                  788–790
            bbb) Inhalt der Revisionsbegründung                         791–801
                 (1) Antrag                                             791–794
                 (2) Inhaltliche Begründung                             795–801
     e) Der weitere Verfahrensablauf und die Entscheidung des BAG       802–861
        aa) Entscheidung über die Zulässigkeit der Revision             802–809
        bb) Terminbestimmung                                            810–811
        cc) Anschlussrevision                                           812–814
        dd) Einstellung der Zwangsvollstreckung                         815–816
        ee) Entscheidung über die Begründetheit der Revision            817–861
            aaa) Prüfungsrahmen                                         817–847
                 (1) Verletzung einer Rechtsnorm                        822–825
                 (2) Besonderheiten bei Rechtsnormen des Verfahrensrechts  826–828
                 (3) Maßgeblicher Zeitpunkt                             829–830
                 (4) Absolute Revisionsgründe                           831–841
                 (5) Tatsächliche Entscheidungsgrundlagen               842–847
            bbb) Entscheidungsmöglichkeiten                             848–861
                 (1) Zurückweisung der Revision                         848–849
                 (2) Aufhebung des Urteils und Zurückverweisung an die
                     Tatsacheninstanz                                   850–854
                 (3) Aufhebung des Urteils und eigene Endentscheidung   855–857
```

L. Urteils- und Beschlussverfahren

(4) Versäumnisurteile	858– 859
(5) Unstreitige Erledigung	860– 861
f) Formale Aspekte des Revisionsurteils	862– 865
g) Die Revisionsbeschwerde	866– 877
aa) Statthaftigkeit	866– 869
bb) Zulässigkeitsvoraussetzungen	870– 876
aaa) Zulassung im Verwerfungsbeschluss des Berufungsgerichts	870– 873
bbb) Form und Frist der Einlegung	874– 876
cc) Entscheidung des BAG	877
16. Die Wiederaufnahme des Verfahrens	878– 879
17. Das Beschwerdeverfahren	880– 883
II. Beschlussverfahren	**884–1119**
1. Grundsätzliches	884– 895
a) Verhältnis zum Urteilsverfahren	885– 887
b) Anwendungsbereich außerhalb des § 2a ArbGG	888– 890
c) Verhältnis zu Einigungs- und Schlichtungsstellen	891– 893
d) Rechtsgrundlagen	894– 895
2. Beteiligte im Beschlussverfahren	896– 906
a) Grundsätzliches	896– 898
b) Antragsteller/Antragsgegner	899– 900
c) Mehrzahl von Antragstellern	901– 903
d) Prozessstandschaft	904– 906
3. Das erstinstanzliche Beschlussverfahren	907–1004
a) Einleitung durch Antragstellung	907– 928
aa) Anträge	912– 921
bb) Antragsbefugnis	922– 925
cc) Rechtsschutzinteresse	926– 928
b) Antragsrücknahme	929– 930
c) Antragsänderung	931– 933
d) Das örtlich zuständige Gericht	934– 938
aa) Streitigkeiten nach § 2a Abs. 1 Nr. 1–3 ArbGG	934– 936
bb) Streitigkeiten nach § 2a Abs. 1 Nr. 4 ArbGG	937
cc) Sonstige Verfahren	938
e) Das Verfahren vor dem ArbG	939– 975
aa) Verfahrensablauf nach Eingang der Antragsschrift/Güteverhandlung	939– 941
bb) Vorbereitung des Anhörungstermins	942– 945
cc) Der Untersuchungsgrundsatz	946– 950
dd) Beweiserhebung	951– 954
ee) Die Beteiligten des Verfahrens	955– 969
ff) Fehlerhafte Beteiligung	970– 972
gg) Der Anhörungstermin	973– 975
f) Beendigungsmöglichkeiten des erstinstanzlichen Beschlussverfahrens	976–1004
aa) Antragsrücknahme	976
bb) Vergleich	977– 982
cc) Erledigungserklärung der Beteiligten	983– 989
dd) Verfahrensbeendender Beschluss	990–1004
aaa) Form/Inhalt	992– 996
bbb) Zustellung	997
ccc) Verkündung	998
ddd) Rechtskraft	999–1004
4. Das Beschlussverfahren in zweiter Instanz	1005–1042
a) Eröffnung der zweiten Instanz	1005–1023

	aa) Beschwerdefähige Entscheidungen	1005–1007
	bb) Anzuwendende Vorschriften	1008
	cc) Einlegung der Beschwerde	1009
	dd) Beschwerdebefugnis	1010–1014
	ee) Form und Frist der Beschwerdeeinlegung	1015–1021
	ff) Rechtswirkungen der Einlegung der Beschwerde	1022
	gg) Anschlussbeschwerde	1023
b)	Entscheidung über die Zulässigkeit der Beschwerde	1024–1027
c)	Der weitere Verfahrensablauf	1028–1033
	aa) Vorbereitung des Anhörungstermins	1028–1030
	bb) Antragsänderung	1031
	cc) Der Anhörungstermin	1032–1033
d)	Beendigungsmöglichkeiten	1034–1042
	aa) Antragsrücknahme	1034–1035
	bb) Beschwerderücknahme/Beschwerdeverzicht	1036–1038
	cc) Vergleich, Erledigung der Hauptsache	1039
	dd) Beschluss	1040–1042
5. Das Rechtsbeschwerdeverfahren	1043–1079
a)	Statthaftigkeit	1043–1054
	aa) Zulassung durch das LAG	1045–1046
	bb) Zulassung aufgrund Nichtzulassungsbeschwerde	1047–1049
	cc) Zulassung durch das ArbG	1050–1054
b)	Vertretung der Beteiligten	1055
c)	Einlegung und Begründung der Rechtsbeschwerde	1056–1066
	aa) Rechtsbeschwerdebefugnis	1057
	bb) Form	1058–1063
	cc) Rechtswirkung	1064
	dd) Anschlussrechtsbeschwerde	1065–1066
d)	Entscheidung über die Zulässigkeit der Rechtsbeschwerde	1067
e)	Der weitere Verfahrensablauf	1068–1075
	aa) Vorbereitungshandlung des Senatsvorsitzenden	1068–1070
	bb) Verfahrensgegenstand	1071–1075
f)	Beendigung des Verfahrens	1076–1079
	aa) Unstreitige Beendigung	1076–1078
	bb) Verfahrensbeendender Beschluss	1079
6. Beschlussverfahren in besonderen Fällen	1080–1119
a)	Entscheidung über die Tariffähigkeit und Tarifzuständigkeit einer Vereinigung	1080–1098
	aa) Streitgegenstand	1081–1082
	bb) Einleitung des Verfahrens	1083–1088
	cc) Rechtsschutzinteresse	1089
	dd) Örtliche Zuständigkeit	1090
	ee) Verfahrensablauf	1091–1092
	aaa) Anwendbarkeit der Bestimmungen über das Beschlussverfahren	1091
	bbb) Rechtsmittel	1092
	ff) Aussetzung anderer Verfahren	1093–1096
	gg) Rechtskraftwirkung	1097
	hh) Übersendungspflicht der Entscheidungen	1098
b)	Entscheidung über die Besetzung der Einigungsstelle	1099–1119
	aa) Verfahrensgegenstand	1099
	bb) Das Bestellungsverfahren	1100–1106
	aaa) Antrag	1100–1104
	bbb) Beteiligte	1105

L. Urteils- und Beschlussverfahren

ccc)	Verfahrensablauf	1106
cc)	Die Entscheidung	1107–1119
aaa)	Zurückweisung des Antrags	1107–1111
bbb)	Bestellung eines Vorsitzenden/Festsetzung der Zahl der Beisitzer	1112–1114
ccc)	Rechtswirkung der Entscheidung	1115–1117
ddd)	Rechtsmittel	1118–1119

I. Urteilsverfahren

1. Rechtsnatur

1 Beim Urteilsverfahren handelt es sich um einen Zivilprozess, auf den grds. die Vorschriften der ZPO anwendbar sind. Dies ergibt sich aus den Verweisungen auf die ZPO in den §§ 46 Abs. 2, 64 Abs. 6 und 72 Abs. 5 ArbGG. Die Bestimmungen der ZPO sind allerdings nur dann anwendbar, wenn das ArbGG keine besonderen Bestimmungen bezüglich des Verfahrens enthält.

2 Das Urteilsverfahren findet in den in § 2 ArbGG enumerativ aufgezählten bürgerlichen Rechtsstreitigkeiten statt (s. o. K/Rz. 219 ff.).

2. Die Parteien

a) Parteifähigkeit

aa) Allgemeines

3 Parteien sind die in der Klageschrift bezeichneten Personen, also diejenigen, von denen und gegen die staatliche Rechtsschutzhandlungen im eigenen Namen begehrt wird (**formeller Parteibegriff**; *Zöller/Vollkommer* Vor § 50 Rz. 2).
Parteien können weder **Zeuge**, §§ 373–401 ZPO i. V. m. § 46 Abs. 2 ArbGG noch **Streitgehilfe** sein, § 66 ZPO i. V. m. § 46 Abs. 2 ArbGG.

4 Vor Erhebung einer Klage sollte unter prozesstaktischen Erwägungen stets geprüft werden, wer klagen und wer verklagt werden soll:
 – Mitverklagen unbequemer Zeugen (vorher prüfen, ob nach Beweislastverteilung überhaupt sinnvoll!); spätere Klageerweiterung
 – Forderungsabtretung
 – Klage nur eines Gesamt- oder Mitgläubigers
 – gewillkürte Prozessstandschaft
 – Widerklage

bb) Begriff

5 Parteifähigkeit ist die Fähigkeit, Partei eines Rechtsstreites zu sein (*GMP* § 10 Rz. 3). Gem. § 50 ZPO ist parteifähig, wer rechtsfähig ist.
Handwerksinnungen, Handwerksinnungsverbände, Kreishandwerkerschaften und Handwerkskammern sind parteifähig. Handwerksinnungen, Kreishandwerkerschaften und Handwerkskammern sind als Körperschaften des öffentlichen Rechts,

§§ 53, 89, 90 HandwO, rechtsfähig, die Handwerksinnungsverbände als juristische Personen des privaten Rechts, § 80 S. 1 HandwO.
Im arbeitsgerichtlichen Urteilsverfahren erweitert § 10 ArbGG die Parteifähigkeit. **6**
Ungeachtet ihrer Rechtsform sind **Gewerkschaften, selbstständige tariffähige Ortsvereine** sowie die **Spitzenorganisationen der Gewerkschaften und Arbeitgeberverbände** parteifähig, – **nicht hingegen der Betriebsrat**.

cc) Probleme

aaa) **Richtiger Kläger/richtiger Beklagter**
Besondere Sorgfalt ist darauf zu richten, dass die Klage gegen den richtigen und ge- **7**
nau bezeichneten Gegner gerichtet wird. Nachlässigkeiten können zu prozessualen und sonstigen Nachteilen (z. B. keine fristunterbrechende rechtzeitige Zustellung) oder Problemen bei der Zwangsvollstreckung führen. Schwierigkeiten können insbesondere bei einer Klage gegen den Arbeitgeber auftreten, wenn dieser keine natürliche Person ist.
Die Klageschrift muss die »Bezeichnung der Parteien« enthalten (§ 253 Abs. 2 Zif- **8**
fer 1 ZPO). Die gesetzlichen Vertreter juristischer Personen oder parteifähiger Handelsgesellschaften sollen genau bezeichnet werden, §§ 253 Abs. 4, 130 ZPO. Ein Verstoß gegen die bloße Sollvorschrift des § 130 ZPO führt zwar nicht zu einer unwirksamen Klageerhebung, möglicherweise jedoch zu Nachteilen (*Gift/Baur* D/Rz. 4). Eine ungenaue Bezeichnung der gesetzlichen Vertreter kann Zweifel wecken, an wen gem. § 171 ZPO zuzustellen ist, dadurch Verzögerungen der Zustellung verursachen und zu Schwierigkeiten bei der Vollstreckung aus einem Titel führen (KR-*Friedrich* § 4 KSchG Rz. 152). Eine Auslegung einer ungenauen Parteibezeichnung wird bei nicht korrekt benannten gesetzlichen Vertretern oder persönlich haftenden Gesellschaftern erschwert.
Die GmbH vertritt der (die) Geschäftsführer, § 35 GmbHG, die Aktiengesellschaft **9**
der Vorstand, § 78 Abs. 1 AktG, bei Prozessen gegen Mitglieder des Vorstandes der Aufsichtsrat, § 112 AktG, soweit nicht besondere Vertreter gem. § 147 AktG bestimmt sind, die OHG die Gesellschafter, §§ 125 ff. HGB, die KG der (die) Komplementär(e), §§ 161 Abs. 2, 170 HGB, die KG a. A. die persönlich haftenden Gesellschafter, § 278 Abs. 2 AktG, die Genossenschaft der Vorstand, § 24 GenG, Vereine der Vorstand, § 26 Abs. 2 BGB ebenso Stiftungen, § 86 BGB. Bei Liquidationsgesellschaften ordnen die jeweiligen Vorschriften besondere Vertretungsverhältnisse an.

(1) **Gesellschaft bürgerlichen Rechts – Passivrubrum**
Nach der Rechtsprechungsänderung des BGH (*BGH* 29.1.2001 EzA § 50 ZPO Nr. 4) ist **10**
die (Außen-) GbR soweit sie durch Teilnahme am Rechtsverkehr eigene Rechte und Pflichten begründet aktiv und passiv parteifähig. Die Gesellschafter haften – vergleichbar der Haftung bei der OHG – akzessorisch. Im Passivprozess ist es wegen der persönlichen Gesellschafterhaftung für den Kläger – wie bei der OHG – ratsam, neben der Gesellschaft auch die Gesellschafter persönlich zu verklagen (*BGH* 29.1.2001 EzA § 50 ZPO Nr. 4).

Muster:
gegen
1. die Bau-ARGE, Bahnhofstraße 22, 67655 Kaiserslautern, vertreten durch ihre Gesellschafter Peter Müller und Fritz Meyer, ebenda

– Beklagte zu 1 –

2. den persönlich haftenden Gesellschafter Peter Müller, Bahnhofstraße 22, 67655 Kaiserslautern

— Beklagter zu 2 —

3. den persönlich haftenden Gesellschafter Fritz Meyer, Bahnhofstraße 22, 67655 Kaiserslautern

—Beklagter zu 3 —

(2) OHG/KG – Passivrubrum

11 Eine OHG/KG kann unter ihrer Firma verklagt werden, §§ 124 Abs. 1, 161 Abs. 2 HGB. Sie sind also parteifähig und die Firma ist die anzugebende Parteibezeichnung. In das Gesellschaftsvermögen kann nur aus einem gegen die Gesellschaft ergangenen Titel vollstreckt werden, § 124 Abs. 2 HGB. Bei einer Klage gegen eine OHG/KG sollten **alle – persönlich haftenden – Gesellschafter** aufgeführt werden.

Muster:
gegen
die Werbe OHG, Hauptstraße 13, 67655 Kaiserslautern, vertreten durch ihre Gesellschafter X und Y, ebenda – Beklagte 1 –
Bei Zweifeln an der Liquidität der Gesellschaft sollten die Gesellschafter persönlich mitverklagt werden, um in das Privatvermögen vollstrecken zu können, § 129 Abs. 4 HGB.
gegen
1. die Werbe KG, Hauptstraße 13, 67655 Kaiserslautern, vertreten durch ihre persönlich haftenden Gesellschafter X und Y, ebenda

— Beklagte zu 1 —

2. den persönlich haftenden Gesellschafter X, Hauptstraße 13, 67655 Kaiserslautern

— Beklagte zu 2 —

3. den persönlich haftenden Gesellschafter Y, Hauptstraße 13, 67655 Kaiserslautern

— Beklagte zu 3 —

(3) GmbH – Passivrubrum

12 Vor Erhebung einer Klage gegen eine GmbH empfiehlt es sich, in Zweifelsfällen zu prüfen, ob die GmbH überhaupt **im Handelsregister eingetragen** ist (Muster s. u. L/Rz. 72). Die Eintragung hat konstitutive Wirkung für das Entstehen einer GmbH, §§ 11, 13 GmbHG. Zwecks Meidung eines Rechtsanwaltsregresses sollte auch der Prozessbevollmächtigte auf Beklagtenseite ggf. die **Parteifähigkeit einer klagenden GmbH durch Einsichtnahme in das Handelsregister überprüfen.** Der/Die vertretungsberechtigte(n) Geschäftsführer einer GmbH sollte(n) zutreffend namentlich bezeichnet werden.

Muster:
gegen
die Werbe GmbH, Hauptstraße 13, 67655 Kaiserslautern, gesetzlich vertreten durch ihren alleinvertretungsberechtigten Geschäftsführer X, ebenda – Beklagte –

Im **Streit über die Partei- und Prozessfähigkeit einer beklagten GmbH** wird diese 13
als parteifähig behandelt, da anderenfalls kein Rechtsstreit über die Frage der Partei-
und Prozessfähigkeit geführt werden könnte (*BAG* 22.3.1988 EzA § 50 ZPO Nr. 2).
Wird eine beklagte GmbH während eines Kündigungsrechtsstreites aufgelöst, verliert
sie nicht ihre Parteifähigkeit (*BAG* 9.7.1981 EzA § 50 ZPO Nr. 1). Der Arbeitnehmer
hat ein schutzbedürftiges Interesse an der Entscheidung des Rechtsstreites, weil das
Ergebnis für seinen weiteren Berufsweg erhebliche Auswirkungen haben kann.

(4) GmbH & Co. KG – Passivrubrum

Muster: 14
gegen
die Bau GmbH & Co. KG, Hauptstraße 111, 67655 Kaiserslautern, vertreten durch
ihre alleinvertretungsberechtigte Komplementärin, die B-Vertriebs-GmbH, diese
vertreten durch ihren Geschäftsführer W, ebenda – Beklagte –

Fehlt die korrekte Bezeichnung »vertreten durch die Komplementärin« schadet das
nach Auffassung des *BGH* (29.6.1993 NJW 1993, 2811) nicht, sofern die Geschäftsführer namentlich aufgeführt sind. Zustellungen haben nicht an die GmbH als persönlich haftende Gesellschafterin zu erfolgen, sondern an deren Geschäftsführer.
Sind die Geschäftsführer namentlich bezeichnet, besteht kein Zweifel, an wen zuzustellen ist.
Da erfahrungsgemäß bei Klagen gegen eine GmbH & Co. KG häufig in der Zwangs- 15
vollstreckung Schwierigkeiten auftreten, empfiehlt es sich in Zweifelsfällen, zugleich
die **Komplementärin** im Wege der subjektiven Klagehäufung gem. § 161 Abs. 2
i. V. m. § 128 Satz 1 HGB zu **verklagen**, s. o. L/Rz 11. Die persönlich haftende Gesellschafterin einer Kommanditgesellschaft ist Arbeitgeberin i. S. d. § 2 Abs. 1 Nr. 3
ArbGG (*BAG* 1.3.1993 EzA ArbGG 1979 § 2 Nr. 24).

(5) AG – Passivrubrum

Muster: 16
gegen
die Energie-Versorgungs-Aktiengesellschaft, Energiestraße 13, 67655 Kaiserslautern, gesetzlich vertreten durch den Vorstand D und Dipl.-Ing. W, ebenda
– Beklagte –

(6) Genossenschaft – Passivrubrum

Muster: 17
gegen
die Sparbank eG, Hauptstraße 1, 67655 Kaiserslautern, gesetzlich vertreten durch
den Vorstand D und Dipl.-Kaufmann M., ebenda – Beklagte –

(7) Nato – Truppen – Passivrubrum
(s. o. L/Rz. 5) 18

L. Urteils- und Beschlussverfahren

(8) Fiskus – Passivrubrum

19 Muster:
gegen
das Finanzamt Kaiserslautern, Eisenbahnstraße 56, 67655 Kaiserslautern, vertreten durch seinen Leiter, ebenda
– Beklagte –

(9) Bundesanstalt für Arbeit – Passivrubrum

20 Muster:
gegen
die Bundesanstalt für Arbeit, vertreten durch den Direktor des Arbeitsamtes Kaiserslautern
– Beklagte –

(10) Insolvenzverwalter – Passivrubrum
21 Der Insolvenzverwalter ist Partei kraft Amtes (str., anders Vertretertheorie, siehe im Einzelnen *Zöller/Vollkommer* § 51 Rz. 7).

– **Rückständiges Arbeitsentgelt bei Verfahrenseröffnung**
22 Bei einem Rechtsstreit um derartige Ansprüche liegt ein Fall gesetzlicher Prozessstandschaft vor; § 80 InsO.

– **Masseverbindlichkeiten nach §§ 55 Abs. 1 Nr. 2, 209 Abs. 1 Nr. 2, 3 InsO**
23 Für Rechtsstreitigkeiten über derartige Masseverbindlichkeiten sowie betriebsverfassungsrechtliche Streitigkeiten ist der Insolvenzverwalter als Arbeitgeber Partei (*Zwanziger* Das Arbeitsrecht der Insolvenzordnung, 2. Aufl., Rz. 92 ff.) ebenso wie bei Auseinandersetzungen über eine von ihm ausgesprochene Kündigung.

Muster:
gegen
den Rechtsanwalt R, Hauptstraße 1, 67655 Kaiserslautern als Insolvenzverwalter über das Vermögen der GmbH & Co.KG, Sauerwiese 111, 67655 Kaiserslautern
– Beklagter –

(11) Ausländische Kapitalgesellschaften
24 Der Rechtsanwalt des Beklagten sollte **vorsorglich die Parteifähigkeit einer klagenden ausländischen Kapitalgesellschaft bestreiten**; das Gericht muss diese dann von Amts wegen prüfen, § 56 ZPO i. V. m. § 46 Abs. 2 ArbGG.

(12) Arbeitnehmerüberlassung/Leiharbeit
25 Der Verleiher bleibt bei nach § 1 AÜG erlaubter Arbeitnehmerüberlassung Arbeitgeber. Fehlt die erforderliche Erlaubnis, fingiert § 10 Abs. 1 AÜG ein Arbeitsverhältnis zwischen Entleiher und Leiharbeitnehmer (s. o. C/Rz. 3518 ff.).

(13) Betriebsübergang

– **Arbeitgeber**
26 Eine Klage ist nach der Rechtsprechung des BAG grds. gegen den **Arbeitgeber** zu richten, der kündigte (*BAG* 26.5.1983 EzA § 613a BGB Nr. 34; *BAG* 27.9.1984 EzA

§ 613a BGB Nr. 40; *Küttner/Kreitner* Personalbuch 1998 Betriebsübergang, Rz. 89 ff.; *Kreitner* FA 1998, 3; vgl. zum Auflösungsantrag gem. §§ 9, 10 KSchG: *BAG* 20.3.1997 EzA § 613a BGB Nr. 148). Erfolgt der Betriebsübergang (vgl. hierzu *Worzalla* FA 1998, 44; *Annuß* NZA 1998, 70; *ders.* BB 1998, 1582) erst nach der Klageerhebung, wirkt die Rechtskraft eines Urteils gegen den alten Arbeitgeber gem. § 325 ZPO auch gegen den neuen Arbeitgeber. Hingegen scheidet eine Rechtskrafterstreckung bei einem Betriebsübergang nach Kündigung, aber vor Klageerhebung, aus; ein erstrittener Titel ist gegenüber dem Betriebserwerber wirkungslos. Der Rechtsanwalt des Arbeitnehmers sollte daher sorgfältig prüfen, ob er den Betriebsveräußerer und/oder den Betriebserwerber verklagt, um schnellstmöglich und Kosten sparend die rechtlichen Interessen seines Mandanten durchzusetzen.

Zu differenzieren ist zunächst danach, ob der Betriebsveräußerer oder der Betriebserwerber kündigte und ob im Zeitpunkt der Klageerhebung der Betriebsübergang bereits stattgefunden hatte. Ein Betriebsübergang tritt mit dem Wechsel in der Person des Inhabers des Betriebs ein. Einer besonderen Übertragung einer Leitungsmacht bedarf es daneben nicht. Der bisherige Inhaber muss seine wirtschaftliche Betätigung in dem Betrieb/-steil einstellen und der neue Inhaber den Betrieb tatsächlich führen (*BAG* 12.11.1998 EzA § 613a BGB Nr. 170).

– **Kündigung durch Betriebserwerber**
Kündigt der Betriebserwerber vor Betriebsübergang und erhebt der Arbeitnehmer vor Betriebsübergang Klage, so ist die Klage gegen den Betriebsveräußerer als Arbeitgeber im Zeitpunkt der Klageerhebung zu richten. Der nach Klageerhebung erfolgende Betriebsübergang hat gem. § 265 Abs. 2 ZPO keinen Einfluss auf den Prozess; die Rechtskraft eines Urteils erstreckt sich nach § 325 BGB auf den neuen Arbeitgeber, der Titel kann gem. § 727 ZPO umgeschrieben werden. Einer isolierten Feststellungsklage gegen den Betriebsveräußerer nach Betriebsübergang fehlt grds. das **Rechtsschutzbedürfnis**, da eine Rechtskraftwirkung gem. § 325 ZPO gegenüber dem Betriebserwerber nicht eintritt (*Hillebrecht* NZA 1989 Beil. 4, S. 14, 19). Dient eine Klage nur der Vorbereitung der Durchsetzung von Ansprüchen aus § 613a BGB gegen den Betriebserwerber, geht es nach Auffassung des *BAG* (16.3.1989 – 2 AZR 726/87 – n. v.) um eine überflüssige Prozessführung.

Kündigt der Betriebserwerber nach Betriebsübergang, ist die Klage gegen ihn zu richten.

27

– **Kündigung des Betriebsveräußerers**
Kündigt der Betriebsveräußerer vor Betriebsübergang und wird Klage vor Betriebsübergang erhoben, so ist die Klage gegen den Betriebsveräußerer zu richten. Der nach Klageerhebung erfolgende Betriebsübergang hat gem. § 265 Abs. 2 ZPO keinen Einfluss auf den Prozess; die Rechtskraft eines Urteils erstreckt sich nach § 325 BGB auf den neuen Arbeitgeber, der Titel kann gem. § 727 ZPO umgeschrieben werden. Kündigt der Betriebsveräußerer vor Betriebsübergang und wird Klage nach Betriebsübergang erhoben, so ist für die Klärung der Wirksamkeit der Kündigung der Betriebsveräußerer auch nach dem Betriebsübergang passivlegitimiert (*BAG* 18.3.1999 EzA § 613a BGBl Nr. 179). Wird in dem Kündigungsrechtsstreit zwischen Arbeitnehmer und Betriebsveräußerer rechtskräftig die Unwirksamkeit der von diesem ausgesprochenen Kündigung wegen Betriebsübergangs festgestellt, findet aber § 325 ZPO im Verhältnis zu dem Betriebserwerber weder unmittelbare noch entsprechende Anwendung, weil der Betriebsübergang vor Eintritt der Rechtshängigkeit vollzogen

28

wurde (*BAG* 18.2.1999 EzA § 613a BGB Nr. 176). Es empfiehlt sich daher, nicht nur eine Kündigungsschutzklage gem. § 4 KSchG gegen den kündigenden Betriebsveräußerer zu richten, sondern im Wege der subjektiven Klagehäufung auch eine allgemeine Feststellungsklage nach § 256 ZPO gegen den (möglichen) Betriebserwerber. Kündigt der Betriebsveräußerer nach Betriebsübergang, ist die Klage gegen den Betriebserwerber zu richten, da dieser nunmehr der Arbeitgeber ist (*Kreitner* a. a. O.). Das *LAG Köln* (18.3.1994 – 13 Sa 924/93 – n. v.) hält eine Klage gegen den Betriebsveräußerer in diesem Fall bereits für unschlüssig; zumindest dürfte ein Feststellungsinteresse gegenüber dem Betriebsveräußerer zu verneinen sein.

– **Ungewissheit hinsichtlich des Betriebsübergangs**
29   Hat der Arbeitnehmer **Kenntnis über einen Betriebsübergang und die Person des Betriebserwerbers, weiß er jedoch nicht den genauen Zeitpunkt des Betriebsübergangs**, sollte er innerhalb der Dreiwochenfrist des § 4 KSchG Kündigungsschutzklage erheben.
Im Rahmen eines Kündigungsschutzprozesses trägt der Arbeitgeber die volle Darlegungs- und Beweislast für die Tatsachen, die die Kündigung bedingen; er muss für die soziale Rechtfertigung erhebliche Gründe vortragen und nachweisen. Der Arbeitnehmer kann sich darauf beschränken, eine Betriebsstilllegung unter Hinweis auf einen Betriebsübergang zu bestreiten (*BAG* 5.12.1985 EzA § 613a BGB Nr. 50).

30   Erhebt der Arbeitnehmer hingegen keine Kündigungsschutzklage, sondern lediglich eine Feststellungsklage gem. § 256 ZPO muss der Arbeitnehmer die Voraussetzungen des Kündigungsverbotes des § 613a Abs. 4 S. 1 BGB (*BAG* 31.1.1985 EzA § 613a BGB Nr. 42) darlegen und beweisen (*BAG* 5.12.1985 EzA § 613a BGB Nr. 50). Der Arbeitgeber wird einen Betriebsübergang bestreiten bzw. darauf verweisen, dass es neben dem Betriebsübergang einen sachlichen Grund für die Kündigung gibt, sodass der Betriebsübergang nur Anlass, nicht aber der tragende Grund für die Kündigung war.

31   Die Kündigungsschutzklage ist gegen den Arbeitgeber zu richten.
Kündigte der Betriebsveräußerer, sollte bei fehlender genauer Kenntnis eines stattgefundenen Betriebsübergangs die Kündigungsschutzklage gegen den Betriebsveräußerer erhoben werden und im Wege einer unbedingten (*BAG* 31.3.1993 EzA § 4 KSchG n. F. Nr. 48) subjektiven Klagehäufung Feststellungsklage gem. § 256 ZPO gegenüber dem angeblichen Betriebserwerber, hilfsweise Kündigungsschutzklage. Betriebsveräußerer und Betriebserwerber können in demselben Rechtsstreit als Arbeitgeber verklagt werden; sie sind dann Streitgenossen (*BAG* 25.4.1996 EzA § 4 TVG Ausschlussfristen Nr. 123). Vorsorglich sollte grds. unverzüglich eine Zurückweisung der Kündigung gem. § 174 BGB erfolgen.

32   Fand ein Betriebsübergang erst nach Kündigung und Klageerhebung statt, hat die Kündigungsschutzklage gegen den Betriebsveräußerer als Arbeitgeber im Kündigungszeitpunkt mangels einer Betriebsstilllegung Erfolgsaussichten und damit auch der allgemeine Feststellungsantrag gegen den Betriebserwerber. Erfolgte der Betriebsübergang nach Kündigung durch den Betriebsveräußerer, aber vor Klageerhebung, findet zwar § 325 ZPO keine Anwendung, jedoch wird auf Grund der subjektiven Klagehäufung dasselbe Gericht hinsichtlich des beklagten Betriebserwerbers ebenfalls einen Betriebsübergang bejahen.

33   Kündigt der Betriebsveräußerer nach Betriebsübergang, scheitert die Klage gegen den Betriebsveräußerer, weil er im Zeitpunkt des Ausspruchs der Kündigung nicht (mehr) Arbeitgeber war. Hat der Arbeitnehmer rechtzeitig dessen Vollmacht gem. § 174 BGB gerügt, ist ein Obsiegen gegenüber dem Betriebserwerber allein deshalb

wahrscheinlich, weil die Kündigung nicht durch den Arbeitgeber ausgesprochen wurde und denkbarer Beklagtenvortrag einer Bevollmächtigung/nachträglichen Genehmigung aufgrund der Rüge des § 174 BGB abgeschnitten ist. Die Anträge sind derart zu ändern, dass die zunächst hilfsweise gegen den Betriebserwerber gestellte Kündigungsschutzklage als Hauptantrag gestellt wird.

Klagt ein Arbeitnehmer in subjektiver Klagehäufung gegen den bisherigen Arbeitgeber und Betriebsinhaber auf Feststellung, dass das Arbeitsverhältnis durch eine von diesem ausgesprochene Kündigung nicht aufgelöst worden ist und gegen den behaupteten Betriebsübernehmer zugleich auf Feststellung, dass mit ihm das beim bisherigen Arbeitgeber begründete Arbeitsverhältnis fortbesteht, so handelt es sich um zwei Streitgegenstände, die hinsichtlich des Streitwertes selbstständig bis zum Höchstbetrag nach § 12 Abs. 7 S. 1 ArbGG zu bewerten sind (*LAG Köln* 16.12.1993 AE 2/1994, 20). 34

Fehlen dem Arbeitnehmer jegliche Kenntnisse über einen Betriebsübergang, vermutet er oder sein Prozessbevollmächtigter aber einen bevorstehenden Betriebsübergang, sollte fristgerecht Kündigungsschutzklage gegen den kündigenden Betriebsveräußerer erhoben werden. Um zu vermeiden, dass die Gegenseite Vorkehrungen trifft, sollte weder in der Klageschrift noch im Gütetermin ein möglicher Betriebsübergang angesprochen werden, sondern intensiv außergerichtlich Informationen eingezogen werden. In einem Insolvenzverfahren sollte vor dem Kammertermin die Akte des Insolvenzgerichtes eingesehen werden. In den Protokollen der Gläubigerversammlung finden sich häufig Ausführungen des Insolvenzverwalters zu der Frage, ob die Insolvenzmasse zerschlagen oder insgesamt veräußert werden soll. Verdichten sich im Laufe des Kündigungsschutzprozesses die Anzeichen einer Betriebsübernahme sollte eine Klageerweiterung erfolgen. 35

(14) Wiedereinstellungsanspruch
Das *BAG* hat mit seiner Entscheidung vom 27.2.1997 (EzA § 1 KSchG Wiedereinstellungsanspruch Nr. 1) eine »Renaissance des Wiedereinstellungsanspruchs« eingeleitet (*Nägele* BB 1998, 1686; *Manske* FA 1998, 143; *Annuß* BB 1998, 1582 [1587]; *Ricken* NZA 1998, 460; *Linck* FA 2000, 334). Ein Wiedereinstellungsanspruch entsteht, wenn sich die zum maßgeblichen Zeitpunkt des Ausspruchs der Kündigung zunächst richtige Arbeitgeberprognose des Wegfalles einer Beschäftigungsmöglichkeit des Arbeitnehmers zum Kündigungstermin noch während des Laufs der Kündigungsfrist aufgrund sich ändernder Umstände (neuer Kausalverlauf) als unrichtig erweist (*BAG* 27.2.1997 EzA § 1 KSchG Wiedereinstellungsanspruch Nr. 1; 6.8.1997 EzA § 1 KSchG Wiedereinstellungsanspruch Nr. 2; 4.12.1997 EzA § 1 KSchG Wiedereinstellungsanspruch Nr. 3). Der Arbeitnehmer hat gem. § 242 BGB dann grds. einen Anspruch auf Weiterbeschäftigung. Im Fall einer Kündigung wegen Betriebsstilllegung richtet sich der Anspruch gegen den zum Zeitpunkt des Kündigungsausspruchs noch nicht »greifbaren« Betriebsübernehmer. Nach der Rechtsprechung des *BAG* (13.11.1997 EzA § 613a BGB Nr. 154; 12.11.1998 EzA § 613a BGB Nr. 171) ist das Fortsetzungsverlangen gegenüber dem Betriebserwerber zu erklären. Das Fortsetzungsverlangen muss dem Betriebserwerber innerhalb der Kündigungsfrist (*BAG* 28.6.2000 EzA § 1 KSchG Wiedereinstellungsanspruch Nr. 5) oder – ausnahmsweise auch danach – unverzüglich nach Kenntniserlangung von den den Betriebsübergang ausmachenden tatsächlichen Umständen zugehen (*BAG* 12.11.1998 EzA § 613a BGB Nr. 171; *Kleinebrink* FA 1999, 138).
In einer Kündigungsschutzklage empfiehlt es sich, den Wiedereinstellungsantrag als 36

L. Urteils- und Beschlussverfahren

Hilfsantrag in Form einer Leistungsklage – vergleichbar dem Weiterbeschäftigungsanspruch – anhängig zu machen. Bei einer Beendigung des Arbeitsverhältnisses durch Vergleich sollte in Zweifelsfällen ausdrücklich ein Verzicht auf einen eventuellen Wiedereinstellungsanspruch aufgenommen werden (*Nägele* a. a. O.).

bbb) Parteiberichtigung oder Parteiwechsel

(1) Allgemeines

37 Ein Parteiwechsel auf Beklagtenseite liegt vor, wenn anstelle des ursprünglich Beklagten nunmehr eine **andere Person** verklagt wird.
Eine Parteiberichtigung ist nur dann möglich, wenn die **Identität der ursprünglich verklagten Partei** erhalten bleibt. Das ist nicht der Fall, wenn die beklagte Partei richtig und eindeutig bezeichnet war, die Klage aber irrtümlich gegen die materiell-rechtlich falsche Beklagte gerichtet war (*LAG München* 2.8.1988 NZA 1989, 233). Unklarheiten in der Parteibezeichnung können im gerichtlichen Verfahren jederzeit richtig gestellt werden (*BAG* 22.1.1975 EzA § 268 ZPO Nr. 1).
Die Unterscheidung erlangt in der Praxis große Relevanz, falls durch die Klage eine **Frist**, – insbesondere die Klagefrist der §§ 4, 7, 13 KSchG –, gewahrt werden soll. Nach der Rechtsprechung des BAG (*BAG* 15.3.2001 EzA § 4 KSchG n. F. Nr. 61) ist in einem Kündigungsschutzprozess bei der Ermittlung einer nicht eindeutig bezeichneten Partei auf Beklagtenseite auf das Kündigungsschreiben zurückzugreifen, sofern es der Klageschrift beiliegt (s. u. L/Rz. 68 Muster Kündigungsschutzklage).

(2) Einzelfälle

– Firma

38 Wird eine Partei nur mit der Firma bezeichnet, so ist der **Inhaber der Firma,** – und zwar derjenige zum Zeitpunkt der Klageeinreichung (Kläger) bzw. Zustellung (Beklagter) –, Partei (*OLG München* 10.3.1971 NJW 1971, 1615). Die Angabe der Firma ohne Bezeichnung des Inhabers genügt den Erfordernissen des § 253 Abs. 2 Nr. 1 ZPO, weil ein Kaufmann gem. § 17 Abs. 2 HGB unter seiner Firma verklagt werden kann. Hiervon zu unterscheiden ist die **Klage gegen eine Firma unter Bezeichnung des – unzutreffenden – Inhabers**. Nennt die Klageschrift A als Inhaber, während B der Inhaber ist, liegt eine Klageänderung und keine Parteiberichtigung vor (*Zöller/Greger* § 253 Rz. 8).

– Vertretung bei Abgabe der Kündigungserklärung

39 Nennt der Kläger im Rubrum irrtümlich nicht seinen Arbeitgeber, sondern dessen Bevollmächtigten, der ausweislich eines der Klageschrift beiliegenden Kündigungsschreibens »namens und in Vollmacht« eines (anderen) Unternehmens die Kündigungserklärung abgibt, so hat das Gericht analog § 319 ZPO das Passivrubrum zu berichtigen (*BAG* 15.3.2001 EzA § 4 KSchG n. F. Nr. 61).

– GmbH

40 Richtet der Arbeitnehmer **gegen den als Unternehmer bezeichnenden Geschäftsführer einer GmbH unter der Geschäftsanschrift** eine Kündigungsschutzklage, wird hierdurch die Klagefrist des § 4 KSchG gewahrt, da das Passivrubrum jederzeit berichtigt werden kann (*LAG Hamm* 21.8.1980 EzA § 4 KSchG n. F. Nr. 18). Die Parteibezeichnung in der Klageschrift ist auszulegen. Die Klage war aufgrund der Anga-

ben in der Klageschrift dem Geschäftsführer der GmbH zugestellt worden. Der Geschäftsführer hat erkennen können, dass der Kläger den Fortbestand des bestehenden Arbeitsverhältnisses mit der GmbH festgestellt wissen wollte. Hingegen ist eine Parteiberichtigung – jedenfalls dann in der Berufungsinstanz – nicht mehr möglich, wenn die natürliche Person bereits bei Einreichung eines Mahnbescheides überhaupt nicht mehr Geschäftsführer der GmbH war (*OLG Köln* 3.7.1985 GmbHRsch. 1986, 47).

– **GmbH & Co. KG**
Die **gegen die persönlich haftende Gesellschafterin einer GmbH & Co. KG gerichtete Kündigungsschutzklage** kann jedenfalls in der Berufungsinstanz gegen den Willen der verklagten Gesellschafterin nicht mehr dahingehend berichtigt werden, dass die tatsächliche Arbeitgeberin, die GmbH & Co. KG, Beklagte sein soll (*LAG Berlin* 18.1.1982 EzA § 4 KSchG n. F. Nr. 21). Eine Berichtigung der Bezeichnung der beklagten Partei in der Berufungsinstanz kann für die richtig bezeichnete Beklagte gleich bedeutend mit dem Verlust einer Instanz sein. Das LAG Berlin stellt bei der Auslegung der Parteibezeichnung darauf ab, dass dem Kläger bzw. seinen Prozessbevollmächtigten die firmenrechtliche Konstruktion der Beklagten genauestens bekannt war – anders als in dem vom *LAG Hamm* (21.8.1980 EzA § 4 KSchG n. F. Nr. 18) entschiedenen Fall. Das LAG Berlin betont die Pflicht der Prozessbevollmächtigten »besonders sorgfältig« zu prüfen, ob die Kündigungsschutzklage auch gegen die »richtige« Partei erhoben worden ist.

41

– **Stationierungsstreitkräfte**
Erhebt ein bei NATO-Truppen beschäftigter Zivilangestellter **gegen den ausländischen militärischen Arbeitgeber selbst oder die Beschäftigungsdienststelle Klage** statt gegen die Bundesrepublik als Prozessstandschafterin gem. Art. 56 Abs. 8 ZA-NTS, so ist streitig, ob diese Klage die Dreiwochenfrist des § 4 KSchG wahrt. Ein Teil der Rechtsprechung hält eine bloße Berichtigung des Rubrums für unzulässig (*LAG Köln* 20.11.1987 LAGE § 5 KSchG Nr. 39; *ArbG Berlin* 10.3.1988 NZA 1989, 277; *LAG Rheinland-Pfalz* 27.4.1990 LAGE § 4 KSchG Nr. 17). Der Kläger hat mit der Klageschrift unmissverständlich die beklagte Partei bezeichnet, nämlich den alliierten Arbeitgeber bzw. die alliierte Dienststelle. Eine Parteiberichtigung kommt hingegen nur bei einer unzutreffenden oder ungenauen Bezeichnung der Partei in Betracht, wobei die Identität der Partei gewahrt bleiben muss. Die BRD ist eindeutig eine andere Person als der alliierte Arbeitgeber oder die alliierte Dienststelle und nicht lediglich ungenau bezeichnet. Hingegen hatte das *LAG Köln* (29.8.1986 – 6 Ta 200/P 6 – n. v.) unter Bezugnahme auf das *BAG* (3.7.1969 AP Nr. 1 § 46 TV AL II) eine Parteiberichtigung zugelassen. Der Arbeitgeber sei verklagt worden; die materielle Arbeitgeberstellung wurde durch die gesetzliche Prozessstandschaft der BRD nicht geändert.

42

– **Fristwahrung nach Parteiwechsel**
Erfolgt die Zustellung einer Kündigungsschutzklage nach Parteiwechsel ohne Verschulden des Gerichtes nicht »**demnächst**« i. S. d. **§ 270 Abs. 3 ZPO**, so ist – zumindest nach entsprechender Rüge des Beklagten gem. § 295 ZPO – die Klagefrist des § 4 KSchG nicht gewahrt. In dem vom *ArbG Berlin* (10.3.1988 a. a. O.) entschiedenen Fall der Klage eines Zivilangestellten der Britischen Stationierungsstreitkräfte lautet das Passivrubrum »vertr. d. d. Manager«. Die Klage konnte nicht zugestellt werden.

43

L. Urteils- und Beschlussverfahren

Nach Richtigstellung des Passivrubrums konnte erst zwei Monate nach Kündigungszugang die Zustellung an die Prozessstandschafterin erfolgen. Das ArbG Berlin vertrat die Auffassung, selbst wenn eine Parteiberichtigung zulässig wäre und die Klage somit innerhalb der Dreiwochenfrist eingereicht wurde, sei keine fristwahrende Zustellung i. S. d. § 4 KSchG erfolgt. Die Kündigung gilt gem. §§ 7, 13 Abs. 1 S. 2 KSchG als von Anfang an rechtswirksam.

Liegt keine bloße Parteiberichtigung vor, sondern ein gewillkürter Parteiwechsel auf Beklagtenseite, kommt es für die Wahrung der Dreiwochenfrist gem. §§ 4, 7, 13 KSchG nicht auf den Zeitpunkt des Prozessbeginns, sondern auf den Zeitpunkt des Parteiwechsels an (*LAG Hamm* 17.8.1982 EzA § 4 KSchG n. F. Nr. 23; *BAG* 31.3.1993 EzA § 4 KSchG n. F. Nr. 46).

– Zustellungsfehler

44 Ist die Klage überhaupt nicht zugestellt, fehlt es an einer wirksamen Klageerhebung (*Zöller/Greger* § 253 Rz. 26; siehe zur Zustellung im arbeitsgerichtlichen Verfahren *Laber* FA 1998, 204). Die Rechtshängigkeit der Streitsache wird nicht begründet, § 261 Abs. 1 ZPO.

dd) Beschlussverfahren

aaa) Beteiligte

45 Das arbeitsgerichtliche Beschlussverfahren kennt keine Parteien, sondern stattdessen Beteiligte, §§ 80 ff. ArbGG.

Beteiligt sich die Bundesrepublik Deutschland gem. Abs. 9 des Unterzeichnungsprotokolls zu Art. 56 Abs. 9 ZA-Nato-Truppenstatut auf Antrag einer Truppe an einem von der Betriebsvertretung einer Dienststelle eingeleiteten Verfahren über den Umfang des Mitbestimmungsrechts bei der Einstellung von Arbeitnehmern, ist sie alleinige Beteiligte im Sinne einer Prozessstandschafterin; die betroffene Dienststelle ist hingegen nicht beteiligt (*BAG* 7.11.2000 EzA § 83 ArbGG 1979 Nr. 9).

bbb) Beteiligtenfähigkeit

46 Beteiligtenfähigkeit ist die Fähigkeit, im eigenen Namen ein Beschlussverfahren zur Geltendmachung oder zur Verteidigung von Rechten zu betreiben (*GMP* § 10 Rz. 15).

Wer parteifähig ist, ist grds. auch beteiligtenfähig. Darüber hinaus erweitert § 10, 2. Hs. ArbGG die Beteiligtenfähigkeit; die nach dem BetrVG, SprAuG, MitbestG, MitbestErgG und dem BetrVG 1952 sowie den zu den genannten Gesetzen ergangenen Rechtsverordnungen beteiligten Personen und Stellen sind beteiligtenfähig. Beteiligtenfähige Personen sind beispielsweise der Vertrauensmann der Schwerbehinderten, Beauftragte der Gewerkschaften und Arbeitgeberverbände, Betriebs- und Aufsichtsratsmitglieder. Beispiele für beteiligungsfähige Stellen sind der Betriebsrat, Gesamtbetriebsrat, Konzernbetriebsrat, Sprecherausschüsse, Jugend- und Auszubildendenvertretung, Wirtschaftsausschuss, Einigungsstelle (Ausnahme: s. u. L/Rz. 966) und Schwerbehindertenvertretung.

In Verfahren zur Feststellung der Tariffähigkeit sind die betroffenen Verbände sowie die obersten Arbeitsbehörden des Bundes und Länder beteiligtenfähig.

… L. Urteils- und Beschlussverfahren

b) Die Prozessfähigkeit

aa) Begriff
Prozessfähigkeit ist die Fähigkeit, Prozesshandlungen selbst oder durch selbstgewählte Vertreter wirksam vornehmen oder entgegennehmen zu können (*Zöller/Vollkommer* § 52 Rz. 1). 47

bb) Abgrenzung
Von der Prozessfähigkeit zu unterscheiden ist die **Postulationsfähigkeit**, die Fähigkeit, dem prozessualen Handeln die rechtserhebliche Erscheinungsform zu geben (*Zöller/Vollkommer* Vor § 50 Rz. 16). § 11 Abs. 1 ArbGG modifiziert § 79 ZPO, § 11 Abs. 2 ArbGG, § 78 ZPO. Das Verfahren vor dem ArbG ist grds. ein **Parteiprozess**, vor dem LAG und BAG besteht hingegen **Vertretungszwang**. Zur Prozessvertretung vor dem BAG sind nur Rechtsanwälte zugelassen (Rechtsanwaltsprozess); nicht – anders als vor dem ArbG und LAG – Verbandsvertreter. Für Rechtsanwälte besteht **kein Lokalisierungszwang** i. S. d. § 18 Abs. 1 BRAO; jeder bei einem deutschen Gericht zugelassene Rechtsanwalt ist postulationsfähig. 48

Ausländische Rechtsanwälte aus einem Mitgliedstaat der EG dürfen im Einvernehmen mit einem vertretungsberechtigten deutschen Rechtsanwalt auftreten, § 4 Rechtsanwaltsdienstleistungsgesetz i. V. m. Richtlinie 77/249 EWG vom 22.3.1977; darüber hinaus kann ihnen die Justizverwaltung nach § 157 Abs. 3 ZPO i. V. m. § 46 Abs. 2 ArbGG das Auftreten gestatten. 49

cc) Probleme

aaa) Natürliche Personen

(1) Minderjähriger Arbeitgeber
Ein Minderjähriger kann durch seinen gesetzlichen Vertreter mit Genehmigung des Vormundschaftsgerichts zum selbstständigen Betrieb eines Erwerbsgeschäftes ermächtigt werden (s. o. B/Rz. 329 ff.). Er ist dann für sämtliche Rechtsgeschäfte, die der Betrieb nach der Verkehrsauffassung mit sich bringt, unbeschränkt geschäfts- und somit prozessfähig. Regelmäßig stehen arbeitsrechtliche Streitigkeiten im Zusammenhang mit dem Betrieb eines Erwerbsgeschäftes. Vor Abschluss eines Vergleiches durch einen unter Vormundschaft stehenden minderjährigen Arbeitgeber ist zu prüfen, ob der Vergleichswert Euro 3000,– übersteigt, falls der Vergleich nicht auf einem schriftlichen oder protokollierten Vorschlag des Gerichtes beruht, § 1822 BGB. 50

> Der Rechtsanwalt sollte das Gericht um einen entsprechenden Vergleichsvorschlag bitten, da er anderenfalls vor einem unwiderruflichen Vergleichsabschluss gem. § 1822 Nr. 12 BGB die Zustimmung des Vormundschaftsgerichts einholen muss.

(2) Minderjähriger Arbeitnehmer
Der Minderjährige, den sein gesetzlicher Vertreter ermächtigt hat, in Dienst oder Arbeit zu treten, ist für alle sich aus dem Dienst- oder Arbeitsverhältnis erwachsenden arbeitsrechtlichen Streitigkeiten prozessfähig, § 113 BGB, § 51 ZPO, § 46 Abs. 2 ArbGG (s. o. B/Rz. 332 ff.). Die Ermächtigung kann konkludent erfolgen; ein bloßes »Dulden« bedeutet aber nicht automatisch eine konkludente Ermächtigung durch 51

Stichler

L. Urteils- und Beschlussverfahren

schlüssiges Verhalten (*BAG* 19.7.1974 EzA § 133 BGB Nr. 1). Eine erteilte Ermächtigung schließt einen **Gewerkschaftsbeitritt** ein, für daraus folgende Rechtsstreitigkeiten ist der minderjährige Arbeitnehmer prozessfähig (*LG Essen* 18.3.1965 AP Nr. 3 zu § 113 BGB; *LG Frankfurt* 5.4.1967 FamRZ 1967, 680).

52 Eingehung, Aufhebung und Erfüllung der Pflichten aus einem Ausbildungsvertrag werden nicht durch eine allgemeine Ermächtigung erfasst. Der minderjährige Auszubildende ist nicht prozessfähig für Streitigkeiten aus dem Berufsausbildungsverhältnis (*BAG* 21.3.1957 AP Nr. 2 zu § 612 BGB).

> Der Aufhebungsvertrag über einen Ausbildungsvertrag sollte schriftlich erfolgen und muss von dem gesetzlichen Vertreter gegengezeichnet werden. Der Auszubildende kann nach Erlangung der Volljährigkeit den schwebend unwirksamen Aufhebungsvertrag gem. § 108 Abs. 3 BGB genehmigen. Aus Beweisgründen sollte die Genehmigung schriftlich erfolgen.

bbb) Juristische Personen

(1) Gesetzliche Vertreter juristischer Personen

53 Juristische Personen handeln durch ihre gesetzlichen Vertreter, die auch zur Prozessführung berufen sind (s. o. L/Rz. 7 ff.).

(2) Vertreter der Sozialversicherungsträger

54 Die Sozialversicherungsträger werden durch ihre gesetzlichen Vertreter, Vorstände oder besonders Beauftragte vertreten, § 71 Abs. 3 SGG (s. o. L/Rz. 20).

(3) Vertreter des Fiskus

55 Den Fiskus vertritt der Leiter der gesetzlich berufenen zuständigen Behörde (s. o. L/Rz. 19).

ccc) Versäumnisurteil

56 Bestehen Zweifel an der Prozessfähigkeit einer Partei darf ein Versäumnisurteil nicht erlassen werden. Die Frage der Prozessfähigkeit ist zunächst zu klären (*BAG* 18.2.1974 EzA § 56 ZPO Nr. 1).

c) Die Prozessführungsbefugnis

aa) Begriff

57 Die Prozessführungsbefugnis ist das Recht, einen Prozess als die richtige Partei im eigenen Namen zu führen (*Zöller/Vollkommer* Vor § 50 Rz. 18). Die Prozessführungsbefugnis richtet sich grds. nach dem materiellen Recht; sie steht demjenigen zu, der aus dem Rechtsverhältnis unmittelbar berechtigt oder verpflichtet ist.

bb) Prozessstandschaft

58 Der Grundsatz, dass die Prozessführungsbefugnis sich nach dem materiellen Recht richtet, erfährt durch das Institut der Prozessstandschaft eine Ausnahme.

aaa) Gesetzliche Prozessstandschaft

59 Für **Rechtsstreitigkeiten ziviler Arbeitskräfte der Nato-Truppen** regelt Art. 56 Abs. 8 ZA-NTS einen Fall gesetzlicher Prozessstandschaft. Die BRD tritt als Prozessstandschafterin an die Stelle des jeweiligen Entsendestaates, bei dessen Truppe der Ar-

beitnehmer beschäftigt ist (KR-*Weigand* Art. 56 NATO-ZusAbk Rz. 48 f.; *Granow* NJW 1995, 424). Die Prozessführungsbefugnis der Bundesrepublik hängt davon ab, ob die konkrete Streitigkeit nach Sinn und Zweck des NTS und des ZA-NTS überhaupt der deutschen Gerichtsbarkeit unterworfen werden sollte (*BAG* 30.11.1984 AP Nr. 6 zu Art. 56 ZA-NTS). Begründete der Entsendestaat durch einseitigen Hoheitsakt nach seinem Dienstrecht ein Beschäftigungsverhältnis, so sind deutsche Gerichte nicht zur Entscheidung befugt (zum Passivrubrum s. o. L/Rz. 17).
Weitere Fälle gesetzlicher Prozessstandschaft enthalten § 265 ZPO, §§ 1368, 1422, 1629 Abs. 3 BGB, § 13 Abs. 1 UWG und § 13 Abs. 2 AGBG. 60

Dem **Insolvenzverwalter/Testamentsvollstrecker/Nachlass-/Zwangsverwalter** steht nach der herrschenden Rechtsprechung als Partei kraft Amtes (Amtstheorie) die Prozessstandschaft zu. Unter den Voraussetzungen des § 22 Abs. 1 S. 1 InsO ist auch der vorläufige – »starke« – Insolvenzverwalter Amtspartei (*Zöller/Vollkommer* §51 Rz. 7; *Zwanziger* Das Arbeitsrecht der Insolvenzordnung, 2.Aufl., Rz. 79).

bbb) Gewillkürte Prozessstandschaft
Überträgt der Rechtsträger durch Rechtsgeschäft die Befugnis, einen Prozess zu führen, auf einen Dritten, der dann im eigenen Namen den Prozess führt, liegt eine gewillkürte Prozessstandschaft vor (*GMP* § 3 Rz. 15, § 11 Rz. 30 f.; *BAG* 10.9.1984 AP Nr. 81 zu Art. 9 GG). Die gewillkürte Prozessstandschaft ist zwar zulässig, um Missbrauchsfälle auszuschließen, aber nur unter bestimmten **Voraussetzungen** 61
– zunächst muss eine **wirksame Ermächtigung bzw. Genehmigung**, §§ 182 ff. BGB, spätestens zum Zeitpunkt der letzten mündlichen Verhandlung, vorliegen;
– der Prozessstandschafter muss ein **eigenes schutzwürdiges Interesse** an der Geltendmachung des fremden Rechtes haben (z. B. Inkasso, beherrschender Gesellschafter einer GmbH für deren Ansprüche, hingegen nicht bloße Einziehungsermächtigung, Klage des Gemeinschuldners anstelle des Insolvenzverwalters);
– **Abtretbarkeit** des Rechtes bzw. seiner Ausübung;
– kein Unterlaufen der **Vertretungsbeschränkung des § 11 Abs. 3 ArbGG**.
Der klagende Prozessstandschafter kann bei einer Leistungsklage nur dann Leistung an sich beantragen, falls der Beklagte gem. § 362 Abs. 2 BGB mit befreiender Wirkung an ihn zahlen kann; anderenfalls muss Leistung an den Rechtsträger begehrt werden, vorsorglich hilfsweise.

> **Antrag:**
> 1. Der Beklagte wird verurteilt, an den Kläger Euro 3000 nebst 8% Zinsen über dem Basiszinssatz seit Rechtshängigkeit zu zahlen.
> hilfsweise
> 2. Der Beklagte wird verurteilt, an die Bau-GmbH, Alleestraße 11, 67655 Kaiserslautern Euro 3000 nebst 8% Zinsen über dem Basiszinssatz seit Rechtshängigkeit zu zahlen.

Die Rechtskraft des Urteils wirkt gegen den Rechtsträger; ihm gegenüber besteht die **Einrede der Rechtshängigkeit**, § 261 Abs. 3 Nr. 1 ZPO; der Rechtsträger kann den Prozess nicht mehr selbst führen. Der Prozessstandschafter ist Partei, der Rechtsträger kann Zeuge sein. 62

L. Urteils- und Beschlussverfahren

3. Die Vertreter
a) Rechtsanwälte
aa) Mandatsübernahme

63 Die Anforderungen an die rechtsanwaltlichen Sorgfaltspflichten sind bei arbeitsrechtlichen Mandanten sehr hoch (*Schlee* AnwBl 1990, 154); der Anwalt ist von Haftungsgefahren umlauert (*Zirnbauer* FA 1998, 40; *ders.* FA 1997, 2). Die vielfältigen Fristen im Arbeitsrecht sprechen gegen die in der Praxis verbreitete Gewohnheit, die Vereinbarung von Besprechungsterminen an Mitarbeiterinnen zu delegieren. Hierbei werden selbst bei geschulten Personal Fristen leicht übersehen, weshalb ein zeitnaher Rückruf durch den Anwalt regelmäßig geboten ist. Insbesondere darf nicht darauf vertraut werden, dass sich der Mandant bereits an seine Rechtsschutzversicherung gewandt hat. Das *LAG Sachsen* (AiB Telegramm 1999, 7) hat zutreffend darauf hingewiesen, dass die Rechtsberatung der Versicherten nicht der Rechtsschutzversicherung obliegt. Der Mandant kann daher nicht darauf vertrauen, dass der Mitarbeiter der Rechtsschutzversicherung ihn über Fristen belehrt. Ein Rechtsanwalt, der die Vertretung eines Arbeitnehmers in einem Arbeitsgerichtsprozess übernimmt, muss die **veröffentlichte höchstrichterliche Rechtsprechung** berücksichtigen (*BGH* 29.3.1983 NJW 1983, 1665). Neben der Rechtsprechung des BAG und der LAG gewinnt die Rechtsprechung des EuGH zunehmend an Bedeutung. Fristen, insbesondere tarifvertragliche Ausschlussfristen, sind durch **äußerst genaue und umfangreiche Sachverhaltsaufklärung** zu erfragen und zu wahren (*BGH* a. a. O.).

aaa) Checklisten

64 Die nachfolgenden Checklisten sollen Zeit sparend die Sachverhaltsaufklärung und routinemäßige Überprüfung von Formalien und Fristen erleichtern. Sie erheben keinen Anspruch auf Vollständigkeit (vgl. auch die umfassende Checkliste in FA 1998, 112).

65 Mandatsnahme
A. **Persönliche Angaben**
I. **Mandant**
1. Vorname: 4. PLZ/Ort:
2. Name: 5. Telefax:
3. Straße: 6. Telefon:
II. **Gegner**
1. Vorname: 4. PLZ/Ort:
2. Name: 5. Telefax:
3. Straße: 6. Telefon:

Kollisionsprüfung am ... durch ...

B. **Angaben zur Kündigungsschutzklage**
1. Datum der Kündigung: ....
2. Zugang der schriftlichen Kündigung: ....
3. Ablauf der Kündigungsfrist: ....
4. Lebensalter: ....
5. Familienstand: ....

L. Urteils- und Beschlussverfahren

6. Kinderzahl: ....
7. Beruf/Tätigkeit: ....
8. Betriebszugehörigkeit: ....
9. Monatliches Bruttoeinkommen: ....
10. Urlaubs-/Weihnachtsgeld usw.: ....
11. Anzahl der Mitarbeiter (keine Azubis/0,5/0,75): ....
12. Betriebsrat, falls ja, Betriebsratsvorsitzender:

C. Fristfragen
- Schwerbehindert/Gleichstellung   ja ☐   nein ☐
- Antrag auf Schwerbehinderung
  wann gestellt: .... ja ☐   nein ☐
- bei Frauen schwanger   ja ☐   nein ☐
- Klagefrist 3-Wo (§ 4 KSchG) ....
- nachträgl. Zulassung 2-Wo (§ 5 KSchG) ....
- befristeter Arbeitsvertrag 3-Wo ....
  (§ 1 TzBfG, *Will* FA 1998, 77; *BAG* 20.1.1999 BB 1999, 322)
- Änderungskündigung: Kündigungsfrist/3-Wochen-Frist ....
  (kein § 270 Abs. 3 ZPO!, *BAG* 17.6.1998 EzA § 2 KSchG Nr. 30)
- Rügefrist 1-Wo (§ 174 BGB) ....
- Schwanger 2-Wo (§ 9 MuSchG) ....
- Schwerbeh. 1-Mo ....
  (*BAG* 5.7.1990 EzA § 15 SchwbG1986 Nr. 3)
  falls Zustimmungsbescheid Widerspruch 1 Mo ....
- Insolvenz: umfassende Klagefrist 3-Wo
  (§ 113 Abs. 2 InsO, *Heinze* NZA 1999, 57 [59])
- Ausschlussfristen:
  - Tarifvertrag: ....
  - Betriebsvereinbarung: ....
  - betriebliche Übung: ....
- Checkliste Ausschlussfristen   ja ☐   nein ☐

im Fristkalender notiert durch: ...

D. Kosten
- Selbstzahler   ja ☐   nein ☐
- Rechtsschutz   ja ☐   nein ☐
- Versicherungsnehmer: Mandant ☐   sonstige Person ☐ ....
  - Versicherungsgesellschaft ....
  - Versicherungsscheinnummer ....

Anschreiben an Rechtsschutzversicherung	ja ☐	nein ☐

- PKH   ja ☐   nein ☐
  - Checkliste PKH
- Beiordnung, § 11 a ArbGG   ja ☐   nein ☐

Stichler

L. Urteils- und Beschlussverfahren

| Erklärung über die persönlichen und wirtschaftlichen Verhältnisse | ja ☐ | nein ☐ |

E. Unterlagen zu einem Besprechungstermin mitbringen
1. Schriftstücke der Gegenseite (Arbeitsvertrag, Kündigungs-, Abmahnungs-, Forderungsschreiben usw.)
2. 2 Einheitsvollmachten, Hans Soldan GmbH V 118
3. 1 Prozessvollmacht in Arbeitsgerichtssachen mit anhängender Bestätigung gem. § 12 a Abs. 1 ArbGG, Hans Soldan GmbH V 130

F. Akte vorbereiten
1. Akte anlegen
2. Arbeitsvertrag, -änderungen, Gratifikationszusagen usw.
3. Falls möglich: Tarifvertrag, Betriebsvereinbarung usw.
4. Mandatsbedingungen

66   **Anschreiben Rechtsschutzversicherung**
Ihr Versicherungsnehmer:
Versicherungsscheinnummer:
Sehr geehrte Damen und Herren,
hiermit zeige ich an, dass mich ihr vorgenannter Versicherungsnehmer mit der anwaltschaftlichen Wahrnehmung seiner Interessen in einer arbeitsrechtlichen Angelegenheit beauftragt hat. Zu Ihrer Information übersende ich Ihnen in der Anlage in Fotokopie:
– Kündigungsschreiben der Gegenseite
– meine Kündigungsschutzklage nebst Anlagen.
Um die Klagefrist der §§ 4, 7, 14 KSchG zu wahren, habe ich die in Ablichtung beiliegende Kündigungsschutzklage bereits bei dem zuständigen ArbG eingereicht. Ich frage an, ob Sie für ein erstinstanzliches arbeitsgerichtliches Verfahren kostendeckenden Rechtsschutz gewähren. Der Feststellungsantrag zu 2. erfolgt, weil wegen der Zurückweisung der Kündigung gem. § 174 BGB mit einer erneuten Kündigung gerechnet werden muss. Den Weiterbeschäftigungsantrag muss ich stellen, da ich mich andernfalls regresspflichtig machen würde. Beschäftigt nämlich die Gegenseite nach einem Obsiegen des Versicherungsnehmers diesen nicht weiter, kann eine Weiterbeschäftigung nicht im Wege der einstweiligen Verfügung durchgesetzt werden (*LAG Frankfurt* 23.3.1987 NZA 1988, 37) und Ihrem Versicherungsnehmer drohen vermeidbare erhebliche Nachteile.

67   **Checkliste Kündigung**
A. Kündigungserklärung
– hinreichend deutliche und bestimmte Kündigungserklärung: ☐
(bloße Androhung einer Kündigung, Anfechtung, Berufung auf nichtigen Arbeitsvertrag oder Befristung)
– fristlose Kündigung: ☐

L. Urteils- und Beschlussverfahren

☐ Aufforderungsschreiben aoK, § 626 Abs. 2 S. 3 BGB

– Fristgerechte Kündigung (§ 113 InsO, *Lakies* BB 1998, 2638): ☐

☐ Arbeitgeberanschreiben

☐ Antrag auf nachträgliche Zulassung, § 5 KSchG.

Zurückweisung, §§ 174, 180 BGB
(*Diller* FA 1999, 106)
Wer ist kündigungsberechtigt:
...
Keine Alleinvertretungsberechtigung: ☐
Kündigung durch Bevollmächtigten: ☐
Falls ja, liegt Vollmacht bei: ☐
Handelt es sich um eine Originalvollmacht: ☐
Berechtigt die Vollmacht zur Kündigung: ☐
Ist Unterschrift identifizierbar: ☐

☐ Zurückweisungsschreiben, § 174 BGB (Originalvollmacht beilegen)

C. Partei
Handelsregisterauszug sinnvoll?

☐ Auskunftsersuchen aus dem Handelsregister

D. formelle Mängel der Kündigung

I. Schriftform
(*Kleinebrink* FA 2000, 174; FA 2001, 354)
– § 623 BGB: – keine Kündigung per Telefax
– Ausbildungsverhältnis, § 15 Abs. 3 BBiG: ☐
– Heuerverhältnis, § 62 Abs. 1 SeemG: ☐
– Stationierungsstreitkräfte, § 47 TV AL II: ☐
– Öffentlicher Dienst, § 57 BAT: ☐
– Sonstige tarifvertragliche Schriftformklausel (z. B. § 15 MTV Einzelhandel) ☐
– Qualifizierte Schriftformklausel in Betriebsvereinbarung: ☐
– Konstitutives einzelvertragliches Schriftformerfordernis: ☐

II. schriftliche Begründung erforderlich
– aoK eines Ausbildungsvertrages, § 15 Abs. 3 BBiG: ☐
– Konstitutive tarifvertragliche Begründungsklausel: ☐
– Konstitutive Begründungsklausel in Betriebsvereinbarung: ☐

L. Urteils- und Beschlussverfahren

— Konstitutive einzelvertragliche Begründungsklausel: ☐

E. Betriebsrat *(Ettwig* FA 1998, 234, 274; *Roos* AiB 1998, 610)

— Besteht ein BR: ja ☐ nein ☐
— Liegt Kündigung Stellungnahme BR bei,
  § 102 Abs. 4 BetrVG: ja ☐ nein ☐

> ☐ Aufforderung Stellungnahme BR zuzuleiten
> ☐ Auskunftsersuchen an BR

— Wurde ein Anhörungsverfahren überhaupt durchgeführt,§ 102 Abs. 1 S. 3 BetrVG? ja ☐ nein ☐
— Erfolgte bei Kündigung innerhalb der ersten sechs Monate Unterrichtung des BR? ja ☐ nein ☐
— Wann erfolgte Mitteilung an BR?.....................................
— An wen erfolgte die Mitteilung?.....................................
— War der Mitteilungsempfänger empfangsberechtigtes BR-Mitglied? ja ☐ nein ☐
— Wann war das Anhörungsverfahren abgeschlossen?
  — Ende der Anhörungsfrist gem. § 102 Abs. 2 BetrVG(aoK: 3 Tage, oK: 1 Wo):
  — Vor Ablauf abschließende Äußerung BR? ja ☐ nein ☐ wann:...
— Welche Kündigungsgründe/-sachverhalt teilte der Arbeitgeber mit? Vergleich mit Vortrag im Prozess! Sind Kündigungsgründe im Prozess nachgeschoben; unterlassene Wiederholung der Anhörung bei veränderten Kündigungstatsachen? ja ☐ welche? nein ☐
— Anhörung zu hilfsweise ausgesprochener oK bei aoK(Umdeutung)? ja ☐ nein ☐
— Aktueller Kündigungsentschluss (abzugrenzen von»Anhörung auf Vorrat«) ja ☐ nein ☐
— Ist die Kündigung »demnächst« nach Abschluss des Anhörungsverfahrens ausgesprochen worden(circa 1 Mo)? ja ☐ nein ☐ wann:...

F. allgemeiner Kündigungsschutz
— Wartezeit (6 Mo) erfüllt, § 1 Abs. 1 KSchG? ja ☐ nein ☐
— Betriebsgröße ausreichend, § 23 Abs. 1 KSchG?*(Bader* NZA 1999, 64)
  ja ☐ nein ☐
— Kein vertretungsberechtigtes Organmitglied,§ 14 Abs. 1 KSchG?
  ja ☐ nein ☐
— Leitender Angestellter i. S. v. § 14 Abs. 2 KSchG? ja ☐ nein ☐
— 2 Wo-Frist des § 626 Abs. 2 BGB eingehalten? ja ☐ nein ☐
— Verhaltensbedingte Kündigung: einschlägige Abmahnung in den letzten 2 Jahren? ja ☐ nein ☐
— falls ja, Abmahnung auf Wirksamkeit überprüfen!*(Bergwitz* BB 1998, 2310)
— Sozialauswahl *(BAG* 3.12.1998 EzA § 1 KSchG Soziale Auswahl Nr. 37; *Matthießen* NZA 1998, 1153;*Bader a. a. O.; Löwisch* BB 1999, 102)

L. Urteils- und Beschlussverfahren

☐ Änderungskündigung: Annahme unter Vorbehalt

G. Sonderkündigungsschutz

- § 85 SGB IX
- Schwerbehinderte (GdB v. mindestens 50)   ja ☐   nein ☐
- Gleichstellung (GdB v. mindestens 30 und Gleichstellungsbescheid):   ja ☐   nein ☐
- Antrag auf Schwerbehinderung/Gleichstellung: ja ☐   nein ☐

☐ Mitteilung über Schwerbehinderung/Gleichstellung/Antrag (1 Mo)

- Zustimmungsbescheid erfolgt?   ja ☐   nein ☐

☐ Widerspruch gegen Zustimmungsbescheid (1 Mo)

- Erfolgte Kündigung binnen eines Monats ab Zustellung des Zustimmungsbescheides, § 88 Abs. 3 SGB IX?   ja ☐   nein ☐
- **Betriebsrat**
- Mitglied des
  - des BR: ja ☐   nein ☐
  - der Jugend- oder Auszubildendenvertretung: ja ☐   nein ☐
  - der Bordvertretung/des Seebetriebsrats: ja ☐   nein ☐
  - Ersatzmitglied: ja ☐   nein ☐
  - Kündigungsschutz als Einladende, § 15 Abs. 3 a KSchG?   ja ☐   nein ☐
  - Kündigungsschutz als Wahlbewerber für die ersten 6 Mo nach Bekanntgabe des Wahlergebnisses, § 15 Abs. 3 S. 2 KSchG?   ja ☐   nein ☐
  - Kündigungsschutz während Zeit der Vertretung eines ausgeschiedenen oder verhinderten BR-Mitglieds?   ja ☐   nein ☐
  - Nachwirkender Kündigungsschutz nach Vertretungsfall, § 15 Abs. 1 S. 2 BetrVG?   ja ☐   nein ☐
  - Ist ein gerichtliches Zustimmungsersetzungsverfahren innerhalb der 2-Wo-Frist des § 626 Abs. 2 BGB eingeleitet worden?   ja ☐   nein ☐
  - Hat der Arbeitgeber unverzüglich nach Rechtskraft der Zustimmungsersetzung gekündigt?   ja ☐   nein ☐
  - Endet das Betriebsratsamt während des gerichtlichen Zustimmungsersetzungsverfahrens?   ja ☐   nein ☐
  - Falls ja, hat der Arbeitgeber unverzüglich gekündigt?   ja ☐   nein ☐
- Nachwirkender Kündigungsschutz BR, § 15 Abs. 1 S. 2 KSchG (1 J. bzw. 6 Mo)?   ja ☐   nein ☐

Stichler

L. Urteils- und Beschlussverfahren

- Kündigungsschutz Wahlvorstand/Wahlbewerber,
  § 15 Abs. 3 S. 1 KSchG? ja ☐ nein ☐
- Nachwirkender Kündigungsschutz Wahlvorstand/
  Wahlbewerber, § 15 Abs. 3 S. 2 KSchG (6 Mo)? ja ☐ nein ☐
- Kündigungsschutz Einladende, § 15 Abs. 3a KSchG? ja ☐ nein ☐
- **Frauenschutz**
  (ausführliche Checkliste: FA 1998, Heft 9;
  Schliemann/König NZA 1998, 1030)
- Sonderkündigungsschutz während Schwangerschaft,
  § 9 Abs. 1 MuSchG (*BAG* 7.5.1998 NZA 1998, 1049)? ja ☐ nein ☐

☐ Mitteilung der Schwangerschaft an Arbeitgeber, 2 Wo

- Sonderkündigungsschutz 4 Mo nach Entbindung,
  § 9 Abs. 1 MuSchG? ja ☐ nein ☐
- Zustimmungsbescheid zur Kündigung,
  § 9 Abs. 3 MuSchG? ja ☐ nein ☐

☐ Widerspruch gegen Zustimmungsbescheid

- Bei aoK, 2 Wo-Frist gewahrt? ja ☐ nein ☐
- Sonderkündigungsschutz hinsichtlich des
  ursprünglichen Arbeitsverhältnisses während
  Elternzeit, § 18 BErzGG? ja ☐ nein ☐
- Sonderkündigungsschutz des während des ErzUrlaubs
  bei dem eigenen Arbeitgeber begründeten
  Teilzeitarbeitsverhältnisses, § 18 BErzGG? ja ☐ nein ☐
- Zustimmungsbescheid zur Kündigung,
  § 18 Abs. 1 S. 2 ErzGG? ja ☐ nein ☐

☐ Widerspruch gegen Zustimmungsbescheid

- Sonderkündigungsschutz nach dem ArbPlSchG? ja ☐ nein ☐
- Sonderkündigungsschutz der Azubis, § 15 BBiG? ja ☐ nein ☐
- Sonderkündigungsschutz durch Tarifvertrag
  (z. B. Alterskündigungsschutz)? ja ☐ nein ☐
  (*Thannheiser* AiB 1998, 601)

---

weiterführende Checklisten
- Annahme von kündigungsrechtlichen Mandaten, FA-Spezial 4/98
- Mandatsbetreuung bei Schwangerschaft einer Mitarbeiterin, FA-Spezial 9/98
- Mandatsbetreuung bei Erziehungsurlaub, FA-Spezial 10/98
- Betriebsbedingte Kündigung, FA-Spezial 1/2000
- Krankheitsbedingte Kündigung/Kündigung wegen häufiger Kurzerkrankungen, FA-Spezial 5/2000
- Verhaltensbedingte Kündigung/Abmahnung/Verdachtskündigung, FA-Spezial 12/2000

- Verhaltensbedingte Kündigungsgründe, FA-Spezial 1/2001
- Elternzeit, FA-Spezial 6/2001

Kündigungsschutzklage 68
Namens und unter Vollmachtsvorlage des Klägers erhebe ich Klage und werde
beantragen:
1. Es wird festgestellt, dass das Arbeitsverhältnis des Klägers bei der Beklagten nicht durch die Kündigung vom 5.5.1996 zum 30.6.1996 beendet wird (s. u. L/Rz. 194 ff.).
2. Es wird festgestellt, dass das Arbeitsverhältnis zwischen den Parteien über den 30.6.1996 unverändert fortbesteht und auch nicht durch andere Beendigungsgründe aufgelöst wird (s. u. L/Rz. 200 ff., *BAG* 13.3.1997 EzA § 4 KSchG n. F. Nr. 57, *Schwab* NZA 1998, 342; *Wenzel* DB 1997, 1869, *Bitter* DB 1997, 1407).

hilfsweise für den Fall des Obsiegens (s. o. C/Rz. 1841)

3. Die Beklagte wird verurteilt, den Kläger zu unveränderten Bedingungen als Werkmeister in der Abteilung ... entsprechend des sachlichen Tätigkeitsbereiches im Arbeitsvertrag vom ... (Anlage K 1) weiterzubeschäftigen (s. u. L/Rz. 177 f.).

hilfsweise

4. Die Beklagte wird verurteilt, den Kläger zu unveränderten Bedingungen als Werkmeister in der Abteilung ... entsprechend des sachlichen Tätigkeitsbereiches im Arbeitsvertrag vom ... (Anlage K 1) weiterzubeschäftigen.

äußerst hilfsweise

5. Die Beklagte wird verurteilt, an den Kläger 1800 Euro als Urlaubsabgeltung zu zahlen.
6. Die Beklagte wird verurteilt, dem Kläger ein Zeugnis zu erteilen, das sich auf Art und Dauer sowie Führung und Leistung in dem Arbeitsverhältnis erstreckt. Für den Fall, dass die Beklagte nicht binnen eines Monats ab Urteilsverkündung ein qualifiziertes Zeugnis erteilt, wird der Beklagten ein Zwangsgeld, dessen Höhe ich in das Ermessen des Gerichtes setze, ersatzweise Zwangshaft, angedroht.

Begründung:
Der 46-jährige Kläger, verheiratet, zwei unterhaltspflichtige Kinder, ist bei der Beklagten als Werkmeister aufgrund des Arbeitsvertrages vom ...,
– **Anlage K 1** –
in deren Betrieb in Kaiserslautern beschäftigt und bezog zuletzt unter Einbeziehung aller Vergütungsbestandteile ein durchschnittliches monatliches Bruttoeinkommen von Euro ... Die Beklagte beschäftigt i. d. R. mehr als 5 Arbeitnehmer – Auszubildende ausgenommen –; teilzeitbeschäftigte Arbeitnehmer mit nicht mehr als 20 Std. sind mit 0,5 und mit nicht mehr als 30 Std. sind mit 0,75 berücksichtigt.
Die Beklagte kündigte dem Kläger mit Schreiben vom ...,
– **Anlage K 2** –
am ... zugegangen ...
Die Kündigung ist sozial ungerechtfertigt; es liegen weder Gründe in der Person oder im Verhalten des Klägers, noch dringende betriebliche Erfordernisse vor. Die ordnungsgemäße Anhörung des Betriebsrates wird mit Nichtwissen bestrit-

ten. Insbesondere wird bestritten, dass die Anhörung entsprechend den strengen gesetzlichen Anforderungen an die Mitteilungspflicht des Arbeitgebers im Anhörungsverfahren erfolgt ist.

Eine betriebsbedingte Kündigung wird nicht nur allgemein wegen fehlender sozialer Rechtfertigung beanstandet, sondern gerade auch wegen der Richtigkeit der sozialen Auswahl. Der Kläger hat insoweit in einem außergerichtlichen Schreiben

– Anlage K 3 –

aufgefordert, die Gründe anzugeben, die zu der getroffenen sozialen Auswahl geführt haben.

In dem gleichen Schreiben hat der Kläger die Gegenseite aufgefordert, zu versichern, dass keine anderweitigen Beendigungstatbestände geltend gemacht noch weitere Kündigungen während des Kündigungsschutzprozesses ausgesprochen werden. Bisher ist diese Erklärung nicht erfolgt, sodass der Kläger wegen der Gefahr nicht ohne weiteres erkennbarer (Prozess-)Kündigungen ein Rechtsschutzinteresse für eine Feststellungsklage nach § 256 ZPO hat (*BAG* 27.1.1994 *EzA* § 4 KSchG n. F. Nr. 48). Sollte die geforderte Zusicherung noch schriftlich oder zu Protokoll erfolgen, wird der Kläger danach den Antrag zu 2. zurückzunehmen.

Der Kläger hat vorsorglich die Kündigung gem. §§ 174, 180 BGB mit Schreiben vom ...

– Anlage K 3 –

zurückgewiesen.

Der Hilfsantrag zu 4) macht den Wiedereinstellungsanspruch des Klägers für den Fall geltend, dass das Gericht die Kündigung als wirksam ansieht. Der Kläger bestreitet, dass die der Kündigung zu Grunde liegende Prognose sich nach Kündigungsausspruch bewahrheitet hat, weil die maßgeblichen Verhältnisse unverändert fortbestehen.

Der Antrag zur 5) macht im Hinblick auf Urteil des Bundesarbeitsgerichtes vom 17.1.1995 (EzA Nr. 98 zu § 7 BUrlG; s. hierzu *Stichler* BB 1995, 1485) bereits jetzt den Urlaubsabgeltungsanspruch geltend.

Mit dem in der Anlage K 3 beiliegenden Schreiben hatte der Kläger bisher vergeblich um Erteilung eines qualifiziertes Zeugnis gebeten; – ebenso um Erteilung von Urlaub.

69   **Aufforderungsschreiben aoK, § 626 Abs. 2 S. 3 BGB**

Sehr geehrte Damen und Herren,

Ihr vorgenannter Mitarbeiter hat mich mit der anwaltschaftlichen Wahrnehmung seiner Interessen beauftragt. Ich bestätige den Eingang ihrer fristlosen Kündigung und fordere Sie auf, mir **unverzüglich, längstens binnen 5 Tagen, die Kündigungsgründe mitzuteilen.**

Ich weise Sie eindringlich daraufhin, dass meinem Mandanten gem. § 626 Abs. 2 S. 3 BGB ein Auskunftsrecht zusteht. Sollten Sie die Kündigungsgründe dennoch nicht unverzüglich mitteilen, gehe ich weiter davon aus, dass kein wichtiger Grund vorliegt und werde deshalb vor dem zuständigen Arbeitsgericht die bereits vorbereitete Klage gegen die Kündigung einreichen. Die Kosten dieses Prozesses haben Sie unter dem Gesichtspunkt des **Schadensersatzes** wegen Verletzung der

Ihnen obliegenden Auskunftspflicht auch dann zu tragen, wenn Sie wider Erwarten in dem Kündigungsprozess obsiegen sollten. Ich bitte Sie höflich, mir den Eingang dieses Schreibens umgehend zu bestätigen.

Arbeitgeberanschreiben

70

Sehr geehrte Damen und Herren,
hiermit zeige ich an, dass mich Ihr vorgenannter Mitarbeiter mit der anwaltschaftlichen Wahrnehmung seiner Interessen beauftragt hat.
Ich habe gegen Ihre Kündigung beim zuständigen ArbG **Kündigungsschutzklage** eingereicht.
Vorsorglich biete ich die **Arbeitskraft** meiner Mandantschaft erneut an.
Ich mache bereits jetzt bis zum rechtskräftigen Abschluss des Verfahrens Ansprüche meines Mandanten aus Arbeitsvertrag, Tarifvertrag, Betriebsvereinbarung, betrieblicher Übung usw. wegen sämtlicher ihm zustehender Leistungen, wie rückständiges und künftiges **Arbeitsentgelt**, gleich welcher Art oder Benennung und zwar einschließlich Grundgehalt, Zulagen, freiwilligen Leistungen, Urlaubs- u. Weihnachtsgeld sowie zwischenzeitliche Gehaltserhöhungen aller Art –, ausdrücklich geltend.
Weiterhin mache ich für meinen Mandanten dessen **Urlaubsanspruch** für das laufende Kalenderjahr sowie etwaigen Resturlaub für vorangegangene Zeiträume geltend und bitte um Gewährung.
Ich fordere für meinen Mandanten die Erteilung eines qualifizierten **Zwischenzeugnisses/Zeugnis**

binnen 2 Wochen.

Bitte teilen Sie mir mit, ob in Ihrem Betrieb rechtliche Regeln bestehen, durch die die Ansprüche meiner Mandantschaft einer **Ausschlussfrist (Verfallfrist)** unterworfen sind – Betriebsvereinbarungen, betriebliche Übung und dergleichen und die entsprechenden Unterlagen bei. Nach dem Urteil des BGH vom 29.3.1983 habe ich Sie um die vorstehende Auskunft zu ersuchen und zugleich anzufragen, ob es möglich ist, mit Ihnen eine Regelung dahingehend zu vereinbaren, dass eine klageweise Geltendmachung von **Zahlungsansprüchen** aller Art zunächst unterbleiben kann. Sie müssen mir rechtsverbindlich erklären, bei sämtlichen Zahlungsansprüchen gleich welcher Art auf sämtliche auf Zeitablauf beruhenden Einwendungen (Ausschlussfristen, Verfallfristen usw.) mit der Maßgabe zu verzichten, dass im Verhältnis zwischen meiner Mandantschaft und Ihnen derartige Fristen als nicht vorhanden betrachtet werden. Bitte geben Sie mit Ihre Erklärung binnen

2 Wochen

nach Zugang dieses Schreibens; verstreicht diese Frist fruchtlos, werde ich die Klage erweitern.
Sollte die Kündigung aus betriebsbedingte Gründen ausgesprochen sein, bezweifele ich die Richtigkeit der sozialen Auswahl und fordere Sie auf, mir binnen

2 Wochen

die **Gründe** anzugeben, **die zu der getroffenen sozialen Auswahl geführt haben.** Diese Aufforderung beruht auf § 1 Abs. 3, S. 1, letzter Hs. KSchG. Aufgrund dieser Aufforderung ergibt sich nach der Rechtsprechung des BAG eine abgestufte Darlegungs- und Beweislast.

L. Urteils- und Beschlussverfahren

Bitte bestätigen Sie mit freundlicherweise binnen
2 Wochen
dass Sie meinen Mandanten bei Obsiegen mit der Kündigungsschutzklage in erster Instanz auch ohne einen Weiterbeschäftigungsantrag ab dem Tag der Urteilsverkündung mit der bisherigen Tätigkeit und der bisherigen Vergütung zunächst bis zum Ende des zweitinstanzlichen Verfahrens **weiterbeschäftigen** sowie sämtliche Ansprüche aus Annahmeverzug sofort zahlen werden. Bitte versichern Sie mir binnen
2 Wochen
dass Sie keine anderen Beendigungstatbestände geltend machen noch weitere Kündigungen bis zum rechtskräftigen Abschluss des Kündigungsschutzverfahrens aussprechen werden.
Ich darf Sie höflich bitten, mir den Eingang dieses Schreibens umgehend zu bestätigen und zur Vermeidung unnötiger Kosten die gesetzlichen Termine einzuhalten.

71   Zurückweisungsschreiben, § 174 BGB
(– per Telefax und Einwurfeinschreiben (siehe zu Zugang und Zustellung: *Laber* FA 1998, 170; *Hohmeister* BB 1998, 1477; *Neuvians/Mensler* BB 1998, 1206 –)
Sehr geehrte Damen und Herren,
hiermit zeige ich an, dass mich Ihr vorgenannter Mitarbeiter mit der anwaltschaftlichen Wahrnehmung seiner Interessen beauftragt hat und bestätige den Eingang Ihrer Kündigung vom ... Ich weise namens meines Mandanten unter Vorlage einer mich hierzu berechtigenden
– Originalvollmacht –
die Kündigung gem. §§ 174, 180 BGB zurück, weil der Kündigung keine Originalvollmacht beilag. Die Zurückweisung erfolgt auch, weil die Unterschrift nicht den Anforderungen der Rechtsprechung genügt. Darüber hinaus wird die Kündigung wegen Mängel in der Vertretung zurückgewiesen.

72   Auskunftsersuchen aus dem Handelsregister
über die Firma
XY
Bauunternehmung

Sitz der Firma
Hauptstraße 1
67655 Kaiserslautern

Sehr geehrte Damen und Herren,
ich bitte um kurzfristige Übersendung eines unbeglaubigten Handelsregisterauszuges über die oben genannte Firma. Für den Fall, dass es sich um eine GmbH 38; Co. KG handelt, bitte ich gleichzeitig um die Erteilung und Übersendung eines unbeglaubigten Handelsregisterauszuges der Komplementär-GmbH.
Falls im Handelsregister keine Eintragung festzustellen ist, bitte ich um Mitteilung, ob eine ähnlich lautende Firma bekannt ist.

Ich versichere, dass die mit diesem Auskunftsersuchen erbetenen Daten aus dem Handelsregister benötigt werden, um arbeitsrechtliche Ansprüche zu verfolgen und durchzusetzen.
Ich sichere umgehende Begleichung der durch mein Auskunftsersuchen entstehenden Kosten anwaltlich zu.

Aufforderung Stellungnahme Betriebsrat zuzuleiten 73
Sehr geehrte Damen und Herren,
hiermit zeige ich an, dass mich Ihr vorgenannter Mitarbeiter mit der anwaltschaftlichen Wahrnehmung seiner Interessen beauftragt hat.
Gem. § 102 Abs. 4 BetrVG sind Sie verpflichtet, sofern der Betriebsrat widersprochen hat, mit der Kündigung eine Abschrift der Stellungnahme des Betriebsrates dem gekündigten Arbeitnehmer zuzuleiten. Ich weise Sie nachdrücklich darauf hin, dass ich bei Verletzung dieser Pflicht den Anspruch meines Mandanten auf Überlassung der Stellungnahme des Betriebsrats im Klagewege durchsetzen werde. Ich sehe Ihrer Rückantwort **binnen einer Woche** entgegen.

Auskunftsersuchen an Betriebsrat 74
Sehr geehrte Damen und Herren,
hiermit zeige ich an, dass mich ihr vorgenannter Kollege mit der anwaltschaftlichen Wahrnehmung seiner Interessen beauftragt hat.
Ich habe gegen die ausgesprochene Kündigung bei dem zuständigen ArbG Kündigungsschutzklage eingereicht. Um den Rechtsstreit für Ihren Kollegen bestmöglich führen zu können, bitte ich Sie höflich, mir mitzuteilen, **ob der Betriebsrat vor Ausspruch der Kündigung angehört wurde.** Falls ja, bitte ich Sie weiterhin, sofern möglich, mir eine **Fotokopie des Anhörungsschreibens** zu übersenden bzw. den Inhalt des Anhörungsgespräches mir stichpunktartig schriftlich oder telefonisch zu übermitteln. Bitte teilen Sie mir auch den zeitlichen Ablauf des Anhörungsverfahrens und ihre Stellungnahme zur Kündigung kurz mit. Ich danke Ihnen bereits jetzt für ihre Bemühungen!

Änderungskündigung: Annahme unter Vorbehalt 75
(3-Wochen-Frist: kein § 270 Abs. 3 ZPO!, *BAG* 17.6.1998 EzA § 2 KSchG Nr. 30)
Sehr geehrte Damen und Herren,
hiermit zeige ich an, dass mich Ihr vorgenannter Mitarbeiter mit der anwaltschaftlichen Wahrnehmung seiner Interessen beauftragt hat.
Ich bestätige den Eingang Ihres Schreibens vom ... Namens meines Mandanten und unter Bezugnahme auf die beiliegende
– **Originalvollmacht** –
nehme ich das in der Änderungskündigung liegende Angebot unter dem Vorbehalt an, dass die Änderung der Arbeitsbedingungen nicht sozial ungerechtfertigt ist (§ 2 KSchG). Ich bitte, mir den Eingang meines Schreibens umgehend zu bestätigen.

L. Urteils- und Beschlussverfahren

76   **Widerspruch gegen Zustimmungsbescheid des Integrationsamtes**
Sehr geehrte Damen und Herren,
hiermit zeige ich an, dass mich der vorgenannte Schwerbehinderte mit der anwaltschaftlichen Wahrnehmung seiner Interessen beauftragt hat. Ich lege namens und in Vollmacht meines Mandanten gegen den in Fotokopie beiliegenden Zustimmungsbescheid

Widerspruch

ein.

Begründung:

I.
Die Widerspruchseinlegung erfolgt einstweilen aus Fristwahrungsgründen.
II.
Antragstellung und Begründung werden in einem gesonderten Schriftsatz erfolgen.
III.
Zur Vorbereitung dieses Schriftsatzes stelle ich unter Bezugnahme auf die

– beiliegende Originalvollmacht –

den

Antrag

mir Akteneinsicht zu gewähren

und bitte höflich, mir die Akte kurzfristig auf die Kanzlei zu überlassen. Sollte dies nicht möglich sein, bitte ich, die Akte an das ArbG Kaiserslautern, Kanalstraße 25, 67655 Kaiserslautern zu übersenden, damit ich dort Akteneinsicht nehmen kann.

bbb) Gesetzliche Belehrungspflicht über Selbstkostentragung

77 Der Rechtsanwalt hat seinen Mandanten vor einer Beauftragung auf die Kostentragungspflicht des § 12 a Abs. 1 S. 2 ArbGG hinzuweisen; – anderenfalls kann der Mandant dem Rechtsanwalt sein Honorar verweigern (*Zirnbauer* FA 1997, 40). Aus Beweisgründen empfiehlt sich eine schriftliche Bestätigung der Belehrung (s. u. L/Rz. 560 ff., 564).

Ich bestätige ausdrücklich, vor Abschluss der Vereinbarung über die Vertretung darauf hingewiesen worden zu sein, dass im Arbeitsgerichtsprozess erster Instanz auch für die obsiegende Partei kein Anspruch auf Entschädigung wegen Zeitversäumnis und auf Erstattung der Kosten für die Zuziehung eines/einer Prozessbevollmächtigten oder eines Beistandes besteht.
Ich bin außerdem darauf hingewiesen worden, dass ich auch selbst auftreten oder mich durch einen Verbandsvertreter vertreten lassen kann.
..., den ... Unterschrift

ccc) Erörterung der Höhe der Prozesskosten

78 Fragt der Mandant nach der Höhe der voraussichtlichen Prozesskosten, so hat der Rechtsanwalt die zu erwartenden Gebühren genau zu berechnen und mitzuteilen; im weiteren Verfahrensverlauf ein Überschreiten der errechneten Kosten. Ungefragt braucht der Rechtsanwalt grds. nicht auf die genaue Vergütungshöhe hinzuweisen, etwas anderes gilt bei unwirtschaftlicher bzw. mit hohem Prozessrisiko belasteter

Rechtsverfolgung. Der Rechtsanwalt ist gegenüber seinem Mandanten verpflichtet, die Rechtsverfolgung so wahrzunehmen, dass seinem Mandanten die geringsten Kosten erwachsen (*OLG Düsseldorf* 4.12.1986 AnwBl 1987, 197).

bb) Prozesskostenhilfe (PKH)

aaa) Aufklärungspflicht gegenüber Mandant
Der Rechtsanwalt muss einen Mandanten ungefragt auf die Möglichkeit von Prozesskosten- und Beratungshilfe hinweisen, sofern ihm wirtschaftlich beengte Verhältnisse erkennbar sind. 79

bbb) Bewilligung grundsätzlich
Die PKH wird in der Arbeitsgerichtsbarkeit unter den gleichen Voraussetzungen wie 80 in der ordentlichen Gerichtsbarkeit gewährt (§ 11a Abs. 3 ArbGG, § 114 ff. ZPO; *Schwab* NZA 1995, 115 f.). Zu den anwaltlichen Beratungspflichten gehört es, auf § 120 Abs. 4 ZPO hinzuweisen; **eine Änderung der wirtschaftlichen Verhältnisse berechtigt den Staat innerhalb eines Zeitraumes von vier Jahren nach Verfahrensbeendigung nachträglich Leistungen an die Staatskasse zu fordern (vorläufige Kostenbefreiung)**. In Kündigungsschutzverfahren führt ihre Gewährung häufig nur zu einer vorübergehenden Kostenbefreiung, da nach Arbeitsaufnahme bei einem anderen Arbeitgeber regelmäßig eine Veränderung der wirtschaftlichen Verhältnisse eintritt.
Der beigeordnete Rechtsanwalt hat einen unmittelbaren Gebührenanspruch gegen 81 die Staatskasse, § 121 BRAGO. Ab einem Gegenstandswert von 3 000 Euro verringert sich die Anwaltsvergütung, § 123 BRAGO. Der Rechtsanwalt sollte daher stets einen Antrag gem. § 128 BRAGO stellen, um im Falle einer Ratenzahlung seines Mandanten an die Staatskasse die Differenz zwischen den gesetzlichen Gebühren und den PKH-Gebühren nach § 123 BRAGO zu erhalten, § 124 BRAGO.

ccc) Ausschluss der Bewilligung
Die Klage muss im Unterschied zu einer Beiordnung gem. § 11a ArbGG in tatsächlicher wie rechtlicher Hinsicht hinreichende Erfolgsaussichten haben, d. h. das 82 Rechtsschutzbegehren muss vertretbar sein (*LAG Düsseldorf* 10.4.1985 LAGE § 114 ZPO Nr. 5). Bei summarischer Prüfung der Sach- und Rechtslage muss eine gewisse Wahrscheinlichkeit dafür bestehen, dass der Antragsteller obsiegen wird. Der Prozesserfolg braucht jedoch nicht gewiss zu sein (*LAG München* 26.6.1987 AnwBl 1987, 499). Ist eine Beweisaufnahme durchzuführen, ist regelmäßig eine gewisse Erfolgsaussicht zu bejahen. In einem Kündigungsschutzverfahren genügt zunächst eine fristgerechte **schlüssige Kündigungsschutzklage**. Der antragstellende Arbeitnehmer ist nämlich für das Vorliegen von Kündigungsgründen nicht darlegungs- und beweispflichtig. Strengere Anforderungen werden bei fragwürdigen Sachverhalten gestellt. Bei der überschlägigen Überprüfung der Erfolgsaussichten kann das Gericht ein rechtskräftiges strafgerichtliches Urteil würdigen und mit entsprechender Begründung hinreichende Erfolgsaussichten verneinen (*LAG Rheinland-Pfalz* 24.9.1985 LAGE § 114 ZPO Nr. 9). Klagt eine Partei unter dem Gesichtspunkt des Annahmeverzuges Entgelt ein, ohne die bezogenen Leistungen der Bundesanstalt für Arbeit in Abzug zu bringen, wird PKH nicht bewilligt (*LAG Nürnberg* 22.7.1988 LAGE § 114 ZPO Nr. 14). PKH wird nicht für den kostspieligeren gleichwertiger prozessualer Wege gewährt; eine derartige Rechtsverfolgung wäre mutwillig. Für eine Weiterbe-

schäftigungsantrag in einem Kündigungsschutzprozess lehnte das *LAG Düsseldorf* (17.5.1989 LAGE § 114 ZPO Nr. 16) PKH wegen Mutwillens ab, weil er nicht als uneigentlicher oder unechter Hilfsantrag gestellt war. Ebenso hielt das *LAG Düsseldorf* (12.8.1985 LAGE § 114 ZPO Nr. 7) eine Zahlungsklage für mutwillig, die statt einer Klageerweiterung einer anhängigen Kündigungsschutzklage erhoben wurde und versagte für die Vergütungsklage PKH. PKH scheidet aus, wenn Ansprüche zwischen den Parteien unstreitig sind und die Gegenseite ihnen nachkommen wird. Eine Partei darf nämlich in ihrem prozessualen Verhalten nicht von demjenigen abweichen, das eine verständige Partei, die die »Kosten aus eigener Tasche« aufbringen müsste, in der gleichen prozessualen Situation zeigen würde (*LAG Schleswig-Holstein* 8.6.1983 NJW 1984, 830).

83 Eine Prüfung der Erfolgsaussichten erfolgt nicht, wenn das ArbG die Berufung, das LAG die Revision zugelassen hat. Das Gericht gab durch die Zulassung des Rechtsmittels hinreichende Erfolgsaussichten des Rechtsbehelfs zu erkennen (*GMP* § 11 a Rz. 97).

Gewährung von PKH ist grds. ausgeschlossen, wenn der Mandant **rechtsschutzversichert** ist. Ausnahmsweise bewilligen Gerichte sie dennoch, wenn die Rechtsschutzversicherung Kostenschutz ablehnt und trotz Gegenvorstellung gem. § 17 ARB bei ihrer Weigerung bleibt (*LAG Düsseldorf* 12.11.1981 AnwBl 1982, 77; *LAG Rheinland-Pfalz* 28.4.1988 LAGE § 115 ZPO Nr. 31). Hat der Mandant mit seiner Rechtsschutzversicherung eine **Selbstbeteiligung** vereinbart, kann das Gericht Prozesskostenhilfe bis zur Höhe der Selbstbeteiligung gewähren (*LAG Rheinland-Pfalz* 5.6.1998 – 10 Sa 89/98 – n. v.). Die Selbstbeteiligung gilt gem. § 2 ARB 75/§ 5 Abs. 3 c ARB 94 »in jedem Versicherungsfall«, also nur einmal im Instanzenzug, weshalb ein entsprechender Antrag in erster Instanz erfolgen sollte.

84 Ebenso scheidet PKH aus, wenn dem Mandanten **gewerkschaftlicher Rechtsschutz** zusteht (*LAG Frankfurt* 21.4.1986 LAGE § 115 ZPO Nr. 20; *LAG Rheinland-Pfalz* 7.1.1988 LAGE § 114 ZPO Nr. 13). Sie kann allerdings gewährt werden, wenn aus nachvollziehbaren Gründen das Vertrauen in den gewerkschaftlichen Rechtsschutz erschüttert ist (*LAG Köln* 16.2.1983 EzA § 115 ZPO Nr. 7; *LAG Düsseldorf* 2.1.1986 LAGE § 115 ZPO Nr. 21). Hierfür reicht nicht aus, dass sich der Antragsteller »lieber anwaltlich« vertreten lassen will (*LAG Düsseldorf* 25.3.1983 EzA § 115 ZPO Nr. 8). Der Antragsteller hat die Gründe, die für eine Unzumutbarkeit sprechen, substantiiert darzulegen; bloße Schlagworte reichen nicht aus (*LAG Bremen* 8.11.1994 LAGE § 115 ZPO Nr. 48).

ddd) Persönliche Voraussetzungen

85 Gem. § 115 Abs. 1 S. 1 ZPO hat die Partei »ihr Einkommen einzusetzen«. Vom Parteieinkommen in Abzug zu bringen, sind Steuern, Vorsorgeaufwendungen, Werbungskosten, Freibetrag für Erwerbstätige, Unterhaltsfreibeträge, Unterkunftskosten sowie besondere Belastungen (s. u. Checkliste PKH, L/Rz. 100). Bei **doppelverdienenden Ehegatten** sind die Einkünfte des mitverdienenden Ehegatten nach § 115 Abs. 1 S. 3 Nr. 2 ZPO bei dem Unterhaltsfreibetrag des Ehepartners anzurechnen.

86 Ob bei **einfachverdienenden Ehegatten** bei der Bewilligung von PKH für den nichtverdienenden Ehegatten das Einkommen des verdienenden Ehegatten berücksichtigt werden darf, ist äußerst streitig. Der unterhaltsberechtigte Ehegatte hat grds. einen die Gewährung von PKH ausschließenden Anspruch gegen den unterhaltspflichtigen Ehegatten auf **Prozesskostenvorschuss gem. § 1360 a BGB**. Umstritten ist bereits, ob in arbeitsrechtlichen Streitigkeiten eine Vorschusspflicht besteht. Eine Pflicht zu

einem Prozesskostenvorschuss wird z. T. mit der Begründung verneint, Streitigkeiten vor den Gerichten für Arbeitssachen gehörten nicht zu den »**persönlichen Angelegenheiten**« i. S. v. **§ 1360 a Abs. 4 BGB** (*LAG Hamm* 13.1.1982 EzA § 115 ZPO Nr. 3; *LAG Baden-Württemberg* 19.9.1984 EzA § 115 ZPO Nr. 11; *LAG Köln* 7.6.1985 LAGE § 115 ZPO Nr. 12; *LAG Köln* 4.2.1986 LAGE § 115 ZPO Nr. 15; *LAG Rheinland-Pfalz* 27.10.1987 NZA 1988, 177; *Zöller/Philippi* § 115 Rz. 68 m. w. N.). Darüber hinaus verstoße die enge Auslegung des Begriffs der »persönlichen Angelegenheit« auf die eheliche Lebensgemeinschaft gegen den besonderen verfassungsrechtlichen Schutz von Ehe und Familie gem. Art. 6 GG. Andererseits wird die Auffassung vertreten, arbeitsrechtliche Streitigkeiten erfüllten das Tatbestandsmerkmal »persönliche Angelegenheit« des § 1360 a Abs. 4 BGB und dieser Anspruch habe Vorrang vor der Bewilligung von PKH (*LAG Rheinland-Pfalz* 6.5.1982 EzA § 115 ZPO Nr. 4; *LAG Düsseldorf* 27.10.1983 EzA § 115 ZPO Nr. 9).

Unstreitig entfällt ein Anspruch auf Prozesskostenvorschuss gem. § 1360 a BGB gegen den unterhaltspflichtigen Ehegatten, wenn dieser nicht leistungsfähig ist (*LAG Berlin* 12.6.1985 LAGE § 115 ZPO Nr. 14; *LAG Rheinland-Pfalz* 24.3.1988 LAGE § 115 ZPO Nr. 33). 87

Gerichte, die einen Anspruch auf Prozesskostenvorschuss verneinen, berücksichtigten das Einkommen eines leistungsstarken Unterhaltspflichtigen teilweise dennoch. Das *LAG Köln* (4.2.1986 LAGE § 115 ZPO Nr. 15) und das *LAG Düsseldorf* (9.4.1986 LAGE § 115 ZPO Nr. 18, 19; 26.5.1989 LAGE § 115 ZPO Nr. 38) zogen § 138 AFG heran, andere Gerichte legen § 115 Abs. 1 S. 2 ZPO dahingehend aus, dass das Ehegatteneinkommen zu berücksichtigen sei (*LAG Rheinland-Pfalz* 27.10.1987 NZA 1988, 177; *LAG Köln* 29.3.1989 LAGE § 115 ZPO Nr. 35). Kosten der Lebensführung werden erfahrungsgemäß aus gemeinsamen Einkünften getragen, wobei der höherverdienende Teil mehr in den »gemeinsamen Topf« zuschießt. Eine Anordnung von Ratenzahlungen scheidet aus, wenn das »Einkommen« allein in der fiktiven teilweisen Anrechnung des Ehegatteneinkommens besteht (*LAG Nürnberg* 16.9.1992 LAGE § 115 ZPO Nr. 45). Zur Vermeidung einer verfassungswidrigen Benachteiligung der ehelichen Lebensgemeinschaft sind nach Ansicht des *LAG Nürnberg* (24.1.1990 LAGE § 115 ZPO Nr. 41) die Gerichte gehalten, eine Anrechnung auch bei nichtehelichen Lebensgemeinschaften vorzunehmen und in geeigneter Form auf eine vollständige Erklärung der Einkünfte hinzuwirken. Dagegen wird eingewandt, dass es bei der heute anzutreffenden Vielgestaltigkeit familienrechtlicher Beziehungen keine allgemeinen Erfahrungssätze gibt, noch besteht eine Rechtsgrundlage für eine pauschale Anrechnung. Die Vorschriften des SGB III passen nicht in das PKH-Recht (*LAG Hamburg* 19.4.1989 LAGE § 115 ZPO Nr. 36).

eee) Zeitpunkt der Antragstellung

Der Antrag auf PKH sollte schnellstmöglich gestellt werden; nach Abschluss der Instanz ist er nicht mehr möglich. Die PKH beginnt grds. ab Bewilligungsreife, also dem Zeitpunkt, ab dem das Gericht sie bei ordnungsgemäßer Antragstellung zu bewilligen hat. Ein ordnungsgemäßer PKH-Antrag liegt vor, wenn die »Erklärung über die persönlichen und wirtschaftlichen Verhältnisse« richtig und vollständig ausgefüllt ist sowie die erforderlichen Belege beigefügt sind (*LAG Nürnberg* 10.11.1987 LAGE § 119 ZPO Nr. 6). Eine rückwirkende Bewilligung ist möglich, wenn der PKH-Antrag formgerecht unter Beifügung der erforderlichen Unterlagen gestellt war, eine Entscheidung aber infolge des gerichtlichen Geschäftsganges erst später erfolgt (*LAG Hamburg* 22.4.1985 LAGE § 119 ZPO Nr. 4). Rechtsanwälte werden häufig erst kurz 88

L. Urteils- und Beschlussverfahren

vor Ablauf der Dreiwochenfrist des § 4 KSchG aufgesucht, zur Fristwahrung muss kurzfristig Klage eingereicht werden. Die Güteverhandlung sollte spätestens zwei Wochen nach Klageeinreichung stattfinden; bis zu diesem Zeitpunkt können häufig nicht die Belege, insbesondere der Bewilligungsbescheid der Bundesanstalt für Arbeit, vorgelegt werden. Der Rechtsanwalt müsste sich unter Umständen einer Einigung im Gütetermin allein deshalb widersetzen, weil die erforderlichen PKH-Unterlagen durch seinen Mandanten noch nicht vollständig beigebracht werden konnten. Das *LAG Düsseldorf* (16.2.1984 EzA § 119 ZPO Nr. 2) hält es daher im arbeitsgerichtlichen Verfahren für gerechtfertigt, PKH rückwirkend ab Antragstellung zu gewähren, falls die notwendigen Unterlagen in angemessener Frist nachgereicht werden. Den Antragsteller darf an der verzögerten Einreichung der Bewilligungsunterlagen kein Verschulden treffen (*LAG Nürnberg* 10.11.1987 LAGE § 119 ZPO Nr. 6). Eine durch den Rechtsanwalt verursachte Verzögerung ist dem Antragsteller zuzurechnen und führt zu Schadensersatzansprüchen des Mandanten gegenüber dem Rechtsanwalt.

89 Gem. § 117 Abs. 4 ZPO ist der Vordruck »Erklärung über die persönlichen und wirtschaftlichen Verhältnisse« zu benutzen (*LAG Schleswig-Holstein* 1.3.1988 LAGE § 119 ZPO Nr. 5). Nach Auffassung des *BGH* (17.3.1992 JurBüro 1993, 51) hat sich der Antragsteller grds. auch in der Rechtsmittelinstanz des genannten Vordrucks zu bedienen. Eine Bezugnahme auf eine im früheren Rechtszug auf dem Vordruck abgegebene Erklärung reicht nur dann aus, wenn die Verhältnisse seitdem unverändert geblieben sind und dies bei der Bezugnahme deutlich gemacht wird (*BGH* 16.3.1983 NJW 1983, 2145).

> Ein vorgeschaltetes PKH-Verfahren verbietet sich im Regelfall wegen der zahlreichen Fristen im Arbeitsrecht – es wahrt weder die Klagefrist des § 4 KSchG noch unterbricht es tarifliche Ausschlussfristen *(LAG Köln* 11.3.1996 LAGE § 4 KSchG Nr. 34).

fff) Erweiterung des PKH-Gesuchs

90 Die PKH erfasst nur die zum Zeitpunkt der Bewilligungsreife rechtshängigen Ansprüche (*Gift/Baur* D/Rz. 110). Eine danach erhobene Widerklage oder Klageerweiterung sowie die Rechtsverteidigung hiergegen, bedarf eines erneuten PKH-Antrages. Werden in einem **Vergleich nicht rechtshängige streitige Ansprüche** mitverglichen, bedarf es vor Vergleichsschluss eines entsprechenden Antrags, damit die PKH auf den Vergleich insgesamt ausgedehnt werden kann (GK-ArbGG/*Bader* § 11 a Rz 132). Beendet der den Gegenstand des Prozesses abdeckende **außergerichtliche Vergleich** den Rechtsstreit, so erhält der Rechtsanwalt nach überwiegender Meinung in der Arbeitsgerichtsbarkeit aus der Landeskasse eine Vergleichsgebühr für die Mitwirkung an dem außergerichtlichen Vergleich (*LAG Köln* 24.11.1997 AnwBl 1999, 125; *LAG Thüringen* 30.4.1997 LAGE § 121 BRAGO Nr. 5; *LAG Rheinland-Pfalz* 15.9.1993 NZA 1994, 144).

ggg) Rechtsbehelf

91 Die Entscheidung des Gerichtes über den PKH-Antrag erfolgt durch **Beschluss** für die **jeweilige Instanz**, §§ 119, 127 ZPO. Gegen die stattgebende Entscheidung kann die Staatskasse sofortige Beschwerde einlegen, wenn keine Raten oder zu zahlende Beträge festgesetzt sind, § 127 Abs. 3 S. 1 ZPO. Der Antragsteller kann nur

L. Urteils- und Beschlussverfahren

eine sofortige Beschwerde innerhalb einer Notfrist von einem Monat nach Zustellung des versagenden Beschlusses einlegen, falls – soweit kein Bestandsschutzstreit vorliegt – der Streitwert des Hauptsacheverfahrens 600 € übersteigt, es sei denn die Prozesskostenhilfe wurde ausschließlich im Hinblick auf die persönlichen oder wirtschaftlichen Voraussetzungen für die Prozesskostenhilfe abgelehnt, §§ 127 Abs. 2, 3; 46 Abs. 2 S. 3 ArbGG (*Schmidt/Schwab/Wildschütz* NZA 2001, 1161 [1162]). Der Prozessgegner kann gegen einen stattgebenden PKH-Beschluss mangels Beschwer keinen Rechtsbehelf einlegen.

Das Gericht kann die **Bewilligung der PKH aufheben**, wenn der Antragsteller unrichtige Angaben hinsichtlich des Streitverhältnisses oder der persönlichen und wirtschaftlichen Verhältnisse gemacht hat bzw. länger als 3 Monate mit der Zahlung einer festgesetzten Rate im Rückstand ist (§ 124 ZPO).

cc) Beiordnung

Neben der PKH gem. §§ 114 ZPO besteht im Arbeitsgerichtsprozess in **erster Instanz** (*LAG Berlin* 26.8.1980 EzA § 11 a ArbGG 1979 Nr. 1) die Möglichkeit einer Beiordnung gem. § 11 a ArbGG, worauf das Gericht hinweisen muss, § 11 a Abs. 1 S. 2 ArbGG. Im Unterschied zu § 114 ZPO macht § 11 a ArbGG eine Beiordnung nicht von hinreichenden Erfolgsaussichten abhängig, setzt aber voraus, dass die Gegenseite anwaltlich vertreten ist. Die bloße Beiordnung nach § 11 a ArbGG bewirkt keine Befreiung von der Verpflichtung zur Zahlung der Gerichtskosten (*LAG Hamm* 10.7.1981 EzA § 11 a ArbGG 1979 Nr. 2). 92

aaa) Gegenrechtsanwalt

Ist die Gegenpartei durch einen **Rechtsanwalt** vertreten, so kann der Partei auf ihren Antrag hin für das erstinstanzliche Verfahren ein Rechtsanwalt beigeordnet werden, § 11 a ArbGG; das Gericht hat die anwaltlich nicht vertretene Partei hierüber zu belehren, § 11 a Abs. 1 S. 2 ArbGG. Die Vertretung der Gegenseite durch einen Verbandsvertreter reicht nicht aus, selbst wenn dieser auch als Rechtsanwalt zugelassen ist (*LAG Düsseldorf* 9.6.1988 LAGE § 11 a ArbGG 1979 Nr. 5; GK-ArbGG/*Bader* § 11 a Rz 188; *Grunsky* § 11 a Rz 13; **a. A.** *Ascheid* Urteils- und Beschlussverfahren, Rz 353; GMP § 11 a Rn 48). 93

bbb) Ausschluss der Beiordnung

Ebenso wie bei der PKH scheidet eine Beiordnung aus, wenn die Partei **rechtsschutzversichert** ist oder die Möglichkeit hat, sich durch einen **Koalitionsvertreter** vor Gericht vertreten zu lassen. 94

Ein Antrag wird zurückgewiesen, wenn die Rechtsverfolgung offensichtlich mutwillig ist, also schon auf den ersten Blick ohne nähere Prüfung erkennbar ist, dass sie erfolglos sein muss (GK-ArbGG/*Bader* § 11 a Rz 201). Beispielsweise ist eine Lohnklage offensichtlich mutwillig, wenn aufgrund allgemeinverbindlichem Tarifvertrag verfallene Gehaltsansprüche geltend gemacht werden (*LAG Köln* 8.12.1987 – 6 Ta 281/87 – n. v.).

ccc) Persönliche Voraussetzungen

Soweit § 11 a ArbGG keine Abweichungen enthält, gelten die §§ 114 ff. ZPO entsprechend, insbesondere hinsichtlich der subjektiven Voraussetzungen. 95

L. Urteils- und Beschlussverfahren

ddd) Doppelte Antragsstellung
96 Da bei einem Antrag auf Beiordnung gem. § 11a ArbGG nicht die hinreichende Erfolgsaussicht der Rechtsverfolgung notwendig ist, empfiehlt es sich bei der Antragstellung zweispurig zu verfahren. Das *LAG Bremen* (26.2.1986 LAGE § 11a ArbGG 1979 Nr. 3), *LAG Düsseldorf* (29.10.1986 LAGE § 11a ArbGG 1979 Nr. 4) und das *LAG Sachsen-Anhalt* (11.6.1997 LAGE § 11a ArbGG Nr. 6) unterstellen zwar zugunsten des Rechtsanwaltes, dass der Antrag auf Beiordnung eines Prozessbevollmächtigten gem. § 114 ZPO als »Minus« einen Antrag auf Beiordnung gem. § 11a ArbGG enthält. Die Praxis der Gerichte ist jedoch nicht einheitlich, weshalb der Antrag auf Bewilligung von PKH ausdrücklich klarstellen sollte, dass für den Fall der Versagung von PKH mangels hinreichender Erfolgsaussicht hilfsweise ein Antrag gem. § 11a ArbGG gestellt wird, falls sich der Gegner anwaltlich vertreten lässt. Ein vorsorglich vorab bei der Klageeinreichung gestellter Antrag ist zulässig und nach Bestellung eines Rechtsanwalts für den Gegner zu entscheiden (*Gift/Baur* D/Rz. 105).

eee) Rechtswirkungen der Beiordnung nach § 11a ArbGG
97 Die Beiordnung eines Rechtsanwalts gem. § 11a ArbGG entfaltet geringere Rechtswirkungen als die Beiordnung im PKH-Verfahren. Eine Beiordnung nach § 11a ArbGG befreit die Partei nicht von der Pflicht zur Tragung von **Gerichts- und Gerichtsvollzieherkosten**. **Reisekosten** des beigeordneten Rechtsanwalts muss dieser gesondert beantragen und begründen.

fff) Rechtsbehelf
98 Der vollumfänglich stattgebende Beschluss ist unanfechtbar, anderenfalls ist die sofortige Beschwerde entsprechend derjenigen im PKH-Verfahren an das LAG statthaft, § 11a Abs. 3 ArbGG, § 127 Abs. 2, 3 ZPO, § 46 Abs. 2 S. 3 ArbGG.

dd) PKH/§ 11a ArbGG im Beschlussverfahren/Checkliste
99 Im Beschlussverfahren ist grds. die Bewilligung von PKH bzw. die Beiordnung gem. § 11a ArbGG möglich, § 80 Abs. 2 ArbGG. Sofern der Betriebsrat gegen den Arbeitgeber gem. § 40 BetrVG einen **realisierbaren Anspruch** auf Zahlung der Prozesskosten hat, ist der Betriebsrat nicht wirtschaftlich bedürftig. Die Gewährung von PKH für den Betriebsrat für die Durchführung eines Beschlussverfahrens kommt ausnahmsweise in Betracht, wenn bei gegebener hinreichender Erfolgsaussicht der Arbeitgeber nicht in der Lage wäre, die Prozesskosten aufzubringen (*LAG Rheinland-Pfalz* 4.5.1990 LAGE § 116 ZPO Nr. 1; *Paulsen* NZA 1989, 836). Ein Antrag kommt im Beschlussverfahren für das **beteiligte Betriebsratsmitglied im Zustimmungsverfahren zu seiner außerordentlichen Kündigung gem. § 103 Abs. 2 BetrVG** in Betracht. Die Beteiligung des Betriebsratsmitgliedes an diesem Verfahren ist keine Betriebsratstätigkeit, sodass zugunsten des beteiligten Betriebsratsmitgliedes kein Anspruch gem. § 40 BetrVG besteht.

100 **Checkliste PKH**
Monatliches Bruttoeinkommen bereinigt
– **Steuern** (Belege)
– Pflichtbeiträge zur **Sozialversicherung** einschließlich der Arbeitslosenversicherung
– Beiträge zu öffentlichen oder privaten **Versicherungen** (Kfz-Haftpflichtversicherung, private Haftpflichtversicherung, Lebensversicherung, Hausratsversi-

cherung, private Unfallversicherung, private Kranken- oder Krankentagegeldversicherung, Gebäudeversicherung)
- **Werbungskosten** (Kosten von Arbeitskleidung und Arbeitsmitteln, Kosten doppelter Haushaltsführung, Kosten der Fahrt zum Arbeitsplatz)
= **bereinigtes Erwerbseinkommen**
bereinigtes Erwerbseinkommen abzüglich
- **Erwerbstätigenfreibetrag**, § 115 Abs. 1, S. 3 Nr. 1 ZPO i. V. m. § 76 Abs. 2 a Nr. 1 BSHG (zur Berechnung vgl. *Schwab* NZA 1995, 115 f.)
  maximal 2 × 21,7% des Freibetrages einer Partei nach § 115 Abs. 1 S. 3 Nr. 2 ZPO zurzeit **153,– €**.
  Der Erwerbstätigenfreibetrag steht nur einer noch im Arbeitsverhältnis stehenden Partei zu!
- **Unterhaltsfreibeträge**, vgl. *Schönfelder* FN zu § 115 Abs. 1 S. 3 Nr. 2 ZPO (1.7.2002–30.6.2003)
  - Partei: z. Zt. **360,– €**
  - Ehegatte oder Lebenspartner: z. Zt. **360,– €** abzgl. eigenes Einkommen des Unterhalts berechtigten
  - die weiteren Unterhaltsberechtigten: z. Zt. **253,– €** abzgl. eigenes Einkommen des Unterhaltsberechtigten
- **Unterkunftskosten** (soweit tatsächlich geleistet, Belege)
  - Nettomiete, Mietnebenkosten einschließlich Umlage auf Betriebskosten
  - bei selbst genutztem Wohnraum: Belastung durch Fremdfinanzierungen und Instandhaltung, Gebühren (Wasser, Müll, Strom usw.), Heizkosten
- **besondere Belastungen** § 1610 a BGB, Mehrbedarfsbeträge des § 23 BSHG i. V. m. LandesVO, Rh.-Pf.; 100% z. Zt. **286,83 €**
  - 20% des Regelsatzes, § 23 Abs. 1 BSHG
- Personen über 65 Lebensjahren
- erwerbsunfähige Personen
- werdende Mütter nach der 12. Schwangerschaftswoche
  - 40% des Regelsatzes, § 23 Abs. 2, 1. HS BSHG
    - Alleinerziehende eines Kindes unter 7 Jahren oder 2/3 Kinder unter 16 Jahren
    - über 15-jährige Behinderte, denen Eingliederungshilfe nach § 40 Abs. 1 Nr. 3–5 BSHG gewährt ist, § 23 Abs. 3 BSHG
  - 60% des Regelsatzes, § 23 Abs. 2, 2. Hs. BSHG
- Alleinerziehende mit mehr als 3 Kindern unter 16 Jahren
- Mehrbedarf von Kranken (Krankenkostzulage), § 23 Abs. 4 BSHG
- **Abzahlungs- und Schuldverpflichtungen** (Belege)
  Monatsraten oder auf Monatsraten umgerechnet, soweit sie angemessener Lebensführung dienen (keine Luxusausgaben, vgl. *Thomas/Putzo* § 115 Rz. 13 f.)
= **einzusetzendes Einkommen gem. Tab. zu § 115 Abs. 1 S. 4 ZPO**

ee) Rechtsschutzversicherung

101 Die Selbstkostentragung gem. § 12 a ArbGG erhöht die Bedeutung der Rechtsschutzversicherung im Bereich des Arbeitsrechtes. Der rechtsschutzversicherte Mandant sollte zunächst darüber aufgeklärt werden, dass der Rechtsanwalt nicht verpflichtet ist, unentgeltlich gegenüber der Rechtsschutzversicherung tätig zu werden. Die Wahrnehmung der Interessen gegenüber der Rechtsschutzversicherung stellt ein eigenes

L. Urteils- und Beschlussverfahren

gebührenpflichtiges gesondertes Mandat dar (*Küttner* NZA 1996, 453). Die Beratung des rechtsschutzversicherten Mandanten über seine Rechte und Pflichten aus dem Versicherungsverhältnis ist als Beratungsgebühr gem. § 20 BRAGO abzurechnen, der Gegenstandswert bestimmt sich an der voraussichtlichen Kostenhöhe. Berechnet der Rechtsanwalt keine Gebühren, so verhält er sich standeswidrig (*Schaub* NZA 1989, 865).

102 Übernimmt der Rechtsanwalt die Korrespondenz mit der Rechtsschutzversicherung, so muss er sämtliche versicherungsrechtliche Obliegenheiten seines Mandanten als Repräsentant gegenüber der Versicherung ordnungsgemäß wahrnehmen. Anderenfalls macht er sich schadensersatzpflichtig, auch wenn er meint, die Korrespondenz nur gefälligkeitshalber zu führen. Die Korrespondenz mit der Rechtsschutzversicherung ist gem. § 118 BRAGO gesondert zu vergüten (*Küttner* a. a. O.).

103 Der Rechtsanwalt sollte seine Entscheidung hinsichtlich seiner Tätigkeit gegenüber der Rechtsschutzversicherung dem Mandanten schriftlich mitteilen.

> Ich werde gegenüber ihrer Rechtsschutzversicherung nicht tätig, da diese Tätigkeit ein gesondertes gebührenpflichtiges Mandat darstellt und ein Verzicht auf die Geltendmachung dieser Gebühren standeswidrig wäre. Sie müssen ihre Pflichten gegenüber der Rechtsschutzversicherung selbst sorgfältig wahrnehmen und die Versicherung umgehend unterrichten. Die Versicherung wird ihnen dann mitteilen, ob und in welchem Umfang Versicherungsschutz besteht.

104 Der Rechtsanwalt, der gegenüber der Versicherung tätig wird, sollte den Mandanten ausdrücklich schriftlich auf die Gebührenpflichtigkeit dieses Mandates hinweisen.

> Sie haben mir mitgeteilt, dass Sie rechtsschutzversichert sind. Die Korrespondenz mit Ihrer Rechtsschutzversicherung stellt ein gesondertes gebührenpflichtiges Mandat dar. Ein Verzicht auf Gebühren verstößt gegen das anwaltliche Standesrecht. Hierauf habe ich Sie bereits im Besprechungstermin hingewiesen; Sie haben mich dennoch gebeten, die Angelegenheit gegenüber Ihrer Rechtsschutzversicherung zu klären. Die Kosten hierfür müssen Sie auch dann tragen, wenn die Rechtsschutzversicherung Kostenzusage erteilt.

105 Der Rechtsanwalt sollte den rechtsschutzversicherten Mandanten, unabhängig davon, ob er mit der Rechtsschutzversicherung die Korrespondenz übernimmt oder nicht, auf die **Risikoausschlüsse gem. § 4 Abs. 1 ARB** hinweisen. Danach besteht insbesondere kein Versicherungsschutz für
– gesetzliche Vertreter juristischer Personen (z. B. Kündigung des Anstellungsvertrages eines GmbH-Geschäftsführers),
– Streitigkeiten aus dem Handelsvertreterrecht,
– Arbeitnehmererfindungen oder Verbesserungsvorschläge,
– vorsätzlich verursachte Versicherungsfälle (z. B. Kündigungen wegen vorgetäuschter Arbeitsunfähigkeit, Begehung von Straftaten usw.),
– während der Wartezeit.

106 Nach § 14 Abs. 3 ARB 75/§ 4 Abs. 1 c ARB 94 liegt ein Versicherungsfall in dem Zeitpunkt vor, in dem ein tatsächlicher oder behaupter Rechtsverstoß vom Arbeitgeber, vom Arbeitnehmer oder durch einen Dritten begangen wurde. In der Praxis treten immer wieder unterschiedliche Auffassungen zwischen Rechtsanwälten und Rechtsschutzversicherungen bei der Frage auf, ob überhaupt ein tatsächlicher oder behaup-

L. Urteils- und Beschlussverfahren

teter Rechtsverstoß vorliegt (z. B. Angebot zum Abschluss eines Aufhebungsvertrags) oder hinsichtlich des Zeitpunkts eines Rechtsverstoßes (Kettenarbeitsverträge, Dauerverstöße, wiederholte Verstöße).

Die Rechtsprechung sieht überwiegend in dem bloßen **Angebot des Arbeitgebers zum Abschluss eines Aufhebungsvertrages** keinen Versicherungsfall, sofern kein Beratungsrechtsschutz vorliegt. Einige Gerichte nehmen bei zusätzlichen besonderen Umständen einen Versicherungsfall an, z. B. wenn 107

– der Arbeitgeber eine Änderungskündigung bei Verweigerung einer Versetzung androht, obwohl ein verständiger Arbeitgeber eine Kündigung nicht ernsthaft in Betracht gezogen hätte (*AG Tettnang* 17.11.1995 AnwBl. 1997, 292),
– der Arbeitgeber dem Arbeitnehmer ernsthaft mit einer Kündigung oder sonstigen persönlichen Nachteilen droht, falls er keinen Aufhebungsvertrag akzeptiert (*AG Bergisch-Gladbach* 28.2.1996 r+s 1997, 69),
– der Arbeitgeber gegenüber einem langjährigen Arbeitnehmer erklärt, das Arbeitsverhältnis müsse beendet werden (*LG Baden-Baden* 19.12.1996 NJW-RR 1997, 790),
– der Arbeitgeber erklärt, er werde »schon Mittel und Wege finden, das Arbeitsverhältnis kurzfristig aus verhaltensbedingten Gründen zu kündigen«. Die Eintrittspflicht der Rechtsschutzversicherung beschränkt sich nicht darauf, die versuchte Nötigung abzuwehren, sondern dem Drängen des Arbeitgebers, das Arbeitsverhältnis aufzulösen, ist auch durch das Aushandeln besonders günstiger Konditionen für die Auflösung des Arbeitsvertrages zu begegnen (*LG Hannover* 8.6.1996 r+s 1997, 202).

Andere Gerichte sehen hingegen auch in diesen Fällen keine Einstandspflicht der Rechtsschutzversicherung. Ein Versicherungsfall liegt danach auch dann nicht vor, wenn

– der Arbeitgeber eine Kündigung androht (*AG Frankfurt* 3.11.1994 r+s 1995, 304),
– der Arbeitgeber ohne Vorankündigung dem Arbeitnehmer in einem Personalgespräch mitteilt, man habe für ihn keine Verwendung mehr. Es bestehe die Möglichkeit eines Aufhebungsvertrages; -anderenfalls erfolge die Kündigung (*AG Hannover* 4.8.1995 r+s 1996, 107),
– der Arbeitgeber den Betriebsrat zu einer fristlosen Kündigung anhört (*AG Hamburg* 22.8.1995 r+s 1996, 107),
– der Arbeitgeber unter Hinweis auf eine ansonsten unumgängliche Kündigung ein Abfindungsangebot unterbreitet (*AG München* 25.1.1996 ZfS 1996, 272).

Vorgerichtliche Anwaltstätigkeit gehört nur dann zum Rechtszug i. S. d. § 13 Abs. 2 BRAGO, wenn sie erfolgt, nachdem der Anwalt einen (unbedingten) Prozessauftrag erhalten hat. Um eine deutliche Abgrenzung zu erleichtern, kann es sich empfehlen, getrennte Vollmachten für das außergerichtliche und das gerichtliche Verfahren zu verwenden und statt einer Klageandrohung in einem außergerichtlichen Schreiben es mit dem Hinweis auf den anwaltlichen Rat an den Mandanten im Weigerungsfall Klage zu erheben, bewenden zu lassen (*Haller* BB 1996, 2514 [2516]). 108

Ein Prozessauftrag kann nicht unterstellt werden, wenn der Arbeitgeber einen Rechtsanwalt beauftragt, mit einem Arbeitnehmer bzw. dessen anwaltlichen Vertreter Gespräche zwecks gütlicher Aufhebung des Arbeitsvertrages zu führen (*OLG Hamm* 1.4.1992 VersR 1993, 94). Zu dem Zeitpunkt der außergerichtlichen Verhandlungen ist noch nicht absehbar, ob überhaupt eine Kündigung ausgesprochen wird, gegen die eine Kündigungsschutzklage erfolgt und damit eine Rechtsverteidigung des Arbeitgebers vor Gericht erforderlich wird. Im Fall einer nachfolgenden arbeits-

L. Urteils- und Beschlussverfahren

gerichtlichen Auseinandersetzung ist die Geschäftsgebühr gem. § 118 Abs. 1 Nr. 1 BRAGO auf die Prozessgebühr nach § 31 Abs. 1 Nr. 1 BRAGO anzurechnen, § 118 Abs. 2 BRAGO. Eine **Anrechnung** erfolgt immer dann, wenn die Tätigkeit des Rechtsanwalts, die die Geschäftsgebühr nach § 118 Abs. 1 Nr. 1 BRAGO ausgelöst hat, zu dem Kreis der Tätigkeiten gehört, die im Fall eines Prozessauftrages gem. § 37 BRAGO durch die Prozessgebühr abgegolten werden (§ 37 Nr. 2 BRAGO »**außergerichtliche Vergleichsverhandlungen**«).

Erfolgt ein **Vergleichsabschluss vor dem Arbeitsgericht, obwohl bereits das Berufungsverfahren** eingeleitet ist, fallen auch die gem. § 11 Abs. 1 S. 4 BRAGO um 3/10 erhöhten Gebühren an (*OLG Schleswig-Holstein* 2.12.1982 JurBüro 1983, 551). Eine 13/10 Prozessgebühr kann nur anfallen, wenn bereits Schriftsätze, die Sachanträge enthalten, bei dem Berufungsgericht eingegangen sind, § 32 Abs. 1 BRAGO. Ist das für das Berufungsverfahren zuständige LAG mehr als 100 km vom Wohnort des Versicherungsnehmers entfernt, so hat die Rechtsschutzversicherung Reisekosten des Rechtsanwalts bis zur Höhe einer zusätzlichen Prozessgebühr zuzüglich Auslagen zu tragen, § 2 Abs. 1 a) ARB 75.

109 Einigen sich die Parteien nach Ausspruch einer Kündigung dahingehend, dass die **Kündigung durch den Arbeitgeber »zurückgenommen«** wird und das Arbeitsverhältnis zu unveränderten Bedingungen fortbesteht, weigern sich viele Rechtsschutzversicherungen eine Vergleichsgebühr zu zahlen. Der Arbeitnehmer sei mit seinem Begehren voll durchgedrungen; ein Nachgeben seinerseits liege nicht vor. Demgegenüber weist das *LAG Hamm* (30.4.1997 AnwBl. 1997, 568) zutreffend daraufhin, dass eine Kündigung als einseitige rechtsgestaltende Willenserklärung von dem Arbeitgeber nicht zurückgenommen werden kann. Hierzu bedarf es eines Einverständnisses des Arbeitnehmers, sodass ein gegenseitiges Nachgeben beider Parteien vorliegt.

Der Rechtsanwalt hat seinen Mandanten weiterhin darauf hinzuweisen, dass die Rechtsschutzversicherung **häufig nur einen eingeschränkten Versicherungsschutz** gewährt. So wird oft bei Kündigungsschutzprozessen die Kostenzusage für Weiterbeschäftigungs- und Lohnzahlungsanträge wegen mangelnder Erfolgsaussichten des Antrags oder Obliegenheitsverletzung, §§ 17, 15 ARB 75, abgelehnt (*Küttner* a. a. O.; zu Gebühren im Arbeitsrecht: *Schiffer* FA 1997, 4; *Zirnbauer* FA 1997, 40; *Steffen* FA 1998, 74). Beschäftigt der Arbeitgeber nach einem obsiegenden Urteil in einem erstinstanzlichen Kündigungsschutzverfahren den Arbeitnehmer nicht weiter oder zahlt er keine Vergütung unter dem Gesichtspunkt des Annahmeverzugs, kann im Wege eines Eilantrages keine Weiterbeschäftigung oder Zahlung einer Vergütung erreicht werden. Erscheint der Arbeitgeber schon überhaupt nicht zum Gütetermin, kann der Arbeitnehmer, der keinen Weiterbeschäftigungsanspruch anhängig gemacht hat, kein entsprechendes Versäumnisurteil beantragen; – ein schwerer anwaltlicher Fehler.

Die Gerichte werden regelmäßig darauf verweisen, durch entsprechende Antragstellung im erstinstanzlichen Verfahren hätte eine Eilbedürftigkeit vermieden werden können. Die Erhebung einer Kündigungsschutzklage hemmt grds. nicht den Lauf von Verfallsfristen; – unterlässt der Rechtsanwalt wegen Verweigerung einer entsprechenden Kostenzusage der Rechtsschutzversicherung die Erhebung einer Zahlungsklage, drohen ihm Regressansprüche. Auch das Unterlassen des Weiterbeschäftigungsantrags ist regelmäßig ein rechtsanwaltlicher Haftpflichtfall (*Küttner/Sobolewski* AnwBl 1985, 493). Ebenso begeht der Rechtsanwalt nach Auffassung des *OLG Düsseldorf* (AnwBl. 1998, 351) einen Fehler, wenn er – falls sein Mandant noch während des Laufs des erstinstanzlichen Kündigungsschutzverfahrens eine andere Arbeitsstelle findet – kei-

nen Auflösungsantrag gem. § 9 KSchG stellt. Der Auflösungsantrag erhöht gem. § 12 Abs. 7 S. 1 2. Hs. ArbGG nicht den Gegenstandswert, sodass in erster Instanz keine Kostennachteile bei Stellung eines Auflösungsantrages entstehen können.
Der Rechtsanwalt sollte dem Mandanten ein Bestätigungsschreiben nach dem Besprechungstermin übersenden, in dem er die von ihm für erforderlich angesehenen Maßnahmen darlegt und dem Mandanten bestätigt, welche kostenauslösenden Schritte vor einer Kostenzusage, nach einer Kostenzusage oder bei teilweiser Kostenzusage aufgrund des vom Mandanten im Besprechungstermin erteilten Auftrages unternommen werden. 110

ff) Prozessvertretung vor den ArbG

aaa) Urteilsverfahren

(1) Allgemeines zivilprozessuales Vertretungsrecht
Für die Prozessvertretung vor den ArbG gelten die Vorschriften der Zivilprozessordnung, §§ 78 ff. ZPO, entsprechend, soweit im ArbGG keine Sonderregelungen normiert sind, § 46 Abs. 2 ArbGG. 111

(2) Freie Rechtsanwaltswahl
Das Verfahren vor dem ArbG ist ein **Parteiprozess**. Die prozessfähige Partei kann daher den Prozess selbst führen und muss sich nicht vertreten lassen. Die Partei(en) können aber auch jeden in der Bundesrepublik zugelassenen Rechtsanwalt mit der Prozessführung beauftragen; – mit Ausnahme der beim BGH zugelassenen Rechtsanwälte, § 172 BRAGO. 112

(3) Ausländische Rechtsanwälte
Ausländische Rechtsanwälte sind grds. als Prozessvertreter ausgeschlossen. Rechtsanwälte aus einem Mitgliedstaat der EG dürfen nach § 4 Rechtsdienstleistungsgesetz im Einvernehmen mit einem vertretungsbefugten Rechtsanwalt auftreten. Die Justizverwaltung kann einem in einem EG-Mitgliedstaat niedergelassenen Rechtsanwalt gem. § 157 Abs. 3 ZPO i. V. m. § 46 Abs. 2 ArbGG das Auftreten gestatten. 113

(4) Unterbevollmächtigte
Der Rechtsanwalt kann Untervollmacht erteilen, § 81 ZPO. **Stationsreferendare**, also zur Ausbildung überwiesene, können in Untervollmacht für den Rechtsanwalt vor den ArbG auftreten, da dort kein Vertretungszwang herrscht, § 59 Abs. 2 S. 2 BRAO. 114
Streitig ist, ob sog. **Nebentätigkeitsreferendare**, die nicht zur Ausbildung bei einem Rechtsanwalt tätig sind oder sonstige Angestellte eines Rechtsanwalts, insbesondere Assessoren und Bürovorsteher, unterbevollmächtigt werden können (GK-ArbGG/ Bader § 11 Rz. 106; Germelmann u. a. § 11 Rz. 49; Winterstein NZA 1988, 574). Das BAG (22.2.1990 EzA § 11 ArbGG 1979 Nr. 7) hat die Möglichkeit einer Unterbevollmächtigung von Nebentätigkeitsreferendaren nach der Neuregelung des § 11 ArbGG bejaht. Nach § 11 Abs. 3 S. 1 ArbGG sind nur solche Personen ausgeschlossen, die die Besorgung fremder Rechtsangelegenheiten vor Gericht geschäftsmäßig betreiben. Weisungsgebundene Angestellte handeln als Erfüllungsgehilfen nicht geschäftsmäßig, wenn der Geschäftsherr nach dem Grundverhältnis mit der Partei für diese geschäftsmäßig tätig wird. Auch die Besonderheiten des arbeitsgerichtlichen 115

L. Urteils- und Beschlussverfahren

Verfahrens stehen der Unterbevollmächtigung eines Nebentätigkeitsreferendars nicht entgegen.

116 Das Urteil des BAG dürfte auch für die Unterbevollmächtigung anderer Angestellter eines Rechtsanwalts einschlägig sein (*GMP* § 11 Rz. 50; *Gift/Baur* D/Rz. 92 GK-ArbGG/*Bader* § 11 Rz. 106). Das *LAG München* (10.3.1989, LAGE § 11 ArbGG 1979 Nr. 7; 5.4.1989 LAGE § 11 ArbGG 1979 Nr. 8) geht davon aus, dass ein **angestellter Bürovorsteher** eines Rechtsanwalts als Unterbevollmächtigter nicht gem. § 11 Abs. 3 ArbGG in der mündlichen Verhandlung vor den ArbG ausgeschlossen ist. Zweck des § 11 ArbGG ist es, bei der Partei nicht das Gefühl aufkommen zu lassen, den Prozess letztlich wegen fehlender Anwaltsunterstützung verloren zu haben. Eine solche soll jedoch vorliegen, wenn der Rechtsanwalt den Prozess durch Kontrolle und Anleitung seines vor Gericht auftretenden Bürovorstehers lenkt. Die möglicherweise unerfreulichen praktischen Auswirkungen betreffen ArbG in gleicher Weise wie Amtsgerichte und rechtfertigen keine unterschiedliche Handhabung bei den ArbG. In der Praxis bestehen viele ArbG weiterhin auf einer Wahrnehmung der mündlichen Verhandlung durch den Rechtsanwalt.

117 **Gebührenrechtlich** ist zu beachten, dass gem. § 4 BRAGO Vergütung für eine Tätigkeit, die der Rechtsanwalt nicht persönlich vornimmt, nur abgerechnet werden darf, wenn er durch einen Rechtsanwalt, den allgemeinen Vertreter oder einen Stationsreferendar vertreten wird.

Der Rechtsanwalt kann auch einen die Voraussetzungen des § 11 Abs. 1 S. 2, 3 ArbGG erfüllenden **Verbandsvertreter unterbevollmächtigen**. Hingegen darf an gem. § 11 Abs. 3 ArbGG von der Prozessvertretung ausgeschlossene Personen, insbesondere Prozessagenten oder Beistände, keine Untervollmacht erteilt werden.

bbb) Beschlussverfahren

118 Die Parteien können sich im Beschlussverfahren erster Instanz selbst vertreten oder – wie im Urteilsverfahren – vertreten lassen.

Ein vom Betriebsrat beauftragter Rechtsanwalt sollte zunächst prüfen, ob der Betriebsrat einen **ordnungsgemäßen förmlichen Beschluss** gefasst hat, ein Beschlussverfahren einzuleiten und ihn mit der Wahrnehmung seiner Interessen zu beauftragen (*Langer* S. 156; *Müller/Bauer* 74 f.). Der Beschluss gilt im Zweifel **nur für die jeweilige Instanz** (*LAG Berlin* 26.1.1987 NZA 1987, 645). Fehlt ein Beschluss oder beschloss der Betriebsrat nicht ordnungsgemäß, hat der Betriebsrat keinen Kostenübernahmeanspruch gem. § 40 Abs. 1 BetrVG. Folglich erhält der Rechtsanwalt **kein Honorar**, da der Betriebsrat als solcher vermögenslos ist. Eine Inanspruchnahme einzelner Betriebsratsmitglieder scheidet regelmäßig aus, da der Rechtsanwalt vor Mandatsübernahme verpflichtet ist, auf einen ordnungsgemäßen Betriebsratsbeschluss hinzuwirken. Der Betriebsrat wird regelmäßig nur dann ein Beschlussverfahren durchführen wollen, wenn die einzelnen Betriebsratsmitglieder nicht Kostenschuldner werden.

119 Die Kosten der Hinzuziehung eines Rechtsanwalts im Beschlussverfahren erster Instanz hat der Arbeitgeber nur zu zahlen, wenn der Betriebsrat die Prozessvertretung durch einen Rechtsanwalt bei pflichtgemäßer und verständiger Würdigung der zu berücksichtigenden Umstände für notwendig erachten darf (*BAG* 19.4.1989 EzA § 40 BetrVG 1972 Nr. 40). Nach der Intention des Gesetzgebers soll – vergleichbar der PKH – bei rein mutwilligen oder offensichtlich aussichtslosen Beschlussverfahren dem Arbeitgeber nicht die Kosten des vom Betriebsrat beauftragten Rechtsanwalts auferlegt werden. Hingegen kann der Arbeitgeber den Betriebsrat nicht auf eine Ver-

tretung durch Gewerkschaftsvertreter verweisen, um einem gerechtfertigten Kostenerstattungsanspruch nach § 40 BetrVG zu entgehen (*BAG* 3.10.1978 EzA § 40 BetrVG 1972 Nr. 37).

Eine **Unterbevollmächtigung** ist im Beschlussverfahren unter den gleichen Voraussetzungen wie im Urteilsverfahren möglich.

gg) Prozessvertretung vor den LAG

aaa) Urteilsverfahren

Im Urteilsverfahren herrscht beim LAG **Vertretungszwang**, § 11 Abs. 2 ArbGG; im Unterschied zur ordentlichen Gerichtsbarkeit besteht allerdings **kein Lokalisierungszwang**, sodass jeder bei einem Gericht der Bundesrepublik zugelassene Rechtsanwalt postulationsfähig ist. Ausgeschlossen sind lediglich die beim BGH zugelassenen Rechtsanwälte, § 172 BRAO. **Untervollmacht** kann nur an solche Personen erteilt werden, die vor dem LAG auftreten dürfen. Mitarbeiter eines Rechtsanwalts können daher nicht unterbevollmächtigt werden. Referendare, auch Stationsreferendare, sind ebenfalls nicht untervertretungsbefugt; sie dürfen nur im Beistand eines Rechtsanwaltes im Rahmen des § 59 Abs. 2 BRAO Parteirechte übernehmen (*GMP* § 11 Rz. 111). Nur als amtlich bestellter Vertreter darf ein Stationsreferendar ausnahmsweise beim LAG auftreten.

Ist der Rechtsanwalt selbst Partei, auch als Partei kraft Amtes oder als gesetzlicher Vertreter, kann er sich gem. § 78 Abs. 3 ZPO vor dem LAG selbst vertreten.

Einspruch gegen ein Versäumnisurteil des LAG kann die Partei selbst einlegen, § 64 Abs. 7 ArbGG i. V. m. § 59 ArbGG.

120

bbb) Beschlussverfahren

Im Beschlussverfahren vor dem LAG herrscht **kein Anwaltszwang für die mündliche Anhörung** (*GMP* § 11 Rz. 115). Die **Beschwerdeschrift** muss aber gem. § 89 Abs. 1 ArbGG zwingend durch einen Rechtsanwalt oder einen Koalitionsvertreter i. S. v. § 11 Abs. 2 S. 2 ArbGG unterschrieben sein.

121

hh) Prozessvertretung vor dem BAG

aaa) Urteilsverfahren

Vor dem BAG herrscht Vertretungszwang, zugelassen ist jeder bei einem deutschen Gericht zugelassene **Rechtsanwalt**. Untervollmacht darf nur einem Rechtsanwalt oder ihren amtlichen bestellten Vertretern erteilt werden (*GMP* § 11 Rz. 117 f.).

122

bbb) Beschlussverfahren

Im Beschlussverfahren muss die **Rechtsbeschwerdeschrift und die Rechtsbeschwerdebegründung** durch einen Rechtsanwalt unterzeichnet sein, § 94 Abs. 1 ArbGG, im Übrigen können sich die Beteiligten selbst vertreten (*GMP* § 11 Rz. 120 f.).

123

b) Verbandsvertreter oder sonstige Dritte

aa) Prozessvertretung vor den ArbG

Vor den ArbG können sich die Parteien, da kein Anwaltszwang herrscht, durch jede prozessfähige Person in Urteils- und Beschlussverfahren vertreten lassen. Diese Personen dürfen aber **nicht die Besorgung fremder Rechtsangelegenheiten vor Ge-

124

richt geschäftsmäßig betreiben, § 11 Abs. 3 ArbGG. Nur sog. **Gelegenheitsvertreter**, nahe Angehörige, Angestellte eines Arbeitgebers usw., sind zugelassen. Die Vertretung durch Beistände, auch wenn sie eine Gestattung i. S. v. § 157 Abs. 3 ZPO haben, ist ausgeschlossen, insbesondere durch sog. Prozessagenten, Rechtsbeistände (*BAG* 21.4.1988 EzA § 11 ArbGG 1979 Nr. 5), Prozessbevollmächtigte, Vertreter von Inkassobüros, Sozialattache's, Vertreter karitativer Organisationen, sofern sie geschäftsmäßig tätig werden. Die Prozessvertretung erfolgt geschäftsmäßig, **wenn sie zum wiederholten oder sogar dauernden Bestandteil der eigenen selbstständigen Beschäftigung wird**; Entgeltlichkeit, Gewerbsmäßigkeit oder Hauptberuflichkeit sind unerheblich (*Zöller/Greger* § 157 Rz. 4). Der eine Prozessvertretung geschäftsmäßig betreibende Beistand kann die Vorschrift des § 11 Abs. 3 ArbGG nicht dadurch umgehen, dass er eine andere Person unterbevollmächtigt (*GMP* § 11 Rz. 3).

125 *Schaub* (Formularsammlung § 88 VI. 3.) vertritt unter Hinweis auf eine Entscheidung des *BAG* (22./23.10.1975 AP Nr. 4 zu § 43 ArbGG 1953) die Auffassung, dass **ehrenamtliche Richter** bei dem Arbeitsgericht, bei dem sie bestellt sind, von einer Prozessvertretung ausgeschlossen sind. Das *BAG* (a. a. O.) führt aus, dass das Gebot richterlicher Neutralität verletzt sei, wenn die Öffentlichkeit im Allgemeinen und die Parteien im Besonderen besorgen müssen, das Gericht sei einer Partei günstiger gesonnen als der anderen. Ähnlich wie bei der Frage der Befangenheit komme es hierbei nicht darauf an, ob tatsächlich Parteilichkeit gegeben ist. In der Öffentlichkeit und bei den Parteien könne Besorgnis wegen der kollegialen Verbundenheit zwischen Berufsrichtern und ehrenamtlichen Richtern sowie wegen eines Insiderinformationsvorsprungs bestehen. Ob die Entscheidung des BAG tatsächlich die von *Schaub* aufgezeigte Reichweite hat, erscheint angesichts der Besonderheiten des entschiedenen Sachverhalts, Rechtsanwalt als ehrenamtlicher Richter beim BAG, zweifelhaft.

Koalitionsvertreter und Vertreter von selbstständigen Vereinigungen von Arbeitnehmern mit sozial- oder berufspolitischer Zwecksetzung können vor den ArbG die Prozessvertretung übernehmen.

Nach der Umorganisation des gewerkschaftlichen Rechtsschutzes durch Gründung der **DGB-Rechtsschutz-GmbH** traten bei der Prozessvertretung durch die bei der DGB-Rechtsschutz-GmbH angestellten Rechtssekretäre mehrere Probleme auf. Nach § 11 Abs. 1 ArbGG 1979 können sich die Parteien vor den Arbeitsgerichten im Rechtsstreit durch »Vertreter von Gewerkschaften ... oder von Zusammenschlüssen solcher Verbände« vertreten lassen, »wenn diese Personen kraft Satzung oder Vollmacht zur Vertretung befugt sind«. Die DGB-Rechtsschutz-GmbH ist nicht kraft Satzung zur Vertretung des DGB befugt. Die in § 2 Nr. 4 c der Satzung des DGB genannten Rechtsstellen entsprechen nicht denjenigen, die in § 2 des Gesellschaftsvertrages der DGB-Rechtsschutz-GmbH geregelt sind (*LAG Hamm* 2.4.1998 LAGE § 11 ArbGG 1979 Nr. 13). Nach Auffassung des *LAG Hamm* (2.4.1998 LAGE § 11 ArbGG 1979 Nr. 13) verstößt die DGB-Rechtsschutz-GmbH darüber hinaus durch ein Auftreten vor den Arbeitsgerichten gegen das Verbot der geschäftsmäßigen Besorgung fremder Rechtsangelegenheiten gem. Art. 1 § 1 RBerG. Der Ausnahmetatbestand des Art. 1 § 7 RBerG liegt nicht vor, weil die DGB-Rechtsschutz-GmbH keine auf berufsständischer Grundlage gebildete Vereinigung oder Stelle ist. Weder die Satzung des DGB noch der Gesellschaftsvertrag der DGB-Rechtsschutz-GmbH enthalten insoweit eine ausreichende Regelung. Demgegenüber verneint das *LAG Schleswig-Holstein* (9.4.1998 LAGE § 11 ArbGG 1979 Nr. 14) einen Verstoß gegen das Rechtsberatungsgesetz, weil die Voraussetzungen des Art. 1 § 7 RBerG erfüllt sind. Die DGB-Rechtsschutz-GmbH ist vollständig in eine berufsständische Vereinigung, den

DGB, eingegliedert und wird von ihm beherrscht. Sowohl das *LAG Hamm* (2.4.1998 LAGE § 11 ArbGG 1979 Nr. 13) als auch das *LAG Schleswig-Holstein* (9.4.1998 LAGE § 11 ArbGG 1979 Nr. 14) halten die bei der DGB-Rechtsschutz-GmbH angestellten Rechtsschutzsekretäre persönlich als Vertreter des DGB kraft Vollmacht zur Vertretung befugt. Der Bundesvorstand des DGB hatte in einer notariellen Legitimationsvollmacht mit anliegender Namensliste alle zur Rechtsberatung und Prozessvertretung beauftragten DGB-Rechtsschutzsekretäre aufgelistet. Aufgrund ausdrücklicher Regelung in dieser Vollmacht blieb die Vollmacht der in der Namensliste genannten Personen bei dem Übergang auf die DGB-Rechtsschutz-GmbH erhalten. Im arbeitsgerichtlichen Verfahren muss in jedem Einzelfall überprüft werden, ob der jeweilige Rechtssekretär in dieser Namensliste aufgeführt ist, also eine Einzelvollmacht des DGB hat. Die notarielle Legitimationsvollmacht erstreckt sich nur auf die Rechtssekretäre, die ursprünglich bei dem Deutschen Gewerkschaftsbund angestellt waren (*Stückemann* FA 1998, 238). Darüber hinaus benötigt der vor dem Gericht auftretende Rechtssekretär eine auf ihn lautende Prozessvollmacht durch seine Partei. Die DGB-Rechtsschutz-GmbH ist nämlich als juristische Person nicht prozessfähig (*Zöller/Vollkommer* ZPO, 20. Aufl., § 52 Rn 2), weshalb die DGB-Rechtsschutz-GmbH selbst nicht zur Prozessführung bevollmächtigt werden kann. Gem. § 79 ZPO können nur prozessfähige Personen bevollmächtigt werden (*GMP* § 11 Rz. 78). Die Problematik ist entschärft, da der Gesetzgeber gehandelt hat und durch Art. 13 des Gesetzes zur Änderung der Bundesrechtsanwaltsordnung, der Patentanwaltsordnung und anderer Gesetze vom 31.8.1998 (BGBl. 1998 I S. 2600) den § 11 ArbGG entsprechend ergänzt hat (FA 1998, 283; *Düwell* FA 1998, 338).

bb) LAG
Vor den LAG ist eine Vertretung nur durch Rechtsanwälte oder **Koalitionsvertreter**, 126 also nicht durch Vertreter von selbstständigen Vereinigungen von Arbeitnehmern mit sozial- oder berufspolitischer Zwecksetzung, zulässig.

cc) BAG
Vor dem BAG können keine Verbandsvertreter auftreten, allein Rechtsanwälte sind als 127 Prozessbevollmächtigte zugelassen, § 11 Abs. 2 ArbGG.

4. Verfahrensgrundsätze

a) Dispositionsgrundsatz
Das gesamte Verfahren steht zur Disposition der Parteien. Das ArbG wird nur tätig, 128 wenn eine Partei ein Rechtsschutzbegehren an das Gericht richtet, sei es durch die Stellung eines Antrags auf Erlass eines Mahnbescheids, die Erhebung einer Klage oder den Antrag auf Erlass eines Arrestes oder einer einstweiligen Verfügung. Das ArbG wird nicht von Amts wegen tätig.
Es obliegt weiterhin den Parteien, wie das Verfahren seine Beendigung findet. In Be- 129 tracht kommt eine einseitige Klagerücknahme gem. § 46 Abs. 2 ArbGG i. V. m. § 269 ZPO, ein Vergleich, eine übereinstimmende Erledigungserklärung oder ein Urteil des Gerichts nach entsprechender Antragstellung einer oder beider Parteien.

b) Verhandlungsgrundsatz

130 Das Gericht wird nicht von Amts wegen bei der Ermittlung des streitgegenständlichen Sachverhalts tätig. Es obliegt allein den Parteien durch entsprechenden Sachvortrag und Antragstellung, den Streitstoff des Prozesses zu bestimmen (*BAG* 30.9.1976 EzA § 9 KSchG 1969 Nr. 3).

131 Das Gericht kann und muss allerdings nach § 139 ZPO auf die Parteien einwirken, sich über alle erheblichen Tatsachen vollständig zu erklären, sachdienliche Anträge zu stellen sowie bei ungenügenden Angaben der geltendgemachten Tatsachen diese zu ergänzen und entsprechende Beweismittel zu benennen (*Zöller/Greger* § 139 Rz. 10 ff. mit Einzelbeispielen). Die Hinweispflicht geht bei rechtsunkundigen Parteien weiter als bei rechtskundigen oder durch rechtskundige Prozessbevollmächtigte Vertretene. In diesem Fall ist davon auszugehen, dass die zivilprozessualen Anforderungen an die Darlegungs- und Beweislast bekannt sowie die notwendigen Kenntnisse des materiellen Rechts vorhanden und die entscheidungserheblichen Punkte zwischen Partei und Vertreter bereits erörtert worden sind (*Zöller/Greger* § 139 Rz. 13).

132 Das Gericht kann gem. §§ 142 bis 144 ZPO von Amts wegen die Vorlage von Urkunden, Akten sowie die Anordnung der Einvernahme des Augenscheins sowie die Begutachtung durch Sachverständige anordnen. Aus den §§ 56 Abs. 1, 61a Abs. 3, Abs. 4 ArbGG ergeben sich darüber hinaus weitere Einwirkungsmöglichkeiten und -pflichten des Gerichts. Da der Vorsitzende darauf hinwirken soll, dass die streitige Verhandlung möglichst in einem Termin zu Ende geführt werden kann, hat er den Parteien bezüglich ihres notwendigen Sachvortrags und gegebenenfalls Beweisantritts Auflagen zu machen, die regelmäßig bereits im Gütetermin nach gescheitertem Einigungsversuch erlassen werden (s. u. L/Rz. 306 ff.).

133 Bei seiner Entscheidung hat das Gericht allein den von den Parteien in das Verfahren eingebrachten tatsächlichen Streitstoff zu Grunde zu legen (*BAG* 24.3.1983 EzA § 1 KSchG 1969 Betriebsbedingte Kündigung Nr. 21).

c) Grundsatz der Mündlichkeit

134 Nach dem Grundsatz der Mündlichkeit darf ein Urteil nur aufgrund des in der mündlichen Verhandlung von den Parteien eingebrachten Streitstoffes gefällt werden. Vorbereitende Schriftsätze der Parteien sollen lediglich die mündliche Verhandlung vorbereiten. Insbesondere streitiges und erhebliches Parteivorbringen ist immer ausdrücklich zum Gegenstand der mündlichen Verhandlung zu machen. Stellt z. B. das Gericht nach dem Schluss der mündlichen Verhandlung fest, dass ein richterlicher Hinweis hätte ergehen müssen, ist es verpflichtet, die mündliche Verhandlung gem. § 156 ZPO wieder zu eröffnen (*BAG* 23.1.1996 EzA § 64 ArbGG 1979 Nr. 33).

135 **Ein schriftliches Verfahren gem. § 128 Abs. 2 ZPO gibt es in erster Instanz gem. § 46 Abs. 2 ArbGG nicht**, nur im Rechtsmittelverfahren, da die §§ 64 Abs. 7, 72 Abs. 6 ArbGG nicht auf § 46 Abs. 2 verweisen, sodass § 128 Abs. 2 ZPO anwendbar bleiben.

136 Seine Berechtigung hat dies darin, dass gerade im Arbeitsgerichtsprozess häufig prozessunerfahrene Parteien ohne anwaltliche Hilfe beteiligt sind, die regelmäßig in der Wahrnehmung ihrer prozessualen Rechte bei Einführung eines schriftlichen Verfahrens behindert werden würden.

137 Eine Ausnahme vom Grundsatz der Mündlichkeit besteht bei einer **Entscheidung nach Aktenlage**, die auch im Arbeitsgerichtsprozess gem. den §§ 46 Abs. 2 ArbGG, 251a, 331a ZPO möglich, jedoch selten ist.

d) Grundsatz der Unmittelbarkeit

Die streitige Verhandlung sowie eine durchzuführende Beweisaufnahme hat unmittelbar vor dem erkennenden Gericht zu erfolgen. Eine Übertragung z. B. einer Beweisaufnahme auf ein Gerichtsmitglied ist nicht möglich. So ist eine Beweisaufnahme nach § 58 Abs. 1 S. 1 ArbGG grds. an der Gerichtsstelle vor der Kammer durchzuführen. Soweit § 58 Abs. 1 S. 2 ArbGG vorsieht, dass die Beweisaufnahme auf den Vorsitzenden alleine übertragen werden kann, falls eine Beweisaufnahme an der Gerichtsstelle selbst nicht möglich ist, handelt es sich nicht um eine Beauftragung des Vorsitzenden i. S. d. § 361 ZPO. Das Gericht wird insofern lediglich in einer verminderten Besetzung tätig. **138**

e) Grundsatz der Öffentlichkeit der Verhandlung

Güte- und Kammertermin, eine Beweisaufnahme und die Verkündung der Entscheidung hat öffentlich zu erfolgen, § 52 ArbGG. In der Praxis werden Urteile regelmäßig am Schluss der mündlichen Verhandlung, d. h. am Ende des Terminstages verkündet. Da dazwischen regelmäßig noch die Beratung des Gerichts liegt, sind die Parteien und ihre Vertreter häufig zum Zeitpunkt der Verkündung der Entscheidung nicht mehr anwesend, sondern informieren sich später telefonisch über den Ausgang des Verfahrens. **Ein Urteil des Gerichts ist dennoch – auch wenn der Gerichtssaal leer ist und keine Öffentlichkeit vorhanden – öffentlich zu verkünden, da es ansonsten nicht existent ist.** **139**

Die Öffentlichkeit darf nur ausgeschlossen werden, wenn eine Gefährdung der öffentlichen Ordnung oder eine Gefährdung der Sittlichkeit zu befürchten ist oder wenn eine Partei den Ausschluss der Öffentlichkeit beantragt, weil Betriebs-, Geschäfts- oder Erfindergeheimnisse zum Gegenstand der Verhandlung oder einer Beweisaufnahme gemacht werden. Außerdem kann nach § 171 b GVG die Öffentlichkeit ausgeschlossen werden, soweit Umstände aus dem persönlichen Lebensbereich einer Partei oder eines Zeugen zur Sprache kommen und schutzwürdige Interessen der betreffenden Person einer öffentlichen Erörterung entgegen stehen. Bezüglich des Verfahrens verweist § 52 S. 3 ArbGG auf die §§ 173 bis 175 GVG. **140**

Eine erweiterte Möglichkeit des Ausschlusses der Öffentlichkeit sieht § 52 S. 3 ArbGG für das Güteverfahren vor. Danach können bereits Zweckmäßigkeitsgründe ausreichen, die Öffentlichkeit während der Güteverhandlung auszuschließen. Sinn und Zweck der Regelung ist es, Vergleichsgespräche zwischen den Parteien zu erleichtern und zu fördern. **141**

Ton- und Fernseh- und Rundfunkaufnahmen sowie Ton- und Filmaufnahmen während der öffentlichen Verhandlung sind gem. den §§ 52 S. 3 ArbGG, 169 S. 2 GVG unzulässig. **142**

Eine Verhandlung ist nur dann öffentlich, wenn an ihr Zuhörer nach Belieben die Möglichkeit haben, teilzunehmen. Jedermann muss sich darüber informieren können, wann und wo eine Verhandlung stattfindet, wobei es genügt, wenn das Gericht einen entsprechenden Hinweis in Form eines Terminaushangs an dem jeweiligen Sitzungsraum anbringt. Der Streitgegenstand der Verhandlung muss darauf nicht angegeben werden. **143**

Der Öffentlichkeit muss es möglich sein, den Ort der Verhandlung ungehindert zu erreichen. Dies ist nicht der Fall, wenn aufgrund Anordnung des Gerichts der Zugang behindert wird oder das Gericht eine von ihm nicht angeordnete, aber bestehende **144**

L. Urteils- und Beschlussverfahren

Behinderung trotz ihres Erkennens nicht beseitigen lässt (*BAG* 12.4.1973 EzA § 611 BGB Nr. 12). Keine Behinderung der Öffentlichkeit liegt vor, wenn die Außentür eines Gerichtsgebäudes versehentlich ins Schloss fällt, ein Gerichtswachmeister irrtümlich den Zutritt zum Gerichtssaal verhindert oder zwar die Eingangstür zum Gerichtsgebäude verschlossen ist, Zuhörer sich jedoch durch eine Klingel Einlass verschaffen können.

145 Keine Verletzung der Öffentlichkeit liegt ferner vor, wenn eine Partei einen präsenten Zeugen benennt, über dessen Vernehmung noch durch das Gericht zu entscheiden ist und der Vorsitzende vorsorglich den Zeugen auffordert, den Gerichtssaal bis zu seiner Vernehmung zu verlassen (*BAG* 21.1.1988 EzA § 394 ZPO Nr. 1).

146 Ein Gerichtssaal muss nicht derart dimensioniert sein, dass sämtliche interessierten Zuhörer Platz finden, darf allerdings andererseits nicht so klein gewählt sein, dass die Teilnahme an der Verhandlung praktisch unmöglich wird.

147 Wird eine Sitzung kurzfristig von dem zunächst anberaumten Gerichtsort verlegt, z. B. in einen anderen Sitzungssaal, muss ein entsprechender Hinweis am ursprünglich geplanten Verhandlungsort angebracht werden.

148 Die Wahrung der Öffentlichkeit muss sich aus dem Terminsprotokoll ergeben, § 160 Abs. 1 Nr. 5 ZPO, dem insofern alleinige Beweiskraft zukommt, § 165 S. 1 ZPO.

149 Wird der Grundsatz der Öffentlichkeit vom ArbG verletzt, liegt zwar ein schwerer Verfahrensmangel vor, der jedoch im Ergebnis i. d. R. unerheblich ist, da das LAG als Berufungsgericht allein deswegen das Verfahren nach § 68 ArbGG nicht an das ArbG zurückverweisen kann. Hat das LAG hingegen zu Unrecht die Öffentlichkeit ausgeschlossen, liegt ein absoluter Revisionsgrund i. S. d. § 551 Nr. 6 ZPO vor. Dieser absolute Revisionsgrund ist allerdings davon abhängig, dass gegen das Urteil nach § 72 Abs. 1 ArbGG überhaupt eine Revision möglich ist. Allein die Verletzung des Öffentlichkeitsgebotes stellt keinen eigenständigen Revisionsgrund dar (*GMP* § 52 Rz. 36).

f) Der Beschleunigungsgrundsatz

150 Nach § 9 Abs. 1 ArbGG ist das Verfahren in allen Rechtszügen zu beschleunigen. Insbesondere bei Bestandsstreitigkeiten (vgl. § 61a ArbGG) soll den Beteiligten nicht zugemutet werden, für einen längeren Zeitraum im Unklaren über den Ausgang eines Verfahrens zu bleiben. In der Praxis wird angestrebt, zumindest die Kündigungsschutzverfahren in der ersten Instanz in einem Zeitraum von längstens sechs Monaten zu erledigen.

151 Um die Beschleunigung des Verfahrens zu erreichen, sieht das ArbGG eine Reihe von Vorschriften vor, die in Abweichung von der ZPO eine Beschleunigung mit sich bringen:
– Nach § 49 Abs. 3 ArbGG ist ein Beschluss über die Ablehnung von Richtern unanfechtbar (vgl. demgegenüber § 46 Abs. 2 ZPO);
– § 55 ArbGG sieht ein Alleinentscheidungsrecht des Vorsitzenden in bestimmten Fällen vor. Die Entscheidung ergeht nach § 55 Abs. 3 ArbGG im unmittelbaren Anschluss an die Güteverhandlung oder gem. § 55 Abs. 2 ArbGG auch ohne mündliche Verhandlung;
– §§ 56 Abs. 2, 61 Abs. 4 ArbGG regeln die Zurückweisung verspäteten Parteivorbringens;

L. Urteils- und Beschlussverfahren

- Prozessbevollmächtigte können unter den Voraussetzungen des § 51 ArbGG bei zuvor angeordnetem persönlichen Erscheinen der Parteien zurückgewiesen werden, sodass von der Gegenpartei ein Versäumnisurteil beantragt werden kann. Bei Leistungsklagen wird damit wegen der grds. bestehenden vorläufigen Vollstreckbarkeit von Urteilen, § 62 ArbGG, einer Prozessverschleppung vorgebeugt;
- gem. §§ 47 Abs. 1, 80 Abs. 2 ArbGG muss die Ladungsfrist lediglich eine Woche betragen (vgl. § 274 Abs. 3 S. 1 ZPO);
- die Einspruchsfrist gegen Versäumnisurteile ist nach § 59 S. 1 ArbGG auf eine Woche abgekürzt (vgl. § 339 Abs. 1 ZPO);
- Urteile und Beschlüsse sind binnen zwei Wochen ab Übergabe an die Geschäftsstelle zuzustellen, §§ 50 Abs. 1, 80 Abs. 2 ArbGG;
- grds. werden Entscheidungen des ArbG im unmittelbaren Anschluss an die mündliche Verhandlung vor der Kammer verkündet. Ein besonderer Verkündungstermin ist nur ausnahmsweise unter den Voraussetzungen des § 60 Abs. 1 S. 1 ArbGG möglich;
- neuer Tatsachenvortrag und neue Beweismittel sind in der Berufungsinstanz nur beschränkt zulässig, § 67 ArbGG;
- eine Zurückverweisung des Verfahrens in die erste Instanz ist im Urteilsverfahren bei Verfahrensmängeln nach § 68 ArbGG nicht zulässig, im Beschlussverfahren darüber hinaus grds. ausgeschlossen, § 91 ArbGG;
- der Vorsitzende hat den Kammertermin so vorzubereiten, dass er möglichst in einem Termin zu Ende geführt werden kann, § 56 ArbGG. Viele Vorsitzende laden daher konsequent gem. § 56 Abs. 1 Nr. 4 ArbGG Zeugen, auf die sich eine Partei in ihren vorbereitenden Schriftsätzen bezogen hat, vorsorglich zum Kammertermin zu, sofern ihre Vernehmung wahrscheinlich ist. Zeugen können dann im unmittelbaren Anschluss an die streitige Verhandlung vernommen werden, § 279 Abs. 2 ZPO, sodass ein eigener Beweisbeschluss nach § 358 ZPO und Bestimmung eines eigenen Termins zur Durchführung der Beweisaufnahme nicht notwendig wird (vgl. *GMP* § 58 Rz. 42);
- darüber hinaus ist der Beschleunigungsgrundsatz gem. § 9 Abs. 1 ArbGG im Rahmen notwendig werdender Ermessensausübung des Gerichts, z. B. ob ein Verfahren auszusetzen ist, §§ 148, 149 ZPO, oder eine Klageänderung zugelassen wird, § 263 ZPO, mit zu berücksichtigen;
- § 61a ArbGG bestimmt, dass Verfahren in Rechtsstreitigkeiten über das Bestehen, das Nichtbestehen oder die Kündigung eines Arbeitsverhältnisses vorrangig zu erledigen sind. Erfasst werden damit sämtliche Verfahren, die den Bestand oder das Zustandekommen eines rechtswirksamen Arbeitsverhältnisses bzw. das weitere Bestehen eines Arbeitsverhältnisses zum Streitgegenstand haben. Darunter fallen neben Kündigungsschutzverfahren auch Rechtsstreitigkeiten, in denen z. B. die Wirksamkeit der Anfechtung eines Arbeitsvertrages, eines Auflösungsvertrages oder einer Änderungskündigung streitig ist. Nicht erfasst werden Streitigkeiten um einen Einstellungsanspruch. Denn der Wortlaut des § 61a ArbGG erfasst nur das Bestehen oder Nichtbestehen eines Arbeitsvertrages, nicht jedoch einen zukünftigen Arbeitsvertrag und seinen Abschluss (*GMP* § 61a Rz. 6). Sind mit einer Bestandsstreitigkeit weitere Ansprüche im Rahmen der Klagehäufung verbunden worden, so gilt für das gesamte Verfahren der Beschleunigungsgrundsatz des § 61a ArbGG, es sei denn, die an-

deren Ansprüche werden von der Bestandsstreitigkeit gem. § 145 ZPO abgetrennt. Mangels gesetzlicher Definition ist es grds. Sache des Gerichts, darüber zu entscheiden, wie eine vorrangige Erledigung durchgeführt wird. Es kann der Festsetzung von Kammerterminen in Kündigungsschutzstreitigkeiten Vorrang gewährt werden, z. b. durch Aufsparen von Terminen für Bestandsstreitigkeiten oder durch Terminsverlegung anderer Streitigkeiten, um Platz für Bestandsstreitigkeiten zu schaffen;
- nach § 61 a Abs. 2 ArbGG soll die Güteverhandlung in Bestandsstreitigkeiten innerhalb von zwei Wochen nach Klageerhebung terminiert werden. Nach dem Wortlaut handelt es sich um eine Sollvorschrift, sodass eine absolute Verpflichtung des Gerichts nicht besteht, es jedoch in seinem Ermessen bei der Festlegung des Gütetermins eingeschränkt ist (strenger *GMP* § 61 a Rz. 11).

152 **Ein Verstoß gegen den in den §§ 9 Abs. 1 und 61a ArbGG festgeschriebenen Beschleunigungsgrundsatz hat verfahrensrechtlich allerdings keine Auswirkungen, insbesondere kann eine Partei hierauf weder eine Berufung noch eine Revision stützen.** Der Gesetzgeber hat auch keine sonstigen Folgen an die Verletzung dieser Pflicht geknüpft. Allenfalls steht den Parteien die Möglichkeit offen, Dienstaufsichtsbeschwerde gegen die betreffenden Richter zu erheben, die für das Verfahren freilich ebenfalls keine Folgen mehr hat.

5. Gegenüber dem ordentlichen Zivilprozess ausgenommene Verfahrensarten

153 Nach § 46 Abs. 2 S. 2 ArbGG sind für das arbeitsgerichtliche Verfahren folgende Bestimmungen der ZPO ausgenommen:
- §§ 275 ff. ZPO über den frühen ersten Termin,
- § 128 Abs. 2 und 3 ZPO über das schriftliche Verfahren in erster Instanz (s. o. L/Rz. 135),
- §§ 592 ff. ZPO über den **Urkunden- und Wechselprozess.**

154 Ein solches Verfahren wäre denkbar, wenn ein Arbeitgeber z. B. das Arbeitsentgelt mit Scheck oder Wechsel bezahlt.
Fraglich ist, ob insofern nur eine bestimmte Verfahrensart im Arbeitsgerichtsprozess unzulässig ist oder ob § 46 Abs. 2 S. 2 ArbGG insofern eine Zuständigkeitsregelung enthält, sodass wegen der Abstraktheit einer Wechsel- und Scheckverpflichtung gar nicht mehr von einer arbeitsrechtlichen Streitigkeit gesprochen werden kann (vgl. *GMP* § 46 Rz. 25 f.). **Nach seiner systematischen Stellung handelt es sich bei § 46 Abs. 2 S. 2 ArbGG nicht um eine Zuständigkeitsnorm.** Die Vorschrift will nur eine bestimmte Verfahrensart ausschließen. Auch ist es dem Arbeitsgerichtsverfahren nicht generell fremd, über abstrakte Ansprüche zu entscheiden.

155 Deswegen ist auch bei Klagen aus abstrakten Schuldverhältnissen, z. B. aus einem Wechsel oder einem Scheck, die Zuständigkeit des ArbG gegeben, sofern sich dies aus den §§ 2 ff. ArbGG ergibt. Lediglich die Verfahrensform des Urkunden- und Wechselprozesses ist gem. § 46 Abs. 2 ArbGG ausgeschlossen (*BAG* 7.11.1996 EzA § 2 ArbGG 1979 Nr. 34).

6. Einleitung des Urteilsverfahrens

a) Allgemeines
Das Urteilsverfahren wird durch Erhebung einer Klage, den Antrag auf Erlass eines Mahnbescheides oder durch den Antrag eines Arrestes oder einer einstweiligen Verfügung eingeleitet. 156

b) Mahnverfahren
Im Beschlussverfahren ist ein Mahnverfahren unzulässig (*GMP* § 46a Rz. 3) 157
Im Urteilsverfahren gelten die Vorschriften der ZPO entsprechend, § 46a Abs. 1 ArbGG, wobei jedoch einige Besonderheiten zu beachten sind, § 46a Abs. 2–Abs. 7 ArbGG:
- Die Zuständigkeit richtet sich nach den **Verhältnissen des Antragsgegners**, § 46a 158 Abs. 2 ArbGG.
- Die **Widerspruchsfrist** ist auf **eine Woche** abgekürzt, § 46a Abs. 3 ArbGG.
- Gegen den einem Versäumnisurteil gleichstehenden Vollstreckungsbescheid, § 700 ZPO, ist ein **Einspruch** ebenfalls nur **binnen einer Woche** zulässig, § 59 ArbGG.
- Zuständig für die Durchführung des Mahnverfahrens ist das ArbG, das bei Klageerhebung zuständig wäre, § 46a Abs. 2 ArbGG.

Ist das ArbG örtlich unzuständig, so hat der Rechtspfleger gem. § 691 ZPO den An- 159 trag auf Erlass eines Mahnbescheides kostenpflichtig zurückzuweisen; er kann das Mahnverfahren auf Antrag bindand an das örtlich zuständige ArbG verweisen, wenn dem zwischenzeitlich verzogenem Antragsgegner der Mahnbescheid unter der benannten Anschrift nicht zugestellt werden konnte (*BAG* 28.12.1981 NJW 1982, 2792). Ebenfalls zulässig ist eine Verweisung nach Widerspruchseinlegung, falls der Mahnbescheid von einem unzulässigen Gericht erlassen worden war, § 281 ZPO, § 48 Abs. 1 ArbGG; §§ 17–17b GVG. Hingegen ist nach Erlass eines Vollstreckungsbescheides eine Verweisung an ein anderes ArbG unzulässig (*BAG* 2.8.1982 EzA § 36 ZPO Nr. 14).

Streitig ist, ob ein verspäteter Einspruch gegen den Vollstreckungsbescheid ohne 160 mündliche Verhandlung als unzulässig verworfen werden kann, § 341 Abs. 1 und 2 ZPO (h. M. *LAG Baden-Württemberg* 27.5.1993 LAGE § 700 ZPO Nr. 1; *GMP* § 46a Rz. 29; *GK- ArbGG/Bader* § 46a Rz. 80) oder ein Termin zur mündlichen Verhandlung gem. § 46a Abs. 6 ArbGG anberaumt werden muss (*LAG Bremen* 17.8.1988 LAGE § 46a ArbGG 1979 Nr. 1). Der h. M. ist zuzustimmen, da der Vollstreckungsbescheid einem ersten Versäumnisurteil gleich steht.

Vom Mahnverfahren sollte nur Gebrauch gemacht werden, wenn mit einem Wider- 161 spruch des Schuldners nicht zu rechnen ist; anderenfalls **führt es nur zu zeitlichen Verzögerungen**. Der Rechtsanwalt hat seinen Mandanten gem. § 12a ArbGG darauf hinzuweisen, dass die Kosten für seine Beauftragung im Mahnverfahren nicht erstattungsfähig sind. Weiterhin ist zu bedenken, dass die bei Stellung des Mahnantrags fällige **1/2 Gerichtsgebühr** (Nr. 9100 der Anlage 1 zu § 12 ArbGG) **bei Verfahrensbeendigung durch Vergleich oder Klagerücknahme nicht entfällt**.

Bezüglich der weiteren Einzelheiten des Verfahrensablaufes vgl. § 46a Abs. 4–7 ArbGG

c) Klagearten
Mit Klageerhebung macht der Kläger ein bestimmtes Rechtsbegehren gegen einen be- 162 stimmten Klagegegner geltend, § 253 Abs. 2 ZPO. Wie im ordentlichen Zivilprozess

L. Urteils- und Beschlussverfahren

können auch vor dem ArbG Leistungs-, Feststellungs- und Gestaltungsklagen erhoben werden.

aa) Leistungsklagen

163 Mittels Leistungsklage erstrebt der Kläger die Verurteilung des Beklagten zu einer Leistung, Duldung oder Unterlassung. Die Leistungsklage enthält zwei Elemente, die Feststellung einer Schuld des Beklagten und den Leistungsbefehl, die Schuld zu erfüllen. Grds. sind Leistungsurteile vollstreckbar, es sei denn, es handelt sich um eine Verurteilung zur Leistung von Diensten, § 888 Abs. 2 ZPO.

> Hat der Insolvenzverwalter die Masseunzulänglichkeit gem. § 208 InsO angezeigt, können Forderungen i. S. d. § 209 Abs. 1 Nr. 3 InsO nicht mehr mit der Leistungsklage verfolgt werden. Auf Grund des Vollstreckungsverbotes nach § 210 InsO fehlt es am Rechtsschutzinteresse. Möglich bleibt eine Feststellungsklage (*BAG* 11.12.2001 EzA §210 InsO Nr. 1).

164 Leistungsklagen sind nur zulässig, wenn sie hinreichend bestimmt sind i. S. d. § 253 Abs. 2 ZPO. Das Urteil muss bei Bestätigung des Leistungsantrags vollstreckbar sein. So fehlt z. B. einem Leistungsantrag »... das Arbeitsverhältnis ordungsgemäß abzurechnen ...« die hinreichende Bestimmtheit, der Antrag ist unzulässig (*BAG* 25.4.2001 – 5 AZR 395/99 –).

165 Bedeutsam in der Praxis sind die Einklagung von Vergütungsansprüchen, die Erstellung oder Berichtigung eines Zeugnisses, die Entfernung einer Abmahnung sowie die Geltendmachung von Weiterbeschäftigungsansprüchen im Zusammenhang mit Kündigungsschutzklagen.

aaa) Vergütungsansprüche

166 Der **Leistungsantrag kann sowohl auf den Brutto- als auch auf den Nettolohnbetrag** gestellt werden. Arbeitsvertraglich schuldet der Arbeitgeber einen Bruttobetrag (*BAG* 29.8.1984 EzA § 123 BGB Nr. 25). **In der Klagebegründung ist der geltendgemachte Bruttolohnanspruch zeitlich, d. h. kalendermäßig zu konkretisieren, z. B. für welchen Monat er geltend gemacht wird, da er sonst nicht hinreichend bestimmt i. S. d. § 253 Abs. 2 ZPO ist** (*BAG* 5.9.1995 NZA 1996, 266; vgl. *Ascheid* Rz. 710 ff.).

167 Sind bereits teilweise Nettobeträge auf einen Bruttolohnanspruch erbracht worden, ist der Klageantrag auf den Bruttobetrag abzüglich der gezahlten Nettobeträge zu formulieren (*BAG* 15.11.1978 EzA § 613a BGB Nr. 21). Gleiches gilt, wenn teilweise Nettolohnansprüche gem. § 115 SGB X auf die BfA übergegangen sind, da diese bereits Arbeitslosengeld gezahlt hat. Im Klageantrag ist vom geltend gemachten Bruttobetrag das gezahlte Arbeitslosengeld beziffert abzuziehen (*BAG* 15.11.1978 EzA § 613a BGB Nr. 21).

168 **Beispiele:**
- Die Beklagte wird verurteilt, an den Kläger 5 000 Euro brutto abzüglich gezahlter 1 250 EURO netto zu zahlen.
- Die Beklagte wird verurteilt, an den Kläger 5 000 Euro brutto abzüglich auf das Arbeitsamt übergegangener 2 444 Euro netto zu zahlen.

L. Urteils- und Beschlussverfahren

Soweit mit dem Leistungsantrag auf Lohnzahlung Zinsen verlangt werden, war lange Zeit fraglich, ob diese vom Brutto- oder nur vom Nettobetrag geltend gemacht werden können. Der Arbeitgeber ist Schuldner einer Bruttoforderung, sodass grds. die Verzinsung der Bruttoforderung verlangt werden kann, § 288 BGB (*BAG* 11.8.1998 – 9 AZR 122/95 –; 18.1.2000 – 9 AZR 122/95 –; *LAG Hamburg* 11.4.1991 LAGE § 288 BGB Nr. 1; *Nägele/Stauff* FA 1998, 366 ff.). Dennoch sprach der 4. Senat des BAG nur Zinsen aus dem Nettobetrag zu, da auch nur der Nettobetrag vollstreckt werden kann (*BAG* 13.2.1985 EzA § 611 BGB Nettolohn, Lohnsteuer Nr. 5). Nunmehr hat der große Senat die Frage abschließend entschieden. Zinsen können aus dem Bruttobetrag geltend gemacht werden (*BAG GS* 7.3.2001, 1/00). 169

> **Beispiel:** 170
> Der Beklagte wird verurteilt, an die Klägerin 5 000 Euro brutto zuzüglich 5 % Zinsen über dem Basiszinssatz nach § 247 BGB ab Klagezustellung zu zahlen (Beachte: Übergangsvorschriften § 7 EGBGB).

Unter den Voraussetzungen der §§ 257 bis 259 ZPO können auch Leistungsklagen auf zukünftige, noch nicht fällige Leistungen erhoben werden, was in der Praxis allerdings selten vorkommt. Entgeltklagen kommen hierbei grds. nicht in Betracht, da sie von einer Gegenleistung, nämlich der Erbringung der Arbeitsleistung abhängig sind (vgl. *BAG* 26.5.1993 EzA § 242 BGB betriebliche Übung Nr. 28). Denkbar sind sie z. B. bei Rückzahlungsforderungen wegen gewährter Arbeitgeberdarlehen oder Ruhegeldansprüchen. 171

> **Beispiel:** 172
> Die Beklagte wird verurteilt, entsprechend der bei ihr geltenden Betriebsvereinbarung »Versorgungsbezüge« vom 2.2.1995 dem Kläger zu jedem Monatsersten 539 Euro zu zahlen.

bbb) Klagen auf Erteilung oder Berichtigung eines Zeugnisses
Zeugnisklagen können sich auf die erstmalige Erteilung oder die Berichtigung eines ausgestellten Zeugnisses beziehen. Bei Berichtigungsklagen ist im Klageantrag im Einzelnen bestimmt aufzuzeigen, was geändert werden soll. Nur dann ist die Leistungsklage genügend bestimmt i. S. d. § 253 Abs. 2 Nr. 2 ZPO. 173

> **Beispiel:** 174
> Es wird beantragt, dem Beklagten aufzugeben, das der Klägerin am 5.2.1996 erteilte Zeugnis, in folgenden Punkten zu berichtigen:
> a) In Abs. 2 muss es statt »Ihr Aufgabengebiet umfasste die Erledigung der Kundenabfragen« richtig heißen: »Ihr Aufgabengebiet umfasste die Erledigung der Kundenabfragen und die Erstellung von schriftlichen Angeboten«.
> b) In Abs. 6 muss es statt »Sie erledigte die ihr übertragenen Aufgaben zu unserer Zufriedenheit« richtig heißen: »Sie erledigte die ihr übertragenen Aufgaben stets zu unserer vollen Zufriedenheit«.

ccc) Klage gegen eine Abmahnung
Bei der Klage gegen eine erteilte Abmahnung durch den Arbeitgeber können nur **Leistungsanträge gestellt werden.** Eine Feststellungsklage wäre regelmäßig unzuläs- 175

L. Urteils- und Beschlussverfahren

sig, da mit dieser nur das Bestehen oder Nichtbestehen eines Rechtsverhältnisses geltend gemacht werden kann. Bei der Frage der Wirksamkeit einer Abmahnung handelt es sich aber um eine Tatsache (*BAG* 17.10.1989 EzA § 87 BetrVG 1972 Betriebsbuße Nr. 8). Leistungsbegehren können sich auf den Widerruf der Abmahnung und ihre Entfernung aus der Personalakte beziehen. Ein Anspruch auf einen Widerruf der in einer Abmahnung enthaltenen Vorwürfe besteht nur, wenn in diesen eine Verletzung des allgemeinen Persönlichkeitsrechts liegt (*BAG* 27.11.1985 EzA § 611 BGB Fürsorgepflicht Nr. 38).

176 **Beispiel:**
– Die Beklagte wird verurteilt, die dem Kläger am 2.2.1996 erteilte Abmahnung aus der Personalakte zu entfernen.
– ... und die in ihr erhobene Behauptung, der Kläger habe einen Werkzeugkasten gestohlen, zu widerrufen.

ddd) Geltendmachung von Weiterbeschäftigungsansprüchen
177 Weiterbeschäftigungsansprüche werden i. d. R. im Zusammenhang mit Kündigungsschutzklagen geltend gemacht. Es muss konkret beantragt werden, wie der Arbeitgeber den Arbeitnehmer weiterbeschäftigen soll. Ansonsten sind die Urteile nicht vollstreckbar. Strittig ist, ob es ausreicht, im Klageantrag auf die bisherige Art der Beschäftigung oder die gem. Arbeitsvertrag geschuldete Beschäftigung zu verweisen (so *LAG Hamm* 22.1.1986 LAGE § 888 ZPO Nr. 4, *LAG Berlin* 6.6.1986 LAGE § 888 ZPO Nr. 7; *LAG Schleswig-Holstein* 6.1.1987 LAGE § 888 ZPO Nr. 10; a. A. *LAG Rheinland-Pfalz* 7.1.1986 LAGE § 888 ZPO Nr. 6; *LAG Frankfurt/M.* 27.11.1992 LAGE § 888 ZPO Nr. 30). Um sicher zu gehen, sollte die Tätigkeit im Klageantrag benannt werden. Zu beachten ist dabei aber, dass durch den Klageantrag das Direktionsrecht des Arbeitgebers nicht eingeschränkt werden darf, da ansonsten dem Antrag nicht stattgegeben werden kann.

178 **Beispiel:**
Die Beklagte wird verurteilt, den Kläger über den 2.1.1996 hinaus zu unveränderten Bedingungen gem. dem Arbeitsvertrag ... als Maschinenschlosser, ... in der Buchhaltung als Buchhalter weiterzubeschäftigen.

Der Natur nach handelt es sich um Leistungsbegehren nach § 259 ZPO (*BAG* 13.6.1985 EzA § 611 BGB Beschäftigung Nr. 16).

eee) Unterlassungsanträge
179 Unterlassungsanträge kommen z. B. bei Wettbewerbsverstößen ehemaliger Arbeitnehmer gegen Wettbewerbsvereinbarungen oder bei der Verletzung von Betriebs- oder Geschäftsgeheimnissen in Betracht (vgl. *BAG* 25.4.1989 EzA § 611 BGB Betriebsgeheimnis Nr. 2). Die Vollstreckung eines stattgebenden Urteils erfolgt i. d. F. nach § 890 ZPO. Deswegen sollte im Antrag bereits die Androhung eines Ordnungsgeldes mit aufgenommen werden (§ 890 Abs. 2 ZPO).

180 **Beispiel:**
Dem Beklagten wird bei Meidung eines Ordnungsgeldes bis zu 250.000,– Euro aufgegeben, es zu unterlassen, als Handelsvertreter für Staubsauger im Gebiet Rheinland-Pfalz und Saarland vor dem 1.2.1998 tätig zu werden.

L. Urteils- und Beschlussverfahren

bb) Feststellungsklagen
Die weit überwiegende Anzahl der Klagen vor den ArbG sind **Kündigungsschutz-** 181
streitigkeiten. Hierbei handelt es sich um **Feststellungsklagen**, die das Bestehen
bzw. das Nichtbestehen eines Rechtsverhältnisses zum Gegenstand haben.
Steht die Wirksamkeit einer Kündigung im Streit und findet das KSchG zwischen den 182
Parteien Anwendung, ist der Klageantrag gem. den §§ 4, 13 KSchG zu formulieren.
Streitgegenstand ist die Frage, ob das Arbeitsverhältnis durch die konkrete Kündigung aufgelöst ist/wird (Bsp. s. u. L/Rz. 194 ff.). Sind andere Beendigungsgründe
streitig oder findet das KSchG keine Anwendung, ist ein allgemeiner Feststellungsantrag nach § 256 ZPO zu stellen (*Berkowsky* NZA 2001, 801 ff.).
Daneben werden Feststellungsklagen häufig bei Eingruppierungsstreitigkeiten, Streit 183
über die Rechtswidrigkeit von Disziplinarmaßnahmen und bei Streit über den
Rechtsübergang eines Arbeitsverhältnisses gem. § 613a BGB erhoben.

> Bei der Formulierung des Klageantrages ist immer darauf zu achten, dass mit 184
> einer Feststellungsklage die Feststellung des Bestehens oder Nichtbestehens eines
> Rechtsverhältnisses, nicht jedoch von Tatsachen oder abstrakten Rechtsfragen beantragt werden kann.

Das für eine Feststellungsklage notwendige Feststellungsinteresse setzt voraus, dass 185
der Kläger sein Begehren nicht auf einfachere Weise, z. B. mit einer Leistungsklage,
geltend machen kann, eine Unsicherheit über das Bestehen oder Nichtbestehen
des Rechtsverhältnisses besteht, ein Bedürfnis für eine baldige richterliche Feststellung vorhanden ist und eine Entscheidung des Gerichts geeignet ist, den Rechtsfrieden zwischen den Parteien wiederherzustellen.
Die grds. bestehende Subsidiarität der Feststellungsklage gegenüber der Leistungs- 186
klage ist nur dann nicht gegeben, wenn ihre Rechtskraft weitergeht als die der Leistungsklage (*BAG* 13.11.1987 EzA § 37 BetrAVG 1972 Nr. 88) oder wenn zu erwarten
ist, dass der Beklagte auch ohne Leistungsbefehl einem Feststellungsurteil nachkommen wird. Dies ist regelmäßig dann der Fall, wenn Beklagte eine Körperschaft oder
Anstalt des öffentlichen Rechts ist (*BAG* 7.11.1986 AP Nr. 13 zu § 50 BAT). Gleiches
gilt für Parteien kraft Amtes, z. B. Insolvenz- und Vergleichsverwalter, da sie unter der
Aufsicht des Amtsgerichts stehen, sowie für den Pensionssicherungsverein als Träger
der gesetzlichen Insolvenzversicherung (*BAG* 22.9.1987 EzA § 1 BetrAVG Ablösung
Nr. 1).
Einzelne Vorfragen oder Elemente eines Rechtsverhältnisses sind nur dann mit einer 187
Feststellungsklage isoliert einklagbar – sog. Elementenfeststellungsklagen (*GMP* § 46
Rz. 54) –, wenn damit der Streit der Parteien insgesamt beigelegt werden kann. Dies
ist z. B. bei der Frage der etwaigen Anrechnung von Vordienstzeiten auf die Berechnung von Dienst- und Beschäftigungszeiten im Hinblick auf eine spätere Ruhegeldberechnung zu bejahen (*BAG* 8.5.1984 EzA § 7 BetrAVG Nr. 14).
Das Feststellungsinteresse ist eine Prozessvoraussetzung, da es Teil des Rechts- 188
schutzbedürfnisses ist (*BAG* 20.12.1963 EzA Art. 9 GG Arbeitskampf Nr. 7). Sein
Fehlen führt zur Abweisung der Klage als unzulässig, sofern der Klage sonst stattzugeben wäre. Das Fehlen des Feststellungsinteresses verhindert allerdings nicht ein die
Klage abweisendes Sachurteil im Fall ihrer Unbegründetheit (str. so *Ascheid* Rz. 728;
Zöller/Greger § 256 Rz. 7 ; **a. A.** *Schaub* ArbGVerf § 21 Rz. 20).

L. Urteils- und Beschlussverfahren

aaa) Einzelfragen zum Feststellungsinteresse

189 Gegenüber einer Leistungsklage auf zukünftige Leistungen, § 257 ff. ZPO, ist eine Feststellungsklage nicht subsidiär (*BAG* 10.6.1989 EzA § 1 BetrAVG Gleichberechtigung Nr. 3). Gleiches gilt für Eingruppierungsstreitigkeiten zumindest im öffentlichen Dienst, da von Körperschaften des öffentlichen Rechts zu erwarten ist, dass sie ein Feststellungsurteil befolgen und in der Praxis auch umsetzen werden.

> **Beispiel für einen Klageantrag:**
> Es wird beantragt, festzustellen, dass die Beklagte verpflichtet ist, die Klägerin in die Gehaltsgruppe C 4 des TVAL II einzugruppieren und zu vergüten.

190 Häufige Fälle von Feststellungsklagen sind Statusklagen, z. B. dass ein Arbeitsverhältnis zustande gekommen ist, dass ein bestimmtes Rechtsverhältnis ein Arbeitsverhältnis darstellt oder dass ein Arbeitsverhältnis wegen unwirksamer Befristungsabrede über den Befristungstermin hinaus fortbesteht.

> **Beispiel:**
> Es wird festgestellt, dass das Arbeitsverhältnis zwischen den Parteien über den 1.5.1996 hinaus fortbesteht.

191 **Vergangenheitsbezogene Feststellungsklagen, mit denen festgestellt werden soll, dass ein Vertragsverhältnis in der Vergangenheit ein Arbeitsverhältnis darstellte, sind i. d. R. mangels Feststellungsinteresse abzuweisen.** Auch die Erklärung eines Sozialleistungsträgers, er werde das Ergebnis einer arbeitsrechtlichen Entscheidung bei der Prüfung eines sozialrechtlichen Anspruchs übernehmen, begründet kein Feststellungsinteresse (*BAG* 21.6.2000 – 5 AZR 782/98 –).

192 Ein Feststellungsinteresse besteht auch dann, wenn ein Kläger Schadenersatzansprüche geltend macht und der schädigende Zustand noch andauert, sodass in der Zukunft mit der Entstehung weiterer Schäden zu rechnen ist (*BAG* 5.5.1988 EzA § 831 BGB Nr. 1). Der Geschädigte muss dabei nicht teilweise für bereits bezifferbare Schäden die Leistungsklage erheben und nur für zukünftige Schäden zur Feststellungsklage übergehen (*BAG* 20.3.1958 AP Nr. 16 zu § 256 ZPO).

193 Wird bei einer Klage auf Unterlassung von Wettbewerbshandlungen das Wettbewerbsverbot infolge Zeitablaufs hinfällig, kann zu einer Feststellungsklage übergegangen werden, mit dem Antrag, dass eine Unterlassungspflicht bestand. Das Feststellungsinteresse ergibt sich in diesem Fall aus der präjudiziellen Wirkung des Feststellungsurteils hinsichtlich eines später ggf. folgenden Schadenersatzprozesses (*BAG* 19.5.1967 AP Nr. 20 zu § 133 f GewO).

bbb) Kündigungsschutzklagen bei Beendigungskündigung

194 Die häufigste Feststellungsklage im Arbeitsgerichtsprozess ist die Kündigungsschutzklage. Hierbei wendet sich der Arbeitnehmer gegen eine Kündigung des Arbeitgebers. Der Klageantrag muss bei Geltung des KSchG im betreffenden Arbeitsverhältnis (s. o. D/Rz. 1023 ff.) richtig lauten:

> Es wird festgestellt, dass das Arbeitsverhältnis des Klägers bei dem Beklagten durch die ordentliche Kündigung vom 1.2.1996 zum 29.2.1996 nicht beendet wird.
> **Nicht:**
> Es wird festgestellt, dass die ordentliche Kündigung vom 1.2.1996 zum 29.2.1996 unwirksam ist.

L. Urteils- und Beschlussverfahren

Nach der Rechtsprechung des BAG gilt die sog. **punktuelle Streitgegenstandstheorie**. 195
Das ArbG hat in seinem Urteil zwei Feststellungen zu treffen, nämlich ob ein Arbeitsverhältnis zum Kündigungszeitpunkt bestand und ob dieses durch die konkret angegriffene Kündigung zu dem in ihr ausgesprochenen Zeitpunkt seine Beendigung gefunden hat (*BAG* 21.1.1988 EzA § 4 KSchG n. F. Nr. 33).

Teilweise wird in der Literatur die Ansicht vertreten, dass bei dem Kündigungsschutzantrag entsprechnd § 4 KSchG nur geprüft werden kann, ob die Kündigung sozial ungerechtfertigt ist. Sonstige Unwirksamkeitsgründe könnten nur geprüft werden, wenn zusätzlich ein allgemeiner Feststellungsantrag nach § 256 ZPO gestellt wird (*Berkowsky* NZA 2001, 802 ff.). 196

Nach h. M. ist allerdings trotz der punktuellen Streitgegenstandstheorie bei der Beendigungskündigungsschutzklage die Wirksamkeit der Kündigung unter jedem Gesichtspunkt zu prüfen. Nicht nur das Vorliegen der Voraussetzungen der §§ 626 BGB, 1 KSchG, sondern auch das von sonstigen Kündigungsschutzvorschriften, z. B. § 9 MuSchG, § 102 BetrVG ist zu untersuchen (vgl. *BAG* 21.6.2000 – 4 AZR 379/99 –). 197

Aufgrund der punktuellen Streitgegenstandstheorie muss der Arbeitnehmer, dem von seinem Arbeitgeber gleichzeitig oder nacheinander mehrere Kündigungen ausgesprochen werden, grds. jede einzelne Kündigung in der sich aus § 4 Satz 1 KSchG ergebenden Frist mit einem Kündigungsschutzantrag isoliert angreifen, will er verhindern, dass nicht eine Kündigung bezüglich der Sozialwidrigkeit gem. § 7 KSchG als wirksam angesehen wird. Die einzelnen Kündigungsschutzanträge können allerdings in einer Klageschrift und auch sprachlich in einem Satz zusammengefasst werden. 198

> **Beispiel:**
> Es wird festgestellt, dass das Arbeitsverhältnis zwischen den Parteien weder durch die ordentliche Kündigung der Beklagten vom 1.2.1996 zum 29.2.1996 aufgelöst wird, noch durch die fristlose Kündigung vom 4.2.1996 seine Beendigung gefunden hat.

Wird dem Arbeitnehmer außerordentlich und hilfsweise ordentlich gekündigt, muss sich ein Kündigungsschutzantrag sowohl gegen die außerordentliche Kündigung als auch gegen die hilfsweise ausgesprochene ordentliche Kündigung richten. Der Arbeitnehmer kann bei dieser Fallkonstellation bis zum Schluss der mündlichen Verhandlung erklären, ob er auch die hilfsweise ordentliche Kündigung angreifen möchte (KR-*Friedrich* § 4 KSchG Rz. 236). 199

> **Beispiel:**
> Es wird festgestellt, dass das Arbeitsverhältnis zwischen den Parteien weder durch die fristlose Kündigung vom 1.2.1996 noch durch die hilfsweise ausgesprochene ordentliche Kündigung zum 29.2.1996 seine Beendigung gefunden hat.

Mit dem Kündigungsschutzantrag gem. § 4 KSchG kann ein allgemeiner Feststellungsantrag nach § 256 ZPO auf Feststellung, dass das Arbeitsverhältnis weiter fortbesteht, verbunden werden (*BAG* 21.1.1988 EzA § 4 KSchG n. F. Nr. 33). Voraussetzung ist ein Feststellungsinteresse des Arbeitnehmers. Dies ist dann gegeben, wenn das Arbeitsverhältnis ggf. noch durch andere Beendigungsgründe außer der angegriffenen Kündigung beendet worden sein könnte, z. B. durch einen Aufhebungs- 200 vertrag oder durch eine behauptete Eigenkündigung des Arbeitnehmers. **Dieses Feststellungsinteresse muss der Arbeitnehmer darlegen, da ansonsten seine Klage, selbst wenn er gegen die konkret angegriffene Kündigung mit seinem Kündigungsschutzantrag Erfolg haben sollte, im Übrigen abzuweisen ist.** Der Streitgegenstand dieses zusätzlichen Feststellungsantrages geht nämlich über die Nichtbeendigung des Arbeitsverhältnisses durch die Kündigungserklärung des Arbeitgebers hinaus und begehrt die Feststellung des Fortbestehens des Arbeitsverhältnisses bis zum Zeitpunkt der letzten mündlichen Verhandlung in der Tatsacheninstanz.

201 Ergibt sich im Hinblick auf die Klagebegründung, dass sich die Klage nur gegen die konkret angegriffene Kündigung des Arbeitgebers richtet, kann und soll das Gericht nach § 139 ZPO aufklären, ob der zusätzliche allgemeine Feststellungsantrag als bloße Floskel gegenstandslos ist (vgl. BAG 27.1.1994 EzA § 4 KSchG n. F. Nr. 48; 16.3.1994 EzA § 4 KSchG n. F. Nr. 49; 13.3.1997 EzA § 4 KSchG n. F. Nr. 57).

> **Negativbeispiel:**
> Es wird festgestellt, dass das Arbeitsverhältnis nicht durch die fristlose Kündigung aufgelöst worden ist, sondern zu unveränderten Bedingungen fortbesteht.

202 Will der Kläger tatsächlich neben seinem Kündigungsschutzantrag einen allgemeinen Feststellungsantrag aufrechterhalten **und macht er dies auch in seiner Klagebegründung** deutlich, muss er ein Feststellungsinteresse im Zeitpunkt der letzten mündlichen Verhandlung darlegen, da ansonsten die Klage insoweit als unzulässig abzuweisen ist (*BAG* 13.3.1997 EzA § 4 KSchG n. F. Nr. 57). Alleine die Möglichkeit, dass der Arbeitgeber weitere Kündigungen ausgesprochen haben könnte, reicht hierfür nicht aus.

203 Im Fall einer weiteren Kündigung, die während des Prozesses ausgesprochen wurde, muss der Kläger diese gesondert mit einer Kündigungsschutzklage angreifen oder im Rahmen eines bereits laufenden Arbeitsrechtsstreits dem Gericht gegenüber klar anzeigen, dass ein bereits gestellter allgemeiner Feststellungsantrag diese neue Kündigung mit umfassen soll. Dieser ist dann im Wortlaut neu, entsprechend § 4 KSchG, umzuformulieren (*BAG* 13.3.1997 EzA § 4 KSchG n. F. Nr. 57).
Diese Mitteilung muss nach Auffassung des BAG (*BAG* 7.12.1995 EzA § 4 KSchG n. F. Nr. 56) **nicht innerhalb von 3 Wochen nach Ausspruch der weiteren Kündigung erfolgen, sondern kann bis zum Schluss der mündlichen Verhandlung erster Instanz erklärt werden.** Dies gilt unabhängig davon, ob im Zeitpunkt der Klageerhebung für den allgemeinen Feststellungsantrag bereits ein Feststellungsinteresse bestand oder nicht, sofern dieser nur ernstlich erhoben wurde (vgl. *LAG Rheinland-Pfalz* Beschluss v. 22.6.1998 NZA 1999, 336).

204 »Ob im Zeitpunkt des Ablaufs der Klagefrist .... der im Prozess erfolgten nochmaligen Kündigung .... ein Feststellungsantrag gem. § 256 ZPO vorliegt, mit dem das Fortbestehen des Arbeitsverhältnisses geltend gemacht und damit jeglicher Auflösungstatbestand negiert wird, ist im Zweifel durch Auslegung zu ermitteln ... Vorliegend hat der Kläger in erster Linie die Feststellung begehrt, dass das Arbeitsverhältnis zwischen den Parteien weiterhin bestehe. Sein Antrag auf allgemeine Feststellung des Fortbestehens des Arbeitsverhältnisses war schon von daher nicht bloß ein unselbstständiger, floskelartiger Hinweis auf die üblichen Rechtsfolgen der Unwirksamkeit einer gem. §§ 13 Abs. 1 Satz 2, 4 Satz 1 KSchG angegriffenen Kündigung, sondern als das erstrangige Rechtsschutzbegehren des Klägers ausgewiesen« (*BAG* 7.12.1995 EzA § 4 KSchG n. F. Nr. 56, III a) d. Gr.).

L. Urteils- und Beschlussverfahren

Für den Anwalt empfiehlt sich daher in jedem Fall der Erhebung einer Kündigungsschutzklage, als eigenen Antrag zu 2 einen allgemeinen Feststellungsantrag rechtshängig zu machen, damit während des Prozesses ggf. folgende Prozesskündigungen unabhängig von der Wahrung der sich aus § 4 KSchG ergebenden Frist angegriffen werden und in den Prozess eingebracht werden können. Dieser Antrag sollte in der Klagebegründung auch begründet werden, damit er nicht als bloße »Floskel« angesehen werden kann, sondern von einer eigenständigen Erhebung einer allgemeinen Feststellungsklage ausgegangen werden muss. In der letzten mündlichen Verhandlung erster Instanz ist dann zu prüfen, ob ein Rechtsschutzinteresse für den allgemeinen Feststellungsantrag besteht, und dieser bei Verneinung gegebenenfalls zurückzunehmen.

205

ccc) Kündigungsschutzklagen bei Änderungskündigungen

Im Falle einer Änderungskündigung ist bezüglich des Feststellungsantrags auf die konkrete Formulierung des Antrags zu achten. Sofern die Formulierung entsprechend § 4 S. 2 KSchG nur lautet, dass »die Änderung der Arbeitsbedingungen durch die Kündigung vom ... sozial ungerechtfertigt ist«, **ist Streitgegenstand der Kündigung lediglich die Sozialwidrigkeit der Änderungskündigung**. Andere Unwirksamkeitsgründe, z. B. eine fehlerhafte Betriebsratsanhörung, würden dann vom Gericht nicht mitgeprüft werden. Um die Präkludierung durch ein klageabweisendes Urteil zu vermeiden, ist es ratsam, insofern mit dem Klageantrag auch anderer Unwirksamkeitsgründe zu umfassen (*BAG* 29.1.1981 EzA § 15 KSchG n. F. Nr. 26).

206

> **Beispiel:**
> Es wird festgestellt, dass die ordentliche Änderungskündigung der Beklagten vom 1.2.1996 zum 29.2.1996 sozial ungerechtfertigt ist und das Arbeitsverhältnis unverändert fortbesteht.

cc) Gestaltungsklagen

Die Gestaltungsklage dient dazu, ein bestehendes Rechtsverhältnis inhaltlich zu verändern. Hauptfälle sind die Auflösung eines Arbeitsverhältnisses gegen Zahlung einer Abfindung, §§ 9, 10 KSchG, die Herabsetzung einer vereinbarten Vertragsstrafe nach § 343 BGB, sowie Abänderungsklagen nach § 323 ZPO, z. B. bei Ruhegeldleistungen. Da Gestaltungsklagen und darauf ergehende Urteile konstitutive Natur haben, sind sie anders als Leistungs- und Feststellungsklagen nur dann zulässig, wenn sie ausdrücklich im Gesetz vorgesehen sind.

207

> **Beispiel:**
> Es wird beantragt, das Arbeitsverhältnis zwischen den Parteien gegen Zahlung einer Abfindung, die in das Ermessen des Gerichts gestellt wird, jedoch 10 000 Euro nicht unterschreiten sollte, zum 29.2.1996 aufzulösen.

d) Klageerhebung

aa) Einreichung bei Gericht

Das Klagebegehren wird beim Gericht anhängig gemacht, indem der Kläger entweder eine Klageschrift, die den Erfordernissen des § 253 Abs. 2 ZPO entsprechen muss,

208

L. Urteils- und Beschlussverfahren

einreicht oder indem er zu Protokoll der Geschäftsstelle eine Klage erhebt, § 46 Abs. 2 ArbGG, § 196 ZPO. Zuständig ist die Rechtsantragsstelle beim ArbG, deren Aufgabe es nicht ist, Rechtsauskünfte zu erteilen, sondern alleine einem Kläger dabei zu helfen, sein Rechtsbegehren in der korrekten Form bei Gericht anzubringen.

209 Der notwendige Inhalt der Klageschrift ergibt sich aus § 253 ZPO. Neben der Bezeichnung des Gerichts und der Partei sowie der Adresse, unter der sie zu laden ist, bedarf es der Angabe des Klagegegenstands, eines Klageantrages, der Angabe des Klagegrundes sowie der Unterzeichnung der Klageschrift. Eine Paraphe ist nicht ausreichend, es bedarf einer Unterschrift, die eine Buchstabenfolge erkennen lässt (*BAG* 30.8.2000 – 5 AZB 17/00 –). Auch eine durch einen Rechtsanwalt als Prozessführungsbevollmächtigten eingereichte Klageschrift bedarf seiner Unterschrift, widrigenfalls ist seine Klageschrift nur als Entwurf zu werten (*BAG* 26.1.1976 EzA § 4 KSchG n. F. Nr. 9). Der Formfehler kann allerdings gem. § 295 ZPO geheilt werden (*BAG* 26.6.1986 EzA § 4 KSchG n. F. Nr. 25). **Hat das Gericht, z. B. bei einem Prozessbevollmächtigten, längere Zeit die Form seiner Unterschrift nicht beanstandet, können erst nach einem entsprechendem Hinweis in der Zukunft nachteilige Folgen aus der Form der Unterschrift gezogen werden** (*BVerfG* 26.4.1988 NJW 1988, 2787). Bei der Führung eines Doppelnamens genügt es, den zweiten Teil des Doppelnamens mit den beiden Anfangsbuchstaben abzukürzen (*BAG* 15.12.1987 EzA § 518 ZPO Nr. 33). Bei Massenverfahren kann auch die Unterschrift im Wege einer Vervielfältigungsmethode kopiert werden (*BAG* 14.2.1978 EzA § 102 BetrVG 1972 Nr. 33). Gleiches gilt bei Klageerhebung im Wege der Telekopie. Eine Unterschrift unter einer beigefügten Kopie reicht ebenfalls aus, da dann ersichtlich ist, dass das nicht unterschriebene Original nur versehentlich nicht unterschrieben wurde.

210 Bestimmende Schriftsätze können formwirksam auch durch elektronische Übertragung einer Textdatei mit eingescanter Unterschrift des Prozessbevollmächtigten auf ein Fax Gerät des Gerichts fristwahrend übermittelt werden (*GS OGB* 5.4.2000 EzA § 518 ZPO Nr. 42).

211 Einer Klageschrift sind gem. § 253 Abs. 5 ZPO die notwendigen Abschriften für die Klagegegner beizufügen, i. d. R. zwei. **Fehlen die Abschriften, werden sie auf Kosten des Klägers von der Geschäftsstelle angefertigt, Kostenverzeichnis Nr. 1900 Anlage 1 zum GKG. Dies gilt insbesondere auch für durch Telefax eingereichte Klagen, denen häufig keine Abschriften beigefügt sind.**

bb) Weiterer Verfahrensablauf

212 Die Klage wird von der Geschäftsstelle dem nach dem Geschäftsverteilungsplan zuständigen Richter vorgelegt, der nach § 216 ZPO einen Termin zur Güteverhandlung, § 54 ArbGG, bestimmt. Die Terminsbestimmung hat gem. § 216 Abs. 2 ZPO unverzüglich, d. h. ohne schuldhaftes Zögern zu erfolgen. Die Verfügung ist mit dem vollen Namen und nicht nur mit einer Paraphe zu unterschreiben, da widrigenfalls keine ordnungsgemäße Ladung vorliegt, sodass z. B. kein Versäumnisurteil ergehen kann, § 335 Abs. 1 Nr. 2 ZPO (*LAG Hamm* 11.3.1982 EzA § 141 ZPO Nr. 2; *LAG Rheinland-Pfalz* 19.11.1993 ARiST 1994, 138).

213 **Erfolgt die Terminierung durch den Vorsitzenden nicht unverzüglich, ist dies prozessual unerheblich**, kann jedoch eine Amtspflichtverletzung des Vorsitzenden darstellen.

Was unverzüglich heißt, ist gesetzlich nicht bestimmt und unterliegt daher dem Ermessen des Vorsitzenden. Das Ermessen ist bei Kündigungsschutzklagen und sonsti-

gen Rechtsstreitigkeiten über das Bestehen oder das Nichtbestehen eines Arbeitsverhältnisses nach § 61a ArbGG eingeschränkt (s. u. L/Rz. 150 f.).
Die Klage ist erhoben, nachdem das Gericht den Klageantrag dem Prozessgegner zugestellt hat, § 253 Abs. 1 ZPO. Die Zustellung erfolgt von Amts wegen, § 270 ZPO. **Soll mit der Zustellung eine Frist gewahrt werden, was insbesondere im Hinblick auf § 4 KSchG bei Kündigungsschutzanträgen der Fall ist, gilt die Frist als gewahrt, wenn die Klage beim ArbG innerhalb der Frist anhängig gemacht worden ist und die Zustellung »demnächst« erfolgt.** Demnächst heißt dabei in angemessener Frist, wobei selbst längere Fristen darunter zu subsumieren sind, sofern nicht der Kläger die Verzögerung schuldhaft herbeigeführt hat (*BAG* 8.4.1976 EzA § 4 KSchG n. F. Nr. 10). Unschädlich dürfte dabei ein Zeitraum von einigen Wochen sein, eine Zustellung nach Ablauf eines Jahres ist hingegen nicht mehr als demnächst anzusehen (*BAG* 4.9.1964 AP Nr. 2 zu § 496 ZPO). Ein rechtskundiger Prozessbevollmächtigter dürfte verpflichtet sein, nachzufragen, wenn nach Ablauf der üblichen Zeit keine Ladung eingegangen ist.

214

Eine schuldhafte Verzögerung der Klagezustellung hat der Kläger zu vertreten, wenn er z. B. von sich aus bittet, die Klage zuerst nicht zuzustellen, das Passivrubrum nicht ordnungsgemäß ist, insbesondere der Klagegegner nicht individualisierbar ist oder die angegebene Adresse fehlerhaft ist oder die Zustellung der Klage von der Gewährung von Prozesskostenhilfe abhängig gemacht wird und die dafür notwendigen Angaben nicht rechtzeitig beim Gericht eingehen.

215

cc) Ladungsfrist
Die Ladungsfrist kann gem. § 46 Abs. 2 S. 1 ArbGG i. V. m. § 226 ZPO abgekürzt werden. Ihre Berechnung erfolgt nach den §§ 222 ZPO, 187 BGB. Sie beträgt mindestens **drei Tage**, §§ 46 Abs. 2 S. 1 i. V. m. § 217 ZPO. Bei erstmaliger Ladung zum Gütetermin ist allerdings die speziellere und längere Einlassungsfrist von einer Woche nach § 47 ArbGG zu beachten. Wird Letztere nicht gewahrt, braucht sich ein Beklagter nicht auf die Klage einlassen und es darf auch kein Versäumnisurteil gegen ihn ergehen (GK-ArbGG/*Bader* § 47 Rz. 35).

216

dd) Rechtswirkung der Klageerhebung
Mit der Klageerhebung tritt die Rechtshängigkeit der Klage ein, § 261 Abs. 1 ZPO, mit den sich aus den §§ 261 Abs. 3, 263, 265 Abs. 2 ZPO ergebenden Rechtsfolgen.

217

7. Vorbereitung des Gütetermins

a) Aufforderung an den Beklagten, sich auf die Klage einzulassen
Nach § 47 Abs. 2 ArbGG erfolgt eine Aufforderung an den Beklagten, sich vor dem Gütetermin auf die Klage schriftlich zu äußern, seitens des Gerichts i. d. R. nicht. Der Gesetzgeber ging davon aus, dass eine schriftliche Einlassung eine Erschwerung der Einigungsbemühungen im Gütetermin mit sich bringen würde. Dennoch ist es nach § 46 Abs. 2 S. 1 ArbGG i. V. m. §§ 129 Abs. 2, 273 ZPO zulässig, dass der Vorsitzende auch zur Vorbereitung des Gütetermins eine richterliche Anordnung an die beklagte Partei erlässt, sich auf die Klage bereits vor dem Gütetermin einzulassen (*Dütz* RdA 1980, 81 [88]; GK-ArbGG/*Schütz* § 54 Rz. 24).

218

L. Urteils- und Beschlussverfahren

219 In der erstinstanzlichen Praxis wird dies von den Vorsitzenden unterschiedlich gehandhabt. Nach den Erfahrungen des Verfassers ist dies durchaus sinnvoll. Entgegen der im Gesetzgebungsverfahren geäußerten Befürchtung hat sich in der Praxis erwiesen, dass im Gegenteil eine gütliche Einigung eher möglich erscheint. Der Vorsitzende kann sich intensiver auf den Gütetermin vorbereiten und damit sowohl in rechtlicher Hinsicht den Parteien bereits ihre Prozessrisiken deutlicher aufzeigen und auch in tatsächlicher Hinsicht bei Kenntnis der beiderseitigen Ansichten für den Einzelfall sachgerechtere Lösungsvorschläge unterbreiten, wenn er auch die Argumente der Gegenseite kennt. Lässt sich der Beklagte durch einen Rechtsanwalt vertreten, kommt hinzu, dass sich dieser durch Abfassung eines Schriftsatzes selbst bereits mit der Materie befassen muss, sodass auch er nicht nur mit den mündlichen Informationen seiner Partei den Gütetermin wahrnimmt.

220 Eine Ladung von Zeugen und Sachverständigen zum Zweck einer Beweisaufnahme kann zum Gütetermin grds. nicht erfolgen, da eine Beweisaufnahme vor der Kammer stattzufinden hat, § 58 ArbGG (GK-ArbGG/*Schütz* § 54 Rz. 25). Im Hinblick auf § 54 Abs. 1 Satz 3 ArbGG ist allerdings eine informelle Befragung von Zeugen zulässig, welche aber in der späteren Verhandlung nicht verwendet werden darf (*Grunsky* § 54 Rz. 12 ff.).

221 § 56 ArbGG kann hingegen nicht als Rechtsgrundlage für Anordnungen bereits zur Vorbereitung der Güteverhandlung angesehen werden, da diese Vorschrift ihrem Wortlaut nach lediglich zur Vorbereitung des Kammertermins dient (a. A. *Grunsky* § 54 Rz. 8). **Setzt der Vorsitzende der beklagten Partei in der Aufforderung, sich auf die Klage einzulassen, eine Frist, handelt es sich deshalb nicht um eine Ausschlussfrist, die eine Zurückweisung verspätet vorgebrachten Vorbringens rechtfertigen würde.** Solche Ausschlussfristen sind nach den §§ 56 Abs. 2, 61a Abs. 5 ArbGG erst nach der Güteverhandlung zur Vorbereitung des Kammertermins zulässig. Die Nichtbefolgung der Anordnung, sich auf die Klage vor dem Gütetermin bereits einzulassen, ist daher sanktionslos. Sinnvollerweise ist daher seitens des Vorsitzenden bei Anordnung einer solchen Einlassung etwa wie folgt zu formulieren: »Der Beklagten wird Gelegenheit gegeben, sich bis zum ... auf die Klageschrift einzulassen.«

222 **Die Einlassung der beklagten Partei auf die Klageschrift muss und soll nicht den Umfang einer umfassenden Klageerwiderungsschrift haben**, z. B. müssen nicht bereits alle Beweismittel mit ordnungsgemäßen Beweisanträgen enthalten sein. Hierfür ist die Einlassungsfrist regelmäßig zu kurz, da der Gütetermin bereits kurze Zeit nach Klageerhebung erfolgt. Entsprechend dem Sinn und Zweck der Anordnung reicht eine kurze Darlegung der aus Sicht der beklagten Partei wesentlichen Tatsachen und Ansichten aus.

b) Anordnung des persönlichen Erscheinens einer Partei

aa) Anordnungsbeschluss

223 Der Vorsitzende ist befugt, bereits zum Gütetermin das persönliche Erscheinen der Partei anzuordnen. § 51 Abs. 1 ArbGG gibt dem Vorsitzenden in jeder Lage des Rechtsstreits dieses Recht.

224 Die Vorschrift schreibt keine Voraussetzungen für die Anordnung des persönlichen Erscheinens fest, sondern stellt sie alleine in das sachgerechte Ermessen des Vorsitzenden. **Sie kann aus jeder Überlegung heraus erlassen werden, die für den Verfahrensabschluss dienlich erscheint.** In Betracht kommt insoweit neben der Aufklä-

rung des Sachverhaltes auch die Erörterung von Rechtsfragen bei der Durchführung der Güteverhandlung, um eine gütliche Einigung herbeiführen zu können (*LAG Rheinland-Pfalz* 5.6.1994 – 9 Ta 109/94 – n. v.; 14.6.1993 – 6 Ta 128/93 – n. v.).
Bei der Ermessensausübung muss dieser die Interessen der geladenen Partei sowie diejenigen des Gerichts abwägen. **Eine Anordnung des persönlichen Erscheinens ist dann nicht gerechtfertigt, wenn von vornherein der Streit nur um Rechtsfragen geht und eine gütliche Einigung nicht zu erwarten ist oder die Erscheinungspflicht für die Partei eine unverhältnismäßige Beschwer darstellt**, z. B. bei großer Entfernung zum Gerichtsort. Hierbei ist zu berücksichtigen, dass eine obsiegende Partei nach § 12a Abs. 1 S. 1 ArbGG keinen Anspruch auf Entschädigung wegen Zeitversäumnis hat. 225

Die Anordnung ist nicht bereits deswegen ermessensfehlerhaft, da die betroffene Partei selbst zur Aufklärung von Tatsachen nichts beitragen kann, etwa wenn es sich bei ihr um eine juristische Person handelt, deren Vertretungsberechtigter mit dem Streitfall selbst nichts zu tun hat. In diesem Fall kann die Partei sich **gem. § 141 Abs. 3 S. 2 ZPO durch einen voll informierten und zu einem Vergleichsabschluss berechtigten Vertreter vertreten lassen**, der selbst ggf. besser zur Aufklärung des Tatbestands in der Lage ist. Dies kann bei größeren Firmen z. B. statt dem Geschäftsführer, dem Komplementär oder dem Vorstand der Personalleiter sein (zur Frage, inwieweit der Prozessbevollmächtigte Vertreter sein kann vgl. *Tschöpe/Fledermann* NZA 2000, 1269 ff.). 226

Hat eine Partei bereits vor dem Gütetermin erkennen lassen, dass sie jede Einlassung auf die Klage verweigert, soll die Anordnung des persönlichen Erscheinens unzulässig sein. Eine Verpflichtung der Partei, sich einzulassen, bestehe nicht und könne auch nicht über § 51 ArbGG erzwungen werden (*GMP* § 51 Rz. 14). Dieser Auffassung kann nicht gefolgt werden. Erfahrungsgemäß ändert eine Partei u. U. ihre Auffassung, wenn der Vorsitzende im Gütetermin die Möglichkeit erhält, mit ihr und der Gegenseite den Rechtsstreit umfassend zu erörtern. Selbstverständlich bleibt es der Partei überlassen, im Gütetermin auf einer ggf. bestehenden Verweigerungshaltung zu beharren – zum Erscheinen und Anhören der Argumente des Gerichts und der Gegenseite ist sie allerdings nach § 51 ArbGG verpflichtet. 227
Ein Recht der Gegenpartei auf Anordnung des persönlichen Erscheinens einer Partei besteht nicht.

Die Anordnung ist selbst nicht beschwerdefähig. Dies würde in die Unabhängigkeit der Entscheidungsbefugnis des Instanzrichters eingreifen (*LAG Berlin* 17.4.1978 EzA § 141 ZPO Nr. 1). Dies ergibt sich auch aus der Konzeption der §§ 51 Abs. 1 S. 2 ArbGG i. V. m. 141 Abs. 3 S. 1, § 380 Abs. 3 ZPO, wonach gegen Ordnungsgeldbeschlüsse aufgrund des Nichterscheinens das Rechtsmittel der sofortigen Beschwerde vorgesehen ist. 228

Der Beschluss, der die Anordnung des persönlichen Erscheinens enthält, ist vom Vorsitzenden mit vollem Namen und nicht nur mit einer Paraphe zu unterzeichnen, widrigenfalls ist die Anordnung des persönlichen Erscheinens nicht ordnungsgemäß erfolgt, sodass auf deren Nichtbefolgen keinerlei Sanktionen gem. § 141 Abs. 2 ZPO gestützt werden können (*LAG Rheinland-Pfalz* 19.11.1993 ARiST 1994, 138). Er muss keine Gründe enthalten, es genügt eine Verweisung auf die Vorschrift des § 51 ArbGG. 229

Der Anordnungsbeschluss ist nach § 329 Abs. 2 ZPO **der Partei**, im Falle ihrer Vertretung auch ihrem Prozessbevollmächtigten zuzustellen, wobei eine förmliche Zustellung nicht notwendig ist, § 51 Abs. 1 S. 1, § 141 Abs. 2 ZPO (*Vonderau* NZA 1991, 336). Eine Ladung kann allerdings mittels Zustellungsurkunde erfolgen, da ansons- 230 ten der Nachweis über den Zugang der Ladung für das Gericht nicht möglich ist und ggf. Ordnungsmaßnahmen gem. § 141 Abs. 3 ZPO nicht erlassen werden können. In der Ladung ist die Partei auf die Folgen eines unentschuldigten Ausbleibens hinzuweisen, § 141 Abs. 3 S. 2 ZPO. Erscheint die Partei nicht und kommt es zu Ordnungsmaßnahmen, muss die Partei die Behauptung, sie habe die Ladung nicht erhalten, glaubhaft machen.

231 **Adressat der Anordnung des persönlichen Erscheinens ist regelmäßig die Partei, wobei sich der Parteibegriff aus § 50 ZPO und § 10 ArbGG ergibt.** Bei juristischen Personen ist der gesetzliche Vertreter zu laden, Gleiches gilt bei prozessunfähigen Parteien (*Vonderau* NZA 1991, 337 f.). Der gesetzliche Vertreter ist dabei namentlich zu benennen, widrigenfalls Ordnungsmaßnahmen nach § 141 Abs. 3 ZPO nicht erfolgen dürfen (*LAG Rheinland-Pfalz* 14.6.1993 – 6 Ta 128/93 – n. v.).

bb) Folgen der Missachtung der Anordnung des persönlichen Erscheinens

aaa) Ordnungsgeld

232 § 51 Abs. 1 S. 2 ArbGG verweist »im Übrigen« auf § 141 Abs. 2, 3 ZPO. Gem. § 141 Abs. 3 ZPO kann gegen die nicht erschienene Partei ein Ordnungsgeld wie gegen einen im Vernehmungstermin nicht erschienenen Zeugen verhängt werden, § 380 ZPO. Dies gilt allerdings dann nicht, wenn die Partei zur Verhandlung einen Vertreter entsendet, der zur Aufklärung des Tatbestandes in der Lage und zur Abgabe der gebotenen Erklärungen, insbesondere zu einem Vergleichsabschluss, ermächtigt ist, § 141 Abs. 3 S. 2 ZPO.

233 Die erteilte Vollmacht muss umfassend sein. Alleine die Bevollmächtigung zum Abschluss eines Vergleiches mit Widerrufsvorbehalt genügt hierfür nicht (*GMP* § 51 Rz. 21). Dies bedeutet jedoch nicht, dass der Vertreter unbedingt einen Vergleich abschließen muss. Ist er selbst der Ansicht, ein Vergleich sei in der vorgeschlagenen Art nicht angezeigt, kann er diesen auch ablehnen, ohne dass deswegen gegen die Partei Ordnungsmaßnahmen verhängt werden dürfen (*LAG Rheinland-Pfalz* 9.11.1992 – 9 Ta 219/92 – n. v.; vgl. *LAG Nürnberg* 25.11.1988 LAGE § 141 ZPO Nr. 6).

234 Das Ordnungsgeld ist gegen die Partei selbst zu verhängen, bei juristischen Personen also gegen diese und nicht gegen ihre gesetzlichen Vertreter (*LAG Rheinland-Pfalz* 11.6.1990 – 9 Ta 109/90 – n. v.; *LAG Hamm* 25.1.1999 FA 1999, 338). Ob und in welcher Höhe ein Ordnungsgeld – bzgl. der Höhe vgl. Art. 6 EGStGB – verhängt wird, steht im Ermessen des Gerichts.

235 Der Grund für die Verhängung des Ordnungsgeldes darf allerdings nicht in der Tatsache der Missachtung der Anordnung des Gerichts liegen. **Sie ist nur dann gerechtfertigt, wenn der Sinn und Zweck der Anordnung des persönlichen Erscheinens vereitelt worden ist.** Kommt es daher zu einer verfahrensbeendenden Entscheidung, z. B. einem Vergleichsabschluss, einem Versäumnis- oder Anerkenntnisurteil, kann ein Ordnungsgeld nicht verhängt werden, auch wenn die Partei selbst nicht erschienen ist, sondern nur einen Prozessbevollmächtigten oder sonstigen Vertreter entsendet hatte (*GMP* § 51 Rz. 22).

236 Die Verhängung des Ordnungsgeldes dient nicht der Durchsetzung der Autorität des Gerichts. Grund ist vielmehr, dass die Partei durch ihr schuldhaftes Fernblei-

ben die zügige und sachgerechte Erledigung des Rechtsstreits schuldhaft verzögert oder vereitelt hat (*LAG Rheinland-Pfalz* 4.3.1992 – 9 Ta 22/92 – n. v.).

Neben der Verhängung eines Ordnungsgeldes kann nicht Ordnungshaft angeordnet werden, auch können der Partei nicht wie einem Zeugen die zusätzlichen Kosten, die aufgrund seines Ausbleibens entstehen, auferlegt werden. § 141 Abs. 3 S. 1 ZPO enthält insofern keine Bezugnahme auf die entsprechenden Regelungen für Zeugen. Zulässig ist es allerdings, dass das Gericht eine Verzögerungsgebühr gem. § 34 GKG verhängt. 237

Wenn es sich auch bei der Verhängung des Ordnungsgeldes nicht um eine repressiv-strafrechtliche Maßnahme handelt, setzt sie dennoch ein **Verschulden der Partei** voraus (*Schaub* ArbGVerf § 29 Rz. 59). Erfolgt eine Entschuldigung vor oder nach dem Gütetermin, ist der Ordnungsgeldbeschluss gem. § 381 ZPO aufzuheben. 238

Erklärt der Prozessbevollmächtigte einer Partei dieser, sie brauche trotz Anordnung des persönlichen Erscheinens nicht zu erscheinen, ist gleichwohl die Verhängung eines Ordnungsgeldes zulässig, da sich die Partei das Verschulden ihres Prozessbevollmächtigten nach § 85 Abs. 2 ZPO zurechnen lassen muss (strittig wie hier *LAG Rheinland-Pfalz* 19.4.1985 LAGE § 51 ArbGG 1979 Nr. 2; **a. A.** *LAG Köln* 27.7.1987 LAGE § 141 ZPO). 239

Gegen den Ordnungsgeldbeschluss, den der Vorsitzende außerhalb der mündlichen Verhandlung alleine erlassen kann, § 53 ArbGG, kann das Rechtsmittel der sofortigen Beschwerde gem. § 380 Abs. 3 ZPO eingelegt werden. 240

bbb) Zurückweisung des Prozessbevollmächtigten

Neben der Verhängung eines Ordnungsgeldes kann der Vorsitzende – nicht die Kammer (*LAG Brandenburg* 23.5.2000 NZA 2001, 173 f.) – bei Missachtung der Anordnung des persönlichen Erscheinens der Partei und damit einhergehender Verzögerung des Rechtsstreits auch die Zulassung eines erschienenen Prozessbevollmächtigten ablehnen, § 51 Abs. 2 ArbGG. Voraussetzung hierfür ist, dass der Zweck der Anordnung des persönlichen Erscheinens vereitelt wird, also keine verfahrensbeendende Entscheidung ergehen kann. **Diese Form der Reaktion auf ein Nichterscheinen einer beklagten Partei ist bei geltend gemachten Zahlungsansprüchen weit effektiver als die Verhängung eines Ordnungsgeldes.** Nach der Zurückweisung des Prozessbevollmächtigten kann das Gericht auf Antrag des Klägers ein Versäumnisurteil erlassen, welches gem. § 62 Abs. 1 ArbGG vorläufig vollstreckbar ist. Lediglich unter sehr beschränkten Voraussetzungen kann die vorläufige Vollstreckbarkeit gem. § 62 Abs. 1 S. 2 ArbGG aufgehoben werden (s. u. L/Rz. 504 ff.). Damit kann einer ggf. beabsichtigten Verschleppung des Prozesses und der Titulierung einer Zahlungsverpflichtung vorgebeugt werden. 241

Möchte ein Rechtsanwalt auf Klägerseite nach erfolgter gerichtlicher Zurückweisung eines Kollegen gem. § 51 Abs. 2 ArbGG auf Beklagtenseite aus Standesgründen kein Versäumnisurteil beantragen, kann dies der Kläger selbst tun. Hierauf sollte ihn sein Rechtsanwalt auch aus Haftungsgründen hinweisen, da der Kammertermin i. d. R. erst einige Monate nach dem Gütetermin festgesetzt wird und dann fraglich sein kann, ob ein Zahlungsanspruch – z. B. bei drohender Insolvenz des Beklagten – noch realisiert werden kann. Aus diesem Grund empfiehlt es sich, auch immer die klagende Partei zum Gütetermin einzubestellen, selbst wenn das ArbGG nicht das persönliche Erscheinen angeordnet hat. 242

L. Urteils- und Beschlussverfahren

243 Der die Zurückweisung des Prozessbevollmächtigten aussprechende Beschluss ist nicht mit der sofortigen Beschwerde nach § 567 Abs. 1 ZPO isoliert anfechtbar (*LAG Rheinland-Pfalz* 11.11.1981 LAGE § 51 ArbGG 1979 Nr. 1). Die betroffene Partei kann gegen das Versäumnisurteil nur Einspruch einlegen.

244 Teilweise wird die Ansicht vertreten, der Ausschluss eines Prozessbevollmächtigten in der Güteverhandlung sei unzulässig (*GMP* § 51 Rz. 28). Begründet wird diese Ansicht damit, in einer Güteverhandlung könne ohnehin eine Endentscheidung noch nicht getroffen werden. Dieser Ansicht ist allerdings entgegenzuhalten, dass sich gem. § 54 Abs. 4 ArbGG im Falle des Nichterscheinens einer Partei in der Güteverhandlung unmittelbar die weitere Verhandlung anschließt, in der dann der Vorsitzende gem. § 55 Abs. 1 Nr. 4 ArbGG ein Versäumnisurteil erlassen kann GK-ArbGG/*Schütz* § 51 Rz. 30).

8. Die Güteverhandlung

a) Sinn und Zweck

245 Die mündliche Verhandlung beginnt mit einer Verhandlung vor dem Vorsitzenden zum Zwecke der gütlichen Einigung der Parteien, § 54 ArbGG. Insbesondere wenn zwischen ihnen noch ein Arbeitsverhältnis besteht und weiter bestehen soll und nur bezüglich einzelner Rechtsbeziehungen oder Tatsachen Streit entstanden ist, soll das Arbeitsverhältnis nicht durch einen lang andauernden Prozess belastet werden. Daneben hilft eine Einigung bereits in der Güteverhandlung den Parteien Zeit, Arbeitskraft und Geld zu sparen.

246 Des Weiteren dient sie auch der Vorbereitung der streitigen Verhandlung. Gerade wenn prozessunerfahrene Parteien selbst ohne anwaltliche Unterstützung vor Gericht auftreten, können im Gütetermin durch richterliche Hinweise, § 139 ZPO, fehlerhafte Klageanträge korrigiert und das Vorbringen der Parteien auf die wesentlichen Gesichtspunkte konzentriert werden. Ein prozesserfahrener Anwalt kann aus den Äußerungen und Auflagen des Vorsitzenden ableiten, auf welche streiterheblichen Gesichtspunkte er seinen Vortrag zu konzentrieren hat und wie die Prozessaussichten seiner Partei stehen.

b) Entbehrlichkeit der Güteverhandlung

247 **Die Durchführung der Güteverhandlung steht nicht zur Disposition der Parteien oder des Gerichts.** Sie ist grds. in allen Urteilsverfahren durchzuführen, selbst wenn aus Sicht der Parteien oder des Gerichts eine gütliche Einigung vor Durchführung der streitigen Kammerverhandlung unmöglich erscheint (*GMP* § 54 Rz. 45).

248 Die Parteien können allerdings den Gütetermin dadurch unterlaufen, dass sie beide nicht erscheinen oder verhandeln. In diesem Fall ist gem. § 54 Abs. 5 ArbGG das Ruhen des Verfahrens anzuordnen. Auf Antrag einer Partei ist sodann ein Kammertermin zu bestimmen. Eine erneute Terminierung eines Gütetermins ist unzulässig, § 54 Abs. 5 S. 2 ArbGG. Sinnvoll ist ein solches Vorgehen allerdings nicht, da dann der anzuberaumende Kammertermin nicht selten nur zum Versuch einer gütlichen Einigung genutzt und bei deren Scheitern der Rechtsstreit vertagt und ein neuer Kammertermin, verbunden mit einem Auflagenbeschluss, bestimmt wird.

249 Wird die Güteverhandlung entgegen § 54 ArbGG nicht durchgeführt, liegt ein Verfahrensfehler vor, der jedoch eine gerichtliche Entscheidung nicht unwirksam macht

und kein Rechtsmittel begründet. Eine eingelegte Berufung führt insbesondere nicht dazu, dass der Rechtsstreit an das ArbG zurückgewiesen werden kann, § 68 ArbGG.
Zu einem Gütetermin kommt es im Urteilsverfahren nicht, falls gegen einen Vollstreckungsbescheid Einspruch eingelegt wird, da dieser einem Versäumnisurteil gleich steht, § 700 Abs. 1 ZPO. Gem. § 341a ZPO ist dann sofort ein Kammertermin zur streitigen Verhandlung festzusetzen. 250

Ebenfalls keine Güteverhandlung wird in den Verfahren auf einstweiligen Rechtsschutz durchgeführt, selbst wenn eine mündliche Verhandlung anberaumt wird. 251
Hierbei handelt es sich sofort um eine streitige Verhandlung unter Hinzuziehung der ehrenamtlichen Richter. Mit dem Wesen des einstweiligen Rechtsschutzes, der eine besondere Eilbedürftigkeit voraussetzt, ließe es sich nicht vereinbaren, vor der streitigen Verhandlung eine Güteverhandlung durchzuführen, in der selbst keine verfahrensbeendenden gerichtlichen Entscheidungen ergehen dürfen.

c) Ablauf der Güteverhandlung

Die Güteverhandlung findet vor dem Vorsitzenden alleine statt, d. h. ohne die ehrenamtlichen Richter, § 54 Abs. 1 ArbGG. Streitig ist, ob die ehrenamtlichen Richter als Beobachter oder Zuschauer an der Güteverhandlung teilnehmen dürfen (so *Schaub* ArbGVerf § 28 Rz. 8; **a. A.** *Grunsky* § 54 Rz. 2). Eine Teilnahme begründet jedenfalls keinen Verfahrensfehler, auf den die Unwirksamkeit einer gerichtlichen Entscheidung gestützt werden könnte, gleichgültig ob man insofern überhaupt das Vorliegen einer Güteverhandlung verneint (*GMP* § 54 Rz. 6) oder lediglich von einem prozessualen Fehler innerhalb der Güteverhandlung ausgeht. 252
Die Leitung der Güteverhandlung kann vom Vorsitzenden auch seinem Stationsreferendar zu Ausbildungszwecken gem. §§ 9 Abs. 2, 10 GVG übertragen werden.

Da es sich bereits um einen Teil der mündlichen Verhandlung handelt, gelten die allgemeinen Vorschriften für eine mündliche Verhandlung, sofern sie nicht dem Sinn und Zweck der Güteverhandlung widersprechen. 253
Der Grundsatz der Öffentlichkeit der Verhandlung kann im Güteverfahren weiter eingeschränkt werden als im streitigen Verfahren (s. o. L/Rz. 141). Damit soll sichergestellt werden, dass die Parteien sich frei aussprechen können, um eine gütliche Einigung herbeizuführen.

Abweichend von § 137 Abs. 1 ZPO beginnt die Güteverhandlung i. d. R. nicht mit dem Stellen der Anträge, was aber zulässig ist. Dies ergibt sich aus § 54 Abs. 2 ArbGG, wonach die Klage noch bis zum Stellen der Anträge ohne Einwilligung der Beklagten zurückgenommen werden kann. Die Vorschrift wäre überflüssig, wenn davon auszugehen wäre, dass § 137 Abs. 1 ZPO Anwendung fände (*GMP* § 54 Rz. 29). **Die Klageanträge werden grds. erst zum Beginn der Kammersitzung gestellt**, sodass der Kläger auch noch nach Beendigung der Güteverhandlung seine Klage ohne Zustimmung der Beklagten und ohne dass Gerichtskosten anfallen zurücknehmen kann (GV zu § 12 Abs. 1 ArbGG Nr. 9112). 254

> Gem. § 54 Abs. 2 S. 2 ArbGG haben gerichtliche Geständnisse nach § 288 ZPO nur dann bindende Wirkung, wenn sie zu Protokoll erklärt und genehmigt worden sind.

Nach § 54 Abs. 2 S. 3 ArbGG finden die §§ 39 S. 1, 282 Abs. 3 S. 1 ZPO keine Anwendung, d. h. Rügen bezüglich der Zuständigkeit des Gerichts müssen nicht bereits im Gütetermin erhoben werden. 255

L. Urteils- und Beschlussverfahren

256 Der Vorsitzende übt im Gütetermin rechtsprechende Tätigkeiten aus. Es gilt daher das Haftungsprivileg des § 839 Abs. 2 BGB. Dies ist insofern von Bedeutung, als der Vorsitzende in der Güteverhandlung das gesamte Streitverhältnis mit den Parteien unter freier Würdigung aller Umstände zu erörtern hat. Zum Erreichen einer gütlichen Einigung kann er dabei sämtliche rechtserheblichen Tatsachen, auch sofern sie nicht direkt mit dem durch die Klageanträge bestimmten Streitgegenstand zusammenhängen, mit den Parteien erörtern. Er kann ihnen ihr jeweiliges Prozessrisiko unter Hinweis auf ggf. streitige Rechtsfragen in der Literatur und Rechtsprechung aufzuzeigen, auf die Erfolgsaussicht der Klage insgesamt oder einzelner Angriffs- oder Verteidigungsmittel hinweisen, ohne dass deswegen ein Befangenheitsgrund vorliegt. **Sein Fragerecht und seine Fragepflicht gehen dabei über § 139 Abs. 1 S. 2 ZPO hinaus.**

257 Die Erörterung soll nicht lediglich in rechtlicher Hinsicht erfolgen, sondern kann sich auch auf wirtschaftliche, soziale und sonstige Erwägungen beziehen, um zu einem für die Parteien sinnvollen Ergebnis im Wege einer gütlichen Einigung zu gelangen. Hierbei können auch Billigkeitserwägungen berücksichtigt werden. Allein auf solche Äußerungen des Vorsitzenden, die einer gütlichen Einigung dienen, kann ein Ablehnungsgesuch gem. § 49 ArbGG regelmäßig nicht gestützt werden.

258 Häufig lassen sich aus den Vergleichsvorschlägen des Vorsitzenden und seinen Hinweisen auf die Rechtslage die Erfolgsaussichten einer Klage nach dem derzeitigen Sachstand ablesen, sodass sich die Partei darauf einstellen bzw. ein Prozessbevollmächtigter seine Partei entsprechend beraten kann. Wichtig ist dabei, sich einen gemachten Vergleichsvorschlag, z. B. die Höhe einer vorgeschlagenen Abfindung in einem Kündigungsschutzrechtsstreit, erläutern zu lassen, da ganz unterschiedliche Praktiken bei den Gerichten und einzelnen Richtern bestehen. Z. B. legen die Gerichte bei offenen Erfolgsaussichten einer Kündigungsschutzklage der Berechnung einer Abfindung zwischen 1/4 und 1 Bruttomonatsgehalt pro Beschäftigungsjahr zu Grunde. Gerade bei Kündigungsschutzstreitigkeiten spielen oftmals weitere Umstände für die Berechnung der Abfindung eine Rolle, z. B. Sonderkündigungsvorschriften, § 9 MuSchG, § 85 SGB IX etc., sehr kurze oder sehr lange Dauer des Arbeitsverhältnisses, die wirtschaftliche Lage des Arbeitgebers oder auch, ob der Arbeitnehmer schon einen neuen Arbeitsplatz gefunden hat.

259 Zur Aufklärung des Sachverhalts erlaubt § 54 Abs. 1 S. 3 ArbGG dem Vorsitzenden alle Handlungen vorzunehmen die sofort erfolgen können, mit Ausnahme einer eidlichen Vernehmung eines Zeugen. Eine Vertagung des Gütetermins, um noch Aufklärungsmaterial herbeizuschaffen, ist allerdings regelmäßig unzulässig, es sei denn dies geschieht im Einvernehmen mit den Parteien, § 54 Abs. 1 S. 4 ArbGG.

260 Aufklärungsmaßnahmen i. S. d. § 54 Abs. 1 Satz 3 ArbGG können insbesondere die Einsichtnahme in mitgebrachte Unterlagen der Parteien, die informatorische Vernehmung präsenter Zeugen, Sachverständigen oder der Partei, die Einholung telefonischer Auskünfte z. B. bei Arbeitsämtern, Krankenkassen oder dem Finanzamt sein. Sofern Zeugen bereits informatorisch befragt werden, sind sie über ihre Zeugnisverweigerungsrechte und die Folgen einer Falschaussage zu belehren. Eine förmliche Beweisaufnahme ist hingegen nicht möglich (*GMP* § 54 Rz. 24). Diese hat gem. § 58 grds. vor der Kammer, d. h. in der streitigen Verhandlung zu erfolgen. Dies bezieht sich sowohl auf eine Zeugenvernehmung als auch auf eine Parteivernehmung nach den §§ 445 ff. ZPO.

Ein weiterer Gütetermin kann im Einvernehmen mit beiden Parteien festgesetzt werden, § 54 Abs. 1 ArbGG. 261

d) Ergebnisse der Güteverhandlung

aa) Vergleich
Dem Ziel, eine gütliche Einigung herbeizuführen, dient insbesondere eine vergleichsweise Erledigung des Rechtsstreits. Eine Einigung zwischen den Parteien wird dabei im Wege des »gegenseitigen Nachgebens« erreicht, wobei die Proportionen des jeweiligen Nachgebens durchaus sehr unterschiedlich sein können. Ein Vergleich liegt schon dann vor, wenn lediglich eine Partei sich verpflichtet, Kosten zu tragen oder auf einen geringfügigen Zinsanspruch verzichtet wird. 262

aaa) Form
Ein Vergleich ist nach § 54 Abs. 3 ArbGG zu protokollieren, § 160 Abs. 3 Nr. 1 ZPO. **Er wird nur dann wirksam, wenn er nach Aufnahme in das Protokoll verlesen und von den Parteien genehmigt wird, § 162 Abs. 1 ZPO, im Falle der Aufnahme des Protokolls mittels Tonträger ist dieser den Parteien vorzuspielen.** 263

Allein das laute Diktieren des Vergleiches in das Protokoll durch den Vorsitzenden und die anschließende Genehmigung des Diktats durch die Parteien genügt nicht, um einen vollstreckbaren Titel i. S. d. § 794 Abs. 1 Nr. 1 ZPO zu begründen. 264

Häufig werden Vergleiche mit einem Widerrufsrecht abgeschlossen, wobei regelmäßig formuliert wird »Die Partei erhält ein Widerrufsrecht bis zum ... schriftlich bei Gericht eingehend«. Dieses Widerrufsrechts kann dann nur wirksam gegenüber dem Gericht ausgeübt werden, nicht auch gegenüber dem Prozessgegner (*BAG* 21.2.1991 EzA § 794 ZPO Nr. 9). Der Widerrufsschriftsatz muss eigenhändig unterschrieben sein, ein Namenskürzel allein reicht nicht (*BAG* 31.5.1989 EzA § 794 ZPO Nr. 8). 265

bbb) Inhalt
Sofern in einem Vergleich auf Ansprüche des Arbeitnehmers verzichtet wird, ist der Verzicht nur wirksam, sofern er zulässig ist. **Arbeitnehmer können z. B. nicht auf gesetzliche, tarifliche oder aufgrund einer Betriebsvereinbarung entstandene Rechte ohne Zustimmung der Tarifpartner bzw. der Betriebsvertretung wirksam verzichten, §§ 4 TVG, 77 Abs. 4 BetrVG** (s. o. H/Rz. 257 ff., I/Rz. 1206 ff.). Nicht zustimmungsbedürftig sind hingegen Vergleiche, in denen über das Vorliegen der tatsächlichen Voraussetzungen eines z. B. tariflichen Anspruchs eine Einigung erzielt wird (*BAG* 5.11.1997 § 4 TVG Verzicht Nr. 3). 266

Beispiel: 267
Häufig wird in einem Kündigungsschutzverfahren folgende Regelung getroffen: »Der Arbeitnehmer wird unter Anrechnung von Resturlaub von der Arbeitsleistung freigestellt«. Probleme entstehen dann, wenn der Arbeitnehmer nach dem Vergleichsabschluss, aber vor Beendigung des Arbeitsverhältnisses erkrankt, sodass er seinen ihm zustehenden Urlaub nach § 9 BUrlG nicht nehmen, weswegen dieser auch nicht auf eine Freistellung angerechnet werden kann. Dem Arbeitnehmer steht deswegen ein Urlaubs-abgeltungsanspruch nach § 7 Abs. 4 BUrlG zu. Es empfiehlt sich daher in diesen Fällen, einen Tatsachenvergleich abzuschließen,

> etwa in der Form: »Der Arbeitnehmer wird bis zur Beendigung des Arbeitsverhältnisses von der Arbeitsleistung freigestellt. Die Parteien sind sich darüber einig, dass der Kläger seinen ihm zustehenden Urlaub genommen hat«.

ccc) Rechtsnatur

268 Der Prozessvergleich ist zum einen materiell-rechtlicher Vertrag, auf den die Regeln des BGB Anwendung finden, die §§ 145 bis 156 BGB bezüglich des wirksamen Abschlusses, die §§ 119 bis 123 BGB bezüglich einer möglichen Anfechtung sowie die §§ 134, 138 BGB bezüglich einer Nichtigkeit wegen Gesetzes- bzw. Sittenverstoßes. Zum anderen handelt es sich um eine Prozesshandlung, weswegen die §§ 50 bis 56 ZPO zu beachten sind.

269 Wird über die Wirksamkeit eines Prozessvergleiches gestritten, findet das ursprüngliche Verfahren seinen Fortgang. Dies ist unstreitig, falls der Streit darum geht, ob der Prozessvergleich von vornherein rechtsunwirksam ist, z. B. wegen Sittenwidrigkeit, § 138 BGB, oder rückwirkend rechtsunwirksam wird, z. B. infolge einer Anfechtung, §§ 119 ff. BGB. Ist streitig, ob der Prozessvergleich nachträglich wieder weggefallen ist, z. B. durch eine einvernehmliche Aufhebung, ist dies nach der Rechtsprechung des *BAG* (5.8.1982 EzA § 794 ZPO Nr. 6) in einem neuen Verfahren auszutragen.

270 Nach der Rechtsprechung des *BAG* (5.8.1982 EzA § 794 ZPO Nr. 6) muss die Partei, die sich auf die Unwirksamkeit des Vergleiches beruft, ihren ursprünglichen Klageantrag weiter verfolgen und stellen. Die Gegenpartei muss beantragen »... festzustellen, dass das Verfahren durch den Vergleich vom ... seine Beendigung gefunden hat«. Ratsam ist es, den ursprünglichen Klageantrag als Hilfsantrag für den Fall zu stellen, dass das Gericht in seinem Urteil nicht von einem verfahrensbeendenden rechtswirksamen Vergleich ausgeht.

ddd) Kosten/Gebühren

271 Im Fall des Abschlusses eines Prozessvergleiches tritt eine Kostenbefreiung gem. Nr. 9112 des GV zu § 12 ArbGG ein, bei einem Teilvergleich erstreckt sie sich dem Umfange nach auf den Teil des Wertes des Streitgegenstandes, der durch den Vergleich erledigt worden ist. Ging ein Mahnverfahren voraus, entfallen nach Nr. 9112 des GV zu § 12 ArbGG lediglich die Gebühren gem. Nr. 9110 und 9111, nicht jedoch die bereits im Mahnverfahren entstandene Gebühr, die sich nach Nr. 9100 bestimmt (vgl. GK-ArbGG/*Wenzel* § 12 Rz. 13,17). Die Kostenfreiheit erstreckt sich nur auf die Gerichtsgebühren, nicht auch auf gerichtliche Auslagen, z. B. Postgebühren, Auslagen für Zeugen oder Sachverständige oder Dolmetscher etc.

272 Die vergleichsweise Erledigung von Streitigkeiten zwischen Arbeitsvertragsparteien im Gütetermin stellt in aller Regel nicht nur für die Parteien und das Gericht, sondern auch für die prozessbevollmächtigten Anwälte **die ökonomischste Erledigung** eines Arbeitsrechtsprozesses dar. Mit relativ geringem Arbeits- und Zeitaufwand können sie drei volle Gebühren verdienen, die Prozess-, Verhandlungs- und die Vergleichsgebühr, §§ 31, 23 BRAGO (s. u. L/Rz. 244 f.).

273 Wird ein Vergleich ohne eine Kostenregelung getroffen, so werden gem. § 98 ZPO die Kosten gegeneinander aufgehoben, d. h. evtl. entstandene Gerichtskosten werden geteilt, § 92 Abs. 1 S. 2 ZPO. Die außergerichtlichen Kosten trägt jede Partei im Urteilsverfahren in der ersten Instanz kraft Gesetzes selbst, § 12a Abs. 1 ArbGG. **Einer be-**

sonderen Aufnahme in den Vergleichstext, dass die Kosten des Vergleichs gegeneinander aufgehoben werden, bedarf es daher nicht.

bb) Klagerücknahme
Im Güteverfahren kann das Verfahren durch eine Klagerücknahme ohne Zustimmung des Beklagten zurückgenommen werden, wenn, wie regelmäßig, in ihr noch keine Anträge gestellt worden sind (s. o. L/Rz. 255). § 54 Abs. 2 ArbGG stellt, anders als § 269 ZPO, lediglich auf die Stellung der Anträge ab. Sie ist nach § 160 Abs. 3 Nr. 8 ZPO zu protokollieren und gem. § 162 Abs. 1 ZPO zu genehmigen. 274

Bei der Klagerücknahme handelt es sich um eine Prozesshandlung, die bedingungsfeindlich und nicht anfechtbar ist. Sie kann mündlich oder durch Schriftsatz, ausdrücklich oder konkludent abgegeben werden und sich entweder auf den gesamten Klageantrag oder auf einen Teil von ihm beziehen. 275

Auch für eine Klagerücknahme vor der streitigen Verhandlung gilt die Kostenprivilegierung der Nr. 9112 des Gebührenverzeichnisses. Gerichtskosten werden nicht erhoben. Die Auslagen des Gerichts hat der Kläger allerdings zu tragen. Sofern allerdings an Kosten nur die Gebühren für eine Zustellungsurkunde angefallen sind, werden diese regelmäßig seitens des Gerichts entsprechend den einzelnen landesgesetzlichen Bestimmungen niedergeschlagen (vgl. für Rheinland-Pfalz § 59 VV-LHO Nr. 5). 276

cc) Übereinstimmende Erledigungserklärung
Die Parteien können den Rechtsstreit übereinstimmend für erledigt erklären, § 91a ZPO. **Dies hat zur Folge, dass über die Kosten durch Beschluss entschieden werden muss.** Dieser kann ohne mündliche Verhandlung durch den Vorsitzenden alleine ergehen, § 53 ArbGG. **Für ihn fallen Gebühren gem. Nr. 9117, 9118 des GV zu § 12 ArbGG an.** 277

Wird deswegen z. B. nach Ausspruch einer arbeitgeberseitigen Kündigung und Klageerhebung sich außergerichtlich darüber verständigt, dass die Kündigung gegenstandslos ist und das Arbeitsverhältnis fortgesetzt wird, können die Parteien anstatt den Rechtsstreit übereinstimmend für erledigt zu erklären, die Klagerücknahme durch den Kläger vereinbaren. Dies ist in aller Regel der kostengünstigere Weg (s. o. L/Rz. 276). 278

Im Zweifel sollten sich die Parteien darüber einigen, wer die Gerichtskosten zu tragen hat, sodass wenigstens die Beschlussgebühr gem. § 91a ZPO entfällt.

dd) Anerkenntnis, Verzicht
Der Beklagte kann im Gütetermin den geltend gemachten Anspruch anerkennen, der Kläger auf ihn verzichten. Beide Erklärungen sind gem. § 160 Abs. 3 Nr. 1 ZPO zu protokollieren und nach § 162 Abs. 1 ZPO zu genehmigen. 279

Sodann kann bei Anerkenntnis des Beklagten bzw. auf Antrag des Beklagten bei Verzicht des Klägers ein Anerkenntnis-/Verzichtsurteil ergehen, §§ 306, 307 ZPO i. V. m. § 55 Abs. 1 Ziffer 2, 3 ArbGG. Beide Urteile sind nach der Ziffer 9112 des GV zu § 12 ArbGG privilegiert, Gerichtsgebühren fallen keine an. 280

Ein Verzichtsurteil kann allerdings dann nicht ergehen, wenn der Verzichtende nicht wirksam auf ein Recht verzichten kann, z. B. auf ein tarifliches oder betriebsverfassungsrechtliches Recht, § 4 TVG, § 77 Abs. 4 BetrVG (s. u. L/Rz. 266). 281

L. Urteils- und Beschlussverfahren

282 Ob ein Anerkenntnis- und Verzichtsurteil noch im Gütetermin selbst (so wohl *Schaub* ArbGVerf § 28 Rz. 18 f.) oder erst in einer auf den Gütetermin unmittelbar folgenden weiteren Verhandlung (*GMP* § 54 Rz. 33) ergeht, ist für die Praxis irrelevant. Dort ergehen die Verzichts- und Anerkenntnisurteile im Gütetermin, ohne dass im Protokoll vermerkt wird, dass der Gütetermin beendet ist und sich ihm nunmehr ein »weiteres Verfahren« unmittelbar anschließt. Eine solche Verfahrensweise wäre unnötig komplizierend und im Hinblick auf § 68 ArbGG auch unnötig, da selbst wenn darin ein Verfahrensfehler liegen würde, dieser für die Wirksamkeit der Urteile unerheblich wäre.

ee) Säumnis einer Partei

283 Erscheint eine Partei in der Güteverhandlung nicht, schließt sich gem. § 54 Abs. 4 ArbGG unmittelbar die weitere Verhandlung an, in der der Vorsitzende alleine nach § 55 Abs. 1 Ziffer 4 ArbGG ein Versäumnisurteil erlassen kann. Auch bei Nichtvermerkung des Übergangs in die streitige Verhandlung im Terminsprotokoll liegt kein Verfahrensfehler vor, da sich der Übergang bereits aus dem Gesetz ergibt. Jedenfalls wäre ein solcher Verfahrensfehler gem. § 68 ArbGG unschädlich.

> Gegen ein Versäumnisurteil kann nach § 59 ArbGG nur binnen spätestens einer Woche nach seiner Zustellung Einspruch eingelegt werden. Hierauf ist die Partei bei Zustellung des Urteils schriftlich hinzuweisen.

284 Ein Versäumnisurteil kann nur erlassen werden, wenn die Partei ordnungsgemäß geladen, § 335 Abs. 1 Nr. 2 ZPO, und die Ladungsfrist eingehalten worden ist, § 337 ZPO. Fehlt es an einer dieser Voraussetzungen, ist erneut ein Termin für eine Güteverhandlung anzuberaumen, nicht etwa ein Kammertermin. Verhandelt die erschienene Partei in der Güteverhandlung nicht, kann ebenfalls ein Versäumnisurteil ergehen. Der Begriff des Verhandelns ist hier allerdings nicht hinsichtlich der Stellung der Anträge, sondern lediglich so zu verstehen, dass die Beklagte sich weigert, zur Sache Erklärungen abzugeben.

285 **Außer der gegenüber § 339 Abs. 1 ZPO verkürzten Einspruchsfrist ergeben** sich keine wesentlichen Unterschiede zum Versäumnisverfahren im ordentlichen Zivilprozess. Die Voraussetzungen, unter denen ein Versäumnisurteil erlassen werden kann, ergeben sich aus den §§ 330 ff. ZPO. Ausgeschlossen ist lediglich die Anwendung der §§ 331 Abs. 3, 335 Abs. 1 Nr. 4 ZPO, da diese Bestimmungen ein schriftliches Vorverfahren nach § 276 ZPO voraussetzen, welches im Arbeitsgerichtsprozess erster Instanz nicht stattfindet (s. u. L/Rz. 135).

ff) Ruhen des Verfahrens

286 Erscheinen oder verhandeln beide Parteien in der Güteverhandlung nicht, ist durch Beschluss vom Vorsitzenden das Ruhen des Verfahrens anzuordnen, § 54 Abs. 5 ArbGG. Auf Antrag einer Partei ist der Termin zur streitigen Verhandlung zu bestimmen, was nur **innerhalb von sechs Monaten nach der Güteverhandlung möglich ist**. Ansonsten gilt die Klage als zurückgenommen und eine neue Klage muss eingereicht werden. Eine einfache Aufnahmeerklärung einer sechs Monate untätigen Partei reicht hierfür nicht aus (*LAG Düsseldorf* 31.3.1982 EzA § 54 ArbGG 1979 Nr. 1).

gg) Erfolglosigkeit des Gütetermins/Entscheidung durch den Vorsitzenden

Ist die Güteverhandlung erfolglos, ist dies im Protokoll zu vermerken. Nach § 54 Abs. 4 S. 1 ArbGG soll sich zwar die weitere Verhandlung unmittelbar anschließen, dies kommt in der Praxis allerdings regelmäßig nicht vor, da die ehrenamtlichen Richter nicht anwesend sind und die Parteien noch keinen ausreichenden Sachvortrag zur Entscheidung vorgebracht haben. Deswegen ist ein besonderer Kammertermin festzusetzen.

Etwas anderes gilt, wenn die Parteien übereinstimmend die Entscheidung durch den Vorsitzenden alleine beantragen, § 55 Abs. 3 ArbGG. Eine solche unmittelbare Weiterverhandlung ist nur zulässig, wenn eine verfahrensbeendende Entscheidung ergehen kann oder zumindest als möglich angesehen wird.

Streitig war, ob in einer sich unmittelbar anschließenden Verhandlung vor dem Vorsitzenden eine Verweisung an ein anderes zuständiges Gericht erfolgen konnte. Dies hatte das *BAG* (3.7.1974 EzA § 36 ZPO Nr. 5) vor der Neuregelung der §§ 17 ff. GVG bejaht. Dagegen sprach, dass § 48 Abs. 1 Nr. 2 ArbGG die Zuständigkeit der Kammer im Ganzen festlegte. Nach der Änderung des § 48 Abs. 1 Nr. 2 ArbGG zum 1.5.2000, ergibt sich ein Verweisungsrecht wegen örtlicher Unzuständigkeit aus § 55 Abs. 1 Nr. 7 ArbGG.

Nach § 55 Abs. 3 ArbGG kann der Vorsitzende auch eine Beweisaufnahme durchführen, sofern die Beweismittel präsent sind. Selbst wenn es wider Erwarten doch nicht zu einer verfahrensbeendenden Entscheidung kommt, sondern zu einem weiteren Kammertermin unter Beiziehung der ehrenamtlichen Richter, muss die durchgeführte Beweisaufnahme nicht wiederholt werden (*GMP* § 55 Rz. 29).

Die Erklärung der Parteien, dass sie sich mit einer Alleinentscheidung des Vorsitzenden einverstanden erklären, ist zu protokollieren. Sie stellt eine unwiderrufliche Prozesshandlung dar. Der Antrag muss von allen prozessbeteiligten Parteien und Streitgenossen noch in der Güteverhandlung abgegeben und zu Protokoll gegeben werden.

Kommt es nicht zu einer Verhandlung gem. § 55 Abs. 3 ArbGG, ist Termin zur streitigen Verhandlung zu bestimmen, § 54 Abs. 4 ArbGG, die alsbald stattfinden soll. Die »Alsbaldigkeit« hängt von der Arbeitsbelastung des Gerichts und dem Zeitbedürfnis der Parteien zum Vortrag des relevanten Tatsachenstoffs ab. Wird ein Kammertermin bereits in der Güteverhandlung bestimmt, müssen die Parteien nicht nochmals geladen werden, § 218 ZPO.

e) Sitzungsprotokoll

Der Ablauf der Güteverhandlung ist in einer Sitzungsniederschrift zu protokollieren, § 46 Abs. 2 ArbGG i. V. m. §§ 159 ff. ZPO.

f) Anwaltsgebühren

Neben der Prozessgebühr steht dem Anwalt nach Teilnahme am Gütetermin noch keine Verhandlungsgebühr zu, da § 31 Abs. 1 Nr. 2 BRAGO auf § 137 ZPO zugeschnitten ist. **Allerdings entsteht eine Erörterungsgebühr gem. § 31 Abs. 1 Nr. 4 BRAGO, sofern im Protokoll des Gütetermins vermerkt ist, dass die Sach- und Rechtslage erörtert worden ist.** Dies sollte daher insbesondere bei einem Vergleichsabschluss nicht vom Vorsitzenden übersehen werden.

Eine Beweisgebühr entsteht im Güteverfahren noch nicht, auch wenn informatorisch bereits Zeugen, Sachverständige oder eine Partei befragt wird. Ein förmliches Beweisverfahren und eine Beweisaufnahme findet in der Güteverhandlung im Hinblick auf § 58 ArbGG noch nicht statt (*LAG Hamm* 15.8.1985 LAGE § 31 BRAGO Nr. 10).

Gleiches gilt bei dem informatorischen Heranziehen von Urkunden oder Akten (*LAG Düsseldorf* 5.8.1982 EzA § 31 BRAGO Nr. 5, 6).
Im Falle des Abschlusses eines Vergleich erwächst eine Vergleichsgebühr gem. § 23 BRAGO.

9. Vorbereitung der streitigen Verhandlung vor der Kammer durch den Vorsitzenden

a) Bestimmung des Kammertermins

296   Die Vorbereitung des Kammertermins beginnt bereits im Gütetermin, nämlich wenn die Güteverhandlung gescheitert ist und der Vorsitzende einen Termin zur streitigen Verhandlung festsetzt, § 54 Abs. 4 ArbGG. Ist dies ausnahmsweise nicht möglich, ist der Termin alsbald nach Abschluss des Gütetermins schriftlich festzusetzen und den Parteien mitzuteilen. Ausnahmsweise kann dies unterbleiben, wenn der Vorsitzende nach § 55 Abs. 4 ArbGG vor der streitigen Verhandlung einen Beweisbeschluss erlässt, in dem eine Beweisaufnahme durch einen ersuchten Richter gem. § 362 ZPO an einem anderen Gericht angeordnet wird. In diesem Fall ist es sinnvoll, den Kammertermin erst nach Durchführung der Beweisaufnahme bei dem ersuchten Gericht festzusetzen.

b) Erlassen eines Beweisbeschlusses nach § 55 Abs. 4 ArbGG

297   Grds. soll im arbeitsgerichtlichen Verfahren die Beweisaufnahme nach § 58 Abs. 1 ArbGG vor der Kammer erfolgen. § 55 Abs. 4 ArbGG dient der Beschleunigung des Verfahrens, damit in dem anzuberaumenden Kammertermin das Verfahren möglichst in einem Termin beendet werden kann.

298   Zur Vorbereitung kann der Vorsitzende nach § 55 Abs. 4 ArbGG in bestimmten enumerativ aufgezählten Fällen einen Beweisbeschluss bereits vor der mündlichen Verhandlung ohne Mitwirkung der ehrenamtlichen Richter erlassen. Hiervon zu unterscheiden ist ein Beweisbeschluss vor der mündlichen Verhandlung nach § 358a ZPO. Die Vorschrift ist auch im Arbeitsgerichtsprozess über § 46 Abs. 2 S. 1 ArbGG anwendbar. Ein solcher Beweisbeschluss kann allerdings nur durch die Kammer ergehen, nicht durch den Vorsitzenden alleine, sodass er in der Praxis keine Bedeutung erlangt.

299   **Im Unterschied zu § 358a ZPO kann der Vorsitzende alleine über § 55 Abs. 4 ArbGG keine Beweisbeschlüsse erlassen, nach denen die Einnahme des Augenscheins durch den Vorsitzenden alleine erfolgen soll** oder eine Beweisaufnahme vor einem beauftragten Richter nach § 361 ZPO angeordnet wird.

300   Über § 55 Abs. 4 ArbGG kann er einen Beweisbeschluss erlassen, wonach eine Beweisaufnahme vor einem ersuchten Richter gem. § 362 ZPO stattfinden soll. Das angegangene Gericht hat dann im Wege der Rechtshilfe gem. § 13 ArbGG die Beweisaufnahme durchzuführen, **wobei die Parteien ein Anwesenheitsrecht haben**, § 357 ZPO.

301   Weiterhin kann der Vorsitzende die Einholung einer schriftlichen Beantwortung einer Beweisfrage durch einen Zeugen nach § 377 Abs. 3 ZPO anordnen oder ein schriftliches Sachverständigengutachten einholen. Der Zeuge bzw. Sachverständige ist darauf hinzuweisen, dass er ggf. zu einer mündlichen Vernehmung geladen werden kann. Einem Zeugen ist die Beweisfrage konkret mitzuteilen und diese muss sich für eine schriftliche Beantwortung eignen. Sinnvoll ist eine solche Anordnung,

wenn davon ausgegangen werden kann, dass Zusatzfragen durch die Parteien nicht anfallen werden, der Zeuge glaubwürdig ist und der Beweisgegenstand sich für eine schriftliche Auskunft eignet. Da es sich um eine förmliche Beweisaufnahme handelt, ist der Zeuge bzw. Sachverständige auf seine Wahrheitspflicht hinzuweisen und über evtl. bestehende Rechte der Zeugnisverweigerung aufzuklären.

In der Praxis eignet sich eine solche schriftliche Befragung eines Zeugen insbesondere bei der Befragung von Ärzten, wenn es darum geht, ob ein Arbeitnehmer tatsächlich arbeitsunfähig erkrankt war, was der entsprechende Arzt bescheinigt hatte. Tauchen Zweifel an der Arbeitsunfähigkeit des Arbeitsnehmers auf, etwa weil er während der Krankheit ohne Anzeichen von Krankheitssymptomen auf einer Festivität angetroffen wurde, ist es oft schon ausreichend, den Arzt vor dem Kammertermin schriftlich zu befragen, weswegen er den Arbeitnehmer krankgeschrieben hatte und ob diese Krankschreibung auf objektivierbaren Untersuchungen beruhte oder ob sie nur aufgrund geäußerter Beschwerden des Arbeitnehmers vorsorglich erfolgte. 302

Nach § 55 Abs. 4 Nr. 3 ArbGG können durch Beweisbeschluss amtliche Auskünfte eingeholt werden, die an die Stelle einer Zeugen- oder Sachverständigenvernehmung von Mitarbeitern einer Behörde treten. Schließlich kann der Vorsitzende gem. § 55 Abs. 4 Nr. 4, 5 ArbGG bereits einen Beweisbeschluss erlassen, wonach eine Parteivernehmung (§§ 445 ff. ZPO) im Kammertermin ermöglicht werden oder ein Sachverständigengutachten eingeholt werden soll. 303

Der Beweisbeschluss ist entweder im Gütetermin zu verkünden, was im Protokoll aufzunehmen ist, oder zu einem späteren Termin schriftlich abzufassen und den Parteien zuzustellen. 304

Die Beweisaufnahme gem. § 55 Abs. 4 Ziffer 1 bis 3 und 5 ArbGG, kann vor der streitigen Verhandlung durchgeführt werden, die Parteivernehmung gem. Nr. 4 hingegen hat im Kammertermin zu erfolgen.

Gegen einen Beweisbeschluss nach § 55 Abs. 4 ArbGG kann kein selbstständiges Rechtsmittel eingelegt werden. Werden vom Vorsitzenden über die ihm eingeräumten Möglichkeiten hinaus Beweisbeschlüsse erlassen und vor der streitigen Verhandlung durchgeführt, liegt ein Verfahrensfehler vor. Ist das Rechtsmittel der Berufung zulässig, führt dieser Mangel des Verfahrens allerdings nicht zu einer Aufhebung des Urteils und einer Zurückverweisung an das ArbG, § 68 ArbGG. Im Fall einer zulässigen Sprungrevision stellt der Fehler allerdings einen absoluten Revisionsgrund dar, da insofern das Gericht nicht ordnungsgemäß besetzt war, § 547 Nr. 1 ZPO. Ist gegen das Urteil des ArbG kein Rechtsmittel gegeben, besteht wegen dieses Verfahrensfehlers die Möglichkeit der Erhebung einer Nichtigkeitsklage gem. § 579 Abs. 1 Nr. 1 ZPO. 305

c) Maßnahmen nach §§ 56, 61a ArbGG

Nach § 56 ArbGG soll der Vorsitzende die streitige Verhandlung so vorbereiten, dass sie möglichst in einem Termin zu Ende geführt werden kann. § 56 Abs. 1 Nr. 1 bis 4 ArbGG zählen beispielhaft Maßnahmen auf, die jedoch nicht abschließend sind. Dies ergibt sich aus dem Wort »insbesondere«. 306

§ 56 ArbGG statuiert eine Verpflichtung des Vorsitzenden. Es handelt sich um eine »Sollvorschrift« und nicht nur um eine »Kannvorschrift« (vgl. § 273 Abs. 2 S. 1 ZPO). Der Vorsitzende hat Vorbereitungshandlungen vorzunehmen, ihm steht 307

L. Urteils- und Beschlussverfahren

kein Ermessen zu. Eine Verletzung dieser Verpflichtung ist allerdings sanktionslos, auf sie kann ein Rechtsmittel nicht gestützt werden (*GMP* § 56 Rz. 6).

308 Der Vorsitzende hat bei der Prüfung, welche Vorbereitungsmaßnahmen er ergreift, vom bisherigen Parteivorbringen auszugehen. Auf verspätetes Vorbringen der Parteien muss er im Rahmen des ordnungsgemäßen Geschäftsganges, jedoch nicht in Form von Eilanordnungen eingehen, um eine Zurückweisung nach § 56 Abs. 2 ArbGG zu verhindern (*GMP* § 56 Rz. 7).

aa) Erteilung von Auflagen unter Fristsetzung

309 §§ 56 Abs. 1 Nr. 1, 61a Abs. 3, 4 ArbGG konkretisieren die Verpflichtung des Vorsitzenden gem. § 139 ZPO, den Parteivortrag näher aufzuklären. Er kann Auflagen machen, die vorbereitenden Schriftsätze zu ergänzen oder zu erläutern und notwendige Urkunden zu den Gerichtsakten zu reichen.

310 **Der Vorsitzende darf allerdings nicht im Wege der Auflagenerteilung faktisch eine Amtsermittlung durchführen.** Er kann allerdings in Hinweisbeschlüssen oder i. V. m. Auflagen auf entscheidungserhebliche Rechtsprobleme, auch unter Hinweis auf Literatur und Rechtsprechung, hinweisen, um insofern den Parteivortrag auf die aus seiner Sicht relevanten Gesichtspunkte zu konzentrieren (*GMP* § 56 Rz. 8).

311 Die allgemeine Aufforderung, sich auf die Klageschrift oder den Klageerwiderungsschriftsatz zu äußern, fällt nicht unter eine Auflage i. S. d. § 56 Abs. 1 Nr. 1 ArbGG. Sie konkretisiert lediglich die Verpflichtung der Partei, ihrer Prozessförderungspflicht nach § 282 ZPO nachzukommen.

312 Der Erlass von Auflagen nach §§ 56 Abs. 1 Ziffer 1, 61a ArbGG erfolgt regelmäßig schon im Gütetermin nach dem Scheitern der Einigungsbemühungen im Anschluss an die Festsetzung des Kammertermins. Auflagen können allerdings auch noch jederzeit schriftlich während des Verfahrens vor dem Kammertermin vom Vorsitzenden verfügt werden.

313 Die Auflagen können mit einer Fristsetzung verbunden werden. Erforderlich ist dabei, dass die klärungsbedürftigen Punkte genau aufgezeigt werden, auch wenn der Wortlaut des § 61a Abs. 3 ArbGG insofern weiter gefasst ist als § 56 Abs. 1 Nr. 2 ArbGG (GK-ArbGG/*Dörner* § 61a Rz. 18). Ansonsten bestehen keine Zurückweisungsmöglichkeiten.

bb) Folgen der Fristversäumung

314 Kommt eine Partei einer Anordnung nach §§ 56 Abs. 1 S. 2 Ziffer 1, 61a Abs. 3, 4 ArbGG nicht in der gesetzten Frist nach, sind verspätet vorgebrachte Angriffs- und Verteidigungsmittel nur dann zuzulassen, wenn sie nach der freien Überzeugung des Gerichts die Erledigung des Rechtsstreits nicht verzögern würden oder wenn die Partei die Verspätung genügend entschuldigt, §§ 56 Abs. 2, 61a Abs. 5 ArbGG. Da das zurückgewiesene Vorbringen bei der Entscheidungsfindung unberücksichtigt bleibt, gelten verspätet bestrittene Tatsachenbehauptungen des Gegners als zugestanden, § 138 Abs. 3 ZPO.

315 Eine Zurückweisung verspäteten Vorbringens darf nur bei Vorliegen folgender Voraussetzungen erfolgen:
– In formaler Hinsicht müssen in der Auflage die klärungsbedürftigen Punkte genau bezeichnet worden sein (s. o. L/Rz. 315).
– Wird die Auflage nicht bereits im Gütetermin verkündet, sondern nachträglich schriftlich verfügt, muss der Vorsitzende sie mit vollem Namen unterzeichnet

L. Urteils- und Beschlussverfahren

haben (*GMP* § 56 Rz. 22), und sie muss der Partei ordnungsgemäß zugestellt worden sein. Zwar ist eine förmliche Zustellung nicht vorgeschrieben, jedoch wird dem Gericht ein Nachweis der ordentlichen Zustellung nur bei Zustellung mittels Zustellungsurkunde oder Empfangsbekenntnisses gelingen.
- Die Partei muss über die Folgen der Fristversäumung belehrt worden sein, §§ 56 Abs. 2 S. 2, 61a Abs. 6 ArbGG.
- Die Fristversäumung muss zu einer Verzögerung des Rechtsstreits führen. Dies kann nur bei erheblichem Sachvortrag, der streitig ist, der Fall sein. Unstreitiges Vorbringen einer Partei kann nie zur Verzögerung der Erledigung des Rechtsstreits führen.
- Die Partei hat die Verzögerung nicht entschuldigen können.

Eine Verzögerung ist insbesondere dann gegeben, wenn die Anberaumung eines weiteren Kammertermins notwendig wird, aufgrund des Vorbringens zu ladende Zeugen nicht mehr innerhalb der Ladungsfrist gem. § 217 ZPO geladen werden können oder der Gegenpartei noch Gelegenheit zur schriftsätzlichen Stellungnahme gegeben werden müsste, um deren Anspruch auf rechtliches Gehör zu wahren, und dies bis zum Kammertermin nicht mehr möglich ist (*GMP* § 56 Rz. 26). 316

Eine Ladung von Zeugen ist auch bei einer verspäteten Einreichung eines Schriftsatzes noch möglich, wenn zwischen Eingang des verspäteten Schriftsatzes und dem Kammertermin ein Zeitraum von zehn Tagen liegt (*BAG* 23.11.1988 EzA § 67 ArbGG 1979 Nr. 1). 317

Sofern Zeugen nicht mehr ordnungsgemäß geladen werden können, kann die Partei sie als präsente Zeugen zum Termin mitbringen. In diesem Fall sind sie grds. vom Gericht zu vernehmen. Eine Zurückweisung dieses verspätet vorgebrachten Beweismittels ist nicht zulässig, da die unmittelbar durchführbare Beweisaufnahme den Rechtsstreit nicht verzögert. Dies gilt auch dann, wenn das Gericht für den durchzuführenden Kammertermin keine Zeit für eine Zeugenvernehmung eingeplant hatte. 318

Etwas anderes kann ausnahmsweise dann gelten, wenn aufgrund der Zeugenaussage zu befürchten ist, dass die Gegenpartei noch gegenbeweislich weitere Zeugen oder andere Beweismittel benennen wird, und dadurch eine Vertagung und Anberaumung eines zweiten Kammertermins nötig würde (*BAG* 23.11.1988 EzA § 67 ArbGG 1979 Nr. 1). 319

Vor einer Zurückweisung verspäteten Vorbringens ist der betroffenen Partei Gelegenheit zur Stellungnahme zu geben, damit ihr Anspruch auf rechtliches Gehör gewährleistet ist. Nur dann kann sie ggf. die Verspätung entschuldigen. 320

Entschuldigt die Partei die Fristversäumung, darf eine Zurückweisung selbst bei Verzögerung des Rechtsstreits nicht erfolgen. Da das Gesetz einen besonderen Verschuldensmaßstab nicht vorsieht, **reicht allerdings bereits einfache Fahrlässigkeit aus, um eine Zurückweisung zu rechtfertigen** (*GMP* § 56 Rz. 28). **Die Partei muss sich insbesondere das Verschulden ihres Prozessbevollmächtigten über § 85 Abs. 2 ZPO zurechnen lassen.** Entschuldigungsgründe sind von der Partei schlüssig vorzutragen und bei Aufforderung durch das Gericht gem. § 294 ZPO glaubhaft zu machen. 321

L. Urteils- und Beschlussverfahren

322 Die Entscheidung über die Zurückweisung verspäteten Vorbringens trifft die Kammer unter Einschluss der ehrenamtlichen Richter. Sie ist in den Urteilsgründen darzulegen und zu begründen. Sie ist nicht isoliert, sondern nur zusammen mit dem Urteil im Wege der Berufung anfechtbar.

323 Zu Recht zurückgewiesenes Vorbringen des ArbG kann auch im Berufungsverfahren nicht mehr berücksichtigt werden, § 67 Abs. 1 ArbGG, § 531 Abs. 1 ZPO.

> Eine Partei, die einer Auflage in der gesetzten Frist nicht nachgekommen ist, kann eine Zurückweisung ihres Vorbringen als verspätet dadurch umgehen, dass sie sich in die Säumnis flüchtet, d. h. im Kammertermin nicht erscheint oder nicht verhandelt, sodass ein Versäumnisurteil gegen sie ergeht. In diesem Falle ist es prozessual zulässig, dass sie mit dem Einspruch gegen das Versäumnisurteil verspätete Angriffs- oder Verteidigungsmittel bei Gericht vorbringt, § 340 Abs. 3 ZPO. Das Gericht muss dann im Rahmen der §§ 55, 56 ArbGG das Vorbringen berücksichtigen, sofern dies im Hinblick auf die Anberaumung des neuen notwendig werdenden Kammertermins möglich ist. Hierbei ist zu berücksichtigen, dass die säumige Partei keinen Anspruch darauf hat, einen weit entfernten Kammertermin zu erhalten (*Zöller/Herget* § 340 Rz. 8 m. w. N.). Die Alternative besteht darin, den Tatsachenvortrag in erster Instanz gar nicht mehr vorzubringen, sondern erst in zweiter Instanz. In diesem Falle kann eine Zurückweisung des Vorbringens in der ersten Instanz nicht mehr erfolgen, sodass auch keine Bindungswirkung nach § 67 Abs. 1 ArbGG für die Berufungsinstanz entsteht. Bestehen bleibt allerdings die Gefahr der Zurückweisung unter den Voraussetzungen der §§ 67 Abs. 2 ArbGG.

cc) Einholung von amtlichen Auskünften und Urkunden

324 Nach § 56 Abs. 1 Nr. 2 ArbGG kann der Vorsitzende vor dem Kammertermin Behörden oder Träger eines öffentlichen Amtes um Vorlage von Urkunden oder um Erteilung amtlicher Auskünfte bitten. Es handelt sich hierbei um ein selbstständiges Beweismittel, welches die Vernehmung von Personal der Behörden im Rahmen einer Zeugen- oder Sachverständigenvernehmung ersetzt.

dd) Anordnung des persönlichen Erscheinens

325 Auch für den Kammertermin kann das persönliche Erscheinen der Parteien nach § 56 Abs. 1 Nr. 3 ArbGG angeordnet werden (zu den Einzelheiten s. o. L/Rz. 223 ff.).

ee) Vorsorgliche Ladung von Zeugen und Sachverständigen

aaa) Anordnung der Ladung

326 Von erheblicher Bedeutung für die Beschleunigung des Verfahrens ist die Möglichkeit des Vorsitzenden, bereits vor dem Kammertermin durch Verfügung gem. § 56 Abs. 1 Nr. 4 ArbGG Zeugen, auf die sich eine Partei bezogen hat, oder Sachverständige zur mündlichen Verhandlung zu laden sowie eine Anordnung nach § 378 ZPO zu treffen. Die vorsorgliche Ladung der Zeugen hat zum Ziel, eine evtl. notwendig werdende Beweisaufnahme unmittelbar im ersten Kammertermin gem. § 58 Abs. 1 S. 1 ArbGG durchführen zu können.

327 Die Bestimmungen des § 377 Abs. 1 und 2 ZPO sind bei der Ladung zu beachten. **Insbesondere ist der Gegenstand der Vernehmung bereits in der Ladung mitzuteilen**

sowie der Zeuge über die Säumnisfolgen nach § 380 ZPO zu belehren. Ansonsten können gegen ihn im Fall eines unentschuldigten Ausbleiben keine Ordnungsmaßnahmen verhängt werden (*GMP* § 56 Rz. 15).

Die Möglichkeit der Zuladung von Zeugen **für nach den Schriftsätzen erheblichen** 328 **und streitig gebliebenen Sachverhalt** wird von den Vorsitzenden unterschiedlich genutzt.

Einige Vorsitzende bevorzugen es, erst im Kammertermin einen förmlichen Beweisbeschluss (§§ 358 ff. ZPO) zu erlassen und einen eigenen Beweistermin anzuberaumen (§ 268 ZPO).

Damit wird das Beweisthema für alle Beteiligten genauer präzisiert, sodass sie sich 329 vorbereiten können, es entsteht kein Zeitdruck im ersten Kammertermin, sofern noch weitere Rechtsstreite am Terminstag anstehen, und es besteht nicht die Gefahr, dass wegen der Anwesenheit der Zeugen im Hinblick auf die anfallende Beweisgebühr nach § 31 Nr. 3 BRAGO Prozessbevollmächtigte die Durchführung einer Beweisaufnahme unbedingt anstreben und deswegen Einigungsmöglichkeiten davor boykottieren.

Nach den Erfahrungen des Verfassers ist es hingegen, sofern es sich nicht um sehr um- 330 fangreiche und komplizierte Beweisaufnahmen handelt, sinnvoll, Zeugen zum ersten Kammertermin zuzuladen. Zwar erwachsen den Parteien dadurch ggf. bereits Kosten durch die Anreise von Zeugen. Jedoch dient die Möglichkeit, die Zeugen sofort vernehmen zu können, zum einen der Beschleunigung des Verfahrens, was im Interesse beider Parteien liegt und vom Gesetzgeber beabsichtigt wurde, zum anderen kann die Anwesenheit von Zeugen, auf die sich die Parteien bezogen haben, einen nicht zu unterschätzenden Einigungsdruck auf die Parteien ausüben, sich vielleicht im Kammertermin doch noch gütlich zu einigen. Dies gilt insbesondere dann, wenn sich die Parteien über die möglichen Aussagen der von ihnen benannten Zeugen nicht sicher sind. Zur Präzisierung des Beweisthemas kann noch im Kammertermin bei Bedarf ein eigener Beweisbeschluss nach den §§ 358 ff. ZPO ergehen.

Die vorsorgliche Zuladung von Sachverständigen hingegen sollte wegen der damit einhergehenden Kostenbelastung zurückhaltend gehandhabt werden.

bbb) Folgen des Nichterscheinens eines Zeugen oder Sachverständigen

Die Folgen des Ausbleibens eines Zeugen oder Sachverständigen richten sich nach 331 den §§ 380 ff. ZPO.

ff) Sonstige Maßnahmen

Der Vorsitzende kann neben den sich aus § 56 Abs. 1 Nr. 1–4 ArbGG ergebenden 332 Maßnahmen alle prozessual zulässigen Vorbereitungshandlungen treffen, die aus seiner Sicht geeignet und notwendig erscheinen, damit der Rechtsstreit in einem Kammertermin zu Ende geführt werden kann.

In diesem Zusammenhang wird vertreten, dass eine ohne Beweisbeschluss rein infor- 333 matorische formlose schriftliche Aufforderung an Zeugen, sich zu einer Beweisfrage analog § 377 Abs. 3 ZPO zu äußern, unzulässig sein soll (so *GMP* § 56 Rz. 16), weil eine schriftliche Beantwortung der Beweisfrage lediglich nach § 55 Abs. 4 ArbGG mittels förmlichem Beweisbeschluss möglich sein soll.

Dem kann jedenfalls dann nicht zugestimmt werden, wenn sich die Parteien mit 334 einer solchen Befragung ausdrücklich einverstanden erklärt haben. § 55 Abs. 4 Nr. 2 ArbGG regelt nur den Fall verbindlich, in dem der Vorsitzende gegen den Willen der Parteien bereits vor dem Kammertermin eine schriftliche Befragung anzuordnen gedenkt. Dafür bedarf es dann allerdings eines förmlichen Beweisbeschlusses.

335 Eine Vorabbefragung der Zeugen im Einvernehmen mit den Parteien verhilft ggf. dazu, unnötige Kosten für die Parteien aufgrund einer förmlichen Beweisaufnahme zu sparen, und dient darüber hinaus einer Beschleunigung des Verfahrens. Die im Einvernehmen mit beiden Parteien vorsorgliche informatorische Befragung von Zeugen gehört damit zu den vorbereitenden Maßnahmen i. S. d. § 56 Abs. 1 Nr. 1 ArbGG, die der Vorsitzende anordnen kann, wenn sie aus seiner Sicht dazu dient, den Rechtsstreit in einem Kammertermin beenden zu können.

Die Parteien müssen allerdings das Recht behalten, den Zeugen noch in der mündlichen Verhandlung vernehmen lassen zu dürfen.

336 Ein solches Verfahren bietet sich insbesondere bei sachverständigen Zeugen an, wenn diese glaubwürdig erscheinen und bei denen nicht zu erwarten ist, dass bei einer förmlichen Zeugenvernehmung im Kammertermin weiterer Erkenntnisstoff zu Tage kommt.

337 **Beispiel:**
In der Praxis hat sich erwiesen, dass bei Zweifeln an der Arbeitsunfähigkeit eines Arbeitnehmers eine vorherige informelle Befragung des die Arbeitsunfähigkeitsbestätigung ausstellenden Arztes, sofern der Arbeitnehmer ihn von seiner Schweigepflicht entbunden hat, eine förmliche Beweisaufnahme und Vernehmung des Arztes entbehrlich machen und zu einer gütlichen Einigung im Kammertermin zwischen den Parteien führen kann. I. d. R. sieht die beweispflichtige Partei von der förmlichen Vernehmung nach Erteilung der schriftlichen Auskunft ab, wenn diese über die Art und Weise der Feststellung der streitigen Arbeitsunfähigkeit, insbesondere ob diese aufgrund objektivierbarer Untersuchungsmethoden oder nur aufgrund subjektiver Beschwerdeäußerung des angeblich Erkrankten erfolgte, ausreichend Auskunft gibt. Nach der Auskunftserteilung ist das Prozessrisiko kalkulierbarer geworden, sodass häufig fundierte Vergleichsvorschläge seitens des Gerichts gemacht werden können und von den Parteien angenommen werden.

338 Fraglich ist, ob die Prozessbevollmächtigten bereits dann eine Beweisgebühr erhalten, wenn eine solche informelle Vorabbefragung erfolgt. Dies ist zu verneinen, da noch nicht in eine förmliche Beweisaufnahme eingetreten worden und der Gebührentatbestand des § 31 Abs. 1 Nr. 3 BRAGO damit noch nicht einschlägig ist (str. **a. A.** OLG Hamm 23.9.1972 AnwBl 1972, 279; *Gerold* u. a. § 31 Rz. 87 ff. m. w. N.).

d) **Aussetzen des Verfahrens**

aa) **Aussetzung gem. § 148 ZPO**

aaa) **Voraussetzungen**

339 Nach § 148 ZPO kann das Gericht die Aussetzung des Verfahrens anordnen, wenn die Entscheidung des Rechtsstreits ganz oder zum Teil vom Bestehen oder Nichtbestehen eines Rechtsverhältnisses abhängt, das den Gegenstand **eines anderen anhängigen Rechtsstreits** bildet. Es ist nicht möglich, über einige von mehreren mit einer Klage geltend gemachten Ansprüchen durch Teilurteil zu entscheiden, z. B. bei einem Kündigungsschutz-, einem Lohnzahlungs- und einem Weiterbeschäftigungsantrag, um

L. Urteils- und Beschlussverfahren

dann das Verfahren bezüglich der anderen Ansprüche bis zur Rechtskraft des Teilurteils auszusetzen (*LAG Rheinland-Pfalz* 10.3.1992 – 9 Ta 47/92 – n. v.), da es sich i. d. F. um dasselbe Verfahren handelt.

Eine Aussetzung ist zulässig, wenn der andere anhängige Prozess **einen rechtlichen** 340 **Einfluss** auf das auszusetzende Verfahren hat. Eine Erstreckung der Rechtskraft der anderen Entscheidung ist nicht notwendig (*LAG Düsseldorf* 15.11.1974 EzA § 148 ZPO Nr. 1).

> **Beispiel:** 341
> Hat ein Arbeitgeber einem Schwerbehinderten nach Erteilung der Zustimmung der Hauptfürsorgestelle gekündigt und erhebt dieser Kündigungsschutzklage und legt gegen den Bescheid Widerspruch ein, ist eine Aussetzung des arbeitsgerichtlichen Verfahrens nach § 148 ZPO zulässig, bis über den Widerspruch rechtskräftig entschieden worden ist, sofern die Rechtswirksamkeit der Kündigung allein hiervon abhängt (vgl. *LAG Köln* 17.3.1992 LAGE § 148 ZPO Nr. 24; zur Notwendigkeit der Zustimmung des Integrationsamtes vgl. § 85 SGB IX).

bbb) Verfahren

Die Aussetzung ist eine prozessleitende Maßnahme, die nach Gewährung von recht- 342 lichem Gehör ohne mündliche Verhandlung durch Beschluss des Vorsitzenden ergehen kann, § 55 Abs. 1 Ziffer 8 ArbGG. Der Aussetzungsbeschluss ist zu begründen. Er ist mit der sofortigen Beschwerde angreifbar, § 252 ZPO. Gegen die Ablehnung einer Aussetzung findet ebenfalls das Rechtsmittel der sofortigen Beschwerde Anwendung. Das Gericht kann nach § 150 ZPO die Aussetzungsentscheidungen jederzeit wieder aufheben und ändern.

ccc) Aussetzung bei Klage auf Weiterbeschäftigung

Streitig ist, ob Weiterbeschäftigungsansprüche, die in einem eigenen Prozess geltend 343 gemacht worden sind, nach § 148 ZPO ausgesetzt werden können, wenn in einem vorangegangenen Kündigungsschutzprozess bereits ein klagestattgebendes Urteil erlassen wurde, welches jedoch noch nicht rechtskräftig geworden ist.
Eine Aussetzung des Weiterbeschäftigungsanspruches ist im Allgemeinen ausge- 344 **schlossen**, da der Weiterbeschäftigungsanspruch von den Erfolgsaussichten der Kündigungsschutzklage abhängt und diese nach einem bereits klagestattgebenden Urteil grds. überwiegen (*BAG* 27.2.1985 EzA § 611 BGB Beschäftigungspflicht Nr. 9; *LAG Köln* 17.5.1991 LAGE § 148 ZPO Nr. 23). In diesem Falle überwiegen regelmäßig die Interessen des Arbeitnehmers an einer Weiterbeschäftigung aufgrund seines sich aus dem Arbeitsvertrag nach § 611 BGB ergebenden Anspruchs den Interessen des Arbeitgebers an einer Nichtbeschäftigung.

ddd) Aussetzung von Vergütungsklagen

Bei Vergütungsklagen ist jeweils im Einzelfall eine Ermessensentscheidung zu 345 treffen. Dabei ist zu berücksichtigen, dass grds. alle Verfahren zu beschleunigen sind, § 9 Abs. 1 ArbGG. Außerdem sieht § 62 ArbGG vor, dass arbeitsgerichtliche Urteile grds. vorläufig vollstreckbar sind und nur in Ausnahmefällen eine vorläufige Vollstreckbarkeit durch Beschluss des Gerichts aufgehoben werden kann. Zwar gilt diese Vorschrift nur für das jeweilige Verfahren, im vorliegenden Beispiel also für das Kündigungsschutzverfahren. Sie würde jedoch leer laufen, wenn trotz einem klagestattge-

L. Urteils- und Beschlussverfahren

benden Urteils im Kündigungsschutzprozess daraus abzuleitende Rechte, wie Lohnzahlungsansprüche, grds. ausgesetzt werden dürften (*LAG Düsseldorf* 22.11.1982 EzA § 148 ZPO Nr. 13; *LAG Köln* 17.12.1985 DB 1986, 440; *LAG Nürnberg* 9.7.1986 NZA 1987, 211; *LAG Hessen* 11.8.1999 – 5 Ta 513/99; **a. A.** *LAG Berlin* 2.12.1993 LAGE § 148 ZPO Nr. 28).

346 Andererseits gebieten die genannten Vorschriften der §§ 9, 61a, 62 ArbGG nicht in jedem Fall nach einem klagestattgebenden Kündigungsschutzurteil über Lohnansprüche vorab zu befinden, sodass faktisch eine Ermessensreduzierung auf Null eintreten würde (*LAG Rheinland-Pfalz* 9.5.1986 LAGE § 148 ZPO Nr. 15; *LAG Frankfurt* 4.9.1987 LAGE § 148 ZPO Nr. 18). Vielmehr ist in jedem Einzelfall abzuwägen, welche Vor- und Nachteile mit einer Aussetzung nach § 148 ZPO verbunden sind.

347 **Sinn und Zweck einer Aussetzung nach § 148 ZPO ist es, unnötige Mehrarbeit in parallel geführten Prozessen und sich widersprechenden Entscheidungen zu vermeiden.** Insbesondere dann, wenn die Zusammensetzung des Spruchkörpers bei der Kammer, die über die Kündigungsschutzklage entschieden hatte, bei der Lohnzahlungsklage eine andere ist und die Entscheidung der Berufungsinstanz über das klagestattgebende Urteil in dem Kündigungsschutzverfahren nicht mehr allzu lange aussteht, überwiegen die Interessen des Gerichts an einer Aussetzung gem. § 148 ZPO gegenüber den Interessen der klagenden Partei auf Bescheidung ihrer Lohnzahlungsklage. Dies gilt selbst dann, wenn diese derzeit von Arbeitslosengeld lebt, da auch in diesem Fall ihre Existenzsicherung gewährleistet ist (*LAG Rheinland-Pfalz* 18.1.1995 – 11 Ta 220/94 – n. v.).

eee) Aussetzung bei Massenverfahren

348 Eine Aussetzung der Verfahren gem. § 148 ZPO bei Massenverfahren ist nur mit Zustimmung der Verfahrensbeteiligten möglich, da jeweils zumindest auf einer Seite verschiedene Prozessparteien beteiligt sind, denen es nicht zuzumuten ist, den Ausgang des Verfahrens in einem für sie völlig fremden Prozess, auf den sie keinerlei Einfluss haben, abzuwarten (vgl. *LAG Düsseldorf* 15.11.1974 EzA § 148 ZPO Nr. 1). Eine Aussetzung ist hingegen sinnvoll, wenn es um Rechtsstreitigkeiten über eine Sozialplanabfindung geht und der Sozialplan selbst bereits gerichtlich angegriffen worden ist (*LAG Hamm* 22.6.1978 EzA § 148 ZPO Nr. 6).

bb) Aussetzung gem. § 149 ZPO

349 Entsteht im Laufe des Rechtsstreits der Verdacht einer strafbaren Handlung einer Partei, deren Ermittlung auf die Entscheidung von Einfluss sein könnte, kann das Gericht die Aussetzung des Verfahrens gem. § 149 ZPO anordnen, bis in dem Strafverfahren hierüber rechtskräftig entschieden worden ist. Dies ist sinnvoll, da der Staatsanwaltschaft regelmäßig im Rahmen des Amtsermittlungsgrundsatzes andere und weiter gehende Möglichkeiten zur Verfügung stehen, die Straftat zu untersuchen und aufzuklären. Der Zivilprozess ist infolge der Verhandlungsmaxime und des fehlenden präzisen Sachvortrags der Parteien zur Wahrheitsermittlung nur bedingt geeignet (*LAG Rheinland-Pfalz* 28.10.1992 – 9 Ta 202/92 – n. v.).

350 Voraussetzung einer Aussetzung gem. § 149 ZPO ist allerdings, dass die behauptete oder vermutete Straftat für die Entscheidung des Rechtsstreits erheblich ist. Ansonsten würde eine Aussetzung gem. § 149 ZPO lediglich eine **Prozessverschleppung seitens des Gerichts darstellen** (*LAG Rheinland-Pfalz* 17.1.1994 – 6 Ta 282/93 – n. v.).

L. Urteils- und Beschlussverfahren

Nach § 149 Abs. 2 ZPO können die Parteien nach einem Jahr seit der Aussetzung die 351
Fortsetzung des Verfahrens beantragen, es sei denn wichtige Gründe rechtfertigen
eine weitere Aufrechterhaltung des Aussetzungsbeschlusses.

cc) **Aussetzung aus verfassungs- oder europarechtlichen Gründen**
Eine Aussetzung des Verfahrens hat nach Art. 100 Abs. 1 GG dann zu erfolgen, wenn 352
das Gericht ein Gesetz, auf welches es bei der Entscheidung ankommt, für verfassungswidrig hält. Sofern es sich um ein Landesgesetz handelt, ist entsprechend den landesgesetzlichen Bestimmungen eine konkrete Normenkontrollklage zum Landesverfassungsgericht zu erheben.

Nach der Rechtsprechung des BAG ist auch eine Aussetzung gem. § 148 ZPO an- 353
statt einer Einleitung eines konkreten Normkontrollverfahrens nach Art. 100
Abs. 1 GG zulässig, wenn wegen der streiterheblichen gesetzlichen Bestimmungen
bereits eine Verfassungsbeschwerde beim BVerfG oder entsprechend bei einem
Landesverfassungsgericht anhängig und mit einer Entscheidung alsbald zu rechnen ist (*BAG* 28.1.1988 EzA § 148 ZPO Nr. 15).

Geht das Gericht davon aus, dass eine gesetzliche Bestimmung des europäischen Ge- 354
meinschaftsrechts, welches auf den zu entscheidenden Fall anzuwenden ist, auslegungsbedürftig ist, kann es das Verfahren aussetzen und ein Vorabentscheidungsverfahren nach Art. 234 Abs. 2 (früher Art. 177 Abs. 1) des EG-Vertrages durchführen
(zu den Einzelheiten vgl. *Blomeyer* NZA 1994, 633 ff. [635]; s. u. M/Rz. 157 ff.).

e) **Prozessverbindung und Prozesstrennung**
Die Möglichkeit, mehrere Prozesse zu verbinden bzw. mehrere Klageanträge oder 355
eine Klage und eine Widerklage zu trennen, bestimmt sich nach den §§ 145, 147
ZPO i. V. m. § 46 Abs. 2 ArbGG.

f) **Akteneinsicht**
Das Recht der Akteneinsicht bestimmt sich nach § 299 ZPO i. V. m. § 46 Abs. 2 356
ArbGG.
Immer wieder kommt es in der Praxis vor, dass Rechtsanwälte, die im Gütetermin
noch nicht vertreten waren, sich nachträglich bestellen und Akteneinsicht sowie
eine Aktenzusendung in ihre Kanzlei beantragen. **Ein solches Recht auf Aktenversendung steht ihnen allerdings nicht zu,** da insofern ein zu hohes Risiko besteht,
dass die Akte im Postverkehr verloren geht (vgl. *Zöller/Greger* § 299 Rz. 4 a m. w. N.).
Ihnen steht lediglich ein Einsichtsrecht an der Geschäftsstelle zu. Regelmäßig
dürfte es allerdings ermessensgerecht sein, wenn das Gericht einem Rechtsanwalt
als Organ der Rechtspflege, aber auch einem Verbandsvertreter, die Akten in seine Büroräume mitgibt, sofern diese durch Boten abgeholt und wieder gebracht werden.
Streitig ist, ob die Bundesanstalt für Arbeit nach Abschluss eines Kündigungs- 357
schutzprozesses grds. ein Akteneinsichtsrecht über Art. 35 Abs. 1 GG hat (so
Schaub ArbGVerf § 33 Rz. 7). Einem solchen generellen Akteneinsichtsrecht steht
das Recht auf informationelle Selbstbestimmung der Betroffenen aus Art. 1, 2 GG
entgegen (*BVerfG* 15.12.1983 NJW 1984, 419). Durch eine Aktenübersendung
kann je nach Akteninhalt in den Schutzbereich des allgemeinen Persönlichkeitsrechts
eingegriffen werden, wenn die Akte im Einzelfall Angaben enthält, die die Intim-
oder Privatsphäre der Parteien, der Zeugen oder der Sachverständigen betreffen.

L. Urteils- und Beschlussverfahren

358 Soweit ein Grundrechtseingriff durch eine Akteneinsicht der Bundesanstalt für Arbeit vorliegen würde, ist eine Zustimmung der Betroffenen zur Akteneinsicht notwendig (vgl. *Dörner* NZA 1989, 950 ff.), auch wenn dies verschiedentlich in der Praxis anders gehandhabt wird.

359 Über den Antrag auf Akteneinsicht entscheidet der Direktor/Präsident des Gerichts in seiner Funktion als Behördenleiter. Während eines laufenden Rechtsstreits ist diese Entscheidungsbefugnis i. d. R. auf den Kammervorsitzenden delegiert. Außenstehenden Dritten gegenüber, also nicht am Verfahren Beteiligten, stellen sich die Entscheidungen über die Anträge auf Akteneinsicht als Justizverwaltungsakte dar (bezüglich bestehender Rechtsschutzmöglichkeiten über § 23 EGGVG vgl. *Zöller/Greger* § 299 Rz. 6).

g) Information der ehrenamtlichen Richter
360 Der Vorsitzende hat vor dem Kammertermin die ehrenamtlichen Richter über den Sach- und Streitstand der zu verhandelnden Rechtsfälle zu informieren (s. o. K/97 ff.).

10. Der Kammertermin

a) Ablauf
361 Der Ablauf des Kammertermins bestimmt sich über § 46 Abs. 2 S. 1 ArbGG nach den §§ 445 ff. ZPO.

aa) Allgemeines
362 Der Vorsitzende ruft die Sache auf und eröffnet damit die Verhandlung, welche er auch leitet, § 136 Abs. 1 ZPO. Die ZPO sieht zwar in § 137 Abs. 1 ZPO vor, zunächst die Anträge zu stellen, es erscheint jedoch sinnvoll, zunächst in den Sach- und Streitstand einzuführen. Hierbei kann der Vorsitzende die Parteien im Rahmen seiner Hinweispflicht nach § 139 Abs. 2 ZPO auf rechtliche Gesichtspunkte hinweisen, die eine Partei übersehen oder für unerheblich gehalten hat, sowie auf Mängel im tatsächlichen Vorbringen, z. B. bei gestellten Beweisanträgen oder der Formulierung der Anträge.

363 Nach einer solchen Einführung ist ggf. noch eine gütliche Einigung des Rechtsstreits, die gem. § 57 Abs. 2 ArbGG auch im Kammertermin angestrebt werden soll, möglich oder der Kläger kann bei Aussichtslosigkeit seiner Klage zu einer Klagerücknahme bewegt werden, ohne dass es hierfür einer Zustimmung des Beklagten, wie nach Stellung der Anträge, § 269 Abs. 1 ZPO, bedarf. Gerichtskosten fallen i. d. F. keine an, Nr. 9112 des GV zu § 12 Abs. 1 ArbGG.

364 Im Rahmen der Einführung hat der Vorsitzende die aus seiner Sicht tatsächlich und rechtlich relevanten Gesichtspunkte anzusprechen, damit die Parteien ihren Vortrag hierauf einstellen können. Sodann ist den Parteien Gelegenheit zur Stellungnahme zu geben, damit ihr Anspruch auf rechtliches Gehör gewahrt wird. Der Umfang der Stellungnahme der Partei steht in ihrem Ermessen.

365 Kommt es danach nicht zu einer gütlichen Einigung, sind die Anträge durch die Parteien zu stellen, wobei ein Verweis auf bereits schriftlich vorbereitete und in den Pro-

zessakten befindliche Anträge zulässig ist, § 297 ZPO. Die Anträge sind in das Protokoll aufzunehmen, § 160 Abs. 3 Nr. 2 ZPO.

bb) Verhandlung zur Sache
Die Stellung der Anträge selbst ist noch keine Verhandlung zur Sache. Diese wird erst durch eine Sacherörterung eingeleitet, sodass eine Partei, die lediglich ihre Anträge stellt und sich dann weigert, zur Sache Stellung zu beziehen, als säumig anzusehen ist (*GMP* § 57 Rz. 8). Finden ausnahmsweise mehrere Kammertermine statt, bei denen die Richterbank unterschiedlich besetzt ist, müssen die Anträge erneut verlesen werden (*BAG* 16.12.1970 AP Nr. 1 zu § 208 ZPO; *GMP* § 57 Rz. 8). 366

§ 57 ArbGG sieht vor, dass die Verhandlung möglichst in einem Termin zu Ende zu führen ist. Dies ist im Arbeitsgerichtsprozess auch die Regel. Nur ausnahmsweise, insbesondere wenn eine Beweisaufnahme nicht sofort stattfinden kann, ist ein zweiter Kammertermin anzuberaumen, der sich nach dem Gesetz »alsbald anschließen soll«. Dem Vorsitzenden obliegt daher die Verpflichtung, den Kammertermin so vorzubereiten, z. B. durch Erlass eines vorsorglichen Beweisbeschlusses gem. § 55 Abs. 4 ArbGG und durch vorbereitende Maßnahmen gem. § 56 Abs. 1 ArbGG (s. o. L/Rz. 306 ff.), dass die streitige Verhandlung in einem Termin erledigt und eine notwendige Beweisaufnahme schon im ersten Kammertermin durchgeführt werden kann. 367

cc) Vertagung des Kammertermins
Gem. § 57 Abs. 1 ArbGG ist der Kammertermin möglichst in einem Termin zu Ende zu führen. **Eine Vertagung kommt nur ausnahmsweise in Betracht.** § 227 Abs. 1 ZPO nennt Gründe, die im ordentlichen Verfahren nicht zu einer Vertagung führen sollen. Diese gelten erst recht im arbeitsgerichtlichen Verfahren. **Auch eine einvernehmliche Vertagung auf Antrag beider Parteien braucht und soll das Gericht grds. nicht folgen** (*GMP* § 57 Rz. 19). 368

Eine Vertagung erscheint im Hinblick auf § 57 Abs. 2 ArbGG, der die Erzielung einer gütlichen Einigung in den Vordergrund stellt, dann angemessen, wenn noch eine gütliche Einigung zwischen den Parteien möglich erscheint, wobei das Vorbringen, die Parteien würden sich noch in Vergleichsverhandlungen befinden, allein nicht ausreicht. Es müssen schon konkrete Anhaltspunkte dafür vorgetragen werden, aus denen sich die Möglichkeit eines Vergleichsabschlusses oder einer anderweitigen gütlichen Einigung ergibt. 369

Ansonsten kommt eine Vertagung in Betracht, wenn entweder tatsächlich oder rechtlich neue Gesichtspunkte im Kammertermin auftreten, die es erfordern, dass sich entweder das Gericht nochmals kundig machen oder den Parteien im Hinblick auf die Gewährung des rechtlichen Gehörs noch eine Stellungnahmefrist eingeräumt werden muss. 370

Nach § 57 Abs. 1 ArbGG liegt ein Vertagungsgrund vor, wenn eine Beweisaufnahme nicht sofort durchgeführt werden kann, z. B. wenn ein notwendiger Zeuge trotz vorsorglicher Ladung gem. § 56 Abs. 1 ArbGG nicht zum Kammertermin erschienen ist. In diesem Fall ist sofort Termin zur Fortsetzung der Verhandlung zu bestimmen, § 57 Abs. 1 S. 2 ArbGG. **Die Entscheidung trifft die Kammer im Ganzen unter Einschluss der ehrenamtlichen Richter,** § 227 Abs. 2 ZPO. Sie ist kurz zu begründen und unanfechtbar, § 227 Abs. 2 S. 3 ZPO. 371

Nur ganz ausnahmsweise kann die Kammer beschließen, den Fortsetzungstermin erst später von Amts wegen festzusetzen, der dann vom Vorsitzenden alleine be- 372

L. Urteils- und Beschlussverfahren

stimmt wird. Dies ist nur dann zulässig, wenn dringende Gründe einer sofortigen Terminanberaumung entgegenstehen, z. B. wenn im Rahmen einer notwendig durchzuführenden Beweisaufnahme ein Sachverständigengutachten eingeholt werden muss und nicht absehbar ist, wann dieses erstellt worden sein wird.

dd) Beweisaufnahme

373 Sofern die Beweismittel vorhanden sind, ist eine ggf. notwendig werdende Beweisaufnahme durchzuführen. Danach ist den Parteien Gelegenheit zu geben, sich zur Beweisaufnahme zu äußern, und nochmals ein Versuch, eine gütliche Einigung zu erzielen, durchzuführen. Scheitert auch dieser, hat das Gericht eine Endentscheidung zu treffen.

b) Zurückweisung von verspätetem Parteivorbringen

aa) Zurückweisung gem. §§ 56 Abs. 2, 61a Abs. 5 ArbGG

374 Eine Zurückweisung ist unter den Voraussetzungen des §§ 56 Abs. 2, 61a Abs. 5 ArbGG möglich, wenn der Vorsitzende bei der Vorbereitung der streitigen Verhandlung den Parteien Auflagen gem. §§ 56 Abs. 1 Nr. 1 bis 4 bzw. 61a Abs. 3, Abs. 4 ArbGG gemacht hat (zu den Voraussetzungen s. o. L/Rz. 309 ff.).

bb) Zurückweisung gem. § 296 ZPO

375 Eine Zurückweisung nach § 296 Abs. 1 ZPO findet im Arbeitsgerichtsprozess nicht statt, da die §§ 273 bis 277 ZPO durch die spezielleren Vorschriften der §§ 56, 61a ArbGG verdrängt werden (*Schaub* ArbGVerf § 39 Rz. 3).
Eine Zurückweisung nach § 296 Abs. 2 ZPO i. V. m. § 46 Abs. 2 ArbGG ist möglich, wenn eine Partei entgegen § 282 Abs. 1 ZPO ihre Angriffs- und Verteidigungsmittel nicht rechtzeitig vorgebracht oder gem. § 282 Abs. 2 ZPO nicht rechtzeitig schriftsätzlich vorgetragen hat. § 282 ZPO enthält eine allgemeine Prozessförderungspflicht der Parteien, die auch im Arbeitsgerichtsprozess Anwendung findet. Voraussetzung ist, dass der Vorsitzende den Parteien aufgegeben hat, durch Schriftsätze den Kammertermin vorzubereiten, § 129 Abs. 2 ZPO, was regelmäßig geschieht.

376 **Im Rahmen des § 282 Abs. 2 ZPO ist eine Fristsetzung durch das Gericht nicht erforderlich.** Sofern Fristen gesetzt werden, dürfen sie nicht zu kurz bemessen sein, sodass die Partei, insbesondere wenn ein Prozessbevollmächtigter vorhanden ist, ausreichend Zeit hat, sich zu beraten und ihren Vortrag bei Gericht anzubringen. Regelmäßig ist eine Frist von mindestens 14 Tagen einzuhalten, ansonsten dürfte eine Zurückweisung wegen Verspätung unzulässig sein (*GMP* § 57 Rz. 15).

377 Verspätetes Vorbringen kann das Gericht zurückweisen, muss es allerdings nicht. Ihm steht insofern ein Ermessen zu. Selbst wenn ermessenswidrig verspätetes Vorbringen zugelassen wird und der Rechtsstreit dadurch verzögert werden sollte, kann hierauf ein Rechtsmittel nicht gestützt werden (*BAG* 31.10.1984 AP Nr. 3 zu § 42 TVAL II).

> Vorbringen, das nach § 46 Abs. 2 ArbGG i. V. m. § 296 Abs. 2 ZPO oder nach §§ 61a Abs. 5, 56 Abs. 2 ArbGG in erster Instanz zu Recht zurückgewiesen worden ist, kann auch in der zweiten Instanz nicht mehr vorgebracht werden, § 67 Abs. 1 ArbGG, § 531 Abs. 1 ZPO (s. o. L/Rz. 314 ff.).

L. Urteils- und Beschlussverfahren

Bei einer Zurückweisung verspäteten Vorbringens nach den §§ 296 Abs. 2 ZPO i. V. m. 282 Abs. 1, Abs. 2 ZPO bedarf es keiner vorherigen Belehrung der Parteien (*LAG Köln* 10.7.1974 AP Nr. 2 zu § 528 ZPO).

Verspätete Rügen, die die Zulässigkeit der Klage betreffen, sind vom Gericht zu beachten, da es sich bei der Zulässigkeit der Klage um eine Prozessvoraussetzung handelt, die das Gericht in jeder Phase des Verfahrens zu prüfen hat. Eine Zurückweisung gem. § 296 Abs. 3 ZPO kommt daher grds. nicht in Betracht (*Schaub* ArbGVerf § 39 Rz. 5; a. A. MünchArbR/*Brehm* § 390 Rz. 57). 378

c) Besonderheiten des Beweisverfahrens im Arbeitsgerichtsprozess

§ 58 ArbGG enthält einige Sonderregelungen bezüglich des Beweisverfahrens. Ansonsten finden über § 46 Abs. 2 ArbGG die allgemeinen Vorschriften der ZPO über das Beweisverfahren sowie die allgemeinen Grundsätze der Beweiswürdigung und der Beweislast entsprechend Anwendung (§§ 284 bis 294, §§ 355 ff. ZPO). 379

aa) Stellung der Beweisanträge

Der Beweis wird durch tatsächliche Behauptung einer zu beweisenden Tatsache und Benennung des Beweismittels angetreten. Hierbei muss das Beweisthema genau bezeichnet und das entsprechende Beweismittel genau benannt werden. Insbesondere beim Zeugenbeweis, § 373 ZPO, ist der Zeuge namentlich unter Angabe der ladungsfähigen Anschrift und des Beweisthemas zu benennen und, sofern es sich um innere Tatsachen in der Person eines Dritten handelt, **schlüssig darzulegen, weswegen der Zeuge ein geeignetes Beweismittel ist** (*Zöller/Greger* vor § 284 ZPO Rz. 5a). 380

Eine Zeugenbenennung unter der Bezeichnung »**Zeuge NN**« stellt keinen zulässigen Beweisantritt dar. Das Gericht ist auch nicht verpflichtet, nach § 356 ZPO der Partei unter Fristsetzung eine genaue Bezeichnung des Beweismittels aufzugeben. Unsubstantiierte Behauptungen oder Vermutungen stellen einen unzulässigen Ausforschungsbeweis dar. Gleiches gilt für eine Tatsachenbehauptung »ins Blaue hinein«, die zum Ziel hat, eigenen Sachvortrag durch die Aussage des Zeugen zu ersetzen (*Zöller/Greger* vor § 284 Rz. 5). 381

> **Beispiel 1 für einen unzulässigen Beweisantritt:** 382
> »Der Beklagte hat dem Kläger einen Vorschuss in Höhe von 500 Euro auf seinen Mailohn gezahlt, Zeuge XY«.
> In diesem Fall ist der Tatsachenvortrag unsubstantiiert, da nicht dargelegt wurde, wann und wo dem Kläger ein Vorschuss gezahlt worden sein soll. Richtig lautet der Beweisantrag daher:
> »Dem Kläger ist am 3.4.1995 im Büro des Geschäftsführers gegen 10 Uhr im Beisein des Zeugen XY ein Vorschuss in Höhe von 500 Euro gezahlt worden, Beweis Zeuge XY«.
>
> **Beispiel 2:**
> »Die Betriebsratsanhörung wurde ordnungsgemäß durchgeführt, Beweis Betriebsratsvorsitzender X«.
> Auch dieser Sachvortrag ist unsubstantiiert. Es handelt sich noch nicht einmal um eine konkrete Tatsachenbehauptung, sondern um eine Rechtsbehauptung. Es ist im Einzelnen darzulegen, welche Informationen dem Betriebsratsvorsitzenden wann, in welcher Form und im Zweifel auch wo zugängig gemacht worden sind. Richtig: »Dem Betriebsratsvorsitzenden X wurden am 31.5.1995 gegen 10 Uhr die

L. Urteils- und Beschlussverfahren

> persönlichen Daten des Klägers, der verhaltensbedingte Kündigungsgrund (Alkoholisierung am Arbeitsplatz am 27.5.1995), die bereits am 1.4.1995 und 2.2.1995 ausgesprochenen einschlägigen Abmahnungen sowie die Einlassung des Klägers beim Personalleiter am 28.5.1995 im Büro des Personalleiters mitgeteilt. Beweis: Betriebsratsvorsitzender X, Personalleiter P«.

bb) Anordnung der Beweisaufnahme

383 Wird eine Beweisaufnahme nötig, ordnet das Gericht die Beweisaufnahme an. Dies geschieht entweder durch Beweisbeschluss der Kammer im Kammertermin nach den §§ 358, 358a, 359 ZPO oder, was insbesondere bei der Vernehmung von Zeugen, die bereits im Wege einer prozessleitenden Verfügung des Vorsitzenden gem. § 56 Abs. 1 Nr. 4 ArbGG vorsorglich geladen wurden, die Regel ist, formlos in der mündlichen Verhandlung nach § 278 Abs. 2 S. 1 ZPO. Eines besonderen Beweisbeschlusses bedarf es in diesem Falle nicht (*GMP* § 58 Rz. 42).

384 Sofern ein förmlicher Beweisbeschluss nach § 358 ZPO notwendig wird oder aus Sicht des Gerichts sinnvoll erscheint, z. B. um das Beweisthema eindeutig abzugrenzen und eine Ausforschung zu verhindern (s. o. L/Rz. 329 f.), erlässt ihn die Kammer im Ganzen unter Einschluss der ehrenamtlichen Richter.

cc) Durchführung der Beweisaufnahme

aaa) Kein Kostenvorschuss

385 Im Arbeitsgerichtsverfahren werden keine Kostenvorschüsse erhoben, § 12 Abs. 4 ArbGG. Sind die Zeugen oder Sachverständigen selbst mittellos, können sie zur Wahrnehmung des Termins Kostenvorschüsse gem. § 14 ZSEG beantragen.

bbb) Unmittelbarkeit der Beweisaufnahme

386 Nach § 58 Abs. 1 S. 1 ArbGG hat die Beweisaufnahme grds. vor der Kammer zu erfolgen (s. o. L/Rz. 297 ff.).
Wird ausnahmsweise nach Durchführung einer Beweisaufnahme nicht eine Beendigung des Rechtsstreits herbeigeführt, z. B. weil noch eine weitere Beweisaufnahme notwendig ist, muss das Gericht im neuen Termin nicht in der gleichen Besetzung wie bei der Durchführung der ersten Beweisaufnahme tätig werden und die Entscheidung treffen. Ein Besetzungswechsel der Kammer in der gleichen Sache bei mehreren Kammerterminen ist zulässig, auch wenn damit der Grundsatz der Unmittelbarkeit beeinträchtigt scheint. Dies ist im arbeitsgerichtlichen Verfahren oftmals gar nicht anders möglich, da die Hinzuziehung der ehrenamtlichen Richter nach bestimmten Sitzungstagen und nicht nach den jeweiligen zu entscheidenden Rechtsfällen erfolgt (*GMP* § 58 Rz. 46; s. o. K/100 ff.).

ccc) Vereidigung von Zeugen und Sachverständigen

387 Nach § 58 Abs. 2 S. 1 ArbGG findet eine Vereidigung von Zeugen und Sachverständigen nur ganz ausnahmsweise statt, wenn dies die Kammer im Hinblick auf **die Bedeutung des Zeugnisses** für die Entscheidung des Rechtsstreits für notwendig erachtet. Gleiches gilt im Falle der schriftlichen Anhörung eines Zeugen gem. § 377 Abs. 3, 4 ZPO, § 58 Abs. 2 S. 2 ArbGG.

Eine Vereidigung zur Herbeiführung einer wahrheitsgemäßen Aussage ist im Arbeitsgerichtsverfahren nicht zulässig (*BAG* 5.11.1992 NZA 1993, 308, 310).

Eine durchgeführte Zeugenvernehmung, Vernehmung eines Sachverständigen oder einer Partei sowie das Ergebnis eines Augenscheins ist im Sitzungsprotokoll zu vermerken, § 160 Abs. 3 Nr. 4 und 5 ZPO. 388

dd) Einzelfälle zum Anscheinsbeweis
Beim Anscheinsbeweis wird die allgemeine Lebenserfahrung im Rahmen der freien Beweiswürdigung für die Frage des Vorliegens einer Tatsache oder eines Umstandes herangezogen. Er berührt grds. nicht die Beweislastverteilung. In der Praxis kommt er insbesondere bei dem Beweis der Kausalität und des Verschuldens im Schadensersatzprozess zur Anwendung. 389

Er setzt voraus, dass ein typischer Geschehensablauf, d. h. ein sich aus der Lebenserfahrung bestätigender gleichförmiger Vorgang vorliegt, weswegen es sich aus den bislang erworbenen »Erfahrungen« erübrigt, jeden einzelnen tatsächlichen Umstand des Geschehens nachweisen zu müssen. 390

Der Anscheinsbeweis selbst kann durch einen Gegenbeweis, der lediglich den Anschein und damit den Erfahrungssatz erschüttern braucht, widerlegt werden, sodass die beweisbelastete Partei nach den Regeln der Beweislastverteilung nunmehr ihre Behauptung förmlich beweisen muss. 391

In der arbeitsgerichtlichen Rechtsprechung ist der Anscheinsbeweis z. B. bejaht worden: 392
– Diskriminierung aus geschlechtsspezifischen Gründen (*BAG* 11.1.1973 EzA Art. 3 GG Nr. 1);
– Vorliegen einer Fortsetzungserkrankung (*BAG* 4.12.1985 EzA § 63 HGB Nr. 40);
– Kündigung erfolgt während bestehender Arbeitsunfähigkeit auch wegen dieser (*BAG* 20.8.1980 EzA § 6 LFZG Nr. 14);
– Nachweis der Ursächlichkeit des Nichtanlegens eines Sicherheitsgurtes für eine bei einem Verkehrsunfall erlittene Verletzung (*LAG Berlin* 18.7.1979 DB 1979, 2281);
– Eigenes Verschulden einer Arbeitsunfähigkeit bei Teilnahme an einer Schlägerei (*LAG Düsseldorf* 30.9.1977 DB 1978, 215);
– Ursächlichkeit eines Streiks für während dieser Zeit beim Arbeitgeber entstandene Vermögensschäden (*BAG* 20.12.1963 AP Nr. 32 zu Art. 9 GG Arbeitskampf);
– Verschulden des Fahrers bei Abkommen von übersichtlicher und gut ausgebauter Fahrbahn (*BAG* 13.3.1968 EzA § 282 BGB Nr. 2).
Anscheinsbeweis wurde z. B. verneint:
– Grad des Verschuldens, also ob grobe oder einfache Fahrlässigkeit vorgelegen hat (*BAG* 13.3.1968 AP Nr. 42 zu § 611 BGB Haftung des Arbeitnehmers);
– Kausalität des Misserfolges der Stellensuche eines leitenden Angestellten wegen verzögerte Aushändigung eines Zeugnisses (*BAG* 25.10.1967 AP Nr. 6 zu § 73 HGB);
– Prognose der Gesundheitsentwicklung bei langandauernder Erkrankung (*BAG* 25.11.1982 AP Nr. 7 zu § 1 KSchG 1969 Krankheit);

L. Urteils- und Beschlussverfahren

– Zugang eines mit der Post verschickten Briefes (*BAG* 14.7.1960 AP Nr. 3 zu § 130 BGB).

ee) Darlegungs- und Beweislastverteilung

393 Die Regeln der Beweislast ermöglichen es dem Gericht, eine Streitentscheidung auch bei nicht völlig aufgeklärtem oder aufklärbarem Tatsachenstoff zu treffen. Die sog. »**objektive Beweislast**« bestimmt, zu wessen Nachteil im Falle eines »non liquet« die Entscheidung zu fällen ist (*GMP* § 58 Rz. 75).

394 Von der objektiven Beweislast ist die »**subjektive Beweislast**«, d. h. die Beweisführungslast zu unterscheiden. Sie bestimmt, welcher Partei die Erbringung eines Beweises für eine behauptete Tatsache obliegt. Die Partei hat durch eigenes Tätigwerden den Beweis der streitigen Tatsache durch Benennung und Herbeischaffung der notwendigen Beweismittel zu führen.

395 Die **Beweislastverteilung** ergibt sich teilweise unmittelbar aus dem Gesetz, z. B. aus § 179 Abs. 1 BGB, § 1 Abs. 3 letzter Satz KSchG. Teilweise kann sich die Beweislastverteilung aus der sprachlichen Formulierung eines Gesetzes ergeben, z. B. wenn ein Regel-Ausnahmetatbestand normiert wird. In diesem Fall trägt derjenige, der sich auf den Ausnahmetatbestand beruft, für das Vorliegen dieser tatsächlichen Voraussetzungen die Beweislast.

396 Sofern das Gesetz das Vorliegen einer Vermutung festschreibt, z. B. in § 611a Abs. 1 S. 3 BGB, braucht die Partei, die sich auf die Vorschrift stützt, nur diejenigen Tatsachen zu beweisen, aus denen sich »im Zweifel« die normierte Rechtsfolge ergibt. **Es müssen also die Tatsachen bewiesen werden, an die die gesetzliche Vermutung anknüpft.** Bei dispositiven Rechtsnormen trägt diejenige Partei die Beweislast, die eine von der Rechtsnorm abweichende Sondervereinbarung, sei es einzel- oder kollektivvertraglich, behauptet, vgl. z. B. § 622 Abs. 3, Abs. 5 BGB.

397 **Führt die Formulierung der gesetzlichen Bestimmung nicht weiter, gilt der Grundsatz, dass jede Partei die für sie günstigen Umstände, d. h. die Anwendung der für sie günstigen Rechtsnorm darzulegen und zu beweisen** hat. Ein Kläger hat daher die Voraussetzungen der klagebegründenden Norm, ein Beklagter die Voraussetzungen einer rechtsverhindernden, -vernichtenden oder -hemmenden Norm darzulegen und zu beweisen.

398 In Abweichung von dieser Grundregel hat die Rechtsprechung im Wege der richterlichen Rechtsfortbildung Fälle der Beweislastumkehr gebildet (vgl. *GMP* § 58 Rz. 82 bis 84). Dies ist in den Fällen gerechtfertigt, in denen der Gegner der beweisbelasteten Partei es durch Handlungen oder Unterlassungen in der Hand hat, die Beweisführung der beweisbelasteten Partei zu vereiteln.

aaa) Beispiele aus dem Individualarbeitsrecht

(1) Inhalt der arbeitsvertraglichen Vereinbarung

399 – Den Abschluss, die Beendigung, eine Änderung oder die Befristung eines Arbeitsvertrages hat derjenige darzulegen und zu beweisen, der sich darauf beruft (*GMP* § 58 Rz. 91).
– Eine Nettolohnvereinbarung hat der Arbeitnehmer darzulegen und zu beweisen (*BAG* 18.7.1971 EzA § 611 BGB Nettolohn/Lohnsteuer Nr. 2), Gleiches gilt für die Höhe der Vergütung. Eine Vereinbarung, wonach die Arbeitsleis-

tung unentgeltlich erbracht werden sollte, hat der Arbeitgeber darzulegen und zu beweisen.

(2) Entlohnung

- Geleistete Überstunden sind sowohl hinsichtlich ihrer Lage, Anordnung durch den Arbeitgeber und Anzahl vom Arbeitnehmer darzulegen und zu beweisen (*LAG Köln* 4.2.1994 LAGE § 253 ZPO Nr. 3; *BAG* 25.11.1993 EzA § 253 ZPO Nr. 14). Dass Überstunden bereits mit dem normalen Gehalt abgegolten sind, hat der Arbeitgeber darzulegen und zu beweisen. **400**
- Einen gezahlten Vorschuss hat der Arbeitgeber zu beweisen, dass ein unstreitig gezahlter Vorschuss durch Arbeitsleistung verdient worden ist, der Arbeitnehmer (*BAG* 28.6.1965 EzA § 87 HGB Nr. 1).
- Eine Entreicherung bei einer Gehaltsüberzahlung gem. § 818 Abs. 3 BGB hat grds. der Arbeitnehmer darzulegen und zu beweisen. Allerdings kann er sich auf den Anscheinsbeweis berufen, sofern es sich um eine geringfügige Überzahlung handelt und aufgrund der Lebenssituation des Arbeitnehmers damit zu rechnen ist, dass ein alsbaldiger Verbrauch der Überzahlung für die laufenden Kosten des Lebensunterhaltes anzunehmen ist (*BAG* 18.1.1995 § 818 BGB Nr. 8).
- Die Anwendbarkeit tarifvertraglicher Regelungen und damit auch deren Wirksamkeit hat derjenige zu beweisen, der sich auf sie beruft (*Schaub ArbGVerf* § 36 Rz. 33). Die Tatbestandsmerkmale, die eine Eingruppierung in die begehrte Vergütungsgruppe rechtfertigen, muss daher der Arbeitnehmer darlegen und beweisen.

(3) Abmahnung

Den Pflichtenverstoß, der zur Abmahnung führt, hat der Arbeitgeber im Einzelnen darzulegen und zu beweisen, der Arbeitnehmer hingegen die Rechtfertigung des Pflichtenverstoßes (*LAG Bremen* 6.3.1992 NZA 1992, 694). **401**

(4) Betriebsrente

Der Arbeitgeber hat die Gründe darzulegen und zu beweisen, die gegen eine Anpassung der Betriebsrente nach § 16 BetrAVG sprechen (*BAG* 23.4.1985 EzA § 16 BetrAVG Nr. 16). **402**

(5) Diskriminierung

- Der Arbeitnehmer muss Tatsachen glaubhaft machen, woraus sich eine Diskriminierung wegen seines Geschlechts ergibt, § 611a Abs. 1 S. 3 BGB; der Arbeitgeber muss dann sachliche Gründe für seine umstrittene Entscheidung darlegen und im Zweifel beweisen (*Ascheid* Rz. 1006); **403**
- die gleiche Verteilung der Darlegungs- und Beweislast gilt hinsichtlich der Zahlung ungleichen Lohns im Falle des § 612 Abs. 3 BGB.

L. Urteils- und Beschlussverfahren

(6) Haftung des Arbeitnehmers

404
- Eine Vertragsverletzung, ein kausal verursachter Schaden und das Verschulden, sowie der Verschuldensgrad des Arbeitnehmers muss vom Arbeitgeber bewiesen
werden. § 282 BGB findet keine Anwendung (*BAG* 7.7.1970, 17.9.1998 EzA § 611 BGB Gefahrgeneigte Arbeit Nr. 1; Arbeitnehmerhaftung Nr. 64).
- Entsteht dem Arbeitgeber ein Schaden, der aufgrund der Tätigkeit einer Akkordkolonne entstanden ist, genügt es, wenn der Arbeitgeber den Schadensnachweis der Gruppe im Ganzen erbringt. Die einzelnen Arbeitnehmer
haben dann Einzelschuldentlastungsnachweise zu erbringen (*BAG* 24.4.1974 EzA § 611 BGB Arbeitnehmerhaftung Nr. 1).
- Im Fall der Mankohaftung hat der Arbeitgeber die Vertragsverletzung des Arbeitnehmers, den Bestand der Kasse, die Höhe des Mankos und den Zufluss der Gelder darzulegen und zu beweisen, der Arbeitnehmer entstandene Abflüsse aus der Kasse (*BAG* 11.11.1969 EzA § 276 BGB Nr. 21). Hat der Arbeitnehmer den alleinigen Zugang zur Kasse gehabt, muss er sich hinsichtlich seines Verschuldens exculpieren (*BAG* 6.6.1984 EzA § 282 BGB Nr. 7). In diesem Fall findet § 282 BGB ausnahmsweise Anwendung.

(7) Kündigung des Arbeitsverhältnisses

405
- Bei einer fristlosen Kündigung hat der Arbeitgeber die Kündigungsgründe und die Wahrung der sich aus § 626 Abs. 2 BGB ergebenden Kündigungsfrist darzulegen und zu beweisen. Hierzu gehört auch die Widerlegung behaupteter Rechtfertigungs- oder Entschuldigungsgründe, z. B. wenn ein Arbeitnehmer, der wegen Selbstbeurlaubung gekündigt wurde behauptet, ihm sei Urlaub bewilligt worden (*KR-Fischermeier* § 626 Rz. 381 ff., 454).
- In Arbeitsverhältnissen, in denen das KSchG Anwendung findet, hat bei der ordentlichen Kündigung der Arbeitnehmer die Beweislast dafür, dass zum Zeitpunkt der behaupteten Kündigung ein Arbeitsverhältnis bestand, dass eine Kündigung überhaupt ausgesprochen wurde, sowie das Vorliegen der persönlichen Voraussetzungen für einen Kündigungsschutz nach §§ 1, 23 KSchG (*BAG* 23.3.1984 EzA § 23 KSchG Nr. 7). Ihm obliegt der Nachweis der fehlerhaft durchgeführten Sozialauswahl gem. § 1 Abs. 3 S. 3 KSchG (s. o. D/Rz. 1479 ff.). Der Arbeitgeber hat die soziale Rechtfertigung der Kündigung i. S. d. § 1 Abs. 2 Nr. 4 KSchG, d. h. die Kündigungsgründe darzulegen und zu beweisen, die ordnungsgemäße Anhörung des Betriebsrats gem. § 102 BetrVG, das Vorliegen besonderer Bedürfnisse i. S. d. § 1 Abs. 3 S. 2 KSchG, den Zugang sowie den Zeitpunkt des Zugangs der Kündigung, eine behauptete Eigenkündigung des Arbeitnehmers bzw. die Behauptung des Abschlusses eines Aufhebungsvertrages.
- In einem Feststellungsprozess nach § 256 ZPO muss der Arbeitnehmer nur darlegen und beweisen, dass der Arbeitgeber den Fortbestand des Arbeitsverhältnisses leugnet. Dieser hat dann alle Tatsachen eines behaupteten Beendigungsgrundes darzulegen und zu beweisen (*Schaub* ArbGVerf § 36 Rz. 48).
- Eine Abweichung von den gesetzlichen Kündigungsfristen aufgrund einzelvertraglicher Vereinbarungen oder der Anwendung tarifvertraglicher Regelungen

hat derjenige zu beweisen, der sich auf die Abweichung beruft (*Schaub* ArbGVerf § 36 Rz. 51).

(8) Entgeltfortzahlung im Krankheitsfall

- Der Arbeitnehmer hat das Bestehen einer Arbeitsunfähigkeit, d. h. i. d. R. eine Krankheit darzulegen und zu beweisen, sowie die Dauer der Arbeitsunfähigkeit und die Höhe des zu zahlenden Entgelts, § 1 EFZG. Der Nachweis wird regelmäßig zunächst durch eine ärztliche Arbeitsunfähigkeitsbescheinigung erbracht. Hierbei handelt es sich um eine private Urkunde i. S. d. § 416 ZPO. Liegen allerdings Umstände vor, die ihren Beweiswert erschüttern, muss der Arbeitnehmer die zur Arbeitsunfähigkeit führende Erkrankung im Einzelnen darlegen und unter Beweis stellen, z. B. durch Zeugnis seines Arztes (s. o. C/Rz. 1643 ff.).   406
- Der Arbeitgeber muss ein Verschulden des Arbeitnehmers an der Arbeitsunfähigkeit (*BAG* 1.6.1983 EzA § 1 LohnFG Nr. 69), ein Leistungsverweigerungsrecht gem. § 5 EFZG sowie das Vorliegen einer Fortsetzungserkrankung (*BAG* 4.12.1985 EzA § 63 HGB Nr. 40) darlegen und beweisen.

(9) Urlaub

Eine doppelte Urlaubsgewährung i. S. des § 6 BUrlG hat der Arbeitgeber darzulegen und zu beweisen (*GMP* § 58 Rz. 91).   407

(10) Zeugnis

- Die Richtigkeit des Inhalts eines Zeugnisses sowohl hinsichtlich der Bewertung als auch der aufgezählten Tätigkeitsbereiche darzulegen und zu beweisen obliegt dem Arbeitgeber (*GMP* § 58 Rz. 91; s. o. F/Rz. 46 ff.).   408
- Sofern ein Arbeitnehmer einen Schadenersatzanspruch damit begründet, ihm sei ein Zeugnis falsch oder zu spät erteilt worden, muss er für den daraus entstandenen Schaden und für die Kausalität der vertraglichen Verletzung des Arbeitgebers den Beweis erbringen (*BAG* 24.3.1977 EzA § 630 BGB Nr. 9).

bbb) Beispiele aus dem Betriebsverfassungsrecht
(Zur Bedeutung des Amtsermittlungsgrundsatzes und seiner Grenzen im Beschlussverfahren s. u. L/Rz. 946 ff.)   409

- Den Inhalt und die Erforderlichkeit von Schulungsveranstaltungen gem. § 36 Abs. 6, Abs. 7 BetrVG hat der Betriebsrat bzw. das schulungsbedürftige Betriebsratsmitglied darzulegen und zu beweisen (*GMP* § 58 Rz. 91; s. o. I/Rz. 610 ff.).
- Die Erforderlichkeit der Freistellung von mehr Betriebsratsmitgliedern, als in § 38 BetrVG vorgesehen, hat der Betriebsrat darzulegen und zu beweisen (*BAG* 22.5.1973 EzA § 38 BetrVG 1972 Nr. 4; s. o. I/Rz. 576 ff.).
- Der Betriebsrat hat die Notwendigkeit entstandener Betriebsratskosten gem. § 40 BetrVG darzulegen und zu beweisen (s. o. I/Rz. 693 ff.).
- Im Falle der Zustimmungsverweigerung bei personellen Einzelmaßnahmen

L. Urteils- und Beschlussverfahren

nach § 99 Abs. 2 BetrVG muss der Betriebsrat sachliche Gründe nennen, weswegen er die Zustimmung verweigert. Der Arbeitgeber hat dann darzulegen und zu beweisen, dass die sachlichen Gründe unzutreffend sind (*Schaub* ArbGVerf § *36* Rz. 58; **a. A.** *GMP* § 58 Rz. 91), dasselbe gilt hinsichtlich der Widerspruchsgründe gem. § 102 Abs. 3 BetrVG.
- Die Dringlichkeit vorläufiger Maßnahmen, z. B. gem. § 100 BetrVG, hat der Arbeitgeber darzulegen und zu beweisen (*BAG* 28.1.1986 EzA § 99 BetrVG 1972 Nr. 48).

d) Schließung und Wiedereröffnung der mündlichen Verhandlung

aa) Schließung

410 Nach § 136 Abs. 4 ZPO schließt der Vorsitzende die mündliche Verhandlung, wenn das Gericht die Sache für vollständig erörtert hält. Er hat sich diesbezüglich des Einverständnisses der ehrenamtlichen Richter zu versichern (*Stein/Jonas* § 136 Rz. 5). Vollständig erörtert ist der Rechtsstreit, wenn er zur Endentscheidung gem. § 300 ZPO reif ist.

411 Die Schließung der mündlichen Verhandlung bedarf keiner ausdrücklichen Erklärung. Sie ergibt sich daraus, dass sich das Gericht zur abschließenden Beratung zurückzieht oder bereits eine Endentscheidung, sei es ein Urteil, einen Beweisbeschluss, einen Verkündungstermin, z. B. für den Fall des Widerrufs eines Vergleiches, oder eine Vertagung verkündet.

412 Mit der Schließung der mündlichen Verhandlung treten die Wirkungen der Säumnis, §§ 220 Abs. 2, 231 Abs. 2, 330 ff. ZPO ein. Außerdem haben die Parteien kein Recht mehr, weitere Anträge zu stellen oder weiteren Sachvortrag vorzutragen, § 296a ZPO, es sei denn, ihnen ist nach § 283 ZPO ausnahmsweise ein Schriftsatznachlass eingeräumt worden.

bb) Wiedereröffnung

413 Nach § 156 ZPO kann das Gericht die Wiedereröffnung einer Verhandlung, die bereits geschlossen worden ist, anordnen. Dies ist geboten, wenn wesentliche Verfahrensfehler unterlaufen sind, ein Wiederaufnahmegrund nach den §§ 579 ff. ZPO besteht, der bisherige Gesamtvortrag der Parteien, wie erst in der Kammerberatung festgestellt, noch ausführungsbedürftig geblieben ist oder wenn ein in der mündlichen Verhandlung zuletzt beteiligter Richter vor dem Treffen einer Entscheidung ausfällt, § 156 Abs. 2 ZPO.

414 **Die Entscheidung über die Wiedereröffnung der mündlichen Verhandlung hat grds. die Kammer im Ganzen zu fällen, nicht etwa der Vorsitzende alleine.** Dies ergibt sich daraus, dass das Gericht in seiner Gesamtheit zunächst die Schließung der mündlichen Verhandlung nach § 136 Abs. 4 ZPO beschlossen hatte, und damit, dass kein weiterer Sachvortrag mehr in die Entscheidung einzubeziehen ist. An diese Entscheidung des Kollegialgerichts ist der Vorsitzende gebunden. Er kann sich nicht von sich aus über das Votum der Kammer hinwegsetzen, indem er selbst die Wiedereröffnung der Verhandlung beschließt (*Luczak* NZA 1992, 917 [919]).

415 Eine andere Frage ist, ob es auch dann einer Kammerentscheidung bedarf, wenn es nicht zu einer Wiedereröffnung der mündlichen Verhandlung kommt, dies aber von einer Partei beantragt wird, z. B., wenn bei Abschluss eines Widerrufsvergleichs von der Kammer bereits eine Sachentscheidung intern getroffen worden ist, die in

einem besonderen Verkündungstermin, welcher bereits im Kammertermin für den Fall des Widerrufs des Vergleichs festgesetzt worden ist, verkündet werden soll und mit dem Widerrufsschriftsatz sowohl Tatsachenvortrag als auch Rechtsausführungen vorgebracht werden. Zwar hat die Partei grds. nach § 296a ZPO keinen Anspruch darauf, dass ihre Ausführungen in den nachgereichten Schriftsätzen noch berücksichtigt werden *(Zöller/Stephan* § 156 Rz. 4). Jedoch hat sie einen Anspruch auf ermessensfehlerfreie Entscheidung darüber, ob die mündliche Verhandlung nach § 156 ZPO wiedereröffnet wird.

Aus § 55 Abs. 1 Nr. 4 ArbGG lässt sich die Wertung des Gesetzgebers entnehmen, dass der Berufsrichter alleine bei Fragen der Erheblichkeit eines Sachvortrags, der Schlüssigkeit des klägerischen Vorbringens sowie über Rechtsfragen entscheiden darf und kann. Werden daher in dem nach der mündlichen Verhandlung eingereichten Schriftsatz lediglich bereits bekannte und damit bei der Entscheidung des Gerichts nach der mündlichen Verhandlung bereits berücksichtigte Tatsachenbehauptungen wiederholt oder wird zwar ein neuer, jedoch rechtlich unerheblicher Sachverhalt eingereicht, braucht der Vorsitzende diesen Schriftsatz nicht zu berücksichtigen und auch nicht den ehrenamtlichen Richtern zur Kenntnis zu bringen. Gleiches gilt im Falle des bloßen Aufstellens von Rechtsbehauptungen. Der Vorsitzende kann i. d. F. alleine über die Nicht-Wiedereröffnung der mündlichen Verhandlung befinden (vgl. im Einzelnen *Luczak* NZA 1992, 917 [920 m. w. N.]). 416

e) Ergebnisse des Kammertermins

aa) Verzichts-, Anerkenntnis-, Versäumnisurteil, Klagerücknahme, Vergleich
Wie der Gütetermin kann auch die streitige Verhandlung durch Verzichts- oder Anerkenntnisurteil gem. den §§ 306, 307 ZPO, Versäumnisurteil nach den §§ 330 ff. ZPO, Klagerücknahme oder Vergleich ihre Beendigung finden. Nach Antragstellung und Einlassung des Beklagten zur Sache bedarf es bei einer Klagerücknahme seiner Zustimmung, § 269 Abs. 2 ZPO. 417

Die Versäumnis- und Anerkenntnisurteile sind auch im Kammertermin durch den Vorsitzenden allein zu erlassen, § 55 Abs. 1 ArbGG (vgl. K/Rz. 105). Werden die ehrenamtlichen Richter beteiligt, stellt dies einen absoluten Revisionsgrund (§ 547 Nr. 1 ZPO) und einen Grund für eine Nichtigkeitsklage dar (§ 579 Abs. 1 Nr. 1 ZPO).

bb) Vertagung des Rechtsstreits
Ist der Rechtsstreit noch nicht zur Entscheidung reif, z. B. weil noch eine Beweisaufnahme nötig ist, ist der Rechtsstreit zu vertagen. § 227 ZPO findet Anwendung. Aus § 56 Abs. 1 ArbGG ergibt sich, dass eine Vertagung im Hinblick auf den Beschleunigungsgrundsatz nach § 9 ArbGG die Ausnahme sein sollte (s. o. L/Rz. 150 ff.). 418

cc) Verkündung eines Urteils
Nach § 60 ArbGG wird ein zu fällendes Urteil am Ende des Kammertermins verkündet. 419

Die Verkündung erfolgt im Namen des Volkes unter Verlesung der Urteilsformel, § 311 Abs. 2 ZPO. Sofern die Parteien noch anwesend sind, ist der wesentliche Inhalt der Entscheidungsgründe mitzuteilen. Eine Verletzung dieser Verpflichtung führt allerdings nicht zu einer Anfechtbarkeit der Entscheidung allein aus diesem Grunde (*GMP* § 60 Rz. 22). Ebenfalls unerheblich ist es, ob die in der mündlichen Verhandlung mitgeteilten wesentlichen Entscheidungsgründe später mit den schriftlichen

L. Urteils- und Beschlussverfahren

Entscheidungsgründen übereinstimmen. Es gilt dann die schriftliche Urteilsbegründung (*GMP* § 60 Rz. 22).

420 Regelmäßig sind die Parteien allerdings zum Zeitpunkt der Verkündung der Entscheidung nicht mehr anwesend, da an einem Terminstag mehrere Rechtsstreitigkeiten verhandelt werden, wobei die Verkündung der zu fällenden Urteile erst am Ende des Terminstages erfolgt. Zwischenzeitlich zieht sich das Gericht zur abschließenden Kammerberatung und Urteilsfindung zurück. Da der zeitliche Umfang der notwendigen Beratung ungewiss ist, haben sich die Parteien i. d. R. bereits entfernt und erkundigen sich zu einem späteren Zeitpunkt telefonisch bei Gericht nach dem Inhalt der Entscheidung. **Dennoch ist das Urteil zu verkünden, da es ansonsten nicht existent ist, wobei i. d. F. gem. § 311 Abs. 2 S. 2 ZPO die Bezugnahme auf die Urteilsformel ausreicht.**

421 Nach § 60 Abs. 3 ArbGG müssen auch die ehrenamtlichen Richter bei der Verkündung nicht mehr anwesend sein. In diesem Falle ist allerdings das von der Kammer gefällte Urteil von dem Vorsitzenden und den ehrenamtlichen Richtern zu unterschreiben (s. o. K/Rz. 102). Ansonsten bedarf es im erstinstanzlichen Verfahren nur der Unterschrift des Vorsitzenden. Fehlt es an einer gemeinsamen Unterschrift und findet die Verkündung ohne die ehrenamtlichen Richter statt, führt dieser Formverstoß nicht zur Unwirksamkeit der Verkündung oder gar des Urteils (GK-ArbGG/ *Dörner* § 60 Rz. 22, 23).

422 Die Verkündung des Urteils und die näheren Umstände seiner Verkündung, z. B. ob sie in Anwesenheit der ehrenamtlichen Richter oder der Parteien erfolgte, ist gem. § 160 Abs. 3 Nr. 7 ZPO im Sitzungsprotokoll festzuhalten. Ebenfalls zu vermerken ist, ob die wesentlichen Entscheidungsgründe mitgeteilt worden sind oder nicht. **Dies ist deswegen wichtig, da der Nachweis der Verkündung des Urteils lediglich durch das Protokoll geführt werden kann** (*BAG* 2.9.1965 AP Nr. 4 zu 128 ZPO).

dd) Festsetzung eines Verkündungstermins

423 Ausnahmsweise gestattet § 60 ArbGG statt der sofortigen Verkündung die Bestimmung eines eigenen Verkündungstermins, der regelmäßig binnen drei Wochen nach dem Kammertermin anzusetzen ist, es sei denn wichtige Gründe, insbesondere der Umfang oder die Schwierigkeit der Sache erfordern eine noch weitere Hinausschiebung.

424 Was »wichtige Gründe« sind, ist im Gesetz nur ansatzweise genannt. Es sieht z. B. die Anberaumung eines eigenen Termins für den Fall vor, dass die Beratung nicht mehr am Tag der Verhandlung stattfinden kann, da die Dauer der Verhandlung eine ordnungsgemäße Beratung am selben Tag nicht ermöglicht oder wegen besonderer Schwierigkeit der Sache in tatsächlicher oder rechtlicher Hinsicht noch vor der abschließenden Rechtsfindung Literatur- oder Rechtsprechungsnachweise eingesehen werden müssen.

425 In der Praxis kommt es häufiger dann zur Anberaumung eines eigenen Verkündungstermins, wenn die Parteien nochmals eine gütliche Einigung des Rechtsstreits anstreben und sich z. B. den Vergleichsvorschlag der Kammer überlegen wollen und ihnen deswegen bis zur Verkündung der Entscheidung die Möglichkeit einer Einigung eingeräumt werden soll, § 57 Abs. 2 ArbGG, und im Fall des Abschlusses eines Widerrufsvergleichs.

426 Die Entscheidung, ein Urteil nicht im unmittelbaren Anschluss an die Sitzung, sondern in einem besonderen Verkündungstermin zu verkünden, hat die vollbesetzte Kammer nach pflichtgemäßen Ermessen zu treffen.

Wird ein besonderer Verkündungstermin anberaumt, muss dies unmittelbar im 427
Kammertermin vor Schließung der Verhandlung erfolgen. Hierbei reicht es allerdings aus, dass bestimmt wird, dass der Termin zur Verkündung einer Entscheidung von Amts wegen festgesetzt wird, wobei dann entweder die Kammer unter Einschluss der ehrenamtlichen Richter in der Beratung den Verkündungstermin festsetzt oder von der gesamten Kammer unter Einschluss der ehrenamtlichen Richter die Festsetzung des Termins dem Vorsitzenden übertragen wird (*GMP* § 60 Rz. 13).
Wird das Urteil in einem besonderen Verkündungstermin verkündet muss es bei der 428
Verkündung bereits in vollständiger Form abgefasst, d. h. mit Tatbestands- und Entscheidungsgründen versehen sein, allein ein Entwurf oder ein Diktat auf Tonband genügt nicht. Ist es nicht möglich, das Urteil in vollständiger Form bis zum Verkündungstermin abzufassen, ist dieser ggf. nach § 60 Abs. 4 ArbGG auch länger als drei Wochen nach dem Kammertermin hinauszuschieben (*Grunsky* § 60 Rz. 3).

In der Praxis ist es allerdings sehr schwierig, binnen drei Wochen nach dem Kam- 429
mertermin und damit i. d. R.frist für die Ansetzung eines eigenen Verkündungstermins das Urteil sowohl abzufassen als auch von der Geschäftsstelle schreiben zu lassen. Es kommt daher in der Praxis durchaus vor, dass das Urteil noch nicht in voll abgefasster Form am Verkündungstermin vorliegt. Es erscheint fraglich, ob es in diesem Falle sinnvoll ist, den Verkündungstermin nochmals hinauszuschieben und die Parteien im Unklaren über den Inhalt der Entscheidung zu lassen. Dies gilt umsomehr unter dem Gesichtspunkt, dass die Verletzung der Formvorschrift des § 60 Abs. 4 S. 2 ArbGG weder das Urteil unwirksam macht, noch ein Rechtsmittel allein hierauf gestützt werden kann. In diesem Fall sollte daher § 60 Abs. 4 S. 3, 2. Hs. ArbGG entsprechend herangezogen werden, d. h. der Vorsitzende hat das unterschriebene Urteil ohne Tatbestand und Entscheidungsgründe der Geschäftsstelle binnen drei Wochen zu übergeben. Als zulässig sollte zumindest erachtet werden, dass die Parteien bereits im Kammertermin bei Anberaumung des Verkündungstermins zu Protokoll darauf verzichten können, dass das Urteil entsprechend § 60 Abs. 4 S. 2 ArbGG am Verkündungstermin voll abgefasst vorliegt.

Urteile, die im Kammertermin verkündet werden, sollen nach § 60 Abs. 4 S. 3 ArbGG 430
ebenfalls binnen drei Wochen, vom Tag der Verkündung an gerechnet, vollständig abgefasst der Geschäftsstelle übergeben werden. Falls die Frist nicht eingehalten werden kann, ist vom Vorsitzenden das unterschriebene Urteil ohne Tatbestand- und Entscheidungsgründe der Geschäftsstelle zu übergeben und sind diese alsbald nachträglich anzufertigen, § 60 Abs. 4 S. 3 ArbGG.
Die Versäumung der Frist berührt die Wirksamkeit der Verkündung oder des verkün- 431
deten Urteils nicht und kann auch nicht einem allein darauf gestützten Rechtsmittel zum Erfolg verhelfen (*BAG* 11.6.1963 AP Nr. 1 zu 320 ZPO).

11. Das Urteil

a) Urteilsarten
Gem. § 46 Abs. 2 ArbGG gelten die §§ 300 ff. ZPO entsprechend. Es gibt daher auch 432
im arbeitsgerichtlichen Verfahren Endurteile, § 300 ZPO, Teilurteile, § 301 ZPO, Vor-

L. Urteils- und Beschlussverfahren

behaltsurteile, § 302 ZPO, sowie Zwischenurteile, § 303 ZPO, und Grundurteile, § 304 ZPO.

433 Eine Besonderheit sieht das Arbeitsgerichtsverfahren lediglich hinsichtlich der Grundurteile vor. **In § 61 Abs. 3 ArbGG ist festgeschrieben, dass ein Zwischenurteil, welches über den Grund des Anspruchs vorab entscheidet, wegen des Rechtsmittels nicht als Endurteil anzusehen ist.** Es kann daher erst zusammen mit dem Endurteil im Wege der Berufung angefochten werden (*BAG* 1.12.1975 EzA § 61 ArbGG Nr. 2). Diese von § 304 Abs. 2 ZPO abweichenden Regelung dient der Beschleunigung des Verfahrens.

434 Weist das ArbG eine Klage dem Grunde nach ab, so muss das Berufungsgericht, wenn es das Urteil aufhebt, sogleich auch über die Höhe des Anspruchs mitentscheiden, ohne insoweit die Sache an das ArbG zurückverweisen zu dürfen (*BAG* 8.2.1957 AP Nr. 1 zu 1 TVG Friedenspflicht).

435 Ebenfalls der Beschleunigung dient es, dass beim unzulässigen Erlass eines Teilurteils durch das ArbG das im Wege der Berufung angerufene LAG über die Klage insgesamt zu entscheiden hat und nicht wegen des nichterledigten und beschiedenen Teils des Streitgegenstandes das Verfahren an das ArbG zurückverweisen kann (*BAG* 12.8.1993 EzA § 301 ZPO Nr. 3).

436 Durch den neuen § 128 Abs. 3 ZPO kann nunmehr auch im erstinstanzlichen arbeitsgerichtlichen Verfahren ein Urteil ohne mündliche Verhandlung ergehen, nämlich Kostenschlussurteile. Fraglich ist hierbei aber die funktionelle Zuständigkeit. Nach dem Wortlaut des §§ 53,55 ArbGG müsste die Kammer die Entscheidung treffen, da es sich um ein Urteil und nicht um einen Beschluss handelt und ein Alleinentscheidungerecht im Katalog des § 55 Abs. 1 ArbGG nicht aufgeführt ist. Aufgrund der ratio legis des § 128 Abs. 3 ZPO wird aber auch die Ansicht vertreten, dem Vorsitzenden käme in analoger Anwendung des § 53 Abs. 1 ArbGG ein Alleinentscheidungsrecht zu (*Schmidt/Schwab/Wildschütz* NZA 2001, 1162).

b) Inhalt des Urteils

437 Der Inhalt eines streitigen Urteils ergibt sich nach § 46 Abs. 2 ArbGG aus den §§ 313, 313a und 313 b ZPO, sowie den Sonderbestimmungen der §§ 61, 9 Abs. 5 und 64 Abs. 3 ArbGG.

aa) §§ 313 ff. ZPO

438 Das Urteil besteht gem. § 313 Abs. 1 ZPO aus Rubrum, Urteilstenor, Tatbestand und Entscheidungsgründen. Der Tenor der Entscheidung gliedert sich in drei oder vier Teile, den Entscheidungssatz, die Kostenentscheidung, die Festsetzung des Streitwerts, welcher nach § 61 Abs. 1 ArbGG immer festzusetzen ist, sowie ggf. die Entscheidung über die Berufung, § 64 Abs. 3a) ArbGG (s. u. L/Rz. 455 ff.). **Eines Ausspruchs über die vorläufige Vollstreckbarkeit des Urteils bedarf es nicht, da sämtliche Urteile der ArbG vorläufig vollstreckbar sind, § 62 ArbGG, es sei denn die Vollstreckbarkeit wird ausnahmsweise aufgehoben.**

> Bei der Erhebung einer Leistungsklage bedarf es daher keines Antrags, »das Urteil für vorläufig vollstreckbar zu erklären«.

439 Tatbestand und Entscheidungsgründe sollen unter Hervorhebung der gestellten Anträge **knapp und kurz** dargestellt werden, § 313 Abs. 2 ZPO. Zur Vermeidung unnötiger Schreibarbeit soll soweit möglich auf Akteninhalt, Schriftsätze, sowie auf Proto-

kolle verwiesen werden. Die Durchführung einer Beweisaufnahme wird am Ende des Tatbestandes kurz vermerkt und bezüglich des Beweisthemas und des Beweisergebnisses im Übrigen auf das Sitzungsprotokoll und einen evtl. erlassenen Beweisbeschluss verwiesen.

Auf die Darstellung des Tatbestandes kann nach § 313a ZPO verzichtet werden, wenn gegen das Urteil unstreitig kein Rechtsmittel eingelegt werden kann. Sofern die Parteien einen Rechtsmittelverzicht erklären, kann auch auf die Entscheidungsgründe verzichtet werden (zu den Fristen vgl. § 313 Abs. 1 S. 2, Abs. 2,3 ZPO). **Um den Parteien einen Anreiz zu geben, auf Tatbestand und Entscheidungsgründe zu verzichten, ermäßigt sich im Falle eines Verzichts die Verfahrensgebühr um die Hälfte (Gebührenverzeichnis Nr. 2113 d.).** Keines Tatbestands und keiner Entscheidungsgründe bedarf es ferner bei Versäumnis-, Anerkenntnis- oder Verzichtsurteilen, § 313b ZPO. 440

Das vollständige Urteil ist vom Kammervorsitzenden zu unterschreiben, § 60 Abs. 4 ArbGG, wobei ein voller individualisierter Namenszug und nicht nur eine Paraphe nötig ist. 441

bb) Die Streitwertfestsetzung

aaa) Bedeutung

Nach § 61 Abs. 1 ArbGG hat das ArbG im Urteil den Streitwert festzusetzen. Fraglich ist, welche Bedeutung dieser Streitwertfestsetzung zukommt. 442

Die Berufungsfähigkeit eines Urteils hängt nicht vom Streitwert, sondern vom Beschwerdewert ab, § 64 Abs. 2 b) ArbGG. Eine vom Streitwert abhängige Vertretungsbeschränkung für Rechtsanwälte gibt es nicht.

Nach der Rechtsprechung des *BAG* (13.1.1988, EzA § 12 ArbGG 1979 Nr. 64) **kommt der Streitwertfestsetzung eine mittelbare Bedeutung für die Rechtsmittelzulässigkeit zu. In vermögensrechtlichen Streitigkeiten hängt die Berufungsfähigkeit von der Höhe des Wertes der Beschwer ab, welcher niemals höher sein kann als der Streitwert, den das ArbG im Urteil festgesetzt hat.** 443

Für diese Meinung spricht, dass sich aus § 12 Abs. 7 S. 3 ArbGG ergibt, dass das ArbGG von einem unterschiedlichen Rechtsmittel- und Gebührenstreitwert ausgeht (*LAG Rheinland-Pfalz* 15.5.1981 EzA § 61 ArbGG 1979 Nr. 8). Diese Meinung hatte insbesondere ihre Berechtigung darin, dass das erkennende Gericht gem. § 318 Abs. 1 ZPO an seine Entscheidung gebunden war und auch das Berufungsgericht gem. § 69 Abs. 2 a. F. ArbGG von dieser Streitwertfestsetzung nicht abweichen durfte. 444

§ 69 Abs. 2 ArbGG wurde allerdings durch Gesetz vom 26.6.1990 (BGBl. I S. 1206) gestrichen, womit fraglich ist, ob das LAG weiterhin an die Streitwertfestsetzung im arbeitsgerichtlichen Urteil gebunden ist, oder eine davon abweichende eigene Feststellung der Beschwer i. S. d. § 64 Abs. 2 ArbGG annehmen kann. Es wird deswegen die Auffassung vertreten, dass der Streitwertfestsetzung im arbeitsgerichtlichen Urteil nur noch die Funktion zukommt, **eine Glaubhaftmachung des Beschwerdewertes gem. § 64 Abs. 5 ArbGG zu erübrigen** (*GMP* § 61 Rz. 13). 445

Folgt man dem BAG und billigt der Streitwertfestsetzung im Urteil zumindest eine mittelbare Bedeutung für die Berufungsfähigkeit eines Urteils zu, muss die Streitwertfestsetzung im Urteilstenor erfolgen und nicht erst in den Entscheidungsgründen. Bei der Streitwertbemessung ist auf den Zeitpunkt der Urteilsfällung abzustellen (*LAG Bremen* 22.6.1959 AP Nr. 1 zu § 23 GKG). 446

L. Urteils- und Beschlussverfahren

447 Eine Streitwertfestsetzung ist nur dann erforderlich, wenn eine Berufung gegen ein Urteil überhaupt statthaft ist, was nur bei Schluss-, Teil-, § 301 ZPO, Vorbehalts-, 302 ZPO, und Prozessurteilen der Fall ist. Sie ist nicht notwendig in Zwischen- und Grundurteilen, da diese nach § 61 Abs. 3 ArbGG einer Anfechtung durch eigenständige Berufung entzogen sind.

448 Die Streitwertfestsetzung nach § 61 Abs. 1 ArbGG ist ohne Bedeutung für die Berechnung der Gebühren i. S. d. § 24 S. 1 GKG (*LAG Nürnberg* 7.2.1991 LAGE § 24 GKG Nr. 1; *LAG Rheinland-Pfalz* 29.9.1992 LAGE § 24 GKG Nr. 2; **a. A.** *GMP* § 61 Rz. 16). Es besteht daher auch keine Bindungswirkung hinsichtlich der Rechtsanwaltsgebühren gem. § 9 Abs. 1 BRAGO.

449 Für die Berechnung der Gerichts- und Rechtsanwaltsgebühren können sich andere Streitwerte als für die Streitwertfestsetzung nach § 61 ArbGG ergeben, z. B. wenn im Laufe eines Verfahrens einzelne Streitgegenstände ausscheiden, so z. B. bei teilweiser Klagerücknahme, Teilvergleichen oder teilweiser Erledigung der Hauptsache. Ausgeschiedene Teile des Streitgegenstandes werden im im Urteil festzusetzenden Streitwert nicht berücksichtigt. Es ist ein gesonderter Gebührenstreitwert gem. § 25 Abs. 2 GKG festzusetzen. **Fehlt es an einer solchen Festsetzung, können die Rechtsanwälte nach § 9 Abs. 2 BRAGO aus eigenem Recht eine solche beantragen. Der festgesetzte Gebührenstreitwert ist dann auch für die Rechtsanwaltsgebühren maßgebend, § 9 Abs. 1 BRAGO.** Sofern Gerichtsgebühren bei teilweiser Erledigung des Streitgegenstandes vor Fällung des Endurteils entfallen oder z.B bei einem Vergleich oder einer Klagerücknahme Gerichtsgebühren nicht anfallen (s. u. L/Rz. 541 ff.), ist der Gegenstandswert für die Prozessgebühren der Anwälte auf Antrag nach § 10 BRAGO festzusetzen (vgl. Einzelheiten und zu Verfahrensfragen *Creutzfeldt* NZA 1996, 956 ff.).

bbb) Anfechtbarkeit

450 Die Streitwertfestsetzung im Urteil nach § 61 Abs. 1 ArbGG ist nicht isoliert mit einem Rechtsmittel anfechtbar (*LAG Rheinland-Pfalz* 4.2.1981 EzA § 61 ArbGG 1979 Nr. 6; *BAG* 2.3.1983 EzA § 64 ArbGG 1979 Nr. 12).

ccc) Unterbliebene Streitwertfestsetzung

451 Fehlt es an einer Streitwertfestsetzung im arbeitsgerichtlichen Urteil, kann diese nicht gem. § 319 ZPO nachträglich durch Urteilsberichtigung erfolgen, da es sich nicht um eine offenbare Unrichtigkeit, sondern um eine Unvollständigkeit des Urteils handelt (*GMP* § 61 Rz. 21). Es kann allerdings nach § 321 ZPO eine Urteilsergänzung erfolgen, wenn sie lediglich versehentlich unterblieben ist.

ddd) Berechnung des Streitwerts

452 Maßgeblicher Zeitpunkt für die Berechnung des Streitwerts ist der Schluss der mündlichen Verhandlung. Nur der zu diesem Zeitpunkt noch sich im Prozess befindliche Streitgegenstand ist der Streitwertfestsetzung zugrunde zu legen. Beim Teilurteil bemisst sich der Streitwert nach dem Teil des Streitgegenstandes, über den im Teilurteil befunden wird.

453 Der Verfahrensstreitwert richtet sich nach den §§ 3 ff. ZPO, wobei für die Wertberechnung bei Rechtsstreitigkeiten über das Bestehen, das Nichtbestehen oder die Kündi-

gung eines Arbeitsverhältnisses, sowie über wiederkehrende Leistungen die Sondervorschrift des § 12 Abs. 7 ArbGG gilt.

Beispiele: 454
- **Abmahnung**: i. d. R. ein Bruttomonatsgehalt (*LAG Hamm* 5.7.1984 – *LAG Frankfurt* 1.3.1988 EzA § 12 ArbGG 1979 Nr. 31, 60; *LAG Nürnberg* 11.11.1992 NZA 1993, 430; *LAG Hamburg* 12.8.1991 LAGE § 12 ArbGG 1979 Streitwert Nr. 94; **a. A.** *LAG Rheinland-Pfalz* 15.7.1986 LAGE § 12 ArbGG 1979 Streitwert Nr. 60: ½ Bruttomonatsgehalt).
- **Arbeitspapiere**: Ansprüche auf Ausfüllung und Herausgabe 10% des Bruttoarbeitslohnes pro Arbeitspapier (*LAG Rheinland-Pfalz* 23.12.1993 – 2 Ta 9/94 – n. v.; **a. A.** zwischen 150–300 Euro (*Schaub* ArbGVerf § 48 Rz. 45).
- **Auflösungsantrag nach § 9 KSchG** neben Kündigungsschutzantrag: Zusätzlich 1 Bruttomonatsgehalt nach Ansicht des LAG Berlin (*LAG Berlin* 30.12.1999 LAGE § 12 ArbGG 1979 Nr. 119 b; **a. A. h.** M keine Gegenstandswerterhöhung (*LAG Düsseldorf* 20.7.1987 LAGE § 12 ArbGG 1979 Streitwert Nr. 66, KR/*Spilger* § 9 KSchG Rz. 94; GK – ArbGG/*Wenzel* § 12 Rz. 103, 118 m. w. N.).
- **Auskunftsansprüche**: Wert des Hauptanspruches abzüglich 20% (*BAG* 27.8.1986 AP Nr. 70 zu § 1 TVG Tarifverträge Bau).
- **Befreiung von einer Verbindlichkeit**: Der Wert dessen, weswegen der Kläger in Anspruch genommen wird (*BAG* 4.4.1960 AP Nr. 5 zu § 3 ZPO).
- **Begründung eines Arbeitsverhältnisses:** § 12 Abs. 7 ArbGG analog (*LAG Schleswig Holstein* 13.7.2001 FA 2002, 88).
- **Bestand eines Arbeitsverhältnisses**: § 12 Abs. 7 ArbGG, höchstens drei Bruttomonatsgehälter. Nach der Rechtsprechung des BAG (*BAG* 30.1.1984 EzA § 12 ArbGG 1979 Streitwert Nr. 36) ist i. d. R. bei einem Bestand des Arbeitsverhältnisses bis zu 6 Monaten von einem Monatsverdienst, bei 6 bis 12 Monaten von zwei Monatsverdiensten und ab 12 Monaten von drei Monatsverdiensten auszugehen (str.; **a. A.** *LAG München* 13.1.1986 LAGE § 12 ArbGG 1979 Streitwert Nr. 51 ab 3 Monaten Beschäftigungszeit immer 3 Bruttomonatsgehälter; ähnlich *LAG Bremen* 28.2.1986, *LAG Niedersachsen* 21.1.1986, *LAG Frankfurt* 4.11.1985, *LAG Hamburg* 15.5.1990 LAGE § 12 ArbGG 1979 Nr. 49, 46, 45, 85). Maßgeblich ist dabei das Bruttogehalt, was der Arbeitnehmer nach der Kündigung bei Fortbestand des Arbeitsverhältnisses hätte beanspruchen können (*BAG* 19.3.1973 AP Nr. 20 zu § 12 ArbGG 1953). Hierbei sind Prämien, Jahressonderzahlungen etc. anteilig zu berücksichtigen, auch wenn sie noch nicht fällig sind (*Ascheid* Rz. 671; *LAG Düsseldorf* 28.6.1990, **a. A.** *LAG Köln* 18.7.1994 LAGE § 12 ArbGG 1979 Streitwert Nr. 84, 100).
- Werden **mehrere Kündigungen hintereinander** ausgesprochen, ist nach twA für die erste Kündigung höchstens ein Vierteljahresverdienst, für die weiteren entsprechend der folgenden Zeitdifferenz der Streitwert festzusetzen (*LAG Düsseldorf* 27.11.1980; *LAG Hamburg* 7.8.1987 EzA § 12 ArbGG 1979 Streitwert Nr. 2, 57; *LAG Bremen* 13.2.1987 LAGE § 12 ArbGG 1979 Streitwert Nr. 62; *LAG Thüringen* 14.11.2000 – 8 Ta 134/00 –; *LAG Berlin* 10.4.2001 – 17 Ta 6852/01 –; **a. A.** nur einmal der Höchstwert nach § 12 Abs. 7 ArbGG, mithin 3 Bruttomonatsgehälter *LAG Rheinland-Pfalz* st. Rspr. z. B. 25.4.2001 – 2 Ta 619/01 –; vgl. *Dörner* NzA 1987, 113 ff.; **a. A.** bei Angriff der Kündigung in verschiedenen Kündigungsschutzklagen jeweils eigene Streitwerte bis zu drei Brut-

tomonatsgehältern *LAG Hamm* 6.5.1982 EzA § 12 ArbGG 1979 Streitwert Nr. 15; vgl. auch *LAG Nürnberg* 23.6.1987, *LAG Hamburg* 23.4.1987 EzA § 12 ArbGG 1979 Streitwert Nr. 55, 52; *LAG Hessen* FA 1999, 123).

– Wird neben einem **Kündigungsschutzantrag** nach § 4 KSchG **ein allgemeiner Feststellungsantrag** nach § 256 ZPO gestellt, soll dieser zumindest solange nicht streitwerterhöhend sein, bis tatsächlich eine Folgekündigung oder sein sonstiger Auflösungsgrund in das Verfahren einbezogen wird (*LAG Thüringen* 3.6.1996, *LAG Köln* 12.12.1996, *LAG Bremen* 29.2.2000 LAGE § 12 ArbGG 1979 Streitwert Nr. 106, 108, 120; *LAG Rheinland-Pfalz* 8.5.2000 – 11 Ta 374/00 –; *LAG Düsseldorf* 27.7.2000 LAGE § 19 GKG Nr. 17).

– Werden neben einem **Feststellungsanspruch auf Bestehen oder Nichtbestehen eines Arbeitsverhältnisses Vergütungsansprüche** geltend gemacht, so findet keine Erhöhung des Streitwertes statt, wenn es sich um Vergütungsansprüche nach Ausspruch der Kündigung handelt (*LAG Nürnberg* 21.7.1988 EzA § 12 ArbGG 1979 Streitwert Nr. 62; *LAG Bremen* 13.4.1989, **a. A.** *LAG Hessen* 1.8.1994, 2.9.1999 LAGE § 12 ArbGG 1979 Streitwert Nr. 80,119a). Es ist insofern von einer wirtschaftlichen Identität der Streitgegenstände auszugehen. Etwas anderes gilt allerdings dann, wenn die Leistungsansprüche in einem gesonderten Verfahren geltend gemacht werden oder der Leistungsantrag den Streitwert des Feststellungsantrags überschreitet (*GMP* § 12 Rz. 107). In diesem Fall ist der höhere Streitwert der beiden Klageanträge festzusetzten.

– Der zusammen mit der **Kündigungsschutzklage erhobene Weiterbeschäftigungsanspruch** ist bei der Streitwertfestsetzung nach überwiegender Meinung mit ein bis zwei Monatsverdiensten zu berücksichtigen (eineinhalb Monatsverdienste *LAG Hamm* 7.12.1979 EzA § 12 ArbGG 1979 Nr. 1, zwei Monatsverdienste *LAG Düsseldorf* 30.10.1980 EzA § 12 ArbGG 1979 Streitwert Nr. 1; *LAG Hamm* 15.10.1981 LAGE § 12 ArbGG 1979 Streitwert Nr. 6 , ein Monatsverdienst *LAG Baden-Württemberg* 27.1.1982 EzA § 12 ArbGG 1979 Streitwert Nr. 17; *LAG Rheinland-Pfalz* 16.4.1992 LAGE § 12 ArbGG Nr. 98 auch für den Fall des unechten Hilfsantrages; *LAG Chemnitz* 14.6.1993, *LAG Sachsen* 15.5.1997 LAGE § 12 ArbGG Nr. 97, 111; **a. A.** *LAG Hessen* 26.6.1997 LAGE § 19 GKG Nr. 16; *LAG Düsseldorf* 27.7.2000 NZA 2001, 120, nur wenn auch über ihn entschieden wird, ist er streitwerterhöhend zu berücksichtigen).

– Bei **Änderungskündigungen** kommt es darauf an, ob der Arbeitnehmer das Änderungsangebot unter Vorbehalt angenommen hat oder nicht. Im ersteren Fall bemisst sich der Streitwert gem. § 12 Abs. 7 S. 2 ArbGG analog aus dem Unterschiedsbetrag zwischen dem früheren und dem geänderten Entgelt, bezogen auf drei Jahre, jedoch höchstens auf drei Bruttomonatsverdienste (*LAG Rheinland-Pfalz* 25.2.1991 LAGE § 12 ArbGG 1979 Streitwert Nr. 91; **a. A.** *LAG Berlin* 17.7.1998 LAGE § 12 ArbGG 1979 Streitwert Nr. 119; *LAG Rheinland-Pfalz* 19.3.1999 – 6 Ta 48/99 – höchstens 2 Bruttomonatsgehälter). Bei Ablehnung des Änderungsangebots handelt es sich um eine Beendigungskündigung, sodass § 12 Abs. 7 S. 1 ArbGG unmittelbar Anwendung findet (*BAG* 23.3.1989 EzA § 12 ArbGG 1979 Streitwert Nr. 64).

– **Betriebliche Altersversorgung**: Richtet sich nach § 12 Abs. 7 S. 2 ArbGG, d. h. der dreifache Jahresbezug ist maßgebend.

– **Direktionsrecht**, Feststellunsklage wegen Überschreitens: 1 Bruttomonatsgehalt (*LAG Sachsen* 31.3.1999 LAGE § 12 ArbGG 1979 Streitwert Nr. 118).

- Eingruppierungsstreitigkeiten: § 12 Abs. 7 ArbGG, d. h. der dreifache Jahresbetrag der Differenz der derzeitigen zur begehrten Vergütungsgruppe (*LAG Berlin* 7.12.1987 EzA § 12 ArbGG 1979 Nr. 58).
- **Freistellung des Arbeitnehmers** bei Beendigung des Arbeitsverhältnisses: str.: *LAG Köln* 29.1.2002 – 7 Ta 285/01 – keine Erhöhung; *LAG Berlin* 11.3.1996 – 7 Ta 6/96 –, *LAG Düsseldorf* 22.5.1995 – 7 Ta 166/95 – 10% der Vergütung im Freistellungszeitraum; *LAG Berlin* 1.10.2001 – 17 Ta 6136/01 – 10–50 %; *LAG Bremen* 8.10.1996 – 1 Ta 58/96 –, *LAG Rheinland-Pfalz* 28.11.1984 – 1 Ta 232/84 –, *LAG Schleswig-Holstein* 20.5.1998 LAGE § 12 Streitwert Nr. 113 25%; *LAG Köln* 27.7.1995 – 13 Ta 144/95 –, *LAG Sachsen-Anhalt* 20.9.1995 – 1 Ta 93/95 – 100%; *LAG Hamburg* 5.12.1994 – 2 Ta 20/94 – 1 Bruttomonatsgehalt (zitiert nach *Arand/Faecks* NZA 1998, 281 ff.).
- **Geldforderungen**: Der eingeklagte Nominalbetrag, d. h. bei einer Bruttolohnforderung der Bruttobetrag, bei einer Nettoforderung der Nettobetrag
- **Leistungsklage** auf wiederkehrende Leistungen: § 12 Abs. 7 ArbGG.
- **Verringerung der Arbeitszeit** nach § 8 TzBFG: 2 Bruttomonatsgehälter (*ArbG Mönchengladbach* 30.5.2002 EzA § 8TzBfG Nr. 1 *LAG Düsseldorf* 12.11.2001 LAGE § 3 ZPO Nr. 14); Grundsätze der Streitwertfestsetzung bei Änderungskündigungen entsprechend *LAG Berlin* 4.9.2001 17 Ta 6121/01)
- Werden in einem **Prozessvergleich bislang unstreitige Ansprüche** mitgeregelt, so sind sie bei der Gegenstandwertfestsetzung entweder gar nicht (*LAG Rheinland-Pfalz* 3.4.1984 NZA 1984, 99) oder mit einem geringeren Wert in Ansatz zu bringen (*LAG Hamburg* 15.11.1994 LAGE § 12 ArbGG 1979 Streitwert Nr. 102).
- **Wettbewerbsunterlassung**: Wert der geschuldeten Karenzentschädigung (*LAG Düsseldorf* 27.11.1980 EzA § 12 ArbGG 1979 Streitwert Nr. 2); Umfang des zu erwartenden Schadens, hilfsweise Wert der Karenzentschädigung (*LAG Nürnberg* FA 2000, 195).
- **Zeugnis:** Ein Bruttomonatsgehalt (*LAG Rheinland-Pfalz* 31.7.1991 NZA 1992, 524; *LAG Düsseldorf* 26.8.1982 EzA § 12 ArbGG 1979 Streitwert Nr. 18); **Zwischenzeugnis**: 1 Bruttomonatsgehalt (*LAG Düsseldorf* 19.8.1999 7 Ta 238/99.; ½ Bruttomonatsgehalt (*LAG Sachsen* 19.10.2000 FA 2001, 215; *LAG Rheinland-Pfalz* 18.1.2002 – 9 Ta 1472/01 –). **Berichtigung eines Zeugnisses** 1 Bruttogehalt minus Abschlag, je nach Bedeutung der Berichtigung (*LAG Köln* 29.12.2000 NZA 2001, 856).

cc) Zulassung der Berufung

aaa) Allgemeines

Eine Berufung gegen Urteile des ArbG ist nach § 64 Abs. 2 ArbGG bei Streitigkeiten über das Bestehen oder Nichtbestehen eines Arbeitsverhältnisses und in Kündigungsschutzverfahren grds. möglich, ansonsten nur statthaft, wenn der Beschwerdewert 600 Euro übersteigt. Bei einem Beschwerdewert von unter 600 Euro hat das ArbG die Berufung zuzulassen, wenn eine der in § 64 Abs. 3 ArbGG genannten Voraussetzungen erfüllt ist.

Das Arbeitsgericht hat gem. § 64 Abs. 3a ArbGG die Entscheidung, ob es die Berufung zulässt oder nicht, im Tenor seines Urteils aufzunehmen. Wird dies versäumt, kann eine Ergänzung des Urteils binnen 2 Wochen ab Verkündigung beantragt wer-

L. Urteils- und Beschlussverfahren

den. Diese Verpflichtung besteht wohl nur, wenn die Berufung nicht bereits kraft Gesetz zulässig ist. § 64 Abs. 3a ArbGG konkretisiert nur die Regelung des Abs. 3.

457 Die Zulassung der Berufung kann gegen das Urteil im Ganzen oder auch nur in Bezug auf einzelne abteilbare Streitgegenstände erfolgen, wenn über diese ein Teilurteil hätte ergehen können. In diesem Fall ist die Einschränkung der Zulassung bereits in der Urteilsformel zum Ausdruck zu bringen.

458 Auch wenn der Streitwert des Urteils in einer Streitigkeit über 600 Euro liegt, bedarf es einer Entscheidung über die Zulassung der Berufung dann, wenn ersichtlich ist, dass eine Partei unter dem für das Urteil selbst festgelegten Streitwert beschwert ist und dieser Beschwerdewert unter 600 Euro liegt. Ohne eine Zulassung durch das ArbG ist in diesem Fall der Partei eine Berufungseinlegung verwehrt. Unterlässt das ArbG eine diesbezügliche Entscheidung, können die Parteien binnen 2 Wochen ab Verkündung eine Urteilsergänzung beantragen,§ 64 Abs. 3a ArbGG. Über den Antrag entscheidet die Kammer des ArbG, was ohne mündliche Verhandlung geschehen kann.

459 Ist die Berufung versehentlich nicht zugelassen worden, kann das Versäumnis nicht durch einen Beschluss nach den §§ 319, 321 ZPO nachgeholt werden. § 321 ZPO findet nur bei der Versäumung der Bescheidung von Sachanträgen Anwendung, jedoch nicht bei Prozessanträgen, da durch eine Urteilsergänzung die Rechtskraft des Urteils nicht angegriffen werden darf. Bei der versehentlichen Nichtentscheidung über die Zulassung der Berufung handelt es sich auch nicht um eine offenbare Unrichtigkeit des Urteils i. S. d. § 319 ZPO (*BAG* 19.8.1986 EzA § 64 ArbGG 1979 Nr. 18).

bbb) Zulassungsgründe

460 **Die Zulassungsgründe sind in § 64 Abs. 3 ArbGG abschließend festgelegt. Liegen sie vor, hat das ArbG die Berufung zuzulassen; ihm steht insofern kein Ermessen zu.**

Die Berufung ist zuzulassen, wenn die Rechtssache **grundsätzliche Bedeutung** hat, § 64 Abs. 3 Nr. 1 ArbGG. Dies ist der Fall, wenn die Entscheidung sich nicht nur i. d. R.ung der Rechtsbeziehungen zwischen den streitenden Parteien erschöpft, sondern darüber hinaus **einen weiteren Personenkreis in rechtlicher oder wirtschaftlicher Hinsicht berührt** , d. h. mehr als ca. 20 Personen (GK-ArbGG/*Vossen* § 64 Rn. 66), wobei ausreichend ist, dass sich dieser im Bereich des LAG-Bezirks bewegt. Eine grundsätzliche Bedeutung liegt aber auch in diesem Fall nicht vor, wenn es bereits eine feststehende Rechtsprechung des BAG oder des einschlägigen LAG gibt, mit deren Aufrechterhaltung im Fall einer Berufung zu rechnen ist. Darüber hinaus soll auch bei geringfügigen Streitwerten die Zulassung der Berufung grds. ausgeschlossen sein (*Schaub* ArbGVerf § 44 Rz. 11).

461 Nach § 64 Abs. 3 Nr. 2 ArbGG ist die Berufung dann zuzulassen, wenn sie
– Rechtsstreitigkeiten zwischen Tarifvertragsparteien aus Tarifverträgen oder über das Bestehen oder Nichtbestehen von Tarifverträgen betrifft,
– es um die Auslegung eines Tarifvertrages, dessen Geltungsbereich sich über den Bezirk eines ArbG hinaus erstreckt, geht, oder
– ein Streit zwischen tariffähigen Parteien oder zwischen diesen und Dritten aus unerlaubter Handlung besteht, soweit es sich um Maßnahmen zum Zwecke des Arbeitskampfes oder um Fragen der Vereinigungsfreiheit einschließlich des

hiermit im Zusammenhang stehenden Betätigungsrechts der Vereinigung handelt.

Bei einem Streit nach § 64 Abs. 3 Nr. 2 b ArbGG muss nicht die Auslegung des Tarifvertrages unmittelbar der Streitgegenstand sein, es genügt auch, wenn diese als Vorfrage für eine zu treffende Entscheidung relevant ist (*GMP* § 64 Rz. 39, **a. A.** *Grunsky* § 64 Rz. 13).

Schließlich ist die Berufung nach § 64 Abs. 3 Nr. 3 ArbGG dann zuzulassen, wenn das ArbG **bei der Auslegung einer Rechtsvorschrift von einem anderen ihm vorgelegten Urteil abweichen will,** das für oder gegen eine Partei des Rechtsstreits ergangen ist, wobei auch ein Urteil gegen eine Rechtsvorgängerin einer Partei des anhängigen Rechtsstreits ausreichend ist (*Grunsky* § 64 Rz. 14). **Darüber hinaus ist bei einer Abweichung von den Rechtsgrundsätzen eines Urteils des direkt übergeordneten LAG die Berufung zuzulassen, wenn die Entscheidung auf dieser Abweichung beruht.** Hingegen zwingt eine Abweichung von einem Urteil eines anderen LAG oder des BAG nicht zur Zulassung, es sei denn, es liegt ein Fall des § 64 Abs. 3 Nr. 1 ArbGG vor.

ccc) Bindungswirkung

Das LAG ist an eine Entscheidung des ArbG über die Zulassung der Berufung gebunden, § 64 Abs. 4 ArbGG. Eine Ausnahme besteht dann, wenn das Urteil für sich genommen schon nicht rechtsmittelfähig ist, z. B. bei einem Zwischenurteil über den Grund gem. § 304 ZPO i. V. m. § 61 Abs. 3 ArbGG. Die Zulassungsentscheidung muss zur Herbeiführung der Bindungswirkung nicht begründet werden. Deswegen ist auch eine falsche Begründung, in der das ArbG unzutreffenderweise von einem Zulassungsgrund i. S. d. § 64 Abs. 3 ArbGG ausgegangen ist, für die Bindungswirkung unschädlich (GK-ArbGG/*Vossen* § 64 Rz. 75).

Weil das Gesetz, anders als bei der Nichtzulassung der Revision, § 72a ArbGG, keine Nichtzulassungsbeschwerde vorgesehen hat, ergibt sich, dass das LAG an die Entscheidung über die Nichtzulassung der Berufung durch das ArbG gebunden ist.

dd) Rechtsmittelbelehrung

Nach § 9 Abs. 5 ArbGG hat jedes arbeitsgerichtliche Urteil eine Rechtsmittelbelehrung zu enthalten, auch wenn eine Berufungsmöglichkeit nicht besteht. Die Belehrungspflicht besteht gegenüber allen Parteien und sonstigen am Verfahren Beteiligten, z. B. Streithelfer oder Nebenintervenienten.

Sie bezieht sich lediglich auf das regelmäßige Rechtsmittel der Berufung, nicht auch auf die ggf. gegebene Möglichkeit, eine Sprungrevision oder Anschlussberufung einlegen oder die Wiederaufnahme des Verfahrens beantragen zu können (*BAG* 20.2.1997 EzA § 9 ArbGG 1979 Nr. 11).

Eine Rechtsmittelbelehrung muss nicht auf die Abhilfemöglichkeiten nach § 321a ZPO verweisen, da die Belehrungspflicht nach § 9 ArbGG nur Rechtsmittel im technischen Sinn umfasst, also nur bei solchen besteht, denen auch ein Devolutiveffekt zukommt (*Schmidt/Schwab/Wildschütz* NZA 2001, 1166).

Aus § 9 Abs. 5 S. 1 ArbGG ergibt sich, dass die Belehrung durch den Richter selbst erfolgen soll, denn sie muss in der Entscheidung enthalten sein. Allein die Belehrung durch die Geschäftsstelle reicht nicht aus. Der Richter muss mit seiner Unterschrift dokumentieren, dass er sich die Rechtsmittelbelehrung zu Eigen gemacht hat. Wo im Urteil die Rechtsmittelbelehrung erfolgen soll, schreibt das Gesetz nicht vor. I. d. R.

wird sie mittels Formblatt den Entscheidungsgründen beigefügt. Dieses ist dann zu unterschreiben (*BAG* 1.3.1994 EzA § 9 ArbGG 1979 Nr. 7).

470 Die Belehrung muss das Rechtsmittel, das Adressatgericht mit vollständiger Anschrift, sowie die Rechtsmittelform (Schriftform oder Erklärung zu Protokoll der Geschäftsstelle) und -frist bezeichnen, § 9 Abs. 5 S. 3 ArbGG. Daneben muss die Notwendigkeit, sich vor dem LAG durch einen Rechtsanwalt vertreten zu lassen, mitgeteilt werden. Auf den notwendigen Inhalt der Rechtsmittelschrift und auf die bestehende Frist für die Begründung des Rechtsmittels muss sich die Belehrung nicht beziehen (*BAG* 5.9.1974 EzA § 232 ZPO Nr. 10). Eine Belehrung hat auch dann zu erfolgen, wenn die Partei bereits die erforderliche Kenntnisse hat, z. B. weil sie sich durch einen Rechtsanwalt vertreten lässt.

Wurde dem Urteil eine unrichtige Rechtsmittelbelehrung beigelegt, kann dies nur dadurch geheilt werden, dass das Urteil nochmals mit einer richtigen Rechtsmittelbelehrung zugestellt wird. Alleine die Zusendung einer berichtigten Rechtsmittelbelehrung reicht nicht aus, da diese Bestandteil des Urteils selbst ist (*Schaub* ArbGVerf § 44 Rz. 36).

471 Im Falle einer unrichtigen oder unterbliebenen Rechtsmittelbelehrung **wurde bis zum 1.1.2002** die Rechtsmittelfrist nicht in Gang gesetzt, § 9 Abs. 5 S. 3 ArbGG. Der Mangel wurde allerdings durch eine fristgerechte Einlegung der Berufung geheilt.

472 Wurde die Belehrung unrichtig erteilt oder unterblieb sie völlig, war die Einlegung eines Rechtsmittels nur innerhalb eines Jahres seit Zustellung der Entscheidung möglich, § 9 Abs. 5 S. 4 ArbGG, es sei denn, die Rechtsmittelbelehrung ging dahin, dass ein Rechtsmittel überhaupt nicht gegeben sei oder aufgrund höherer Gewalt es der Partei unmöglich war, vor Ablauf der Jahresfrist ein Rechtsmittel einzulegen. Im ersten Fall konnte die Berufung unbefristet eingelegt werden, im zweiten Fall konnte gem. § 234 Abs. 1, Abs. 2 i. V. m. § 236 Abs. 2 ZPO Wiedereinsetzung in den vorherigen Stand begehrt werden.

473 Unterblieb die Zustellung der gesamten Entscheidung, war streitig, wie lange die Rechtsmittelfrist lief. Die h. M. (*BAG* 23.11.1994 EzA § 9 ArbGG 1979 Nr. 9; *Schaub* ArbGVerf § 44 Rz. 35 ff.; *Grunsky* § 9 Rz. 32; *Kappes* NZA 1991, 664) addierte die sich aus § 516 ZPO a. F. ergebende 5-Monatsfrist ab Verkündung des Urteils und die Jahresfrist des § 9 Abs. 5 S. 4 zusammen, sodass die Rechtskraft der Entscheidung erst nach 17 Monaten eintrat (*BAG* 6.8.1997 EzA § 9 ArbGG 1979 Nr. 12).

474 **Nach § 66 Abs. 1 ArbGG n. F. beginnt die Berufungsfrist nunmehr spätestens fünf Monate nach Verkündung des Urteils,** unabhängig davon, ob es mit richtiger, falscher oder gar keiner Rechtsmittelbelehrung oder gar nicht zugestellt wurde. Die bisherige Rechtsprechung zur 17 Monatsfrist dürfte nicht mehr aufrecht zu erhalten sein (*Schmidt/Schwab/Wildschütz* NZA 2001, 1218).

ee) Festsetzung einer Entschädigung, § 61 Abs. 2 ArbGG

aaa) Antragstellung

475 Auf Antrag des Klägers hat das ArbG in seinem Urteil, welches die Verpflichtung zur Vornahme einer Handlung ausspricht, den Beklagten für den Fall, dass die Handlung

nicht binnen einer festgesetzten Frist vorgenommen wird, zur Zahlung einer Entschädigung zu verurteilen, § 61 Abs. 2 ArbGG.

> Die Vorschrift findet bezüglich aller Handlungen, die nach den §§ 887, 888 ZPO **476**
> zu vollstrecken wären, Anwendung. Es handelt sich um einen Entschädigungsanspruch, sodass es unerheblich ist, ob die Zwangsvollstreckung im Einzelfall überhaupt zulässig wäre. Z. B. wäre im Fall der Verurteilung eines Arbeitnehmers zur Leistung von Diensten das Urteil gem. § 888 Abs. 2 ZPO nicht vollstreckbar, dennoch ist die Vorschrift des § 61 Abs. 2 ArbGG auch i. d. F. anwendbar (*GMP* § 61 Rz. 26).

Der Antrag des Klägers muss die Fristsetzung sowie die Bezifferung der Entschädi- **477**
gung enthalten. Allerdings ist es auch zulässig, dass der Kläger beides in das Ermessen des Gerichts stellt. Er muss allerdings in seinem Antrag Hinweise zum möglichen Schaden geben, damit das Gericht diesen bewerten und die Höhe der Entschädigung gem. § 287 ZPO schätzen kann (GK-ArbGG/*Dörner* § 61 Rz. 22).

bbb) Fristsetzung
Das Gericht hat dem Schuldner zur Erbringung der Handlung nach pflichtgemäßen **478**
Ermessen eine Frist zu setzen. Dem Beklagten darf durch eine zu kurze Fristsetzung nicht von vornherein die Erfüllung des Hauptanspruchs unmöglich gemacht werden. Daneben ist die Berufungsfrist von einem Monat nach Urteilszustellung zu beachten, sodass eine Frist unter einem Monat als zu kurz und unzulässig angesehen wird (*BAG* 5.6.1985 EzA § 4 TVG Bauindustrie Nr. 30).

ccc) Höhe der Entschädigungszahlung
Die Entschädigung wegen unterlassener Auskunft ist nach der Rechtsprechung ca. **479**
20% niedriger zu bewerten als der zu erwartende Zahlungsanspruch (*BAG* 5.6.1985 EzA § 4 TVG Bauindustrie Nr. 30). Ob diese Ansicht dem Charakter des Anspruchs nach § 61 Abs. 2 ArbGG, bei dem es sich um einen Schadensersatzanspruch für die Nichterbringung der geschuldeten Handlung handelt, gerecht wird, wird in der Literatur zu Recht bestritten (*GMP* § 61 Rz. 36). Es erscheint sachgerechter, den Entschädigungsanspruch für den unterlassenen Auskunftsanspruch auch möglichst nahe an den zu erwartenden Zahlungsanspruch anzugleichen, weswegen der Kläger den Schadensumfang möglichst genau vortragen sollte.

ddd) Folgen der Fristversäumung
Nach Ablauf der Frist wandelt sich der Erfüllungsanspruch hinsichtlich der zu er- **480**
bringenden Handlung in einen Schadensersatzanspruch um, dies allerdings erst nach Rechtskraft des Urteils. Daher kann die zu erfüllende Handlung auch noch nach Zustellung des Urteils in der Rechtsmittelinstanz erbracht werden (*BAG* 28.10.1992 EzA § 61 ArbGG 1979 Nr. 17). Der Beklagte hat bis zur Rechtskraft der Entscheidung die Wahl, ob er die Entschädigung zahlt oder die geforderte Handlung erbringt.

> Erfüllt der Schuldner die tenorierte Handlung, kann er dies im Fall der Zwangs- **481**
> vollstreckung der festgesetzten Entschädigung mit der Vollstreckungsgegenklage nach § 767 ZPO geltend machen (*BAG* 28.10.1992 EzA § 61 ArbGG 1979 Nr. 17). Nimmt der Gläubiger nach Ablauf der Frist die geschuldete Handlung noch an, erlischt der Anspruch auf die zugesprochene Entschädigung.

482 Eine Vollstreckung des Urteils zur Erbringung einer Handlung ist ausgeschlossen, wenn gleichzeitig für den Fall der Nichtleistung eine Entschädigung festgesetzt worden ist. Insofern kann nur die Entschädigung vollstreckt werden. Legt der Schuldner gegen das Urteil Berufung ein, kann der Entschädigungsanspruch vorläufig vollstreckt werden. Die Entschädigungszahlung muss im Fall des Obsiegens des Schuldners in der Berufungsinstanz zurückgezahlt werden.

483 Soweit dem Antrag auf Gewährung einer Entschädigung durch das Gericht nicht stattgegeben wird, ist das Leistungsurteil auf Erbringung einer Handlung nach den allgemeinen Bestimmungen der §§ 887, 888 ZPO zu vollstrecken.

eee) Streitwert

484 Der Streitwert des Verfahrens erhöht sich durch einen Antrag gem. § 61 Abs. 2 ArbGG nicht. Nach § 5 ZPO werden lediglich mehrere in einer Zahlungsklage geltend gemachten Ansprüche zusammengerechnet. Im Fall des § 61 Abs. 2 ArbGG handelt es sich allerdings um denselben Streitgegenstand, sodass sowohl dem Handlungs- als auch dem Entschädigungsanspruch kein selbstständiger Wert zukommt (*GMP* § 61 Rz. 33).

fff) Einzelfälle

485 In der Praxis ist die Stellung des Antrags nach § 61 Abs. 2 ArbGG insbesondere dann sinnvoll, wenn Druck auf den Beklagten ausgeübt werden soll, die begehrte Handlung zu erbringen, da ihm sonst zumindest die vorläufige Vollstreckung des Entschädigungsanspruchs droht.
– **Arbeitspapiere:**
Zwar kann die Aushändigung der Arbeitspapiere nicht mit einem Antrag nach § 61 Abs. 2 ArbGG verbunden werden, da es sich hierbei um einen Herausgabeanspruch handelt, der gem. § 883 ZPO zu vollstrecken ist. Auf Herausgabeansprüche von Sachen findet § 61 Abs. 2 ArbGG keine Anwendung. Allerdings kann die Verurteilung zur Ausfüllung der Arbeitspapiere mit einem Entschädigungsanspruch gem. § 61 Abs. 2 ArbGG verbunden werden (vgl. zur Entschädigungspflicht; *LAG Frankfurt* 25.6.1980 DB 1981, 535);
– **Abrechnungs- und Auskunftsansprüche:**
Insbesondere im Bereich der Provisionsansprüche, zu deren Geltendmachung eine Provisionsabrechnung oder eine Auskunft des Beklagten erforderlich ist, empfiehlt es sich, einen Antrag nach § 61 Abs. 2 ArbGG zu stellen (*BAG* 28.10.1992 EzA § 61 ArbGG 1979 Nr. 17);
– **Erbringung von Arbeitsleistung:**
bei der Verurteilung zur Erbringung von Arbeitsleistung handelt es sich um eine Verurteilung zur Erbringung einer unvertretbaren Handlung i. S. d. § 888 Abs. 1 ZPO. Obwohl diese gem. § 888 Abs. 2 ZPO nicht vollstreckbar ist, ist ein Antrag nach § 61 Abs. 2 ArbGG zulässig. Hierbei handelt es sich nicht um eine andere Art der Vollstreckung, sondern um eine Verurteilung zu einer Schadensersatzleistung (*GMP* § 61 Rz. 2);
– **Weiterbeschäftigungsanspruch:**
In Kündigungsschutzprozessen wird häufig ein Weiterbeschäftigungsanspruch des Arbeitnehmers geltend gemacht, der nach § 888 ZPO zu vollstrecken ist. Der Arbeitgeber muss dem Arbeitnehmer einen Arbeitsplatz zur Verfügung stellen. Daher findet § 61 Abs. 2 ArbGG auch für diese Fallkonstellation Anwendung;

da Voraussetzung ist, dass dem Arbeitnehmer durch die zeitweise Nichtbeschäftigung ein Schaden entsteht, ist dieser im Einzelnen darzulegen (vgl. *Opolony* FA 2001, 66 ff.).
– **Zeugniserteilung**:
Beim Anspruch auf Ausstellung und Erteilung eines Zeugnisses und auch auf dessen Berichtigung handelt es sich um eine unvertretbare Handlung i. S. d. § 888 ZPO (vgl. *LAG Frankfurt* 25.6.1980 DB 1981, 534), ein Antrag nach § 61 Abs. 2 ArbGG ist daher möglich.

c) Mitteilungspflicht in Tarifsachen

Nach § 63 ArbGG hat das ArbG rechtskräftige Urteile, die in bürgerlichen Rechtsstreitigkeiten zwischen Tarifvertragsparteien aus dem Tarifvertrag oder über das Bestehen oder Nichtbestehen des Tarifvertrages ergangen sind, alsbald der zuständigen obersten Landesbehörde und dem Bundesminister für Arbeit und Sozialordnung in einer Abschrift zuzusenden. Sofern die oberste Landesbehörde die Landesjustizverwaltung ist, ist zusätzlich eine Urteilsabschrift an die oberste Arbeitsbehörde des Landes zu senden. **486**

Grund hierfür ist, dass nach § 9 TVG die Rechtskraft der arbeitsgerichtlichen Entscheidung über § 325 ZPO hinaus nicht nur zwischen den Parteien des Rechtsstreits gilt, sondern erweitert ist (vgl. *Wiedemann* TVG § 9 Rz. 9). Es soll sichergestellt werden, dass die Entscheidung für jedermann jederzeit zugänglich ist. **487**

Verfahrensbeendende rechtskräftige Vergleiche unterliegen nach der Vorschrift des § 63 ArbGG keiner Übersendungspflicht.

d) Zustellung des Urteils

aa) Allgemeines

Unter Zustellung wird die Übergabe eines Schriftstücks an den Zustellungsempfänger in der vorgeschriebenen gesetzlichen Form verstanden, die beurkundet sein muss. Gem. § 46 Abs. 2 ArbGG finden die §§ 166 ff., 208 ff. ZPO Anwendung, sofern das ArbGG keine Sonderbestimmungen enthält. **488**

bb) Zustellungsfrist

Nach § 50 Abs. 1 ArbGG sind Urteile binnen drei Wochen seit Übergabe an die Geschäftsstelle zuzustellen, § 317 Abs. 1 S. 3 ZPO ist nicht anwendbar, d. h. auch auf Antrag der Parteien darf die Zustellung nicht hinausgeschoben werden. Beide Vorschriften dienen dem im Arbeitsgerichtsprozess geltenden Beschleunigungsgrundsatz, § 9 Abs. 1 S. 1 ArbGG. Die Zustellungsfrist von drei Wochen beginnt, sobald der Vorsitzende das vollständig abgefasste und geschriebene Urteil unterschrieben an die Geschäftsstelle übergeben hat. **489**

cc) § 50 Abs. 2 ArbGG

§ 50 Abs. 2 ArbGG gleicht die Rechtsstellung der Verbandsvertreter an diejenige der Rechtsanwälten an. Die Zustellung ist nur dann wirksam, wenn sie auch an den richtigen Zustellungsempfänger erfolgt. Bei Streitgenossen muss an jeden gesondert zugestellt werden (*BAG* 26.6.1975 EzA § 187 ZPO Nr. 1). **490**

Ist ein Prozessbevollmächtigter bestellt, hat die Zustellung an ihn zu erfolgen, § 176 ZPO. Eine Zustellung an die Partei ist nicht möglich und unwirksam (MünchArbR/ **491**

Brehm § 390 Rz. 81). Es genügt, dass sich aus den Umständen eindeutig ergibt, dass ein Vertretungsverhältnis besteht, auch wenn keine förmliche Vertretungsanzeige beim Gericht eingegangen ist (*BAG* 14.11.1962 AP Nr. 9 zu § 322 ZPO). § 176 ZPO findet allerdings nicht auf den Unterbevollmächtigten Anwendung (*BAG* 12.3.1964 AP Nr. 1 zu § 176 ZPO). Hat eine Behörde einen Prozessbevollmächtigten bestellt, so kann nur diesem gegenüber wirksam zugestellt werden. § 212a ZPO findet in diesem Fall keine Anwendung (*GMP* § 50 Rz. 17). Bezüglich der Möglichkeiten der Ersatzzustellung gelten die Vorschriften der §§ 181 bis 185 ZPO.

dd) Amts-, Parteizustellung

492 Die Zustellung erfolgt von Amts wegen durch die Geschäftsstelle. Nach § 50 Abs. 3 ArbGG ist der Kreis der eine Zustellung bewirkenden Personen erweitert und den Erfordernissen der Arbeitsgerichtsbarkeit entsprechend angepasst worden. Die Zustellung kann danach durch den Urkundsbeamten der Geschäftsstelle bewirkt werden oder durch einen von ihm beauftragten Beamten oder Angestellten des Gerichts. Die Beauftragung kann dabei generell oder auch nur für den Einzelfall erfolgen, wobei eine Schriftform der Beauftragung empfehlenswert ist, damit diese im Streitfall nachweisbar ist.

493 **Ob die Amtszustellung auch Voraussetzung für die Zwangsvollstreckung ist, d. h. § 50 Abs. 1 ArbGG als lex specialis § 750 Abs. 1 S. 2 ZPO vorgeht, ist streitig** (so *GMP* § 50 Rz. 7; *LAG Frankfurt* 29.8.1985 LAGE § 50 ArbGG 1979 Nr. 1). Dagegen spricht, dass der Gesetzgeber in § 50 Abs. 1 ArbGG nur § 317 Abs. 1 S. 3 ZPO für nicht anwendbar erklärt hat, nicht jedoch auch die Vorschrift des § 750 Abs. 1 S. 2 ZPO (GK-ArbGG/*Dörner* § 50 Rz. 5).

494 Gleiches gilt bei der Zustellung eines Vollstreckungsbescheids, der einem Versäumnisurteil gleich steht, § 700 Abs. 1 ZPO. Auch hier ist streitig, ob die Zustellung des Vollstreckungsbescheids im Parteibetrieb, wie sie in § 699 Abs. 4 S. 2 ZPO vorgesehen ist, im arbeitsgerichtlichen Verfahren zulässig ist (so GK-ArbGG/*Dörner* § 50 Rz. 22; a. A. *GMP* § 50 Rz. 8).

495 Nicht notwendig durch öffentliche Zustellung, sondern im Parteibetrieb, sind ohne mündliche Verhandlung durch Beschluss erlassene Arrestbefehle und einstweilige Verfügungen, §§ 922 Abs. 2, 936 ZPO, sowie Prozessvergleiche, wenn aus ihnen eine Zwangsvollstreckung betrieben werden soll, §§ 794 Abs. 1 Nr. 1, 795, 750 Abs. 1 ZPO, zuzustellen.

496 Auf welchem Wege die Zustellung erfolgt, liegt grds. im Ermessen des Urkundsbeamten der Geschäftsstelle. Der Kammervorsitzende kann allerdings Anweisungen hinsichtlich der Art der Zustellung verfügen, da er grds. alle Handlungen, die dem Urkundsbeamten zugewiesen sind, selbst durchführen kann. In der Praxis wird er bei außergewöhnlichen und schwierigeren Zustellungen, z. B. bei Ersatzzustellungen nach §§ 183 ff. ZPO, bei Auslandszustellungen, §§ 200 ff. ZPO, sowie bei öffentlichen Zustellungen, §§ 203 ff. ZPO, zumindest begleitend tätig.

e) Urteilsberichtigung, Urteilsergänzung

aa) Urteilsberichtigung

497 Unterläuft dem Gericht ein Schreibfehler, ein Rechenfehler oder eine ähnliche offenbare Unrichtigkeit, kann das Urteil nach § 319 ZPO berichtigt werden, wobei gleichgültig ist, welcher Teil des Urteils fehlerhaft ist. Auch der Tenor ist berichtigbar, selbst wenn er in sein Gegenteil verkehrt wird, z. B. wenn die Parteien versehentlich ver-

wechselt worden sind (*Schaub* ArbGVerf § 47 Rz. 3; **a. A.** *LAG Düsseldorf* 7.11.1991 NZA 1992, 427).

Eine offenbare Unrichtigkeit liegt dann vor, wenn das eigentlich Gewollte vom Erklärten abweicht. Keine Unrichtigkeit liegt hingegen bei einer fehlerhaften Willensbildung vor, es sei denn, es handelt sich um einen Rechenfehler, der korrigiert werden kann. Die Unrichtigkeit ist offenbar, wenn sie sich aus dem Zusammenhang des Urteils oder der Vorgänge bei Erlass oder Verkündung des Urteils ergibt. **498**

Die Urteilsberichtigung kann zu jeder Zeit von dem Gericht, welches die Entscheidung erlassen hat, vorgenommen werden, wobei nicht die gleiche Richterbesetzung notwendig gegeben sein muss . Sie erfolgt durch Beschluss, der auf den einzelnen Urteilsausfertigungen vermerkt werden muss. **499**

> Gegen den Berichtigungsbeschluss ist die sofortige Beschwerde an das LAG gegeben. Eine Ablehnung der Berichtigung ist hingegen nicht rechtsmittelfähig, § 319 Abs. 3 ZPO.

Fehlt es an einer **Streitwertfestsetzung** im Urteil, kann diese regelmäßig nicht durch Beschluss nach § 319 ZPO berichtigt werden (s. o. L/Rz. 451). Ausnahmsweise kann etwas anderes dann gelten, wenn sie mit verkündet wurde, jedoch versehentlich nicht im schriftlichen Urteilstenor oder den Entscheidungsgründen aufgenommen worden ist (GK-ArbGG/*Dörner* § 61 Rz. 19). **500**

Eine Tatbestandsberichtigung kommt unter den Voraussetzungen des § 320 ZPO in Betracht.

bb) Urteilsergänzung

Nach § 321 ZPO kann ein Urteil ergänzt werden, wenn versehentlich über einen Haupt- oder Nebenantrag einer Partei oder über die Kosten ganz oder teilweise nicht entschieden worden ist. Es geht also nicht um die Berichtigung eines fehlerhaften, sondern eines lückenhaften Urteils. **Ein Ergänzungsurteil kann nur auf Antrag, der binnen zwei Wochen** nach Zustellung des Urteils gestellt werden muss, ergehen, § 321 Abs. 2 ZPO. **501**

Es ist in diesem Fall eine mündliche Verhandlung anzuberaumen, § 321 Abs. 3 ZPO, wobei das Gericht nicht in gleicher Besetzung erneut zusammentreten muss. Bei dem Ergänzungsurteil handelt es sich um ein selbstständig mit Rechtsmitteln angreifbares Teilurteil, das unabhängig vom Hauptteil angegriffen werden kann. Enthält es lediglich eine Entscheidung über die Kosten, ist § 99 ZPO zu beachten. Das Teilurteil kann nur dann mit der Berufung angegriffen werden, wenn auch das Schlussurteil mit der Berufung angegriffen wird (*Zöller/Vollkommer* § 321 Rz. 11). **502**

Eine unterbliebene Streitwertfestsetzung kann analog § 321 ZPO im Wege einer Urteilsergänzung erfolgen (s. o. L/Rz. 451). Hingegen kommt ein Ergänzungsurteil für den Fall, dass nicht darüber befunden wurde, ob die Berufung zugelassen wird oder nicht, nur in Betracht, wenn dies in der 2-wöchigen Antragsfrist nach § 64 Abs. 3a Satz 2 ArbGG beantragt wird (vgl. für den Fall der Nichtzulassung der Revision: BAG 26.9.1980 EzA § 72 ArbGG 1979 Nr. 2), da insofern in die Rechtskraft des Urteils eingegriffen werden würde (s. o. L/Rz. 456). **503**

L. Urteils- und Beschlussverfahren

f) Zwangsvollstreckung aus arbeitsgerichtlichen Urteilen

aa) Vorläufige Vollstreckbarkeit

aaa) Grds. von Gesetzes wegen

504 Nach § 62 Abs. 1 ArbGG sind die Urteile des ArbG, gegen die Einspruch oder Berufung zulässig ist, vorläufig vollstreckbar. Eines diesbezüglichen eigenen Ausspruchs im Urteil bedarf es nicht (*Groeger* NZA 1994, 251 ff.).

505 Sinn und Zweck dieser Regelung ist es, die Vollstreckbarkeit der arbeitsgerichtlichen Urteile zu beschleunigen. Voraussetzung ist, dass das Urteil einen vollstreckungsfähigen Inhalt hat. Dies ist bei Feststellungsurteilen nicht der Fall, bei Leistungsurteilen dann, wenn die Leistung genau beschrieben und bestimmt ist.

506 **Beispiele:**
– Die Verurteilung des Arbeitgebers zur Zahlung eines Bruttolohnes ist inhaltlich bestimmt genug und einer Vollstreckung zugänglich. Der Arbeitgeber ist verpflichtet, den gesamten Bruttolohn an den Arbeitnehmer zu zahlen. Hat er nach dem Schluss der mündlichen Verhandlung Steuern und Sozialversicherungsabgaben abgeführt, hat er dies durch eine Quittung nach § 775 Nr. 4 ZPO dem Vollstreckungsorgan nachzuweisen, welches die Zwangsvollstreckung betreibt (vgl. *BAG* 14.1.1964 AP Nr. 20 zu 611 BGB Dienstordnungs-Angestellte; s. o. L/Rz. 166).
– Ebenfalls bestimmt genug ist der Antrag auf Zahlung eines Bruttoentgelts abzüglich eines bereits erhaltenen Nettobetrages (*BAG* 15.11.1978 AP Nr. 14 zu 611a BGB).
– Kein vollstreckungsfähiger Inhalt, da vom Gerichtsvollzieher nicht nachprüfbar, ist die Verurteilung zu einem Bruttobetrag »abzüglich erhaltenen Arbeitslosengeldes«. Der in Abzug zu bringende Betrag muss zahlenmäßig genau bestimmt sein.
– Bei Leistungsurteilen auf Weiterbeschäftigung muss sich aus dem Titel ergeben, unter welchen Bedingungen die Arbeitsleistung zu erfolgen hat. Sofern im Tenor lediglich tenoriert ist »... zu unveränderten Arbeitsbedingungen« reicht dies nur dann aus, wenn sich aus den Entscheidungsgründen ergibt, wie diese Arbeitsbedingungen waren (s. o. L/Rz. 177 f.).

507 Unter § 62 Abs. 1 S. 1 ArbGG fallen auch Urteile, durch die ein Arbeitsverhältnis gem. den §§ 9, 10 KSchG aufgelöst und der Arbeitgeber zur Zahlung einer Abfindung verurteilt worden ist (*BAG* 9.12.1987 EzA § 9 KSchG a. F. Nr. 22).

bbb) Aufhebung des Urteils

508 Wird bei einem Leistungsurteil das klagestattgebende Urteil später aufgehoben, endet die vorläufige Vollstreckbarkeit automatisch mit der sich aus § 717 ZPO ergebenden Rechtsfolge. Die nunmehr ggf. zugunsten des Vollstreckungsschuldners entstehenden Entschädigungsansprüche können im Wege der Inzidentklage im selben Verfahren geltend gemacht werden (*BAG* 17.7.1961 AP Nr. 1 zu 717 ZPO). Dies gilt selbst noch im Revisionsverfahren.

ccc) Ausschluss der vorläufigen Vollstreckbarkeit

Auf Antrag ist die vorläufige Vollstreckbarkeit vom ArbG gem. § 62 Abs. 1 S. 2 ArbGG auszuschließen, wenn der Beklagte glaubhaft macht, dass die Vollstreckung ihm einen nicht zu ersetzenden Nachteil bringen würde.

Die gegenseitigen Interessen der Parteien sind abzuwägen. Hierbei ist zum einen zu berücksichtigen, dass nach der gesetzgeberischen Intention die Zwangsvollstreckung aus den arbeitsgerichtlichen Urteilen grds. zügig erfolgen und nicht durch die Einlegung eines Rechtsmittels verzögert werden sollte. Insbesondere bei Zahlungsansprüchen eines Arbeitnehmers ist dies zur Sicherung seines Lebensunterhalts regelmäßig notwendig. Auf der anderen Seite sind die Belange des Beklagten zu berücksichtigen, die wirtschaftlichen Auswirkungen einer vorläufigen Vollstreckung, die Gefahr, dass diese selbst bei Obsiegen im Rechtsmittelverfahren nicht mehr rückgängig gemacht werden kann. Deswegen sind die Erfolgsaussichten bei Einlegung eines Rechtsmittels mitzuberücksichtigen (*LAG Düsseldorf* 4.10.1979, 7.3.1980, 20.3.1980 EzA § 62 ArbGG 1979 Nr. 1, 2, 3). Ein nicht zu ersetzender Nachteil ist insbesondere dann gegeben, wenn durch eine Vollstreckung nicht wieder gut zu machende Schäden auf Seiten des Beklagten entstehen würden.

Beispiele:
- Ansprüche auf Unterlassung von Wettbewerb sind zumindest dann vorläufig vollstreckbar zu halten, wenn es sich um zeitlich begrenzte Wettbewerbsverbote handelt, die bis zum Ablauf eines Rechtsmittelverfahrens gegenstandslos sein würden (*BAG* 22.6.1972 AP Nr. 4 zu 719 ZPO).
- Beim Anspruch auf Weiterbeschäftigung stellt der bloße Nachteil auf Arbeitgeberseite, nicht frei handeln zu können, noch keinen nicht zu ersetzenden Nachteil dar, zumal der Arbeitgeber für zu zahlendes Entgelt eine Arbeitsleistung erhält (*BAG* 27.2.1985 EzA § 611 BGB Beschäftigungspflicht Nr. 9).
- Bei der Verurteilung zur Vornahme, Duldung oder Unterlassung einer Handlung liegt ein nicht zu ersetzender Nachteil nur dann vor, wenn die befürchteten Schäden bei einer vorläufigen Vollstreckung so hoch sind, dass nicht zu erwarten ist, dass sie vom Arbeitnehmer im Fall eines Obsiegens des Arbeitgebers in höherer Instanz ersetzt werden könnten (*LAG Rheinland-Pfalz* 5.1.1981 EzA § 62 ArbGG 1979 Nr. 5).
- Ein nicht zu ersetzender Nachteil besteht bei zu vollstreckenden Geldforderungen nur dann, wenn von der Vermögenslosigkeit des Vollstreckungsgläubigers auszugehen ist (*LAG Düsseldorf* 20.12.1981 LAGE § 62 ArbGG 1979 Nr. 13). Allein der Umstand, dass ein Arbeitnehmer arbeitslos ist, Prozesskostenhilfe gewährt bekommen hat oder dass eine Rückforderung auf Schwierigkeiten stoßen könnte, reicht hierfür nicht aus (*LAG Bremen* 30.11.1992 LAGE § 62 ArbGG 1979 Nr. 19). Ebenso wenig genügt es, dass der Kläger ausländischer Arbeitnehmer ist, weswegen die Gefahr besteht, dass eine Zwangsvollstreckung im Ausland im Fall eines Rückzahlungs- oder Entschädigungsanspruches nach § 717 ZPO schwierig zu vollziehen wäre (*LAG Bremen* 25.10.1992 EzA § 62 ArbGG 1979 Nr. 9). Es muss vielmehr die konkrete Gefahr bestehen, dass sich der Vollstreckungsgläubiger einer evtl. Rückzahlungs- oder Entschädigungsverpflichtung durch Flucht ins Ausland entziehen will.
- Bei einer Sachpfändung und anschließender Versteigerung kann sich ein nicht zu ersetzender Nachteil daraus ergeben, dass die Pfandsache nur weit unter Wert verkauft werden kann (*GMP* § 62 Rz. 18). In diesen Fällen kann der Aus-

schluss der Zwangsvollstreckung auf bestimmte Vollstreckungsmaßnahmen beschränkt werden (*BAG* 24.9.1958 AP Nr. 2 zu § 719 ZPO).

512 **Der Ausschluss der Zwangsvollstreckung nach § 62 Abs. 1 S. 2 ArbGG im Urteil erfolgt immer ohne Sicherheitsleistung.** Die Anordnung einer Sicherheitsleistung durch das Gericht ist unzulässig (*Schaub* ArbGVerf § 46 Rz. 10). Die Entscheidung hat in der Urteilsformel zu erfolgen und muss in den Entscheidungsgründen begründet werden, gleichgültig ob sie dem Antrag stattgibt oder ihn ablehnt. Sie ist nur zusammen mit dem Urteil anfechtbar. Wird der Antrag versehentlich nicht beschieden, ist er durch Ergänzungsurteil gem. § 321 ZPO zu bescheiden. Eine zwar beschlossene Entscheidung, die versehentlich nicht mit in den Tenor aufgenommen worden ist, kann nach § 319 ZPO im Wege der Urteilsberichtigung in ihn eingefügt werden.

bb) Die Einstellung der Zwangsvollstreckung

513 Nach § 62 Abs. 1 S. 3 ArbGG kann die Zwangsvollstreckung nach Erlass des Urteils in den Fällen der §§ 707 Abs. 1, 719 Abs. 1 ZPO **nachträglich** eingestellt werden. Auch in diesen Fällen ist Voraussetzung, dass die beklagte Partei glaubhaft macht, dass die Vollstreckung ihr einen nicht zu ersetzenden Nachteil bringen würde (s. o. L/Rz. 510 f.).

514 Die Einstellung der Zwangsvollstreckung kann nur ohne Sicherheitsleistungen angeordnet werden, §§ 62 Abs. 1 S. 2, 3 ArbGG; 707 Abs. 1 S. 1 ZPO (*LAG Frankfurt* 27.11.1985 LAGE § 62 ArbGG 1979 Nr. 12). Die Entscheidung ist zu begründen.

515 Zu treffen hat sie das Gericht, das für die Bescheidung des Rechtsbehelfs zuständig ist, d. h. bei einem Einspruch gegen ein Versäumnisurteil oder einen Vollstreckungsbescheid das ArbG durch den Kammervorsitzenden, §§ 53 Abs. 1 S. 1, 55 Abs. 1 Nr. 6 ArbGG. Im Fall der Berufung entscheidet das LAG durch den dortigen Vorsitzenden, §§ 64 Abs. 7, 53 Abs. 1, 55 Abs. 1 Nr. 1 ArbGG. Wird ein Antrag auf Wiedereinsetzung in den vorherigen Stand bzw. auf Wiederaufnahme des Verfahrens gestellt, hat derjenige Vorsitzende die Entscheidung zu treffen, in dessen Kammer über die Hauptsache zu befinden ist.

516 **Die Entscheidung des Gerichts ist grds. unanfechtbar, § 707 Abs. 2 ZPO, es sei denn, es liegt ein Fall der »greifbaren Gesetzwidrigkeit« vor** (vgl. *LAG Rheinland-Pfalz* 4.12.1992 – 9 Ta 236/92 – n. v.). In diesem Fall ist das Rechtsmittel der sofortigen Beschwerde gegeben, § 793 ZPO. Nach **a. A.** soll eine sofortige Beschwerde bereits dann zulässig sein, wenn die Grenzen des Ermessens überschritten werden (*LAG Düsseldorf* 31.3.1982, 26.8.1982 EzA § 62 ArbGG 1979 Nr. 6, 8). Gegen diese Meinung spricht der Wortlaut des § 707 Abs. 2 S. 2 ZPO.

517 Nach abweisender Entscheidung kann jedoch ein erneuter Antrag gestellt werden, wenn neue Tatsachen vorgebracht werden, die eine Einstellung rechtfertigen. Das Gericht kann auch aufgrund einer Gegenvorstellung, neuer Antragstellung oder sonstiger Anregung seine Entscheidung jederzeit abändern (*GMP* § 62 Rz. 37).

cc) Einstellung nach § 769 ZPO

518 Bei Vollstreckungsabwehrklagen, § 767 ZPO, und Klagen gegen die Vollstreckungsklausel, § 768 ZPO, kann das Prozessgericht auf Antrag gem. § 769 ZPO die vorläufige Einstellung der Zwangsvollstreckung anordnen. Streitig ist hierbei, ob auch in diesem Fall § 62 Abs. 1 S. 3 ArbGG Anwendung findet, d. h. eine Einstellung der vorläufigen Zwangsvollstreckung nur ohne Sicherheitsleistung angeordnet werden kann

(so *LAG Berlin* 28.4.1986 EzA § 62 ArbGG 1979 Nr. 16; *Grunsky* § 62 Rz. 8). Dagegen spricht der Wortlaut des § 62 Abs. 1 S. 3 ArbGG der nur die Fälle der § 707 Abs. 1 und des § 719 Abs. 1 ZPO erwähnt (*GMP* § 62 Rz. 38). Das Gleiche gilt im Fall der Einstellung der vorläufigen Zwangsvollstreckung in den Fällen des §§ 732 Abs. 2, 766 Abs. 1 S. 2 und 768 ZPO.
Der Beschluss, der die Zwangsvollstreckung vorläufig einstellt, ist gundsätzlich analog § 707 Abs. 2 S. 2 ZPO nicht mit der sofortigen Beschwerde anfechtbar, es sei denn die Grenzen des Ermessens wurden verkannt oder es liegt eine sonstige greifbare Gesetzeswidrigkeit vor (*Zöller/Herget* § 769 Rz. 13). 519

12. Das Vollstreckungsverfahren

Die Zwangsvollstreckung richtet sich gem. § 62 Abs. 2 ArbGG nach den §§ 704 ff. ZPO. Das ArbG tritt im Rahmen der Zwangsvollstreckung lediglich dann in Erscheinung, wenn nach den zivilprozessualen Vorschriften das Prozessgericht Vollstreckungsorgan ist. 520

a) Vollstreckung durch den Gerichtsvollzieher
Geldforderungen sind gem. §§ 803 bis 882a ZPO durch den Gerichtsvollzieher zu vollstrecken; Gleiches gilt für die Zwangsvollstreckung bezüglich der Herausgabe von Sachen, §§ 883 bis 898 ZPO, z. B. Herausgabe von Arbeitspapieren oder der Rückgabe von Arbeitswerkzeugen. 521
Der Gerichtsvollzieher hat § 12 Abs. 4 S. 3 ArbGG zu beachten, d. h. er darf **keine Gebührenvorschüsse** erheben. Er muss die erwachsenden Gebühren mit vollstrecken, § 54 Nr. 4 GKG. Misslingt die Vollstreckung, haftet der Antragsteller nach § 49 GKG für die Gebühren. Gegen die Entscheidung des Gerichtsvollziehers ist die Erinnerung an das Amtsgericht als Vollstreckungsgericht gegeben, §§ 764, 766 ZPO. 522

b) Vollstreckung durch das Amtsgericht
Das Amtsgericht wird als Vollstreckungsgericht tätig, wenn es um die Vollstreckung in Forderungen geht, §§ 828 ff. ZPO, z. B. bei Rechtsstreitigkeiten zwischen Pfändungsgläubiger und Drittschuldner. § 12 Abs. 4 S. 2 ArbGG findet Anwendung, **Kostenvorschüsse** sind nicht zu erheben (s. o. L/Rz. 522). In erster Linie hat es Pfändungs- und Überweisungsbeschlüsse zu erlassen. Hierbei ist bei der Pfändung von Arbeitseinkommen ausreichend, dass im Pfändungs- und Überweisungsbeschluss die Forderung so bestimmt wird, dass für einen Dritten kein Zweifel am Gegenstand der Zwangsvollstreckung besteht. I. d. R. genügt dabei die Angabe, dass »das Arbeitseinkommen« gepfändet wird (*BAG* 12.9.1979 AP Nr. 10 zu § 850 ZPO). **Von einem solchen Pfändungs- und Überweisungsbeschluss wird auch der Abfindungsanspruch des Arbeitnehmers nach § 9 KSchG mit umfasst** (*BAG* 12.9.1979 a. a. O.), auch wenn es sich bei der Abfindung selbst nicht um Arbeitseinkommen handelt. Ebenfalls umfasst von einer solchen Pfändung sind Sozialplanabfindungen und Ansprüche aufgrund des § 113 BetrVG (*GMP* § 62 Rz. 53). 523
Bei der Pfändung von Arbeitseinkommen sind die Pfändungsfreigrenzen der §§ 850 ff. ZPO zu beachten. Die Schutzvorschriften der §§ 850 ff. ZPO finden allerdings dann keine Anwendung, wenn der Arbeitgeber eine Schadensersatzforderung aufgrund vorsätzlicher Handlung zu vollstrecken sucht (*BAG* 16.6.1960 AP Nr. 8 zu 394 BGB). 524

L. Urteils- und Beschlussverfahren

Die Beschlüsse des Amtsgerichts als Vollstreckungsgericht sind mit der Erinnerung nach § 766 ZPO angreifbar.

c) Vollstreckung durch das ArbG

525 Das ArbG wird als Vollstreckungsgericht in den Fällen der §§ 887, 888 und 890 ZPO tätig, d. h. wenn es um die Verurteilung zu einer vertretbaren oder unvertretbaren Handlung geht und im Fall der Vollstreckbarerklärung eines Anwaltsvergleiches nach § 796 b ZPO.

aa) § 887 ZPO

526 Zur Durchführung des Verfahrens nach § 887 ZPO ist ausschließlich das Prozessgericht des ersten Rechtszugs zuständig, § 802 ZPO. **Dies gilt auch für die Vollstreckung eines Urteils der Rechtsmittelinstanz.** Vor der Vollstreckung ist dem Schuldner rechtliches Gehör zu gewähren. Eine Androhung der Ersatzvornahme und der Auferlegung der Kosten sieht § 887 ZPO nicht vor, empfiehlt sich aber in der Praxis, da dadurch der Vollstreckungsschuldner u. U. dazu gebracht werden kann, seiner Verpflichtung aus dem Titel nachzukommen. Eine mündliche Verhandlung ist nicht erforderlich, § 891 ZPO. Die Entscheidung ergeht durch Beschluss, in dem auch die Kostenentscheidung nach § 788 ZPO enthalten ist. **Bis zur Durchführung der Ersatzvornahme kann der Schuldner noch seiner Verpflichtung aus dem Titel nachkommen.**

527 Da diese Beschlüsse i. d. R. außerhalb der mündlichen Verhandlung ergehen, ist der Kammervorsitzende des ArbG nach § 53 Abs. 1 S. 1 ArbGG zuständig. Wird ausnahmsweise aufgrund einer mündlichen Verhandlung entschieden, sind die Beschlüsse von allen teilnehmenden Richtern zu unterzeichnen (*LAG Düsseldorf* 8.3.1979 EzA § 929 ZPO Nr. 1). Der Beschluss des ArbG ist mit der sofortigen Beschwerde, § 793 ZPO, zu richten an das LAG, anfechtbar.

528 **Beispiele:**
Häufige Fälle einer Vollstreckung nach § 887 sind die Vollstreckung der Erteilung einer Abrechnung, die Reparatur von Sachen und die Erteilung einer Lohnabrechnung (*LAG Hamm* 11.8.1983 DB 1983, 2257). Kann die Lohnabrechnung mangels Vorliegen notwendiger Unterlagen von einem Dritten nicht vorgenommen werden, ist sie nach § 888 ZPO zu vollstrecken.

bb) § 888 ZPO

529 Die Vollstreckung unvertretbarer Handlungen erfolgt nach § 888 ZPO. **Auch hier ist eine Androhung der Zwangsmittel nicht notwendig, jedoch sinnvoll, da der Vollstreckungsschuldner sowieso zur Gewährung des rechtlichen Gehörs anzuschreiben ist.** Im Hinblick auf § 888 Abs. 2 ZPO darf dies aber nicht in Form eines Beschlusses erfolgen, da ansonsten das Rechtsmittel der sofortigen Beschwerde zulässig und begründet sein soll (*LAG Düsseldorf* 16.3.2000 LAGE § 888 ZPO Nr. 43).

530 Der Antrag des Vollstreckungsgläubigers braucht weder ein bestimmtes Zwangsmittel noch eine bestimmte Höhe eines festzusetzenden Zwangsgeldes bzw. eine bestimmte Dauer der Zwangshaft zu benennen.

L. Urteils- und Beschlussverfahren

Der Höchstbetrag eines Zwangsgeldes beträgt 25 000 Euro, § 888 Abs. 1 S. 2 ZPO. 531
Die Höhe der Zwangshaft wird nicht festgesetzt, sondern nur unbestimmt angeordnet. Sie ist im Fall der Nichtbeitreibbarkeit des Zwangsgeldes durch Beschluss nachträglich im Verhältnis zum Zwangsgeld festzusetzen. Zulässig ist es allerdings auch, bereits hilfsweise für den Fall der Nichtbeitragbarkeit des Zwangsgeldes die Dauer der Haft genau zu bestimmen. Eine Verhängung von Zwangsgeld und Haft nebeneinander ist unzulässig.

Der Zwangsgeldfestsetzungsbeschluss ist dem Gläubiger zuzustellen, der die 532
Zwangsvollstreckung einzuleiten hat, welche dann von Amts wegen durch den Gerichtsvollzieher durchzuführen ist. Die Vollstreckung der Zwangshaft geschieht durch Haftbefehl des Prozessgerichts, §§ 904 bis 913 ZPO. Ein eingezogenes Zwangsgeld verfällt der Staatskasse. Bis zu seiner Vollstreckung kann der Vollstreckungsschuldner noch der Verpflichtung aus dem Titel nachkommen. **Das Zwangsgeld ist in diesem Fall nicht zu entrichten, da ihm nur Beugefunktion und keine Straffunktion zukommt.**

> **Beispiele:** 533
> – Vollstreckung eines Titels auf Entfernung einer Abmahnung aus der Personalakte (*LAG Frankfurt* 9.6.1993 NZA 1994, 288);
> – die Erteilung von Auskünften, z. B. zur Berechnung von Provisionen bei vermittelten Aufträgen, zur Berechnung von Prämien bei erwirtschaftetem Umsatz;
> – die Gewährung von Einsicht, z. B. in Gehaltslisten, Bewerberlisten, Personalakten;
> – die Vollstreckung eines Weiterbeschäftigungsanspruches (*LAG Bremen* 21.2.1983 EzA § 62 ArbGG 1979 Nr. 10; *LAG Frankfurt* 11.3.1988 EzA § 888 ZPO Nr. 5). Auch bei der Vollstreckung eines Weiterbeschäftigungsanspruches ist das Zwangsgeld in einem einheitlichen Betrag festzusetzen und nicht etwa für jeden Tag der Nichtbeschäftigung (*LAG Berlin* 5.7.1985 NZA 1986, 36);
> – Erteilung oder Berichtigung eines Zeugnisses.

Die Zwangsvollstreckung eines Titels, der auf die Erbringung einer Arbeitsleistung aus einem Dienstvertrag gerichtet ist, ist nach § 888 Abs. 2 ZPO nicht möglich.

cc) § 890 ZPO

Die Vollstreckung eines Titels auf Duldung oder Unterlassung erfolgt nach § 890 534
ZPO durch das ArbG als Prozessgericht. Hierunter fallen insbesondere Unterlassungsverpflichtungen aus Wettbewerbsverboten.

Im Fall der Vollstreckung nach § 890 ZPO ist dem Vollstreckungsschuldner vorab 535
im Rahmen der Gewährung des rechtlichen Gehörs die beabsichtigte Festsetzung des Zwangsgeldes bzw. die beabsichtigte Zwangshaft gem. § 890 Abs. 2 ZPO anzudrohen, sofern die Androhung nicht bereits im Urteil enthalten ist. Gegen den Beschluss findet das Rechtsmittel der sofortigen Beschwerde an das LAG statt, § 793 ZPO. Der Beschluss wird von Amts wegen vollstreckt, das Ordnungsgeld vom Rechtspfleger beigetrieben. Zuständige Vollstreckungsbehörde ist der Vorsitzende des Prozessgerichts.

L. Urteils- und Beschlussverfahren

dd) § 796 b ZPO

536 Aufgrund des Gesetzes zur Neuregelung des Schiedsverfahrensrechts v. 22.12.1997 (BGBl. I S. 3224) wurden die früher in § 1044 b ZPO geregelten Bestimmungen in das achte Buch der ZPO, dort als §§ 796 a–796 c ZPO verpflanzt. Über § 62 Abs. 2 ArbGG ist damit nunmehr auch im Arbeitsgerichtverfahren eine Vollstreckbarerklärung eines Anwaltsvergleiches möglich. Hierfür zuständig ist bei einer Regelung über einen zur Arbeitsgerichtsbarkeit gehörenden Streitgegenstand das Arbeitsgericht, welches für die Geltendmachung des Anspruchs zuständig wäre, § 796 b Abs. 1 ZPO. Zu hinterlegen ist der Vergleich allerdings immer beim Amtsgericht, § 796a Abs. 1 ZPO (vgl. *Düwell* FA 1998, 212; *Voit/Geweke* NZA 1998, 400 ff.).

d) Rechtsbehelfe

537 Über eine Erinnerung nach § 766 ZPO hat das Vollstreckungsgericht, d. h. regelmäßig das Amtsgericht zu befinden. Vollstreckungsabwehrklagen aus arbeitsgerichtlichen Urteilen oder Vergleichen hat das ArbG als Prozessgericht des ersten Rechtzugs zu bescheiden. Dies gilt auch für vom ArbG für vollstreckbar erklärte Schiedssprüche nach den §§ 107, 108 ArbGG (s. u. M/Rz. 21 ff.) und für Vergleiche vor den Innungsausschüssen nach § 111 Abs. 2 S. 6 und 7 ArbGG (s. u. M/Rz. 35). Drittwiderspruchsklagen nach § 771 ZPO sind hingegen regelmäßig vom Amtsgericht zu bescheiden (*GMP* § 62 Rz. 61).

538 Gegen die Entscheidungen des ArbG, die durch Beschluss ergehen, findet die sofortige Beschwerde nach § 793 ZPO statt. Eine Ausnahme besteht für Beschlüsse des Prozessgerichts, welche die Zwangsvollstreckung nach 769 ZPO vorläufig einstellen. Diese sind grds. nach § 707 Abs. 2 S. 2 ZPO unanfechtbar (*LAG Hamm* 26.5.1988 LAGE § 769 ZPO Nr. 1; *LAG Berlin* 21.6.1989 LAGE § 769 ZPO Nr. 2; *LAG Köln* 14.2.1990 LAGE § 769 ZPO Nr. 3; **a. A.** *GMP* § 62 Rz. 62).

13. Kosten und Gebühren des erstinstanzlichen Verfahrens

a) Gerichtskosten und -gebühren

aa) Allgemeines

539 Nach § 12 Abs. 2 ArbGG wird in Verfahren vor dem ArbG nur eine einmalige Gebühr von mindestens 10 Euro und höchstens 500 Euro erhoben, wobei sich die Gebühr anhand des Streitwerts i. V. m. der Anlage 2 zu § 12 Abs. 2 ArbGG ergibt.

540 Daneben sind die dem Gericht entstandenen Auslagen zu erstatten. Mangels eigener Regelungen im ArbGG ergeben sich diese gem. § 1 Abs. 3 GKG i. V. m. § 11 Abs. 1 GKG aus der Anlage 1 zu § 11 GKG. Hierunter fallen z. B. Schreibauslagen für Ausfertigungen, Kopien und sonstige Abschriften der Schriftsätze der Parteien. Auslagenfrei sind Ausfertigungen und Abschriften der gerichtlichen Entscheidungen oder eines vor Gericht abgeschlossenen Vergleiches oder der Protokollabschrift. Zu den Auslagen zählen Postgebühren für Zustellungen, für Telefax-, Telegrafen- und Fernschreibgebühren (vgl. Nr. 9000 ff. des Teils 9 der Anlage 1 zu § 11 Abs. 2 GKG). Ein erheblicher Kostenfaktor sind die entstandenen Auslagen für die Hinzuziehung von Zeugen und Sachverständigen sowie für Dolmetscher und Übersetzer.

L. Urteils- und Beschlussverfahren

bb) Kostenprivilegierungen
Nach § 12 Abs. 1 ArbGG werden im Urteilsverfahren die Gebühren nach dem Verzeichnis der Anlage 1 zu § 12 ArbGG erhoben. 541
Endet das Verfahren durch Klagerücknahme ohne vorhergehende streitige Verhandlung, ist keine Gebühr zu entrichten, Nr. 9112 GV. Von einer Klagerücknahme ist auch dann auszugehen, wenn das Verfahren nach § 54 Abs. 5 ArbGG zum Ruhen gebracht worden ist und nicht binnen sechs Monaten von einer Partei wieder weiterbetrieben worden ist. Nach § 54 Abs. 5 S. 4 ArbGG tritt dann die Fiktion der Klagerücknahme ein, mit der Folge, dass keine Gebühren anfallen (*LAG Rheinland-Pfalz* 20.2.1991 LAGE § 54 ArbGG 1979 Nr. 4). Wird hingegen nach der Güteverhandlung das Verfahren zum Ruhen gebracht, greift die Fiktion des § 54 Abs. 5 S. 4 ArbGG nicht ein, § 12 Abs. 4 S. 1, 2 ArbGG. 542
Endet das Verfahren nach streitiger Verhandlung durch Klagerücknahme oder Anerkenntnis oder Verzichtsurteil, **ermäßigt sich die Gebühr um die Hälfte**, Nr. 9113 GV. Endet das Verfahren durch einen vor Gericht abgeschlossenen **Vergleich**, oder wird dem Gericht ein außergerichtlicher Vergleich mitgeteilt, **tritt ebenfalls eine Kostenbefreiung ein**, Nr. 9112 des Gebührenverzeichnisses. Wurde der Rechtsstreit mit einem Mahnverfahren begonnen, tritt die Gebührenbefreiung bei Vergleichsabschluss nur teilweise ein (vgl. Ziffer 9100, 9110, 9111 und 9112 des Gebührenverzeichnisses). 543
Bei Erlass eines echten **Versäumnisurteils** wird nach Nr. 9113 GV nur eine **halbe Gebühr** erhoben. Die Regelung gilt für das erste und das zweite Versäumnisurteil. Bei Erlass eines unechten Versäumnisurteils fällt die Gebühr in voller Höhe an (*Grunsky* § 12 Rz. 20). 544
Ebenfalls nur eine halbe Gebühr fällt bei einem **abgekürzten Urteil** i. S. d. § 313a ZPO an, Nr. 9113 GV. Gleiches gilt bei **übereinstimmender Erledigungserklärung** und darauf folgendem Beschluss des ArbG nach § 91a ZPO, Nr. 9117 GV.

> Sofern tatsächlich vor der streitigen Verhandlung ein erledigendes Ereignis eintritt, ist daher nach den Gebührenbestimmungen in der ersten Instanz eine Klagerücknahme – bei der keine Gerichtsgebühren anfallen – gegenüber einer übereinstimmenden Erledigungserklärung beider Parteien die kostengünstigere Variante, den Rechtsstreit zum Abschluss zu bringen. 545

Die Kostenbefreiung erfasst nur die Gerichtsgebühren, nicht hingegen die gerichtlichen Auslagen, z. B. für Postgebühren, Ladung von Zeugen, Sachverständigen oder Dolmetschern. Ausnahmsweise sind nach § 12 Abs. 5a ArbGG Kosten für vom Gericht herangezogene Dolmetscher und Übersetzer nicht zu erstatten, wenn eine Partei ein Staatenloser ist. Darüber hinaus entfällt die Kostenerstattung, wenn ein Ausländer Partei ist und die Gegenseitigkeit verbürgt ist, d. h. in dem betreffenden Herkunftsland der Partei auch ein Deutscher im Falle eines arbeitsgerichtlichen Prozesses vor einem Gericht dieses Staates keine Dolmetscher- und Übersetzerkosten bezahlen müsste. Eine solche Gegenseitigkeit besteht derzeit mit Italien, Indien, Türkei, Portugal, Belgien und Luxemburg (GK-ArbGG/*Wenzel* § 12 Rz. 34). 546

cc) Selbstständige Gebühren
Selbstständige Gebühren können sich bei Verhängung einer Verzögerungsgebühr nach § 34 GKG ergeben und bei Durchführung eines selbstständigen Beweisverfahrens, §§ 485 ff. ZPO, bei dem eine 4/10 Gebühr entsteht, Nr. 9200 GV. 547

Luczak   2541

L. Urteils- und Beschlussverfahren

Die Gebühren für Anträge im Arrest- und einstweiligem Verfügungsverfahren ergeben sich aus dem Abschnitt 3 des GV. Sie werden neben den Gebühren eines ggf. nachträglich durchzuführenden Hauptsachverfahrens erhoben. Sie entfallen nach Nr. 9155 GV im Fall einer Erledigung das Arrest oder einstweiligen Verfügungsverfahrens durch Vergleich. **Eine vergleichsweise Beendigung des Hauptsacheverfahrens hingegen führt nur zu einer Kostenbefreiung für dieses Verfahren, nicht jedoch auch rückwirkend für das zuvor durchgeführte einstweilige Rechtsschutzverfahren** (GMP § 12 Rz. 52).

dd) Kostenvorschüsse/Fälligkeit der Gebühren

548 Nach § 12 Abs. 4 S. 2 ArbGG werden in allen Instanzen keine Kostenvorschüsse erhoben. Dies gilt auch für die Zwangsvollstreckung. Dies gilt sowohl für die Gerichtsgebühren als auch die erstattungsfähigen Auslagen. Diese werden mit Verfahrensbeendigung fällig, § 12 Abs. 4 S. 1 ArbGG. Das gesamte Verfahren muss erledigt sein, nicht nur ein Teil, z. B. bei einem Teilurteil oder einem Teilvergleich. Daneben werden die Kosten und Gebühren dann fällig, wenn das Verfahren sechs Monate geruht hat oder sechs Monate von den Parteien nicht betrieben worden ist, § 12 Abs. 4 S. 1 ArbGG, es sei denn, es liegt ein Fall des § 54 Abs. 5 S. 4 ArbGG vor.

549 Wer Kostenschuldner ist, richtet sich nach den §§ 49, 54, 56, 58 GKG, wobei § 12 Abs. 4 S. 3 ArbGG, § 58 GKG dahingehend modifiziert, dass es eine Zweitschuldnerhaftung des Antragstellers im Arbeitsgerichtsprozess nicht gibt (Ascheid Rz. 676).

b) Außergerichtliche Kosten

aa) Grds. keine Kostenerstattung

550 Im erstinstanzlichen Urteilsverfahren besteht nach § 12a Abs. 1 ArbGG kein Anspruch der obsiegenden Partei auf Entschädigung wegen Zeitversäumnis und auf Erstattung der Kosten für die Hinzuziehung eines Prozessbevollmächtigten oder Beistandes.

551 Unter Urteilsverfahren sind dabei alle Verfahren zu verstehen, bei denen die §§ 91 ff. ZPO Anwendung finden, also auch das Mahn-, Arrest- und einstweilige Verfügungsverfahren, nicht hingegen das Zwangsvollstreckungsverfahren. Sinn und Zweck des § 12a Abs. 1 S. 1 ArbGG ist es, das Risiko für den Kläger für den noch bevorstehenden Prozess einzuschränken, weil er nicht befürchten muss, falls sich der Beklagte durch einen Rechtsanwalt vertreten lässt, im Fall des Unterliegens dessen Gebühren tragen zu müssen. Ein solches Risiko besteht im Zwangsvollstreckungsverfahren hinsichtlich eines möglichen Unterliegens nicht mehr (LAG Berlin 17.2.1986 LAGE § 9 KSchG Nr. 1). Hierbei ist zu beachten, dass eine Vollstreckungsabwehrklage nach § 767 ZPO dem Erkenntnisverfahren zugerechnet wird und nicht dem Vollstreckungsverfahren. Gleiches gilt für Anträge auf Erlass eines Arrestes oder einer einstweiligen Verfügung (GMP § 12a Rz. 24).

552 **Der Ausschluss der Kostenerstattung umfasst sowohl den prozessualen als auch den materiell-rechtlichen Kostenerstattungsanspruch.** Dies bedeutet, dass keine Kostenerstattung, auch nicht mit einer selbstständigen Klage, begründet mit materiellem Recht, z. B. aufgrund von Schadensersatzbestimmungen, geltend gemacht werden kann (BAG 30.4.1992 EzA § 12a ArbGG 1979 Nr. 9). Ansonsten würde der Sinn und Zweck der Bestimmung, nämlich das erstinstanzliche Arbeitsgerichtsver-

fahren zu verbilligen, unterlaufen werden können. Ausnahmsweise kann etwas anderes dann gelten, wenn ein Prozess nur deswegen geführt wird, um der anderen Partei Kosten zu verursachen und damit Schaden zuzufügen (*BAG* 30.4.1992 EzA § 12a ArbGG 1979 Nr. 9).

bb) Ausnahme: § 840 Abs. 2 ZPO

Etwas anderes gilt allerdings bei der Drittschuldnerklage nach § 840 Abs. 2 S. 2 ZPO. Danach steht dem Gläubiger ein Schadensersatzanspruch zu, der nichts mit einem prozessuellen Erstattungsanspruch zu tun hat. Grundlage des Schadensersatzanspruchs ist es, dass der Drittschuldner schuldhaft den Gläubiger von einer nicht bestehenden Zahlungspflicht nicht ordnungsgemäß unterrichtet hat und deswegen diesem ein Schaden entstanden ist. § 12 Abs. 1 ArbGG will jedoch lediglich den prozessualen Kostenerstattungsanspruch nach den §§ 91 ff. ZPO abbedingen, nicht jedoch einen Drittschuldner vor Kosten schützen, die er einem Dritten, im vorliegenden Fall dem Pfändungsgläubiger, durch eigenes schuldhaftes Verhalten zugefügt hat (*BAG* 16.5.1990 EzA § 840 ZPO Nr. 3). 553

cc) Umfang des Kostenerstattungsausschlusses

aaa) Anwaltskosten und Zeitversäumnis
Ausgeschlossen ist die Erstattung der der obsiegenden Partei entstandenen Kosten, die durch die Hinzuziehung eines Prozessbevollmächtigten entstanden sind. Umfasst werden sowohl Kosten von Rechtsanwälten als auch von dritten Personen, z. B. Verbandsvertretern oder Beiständen. Unter Kosten sind dabei Gebühren und Auslagen der Prozessbevollmächtigten zu verstehen. 554

Etwas anderes gilt nur dann, wenn durch die Beauftragung eines Prozessbevollmächtigten mindestens gleich hohe erstattungsfähige Kosten der Partei (s. u. L/Rz. 557 ff.) **selbst eingespart werden.** In diesem Fall sind die Rechtsanwaltsgebühren und die entstandenen Auslagen bis zur Höhe der ersparten erstattungsfähigen Kosten der Partei zu ersetzen (*LAG Köln* 15.10.1982 EzA § 91 ZPO Nr. 3; *LAG Düsseldorf* 10.4.1986 LAGE § 12a ArbGG 1979 Nr. 6). Es sind daher die hypothetisch entstandenen erstattungsfähigen Kosten der Partei zu errechnen und mit den Gebühren und Auslagen des beauftragten Rechtsanwalts zu vergleichen. 555

Ausgeschlossen ist auch eine Entschädigung wegen **Zeitversäumnis** der obsiegenden Partei. Hierunter fällt auch ein erlittener Verdienstausfall oder eine Abgeltung von notwendig genommenem Urlaub zur Wahrnehmung eines Gerichtstermins, zur Anfertigung von Schriftsätzen oder Aufsuchung eines Prozessbevollmächtigten. 556

bbb) Notwendige Kosten der Rechtsverfolgung
Nicht von § 12a Abs. 1 ArbGG ausgeschlossen und daher erstattungsfähig sind die sonstigen einer Partei notwendig entstandenen Kosten, z. B. die durch die Terminwahrnehmung tatsächlich entstandenen Kosten für Übernachtung, Fahrtauslagen oder Verpflegungsgelder. Die Höhe der Erstattung erfolgt entsprechend dem ZSEG. Die Partei ist gehalten, die Kosten möglichst gering zu halten. 557

Darüber hinaus sind erstattungsfähig **notwendige Aufwendungen** für die Durchführung des Prozesses, z. B. Portokosten für die Übersendung von Schriftsätzen an das Gericht, Kopierkosten, aber auch Kosten im Rahmen der Beschaffung von Beweis- 558 mitteln, z. B. falls nötig Detektivkosten für die Überwachung eines angeblich erkrankten Arbeitnehmers (*LAG Hamm* 28.8.1991 LAGE § 1 KSchG Verhaltensbedingte Kündigung Nr. 34).

559 Die Erstattung von Reisekosten, die höher sind als die Kosten für eine Vertretung durch einen Rechtsanwalt vor Ort, sind dennoch als notwendig anzusehen und ersetzbar (*LAG Hamburg* 13.8.1992 LAGE § 12a ArbGG 1979 Nr. 18).

ccc) Kostenerstattung bei Anrufung eines unzuständigen Gerichts

560 Streitig ist, wie die Kostenerstattung zu erfolgen hat, wenn zunächst ein unzuständiges Gericht angerufen wird. Wird das ArbG als zunächst unzuständiges Gericht angerufen, hat es den Rechtsstreit nach § 48 Abs. 1 ArbGG i. V. m. §§ 17 ff. GVG an das zuständige Gericht weiterzuverweisen. Die beim ArbG angefallenen Kosten werden in dem Verfahren vor dem angewiesenem Gericht als Teil der Kosten behandelt, die vor diesem Gericht entstehen. Beim ArbG bereits angefallene Rechtsanwaltskosten sind in diesem Falle im Hinblick auf § 12a Abs. 1 ArbGG nur dann zu erstatten, wenn sie im späteren Verfahren vor dem Gericht, an das der Rechtsstreit verwiesen worden ist, erneut anfallen (*GMP* § 12a Rz. 19 m. w. N.).

561 Wird von einem ordentlichen Gericht ein Rechtsstreit an das ArbG verwiesen, wird vertreten, dass im Hinblick auf § 48 Abs. 1 ArbGG i. V. m. § 17 b Abs. 2 GVG nur die Mehrkosten, d. h. die Kosten, die zwischen den tatsächlich entstandenen Kosten und den Kosten die entstanden wären, wenn gleich das ArbG angerufen worden wäre, erstattungsfähig sind (*LAG Bremen* 20.2.1986 LAGE § 12a ArbGG 1979 Nr. 4).

562 Die Gegenansicht verweist auf den Wortlaut des § 12a Abs. 1 S. 3 ArbGG, wonach Kosten, die dem Beklagten dadurch entstanden sind, dass der Kläger ein Gericht der ordentlichen Gerichtsbarkeit, der allgemeinen Verwaltungsgerichtsbarkeit, der Finanz- oder Sozialgerichtsbarkeit angerufen und dieses den Rechtsstreit an das ArbG verwiesen hat, erstattungsfähig sind. Nach dem Wortlaut werden damit sämtliche Kosten erfasst. Dies ergebe sich nicht zuletzt daraus, dass der Gesetzgeber in § 17 b Abs. 2 S. 2 GVG bewusst einen anderen Wortlaut gewählt hat und insofern nur von »Mehrkosten« geredet hat (*LAG Nürnberg* 8.10.1986 LAGE § 12a ArbGG 1979 Nr. 8; *LAG Hamm* 16.7.1987 LAGE § 12a ArbGG 1979 Nr. 10; *LAG Rheinland-Pfalz* 13.3.1986 LAGE § 12a ArbGG 1979 Nr. 7).

ddd) Vergleichsweise abändernde Regelungen

563 § 12a Abs. 1 ArbGG **verbietet es den Parteien nicht, in einem Vergleich zu vereinbaren, dass sich eine Partei zur Kostenerstattung verpflichtet** (*LAG Hamm* 26.2.1991 LAGE § 12a ArbGG 1979 Nr. 15).
Eine solche vergleichsweise festgelegte Kostenübernahme kann allerdings nicht in einem Kostenfestsetzungsverfahren nach den §§ 103 ff. ZPO gegen die Gegenpartei festgesetzt werden, da es sich hier **um einen privatrechtlichen Anspruch handelt** und das Kostenfestsetzungsverfahren lediglich der Ermittlung und Festsetzung der gesetzlichen Prozesskosten dient (*LAG Rheinland-Pfalz* 28.8.1990 NZA 1992, 141; *LAG Düsseldorf* 1.4.1986 LAGE § 12a ArbGG 1979 Nr. 9).

dd) Hinweispflicht

564 Auf die fehlende Kostenerstattungspflicht müssen Prozessbevollmächtigte eine rechtsuchende Partei nach § 12a Abs. 1 S. 2 ArbGG vor Abschluss einer Vereinbarung über die Vertretung hinweisen. Eine solche Hinweispflicht besteht nur dann

nicht, wenn die betreffende Partei einem Kostenrisiko nicht ausgesetzt ist, z. B. weil sie rechtsschutzversichert ist oder weil Kosten, z. B. durch eine Verbandsvertretung, nicht anfallen. Eine schuldhafte Verletzung der Hinweispflicht führt zu Schadensersatzansprüchen der Partei, §§ 280, 311 BGB i. V. m. dem Rechtsberatungsvertrag, die mit einem Vergütungsanspruch des Prozessbevollmächtigten aufgerechnet werden können (*GMP* § 12a Rz. 32, 33).

14. Das Berufungsverfahren

a) Rechtsgrundlagen

Nach § 46 Abs. 6 ArbGG gelten für die Durchführung des Berufungsverfahrens die 565 Vorschriften der ZPO über das Berufungsverfahren entsprechend, sofern sich aus den Vorschriften der §§ 64 bis 70 ArbGG nichts anderes ergibt. Lediglich die Vorschrift der ZPO über das Verfahren vor dem Einzelrichter, § 527 ZPO, findet keine Anwendung, § 64 Abs. 6 S. 2 ArbGG.
Über § 64 Abs. 7 ArbGG finden bestimmte Verfahrensvorschriften des erstinstanzlichen Verfahrens auch im Berufungsverfahren Anwendung.
Die Berufung gegen Urteile des ArbG hat einen Suspensiv- und Devolutiveffekt, d. h. 566 durch die fristgemäße und statthafte Berufung wird der Eintritt der Rechtskraft gehemmt, § 705 S. 2 ZPO, und der Rechtsstreit gelangt automatisch in die Berufungsinstanz.

b) Zulässigkeit der Berufung

aa) Statthaftigkeit

Nach § 64 Abs. 1 ArbGG findet gegen die Urteile der ArbG die Berufung an die LAG 567 statt. Die Vorschrift ist dahingehend zu ergänzen, dass nur gegen Endurteile eine Berufung eingelegt werden kann, worunter auch ein Teilurteil gem. § 301 ZPO fällt. Diesen gleichgestellt sind Vorbehaltsurteile, § 302 Abs. 3 ZPO, und Zwischenurteile, welche über die Zulässigkeit der Klage abgesondert entscheiden, § 280 Abs. 2 ZPO.
Nicht mit der Berufung anfechtbar sind Zwischenurteile nach den §§ 303, 304 ZPO 568 i. V. m. § 61 Abs. 3 ArbGG, erste Versäumnisurteile, gegen die ein Einspruch möglich ist, § 513 Abs. 1 ZPO und Urteile, gegen die das Rechtsmittel der sofortigen Beschwerde gegeben ist, § 64 Abs. 1 ArbGG. Hierunter fallen nach § 99 Abs. 2 ZPO zu treffende Kostenentscheidungen im Anerkenntnisurteil, nach § 71 Abs. 2 ZPO zu treffende Zwischenurteile über die Zulässigkeit der Nebenintervention, sowie Zwischenurteile bezüglich Feststellung der Rechtmäßigkeit einer Zeugnisverweigerung, § 387 Abs. 3 ZPO.

aaa) Grundsätze

§ 64 Abs. 2 ArbGG ist zum 1.5.2000 dahingehen geändert worden, dass die Berufung 569 in anderen als Bestandsstreitigkeiten nur bei **Zulassung durch das Arbeitsgericht** zulässig ist **oder** der **Beschwerdewert 600 Euro** übersteigt, § 64 Abs. 2a und b (s. u. L/Rz. 577 ff.) .
Eine Sonderregelung wurde für **Kündigungsschutzverfahren und Bestandsstreitig-** 570 **keiten geschaffen.** In diesen kann **immer die Berufung**, unabhängig von einem bestimmten Beschwerdewert oder der Zulassung durch das Arbeitsgericht, eingelegt werden.

L. Urteils- und Beschlussverfahren

571 Eine weitere Sonderregelung enthält § 62 Abs. 2 d ArbGG n. F. ab dem 1.1.2002. Danach sind Berufungen gegen Versäumnisurteile, gegen die ein Einspruch an sich nicht statthaft ist (vgl. *Zöller/Herget* § 341 Rn. 1), **unabhängig vom Beschwerdewert** und einer Zulassung durch das ArbG zulässig, sofern die Berufung oder Anschlussberufung darauf gestützt wird, dass der Fall der schuldhaften Säumnis nicht vorgelegen habe.

572 Das Arbeitsgericht hat gem. § 64 Abs. 3a ArbGG die Entscheidung, ob es die Berufung zulässt oder nicht, im Tenor seines Urteils aufzunehmen. Wird dies versäumt, kann eine Ergänzung des Urteils binnen zwei Wochen ab Verkündigung beantragt werden. Diese Verpflichtung besteht wohl nur, wenn die Berufung nicht bereits kraft Gesetz zulässig ist (vgl. *Stock* NZA 2001, 483 ff.).

573 Probleme können sich in den Fällen ergeben, in denen ein Urteil zwar vom Streitwert her an sich berufungsfähig ist, der Beschwerdewert aber die Grenze des § 64 Abs. 2 b) ArbGG deswegen nicht erreicht, da das Urteil nur zum Teil mit der Berufung angefochten werden soll (s. u. L/Rz. 579). In diesen Fällen sollte binnen zwei Wochen ab Verkündung vom Antragsrecht nach § 64 Abs. 3a ArbGG Gebrauch gemacht werden.

574 Diese Vorschrift unterscheidet sich von § 321 ZPO erheblich. Zum einen kann die Kammer des Arbeitsgerichts ohne mündliche Verhandlung über den Antrag befinden. Zum anderen beginnt die Antragsfrist ab **dem Termin der Verkündung des Urteils** zu laufen (s. o. L/Rz. 419 ff.) und nicht ab dem Termin der Zustellung des Urteils. Diese zweite Abweichung von § 321 ZPO kann in der Praxis zu erheblichen Problemen führen. I. d. R. werden Urteile zwar am Ende des Sitzungstags, aber nicht unmittelbar nach der jeweiligen Verhandlung über eine Sache verkündet. Zu diesem Zeitpunkt sind die Parteien oftmals nicht mehr anwesend. Sie erfahren vom Ausgang ihres Verfahrens durch Zustellung des Sitzungsprotokolls – was leider nicht immer binnen zwei Wochen nach Verkündung des Urteils geschieht und damit nach Ablauf der Antragsfrist nach § 64 Abs. 3a S. 2 ArbGG – oder durch Anruf bei der Geschäftsstelle des Gerichts am folgenden Tag. Auch hierbei besteht keine 100 %ige Gewähr, dass ein Urteil immer richtig und vollständig telefonisch übermittelt wird.

575 Einem Prozessbevollmächtigten ist daher zu empfehlen, sofern er das Sitzungsprotokoll nicht in der Antragsfrist zugestellt bekommen hat, vorsorglich in den Fällen des § 64 Abs. 2 b ArbGG einen Ergänzungsantrag nach § 64 Abs. 3a ArbGG zustellen.

576 Fraglich ist, ob § 64 Abs. 3a ArbGG dahingehend zu verstehen ist, dass eine **Berufung** in den Fällen des § 64 Abs. 2 b ArbGG künftig **nur dann zulässig** ist, wenn dies im Tenor der Entscheidung verkündet worden ist (vgl. zum Problem einer Zulassung erst in den Gründen L/Rz. 577, 680). Zwar ist dies in § 64 Abs 3a ArbGG nicht ausdrücklich festgelegt worden, jedoch ist die Regelung wohl deswegen dahingehend zu verstehen, da sonst das Antragsrecht in § 64 Abs. 3a S. 2 ArbGG überflüssig wäre. Außerdem kann dem Gesetzgeber unterstellt werden, den Meinungsstreit, ob eine Zulassung der Berufung oder einer Revision erst in den Gründen eines Urteils ausreichend ist, zu kennen. Dieser Meinungsstreit sollte offensichtlich geklärt werden.

bbb) Beschwerdewert

Nicht-Bestandsstreitigkeiten sind nach § 64 Abs. 2 ArbGG **nur dann berufungsfähig, wenn die Berufung entweder im arbeitsgerichtlichen Urteil zugelassen worden ist oder der Wert des Beschwerdegegenstandes 600 Euro übersteigt.**
Der Beschwerdewert hängt zum einen von der sog. formellen Beschwer ab, d. h. der Abweichung des erstinstanzlichen Urteils von dem in der ersten Instanz gestellten Antrag, zum anderen von dem in der Berufungsinstanz gestellten Antrag, inwieweit das erstinstanzliche Urteil abgeändert werden soll. Der Beschwerdewert kann dabei nie höher sein als der im erstinstanzlichen Urteil festgesetzte Streitwert, es sei denn, dieser ist offensichtlich völlig fehlerhaft festgesetzt worden (s. o. L/Rz. 443). Der Beschwerdewert ist vom Berufungskläger glaubhaft zu machen, § 294 ZPO, wobei eine eigene eidesstattliche Versicherung nicht ausreicht, § 511 Abs. 3 ZPO.

> **Beispiel:**
> Der Kläger erhebt eine Zahlungsklage in Höhe von 1 000 Euro und unterliegt. Der Streitwert des erstinstanzlichen Urteils ist auf 1 000 Euro festgesetzt. Die formelle Beschwerde des Klägers ist ebenfalls 1 000 Euro. Die Zulassung seiner Berufung hängt nun davon ab, in welcher Höhe er das erstinstanzliche Urteil mit seinem Berufungsantrag angreift. Macht er weiterhin 1 000 Euro geltend, liegt die Beschwer über 600 Euro, macht er lediglich noch 500 Euro geltend, z. B. weil sich im erstinstanzlichen Verfahren herausgestellt hat, dass der Beklagte wirksam mit einer Gegenforderung in Höhe von 500 Euro aufgerechnet hat, liegt seine Beschwer unter 600 Euro, sodass er das Urteil nicht angreifen kann, es sei denn, das ArbG hat die Berufung zugelassen.

Festzuhalten ist, dass, wenn die unterlegene Partei gegen ein Urteil des ArbG in vollem Umfang Berufung einlegt, dessen Streitwert auf über 600 Euro festgesetzt worden ist, ein besonderer Wert der Beschwer nicht mehr zu ermitteln ist (*BAG* 13.1.1988 § 64 ArbGG 1979 Nr. 22). Ohne ausdrückliche Zulassung ist die Berufung immer dann unzulässig, wenn der Streitwert im arbeitsgerichtlichen Urteil auf 600 Euro oder weniger festgesetzt worden ist, da dann die unterlegene Partei nicht über 600 Euro beschwert sein kann, es sei denn die Streitwertfestsetzung war offensichtlich fehlerhaft (*BAG* 22.5.1984 EzA § 64 ArbGG 1979 Nr. 14).

Das erstinstanzliche Urteil wird auch nicht dadurch berufungsfähig, dass die Beschwer durch eine Ausweitung des Streitgegenstands, d. h. durch **Klageerweiterung in der Berufungsschrift,** erhöht wird (*LAG Frankfurt* 30.3.1987 LAGE § 64 ArbGG 1979 Nr. 15). Der maßgebliche Zeitpunkt für die Berechnung der Beschwer ist der der Einlegung der Berufung, § 4 Abs. 1 S. 1 ZPO. Der Wert der Beschwer errechnet sich dabei nach den §§ 3 bis 9 ZPO i. V. m. § 12 Abs. 7 ArbGG.

Die Berufung eines Beklagten bleibt jedoch dann zulässig, wenn der obsiegende Kläger auf einen Teil seines Klageanspruches verzichtet, damit die verbleibende Beschwer des Beklagten unter 600 Euro sinkt (*Schaub* ArbGVerf § 51 Rz. 22). Schränkt der Berufungskläger seinen Berufungsantrag im Laufe des Verfahrens ein, sodass der verbleibende Antrag unter der in § 64 Abs. 2 ArbGG vorgesehenen Beschwer von 600 Euro bleibt, kommt es darauf an, ob die Einschränkung willkürlich erfolgt ist oder aufgrund der Entwicklung des Rechtsstreits geboten war, z. B. weil der Berufungsbeklagte während des Berufungsverfahrens einen eingeklagten Betrag teilweise bezahlt hat. Im letzteren Falle ist eine spätere Verminderung des Beschwerdegegenstandes für die Statthaftigkeit der Berufung irrelevant (*Stock* NZA 2001, 481 ff. [483]).

L. Urteils- und Beschlussverfahren

583 Nicht berufungsfähig ist ein Urteil, wenn die klagende Partei die Höhe einer zu gewährenden Leistung in das Ermessen des Gerichts gestellt hat und dem Antrag dem Grunde nach stattgegeben wurde, die Höhe der gerichtlich festgesetzten Leistung aber nicht den Erwartungen entsprochen hat, z. B. bei Beantragung der Auflösung seines Arbeitsverhältnisses gem. § 9 KSchG gegen Zahlung einer in das Ermessen des Gerichts gestellten Abfindung. In diesem Fall kann Berufung nur von der beklagten Partei eingelegt werden (GMP § 64 Rz. 25).

584 Deswegen sollte bei solchen Klageanträgen immer ein Mindestbetrag eingeklagt werden oder doch zumindest eine Mindesterwartung dem Gericht mitgeteilt werden. Bleibt der vom Gericht austenorierte Betrag unter dieser Erwartung, liegt in Höhe der Differenz eine Beschwer vor.

585 Die Beschwer in einem Verfahren, in dem zwar ein **Hauptantrag** abgewiesen, jedoch auf den **Hilfsantrag** erkannt worden ist, liegt für den Kläger im Wert des Hauptantrages – nicht in der Differenz zwischen Haupt- und Hilfsantrag –, für den Beklagten im Wert des Hilfsantrags. Werden der Haupt- und der Hilfsantrag abgewiesen, ist die Berufung zulässig, wenn wenigstens einer der beiden Anträge die Berufungssumme erreicht (GK-ArbGG/*Vossen* § 64 Rz. 45).

586 Bei der Verurteilung einer Partei zu einer **Bruttovergütung abzüglich einer bereits geleisteten Nettovergütung** erfolgt die Berechnung der Beschwer für den verurteilten Beklagten, indem vom eingeklagten Bruttobetrag der Nettobetrag und die darauf entfallenden Steuern und Versicherungsbeiträge abgezogen werden. Es spricht eine Vermutung dafür, dass in Höhe der Nettobeträge bereits die entsprechenden Abgaben vom beklagten Arbeitgeber getätigt worden sind (GMP § 64 Rz. 26).

587 Etwas anderes gilt nur dann, wenn vom Arbeitnehmer ein Forderungsüberhang, z. B. wegen erfolgter Arbeitslosen- oder Krankengeldzahlung, d. h. ein Differenzbetrag zwischen den aus Sozialkassen erhaltenen Geldern und dem Bruttoentgelt geltend gemacht worden ist. In diesem Fall berechnet sich der Beschwerdewert durch Abzug des Nettobetrags vom Bruttobetrag. Die Erstattungspflicht gegenüber den Sozialkassen ist für die Streitwertberechnung unerheblich (*LAG Düsseldorf* 26.8.1991 EzA § 64 ArbGG 1979 Nr. 6).

588 Werden **Streitgenossen** erstinstanzlich verurteilt und legen sie jeweils getrennt Berufung ein, ist die Beschwer aller Streitgenossen zusammenzurechnen. Nehmen einige Streitgenossen die Berufung zurück und sinkt damit der Beschwerdewert unter 600 Euro, werden die übrigen Berufungen unzulässig (GMP § 64 Rz. 26).

589 Bei einer Berufung gegen ein **zweites Versäumnisurteil** war bislang nach § 64 Abs. 2 ArbGG a. F. neben § 513 Abs. 2 ZPO anwendbar, d. h. eine Berufung gegen ein zweites Versäumnisurteil in vermögensrechtlichen Streitigkeiten war nur dann zulässig, wenn der Beschwerdewert über 600 Euro lag oder das ArbG die Berufung zugelassen hat (*BAG* 4.4.1989 EzA § 64 ArbGG 1979 Nr. 27).
Nach § 64 Abs. 3 ArbGG hat das ArbG die Berufung zuzulassen, wenn eine der in den Nr. 1 bis 3 genannten Voraussetzungen vorliegt (s. o. L/Rz. 455 ff.).
Nunmehr ist eine Berufung auch unter den Voraussetzungen des § 64 Abs. 2 d ArbGG möglich (s. o. L/Rz. 571).

L. Urteils- und Beschlussverfahren

bb) Form und Frist der Berufungseinlegung

aaa) Form

(1) Unterschriebene Berufungsschrift
Die Berufung ist nach § 519 ZPO durch einen Schriftsatz beim Berufungsgericht einzulegen. Sie muss von einem nach § 11 Abs. 2 ArbGG postulationsfähigen Prozessbevollmächtigten (zum Syndikusanwalt vgl. *BAG* 19.3.1996 EzA § 11 ArbGG 1979 Nr. 12) grds. **handschriftlich und eigenhändig unterzeichnet** sein, § 64 Abs. 2 ArbGG i. V. m. § 519 Abs. 4, 130 Nr. 6 ZPO (*BAG* 15.2.1987 EzA § 518 ZPO Nr. 33). Die Unterschrift dient dazu nachzuweisen, dass die Berufungsschrift von einer Person herrührt, die befähigt und befugt ist, Prozesshandlungen vor dem Berufungsgericht vorzunehmen. Mit der Unterschrift übernimmt der Unterzeichner hierfür die Verantwortung. 590

Sie muss ein individuelles Schriftbild aufweisen, auch wenn sie nicht lesbar sein muss (*BAG* 5.12.1984 § 72 ArbGG 1979 Nr. 6). Der Unterzeichner muss allerdings seinen vollen Namen, nicht nur eine Abkürzung verwenden (*BAG* 29.7.1981 EzA § 518 ZPO Nr. 28). Hat der Prozessbevollmächtigte einen Doppelnamen, genügt es, den ersten Namen voll auszuschreiben und den Zweiten abzukürzen (*BAG* 15.12.1987 EzA § 518 ZPO Nr. 33). Wurde eine bestimmte Form der Unterschrift eines Prozessbevollmächtigten bislang von einer bestimmten Kammer rügelos hingenommen, gebietet es der Grundsatz der fairen Verfahrensgestaltung, dass erst nach Verwarnung gegenüber dem Prozessbevollmächtigten die Unterschrift für die Zukunft nicht mehr als ausreichend angesehen werden darf (*BVerfG* 26.4.1988 NJW 1988, 2787; *BAG* 30.8.2000 – 5 AZB 17/00 –). **Die Selbstbindung bezieht sich allerdings immer nur auf einen bestimmten Spruchkörper, nicht auf das gesamte Berufungsgericht** (*GMP* § 64 Rz. 48). 591

Ausnahmen vom Erfordernis der eigenhändigen Unterschrift gibt es bei **der Verwendung technischer Hilfsmittel** zur Übermittlung der Berufungsschrift, sofern dadurch eine eigene Unterschrift technisch nicht möglich ist. Dies ist beispielsweise bei **telegrafischer Berufungseinlegung**, die zulässig ist, der Fall (*BAG* 14.1.1986 EzA § 94 ArbGG 1979 Nr. 3). Gleiches gilt für die Berufungseinlegung durch **Fernschreiber**. In beiden Fällen muss allerdings gewährleistet sein, dass nachvollziehbar ist, von wem die Berufung tatsächlich eingelegt worden ist. 592

Anders sieht es aus bei der Berufungseinlegung mittels **Telefax oder Telekopie**. In diesem Fall ist zwar eine eigenhändige Unterschrift nicht direkt möglich, jedoch ist es technisch möglich, das Original der Berufungsschrift in vollem Umfang zu übermitteln, sodass auf diesem die Unterschrift enthalten sein und mit übermittelt werden muss (*BAG* 24.9.1986 EzA § 554 ZPO Nr. 4, vgl. *Düwell* NZA 1999, 291; s. o. L/Rz. 209). 593

Bezüglich der neuen Nutzungsmöglichkeiten hinsichtlich **elektronischer Signaturen** vgl. § 130a ZPO. 594

(2) Notwendiger Inhalt
Die Berufung darf nicht unter einer Bedingung eingelegt werden, **auch nicht unter der Bedingung, dass zuvor Prozesskostenhilfe gewährt wird** (a. A. *GMP* § 64 Rz. 9). 595

In der Berufungsschrift muss angegeben werden, welches Urteil welchen Gerichts angegriffen werden soll, dass gegen dieses Urteil Berufung eingelegt wird sowie die ge- 596

L. Urteils- und Beschlussverfahren

naue Bezeichnung des Berufungsklägers und -beklagten. Daneben sollte der Berufungsschrift eine Ausfertigung oder beglaubigte Abschrift des angefochtenen Urteils beigelegt werden, § 519 Abs. 3 ZPO.

597 Formfehler der Berufungsschrift können die Berufung unzulässig machen, so z. B. wenn das Gericht, welches das angefochtene Urteil erlassen hat, nicht angegeben worden ist (*BAG* 5.12.1974 AP Nr. 26 zu § 518 ZPO). Allerdings können Formfehler innerhalb der Berufungsfrist behoben werden. Die Berufungsfrist selbst muss noch nicht die genaue Ankündigung der Berufungsanträge enthalten und auch noch nicht angeben, inwieweit das arbeitsgerichtliche Urteil angefochten wird. Dies kann noch in der Berufungsbegründung erfolgen (*GMP* § 64 Rz. 50).

598 Es ist allerdings für den Fall einer evtl. späteren Berufungsrücknahme hinsichtlich der Kostentragungspflicht sinnvoll, ggf. die Berufung schon in der Berufungsschrift hinsichtlich des Streitgegenstandes einzuschränken. Erfolgt die Einlegung der Berufung zunächst nur zur Fristwahrung, empfiehlt es sich darüber hinaus, den Prozessbevollmächtigten der Gegenseite im Hinblick auf die §§ 97 ZPO, 32 BRAGO anzuschreiben und darum zu bitten, kollegialiter einstweilen von einer Bestellung und Antragstellung beim Berufungsgericht abzusehen.

599 Die ladungsfähige Anschrift des Rechtsmittelbeklagten bzw. seines Prozessbevollmächtigten in der Berufungsschrift ist nicht notwendig anzugeben (*BAG* 16.9.1986 EzA § 518 ZPO Nr. 31), jedoch sinnvoll und üblich, da dem Berufungsgericht zum Zeitpunkt der Zustellung der Berufungsschrift die Akte noch nicht vorliegt.

600 **Beispiel:**
An das
Landesarbeitsgericht Rheinland-Pfalz
...

Berufung
In Sachen
Fa. XY GmbH, vertr. durch ihren Geschäftsführer ..., Hauptstr. 4, 67663 Kaiserslautern

– Beklagte und Berufungsklägerin –

Prozessbevollmächtigte: RAe ...

gegen

Herrn Fritz Z, Seitenstr. 5, 67662 Kaiserlautern,

– Kläger und Berufungsbeklagter –

Prozessbevollmächtigte 1. Instanz: DGB Rechtsstelle Kaiserslautern ...
wegen Urlaubsabgeltung
wird gegen das Urteil des ArbG Kaiserslautern vom ... Aktz.: ..., zugestellt am ... hiermit in vollem Umfang/soweit die Beklagte verurteilt wurde ...

Berufung
eingelegt. Eine Abschrift des Urteils liegt diesem Schriftsatz als Anlage bei. Antrag und Begründung folgen in einem gesonderten Schriftsatz.

Unterschrift

L. Urteils- und Beschlussverfahren

bbb) Frist
Die Berufungsfrist beträgt nach § 66 Abs. 1 ArbGG einen Monat. Bei der Frist handelt es sich um eine **Notfrist**, § 517 ZPO, d. h. sie kann nicht verlängert oder abgekürzt werden, § 224 Abs. 1 ZPO. 601

Erfolgt die Berufungseinlegung mit einem automatischen Empfangsgerät des Gerichts, z. B. mit einem Telefaxgerät, muss die vollständige Aufzeichnung der Berufungseinlegung bis 24 Uhr des letzten Tages der Berufungsfrist abgeschlossen sein (*BAG* 5.7.1990 EzA § 519 ZPO Nr. 6; *LAG Hamm* 27.11.1989 LAGE § 518 ZPO Nr. 3). Bei der Benutzung eines Telefaxgerätes darf zwar von einem privaten Telefaxgerät aus die Berufung eingelegt werden (*BAG* 5.7.1990 NZA 1990, 985), sie darf jedoch nicht über das Telefaxgerät eines Dritten erfolgen, der dann die Berufung an das Berufungsgericht weiterleitet, da dann nicht sichergestellt werden kann, ob der Berufungskläger tatsächlich das übermittelte Schriftstück so, wie es bei Gericht ankommt, absenden wollte. 602

Steht eine gemeinsame technische Einrichtung, z. B. ein Nachtbriefkasten oder ein Telefaxgerät, für mehrere Behörden oder Gerichte zur Verfügung, muss der Rechtsmittelkläger durch richtige Adressierung kenntlich machen, dass die eingehende Sendung für das Berfungsgericht bestimmt ist (*BAG* 14.7.1988 EzA § 518 ZPO Nr. 34). 603

Die Berufungsschrift kann sowohl beim Stammgericht als auch bei einer Außenkammer des Berufungsgerichts eingelegt werden, gleichgültig wo die Streitsache zu verhandeln ist (*BAG* 23.9.1981 AP Nr. 2 zu § 64 ArbGG 1979). 604

Die Frist beginnt mit der Zustellung des in vollständiger Form abgefassten Urteils. Der Rechtsmittelführer ist berechtigt, sie bis zum letzten Tag auszunutzen und kann auch darauf vertrauen, dass beim Berufungsgericht entsprechende Einrichtungen zur Inempfangnahme, wie z. B. ein Nachtbriefkasten, vorhanden sind (*BAG* 10.9.1955 AP Nr. 3 zu 518 ZPO) und auch funktionieren (vgl. *BVerfG* 25.2.2000 EzA § 5 KSchG Nr. 32 und *BAG* 20.2.2001 EzA § 77 BetrVG 1972 Nr. 66 für den Fall der Störung des Telefaxempfangsgerätes). Die Berechnung der Monatsfrist erfolgt gem. § 222 ZPO nach den §§ 187, 188 BGB. Die Beweislast für die Wahrung der Berufungsfrist trägt der Berufungskläger. 605

Nach § 66 Abs. 1 S. 2 ArbGG n. F. beginnt die Berufungsfrist bei Nichtzustellung oder fehlerhafter Zustellung des Urteils fünf Monate nach seiner Verkündung. Ob die Zustellung fehlerhaft erfolgt ist, z. B. keine Rechtsmittelbelehrung entgegen § 9 ArbGG beilag, ist unerheblich (s. o. L/Rz. 471 ff.). 606

Die Berufungsfrist beginnt noch nicht, wenn lediglich ein Urteil in abgekürzter Form nach § 317 Abs. 2 S. 2 ZPO zugestellt worden ist, da § 517 ZPO von einem vollständig abgefassten Urteil ausgeht. Ergeht innerhalb der Berufungsfrist ein Ergänzungsurteil nach § 321 ZPO, beginnt die Berufungsfrist auch für die Berufung gegen das zuerst ergangene unvollständige Urteil mit Zustellung der nachträglichen Entscheidung von neuem, § 518 ZPO. 607

ccc) Folgen bei Formfehler oder Fristüberschreitung
Ist die Berufung nicht form- und fristgerecht eingelegt worden, hat das Berufungsgericht die **Berufung als unzulässig zu verwerfen.** Insofern steht dem Berufungsgericht kein Ermessen zu, § 66 Abs. 2 S. 2 ArbGG i. V. m. § 522 Abs. 1 ZPO. 608

Die Entscheidung kann ohne mündliche Verhandlung durch Beschluss ergehen und unterliegt in diesem Fall der Rechtsbeschwerde, § 522 ZPO, sofern die weiteren Vo- 609 raussetzungen des § 77 ArbGG gegeben sind. Hielt das Berufungsgericht die Berufung zu Unrecht für unzulässig und hat es sie verworfen, kann es seine Entscheidung nachträglich nicht mehr abändern, es sei denn, es wird ein begründeter Wiedereinsetzungsantrag einer Partei gestellt (*BAG* 29.10.1976 EzA § 519 b ZPO Nr. 2).

610 Auch der ohne mündliche Verhandlung ergangene Verwerfungsbeschluss muss unter Mitwirkung der ehrenamtlichen Richter erlassen werden, § 66 Abs. 2 S. 2 ArbGG. Den Parteien ist vor der Verwerfung rechtliches Gehör zu gewähren. Der Beschluss ist zu begründen.

cc) Form, Frist und Inhalt der Berufungsbegründung

aaa) Frist

611 Die Berufung ist zu begründen, entweder bereits in der Berufungsschrift oder in einer gesonderten Begründungsschrift. Diese muss gem. § 66 Abs. 1 ArbGG **binnen zwei Monate nach Zustellung des Urteils bzw. 7 Monate nach Verkündung des Urteils bei fehlender vorheriger Zustellung** beim Berufungsgericht eingehen. Die Berechnung der Frist entspricht der Berechnung der Berufungsfrist (s. o. L/Rz. 601 ff.).

612 Im Unterschied zur Berufungsfrist kann die Berufungsbegründungsfrist verlängert werden, da es sich bei ihr nicht um eine Notfrist handelt. Nach § 66 Abs. 1 S. 3 ArbGG kann dies allerdings nur einmal geschehen, wenn nach der Überzeugung des Vorsitzenden der Rechtsstreit dadurch nicht verzögert wird (*BAG* 15.1.1995 – 2 AZR 855/94 – n. v.). In dem Verlängerungsantrag muss bereits der Zeitraum angegeben werden, für den die Fristverlängerung begehrt wird, ansonsten ist der Antrag zurückzuweisen. Die Gründe für den Verlängerungsantrag sind glaubhaft zu machen, § 224 Abs. 2 ZPO, wobei neben den in § 294 ZPO aufgeführten Mitteln zur Glaubhaftmachung auch eine anwaltliche Versicherung ausreicht (*GMP* § 66 Rz. 26).

613 Die Entscheidung über den Fristverlängerungsantrag trifft der Kammervorsitzende alleine durch Verfügung oder Beschluss. Sie ist unanfechtbar. **Die Entscheidung kann auch noch nach deren Ablauf wirksam getroffen werden, sofern die Fristverlängerung vor Fristablauf beantragt worden ist** (*BAG* 24.8.1979 EzA § 66 ArbGG 1979 Nr. 1). Die Gegenseite braucht vor der Entscheidung nicht angehört zu werden, § 225 ZPO.

614 Hat ein Prozessbevollmächtigter die Verlängerung der Berufungsbegründungsfrist erst am Tag des Ablaufens der Frist beim Berufungsgericht beantragt, und wird die Verlängerung abgelehnt, kann er allenfalls Wiedereinsetzung in den vorherigen Stand beantragen. Ein solcher Antrag ist allerdings nicht regelmäßig begründet, da man nicht generell mit der Bewilligung einer Verlängerung rechnen kann (*LAG Köln* 10.6.1994 LAGE § 66 ArbGG 1979 Nr. 11; *BVerfG* 25.9.2000 NZA 2001, 118 ff.). Es empfielt sich, am letzten Tag der Frist beim Gericht telefonisch nachzufragen, ob dem Verlängerungsantrag stattgegeben wird.

615 Die Dauer einer Fristverlängerung steht im Ermessen des Vorsitzenden. § 66 Abs. 1 ArbGG enthält insofern keine Bestimmungen. Im Hinblick auf den Beschleunigungsgrundsatz, § 9 Abs. 1 S. 1 ArbGG, sollte in Anlehnung an die in § 66 Abs. 1 ArbGG genannten Berufungsfrist und Berufungsbeantwortungsfrist eine Verlängerung nicht über einen Monat hinaus erfolgen, es sei denn, es liegen besondere Umstände vor.

616 Die Verlängerungsgründe müssen substantiiert dargelegt werden. Dennoch sollen bereits pauschale Angaben, wie »Arbeitsüberlastung« oder »die Vielzahl gleichzeitig ab-

laufender Fristen« genügen, um dem Erfordernis der ausreichenden Darlegung der Verlängerungsgründe zu genügen (*BVerfG* 25.9.2000, 12.1.2000 NZA 2001, 118 ff. [556]; *BAG* 4.2.1994 EzA § 66 ArbGG 1979 Nr. 17; **a. A.** *LAG Berlin* 26.1.1990 LAGE § 66 ArbGG 1979 Nr. 8; 17.5.2000 § 4 TVG Rückgruppierung Nr. 2; *LAG Düsseldorf* 23.12.1993 LAGE § 66 ArbGG 1979 Nr. 10).

Erhebliche Gründe können laufende Vergleichsgespräche, eine Arbeitsüberlastung des Prozessbevollmächtigten, Personalschwierigkeiten in der Kanzlei des Prozessbevollmächtigten oder das Abwarten einer in Kürze erfolgenden Grundsatzentscheidung des BAG sein. Der Umstand, dass ein Prozessbevollmächtigter in Urlaub gehen will, rechtfertigt im Regelfall keine Verlängerung der Begründungsfrist, da er für die Zeit seiner Urlaubsabwesenheit einen Vertreter zu bestellen hat. Erst recht gilt dies in Anwaltskanzleien mit mehreren Rechtsanwälten bzw. bei einem Verband als Prozessbevollmächtigten. **617**

bbb) Form und Inhalt
Der notwendige Inhalt der Begründungsschrift ergibt sich aus § 520 Abs. 3, 4 ZPO. Sie muss von dem postulationsfähigen Prozessbevollmächtigten unterschrieben sein (s. o. L/Rz. 590 ff.). Die Berufungsbegründungsschrift wird von Amts wegen dem Berufungsgegner zugestellt, §§ 521, 210a ZPO. Ihr sollen die erforderliche Anzahl von Abschriften beigefügt werden, d. h. vier Abschriften, für den Berufungsbeklagten, seinen Prozessbevollmächtigten und die ehrenamtlichen Richter. **618**

Auch die Berufungsbegründungsfrist kann mittels technischer Hilfsmittel, z. B. Telefax oder Fernschreiber dem Berufungsgericht übersandt werden. Es gelten insofern die Ausführungen unter L/Rz. 590–593 entsprechend. **619**

In der Berufungsbegründung müssen enthalten sein, **620**
– die Berufungsanträge, in denen der Berufungskläger angeben muss, inwieweit das Urteil angefochten werden soll und welche Abänderung des Urteils verlangt wird, § 520 Abs. 3 Nr. 1 ZPO. Die Anträge können unter den Voraussetzungen des § 533 ZPO bis zum Schluss der mündlichen Verhandlung sowohl erweitert als auch eingeschränkt werden;
– die Berufungsbegründung, wobei sich der Berufungskläger im Einzelnen mit dem angefochtenen Urteil auseinander zu setzen und die Gründe, die zu der Anfechtung führen, im Einzelnen darzulegen hat. Er muss kenntlich machen, in welchen Punkten tatsächlicher oder rechtlicher Natur er das angefochtene Urteil für unrichtig hält. Allein die Bezugnahme auf den erstinstanzlichen Vortrag reicht nicht aus (*BAG* 21.10.1955 AP Nr. 2 zu 519 ZPO). Auch die Behauptung, bestimmte Gesetzesbestimmungen seien verletzt worden genügt nicht (*BAG* 31.1.1957 AP Nr. 3 zu 519 ZPO), ebenso wenig wenn eine Partei lediglich auf umfangreiche Unterlagen verweist, die sie der Berufungsbegründungsschrift beilegt, selbst wenn diese im Einzelnen geordnet sind;
– neue Tatsachen, Beweismittel und Beweiseinreden, auf die sich die Partei zur Rechtfertigung der Berufung stützen will, sind in der Berufungsbegründung aufzuführen, § 520 Abs. 3 Nr. 4 ZPO, § 67 Abs. 4 ArbGG. Die Berufung kann auch ausschließlich auf den Vortrag neuer Tatsachen gestützt werden.

L. Urteils- und Beschlussverfahren

621 An die Berufungsbegründung können diese Anforderungen nicht gestellt werden, wenn das erstinstanzliche Urteil binnen fünf Monaten nicht abgesetzt und den Parteien zugestellt worden ist. Hat in diesem Falle der Berufungskläger vor Zustellung des Urteils Berufung eingelegt und muss diese nunmehr begründen, kann von ihm nicht erwartet werden, sich mit den Urteilsgründen im Einzelnen auseinander zu setzen (*GS OGB* 27.4.1993 EzA § 551 ZPO Nr. 1; *BAG* 13.9.1995 NZA 1996, 446).

ccc) Folgen fehlerhafter Berufungsbegründung

622 Ist die Berufungsbegründung nicht form- und fristgerecht eingelegt worden, ist die Berufung nach § 522 Abs. 1 ZPO als unzulässig zu verwerfen (*Oetker* NZA 1989, 201). Die Verwerfung kann nach mündlicher Verhandlung durch Urteil oder ohne mündliche Verhandlung durch Beschluss ergehen, wobei dieser in Abweichung zu § 53 ArbGG nach § 66 Abs. 2 ArbGG durch die Kammer erfolgen muss. § 522 Abs. 2 und 3 ZPO finden keine Anwendung, § 66 Abs. 2 ArbGG

623 Der Beschluss kann mit der Rechtsbeschwerde angefochten werden, wenn das LAG sie nach § 77 S. 1 ArbGG zulässt. Lässt das Berufungsgericht die Rechtsbeschwerde nicht zu, ist das BAG daran gebunden. § 72a ArbGG kann nicht entsprechend angewendet werden (*BAG* 8.11.1979 EzA § 77 ArbGG 1979 Nr. 2). Dies gilt selbst dann, wenn das LAG die Rechtsbeschwerde eigentlich hätte zulassen müssen, da es von einer Entscheidung eines anderen LAG oder des BAG abweicht. Die Rechtsbeschwerde ist beim BAG einzulegen, § 77 S. 4 ArbGG, § 575 Abs. 1 ZPO.

c) Vorbereitung der mündlichen Verhandlung

aa) Terminsanberaumung

624 Nach § 66 Abs. 2 ArbGG hat der Kammervorsitzende nach der Prüfung der Zulässigkeit der Berufung Termin zur mündlichen Verhandlung anzuberaumen. Dies hat auch dann zu erfolgen, wenn zwar Zweifel an der Zulässigkeit bestehen, diese jedoch im Rahmen einer mündlichen Verhandlung geprüft werden sollen. Ein schriftliches Vorverfahren, wie im ordentlichen Zivilprozess nach § 521 Abs. 2 ZPO denkbar, wird vor dem LAG nicht durchgeführt (GK-ArbGG/*Vossen* § 66 Rz. 150). Ein Gütetermin kann, anders als im zivilgerichtlichen Berufungsverfahren (§ 525 ZPO), ebenfalls nicht durchgeführt werden. § 64 Abs. 7 ArbGG verweist nicht auf § 54 ArbGG.

625 Bei der Terminsanberaumung, die grds. im Ermessen des Vorsitzenden liegt, ist zum einen der Beschleunigungsgrundsatz nach § 9 ArbGG zu beachten, zum anderen § 64 Abs. 8 ArbGG, wonach Bestandstreitigkeiten vorrangig zu erledigen sind, sowie die Berufungsbegründungs- und -beantwortungsfristen, § 66 Abs. 1 S. 1, 2 ArbGG. **Die Berufungsbeantwortungsfrist nach § 66 Abs. 1 S. 3 ArbGG kann vom Vorsitzenden weder verkürzt werden noch von sich aus verlängert.** Sie steht nicht im Ermessen des Gerichts. Lediglich auf Antrag des Berufungsbeklagten kann sie einmal verlängert werden, § 66 Abs. 1 S. 5 ArbGG. Insofern gelten die gleichen Grundsätze wie bei der Beantragung der Verlängerung der Berufungsbegründungsfrist (s. o. L/Rz. 611 ff.).

626 In der Praxis wird der Termin zur mündlichen Verhandlung erst nach Eingang der Berufungsbegründung festgelegt, da erst zu diesem Zeitpunkt geprüft werden kann, ob die Berufung zulässig ist.

627 Die Ladung erfolgt von Amts wegen. Mit Zuleitung des Berufungsbegründungsschriftsatzes ist der Berufungsbeklagte auf die Berufungsbeantwortungsfrist und auf die Folgen einer Fristversäumung hinzuweisen, § 66 Abs. 1 S. 4 ArbGG. Unter-

bleibt eine Belehrung, kann nachträgliches Vorbringen nicht gem. § 67 Abs. 4 S. 2 ArbGG zurückgewiesen werden (*Grunsky* § 66 Rz. 7).
Einer Terminsanberaumung bedarf es ausnahmsweise dann nicht, wenn die Parteien **628** eine **Entscheidung im schriftlichen Verfahren beantragt** haben, was vor dem LAG möglich ist (*BAG* 6.8.1975 EzA § 128 ZPO Nr. 1). § 64 Abs. 7 ArbGG verweist nicht auf § 46 ArbGG, weswegen § 128 Abs. 2 ZPO im Berufungsverfahren anwendbar bleibt (GK-ArbGG/*Vossen* § 64 Rz. 122 b).

bb) Anordnung des persönlichen Erscheinens
Gem. § 64 Abs. 7 ArbGG gilt § 51 Abs. 1 ArbGG hinsichtlich der Anordnung des per- **629** sönlichen Erscheinens auch für das Berufungsverfahren. Im Gegensatz zum erstinstanzlichen Verfahren kann allerdings die Zulassung eines Prozessbevollmächtigten nicht abgelehnt werden, wenn die Partei trotz Anordnung des persönlichen Erscheinens nicht erschienen ist und sich auch nicht entschuldigt hat. § 64 Abs. 7 ArbGG verweist insofern nicht auf die Vorschrift des § 51 Abs. 2 ArbGG, da vor dem LAG Vertretungszwang herrscht.

cc) Prozessleitende Anordnungen
Der Kammervorsitzende kann wie der Vorsitzende am ArbG die nach § 56 ArbGG **630** vorgesehenen prozessleitenden Maßnahmen zur Vorbereitung der streitigen Verhandlung durchführen, § 64 Abs. 7 ArbGG (s. o. L/Rz. 223 ff.).

d) Anschlussberufung, Berufungsrücknahme und Berufungsverzicht

aa) Anschlussberufung
§ 524 ZPO n. F. finden über § 64 Abs. 6 ArbGG Anwendung. Damit gibt es nunmehr **631** nur noch die früher sog. unselbstständige Anschlussberufung. Sie kann auch dann eingelegt werden, wenn eine Partei erstinstanzlich in vollem Umfang obsiegt hat und im Wege der Klageerweiterung im Rahmen einer Anschlussberufung weitere Ansprüche geltend machen will (*BAG* 29.9.1993 EzA § 521 ZPO Nr. 1).
Die Anschlussberufung muss durch einen Schriftsatz beim Berufungsgericht ange- **632** bracht werden. Allein eine Erklärung zu Protokoll der Geschäftsstelle oder auch mündlich im Termin zu Protokoll ist unzulässig (*BAG* 28.10.1981 EzA § 522a ZPO Nr. 1).

> Die Anschlussberufung des Berufungsbeklagten wird mit Berufungsrücknahme, Berufungsverwerfung oder Berufungszurückweisung durch Beschluss wirkungslos, § 524 Abs. 3 ZPO.

bb) Berufungsrücknahme
Die Berufungsrücknahme regelt sich nach § 516 ZPO i. V. m. § 64 Abs. 6 ArbGG. Bis **633** zur Verkündung des Berufungsurteils kann sie ohne Zustimmung des Berufungsbeklagten erfolgen. Die Form bestimmt sich nach § 516 Abs. 2 ZPO. Die Erklärung kann nur durch einen in der Berufungsinstanz zugelassenen Vertreter erfolgen. Als Prozesshandlung ist sie eindeutig abzugeben, unwiderruflich und nicht anfechtbar (zu Ausnahmen vgl. *GMP* § 64 Rz. 75).
Die Zurücknahme der Berufung hat den Verlust des eingelegten Rechtsmittels und die Kostentragungspflicht gem. § 516 Abs. 3 ZPO zur Folge.

L. Urteils- und Beschlussverfahren

cc) Berufungsverzicht

634 Die Vorschrift des § 515 ZPO ist i. V. m. § 64 Abs. 6 ArbGG anwendbar. **Beim Berufungsverzicht handelt es sich um eine einseitige Prozesshandlung, die vom Prozessgegner nicht angenommen werden muss.** Die Verzichtserklärung kann gegenüber dem Gericht mündlich oder schriftlich erklärt werden, in der ersten Instanz auch von der Partei selbst, in der zweiten Instanz nur durch einen in § 11 Abs. 2 ArbGG genannten Vertreter. Der Verzicht kann auch gegenüber dem Prozessgegner erfolgen.

635 Eine trotz eines abgegebenen Verzichts eingelegte Berufung ist auf entsprechende Einrede des Berufungsbeklagten als unzulässig zu verwerfen. Durch eine Vereinbarung der Parteien kann allerdings die Wirkung des Verzichts, anders als bei einer Berufungsrücknahme, wieder beseitigt werden (*GMP* § 64 Rz. 83).

e) Die mündliche Verhandlung

aa) Allgemeines

636 Der Kammertermin im Berufungsverfahren entspricht im Ablauf dem erstinstanzlichen Kammertermin, § 64 Abs. 7 i. V. m. §§ 52, 57 bis 59 ArbGG. Auch die Abgrenzung der Befugnisse des Vorsitzenden zu denen der Kammer entspricht der, wie sie beim ArbG gegeben ist, § 64 Abs. 7 i. V. m. §§ 53, 55, Abs. 1, 2, 4 ArbGG. Es kann daher für den Ablauf, das Beweisverfahren und die Beendigungsmöglichkeiten auf die Ausführungen zum Kammertermin im erstinstanzlichen Verfahren verwiesen werden (s. o. L/Rz. 361 ff.).

bb) Besonderheiten bezüglich der Zurückweisung von Parteivorbringen

637 Obwohl es sich beim Berufungsverfahren grds. um eine zweite Tatsacheninstanz handelt, sieht § 67 ArbGG im Interesse des Beschleunigungsgrundsatzes, § 9 ArbGG, umfangreiche Präklusionsvorschriften bezüglich des Vorbringens neuer Angriffs- oder Verteidigungsmittel vor. Diesen unterfällt neuer Tatsachenvortrag in der Berufungsbegründung, neue Einreden, neues Behaupten, Bestreiten, erstmalige Beweisanträge sowie die Geltendmachung von Beweiseinreden.

638 Kein Angriffs- und Verteidigungsmittel in diesem Sinne ist ein selbstständiger Angriff oder die Verteidigung an sich. § 67 ArbGG unterliegen daher nicht eine Klageänderung, die Widerklage und die Aufrechnung, § 64 Abs. 6 ArbGG i. V. m. , § 64 Abs. 6 ArbGG i. V. m § 533 ZPO. Auch der Antrag auf Auflösung des Arbeitsverhältnisses nach § 9 KSchG unterliegt nicht der Präklusionsvorschrift des § 67 ArbGG und kann bis zum Ende der mündlichen Verhandlung in der Berufungsinstanz gestellt werden (*Schaub* ArbGVerf § 51 Rz. 122).

aaa) Zurückweisung von bereits in der ersten Instanz verspätet vorgebrachten Angriffs- und Verteidigungsmitteln

639 Nach § 67 ArbGG sind 3 Fallkonstellationen zu unterscheiden:
– Nach § 67 Abs. 1 ArbGG bleiben **Angriffs- oder Verteidigungsmittel die das ArbG in erster Instanz zu Recht zurückgewiesen hat, sei es nach § 56 Abs. 2 ArbGG, sei es nach § 296 ZPO, auch in der zweiten Instanz ausgeschlossen** (*LAG Berlin* 7.5.1979 EzA § 528 ZPO Nr. 1). Dies gilt selbst dann, wenn das Verfahren in zweiter Instanz bei Zulassung der Angriffs- und Verteidigungsmittel nicht

L. Urteils- und Beschlussverfahren

verzögert werden würde, denn sonst würden die Präklusionsvorschriften der ersten Instanz umgangen. Aus diesem Grunde ist auch ein Nachschieben von Entschuldigungsgründen in der zweiten Instanz für das verspätete Vorbringen der ersten Instanz unzulässig.
- Angriffs- und Verteidigungsmittel, die entgegen einer **vom ArbG gesetzten Frist nach § 56 Abs. 1 S. 2 Nr. 1** ArbGG erstinstanzlich nicht fristgerecht vorgetragen wurden, sind vom LAG nur dann zuzulassen, wenn sie nach der Überzeugung des LAG die Erledigung des Rechtsstreits nicht verzögern würden oder wenn die Partei die Verspätung genügend entschuldigt. Der Entschuldigungsgrund ist auf Verlangen des Gerichts glaubhaft zu machen. Für die Frage, wann ein Verschulden vorliegt, bzw. wann der Rechtsstreit verzögert wird, gelten die gleichen Grundsätze, wie bei der Zurückweisung nach § 56 Abs. 2 ArbGG in der ersten Instanz (s. o. L/Rz. 374 ff.);
- Angriffs- und Verteidigungsmittel, die entgegen der **allgemeinen Prozessförderungspflicht nach § 282 ZPO** in der ersten Instanz nicht rechtzeitig vorgebracht worden sind, darf das LAG nur zulassen, wenn dies die Erledigung des Rechtsstreits nicht verzögern würde oder wenn die Partei das Vorbringen im ersten Rechtszug nicht aus grober Nachlässigkeit unterlassen hat, §§ 67 Abs. 3 ArbGG. Bezüglich der Verzögerung gelten die gleichen Grundsätze wie bei der Zurückweisung nach § 56 Abs. 2 ArbGG (s. o. L/Rz. 374 ff.). Hinsichtlich des Verschuldens bedarf es einer gesteigerten Nachlässigkeit bei der Prozessführung in der ersten Instanz. Eine grobe Nachlässigkeit kann z. B. gegeben sein, wenn eine Partei ohne sich um ihren Prozess zu kümmern wochenlang vom Wohnort abwesend ist, ohne ihrem Prozessbevollmächtigten die notwendigen Informationen zur Prozessführung gegeben zu haben.

640 Das Berufungsgericht hat nachzuprüfen, ob das ArbG die Angriffs- oder Verteidigungsmittel zu Recht zurückgewiesen hat. Ist dies nicht der Fall, sind die Angriffs- oder Verteidigungsmittel in zweiter Instanz zuzulassen. **Hatte das ArbG hingegen zu Unrecht Parteivorbingen zugelassen, welches eigentlich als verspätet hätte zurückgewiesen werden müssen, ist diese Entscheidung des ArbG auch für das LAG bindend.** Die eingetretene Verzögerung in erster Instanz könnte durch eine Zurückweisung in der zweiten Instanz nicht mehr aufgeholt werden, weswegen eine Zurückweisung unsinnig wäre (*Grunsky* § 67 Rz. 9).

641 Eine Zurückweisung von Angriffs- und Verteidigungsmitteln durch das Berufungsgericht ist in der Revision nur beschränkt daraufhin überprüfbar, ob das Berufungsgericht die Begriffsbestimmung der § 67 ArbGG, § 531 ZPO ordnungsgemäß erfasst hat. Nicht nachprüfbar ist, ob der Rechtsstreit tatsächlich verzögert worden ist, da es sich hierbei um eine Tatfrage handelt, an deren Beurteilung das Revisionsgericht nach § 559 Abs. 2 ZPO gebunden ist. **Ließ das Berufungsgericht eigentlich zurückweisungswürdiges Vorbringen unzulässig zu, ist das BAG hieran gebunden** (*BAG* 31.10.1984 AP Nr. 3 zu 42 TVAL II), es sei denn, es liegt ein Verstoß gegen § 531 Abs. 1 ZPO vor (*Ascheid* Rz. 1207).

642 Wegen § 531 Abs. 1 ZPO sollte sich eine Partei, die es versäumt hat, in erster Instanz ihre Angriffs- oder Verteidigungsmittel in den gesetzten Fristen vorzubringen, überlegen, ob sie dies in der ersten Instanz noch nachholt oder ob sie sich den Vortrag für die zweite Instanz aufhebt. Weist das ArbG zulässig verspätetes Vorbringen zurück, ist das LAG daran gebunden. Wurde das Vorbringen hingegen in der ersten Instanz noch nicht zurückgewiesen, besteht immer noch die Chance, dass das Vorbringen unter den Voraussetzungen des § 67 Abs. 2 S. 1 ArbGG, § 531 Abs. 2 ZPO vor dem Berufungsgericht noch zugelassen wird, wenn nach seiner Überzeugung die Erledigung des Rechtsstreits in der Berufungsinstanz durch den nachgereichten Sachvortrag nicht verzögert wird. Dies wird z. B. der Fall sein, wenn eine Partei zu benennende Zeugen nicht innerhalb der vom ArbG gesetzten Fristen odnungsgemäß benannt hat und das ArbG auch nicht mehr durch prozessleitende Maßnahmen vor dem anberaumten Kammertermin diese nachträglich nunmehr benennbaren Zeugen laden könnte, sodass eine Zurückweisung nach § 56 Abs. 2 ArbGG droht. In diesen Fällen empfiehlt es sich, sich die Benennung der Zeugen für die zweite Instanz vorzubehalten, da auch das LAG vor einer Zurückweisung nach § 67 Abs. 2 ArbGG gehalten ist, im Wege von prozessleitenden Verfügungen Zeugen zum anberaumten Kammertermin zu laden, sodass eine Verzögerung in der zweiten Instanz durch die nachträglich benannten Zeugen trotz der Fristversäumung in der ersten Instanz regelmäßig nicht eintreten kann (*BAG* 23.11.1988 EzA § 67 ArbGG 1979 Nr. 1).

bbb) Zurückweisung von in der zweiten Instanz verspätetem Vorbringen

643 Soweit nach § 67 Abs. 2 ArbGG das Vorbringen neuer Angriffs- und Verteidigungsmittel zulässig ist, hat dies vom Berufungskläger nach § 67 Abs. 4 ArbGG in der Berufungsbegründung, vom Berufungsbeklagten in der Berufungsbeantwortung zu erfolgen. Eine eigene Fristsetzung durch das Berufungsgericht bedarf es nicht, da es sich bei den sich aus § 67 Abs. 4 ArbGG ergebenden Fristen um gesetzliche Ausschlussfristen handelt (*BAG* 5.9.1985 EzA § 4 TVG Tariflohnerhöhung Nr. 7). Werden die Angriffs- und Verteidigungsmittel später vorgebracht, sind sie nur zuzulassen, wenn sie nach der Berufungsbegründung oder der -beantwortung entstanden sind, das verspätete Vorbringen nach der freien Überzeugung des Gerichts die Erledigung des Rechtsstreits nicht verzögern würde oder nicht auf Verschulden der Partei beruht.

644 Auch wenn in § 67 Abs. 4 ArbGG insofern auf den Zeitpunkt des Einreichens der Berufungsbegründungs- bzw. -beantwortungsschrift abgestellt wird, ist im Hinblick auf die Gewährung des rechtlichen Gehörs ein Nachschieben von Angriffs- und Verteidigungsmitteln in einem **zweiten Schriftsatz innerhalb der sich aus § 66 Abs. 1 ArbGG jeweils ergebenden Fristen als zulässig anzusehen** (str. so *Schaub* ArbGVerf § 51 Rz 125; a. A. *GMP* § 67 Rz. 27), weil eine Verzögerung des Rechtsstreits nicht eintritt.

645 Sofern Angriffs- und Verteidigungsmittel erst nach Einreichung der Berufungsbegründung oder Berufungsbeantwortung entstanden sind, sind sie stets zuzulassen, auch wenn sie **erst durch die Ausübung eines Gestaltungsrechtes einer Partei entstanden sind**. Dies gilt unabhängig davon, dass die Partei das Gestaltungsrecht bereits früher hätte ausüben können. Dies ist z. B. bei einer Anfechtung einer Erklärung oder beim Ausspruch einer Kündigung der Fall. **Eine Verpflichtung der Partei, ein Gestaltungsrecht frühzeitig auszuüben, sieht das Gesetz nicht vor.** Es stellt allein auf das Entstehen der Tatsache ab. Etwas anderes kann dann gelten, wenn die Entstehung der Tatsache von einer Willenserklärung der Partei abhängt und diese sie bewusst rechtsmissbräuchlich allein zum Zwecke der Verzögerung des Rechtsstreites verspätet abgibt (*GMP* § 67 Rz. 28).

Auch der Antrag auf Auflösung des Arbeitsverhältnisses gegen Zahlung einer Abfindung nach § 9 Abs. 1 KSchG fällt nicht unter die Präklusionsvorschriften des § 67 ArbGG. Er kann nach § 9 Abs. 1 S. 3 KSchG bis zum Schluss der letzten mündlichen Verhandlung der Berufungsinstanz gestellt werden; insofern stellt die Vorschrift eine Sonderregelung gegenüber § 67 ArbGG dar. 646

Das Berufungsgericht kann daneben bei Verletzung der allgemeinen Prozessförderungspflicht verspätetes Vorbringen nach § 296 ZPO zurückweisen (s. o. L/Rz. 374 ff.). Es besteht schließlich die Möglichkeit, nach § 64 Abs. 7 ArbGG i. V. m. § 56 Abs. 1 ArbGG den Parteien im Wege prozessleitendender Auflagen Fristen für bestimmten Tatsachenvortrag zu setzen, bei deren Versäumung eine Zurückweisung nach § 56 Abs. 2 ArbGG auch im Berufungsverfahren durch das LAG möglich ist (s. o. L/Rz. 374). 647

cc) Besonderheiten bei der Beweisaufnahme
Die Vernehmung bereits in erster Instanz vernommener Zeugen steht mit den Einschränkungen nach § 529 ZPO (vgl. *Schmidt/Schwab/Wildschütz* NZA 2001, 1221 f.) im eingeschränkten Ermessen des Berufungsgerichts. Sie hat zu geschehen, wenn das Berufungsgericht den Sachverhalt aufgrund von konkreten Anhaltspunkten für nicht hinreichend aufgeklärt hält und noch Fragen an die Zeugen hat oder die Glaubwürdigkeit des Zeugen abweichend vom ArbG anders beurteilen will (*BAG* 26.9.1989 EzA § 398 ZPO Nr. 2). 648

Sofern erstinstanzlich ein schriftliches Sachverständigengutachten der Entscheidung zugrunde gelegt wurde, muss das Berufungsgericht, wenn es von dem Gutachten abweichen oder es seine Ausführungen anders als die Vorinstanz zu würdigen gedenkt, den Sachverständigen mündlich vernehmen, § 398 Abs. 1 ZPO (*Zöller/Grummer* § 526 Rz. 3 ff.). 649

f) Beschränkung der Zurückweisung des Verfahrens an die erste Instanz

aa) Grundsatz
Nach § 68 ArbGG kann wegen eines Mangels im Verfahren des ArbG der Rechtsstreit nicht an dieses zurückverwiesen werden. Diese Vorschrift dient dem Beschleunigungsgrundsatz und geht als lex specialis dem § 538 ZPO vor. Dies gilt selbst dann, wenn schwerste Verfahrensmängel vorgekommen sind, sei es im Verfahrensablauf, bei der Verhandlungsführung oder bei der Urteilsabfassung (*BAG* 12.8.1993 EzA § 301 ZPO Nr. 3; *BAG* 27.4.1993 EzA § 551 ZPO Nr. 1; *BAG* 24.4.1996 EzA § 68 ArbGG 1979 Nr. 2). 650

§ 68 ArbGG findet seine Berechtigung darin, dass es sich auch bei der Berufungsinstanz trotz der Änderungen in der ZPO um eine Tatsacheninstanz handelt, in der i. d. R. Verfahrensfehler der ersten Instanz korrigiert werden können. 651

bb) Ausnahmen
Eine Ausnahme vom Zurückverweisungsverbot des § 68 ArbGG besteht nur dann, wenn ein Verfahrensfehler ausnahmsweise in der zweiten Instanz nicht mehr korrigiert werden kann. 652

L. Urteils- und Beschlussverfahren

653 **Beispiel 1:**
Das Verfahren ist vom LAG an das ArbG nach § 538 ZPO zurückzuverweisen, wenn das ArbG in einem Kündigungsschutzverfahren, in dem der Kläger die Klagefrist nach § 4 KSchG nicht gewahrt hatte und deswegen die nachträgliche Zulassung seiner Klage nach § 5 KSchG beantragte, den Antrag auf nachträgliche Zulassung der Kündigungsschutzklage nicht beschieden, sondern sofort zur Hauptsache erkannt hat. Da nur das ArbG über den Hilfsantrag auf nachträgliche Zulassung der Kündigungsschutzklage entscheiden darf, § 5 Abs. 4 KSchG, muss das LAG bei Einlegung einer Berufung die Sache zur erneuten Verhandlung über den Hilfsantrag an das ArbG zurückverweisen.
Nach einer Meinung ist das Urteil des ArbG vor der Zurückverweisung aufzuheben (*LAG Baden-Württemberg* 26.8.1992 LAGE § 5 KSchG Nr. 58; *LAG Nürnberg* 19.9.1995 ARST 1996, 71), nach anderer Meinung zumindest das Berufungsverfahren gem. § 148 ZPO aussetzen, bis das ArbG über den Antrag nach § 5 KSchG entschieden hat (*LAG Berlin* 23.8.1988 LAGE § 5 KSchG Nr. 38; KR-*Friedrich* § 5 KSchG Rz. 161 ff., 167). Selbst bei Zustimmung der Parteien darf das LAG nicht über den Antrag auf nachträgliche Zulassung nach § 5 KSchG entscheiden.

654 Nicht zurückzuverweisen ist das Verfahren, wenn das ArbG formfehlerhaft über den Antrag auf nachträgliche Zulassung der Kündigungsschutzklage durch Urteil oder im Urteil zum Hauptantrag mitentschieden hat, anstatt die Entscheidung durch Beschluss zu treffen. In diesem Fall hat das Berufungsgericht das Verfahren zu trennen und zunächst über das Rechtsmittel hinsichtlich des beschiedenen Antrags auf nachträgliche Zulassung der Klage, bei dem es sich um eine sofortige Beschwerde handelt, § 5 Abs. 4 S. 2 KSchG, vorab zu entscheiden. Erst danach kann eine Entscheidung über die Begründetheit der Berufung im Hinblick auf den Kündigungsschutzantrag getroffen werden (*BAG* 14.10.1982 EzA § 5 KSchG Nr. 19).

655 **Beispiel 2:**
Eine Zurückverweisung nach § 538 ZPO hat zu erfolgen, wenn das ArbG es versäumt hat, eine Partei auf § 6 KSchG hinzuweisen (KR-*Rost* § 7 KSchG Rz. 2 m. w. N.). Ein solcher Verfahrensfehler ist in der Berufungsinstanz nicht reparabel, da nach dem Wortlaut des § 6 KSchG die nachträgliche Geltendmachung der sozialen Ungerechtfertigtheit einer Kündigung nur bis zum Ende der mündlichen Verhandlung in der ersten Instanz möglich ist.
Beispiel 3:
Die in einem Urteil getroffene Feststellung, das Arbeitsverhältnis sei durch eine bestimmte Kündigung des Arbeitgebers nicht zu einem bestimmten Zeitpunkt aufgelöst worden, enthält zugleich die Feststellung, dass das Arbeitsverhältnis nicht durch andere Beendigungstatbestände früher oder zum selben Zeitpunkt aufgelöst worden ist. Ist dies zwischen den Parteien gerade streitig und erlässt das ArbG ein entsprechendes Teilurteil, ist auf die Berufung hin das Teilurteil aufzuheben und das Verfahren an das ArbG zurückzuverweisen, um zunächst über die streitigen anderen Beendigungstatbestände zu befinden. Dieser Mangel ist durch das Berufungsgericht nicht heilbar (*LAG Düsseldorf* 28.2.1997 LAGE § 68 ArbGG 1979 Nr. 2).
Beispiel 4:
Die Kündigungsschutzklage nebst Auflösungsantrag ist nicht teilbar i. S. d. § 301

ZPO. Über beide Anträge ist einheitlich zu entscheiden. Hat das ArbG allein über die Kündigungsschutzklage im Wege des Teilurteils entschieden, ist das Verfahren zurückzuweisen. § 68 ArbGG findet keine Anwendung (*LAG Rheinland-Pfalz* 10.7.1997 LAGE § 68 ArbGG 1979 Nr. 4).

Eine Zurückverweisung ist schließlich dann zulässig, wenn einer der Fälle des § 538 **656** Nr. 2, 4, 6 ZPO vorliegt **und eine Partei dies beantragt** (*LAG Brandenburg* 23.5.2000 NZA 2001, 173 ff.).
Bei seiner Entscheidung, ob es den Rechtsstreit nach § 538 ZPO an das ArbG zurückverweist, hat das Berufungsgericht den Beschleunigungsgrundsatz nach § 9 ArbGG zu beachten und zu überprüfen, ob es nicht eine eigene Sachentscheidung treffen kann. Insofern hat es in seiner Ermessensentscheidung den Verlust einer Instanz für die Parteien gegen die Vorteile einer schnellen Entscheidung abzuwägen. Dies gilt insbesondere in den Fällen des § 538 Abs. 2 Nr. 3 ZPO, wenn das ArbG nur über die Zulässigkeit der Klage entschieden hat, z. B. das ArbG bei einer Feststellungsklage die Klage lediglich wegen fehlendem Feststellungsinteresse abgewiesen hat (*BAG* 28.11.1963 AP Nr. 25 zu 2 ArbGG 1953).
Entscheidet das LAG nach § 538 ZPO trotz Vorliegens eines Zurückweisungsgrundes **657** nach § 538 Abs. 2 Nr. 3 über die Hauptsache selbst, kann es auch zu Lasten des Berufungsklägers ein klageabweisendes Sachurteil erlassen. Hierin liegt kein Verstoß gegen das Verbot der reformatio in peius (GK-ArbGG/*Stahlhacke* § 68 Rz. 15). Dies ist z. B. der Fall, wenn der Kläger und Berufungskläger gegen ein Prozessurteil des ArbG Berufung eingelegt hat, das LAG die Klage aber insgesamt als unbegründet abweist.

g) Das zweitinstanzliche Urteil

aa) Allgemeines
Nach § 64 Abs. 6 ArbGG i. V. m. § 525 ZPO gelten die §§ 253 ff. ZPO entsprechend. **658** § 69 ArbGG n. F. enthält allerdings Abweichungen zum zivilgerichtlichen Berufungsurteil, insbesondere zu § 540 ZPO.
Das Urteil hat grds. Tatbestands- und Entscheidungsgründe zu enthalten, § 313 ZPO, es sei denn, es ist ein Fall gem. § 69 Abs. 2 ArbGG gegeben.
Da es nur die Zulassungsrevision gibt (s. u. L/Rz. 676 ff.) kann das LAG in allen Fäl- **659** len, in denen es die Revision nicht zulässt, von § 69 Abs. 2 ArbGG Gebrauch machen. Ist allerdings eine Nichtzulassungsbeschwerde erfolgreich, unterliegt das Urteil, welches keinen Tatbestand hat, in aller Regel der Aufhebung (*BAG* 30.10.1987 EzA § 543 ZPO Nr. 6). Verweist das Berufungsurteil lediglich auf die Entscheidungsgründe des ArbG, werden diese der Rechtsprüfung des BAG zugrunde gelegt (*BAG* 23.1.1980 EzA § 72a ArbGG 1979 Nr. 10).
Lässt das Berufungsgericht die Revision zu, findet § 69 Abs. 3 ArbGG Anwendung **660** (vgl. *Schmidt/Schwab/Wildschütz* NZA 2001, 1219), d. h. es muss zumindest im Tatbestand auf den neuen Sachvortrag in zweiter Instanz eingehen und diesen darlegen; im Übrigen kann auf den Tatbestand des erstinstanzlichen Urteils Bezug genommen werden.

L. Urteils- und Beschlussverfahren

bb) Verkündung und Abfassung des zweitinstanzlichen Urteils

661 § 69 ArbGG enthält bezüglich der Abfassung des zweitinstanzlichen Urteils insofern einen Unterschied zum erstinstanzlichen Urteil, als er vorschreibt, **dass das vollständige Urteil nebst Tatbestand und Entscheidungsgründen von sämtlichen Mitgliedern der Kammer, d. h. auch von den ehrenamtlichen Richtern, zu unterschreiben ist.**

662 Dennoch bleibt die Abfassung des Urteils Sache des Vorsitzenden. Besteht Streit über die inhaltliche Formulierung des Tatbestand und der Entscheidungsgründe, hat die Kammer im Ganzen darüber zu befinden (*GMP* § 69 Rz. 6). Die Unterzeichnung des zu verkündenden Tenors, auch von den ehrenamtlichen Richtern, der handschriftlich vom Vorsitzenden im unmittelbaren Anschluss an die Verhandlung niedergelegt wird, sieht das Gesetz nicht vor, wird in der Praxis aber regelmäßig vorgenommen. Dies ist deswegen sinnvoll, da auch Urteile des LAG, sofern sie einen vollstreckungsfähigen Inhalt haben, vorläufig vollstreckbar sind, § 64 Abs. 7 i. V. m. § 62 ArbGG, und dies u. U. auf Antrag der obsiegenden Partei bereits vor der Zustellung des vollständig abgefassten Urteils in einer vorläufigen Ausfertigung festgestellt werden muss. Diese kann erst erstellt werden, wenn zumindest der Tenor des Urteils auch von den ehrenamtlichen Richtern unterschrieben wurde.

663 Im Fall der Verhinderung eines ehrenamtlichen Richters findet § 315 Abs. 1 S. 2 ZPO über § 525 ZPO i. V. m. § 64 Abs. 6 ArbGG Anwendung. Verhinderungsgrund ist z. B. eine langandauernde Erkrankung, eine längerfristige Ortsabwesenheit, das Versterben eines Richters oder das Ausscheiden aus seinem Amt. **§ 315 Abs. 1 S. 2 ZPO ist entsprechend anzuwenden, wenn sich ein ehrenamtlicher Richter weigert, eine getroffene Entscheidung, bei der er überstimmt wurde, zu unterzeichnen** (*Stein/Jonas/Leipold* § 315 Rz. 30).

664 Im Falle des Versterbens des Vorsitzenden kann auch ein ehrenamtlicher Richter das Urteil absetzen. Im ArbGG ist nicht bestimmt, dass die Urteile des Berufungsgerichts nur von dem Vorsitzenden, d. h. von dem Berufsrichter abgefasst werden dürfen (*BAG* 30.4.1971 EzA § 209 BGB Nr. 2).

665 Im Übrigen verweist § 69 ArbGG hinsichtlich der Verkündung und Abfassung des Urteils auf § 60 ArbGG (*Keil* NZA 1994, 819). Eine Abweichung liegt lediglich darin, dass nach der gesetzgeberischen Zielvorgabe das Urteil binnen vier Wochen, anstatt drei Wochen beim erstinstanzlichen Urteil, abgesetzt und der Geschäftsstelle übergeben werden soll.

666 Wird ein Urteil nicht binnen fünf Monaten nach Verkündung – nicht nach der letzten mündlichen Verhandlung (*BAG* 20.11.1997 – 6 AZR 215/96 –) – vom Vorsitzenden abgefasst, von den ehrenamtlichen Richtern unterschrieben und der Geschäftsstelle übergeben, gilt es i. S. d. § 557 Nr. 6 ZPO als nicht mit Gründen versehen (*GS OGB* 27.4.1993 EzA § 551 ZPO Nr. 1). § 222 Abs. 2 ZPO ist dabei nicht anzuwenden (*BAG* 17.2.2000 EzA § 551 ZPO Nr. 8). **Das Urteil ist daher auf entsprechende Rüge in der Revision aufzuheben und zur erneuten Verhandlung an das Berufungsgericht zurückzuverweisen, wenn auch die sonstigen Voraussetzungen des § 72a ArbGG gegeben sind. Alleine die Überschreitung des Fünfmonatszeitraumes begründet für sich noch nicht die Zulassung der Revision aufgrund einer Divergenzbeschwerde** (*BAG* 20.9.1993 EzA § 72 ArbGG 1979 Nr. 15; s. u. L/Rz. 728 ff.).

667 Daneben besteht die Möglichkeit, unmittelbar Verfassungsbeschwerde beim BVerfG wegen der »Erschwerung des Zugangs zu einer in der Verfahrensordnung eingeräumten Instanz« einzulegen (*BVerfG* 26.3.2001 EzA § 551 ZPO Nr. 9; vgl. *Kreutzfeldt* FA 2001, 297 ff.). Hierin liegt ein Verstoß gegen das Rechtsstaatsprinzip.

cc) Inhalt

Bezüglich des Inhalts des Berufungsurteils gelten über § 64 Abs. 7 ArbGG die Bestimmungen des § 61 Abs. 2 und 3 ArbGG entsprechend (s. o. L/Rz. 437 ff.). Nicht in Bezug genommen worden ist die Vorschrift des § 61 Abs. 1 ArbGG, sodass es im Berufungsurteil keiner eigenständigen Streitwertfestsetzung bedarf. Setzt das LAG dennoch einen Streitwert fest, handelt es sich um einen **reinen Gebührenstreitwert**. Diesen wird es nur dann festsetzen, wenn er sich von dem Streitwert, welchen das ArbG in seinem Urteil festgesetzt hat, in der Höhe unterscheidet, z. B. weil der Wert des Streitgegenstandes aufgrund einer nur beschränkt eingelegten Berufung geringer ist als im erstinstanzlichen Verfahren, es nur ein Teilurteil erlässt oder der vom ArbG festgelegte Streitwert offensichtlich falsch war (*Grunsky* § 69 Rz. 5, 6). 668

dd) Beschränkter Prüfungsumfang

Bei der Entscheidungsfindung obliegt dem Berufungsgericht nach § 65 ArbGG bezüglich einiger Verfahrens- und Zulässigkeitsgesichtspunkte nur eine eingeschränkte Prüfungskompetenz. 669
Es prüft nicht mehr, ob der beschrittene Rechtsweg und die Verfahrensart überhaupt zulässig sind. Über § 48 ArbGG sind die Vorschriften der §§ 17 ff. GVG anzuwenden (s. o. K/199 ff.). Gegen Beschlüsse, in denen das ArbG die Zulässigkeit oder Unzulässigkeit des Rechtswegs ausgesprochen hat, findet das Rechtsmittel der sofortigen Beschwerde nach § 17a Abs. 4 S. 3 GVG statt. **Versäumen es die Parteien im erstinstanzlichen Verfahren, eine solche Entscheidung herbeizuführen, ist die Rechtswegentscheidung des ArbG abschließend und auch für das Berufungsgericht bindend.** Nur wenn es im Rahmen einer sofortigen Beschwerde nach § 17a Abs. 3 S. 3 GVG mit der Rechtsfrage befasst wird, kann es über die Zulässigkeit des Rechtswegs entscheiden und die Entscheidung des ArbG überprüfen.
Gleiches gilt bezüglich der Frage, ob das ArbG seine sachliche und örtliche Zuständigkeit zu Unrecht angenommen hat und ob die richtige Verfahrensart gewählt wurde. Hinsichtlich der örtlicher Zuständigkeit folgt dies bereits aus § 48 Abs. 1 Nr. 1 ArbGG, wonach die Entscheidung der ersten Instanz unanfechtbar ist. 670
Fehler im Rahmen der funktionellen Zuständigkeit sind zwar vom Berufungsgericht trotz § 65 ArbGG überprüfbar, z. B. wenn der Streit darüber geht, ob eine bestimmte Fachkammer des ArbG oder eine allgemeine Kammer für die Entscheidung des Rechtsstreits zuständig war. Da es sich hierbei allerdings regelmäßig um Fehler im Rahmen des Verfahrens vor dem ArbG handelt, ist eine Zurückverweisung nach § 68 ArbGG nicht möglich. Die Fehler sind für das Berufungsgericht daher bedeutungslos. 671
Schließlich überprüft das Berufungsgericht nicht, ob bei der Berufung der ehrenamtlichen Richter Verfahrensmängel unterlaufen sind oder Umstände vorgelegen haben, die die Berufung eines ehrenamtlichen Richters zu seinem Amt ausgeschlossen hätten. 672
Nicht von § 65 ArbGG ausgeschlossen wird eine Prüfung des Rechtswegs und der Verfahrensart im Rahmen einer Klageerweiterung, Klageänderung oder Widerklage erst in der Berufungsinstanz. Dies gilt auch im Falle der erst in der Berufungsinstanz nach § 533 ZPO erklärten Aufrechnung. Das Rechtsmittelgericht hat entsprechend den Bestimmungen des § 17a GVG die Rechtsfrage selbst zu entscheiden. 673
Verstößt das LAG in seiner Entscheidung gegen § 65 ArbGG, leidet das Verfahren an einem wesentlichen Mangel, sodass eine Revision hierauf gestützt werden kann, §§ 562 Abs. 2, 563 ZPO. 674

675 Im Übrigen bestimmt sich der Prüfungsumfang nach § 529 ZPO (vgl *Schmidt/ Schwab/Wildschütz* NZA 2001, 1221 f.).

ee) Zulassung der Revision

676 Das Berufungsgericht hat in seinem Urteil die Revision zuzulassen, wenn dies nach § 72 Abs. 2 ArbGG geboten ist. **Im Arbeitsgerichtsverfahren gibt es heute nur noch die sog. Zulassungsrevision.** Die Zulässigkeit der Revision ist in § 72 ArbGG abschließend geregelt. Ein Rückgriff auf zivilprozessuale Vorschriften ist unzulässig (*BAG* 10.12.1986, 22.6.1994 EzA § 72 ArbGG 1979 Nr. 7, 16; a. A. GK-ArbGG/ *Ascheid* § 72 Rz. 11).

aaa) Form

677 Die Entscheidung über die Zulassung der Revision ist grds. im Tenor des Berufungsurteils niederzulegen. Sofern sie lediglich in den Entscheidungsgründen oder in der Rechtsmittelbelehrung enthalten ist, war sie nach der früheren Rechtsprechung des BAG nur dann wirksam, wenn das vollständige Urteil einschließlich der Entscheidungsgründe bzw. der Rechtsmittelbelehrung auch verkündet worden ist (*BAG* 21.8.1990 EzA § 1 BetrAVG Nr. 61; *BAG* 25.6.1986 NZA 1987, 179).

678 Nachdem das BVerfG in dieser Rechtsprechung einen Verstoß gegen eine faire Verhandlungsführung und damit eine Verletzung des Rechtsstaatsprinzips sah (*BVerfG* 15.1.1992 EzA § 64 ArbGG 1979 Nr. 29), änderte das *BAG* seine Rechtsprechung. Nach Auffassung des 4., 7.und 9 Senats (23.11.1994 EzA § 72 ArbGG 1979 Nr. 17; 26.4.1995 EzA § 41 SGB VI Nr. 5; 20.8.1996 EzA § 767 ZPO Nr. 2) war die »versehentliche« Nicht-Verkündung der Revisionszulassung unschädlich, wobei grds. an der Verkündungspflicht festgehalten wurde. Der 1. Senat (31.10.1995 EzA § 72 ArbGG 1979 Nr. 20) hielt hingegen eine mündliche Verkündung der Revisionszulassung grds. nicht mehr für nötig, auf ein »Versehen« des Berufungsgerichts könne es nicht ankommen.

679 **Der Gesetzgeber hat in § 72 Abs. 1 S. 2 i. V. m. § 64 Abs. 3a ArbGG nunmehr bestimmt, dass die Revision im Tenor zuzulassen ist.** Geschieht dies nicht, besteht ein Antragsrecht der Parteien binnen zwei Wochen ab Verkündung des Urteils. **Eine Zulassung erst in den Gründen dürfte damit nicht mehr ausreichend sein** (s. o. L/Rz. 572).

680 Wird die Revision nicht zugelassen und dies auch in den Entscheidungsgründen begründet, ersetzt eine gleichwohl versehentlich anders lautende Rechtsmittelbelehrung nicht die Zulassungsentscheidung nach § 72 Abs. 1 ArbGG (*BAG* 20.9.2000 EzA § 72 ArbGG 1979 Nr. 25).

bbb) Zulassungsgründe

681 Das Berufungsgericht muss die Revision zulassen, wenn einer der in § 72 Abs. 2 ArbGG genannten Gründe vorliegt. Es kann sie allerdings auch in weiteren Fällen zulassen, wofür ein Antrag der Parteien nicht erforderlich ist (*GMP* § 72 Rz. 25). Die Zulassungsentscheidung muss das Berufungsgericht nicht begründen. Enthält das Urteil weder einen positiven noch einen negativen Ausspruch über die Zulassung der Revision, ist dies als negative Entscheidung zu werten (*BAG* 26.9.1980 EzA § 72 ArbGG 1979 Nr. 2).

L. Urteils- und Beschlussverfahren

Das LAG hat die Revision zuzulassen, wenn der **Rechtssache grds. Bedeutung** zukommt, § 72 Abs. 1 Nr. 1 ArbGG. Dies ist dann der Fall, wenn der Rechtsstreit von einer **klärungsbedürftigen Rechtsfrage abhängt, welche von allgemeiner Bedeutung** für die Rechtsordnung ist oder wegen ihrer tatsächlichen, z. B. wirtschaftlichen, Auswirkungen die Interessen der Allgemeinheit oder eines größeren Teil der Allgemeinheit berührt (*BAG* 5.12.1979 EzA § 72a ArbGG 1979 Nr. 4). 682

Die Rechtsfrage kann dabei aus dem Bereich des Arbeitsrechts, des sonstigen materiellen Rechts oder des Verfahrensrechts erwachsen. **Klärungsbedürftig ist eine Rechtsfrage** dann, wenn sie nicht bereits höchstrichterlich entschieden ist, oder neue beachtliche Einwendungen gegen die bisherige Rechtsprechung erhoben werden (*BAG* 25.10.1989 EzA § 72a ArbGG 1979 Nr. 56). Daran fehlt es, wenn die der Rechtsfrage zugrunde liegende gesetzliche oder tarifliche Regelung völlig eindeutig ist (*BAG* 25.10.1989 EzA § 72 a ArbGG 1979 Nr. 56). 683

Von allgemeiner Bedeutung ist eine Rechtsfrage nur dann, wenn sie entweder in ihrer tatsächlichen oder wirtschaftlichen Tragweite Auswirkungen für zumindest einen Teil der Allgemeinheit hat. **Allein eine besondere wirtschaftliche Bedeutung für die Parteien reicht hierzu nicht aus, was sich aus dem Wegfall der früher zulässigen Streitwertrevision ergibt.** Werden nur Teile der Allgemeinheit im Bezirk eines LAG betroffen, z. B. wenn es um die Auslegung einer nur für diesen gültigen tarifvertraglichen Regelung geht, hat das LAG selbst darüber abschließend zu befinden (*Grunsky* § 72 Rz. 11). 684

Daneben ist die Revision nach **§ 72 Abs. 2 Nr. 2** ArbGG zuzulassen, wenn das Urteil von einer Entscheidung des BVerfG, des GS OGB, des BAG oder, solange eine Entscheidung des BAG in der Rechtsfrage nicht ergangen ist, von einer Entscheidung einer anderen Kammer desselben LAG oder eines anderen LAG abweicht und die Entscheidung auf dieser Abweichung beruht. Beabsichtigt lediglich eine Kammer des LAG ihre frühere Rechtsprechung zu ändern, bedarf es keiner Zulassung der Revision. Gleiches gilt, wenn das LAG von einer Entscheidung eines anderen obersten Gerichtshofes außer dem BAG abweichen will oder von einer Entscheidung eines OLG. Allerdings wird in diesen Fällen regelmäßig ein Fall der »grundsätzlichen Bedeutung« i. S. d. § 72 Abs. 2 Nr. 1 ArbGG gegeben sein. 685

Die Form der Entscheidung des divergierenden Gerichts ist dabei unerheblich. Es kann sich um ein Urteil oder um einen Beschluss handeln. Auch unerheblich ist es, ob die abweichende Entscheidung bereits rechtskräftig ist oder nicht. 686

Die Abweichung muss sich auf einen **unterschiedlich angewandten abstrakten Rechtsgrundsatz** beziehen (*BAG* 4.5.1977 AP Nr. 39 zu 72 ArbGG 1953 Divergenzrevision; *BAG* 25.10.1989 EzA § 72a ArbGG 1979 Nr. 56), wobei strittig ist, ob dies voraussetzt, dass sie auf derselben Gesetzesbestimmung beruht (so *Schaub* ArbGVerf § 51 Rz. 180; *Ascheid* Rz. 1267; **a. A.** *GMP* § 72 Rz. 19). 687

Die Revision muss nur zugelassen werden, wenn das Urteil des LAG auf dem abweichenden Rechtsgrundsatz beruht. Dies ist nicht der Fall, wenn lediglich in einem obiter dictum zu der Rechtsfrage Stellung genommen wird. Es ist allerdings nicht erforderlich, dass die divergierende Entscheidung des anderen Gerichts, von dem das LAG nunmehr abweichen will, ebenfalls auf dem abstrakten Rechtssatz beruht. Ausreichend ist daher eine Abweichung von einem obiter dictum des BAG (*BAG* 17.2.1981 EzA § 72a ArbGG 1979 Nr. 27). 688

689 Hat das LAG versehentlich oder rechtsfehlerhaft die Revision nicht zugelassen, kann dies nicht durch ein Ergänzungsurteil nach § 321 ZPO nachgeholt werden (*BAG* 26.9.1980 EzA § 72 ArbGG 1979 Nr. 2). Lediglich bei offensichtlicher Unrichtigkeit kann das Urteil nach § 319 ZPO berichtigt werden (vgl. *BAG* 31.10.1995 EzA § 72 ArbGG 1979 Nr. 20).

ccc) Beschränkte Zulassung

690 Die Revision kann auch nur beschränkt hinsichtlich eines Teils des Rechtsstreits zugelassen werden, wenn lediglich insoweit ein Zulassungsgrund nach § 72 Abs. 2 ArbGG besteht. Es muss sich dabei allerdings um einen tatsächlich und rechtlich selbstständigen und abtrennbaren Teil des Gesamtstreitstoffs handeln. Dies ist immer dann der Fall, wenn darüber auch durch Teilurteil oder durch Zwischenurteil gesondert entschieden werden könnte (*BAG* 8.2.1994 EzA § 551 ZPO Nr. 3).

691 Bei einer subjektiven Klagehäufung kann die Revision auf einzelne Streitgenossen beschränkt werden. Dies gilt allerdings nicht bei notwendiger Streitgenossenschaft. Beschränkt werden kann die Revision auch auf den Haupt- oder Hilfsantrag oder nur auf die Berufung oder Anschlussberufung. Eine Verpflichtung des LAG, die Revision nur auf bestimmte Streitgegenstände zu beschränken, wenn nur für einen der Streitgegenstände ein Zulassungsgrund nach § 72 Abs. 2 ArbGG besteht, besteht nicht. Die Beschränkung kann in den Gründen erfolgen, muss also nicht im Tenor enthalten sein (*GMP* § 72 Rz. 34).

ff) Vollstreckbarkeit

692 § 67 Abs. 7 ArbGG verweist hinsichtlich der Vollstreckbarkeit auf § 62 ArbGG. Urteile des Berufungsgerichts sind daher auch dann vorläufig vollstreckbar, wenn gegen sie Einspruch oder Revision möglich ist, ohne dass dies besonders im Urteil erwähnt werden muss (s. o. L/Rz. 504 ff.).

gg) Mitteilungspflicht von Urteilen in Tarifvertragssachen

693 Die Mitteilungspflicht in Tarifsachen gilt auch für das LAG, §§ 64 Abs. 7, 63 ArbGG (s. o. L/Rz. 486 ff.).

h) Kosten des Berufungsverfahrens

694 Hinsichtlich der außergerichtlichen Kosten findet die Privilegierung des § 12a ArbGG im Berufungsverfahren keine Anwendung.

695 Die Kostenentscheidung richtet sich nach den §§ 97 ff., 91 ff. ZPO. Hierbei können auch die Kosten für Verbandsvertreter, die nach § 11 Abs. 2 ArbGG den Rechtsanwälten gleichgestellt sind, geltend gemacht werden. Sofern die Verbandsvertreter die Vertretung der Mitglieder unentgeltlich übernommen haben, werden die Kosten nach § 92 Abs. 1 ZPO verhältnismäßig geteilt. Ist die andere Seite durch einen Rechtsanwalt vertreten, enthält § 12a Abs. 2 ArbGG die Fiktion, dass die durch den Verbandsvertreter vertretene Partei hinsichtlich der außergerichtlichen Kosten so zu stellen ist, als wenn sie durch einen Rechtsanwalt vertreten worden wäre. **Erstattungsansprüche stehen ihr allerdings nur zu, falls ihr tatsächlich im Einzelfall Kosten erwachsen sind** (*GMP* § 12a Rz. 39).

696 Lässt sich eine Partei durch einen Verbandsvertreter vertreten, der gleichzeitig Rechtsanwalt ist und tritt der Vertreter in der Eigenschaft als Rechtsanwalt für das ver-

tretene Verbandsmitglied auf, sind die dadurch entstehenden Kosten von der Gegenpartei im Falle des Unterliegens wie bei einem Rechtsanwalt zu erstatten. Dies gilt selbst dann, wenn der Verband im Unterliegensfalle die Kosten des Rechtsanwaltes für sein Verbandsmitglied tragen würde (*GMP* § 12a Rz. 37).

Nach § 12 Abs. 3 ArbGG entstehen zwei Gebühren, nämlich eine Verfahrens- und eine Urteilsgebühr (Anlage 2 zum GKG). Sie vermindern sich allerdings gem. § 12 Abs. 3 S. 1 ArbGG um 2/10. Die Gebühr für das Verfahren und das Urteil in der Berufungsinstanz beträgt das 11/2-fache der verminderten Gebühr. Eine Höchstgrenze für die Gebühr gibt es nicht. **Auslagen des Gerichts** können neben den Gebühren geltend gemacht werden (s. o. L/Rz. 539 f.). 697

Die **Gebührentatbestände** ergeben sich aus dem GV zu § 12 Abs. 1 ArbGG, Nr. 9120 ff. Die Verfahrensgebühr beträgt 12/10 der einfachen Gebühr nach der Tabelle der Anlage 2 zum GKG (Nr. 9120 des GV). Die Urteilsgebühren ergeben sich aus den Ziffern 9123 ff. des GV. 698

Wird der Rechtsstreit in der Berufungsinstanz durch einen Vergleich beendet, entfällt die Verfahrensgebühr, Nr. 9121 GV. Erfolgt der Vergleichsschluss in der Berufungsinstanz erst nach einer Zurückverweisung des Rechtsstreits durch das BAG, entfällt zwar im Hinblick auf die Nr. 9121 GV die Verfahrensgebühr, die Gebühren, die sonst noch angefallen sind, zumindest also die Urteilsgebühr, Nr. 9123 ff., bleiben bestehen. 699

Nr. 9122 GV enthält eine Privilegierung für den Fall, dass das Berufungsverfahren ohne streitige Verhandlung seine Beendigung findet. Die Verfahrensgebühr ermäßigt sich auf 4/10. 700

15. Das Revisionsverfahren

a) Allgemeines

aa) Sinn und Zweck

Das Revisionsverfahren dient überwiegend dazu, eine Rechtskontrolle der Berufungsurteile des LAG zu schaffen. In Ausnahmefällen, bei der Sprungrevision (s. u. L/Rz. 758 ff.), werden direkt die Urteile des ArbG rechtlich überprüft. In der Revision erfolgt keine tatsächliche, sondern lediglich eine rechtliche Nachprüfung der Entscheidung des Tatsachengerichts. Sie dient den Interessen der betroffenen Parteien, aber auch der Wahrung einer einheitlichen Rechtsprechung sowie deren Fortentwicklung. Revisionsgericht ist das BAG. 701

bb) Ausgestaltung als Zulassungsrevision

Nach § 72 ArbGG in der heutigen Fassung gibt es nur noch die sog. Zulassungsrevision. Eine Revision ist nur zulässig und statthaft, wenn sie entweder vom LAG zugelassen wurde, das BAG einer Nichtzulassungsbeschwerde stattgegeben hat, § 72a ArbGG, oder im Fall der vom ArbG zugelassenen Sprungrevision gem. § 76 ArbGG. Dies gilt auch dann, wenn materiell absolute Revisionsgründe i. S. d. § 547 Nr. 1–6 ZPO geltend gemacht werden (*BAG* 20.2.2001 FA 2001, 310). Die in § 72 ArbGG aufgezählten Zulassungsgründe sind abschließend (s. o. L/Rz. 676 ff.). 702

L. Urteils- und Beschlussverfahren

cc) Verfahrensvorschriften

703 Sofern in den §§ 72 bis 77 ArbGG keine spezielleren und abschließenden Verfahrensvorschriften enthalten sind, richtet sich das Verfahren gem. § 72 Abs. 5 ArbGG nach den §§ 542 ff. ZPO, mit Ausnahme des § 566 ZPO.

704 In § 72 Abs. 6 ArbGG ist darüber hinaus auf einige Bestimmungen des erstinstanzlichen Verfahrens verwiesen, die auch im Revisionsverfahren Anwendung finden. Danach findet § 53 ArbGG Anwendung. Für das BAG ist die Vorschrift insofern entsprechend anzuwenden, als sie das Verhältnis der Berufsrichter des Senats zu den ehrenamtlichen Richter regelt. An die Stelle des Kammervorsitzenden beim ArbG treten am BAG alle Berufsrichter, nicht nur der Vorsitzende des Senats (*BAG* 10.12.1992 EzA § 17a GVG Nr. 3).

b) Revisible Entscheidungen der Tatsacheninstanz

705 Grds. revisibel sind Endurteile der LAG, § 72 Abs. 1 ArbGG. Hierzu zählen Teil- und Schlussurteile nach den §§ 300, 301 ZPO sowie Ergänzungsurteile nach § 321 ZPO. Dabei kann es sich um Sach- oder um Prozessurteile handeln. Nach § 302 Abs. 3 ZPO sind auch Vorbehaltsurteile als Endurteile anzusehen, Gleiches gilt für Zwischenurteile nach § 280 Abs. 2 ZPO.

706 Zwischenurteile, die die Wiedereinsetzung in den vorherigen Stand ablehnen (*BAG* 9.12.1955 AP Nr. 1 zu § 300 ZPO) oder die über die Unwirksamkeit eines Prozessvergleiches entscheiden (*BAG* 10.11.1966 AP Nr. 1 zu § 275 ZPO), sind ebenfalls revisibel, nicht hingegen Zwischenurteile, durch die Wiedereinsetzung in den vorherigen Stand gewährt wird, § 238 Abs. 3 ZPO.

707 Nicht revisibel sind Grundurteile nach § 304 Abs. 1, Abs. 2 ZPO i. V. m. § 61 Abs. 3 ArbGG, Urteile, durch die über die Anordnung, Abänderung oder Aufhebung eines Arrestes oder einer einstweiligen Verfügung entschieden wird, § 72 Abs. 4 ArbGG und Urteile, die mit der sofortigen Beschwerde anfechtbar sind, §§ 99 Abs. 2, 387 Abs. 3 ZPO.

c) Statthaftigkeit der Revision

708 Die Zulassung der Revision ist nur in den in § 72 Abs. 1, 72a und 76 ArbGG genannten Fällen statthaft (s. o. L/Rz. 702). **Sofern die Tatsacheninstanz die Revision zugelassen hat, ist das BAG gem. §§ 72 Abs. 3, 76 Abs. 2 S. 2 ArbGG an die Zulassung grds. gebunden.** Dies gilt für die Urteile des LAG uneingeschränkt, auch wenn die gesetzlichen Bestimmungen die Zulassung eigentlich nicht gerechtfertigt hätten (*BAG* 16.4.1997 EzA § 554 ZPO Nr. 6).

709 Nach § 76 Abs. 2 S. 2 ArbGG gilt die gleiche Bindungswirkung grds. bei Zulassung der Sprungrevision durch das ArbG. **Dennoch verneint das BAG eine Bindungswirkung dann, wenn die Sprungrevision – fehlerhaft – in einem Rechtsstreit für zulässig erklärt worden ist, der nicht § 76 Abs. 2 S. 1 Nr. 1 bis 3 ArbGG unterfällt** (*BAG* 16.11.1982 EzA § 42 SchwbG Nr. 9; *BAG* 12.2.1985 EzA § 76 ArbGG 1979 Nr. 3).

aa) Die Zulassung der Revision durch das LAG

710 (s. o. L/Rz. 676 ff.)

bb) Die Zulassung der Revision durch das BAG aufgrund einer Nichtzulassungsbeschwerde

aaa) Allgemeines

Die Nichtzulassungsbeschwerde nach § 72a ArbGG soll gewährleisten, dass Urteile 711
mit der Revision angegriffen werden können, auch wenn das LAG sie nicht zugelassen
hat, obgleich die Voraussetzungen nach § 72 Abs. 2 ArbGG vorlagen.
Bei der Nichtzulassungsbeschwerde handelt es sich nicht um ein Rechtsmittel, 712
sondern um einen Rechtsbehelf. Ihre Einlegung verhindert die Rechtskraft des
LAG Urteils. **Ihr kommt damit ein Suspensiveffekt zu, jedoch kein Devolutiveffekt.** Dieser tritt erst ein, wenn aufgrund der Nichtzulassungsbeschwerde das LAG-Urteil für revisibel erklärt und ordnungsgemäß Revision eingelegt wird. Folglich muss das LAG keine förmliche Rechtsmittelbelehrung nach § 9 Abs. 5 ArbGG hinsichtlich der Nichtzulassungsbeschwerde erteilen. Es reicht vielmehr ein Hinweis auf diese Möglichkeit aus (*BAG* 1.4.1980 EzA § 72a ArbGG 1979 Nr. 12; 12.2.1997 EzA § 72a ArbGG 1979 Nr. 77).
Die Kontrolle der ordnungsgemäßen Zulassung der Revision durch das LAG im Wege 713
der Nichtzulassungsbeschwerde durch das BAG ist allerdings beschränkt. Die Nichtzulassung kann in den Fällen des § 72 Abs. 2 Nr. 1 ArbGG nur dann selbstständig durch Beschwerde angefochten werden, wenn die Rechtssache Rechtsstreitigkeiten der in den in § 72a Abs. 1 Nr. 1 bis 3 ArbGG genannten Fälle betrifft, d. h. wenn ein tarifvertraglicher Bezug vorliegt.
Ein reiner Verfahrensmangel, selbst wenn er schwerster Art war, kann eine Nichtzu- 714
lassungsbeschwerde nicht begründen. Dies gilt ausnahmslos, selbst wenn es sich um absolute Revisionsgründe handelt oder die Verletzung des Anspruchs auf rechtliches Gehör, Art. 103 GG, geltend gemacht wird (*BAG* 20.2.2001 FA 2001, 310; *BAG* 26.6.2001 – 9 AZN 132/01 –).
Dies hat im Ergebnis die Folge, dass bei Individualstreitigkeiten ohne tarifrecht- 715
lichen Bezug das LAG über die Zulassung der Revision nach § 72 Abs. 2 Nr. 1
ArbGG abschließend entscheidet (*Michels-Holl* FS Arbeitsgerichtsbarkeit S. 361).
Statistisch gesehen sind weniger als 5% der Nichtzulassungsbeschwerden erfolgreich
(vgl. *Michels-Holl* a. a. O.).

bbb) Nichtzulassungsbeschwerde wegen grundsätzlicher Bedeutung der Rechtssache

Die Nichtzulassungsbeschwerde kann gem. §§ 72a, 72 Abs. 2 Nr. 1 ArbGG darauf ge- 716
stützt werden, dass einer **Rechtssache grundsätzliche Bedeutung** zukommt, und das
LAG gleichwohl nicht die Revision zugelassen hat (zum Begriff der grundsätzlichen
Bedeutung s. o. L/Rz. 682 ff.).
Stützt sich das LAG-Urteil auf mehrere Begründungen, muss die grundsätzliche Be- 717
deutung bezüglich jeder der Begründungen gegeben sein (*BAG* 27.11.1984, 28.9.1989
EzA § 72a ArbGG 1979 Nr. 45, 55). Darüber hinaus muss es sich um eine der privilegierten Streitigkeiten i. S. d. § 72a Abs. 1 S. 1 Nr. 1–3 ArbGG handeln (*BAG*
18.5.1999 EzA § 72a ArbGG 1979 Nr. 89). Der Katalog entspricht den Streitigkeiten,
in denen das ArbG nach § 64 Abs. 3 ArbGG die Berufung zulassen muss (s. o.
L/Rz. 460 ff.). Ein Unterschied besteht lediglich gegenüber § 64 Abs. 3 Nr. 2 b ArbGG
darin, dass sich bei der Nichtzulassungsbeschwerde nach § 72a Abs. 1 Nr. 2 ArbGG
der Geltungsbereich des Tarifvertrags über den LAG-Bezirk hinaus erstrecken muss.
Nach der neuen Rspr. des BAG (*BAG* Beschluss v. 17.6.1997 EzA § 72a ArbGG 1979

Nr. 78) ist dies allerdings nicht Voraussetzung bei Auslegungsstreitigkeiten zwischen den Tarifvertragsparteien. In diesem Fall ergibt sich die »grundsätzliche Bedeutung« bereits aus § 9 TVG, sodass diese Auslegungsrechtsstreitigkeiten unter § 72a Abs. 2 Nr. 1 ArbGG zu subsumieren sind.

718 Die Nichtzulassungsbeschwerde kann nicht darauf gestützt werden, dass das angefochtene Urteil andere wichtige Rechte, und seien es auch Verfassungsrechte, verletzt habe (*BAG* 23.1.1980 EzA § 72a ArbGG 1979 Nr. 10) oder darauf, das LAG habe die Revision willkürlich nicht zugelassen (GK-ArbGG/*Ascheid* § 72a Rz. 11).

719 Streitig ist, ob die Rechtsfrage, der grundsätzliche Bedeutung zukommt, den in § 72a Abs. 1 Nr. 1–3 ArbGG umschriebenen Rechtsmaterien angehören muss oder ob es genügt, dass es sich überhaupt um eine Rechtsstreitigkeit der genannten Art handelt, bei denen eine Rechtsfrage von grundsätzlicher Bedeutung auftaucht, auch wenn diese nicht eindeutig den umschriebenen Rechtsmaterien angehört. **Das BAG hat zu § 72a Abs. 1 Nr. 2 ArbGG entschieden, dass die Rechtsfrage selbst grundsätzliche Bedeutung unmittelbar für die Auslegung des Tarifvertrages haben muss** (*BAG* 22.6.1999, 4.5.1994, 12.12.1979 EzA § 72a ArbGG 1979 Nr. 90, 65, 9). Aus der Systematik des § 72a Abs. 1 ArbGG wird daher geschlossen, dass es sich auch bei den privilegierten Streitigkeiten unter Nr. 1 und 3 um Rechtsfragen aus dem speziellen Regelungsbereich handeln muss (GK-ArbGG/*Ascheid* § 72a Rz. 9; *Michels-Holl* FS Arbeitsgerichtsbarkeit S. 362). Nach a. A. (*GMP* § 72a Rz. 7) soll sich aus dem Wortlaut der Vorschrift, die von der »Rechtssache« und nicht »Rechtsfrage« spricht und der besonderen Bedeutung der Rechtsstreitigkeiten in den unter § 72a Abs. 1 Nr. 1 und 3 ArbGG genannten Fällen davon auszugehen sein, dass das BAG über alle auftauchenden streitigen Rechtsfragen abschließend entscheiden können soll.

(1) § 72a Abs. 1 Nr. 1 ArbGG

720 § 72a Abs. 1 Nr. 1 ArbGG setzt voraus, dass **Tarifvertragsparteien den Rechtsstreit führen und der Streit um einen Tarifvertrag i. S. d. § 1 TVG geht, sei es über den schuldrechtlichen oder den normativen Teil.** Ein Streit lediglich um einen dem Abschluss eines Tarifvertrages vorausgehenden Vorvertrag genügt nicht (*BAG* 25.8.1982 EzA § 72a ArbGG 1979 Nr. 41).

(2) § 72a Abs. 1 Nr. 2 ArbGG

721 § 72a Abs. 1 Nr. 2 ArbGG setzt eine **Streitigkeit über die Auslegung von Tarifverträgen** i. S. d. § 1 TVG voraus. Im Gegensatz zu § 72a Abs. 1 Nr. 1 ArbGG können hier auch Parteien den Rechtsstreit führen, die lediglich an den Tarifvertrag gem. § 3 TVG gebunden sind oder seine Anwendbarkeit einzelvertraglich vereinbart haben (*BAG* 18.5.1982 EzA § 72a ArbGG 1979 Nr. 38).

722 **Beispiele:**
- Rahmenkollektivverträge nach dem AGB-DDR sind vom BAG als Tarifverträge in diesem Sinne angesehen worden (*BAG* 10.3.1993 EzA § 72a ArbGG 1979 Nr. 61),
- nicht jedoch der BAT in der kirchlichen Fassung (*BAG* 5.1.1989 AP Nr. 37 zu 72a ArbGG 1979 Grundsatz).
- Lassen Tarifverträge Auslegungsgrundsätze, Dienstordnungen oder einseitige Vergütungsrichtlinien zu, ohne dass die Tarifvertragsparteien darüber im Einzelnen verhandelt und sich verständigt haben, fallen diese Bestimmungen nicht unter § 72a Nr. 2 ArbGG (GK-ArbGG/*Ascheid* § 72a Rz. 14).

- Gleiches gilt für bindende Festsetzungen nach § 19 HAG (*BAG* 20.1.1981 EzA § 72a ArbGG 1979 Nr. 21)
- und für EWG-Verordnungen, auf die im Tarifvertrag Bezug genommen worden ist (*BAG* 9.11.1993 EzA § 72a ArbGG 1979 Nr. 63),
- nicht jedoch Streitigkeiten über die Auslegung einer Betriebsvereinbarung, die zwischen dem Hauptverband einer Gewerkschaft und dem Gesamtbetriebsrat zur Regelung der Vergütung der bei der Gewerkschaft beschäftigten Arbeitnehmer abgeschlossen wurde (*BAG* 22.6.1999 EzA § 72a ArbGG 1979 Nr. 90).

Um die »Auslegung« eines Tarifvertrages wird gestritten, wenn es um die einzel- 723
fallübergreifende, abstrakte Interpretation der tariflichen Regelung geht, nicht jedoch wenn lediglich die Subsumtion eines Einzelfalls unter einen solchen Rechtsbegriff streitig ist (*BAG* 5.12.1979 EzA § 72a ArbGG 1979 Nr. 4). **Allein die unrichtige Anwendung einer tariflichen Rechtsvorschrift reicht für eine Nichtzulassungsbeschwerde nicht aus.**
Gleiches gilt, wenn das LAG die tarifliche Vorschrift wegen angeblichen Verstoßes ge- 724
gen zwingendes Gesetzesrecht als unwirksam erachtet oder es um allgemeine Grundsätze des Tarifrechts geht, z. B. um die Ausfüllung unbewusster Tariflücken (*BAG* 5.1.1989 AP Nr. 37 zu § 72a ArbGG 1979 Grundsatz). Ebenfalls nicht um eine Auslegung des Tarifvertrages geht es, wenn der Tarifvertrag außertarifliche normative Regelungen, z. B. aus einem Gesetz übernimmt und über diese Regelungen gestritten wird (*BAG* 26.3.1981 EzA § 72a ArbGG 1979 Nr. 29).

Beispiel: 725
Der Tarifvertrag lässt eine fristlose Kündigung bei »wichtigem Grund« zu. Wann ein »wichtiger Grund« vorliegt, bestimmt sich nach § 626 BGB. Der Begriff ist von dieser Vorschrift übernommen. Bei einem Rechtsstreit über die Auslegung dieses Begriffes handelt es sich daher nicht um eine Rechtsstreitigkeit um die Auslegung eines Tarifvertrages.

Der Geltungsbereich des Tarifvertrages muss sich über den Bezirk des konkreten LAG 726
hinaus erstrecken (vgl. *BAG* 26.9.2000 – 3 AZN 181/00 – für einen Firmentarifvertrag, wobei sich Betriebsstätten in mehreren LAG-Bezirken befinden). Es genügt aber auch, wenn in einem anderen LAG-Bezirk ein gleicher, wörtlich und inhaltlich übereinstimmender Tarifvertrag Anwendung findet (*BAG* 24.3.1993 EzA § 72 ArbGG 1979 Nr. 62).

(3) § 72a Abs. 1 Nr. 3 ArbGG
§ 72a Abs. 1 Nr. 3 ArbGG umfasst **Rechtsstreitigkeiten über Arbeitskampfmaß-** 727
nahmen und Betätigungsrechte der Vereinigungen.
Der maßgebende Zeitpunkt dafür, ob der Rechtsfrage noch grundsätzliche Bedeutung zukommt, ist der der Entscheidung des BAG (*BAG* 3.11.1982 EzA § 72a ArbGG 1979 Nr. 42), nicht etwa der des LAG (**a. A.** *GMP* § 72a Rz. 14). Die Nichtzulassungsbeschwerde dient nicht dazu, Fehler des LAG bei seiner Entscheidung über die Zulassung der Revision als Selbstzweck zu korrigieren, sondern sie soll der obersten Instanz die Entscheidung über grundsätzliche Fragen ermöglichen. Entfällt hierfür das Bedürfnis, bedarf es auch keiner Revision mehr (GK-ArbGG/*Ascheid* § 72a Rz. 28).

L. Urteils- und Beschlussverfahren

ccc) Nichtzulassungsbeschwerde wegen Divergenz

728 Die Nichtzulassungsbeschwerde ist zulässig und begründet, wenn das Urteil des LAG von einer Entscheidung der in § 72 Abs. 2 Nr. 1 ArbGG genannten Gerichte abweicht, **sofern es auf dieser Abweichung beruht.** Allein eine Divergenz in der Kostenentscheidung reicht im Hinblick auf § 99 ZPO allerdings nicht aus (*BAG* 23.7.1996 EzA § 72a ArbGG 1979 Nr. 76). In diesem Fall hätte das LAG die Revision zulassen müssen. Zur Frage, wann das Urteil des LAG auf der Divergenz beruht s. o. L/Rz. 688.

729 Erweist sich das Urteil aus anderen Gründen als richtig, berührt dies nicht die Frage der Zulässigkeit und Begründetheit der Nichtzulassungsbeschwerde, sondern lediglich die Frage, ob die Revision im Ergebnis erfolgreich ist oder nicht, § 561 ZPO.

730 Weicht das LAG von einer Entscheidung eines anderen als den in § 72 Abs. 2 Nr. 1 ArbGG genannten Gerichten ab, ist die Nichtzulassungsbeschwerde unzulässig (*BAG* 25.3.1991 EzA § 72a ArbGG 1979 Nr. 57). Ob es bei seiner Entscheidung von der Abweichung seines abstrakten Rechtsatzes von der abweichenden Entscheidung eines divergenzfähigen Gerichts wusste oder nicht, ist unerheblich. Die Nichtzulassungsbeschwerde dient allein der Rechtseinheit, welche bereits dann gefährdet ist, wenn in Rechtsfragen voneinander abweichende Urteile tatsächlich bestehen (GK-ArbGG/*Ascheid* § 72a Rz. 35).

731 **Der maßgebliche Zeitpunkt für die Frage der Zulässigkeit der Nichtzulassungsbeschwerde wegen Divergenz ist der der Verkündung der Entscheidung des LAG.** Zu diesem Zeitpunkt muss eine Divergenz zu einer Entscheidung eines der anderen in § 72 Abs. 2 Nr. 2 ArbGG genannten Gerichte bestehen, was voraussetzt, dass dessen Urteil zeitlich voran ergangen ist (*BAG* 10.2.1981 EzA § 72a ArbGG 1979 Nr. 3). Ist allerdings im Zeitpunkt der Entscheidung über die Nichtzulassungsbeschwerde das divergierende Urteil bereits aufgehoben worden, ist die Divergenz entfallen, sodass die Nichtzulassungsbeschwerde keinen Erfolg hat (*BAG* 3.11.1982 EzA § 72a ArbGG 1979 Nr. 42; *BAG* 5.12.1995 NZA 1996, 502; **a. A.** GMP § 72a Rz. 18). Gleiches gilt, wenn zwar ein divergierendes Urteil noch existent oder sogar rechtskräftig ist, das BAG allerdings die Rechtsfrage vor der Entscheidung über die Nichtzulassungsbeschwerde entschieden hat, und eine Divergenz zwischen dem BAG-Urteil zu dem angefochtenen LAG-Urteil nicht mehr besteht (GK-ArbGG/*Ascheid* § 72a Rz. 37; **a. A.** GMP § 72a Rz. 18).

ddd) Form und Fristen der Einlegung

732 Nach § 72a Abs. 2 ArbGG ist die Nichtzulassungsbeschwerde beim BAG innerhalb **einer Notfrist von einem Monat nach Zustellung des in vollständiger Form abgefassten Urteils** schriftlich einzulegen. Allein die Einlegung beim LAG ist nicht fristwahrend (*BAG* 4.11.1980 EzA § 72a ArbGG 1979 Nr. 19). Da es sich um einen Rechtsbehelf handelt (*BAG* 1.4.1980 EzA § 72a ArbGG 1979 Nr. 12), beginnt die Frist auch zu laufen, wenn keine förmliche Rechtsbehelfsbelehrung nach § 9 Abs. 5 ArbGG oder Hinweis auf die Möglichkeit der Einlegung der Nichtzulassungsbeschwerde erteilt worden ist (*Schäfer* NZA 1986, 249). Die Frist berechnet sich nach den §§ 221 ff. ZPO, das Fristende bestimmt sich nach § 188 BGB.

733 Die Nichtzulassungsbeschwerde muss schriftlich eingelegt werden und nach § 11 Abs. 2 ArbGG durch einen Rechtsanwalt unterzeichnet sein. Aus dem Schriftsatz muss sich deutlich ergeben, dass eine Nichtzulassungsbeschwerde eingelegt werden soll. Eine unzulässig eingelegte Revision kann nicht in eine Nichtzulassungsbeschwerde umgedeutet werden (*BAG* 4.7.1985 – 5 AZR 318/85 – n. v.).

Die Beschwerdeschrift muss die Entscheidung des LAG, gegen welche die Zulassung 734
der Revision beantragt wird, nach Gericht, Aktenzeichen und Datum bezeichnen.
Der Beschwerdeführer und Gegner muss aus der Beschwerdeschrift oder den beigelegten Unterlagen eindeutig erkennbar sein, allerdings brauchen die ladungsfähigen Anschriften der Parteien nicht vorgetragen werden (*BAG* 27.10.1981 EzA § 72a ArbGG 1979 Nr. 36).
Die Nichtzulassungsbeschwerde kann nicht bedingt eingelegt werden, z. B. mit der 735
Bedingung, dass Prozesskostenhilfe bewilligt wird. Dies gilt auch dann, wenn die Nichtzulassungsbeschwerde nur deswegen bedingt eingelegt worden ist, da noch nicht sicher ist, ob die vom LAG ausgesprochene Zulassung der Revision wirksam ist oder nicht (*BAG* 13.8.1985 AP Nr. 22 zu 72a ArbGG 1979).
Nach § 72a Abs. 2 S. 2 ArbGG soll der Beschwerdeschrift eine Ausfertigung oder be- 736
glaubigte Abschrift des Urteils beigefügt werden, gegen das Revision eingelegt werden soll. Da es sich um eine Sollvorschrift handelt, berührt die Missachtung dieser Vorschrift nicht die Zulässigkeit der Nichtzulassungsbeschwerde.

eee) Fristen und Inhalt der Begründung
Die Nichtzulassungsbeschwerde muss nach § 72a Abs. 3 S. 1 ArbGG **binnen zwei** 737
Monaten nach Zustellung des Urteils begründet werden. Die Begründungsfrist läuft unabhängig von der Einlegungsfrist, und zwar auch dann, wenn Letztere versäumt wurde und ein Wiedereinsetzungsantrag bei Ablauf der Begründungsfrist noch nicht beschieden worden ist (*BAG* 26.7.1988 EzA § 72a ArbGG 1979 Nr. 51). Etwas anderes gilt nur dann, wenn bei Ablauf der Einlegungsfrist über einen Prozesskostenhilfeantrag noch nicht entschieden war, dies nachträglich erfolgte und nunmehr im Wiedereinsetzungsverfahren der Wiedereinsetzungsbeschluss nach Ablauf der Begründungsfrist ergeht. In diesem Fall soll ab Zustellung Beschlusses eine Frist von einem Monat zu laufen beginnen, auch wenn das Urteil bereits Monate vorher zugestellt war (*BAG* 19.9.1983 AP Nr. 18 zu § 72a ArbGG 1979).
Die Begründung muss sich auf jeden Streitgegenstand beziehen, über den das LAG 738
entschieden hat und gegen den Revision eingelegt werden soll. Die Begründungsschrift hat sich auf die Zulassungsgründe der Revision zu beziehen. **Ausführungen zur Begründung der Revision an sich sind an dieser Stelle unbehelflich.**
Im Fall der Nichtzulassungsbeschwerde wegen **grundsätzlicher Bedeutung der Sa-** 739
che muss der Beschwerdeführer nach § 72a Abs. 3 S. 2 ArbGG bereits in der Beschwerdebegründung die Voraussetzungen der §§ 72a Abs. 1, 72 Abs. 2 Nr. 1 ArbGG darlegen. Anderenfalls wird die Nichtzulassungsbeschwerde verworfen, § 72 Abs. 5 S. 3 ArbGG. **Die ordnungsgemäße Begründung gehört daher bereits zur Zulässigkeit des Rechtsmittels** (*BAG* 26.9.2000 NZA 2002, 286; vgl. *Zwanziger* FA 1998, 202 ff.). Ob tatsächlich eine grundsätzliche Bedeutung vorliegt, ist sodann in der Begründetheit zu prüfen.
Geht der Streit um die Auslegung eines Tarifvertrages, muss der Rechtsbegriff, den 740
das Tatsachengericht falsch ausgelegt haben soll, genau bezeichnet werden (*BAG* 22.1.1980 EzA § 72a ArbGG 1979 Grundsatz Nr. 10). Allein die Benennung des Tarifvertrages reicht nicht aus.

741 Beispiel 1 Grundsatzrevision:
An das BAG ...
Nichtzulassungsbeschwerde.
In Sachen
Karl Apfel ...
– Kläger, Berufungsbeklagter und
Beschwerdeführer –
Prozessbevollmächtigte: ...

gegen

Berta Schmidt GmbH, vertreten durch ihre Geschäftsführerin ...
– Beklagte, Berufungsklägerin und
Beschwerdegegnerin –
Prozessbevollmächtigte 1. und 2. Instanz: ...

wegen Urlaubsabgeltung

lege ich namens und mit Vollmacht des Klägers gegen die Nichtzulassung der Revision im Urteil des LAG Rh.Pf. vom ... Aktz. ...

Nichtzulassungsbeschwerde

ein.

Es wird beantragt,
die Revision gegen das Urteil des LAG Rh.Pf. vom ... Aktz. ... zuzulassen.

Gründe:

I. (Sachverhalt) Der Kläger war bei der Beklagten bis zum 30.4.1996 beschäftigt. Auf das Arbeitsverhältnis fand der allgemeinverbindliche Tarifvertrag ... Anwendung. Bei Ausscheiden aus dem Arbeitsverhältnis standen ihm noch neun Urlaubstage aus dem Jahr ... zu. Der Kläger verlangte von der Beklagten ...
II. (Prozessgeschichte) Das ArbG hat der Klage mit Urteil vom ... stattgegeben. Auf die Berufung der Beklagten hat das LAG mit Urteil vom ... das Urteil des ArbG aufgehoben und die Klage abgewiesen. Es hat die Revision nicht zugelassen.
III. (Begründung) Nach § 72a Abs. 1 Nr. 1 i. V. m. § 72 Abs. 2 Nr. 2 ArbGG ist die Nichtzulassungsrevision i. v. F. zulässig.
1. Die Parteien streiten vorliegend über die Auslegung des in § ... des zwischen den Parteien kraft Allgemeinverbindlichkeitserklärung geltenden Tarifvertrages ... verwendeten Rechtsbegriffs ....
2. Der Tarifvertrag gilt im ganzen Bundesgebiet und erstreckt sich damit über den Bezirk des LAG Rheinland-Pfalz hinaus.
3. Das LAG hat den in § ... des Tarifvertrages verwendeten Rechtsbegriff dahingehend definiert, dass .... Diese Rechtsauffassung ist unrichtig, weil ....
4. Der Rechtsstreitigkeit kommt grds. Bedeutung zu, weil die Auslegung des Rechtsbegriffs in § ... des Tarifvertrages für alle dem Tarifvertrag unterfallende Arbeitsverhältnisse von Bedeutung ist.
5. Das BAG hat zur Auslegung des in § ... des Tarifvertrages verwendeten Rechtsbegriffs bislang noch nicht entschieden.

L. Urteils- und Beschlussverfahren

Wird die Nichtzulassungsbeschwerde auf Divergenz gestützt, ist nach § 72a Abs. 3 **742**
S. 2 ArbGG spätestens in der Beschwerdebegründung die Entscheidung durch Angabe des konkreten Gerichts, des Datums der Entscheidung und des Aktenzeichens genau zu bezeichnen, von der abgewichen wird (vgl. *Zwanziger* NZA 1998, 108 ff.). Darüber hinaus sind **die voneinander abweichenden abstrakten Rechtssätze der divergierenden Urteile darzustellen und darzulegen, dass die Entscheidung des LAG auf dieser Abweichung beruht** (*BAG* 9.12.1980 EzA § 72a ArbGG 1979 Divergenz Nr. 23). **Ein abstrakter Rechtssatz liegt dann vor, wenn das Tatsachengericht nicht nur einzelfallbezogene Ausführungen macht, sondern allgemeine Rechtsgrundsätze aufstellt.** Diese müssen sich eindeutig aus den Entscheidungsgründen der voneinander abweichenden Urteile ergeben, auch wenn sie nicht wörtlich ausdrücklich ausformuliert sein müssen (*BAG* 4.8.1981 AP Nr. 9 zu § 72a ArbGG 1979 Divergenz). Hat das LAG seiner Subsumtion keinen Obersatz vorangestellt, muss der Beschwer- **743**
deführer den aus den einzelfallbezogenen Ausführungen des LAG sich ergebenden Obersatz selbst formulieren (*BAG* 14.2.2001 NZA 2001, 520).
Eine Divergenz liegt dann nicht vor, wenn das angegriffene Urteil den Tatsachenstoff **744**
unter dem vom abweichenden Urteil aufgestellten abstrakten Rechtssatz gar nicht geprüft hat oder eine fehlerhafte Subsumtion unter einen übereinstimmenden abstrakten Rechtssatz vorgenommen hat. **Das BAG prüft nicht eine unrichtige Rechtsanwendung** (*BAG* 16.12.1982 EzA § 72a ArbGG 1979 Nr. 43). Dies gilt insbesondere dann, wenn das anzufechtende Urteil einen abstrakten Rechtssatz ausdrücklich zitiert, ihm dann aber fallbezogen fehlerhaft anwendet. Hieraus kann nicht geschlossen werden, dass das LAG einen neuen eigenen abweichenden Rechtssatz aufstellen wollte (GK-ArbGG/*Ascheid* § 72a Rz. 69).
Die Divergenz ist unabhängig davon erheblich, ob sie hinsichtlich gleichartiger oder **745**
verschiedener Streitgegenstände entstanden ist. Allerdings müssen die abweichenden Entscheidungen aufgrund gleich lautender Rechtsnormen desselben Gesetzes ergangen sein (GK-ArbGG/*Ascheid* § 72a Rz. 70).

> **Beispiel 2 Divergenzrevision:** **746**
> (Rubrum wie bei Beispiel 1)
> Gründe:
> I. ...
> (wie Beispiel 1)
> II. ...
> (wie Beispiel 1)
> III. ...
> (Begründung) Das LAG hat seine Entscheidung damit begründet, dass ...
> Damit hat es folgenden Rechtsgrundsatz aufgestellt .... Dieser Rechtsgrundsatz weicht von der Entscheiung des LAG Hamm, Urteil vom ... Aktz. ... ab. In dieser Entscheidung hat das LAG Hamm den Rechtsgrundsatz aufgestellt, dass .... Eine Entscheidung des BAG zu dieser Rechtsfrage ist bislang nicht ergangen.
> Das Urteil des LAG Rheinland-Pfalz beruht auf dem von ihm in Abweichung zum Urteil des LAG Hamm aufgestellten Rechtsgrundsatz, da es sonst die Berufung hätte zurückweisen müssen. Denn ...

L. Urteils- und Beschlussverfahren

fff) Rechtswirkungen der Einlegung

747 Auch wenn nur eine Partei Nichtzulassungsbeschwerde einlegt, wird das Urteil für beide Parteien nicht rechtskräftig (zum Suspensiveffekt s. o. L/Rz. 712), sodass auch die andere Partei bei Zulassung der Revision die Möglichkeit der Anschlussrevision hat (*GMP* § 72a Rz. 30). Das LAG kann nach Einlegung der Nichtzulassungsbeschwerde seine Entscheidung über die Zulassung der Revision nicht abändern, § 72a Abs. 5 S. 1 ArbGG.

748 Das BAG hat nach Einlegung der Nichtzulassungsbeschwerde ggf. über die Einstellung der Zwangsvollstreckung aus dem Urteil des LAG gem. § 719 Abs. 2 ZPO zu befinden. Eine Einstellung kommt dann nicht in Betracht, wenn entweder die Nichtzulassungsbeschwerde keine Aussicht auf Erfolg oder die Revision selbst bei Zulassung keine Erfolgsaussichten hat. Da hierüber regelmäßig erst nach Begründung der Nichtzulassungsbeschwerde eine Aussage getroffen werden kann, empfiehlt es sich, **sie bereits bei Einlegung sofort zu begründen.**

ggg) Entscheidung über die Nichtzulassungsbeschwerde

749 Die Nichtzulassungsbeschwerde ist als unzulässig zu verwerfen, wenn sie nicht statthaft, nicht form- und fristgerecht eingelegt und begründet worden oder wenn der Beschwerdeführer nicht beschwert ist (*BAG* 12.8.1981 EzA § 72a ArbGG 1979 Nr. 31). Darüber hinaus ist sie unzulässig, wenn der Beschwerdeführer zu einem früheren Zeitpunkt auf die Revision oder die Einlegung der Nichtzulassungsbeschwerde wirksam verzichtet hat.

750 Ist die Nichtzulassungsbeschwerde unbegründet, ist sie zurückzuweisen. Über die Zulässigkeit braucht keine Entscheidung getroffen zu werden, wenn die Beschwerde auf jeden Fall unbegründet ist (GK-ArbGG/*Ascheid* 72a Rz. 77). Mit der Verwerfung oder Zurückweisung der Beschwerde wird das Urteil der Tatsacheninstanz rechtskräftig, § 72a Abs. 5 S. 6 ArbGG.

751 Nach § 72a Abs. 5 S. 2 ArbGG ergeht die Entscheidung durch Beschluss, der ohne mündliche Verhandlung ergehen kann. Die ehrenamtlichen Richter wirken dann mit, wenn die Nichtzulassungsbeschwerde als unbegründet zurückgewiesen oder als unzulässig verworfen wird, weil die Voraussetzungen einer grundsätzlichen Bedeutung nach § 72a Abs. 1 i. V. m. § 72 Abs. 2 Nr. 1 ArbGG nicht ausreichend dargelegt worden sind. In den sonstigen Fällen der Verwerfung wirken die ehrenamtlichen Richter nicht mit, § 72a Abs. 5 S. 3 ArbGG.

752 Erweist sich die Nichtzulassungsbeschwerde als zulässig und begründet, lässt das BAG die Revision zu. **In diesem Fall läuft die Revisionsfrist ab Zustellung der Entscheidung an die Parteien, § 72a Abs. 5 Satz 7 ArbGG.** Wird bei mehreren Streitgegenständen die Zulassung insgesamt vom Beschwerdeführer begehrt, liegt allerdings nur für einen Streitgegenstand ein Zulassungsgrund vor, ist die Revision beschränkt zuzulassen (*BAG* 19.6.1981 EzA § 72a ArbGG 1979 Nr. 30).

753 Der Beschluss soll nach § 72a Abs. 5 S. 4 ArbGG kurz begründet werden. Nach § 72a Abs. 5 S. 5 ArbGG kann von einer Begründung abgesehen werden, wenn diese nicht geeignet wäre, die Voraussetzungen der §§ 72a Abs. 1, 72 Abs. 2 ArbGG abschließend zu klären. Insbesondere bei einer Stattgabe der Beschwerde erübrigt sich i. d. R. eine Begründung, da das BAG den Darlegungen des Beschwerdeführers folgt.

754 **Die Entscheidung des BAG ist nicht mit Rechtsmitteln angreifbar und auch nicht aufgrund einer Gegenvorstellung durch das Gericht selbst abänderbar** (*BAG* 15.5.1984 AP Nr. 19 zu § 72a ArbGG 1979).

Da die Zustellung eines stattgebenden Beschlusses den Lauf der Revisionsfrist gem. 755
72a Abs. 5 S. 7 ArbGG bewirkt, ist der Entscheidung eine Rechtsmittelbelehrung
gem. § 9 Abs. 5 ArbGG hinsichtlich der Form, Frist und Begründung der Revision
beizufügen.

hhh) Kosten und Gebühren
Hat die Nichtzulassungsbeschwerde keinen Erfolg, ist eine Gerichtsgebühr nach der 756
Nr. 9301 GV zu § 12 Abs. 1 ArbGG zu entrichten. **Die Rechtsanwaltsgebühr bestimmt sich nach einer Ansicht nach § 114 BRAGO** (*LAG Düsseldorf* 2.6.1980 EzA § 114 Abs. 3 BRAGO Nr. 1), **nach anderer Ansicht nach den §§ 11, 31, 61 BRAGO** (*BAG* 12.1.1996 EzA § 61 BRAGO Nr. 1). **Sie beträgt eine 13/20 Gebühr.**
Die Kostentragungspflicht bei einer erfolglosen Nichtzulassungsbeschwerde ergibt sich aus § 97 ZPO.
Bei Zulassung der Revision sind die Kosten der Nichtzulassungsbeschwerde Teil der 757
Kosten des Revisionsverfahrens und von der Partei zu tragen, der letztendlich die Kosten auferlegt werden. Wird trotz Zulassung Revision nicht eingelegt, hat der Beschwerdeführer die Kosten zu tragen. Gleiches gilt im Fall der Rücknahme der Nichtzulassungsbeschwerde analog § 516 Abs. 3 ZPO.

cc) Die Zulassung der Revision durch das ArbG

aaa) Sinn und Zweck
§§ 76 ArbGG i. V. m. § 566 ZPO regeln abschließend die **Sprungrevision** im arbeits- 758
gerichtlichen Verfahren.
Sie ist nur in den in § 76 Abs. 2 ArbGG genannten privilegierten Verfahren zulässig. Der Katalog entspricht demjenigen des § 72a ArbGG und umfasst damit Fälle, in denen eine Nichtzulassungsbeschwerde auf die grundsätzliche Bedeutung der Rechtssache gestützt werden kann. Durch die Umgehung der zweiten Tatsacheninstanz sollen Verfahren, in denen mit einer Anrufung des BAG gerechnet werden kann, beschleunigt werden.

bbb) Formale Voraussetzungen
Die Sprungrevision bedarf nach Antrag einer Partei der Zulassung durch das ArbG, 759
entweder im Urteil oder nachträglich durch Beschluss. Wird der Antrag erst nach Erlass des Urteils gestellt, ist er innerhalb von einer Frist von einem Monat nach Zustellung des in vollständiger Form abgefassten Urteils schriftlich zu stellen, und ihm ist die schriftliche Zustimmung des Gegners beizulegen. Wird die Sprungrevision bereits im Urteil zugelassen, genügt es, die Zustimmung des Gegners in schriftlicher Form der Revisionsschrift beizulegen oder innerhalb der Revisionsfrist dem BAG nachzureichen, § 76 Abs. 1 S. 3 ArbGG (GK-ArbGG/*Ascheid* § 76 Rz. 3).
Die Zustimmungserklärung kann von der Partei selbst oder durch ihren Prozessver- 760
treter i. S. d. § 11 Abs. 1 S. 2 und 3 ArbGG abgegeben werden. Dies gilt auch dann, wenn sie erst der Revisionsschrift beigefügt wird, falls das ArbG bereits im Urteil einem Antrag auf Zulassung der Sprungrevision entsprochen hat. In diesem Fall unterliegt sie, obwohl sie direkt gegenüber dem BAG abgegeben wird, nicht dem Anwaltszwang (*BAG* 30.7.1992 EzA § 4 TVG Geltungsbereich Nr. 3).
Der Schriftform genügt auch eine Niederschrift des Urkundsbeamten oder eine Er- 761
klärung zu Protokoll in der mündlichen Verhandlung. In diesem Fall bedarf es zum Nachweis bei Einreichung der Revision einer beglaubigten Abschrift der Nieder-

schrift bzw. des Protokolls (*BAG* 16.11.1981 AP Nr. 1 zu § 76 ArbGG 1979). Die Schriftform ist auch gewahrt, wenn sich eines Telegramms, Fernschreibens oder Telefaxes bedient wird (GK-ArbGG/*Ascheid* § 76 Rz. 4). **Die Zustimmungserklärung steht einer Prozesshandlung gleich, mit der Folge, dass sie ab Eingang beim ArbG oder BAG unwiderruflich ist.**

762 Werden die Fristen für die Einlegung des Antrags nach § 76 Abs. 1 S. 2 ArbGG oder die Beibringung der Zustimmungserklärung versäumt, kann Wiedereinsetzung in den vorherigen Stand (§§ 233 ff. ZPO) gewährt werden. Der Antragsteller muss sich dabei ein Verschulden der Gegenpartei zurechnen lassen, welches zur Versäumung der Frist für die Beibringung der Zustimmungserklärung geführt hat.

763 Die Zustimmungserklärung muss eindeutig sein. **Allein der Antrag einer Partei, die Sprungrevision zuzulassen, enthält nicht zugleich die Zustimmung zu einem Zulassungsantrag der Gegenpartei** (*BAG* 28.10.1986 EzA § 76 ArbGG 1979 Nr. 5). Dies folgt daraus, dass allein die Stattgabe eines Antrags auf Zulassung der Sprungrevision einer Partei nicht das Recht nimmt, nach Zulassung im Urteil doch noch Berufung einzulegen, wohingegen die erfolgte Zustimmung zur Zulassung bei Revisionseinlegung durch den Antragsteller nach § 76 Abs. 5 ArbGG den Verzicht auf die Berufung nach sich zieht. Die Erklärung kann allerdings ggf. bei Vorliegen weiterer Umstände dahingehend ausgelegt werden, dass mit dem Antrag auf Zulassung der Sprungrevision zugleich auch die Zustimmung zu einem Antrag des Gegners abgegeben werden sollte (*BAG* 28.10.1986 EzA § 76 ArbGG 1979 Nr. 5).

ccc) Materielle Voraussetzungen

764 Nach § 76 Abs. 2 ArbGG ist **die Sprungrevision nur dann zuzulassen, wenn die Rechtssache grundsätzliche Bedeutung hat** und eine der privilegierten Rechtsstreitigkeiten der Nr. 1 bis 3 vorliegt. Der Katalog entspricht den Fällen des 72a Abs. 1 Nr. 1–3 (s. o. L/Rz. 708 ff.).

765 Liegt eine objektive Klagehäufung vor und wäre die Sprungrevision nach § 76 Abs. 2 ArbGG lediglich hinsichtlich eines Klageanspruches zulässig, kann das ArbG die Sprungrevision sowohl für den ganzen Rechtsstreit als auch nur beschränkt zulassen (*GMP* § 76 Rz. 4). Wird bei einer subjektiven Klagehäufung die Revision nur für einzelne Streitgenossen zugelassen, sind die Verfahren nach § 145 ZPO zu trennen, sodass die nicht betroffenen Streitgenossen gegen das Urteil Berufung einlegen können.

766 Weitere materielle Voraussetzung für die Zulassung der Sprungrevision ist, dass das Urteil überhaupt revisibel ist, was z. B. bei Urteilen in Arrest und einstweiligen Verfügungsverfahren nicht der Fall ist, § 72 Abs. 4 ArbGG (s. o. L/Rz. 705 ff.).

ddd) Die Entscheidung des Arbeitsgerichts

767 Liegen die formellen und materiellen Voraussetzungen vor, muss das ArbG die Sprungrevision zulassen. Ein Ermessen kommt ihm nicht zu (GK-ArbGG/*Ascheid* § 76 Rz. 12). Die Zulassung erfolgt dabei ohne Beschränkung auf eine bestimmte Partei, etwa den Antragsteller. Beide Parteien können bei Vorliegen einer Beschwerde Sprungrevision einlegen.

768 Entscheidet das ArbG über die Zulassung bereits nach gestelltem Antrag im Urteil, musste sich nach der bisher h. M. die Zulassungsentscheidung entweder aus dem Tenor der Entscheidung ergeben oder aus den mitverkündeten Entscheidungsgründen (GK-ArbGG/*Ascheid* § 76 Rz. 9). Ob diese Ansicht im Hinblick auf die neue BAG-Rechtsprechung zur Zulassung der Revision erst in den Entschei-

L. Urteils- und Beschlussverfahren

dungsgründen des Berufungsgerichts noch aufrecht zu erhalten ist, ist zu bezweifeln (s. o. L/Rz. 677 ff.).

Dem Urteil ist sowohl die Rechtsmittelbelehrung für eine Berufung als auch für eine Sprungrevision beizufügen. Dies folgt daraus, dass die Parteien trotz Zulassung der Sprungrevision das Urteil mit der Berufung anfechten können (s. o. L/Rz. 775). 769

Über einen nachträglichen Antrag auf Zulassung der Sprungrevision entscheidet die Kammer des ArbG, welche das Urteil gefällt hat. Nicht notwendig ist es dabei, dass dieselben Richter mitwirken. Ergeht die Entscheidung ohne mündliche Verhandlung, ergeht der Beschluss nach § 53 ArbGG ohne Mitwirkung der ehrenamtlichen Richter. 770

eee) Wirkungen der Entscheidung

Die Ablehnung der Zulassung der Sprungrevision ist nach § 76 Abs. 2 S. 3 ArbGG unanfechtbar. Dies gilt auch dann, wenn das ArbG eigentlich die Sprungrevision hätte zulassen müssen. Eine Nichtzulassungsbeschwerde gegen die Entscheidung des ArbG kann nicht eingelegt werden, da § 72a ArbGG eine abschließende Regelung darstellt und für diesen Fall eine solche nicht vorsieht (*Ascheid* Rz. 1302). 771

Lehnt das ArbG die Zulassung im Urteil ab, ist auch ein nachträglicher Antrag auf Zulassung durch Beschluss unzulässig. Dies gilt selbst dann, wenn nunmehr die andere Partei die Sprungrevision beantragt (GK-ArbGG/*Ascheid* § 76 Rz. 13). 772

Erfolgt die Ablehnung des Antrags nach Erlass des Urteils durch Beschluss, beginnt mit dessen Zustellung die Berufungsfrist von neuem zu laufen, sofern der Antrag auf Zulassung der Sprungrevision form- und fristgerecht gestellt worden war und die Zustimmungserklärung der Gegenpartei innerhalb der Antragsfrist vorlag, § 76 Abs. 3 S. 1 ArbGG. 773

Gibt das ArbG dem Antrag statt und lässt es die Sprungrevision zu, ist diese Entscheidung gem. § 76 Abs. 2 S. 2 ArbGG für das BAG grds. bindend (s. o. L/Rz. 709). Die dem Antrag stattgebende Entscheidung des ArbG ist für die Parteien unanfechtbar, wenn dies im Urteil geschehen ist. Dem Begehren des Antragstellers ist stattgegeben worden, der Antragsgegner kann die Durchführung des Revisionsverfahrens dadurch verhindern, dass er seine Zustimmung zur Sprungrevision verweigert. Lässt das ArbG hingegen nach Erlass des Urteils auf Antrag des Antragstellers die Sprungrevision fehlerhaft zu, z. B. obwohl der Gegner eine Zustimmung nicht erteilt hat, ist gegen den Beschluss die sofortige Beschwerde nach § 78 ArbGG, § 567 ff. ZPO zulässig (*GMP* § 76 Rz. 18), da das BAG an den Zulassungsbeschluss nach § 76 Abs. 2 S. 2 ArbGG gebunden ist. 774

Die **Revisionsfrist** beginnt bei Zulassung der Sprungrevision im Urteil mit Zustellung des Urteils zu laufen, bei Zulassung in einem nachträglichen Beschluss mit dessen Zustellung, § 76 Abs. 3 S. 2 ArbGG. 775

Trotz einer Zulassung der Revision ist gegen das Urteil auch die Berufung zulässig, auch wenn diese nur unter den Voraussetzungen des § 64 Abs. 3 ArbGG eingelegt werden kann (*GMP* § 76 Rz. 8). Der jeweils beschwerten Partei steht ein Wahlrecht zu, Revision oder Berufung einzulegen. Erst wenn Revision eingelegt worden ist, wird die Berufung nach § 76 Abs. 5 ArbGG unzulässig, eine bereits eingelegte Berufung wird dann nachträglich unzulässig. Dasselbe gilt für die zustimmende Partei. Ihre Zustimmung ist nur dann als Verzicht auf die Berufung anzusehen, wenn die antragende Partei Sprungrevision eingelegt hat (*GMP* § 76 Rz. 25).

L. Urteils- und Beschlussverfahren

776 Der Verzicht auf die Berufung nach § 76 Abs. 5 ArbGG bleibt auch dann wirksam, wenn die Revision später als unzulässig verworfen oder zurückgenommen wird, es sei denn, die Zulassung der Sprungrevision durch das ArbG war ausnahmsweise für das BAG nicht bindend (s. o. L/Rz. 709) und die Revision wird deswegen verworfen. In diesem Fall kann gegen das arbeitsgerichtliche Urteil Berufung eingelegt werden. Sofern die Berufungsfrist inzwischen abgelaufen ist, kann Wiedereinsetzung in den vorherigen Stand (§§ 230 ff. ZPO) gewährt werden (GK-ArbGG/*Ascheid* § 76 Rz. 18).

fff) Ausschluss von Verfahrensrügen

777 Nach § 76 Abs. 4 ArbGG kann die Sprungrevision nicht auf Mängel des Verfahrens gestützt werden. Eine Ausnahme gilt für von Amts wegen zu berücksichtigende Verfahrensmängel, wie das Nichtvorliegen der allgemeinen Prozessvoraussetzungen, z. B. der Partei-, der Prozessfähigkeit und der Prozessführungsbefugnis oder dem Vorliegen der internationalen Zuständigkeit.

ggg) Entscheidung des BAG auf die Sprungrevision

778 Die Sprungrevision wird vom BAG verworfen, wenn keine Zustimmungserklärung des Gegners innerhalb der Revisionsfrist beim BAG eingeht. Ansonsten entscheidet es in der Sache oder verfährt nach § 76 Abs. 6 ArbGG i. V. m. § 566 ZPO. Es kann im Fall der Zurückverweisung des Rechtsstreits diesen entweder an das ArbG oder an das für die Berufung zuständige LAG zurückverweisen. In diesem Fall hat das LAG so zu verfahren, als wäre es mit dem Rechtsstreit im Rahmen einer zulässigen Berufung befasst worden. Das Gericht, an das der Rechtsstreit zurückverwiesen wird, ist an die rechtliche Beurteilung des BAG gebunden, § 563 Abs. 2 ZPO.

d) Die Einlegung und Begründung der Revision

aa) Form und Frist der Einlegung

aaa) Frist zur Einlegung der Revision

779 Die Revisionsfrist beträgt nach § 74 Abs. 1 S. 1 ArbGG einen Monat. Sie beginnt mit Zustellung des in vollständiger Form abgefassten Urteils, § 548 ZPO, die von Amts wegen nach den §§ 212 ff. ZPO erfolgt, spätestens nach Ablauf von fünf Monaten nach Verkündung des Urteils beginnt, wenn bis dahin das Urteil noch nicht zugestellt worden ist.

780 Wird ein Urteil an mehrere Prozessbevollmächtigte einer Partei zugestellt, beginnt die Revisionsfrist mit Zustellung an den ersten Bevollmächtigten zu laufen (*BAG* 23.1.1986 EzA § 233 ZPO Nr. 7); die Zustellung an einen Unterbevollmächtigten reicht allerdings nicht aus.

781 Wird innerhalb der laufenden Revisionsfrist ein Ergänzungsurteil nach § 321 ZPO erlassen, beginnt der Lauf der Frist erneut, auch bezüglich des bereits ergangenen Urteils, § 518 ZPO. Wird die Revision erst aufgrund einer erfolgreichen Nichtzulassungsbeschwerde möglich, beginnt die Frist mit Zustellung dieser Entscheidung zu laufen, § 72a Abs. 5 S. 7 ArbGG. Die Revisionsfrist kann nicht verlängert werden, bei ihrer Versäumung kann ggf. die Wiedereinsetzung in den vorherigen Stand (§§ 230 ff. ZPO) gewährt werden.

782 Die Revision kann frühestens eingelegt werden, sobald das Urteil verkündet worden ist. Eine vor diesem Zeitpunkt eingelegte Revision ist unheilbar unwirksam.

L. Urteils- und Beschlussverfahren

bbb) Form

Die Revision muss schriftlich eingelegt werden, wobei telegrafische Einlegung durch Fernschreiben sowie durch Telefax zulässig ist. Die Revisionsschrift muss von einem Rechtsanwalt unterzeichnet sein, § 11 Abs. 2 ArbGG. Bei der Verwendung von Fernschreiben, Telegramm oder Telefax muss erkennbar sein, dass der Rechtsanwalt Urheber des Schriftstücks ist. Die Unterschrift muss nicht lesbar sein, jedoch einen individuellen Schriftzug erkennen lassen, wobei bloße geometrische Figuren regelmäßig nicht ausreichen (zu den Anforderungen an eine ordnungsgemäße Unterschrift vgl. *BAG* 29.7.1981, 15.12.1987 EzA § 518 ZPO Nr. 28, 33; 27.3.1996 EzA § 72 ArbGG 1979 Nr. 21). 783

Das Urteil, gegen das Revision eingelegt wird, muss genau bezeichnet werden. Hierzu gehört die Bezeichnung des Gerichts, das Datum und Aktenzeichen des Urteils. Spätestens mit Ablauf der Revisionsfrist muss für das BAG erkennbar sein, gegen welches Urteil die Revision gerichtet ist. 784

Notwendig ist eine Erklärung, dass gegen das angefochtene Urteil Revision eingelegt werden soll, § 549 ZPO. Eine fehlerhafte Bezeichnung des Rechtsmittels ist unschädlich, wenn der Wille der Einlegung der Revision ersichtlich wird. Die Revision darf nicht unter einer Bedingung eingelegt werden und muss erkennen lassen, für und gegen wen sie eingelegt wird (*BAG* 4.7.1973 EzA § 518 ZPO Nr. 4). Die ladungsfähige Anschrift des Revisionsbeklagten bzw. seines Prozessbevollmächtigten muss nicht unbedingt mitgeteilt werden, wenn dieser nur hinreichend bestimmt ist (*BAG* GS 16.9.1986 EzA § 518 ZPO Nr. 31). 785

Nach § 550 Abs. 1, Abs. 2 ZPO soll der Revisionsschrift eine Ausfertigung oder beglaubigte Abschrift des angefochtenen Urteils beigelegt werden, sowie die erforderliche Anzahl der beglaubigten und unbeglaubigten Abschriften. Ein Verstoß gegen diese Ordnungsvorschrift macht die Revision allerdings nicht unzulässig. 786

> **Beispiel:** 787
>
> Briefkopf
>
> In Sachen
> des Peter Schmidt, ...
> – Kläger, Berufungskläger und Revisionskläger –,
> Prozessbevollmächtigter: Rechtsanwalt ...
> gegen
> Berta Müller GmbH, vertreten durch den Geschäftsführer ...,
> – Beklagte, Berufungsbeklagte und Revisionsbeklagte –,
> Prozessbevollmächtigter 1. und 2. Instanz: Rechtsanwalt ...
> lege ich gegen das Urteil des LAG Rheinland-Pfalz vom ... Akt. ... namens und mit Vollmacht des Klägers
>
> **Revision**
>
> ein.
> Die Anträge/* und Begründung bleibt einem gesonderten Schriftsatz vorbehalten.
> Anlagen: ...
>
> Unterschrift
>
> * (Die Anträge können auch bereits in der Revisionsschrift gestellt werden s.u. L/Rz. 791 ff.)

L. Urteils- und Beschlussverfahren

bb) Frist und Inhalt der Revisionsbegründung

aaa) Frist

788 Nach § 74 Abs. 1 ArbGG beträgt die Revisionsbegründungsfrist zwei Monate. Die Frist beginnt mit der Zustellung des in vollständiger Form abgefassten Urteils. Innerhalb der Frist kann die Begründung ergänzt oder erneuert werden.

789 Sie kann einmal um einen Monat verlängert werden, § 74 Abs. 1 S. 3 ArbGG. Der Antrag auf Verlängerung muss vor Ablauf der Begründungsfrist beim BAG eingehen, die Stattgabe des Antrags kann allerdings noch nach Fristablauf erfolgen (*BAG* GS 24.8.1979 EzA § 66 ArbGG 1979 Nr. 1). Der Prozessbevollmächtigte darf nicht darauf vertrauen, dass dem Verlängerungsantrag stattgegeben wird. Es empfiehlt sich eine telefonische Rückfrage beim Gericht vor Fristablauf. Über die Verlängerung entscheidet der Vorsitzende des Senats, § 72 Abs. 5 ArbGG i. V. m. § 551 Abs. 2 S. 5, 6 ZPO. Er darf die Verlängerung nur einmal bewilligen, auch wenn er die Verlängerungsfrist von einem weiteren vollen Monat nicht ausschöpft.

790 Auch die Revisionsbegründung muss vom Rechtsanwalt unterschrieben worden sein, um sicherzustellen, dass er die Verantwortung für den Inhalt übernimmt. Deshalb sind einschränkende Zusätze bei der Unterschrift, z. B. i. V. oder i. A., unzulässig und machen die Begründung insgesamt unzulässig (GK-ArbGG/*Ascheid* § 74 Rz. 35).

bbb) Inhalt der Revisionsbegründung

(1) Antrag

791 Die Revisionsbegründung muss einen Antrag enthalten, § 551 Abs. 3 Nr. 1 ZPO, aus dem sich ergibt, inwieweit das Urteil angefochten und dessen Aufhebung beantragt wird. Zumindest muss sich dies aus dem Inhalt der Begründung ergeben. Zusätzlich muss erkennbar sein, wie in der Sache selbst entschieden werden soll. Der Antrag muss sich auf die Beseitigung der Beschwer des angefochtenen Urteils beziehen, sonst ist er unzulässig (*BAG* 29.10.1960 AP Nr. 3 zu § 511 ZPO).

792 I. d. R. ist eine Änderung des Sachantrags in der Revisionsinstanz unzulässig (*BAG* 16.11.1982 EzA § 42 SchwbG Nr. 9), es sei denn, es handelt sich um eine Änderung des Klageantrags i. S. d. § 264 Nr. 2 oder 3 ZPO und es kann über ihn aufgrund des vom LAG festgestellten Sachverhalts oder aufgrund unstreitigen tatsächlichen Vorbringens der Parteien entschieden werden (*GMP* § 74 Rz. 27). Ein Antrag nach § 717 Abs. 3 ZPO auf Schadensersatz wegen der vorläufigen Vollstreckung des Urteils oder auf Entschädigung für eine nicht fristgerecht vorgenommene Handlung nach § 61 Abs. 2 ArbGG kann erstmals in der Revisionsinstanz gestellt werden (*GMP* § 74 Rz. 30). Die erstmalige Erhebung einer Widerklage in der Revisionsinstanz ist hingegen unzulässig (GK-ArbGG/*Ascheid* § 74 Rz. 50).

793 Ein Antrag dahingehend, das Verfahren zur erneuten Verhandlung an die Vorinstanz zurückzuverweisen, ist unnötig, da das BAG darüber selbst befindet, wenn es in der Sache nicht selbst entscheiden kann, jedoch auch unschädlich, falls er neben dem Sachbegehren als zusätzlicher Antrag gestellt wird (GK-ArbGG/*Ascheid* § 74 Rz. 46).

> **Beispiele:** 794
> – Kläger hat Kündigungsschutzklage erhoben und in erster Instanz obsiegt, in zweiter Instanz verloren:
> »Es wird beantragt, das angefochtene Urteil aufzuheben und die Berufung des Beklagten gegen das Urteil des Arbeitsgerichts ... vom ... Aktenzeichen ... zurückzuweisen.«
> – Kläger hat in beiden Instanzen verloren:
> »Es wird beantragt, das angefochtene Urteil aufzuheben und unter Abänderung des Urteils des Arbeitsgerichts ... vom ... Aktenzeichen ... festzustellen, dass die Kündigung des Beklagten vom ... das Arbeitsverhältnis zwischen den Parteien nicht beendet hat.«
> Kläger hat in der ersten Instanz verloren, Beklagter wurde in der zweiten Instanz verurteilt, und der Beklagte legt Revision ein:
> »Es wird beantragt, das angefochtene Urteil aufzuheben und die Berufung des Klägers gegen das Urteil des Arbeitsgerichts ... vom ... Aktenzeichen ... zurückzuweisen.«
> Das Revisionsgericht ist an die gestellten Anträge nach § 72 Abs. 5 ArbGG i. V. m. § 557 Abs. 1 ZPO gebunden.

(2) Inhaltliche Begründung

Der Revisionskläger hat nach § 551 Abs. 3 Nr. 2 ZPO die Umstände zu benennen, aus 795 denen sich die Rechtsverletzung ergibt. Bei der Rüge der Verletzung allgemein anerkannter Rechtsgrundsätze genügt die übliche Bezeichnung. Bei der Verletzung von Richterrecht müssen die entsprechenden Rechtsgrundsätze dargestellt werden, die Urteile, in denen sie entwickelt worden sind jedoch nicht notwendig zitiert werden (GK-ArbGG/*Ascheid* § 74 Rz. 53).

In der Begründung muss sich der Revisionskläger im Einzelnen mit dem angefoch- 796 tenen Urteil auseinander setzen und darlegen, woraus sich die Rechtsverletzung ergibt. Sinnvoll ist es, die vermeintlich verletzten Rechtsnormen genau zu bezeichnen (vgl. zum § 554 Abs. 3 Nr. 3a a. F.und zur Rechtsbeschwerdebegründung *BAG* 10.4.1984 EzA § 94 ArbGG 1979 Nr. 2; *BAG* 4.9.1975 EzA § 554 ZPO Nr. 1).

Da nach § 559 ZPO das Revisionsgericht nicht an die geltend gemachten Gründe ge- 797 bunden ist und das BAG bei einer zulässigen Revision das angefochtene Urteil von Amts wegen auf alle Rechtsverletzungen hin zu überprüfen hat, dient eine ausführliche Auseinandersetzung des Revisionsklägers mit den Entscheidungsgründen des angefochtenen Urteils lediglich dazu, das Revisionsgericht auf bestimmte, aus Sicht des Revisionsklägers erhebliche Fehler des LAG hinzuweisen. Auch nach Ablauf der Revisionsbegründungsfrist können deswegen weitere Rechtsfehler des angefochtenen Urteils dem BAG mitgeteilt werden.

Richtet sich die Revision gegen das Urteil des LAG insgesamt und wurde dort über 798 mehrere selbstständige Streitgegenstände entschieden, muss sich die Revisionsbegründung mit jedem Streitgegenstand auseinander setzen. Ansonsten ist sie hinsichtlich der nicht begründeten Streitgegenstände unzulässig (*BAG* 16.10.1991 EzA § 18 SchwbG Nr. 2).

Wird die Revision darauf gestützt, dass das Gesetz in Bezug auf das Verfahren verletzt 799 worden sei, müssen nach § 551 Abs. 3 Nr. 2 b ZPO die Tatsachen bezeichnet werden, die den Verfahrensmangel ergeben. Darüber hinaus muss dargelegt werden, dass das Urteil gerade auf diesem Verfahrensfehler beruht.

800 Nach Fristablauf für die Revisionsbegründung können Verfahrensfehler, die nicht von Amts wegen zu berücksichtigen sind, nicht nachträglich gerügt werden. Auch kann wegen einzelner nicht gerügter Verfahrensfehler nach der Rechtsprechung des *BAG* (17.8.1954, 9.10.1954 AP Nr. 18, 20 zu § 72 ArbGG Divergenzrevision) keine Wiedereinsetzung in den vorherigen Stand gewährt werden.

801 **Bei der Verfahrensrüge werden strenge Anforderungen an die Darlegung der Verletzung gestellt. Pauschale Hinweise reichen nicht aus.**

> **Beispiele:**
> - Bei der Rüge einer angeblich unterlassenen Beweiserhebung muss der Revisionskläger genau angeben, wo in den Akten das entsprechende Beweisangebot gemacht worden ist, über welche Behauptung hätte Beweis erhoben werden müssen und welches Ergebnis die Beweisaufnahme hätte haben können (*BAG* 11.4.1985 EzA § 102 BetrVG 1972 Nr. 62). Bei der Rüge eines vom LAG seinem Urteil zugrunde gelegten Gutachtens ist der Fehler im Gutachten genau zu bezeichnen, nicht lediglich zu behaupten, das Gutachten sei unrichtig.
> - Wird die Verletzung des § 139 ZPO gerügt, muss der Revisionskläger aufzeigen, welchen Hinweis das Berufungsgericht im Rahmen seiner Aufklärungspflicht hätte machen müssen und wie die Partei dann vorgetragen hätte, sodass das Urteil ggf. anders ausgefallen wäre.
> - Wird gerügt, der Tatbestand des Berufungsurteils sei unrichtig, ist dies nur zulässig, wenn der Revisionskläger nicht im Wege eines Tatbestandsberichtigungsantrags hiergegen hätte vorgehen können. Sofern die Frist nach § 320 Abs. 2 S. 3 ZPO vor Zustellung des Urteils bereits verstrichen war, war ihm dies nicht möglich. In diesem Fall kann gerügt werden, dass das Urteil so spät zugestellt worden ist, dass ein Tatbestandsberichtigungsantrag nicht wirksam gestellt werden konnte. In diesem Fall ist anzugeben, welche Berichtigung beantragt worden wäre und inwiefern sich dies auf die Entscheidungsgründe des Urteils ausgewirkt hätte (*BAG* 11.6.1963 AP Nr. 1 zu § 320 ZPO).

e) Der weitere Verfahrensablauf und die Entscheidung des BAG

aa) Entscheidung über die Zulässigkeit der Revision

802 Ist die Revision unzulässig, ist sie nach § 552 ZPO i. V. m. § 72 Abs. 5 ArbGG entweder durch den gesamten Senat aufgrund mündlicher Verhandlung durch Urteil oder nach § 74 Abs. 2 S. 2 ArbGG ohne mündliche Verhandlung durch Beschluss zu verwerfen. In diesem Fall entscheidet der Senat ohne Hinzuziehung der ehrenamtlichen Richter.

803 Die Revision ist unzulässig, wenn allgemeine Zulässigkeitsvoraussetzungen nicht gegeben sind, z. B. die Prozessführungsbefugnis des Revisionsklägers, die ordnungsgemäße gesetzliche Vertretung der Partei oder, auf Rüge des Revisionsbeklagten, § 88 Abs. 2 ZPO, die Prozessbevollmächtigung eines Prozessvertreters nicht nachgewiesen wird, wenn sie nicht statthaft ist (s. o. L/Rz. 708 ff.) oder wenn der Revisionskläger durch das angefochtene Urteil gar nicht beschwert ist.

804 **Eine Beschwer des Revisionsklägers** ist dann gegeben, wenn das LAG den Rechtsstreit nicht selbst entschieden, sondern den Rechtsstreit unzulässigerweise an das ArbG zurückverwiesen hat (*BAG* 24.2.1982 EzA § 68 ArbGG 1979 Nr. 1), für den Beklagten, wenn das LAG die Klage als unzulässig anstatt als unbegründet abgewiesen

hat (*BAG* 19.11.1985 EzA § 2 TVG Nr. 5). Eine Beschwer liegt hingegen nicht vor, wenn das Berufungsurteil die Klage als unbegründet anstatt als unzulässig abgewiesen hat (*BAG* 15.4.1986 EzA § 99 BetrVG 1972 Nr. 49).
Das ArbGG selbst enthält keine eigenständige Regelung über die Rücknahme der Revision und den Verzicht auf die Revision. Über § 72 Abs. 5 ArbGG finden daher die §§ 565, 516 und 515 ZPO Anwendung. 805
Die Revision ist unzulässig, wenn der Revisionskläger bereits vor ihrer Einlegung gegenüber dem Gericht oder der gegnerischen Partei auf die Einlegung **verzichtet** hat. 806
Erfolgte der **Verzicht** gegenüber der gegnerischen Partei, ist er nur dann zu berücksichtigen, wenn er von dieser als Einwendung in den Prozess eingebracht wird. Der Verzicht ist nach § 515 ZPO unabhängig davon wirksam, ob er vom Prozessgegner angenommen wurde oder nicht. Mit Einverständnis des Prozessgegners kann der Verzicht jedoch widerrufen werden (GK-ArbGG/*Ascheid* § 74 Rz. 89).
Eine nach Einlegung der Revision erklärte **Rücknahme hingegen führt nicht zum vollständigen Verlust der Revision, wenn diese erneut noch innerhalb der Revisionsfrist formgerecht eingelegt wird. Die Zurücknahme hat nur den Verlust des konkret eingelegten Rechtsmittels zur Folge** (GK-ArbGG/*Ascheid* § 74 Rz. 88). 807
Bejaht das BAG die Zulässigkeit, wird dies grds. nicht gesondert durch einen eigenen Beschluss festgestellt. Dies ist allerdings möglich. Auch dieser Beschluss kann dann ohne mündliche Verhandlung ohne Hinzuziehung der ehrenamtlichen Richter ergehen (*BAG* 15.5.1984 NZA 1984, 98). 808
Das BAG ist an seine einmal förmlich getroffene Entscheidung über die Zulässigkeit der Revision gebunden, selbst wenn sie fehlerhaft erfolgt ist (GK-ArbGG/ *Ascheid* § 74 Rz. 81). Im Fall der Verwerfung einer Revision als unzulässig bezieht sich diese allerdings nur auf das konkret eingelegte Rechtsmittel. Der Revisionskläger kann daher erneut Revision einlegen, wenn die Revisionsfrist noch nicht abgelaufen ist und er den zur Unzulässigkeit führenden Mangel, z. B. eine fehlerhafte Begründung, heilen kann. 809

bb) Terminbestimmung
Hält das BAG die Revision für zulässig, ist nach § 74 Abs. 2 S. 1 ArbGG der Termin zur mündlichen Verhandlung unverzüglich zu bestimmen, sofern nicht ohne mündliche Verhandlung entschieden werden kann, § 74 Abs. 2 S. 2 ArbGG. Terminszeit und Terminsort werden vom Vorsitzenden des Senats festgelegt, §§ 72 Abs. 6, 53 Abs. 2 ArbGG. 810
In der Praxis werden die terminierungsreifen Sachen in der Reihenfolge ihres Eingangs gesammelt und Verhandlungstermine erst ca. ein halbes Jahr im Voraus festgesetzt. Dieses Verfahren dient dazu, Unwägbarkeiten bei der Terminplanung der Beteiligten und damit evtl. notwendig werdende Terminverlegungen zu vermeiden (GK-ArbGG/*Ascheid* § 74 Rz. 73). 811
Allein die Terminsbestimmung enthält noch keine bindende Entscheidung bezüglich der Zulässigkeit der Revision, d. h. sie kann auch vor der Entscheidung über die Zulässigkeit ergehen.

cc) Anschlussrevision
Bezüglich der Anschlussrevision finden über § 72 Abs. 5 ArbGG die Bestimmungen des § 554 ZPO entsprechend Anwendung. Sie ist selbst dann möglich, wenn der Revisionsbeklagte auf die Einlegung einer eigenständigen Revision verzichtet hat. Die Anschließung erfolgt durch Einreichung eines Schriftsatzes beim BAG, wobei die Be- 812

gründung bereits in der Anschlussfrist zu erfolgen hat. Der Vorteil der Anschlussrevision gegenüber der eigenständigen Revision liegt darin, dass im Fall der Zurücknahme der Revision der Revisionskläger die gesamten Kosten des Rechtsmittels zu tragen hat, § 516 Abs. 3 S. 1 ZPO.

813 Nach § 554 Abs. 4 ZPO verliert die Anschlussrevision ihre Wirkung, wenn die Revision zurückgenommen oder als unzulässig verworfen wird.

814 Ist die Revision nur beschränkt zugelassen worden, kann die Anschlussrevision nicht gegen Teile des Urteils gerichtet werden, für die die Revision nicht zugelassen worden ist (vgl. auch GK-ArbGG/*Ascheid* § 74 Rz. 92 ff.).

dd) Einstellung der Zwangsvollstreckung

815 Sofern das LAG die Vollstreckbarkeit seines Urteils nach §§ 64 Abs. 7, 62 ArbGG nicht aufgehoben hat, kann das BAG unter den Voraussetzungen des § 719 Abs. 2 ZPO auf Antrag die Zwangsvollstreckung aus dem Urteil einstweilen einstellen. Dies ist nicht angezeigt, wenn bei einem nur zeitlich beschränkt wirkenden Urteil des LAG diesem jede Wirkung genommen werden würde (*BAG* 22.6.1972 AP Nr. 4 zu § 719 ZPO) oder wenn die Revision keine Aussichten auf Erfolg hat (*BAG* 6.1.1971 AP Nr. 3 zu § 719 ZPO).

816 Hat das LAG ausnahmsweise die vorläufige Vollstreckbarkeit seines Urteils ausgeschlossen, kann, wenn das Urteil des LAG nicht durch Revisionsanträge angefochten worden ist, das BAG auf Antrag das Urteil insoweit für vorläufig vollstreckbar erklären, § 558 ZPO.

ee) Entscheidung über die Begründetheit der Revision

aaa) Prüfungsrahmen

817 Nach § 73 ArbGG kann die **Revision nur auf die Verletzung einer Rechtsnorm** durch das LAG bei seiner Urteilsfindung gestützt werden. Gem. §§ 73 Abs. 2 i. V. m. 65 ArbGG a. F. prüfte das BAG nicht, ob der beschrittene Rechtsweg und die Verfahrensart zulässig sind, ob das LAG seine Zuständigkeit zu Unrecht angenommen hat und ob bei der Berufung der ehrenamtlichen Richter beim LAG Verfahrensfehler unterlaufen sind oder sonstige Umstände vorgelegen haben, die die Berufung eines ehrenamtlichen Richters zu seinem Amte ausschlossen. § 549 ZPO a. F. – jetzt § 545 ZPO – war daneben nicht anwendbar (*BAG* 7.10.1981 AP Nr. 1 zu § 48 ArbGG 1979).

818 Im neuen § 65 ArbGG ist nunmehr allerdings der Passus gestrichen worden, dass das Berufungsgericht nicht überprüft, ob das **ArbG »seine Zuständigkeit zu Recht angenommen hat«**. Für das LAG hat sich dadurch aber nichts geändert, da dasselbe nunmehr über §§ 64 Abs. 6 ArbGG i. V. m. § 513 Abs. 2 ZPO gilt.

819 Es stellt sich daher nunmehr die Frage, ob das BAG künftig diesen Umstand zu überprüfen hat, obwohl dem LAG dies verwehrt ist. In der Literatur wird deswegen die Ansicht vertreten, § 545 Abs. 2 ZPO müsse entsprechend angewendet werden, § 73 ArbGG sei nur als lex specialis hinsichtlich § 545 Abs. 1 ZPO anzusehen (*Schmidt/Schwab/Wildschütz* NZA 2001, 1223).

820 Den äußeren Rahmen der Überprüfung der Rechtsverletzung durch das Berufungsurteil setzen die von den Parteien gestellten Anträge, § 557 Abs. 1 ZPO. Hierbei kann der Revisionskläger die Überprüfung des Urteils auf abtrennbare Teile des Streitgegenstandes beschränken.

821 § 73 Abs. 1 ArbGG setzt weiter voraus, dass das angefochtene **Urteil auf der Verletzung einer Rechtsnorm beruht.** Dies ist nicht der Fall, wenn zwar materielle oder

L. Urteils- und Beschlussverfahren

verfahrensrechtliche Rechtsnormen vom LAG unzutreffend angewendet worden sind, das Urteil aber aus anderen Gründen zutreffend ist, § 561 ZPO, es sei denn, ein absoluter Revisionsgrund nach § 547 ZPO liegt vor (s. u. L/Rz. 831 ff.). In diesem Fall wird unwiderleglich vermutet, dass das Urteil auf der Gesetzesverletzung beruht.

(1) Verletzung einer Rechtsnorm
Das Recht ist nach § 546 ZPO verletzt, wenn es nicht oder nicht richtig angewendet worden ist. Stellt das BAG eine Verletzung fest, hat es die materielle Richtigkeit des angefochtenen Urteils insgesamt zu überprüfen und ist nicht an die Erwägungen des Berufungsgerichts oder an die vom Revisionskläger geltend gemachten Revisionsgründe gebunden. 822

Unter Rechtsnorm i. S. d. § 550 ZPO wird jede Regelung verstanden, die für eine Vielzahl von Fällen gelten soll. Auf den formalen Charakter kommt es nicht an (GK-ArbGG/*Ascheid* § 73 Rz. 14, 15).

Beispiele: 823
– Zu den Rechtsnormen zählen **formelle Bundes- und Landesgesetze**, Rechtsverordnungen, ggf. auch Verwaltungsvorschriften.
– Ebenfalls revisibel ist **Gewohnheitsrecht**. Gem. § 12 EGZPO ist es als Rechtsnorm i. S. d. § 546 ZPO zu verstehen.
– Sofern **Staatsverträge** Rechtsnormen enthalten, sind sie ebenfalls revisibel.
– Gleiches gilt für **Satzungen und Statuten öffenlich-rechtlicher Körperschaften, Anstalten und Stiftungen**.
– Auch **ausländisches Recht und Gemeinschaftsrecht** ist vom BAG im Rahmen der Revision überprüfbar (*BAG* 10.4.1975 AP Nr. 12 Internationales Privatrecht – Arbeitsrecht). Bei der Ermittlung dieser Rechtsnormen ist das BAG nicht auf die von den Parteien beigebrachten Nachweise beschränkt, sondern kann selbstständig Erkenntnisquellen benutzen und dazu das Erforderliche anordnen, § 293 ZPO.
– Der **normative Teil eines Tarifvertrages** (*BAG* 30.9.1971 AP Nr. 12 zu § 1 TVG Auslegung) sowie die unmittelbar geltenden Bestimmungen einer **Betriebsvereinbarung oder der Spruch einer Einigungsstelle** gehören zu den **autonom gesetzten normativen Rechten**, die das BAG überprüfen kann (*BAG* 19.4.1963 AP Nr. 3 zu § 52 BetrVG; *BAG* 30.8.1963 AP Nr. 4 zu § 57 BetrVG). Auch die Frage, ob ein Vertrag überhaupt ein Tarifvertrag ist, stellt revisibles Recht dar (*BAG* 18.11.1965 AP Nr. 17 zu § 1 TVG).
– Rechtsnormen i. d. S. sind auch die **Dienstordnungen der Sozialversicherungsträger** (*BAG* 26.9.1984 AP Nr. 59 zu § 611 BGB Dienstordnungsangestellte),
– sowie kirchliches Recht (GK-ArbGG/*Ascheid* § 73 Rz. 21).
– Verträge fallen grds. nicht unter autonom gesetztes normatives Recht, es sei denn, es handelt sich um sog. »**typische Verträge**« (vgl. *GMP* § 73 Rz. 15). Dabei handelt es sich um Verträge oder Willenserklärungen, die für eine Vielzahl gleich lautender Fälle gedacht oder verwendet werden, weswegen eine einheitliche Auslegung erforderlich ist (*BAG* 20.6.1985 EzA § 4 KSchG Ausgleichsquittung Nr. 1). Hierunter fallen z. B. Muster- und Formularverträge oder Verträge, die auf Tarifverträge verweisen.
– **Einzelne Willenserklärungen bzw. Individualverträge** fallen nicht unter den Begriff der Rechtsnorm i. S. d. § 73 ArbGG, § 546 ZPO. Sie unterliegen der

L. Urteils- und Beschlussverfahren

> Überprüfung des Revisionsgerichts nur insofern, als es auf ihre Auslegung ankommt und damit die §§ 133, 157 BGB im Berufungsurteil verwendet worden sind, deren richtige Verwendung wiederum revisibel ist.
> – Zu den Rechtsnormen i. S. d. § 546 ZPO zählen schließlich die **allgemeinen Denkgesetze sowie Erfahrungssätze** (GK-ArbGG/*Ascheid* § 73 Rz. 35).

824 Sofern Rechtsnormen **unbestimmte Rechtsbegriffe** enthalten, z. B. den Begriff der »Sozialwidrigkeit« in § 1 KSchG oder »wichtigen Grund« in § 626 BGB, unterliegt die Rechtsanwendung des Berufungsgerichts nur einer beschränkten Überprüfung. Eine Rechtsverletzung ist nur dann gegeben, wenn der Rechtsbegriff selbst verkannt worden ist, bei der Subsumtion des festgestellten Sachverhaltes unter diesen unbestimmten Rechtsbegriff allgemeine Erfahrungssätze oder Denksätze verletzt worden sind, bei einer notwendig gewordenen Interessenabwägung nicht alle wesentlichen Gesichtspunkte berücksichtigt wurden oder das Ergebnis in sich widersprüchlich ist (*BAG* 10.11.1983 EzA § 1 KSchG 1969 Krankheit Nr. 14). Den Berufungsgerichten kommt hierbei ein nicht überprüfbarer Beurteilungsspielraum zu.

825 Vom BAG nicht überprüfbar sind **Ermessensentscheidungen**, insbesondere kann das Revisionsgericht nicht sein eigenes Ermessen an die Stelle des Ermessens des Berufungsgerichts setzen. Überprüfbar ist allerdings, ob die Voraussetzungen und die Grenzen des Ermessens vom Berufungsgericht eingehalten worden sind und es insbesondere seine Ermessensfreiheit erkannt hat. Überprüfbar ist daher ein Ermessensnichtgebrauch, -fehlgebrauch oder eine -überschreitung. Dies gilt auch für Ermessensentscheidungen im Verfahrensrecht, z. B. für die Frage, ob ein Verfahren nach den §§ 148, 149 ZPO ausgesetzt werden konnte oder nicht (*BAG* 16.10.1991 EzA § 19 BErzGG Nr. 1).

(2) Besonderheiten bei Rechtsnormen des Verfahrensrechts

826 Bei der Verletzung von verfahrensrechtlichen Vorschriften ist zwischen denen zu unterscheiden, die das Revisionsgericht von Amts wegen zu berücksichtigen hat, und jenen, die nur auf Rüge des Revisionsklägers überprüft werden, § 557 Abs. 2 S. 2 ZPO. Eine Prüfung von Amts wegen bedeutet, dass das Revisionsgericht **im Rahmen des von den Parteien vorgelegten Prozessstoffes** von Amts wegen die Verfahrensfehler zu prüfen hat. Es bedeutet nicht, dass es im Wege der Amtsermittlung selbstständig Tatsachen zu ermitteln hat.

827 Zu den von Amts wegen zu prüfenden Verfahrensfehlern gehören die allgemeinen Prozessvoraussetzungen wie Partei-, Prozessfähigkeit und Prozessführungsbefugnis (*BAG* 28.2.1974 EzA § 56 ZPO Nr. 1), Prozessfortsetzungsbedingungen (*BAG* 14.12.1971 AP Nr. 58 zu § 233 ZPO), wie z. B. ob ein Einspruch gegen ein Versäumnisurteil rechtzeitig eingelegt worden ist, ob eine Berufung oder Anschlussberufung zulässig war (*BAG* 28.10.1981 EzA § 522a ZPO Nr. 1), nicht jedoch ob eine Wiedereinsetzung in den vorherigen Stand durch das Berufungsgericht zulässig war oder nicht, § 238 Abs. 3 ZPO. Von Amts wegen zu prüfen ist weiter, ob die internationale Zuständigkeit und die staatliche Rechtsprechungsgewalt gegeben ist, z. B. bei der Frage der Abgrenzung zu kirchlichen Gerichten (GK-ArbGG/*Ascheid* § 73 Rz. 48), die Statthaftigkeit der Revision, die Auslegung des Klageantrages, das Vorliegen einer rechtskräftigen Entscheidung, die Zulässigkeit der Berufung oder Anschlussberufung (*BAG* 28.10.1981 EzA § 522a ZPO Nr. 1), ein fehlender oder widersprüchlicher Tatbestand beim Berufungsurteil (*BAG* 31.1.1985 EzA § 91 ArbGG 1979 Nr. 1) sowie der

Erlass eines unzulässigen Teilurteils bei nicht teilbarem Streitgegenstand (*BAG* 20.2.1975 EzA § 301 ZPO Nr. 1).

Verfahrensfehler, die nicht von Amts wegen zu prüfen sind, sind nur aufgrund einer in zulässiger Form erhobenen Rüge hin zu überprüfen. **Dies gilt auch bei den nicht von Amts wegen zu überprüfenden absoluten Revisionsgründen i. S. d. § 547 ZPO**, bei denen es sich ebenfalls um Verfahrensfehler handelt. 828

(3) Maßgeblicher Zeitpunkt
Der maßgebende Zeitpunkt für die Rechtsverletzung i. S. d. § 546 ZPO **ist der der Entscheidung des Revisionsgerichts**. Im Fall einer Gesetzesänderung ist zu prüfen, ob die Rechtsnorm, die das Berufungsgericht seiner Entscheidung zugrunde gelegt hat, im Zeitpunkt der Entscheidung des Revisionsgerichts noch anzuwenden ist oder ob eine neue einschlägige Norm, die erst nach Erlass der Berufungsentscheidung in Kraft getreten ist, auf den in der Vergangenheit zurückliegenden Tatbestand zurückwirkt (*GMP* § 73 Rz. 3). 829

Im Fall der Zurückverweisung eines Rechtsstreits an das LAG und erneuter Revisionseinlegung ist das Revisionsgericht bei seiner neuen Entscheidung grds. nach § 563 Abs. 2 ZPO an die rechtliche Beurteilung, die der Aufhebung des ersten Urteils zugrunde gelegt wurde, gebunden. Hat es allerdings unabhängig von der konkreten Sache inzwischen seine Auffassung, z. B. aufgrund geänderter Gesetzlage, geändert oder liegen inzwischen Entscheidungen anderer Gerichtshöfe des Bundes vor, die die ursprüngliche Rechtsauffassung des Revisionsgerichts nicht teilen, kann es davon abweichen (*BAG* 28.7.1981 EzA § 87 BetrVG 1972 Leistungslohn Nr. 4). 830

(4) Absolute Revisionsgründe
Die Verletzung einer Rechtsnorm führt nur dann zur Aufhebung des Berufungsurteils, wenn dieses auf der Verletzung der Rechtsnorm beruht. Bei Vorliegen der absoluten Revisionsgründe i. S. d. § 547 ZPO wird die nicht widerlegbare Vermutung aufgestellt, dass dies der Fall ist. 831

Auch ein absoluter Revisionsgrund ist nur beachtlich, wenn die Revision zulässig ist. Die absoluten Revisionsgründe werden nicht in der Zulässigkeit, sondern der Begründetheit geprüft.

Der absolute Revisionsgrund der Besetzungsrüge nach **§ 547 Nr. 1 ZPO** ist vom BAG nur dann zu prüfen, wenn eine entsprechende Verfahrensrüge erhoben worden ist. 832

Das erkennende Gericht war nicht vorschriftsmäßig besetzt, § 547 Nr. 1 ZPO, wenn der Berufsrichter nicht nach § 8 DRiG berufen worden war oder die ehrenamtlichen Richter nicht für ihre Amtsperiode vor Beginn der mündlichen Verhandlung vereidigt wurden (*BAG* 11.3.1965 AP Nr. 28 zu § 2 ArbGG 1953 Zuständigkeitsprüfung) oder ihre Amtsperiode bereits abgelaufen war (*BAG* 12.5.1961 AP Nr. 2 zu § 551 ZPO). Eine Heranziehung der ehrenamtlichen Richter außerhalb der nach § 31 ArbGG (s. o. K/Rz. 89 ff.) aufgestellten Listen führt zu einer nicht ordnungsgemäßen Besetzung des Gerichts, **wenn die Heranziehung willkürlich erfolgte. Lediglich eine irrtümlich falsche Heranziehung stellt keinen absoluten Revisionsgrund dar**. Bei einer willkürlichen Beteiligung eines nicht nach der Liste berufenen ehrenamtlichen Richters heilt auch ein Einverständnis der Parteien nicht das Vorliegen des absoluten Revisionsgrundes (*BAG* 25.8.1983 EzA § 39 ArbGG 1979 Nr. 3. 833

L. Urteils- und Beschlussverfahren

834 Hat eine Kammer des LAG entschieden, die nach dem Geschäftsverteilungsplan nicht zuständig war, stellt dies nur dann einen absoluten Revisionsgrund dar, wenn sie völlig außerhalb der Geschäftsverteilung tätig geworden war und nicht nur irrtümlich den Fall bearbeitete (*BAG* 3.9.1991 EzA § 1 BetrAVG Ablösung Nr. 7).

835 Nach **§ 547 Nr. 2 ZPO** liegt ein absoluter Revisionsgrund vor, wenn ein Richter am Verfahren mitwirkte, der von der Ausübung des Richteramts kraft Gesetzes ausgeschlossen war, § 41 ZPO (s. o. K/Rz. 152). Gleiches gilt nach § 547 Nr. 3 ZPO, wenn ein Richter wegen begründeter Besorgnis der Befangenheit abgelehnt wurde, § 42 ZPO, und dennoch an der Entscheidung mitwirkte. Auch dieser Revisionsgrund ist nur auf entsprechende Verfahrensrüge nach § 551 Abs. 3 Nr. 2 b ZPO hin zu überprüfen (*BAG* 25.8.1983 EzA § 39 ArbGG 1979 Nr. 3).

836 Der absolute Revisionsgrund des § 547 Nr. 4 ZPO ist im Zusammenhang mit den §§ 73 Abs. 2, 65 ArbGG zu sehen. Der Revisionsgrund kommt daher lediglich bei der Frage der Verletzung der funktionellen oder internationalen Zuständigkeit, nicht jedoch der örtlichen Zuständigkeit oder der gewählten Verfahrensart zum Tragen.

837 Die funktionelle Zuständigkeit ist z. B. dann verletzt, wenn außerhalb der Fälle des § 553 Abs. 1 und 2 ZPO der Vorsitzende anstelle der Kammer alleine das Urteil erlassen hat.

838 Nach **§ 547 Nr. 4 ZPO** stellt es einen absoluten Revisionsgrund dar, wenn eine Partei nicht ordnungsgemäß vertreten war, es sei denn, die Prozessführung durch den Vertreter wurde seitens der anderen Partei ausdrücklich oder stillschweigend genehmigt.

839 Bei der Verletzung der Vorschriften über die Öffentlichkeit der Verhandlung, vgl. §§ 52, 169 S. 2, 173 bis 175 GVG (s. o. L/Rz. 139 ff.) liegt nach § 547 Nr. 5 ZPO ein absoluter Revisionsgrund vor.

840 § 547 Nr. 6 ZPO normiert den absoluten Revisionsgrund, dass das Urteil nicht mit Gründen versehen ist. Dem Fehlen von Gründen steht es gleich, wenn diese absolut unverständlich und inhaltsleer sind (*BAG* 4.9.1972 AP Nr. 9 zu § 551 ZPO). **Tatbestand und Entscheidungsgründe müssen innerhalb von fünf Monaten nach der Verkündung des Urteils schriftlich mit allen notwendigen Unterschriften der Geschäftsstelle des Gerichts vorliegen, andernfalls gilt das Urteil als ohne Entscheidungsgründe versehen i. S. d. § 547 Nr. 6 ZPO** (*BAG* 4.8.1993 EzA § 551 ZPO Nr. 2). Das Fehlen von Entscheidungsgründen hat das BAG von Amts wegen zu beachten, einer besonderen Rüge hierfür bedarf es nicht. Das verspätete Absetzen des Urteils hingegen bedarf einer Verfahrensrüge i. S. d. § 551 Abs. 3 Nr. 2 b ZPO (GK-ArbGG/*Ascheid* § 73 Rz. 70).

841 Ist die Revision nicht zugelassen worden, kann allein auf den Umstand, dass das Berufungsurteil nicht in der sich aus den §§ 60 Abs. 4, 69 ArbGG i. V. m. der dazu ergangenen Rechtsprechung des BAG (*BAG* 4.8.1993 EzA § 551 ZPO Nr. 2) ergebenden 5-Monatsfrist abgesetzt wurde, keine Nichtzulassungsbeschwerde nach § 72a ArbGG erhoben werden (*BAG* 13.12.1995 EzA § 72a ArbGG 1979 Nr. 74; *BAG* 20.9.1993 EzA § 72 ArbGG 1979 Nr. 15), da allein die verspätete Absetzung keinen Zulassungsgrund nach § 72 Abs. 2 ArbGG begründet.

(5) Tatsächliche Entscheidungsgrundlagen

842 Der tatsächliche Prozessstoff für die Revisionsinstanz bestimmt sich nach § 559 ZPO. Danach ist grds. der Tatbestand des Berufungsurteils und das Sitzungsprotokoll maßgeblich. Dazu gehören jedoch auch tatsächliche Feststellungen, die sich erst in den

Entscheidungsgründen des angefochtenen Urteils finden (*BAG* 14.6.1967 AP Nr. 13 zu § 91a ZPO). Soweit im Tatbestand des angefochtenen Urteils auf schriftsätzliches Vorbringen der Parteien verwiesen wird, gehört auch dieses zum Streitstoff der Revisionsinstanz. Der sich so ergebende Prozessstoff gilt als Beweis für das, was in der mündlichen Verhandlung vorgebracht wurde, § 314 ZPO, der nur durch das Sitzungsprotokoll entkräftet werden kann.

Ist der Tatbestand des Urteils unrichtig, hat der Revisionskläger Berichtigung nach § 320 Abs. 2 S. 3 ZPO zu beantragen. Lediglich wenn dies wegen Fristablaufs nach § 320 Abs. 2 S. 3 ZPO wegen späterer Absetzung des LAG-Urteils nicht mehr möglich ist, kann die Partei die angefochtenen Feststellungen in der Revisionsinstanz nach § 554 Abs. 3 Nr. 3 b ZPO rügen. 843

Das Revisionsgericht ist nach § 559 Abs. 2 ZPO an die Feststellungen des Berufungsgerichtes, ob eine tatsächliche Behauptung wahr oder nicht wahr ist, gebunden. Regelmäßig wird hierfür eine Beweisaufnahme vorangegangen sein. Eine bindende Wirkung für das BAG entfällt nur dann, wenn hinsichtlich des Verfahrens der Beweisaufnahme zulässige und begründete Verfahrensrügen erhoben worden sind. Der Revisionsbeklagte kann solche Verfahrensrügen bis zum Schluss der mündlichen Verhandlung beim Revisionsgericht erheben, sofern er trotz dieser fehlerhaften Feststellung vor dem LAG obsiegte (*BAG* 14.7.1965 AP Nr. 2 zu § 276 BGB Vertragsbruch). Die vorgenommene Beweiswürdigung durch das Berufungsgericht kann vom Revisionsgericht nur in den Grenzen des § 286 ZPO und auf Verstöße gegen die allgemeinen Denk- und Erfahrungssätze überprüft werden. 844

§ 559 ZPO bezieht sich lediglich auf erst- und zweitinstanzlichen Tatsachenstoff. Neues tatsächliches Vorbringen ist in der Revisionsinstanz grds. ausgeschlossen. Ausnahmen von diesem Grundsatz bestehen nach § 559 Abs. 1 S. 2 ZPO für solche Tatsachen, mit denen nach § 559 Abs. 3 Nr. 2 b ZPO ein Verfahrensmangel begründet werden soll, z. B. wenn das neue tatsächliche Vorbringen Sachurteilsvoraussetzungen betrifft, die von Amts wegen zu überprüfen sind (*BAG* 15.9.1977 AP Nr. 5 zu § 56 ZPO), die das BAG selbst festgestellt hat, sowie wenn der Wegfall des Rechtsschutzinteresses von einer Partei dargetan wird. 845

Weiterhin wird vom BAG die Berücksichtigung neuen tatsächlichen Vorbringens zugelassen, wenn es unstreitig oder seine Richtigkeit offenkundig ist (*GMP* § 75 Rz. 23), wenn es einen Grund für eine Wiederaufnahme des Verfahrens abgeben würde oder wenn damit ein Antrag nach § 717 Abs. 3 ZPO begründet werden könnte (GK-ArbGG/*Ascheid* § 73 Rz. 82). Dies entspricht der Prozesswirtschaftlichkeit. Aus diesem Grunde wird auch neues Vorbringen dann zu berücksichtigen sein, wenn sich entweder die Rechtsprechung oder das Recht nach Erlass des angefochtenen Urteils geändert hat und weitere tatsächliche Feststellungen notwendig sind (*GMP* § 75 Rz. 24). Schließlich ist neues tatsächliches Vorbringen dann zu berücksichtigen, wenn das BAG in seiner Verhandlung erstmals auf einen Rechtsgesichtspunkt hinweist, der bislang in den Vorinstanzen von den Parteien und den Gerichten nicht erkannt wurde, und es auf diesbezüglich neu vorzutragende Tatsachen ankommt (vgl. *BAG* 9.10.1973 EzA § 37 BetrVG 1972 Nr. 14). 846

Beispiel: 847
Zu den zu berücksichtigenden neuen Tatsachen gehören nach Erlass des Berufungsurteils ergangene behördliche Akte, neue Gesetze, rechtskräftige Entschei-

dungen in vergleichbaren Rechtsstreitigkeiten, der Eintritt der Verjährung, der Erwerb der Staatsangehörigkeit, wenn es hierauf z. B. bei einer Arbeitserlaubnis ankommt, eingetretene Rechtsnachfolge oder eine Insolvenzeröffnung (vgl. GK-ArbGG/*Ascheid* § 73 Rz. 83 m. w. N.).

bbb) Entscheidungsmöglichkeiten

(1) **Zurückweisung der Revision**

848 Kommt das BAG nach der mündlichen Verhandlung zu dem Ergebnis, dass die Revision unzulässig ist, ist sie durch Urteil zu verwerfen, im Fall der Unbegründetheit durch Urteil zurückzuweisen.

849 Hat das LAG die Klage zu Unrecht als unzulässig abgewiesen und kommt das BAG aufgrund einer eigenen möglichen Sachentscheidung zu dem Ergebnis, dass diese zwar zulässig, jedoch unbegründet ist, erweist sich das Urteil des LAG i. S. d. § 561 ZPO im Ergebnis nicht als richtig. Es ist vielmehr aufzuheben und die Klage ist abzuweisen (*BAG* 10.12.1965 AP Nr. 11 zu § 565 ZPO). Streitig ist, ob dies im Tenor des Revisionsurteils zum Ausdruck kommen muss oder ob es genügt, wenn dies in den Gründen festgestellt wird (vgl. *GMP* § 75 Rz. 29).

(2) **Aufhebung des Urteils und Zurückweisung an die Tatsacheninstanz**

850 Ergibt die Überprüfung des angefochtenen Urteils einen Rechtsfehler und beruht es auf diesem, ist es nach § 562 Abs. 1 ZPO aufzuheben, sofern es nicht aus anderen Gründen im Ergebnis zutreffend ist. Sofern nur selbstständig abtrennbare Streitgegenstände des Urteils fehlerhaft sind, ist die Aufhebung auf diese Streitgegenstände zu beschränken und im Übrigen die Revision zurückzuweisen. Im Fall eines Verfahrensverstoßes ist zugleich das Verfahren insoweit aufzuheben, als es durch den Mangel betroffen wird, § 561 Abs. 2 ZPO.

851 Folge der Aufhebung ist grds. nach § 563 Abs. 1 ZPO die Zurückverweisung des Rechtsstreits an die Tatsacheninstanz. Die nach dem Geschäftsverteilungsplan des Tatsachengerichts zuständige Kammer hat erneut über die Sache zu befinden, es sei denn, die Zurückverweisung erfolgte ausdrücklich nach § 563 Abs. 1 S. 2 ZPO an eine andere Kammer, welche genau bezeichnet werden muss. Bei den Richtern dieser im Revisionsurteil bestimmten Kammer handelt es sich dann um die gesetzlichen Richter i. S. d. § 547 Nr. 1 ZPO.

852 Ausnahmsweise kommt auch eine Zurückverweisung an das ArbG in Betracht, wenn sowohl das ArbG als auch das LAG die Klage zu Unrecht als unzulässig abwiesen, weil sie das Rechtsschutzinteresse für die Klage verneinten (*BAG* 28.11.1963 AP Nr. 25 zu § 2 ArbGG 1952 Zuständigkeitsprüfung). Dies ergibt sich daraus, dass auch das LAG nach § 538 Abs. 2 Nr. 2 ZPO die Sache an das ArbG hätte zurückverweisen können. Im Fall der Verweisung an das ArbG ist auch dessen Urteil aufzuheben.

853 Nach der Zurückverweisung sind die Tatsachengerichte bei ihrer erneuten Entscheidung an die rechtliche Beurteilung des BAG gebunden, § 563 Abs. 2 ZPO. Wird nur ein Teil des Urteils aufgehoben, binden rechtliche Erwägungen des BAG bezüglich der anderen Teile das Tatsachengericht nicht (*BAG* 24.2.1972 EzA § 11 BUrlG Nr. 9). Bei Aufhebung des Berufungsurteils wegen eines Verfahrensverstoßes ist dieser Teil des Verfahrens zu wiederholen und der Fehler zu beheben. Die Bindung an das BAG-Urteil bezieht sich auch darauf, dass der gerügte und vom BAG beanstandete Verfahrens-

verstoß für die Entscheidung kausal war (*BAG* 28.7.1981 *EzA* § 87 BetrVG 1972 Leistungslohn Nr. 4).

Verändern sich die tatsächlichen Feststellungen nach der Zurückverweisung, kann die **Bindungswirkung entfallen**, sofern durch den Vortrag neuer Tatsachen eine neue rechtliche Würdigung vorzunehmen ist. Gleiches gilt, wenn sich die Rechtslage nach dem Aufhebungsurteil geändert hat oder das BAG selbst seine Rechtsprechung nach Aufhebung des LAG-Urteils ändert (*GS OGB* 6.2.1973 *AP* Nr. 1 zu § 4 RsprEinhG) oder die Rechtsauffassung des BAG im Aufhebungsurteil durch eine Entscheidung des GS-BAG, des BVerfG oder des EuGH für fehlerhaft erklärt wird. **Die Bindungswirkung erstreckt sich nur auf das konkrete Verfahren, in welchem die Revisionsentscheidung ergangen ist, nicht auf andere Verfahren, selbst wenn diese gleich gelagert sein sollten.** 854

(3) Aufhebung des Urteils und eigene Endentscheidung

Nach § 563 Abs. 3 ZPO hat das BAG selbst in der Sache zu entscheiden, wenn es das Berufungsurteil wegen der Verletzung einer Rechtsnorm bei der Anwendung des Gesetzes auf einen tatsächlich festgestellten Sachverhalt aufhebt und die Sache selbst zur Endentscheidung reif ist. 855

Im Fall von **begründeten Verfahrensrügen** ist regelmäßig der Sachverhalt noch nicht festgestellt, sodass eine eigene Entscheidung des BAG nicht in Betracht kommt. Gleiches gilt bei zwar festgestelltem Sachverhalt, der jedoch unter unbestimmte Rechtsbegriffe einer Rechtsnorm zu subsumieren ist. In diesem Fall stehen den Tatsachengerichten Beurteilungsspielräume zu, die das BAG nicht durch eine eigene Sachentscheidung ersetzen darf (s. o. L/Rz. 825). § 563 Abs. 3 ZPO gilt auch, wenn das BAG ausnahmsweise berechtigt ist, fehlendes tatsächliches Vorbringen durch eigene Feststellungen zu ergänzen (s. o. L/Rz. 845 ff.). 856

Ist nur ein Teil des Rechtsstreits aufgrund festgestellten Sachverhalts für eine Endentscheidung reif, kann das BAG, sofern es sich um einen abtrennbaren Streitgegenstand handelt, ein Teil- oder Grundurteil erlassen und die Sache im Übrigen an das Berufungsgericht zurückverweisen (*BAG* 7.6.1988 *EzA* Art. 9 GG Arbeitskampf Nr. 80). 857

(4) Versäumnisurteile

Nach § 72 Abs. 5 ArbGG gelten über § 555 ZPO die Vorschriften der §§ 330 ff. ZPO für das Versäumnisverfahren entsprechend. Auch § 539 ZPO ist entsprechend anwendbar (GK-ArbGG/*Ascheid* § 73 Rz. 132). 858

Die Einspruchsfrist beträgt nach den § 72 Abs. 5 ArbGG, §§ 565, 525, 539 ZPO 3 Wochen, da § 59 ArbGG im Revisionsverfahren keine Anwendung findet. Der Einspruch unterliegt dem Anwaltszwang. Ebenfalls keine Anwendung findet § 62 ArbGG im Revisionsverfahren, sodass Versäumnisurteile gem. § 708 Nr. 2 ZPO für vorläufig vollstreckbar zu erklären sind (*BAG* 28.10.1981 *EzA* § 522a ZPO Nr. 1). 859

(5) Unstreitige Erledigung

Das Verfahren vor dem BAG kann gem. den §§ 269, 525 ZPO durch Klagerücknahme, Rücknahme der Revision, Vergleichsabschluss oder übereinstimmende Erledigungserklärung beendet werden. 860

Bei einem Vergleich braucht die Revision nicht zulässig zu sein, bei einer übereinstimmenden Erledigungserklärung hingegen ist dies Voraussetzung (GK-ArbGG/ 861

L. Urteils- und Beschlussverfahren

Ascheid § 73 Rz. 136, 138), sodass bei Unzulässigkeit des eingelegten Rechtsmittels die Revision zu verwerfen ist.

f) Formale Aspekte des Revisionsurteils

862 Für die Verkündung des Urteils gelten nach § 72 Abs. 5 ArbGG die Vorschriften der §§ 555, 310, 311 und 312 ZPO entsprechend. § 60 ArbGG findet keine Anwendung, da die Vorschrift nicht in § 72 Abs. 6 ArbGG aufgeführt ist.

863 Bei der Verkündung brauchen nach § 75 Abs. 1 S. ArbGG die ehrenamtlichen Richter nicht anwesend zu sein, selbst wenn das Urteil in dem Termin, in dem die mündliche Verhandlung geschlossen worden ist, verkündet wird. Im Fall ihrer Abwesenheit ist die Urteilsformel vorher von allen Mitgliedern des Senats zu unterschreiben, § 75 Abs. 1 S. 2 ArbGG. Die Berufsrichter müssen bei der Verkündung im Anschluss an die mündliche Verhandlung anwesend sein. Lediglich wenn ein besonderer Verkündigungstermin nach § 311 Abs. 4 ZPO anberaumt wurde, kann der Vorsitzende das Urteil selbst verkünden. Da § 60 Abs. 3 ArbGG keine Anwendung findet, sind die Entscheidungsgründe auch bei Anwesenheit der Parteien nur dann mitzuteilen, wenn der Senat dies für angemessen erachtet, § 311 Abs. 3 ZPO.

864 Der notwendige Inhalt des Urteils selbst ergibt sich aus § 313 ZPO. Eine Begründung ist nicht erforderlich, soweit Verfahrensrügen mit der Revision geltend gemacht worden sind, welche als unzulässig oder unbegründet zurückgewiesen wurden, es sei denn, es wurde ein absoluter Revisionsgrund nach § 547 ZPO gerügt, § 564 ZPO.

865 Das vollständig abgefasste Urteil nebst Tatbestand und Entscheidungsgründen ist von allen Mitgliedern des Senats unter Einschluss der ehrenamtlichen Richter zu unterschreiben, § 75 Abs. 2 ArbGG. Ist ein Richter verhindert, findet § 315 Abs. 1 ZPO Anwendung (vgl. zu Verhinderungsgründen GK-ArbGG/*Ascheid* § 75 Rz. 8; s. o. L/Rz. 663). Bezüglich der Absetzung des vollständigen Urteils nebst Tatbestand und Entscheidungsgründen gilt § 315 Abs. 2 S. 1, 2 ZPO entsprechend.
Die Zustellung des Urteils erfolgt gem. den §§ 72 Abs. 6, 52 ArbGG, die Übersendung von Urteilen in Tarifvertragssachen richtet sich nach § 72 Abs. 6 i. V. m. § 63 ArbGG.

g) Die Revisionsbeschwerde

aa) Statthaftigkeit

866 **Bei der Revisionsbeschwerde handelt es sich um eine sofortige Beschwerde, die sich gegen den Beschluss des LAG nach § 66 Abs. 2 ArbGG richtet, welcher die Berufung als unzulässig verworfen hat.** Erfolgte die Verwerfung durch Urteil, ist hiergegen das Rechtsmittel der Revision nach § 72 ArbGG einzulegen, eine Revisionsbeschwerde ist nicht statthaft. Die Revisionsbeschwerde nach § 77 ArbGG ist entsprechend auf andere Beschlüsse des LAG anzuwenden, mit denen über die Zulässigkeit einer Berufung entschieden wird.

867 **Beispiele:**
– Dem Verwerfungsbeschluss gleich steht der Beschluss des LAG, mit dem ein Antrag auf Wiedereinsetzung in den vorherigen Stand gegen die Versäumung der Berufungsfrist oder die Frist zur Begründung der Berufung zurückgewiesen worden ist (*BAG* 23.5.1989 EzA § 233 ZPO Nr. 10). Regelmäßig wird dabei zuvor die Berufung bereits durch einen eigenen Beschluss als unzulässig verworfen worden sein, was unschädlich ist.

L. Urteils- und Beschlussverfahren

– Die Revisionsbeschwerde ist statthaft, wenn durch Beschluss eine Anschlussberufung für erledigt erklärt wird (*GMP* § 77 Rz. 3).

Die Revisionsbeschwerde ist hingegen nicht statthaft, wenn aufgrund einer Gegenvorstellung gegen einen Verwerfungsbeschluss dieser lediglich in einem neuen Beschluss bestätigt wird (*BAG* 23.7.1973 EzA § 77 ArbGG Nr. 2). 868

Strittig ist, ob Voraussetzung der Revisionsbeschwerde ist, dass gegen ein Urteil gleichen Inhalts die Revision an sich statthaft wäre. Gegen ein solches Erfordernis spricht, dass § 77 ArbGG keine dem § 72 Abs. 4 ArbGG entsprechende Einschränkung enthält (so *GMP* § 77 Rz. 4). Dafür spricht das System des Rechtsmittelverfahrens zum BAG, wonach die dritte Instanz nicht in allen Verfahren eröffnet sein soll. Es wäre nicht nachvollziehbar, dass eine Revision in Verfahren betreffend einer einstweiligen Verfügung oder eines Arrestes unzulässig sein soll, eine Revisionsbeschwerde hingegen zulässig (GK-ArbGG/*Ascheid* § 77 Rz. 12). 869

bb) Zulässigkeitsvoraussetzungen

aaa) Zulassung im Verwerfungsbeschluss des Berufungsgerichts

Die Revisionsbeschwerde ist nur zulässig, wenn das LAG sie in seinem Verwerfungsbeschluss ausdrücklich zugelassen hat. Neu geregelt ist in § 77 S. 2 ArbGG, dass § 72 Abs. 2 ArbGG bezüglich des Zulassungsgrundes maßgeblich ist. Der Zulassungsgrund der **Divergenz**, wie er für die Revision nach § 72 Abs. 2 S. 2 ArbGG normiert ist, besteht daher nunmehr auch für die Revisionsbeschwerde (vgl. zum früheren Recht Vorauflage L/Rz. 837). 870

Die Zulassung kann sowohl im Beschlusstenor als auch in den Gründen des Beschlusses erfolgen. Eine nachträgliche Abänderung des Verwerfungsbeschlusses oder ein Ergänzungsbeschluss nach § 321 ZPO, der die Zulassung der Revisionsbeschwerde nachträglich ausspricht, ist unzulässig. Das LAG ist insofern an seine Entscheidung gem. § 318 ZPO analog gebunden (*BAG* 29.10.1976 EzA § 519b ZPO Nr. 2). 871

Das BAG ist an die Zulassung gebunden. Deswegen ist das LAG nicht verpflichtet, seine Entscheidung zu begründen. Macht es dies dennoch, und zwar fehlerhaft, berührt dies die Zulässigkeit der Revisionsbeschwerde nicht (strittig so *GMP* § 77 Rz. 7). 872

Ein Rechtsmittel gegen die Nichtzulassung der Revisionsbeschwerde besteht nicht, insbesondere kann keine Nichtzulassungsbeschwerde eingelegt werden. § 72a ArbGG ist nicht analog anwendbar (*BAG* 25.10.1979 EzA § 77 ArbGG 1979 Nr. 1). Die Entscheidung des LAG ist selbst bei einem Verstoß gegen den Grundsatz des rechtlichen Gehörs, Art. 103 GG, bindend und kann nicht durch das BAG korrigiert werden. 873

bbb) Form und Frist der Einlegung

Das Verfahren richtet sich nach den §§ 567 ff. ZPO. **Die Revisionsbeschwerde kann entweder beim LAG eingelegt werden oder beim BAG direkt.** Im letzteren Fall besteht Anwaltszwang, im ersteren Fall kann auch ein Verbandsvertreter nach § 11 Abs. 2 S. 2 ArbGG die Revisionsbeschwerde einlegen. Die Einlegung zu Protokoll 874

L. Urteils- und Beschlussverfahren

der Geschäftsstelle des LAG ist allerdings unzulässig (*GMP* § 77 Rz. 12). Einer besonderen Begründung bedarf es nicht.

875 **Die Beschwerdefrist beträgt zwei Wochen**, § 569 Abs. 2 ZPO. Dem Beschluss, der die Revisionsbeschwerde zulässt, ist eine Rechtsmittelbelehrung nach § 9 Abs. 5 ArbGG beizulegen.

876 **Beispiel:**

An das BAG ...

Revisionsbeschwerde

In Sachen ... (volles Rubrum)
lege ich namens und mit Vollmacht des Klägers gegen den Beschluss des LAG ... vom ... Aktz.: ...

sofortige Beschwerde

ein und beantrage,
den Beschluss des LAG ... vom ... Aktz.: ... aufzuheben.

Gründe:

I. ... (Prozessgeschichte)
II. Das LAG hat die Revisionsbeschwerde in seinem Beschluss über die Verwerfung der Berufung zugelassen.
III. Der Beschluss des LAG ist inhaltlich unrichtig, weil ....

cc) Entscheidung des BAG

877 Das BAG entscheidet stets ohne Mitwirkung der ehrenamtlichen Richter, § 77 S. 3 ArbGG.
Die Revisionsbeschwerde ist als unzulässig zu verwerfen, wenn sie nicht form- und fristgerecht eingelegt oder nicht vom LAG zugelassen wurde. Erweist sich die Revisionsbeschwerde als begründet, ist der Verwerfungsbeschluss aufzuheben, womit die Berufung zulässig ist. Das LAG ist analog § 563 Abs. 2 ZPO an diese Entscheidung gebunden und hat nunmehr das Berufungsverfahren durchzuführen.

16. Die Wiederaufnahme des Verfahrens

878 Nach § 79 ArbGG finden die Vorschriften der ZPO über die Wiederaufnahme des Verfahrens, §§ 578 ff. ZPO, auch im arbeitsgerichtlichen Verfahren in Rechtsstreitigkeiten nach § 2 Abs. 1–4 ArbGG entsprechend Anwendung. Die Wiederaufnahmegründe sind abschließend in den §§ 579, 580 ZPO geregelt. Danach gibt es die Nichtigkeits- und die Restitutionsklage (vgl. auch *Ascheid* Rz. 1625 ff.).

879 Die Nichtigkeitsklage kann nach § 79 S. 2 ArbGG jedoch nicht auf Mängel des Verfahrens bei der Berufung der ehrenamtlichen Richter oder auf Umstände, die die Berufung eines ehrenamtlichen Richters zu seinem Amt ausschließen, gestützt werden.

L. Urteils- und Beschlussverfahren

17. Das Beschwerdeverfahren

Nach § 78 ArbGG sind gegen Entscheidungen des Arbeitsgerichts oder seines Vorsitzenden die §§ 567 ff. ZPO anwendbar. Die bisherige Zweiteilung der Beschwerdearten – einfache und sofortige Beschwerde – gibt es nicht mehr. Es gibt nur eine sog. »sofortige Beschwerde«, bei der das Ausgangsgericht nunmehr aber stets eine Entscheidung zu treffen hat, ob es der Beschwerde abhilft oder nicht, § 572 Abs. 1 ZPO. 880

Bei der sofortigen Beschwerde handelt es sich trotz der Abhilfemöglichkeit des Ausgangsgerichts um ein Rechtsmittel, sodass das Ausgangsgericht seiner Entscheidung eine Rechtsmittelbelehrung gem. § 9 Abs. 5 ArbGG beizulegen hat (*Schmidt/Schwab/Wildschütz* NZA 2001, 1224). Die Entscheidung ist förmlich zuzustellen, § 329 Abs. 3 ZPO. 881

Besonderheiten des arbeitsgerichtlichen Verfahrens finden sich in § 78 Abs. 2 und 3 ArbGG. Danach entscheidet der Vorsitzende der Kammer des LAGs alleine über sofortige Beschwerden gegen Beschlüsse des ArbG, unabhängig davon ob die Entscheidung mit oder ohne mündliche Verhandlung ergeht. Die Rechtsbeschwerde ist nur unter den Voraussetzungen des § 72 Abs. 2 ArbGG zuzulassen (s. o. L/Rz. 676 ff.). In diesem Fall bedarf der Beschluss des LAG einer Rechtsmittelbelehrung entsprechend § 575 Abs. 1, 2 ZPO. Das BAG ist an die Zulassungsentscheidung gebunden, § 574 Abs. 3 S. 2 ZPO. 882

Lässt das LAG die Rechtsbeschwerde nicht zu, ist diese Entscheidung endgültig. Eine Nichtzulassungsbeschwerde ist weder in § 78 ArbGG noch in § 574 ZPO vorgesehen (*Schmidt/Schwab/Wildschütz* NZA 2001, 1227). 883

II. Beschlussverfahren

1. Grundsätzliches

Bei dem Beschlussverfahren handelt es sich um eine eigenständige Verfahrensart, die neben dem Urteilsverfahren vor den ArbG durchgeführt wird. Es kommt in den in § 2a ArbGG genannten Fällen zur Anwendung (*BAG* 13.3.2001 – 1 ABR 19/00 –). Es enthält überwiegend Verfahrenselemente des Zivilgerichtsverfahrens, z. B. wird der Streitgegenstand durch die Anträge der Verfahrensbeteiligten bestimmt. Daneben finden sich Verfahrenselemente aus dem Bereich der Verwaltungsgerichtsbarkeit, so insbesondere der Untersuchungsgrundsatz, § 83 ArbGG. 884

a) Verhältnis zum Urteilsverfahren

Wo das Beschlussverfahren Anwendung findet, ist das Urteilsverfahren ausgeschlossen und umgekehrt. Aufgrund der unterschiedlichen Verfahrensarten ist auch eine Prozessverbindung oder gemeinsame Verhandlung nach § 147 ZPO nicht möglich (*Schlochauer* FS Arbeitsgerichtsbarkeit S. 383). 885

Für gewerkschaftliche Unterlassungsanträge bezüglich des Abschlusses tarifwidriger Einheitsregelungen, Regelungsabreden oder Betriebsvereinbarungen ist das Beschlussverfahren die richtige Verfahrensart (*BAG* 20.4.1999 EzA § 1004 BGB Nr. 7; 13.3.2001 – 1 ABR 19/00 –). 886

L. Urteils- und Beschlussverfahren

887 Ist von den Verfahrensbeteiligten aufgrund ihres Antrags die falsche Verfahrensart eingeleitet worden oder ist zwischen den Parteien streitig, welche einschlägig ist, handelt es sich um eine Frage der Zuständigkeit, die nach den §§ 80 Abs. 3, 48 ArbGG, §§ 17 bis 17 b GVG zu lösen ist (vgl. s. o. K/Rz. 199 ff.).

b) Anwendungsbereich außerhalb des § 2a ArbGG

888 Das Beschlussverfahren nach den §§ 80 ff. ArbGG findet Anwendung in Rechtsstreiten, in denen über **Streitigkeiten aus dem BPersVG** zu befinden ist, § 83 Abs. 2 BPersVG. Für das Personalvertretungsrecht der Länder sieht § 106 BPersVG ein Wahlrecht vor, welches Verfahrensrecht sie für diese Streitigkeiten zur Anwendung kommen lassen wollen. Die meisten Bundesländer haben insofern in ihren LPersVG auf die §§ 80 ff. ArbGG verwiesen (*GMP* § 80 Rz. 8). Lediglich Bayern hat die Vorschriften der §§ 92 bis 96 ArbGG für das Rechtsbeschwerdeverfahren nicht für anwendbar erklärt. Dort entscheidet der Verwaltungsgerichtshof abschließend (*Schlochauer* FS Arbeitsgerichtsbarkeit S. 385 f.). In Rheinland-Pfalz ist der Rechtsweg zu den Verwaltungsgerichten eröffnet, § 121 LPersVG.

889 Nach der **Nr. 9 des Unterzeichnungsprotokolls zu Art. 56 Abs. 9** ZA-NTS finden die §§ 80 ff. ArbGG auch für **Streitigkeiten aus der Personalvertretung der bei den Stationierungsstreitkräften** beschäftigten zivilen Arbeitskräfte i. S. d. Art. 9 Abs. 4 NTS Anwendung, soweit das BPersVG in solchen Streitigkeiten gerichtliche Entscheidungen vorsieht. Zuständig sind die ArbG.

890 Nach § 126 Abs. 1 InsO kann der Insolvenzverwalter unter den dort genannten Voraussetzungen beim Arbeitsgericht beantragen, dass die Kündigungen bestimmter Arbeitsverhältnisse durch dringende betriebliche Erfordernisse bedingt und sozial gerechtfertigt sind. Die Verfahren sind im Beschlussverfahren durchzuführen, § 126 Abs. 2 InsO.

c) Verhältnis zu Einigungs- und Schlichtungsstellen

891 Soweit es um Angelegenheiten aus dem BetrVG nach § 2a Abs. 1 Nr. 1 ArbGG bzw. um Angelegenheiten aus dem Personalvertretungsrecht geht, ist zu beachten, dass das **Beschlussverfahren nur in Rechtsstreitigkeiten** zur Anwendung kommt. Bei Regelungsstreitigkeiten sieht das BetrVG in § 76 ArbGG bzw. den PersVG eine Konfliktlösung durch einen Spruch der Einigungsstelle bzw. durch Schlichtungsstellen vor (s. o. I/Rz. 1063 ff.).

892 Die Abgrenzung zwischen der Zuständigkeit der Einigungsstelle und dem ArbG ist oftmals schwierig zu ziehen, da teilweise Einigungsstellen, zumindest als Vorfrage auch über Rechtsfragen mit zu befinden haben, so z. B. bei der Frage der rechtzeitigen, umfassenden und genügenden Information des Wirtschaftsausschusses nach § 109 BetrVG oder der ordnungsgemäßen Berücksichtigung der betrieblichen Belange bei der Teilnahme von Betriebsratsmitgliedern an Schulungsveranstaltungen in den Fällen des § 37 Abs. 6 und 7 BetrVG (*Schlochauer* FS Arbeitsgerichtsbarkeit S. 386 f.).
Soweit die Einigungsstelle über Rechtsfragen befindet, ist dies durch das ArbG uneingeschränkt überprüfbar (s. o. I/Rz. 1109).

893 Sofern in einem Einigungsstellenverfahren eine Rechtsfrage als Vorfrage auftritt, z. B. ob einem Betriebsrat überhaupt ein Mitbestimmungsrecht tatsächlich zusteht oder nicht, kann im Wege des Vorabentscheidungsverfahrens vor dem ArbG hierüber eine Entscheidung beantragt werden (*BAG* 16.8.1983 EzA § 81

ArbGG 1979 Nr. 3). Das Vorabentscheidungsverfahren kann sowohl durchgeführt werden, wenn die Einigungsstelle bereits eine Entscheidung getroffen hat, als auch wenn sie noch nicht einberufen worden ist. Eine rechtskräftig ergangene Entscheidung im Vorabentscheidungsverfahren bindet die Einigungsstelle, sofern sie ihren Spruch noch nicht gefällt hat.

d) Rechtsgrundlagen
Spezielle Regelungen über das Beschlussverfahren finden sich in den §§ 80 bis 98 ArbGG. In den §§ 80 Abs. 2, 87 Abs. 2 und 92 Abs. 2 ArbGG wird auf einige Vorschriften des Urteils-, Berufungs- und Revisionsverfahrens verwiesen. 894

Aus dem Umstand, dass keine Verweisung auf § 46 Abs. 2 ArbGG gegeben ist, finden die Vorschriften der ZPO nicht direkt Anwendung. **Da aber ansonsten viele einzelne Verfahrensfragen ungeregelt bleiben würden, ist hilfsweise auf Vorschriften der ZPO zurückzugreifen.** Auch das arbeitsgerichtliche Beschlussverfahren baut auf der Zivilprozessordnung auf, wie sich aus den Verweisungen in § 85 ArbGG auf die §§ 704 ff. ZPO und in § 80 Abs. 2, § 87 Abs. 2 und § 92 Abs. 2 ArbGG auf das Urteilsverfahren ergibt (*GMP* § 80 Rz. 42 f.). 895

2. Beteiligte im Beschlussverfahren

a) Grundsätzliches
Im Beschlussverfahren treten keine Parteien, sondern Beteiligte auf, § 83 Abs. 1 ArbGG. Die Beteiligtenfähigkeit ergibt sich aus § 10 ArbGG, d. h. es können natürliche und juristische Personen beteiligt sein sowie die in den Verfahren nach § 2a ArbGG genannten Vereinigungen und Stellen. Mit Stellen sind die betriebsverfassungsrechtlichen Organe und Einrichtungen gemeint. **Wird ein Organ im Laufe eines Verfahrens neu gewählt, bleibt seine Identität als Beteiligter erhalten**, z. B. wenn ein neuer Betriebsrat gewählt wird (*BAG* 25.4.1978 EzA § 80 BetrVG 1972 Nr. 15). Geht im Laufe eines Verfahrens ein streitiges Recht auf ein anderes Organ oder eine andere Stelle über, z. B. vom Betriebsrat auf einen neu gebildeten Gesamtbetriebsrat, wird dieser Beteiligter (*BAG* 18.10.1988 EzA § 83 ArbGG 1979 Nr. 8). 896

Geht ein Organ oder eine Stelle während eines Verfahrens unter, z. B. wenn die Amtszeit des einen Betriebsrats abläuft und ein neuer nicht gewählt wird, bleibt seine Stellung als Beteiligter im anhängigen Verfahren dennoch bestehen, soweit er Antragsteller ist. Ob das untergegangene Organ oder die untergegangene Stelle noch Rechte geltend machen kann, ist eine Frage der Antragsbefugnis oder der Begründetheit des Antrags (*GMP* § 81 Rz. 44). 897

Die Beteiligten können sich im Beschlussverfahren vertreten lassen, §§ 80 Abs. 2, 87 Abs. 2, 92 Abs. 2 i. V. m. § 11 Abs. 1 ArbGG.

Die Frage der Beteiligtenfähigkeit ist eine Prozessvoraussetzung. Bei ihrem Nichtvorliegen ist der Antrag unbegründet (*BAG* 5.2.1971, AP Nr. 5 zu § 94 ArbGG 1953). 898

b) Antragsteller/Antragsgegner
Die Beteiligten des Beschlussverfahrens sind **zum einen der Antragsteller, zum anderen die sonstigen Beteiligten**. Das Gesetz fasst beide unter den gleichen Oberbegriff des Beteiligten zusammen, § 83 Abs. 1, Abs. 4 ArbGG, auch wenn der Antragsteller selbst nicht Beteiligter i. S. d. § 83 Abs. 3 ArbGG ist (*BAG* 25.8.1981 AP Nr. 2 zu 899

L. Urteils- und Beschlussverfahren

§ 83 ArbGG 1979). Antragsteller ist derjenige, der ein Recht von einem anderen begehrt. Ein Beteiligter, der lediglich einen Abweisungsantrag stellt, ist kein Antragsteller (*GMP* § 81 Rz. 51).

900 **Einen Antragsgegner** gibt es nach den Vorschriften des Beschlussverfahrens nicht, auch wenn es im Arbeitsgerichtsverfahren üblich ist, denjenigen, gegen den sich der Antrag richtet, als solchen zu bezeichnen (*GMP* § 81 Rz. 46). Dem schließt sich die weitere Darstellung an.

c) Mehrzahl von Antragstellern

901 Nach einzelnen Vorschriften, z. B. den §§ 19, 23 Abs. 1 BetrVG, §§ 21, 22 MitbestG, kann ein Antrag nur von einer Mehrzahl von Antragstellern gestellt werden. Sie bleiben dennoch während der gesamten Dauer des Verfahrens selbstständig, können z. B. selbstständig über ihre Anträge verfahrensrechtlich entscheiden, z. B. diese zurücknehmen (*BAG* 12.2.1985 EzA § 19 BetrVG 1972 Nr. 21). Ihr Antrag ist jedoch nur dann zulässig, wenn die geforderte Mehrzahl bis zur Entscheidung des Gerichts am Verfahren beteiligt ist (*BAG* 14.2.1978 EzA § 19 BetrVG 1972 Nr. 16).

902 Zu einer Mehrzahl von Antragstellern kann es auch dann kommen, wenn eine Wahl, z. B. eine Betriebsratswahl, von mehreren antragsberechtigten Personen oder Stellen angefochten wird, z. B. vom Arbeitgeber und einer Gewerkschaft, vgl. § 19 Abs. 2 BetrVG.

903 Bei einer Mehrzahl von Antragstellern kann über den Antrag immer nur einheitlich entschieden werden. Mehrere anhängig gewordene Verfahren sind miteinander zu verbinden.

d) Prozessstandschaft

904 Nicht abschließend geklärt ist, ob eine Prozessstandschaft im Beschlussverfahren regelmäßig zulässig ist oder nicht.

905 Nach den §§ 50 Abs. 2, 28 Abs. 2 BetrVG ist eine gewillkürte Prozessstandschaft des Gesamtbetriebsrats oder des Konzernbetriebsrats für den Betriebsrat zulässig, in § 23 Abs. 3 BetrVG eine gesetzliche Prozessstandschaft der Gewerkschaft für den Betriebsrat geregelt. Der Betriebsrat kann auch in gewillkürter Prozessstandschaft Kostenerstattungsansprüche seiner Mitglieder (*BAG* 29.1.1974 EzA § 40 BetrVG 1972 Nr. 14) und Mitglieder einer Gruppe Rechte derselben in eigenem Namen geltend machen (*BAG* 1.6.1976 EzA § 28 BetrVG 1972 Nr. 3).

906 Ob über diese Fälle hinaus grds. eine gewillkürte Prozessstandschaft im Beschlussverfahren zulässig ist, hat das BAG offen gelassen (*BAG* 29.8.1985 AP Nr. 13 zu § 83 ArbGG 1979). Für nicht zulässig wurde eine Prozessstandschaft erachtet, wenn eine Gewerkschaft für den Betriebsrat betriebsverfassungsrechtliche Rechte geltend gemacht hat (*BAG* 27.11.1973 AP Nr. 4 zu § 40 BetrVG 1972) oder der Betriebsrat für Arbeitnehmer versucht hat, deren Ansprüche durchzusetzen (*BAG* 24.2.1987 EzA § 80 BetrVG 1972 Nr. 29).

3. Das erstinstanzliche Beschlussverfahren

a) Einleitung durch Antragstellung

907 Das Beschlussverfahren wird auf Antrag eingeleitet, § 81 Abs. 1 ArbGG. Er ist schriftlich beim ArbG einzureichen oder bei seiner Geschäftsstelle mündlich zur Nieder-

L. Urteils- und Beschlussverfahren

schrift anzubringen. Die Antragsschrift muss vom Antragsteller oder von seinem postulationsfähigen Vertreter, § 11 ArbGG, unterzeichnet sein.
Die Antragsschrift wird dem Antragsgegner nach § 283 Abs. 1 ZPO zugestellt, womit 908
die Rechtshängigkeit des Beschlussverfahrens begründet wird. Bezüglich der übrigen Beteiligten reicht es aus, die Antragsschrift formlos zu übersenden, § 81 Abs. 2 S. 3 ArbGG.
Im Übrigen findet § 253 Abs. 2, Abs. 4 und Abs. 5 ZPO entsprechend Anwendung, 910
sofern sich nicht aus den verfahrensrechtlichen Besonderheiten des Beschlussverfahrens Abweichungen ergeben. So muss die Antragsschrift den Antragsteller erkennen lassen, jedoch nicht den Antragsgegner und die sonstigen Beteiligten, zumal solche ggf. gar nicht vorhanden sind, wie z. B. bei einer Betriebsratswahlanfechtung (*GMP* § 81 Rz. 11).
Die weiteren Beteiligten sind vom Gericht von Amts wegen zu ermitteln und zu be- 911
nachrichtigen (vgl. *BAG* 20.7.1982 EzA § 76 BetrVG 1952 Nr. 12). Sofern in der Antragsschrift bestimmte Personen oder Stellen als Antragsgegner oder Beteiligte bezeichnet werden, ist diese Bezeichnung für das Gericht nicht bindend. Es hat die Beteiligten selbstständig festzustellen.

aa) Anträge
Die Antragsschrift muss einen **bestimmten Sachantrag** enthalten. Hierbei kann es 912
sich je nach dem Begehren um einen Leistungs-, Feststellungs- oder Gestaltungsantrag handeln. Leistungsanträge gehen Feststellungsanträgen vor, da aus ihnen vollstreckt werden kann, § 85 ArbGG.
Bei einem **Feststellungsantrag hinsichtlich des Bestehens oder Nichtbestehens** 913
von Mitbestimmungsrechten muss der betriebliche Vorgang oder die Maßnahme
des Arbeitgebers genau bezeichnet werden, für den der Betriebsrat ein Mitbestimmungsrecht in Anspruch nimmt. Ein Globalantrag ist nur dann zulässig und begründet, wenn keine Fallgestaltung denkbar ist, bei der das Mitbestimmungsrecht zu verneinen ist (*BAG* 10.6.1986 EzA § 87 BetrVG 1972 Arbeitszeit Nr. 18). Ansonsten ist ein solcher Antrag zwar zulässig, jedoch unbegründet. Ein Antrag, der lediglich den Gesetzeswortlaut wiederholt, ist grds. unzulässig (*BAG* 17.3.1987 EzA § 23 BetrVG 1972 Nr. 16).
Mögliche Leistungsanträge können sich z. B. bezüglich des Rechts auf Vorlage oder 914
Rückgabe von Unterlagen, der Erteilung von Auskünften, der zur Verfügungstellung von Personal- und Sachmitteln oder der Erstattung von Kosten oder der Freistellung von Verbindlichkeiten ergeben.

> **Beispiel** 915
> a) für einen Leistungsantrag:
>   Der Antragsgegner wird zur Herausgabe der Bewerbungsunterlagen sämtlicher Bewerber für die ausgeschriebene Stelle als Feinmechaniker verpflichtet.
> b) für einen umfassenden Unterlassungsantrag nach § 23 Abs. 3 i. V. m. § 99 BetrVG als Unterfall eines Leistungsantrags (so beim ArbG Mainz – auswärtige Kammer Bad Kreuznach einmal vom DGB im Hinblick auf die vom *BAG* aufgestellten Bestimmtheitsanforderungen [17.3.1987 EzA § 23 BetrVG 1972 Nr. 16] gestellt):

916 Dem Antragsgegner wird aufgegeben, es zu unterlassen, mit Arbeitnehmern Arbeitsverhältnisse zu begründen und/oder in seine Arbeitsorganisation einzugliedern, sodass er die für ein Arbeitsverhältnis typischen Entscheidungen über deren Arbeitseinsatz nach Zeit und Ort zu treffen und die Personalhoheit über diese Arbeitnehmer hat, ohne vorher den Antragsteller unter Nennung der Personalien sämtlicher Interessenten an dem zu besetzenden Arbeitsplatz, die sich bei ihm gemeldet haben, unter Vorlage der vorhandenen und erforderlichen Bewerbungsunterlagen sowie der von ihm im Rahmen und zur Vorbereitung der Einstellungsverhandlungen erstellten Unterlagen und unter Mitteilung der vorgesehenen Eingruppierung, des Zeitpunkts der vorgesehenen Maßnahme, aller bekannten persönlichen Umstände des Einzustellenden, der Gründe für die fachliche und persönliche Eignung für den vorgesehenen Arbeitsplatz sowie der betrieblichen Auswirkungen unterrichtet und seine Zustimmung, außer bei unmittelbar arbeitskampfbezogenen Einstellungen und den in § 100 BetrVG genannten Ausnahmefällen eingeholt oder deren Ersetzung durch das ArbG eingeholt zu haben.

917 Unterlassungsanträge von Gewerkschaften gegen Arbeitgeber, tarifwidrige Betriebsvereinbarungen nicht durchzuführen, sind als betriebsverfassungsrechtliche Streitigkeiten anzusehen und im Beschlussverfahren geltend zu machen (*BAG* 13. 3. 2001 – 1 AZB 19/00 –).

918 Feststellungsanträge können sich bei der Frage des Bestehens oder des Nichtbestehens von Mitbestimmungsrechten bei bestimmten Fallkonstellationen ergeben, z. B. für die Frage, ob ein Arbeitnehmer für eine Betriebsratswahl wahlberechtigt oder wählbar ist, ob ein Arbeitnehmer leitender Arbeitnehmer ist, ob der Spruch einer Einigungsstelle unwirksam ist, ob die Zustimmung des Betriebsrats zu einer personellen Einzelmaßnahme nach § 99 Abs. 3 BetrVG als erteilt gilt oder ob es sich bei bestimmten Betriebsstätten um eigenständige Betriebe, Betriebsteile oder Nebenbetriebe handelt.

919 **Beispiel für einen Feststellungsantrag:**
Es wird festgestellt, dass dem Betriebsrat ein Mitbestimmungsrecht hinsichtlich der Aufstellung des Urlaubplans für das Urlaubsjahr 2002 zusteht.

920 Gestaltungsanträge kommen z. B. bei der Frage der Auflösung des Betriebsrats, des Ausschlusses eines Mitgliedes des Betriebsrats nach § 23 Abs. 1 BetrVG, des Antrags auf Ersetzung der Zustimmung zu einer fristlosen Kündigung nach § 103 Abs. 2 BetrVG oder zu einer personellen Maßnahme nach § 99 Abs. 4 BetrVG, bezüglich der Bestellung eines Wahlvorstandes nach den §§ 16 Abs. 2, 17 Abs. 3, 18 BetrVG oder bezüglich der Frage, ob die Anfechtung einer Betriebsratswahl wirksam ist, vor.

921 **Beispiel für einen Gestaltungsantrag für den Fall einer Wahlanfechtung gem. § 19 BetrVG:**
Die Betriebsratswahl vom 7.4.1998 wird für unwirksam erklärt.

bb) Antragsbefugnis

922 Die Antragsbefugnis regelt die Frage, ob der Antragsteller überhaupt eine gerichtliche Entscheidung in der streitigen Angelegenheit i. S. d. § 2a Abs. 1 ArbGG beantragen kann. Sie dient dazu, Popularklagen auszuschließen, und entspricht insofern der Pro-

zessführungsbefugnis des Zivilprozesses (*LAG Hamm* 5.1.1979 EzA § 40 BetrVG 1972 Nr. 42).

Die Antragsbefugnis ist immer dann gegeben, wenn der Antragsteller ein eigenes Recht geltend macht, wenn Antragsrechte für bestimmte Personen oder Stellen ausdrücklich festgeschrieben sind, z. B. bezüglich der Bestellung der Wahl eines Wahlvorstandes nach §§ 16 Abs. 2, 17 Abs. 3 BetrVG, der Auflösung des Betriebsrates oder des Ausschlusses eines Betriebsratsmitgliedes nach § 23 Abs. 1 BetrVG oder bezüglich der Bestellung des Einigungsstellenvorsitzenden nach § 76 Abs. 2 BetrVG. Diesen Fällen ist gemeinsam, dass das Gericht in irgendeiner Weise gestaltend bzw. ordnend tätig werden soll, um die betriebsverfassungs- oder unternehmensverfassungsrechtliche Ordnung wieder herzustellen oder zu kontrollieren. 923

Der Gesetzgeber hat diese gestaltende Einflussnahme bestimmten Stellen und Personen, z. B. den Gewerkschaften eingeräumt, da sie als Garant für die Funktionsfähigkeit der betriebs- oder unternehmensverfassungsrechtlichen Ordnung angesehen werden. Eine Auslegung der gesetzlichen Regelungen dahingehend, dass auch andere als die genannten Personen oder Stellen ein Antragsrecht haben, ist regelmäßig nicht möglich, wohl aber können die genannten berechtigten Personen und Stellen in analoger Anwendung der Vorschriften bei vergleichbaren Interessenlagen ebenfalls antragsbefugt sein. So können diejenigen Personen, die nach § 19 BetrVG zu einer Wahlanfechtung berechtigt sind, auch die Wahl des Betriebsratsvorsitzenden oder seines Stellvertreters anfechten (*BAG* 12.10.1976 EzA § 26 BetrVG 1972 Nr. 2). Gleiches gilt für die Frage, ob der Wahlvorstand wirksam bestellt worden ist und ob seine Maßnahmen wirksam waren (*BAG* 28.11.1977 EzA § 19 BetrVG 1972 Nr. 14). 924

Die Antragsbefugnis ist eine Sachurteilsvoraussetzung. Sie ist von Amts wegen in jeder Lage des Verfahrens zu prüfen. Im Fall ihres Fehlens ist der Antrag als unzulässig zurückzuweisen (*BAG* 25.8.1981 AP Nr. 2 zu § 83 ArbGG 1979). 925

cc) **Rechtsschutzinteresse**
Wie im Urteilsverfahren ist auch im Beschlussverfahren ein Rechtsschutzinteresse des Antragstellers Voraussetzung für eine Sachentscheidung. Ein Rechtsschutzinteresse ist nur dann gegeben, wenn die beantragte Entscheidung noch Rechtswirkung entfalten kann, was bei bereits abgeschlossenen Maßnahmen nicht der Fall ist, es sei denn, es ist, z. B. bei der Verletzung von Mitbestimmungsrechten, mit weiteren gleichartigen Rechtsverstößen in der Zukunft zu rechnen (vgl. *BAG* 10.4.1984 EzA § 81 ArbGG 1979 Nr. 5; 17.3.1987 § 23 BetrVG 1972 Nr. 16; 28.9.1988 § 99 BetrVG 1972 Nr. 68; 23.7.1996 § 87 BetrVG 1972 Arbeitszeit Nr. 55). 926

In der Folge muss die Wiederholungsgefahr durch substantiierten Vortrag aufgezeigt werden und **der Antrag in einen allgemeinen Feststellungsantrag** bezüglich der streitigen Rechtsfrage umformuliert werden (*BAG* 29.7.1982, 20.4.1999 EzA § 81 ArbGG 1979 Nr. 2, 7).

> **Beispiele:**
> – Die Anfechtung einer Betriebsratswahl nach Ablauf der Amtszeit ist daher nicht möglich. (*GMP* § 81 Rz. 30).
> – Möglich ist aber losgelöst von einer bestimmten Betriebsratswahl ein Antrag festzustellen, dass bestimmte Personen oder Personengruppen bei einer Betriebsratswahl aktiv oder passiv wahlberechtigt sind (*GMP* § 81 Rz. 26, 32).

927

L. Urteils- und Beschlussverfahren

– Die Stellung eines Antrags eines Betriebsrats: »... die Versetzung des Arbeitnehmers A vom ... rückgängig zu machen« ist nach Zeitablauf der Versetzungsmaßnahme, z. B. eines befristeten Auslandsaufenthalts, mangels Rechtsschutzinteresses unzulässig. Möglich ist aber im Fall bestehender und darzulegender Wiederholungsgefahr ein Antrag, »festzustellen, dass die Anordnung und Durchführung von Auslandseinsätzen von Mitarbeitern, die voraussichtlich die Dauer von einem Monat überschreiten, gem. §§ 99, 100 BetrVG dem Mitbestimmungsrecht des Betriebsrats unterliegt« (*BAG* 18.2.1986 EzA § 95 BetrVG 1972 Nr. 12; *BAG* 21.9.1999 – 1 ABR 40/98 –).

928 **Entscheidungserheblicher Zeitpunkt ist der der Entscheidung des Gerichts und nicht der Zeitpunkt der Antragstellung** (*BAG* 13.3.1991 EzA § 19 BetrVG 1972 Nr. 29). Allein der Umstand, dass eine Entscheidung für mögliche künftige Fälle ein Präjudiz abgeben könnte, begründet kein Rechtsschutzinteresse, da die ArbG nicht gutachterlich tätig werden (*BAG* 10.4.1984 EzA § 81 ArbGG 1979 Nr. 5).

b) Antragsrücknahme

929 § 81 Abs. 2 ArbGG bestimmt, dass der Antrag jederzeit in derselben Form, wie er gestellt werden kann, zurückgenommen werden kann. Der Kammervorsitzende stellt das Verfahren sodann ein und teilt dies den Beteiligten, die von der Antragsschrift bereits durch das Gericht Kenntnis bekommen haben, mit. Einer Zustimmung der übrigen Beteiligten bedarf es in der ersten Instanz nicht (anders für die zweite und dritte Instanz vgl. §§ 87 Abs. 2 S. 3, 92 Abs. 2 S. 3 ArbGG). Das Recht der Antragsrücknahme besteht bis zur Verkündung des das Verfahren beendenden Beschlusses nach § 84 ArbGG. Den Einstellungsbeschluss erlässt der Kammervorsitzende ohne Mitwirkung der ehrenamtlichen Richter (*GMP* § 81 Rz. 77).

930 Streitig ist, ob bereits die Rücknahme des Antrags die Rechtshängigkeit beendet oder erst der einstellende Beschluss des Vorsitzenden. Für die zweite Ansicht spricht, dass der Gesetzgeber deutlich gemacht hat, dass das Verfahren nicht schon alleine durch die Verfahrenserklärung des Antragstellers, der den Antrag zurückgenommen hat, beendet ist. Folge dieser Ansicht ist, dass der Einstellungsbeschluss des ArbG gem. § 87 ArbGG anfechtbar ist, der Beschluss des LAG nach § 92 ArbGG (so *LAG Rheinland-Pfalz* 25.6.1982 EzA § 92 ArbGG 1979 Nr. 1). Für die erste Ansicht spricht, dass der Vorsitzende keinen Entscheidungsspielraum im Fall der Antragsrücknahme hat. Außerdem würde es sonst von Zufälligkeiten abhängen, wann die Rechtshängigkeit endet, was ggf. zu unbilligen Kosten bei einem Verfahrensbeteiligten führen könnte, z. B. wenn sich für einen Betriebsrat in einem Beschlussverfahren ein Anwalt erst nach Antragsrücknahme, aber vor dem vom Vorsitzenden zu erlassenden Einstellungsbeschluss bestellt und damit eine Prozessgebühr nach den §§ 31, 32 BRAGO verdient, welche über § 40 BetrVG der Arbeitgeber zu begleichen hat (*LAG Frankfurt* 24.1.1984 NZA 1984, 269; *Grunsky* § 81 Rz. 9; *Schaub* ArbGVerf § 58 Rz. 63). Es spricht daher viel dafür, dem Einstellungsbeschluss des Vorsitzenden nur deklaratorische Bedeutung beizumessen, sodass die Rechtshängigkeit – wie im Urteilsverfahren – mit Antragsrücknahme endet.

c) Antragsänderung

§ 81 Abs. 3 ArbGG erklärt die Änderung eines Antrags für zulässig, wenn die übrigen Beteiligten zustimmen oder das Gericht die Änderung für sachdienlich hält. Eine Zustimmung der übrigen Beteiligten liegt dann vor, wenn sie sich auf den geänderten Antrag entweder in einem Schriftsatz oder in der mündlichen Verhandlung einlassen. Die §§ 263, 264 ZPO finden entsprechend Anwendung (*BAG* 14.1.1983 EzA § 81 ArbGG 1979 Nr. 1).

> **Beispiel:**
> Vor Durchführung einer Betriebsratswahl wird die Rechtmäßigkeit ihrer Durchführung überhaupt oder Maßnahmen des Wahlvorstandes oder dessen Bestellung angegriffen. Die Wahl findet aber vor Rechtskraft einer gerichtlichen Entscheidung statt. Nach erfolgter Wahl kann der Antrag in einen Wahlanfechtungsantrag umgeändert werden.

Das ArbG kann über die Zulässigkeit der Antragsänderung entweder durch Zwischenbeschluss gem. § 303 ZPO oder in den Gründen seines das Verfahren beendenden Beschlusses nach § 84 ArbGG entscheiden. Die Entscheidung ist unanfechtbar, § 81 Abs. 3 S. 3 ArbGG. Wird die Antragsänderung als unzulässig erachtet, kann die Entscheidung mit der Beschwerde nach § 87 ArbGG angefochten werden.

d) Das örtlich zuständige Gericht

aa) Streitigkeiten nach § 2a Abs. 1 Nr. 1–3 ArbGG

Die örtliche Zuständigkeit ist in § 82 ArbGG abschließend geregelt. **Entscheidend ist der Sitz des Betriebs oder des Unternehmens, nicht der Gerichtsstand der einzelnen Beteiligten.** Ebenfalls unerheblich ist, welche Beteiligtenstellung der Inhaber des Betriebs oder des Unternehmens hat, ob er selbst Antragsteller, Antragsgegner oder sonstiger Beteiligter des Verfahrens ist (*BAG* 19.6.1986 EzA § 82 ArbGG 1979 Nr. 1). Besteht ein Betrieb aus mehreren Betriebsteilen, ist entscheidend, wo die Verwaltung angesiedelt ist (*GMP* § 82 Rz. 8).

Die örtliche Zuständigkeit ist von Amts wegen zu prüfen; bei Unzuständigkeit oder einem Streit hierüber ist nach den §§ 80 Abs. 3, 48 Abs. 1 ArbGG das Verfahren nach § 17a GVG durchzuführen (s. o. K/Rz. 199 ff.).

Kommt es nach § 81 Abs. 3 ArbGG bezüglich der örtlichen Zuständigkeit auf den Unternehmenssitz an, bestimmt sich dieser nach § 17 ZPO. Soweit gem. § 17 Abs. 1, Abs. 3 ZPO mehrere ArbG örtlich zuständig sein sollten, steht dem Antragsteller ein Wahlrecht zu.

bb) Streitigkeiten nach § 2a Abs. 1 Nr. 4 ArbGG

Ist ein Betrieb oder ein Unternehmen nicht betroffen, z. B. bei Streitigkeiten i. S. d. § 2a Abs. 1 Nr. 4 ArbGG bezüglich der Tariffähigkeit oder Tarifzuständigkeit einer Vereinigung, **ist das ArbG örtlich zuständig, in dessen Bezirk die Vereinigung ihren Sitz hat**, um deren Tariffähigkeit und Tarifzuständigkeit gestritten wird, unabhängig davon, welche Beteiligtenfunktion sie hat (MünchArbR/*Brehm* § 389 Rz. 82).

L. Urteils- und Beschlussverfahren

cc) Sonstige Verfahren

938 Geht es um die Anerkennung einer Schulungsveranstaltung als geeignet i. S. d. § 37 Abs. 7 BetrVG, ergibt sich die örtliche Zuständigkeit aus **dem Sitz der für die Anerkennung zuständigen Behörde**.

e) Das Verfahren vor dem ArbG

aa) Verfahrensablauf nach Eingang der Antragsschrift/Güteverhandlung

939 Nach Eingang der Antragsschrift hat der Kammervorsitzende diese allen Beteiligten gem. § 81 i. V. m. § 80 Abs. 2 i. V. m. § 47 ArbGG zuzustellen. Sobald sie einem Beteiligten zugestellt worden ist, wird die Streitsache rechtshängig i. S. d. § 261 Abs. 1 ZPO (*GMP* § 81 Rz. 71).

940 Zugleich ist vom Vorsitzenden zu entscheiden, ob er eine **Güteverhandlung** für sinnvoll hält und durchführen möchte oder nicht. Diese ist **fakultativ** (§ 80 Abs. 2 ArbGG). Wird ein Gütetermin anberaumt, was unverzüglich zu erfolgen hat, § 216 Abs. 2 ZPO, gelten dieselben Bestimmungen wie im Urteilsverfahren (s. o. L/Rz. 245 ff.). Lediglich wenn noch weitere Beteiligte ermittelt werden müssen oder ihre Anschriften nicht bekannt sind, kann die Terminsbestimmung später erfolgen.

941 Einer Bestimmung eines Güte- oder Anhörungstermins bedarf es nur dann nicht, wenn alle Beteiligten ihr Einverständnis mit einer Entscheidung im schriftlichen Verfahren erklären, § 83 Abs. 4 S. 3 ArbGG. **Die Einverständniserklärung muss ausdrücklich erfolgen** und kann nicht etwa dadurch ersetzt werden, dass das Gericht eine bestimmte Frist setzt, sich hierüber zu erklären, und nach Ablauf der Frist von einem Einverständnis ausgeht. Das Gericht ist allerdings auch bei Vorliegen des Einverständnisses aller Parteien nicht verpflichtet, ohne mündliche Anhörung zu entscheiden. Vielmehr liegt diese Entscheidung sodann in seinem Ermessen.

bb) Vorbereitung des Anhörungstermins

942 Zur Vorbereitung der mündlichen Verhandlung finden gem. § 80 Abs. 2 ArbGG die Bestimmungen des Urteilsverfahrens, insbesondere § 56 Abs. 1 ArbGG Anwendung (s. o. L/Rz. 306 ff.). Da im Beschlussverfahren der Amtsermittlungsgrundsatz gilt, § 83 ArbGG (s. u. L/Rz. 946), können über § 56 Abs. 1 S. 2 Nr. 4 ArbGG hinaus auch Zeugen geladen werden, auf die sich kein Beteiligter bezogen hat.

943 Den Beteiligten können von Amts wegen Fristen zur Erklärung über bestimmte Tatsachen und sonstiges Vorbringen, z. B. Angriffs- und Verteidigungsmittel gesetzt werden, § 83 Abs. 1a ArbGG. Hierbei handelt es sich um Präklusionsfristen. § 83 Abs. 1a ArbGG entspricht dabei § 56 Abs. 2 ArbGG. Auf die für das Urteilsverfahren insofern gemachten Ausführungen wird verwiesen (s. o. L/Rz. 306 ff.). Einziger Unterschied ist, dass eine Zurückweisung verspäteten Vorbringens nur erfolgen kann, wenn **kumulativ** dies zu einer **Verzögerung des Rechtsstreits** führen würde **und** der Beteiligte die **Verspätung nicht genügend entschuldigt** hat.

944 Nach §§ 80 Abs. 2, 57 Abs. 1 ArbGG soll die Verhandlung möglichst in einem Termin zu Ende geführt werden. Der Anhörungstermin ist vom Vorsitzenden daher umfassend vorzubereiten. Es ist in der Praxis üblich, den Antragsgegner und die sonstigen Beteiligten aufzufordern, sich zur Antragsschrift schriftlich zu äußern. Unabhängig davon steht ihnen das Recht nach § 83 Abs. 4 S. 1 ArbGG zu.

945 Im Übrigen bleibt es ihnen freigestellt, ob sie zum Anhörungstermin erscheinen. Tun sie dies nicht, sind ihre schriftlichen Äußerungen dennoch bei der Entschei-

dung zu verwerten. Einzige Rechtsfolge eines Ausbleibens im Anhörungstermin ist, dass bei ordnungsgemäßer Ladung seitens des Gerichts der Pflicht zur Anhörung der Beteiligten genügt worden ist, § 83 Abs. 4 S. 2 ArbGG. Hierauf ist in der Ladung bereits hinzuweisen.

cc) Der Untersuchungsgrundsatz

Das Gericht erforscht den Sachverhalt im Rahmen der gestellten Anträge von Amts wegen, § 83 Abs. 1 S. 1 ArbGG. Im Beschlussverfahren gilt somit ein eingeschränkter **Amtsermittlungsgrundsatz**. Eingeschränkt ist er deswegen, da zum einen das Gericht den Sachverhalt nur im Rahmen der gestellten Anträge untersucht, zum anderen die Beteiligten an der Aufklärung des Sachverhaltes nach § 83 Abs. 1 S. 2 ArbGG mitzuwirken haben. 946

Die Verantwortung für die Beibringung des entscheidungserheblichen Sachverhaltes obliegt nicht den Beteiligten alleine, da die Entscheidungen im Beschlussverfahren regelmäßig über den Kreis der eigentlichen Beteiligten hinaus Wirkung entfalten. Deswegen hat das Gericht dafür Sorge zu tragen, dass der Sachverhalt möglichst vollständig und zutreffend aufgeklärt wird. 947

Begrenzt ist die Aufklärungspflicht auf denjenigen Sachverhalt, der für die Bescheidung der gestellten Anträge notwendig ist. Der Streitgegenstand wird von den Anträgen der Beteiligten begrenzt. Das Gericht hat nicht »ins Blaue« hinein zu ermitteln. Lediglich wenn Anhaltspunkte im Vorbringen der Beteiligten zu finden sind, aufgrund derer es nahe liegt, den Sachverhalt in eine bestimmte Richtung weiter aufzuklären, hat das Gericht tätig zu werden. **Zur Amtsermittlungspflicht gehört es, die am Verfahren Beteiligten von Amts wegen ausfindig zu machen und am Verfahren zu beteiligen.** Bei seiner Aufklärungstätigkeit hat das Gericht sowohl antragsbegründende Umstände als auch dem Antrag entgegenstehende Tatsachen zu ermitteln (*GMP* § 83 Rz. 86). 948

Die Mitwirkung der Beteiligten nach § 83 Abs. 1 S. 2 ArbGG kann das Gericht nicht erzwingen. Die Ermittlungspflicht findet aber dort ihre Grenzen, wo ohne vorhergehende Mitwirkung der Beteiligten entweder kein Anlass oder keine Möglichkeit besteht, den Sachverhalt weiter aufzuklären. 949

Als Folge des Untersuchungsgrundsatzes ist das Gericht nicht an Geständnisse der Beteiligten gebunden, bedeutet das Nichtbestreiten einer Behauptung nicht, dass diese als wahr unterstellt werden kann, und auch das Ausbleiben eines Beteiligten im Anhörungstermin rechtfertigt nicht den Erlass eines Versäumnisurteils nach § 331 Abs. 1 ZPO, da das Vorbringen der anderen Beteiligten nicht als zugestanden zu werten ist (*Schaub* ArbGVerf § 58 Rz. 51). §§ 288, 138 Abs. 3 ZPO sind nicht anwendbar. 950

dd) Beweiserhebung

Nach § 83 Abs. 2 ArbGG kann das Gericht Urkunden einsehen, Auskünfte einholen, Zeugen, Sachverständige und Beteiligte vernehmen sowie Augenschein einnehmen. 951

Das Gericht muss Beweis erheben, wenn die Wahrheit einer entscheidungserheblichen Tatsache nicht erwiesen ist (*BAG* 25.9.1986 EzA § 1 BetrVG 1972 Nr. 6). Es kann bei bestehenden Zweifeln auch eine Beweisaufnahme über nicht bestrittene Tatsachen durchführen. 952

L. Urteils- und Beschlussverfahren

953 Für die Durchführung der Beweisaufnahme gelten die §§ 80 Abs. 2, 46 Abs. 2 ArbGG, 373 ff. ZPO. Beteiligte können nach § 83 Abs. 2 ArbGG nach den Vorschriften der Parteivernehmung, §§ 445 ff. ZPO, vernommen werden.

954 Die Beweisaufnahme findet vor der Kammer statt, d. h. im Anhörungstermin, §§ 83 Abs. 4 S. 1, 80 Abs. 2, 58 ArbGG. Soweit schriftliche Auskünfte einzuholen sind, kann dies der Kammervorsitzende gem. § 373 Abs. 3 und 4 ZPO vorher anordnen und durchführen.

ee) Die Beteiligten des Verfahrens

955 Wer Beteiligter in einem Beschlussverfahren ist, bestimmt sich nach materiellem Recht. Nach § 81 Abs. 3 ArbGG sind im Verfahren der Arbeitgeber, die Arbeitnehmer und die Stellen zu hören, die nach dem BetrVG, dem SprAuG, dem MitbestG, dem Mitbestimmungsergänzungsg, dem BetrVG 1952 und den dazu ergangenen Rechtsverordnungen im Einzelfall beteiligt sind.

956 **Beispiele:**
– Aus § 83 Abs. 3 S. 1 ArbGG ergibt sich, dass der **Arbeitgeber** zu hören und damit immer Beteiligter ist (a. A. *GMP* § 83 Rz. 40), auch wenn er nur mittelbar betroffen ist, z. B. wenn es um die Anerkennung von Schulungsveranstaltungen als geeignet i. S. d. § 37 Abs. 7 BetrVG geht oder ein Wahlanfechtungsverfahren durchgeführt wird (*BAG* 4.12.1986 EzA § 19 BetrVG 1972 Nr. 24). Grund hierfür ist, dass regelmäßig den Arbeitgeber eine Kostenlast trifft. Lediglich in Verfahren, in denen es um die Tariffähigkeit oder Tarifzuständigkeit gem. § 2a Abs. 1 Nr. 4 ArbGG geht, ist der Arbeitgeber nur dann zu hören und nur dann Beteiligter, wenn er es entweder eingeleitet hat oder es um den Abschluss eines Firmentarifvertrages geht, § 2a Abs. 1 Nr. 4 ArbGG.

957 – Nach Eröffnung eines **Insolvenzverfahrens** tritt der Insolvenzverwalter in die betriebsverfassungsrechtliche Stellung des Gemeinschuldners ein und ist damit als Arbeitgeber Beteiligter im Verfahren (*BAG* 17.9.1974 EzA § 113 BetrVG 1972 Nr. 1).

958 – Wird ein Betrieb im Laufe eines anhängigen Beschlussverfahrens auf einen **neuen Inhaber** übertragen, wird dieser Arbeitgeber und damit Beteiligter des anhängigen Verfahrens (*BAG* 5.2.1991 EzA § 613a BGB Nr. 93).

959 – In **personalvertretungsrechtlichen Streitigkeiten** tritt an die Stelle des Arbeitgebers **die Dienststelle**, die die streitige Maßnahme tatsächlich zu treffen hat, treffen will oder getroffen hat. Sie und nicht der Rechtsträger, der sie errichtet hat, ist Beteiligter im Beschlussverfahren (*GMP* § 83 Rz. 42).

960 – In betriebsverfassungsrechtlichen Streitigkeiten bei den **Stationierungsstreitkräften** ist für den Arbeitgeber die Dienststelle oder Behörde der Truppe oder des zivilen Gefolges beteiligt (*LAG Rheinland-Pfalz* 12.8.1991 – 10 TaBV 17/91 – n. v.). Nach Abs. 10 des Unterzeichnungsprotokolls zu Art. 56 Abs. 9 ZA-NTS beteiligt sich die BRD im Namen der Dienststelle an dem Verfahren auf Ersuchen der Truppe. Die US-amerikanischen Streitkräfte haben z. B. insofern bereits 1964 die BRD generell damit beauftragt, sie im Beschlussverfahren zu vertreten. Sie tritt damit in Beschlussverfahren als Vertreterin und nicht wie im Urteilsverfahren als Prozessstandschafterin auf.

961 – **Arbeitnehmer** sind Beteiligte nach § 83 Abs. 3 ArbGG, wenn sie nach materiellem Recht durch die Entscheidung unmittelbar in ihrer betriebsverfassungsrechtlichen oder mitbestimmungsrechtlichen Stellung betroffen werden (*BAG*

27.5.1982 EzA § 83 ArbGG 1979 Nr. 1). Dies ist zum einen der Fall, wenn ein Arbeitnehmer selbst Antragsteller ist, zum anderen wenn er durch eine Entscheidung unmittelbar betroffen wird, z. B. bei der Frage, ob er leitender Angestellter ist und sich damit nicht an einer Betriebsratswahl beteiligen darf (*BAG* 23.1.1986 EzA § 233 ZPO Nr. 7). In Rechtsstreitigkeiten bezüglich der Zulässigkeit personeller Einzelmaßnahmen, z. B. nach § 99 BetrVG, sind die betroffenen Arbeitnehmer hingegen nicht beteiligt (*BAG* 27.5.1982 EzA § 83 ArbGG 1979 Nr. 1), denn eine § 103 Abs. 2 BetrVG vergleichbare Regelung fehlt bei den sonstigen personellen Einzelmaßnahmen. Ebenfalls nicht beteiligt ist ein Arbeitnehmer in einem Verfahren nach § 85 Abs. 2 BetrVG über die Berechtigung einer von ihm vorgebrachten Beschwerde (*BAG* 28.6.1984 EzA § 85 BetrVG 1972 Nr. 1) oder in einem Rechtsstreit, in dem es um das Recht des Betriebsrats geht, in Gehaltslisten der Arbeitnehmer Einsicht nehmen zu dürfen (*LAG Hamm* 16.3.1979 EzA § 83 ArbGG 1979 Nr. 31).

– Der **Betriebsrat, Personalrat** oder der **Sprecherausschuss** ist dann Beteiligter, wenn es um Streitigkeiten über Umfang und Grenzen seiner Mitwirkungs- und Mitbestimmungsrechte geht oder um ihn selbst, z. B. ob seine Wahl ordnungsgemäß war, seine Zusammensetzung, um Befugnisse des Betriebsratsvorsitzenden, um die Ersetzung von Kosten der Betriebsratstätigkeit etc. (*GMP* § 83 Rz. 52). Gehen im Laufe des Verfahrens die umstrittenen Beteiligungsrechte auf ein anderes Organ über, wird dieses Beteiligter (*BAG* 18.10.1988 EzA § 83 ArbGG 1979 Nr. 8). Löst sich der Betriebsrat auf, behält er ein Restmandat über die Beendigung seiner Amtszeit hinaus (*BAG* 16.6.1987 EzA § 111 BetrVG 1972 Nr. 20).

– Für die Beteiligung von **Gesamt-, Konzernbetriebsräten oder eines Gesamtsprecherausschusses** gelten die gleichen Grundsätze (*GMP* § 83 Rz. 56).

– Einzelne **Organmitglieder** sind außer im Verfahren auf Ersetzung der Zustimmung nach § 103 Abs. 2 BetrVG immer dann beteiligt, wenn über ihre betriebsverfassungsrechtlichen Rechte gestritten wird, z. B. bei der Frage der Ersetzung von Schulungskosten für ein Betriebsratsmitglied (*BAG* 28.1.1975 EzA § 37 BetrVG 1972 Nr. 2) oder in einem Wahlanfechtungsverfahren, in dem es um den Verlust ihrer Mitgliedschaft im Organ gehen kann (*BAG* 12.10.1976 EzA § 8 BetrVG 1972 Nr. 2), oder wenn es um den Ausschluss eines Betriebsratsmitgliedes aus dem Betriebsrat geht, § 23 Abs. 1 BetrVG.

– Die **Jugend- und Auszubildendenvertretung** ist Beteiligte in den Verfahren nach § 87a Abs. 4 BetrVG bzw. § 9 Abs. 4 BPersVG, darüber hinaus immer dann, wenn es um ihre Befugnisse, ihre Rechtsstellung oder ihren Bestand geht.

– Ob der **Wirtschaftsausschuss** als Hilfsorgan des Betriebsrats selbst Beteiligter eines Verfahrens sein kann, ist im Einzelnen noch nicht geklärt. Das BAG hat dies bejaht, wenn Rechte gegen den Wirtschaftsausschuss geltend gemacht werden (*BAG* 5.11.1985 EzA § 117 BetrVG 1972 Nr. 2), verneint, wenn es um die Frage ging, ob ein Wirtschaftsausschuss überhaupt zu bilden ist (*BAG* 8.3.1983 EzA § 118 BetrVG 1972 Nr. 24), offen gelassen, wenn es um seine Geschäftsführung und Aufgaben ging (*BAG* 18.7.1978 EzA § 108 BetrVG 1972 Nr. 3).

– Eine **Einigungsstelle** kann nicht Beteiligte eines Beschlussverfahrens sein, auch wenn es um die Wirksamkeit eines von ihr gefällten Spruches geht (*BAG* 31.8.1982 EzA § 87 BetrVG 1972 Arbeitszeit Nr. 13).

– Ein **Wahlvorstand** kann Beteiligter sein, wenn es im Laufe des Wahlverfahrens um einzelne Wahlhandlungen oder Maßnahmen des Wahlvorstandes geht

(*BAG* 25.9.1988 EzA § 1 BetrVG 1972 Nr. 6). Im Verfahren auf Bestellung eines Wahlvorstandes hingegen sind die vorgeschlagenen Mitglieder nicht beteiligt (*BAG* 6.12.1977 EzA § 118 BetrVG 1972 Nr. 16). In Wahlanfechtungsverfahren ist der Wahlvorstand ebenfalls nicht Beteiligter, selbst wenn es um Mängel seiner Bestellung oder Amtsführung geht (*BAG* 14.1.1983 EzA § 81 ArbGG 1979 Nr. 1).

968 – **Gewerkschaften** können Beteiligte sein, wenn sie selbst aufgrund einer gesetzlichen Bestimmung das Beschlussverfahren als Antragsteller in Gang gebracht haben, z. B. gem. § 23 Abs. 1 BetrVG. Ob sie darüber hinaus immer dann auch Beteiligte sind, wenn ihnen ein Antragsrecht zustehen würde, sie selber aber nicht der Antragsteller sind, ist strittig. In Wahlanfechtungsverfahren sind sie nur dann Beteiligte, wenn sie selber von ihrem Anfechtungsrecht Gebrauch gemacht haben (*BAG* 19.9.1985 EzA § 19 BetrVG 1972 Nr. 22). Nicht beteiligt sind sie in Rechtsstreitigkeiten, in denen ihnen kein Antragsrecht zusteht, z. B. wenn Arbeitgeber und Betriebsrat über das Bestehen von Mitbestimmungsrechten (*BAG* 24.4.1979 EzA Art. 9 GG Arbeitskampf Nr. 34) oder um die Wirksamkeit einer Betriebsvereinbarung streiten (*BAG* 9.2.1984 EzA § 77 BetrVG 1972 Nr. 13).

969 – **Arbeitgeberverbände** können niemals Beteiligte eines Beschlussverfahrens sein, da ihnen das BetrVG keine eigene betriebsverfassungsrechtliche Rechtsposition einräumt. Soweit ein Arbeitgeber zu Betriebsversammlungen einen Vertreter des Arbeitgeberverbandes hinzuzieht, handelt es sich um eine Frage des eigenen Rechts des Arbeitgebers, nicht des Rechts des Verbandes (*BAG* 19.5.1978 EzA § 46 BetrVG 1972 Nr. 2).

ff) Fehlerhafte Beteiligung

970 Beteiligt das Gericht am Verfahren Personen oder Stellen, die nach materiellem Recht nicht Beteiligte sind, liegt ein Verfahrensfehler vor. Er kann dadurch behoben werden, dass künftig diese Personen oder Stellen nicht mehr am Verfahren beteiligt werden. Der Streit hierüber kann im Wege eines Zwischenbeschlusses nach § 303 ZPO entschieden werden. Legt der materiell nicht Beteiligte hiergegen ein Rechtsmittel ein, ist er im Verfahren über sein Rechtsmittel selbst Beteiligter.

971 Der Verfahrensfehler in der ersten Instanz hat keine Relevanz, da das LAG das Verfahren selbst zu entscheiden hat und nicht wegen eines Verfahrensfehlers zurückverweisen kann, § 91 Abs. 1 S. 2 ArbGG. Eine Rechtsbeschwerde nach § 92 ArbGG zum BAG im Fall der Beteiligung eines Nichtbeteiligten im Verfahren beim LAG führt nur dann zur Aufhebung des Beschlusses, wenn er auf dem Verfahrensfehler beruht.

972 Werden Personen oder Stellen nicht beteiligt, obwohl sie nach materiellem Recht Beteiligter sind, liegt ebenfalls ein Verfahrensfehler vor (*BAG* 20.2.1986 EzA § 63 BetrVG 1972 Nr. 2). Für die Zukunft kann dieser Fehler dadurch geheilt werden, dass die betreffende Person oder Stelle nunmehr beteiligt wird. Der Beschluss des LAG beruht auf dem Verfahrensfehler, wenn die Beteiligung des bislang nicht Beteiligten zu einer weiteren Sachaufklärung und ggf. zu einer anderen Entscheidung hätte führen können.

gg) Der Anhörungstermin

973 Im Anhörungstermin ist den Beteiligten vor der Kammer die Möglichkeit zu geben, den Sachverhalt aus ihrer Sicht zu schildern. Damit wird der Anspruch auf recht-

liches Gehör gewahrt. Der Anhörungstermin ist öffentlich, §§ 80 Abs. 2, 52 ArbGG. Die Anhörung der Beteiligten beginnt mit der Stellung der Anträge, § 137 Abs. 1 ZPO, §§ 46 Abs. 2, 80 Abs. 2 ArbGG. Über den Anhörungstermin ist ein Protokoll zu fertigen, § 159 ZPO.

Bleiben Beteiligte aus, ist die Pflicht zur Anhörung durch das Gericht gewahrt, sofern die Beteiligten ordnungsgemäß geladen wurden, § 83 Abs. 4 S. 2 ArbGG. Haben diese sich vorher schriftlich geäußert, sind die Äußerungen für die Entscheidung heranzuziehen und ggf. im Anhörungstermin mit den erschienenen Beteiligten zu erörtern. 974

Haben Beteiligte ihr Ausbleiben im Verhandlungstermin entschuldigt und zuvor nicht von der Möglichkeit der schriftlichen Stellungnahme bei gleichzeitigem Verzicht auf eine Teilnahme an der mündlichen Anhörung Gebrauch gemacht, ist der Anhörungstermin zu verschieben. Im Anhörungstermin ist eine etwa notwendig werdende Beweisaufnahme durchzuführen, § 83 Abs. 4 S. 1 ArbGG. 975

f) Beendigungsmöglichkeiten des erstinstanzlichen Beschlussverfahrens

aa) Antragsrücknahme

Bis zur Entscheidung der ersten Instanz, d. h. auch noch nach dem Anhörungstermin und evtl. durchgeführter Beweisaufnahme, kann der Antragsteller seinen Antrag **ohne Zustimmung sonstiger Beteiligter** zurücknehmen, § 81 Abs. 2 S. 1 ArbGG (s. o. L/Rz. 929). 976

bb) Vergleich

§ 83 Abs. 1 ArbGG sieht vor, dass die Beteiligten das Verfahren ganz oder zum Teil durch einen Vergleichsabschluss erledigen können, **soweit sie über den Gegenstand des Verfahrens verfügen können**. Besteht eine solche Verfügungsmöglichkeit, soll das Gericht nach den §§ 80 Abs. 2 i. V. m. 57 Abs. 2 ArbGG auf eine gütliche Erledigung des Verfahrens hinwirken. Dies gilt auch für das Beschwerde- und Rechtsbeschwerdeverfahren, §§ 90 Abs. 2, 95 Abs. 4 ArbGG. 977

Mit Vergleichsabschluss ist das Verfahren beendet, sofern er zur Niederschrift des Gerichts oder des Vorsitzenden geschlossen wird, §§ 160 Abs. 3 Nr. 1, 162 Abs. 1 ZPO. **Eines Einstellungsbeschlusses durch das Gericht bedarf es in diesem Fall nicht mehr.** Bereits ergangene nicht rechtskräftige Entscheidungen werden ohne besondere Aufhebung wirkungslos. Etwas anderes gilt bei einem außergerichtlichen Vergleichsabschluss. Diesem kommt keine verfahrensbeendende Wirkung zu. Entweder bedarf es hierfür noch einer Antragsrücknahme oder einer Erledigungserklärung der Beteiligten. Bei einem gerichtlich protokollierten Vergleich handelt es sich um einen Vollstreckungstitel, § 85 Abs. 1 S. 1 ArbGG. 978

Strittig ist, ob der Vergleich von allen am Verfahren Beteiligten geschlossen werden muss (so *GMP* § 83a Rz. 5) oder nur von den unmittelbar Beteiligten, d. h. vom Antragsteller und dem Antragsgegner (so *Grunsky* § 83a Rz. 3). Folgt man der letzteren Meinung kommt dem Vergleich noch keine verfahrensbeendende Wirkung zu. Die sonstigen Beteiligten sind vom Gericht aufzufordern, mitzuteilen, ob sie dem Vergleichsabschluss zustimmen. Hierzu bedarf es einer ausdrücklichen Zustimmung, § 83a Abs. 3 S. 3 ArbGG findet insofern keine Anwendung. 979

Die Verfügungsbefugnis der Beteiligten über den Streitgegenstand bestimmt sich nach materiellem Recht. Sie liegt grds. bei vermögensrechtlichen Streitigkeiten 980 vor, z. B. einem Streit über die Erstattung von dem Betriebsrat entstandenen Kosten oder Schulungskosten. Nicht der Verfügungsbefugnis der Beteiligten unterliegt ein Streitgegenstand, der sich auf die Organisation der Betriebsverfassung an sich bezieht, z. B. ob einem Arbeitnehmer ein aktives oder passives Wahlrecht zusteht oder ob eine Betriebsratswahl wirksam war oder nicht. Bei Streitigkeiten über Mitbestimmungs- und sonstige Beteiligungsrechte können die Beteiligten im konkreten Mitbestimmungsfall eine vergleichsweise Regelung treffen, für künftige Fälle jedoch nicht auf gesetzlich bestehende Mitbestimmungsrechte verzichten.

981 Die Verfügungsbefugnis des Arbeitgebers ist insofern weitergehend, als er einer Erweiterung der Mitbestimmungsrechte gegenüber dem Betriebsrat in einem gerichtlichen Vergleich zustimmen kann (*Schaub* ArbGVerf § 58 Rz. 66).

982 Fehlt es an einer Verfügungsbefugnis der Beteiligten, ist der Vergleich unwirksam. Strittig ist, ob das Gericht dennoch zu einer Protokollierung verpflichtet ist, wenn die Verfahrensbeteiligten trotz Hinweises darauf bestehen. Aufgrund der Verfügungsbefugnis der Beteiligten über das Verfahren wird es hierzu verpflichtet sein (*GMP* § 83a Rz. 10). Im Vergleichsabschluss liegt gleichzeitig die Erklärung der Beteiligten, dass der Vergleich das Verfahren erledigt. Einer solchen übereinstimmenden Erledigungserklärung kann das Gericht nicht entgegentreten und auch nicht prüfen, ob das Verfahren tatsächlich erledigt ist. Allerdings muss das Verfahren noch vom Vorsitzenden eingestellt werden (s. u. L/Rz. 983). Ein Streit über die Wirksamkeit des Vergleiches ist daher im noch anhängigen Verfahren zu entscheiden (*BAG* 25.6.1981 EzA § 794 ZPO Nr. 15).

cc) Erledigungserklärung der Beteiligten

983 Nach § 83a Abs. 1 ArbGG können die Parteien das Verfahren übereinstimmend für erledigt erklären. Gem. § 83a Abs. 2 ArbGG hat der Kammervorsitzende sodann das Verfahren einzustellen und den Beteiligten hiervon Mitteilung zu machen. **Anders als ein wirksamer Vergleichsschluss führt eine übereinstimmende Erledigungserklärung daher noch nicht automatisch zu einer Beendigung des Verfahrens.** Mit dem Einstellungsbeschluss, der selbst der Beschwerde nach § 87 ArbGG unterliegt (*LAG Rheinland-Pfalz* 25.6.1982 EzA § 92 ArbGG 1979 Nr. 1), endet das Verfahren und werden bereits ergangene Entscheidungen wirkungslos.

984 Eine übereinstimmende Erledigungserklärung ist, anders als im Urteilsverfahren, auch dann möglich, wenn kein erledigendes Ereignis nach Rechtshängigkeit eingetreten ist. Der Vorsitzende nimmt insofern keine Überprüfung vor (*GMP* § 83a Rz. 14).

985 Die Erledigungserklärung können die Beteiligten bis zur Rechtskraft eines Beschlusses abgeben. Streitig ist, ob alle Beteiligten einer Erledigungserklärung zustimmen müssen (so *GMP* § 83a Rz. 12), oder ob es genügt, wenn der Antragsteller und der Antragsgegner die Erklärungen abgeben (so *Schaub* ArbGVerf. § 58 Rz. 73).

986 Anders als bei einem verfahrensbeendenden Vergleich setzt eine Erledigungserklärung der Beteiligten nicht voraus, dass sie über den Verfahrensgegenstand verfügen können. Erledigungserklärungen kommen rein prozessuale Wirkungen zu,

durch die materielle Rechte nicht verloren gehen können. Auch nach Einstellung des Verfahrens können die Beteiligten oder Dritte die Streitsache erneut anhängig machen.

Hat nur der Antragsteller eine Erledigungserklärung abgegeben, § 83a Abs. 3 S. 3 ArbGG, hat der Vorsitzende die übrigen Beteiligten aufzufordern, mitzuteilen, ob sie der Erledigung zustimmen. Tun sie dies nicht in einer eingeräumten Frist, die mindestens zwei Wochen dauern muss, **gilt ein Schweigen als Zustimmung**. Auf diese Rechtsfolgen ihres Schweigens sind sie hinzuweisen. Im Fall einer Zustimmung oder mit Fristablauf ist das Verfahren vom Vorsitzenden einzustellen, da von einer übereinstimmenden Erledigungserklärung auszugehen ist. Stimmen einige Beteiligte der Erledigung nicht zu, ist zu prüfen, ob in der Erledigungserklärung des Antragstellers gleichzeitig auch eine Rücknahme des Antrags gesehen werden kann, sodass das Verfahren nach § 81 Abs. 2 S. 2 ArbGG einzustellen ist. **987**

Lässt sich eine Antragsrücknahme nicht aus der Erledigungserklärung des Antragstellers entnehmen, hat das Gericht zu prüfen, ob tatsächlich ein erledigendes Ereignis eingetreten ist. **Nicht zu überprüfen ist hingegen, ob, wie im Urteilsverfahren, das Verfahren ursprünglich zulässig und begründet war** (*BAG* 26.4.1990 EzA § 83a ArbGG 1979 Nr. 1). Wird eine Erledigung nicht festgestellt, ist über den Antrag in der Sache zu entscheiden; wird sie festgestellt, ist das Verfahren einzustellen (*BAG* 10.2.1999 EzA § 83a ArbGG 1979 Nr. 5). **988**

Die Erledigungserklärung eines anderen Beteiligten als des Antragstellers ist für sich genommen ohne Bedeutung und nur Anlass zu prüfen, ob tatsächlich ein erledigendes Ereignis vorliegt. Ist dies der Fall, fehlt es am Rechtsschutzinteresse, sodass der Antrag als unzulässig abzuweisen ist (*BAG* 23.1.1988 EzA § 233 ZPO Nr. 7). **989**

dd) Verfahrensbeendender Beschluss

Das Gericht entscheidet gem. § 84 ArbGG durch Beschluss, welcher schriftlich abzufassen und entsprechend § 60 ArbGG zu verkünden ist. Über § 60 ArbGG finden die §§ 300 ff. ZPO entsprechend Anwendung. Er ergeht unter Mitwirkung der ehrenamtlichen Richter. **990**

Sofern nur über einen Teil der Anträge entschieden werden kann, über andere noch weitere Aufklärung betrieben werden muss, können Teilbeschlüsse entsprechend § 301 ZPO ergehen. Möglich sind auch Beschlüsse über den Grund des geltend gemachten Anspruches nach § 304 ZPO, Zwischenbeschlüsse nach § 280 ZPO über Zulässigkeitsfragen und Anerkenntnis- oder Verzichtsbeschlüsse entsprechend §§ 306, 307 ZPO. **991**

aaa) Form/Inhalt

Der Beschluss ist schriftlich niederzulegen, § 84 Abs. 2 ArbGG, in der ersten Instanz alleine vom Vorsitzenden zu unterschreiben, § 60 Abs. 4 S. 1 ArbGG. Sein notwendiger Inhalt ergibt sich aus § 313 ZPO. Regelmäßig wird er in der Begründung mit »Gründen« überschrieben, anstatt mit Tatbestand und Entscheidungsgründe, wobei unter I. der Gründe der Tatbestand und unter II. die Entscheidungsgründe abgefasst werden. Ein Verzicht auf die Gründe gem. § 313 Abs. 1 ZPO kommt nicht in Betracht, da jeder Beschluss mit der Beschwerde anfechtbar ist, es sei denn alle Beteiligten verzichten auf die Einlegung von Rechtsmitteln. **992**

L. Urteils- und Beschlussverfahren

993 Dem Beschluss ist keine Kostenentscheidung beizufügen, da gerichtliche Gebühren und Auslagen nach § 12 Abs. 5 ArbGG im Beschlussverfahren nicht erhoben werden. Da es sich nicht um ein Parteiverfahren handelt, bestimmt sich die Erstattung außergerichtlicher Kosten eines oder mehrerer Beteiligter rein nach materiellem Recht. Sofern der Antragsteller oder sonstige Beteiligte **außergerichtliche Kosten** haben, z. B. durch die Hinzuziehung eines Rechtsanwalts, **kann beantragt werden, festzustellen, wem die Kostenlast materiell obliegt**, z. B. dem Arbeitgeber nach § 40 Abs. 1 BetrVG bei Kosten eines beteiligten Betriebsrats. **Hierbei handelt es sich um einen eigenen Sachantrag, der auch im laufenden Verfahren erhoben werden kann.** Ansonsten können die entstandenen Kosten auch betragsmäßig beziffert in einem besonderen Beschlussverfahren geltend gemacht werden.

994 Einer **Streitwertfestsetzung bedarf es in einem Beschluss ebenfalls nicht.** § 84 ArbGG verweist nicht auf § 61 Abs. 1 ArbGG. Für eine Streitwertfestsetzung besteht auch kein Bedürfnis, da weder die Zuständigkeit des Gerichts noch die Rechtsmittelfähigkeit der Entscheidung vom Streitwert abhängig ist.

995 Sofern ein Beteiligter durch einen Rechtsanwalt vertreten wird, dessen Gebühren sich nach dem Gegenstandswert des Verfahrens berechnen, kann Gegenstandswertfestsetzung nach § 10 Abs. 1 BRAGO beantragt werden (vgl. *Bertelsmann* FA 2001, 141 ff.). Die Überprüfung dieses Beschlusses in der Beschwerdeinstanz kann nach Ansicht des LAG Nürnberg nur auf Ermessensfehler hin erfolgen (*LAG* Nürnberg 7.4.1999 FA 1999, 329).

Beispiele:
- **Arbeitnehmereigenschaft** gem. § 5 BetrVG: Hilfswert nach § 8 Abs. 2 BRAGO (*LAG Hamm* 5.12.1985 zit. nach GK-ArbGG/*Wenzel* § 12 Rz. 292).
- **Außerordentliche Kündigung, Zustimmungsersetzungsverfahren** nach § 103 BetrVG: § 12 Abs. 7 ArbGG analog (*LAG Nürnberg* 2.4.1991 LAGE § 12 ArbGG 1979 Streitwert Nr. 90; *LAG Düsseldorf* 11.5.1999 FA 1999, 330); **a. A.** Hilfswert § 8 Abs. 2 BRAGO (*LAG Schleswig-Holstein* 20.5.1997 LAGE § 8 BRAGO Nr. 35).
- **Ausschluss von Betriebsratsmitgliedern** gem. § 23 BetrVG: § 12 Abs. 7 ArbGG analog (*LAG Hamm* 7.3.1980 LAGE § 8 BRAGO Nr. 2); zwei Bruttomonatsgehälter (*LAG Düsseldorf* 11.5.1999 FA 1999, 330).
- **Betriebsstätten:** Streit, ob ein Betrieb mit mehreren Betriebsstätten vorliegt und damit mehrere Betriebsräte zu wählen sind: Regelwert nach § 8 Abs. 2 BRAGO × Multiplikationsfaktor, der sich aus den Stufen des § 9 BetrVG ergibt (*LAG Bremen* 12.5.1999 LAGE § 8 BRAGO Nr. 43).
- **Betriebsratswahl,** Anfechtung: 72 000 DM (jetzt ca. 36 000 Euro) bei 15 Betriebsratsmitgliedern (*LAG Bremen* 11.4.1988 LAGE § 8 BRAGO Nr. 5); ein Mitglied 9 000 DM (ca. 4 500 Euro), für jedes weitere Mitglied i. d. R. Erhöhung um 1 500 DM (ca. 750 Euro) (*LAG Rheinland-Pfalz* 30.3.1992 NZA 1992, 667); 15 Betriebsratsmitglieder 40 000 DM (ca. 20 000,- Euro) (*LAG Nürnberg* 7.4.1999 FA 1999, 329).
- **Betriebsratswahl,** Feststellung der Selbstständigkeit von Betriebsteilen: doppelter Hilfswert nach § 8 Abs. 2 BRAGO bis 20 Arbeitnehmern im Betriebsteil, dreifacher bis 50 Arbeitnehmer (*LAG Köln* 24.2.1989 LAGE § 8 BRAGO Nr. 11); je nach wirtschaftlicher Bedeutung auch darüber (*BAG* 21.10.1998 – 1 ABR 21/ 98 –).

4. Das Beschlussverfahren in zweiter Instanz

a) Eröffnung der zweiten Instanz

aa) Beschwerdefähige Entscheidungen
Nach § 87 ArbGG kann gegen alle Beschlüsse des ArbG, die das Verfahren in erster **1005** Instanz beenden, unabhängig vom Streitwert Beschwerde eingelegt werden. Gemeint sind die Beschlüsse nach § 84 ArbGG, nicht etwa die Beschlüsse und Verfügungen des Vorsitzenden oder des ArbG, welche im Laufe des Verfahrens vor dem ArbG ergangen sind, das Verfahren jedoch nicht beendet haben. Diese Beschlüsse sind nach den §§ 83 Abs. 5, 78 ArbGG, mit der in der ZPO geregelten sofortigen Beschwerde gem. §§ 567 ff. ZPO anfechtbar.
Nicht beschwerdefähig sind Beschlüsse des ArbG nach § 126 InsO (§ 126 Abs. 2 S. 2 **1006** i. V. m. § 122 Abs. 3 InsO).
Anfechtbar sind nach § 87 ArbGG auch Teil- und Zwischenbeschlüsse, soweit ent- **1007** sprechende Urteile im Urteilsverfahren nach den §§ 280 Abs. 2, 302 Abs. 3 und 304 Abs. 2 ZPO selbstständig mit Rechtsmitteln anfechtbar sind. Im Unterschied zum Urteilsverfahren kann auch ein über den Grund des Anspruchs ergangener Beschluss nach § 304 ZPO selbstständig angefochten werden, da § 61 Abs. 3 ArbGG im Beschlussverfahren keine Anwendung findet.

bb) Anzuwendende Vorschriften
Für das Beschwerdeverfahren gelten neben den §§ 87 bis 91 ArbGG nach § 87 Abs. 2 **1008** ArbGG weitgehend die Vorschriften über die Berufung im Urteilsverfahren entsprechend. Gem. § 64 Abs. 6 ArbGG sind ergänzend die Vorschriften der ZPO anwendbar.

cc) Einlegung der Beschwerde
Die Beschwerdeschrift ist beim LAG einzureichen, § 87 Abs. 2, § 64 Abs. 6 ArbGG **1009** i. V. m. § 519 Abs. 2 ZPO. Die Einlegung beim ArbG wahrt keine Frist da die Beschwerde erst dann wirksam eingelegt ist, wenn sie an das LAG weitergeleitet worden ist.

dd) Beschwerdebefugnis
Die Beschwerde ist nur zulässig, wenn der Beschwerdeführer beschwerdebefugt ist. **1010** **Dies sind grds. alle Beteiligten, die durch die Entscheidung des ArbG in ihrer betriebsverfassungs-, personalvertretungs- oder mitbestimmungsrechtlichen Rechtsstellung unmittelbar betroffen** sind (*BAG* 19.11.1985 EzA § 2 TVG Nr. 15). Fordert eine gesetzliche Bestimmung, z. B. § 23 Abs. 1 BetrVG, eine bestimmte Min- **1011** destzahl von Antragstellern, so ist jeder Antragsteller für sich beschwerdebefugt. Die Frage, ob genügend Antragsteller die Beschwerde eingelegt haben, betrifft die Zulässigkeit bzw. Unzulässigkeit des gestellten Antrags (*BAG* 12.2.1985 EzA § 19 BetrVG 1972 Nr. 21). Ist ein Organ Beteiligter, ist es immer in seiner jeweiligen Zusammensetzung Beteiligter und damit beschwerdebefugt, z. B. ist immer der Betriebsrat beschwerdebefugt, der im Zeitpunkt der Einlegung im Amt ist (*LAG Hamm* 4.2.1977 EzA § 23 BetrVG 1972 Nr. 5).
Beteiligte, die am Verfahren vor dem ArbG irrtümlich nicht beteiligt worden sind, **1012** sind beschwerdebefugt (*BAG* 10.9.1985 EzA § 117 BetrVG 1972 Nr. 1), Personen oder Stellen, die irrtümlich im erstinstanzlichen Beschlussverfahren beteiligt worden sind, hingegen nicht (*BAG* 13.3.1984 EzA § 83 ArbGG 1979 Nr. 2). Sie werden auch

L. Urteils- und Beschlussverfahren

nicht dadurch beschwerdebefugt, dass sie in einer Rechtsmittelbelehrung über das Recht zur Einlegung der Beschwerde belehrt wurden (*BAG* 20.2.1986 EzA § 5 BetrVG 1972 Nr. 45).

1013 Daneben muss der Beschwerdeführer durch die angefochtene Entscheidung auch **materiell beschwert sein.** Beim Antragsteller ergibt sich dies daraus, ob seinem Antrag stattgegeben worden ist oder nicht. Eine Beschwer liegt noch nicht dann vor, wenn ihm aus anderen Gründen als ursprünglich geltend gemacht, im Ergebnis Recht gegeben worden ist (*GMP* § 89 Rz. 7).

1014 Bezüglich der übrigen Beteiligten ergibt sich eine materielle Beschwer daraus, ob sie durch den Inhalt der Entscheidung in einer Rechtsposition nachteilig betroffen sind. Eine Beschwer kann insofern auch dann vorliegen, wenn der gestellte Antrag als unzulässig, anstatt als unbegründet abgewiesen worden ist (*BAG* 29.9.1985 NZA 1986, 400).

ee) Form und Frist der Beschwerdeeinlegung

1015 Die Beschwerdeschrift muss schriftlich eingereicht und von einem Rechtsanwalt oder einem Verbandsvertreter nach § 11 Abs. 2 S. 2 ArbGG unterzeichnet werden, § 89 Abs. 1 ArbGG. **Dieses Erfordernis besteht nur für die Einreichung der Beschwerdeschrift. Im Verfahren selbst können sich alle Beteiligten auch selbst vertreten, da § 87 Abs. 2 S. 2 ArbGG für die Vertretung lediglich auf § 11 Abs. 1 ArbGG verweist.**

1016 In der Beschwerdeschrift muss der Beschluss bezeichnet sein, gegen den die Beschwerde eingelegt wird. Darüber hinaus muss er die Erklärung enthalten, dass gegen ihn die Beschwerde eingelegt werden soll, sowie der Beschwerdeführer angegeben sein (*BAG* 23.7.1975 AP Nr. 31 zu § 518 ZPO). Die übrigen Beteiligten brauchen nicht mit ladungsfähiger Anschrift angegeben zu werden. Das LAG hat sie im Zweifel selbstständig zu ermitteln (*BAG* 16.9.1986 EzA § 518 ZPO Nr. 31).

1017 **Beispiel 1:**
An das LAG Hessen ...

Beschwerde

In dem Beschlussverfahren
des
- Klaus Apfel ...,   – Beteiligter zu 1
- Berta Schmidt ... und   – Beteiligter zu 2
- Claudia Cecilius ...   – Beteiligter zu 3
                                                        – Antragsteller –

Verfahrensbevollmächtigte: ...
weitere Beteiligte:
- der Betriebsrat der Fa. Luft GmbH, vertreten durch seinen Vorsitzenden ...
                                                        – Antragsgegner und Beteiligter zu 4 –
erstinstanzlich vertreten durch ...
- die Fa. Luft GmbH, vertreten durch ihren Geschäftsführer ...
                                                        – Beteiligter zu 5 –
wegen Wahlanfechtung
lege ich namens und mit Vollmacht der Antragsteller gegen den Beschluss des Arbeitsgerichts ... vom ... Aktz: ..., zugestellt am ...

Beschwerde ein.
Die Begründung bleibt einem gesonderten Schriftsatz vorbehalten.

(Unterschrift)

Die Beschwerdeschrift muss innerhalb der Beschwerdefrist nach § 87 Abs. 2 i. V. m. § 66 Abs. 1 S. 1 ArbGG, **d. h. binnen eines Monats nach Zustellung des in vollständiger Form abgefassten Beschlusses, spätestens fünf Monate nach Verkündung, nach den § 84 ArbGG, § 517 ZPO eingelegt werden** (zur Problematik einer fehlenden oder falschen Rechtsmittelbelehrung nach § 9 Abs. 5 ArbGG s. o. L/Rz. 469 ff.). Da es sich bei der Beschwerdefrist um eine Notfrist handelt, § 517 ZPO, ist sie nicht verlängerbar. Es kann bei ihrer schuldlosen Versäumung Wiedereinsetzung in den vorherigen Stand beantragt werden, §§ 87 Abs. 2, 64 Abs. 6 ArbGG i. V. m. § 230 ff. ZPO. 1018

Die Beschwerde muss binnen zwei Monaten nach Zustellung des Beschlusses begründet werden, §§ 87 Abs. 2, 66 Abs. 1 S. 2 ArbGG. **Die Beschwerdebegründungsfrist kann nach § 66 Abs. 1 S. 5 ArbGG verlängert werden.** Sie muss von einem Rechtsanwalt oder einem Verbandsvertreter i. S. d. § 11 Abs. 2 S. 2 ArbGG unterzeichnet sein. Im Übrigen gelten die gleichen formalen Voraussetzungen wie für die Berufungsbegründungsschrift (s. o. L/Rz. 611 ff.). 1019

Spätestens in der Beschwerdebegründung muss der Beschwerdeantrag gestellt werden, zumindest muss er sich aus ihr ergeben. Nach § 89 Abs. 2 S. 2 ArbGG muss ferner angegeben werden, auf welche Beschwerdegründe, sowie auf welche neuen Tatsachen die Beschwerde gestützt wird. **Allein die Bezugnahme auf das Vorbringen in der ersten Instanz reicht nicht aus. Der Gesetzgeber fordert eine ausführliche Auseinandersetzung mit der angefochtenen Entscheidung.** Die Beschwerde kann nicht damit begründet werden, es seien Mängel im Verfahren bei der Berufung der ehrenamtlichen Richter zu verzeichnen bzw. das ArbG habe zu Unrecht im Beschlussverfahren entschieden bzw. seine Zuständigkeit zu Unrecht angenommen, §§ 88, 65 ArbGG. 1020

Beispiel 2: 1021
An das LAG Hessen ...
In dem Verfahren ...
(Rubrum wie bei Beispiel 1).
... wird beantragt zu erkennen:
Der Beschluss des ArbG ... vom ... Aktz.: ..., zugestellt am ... wird aufgehoben und die Betriebsratswahl vom ... wird für unwirksam erklärt.
Gründe:
I ... (Sachverhalt)
II ... (Prozessgeschichte)
III ... (Materielle Begründung)

(Unterschrift)

ff) Rechtswirkungen der Einlegung der Beschwerde
Der Einlegung der Beschwerde kommt ein Devolutiv- und ein Suspensiveffekt zu, § 87 Abs. 3 ArbGG. Dies gilt auch dann, wenn sie sich später als unzulässig oder unbegründet erweisen sollte. Lediglich in vermögensrechtlichen Streitigkeiten findet ein Suspensiveffekt nicht statt, §§ 87 Abs. 3, 85 Abs. 1 S. 2 ArbGG. 1022

gg) Anschlussbeschwerde
Auch im Beschlussverfahren ist eine Anschlussbeschwerde zulässig, § 524 ZPO, §§ 87 Abs. 2 i. V. m. 64 Abs. 6 ArbGG (*BAG* 12.1.1988 EzA § 87 BetrVG 1972 Arbeitszeit 1023

Nr. 26). Sie kann nur von einem beschwerdebefugten Beteiligten eingelegt werden. Es gelten im Übrigen die Ausführungen zur Anschlussberufung entsprechend (s. o. L/Rz. 631 ff.).

b) Entscheidung über die Zulässigkeit der Beschwerde

1024 Das LAG entscheidet grds. über die Zulässigkeit der Beschwerde in seinem verfahrensbeendenden Beschluss nach § 91 ArbGG, der aufgrund einer mündlichen Anhörung ergeht. Nach § 89 Abs. 3 ArbGG kann es die Beschwerde, wenn sie nicht form- oder fristgerecht eingereicht worden ist, ohne mündliche Verhandlung als unzulässig verwerfen. **Die Entscheidung ist in diesem Fall endgültig und nicht anfechtbar** (*BAG* 25.7.1989 EzA § 89 ArbGG 1979 Nr. 2). Sie ergeht durch die Kammer unter Einschluss der ehrenamtlichen Richter. Wird die Beschwerde nach § 89 Abs. 3 ArbGG verworfen, ist der Beschluss dem Beschwerdeführer zuzustellen und den Beteiligten, an die die Beschwerdeschrift bereits zugestellt wurde, mitzuteilen.

1025 § 522 Abs. 2 und 3 ZPO finden keine Anwendung, § 89 Abs. 3 S. 4 ArbGG.

1026 Darüber hinaus wird vertreten, dass das vereinfachte Verfahren nach § 89 Abs. 3 ArbGG auch beim Vorliegen anderer formeller Gründe, die zur Unzulässigkeit der Beschwerde führen, angewendet werden kann, z. B. wenn der Beschwerdeführer zuvor schon wirksam auf die Einlegung der Beschwerde verzichtet hat oder eine Beschwerdefähigkeit nicht vorliegt (*GMP* § 89 Rz. 46). Diese Ansicht erscheint bedenklich, da der Verwerfungsbeschluss nach § 89 Abs. 3 ArbGG endgültig ist, eine Rechtsbeschwerde an das BAG nicht möglich ist, wohingegen dies gegen verfahrensbeendende Beschlüsse nach § 91 ArbGG ggf. der Fall ist. Eine extensive Auslegung des Wortlauts des § 89 Abs. 3 ArbGG führt damit zu einer gesetzlich nicht vorgesehenen Rechtsmittelverkürzung.

1027 Wird die Beschwerde wegen nicht eingehaltener Form oder Frist nach mündlicher Verhandlung durch Beschluss verworfen, ist diese Entscheidung ebenfalls nicht anfechtbar sondern endgültig, selbst wenn das LAG die Rechtsbeschwerde zu Unrecht zugelassen hat (*BAG* 28.8.1969 AP Nr. 11 zu § 92 ArbGG 1953).

Kommt das LAG zum Ergebnis, die Beschwerde ist form- und fristgerecht eingelegt worden, kann es dies durch Zwischenbeschluss ausdrücklich feststellen; regelmäßig geschieht dies jedoch nicht, sondern erst in den Gründen des verfahrensbeendenden Beschlusses nach § 91 ArbGG.

c) Der weitere Verfahrensablauf

aa) Vorbereitung des Anhörungstermins

1028 Nach Eingang der Beschwerdeschrift und der Beschwerdebegründung stellt der Kammervorsitzende diese den Beteiligten zu, § 90 Abs. 1 S. 2 ArbGG, und räumt ihnen Gelegenheit zur Äußerung ein. Diese kann entweder durch einen Schriftsatz oder durch Erklärung zur Niederschrift der Geschäftsstelle des ArbG, das den angefochtenen Beschluss erlassen hat, erfolgen, § 90 Abs. 1 ArbGG. Von der Zustellung der Beschwerdeschrift kann abgesehen werden, wenn bereits feststeht, dass die Beschwerde als unzulässig zu verwerfen ist.

1029 Die Setzung einer Frist zur Äußerung erscheint sinnvoll. Ihre Versäumung durch einen Beteiligten führt nach § 83 Abs. 1a ArbGG zur Zurückweisung seines Vorbringens als verspätet, wenn die Zulassung die Erledigung des Verfahrens verzögern würde und er die Verzögerung nicht entschuldigen kann (s. o. L/Rz. 943). Für die

schriftsätzliche Äußerung der Beteiligten besteht kein Vertretungszwang, §§ 87 Abs. 2, 11 Abs. 1 ArbGG.
Bezüglich des weiteren Verfahrens enthält das ArbGG keine Vorschriften. In § 90 Abs. 2 ArbGG wird insofern auf das erstinstanzliche Verfahren und dort auf die §§ 83, 83a ArbGG verwiesen. Es ist daher alsbald Termin zur Anhörung der Beteiligten zu bestimmen, § 64 Abs. 6 ArbGG, § 523 Abs. 1 ZPO, wozu diese zu laden sind. Die Ladungsfrist beträgt zwei Wochen, §§ 523 Abs. 2, 274 Abs. 3 ZPO. 1030

bb) Antragsänderung
Eine Antragsänderung ist auch noch im Beschwerdeverfahren zulässig, §§ 87 Abs. 2 S. 3, 81 Abs. 3 ArbGG. Es gelten die gleichen Grundsätze wie im erstinstanzlichen Verfahren (s. o. L/Rz. 931 ff.). Die Entscheidung des LAG über ihre Zulassung ist unanfechtbar. 1031

cc) Der Anhörungstermin
Das Verfahren im Anhörungstermin entspricht dem des erstinstanzlichen Verfahrens, § 90 Abs. 2 ArbGG (s. o. L/Rz. 973 ff.). **Eine Zurückweisung von neuem Vorbringen, welches in der ersten Instanz nicht vorgebracht worden ist, ist unter den Voraussetzungen des § 87 Abs. 3 ArbGG nunmehr möglich.** 1032
Beschlüsse und Verfügungen während des Verfahrens sind nach § 90 Abs. 3 ArbGG nicht rechtsmittelfähig. Hierunter sind nur verfahrensleitende Beschlüsse, nicht die abschließende Entscheidung nach § 91 ArbGG, zu verstehen. 1033

d) Beendigungsmöglichkeiten

aa) Antragsrücknahme
Auch noch in der zweiten Instanz ist eine Antragsrücknahme möglich, § 87 Abs. 2 S. 3 ArbGG, **allerdings nur mit Zustimmung aller Beteiligten** (str. so *Schaub* ArbGVerf § 59 Rz. 14; **a. A.** *Grunsky* § 87 Rz. 30, der die Zustimmung des Antragsgegners genügen lässt). Sinn und Zweck des Zustimmungserfordernisses ist es, dass sich der Antragsteller nicht mehr einseitig dem Verfahren entziehen kann, nachdem das ArbG über den Antrag bereits entschieden hat (*BAG* 10.6.1986 EzA § 80 BetrVG 1972 Nr. 26). Die Zustimmung der sonstigen Beteiligten muss ausdrücklich erklärt werden. 1034
Der Kammervorsitzende hat das Verfahren einzustellen und den Beteiligten hiervon Mitteilung zu machen (s. o. L/Rz. 976). Der angefochtene Beschluss des ArbG wird gem. § 269 Abs. 2 ZPO wirkungslos, was auf Antrag eines Beteiligten vom Gericht auszusprechen ist. 1035

bb) Beschwerderücknahme/Beschwerdeverzicht
Bis zur rechtskräftigen Entscheidung des LAG kann die Beschwerde zurückgenommen werden, § 89 Abs. 4 ArbGG. Geschieht dies schriftlich, muss ein Rechtsanwalt oder Verbandsvertreter den Schriftsatz unterschreiben. Die Beschwerde kann allerdings auch von den Beteiligten selbst mündlich zu Protokoll im Anhörungstermin zurückgenommen werden. **Einer Zustimmung sonstiger Beteiligter bedarf es nicht.** Als Prozesshandlung ist sie unwiderruflich. 1036
Wird die Beschwerde zurückgenommen, hat der Vorsitzende das Verfahren durch Beschluss einzustellen. Ob es sich hierbei nur um einen deklaratorischen und damit 1037

L. Urteils- und Beschlussverfahren

unanfechtbaren Beschluss handelt oder ob mit ihm erst die Rechtshängigkeit beendet wird, ist streitig (s. o. L/Rz. 976).

1038 Jeder Beteiligte kann entsprechend § 515 ZPO darauf verzichten, gegen den Beschluss der ersten Instanz Beschwerde einzulegen. Wird der Verzicht erst gegenüber dem Beschwerdegericht erklärt, bedarf er der sich aus § 89 Abs. 1 ArbGG ergebenden Form oder er ist zu Protokoll im Anhörungstermin zu erklären. Bei der Erklärung handelt es sich um eine unwiderrufliche Prozesshandlung, die eine dennoch eingelegte Beschwerde unzulässig macht.

cc) Vergleich, Erledigung der Hauptsache

1039 Gem. §§ 90 Abs. 3, 83a ArbGG kann das Verfahren durch Vergleich oder Erledigungserklärung beendet werden (*BAG* 27.8.1996 EzA § 83a ArbGG 1979 Nr. 4).

dd) Beschluss

1040 Über die Beschwerde entscheidet das LAG durch Beschluss, § 91 Abs. 1 ArbGG. § 522 Abs. 2 und 3 ZPO ist dabei nicht anwendbar, § 89 Abs. 3 ArbGG. **Eine Zurückverweisung des Verfahrens an das ArbG ist unzulässig.** Er ist schriftlich niederzulegen, d. h. mit Tatbestand und Entscheidungsgründen zu versehen, die üblicherweise unter der Überschrift Gründe I und II niedergeschrieben werden, sodann von allen Mitgliedern der Kammer zu unterzeichnen, § 91 Abs. 2 ArbGG. Wie in der ersten Instanz bedarf es keiner Festsetzung des Streitwerts und keiner Kostenentscheidung (s. o. L/Rz. 992 ff.).

Im Übrigen finden die gleichen Vorschriften der ZPO auf die formelle Gestaltung des Beschlusses Anwendung, wie sie für das Berufungsurteil gelten (s. o. L/Rz. 661 ff.).

1041 Im Tenor der Entscheidung ist auszusprechen, ob die Rechtsbeschwerde zugelassen wird. Eine Zulassung erst in den Gründen reicht nach § 64 Abs. 3a ArbGG, der über §§ 92 Abs. 1, 72 Abs. 1 S. 2 ArbGG Anwendung findet, nicht mehr aus (s. o. L/Rz. 677 ff.).

1042 Lässt das LAG die Rechtsbeschwerde zu, ist dem Beschluss eine Rechtsmittelbelehrung nach § 9 Abs. 5 ArbGG beizulegen. Wird die Rechtsbeschwerde nicht zugelassen, bedarf es keiner Rechtsmittelbelehrung über die Möglichkeit der Einlegung der Nichtzulassungsbeschwerde, da es sich hierbei nur um einen Rechtsbehelf und nicht um ein Rechtsmittel handelt (*BAG* 1.4.1980 EzA § 72a ArbGG 1979 Nr. 11). Für die Verkündung gilt das Gleiche wie für die Verkündung des Berufungsurteils, §§ 91 Abs. 2, 69 Abs. 1 S. 2 ArbGG (s. o. L/Rz. 678 f.).

5. Das Rechtsbeschwerdeverfahren

a) Statthaftigkeit

1043 Das Rechtsbeschwerdeverfahren ist statthaft, wenn es im Beschluss des LAG nach § 91 ArbGG zugelassen worden ist oder aufgrund einer Nichtzulassungsbeschwerde nach § 92a ArbGG vom BAG selbst zugelassen wird oder im Fall der Zulassung im Beschluss des ArbG, bei Vorliegen der Voraussetzungen einer Sprungrechtsbeschwerde, § 96a ArbGG.

Nicht statthaft ist die Rechtsbeschwerde gegen Beschlüsse des LAG nach §§ 89 Abs. 3, 1044
90 Abs. 3 und 98 Abs. 2 ArbGG, **selbst wenn das LAG sie für statthaft erklärt** hat
(*BAG* 26.7.1989 EzA § 89 ArbGG 1979 Nr. 3).

aa) Zulassung durch das LAG
Das LAG hat die Rechtsbeschwerde gem. § 92 Abs. 1 S. 2 ArbGG in den Fällen zuzu- 1045
lassen, in denen es im Fall des Ausspruchs eines Urteils im Urteilsverfahren die Revision zulassen müsste (s. o. L/Rz. 676 ff.).
Die Zulassungsentscheidung muss grds. im Tenor des Beschlusses erfolgen (s. o. 1046
L/Rz. 679).

bb) Zulassung aufgrund Nichtzulassungsbeschwerde
Die Nichtzulassungsbeschwerde nach § 92a ArbGG entspricht der Regelung der 1047
Nichtzulassungsbeschwerde im Urteilsverfahren, § 72a ArbGG, allerdings mit einer
Ausnahme. Die **Grundsatzbeschwerde** ist nach § 92a S. 1, 2. Hs. ArbGG nur dann
zulässig, wenn es sich um eine Streitigkeit nach § 2a Abs. 1 Nr. 4 ArbGG handelt,
d. h. wenn Streitgegenstand des Verfahrens eine Streitigkeit über die Tariffähigkeit
oder Tarifzuständigkeit einer Vereinigung ist (*BAG* 23.10.1991 NZA 1992, 186).
Eine Nichtzulassungsbeschwerde wegen grundsätzlicher Bedeutung in betriebsverfassungs- und personalvertretungsrechtlichen Streitigkeiten ist nicht zulässig
(*BAG* 19.6.1984 EzA § 92a ArbGG 1979 Nr. 2). Neben der Grundsatzbeschwerde gibt
es, wie bei der Nichtzulassungsbeschwerde nach § 72a ArbGG, **die Divergenzbeschwerde** (s. o. L/Rz. 728 ff.).
Die Nichtzulassungsbeschwerde muss von einem Rechtsanwalt eingelegt und be- 1048
gründet werden. Im übrigen Verfahren und für die übrigen Beteiligten gilt kein Vertretungszwang.
Gegen die Nichtzulassung der Rechtsbeschwerde nach §§ 126, 122 Abs. 3 InsO ist 1049
eine Nichtzulassungsbeschwerde nicht statthaft (*BAG* 14.8.2001 – 2 ABN 20/01 –).

cc) Zulassung durch das ArbG
Gegen den das Verfahren beendenden Beschluss des ArbG kann unter Übergehung 1050
der Beschwerdeinstanz unmittelbar Rechtsbeschwerde zum BAG eingelegt werden,
wenn die übrigen Beteiligten schriftlich zustimmen und wenn sie vom ArbG **wegen
grundsätzlicher Bedeutung** der Rechtssache auf Antrag im verfahrensbeendenden
Beschluss oder nachträglich durch gesonderten Beschluss zugelassen wird, § 96a
Abs. 1 S. 1 ArbGG.

> Anders als bei der Sprungrevision und der Nichtzulassungsbeschwerde kommt es 1051
> nicht auf den Streitgegenstand an, sondern lediglich darauf, dass die Rechtsbeschwerde wegen grundsätzlicher Bedeutung der Rechtssache zugelassen wird.
> Sie ist daher in allen Rechtsstreitigkeiten, in denen im Beschlussverfahren entschieden wird, möglich.

Grds. sind alle Beteiligten des Verfahrens antragsberechtigt. Der Antrag kann bereits 1052
vor oder während des erstinstanzlichen Verfahrens oder aber auch erst nach Verkündung der Entscheidung binnen einer Notfrist von einem Monat nach Zustellung des
in vollständiger Form abgefassten Beschlusses schriftlich gestellt werden. Die übrigen
Beteiligten müssen dem Antrag zustimmen. Wird der Antrag erst nach Verkündung
des Beschlusses gestellt, muss die Zustimmungserklärung der übrigen Beteiligten be-

reits dem Zulassungsantrag an das ArbG beigefügt werden. Sie kann von den Beteiligten selbst gefertigt werden, sie muss schriftlich erfolgen. Ein Vertretungszwang besteht nicht.

1053 Wird der Antrag bereits während des Verfahrens gestellt, entscheidet die Kammer des ArbG unter Einschluss der ehrenamtlichen Richter in seinem Beschluss über den Zulassungsantrag, richtigerweise bereits im Tenor. Bei einem nachträglich gestellten Antrag entscheidet der Vorsitzende gem. § 53 Abs. 1 ArbGG allein.

1054 Der die Sprungrechtsbeschwerde zulassende Beschluss ist für das BAG bindend, § 96a Abs. 2 i. V. m. § 76 Abs. 2 S. 2 ArbGG. Wird der Antrag auf Zulassung der Sprungrechtsbeschwerde abgelehnt, ist die Entscheidung unanfechtbar, § 96a Abs. 2 i. V. m. § 76 Abs. 2 S. 3 ArbGG. Im Übrigen findet über § 96 a Abs. 2, § 76 Abs. 2 und Abs. 3 bis 6 ArbGG Anwendung (s. o. L/Rz. 771 ff.).

b) Vertretung der Beteiligten

1055 Die Parteien können sich auch vor dem BAG im **Rechtsbeschwerdeverfahren selbst vertreten, § 92 Abs. 2 S. 2 i. V. m. § 11 Abs. 1 ArbGG.**

c) Einlegung und Begründung der Rechtsbeschwerde

1056 Form und Inhalt der Rechtsbeschwerde bestimmen sich nach den §§ 94, 92 Abs. 2, 74 Abs. 1, 72 Abs. 5 ArbGG i. V. m. §§ 548 ff. ZPO, für die Anschlussbeschwerde § 554 ZPO.

aa) Rechtsbeschwerdebefugnis

1057 Jeder beschwerte Beteiligte des Verfahrens ist berechtigt, Rechtsbeschwerde einzulegen. Insofern gelten die gleichen Grundsätze wie für die Beschwerdebefugnis bei Einlegung der Beschwerde nach § 87 ArbGG (s. o. L/Rz. 1010 ff.).

bb) Form

1058 Die Rechtsbeschwerde muss schriftlich eingelegt werden, § 549 Abs. 1 ZPO, wobei in der Rechtsbeschwerdeschrift der Beschluss bezeichnet werden muss, gegen den die Rechtsbeschwerde gerichtet ist und die Erklärung enthalten sein muss, dass gegen diesen Beschluss die Rechtsbeschwerde eingelegt wird, § 94 Abs. 2 S. 1 ArbGG. Sie muss von einem Rechtsanwalt unterzeichnet sein, allein die Unterschrift eines Verbandsvertreters genügt nicht.

1059 **Beispiel 1:**
An das BAG ...

Rechtsbeschwerde

In dem Beschlussverfahren
des
– Karl Apfel ..., – Beteiligter zu 1
– Berta Pflug ... und – Beteiligter zu 2
– Claudia Cecilius ... – Beteiligter zu 3
– Antragsteller –
Verfahrensbevollmächtigte: ...
weitere Beteiligte:
– der Betriebsrat der Fa. Luft GmbH, vertreten durch seinen Vorsitzenden ...
– Antragsgegner und Beteiligter zu 4 –
erstinstanzlich vertreten durch ...

– die Fa. Luft GmbH, vertreten durch ihren Geschäftsführer ...
– Beteiligter zu 5 –
wegen Wahlanfechtung
lege ich namens und mit Vollmacht der Antragsteller gegen den Beschluss des LAG ... vom ... Aktz: ..., zugestellt am ...

Rechtsbeschwerde ein.
Die Begründung bleibt einem gesonderten Schriftsatz vorbehalten.
(Unterschrift)

Im gleichen oder in einem folgenden Schriftsatz muss die Rechtsbeschwerde begründet werden, § 551 Abs. 1 ZPO. Auch die Begründungsschrift muss von einem Rechtsanwalt unterzeichnet und angegeben sein, inwieweit die Abänderung des angefochtenen Beschlusses beantragt wird, welche Bestimmungen verletzt sein sollen und worin die Verletzung bestehen soll, § 94 Abs. 2 S. 2 ArbGG. Es gelten im Übrigen die Vorschriften über die Revisionsbegründung bezüglich Form, Inhalt und Fristen entsprechend (s. o. L/Rz. 788 ff.). 1060

Die Rechtsbeschwerde kann nicht auf Verfahrensmängel i. S. d. § 65 ArbGG gestützt werden, § 93 Abs. 2 ArbGG (s. o. L/Rz. 795 ff.), sondern nur darauf, dass der angefochtene Beschluss auf **der Nichtanwendung oder unrichtigen Anwendung einer Rechtsnorm beruht**, § 93 Abs. 1 ArbGG. Die vom Beschwerdeführer gem. § 94 Abs. 2 ArbGG geforderte Auseinandersetzung mit den Beschlussgründen geht dabei über die Anforderungen an eine Revisionsbegründung nach § 551 Abs. 3 ZPO hinaus. 1061

Wird die Verletzung von Verfahrensvorschriften gerügt, gilt § 551 Abs. 3 Nr. 2 b ZPO entsprechend. Wird die Verletzung der Amtsaufklärungspflicht gerügt, muss im Einzelnen in der Begründungsschrift aufgezeigt werden, welche weiteren Tatsachen von der Vorinstanz hätten aufgeklärt werden müssen, welche Beweismittel hätten herangezogen werden können und weswegen dies das Beschwerdegericht hätte von sich aus durchführen müssen. Wird gerügt, ein notwendig zu Beteiligender sei zu Unrecht nicht beteiligt worden, bedarf es allerdings keiner weiteren Darlegung darüber, dass die Beschwerdeentscheidung bei Hinzuziehung des Beteiligten anders ausgefallen wäre (*BAG* 10.2.1986 EzA § 64 BetrVG 1972 Nr. 2). 1062

Die Beschwerde kann grds. nicht auf neue Tatsachen gestützt werden (*BAG* 24.7.1990 EzA § 2 TVG Tarifzuständigkeit Nr. 2). 1063

cc) **Rechtswirkung**
Die Einlegung der Rechtsbeschwerde hat aufschiebende Wirkung, § 92 Abs. 3 ArbGG. **Als Rechtsmittel kommt ihr ein Suspensiv- und ein Devolutiveffekt zu.** Hiervon unberührt bleibt die Vollstreckbarkeit von Beschlüssen in vermögensrechtlichen Streitigkeiten, §§ 92 Abs. 3 S. 2, 85 Abs. 1 S. 2, 62 Abs. 1 S. 2 und 3 ArbGG. Auf Antrag kann das BAG nach § 85 Abs. 1 S. 3 ArbGG i. V. m. § 719 Abs. 2 ZPO die Zwangsvollstreckung vorläufig einstellen. 1064

L. Urteils- und Beschlussverfahren

dd) Anschlussrechtsbeschwerde

1065 Nach §§ 92 Abs. 2, 72 Abs. 5 ArbGG i. V. m. § 554 ZPO ist eine Anschlussrechtsbeschwerde zulässig (*BAG* 11.7.1990 AP Nr. 9 zu Art. 56 ZA-NTS). Der sich anschließende Beteiligte muss binnen eines Monats nach Zustellung der Rechtsbeschwerdebegründung Anschlussrechtsbeschwerde einlegen. **Bereits im Einlegungsschriftsatz ist sie zu begründen,** § 554 Abs. 3 S. 1 ZPO. Es genügt allerdings, wenn die Begründung noch innerhalb der Frist nachgereicht wird (*GMP* § 94 Rz. 19).

1066 Die Anschließung verliert ihre Wirkung, wenn die Rechtsbeschwerde zurückgenommen oder als unzulässig verworfen wird, § 554 Abs. 4 ZPO.

d) Entscheidung über die Zulässigkeit der Rechtsbeschwerde

1067 Das BAG prüft bei Einlegung der Rechtsbeschwerde, ob sie statthaft und in der gesetzlichen Form und Frist eingelegt und begründet worden ist. Fehlt es an einem dieser Voraussetzungen, wird die Rechtsbeschwerde als unzulässig verworfen, was nach § 94 Abs. 2 S. 3 i. V. m. § 74 Abs. 2 S. 3 ArbGG durch Beschluss des Senats ohne Hinzuziehung der ehrenamtlichen Richter und auch ohne mündliche Verhandlung geschehen kann. Gem. §§ 94 Abs. 2 S. 3, 74 Abs. 2 ArbGG, § 552 ZPO gelten dieselben Unwirksamkeitsgründe wie bei der Revision (s. o. L/Rz. 802 ff.).
Der Verwerfungsbeschluss ist allen Beteiligten – auch dem Beschwerdeführer – formlos mitzuteilen, § 329 Abs. 2 ZPO.

e) Der weitere Verfahrensablauf

aa) Vorbereitungshandlung des Senatsvorsitzenden

1068 Nach Eingang der Rechtsbeschwerde und ihrer Begründung sind die Schriftsätze allen Beteiligten zuzustellen, es sei denn die Rechtsbeschwerde ist als unzulässig zu verwerfen.

1069 Sie sind zur Äußerung aufzufordern, § 95 Abs. 1 ArbGG. Dies hat durch Einreichung von Schriftsätzen beim BAG zu erfolgen oder durch Erklärung zur Niederschrift der Geschäftsstelle des LAG, das den angefochtenen Beschluss erlassen hat. Geht innerhalb der gesetzten Frist keine Äußerung ein, steht dies dem Fortgang des Verfahrens nicht entgegen, d. h. der Anspruch auf rechtliches Gehör ist gewahrt und es kann in der Sache entschieden werden.

1070 **Sodann ist darüber zu befinden, ob im schriftlichen Verfahren, was die Regel ist, oder nach mündlicher Anhörung der Beteiligten entschieden werden soll.** Insofern kommt dem BAG ein Wahlrecht zu (*BAG* 22.10.1985 EzA § 99 BetrVG 1972 Nr. 44). Sofern eine mündliche Anhörung ausnahmsweise erfolgen soll, ist der Termin festzusetzen und den Beteiligten durch förmliche Zustellung mitzuteilen, ansonsten ist der Termin festzusetzen, an dem das BAG ohne mündliche Verhandlung im schriftlichen Verfahren entscheiden wird.
Die Ladungsfrist beträgt nach §§ 92 Abs. 2 S. 1, 77 Abs. 5 ArbGG i. V. m. §§ 553, 274 Abs. 3 ZPO mindestens zwei Wochen.

bb) Verfahrensgegenstand

1071 Verfahrensgegenstand ist die angefochtene Entscheidung des LAG. Diese ist vom BAG im Rahmen der gestellten Anträge zu überprüfen, § 557 Abs. 1 ZPO. **Eine Antragsänderung ist in der Rechtsbeschwerdeinstanz grds. nicht zulässig** (*BAG* 10.4.1984 EzA § 81 ArbGG 1979 Nr. 5), da § 92 Abs. 2 ArbGG nicht auf § 81 Abs. 3 ArbGG verweist. Im Einzelfall wird aus prozessökonomischen Gründen allerdings eine Antrags-

änderung dann, wenn sie sich auch auf den vom Beschwerdegericht bereits festgestellten Sachverhalt bezieht, zugelassen (*BAG* 5.11.1985 EzA § 98 BetrVG 1972 Nr. 2).
Das BAG ist nicht an die in der Antrags- oder Antragsbegründungsschrift genannten Rechtsbeschwerdegründe gebunden, § 557 Abs. 3 ZPO. **1072**
Verfahrensmängel dürfen nur dann überprüft werden, wenn sie in der vorgeschriebenen Weise gerügt worden sind, es sei denn es handelt sich um von Amts wegen zu berücksichtigende Verfahrensmängel, wie z.B. die Frage der Zulässigkeit der Beschwerde an sich, der Antragsbefugnis des Antragstellers oder des Bestehens oder Fortbestehens eines Rechtsschutzinteresses des Antragstellers, § 557 Abs. 3 S. 2 ZPO. **1073**
Der Amtsermittlungsgrundsatz, § 83 ArbGG, findet im Rechtsbeschwerdeverfahren keine Anwendung. Es werden keine neuen Tatsachen ermittelt, sondern auf der Grundlage der Tatsachenermittlung des LAG die Richtigkeit des erlassenen Beschlusses überprüft. **1074**
Bezüglich der tatsächlichen Entscheidungsgrundlagen ist das BAG an das Vorbringen der Parteien, wie es sich aus der Beschwerdeentscheidung des LAG bzw. dem Sitzungsprotokoll ergibt, gebunden (§ 559 ZPO). Neues tatsächliches Vorbringen kann nur ausnahmsweise dann berücksichtigt werden, wenn es unstreitig ist, wenn es das Bestehen bzw. Weiterbestehen des Rechtsschutzinteresses betrifft (*BAG* 23.1.1986 EzA § 5 BetrVG 1972 Nr. 7) oder wenn sich die Hauptsache tatsächlich erledigt hat (*GMP* § 96 Rz. 13). **1075**

f) Beendigung des Verfahrens

aa) Unstreitige Beendigung
Der Antragsteller kann seinen Antrag auf **Einleitung des Beschlussverfahrens** auch noch in der Rechtsbeschwerdeinstanz **mit Zustimmung der anderen Beteiligten** zurücknehmen. Die Zustimmung muss ausdrücklich erfolgen. Stimmen alle Beteiligten der Antragsrücknahme zu, hat der Senatsvorsitzende das Verfahren einzustellen und den Beteiligten von der Einstellung Mitteilung zu machen (zu den Rechtswirkungen s. o. L/Rz. 1034 ff.). **1076**
Nach § 94 Abs. 3 ArbGG kann die Rechtsbeschwerde jederzeit in der für **ihre Einlegung vorgeschriebenen Form zurückgenommen werden.** Es gilt im Übrigen das Gleiche, wie bei der Rücknahme der Beschwerde (s. o. L/Rz. 1036 ff.). **1077**
Auch im Rechtsbeschwerdeverfahren kann das Verfahren, wie im Revisionsverfahren, durch einen Vergleich oder eine übereinstimmende Erledigungserklärung beendet werden (§§ 92 Abs. 2, 72 ff. ArbGG). **1078**

bb) Verfahrensbeendender Beschluss
Bezüglich der Verwerfung der Rechtsbeschwerde vergleiche die Ausführungen o. L/Rz. 1067 ff. **1079**
Nach § 96 ArbGG i. V. m. §§ 562, 563 ZPO ergeht die Entscheidung des BAG über die Rechtsbeschwerde durch Beschluss. Es gelten die für das Revisionsverfahren dargestellten Grundsätze entsprechend (s. o. L/Rz. 862 ff.).

L. Urteils- und Beschlussverfahren

6. Beschlussverfahren in besonderen Fällen

a) Entscheidung über die Tariffähigkeit und Tarifzuständigkeit einer Vereinigung

1080 In § 97 ArbGG sind einige Sonderregelungen für Beschlussverfahren aufgeführt, in denen über die Tariffähigkeit oder die Tarifzuständigkeit einer Vereinigung gestritten wird, § 2a Abs. 1 Nr. 4 ArbGG (s. o. K/Rz. 303 ff.).

aa) Streitgegenstand

1081 § 97 ArbGG stellt klar, dass es sich dabei um ein ordentliches Beschlussverfahren i. S. d. §§ 80 ff. ArbGG handelt und nicht um ein eigenes besonderes Verfahren neben dem Urteils- und Beschlussverfahren. Der Streitgegenstand besteht darin, dass entweder streitig ist, ob eine Arbeitnehmer- oder Arbeitgebervereinigung eine Vereinigung i. S. d. § 2 TVG ist, mithin Tarifverträge mit normativer Wirkung für ihre Mitglieder abschließen kann (vgl. GK-ArbGG/*Leinemann* § 97 Rz. 9 bis 11), oder ob es einer unstreitig tariffähigen Vereinigung gem. der in ihrer Satzung geregelten Befugnisse zusteht, Tarifverträge für einen bestimmten räumlichen, betrieblich-fachlichen und persönlichen Geltungsbereich abzuschließen (*BAG* 19.11.1985 EzA § 2 TVG Nr. 15; *BAG* 22.11.1988 EzA § 2 TVG Tarifzuständigkeit Nr. 1). Der Streit muss nicht notwendig zwischen den sozialen Gegenspielern erwachsen sein. Er kann z. B. auch zwischen mehreren Gewerkschaften entstehen, wenn es um ihre Tarifzuständigkeit geht (*GMP* § 97 Rz. 6).

1082 Streitig ist, ob nach § 97 ArbGG auch ein Streit über die Tariffähigkeit oder **Tarifzuständigkeit von Handwerksinnungen oder Innungsverbänden** zu entscheiden ist, welche nach § 54 Abs. 3 Nr. 1 und § 82 Nr. 3 HandWO kraft Gesetzes tariffähig sind (so GK-ArbGG/*Leinemann* § 97 Rz. 33; *GMP* § 97 Rz. 5).

bb) Einleitung des Verfahrens

1083 Das Beschlussverfahren nach § 97 ArbGG wird nur auf Antrag eingeleitet. **Antragsberechtigt** sind zum einen die **in § 97 Abs. 1 ArbGG genannten Vereinigungen von Arbeitnehmern und Arbeitgebern**, sofern sie räumlich und sachlich nach ihrer Satzung zuständig sind. Die antragstellende Vereinigung muss selbst tariffähig sein. Sofern die Vereinigungen ihre Spitzenorganisation nach § 2 Abs. 2, 3 TVG zum Abschluss von Tarifverträgen ermächtigt haben oder dies zu ihren satzungsmäßigen Aufgaben gehört, sind auch sie antragsbefugt (GK-ArbGG/*Leinemann* § 97 Rz. 21).

1084 Die **oberste Arbeitsbehörde des Bundes** ist antragsbefugt, wenn sich die Tätigkeit der Vereinigung, um die es bei dem Rechtsstreit geht, über das Gebiet eines Landes hinaus erstreckt, andernfalls ist dies die **oberste Arbeitsbehörde des betreffenden Landes**.

1085 Ein **einzelner Arbeitgeber** kann antragsberechtigt sein, wenn die Tarifzuständigkeit oder -fähigkeit einer Gewerkschaft streitig ist, die als tariflicher Gegenspieler gerade des einzelnen Arbeitgebers auftritt, z. B. wenn es um den Abschluss eines Firmentarifvertrags geht. Hingegen ist eine Feststellungsklage einer Gewerkschaft über den Geltungsbereich eines Tarifvertrags auch gegenüber einem einzelnen Arbeitgeber unzulässig (*BAG* 10.5.1989 EzA § 256 ZPO Nr. 32).

1086 Antragsberechtigt sind weiter die Parteien derjenigen Verfahren, die nach § 97 Abs. 5 ArbGG ausgesetzt werden müssen (s. u. L/1093 ff.).

1087 Schließlich kann jeder einen Antrag nach § 97 ArbGG stellen, der grds. nach § 81 ArbGG antragsberechtigt ist, d. h. jede Person, Stelle oder Vereinigung, die bei einer Entscheidung über die Tariffähigkeit oder die Tarifzuständigkeit der Vereinigung in

ihrer rechtlichen Stellung betroffen sein würde. Darunter fällt insbesondere die Vereinigung selbst, um deren Tariffähigkeit oder Tarifzuständigkeit gestritten wird (*BAG* 25.1.1986 EzA § 2 TVG Nr. 17).
Bezüglich der **übrigen Beteiligten** am Verfahren nach § 97 gelten die §§ 81 ff. ArbGG entsprechend (s. o. L/Rz. 955 ff.).

Betroffene Vereinigungen können sich durch ihre Spitzenorganisation vertreten lassen, z. B. DGB, DAG, BDA (*BAG* 25.1.1986 EzA § 2 TVG Nr. 17). Dies ist sinnvoll, da andernfalls je nach dem Umfang des Zuständigkeitsbereiches der umstrittenen Vereinigung eine Vielzahl von Einzelvereinigungen beteiligt werden müssten (a. A. GK-ArbGG/*Leinemann* § 97 Rz. 38 ff.). 1088

cc) Rechtsschutzinteresse
Dem Antragsteller muss ein rechtliches Interesse an der Feststellung der Tariffähigkeit oder Tarifzuständigkeit der betroffenen Vereinigung zukommen. Ein solches fehlt z. B., wenn die Tariffähigkeit des antragstellenden Verbandes unumstritten ist oder wenn zwei dem deutschen Gewerkschaftsbund angehörige Gewerkschaften um ihre jeweilige Tarifzuständigkeit streiten. Im letzteren Falle sieht die Satzung des DGB in den §§ 15, 16 ein eigenes Schiedsverfahren vor (GK-ArbGG/*Leinemann* § 97 Rz. 46). 1089

dd) Örtliche Zuständigkeit
Nach § 97 ArbGG ist das ArbG örtlich zuständig, in dessen Bezirk die Vereinigung, deren Tariffähigkeit oder -zuständigkeit umstritten ist, ihren Sitz oder ihre Verwaltung hat. 1090

ee) Verfahrensablauf

aaa) Anwendbarkeit der Bestimmungen über das Beschlussverfahren
Gem. § 97 Abs. 2 ArbGG sind die §§ 80 bis 96 a ArbGG, mit Ausnahme des § 85 ArbGG, da eine Zwangsvollstreckung in einem Verfahren nach § 97 ArbGG, in dem nur Feststellungsanträge gestellt werden können, nicht denkbar ist, entsprechend anwendbar. 1091

bbb) Rechtsmittel
Die Entscheidungen des ArbG sind mit der Beschwerde nach § 87 ArbGG anfechtbar (s. o. L/Rz. 1005 ff.). Gegen die Entscheidung des LAG ist die Rechtsbeschwerde zwar nicht generell kraft Gesetzes zulässig, ergibt sich jedoch daraus, dass der Frage der Tarifzuständigkeit bzw. -fähigkeit einer Vereinigung jedenfalls **immer grundsätzliche Bedeutung** zukommen dürfte (s. o. L/Rz. 1043 ff.). 1092

ff) Aussetzung anderer Verfahren
Hängt die Entscheidung eines Rechtsstreits davon ab, ob eine Vereinigung tariffähig oder ob die Tarifzuständigkeit der Vereinigung gegeben ist, muss das Gericht das Verfahren bis zur Erledigung des Beschlussverfahrens nach § 2a Abs. 1 Nr. 4 ArbGG aussetzen, § 97 Abs. 5 S. 1 ArbGG. Dies gilt sowohl für Urteils- als auch für Beschlussverfahren und zwar unabhängig davon, vor welchem Gericht sie geführt werden. Lediglich in Verfahren über einstweilige Verfügungen ist eine Aussetzung nicht erforderlich. 1093

Luczak

L. Urteils- und Beschlussverfahren

1094 **Beispiele:**
- Das ist der Fall, wenn in Individualstreitverfahren um Rechte und Ansprüche aus einem Tarifvertrag gestritten wird, den die umstrittene Vereinigung abgeschlossen hat;
- oder in betriebsverfassungsrechtlichen Streitigkeiten, wenn die Frage der Gewerkschaftseigenschaft einer Vereinigung als Vorfrage dafür geklärt werden muss, ob ihr ein Antragsrecht z. B. nach den §§ 14 Abs. 5, 23 BetrVG zusteht.

1095 Den Gerichten obliegt dabei eine eigenständige Prüfung und ggf. **Aussetzungspflicht.** Anträge seitens der Parteien oder Verfahrensbeteiligten bedarf es nicht.

1096 Das ArbG, welches über die Tariffähigkeit oder Tarifzuständigkeit nach Stellung eines Antrags, z. B. der Parteien des Verfahrens, in dem es zum Aussetzungsbeschluss kam, zu befinden hat, ist an den Aussetzungsbeschluss gebunden (*GMP* § 97 Rz. 13). Es muss nach § 97 ArbGG entscheiden, selbst wenn es selbst der Ansicht sein sollte, der Aussetzungsbeschluss sei fehlerhaft ergangen, z. B. wenn über die Tariffähigkeit der betreffenden Vereinigung bereits eine rechtskräftige Entscheidung vorliegt.

gg) Rechtskraftwirkung

1097 Die Rechtskraft des Beschlusses nach § 97 ArbGG erfasst nicht nur die Beteiligten, sondern **jedermann** (*BAG* 25.11.1986 EzA § 2 TVG Nr. 17).

hh) Übersendungspflicht der Entscheidungen

1098 Die Entscheidungen sind den obersten Arbeitsbehörden des Landes und dem BMA in vollständiger Form in Abschrift zu übersenden, §§ 97 Abs. 3, 63 ArbGG.

b) Entscheidung über die Besetzung der Einigungsstelle

aa) Verfahrensgegenstand

1099 In § 98 ArbGG ist das in § 76 Abs. 2 S. 2 und 3 BetrVG vorgesehene Verfahren zur Bestellung eines Vorsitzenden der Einigungsstelle bzw. der Zahl der Beisitzer einer Einigungsstelle (s. o. I/Rz. 1078 ff.) geregelt. Das Verfahren ist nicht auf die Bestellung bzw. Besetzung einer tariflichen Schlichtungsstelle nach § 76 Abs. 8 BetrVG oder für die nach den PersVG zu bildenden Einigungsstellen entsprechend anwendbar.

bb) Das Bestellungsverfahren

aaa) Antrag

1100 Antragsberechtigt sind die Betriebspartner, die die Einigungsstelle nach den betriebsverfassungsrechtlichen Vorschriften im Einzelfall anrufen können. Aus dem Antrag muss sich ergeben, ob die Bestellung eines Vorsitzenden und/oder die Festsetzung der Zahl der Einigungsstellenmitglieder begehrt wird. Die Benennung einer bestimmten Person für den Vorsitz oder einer bestimmten Zahl von Beisitzern ist nicht erforderlich.

1101 Sofern in der Antragsschrift bereits bestimmte Personen als Einigungsstellenvorsitzende benannt worden sind oder eine bestimmte Anzahl von Beisitzern für erforderlich erachtet wird, handelt es sich nur um unverbindliche Vorschläge (*LAG Hamm* 16.8.1976 EzA § 76 BetrVG 1972 Nr. 7; **a. A.** GK-ArbGG/*Leinemann* § 98 Rz. 42, 43). Der Antragsteller hat keinen Anspruch darauf, dass die von ihm ge-

L. Urteils- und Beschlussverfahren

wünschte Person Einigungsstellenvorsitzender wird, auch wenn sie die nötige Sachkunde und Unparteilichkeit aufweist. Ansonsten bestünde die Gefahr des Wettlaufes der Antragstellung zwischen den Betriebspartnern an das ArbG, wenn sie sich nicht auf eine bestimmte Person geeinigt haben. Sofern das Gericht entgegen den Anträgen der Beteiligten einen Dritten als Vorsitzenden bestellen möchte, hat es die Beteiligten vorher anzuhören (*LAG München* 31.1.1989 LAGE § 98 ArbGG 1979 Nr. 14).

Der Antrag muss begründet werden, wobei im Einzelnen dargelegt werden muss, um welche konkrete Regelungsstreitigkeit es bei der einzuberufenden Einigungsstelle gehen soll (*LAG Düsseldorf* 21.8.1987 NZA 1988, 211; *LAG Hamburg* 10.4.1991 DB 1991, 2195). Nur dann kann das ArbG überprüfen, ob eine Einigungsstelle im konkreten Streitfall überhaupt zuständig sein könnte. Es muss allerdings noch nicht der Inhalt der vom Betriebspartner und Antragsteller gewünschten Regelung mitgeteilt, lediglich die zu regelnde Materie umrissen werden. 1102

Aus der Antragsbegründung muss sich schließlich ergeben, dass eine Einigung trotz vorhergehenden Bemühungen nicht erreicht werden konnte (*LAG Baden-Württemberg* 4.10.1984 NZA 1985, 163). 1103

Beispiel: 1104
ArbG Kaiserslautern ...
                      Antrag nach § 98 ArbGG
In Sachen Fa. Merkur AG, vertreten durch den Vorstand ...
                                      – Antragstellerin und
                                        Beteiligte zu 1 –
Verfahrensbevollmächtigte: ...
gegen
den Betriebsrat der Fa. Merkur AG, vertreten durch seinen Vorsitzenden ...
                                      – Antragsgegnerin und
                                        Beteiligte zu 2 –
wegen Errichtung einer Einigungsstelle
wird beantragt
1. Als Vorsitzenden der zu errichtenden Einigungsstelle Herrn RArbG ... zu bestellen;
2. die Zahl der von jeder Seite zu benennenden Beisitzer auf ... (2 oder 3) festzusetzen.

Gründe: Die Antragstellerin beabsichtigt, eine neue EDV-Anlage und Bildschirmarbeitsplätze einzuführen. Der Antragsgegnerin steht hierbei ein Mitbestimmungsrecht nach § 87 Abs. 1 Nr. 6 BetrVG zu, weil ...

Bislang kam eine gütliche Einigung zwischen den Verfahrensbeteiligten über die beabsichtigte Maßnahme und über die Bestellung eines Vorsitzenden einer Einigungsstelle sowie der Zahl der Beisitzer nicht zustande, weil die Antragsgegnerin versucht, die Einführung der EDV-Anlage zu verzögern.

Als Vorsitzenden schlagen wir Herrn Richter am ArbG ... vor. Die beantragte Festsetzung der Beisitzerzahl ist sachdienlich, weil ...

                                                                (Unterschrift)

bbb) Beteiligte
Verfahrensbeteiligte sind die Betriebspartner, d. h. der Arbeitgeber, der Betriebsrat oder Gesamtbetriebsrat. Der zu benennende Vorsitzende der Einigungsstelle ist nicht 1105

L. Urteils- und Beschlussverfahren

zu beteiligen. Sinnvoll und üblich ist es, den beabsichtigten Vorsitzenden vorher zu befragen, ob er im Fall einer gerichtlichen Bestellung bereit ist, das Amt zu übernehmen. Eine Verpflichtung hierzu besteht nicht (s. u. L/Rz. 1115).

ccc) **Verfahrensablauf**

1106 **Der Vorsitzende des ArbG entscheidet alleine** nach mündlicher Anhörung der Beteiligten, §§ 80–84, 98 Abs. 1 S. 1 ArbGG. Die Einlassungs- und Ladungsfristen betragen 48 Stunden. **Im Einverständnis mit den Beteiligten ist auch ein schriftliches Verfahren nach § 83 Abs. 4 S. 3 ArbGG zulässig. Da § 85 ArbGG nicht für entsprechend anwendbar erklärt worden ist, ist der Erlass einer einstweiligen Verfügung auf Bestellung eines Vorsitzenden nicht möglich.**

cc) **Die Entscheidung**

aaa) **Zurückweisung des Antrags**

1107 Der Antrag ist zurückzuweisen, wenn dem Antragsteller die Antragsbefugnis fehlt oder die Einigungsstelle offensichtlich unzuständig ist, d. h. das in Anspruch genommene Mitbestimmungsrecht offensichtlich nicht besteht, § 98 Abs. 1 S. 2 ArbGG. Eine **offensichtliche Unzuständigkeit** der Einigungsstelle liegt dann vor, wenn das sachkundige Gericht sofort erkennt, dass ein Mitbestimmungsrecht des Antragsstellers in der fraglichen Angelegenheit unter keinem denkbaren rechtlichen Gesichtspunkt besteht.

1108 **Beispiele für eine offensichtliche Unzuständigkeit:**
- Es besteht eine ungekündigte Betriebsvereinbarung, welche die mitbestimmungspflichtige Angelegenheit bereits regelt (*LAG Düsseldorf* 9.9.1977 EzA § 76 BetrVG 1972 Nr. 16);
- Allein ein Individualanspruch eines Arbeitnehmers auf Entfernung einer Abmahnung ist Verfahrensgegenstand (*LAG Rheinland-Pfalz* 17.1.1985 NZA 1985, 190; *LAG Hamburg* 9.7.1985 LAGE § 98 ArbGG 1979 Nr. 7);
- Es besteht bereits eine rechtskräftige Entscheidung über das Nichtbestehen des geltend gemachten Mitbestimmungsrechts (*LAG Baden-Württemberg* 4.10.1984 NZA 1985, 163);
- Die Amtszeit des antragstellenden Betriebsrats ist offensichtlich bereits beendet (*LAG Hamburg* 2.11.1988 LAGE § 98 ArbGG 1979 Nr. 16);
- Ohne konkreten Anlass wird eine Betriebsvereinbarung über die Einführung von EDV-Anlagen gefordert (*LAG Düsseldorf* 4.11.1988, NZA 1991, 146);
- Das geltend gemachte Mitbestimmungsrecht steht offensichtlich nicht dem Betriebsrat, sondern dem Gesamtbetriebsrat zu (*LAG Hamburg* 10.4.1991 DB 1991, 2195);
- Ein Sozialplan soll herbeigeführt werden, obwohl weniger als 20 Arbeitnehmer beschäftigt sind (*LAG Hamm* 10.10.1984 NZA 1985, 129);
- Die Verpflichtung des Arbeitgebers zur Zahlung von Zuwendungen an Streikteilnehmer wird begehrt, da er sie an Arbeitnehmer gezahlt hat, die nicht gestreikt haben (*LAG Niedersachsen* 19.9.1985 LAGE § 98 ArbGG 1979 Nr. 8).

1109 Soll eine Einigungsstelle im freiwilligen Einigungsverfahren nach § 76 Abs. 6 BetrVG bestellt werden (s. o. I/Rz. 1064 ff.), ist der Antrag zurückzuweisen, wenn offensicht-

lich ist, dass die Einigungsstelle wegen nicht vorhandenem Einverständnis eines Betriebspartners nicht gebildet werden kann.
Parallel zum Verfahren nach § 98 ArbGG können die Betriebspartner ein Beschlussverfahren über die Frage anhängig machen, ob ein Mitbestimmungsrecht eines Betriebspartners tatsächlich besteht oder nicht (*BAG* 6.12.1983 EzA § 87 BetrVG 1972 Bildschirmarbeit Nr. 1). **Das Bestellungsverfahren darf aber, da es sich um ein Eilverfahren handelt, nicht nach § 148 ZPO ausgesetzt werden, bis in dem Vorabentscheidungsverfahren eine rechtskräftige Entscheidung ergangen ist** (*BAG* 24.11.1981 EzA § 76 BetrVG 1972 Nr. 33; a. A. *LAG Rheinland-Pfalz* 29.7.1985 LAGE § 98 ArbGG 1979 Nr. 4). Auch die Einigungsstelle, ist sie einmal bestellt, ist zu einer Aussetzung nicht befugt. Allerdings können die Betriebspartner vereinbaren, das Einigungsstellenverfahren nicht weiter zu betreiben, bis in dem Beschlussverfahren eine Entscheidung ergangen ist. 1110

Entscheidet das ArbG im Bestellungsverfahren nach § 98 ArbGG, dass ein Mitbestimmungsrecht offensichtlich nicht gegeben ist und weist es den Antrag deswegen zurück, ist diese Entscheidung für das Vorabentscheidungsverfahren nach §§ 80 ff. ArbGG nicht bindend (*BAG* 25.4.1989 EzA § 98 ArbGG 1979 Nr. 6). 1111

bbb) Bestellung eines Vorsitzenden/Festsetzung der Zahl der Beisitzer
Ist der Antrag zulässig und begründet, bestellt das Gericht eine bestimmte natürliche Person als Vorsitzenden der zu bildenden Einigungsstelle, deren Unparteilichkeit und vorhandene Sachkunde gewährleistet ist. Nach § 98 Abs. 1 S. 4 ArbGG darf dabei nur ein Richter zum Vorsitzenden der Einigungsstelle bestellt werden, wenn durch den Geschäftsverteilungsplan seines Gerichts sicher gestellt ist, dass er mit der Überprüfung, der Auslegung oder Anwendung des Spruches der Einigungsstelle nicht befasst werden kann. In besonderem Maße sollte hierbei auf eine gütliche Einigung hingewirkt werden. In der Entscheidung ist die Einzelperson namentlich zu benennen, sowie der Regelungsstreit konkret zu bezeichnen, für den die Einigungsstelle zu bilden ist. 1112

Geht der Streit um die Bestimmung der Zahl der Beisitzer, ist das Gericht ebenfalls nicht an die vorgeschlagene Zahl gebunden. Regelmäßig werden zwei bis drei Beisitzer bestellt. 1113

Nach § 98 Abs. 1 S. 5 ArbGG soll das Verfahren beschleunigt werden. Binnen zwei Wochen nach Antragstellung soll bereits der Beschluss des Gerichts gefasst, abgesetzt und zugestellt sein. Spätestens vier Wochen nach Antragstellung ist der Beschluss zuzustellen, § 98 Abs. 1 S. 5 ArbGG. 1114

ccc) Rechtswirkung der Entscheidung
Die Entscheidung bindet die konkret benannte Person, welche Einigungsstellenvorsitzender sein soll, nicht. Hierzu bedarf es der Annahme des Amtes (GK-ArbGG/*Leinemann* § 98 Rz. 47). 1115

Die Beteiligten sind an die Entscheidung insoweit gebunden, als sie das Tätigwerden der Einigungsstelle nicht mehr mit der Begründung verhindern können, es sei noch keine Einigung über die Zahl der Beisitzer bzw. die Person des Vorsitzenden erfolgt. Es ist ihnen aber unbenommen, sich nach der Bestellung eines bestimmten Vorsitzenden einvernehmlich auf einen anderen oder auch auf eine andere Zahl der Beisitzer zu einigen (*Schaub* NZA 2000, 1087). 1116

L. Urteils- und Beschlussverfahren

1117 Die Entscheidung des ArbG, einen Einigungsstellenvorsitzenden zu bestellen, entbindet die Einigungsstelle nicht, ihre Zuständigkeitsprüfung selbstständig vorzunehmen. Ihr bleibt unbenommen, nach ihrer Errichtung ihre Zuständigkeit für den konkret zu regelnden Fall zu verneinen.

ddd) Rechtsmittel

1118 Gegen die Entscheidung findet nach § 98 Abs. 2 ArbGG die Beschwerde an das LAG statt. Sie ist innerhalb einer Frist von zwei Wochen einzulegen und zu begründen. Für das Verfahren gelten die in § 98 Abs. 2 ArbGG in Bezug genommenen Vorschriften des Beschlussverfahrens entsprechend. Über die Beschwerde entscheidet der Vorsitzende der zuständigen Kammer des LAG alleine. **Gegen die Entscheidung ist ein Rechtsmittel nicht statthaft, § 98 Abs. 2 S. 4 ArbGG.**

1119 Das LAG trifft eine eigene neue Ermessensentscheidung über die Person des Vorsitzenden der Einigungsstelle bzw. der Zahl der zu benennenden Beisitzer und hat selbstständig die offensichtliche Unzuständigkeit der Einigungsstelle zu prüfen.

M. Besondere Verfahrensarten

Inhaltsübersicht
Rz.

	Rz.
I. Ausschluss/Abwandlung des Arbeitsgerichtsverfahrens	1– 45
1. Vorbemerkung	1– 4
2. Das Schiedsverfahren	5– 28
a) Vereinbarkeit	5– 7
aa) Streitigkeiten zwischen Tarifvertragsparteien	5– 6
bb) Streitigkeiten zwischen den Arbeitsvertragsparteien	7
b) Rechtswirkung des Bestehens einer Schiedsvereinbarung	8– 10
c) Errichtung und Besetzung des Schiedsgerichts	11– 14
d) Verfahren vor dem Schiedsgericht	15– 17
e) Beendigung des Schiedsgerichtsverfahrens	18– 20
aa) Vergleich	18
bb) Schiedsspruch	19– 20
f) Zwangsvollstreckung	21– 23
g) Gerichtliche Kontrolle des Schiedsspruchs	24– 28
3. Ausschüsse in Berufsausbildungsangelegenheiten	29– 45
a) Errichtung/Zuständigkeit	30– 32
b) Verfahren	33– 34
c) Ergebnisse der Schlichtungsbemühungen	35– 39
d) Kosten	40
e) Rechtswirkung und Auswirkung des Vorschaltverfahrens auf das Arbeitsgerichtsverfahren	41– 45
II. Arrest und einstweilige Verfügung	46–150
1. Allgemeines	46– 54
a) Prozesstaktische Überlegungen	47
b) Prüfungsmaßstab	48
c) Glaubhaftmachungsmittel/Beweismittelpräsenz	49
d) Streitgegenstand	50
e) Keine Vorwegnahme der Hauptsache/Leistungsverfügung	51
f) Arrest-/Verfügungsgrund	52– 54
2. Verfahren	55– 68
a) Antrag	55
b) Mündliche Verhandlung	56– 59
c) Einlassungs-/Ladungsfrist	60
d) Kein Präklusionsrecht	61
e) Keine Unterbrechung von Verjährung oder Ausschlussfristen	62– 63
f) Zustellung im Parteibetrieb binnen eines Monats	64– 67
g) Kosten	68
3. Besonderheiten des arbeitsgerichtlichen einstweiligen Rechtsschutzes	69– 75
a) Einstweiliger Rechtsschutz im Urteilsverfahren	69– 70
b) Einstweiliger Rechtsschutz im Beschlussverfahren	71– 75
4. Einzelfälle	76–150
a) Einweilige Verfügung des Arbeitnehmers gegen den Arbeitgeber	76–109
aa) Arbeitsentgelt	76– 80
bb) Arbeitspapiere	81– 82
cc) Urlaub	83– 87
dd) Weiterbeschäftigungsanspruch	88–104
aaa) Beschäftigungsanspruch während bestehendem Arbeitsverhältnis	88– 91

Luczak

M. Besondere Verfahrensarten

		bbb)	Weiterbeschäftigungsanspruch bei Rechtsstreitigkeiten über die Beendigung des Arbeitsverhältnisses	92–100
		(1)	Besonderer Weiterbeschäftigungsanspruch, § 102 Abs. 5 BetrVG	92
		(2)	Allgemeiner Weiterbeschäftigungsanspruch	93–100
		ccc)	Weiterbeschäftigungsanspruch eines Auszubildenden	101–104
		(1)	Nach Kündigung	101–102
		(2)	Weiterbeschäftigungsanspruch des Jugend- und Auszubildendenvertreters	103–104
	ee)	Konkurrentenklage		105–107
	ff)	Teilzeitanspruch		108
	gg)	Weiterbeschäftigung der durch Insolvenzverwalter freigestellten Arbeitnehmer		109
b)	Einstweilige Verfügung des Arbeitgebers gegen den Arbeitnehmer			110–128
	aa)	Arbeitsleistung		110
	bb)	Wettbewerbsverbote		111–123
	cc)	Entbindung von Weiterbeschäftigungsansprüchen		124–128
		aaa)	Besonderer Weiterbeschäftigungsanspruch nach § 102 Abs. 5 BetrVG	124–126
		bbb)	Allgemeiner Weiterbeschäftigungsanspruch	127
		ccc)	Entbindung von der Weiterbeschäftigung eines Jugend- und Ausbildungsvertreters gem. § 78 a Abs. 4 BetrVG	128
c)	Einstweilige Verfügung im kollektiven Arbeitsrecht			129–150
	aa)	Arbeitskampf		129–130
	bb)	Betriebsverfassungsrechtliche Streitigkeiten		131–147
		aaa)	Teilnahme von Betriebsratsmitgliedern an Schulungsveranstaltungen	131–133
		bbb)	Sicherung von Beteiligungsrechten des Betriebsrats	134–143
		(1)	Interessenausgleich	135–138
		(2)	Regelung über Arbeitszeit	139–140
		(3)	Einsichtsrecht des Betriebsrates	141
		(4)	Zutrittsrecht des Betriebsrates	142–143
		ccc)	Einstweilige Verfügung gegen Betriebsrat/Betriebsratsmitglieder	144–146
		(1)	Betriebsratswahl	144–145
		(2)	Ausschluss aus dem Betriebsrat	146
		ddd)	Aufhebung einer vorläufigen personellen Maßnahme	147
	cc)	Einigungsstelle		148–149
	dd)	Gewerkschaftliches Zutrittsrecht		150

III. Verfahren vor dem EuGH — 151–191
1. Allgemeines — 151
2. EuGH — 152–188
   - a) Allgemeines — 152–156
   - b) Vorabentscheidungsverfahren — 157–186
     - aa) Ziel — 157
     - bb) Gegenstand des Vorabentscheidungsersuchens — 158
     - cc) Fassung der Vorlagefragen — 159–162
     - dd) Vorlagemöglichkeit und -verpflichtung — 163–166
       - aaa) »acte-clair« — 164
       - bbb) Einstweiliger Rechtsschutz — 165
       - ccc) Präjudiz — 166
     - ee) Verletzung der Vorlagepflicht — 167–168
       - aaa) EU-Ebene — 167

M. Besondere Verfahrensarten

		bbb) Innerstaatliche Ebene		168
	ff)	Rechtsbehelf gegen Vorlagebeschluss		169–172
		aaa) Rechtsbehelf nach Gemeinschaftsrecht		170
		bbb) Rechtsbehelf nach deutschem Prozessrecht		171–172
	gg)	Verfahrensgang		173–182
		aaa) Vorlagebeschluss		173–174
		bbb) Stellungnahmefrist		175–177
		ccc) Mündliche Verhandlung		178–180
		ddd) Schlussanträge		181
		eee) Urteil		182
	hh)	Fortführung des Verfahrens beim innerstaatlichen Gericht		183–186
		aaa) Vorlageverfahren als Zwischenverfahren		183
		bbb) Bindung des vorlegenden Gerichts und der Rechtsmittelinstanzen		184
		ccc) Präjudizwirkung für andere Gerichte		185
		ddd) Kostenentscheidung		186
	c) Vertragsverletzungsverfahren			187–188
3. Beschwerde bei der Kommission				189
4. Petition an Europäisches Parlament				190
5. Bürgerbeauftragter des Europäischen Parlamentes				191

I. Ausschluss/Abwandlung des Arbeitsgerichtsverfahrens

1. Vorbemerkung

Grds. soll im Interesse der Parteien eines Arbeitsvertrages gewährleistet sein, dass jede **1** Partei mit Hilfe staatlicher Gerichte Ansprüche aus dem materiellen Arbeitsrecht durchsetzen kann. Hiervon werden in engen Grenzen Ausnahmen im ArbGG gemacht. **Nach § 4 ArbGG kann in den Fällen des § 2 Abs. 1 und 2 ArbGG – und nur in diesen Fällen! – die Arbeitsgerichtsbarkeit nach Maßgabe der §§ 101 bis 110 ArbGG ausgeschlossen werden.**
Nach § 111 Abs. 1 S. 2 ArbGG sind die **Seemannsämter** in den in § 14 der See- **2** mannsVO vom 21.10.1981 genannten Fällen für vorläufige Entscheidungen zuständig (vgl. GMP § 111 Rz. 4, 5).
Schließlich können nach § 111 Abs. 2 ArbGG im Bereich der Berufsausbildung **3** **Schlichtungsausschüsse gebildet werden**, die vor Anrufung der ArbG versuchen sollen, eine Einigung zwischen den streitenden Parteien herbeizuführen.

> Soweit Schlichtungsausschüsse nach § 111 Abs. 2 ArbGG errichtet worden sind, müssen sie angerufen werden, bevor Klage vor dem ArbG erhoben werden kann. Ansonsten ist die Klage unzulässig. Wird erst nach Klageerhebung das Bestehen eines Schlichtungsausschusses bekannt, ist das Verfahren gem. § 148 ZPO analog auszusetzen, bis das Schlichtungsverfahren nachgeholt worden ist.

Die Vorschriften der ZPO über das schiedsgerichtliche Verfahren finden in arbeits- **4** rechtlichen Streitigkeiten hingegen keine Anwendung, § 101 Abs. 3 ArbGG (*LAG Düsseldorf* 4.3.1997 NZA 1997, 848 bzgl. § 1044 b ZPO).

M. Besondere Verfahrensarten

2. Das Schiedsverfahren

a) Vereinbarkeit

aa) Streitigkeiten zwischen Tarifvertragsparteien

5 Nach § 101 Abs. 1 ArbGG können die Tarifvertragsparteien die Arbeitsgerichtsbarkeit allgemein oder für den Einzelfall durch **ausdrückliche Vereinbarung** ausschließen, wenn eine bürgerliche Rechtsstreitigkeit zwischen ihnen aus den abgeschlossenen Tarifverträgen oder über das Bestehen oder Nichtbestehen von Tarifverträgen auszutragen ist. Insofern kann eine Vereinbarung getroffen werden, dass hierüber ein Schiedsgericht entscheiden soll. **Sie kann sowohl vor, während oder nach Entstehen der Streitigkeit für den Einzelfall oder generell für alle zukünftigen Fälle, formlos** aber ausdrücklich **getroffen werden** (*GMP* § 101 Rz. 12, 13).

6 Je nach Inhalt der Vereinbarung kann diese durch Zeitablauf enden, durch Erledigung des konkreten Verfahrens, für dass sie gebildet worden ist oder durch Kündigung. Eine außerordentliche Kündigung ist immer möglich, eine ordentliche nur dann, wenn sie in der Schiedsvereinbarung ausdrücklich vereinbart wurde.

bb) Streitigkeiten zwischen den Arbeitsvertragsparteien

7 Nach § 101 Abs. 2 ArbGG können Tarifvertragsparteien auch für Streitigkeiten zwischen den einzelnen Arbeitsvertragsparteien, **sofern sie bestimmten Berufsgruppen angehören, ein Schiedsverfahren vereinbaren. Der Tarifvertrag muss sich überwiegend auf Bühnenkünstler, die tatsächlich künstlerische Tätigkeiten verrichten** (*Germelmann* NZA 1994, 12 ff.), **Filmschaffende, Artisten oder Kapitäne und Besatzungsmitglieder** i. S. d. §§ 2, 3 SeemannsG beziehen. Die Vereinbarung gilt grds. nur für tarifgebundene Personen oder wenn die Geltung der tarifvertraglichen Schlichtungsregelung ausdrücklich und schriftlich vereinbart worden ist, sofern sich das Arbeitsverhältnis aus anderen Gründen nach dem Tarifvertrag regelt, § 101 Abs. 2 S. 3 ArbGG (*BAG* 6.8.1997 EzA § 101 ArbGG 1979 Nr. 3). Wenn dies nur mündlich erfolgte, kann der Mangel der Form durch Einlassung auf die schiedsgerichtliche Verhandlung zur Hauptsache geheilt werden, § 101 Abs. 2 S. 3 ArbGG.

b) Rechtswirkung des Bestehens einer Schiedsvereinbarung

8 Ruft eine Partei des ArbG wegen einer Rechtsstreitigkeit an, obwohl zwischen den Parteien des Tarifvertrags ein Schiedsvertrag geschlossen wurde, kann sich die andere Partei auf das Bestehen des Schiedsvertrages berufen, § 102 Abs. 1 ArbGG. **Es handelt sich um eine verzichtbare prozesshindernde Einrede.** Das Vorliegen einer Schiedsvereinbarung ist nicht von Amts wegen zu berücksichtigen (*BAG* 30.9.1987 EzA § 72 ArbGG 1979 Nr. 9). Auf die Einrede kann sich eine Partei dann nicht berufen, wenn eine der in § 102 Abs. 2 ArbGG genannten Fälle (vgl. GK-ArbGG/*Ascheid* § 102 Rz. 10 ff.) vorliegt oder wenn ein ausreichender Rechtsschutz vor dem Schiedsgericht nicht erreichbar ist.

9 **Beispiel:**
Im Verfahren des Arrestes und der einstweiligen Verfügung kann der Fall auftreten, dass das Schiedsgericht nicht rechtzeitig den Rechtsstreit für die Parteien zumindest vorläufig regeln kann. In diesem Falle ist trotz der Schiedsklausel das

> ArbG anrufbar. Ordnet dieses die Erhebung der Klage in der Hauptsache nach § 926 Abs. 1 ZPO an, ist Klage vor dem Schiedsgericht zu erheben.

Vollstreckungsabwehrklagen nach § 767 ZPO und Drittwiderspruchsklagen nach § 771 ZPO sind nur vor staatlichen Gerichten zu erheben (GK-ArbGG/*Ascheid* § 102 Rz. 4). 10

c) Errichtung und Besetzung des Schiedsgerichts

Nach § 103 ArbGG muss das Schiedsgericht mit einer gleichen Zahl von Arbeitnehmern und von Arbeitgebern, d. h. paritätisch besetzt sein. Daneben können dem Schiedsgericht auch Unparteiische angehören, sowohl als Vorsitzende als auch als Beisitzer (zur Besetzung und zum Verfahren vgl. §§ 102 Abs. 2, 103 Abs. 1, 2, 3 ArbGG). 11

Die Rechtsstellung der Schiedsrichter ist gesetzlich nicht geregelt. Sie sind jedenfalls von Weisungen der Parteien des Streitverfahrens unabhängig, müssen in eigener Person das Amt wahrnehmen und ihnen dürfen keine Nachteile durch die Ausübung des Schiedsamtes erwachsen. Insofern muss die Unabhängigkeit des Schiedsrichters in gleicher Weise gesichert sein, wie die eines ehrenamtlichen Richters der Arbeitsgerichtsbarkeit. 12

Sofern es sich nicht um betriebsangehörige Schiedsrichter handelt, steht ihnen eine Vergütung zu. Ist nichts vereinbart, bestimmt sich die Höhe nach § 612 BGB (vgl. GMP § 103 Rz. 15). 13

Ist das Schiedsgericht nicht ordnungsgemäß besetzt, sind seine Schiedssprüche nicht automatisch nichtig. Sie können allerdings mit der Aufhebungsklage nach § 110 Abs. 1 Nr. 1 ArbGG angefochten werden. 14

d) Verfahren vor dem Schiedsgericht

Das Verfahren vor dem Schiedsgericht regelt sich nach den §§ 104–110 ArbGG. Im **Gesetz sind nur Rahmenvorschriften** festgeschrieben, insbesondere allgemeine Verfahrensgrundsätze, die ein rechtsstaatliches Verfahren garantieren sollen. Im Übrigen obliegt es dem freien Ermessen der Tarifvertragsparteien, Regelungen in der Schiedsabrede zu treffen. Bei vielen Schiedsvereinbarungen obliegt es dem freien Ermessen des Schiedsgerichts, wie es das Verfahren durchführen will. 15

Daneben finden die allgemeinen Grundsätze und Prozessvoraussetzungen auch im schiedsgerichtlichen Verfahren Anwendung. Das Schiedsgericht hat daher vorab seine sachliche und örtliche Zuständigkeit zu prüfen, festzustellen, ob die Voraussetzungen nach § 101 Abs. 2 ArbGG erfüllt sind, der klagenden Partei ein Rechtsschutzinteresse nach § 256 ZPO zukommt, zu prüfen, ob die Parteien parteifähig sind, wobei die §§ 50 ff. ZPO analog anzuwenden sind und ob die Klageanträge hinreichend bestimmt sind. Insofern ist auf § 253 ZPO zurückzugreifen. Dies ist deswegen erforderlich, da **Entscheidungen des Schiedsgerichts grds. der Zwangsvollstreckung nach § 109 ArbGG fähig sind** (s. u. M/Rz. 21 ff.; GK-ArbGG/*Ascheid* § 104 Rz. 9). 16

Sofern das Schiedsgericht ein staatliches Gericht um Rechtshilfe ersucht, sind dem Gericht die entstandenen Auslagen zu ersetzen, § 106 Abs. 2 S. 3 ArbGG i. V. m. §§ 49, 54 GKG. Eine durchzuführende Beweisaufnahme vor einem ArbG oder Amtsgericht ist selbst gerichtsgebührenfrei. 17

M. Besondere Verfahrensarten

e) Beendigung des Schiedsgerichtsverfahrens

aa) Vergleich

18 Auch im schiedsgerichtlichen Verfahren ist eine vergleichsweise Beendigung des Streites möglich, § 107 ArbGG. Der Vergleich kann vom ArbG auf Antrag nach § 109 ArbGG für vollstreckbar erklärt werden (s. u. M/Rz. 21 ff.).

bb) Schiedsspruch

19 Kommt es nicht zu einer gütlichen Einigung, entscheidet das Schiedsgericht durch Schiedsspruch, § 108 ArbGG, der nicht bereits am selben Tag, an dem die abschließende mündliche Anhörung stattfindet, gefällt werden muss. Er ist den Parteien nach den §§ 146 ff. ZPO zuzustellen. Ab diesem Zeitpunkt kann er inhaltlich von den Schiedsrichtern nicht mehr abgeändert werden (*GMP* § 108 Rz. 23). **Er hat unter den Parteien die gleiche Wirkung wie ein rechtskräftiges Urteil des ArbG, § 108 Abs. 4 ArbGG.**

20 Die Kostenentscheidung ergeht analog §§ 91 ff. ZPO (GK-ArbGG/*Ascheid* § 108 Rz. 7). Einer Streitwertfestsetzung bedarf es nur dann, wenn dies im Schiedsvertrag vorgesehen ist. In der Folge finden die §§ 12 Abs. 7 ArbGG, §§ 3 ff. ZPO entsprechend Anwendung.

f) Zwangsvollstreckung

21 Sowohl ein Vergleich nach § 107 ArbGG als auch der Schiedsspruch nach § 108 ArbGG ist für sich genommen nicht der Zwangsvollstreckung fähig. Hierfür bedarf es auf Antrag nach Anhörung des Gegners einer Vollstreckbarerklärung durch den Kammervorsitzenden des ArbG, das für die Geltendmachung des Anspruchs zuständig wäre.

22 Der Vorsitzende des ArbG prüft nicht, ob der Schiedsspruch inhaltlich richtig ist oder ob im Falle der Erhebung einer Aufhebungsklage dieselbe begründet sein könnte. In der Folge ist das Verfahren nach § 109 Abs. 1 S. 3 ArbGG auszusetzen, bis in dem Verfahren bezüglich der Aufhebungsklage eine rechtskräftige Entscheidung ergangen ist.

23 Die Entscheidung des ArbG ergeht durch Beschluss, welcher **unanfechtbar und den Parteien zuzustellen ist,** § 109 Abs. 2 ArbGG. Das Verfahren ist nach § 12 Abs. 5 ArbGG gebühren- und auslagenfrei.

g) Gerichtliche Kontrolle des Schiedsspruchs

24 Schiedssprüche nach § 108 ArbGG können gem. § 101 Abs. 1 ArbGG überprüft werden. Hierbei kann nach § 110 Abs. 1 ArbGG nur auf Aufhebung des Schiedsspruches, nicht aber auf seine Abänderung geklagt werden. Die in § 110 Abs. 1 ArbGG genannten Aufhebungsgründe sind abschließend.

25 Das Aufhebungsverfahren ähnelt dem Revisionsverfahren, auf dessen Bestimmungen, z. B. §§ 559 Abs. 2, 551 Abs. 3 Nr. 2 b) ZPO, zurückgegriffen werden kann (*BAG* 18.4.1986 AP Nr. 27 zu § 611 BGB Bühnenengagementvertrag; GK-ArbGG/*Ascheid* § 110 Rz. 7).

26 Die Klage ist binnen einer Notfrist von zwei Wochen, § 110 Abs. 3 ArbGG, bei dem nach § 110 Abs. 2 ArbGG zuständigen ArbG zu erheben. Die Klage muss den Anforderungen des § 253 ZPO entsprechen. Über den Antrag entscheidet die zuständige

Kammer des ArbG unter Einschluss der ehrenamtlichen Richter. Hebt es den Schiedsspruch auf, sind bereits erbrachte Leistungen nach den Regeln der §§ 812 ff. BGB zurückzuerstatten. § 717 Abs. 3 ZPO ist nicht anwendbar.

Nach Aufhebung des Schiedsspruches entscheidet das ArbG in der Sache selbst, wenn im Wege der Klagehäufung ein entsprechender Sachantrag mit dem Aufhebungsantrag gestellt wurde. Dies gilt jedenfalls unstreitig dann, wenn das Schiedsgericht nur für den Einzelfall gebildet war (GMP § 110 Rz. 25). Sofern es sich um eine ständige Einrichtung handelt, ist streitig, ob nach Aufhebung des Schiedsspruches ein erneutes Schiedsverfahren eingeleitet werden muss (so GMP § 110 Rz. 26 ff.) oder auch in diesem Fall das ArbG nunmehr, nicht zuletzt im Hinblick auf § 9 ArbGG, in der Sache zu entscheiden hat (so GK-ArbGG/*Ascheid* § 110 Rz. 30). 27

War der Schiedsspruch für vollstreckbar erklärt worden, hat das ArbG die Aufhebung der Vollstreckbarkeitserklärung auszusprechen, § 110 Abs. 4 ArbGG. 28

3. Ausschüsse in Berufsausbildungsangelegenheiten

Nach § 111 Abs. 2 ArbGG können im Bereich des Handwerks die Handwerksinnungen, im Übrigen die zuständigen Stellen i. S. d. BBiG Ausschüsse bilden, die in einem Vorschaltverfahren bei Streitigkeiten aus einem Berufsausbildungsverhältnis i. S. d. §§ 3 ff. BBiG versuchen sollen, eine gütliche Einigung herbeizuführen. 29

a) Errichtung/Zuständigkeit

Die Zuständigkeit zur Bildung der Ausschüsse hängt von dem Gewerbezweig ab, in dem der Arbeitgeber tätig ist. Im Bereich des Handwerks sind dies die Handwerksinnungen, in sonstigen Gewerbebetrieben nach § 75 BBiG die Industrie- und Handelskammern, nach § 79 BBiG die Landwirtschaftskammern, nach § 87 BBiG die Rechtsanwalts-, Patentanwalts- und Notarkammern, nach § 89 BBiG die Wirtschaftsprüferkammern und die Berufskammern für Steuerberater und Steuerbevollmächtigte und nach § 91 Abs. 1 BBiG die Ärzte-, Zahnärzte und Apothekenkammern. Sonderregelungen finden sich in den §§ 84, 84 a, 93, 97 BBiG. 30

Die Ausschüsse müssen paritätisch besetzt sein. Ob sie errichtet werden oder nicht, ist Sache der einzelnen Innungen bzw. Kammern. Diese bestimmen auch die Anzahl der Mitglieder. Den Ausschüssen können auch unparteiische Dritte angehören (GK-ArbGG/*Ascheid* § 111 Rz. 17). 31

Die Zuständigkeit besteht, solange ein Berufsausbildungsverhältnis besteht. Ist es beendet, ist der Schlichtungsausschuss nicht mehr zuständig. Ist allerdings streitig, ob das Ausbildungsverhältnis beendet ist, etwa durch eine Kündigung, besteht eine Zuständigkeit (BAG 18.9.1975 EzA § 111 ArbGG 1953 Nr. 1). 32

b) Verfahren

Nach § 111 Abs. 2 ArbGG sind die Parteien mündlich zu hören. Machen sie von der ihnen eingeräumten Möglichkeit der mündlichen Anhörung nicht Gebrauch, kann dennoch ein Spruch des Ausschusses ergehen. 33

M. Besondere Verfahrensarten

34 Das Verfahren ist von den zuständigen Stellen selbst ermessensgerecht auszubilden. Hierbei sind rechtsstaatliche Grundsätze einzuhalten (*BAG* 18.10.1961 AP Nr. 1 zu § 111 ArbGG 1953; vgl. *GMP* § 111 Rz. 29 ff.).

c) Ergebnisse der Schlichtungsbemühungen

35 Nach §§ 111 Abs. 2 S. 6, 107, 109 ArbGG kann das Verfahren durch einen Vergleich beendet werden. Es handelt sich hierbei um einen Prozessvergleich (*LAG Düsseldorf* 20.5.1988 NZA 1988, 696), der verfahrensbeendende Wirkung hat und aus dem die Zwangsvollstreckung betrieben werden kann, sofern er vom ArbG auf Antrag für vollstreckbar erklärt worden ist.

36 Kommt es nicht zu einer Einigung, fällt der Schlichtungsausschuss einen Spruch, welcher schriftlich abgefasst und begründet werden muss (GK-ArbGG/*Ascheid* § 111 Rz. 23). Er ist von allen Mitgliedern des Ausschusses zu unterzeichnen.

37 Der Spruch des Ausschusses erlangt materielle Rechtskraft, wenn er von beiden Parteien anschließend anerkannt wird. Ansonsten kommt ihm keine Rechtskraftwirkung zu, selbst dann nicht, wenn er nicht innerhalb der Zweiwochenfrist des § 111 Abs. 2 S. 3 ArbGG angefochten wird (*BAG* 9.10.1979 EzA § 111 ArbGG 1979 Nr. 1; *LAG Düsseldorf* 3.5.1988 LAGE § 111 ArbGG 1979 Nr. 1). Die Anerkennung des Spruches muss ausdrücklich erfolgen.

38 Ihm ist eine Belehrung über die zweiwöchige Klagefrist vor dem ArbG beizufügen (*LAG Frankfurt* 14.6.1989 LAGE § 111 ArbGG Nr. 2). Die Belehrung braucht sich nicht auf die Frist zur Anerkennung erstrecken (*GMP* § 111 Rz. 44).

39 Wurde der Spruch von beiden Parteien anerkannt, kann aus ihm vollstreckt werden, wenn er auf Antrag vom Vorsitzenden des ArbG für vorläufig vollstreckbar erklärt worden ist, §§ 111 Abs. 2 S. 5, 6, 109 ArbGG (s. o. M/Rz. 21 ff.).

d) Kosten

40 Nach § 65 Abs. 1 Nr. 2 BRAGO erhält der Rechtsanwalt für die Vertretung vor dem Ausschuss eine volle Gebühr. Prozessuale Kostenerstattungsansprüche bestehen nicht, allerdings können materielle Erstattungsansprüche geltend gemacht werden. **§ 12 a ArbGG findet insofern keine Anwendung** (GK-ArbGG/*Ascheid* § 111 Rz. 37). Ebenfalls nicht anwendbar ist die Vorschrift des § 11 a ArbGG, sodass weder ein Rechtsanwalt beigeordnet, noch Prozesskostenhilfe bewilligt werden darf.

e) Rechtswirkung und Auswirkung des Vorschaltverfahrens auf das Arbeitsgerichtsverfahren

41 Haben die zuständigen Stellen Ausschüsse gebildet, sind sie vor Anrufung des ArbG anzurufen. Es handelt sich um **eine Prozessvoraussetzung** der arbeitsgerichtlichen Klage (*BAG* 25.11.1976 EzA § 15 BBiG Nr. 3). Dies gilt nicht für das einstweilige Rechtschutzverfahren (*GMP* § 111 Rz. 19).

42 Streitig ist, ob die Parteien auf das Vorschaltverfahren einvernehmlich verzichten und sich nach § 295 ZPO rügelos zur Hauptsache vor dem ArbG einlassen können (so *BAG* 17.9.1987 EzA § 15 BBiG Nr. 6; GK-ArbGG/*Ascheid* § 111 Rz. 12; **a. A.** *GMP* § 111 Rz. 20). Hierfür spricht, dass die Parteien und das Gericht ggf. nicht wissen, ob ein Ausschuss gebildet worden ist und dass die gebildeten Ausschüsse ggf. nicht schnell für eine Verhandlung zur Verfügung stehen.

Wird der Spruch nicht anerkannt und wird er innerhalb von **zwei Wochen nach Zu-** 43
stellung durch Klage beim zuständigen ArbG angefochten, entfaltet er keinerlei **materiellrechtliche Rechtswirkung**. Die vom Ausschuss entschiedene Frage kann als Vorfrage in einem Folgeprozess vom ArbG selbstständig gewürdigt und ggf. anders entschieden werden (*BAG* 9.10.1979 EzA § 111 ArbGG 1979 Nr. 1). Die Zweiwochenfrist beginnt mit Verkündung des Spruches zu laufen; falls eine Verkündung nicht geschieht, ab Zustellung an die Beteiligten.

Wird er zwar nicht anerkannt, aber auch nicht rechtzeitig angefochten, entfaltet er 44
aber **eine prozessuale Wirkung** dahingehend, dass eine verspätete erhobene Klage vor dem ArbG mit gleichem Streitgegenstand unzulässig ist (*BAG* 9.10.1979 EzA § 111 ArbGG 1979 Nr. 1). Die Zweiwochenfrist gilt selbst dann, wenn es um eine Kündigungsschutzstreitigkeit handelt. Sie geht der sich aus §§ 4, 13 KSchG ergebenden Dreiwochenfrist vor (*BAG* 13.4.1989 EzA § 13 KSchG n. F. Nr. 4).

Der Schlichtungsausschuss muss in Kündigungsschutzverfahren nicht binnen der 45
sich aus §§ 4, 13 KSchG ergebenden Dreiwochenfrist angerufen werden (*BAG* 13. 4. 1989 EzA § 13 KSchG 1969 Nr. 4).

II. Arrest und einstweilige Verfügung

1. Allgemeines

Der einstweilige Rechtsschutz im Arbeitsrecht richtet sich nach den Vorschriften des 46
Achten Buches der Zivilprozessordnung (§ 62 Abs. 2 S. 1 ArbGG). Die Probleme liegen in den besonderen individuellen und kollektiven Konflikten des Arbeitslebens (*Schäfer* Rz. 1).

a) Prozesstaktische Überlegungen

Vor der Einleitung eines einstweiligen Rechtsschutzverfahrens ist, zumindest im Ur- 47
teilsverfahren, die **Darlegungs- und Beweislast im Hauptprozess** zu prüfen: Steht zur Glaubhaftmachung des Anspruchs ausschließlich die eidesstattliche Versicherung des Antragstellers zur Verfügung, so ist eine Niederlage im Hauptprozess vorprogrammiert, da eine Vernehmung der eigenen Partei im Hauptprozess zumeist nicht durchgesetzt werden kann (*Oelkers/Müller* Anwaltliche Strategien im Zivilprozess, 1994, S. 109 ff.). Zur Vorbereitung eines einstweiligen Rechtsschutzverfahrens sind wegen des Zeitdrucks Checklisten besonders hilfreich (z. B. in: *Korinth* Einstweiliger Rechtsschutz im Arbeitsgerichtsverfahren, S. 41 ff.).

b) Prüfungsmaßstab

Die rechtliche Prüfung im Verfügungsverfahren deckt sich mit der rechtlichen Beur- 48
teilung im Hauptprozess. Der Arrest-/Verfügungsanspruch unterliegt einer vollen Schlüssigkeitsprüfung (*Schäfer* Rz. 13); lediglich die tatsächlichen Grundlagen unterliegen nur einer summarischen Prüfung (*LAG Berlin* 12.7.1993 NZA 1994, 526).

c) Glaubhaftmachungsmittel/Beweismittelpräsenz

Die Beweisführung wird im einstweiligen Rechtsschutzverfahren durch die Glaub- 49
haftmachung gem. § 294 ZPO ersetzt. Zur Glaubhaftmachung kommen alle in der ZPO vorgesehenen Beweismittel (Augenschein, Zeugen, Sachverständige, Urkunden, Parteivernehmung), die Versicherung an Eides statt (§ 294 Abs. 1 ZPO) so-

wie alle anderen Mittel, die dem Gericht eine Wahrnehmung über die beweisbedürftigen Tatsachen ermöglichen (behördliche Auskünfte, Privatgutachten, Behördenakten usw.) in Betracht. Die Beweismittel müssen zur Glaubhaftmachung bzw. Gegenglaubhaftmachung von der jeweils darlegungs- und glaubhaftmachungspflichtigen Partei im Falle einer mündlichen Verhandlung präsent gestellt werden (Beweismittelpräsenz, § 294 Abs. 2 ZPO), sonst können sie nicht berücksichtigt werden.

d) Streitgegenstand

50 Streitgegenstand ist die **Zulässigkeit der zwangsweise anzuordnenden Sicherung** des materiell-rechtlichen Anspruches, nicht dieser selbst (*Zöller/Vollkommer* Vor § 916 Rn. 2; *Schäfer* Rz 4). Der Einwand der Rechtshängigkeit/Rechtskraft steht daher nicht einem Hauptsacheverfahren entgegen, sondern lediglich einem identischen Begehren auf vorläufigen Rechtsschutz.

e) Keine Vorwegnahme der Hauptsache/Leistungsverfügung

51 Grds. darf einstweiliger Rechtsschutz **nicht zu einer endgültigen Befriedigung des Antragstellers** führen, sondern nur vorläufige Maßnahmen festlegen und nicht das Ergebnis des Hauptverfahrens vorwegnehmen. Ausnahmsweise, zum Zwecke wirksamen Rechtsschutzes, lässt die Rechtspraxis unter strengen Voraussetzungen neben den gesetzlich geregelten **Sicherungs- und Regelungsverfügungen** die sog. **Leistungsverfügung** zu (*Zöller/Vollkommer* § 940 Rn. 6; s. u. M/Rz. 83 ff.). Der Erlass einer Leistungsverfügung setzt voraus, dass der Antragsteller seiner Rechte ohne sofortige Erfüllung endgültig verlustig geht (Gefahr der Rechtsvereitelung) und zum anderen dringend auf die sofortige Anspruchserfüllung angewiesen ist (*LAG München* 19.12.1979 EzA Art. 9 GG Arbeitskampf Nr. 35). Dem von der Rechtsprechung entwickelten Institut der Leistungsverfügung kommt im Arbeitsrecht – insbesondere bei der Beschäftigungs- und Vergütungspflicht sowie im Arbeitskampf – besondere Bedeutung zu (*Schäfer* Rz 26).

f) Arrest-/Verfügungsgrund

52 Überwiegend (*LAG München* 19.12.1979 EzA Art. 9 GG Arbeitskampf Nr. 35; *LAG Rheinland-Pfalz* 5.3.1986 LAGE Art. 9 GG Arbeitskampf Nr. 26; *LAG Hamm* 17.3.1987 LAGE Art. 9 GG Arbeitskampf Nr. 31; *LAG Frankfurt* 23.3.1987 NZA 1988, 37; *LAG Köln* 9.2.1991 EzA § 935 ZPO Nr. 3) wird der Arrest-/Verfügungsgrund als Prozessvoraussetzung angesehen, sodass **ein wegen fehlendem Arrest-/Verfügungsgrund abgewiesener Antrag wiederholt** werden kann.

53 Die Vollstreckbarkeit einer einstweiligen Verfügung ist für die Bejahung eines Verfügungsgrundes erforderlich (*LAG Hamburg* 3.9.1987 LAGE § 888 ZPO Nr. 11). Für den Erlass einer nicht vollstreckbaren einstweiligen Verfügung fehlt die Dringlichkeit.

54 Der Antragsteller, der **schuldhaft zögerlich handelt**, es insbesondere unterlässt umgehend im Hauptsacheverfahren einen Titel anzustreben, kann mangels Verfügungsgrundes keine Eilentscheidung erstreiten (*LAG Frankfurt* 23.3.1987 NZA 1988, 37; *LAG Köln* 6.8.1996 LAGE § 611 BGB Beschäftigungspflicht Nr. 40), **Grundsatz der Selbstwiderlegung.**
Ein Fall der Selbstwiderlegung kann vorliegen, wenn der Antragsteller die Vollziehung einer zu seinen Gunsten erlassenen einstweiligen Verfügung schuldhaft unterlässt und nach Ablauf der Vollziehungsfrist des § 929 Abs. 2 ZPO den Erlass einer **Zweitverfügung** begehrt (*LAG Hamm* 5.1.1995 DB 1995, 1871).

2. Verfahren

a) Antrag

Die Parteien bestimmen das Verfahren durch ihren Antrag; das Antragserfordernis 55
gilt auch für den einstweiligen Rechtsschutz im Beschlussverfahren nach §§ 80 ff.
ArbGG (*LAG Niedersachsen* 18.10.1994 LAGE § 95 BetrVG 1972 Nr. 15). Bei der einstweiligen Verfügung liegt allerdings die Maßnahme, die das Gericht zur Erreichung des Zweckes für erforderlich hält, in seinem Ermessen (§ 938 Abs. 1 ZPO). Die angeordnete Maßnahme darf aber nicht über den gestellten Antrag hinausgehen (*Heinze* RdA 1986, 273 [275]).

b) Mündliche Verhandlung

Die einstweilige Verfügung darf, anders als im Arrestverfahren, § 921 Abs. 1 ZPO, **nur** 56
bei besonderer Dringlichkeit ohne mündliche Verhandlung ergehen, § 937 Abs. 2
ZPO (*Schäfer* Rz. 56). Der Erlass einer einstweiligen Verfügung ohne mündliche Verhandlung ist von Rechts wegen der Ausnahmefall (*LAG Berlin* 26.3.1984 NZA 1984, 333); er erfordert gem. § 62 Abs. 2 S. 2 ArbGG eine besondere Dringlichkeit, die in der Entscheidung begründet werden muss (*GMP* § 62 Rn. 70). Auch die Zurückweisung eines Antrags auf Erlass einer einstweiligen Verfügung darf nur in dringenden Stellen ohne mündliche Verhandlung erfolgen (*Sächsisches LAG* 8.4.1997 – 1 Ta 89/97 – AE 1997 Nr. 312).

Im Urteilsverfahren ohne mündliche Verhandlung kann der Vorsitzende eine Ent- 57
scheidung alleine treffen, § 53 Abs. 1 S. 1 ArbGG, im Beschlussverfahren entscheidet hingegen die Kammer, (s. u. M/Rz. 73). Erfolgt der Erlass der einstweiligen Verfügung aufgrund mündlicher Verhandlung, so entscheidet stets die Kammer (*LAG Berlin* 26.3.1984 NZA 1984, 333).

Entscheidet das Gericht nach mündlicher Verhandlung, ist gegen ein Versäumnisur- 58
teil Einspruch, gegen ein kontradiktorisches Urteil Berufung möglich. Eine Revision ist nicht zulässig (§ 542 Abs. 2 S. 1 ZPO); das BAG kann nicht als dritte Instanz in Verfahren des vorläufigen Rechtsschutzes angerufen werden. Weist das Gericht den Antrag ohne mündliche Verhandlung zurück, ist gegen den Beschluss die sofortige Beschwerde statthaft (§ 567 Abs. 1 Ziff. 2 ZPO). Gibt hingegen das Gericht durch Beschluss dem Antrag statt, besteht der Rechtsbehelf des Widerspruchs (§ 924 Abs. 1 ZPO). Die Aufhebungsanträge gem. §§ 926 Abs. 1, 927, 934 ZPO unterliegen im arbeitsgerichtlichen Verfahren keinen Besonderheiten.

Durch Einreichung einer Schutzschrift vor Antragstellung wird versucht, insbeson- 59
dere im Beschlussverfahren, zumindest eine mündliche Verhandlung (Anhörung) zu erzwingen, falls das Gericht nicht den Antrag ohne mündliche Verhandlung (Anhörung) zurückweist (*Leipold* RdA 1983, 164).

c) Einlassungs-/Ladungsfrist

Die Ladungsfrist beträgt vor dem ArbG mindestens drei Tage, § 46 Abs. 2 S. 1 ArbGG 60
i. V. m. § 217 2. Hs. ZPO, vor dem LAG eine Woche (*LAG Berlin* 20.5.1985 LAGE § 7
BUrlG Nr. 9), § 46 Abs. 2 S. 1 ArbGG i. V. m. § 217 1. Hs. ZPO. Sie kann nicht von Amts wegen, jedoch auf Antrag abgekürzt werden, § 46 Abs. 2 S. 1 ArbGG i. V. m. § 226 Abs. 1 ZPO. Dieser Antrag ist schlüssig in dem Antrag, ohne mündliche Verhandlung zu entscheiden (*GMP* § 47 Rn. 18; **a. A.** GK-*Bader* § 47 Rn. 22) bzw. in der Betonung besonderer Dringlichkeit (*Gift/Baur* J Rn. 38), enthalten.

d) Kein Präklusionsrecht

61 Das Präklusionsrecht findet im Eilverfahren keine Anwendung. Das Gericht hat sämtlichen bis zum Schluss der mündlichen Verhandlung vorgetragenen und glaubhaft gemachten Parteivortrag zu berücksichtigen, sofern die Grenze des Rechtsmissbrauchs nicht überschritten wird (*OLG Koblenz* 5.2.1987 NJW-RR 1987, 509).

e) Keine Unterbrechung von Verjährung oder Ausschlussfristen

62 Weder der Arrest-/Verfügungsantrag noch die erlassene Entscheidung unterbrechen die Verjährung oder tarifliche/einzelvertragliche Ausschlussfristen (*Gift/Baur* J Rn. 2).

63 Ein isoliertes Eilverfahren birgt deshalb Haftungsrisiken für einen Rechtsanwalt; in Zweifelsfällen sollte parallel ein Hauptsacheverfahren anhängig gemacht werden.

f) Zustellung im Parteibetrieb binnen eines Monats

64 Gem. § 929 Abs. 2 ZPO muss der Verfügungskläger dem Gegner eine ein Gebot oder Verbot beinhaltende einstweilige Verfügung binnen eines Monats im Parteibetrieb zustellen (*Zöller/Vollkommer* § 929 Rn. 12; *BAG* 19.10.1993 EzA § 7 AWbG NW Nr. 20; **a. A.** *LAG Hamm* 7.8.1987 NZA 1987, 825). Die Frist beginnt ab Urteilsverkündung bzw. ab Zustellung des Beschlusses an den Antragsteller zu laufen (*LAG Bremen* 13.8.1982 AP Nr. 2 zu § 929 ZPO). Anderenfalls ist auf Antrag oder Rechtsbehelf der Verfügungsbeklagten hin, die einstweilige Verfügung aufzuheben und der Verfügungskläger trägt die Kosten des Eilverfahrens (*LAG Frankfurt* 20.2.1990 NZA 1991, 30).

65 Nimmt ein Arbeitnehmer aufgrund einer Weiterbeschäftigungsverfügung innerhalb der Monatsfrist des § 929 Abs. 2 ZPO seine Arbeit tatsächlich wieder auf, ist die einstweilige Verfügung rechtzeitig vollzogen, ohne dass es zusätzlich noch einer Parteizustellung bedarf (*LAG Berlin* 10.6.1985 LAGE § 929 ZPO Nr. 2). Nach der Auffassung des *LAG* Berlin (12.11.1997 – 6 Ta 15/97 u. 16/97 – AE 1998 Nr. 92) bedarf auch eine durch Urteil erlassene Unterlassungsverfügung, die bereits die für eine Verhängung von Ordnungsmitteln erforderliche Androhung enthält, zur Wahrung der Vollziehungsfrist des § 929 Abs. 2 ZPO weder einer Zustellung im Parteibetrieb noch eines Antrags auf Festsetzung von Ordnungsmitteln.

66 Bestätigt das Gericht eine ohne mündliche Verhandlung erlassene einstweilige Verfügung nach Widerspruch gem. §§ 924, 936 ZPO in abgeänderter Form, bedarf die **abgeänderte Verbotsverfügung der erneuten Vollziehung** nach § 929 ZPO (*LAG Düsseldorf* 8.3.1979 EzA § 929 ZPO Nr. 1).

67 Auch eine im Beschlussverfahren erwirkte einstweilige Verfügung muss im Parteibetrieb zugestellt werden (*LAG Hamburg* 29.7.1985 AE 1998 Nr. 224; *LAG Frankfurt* 20.2.1990 a. a. O.; **a. A.** *LAG Hamm* 7.8.1987 a. a. O.); die nach § 85 Abs. 2 ArbGG von Amts wegen erfolgende Zustellung wahrt nicht die **Vollziehungsfrist des § 929 Abs. 2 ZPO** (*LAG Berlin* 18.8.1987 LAGE § 85 ArbGG 1979 Nr. 1).

Vollstreckt der Gläubiger einen vorläufigen Titel, haftet er wegen der eingeschränkten Richtigkeitsgewähr des summarischen Verfahrens verschuldensunabhängig (§ 945 ZPO).

g) Kosten

Die Kostenregelung des § 12 a ArbGG ist anwendbar, weil es sich bei Arrest- und Ver- 68
fügungsverfahren nicht um ein Vollstreckungsverfahren handelt. Die Regelung des
§ 12 a Abs. 1 S. 3 ArbGG findet hinsichtlich der gem. §§ 919 2. Alt, 942 ZPO angerufenen Amtsgerichte keine Anwendung, weil diese nicht unzuständig sind, sondern
ausnahmsweise stellvertretend für die Gerichte für Arbeitssachen tätig werden (so
ArbG Iserlohn 4.1.1980 EzA Nr. 2 zu § 12 a ArbGG; *Schäfer* Rz. 61, str.)

3. Besonderheiten des arbeitsgerichtlichen einstweiligen Rechtsschutzes

a) Einstweiliger Rechtsschutz im Urteilsverfahren

Zuständig ist das ArbG der Hauptsache, § 62 Abs. 2 ArbGG i. V. m. §§ 919 1. Alt., 937 69
ZPO; ausnahmsweise das LAG, falls das Hauptsacheverfahren bereits in der Berufungsinstanz anhängig ist, § 943 ZPO. Für die Anordnung eines Arrestes kann
auch in arbeitsrechtlichen Angelegenheiten das Amtsgericht, in dessen Bezirk sich
die mit Arrest zu belegende Sache befindet oder sich der Schuldner aufhält, angerufen
werden (§ 919 ZPO).

Für den Erlass einer einstweiligen Verfügung besteht in arbeitsrechtlichen Streitigkeiten in dringenden Fällen eine Notzuständigkeit des Amtsgerichts (§§ 919, 942 Abs. 1
ZPO). Nachdem das Verhältnis der Arbeitsgerichtsbarkeit zur ordentlichen Zivilgerichtsbarkeit keine Frage der sachlichen Zuständigkeit mehr ist, sondern eine des
Rechtswegs (s. o. K/Rz 194 ff.), sind in der Literatur (*GMP* § 62 Rz. 67 m. w. N.) Zweifel an einer fortbestehenden Notzuständigkeit des Amtsgerichtes geäußert worden.
Dagegen spricht jedoch die weiterhin uneingeschränkte Verweisung des § 62 Abs. 2
S. 1 ArbGG (*Schäfer* Rz. 53).

Bei bereits anhängiger Hauptsache ist stets das angerufene Gericht zuständig, selbst
wenn es sich dabei um ein an sich unzuständiges Gericht handelt (*Schäfer* Rz. 14).
Gem. § 54 Abs. 1 S. 1 ArbGG müsste bei einer Entscheidung nach mündlicher Ver- 70
handlung zunächst eine Güteverhandlung stattfinden (*Grunsky* § 54 Rn. 1). Da die
Verweisung in § 62 Abs. 2 ArbGG auf §§ 916, 935 ff. ZPO als lex specialis vorgeht,
hat das Gericht dennoch sofort mündliche Verhandlung vor der Kammer anzuberaumen; die Abhaltung eines Gütetermines widerspräche dem Zweck eines Eilverfahrens
(*Gift/Baur* J Rn. 37).

b) Einstweiliger Rechtsschutz im Beschlussverfahren

Im Beschlussverfahren verweist § 85 Abs. 2 ArbGG nur mit Einschränkungen auf 71
§§ 916 ff. ZPO. Aber auch eine einstweilige Verfügung im Beschlussverfahren setzt
immer einen Verfügungsanspruch und Verfügungsgrund voraus (*LAG München*
26.8.1992 LAGE § 23 BetrVG 1972 Nr. 29).

Die Zustellung des Beschlusses erfolgt nicht im Parteibetrieb, sondern von Amts wegen. Diese Zustellung von Amts wegen ersetzt jedoch nicht die innerhalb der Vollziehungsfrist des § 929 Abs. 2 ZPO zu bewirkende Zustellung im Parteibetrieb (*LAG
Hamburg* 29.7.1985 – 4 TaBV 6/85 – AE 1998 Nr. 224; s. o. M/Rz. 67).

Ein **Schadenersatzanspruch gem. § 945 ZPO** besteht bei Eilverfahren in betriebsver- 72
fassungsrechtlichen Angelegenheiten **nicht**.

Im Beschluss-Eilverfahren gilt der Untersuchungsgrundsatz des § 83 Abs. 1 ArbGG
(*LAG München* 26.8.1992 LAGE § 23 BetrVG 1972 Nr. 29).

M. Besondere Verfahrensarten

73 Die Zurückweisung eines Antrages auf Erlass einer einstweiligen Verfügung kann auch im Beschlussverfahren nur in dringenden Fällen ohne mündliche Verhandlung erfolgen (*LAG Nürnberg* 27.4.1998 – 5 Ta 42/98 – AE 1998 Nr. 244; *Grunsky* § 85 Rz. 18 a). Eine Entscheidung über eine einstweilige Verfügung im Beschlussverfahren ohne mündliche Verhandlung ergeht nicht allein durch den Vorsitzenden, sondern durch die vollbesetzte Kammer, § 85 Abs. 2 S. 2 ArbGG (*BAG* 28.8.1991 EzA § 113 BetrVG 1972 Nr. 21; *GMP* § 85 Rz. 45; **a. A.** *ArbG Jena* 22.9.1992 AuA 1993, 26).

74 Hat das ArbG den Antrag ohne mündliche Verhandlung zurückgewiesen, kann der Antragsteller **sofortige Beschwerde** einlegen, § 567 ZPO; gegen die zurückweisende Entscheidung des Beschwerdegerichtes besteht keine weitere Beschwerdemöglichkeit, § 78 Abs. 2 ArbGG.

75 Erlässt das Gericht die einstweilige Verfügung ohne mündliche Anhörung, so kann der Antraggegner gegen die Entscheidung Widerspruch einlegen, § 924 ZPO, eine Beschwerde nach § 87 ArbGG ist nicht statthaft (*LAG Frankfurt* 30.4.1992 NZA 1993, 816). Über den Widerspruch entscheidet das Verfügungsgericht nach mündlicher Anhörung durch Beschluss, § 925 ZPO, § 84 ArbGG, der seinerseits beschwerdefähig ist, § 87 ArbGG.

4. Einzelfälle

a) Einstweilige Verfügung des Arbeitnehmers gegen den Arbeitgeber

aa) Arbeitsentgelt

76 Eine einstweilige Verfügung auf Zahlung von Arbeitsentgelt kommt als Leistungsverfügung – Befriedigung des Geldanspruches – **nur in besonderen Ausnahmefällen** in Betracht (*LAG Düsseldorf* 20.1.1976 DB 1976, 587; *LAG Frankfurt* 8.9.1976 NJW 1978, 76).

77 Zum Verfügungsanspruch muss der Arbeitnehmer im fortbestehenden Arbeitsverhältnis zunächst darlegen und glaubhaft machen, dass er die arbeitsvertraglich geschuldete Leistung erbracht hat oder sich der Arbeitgeber in Annahmeverzug befindet. Während eines Rechtsstreits über die Wirksamkeit einer Kündigung hat der Arbeitnehmer die überwiegende Wahrscheinlichkeit einer Unwirksamkeit der Kündigung schlüssig darzulegen oder ein von der Wirksamkeit der Kündigung unabhängiges zur Vergütung verpflichtendes Rechtsverhältnis, z. B. das gesetzliche Weiterbeschäftigungsverhältnis gem. § 102 Abs. 5 BetrVG 1972 (*Schäfer* Rz. 137).
Zahlt der Arbeitgeber nach ausgesprochener Kündigung, bei ordentlicher Kündigung nach Ablauf der Kündigungsfrist, kein Arbeitsentgelt mehr, so muss der Arbeitnehmer in seinem Antrag auf Erlass einer einstweiligen Verfügung drei Voraussetzungen darlegen und glaubhaft machen (*Vossen* RdA 1991, 216):

– Vorliegen eines Weiterbeschäftigungsanspruches (s. u. M/Rz. 88 ff.)
– Annahmeverzug des Arbeitgebers
– Notlage des Arbeitnehmers

78 Der Arbeitnehmer muss zum Verfügungsgrund darlegen und glaubhaft machen, dass er ohne Entgeltzahlung in eine **finanzielle Notlage** (*LAG Bremen* 5.12.1997 DB 1998, 1624; *ArbG Frankfurt* FA 2001, 240) gerät, d. h., dass und weshalb er

M. Besondere Verfahrensarten

- keine anderweitigen finanziellen Leistungen oder Ansprüche (Ersparnisse, rasch verwertbares Vermögen, Unterhaltsansprüche) einsetzen kann,
- von dritter Seite keine Leistungen (Arbeitslosengeld, Erziehungsgeld) erhält.

Fraglich ist, ob der Arbeitnehmer auf Arbeitslosengeld oder Sozialhilfe verwiesen werden kann (so *LAG Hamburg* 6.5.1986 LAGE § 611 BGB Beschäftigungspflicht Nr. 15). Bezieht ein Antragsteller bereits Arbeitslosengeld oder Sozialhilfe, wird regelmäßig eine finanzielle Notlage, mithin ein Verfügungsgrund zu verneinen sein. Im Ergebnis führt dies häufig zu einer ungerechtfertigten Subventionierung des Arbeitgebers durch Gewährung eines zinslosen Darlehens. Hat der Antragsteller hingegen noch keine Leistungen der Bundesanstalt für Arbeit bzw. Sozialhilfe in Anspruch genommen, ist streitig, ob der Arbeitnehmer wegen der Subsidiarität der Leistungen der Bundesanstalt für Arbeit/der Sozialhilfeträger rechtsfehlerfrei zu Lasten der Allgemeinheit auf staatliche Leistungen verwiesen werden kann. In der Literatur wird teilweise die Auffassung vertreten, der Arbeitnehmer habe zunächst die Lohnersatzleistungen des Arbeitsamtes in Anspruch zu nehmen, könne jedoch nicht auf Sozialhilfe verwiesen werden (*Schäfer* Rz. 139). Wegen der Befriedigungsfunktion darf dem Arbeitnehmer im Rahmen einer einstweiligen Verfügung nur so viel Arbeitsentgelt zugesprochen werden, wie zu der **Abwendung der Notlage** erforderlich ist. Als Orientierungsrahmen kommt die **Pfändungsfreigrenze** gem. §§ 850 ff. ZPO (*LAG Kiel* 26.8.1958 AP Nr. 1 zu § 940 ZPO; *LAG Bremen* 5.12.1997 DB 1998, 1624; *Schäfer* Rz. 143; *Vossen* a. a. O.) in Betracht, da der Gesetzgeber die für den notwendigen Lebensunterhalt erforderlichen finanziellen Mittel hier konkretisierte. Verschiedentlich wird zur Bestimmung der zulässigen Höchstgrenze auf die Höhe des Arbeitslosengeldes (*LAG Baden-Württemberg* 24.11.1967 BB 1968, 335) oder den Sozialhilfesatz (*LG Bochum* 9.5.1967 MDR 1967, 921) zurückgegriffen.

Beispiel für einen Arrestantrag zur Sicherung einer Vergütungsforderung (*Schäfer* Rz. 276):
Namens und unter Vollmachtsvorlage des Antragstellers begehre ich den Erlass dinglichen und persönlichen Arrests, wobei ich anrege, wegen der Dringlichkeit ohne mündliche Verhandlung zu entscheiden und
beantrage
1. Der dingliche Arrest in das Vermögen der Antragsgegnerin wird wegen einer Vergütungsforderung des Antragstellers in Höhe von Euro ... angeordnet.
2. Die Forderung der Antragsgegnerin aus ... gegen ... wird – nebst Zinsen ...
- in Vollziehung des Arrestes bis zu einem Höchstbetrag von Euro ... gepfändet.
3. Gegen den Geschäftsführer der Antragsgegnerin wird im Wege des persönlichen Arrests Haft angeordnet.

bb) Arbeitspapiere
Der Arbeitgeber hat gegenüber dem Anspruch auf Ausfüllung und Herausgabe der Arbeitspapiere kein Zurückbehaltungsrecht (s. o. F/Rz. 76). Der Arbeitnehmer hat darzulegen und glaubhaft zu machen (*GMP* § 62 Rn. 90), dass

- das Arbeitsverhältnis beendet ist,
- der Arbeitgeber weder Arbeitspapiere noch Zwischenbescheinigung ausgehändigt hat,

– ein neuer Arbeitgeber ohne Vorlage der Arbeitspapiere keine Einstellung vornimmt, die Steuerklasse VI in Ansatz bringen will oder die Lohnsteuerkarte für den Lohnsteuerjahresausgleich benötigt wird.

82 Zur Glaubhaftmachung reicht die eigene eidesstattliche Versicherung aus; in einem Hauptsacheverfahren trägt der Arbeitgeber die Darlegungs- und Beweislast für die Übergabe der Arbeitspapiere.

> **Beispiel** für einen Antrag auf Herausgabe der Arbeitspapiere im Wege der einstweiligen Verfügung:
> Der Antragsgegnerin wird im Wege der einstweiligen Verfügung aufgegeben, die Arbeitspapiere des Antragstellers, bestehend aus Lohnsteuerkarte, Sozialversicherungsnachweisheft, Sozialversicherungsausweis und Arbeitsbescheinigung gem. § 312 SGB III, auszufüllen und herauszugeben.
> Der Antragsgegnerin wird ein Zwangsgeld, dessen Höhe ich in das Ermessen des Gerichtes setze, ersatzweise Zwangshaft des Geschäftsführers der Antragsgegnerin, für den Fall angedroht, dass die Arbeitspapiere nicht ausgefüllt und herausgegeben werden.

cc) Urlaub

83 Die einstweilige Verfügung zur Durchsetzung des Urlaubsanspruchs hat für die Praxis erhebliche Bedeutung. Die Arbeitsvertragsparteien streiten öfters darüber, ob überhaupt ein Urlaubsanspruch besteht, er dem Arbeitnehmer im geltend gemachten Umfang zusteht und/oder über die zeitliche Lage des Urlaubs. Das *BAG* (20.1.1994 EzA § 626 BGB n. F. Nr. 153) verweist den Arbeitnehmer auf den gerichtlichen Rechtsschutz und billigt ihm grds. kein Recht zur Selbstbeurlaubung zu (s. o. C/Rz. 1878 ff.). Der Arbeitnehmer kann eine Leistungsklage auf Urlaubsgewährung für einen bestimmten Zeitraum erheben (*BAG* 18.12.1986 EzA § 7 BUrlG Nr. 48; im Einzelnen C/Rz. 1914 ff.). Der Arbeitnehmer hat nämlich einen Anspruch darauf, dass die Urlaubsfestlegung entsprechend seinem Wunsch erfolgt, § 7 Abs. 1 BUrlG (*LAG Rheinland-Pfalz* 25.1.1991 LAGE § 7 BUrlG Nr. 27). Die Klage wird jedoch unzulässig, wenn während des gerichtlichen Verfahrens der beantragte Urlaubszeitraum verstreicht (*BAG* 18.12.1986 EzA § 7 BUrlG Nr. 48). Ein effektiver Rechtsschutz ist deshalb häufig nur mittels einer einstweiligen Verfügung zu erreichen.

84 Der Antragsteller muss den Verfügungsanspruch darlegen und glaubhaft machen. Der Arbeitnehmer hat zunächst das Bestehen eines Arbeitsverhältnisses sowie die Erfüllung der Wartezeit (§§ 1, 4 BUrlG) vorzutragen. Begehrt er mehr als den gesetzlichen Urlaub hat er weiter die Anspruchsgrundlage vorzutragen (tarifliche/arbeitsvertragliche Regelung, Urlaubsübertragung usw; vgl. C/1755 ff.). Weiterhin muss der Arbeitnehmer darlegen, dass er erfolglos rechtzeitig Urlaubsgewährung vom Arbeitgeber gefordert hatte (s. o. C/Rz. 1860). Der Arbeitgeber hat hingegen alle Gegenrechte darzulegen und unter Beweis zu stellen. Er hat insbesondere entgegenstehende betriebliche Belange, die zu einer erheblichen betriebswirtschaftlichen Erschwerung führen (*LAG Rheinland-Pfalz* 25.1.1991 LAGE § 7 BUrlG Nr. 27), vorzutragen und glaubhaft zu machen. Der Arbeitgeber trägt nämlich die Darlegungs- und Beweislast für die Berechtigung einer Urlaubsverweigerung (*BAG* 10.1.1974 EzA § 7 BUrlG Nr. 16).

Als Verfügungsgrund kommen folgende Fallgruppen in Betracht: der Urlaubszweck 85
wird bei späterer Urlaubsnahme verfehlt, der Urlaub verteuert sich erheblich oder der Urlaub kann wegen eines Wechsels zu einem anderen Arbeitgeber in der zweiten Jahreshälfte gem. § 4 BUrlG nicht genommen werden (*Corts* NZA 1998, 357 [358]). Das drohende Erlöschen des Urlaubsanspruchs wegen Ablauf des Urlaubsjahrs oder des dreimonatigen Übertragungszeitraums gem. § 7 Abs. 3 BUrlG allein reicht nicht als Verfügungsgrund. Bei rechtzeitiger Geltendmachung des Urlaubsanspruchs wird der Arbeitgeber in Verzug gesetzt und der Arbeitnehmer erhält einen Schadensersatzanspruch in Form bezahlter Freistellung.

Eilanträge auf Urlaub setzen als Verfügungsgrund voraus, dass der Erlass einer einstweiligen Verfügung **zur Abwendung wesentlicher Nachteile notwendig** ist (*LAG Köln* 9.2.1991 LAGE § 935 ZPO Nr. 3) und der Arbeitnehmer **keine anderweitige Möglichkeit** hat, eine Konkretisierung seines Anspruchs auf Urlaubsgewährung durchzusetzen. Die Interessen des Arbeitnehmers sind mit entgegenstehenden betrieblichen Belangen abzuwägen (*ArbG Hamm* 10.5.1983 DB 1983, 1553).

Der Arbeitnehmer hat, sofern ein Betriebsrat/Personalrat besteht, sich zunächst an 86
diesen zu wenden (Mitbestimmungsrecht des Betriebsrates gem. § 87 Abs. 1 Nr. 5 BetrVG), da der Erlass einer Leistungsverfügung nur in Betracht kommt, wenn der Arbeitnehmer alle anderen Möglichkeiten ausgeschöpft hat. Der Arbeitnehmer darf nicht durch eigene Nachlässigkeit die Eilbedürftigkeit herbeigeführt (**Grundsatz der Selbstwiderlegung**) bzw. selbst verursacht haben, z. B. durch Buchung einer Reise vor Urlaubsgewährung (*LAG Hamburg* 15.9.1989 LAGE § 7 BUrlG Nr. 26).

Der Antrag auf **Urlaubsgewährung in einem bestimmten Zeitraum** führt regel- 87
mäßig zu einer Vorwegnahme der endgültigen Entscheidung, weshalb an den Verfügungsgrund besonders hohe Anforderungen gestellt werden (*LAG Hamburg* 15.9.1989 LAGE § 7 BUrlG Nr. 26). Ob als Verfügungsgrund der Wunsch des Arbeitnehmers ausreicht, wegen familiärer oder persönlicher Gründe an einen bestimmten Termin Urlaub nehmen zu können, ist streitig (s. o. C/Rz. 1627). Nach Auffassung des *LAG Hamm* (31.1.1995 LAGE § 7 BUrlG Nr. 33) kann eine einstweilige Verfügung auf Gewährung von Urlaub in einem genau beantragten Zeitraum nur in ganz besonderen Ausnahmesituationen ergehen, in denen eine gewisse Vorwegnahme der Hauptsache unvermeidbar ist, um wesentlichen Schaden oder einen endgültigen Rechtsverlust abzuwenden. Das *LAG Hamburg* 15.9.1989 (LAGE § 7 BUrlG Nr. 26), vertritt die Auffassung, dass ein Arbeitnehmer grds. seinen Urlaubsanspruch so frühzeitig erheben muss, dass er ihn im Falle rechtswidriger Verweigerung noch im Wege des ordentlichen Klageverfahrens durchsetzen kann. Im Fall eines langfristig gebuchten Urlaubs wird der Arbeitnehmer daher die besondere Dringlichkeit nur in Ausnahmefällen begründen können. Begehrt der Arbeitnehmer hingegen kurzfristig Urlaub aus Anlass des Todes naher Angehöriger, Eheschließung, Taufe usw. wird zumeist eine besondere Dringlichkeit zu bejahen sein (*Schäfer* Rz. 103).

Der Anspruch auf **Bildungsurlaub** kann im Wege der einstweiligen Verfügung durchgesetzt werden (s. o. C/Rz. 2138). Beantragt der Arbeitnehmer im Wege der einstweiligen Verfügung allein die Befreiung von seiner Arbeitspflicht, begründet ein entsprechender Eilentscheid keine Pflicht des Arbeitgebers zur Vergütungsfortzahlung (*LAG Hamm* 20.9.1996 – 15 Sa 1205/95 – AE 1997 Nr. 252).

M. Besondere Verfahrensarten

dd) Weiterbeschäftigungsanspruch

aaa) Beschäftigungsanspruch während bestehendem Arbeitsverhältnis

88 Der Arbeitnehmer hat im ungekündigten oder gekündigten, aber noch nicht beendeten Arbeitsverhältnis, grds. gem. §§ 611 Abs. 1, 613, 242 BGB, Art. 1 und 2 GG einen Anspruch darauf, beschäftigt zu werden (**allgemeiner Beschäftigungsanspruch**; s. o. C/Rz. 2168 ff.). Die Beschäftigungspflicht des Arbeitgebers ist eine in der Fürsorgepflicht wurzelnde Nebenpflicht, sofern die Beschäftigung nicht ausdrücklich vertraglich als Hauptpflicht vereinbart ist.

89 Der Arbeitnehmer muss den Verfügungsanspruch schlüssig darlegen und glaubhaft machen, indem er ein bestehendes Arbeitsverhältnis sowie den Inhalt des Beschäftigungsanspruches unter Beweisantritt vorträgt.

Der Arbeitgeber kann die Existenz eines Arbeitsverhältnisses und/oder den Inhalt des Beschäftigungsanspruches bestreiten oder Ausnahmen von der allgemeinen Beschäftigungspflicht (s. o. C/Rz. 2174) darlegen und ggf. beweisen. Bereits im Arbeitsvertrag kann der Arbeitgeber sich das Recht ausbedingen, im Fall einer Kündigung den Arbeitnehmer für die Dauer der Kündigungsfrist von der Arbeit freizustellen (*LAG Hamburg* 10.6.1994 LAGE Nr. 37 zu § 611 BGB Beschäftigungspflicht). Ein Suspendierungsgrund (vgl. hierzu C/Rz. 2174) ist auch gegeben, wenn sich ein Mitarbeiter nach seiner ordentlichen Kündigung in der Kündigungsfrist nachweisbar **betriebsschädigend** verhält, oder der Mitarbeiter, dem wesentliche Geschäfts- und Betriebsgeheimnisse bekannt sind, selbst kündigt, um nach Beendigung des Arbeitsverhältnisses bei fehlendem nachvertraglichen Wettbewerbsverbot sofort zu einem Konkurrenzunternehmen zu wechseln (*LAG Hamm* 3.11.1993 LAGE § 611 BGB Beschäftigungspflicht Nr. 36; Verrat von Betriebsgeheimnissen: *BAG* 4.6.1964 AP Nr. 13 zu § 626 BGB).

90 Streitig ist, ob die Beschäftigungsverfügung neben dem Verfügungsanspruch einen Verfügungsgrund voraussetzt. Einerseits wird die Auffassung vertreten, der Erlass einer Beschäftigungsverfügung während eines noch nicht beendeten Arbeitsverhältnisses erfordere nicht die Darlegung eines **besonderen Beschäftigungsinteresses** (*ArbG Herne* 13.10.1988 NZA 1989, 236). Der allgemeine Beschäftigungsanspruch besteht nämlich grds. während eines Arbeitsverhältnisses bis zum Ablauf der Kündigungsfrist (*BAG* 19.8.1976 EzA § 611 BGB Beschäftigungspflicht Nr. 1). Er wird als Fixschuld endgültig vereitelt, wenn eine Befriedigungsverfügung unter Hinweis auf ein weiter gehendes besonderes Beschäftigungsinteresse versagt wird (*ArbG Leipzig* BB 1997, 366). Andererseits wird zutreffend darauf hingewiesen, dass der einstweilige Rechtsschutz lediglich Sicherungsfunktion habe und auch eine Beschäftigungsverfügung zur Befriedigung führe (*Schäfer* Rz. 65). Das Beschäftigungsinteresse des Arbeitnehmers (Neben-/Hauptpflicht) sowie die Dringlichkeit (besondere Wichtigkeit einer tatsächlichen Beschäftigung) sei im Einzelfall sorgfältig gegen das Suspendierungsinteresse des Arbeitgebers abzuwägen. Auch das *LAG Hamm* fordert im Fall des Weiterbeschäftigungsanspruchs in der Kündigungsfrist die Darlegung, dass der Arbeitnehmer auf die sofortige Erfüllung (Notlage) dringend angewiesen ist (18.2.1998 NZA-RR 1998, 422).

Der Arbeitnehmer darf keine andere Möglichkeit haben/gehabt haben, seinen zweifelsfrei bestehenden Verfügungsanspruch anderweitig zu realisieren. Ein Verfügungsgrund fehlt, wenn der Arbeitnehmer längere Zeit vor Beantragung der einstweiligen Verfügung Kündigungsschutzklage erhoben hatte, aber nicht auf Weiterbeschäftigung geklagt hatte (*LAG Frankfurt* 23.3.1987 NZA 1988, 37).

Beispiel für einen Antrag (zum Antrag vgl. *Growe* NZA 1996, 567) 91
1. Die Verfügungsbeklagte wird verurteilt, den Verfügungsbekläger bis zum Ablauf der Kündigungsfrist am 30.9.1996 zu unveränderten Bedingungen als Konstrukteur weiterzubeschäftigen.
2. Für jeden Fall der Zuwiderhandlung wird der Verfügungsbeklagten ein Zwangsgeld in Höhe von Euro 10 000,– angedroht.

bbb) **Weiterbeschäftigungsanspruch bei Rechtsstreitigkeiten über die Beendigung des Arbeitsverhältnisses**

(1) **Besonderer Weiterbeschäftigungsanspruch, § 102 Abs. 5 S. 1 BetrVG**
Der Gesetzgeber hat in § 102 Abs. 5 S. 1 BetrVG einen vorläufigen, auflösend bedingten (*BAG* 12.9.1985 EzA § 102 BetrVG 1972 Nr. 61), Bestandsschutz des gekündigten Arbeitsverhältnisses zwischen Ablauf der Kündigungsfrist und rechtskräftigem Abschluss des Kündigungsschutzprozesses angeordnet, der eine Weiterbeschäftigungspflicht des Arbeitgebers beinhaltet (s. o. D/Rz. 1962 ff.). Der Weiterbeschäftigungsanspruch gem. § 102 Abs. 5 S. 1 BetrVG kann im Urteilsverfahren durch Klage oder – bei Vorliegen eines Verfügungsgrundes – durch einstweilige Verfügung durchgesetzt werden. Anders als der allgemeine Weiterbeschäftigungsanspruch (s. u. M/Rz. 94 ff.) wird der besondere Weiterbeschäftigungsanspruch nicht durch ein überwiegendes Interesse des Arbeitgebers an einer Nichtbeschäftigung ausgeschlossen (*LAG München* 10.2.1994 NZA 1994, 997). Dem betriebsverfassungsrechtlichen Weiterbeschäftigungsanspruch kann der Arbeitgeber nur entgegentreten, indem er dessen Voraussetzungen (s. o. D/Rz. 1966) bestreitet, die Voraussetzungen für eine Entbindung von der Weiterbeschäftigungspflicht gem. § 102 Abs. 5 S. 2 BetrVG (s. u. M/Rz. 124 ff.) oder Suspendierungsgründe, die in einem bestehenden Arbeitsverhältnis eine Freistellung rechtfertigen (vgl. hierzu C/Rz. 2174), vorträgt (vgl. *Schäfer* Rz. 77). 92
Umstritten ist, ob sich der **Verfügungsgrund** i. d. R. bereits aus dem ausdrücklich gesetzlich geregelten Verfügungsanspruch ergibt (so D/Rz. 1989; *LAG Hamburg* 14.9.1992 LAGE § 102 BetrVG Beschäftigungspflicht Nr. 10) oder entsprechend den allgemeinen Grundsätzen dargelegt werden muss (so *LAG Düsseldorf* 25.1.1993 DB 1993, 1680; *LAG München* 10.2.1994 LAGE § 102 BetrVG Beschäftigungspflicht Nr. 14; *LAG Baden-Württemberg* 30.8.1993 NZA 1995, 683; *Schäfer* Rz. 80). Für die letztere Auffassung spricht, dass die Weiterbeschäftigungsverfügung eine Leistungsverfügung (Befriedigungsverfügung) ist, an die generell strenge Anforderungen zu stellen sind. Erlässt das Gericht eine einstweilige Verfügung, muss der Arbeitgeber die Ansprüche aus dem durch § 102 Abs. 5 S. 1 BetrVG begründeten Schuldverhältnis erfüllen. Selbst nach Abweisung der Kündigungsschutzklage bleiben dem Arbeitnehmer die Entgeltansprüche bis zum Zeitpunkt der Rechtskraft der klageabweisenden Entscheidung erhalten. Der Gesetzgeber hat außerdem in anderen speziellen Regelungen – im Gegensatz zu § 102 BetrVG – ausdrücklich bestimmt, dass ein Verfügungsgrund nicht glaubhaft gemacht werden muss (§ 885 Abs. 1 S. 2 BGB, § 899 Abs. 2 S. 2 BGB). Andererseits sollten wegen der Zeitgebundenheit der Beschäftigungspflicht nur geringe Anforderungen an den Verfügungsgrund gestellt werden. Die gesetzliche Regelung bezweckt nämlich gerade die Sicherung der tatsächlichen Beschäftigung des gekündigten Arbeitnehmers für die Dauer des Kündigungsschutzprozesses. Kann die Beschäftigung nicht rechtzeitig im Hauptsacheverfahren durchgesetzt werden, ist ein Verfügungsgrund ohne weitere Erfordernisse gegeben. Hinge-

gen wird ein Verfügungsgrund regelmäßig fehlen, wenn beispielsweise aufgrund langer Kündigungsfristen eine erstinstanzliche Entscheidung bereits unmittelbar nach Ablauf der Kündigungsfrist bevorsteht und der Arbeitnehmer nicht ausnahmsweise gehindert war, im Hauptsacheverfahren einen Weiterbeschäftigungsantrag zu stellen.

(2) Allgemeiner Weiterbeschäftigungsanspruch

93 Der allgemeine Weiterbeschäftigungsanspruch (s. o. D/Rz. 2000 ff.) bezeichnet das Recht eines Arbeitnehmers innerhalb eines in seinem rechtlichen Bestand umstrittenen Arbeitsverhältnis beschäftigt zu werden. Die Existenz eines Arbeitsverhältnisses kann beispielsweise nach Ausspruch einer Kündigung, eines Auflösungsantrags gem. § 9 KSchG, infolge einer Befristung oder einer auflösenden Bedingung fraglich sein. In der arbeitsgerichtlichen Praxis hat sich der allgemeine Weiterbeschäftigungsanspruch seit der Entscheidung des Großen Senates des *BAG* vom 27.2.1985 (EzA § 611 BGB Beschäftigungspflicht Nr. 9) durchgesetzt (zur Kritik s. o. D/Rz. 2020 f.). Nach der Rechtsprechung des BAG besteht nach Beendigung eines Arbeitsverhältnisses grds. kein Anspruch auf weitere Beschäftigung, weshalb im einstweiligen Rechtsschutzverfahren grds. ein Verfügungsanspruch fehlt. Der Arbeitgeber hat nach dem Ende des Arbeitsverhältnisses ein schutzwertes Interesse die tatsächliche Beschäftigung nicht fortsetzen zu müssen. Dies gilt grds. auch dann, wenn die Beendigung des Arbeitsverhältnisses umstritten ist. Die Interessenlage kann sich aber zu Gunsten des Arbeitnehmers verschieben:

– Weiterbeschäftigungsanspruch vor Urteil

94 Ein Verfügungsanspruch besteht, wenn eine **offenkundige Unwirksamkeit der Kündigung** (vgl. hierzu *BAG* 26.5.1977 EzA § 611 BGB Beschäftigungspflicht Nr. 2) vorliegt. Der Arbeitgeber hat dann regelmäßig keine berechtigten schutzwerten Interessen an einer Nichtbeschäftigung des Arbeitnehmers, weil der Fortbestand des Arbeitsverhältnisses nicht ernsthaft in Frage steht (s. o. D/Rz. 2008). Andererseits kann gerade bei lediglich an formalen Anforderungen scheiternden Kündigungen ein schutzwürdiges Interesse des Arbeitgebers an einer Nichtbeschäftigung bestehen. Kündigt z. B. der Arbeitgeber einen schwer behinderten alkoholsüchtigen Berufskraftfahrer ohne vorherige Zustimmung des Integrationsamtes, so ist die Kündigung evident unwirksam, auch wenn der Arbeitgeber vor Ausspruch der Kündigung zunächst keine Kenntnis von der Schwerbehinderung hatte (s. o. D/Rz. 472). Der Arbeitgeber wird aber nicht verpflichtet werden können, diesen Berufskraftfahrer weiterbeschäftigen zu müssen, falls dessen Alkoholabhängigkeit unstreitig ist. Generell dürfte ein Verfügungsanspruch bei einer offensichtlich unwirksamen Kündigung ausgeschlossen sein, wenn bei einem fortbestehenden Arbeitsverhältnis der Arbeitgeber berechtigt wäre, den Arbeitnehmer zu suspendieren (vgl. hierzu o. C/Rz. 191 f. u. 2168 ff.).

95 Ist die Unwirksamkeit der Kündigung nicht derart evident, besteht dagegen ein Verfügungsanspruch des Arbeitnehmers ausnahmsweise nur, falls ein **besonderes Beschäftigungsinteresse** das entgegenstehende Arbeitgeberinteresse überwiegt, z. B. der Arbeitnehmer bereits bei kurzzeitigem Pausieren berufliche Fähigkeiten und Fertigkeiten einbüßt, eine Wiedereingliederung in den Arbeitsablauf erheblich erschwert wird oder ein Auszubildender an Prüfungen nicht mehr teilnehmen kann (*LAG* Berlin 22.2.1991 LAGE § 611 BGB Beschäftigungspflicht Nr. 29). Der Verfügungsgrund, Erforderlichkeit der begehrten Regelung zur Abwehr wesentlicher Nachteile, ergibt sich bei Vorliegen eines besonderen Beschäftigungsinteresses aus

der Gefährdung des Verfügungsanspruchs (*LAG Köln* 26.11.1985 LAGE § 611 BGB Beschäftigungspflicht Nr. 8), da bereits auf der Ebene des Verfügungsanspruchs das Weiterbeschäftigungsinteresse des Arbeitnehmers gegen das Interesse des Arbeitgebers an einer Nichtbeschäftigung abgewogen wurden.

Fehlt hingegen ein besonderes Beschäftigungsinteresse, so hat der Arbeitnehmer den Verfügungsgrund auch bei einer offensichtlich unwirksamen Kündigung näher darzulegen. Er muss begründen, weshalb sein Beschäftigungsanspruch durch eine Klage im Hauptsacheverfahren, den Annahmeverzug sowie des Schadensersatzes nicht ausreichend gesichert werden kann *(Schäfer* Rz. 76). Die Anforderungen an den Verfügungsgrund sind im Hinblick auf den Ausnahmecharakter des einstweiligen Rechtsschutzes im Allgemeinen und der Leistungsverfügung im Besonderen zu bestimmen *(Schäfer* Rz. 68). Andererseits dürfen keine überzogenen Anforderungen gestellt werden, da anderenfalls der Arbeitgeber durch Freistellung des Arbeitnehmers »Fakten« schaffen könnte, die in der betrieblichen Praxis häufig auch nach einer für den Arbeitnehmer positiven Hauptsacheentscheidung nicht mehr rückgängig zu machen sind (so auch *Hoß/Lohr* BB 1998, 2575).

Die einstweilige Verfügung ist **bis zur Beendigung des erstinstanzlichen Kündigungsschutzverfahrens zu begrenzen**, weil in dem Hauptsacheverfahren ein Weiterbeschäftigungsanspruch für den Zeitraum nach Erlass der erstinstanzlichen Entscheidung anhängig gemacht werden kann *(GMP* § 62 Rn. 86). **96**

> **Beispiel** für einen Antrag auf Erlass einer einstweiligen Verfügung auf Weiterbeschäftigung vor einem erstinstanzlichen Urteil im Hauptsacheverfahren (*Schäfer* Rz. 308, Muster für andere Fallgruppen Rz. 282, 286, 303, 312): **97**
> Namens und unter Vollmachtsvorlage der Antragstellerin begehre ich den Erlass einer einstweiligen Weiterbeschäftigungsverfügung, wobei ich wegen der Dringlichkeit anrege, ohne mündliche Verhandlung zu entscheiden, und
> **beantrage**
> 1. Der Antragsgegnerin wird aufgegeben, den Antragsteller bis zu der Verkündung einer erstinstanzlichen Entscheidung des beim Arbeitsgericht Kaiserslautern unter dem Aktenzeichen 7 Ca 888/98 anhängigen Rechtsstreits gem. § 2 des Anstellungsvertrages vom 1.1.1960 als Herzchirurg weiterzubeschäftigen.
> 2. Für den Fall der Zuwiderhandlung wird der Antragsgegnerin ein Zwangsgeld, dessen Höhe ich in das Ermessen des Gerichts stelle (mindestens jedoch Euro 10000,00), für jeden Fall der Zuwiderhandlung, ersatzweise Zwangshaft der Geschäftsführerin, angedroht.

– **Weiterbeschäftigungsanspruch nach obsiegendem Urteil**
Hat ein ArbG den Fortbestand des Arbeitsverhältnisses erstinstanzlich festgestellt, **98** so hat der obsiegende Arbeitnehmer einen Weiterbeschäftigungsanspruch (*BAG* 27.2.1985 EzA § 611 BGB Beschäftigungspflicht Nr. 9). Die Ungewissheit des Prozessausgangs kann für sich allein ein überwiegendes Gegeninteresse des Arbeitgebers nicht mehr begründen, sodass ein Verfügungsanspruch regelmäßig vorliegt. Der Verfügungsanspruch indiziert auch in diesem Fall noch keinen Verfügungsgrund. Nach der gegebenen Rechtslage ist eine vorübergehende Unterbrechung der tatsächlichen Beschäftigung grds. als tragbar anzusehen (*ArbG Bielefeld* 31.7.1985 NZA 1986, 98). Der Arbeitnehmer muss als Verfügungsgrund ein besonders, objektiv bestehendes, Beschäftigungsinteresse vortragen und glaubhaft machen (*LAG Rheinland-Pfalz* 21.8.1986 LAGE § 611 BGB Beschäftigungspflicht Nr. 19). Ein solches Beschäfti-

M. Besondere Verfahrensarten

gungsinteresse ist beispielsweise gegeben, wenn eine sofortige Weiterbeschäftigung notwendig ist, um eine erworbene Qualifikation erhalten und zu sichern oder um den Erfahrungsstand eines auszubildenden Arbeitnehmers zu wahren. Ein besonderer Grund, der die Annahme eines Verfügungsgrundes rechtfertigt, liegt auch vor, wenn die Kündigung evident unwirksam ist. Eine dennoch bestehende subjektive Ungewissheit des Arbeitgebers ist nicht schutzwürdig.

99 Häufig wird aber eine einstweilige Verfügung zur Durchsetzung des allgemeinen Weiterbeschäftigungsanspruchs nach obsiegendem erstinstanzlichem Urteil mangels Dringlichkeit am Verfügungsgrund scheitern: Der Arbeitnehmer hat selbstverschuldet den Grund für die Eilbedürftigkeit gesetzt, wenn er nicht – zumindest eventualiter – den **Weiterbeschäftigungsantrag in dem erstinstanzlichen Kündigungsschutzprozess** anhängig gemacht hatte (*LAG Rheinland-Pfalz* 21.8.1986 LAGE § 611 BGB Beschäftigungspflicht Nr. 19; *LAG Frankfurt* 23.3.1987 NZA 1988, 37; *LAG Köln* 6.8.1996 LAGE § 611 BGB Beschäftigungspflicht Nr. 40). Der Antragsteller muss deshalb im Einzelnen darlegen und glaubhaft machen, weshalb er dies unverschuldet unterließ. So kann bis zum Schluss der mündlichen Verhandlung in erster Instanz einem Weiterbeschäftigungsantrag eine langandauernde Arbeitsunfähigkeit entgegenstehen. Hingegen entschuldigt die seitens der Rechtsschutzversicherung üblicherweise verweigerte Kostenzusage für einen eventualiter gestellten Weiterbeschäftigungsantrag nicht einen unterlassenen Antrag. Auch wenn ein Arbeitnehmer erst einige Monate (hier sechs Monate) nach Verkündung eines die Unwirksamkeit der Kündigung feststellenden erstinstanzlichen Urteils im Wege des einstweiligen Verfügungsverfahrens die Weiterbeschäftigung beantragt, fehlt mangels Eilbedürftigkeit der Verfügungsgrund (*LAG Hamm* 18.2.1986 NZA 1986, 399).

– **Weiterbeschäftigungsanspruch nach klageabweisendem Urteil**

100 Nach **klageabweisendem Urteil im Kündigungsschutzprozess** ist der Erlass einer einstweiligen Verfügung nur in Ausnahmefällen (offenkundiges Übersehen wesentlicher Gesichtspunkte durch das erstinstanzliche Gericht, erheblicher zulässiger neuer Vortrag in der Berufungsinstanz) denkbar (*Schäfer* NZA 1985, 691).

ccc) **Weiterbeschäftigungsanspruch eines Auszubildenden**

(1) **Nach Kündigung**

101 Der Anspruch eines Auszubildenden auf Weiterbeschäftigung kann nach Ausspruch einer fristlosen Kündigung gem. § 15 Abs. 2 Ziffer 1 BBiG im Wege des einstweiligen Verfügungsverfahrens geltend gemacht werden (*LAG Berlin* 22.2.1991 LAGE § 611 BGB Beschäftigungspflicht Nr. 29). Im Mittelpunkt der Darlegung steht die Unwirksamkeit der fristlosen Kündigung. Ein Auszubildender hat grds. ein besonderes Beschäftigungsinteresse, da bei Verweigerung der Fortsetzung einer Ausbildung der ordnungsgemäße Ablauf einer Berufsausbildung und damit das Ausbildungsziel erheblich gefährdet ist, unter Umständen die bisher erfolgte Ausbildung nicht mehr verwertbar ist.

102 **Beispiel für einen Antrag:**
1. Die Antragsgegnerin wird verurteilt, den Antragsteller bis zur Entscheidung des Hauptsacheverfahrens vor dem *Arbeitsgericht Kaiserslautern*, als Werkzeugmacher weiter auszubilden.

2. Für jeden Fall der Zuwiderhandlung wird der Antragsgegnerin ein Zwangsgeld in Höhe von Euro 20 000,– angedroht.

(2) Weiterbeschäftigungsanspruch des Jugend- und Auszubildendenvertreters
Gem. § 78 a Abs. 2 BetrVG müssen Auszubildende, die Mitglied in der Jugend- und Auszubildendenvertretung, des Betriebsrates, der Bordvertretung oder des Seebetriebsrats sind, über das Ende des Auszubildungsverhältnisses hinaus weiterbeschäftigt werden, wenn sie gem. § 78 a Abs. 2 BetrVG innerhalb der letzten drei Monate vor Bekanntgabe des Prüfungsergebnisses der Abschlussprüfung (*BAG* 31.10.1985 EzA § 78 a BetrVG 1972 Nr. 15) schriftlich die Weiterbeschäftigung verlangen; unabhängig davon, ob der Arbeitgeber seinerseits seiner Mitteilungspflicht aus Abs. 1 nachgekommen ist (*BAG* 16.8.1995 EzA § 78 a BetrVG 1972 Nr. 23). 103

Der Auszubildende hat seinen Anspruch auf Feststellung des Bestehens eines Arbeitsverhältnisses und dessen Inhalts im **Urteilsverfahren** zu verfolgen. Im Wege der einstweiligen Verfügung kann er seine tatsächliche Beschäftigung unter Zahlung eines entsprechenden Entgelts durchsetzen (*LAG Frankfurt* 14.8.1987 BB 1987, 2160). 104

ee) Konkurrentenklage
Macht ein Bewerber um eine für Angestellte ausgeschriebene Stelle des öffentlichen Dienstes geltend, er sei unter Verletzung der in Art. 33 Abs. 2 GG festgelegten Kriterien abgewiesen worden, kann er arbeitsgerichtlichen Rechtsschutz (sog. arbeitsrechtliche Konkurrentenklage) zur Sicherung seines Bewerbungsverfahrensanspruchs begehren (*BAG* 2.12.1997 EzA Art. 33 GG Nr. 17). 105

Ein Anspruch auf Beförderung hingegen kommt nur ganz ausnahmsweise in Betracht. Ein unmittelbarer Anspruch auf Beförderung steht keinem Arbeitnehmer zu (*BAG* 2.12.1997 EzA Art. 3 GG Nr. 78). Ein Anspruch kann sich aus einer vertraglichen Zusage oder im öffentlichen Dienstes aus dem Leistungsprinzip des Art. 33 Abs. 2 GG nur ergeben, falls sich der Ermessensspielraum derart verdichtet hat, dass eine andere Entscheidung als die Beförderung gerade des Antragstellers ermessensfehlerhaft wäre (*LAG Berlin* 12.7.1993 NZA 1994, 526). Daher scheidet ein Beförderungsanspruch bei Nichtbeachtung landesrechtlicher Regelungen zur Frauenförderung aus, wenn die Auswahlentscheidung nicht nur zwischen der übergangenen Bewerberin und dem Arbeitgeber ausgewählten Bewerber getroffen wurde, sondern auch andere, besser qualifizierte, Bewerber/Bewerberinnen einbezogen waren (*BAG* 2.12.1997 EzA Art. 3 GG Nr. 78). 106

Liegt ausnahmsweise ein Verfügungsanspruch vor, ist streitig, ob überhaupt ein Verfügungsgrund gegeben sein kann. Im Beamtenrecht führt die Beförderung des Konkurrenten wegen des Grundsatzes der Ämterstabilität dazu, dass die Stellenbesetzung im Falle des Obsiegens des Antragstellers im Hauptverfahren nicht mehr rückgängig gemacht werden kann. Effektiver Rechtsschutz kann nur gewährt werden, wenn im Wege einstweiligen Rechtsschutzes die Stellenbesetzung bis zum Abschluss des Hauptsacheverfahrens verhindert wird. Das *LAG Berlin* (a. a. O.) hält die von der Rechtsprechung des BVerwG entwickelten Grundsätze zur Konkurrentenklage im Beamtenrecht nicht auf **Arbeitsverhältnisse im öffentlichen Dienst** für übertragbar. Der im Beamtenrecht geltende Grundsatz der Ämterstabilität kann nicht auf Arbeitsverhältnisse angewendet werden, die ausschließlich dem Privatrecht zugeordnet seien. Somit besteht für Arbeitnehmer im öffentlichen Dienst keine Möglichkeit die Beförderung eines Konkurrenten vorläufig zu verhindern. Hingegen vertritt 107

M. Besondere Verfahrensarten

das *LAG Hamm* (13.5.1993 NZA 1994, 528) die Auffassung, ebenso wie im Beamtenrecht bestehe die Gefahr der Schaffung vollendeter irreversibler Tatsachen. Das BAG hat in zwei Entscheidungen im Dezember 1997 (a. a. O.) hervorgehoben, dass eine Erledigung der arbeitsrechtlichen Konkurrentenklage eintritt, wenn die erstrebte Wiederholung der Auswahlentscheidung gegenstandslos wird, weil das Bewerbungsverfahren durch die endgültige Besetzung der Stelle abgeschlossen ist. Damit dürfte sich der Streit um einen Verfügungsgrund erledigt haben. Durch die einstweilige Verfügung soll gerade eine endgültige Stellenbesetzung, vor einer Wiederholung der Auswahlentscheidung *(BAG 2.12.1997 EzA Art. 33 GG Nr. 17)*, die mit dem Hauptsacheverfahren begehrt wird, verhindert werden. Mit Übertragung der Stelle durch Abschluss eines Arbeitsvertrages mit dem Mitbewerber erledigt sich die arbeitsrechtliche Konkurrentenklage *(ArbG Kaiserslautern 8.5.2002 – 1 Ga 862/02 – n. v.; Zimmerling ZTR 2000, 489 [493])*.

ff) Teilzeitanspruch

108 Der Anspruch auf Verringerung der Arbeitszeit aus § 8 Abs. 4 TzBfG ist aus Gründen des effektiven Rechtsschutzes in Ausnahmefällen im Wege der einstweiligen Verfügung durchsetzbar (*Gotthardt* NZA 2001, 1183). Da jedoch insoweit eine Vorabbefriedigung eintritt, muss der Arbeitnehmer darlegen und glaubhaft machen, dass er beispielsweise wegen einer familiären Notlage dringend auf die Änderung der Arbeitszeit angewiesen ist.

gg) Weiterbeschäftigung der durch Insolvenzverwalter freigestellten Arbeitnehmer

109 Der Antrag auf Erlass einer einstweiligen Verfügung ist nur Erfolg versprechend, wenn der Insolvenzverwalter einen Teil der Belegschaft willkürlich unter Überschreitung der Grenze des billigen Ermessens gem. § 315 Abs. 1 BGB ausgewählt und freigestellt hat sowie besondere Beschäftigungsinteressen des freigestellten Arbeitnehmers vorliegen (*LAG Hamm 27.9.2000 LAGE § 55 InsO Nr. 3*).

b) Einstweilige Verfügung des Arbeitgebers gegen den Arbeitnehmer

aa) Arbeitsleistung

110 Die Sicherung der Arbeitspflicht durch eine einstweilige Verfügung wird regelmäßig bei unterschiedlicher Auffassung über die Wirksamkeit einer außerordentlichen Kündigung durch den Arbeitnehmer, über die Dauer der Kündigungsfrist bei einer ordentlichen Kündigung durch den Arbeitnehmer oder über die Grenzen des Direktionsrecht begehrt. Der Verfügungsanspruch setzt ein bestehendes Arbeitsverhältnis voraus und ergibt sich aus diesem; – die Arbeitspflicht des Arbeitnehmers ist dessen arbeitsvertragliche Hauptleistungspflicht (s. o. C/Rz. 1).
Problematisch ist hingegen der Verfügungsgrund infolge mangelnder Vollstreckbarkeit eines zur Arbeitsleistung verpflichtenden Titels. Grds. ist der Arbeitnehmer gem. § 613 S. 1 BGB verpflichtet, die Dienstleistung höchstpersönlich zu erbringen (s. o. C/Rz. 4); es handelt sich um eine **unvertretbare Leistung** i. S. d. § 888 Abs. 1 ZPO (*Heinze* RdA 1986, 273). Die Vollstreckung einer unvertretbaren Arbeitsleistung ist nach § 888 Abs. 2 ZPO ausgeschlossen. Die wohl überwiegende Meinung (*LAG Baden-Württemberg 9.4.1963 AP Nr. 5 zu § 940 ZPO; Grunsky § 62 Rn. 20;* Kasseler Handbuch/*Künzl* Rz. 166; *Küttner/Griese* Personalbuch 1998 Vertragsbruch, Rz. 3 f.; *Schaub* § 47 VII 2) hält trotz des lediglich deklaratorischen Charakters einer entspre-

chenden einstweiligen Verfügung deren Erlass für zulässig. Allein der Erlass einer einstweiligen Verfügung könne einen Arbeitnehmer zur Fortsetzung seiner Arbeit bewegen, ohne dass es einer Zwangsvollstreckung bedarf (Appellfunktion). Bereits das summarische Erkenntnisverfahren der einstweiligen Verfügung kläre die Rechtslage und weise damit den Arbeitnehmer auf seine Vertragspflichten hin. Diese Auffassung ist abzulehnen (*LAG Frankfurt* 19.10.1989 NZA 1990, 614). **Eine nicht vollstreckbare einstweilige Verfügung ist nicht dringlich, da sie keinen Rechtsanspruch durchsetzbar zu sichern vermag; mithin fehlt der für ihren Erlass notwendige Verfügungsgrund** (s. o. M/Rz. 53). Die einstweilige Verfügung hätte lediglich einen deklaratorischen Charakter (*GMP* § 62 Rn. 85); die Gegenansicht nimmt eine unzulässige Gleichsetzung von einstweiligem Rechtsschutzverfahren und Hauptverfahren vor (*Heinze* RdA 1986, 273, 280).

Der Arbeitgeber vermag auch nicht mittelbar über eine einstweilige Verfügung auf den Arbeitnehmer Druck ausüben, seine Dienstleistung wieder aufzunehmen (s. o. C/Rz. 236 f.). Ein Antrag auf Unterlassung der Tätigkeit bei einem Dritten scheitert an einem Verfügungsanspruch, außer im Fall von Erwerbstätigkeit bei einem Mitbewerber.

Der Arbeitgeber kann stattdessen einen Schadensersatzprozess gegen den vertragsbrüchigen Arbeitnehmer einleiten.

Regelmäßig fehlt ein Verfügungsgrund, falls es sich bei der Arbeitsleistung ausnahmsweise um eine **vertretbare Handlung** handelt. Bei vertretbaren Diensten geschieht die Vollstreckung durch Ersatzvornahme, der vertragsbrüchige Arbeitnehmer muss also letztlich nur eine Geldleistung erbringen (*Grunsky* ArbGG § 62 Rz. 19).

bb) Wettbewerbsverbote

Der Verfügungsanspruch ergibt sich während des rechtlichen Bestandes eines Arbeitsverhältnisses für kaufmännische Angestellte aus § 60 Abs. 1 HGB, für alle übrigen Arbeitnehmer aus der arbeitsvertraglichen Treuepflicht (s. o. C/Rz. 248 ff.; *Hessisches LAG* 28.4.1998 BB 1998, 1899). Nach Beendigung des Arbeitsverhältnisses kann ein Verfügungsanspruch nur auf eine wirksame nachvertragliche Wettbewerbsvereinbarung (s. o. F/Rz. 91–96) gestützt werden. Weder ein gesetzliches Verbot noch arbeitsvertragliche Nebenpflichten verbieten dem Arbeitnehmer mit seinem ehemaligen Arbeitgeber nach Ende des Arbeitsvertrages in Wettbewerb zu treten (s. o. F/Rz. 82). Problematisch sind die Fälle, in denen über die wirksame Beendigung eines Arbeitsverhältnisses gestritten wird (s. o. C/Rz. 254 ff.). 111

Während eines bestehenden Arbeitsverhältnisses ist dem Arbeitnehmer grds. jegliche Konkurrenztätigkeit zum Nachteil seines Arbeitgebers untersagt, auch wenn der Einzelarbeitsvertrag keine ausdrückliche Regelung enthält (*BAG* 26.1.1995 EzA § 626 n. F. Nr. 155). Konkurrenztätigkeit ist nicht jede Tätigkeit des Arbeitnehmers in dem Geschäftszweig des Arbeitgebers, sondern der Arbeitnehmer muss gerade als **Wettbewerber** seines Arbeitgebers auftreten (*BAG* 3.5.1983 EzA § 60 HGB Nr. 12). Die **Freistellung von der Arbeitsleistung (Suspendierung)** lässt ein Wettbewerbsverbot nicht entfallen, weil das Arbeitsverhältnis seinem rechtlichen Bande nach fortbesteht (*BAG* 30.5.1978 EzA § 626 n. F. BGB Nr. 69). Der Arbeitnehmer darf jedoch in gewissen Grenzen einen Arbeitsplatzwechsel bzw. seine Selbstständigkeit auch während eines bestehenden Arbeitsverhältnisses vorbereiten; entscheidend sind immer die Umstände des Einzelfalles (*BAG* 30.5.1978 EzA § 626 n. F. BGB Nr. 69). Nach Auffassung des LAG Rheinland-Pfalz fällt unter die erlaubten Vorkehrungen einer selbstständigen Tätigkeit auch das **Anwerben geeigneter Mitarbeiter**. Ein Arbeitnehmer, 112 der den Schritt in die Selbstständigkeit beabsichtigt, dürfe Kollegen auf den Wechsel zu ihm ansprechen und deren Bereitschaft durch Gehaltszusagen fördern (*LAG Rheinland-Pfalz 7.2.1992 LAGE § 626 BGB Nr. 64*). Etwas anderes gelte nur dann, wenn der Anwerbung das Merkmal der Sittenwidrigkeit anhaftet. Ein gemeinsames »Pläneschmieden« stelle bereits begrifflich kein Abwerben dar (s. o. C/Rz. 370–372).

Ein »**Vorfühlen**« **bei potentiellen Kunden** hat das BAG hingegen als unzulässige Vorbereitungshandlung angesehen, und zwar selbst dann, wenn der Arbeitnehmer sich darauf beschränkt, Kontakt herzustellen und noch kein Geschäft abschließt (*BAG 30.5.1978 EzA § 626 n. F. BGB Nr. 69*). Die dem Arbeitnehmer obliegende Treuepflicht gebietet es, alles zu unterlassen, was dem Arbeitgeber oder dem Betrieb abträglich ist (s. o. C/Rz. 265–270).

113 Provoziert ein Arbeitnehmer eine **fristlose Kündigung** durch den Arbeitgeber, endet zwar das vertragliche Wettbewerbsverbot mit Zugang der fristlosen Kündigung, jedoch hat der Arbeitgeber einen Anspruch auf Ersatz des dadurch entstehenden Auflösungsschaden (§ 628 Abs. 2 BGB). Zu dem Auflösungsschaden zählt die entfallene arbeitsvertragliche Pflicht zur Konkurrenzunterlassung durch den Arbeitnehmer (*BAG 9.5.1975 AP Nr. 8 zu § 628 BGB m. Anm. Lieb*).

114 Nach der rechtlichen Beendigung des Arbeitsverhältnisses kann der Arbeitnehmer seine rechtmäßig erlangten beruflichen Kenntnisse und Erfahrungen verwerten, um zu seinem früheren Arbeitgeber in Wettbewerb zu treten (*BAG 15.6.1993 EzA § 74 HGB Nr. 55*). Auch die allgemeine, auf der Treuepflicht beruhende, **nachvertragliche Verschwiegenheitspflicht** (s. o. C/Rz. 342 ff.) führt regelmäßig nicht dazu, dass dem Arbeitnehmer die Verwertung eigener Kenntnisse bei der Beratung und Vertretung eines Konkurrenzunternehmens versagt ist (*BAG a. a. O.*). Eine im Arbeitsvertrag ausdrücklich vereinbarte **nachvertragliche Geheimhaltungsklausel** ist zulässig (*BAG 16.3.1982 EzA § 242 BGB Nachvertragliche Treuepflicht Nr. 1*). Die Parteien können ohne Karenzentschädigung eine Pflicht zur Wahrung des Betriebsgeheimnisses über das Ende des Arbeitsverhältnisses hinaus wirksam vereinbaren. Jedoch darf eine derartige Vereinbarung einer nachvertraglichen Schweigepflicht nicht die Wirkung eines nachvertraglichen Wettbewerbsverbot haben (s. o. C/Rz. 345).

115 So beinhaltet eine **Kundenschutzabrede** ein entschädigungsloses und daher unwirksames Wettbewerbsverbot, wenn die Kundenschutzklausel dem Arbeitnehmer gerade dort die geschäftliche Entwicklung unmöglich macht, wo er bislang seinen Erwerb gefunden hat (*BAG 15.12.1987 EzA § 611 BGB Betriebsgeheimnis Nr. 1*). Eine zulässige Verpflichtung über Kundenlisten Verschwiegenheit zu bewahren, verbietet dem Arbeitnehmer lediglich, Kundenlisten, Kenntnisse über Kaufgewohnheiten der Kunden, ihren Geschmack und ähnliche Umstände zu veräußern und auf diese Weise für sich zu verwerten. Ein weiter gehendes Verbot, Kunden des ehemaligen Arbeitgebers zu umwerben und in dessen Kundenstamm einzudringen, lässt sich jedoch nicht daraus herleiten (*BAG 15.6.1993 EzA § 74 HGB Nr. 55*).

116 Im Unterschied zu einer Kundenschutzklausel in der gewerblichen Wirtschaft ist eine **beschränkte Mandantenschutzklausel bei steuerberatenden Berufen** ohne Karenzentschädigung möglich (*BAG 16.7.1971 AP Nr. 25 zu § 611 BGB Konkurrenzklausel*). Eine beschränkte Mandantenschutzklausel untersagt einem angestellten Steuerberater lediglich, bisherige Mandanten seines Arbeitgebers abzuwerben. Sie wiederholt damit lediglich das im Standesrecht verankerte Verbot jeder aktive Mandantenwerbung. Verbietet die arbeitsvertragliche Vereinbarung hingegen generell die Betreuung von Mandanten des früheren Arbeitgebers, so geht sie über ein bloßes Abwerbungsverbot hinaus. Für eine derartige **allgemeine Mandantenschutzklausel** geltend die

M. Besondere Verfahrensarten

Vorschriften der §§ 74 ff. HGB entsprechend (*BAG* 27.9.1988 EzA § 611 BGB Konkurrenzklausel Nr. 1). Die Regelungen der §§ 74 ff. HGB werden auf sämtliche Arbeitnehmer angewendet, obwohl sie ihrem Wortlaut nach nur kaufmännische Angestellte betreffen (*BAG* 13.9.1969 EzA § 74 HGB Nr. 10). Ein wirksames nachvertragliches Wettbewerbsverbot gegenüber einem Arbeitnehmer muss daher die formalen (Schriftform, Aushändigung einer vom Arbeitgeber unterzeichneten Urkunde, zeitliche Begrenzung auf höchstens zwei Jahre, Mindestkarenzentschädigung) und inhaltlich (berechtigtes geschäftliches Interesse des Arbeitgebers, keine unbillige Erschwerung des Fortkommens des Arbeitnehmers) Voraussetzungen gem. §§ 74, 74 a HGB einhalten (s. o. F/Rz. 91–110). Ein berechtigtes geschäftliches Interesse des Arbeitgebers fehlt, wenn der Arbeitgeber mit seinem Wettbewerbsverbot allein den Zweck verfolgt, dem Arbeitnehmer den **Arbeitsplatzwechsel zu erschweren** (*BAG* 16.12.1968 EzA § 133 f. GewO Nr. 11) oder eine **Stärkung der Konkurrenz** zu verhindern (*BAG* 1.8.1995 EzA § 74 a HGB Nr. 13).

Unter welchen Voraussetzungen ein Arbeitgeber während des **Rechtsstreits über die Wirksamkeit einer fristlosen Kündigung** des Arbeitgebers die Unterlassung von Wettbewerb durch den Arbeitnehmer verlangen kann, ist streitig. Das *BAG* (25.4.1991 EzA § 626 BGB Nr. 140) ist der Ansicht, dass ein Arbeitnehmer nicht schon dann von dem für die rechtliche Dauer des Arbeitsverhältnisses geltenden Wettbewerbsverbot befreit ist, wenn der Arbeitgeber eine außergerichtliche Kündigung ausspricht, die der Arbeitnehmer für unwirksam hält und deswegen gerichtlich angreift. Das *LAG Köln* (14.7.1995 LAGE § 60 HGB Nr. 4) folgt dieser Auffassung nur, falls der Arbeitgeber dem Arbeitnehmer gleichzeitig mit der fristlosen Kündigung die Zahlung einer dem § 74 Abs. 2 HGB entsprechenden Entschädigung gem. § 75 Abs. 1 HGB analog anbietet. Noch weiter gehend bezweifelt *Schäfer* (Rz. 109 ff.) die Rechtfertigung jeglichen Wettbewerbsverbotes während des Rechtsstreits um die Wirksamkeit einer Arbeitgeberkündigung, sofern die zwingenden Voraussetzungen der §§ 74 ff. HGB vor dem Rechtsstreit nicht vereinbart waren. *Schäfer* meint, der Arbeitgeber verhalte sich widersprüchlich, wenn er einerseits sich auf die Wirksamkeit der von ihm ausgesprochenen fristlosen Kündigung berufe, andererseits die Einhaltung eines Wettbewerbsverbotes fordere, das an das Bestehen eines Arbeitsvertrages gebunden ist. *Schäfer* verweist auf die Rechtsprechung des *BAG* (21.5.1981 EzA § 615 BGB Nr. 40), wonach der Arbeitgeber eine verzugsausschließend Arbeitsleistung nur verlangen könne, wenn er die Kündigung zurücknimmt oder die Unwirksamkeit der Kündigung anerkennt.

117

Unterschiedliche Standpunkte werden auch hinsichtlich der Darlegungs- und Beweislast vertreten, wenn der Arbeitgeber nach einer **vom Arbeitnehmer erklärten fristlosen Kündigung** während der Dauer des Rechtsstreits Wettbewerbsenthaltung fordert. Das *LAG Hamm* (7.4.1983) führt aus, der Arbeitgeber müsse dartun und glaubhaft machen, dass sich die außerordentliche Kündigung eines Arbeitnehmers im Hauptprozess mit überwiegender Wahrscheinlichkeit als unwirksam herausstellt. Der Arbeitgeber habe nämlich als Anspruchsvoraussetzung den Fortbestand des Arbeitsverhältnisses darzulegen und glaubhaft zu machen. Hingegen ist das *LAG Köln* (14.11.1989 LAGE § 935 Nr. 5) der Auffassung, der Arbeitnehmer trage die Darlegungs- und Beweislast für die Wirksamkeit seiner Kündigung. Im einstweiligen Verfügungsverfahren gelten für die Darlegungs- und Beweislast dieselben Grundsätze wie im Hauptprozess, d. h. der Kündigende muss einen wichtigen Grund dartun und ggf. beweisen.

118

M. Besondere Verfahrensarten

119 **Freie Mitarbeiter** unterliegen während der Dauer ihres Vertrages keinem Wettbewerbsverbot; § 60 HGB findet auf sie weder direkt noch analog Anwendung (*BAG* 21.1.1997 EzA § 74 HGB Nr. 59). Ein Wettbewerbsverbot kann aber vertraglich vereinbart werden, wobei ein nachvertragliches Wettbewerbsverbot mit einem wirtschaftlich abhängigen freien Mitarbeiter den Vorschriften des § 74b Abs. 2 HGB und § 75a HGB genügen muss (*BAG* 21.1.1997 EzA § 74 HGB Nr. 59).

120 **Handelsvertreter** unterliegen während in Dauer ihres Vertrages einem Wettbewerbsverbot ohne dass es einer gesonderten Vereinbarung bedarf, § 86 Abs. 1 Hs. 2 HGB. Eine nachvertragliche Wettbewerbsvereinbarung muss hingegen ausdrücklich unter Einhaltung der Voraussetzungen des § 90a HGB getroffen werden.

121 Auf **Organmitglieder**, insbesondere auch auf angestellte Fremdgeschäftsführer, findet die Vorschrift des § 60 HGB keine Anwendung. Dennoch unterliegt während der Dauer des Anstellungsvertrages der Geschäftsführer aus der ihm gegenüber der Gesellschaft obliegenden Treuepflicht einem weit gefassten Wettbewerbsverbot (*BGH* 9.11.1967 NJW 1968, 396; *BGH* 23.9.1985 DB 1986, 214). Für die Zeit nach dem Ende des Anstellungsvertrages kann die Gesellschaft ohne Gewährung einer Karenzentschädigung mit dem Organmitglied wirksam ein nachvertragliches Wettbewerbsverbot vereinbaren, da nach ständiger Rechtsprechung des BGH die §§ 74 ff. HGB nicht anzuwenden sind (vgl. nur *BGH* 26.3.1984 DB 1984, 1717). Ein mit einem Gesellschafter-Geschäftsführer einer GmbH im Anstellungsvertrag vereinbarter, über die Amtszeit als Geschäftsführer hinausreichendes Wettbewerbsverbot ist aber gem. Art. 12 GG, § 138 Abs. 1 BGB nur wirksam, wenn es dem Schutz eines berechtigten Unternehmerinteresses dient und nach Ort, Zeit und Gegenstand die Berufsausübung und wirtschaftliche Bestätigung des Geschäftsführers nicht unbillig erschwert (*OLG Düsseldorf* 8.1.1993 NJW-RR 1994, 35).

122 Wegen der Zeitgebundenheit der Unterlassungsansprüche ist regelmäßig bei Vorliegen des Verfügungsanspruches auch der Verfügungsgrund gegeben (*LAG Berlin* 26.3.1991 BB 1991, 1196).

---

123 **Beispiel** für einen Antrag auf Erlass einer einstweiligen Verfügung auf Unterlassung einer Wettbewerbstätigkeit (*Schäfer* Rz. 298):
Namens und unter Vollmachtsvorlage der Antragstellerin begehre ich den Erlass einer einstweiligen Unterlassungsverfügung, wobei ich wegen der Dringlichkeit anrege, ohne mündliche Verhandlung zu entscheiden, und
beantrage
1. Dem Antragsgegner wird untersagt, für das Unternehmen ... als Vertriebsleiter bis zum Ablauf des nachvertraglichen Wettbewerbsverbots (§ ... des Anstellungsvertrages vom ...) am ... tätig zu werden.
2. Für den Fall der Zuwiderhandlung wird dem Antragsgegner ein Zwangsgeld, dessen Höhe ich in das Ermessen des Gerichts stelle (mindestens jedoch Euro 10 000,00), für jeden Fall der Zuwiderhandlung, ersatzweise Zwangshaft, angedroht.

---

cc) Entbindung von Weiterbeschäftigungsansprüchen

aaa) Besonderer Weiterbeschäftigungsanspruch nach § 102 Abs. 5 S. 2 BetrVG

124 Gem. **§ 102 Abs. 5 S. 2 BetrVG** kann der Arbeitgeber durch einstweilige Verfügung die Weiterbeschäftigung verhindern. Legt der Arbeitgeber diese Voraussetzungen

(s. o. D/Rz. 1528 ff.) dar und macht sie glaubhaft, so bedarf es keiner weiteren Darlegung eines Verfügungsgrundes, weil der Gesetzgeber selbst den Arbeitgeber auf das Verfügungsverfahren verweist (*LAG München* 13.7.1994 LAGE § 102 BetrVG Nr. 17; *GMP* § 62 Rn. 88; **a. A.** *LAG Düsseldorf* 19.8.1977 EzA § 102 BetrVG 1972 Nr. 5). Die h. M. erweitert die gesetzlichen Fallgruppen um eine weitere: Die einstweilige Verfügung ist auch zu erlassen, wenn ein **unbeachtlicher Widerspruch des Betriebsrates** vorliegt (*GMP* a. a. O.). Ein Antrag des Arbeitgebers ist zulässig, wenn der Widerspruch des Betriebsrats gegen die Kündigung in formeller oder materieller Hinsicht zweifelhaft erscheint (*LAG München* 13.7.1994 LAGE § 102 BetrVG Nr. 17; *Schäfer* Rz. 81) oder der Arbeitnehmer wegen des Widerspruchs des Betriebsrats seine Weiterbeschäftigung verlangt sowie nach Erlass einer Verfügung gem. § 102 Abs. 5 S. 1 BetrVG. Mit dem Entbindungsantrag kann ein Feststellungsantrag auf Nichtbestehen einer Beschäftigungspflicht verbunden werden, wobei einzelfallbezogen entweder der eine oder der andere Antrag als Haupt- bzw. Hilfsantrag gestellt werden kann (so *Schäfer* Rz. 81).

> Beispiel für einen Antrag auf Entbindung von der Weiterbeschäftigungspflicht **125**
> gem. § 102 Abs. 5 S. 2 BetrVG (*Schäfer* Rz. 317):
> 1. Es wird festgestellt, dass der Antragsteller nicht verpflichtet ist, den Antragsgegner weiterzubeschäftigen.
>   hilfsweise:
> 2. Der Antragsteller wird von der Verpflichtung zur Weiterbeschäftigung des Antragstellers nach § 102 Abs. 5 S. 1 BetrVG entbunden.

Machen beide Seiten bei einem auf § 102 Abs. 5 S. 2 Ziff. 1 BetrVG gestützten Antrag **126** hinreichende Erfolgsaussicht glaubhaft, scheitert der Antrag des Arbeitgebers aufgrund der ihm obliegenden Beweislast.
Das Gericht entscheidet über den Entbindungsantrag gem. § 102 Abs. 5 S. 2 BetrVG im Urteilsverfahren (*LAG Düsseldorf* 21.6.1974 EzA § 102 BetrVG 1972 Nr. 3 Beschäftigungspflicht). Das Gericht trifft eine Ermessensentscheidung (»kann«), wobei nach der gesetzlichen Intension eine Zurückweisung eines Entbindungsantrags bei Vorliegen der Voraussetzungen des § 102 Abs. 5 S. 2 BetrVG nur ausnahmsweise in Erwägung zu ziehen ist. Ein derartiger Ausnahmefall ist denkbar, falls der Widerspruch des Betriebsrates lediglich den Gesetzestext wiederholt und die Kündigungsschutzklage gute Erfolgsaussichten hat (vgl. hierzu *Schäfer* Rz. 86 f.).

bbb) Allgemeiner Weiterbeschäftigungsanspruch
Gegenüber dem allgemeinen Weiterbeschäftigungsanspruch besteht nicht die Möglichkeit einstweiligen Rechtsschutzes, sondern lediglich die der Einstellung der Zwangsvollstreckung nach § 62 Abs. 1 S. 3 ArbGG. **127**

ccc) Entbindung von der Weiterbeschäftigungspflicht eines Jugend- und Ausbildungsvertreters gem. § 78 a Abs. 4 BetrVG
Der Arbeitgeber kann nicht die Entbindung von der Weiterbeschäftigungspflicht bis **128** zum Ende des Hauptsacheverfahrens nach § 78 a Abs. 4 BetrVG Wege eines vorläufigen Rechtsschutzverfahrens erreichen; dies ist im Bereich des § 78 a BetrVG grds. unzulässig (*ArbG Wiesbaden* 11.1.1978 DB 1978, 797; *Becker-Schaffner* DB 1987, 2647).

c) Einstweilige Verfügung im kollektiven Arbeitsrecht

aa) Arbeitskampf

129 Der Erlass einstweiliger Verfügungen im Arbeitskampf ist grds. zulässig, jedoch im Hinblick auf **Art. 9 Abs. 3 GG** zurückhaltend zu handhaben. Dem Arbeitskampf ist die Ausübung von Pressionen auf die Gegenseite immanent, sodass nicht jedwede Schädigung den Erlass einer einstweiligen Verfügung rechtfertigt. Ein Verfügungsgrund kann zwar unterhalb der Schwelle der **Existenzgefährdung** liegen (*LAG München* 19.12.1979 EzA Art. 9 GG Arbeitskampf Nr. 35), jedoch muss der Antragsteller im Einzelnen die **Rechtswidrigkeit des Arbeitskampfes/der Arbeitskampfmaßnahme** darlegen und glaubhaft machen; die Ausübung bloß wirtschaftlichen Druckes und dadurch eintretender Schaden reicht nicht aus. Besteht ein Verfügungsanspruch so wird wegen der Zeitgebundenheit des Arbeitskampfes/der Arbeitskampfmaßnahme regelmäßig ein Verfügungsgrund zu bejahen sein, wenn anderenfalls irreversible Schäden drohen (a. A. wohl *LAG Hamburg* 24.3.1987 LAGE Art. 9 GG Arbeitskampf Nr. 33).

130 Einzelfälle:
– **Blockademaßnahmen**
Der Arbeitgeber muss bei seiner Antragstellung darauf achten, dass der Antrag nicht zu unbestimmt (*LAG Köln* 2.7.1984 EzA Art. 9 GG Arbeitskampf Nr. 53) und auf ein Dulden und Unterlassen i. S. d. § 890 ZPO gerichtet ist, damit eine Ordnungsgeld- und Ordnungshaftandrohung erreicht werden kann.

– **Warnstreik**
Der Erlass einstweiliger Verfügungen gegen Warnstreiks setzt als Verfügungsgrund einen drohenden schwer wiegenden Nachteil für den Arbeitgeberverband und/oder seinen Mitgliedern voraus; ein bloßer Verstoß gegen die Friedenspflicht reicht nicht aus (*LAG Schleswig-Holstein* 25.3.1987 LAGE Art. 9 GG Arbeitskampf Nr. 32; *LAG Hamm* 17.3.1987 LAGE Art. 9 GG Arbeitskampf Nr. 31).

– **Politischer Demonstrationsstreik**
Ein politischer Demonstrationsstreik ist rechtswidrig; ein glaubhaft gemachter Anspruch auf Unterlassung von Maßnahmen, die auf eine beabsichtigte vertragswidrige kollektive Arbeitsniederlegung hinzielen, kann ausnahmsweise auch im Weg einer Leistungsverfügung durchgesetzt werden (*LAG Rheinland-Pfalz* 5.3.1986 LAGE Art. 9 GG Arbeitskampf Nr. 26).

bb) Betriebsverfassungsrechtliche Streitigkeiten (*Bertelsmann* AiB 1998, 681)

aaa) Teilnahme von Betriebsratsmitgliedern an Schulungsveranstaltungen

131 Bestreitet der Arbeitgeber die **Erforderlichkeit der Schulungsveranstaltung** (s. o. I/Rz. 648 ff.), hält das *LAG Düsseldorf* (15.10.1992 LAGE § 611 BGB Abmahnung Nr. 33; 6.9.1995 LAGE § 37 BetrVG 1972 Nr. 44) eine feststellende einstweilige Verfügung mit lediglich vorläufiger gutachterlicher Äußerung des ArbG für unzulässig. Für eine Regelungsverfügung sei insoweit kein Raum (s. o. I/Rz. 612). Ein Betriebsratsmitglied bedarf nämlich zur Teilnahme an einer Schulungsveranstaltung nicht der Zustimmung des Arbeitgebers und damit bei Zustimmungsverweigerung keiner zustimmungsersetzenden Regelung des ArbG (s. o. I/Rz. 610 f.). Hingegen wird in

der Literatur z. T. die Auffassung vertreten, das BR-Mitglied könne durch eine einstweilige Verfügung die Gestattung der Teilnahme an einer Schulungsveranstaltung durchsetzen (FKHE § 37 Rn. 252; GK-*Wiese* § 37 Rn. 247). Der erste Senat des *BAG* (21.5.1974 AP Nr. 13 zu § 37 BetrVG) teilte wohl diese Auffassung. Er hat in seiner Entscheidung, in deren Mittelpunkt andere Fragen standen, am Rande begründungslos ausgeführt: »Im Übrigen hätte bei den zwischen Ablehnung und Veranstaltungsbeginn zur Verfügung gestandenen Zeiträumen durchaus die Möglichkeit einer vorherigen Klärung der unterschiedlichen Standpunkte, **notfalls durch ein einstweiliges Verfügungsverfahren nach § 85 Abs. 2 ArbGG**, bestanden.« In einer späteren Entscheidung hat in der Erste Senat des *BAG* hingegen offen gelassen, »ob und unter welchen tatsächlichen und rechtlichen Voraussetzungen der Betriebsrat seinerseits beim Arbeitsgericht den Erlass einer einstweiligen Verfügung hätte beantragen können« (18.3.1977 AP Nr. 27 zu § 37 BetrVG 1972). Die Auffassung des LAG Düsseldorf vermag nicht zu überzeugen. Das *BAG* (10.11.1993 EzA § 611 BGB Abmahnung Nr. 29) hatte die Entscheidung der *LAG Düsseldorf* vom 15.10.1992 aufgehoben und ausgeführt, auch die Nichtleistung von Arbeit aufgrund der Teilnahme an Schulungsmaßnahmen, die objektiv nicht erforderlich seien, rechtfertigen eine Abmahnung. Eine Begrenzung auf grobe Verstöße lehnte es im Unterschied zum LAG Düsseldorf ab. Eine Abmahnung ist berechtigt, wenn bei sorgfältiger objektiver Prüfung für jeden Dritten ohne weiteres erkennbar war, dass die Teilnahme an der Schulungsmaßnahme für dieses Betriebsratsmitglied nicht erforderlich war. Eine einstweilige Verfügung vor der Teilnahme an einer Schulungsveranstaltung nimmt einem Betriebsratsmitglied das Risiko einer Abmahnung ebenso wie die Gefahr verauslagte Reise – und Seminarkosten letztlich nicht vom Arbeitgeber ersetzt zu erhalten.
Das *Arbeitsgericht Detmold* (30.4.1998 – 3 BV Ga 3/98 – n. v.) hat eine einstweilige Verfügung erlassen, da es sich bei dem betreffenden Seminar um die einzige Veranstaltung im laufenden Kalenderjahr handelte und der Tagungsbeginn unmittelbar, fünf Tage, bevorstand.

Streiten Arbeitgeber und Betriebsrat um die Erforderlichkeit der Schulung, wird z. T. **132** vertreten, dass eine einstweilige Verfügung nicht erwirkt werden kann, falls mehrere Veranstaltungen in einem längeren Zeitraum zur Wahl stehen (GK-*Wiese* § 37 Rn. 247; a. A. LAG Hamm 23.11.1972 § 37 BetrVG 1972 Nr. 2; FKHE § 37 Rz. 252). Der Antragsteller wird zumindest darlegen müssen, weshalb ihm erhebliche Nachteile entstehen, wenn er erst an einer Schulung nach einer Entscheidung in der Hauptsache teilnehmen kann.

Das *BAG* (18.3.1977 AP Nr. 27 zu § 37 BetrVG 1972) hat bei einem Streit darüber, ob **133** die **betrieblichen Notwendigkeiten** ausreichend berücksichtigt sind, entschieden, dass der Betriebsrat dem Arbeitgeber die zeitliche Lage einer Schulungsveranstaltung und die vorgesehenen Teilnehmer so rechtzeitig mitzuteilen hat, dass der Arbeitgeber noch vor der Veranstaltung der Einigungsstelle gem. § 37 Abs. 6 S. 4 BetrVG anrufen kann. Verhindert der Betriebsrat durch eine verspätete Mitteilung die Anrufung der Einigungsstelle durch den Arbeitgeber, scheidet eine einstweilige Verfügung aus. Der Betriebsrat hat die Eilbedürftigkeit selbst herbeigeführt. Hingegen wird ein Verfügungsgrund zu bejahen sein, wenn der Arbeitgeber die Einigungsstelle nicht oder verspätet anruft bzw. die Einigungsstelle nicht rechtzeitig zusammentreten kann und eine einmalige Schulungsveranstaltung mittelbar bevorsteht (FKHE § 37 Rz. 249).

bbb) Sicherung von Beteiligungsrechten des Betriebsrats
– Sicherung des Unterlassungsanspruchs gem. § 23 Abs. 3 BetrVG (s. u. I/Rz. 1963 f.) **134**

M. Besondere Verfahrensarten

– Sicherung des allgemeinen Unterlassungsanspruchs nach der Rechtsprechung des BAG (s. o. I/Rz. 1969).

(1) Interessenausgleich

135 Ob betriebsbedingte Kündigungen vor Abschluss der Interessenausgleichsverhandlungen durch einstweilige Verfügung untersagt werden können, ist streitig (dafür *Ehrich* BB 1993, 356, FKHE § 111 Rz. 130 ff.; dagegen *Ehler* BB 1974, 2270; *Hümmerich/Spirolke* BB 1996, 1986).
Zum Teil (*LAG Düsseldorf* 14.11.1983 DB 1984, 511; *LAG Baden-Württemberg* 28.8.1985 LAGE § 23 BetrVG 1972 Nr. 16; *LAG Rheinland-Pfalz* 28.3.1989 LAGE § 111 BetrVG 1972 Nr. 10; *LAG Schleswig-Holstein* 13.1.1992 LAGE § 111 BetrVG 1972 Nr. 11; *LAG Köln* 1.9.1995 BB 1995, 2115; *ArbG Nürnberg* 20.3.1996 LAGE § 111 BetrVG 1972 Nr. 14) wird die Auffassung vertreten, dass dem Betriebsrat kein vorbeugender Unterlassungsanspruch gegen die Durchführung von Betriebsänderungen ohne den vorausgegangenen Versuch eines Interessenausgleichs, weder nach § 23 Abs. 3 BetrVG noch nach allgemeinen Rechtsgrundsätzen zusteht. Andere Gerichte (*LAG Frankfurt* 21.9.1982 DB 1983, 613; 30.8.1984 DB 1985, 178; 6.4.1993 LAGE § 111 BetrVG 1972 Nr. 12; *LAG Berlin* 7.9.1995 LAGE § 111 BetrVG 1972 Nr. 13) vertreten die Auffassung, dass dem Arbeitgeber in derartigen Fällen zur Sicherung des Beteiligungsrechts gem. § 112 BetrVG durch einstweilige Verfügung für eine bestimmte Zeit untersagt werden kann, Kündigungen auszusprechen, zum Teil werden Maßnahmen zur Durchführung der Betriebsänderung bis zum Abschluss der Interessenausgleichverhandlungen untersagt (*LAG Hamburg* 13.11.1981 DB 1982, 1522; *LAG Hamburg* 5.2.1986 DB 1986, 598; *KG Saalfeld* 2.4.1991 DB 1991, 919; *ArbG Jena* 22.9.1992 AuA 1993, 26; *ArbG Kaiserslautern* 19.12.1996 7 BVGa 493/96; *ArbG Darmstadt* 6.4.1998 – 10 BV Ga 4/98 – AE 1998 Nr. 215).

136 Nach der Änderung des § 113 Abs. 3 BetrVG 1972 durch das arbeitsrechtliche Beschäftigungsförderungsgesetz vom 25.9.1996 (siehe hierzu *Neef* NZA 1997, 65) hatten einige Instanzgerichte einen Unterlassungsanspruch nur noch in den nunmehr gesetzlich festgelegten Fristen zugesprochen (*LAG Düsseldorf* NZA-RR 1997, 297; *LAG Hamm* 1.7.1997 ZIP 1997, 2210; *LAG Hamburg* 26.6.1997 NZA-RR 1997, 296), andere eine zeitliche Begrenzung abgelehnt (*ArbG Hamburg* 4.11.1997 BB 1998, 428; so auch FKHE § 111 Rz. 137).
Für die von der Mehrzahl der Landesarbeitsgerichte vertretene Auffassung, dass kein Anspruch des Betriebsrats auf Unterlassung betriebsbedingter Kündigungen vor Einigung über einen Interessenausgleich und einen Sozialplan besteht, sprachen neue Argumente (*Heupgen* NZA 1997, 1271): Trotz Kenntnis des Gesetzgebers von der in Rechtsprechung und Literatur höchst umstrittenen Frage sowie der Entscheidung des *BAG* vom 3.5.1994 (EzA § 23 BetrVG 1972 Nr. 36 m. Anm. *Raab*) zum allgemeinen Unterlassungsanspruch, normierte der Gesetzgeber keinen Unterlassungsanspruch bei der Neuregelung des §§ 113 Abs. 3 BetrVG 1972. Ein gesetzlicher Unterlassungsanspruch hätte der Intention des Gesetzgebers, nämlich die Durchführung einer Betriebsänderung zu erleichtern, widersprochen. Dagegen hielt das *LAG Hamburg* an seiner gegenteiligen Auffassung fest und bejahte auch nach der gesetzlichen Neuregelung einen Verfügungsanspruch (*LAG Hamburg* 26.6.1997 NZA-RR 1997, 296; 27.6.1997 ArbuR 1998, 87). In Kenntnis der Rechtsprechung habe der Gesetzgeber gerade keine Regelung getroffen, die einen derartigen Unterlassungsanspruch ausschließt (*ArbG Hamburg* 27.12.1996 – 6 GaBV 1/96 – n. v.).

Bei der Entfristung des Interessenausgleichsverfahrens durch das Korrekturgesetz (BGBl. 1998 I S. 3843) hat der Gesetzgeber zu der Problematik erneut geschwiegen. Ob ein im Wege der einstweiligen Verfügung durchsetzbarer Unterlassungsanspruch des Betriebsrates besteht, wenn der Arbeitgeber bei geplanter Betriebsänderung überhaupt nicht in Verhandlungen über einen Interessenausgleich eintritt, hat das *LAG Niedersachsen* (18.10.1994 LAGE § 95 BetrVG 1972 Nr. 15) offen gelassen; im zu entscheidenden Fall waren Verhandlungen über einen Teilinteressenausgleich gescheitert. **137**

Kontrovers diskutiert wird auch, ob der Betriebsrat im Wege der einstweiligen Verfügung die **Einhaltung eines Interessenausgleichs** erzwingen kann (*Willemsen/Hohenstatt* NZA 1998, 345; *Gastell/Heilmann* FA 1998, 102; *Zwanziger* BB 1998, 477). Das *BAG* hat in seiner Entscheidung vom 28.8.1991 (EzA § 113 BetrVG 1972 Nr. 21) ausgeführt, der Betriebsrat könne gegenüber dem Arbeitgeber aus eigenem Recht die Einhaltung des Interessenausgleichs nicht erzwingen, weil es sich ihm gegenüber lediglich um eine Naturalobligation handele. Das *LAG München* (30.7.1997 LAGE § 112 BetrVG 1972 Interessenausgleich Nr. 1) hat hingegen dem Betriebsrat einen Anspruch auf Einhaltung eines Interessenausgleichs zugesprochen. Ein Interessenausgleich sei zwar nach der Regelung des § 112 BetrVG 1972 nicht erzwingbar, komme jedoch ein Interessenausgleich zustande, entfalte er rechtliche Bindungswirkung und sei nicht lediglich eine außerrechtliche Absprache. Die Regelung über den Nachteilsausgleichsanspruch in § 113 BetrVG 1972 verdränge nicht die Vereinbarung zwischen den Betriebspartnern. Auch im allgemeinen Vertragsrecht sei eine Verdrängung vertraglicher Ansprüche der absolute Ausnahmefall. Der Hinweis auf Sekundäransprüche verfange nicht, wenn – wie in dem vom *LAG München* entschiedenen Fall – interessenausgleichswidrige Maßnahmen des Arbeitgebers keinen Nachteilsausgleichsanspruch der Arbeitnehmer auslösen. Die Entscheidung des *LAG München* könnte nach teilweise vertretener Ansicht einen Rechtsprechungswandel einleiten (vgl. *Matthes* in: Festschrift für Wlotzke, 1996, 93 ff.). **138**

(2) Regelung über Arbeitszeit
Der Antrag eines Betriebsrats, im Wege der einstweiligen Verfügung eine bestimmte Arbeitszeitregelung nach einem Manteltarifvertrag durchzusetzen, ist unzulässig. Es handelt sich nicht um eine Rechts-, sondern um eine Regelungsstreitigkeit (*ArbG Hamburg* 9.4.1985 NZA 1985, 404). **139**

Eine Unterlassungsverfügung nach § 938 ZPO zur Sicherung der Beteiligungsrechte ist zulässig, wenn als Rechtsgrundlage des Unterlassungsanspruchs nur § 23 Abs. 3 BetrVG angenommen wird. Für den Verfügungsgrund ist im Rahmen der nach §§ 935, 940 ZPO gebotenen Interessenabwägung einzubeziehen, ob für die Zeit bis zum Inkrafttreten einer mitbestimmten Regelung die beantragte Anordnung zum Schutz der betroffenen Arbeitnehmer erforderlich ist (*LAG Düsseldorf* 16.5.1990 NZA 1991, 29). **140**

(3) Einsichtsrecht des Betriebsrates
Die Einsicht in das Gutachten einer Unternehmensberatung durch den Betriebsrat oder den Wirtschaftsausschuss, die vom Arbeitgeber wegen der Gefährdung von Betriebs- oder Geschäftsgeheimnissen verwehrt wird, kann nicht im Wege der einstweiligen Verfügung verfolgt werden, weil damit das beanspruchte Recht bereits endgültig durchgesetzt wird. Für derartige Streitigkeiten ist nach § 109 BetrVG die Einigungsstelle zuständig; daher besteht für eine einstweilige Verfügung, mit der das Einsichts- **141**

M. Besondere Verfahrensarten

recht durchgesetzt werden soll, kein Verfügungsanspruch (*ArbG Wetzlar* 28.2.1989 NZA 1989, 443).

(4) Zutrittsrecht des Betriebsrats

142 Das Recht des Betriebsrats/der Betriebsratsmitglieder auf Zutritt zum Betrieb wird allgemein anerkannt. Dieses Zutrittsrecht ist mit dem Betriebsratsamt verbunden, weil die Ausübung dieses Amtes den Zutritt zum Betrieb voraussetzt (*LAG München* 26.8.1992 LAGE § 23 BetrVG 1972 Nr. 29). Auch wenn ein Betriebsratsmitglied zu Recht suspendiert ist, bleibt grds. sein Zutrittsrecht zum Betrieb zum Zwecke der Ausübung seines Betriebsratsamtes unberührt (*LAG Düsseldorf* 22.2.1977 DB 1977, 1053).

Von h. M. wird das Recht des Betriebsratsmitglieds auf Zutritt zum Betrieb jedoch für den Fall ausgeschlossen, dass sich die Ausübung des Zutrittsrechts als Rechtsmissbrauchs darstellt (*LAG Düsseldorf* 22.2.1977 DB 1977, 1053; *LAG Hamm* 27.4.1972 LAGE § 103 BetrVG 1972 Nr. 1). Dieser Rechtsmissbrauchseinwand soll jedoch nur in Betracht kommen, wenn er nicht in dem Individualarbeitsrecht, sondern im kollektiven Betriebsverfassungsrecht wurzelt (*LAG Düsseldorf* 22.2.1977 a. a. O.; *LAG Hamm* 27.4.1972 LAGE § 103 BetrVG Nr. 1). Der Verfügungsgrund ist regelmäßig deswegen gegeben, weil die einstweilige Verfügung die einzige wirksame Möglichkeit ist, das Zutrittsrecht der Betriebsratsmitglieder durchzusetzen bzw. vor der Rechtsvereitelung zu schützen (*LAG München* 26.8.1992 LAGE § 23 BetrVG 1972 Nr. 29). Das *ArbG Hamburg* (6.5.1997 NZA-RR 1998, 78) hat einen im einstweiligen Verfügungsverfahren durchsetzbaren Anspruch darauf bejaht, dass der Arbeitgeber den **Betriebsratsmitgliedern** den **Zutritt zu den einzelnen Arbeitsplätzen** der Beschäftigten ermöglicht. Ein Verfügungsgrund liegt vor, wenn bis zu einer Entscheidung in einem Hauptsacheverfahren sehr lange Zeit verstreicht und beispielsweise erhöhter Kommunikationsbedarf wegen einer betriebsinternen Diskussion um einen Haustarifvertrag besteht.

143 **Beispiel für einen Antrag:**
Der Antragsgegnerin wird im Wege der einstweiligen Verfügung aufgegeben, dem Antragsteller das Betreten des Betriebs während der regelmäßigen Arbeitszeit zu gestatten, damit er seine Aufgaben als Betriebsratsvorsitzender wahrnehmen kann.

ccc) Einstweilige Verfügung gegen Betriebsrat/Betriebsratsmitglieder

(1) Betriebsratswahl

144 In der Rechtsprechung ist umstritten, ob nur die **Durchführung einer nichtigen Betriebsratswahl** (*LAG München* 3.8.1988 LAGE § 19 BetrVG Nr. 7; *LAG Köln* 27.12.1989 LAGE § 19 BetrVG 1972 Nr. 10; *LAG Köln* 17. 4. 1998 LAGE § 19 BetrVG 1972 Nr. 16; *LAG Köln* 29. 3. 2001 AiB 2001, 602; *LAG Frankfurt* 5.6.1992 NZA 1993, 192; *LAG Frankfurt* 16.7.1992 NZA 1993, 1008; *Hess. LAG* 29.4.1997 BB 1997, 2220; *LAG Niedersachsen* 13.5.1998 AE 1998 Nr. 203) oder auch einer bloß anfechtbaren, aber mit schwer wiegenden Mängel behafteten, Betriebsratswahl (*ArbG Hannover* 19.1.1993 EzA § 18 BetrVG 1972 Nr. 8; *LAG Baden-Württemberg* 13.4.1994 DB 1994, 1091; *LAG Hamm* 9.9.1994 BB 1995, 260; *LAG Baden-Württemberg* 16.9.1996 LAGE § 19 BetrVG 1972 Nr. 15; *ArbG Hannover* 6.3.1998 AE 1998 Nr. 205) im Wege der

einstweiligen Verfügung **untersagt** werden kann. Die erste Auffassung weist darauf hin, dass ein Verfügungsanspruch auf Unterlassung einer Betriebsratswahl in einem Wertungswiderspruch zu § 19 BetrVG 1972 stehe, der erst nach Durchführung der Wahl eine Anfechtung ermögliche, um betriebsratslose Zeiten zu vermeiden. Die Gegenansicht weist auf die Gefahr der Schaffung irreparabler Fakten hin, die wegen der fehlenden Rückwirkung einer erfolgreichen Wahlanfechtung, drohe (*Schäfer* Rz. 192).

Von der vorstehenden Problematik ist die Frage zu trennen, ob ein Gericht durch einstweilige Verfügung **korrigierend in das Wahlverfahren eingreifen** darf. Rechtsfehlerhafte Maßnahmen des Wahlvorstandes können nach der Rechtsprechung des BAG (15.12.1972 AP Nr. 1 zu § 14 BetrVG 1972; 5.3.1974 AP Nr. 1 zu § 14 BetrVG 1972; 25.8.1981 AP Nr. 2 zu § 83 ArbGG 1979) bereits im Laufe des Wahlverfahrens im Beschlussverfahren angegriffen werden. Sinn und Zweck solcher Beschlussverfahren ist es, Fehler im Wahlverfahren nach Möglichkeit rechtzeitig zu korrigieren, um so eine Anfechtung der Wahl und eine Auflösung des gewählten Gremiums zu vermeiden. Die gerichtliche berichtigende Eingriffsregelung in das Wahlverfahren durch einstweilige Verfügung ist gegenüber dem Aufschub der Wahl oder der Nichtigkeit der Wahl das mildere Mittel (*LAG Bremen* 27.2.1990 LAGE § 18 BetrVG 1972 Nr. 3; *LAG Hamm* 18.3.1998 – 3 Ta BV 42/98 – AE 1998 Nr. 207; *LAG Bremen* 26.3.1998 – 1 TaBV 9/98 – AE 1998 Nr. 204; *ArbG Frankfurt/Oder* 20.11.1997 – 5 BV Ga 20 003/97 – AE 1998 Nr. 75; *Schäfer* Rz. 193). Andererseits führt ein Eingriff in das Wahlverfahren durch einstweilige Verfügung nicht zu einer bloßen Sicherung des Anspruches, sondern bereits zu dessen Realisierung, was dem peremptorischen Charakter der einstweiligen Verfügung widerspricht (*LAG München* 14.4.1987 LAGE § 18 BetrVG 1972 Nr. 2; *LAG Frankfurt* 21.3.1990 DB 1990, 239). 145

(2) Ausschluss aus dem Betriebsrat
Eine einstweilige Verfügung, durch die einem Betriebsratsmitglied die Ausübung seines Amtes – wegen einer groben Verletzung seiner gesetzlichen Pflichten i. S. v. § 23 Abs. 1 BetrVG verboten wird, ist nach allgemeiner Meinung zulässig (*BAG* 29.4.1969 EzA § 23 BetrVG Nr. 2; *BAG* 19.4.1989 EzA §§ 40 BetrVG 1972 Nr. 62). An den Verfügungsgrund sind jedoch sehr hohe Anforderungen zu stellen, weil die begehrte Verfügung irreversible Verhältnisse schafft. Vor allem muss der Verfügungsanspruch auf den Ausschluss des Betriebsratsmitglieds aus dem Betriebsrat gem. § 23 Abs. 1 BetrVG als Voraussetzung des Verfügungsgrundes – wenn schon nicht gem. § 286 Abs. 1 ZPO bewiesen, so doch zumindest in einem Maße glaubhaft i. S. v. § 294 Abs. 1 ZPO sein, das dem Beweis sehr nahe kommt, sodass in Bezug auf die gem. § 23 Abs. 1 BetrVG entscheidungserheblichen Tatsachen wenn schon keine an Sicherheit grenzende, so aber doch zumindest eine sehr hohe Wahrscheinlichkeit gefordert werden muss (*LAG München* 26.8.1992 LAGE § 23 BetrVG 1972 Nr. 29). 146

ddd) Aufhebung einer vorläufigen personellen Maßnahme
Die einstweilige Verfügung auf Aufhebung einer vorläufigen personellen Maßnahme nach § 101 BetrVG ist unzulässig (*LAG Frankfurt* 15.12.1987 NZA 1989, 232), denn § 100 Abs. 3 BetrVG fordert ausdrücklich die Rechtskraft der gerichtlichen Entscheidung, bevor zur Durchsetzung der Aufhebung der personellen Maßnahme Zwangsmittel eingesetzt werden dürfen. Die in § 101 BetrVG enthaltene gesetzliche Regelung wird durch den Erlass einer einstweiligen Verfügung, mit der dem Arbeitgeber die 147

M. Besondere Verfahrensarten

vorläufige Aufhebung einer personellen Einzelmaßnahme i. S. d. § 99 Abs. 1 BetrVG aufgegeben wird, unterlaufen (*LAG Hamm* 17.2.1998 AE 1998 Nr. 228).

cc) Einigungsstelle

148 Der Erlass einer einstweiligen Verfügung zur Sicherung von Mitbestimmungsrechten ist unzulässig, wenn die streitige Frage – noch – in einem Einigungsstellenverfahren geklärt werden kann, es sei denn, es kommt vor der Konstituierung der Einigungsstelle zu einer nicht unwesentlichen Verletzung des Mitbestimmungsrechts (*ArbG Bielefeld* 16.6.1987 NZA 1987, 757).

149 Die Durchführung des Spruchs einer Einigungsstelle (hier: Einführung vollkontinuierlicher Arbeitsweise) kann nicht durch eine einstweilige Verfügung untersagt werden, solange die Rechtslage nicht durch eine Entscheidung im Hauptsacheverfahren eindeutig geklärt ist (*LAG Baden-Württemberg* 7.11.1989 NZA 1990, 286).

dd) Gewerkschaftliches Zutrittsrecht

150 Das **gewerkschaftliche Zutrittsrecht** nach § 2 Abs. 2 BetrVG kann durch einstweilige Verfügung im Beschlussverfahren durchgesetzt werden. Dies gilt jedenfalls dann, wenn einerseits wesentliche Nachteile für die Belegschaft vermieden werden, andererseits bei Durchführung des Instanzenzuges mit einer Entscheidung der grundsätzlichen Rechtsfragen nicht vor Ablauf von zwei Jahren zu rechnen ist (*LAG Düsseldorf* 5.12.1988 NZA 1989, 236).

III. Verfahren vor dem EuGH

1. Allgemeines

151 Die arbeitsrechtlich relevante **Rechtsprechung des EuGH** hat in den letzten Jahren z. T. eine heftige Debatte ausgelöst (*Schiefer/Erasmy* DB 1992, 1482; *Schiefer* DB 1993, 38; *Schaub* NZA 1994, 769). Auch das Verhältnis zwischen BAG und EuGH ist nicht frei von Verständigungsproblemen (*BAG* 20.10.1993 EzA § 37 BetrVG 1972 Nr. 115; *EuGH* 6.2.1996 BB 1996, 429; *BAG* 27.4.1994 EzA § 3 LohnFG Nr. 18; *EuGH* 2.5.1996 BB 1996, 1116; *Stichler* BB 1996, 426; *Dieterich* NZA 1996, 673).

2. EuGH

a) Allgemeines

152 Gem. Art. 220 EGV hat der EuGH die Wahrung des Rechts bei der Auslegung und Anwendung dieses Vertrags zu sichern. Ihm kommt eine Letztentscheidungskompetenz hinsichtlich der Auslegung und der Gültigkeit des Gemeinschaftsrechtes, nicht aber bezüglich nationalen Rechtes, zu.

153 **Rechtsgrundlagen** für die Tätigkeit des EuGH finden sich in Art. 220–245 EGV. Das Verfahren richtet sich insbesondere nach der **Verfahrensordnung des EuGH** sowie der Zusätzlichen Verfahrensordnung des Gerichtshofs der Europäischen Gemeinschaften.

154 Der Gerichtshof besteht seit 1.1.1995 aus **15 Richtern**, Art. 221 Abs. 1 EGV. Der EuGH hat **verschiedene Spruchkörper** gebildet; die Geschäftsverteilung ist im ABlEG 1995, Nr. C 299, S. 1 ff. veröffentlicht.

M. Besondere Verfahrensarten

Der EuGH wird durch die **Generalanwaltschaft**, einer unabhängigen Stelle, bei der Rechtsfindung unterstützt, Art. 222 EGV. Die Einrichtung der Generalanwälte ist dem französischen Verwaltungsprozessrecht entlehnt. Der Generalanwalt hat »begründete Schlussanträge« zu stellen, Art. 222 Abs. 2 EGV. Die Schlussanträge sind i. d. R. wesentlich länger als die nach französischem Vorbild knapp gehaltenen Urteile des Gerichtshofes. Die Schlussanträge setzen sich auf der Grundlage des schriftlichen Vorverfahrens und der mündlichen Verhandlung mit dem Gemeinschaftsrecht wissenschaftlich auseinander, analysieren die bisherige Rechtsprechung des EuGH und sind für das Verständnis einer Entscheidung des EuGH häufig ergiebiger als das Urteil selbst. Der EuGH folgt überwiegend den Schlussanträgen des Generalanwaltes und wiederholt in der Urteilsbegründung nicht mehr im Einzelnen die maßgeblichen Erwägungen des Schlussantrages.

Der Kanzler des EuGH, Art. 224 EGV, Art. 12–19 VfO EuGH, führt das Register und wickelt u. a. den Schriftverkehr mit den Prozessbeteiligten nach Maßgabe der »Dienstanweisung für den Kanzler« ab. 155

Der EuGH ist zu unterscheiden von dem **Europäischen Gerichtshof für Menschenrechte (EGMR)** sowie dem **Europäischen Gericht (EuG)**. Der EGMR ist ausschließlich zuständig für die Auslegung und Anwendung der **Europäischen Menschenrechtskonvention (EMRK)**, das erstinstanzliche EuG für Klagen von Mitarbeitern der Organe der Gemeinschaft und Wettbewerbssachen; für allgemeine arbeitsrechtliche Angelegenheiten fehlt ihm die Zuständigkeit. 156

b) Vorabentscheidungsverfahren

aa) Ziel

Das Vorabentscheidungsverfahren soll die **Einheitlichkeit der Auslegung** von Gemeinschaftsrecht in allen Mitgliedstaaten gewährleisten und der **Zusammenarbeit zwischen den innerstaatlichen Gerichten und dem EuGH** dienen. Es dienst dem judiziellen Diskurs zwischen nationalen Gerichten und EuGH, wobei dem EuGH ein Auslegungsmonopol für das Gemeinschaftsrecht zusteht (*Baur/Diller* NZA 1996, 169). 157

Die Parteien und ihre Vertreter sind mit wenigen Rechten ausgestattete »Äußerungsberechtigte« (*Maschmann* NZA 1995, 920); sie können Anregungen geben und den Richtern zuarbeiten.

bb) Gegenstand des Vorabentscheidungsersuchens

Gegenstand des Vorabentscheidungsverfahren ist das **Gemeinschaftsrecht** der EG. Die Normen der EG lassen sich untergliedern in primäres sowie sekundäres Gemeinschaftsrecht, Art. 234 Abs. 1a EGV, Art. 234 Abs. 1b EGV, die von der EG abgeschlossenen völkerrechtlichen Verträge und allgemeine Rechtsgrundsätze (s. o. A/Rz. 716 ff.). 158

Innerstaatliche Normen können nicht Gegenstand eines Vorabentscheidungsverfahrens sein; der EuGH ist nicht befugt nationales Recht auszulegen oder anzuwenden.

cc) Fassung der Vorlagefragen

Das innerstaatliche Gericht entscheidet nach Art. 234 Abs. 2 EGV nach pflichtgemäßen Ermessen, ob es eine Vorlage an den EuGH für **erforderlich** hält. Im Unterschied zu Art. 100 GG ist die Entscheidungserheblichkeit nicht Vorlagevoraussetzung und wird daher vom EuGH nicht überprüft. Die Grenze des Rechtsmissbrauchs darf aller- 159

Stichler

M. Besondere Verfahrensarten

dings nicht überschritten werden. Der EuGH kann nicht gezwungen werden, **konstruierte, fiktive Rechtsstreite** zu entscheiden (*Schaub* NJW 1994, 81).

160 Die Vorlagefrage muss erkennbar die Auslegung von Gemeinschaftsrecht betreffen (*Bertelsmann* NZA 1993, 775). Bei einer zulässigen Vorlagefrage kann es sich um eine Frage

- der Auslegung von Gemeinschaftsrecht
  oder
- der Gültigkeit von sekundärem Gemeinschaftsrecht

handeln. Eine Vorlage ist unzulässig, wenn **offensichtlich eine Gemeinschaftsbestimmung nicht anwendbar** sein kann (*Schaub* a. a. O.). Die Prüfung der **Vereinbarkeit nationalen Rechtes mit Gemeinschaftsrecht** obliegt nicht dem EuGH und kann somit nicht Inhalt einer zulässigen Vorlagefrage sein.

Die zutreffende Fragestellung geht dahin,
- ob eine Gemeinschaftsnorm so auszulegen ist, dass sie einer nationalen Regelung bestimmten Inhalts entgegensteht.

161 So lautet z. B. der Vorlagebeschluss des *BAG* vom 20.10.1993 (EzA § 37 BetrVG 1972 Nr. 115):

»Hindert das Verbot der mittelbaren Geschlechtsdiskriminierung beim Arbeitsentgelt (Art. 119 EWG-Vertrag und Richtlinie 75/117 des Rates der Europäischen Gemeinschaften vom 10.2.1975 zur Angleichung der Rechtsvorschriften der Mitgliedstaaten über die Anwendung des Grundsatzes des gleichen Entgelts für Männer und Frauen) den nationalen Gesetzgeber, das Betriebsratsamt als unentgeltlich zu führendes Ehrenamt auszugestalten und die Betriebsratsmitglieder lediglich vor Einkommenseinbußen zu schützen, die sie sonst durch betriebsratsbedingte Versäumung von Arbeitszeit erleiden würden?«

162 Geht es um die Auslegung von Gemeinschaftsrecht, lautet die korrekte Fragestellung z. B. (vgl. *EuGH* 14.4.1994 EzA § 613 a BGB Nr. 114):

»Ist der Artikel 1 Absatz 1 der Richtlinie 77/187/EWG des Rates vom 14.2.1977 zur Angleichung der Rechtsvorschriften der Mitgliedstaaten über die Wahrung von Ansprüchen der Arbeitnehmer beim Übergang von Unternehmen, Betrieben oder Betriebsteilen so auszulegen, dass die vertragliche Übertragung von Reinigungsaufgaben von einem Unternehmen, das früher die Reinigungsaufgaben durch eine einzige Arbeitnehmerin selbst durchführen ließ, auf einen Fremdunternehmer einem Übergang eines Betriebsteiles auf einen anderen Inhaber i. S. d. Richtlinie gleichsteht?«

dd) Vorlagemöglichkeit und -verpflichtung

163 Nach Art. 234 Abs. 2 EGV sind alle Gerichte der Mitgliedstaaten, gleichgültig welcher Instanz, **zu Vorlagen berechtigt**.
Gerichte, deren Entscheidungen nicht mehr mit Rechtsmitteln angegriffen werden können, **müssen vorlegen**, Art. 234 Abs. 3 EGV. Fraglich ist, ob nur die Bundesge-

richte sowie das BVerfG zur Vorlage verpflichtet sind oder auch die Gerichte vorlegen müssen, deren Entscheidung üblicherweise in Rechtskraft erwachsen. Von Bedeutung ist dies insbesondere bei der Frage, ob die **Nichtzulassungsbeschwerde gem. § 72 a ArbGG** ein Rechtsmittel i. S. v. Art. 234 EGV ist. Das *BVerfG* (28.9.1990 NJW 1991, 830) und das *BVerwG* (20.3.1986 NJW 1987, 601) haben dies bejaht und folglich eine Vorlagepflicht der Berufungsgerichte nach Art. 234 Abs. 3 EGV verneint. Wird in einer Beschwerde gegen die Nichtzulassung der Revision dargelegt, dass in einem Revisionsverfahren durch das Revisionsgericht voraussichtlich gem. § 234 Abs. 3 EGV eine Vorabentscheidung des EuGH einzuholen sein wird, gibt das *BVerwG* (22.10.1986 NJW 1988, 664) der Nichtzulassungsbeschwerde wegen grundsätzlicher Bedeutung der Rechtssache statt. Nach *Schaub* kann die Rechtsprechung des BVerwG nicht auf die Arbeitsgerichtsbarkeit übertragen werden (*Schaub* NJW 1994, 81). Die Nichtzulassungsbeschwerde sei nur unter engen Voraussetzungen zulässig und eröffne auch im Erfolgsfall keine »vollwertige« dritte Instanz. In Fällen, in denen es um die Gültigkeit von Gemeinschaftsrecht gehe, könne ein LAG nicht entscheiden, da kein Gericht eines Mitgliedstaates Gemeinschaftsrecht für unwirksam erklären könne.

Die Vorlagepflicht kennt Ausnahmen:

aaa) »acte-clair«
Ist ein vernünftiger Zweifel an der Auslegung und Gültigkeit von Gemeinschaftsrecht nicht möglich, so scheidet eine Vorlage aus, »**acte-clair-Theorie**« (*EuGH* 6.10.1982 NJW 1983, 1257). Wegen der Abfassung des Gemeinschaftsrechts in unterschiedlichen Sprachen ist zunächst ein Vergleich der verschiedenen Formulierungen geboten. Rechtsinstitute des nationalen Rechts müssen auf ihre Übereinstimmung mit denjenigen des Gemeinschaftsrechts hinterfragt werden. Sobald mehrere Auslegungen möglich sind oder gar verschiedene Meinungen in Literatur und/oder Rechtsprechung hierzu vertreten werden, liegt kein »acte-clair« vor (*Maschmann* NZA 1995, 920).

164

bbb) **Einstweiliger Rechtsschutz**
In einstweiligen Rechtsschutzverfahren entfällt eine Vorlagepflicht. Anderenfalls könnte kein nationales Gericht effektiven einstweiligen Rechtsschutz gewähren (*EuGH* 19.6.1990 NJW 1991, 2271). Nach der Auffassung des EuGH wird dem Zweck des Vorabentscheidungsverfahrens durch eine Vorlage im Hauptverfahren genügt.

165

ccc) **Präjudiz**
Eine Pflicht zur Vorlage besteht nicht, wenn der EuGH in einem **früheren Verfahren** zu der gleichen Frage bereits entschieden hatte und eine Änderung der Sach- und Rechtslage zwischenzeitlich nicht eintrat (*EuGH* 6.10.1982 NJW 1983, 1257). Hingegen hat eine erneute Vorlage zu erfolgen, wenn das früher bereits vorlegende Gericht oder ein anderes Gericht weiteren Klärungsbedarf zu einer bereits entschiedenen Problematik sieht.

166

ee) **Verletzung der Vorlagepflicht**

aaa) **EU-Ebene**
Verletzt ein Gericht seine Vorlagepflicht, so stellt dies eine Verletzung einer sich aus dem EGV ergebenden Verpflichtung dar. Derartige Rechtsverstöße berechtigen die

167

Kommission zur Einleitung eines sog. **Vertragsverletzungsverfahrens** gem. Art. 211 EGV. In der Praxis hat die Kommission bisher auf Verletzungen der Vorlagepflicht durch Gerichte noch nicht mit einem Vertragsverletzungsverfahren reagiert.

bbb) Innerstaatliche Ebene

168 Die Nichtvorlage kann einen **Verstoß gegen den gesetzlichen Richter** i. S. d. Art. 101 GG darstellen. Das *BVerfG* (22.10.1986 NJW 1987, 577) hat den EuGH als gesetzlichen Richter i. S. d. Art. 101 GG anerkannt. Es setzt jedoch bei einem Verstoß gegen den gesetzlichen Richter **Willkür** voraus. Die Entscheidung des innerstaatlichen Gerichts, den EuGH nicht anzurufen, muss sich so weit von dem in Art. 234 EGV verkörperten Rechtsgrundsatz entfernen, dass eine Nichtvorlage nicht mehr zu rechtfertigen ist. Das *BVerwG* (22.10.1986 NJW 1988, 664) sieht in einer unterbliebenen Vorlage einen **Revisionsgrund** (s. o. M/Rz. 163).

ff) Rechtsbehelf gegen Vorlagebeschluss

169 Der Kläger wird häufig ein Interesse haben, die erhebliche zeitliche Verzögerung durch einen Vorlagebeschluss zu vermeiden; die derzeitige durchschnittliche Verfahrensdauer beträgt mehr als 18 Monate (*Lenz* DRiZ 1995, 216). Fraglich ist, ob gegen die Anrufungsentscheidung des deutschen Gerichtes ein Rechtsbehelf besteht.

aaa) Rechtsbehelf nach Gemeinschaftsrecht

170 Das Gemeinschaftsrecht kennt keine Beschwerde zum EuGH wegen eines Vorlagebeschlusses eines nationalen Gerichtes. Die Entscheidung den EuGH anzurufen, ist ein Akt der deutschen Gerichtsbarkeit, die Frage der Anfechtbarkeit richtet sich nach deutschem Prozessrecht.

bbb) Rechtsbehelf nach deutschem Prozessrecht

171 Das deutsche Gericht fasst zum einen den Aussetzungsbeschluss, § 46 Abs. 2 ArbGG, §§ 495, 148 ZPO und zum anderen den Vorlagebeschluss im engeren Sinn.

> Beschluss
> 1. Das Verfahren wird ausgesetzt.
> 2. Der Siebte Senat des BAG ruft gem. Art. 234 Abs. 1 Buchst. a und Abs. 3 EG-Vertrag den EuGH zur Auslegung des Art. 141 EG-Vertrag und der Richtlinie 75/117 des Rates der Europäischen Gemeinschaften zur Entscheidung folgender Frage an: ...

172 Gegen einen Aussetzungsbeschluss ist grds. gem. § 252 ZPO i. V. m. § 46 Abs. 2 ArbGG die Beschwerde möglich. Dennoch ist § 252 ZPO seinem Sinn und Zweck nach nicht einschlägig (*Pfeiffer* NJW 1994, 1996). § 252 ZPO setzt einen Verfahrensstillstand voraus, während eine EuGH-Vorlage das Verfahren in Richtung einer Entscheidung fortführt. Im Übrigen ist der Aussetzungsbeschluss ein unselbstständiger Annex zum Vorlagebeschluss (*Maschmann* NZA 1995, 920). Hebt ein Beschwerdegericht den Aussetzungsbeschluss, der lediglich eine verfahrensrechtliche Konsequenz des Vorlagebeschlusses darstellt, auf, wird zwangsläufig der Vorlagebeschluss berührt. Das Gemeinschaftsrecht sieht jedoch keinerlei Möglichkeit für die Parteien vor, eine Entscheidung eines innerstaatlichen Gerichtes gem. Art. 234 Abs. 2 EGV vorzulegen, anzugreifen (s. o. M/Rz. 170). Demgemäß sieht sich der EuGH durch die Einlegung einer Beschwerde gegen den Vorlagebeschluss im innerstaatlichen Verfahren nicht an

einer eigenen Entscheidung über die Vorlagefrage gehindert (*EuGH* 6.4.1962 EuGHE 1996, 97 [109]). Sofern das innerstaatliche Gericht allerdings um eine Aussetzung des Verfahrens vor dem EuGH bittet, kommt der EuGH diesem Verlangen nach (*EuGH* 3.6.1969 EuGHE 1970, 403 f.).

gg) Verfahrensgang

aaa) Vorlagebeschluss
Die innerstaatlichen **Gerichte** leiten das Vorabentscheidungsverfahren ein; die Parteien können es mangels eines förmlichen Antragsrechts nicht erzwingen, sondern lediglich anregen (*Baur/Diller* NZA 1996, 196). Zur Konkretisierung der tenorierten Vorlagefrage sollte in einer Begründung die Sach- und Rechtslage sowie die Entscheidungserheblichkeit aus der Sicht des innerstaatlichen Gerichtes dargelegt werden (*Schaub* NJW 1994, 81). Der nationale Richter sollte berücksichtigen, dass der Berichterstatter am EuGH zumeist ein Richter ist, dem die Rechtsordnung des vorlegenden Gerichts nicht vertraut ist (*Hakenberg* ZIP 1995, 1865).
Der Vorlagebeschluss wird – sinnvollerweise mit Kopien der Verfahrensakten – von der Geschäftsstelle des innerstaatlichen Gerichtes an die Kanzlei des EuGH formlos auf dem einfachen Postweg gesandt (Palais de la Cour de justice, Boulevard Konrad Adenauer Kirchberg, L-2925 Luxembourg, Tel. 0 03 52-43 03-1; www.eugh.de). Kostenvorschüsse sind nicht zu erbringen, da für das Verfahren vor dem EuGH keine Gerichtskosten anfallen, Art. 72 VfO EuGH.

bbb) Stellungnahmefrist
Der Kanzler des EuGH stellt die Vorlagefrage den Parteien, den Mitgliedsstaaten, der Kommission und, falls Gültigkeit und Auslegung einer Ratshandlung in Frage steht, dem Rat zu. Alle Zustellungsadressaten können **binnen zwei Monaten zuzüglich sechs Tagen Postlaufzeit schriftsätzlich** Stellung nehmen, Art. 20 der Satzung des EuGH i. V. m. Anlage II VfO EuGH.

> Eine Pflicht, einen Schriftsatz einzureichen, besteht nicht. Die Prozessvertreter sollten bei unklaren oder irreführenden Vorlagefragen schriftliche Erklärungen einreichen und zu Auslegungsfragen Stellung beziehen (*Baur/Diller* NZA 1996, 196). Da eine Replik auf gegnerische Schriftsätze nicht prozessual vorgesehen ist, müssen denkbare Argumente der Gegenseite vorsorglich widerlegt werden.

Die Schriftsätze, die keine statthaften Beweisanträge oder sonstige Anträge der Parteien beinhalten können, sind von den Prozessvertretern zu unterzeichnen, Art. 37 § 1 Abs. 2 VfO EuGH. Für den Gerichtshof sind fünf beglaubigte Abschriften hinzuzufügen, für jede andere am Rechtsstreit beteiligte Partei eine weitere, Art. 37 § 1 Abs. 2 VfO EuGH. Der Eingang beim EuGH, auch per Telefax bei alsbaldiger Nachsendung der Originale, ist maßgeblich für die Fristwahrung. Eine Fristverlängerung ist ebenso wenig wie eine Wiedereinsetzung in den vorigen Stand möglich. Bei Fristversäumnis werden nach Fristablauf eingehende Stellungnahmen vom EuGH ohne Kenntnisnahme unverzüglich zurückgesandt. Eine Möglichkeit auf Schriftsätze anderer Beteiligter schriftsätzlich zu erwidern besteht nicht; eine Replik kann aber mündlich erfolgen.

ccc) Mündliche Verhandlung

178 Nach Ablauf der Stellungnahmefrist entscheidet der EuGH nach dem Vorbericht des Berichterstatters nach Schwierigkeitsgrad und Bedeutung der Angelegenheit, ob das Plenum oder eine Kammer die Sache verhandelt und **mündliche Verhandlung** anberaumt wird.

179 Die **Vertretung** richtet sich nach den Bestimmungen des jeweiligen vorlegenden innerstaatlichen Gerichtes; es besteht nicht der sonst am EuGH übliche Anwaltszwang, Art. 104 § 2 VfO EuGH. Legt ein deutsches ArbG vor, können die Parteien daher selbst auftreten, legt ein LAG vor, müssen sich die Parteien durch Rechtsanwälte oder Verbandsvertreter vertreten lassen, bei einer Vorlage des BAG sind allein Rechtsanwälte vertretungsbefugt.

180 Die Ladung zum Termin erfolgt häufig kurzfristig, Terminverlegungsanträgen wird regelmäßig nicht stattgegeben. Die Parteien erhalten ca. zwei Wochen vor dem Termin ein Exzerpt des schriftlichen Verfahrens, den Sitzungsbericht. Die Prozessvertreter werden vor Beginn der Verhandlung aufgefordert, sich im Beratungszimmer der Richter vorzustellen. Die mündliche Verhandlung wird in der Verfahrenssprache geführt, also der Sprache des vorlegenden Gerichtes. Ein Dialog zwischen Gericht und Prozessvertretern ist nicht üblich. Das frei gehaltene Plädoyer sollte sich in einem Zeitrahmen von 15–30 Minuten bewegen (so die »Hinweise an die Prozessvertreter für das mündliche Verfahren«), die Rücksichtnahme auf die Simultandolmetscher verbietet schnell vorgetragene, lange, komplizierte Sätze. Die Reihenfolge des Plädoyers liegt fest; die Parteien plädieren regelmäßig zuerst. Sämtliche Mitgliedstaaten können sich an der mündlichen Verhandlung beteiligen.

ddd) Schlussanträge

181 Etwa ein bis zwei Monate nach der Verhandlung, erfolgen in öffentlicher Sitzung das Plädoyer des Generalstaatsanwaltes sowie dessen **Schlussanträge**. Eine Stellungnahme zu den Schlussanträgen kennt das Verfahrensrecht des EuGH nicht, weshalb die Parteien diesen Termin nicht wahrzunehmen pflegen.

eee) Urteil

182 Ein bis zwei Monate nach den Schlussanträgen verkündet der EuGH das im Urteilstext bereits vorliegende **Urteil**. Das Urteil wird zunächst auf Französisch, der internen Arbeitssprache des EuGH, abgefasst und vor Verkündung in die Verfahrenssprache übersetzt. Es gliedert sich in Rubrum, Entscheidungsgründe und den abschließenden Urteilstenor, der die Vorlagefrage beantwortet. Eine Kostenentscheidung wird im Urteil nicht gefällt. Gerichtskosten fallen keine an; über außergerichtliche Kosten entscheidet das nationale Gericht.

hh) Fortführung des Verfahrens beim innerstaatlichen Gericht

aaa) Vorlageverfahren als Zwischenverfahren

183 Das Vorlageverfahren ist ein Teilabschnitt des Gesamtverfahrens und bildet mit dem nationalen Ausgangsverfahren eine Einheit (*GMP* Einl. Art. 71 f.). Nach Abschluss des Vorlageverfahrens muss das nationale Gericht den Rechtsstreit fortführen. Der EuGH entscheidet niemals den Ausgangsrechtsstreit. Das nationale Gericht muss den konkreten Sachverhalt unter die vom EuGH bindend vorgegebenen abstrakten

rechtlichen Erkenntnisse subsumieren (*Baur/Diller* NZA 1996, 196). Im Urteil wird im Sachverhalt die Vorlagefrage und das Urteil des EuGH widergegeben, in den Entscheidungsgründen die Auswirkungen auf das nationale Urteil dargelegt.

bbb) Bindung des vorlegenden Gerichts und der Rechtsmittelinstanzen
Erklärt der EuGH Gemeinschaftsrecht für ungültig, so tritt die Wirkung ex tunc inter omnes ein. 184
Bei Auslegungsfragen bindet das Vorabentscheidungsurteil das **vorlegende Gericht und die Rechtsmittelinstanzen** im Ausgangsrechtsstreit inter partes. Die Entscheidungsgründe sind zur Auslegung des Urteilsspruchs heranzuziehen; bei verbleibenden Zweifeln kann der EuGH erneut angerufen werden (*EuGH* 13.5.1981 NJW 1982, 1205). Die Bindung besteht nur hinsichtlich der Auslegung von EG-Recht. Kommt das innerstaatliche Gericht nach Beendigung des Vorlageverfahrens, entgegen seiner ursprünglichen Ansicht, zu der Auffassung, der Rechtsstreit sei ohne EG-rechtlichen Bezug zu entscheiden, so entfällt eine Bindung.

ccc) Präjudizwirkung für andere Gerichte
Andere Gerichte sind nicht direkt gebunden, jedoch haben die Vorabentscheidungsverfahren des EuGH **Präjudizwirkung** für sämtliche Gerichte der Mitgliedstaaten. 185
Will ein Gericht in einem anderen Rechtsstreit von der Entscheidung des EuGH abweichen, muss es erneut ein Vorabentscheidungsverfahren gem. Art. 234 EGV einleiten. Der EuGH ist nicht an seine früheren Entscheidungen gebunden und kann daher seine Rechtsprechung ändern, **Differenztheorie** (*EuGH* 12.2.1974 EuGHE 1974, 139 [148]).

ddd) Kostenentscheidung
Das nationale Gericht muss über die außergerichtlichen Kosten des Vorabentscheidungsverfahrens entscheiden, Art. 104 § 5 Abs. 1 VfO EuGH. Der Rechtsanwalt rechnet seine Kosten gem. § 113 a BRAGO ab. Die Rechtsschutzversicherer übernehmen regelmäßig nicht die Kosten eines Vorabentscheidungsverfahrens, § 3 Abs. 3b) ARB 1994. Hierauf müssen die Parteien durch den Rechtsanwalt hingewiesen werden. 186

c) Vertragsverletzungsverfahren
Die Kommission hat gem. Art. 211 EGV über die Einhaltung des Gemeinschaftsrechts zu wachen. Zur Erleichterung der Kontrollaufgabe sind innerstaatliche Umsetzungsmaßnahmen von den einzelnen Mitgliedstaaten der Kommission mitzuteilen. **Weiterhin hat die Kommission zur Erlangung von Information ein eigenes »Beschwerdeverfahren« geschaffen, das jeder natürlichen und juristischen Person offen steht.** Darüber hinaus erhält die Kommission Informationen durch themenbezogene »Netzwerke« nationaler Experten, Anfragen des Europäischen Parlamentes und diverse sonstige Quellen. 187

Der einzelne Bürger eines Mitgliedstaates kann kein Vertragsverletzungsverfahren einleiten. Er hat lediglich die Möglichkeit, durch eine Beschwerde an die Kommission auf die Einleitung eines Vertragsverletzungsverfahrens durch die Kommission hinzuwirken. 188

M. Besondere Verfahrensarten

3. Beschwerde bei der Kommission

189 »Jede natürliche oder juristische Person kann wegen Praktiken oder Maßnahmen, die ihres Erachtens einer Gemeinschaftsvorschrift zuwiderlaufen, bei der Kommission Beschwerde einlegen.« (Formblatt 89C 26/07).
Die Beschwerde ist direkt an die Kommission in Brüssel zu richten (**Kommission der Europäischen Gemeinschaften, Rue de la Loi 200, B-1049 Brüssel**). Die Beschwerde ist **formfrei**, sollte aber folgende Angaben enthalten:

- Name der sich beschwerenden Person/Firma
- Staatsangehörigkeit
- Anschrift oder Firmensitz
- Tätigkeitsbereich
- Mitgliedstaat, Betrieb oder Einrichtung, der/die die Gemeinschaftsvorschrift verletzt haben soll
- beanstandete Tatsache/Nachteil
- bereits vorgenommene behördliche/gerichtliche Schritte

Die Kommission bestätigt den Eingang der Beschwerde und unterrichtet den Beschwerdeführer über den weiteren Verfahrensverlauf.

4. Petition an Europäisches Parlament

190 Gem. Art. 194 EGV hat jeder Bürger der Union das Recht, dem Europäischen Parlament Petitionen einzureichen. Das Petitionsrecht ist zwar grds. auf Gemeinschaftsorgane bezogen, ist jedoch in Ausnahmefällen auch wegen des Verhaltens von Mitgliedstaaten gegenüber ihren Bürgern gegeben. Ein derartiger Ausnahmefall dürfte vorliegen, wenn gegenüber einem Mitgliedstaat ein Vertragsverletzungsverfahren eingeleitet werden könnte.

5. Bürgerbeauftragter des Europäischen Parlamentes

191 Das Europäische Parlament ernennt einen Bürgerbeauftragten für Beschwerden von Bürgern der Union über Gemeinschaftsorgane, Art. 195 EGV. Der »Ombudsmann« kann zwar nicht direkt auf die Mitgliedstaaten einwirken, jedoch von diesen die Einhaltung der Grundsatzpflichten (z. B. aus Art. 10 EGV) einfordern.

N. Anhang

Anhang I   Adress-, Telefon- und Zuständigkeitsverzeichnis der Gerichte für Arbeitssachen in der Bundesrepublik Deutschland

Anhang II   Vergleichstabelle zum Vertragstext EUV

Anhang III   Verzeichnis der für allgemeinverbindlich erklärten Tarifverträge

Anhang I

Adress-, Telefon- und Zuständigkeitsverzeichnis der Gerichte für Arbeitssachen in der Bundesrepublik Deutschland
Stand: 1.3.2001

Bezeichnung und Sitz des Gerichts	Anschrift	Telefon/Telefax	örtliche Zuständigkeit
♦ **Bundesarbeitsgericht**			
Erfurt	Hugo-Preuß-Platz 1 99084 Erfurt	(03 61) 26 36–0 Fax: 26 36–20 00	Bundesrepublik Deutschland
■ **Baden-Württemberg** ● **Landesarbeitsgericht Baden-Württemberg**			
Stuttgart	Rosenbergstraße 16 70174 Stuttgart	(07 11) 66 73–0 Fax: 29 43 49	Land Baden-Württemberg
Auswärtige Kammern:			
Freiburg	Kirchstraße 7 79100 Freiburg i. Br.	(07 61) 70 80–0 Fax: 70 80 40	Land Baden-Württemberg Offenburg, Freiburg, Lörrach, Radolfzell, Villingen
Mannheim	L 4, 4–6 68161 Mannheim	(06 21) 29 20 Fax: 2 92 13 11	Stadt Altlußheim, Brühl, Edingen-Neckarhausen, Heddesheim, Hemsbach, Hirschberg, Hockenheim, Ilvesheim, Ketsch, Ladenburg, Laudenbach, Neulußheim, Oftersheim, Plankstadt, Reilingen, Schriesheim, Schwetzingen, Walldorf, Weinheim, Wiesloch

Gerichte für Arbeitssachen

Bezeichnung und Sitz des Gerichts	Anschrift	Telefon/Telefax	örtliche Zuständigkeit
• Arbeitsgerichte			
– **Freiburg**	Kirchstraße 7 79100 Freiburg i. Br.	(07 61) 70 80–0 Fax: 70 80 40	Stadtkreis Freiburg, Landkreise Breisgau-Hochschwarzwald, Emmendingen, Ortenaukreis, Rottweil, Schwarzwald-Baar-Kreis, Tuttlingen
Auswärtige Kammern:			
Offenburg	Okenstraße 6 77652 Offenburg	(07 81) 9 29 44–0 Fax: 92 94 40	Stadtkreise Achern, Oberkirch, Lahr, Kehl, Ortenaukreis, Ettenheim
Villingen-Schwenningen	Pontalierstraße 9 78048 Villingen-Schwenningen	(0 77 21) 84 09–0 Fax: 84 09 33	Landkreise Schwarzwald-Baar-Kreis, Rottweil, Tuttlingen
– **Heilbronn**	Paulinenstraße 18 74076 Heilbronn	(0 71 31) 95 78–0 Fax: 9 57 84 44	Stadtkreis Freiburg, Landkreise Heilbronn, Hohenlohekreis, Schwäbisch-Hall, Main-Tauber-Kreis
Auswärtige Kammer:			
Crailsheim	Friedrichstraße 16 74564 Crailsheim	(0 79 51) 91 66–0 Fax: 91 66 99	Landkreis Crailsheim, Schwäbisch-Hall, Bad Mergentheim, Tauberbischofsheim
– **Karlsruhe**	Ritterstraße 12 76133 Karlsruhe	(07 21) 1 25–0 Fax: 1 75 25 25	Stadtkreise Baden-Baden, Karlsruhe, Landkreise Karlsruhe, Rastatt
– **Lörrach**	Weinbrennerstraße 5 79539 Lörrach	(0 76 21) 92 47–0 Fax: 92 47 20	Landkreise Konstanz, Lörrach, Waldshut
Auswärtige Kammer:			
Radolfzell	Seetorstraße 5 78315 Radolfzell	(0 77 32) 98 32 00 Fax: 98 32 01	Stadt Konstanz, Radolfzell, Reichenau, Allensbach, Engen

Gerichte für Arbeitssachen

Bezeichnung und Sitz des Gerichts	Anschrift	Telefon/Telefax	örtliche Zuständigkeit
– **Mannheim**	L 4, 4–6 68161 Mannheim	(06 21) 2 92–0 Fax: 2 92 13 11	Stadtkreise Heidelberg, Mannheim, Landkreise Neckar-Odenwald-Kreis, Rhein-Neckar-Kreis
Auswärtige Kammer:			
Heidelberg	Hildastraße 18 69115 Heidelberg	(0 62 21) 59–0 Fax: 59 18 45	Rhein-Neckarkreis, Landkreise Heidelberg, Mosbach, Walldürn
– **Pforzheim**	Marktplatz 4 75175 Pforzheim	(0 72 31) 15 64–0 Fax: 15 64 31	Stadtkreis Pforzheim, Landkreis Calw, Enzkreis, Freudenstadt
– **Reutlingen**	Bismarckstraße 64 72764 Reutlingen	(0 71 21) 9 40–0 Fax: 9 40 32 32	Landkreis Reutlingen, Tübingen, Zollernalbkreis
– **Stuttgart**	Feuerseeplatz 14 70176 Stuttgart	(07 11) 66 73–0 Fax: 66 73–74 00	Stadtkreis Stuttgart, Landkreise Böblingen, Esslingen, Göppingen, Heidenheim, Ludwigsburg, Ostalbkreis, Rems-Murr-Kreis
Auswärtige Kammern:			
Aalen	Stuttgarter Straße 7 73430 Aalen	(0 73 61) 9 65 17–0 Fax: 96 51 71	Albkreis Schwäbisch Gmünd, Albkreis Heidenheim, Ostalbkreis
Ludwigsburg	Friedrichstraße 5 71638 Ludwigsburg	(0 71 41) 94 42–0 Fax: 90 53 09	Landkreis Ludwigsburg, Stadt Althütte, Asbach, Auenwald, Backnang, Burgstetten, Großenlech, Kirchberg a. d. Murr, Murrhardt, Oppenweiler, Spiegelberg, Sulzbach a. d. Murr, Weisach im Tal

Bezeichnung und Sitz des Gerichts	Anschrift	Telefon/Telefax	örtliche Zuständigkeit
– Ulm	Zeughausgasse 12 89073 Ulm	(07 31) 1 89–0 Fax: 1 89 23 77	Stadtkreis Ulm, Landkreise Alb-Donau-Kreis, Biberach, Bodenseekreis, Ravensburg, Sigmaringen
Auswärtige Kammer:			
Ravensburg	Marktstraße 28 88212 Ravensburg	(07 51) 8 06–0 Fax: 2 06 21 51	
Landkreis Ravensburg			
■ **Bayern**			
• **Landesarbeitsgericht**			
München	Winzererstraße 104 80797 München	(0 89) 3 06 19–0 Fax: 30 61 92 11	Arbeitsgerichtsbezirke Augsburg, Kempten, München, Passau, Regensburg, Rosenheim
○ **Arbeitsgerichte**			
– Augsburg	Ulrichplatz 3 86150 Augsburg	(08 21) 57 09–03 Fax: 5 70 94 00	Amtsgerichtsbezirke Aichach, Augsburg, Dillingen a. d. Donau, Günzburg, Neu-Ulm, Nördlingen
Kammer:			
Neu-Ulm	Maximilianstraße 39 89213 Neu-Ulm	(07 31) 70 51 91–0 Fax: 70 51 91–99	Landkreise Neu-Ulm, Günzburg
– Kempten	Königstraße 11 87435 Kempten (Allgäu)	(08 31) 5 22 12–0 Fax: 2 65 58	Amtsgerichtsbezirke Kaufbeuren, Kempten (Allgäu), Lindau (Bodensee), Memmingen

Bezeichnung und Sitz des Gerichts	Anschrift	Telefon/Telefax	örtliche Zuständigkeit
– **München**	Winzererstraße 104 80797 München	(0 89) 3 06 19–0 Fax: 30 61 92 98	Amtsgerichtsbezirke Dachau, Ebersberg, Erding, Freising, Fürstenfeldbruck, Garmisch-Partenkirchen, Ingolstadt, Landsberg a. Lech, Miesbach, München, Neuburg a. d. Donau, Starnberg, Weilheim i. OB, Wolfratshausen
Kammern:			
Ingolstadt	Proviantstraße 1 85049 Ingolstadt	(08 41) 9 35 86–6 Fax: 9 35 86–87	Amtsgerichtsbezirke Ingolstadt, Neuburg a. d. Donau, Pfaffenhofen a. d. Ilm
Weilheim	Alpenstraße 16 82362 Weilheim	(08 81) 9 98–0 Fax: 99 81 00	Amtsgerichtsbezirke Garmisch-Partenkirchen, Weilheim i. OB
– **Passau**	Eggendobl 4 94034 Passau	(08 51) 9 59 49–0 Fax: 9 59 49 49	Amtsgerichtsbezirke Deggendorf, Eggenfelden, Freyung, Passau, Viechtach
Kammer:			
Deggendorf	Bahnhofstraße 94 94469 Deggendorf	(09 91) 45 64 Fax: 34 11 62	Amtsgerichtsbezirke Deggendorf, Viechtach
– **Regensburg**	Bertoldstraße 2 93047 Regensburg	(09 41) 50 25–0 Fax: 50 25 69	Amtsgerichtsbezirke Kehlheim, Landau a. d. Isar, Landshut, Neumarkt i. d. OPf., Regensburg, Straubing
Kammer:			
Landshut	Seligenthaler Straße 10 84034 Landshut	(08 71) 8 28 03 Fax: 8 28 82 50	Amtsgerichtsbezirke Landau a. d. Isar, Landshut
– **Rosenheim**	Rathausstraße 23 83022 Rosenheim	(0 80 31) 3 05 04 Fax: 30 51 93	Amtsgerichtsbezirke Altötting, Laufen, Mühldorf a. Inn, Rosenheim, Traunstein

Bezeichnung und Sitz des Gerichts	Anschrift	Telefon/Telefax	örtliche Zuständigkeit
Kammer: Traunstein	Salinenstraße 4 83278 Traunstein	(08 61) 9 87 23 Fax: 16 55 70	Amtsgerichtsbezirke Laufen, Traunstein
• **Landesarbeitsgericht** Nürnberg	Roonstraße 20 90429 Nürnberg	(09 11) 9 28–0 Fax: 9 28 27 50	Arbeitsgerichtsbezirke Bamberg, Bayreuth, Nürnberg, Weiden i. d. OPf., Würzburg
○ **Arbeitsgerichte** – Bamberg	Willy-Lessing-Straße 13 96047 Bamberg	(09 51) 9 80 42 01 Fax: 9 80 42 29	Amtsgerichtsbezirke Bamberg, Coburg, Forchheim, Kronach, Lichtenfels
Kammer: Coburg	Obere Burglaß 36 96450 Coburg	(0 95 61) 7 41 93 00 Fax: 74 19 98	Amtsgerichtsbezirke Coburg, Kronach, Lichtenfels
– Bayreuth	Ludwig-Thoma-Straße 7 95447 Bayreuth	(09 21) 5 93–0 Fax: 59 31 11	Amtsgerichtsbezirke Bayreuth, Hof, Kulmbach, Wunsiedel
Kammer: Hof	Kulmbacher Straße 47 95030 Hof	(0 92 81) 6 18 20 Fax: 61 82 22	Amtsgerichtsbezirke Hof, Wunsiedel
– Nürnberg	Roonstraße 20 90429 Nürnberg	(09 11) 9 28–0 Fax: 9 28 26 30	Amtsgerichtsbezirke Ansbach, Erlangen, Fürth, Hersbruck, Neustadt a. d. Aisch, Nürnberg, Schwabach, Weißenburg i. Bay.
– Weiden	Ledererstraße 9 92637 Weiden	(09 61) 3 00 00 Fax: 3 00 01 38	Amtsgerichtsbezirke Amberg, Cham, Schwandorf, Tirschenreuth, Weiden i. d. OPf.

Gerichte für Arbeitssachen

Bezeichnung und Sitz des Gerichts	Anschrift	Telefon/Telefax	örtliche Zuständigkeit
Kammer:			
Schwandorf	Wackersdorfer Straße 78 a 92421 Schwandorf	(0 94 31) 85 64 Fax: 87 75	Amtsgerichtsbezirke Amberg, Cham, Schwandorf
– Würzburg	Ludwigstraße 33 97070 Würzburg	(09 31) 30 87–0 Fax: 3 08 73 03	Amtsgerichtsbezirke Aschaffenburg, Bad Kissingen, Bad Neustadt a. d. Saale, Gemünden a. Main, Haßfurt, Kitzingen, Obernburg a. Main, Schweinfurt, Würzburg
Kammern:			
Aschaffenburg	Schloßplatz 4 63739 Aschaffenburg	(0 60 21) 2 27 95 Fax: 2 94 03	Amtsgerichtsbezirke Aschaffenburg, Obernburg a. Main
Schweinfurt	Alte Bahnhofstraße 27 97422 Schweinfurt	(0 97 21) 2 03–0 Fax: 20 33 42	Amtsgerichtsbezirke Bad Kissingen, Bad Neustadt a. d. Saale, Haßfurt, Schweinfurt
■ **Berlin**			
• **Landesarbeitsgericht**			
Berlin	Magdeburger Platz 1 10785 Berlin	(0 30) 9 01 71–0 Fax: 90 17 12 22 od. -333	Land Berlin
○ **Arbeitsgericht**			
– Berlin	Magdeburger Platz 1 10785 Berlin	(0 30) 9 01 71–0 Fax: 90 17 12 22 od. -333	Land Berlin
■ **Brandenburg**			
• **Landesarbeitsgericht Brandenburg**			
Potsdam	Zeppelinstraße 136 14471 Potsdam	(03 31) 98 17–0 Fax: 9 81 72 50	Land Brandenburg

Gerichte für Arbeitssachen

Bezeichnung und Sitz des Gerichts	Anschrift	Telefon/Telefax	örtliche Zuständigkeit
○ **Arbeitsgerichte**			
– Brandenburg (Stadt)	Magdeburger Straße 54 14770 Brandenburg	(0 33 81) 3 98–4 00 Fax: 3 98–4 99	kreisfreie Stadt Brandenburg, Kreise Brandenburg-Land, Belzig, Nauen, Rathenow
– Cottbus	Vom Stein-Straße 28 03050 Cottbus	(03 55) 49 91–31 10 Fax: 49 91–32 39	kreisfreie Stadt Cottbus, Kreise Cottbus-Land, Calau, Forst, Guben, Luckau, Lübben, Spremberg
– Eberswalde	Eberswalder Straße 26 16227 Eberswalde-Finow	(0 33 34) 21 22 25 Fax: 21 25 04	kreisfreie Stadt Eberswalde, Kreise Angermünde, Bernau, Bad Freienwalde, Eberswalde, Prenzlau, Templin
▨ Frankfurt/Oder	Eisenhüttenstädter Chaussee 48 15236 Frankfurt/Oder	(03 35) 55 38–0 Fax: 5 53 82 27	kreisfreie Städte Frankfurt/Oder, Eisenhüttenstadt, Kreise Beeskow, Eisenhüttenstadt-Land, Fürstenwalde, Königs Wusterhausen, Seelow, Straußberg
– Neuruppin	Puschkinstraße 6 d 16816 Neuruppin	(0 33 91) 45 85–0 Fax: 45 85 30	Kreise Gransee, Kyritz, Neuruppin, Oranienburg, Perleberg, Pritzwalk, Wittstock
– Potsdam	Zeppelinstraße 136 14471 Potsdam	(03 31) 9 81 70 Fax: 9 81 71 25	kreisfreie Stadt Potsdam, Kreise Jüterbog, Luckenwalde, Potsdam-Land, Zossen
– Senftenberg	Schulstraße 4 b 01968 Senftenberg	(0 35 73) 3 72 40 Fax: 37 24 55	Kreise Calau, Finsterwalde, Herzberg, Bad Liebenwerda, Senftenberg
■ **Bremen**			
• **Landesarbeitsgericht**			
Bremen	Parkallee 79 28209 Bremen	(04 21) 3 61 63 71 Fax: 3 61 65 79	

Gerichte für Arbeitssachen N. Anh. I

Bezeichnung und Sitz des Gerichts	Anschrift	Telefon/Telefax	örtliche Zuständigkeit
○ **Arbeitsgerichte**			
– Bremen	Finddorfstraße 14/16 28215 Bremen	(04 21) 3 61 53 40 Fax: 3 61 54 53	Stadtgemeinde Bremen (ohne stadtbremisches Überseehafengebiet Bremerhaven)
– Bremerhaven	Elbinger Platz 1/Hafenhaus 27570 Bremerhaven	(04 71) 2 14 66 Fax: 2 19 20	Stadtgemeinde Bremerhaven (einschließlich stadtbremisches Überseehafengebiet Bremerhaven)
■ **Hamburg**			
• **Landesarbeitsgericht**			
Hamburg	Osterbekstraße 96 22083 Hamburg	(0 40) 4 28 63–56 65 Fax: 4 28 63–58 52	Land Hamburg
○ **Arbeitsgericht**			
– Hamburg	Osterbekstraße 96 22083 Hamburg	(0 40) 4 28 63–56 65 Fax: 4 28 63–58 52	Land Hamburg
■ **Hessen**			
• **Hessisches Landesarbeitsgericht**			
Frankfurt	Adickesallee 36 60322 Frankfurt a. M. Postfach 18 03 20 60084 Frankfurt a. M.	(0 69) 1 53 50 Fax: 1 53 55 38	Land Hessen
○ **Arbeitsgerichte**			
– Darmstadt	Am Steubenplatz 14 64293 Darmstadt	(0 61 51) 8 04 03 Fax: 80 45 01	Amtsgerichtsbezirk Bensheim, Darmstadt, Dieburg, Groß-Gerau, Lampertheim, Michelstadt, Rüsselsheim

Gerichte für Arbeitssachen

Bezeichnung und Sitz des Gerichts	Anschrift	Telefon/Telefax	örtliche Zuständigkeit
– **Frankfurt a. M.**	Adickesallee 36 60322 Frankfurt a. M. Postfach 18 03 20 60084 Frankfurt a. M.	(0 69) 1 53 50 Fax: 1 53 55 17	Amtsgerichtsbezirke Frankfurt a. M., Bad Homburg v. d. Höhe, Königstein i. Taunus, Usingen, Bad Vilbel sowie die Stadt Flörsheim des Amtsgerichtsbezirkes Hochheim am Main
– **Fulda**	Heinrich-von-Biebra Platz 3 36037 Fulda	(06 61) 29 22–00 Fax: 29 22–22	Amtsgerichtsbezirke Fulda, Hünfeld, Lauterbach
– **Gießen**	Friedrich-List-Straße 25 35398 Gießen Postfach 11 01 49 35346 Gießen	(06 41) 6 07 70 Fax: 60 77 40	Amtsgerichtsbezirke Alsfeld, Büdingen, Butzbach, Friedberg (Hessen), Gießen, Nidda
– **Hanau**	Sandeldamm 24 a 63450 Hanau	(0 61 81) 9 15 40 Fax: 91 54 24	Amtsgerichtsbezirke Gelnhausen, Hanau, Schlüchtern
– **Bad Hersfeld**	Dudenstraße 10 36251 Bad Hersfeld	(0 66 21) 2 03–0 Fax: 20 35 08	Amtsgerichtsbezirke Eschwege, Bad Hersfeld, Rotenburg a. d. Fulda
– **Kassel**	Ständeplatz 19 34117 Kassel	(05 61) 7 12 30 Fax: 7 12 31 00	Amtsgerichtsbezirke Arolsen, Fritzlar, Hofgeismar, Homberg (Efze), Kassel, Korbach, Melsungen, Bad Wildungen, Witzenhausen, Wolfhagen
– **Limburg**	Weiersteinstraße 4 65549 Limburg/Lahn	(0 64 31) 63 03 Fax: 2 65 88	Amtsgerichtsbezirke Hadamar, Limburg a. d. Lahn, Weilbu'rg
– **Marburg**	Gutenbergstraße 29 a 35037 Marburg Postfach 5 74 35017 Marburg	(0 64 21) 17 08–44 Fax: 1 21 54	Amtsgerichtsbezirke Biedenkopf, Frankenberg (Eder), Kirchhain, Marburg, Schwalmstadt
– **Offenbach a. M.**	Herrnstraße 51 63065 Offenbach a. M.	(0 69) 8 29 71 90 Fax: 82 56 45	Amtsgerichtsbezirke Langen, Offenbach a. M., Seligenstadt

Gerichte für Arbeitssachen

Bezeichnung und Sitz des Gerichts	Anschrift	Telefon/Telefax	örtliche Zuständigkeit
– Wetzlar	Hausertorstraße 47 b 35578 Wetzlar	(0 64 41) 50 02 30 Fax: 5 00 23 25	Amtsgerichtsbezirke Dillenburg, Herborn, Wetzlar
– Wiesbaden	Adolfsallee 53 65185 Wiesbaden	(06 11) 81 50 Fax: 8 15 25 99	Amtsgerichtsbezirke Eltville am Rhein, Hochheim am Main mit Ausnahme der Stadt Flörsheim, die zum Bezirk des Arbeitsgerichts Frankfurt a. M. gehört, Idstein, Rüdesheim am Rhein, Bad Schwalbach, Wiesbaden
■ **Mecklenburg-Vorpommern**			
● **Landesarbeitsgericht Mecklenburg-Vorpommern**			
Rostock	August-Bebel-Straße 15–20 18055 Rostock	(03 81) 24 10 Fax: 24 13 54	Land Mecklenburg-Vorpommern
○ **Arbeitsgerichte**			
– Neustrelitz		Töpferstraße 15 17235 Neustrelitz	(0 39 81) 2 45 30 F ax: 24 53 25 Landkreise Altentreptow, Malchin, Neubrandenburg, Neustrelitz, Röbel, Strasburg, Teterow, Waren, kreisfreie Stadt Neubrandenburg
– Rostock	August-Bebel-Straße 15–20 18055 Rostock	(03 81) 24 10 Fax: 24 11 67	Landkreise Bad Doberan, Bützow, Güstrow, Ribnitz-Damgarten, Rostock, kreisfreie Stadt Rostock
– Schwerin	Dr.-Külz-Straße 20 19053 Schwerin	(03 85) 7 44 50 Fax: 7 44 51 40	Landkreise Gadebusch, Grevesmühlen, Hagenow, Ludwigslust, Lübz, Parchim, Schwerin, Sternberg, Wismar, kreisfreie Städte Schwerin und Wismar

Bezeichnung und Sitz des Gerichts	Anschrift	Telefon/Telefax	örtliche Zuständigkeit
– Stralsund	Frankendamm 17 18439 Stralsund	(0 38 31) 20 50 Fax: 20 58 13	Landkreise Anklam, Demmin, Greifswald, Grimmen, Pasewalk, Rügen, Stralsund, Ueckermünde, Wolgast, kreisfreie Städte Greifswald und Stralsund
■ **Niedersachsen**			
• **Landesarbeitsgericht Niedersachsen**			
Hannover	Siemensstraße 10 30173 Hannover	(05 11) 80 70 80 Fax: 8 07 08 25	Land Niedersachsen
○ **Arbeitsgerichte**			
– Braunschweig	Grünewaldstraße 11 A 38104 Braunschweig	(05 31) 2 38 50-0 Fax: 2 38 50-66	kreisfreie Städte Braunschweig, Salzgitter und Wolfsburg und die Landkreise Gifhorn, Goslar, Helmstedt, Peine und Wolfenbüttel
– Celle	Im Werder 11 29221 Celle	(0 51 41) 92 46-0 Fax: 92 46 18	Landkreise Celle und Soltau-Fallingbostel
– Emden	Am Delft 29 26721 Emden	(0 49 21) 9 14 20 Fax: 91 42 33	kreisfreie Städte Emden und die Landkreise Aurich und Leer
– Göttingen	Maschmühlenweg 11 37073 Göttingen	(05 51) 40 30 Fax: 40 21 50	Landkreise Göttingen Northeim und Osterode am Harz
– Hameln	Süntelstraße 5 31785 Hameln	(0 51 51) 93 69-0 Fax: 93 69 20	Landkreis Hameln-Pyrmont und Schaumburg
– Hannover	Ellernstraße 42 30175 Hannover	(05 11) 28 06 60 Fax: 2 80 66 21	kreisfreie Stadt Hannover und der Landkreis Hannover
– Hildesheim	Kreuzstraße 8 31134 Hildesheim	(0 51 21) 30 45 01 Fax: 30 45 06	Landkreise Hildesheim und Holzminden

Gerichte für Arbeitssachen — N. Anh. I

Bezeichnung und Sitz des Gerichts	Anschrift	Telefon/Telefax	örtliche Zuständigkeit
– Lingen	Am Wall Süd 18 49808 Lingen (Ems)	(05 91) 91 21 40 Fax: 32 72	Landkreise Grafschaft Bentheim und Lingen
– Lüneburg	Fährsteg 5 a 21337 Lüneburg	(0 41 31) 95 28–0 Fax: 95 28 30	Landkreise Harburg, Lüchow-Dannenberg, Lüneburg und Uelzen
– Nienburg	Bürgermeister-Stahn-Wall 1 31582 Nienburg	(0 50 21) 91 76–0 Fax: 6 56 23	Landkreise Diepholz und Nienburg
– Oldenburg	Bahnhofstraße 14 a 26122 Oldenburg	(04 41) 2 20 65 00 Fax: 2 20 66 00	kreisfreie Städte Delmenhorst und Oldenburg (Oldenburg) und die Landkreise Oldenburg (Oldenburg), Ammerland, Cloppenburg, Vechta und Wesermarsch
– Osnabrück	Johannisstraße 70 49074 Osnabrück	(05 41) 31 50 Fax: 31 69 50	kreisfreie Städte Osnabrück und der Landkreis Osnabrück
– Stade	Am Sande 4 a 21682 Stade	(0 41 41) 4 06 01 Fax: 40 62 92	Landkreise Cuxhaven und Stade
– Verden	Bahnhofstraße 23 27283 Verden	(0 42 31) 25 46 Fax: 52 29	Landkreise Osterholz, Rotenburg (Wümme) und Verden
– Wilhelmshaven	Zedeliusstraße 17 a 26384 Wilhelmshaven	(0 44 21) 93 24–0 Fax: 3 85 52	kreisfreie Stadt Wilhelmshaven und die Landkreise Friesland und Wittmund
■ **Nordrhein-Westfalen** • **Landesarbeitsgericht**			
Düsseldorf	Ludwig-Erhard-Allee 21 40227 Düsseldorf	(02 11) 7 77 00 Fax: 77 70 21 99	Bezirke der Arbeitsgerichte Düsseldorf, Duisburg, Essen, Krefeld, Mönchengladbach, Oberhausen, Solingen, Wesel, Wuppertal

Arbeitsgerichte

Bezeichnung und Sitz des Gerichts	Anschrift	Telefon/Telefax	örtliche Zuständigkeit
– Düsseldorf	Ludwig-Erhard-Allee 21 40227 Düsseldorf	(02 11) 7 77 00 Fax: 77 70 22 99	Gebiet der kreisfreien Stadt Düsseldorf und des Kreises Mettmann ohne die Gemeinden Heiligenhaus, Velbert und Wülfrath
– Duisburg	Mülheimer Straße 54 47057 Duisburg	(02 03) 3 00 50 Fax: 3 00 52 62	Gebiet der kreisfreien Stadt Duisburg
– Essen	Zweigertstraße 54 45130 Essen	(02 01) 7 99 21 Fax: 7 99 24 50	Gebiet der kreisfreien Stadt Essen
– Krefeld	Lutherische-Kirch-Straße 39 47798 Krefeld	(0 21 51) 85 19–0 Fax: 85 19–40	Gebiet der kreisfreien Stadt Krefeld und des Kreises Viersen
– Mönchengladbach	Hohenzollernstraße 155 (Landgerichtsgebäude) 41061 Mönchengladbach	(0 21 61) 27 60 Fax: 27 67 68	Gebiet der kreisfreien Stadt Mönchengladbach und des Kreises Neuss
– Oberhausen	Friedrich-List-Straße 18 46045 Oberhausen	(02 08) 85 74 50 Fax: 8 57 45 33	Gebiet der kreisfreien Städte Oberhausen und Mühlheim a. d. Ruhr
– Solingen	Wupperstraße 1 42651 Solingen	(02 12) 2 80 90 Fax: 28 09 61	Gebiet der kreisfreien Städte Solingen und Leverkusen sowie der Gemeinden Burscheid, Leichlingen und Wermelskirchen
– Wesel	Ritterstraße 1 46483 Wesel	(02 81) 33 89 10 Fax: 3 38 91 44	Gebiet der Kreise Kleve und Wesel
– Wuppertal	Friedrich-Engels-Allee 430–432 42283 Wuppertal	(02 02) 25 58 60 Fax: 2 55 86 40	Gebiet der kreisfreien Städte Wuppertal und Remscheid sowie der Gemeinden Heiligenhaus, Hückeswagen, Radevormwald, Velbert und Wülfrath

Gerichte für Arbeitssachen

Bezeichnung und Sitz des Gerichts	Anschrift	Telefon/Telefax	örtliche Zuständigkeit
• Landesarbeitsgericht			
Hamm	Marker Allee 94 59071 Hamm	(0 23 81) 89 11 Fax: 89 12 83	Bezirke der Arbeitsgerichte Arnsberg, Bielefeld, Bocholt, Bochum, Detmold, Dortmund, Gelsenkirchen, Hagen, Hamm, Herford, Herne, Iserlohn, Minden, Münster, Paderborn, Rheine und Siegen
○ Arbeitsgerichte			
– Arnsberg	Johanna-Baltz-Straße 28 59821 Arnsberg	(0 29 31) 5 28 50 Fax: 52 85–99	Gebiet des Hochsauerlandkreises
– Bielefeld	Detmolder Straße 9 33604 Bielefeld	(05 21) 54 90 Fax: 5 49 17 05	Gebiet der kreisfreien Stadt Bielefeld und des Kreises Gütersloh
– Bocholt	Münsterstraße 76 46397 Bocholt	(0 28 71) 2 44 09–0 Fax: 2 44 09–19	Gebiet der Kreise Borken und Coesfeld
– Bochum	Marienplatz 2 44787 Bochum	(02 34) 6 89 50 Fax: 6 89 52 00	Gebiet der kreisfreien Stadt Bochum und der Gemeinde Witten
– Detmold	Richthofenstraße 3 32756 Detmold	(0 52 31) 70 40 Fax: 70 42 70	Gebiet des Kreises Lippe
– Dortmund	Ruhrallee 3 44139 Dortmund	(02 31) 5 41 51 Fax: 5 41 55 19	Gebiet der kreisfreien Stadt Dortmund sowie des Kreises Unna
– Gelsenkirchen	Bochumer Straße 86 45886 Gelsenkirchen	(02 09) 17 87 00 Fax: 1 78 71 99	Gebiet der kreisfreien Städte Gelsenkirchen und Bottrop sowie der Gemeinde Gladbeck
– Hagen	Heinitzstraße 44 58097 Hagen	(0 23 31) 9 85–0 Fax: 98 54 53	Gebiet der kreisfreien Stadt Hagen sowie des Ennepe-Ruhr-Kreises ohne die Gemeinde Witten

Bezeichnung und Sitz des Gerichts	Anschrift	Telefon/Telefax	örtliche Zuständigkeit
– **Hamm**	Marker Allee 94 59071 Hamm	(0 23 81) 89 11 Fax: 89 12 76	Gebiet der kreisfreien Stadt Hamm und des Kreises Soest
– **Herford**	Münsterkirchplatz 1 32052 Herford	(0 52 21) 10 54–0 Fax: 10 54–54	Gebiet des Kreises Herford
– **Herne**	Schillerstraße 37–39 44623 Herne	(0 23 23) 9 53 20 Fax: 95 32 32	Gebiet der kreisfreien Stadt Herne sowie des Kreises Recklinghausen ohne die Gemeinde Gladbeck
– **Iserlohn**	Erich-Nörrenberg-Straße 7 58636 Iserlohn	(0 23 71) 82 55 55 Fax: 82 55 99	Gebiet des Märkischen Kreises
– **Minden**	Königswall 8 32423 Minden	(05 71) 8 88 60 Fax: 8 88 62 35	Gebiet des Kreises Minden-Lübbecke
– **Münster**	Von-Stauffenberg-Straße 16 48151 Münster	(02 51) 97 41 30 Fax: 9 74 13 49	Gebiet der kreisfreien Stadt Münster sowie des Kreises Warendorf
– **Paderborn**	Grevestraße 1 33102 Paderborn	(0 52 51) 3 40 41 Fax: 3 12 22	Gebiet der Kreise Höxter und Paderborn
– **Rheine**	Dotumer Straße 5 48431 Rheine	(0 59 71) 92 71–0 Fax: 92 71–50	Gebiet des Kreises Steinfurt
– **Siegen**	Unteres Schloß 10 57072 Siegen	(02 71) 58 51 Fax: 50 10 01	Gebiet der Kreise Olpe und Siegen
• **Landesarbeitsgericht**			
Köln	Blumenthalstraße 33 50670 Köln	(02 21) 7 74 00 Fax: 7 74 03 56	Bezirke der Arbeitsgerichte Aachen, Bonn, Köln, Siegburg
○ **Arbeitsgerichte**			
– **Aachen**	Aureliusstraße 30 52064 Aachen	(02 41) 47 09 20 Fax: 4 84 90	Gebiet der kreisfreien Stadt Aachen sowie der Kreise Aachen, Düren und Heinsberg

Bezeichnung und Sitz des Gerichts	Anschrift	Telefon/Telefax	örtliche Zuständigkeit
– **Bonn**	Kreuzbergweg 5 53115 Bonn	(02 28) 9 85 69–0 Fax: 69 23 81	Gebiet der kreisfreien Stadt Bonn, des Kreises Euskirchen sowie der Gemeinden Alfter, Bornheim, Meckenheim, Rheinbach, Swisttal und Wachtberg
– **Köln**	Pohlkstraße 9 50969 Köln	(02 21) 93 65 30 Fax: 93 65 38 04	Gebiet der kreisfreien Stadt Köln, des Erftkreises sowie des Rheinisch-Bergischen Kreises ohne die Gemeinden Burscheid, Leichlingen und Wermelskirchen
– **Siegburg**	Neue Poststraße 16 53721 Siegburg	(0 22 41) 30 50 Fax: 5 26 57	Gebiet des Oberbergischen Kreises ohne die Gemeinden Hückeswagen u. Radevormwald sowie des Rhein-Sieg-Kreises ohne die Gemeinden Alfter, Bornheim, Meckenheim, Rheinbach, Swisttal und Wachtberg
■ **Rheinland-Pfalz**			
• **Landesarbeitsgericht Rheinland-Pfalz**			
○ Mainz	Ernst-Ludwig-Straße 1 55116 Mainz	(0 61 31) 14 10 Fax: 1 41 95 06	Land Rheinland-Pfalz
Arbeitsgerichte			
– **Kaiserslautern**	Kanalstraße 25 67655 Kaiserslautern	(06 31) 36 22 50 Fax: 3 62 25 30	Städte Kaiserslautern, Pirmasens und Zweibrücken sowie die Landkreise Kaiserslautern, Kusel, Pirmasens und Donnersbergkreis

Bezeichnung und Sitz des Gerichts	Anschrift	Telefon/Telefax	örtliche Zuständigkeit
Auswärtige Kammer: Pirmasens	Bahnhofstraße 22 66953 Pirmasens	(0 63 31) 87 11 Fax: 87 13 86	Stadt- u. Landkreis Pirmasens, Stadt- u. Landkreis Zweibrücken mit Verbandsgemeindeverwaltung Wallhalben
– Koblenz	Gerichtsstraße 5 56068 Koblenz	(02 61) 91 30-0 Fax: 91 30 65	Stadt Koblenz u. die Landkreise Cochem-Zell, Mayen-Koblenz, Rhein-Hunsrück-Kreis mit Ausnahme der Verbandsgemeinden Kastellaun, Kirchberg (Hunsrück), Rheinböllen und Simmern, Rhein-Lahn-Kreis, Westerwaldkreis mit Ausnahme der Verbandsgemeinden Bad Marienberg (Westerwald), Hachenburg, Rennerod und Westerburg
Auswärtige Kammer: Neuwied	Bahnhofstraße 15 56564 Neuwied	(0 26 31) 9 05-0 Fax: 9 05-2 60	Landkreise Ahrweiler, Altenkirchen (Westerwald), Neuwied und die Verbandsgemeinden Bad Marienberg (Westerwald), Hachenburg, Rennerod und Westerburg
– Ludwigshafen	Wredestraße 6 67059 Ludwigshafen	(06 21) 59 60 50 Fax: 5 96 05 30	Städte Frankenthal (Pfalz), Ludwigshafen i. d. Pfalz, Landau i. d. Pfalz, Neustadt a. d. Weinstraße und Speyer sowie die Landkreise Bad Dürkheim, Germersheim, Landau-Bad Bergzabern, Ludwigshafen u. Südl. Weinstraße

Gerichte für Arbeitssachen

Bezeichnung und Sitz des Gerichts	Anschrift	Telefon/Telefax	örtliche Zuständigkeit
Auswärtige Kammer:			
Landau	Reiterstraße 16 76829 Landau/Pfalz	(0 63 41) 2 63 43 Fax: 2 63 45	Landkreis Germersheim, Stadt Landau
– Mainz	Ernst-Ludwig-Straße 4 55116 Mainz	(0 61 31) 16 0 Fax: 16 58 55	Städte Mainz und Worms, die Landkreise Alzey-Worms, Bad Kreuznach, Birkenfeld und Mainz-Bingen sowie die Verbandsgemeinden Kastellaun, Kirchberg (Hunsrück), Rheinböllen und Simmern aus dem Rhein-Hunsrück-Kreis
Auswärtige Kammer:			
Bad-Kreuznach	Wilhelmstraße 7–11 55543 Bad Kreuznach	(06 71) 2 59–0 Fax: 2 59–2 26	Landkreise Kreuznach, Birkenfeld, Simmern
– Trier	Dietrichstraße 13 54290 Trier	(06 51) 4 66–00 Fax: 4 66–8 19	Stadt Trier und die Landkreise Bernkastel-Wittlich, Bitburg-Prüm, Daun und Trier-Saarburg
■ **Saarland**			
● **Landesarbeitsgericht Saarland**			
Saarbrücken	Obere Lauerfahrt 10 66121 Saarbrücken	(06 81) 5 01–36 03 od. 04 Fax: 5 01–36 07	Land Saarland
○ **Arbeitsgerichte**			
– Saarbrücken	Obere Lauerfahrt 10 66121 Saarbrücken	(06 81) 5 01–36 14 Fax: 5 01–36 07	Stadtverband Saarbrücken
– Neunkirchen	Lindenallee 13 66538 Neunkirchen	(0 68 21) 9 13–1 86 Fax: 9 13–1 82	Saar-Pfalz-Kreis sowie die Landkreise Neunkirchen und St. Wendel
– Saarlouis	Handwerkerstraße 2 66740 Saarlouis	(0 68 31) 94 98 20 Fax: 9 49 82 30	Landkreise Saarlouis und Merzig-Wadern

Gerichte für Arbeitssachen

Bezeichnung und Sitz des Gerichts	Anschrift	Telefon/Telefax	örtliche Zuständigkeit
Sachsen			
• **Landesarbeitsgericht Sachsen**			
Chemnitz	Zwickauer Straße 54 09112 Chemnitz	(03 71) 91 12–0 Fax: 91 12–2 22	Freistaat Sachsen
○ **Arbeitsgerichte**			
– Bautzen	Lessingstraße 7 02625 Bautzen	(0 35 91) 3 61–0 Fax: 3 61–3 33	Landkreise Bautzen, Bischofswerda, Hoyerswerda, Kamenz, Löbau, Görlitz, Niesky, Weißwasser, Zittau, kreisfreie Stadt Görlitz
Auswärtige Kammer:			
Görlitz	Fichtestraße 2 02826 Görlitz	(0 35 81) 4 63–6 00 Fax: 46 35 83	Landkreise Görlitz, Niesky, Weißwasser, Zittau, kreisfreie Stadt Görlitz
– Chemnitz	Zwickauer Straße 54 09112 Chemnitz	(03 71) 9 11 20 Fax: 9 11 21 57	Landkreise Annaberg, Brand-Erbisdorf, Chemnitz-Land, Flöha, Freiberg, Hainichen, Hohenstein-Ernstthal, Marienberg, Rochlitz, Stollberg, Zschopau, kreisfreie Stadt Chemnitz
– Dresden	Löbtauer Straße 4 01067 Dresden	(03 51) 4 46 50 Fax: 4 46 52 02	Landkreise Dippoldiswalde, Dresden, Freital, Großenhain, Meißen, Pirna, Riesa, Sebnitz, kreisfreie Stadt Dresden
– Leipzig	Erich-Weinert-Straße 18 04105 Leipzig	(03 41) 5 95 60 Fax: 5 95 68 49	Landkreise Borna, Delitzsch, Döbeln, Eilenburg, Geithain, Grimma, Leipzig, Oschatz, Torgau, Wurzen, kreisfreie Stadt Leipzig

Gerichte für Arbeitssachen N. Anh. I

Bezeichnung und Sitz des Gerichts	Anschrift	Telefon/Telefax	örtliche Zuständigkeit
– Zwickau	Äußere Dresdner Straße 15 08066 Zwickau	(03 75) 4 21–0 Fax: 4 21–2 22	Landkreise Aue, Auerwald, Glauchau, Klingenthal, Oelsnitz, Plauen, Reichenbach, Schwarzenberg, Werdau, Zwickau, kreisfreie Städte Plauen und Zwickau
Sachsen-Anhalt			
• **Landesarbeitsgericht Sachsen-Anhalt**			
Halle	Thüringer Straße 16 06112 Halle	(03 45) 2 20–0 Fax: 2 20–22 39	Land Sachsen-Anhalt
○ **Arbeitsgerichte**			
– Dessau	Mariannenstraße 1 06844 Dessau	(03 40) 20 20 Fax: 2 02–16 00	Landkreise Bernburg, Bitterfeld, Dessau, Gräfenhainichen, Jessen, Köthen, Roßlau, Wittenberg, Zerbst
– Halberstadt	Richard-Wagner-Straße 53 38820 Halberstadt	(0 39 41) 6 70–4 00 Fax: 6 70–4 01	Landkreise Aschersleben, Halberstadt, Oschersleben, Quedlinburg, Wernigerode
– Halle	Thüringer Straße 16 06112 Halle-Neustadt	(03 45) 2 20–0 Fax: 2 20–20 45	Landkreise Eisleben, Hettstedt, Saalkreis, Sangershausen, kreisfreie Stadt Halle
– Magdeburg	Liebknechtstraße 65–91 39110 Magdeburg	(03 91) 60 60 Fax: 6 06 50 24	Landkreis Burg, Haldensleben, Schönebeck, Staßfurt, Wanzleben, Wolmirstedt, kreisfreie Stadt Magdeburg
– Naumburg	Nordstraße 15 06618 Naumburg	(0 34 45) 28 16 17 Fax: 28 16 18	Landkreise Hohenmölsen, Merseburg, Naumburg, Nebra, Querfurt, Weißenfels, Zeitz

2701

Bezeichnung und Sitz des Gerichts	Anschrift	Telefon/Telefax	örtliche Zuständigkeit
– Stendal	Industriestraße 24 b 39576 Stendal	(0 39 31) 69 40 Fax: 69 41 00	Landkreise Gardelegen, Genthin, Havelberg, Klötze, Osterburg, Salzwedel, Stendal
■ **Schleswig-Holstein**			
● **Landesarbeitsgericht Schleswig-Holstein**			
Kiel	Deliusstraße 22 24114 Kiel	(04 31) 60 40 Fax: 6 04 41 00	Land Schleswig-Holstein
○ **Arbeitsgerichte**			
– Elmshorn	Moltkestraße 28 25335 Elsmhorn	(0 41 21) 48 66–0 Fax: 8 47 28	Kreise Steinburg, Pinneberg und Dithmarschen
– Flensburg	Südergraben 55 24937 Flensburg	(04 61) 8 93 82 Fax: 8 93 86	Stadt Flensburg, Kreis Schleswig-Flensburg und Nordfriesland
– Kiel	Deliusstraße 22 24114 Kiel	(04 31) 60 40 Fax: 6 04 41 00	Stadt Kiel, Kreise Plön und Rendsburg-Eckernförde
– Lübeck	Neustraße 2 a 23568 Lübeck	(04 51) 38 97 80 Fax: 3 22 29	Stadt Lübeck, Kreise Stormarn, Herzogtum Lauenburg und Ostholstein
– Neumünster	Gartenstraße 24 24534 Neumünster	(0 43 21) 40 97–0 Fax: 4 83 10	Stadt Neumünster, Kreis Segeberg

Gerichte für Arbeitssachen — N. Anh. I

Bezeichnung und Sitz des Gerichts	Anschrift	Telefon/Telefax	örtliche Zuständigkeit
■ **Thüringen**			
• **Landesarbeitsgericht Thüringen**			
Erfurt	Walkmühlstraße 1 a 99084 Erfurt	(03 61) 3 77 53 00 Fax: 3 77 52 08	Land Thüringen
● **Arbeitsgerichte**			
○ Eisenach	Am Theaterplatz 5 99817 Eisenach	(0 36 91) 2 47–0 Fax: 2 47–2 00	Kreise Bad Salzungen und Eisenach
Auswärtige Kammer:			
– Mühlhausen	Bastmarkt 9 99974 Mühlhausen	(0 36 01) 83 35–0 Fax: 83 35–3	Kreise Heiligenstadt, Mühlhausen und Worbis
– Erfurt	Walkmühlstraße 1 a 99084 Erfurt	(03 61) 3 77 53 00 Fax: 3 77 52 08	Landkreise Apolda, Erfurter-Land, Sömmerda, Weimar, Städte Erfurt und Weimar
– Gera	Amthorstraße 11 07545 Gera	(03 65) 83 37–2 00 Fax: 83 37–2 65	Landkreise Altenburg, Eisenberg, Gera-Land, Greiz, Lobenstein, Schleitz, Schmölln, Zeulenroda, Stadt Gera
– Gotha	Schlichtenstraße 12 99867 Gotha	(0 36 21) 2 10 10 Fax: 2 10 11 00	Landkreise Arnstadt, Bad Langensalza, Gotha
– Jena	August-Bebel-Straße 3 07743 Jena	(0 36 41) 4 08–0 Fax: 4 08–1 00	Stadt Jena, Kreise Jena-Land, Pößneck, Rudolfstadt, Saalfeld, Stadtroda
– Nordhausen	Am Alten Tor 8 99734 Nordhausen	(0 36 31) 61 22–0 Fax: 61 22 99	Landkreise Artern, Nordhausen, Sondershausen
– Suhl	Rimbachstraße 30 98527 Suhl Postfach 1 10 98501 Suhl	(0 36 81) 3 75–0 Fax: 3 75–3 28	Landkreise Hildburghausen, Ilmenau, Meiningen, Suhl, Schmalkalden

Anhang II

Vergleichstabelle zum Vertragstext EUV
Durch den Vertrag von Nizza geänderte bzw. eingefügte Artikel sind kursiv gedruckt

Alte Nummerierung (Maastricht)	Neue Nummerierung (Amsterdam und Nizza)	Alte Nummerierung (Maastricht)	Neue Nummerierung (Amsterdam und Nizza)
Titel I	Titel I		*Artikel 27 e****
Artikel A	Artikel 1	Artikel J.18	Artikel 28
Artikel B	Artikel 2	Titel VI**	Titel VI
Artikel C	Artikel 3	Artikel K.1	*Artikel 29*
Artikel D	Artikel 4	Artikel K.2	Artikel 30
Artikel E	Artikel 5	Artikel K.3	*Artikel 31*
Artikel F	Artikel 6	Artikel K.4	Artikel 32
Artikel F.1*	*Artikel 7*	Artikel K.5	Artikel 33
Titel II	Titel II	Artikel K.6	Artikel 34
Artikel G	Artikel 8	Artikel K.7	Artikel 35
Titel III	Titel III	Artikel K.8	Artikel 36
Artikel H	Artikel 9	Artikel K.9	Artikel 37
Titel IV	Titel IV	Artikel K.10	Artikel 38
Artikel I	Artikel 10	Artikel K.11	Artikel 39
Titel V**	Titel V	Artikel K.12	*Artikel 40*
Artikel J.1	Artikel 11		*Artikel 40 a****
Artikel J.2	Artikel 12		*Artikel 40 b****
Artikel J.3	Artikel 13	Artikel K.13	Artikel 41
Artikel J.4	Artikel 14	Artikel K.14	Artikel 42
Artikel J.5	Artikel 15	Titel VI a**	Titel VII
Artikel J.6	Artikel 16	Artikel K.15*	*Artikel 43*
Artikel J.7	*Artikel 17*		*Artikel 43 a****
Artikel J.8	Artikel 18		*Artikel 43 b****
Artikel J.9	Artikel 19	Artikel K.16*	*Artikel 44*
Artikel J.10	Artikel 20		*Artikel 44 a****
Artikel J.11	Artikel 21	Artikel K.17*	*Artikel 45*
Artikel J.12	Artikel 22	Titel VII	Titel VIII
Artikel J.13	*Artikel 23*	Artikel L	*Artikel 46*
Artikel J.14	Artikel 24	Artikel M	Artikel 47
Artikel J.15	*Artikel 25*	Artikel N	Artikel 48
Artikel J.16	Artikel 26	Artikel O	Artikel 49
Artikel J.17	Artikel 27	Artikel P	Artikel 50
	Artikel 27 a***	Artikel Q	Artikel 51
	Artikel 27 b***	Artikel R	Artikel 52
	Artikel 27 c***	Artikel S	Artikel 53
	Artikel 27 d***		

* Neuer Artikel, eingefügt durch den Vertrag von Amsterdam (1997).
** Neuer Titel, eingefügt durch den Vertrag von Amsterdam.
*** Neuer Artikel, eingefügt durch den Vertrag von Nizza.

Vergleichstabelle zum Vertragstext EGV
Durch den Vertrag von Nizza geänderte bzw. eingefügte Artikel sind kursiv gedruckt

Alte Nummerierung (Maastricht)	Neue Nummerierung (Amsterdam und Nizza)	Alte Nummerierung (Maastricht)	Neue Nummerierung (Amsterdam und Nizza)
Erster Teil	Erster Teil	Artikel 13 (aufgehoben)	–
Erster Teil	Erster Teil	Artikel 14 (aufgehoben)	–
Artikel 1	Artikel 1	Artikel 15 (aufgehoben)	–
Artikel 2	Artikel 2	Artikel 16 (aufgehoben)	–
Artikel 3	Artikel 3	Artikel 17 (aufgehoben)	–
Artikel 3 a	Artikel 4		
Artikel 3 b	Artikel 5		
Artikel 3 c*	Artikel 6		
Artikel 4	Artikel 7		
Artikel 4 a	Artikel 8	Abschnitt 2 (gestrichen)	–
Artikel 4 b	Artikel 9	Artikel 18 (aufgehoben)	–
Artikel 5	Artikel 10		
Artikel 5 a*	*Artikel 11*		
	*Artikel 11 a***	Artikel 19 (aufgehoben)	–
Artikel 6	Artikel 12	Artikel 20 (aufgehoben)	–
Artikel 6 a*	*Artikel 13*		
Artikel 7 (aufgehoben)	–	Artikel 21 (aufgehoben)	–
Artikel 7 a	Artikel 14	Artikel 22 (aufgehoben)	–
Artikel 7 b (aufgehoben)	–	Artikel 23 (aufgehoben)	–
Artikel 7 c	Artikel 15		
Artikel 7 d*	Artikel 16	Artikel 24 (aufgehoben)	–
Zweiter Teil	Zweiter Teil		
Artikel 8	Artikel 17	Artikel 25 (aufgehoben)	–
Artikel 8 a	*Artikel 18*	Artikel 26 (aufgehoben)	–
Artikel 8 b	Artikel 19		
Artikel 8 c	Artikel 20	Artikel 27 (aufgehoben)	–
Artikel 8 d	Artikel 21		
Artikel 8 e	Artikel 22		
Dritter Teil	Dritter Teil	Artikel 28	Artikel 26
Titel I	Titel I	Artikel 29	Artikel 27
Artikel 9	Artikel 23	Kapitel 2	Kapitel 2
Artikel 10	Artikel 24	Artikel 30	Artikel 28
Artikel 11 (aufgehoben)	–	Artikel 31 (aufgehoben)	–
Kapitel 1	Kapitel 1	Artikel 32 (aufgehoben)	–
Abschnitt 1 (gestrichen)	–		
Artikel 12	Artikel 25		

* Neuer Artikel, eingefügt durch den Vertrag von Amsterdam (1997).
** Neuer Artikel, eingefügt durch den Vertrag von Nizza.

Vergleichstabelle zum Vertragstext EGV N. Anhang II

Alte Nummerierung (Maastricht)	Neue Nummerierung (Amsterdam und Nizza)	Alte Nummerierung (Maastricht)	Neue Nummerierung (Amsterdam und Nizza)
Artikel 33 (aufgehoben)	–	Artikel 63	Artikel 52
Artikel 34	Artikel 29	Artikel 64	Artikel 53
Artikel 35 (aufgehoben)	–	Artikel 65	Artikel 54
Artikel 36	Artikel 30	Artikel 66	Artikel 55
Artikel 37	Artikel 31	Kapitel 4	Kapitel 4
Titel II	Titel II	Artikel 67 (aufgehoben)	–
Artikel 38	Artikel 32	Artikel 68 (aufgehoben)	–
Artikel 39	Artikel 33	Artikel 69 (aufgehoben)	–
Artikel 40	Artikel 34	Artikel 70 (aufgehoben)	–
Artikel 41	Artikel 35	Artikel 71 (aufgehoben)	–
Artikel 42	Artikel 36	Artikel 72 (aufgehoben)	–
Artikel 43	Artikel 37	Artikel 73 (aufgehoben)	–
Artikel 44 (aufgehoben)	–	Artikel 73 a (aufgehoben)	–
Artikel 45 (aufgehoben)	–	Artikel 73 b	Artikel 56
Artikel 46	Artikel 38	Artikel 73 c	Artikel 57
Artikel 47 (aufgehoben)	–	Artikel 73 d	Artikel 58
Titel III	Titel III	Artikel 73 e (aufgehoben)	–
Kapitel 1	Kapitel 1	Artikel 73 f	Artikel 59
Artikel 48	Artikel 39	Artikel 73 g	Artikel 60
Artikel 49	Artikel 40	Artikel 73 h (aufgehoben)	–
Artikel 50	Artikel 41	Titel IIIa**	Titel IV
Artikel 51	Artikel 42	Artikel 73 i*	Artikel 61
Kapitel 2	Kapitel 2	Artikel 73 j*	Artikel 62
Artikel 52	Artikel 43	Artikel 73 k*	Artikel 63
Artikel 53 (aufgehoben)	–	Artikel 73 l*	Artikel 64
Artikel 54	Artikel 44	Artikel 73 m*	Artikel 65
Artikel 55	Artikel 45	Artikel 73 n*	Artikel 66
Artikel 56	Artikel 46	Artikel 73 o*	Artikel 67
Artikel 57	Artikel 47	Artikel 73 p*	Artikel 68
Artikel 58	Artikel 48	Artikel 73 q*	Artikel 69
Kapitel 3	Kapitel 3	Titel IV	Titel V
Artikel 59	Artikel 49	Artikel 74	Artikel 70
Artikel 60	Artikel 50		
Artikel 61	Artikel 51		
Artikel 62 (aufgehoben)	–		

* Neuer Artikel, eingefügt durch den Vertrag von Amsterdam (1997).
** Neuer Artikel, eingefügt durch den Vertrag von Nizza.

N. Anhang II — Vergleichstabelle zum Vertragstext EGV

Alte Nummerierung (Maastricht)	Neue Nummerierung (Amsterdam und Nizza)	Alte Nummerierung (Maastricht)	Neue Nummerierung (Amsterdam und Nizza)
Artikel 75	Artikel 71	gehoben)	
Artikel 76	Artikel 72	Artikel 101	Artikel 96
Artikel 77	Artikel 73	Artikel 102	Artikel 97
Artikel 78	Artikel 74	Teil VI	Teil VII
Artikel 79	Artikel 75	Kapitel 1	Kapitel 1
Artikel 80	Artikel 76	Artikel 102 a	Artikel 98
Artikel 81	Artikel 77	Artikel 103	Artikel 99
Artikel 82	Artikel 78	Artikel 103 a	*Artikel 100*
Artikel 83	Artikel 79	Artikel 104	Artikel 101
Artikel 84	Artikel 80	Artikel 104 a	Artikel 102
Titel V	Titel VI	Artikel 104 b	Artikel 103
Kapitel 1	Kapitel 1	Artikel 104 c	Artikel 104
Abschnitt 1	Abschnitt 1	Kapitel 2	Kapitel 2
Artikel 85	Artikel 81	Artikel 105	Artikel 105
Artikel 86	Artikel 82	Artikel 105 a	Artikel 106
Artikel 87	Artikel 83	Artikel 106	Artikel 107
Artikel 88	Artikel 84	Artikel 107	Artikel 108
Artikel 89	Artikel 85	Artikel 108	Artikel 109
Artikel 90	Artikel 86	Artikel 108 a	Artikel 110
Abschnitt 2 (gestrichen)	–	Artikel 109	*Artikel 111*
Artikel 91 (aufgehoben)	–	Kapitel 3	Kapitel 3
		Artikel 109 a	Artikel 112
		Artikel 109 b	Artikel 113
Abschnitt 3	Abschnitt 2	Artikel 109 c	Artikel 114
Artikel 92	Artikel 87	Artikel 109 d	Artikel 115
Artikel 93	Artikel 88	Kapitel 4	Kapitel 4
Artikel 94	Artikel 89	Artikel 109 e	Artikel 116
Kapitel 2	Kapitel 2	Artikel 109 f	Artikel 117
Artikel 95	Artikel 90	Artikel 109 g	Artikel 118
Artikel 96	Artikel 91	Artikel 109 h	Artikel 119
Artikel 97 (aufgehoben)	–	Artikel 109 i	Artikel 120
		Artikel 109 j	Artikel 121
Artikel 98	Artikel 92	Artikel 109 k	Artikel 122
Artikel 99	Artikel 93	Artikel 109 l	*Artikel 123*
Kapitel 3	Kapitel 3	Artikel 109 m	Artikel 124
Artikel 100	Artikel 94	Titel VIa**	Titel VIII
Artikel 100 a	Artikel 95	Artikel 109 n*	Artikel 125
Artikel 100 b (aufgehoben)	–	Artikel 109 o*	Artikel 126
		Artikel 109 p*	Artikel 127
Artikel 100 c (aufgehoben)	–	Artikel 109 q*	Artikel 128
		Artikel 109 r*	Artikel 129
Artikel 100 d (auf-	–	Artikel 109 s*	Artikel 130

* Neuer Artikel, eingefügt durch den Vertrag von Amsterdam (1997).
** Neuer Artikel, eingefügt durch den Vertrag von Nizza.

Vergleichstabelle zum Vertragstext EGV

Alte Nummerierung (Maastricht)	Neue Nummerierung (Amsterdam und Nizza)	Alte Nummerierung (Maastricht)	Neue Nummerierung (Amsterdam und Nizza)
Titel VII	Titel IX	Titel XIII	Titel XVI
Artikel 110	Artikel 131	Artikel 130	*Artikel 157*
Artikel 111 (aufgehoben)	–	Titel XIV	Titel XVII
		Artikel 130 a	Artikel 158
Artikel 112	Artikel 132	Artikel 130 b	*Artikel 159*
Artikel 113	*Artikel 133*	Artikel 130 c	Artikel 160
Artikel 114 (aufgehoben)	–	Artikel 130 d	*Artikel 161*
		Artikel 130 e	Artikel 162
Artikel 115	Artikel 134	Titel XV	Titel XVIII
Titel VIIa**	Titel X	Artikel 130 f	Artikel 163
Artikel 116*	Artikel 135	Artikel 130 g	Artikel 164
Titel VIII	Titel XI	Artikel 130 h	Artikel 165
Kapitel 1****	Kapitel 1	Artikel 130 i	Artikel 166
Artikel 117	Artikel 136	Artikel 130 j	Artikel 167
Artikel 118	*Artikel 137*	Artikel 130 k	Artikel 168
Artikel 118 a	Artikel 138	Artikel 130 l	Artikel 169
Artikel 118 b	*Artikel 139*	Artikel 130 m	Artikel 170
Artikel 118 c	Artikel 140	Artikel 130 n	Artikel 171
Artikel 119	Artikel 141	Artikel 130 o	Artikel 172
Artikel 119 a	Artikel 142	Artikel 130 p	Artikel 173
Artikel 120	Artikel 143	Artikel 130 q (aufgehoben)	–
Artikel 121	*Artikel 144*		
Artikel 122	Artikel 145	Titel XVI	Titel XIX
Kapitel 2	Kapitel 2	Artikel 130 r	Artikel 174
Artikel 123	Artikel 146	Artikel 130 s	*Artikel 175*
Artikel 124	Artikel 147	Artikel 130 t	Artikel 176
Artikel 125	Artikel 148	Titel XVII	Titel XX
Kapitel 3	Kapitel 3	Artikel 130 u	Artikel 177
Artikel 126	Artikel 149	Artikel 130 v	Artikel 178
Artikel 127	Artikel 150	Artikel 130 w	Artikel 179
Titel IX	Titel XII	Artikel 130 x	Artikel 180
Artikel 128	Artikel 151	Artikel 130 y	Artikel 181
Titel X	Titel XIII		*Titel XXI*
Artikel 129	Artikel 152		*Artikel 181 a****
Titel XI	Titel XIV	Vierter Teil	Vierter Teil
Artikel 129 a	Artikel 153	Artikel 131	Artikel 182
Titel XII	Titel XV	Artikel 132	Artikel 183
Artikel 129 b	Artikel 154	Artikel 133	Artikel 184
Artikel 129 c	Artikel 155	Artikel 134	Artikel 185
Artikel 129 d	Artikel 156	Artikel 135	Artikel 186

* Neuer Artikel, eingefügt durch den Vertrag von Amsterdam (1997).
** Neuer Titel, eingefügt durch den Vertrag von Amsterdam.
*** Neuer Artikel, eingefügt durch den Vertrag von Nizza.
**** Kapitel 1, umstrukturiert durch den Vertrag von Amsterdam.

Alte Nummerierung (Maastricht)	Neue Nummerierung (Amsterdam und Nizza)	Alte Nummerierung (Maastricht)	Neue Nummerierung (Amsterdam und Nizza)
Artikel 136	Artikel 187	Artikel 164	*Artikel 220*
Artikel 136 a	Artikel 188	Artikel 165	*Artikel 221*
Fünfter Teil	Fünfter Teil	Artikel 166	*Artikel 222*
Titel I	Titel I	Artikel 167	*Artikel 223*
Kapitel 1	Kapitel 1	Artikel 168	*Artikel 224*
Abschnitt 1	Abschnitt 1	Artikel 168 a	*Artikel 225*
Artikel 137	*Artikel 189*		*Artikel 225 a****
Artikel 138	*Artikel 190*	Artikel 169	Artikel 226
Artikel 138 a	*Artikel 191*	Artikel 170	Artikel 227
Artikel 138 b	Artikel 192	Artikel 171	Artikel 228
Artikel 138 c	Artikel 193	Artikel 172	Artikel 229
Artikel 138 d	Artikel 194		*Artikel 229 a****
Artikel 138 e	Artikel 195	Artikel 173	*Artikel 230*
Artikel 139	Artikel 196	Artikel 174	Artikel 231
Artikel 140	Artikel 197	Artikel 175	Artikel 232
Artikel 141	Artikel 198	Artikel 176	Artikel 233
Artikel 142	Artikel 199	Artikel 177	Artikel 234
Artikel 143	Artikel 200	Artikel 178	Artikel 235
Artikel 144	Artikel 201	Artikel 179	Artikel 236
Abschnitt 2	Abschnitt 2	Artikel 180	Artikel 237
Artikel 145	Artikel 202	Artikel 181	Artikel 238
Artikel 146	Artikel 203	Artikel 182	Artikel 239
Artikel 147	Artikel 204	Artikel 183	Artikel 240
Artikel 148	Artikel 205	Artikel 184	Artikel 241
Artikel 149 (aufgehoben)	–	Artikel 185	Artikel 242
		Artikel 186	Artikel 243
Artikel 150	Artikel 206	Artikel 187	Artikel 244
Artikel 151	*Artikel 207*	Artikel 188	*Artikel 245*
Artikel 152	Artikel 208	Abschnitt 5	Abschnitt 5
Artikel 153	Artikel 209	Artikel 188 a	Artikel 246
Artikel 154	*Artikel 210*	Artikel 188 b	*Artikel 247*
Abschnitt 3	Abschnitt 3	Artikel 188 c	*Artikel 248*
Artikel 155	Artikel 211	Kapitel 2	Kapitel 2
Artikel 156	Artikel 212	Artikel 189	Artikel 249
Artikel 157	Artikel 213	Artikel 189 a	Artikel 250
Artikel 158	*Artikel 214*	Artikel 189 b	Artikel 251
Artikel 159	*Artikel 215*	Artikel 189 c	Artikel 252
Artikel 160	Artikel 216	Artikel 190	Artikel 253
Artikel 161	*Artikel 217*	Artikel 191	*Artikel 254*
Artikel 162	Artikel 218	Artikel 191 a*	Artikel 255
Artikel 163	*Artikel 219*	Artikel 192	Artikel 256
Abschnitt 4	Abschnitt 4	Kapitel 3	Kapitel 3

* Neuer Artikel, eingefügt durch den Vertrag von Amsterdam (1997).
*** Neuer Artikel, eingefügt durch den Vertrag von Nizza.

Vergleichstabelle zum Vertragstext EGV

Alte Nummerierung (Maastricht)	Neue Nummerierung (Amsterdam und Nizza)	Alte Nummerierung (Maastricht)	Neue Nummerierung (Amsterdam und Nizza)
Artikel 193	*Artikel 257*	Artikel 220	Artikel 293
Artikel 194	*Artikel 258*	Artikel 221	Artikel 294
Artikel 195	*Artikel 259*	Artikel 222	Artikel 295
Artikel 196	Artikel 260	Artikel 223	Artikel 296
Artikel 197	Artikel 261	Artikel 224	Artikel 297
Artikel 198	Artikel 262	Artikel 225	Artikel 298
Kapitel 4	Kapitel 4	Artikel 226 (aufgehoben)	–
Artikel 198 a	*Artikel 263*		
Artikel 198 b	Artikel 264	Artikel 227	Artikel 299
Artikel 198 c	Artikel 265	Artikel 228	*Artikel 300*
Kapitel 5	Kapitel 5	Artikel 228 a	Artikel 301
Artikel 198 d	*Artikel 266*	Artikel 229	Artikel 302
Artikel 198 e	Artikel 267	Artikel 230	Artikel 303
Titel II	Titel II	Artikel 231	Artikel 304
Artikel 199	Artikel 268	Artikel 232	Artikel 305
Artikel 200 (aufgehoben)	–	Artikel 233	Artikel 306
		Artikel 234	Artikel 307
Artikel 201	Artikel 269	Artikel 235	Artikel 308
Artikel 201 a	Artikel 270	Artikel 236*	*Artikel 309*
Artikel 202	Artikel 271	Artikel 237 (aufgehoben)	–
Artikel 203	Artikel 272		
Artikel 204	Artikel 273	Artikel 238	Artikel 310
Artikel 205	Artikel 274	Artikel 239	Artikel 311
Artikel 205 a	Artikel 275	Artikel 240	Artikel 312
Artikel 206	Artikel 276	Artikel 241 (aufgehoben)	–
Artikel 206 a (aufgehoben)	–	Artikel 242 (aufgehoben)	–
Artikel 207	Artikel 277	Artikel 243 (aufgehoben)	–
Artikel 208	Artikel 278		
Artikel 209	*Artikel 279*	Artikel 244 (aufgehoben)	–
Artikel 209 a	Artikel 280	Artikel 245 (aufgehoben)	–
Sechster Teil	Sechster Teil		
Artikel 210	Artikel 281	Artikel 246 (aufgehoben)	–
Artikel 211	Artikel 282		
Artikel 212*	Artikel 283	Schlussbestimmungen	Schlussbestimmungen
Artikel 213	Artikel 284		
Artikel 213 a*	Artikel 285	Artikel 247	Artikel 313
Artikel 213 b*	Artikel 286	Artikel 248	Artikel 314
Artikel 214	Artikel 287		
Artikel 215	Artikel 288		
Artikel 216	Artikel 289		
Artikel 217	*Artikel 290*		
Artikel 218*	Artikel 291		
Artikel 219	Artikel 292		

Anhang III

Verzeichnis der für allgemeinverbindlich erklärten Tarifverträge

Stand: 1. April 2002

Inhaltsübersicht

	Seite
I. Vorbemerkungen	2
Mit Hinweisen u. a. zu	
• Mindestlohn-Tarifverträgen	3
• Bezugsmöglichkeit allgemeinverbindlicher Tarifverträge	3
• Weitere Hinweise	4
II. Statistische Übersicht	4
III. Gültige und für allgemeinverbindlich erklärte Tarifverträge nach Wirtschaftsgruppen (Es sind nur die Gruppen mit allgemeinverbindlichen Tarifverträgen aufgeführt)	5
Land- und Forstwirtschaft	5
Steine und Erden, Keramik	6
Metall- und Elektrohandwerke	7
Holz	8
Leder und Schuhe	8
Textil	9
Bekleidung	10
Nahrung und Genuss	11
Baugewerbe	12
Handel	15
Straßenverkehr	16
Gaststätten und Beherbergung	16
Reinigung und Körperpflege	17
Wissenschaft und Publizistik	20
Sonstige private Dienstleistungen (Wach- und Sicherheitsgewerbe)	20
IV. Tarifverträge, deren Allgemeinverbindlichkeit seit der Veröffentlichung des vorherigen Verzeichnisses (Stand: 1. Januar 2002) endete	21
V. Hinweise zur Nachwirkung der außer Kraft getretenen Tarifverträge	22

Dieses Verzeichnis ist auch in das Internet eingestellt und bei www.bma.de in der Rubrik »Arbeit« unter »Arbeitsrecht« zu finden.
Für die Abgabe dieses Verzeichnisses werden keine Gebühren erhoben.
Bundesministerium für Arbeit und Sozialordnung, Referat IIIa3, Postfach 14 02 80, 53107 Bonn

I. Vorbemerkungen

Das Bundesministerium für Arbeit und Sozialordnung kann nach § 5 Tarifvertragsgesetz einen Tarifvertrag im Einvernehmen mit einem aus je drei Vertretern der Spitzenorganisationen der Arbeitgeber und der Arbeitnehmer bestehenden Ausschuss auf Antrag einer Tarifvertragspartei unter bestimmten Voraussetzungen für allgemeinverbindlich (av) erklären.
Die Entscheidung über die Allgemeinverbindlicherklärung (AVE) erfolgt durch das Bundesarbeitsministerium oder das beauftragte Landesministerium. Der Antrag auf AVE kann abgelehnt werden, gleichgültig, wie der Tarifausschuss entscheidet. Die AVE darf aber nicht ohne einen zustimmenden Beschluss des Tarifausschusses erklärt werden. Zusammen mit der Entscheidung über die AVE wird der Zeitpunkt des Beginns der AVE bestimmt.
Mit der Allgemeinverbindlicherklärung erfassen die Rechtsnormen des Tarifvertrages in seinem Geltungsbereich auch die bisher nicht tarifgebundenen Arbeitgeber und Arbeitnehmer. Das bedeutet, der Tarifvertrag ist auch für Arbeitgeber und Arbeitnehmer verbindlich, die nicht bereits als Mitglieder der den Tarifvertrag abschließenden Verbände bzw. Gewerkschaften tarifgebunden sind.
Das Recht zur Allgemeinverbindlicherklärung kann vom Bundesministerium für Arbeit und Sozialordnung auf die oberste Arbeitsbehörde eines Landes übertragen werden.
Die Allgemeinverbindlicherklärung gilt stets nur für den bestimmten Tarifvertrag, für den sie ausgesprochen wird, nicht etwa für alle bestehenden Tarifverträge eines Tarifbereichs. In vielen Tarifbereichen sind – sofern überhaupt Allgemeinverbindlicherklärungen bestehen – nicht alle, sondern teilweise nur einzelne der gültigen Tarifverträge allgemeinverbindlich.
Die Allgemeinverbindlichkeit endet mit dem Ablauf (Kündigung oder Außerkrafttreten) des Tarifvertrages. Soll der Nachfolge-Tarifvertrag ebenfalls für allgemeinverbindlich erklärt werden, so sind dafür ein neuer Antrag und ein neues Verfahren erforderlich. Der Antrag, die Allgemeinverbindlicherklärung und die Beendigung der Allgemeinverbindlichkeit werden im Bundesanzeiger bekannt gemacht.
Von den rund 57.600 als gültig in das Tarifregister eingetragenen Tarifverträgen sind zur Zeit 516 allgemeinverbindlich (264 Ursprungs- und 252 Änderungs- bzw. Ergänzungstarifverträge), darunter 179, die (auch) in den neuen Bundesländern gelten. Der Bestand an allgemeinverbindlichen Tarifverträgen unterliegt durch neue Allgemeinverbindlicherklärungen bzw. durch das Außerkrafttreten allgemeinverbindlicher Tarifverträge ständigen Veränderungen.
In dem von Seite 7 bis 29 folgenden Verzeichnis sind alle für allgemeinverbindlich erklärten Tarifverträge in ihrer zur Zeit gültigen Fassung aufgeführt. Die Tarifverträge werden in dem Verzeichnis so lange als gültig geführt, bis die vollständige Beendigung der Allgemeinverbindlichkeit in das Tarifregister eingetragen wird. Teilweise Beendigungen der Allgemeinverbindlichkeit durch die Änderung oder das Außerkrafttreten einzelner Bestimmungen eines Tarifvertrages sind nicht aufgeführt. Tarifverträge, deren Allgemeinverbindlichkeit seit der Veröffentlichung des vorherigen Verzeichnisses endete, sind auf den Seiten 30 bis 31 aufgeführt.
Die Allgemeinverbindlichkeit wird zum Teil mit Rückwirkung ausgesprochen. Die Beendigung der Allgemeinverbindlichkeit wird oft erst nachträglich bekannt. Es kann deshalb vorkommen, dass ein Tarifvertrag in diesem Verzeichnis noch nicht aufgeführt ist, obwohl später die Allgemeinverbindlichkeit zu einem früheren Zeitpunkt

ausgesprochen wird. Ebenso kann der Fall eintreten, dass ein Tarifvertrag noch als gültig und allgemeinverbindlich aufgeführt ist, obwohl die Allgemeinverbindlichkeit bereits zu einem früheren Zeitpunkt beendet war.
Allgemeinverbindlicherklärungen ergehen zum Teil mit Einschränkungen oder Ausnahmen vom Geltungsbereich bzw. vom Tarifvertragsinhalt.
Es empfiehlt sich deshalb – u. a. auch, weil dieses Verzeichnis nicht alle Einzelheiten enthalten kann – im Einzelfall Auskunft unter genauer Bezeichnung des in Betracht kommenden Tarifvertrages und des fraglichen Zeitraumes beim Bundesministerium für Arbeit und Sozialordnung, Postfach 14 02 80, 53107 Bonn, einzuholen.
Die allgemeinverbindlichen Tarifverträge sind nach Wirtschaftsgruppen sowie nach ihrem fachlichen und räumlichen Geltungsbereich geordnet. Es sind nur diejenigen Wirtschaftsgruppen, Fachbereiche und Tarifgebiete aufgeführt, in denen es allgemeinverbindliche Tarifverträge gibt.
Geänderte Tarifverträge werden meist i. d. F. des Änderungstarifvertrages erneut für allgemeinverbindlich erklärt. Bei ihnen ist jeweils der Zeitpunkt der letzten Allgemeinverbindlicherklärung angegeben. Es ist jeweils nur der – letzte – Änderungstarifvertrag aufgeführt, in dessen Fassung der Ursprungstarifvertrag erneut für allgemeinverbindlich erklärt wurde.
Tarifverträge, bei denen der persönliche Geltungsbereich (gewerbliche Arbeitnehmer, Angestellte usw.) nicht besonders genannt ist, gelten für alle Arbeitnehmer im Tarifgebiet; zum Teil sind auch Auszubildende in den Geltungsbereich der Tarifverträge einbezogen. Bei Lohntarifverträgen und Gehaltstarifverträgen wurde auf die Benennung des persönlichen Geltungsbereichs verzichtet.

Mindestlohn-Tarifverträge

Gültige und für allgemeinverbindlich erklärte bzw. durch Rechtsverordnung verbindliche Mindestlohn-Tarifverträge aufgrund des Arbeitnehmer-Entsendegesetzes gibt es zur Zeit in den Bereichen Baugewerbe (S. 16) und Dachdeckerhandwerk (S. 19).

Bezugsmöglichkeit allgemeinverbindlicher Tarifverträge

Arbeitgeber und Arbeitnehmer, für die ein Tarifvertrag aufgrund einer Allgemeinverbindlicherklärung verbindlich ist, sowie deren beauftragte Interessenvertreter (z. B. Rechtsanwälte, Steuerberater) können nach § 9 Abs. 1 der Verordnung zur Durchführung des Tarifvertragsgesetzes i. d. F. der Bekanntmachung vom 16. Januar 1989 (BGBl. I S. 76) von einer der Tarifvertragsparteien eine Abschrift des Tarifvertrages gegen Erstattung der Selbstkosten (das sind die Papier- und Vervielfältigungs- oder Druckkosten sowie das Übersendungsporto) verlangen.
Nach § 8 Tarifvertragsgesetz sind die tarifgebundenen Arbeitgeber verpflichtet, die für ihren Betrieb maßgebenden Tarifverträge an geeigneter Stelle im Betrieb auszulegen. Diese Verpflichtung haben auch Arbeitgeber, für die der Tarifvertrag infolge der Allgemeinverbindlicherklärung verbindlich ist (§ 9 Abs. 2 Verordnung zur Durchführung des Tarifvertragsgesetzes).
Vom Bundesministerium für Arbeit und Sozialordnung werden Tarifvertragstexte nicht abgegeben oder im Internet veröffentlicht.

Weitere Hinweise

Das Verzeichnis der für allgemeinverbindlich erklärten Tarifverträge wird vierteljährlich aktualisiert und im Bundesarbeitsblatt veröffentlicht sowie in das Internet eingestellt (s. S. 1). Das Bundesarbeitsblatt erscheint im Verlag W. Kohlhammer GmbH, Zweigniederlassung Köln, Postfach 40 02 63, 50832 Köln.
Dieses Verzeichnis stellt eine Service-Leistung zusätzlich zu den amtlichen Bekanntmachungen dar. Wer sich vollständig, zeitnah und über alle Einzelheiten der Allgemeinverbindlicherklärungen informieren will, wird zweckmäßigerweise die Bekanntmachungen im Bundesanzeiger verfolgen (Bundesanzeiger-Verlagsgesellschaft mbH, Postfach 10 05 34, 50445 Köln; www.bundesanzeiger.de).

II. Statistische Übersicht

Anzahl der für allgemeinverbindlich erklärten Tarifverträge von 1975 bis 2001

Jahr	Anzahl der allgemeinverbindlichen Tarifverträge am 1. Januar		Im Laufe des Jahres neu für allgemeinverbindlich erklärte Tarifverträge		Im Laufe des Jahres außer Kraft getretene allgemeinverbindliche Tarifverträge	
	Insgesamt	Darunter: Neue Bundesländer	Insgesamt	Darunter: Neue Bundesländer	Insgesamt	Darunter: Neue Bundesländer
1975	448		140		109	
1976	479		213		188	
1977	504		215		147	
1978	572		202		189	
1979	585		206		183	
1980	608		212		219	
1981	601		201		212	
1982	590		150		152	
1983	588		147		158	
1984	577		159		140	
1985	596		148		181	
1986	563		159		192	
1987	530		148		124	
1988	554		170		211	

Jahr	Anzahl der allgemeinverbindlichen Tarifverträge am 1. Januar		Im Laufe des Jahres neu für allgemeinverbindlich erklärte Tarifverträge		Im Laufe des Jahres außer Kraft getretene allgemeinverbindliche Tarifverträge	
	Insgesamt	Darunter: Neue Bundesländer	Insgesamt	Darunter: Neue Bundesländer	Insgesamt	Darunter: Neue Bundesländer
1989	513		116		93	
1990	536		176		90	
1991	622	7	199	52	200	3
1992	621	56	205	56	196	19
1993	630	93	179	35	177	33
1994	632	95	163	47	168	24
1995	627	118	136	43	192	39
1996	571	122	145	44	158	22
1997	558	144	140	45	110	26
1998	588	163	99	31	96	15
1999	591	179	102	34	142	42
2000	551	171	82	20	99	20
2001	534	171	...	...	...	...

III. **Gültige und für allgemeinverbindlich erklärte Tarifverträge**

Wirtschaftsgruppe: Land- und Forstwirtschaft

Land- und Forstwirtschaft, Hessen
- TV»Qualifizierung der Land- und Forstwirtschaft in Hessen« vom 31.5.2001, av ab 1.1.2001

Land- und Forstwirtschaft, Schleswig-Holstein
- TV über die Qualifizierung vom 28.3.2001, av ab 10.8.2001

Garten-, Landschafts- und Sportplatzbau, Deutschland
- Bundesrahmentarifvertrag für gewerbliche Arbeitnehmer und Auszubildende mit Protokollnotiz vom 20.12.1995, av ab 1.1.1996

Garten-, Landschafts- und Sportplatzbau, alte Bundesländer
- TV über die Berufsbildung vom 1.4.1977, i. d. F. des Änderungs-TV vom 11.3.1991, av ab 1.4.1991

Garten-, Landschafts- und Sportplatzbau, neue Bundesländer
- TV über die Berufsbildung vom 11.3.1991, i. d. F. des Änderungs-TV vom 7.6.1991, av ab 1.7.1991

Privatforsten, Nordrhein-Westfalen
- TV über vermögenswirksame Leistungen vom 30.3.1998, av ab 1.4.1998

Wirtschaftsgruppe: Steine und Erden, Keramik

Ziegelindustrie, Bayern
- Rahmen-TV (gewerbliche Arbeitnehmer und Auszubildende) vom 9.4.1990, i. d. F. des Änderungs-TV vom 29.6.1999, av ab 1.7.1999
- Mantel-TV (kaufmännische und technische Angestellte und Meister einschl. Auszubildende) vom 9.4.1990, i. d. F. des Änderungs-TV vom 29.6.1999, av ab 1.7.1999

Betonsteingewerbe, Bremen, Hamburg, Niedersachsen, Nordrhein-Westfalen, Schleswig-Holstein
- TV über die überbetriebliche Zusatzversorgung vom 1.4.1986, i. d. F. des Änderungs-TV vom 31.1.1995, av ab 1.1.1995, jedoch Abschnitt I Nr. 1 Buchstabe c av ab 1.4.1995
- Verfahrens-TV überbetriebliche Zusatzversorgung vom 1.4.1986, i. d. F. des Änderungs-TV vom 31.1.1995, av ab 1.1.1995

Betonsteingewerbe, Berlin-West
- TV über das Urlaubsverfahren vom 1.1.1993, i. d. F. des Änderungs-TV vom 15.7.1999, av ab 1.4.1999
- TV über das Verfahren für die Zusatzversorgung vom 1.3.1993, i. d. F. des Änderungs-TV vom 10.12.1997, av ab 1.1.1998

Keramische Industrie und Glasveredelung, rheinland-pfälzische Regierungsbezirke Koblenz und Trier sowie kreisfreie Städte Mainz und Worms, Landkreise Alzey-Worms und Mainz-Bingen
- Lohnrahmen-TV vom 15.1.1990, av ab 15.4.1991
- Gehaltsrahmen-TV vom 15.1.1990, av ab 15.4.1991
- TV über vermögenswirksame Leistungen vom 20.4.1993, av ab 1.1.1993

Steinmetz- und Steinbildhauerhandwerk, Deutschland
- TV über vermögenswirksame Leistungen vom 14.9.1993, av ab 1.1.1993
- TV über die Berufsbildung vom 26.7.1991, i. d. F. des Änderungs-TV vom 30.9.1999, av ab 1.1.2000
- TV über eine überbetriebliche Alters- und Invalidenbeihilfe vom 20.4.1994, i. d. F. des Änderungs
- TV vom 7.7.2000, av ab 1.1.2001

Allgemeinverbindlich erklärte Tarifverträge

- TV über das Verfahren für die Zusatzversorgung und für die Berufsbildung vom 12.9.1994, i. d. F. des Änderungs-TV vom 30.9.1999, av ab 1.1.2000
- TV über das Verfahren für die Zusatzversorgung der Dienstpflichtigen vom 12.9.1994, i. d. F. des Änderungs-TV vom 3.12.1996, av ab 1.1.1997
- Rahmen-TV (gewerbliche Arbeitnehmer) vom 24.5.2000, av ab 1.7.2000, jedoch § 1 Nr. 2.1 Abs. 4 av ab 26.9.2000

Steinmetz- und Steinbildhauerhandwerk, Berlin
- Urlaubs-TV (gewerbliche Arbeitnehmer) vom 1.11.1994, i. d. F. des Änderungs-TV vom 19.7.1999, av ab 1.4.1999
- Verfahrens-TV für den Urlaub (gewerbliche Arbeitnehmer) vom 3.11.1994, i. d. F. des Änderungs-TV vom 19.7.1999, av ab 1.4.1999

Steinmetz- und Steinbildhauerhandwerk, Rheinland-Pfalz
- Lohn- und Gehalts-TV einschl. Arbeitszeitregelung vom 26.8.2001, av ab 1.6.2001

Wirtschaftsgruppe: Metall- und Elektrohandwerke

Elektrotechnische Handwerke, Baden-Württemberg
- TV über vermögenswirksame Leistungen vom 30.10.1998, av ab 1.11.1998
- Urlaubsabkommen vom 30.10.1998, av ab 4.9.1999
- TV über betriebliche Sonderzahlungen vom 30.10.1998, av ab 4.9.1999
- Mantel-TV vom 14.4.2000, av ab 1.3.2000

Elektrohandwerk, Bayern
- Mantel-TV vom 19.2.2001, av ab 1.10.2001
- Entgelt-TV einschl. Ausbildungsvergütungen vom 19.2.2001, av ab 1.10.2001

Metall- und Elektrohandwerke, Berlin-West
- Mantel-TV (gewerbliche Arbeitnehmer) vom 26.3.1986, av ab 1.1.1987
- TV Sonderzahlungen (gewerbliche Arbeitnehmer) vom 16.12.1976, av ab 1.1.1977
- Urlaubs-TV (gewerbliche Arbeitnehmer) vom 17.1.1980, av ab 1.1.1980
- TV über vermögenswirksame Leistungen (gewerbliche Arbeitnehmer) vom 13.1.1983, av ab 1.1.1983

Hinweis: Die Tarifverträge sind von dem Fachverband Elektrotechnische Handwerke Berlin/Brandenburg und der Elektro-Innung Berlin für den Bereich der Elektrohandwerke gekündigt worden.

Metall- und Elektrohandwerke, Berlin-Ost, Brandenburg
- TV über Sonderzahlungen (gewerbliche Arbeitnehmer) vom 10.6.1991, av ab 1.7.1993
- Mantel-TV (gewerbliche Arbeitnehmer) vom 10.6.1991, für Brandenburg av ab 1.7.1993, für Berlin av ab 1.11.1993
- TV für Auszubildende (ohne Vergütung) vom 10.6.1991, für Brandenburg av ab 1.7.1993, für Berlin av ab 1.11.1993
- Urlaubs-TV (gewerbliche Arbeitnehmer) vom 10.6.1991, für Brandenburg av ab 1.7.1993, für Berlin av ab 1.11.1993

- Lohn-TV (ohne Lohntabelle) vom 10.6.1991, für Brandenburg av ab 1.7.1993, für Berlin av ab 1.11.1993
Hinweis: Die Tarifverträge sind von dem Fachverband Elektrotechnische Handwerke Berlin/Brandenburg und der Elektro-Innung Berlin für den Bereich der Elektrohandwerke gekündigt worden.

Kraftfahrzeuggewerbe, Berlin-West
- TV für Auszubildende vom 27.4.1989, av ab 1.9.1989 (Urlaubsbestimmungen av ab 1.4.1989)
- Gehaltsrahmen-TV vom 29.6.1989–mit Anhang zu Nummer 2 –, av ab 1.2.1990

Sanitär- und Heizungstechnik, Saarland
- Urlaubs-TV vom 15.1.1980, av ab 1.1.1980

Mechanikerhandwerk, Saarland
- TV betriebliche Sonderzahlungen vom 4.1.1973, av ab 1.10.1973

Schneid- und Besteckwarenherstellung, Solingen
- Mantel-TV (Heimarbeiter) vom 14.10.1974, av ab 1.1.1975
- TV über Jahressonderzahlungen (Heimarbeiter) vom 5.1.1977, i. d. F. des Änderungs-TV vom 20.8.1992, av ab 1.4.1992
- Urlaubs-TV (Heimarbeiter) vom 3.3.1979, av ab 1.5.1979
- Zusatz-TV für die Berechnung des Tagessatzes bei Kurzarbeitergeldbezug vom 16.2.1988, av ab 1.5.1987

Handwerksbetriebe der Graveure, Galvaniseure und Metallschleifer, Gürtler und Metalldrücker, Ziseleure und verwandter Berufe, alte Bundesländer – mit Ausnahme von Hamburg –
- TV über vermögenswirksame Leistungen vom 12.8.1988, av ab 23.3.1989

Wirtschaftsgruppe: Holz

Korbwaren-, Korbmöbel- und Kinderwagenindustrie, Bayern
- Mantel-TV (Heimarbeiter) vom 6.5.1976, av ab 1.4.1976

Schreinerhandwerk, Saarland
- Mantel-TV vom 30.6.1995, i. d.F des Änderungs-TV vom 30.7.1996, av ab 1.1.1995
- TV über die Urlaubsregelung vom 30.6.1995, i. d. F. des Änderungs-TV vom 30.7.1996, av ab 1.1.1995
- TV über vermögenswirksame Leistungen vom 6.7.1995, av ab 1.11.1995

Wirtschaftsgruppe: Leder und Schuhe

Schuhmacherhandwerk, Bayern
- TV über Gestehungszeiten für orthopädische Arbeiten (gewerbliche Arbeitnehmer) vom 9.1.1952, av ab 13.10.1952

Wirtschaftsgruppe: Textil

Textilindustrie, Berlin-West
- Mantel-TV (gewerbliche Arbeitnehmer) vom 22.4.1970, i. d. F. des TV vom 19.6.1984, av ab 1.12.1984
- Mantel-TV (Angestellte) vom 22.4.1970, i. d. F. des TV vom 19.6.1984, av ab 1.12.1984
- TV über vermögenswirksame Leistungen vom 13.11.1972, av ab 1.1.1973
- TV über Kündigungsschutz und Verdienstsicherung älterer Arbeitnehmer (gewerbliche Arbeitnehmer) vom 19.6.1974, av ab 30.8.1974
- TV über Kündigungsschutz und Verdienstsicherung älterer Arbeitnehmer (Angestellte) vom 19.6.1974, av ab 30.8.1974
- Rationalisierungsschutzabkommen vom 21.6.1988, av ab 1.5.1989
- TV über ein Lohngruppenschema vom 16.12.1988, av ab 1.9.1989
- TV über Jahressonderzahlungen vom 7.9.1990, mit Protokollnotiz vom 15.2.1991, av ab 1.5.1991

Textilindustrie, Hamburg
- Mantel-TV (gewerbliche Arbeitnehmer) vom 14.7.1970, i. d. F. des Änderungs-TV vom 9.10.1972, av ab 1.7.1972

Textilindustrie, Schleswig-Holstein
- Mantel-TV (gewerbliche Arbeitnehmer) vom 14.7.1970, i. d. F. des Änderungs-TV vom 9.10.1972, av ab 1.1.1973

Textilindustrie, Hamburg und Schleswig-Holstein
- Mantel-TV (Angestellte) vom 14.1.1972, i. d. F. des Änderungs- TV vom 9.10.1972, av für Hamburg ab 1.7.1972, für Schleswig-Holstein ab 1.1.1973
- TV über vermögenswirksame Leistungen vom 20.5.1972, i. d. F. des Änderungs-TV vom 9.10.1972, av für Hamburg ab 1.7.1972, für Schleswig-Holstein ab 1.1.1973
- Urlaubs-TV vom 12.5.1982, av ab 1.5.1982
- TV Jahressonderzahlungen vom 23.8.1990, av für Schleswig-Holstein ab 1.5.1991, für Hamburg ab 17.10.1991

Textil- und Bekleidungsindustrie, Saarland
- TV zur Sicherung älterer Arbeitnehmer vom 30.10.1974, av ab 1.5.1988
- TV über vermögenswirksame Leistungen vom 20.12.1976, i. d. F. des Änderungs-TV vom 8.4.1988, av ab 1.5.1988
- Urlaubs-TV vom 23.10.1979, i. d. F. des Änderungs-TV vom 8.4.1988, av ab 1.5.1988
- Rationalisierungsschutzabkommen für die Bekleidungs-, Wäsche- und Miederindustrie, die Textilindustrie sowie die Stepp- und Daunendeckenindustrie vom 8.12.1988, i. d. F. des Zusatz-TV vom 10.3.1989, av ab 1.9.1989
- TV über die Optimierung der Maschinenlaufzeiten für die Textilindustrie vom 8.12.1988, av ab 1.1.1990
- TV über Jahressonderzahlungen vom 28.10.1991, av ab 28.10.1991
- Mantel-TV für die Bekleidungs-, Wäsche- und Miederindustrie, die Textilindustrie sowie die Stepp- und Daunendeckenindustrie vom 5.2.1997, av ab 1.1.1997

Bandweberei (Hausbandweber), Nordrhein-Westfalen
- Rahmen-TV vom 7.7.1991, av ab 28.4.1992
- Entgelt-TV mit Entgeltlisten vom 1.7.1991, av ab 28.4.1992
- Urlaubs-TV vom 1.7.1991, av ab 28.4.1992
- Entgeltliste 1 (B) vom 1.1.1999, av ab 1.1.1999
- Entgeltliste 2 (B) vom 1.1.1999, av ab 1.1.1999
- Teuerungs-Zuschlag-Vertrag vom 13.6.2001, av ab 1.9.2001

Wirtschaftsgruppe: Bekleidung

Bekleidungsindustrie, alte Bundesländer (einschl. Berlin-West, mit Ausnahme des Saarlandes)
- Rationalisierungsschutzabkommen vom 5.7.1988 mit Protokollnotiz vom 14.9.1988, av ab 1.1.1989

Bekleidungsindustrie, alte Bundesländer (mit Ausnahme des Landes Berlin und des Saarlandes)
- Mantel-TV (gewerbliche Arbeitnehmer) vom 17.5.1979, mit Protokollnotiz vom 22.1.1980, av ab 1.5.1984
- TV über vermögenswirksame Leistungen vom 9.5.1972, av ab 1.1.1973 (av mit Ausnahme von Bremen und Niedersachsen)

Bekleidungsindustrie, baden-württembergische Regierungsbezirke Karlsruhe, Stuttgart, Tübingen
- Urlaubs-TV (gewerbliche Arbeitnehmer) vom 13.5.1980, av ab 1.11.1980

Bekleidungsindustrie, baden-württembergischer Regierungsbezirk Freiburg
- Urlaubs-TV (gewerbliche Arbeitnehmer) vom 13.5.1980, av ab 1.11.1980

Bekleidungsindustrie, bayerischer Regierungsbezirk Unterfranken
- Mantel-TV (Angestellte) vom 12.6.1978, i. d. F. des Änderungs-TV vom 10.6.1992, av ab 1.5.1992
- Urlaubs-TV vom 13.5.1980, av ab 1.1.1980

Bekleidungsindustrie, Berlin-West
- TV über vermögenswirksame Leistungen vom 30.11.1972, i. d. F. des Änderungs-TV vom 24.9.1976, av ab 1.10.1976
- TV über Kündigungsschutz und Verdienstsicherung älterer Arbeitnehmer (gewerbliche Arbeitnehmer) vom 17.7.1974, av ab 13.9.1974
- TV über Kündigungsschutz und Verdienstsicherung älterer Arbeitnehmer (Angestellte) vom 17.7.1974, av ab 13.9.1974
- Urlaubs-TV (gewerbliche Arbeitnehmer) vom 19.5.1980, av ab 1.1.1980
- Urlaubs-TV (Angestellte) vom 19.5.1980, av ab 1.1.1980

Bekleidungsindustrie, Hamburg und Schleswig-Holstein
- Urlaubs-TV vom 27.5.1982, av ab 1.5.1982
- Arbeitszeitabkommen (Angestellte) vom 7.6.1991, av ab 1.5.1991. Der Tarifvertrag ist nur in Hamburg allgemeinverbindlich.

Bekleidungsindustrie, Hessen
- Urlaubs-TV vom 28.5.1979, av ab 1.1.1979
- Urlaubsgeld-TV vom 21.5.1980, av ab 1.5.1980

Bekleidungsindustrie, nordrhein-westfälische Regierungsbezirke Arnsberg, Detmold, Münster
- Urlaubs-TV (gewerbliche Arbeitnehmer) vom 13./17.5.1980, av ab 1.5.1980
- Urlaubs-TV (Angestellte) vom 13./17.5.1980, av ab 1.5.1980

Schirmindustrie, alte Bundesländer (mit Ausnahme des Landes Berlin)
- TV über vermögenswirksame Leistungen vom 21.5.1973, av ab 1.1.1974

Wirtschaftsgruppe: Nahrung und Genuss

Brot- und Backwarenindustrie, alte Bundesländer
- TV über die Errichtung einer Zusatzversorgungskasse vom 20.2.1970, i. d. F. des Änderungs-TV vom 28.6.1996, av ab 1.1.1997
- Verfahrens-TV für die Zusatzversorgungskasse vom 20.2.1970, i. d. F. des Änderungs-TV vom 28.6.1996, av ab 1.1.1997

Brot- und Backwarenindustrie, Rheinland-Pfalz
- TV über die Verteilung der wöchentlichen Arbeitszeit vom 5.8.1980, av ab 1.11.1981

Mühlenindustrie, Nordrhein-Westfalen
- Entgeltrahmen-TV vom 23.4.1982, av ab 4.1.1990
- TV über vermögenswirksame Leistungen vom 29.10.1991, av ab 1.2.1992

Bäckerhandwerk, Deutschland sowie Konditorenhandwerk, Brandenburg, Mecklenburg-Vorpommern
- Vereinbarung über Ausbildungsvergütungen vom 17.7.2002, av ab 9.8.2001

Bäckerhandwerk, alte Bundesländer
- TV über die Errichtung einer Zusatzversorgungskasse vom 20.2.1970, i. d. F. des Änderungs-TV vom 30.8.1996, av ab 18.9.1996
- TV über die Errichtung eines Förderungswerkes vom 20.2.1970, i. d. F. des Änderungs-TV vom 30.8.1996, av ab 18.9.1996
- Verfahrens-TV für Zusatzversorgungskasse und Förderungswerk vom 20.2.1970, i. d. F. des Änderungs-TV vom 30.8.1996, av ab 18.9.1996

Bäckerhandwerk, Bayern
- Manteltarifvertrag vom 3.2.2000, av ab 27.6.2000

Bäckerhandwerk, Bremen und Niedersachsen
- Mantel-TV vom 22.3.1995, i. d. F. des Änderungs-TV vom 13.8.1996, av ab 1.11.1996

Bäckerhandwerk, Hamburg und Schleswig-Holstein
- Mantel-TV vom 18.1.2000, av nur in Hamburg ab 1.2.2000 mit Ausnahme von § 6 Kündigungsschutz für ältere Beschäftigte, § 11 Urlaub und § 12 Jahressonderzuwendung

Bäckerhandwerk, Nordrhein-Westfalen sowie rheinland-pfälzische Regierungsbezirke Koblenz und Trier
- TV über die Einführung der Fünf-Tage-Woche vom 1.5.1981, av ab 1.7.1982
- Mantel-TV vom 26.3.1999, av für Nordrhein-Westfalen ab 20.7.1999, für die Regierungsbezirke Koblenz und Trier ab 5.8.1999

Fleischerhandwerk, Niedersachsen und Bremen
- Mantel-TV mit Protokollnotiz vom 18.1.1996, av ab 1.1.1996. Der Tarifvertrag ist nur in Niedersachsen allgemeinverbindlich.

Weinkellereien und Weinhandlungen, Rheinland-Pfalz
- Entgeltrahmen-TV vom 9.5.1980, av ab 1.4.1984

Wirtschaftsgruppe: Baugewerbe

Baugewerbe, Deutschland
- Bundesrahmen-TV (gewerbliche Arbeitnehmer) vom 3.2.1981, i. d. F. des Änderungs-TV vom 15.5.2001, av ab 1.6.2001
- TV über die Berufsbildung vom 29.1.1987, i. d. F. des Änderungs-TV vom 1.12.2000, av ab 1.1.2001
- TV über das Sozialkassenverfahren vom 20.12.1999, i. d. F. des Änderungs-TV vom 15.5.2001, av ab 1.6.2001
- TV zur Regelung eines Mindestlohnes vom 2.6.2000, verbindlich ab 1.9.2000 durch die Zweite Verordnung über zwingende Arbeitsbedingungen im Baugewerbe vom 17.8.2000 (BGBl. I, S. 1290). Die Verordnung tritt am 31.8.2002 außer Kraft.

Baugewerbe, Deutschland (mit Ausnahme des Landes Berlin)
- TV zur Förderung der Aufrechterhaltung der Beschäftigungsverhältnisse während der Winterperiode (TV Lohnausgleich) vom 20.12.1999, av ab 2.1.2000

Baugewerbe, alte Bundesländer
- TV über vermögenswirksame Leistungen (gewerbliche Arbeitnehmer) vom 1.4.1971, i. d. F. des Änderungs-TV vom 15.5.2001, av ab 1.6.2001
- TV über vermögenswirksame Leistungen (Poliere und Schachtmeister) vom 1.4.1971, i. d. F. des Änderungs-TV vom 15.5.2001, av ab 1.6.2001
- TV über vermögenswirksame Leistungen (technische und kaufmännische Angestellte) vom 1.4.1971, i. d. F. des Änderungs-TV vom 15.5.2001, av ab 1.6.2001
- TV zur Minderung von Lohneinbußen in der Schlechtwetterzeit (TV Winterausgleichszahlung) vom 18.6.1990, i. d. F. des Änderungs-TV vom 30.11.1995, av ab 15.12.1995 (gültig sind nur noch die §§ 1 und 9 Abs. 3; diese gelten nicht in Berlin)
- TV über eine zusätzliche Alters- und Invalidenbeihilfe vom 28.12.1979, i. d. F. des Änderungs-TV vom 10.12.1997, av ab 1.1.1998

- TV über eine Ergänzungsbeihilfe für langjährige Zugehörigkeit vom 30.9.1998, i. d. F. des Änderungs-TV vom 19.4.2000, av ab 1.4.2000

Baugewerbe, Berlin
- TV zur Förderung der Aufrechterhaltung der Beschäftigungsverhältnisse im Berliner Baugewerbe während der Winterperiode (TV Lohnausgleich-Berlin) vom 1.10.1993, i. d. F. des Änderungs-TV vom 19.12.1995, av ab 2.1.1996
- TV über das Verfahren für die Berufsbildung vom 1.8.1995, i. d. F. des Änderungs-TV vom 23.3.2001, av ab 1.4.2001
- TV über Sozialaufwandserstattung vom 5.12.1997, i. d. F. des Änderungs-TV vom 1.1.1999, av ab 1.1.1999

Baugewerbe, Rheinland-Pfalz, Saarland
- Lohn-TV einschl. Ausbildungsvergütungen vom 2.5.2000, av ab 1.4.2000

Maler- und Lackiererhandwerk, Deutschland (mit Ausnahme des Saarlandes)
- Rahmen-TV (gewerbliche Arbeitnehmer) vom 30.3.1992, i. d. F. des Änderungs-TV vom 15.6.1999, av ab 1.4.1999
- TV über das Verfahren für den Urlaub und die Zusatzversorgung vom 23.11.1992, i. d. F. des Änderungs-TV vom 15.2.2001, av ab 1.7.2001
- TV über eine überbetriebliche Zusatzversorgung vom 23.11.1992, i. d. F. des Änderungs-TV vom 15.6.1999, av ab 1.1.2000, jedoch die Änderungsnummer 2 des Änderungstarifvertrages vom 15.6.1999 av ab 1.4.1999
- TV über eine ergänzende überbetriebliche Zusatzversorgung vom 30.9.1981, i. d. F. des Änderungs-TV vom 15.6.1999, av ab 1.1.1999

Maler- und Lackiererhandwerk, alte Bundesländer (mit Ausnahme des Saarlandes)
- TV über vermögenswirksame Leistungen vom 13.5.1991, av ab 1.1.1992

Maler- und Lackiererhandwerk, Berlin-Ost, Brandenburg, Mecklenburg-Vorpommern, Sachsen, Sachsen-Anhalt, Thüringen
- TV über den Beginn der Leistungspflicht für eine überbetriebliche Zusatzversorgung von Arbeitnehmern – Leistungsverpflichtungs-TV – vom 23.11.1992, i. d. F. des Änderungs-TV vom 15.12.1994, av ab 1.1.1995

Maler- und Lackiererhandwerk, Saarland
- Rahmen-TV (gewerbliche Arbeitnehmer) ohne Anhang – Schlichtungsabkommen – vom 8.10.1993, av ab 1.1.1994
- TV über vermögenswirksame Leistungen (gewerbliche Arbeitnehmer) vom 30.4.1981, av ab 1.5.1981
- TV über Weihnachtszuwendung/Jahressondervergütung für Arbeitnehmer vom 26.7.1999, av ab 1.6.1999
- Lohn-TV einschl. Arbeitszeitregelung vom 4.7.2000, av ab 1.8.2000
- TV über Ausbildungsvergütungen und Jahressondervergütung für Auszubildende einschl. Arbeitszeitregelung vom 4.7.2000, av ab 1.8.2000

Dachdeckerhandwerk, Deutschland
- Rahmen-TV (gewerbliche Arbeitnehmer) vom 27.11.1990, i. d. F. des Änderungs-TV vom 26.3.2001, av ab 1.1.2001
- TV über die Berufsbildung vom 8.11.1989, i. d. F. des Änderungs-TV vom 15.11.2000, av ab 1.1.2001
- TV über das Erstattungsverfahren für die Berufsbildung vom 4.10.1978, i. d. F. des Änderungs-TV vom 18.3.1991, av ab 1.4.1991
- TV über die überbetriebliche Alters- und Invalidenbeihilfe (gewerbliche Arbeitnehmer) vom 7.7.1978, i. d. F. des Änderungs-TV vom 15.11.2000, av ab 1.1.2001
- Verfahrens-TV zur Zusatzversorgung der Dienstpflichtigen vom 17.12.1980, i. d. F. des Änderungs-TV vom 1.8.1991, av ab 1.10.1991
- TV über die Gewährung eines Teiles eines 13. Monatseinkommens (gewerbliche Arbeitnehmer) om 12.6.1992, i. d. F. des Änderungs-TV vom 28.6.2000, av ab 1.7.2000
- TV über vermögenswirksame Leistungen vom 10.7.1991, i. d. F. des Änderungs-TV vom 26.6.2001, av ab 1.8.2001, jedoch für § 1 Nr. 3 (persönlicher Geltungsbereich) ab 17.8.2001
- TV zur Förderung der Aufrechterhaltung der Beschäftigungsverhältnisse während der Winterperiode (TV Lohnausgleich) vom 5.12.1995, i. d. F. des Änderungs-TV vom 26.6.1998, av ab 1.7.1998
- TV über die Sozialkassenverfahren zur Gewährung des Lohnausgleichs, zur Gewährung des Teils eines 13. Monatseinkommens, zur Gewährung der Übergangsbeihilfe, zur Gewährung der Zusatzversorgung, zur Gewährung von Überbrückungsgeld, zum Beitragseinzug für die Berufsbildung vom 6.12.1995, i. d. F. des Änderungs-TV vom 26.6.2001, av ab 1.8.2001
- TV zur Regelung eines Mindestlohnes vom 26.3.2001, verbindlich ab 1.9.2001 durch die Verordnung über zwingende Arbeitsbedingungen im Dachdeckerhandwerk vom 29.8.2001 (BGBl. I, S. 2260). Die Verordnung tritt am 31.8.2002 außer Kraft.

Dachdeckerhandwerk, alte Bundesländer
- TV über die ergänzende überbetriebliche Alters- und Invalidenbeihilfe (gewerbliche Arbeitnehmer) vom 8.3.1977, i. d. F. des Änderungs-TV vom 2.11.1999, av ab 1.1.2000

Fliesen- und Plattenlegergewerbe, Bayern
- Zusatz-TV zum Bundesrahmen-TV für das Baugewerbe mit Anlage »Stücklohnsätze« vom 19.3.1991, av ab 1.9.1991

Fliesen-, Platten- und Mosaiklegergewerbe, Berlin-West
- TV zur Übernahme des Bundesrahmen-TV für das Baugewerbe (gewerbliche Arbeitnehmer) vom 3.3.1972, i. d. F. des Änderungs-TV vom 8.11.1983, av ab 1.1.1984

Fliesen-, Platten- und Mosaiklegerhandwerk, Rheinland-Pfalz, Saarland
- Akkord-TV vom 20.1.1998, av ab 16.6.1998 in Rheinland-Pfalz bzw. 1.7.1998 im Saarland

Glaserhandwerk Niedersachsen
- Rahmen-TV (gewerbliche Arbeitnehmer) vom 31.10.1997, i. d. F. des Änderungs-TV vom 15.5.1998, av ab 1.1.1998

Gerüstbaugewerbe, Deutschland
- TV über die überbetriebliche Zusatzversorgung vom 21.9.1987, i. d. F. des Änderungs-TV vom 16.1.1998, av ab 1.2.1998
- TV über die Berufsbildung vom 3.12.1996, av ab 1.1.1997

Gerüstbaugewerbe, Deutschland (mit Ausnahme des Landes Berlin)
- TV zur Förderung der Aufrechterhaltung der Beschäftigungsverhältnisse während der Winterperiode – TV Lohnausgleich – gewerbliche Arbeitnehmer – vom 15.8.1983, i. d. F. des Änderungs-TV vom 15.11.1995, av ab 2.1.1996
- TV über vermögenswirksame Leistungen vom 28.6.1991, av ab 1.9.1991
- TV über das Sozialkassenverfahren vom 20.1.1994, i. d. F. des Änderungs-TV vom 16.1.1998, av ab 1.2.1998

Gerüstbaugewerbe, Berlin
- Rahmen-TV vom 14.7.1989, i. d. F. des TV zur Wiederinkraftsetzung vom 4.3.1998, av ab 1.1.1998. Hinweis: § 5 Nr. 3.1 – Entgeltfortzahlung im Krankheitsfall – ist von der Allgemeinverbindlicherklärung ausgenommen.
- TV über vermögenswirksame Leistungen (gewerbliche Arbeitnehmer) vom 13.6.1985, i. d. F. des Änderungs-TV vom 21.2.1991, av ab 1.7.1991 für Berlin-West und ab 1.4.1992 für Berlin-Ost
- TV zur Förderung der Aufrechterhaltung der Beschäftigungsverhältnisse während der Winterperiode (gewerbliche Arbeitnehmer) vom 20.10.1985, i. d. F. des Änderungs-TV vom 10.11.1994, av ab 1.1.1995
- TV über das Verfahren für den Urlaub, den Lohnausgleich und das Überbrückungsgeld vom 28.11.1995, i. d. F. des Änderungs-TV vom 1.1.1999, av ab 1.1.1999

Wirtschaftsgruppe: Handel

Groß- und Außenhandel, Bayern
- TV über vermögenswirksame Leistungen vom 15.3.1983, av ab 1.3.1983
- Mantel-TV vom 23.6.1997, av ab 1.7.1997

Groß- und Außenhandel, Hessen
- Mantel-TV vom 4.7.1997, av ab 1.1.1997. Hinweis: § 15 Nr. 2 – Entgeltfortzahlung im Krankheitsfall – ist von der Allgemeinverbindlicherklärung ausgenommen.

Groß- und Außenhandel, Niedersachsen
- TV über vermögenswirksame Leistungen vom 5.6.1981, av ab 1.1.1981
- Lohn-TV einschl. Ausbildungsvergütungen vom 9.6.2000, av ab 1.5.2000
- Gehalts-TV einschl. Ausbildungsvergütungen vom 9.6.2000, av ab 1.5.2000
- Protokollnotiz zum Tarifergebnis vom 9.6.2000, av ab 1.5.2000

Groß- und Außenhandel, Nordrhein-Westfalen
- Lohnrahmen-TV vom 14.3.1980, av ab 1.5.1980
- Gehaltsrahmen-TV vom 14.3.1980, av ab 1.5.1980
- TV über vermögenswirksame Leistungen vom 21.5.1985, av ab 19.6.1990
- Mantel-TV vom 9.7.1997, av ab 1.1.1997
- TV über Sonderzahlung vom 2.5.1995, i. d. F. vom 9.7.1997, av ab 1.1.1995
- Urlaubsgeldabkommen vom 2.5.1995, i. d. F. vom 9.7.1997, av ab 1.1.1995

Groß- und Außenhandel, Saarland
- Mantel-TV vom 6.5.1997, av ab 1.4.1997

Einzelhandel, Baden-Württemberg
- TV über vermögenswirksame Leistungen vom 26.10.1983, av ab 4.1.1984

Einzelhandel, Nordrhein-Westfalen
- Mantel-TV vom 20.9.1996, i. d. F. der Protokollnotiz vom 4.12.1996, av ab 1.11.1996

Einzelhandel, Rheinland-Pfalz
- TV über vermögenswirksame Leistungen vom 22.6.1993, av ab 13.11.1993
- TV zur Entgeltfortzahlung vom 20.6.1997, av ab 8.10.1997
- TV zur Förderung der Altersteilzeit vom 22.3.1999, av ab 4.8.1999
- TV über Sonderleistungen vom 26.8.1999, av ab 1.5.1999
- TV zur Förderung der Altersteilzeit für Teilzeitbeschäftigte vom 22.5.2000, av ab 19.12.2000
- Lohn-TV einschl. Ausbildungsvergütungen vom 27.6.2001, av ab 1.5.2001
- Gehalts-TV einschl. Ausbildungsvergütungen vom 27.6.2001, av ab 1.5.2001

Einzelhandel, Saarland
- TV zur Förderung der Altersteilzeit vom 1.4.1999, av ab 1.12.1999

Wirtschaftsgruppe: Straßenverkehr

Privates Omnibusgewerbe, Bayern
- TV über Mindestfahrerbesatzung für Kraftomnibusse vom 26.6.1991, av ab 25.4.1992

Privates Omnibusgewerbe, Hamburg
- Mantel-TV (gewerbliche Arbeitnehmer) vom 26.6.1998, av ab 26.3.1999

Privates Omnibusgewerbe, Schleswig-Holstein
- Mantel-TV (gewerbliche Arbeitnehmer) vom 16.7.1996, av ab 1.12.1996

Wirtschaftsgruppe: Gaststätten und Beherbergung

Hotel- und Gaststättengewerbe, Bayern
- Mantel-TV mit Protokollnotizen I und II vom 15.7.1999, av ab 1.7.1999

Allgemeinverbindlich erklärte Tarifverträge N. Anh. III

Hotel- und Gaststättengewerbe, Bremen
– Mantel-TV (ohne Protokollnotizen) vom 17.4.1997, av ab 1.5.1997

Hotel- und Gaststättengewerbe, Hessen
– Mantel-TV mit Anlage und Protokollnotiz vom 6.10.2000, av ab 1.1.2001

Hotel- und Gaststättengewerbe, Niedersachsen (mit Ausnahme des ehemaligen Verwaltungsbezirks Oldenburg und der ostfriesischen Nordseeinseln)
– Mantel-TV vom 28.6.2000, av ab 28.12.2000

Hotel- und Gaststättengewerbe, ehemaliger niedersächsischer Verwaltungsbezirk Oldenburg (mit Ausnahme der Nordseeinsel Wangerooge)
– Mantel-TV vom 27.7.2000, av ab 1.8.2000

Hotel- und Gaststättengewerbe, Nordrhein-Westfalen
– Mantel-TV mit Anhängen 1 bis 3 vom 23.3.1995, av ab 1.1.1995

Hotel- und Gaststättengewerbe, Rheinland-Pfalz
– Mantel-TV mit Protokollnotizen vom 22.11.1994, i. d. F. der Protokollnotiz vom 8.12.1998, av ab 13.4.1999

Hotel- und Gaststättengewerbe, Saarland
– TV über vermögenswirksame Leistungen vom 23.11.1994, av ab 1.1.1995

Hotel- und Gaststättengewerbe, Schleswig-Holstein
– Mantel-TV mit Protokollnotiz vom 15.4.1994, av ab 1.7.1994

Wirtschaftsgruppe: Reinigung und Körperpflege

Wäschereigewerbe, Baden-Württemberg, Bayern, Bremen, Hamburg, Hessen, Niedersachsen, Nordrhein-Westfalen, Rheinland-Pfalz, Saarland, Schleswig-Holstein
– Lohn- und Gehalts-TV einschl. Ausbildungsvergütungen und Anlagen 1 bis 4 für Betriebe mit mehr als 15 Arbeitnehmern (Auszubildende nicht eingerechnet) vom 22.7.2000, av ab 1.8.2000. Von der Allgemeinverbindlicherklärung ausgenommen sind die Gehaltsgruppen K 5 und T 5.

Gebäudereinigerhandwerk, Deutschland (mit Ausnahme des Landes Berlin)
– Rahmen-TV (gewerbliche Arbeitnehmer und Auszubildende) vom 16.8.2000, av ab 1.9.2000

Gebäudereinigerhandwerk, Baden-Württemberg
– Lohn-TV einschl. Ausbildungsvergütungen vom 4.5.2000, av ab 1.7.2000

Gebäudereinigerhandwerk, Bayern
– Lohn-TV (ohne Ausbildungsvergütungen) vom 2.5.2000, av ab 1.5.2000

Gebäudereinigerhandwerk, Berlin
- Rahmen-TV (gewerbliche Arbeitnehmer) vom 14.4.1989, i. d. F. des Änderungs-TV vom 23.11.1999, av ab 1.1.2000
- Lohn-TV mit Anhang vom 23.11.1999, av ab 1.5.2000
- TV über das Prüf- und Beratungsstellenverfahren vom 15.2.2000, av ab 1.7.2000

Gebäudereinigerhandwerk, Brandenburg
- Lohn-TV einschl. Ausbildungsvergütungen für den Kammerbezirk Potsdam vom 20.5.1997, av ab 1.5.1997
- Lohn-TV einschl. Ausbildungsvergütungen für die Kammerbezirke Frankfurt/Oder und Cottbus vom 12.5.1997, av ab 1.5.1997

Gebäudereinigerhandwerk, Bremen, Hamburg, Niedersachsen, Schleswig-Holstein
- Lohn-TV einschl. Ausbildungsvergütungen vom 19.3.2001, av ab 1.6.2001

Gebäudereinigerhandwerk, Mecklenburg-Vorpommern
- Lohn-TV vom 16.10.2000, av ab 1.6.2000

Gebäudereinigerhandwerk, Nordrhein-Westfalen
- Lohn-TV einschl. Ausbildungsvergütungen vom 15.2.2001, av ab 1.5.2001

Gebäudereinigerhandwerk, Rheinland-Pfalz und Saarland
- Lohn-TV einschl. Ausbildungsvergütungen und Arbeitszeitregelung vom 5.5.2000, av in Rheinland-Pfalz ab 28.9.2000 und im Saarland ab 1.10.2000

Gebäudereinigerhandwerk, Sachsen
- Lohn- und Gehalts-TV einschl. Ausbildungsvergütungen vom 27.4.2001, av ab 1.6.2001

Gebäudereinigerhandwerk, Sachsen-Anhalt
- Lohn- und Gehalts-TV einschl. Ausbildungsvergütungen vom 12.4.2000, i. d. F. der Protokollnotiz vom 7.6.2000, av ab 1.1.2001

Gebäudereinigerhandwerk, Thüringen
- Lohn- und Gehalts-TV einschl. Ausbildungsvergütungen vom 23.1.2001, av ab 1.5.2001 (ohne § 5–Gehaltssätze und Gehaltsgruppen –)

Friseurhandwerk, Baden-Württemberg, Berlin, Brandenburg, Bremen, Hamburg, Mecklenburg-Vorpommern, Nordrhein-Westfalen, Rheinland-Pfalz (mit Ausnahme der Handwerkskammerbezirke Koblenz, Mainz und Trier), Sachsen, Sachsen-Anhalt, Thüringen
- Manteltarifvertrag Nr. 4 vom 10.3.1999, av ab 1.4.1999

Friseurhandwerk, Baden-Württemberg
- Entgelt-TV einschl. Ausbildungsvergütungen vom 24.4.2001, av ab 1.8.2001

Friseurhandwerk, Bayern
- Mantel-TV (Arbeitnehmer) vom 1.5.1998, i. d. F. des Änderungs-TV vom 7.8.2000, av ab 1.9.2000

Allgemeinverbindlich erklärte Tarifverträge N. Anh. III

- Mantel-TV für Auszubildende vom 1.5.1999, av ab 1.7.1999
- Weihnachtsgeld-TV vom 1.5.1998, av ab 1.5.1998
- Entgelt-TV mit Zusatzvereinbarung vom 30.6.2001, av ab 1.9.2001

Friseurhandwerk, Berlin
- TV über Ausbildungsvergütungen vom 13.9.2001, av ab 1.1.2002

Friseurhandwerk, Bremen
- Lohnrahmen-TV vom 25.11.1991, av ab 1.1.1992

Friseurhandwerk, Bremen und niedersächsische Gemeinden Langen, Loxstedt, Nordholz, Schiffdorf sowie die Samtgemeinden Bederkesa, Beverstedt, Hagen, Land Wursten
- TV über Weihnachtszuwendungen vom 13.7.1994, av ab 1.8.1994
- Mantel-TV für Auszubildende vom 3.5.1995, für Bremen av ab 1.10.1995, für die niedersächsischen Gemeinden av ab 15.1.1996

Friseurhandwerk, niedersächsische Gemeinden Langen, Loxstedt, Nordholz, Schiffdorf sowie die Samtgemeinden Bederkesa, Beverstedt, Hagen, Land Wursten
- Lohnrahmen-TV vom 25.11.1991, av ab 1.1.1992

Friseurhandwerk, Hessen
- Mantel-TV vom 23.11.1998, av ab 1.1.1999
- TV über eine Zuwendung für Beschäftigte vom 10.1.2000, av ab 1.1.2000
- TV über eine Jubiläumszuwendung vom 10.1.2000, av ab 10.1.2000
- TV über vermögenswirksame Leistungen vom 10.1.2000, av ab 1.1.2000
- TV über eine Zuwendung für Auszubildende vom 10.1.2000, av ab 1.1.2000
- Mantel-TV Nr. 2 für Auszubildende einschl. Anlagen 1 bis 3 vom 17.6.2000, av ab 1.8.2000
- TV über Ausbildungsvergütungen Nr. 12 vom 20.8.2001, av ab 1.8.2001
- Lohn- und Gehalts-TV vom 29.10.2001, av ab 1.1.2002

Friseurhandwerk, Niedersachsen (mit Ausnahme der Gemeinden Langen, Loxstedt, Nordholz, Schiffdorf sowie der Samtgemeinden Bederkesa, Beverstedt, Hagen, Land Wursten)
- Mantel-TV für Auszubildende vom 20.9.1993, av ab 1.1.1994
- Mantel-TV vom 29.3.1999, av ab 1.4.1999
- Lohnrahmen-TV vom 29.3.1999, av ab 9.10.1999
- TV über Weihnachtszuwendungen vom 29.3.1999, av ab 1.1.1999
- TV über Ausbildungsvergütungen vom 21.5.2001, av ab 1.8.2001

Friseurhandwerk, Nordrhein-Westfalen
- TV über Weihnachtszuwendungen (Auszubildende) vom 23.1.1996, av ab 1.1.1996
- TV über die Weihnachtszuwendungen vom 23.5.2001, av ab 1.2.2001

Friseurhandwerk, rheinland-pfälzische Handwerkskammerbezirke Rheinhessen, Koblenz, Trier
- TV über Jubiläumszuwendungen vom 7.7.1982, i. d. F. des Wiederinkraftsetzungs-TV vom 11.4.1991, av ab 1.8.1991

Friseurhandwerk, Bereich der rheinland-pfälzischen Struktur- und Genehmigungsdirektion Süd mit Ausnahme der Städte Mainz und Worms sowie der Landkreise Mainz-Bingen und Alzey-Worms (Handwerkskammerbezirk Pfalz)
- Entgelt-TV vom 11.6.2001, av ab 1.8.2001
- TV über Ausbildungsvergütungen vom 11.6.2001, av ab 1.8.2001

Friseurhandwerk, Sachsen
- Vergütungs-TV einschl. Urlaubsgeld, Weihnachtszuwendung und Ausbildungsvergütungen sowie Protokollnotiz Nr. 1 vom 27.4.1998, i. d. F. des Änderungs-TV vom 10.4.2000, av ab 1.5.2000

Friseurhandwerk, Kreis Pinneberg
- Mantel-TV vom 11.9.1995, av ab 1.10.1995

Friseurhandwerk, Thüringen
- Lohn- und Gehalts-TV einschl. Ausbildungsvergütungen und Urlaubszuwendung vom 24.3.1995 i. d. F. des Wiederinkraftsetzungs-TV vom 13.4.1999, av ab 1.9.1999

Wirtschaftsgruppe: Wissenschaft und Publizistik

Zeitungsverlage, Deutschland
- TV über die Altersversorgung für Redakteurinnen und Redakteure vom 15.12.1997, av ab 1.1.1999, jedoch für die Länder Brandenburg, Mecklenburg-Vorpommern und Sachsen sowie das Gebiet des früheren Berlin-Ost av ab 30.1.1999. Die Allgemeinverbindlicherklärung erstreckt sich nicht auf die Länder Sachsen-Anhalt und Thüringen.

Zeitschriftenverlage, alte Bundesländer
- TV über das Redaktionsvolontariat vom 22.9.1990, av ab 13.4.1991

Wirtschaftsgruppe: Sonstige private Dienstleistungen

Wach- und Sicherheitsgewerbe, Baden-Württemberg
- Lohn-TV vom 16.6.2000 mit Protokollnotiz Nr. 1 des Anhangs, av ab 1.7.2000, jedoch § 2 b und e) 1. Lohngruppe sowie j) av ab 13.10.2000

Wach- und Sicherheitsgewerbe, Bayern
- Mantel-TV (gewerbliche Arbeitnehmer) vom 22.11.2000, av ab 1.6.2001
- Lohn-TV Nr. 24 vom 22.11.2000, av ab 1.1.2001, jedoch für § 4 Abs. III av ab 1.6.2001

Wach- und Sicherheitsgewerbe, Bremen
– Mantel-TV einschl. Protokollnotiz vom 7.4.2000, av ab 19.8.2000
– Lohn-TV einschl. Protokollnotiz vom 3.4.2001, av ab 1.6.2001

Wach- und Sicherheitsgewerbe, Hamburg
– Mantel-TV mit Protokollnotiz vom 23.11.1999, av ab 18.3.2000
– Lohn-TV mit Protokollnotizen vom 24.1.2001, av ab 1.3.2001

Wach- und Sicherheitsgewerbe, Hessen
– Mantel-TV mit Protokollnotiz und Anhang Sipo vom 31.8.1998, av ab 1.9.1998

Wach- und Sicherheitsgewerbe, Niedersachsen
– Mantel-TV mit Protokollnotiz vom 6.3.1997, av ab 28.8.1997
– Lohn-TV mit Protokollnotiz vom 22.5.2000, av ab 1.7.2000

Wach- und Sicherheitsgewerbe, Nordrhein-Westfalen
– TV zur Entgeltfortzahlung im Krankheitsfall vom 13.11.1997, av ab 18.2.1998
– Mantel-TV mit Anlage und Anhang Sicherungsposten vom 2.2.2000, av ab 1.3.2000
– Lohn-TV mit Anhang (Handwerker und Facharbeiter) und Anhang (Sicherungsposten) sowie Protokollnotiz zum Anhang Sicherungsposten vom 6.4.2001, av ab 1.5.2001
– Gehalts-TV vom 6.4.2001, av ab 1.5.2001

Wach- und Sicherheitsgewerbe, Schleswig-Holstein
– Mantel-TV einschl. Protokollnotizen vom 7.9.2000, av ab 10.7.2001

Wach- und Sicherheitsgewerbe, Thüringen
– Lohn-TV vom 6.6.2000, av ab 1.2.2001

IV. Tarifverträge, deren Allgemeinverbindlichkeit seit der Veröffentlichung des vorherigen Verzeichnisses (Stand: 1. Januar 2002) endete

Elektrotechnische Handwerke, Baden-Württemberg
– Lohn-TV vom 14.4.2000, av ab 1.3.2000–AVE-Ende: 28.2.2002
– Gehalts-TV vom 14.4.2000, av ab 1.3.2000 – AVE-Ende: 28.2.2002
– Montageabkommen vom 14.4.2000, av ab 1.3.2000 – AVE-Ende: 28.2.2002
– TV über die Ausbildungsvergütungen vom 14.4.2000, av ab 1.3.2000 – AVE-Ende: 28.2.2002

Bäckerhandwerk, Nordrhein-Westfalen sowie rheinland-pfälzische Regierungsbezirke Koblenz und Trier
– Lohn- und Gehalts-TV vom 19.5.2000, av ab 1.4.2000 – AVE-Ende: 31.3.2002

Baugewerbe, Bayern
– Urlaubsregelung (gewerbliche Arbeitnehmer) vom 1.12.2000, av ab 1.1.2000-AVEEnde: 31.5.2001

Gerüstbaugewerbe, Deutschland (mit Ausnahme des Landes Berlin)
– Rahmen-TV (gewerbliche Arbeitnehmer) vom 27.7.1993, i. d. F. des Änderungs-TV vom 15.11.1995, av ab 1.1.1996 – AVE-Ende: 31.1.2002

Groß- und Außenhandel, Niedersachsen
– Mantel-TV mit Protokollnotiz vom 19.6.1997, av ab 1.1.1997 – AVE-Ende: 28.2.2002

Privates Omnibusgewerbe, Bayern
– Mantel-TV (gewerbliche Arbeitnehmer) vom 12.8.1998, av ab 1.1.1999 – AVE-Ende: 31.3.2002
– Lohn-TV vom 25.1.2000, av ab 1.10.2000 – AVE-Ende: 31.12.2001

Friseurhandwerk, Hessen
– Lohn- und Gehalts-TV Nr. 12 vom 31.7.2000, av ab 1.8.2000 – AVE-Ende: 31.12.2001

Friseurhandwerk, Niedersachsen (mit Ausnahme der Gemeinden Langen, Loxstedt, Nordholz, Schiffdorf sowie der Samtgemeinden Bederkesa, Beverstedt, Hagen, Land Wursten)
– Entgelt-TV vom 21.5.2001, av ab 1.4.2001 – AVE-Ende: 31.3.2002

Friseurhandwerk, Nordrhein-Westfalen
– TV über Ausbildungsvergütungen vom 4.8.1999, av ab 1.2.2000 – AVE-Ende: 31.12.2001
– TV über die Vergütungen vom 20.9.2000, av ab 1.8.2000 – AVE-Ende: 31.12.2001

Wach- und Sicherheitsgewerbe, Baden-Württemberg
– Mantel-TV (gewerbliche Arbeitnehmer) vom 15.7.1998, i. d. F. des Anhangs vom 7.6.1999, av ab 1.7.1999 – AVE-Ende: 31.12.2001
– TV über vermögenswirksame Leistungen (gewerbliche Arbeitnehmer) vom 15.7.1998, av ab 14.11.1998 – AVE-Ende: 28.2.2002

Berichtigung des Verzeichnisses der für allgemeinverbindlich erklärten Tarifverträge, Stand: 1. Januar 2002:
Die Allgemeinverbindlichkeit des mit Wirkung vom 1. März 1996 für allgemeinverbindlich erklärten Rahmentarifvertrages für die Angestellten, Meister und Auszubildenden des Gebäudereinigerhandwerks in den niedersächsischen Regierungsbezirken Braunschweig und Hannover sowie Teilen des Regierungsbezirks Lüneburg vom 19. Oktober 1995 endete nicht am 31. Oktober 2001, sondern bereits am 30. Juni 2001.

V. Hinweise zur Nachwirkung der außer Kraft getretenen Tarifverträge

Sofern eine Nachwirkung nicht durch den Tarifvertrag selbst oder die Allgemeinverbindlicherklärung ausdrücklich ausgeschlossen wurde, gilt Folgendes:
Für Arbeitsverhältnisse, die bis zum Ablauf des Tarifvertrages begründet worden sind, gelten die Rechtsnormen des Tarifvertrages nach seinem Ablauf weiter, bis sie durch eine andere Abmachung ersetzt werden (§ 4 Abs. 5 Tarifvertragsgesetz). Eine »andere

Abmachung« braucht kein Tarifvertrag zu sein; es kann sich dabei auch um eine Betriebsvereinbarung oder einen Einzelarbeitsvertrag handeln.

Für die Nachwirkung der Allgemeinverbindlicherklärung gelten diese Regeln entsprechend. Die Nachwirkung der Allgemeinverbindlicherklärung besteht für die Außenseiter auch dann weiter fort, wenn für die durch Mitgliedschaft bei den Tarifvertragsparteien gebundenen Arbeitgeber und Arbeitnehmer bereits ein neuer Tarifvertrag abgeschlossen wurde, dieser aber nicht für allgemeinverbindlich erklärt worden ist.

Stichwortverzeichnis

Die Buchstaben verweisen auf das Kapitel, die Zahlen auf die jeweilige Randnummer.

A

Abfallbeauftragter
- Kündigungsschutz D 516

Abfindung D 1903 ff.
- Abtretung C 1004, D 1906
- Änderungskündigung D 1939
- Angemessenheit D 1912
- Arbeitslosengeld E 44
- Auflösung des Arbeitsverhältnisses, *s. auch dort* D 1888
- Ausschlussfrist C 3670, C 3735
- außerordentliche Kündigung D 1927
- Bemessungsfaktoren D 1920 ff.
- Betriebszugehörigkeit D 1523, D 1926, D 1985
- »Brutto = Netto-Vereinbarung« D 1942
- Ehegattenarbeitsverhältnis D 1924
- Entgeltanspruch D 1931
- Fälligkeit D 1909
- Funktion D 1904
- Höchstgrenzen D 1916 ff.
- Höhe D 1912 ff.
- Insolvenz des Arbeitgebers C 1159, D 1910
- Lebensalter D 1946
- Lohnsteueranrufungsauskunft D 1955
- Monatsverdienst D 1913
- Pfändbarkeit D 1907
- Schadensersatzanspruch D 1931
- Sozialplan H 279
- sozialversicherungsrechtliche Fragen D 1957 ff.
- Steuerermäßigung D 1948
- steuerrechtliche Behandlung D 1933 ff.
- Streitwert L 454
- Tarifbegünstigung D 1933
- Umsetzung im Konzern D 1941
- Vererblichkeit D 1908
- Verfahrensfragen D 1929
- Weiterbeschäftigung D 1940
- weitere Abfindungsansprüche D 1931

Abgeordnete
- Kündigungsschutz D 493 ff.

Abkehrwille D 1114, D 1449

Ablehnung von Gerichtspersonen K 139 ff.
- Gründe K 154
- Rechtsfolge K 157
- Verfahren K 141

Abmahnung D 1315
- Anhörung D 1059, D 1371 ff.
- Anforderungen, inhaltliche D 1317
- Arbeitnehmer, Rechte D 1366
- Arbeitskampf G 90 f., G 133
- außerdienstliches Verhalten D 1349
- außerordentliche Kündigung D 1336
- Begriff D 1317
- berechtigte Personen D 1360
- Bezeichnung des Fehlverhaltens D 1319
- Darlegungs- und Beweislast D 1389, L 401
- Entfernung, Ausschlussfrist C 3721 ff.
- formell unwirksame D 1352
- Frist D 1361 ff.
- gerichtliche Geltendmachung D 1362
- Inhalt D 1317
- Kenntnisnahme D 1356
- Leistungsklage L 175
- Negativprognose D 1328
- öffentlicher Dienst D 1341
- Störungen im Vertrauensbereich D 1326
- Streitwert L 454
- Teilrechtswidrigkeit D 1374
- Verhältnismäßigkeitsprinzip D 1340 ff.
- Verzicht auf Kündigungsrecht D 1354
- vorausgegangene Kündigung D 1344 f.
- vorwerfbares Verhalten D 1346 f.
- weiteres Fehlverhalten D 1380 f.
- Widerruf D 1375
- Zeitablauf D 1376
- Zugang D 1355 ff.
- Zweck D 1318

Abrechnung
- Entscheidung § 61 Abs. 2 ArbGG L 485

Abschlagszahlungen C 688

Abschlussgebote
- gesetzliche B 10, B 122 ff.

Abschlussverbot
- gesetzliches B 15 ff.

Abtretung
- Abfindung C 1004
- Ausschluss bei Unpfändbarkeit C 1000
- Arbeitsentgelt C 999 ff.
- Urlaubsgeld C 1960
- Verbot C 1000 ff.

Abwerbung C 370

Abwicklungsvertrag D 2355

acte-claire-Theorie M 264

AG
- Parteifähigkeit L 16

Aids C 1474
- Fragerecht des Arbeitgebers B 241

Stichwortverzeichnis

- Kündigung D 1206 ff.
Akkordlohn C 760 ff.
- Mitbestimmung Betriebsrat I 1147
Akteneinsicht L 356
Alkohol C 1486
- im Betrieb C 313
- im Straßenverkehr C 1480
Alkoholsucht
- Kündigung D 1194 ff.
Allgemeine Arbeitsbedingungen
- Begriff A 456, A 703 ff.
- Inhaltskontrolle A 705 ff.
- überraschende Klauseln A 452, A 704
Allgemeiner Weiterbeschäftigungsanspruch s.
unter Weiterbeschäftigungsanspruch
Allgemeines Persönlichkeitsrecht A 329 ff.
- Abhören telefonischer Dienstgespräche A 331
- Überwachung des Arbeitnehmers A 329
Allgemeinverbindlichkeit
- Rechtsfolgen H 183 ff.
- Tarifvertrag H 174 ff.
- Verfahren H 179
Alliierte Streitkräfte A 267 ff.
- Grundlagen A 267 ff.
- Lohnpfändung C 1092
- prozessuale Besonderheiten A 272
Altersgrenze
- auflösende Bedingung D 2330 ff.
- Begriff D 2306, D 2330
- Bestimmtheit D 2331
- Betriebsvereinbarungen D 2333
- Schwerbehinderte D 2349
- tarifliche Regelungen D 2336
- Zulässigkeitsvoraussetzungen D 2331
Altersrente D 2339 ff.
- Altersteilzeitarbeit E 261
- Arbeitslosigkeit E 253 ff.
- Erwerbsminderung E 272
- Frauen E 267 ff.
- Hinzuverdienst E 275
- langjährig Versicherte E 239
- Regelaltersrente E 234
- Schwerbehinderte E 245
- Teilrente E 275
Altersteilzeit
- Arbeitsloser, Einstellung D 2549
- Arbeitsloser, Übernahme D 2569
- Arbeitslosigkeit im Anschluss D 2594 ff.
- Arbeitsunfähigkeit D 2620
- Arbeitszeit, Verkürzung D 2530
- Arbeitszeit, Verteilung D 2533
- Aufstockungsbeträge, sozialversicherungs-
  rechtliche Behandlung D 2593
- Aufstockungsbeträge, steuerliche
  Behandlung D 2590
- berechtigter Personenkreis D 2525
- Erkrankung während der – D 2616

- Erlöschen des Anspruchs auf
  Zuschüsse D 2580
- Insolvenzschutz D 2638
- Kurzarbeit D 2635
- Nebentätigkeit des Arbeitnehmers D 2586,
  D 2626
- Rentenversicherungsbeiträge,
  zusätzliche D 2539
- Übernahme eines Ausgebildeten D 2562 ff.
- Urlaubsanspruch D 2624
- Vergütung, Aufstockung D 2538, D 2545
- Verkürzung der Arbeitszeit D 2528
- Volontariat D 2567
- vorzeitige Beendigung D 2630
- Wiederbesetzung des freien
  Arbeitsplatzes D 2551 ff.
- Zuschüsse des Arbeitsamtes,
  Voraussetzungen D 2523 ff., D 2578 ff.
Altersteilzeitvertrag
- arbeitsrechtliche Behandlung D 2600
- Arbeitszeit, Verteilung D 2607
- Aufstockungsbeträge D 2611
- Laufzeit D 2605
- Nacharbeitsverpflichtung bei
  Erkrankung D 2616 ff.
- Nebentätigkeit des Arbeitnehmers D 2626
- Tätigkeitsbeschreibung D 2609
- Urlaubsanspruch D 2624
- Vergütung D 2610
- Verteilung der Arbeitszeit D 2607
- vorzeitige Beendigung D 2630
**Amtsenthebung des
  Betriebsratsmitglieds I 1973 ff.**
- andere Sanktionsmittel I 1983
- einstweilige Verfügung I 1981
- Einzelfälle I 1978
- Verfahren I 1980
- Voraussetzungen I 1986
- Wirkungen I 1991
Amtszeit des Betriebsrats I 394 ff.
- Auflösung I 405
- Beginn I 395
- Betriebsstilllegung I 415 ff.
- Ende I 399 ff.
- regelmäßige Beendigung I 399 ff.
- Spaltung I 410 ff.
- Umstrukturierung I 410, I 413
- verkürzte Amtszeit I 394
- Verschmelzung I 410 ff.
- Wahlanfechtung I 373
- Zusammenlegung I 416
Änderungskündigung
- Ablehnung des Angebots D 1815
- Anhörung des Betriebsrats D 1813
- Annahme D 1794
- Annahme unter Vorbehalt D 1795, L 75

Stichwortverzeichnis

- Annahme unter Vorbehalt, Rechtsfolge D 1801, D 1805 ff.
- Änderungsschutzklage D 1826
- Arbeitsvolumen, Reduzierung D 1776
- Arbeitszeitvolumen, Erweiterung D 1780
- außerordentliche D 1821 ff.
- Auflösung des Arbeitsverhältnisses durch das ArbG D 1897
- Ausgleichszahlung D 1939
- Ausschluss D 1818
- außerordentliche D 1821
- Beteiligung des Betriebsrats D 1831 ff.
- betriebsbedingte Gründe D 1757 ff.
- Betriebsrat D 1724
- Direktionsrecht D 1733
- Eingruppierung, Korrektur unzutreffender D 1783
- Entgeltanpassung D 1765
- Entgeltminderung D 1757 ff.
- Erklärungsfrist D 1795
- Interessenabwägung D 1806
- Klage D 1799
- Kostensenkung D 1772
- Kündigungsfrist D 1897
- Kündigungsschutzklage L 206
- Massenänderungskündigung D 1819
- öffentlicher Dienst D 1755
- Organisationsänderung D 1767
- personenbedingte Gründe D 1752
- Prüfungsmaßstab D 1827
- Rechtsnatur D 1722
- Rücknahme D 1836
- Schriftform D 19
- Sozialauswahl D 1790 ff.
- soziale Rechtfertigung D 1749 ff.
- Sperrzeit E 71
- Streitwert L 454
- Verfahrensfragen D 1715
- verhaltensbedingte Gründe D 1754
- Verhältnismäßigkeitsprinzip D 1808 ff.
- Versetzung D 1726
- vorbehaltlose Annahme D 1794
- Vorrang vor Beendigungskündigung D 1714 ff.
- Weiterbeschäftigung D 1718
- Widerrufsvorbehalt D 1740
- Zweck D 1720

Änderungskündigung, außerordentliche
- analoge Anwendung von § 2 KSchG D 1824
- Änderungsschutzklage D 1826
- Prüfungsmaßstab D 1827
- Voraussetzungen D 1822
- wichtiger Grund D 1823

Anerkenntnis
- Güteverhandlung L 279

Anerkenntnisurteil
- Kammertermin L 417

Angriffs- und Verteidigungsmittel
- Zurückweisung in Berufungsverfahren L 639 ff.

Anfechtung
- Anhörung des Betriebsrats B 422
- Aufhebungsvertrag D 2481
- Ausgleichsquittung C 3797
- beiderseitiger Irrtum B 455
- Einschränkung B 425
- Entgeltfortzahlung C 1552
- Erklärung B 411
- Frist B 414
- Gründe B 403 ff.
- Klagefrist B 458
- Rechtsfolgen B 427 ff.
- Rückwirkung B 436
- Umdeutung B 461
- Verhältnis zur Kündigung B 432

Anfechtungsgründe B 403 ff.
- arglistige Täuschung oder Drohung B 420
- Erklärungsirrtum B 403
- gesundheitliche Mängel B 409
- Inhaltsirrtum B 405
- Leistungsfähigkeit des Arbeitnehmers B 408
- Prüfungsmaßstab B 410
- Schwangerschaft B 424
- verkehrswesentliche Eigenschaft B 408 ff.

Angestellte
- Abgrenzung zu Arbeitern A 177 ff.
- Dienstordnungsangestellte A 194
- leitende A 196 ff.
- s. auch unter Arbeiter

Anhörung des Betriebsrats
- Abschluss D 261 ff.
- Adressat D 259
- Änderungskündigung D 1722
- Anfechtung B 422
- Art der Kündigung D 282
- Auslandseinsatz D 250
- außerordentliche Kündigung D 265, D 325
- Beendigungstatbestände ohne Anhörung D 277
- Begriff D 248
- betriebsbedingte Kündigung D 932 ff.
- Betriebsvereinbarung D 322
- Darlegungs- und Beweislast D 314 ff.
- Einlassung des Arbeitnehmers D 319
- erneute Kündigung D 269 ff.
- fehlerhafte D 251, D 302 ff.
- funktionsfähiger Betriebsrat D 253
- Gesamtbetriebsrat D 245
- Heimarbeiter D 279
- Inhalt D 280 ff., D 316
- Kündigungsfrist, -termin D 283
- Kündigungsgrund D 286 ff., D 290 ff.
- Massenentlassungen D 267 ff.
- mehrere Kündigungsgründe D 951

2739

Stichwortverzeichnis

- ordentliche Kündigung D 923 ff.
- personen- und krankheitsbedingte Kündigung D 923 ff.
- Rechtsgrundlagen D 243
- Überprüfung von Amts wegen D 315
- Umdeutung D 901 ff.
- Unterrichtung D 259
- verfrühte Kündigung D 264
- verhaltensbedingte Kündigung D 929
- Verzicht D 309
- vor Ablauf der 6-Monats-Frist D 943
- vorherige Kenntnis D 299
- Werturteile D 316
- Widerspruch D 300
- Zustimmungsersetzungsverfahren D 308
- Zustimmungsverfahren D 244

Anhörung des Personalrats
- außerordentliche Kündigung D 243 ff.
- fehlerhafte Beteiligung D 251
- ordentliche Kündigung D 922 ff.
- Rechtsfolgen D 310 ff.
- Rechtsgrundlagen D 243
- Verfahren D 280

Anhörungsverfahren
- Kündigung D 261 ff.

Anlasskündigung C 1553 ff.
- Kenntnis des Arbeitgebers C 1557
- Kündigung ohne Kenntnis des Arbeitgebers C 1558
- zum/nach Ende der Arbeitsunfähigkeit C 1564

Annahmeverzug
- Angebot des Arbeitnehmers C 1211
- Angebot des Arbeitnehmers, Unzumutbarkeit C 1215
- Anrechnung auf den entgangenen Verdienst C 1270
- anzurechnender Verdienst C 1273
- Arbeitsentgelt C 1264
- Aufwendungsersatz C 1268
- Beendigung C 1246 ff.
- Betriebsrisiko *s. dort*
- böswillig unterlassener Erwerb C 1283
- Darlegungs- und Beweislast C 1288
- Entzug der Fahrerlaubnis C 1223
- ernsthafter Leistungswille C 1237
- faktisches Arbeitsverhältnis C 1247
- Krankheit des Arbeitnehmers C 1224
- Kündigungsschutzklage C 1214
- Leistungsbereitschaft C 1237
- Leistungsvermögen des Arbeitnehmers C 1221 ff., C 1231 ff.
- Leistungsverweigerungsrecht des Arbeitnehmers C 1239
- Lohnausfallprinzip C 1261
- Mutterschutz C 1243
- Rechtswirkung C 1261 ff.

- Schwerbehinderung C 1229
- Suspendierung C 1206
- Voraussetzungen C 1208 ff.
- Weiterbeschäftigungspflicht C 1248
- Wirtschaftsrisiko C 1310 ff.

Anscheinsbeweis L 389 ff.
Anschlussberufung L 631
Anschlussbeschwerde L 1023
Anschlussrevision L 812
Anschlusstarifvertrag H 51
Antrag
- Beschlussverfahren L 912

Antragsänderung
- Beschlussverfahren L 929, L 931
- Beschwerdeverfahren L 1056

Antragsbefugnis
- Beschlussverfahren L 922

Antragsgegner
- Beschlussverfahren L 899 f.

Antragsrücknahme
- Beschlussverfahren L 976
- Beschwerdeverfahren L 1034

Antragssteller
- Beschlussverfahren L 899

Anwaltsgebühren L 294
Anwesenheitsprämien C 941 ff.
Arbeit auf Abruf C 3423 ff.
- Arbeitsentgelt C 3432
- flexible Arbeitszeitdauer C 3424
- Mindestdauer der Arbeitseinsätze C 3430
- Verteilung der Arbeitszeit C 3427

Arbeiter
- Abgrenzung zu Angestellten A 177 ff.

Arbeitgeber
- Arbeitgeberdarlehen C 974 ff.
- Begriff K 240 ff.
- Bericht anl. Betriebsversammlung I 729
- Betriebsübergang, Unterrichtungspflicht C 3345 ff.
- Betriebsvereinbarung I 1152 ff.
- Dienstwagen, Privatnutzung C 957 ff.
- Direktionsrecht A 640 ff.
- Fragerecht B 214 ff.
- Fürsorgepflicht C 2154 ff.
- Gebot vertrauensvoller Zusammenarbeit mit BR I 1007 ff.
- Gleichbehandlungsgrundsatz A 460 ff.
- Informationspflicht I 1262
- Informationspflicht, Unterrichtung des BR I 1666
- Recht am Arbeitsergebnis C 2467 ff.
- Sanktionen von Pflichtverletzungen C 2347 ff.
- Schutz der Persönlichkeitsrechte I 1053
- Schutz der Vermögensgegenstände C 2256 ff.
- Schutz vor sex. Belästigung C 2337
- Schutzpflichten für Leben u. Gesundheit C 2194 ff.

Stichwortverzeichnis

- Tarifbindung A 409
- Tariffähigkeit H 26
- Überwachungspflicht I 1043 ff.
- Umsatz-/Gewinnbeteiligung C 812 ff.
- Wahrung der Ehre des Arbeitnehmers C 2334
- Weisungsrecht A 640 ff.
- Zusammenarbeit mit dem Betriebsrat I 1013
- Zusammenarbeit mit Koalitionen I 936 ff.

Arbeitgeberanschreiben
- Muster L 70

Arbeitgeberdarlehen C 974 ff.
- Abgrenzung zum Vorschuss C 977 ff.
- Beendigung des Arbeitsverhältnisses C 985 ff.
- Betriebsübergang C 995
- Elternzeit C 989
- Kündigung C 983
- Rückzahlungsklauseln C 990

Arbeitgebervereinigung
- Dienstaufsicht K 23
- Durchsetzungsfähigkeit H 22 ff.
- Tariffähigkeit H 29

Arbeitgeberwechsel C 3320 ff.
- Abspaltung C 3224
- Aufspaltung C 3223
- Ausgliederung C 3226
- Betriebsstilllegung C 3303 ff.
- Betriebsteilübergang C 3279
- Betriebsübergang C 3254 ff., C 3281 ff.
- Betriebsübergang, Voraussetzungen C 3264 ff.
- Betriebsübergang, Wahrung der Identität C 3282 ff.
- Betriebsverlegung C 3308
- Folgen für den Betriebsrat C 3241
- Fortführung der wirtschaftl. Einheit C 3298 ff.
- Gesamt- und Konzernbetriebsrat C 3242
- Gesamtrechtsnachfolge C 3220
- Grundlagen C 3220 ff.
- Interessenausgleich C 3243
- Rechtsfolgen für den Arbeitnehmer C 3228 ff.
- Umwandlung von Unternehmen C 3221
- Unterrichtung des Wirtschaftsausschusses C 3244 ff.
- Vermögensübertragung C 3227
- Verschmelzung von Rechtsträgern C 3222

Arbeitnehmer
- Abgrenzung zum Selbstständigen A 43 ff., A 120 ff.
- Abwerbung von Kollegen C 370
- allgemeines Persönlichkeitsrecht A 329 ff.
- Anfechtung der Eigenkündigung D 2054
- Anhörung bei Verdachtskündigung D 814
- Anhörungsrecht I 970
- Anzeigepflicht der Arbeitsunfähigkeit C 1590 ff.
- Arbeitnehmerdarlehen C 996
- Arbeitsförderung A 974 ff.
- Auskunftspflicht B 209 ff., B 225, C 429 ff.
- Begriff A 40 ff., K 235 ff.
- Berufsfreiheit A 352
- Gleichbehandlungsgrundsatz A 334 ff., A 460 ff.
- Haftung C 486 ff.
- Haupttätigkeit A 47 ff.
- persönliche Abhängigkeit A 41
- Recht am Arbeitsergebnis C 2467 ff.
- Schlechtleistung C 475 ff.
- Schutz der Vermögensgegenstände C 2256 ff.
- Schutz von Ehe und Familie A 350
- Schutz vor sex. Belästigung C 2337
- Schutzpflichten für Leben u. Gesundheit C 2194 ff.
- Sozialversicherungsrecht A 133 ff.
- Steuerrecht A 128 ff.
- Teilzeitbeschäftigung A 52, C 80 ff., C 87 ff.
- Unternehmenseigentum, Schutz des C 324
- Unternehmensförderung, Pflicht zur C 379 ff.
- Weisungsgebundenheit A 46
- Wettbewerbsverbot C 248 ff.
- Widerspruch bei Betriebsübergang C 3336 ff.
- Wiedereinstellungsanspruch L 36
- wirtschaftliche Abhängigkeit A 53
- Zurückbehaltungsrecht C 211 ff.

Arbeitnehmerähnliche Person
- Begriff A 207
- Betriebsübergang C 3331
- Beispiele A 209
- Rechtsfolge der Einordnung A 210 ff.

Arbeitnehmerähnliche Selbstständige
- Sozialversicherungsrecht A 157 ff.

Arbeitnehmerdarlehen C 996

Arbeitnehmerentsendegesetz
- Arbeitskollisionsrecht A 865
- Ausnahmen für geringfügige Arbeiten A 882
- Durchgriffshaftung A 883
- Entfristung A 889
- Entsendung im Rahmen eines Dienstvertrages C 3485
- Entsendung im Rahmen eines Werkvertrages C 3475 ff.
- gerichtliche Durchsetzung A 887
- Kritik A 890
- Meldepflicht A 884
- Mindestarbeitsbedingungen, Katalog A 885
- Rechtsverordnung A 873 ff.
- sachlicher Anwendungsbereich A 870
- Vereinbarkeit mit EG-Recht A 891

Arbeitnehmererfindungen C 2477 ff.
- Anmeldepflicht des Arbeitgebers C 2488
- Aufgabe der Schutzrechte C 2495
- Ausgleichsquittung C 3793
- Auslandsverwertung C 2531 ff.
- freie Erfindungen C 2541
- geschmacksmusterfähige Werke C 2588

2741

Stichwortverzeichnis

- Inanspruchnahme durch Arbeitgeber C 2487 ff.
- Leistungen ausübender Künstler C 2579 ff.
- urheberrechtlich geschützte Werke C 2558 ff.
- Vergütung, Berechnung C 2507
- Vergütungsanspruch des Arbeitnehmers C 2505 ff., C 2572
- Vorschläge zur Rationalisierung C 2544 ff.

Arbeitnehmerschutzrecht C 2194 ff.
- Arbeitsanweisungen C 2232
- ärztliche Untersuchungen C 2295
- Betriebsrat, Mitwirkung I 1515, I 1522
- Erfüllungsanspruch C 2243
- Grenzen C 2207
- Haftungsausschluss C 2274
- Kosten C 2213 ff.
- Mobbing C 2306 ff., C 2323 ff.
- Nichtraucherschutz C 2225 ff.
- Sanktionen von Pflichtverletzungen C 2347 ff.
- Schadensersatzanspruch C 2247 ff.
- Schutz der Vermögensgegenstände C 2256 ff.
- Schutz für Leben und Gesundheit C 2194 ff.
- Schutz vor sex. Belästigung C 2337
- Schwangere C 2241
- Unterbringung und Verpflegung C 2234
- Vorsorgeuntersuchungen C 2237
- Wahrung der Ehre C 2334
- Zurückbehaltungsrecht C 2244

Arbeitnehmerüberlassung C 3467 ff.
- Auszubildende C 3474
- Besonderheiten des Arbeitsverhältnisses C 3503 ff.
- Entsendung C 3475 ff.
- Erlaubnisverfahren C 3497
- Erlaubnisvorbehalt C 3488 ff.
- fingiertes Arbeitsverhältnis C 3518 ff.
- Gewerbsmäßigkeit C 3487
- illegale C 3515 ff.
- Parteifähigkeit L 25
- Pflichten des Verleihers C 3499
- Rechtsbeziehungen zwischen den Beteiligten C 3473, C 3508 ff.
- Verleiherpflichten C 3499

Arbeitnehmerweiterbildung C 2096 ff.

Arbeitsamt
- Zuschüsse bei Altersteilzeit D 2523 ff., D 2578 ff.

Arbeitsbedingungen
- allgemeine – A 442 ff.
- Gleichbehandlungsgrundsatz A 566 ff.
- Inhaltskontrolle A 449 ff.

Arbeitsbefreiung s. unter Freistellung

Arbeitsbefreiung Betriebsratsmitglieder I 533 ff.
- Abgeltung I 563
- Anspruch I 543
- Durchführung I 545

- Erforderlichkeit I 538
- Freizeitausgleich I 552
- Streitigkeiten I 569
- Voraussetzungen I 553

Arbeitsbescheinigung
- Erteilung F 76

Arbeitsentgelt C 599 ff.
- Abtretung C 999 ff.
- Akkordlohn C 760 ff.
- Anwesenheitsprämien C 941 ff.
- Arbeit auf Abruf C 3432
- Arbeitgeberdarlehen C 974 ff.
- Arbeitnehmerdarlehen C 996
- Aufrechnung gegen Lohnforderung C 697
- Bemessungsgrößen C 605
- Besteuerung C 637 ff.
- betriebliche Übung C 853 ff.
- Betriebsvereinbarung C 610
- Bruttolohnvereinbarung C 659
- Dienstwagen, Privatnutzung C 957 ff.
- Erfüllung C 684
- freiwillige Leistungen C 612
- freiwillige Leistungen, Widerruf C 619
- Freiwilligkeitsvorbehalt C 863
- Gratifikation C 822 ff.
- Gratifikation, Fehlzeiten C 887 ff.
- Gratifikation, Mutterschutz C 904 ff.
- Gratifikation, Rückzahlung C 865 ff.
- Höhe C 622 ff.
- Kindergeld C 681
- Leistungsbezogenheit C 701 ff.
- Leistungslohn C 780 ff.
- Lohnaberechnung C 644
- Lohngleichheit C 623
- Miles- & More-Bonus-Programme C 998
- öffentlicher Dienst C 720 ff.
- ohne Arbeitsleistung C 1200 ff.
- Personalrabatte C 952
- Pfändung C 1014 ff., C 1103 ff.
- Prämienlohn C 773 ff.
- Provisionen C 789 ff.
- Rückzahlung C 1126 ff.
- Sachbezüge C 696
- Sozialleistungen C 932 ff.
- Sozialversicherungsbeiträge C 673 ff.
- tarifliche Regelungen C 608
- Teilzeitbeschäftigung C 148 ff.
- Umsatz-/Gewinnbeteiligung C 812 ff.
- Verjährung, altes Recht C 3624
- Vermögensbeteiligung C 970
- Verzinsung C 631
- Vorschuss C 688
- Zulagen C 783 ff.

Arbeitsergebnis
- immaterielle Arbeitsleistungen C 2470 ff.
- Recht am – C 2467 ff.
- Schöpferprinzip C 2472

Stichwortverzeichnis

Arbeitserlaubnis
- ausländische Arbeitnehmer D 1219
- Beschäftigung B 49 ff.
- Kündigung D 2129
- Rechtsfolge bei Verstößen B 62

Arbeitsförderung
- Leistungen an Arbeitgeber A 978 f.
- Leistungen an Arbeitnehmer A 974 f.

Arbeitsfreistellung s. unter Freistellung

Arbeitsgericht
- Anspruch auf Arbeitsleistung, Klage C 232
- Ansprüche aus unerlaubter Handlung K 254 ff.
- Arbeitskampfstreitigkeiten K 228 ff.
- Arbeitspapiere K 257
- auswärtige Kammern K 20
- Beschlussverfahren K 288
- Bestellung des Wahlvorstands I 260 ff.
- Betriebsbuße, Überprüfung I 1345
- Betriebsvereinbarung, Streitigkeiten über I 1231
- Betriebsverfassungsgesetz K 290 ff.
- Dienstaufsicht K 25 ff.
- Einigungsstelle, Bestellungsverfahren I 1078
- einstweilige Verfügung zur Sicherung von Ansprüchen I 1963
- Erfinder- und Urheberstreitigkeiten K 268
- Ernennung der Richter K 43 ff.
- Fachkammern K 23 f.
- Festsetzung von Ordnungsgeld I 1955
- Festsetzung von Zwangsgeld I 1960
- Gerichtsstandsvereinbarung K 326 ff.
- Kündigungsschutzklage D 589
- Mitbestimmungsangelegenheiten K 296 ff.
- Nachwirkungen aus Arbeitsverträgen K 252
- Notwendigkeit vorläufige personelle Maßnahmen I 1748 ff.
- örtliche Zuständigkeit K 312 ff.
- Prozessvertretung L 111
- Sozialplan, Streitigkeiten I 1901
- Sprecherausschussgesetz K 294
- Sprungrevision L 758 ff.
- Streitigkeiten aus dem Arbeitsverhältnis K 234 ff.
- Streitigkeiten im Rahmen des § 87 Abs. 1 BetrVG I 1508
- Streitigkeiten mit Insolvenzversicherungen K 261
- Streitigkeiten mit Organmitgliedern K 283 ff.
- Streitigkeiten mit Tarifvertragsparteien K 260
- Tariffähigkeit, Entscheidung über H 43, K 303 ff.
- Tarifzuständigkeit, Entscheidung über H 43
- Teilzeitbeschäftigung, Antrag auf C 136 f.
- Teilzeitbeschäftigung, Streitwert C 144
- Überprüfung des Spruchs der Einigungsstelle I 1109 f.
- Urlaubsanspruch C 1914 f.
- Versetzung eines Betriebsratsmitglieds I 656 f.
- Verstöße gegen BetrVG I 1945 ff.
- Verzinsungsanspruch, Klageantrag C 632
- Vollstreckungsgericht L 523
- Wahlanfechtungsverfahren I 379 f.
- Weiterbildung, Überprüfungsbefugnis C 2151
- Weiterbildungsanspruch C 2142
- Wettbewerbsverbot, Klage C 298
- Tarifverträge, Streitigkeiten K 220 ff.
- Zusammenhangsklagen K 272 ff.
- Zusammensetzung der Kammern K 35 ff.
- Zustimmungsersetzungsverfahren I 1725 ff.

Arbeitsgerichtsbarkeit
- Ablehnung von Gerichtspersonen K 139 ff.
- Aufbau K 6 ff.
- Ausschluss K 340 ff.
- auswärtige Kammern K 20 ff.
- Beschlussverfahren K 3
- ehrenamtliche Richter K 63 ff.
- Fachkammern K 23 f.
- Gerichtstage K 17 ff.
- Geschäftsverteilung K 158 ff.
- Instanzenzug K 6 ff.
- internationale Zuständigkeit K 184 ff.
- ordentliche Gerichtsbarkeit K 2
- Recht der – A 33
- Rechtspfleger K 130 ff.
- Rechtswegzuständigkeit K 194 ff.
- Ressortierung K 9
- sachliche Zuständigkeit K 215 ff.
- Unterschiede K 3
- Urkundsbeamte der Geschäftsstelle K 136 ff.
- zuständiges Gericht K 344 ff.

Arbeitsgerichtsverfahren
- außergerichtliche Kosten L 550 ff.
- Ausschluss M 1 ff.
- Aussetzung aus verfassungs- oder europarechtlichen Gründen L 352
- Aussetzung bei Klage auf Weiterbeschäftigung L 343
- Aussetzung bei Massenverfahren L 348
- Aussetzung des Verfahrens gem. § 148 ZPO L 339 ff.
- Aussetzung gem. § 149 ZPO L 349
- Aussetzung von Vergütungsklagen L 345
- Berufungsverfahren L 565 ff.
- Beschleunigungsgrundsatz L 150 ff.
- Beweisverfahren L 379 ff.
- Dispositionsgrundsatz L 128
- Durchführung der Beweisaufnahme L 385 ff.
- einstweiliger Rechtsschutz M 46 ff.
- Gerichtskosten L 539 ff.
- Gütetermin L 218 ff.
- Güteverhandlung L 245 ff.
- Kammertermin L 296 ff.
- Mündlichkeit L 134
- Öffentlichkeit der Verhandlung L 139 ff.

2743

Stichwortverzeichnis

- Schlichtungsausschüsse M 3
- Unmittelbarkeit L 138
- Urteil L 432 ff.
- Vergleich L 262 ff.
- Verhandlungsgrundsatz L 130
- Vorschaltverfahren M 41
- Vollstreckungsverfahren L 520 ff.
- Zwangsvollstreckung L 504 ff.
s. a. unter *Beschlussverfahren, Urteilsverfahren*
Arbeitsgruppen im Betrieb I 471 f.
Arbeitskampf
- Begriff G 1 ff.
- Betriebsrat G 127, I 1018 ff.
- Boykottaufruf G 70
- einstweiliger Rechtsschutz M 129 ff.
- Feiertage C 1396
- Friedenspflicht I 1027
- Massenänderungskündigungen G 73 ff.
- Mittelbare Folgen G 157
- Notstandsarbeiten G 34 ff.
- Politischer Streik G 23
- rechtmäßiger G 79 ff.
- Rechtsgrundlagen G 3 ff.
- rechtswidriger G 132 ff.
- Rechtsfolgen des rechtmäßigen -es G 79 ff.
- Rechtsfolgen des rechtswidrigen -es G 132 ff.
- Rechtmäßigkeitsvoraussetzungen G 3 ff.
- Schadensersatzanspruch G 92 ff., G 138 ff.
- Streik G 15 ff. *s. auch dort*
- Streikbrecherarbeiten G 104 ff.
- Streikexzesse G 44
- Streikschranken G 41
- Streitigkeiten über – L 727
- Suspendierung G 79 ff., G 97 ff., G 132 ff.
- Sympathiestreik G 24
- Tarifvertrag G 160 f.
- Ultima-ratio-Prinzip G 28 ff.
- Unterlassungsanspruch G 90 ff., G 150 ff.
- Verhältnismäßigkeit G 26 ff.
s. auch u. *Aussperrung, Boykottaufruf, Streik*
Arbeitskampfrecht
- Arbeitsvertragsstatut A 932
Arbeitskampfstreitigkeiten
- Zuständigkeit der Arbeitsgerichte K 228 ff.
Arbeitskampfverbot I 1018 ff.
Arbeitskollisionsrecht
- Arbeitnehmerentsendegesetz A 865
- Arbeitsvertragsstatut A 828 ff.
- Beispiele A 851 ff.
- Individualarbeitsrecht A 828 ff.
- Wechsel des Arbeitsvertragsstatuts A 862 ff.
Arbeitsleistung C 1 ff.
- Annahmeverzug C 1208 ff.
- Annahmeverzug des Arbeitgebers C 209
- Arbeitsbefreiung, Wirkung C 182
- Arbeitsverhinderung C 229

- Arbeitsverhinderung aus pers. Gründen C 1313 ff.
- Ausübung staatsbürgerlicher Pflichten C 1351 ff.
- Durchsetzung des Anspruchs C 232 ff.
- einseitige Freistellung C 191 ff.
- einvernehmliche Freistellung C 175 ff.
- Fixschuldcharakter C 1200
- fremdbestimmte Organisation A 4
- gesetzliche Befreiung C 196 ff.
- Konkretisierung A 663 ff.
- Mehrarbeit C 441
- Nachleistungsanspruch C 440
- Nichtleistung C 435 ff.
- Ort C 25
- Schlechtleistung C 475 ff.
- Schlechtleistung, Rechtsfolgen C 479 ff.
- Umfang C 19
- Unmöglichkeit C 437, C 1202
- Unmöglichkeit, Betriebsrisikolehre C 1291 ff.
- Unzumutbarkeit C 204 ff.
- Wirtschaftsrisiko C 1310 ff.
- Zurückbehaltungsrecht des Arbeitnehmers C 211 ff.
Arbeitslosengeld
- Abfindung E 44, E 48
- Abfindungen, Anrechnung auf – E 34
- Anspruch auf – E 3 ff.
- Antrag auf – E 27
- arbeitgeberseitige Kündigung E 150 ff.
- Arbeitslosmeldung E 24
- Arbeitsunfähigkeit E 227
- Aufhebungsvertrag E 143
- Bezugsdauer E 28
- Eigenkündigung des Arbeitnehmers E 141
- Erfüllung der Anwartschaftszeit E 21
- Erstattungspflicht des Arbeitgebers E 102 ff.
- Erstattungspflicht des Arbeitgebers, Befreiungstatbestände E 123 ff.
- größerer Personalabbau E 161 ff.
- Härtefallregelung E 192 ff.
- Höhe E 33
- Krankenversicherung nach Ende der Bezugsdauer E 231
- Krankenversicherung, Pflichtmitgliedschaft E 222
- Langzeiterkrankung älterer Mitarbeiter E 144
- Privilegierung kleinerer Unternehmen E 129
- Ruhenszeit wg. verkürzter Kündigungsfrist E 38 ff.
- Ruhenszeiten E 36
- Ruhenszeiten wegen Urlaubsabgeltung E 37
- Ruhenszeitraum, Dauer E 46
- Sperrzeit B 2, E 30, E 58 ff.
- Wettbewerbsverbot des Arbeitslosen E 207 ff.
Arbeitslosigkeit
- Arbeitsbereitschaft E 17

Stichwortverzeichnis

- Begriff E 4
- Beschäftigungssuche E 15
- kurzzeitige Beschäftigung E 5
- mithelfender Familienangehöriger E 12
- Nebentätigkeit E 5
- Selbstständigkeit E 10

Arbeitspapiere K 257
- Aufbewahrungspflichten F 79
- Herausgabe F 76, F 81

Arbeitsplatzteilung C 3435 ff.
- Arbeitsentgelt C 3441
- Kündigungsschutz C 3442
- Lage der Arbeitszeit C 3436
- Vertretungstätigkeit C 3437

Arbeitsrecht
- Arbeitnehmer A 38 ff.
- Arbeitsvertrag A 309 ff.
- Europäische Gemeinschaft A 748 ff.
- Grundbegriffe A 38 ff.
- Grundgesetz A 305
- Grundrechte A 313
- Grundtatbestand A 2
- Harmonisierung A 791 ff.
- Individualarbeitsrecht A 305 ff.
- kollektives Arbeitsrecht A 312
- Kollektivvereinbarungen A 308
- Normenhierarchie der Rechtsquellen A 303
- privatrechtliche Gesetze A 306
- Rechtsquellen A 298 ff.
- selbstständiges Rechtsgebiet A 15 ff.
- Sonderstellung A 4
- supranationales A 769
- System A 18 ff.
- Vereinheitlichung auf Gemeinschaftsebene A 826 ff.

Arbeitsrechtliche Verwaltung
- Arbeitnehmerkammern A 958
- Arbeitsministerien der Länder A 957
- Behörden A 949 ff.
- Bundesministerium für Arbeit und Sozialordnung A 951 ff.

Arbeitsicherheitsgesetz I 1522
Arbeitsschutz s. unter Arbeitnehmerschutzrecht
Arbeitsstätten
- Anforderungen C 2222 ff.
- wechselnde C 50

Arbeitsstättenverordnung C 2202, C 2258
Arbeitsunfähigkeit
- Anlasskündigung C 1533 ff.
- Anzeigepflicht C 1590 ff.
- Arbeitsunfähigkeitsbescheinigung C 1602 ff.
- außerordentliche Kündigung D 710 ff.
- Darlegungs- und Beweislast C 1634
- dauernde D 1160
- Erkrankung im Ausland C 1647 ff.
- Kündigung D 1160
- Teilarbeitsunfähigkeit C 1444

- Urlaub C 1744
- Verschulden des Arbeitnehmers C 1497
- Wegeunfähigkeit C 1443

Arbeitsunfähigkeitsbescheinigung C 1602 ff.
- ausländische C 1647 ff.
- Darlegungs- und Beweislast C 1636
- Form C 1604
- Inhalt C 1604
- Kurzerkrankung C 1658
- Verlangen des Arbeitgebers C 1617
- Vorlage C 1614
- Vorlage, Entbehrlichkeit C 1624
- Vorlagefrist C 1614
- Zweifel am Inhalt C 1634
- Zweifel an der Richtigkeit C 1636

Arbeitsunfall C 573
Arbeitsverhältnis
- Abschlussgebote B 10, B 122
- Abschlussverbote B 15 ff.
- Abwicklung D 2400
- allgemeine Arbeitsbedingungen A 442 ff.
- Altersgrenze als auflösende Bedingung D 2330 ff.
- Ansprüche aus unerlaubter Handlung K 254 ff.
- Anwendbarkeit von Tarifvertrag A 408 ff.
- Arbeit auf Abruf C 3423 ff.
- Arbeitgeber, Auswahlermessen B 5 ff.
- Arbeitnehmer A 36, B 1 ff.
- Arbeitnehmerüberlassung, gewerbsmäßige C 3467 ff.
- Arbeitsplatzteilung C 3435 ff.
- Arbeitsschutzrecht B 473
- auflösende Bedingung D 2306 ff.
- Ausgleichsquittung C 3767 ff.
- Auskunftspflichten des Arbeitnehmers C 429 ff.
- Auszubildende B 69 ff.
- Beendigungsmöglichkeiten D 1 ff.
- Begründung A 313
- Berufsausbildung C 3556 ff.
- Beschäftigung außerhalb eines – A 232 ff.
- Betriebsübergang C 3328 ff.
- Datenschutz C 2397 ff.
- Diskriminierungsverbot B 145 ff.
- Einzelfragen, Arbeitsvertragsstatut A 911 ff.
- faktisches B 435 ff.
- Fortbildungsvertrag C 3610
- Gegenstand A 3
- geringfügig Beschäftigte C 3534 ff.
- gesetzliche Begründung B 69 ff.
- Grundrechte A 314 ff.
- Gruppenarbeitsverhältnis C 3444
- kollektives Arbeitsrecht A 324 ff.
- Leiharbeitnehmer C 3460 ff.
- Meldepflicht gegenüber Sozialversicherungsträgern B 467
- mittelbares C 3455

2745

Stichwortverzeichnis

- Nachwirkungen K 252
- Ordnung der Berufsbildung C 3613
- Quotenregelung B 151 ff.
- Recht auf Arbeit B 3
- Rechtnatur A 34 ff.
- Rücktritt D 2
- Sonderformen C 3423 ff.
- Streitigkeiten K 234 ff., K 242 ff., K 249 ff.
- Übergang, Inhalt C 3235
- Übergang, Kündigungsschutz C 3237
- Übergang, Widerspruchsrecht C 3228 ff.
- Umschulungsvertrag C 3611
- Verjährung, neues Recht C 3617 ff.
- Verwirkung C 3640 ff.
- Wegfall der Geschäftsgrundlage D 3
- Wehr- und Zivildienst C 1360 ff.
- Weiterbeschäftigung B 69 ff., B 75 ff., B 81 ff.

Arbeitsverhältnis, Auflösung durch das ArbG D 1865 ff.
- Änderungskündigung D 1897
- außerordentliche Kündigung, unwirksame D 1891
- Auflösung wg. militärischer Interessen D 1899
- Beendigungszeitpunkte D 1870
- beiderseitige Auflösungsanträge D 1886 ff.
- Betriebsübergang, Auflösungsantrag D 1873
- Beurteilungszeitpunkt D 1871
- Darlegungs- und Beweislast D 1880 ff.
- leitende Angestellte D 1884
- Prüfungsmaßstab D 1878
- Sozialwidrigkeit der Kündigung D 1866
- Unwirksamkeitsgründe D 1875
- Unzumutbarkeit, Anforderungen D 1865 ff.
- Zusammenarbeit, keine weitere gedeihliche D 1874

Arbeitsverhältnis, Beendigung
- Arbeitgeberdarlehen C 985
- außerordentliche Kündigung, s. dort
- betriebsbedingte Kündigung, s. dort
- Dienstwagen, Rückgabe C 963
- Gewährung von Sachleistungen D 2412
- Gratifikation D 2402
- Krankenversicherung E 221
- Kündigung, s. dort
- Lohnpfändung C 1031
- nachträgliches Wettbewerbsverbot C 275
- personenbedingte Kündigung, s. dort
- Provisionsanspruch D 2401
- Tantieme D 2403
- Vergütungsanspruch D 2400
- verhaltensbedingte Kündigung, s. dort
- Verschwiegenheitspflicht, nachvertragliche C 342

Arbeitsverhältnis, befristetes (ab 1.1.2001)
- abweichende Vereinbarungen D 2248
- Altersgrenzen D 2330 ff.
- Anschluss an Ausbildung D 2197

- Ärzte D 2270 ff.
- Ärzte in der Weiterbildung D 2289 ff.
- auflösende Bedingung D 2324 ff.
- Beendigung D 2228
- Befristung einzelner Vertragsbedingungen D 2204
- Darlegungs- und Beweislast D 2205, D 2217
- erleichterte Befristung D 2206 ff.
- Erprobung D 2200
- Fiktion eines unbefristeten Arbeitsverhältnisses D 2231 ff.
- gerichtlicher Vergleich D 2203
- gesetzliche Sachgründe D 2195 ff.
- Haushaltsmittel D 2202
- Klagefrist D 2240 ff.
- Sachgrundbefristung D 2188 ff.
- Schriftform D 2220
- Teilzeit- und Befristungsgesetz D 2187 ff.
- unwirksame Befristung, Rechtsfolge D 2237
- Vertretung D 2198
- vorübergehender betrieblicher Bedarf D 2195
- wissenschaftliches Personal D 2270 ff.

Arbeitsverhältnis, befristetes (Rechtslage bis 31.12.2000) D 2056 ff.
- Beendigung D 2160 ff.
- Befristung einzelner Vertragsbedingungen D 2171 ff.
- betriebsbezogene Befristung D 2101 ff.
- Hochschulbereich D 2153 ff.
- mehrfache Befristung D 2096 ff.
- objektive Umgehung des Bestandsschutzes D 2059
- personenbedingte Befristung D 2127 ff.
- sachlicher Grund D 2075 ff.
- Umgehungsrechtsprechung des BAG D 2056 ff.
- Unwirksamkeit der Befristungsabrede D 2166 ff.
- Wiedereinstellungsanspruch D 2177
- Zweckbefristung D 2178 ff.

Arbeitsverhältnis, Freistellung
- Anrechnung anderweitigen Erwerbs D 2413 ff.
- Anrechnung des Urlaubs D 2421 ff.
- Rückgabe des Dienstwagens D 2426 ff.

Arbeitsverhältnis zur Probe B 380 ff.
Arbeitsverhinderung
- Anzeige C 387
- aus pers. Gründen C 1313 ff.
- Ausübung staatsbürgerlicher Pflichten C 1351 ff.
- Darlegungs- und Beweislast C 1348
- ehrenamtliche Richter C 1356
- Informations- und Nachweispflicht C 1345
- Mehrzahl von Verhinderungsfällen C 1443
- Tatbestandsvoraussetzungen C 1322 ff.
- verhältnismäßig nicht erhebliche Zeit C 1337 ff.

Stichwortverzeichnis

- Verschulden C 1336
- Wahlvorbereitung C 1351
- Wehr- und Zivildienst C 1360 ff.

Arbeitsvermittlung
- Begriff A 963 ff.
- Durchführung durch das Arbeitsamt A 968 ff.

Arbeitsvertrag A 12, A 18, A 309 ff.
- Abschluss B 318
- Altersgrenzen B 379
- Änderung des Vertragsinhalts B 386
- Anfechtung, Klagefrist B 458
- Anfechtung, Rechtsfolgen B 427 ff.
- Anfechtungsfrist B 417 ff.
- Anfechtungsgründe B 403 ff.
- Anfechtungsrecht, Einschränkung B 425
- Anhörung des Betriebsrats bei Anfechtung B 422
- Arbeitsleistung, Vereinbarung B 360
- Arbeitspapiere, Vorlage B 474
- Arbeitsverhältnis zur Probe B 380 ff.
- arglistige Täuschung oder Drohung B 411
- Aushilfsarbeitsverhältnis B 384
- Ausschlussfristen C 3652 ff.
- Bedingung B 378
- Befristung B 373
- beiderseitiger Irrtum B 455
- Besonderheiten bei standardisiertem
  – A 449 ff., A 696 ff.
- Bezugnahme auf Tarifverträge H 192 ff.
- Dauer B 372
- Daueranstellung B 375
- Erklärung der Anfechtung B 414
- faktisches Arbeitsverhältnis B 435 ff.
- Formfreiheit B 336
- Formmangel, Geltendmachung B 344
- Geschäftsfähigkeit B 330
- gerichtliche Kontrolle A 690 ff.
- inhaltliche Ausgestaltung B 360 ff.
- kirchliche Arbeitsvertragsrichtlinien A 713 ff.
- mit Kommunen B 343
- Nachweisgesetz B 347 ff.
- Rechtsmängel B 387 ff.
- Schriftformerfordernis B 337 ff.
- übliche Vergütung B 368
- Umzugskosten B 371
- und Tarifvertrag H 137
- Vergütungsabrede, Fehlen B 352
- Verjährung, neues Recht C 3617 ff.
- Verstoß gegen die guten Sitten B 392 ff.
- Verstoß gegen ein gesetzliches Verbot B 388
- Vorvertrag B 325
- Wucher B 397

Arbeitsvertrag, gerichtliche Kontrolle A 690 ff.
- AGB-Gesetz A 456, A 703 ff.
- Inhaltskontrolle A 705 ff.
- überraschende Klauseln A 452, A 704
- Verbraucherschutzvorschriften A 711

Arbeitsvertragsrecht
- Kodifikation A 8 ff.

Arbeitsvertragsstatut
- Arbeitskampfrecht A 932
- Arbeitskollisionsrecht A 828 ff.
- Betriebsverfassungsrecht A 934 ff.
- Einzelfragen des Arbeitsverhältnisses A 911 ff.
- Insolvenzschutz A 923
- Ordre public A 904 ff.
- Tarifvertragsrecht A 925 ff.
- Verfahrensrecht A 941 ff.
- Wechsel A 862 ff.
- zwingendes Recht A 898 ff.

Arbeitsverweigerung
- außerordentliche Kündigung D 736
- Kündigung, verhaltensbedingte D 1268 ff.
- Leistungspflicht D 1268
- Leistungsverweigerungsrecht D 1271
- Mehrarbeit D 1274
- Überarbeit D 1275

Arbeitsvölkerrecht A 717
- Europarat A 735 ff.
- Internationale Arbeitsorganisation A 726 ff.
- KSZE A 734
- multilaterale Verträge A 742 ff.
- vereinte Nationen A 720 ff.

Arbeitszeit C 30 ff.
- Arbeitsbefreiung, Dauer C 186
- Arbeitsbereitschaft C 33
- Beginn und Ende C 168 ff.
- Begrenzung C 164
- Bereitschaftsdienst C 37
- Dienstreisezeiten C 47
- einstweiliger Rechtsschutz M 139 f.
- gleitende C 168, I 1356
- Lage C 165
- Rufbereitschaft C 40
- Ruhezeiten C 51
- Schullehrer C 173
- Sonderurlaub C 178
- Teilzeitbeschäftigung C 80 ff.
- Überstunden C 43, C 61 ff.
- Umfang C 55 ff.
- Unterschreitung C 163
- Waschen und Umkleiden C 169
- Wegezeiten C 46

Arbeitszeitregelung I 1347 ff.
- Bereitschaftsdienste I 1360
- gleitende Arbeitszeit I 1356
- Kurzarbeit I 1370
- Schichtarbeit I 1358
- Teilzeitarbeit I 1357
- Überstunden I 1369
- Verkürzung der Arbeitszeit I 1362 ff.
- Verlängerung der Arbeitszeit I 1362 ff.

Arbeitszeitverlegung C 1458

2747

Stichwortverzeichnis

Arbeitszeugnis F 1 ff.
- Anspruchsgrundlagen F 1 ff.
- Art des Arbeitsverhältnisses F 18
- Arten F 4
- äußerliche Gestaltung D 2443, F 41
- Ausschlussfristen C 3753, F 59
- Ausstellungsdatum F 39
- Beendigungsgrund F 34
- Berichtigungsanspruch F 70
- Berichtigungsanspruch, Verwirkung C 3643
- Betriebsratstätigkeit F 33
- Betriebsübergang C 3370
- Beurteilungsbogen F 45
- Beurteilungsspielraum F 25
- Bewertung der Leistung F 28
- Darlegung- und Beweislastverteilung L 409
- Dauer des Arbeitsverhältnisses F 18
- einfaches Zeugnis F 4
- frühere Beurteilungen F 134
- gewerkschaftliche Betätigung F 33
- Haftung ggü. Dritten F 68
- Holschuld F 57
- Inhalt F 13 ff.
- Klage auf Erteilung F 69
- Korrektur F 47
- Leistung und Führung F 22
- Leistungsklage L 173 ff.
- Prokura F 27
- qualifiziertes Zeugnis F 5
- Schadensersatz F 63
- Sprachregelung D 2449, F 51 ff.
- Straftaten F 26
- Verletzung der Zeugnispflicht F 63 ff.
- Vertragsbruch F 26
- Verjährung, altes Recht C 3632
- Verwirkung F 59
- Widerruf F 58
- Zeugnisberichtigungsanspruch F 70
- Zeugnissprache F 51 ff.
- Zugang F 46
- Zwangsvollstreckung F 73
- Zwischenzeugnis F 6

Arrest M 46 ff.
- Antrag M 55
- Ausschlussfristen M 62
- Beschlussverfahren M 71 ff.
- Beweismittelpräsenz M 49
- Einlassungsfrist M 60
- Glaubhaftmachungsmittel M 49
- keine Vorwegnahme der Hauptsache M 51
- Ladungsfrist M 60
- Leistungsverfügung M 51
- mündliche Verhandlung M 56 ff.
- Präklusionsrecht M 61
- prozesstaktische Überlegungen M 47
- Streitgegenstand M 50
- Urteilsverfahren M 69 f.

- Verjährung M 62
- Zustellung im Parteibetrieb M 64 ff.

Arrestantrag
- Sicherung einer Vergütungsforderung M 80

Ärzte
- befristete Arbeitsverhältnisse D 2270 ff.

Ärzte in der Weiterbildung
- befristete Arbeitsverhältnisse D 2289 ff.

ärztliche Untersuchungen C 310, C 2295

Aufhebungsvertrag D 2350 ff.
- Abdingbarkeit der Hinweispflichten des Arbeitgebers D 2512
- Abfindung, vorzeitiger Tod des Arbeitnehmers D 2515
- Abfindungshöhe D 2436
- Abschluss D 2359
- Abwicklungsvertrag D 2355
- allgemeine Erledigungsklausel D 2468
- Anfechtbarkeit D 2481, D 2497 ff.
- Anfechtung wegen Zeitdrucks D 2491
- Anrechnung anderweitigen Erwerbs D 2412
- Anrechnung des Urlaubs D 2421 ff.
- auf Wunsch des Arbeitnehmers D 2506
- Berufsausbildung C 3598
- betriebliche Altersversorgung D 2441
- Darlegungs- und Beweislast D 2503
- Eigenverantwortung des Arbeitnehmers D 2507
- Formulierung der Freistellung D 2435
- Formulierungshinweise D 2394 ff.
- Freistellung des Arbeitnehmers D 2404 ff.
- Gewährung von Sachleistungen D 2412
- Hinweis- und Aufklärungspflicht D 2464
- Hinweispflichten des Arbeitgebers D 2504, D 2511
- Inhalt D 2372, D 2390 ff.
- Inhaltskontrolle D 2476
- konkludenter D 2374
- mutterschutzrechtliche Folgen D 2482
- nachvertragliches Wettbewerbsverbot D 2451 ff.
- Nichtigkeit D 2477 ff.
- Rückgabe des Dienstwagens D 2426 ff.
- Rückgabe von Unterlagen D 2458
- Rücktrittsrecht D 2499
- salvatorische Klausel D 2474
- Schriftform D 2359 ff.
- Tarifvertrag H 55
- Umdeutung einer Kündigung in ein Angebot zum Abschluss D 2385 ff.
- unzulässige Rechtsausübung D 2493
- Verschwiegenheitspflicht D 2450
- Vertretungsmängel D 2497 ff.
- Verwirkung D 2501
- Vorteile für den Arbeitgeber D 2352
- Vorteile für den Arbeitnehmer D 2354
- vorzeitige Beendigung D 2459

Stichwortverzeichnis

- Wegfall der Geschäftsgrundlage D 2502
- Wettbewerbsverbot F 123
- widerrechtliche Drohung D 2483
- Widerrufsrecht D 2499
- Zeugnis D 2442 ff.
- Zustandekommen D 2384

auflösende Bedingung
- Tarifvertrag H 54

Auflösung des Arbeitsverhältnisses D 2306 ff.
- Abfindung D 1888
- Änderungskündigung D 1897
- außerordentliche Kündigung, unwirksame D 1891
- Auflösung wg. militärischer Interessen D 1899
- Beendigungszeitpunkte D 1870
- beiderseitige Auflösungsanträge D 1886 ff.
- Betriebsübergang, Auflösungsantrag D 1873
- Beurteilungszeitpunkt D 1871
- Darlegungs- und Beweislast D 1880 ff.
- leitende Angestellte D 1884
- Prüfungsmaßstab D 1878
- Sozialwidrigkeit der Kündigung D 1866
- Unwirksamkeitsgründe D 1875
- Unzumutbarkeit, Anforderungen D 1865 ff.
- Zusammenarbeit, keine weitere gedeihliche D 1874

Auflösung des Betriebsrats I 1986

Aufrechnung
- Ausschlussfristen C 3758
- Lohnpfändung C 1078

Aufspaltung C 3223

Aufwendungen C 2296 ff.
- Arbeitskleidung C 2300
- Bußgelder C 2302
- Fahrt- und Reisekosten C 2297
- Geldstrafen C 2302
- Lebensführungskosten C 2301
- Umzugskosten C 2298
- Werkzeuggeld C 2299

Aufwendungsersatz C 2296 ff.

Ausbilder I 1630

Ausbildung s. *Berufsausbildung*

Ausbildungskosten
- Darlegungs- und Beweislast F 142
- Höhe der Forderung F 137
- Rückzahlung F 130 ff.
- tarifliche Normen F 161 ff.

Ausfallhaftung A 293 ff.

Ausgleichsabgabe B 124

Ausgleichsklauseln
- im Vergleich C 3807 ff.

Ausgleichsquittung C 3767 ff.
- Anfechtung C 3797
- Arbeitnehmererfindung, Vergütung C 3793
- Aufhebungsvertrag C 2375
- Ausgleichsklausel C 3810 ff.
- ausländische Arbeitnehmer C 3801

- Auslegung C 3773 ff.
- Ausschlussklauseln C 3807
- Bereicherungsanspruch C 3806
- betriebliche Altersversorgung C 3794
- Darlegungs- und Beweislast C 3805
- Entgeltfortzahlung C 3790
- Inhalt C 3771
- Karenzentschädigung C 3795
- Kündigungsschutzklage C 3784 ff.
- Minderjährige C 3778
- Rechtsfolgen C 3781
- tarifliche Ansprüche C 3779
- Urlaub C 3789
- Widerruf C 3797
- Zweck C 3769

Aushilfsarbeitsverhältnis B 384

Auskunftsersuchen aus dem Handelsregister - Muster L 72

Ausländische Arbeitnehmer
- Ausgleichsquittung C 3801
- Beschäftigung B 49 ff.
- Greencard B 54
- Grundwehrdienst C 1364
- Saisonarbeitnehmer B 52
- türkische Arbeitnehmer B 55
- vorübergehende Entsendung B 59

Ausländerfeindliche Äußerungen
- außerordentliche Kündigung D 724 ff.

Ausländische Kapitalgesellschaft
- Parteifähigkeit L 24

Ausschluss von Gerichtspersonen
s. *unter Ablehnung von Gerichtspersonen*

Ausschlussfrist C 3652 ff.
- Abfindungsanspruch C 3735
- Anhörung des Arbeitnehmers D 633
- Anhörung des Betriebsrats D 651
- Ansprüche des Arbeitgebers C 3754 ff.
- Arbeitsentgelt C 3717
- arglistige Berufung auf – C 3760
- Arrest M 62
- Aufrechnung C 3758
- außerordentliche Kündigung D 626 ff.
- Beginn C 3670 ff., D 630 ff.
- Beschäftigungsanspruch C 3734
- betriebliche Altersversorgung C 3728
- betriebsvereinbarte Ansprüche H 277
- Dauergründe D 636 ff.
- einstweilige Verfügung M 62
- einzelvertragliche vereinbarte – C 3763, H 279
- Entfernung von Abmahnungen C 3721 ff.
- erfasste Ansprüche C 3713 ff.
- Feiertagsentgelt C 3746
- Geltendmachung des Anspruchs C 3691 ff.
- Hemmung D 631
- Informationspflicht des Arbeitgebers C 3690
- Insolvenz C 3719
- Kenntnis C 3684 ff.

2749

Stichwortverzeichnis

- Kenntnis des Kündigungsberechtigten D 634
- Kündigungsschutzklage C 3700 ff., C 3705 ff.
- persönliche Geltund H 271
- Rückwirkung C 3681
- sachliche Geltung H 272 ff.
- Schadensersatz C 3677
- Schadensersatzanspruch C 3739
- Urlaub C 3747
- Vorruhestandsleistungen C 3728
- Zeugnis C 3753

Ausschlussfrist, Tarifvertrag
- Auslegung H 270
- Beginn H 281
- betriebsvereinbarte Ansprüche H 277
- einzelvertragliche Ansprüche H 279
- Geltendmachung H 286
- persönliche Geltung H 271
- sachliche Geltung H 272 ff.
- tarifvertragliche Rechte H 264 ff.

Außendienstmitarbeiter
- Wahlberechtigung § 7 BetrVG I 373 ff.

Außerdienstliches Verhalten C 373 ff., D 1305
- Abmahnung D 1315
- Arbeitszeugnis F 32
- außerordentliche Kündigung D 768
- Tendenzunternehmen D 1837
- verhaltensbedingte Kündigung D 1852

Außergerichtliche Kosten
- Kostenerstattung L 550

Außerordentliche Kündigung
- Abmahnung D 755
- angekündigte Arbeitsunfähigkeit D 721 ff.
- Arbeitnehmer D 2044
- Arbeitsunfähigkeit D 710
- ärztliche Untersuchung, Verweigerung D 748
- Auflösung des Arbeitsverhältnisses durch das ArbG D 1891
- außerdienstliches Verhalten D 768
- ausländerfeindliche Äußerungen im Betrieb D 724 ff.
- Ausschlussfrist D 626 ff.
- Ausschlussfrist, Anhörung des Arbeitnehmers D 633
- Ausschlussfrist, Beginn D 630 ff.
- Ausschlussfrist, Hemmung D 631
- Ausschlussfrist, Kenntnis D 634
- beharrliche Arbeitsverweigerung D 736
- Besonderheiten im öffentlichen Dienst der neuen Bundesländer D 874
- betriebliche Gründe D 683
- Betriebsrat, Anhörung D 651
- Darlegungs- und Beweislast D 786 ff.
- Dauergründe D 636 ff.
- dringende betriebliche Gründe D 683 ff.
- Drogenkonsum D 733
- Druckkündigung D 855 ff.
- Ehrverletzung D 704
- eigenmächtiger Urlaubsantritt D 727
- Entgeltabrechnung C 687
- Fahrerlaubnis D 712
- fahrlässiges Verhalten D 708
- heimliche Tonbandaufzeichnung D 747
- Interessenabwägung D 775 ff.
- krankheitsbedingte Minderung der Leistung D 760
- Kündigungsgrund, geeigneter D 679
- Mandatsträger D 673
- materielle Voraussetzungen D 651 ff.
- Nachschieben von Kündigungsgründen D 794 ff.
- objektive Belastung des Arbeitsverhältnisses D 657
- objektive Unzumutbarkeit der Fortsetzung D 659
- öffentliche Kritik am Arbeitgeber D 753
- personenbedingte Gründe D 760 ff.
- politische Betätigung im Betrieb D 723
- pornografisches Bildmaterial D 701
- private e-mail D 700
- Prognoseprinzip D 660
- Rechtswirksamkeit D 242
- Schmiergelder, Annahme D 752
- Schwerbehinderte D 650
- Scientology, Mitgliedschaft D 750
- sexuelle Belästigung D 741
- Stasitätigkeit D 751
- Straftaten des Arbeitnehmers D 687 ff.
- Streikteilnahme D 726
- eines Tarifvertrages H 58
- tätlicher Angriff D 702
- Trotzkündigung D 784
- Umdeutung D 678
- Umdeutung in ordentliche Kündigung D 901 ff.
- unentschuldigtes Fehlen D 714 ff.
- Unterhaltspflichten, Berücksichtigung D 780
- Verbüßung einer längeren Strafhaft D 765
- Verdachtskündigung D 806
- Verhalten des Arbeitnehmers D 687
- Verhältnismäßigkeitsprinzip D 770 ff.
- Wettbewerbstätigkeit D 730
- wichtiger Grund, Begriffsbestimmung D 656 ff.
- wichtiger Grund, Prüfungsmaßstab D 664 ff.
- wichtiger Grund, Überprüfung D 662
- Wiederholungskündigung D 784
- Wirtschaftsrisiko C 1312
- Zeugenaussage D 754
- Zustimmungsersetzungsverfahren D 643

Aussetzung des Verfahrens
- Klage auf Weiterbeschäftigung L 343
- Massenverfahren L 348
- Verfahren gem. § 148 ZPO L 339 ff., L 349
- verfassungs- oder europarechtliche Gründe L 352

Stichwortverzeichnis

- Vergütungsklagen L 345
Aussetzungsbeschluss
- Vorabentscheidungsverfahren EuGH M 171
Aussperrung
- Abwehraussperrung G 52 ff.
- Angriffsaussperrung G 68
- Arten G 50
- Beendigung des Arbeitsverhältnisses G 129
- Betriebsrat G 127
- lösende Aussperrung G 67 ff.
- rechtswidrige, Rechtsfolgen G 162 ff.
- rechtswidrige, Schadensersatzansprüche G 164
- rechtswidrige, Unterlassungsansprüche G 166
- suspendierende Wirkung G 66
- Suspendierung der Hauptleistungspflichten G 121
- Urlaub G 123
- Tarifvertrag G 54
- Unterlassungsansprüche G 166
- Verhältnismäßigkeit G 56 ff.
- Voraussetzung G 54
- Wiedereinstellung B 182
- Zulässigkeit G 52 ff.
Austauschkündigung D 1419
Auswahlrichtlinien
- Begriff I 1578
- Betriebsrat, Beteiligung I 1591
- Einstellung und Versetzung I 1586
- Inhalt I 1584
- Kündigung I 1588
- Umgruppierung I 1587
Auswärtige Kammern K 20 ff.
Auszubildende
- Kündigung durch – D 540
- Kündigung, Form D 541 ff.
- Kündigung, wichtiger Grund D 529
- Kündigungsschutz D 525 ff.
- Probezeit, Kündigung D 525
- Übernahme nach Tarifrecht B 178
- Übernahme zu anderen Arbeitsbedingungen B 118
- Unzumutbarkeit der Weiterbeschäftigung B 96 ff.
- Unzumutbarkeit der Weiterbeschäftigung, betriebsbedingte Gründe B 104 ff.
- Unzumutbarkeit der Weiterbeschäftigung, personenbedingte Gründe B 100 ff.
- Urlaubsanspruch C 1970
- Vollzeitarbeitsverhältnis B 89 ff.
- Weiterbeschäftigung B 74 ff.
- Weiterbeschäftigung, Form des Verlangens B 85
- Weiterbeschäftigung, Frist des Verlangens B 85
- Weiterbeschäftigungsanspruch M 101 f.
s. auch unter Berufsausbildung

B

Bargeldlose Lohnzahlung I 1376
Baugewerbe
- Urlaubsanspruch C 2006 ff.
Beamte
- Arbeitnehmer A 232
Befristung
- Altersrente D 2339 ff., D 2343 ff.
- BeschFG D 2253 ff.
- Elternzeit D 2293
- Klageantrag D 2301 ff.
- Leiharbeitnehmer D 2298
- Tarifvertrag H 53
Befristung von Arbeitsverhältnissen, Rechtslage ab 1.1.2001
- abweichende Vereinbarungen D 2248 ff.
- Altersgrenzen D 2330 ff.
- Anschluss an Ausbildung D 2197
- auflösende Bedingung D 2324 ff.
- Beendigung D 2228
- Befristung einzelner Vertragsbedingungen D 2204
- Darlegungs- und Beweislast D 2205, D 2217
- erleichterte Befristung D 2206 ff.
- Erprobung D 2200
- Fiktion eines unbefristeten Arbeitsverhältnisses D 2231 ff.
- gerichtlicher Vergleich D 2203
- gesetzliche Sachgründe D 2195 ff.
- Haushaltsmittel D 2202
- Klagefrist D 2240 ff.
- Sachgrundbefristung D 2188 ff.
- Schriftform D 2220
- Teilzeit- und Befristungsgesetz D 2187 ff.
- unwirksame Befristung, Rechtsfolge D 2237
- Vertretung D 2198
- vorübergehender betrieblicher Bedarf D 2195
Befristung von Arbeitsverhältnissen, Rechtslage bis 31.12.2000 D 2056 ff.
- Beendigung D 2160 ff.
- Befristung einzelner Vertragsbedingungen D 2171 ff.
- betriebsbezogene Befristung D 2101 ff.
- Hochschulbereich D 2153 ff.
- mehrfache Befristung D 2096 ff.
- objektive Umgehung des Bestandsschutzes D 2059
- personenbedingte Befristung D 2127 ff.
- sachlicher Grund D 2075 ff.
- Umgehungsrechtsprechung des BAG D 2056 ff.
- Unwirksamkeit der Befristungsabrede D 2166 ff.
- Wiedereinstellungsanspruch D 2177

2751

Stichwortverzeichnis

- Zweckbefristung D 2178 ff.
Beiordnung s. unter Prozesskostenhilfe
Beleidigung
- verhaltensbedingte Kündigung D 1280
Bereitschaftsdienst C 37 ff.
Bergmannsversorgungsschein B 139
- Kündigung D 578
Berichtigung
- Urteil L 497
Berichtsheft C 3575
Berufsausbildung C 3556 ff., C 3613
- Aufhebungsvertrag C 3598
- Ausbildungsmittel C 3572
- Beendigung C 3592 ff.
- Berichtsheft C 3575
- Betriebsverfassungsgesetz, Geltung I 10
- duales System C 3560
- Grundlagen C 3556
- Kosten C 3584
- Kündigung C 3599
- Pflichten des Ausbildenden C 3570 ff.
- Pflichten des Auszubildenden C 3589
- Rechtsfolgen der Verletzung von Pflichten C 3585
- Schadensersatz bei vorzeitiger Kündigung C 3600
- tarifliche Regelungen C 3594
- Übergang in ein Arbeitsverhältnis C 3606
- Vergütungspflicht C 3577 ff.
- Vertrag C 3561 ff.
- Wiederholungsprüfung C 3596
s. auch unter Auszubildende
Berufsausbildungsangelegenheiten
- Ausschüsse M 29 ff.
- Ausschüsse, Bildung M 30
- Ausschüsse, Errichtung M 31
- Verfahren M 33
- Vergleich M 35
- Vergütung der Rechtsanwälte M 40
Berufsbildung
- Ausbilder I 1630
- Begriff I 1606
- Bildungsmaßnahmen I 1610
- Durchführung I 1622
- Förderung I 1612
- Betriebsrat, Mitbestimmung I 1616 ff.
- Teilnehmerauswahl I 1627
- Voraussetzungen des Mitbestimmungsrechts I 1622
- Zweck I 1604
Berufsfreiheit A 352
Berufsrichter K 38, K 43 ff.
- Ausbildung K 40 ff.
- Befähigungsvoraussetzungen K 40 ff.
- Berufung K 43 ff.
- Ernennung der am ArbG tätigen Richter K 43 ff.

- Ernennung der beim BAG tätigen Richter K 52 ff.
- Ernennung der Vorsitzenden Richter am LAG K 49 ff.
- persönliche Unabhängigkeit K 61 f.
- richterliche Unabhängigkeit K 59 f.
- statusrechtliche Rechte K 58 ff.
Berufsschule C 3575
Berufung L 455
- Bindungswirkung L 464
- Rechtsmittelbelehrung L 466
- Zulassung L 460
- Zurückverweisung an erste Instanz L 650 ff.
Berufungsbegründung L 590 ff.
- Folgen einer fehlerhaften – L 622
- Form L 618
- Frist L 611 ff.
- Inhalt L 618
Berufungsbegründungsfrist L 601
Berufungsrücknahme L 633
Berufungsurteil L 658
- Abfassung L 661
- beschränkter Prüfungsumfang L 669
- Inhalt L 668
- Verkündung L 661
- Vollstreckbarkeit L 692
- Zulassung der Revision L 676
- Zulassung der Revision, Zulassungsgründe L 681 ff.
Berufungsverfahren L 565
- Anschlussberufung L 631
- Berufungsfrist L 601
- Berufungsrücknahme L 633
- Berufungsschrift L 590
- Berufungsschrift, Inhalt L 595
- Berufungsurteil L 658
- Berufungsverzicht L 634
- Formfehler L 608
- Fristüberschreitung L 608
- Kosten L 694 ff.
- Zulässigkeit L 567
- Zulässigkeit, Beschwerdewert L 577 ff.
- Zulässigkeit, Statthaftigkeit L 567 ff.
- Zurückweisung des Verfahrens an die erste Instanz L 650 ff.
- Zurückweisung von Angriffs- und Verteidigungsmitteln L 639 ff.
- Zurückweisung von verspätetem Parteivorbringen L 643
Berufungsverhandlung
- Beweisaufnahme L 648
- mündliche Verhandlung L 636
- mündliche Verhandlung, Zurückweisung von Parteivorbringen L 637
- persönliches Erscheinen L 629
- Terminsanberaumung L 624

Stichwortverzeichnis

Berufungsverzicht L 634
Berufungszurücknahme L 633
Beschäftigtenzahl
- BeschFG D 1052
- Ermittlung D 1038
- Teilzeitbeschäftigte D 1040

Beschäftigungsanspruch
- Ausschlussfristen C 3734
- des Arbeitnehmers C 2168 ff.
- Durchsetzung C 2180
- Inhalt C 2172
- Interessenabwägung C 2155, C 2172
- Rechtsfolgen der Nichtbeschäftigung C 2183 ff.
- Schadensersatzansprüche C 2167, C 2187
- Wegfall des Arbeitsplatzes C 2168, C 2186

Beschäftigungsförderungsgesetz a. F. D 2266 ff.
- Befristung D 2253 ff.
- Geltungsdauer D 2254
- Grundlagen D 2253
- Inhalt D 2254
- Kleinbetriebe D 2265
- mehrmalige Befristung D 2263
- Neuregelung D 2266 ff.
- Sozialauswahl D 1565 ff.

Beschäftigungsförderungsgesetz n. F. D 2266 ff.

Beschäftigungsmöglichkeit
- anderweitige D 1680 ff.
- Darlegungs- und Beweislast D 1699
- freier Arbeitsplatz D 1697
- Sozialwidrigkeit D 1680
- Überprüfungspflicht D 1698
- Umschulungsmaßnahme D 1703
- vergleichbare Arbeitsplätze D 1685

Beschäftigungssuche E 15

Beschäftigungsverbot
- Arbeitserlaubnis B 49
- Arbeitszeitrecht B 46 ff.
- ausländische Arbeitnehmer B 49 ff.
- Frauenarbeitsschutzrecht B 44
- gesetzliches B 15 ff.
- Infektionsschutzgesetz B 68
- Jugendarbeitsschutzrecht B 19 ff.
- Mutterschutzrecht B 23 ff.
- Schutz Dritter B 49
- Schwarzarbeit B 65 ff.
- zugunsten des Arbeitnehmers B 19 ff.

Beschleunigungsgrundsatz
- Arbeitsgerichtsverfahren L 150 ff.

Beschluss des Betriebsrats
- Abstimmungsverfahren I 506
- Änderung I 509
- Aufhebung I 513
- Aussetzung I 504
- Beschlussfähigkeit I 504

- gerichtliche Geltendmachung I 512
- Nichtigkeit I 511
- Stimmrecht I 506
- Unwirksamkeit I 510

Beschluss und Beschlussverfahren L 990 ff.
- Form L 992
- Inhalt L 992
- Rechtskraft L 999

Beschlussverfahren
- Anhörungstermin L 973
- Antrag L 912
- Antragsänderung L 931
- Antragsbefugnis L 922
- Antragsgegner L 900
- Antragsrücknahme L 976
- Antragsrücknahme L 929
- Antragsteller L 899
- Arrest M 71
- Belehrungspflicht über Selbstkostentragung L 77
- Beteiligte L 45, L 896
- Beteiligte des Verfahrens L 955 ff.
- Beteiligtenfähigkeit L 46
- Beweiserhebung L 951
- Einleitung durch Antragstellung L 907
- einstweilige Verfügung M 69 ff.
- Erledigungserklärung der Beteiligten L 983
- fehlerhafte Beteiligung L 970
- in besonderen Fällen L 1080 ff.
- Insolvenzverwalter M 67
- Kündigungsschutzklage, Muster L 68
- Kündigungsschutzverfahren, Verhältnis zu – D 402
- Mandatsübernahme, Checkliste L 63
- Mandatsübernahme, Kündigungsschutzklage L 68
- Mehrzahl von Antragstellern L 901
- minderjähriger Arbeitgeber, Prozessfähigkeit L 50 f.
- örtlich zuständiges Gericht L 934
- Prozessfähigkeit L 47 ff.
- Prozessfähigkeit, juristische Personen L 53 ff.
- Prozessfähigkeit, natürliche Personen L 50
- Prozessführungsbefugnis L 57
- Prozesskosten L 78
- Prozesskostenhilfe L 79 ff.
- Prozessstandschaft L 58, L 904
- Prozessstandschaft, gesetzliche L 59
- Prozessstandschaft, gewillkürte L 61
- Prozessvertretung L 118
- Prozessvertretung vor dem BAG L 123
- Prozessvertretung vor den LAG L 121
- Rechtsanwälte L 63
- Rechtsschutzinteresse L 926
- Rechtsschutzversicherung L 101 ff.
- Tariffähigkeit einer Vereinigung L 1080 ff.
- Untersuchungsgrundsatz L 946

2753

Stichwortverzeichnis

- Verfahren vor dem ArbG L 939
- verfahrensbeendender Beschluss L 990
- verfahrensbeendender Beschluss, Form L 992
- verfahrensbeendender Beschluss, Inhalt L 992
- verfahrensbeendender Beschluss, Rechtskraft L 999
- Verfahrensfragen D 399
- Vergleich L 977
- Verhältnis zu Einigungs- und Schlichtungsstellen L 891
- Verhältnis zum Urteilsverfahren L 885
- Vorbereitung des Anhörungstermins L 942
- Zustimmungsersetzung D 394

Beschlussverfahren in zweiter Instanz
- Anhörungstermin L 1032
- Anschlussbeschwerde L 1023
- Antragsänderung L 1031
- Antragsrücknahme L 1034
- Beschluss L 1040
- Beschwerdebefugnis L 1010
- Beschwerdeeinlegung L 1015
- beschwerdefähige Entscheidungen L 1005
- Beschwerderücknahme L 1036
- Einlegung der Beschwerde L 1009
- Entscheidung über die Zulässigkeit der Beschwerde L 1024
- Erledigung der Hauptsache L 1039
- Rechtswirkungen der Einlegung der Beschwerde L 1022
- Vergleich L 1039
- Vorbereitung des Anhörungstermins L 1028

Beschwerdeverfahren L 880
- bei der Kommission M 189

Besonderes Verhandlungsgremium I 2010 ff.
- Amtszeit I 2026
- Beschlussfassung I 2024
- Geschäftsführung I 2022 ff.
- Geschäftsordnung I 2023
- Kosten I 2028 ff.
- Mitglieder I 2018
- Rechtsstellung I 2027
- Unterrichtung der Arbeitnehmer I 2033 ff.
- Zusammensetzung I 2017

Bestellungsverfahren Einigungsstelle s. *unter Einigungsstelle*

BetrAVG C 2858 ff., s. *auch Betriebliche Altersversorgung*

Betrieb D 1024
- Begriff A 281 ff.
- Betriebsratsfähigkeit I 130 ff.
- Betriebsteil I 84 ff. s. *auch dort*
- Betriebsteil, Betriebsratsfähigkeit I 88
- Definition I 77
- Gemeinschaftsbetrieb mehrerer Unternehmen I 100 ff.
- Kleinstbetrieb I 97
- Nebenbetrieb I 97

Betriebliche Altersversorgung C 2594 ff.
- Abfindungsverbot C 2952 ff.
- Abfindungsvereinbarung C 2956 ff.
- Abfindungsvereinbarung, Höhe C 2960
- Abgrenzungsfragen C 2603
- Abwicklung betriebl. Versorgungspflichten C 2766 ff.
- Anrechnung von Vordienstzeiten C 2886 ff.
- Anrechnungsverbot C 2975 ff.
- Anwartschaft, Übertragung C 2963 ff.
- Aufrechnung des Arbeitgebers C 2856
- Ausgestaltungsformen C 2599, C 2683 ff.
- Ausgleichsquittung C 3794
- Ausscheiden vor Eintritt des Versorgungsfalles C 2893
- Ausschlussfristen C 3728
- Auszehrungsverbot C 3008 ff.
- Begründung, Verpflichtungstatbestand C 2607 ff.
- Besitzstandsschutz C 2828
- BetrAVG C 2858 ff.
- betriebliche Übung C 2626
- Betriebsratsfähigkeit I 130 ff.
- Betriebsteil I 84 ff.
- Betriebsteil, Betriebsratsfähigkeit I 88
- Betriebsübergang C 3410 ff.
- Darlegungs- und Beweislastverteilung L 402
- Definition I 77
- Direktversicherung C 2640 ff., C 3023, C 3036
- Direktzusage C 3023
- Entgeltumwandlungsanspruch C 2609, C 2677 ff.
- flexible Altersgrenze C 3014 ff.
- flexible Altersgrenze, Abschläge C 3026 ff.
- Gemeinschaftsbetrieb mehrerer Unternehmen I 100 ff.
- Gesamtversorgung C 2707
- Gleichbehandlungsgrundsatz C 551 ff., C 2742 ff.
- GmbH-Geschäftsführer C 3214
- Haftung des pers. haftenden Gesellschafters C 2837 ff.
- Hinterbliebenenversorgung C 2690
- Insolvenz des Arbeitgebers C 3421
- Insolvenzschutz C 2892, C 3098 ff.
- Insolvenzschutz, Direktversicherung C 3142
- Insolvenzschutz, Durchführung C 3177 ff.
- Insolvenzschutz, Finanzierung der Insolvenzsicherung C 3198
- Insolvenzschutz, ges. Versorgungsanwartschaften C 3136, C 3162 ff.
- Insolvenzschutz, ges. Versorgungsleistungen C 3129, C 3156 ff.
- Insolvenzschutz, Missbrauch C 3165 ff.
- Insolvenzschutz, Träger der Insolvenzsicherung C 3197
- Insolvenzschutz, Unterstützungskasse C 3141

Stichwortverzeichnis

- Insolvenzschutz, Voraussetzungen C 3125 ff.
- Invaliditätsrente C 2684
- Karrieredurchschnittspläne C 2713
- Kommanditist C 3213
- Nachhaftungsbegrenzungsgesetz C 2844
- öffentlicher Dienst C 2624 ff.
- Pensionskasse C 2651 ff., C 2908
- Pensionssicherungsverein C 3098 ff.
- pers. Geltungsbereich des BetrAVG C 3204 ff.
- pers. Haftender Gesellschafter C 3206
- Regelung durch Betriebsvereinbarung C 2807 ff.
- Regelung durch Tarifvertrag C 2823
- Renten C 2988 ff.
- Tätigkeit in anderen Betrieben des Unternehmens C 2883
- Überbrückungsbeihilfen C 2604
- Umstrukturierung des Betriebs C 3121
- Unfallrente C 3000 ff.
- unmittelbare Versorgungszusage C 2632
- unmittelbare Versorgungszusage, Berechnung C 2634
- Unterstützungskasse C 2659 ff., C 2909
- Unterstützungskasse, Höhe C 2949
- Unverfallbarkeit von Zusagen C 2858 ff.
- Verfügung des Arbeitnehmers C 2852
- Verhältnis zu Wartezeiten C 2895 ff.
- Verjährung, altes Recht C 3633
- Verjährung, neues Recht C 3622
- Verletztenrente C 3000 ff.
- Versorgungsanwartschaft, Direktversicherung C 2934 ff.
- Versorgungsanwartschaft, Höhe C 2910 ff.
- Versorgungsanwartschaft, Verfügungsbeschränkung C 2942
- Versorgungsleistung, Anpassung von C 3045 ff., C 3095 ff.
- Versorgungsleistung, Entscheidung des Arbeitgebers C 3083 ff.
- Versorgungsleistung, wirtschaftl. Lage des Betriebs C 3065 ff.
- Versorgungsmodelle C 2707 ff.
- wirtschaftliche Notlage des Arbeitgebers C 3108 ff.
- zeitlicher Geltungsbereich C 3217
- Zusagedauer, Berechnung C 2873
- Zusagedauer u. Betriebszugehörigkeit C 2882
- Zusatzversorgungskasse C 2625
- Zweck C 2597

Betriebliche Einigung I 1140 ff.
- Betriebsabrede I 1147
- Betriebsvereinbarung I 1152 ff.
- Durchführung I 1142

Betriebliche Lohngestaltung
- Anrechnung von Tariflohnerhöhungen I 1469
- Begriff I 1559
- Entlohnungsgrundsätze I 1459

- Entlohnungsmethoden I 1461
- freiwillige Leistungen I 1564
- Gegenstand des Mitbestimmungsrechts I 1449
- Grenzen des Mitbestimmungsrechts I 1449
- Zweck I 1447

Betriebliche Ordnung s. *Betriebsfrieden*
Betriebliche Übung
- Arbeitsbefreiung A 637 f.
- Beendigung A 622 ff.
- Begriff A 584 ff.
- Beispiele A 629 ff.
- Bezugnahme auf Tarifverträge H 201
- dogmatische Begründung A 598
- freiwillige Leistungen A 592 ff.
- Geburtshilfe A 639
- Gehaltserhöhung A 591, A 630
- Gleichbehandlungsgrundsatz A 604
- Inhalt A 601
- öffentlicher Dienst A 611 ff.
- Ruhegeldzahlungen A 634
- Schriftformerfordernis A 594
- Tarifvertrag A 417, A 605 ff.
- Wechselschichtzulage A 633
- Widerrufsvorbehalt A 596
- Zahlung von Sonderzuwendungen C 852 ff.
- zum Nachteil des Arbeitnehmers A 597

Betriebsabrede I 1147 ff.
Betriebsänderung
- Allgemeines I 1172
- Arbeitgeber, Pflichtverletzung I 1813
- Arbeitsmethoden I 1804
- Betriebsanlagen I 1799
- Betriebseinschränkung I 1785
- Betriebsgröße I 1776
- Betriebsorganisation I 1799
- Betriebsrat, Beteiligung I 1780 ff.
- Betriebsrat, Unterrichtung I 1806 ff.
- Betriebsstilllegung I 1790
- Betriebszweck I 1799
- Interessenausgleich I 1817 ff.
- Interessenausgleich, Anrufung der Einigungsstelle I 1830 ff.
- Interessenausgleich, Berater I 1824
- Kündigungsverbot während Verhandlungen I 1839
- Nachteilsausgleich I 1842
- Pflichten des Arbeitgebers I 1806
- Sozialplan I 1854 ff.
- Spaltung I 858
- Streitigkeiten I 1813
- Unterrichtung I 1806
- Voraussetzungen des Beteiligungsrechts I 1775
- Wirksamkeit I 1838
- Zusammenschluss mit anderen Betrieben I 1796

Betriebsarzt
- Kündigungsschutz D 504 ff.

2755

Stichwortverzeichnis

Betriebsausflug I 1450
Betriebsausschuss
- Amtszeit, Beendigung I 466
- Aufgaben I 462
- Bildung I 459
- Zusammensetzung I 460

Betriebsbedingte Kündigung
- Abkehrwille des Arbeitnehmers D 1449
- anderweitige Beschäftigung D 1407
- Anhörung des Betriebsrats/Personalrats D 932
- Arbeitsgericht, Überprüfungsbefugnis D 1407
- außerbetriebliche Gründe D 1396, D 1413
- Auftragsrückgang D 1403
- Beschäftigung, keine anderweitige Möglichkeit D 1404 ff.
- Betriebsstilllegung D 1442 ff.
- Darlegungs- und Beweislast D 1613 ff.
- dringende betriebliche Grüne D 1392
- Dringlichkeit der betriebl. Erfordernisse D 1401 ff.
- Fehlprognose, Korrektur D 1601
- Fremdvergabe D 1397
- innerbetriebliche Gründe D 1396
- Insolvenzverfahren D 1459
- Interessenabwägung D 1597 ff.
- Kosteneinsparung D 1409
- Kurzarbeit D 1436 ff.
- Leiharbeitnehmer D 1451
- Massenentlassungen D 1649
- Mehrarbeit D 1440
- öffentlicher Dienst D 1452 ff.
- organisatorische Maßnahmen D 1415
- Produktionsverlagerung ins Ausland D 1424
- Saisonarbeit D 1609
- Sozialauswahl D 1463 s. auch dort
- Teilzeitstelle in Ganztagsstelle D 1450
- Überprüfung D 1600 ff.
- Umsatzrückgang D 1403
- Unternehmerentscheidung D 1427
- Voraussetzungen D 1391 ff.
- Wiedereinstellungsanspruch D 1603 ff.

Betriebsbuße I 1337 ff.
Betriebsferien I 1380
Betriebsfrieden C 299 ff.
- Abwerbung von Kollegen C 370
- Alkoholgenuss im Betrieb C 313
- ärztliche Untersuchungen C 310
- persönliche Lärmentwicklung C 322
- politische Betätigung im Betrieb C 305
- Rauchen im Betrieb C 316
- Schmiergelder, Annahme von C 360 ff.
- Unternehmenseigentum, Schutz des C 324

Betriebsgeheimnis C 328 ff., I 945
Betriebsinhaberwechsel C 3310
- Abspaltung C 3224
- Ausgliederung C 3226
- Aufspaltung C 3223
- Betriebsstilllegung C 3303 ff.
- Betriebsteilübergang C 3279
- Betriebsübergang C 3254 ff., C 3281 ff.
- Betriebsübergang, Voraussetzungen C 3264 ff.
- Betriebsübergang, Wahrung der Identität C 3282 ff.
- Betriebsverlegung C 3308
- Folgen für den Betriebsrat C 3241
- Fortführung der wirtschaftl. Einheit C 3298 ff.
- Gesamt- und Konzernbetriebsrat C 3242
- Gesamtrechtsnachfolge C 3220
- Grundlagen C 3220 ff.
- Interessenausgleich C 3243
- Rechtsfolgen für den Arbeitnehmer C 3228 ff.
- Umwandlung von Unternehmen C 3221
- Unterrichtung des Wirtschaftsausschusses C 3244 ff.
- Vermögensübertragung C 3227
- Verschmelzung von Rechtsträgern C 3222

Betriebsorganisation, Änderung
- Betriebsrat, Mitbestimmung I 1799

Betriebspraktikum B 75
Betriebsrat
- Abstimmungsverfahren I 507
- allgemeiner Unterlassungsanspruch I 1965
- Amtsenthebung eines Betriebsratsmitglieds I 1973 ff.
- Amtszeit I 394
- Amtszeit, Beginn I 395
- Amtszeit, Ende I 399 ff.
- Änderungskündigung D 1724, D 1831 ff.
- Anhörung bei Anfechtung B 422
- Anhörung, Beweislast D 314
- Anhörungsverfahren D 261 ff.
- Anhörungsverfahren, Verzicht auf D 309
- Anrufung des Arbeitsgerichts bei Verstößen gegen BetrVG I 1945 ff.
- Arbeitgeberkündigung, Beteiligung des – D 922 ff.
- Arbeitsgruppe, Übertragung von Aufgaben I 471 ff.
- Arbeitskampfverbot I 1018 ff.
- außerordentliche Kündigung D 673
- außerordentliche Wahl I 236
- Auskunftsersuchen L 74
- Auskunftspersonen Hinzuziehung I 1275
- Ausschluss eines Mitglieds I 1975 ff.
- Ausschluss eines Mitglieds, Verfahren I 1980, M 146
- Ausschluss eines Mitglieds, Wirkung I 1982
- Aussperrung G 127
- Beratungsrechte I 1241
- Bericht anl. Betriebsversammlung I 728
- Beschäftigungsförderung I 1260
- Beschlüsse I 503
- Beschlüsse, Aufhebung I 509

Stichwortverzeichnis

- Beschlüsse, Aussetzung I 513
- Beschlüsse, Unwirksamkeit I 510 ff.
- Beschlussfähigkeit I 504
- Beschwerde des Arbeitnehmers I 994
- Besuchsrecht der Arbeitnehmer I 521
- Beteiligung bei Kündigung D 243 ff., D 259 ff.
- Beteiligungsrechte I 1234 ff.
- betriebliche Einigung I 1140 ff.
- Betriebsabrede I 1147
- Betriebsratsmitglieder, s. dort
- Betriebsvereinbarung I 1152 ff.
- Betriebsversammlung I 708 ff., s. auch dort
- Büropersonal I 703
- Druckkündigung D 863 ff.
- Durchführung und Leitung von Sitzungen I 493
- Eingliederung schutzbedürftiger Personen I 1259
- Einschränkung der Beteiligungsrechte I 1995
- Einsichtsrecht I 502, M 141
- einstweilige Verfügung zur Sicherung von Ansprüchen I 1963
- Ersatzmitglieder I 434 ff.
- Ersatzmitglieder, Nachrücken I 440
- Ersatzmitglieder, Reihenfolge d. Nachrückens I 441
- Fachliteratur I 701
- Förderung der Gleichstellung von Frau und Mann I 1255
- Friedenspflicht I 1027
- Gebot vertrauensvoller Zusammenarbeit mit AG I 1007 ff.
- gemeinsame Ausschüsse I 469
- Gesamtbetriebsrat I 748 ff., s. auch dort
- Geschäftsordnung I 517
- Größe und Zusammensetzung I 293 ff.
- Inanspruchnahme I 524
- Informationspflicht des Arbeitgebers I 1262
- Initiativrecht I 1237
- Interessenausgleich M 135 ff.
- Konzernbetriebsrat I 784 ff., s. auch dort
- Kosten I 673 ff.
- Kündigung D 343
- Kündigung aus wichtigem Grund D 351 ff.
- Kündigung bei Betriebsstilllegung D 363 ff., D 366 ff.
- Kündigung bei Stilllegung einer Betriebsabteilung D 373 ff.
- Kündigung, Fehler in seinem Verantwortungsbereich D 302 ff.
- Kündigung, Unterrichtung D 280 ff.
- Kündigungsschutz D 351 ff.
- laufende Geschäfte I 463
- leitende Angestellte I 27
- Lohn- und Gehaltspflichten, Einblicksrecht I 1269 ff.
- Mandatsträger, Kündigung D 326 ff.
- Massenentlassungen D 267, D 1662 ff.
- Mitbestimmungsrechte I 1235 ff.
- Mitgliedschaft, Erlöschen I 423 ff.
- Mitwirkungsrechte I 1241
- negatives Konsensprinzip I 1238
- parteipolitische Betätigung im Betrieb, Verbot I 1032 ff.
- Personalakte C 2371
- positives Konsensprinzip I 1236
- rechtzeitige Ladung zur Sitzungen I 489
- Restmandat I 415 ff.
- Sachaufwand I 701 ff.
- Sachverständige, Hinzuziehung I 1278
- Sanktionsmöglichkeiten I 1933 ff.
- Schulungsveranstaltung, Kosten I 683
- Schutz der Persönlichkeitsrechte I 1053
- Schutz des Geschlechts in der Minderheit I 297
- Sicherung von Beteiligungsrechten M 134 ff.
- Sitzungen I 483 ff.
- Sitzungsniederschrift I 496
- soziale Angelegenheiten, Mitbestimmung I 1286 ff.
- Sprecherausschuss der leitenden Angestellten I 887
- Sprechstunde I 520
- Stimmrecht I 506
- Streik G 106 ff.
- Übergang des Arbeitsverhältnisses C 3241
- Übergangsmandat I 408 ff.
- Überwachung der Rechtsvorschriften I 1243 ff.
- Überwachungspflicht I 1043 ff.
- Umlageverbot I 705
- Unterlassungsanspruch aus § 23 Abs. 3 BetrVG I 1945 ff.
- Vorsitzender, Aufgaben I 451 ff.
- Vorsitzender, Wahl I 446 ff.
- Wahl I 233 ff.
- Wahl, Zeitpunkt I 233
- Wahlrecht I 244
- Wahlverfahren I 245 ff.
- Weiterführung der Geschäfte I 420 ff.
- Widerspruch bei Kündigung D 952 ff.
- Wirtschaftsausschuss I 824 ff., s. auch dort
- Zusammenarbeit mit dem Arbeitgeber I 1013
- Zusammenarbeit mit Koalitionen I 936 ff.
- Zustimmungsersetzungsverfahren D 308, D 384 ff.
- Zustimmungsersetzungsverfahren, Verfahrensfehler D 387 ff.
- Zutrittsrechte M 142

Betriebsrat, Auflösung I 1973 ff.
- Einsetzung eines Wahlvorstandes I 1992
- Verfahren I 1990
- Voraussetzungen I 1986
- Wirkung I 1991

2757

Stichwortverzeichnis

Betriebsrat, Mitbestimmung
- Änderung der Betriebsorganisation I 1799 ff.
- Arbeitsentgelt I 1373
- Arbeitsplätze, Gestaltung I 1527 ff.
- Arbeitszeitregelung I 1347 ff.
- Ausübung der Mitbestimmung I 1312 ff.
- betriebliche Altersversorgung I 1464
- Betriebsänderung I 1780 ff.
- Betriebsbuße I 1337 ff.
- Betriebseinschränkung I 1785
- Betriebsstilllegung I 1790
- Durchführung von Gruppenarbeit I 1500 ff.
- Eil- und Notfälle I 1320
- Entlohnungsgrundsätze I 1459
- Entlohnungsmethoden I 1461
- gleitende Arbeitszeit I 1356
- Grenzen der Mitbestimmung I 1298 ff.
- leistungsbezogene Entgelte I 1483
- Lohngestaltung I 1447 ff.
- neue Arbeitsmethoden I 1804
- Ordnung des Betriebs I 1327 ff.
- personelle Angelegenheiten I 1547 ff. s. dort
- Sozialeinrichtungen I 1424 ff.
- technische Überwachungseinrichtung I 1389 ff.
- übertarifliche Zulagen I 1469
- Urlaub I 1378 ff.
- Verhütung von Arbeitsunfällen I 1412 ff.
- Verlegung des Betriebes I 1794
- Voraussetzung der Mitbestimmung I 1293 ff.
- Vorschlagswesen I 1489
- Werkmietwohnung I 1434 ff.
- wirtschaftliche Angelegenheiten I 1773 ff.
- Zusammenschluss von Betrieben I 1796

Betriebsrat, Mitwirkung
- Arbeitsschutz I 1515, I 1522
- Umweltschutz, betrieblicher I 1518

Betriebsratskosten I 673 ff.
Betriebsräteversammlung I 783
Betriebsratsfähigkeit
- Kleinstbetrieb I 97
- Mindestanzahl wahlberechtigter Arbeitnehmer I 130 ff.
- Nebenbetrieb I 97

Betriebsratsmitglieder
- Arbeitsbefreiung I 533 ff.
- Arbeitsbefreiung, Abgeltung I 563
- Arbeitsbefreiung, Anspruch I 543
- Arbeitsbefreiung, Durchführung I 545
- Arbeitsentgelt, Verbot der Minderung I 549
- Ausschluss I 1975 ff.
- Ausschluss, Verfahren I 1980
- Ausschluss, Wirkung I 1982
- Begünstigungsverbot I 639
- Behinderungsverbot I 636
- Benachteiligungsverbot I 639
- berufliche Entwicklung I 608

- Entgeltschutz I 592 ff.
- Freistellung I 571 ff.
- Freistellung, Beendigung I 589
- Freizeitausgleich I 552 ff.
- Geheimhaltungspflicht I 660 ff.
- Rechtsstellung I 526 ff.
- Rechtsstellung freigestellter – I 585
- Schulungsveranstaltung gem. § 37 Abs. 6 BetrVG I 610 ff.
- Schulungsveranstaltung gem. § 37 Abs. 7 BetrVG I 625 ff.
- Schutz der beruflichen Entwicklung I 608
- Tätigkeitsschutz I 601 ff.
- Versetzungsschutz I 646 ff.
- Verschwiegenheitspflicht I 660 ff.
- Zahl I 238

Betriebsratsschulung
- einstweilige Verfügung M 131
- Schulungsveranstaltung gem. § 37 Abs. 6 BetrVG I 610 ff.
- Schulungsveranstaltung gem. § 37 Abs. 7 BetrVG I 625 ff.

Betriebsratssitzungen I 483 ff.
- Durchführung und Leitung I 493
- konstituierende I 483
- rechtzeitige Ladung I 489
- Leitung I 493
- reguläre I 485 ff.
- Sitzungsniederschrift I 496
- Tagesordnung I 498
- Teilnahmerechte I 494
- weitere I 484
- Zeitpunkt I 487

Betriebsratsvorsitzender
- Aufgaben I 451 ff.
- Wahl I 446 ff.

Betriebsratswahl I 233 ff.
- Amtszeit I 394 ff.
- Anfechtungsberechtigung I 373
- Anfechtungsfrist I 377
- Anfechtungsverfahren I 379
- außerordentliche I 236
- Bekanntgabe I 310 ff.
- einstweiliger Rechtsschutz M 144
- Ergebnis, Bekanntgabe I 310 ff.
- Kosten I 348 ff.
- Mängel I 358 f.
- Mehrheitswahl I 323
- Nichtigkeit der Wahl I 390
- öffentlicher Dienst I 187
- Religionsgemeinschaften I 191
- Seeschifffahrt I 197
- Stimmauszählung I 310
- Tendenzbetriebe I 199 f.
- Verhältniswahl I 321
- Verstoß gegen wesentliche Wahlvorschriften I 360 ff.

2758

Stichwortverzeichnis

- Wahlanfechtung I 359 ff.
- Wahlausschreiben I 286 ff.
- Wählbarkeit I 163
- Wahlberechtigung I 136 ff.
- Wählerliste, Aufstellung I 289
- Wahlgang, Vorbereitung I 308
- Wahlgrundsätze I 316 ff.
- Wahlkosten I 348 ff.
- Wahlniederschrift I 310
- Wahlrecht I 244
- Wahlschutz I 334 ff.
- Wahlverfahren I 245 ff.
- Wahlverfahren, vereinfachtes I 325 ff.
- Wahlvorschläge, Prüfung I 301 ff.
- Wahlvorschläge, Vorschlagsberechtigung I 302
- Wahlvorstand, Bestellung I 247 ff.
- Wahlvorstand, Rechtsstellung I 267 ff.

Betriebsratswahl, Wählbarkeit I 163 ff.
- Betriebsneugründung I 178
- Betriebszugehörigkeit I 166
- Wahlberechtigung I 164
- Wegfall der Voraussetzungen I 183

Betriebsratswahl, Wahlberechtigung I 136 ff.
- Arbeitnehmerüberlassung I 148
- Drittarbeitnehmer I 157
- Fremdfirmenmitarbeiter I 150
- Streitigkeiten I 159

Betriebsrente s. unter betriebliche Altersversorgung

Betriebsrisikolehre C 1291 ff.
- Abgrenzung zum Wirtschaftsrisiko C 1310 ff.
- Existenzgefährdung C 1298
- Gründe im betrieblichen Bereich C 1294
- längerfristige Betriebsstörungen C 1304
- Leistungsfähigkeit des Arbeitnehmers C 1300

Betriebsstilllegung C 3303 ff., D 1442 ff., D 1790 ff.
- Betriebsrat, Kündigung D 363 ff., D 366 ff.

Betriebsteil
- Betriebsratsfähigkeit I 88 ff.
- Betriebsratswahl des Hauptbetriebs I 96

Betriebsteilübergang C 3279

Betriebsübergang
- Änderungssperre C 3387
- Annahmeverzug C 1268
- Arbeitgeberdarlehen C 995
- ausländischer Erwerber D 568
- BAG-Rechtsprechung, neue C 3275
- betriebliche Altersversorgung C 3410 ff.
- Betriebsinhaberwechsel C 3310
- Betriebsstilllegung C 3303 ff.
- Betriebsteilübergang C 3279
- Betriebsvereinbarung, Transformation C 3380 ff., C 3391
- Betriebsverlegung C 3308
- Darlegungs- und Beweislast D 571 ff.
- Entgeltanspruch C 3792
- EuGH-Rechtsprechung C 3267 ff.
- Fortführung der wirtschaftl. Einheit C 3298 ff.
- Funktionsnachfolge C 3302
- Insolvenz C 1143
- Insolvenz des Arbeitgebers C 3419
- Kündigung D 550 ff.
- Kündigung des Betriebsveräußerers L 28
- Kündigung durch Betriebserwerber L 27
- Kündigung vor – D 561
- Kündigungsverbot D 552
- Lohnpfändung C 1028
- Parteifähigkeit L 26 ff.
- Rechtsfolgen C 3328 ff.
- Rechtsfolgen für Erwerber C 3374
- Rechtsfolgen für Veräußerer C 3377
- Rechtsgeschäft C 3244 ff., C 3313 ff.
- Tarifvertrag, Bezugnahme C 3401
- Tarifvertrag, Bindung des Erwerbers C 3404
- Tarifvertrag, Erwerber ist an einen anderen gebunden C 3406
- Tarifvertrag, Erwerber ist nicht tarifgebunden C 3405
- Tarifvertrag, Transformation C 3380 ff., C 3394 ff.
- Tarifwechsel C 3396
- Transformation C 3380
- Transformation, Ausschluss C 3382
- Transformation, Inhalt C 3383
- Transformation, Jahresfrist C 3386
- Übergang des Arbeitsverhältnisses C 3328 ff.
- Ungewissheit L 29 ff.
- Unterrichtung C 3345 ff.
- Unterrichtung, Inhalt C 3352 ff.
- Unterrichtung, Zeitpunkt C 3351
- Voraussetzungen C 3264 ff.
- Wahrung der Identität C 3282 ff.
- Wahrung der Identität, Kriterien C 3284 ff.
- Widerspruch, Rechtsfolgen C 3358 ff.
- Widerspruch, Rechtsfolgen f. d. Arbeitnehmer C 3363 ff.
- Widerspruchsrecht des Arbeitnehmers C 3336 ff.
- Wiedereinstellungsanspruch D 569
- Zeitpunkt des Übergangs C 3325

Betriebsvereinbarung I 1152 ff.
- ablösende I 1203 ff.
- Arbeitsentgelt C 610
- Auslegung I 1159
- Ausschlussfristen C 3652 ff.
- Beendigung I 1211 ff.
- Beendigung bei Betriebsinhaberwechsel I 1217
- Beendigung durch Aufhebungsvertrag I 1216
- Beendigung durch Kündigung I 1211
- Beendigung durch Zeitablauf I 1216
- Beendigung durch Zweckerreichung I 1216
- Begriff A 423

2759

Stichwortverzeichnis

- betriebliche Altersversorgung C 2807 ff.
- Betriebsübergang, Jahresfrist der Transformation C 3386 ff.
- Betriebsübergang, Transformation C 3380 ff., C 3391
- Bezugnahme auf Tarifverträge H 190
- Form I 1155
- freiwillige I 1152
- Geltungsbereich I 1190 ff.
- Gratifikation C 864
- Grenzen der Regelungsbefugnis I 1163 ff., I 1184 ff.
- Inhalt A 426, I 1161
- Inhaltskontrolle A 428 ff.
- Kündigung D 322
- leitende Angestellte I 27
- Nachwirkung I 1221 ff.
- normative Wirkung I 1161, I 1199
- persönlicher Geltungsbereich I 1191
- räumlicher Geltungsbereich I 1190
- Rechtsmängel I 1227 ff.
- Rechtswirkungen I 1198 ff.
- Tarifvertrag H 135
- Tarifvorbehalt I 1168 f.
- Umdeutung I 1230
- umstrukturierende I 1203 ff.
- Urlaubsanspruch C 1904
- verschlechternde I 1203 ff.
- Verwirkung C 3651
- Verzicht I 1206
- zeitlicher Geltungsbereich I 1194
- Zustandekommen I 1153
- zwingende Wirkung I 1162, I 1200

Betriebsverfassungsgesetz
- Arbeitnehmer I 6
- Arbeitsgerichte, Zuständigkeit K 290 ff.
- Ausbildung I 10
- Auslandsentsendung I 7
- Betrieb, Definition I 77 ff.
- Betriebsteil I 84 ff.
- Familienangehörige I 25
- Friedenspflicht I 1027
- Geltungsbereich, gegenständlicher I 76
- Geltungsbereich, persönlicher I 5
- Geltungsbereich, räumlicher I 1
- Gemeinschaftsbetrieb mehrerer Unternehmen I 100 ff.
- gesetzlicher Ausschluss best. Betriebe I 185 ff.
- Heimarbeiter I 13
- Kleinstbetrieb I 97
- leitende Angestellte I 26 ff.
- Nebenbetrieb I 97 ff.
- Mitglieder von Personengesamtheiten I 19
- öffentlicher Dienst I 187
- persönlicher Geltungsbereich I 5
- räumlicher Geltungsbereich I 1
- Religionsgemeinschaften I 191

- Sanktionen I 1930 ff.
- Seeschifffahrt I 197
- Straf- und Bußgeldvorschriften I 1993
- Tendenzunternehmen I 199 ff.
- Unterlassungsansprüche I 1930
- Vertretungsorgan juristischer Personen I 16
- Vollstreckungsverfahren I 1952 ff.

Betriebsverfassungsrecht A 7, A 19
- Arbeitsvertragsstatut A 93 ff.
- Wiedereinstellungsklauseln B 188

Betriebsverfassungsrechtliche Arbeitnehmerrechte
- Anhörungsrecht I 970
- Beschwerderecht I 986 ff.
- Einsicht in die Personalakte I 981
- Erläuterung d. Arbeitsentgelts I 973
- Erörterungsrecht I 971
- Leistungsbeurteilung I 977
- Rechtsnatur I 970
- Unterrichtungsrecht I 961 ff.
- Vorschlagsrecht I 1005 ff.
- Zweck I I 970

Betriebsverfassungsrechtliche Normen H 92 ff.

Betriebsverfassungsrechtliche Streitigkeiten
- einstweiliger Rechtsschutz M 131 ff.

Betriebsverfassungsrechtlicher Weiterbeschäftigungsanspruch s. unter *Weiterbeschäftigungsanspruch*

Betriebsversammlung I 708 ff.
- Abteilungsversammlung I 716
- Arbeitgeber, Bericht I 729
- Arbeitsentgelt, Fortzahlung I 734 ff.
- Aufgaben I 708 ff.
- außerordentliche I 712 ff.
- Begriff I 708 ff.
- besondere Gründe I 715
- Betriebsrat, Bericht I 728
- Durchführung I 716 ff.
- Einberufung I 720
- Fahrtkostenerstattung I 734 ff.
- Hausrecht I 726
- Jahresbericht I 731
- Leitung I 726
- ordentliche I 711
- Ort I 722
- Protokoll I 726
- Rechtsnatur I 708
- sonstige Gründe I 714
- Tätigkeitsbericht I 730
- Teilnahmerechte I 723
- Teilversammlung I 716
- Themen I 728 ff., I 731
- Vollversammlung I 716
- Wunsch des Arbeitgebers I 714

Betriebszugehörigkeit
- Fristberechnung I 170 ff.

Stichwortverzeichnis

Beurteilungsbogen F 45
Beweisaufnahme
- Anordnung L 383
- Anscheinsbeweis L 389 ff.
- Besonderheiten L 379 ff.
- Beweislastumkehr L 398
- Darlegung- und Beweislastverteilung L 393 ff.
- Durchführung der Beweisaufnahme L 385 ff.
- Stellung der Beweisanträge L 380
- Unmittelbarkeit L 386
- Vereidigung von Zeugen und Sachverständigen L 387

Beweisbeschluss L 296 ff.
- Rechtsmittel L 305

Beweislast s. *unter Darlegungs- und Beweislast*
Beweismittelpräsenz
- Arrest M 49
- einstweilige Verfügung M 49

Bewerbungskosten B 309
Bewerbungsunterlagen
- Datenschutz B 303
- Geheimhaltungspflicht B 303
- Vorlagepflicht bei Einstellung I 1680

Bildungsurlaub C 2061 ff.
- Ablehnung der Freistellung C 2079
- anerkannte Veranstaltungen C 2096 ff.
- Beendigung des Arbeitsverhältnisses C 2097
- Darlegungs- und Beweislast C 2086
- Entgeltfortzahlung C 2071
- Ersatzurlaub C 1745
- Freistellung C 2075
- Geltendmachung C 2072
- Modalitäten C 2068
- Nachweispflicht C 2090
- persönlicher Geltungsbereich C 2067
- Rechtsgrundlage C 2061
- Selbstbeurlaubung C 2072
- Umfang C 2068
- Verbot von Erwerbstätigkeit C 2092
- Zweck C 2066
- s. *auch Weiterbildung*

Bildungsveranstaltung
- Arbeitnehmerweiterbildung C 2096 ff.

böswillig unterlassener Erwerb C 1283
Bote
- Kündigungserklärung D 85

Boykottaufruf G 70
»Brutto = Netto-Vereinbarung« D 1942
Bruttolohnvereinbarung C 659
Bürgerbeauftragter
- europäisches Parlament M 191

Büropersonal
- Betriebsrat I 703

Bundesanstalt für Arbeit
- Parteifähigkeit L 20

Bundesarbeitsgericht K 8
- Ernennung der Richter K 52 ff.

- Dienstaufsicht K 25 ff., K 30 ff.
- Verwaltung K 25 ff.
- Zusammensetzung der Senate K 37

Bundesdatenschutzgesetz C 2397 ff.
- Anwendungsbereich C 2397, C 2442
- Auskunftsanspruch C 2445
- Benachrichtigungsanspruch C 2399, I 2443
- Berichtigungsanspruch C 2447
- Datei C 2406
- Datenerhebung C 2415 ff.
- Datenschutzbeauftragter s. *dort*
- Gegendarstellungsanspruch C 2453
- Löschungsanspruch C 2449
- personenbezogene Daten C 2404
- Rechtsgrundlage C 2401
- Schadensersatzanspruch C 2455
- Schutzumfang C 2398
- Sperrungsanspruch C 2452
- staatliche Aufsicht C 2463
- Unterlassungsanspruch C 2455
- Widerspruchsrecht C 2454

Bundesministerium für Arbeit und Sozialordnung A 951 ff.
Bundesseuchenschutzgesetz s. *unter Infektionsschutzgesetz*
Bußgelder C 2302

C

Checklisten
- Änderungskündigung: Annahme unter Vorbehalt L 75
- Anschreiben Rechtsschutzversicherung L 66
- Arbeitgeberanschreiben L 70
- Aufforderung Stellungnahme Betriebsrat zuzuleiten L 73
- Aufforderungsschreiben außerordentliche Kündigung L 69
- Auskunftsersuchen aus Handelsregister L 72
- Auskunftsersuchen Betriebsrat L 74
- Belehrungspflicht über Selbstkostentragung L 77
- Kündigung L 67
- Kündigungsschutzklage L 68
- Mandatsannahme L 65
- Prozesskostenhilfe L 100
- Widerspruch gegen Zustimmungsbescheid L 76
- Zurückweisungsschreiben L 71

Chefarzt
- Arbeitnehmerstellung A 46
- Direktionsrecht A 662

Chemikaliengesetz C 2202

2761

Stichwortverzeichnis

D

Darlegungs- und Beweislast
- Abmahnung D 1389, L 41
- anderweitige Beschäftigungsmöglichkeit D 1699
- Anlasskündigung C 1556
- Arbeitnehmer, Haftung L 404
- Arbeitsunfähigkeit C 1634
- Arbeitsunfähigkeit, Verschulden C 1471
- Arbeitsunfähigkeitsbescheinigung C 1636
- Aufhebungsvertrag D 2503
- Ausgleichsquittung C 3805
- betriebsbedingte Kündigung D 1613 ff.
- Betriebsübergang D 571 ff.
- Bildungsurlaub C 2086
- Diskriminierung L 403
- Entgeltfortzahlung im Krankheitsfall L 406
- Entlohnung L 400
- Fortsetzungserkrankungen C 1584
- Gesundheitsprognose D 1175 ff.
- Haftung des Arbeitnehmers C 536
- Höhe des anderweitigen Verdienstes C 1277
- krankheitsbedingte Kündigung C 1174 ff.
- Kündigung L 405
- Mankohaftung C 546
- Massenentlassungen D 1652
- Provisionen C 808 ff.
- Sozialauswahl D 1584, D 1620 ff.
- Teilzeitbeschäftigung C 129 ff.
- Urlaub L 407
- Urlaubsabgeltung C 1834
- Weiterbildung C 2147
- Zeugnis L 408

Datenschutz C 2397 ff.
- Bewerbungsunterlagen B 303
- Datenerhebung C 2415 ff.
- Datenspeicherung C 2430
- Datenübermittlung C 2436
- Datenveränderung C 2434
- Datenverarbeitung C 2420 ff.
- Recht der Arbeitnehmer C 2442 ff.
- staatliche Aufsicht C 2463

s. auch Datenschutzbeauftragter

Datenschutzbeauftragter C 2457 ff.
- Befugnisse C 2462
- Bestellung C 2459
- Kündigungsschutz D 518
- Rechtsstellung C 2460

Datenverarbeitung *s. unter Datenschutz*
Demonstrationsstreik G 23
Detektivkosten C 534
Dienstantritt
- Kündigung vor C 464 ff.

Dienstaufsicht K 30 ff.
- Arbeitgeberverbände K 33

- Gerichte K 25 ff., K 30 ff.
- Gewerkschaften K 33

Dienstbekleidung
- Kostentragung C 2163

Diensterfindung
- Anmeldepflicht des Arbeitgebers C 2488
- Aufgabe der Schutzrechte C 2495
- Ausgleichsquittung C 3793
- Auslandsverwertung C 2531 ff.
- freie Erfindungen C 2541
- geschmacksmusterfähige Werke C 2588
- Inanspruchnahme durch Arbeitgeber C 2487 ff.
- Leistungen ausübender Künstler C 2579 ff.
- urheberrechtlich geschützte Werke C 2558 ff.
- Vergütung, Berechnung C 2507
- Vergütungsanspruch des Arbeitnehmers C 2505 ff., C 2572
- Vorschläge zur Rationalisierung C 2544 ff.

Dienstordnungsangestellte A 194
Dienstreisezeiten C 47
Dienstwagen
- Privatnutzung C 957 ff.
- Rückgabe bei Freistellung D 2426 ff.

Direktionsrecht
- Änderungskündigung D 1733
- Arbeitgeber A 640 ff.
- Chefarzt A 662
- Gewissenskonflikt A 671
- Grenzen A 650 ff.
- Konkretisierung der Arbeitsleistung A 663 ff.
- Versetzung A 670 ff.

Direktversicherung C 2901 ff., C 3023
- Insolvenzschutz C 3142

Direktzusage C 3023
Diskriminierung B 145 ff.
- Darlegungs- und Beweislast B 163 ff., L 403
- Entschädigung B 171 ff.
- mittelbare *s. dort*
- Quotenregelung B 151 ff.
- Rechtsfolgen B 170 ff.

Dispositionsgrundsatz L 128
Disziplinarmaßnahmen
- ehrenamtliche Richter K 118 ff.

Dritthaftung
- Forderungsübergang C 1679 ff.

Drittmittelforschung D 2277
Drittschuldner
- Aufrechnung C 1078 ff.
- Auskunftspflicht C 1054 ff.
- Einreden C 1073 ff.
- Einwendungen C 1081
- Kosten der Auskunft C 1066
- Schadensersatzansprüche C 1062 ff.
- Zahlungspflicht C 1067

Drittschuldnererklärung C 1054 ff.

Stichwortverzeichnis

Drogenkonsum
- außerordentliche Kündigung D 733
- Kündigung D 1194 ff.

Drohung
- Anfechtungsgrund B 411
- Aufhebungsvertrag, Anfechtung D 2483
- Druckkündigung D 1254
- mit Kündigung D 2054

Druckkündigung D 855 ff.
- HIV-Infektion D 1209
- Mitwirkungspflicht des Arbeitnehmers D 861
- Rechtsfolgen D 873
- Verlangen des Betriebsrats D 863 ff.
- Vermittlungspflicht des Arbeitgebers D 861

duales System C 3560
Durchgriffshaftung A 883

E

Effektivgarantieklausel H 147 ff.
Effektivklausel H 146
Ehegattenarbeitsverhältnis D 1924
Eheschließung
- Kündigung D 1239

Ehrenamtliche Richter
- Ablehnung der Berufung K 107
- Amtszeit, Dauer K 76 ff.
- Aufgaben K 63 ff.
- Ausschuss K 127 ff.
- Auswahl aus Listenvorschlägen K 72 ff.
- Beendigung des Amtes K 124 ff.
- Berufungsverfahren K 66 ff.
- Disziplinarmaßnahmen K 118 ff.
- Ehrenamt K 110
- Entgeltfortzahlung C 1355
- Geheimhaltungspflicht K 117
- Informations- und Unterrichtungsrecht K 97
- Listenvorschläge K 72
- Mitwirkung an der Rechtsprechung K 89 ff.
- Niederlegung des Amtes K 108
- persönliche Voraussetzungen K 79 ff.
- sachliche Unabhängigkeit K 116
- statusrechtliche Recht und Pflichten K 107
- Schutz K 111 ff.
- Teilnahme an den Sitzungen K 100 ff.
- Vergütung K 110
- Zuständigkeit des Vorsitzenden K 103
- Zuteilung zu Spruchkörpern K 89

Eigenkündigung des Arbeitnehmers
- Anfechtung D 2054
- außerordentliche Kündigung D 2044
- außerordentliche Kündigung, Umdeutung D 2052
- ordentliche Kündigung D 2043

Eigenmächtiger Urlaubsantritt
- Kündigung D 727

Eignungsmangel D 1216
einfaches Arbeitszeugnis F 4
Einfirmenhandelsvertreter A 141
Eingruppierung C 720 ff., I 1671 ff.
- Änderungskündigung D 1801
- Auswahlrichtlinie I 1901
- Betriebsratsentscheidung I 1673, I 1761 ff.
- Bewährungsaufstieg C 747
- erstmalige C 744 , I 1675
- Fallgruppenbewährungsaufstieg C 753
- Gleichbehandlungsgrundsatz C 755
- Korrektur C 730, D 1783 ff.
- Mitteilungspflicht des Arbeitgebers I 1673, I 1678 ff.
- Mitteilungszeitpunkt I 1691
- Mitwirkung, Betriebsrat I 1671 ff.
- nach BAT C 720 ff.
- Nachteil I 1703 ff., I 1710
- Nachweisgesetz B 357
- Prüfungsmaßstab C 722
- Rechtskraft C 758
- Rechtsverstoß I 1693 ff.
- Spezialitätsprinzip C 743
- Stellenausschreibung I 1712
- Tarifautomatik C 724
- Tariflücken C 740 ff.
- Verschwiegenheitspflicht Betriebsrat I 1690
- Zustimmungsersetzungsverfahren I 1762
- Zustimmungsverweigerungsgründe I 1692 ff.

Einigungsstelle
- Antragserfordernis I 1086
- Bestellungsverfahren I 1078, L 1100
- Beschlussfassung I 1097
- Durchsetzung des Informationsanspruchs des WA I 878
- Einigungsstellenverfahren, erzwingbares I 1066
- Einigungsstellenverfahren, freiwilliges I 1064
- einstweilige Verfügung M 148
- Entscheidung über die Besetzung L 1099
- Errichtung I 1069
- gerichtliche Überprüfung des Spruchs I 1109 ff.
- Größe I 1072
- Honorardurchsetzungskosten I 1138
- Insolvenz I 1137
- Interessenausgleich bei Betriebsänderung I 1830 ff.
- Kosten I 1122 ff.
- Kosten und Vergütung in der Insolvenz I 1137
- Mitglieder, Rechtsstellung I 1083
- rechtliches Gehör I 1088
- Sitzungen I 1089
- Sozialplan I 1877 ff.
- Spruch, Wirkung I 1106

2763

Stichwortverzeichnis

- Streitigkeiten im Rahmen des § 87 Abs. 1 BetrVG I 1507
- Transfer-Sozialplan I 1891
- Untersuchungsgrundsatz I 1096
- Verfahren I 1084 ff.
- Vergütung I 1128 ff.
- Vertretung I 1093
- Wirtschaftsausschuss I 878
- Zusammensetzung I 1072

Einstweilige Verfügung M 46 ff.
- allgem. Weiterbeschäftigungsanspruch M 94
- Antrag M 55
- Arbeitsentgelt M 55
- Arbeitskampf M 129 ff.
- Arbeitsleistung M 110
- Arbeitspapiere M 81
- Arrest-/Verfügungsgrund M 52 ff.
- Arrestantrag, Vergütungsforderung M 80
- Ausschluss aus dem Betriebsrat M 146
- Ausschlussfristen M 62
- Beschlussverfahren M 71 ff.
- besonderer Weiterbeschäftigungsanspruch, § 102 Abs. 5 BetrVG M 92
- Besonderheiten M 69 ff.
- Betriebsratsschulungen M 131
- Betriebsratswahl M 144
- betriebsverfassungsrechtliche Streitigkeiten M 131 ff.
- Beweisführung M 49
- Beweismittelpräsenz M 49
- Einigungsstelle M 148
- Einlassungsfrist M 60
- Einsichtsrechte des Betriebsrats M 141
- Entbindung von Weiterbeschäftigungspflicht M 124
- gewerkschaftliches Zutrittsrecht M 150
- Glaubhaftmachungsmittel M 49
- Interessenausgleich M 135 ff.
- keine Vorwegnahme der Hauptsache M 51
- kollektives Arbeitsrecht M 129
- Konkurrentenklage M 105 ff.
- Kosten M 68
- Ladungsfrist M 60
- Leistungsverfügung M 51
- mündliche Verhandlung M 56 ff.
- Präklusionsrecht M 61
- prozesstaktische Überlegungen M 47
- Prüfungsmaßstab M 48
- Regelung über Arbeitszeit M 139 f.
- Schadensersatzanspruch M 72
- Sicherung der Ansprüche aus BetrVG I 1963
- Sicherung von Beteiligungsrechten des Betriebsrats M 134 ff.
- Streitgegenstand M 50
- Teilzeitbeschäftigung C 139
- Unterlassung anderer Erwerbstätigkeit C 235
- Untersagung einer Betriebsratswahl M 144
- Urlaub C 1921 ff., M 83 ff.
- Urteilsverfahren M 68 f.
- Verjährung M 62
- vorläufige personelle Maßnahme M 147
- Weiterbeschäftigungsanspruch M 88 ff.
- Weiterbeschäftigungsanspruch, allgemeiner M 93, M 127
- Weiterbeschäftigungsanspruch, besonderer M 92, M 124 ff.
- Weiterbeschäftigungsanspruch, bestehendes Arbeitsverhältnis M 88 ff.
- Weiterbeschäftigungsanspruch des Jugend- u. Auszubildendenvertreters M 103 f., M 128
- Weiterbeschäftigungsanspruch eines Auszubildenden M 101 f.
- Weiterbeschäftigungsanspruch nach klageabweisendem Urteil M 100
- Weiterbeschäftigungsanspruch nach obsiegendem Urteil M 98 f.
- Weiterbeschäftigungsanspruch vor Urteil M 94 ff.
- Weiterbildungsanspruch C 2138
- Wettbewerbsverbote M 111 ff.
- Zahlung von Arbeitsentgelt M 76
- Zustellung im Parteibetrieb M 64 ff.
- Zutrittsrechte des Betriebsrats M 142

Einstweiliger Rechtsschutz s. auch Einstweilige Verfügung **M 46**, s. auch unter Arrest **M 46**
- Vorabentscheidungsverfahren EuGH M 165

Elternzeit
- 13. Monatsgehalt C 925
- Befristung D 2293
- Entgeltfortzahlung C 1465
- Gratifikation C 910 ff.
- Kündigungsschutz D 438 ff.
- Mutterschutz, Verhältnis zu – D 446
- Sonderurlaub C 2050
- Tantieme C 923
- Teilzeitbeschäftigung C 2045, C 2055 ff.
- Urlaubsanspruch C 1743, C 2027 ff.
- Urlaubsentgelt C 2038
- Weihnachtsgeld C 918
- zeitlicher Geltungsbereich D 442 ff.

Empfangsbote D 69

Entgeltfortzahlung
- Aids C 1474
- Alkohol im Straßenverkehr C 1480
- Anlasskündigung C 1553 ff.
- anteiliger Entgeltanspruch C 1525
- Anzeigepflicht der Arbeitsunfähigkeit C 1590 ff.
- Arbeitsunfähigkeitsbescheinigung C 1602 ff.
- Arbeitsunwilligkeit C 1450
- Arbeitsverhinderung aus pers. Gründen C 1313 ff.
- Arbeitszeitverlegung C 1458

Stichwortverzeichnis

- Aufhebungsvertrag wg. Arbeitsunfähigkeit C 1549
- Ausgleichsquittung C 1668, C 3790
- Ausübung staatsbürgerlicher Pflichten C 1351 ff.
- Beginn C 1536
- bei Annahmeverzug C 1261
- Betriebsrisiko C 1291 ff.
- Bildungsurlaub C 2071
- Darlegung- und Beweislastverteilung L 406
- Dauer C 1539
- Dritthaftung, Forderungsübergang C 1679 ff.
- ehrenamtliche Richter C 1356
- Elternzeit C 1465
- fehlende Arbeitserlaubnis C 1466
- Feiertage C 1366 ff.
- Feiertage, Berechnung der Vergütung C 1403
- Forderungsübergang auf Sozialleistungsträger C 1685
- Fortsetzungserkrankungen C 1569
- Fortsetzungserkrankungen, Fristberechnung C 1579 ff.
- Fristbeginn C 1543
- Fristberechnung C 1542
- Fristende C 1546
- Höhe C 1497 ff.
- Höhe, Abgeltung von Überstunden C 1519
- Höhe, BeschFG C 1501 ff.
- Höhe, Korrekturgesetz C 1514 ff.
- Höhe, maßgebliche Arbeitszeit C 1517
- im Krankheitsfall C 1423 ff.
- im Krankheitsfall, Arbeitsunfähigkeit C 1436 ff.
- im Krankheitsfall, Begriff der Krankheit C 1428 ff.
- im Krankheitsfall, Kausalität C 1447
- im Krankheitsfall, kein Verschulden C 1467 ff.
- im Krankheitsfall, Teilarbeitsunfähigkeit C 1444
- Kündigung wg. Arbeitsunfähigkeit C 1547
- Maßnahmen der med. Vorsorge C 1671 ff.
- Mehrfacherkrankungen C 1567 ff.
- rechtsmissbräuchliche Geltendmachung C 1662
- Rückfallerkrankung C 1481
- Schlägerei C 1495
- Sportunfall C 1491 ff.
- Suchterkrankung C 1476
- Suizidhandlung C 1490
- Suspendierung C 1454
- tarifliche Regelungen C 1530
- Unfall im betrieblichen Bereich C 1487
- Unfall im privaten Bereich C 1488
- unsichere Prognose C 1522
- Urlaub C 1460
- Verkehrsunfall C 1482
- Versicherung C 1698 ff.
- Verzicht auf – C 1667 ff.
- Wahlvorbereitung C 1351
- Weiterbildung C 2134
- Wirtschaftsrisiko C 1310 ff.

Entgeltfortzahlungsversicherung C 1698 ff.
Entgeltregelungen
- Tarifvertrag A 387 ff.

Entgeltschutz Betriebsratsmitglieder I 592 ff.
Entlohnungsgrundsätze I 1459 f.
Entlohnungsmethoden I 1461 ff.
Entschädigung
- Festsetzung einer – L 475 ff.

Entsendegesetz A 865
Entsendung
- im Rahmen eines Dienstvertrages C 3485
- im Rahmen eines Werkvertrages C 3475 ff.

Entwicklungshelfer
- Arbeitnehmer A 233

Erfindungen
s. Arbeitnehmererfindungen, Diensterfindung
Erledigung der Hauptsache
- Beschlussverfahren L 983
- Beschwerdeverfahren L 1039
- übereinstimmende Erledigung in Güteverhandlung L 277

Ernennung der Richter
- Arbeitsgerichte K 43 ff.
- Bundesarbeitsgericht K 52 ff.
- Landesarbeitsgerichte K 49 ff.

Ersatzdienst C 1360 ff.
Ersatzmitglieder Betriebsrat I 434 ff.
- Nachrücken I 440
- Nachrücken, Reihenfolge I 441
- Rechtsstellung I 445
- zeitweilige Verhinderung I 435

Ersatzurlaub C 1745
Erstattung der Kosten der Arbeitslosigkeit E 102 ff.
Erstinstanzliches Beschlussverfahren
- Anträge M 26
- außergerichtliche Kosten L 550
- außergerichtliche Kosten, Kostenerstattungsausschluss L 554
- Gerichtskosten L 539
- Kostenprivilegierungen L 541
- Kostenvorschüsse L 548
- Rechtsschutzinteresse M 39
- selbstständige Gebühren L 547

Erwerbsminderung
- Rente E 272

Erwerbsunfähigkeit C 1847
Erziehungsurlaub s. unter Elternzeit
Europäische Gemeinschaft
- Arbeitsrecht A 748 ff.
- arbeitsrechtliche Regelungen A 771 ff.
- Freizügigkeit der Arbeitnehmer A 771 ff.
- Gleichbehandlungsrichtlinie A 801

Stichwortverzeichnis

- Harmonisierung des Arbeitsrechts A 791 ff.
- Lohngleichheitsrichtlinie A 798 ff.
- Maschinenschutzrichtlinie A 812
- Richtlinien A 762
- Verbesserung der Sicherheit und des Gesundheitsschutzes A 814 ff.
- Verbot der Diskriminierung A 810 f.
- Vereinheitlichung des Arbeitsrechts A 826 ff.
- Verordnungen A 761
- Wahrung ergänzender Rentenansprüche A 809

Europäischer Betriebsrat
- Amtszeit I 2061
- Beschlüsse I 2073
- besonderes Verhandlungsgremium I 2010 ff. s. dort
- geschäftsführender Ausschuss I 2068
- Geschäftsführung I 2066
- Geschäftsordnung I 2072
- Grundlagen I 1999
- Kosten I 2074
- kraft Gesetzes I 2052 ff.
- kraft Vereinbarung I 2047
- kraft Vereinbarung, Form I 2048
- kraft Vereinbarung, Inhalt I 2049
- räumlicher Geltungsbereich des EBRG I 2001 ff.
- Rechtsstellung der Mitglieder I 2064
- sachlicher Geltungsbereich des EBRG I 2005 ff.
- Sanktionen I 2093
- Sitzungen I 2069
- Streitigkeiten I 2096
- Unterrichtung der örtlichen Arbeitnehmer I 2088
- Unterrichtung und Anhörung I 2079 ff.
- zentrale Leitung I 2001 ff.
- Zuständigkeit in grenzüberschreitenden Angelegenheiten I 2075

Europäischer Gerichtshof M 151
- acte-claire-Theorie M 164
- Fassung der Vorlagefragen M 159 ff.
- Verletzung der Vorlagepflicht M 167
- Vertragsverletzungsverfahren M 187 ff.
- Vorabentscheidungsverfahren M 157 ff., M 173 ff.
- Vorlagebeschluss, Rechtsbehelfe dagegen M 169 ff.
- Vorlagemöglichkeit M 163
- Zusammensetzung M 154

Europäisches Betriebsrätegesetz
- räumlicher Geltungsbereich des EBRG I 2001 ff.
- sachlicher Geltungsbereich des EBRG I 2005 ff.

Europäisches Parlament
- Bürgerbeauftragter M 191
- Petition M 190

F

Fachkammern K 23 f.
Fachkraft für Arbeitssicherheit
- betriebsverfassungsrechtliche Bedeutung I 1513 ff.
- Kündigungsschutz D 504 ff.

Fachliteratur I 701
Fahrerlaubnis
- Entzug C 1223

Fahrtkosten C 2297
- Betriebsversammlung I 734

Faktisches Arbeitsverhältnis B 435 ff.
- Inhalt B 445

Familienangehörige
- mithelfende E 12
- Betriebsverfassungsgesetz I 25

Fehlzeiten C 887 ff.
Feiertag
- Arbeitskampf C 1396
- Entgeltfortzahlung C 1366 ff.
- Krankheitszeitraum C 1393
- Vergütung, Ausschluss C 1418
- Vergütung, Berechnung C 1403 ff.

Feiertagsarbeit
- Zuschläge C 1387

Feiertagsentgelt C 1366 ff.
- Ausschlussfristen C 3746

Feststellungsinteresse L 189 ff.
Feststellungsklage
- Änderungskündigung L 206 ff.
- Beendigungskündigung L 194 ff.
- Feststellungsinteresse L 189 ff.
- punktuelle Streitgegenstandstheorie L 195
- Urteilsverfahren L 181 ff.

Firma
- Parteiberichtigung L 38

Fiskus
- Parteifähigkeit L 19

Fixschuld
- Arbeitsleistung C 1200

Fortbildungsmaßnahme D 1690
Fortbildungsvertrag C 3610
Fortsetzungserkrankungen C 1569 ff.
- Darlegungs- und Beweislast C 1584
- Entgeltfortzahlung C 1569
- Fristberechnung C 1579 ff.

Frachtführer
- Selbstständiger A 107

Fragerecht des Arbeitgeber B 209 ff.
- Aids B 241
- Drogenkonsum B 283
- Einzelfälle B 228 ff.
- frühere Beschäftigung im Unternehmen B 281
- Gesundheitszustand B 232 ff.
- Gewerkschaftszugehörigkeit B 232 ff.

2766

Stichwortverzeichnis

- Körperbehinderung B 234 ff.
- Mitarbeit für das MfS B 279
- persönliche Lebensverhältnisse B 269
- Schwangerschaft B 257 ff.
- Schwerbehinderteneigenschaft B 247 ff.
- Scientology-Organisation B 278
- Tendenzunternehmen B 275
- Transsexualität B 243
- Vermögensverhältnisse B 228 ff.
- Vorstrafen B 263

Franchisenehmer A 239 ff.
- Marktleiter A 247

Frauenarbeitsschutzrecht
- Beschäftigungsverbot B 44
- Nachtarbeitsverbot B 45

Freie Mitarbeiter
- Beispiele und Abgrenzungskriterien A 76 ff.
- Bildberichterstatter A 96
- Herausgeber einer Buchreihe A 82
- Jugendlichenbetreuung A 77
- Lehrkraft einer Bildungseinrichtung A 83
- Lizenzfußballer A 78
- Psychologe A 76
- Rechtsanwälte A 112
- Rundfunkanstalten A 54 ff., A 59 ff.
- Rundfunkgebührenermittler A 88
- Rundfunkreporter A 94
- Vertragsamateure A 79
- Volkshochschuldozentin A 84

Freistellung des Arbeitnehmers
- Anrechnung anderweitigen Erwerbs D 2413 ff., C 189 ff.
- Anrechnung des Urlaubs D 2421 ff.
- Aufhebungsvertrag D 2404 ff.
- betriebliche Übung C 181
- Dauer C 186
- einseitige C 191 ff.
- einverständliche C 175
- gesetzliche Befreiung C 196 ff.
- Gewährung von Sachleistungen D 2412
- Gleichbehandlungsgrundsatz C 181
- Rückgabe des Dienstwagens D 2426 ff.
- Wirkung C 182

Freistellung Betriebsratsmitglieder I 533 ff., I 571 ff.
- Abgeltung I 563
- Anspruch I 543
- Beendigung I 589
- Durchführung I 545
- Erforderlichkeit I 538
- Freizeitausgleich I 552
- Streitigkeiten I 569
- Voraussetzungen I 553

Freiwillige Leistungen
- Arbeitsentgelt C 612
- betriebliche Lohngestaltung I 1564
- betriebliche Übung A 592

- Widerruf C 619

Freizeitausgleich
- Betriebsratsmitglied I 552

Freizügigkeit
- Europäische Gemeinschaft A 771 ff.

Fremdfirmenmitarbeiter I 150

Fremdsprachenlektor
- befristete Arbeitsverhältnisse D 2279

Fremdvergabe D 1397

Friedenspflicht G 18 ff., H 105, I 1027

Fürsorgepflicht C 2154 ff.

Fußballspieler
- auflösende Bedingung D 2309
- Lizenzfußballspieler A 78
- Transferregelungen A 781

G

Gebot der vertrauensvollen Zusammenarbeit I 1007 ff.

Gefahrenzulage C 1106

gefahrgeneigte Arbeit C 501 ff., C 520 ff.

Geheimhaltungspflicht
- des Betriebsrats I 660 ff.

Geldstrafen C 2302

Geltungsbereich des Tarifvertrages
- Beendigung H 212 ff.
- betrieblich-fachlicher H 216
- Inkrafttreten H 205 ff.
- normativer H 203
- persönlicher H 220
- räumlicher H 214
- Rückwirkung H 207 ff.
- zeitlicher H 251

Gemeinsame Einrichtungen
- Tarifgebundenheit H 173
- Tarifvertrag H 96

Gemeinschaftsbetrieb I 100 ff.

Genossenschaft
- Parteifähigkeit L 17

Gerätesicherheitsgesetz C 2202

Gerichte
- Dienstaufsicht K 25 ff.
- Einrichtung, Form K 10
- Verfahren der Einrichtung K 12
- Verwaltung K 25 ff.

Gerichtsgebühren s. unter Gerichtskosten

Gerichtskosten
- Berufungsverfahren L 694 ff.
- erstinstanzliches Verfahren L 539 ff.

Gerichtsperson
- Ablehnung K 139 ff. s. auch dort
- Ausschluss K 139 ff.

Gerichtsstandsvereinbarung
- Arbeitsgerichte K 326 ff.

2767

Stichwortverzeichnis

Gerichtstage
- Festlegung K 17 ff.

Gerichtsverwaltung K 27
- Dienstaufsicht K 30
- Zuständigkeit K 28

Gerichtsvollzieher L 521

Geringfügig Beschäftigte C 3534 ff.
- Meldepflicht C 3555
- Sozialversicherung C 3535 ff.
- Steuerrecht C 3549 ff.
- Teilzeitbeschäftigung C 3534

Gesamtbetriebsrat
- Amtszeit I 767
- Arbeitgeberwechsel C 3242
- Auftragszuständigkeit I 781
- Beendigung I 767
- Betriebsräteversammlung I 783
- Errichtung I 748 ff.
- Gesamtbetriebsratsvereinbarungen I 782
- Größe I 756
- Mitglieder, Rechtsstellung I 765
- Organisation I 760
- Stimmengewichtung I 759
- Zusammensetzung I 756
- Zuständigkeit I 769
- Zuständigkeit, Einzelfälle I 776
- Zuständigkeit, originäre I 772

Gesamtbetriebsvereinbarung I 782
Gesamthafenbetrieb A 274 ff.
Gesamt-Jugend- und Auszubildendenvertretung I 823
Gesamtrechtsnachfolge C 3220
Gesamtsprecherausschuss I 895
Geschäftsfähigkeit B 330
Geschäftsführervertrag A 227
Geschäftsgeheimnis C 328 ff., I 945
Geschäftsverteilung K 158 ff.

Geschäftsverteilungsplan K 29
- Änderung K 176
- Aufstellung K 160 ff.
- Inhalt K 168 ff.
- Rechtsbehelfe der Prozessparteien K 178 f.
- Rechtsbehelfe der Richter K 180

Geschenke C 360 ff.
Geschmacksmuster C 2588 ff.
Gesellschaft bürgerlichen Rechts
- Parteifähigkeit L 10 ff.

Gesellschafter
- Arbeitnehmer A 236

gesetzliche Rentenversicherung s. *Rentenversicherung*

gesetzliches Verbot B 388

Gesetz zur Verbesserung der betrieblichen Altersversorgung C 2594 ff. s. *unter Betriebliche Altersversorgung*

Gestaltungsklage L 207

Gesundheitsprognose
- Beweis D 1185
- negative D 1175 ff.
- prognoseschädliche Tatsachen D 1178
- Ursächlichkeit betrieblicher Umstände D 1183

Gesundheitsschutz A 814

Gesundheitszustand
- Fragerecht des Arbeitgebers B 232 ff.

Gewerkschaft
- Beteiligte im Beschlussverfahren M 78
- parteipolitische Betätigung im Betrieb, Verbot I 1036
- Tariffähigkeit H 29 ff.
- Zugangsrecht zum Betrieb I 941 ff.

Gewerkschaftswerbung D 1304
Gewinnbeteiligung C 812 ff.
Gewissensfreiheit A 338 ff.
Gewissenskonflikt A 671

Glaubhaftmachungsmittel
- Arrest M 49
- einstweilige Verfügung M 49

Gleichbehandlung
- Tarifvertragsrecht H 199

Gleichbehandlungsgrundsatz A 460 ff.
- Arbeitgeber A 460 ff.
- Arbeitnehmer A 334 ff.
- Arbeitsbedingungen A 566
- Begriff A 458 ff.
- betriebliche Altersversorgung A 551 ff., C 2742
- betriebliche Übung A 604
- dogmatische Begründung A 479
- Grundrechte A 334 ff.
- Lohngleichheit A 480 ff.
- öffentlicher Dienst C 755
- Rechtsfolge einer Verletzung A 572 ff.
- sonstige Arbeitsbedingungen A 566 ff.

Gleichbehandlungsrichtlinie
- Europäische Gemeinschaft A 801

Gleichheitsgrundsatz A 334 ff.
Gleichheitssatz B 189
gleitende Arbeitszeit I 1356

GmbH
- Auflösung A 265 ff.
- im Gründungsstadium A 255 ff.
- Parteiberichtigung L 40
- Parteifähigkeit L 12

GmbH & Co. KG
- Parteiberichtigung L 41
- Parteifähigkeit L 14

GmbH-Geschäftsführer
- betriebliche Altersversorgung C 3214
- Organe juristischer Personen A 222 ff.

graphologisches Gutachten B 291

Gratifikation
- Beendigung des Arbeitsverhältnisses D 2402

Stichwortverzeichnis

- Elternzeit C 910 ff.
- Fehlzeiten C 887 ff.
- Freiwilligkeitsvorbehalt C 863
- Insolvenz C 1163
- Mutterschutz C 904 ff.
- Rückzahlung C 865 ff.
- Stichtagsregelung C 833 ff.

Greencard B 54

Grundrechte
- allgemeines Persönlichkeitsrecht A 329 ff.
- Arbeitsverhältnis A 314 ff.
- Berufsfreiheit A 352
- Drittwirkung A 317
- Ehe und Familie A 350 ff.
- Gewissensfreiheit A 338 ff.
- Gleichbehandlungsgrundsatz A 334 ff.
- kirchlicher Dienst A 347 ff.
- kollektives Arbeitsrecht A 324 ff., A 353 ff.
- Meinungsfreiheit A 342 ff.
- Menschenwürde A 333
- Sozialplan A 326

Grundsatz der Mündlichkeit L 134
Grundsatz der Öffentlichkeit L 139
Grundsatz der Unmittelbarkeit L 138
Grundwehrdienst
- ausländische Arbeitnehmer C 1364
- Ruhen des Arbeitsverhältnisses C 1360 ff.
- Urlaub C 2020 ff.

Gruppenakkord
- Entlohnungssystem C 538 ff.
- Mitbestimmung des Betriebsrats I 1402

Gruppenarbeitsverhältnis C 3444 ff.
- Betriebsgruppe C 3445
- Betriebsgruppe, Auflösung C 3448
- Eigengruppe C 3449
- Eigengruppe, Kündigungsschutz C 3452

Günstigkeitsprinzip
- Betriebsvereinbarung I 1202
- Tarifvertrag H 238 ff.

Günstigkeitsvergleich
- Tarifvertrag H 242

Gütetermin Vorbereitung L 218 ff.
Güteverhandlung L 245 ff.
- Ablauf L 252 ff.
- Anerkenntnis L 279
- Anwaltsgebühren L 294
- Einlassung der beklagten Partei L 218 ff.
- Entbehrlichkeit L 247
- Entscheidung durch den Vorsitzenden L 287
- Ergebnisse L 262 ff.
- Klagerücknahme L 274
- persönliches Erscheinen L 223 ff.
- persönliches Erscheinen, Anordnungsbeschluss L 223 ff.
- persönliches Erscheinen, Missachtung der Anordnung L 232 ff.

- Prozessbevollmächtigter, Zurückweisung L 241
- Ruhen des Verfahrens L 286
- Sitzungsprotokoll L 293
- übereinstimmende Erledigungserklärung L 277
- Vergleich L 262 ff.
- Versäumnisurteil L 283
- Verzicht L 279
- Vorbereitung L 218 ff.

H

Haft D 765
Haftpflichtversicherung C 529
Haftung
- Arbeitsunfall C 573
- Ausschluss C 591 ff.
- Beschränkung C 500 ff.
- Darlegungs- und Beweislast C 536
- des Arbeitnehmers C 486 ff.
- gefahrgeneigte Arbeit C 501 ff., C 520 ff.
- gegenüber Betriebsangehörigen C 568 ff.
- gegenüber Dritten C 558 ff.
- grobe Fahrlässigkeit C 511 ff.
- Mankohaftung C 539 ff., C 548 ff.
- Mitverschulden des Arbeitgebers C 530
- Schadensberechnung C 493 ff.
- Verschuldensgrad C 506 ff.
- Versicherungsfall C 578 ff.
- Versicherungsfall, Voraussetzungen C 585 ff.

Haftungsbeschränkung C 500 ff.
Handelsregister, Auskunftsersuchen L 72
Handelsvertreter A 204 ff.
Hauptfürsorgestelle, s. unter Integrationsamt
Haupttätigkeit A 47 ff.
Haustarifvertrag H 37
- Abschluss H 50

Heimarbeiter A 214 ff.
- Anhörung des Betriebsrats D 279
- Betriebsübergang C 3331
- Betriebsverfassungsgesetz, Geltung I 13
- Feiertagslohnzahlung C 1402
- Kündigung D 279
- Urlaubsanspruch C 1992 ff.

Herausgabepflicht
- Arbeitspapiere F 76, F 81

Hinterbliebenenversorgung C 2690
Hinzuverdienstgrenze E 275
HIV-Infektion, s. unter Aids
Hochschule
- befristete Arbeitsverhältnisse D 2270 ff.
- Befristungsgrenzen D 2282
- Drittmittelforschung D 2277

2769

Stichwortverzeichnis

I

Immissionsschutzbeauftragter
- Kündigungsschutz D 514 f.

Individualarbeitsrecht A 305 ff.
- Arbeitnehmerschutzrecht A 23 ff.
- Arbeitsvertragsrecht A 22

Infektionsschutzgesetz B 68
Informationspflicht des Arbeitgebers I 1262 ff.
Inhaltsirrtum B 405
Inhaltsnormen
- Tarifvertrag H 77

Initiativrecht des Betriebsrats I 1237
Insolvenz
- Abfindung C 1159
- Arbeitnehmerbegriff C 1146
- Arbeitnehmerüberlassung C 1147
- Arbeitsentgelt C 1135 ff., C 1152 ff.
- Ausschlussfristen C 3719
- betriebliche Altersversorgung C 3098 ff., C 3125 ff.
- Betriebsübergang C 3419
- Gratifikation C 1163
- Insolvenzgeld C 1177 ff.
- Organmitglieder C 1150
- Schadensersatzanspruch C 1166
- Sozialplan C 1161, I 1907 ff.
- Sozialversicherungsbeiträge C 1176
- Urlaubsgeld C 1169
- Zinsen C 1175

Insolvenzgeld C 1177 ff.
- Vorfinanzierung durch Dritte C 1196

Insolvenzschutz C 2892, C 3098 ff.
- Arbeitsvertragsstatut A 923
- Direktversicherung C 3142
- Durchführung C 3177 ff.
- Finanzierung der Insolvenzsicherung C 3198
- ges. Versorgungsanwartschaften C 3136, C 3162 ff.
- ges. Versorgungsleistungen C 3129, C 3156 ff.
- Missbrauch C 3165 ff.
- Träger der Insolvenzsicherung C 3197
- Unterstützungskasse C 3141
- Voraussetzungen C 3125 ff.

Insolvenzverfahren
- Abfindung D 1910
- Altersteilzeit D 2638
- Arbeitsentgelt nach Eröffnung des -s C 1138
- Arbeitsentgelt vor Eröffnung des -s C 1135
- betriebsbedingte Kündigung D 1459
- Interessenausgleich D 1643
- Klagefrist D 1642
- Kündigung D 1637 ff.
- Kündigungsfrist D 1638
- Vorabverfahren D 1644 ff.

- Weiterbeschäftigung, einstweiliger Rechtsschutz M 109

Insolvenzverwalter
- Parteifähigkeit L 21

Instanzenzug K 6 ff.
Integrationsamt
- Schwerbehinderte, Kündigung D 449 ff.
- Widerspruch gegen Zustimmungsbescheid L 76
- Zustimmungsverfahren D 452 ff.

Interessenabwägung
- Änderungskündigung D 1806
- außerordentliche Kündigung D 715
- betriebsbedingte Kündigung D 1597 ff.
- Kriterien D 1384 ff.
- personenbedingte Kündigung D 1384 ff.
- Verdachtskündigung D 831
- verhaltensbedingte Kündigung D 1384 ff.

Interessenausgleich I 1817 ff.
- Arbeitgeberwechsel C 3243
- Betriebsänderung I 1817
- Betriebsinhaberwechsel C 3243
- einstweilige Verfügung M 135 ff.
- Insolvenzverfahren D 1643
- Nachteilsausgleich I 1842 ff.
- Sozialauswahl D 1562, D 1594

Internationale Zuständigkeit
- deutscher Arbeitsgerichte K 184 ff.

Internet I 702
Invaliditätsrente C 2684
Irrtum B 403
- beidseitiger B 455
- über die Leistungsfähigkeit des Arbeitnehmers B 408
- über verkehrswesentliche Eigenschaften der Person B 405

J

Jahresabschluss
- Wirtschaftsausschuss I 873

Jugend- und Auszubildendenvertretung
- Amtszeit I 809
- Aufgaben, allgemeine I 810
- Befugnisse I 813
- Errichtung I 802
- Funktion I 800
- Informationsrechte I 812
- Jugend- und Auszubildendenversammlung I 822
- Mitglieder, Rechtsstellung I 819
- Organisation I 818
- Wahl I 806
- Weiterbeschäftigungsanspruch des Jugend- u. Auszubildendenvertreters M 103 f., M 128

Stichwortverzeichnis

Jugend- und
Auszubildendenversammlung I 822
Jugendarbeitsschutzrecht
- Beschäftigungsverbot B 19 ff.
jugendliche Arbeitnehmer C 1970

K

Kammertermin
- Ablauf L 361 ff.
- amtliche Auskünfte L 324
- Auflagenerteilung L 309
- Bestimmung L 296
- Beweisaufnahme L 373
- Beweisbeschluss L 297
- Ergebnisse L 417
- Festsetzung eines Verkündungstermins L 423 ff.
- Nichterscheinen eines Zeugen oder Sachverständigen L 331
- persönliches Erscheinen L 325
- Schließen der mündlichen Verhandlung L 410
- schriftliche Beantwortung durch eine Zeugen L 301
- Verhandlung zur Sache L 366
- Verkündung eines Urteils L 419 ff.
- verspätetes Parteivorbringen, Zurückweisung L 315, L 374 ff.
- Vertagung L 368, L 418
- vorsorgliche Ladung von Sachverständigen L 326 ff.
- vorsorgliche Ladung von Zeugen L 326 ff.
- Wiedereröffnung der mündlichen Verhandlung L 413
Kapitalgesellschaft, ausländische
- Parteifähigkeit L 24
Kampagnebetrieb
- Befristung des Arbeitsverhältnisses D 2110
- Massenentlassungsanzeige D 1654
Kapovaz I 559
Karenzentschädigung F 97 ff.
- Höhe F 103 ff.
Kaskovereinbarung C 507
Kinderarbeit B 19
Kindergeld C 681
Kirchliche Einrichtungen
- Kündigung, Besonderheiten D 1837, D 1846 ff.
Kirchlicher Dienst
- Arbeitsvertragsrichtlinien A 713 ff.
- Grundrechte A 347 ff.
Kirchensteuer
- Geringverdienerarbeitsverhältnis C 3549
Klageantrag
- Befristung D 2301 ff.

Klagearten
- Feststellungsklage L 181 ff. *s. dort*
- Gestaltungsklage L 207
- Leistungsklage L 163 *s. dort*
Klageerhebung L 208 ff.
- Einreichung bei Gericht L 208 ff.
- Ladungsfrist L 216
- Rechtswirkung L 217
- Verfahrensablauf L 212
Klagefrist nach KSchG D 579 ff., D 987 ff.
- Anfechtung B 458
- befristetes Arbeitsverhältnis D 2240 ff.
Klagerücknahme
- Güteverfahren L 274
Kleidungsvorschriften C 2342
Kleinstbetrieb I 97
Kleinunternehmen
- Kündigungsfristen D 163 ff.
Koalitionen A 959 ff., H 16
- Aufgaben, originäre I 946 ff.
- Begriff H 16
- Mitgliederwerbung I 948 ff.
- Rechtsstellung im Betrieb I 936 ff.
- Zusammenarbeit mit Betriebsrat u. Arbeitgeber I 936 ff.
Koalitionsfreiheit A 6, A 19
- individuelle H 3
- kollektive H 7
- negative H 4
- positive H 3
Kollektives Arbeitsrecht A 312
- auf Betriebs- und Unternehmensebene A 31
- Grundrechte A 324 ff., A 353 ff.
- überbetrieblich A 30
Kommanditgesellschaft
- Parteifähigkeit L 11
Kommanditist
- betriebliche Altersversorgung C 3213
Kommission der Europäischen Gemeinschaften
- Beschwerde M 189
Konkurrentenklage A 440
- einstweilige Verfügung M 105 ff.
Konkretisierung der Arbeitsleistung A 663 ff.
Konkurs *s. unter Insolvenz*
Konsensprinzip
- negatives I 1238
- positives I 1236
Kontoführungsgebühren I 1376
Konzern
- Ausfallhaftung A 293 ff.
- Begriff A 289 ff., I 785 ff.
- Massenentlassungen D 1668
Konzern-Jugend- und Auszubildendenvertretung I 824
Konzernbetriebsrat I 795 ff.
- Amtszeit I 796

2771

Stichwortverzeichnis

- Arbeitgeberwechsel C 3242
- Errichtung I 795
- Geschäftsführung I 797
- Konzernbegriff I 785
- Konzernbetriebsvereinbarungen I 799
- Zuständigkeit I 798

Konzernbetriebsvereinbarungen I 799
Konzernsprecherausschuss I 898
Körperbehinderung
- Fragerecht des Arbeitgebers B 234

korrigierende Rückgruppierung C 730
Kostenerstattungsausschluss L 554
Kraftfahrer
- Entgeltfortzahlung nach Unfall C 1231 ff.
- Mitteilung von Mängeln an Behörden C 338
- Überstunden C 3647

Krankengeld E 227
Krankenpflege
- Arbeitnehmer A 238

Krankenversicherung
- Arbeitslose E 231
- Beendigung des Arbeitsverhältnisses E 221
- Fortbestand der Mitgliedschaft E 222 ff.
- Krankengeld E 227
- private E 225
- Ruhenszeitraum E 226

Krankheit
- Aids C 1474
- Alkohol im Straßenverkehr C 1480
- Anlasskündigung C 1553 ff.
- Anzeigepflicht C 1590 ff.
- Arbeitsunfähigkeitsbescheinigung C 1602 ff.
- Arbeitsunfähigkeit C 1436 ff.
- Ausland C 1647 ff.
- Entgeltfortzahlung C 1423 ff.
- Fortsetzungserkrankungen C 1569
- Fortsetzungserkrankungen, Fristberechnung C 1579 ff.
- Kausalität C 1447
- kein Verschulden des Arbeitnehmers C 1467 ff.
- Krankheit, Begriff C 1428 ff.
- künstliche Befruchtung C 1434
- Kurzerkrankung C 1658
- Mehrfacherkrankungen C 1567 ff.
- Organentnahme C 1433
- Rückfallerkrankung C 1481
- Schlägerei C 1495
- Schwangerschaft C 1452
- Schwangerschaftsabbruch C 1434
- Sportunfall C 1491 ff.
- Sterilisation C 1434
- Suchterkrankung C 1476
- Suizidhandlung C 1490
- Teilarbeitsunfähigkeit C 1444
- Unfall im betrieblichen Bereich C 1487
- Unfall im privaten Bereich C 1488
- Urlaubsanspruch C 1744
- Verkehrsunfall C 1482
- während des Urlaubs C 1840 ff.

Krankheitsbedingte Kündigung
- Arbeitsunfähigkeit, dauernde D 1160
- betriebliche Gründe, erhebliche Beeinträchtigung D 1127 ff.
- Darlegungs- und Beweislast D 1174 ff.
- maßgeblicher Beurteilungszeitpunkt D 1167
- negative Gesundheitsprognose D 1107 ff., D 1175 ff.
- Wiedereinstellungsanspruch D 1167

Kundenschutzabrede M 115
Kündigung
- Abfindung D 1903 ff.
- Abfindung, Höhe D 1912 ff.
- Abmahnung D 1315
- Änderungsangebot, Verknüpfung mit D 1728
- Änderungskündigung D 1714 ff. s. dort
- anderweitige Beschäftigungsmöglichkeit D 1680 ff.
- Anhörungsverfahren D 261 ff.
- Anhörungsverfahren, Verzicht auf D 309
- Arbeitgeberkündigung, Beteiligung des Betriebsrats D 922 ff.
- Arbeitgeberkündigung, Wirksamkeit D 920 ff.
- Art D 282
- außerordentliche D 41 ff., D 626 ff. s. dort
- Ausspruch D 269
- Auszubildender D 525 ff.
- Bergmannversorgungsschein D 578
- Beschäftigtenzahl D 1038 ff.
- BeschFG D 1052
- Besonderheiten im öffentlichen Dienst der neuen Bundesländer D 1063 ff.
- Beteiligung des Betriebs-/Personalrats D 243 ff., D 259 ff.
- betriebsbedingt D 932, D 1391 ff. s. dort
- Betriebsbegriff D 1024
- Betriebsrat bei Stilllegung einer Betriebsabteilung D 373 ff.
- Betriebsrat, Anhörung D 314
- Betriebsrat, bei Betriebsstilllegung D 363 ff., D 366 ff.
- Betriebsrat, Ersatzmitglieder D 345
- Betriebsrat, Fehler in seinem Verantwortungsbereich D 302 ff.
- Betriebsrat, Unterrichtung D 259
- Betriebsrat, wichtiger Grund D 351 ff.
- Betriebsratsmitglieder D 343
- Betriebsübergang D 550 ff., D 555 ff.
- Betriebsvereinbarung D 322
- Direktionsrecht D 1733
- Einwurf-Einschreiben D 81
- Elternzeit D 438 ff.
- Empfangsbote D 69
- Formnichtigkeit D 26 ff.
- Fortbildungsmaßnahmen D 1690

Stichwortverzeichnis

- Geltungsbereich D 137 ff.
- Gesamtvertretung D 105
- gesetzliche Beschränkung D 235 ff.
- Gründe D 45
- Heimarbeiter D 279
- inhaltliche Anforderungen D 280
- Insolvenzverfahren D 1637 ff.
- Interessenabwägung D 1384 ff.
- kirchliche Einrichtungen, Besonderheiten D 1837, D 1846 ff.
- Klagefrist D 987 ff.
- Kleinunternehmen D 163 ff.
- krankheitsbedingte D 923, D 1105 s. dort
- Kündigungsfristen D 126 ff., D 133 ff. s. dort
- Kündigungsgrund D 286 ff.
- Mandatsträger, Zustimmung des Betriebsrats D 326 ff.
- Massenentlassungen D 267, D 1649 ff.
- mehrere Kündigungssachverhalte D 1709 ff.
- Mindestkündigungsschutz D 1004 ff.
- Mischtatbestände D 1705 ff.
- Mutterschutz D 409 ff.
- Nachschieben von Gründen D 794 ff.
- öffentlicher Dienst D 98
- ohne Anhörung des Betriebsrats D 277
- ordentliche D 41
- personenbedingte D 1103 ff. s. dort
- Rücknahme D 118
- Sachdarstellung des Arbeitgebers D 290 ff.
- Schadensersatz D 894
- Schriftform D 5 ff.
- Schwerbehinderter D 975 ff.
- Sechsmonatsfrist D 1030
- Sozialauswahl D 1463 ff. s. dort
- sozialrechtliche Folgen E 2 ff.
- Sozialwidrigkeit D 1023 ff., D 1060, D 1680 ff.
- Sozialwidrigkeit, absolute Unwirksamkeitsgründe D 1062
- Sozialwidrigkeit, relative Unwirksamkeitsgründe D 1060
- Sperrzeit des Anspruchs auf Arbeitslosengeld E 58 ff.
- Streik G 90
- Suche nach Anschlussbeschäftigung B 312
- tarifliche Beschränkung D 226 ff.
- Tarifvertrag D 322
- eines Tarifvertrages H 56
- Teilkündigung D 1737
- Teilzeitbeschäftigung C 160
- Tendenzbetriebe, Besonderheiten D 1837 ff.
- Übergabe-Einschreiben D 76 ff.
- Umdeutung einer – in ein Angebot zum Abschluss eines Aufhebungsvertrages D 2385 ff.
- Umdeutung einer außerordentlichen D 901 ff.
- Umschulungsmaßnahmen D 1690
- Urlaubsanspruch C 1776
- Vergütung D 894
- Verhalten des Arbeitgebers im Anschluss B 312
- verhaltensbedingte ordentliche D 929, D 1252 ff. s. dort
- Vertretung D 87 ff.
- Vollmacht des Rechtsanwalts D 107 ff.
- Vollmachtsurkunde D 90
- vor Dienstantritt C 464 ff.
- Vorkenntnis des Betriebsrats D 299
- Wahlbewerber D 333
- Wahlvorstand D 333
- Weiterbeschäftigung D 1961, D 1966 ff.
- Wettbewerbsverbot F 121
- Widerspruch des Betriebsrats D 952 ff.
- Widerspruchstatbestände D 957 ff.
- Zeugnis B 317
- Zugang D 62 ff.
- Zugang unter Abwesenden D 64
- Zugang unter Anwesenden D 63
- Zugangszeitpunkt D 67 ff.
- Zustellung durch Boten D 85
- Zustimmungsersetzungsverfahren D 308

Kündigung durch Arbeitnehmer
- außerordentliche Kündigung D 2044
- außerordentliche Kündigung, Umdeutung D 2052
- ordentliche Kündigung D 2043

Kündigung vor Dienstantritt C 464 ff.

Kündigungserklärung
- Änderungskündigung D 19
- Auslegung der Erklärung D 50
- Bestätigung der Kündigung D 56
- Darlegung- und Beweislastverteilung L 405
- Einwurf-Einschreiben D 81
- elektronische Form D 22
- Empfangsbote D 69
- Formnichtigkeit D 26 ff.
- Gesamtvertretung D 105
- Grundsatz der Klarheit D 51
- inhaltliche Anforderungen D 18
- konkludentes Verhalten D 20
- Kündigungserklärung D 5
- Kündigungserklärung, Schriftform D 5 ff.
- Kündigungsgründe D 45
- notarielle Beurkundung D 23
- Rücknahme D 118
- Schriftform D 5 ff.
- Stellvertretung D 17
- Übergabe-Einschreiben D 76 ff.
- Unterschrift D 16
- Vertretung D 87 ff.
- Vollmacht des Rechtsanwalts D 107 ff.
- Vollmachtsurkunde D 90
- vorsorgliche Kündigung D 56
- Zugang D 62 ff.
- Zugang unter Abwesenden D 64
- Zugang unter Anwesenden D 63
- Zugangszeitpunkt D 67 ff.

Stichwortverzeichnis

- Zustellung durch Boten D 85
Kündigungsfrist D 126 ff., D 133 ff.
- Arbeitslosengeld E 38 ff.
- Aushilfen D 155 ff.
- Berechnung D 145 ff.
- Geltungsbereich D 137 ff.
- Kleinunternehmen D 163 ff.
- Tarifvertrag und Individualabsprache D 192
- tarifvertragliche Regelungen D 176 ff.
- Verkürzung D 149 ff.
- verlängerte D 124
- Wartezeit D 134
Kündigungsgründe
- Angabe D 45
- außerordentliche Kündigung D 679
- Nachschieben D 794 ff.
Kündigungsrücknahme D 118
Kündigungsschutz
- Abfallbeauftragter D 516
- Abgeordnete D 493 ff.
- Arbeitsplatzteilung C 3442
- Auszubildende D 525 ff.
- Betriebsarzt D 504 ff.
- Betriebsrat D 351 ff.
- Betriebsübergang D 550
- Datenschutzbeauftragter D 518
- Elternzeit D 438 ff.
- Fachkraft für Arbeitssicherheit D 504 ff.
- Gruppenarbeitsverhältnis C 3452
- Immissionsschutzbeauftragter D 514
- Mandatsträger D 326 ff.
- Mutterschutz D 409 ff.
- schwerbehinderte Menschen D 449 ff.
- Sicherheitsbeauftragter D 512
- Tendenzbetriebe D 1837 ff.
- Wahlbewerber D 333
- Wahlvorstand D 333, I 268
- Wehr- und Zivildienstleistende D 479 ff.
Kündigungsschutzklage
- Änderungskündigung L 206 ff.
- Annahmeverzug C 1214
- Arbeitgeberanschreiben, Muster L 70
- Aufforderungsschreiben, Muster L 69
- Ausgleichsquittung C 3784
- Auskunftsersuchen an Betriebsrats L 74
- Ausschlussfristen, einstufige C 3700
- Ausschlussfristen, Hemmung C 3704
- Ausschlussfristen, zweistufige C 3705 ff.
- Beendigungskündigung L 194 ff.
- Darlegungs- und Beweislast D 786 ff.
- Form D 584 ff.
- Muster L 68
- nachträgliche Zulassung D 596 ff.
- ordentliches Gericht D 590
- ordnungsgemäßer Antrag D 615 ff.
- örtlich unzuständiges ArbG D 589
- punktuelle Streitgegenstandstheorie L 195

- Sperrzeit E 70
- Verschulden des Prozessbevollmächtigten D 610
- Verwirkung des Klagerechts D 622 ff.
- Weiterbeschäftigung D 1976 ff.
- Widerspruch gegen Zustimmungsbescheid des Integrationsamtes L 76
- Zurückweisungsschreiben L 71
Kündigungsschutzverfahren
- Beschlussverfahren, Verhältnis zu – D 402
- Klageform D 584
- Klagefrist D 579 ff., D 987 ff.
- Kündigungsschutzgesetz, Anwendbarkeit D 579 ff.
- Nachschieben von Gründen D 795
- nachträgliche Zulassung der Klage D 596 ff.
- ordnungsgemäßer Klageantrag D 615 ff.
- Rechtskraft D 594
- Unterlassung von Wettbewerb M 117
- Verwirkung des Klagerechts D 622 ff.
Kurzarbeit D 1436 ff.
- Massenentlassungen D 1676
Kurzerkrankung
- Arbeitsunfähigkeitsbescheinigung C 1658

L

Ladungsfrist
- Arrest M 60
- einstweilige Verfügung M 60
- Klageerhebung L 216
Landesarbeitsgericht K 7
- Dienstaufsicht K 25 ff., K 30 ff.
- Ernennung der Richter K 49 ff.
- Verwaltung K 25 ff.
- Vorsitzender Richter K 49
- Zusammensetzung der Kammern K 35 ff.
Lebensalter D 1525, D 1946
Lebenslauf I 1682
- handgeschriebener B 292
Lebensversicherung
- flexible Altersgrenze C 3021
Leibesvisitation C 310
Leiharbeitnehmer C 3460 ff.
- Befristung D 2298
- Betriebsübergang C 3332
Leistungsbeurteilung I 977
Leistungsklage
- Abmahnung L 175
- Unterlassungsanträge L 179
- Urteilsverfahren L 163
- Vergütungsanspruch L 166 ff.
- Weiterbeschäftigungsanspruch, Geltendmachung L 177
- Zeugnis L 173 ff.

Stichwortverzeichnis

Leistungslohn C 780 ff.
Leistungsverweigerungsrecht C 1239, D 1271
Leistungsverfügung M 51
Leitende Angestellte A 196 ff.
- Begriff A 201 ff., I 30 ff.
- besondere Erfahrungen und Kenntnisse I 52
- Betriebsrat I 27
- Betriebsratswahl I 72
- Betriebsvereinbarungen I 27
- Betriebsverfassungsgesetz, Geltung I 26
- chemische Industrie A 203
- Einstellungs- und Entlassungsbefugnis I 35
- Entgelt I 67
- erheblicher Handlungsspielraum I 53
- Generalvollmacht I 37
- gerichtliche Statuserklärung I 70
- Konzernsprecherausschuss I 898
- Leitungsebene I 66
- Prokura I 37
- selbstständige Einstellungsbefugnis I 35
- selbstständige Entlassungsbefugnis I 35
- Sozialauswahl D 1515
- Sprecherausschuss I 884 ff. s. auch dort
- Sprecherausschusswahl I 72
- Statusklärung I 70
- Stellung im Unternehmen I 30
- Streitigkeiten I 70 ff.
- Wahrnehmung unternehmerischer Aufgaben I 42, I 46
- Zweifelsfälle I 56 ff.
Lizenzfußballspieler A 78
- Urlaubsentgelt C 1951
Lohnausfallprinzip C 1261
Lohnfindung I 1456 s. auch unter Betriebliche Lohngestaltung
Lohngestaltung
- Betriebsrat, Mitbestimmung I 1447 ff.
- Entlohnungsgrundsätze I 1459
- Entlohnungsmethoden I 1461
Lohngleichheit C 623
- Gleichbehandlungsgrundsatz A 480 ff.
Lohngleichheitsrichtlinie
- Europäische Gemeinschaft A 798 ff.
Lohnnachweiskarte C 2010
Lohnpfändung C 1014 ff.
- Ablauf C 1017 ff.
- Arbeitnehmer, Rechtsstellung C 1088 ff.
- Arbeitseinkommen C 1103 ff.
- Auskunftspflicht des Schuldners C 1054 ff.
- Beendigung des Arbeitsverhältnisses C 1031
- Betriebsübergang C 1028
- Drittschuldnererklärung C 1054 ff.
- Forderungsaufrechnung C 1078
- Lohnpfändungskosten C 1066, C 1083 f.
- Pfändungsbeschluss C 1042
- Pfändungspfandrecht C 1043
- Pfändungsschutz C 1095 ff.

- Überweisungsbeschluss C 1045
- Urlaubsentgelt C 1960 ff.
- Vollstreckungshindernisse C 1039
- Vorausabtretung C 1048
- Vorpfändung C 1051
- Zwangsvollstreckung, Voraussetzungen C 1017 ff.
Lohnpfändungsschutz C 1095 ff.
- Abfindungen C 1104
- Arbeitnehmersparzulage C 1122
- Arbeitseinkommen C 1103 ff.
- Aufwandsentschädigung C 1106
- Diensterfindungen C 1108
- Entgeltfortzahlung C 1114
- Gewinnbeteiligung C 812 ff.
- Heirats- und Geburtsbeihilfen C 1110
- Hinterbliebenenbezüge C 1111
- Insolvenzgeld C 1113
- Karenzentschädigung C 1112
- Mehrarbeitsvergütung C 1112
- Mutterschutzlohn C 1117
- Ruhegelder C 1118
- Schadensersatzansprüche C 1119
- Sozialleistungsansprüche C 1124
- Urlaubsentgelt C 1121, C 1960 ff.
- vermögenswirksame Leistungen C 1122
- Weihnachtsvergütung C 1123
Lohnsteuer C 654
Lohnsteueranrufungsauskunft D 1955
Lohnwucher B 397
lösende Aussperrung G 67 ff.

M

Mahnverfahren L 157 ff.
Mandantenschutzklausel M 116
Mandatsträger
- außerordentliche Kündigung D 673
- Kündigung, Zustimmung des Betriebsrats D 326 ff.
- Kündigungsschutz D 326 ff.
Mankohaftung C 539 ff., C 548 ff.
- Darlegungs- und Beweislast C 546
Massenänderungskündigung G 73
Massenentlassungen
- Anhörung des Betriebsrats D 267 ff., D 1662 ff.
- Anzeige an Arbeitsamt D 1666
- Anzeige, Rechtsfolgen D 1669 ff.
- Anzeigepflicht D 1654
- Betriebsrat, Beteiligung D 1662 ff.
- Darlegungs- und Beweislast D 1652
- Durchführung der Entlassungen D 1674
- Entscheidung des Landesarbeitsamtes D 1670
- Grundsätze D 1649
- Konzern D 1668

Stichwortverzeichnis

- Kurzarbeit D 1676
- Sozialauswahl D 1650
- Sperrfrist D 1673
- Zahlenverhältnis D 1657

Maßregelungsverbot D 232
Mehrarbeit C 441
- betriebsbedingte Kündigung D 1440
- Verweigerung D 1274

Mehrfacherkrankungen C 1567 ff.
Meinungsfreiheit A 342 ff.
Menschenwürde A 333
Miles- & More-Bonus-Programme C 998
Mindestkündigungsschutz D 1004 ff.
Mitbestimmungsangelegenheiten
- Arbeitsgerichte, Zuständigkeit K 296 ff.

Mitbestimmungsrecht
- Änderung der Betriebsorganisation I 1799 ff.
- Arbeitsablauf I 1527 ff.
- Arbeitsentgelt I 1373
- Arbeitsplatzgestaltung I 1527 ff.
- Arbeitsumgebung I 1527 ff.
- Arbeitszeitregelung I 1347 ff.
- Ausübung der Mitbestimmung I 1312 ff.
- Auswahlrichtlinien I 1576
- Beschäftigungsförderung I 1561
- Berufsbildung I 1616
- betriebliche Altersversorgung I 1464
- betriebliche Bildungsmaßnahmen I 1622
- Betriebsänderung I 1780 ff.
- Betriebsbuße I 1337 ff.
- Betriebseinschränkung I 1785
- Betriebsstilllegung I 1790
- Durchführung von Gruppenarbeit I 1500 ff.
- Eil- und Notfälle I 1320
- Eingruppierung I 1671
- Einstellung I 1639
- Entlohnungsgrundsätze I 1459
- Entlohnungsmethoden I 1461
- freiwillige Betriebsvereinbarung I 1152
- gleitende Arbeitszeit I 1356
- Grenzen der Mitbestimmung I 1298 ff.
- leistungsbezogene Entgelte I 1483
- Lohngestaltung I 1447 ff.
- neue Arbeitsmethoden I 1804
- Ordnung des Betriebs I 1327 ff.
- personelle Angelegenheiten I 1547 ff. s. dort
- personelle Einzelmaßnahmen I 1635 ff.
- soziale Angelegenheiten I 1312 ff.
- Sozialeinrichtungen I 1424 ff.
- technische Überwachungseinrichtung I 1389 ff.
- übertarifliche Zulagen I 1469
- Umgruppierung I 1716
- Urlaub I 1378 ff.
- Verhütung von Arbeitsunfällen I 1412 ff.
- Verlegung des Betriebes I 1794
- Versetzung I 1649 ff.
- Voraussetzung der Mitbestimmung I 1541, I 1622
- Vorschlagswesen I 1489
- Werkmietwohnung I 1434 ff.
- wirtschaftliche Angelegenheiten I 1773 ff.
- Zusammenschluss von Betrieben I 1796

Mittelbare Diskriminierung
- Betriebszugehörigkeit A 380
- Lohn A 369
- Vergütungsregelungen C 611

Mobbing C 2306 ff., C 2323 ff.
- Begriff C 2323
- Inhalt C 2325
- Kündigungsgrund C 2331
- Schadensersatz C 2326
- Schmerzensgeld C 2327

Mündliche Verhandlung
- Schließung L 410
- Wiedereröffnung L 413

Mündlichkeitsgrundsatz
- Arbeitsgerichtsverfahren L 134

Musiker A 569
Musterung C 1361
Mutterschaftsgeld B 34 ff.
Mutterschutz
- Annahmeverzug des Arbeitgebers C 1243
- Aufhebungsvertrag D 2482
- Beschäftigungsverbot B 23 ff.
- Gratifikation C 904 ff.
- Kündigung, Zustimmung der Landesbehörde D 423
- Kündigungsschutz D 409 ff.
- Kündigungsschutz, Fristberechnung D 410
- Mitteilungspflicht der Schwangeren D 413 ff.
- Umlageverfahren B 43
- Verdienstkürzung B 37
- zumutbare Tätigkeit B 38

Mutterschutzfristen C 1743

N

Nachschieben von Kündigungsgründen D 794 ff.
Nachteilsausgleich I 1842 ff.
Nachträgliche Zulassung der Kündigungsschutzklage D 596 ff.
Nachvertragliche Verschwiegenheitspflicht M 114
Nachvertragliches Wettbewerbsverbot s. unter Wettbewerbsverbot, nachvertragliches
Nachweisgesetz B 347 ff.
- Bekämpfung der illegalen Beschäftigung B 351
- beweisrechtliche Folgen B 352 f.
- Eingruppierung B 357

Stichwortverzeichnis

- Unklarheiten über die Person des Arbeitgebers B 354
Nachwirkung des Tarifvertrages H 247 ff., H 256
Nato-Truppen
- Parteifähigkeit L 18
Nebenbeschäftigung C 395 ff.
- Grenzen C 397
- Mitteilungspflicht C 400
- öffentlicher Dienst C 408
- Unterlassungsklage C 425
- Verbot C 405 ff.
- Verbotsverstoß C 414 ff.
Nebenbetrieb I 97 ff.
Nebentätigkeit A 47 ff.
Negativattest C 506
Negative Gesundheitsprognose
- Kündigung D 1107 ff.
Neue Bundesländer
- Tarifvertragsrecht H 9
Nettolohnvereinbarung C 660
Nichtigkeit
- Aufhebungsvertrag D 2477
- Betriebsratsbeschluss I 511
- Betriebsratswahl I 390
- Wucher B 397
Nichtleistung der Arbeit C 435 ff.
Nichtraucherschutz C 2225
Nichtzulassungsbeschwerde L 716 ff.
- Entscheidung L 749 ff.
- Form der Einlegung L 732
- Frist der Einlegung L 732
- Inhalt der Begründung L 737
- Kosten und Gebühren L 756
- Muster L 741
- Rechtswirkung der Einlegung L 747
Niederkunft
- Freistellung B 398
- Ruhen des Arbeitsverhältnisses C 231
Normalleistung C 706
- Akkordrichtsatz C 769
- Refa C 766

O

Öffentlicher Dienst
- Abmahnung D 1371
- Änderungskündigung D 1755
- anderweitige Beschäftigungsmöglichkeit D 1689
- Arbeitnehmererfindung C 1557
- Arbeitsentgelt, Rückzahlung C 1132
- betriebsbedingte Kündigung D 1452 ff.
- betriebliche Altersversorgung C 2624 ff.
- betriebliche Übung A 611 ff.
- Betriebsratswahl I 187
- Bewährungsaufstieg C 747
- Eingruppierung nach dem BAT C 720 ff.
- Eingruppierung nach dem BAT, erstmalige C 744
- Eingruppierung, Rechtskraft C 758
- Fallgruppenbewährungsaufstieg C 753
- Gleichbehandlungsgrundsatz C 755
- Nebenbeschäftigung C 408
- Personalvertretungsgesetz I 187 ff.
- Vergütung C 720 ff.
Öffentlicher Dienst der neuen Bundesländer
- außerordentliche Kündigung D 874 ff.
- Kündigung D 1063 ff.
Öffentlichkeit der Verhandlung
- Arbeitsgerichtsverfahren L 139 ff.
Öffnungsklausel
- Betriebsvereinbarung I 1171 ff.
- Quotenregelung B 151 ff.
- Tarifvertrag H 236 ff.
Örtliche Zuständigkeit
- Arbeitsgerichte K 312 ff.
Offenbarungspflicht des Arbeitnehmers
 s. unter Fragerecht des Arbeitgebers
OHG
- Parteifähigkeit L 11
Ordnung des Betriebs
- Einzelfälle I 1327
Ordnungsgeld L 232 ff.
Ordre public A 904 ff.
Organe juristischer Personen A 221 ff.
- GmbH-Geschäftsführer A 222
- Vorstandmitglieder A 222

P

Parkplatz
- Haftung C 2275
- Pflicht des Arbeitgebers C 2262
Partei
- Gütetermin L 218
Parteiberichtigung
- Firma L 38
- GmbH L 40
- GmbH & Co. KG L 41
- Stationierungsstreitkräfte L 42
- Urteilsverfahren L 37
Parteifähigkeit
- Aktiengesellschaft L 16
- Arbeitnehmerüberlassung L 25
- ausländische Kapitalgesellschaft L 24
- Beklagter L 7 ff.
- Betriebsübergang L 26 ff.
- Bundesanstalt für Arbeit L 20
- Fiskus L 19

2777

Stichwortverzeichnis

- Genossenschaft L 17
- Gesellschaft bürgerlichen Rechts L 10 ff.
- GmbH L 12
- GmbH & Co. KG L 14
- Insolvenzverwalter L 21
- Kläger L 7 ff.
- Nato-Truppen L 18
- OHG L 11
- Urteilsverfahren L 3 ff.

Parteiwechsel
- Fristwahrung L 43

Pensionskasse C 2651 ff., C 2908
- flexible Altersgrenze C 3021

Pensionssicherungsverein C 3098 ff.

Persönlich haftender Gesellschafter
- betriebliche Altersversorgung C 3206

Persönliches Erscheinen
- Ausbleiben, Folgen L 232 ff.
- Gütetermin L 223 ff.

Persönlichkeitsanalysen C 2322

Persönlichkeitsschutz C 2309 ff.

Personalabbau
- Arbeitslosengeld E 161 ff.

Personalakte C 2360 ff.
- Anhörungspflicht C 2367
- Aufbewahrungspflicht C 2376
- Begriff C 2360, I 982
- Behördeneinsicht C 2373
- Berichtigungsanspruch C 2382
- Betriebsrat C 2371 f.
- Einsichtsrecht des Arbeitnehmers C 2378, I 981 ff.
- elektronische C 2397
- Entfernungsanspruch des Arbeitnehmers C 2383 ff.
- Erklärung des Arbeitnehmers I 985
- Inhalt C 2362
- Recht auf Gegendarstellung C 2380
- Rechtsschutz C 2394
- unzulässige Informationen C 2363
- Vollständigkeit C 2368
- Wahrung der Vertraulichkeit C 2369
- Widerruf C 2382

Personalfragebogen I 1564

Personalplanung I 1547 ff.

Personalrabatte C 952

Personalvertretungsgesetz I 187 ff.

Personelle Angelegenheiten
- Auswahlrichtlinie I 1576 ff.
- Begriff I 1548
- Berufsbildung I 1604 ff. s. auch dort
- Beschäftigungsförderung I 1561 ff.
- betriebliche Bildungsmaßnahmen I 1622 ff.
- Betriebsrat, Mitbestimmung I 1547 ff.
- Eingruppierung I 1671
- Einstellung I 1639
- Personalfragebogen I 1564 ff.

- Personalplanung I 1548
- Stellenausschreibung I 1595
- Tendenzunternehmen I 217
- Umgruppierung I 1676
- Versetzung I 1649
- vorläufige personelle Maßnahmen I 1734 ff.

Personelle Einzelmaßnahme I 922 ff., I 1635 ff.
- Aufhebung der Maßnahmen I 1756 ff.
- Arbeitsgerichtliches Verfahren I 1748
- Auswahlrichtlinie I 1701
- Betriebsratsentscheidung I 1716
- Eingruppierung I 1671 ff. s. auch dort
- Einstellung I 1639 ff.
- Geltungsbereich I 1635
- Inhalt des Beteiligungsrechts I 1638
- Leitende Angestellte I 1771
- Mitteilungspflicht des Arbeitgebers I 1678 ff.
- Mitteilungszeitpunkt I 1691
- Nachteil f. andere Arbeitnehmer I 1703
- Nachteil f. betroffenen Arbeitnehmer I 1710
- Rechtsverstoß I 1693
- Stellenausschreibung I 1595
- Störung des Betriebsfriedens I 1714
- Tendenzunternehmen I 226 ff.
- Umgruppierung I 1676
- Verschwiegenheitspflicht I 1690
- Versetzung I 1649 ff.
- vorläufige personelle Maßnahme I 1734 ff.
- Zustimmungsersetzungsverfahren I 1725
- Zustimmungsverweigerungsgründe I 1692 ff.
- Zweck I 1635

personelle Mitbestimmung s. personelle Angelegenheit

Personenbedingte Kündigung
- Aids D 1206 ff.
- Alkoholsucht D 1194 ff.
- Anhörung des Betriebsrats D 923
- Anhörung des Personalrats D 923
- Arbeitserlaubnis D 1219
- äußeres Erscheinungsbild D 1248
- Drogenkonsum D 1194 ff.
- Eheschließung D 1239
- Ehrenämter D 1243
- Freiheitsstrafe D 1211
- HIV-Infektion D 1206 ff.
- Interessenabwägung D 1384
- Lebensalter D 1525, D 1946
- mangelnde Eignung D 1216 ff.
- politische Tätigkeit D 1233 ff.
- Sexualpraktiken D 1250
- Sicherheitsbedenken D 1247
- Strafhaft D 765
- verminderte Leistungsfähigkeit D 1222

Pfändungsbeschluss C 1042, C 1045

Politische Tätigkeit C 305, D 723, D 1233 ff., D 1306, D 1843
- personenbedingte Kündigung D 1233 ff.

Stichwortverzeichnis

Prämienlohn C 773 ff.
Probezeit D 1030
– Berechnung D 1031
Provisionen C 789 ff.
– Darlegungs- und Beweislast C 808
– Verjährung C 807
Provisionsanspruch
– Beendigung des Arbeitsverhältnisses
  D 2401
Prozessfähigkeit L 47 ff.
– minderjähriger Arbeitgeber L 50
– minderjähriger Arbeitnehmer L 51
– juristische Personen L 53 ff.
– natürliche Personen L 50
Prozesskosten
– Beschlussverfahren L 78
Prozesskostenhilfe
– Antragstellung, Zeitpunkt L 88
– Ausschluss der Bewilligung L 82
– Beiordnung L 92
– Beiordnung, Ausschluss L 94
– Beiordnung, doppelte Antragstellung
  L 96
– Beiordnung, Gegenrechtsanwalt L 93
– Beiordnung, persönliche Voraussetzungen
  L 95
– Beiordnung, Rechtswirkungen L 97
– Beschlussverfahren L 79 ff.
– Bewilligung L 80
– Checkliste L 100
– Erweiterung des Gesuchs L 90
– persönliche Voraussetzungen L 85
– Rechtsbehelf L 91, L 98
Prozessstandschaft L 58 ff., L 904
Prozesstrennung L 355
Prozessverbindung L 355
Prozessvergleich s. Vergleich
Prozessvertretung
– Urteilsverfahren L 111 ff.
– vor dem ArbG durch Verbandsvertreter
  L 124 ff.
– vor dem BAG L 122
– vor dem LAG L 120
**Prozessvollmacht und
Kündigungsrecht** D 107 ff.
psychologische Untersuchung B 289
Punktsystem
– Sozialauswahl D 1554
punktuelle Streitgegenstandstheorie L 195

Q

qualifiziertes Arbeitszeugnis F 5
Quittung s. Ausgleichsquittung
Quotenregelung B 151 ff.

R

Rauchen im Betrieb C 316
Recht der allgemeinen Geschäftsbedingungen
– Arbeitsverträge A 449 ff., A 696 ff., A 703 ff.
Rechtsbehelf
– gegen Vorlagebeschluss M 169 ff.
Rechtsberatung
– fehlerhafte/Klagefrist D 596 ff.
– Wahlvorstand I 275 ff.
Rechtbeschwerde
– Anschlussrechtsbeschwerde L 1065
– Beschwerdebefugnis L 1057
– Form L 1058
– Nichtzulassungsbeschwerde L 1047 s. auch
  dort
– Rechtswirkung L 1064
– Statthaftigkeit L 1043
– unstreitige Beendigung L 1076
– verfahrensbeendender Beschluss L 1079
– Verfahrensgegenstand L 1071
– Vertretung der Beteiligten L 1055
– Vorbereitungshandlung L 1068
– Zulässigkeit der Rechtsbeschwerde, Entscheidung über L 1067
– Zulassung durch das ArbG L 1050
– Zulassung durch das LAG L 1045
Rechtskraft L 999
Rechtsmängel
– des Arbeitsvertrages B 387 ff.
– Verstoß gegen die guten Sitten B 392 ff.
– Verstoß gegen ein gesetzliches Verbot B 388
– Wucher B 397
Rechtsmittel
– gegen Verweisungsbeschluss K 209 ff.
Rechtspfleger K 130 ff.
– Aufgaben K 131 ff.
Rechtspflegererinnerung K 135
Rechtsquellen im Arbeitsrecht A 298 ff.
Rechtsschutzversicherung
– Beschlussverfahren L 101 ff.
Rechtsweg K 194 ff.
– Bindung an die Anträge K 208
– Bindungswirkung des Verweisungsbeschlusses K 213
– Rechtsmittel gegen Verweisungsbeschluss
  K 209 ff.
– sachliche Zuständigkeit K 215 ff.
– Teilverweisung K 207
– Vorabentscheidungsverfahren K 200 ff.
Referendar
– Nebentätigkeitsreferendar L 115
– Stationsreferendar L 114
Rehabilitation C 1671 ff.
Reisegeld C 46
Reisekosten C 2297

Stichwortverzeichnis

Reisezeitvergütung C 47
Religionsgemeinschaften
– Betriebsratswahl I 191
Rente C 2988 ff.
Rentenversicherung E 233
– Altersrente für Frauen E 267 ff.
– Altersrente für langjährig Versicherte E 239
– Altersrente für Schwerbehinderte E 245
– Altersrente nach Altersteilzeitarbeit E 261
– Altersrente wegen Arbeitslosigkeit E 253 ff.
– Hinzuverdienst E 275
– Regelaltersrente E 234
– Rente wegen Erwerbsminderung E 272
– Teilrente E 275
Ressortierung K 9
Restmandat
– des Betriebsrats I 415 ff.
Revision
– absolute Revisionsgründe L 831
– Anschlussrevision L 812
– Aufhebung des Urteils und eigene Endentscheidung L 855
– Aufhebung des Urteils und Zurückweisung an die Tatsacheninstanz L 850
– Begründetheit, Entscheidung L 817
– Begründetheit, Prüfungsrahmen L 817 ff.
– beschränkte Zulassung L 690
– Entscheidung des BAG L 802
– Form L 783
– Form der Revisionsbegründung L 788
– Frist der Revisionsbegründung L 788
– Frist zur Einlegung L 779
– Inhalt der Revisionsbegründung L 791 ff.
– Nichtzulassungsbeschwerde wegen grds. Bedeutung der Rechtssache L 716
– tatsächlicher Prozessstoff L 842
– Terminsbestimmung L 810
– unstreitige Erledigung L 860
– Urteil L 862
– Verfahrensvorschriften L 703
– Versäumnisurteil L 858
– Zulassung durch das ArbG L 758 ff.
– Zulassung durch das BAG aufgrund einer Nichtzulassungsbeschwerde L 711 ff.
– Zulassung im Berufungsurteil L 676
– Zulassungsgründe L 681 ff.
– Zurückweisung L 848
Revisionsbegründung
– Inhalt L 791 ff.
Revisionsbeschwerde
– Entscheidung des BAG L 877
– Form der Einlegung L 874
– Frist der Einlegung L 874
– Statthaftigkeit L 866
– Zulässigkeitsvoraussetzungen L 870
Revisionsgründe
– absolute Revisionsgründe L 831

Revisionsurteil L 862
– Aufhebung des Urteils und eigene Endentscheidung L 855
– Aufhebung des Urteils und Zurückweisung an die Tatsacheninstanz L 850
– tatsächlicher Prozessstoff L 842
– Versäumnisurteil L 858
– Zurückweisung L 848
Richter s. *Berufsrichter, ehrenamtliche Richter, Vorsitzender Richter*
Richtlinien
– Europäische Gemeinschaft A 762
Rücktritt
– Arbeitsverhältnis D 2
Rückwirkung
– Tarifvertrag H 207 ff.
Rückzahlung
– Arbeitsentgelt C 1126 ff.
– Ausbildungskosten F 130 ff.
– Gratifikation C 865 ff.
– Urlaubsentgelt C 1797
Rufbereitschaft C 40 ff.
Ruhen des Verfahrens
– Gütetermin L 286
Ruhezeiten C 51
Rundfunkanstalten
– Besonderheiten A 54 ff.
– freie Mitarbeiter A 54 ff., A 59 ff.

S

Sachbezüge C 996
Sachschäden, Haftung C 2280 ff.
sachliche Zuständigkeit K 215 ff.
Sachverständige
– Nichterscheinen L 331
– Vereidigung L 387
– vorsorgliche Ladung L 326 ff.
Schadensersatz
– Abfindung D 1931
– Arbeitnehmerschutzrecht D 2247
– Arbeitszeugnis F 63
– Ausschlussfristen C 3677, C 3739
– Aussperrung G 164
– einstweiliger Rechtsschutz M 72
– Insolvenz C 1166
– Kündigung D 894
– Mobbing C 2326
– Vertragsanbahnung B 206
– vorzeitige Kündigung C 3600
Schätzakkord C 765
Scheinselbstständigkeit A 163 ff.
Schichtarbeit
– soziale Angelegenheit I 1358

2780

Stichwortverzeichnis

Schiedsgericht
- Besetzung M 11
- Rechtsstellung M 12
- Verfahren M 15 ff.
- Vergütung der Schiedsrichter M 13
- Vollstreckung M 21 ff.

Schiedsgerichtsverfahren
- Schiedsspruch M 19 f.
- Vergleich M 18

Schiedsspruch M 19 f.
- gerichtliche Kontrolle M 24 ff.

Schiedsvereinbarung
- Rechtswirkung M 8

Schiedsverfahren
- Streitigkeiten zwischen Arbeitsvertragsparteien M 7
- Streitigkeiten zwischen Tarifvertragsparteien M 5 f.

Schlägerei C 1495

Schlechtleistung C 475 ff., C 479 ff.

Schlichtungsausschüsse M 3

Schmerzensgeld
- Arbeitsunfall C 573 ff.
- Ehrverletzung C 2307
- Haftungsausschluss C 591
- Schutzpflichtverletzung C 2247 ff.
- Verletzung d. Persönlichkeitsrechts B 317

Schmiergeldannahme C 360 ff.
- außerordentliche Kündigung D 752
- Rechtsfolgen C 364 ff.

Schmuck
- Kündigungsgrund D 1322
- Schutzpflichten des Arbeitgebers C 2364

Schriftform
- Aufhebungsvertrag D 2359 ff.
- Befristung einzelner Vertragsbedingungen D 2220
- Kündigung D 5 ff.

Schuldanerkenntnis
- des Arbeitnehmers C 597

Schulungsveranstaltung
- Wahlvorstand I 270

Schulungsveranstaltung gem. § 37 VI BetrVG
- Betriebsratsmitglieder, Teilnahme I 610 ff., I 625 ff.
- Kostenerstattung durch Arbeitgeber I 683

Schutz von Ehe und Familie A 350

Schutzbekleidung
- Kostentragung C 2216
- Mitbestimmungsrecht d. Betriebsrats I 1189, I 1422

Schutzpflichten für Leben u. Gesundheit C 2194 ff.

Schwangerschaft
- Anfechtungsgrund B 255
- Arbeitnehmerschutzvorschriften C 2241
- Auskunftspflicht des Arbeitnehmers B 262

- Fragerecht des Arbeitgebers B 257 ff.
- s. auch Mutterschutz, Niederkunft

Schwarzarbeit B 65 ff.

Schwerbehinderte Menschen
- Abschlussgebot B 122
- Altersrente E 245
- außerordentliche Kündigung D 454
- behinderungsgerechte Beschäftigung B 129
- Benachteiligungsverbot B 128
- Beschäftigungsquote B 123 ff.
- betriebliche Voraussetzungen für die Beschäftigung B 133
- Einstellungsmöglichkeiten B 126
- Integrationsamt, Zustimmung D 449 ff.
- Kündigungsschutz D 449 ff.
- Mitteilungspflicht D 466, D 474
- Sozialauswahl D 1540
- Urlaub C 1973 ff.
- Urlaubsentgelt C 1987
- Wiedereinstellung nach Arbeitskampfmaßnahmen B 136

Schwerbehinderteneigenschaft
- Fragerecht des Arbeitgebers B 247 ff.

Schwerbehinderung
- Annahmeverzug C 1229
- Urlaubsentgelt C 1987
- Zusatzurlaub C 1973 ff.

Scientology-Organisation
- Arbeitnehmer A 102
- Fragerecht des Arbeitgebers B 278
- Kündigungsgrund D 750
- Offenbarungspflicht B 278

Seemannsgesetz
- Urlaubsanspruch C 1998

Seeschifffahrt
- Betriebsratswahl I 197

Selbstbeurlaubung C 1878

Selbstständiger
- Abgrenzung zum Arbeitnehmer A 43 ff., A 120 ff.
- Frachtführer A 107
- Versicherungsvertreter A 115

Sexuelle Belästigung
- außerordentliche Kündigung D 741

Sicherheitsbeauftragter
- Kündigungsschutz D 512

Sitzungsniederschrift I 496

Soldaten
- Arbeitnehmer A 233

Sonderurlaub C 178

Sonderzivilgerichtsbarkeit K 1 ff.

Sonderzuwendung C 852 ff.

Sozialauswahl D 1463 ff.
- Änderungskündigung D 1790 ff.
- Arbeitsmarkt D 1542
- ausgewogene Altersstruktur D 1475
- Auswahlkriterien D 1521 ff.

Stichwortverzeichnis

- Auswahlrichtlinien D 1557
- Auswahlrichtlinien gem. § 95 BetrVG D 1574, D 1590
- befristete Arbeitsverhältnisse D 1509
- berechtigte betriebliche Bedürfnisse D 1472 ff.
- Berücksichtigung, ausreichende D 1549 ff.
- Berücksichtigung, umfassende D 1546
- BeschFG D 1565 ff.
- betriebsbezogene Auswahl D 1489
- betriebstechnische Bedürfnisse D 1467
- Betriebszugehörigkeit D 1522
- Darlegungs- und Beweislast D 1584, D 1584, D 1620 ff.
- Einkommen von Ehegatten D 1532
- Erkrankung von Angehörigen D 1541
- freigestellte Arbeitnehmer D 1512
- geringste soziale Schutzbedürftigkeit D 1463
- Gesundheitszustand D 1538
- Interessenausgleich D 1562, D 1594
- Korrekturgesetz D 1587 ff.
- Krankheitsanfälligkeit D 1470
- Lebensalter D 1525
- leitende Angestellte D 1515
- Nebeneinkünfte D 1536
- Punktesystem D 1554
- Rentenbezug D 1543
- Schwerbehinderung D 1540
- sozial weniger schutzbedürftige Arbeitnehmer D 1629
- Sozialplan D 1562
- Teilzeitbeschäftigte D 1515
- Umgestaltung des Arbeitsablaufs D 1494
- Unterhaltspflichten D 1527
- Vergleichbarkeit der Arbeitnehmer D 1482 ff.
- Vermögen D 1534
- Verschuldung D 1537
- vertikale Vergleichbarkeit D 1497 ff.
- Weiterbeschäftigung zu schlechteren Konditionen D 1498
- Weiterbeschäftigungsverhältnis D 1520
- wirtschaftliche Bedürfnisse D 1468

Soziale Angelegenheiten
- Arbeitsbedingungen I 1296
- Arbeitsentgelte I 1362 ff., I 1373
- Arbeitsunfälle I 1412 ff.
- Arbeitszeitregelung I 1347 ff.
- Ausübung der Mitbestimmung I 1312 ff.
- Bereitschaftsdienst I 1360
- Berufskrankheiten I 1412 ff.
- betriebliche Altersversorgung I 1464 ff.
- betriebliches Vorschlagswesen I 1489 ff.
- Betriebsbuße I 1337
- Betriebsbuße, gerichtliche Überprüfung I 1345
- Einigungsstelle I 1507
- freiwillige Betriebsvereinbarungen I 1512
- freiwillige Leistungen I 1464
- gleitende Arbeitszeit I 1356
- Grenzen der Mitbestimmung I 1298 ff.
- Gruppenarbeit, Durchführung I 1500 ff.
- Initiativrecht I 1315 ff.
- Kurzarbeit I 1370
- Leiharbeitnehmer I 1361
- leistungsbezogene Entlohnung I 1483
- Lohngestaltung I 1447 ff.
- Mitbestimmung I 1286 ff.
- Ordnung des Betriebs I 1327
- Ordnung des Betriebs, Einzelfälle I 1327
- Pause I 1355
- Schichtarbeit I 1358
- Sozialeinrichtungen I 1412 ff.
- Streitigkeiten I 1507 ff.
- Tarifvorbehalt I 1298 ff.
- technische Überwachungseinrichtungen I 1389 ff.
- Teilzeitarbeit I 1357
- Überstunden I 1369
- Urlaub I 1378 ff.
- Verhütung von Arbeitsunfällen I 1412 ff.
- Voraussetzung der Mitbestimmung I 1293 ff.
- Vorschlagswesen I 1489 ff.
- Werkmietwohnungen I 1434 ff.
- Zweck I 1286 ff.

Sozialplan I 1842 ff.
- Abfindung H 279, I 1870
- anderweitige Beschäftigung I 1884
- Begriff I 1854
- Beschlussverfahren I 1901
- Betriebsänderung I 1854
- Einigungsstelle I 1877 ff.
- Einzelfallorientierung I 1881
- erzwungener I 1877 ff.
- Form I 1896 ff.
- freiwilliger 1865 ff.
- Grenzen der Regelungsbefugnis I 1867
- Grundrechte A 326
- Inhalt I 1865
- Insolvenz C 1161, I 1907 ff.
- nach Eröffnung des Insolvenzverfahrens I 1910
- neu gegründete Unternehmen I 1860
- Personalabbau I 1858
- Rechtsnatur I 1896
- Regelungsgrenzen I 1865 ff.
- Sozialauswahl D 1562
- Stichtagregelungen I 1874
- Streitigkeiten I 1901
- Transfer-Sozialplan I 1891
- Verfahren I 1864
- vor Eröffnung des Insolvenzverfahrens I 1911
- Voraussetzungen I 1854 ff.
- Wirkungen I 1896
- wirtschaftliche Vertretbarkeit I 1892
- Zweck I 1854 ff.

Stichwortverzeichnis

– Zuschüsse zu I 1915 ff.
Sozialrechtliche Folgen
– Kündigung E 2 ff.
Sozialversicherung C 673 ff.
– Abfindung D 1957 ff.
– Anfrageverfahren zur Statusklärung A 155
– Arbeitnehmer A 133 ff.
– arbeitnehmerähnliche Selbstständige A 157 ff.
– Beschäftigtenbegriff seit dem 1.1.1999 A 138 ff.
– Beschäftigtenbegriff, geltende Fassung A 144 ff.
– geringfügig Beschäftigte C 679, C 3535 ff.
– geringfügig, aber ständig Beschäftigte C 3545
– kurzfristig Beschäftigte C 3543
Sozialversicherungsbeiträge
– Arbeitsentgelt C 673 ff.
– Insolvenz C 1176
Sozialwidrigkeit
– anderweitige Beschäftigungsmöglichkeit D 1680 ff.
– Fortbildungsmaßnahmen D 1690
– Kündigung D 1023 ff., D 1060, D 1680, D 1866
– Umschulungsmaßnahmen D 1690
Sperrfrist bei Massenentlassungen D 1673
Sperrzeit
– Änderungskündigung E 71
– Arbeitnehmerkündigung E 141
– arbeitsgerichtlicher Vergleich E 68
– Arbeitslosengeld E 58 ff.
– Aufhebungsvertrag E 73, E 79
– Auflösungsantrag nach §§ 9, 10 KSchG E 75
– betriebsbedingte Arbeitgeberkündigung E 62
– Folgen E 99
– Kündigungsschutzklage E 70
– nachträgliche Einigung E 67
– personenbedingte Arbeitgeberkündigung E 65
– relevante Beendigungstatbestände E 59
– verhaltensbedingte Arbeitgeberkündigung E 60
– vorausgegangene Absprache E 66
– wichtiger Grund i. S. v. § 144 SGB III E 80 ff.
– Widerspruch nach § 613 a BGB E 72
Spielbank C 683
Sportunfall C 1491 ff.
Sprecherausschuss der leitenden Angestellten I 884 ff.
– Amtszeit I 889
– Anhörungsrecht bei Betriebsvereinbarungen I 904
– Arbeitsbedingungen I 918
– Aufgaben I 900 ff.
– Betriebsvereinbarungen I 904
– Errichtung 889
– Gesamtsprecherausschuss I 895
– Geschäftsführung I 893

– Konzernsprecherausschuss I 898
– personellen Einzelmaßnahmen I 922
– Rechte und Pflichten I 890
– Richtlinien I 905 ff.
– Streitigkeiten I 932
– Unternehmenssprecherausschuss I 899
– Unterrichtungspflicht des Unternehmers I 902
– Unterstützung einzelner leitender Angestellter I 916
– Vereinbarungen I 905 ff.
– Versammlung der leitenden Angestellten I 894
– Wahl I 889
– wirtschaftliche Angelegenheiten I 928
– Zusammenarbeit mit Arbeitgeber und Betriebsrat I 887
Sprecherausschussgesetz I 905 ff.
Sprecherausschussvereinbarung I 905 ff.
Sprecherausschusswahl
– leitende Angestellte I 72
Sprecherausschussgesetz
– Arbeitsgerichte, Zuständigkeit K 294
Sprechstunde, Betriebsrat I 520
Sprungrevision L 758
– Entscheidung des ArbG L 767
– Entscheidung des BAG L 778
– formale Voraussetzungen L 759
– materielle Voraussetzungen L 764
– Wirkung der Entscheidung L 771
Staatliche Aufsicht
– Datenschutz C 2463
Stasitätigkeit
– außerordentliche Kündigung D 751, D 887
– Kündigung, verhaltensbedingte D 1311
Statusklage C 3712
Stechuhr C 170
Stellenausschreibung
– Beteiligung des Betriebsrats I 1595 ff.
– Benachteiligungsverbot B 190 ff.
– Inhalt I 1597
Steuerrecht
– Abfindung D 1933 ff.
– Arbeitnehmer A 128 ff.
– Arbeitsentgelt C 637
– geringfügig Beschäftigte C 3549 ff.
Stichtagsregelung C 833
Strafanzeigen C 334
Strafhaft D 765
Straftaten
– Arbeitszeugnis F 26
– des Arbeitnehmers D 687 ff.
Streik G 15 ff.
– Abmahnungen G 90 f., 133
– Arbeitgeber-Außenseiter G 25
– Arbeitsbefreiung G 83 ff.
– Arbeitskampfrisikolehre G 99
– Arbeitsunfähigkeit, Vergütung G 84

2783

Stichwortverzeichnis

- außerordentliche Kündigung D 726
- Betriebsrat G 106 ff.
- Betriebsratsschulung, Vergütung G 88
- Betriebsversammlung, Vergütung G 89
- Demonstrationsstreik G 23
- Feiertage, Vergütung G 87
- Friedenspflicht, tarifvertragliche G 18 ff.
- gewerkschaftliche Organisation G 15 ff.
- Kündigung G 90
- Mutterschutz, Vergütung G 85
- Notdienst G 34 ff.
- Prämienzahlung an nicht streikbeteiligte Arbeitnehmer G 114 ff.
- rechtswidriger, Einwirkungspflichten der Gewerkschaft G 155
- rechtswidriger, Folgen G 132
- rechtswidriger, Schadensersatzansprüche G 138 ff.
- rechtswidriger, schuldrechtliche Ansprüche G 147
- rechtswidriger, Unterlassungsansprüche G 150 ff.
- Schadensersatz G 92
- Streikbrecherarbeiten G 104
- Streikexzesse G 44
- Streikrecht, persönliche Einschränkung G 39
- Streikschranken G 41
- Suspendierung der Hauptleistungspflichten G 79
- Sympathiestreik G 24
- Ultima-ratio-Prinzip G 28 ff.
- Unterlassungsanspruch G 92
- Urlaub, Vergütung G 86
- Vergütungsanspruch G 99
- Verhältnismäßigkeit G 26 ff.
- Ziele G 22 s. auch u. Arbeitskampf, Aussperrung, Boykottaufruf

Streikarbeit
- Prämie A 501, G 114

Streikexzesse G 44

Streikteilnahme
- außerordentliche Kündigung D 726

Streitgegenstandstheorie D 786

Streitwert
- Abmahnung L 454
- Änderungskündigung L 454
- Arbeitspapiere L 454
- Auskunftsansprüche L 454
- Befreiung von Verbindlichkeiten L 454
- betriebliche Altersversorgung L 454
- Eingruppierung L 454
- Geldforderungen L 454
- Kündigung L 454
- Kündigung L 454
- Weiterbeschäftigungsanspruch L 454
- Wettbewerbsunterlassung L 454

- wiederkehrende Leistungen L 454
- Zeugnis L 454

Streitwertfestsetzung L 442
- Anfechtbarkeit L 450
- Berechnung des Streitwerts L 452
- Berechnung des Streitwerts, Beispiele L 454
- unterbliebene L 451

Stückakkord C 761

Suchterkrankung C 1476

suspendierende Aussperrung s. unter Aussperrung

Suspendierung C 1458

Sympathiestreik G 24

T

Tätlichkeiten D 702 ff.

Tantieme
- Beendigung des Arbeitsverhältnisses D 2403
- Elternzeit C 923

Tarifeinheit H 227

Tariffähigkeit H 17 ff.
- Arbeitgebervereinigung H 29
- Arbeitsgericht, Entscheidung über – H 43
- Arbeitsgericht, Zuständigkeit K 303 ff.
- Beginn H 31
- Beschlussverfahren L 1080 ff.
- Durchsetzungsfähigkeit H 22
- einzelner Arbeitgeber H 26
- Ende H 33
- fehlende H 40 ff.
- freie, auf Dauer angelegte Vereinigung H 18
- Gewerkschaft H 29
- Handwerksinnungen H 30
- Koalition H 16
- Spitzenorganisation H 29
- Tarifwilligkeit H 25
- Unabhängigkeit H 19

Tarifgebundenheit H 156 ff.
- Beginn H 160 ff.
- Ende H 168 ff.
- gemeinsame Einrichtungen H 173

Tarifkonkurrenz H 223

Tariflohn H 141 ff.
- Anrechenbarkeit von Tariflohnerhöhungen I 1469

Tarifpluralität H 223

Tarifrecht
- Aussperrung, Wiedereinstellung B 182
- Einstellungsgebote B 178
- Einstellungsregelungen B 176 ff.
- Übernahme von Auszubildenden B 178
- Wiedereinstellungsklauseln B 182

Tarifregister H 294

Stichwortverzeichnis

Tarifvertrag
- Ablauf H 248
- Abschluss H 49
- Abschluss, Tariffähigkeit H 15 ff.
- Abschlussgebote B 10 ff.
- Abschlussnormen H 80 ff.
- Abschlussverbote B 10 ff.
- Allgemeinverbindlicherklärung A 410
- Allgemeinverbindlichkeit H 174
- Allgemeinverbindlichkeit, Rechtfolgen H 183
- Allgemeinverbindlichkeit, Voraussetzungen H 176
- Altersgrenzen A 370
- Anschlusstarifvertrag H 51
- Anwendbarkeit A 408 ff.
- Arbeitsgericht, Zuständigkeit K 220 ff.
- Außenseiterklausel H 140
- Aufhebungsvertrag H 55
- auflösende Bedingung H 54
- Auslegung H 113
- Auslegung im Betrieb H 297
- Ausschlussfristen C 3652 ff., H 264 ff.
- Ausschlussfristen, Beginn C 3670 ff.
- Ausschlussfristen, Geltendmachung C 3691 ff.
- Ausschlussfristen, Kenntnis C 3684 ff.
- Bedeutung H 1
- Beendigung H 212
- Beendigungsnormen H 85
- Befristung H 53
- Begriff A 404
- Bekanntgabe H 291
- Besetzungsregelung H 139
- Bestandsklauseln H 145
- betrieblich-fachlicher Geltungsbereich H 216
- betriebliche Übung A 417, A 605 ff.
- Betriebsnormen H 88
- Betriebsübergang, Bindung des Erwerbers C 3404 ff.
- Betriebsübergang, Jahresfrist der Transformation C 3386 ff.
- Betriebsübergang, Transformation C 3380 ff., C 3394 ff.
- Betriebsvereinbarungen H 135
- betriebsverfassungsrechtliche Normen H 92
- Bezugnahme auf Tarifverträge H 188
- Bezugnahme durch betriebliche Übung H 201
- Bezugnahme in Arbeitsverträgen H 192 ff.
- Bezugnahme in Betriebsvereinbarungen H 190
- Bildung von Arbeitnehmergruppen A 386
- Definition H 12
- Differenzierungsklausel H 402, H 140
- Diskriminierungen A 369, A 372
- Durchführungspflicht H 108 ff.
- Effektivgarantieklausel H 147
- Effektivklausel, begrenzte H 148
- Effektivklauseln H 146
- Einzelschiedsvereinbarung H 99
- einzelvertragliche Vereinbarung A 412 ff.
- Entgeltregelungen A 387 ff.
- Ergebnisniederschriften H 103
- Festlegung von Gerichtszuständigkeiten H 97
- Form H 60 ff.
- Friedenspflicht H 105
- Funktion H 1
- Geltungsgrund H 156 ff.
- Geltungsgrund, Tarifgebundenheit H 156 ff.
- gemeinsame Einrichtungen H 96, H 173
- gerichtliche Streitigkeit A 422 ff.
- Gesetzesrecht H 130
- Gleichbehandlung H 199
- Grenzen der Regelungsbefugnis H 122 ff.
- Grundgesetz H 126
- Grundsatz der Spezialität H 228
- Grundsatz der Tarifeinheit H 227
- Günstigkeitsprinzip H 238 ff.
- Günstigkeitsvergleich H 242
- Haustarifvertrag H 38
- In-Kraft-Treten H 205 ff.
- Inhalt H 66 ff.
- Inhaltskontrolle A 418
- Inhaltsnormen H 77
- Kündigung D 322
- Kündigungsfristen D 176 ff.
- lückenhafte Regelung, Rechtsfolgen H 117
- Nachwirkung, Ausschluss H 256
- Nachwirkung, Zweck 247, H 249
- normativer Teil H 13, H 68 ff.
- normativer Teil, Auslegung H 114
- normativer Teil, Wirkungsweise H 230 ff.
- normativer Teil, zeitlicher Geltungsbereich H 203
- ordentliche Kündigung H 56
- persönlicher Geltungsbereich H 220
- Protokollnotizen H 103
- räumlicher Geltungsbereich H 214
- Rechtsgrundlagen H 2 ff.
- Regelung zur betrieblichen Altersversorgung C 2823
- Richterrecht H 134
- Rückwirkung H 207 ff.
- Schriftform H 62
- schuldrechtlicher Teil H 14, H 104 ff.
- schuldrechtlicher Teil, Auslegung H 113
- Streitigkeiten über Auslegung L 721
- Tariffähigkeit H 15 ff.
- Tarifkonkurrenz H 223
- Tariflohnerhöhung H 141
- Tarifpluralität H 223
- Tarifregister H 294
- übertarifliche Zulagen H 141
- überstaatliches Recht H 122 ff.
- Urlaubsabgeltung C 1824
- Urlaubsanspruch C 1731 ff., C 1896

Stichwortverzeichnis

- Urlaubsanspruch, Verfallfristen C 1884
- Verbandstarifvertrag H 37
- Verdienstsicherungsklausel H 153
- Verjährung tarifvertraglicher Rechte H 263
- Verlust tarifvertraglicher Rechte H 257
- Verrechnungsklausel H 152
- Vertragsrecht H 137
- Verweisung auf gesetzliche Bestimmungen H 64
- Verweisung auf tarifliche Regelungen H 62
- Verwirkung C 3651
- Verwirkung tarifvertraglicher Rechte H 262
- Zuständigkeit von Schiedsgerichten H 98

Tarifvertragsgesetz H 8

Tarifvertragsparteien
- Grenzen der Regelungsbefugnis H 122 ff.
- Schiedsverfahren M 5 f.

Tarifvertragsrecht
- Arbeitsvertragsstatut A 925 ff.
- Grundgesetz H 2 ff.
- Wegfall der Geschäftsgrundlage H 59

Tarifvorbehalt I 1168 ff.

Tarifzuständigkeit
- Arbeitsgericht, Entscheidung über – H 43 ff.
- Begriff H 36
- Bestimmung H 37
- fehlende H 40 ff.
- Haustarifvertrag H 38
- Verbandstarifvertrag H 37

technische Überwachungseinrichtungen I 1389 ff.

Teilarbeitsunfähigkeit C 1444

Teilkündigung D 1737 ff.

Teilzeit- und Befristungsgesetz C 80 ff.
- Änderung durch Arbeitgeber C 122
- Anspruch auf Teilzeitbeschäftigung C 92 ff.
- Arbeitnehmer, anspruchsberechtigter C 94
- Arbeitsentgelt C 148 ff.
- Ausschreibungspflicht C 84
- Benachteiligungsverbot C 156
- betriebliche Belange, Entgegenstehen C 107 ff.
- Beurteilungszeitpunkt C 113
- Darlegungs- und Beweislast C 129 ff.
- Dienstwagenvereinbarung C 154
- Eignung als Teilzeitarbeitsplatz C 85
- einstweilige Verfügung C 139
- Kündigung C 160
- Reaktion des Arbeitnehmers C 127
- Streitgegenstand C 136
- Streitwert C 144
- tarifliche Regelungen C 118
- Unternehmerentscheidung C 110
- Vereinbarung C 102
- Zahl der Arbeitnehmer C 106

Teilzeitbeschäftigung A 52
- Änderung durch Arbeitgeber C 122
- Ankündigungsfrist C 95

- Anspruch auf C 80 ff., C 92 ff.
- Arbeitnehmer, anspruchsberechtigter C 94
- Arbeitsentgelt bei C 148 ff.
- Ausschreibungspflicht C 84
- Benachteiligungsverbot C 156
- betriebliche Belange, Entgegenstehen C 107 ff.
- Beurteilungszeitpunkt C 113
- Darlegungs- und Beweislast C 129 ff.
- Dienstwagenvereinbarung C 154
- Eignung als Teilzeitarbeitsplatz C 85
- einstweilige Verfügung C 139
- einstweiliger Rechtsschutz M 108
- Elternzeit C 2045, C 2055 ff.
- Kündigung C 160
- Reaktion des Arbeitnehmers C 127
- Sozialauswahl D 1515
- Streitgegenstand C 136
- Streitwert C 144
- tarifliche Regelungen C 118
- Unternehmerentscheidung C 110
- Urlaubsanspruch C 1728, C 1767
- Urlaubsentgelt C 1950
- Vereinbarung C 102
- Zahl der Arbeitnehmer C 106

Telearbeit A 214 ff., I 156

Telefonate
- Abhören C 2313
- Beweisverwertungsverbot C 2352 ff.
- Erfassung von Telefondaten C 2317
- Mithören C 2313

Tendenzbetriebe s. *unter Tendenzunternehmen*

Tendenzunternehmen
- außerdienstliches Verhalten D 1840
- Beschränkung, Umfang I 221 ff.
- Betriebsrat I 199 ff.
- Betriebsverfassungsgesetz I 199
- erzieherische Bestimmung I 209
- Fragerecht des Arbeitgebers B 275
- Gewinnerzielungsabsicht I 200
- karitative Bestimmung I 207
- koalitionspolitische Bestimmung I 204
- konfessionelle Bestimmung I 206
- Kündigung, Besonderheiten D 1837 ff.
- künstlerische Bestimmung I 212
- Mitbestimmungsrechte I 221 ff.
- personelle Angelegenheiten I 226 ff.
- politische Bestimmung I 202
- politische Betätigung im Betrieb D 1843
- politische Tätigkeit D 1234
- Presseunternehmen I 214
- soziale Angelegenheiten I 224, I 231 ff.
- Sozialplan I 222
- Tendenzeigenschaft I 201
- Verhältnismäßigkeitsprinzip D 1845
- wirtschaftliche Angelegenheiten I 221
- wissenschaftliche Bestimmung I 210 s. auch *kirchliche Einrichtungen, kirchlicher Dienst*

Transfer-Sozialplan I 1891
Transssexualität
- Fragerecht des Arbeitgebers B 243
Treueprämie C 933
Treueurlaub C 1906
Trinkgelder
- Arbeitslohn C 1499
- Schmiergeld C 361
Truckverbot C 690

U

Überarbeit s. *unter Überstunden*
übereinstimmende Erledigungserklärung L 277
Übergang des Arbeitsverhältnisses C 3228 ff.
- Folgen für den Betriebsrat C 3241
- Inhalt C 3235
- Kündigungsschutz C 3237
Übergangsmandat des Betriebsrats I 408 ff.
Überstunden C 43, C 61 ff.
Überzahlung
- Beweislast C 1129 ff.
- Fälligkeit C 3756
- Wegfall der Bereicherung C 1129 ff.
übliche Vergütung B 368
Umdeutung
- Anfechtung B 461
- außerordentliche Kündigung D 678, D 901 ff., D 2052 ff.
- Aufhebungsvertrag D 2385 ff.
- Betriebsvereinbarung I 1230
Umgruppierungen I 1676 ff.
- Auswahlrichtlinie I 1701
- Betriebsratsentscheidung I 1716
- Mitteilungspflicht des Arbeitgebers I 1678 ff.
- Mitteilungszeitpunkt I 1691
- Nachteil für andere Arbeitnehmer I 1703
- Nachteil für den betroffenen Arbeitnehmer I 1710
- Stellenausschreibung I 1712
- Störung des Arbeitsfriedens I 1714
- Verschwiegenheitspflicht des Betriebsrats I 1690
- vorläufige personelle Maßnahme I 1734 ff.
- Zustimmungsersetzungsverfahren I 1725
- Zustimmungsverweigerungsgründe I 1692
Umlageverbot I 705
Umlaufverfahren D 303, I 1097
Umsatzprovision C 789 ff.
Umschulungsvertrag C 3611
Umwandlung von Unternehmen C 3221 ff.
Umweltschutz, betrieblicher
- Betriebsrat, Mitwirkung I 1518
Umzugskosten B 371

Unfall
- beim Sport C 1491 ff.
- im betrieblichen Bereich C 1487
- im privaten Bereich C 1488
- Verschulden C 514
Unfallrente C 3000 ff.
Unfallverhütungsvorschriften I 1412 ff.
Unmittelbarkeitsgrundsatz
- Arbeitsgerichtsverfahren L 138
Unmöglichkeit der Arbeitsleistung C 437 ff, C 1202 ff., C 1291 ff.
- Mehrarbeit C 441
Unterlassungsanspruch
- allgem. betriebsverfassungsrechtlicher I 1965
- Betriebsrat I 1930 ff.
Unterlassungsantrag
- Leistungsklage L 179
Unternehmen
- Begriff A 281 ff.
Unternehmensaufspaltung I 104, I 129
Unternehmenssprecherausschuss I 899
Untersuchungshaft
- Kündigung D 1215
Unterstützungskasse C 2909 ff., C 3023 ff.
- Insolvenzschutz C 3141
Urabstimmung G 16
Urkundsbeamte der Geschäftsstelle
- Aufgaben K 137
- Ausbildung K 138
Urlaub C 1705 ff.
- Abgeltungsanspruch C 1805, C 1808 ff.
- Anrechnung bei Freistellungsphase D 2421 ff.
- Ausgleichsquittung C 3789
- Ausschluss von Doppelansprüchen C 1800
- Ausschlussfristen C 3747
- Baugewerbe C 2006 ff.
- Befristung C 1714
- Berechnung bei flexibler Arbeitszeit C 1762
- Betriebsrat, Mitbestimmung I 1378 ff.
- Betriebsvereinbarung C 1904
- Darlegung- und Beweislastverteilung L 407
- einstweilige Verfügung C 1921 ff., M 83
- Elternzeit C 1743, C 2027 ff.
- Elternzeit, Sonderurlaub C 2050
- Erkrankung C 1460, C 1840 ff.
- Erlöschen nach Fristablauf C 1716
- Ersatzurlaubsanspruch C 1745
- Erwerbsunfähigkeit C 1847
- Grundsätze I 1380
- Heimarbeit C 1992 ff.
- Höhe des gesetzlichen Urlaubs C 1755
- jugendliche Arbeitnehmer C 1970
- Krankheitsfall C 1744
- medizinische Vorsorge C 1849
- nach dem Seemannsgesetz C 1998
- Rechtsschutz C 1914

Stichwortverzeichnis

- Rückzahlung überzahlten Urlaubsentgelts C 1797
- Schwerbehinderung C 1973 ff.
- Selbstbeurlaubungsrecht des Arbeitnehmers C 1878
- tarifliche Regelungen C 1731 ff., C 1896
- tatsächliche Arbeitsleistung C 1710
- Teilurlaub C 1793
- Teilzeitbeschäftigung C 1728, C 1767
- Tod des Arbeitnehmers C 1964
- Treueurlaub C 1906
- Übertragung C 1720, C 1731 ff.
- Umfang C 1755 ff.
- Umrechnung auf die 5-Tage-Woche C 1757
- Unabdingbarkeit C 1893
- Urlaubsbewilligung, Eindeutigkeit C 1776
- Urlaubsplan I 1384
- Verfallfristen C 1884
- Verlangen des Arbeitnehmers C 1859 ff.
- Wartezeit C 1787
- Wehr- und Zivildienst C 2020 ff.
- Zeiten der Nichtbeschäftigung C 1774
- zeitliche Festlegung C 1859 ff.
- Zweckbindung C 1910 ff.

Urlaubsabgeltung C 1808 ff.
- Krankheit des Arbeitnehmers C 1817
- tarifliche Regelungen C 1824

Urlaubsentgelt C 1930 ff.
- Abtretbarkeit C 1960
- Auszahlung C 1953
- Berechnung C 1933 ff.
- Besonderheiten bei flexibler Arbeitszeit C 1946
- Elternzeit C 2038
- Lizenzfußballspieler C 1951
- Pfändbarkeit C 1960
- Schwerbehinderung C 1987
- Teilzeitbeschäftigung C 1950
- Tod des Arbeitnehmers C 1964
- Verdiensterhöhung C 1943
- Verdienstkürzung C 1944

Urlaubsfestlegung C 1859 ff.
Urlaubsgeld
- Ausschlussfristen C 3750
- Insolvenz C 1169

Urlaubsrecht
- Bildungsurlaub C 2061 ff.
- Ersatzurlaubsanspruch C 1745
- Heimarbeit C 1992 ff.
- IAO-Übereinkommen Nr. 123 C 1723 ff.
- normative Regelungen C 1703
- Rechtsnatur des Urlaubsanspruchs C 1705 ff.
- Urlaubsentgelt C 1930 ff.

Urteil
- Amtszustellung L 492
- Festsetzung einer Entschädigung L 475 ff.
- Inhalt L 437

- Parteizustellung L 492
- Rechtsmittelbelehrung L 466 ff.
- Streitwertfestsetzung L 442 ff.
- Urteilsarten L 432 ff.
- Urteilsberichtigung L 497
- Urteilsergänzung L 501
- Verkündung L 419
- Zulassung der Berufung L 455
- Zulassung der Berufung, Zulassungsgründe L 460
- Zustellung L 488
- Zustellungsfrist L 489

Urteilsberichtigung L 497
Urteilsergänzung L 501
Urteilsverfahren L 1 ff.
- Arrest M 68
- Einleitung L 156
- einstweilige Verfügung M 68
- Feststellungsklage L 181 ff.
- Gestaltungsklage L 207
- Leistungsklage L 163
- Mahnverfahren L 157
- örtliche Zuständigkeit K 312 ff.
- Parteiberichtigung L 37
- Parteien L 3 ff.
- Parteifähigkeit L 3 ff.
- Prozessvertretung L 111 ff.
- Prozessvertretung vor dem BAG L 122
- Prozessvertretung vor dem LAG L 120
- Prozessvertretung, ausländische Rechtsanwälte L 113
- Prozessvertretung, Unterbevollmächtigte L 114
- Verhältnis zum Beschlussverfahren L 885
- Zustellungsfehler L 44

Urteilsverkündung L 419 ff.
- Festsetzung eines Verkündungstermins L 423 ff.

V

Verbandstarifvertrag H 37
- Abschluss H 50

Verbandsvertreter
- Prozessvertretung vor dem ArbG L 124 ff.
- Prozessvertretung vor dem BAG L 127
- Prozessvertretung vor dem LAG L 126

Verbraucherschutzvorschriften
- Arbeitsverträge A 711

Verdachtskündigung
- Anhörung des Arbeitnehmers D 814
- Begründung D 810
- Beurteilungszeitpunkt D 824 ff.
- dringender Tatverdacht D 828
- Fehlprognose D 846

Stichwortverzeichnis

- Interessenabwägung D 831
- Mitwirkungspflicht des Arbeitnehmers D 822
- ordentliche Kündigung D 843
- Strafverfahren D 833 ff.
- Voraussetzungen D 806 ff.
- Wiedereinstellungspflicht D 846

Verfahrensablauf L 212
Verfahrensrecht
- Arbeitsvertragsstatut A 941 ff.

Verfallfristen *s. auch Ausschlussfrist*
- Urlaub C 3747

Vergleich
- Ausgleichsklauseln C 3807 ff.
- Form L 263
- Gebühren L 271
- Güteverhandlung L 262 ff.
- Inhalt L 266
- Kosten L 271
- Rechtsnatur L 268
- Sperrzeit des Anspruchs auf Arbeitslosengeld E 68

Vergütung *s. u. Arbeitsentgelt*
Vergütungsabrede
- Arbeitsvertrag B 362

Vergütungsanspruch
- Leistungsklage L 166 ff.

Verhaltensbedingte Kündigung D 1252 ff.
- Abmahnung D 1315 ff.
- Alkoholsucht D 1309
- anderweitige Beschäftigungsmöglichkeit D 1683
- Anhörung des Betriebsrats/Personalrats D 929
- Arbeitsunfähigkeit, Anzeigepflicht D 1293
- Arbeitsverweigerung D 1268
- Aushändigen von Arbeitspapieren D 1279
- Außerdienstliches Verhalten D 1305 ff., D 1852
- Beleidigung D 1280
- Darlegungs- und Beweislast D 1388
- Drogensucht D 1309
- Fehlverhalten D 1257 ff.
- Gewerkschaftswerbung D 1304
- Interessenabwägung D 1384 ff.
- Leistungsverweigerungsrecht D 1271
- Lohnpfändung D 1307
- Mehrarbeit D 1274
- Minderleistungen D 1261
- objektive Pflichtwidrigkeit D 1260
- politische Betätigung im Betrieb D 1306
- Schlecht- oder Minderleistung D 1261
- schuldhaftes Fehlverhalten D 1257 ff.
- Stasitätigkeit D 1311
- Störung des Betriebsfriedens D 1285 ff.
- unentschuldigtes Fehlen D 1278
- Verstoß gegen die Ordnung des Betriebes D 1290 ff.
- Verweigerung von Mehrarbeit D 1274

- Voraussetzungen D 1256 ff.
- Wettbewerbsverbot D 1299

Verhandlungsgrundsatz L 130
Verjährung
- altes Recht C 3624 ff.
- Arbeitsentgelt C 3624
- Arbeitsvertrag C 3617
- Arbeitszeugnis C 3632
- Arrest M 62
- betriebliche Altersversorgung C 3622 ff.
- einstweilige Verfügung M 62
- neues Recht C 3617 ff.
- Provisionen C 807
- Rechtsfolgen C 3637
- tarifvertragliche Rechts H 263
- Unterbrechung C 3634
- Wettbewerbsverbot, nachträgliches F 129

Verkaufsfahrer C 554
Verkehrsunfall
- dienstlich genutzter Privat-Pkw C 2286 ff.
- Entgeltfortzahlung C 1482

Verletztenrente C 3000 ff.
Vermögensgegenstände
- Schutz C 2256 ff.

Vermittlungsprovision C 790
Verordnungen
- Europäische Gemeinschaft A 761

Verpflegung C 2234
Verpflegungszuschuss C 50
Versammlung der leitenden Angestellten I 894
Versäumnisurteil
- Gütetermin L 283

Verschmelzung von Rechtsträgern C 3222
Verschulden
- Krankheitsfall C 1467 ff.

Verschwiegenheitspflicht C 328 ff.
- nachvertragliche C 342
- Rechtsfolgen des Verstoßes gegen C 346

Versetzung D 1726, I 1649 ff.
- Änderung des Arbeitsbereichs I 1652 ff.
- Änderungskündigung D 1726
- Arbeitnehmer C 16
- Auswahlrichtlinie I 1701
- Betriebsrat, Mitwirkung I 1649
- Betriebsratsentscheidung I 1716
- Betriebsratsmitglied D 656, I 646 ff.
- Dauer I 1666 ff.
- Direktionsrecht A 670 ff.
- Mitteilungspflicht des Arbeitgebers I 1678
- Mitteilungszeitpunkt I 1691
- Nachteil für den betroffenen Arbeitnehmer I 1710
- Stellenausschreibung I 1742
- vorläufige personelle Maßnahme I 1734
- Zustimmungsersetzungsverfahren I 1725
- Zustimmungsverweigerungsgründe I 1692

2789

Stichwortverzeichnis

Versetzungsschutz
- Betriebsratsmitglieder I 646 ff.

Versicherungsfall
- auf versichertem Weg C 578 ff.
- Voraussetzungen C 585 ff.

Versicherungsvertreter
- Selbstständiger A 115

Versorgungsanwartschaften
- Direktversicherung I 2934 ff.
- Höhe C 2910 ff.
- Insolvenz C 3136, C 3160 ff.
- Verfügungsbeschränkung C 2942

Versorgungszusagen, unmittelbare C 2632 ff.
- Berechnung C 2634

Verspätetes Parteivorbringen
- Berufungsverhandlung L 639 ff.
- in erster Instanz L 641 ff.
- in zweiter Instanz L 644 ff.
- Zurückweisung L 315 ff., L 374 ff.
- Zurückweisung, Entscheidung über L 322
- Zurückweisung in Berufungsverfahren L 643

Vertragsanbahnung
- ärztliche Untersuchung B 289
- Auskunftspflicht des Arbeitnehmers B 209 ff.
- Beschränkung der Informationserhebung bei Dritten B 284 ff.
- Bewerbungsunterlagen B 303
- Fragerecht des Arbeitgebers B 209 ff.
- Fragerecht des Arbeitgebers, Aids B 241
- Fragerecht des Arbeitgebers, Drogenkonsum B 283
- Fragerecht des Arbeitgebers, Einzelfälle B 228 ff.
- Fragerecht des Arbeitgebers, frühere Beschäftigung im Unternehmen B 281
- Fragerecht des Arbeitgebers, Gesundheitszustand B 232 ff.
- Fragerecht des Arbeitgebers, Körperbehinderung B 234 ff.
- Fragerecht des Arbeitgebers, Mitarbeit für das MfS B 279
- Fragerecht des Arbeitgebers, persönliche Lebensverhältnisse B 269
- Fragerecht des Arbeitgebers, Schwangerschaft B 257 ff.
- Fragerecht des Arbeitgebers, Schwerbehinderteneigenschaft B 247 ff.
- Fragerecht des Arbeitgebers, Scientology-Organisation B 278
- Fragerecht des Arbeitgebers, Tätigkeit bei Tendenzunternehmen B 275
- Fragerecht des Arbeitgebers, Transsexualität B 243
- Fragerecht des Arbeitgebers, Vermögensverhältnisse B 228 ff.
- Fragerecht des Arbeitgebers, Vorstrafen B 263

- Information durch den früheren Arbeitgeber B 293 ff.
- Pflichten bei – B 190
- Stellenausschreibung B 190 ff.
- Umfang des Schadensersatzanspruchs B 206
- Vorstellungskosten B 309
- vorvertragliches Schuldverhältnis B 195 ff.

Vertragsbruch C 458
- Vertragsstrafe C 453

Vertragsfreiheit A 432 ff.
- Beförderung A 439
- Einstellungsanspruch A 435
- Konkurrentenklage A 440

Vertragsgestaltung A 167 ff.
- Auskunft der Sozialversicherungsträger A 175

Vertragsstrafe
- Festsetzung C 460 ff.
- Höhe C 460 ff.
- Vertragsbruch C 453

Vertragsverletzungsverfahren M 187 ff.
Vertrauensarzt C 1613
Vertrauensschaden
- Anfechtung B 206
- Unmöglichkeit C 200

Verwirkung C 3640 ff.
Verzicht
- Gütetermin L 279

Verzug s. *unter Unmöglichkeit*
Videoüberwachung C 2427
Vollkaskoversicherung C 2289
Vollstreckungsabwehrklage L 518 s. *auch unter vorläufige Vollstreckbarkeit*
Vollstreckungsorgan
- Amtsgericht L 523
- Arbeitsgericht L 525
- Gerichtsvollzieher L 521

Vollstreckungsverfahren L 520
- Rechtsbehelf L 537
- Vollstreckung auf Duldung oder Unterlassung L 534
- Vollstreckung durch Amtsgericht L 523
- Vollstreckung durch das Arbeitsgericht L 525
- Vollstreckung durch Gerichtsvollzieher L 521
- Vollstreckung unvertretbarer Handlungen L 529

Vorabentscheidungsverfahren K 200 ff.
- acte-claire M 164
- Aussetzungsbeschluss M 171
- Bindungswirkung M 184
- einstweiliger Rechtsschutz M 165
- EuGH M 157 ff.
- Fassung der Vorlagefrage M 159
- Fortführung des Verfahrens beim innerstaatlichen Gericht M 183 ff.
- Gegenstand M 158
- Kostenentscheidung M 186
- mündliche Verhandlung M 178 ff.

Stichwortverzeichnis

- Präjudiz M 166
- Schlussanträge M 181
- Stellungnahmefrist M 175 ff.
- Urteil M 182
- Verletzung der Vorlagepflicht M 167
- Vorlagebeschluss M 173 f.
- Vorlageverpflichtung M 176
- Ziel M 157
- Zwischenverfahren M 183

Vorgabezeit C 765 ff.
- Mitbestimmung d. Betriebsrats I 1487

vorläufige personelle Maßnahme I 1734 ff.

Vorläufige Vollstreckbarkeit L 504 ff.
- Aufhebung des Urteils L 508
- Ausschluss L 509
- Berufungsurteil L 692

Vorlagebeschluss M 169 ff.

Vorruhestandsleistungen
- Ausschlussfristen C 3728

Vorschlagsrecht
- des Arbeitnehmers I 1005
- Gegenstand der Mitbestimmung I 1006, I 1489 ff.

Vorschlagswesen, betriebliches
- Betriebsrat, Mitbestimmung I 1489 ff.

Vorsitzender Richter
- Alleinentscheidungsrecht K 105
- funktionelle Zuständigkeit K 103
- materiellrechtliche Entscheidungen K 104

Vorsorgeuntersuchungen C 2237

Vorstandsmitglieder
- Organe juristischer Personen A 222

Vorstellungskosten B 309

Vorstrafen
- Auskunftspflicht des Arbeitnehmers B 267
- Fragerecht des Arbeitgebers B 263

W

Wählbarkeit I 163 ff.
Wahl s. unter Betriebsratswahl
Wahlanfechtung I 359 ff.
Wahlausschreiben I 286 ff.
- notwendiger Inhalt I 288

Wahlberechtigung I 136 ff.

Wahlbewerber
- Kündigung D 333

Wahlgrundsätze I 316 ff.

Wahlkosten
- Betriebsratswahl I 348 ff.

Wahlniederschrift
- Betriebsratswahl I 310

Wahlverfahren
- vereinfachtes I 325 ff.

Wahlvorschläge
- Bekanntmachung I 307
- Prüfung I 301 ff.
- Vorschlagsberechtigung I 302
- Wahlanfechtung I 359 ff.

Wahlvorstand
- Amtsbeginn I 274
- Amtsniederlegung D 274
- besonderer Kündigungsschutz I 268
- Bestellung bei Bestehen eines Betriebsrats I 247
- Bestellung bei betriebsratslosen Betrieben I 254
- Bestellung bei Betriebsratswahl I 247 ff.
- Bestellung durch das Arbeitsgericht I 260 ff.
- Ehrenamt I 267
- Einleitung der Wahl I 285 ff.
- Ende des Amtes I 274
- Entscheidungen, Rechtsschutz gegen I 275 ff.
- Ergebnis, Bekanntgabe I 310 ff.
- Kündigung D 333
- Kündigungsschutz I 268
- Rechtsstellung I 267 ff.
- Schulungsveranstaltungen I 270
- Stimmauszählung I 310
- Wählerliste I 289
- Wahlausschreiben I 286 ff.
- Wahlbewerber D 333
- Wahlgang, Vorbereitung I 308
- Wahlvorschläge, Prüfung I 301 ff.

Warnstreik G 28
- Auszubildende G 40
- einstweilige Verfügung M 130

Wegeunfähigkeit C 1443

Wegezeiten C 46 ff.

Wehr- und Zivildienstleistende
- Kündigungsschutz D 479 ff.

Wehrdienst C 1360 ff.
- ausländische Arbeitnehmer C 1364
- deutsche Arbeitnehmer C 1360
- Kündigungsschutz D 479 ff.
- Urlaubsanspruch C 2020 ff.

Weihnachtsgeld
- Elternzeit C 918

Weisungsrecht s. Direktionsrecht

Weiterbeschäftigungsanspruch D 2000 ff.
- Anspruchsvoraussetzungen D 2005 ff.
- Betriebsrat, ordnungsgemäßer Widerspruch D 1973
- Entbindung des Arbeitgebers D 1991 ff.
- Entbindung durch einstweilige Verfügung M 88 ff.
- Geltung des KSchG D 1975
- Inhalt D 1983 ff.
- Kündigungsschutzklage D 1976 ff.
- Leistungsklage L 177
- nach Kündigung D 1961

Stichwortverzeichnis

- ordentliche Arbeitgeberkündigung D 1967
- Voraussetzungen D 1966 ff.
Weiterbildung
- berufliche, Begriff C 2106 ff.
- berufliche und politische C 2105 ff.
- Darlegungs- und Beweislast C 2147
- einstweilige Verfügung C 2138
- Entgeltfortzahlung C 2134
- Klageverfahren C 2142
- politische, Begriff C 2128 ff.
- Überprüfungsbefugnis des Arbeitsgerichts C 2151
s. auch unter Bildungsurlaub
Werksarzt I 1567
Werkmietwohnungen I 1434 ff.
- Begriff I 1436
- Kündigung I 1444
- mitbestimmungsfreie Entscheidung I 1438
- mitbestimmungspflichtige Entscheidung I 1440 ff.
- Nutzungsbedingungen I 1440
- Zuweisung I 1442
- Zweck I 1434
Wettbewerbstätigkeit
- außerordentliche Kündigung D 730
Wettbewerbsverbot C 248 ff.
- Antrag auf Unterlassung M 123
- Aufhebungsvertrag D 2451 ff.
- außerordentliche Kündigung D 730
- Betriebsübergang C 3371
- einstweilige Verfügung M 111 ff.
- Erstattung des Arbeitslosengeldes E 207 ff.
- freier Mitarbeiter C 277
- gerichtliche Geltendmachung C 298
- Inhalt C 259 ff.
- Kündigungsschutzverfahren M 117
- nachträgliches C 275 s. auch dort
- Rechtsfolgen des Verstoßes gegen C 278 ff.
- zeitlicher Geltungsbereich C 251
Wettbewerbsverbot, nachvertragliches
- Aufhebungsvertrag F 123
- bedingtes F 111 ff.
- Betriebsgeheimnisse F 87
- Betriebsstilllegung F 124
- Dauer F 96
- einvernehmliche Aufhebung F 118
- freie Mitarbeiter F 83
- Grundlagen F 82 ff.
- Inhalt F 88
- inhaltliche Voraussetzungen F 93
- Insolvenz F 124
- Karenzentschädigung F 97 ff.
- Karenzentschädigung, Höhe F 103 ff.
- Kündigung F 121
- Mandantenschutzklausel F 89
- Nichtaufnahme der Tätigkeit F 119
- Ruhestand F 86

- Schriftform F 91
- Unwirksamkeit F 126
- Verjährung F 129
- Verstoß gegen – F 127
- Verzicht des Arbeitgebers F 116
- Wegfall der Verpflichtungen F 116 ff.
Wichtiger Grund
- außerdienstliches Verhalten D 768
- außerordentliche Kündigung D 656 ff.
- betriebliche Gründe D 679
- Darlegungs- und Beweislast D 790
- objektive Belastung des Arbeitsverhältnisses D 657
- objektive Unzumutbarkeit der Fortsetzung D 659
- personenbedingte Gründe D 760 ff.
- Prognoseprinzip D 660
- Prüfungsmaßstab D 664 ff.
- Überprüfung D 662
- Verhalten des Arbeitnehmers D 687 ff.
Widerrufsvorbehalt
- Änderungskündigung D 1740
- Betriebliche Übung A 596
- Begriff D 1740
- freiwillige Leistungen C 619
- nach freiem Ermessen C 618 ff.
- Zulässigkeit D 1741
Widerspruch des Betriebsrats gegen Kündigung D 952 ff.
- allgemeine Voraussetzungen D 953
- Auswahlrichtlinie D 958
- Fortbildungsmaßnahme D 1690
- Sozialauswahl D 957
- Tendenzunternehmen D 955
- Umschulungsmaßnahme D 966 ff.
- Unterrichtung des Arbeitnehmers D 973
- Vertragsänderung D 972
- Weiterbeschäftigung D 960
- Widerspruchstatbestände D 957 ff.
Widerspruchsrecht
- bei Übergang des Arbeitsverhältnisses C 3228 ff.
Wiederaufnahme des Verfahrens L 878
Wiedereingliederungsverhältnis C 830
Wiedereinstellungsanspruch
- Arbeitnehmer L 36
- befristete Arbeitsverhältnisse D 2177
- Betriebsübergang D 569
- Kündigung B 1603, D 1167
- Tariflicher B 182
Wiedereinstellungspflicht
- betriebsbedingte Kündigung D 1603 ff.
- Kündigung B 142
- nach lösender Aussperrung B 142
- tarifliche B 182
- Verdachtskündigung D 846
Wiederholungskündigung D 784

2792

Stichwortverzeichnis

Wirtschaftliche Abhängigkeit
– Arbeitnehmer A 53
Wirtschaftliche Angelegenheiten I 1773 ff.
– Änderung der Betriebsorganisation I 859, I 1799 ff.
– betrieblicher Umweltschutz I 855
– Betriebsänderung I 1780 ff.
– Betriebseinschränkung I 1785
– Betriebsstilllegung I 1790
– Einführung neuer Arbeitsmethoden I 1804
– Einschränkung und Stilllegung I 856
– Produktions- und Absatzlage I 849
– Rationalisierungsvorhaben I 853
– Verlegung des Betriebes I 1794
– Verlegung von Betrieben I 858
– wirtschaftliche Lage des Unternehmens I 848
– Zusammenschluss mit anderen Betrieben I 1796
Wirtschaftsausschuss
– Amtszeit I 835
– Aufgaben I 844
– Beschäftigtenzahl I 829
– Betriebs- oder Geschäftsgeheimnisse I 863, I 869
– Betriebseinschränkung I 856
– Betriebsorganisation I 859
– Betriebszweck I 859
– Bildung I 827
– Durchsetzung des Informationsanspruchs I 878 ff.
– Einigungsstelle I 878
– Einsichtsanspruch I 878 ff.
– Errichtung I 831
– Funktion I 825
– Informationsanspruch I 878 ff.
– Jahresabschluss I 873
– Mitglieder, pers. Qualifikation I 834
– Mitglieder, Rechtsstellung I 837
– Mitgliederzahl I 833
– neue Arbeitsmethoden I 854
– Personalplanung I 872
– Produktions- und Absatzlage I 849
– Rationalisierungsvorhaben I 853
– Sitzungen I 839
– Sitzungsturnus I839
– Spaltung von Betrieben I 858
– Stilllegung I 856
– Teilnahmeberechtigte I 841
– Teilnahmepflicht des Unternehmers I 841
– Unterrichtung bei Umwandlung C 3244 ff.
– Unterrichtungspflicht des Unternehmers I 863 ff.
– wirtschaftliche Angelegenheiten I 847 ff.
– wirtschaftliche und finanzielle Lage I 848
Wirtschaftsrisiko C 1310 ff.
Wissenschaftliches Personal
– befristete Arbeitsverhältnisse D 2270 ff.

– Befristungsgrenzen D 2282
– Drittmittelforschung D 2277
Wucher
– Arbeitsvertrag B 397

Z

Zeitakkord C 764
Zeugen
– Anordnung der Ladung L 326
– Nichterscheinen L 331
– Vereidigung L 387
– vorsorgliche Ladung L 326 ff.
Zeugnis *s. unter Arbeitszeugnis*
Zeugnissprache F 51 ff.
Zivildienst C 1360 ff.
– ausländische Arbeitnehmer C 1364
– deutsche Arbeitnehmer C 1360
– Urlaubsanspruch C 2020 ff.
Zivildienstleistende
– Arbeitnehmer A 233
Zölibatsklausel
– Tarifvertrag A 395
Zugang
– Abwesende D 64
– Boten D 85
– Einschreiben D 76 ff., D 81
– Empfangsbote D 69
– Gerichtsvollzieher D 84
– längere Abwesenheit des Arbeitnehmers D 73
– Nachweispflicht D 65
– Zeitpunkt D 67 ff.
Zulagen C 783 ff.
Zulassung der Berufung L 460 ff. *s. auch unter Berufung*
Zulassung der Revision
– durch das ArbG L 758 ff.
– durch das BAG aufgrund einer Nichtzulassungsbeschwerde L 711 ff.
– im Berufungsurteil L 676
– Sprungrevision L 758 *s. auch dort*
– Zulassungsgründe L 681 ff.
Zulassungsrevision L 676
Zurückbehaltungsrecht des Arbeitgebers C 444
Zurückbehaltungsrecht des Arbeitnehmers C 211 ff.
Zurückverweisung
– Berufungsverfahren L 650 ff.
– Revisionsverfahren L 850 ff.
Zurückweisung
– in erster Instanz verspätetes Vorbringen L 374 ff., L 639
– in zweiter Instanz verspätetes Vorbringen L 643 ff.

Stichwortverzeichnis

- verspäteten Vorbringens L 315 ff., L 374 ff.
Zurückweisungsschreiben
- Muster L 71

Zusammenhangsklagen K 272 ff.

Zuständigkeit
- Bestimmung K 344
- funktionelle K 348
- internationale K 184 ff.
- örtliche K 312 ff.
- Rechtswegzuständigkeit K 194 ff.
- sachliche K 215 ff.

Zustellung
- Adressat L 490
- Amtszustellung L 492
- Arrest M 64 ff.
- einstweilige Verfügung M 64 ff.
- Frist L 489
- Parteizustellung L 495
- Urteil L 488 ff.

Zustellungsfehler L 44

Zustimmungsersetzungsverfahren D 384 ff., I 1725 ff.

- Beschlussverfahren D 394
- Beschlussverfahren, Verfahrensfragen D 399
- Kündigung D 308
- Verfahrensfehler, Rechtsfolgen D 387 ff.

Zutrittsrecht
- einstweilige Verfügung M 150

Zuverlässigkeitstests C 2322

Zwangsgeld
- Verfahren § 23 III BetrVG I 1933 ff.
- vorläufige personelle Maßnahme I 1757

Zwangsvollstreckung
- Aufhebung des Urteils L 508
- Ausschluss L 509
- Einschränkung bei Lohnpfändung C 1090
- Einstellung L 513
- Einstellung in Revisionsinstanz L 815
- Lohnpfändung, allg. Voraussetzungen C 1017
- Schiedsgerichtsverfahren M 21
- Vergleich M 21
- vorläufige Vollstreckbarkeit L 504 ff.

Zwischenzeugnis F 6

Der Standardkommentar zum Kündigungsschutzgesetz in Neuauflage!

Das Standardwerk zum arbeitsrechtlichen Kündigungsschutz erscheint in 6. Auflage. Das von herausragenden Sachkennern verfasste Werk enthält eine an den Bedürfnissen der Praxis orientierte, aber gleichwohl wissenschaftlich fundierte Kommentierung des Kündigungsschutzgesetzes sowie der wesentlichen kündigungsschutzrechtlichen Vorschriften.

Die Neuauflage berücksichtigt neben der neuen Rechtsprechung und Literatur insbesondere

- die Neuregelungen des Kündigungsschutzgesetzes
- die Änderungen des BGB hinsichtlich der Schriftform der Kündigung
- die Novelle des Betriebsverfassungsgesetzes
- die Neuregelungen des Bundeserziehungsgeldgesetzes
- europarechtliche Vorschriften
- die Neuregelung des Schwerbehindertenrechts im SGB IX
- das zum 1.1.2001 in Kraft getretene Gesetz über Teilzeitarbeit und befristete Arbeitsverträge
- die Änderungen der einschlägigen sozialrechtlichen Vorschriften, insbesondere des SGB III
- die bei einer Kündigung wesentlichen Vorschriften des Einkommensteuergesetzes.

Becker/Etzel/Bader/Fischermeier/
Friedrich/Lipke/Pfeiffer/Rost/Spilger/
Vogt/Weigand/Wolff
Gemeinschaftskommentar zum Kündigungsschutzgesetz und zu sonstigen kündigungsschutzrechtlichen Vorschriften – KR
6. Auflage 2002, 3.408 Seiten,
Leinen mit Schutzumschlag,
€ 224,–/sFr 448,–
ISBN 3-472-04755-0

Zu beziehen über
Ihre Buchhandlung
oder direkt beim Verlag.

Hermann Luchterhand Verlag GmbH
Postfach 2352 · 56513 Neuwied
Telefon 02631.801-329 · Telefax 02631.801-210
www.luchterhand.de · e-mail info@luchterhand.de

Luchterhand
VON PROFI ZU PROFI

Der Klassiker jetzt wieder topaktuell!

In dem umfassenden Standardkommentar, der nunmehr in der 7. Auflage erscheint, finden Sie alle Informationen, die Sie zum Betriebsverfassungsrecht brauchen.

Band I enthält die Kommentierung der §§ 1-73 b BetrVG. Schwerpunkte liegen hier auf den für die Praxis wichtigen Vorschriften, wie z.B. die Freistellung von Betriebsratsmitgliedern und die grundlegenden Änderungen im Wahlverfahren, insbesondere die neue Wahlordnung und das vereinfachte Wahlverfahren.

Band II setzt die fundierte Kommentierung mit den §§ 74 - 132 BetrVG fort. Umfassend erläutert sind insbesondere die Mitbestimmungsrechte des § 87 BetrVG sowie die Beteiligungsrechte in wirtschaftlichen Angelegenheiten.

Die aktuellen Änderungen des Betriebsverfassungsgesetzes durch das Betriebsverfassungs-Reformgesetz sind vollständig und umfassend eingearbeitet, wie z.B.:

- die erleichterte Bildung von Betriebsräten
- die Einbeziehung besonderer Beschäftigungsformen
- die Verbesserung der Arbeitsmöglichkeiten des Betriebsrates sowie des Schutzes seiner Mitglieder
- die Stärkung der Betriebsratsrechte insbesondere bei Beschäftigungssicherung und Qualifizierung
- die Integration des betrieblichen Umweltschutzes in die Betriebsverfassung

Neu kommentiert werden u.a. auch die Vorschriften zum Tendenzschutz und zur Mitbestimmung in wirtschaftlichen Angelegenheiten. Umfassend überarbeitet wurden die Erläuterungen zur Betriebsratswahl, einschließlich der neuen Wahlordnung. Die neuere Rechtsprechung und Literatur sind bis Januar 2002 berücksichtigt.

Fabricius/Kraft/Wiese/ Kreutz/Oetker/Raab/Weber
Gemeinschaftskommentar zum Betriebsverfassungsgesetz (GK-BetrVG)
7. Auflage 2002, 2 Bände,
4.421 Seiten, gebunden
Bd. 1: §§ 1-73b mit Wahlordnungen
Bd. 2: §§ 74-132 mit Kommentierung des BetrVG 1952
Subskriptionspreis bis 21. Oktober 2002
€ 229,-/sFr 458,-
danach € 249,-/sFr 498,-
ISBN 3-472-04916-2
(Nur Gesamtabnahme beider Bände möglich)

Hermann Luchterhand Verlag GmbH

Postfach 2352 · 56513 Neuwied

Zu beziehen über Ihre Buchhandlung oder direkt beim Verlag.

Telefon 02631.801-329 · Telefax 02631.801-210
www.luchterhand.de · e-mail info@luchterhand.de

Luchterhand
VON PROFI ZU PROFI